SCHÜLERDUDEN

Die Duden-Bibliothek für den Schüler

Rechtschreibung und Wortkunde
Vom 4. Schuljahr an. 324 Seiten mit einem Wörterverzeichnis mit 15 000 Stichwörtern.

Bedeutungswörterbuch
Erklärung des deutschen Grundwortschatzes. 447 Seiten mit über 500 Abbildungen.

Grammatik
Eine Sprachlehre mit Übungen und Lösungen. 412 Seiten.

Fremdwörterbuch
Herkunft und Bedeutung fremder Wörter. 478 Seiten.

Die richtige Wortwahl
Ein vergleichendes Wörterbuch sinnverwandter Ausdrücke. 480 Seiten mit rund 13 000 Wörtern.

Die Literatur
Die wichtigsten literarischen Begriffe. 480 Seiten. 2 000 Stichwörter, zahlreiche Abbildungen. Register.

Die Mathematik I
Ein Lexikon zur Schulmathematik, Sekundarstufe I (5.–10. Schuljahr). 539 Seiten mit über 1 000 meist zweifarbigen Abbildungen. Register.

Die Mathematik II
Ein Lexikon zur Schulmathematik, Sekundarstufe II (11.–13. Schuljahr). 468 Seiten mit über 500 meist zweifarbigen Abbildungen. Register.

Die Physik
Von der ersten Physikstunde bis zum Abitur. 490 Seiten. 1 700 Stichwörter, 400 Abbildungen. Register.

Die Chemie
Ein Lexikon der gesamten Schulchemie. 424 Seiten. 1 600 Stichwörter, 800 Abbildungen. Register.

Die Biologie
Das Grundwissen der Schulbiologie. 464 Seiten. 2 500 Stichwörter, zahlreiche Abbildungen.

Die Geographie
Von der Geomorphologie zur Sozialgeographie. 420 Seiten. 1 800 Stichwörter, 200 Abbildungen und Tabellen.

Die Geschichte
Die wichtigsten historischen Begriffe. 503 Seiten. 2 400 Stichwörter, 150 Abbildungen. Personen- und Sachregister.

Die Musik
Ein Sachlexikon der Musik. 464 Seiten. 2 500 Stichwörter, 350 Notenbeispiele und Bilder. Register.

Die Kunst
Der gesamte Stoff für den modernen Kunstunterricht. 528 Seiten. 3 000 Stichwörter, 96 Farbtafeln, zahlreiche Abbildungen. Register.

Politik und Gesellschaft
Ein Lexikon zur politischen Bildung. 463 Seiten. 2 300 Stichwörter, 120 Abbildungen, Literaturverzeichnis. Register.

Die Psychologie
Ein Fachwörterbuch speziell für Schüler. 408 Seiten. 3 000 Stichwörter, 200 Abbildungen. Register.

Die Religionen
Ein Lexikon aller Religionen der Welt. 464 Seiten. 4 000 Stichwörter, 200 Abbildungen. Register.

Das Wissen von A - Z
Ein allgemeines Lexikon für die Schule. 568 Seiten. 8 000 Stichwörter, 1 000 Abbildungen und Zeichnungen im Text, davon 350 farbig auf 24 Bildtafeln.

Das große Duden-Schülerlexikon
Verständliche Antwort auf Tausende von Fragen. 704 Seiten, rund 10 000 Stichwörter. 1 600 Abbildungen, Zeichnungen und Graphiken im Text.

SCHÜLERDUDEN-ÜBUNGSBÜCHER

Band 1: Aufgaben zur modernen Schulmathematik mit Lösungen I
Bis 10. Schuljahr. Mengenlehre und Elemente der Logik. 260 Seiten mit Abbildungen und mehrfarbigen Beilagen.

Band 2: Aufgaben zur modernen Schulmathematik mit Lösungen II
11.–13. Schuljahr. Ausbau der Strukturtheorien – Analysis. Analytische Geometrie. 270 Seiten mit Abbildungen.

Band 3: Übungen zur deutschen Rechtschreibung I
Die Schreibung schwieriger Laute. Mit Lösungsschlüssel. 239 Seiten.

Band 4: Übungen zur deutschen Rechtschreibung II
Groß- und Kleinschreibung. Mit Lösungsschlüssel. 256 Seiten.

Band 5: Übungen zur deutschen Sprache I
Grammatische Übungen. Mit Lösungsschlüssel. 239 Seiten.

Band 6: Aufgaben zur Schulphysik mit Lösungen
Bis 10. Schuljahr. 200 vollständig gelöste Aufgaben. 208 Seiten.

Band 7: Übungen zur Schulbiologie
Mehr als 400 Aufgaben mit Lösungen. 224 Seiten mit 180 Abbildungen.

Band 8: Übungen zur deutschen Rechtschreibung III
Die Zeichensetzung. Mit Lösungsschlüssel. 205 Seiten.

Bibliographisches Institut
Mannheim/Wien/Zürich

DUDEN
Band 6

Der Duden in 10 Bänden
Das Standardwerk zur deutschen Sprache

Herausgegeben vom Wissenschaftlichen Rat der Dudenredaktion:
Prof. Dr. Günther Drosdowski,
Dr. Rudolf Köster, Dr. Wolfgang Müller,
Dr. Werner Scholze-Stubenrecht

1. Rechtschreibung
2. Stilwörterbuch
3. Bildwörterbuch
4. Grammatik
5. Fremdwörterbuch
6. Aussprachewörterbuch
7. Etymologie
8. Sinn- und sachverwandte Wörter
9. Zweifelsfälle der deutschen Sprache
10. Bedeutungswörterbuch

DUDEN

Ausspracheworterbuch

Wörterbuch der
deutschen Standardaussprache

2., völlig neu bearbeitete und erweiterte Auflage

Bearbeitet von Max Mangold
in Zusammenarbeit mit der Dudenredaktion

DUDEN BAND 6

Bibliographisches Institut Mannheim/Wien/Zürich
Dudenverlag

Satz: Bibliographisches Institut und
Zechnersche Buchdruckerei, Speyer (Mono-Photo System 600)
Druck und Einband: Klambt-Druck GmbH, Speyer
Printed in Germany
ISBN 3-411-00916-0

Vorwort zur 2. Auflage

Die Neuauflage des Duden-Aussprachewörterbuchs trägt der Entwicklung der Aussprache des Deutschen in neuester Zeit Rechnung. Die aus dem 19. Jahrhundert stammenden Normen der Bühnenhochlautung sind aufgegeben worden. Die heute als übersteigert empfundene Bühnenaussprache ist durch eine allgemeinere Gebrauchsnorm ersetzt worden, die wir hier Standardaussprache nennen.

Die wesentlichen Züge dieser Standardaussprache sind folgende: 1. Sie ist überregional, d. h., sie enthält keine typisch landschaftlichen Ausspracheformen. 2. Sie ist einheitlich. Varianten werden ausgeschaltet oder auf ein Mindestmaß beschränkt. 3. Sie ist schriftnah, d. h., sie wird weitgehend durch das Schriftbild bestimmt. 4. Sie ist deutlich, d. h., sie unterscheidet die Laute stärker als die Umgangslautung. 5. Sie ist eine Gebrauchsnorm, die der Sprechwirklichkeit nahe kommt. Selbstverständlich kann sie nicht die vielfältigen Schattierungen der gesprochenen Sprache vollständig widerspiegeln.

Mit der Standardaussprache will das Aussprachewörterbuch eine allgemein gültige Aussprache vermitteln. Es wendet sich nicht mehr an einen kleinen Kreis von Schauspielern, geschulten Sprechern und Rednern, sondern an alle, die sich um eine korrekte Aussprache der Hoch- oder Standardsprache bemühen. Die Standardaussprache gilt für alle Sprechsituationen, in denen man sich nicht der Mundart oder der Umgangssprache bedient; sie gewährleistet eine einwandfreie Verständigung in allen Teilen des deutschen Sprachgebiets und mit Menschen aller Schichten und Berufe. Auch die Deutsch lernenden Ausländer werden diese wirklichkeitsnahe Aussprache begrüßen.

Einleitungsteil und Wörterverzeichnis sind in der 2. Auflage völlig neu bearbeitet worden. In der Einleitung wird die Aussprache, zum Teil mit Hilfe von Abbildungen, genauer und realistischer als bisher dargestellt. Die in der Einleitung und im Wörterverzeichnis verwendete Lautschrift ist durch die Einführung von Sonderzeichen stärker differenziert. In das Wörterverzeichnis sind mehrere tausend Wörter und Namen neu aufgenommen worden, vor allem Namen von aktueller Bedeutung und Fremdwörter, die erst in jüngster Zeit in Gebrauch gekommen sind. Mit etwa 130 000 Stichwörtern unterrichtet das Duden-Aussprachewörterbuch selbst über die Aussprache abgelegener heimischer oder fremder Wörter und Namen.

Wir möchten an dieser Stelle dem Bearbeiter dieses Bandes, Herrn Dr. Max Mangold, Professor für Phonetik an der Universität des Saarlandes in Saarbrücken, dafür danken, daß er auch die Neuauflage übernommen hat. Herr Professor Dr. Max Mangold war bereit, mit der Dudenredaktion einen weiteren Schritt in die Sprachwirklichkeit zu tun. Er hat ein vorbildliches Wörterbuch der deutschen Standardaussprache geschaffen, auf dem die Sprecherziehung und der Deutschunterricht, vor allem der Deutschunterricht im Ausland, aufbauen kann.

Mannheim, 1. 6. 1974

Der Wissenschaftliche Rat der Dudenredaktion

Inhaltsverzeichnis

Die im Wörterverzeichnis verwendeten Zeichen der Lautschrift werden auf den Seiten 11, 14 und 15 sowie auf den Seiten 789, 790 und 791 erläutert.

Einführung

A. Sinn und Zweck des Aussprachewörterbuches

Wären die Forderungen „Schreibe, wie du sprichst!" (gemeint ist: „Schreibe, wie du aussprichst!") und „Sprich, wie du schreibst!" (gemeint ist: „Sprich aus, wie du schreibst!") erfüllt, würde die Schrift zugleich die Aussprache angeben. Das Rechtschreibebuch wäre dann ebensogut ein Aussprachebuch. Dieser Zustand ist vielleicht in einigen Sprachen erreicht, im Deutschen und in den meisten heutigen Weltsprachen aber in keiner Weise. Hier deutet die Rechtschreibung die Aussprache nur ungenau an. Die Unfähigkeit der Rechtschreibung, die Aussprache anzugeben, zeigt sich vor allem bei den Homophonen, den Homographen, den Fremdwörtern und den Eigennamen, besonders den fremden Eigennamen.

Homophone sind Wörter, die gleich lauten, aber verschieden geschrieben werden. Ihre Zahl ist beträchtlich:

Trọts, Trọtts, trọtz; strạcks, Strạks; Ẹnte, n-te; Lọk, lọgg!, lọck!, Lọg; sọnnst, sọnst.

Hier verletzt die Rechtschreibung den Grundsatz: Was gleich gesprochen wird, wird gleich geschrieben.

Homographe sind Wörter, die gleich geschrieben, aber verschieden ausgesprochen werden. Sie sind weniger häufig als die Homophone, aber doch nicht selten:

Lọge (Mehrzahl von: Log) ['lɔgə], Loge (Theaterraum) ['lo:ʒə]; Rentier (Rentenbezieher), Rẹntier (Tier); Heroin (Medikament), Heroin (Heldin); rạst! (zu: rasen), rạst! (zu: rasten); Tẹnor (Wortlaut), Tenor (Tenorsänger).

Hier verletzt die Rechtschreibung den Grundsatz: Was gleich geschrieben wird, ist gleich auszusprechen.

Bei den *Fremdwörtern* übernimmt man, von den Fällen der Eindeutschung abgesehen, mit der fremden Schreibung auch die fremde Aussprache. Dadurch lebt heute in unserer Sprache neben dem System der deutschen Rechtschreibung auch das System der französischen, englischen usw. Ein Buchstabe oder eine Buchstabenfolge bedeutet nicht mehr, wie es bei der deutschen Rechtschreibung meist der Fall ist, einen oder zwei Laute, sondern drei oder mehr:

Der Buchstabe z wird ausgesprochen: 1. als [ts] in Zar [tsa:ɐ̯], 2. als [z] in Gaze ['ga:zə], 3. als [s] in Quiz [kvɪs], 4. als Null (stumm) in Pincenez [pɛ̃s'ne:].

Andererseits wird derselbe Laut durch eine beträchtliche Zahl Buchstaben und Buchstabenfolgen dargestellt. Der Konsonant [k] findet sich in der Schrift wieder als c, cc, cch, ch, ck, ckh, cqu, cques, g, gc u. a. wie in Cọla, Paterpeccavi, Stracchino, Chronik u. a.

Eigennamen. Schon seit langem ist es üblich, gleich ausgesprochene Eigennamen verschieden zu schreiben. Man denke nur an Meier, Meyer, Maier. Heute stoßen wir zudem immer häufiger auf fremde Eigennamen. Vielen dieser Namen (Kẹnnedy, Gromyko, Lord Home u. a.) begegnen wir öfter als alten deutschen Gattungsnamen und Eigennamen (Hịppe, Gịsbert). Aber gerade hier zeigt uns die Rechtschreibung nur sehr ungenau, wie sie auszusprechen sind. Daß Lord Home englisch ['lɔ:d 'hju:m] lautet, gibt die Rechtschreibung nicht an. Diese Gründe zwingen uns, neben der üblichen Schrift die Lautschrift zu verwenden, eine Schrift, die die Aussprache unmißverständlich wiedergibt. Damit tritt notwendigerweise neben das Rechtschreibewörterbuch das Aussprachewörterbuch.

B. Die Lautschrift

Man begegnet heute meistens zwei Arten von Lautschriften: volkstümlichen und wissenschaftlichen. Die volkstümlichen Lautschriften lehnen sich an die bestehende Rechtschreibung an. Zur Wiedergabe eines einzigen Lautes verwenden sie oft mehrere Zeichen. So schreibt man z. B. sch für den sch-Laut [ʃ], also Charlotte etwa wie [scharlotte], obwohl man nicht s plus c plus h ausspricht. In einer volkstümlichen englischen Lautschrift schreibt man für denselben Laut sh, in einer französischen ch, in einer italienischen sci, in einer holländischen sj usw. Für den weniger anspruchsvollen Leser, der nur in der Rechtschreibung seiner Sprache bewandert ist, mag dies genügen.

Die wissenschaftliche Lautschrift erhebt demgegenüber die Forderung: Ein Zeichen steht immer für einen und denselben Laut; ein Laut wird immer durch dasselbe Zeichen wiedergegeben. Es handelt sich hier also um den wissenschaftlichen Grundsatz der eindeutigen gegenseitigen Zuordnung von Einheiten. Der Laut [ʃ] – wie in Schau [ʃau̯] – ist eine Einheit. Wir müssen ihm deshalb auch eine Einheit zuordnen.

Es gibt dafür vor allem zwei Lösungen.

Bei der ersten nimmt man einen aus der Rechtschreibung bekannten Buchstaben, z. B. s, und ergänzt ihn durch ein zusätzliches Zeichen, das zur Unterscheidung dient, z. B. š, ś, ş usw. Zeichen dieser Art nennt man diakritische Zeichen. Diese Zeichen haben den Nachteil, daß sie das Schriftbild unübersichtlich machen, vor allem dann, wenn kleine Typen verwendet werden.

Die andere Lösung besteht darin, daß man unter Anlehnung an bekannte Zeichen neue schafft. So wurde für den sch-Laut das Zeichen [ʃ] geschaffen. Diese Lösung wurde z. T. in der Lautschrift verwirklicht, die wir in dem vorliegenden Buch verwenden, der sogenannten Internationalen Lautschrift (IPA = Internationales Phonetisches Alphabet; eigentlich: International Phonetic Association). Diese Lautschrift ist zugleich ein Kompromiß zwischen den wichtigsten europäischen Sprachen mit lateinischer Schrift. Für den Konsonanten [j] in Januar ['janu̯a:ɐ̯] hat sie z. B. [j] gewählt, weil in den meisten dieser Sprachen j gewöhnlich als [j] gesprochen wird (Deutsch, Holländisch, Dänisch, Schwedisch, Norwegisch, Tschechisch, Polnisch, Ungarisch u. a.), während im Englischen gewöhnlich [dʒ] wie in John [dʒɔn], im Französischen und Portugiesischen [ʒ] wie in Jacques [ʒak], im Spanischen [x] wie in Juan [xu̯an] gesprochen wird.

Dort, wo die lateinschreibenden europäischen Sprachen keine geeigneten Zeichen anboten, nahm man mit Vorliebe das Griechische zu Hilfe. So bedeutet [θ] wie im Neugriechischen den stimmlosen th-Laut wie in Commonwealth *engl.* ['kɔmənwɛlθ].

Es versteht sich, daß bei einem solchen Verfahren alle lateinschreibenden europäischen Sprachen Opfer bringen mußten. So blieb in der Internationalen Lautschrift die gewöhnliche deutsche Aussprache von z, nämlich [ts], unberücksichtigt, weil in den meisten der erwähnten Sprachen z nicht [ts] lautet.

Das bedeutet, daß der weniger geschulte Leser anfangs beim Lesen der Lautschrift Schwierigkeiten haben wird. Er ist gezwungen, sich an neue Zeichen und an alte Zeichen mit neuen Lautwerten zu gewöhnen. Da aber heute die Internationale Lautschrift in immer stärkerem Maße im Fremdsprachenunterricht verwendet wird, dürften weite Kreise der Jugend wenigstens mit den wichtigsten schwierigen Zeichen dieser Lautschrift vertraut sein.

Zeichen der Internationalen Lautschrift

In der ersten Spalte stehen die im Wörterverzeichnis verwendeten grundlegenden Zeichen der IPA, in der zweiten steht eine volkstümliche Erklärung oder Bezeichnung des Zeichens (vgl. auch S. 12, 13).

a	helles a
ɑ	dunkles a
ɐ	abgeschwächtes a
ʌ	abgeschwächtes dunkles a
b	b-Laut
β	nicht voll geschlossenes b
ç	Ich-Laut
ɕ	ßj-Laut
d	d-Laut
ð	stimmhafter englischer th-Laut
ð̞	stimmhafter spanischer th-Laut
e	geschlossenes e
ɛ	offenes e
ə	Murmellaut
f	f-Laut
ɡ	g-Laut
ɣ	geriebenes ɡ
h	h-Laut
i	geschlossenes i
ɪ	offenes i
ɨ	zwischen [i] und [u] ohne Lippenrundung
j	j-Laut
k	k-Laut
l	l-Laut
ɫ	dunkles l
ʎ	lj-Laut
m	m-Laut
n	n-Laut
ɲ	nj-Laut
ŋ	ng-Laut
o	geschlossenes o
ɔ	offenes o
ø	geschlossenes ö
œ	offenes ö
p	p-Laut
q	hinterer k-Laut
r	r-Laut
s	ß-Laut
ʃ	sch-Laut
t	t-Laut
θ	stimmloser englischer th-Laut
u	geschlossenes u
ʊ	offenes u
ʉ	zwischen ü und u
v	w-Laut
w	englischer w-Laut
x	Ach-Laut
y	geschlossenes ü
ʏ	offenes ü
ɥ	konsonantisches ü
z	s-Laut („weich")
ʑ	sj-Laut („weich")
ʒ	sch-Laut („weich")

Sonstige Zeichen der Lautschrift

|	Stimmritzenverschlußlaut („Knacklaut") im Deutschen, z. B. beạcht! [bə'|axt]; wird vor Vokal am Wortanfang weggelassen, z. B. Ạst [ast], eigentlich: [|ast].
ʾ	Stimmritzenverschlußlaut in Fremdsprachen.
:	Längezeichen, bezeichnet Länge des unmittelbar davor stehenden Vokals, z. B. bạde ['ba:də].
˜	Zeichen für nasale Vokale, z. B. Fond [fõ:]
'	Hauptbetonung, steht unmittelbar vor der hauptbetonten Silbe, z. B. Ạffe ['afə], Apothẹke [apo'te:kə].

(Fortsetzung S. 14)

10. Internationale Lautschrift (API, IPA)

Tabelle der Association Phonétique Internationale

		Bi-labial	Labio-dental	Dental and Alveolar	Retroflex	Palato-alveolar	Alveolo-palatal	Palatal	Velar	Uvular	Pharyngal	Glottal
CONSONANTS	*Plosive*	p b		t d	ʈ ɖ			c ɟ	k g	q ɢ		ʔ
	Nasal	m	ɱ	n	ɳ			ɲ	ŋ	ɴ		
	Lateral Fricative			ɬ ɮ								
	Lateral Non-fricative			l	ɭ			ʎ				
	Rolled			r						ʀ		
	Flapped			ɾ	ɽ					ʀ		
	Fricative	ɸ β	f v	θ ð | s z | ɹ	ʂ ʐ	ʃ ʒ	ɕ ʑ	ç j	x ɣ	χ ʁ	ħ ʕ	h ɦ
	Frictionless Continuants and Semi-vowels	w | ɥ	ʋ	ɹ				j (ɥ)	(w)	ʁ		
VOWELS								*Front* *Central*	*Back*			
	Close	(y ʉ u)						i y ɨ ʉ	ɯ u			
	Half-close	(ø o)						e ø	ə ɤ o			
	Half-open	(œ ɔ)						ɛ œ æ	ɐ ʌ ɔ			
	Open	(ɒ)						a	ɑ ɒ			

(Secondary articulations are shown by symbols in brackets.)

Other Sounds.—Palatalized consonants : ƫ, ȡ, etc. ; palatalized ʃ, ʒ : ʆ, ʓ. Velarized or pharyngalized consonants : ɫ, ᵭ, ᵶ, etc. Ejective consonants (with simultaneous glottal stop) : p', t', etc. Implosive voiced consonants : ɓ, ɗ, etc. ɼ fricative trill. σ, ϱ (labialized θ, ð, or s, z). ƪ, ƺ (labialized ʃ, ʒ). ʇ, ʗ, ʖ (clicks, Zulu *c*, *q*, *x*). ɺ (a sound between r and l). ɴ Japanese syllabic nasal. ɧ (combination of x and ʃ). ʍ (voiceless w). ɩ, ʏ, ɷ (lowered varieties of i, y, u). ɜ (a variety of ə). ɵ (a vowel between ø and o).

Affricates are normally represented by groups of two consonants (ts, tʃ, dʒ, etc.), but, when necessary, ligatures are used (ʦ, ʧ, ʤ, etc.), or the marks ⁀ or ‿ (t͡s or t͜s, etc.). ⁀ ‿ also denote synchronic articulation (m͡ŋ = simultaneous m and ŋ). c, ɟ may occasionally be used in place of tʃ, dʒ, and ƾ, ƻ for ts, dz. Aspirated plosives : ph, th, etc. r-coloured vowels : eɹ, aɹ, ɔɹ, etc., or eʴ, aʴ, ɔʴ, etc., or ᶒ, ᶏ, ᶗ, etc. ; r-coloured ə : əɹ or əʴ or ɹ or ᶕ or ɚ.

Length, Stress, Pitch.— ː (full length). ˑ (half length). ˈ (stress, placed at beginning of the stressed syllable). ˌ (secondary stress). ˉ (high level pitch) ; ˍ (low level) ; ˊ (high rising) ; ˏ (low rising) ; ˋ (high falling) ; ˎ (low falling) ; ˆ (rise-fall) ; ˇ (fall-rise).

Modifiers.— ˜ nasality. ˳ breath (l̥ = breathed l). ˬ voice (s̬ = z). ʻ slight aspiration following p, t, etc. ̫ labialization (n̫ = labialized n). ̪ dental articulation (t̪ = dental t). ˙ palatalization (ż = ʓ). ̣ specially close vowel (ẹ = a very close e). ̨ specially open vowel (ę = a rather open e). ˔ tongue raised (e˔ or e̝ = ẹ). ˕ tongue lowered (e˕ or e̞ = ę). ˖ tongue advanced (u˖ or u̟ = an advanced u, t̟ = t̪). ˗ or ˍ tongue retracted (i˗ or i̠ = ɨ˖, t̠ = alveolar t). ˒ lips more rounded. ˓ lips more spread. Central vowels : ï (= ɨ), ü (= ʉ), ë (= ə˔), ö (= ɵ), ɛ̈, ɔ̈. ̩ (e.g. n̩) syllabic consonant. ̆ consonantal vowel. ʃˢ variety of ʃ resembling s, etc.

ˌ Nebenbetonung, steht unmittelbar vor der nebenbetonten Silbe, wird selten verwendet; z. B. Bahnhofstraße ['ba:nho:fˌʃtra:sə]. Für Norwegisch, Schwedisch und Serbokroatisch vgl. S. 110, 113.

̩ Zeichen für silbischen Konsonanten, steht unmittelbar unter dem Konsonanten, z. B. Büffel ['bʏfl̩].

̯ ̆ Halbkreis, untergesetzt oder übergesetzt, bezeichnet unsilbischen Vokal, z. B. Studie ['ʃtu:di̯ə].

‿ kennzeichnet im Deutschen die Affrikaten sowie die ei-, au- und eu-Diphthonge, z. B. Putz [pʊts], weit [vai̯t].

\- Bindestrich, bezeichnet Silbengrenze, z. B. Abstand ['ap-ʃtant].

Zeichen der Lautschrift für deutsche Aussprache

Die untenstehende Tabelle bringt Lautzeichen und Lautzeichenkombinationen, wie sie bei deutscher Aussprache im Wörterverzeichnis verwendet werden. In der ersten Spalte steht das Lautzeichen oder die Lautzeichenkombination, in der zweiten Spalte ein Beispiel dazu in Rechtschreibung, in der dritten Spalte das Beispiel in Lautschrift.

a	**hat**	hat	ŋ	**lang**	laŋ
a:	**Bahn**	ba:n	o	**Moral**	mo'ra:l
ɐ	**Ober**	'o:bɐ	o:	**Boot**	bo:t
ɐ̯	**Uhr**	u:ɐ̯	o̯	**loyal**	lo̯a'ja:l
ã	**Pensee**	pã'se:	õ	**Fondue**	fõ'dy:
ã:	**Gourmand**	gʊr'mã:	õ:	**Fond**	fõ:
ai̯	**weit**	vai̯t	ɔ	**Post**	pɔst
au̯	**Haut**	hau̯t	ø	**Ökonom**	øko'no:m
b	**Ball**	bal	ø:	**Öl**	ø:l
ç	**ich**	ɪç	œ	**göttlich**	'gœtlɪç
d	**dann**	dan	œ̃	**Lundist**	lœ̃'dɪst
dʒ	**Gin**	dʒɪn	œ̃:	**Parfum**	par'fœ̃:
e	**Methan**	me'ta:n	ɔy̯	**Heu**	hɔy̯
e:	**Beet**	be:t	p	**Pakt**	pakt
ɛ	**hätte**	'hɛtə	pf	**Pfahl**	pfa:l
ɛ:	**wähle**	'vɛ:lə	r	**Rast**	rast
ɛ̃	**timbrieren**	tɛ̃'bri:rən	s	**Hast**	hast
ɛ̃:	**Timbre**	'tɛ̃:bɐ	ʃ	**schal**	ʃa:l
ə	**halte**	'haltə	t	**Tal**	ta:l
f	**Faß**	fas	ts	**Zahl**	tsa:l
g	**Gast**	gast	tʃ	**Matsch**	matʃ
h	**hat**	hat	u	**kulant**	ku'lant
i	**vital**	vi'ta:l	u:	**Hut**	hu:t
i:	**viel**	fi:l	u̯	**aktuell**	ak'tu̯ɛl
i̯	**Studie**	'ʃtu:di̯ə	ʊ	**Pult**	pʊlt
ɪ	**bist**	bɪst	v	**was**	vas
j	**ja**	ja:	x	**Bach**	bax
k	**kalt**	kalt	y	**Mykene**	my'ke:nə
l	**Last**	last	y:	**Rübe**	'ry:bə
l̩	**Nabel**	'na:bl̩	y̆	**Etui**	e'ty̆i:
m	**Mast**	mast	ʏ	**füllt**	fʏlt
m̩	**großem**	'gro:sm̩	z	**Hase**	'ha:zə
n	**Naht**	na:t	ʒ	**Genie**	ʒe'ni:
n̩	**baden**	'ba:dn̩	|	**beamtet**	bə'|amtət

Von diesen Zeichen und Zeichenkombinationen werden [ɐ̯ ai̯ au̯ dʒ n̩ ɔy̯ pf ts tʃ |] nicht für fremdsprachliche Aussprache verwendet.

Zeichen der Lautschrift für fremdsprachliche Aussprache

Die untenstehende Tabelle bringt Lautzeichen, wie sie bei fremdsprachlicher Aussprache im Wörterverzeichnis erscheinen. In der ersten Spalte steht das Lautzeichen, in der zweiten Spalte ein Beispiel dazu in Rechtschreibung, in der dritten Spalte die sprachliche Zugehörigkeit und die Lautschrift des Beispiels.

ɑ	**Ba̲rnes**	*engl.* bɑ:nz	ɨ	**Gromỵko**	*russ.* gra'mɨkɐ
æ	**Bradley**	*engl.* 'brædlɪ	ɫ	**Devọll**	*alban.* de'voɫ
ʌ	**Hull**	*engl.* hʌl	ʎ	**Sevịlla**	*span.* se'βiʎa
β	**Habạna**	*span.* a'βana	ɲ	**Cognạc**	*fr.* kɔ'ɲak
ɕ	**Sięḍlce**	*poln.* 'ɕɛdltsɛ	q	**Kum**	*pers.* qom
ð	**Sutherland**	*engl.* 'sʌðələnd	θ	**Heath**	*engl.* hi:θ
ð̞	**Guzmán**	*span.* guð̞'man	ʑ	**Ziębịce**	*poln.* ʑɛm'bitsɛ
ɣ	**Tarragọna**	*span.* tarra'ɣona	’	**Lund**	*dän.* lon’

Nicht im Wörterverzeichnis verwendete Lautschriftzeichen

In der Einführung werden vereinzelt Lautschriftzeichen verwendet, die nicht im Wörterverzeichnis erscheinen. Sie werden an der betreffenden Stelle in der Einführung erklärt; wir verweisen auch auf die Tabelle der Internationalen Lautschrift (S. 12, 13).

Kennzeichnung der betonten Längen und Kürzen im Stichwort

Wir haben für alle Benutzer, die nur über die Hauptbetonung eines Wortes unterrichtet sein wollen, diese Betonung auch im Stichwort selbst angegeben, und zwar bei Kürze durch untergesetzten Punkt, bei Länge durch untergesetzten Strich. Nur dort, wo die Aussprache des betreffenden Vokals stark vom deutschen Lautwert abweicht oder die Betonung schwankt, unterblieb diese Kennzeichnung. Werden bei einem Stichwort deutsche und fremde Aussprache angegeben, dann bezieht sich der unter dem Stichwort stehende Punkt oder Strich auf die deutsche Aussprache.

C. Zur Einrichtung des Wörterverzeichnisses

I. Zeichen von besonderer Bedeutung

... Drei Punkte stehen bei der Auslassung von Teilen eines Stichwortes oder der Lautschrift, z. B. **Po̲dium** 'po:di̯ʊm, **...ien** ...i̯ən. Bei Auslassung von Teilen der Lautschrift wurde im allgemeinen zum mindesten das letzte mit der vorausgehenden Lautschrift übereinstimmende Zeichen gesetzt, z. B. **kapriziö̲s** kapri't͜si̯ø:s, **-e** ...ø:zə.

[] Die eckigen Klammern stehen:

1. wenn angegeben werden soll, daß der eingeklammerte Teil des Stichwortes, der geschrieben werden kann oder nicht, für die Aussprache unerheblich ist, z. B. **Tho̲rp[e]** *engl.* θɔ:p.

2. wenn angegeben werden soll, daß der eingeklammerte Teil der Lautschrift ausgesprochen werden kann oder nicht, z. B. **Entente** ã'tã:t[ə].

3. wenn angegeben werden soll, daß der eingeklammerte Teil des Stichwortes nur dann mitzusprechen ist, wenn er geschrieben wird, z. B. **McClẹllan[d]** *engl.* mə'klɛlən[d].

Der waagerechte Strich vertritt das Stichwort oder dessen Entsprechung in der Lautschrift buchstäblich, z. B. **The̲ma** 'te:ma, **-ta** -ta.

–––'– Waagerechte Striche, die die Silben eines Stichwortes buchstäblich wiedergeben, bedeuten in Verbindung mit einem senkrechten Strich, daß die zuvor angegebene Aussprache auch in der durch den senkrechten Strich gekennzeichneten Betonung gilt, z. B. **Akkusativ** 'akuzati:f, –––'– (also auch: akuza'ti:f).

Ⓦⓩ Als Warenzeichen geschützte Wörter sind durch das Zeichen Ⓦⓩ kenntlich gemacht. Etwaiges Fehlen dieses Zeichens bietet keine Gewähr dafür, daß es sich hier um ein Freiwort handelt, das von jedermann benutzt werden darf.

II. Auswahl der Stichwörter

1. Gattungsnamen

Als Grundlage für die Auswahl der Stichwörter diente Duden, Rechtschreibung, 17. Auflage, Mannheim, 1973. Fast alle darin enthaltenen einfachen Erbwörter und Lehnwörter wurden übernommen. Wichtige und lautlich interessante Präfixbildungen (beạchten), Ableitungen (bewẹglich) und Zusammensetzungen (auseinạndergelebt) konnten z. T. ebenfalls berücksichtigt werden.

Darüber hinaus ist das Wortgut des Fremdwörter-Dudens fast vollständig in diesen Band eingegangen. Zusätzliche Wörter, besonders Fremdwörter, lieferten allgemeine Nachschlagewerke, Fachwörterbücher, Aussprachewörterbücher und zweisprachige Wörterbücher.

2. Eigennamen

Ein großer Teil der Eigennamen stammt aus den unter „Gattungsnamen" erwähnten Quellen. Für die übrigen Namen wurden der Geographie-Duden, Ortsverzeichnisse, Atlanten, Karten, Fahrpläne, biographische Wörterbücher u. a. herangezogen.

Im Vordergrund stehen deutsche Namen. Aber auch die europäischen, amerikanischen und antiken Namen sind zahlreich vertreten. Besonders von den asiatischen und afrikanischen Namen konnten nur die wichtigsten aufgenommen werden, weil sonst der Umfang des Bandes gesprengt worden wäre und weil für weniger bekannte Namen aus diesen Räumen Rechtschreibung oder Aussprache oft nicht gesichert oder geregelt sind. Wer sich für die systematische Schreibung, Betonung und Aussprache griechischer, asiatischer und afrikanischer Namen interessiert, wird auf Meyers Enzyklopädisches Lexikon in 25 Bänden, Mannheim, 1971 ff. verwiesen.

III. Anordnung und Behandlung der Stichwörter

1. Allgemeines

a) Stichwörter sind **halbfett** gedruckt, ebenso ihre vollständig oder teilweise angegebenen Flexionsformen.

b) Die Reihenfolge der Stichwörter ist abecelich und hält sich an die in den Dudenbänden übliche Alphabetisierungsweise. Fremdsprachliche Stichwörter wurden wie deutsche eingeordnet. Schwedisches ö z. B. erscheint dort, wo ö im deutschen Alphabet erscheint, d. h. nach o und nicht nach ä wie im Schwedischen. Buchstaben mit diakritischen

Zeichen (ś, ź) werden wie die entsprechenden gewöhnlichen Buchstaben (s, z) eingeordnet.

c) Gleichlautende und gleichgeschriebene Stichwörter mit verschiedener Bedeutung werden nur einmal angeführt, z. B. **Bär** bɛ:ɐ̯. (In diesem Falle kann Bär das Tier bezeichnen oder ein Eigenname sein).

d) Gleichgeschriebene, aber verschiedenlautende Stichwörter mit verschiedener Bedeutung können als getrennte Stichwörter erscheinen, z. B. [1]**Bede** (Abgabe) 'be:də, [2]**Bede** (Eigenname) *engl.* bi:d.

e) Als Verweisstichwörter stehen:

1. die Transliteration (wissenschaftliche Schreibung) eines fremden Namens, wenn an einer anderen Stelle des Alphabets noch eine Transkription (volkstümliche Schreibung) des gleichen Namens steht, z. B. **Lobačevskij** vgl. Lobatschewski. Beim transkribierten (volkstümlich geschriebenen) Namen wird dann an zweiter Stelle die Transliteration noch einmal aufgeführt, z. B. **Lobatschęwski, Lobačevskij** (vgl. Duden Rechtschreibung, Mannheim, 1973, S. 791–792).
2. die an anderer Stelle des Alphabets einzuordnenden Mehrzahlformen, vor allem von Fremdwörtern, z. B. **Larghi** vgl. Largo. Bei der Einzahlform ist dann die Mehrzahlform noch einmal, und zwar hier mit ihrer Aussprache, aufgeführt, z. B. **Lạrgo** 'largo, **...ghi** ...gi.
3. die erste Steigerungsform von umlautenden Eigenschaftswörtern, z. B. **nässer** vgl. naß.

2. Angegebene Flexionsformen

Flektierte Formen werden im allgemeinen angegeben, wenn die Flexion lautverändernde Wirkung auf das Stichwort ausübt.

a) *Umlautformen bei Hauptwörtern und Eigenschaftswörtern*

Beispiele: Ạcker ['akɐ], Ạ̈cker ['ɛkɐ]; kạlt [kalt], kạ̈lter ['kɛltɐ].

b) *Starke und unregelmäßige Formen der Zeitwörter*

Diese Formen erscheinen als selbständige Stichwörter ohne Verweis auf die Grundform.

Beispiele: bö̤te ['bø:tə], dạchte ['daxtə].

c) *Regelmäßige Formen der Zeitwörter*

Diese Formen erscheinen bei der Grundform, wenn sie lautverändernd sind.

Beispiel: bịnden ['bɪndn̩], bịnd! [bɪnt].

d) *Fremde Mehrzahlformen*

Beispiele: Lạrgo ['largo], Lạrghi ['largi]; Thẹma ['te:ma], -ta [-ta].

e) *Sonstige flektierte Formen*

1. Der Wechsel von [p/b], [t/d], [k/g], [f/v], [s/z], und zwar bei Substantiven und Adjektiven mindestens an zwei Formen, bei Verben an zwei oder drei Formen.

   Beispiele: Tạg [ta:k], -e ['ta:gə]; lọs [lo:s], -e ['lo:zə]; rẹden ['re:dn̩], rẹd! [re:t]; rạsen ['ra:zn̩], rạs! [ra:s], rạst [ra:st].

2. Der Wechsel [ç/x], und zwar im Zusammenhang mit den Umlautformen.

   Beispiel: Bạch [bax], Bạ̈che ['bɛçə].

3. Der Wechsel [ɡ/ç], und zwar bei Substantiven und Adjektiven mindestens durch zwei, bei Verben durch drei Formen.

   Beispiel: Pfẹnnig ['p͜fɛnɪç], -e [...ɪɡə]; bạ̈ndigen ['bɛndɪɡn̩], bạ̈ndig! ['bɛndɪç], bạ̈ndigt ['bɛnd͜ɪçt].

4. Die Verschiebung der Betonung bei der Mehrzahlbildung.

   Beispiel: Exkavạtor [ɛkska'va:tɔr], -en [...va'to:rən].

5. Die Flexionsformen von Substantiven, bei denen eine Lautveränderung eintritt, ohne daß sie rechtschreiblich sichtbar wird.

   Beispiel: Chassi̲s ʃa'si:, des - ...i:[s], die - ...i:s.

3. Nicht angegebene Flexionsformen

a) Die flektierten Formen, bei denen die Flexion keine lautverändernde Wirkung auf das Stichwort ausübt, fehlen alle. Man findet also z. B. nicht: mạch! [max] neben: mạchen ['maxn̩] oder za̲hlst [t͜sa:lst] neben: za̲hlen ['t͜sa:lən].

b) Folgende Wechsel oder Änderungen bei Flexionsformen werden nicht verzeichnet:

   1. Der Wechsel [i/i:], [e/e:], [ɛ/ɛ:], [y/y:], [ø/ø:], [u/u:], [o/o:], [ã/ã:], [ɛ̃/ɛ̃:], [õ/õ:] unbetont am Wortende vor einem mit Konsonant beginnenden Suffix.

      Beispiele: Pụlli ['pʊli], Pụllis ['pʊli:s]; A̲u̲to ['a͜uto], A̲u̲tos ['a͜uto:s]; Pavillon ['pavɪljõ], Pạvillons ['pavɪljõ:s]

      Im Falle von [a] ist in jener Stellung [a] und [a:] möglich.

      Beispiel: The̲ma ['te:ma], The̲mas ['te:mas] oder ['te:ma:s]
      Pụllis, A̲u̲tos (zu: Auto), Pạvillons, The̲mas usw. werden nicht gebracht.

   2. Der Wechsel [əm/m̩], [ən/n̩] (vgl. S. 32–36)

      Beispiele: kle̲i̲n [kla͜in], kle̲i̲nem ['kla͜inəm]; gro̲ß [ɡro:s], gro̲ßem ['ɡro:sm̩], lạng [laŋ], lạngen ['laŋən]; we̲i̲t [va͜it], we̲i̲ten ['va͜itn̩]. kle̲i̲nem, gro̲ßem, lạngen (Adjektiv), we̲i̲ten (Adjektiv) usw. werden nicht gebracht.

   3. Der Wechsel [r/ɐ̯] (vgl. S. 50–53)

      Beispiel: fü̲hren ['fy:rən], fü̲hr! [fy:ɐ̯], fü̲hrst [fy:ɐ̯st]; U̲hr [u:ɐ̯], U̲hren ['u:rən]. fü̲hr!, fü̲hrst, U̲hren usw. werden nicht gebracht.

   4. Der Wechsel [l̩/l], [ɐ/r] (vgl. S. 32, 33, 36, 37)

      Beispiele: rạscheln ['raʃl̩n], rạschle ['raʃlə]; fạ̈chern ['fɛçɐn], fạ̈chre ['fɛçrə]. rạschle, fạ̈chre usw. werden nicht gebracht.

   5. Verschmelzung von [t] plus [s] und [ʃ] zu den Affrikaten [t͜s] und [t͜ʃ]

      Beispiele: Ra̲t [ra:t], Ra̲ts [ra:t͜s]; we̲i̲t [va͜it], we̲i̲tst [va͜it͜st]; Brẹcht [brɛçt], Brẹchtsch [brɛçt͜ʃ]. Ra̲ts, we̲i̲tst, Brẹchtsch usw. werden nicht gebracht.

      Dies trifft auch zu, wenn es sich um das Fugen-s bei Zusammensetzungen handelt.

      Beispiel: Ra̲t [ra:t], Ra̲tsherr ['ra:t͜shɛr].

   6. Veraltete Flexionsformen bei Namen, deren Flexionsendung mit einem Vokal beginnt. Bei ihnen findet der Wechsel [p/b, t/d, k/ɡ, f/v, s/z] statt.

      Beispiele: Bẹrtold ['bɛrtɔlt], Bẹrtoldens ['bɛrtɔldn̩s]; Hạns [hans], Hạnsens ['hanzn̩s].

4. Flexionsformen von Präfixbildungen und zusammengesetzten Wörtern

Werden für ein einfaches Wort Flexionsformen angegeben, dann werden diese bei den Präfixbildungen und zusammengesetzten Wörtern, die das einfache Wort enthalten, gewöhnlich nicht wiederholt.

Beispiel: ąbgängig ['apgɛŋɪç] (nicht auch: -e [...ɪgə] wie bei dem einfachen Wort gängig).

Kommt das einfache Wort selbständig nicht vor, dann werden bei der Präfixbildung und dem zusammengesetzten Wort alle jene Flexionsformen angegeben, die beim einfachen Wort angegeben worden wären.

Beispiel: erbọsen [ɛɐ̯'bo:zn̩], erbọs! [ɛɐ̯'bo:s], erbọst [ɛɐ̯'bo:st].

5. Die Behandlung der synkopierten Formen

a) Die Auslassung des **e** bei Nachsilben (vgl. Duden, Rechtschreibung, 17. Auflage, Mannheim, 1973, S. 77 f.).

Bei Verben auf -ern und -eln, bei Adjektiven und Pronomen auf -el, -er, -en wird die Form mit dem ausgelassenen (synkopierten) **e** angegeben, wenn durch diesen Ausfall die Laute [b d g r z] mit den Lauten [r l n] zusammentreffen.

Beispiele: bụ̈geln ['by:gl̩n], bụ̈gle ['by:glə]; bescheiden [bə'ʃaidn̩], ...dne [...dnə]; ụnser ['ʊnzɐ], ụnsre ['ʊnzrə].

b) Die dichterische Auslassung des **i** in -ig- (ẹw'ge) wird nicht angegeben. In diesen synkopierten Formen wird der Apostroph im allgemeinen nicht gesprochen. Man spricht ['e:fgə], ebenso leid'ge ['laitgə]. Geht aber dem Apostroph [k] oder [g] voraus – diese Fälle dürften jedoch sehr selten sein –, dann ist der Apostroph als [ɪ] zu sprechen: zụg'ge ['tsu:gɪgə].

6. Stichwörter mit verschiedener Betonung und verschiedener Bedeutung

Haben Verben je nach Betonung verschiedene Bedeutungen, dann wird dieser Unterschied ohne Erklärung der verschiedenen Bedeutungen durch arabische Ziffern angezeigt, z. B. durchdringen: 1. 'dʊrçdrɪŋən 2. –'––. Wer den Bedeutungsunterschied nachsehen will, muß den Rechtschreibband des Großen Dudens benutzen.

Stehen bei einem Stichwort mit verschieder Betonung keine arabischen Ziffern, dann heißt das, daß bei beiden Betonungen die Bedeutung dieselbe ist, z. B. durchblättern ['dʊrçblɛtɐn, –'––].

Für viele zusammengesetzte deutsche Ortsnamen gelten andere Gesichtspunkte. Wenn bei ihnen zwei verschiedene Betonungen angegeben werden, dann bedeutet dies, daß der Ortsname entweder mit der einen Betonung einen bestimmten Ort, mit der anderen Betonung einen anderen Ort bezeichnet oder daß bei demselben Ort beide Betonungen vorkommen. Im ersteren Falle war eine genauere Zuordnung von Betonung und zugehörigem Ort nicht möglich, weil allzu häufig mehrere Orte den gleichen Namen tragen.

7. Sprachangaben

a) *Deutsche Aussprache*

Steht zwischen dem Stichwort und seiner Lautschrift keine Sprachangabe, dann gibt die Lautschrift die deutsche Aussprache an.

Beispiele: Haus [haus], Petrọnius [pe'tro:ni̯ʊs], Lịssabon ['lɪsabɔn].

b) *Fremdsprachliche Aussprache*

Steht zwischen einem Stichwort und seiner Lautschrift eine Sprachangabe (kursiv gedruckte Abkürzung; vgl. S. 20, 9), dann gibt die Lautschrift die Aussprache in der betreffenden Sprache an.

Beispiel: Dạrkov *tschech.* [ˈdarkɔf].

c) *Deutsche und fremdsprachliche Aussprache*

Folgen bei einem Stichwort einer Lautschrift ohne Sprachangabe Lautschriften mit einer oder mehreren fremden Sprachangaben, dann gibt die Lautschrift ohne Sprachangabe die deutsche, die Lautschrift mit Sprachangabe die fremde Aussprache wieder.

Beispiel: Elvi̲ra [ɛlˈviːra], *span.* [ɛlˈβira], *engl.* [ɛlˈvaɪərə].

In diesen Fällen steht die deutsche Aussprache immer an erster Stelle. In der Reihenfolge der fremden Aussprachen liegt keine Wertung.

8. Besondere Hinweise

a) *Rechtschreibung der Stichwörter*

Grundsätzlich halten wir uns auch in diesem Band an die geltende Rechtschreibung. Der Zweck des Buches erforderte es aber, daß wir in vielen Fällen, vor allem bei erdkundlichen Namen aus Sprachen, die nicht mit lateinischen Buchstaben geschrieben werden, Doppel- oder gar Dreifachschreibungen aufnehmen mußten. Schließlich wurden aus Raumgründen gelegentlich zwei Wörter zu einem Stichwort zusammengefaßt, z. B. Arnd und Arndt zu: Arnd[t], weil in beiden Fällen die Aussprache [arnt] ist. Gerade hier zeigt sich, daß dieses Buch nur zur Feststellung einer Aussprache dient, aber nicht als Rechtschreibbuch benutzt werden darf.

b) *seltene Beugungsformen*

Die Tatsache, daß wir für seltene Beugungsformen die Aussprache angeben, bedeutet nicht, daß wir diese Formen zum Gebrauch empfehlen. Wir geben sie aus Gründen der Vollständigkeit.

Beispiel: bewạld! [bəˈvalt]. (Diese Form ist in dichterischer Sprache denkbar).

9. Im Wörterverzeichnis für Sprachen verwendete Abkürzungen

afr.	afrikaans	*niederl.*	niederländisch
alban.	albanisch	*norw.*	norwegisch
bras.	brasilianisch	*pers.*	persisch
B	bühnenaussprachlich	*poln.*	polnisch
bulgar.	bulgarisch	*port.*	portugiesisch
dän.	dänisch	*rät.*	rätoromanisch
dt.	deutsch	*rumän.*	rumänisch
engl.	englisch	*russ.*	russisch
finn.	finnisch	*schwed.*	schwedisch
fr.	französisch	*serbokr.*	serbokroatisch
indon.	indonesisch	*slowen.*	slowenisch
isl.	isländisch	*slowak.*	slowakisch
it.	italienisch	*span.*	spanisch
kat.	katalanisch	*tschech.*	tschechisch
korean.	koreanisch	*türk.*	türkisch
mak.	makedonisch	*ung.*	ungarisch
neugr.	neugriechisch		

D. Aussprache deutscher Affixe

I. Suffixe und Suffixfolgen

-bar	[ba:ɐ̯]	-igen	[ɪgn̩]
-chen	[çən]	-igkeit	[ɪçkai̯t]
-e	[ə]	-iglich	[ɪklɪç]
-ei	[ai̯]	-igs	[ɪçs]
-el	[əl/l̩]	-igst	[ɪçst]
-elchen	[əlçən/l̩çən]	-igt	[ɪçt]
-elei	[əlai̯]	-in	[ɪn]
-eln	[əln/l̩n]	-innen	[ɪnən]
-elnd	[əlnt/l̩nt]	-isch	[ɪʃ]
-elnde	[əlndə/l̩ndə]	-keit	[kai̯t]
-elst	[əlst/l̩st]	-lei	[lai̯]
-elt	[əlt/l̩t]	-lein	[lai̯n]
-em	[əm/m̩]	-ler	[lɐ]
-en	[ən/n̩]	-lich	[lɪç]
-end	[ənt/n̩t]	-lichen	[lɪçn̩]
-ende	[əndə/n̩də]	-ling	[lɪŋ]
-entlich	[əntlɪç/n̩tlɪç]	-lings	[lɪŋs]
-er	[ɐ]	-los	[lo:s]
-erchen	[ɐçən]	-lose	[lo:zə]
-erei	[ərai̯]	-losigkeit	[lo:zɪçkai̯t]
-erich	[ərɪç]	-ner	[nɐ]
-erisch	[ərɪʃ]	-nis	[nɪs]
-erl	[ɐl]	-nisse	[nɪsə]
-ern	[ɐn]	-s	[s]
-ernd	[ɐnt]	-sal	[za:l]
-ernde	[ɐndə]	-sam	[za:m]
-erst	[ɐst]	-sch	[ʃ]
-ert	[ɐt]	-schaft	[ʃaft]
-es	[əs]	-sche	[ʃə]
-est	[əst]	-t	[t]
-et	[ət]	-te	[tə]
-haft	[haft]	-tel	[tl̩]
-haftig	[haftɪç]	-tum	[tu:m]
-haftigkeit	[haftɪçkai̯t]	-tümelei	[ty:məlai̯]
-heit	[hai̯t]	-tümler	[ty:mlɐ]
-ich	[ɪç]	-tümlich	[ty:mlɪç]
-icht	[ɪçt]	-ung	[ʊŋ]
-ig	[ɪç]	-wärts	[vɛrt͜s]
-ige	[ɪgə]		

Bemerkungen

1. [ai̯] am Ende der obigen Formen ist betont, z. B. Esel<u>ei</u> [e:zə'lai̯]
2. bei Hinzutritt von [s], [ʃ] und [ʃə] an ein vorausgehendes [t] ergeben sich die Affrikaten [t͜s] bzw. [t͜ʃ]; z. B. Rạts [ra:t͜s], Kạntsch [kant͜ʃ], Brẹchtsche ['brɛçt͜ʃə].
3. Für den Wechsel [əl/l̩] vgl. S. 36, 37; für den Wechsel [əm/m̩] vgl. S. 33, 34; für den Wechsel [ən/n̩] vgl. S. 34–36.

II. Präfixe

be-	[bə]	ge-	[gə]
ent-	[ɛnt]	ver-	[fɛɐ̯]
er-	[ɛɐ̯]	zer-	[t͜sɛɐ̯]

E. Allgemeine phonetische Begriffe und Bemerkungen

Die folgenden Ausführungen über allgemeine Phonetik gelten nicht besonders für das Deutsche oder eine andere Sprache. Sie beziehen sich vielmehr auf Sprachen im allgemeinen. Die Beispiele allerdings werden mit Vorliebe aus dem Deutschen und den bekannten Fremdsprachen genommen. Wir beschreiben die lautlichen Erscheinungen vorzugsweise so, wie sie zustande kommen (d. h. artikulatorisch), und nicht, wie sie akustisch aufgebaut sind, weil die artikulatorische Erklärung für den weniger geschulten Benutzer verständlicher und nützlicher ist als die akustische.

I. Grundbegriffe[1]

1) Klangfarbe (Qualität)

Die einzelnen Laute unterscheiden sich durch verschiedene Klangfarbe. [a] hat eine andere Klangfarbe als [o], [s] eine andere als [k].

2) Länge (Dauer, Zeitdauer, Quantität)

Laute können mit verschiedener Dauer (Zeitdauer) gesprochen werden. [a] in Bạnn [ban] ist kurz, [aː] in Bạhn [baːn] ist lang. [m] in Stịmme [ˈʃtɪmə] ist kurz, [mm] in Stịmmittel [ˈʃtɪmmɪtl̩] ist lang.

3) Stärke (Intensität, Stärkebetonung, dynamischer Akzent)

Laute können mit mehr oder weniger Stärke gesprochen werden. In Kạppa [ˈkapa] ist [a] von [ˈka] stärker betont als [a] von [pa].

4) Tonhöhe (musikalischer Akzent, Intonation)

Vokale und stimmhafte Konsonanten können verschieden hoch oder tief gesprochen werden, so, wie man beim Singen oder auf einem Musikinstrument verschieden hohe oder tiefe Töne hervorbringt.

5) Laute (Phone)

Ein Laut unterscheidet sich von einem anderen durch verschiedene Klangfarbe. So sind [ç] in dịch [dɪç] und [x] in Dạch [dax] verschiedene Laute. Sie können vom menschlichen Gehör als verschieden wahrgenommen werden. Ebenso sind [r] in Rạtte [ˈratə] und [l] in Lạtte [ˈlatə] verschiedene Laute. Laute (Phone) schreibt man gewöhnlich in eckigen Klammern.

6) Phoneme

Zwei Laute sind verschiedene Phoneme, wenn sie in derselben lautlichen Umgebung vorkommen und verschiedene Wörter unterscheiden können. So

[1] Vgl. Otto von Essen, Allgemeine und angewandte Phonetik, Berlin, 1966; Maria Schubiger, Einführung in die Phonetik, Berlin, 1970; Max Mangold, Sprachwissenschaft, Darmstadt (1973), S. 21–121.

sind [r] und [l] verschiedene Phoneme, denn erstens treten sie in derselben lautlichen Umgebung auf, z. B. vor [a] in Ratte ['ratə] und Latte ['latə], und zweitens unterscheiden sie verschiedene Wörter, z. B. Ratte ['ratə] und Latte ['latə]. Phoneme und mit Phonemen geschriebene Wörter setzt man zwischen schräge Striche: /r/, /l/; /'ratə/, /'latə/.
Im weiterem Sinne bezeichnet man als Phoneme verschiedene Längen, Stärken und Tonhöhen, wenn sie in derselben lautlichen Umgebung vorkommen und verschiedene Wörter unterscheiden können. In der Standardaussprache gibt es zwei Längenphoneme: kurz und lang; denn /kurz/ und /lang/ können erstens in derselben lautlichen Umgebung vorkommen, z. B. in Bann [ban] /ban/ (mit /kurzem/ [a]) u. Bahn [ba:n] /ba:n/ (mit /langem/ [a]), und zweitens können sie verschiedene Wörter unterscheiden, z. B. Bann [ban] und Bahn [ba:n]. Unterschiede in Klangfarbe, Länge, Stärke und Tonhöhe, die dazu dienen, verschiedene Wörter zu unterscheiden, bezeichnen wir als phonemische (phonematische, phonologische) Unterschiede. Wörter, die sich nur durch ein einziges Phonem unterscheiden, heißen minimale Paare. Minimale Paare sind: liegt /li:t/ ≠ litt /lɪt/; Maß /ma:s/ ≠ Moos /mo:s/; Kreis /kra͜is/ ≠ Greis /gra͜is/; Ratte /'ratə/ ≠ Latte /'latə/.
Phoneme können verschiedene Varianten (Allophone) haben: stellungsbedingte und freie Varianten.

a) Stellungsbedingte Varianten

Stellungsbedingte Varianten können keine Wörter unterscheiden und nicht in derselben lautlichen Umgebung auftreten. So sind bei einem gegebenen kleinen Wort- und Formenschatz der Laut [ç] – wie in dich [dɪç] – und der Laut [x] – wie in Dach [dax] – stellungsbedingte Varianten ein und desselben Phonems, nämlich des Phonems, das wir /x/ schreiben können. Erstens kommt [ç] nicht in der lautlichen Umgebung vor, wo [x] auftritt, und [x] kommt nicht in der lautlichen Umgebung vor, wo [ç] steht; in der Tat tritt [ç] gewöhnlich nach den vorderen Vokalen ([ɪ œ] u. a.) und nach Konsonanten wie in dich [dɪç], manch [mançl auf, während [x] nach nichtvorderen Vokalen wie [ʊ a ɔ] auftritt, z. B. in Dach [dax]. Somit schließen sich [x] und [ç] in derselben lautlichen Umgebung gegenseitig aus. Zweitens kann man mit [ç] und [x] nicht verschiedene Wörter unterscheiden. Es ist dafür gleichgültig, ob man [dax] oder [daç] spricht. Höchstens kann man sagen, daß die Aussprache [daç] nicht der Standardaussprache entspricht.

b) Freie Varianten (fakultative Varianten)

Freie Varianten eines Phonems sind verschiedene Laute, die in derselben lautlichen Umgebung auftreten können, ohne Wörter zu unterscheiden. In der Standardaussprache sind vor Vokal das mehrschlägige Zungenspitzen-R [r], das einschlägige Zungenspitzen-R [ɾ], das gerollte Zäpfchen-R [ʀ] und das Reibe-R [ʁ] freie Varianten des Phonems /r/. In Ratte z. B. sind alle vier R-Aussprachen möglich. Verschiedene Wörter ergeben sich dadurch nicht.

c) Phonemvariation

Es kommt vor, daß in bestimmten Wörtern ein Phonem durch ein anderes ersetzt werden kann, ohne daß sich die Bedeutung ändert. Man heißt das Phonemvariation. Sie ist in der Standardaussprache selten, z. B. jenseits /'je:nza͜its/, /'jɛnza͜its/. /e:/ und /ɛ/ sind verschiedene Phoneme.

7) Phonemische Schrift

Eine phonemische Schrift ist eine Lautschrift, in der nur Phoneme und keine stellungsbedingten und freien Varianten geschrieben werden. Sie würde – bei einem gegebenen kleinen Wort- und Formenschatz – z. B. dịch [dɪx] und Dạch [dax] schreiben, nicht aber dịch [dɪç] und Dạch [dax]. Die phonemische Schrift könnte so das Zeichen [ç] einsparen. Sie wäre einfacher. Trotzdem haben wir grundsätzlich – mit Ausnahme der ausgesprochen phonemischen Abschnitte zur deutschen Hochlautung – im allgemeinen auf eine phonemische Schrift verzichtet und uns entschlossen, eine beschränkte Anzahl von stellungsbedingten Varianten aufzunehmen, während die freien Varianten in der Lautschrift im allgemeinen nicht angegeben werden. Die Gründe zu diesem Entschluß sind folgende:

1. Die Schreibungen [dɪx], [dax] würden manche Leser leicht dazu bringen, in beiden Wörtern [x] (stimmlosen velaren Reibelaut) zu sprechen, besonders Ausländer oder Deutschsprechende, die in mundartlicher Aussprache der Hochsprache dịch [dɪx] sprechen, wo in der Standardaussprache [dɪç] gesprochen wird.

2. In der Lautschrift des Deutschen besteht eine gewisse Tradition (Siebs, Viëtor, Langenscheidt u. a.), die sicherlich auch pädagogischen Bemühungen entspricht. Nach dieser Tradition geben die Lautschriften von jeher mehr oder weniger zahlreiche stellungsbedingte Varianten an.

3. Die phonemische Analyse des Deutschen ist umstritten. Sie schwankt je nach der zugrundeliegenden Analysiermethode, nach der Erfassung der Flexion und Wortbildung und nach Art und Umfang des berücksichtigten Wortschatzes. Je größer der Wort- und Formenschatz, desto schwieriger ist es, die Zahl der Phoneme festzustellen. Besonders schwierig gestaltet sich die Aufstellung eines Phonemsystems für die Umgangslautung.

4. Unsere Umschrift der fremdsprachlichen Aussprache will den Benutzer möglichst nahe an diese Aussprache heranbringen, was man eher mit einer genauen Lautschrift erreicht. Wir schreiben z. B. Thorẹz [tɔ'rɛːz], obwohl die Länge von [ɛ] phonemisch irrelevant ist. Wir nehmen an, daß mit der Umschrift [tɔ'rɛːz] dem Leser mehr gedient ist. Die phonemische Schrift hätte für ihn erst dann einen gewissen Sinn, wenn er sich Grammatik und Wortschatz der Fremdsprache aneignen wollte.

5. Im Fremdsprachenunterricht hatte bisher – jedenfalls innerhalb des eigentlichen Ausspracheunterrichts – die lautlich genauere nichtphonemische Umschrift das Übergewicht.

8) Silbe (Sprechsilbe) und Silbengrenze (lautliche)

Die in einem Wort besonders hervortretenden Laute heißen Silbenträger. Als Silbenträger (Silbengipfel) treten meistens Vokale, aber auch Konsonanten auf, besonders [m n ŋ l r]. Man sagt dann, [m n ŋ l r] seien silbisch, und schreibt genauer: [m̩ n̩ ŋ̍ l̩ r̩]. So wird in der Standardaussprache rẹden wie ['reːdn̩] gesprochen, wobei [eː] Silbenträger der ersten Silbe und [n̩] Silbenträger der zweiten Silbe ist.

Treten Vokale als Nichtsilbenträger auf, dann nennt man sie unsilbisch. So ist im Diphthong [au̯] des Wortes Ha̲u̲s [hau̯s] der Vokal [u] unsilbisch, während der Vokal [a] silbisch, d. h. Silbenträger, ist. In der Standardaussprache treten auch [i u y o] unsilbisch auf, z. B. in sexuẹll [zɛ'ksu̯ɛl]. Besonders Vokale mit hoher Zungenlage wie [i u y] kommen unsilbisch vor. Dort, wo eine Silbe aufhört oder beginnt, ist die Silbengrenze. In rẹden ['re:dn̩] ist die Silbengrenze zwischen [e:] und [d], also ['re:-dn̩].

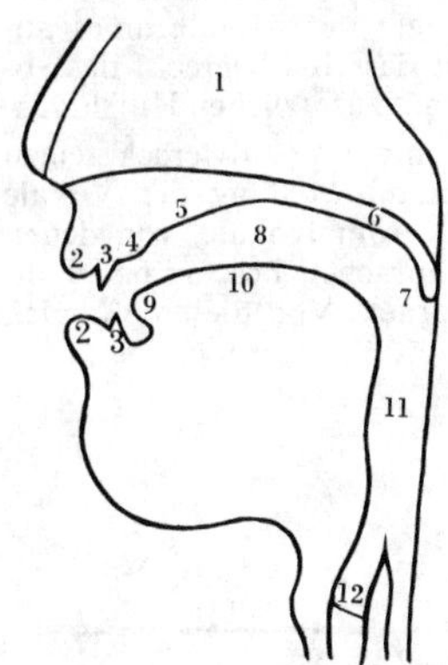

Querschnitt durch die Sprechwerkzeuge

1 Nasenraum (Cavum nasi)
2 Lippen (Labia)
3 Zähne (Dentes)
4 Alveolen (Zahndamm)
5 harter Gaumen (Vordergaumen, Palatum)
6 weicher Gaumen (Hintergaumen, Gaumensegel, Velum)
7 Zäpfchen (Gaumenzäpfchen, Halszäpfchen, Uvula)
8 Mundraum (Cavum oris)
9 Zungenspitze (Apex)
10 Zungenrücken (Dorsum)
11 Rachen (Pharynx, Fauces)
12 Stimmlippen im Kehlkopf (Larynx)

II. Vokale (Selbstlaute)

Vokale (Selbstlaute) sind Laute, bei denen die Stimmlippen im Kehlkopf schwingen und die Atemluft ungehindert durch Mund bzw. durch Mund und Nase ausströmt. Der Zungenrücken darf eine gewisse Grenzlinie nach oben nicht überschreiten.

1) Zungen- und Lippenstellung

Die Klangfarbe hängt vor allem von der Stellung des Zungenrückens und der Lippen ab.

a) Höhe der Zunge (Vertikallage der Zunge)

Je weiter oben der höchste Punkt des Zungenrückens liegt, desto höher (geschlossener) ist ein Vokal. Bei [i:] in Kino ['ki:no] ist der höchste Punkt des Zungenrückens höher als bei [e:] in Mẹhl [me:l]. Man sagt auch, [i:] sei geschlossener als [e:]. Umgekehrt ist bei [e:] der höchste Punkt des Zungenrückens tiefer als bei [i:]. Man sagt auch, [e:] sei offener als [i:].

b) Horizontallage der Zunge

Je weiter vorn im Mund der höchste Punkt des Zungenrückens ist, desto heller ist ein Vokal. Je weiter hinten der höchste Punkt des Zungenrückens ist, desto dunkler ist ein Vokal. Bei [i:] in biete ist der höchste Punkt des Zungenrückens vorn, bei [u:] in gụt [gu:t] ist er hinten, bei [ə] in mạche ['maxə] ist er in der Mitte. Man sagt auch, [i:] sei ein vorderer, [u:] ein hinterer Vokal.

c) Lippenstellung

Vokale werden mit gerundeten oder ungerundeten Lippen gesprochen. Bei [y:] in ụbel ['y:bl̩] sind die Lippen gerundet, bei [i:] in Biene ['bi:nə] sind sie nicht gerundet (ungerundet). Man sagt auch, [y:] sei gerundet (labial) und [i:] ungerundet (nichtlabial).

2. Vokalviereck

Vokale werden in einem Bereich des Mundraumes artikuliert. Dieser Bereich wird etwas vereinfacht durch das Viereck innerhalb des Mundraumes auf der Zeichnung links dargestellt. Rechts erscheint dasselbe Viereck, das sogenannte Vokalviereck, in vergrößerter Form und mit zusätzlichen Hilfslinien.

Die Zungenstellung der Vokale läßt sich am besten am Vokalviereck zeigen (Abb. S. 26). In dem Viereck zeigen wir nicht die Stellung der Vokale einer bestimmten Sprache, sondern sogenannte Kardinalvokale, von denen aus sich die Stellung der Vokale der einzelnen Sprachen beschreiben läßt. Die Lippenstellung kommt dabei nicht zum Ausdruck. Von diesen Vokalen sind:

ungerundet [i ɪ e ɛ æ a ɨ ə ɐ ɯ ɤ ʌ ɑ],
gerundet [y ʏ ø œ ʉ u ʊ o ɔ ɒ].

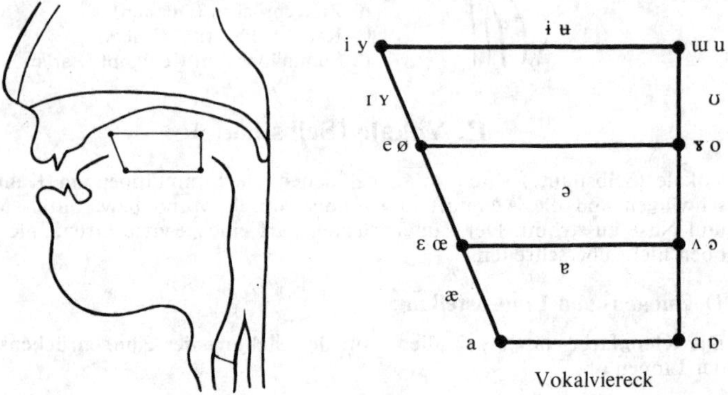

Sprechwerkzeuge mit Vokalviereck im Mundraum

3. Diphthonge

Im Gegensatz zu den Monophthongen (einfachen Vokalen) bestehen Diphthonge (Zwielaute, Doppellaute) aus zwei Vokalen, von denen der eine silbisch (Silbenträger) und der andere unsilbisch ist. Im deutschen Diphthong [au̯] wie in Haus [haus] ist [a] silbisch, [u] unsilbisch. Genauer gesagt, sind Diphthonge Gleitlaute, bei denen die Zunge oder die Zunge zusammen mit den Lippen eine Gleitbewegung von einem Vokal zu einem anderen durchführt.

4. Orale Vokale und nasale Vokale

Bei den oralen Vokalen (Mundvokalen) ist das Gaumensegel nicht gesenkt. Die Luft kann nur durch den Mund entweichen. Die gewöhnlichen deutschen Vokale sind oral, z. B. [a:] in Tag [ta:k].

Bei den nasalen Vokalen (Nasenvokalen) ist das Gaumensegel gesenkt, der Nasenraum bildet einen Resonanzraum. Die Luft entweicht durch den Mund oder durch Mund und Nase, z. B. [ɛ̃:] in Teint [tɛ̃:].

III. Konsonanten (Mitlaute)

Konsonanten (Mitlaute) sind Laute, bei denen ausströmende Atemluft während einer gewissen Zeit gehemmt (gestoppt) oder eingeengt wird.

1. Artikulationsart (Artikulationsmodus, Überwindungsmodus)

Artikulationsart ist die Art, wie Konsonanten artikuliert (gebildet, ausgesprochen) werden.

a) Verschlußlaute (Sprenglaute, Momentanlaute, Klusile, Okklusive, Explosive, Plosive, Mutae)

Bei den Verschlußlauten wird ein Verschluß gebildet. Die Luft wird während einer gewissen Zeit am Ausströmen gehindert: [p b t d c ɟ k g q ʼ (oder [|])].

b) Nasenlaute (Nasale, Nasalkonsonanten)

Bei den Nasenlauten entweicht die Luft durch die Nase. Der Mund ist geschlossen: [m ɱ n ɲ ŋ].

c) Seitenlaute (Laterale)

Bei den Seitenlauten entweicht die Luft nicht durch den ganzen Mund, sondern auf einer Seite oder auf beiden Seiten der Zunge: [l ʎ ɫ].

d) Schwinglaute (Zitterlaute, Gerollte, mehrschlägige Laute, Vibranten)

Bei den Schwinglauten schwingt die Zungenspitze oder das Zäpfchen hin und her (vibriert, rollt): [r ʀ].

e) Geschlagene Laute (einschlägige Laute)

Bei den geschlagenen Lauten schwingt die Zungenspitze oder das Zäpfchen nur einmal: [ɾ ʀ].

f) Reibelaute (Engelaute, Frikative, Spiranten, Konstriktive)

Bei den Reibelauten wird die ausströmende Luft eingeengt. Es entsteht ein Reibegeräusch: [β f v θ ð̥ ð ɹ s z ʃ ʒ ɕ ʑ ç j x ɣ ʁ]. [s z ʃ ʒ ɕ ʑ] nennt man *Zischlaute (Sibilanten)*; bei ihnen wird zusätzlich in der vorderen Zungenmitte eine Längsrille gebildet.

g) Affrikaten

Affrikaten sind eng zusammen ausgesprochene, zu derselben Silbe gehörende Verschluß- und Reibelaute mit ungefähr gleicher Artikulationsstelle (homorgan): [pf], [ts] u. a.

2. Artikulationsstelle (Hauptartikulationen)

Artikulationsstelle ist die Stelle, an der Konsonanten artikuliert werden.

a) Lippenlaute (Bilabiale)

Bei den Lippenlauten artikulieren Unter- und Oberlippe gegeneinander: [p b m β w ɥ].

b) Lippenzahnlaute (Labiodentale)

Bei den Lippenzahnlauten artikuliert die Unterlippe gegen die oberen Schneidezähne: [ɱ f v].

c) Zahnlaute (Dentale) und Alveolare

Bei den Zahnlauten und Alveolaren artikuliert die Zungenspitze oder der vorderste Zungenrücken gegen die oberen Schneidezähne (Dentale; genauer: Apikodentale bzw. Dorsodentale) oder gegen die Alveolen (Alveolare; genauer: Apikoalveolare bzw. Dorsoalveolare): [t d n l r ɾ θ θ̬ ð s z ɹ].

d) Palatoalveolare

Bei den Palatoalveolaren artikuliert die Zungenspitze oder der vordere Zungenrücken gegen den hinteren Teil der Alveolen oder den vordersten Teil des harten Gaumens (Apiko-Palatoalveolare oder Dorso-Palatoalveolare): [ʃ ʒ].

e) Alveolopatatale

Die Vorderzunge artikuliert gegen die hinteren Alveolen und den vorderen harten Gaumen (Dorsoalveolopalatale): [ɕ ʑ].

f) Vordergaumenlaute (Palatale)

Bei den Vordergaumenlauten artikuliert der vordere Zungenrücken gegen den harten Gaumen (Dorsopalatale): [c ɟ ɲ ʎ ç j ɥ].

g) Hintergaumenlaute (Velare)

Bei den Hintergaumenlauten artikuliert der hintere Zungenrücken gegen den weichen Gaumen (Dorsovelare): [k g ŋ x ɣ w].

h) Zäpfchenlaute (Gaumenzäpfchenlaute, Halszäpfchenlaute, Uvulare)

Bei den Zäpfchenlauten artikuliert der hinterste Teil des Zungenrückens gegen das Zäpfchen (Dorsouvulare): [q ʀ ʁ].

i) Stimmritzenlaute (Kehlkopflaute, Glottale, Laryngale)

Die Stimmritzenlaute werden in der Stimmritze (Glottis; = Spalt zwischen den Stimmlippen) gebildet: [' (oder [|]) h].

3. Stimmhaftigkeit (Sonorität)

Schwingen die Stimmlippen im Kehlkopf, dann ist der Konsonant *stimmhaft*. Das Schwingen läßt sich leicht nachprüfen, indem man die Hand an den Kehlkopf legt. So ist zum Beispiel [z] in Sọnne ['zɔnə] oder in Hạse ['ha:zə] stimmhaft. Schwingen die Stimmbänder nicht, dann ist der Konsonant *stimmlos*, z.B. bei [s] in Hạß [has] oder in hạsse ['hasə]. Stimmhafte Verschlußlaute heißen vereinzelt *Mediä*: [b d g], stimmlose Verschlußlaute *Tenues*: [p t k].

4. Stärke (Intensität)

Konsonanten können als starke (Fortes) oder als schwache Konsonanten (Lenes) gesprochen werden.

5. Behauchung (Aspiration)

Konsonanten sind behaucht (aspiriert), wenn auf sie eine mehr oder weniger große Menge frei ausströmender Atemluft folgt. In der Hochlautung ist z. B. [p] in Pąß [pas] stark behaucht, genauer: [pʰas].

6. Zusätzliche Artikulationen (sekundäre Artikulationen)

Zusätzlich zu den Hauptartikulationen (siehe Artikulationsstelle; S. 27, 28) können Konsonanten sekundär artikuliert werden. Es kommen für uns besonders in Frage: Labialisierung, Palatalisierung, Velarisierung.

a) Labialisierung

Zusätzlich zur Hauptartikulation werden die Lippen gerundet. Der Laut [ʃ] in Schạch [ʃax] ist in der Standardaussprache labialisiert, d. h., er wird mit zusätzlicher Rundung der Lippen gesprochen.

b) Palatalisierung

Zusätzlich zur Hauptartikulation wird der vordere Teil des Zungenrückens gegen den vorderen (harten) Gaumen gehoben. Im Russischen hat [l] in Stạlin ['stalin] dentale Hauptartikulation (Zungenspitze an den oberen Schneidezähnen). Zusätzlich wird der vordere Teil des Zungenrückens gegen den vorderen Gaumen gehoben, d. h., [l] ist palatalisiert (genaues Zeichen: [ᶅ]. Die Palatalisierung wird auch – weniger wissenschaftlich – Erweichung, Mouillierung oder Jotierung genannt.

c) Velarisierung

Zusätzlich zur Hauptartikulation wird der hintere Teil des Zungenrückens gegen den hinteren (weichen) Gaumen gehoben. Im Englischen hat [l] in Bịll [bɪl] alveolare Hauptartikulation (Zungenspitze an den Alveolen). Zusätzlich wird der hintere Teil des Zungenrückens gegen den hinteren Gaumen gehoben, d. h., [l] ist velarisiert (genaues Zeichen: [ɫ]). Volkstümlich spricht man von „dunklem“ [l].

F. Hochlautung

I. Standardaussprache

Die deutsche Sprache wird verschieden ausgesprochen. In der Tat wird ihre Aussprache auch verschieden beschrieben. Wiederholt hat man versucht, eine bestimmte Aussprache festzulegen, ähnlich wie man die Rechtschreibung genormt hat. Doch hat bisher kein Versuch dazu geführt, daß eine bestimmte Aussprache von Amts wegen als die einzig richtige und zulässige anerkannt worden wäre. Der bekannteste Versuch dieser Art war die „Deutsche Bühnenaussprache“[1]. Sie wurde von Theodor Siebs und anderen Fachleuten gegen Ende des letzten Jahrhunderts erarbeitet. Später wurde sie zusätzlich als „Hochsprache“ und dann auch als „Hochlautung“ bezeichnet. Die vorliegende 2. Auflage dieses Aussprachewörterbuchs trägt der Entwicklung der Aussprache des Deutschen in neuester Zeit Rechnung[2]. Die aus dem 19. Jahrhundert stammenden Normen der Bühnenhochlautung (Bühnenaussprache), die noch die 1. Auflage prägten, sind aufgegeben worden. Die heute als übersteigert empfundene Bühnenaussprache ist durch eine allgemeinere Gebrauchsnorm ersetzt worden, die wir hier Standardaussprache nennen.

[1]Vgl. Siebs, Deutsche Hochsprache, 1. Auflage, Berlin, 1898.

[2]Sie verwertet auch die Ergebnisse von großangelegten, systematischen Untersuchungen, die seit den Fünfzigerjahren in der DDR durchgeführt worden sind, vgl. vor allem Wörterbuch der Deutschen Aussprache, 3. Aufl., Leipzig, 1971.

Die wesentlichen Züge dieser Standardaussprache sind folgende:

1. Sie ist eine Gebrauchsnorm, die der Sprechwirklichkeit nahe kommt. Sie erhebt jedoch keinen Anspruch darauf, die vielfältigen Schattierungen der gesprochenen Sprache vollständig widerzuspiegeln.

2. Sie ist überregional. Sie enthält keine typisch landschaftlichen Ausspracheformen.

3. Sie ist einheitlich. Varianten werden ausgeschaltet oder auf ein Mindestmaß beschränkt.

4. Sie ist schriftnah, d. h. sie wird weitgehend durch das Schriftbild bestimmt.

5. Sie ist deutlich. Sie unterscheidet die Laute stärker als die Umgangslautung andererseits schwächer als die zur Überdeutlichkeit neigende Bühnenaussprache.

1. Vokale

a) Phoneme (Vokalphoneme)

Unter Berücksichtigung des Wort- und Formenschatzes, wie er in der Duden-Rechtschreibung erscheint, können folgende Phoneme (Vokalphoneme) mit ihren Allophonen angenommen werden:

Phonem	Allophone	Phonem	Allophone
/i:/	[i: i i̯]	/ə/	[ə]
/ɪ/	[ɪ]	/u:/	[u: u u̯]
/e:/	[e: e]	/ʊ/	[ʊ]
/ɛ:/	[ɛ:]	/o:/	[o: o o̯]
/ɛ/	[ɛ]	/ɔ/	[ɔ]
/a:/	[a:]	/ɛ̃:/	[ɛ̃: ɛ̃]
/a/	[a]	/ã:/	[ã: ã]
/y:/	[y: y y̆]	/œ̃:/	[œ̃: œ̃]
/ʏ/	[ʏ]	/õ:/	[õ: õ]
/ø:/	[ø: ø]	/ai̯/	[ai̯]
/œ/	[œ]	/au̯/	[au̯]
		/ɔy̆/	[ɔy̆]

Bemerkungen zu den Vokalphonemen

1. Es ist angebracht, [m̩], [n̩], [l̩] und [ɐ] als die Phonemfolgen /əm/, /ən/, /əl/ und /ər/ aufzufassen.

Beispiele: groß̣em /'gro:səm/ ['gro:sm̩], rẹden /'re:dən/ ['re:dn̩], ẹdel /'e:dəl/ ['e:dl̩], bẹsser /'bɛsər/ ['bɛsɐ].

2. Die steigenden Diphthonge wie [i̯ə i̯ɔ y̆i: u̯ə o̯a] u. a. lassen sich als die Phonemfolgen /i:ə i:ɔ y:i: u:ə o:a/ u. a. auffassen.

Beispiele: Stụdie /'ʃtu:di:ə /['ʃtu:di̯ə], loyạl /lo:a'ja:l /[lo̯a'ja:l].

3. Die fallenden Diphthonge mit [ɐ̯] als zweitem Bestandteil (sogenannte „zentrierende" Diphthonge) lassen sich als Phonemfolgen /langer Vokal/ plus /r/ auffassen.

Beispiele: Bier /bi:r/ [bi:ɐ̯], Friseur /fri:'zø:r/ [fri'zø:ɐ̯], Genre /ʒã:r/ [ʒã:ɐ̯].

4. In der differenzierten *Gymnasialaussprache*[1] gibt es betont die zusätzlichen Phoneme: /i/ [i], /e/ [e], /y/ [y], /u/ [u], /o/ [o], z. B. in Epịtheton /e:'pite:tɔn/

---

[1] Max Mangold, Deutsche Vokale und Gymnasialaussprache, in: Sprechwissenschaft und Kommunikation, 3. Band der Schriftenreihe Sprache und Sprechen, 1972, S. 79–92.

[e'pitetɔn]. In der einfachen Gymnasialaussprache werden diese Phoneme durch die Phoneme /ɪ ɛ ʏ ʊ ɔ/ ersetzt, z. B. in Epịtheton /e:'pɪte:tɔn/ [e'pɪtetɔn]. In deutscher Aussprache treten dafür die Phoneme /i: e: y: u: o:/ ein, z. B. Epịtheton /e:'pi:te:tɔn/ [e'pi:tetɔn]. In diesem Buch wird auf die Wiedergabe der differenzierten, im allgemeinen auch der einfachen Gymnasialaussprache verzichtet. Wer bestrebt ist, betonte Vokale in Fremdwörtern griechischen und lateinischen Ursprungs im Sinne der Gymnasialaussprache mit der Quantität der Ursprungssprache auszusprechen, wird zu diesem Zweck griechische und lateinische Wörterbücher und Grammatiken mit Quantitätsangaben zu Rate ziehen müssen. Er müßte dann z. B. psycholọgisch /psy:ço:'logɪʃ/ [psyço-'logɪʃ] (oder /psy:ço:'lɔgɪʃ/ [psyço'lɔgɪʃ]), Dạten /'datən/ ['datn̩], Lẹktor /'le:ktɔr/ ['le:ktɔr], Skrịptum /'skri:ptʊm/ ['skri:ptʊm] aussprechen.

b) Klangfarbe

α) Lautbestand (Allophone)

Orale Monophthonge sind: [i: i i̯ ɪ e: e ɛ: ɛ a: a y: y y̆ ʏ ø: ø œ ə ɐ u: u u̯ ʊ o: o o̯ ɔ].

Nasale Monophthonge sind: [ɛ̃: ɛ̃ ã: ã œ̃: œ̃ õ: õ].

Diphthonge sind: [ai̯ au̯ ɔy̆] (Diese Diphthonge schreiben Siebs u. a.: [ae ao ɔø].

Die Artikulation der Monophthonge und Diphthonge ist aus den untenstehenden Vokalvierecken ersichtlich (Abb. S. 31).

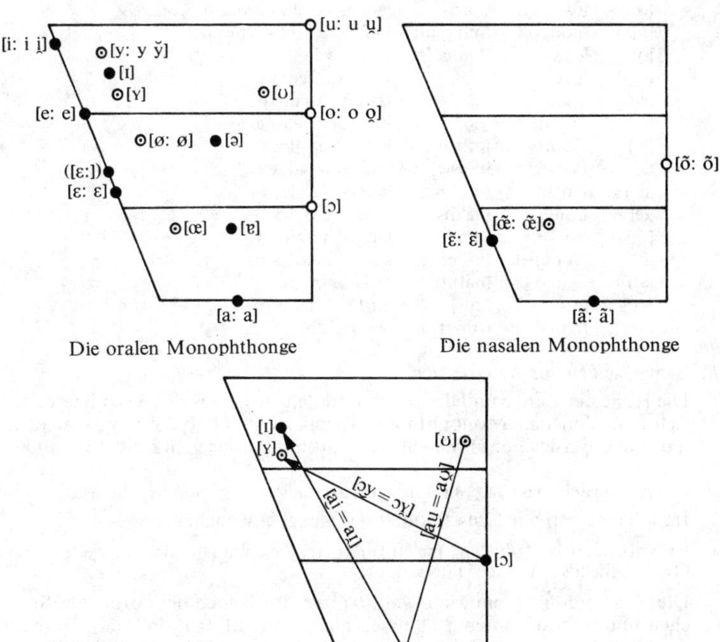

Die oralen Monophthonge

Die nasalen Monophthonge

Die Diphthonge

[i:]	mi̲e̲d	[mi:t]	langes geschlossenes i
[i]	binạr	[bi'nɛ:ɐ̯]	kurzes geschlossenes i
[i̯]	Stụdie	['ʃtu:di̯ə]	unsilbisches i
[ɪ]	mịt	[mɪt]	kurzes offenes i
[e:]	Se̲e̲	[ze:]	langes geschlossenes e
[e]	Methạn	[me'ta:n]	kurzes geschlossenes e
[ɛ:]	Rạ̈te	['rɛ:tə]	langes offenes e
[ɛ]	hạ̈tte	['hɛtə]	kurzes offenes e
[a:]	Rạt	[ra:t]	langes a
[a]	hạt	[hat]	kurzes a
[y:]	mụ̈de	['my:də]	langes geschlossenes ü
[y]	Physịk	[fy'zi:k]	kurzes geschlossenes ü
[y̆]	Etuị	[e'ty̆i:]	unsilbisches ü
[ʏ]	Hụ̈rde	['hʏrdə]	kurzes offenes ü
[ø:]	mọ̈gen	['mø:gn̩]	langes geschlossenes ö
[ø]	Zölọm	[tsø'lo:m]	kurzes geschlossenes ö
[œ]	Gọ̈tter	['gœtɐ]	kurzes offenes ö
[ə]	hạlte	['haltə]	„Murmelvokal“, schwaches e
[ɐ]	bẹsser	['bɛsɐ]	abgeschwächtes a
[u:]	gụt	[gu:t]	langes geschlossenes u
[u]	Butạn	[bu'ta:n]	kurzes geschlossenes u
[u̯]	Stạtue	['ʃta:tu̯ə]	unsilbisches u
[ʊ]	ụnd	[ʊnt]	kurzes offenes u
[o:]	lọs	[lo:s]	langes geschlossenes o
[o]	modạl	[mo'da:l]	kurzes geschlossenes o
[o̯]	loyạl	[lo̯a'ja:l]	unsilbisches o
[ɔ]	fọrt	[fɔrt]	kurzes offenes o
[ɛ̃:]	Teint	[tɛ̃:]	langes nasales e
[ɛ̃]	pointi̲e̲rt	[po̯ɛ̃'ti:ɐ̯t]	kurzes nasales e
[ã:]	Gourmand	[gʊr'mã:]	langes nasales a
[ã]	Pense̲e̲	[pã'se:]	kurzes nasales a
[œ̃:]	Parfum	[par'fœ̃:]	langes nasales ö
[œ̃]	Lundịst	[lœ̃'dɪst]	kurzes nasales ö
[õ:]	Bon	[bõ:]	langes nasales o
[õ]	Komplẹt	[kõ'ple:]	kurzes nasales o
[ai̯]	Be̲i̲n	[bai̯n]	ai-Diphthong
[au̯]	a̲u̲s	[au̯s]	au-Diphthong
[ɔy̯]	fre̲u̲t	[frɔy̯t]	eu-Diphthong

β) **Bemerkungen zur Artikulation**

Die Höhe der Zunge und ihre Horizontallage wird aus den Vokalvierecken sichtbar. Von den Monophthongen sind gerundet: [y: y y̆ ʏ ø: ø œ u: u u̯ ʊ o: o o̯ ɔ œ̃: œ̃ õ: õ]. Die übrigen Monophthonge sind nicht gerundet.

γ) **Die Aussprache von /ə/ plus /m/, /n/, /l/, /r/**

Im allgemeinen wird das Phonem /ə/ als [ə] gesprochen.

Beispiele: Belạng /bə'laŋ/ [bə'laŋ], Redere̲i̲ /re:də'rai̯/ [re:də'rai̯], zi̲e̲he /'tsi:ə/ ['tsi:ə], gẹhende /'ge:əndə/ ['ge:əndə].

Die Phonemfolgen /əm/, /ən/, /əl/, /ər/ werden jedoch bei normalem Sprechen und in bestimmten Stellungen nicht als [əm], [ən], [əl], [ər], sondern gewöhnlich als [m̩] (silbisches m), als [n̩] (silbisches n), als [l̩] (silbisches l) und als [ɐ] (silbisches „vokalisches r“) gesprochen. Bei langsamer und deutlicher Aussprache werden /əm/, /ən/, /əl/ als [əm], [ən], [əl] gesprochen.

Bei sehr langsamer und deutlicher Aussprache kann für /ər/ anstelle von [ɐ] auch [ɐ^{ʁ}] ([ɐ] plus schwaches Reibe-R) oder [ɐ^{R}] ([ɐ] plus schwaches Zäpfchen-R) gesprochen werden. Bei normalem Sprechen kann in bestimmten Stellungen /ən/ anstelle von [n̩] auch [m̩] bzw. [ŋ̍] gesprochen werden.

Beispiele:

	Recht-schreibung	phonemisch	Aussprache normal	Aussprache langsam, deutlich
/əm/	gro̱ßem	/ˈgro:səm/	[ˈgro:sm̩]	[ˈgro:səm]
	Cọchem	/ˈkɔxəm/	[ˈkɔxm̩]	[ˈkɔxəm]
	schwạrzem	/ˈʃvart͜səm/	[ˈʃvart͜sm̩]	[ˈʃvart͜səm]
/ən/	ha̱ben	/ˈha:bən/	[ˈha:bn̩] auch: [ˈha:bm̩]	[ˈha:bən]
	hạtten	/ˈhatən/	[ˈhatn̩]	[ˈhatən]
	Ha̱ken	/ˈha:kən/	[ˈha:kn̩], auch: [ˈha:kŋ̍]	[ˈha:kən]
/əl/	Na̱bel	/ˈna:bəl/	[ˈna:bl̩]	[ˈna:bəl]
	Hịmmel	/ˈhɪməl/	[ˈhɪml̩]	[ˈhɪməl]
	Lọ̈ffel	/ˈlœfəl/	[ˈlœfl̩]	[ˈlœfəl]
			normal	*sehr langsam, sehr deutlich*
/ər/	nä̱her	/ˈnɛ:ər/	[ˈnɛ:ɐ]	[ˈnɛ:ɐ^{ʁ}], [ˈnɛ:ɐ^{R}]
	Wạsser	/ˈvasər/	[ˈvasɐ]	[ˈvasɐ^{ʁ}], [ˈvasɐ^{R}]

Im Wörterverzeichnis und gewöhnlich auch sonst werden in diesem Buch nur die hier an erster Stelle genannten Normalformen gebracht.

Beispiele: Cọchem [ˈkɔxm̩], ha̱ben [ˈha:bn̩], Na̱bel [ˈna:bl̩], Wạsser [ˈvasɐ].

Die langsamen, deutlichen und die sehr langsamen, sehr deutlichen Aussprachen werden gewöhnlich nicht gebracht.

Beispiele: Cọchem [ˈkɔxəm], ha̱ben [ˈha:bən], Na̱bel [ˈna:bəl]; Wạsser [ˈvasɐ^{ʁ}], [ˈvasɐ^{R}].

Ebenso entfallen gewöhnlich die hier an zweiter Stelle genannten Normalformen.

Beispiele: ha̱ben [ˈha:bm̩], Ha̱ken [ˈha:kŋ̍].

Im folgenden werden die Bedingungen beschrieben, unter denen bei Normalaussprache /əm/ als [m̩] oder [əm], /ən/ als [n̩] (inklusive [m̩], [ŋ̍]) oder [ən], /əl/ als [l̩] oder [əl], /ər/ als [ɐ] oder [ər] gesprochen werden.

1. Aussprache von /əm/:

/əm/ wird als [m̩] (silbisches m) gesprochen am Wortende oder vor Konsonant, und zwar

a) nach den Reibelauten [f v s z ʃ ʒ ç x]

Beispiele:

tie̱fem	[ˈti:fm̩]	beigem	[ˈbe:ʒm̩]
passi̱vem	[paˈsi:vm̩]	wẹlchem	[ˈvɛlçm̩]
nạssem	[ˈnasm̩]	wạchem	[ˈvaxm̩]
lo̱sem	[ˈlo:zm̩]	Cọchem	[ˈkɔxm̩]
rạschem	[ˈraʃm̩]	Cọchems	[ˈkɔxm̩s]

b) nach den Affrikaten [p͜f t͜s t͜ʃ d͜ʒ]

Beispiele:

dụmpfem	['dʊmp͜fm̩]	gạnzem	['gant͜sm̩]
spịtzem	['ʃpɪt͜sm̩]	deutschem	['dɔ͜yt͜ʃm̩]

/əm/ wird als [əm] gesprochen in den übrigen Stellungen, und zwar:

a) vor Vokal

Beispiele:

Bạchemer	['baxəmɐ]	Cọchemer	['kɔxəmɐ]
Bẹssemer	['bɛsəmɐ]		

b) nach Vokal

Beispiele:

jä̱hem	['jɛ:əm]	ho̱hem	['ho:əm]
na̱hem	['na:əm]	treuem	['trɔ͜yəm]

c) nach den Verschlußlauten [p b t d k g]

Beispiele:

knạppem	['knapəm]	O̱dem	['o:dəm]
hạlbem	['halbəm]	opa̱kem	[o'pa:kəm]
A̱tem	['a:təm]	kạrgem	['kargəm]
A̱tems	['a:təms]	bịlligem	['bɪlɪgəm]

d) nach den Nasenlauten [m n ŋ]

Beispiele:

za̱hmem	['t͜sa:məm]	sịlbernem	['zɪlbɐnəm]
wạrmem	['varməm]	ọffnem	['ɔfnəm]
kleinem	['kla͜inəm]	jụngem	['jʊŋəm]

e) nach dem Seitenlaut [l]

Beispiele:

fa̱hlem	['fa:ləm]	multi̱plem	[mʊl'ti:pləm]
hẹllem	['hɛləm]	eitlem	['a͜itləm]
blama̱blem	[bla'ma:bləm]	heiklem	['ha͜ikləm]

f) nach [r]

Beispiele:

wa̱hrem	['va:rəm]	saubrem	['za͜ubrəm]
wịrrem	['vɪrəm]	po̱wrem	['po:vrəm]
teurem	['tɔ͜yrəm]	ụnsrem	['ʊnzrəm]

2. Aussprache von /ən/:

/ən/ wird als [n̩] (silbisches n) gesprochen am Wortende oder vor Konsonant, wenn die vorausgehende Silbe kein [n̩] enthält, und zwar:

a) nach den Verschlußlauten [p b t d k g]

Beispiele:

knạppen	['knapn̩]	Ha̲y̲dnsch	['hai̯dn̩ʃ]
hạlben	['halbn̩]	bịndenden	['bɪndn̩dən]
hạtten	['hatn̩]	nạ̈hernden	['nɛ:ɐndn̩]
Wẹlten	['vɛltn̩]	kra̲u̲lenden	['krau̯ləndn̩]
dọppelten	['dɔpl̩tn̩]	Bạlkens	['balkn̩s]
rẹdenden	['re:dn̩dən]	rọ̈ntgenden	['rœntgn̩dən]

Anstelle von [pn̩], [bn̩], [kn̩], [gn̩] erscheint im allgemeinen oft [pm̩], [bm̩], [kŋ̍], [gŋ̍]:

Beispiele:

knạppen	['knapm̩]	Bạlken	['balkŋ̍]
hạlben	['halbm̩]	rọ̈ntgen	['rœntgŋ̍]

Doch erscheint [pm̩], [bm̩], [kŋ̍], [gŋ̍] besonders vor [t d n l s z ʃ ʒ t͜s t͜ʃ d͜ʒ] weniger häufig:

Beispiele:

rọ̈ntgend	['rœntgŋ̍t]	Fụnkens	['fʊŋkŋ̍s]
li̲e̲bende	['li:bm̩də]	Tro̲pennacht	['tro:pm̩naxt]
Bạckenzahn	['bakŋ̍t͜sa:n]		

b) nach den Reibelauten [f v s z ʃ ʒ ç x] (außer in dem Verkleinerungssuffix -chen [çən])

Beispiele:

schạrfen	['ʃarfn̩]	fọrschen	['fɔrʃn̩]
akti̲ven	[ak'ti:vn̩]	beigen	['be:ʒn̩]
hạssende	['hasn̩də]	Bạrchent	['barçn̩t]
brẹmsen	['brɛmzn̩]	lạchendes	['laxn̩dəs]

c) nach den Affrikaten [p͜f t͜s t͜ʃ d͜ʒ]

Beispiele:

Họpfens	['hɔp͜fn̩s]	pạntschen	['pant͜ʃn̩]
Kạtzen	['kat͜sn̩]	managen	['mɛnɪd͜ʒn̩]

/ən/ wird als [ən] gesprochen in den übrigen Stellungen, und zwar:

a) vor Vokal

Beispiele:

E̲bene	['e:bənə]	Wüstene̲i̲	[vy:stə'nai̯]
ẹbenes	['e:bənəs]	Gụ̈rzenich	['gʏrt͜sənɪç]

b) nach Vokal

Beispiele:

nạhen	['na:ən]	Re̲i̲hen	['rai̯ən]
Bọ̈en	['bø:ən]	A̲u̲en	['au̯ən]

c) nach den Nasenlauten [m n ŋ]

Beispiele:

zahmen	[ˈtsa:mən]	öffnend	[ˈœfnənt]
qualmende	[ˈkvalməndə]	langen	[ˈlaŋən]
fernen	[ˈfɛrnən]	bangend	[ˈbaŋənt]

d) nach dem Seitenlaut [l]

Beispiele:

Wahlen	[ˈva:lən]	eitlen	[ˈaitlən]
edlen	[ˈe:dlən]	heiklen	[ˈhaiklən]
passablen	[paˈsa:blən]	quirlend	[ˈkvɪrlənt]

e) nach [r]

Beispiele:

wahren	[ˈva:rən]	saubren	[ˈzaubrən]
wirren	[ˈvɪrən]	powren	[ˈpo:vrən]
teuren	[ˈtɔyrən]	unsren	[ˈʊnzrən]

f) nach [j]

Beispiele:

Bojen	[ˈbo:jən]	Taillen	[ˈtaljən]
schwojenden	[ˈʃvo:jəndn̩]	taljenden	[ˈtaljəndn̩]

g) wenn in der vorausgehenden Silbe [n̩] auftritt

Beispiele:

Apensen	[ˈa:pn̩zən]	reißenden	[ˈraisn̩dən]
bindenden	[ˈbɪndn̩dən]	horchenden	[ˈhɔrçn̩dən]

h) in dem Verkleinerungssuffix -chen [çən]

Beispiele:

Frauchen	[ˈfrauçən]	Kügelchen	[ˈky:gl̩çən]
Mädchen	[ˈmɛ:tçən]	Kinderchen	[ˈkɪndɐçən]

3. Aussprache von /əl/:

/əl/ wird als [l̩] (silbisches l) gesprochen am Wortende oder vor Konsonant, und zwar:

a) nach den Verschlußlauten [p b t d k g]

Beispiele:

Tölpel	[ˈtœlpl̩]	Pudel	[ˈpu:dl̩]
Double	[ˈdu:bl̩]	torkelnden	[ˈtɔrkl̩ndn̩]
Distel	[ˈdɪstl̩]	bügeln	[ˈby:gl̩n]

b) nach den Nasenlauten [m n ŋ]

Beispiele:

Himmel	[ˈhɪml̩]	Tunnels	[ˈtʊnl̩s]
Formeln	[ˈfɔrml̩n]	Angel	[ˈaŋl̩]
ähneln	[ˈɛ:nl̩n]	Ringelchen	[ˈrɪŋl̩çən]

c) nach den Reibelauten [f v s z ʃ ʒ ç x]

Beispiele:

Lọ̈ffel	[ˈlœfl̩]	nụscheln	[ˈnʊʃl̩n]
Mạssel	[ˈmasl̩]	Schnọrchels	[ˈʃnɔrçl̩s]
Ịnsel	[ˈɪnzl̩]	Kạcheln	[ˈkaxl̩n]

d) nach den Affrikaten [p͜f t͜s t͜ʃ d͜ʒ]

Beispiele:

Gịpfel	[ˈgɪp͜fl̩]	Wụ̈rzelchen	[ˈvʏrt͜sl̩çən]
Rätsels	[ˈrɛ:t͜sl̩s]	hätscheln	[ˈhɛ:t͜ʃl̩n]

/əl/ wird als [əl] gesprochen in den übrigen Stellungen, und zwar:

a) vor Vokal

Beispiele:

verẹdele	[fɛɐ̯ˈ|e:dələ]	pịngelig	[ˈpɪŋəlɪç]
Eselei	[e:zəˈla͜i]	Rẹgelung	[ˈre:gəlʊŋ]

b) nach Vokal

Beispiele:

Bleuel	[ˈblɔ͜yəl]	kraueln	[ˈkra͜uəln]

c) nach [r]

Beispiel:

Bạrrel	[ˈbarəl]	Vạrel	[ˈfa:rəl]

4. Aussprache von /ər/:

/ər/ (orthographisch meist: -er) wird am Wortende oder vor Konsonant als [ɐ] (abgeschwächtes a; silbisches „vokalisches r") gesprochen.

Beispiele:

nạ̈her	[ˈnɛ:ɐ]	kauernder	[ˈka͜uɐndɐ]
Sẹher	[ˈze:ɐ]	Hụnderter	[ˈhʊndɐtɐ]
Bauer	[ˈba͜uɐ]	Zauderers	[ˈt͜sa͜udərɐs]
Bauers	[ˈba͜uɐs]	fụ̈rchterlich	[ˈfʏrçtɐlɪç]
Baur	[ˈba͜uɐ]	Dụmmerjan	[ˈdʊmɐja:n]
Kentaur	[kɛnˈta͜uɐ]	ạndersartig	[ˈandɐs|a:ɐ̯tɪç]
Wạsser	[ˈvasɐ]	Wạsserjungfer	[ˈvasɐjʊŋfɐ]
Wạssers	[ˈvasɐs]	Dạmpferfahrt	[ˈdamp͜fɐfa:ɐ̯t]
Timbre	[ˈtɛ̃:bɐ]	Vạtersschwester	[ˈfa:tɐsʃvɛstɐ]
Timbres	[ˈtɛ̃:bɐs]	aberhụndert	[ˈa:bɐˈhʊndɐt]

/ər/ (orthographisch meist: -er) wird als [ər] gesprochen in den übrigen Stellungen, und zwar vor Vokal.

Beispiele:

Feerie	[feəˈri:]	sauberes	[ˈza͜ubərəs]
Szenerie	[st͜senəˈri:]	Teuerung	[ˈtɔ͜yərʊŋ]
Wẹgerich	[ˈve:gərɪç]	Weigerung	[ˈva͜igərʊŋ]
zọ̈gere	[ˈt͜sø:gərə]	Schießerei	[ʃi:səˈra͜i]

c) Betonung und Länge silbischer Vokale

In deutscher Aussprache kommen alle oralen Monophthonge und alle Diphthonge mit Ausnahme von [i e y ø ə ɐ u o] betont vor. Die langen Nasalvokale treten meist betont, die kurzen Nasalvokale nur unbetont auf.

Unbetont kommen alle oralen Monophthonge, alle Diphthonge und die kurzen Nasalvokale vor. Lange Vokale erscheinen selten unbetont, besonders selten vor der betonten Silbe. Lange Nasalvokale sind unbetont sehr selten, z. B. Pavillons ['pavɪljõ:s].

Beispiele:

Vokale in betonter Stellung

[i:]	mieden	['mi:dn̩]	[u:]	Muße	['mu:sə]
[ɪ]	Mitte	['mɪtə]	[ʊ]	Butter	['bʊtɐ]
[e:]	lege	['le:gə]	[o:]	rote	['ro:tə]
[ɛ:]	Bären	['bɛ:rən]	[ɔ]	Motte	['mɔtə]
[ɛ]	hätte	['hɛtə]	[ɛ̃:]	Pointe	['po̯ɛ̃:tə]
[a:]	rate	['ra:tə]	[ã:]	Gourmand	[gʊr'mã:]
[a]	hatte	['hatə]	[œ̃:]	Parfum	[par'fœ̃:]
[y:]	müde	['my:də]	[õ:]	Garçon	[gar'sõ:]
[ʏ]	Hürde	['hʏrdə]	[ai̯]	reite	['rai̯tə]
[ø:]	mögen	['mø:gn̩]	[au̯]	außen	['au̯sn̩]
[œ]	Götter	['gœtɐ]	[ɔy̯]	heute	['hɔy̯tə]

Vokale in unbetonter Stellung

[i:]	schurigeln	['ʃu:ri:gl̩n]	[ə]	alle	['alə]
[i]	binär	[bi'nɛ:ɐ̯]	[ɐ]	Wasser	['vasɐ]
[ɪ]	Dissens	[dɪ'sɛns]	[u:]	Demut	['de:mu:t]
[e:]	Eugen	['ɔyge:n]	[u]	mutieren	[mu'ti:rən]
[e]	Denar	[de'na:ɐ̯]	[ʊ]	Krustade	[krʊs'ta:də]
[ɛ:]	Grobiänchen	['gro:bi̯ɛ:nçən]	[o:]	Kleinod	['klai̯no:t]
[ɛ]	Despot	[dɛs'po:t]	[o]	Moral	[mo'ra:l]
[a:]	Grobian	['gro:bi̯a:n]	[ɔ]	Postulat	[pɔstu'la:t]
[a]	Haschee	[ha'ʃe:]	[ɛ̃]	Pleinpouvoir	[plɛ̃pu'vo̯a:ɐ̯]
[y:]	Bistümer	['bɪsty:mɐ]	[ã]	engagieren	[ãga'ʒi:rən]
[y]	Hyäne	[hy'ɛ:nə]	[œ̃]	Lundist	[lœ̃'dɪst]
[ʏ]	Hypnose	[hʏp'no:zə]	[õ]	foncé	[fõ'se:]
[ø:]	Kleinödchen	['klai̯nø:tçən]	[ai̯]	Eidetik	[ai̯'de:tɪk]
[ø]	Zölibat	[tsøli'ba:t]	[au̯]	Kaution	[kau̯'tsi̯o:n]
[œ]	Östrogen	[œstro'ge:n]	[ɔy̯]	Neurom	[nɔy̯'ro:m]

d) Die unsilbischen Vokale [i̯ y̆ u̯ o̯]

1. [i y u] werden vor Vokal gewöhnlich unsilbisch gesprochen, d. h. als [i̯ y̆ u̯], wobei sich [i̯] am leichtesten und [y̆] am wenigsten leicht einstellt.

Beispiele: Akazie [a'ka:tsi̯ə], Ferien ['fe:ri̯ən], Gloria ['glo:ri̯a], glorios [glo'ri̯o:s], Libyen ['li:by̆ən], manuell [ma'nu̯ɛl], Nation [na'tsi̯o:n].

2. [i y u] werden jedoch unbetont vor Vokalen silbisch gesprochen, d. h. als [i y u]:

α) wenn [p b t d k g m n f v s ʃ ç x] plus [m n r l] vorausgehen.

Beispiele: Amphitruo [am'fi:truo], Amphitryo [am'fi:tryo], Dochmius ['dɔxmiʊs], Insignien [ɪn'zɪgniən], Natrium ['na:triʊm], Omnium ['ɔmniʊm], Onuphrio [o'nu:frio], Patriarch [patri'arç].

β) oft dann, wenn [i y u] als zu einem Wortteil gehörend empfunden werden, der eine bestimmte bekannte lexikalische Bedeutung hat.

Beispiele: Biennale [biɛ'na:lə] (Bi- bedeutet zwei), Biologe [bio'lo:gə] (Bio- bedeutet Leben), Dual [du'a:l] (Du- bedeutet zwei), myop [my'o:p] (my- bedeutet sich schließen).

3. Die Lautfolgen [i̯i: i̯i i̯ɪ y̆y: y̆y y̆ʏ y̆u: y̆u y̆ʊ ŭy: ŭy ŭʏ ŭu: ŭu ŭʊ] kommen im allgemeinen nicht vor. Dafür stehen [ii: ii iɪ] usw.

Beispiele: linieren [lini'i:rən], Vakuum ['va:kuʊm]; aber: Etui [e'ty̆i:], Linguist [lɪŋ'gu̯ɪst], Studium ['ʃtu:di̯ʊm].

4. [o] wird unbetont vor [a a:] unsilbisch gesprochen, wenn in der Schrift oi, oy stehen.

Beispiele: loyal [lo̯a'ja:l], Memoiren [me'mo̯a:rən].

e) Ersatz von Vokalen und Vokalfolgen

Folgende Vokale und Vokalfolgen können ersetzt werden (dieser Ersatz wird im Wörterverzeichnis nicht angegeben):

α) Ersatz von [ɪr] usw. durch [i:r] usw.

Am Wortende können unbetont [ɪr ʏr ʊr ɔr] durch [i:ɐ̯ y:ɐ̯ u:ɐ̯ o:ɐ̯] ersetzt werden (vgl. S. 53).

Beispiele: Saphir ['za:fɪr] > ['za:fi:ɐ̯], Zephyr ['tse:fʏr] > ['tse:fy:ɐ̯], Femur ['fe:mʊr] > ['fe:mu:ɐ̯], Doktors ['dɔktɔrs] > ['dɔkto:ɐ̯s].

β) Ersatz von [i] usw. durch [ɪ]

Vor Wortfugen in griechischen und lateinischen Wörtern können [i y u o] durch [ɪ ʏ ʊ ɔ] ersetzt werden, wenn mehrere Konsonantenbuchstaben folgen (ausgenommen: b, c, ch, d, f, g, k, p, ph, t, th + l, r); dabei verschiebt sich die lautliche Silbengrenze.

Beispiele: Epispadie [epi-spa'di:] > [epɪs-pa'di:], Polyspermie [poly-spɛr'mi:] > [polʏs-pɛr'mi:], Manuskript [manu-'skrɪpt] > [manʊs-'krɪpt], Apostasie [apo-sta'zi:] > [apɔs-ta'zi:].

γ) Ersatz von [e] durch [ə]

In nichterster, nichtwurzelhafter Silbe vor [n l r] plus Vokal kann [e] in häufig gebrauchten Wörtern vortonig durch [ə] ersetzt werden.

Beispiele: kannelieren [kane'li:rən] > [kanə'li:rən], ebenieren [ebe'ni:rən] > [ebə'ni:rən], Liberalismus [libera'lɪsmʊs] > [libəra'lɪsmʊs], Enteritis [ɛnte'ri:tɪs] > [ɛntə'ri:tɪs].

δ) Ersatz der Nasalvokale

Die Nasalvokale [ɛ̃: ɛ̃], [ã: ã], [œ̃: œ̃], [õ: õ] können durch [ɛŋ], [aŋ], [œŋ], [ɔŋ] ersetzt werden. Dieser Ersatz wird in seltenen und in nichtumgangssprachlichen Wörtern nicht allgemein als hochsprachlich empfunden.

Beispiele: Teint [tɛ̃:] > [tɛŋ], Pendant [pã'dã:] > [paŋ'daŋ], Parfum [par'fœ̃:] > [par'fœŋ], Fond [fõ:] > [fɔŋ].

2. Konsonanten

a) Phoneme (Konsonantenphoneme)

Unter Berücksichitgung des Wort- und Formenschatzes, wie er in der Duden-Rechtschreibung erscheint, empfiehlt es sich, folgende Phoneme anzunehmen (die im Wörterverzeichnis verwendeten Allophone stehen in eckigen Klammern):

/p/	[p]	/s/	[s]
/b/	[b]	/z/	[z]
/t/	[t]	/ʃ/	[ʃ]
/d/	[d]	/ʒ/	[ʒ]
/k/	[k]	/ç/	[ç]
/g/	[g]	/j/	[j]
/m/	[m]	/x/	[x]
/n/	[n]	/h/	[h]
/ŋ/	[ŋ]	/p͜f/	[p͜f]
/l/	[l]	/t͜s/	[t͜s]
/r/	[r ɐ̯]	/t͜ʃ/	[t͜ʃ]
/f/	[f]	/d͜ʒ/	[d͜ʒ]
/v/	[v]		

Bemerkungen zu weiteren Allophonen

Bei genauerer Beschreibung können weitere Allophone angenommen werden. Im folgenden werden einige dieser Allophone genannt. Sie werden im Wörterverzeichnis und im allgemeinen auch sonst in diesem Buch nicht wiedergegeben.

1. Allophone von /p t k/

Bei der Annahme von drei Graden der Behauchung ergeben sich die Allophone (stellungsbedingten Varianten): /p/ [pʰ p‘ p], /t/ [tʰ t‘ t], /k/ [kʰ k‘ k] (vgl. S. 55).

2. Allophone von /b d g v z ʒ j d͜ʒ/

Für diese Phoneme können stimmhafte und stimmlose Allophone (stellungsbedingte Varianten) angenommen werden: /b/ [b b̥], /d/ [d d̥], /g/ [g g̊], /v/ [v v̥], /z/ [z z̥], /ʒ/ [ʒ ʒ̊], /j/ [j j̊], /d͜ʒ/ [d͜ʒ d̊͜ʒ̊] (vgl. S. 54, α).

3. Allophone von /r/

a) [r] kann als [r ɾ ʀ ʁ] gesprochen werden (freie Varianten) (vgl. S. 50–52).

b) [ɐ̯] kann als [ɐ̯ ɐ̯ʁ ʁ ʀ r] gesprochen werden (beschränkt freie Varianten) (vgl. S. 50, 52, 53).

Bemerkung zum Stimmritzenverschlußlaut

Der Stimmritzenverschlußlaut [|] ist kein eigentliches Konsonantenphonem, sondern ein Grenzsignal. Er signalisiert vor Vokal den Wortanfang und die Fuge in Präfixbildungen und zusammengesetzten Wörtern, z. B. ạnekeln ['|an|e:kl̩n], beạchten [bə'|axtn̩]. Unabhängig davon kann er auch zwischen Vokalen vor einem betonten Vokal auftreten, z. B. Theạter [te'|a:tɐ]; dieses Auftreten wird im Wörterverzeichnis (dort: [te'a:tɐ]) und auch sonst in diesem Buch nicht berücksichtigt.

Konsonanten (ohne Affrikaten)

<table>
<tr><th colspan="2" rowspan="2"></th><th colspan="2">Lippenlaute</th><th colspan="2">Lippen-zahnlaute</th><th colspan="2">Zahnlaute</th><th colspan="2">Vorder-gaumenlaute</th><th colspan="2">Hinter-gaumenlaute</th><th colspan="2">Zäpfchen-laute</th><th colspan="2">Stimmritzen-laute</th></tr>
<tr><th>stimm-los</th><th>stimm-haft</th><th>stimm-los</th><th>stimm-haft</th><th>stimm-los</th><th>stimm-haft</th><th>stimm-los</th><th>stimm-haft</th><th>stimm-los</th><th>stimm-haft</th><th>stimm-los</th><th>stimm-haft</th><th>stimm-los</th><th>stimm-haft</th></tr>
<tr><td rowspan="2">Verschluß-laute</td><td>stark</td><td>p</td><td></td><td></td><td></td><td>t</td><td></td><td></td><td></td><td>k</td><td></td><td></td><td></td><td rowspan="2">|</td><td rowspan="2"></td></tr>
<tr><td>schwach</td><td></td><td>b</td><td></td><td></td><td></td><td>d</td><td></td><td></td><td></td><td>g</td><td></td><td></td></tr>
<tr><td colspan="2">Nasenlaute</td><td></td><td>m</td><td></td><td></td><td></td><td>n</td><td></td><td></td><td></td><td>ŋ</td><td></td><td></td><td></td><td></td></tr>
<tr><td colspan="2">Seitenlaute</td><td></td><td></td><td></td><td></td><td></td><td>l</td><td></td><td></td><td></td><td></td><td></td><td></td><td></td><td></td></tr>
<tr><td colspan="2">Schwinglaute</td><td></td><td></td><td></td><td></td><td></td><td>r</td><td></td><td></td><td></td><td></td><td></td><td>ʀ</td><td></td><td></td></tr>
<tr><td colspan="2">geschlagene Laute</td><td></td><td></td><td></td><td></td><td></td><td>ɾ</td><td></td><td></td><td></td><td></td><td></td><td>ʀ</td><td></td><td></td></tr>
<tr><td rowspan="2">Reibelaute</td><td>stark</td><td></td><td></td><td>f</td><td></td><td>s
ʃ</td><td></td><td>ç</td><td></td><td>x</td><td></td><td></td><td></td><td rowspan="2">h</td><td></td></tr>
<tr><td>schwach</td><td></td><td></td><td></td><td>v</td><td></td><td>z
ʒ</td><td></td><td>j</td><td></td><td></td><td></td><td>ʁ</td><td></td></tr>
</table>

b) Artikulationsart

α) **Verschlußlaute**: [p b t d k g |]

Beispiele:

[p]	Pạnne	[ˈpanə]	[k]	ka̲hl	[ka:l]
[b]	Ba̲u̲	[bau̯]	[g]	Gạst	[gast]
[t]	Ta̲u̲	[tau̯]	[|]	Vere̲i̲n	[fɛɐ̯ˈ|ai̯n]
[d]	dạnn	[dan]			

β) **Nasenlaute**: [m n ŋ]

Beispiele:

[m]	Mạst	[mast]	[ŋ]	lạng	[laŋ]
[n]	Nẹst	[nɛst]			

γ) **Seitenlaut**: [l]

Beispiele:

[l]	La̲u̲t	[lau̯t]

δ) **Schwinglaute**: [r = r ʀ]

Beispiele:

[r]	Rạst	[rast]	[ʀ]	Rạst	[ʀast]

ε) **Geschlagene Laute**: [r = ɾ ʀ]

Beispiele:

[ɾ]	Rạst	[ɾast]	[ʀ]	Rạst	[ʀast]

ζ) **Reibelaute**: [f v s z ʃ ʒ ç j x r(= ʁ) h]

Beispiele:

[f]	fạst	[fast]	[ʒ]	Geni̲e̲	[ʒeˈni:]
[v]	wạs	[vas]	[ç]	ịch	[ɪç]
[s]	Mạst	[mast]	[j]	ja̲	[ja:]
[z]	Ha̲se	[ˈha:zə]	[x]	ạch!	[ax]
[ʃ]	Scha̲u̲	[ʃau̯]	[ʁ]	Rạst	[ʁast]
			[h]	Hạlt	[halt]

η) **Affrikaten**: [p͜f t͜s t͜ʃ d͜ʒ]

Beispiele:

[p͜f]	Pfa̲u̲	[p͜fau̯]	[t͜ʃ]	Tschẹche	[ˈt͜ʃɛçə]
[t͜s]	Za̲hl	[t͜sa:l]	[d͜ʒ]	Gịn	[d͜ʒɪn]

ϑ) **Unsilbischer Vokal**: [ɐ̯]

Beispiel:

[ɐ̯]	U̲hr	[u:ɐ̯]

c) Artikulationsstelle

α) **Lippenlaute**: [p b m]

Beispiele:

[p]	Pạnne	['panə]	[m]	Maus	[mau̯s]
[b]	Bau	[bau̯]			

β) **Lippenzahnlaute**: [f v]

Beispiele:

[f]	fạst	[fast]	[v]	wạs	[vas]

γ) **Zahnlaute** (**Alveolare** und **Palatoalveolare** inbegriffen)

Dental bis alveolar sind: [t d n l r ɾ s z t͜s]; palatoalveolar und zusätzlich mit gerundeten Lippen gesprochen (labialisiert) sind: [ʃ ʒ t͜ʃ d͜ʒ].

Beispiele:

[t]	Tau	[tau̯]	[z]	Hạse	['ha:zə]
[d]	dạnn	[dan]	[t͜s]	Zạhl	[t͜sa:l]
[n]	Nẹst	[nɛst]	[ʃ]	Schau	[ʃau̯]
[l]	Laut	[lau̯t]	[ʒ]	Genie	[ʒe'ni:]
[r]	Rạst	[rast]	[t͜ʃ]	Tschẹche	['t͜ʃɛçə]
[ɾ]	Rạst	[ɾast]	[d͜ʒ]	Gịn	[d͜ʒɪn]
[s]	wạs	[vas]			

δ) **Vordergaumenlaute**: [ç j]; **Hintergaumenlaute**: [k ɡ ŋ x]

Beispiele:

[ç]	mịch	[mɪç]	[ɡ]	Gạst	[ɡast]
[j]	jụng	[jʊŋ]	[ŋ]	lạng	[laŋ]
[k]	kạlt	[kalt]	[x]	ạch!	[ax]

ε) **Zäpfchenlaute**: [ʀ] (gerollt und geschlagen), [ʁ]

Beispiele:

[ʀ]	Rạst	[ʀast]
[ʁ]	Rạst	[ʁast]

ζ) **Stimmritzenlaute**: [| h]

Beispiele:

[|]	Verein	[fɛɐ̯'|ai̯n]
[h]	Hạst	[hast]

Bemerkung zu [p͜f]: [p͜f] ist im ersten Teil [p] bilabial, im zweiten [f] labiodental.
Bemerkung zu [ɐ̯]: der unsilbische Vokal [ɐ̯] ist ein Mittelgaumenlaut.

d) Artikulation der einzelnen Konsonanten

1. Verschlußlaute

α) **Lippenverschlußlaute** [p b]

Das Gaumensegel (weicher Gaumen) schließt den Durchgang vom Rachen zum Nasenraum ab. Unter- und Oberlippe bilden einen Verschluß (bilabialer Verschluß).

Wegen Stimmhaftigkeit s. S. 53, 54, wegen Stärke s. S. 54, wegen Behauchung s. S. 55.

Beispiele:

Pạnne ['panə]
Kạppe ['kapə]
Kạpsel ['kapsl̩]
Lạmpe ['lampə]
Kạp [kap]
Bạll [bal]
Blẹch [blɛç]
Rạbe ['ra:bə]
ẹbnen ['e:bnən]

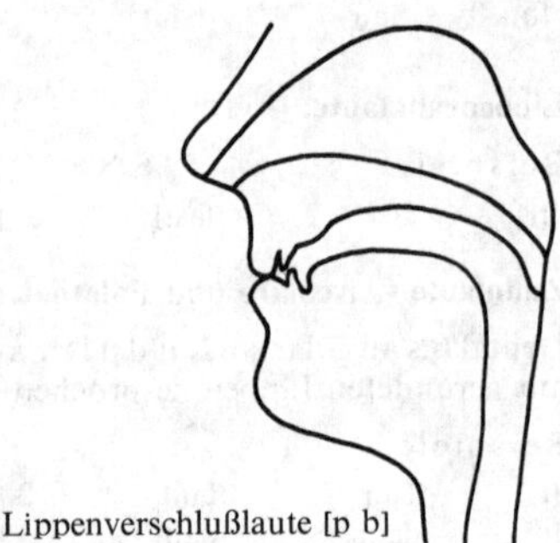
Lippenverschlußlaute [p b]

β) **Zahnverschlußlaute** [t d]

Das Gaumensegel (weicher Gaumen) schließt den Durchgang vom Rachen zum Nasenraum ab. Die Zungenspitze bildet an den oberen Schneidezähnen oder an den Alveolen einen Verschluß (apikodentaler oder apikoalveolarer Verschluß). Oder der vorderste Teil des Zungenrückens bildet an den oberen Schneidezähnen oder an den Alveolen einen Verschluß (dorsodentaler oder dorsoalveolarer Verschluß). Wegen Stimmhaftigkeit s. S. 53, 54, wegen Stärke s. S. 54, wegen Behauchung s. S. 55.

Beispiele:

Tạnne ['tanə]
hạtte ['hatə]
wịttre ['vɪtrə]
kạnnte ['kantə]
hạt [hat]
Dọm [do:m]
dre̲i [drai̯]
Mọde ['mo:də]
ẹdle ['e:dlə]

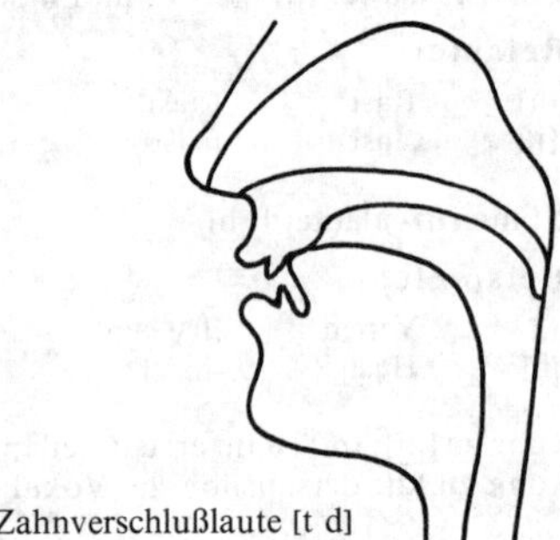
Zahnverschlußlaute [t d]

γ) **Hintergaumenverschlußlaute** [k g]

Das Gaumensegel (weicher Gaumen) schließt den Durchgang vom Rachen zum Nasenraum ab. Der hintere Zungenrücken bildet am weichen Gaumen einen Verschluß (dorsovelarer Verschluß). Wegen Stimmhaftigkeit s. S. 53, 54, wegen Stärke s. S. 54, wegen Behauchung s. S. 55.

Beispiele:

Kạnne ['kanə]
Hạcke ['hakə]
wịckle ['vɪklə]
Ạnker ['aŋkɐ]
Pạck [pak]
Gạns [gans]
grẹll [grɛl]
Lạge ['la:gə]
mạgre ['ma:grə]

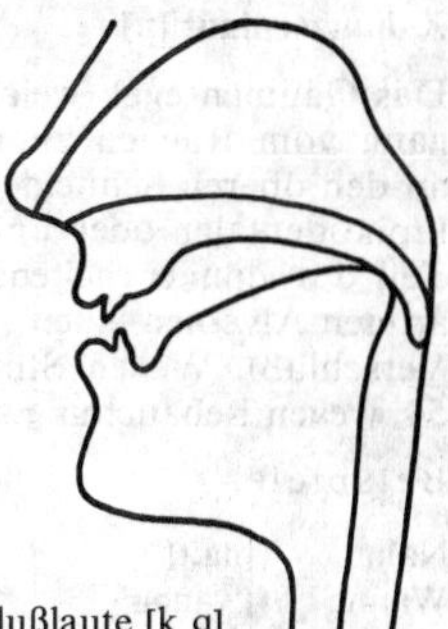
Hintergaumenverschlußlaute [k g]

δ) **Stimmritzenverschlußlaut** [|]

Das Gaumensegel (weicher Gaumen) schließt den Durchgang vom Rachen zum Nasenraum ab. Die Stimmlippen im Kehlkopf bilden einen Verschluß (Stimmritzenverschluß, glottaler Verschluß). Wegen Stimmhaftigkeit s. S. 53, 54, wegen Stärke s. S. 54, wegen Behauchung s. S. 55.

Beispiele:

Ạffe ['afə]
(eigentlich: ['|afə])
Ạbart ['ap|a:ɐ̯t]
(eigentlich: ['|ap|a:ɐ̯t])
verạchten [fɛɐ̯'|axtn̩]
beạchten [bə'|axtn̩]
desavouieren [dɛs|avu'i:rən]
Deẹmphasis [de'|ɛmfazɪs]
Antacid [ant|a'tsi:t]
(eigentlich: [|ant|a'tsi:t])

2. Nasenlaute

α) **Lippennasenlaut** [m]

Das Gaumensegel (weicher Gaumen) ist gesenkt und läßt den Durchgang vom Rachen zum Nasenraum offen. Unter- und Oberlippe bilden einen Verschluß (bilabialer Verschluß). Wegen Stimmhaftigkeit s. S. 54, 3, wegen Stärke s. S. 54, wegen Behauchung s. S. 55. Wegen [m̩] (silbisches m) vgl. S. 32–34.

Beispiele:

Mạst [mast]
rạmme ['ramə]
Ạmnion ['amniɔn]
Lạmpe ['lampə]
Dạmm [dam]
Hẹlm [hɛlm]

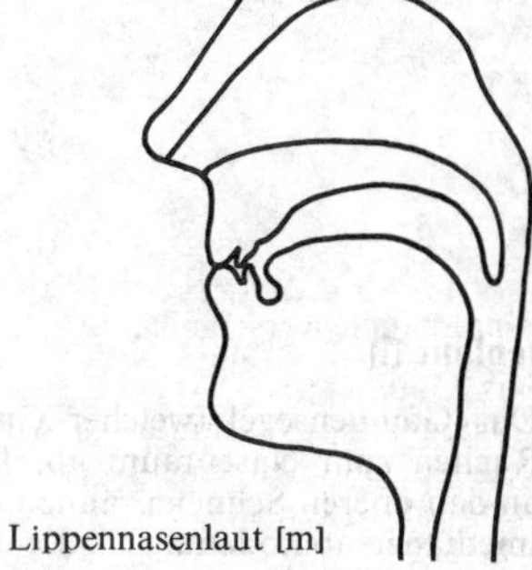
Lippennasenlaut [m]

β) **Zahnnasenlaut** [n]

Das Gaumensegel (weicher Gaumen) ist gesenkt und läßt den Durchgang vom Rachen zum Nasenraum offen. Die Zungenspitze bildet an den oberen Schneidezähnen oder an den Alveolen einen Verschluß (apikodentaler oder apikoalveolarer Verschluß). Oder der vorderste Teil des Zungenrückens bildet an den oberen Schneidezähnen oder an den Alveolen einen Verschluß (dorsodentaler oder dorsoalveolarer Verschluß). Wegen Stimmhaftigkeit s. S. 54, 3, wegen Stärke s. S. 54, wegen Behauchung s. S. 55. Wegen [n̩] (silbisches n) vgl. S. 32–36.

Beispiele:

Na̲ht	[na:t]
Wạnne	['vanə]
ạndre	['andrə]
nạnnte	['nantə]
Bạnn	[ban]
Kö̩ln	[kœln]

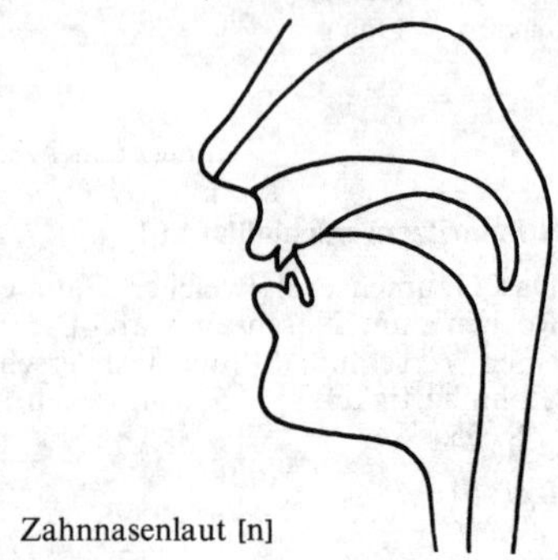

Zahnnasenlaut [n]

γ) **Hintergaumennasenlaut** [ŋ]

Das Gaumensegel (weicher Gaumen) ist gesenkt und läßt den Durchgang vom Rachen zum Nasenraum offen. Der hintere Zungenrücken bildet am weichen Gaumen einen Verschluß (dorsovelarer Verschluß). Wegen Stimmhaftigkeit s. S. 54, 3, wegen Stärke s. S. 54, wegen Behauchung s. S. 55. Wegen [ŋ̍] (silbisches [ŋ]) vgl. S. 32, 33.

Beispiele:

lạnge	['laŋə]
hạngle	['haŋlə]
schlịngre	['ʃlɪŋrə]
Ä̩ngste	['ɛŋstə]
Ạngel	['aŋl̩]
Fạng	[faŋ]

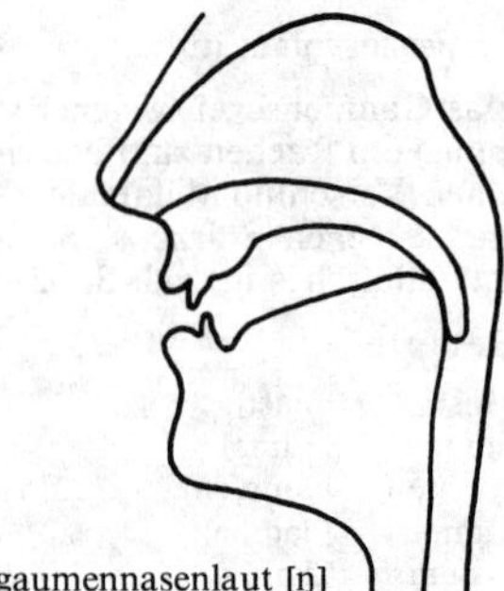

Hintergaumennasenlaut [ŋ]

3. Seitenlaut [l]

Das Gaumensegel (weicher Gaumen) schließt den Durchgang vom Rachen zum Nasenraum ab. Die Zungenspitze bildet in der Mitte an den oberen Schneidezähnen oder an den Alveolen einen Verschluß (medianer apikodentaler oder apikoalveolarer Verschluß). Oder der vorderste Teil des Zungenrückens bildet an den oberen Schneidezähnen oder an den Alveolen einen Verschluß (medianer dorsodentaler oder dorsoalveolarer Verschluß). Die Zungenspitze oder der vorderste Zungenrücken schließt seitlich nicht ab (laterale Öffnung). Wegen Stimmhaftigkeit s. S. 54, 3, wegen Stärke s. S. 54, wegen Behauchung s. S. 55. Wegen [l̩] (silbisches l) vgl. S. 32, 33, 36, 37.

Beispiele:

Lage	['la:gə]	Hilfe	['hɪlfə]	Ball	[bal]
Falle	['falə]	baumle	['baumlə]	Kerl	[kɛrl]

4. Reibelaute

α) Lippenzahnreibelaute [f v]

Das Gaumensegel (weicher Gaumen) schließt den Durchgang vom Rachen zum Nasenraum ab. Die Unterlippe nähert sich – bis zur Berührung – der Unterkante der oberen Schneidezähne. Es bildet sich eine Enge zwischen Unterlippe und oberen Schneidezähnen (labiodentale Enge). Wegen Stimmhaftigkeit s. S. 53, 54, wegen Stärke s. S. 54, wegen Behauchung s. S. 55.

Beispiele:

fast	[fast]
Affe	['afə]
Lefze	['lɛftsə]
Hilfe	['hɪlfə]
Wolf	[vɔlf]
Wille	['vɪlə]
Wrack	[vrak]
Uwe	['u:və]
Malve	['malvə]

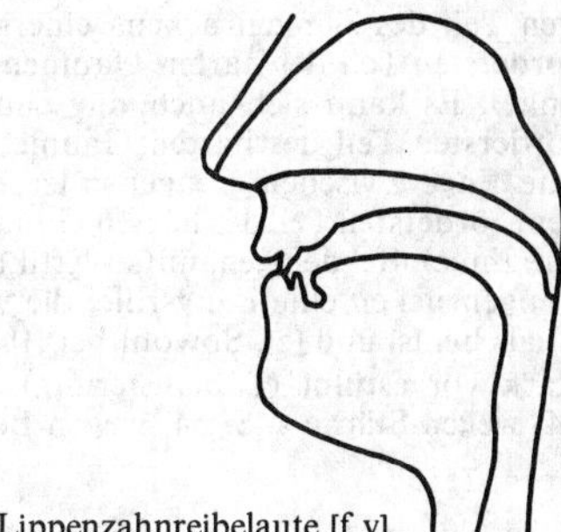

Lippenzahnreibelaute [f v]

β) Zahnreibelaute [s z]

Das Gaumensegel (weicher Gaumen) schließt den Durchgang vom Rachen zum Nasenraum ab. Der vorderste Teil des Zungenrückens nähert sich den oberen Schneidezähnen oder den Alveolen, wobei die Zungenspitze an die unteren Schneidezähne zu liegen kommt. Es entsteht eine Enge zwischen dem vordersten Zungenrücken einerseits und den oberen Schneidezähnen oder den Alveolen anderseits (dorsodentale oder dorsoalveolare Enge). Es kann sich auch die Zungenspitze selber den oberen Schneidezähnen nähern; in diesem Fall entsteht eine Enge zwischen der Zungenspitze und den oberen Schneidezähnen (apikodentale Enge; vgl. Abbildung). Bei den verschiedenen genannten Artikulationen befindet sich im vorderen Zungenrücken eine sich vorn stark verengende Längsrille. Wegen Stimmhaftigkeit s. S. 53, 54, wegen Stärke s. S. 54, wegen Behauchung s. S. 55.

Beispiele:

Cịty [ˈsɪti]
Slịp [slɪp]
Tạsse [ˈtasə]
Kạsten [ˈkastn̩]
Hạls [hals]
Sọnne [ˈzɔnə]
Ha̱se [ˈha:zə]
Ẹlse [ˈɛlzə]
kna̱u̱sre [ˈknau̯zrə]

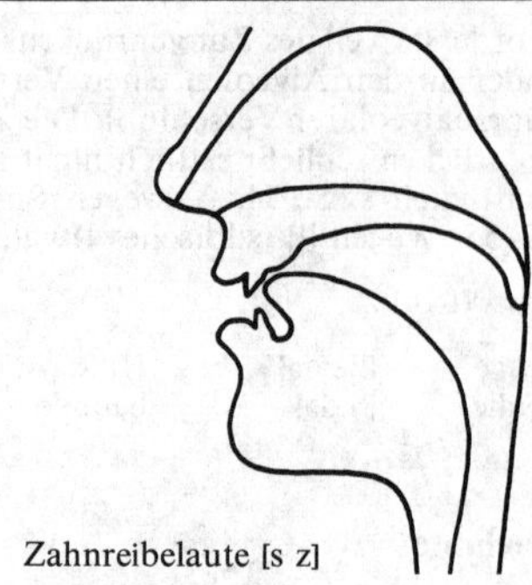
Zahnreibelaute [s z]

γ) **Palatoalveolare Reibelaute** [ʃ ʒ]

Das Gaumensegel (weicher Gaumen) schließt den Durchgang vom Rachen zum Nasenraum ab. Der vorderste Teil des Zungenrückens nähert sich den hinteren Alveolen und dem vordersten Teil des harten Gaumens, wobei die Zungenspitze sich hinter den oberen oder unteren Schneidezähnen befindet. Es entsteht eine Enge zwischen dem vordersten Teil des Zungenrückens einerseits und den Alveolen sowie dem vordersten Teil des harten Gaumens anderseits (dorso-palatoalveolare Enge). Es kann sich auch die Zungenspitze den Alveolen und dem vordersten Teil des harten Gaumens nähern. In diesem Fall entsteht eine Enge zwischen Zungenspitze einerseits und den Alveolen sowie dem vordersten Teil des harten Gaumens anderseits (apiko-palatoalveolare Enge). Bei den genannten Artikulationen befindet sich im vorderen Zungenrücken eine Längsrille, die weiter hinten liegt und weniger eng ist als bei [s] und [z]. Sowohl bei [ʃ] als auch bei [ʒ] werden die Lippen stark vorgestülpt (Labialisierung). Wegen Stimmhaftigkeit s. S. 53, 54, wegen Stärke s. S. 54, wegen Behauchung s. S. 55.

Beispiele:

Scha̱le [ˈʃa:lə]
Stạll [ʃtal]
Tạsche [ˈtaʃə]
rạschle [ˈraʃlə]
fạ̈lsche [ˈfɛlʃə]
hạrsch [harʃ]
Mẹnsch [mɛnʃ]
Geni̱e̱ [ʒeˈni:]
Ga̱ge [ˈga:ʒə]

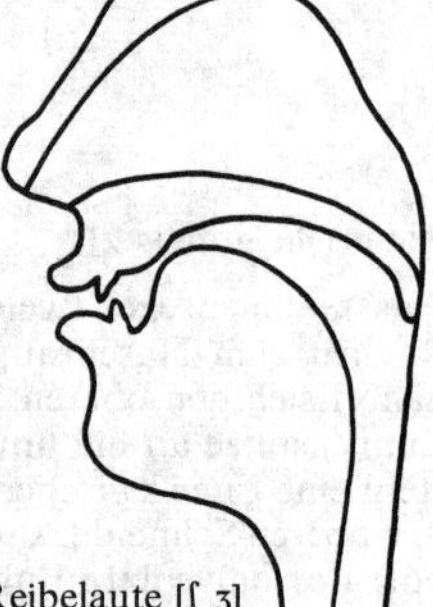
Palatoalveolare Reibelaute [ʃ ʒ]

δ) **Vordergaumenreibelaute** [ç j]

Das Gaumensegel (weicher Gaumen) schließt den Durchgang vom Rachen zum Nasenraum ab. Der vordere Zungenrücken nähert sich dem Vordergaumen. Zwischen dem vorderen Zungenrücken und dem harten Gaumen entsteht eine Enge (palatale Enge). Bei [j] kann die Enge weniger stark sein. Wegen Stimmhaftigkeit s. S. 53, 54, wegen Stärke s. S. 54, wegen Behauchung s. S. 55.

Beispiele:

Chemie	[çe'mi:]
Sichel	['zɪçl̩]
nüchtern	['nʏçtɐn]
ich	[ɪç]
Recht	[rɛçt]
jagen	['ja:gn̩]
Fjord	[fjɔrt]
Boje	['bo:jə]
Talje	['taljə]

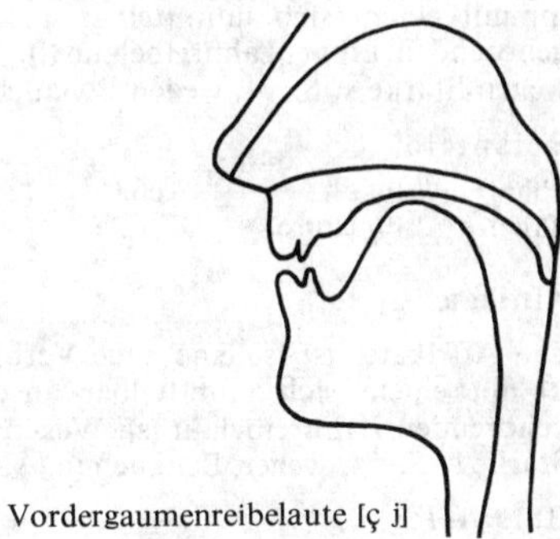

Vordergaumenreibelaute [ç j]

ε) **Hintergaumenreibelaut** [x]

Das Gaumensegel (weicher Gaumen) schließt den Durchgang vom Rachen zum Nasenraum ab. Der hintere Zungenrücken nähert sich dem Hintergaumen. Zwischen dem hinteren Zungenrücken und dem weichen Gaumen entsteht eine Enge (velare Enge). Wegen Stimmhaftigkeit s. S. 53, wegen Stärke s. S. 54, wegen Behauchung s. S. 55.

Beispiele:

Chassidismus	[xasi'dɪsmʊs]
autochthon	[au̯tɔx'to:n]
Achat	[a'xa:t]
Buche	['bu:xə]
doch	[dɔx]
Wucht	[vʊxt]

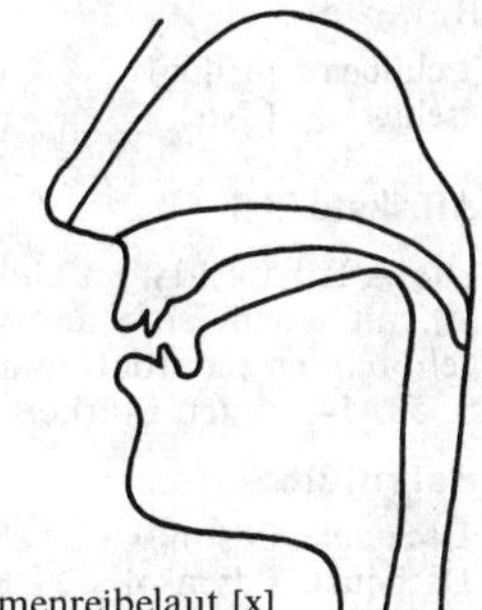

Hintergaumenreibelaut [x]

ζ) **Stimmritzenreibelaut** [h]

Das Gaumensegel (weicher Gaumen) schließt den Durchgang vom Rachen zum Nasenraum ab. Die Stimmritze (Ritze zwischen den Stimmlippen) wird etwas verengt. Wegen Stimmhaftigkeit s. S. 53, wegen Stärke s. S. 54, wegen Behauchung s. S. 55.

Beispiele:

Haft	[haft]	Uhu	['u:hu]	vehement	[vehe'mɛnt]
Hirt	[hɪrt]	Ahorn	['a:hɔrn]	Vehikel	[ve'hi:kl̩]

5. Affrikaten

α) Affrikate [p͜f]

Die Affrikate [p͜f] ist eine enge Verbindung des Lippenverschlußlautes [p] mit einem sich unmittelbar anschließenden, zu derselben Silbe gehörenden Lippenzahnreibelaut [f]. Wegen Stimmhaftigkeit s. S. 53, wegen Stärke s. S. 54, wegen Behauchung s. S. 55.

Beispiele:

Pfa̲hl	[p͜fa:l]	Ạpfel	['ap͜fl̩]	Tọpf	[tɔp͜f]
Pflạnze	['p͜flant͜sə]	Kạrpfen	['karp͜fn̩]	Krạmpf	[kramp͜f]

β) Affrikate [t͜s]

Die Affrikate [t͜s] ist eine enge Verbindung des Zahnverschlußlautes [t] mit einem sich unmittelbar anschließenden, zu derselben Silbe gehörenden Zahnreibelaut [s]. Wegen Stimmhaftigkeit s. S. 53, wegen Stärke s. S. 54, wegen Behauchung s. S. 55.

Beispiele:

Za̲hn	[t͜sa:n]	Kạtze	['kat͜sə]	Hẹrz	[hɛrt͜s]
Zwẹck	[t͜svɛk]	Kẹrze	['kɛrt͜sə]	Krạnz	[krant͜s]

γ) Affrikate [t͜ʃ]

Die Affrikate [t͜ʃ] ist eine enge Verbindung des Zahnverschlußlautes [t] mit einem sich unmittelbar anschließenden, zu derselben Silbe gehörenden palatoalveolaren Reibelaut [ʃ]. Wegen Stimmhaftigkeit s. S. 53, wegen Stärke s. S. 54, wegen Behauchung s. S. 55.

Beispiele:

tschịlpen	['t͜ʃɪlpn̩]	Wa̲tsche	['va:t͜ʃə]	Klạtsch	[klat͜ʃ]
tschü̲s	[t͜ʃy:s]	pạntschen	['pant͜ʃn̩]	Mạntsch	[mant͜ʃ]

δ) Affrikate [d͜ʒ]

Die Affrikate [d͜ʒ] ist eine enge Verbindung des Zahnverschlußlautes [d] mit einem sich unmitttelbar anschließenden, zu derselben Silbe gehörenden palatoalveolaren Reibelaut [ʒ]. Wegen Stimmhaftigkeit s. S. 53, 54, wegen Stärke s. S. 54, wegen Behauchung s. S. 55.

Beispiele:

Dschụngel	['d͜ʒʊŋl̩]	Lọggia	['lɔd͜ʒa]	Manager	['mɛnɪd͜ʒɐ]
Dschọnke	['d͜ʒɔŋkə]	Ha̲dschi	['ha:d͜ʒi]	Hẹdschra	['hɛd͜ʒra]

6. Artikulation von /r/

Das Phonem /r/ hat zwei wesentliche Artikulationen (Allophone): 1. konsonantisches R [r], 2. vokalisches R [ɐ̯] (vgl. auch /ər/, S. 32, 33, 37).

A. Konsonantisches R [r]

α) Die verschiedenen Arten von konsonantischem R [r]

Beim konsonantischen R lassen sich – je nach Bedarf und Genauigkeit – mehrere Untergruppen von Artikulationen (Unterallophone, Untervarianten) unterscheiden: a. Zungenspitzen-R und Zäpfchen-R; b. Zungenspitzen-R, Zäpfchen-R und Reibe-R; c. mehrschlägiges Zungenspitzen-R, einschlägiges Zungenspitzen-R, Zäpfchen-R und Reibe-R; d. mehrschlägiges Zungenspitzen-R, einschlägiges Zungenspitzen-R, mehrschlägiges Zäpfchen-R, einschlägiges Zäpfchen-R, Reibe-R. Im folgenden verzichten wir im allgemeinen auf die Unterscheidung zwischen mehr- und einschlägigem Zäpfchen-R.

1. Mehrschlägiges Zungenspitzen-R (genaues Zeichen: [r])

   Das Gaumensegel (weicher Gaumen) schließt den Durchgang vom Rachen zum Nasenraum ab. Die Zungenspitze schlägt zwei bis dreimal gegen die oberen Schneidezähne oder gegen die Alveolen (apikodentaler oder apikoalveolarer Vibrant). Wegen Stimmhaftigkeit s. S. 54, wegen Stärke s. S. 54, wegen Behauchung s. S. 55.

2. Einschlägiges Zungenspitzen-R (genaues Zeichen: [ɾ])

   Die Zungenspitze schlägt einmal gegen die oberen Schneidezähne oder gegen die Alveolen. Sonst wie beim mehrschlägigen Zungenspitzen-R (s. oben).

3. Zäpfchen-R (genaues Zeichen: [ʀ])

   Das Gaumensegel (weicher Gaumen) schließt den Durchgang vom Rachen zum Nasenraum ab. Der hintere Zungenrücken nähert sich dem Zäpfchen. Das Zäpfchen schlägt ein oder mehrere Male gegen den hinteren Zungenrücken (dorsouvulare Artikulation). Wegen Stimmhaftigkeit s. S. 54, wegen Stärke s. S. 54, wegen Behauchung s. S. 55.

4. Reibe-R (genaues Zeichen: [ʁ])

   Das Gaumensegel (weicher Gaumen) schließt den Durchgang vom Rachen zum Nasenraum ab. Der hintere Zungenrücken nähert sich dem Zäpfchen. Es entsteht eine Enge zwischen dem hinteren Zungenrücken und dem Zäpfchen (dorsouvulare Enge). Wegen Stimmhaftigkeit s. S. 54, wegen Stärke s. S. 54, wegen Behauchung s. S. 55.

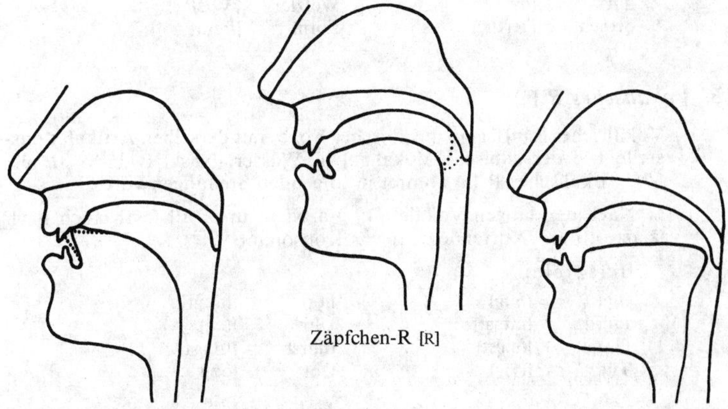

Zäpfchen-R [ʀ]

Mehr- und einschlägiges Zungenspitzen-R [r], [ɾ]

Reibe-R [ʁ]

β) **Die Verwendung der [r]-Arten**

Bei den ausgebildeten Berufssprechern des Rundfunks und Fernsehens überwiegt deutlich das Reibe-R [ʁ]. Auch bei den Berufsschauspielern auf der Bühne überwiegt das Reibe-R [ʁ]; doch findet man hier oft auch Zäpfchen-R [ʀ] (ein- und mehrschlägig), weniger oft ein- und mehrschlägiges Zungenspitzen-R [ɾ r]. Für den Kunstgesang gilt ein- und mehrschlägiges Zungenspitzen-R [ɾ r].

Die Verwendung der verschiedenen [r]-Arten hängt auch von Inhalt, Stil und Sprechlage ab. Bei zunehmender Deutlichkeit und zunehmendem Nachdruck wird vermehrt Zäpfchen-R und Zungenspitzen-R verwendet, mit zunehmender Zahl von Zäpfchen- und Zungenspitzenschlägen. Im folgenden und auch sonst in diesem Buch schreiben wir im allgemeinen für alle Arten von konsonantischem R einfach [r].

γ) **Das Vorkommen von [r]**

Konsonantisches R [r] kommt vor

1. vor silbischen und unsilbischen Vokalen

Beispiele:

Ra̤t	[ra:t]	zö̤gere	['tsø:gərə]
Rheu̲ma	['rɔ̯yma]	Fe̤rien	['fe:ri̯ən]
Fa̤hrer	['fa:rɐ]	wei̲gre	['vai̯grə]
ze̤rren	['ts͡ɛrən]	a̤lbre	['albrə]
Diarrhö̤	[dia'rø:]	ṳnsre	['ʊnzrə]

2. nach den kurzen Vokalen [ɪ ɛ ʏ œ a ʊ ɔ] am Wortende oder vor Konsonant (vgl. jedoch er-, ver-, zer-; herbei usw.; S. 53)

Beispiele:

I̤rrsein	['ɪrzai̯n]	ha̤rt	[hart]
ze̤rr!	[ts͡ɛr]	ha̤rrt	[hart]
dṳ̈rr	[dʏr]	We̤tzlar	['vɛts͡lar]
ö̤rtlich	['œrtlɪç]	Fo̤rm	[fɔrm]

B. Vokalisches R [ɐ̯]

Vokalisches R [ɐ̯] ist ein unsilbischer Vokal mit derselben Artikulationsstelle wie der silbische Vokal [ɐ] in Wa̤sser ['vasɐ] (vgl. S. 31, 32, 37). Vokalisches R [ɐ̯] kommt in folgenden Stellungen vor:

1. Nach den langen Vokalen [i: e: ɛ: y: ø: u: o: ã:] (evtl. auch nach [ɛ̃: œ̃: õ:]) am Wortende oder vor Konsonant.

Beispiele:

Bi̲er	[bi:ɐ̯]	hö̤rt	[hø:ɐ̯t]
Pfe̤rd	[p͡fe:ɐ̯t]	U̲hr	[u:ɐ̯]
fä̤hrst	[fɛ:ɐ̯st]	fu̲hrst	[fu:ɐ̯st]
Tü̲r	[ty:ɐ̯]	O̲hr	[o:ɐ̯]

Bei deutlicher und nachdrücklicher Aussprache kann dem unsilbischen Vokal [ɐ̯] ein schwaches Reibe-R [ʁ] folgen, also: [bi:ɐ̯ʁ], [p͡fe:ɐ̯ʁt], [fɛ:ɐ̯ʁst] usw. Bei noch größerer Deutlichkeit und noch größerem Nachdruck kann dem langen Vokal direkt ein volles Reibe-R [ʁ] folgen, also: [bi:ʁ], [p͜fe:ʁt], [fɛ:ʁst] usw.; weniger häufig ein Zäpfchen-R [ʀ] oder ein mehrschlägiges Zungenspitzen-R [r], also: [bi:ʀ], [p͜fe:ʀt], [fɛ:ʀst] usw. oder [bi:r], [p͜fe:rt], [fɛ:rst]. Im Wörterverzeichnis und im allgemeinen auch sonst wird in diesem Buch nur die Schreibung mit [ɐ̯] und ohne [ʶ ʁ ʀ r] verwendet, also: [bi:ɐ̯], [p͜fe:ɐ̯t], [fɛ:ɐ̯st] usw.

2. Nach langem a [a:] (evtl. auch nach [ã:]) am Wortende oder vor Konsonant. In dieser Stellung kann ebensogut anstelle von [ɐ̯] ein Reibe-R [ʁ] gesprochen werden.

Beispiele:

H<u>aa</u>r	[ha:ɐ̯]	oder:	[ha:ʁ]
Bạrt	[ba:ɐ̯t]	oder:	[ba:ʁt]
Hạrz	[ha:ɐ̯t͜s]	oder:	[ha:ʁt͜s]
p<u>aa</u>rst	[pa:ɐ̯st]	oder:	[pa:ʁst]

Bei besonders deutlicher und nachdrücklicher Aussprache wird die Form mit Reibe-R [ʁ] vorgezogen, also [ha:ʁ] usw.; weniger häufig eine Form mit Zäpfchen-R [ʀ] oder mehrschlägigem Zungenspitzen-R [r], also: [ha:ʀ] oder [ha:r] gesprochen. Im Wörterverzeichnis und im allgemeinen auch sonst wird in diesem Buch nur die Schreibung mit [ɐ̯] und ohne [ʁ ʀ r] verwendet, also: H<u>aa</u>r [ha:ɐ̯].

3. In den Präfixen er-, ver-, zer- und in herbei, hernach, hernieder, hervor, herzu.

Beispiele:

er<u>o</u>bern	[ɛɐ̯'|o:bɐn]	hernạch	[hɛɐ̯'na:x]
erfạssen	[ɛɐ̯'fasn̩]	Verlụst	[fɛɐ̯'lʊst]
herb<u>ei</u>	[hɛɐ̯'bai̯]	zerl<u>e</u>gen	[t͜sɛɐ̯'le:gn̩]

Wie nach den langen Vokalen [i: e:] usw. wird auch hier unter denselben Bedingungen (s. S. 52, 53; *B*, 1) die Aussprache mit [ɐ̯ʶ] bzw. mit [ʁ ʀ r] verwendet, also: Verlụst [fɛɐ̯ʶ'lʊst] bzw. [fɛʁ'lʊst], [fɛʀ'lʊst], [fɛr'lʊst]. Im Wörterverzeichnis und im allgemeinen auch sonst wird in diesem Buch nur die Schreibung mit [ɐ̯] und ohne [ʶ ʁ ʀ r] gebraucht, also: [fɛɐ̯'lʊst].

e) Stimmhaftigkeit

1. Stimmlos sind die Konsonanten [p t k | f s ʃ ç x h p͜f t͜s t͜ʃ].

Beispiele:

[p]	Pạnne	['panə]	[ç]	Lịcht	[lɪçt]
[t]	T<u>a</u>t	[ta:t]	[x]	Dạch	[dax]
[k]	Kạlk	[kalk]	[h]	Hạls	[hals]
[|]	beạchte	[bə'|axtə]	[p͜f]	Pf<u>a</u>hl	[p͜fa:l]
[f]	Fạll	[fal]	[t͜s]	Z<u>a</u>hl	[t͜sa:l]
[s]	Lạst	[last]	[t͜ʃ]	tschịng!	[t͜ʃɪŋ]
[ʃ]	Schạft	[ʃaft]			

2. Stimmhaft oder schwach stimmhaft bis stimmlos sind die Konsonanten [b d g v z ʒ j d͜ʒ].

α) Sie sind schwach stimmhaft bis stimmlos (hier: [b̥ d̥ ɡ̊ v̥ z̥ ʒ̊ j̊ d̥ʒ̊]) nach den stimmlosen Konsonanten [p t k f s ʃ ç x pf ts tʃ].

Beispiele:

[b̥]	Kạsba	['kasb̥a]	[z̥]	Ạbsicht	['apz̥ɪçt]
[d̥]	ạbdanken	['apd̥aŋkn̩]	[ʒ̊]	Họlzjalousie	['hɔltsʒ̊aluzi:]
[ɡ̊]	rọtgelb	['ro:tɡ̊ɛlp]	[j̊]	wẹgjagen	['vɛkj̊a:ɡn̩]
[v̥]	Ạbwurf	['apv̥ʊrf]	[d̥ʒ̊]	Obstjuice	['o:pstd̥ʒ̊u:s]

β) Sie sind stimmhaft in allen übrigen Stellungen (hier: [b d ɡ v z ʒ j dʒ]).

Beispiele:

Bạll	[bal]	lạbe	['la:bə]
braun	[braun]	Einbahn	['ainba:n]
hạlbe	['halbə]	Genie	[ʒe'ni:]
Wạhl	[va:l]	Garạge	[ɡa'ra:ʒə]
wrịngen	['vrɪŋən]	rangieren	[rã'ʒi:rən]
Vọrwahl	['fo:ɐ̯va:l]	Jạhr	[ja:ɐ̯]
Lavẹndel	[la'vɛndl̩]	Tạlje	['taljə]
powre	['po:vrə]	Weinjahr	['vainja:ɐ̯]
Sạhne	['za:nə]	Dschụnke	['dʒʊŋkə]
Vạse	['va:zə]	Manager	['mɛnɪdʒɐ]
Brẹmse	['brɛmzə]	Baumdschungel	['baumdʒʊŋl̩]

3. Stimmhaft sind die Konsonanten [m n ŋ l r(= r ɾ ʀ ʁ)].

Beispiele:

Mạhl	[ma:l]	lạng	[laŋ]	Rạng	[raŋ]
nạß	[nas]	lạhm	[la:m]	wạrm	[varm]

f) Stärke (Intensität)

Starke Konsonanten (Fortes) sind: [p t k f s ʃ ç x pf ts tʃ].

Beispiele:

[p]	Pạnne	['panə]	[ç]	ịch	[ɪç]
[t]	Tau	[tau]	[x]	ạch!	[ax]
[k]	kạlt	[kalt]	[pf]	Pfau	[pfau]
[f]	fạst	[fast]	[ts]	Zạhl	[tsa:l]
[s]	wạs	[vas]	[tʃ]	Tschẹche	['tʃɛçə]
[ʃ]	Schau	[ʃau]			

Schwache Konsonanten (Lenes) sind: [b d ɡ v z ʒ j dʒ].

Beispiele:

[b]	Bau	[bau]	[z]	Hạse	['ha:zə]
[d]	dạnn	[dan]	[ʒ]	Genie	[ʒe'ni:]
[ɡ]	Gạst	[ɡast]	[j]	jạ	[ja:]
[v]	wạs	[vas]	[dʒ]	Gịn	[dʒɪn]

Für die übrigen Konsonanten, d. h. [| m n ŋ l r(= r ɾ ʀ ʁ) h], ist der Unterschied stark/schwach nicht wichtig.

g) Behauchung (Aspiration)

Behaucht können die Konsonanten [p t k] sein. Die übrigen Konsonanten, d. h. [b d g m n ŋ l r(= r ɾ ʀ ʁ) f v s z ʃ ʒ ç j x h p͜f t͜s t͜ʃ d͜ʒ], sind immer unbehaucht.

1. [p t k] sind unbehaucht:

α) in [ps pʃ ks kʃ], wenn zwischen [p] und [s], [p] und [ʃ], [k] und [s], [k] und [ʃ] keine Silbengrenze ist.

Beispiele:

Psi̲	[psi:]	Xạnten	['ksant‘n̩]
Kạpsel	['kʰapsl̩]	Ẹchse	['ɛksə]
Ẹrbse	['ɛrpsə]	Hẹxe	['hɛksə]
Rạps	[raps]	Hexạn	[hɛ'ksa:n]
Pschọrr	[pʃɔr]	Wẹgs	[ve:ks]
Kạppsche	['kʰapʃə]	Gstạnzel	['kʃt‘ant͜sl̩]
Nịmbschen	['nɪmpʃn̩]	Hẹcksche	['hɛkʃə]

β) in der ersten Hälfte (im ersten Teil) von [pp], [pb], [tt], [td], [kk], [kg] (vgl. S. 56, h, i)

Beispiele:

ạbpassen	['appʰasn̩]	entdẹcken	[ɛnt'dɛk‘n̩]
Grọbbrot	['gro:pbro:tʰ]	Mạrkkurs	['markkʰʊrs]
enttä̲u̲schen	[ɛnt'tʰɔ͜yʃn̩]	wẹggehen	['vɛkge:ən]

2. [p t k] sind behaucht in den übrigen Stellungen, und zwar:

α) stark bis sehr stark am Wortanfang und am Wortende vor einer Pause; besonders in betonter Silbe vor dem betonten Vokal, wenn in der Silbe kein [s] oder [ʃ] vorausgeht (hier: [pʰ tʰ kʰ]).

Beispiele:

Pạck	[pʰakʰ]	Tạt	[tʰa:tʰ]	kẹck	[kʰɛkʰ]
prạll	[pʰral]	Talẹnt	[tʰa'lɛntʰ]	Kọrk	[kʰɔrkʰ]
Pne̲u̲	[pʰnɔ͜y]	vitạl	[vi'tʰa:l]	Kokon	[kʰo'kʰõ:]

β) mittelstark bis schwach in den restlichen Stellungen (hier: [p‘ t‘ k‘]).

Beispiele:

Lịppe	['lɪp‘ə]	wịttre	['vɪt‘rə]
tạppte	['tʰap‘t‘ə]	Stạll	[ʃt‘al]
kọpple	['kʰɔp‘lə]	Wịrtschaft	['vɪrt‘ʃaftʰ]
li̲e̲blich	['li:p‘lɪç]	Mụcke	['mʏk‘ə]
kạpre	['kʰa:p‘rə]	hạckte	['hak‘t‘ə]
Spạß	[ʃp‘a:s]	wịckle	['vɪk‘lə]
Li̲e̲bschaft	['li:p‘ʃaftʰ]	mö̲glich	['mø:k‘lɪç]
hạtte	['hat‘ə]	lọckre	['lɔk‘rə]
Rạthke	['rat‘k‘ə]	Skạlp	[sk‘alpʰ]
rụ̈ttle	['rʏt‘lə]	Belẹgschaft	[bə'le:k‘ʃaftʰ]
rẹdlich	['re:t‘lɪç]		

Anmerkung: Mit zunehmender Deutlichkeit und mit zunehmendem Nachdruck nimmt auch die Behauchung an Stärke zu.

h) Lange Konsonanten

Lange Konsonanten kommen in einfachen unflektierten und flektierten Wörtern nicht vor. Hier sind alle Konsonanten kurz.

Beispiele: Rate ['ra:tə], Ratte ['ratə], Roggen ['rɔgn̩], schmuggle ['ʃmʊglə], Wahhabit [vaha'bi:t], wattieren [va'ti:rən].

Lange Konsonanten kommen nur in der Wortfuge bei Ableitungen, Präfixbildungen und zusammengesetzten Wörtern sowie zwischen Wörtern im Satzinneren vor, die ohne Pause nacheinander gesprochen werden. In der Mitte der langen Konsonanten befindet sich eine Silbengrenze. Lange Konsonanten werden nur einmal gebildet (eingesetzt) und aufgehoben (abgesetzt). In ihrer Mitte darf nicht abgesetzt und neu eingesetzt werden. Lange Konsonanten werden in der Lautschrift durch Doppelschreibung wiedergegeben, z. B. [pp rr ʃʃ]. Folgende lange Konsonanten kommen nicht vor: [bb dd gg || ŋŋ vv zz ʒʒ hh]. Es gibt auch keine langen Affrikaten. Im Falle von [p͜fp͜f] (wie Kopfpflaster ['kɔp͜fp͜flastɐ), [t͜st͜s], [t͜ʃt͜ʃ] muß zwischen [p͜f] und [p͜f] usw. immer neu eingesetzt werden.

Beispiele von langen Konsonanten: abpassen ['appasn̩], Geschirreinigung [gə'ʃɪrrai̯nɪgʊŋ], Fehlleistung ['fe:llai̯stʊŋ], Lauffeuer ['lau̯ffɔy̯ɐ], mich Chemiker [mɪç'çe:mikɐ], Paßskandal ['passkanda:l], wahllos ['va:llo:s], Waschschüssel ['vaʃʃʏsl̩].

i) Stimmlose und stimmhafte Konsonanten gleicher Artikulationsart und -stelle im Kontakt

Treten stimmlose und stimmhafte Konsonanten gleicher Artikulationsart und -stelle ohne Zwischenpause hintereinander auf, d. h. [pb td kg fv sz ʃʒ çj], dann wird von [p] zu [b], von [t] zu [d] usw. die Artikulation unverändert beibehalten. Zwischen [p] und [b] usw. befindet sich eine Silbengrenze (vgl. auch S. 57, 8).

Beispiele: ab Baden [ap'ba:dn̩], abbrennen ['apbrɛnən], Haussuchung ['hau̯szu:xʊŋ], Pechjahr ['pɛçja:ɐ̯], Raddampfer ['ra:tdamp͜fɐ], Weggenosse ['ve:kgənɔsə].

3. Silbentrennung (lautliche)

Wir haben in der Lautschrift auf eine durchgehende Kennzeichnung der lautlichen Silbengrenze verzichtet. Wir schreiben nicht nationalisieren [na-t͜si̯o-na-li-'zi:-rən], sondern [nat͜si̯onali'zi:rən]. Eine durchgehende Kennzeichnung der lautlichen Silbengrenzen würde die Lautschrift schwer leserlich machen. Andererseits ist die lautliche Silbengrenze ein wesentlicher Teil der Lautform eines Wortes. Wir bringen deshalb nachstehend die wichtigsten Regeln. Wir nehmen dabei Bezug auf die Rechtschreibung, die Grammatik, die einzelnen Laute und auf die Lautschrift selbst. Die Regeln erheben keinen Anspruch auf Vollständigkeit; z. T. mögen sie auch umstritten sein.

1. Wo die Rechtschreibung zwischen Wörtern einen Zwischenraum läßt, ist eine lautliche Silbengrenze.

   Beispiel: ich weiß es nicht [ɪç-vai̯s-|ɛs-nɪçt].

2. In zusammengesetzten Wörtern ist die Silbengrenze in der Wortfuge.

   Beispiele: Angstschweiß ['aŋst-ʃvai̯s], Geldhunger ['gɛlt-hʊŋɐ], Lebensangst ['le:bn̩s-|aŋst].

3. Auf die deutschen Präfixe be-, ent-, er-, ge-, ver-, zer- folgt eine Silbengrenze.

Beispiele: beạchten [bə-'|axtn̩], bestre̲i̲ten [bə-'ʃtra͜itn̩], entsạgen [ɛnt-'za:gn̩], zerre̲i̲ßen [t͜sɛɐ̯-'ra͜isn̩].

4. Vor den Ableitungssilben -bar, -chen, -haft, -heit, -keit, -lein, -lich, -ling, -lings, -los, -nis, -sal, -sam, -schaft, -sel [zl̩], -tum, -wärts liegt eine Silbengrenze.

Beispiele: Knạ̈blein ['knɛ:p-la͜in], lẹnkbar ['lɛŋk-ba:ɐ̯], mọ̈glich ['mø:k-lɪç], Schụ̈rzchen ['ʃʏrt͜s-çən].

5. Zwischen gleichen Lauten liegt eine Silbengrenze.

Beispiele: ạbpassen ['ap-pasn̩], e̲i̲nnehmen ['a͜in-ne:mən], Fi̱lii ['fi:li-i], Kạnaan ['ka:na-an], Zoologi̲e̲ [t͜so-olo'gi:].

6. Zwischen zwei silbischen Vokalen, die zusammenstoßen, liegt eine Silbengrenze.

Beispiele: Dạnaer ['da:na-ɐ], Fi̱lii ['fi:li-i], Nạtrium ['na:tri-ʊm].

7. In der Folge Vokal + Konsonant + Vokal liegt die Silbengrenze zwischen dem ersten Vokal und dem folgenden Konsonanten.

Beispiele: A̱hle ['a:-lə], Hẹcke ['hɛ-kə], lạnge ['la-ŋə], mạchen ['ma-xn̩], Mạße ['ma:-sə], Wạsser ['va-sɐ].

8. Zwischen einem stimmlosen Verschlußlaut, d. h. [p t k], und folgendem [b d g v z ʒ d͜ʒ] liegt im Wortinneren eine Silbengrenze.

Beispiele: ạbbitten ['ap-bɪtn̩], ạbdanken ['ap-daŋkn̩], ạbwärts ['ap-vɛrt͜s], A̱bsage ['apza:gə], Mạ̈gde ['mɛ:k-də], Wẹltgenie ['vɛlt-ʒeni:].

9. [i̯ y̆ u̯ o̯ b d g | v z ʒ h d͜ʒ] haben keine Silbengrenze unmittelbar nach sich.

Beispiele: Kạlium ['ka:li̯ʊm], e̲i̲nengen ['a͜in|ɛŋən], fạsre ['fa:zrə], Hẹdschra ['hɛd͜ʒra], Jạ̈heit ['jɛ:ha͜it], Mậgma ['magma], pọwre ['po:vrə], Rẹdner ['re:dnɐ].

10. Vor [b d g v z ʒ d͜ʒ] ist im Inneren einfacher Wörter eine Silbengrenze.

Beispiele: lẹsbisch ['lɛs-bɪʃ], Nạbe ['na:-bə], nọ̈rgle ['nœr-glə], Pịlsner ['pɪl-znɐ], rẹgle ['re:-glə], ụnsre ['ʊn-zrə].

11. Vor [| h] liegt eine Silbengrenze.

Beispiele: ạbhauen ['ap-ha͜uən], e̲i̲nengen ['a͜in-|ɛŋən].

12. [ɐ̯ m̩ n̩ l̩] haben keine Silbengrenze unmittelbar vor sich.

Beispiele: fạ̈hrt [fɛ:ɐ̯t], Lọ̈ffel ['lœfl̩], rẹden ['re:dn̩].

13. Zwischen gleichen Zeichen der Lautschrift liegt eine Silbengrenze.

Beispiele: fọrttraben ['fɔrt-tra:bn̩], ụmmähen ['ʊm-mɛ:ən].

14. Die Zeichen für Hauptbetonung ['] und Nebenbetonung [ˌ] stehen immer in einer Silbengrenze.

Beispiele: Prosaịst [proza-'ɪst], Regi̲e̲rungsrat [re-'gi:rʊŋs-ˌra:t].

4. Wortbetonung

a) Einfache Wörter

In einfachen Wörtern ist gewöhnlich die erste Silbe betont.

Beispiele: Ạcker, Ekel, Elend, Erde.

b) Abgeleitete Wörter

In abgeleiteten Wörtern ist gewöhnlich die erste Silbe betont.

Beispiele: lạngsam, lẹsbar, Mạnnschaft, mọglich.

c) Präfixbildungen

Die Präfixe be-, ent-, er-, ge-, ver-, zer- sind nicht betont.

Beispiele: beạchten, Begrịff, entfẹrnen, Verfạll.

d) Zusammengesetzte Wörter und Verbzusätze

α) In *zweiteiligen* zusammengesetzten Wörtern ist gewöhnlich der erste Teil stärker betont als der zweite, d. h., der erste Teil ist hauptbetont, der zweite ist nebenbetont. Der Nebenton wird in der Lautschrift gewöhnlich nicht bezeichnet.

Beispiele: Scheinwerfer ['ʃainvɛrfɐ], genauer: ['ʃain,vɛrfɐ]; Regierungsrat [re'gi:rʊŋsra:t], genauer: [re'gi:rʊŋs,ra:t].

β) In *dreiteiligen* Zusammensetzungen ist der erste Teil am stärksten, der zweite am zweitstärksten, der dritte am drittstärksten betont, wenn die Zusammensetzung aus dem ersten Teil einerseits und dem zweiten plus dritten Teil andererseits besteht.

Beispiel: Dạmpfschiffahrt (Schiffahrt mit Dampf) ['dampf,ʃɪffa:ɐt] (bestehend aus: Dampf + Schiffahrt, Formel: a + [b + c]).

Der erste Teil ist am stärksten betont, der zweite am drittstärksten, der dritte am zweitstärksten, wenn die Zusammensetzung aus dem ersten plus zweiten Teil einerseits und dem dritten Teil andererseits besteht.

Beispiel: Dạmpfschiffahrt (Fahrt mit einem Dampfschiff) ['dampfʃɪf,fa:ɐt] (bestehend aus: Dampfschiff + Fahrt, Formel: [a + b] + c).

γ) Die Partikeln ab-, an-, aus-, bei-, ein-, nach-, wieder- sind meistens betont.

Beispiele: Ạbweg, ausfahren, beistehen, Eingriff.

δ) Die Partikeln da-, dar-, durch-, her-, hier-, hin-, hinter-, in-, miß-, ob-, über-, um-, un-, unter-, voll-, vor-, wider-, zu- kommen betont und unbetont vor.

Beispiele: dụrchgehen, durchgẹhen, Ịnbegriff, infọlge.

e) Abweichende Betonungen

α) Die Ableitungssuffixe -ei und -ieren sind betont.

Beispiele: Bücherei, polieren.

β) Bei gefühlsmäßiger (emphatischer) Betonung und z. T. auch sonst können Zusammensetzungen auf beiden Teilen betont sein.

Beispiele: Ẹrzhalụnke, haarschạrf, neunhụndert.

γ) In zweiteiligen Zusammensetzungen kommt z. T. auch Betonung auf dem zweiten Teil vor.

Beispiel: Hohepriester.

δ) In dreiteiligen Zusammensetzungen kommt z. T. auch Betonung auf dem zweiten Teil vor.

Beispiele: Dreikäsehoch, Fünfmarkstück.

ε) Aneinanderreihungen (mit und ohne „und") sind auf allen Teilen oder auf dem letzten Teil betont.

Beispiele: Maul- und Klauenseuche oder Maul- und Klauenseuche, rotweißrot oder rotweißrot.

ζ) Abkürzungen, die mit den Buchstabennamen ausgesprochen werden, sind auf dem letzten Teil betont; häufig vorkommende können auch auf dem ersten Teil betont werden.

Beispiele: BGB [be:ge:'be:]; LKW [ɛlka:'ve:], auch: ['ɛlkave].

η) Für Fremdwörter lassen sich keine allgemeinen Betonungsregeln aufstellen.

ϑ) Namen haben oft abweichende Betonung.

Beispiele: Berlin, Fontane, Heilbronn, Roswitha.

II. Bühnenaussprache

1. Allgemeine Bemerkungen

Die Bühnenaussprache[1] ist eine ideale Norm, die der Sprechwirklichkeit weniger nah kommt als die oben beschriebene Standardaussprache. Wie diese ist sie überregional, zeichnet sich aber durch größere Einheitlichkeit, Schriftnähe und Deutlichkeit aus. Vor allem für das klassische Versdrama diente sie als Aussprachenorm vom Ausgang des neunzehnten Jahrhunderts bis in die Zeit zwischen den beiden Weltkriegen. Sie ist auch heute noch weitgehend die Aussprachenorm des Kunstgesanges.
Im folgenden skizzieren wir die Hauptunterschiede zwischen Standardaussprache und Bühnenaussprache, indem wir von der Standardaussprache ausgehen. Die vor dem Zeichen 〉 stehende Form gehört der Standardaussprache an, die nach dem Zeichen 〉 stehende Form der Bühnenaussprache. Das Zeichen 〉 ist hier nicht geschichtlich zu verstehen; es bedeutet also nicht, daß die eine Form aus der anderen hervorgegangen ist. Wir benutzen für die Standardaussprache im allgemeinen die Umschrift, wie sie im Wörterverzeichnis erscheint.

2. Bemerkungen zu einzelnen lautlichen Erscheinungen

a) Unsilbische Vokale

Die unsilbischen Vokale [i̯ y̆ u̯ o̯] der Standardaussprache (vgl. S. 38, 39; d) erscheinen in der Bühnenaussprache (bis 1957) als die silbischen Vokale [i y u o], doch wird [i̯] nicht völlig abgelehnt.

Beispiele: Aktion [ak'tsi̯o:n] 〉 [aktsi'o:n], loyal [lo̯a'ja:l] 〉 [loa'ja:l], sexuell [zɛ'ksu̯ɛl] 〉 [zɛksu'ɛl].

---

[1] Siebs, Theodor, Deutsche Bühnenaussprache Hochsprache 14. Aufl., Köln, 1927. – Siebs, Deutsche Hochsprache Bühnensprache, 16. Aufl., Berlin, 1957.

b) [ə] am Wortende

[ə] der Standardaussprache am Wortende in griechischen und lateinischen Wörtern (lateinisch -e; griechisch -ε, -η) erscheint in der Bühnenaussprache gewöhnlich als [e]:

Beispiele: bene ['be:nə] > ['be:ne], Hebe ['he:bə] > ['he:be], Psyche ['psy:çə] > ['psy:çe]

c) Nasalvokale

Wenn in der Standardaussprache [õ: õ] neben [ɔŋ] und [ã: ã] neben [aŋ] erscheinen, so treten in der Bühnenaussprache [ɔŋ] und [aŋ] nicht auf.

Beispiele: Bonbon [bɔŋ'bɔŋ], [bõ'bõ:] > [bõ'bõ:]; Chance ['ʃã:s[ə]], ['ʃaŋs[ə]] > ['ʃã:sə]

d) Silbisches m, n, l

Die silbischen Konsonanten [m̩], [n̩], [l̩] der Standardaussprache (vgl. S. 32–37) erscheinen in der Bühnenaussprache als [əm], [ən], [əl].

Beispiele: blassem ['blasm̩] > ['blasəm]; Faden ['fa:dn̩] > ['fa:dən], Haydn ['haidn̩] > ['haidən]; Hölzel ['hœltsl̩] > ['hœltsəl], Hölzl ['hœltsl̩] > ['hœltsəl].

e) Der silbische Vokal [ɐ]

Anstelle des Vokals [ɐ] der Standardaussprache (vgl. S. 32, 33, 37) wird in der Bühnenaussprache [ər] gesprochen.

Beispiele: besser ['bɛsɐ] > ['bɛsər], Kentaur [kɛn'tauɐ] > [kɛn'tauər], Kinderchen ['kɪndɐçən] > ['kɪndərçən]

f) Der unsilbische Vokal [ɐ̯]

Der unsilbische Vokal [ɐ̯] der Standardaussprache (vgl. S. 52, 53) erscheint in der Bühnenaussprache als [r].

Beispiele: für [fy:ɐ̯] > [fy:r], führst [fy:ɐ̯st] > [fy:rst], Haar [ha:ɐ̯] > [ha:r], verfassen [fɛɐ̯'fasn̩] > [fɛr'fasən]

g) Der Konsonant [r]

Anstelle von gerolltem Zungenspitzen-R [r], geschlagenem Zungenspitzen-R [ɾ], Zäpfchen-R [ʀ] oder Reibe-R [ʁ] der Standardaussprache, wo die beiden letzteren, d. h. [ʀ] und [ʁ], deutlich vorherrschen (vgl. S. 50–52), wird in der Bühnenaussprache gerolltes Zungenspitzen-R [r] oder geschlagenes Zungenspitzen-R [ɾ] gesprochen – so bis 1957, nach 1957 auch gerolltes Zäpfchen-R [ʀ].

	Standardaussprache	Bühnenaussprache	
		bis 1957	nach 1957
Brei	[brai], [bɾai], [bʀai], [bʁai]	[brai], [bɾai]	[brai], [bɾai], [bʀai]
wirr	[vɪr], [vɪɾ], [vɪʀ], [vɪʁ]	[vɪr], [vɪɾ]	[vɪr], [vɪɾ], [vɪʀ]

h) Stimmhaftigkeit von Konsonanten

Wo [b d g v z ʒ j dʒ] in der Standardaussprache (vgl. S. 54, α) schwach stimmhaft bis stimmlos, d. h. [b̥ d̥ g̊ v̥ z̥ ʒ̊ j̊ d̥ʒ̊], sind, erscheinen sie in der Bühnenaussprache als stimmhaft.

Beispiele: Absicht ['apz̥ɪçt] > ['apzɪçt], Kasba ['kasb̥a] > ['kasba], röntgen ['rœntg̊n̩] > ['rœntgən]

i) Behauchung (Aspiration) (vgl. S. 55)

Wo die Standardaussprache [p t k] nicht behaucht, tut es auch Bühnenaussprache nicht. Wo die Standardaussprache [p t k] behaucht, neigt die Bühnenaussprache allgemein zu stärkerer Behauchung; dies gilt besonders für Stellungen, wo in der Standardaussprache die Behauchung mittelstark bis schwach ist. Eine eindeutige Regelung der Behauchung hat es in der Bühnenaussprache nicht gegeben.

G. Nichthochlautung

Außerhalb der Hochlautung können wir zwei Gruppen von Lautungen unterscheiden: 1. die Umgangslautung, die weniger deutlich und schriftnah ist als die Hochlautung; 2. die Überlautung, die deutlicher und schriftnäher ist als die Hochlautung.

I. Umgangslautung

Die Umgangslautung herrscht in der gewöhnlichen Unterhaltung zu Hause, auf der Straße und im Betrieb vor. Sie wird für das Sprechen sprachlich und inhaltlich weniger anspruchsvoller Texte verwendet. Oft bedient man sich ihrer auch, wenn man sich an die breiten Bevölkerungsschichten wendet, wie dies gelegentlich im Fernsehen, im Film und im Rundfunk geschieht. Die Umgangslautung ist gegenüber der Hochlautung durch einen schwer übersehbaren Reichtum an individuellen, regionalen und sozialen Abstufungen gekennzeichnet. Deshalb ist ihre erschöpfende systematische Darstellung unmöglich. In den folgenden Bemerkungen zur Umgangslautung wollen wir vor allem auf häufige Erscheinungen aufmerksam machen. Dabei ist es uns nicht möglich, auf die räumliche Verbreitung solcher Erscheinungen einzugehen. Auch muß immer damit gerechnet werden, daß einzelne dieser Erscheinungen in bestimmten Gebieten als unfein gelten, während sie anderswo lediglich als fremdartig abgelehnt werden, ohne daß man sie als unfein empfindet. Bei der Wiedergabe der Umgangslautung in der Lautschrift geben wir nur den jeweils in Frage kommenden Teil des Wortes nach der Umgangslautung wieder, der restliche Teil wird nach der Standardaussprache umschrieben. Die vor dem Zeichen 〉 stehenden Formen gehören im allgemeinen der Standardaussprache an. Die übrigen Formen gehören gewöhnlich nicht der Standardaussprache an. Das Zeichen 〉 ist nicht geschichtlich zu verstehen, es bedeutet also nicht, daß in der Geschichte der deutschen Sprache die eine Form aus der anderen hervorgegangen ist.

1. Bemerkungen zu den Vokalen

a) Ersatz von [i e y ø u o] **durch** [ɪ ɛ ʏ œ ʊ ɔ]

Nicht am Wortende stehende unbetonte [i e y ø u o] können durch [ɪ ɛ ʏ œ ʊ ɔ] ersetzt werden.

Beispiele: Methylẹn [mety'le:n] 〉 [mɛtʏ'le:n], voluminö̩s [volumi'nø:s] 〉 [vɔlʊmɪ'nø:s].

b) Ersatz von [ɛ:] durch [e:]

Langes offenes e [ɛ:] kann durch langes geschlossenes e [e:] ersetzt werden. Durch den Zusammenfall von [ɛ:] mit [e:] werden viele Wörter nicht mehr unterschieden, die in der Hochlautung auseinandergehalten werden.

Beispiele: Bär [bɛ:ɐ̯] > [be:ɐ̯], Mädchen ['mɛ:tçən] > ['me:tçən].
Beispiele von Zusammenfall: Bären Beeren ['be:rən]; bäte, bähte, bete, Beete ['be:tə]; Häfen, Hefen ['he:fn̩]; lägen, legen ['le:gn̩]; Mähre, Märe, Meere, mehre ['me:rə].

c) Kürzung langer Vokale

In bestimmten einsilbigen Wörtern können betonte lange Vokale vor folgendem Konsonanten gekürzt werden.

Beispiele: Bad [ba:t] > [bat], Glas [gla:s] > [glas], grob [gro:p] > [grɔp].

d) Ersatz von unbetonten [e ɛ] durch [ə]

Nicht am Wortanfang stehendes unbetontes kurzes geschlossenes e [e] und unbetontes kurzes offenes e [ɛ] können durch [ə] ersetzt werden.

Beispiele: arretieren [are'ti:rən] > [arə'ti:rən], genetisch [ge'ne:tɪʃ] > [gə'ne:tɪʃ], investieren [ɪnvɛs'ti:rən] > [ɪnvəs'ti:rən], Karies ['ka:ri̯ɛs] > ['ka:ri̯əs], molekular [moleku'la:ɐ̯] > [moləku'la:ɐ̯].

e) Ersatz von [ən] durch [n̩], [n]

Nach betontem langem Vokal oder nach betontem Diphthong kann [ən], besonders am Wortende, durch [n̩] und weiter durch [n] ersetzt werden.

Beispiele: gehen ['ge:ən] > ['ge:n̩], [ge:n]; hauen ['hau̯ən] > ['hau̯n̩], [hau̯n]; hohen ['ho:ən] > ['ho:n̩], [ho:n]; ruhen ['ru:ən] > [ru:n̩], [ru:n].

f) Ausfall von [ə]

Vor [m n l r] kann [ə] ([ə e ɛ] in der Standardaussprache) ausfallen in nichterster Silbe (vgl. auch S. 39, e, γ).

Beispiele: Adenauer ['a:dənau̯ɐ] > ['a:dnau̯ɐ], Atem ['a:təm] > ['a:tm̩], materiell [mate'ri̯ɛl] > [matri'ɛl], ziselieren [tsize'li:rən] > [tsi'zli:rən].

g) Überlange Vokale und lange Diphthonge

Betonte lange Vokale und betonte Diphthonge können vereinzelt durch überlange Vokale und lange Diphthonge ersetzt werden (Überlänge bezeichnen wir mit [::]),

α) wenn in einer flektierten Form ein früher vorhandenes e ausgefallen ist oder wenn [ə] in einer Nebenform vorkommt.

Beispiele: braut [brau̯t] > [brau̯:t] (früher: brauet), aber: Braut [brau̯t]; heute (von: heuen) ['hɔy̆tə] > ['hɔy̆:tə] (früher: heuete), aber: heute (am heutigen Tag) ['hɔy̆tə]; lieht [li:t] > [li::t] (Nebenform: liehet ['li:ət]), aber: Lied [li:t].

β) wenn in flektierten Formen nach Diphthong ein Wechsel zwischen [z] und [s] vorkommt:

Beispiel: reist [rai̯st] > [rai̯:st] (daneben: reisen ['rai̯zn̩]); aber: reißt [rai̯st].

γ) im Falle von langem a [a:] plus [ɐ̯] am Wortende oder vor Konsonant unter Ausfall von [ɐ̯].

Beispiele: Bar [ba:ɐ̯] > [ba::], Bart [ba:ɐ̯t] > [ba::t].

h) Ersatz der Nasalvokale

Die Nasalvokale können durch [ɛŋ aŋ œŋ ɔŋ] ersetzt werden (vgl. auch S. 39, e, δ).

Beispiele: Embonpoint [ãbõ'po̯ɛ̃:] > [aŋbɔŋ'po̯ɛŋ], Ensemble [ã'sã:bl̩] > [aŋ'saŋbl̩], Fond [fõ:] > [fɔŋ], Impromptu [ɛ̃prõ'ty:] > [ɛŋprɔŋ'ty:], Parfum [par'fœ̃:] > [par'fœŋ], Teint [tɛ̃:] > [tɛŋ].

Ferner können die Nasalvokale ersetzt werden durch:

α) [ɛm am œm ɔm] vor [p b]

Beispiele: Empire [ã'pi:ɐ̯] > [am'pi:ɐ̯], L'hombre ['lõ:bɐ] > ['lɔmbɐ].

β) [ɛɱ aɱ œɱ ɔɱ] vor [f v]

Beispiele: Bonvivant [bõvi'vã:] > [bɔɱvi'vaŋ], enfilieren [ãfi'li:rən] > [aɱfi'li:rən].

γ) [ɛn an œn ɔn] vor [t d s z ʃ ʒ]

Beispiele: Chance ['ʃã:sə] > ['ʃansə], Entente [ã'tã:tə] > [an'tantə].

δ) [ɛŋ aŋ œŋ ɔŋ] sonst, besonders vor [k g]

Beispiele: Engobe [ã'go:bə] > [aŋ'go:bə], Enquete [ã'ke:tə] > [aŋ'ke:tə], Fonds [fõ:] > [fɔŋ].

i) y kann wie i gesprochen werden

Beispiele: hysterisch [hʏs'te:rɪʃ] > [hɪs'te:rɪʃ], physikalisch [fyzi'ka:lɪʃ] > [fizi'ka:lɪʃ], Rhythmus ['rʏtmʊs] > ['rɪtmʊs], System [zʏs'te:m] > [zɪs'te:m].

2. Bemerkungen zu den Konsonanten

a) Zusammenfall von [p t k] mit [b d g]

[p t k] können in verschiedenen Stellungen mit [b d g] zusammenfallen. Dabei wird meist ein stimmloser schwacher Verschlußlaut gesprochen: [b̥ d̥ g̊]. Durch den Zusammenfall entstehen gleichlautende Wörter, die in der Hochlautung verschieden ausgesprochen werden.

Beispiele: Bauer ['baue̯] > ['b̥aue̯], hatte ['hatə] > ['had̥ə], klein [klai̯n] > [g̊lai̯n], kranken ['kraŋkn̩] > ['g̊raŋg̊n̩].

Beispiele von Zusammenfall: halte, Halde ['hald̥ə]; könnt, gönnt [g̊œnt]; Kreis, Greis [g̊rai̯s]; leite, leide ['lai̯d̥ə]; Pärchen, Bärchen ['b̥ɛ:ɐ̯çən]; rannte, Rande ['rand̥ə]; Rocken, Roggen ['rɔg̊n̩].

b) Ersatz von [b d g v z] plus [m n l r] durch [p t k f s] plus [m n l r]

Im Wortinnern können silbenanlautendes [b d g v z] plus [m n l r] durch [p t k f s] plus [m n l r] ersetzt werden. Dabei verschiebt sich die Silbengrenze so, daß sie zwischen [p t k f s] und [m n l r] zu stehen kommt.

Beispiele: Ebne ['e:bnə] > ['e:pnə], Händler ['hɛndlɐ] > ['hɛntlɐ], knausrig ['knau̯zrɪç] > ['knau̯srɪç], powre ['po:vrə] > ['po:frə], regnet ['re:gnət] > ['re:knət], sigmatisch [zɪ'gma:tɪʃ] > [zɪk'ma:tɪʃ], unsre ['ʊnzrə] > ['ʊnsrə].

c) Stimmlosigkeit von [b d g] am Wortanfang

Am Wortanfang sind [b d g] stimmlos, aber immer noch schwach, d.h. [b̥ d̥ g̊].

Beispiele: Bahn [ba:n] > [b̥a:n], Damm [dam] > [d̥am], Gans [gans] > [g̊ans].

d) Ersatz von [ɡ k] (geschrieben: g)

α) Zwischen vorderen Vokalen ([ə] einbegriffen) kann [ɡ] durch [j] oder [ç] ersetzt werden.

Beispiel: lẹgen ['le:ɡn̩] > ['le:jən], ['le:çn̩].

β) Im Wortinnern kann [ɡ] vor Vokal nach [l] oder [r] durch [j] ersetzt werden.

Beispiele: Fọlge ['fɛlɡə] > ['fɛljə], Sọrge ['zɔrɡə] > ['zɔrjə].

γ) Vor stimmlosem Konsonanten und am Wortende kann [k] nach vorderen Vokalen und nach [l r] durch [ç] ersetzt werden.

Beispiele: lẹgt [le:kt] > [le:çt], Sạrg [zark] > [zarç], Si̲eg [zi:k] > [zi:ç].

δ) Vor stimmlosem Konsonanten und am Wortende kann [k] nach hinteren Vokalen ([a a:] einbegriffen) durch [x] ersetzt werden.

Beispiele: gesạgt [ɡə'za:kt] > [ɡə'za:xt], Smarạgd [sma'rakt] > [sma'raxt], Zụg [t͡su:k] > [t͡su:x].

e) Ersatz von [ɡm ɡn] durch [ŋm ŋn] in Fremdwörtern

Im Wortinnern von Fremdwörtern können [ɡm ɡn] durch [ŋm ŋn] ersetzt werden. Dabei verschiebt sich die Silbengrenze vor [m n].

Beispiele: Magnẹt [ma'ɡne:t] > [maŋ'ne:t], Magnifizẹnz [maɡnifi't͡sɛnt͡s] > [maŋnifi't͡sɛnt͡s], Phlẹgma ['flɛɡma] > ['flɛŋma], sigmạtisch [zɪ'ɡma:tɪʃ] > [zɪŋ'ma:tɪʃ], Signạl [zɪ'ɡna:l] > [zɪŋ'na:l].

f) Ersatz von [pl tl kl sl] durch [bl dl ɡl zl]

Wenn vor den Ableitungssuffixen -lein, -lich, -ling die Buchstaben b, d, g, s (s nicht nach ck, ch, f, k, p, t) stehen, so können die silbenauslautenden [p t k s] durch [b d ɡ z] ersetzt werden. Dabei verschiebt sich die Silbengrenze an die Stelle vor [b d ɡ z].

Beispiele: Knạ̈blein ['knɛ:p-lai̯n] > ['knɛ:-blai̯n], le̲idlich ['lai̯t-lɪç] > ['lai̯-dlɪç], lọ̈slich ['lø:s-lɪç] > ['lø:-zlɪç], mọ̈glich ['mø:k-lɪç] > ['mø:-ɡlɪç].

g) Behauchung (Aspiration)

α) [p t k] sind meist überall dort mittelstark bis stark behaucht, wo sie in der Standardaussprache stark bis sehr stark behaucht sind, d. h. am Wortanfang und am Wortende vor Pause, besonders in betonter Silbe (vgl. S. 55, 2, *α*). Doch kann in diesen Stellungen die Behauchung auch schwach sein oder ganz fehlen.

Beispiele: Pạnne ['p^{h}anə] > ['p^{h}anə], ['p‘anə], ['panə]; prạll [p^{h}ral] > [p^{h}ral], [p‘ral], [pral]; Tạg [t^{h}a:k^h] > [t^{h}a:k^h], [t‘a:k‘], [ta:k]; Trabạnt [t^{h}ra'bant^h] > [t^{h}ra'bant^h], [t‘ra'bant‘], [tra'bant].

β) [p t k] sind gewöhnlich überall dort schwach oder sehr schwach behaucht, wo sie in der Standardaussprache mittelstark bis schwach behaucht sind, d. h. in den unter 2, *β*, S. 55 erwähnten Stellungen. Doch kann hier die Behauchung häufig fehlen.

Beispiele: Ạkte ['ak‘t‘ə] > ['ak‘t‘ə], ['aktə]; hạckt [hak‘t^h] > [hak‘t‘], [hakt‘], [hakt]; Spạß [ʃp‘a:s] > [ʃp‘a:s], [ʃpa:s].

γ) [p t k] sind überall dort nicht behaucht, wo die Standardaussprache keine Behauchung kennt (vgl. S. 55, 1).

Beispiele: Ạchse ['aksə], entdẹcken [ɛnt'dɛk'n̩], Jạksche ['jakʃə], wẹbbar ['ve:pba:ɐ̯].

h) Ersatz von [m] durch [ɱ]

[m] kann vor [f v] durch [ɱ] ersetzt werden.

Beispiele: Amphọre [am'fo:rə] > [aɱ'fo:rə], Symphoni̲e [zʏmfo'ni:] > [zʏɱfo'ni:], umfạssen [ʊm'fasn̩] > [ʊɱ'fasn̩], Ụmwelt ['ʊmvɛlt] > ['ʊɱvɛlt].

i) Ersatz von [n] durch [m ɱ ɲ ŋ]

α) [np nb nm] können durch [mp mb mm] ersetzt werden.

Beispiele: ạnpassen ['anpasn̩] > ['ampasn̩], e̲i̲nbauen ['a̯inbau̯ən] > ['a̯imbau̯ən], e̲i̲nmachen ['a̯inmaxn̩] > ['a̯immaxn̩].

β) [nf nv] können durch [ɱf ɱv] ersetzt werden.

Beispiele: ạnfangen ['anfaŋən] > ['aɱfaŋən], e̲i̲nwerfen ['a̯invɛrfn̩] > ['a̯iɱvɛrfn̩], fụ̈nf [fʏnf] > [fʏɱf], Invasiọn [ɪnva'zi̯o:n] > [ɪɱva'zi̯o:n].

γ) [nç nj] können durch [ɲç ɲj] ersetzt werden.

Beispiele: e̲i̲njährig ['a̯injɛ:rɪç] > ['a̯iɲjɛ:rɪç], Enchiri̲dion [ɛnçi'ri:di̯ɔn] > [ɛɲçi'ri:di̯ɔn], Inju̲rie [ɪn'ju:ri̯ə] > [ɪɲ'ju:ri̯ə], Kọncha ['kɔnça] > ['kɔɲça].

δ) [nk ng nx] können durch [ŋk ŋg ŋx] ersetzt werden.

Beispiele: ein Cha̲n [a̯in 'xa:n] > [a̯iŋ 'xa:n], e̲i̲ngreifen ['a̯ingra̯ifn̩] > ['a̯iŋgra̯ifn̩], E̲i̲nkauf ['a̯inkau̯f] > ['a̯iŋkau̯f], Ingrẹß [ɪn'grɛs] > [ɪŋ'grɛs].

j) Silbische Nasale

α) [əm ən] können nach Konsonant (außer [j]) am Wortende oder vor Konsonant durch silbische Nasalkonsonanten, d. h. [m̩ n̩], ersetzt werden (vgl. auch S. 32–36).

Beispiele: A̲tem ['a:təm] > ['a:tm̩], Hẹrren ['hɛrən] > ['hɛrn̩], su̲chendem ['zu:xn̩dəm] > ['zu:xn̩dm̩].

β) [n̩] paßt sich am Wortende gewöhnlich in bezug auf die Artikulationsstelle dem vorausgehenden Konsonanten an. Dabei werden [pn̩ bn̩ mn̩] zu [pm̩ bm̩ mm̩], [fn̩ vn̩] zu [fɱ̍ vɱ̍], [çn̩] zu [çɲ̍], [kn̩ gn̩ ŋn̩ xn̩] zu [kŋ̍ gŋ̍ ŋŋ̍ xŋ̍] (vgl. auch S. 32, 33).

Beispiele: Le̲ben ['le:bn̩] > ['le:bm̩]; Na̲men ['na:mən] > ['na:mn̩], ['na:mm̩]; ọffen ['ɔfn̩] > ['ɔfɱ̍]; ri̲echen ['ri:çn̩] > ['ri:çɲ̍]; su̲chen ['zu:xn̩] > ['zu:xŋ̍]; Ta̲gen ['ta:gn̩] > ['ta:gŋ̍]; Zụngen ['tsʊŋən] > ['tsʊŋn̩], ['tsʊŋŋ̍].

k) Ersatz von [r] durch [ɐ̯]

Nach kurzem Vokal kann [r] am Wortende oder vor Konsonant durch unsilbisches [ɐ] (Zeichen: [ɐ̯]) ersetzt werden (vgl. auch S. 52, γ, 2).

Beispiele: Berli̲n [bɛr'li:n] > [bɛɐ̯'li:n], hạrr! [har] > [haɐ̯], Hịrt [hɪrt] > [hɪɐ̯t], wịrr [vɪr] > [vɪɐ̯].

l) Ersatz von [i:ɐ̯] usw. durch [ɪɐ̯] usw.

Die Langdiphthonge [i:ɐ̯ e:ɐ̯ ɛ:ɐ̯ a:ɐ̯ y:ɐ̯ ø:ɐ̯ u:ɐ̯ o:ɐ̯] können durch die Kurzdiphthonge [ɪɐ̯ ɛɐ̯ aɐ̯ ʏɐ̯ œɐ̯ ʊɐ̯ ɔɐ̯] ersetzt werden.

Beispiele: Ha̲a̲r [ha:ɐ̯] > [haɐ̯], he̲r [he:ɐ̯] > [hɛɐ̯], hi̲e̲r [hi:ɐ̯] > [hɪɐ̯], nä̲hrt! [nɛ:ɐ̯t] > [nɛɐ̯t], To̲r [to:ɐ̯] > [tɔɐ̯], Tü̲r [ty:ɐ̯] > [tʏɐ̯], U̲hr [u:ɐ̯] > [ʊɐ̯].

m) Ersatz von [ŋ] durch [ŋk]

Am Wortende und vor stimmlosem Konsonanten kann [ŋ] durch [ŋk] ersetzt werden.

Beispiele: ẹng [ɛŋ] > [ɛŋk], jụng [jʊŋ] > [jʊŋk], Rịng [rɪŋ] > [rɪŋk], Rịngs [rɪŋs] > [rɪŋks], rịngst [rɪŋst] > [rɪŋkst].

n) Stimmlosigkeit von [z]

Am Wortanfang, aber auch sonst ist [z] stimmlos, bleibt jedoch schwach (Zeichen: [z̥]).

Beispiele: Sạche ['zaxə] > ['z̥axə], ụnsre ['ʊnzrə] > ['ʊnz̥rə], Wẹsen ['ve:zn̩] > ['ve:z̥n̩].

o) Ersatz von [v z ʒ j] durch [f s ʃ ç]

Nach den stimmlosen Konsonanten [p t k f s ʃ ç x p͜f t͜s t͜ʃ] können die stimmhaften Konsonanten [v z ʒ j] durch die stimmlosen Konsonanten [f s ʃ ç] ersetzt werden. Dabei können die Affrikaten [p͜f t͜s t͜ʃ] entstehen (vgl. S. 54, α).

Beispiele: Ạbsicht ['apzɪçt] > ['apsɪçt], Ạbwasser ['apvasɐ] > ['ap͜fasɐ], Aussage ['au̯sza:gə] > ['au̯ssa:gə], Fjọrd [fjɔrt] > [fçɔrt], rạtsuchend ['ra:t͜zu:xn̩t] > ['ra:-t͜su:xn̩t], Ịchsucht ['ɪçzʊxt] > ['ɪçsʊxt], Tjọst [tjɔst] > [tçɔst], Treibjagd ['trai̯pja:kt] > ['trai̯pça:kt], Wịtwe ['vɪtvə] > ['vɪtfə].

p) Ersatz von [pf ts tʃ] durch [p͜f t͜s t͜ʃ]

In der Wortfuge können [pf ts tʃ] durch [p͜f t͜s t͜ʃ] ersetzt werden. Die lautliche Silbengrenze erscheint dann vor oder nach [p͜f t͜s t͜ʃ].

Beispiele: Ạbfall ['apfal] > ['ap͜fal], Hụtschachtel ['hu:tʃaxtl̩] > ['hu:t͜ʃaxtl̩], Wẹrtskala ['ve:ɐ̯tska:la] > ['ve:ɐ̯t͜ska:la].

q) Verschiebung der Silbengrenze in der Wortfuge

In der Wortfuge kann die lautliche Silbengrenze verschoben werden. Dies gilt besonders für [p-s], [p-ʃ], [k-s], [k-ʃ].

Beispiele: Drụckskala ['drʊk-ska:la] > ['drʊks-ka:la], Ẹlbslawe ['ɛlp-sla:və] > ['ɛlps-la:və], Gefọlgschaft [gə'fɔlk-ʃaft] > [gə'fɔl-kʃaft], Knạppschaft ['knap-ʃaft] > ['kna-pʃaft].

r) Ersatz von [ʃp ʃt] durch [sp st]

[ʃp ʃt] können am Wortanfang durch [sp st] ersetzt werden.

Beispiele: Spạten ['ʃpa:tn̩] > ['spa:tn̩], Spụle ['ʃpu:lə] > ['spu:lə], Strạße ['ʃtra:sə] > ['stra:sə], Studẹnt [ʃtu'dɛnt] > [stu'dɛnt].

s) Ersatz von [sp st] durch [ʃp ʃt]

Im Wortinnern können [sp st] durch [ʃp ʃt] ersetzt werden, wenn zwischen [s] und [p], [t] eine Morphemgrenze empfunden wird.

Beispiele: Inspẹktor [ɪn'spɛktɔr] > [ɪn'ʃpɛktɔr], inspirieren [ɪnspi'ri:rən] > [ɪnʃpi'ri:rən], Konstitutiọn [kɔnstitu't͜sio:n] > [kɔnʃtitu't͜sio:n].

t) Ersatz von [sʃ] durch [ʃʃ]

[sʃ] kann durch [ʃʃ] ersetzt werden.

Beispiele: Ausschank ['au̯sʃaŋk] > ['au̯ʃʃaŋk], es scheint [ɛs 'ʃai̯nt] > [ɛʃ 'ʃai̯nt], es stịnkt [ɛs 'ʃtɪŋkt] > [ɛʃ 'ʃtɪŋkt].

u) Ersatz von [ç] durch [k]

α) In der Endung -ig [ɪç] kann [ç] durch [k] ersetzt werden.

Beispiele: einig [ˈai̯nɪç] > [ˈai̯nɪk], Prẹdigt [ˈpreːdɪçt] > [ˈpreːdɪkt], vereinigt [fɛɐ̯ˈ|ai̯nɪçt] > [fɛɐ̯ˈ|ai̯nɪkt], wẹnigstens [ˈveːnɪçstn̩s] > [ˈveːnɪkstn̩s], wịchtig [ˈvɪçtɪç] > [ˈvɪçtɪk].

β) In Fremdwörtern kann [ç] vor Vokal, besonders am Wortanfang, durch [k] ersetzt werden.

Beispiele: Charịtin [çaˈriːtɪn] > [kaˈriːtɪn], Chemie [çeˈmiː] > [keˈmiː], Chịna [ˈçiːna] > [ˈkiːna], Chylus [ˈçyːlʊs] > [ˈkyːlʊs].

v) Ersatz von [ʒ d͡ʒ] durch [ʃ t͡ʃ]

[ʒ d͡ʒ] können durch [ʃ t͡ʃ] ersetzt werden.

Beispiele: Blamạge [blaˈmaːʒə] > [blaˈmaːʃə], Genie [ʒeˈniː] > [ʃeˈniː], Gịn [d͡ʒɪn] > [t͡ʃɪn], Journalịst [ʒʊrnaˈlɪst] > [ʃʊrnaˈlɪst].

w) Ersatz von [s ʃ] durch [z ʒ]

Nach den aus Nasalvokal entstandenen [aŋ ɛŋ œŋ ɔŋ], [an ɛn œn ɔn] (vgl. S. 63, h) können [s ʃ] vor Vokal durch [z ʒ] ersetzt werden.

Beispiele: blanchịeren [blãˈʃiːrən] > [blaŋˈʃiːrən], [blaŋˈʒiːrən]; Branche [ˈbrãːʃə] > [ˈbraŋʃə], [ˈbraŋʒə]; Chance [ˈʃaŋsə] > [ˈʃansə] [ˈʃaŋzə], [ˈʃanzə].

x) Ersatz von [s] durch [z]

α) Nach [n l r] kann [s] vor Vokal durch [z] ersetzt werden.

Beispiele: Aperçu [apɛrˈsyː] > [apɛrˈzyː], Dạrßer [ˈdarsɐ] > [ˈdarzɐ], Fạrce [ˈfarsə] > [ˈfarzə].

β) Am Wortanfang kann [s] vor Vokal durch [z] ersetzt werden.

Beispiele: Centạvo [sɛnˈtaːvo] > [zɛnˈtaːvo], Cẹrcle [ˈsɛrkl̩] > [ˈzɛrkl̩], Cịty [ˈsɪti] > [ˈzɪti].

y) Ersatz von [p͡f t͡s] durch [f s]

[p͡f t͡s] können durch [f s] ersetzt werden.

Beispiele: Akzẹnt [akˈt͡sɛnt] > [aˈksɛnt], Dạmpf [dampf͡] > [damf], Pfẹrd [p͡feːɐ̯t] > [feːɐ̯t], Zụnge [ˈt͡sʊŋə] > [ˈsʊŋə].

z) Kürzung langer Konsonanten

Lange Konsonanten ([pp tt kk mm ll] usw.; vgl. S. 56, h) können durch einfache Konsonanten ([p t k m l] usw.) ersetzt werden, auch nach Ersatz von [nm], [sz], [sʃ] usw. durch [mm], [ss], [ʃʃ] usw. (vgl. S. 65, i, α; S. 66, t).

Beispiele: ạbpassen [ˈappasn̩] > [ˈapasn̩], Ạnnahme [ˈannaːmə] > [ˈanaːmə], Aussage [ˈau̯szaːɡə] > [ˈau̯ssaːɡə], [ˈau̯saːɡə]; Aussprache [ˈau̯sʃpraːxə] > [ˈau̯ʃʃpraːxə], [ˈau̯ʃpraːxə]; einmachen [ˈai̯nmaxn̩] > [ˈai̯mmaxn̩], [ˈai̯maxn̩]; Wạschschüssel [ˈvaʃʃʏsl̩] > [ˈvaʃʏsl̩].

II. Überlautung

Die Überlautung ist noch deutlicher und schriftnäher als die Bühnenaussprache. Sie besitzt keine Norm. Man verwendet sie, wenn höchste Deutlichkeit verlangt wird (Diktat, laute Umgebung, große Entfernung zwischen Sprecher und Hörer; z. T. im Gesang). Wir führen nur die wichtigsten Merkmale auf. Alle Umschriften sind in Überlautung.

1. Bemerkungen zu den Vokalen

a) Längung unbetonter Vokale

Die unbetonten Vokale [i e y ø u o ɛ̃ ã õ œ̃] werden gelängt; [i̯ y̆ u̯ o̯] werden silbisch und lang.

> Beispiele: Hypertroph<u>ie</u> [hy:pɛrtro:'fi:], lebẹndig [le:'bɛndɪç], Politi̱k [po:li:-'ti:k], Stụdium ['ʃtu:di:ʊm].

Die unbetonten Vokale [ɛ a] werden gelängt, wenn sie in der Hochlautung in betonter Stellung als [ɛ: a:] gesprochen würden.

> Beispiele: Apparạt [apa:'ra:t], Präsiden [prɛ:'zi:dɛn] (vgl. mit betontem [ɛ:]: Prạ̈ses ['prɛ:zɛs]), Zäsụr [t͡sɛ:'zu:r].

b) Ersatz von [ə] durch [e e: ɛ]

[ə] wird durch [e] oder [e:] bzw. durch [ɛ] ersetzt.

> Beispiele: A̱tem ['a:tɛm]; grọßes ['gro:sɛs]; mạche ['maxe], ['maxɛ]; rẹdet ['re:dɛt].

c) Ersatz von [m̩], [n̩], [l̩], [ɐ] durch [ɛm], [ɛn], [ɛl], [ɛr]

Die silbischen Konsonanten [m̩], [n̩], [l̩] werden durch [ɛm], [ɛn], [ɛl], der Vokal [ɐ] durch [ɛr] ersetzt.

> Beispiele: bö̱sem ['bø:zɛm], mạchen ['maxɛn], Schlụ̈ssel ['ʃlʏsɛl], Wạsser ['vasɛr]

d) Ersatz von [ɐ̯] durch [r]

Der unsilbische Vokal [ɐ̯] (vokalisches R) wird durch [r] ersetzt (vgl. auch S. 52, 53; *B*).

> Beispiele: erfa̱hr! [ɛr'fa:r], hö̱rst [hø:rst]

2. Bemerkungen zu den Konsonanten

a) Behauchung von [p t k]

[p t k] sind immer stark behaucht (außer in [ps pʃ ks kʃ]).

> Beispiele: ạbbrennen ['apʰbrɛnɛn], ạbpassen ['apʰpʰasɛn], Rạddampfer ['ra:tʰdamp͡fɛr], wẹggehen ['vɛkʰge:hɛn].

b) Aussprache von [r]

[r] wird als gerolltes Zungenspitzen-R [r] oder als gerolltes Zäpfchen-R [ʀ] gesprochen.

c) Aussprache von h

h zwischen Vokalen wird immer als [h] gesprochen.

> Beispiele: E̱he ['e:he] ['e:he:]; ['e:hɛ]; ge̱hen ['ge:hɛn]; z<u>ie</u>hest ['t͡si:hɛst].

H. Deutsche Aussprachelehre

Die folgende Zusammenstellung zeigt, wie die Buchstaben in der Hochlautung zu sprechen sind. Sie gilt für die meisten deutschen Wörter (gelb, Kiste, lachen), für die meisten griechischen und lateinischen Fremdwörter (Geologie, Konservatorium), aber auch für viele deutsche Eigennamen (Bremen, Lessing), für viele anderssprachige Wörter (Chianti, Garage, Lady) und fremde Eigennamen (Aristoteles, Kongo) mit deutscher Aussprache. Sie berücksichtigt auch einfache unflektierte und z. T. flektierte Wörter (Haus, Hauses) und z. T. Ableitungen (möglich, möglicher). Nicht erfaßt wurde die Regel, daß [i e ɛ y ø u o ɛ̃ ã õ] unbetont am Wortende vor den Suffixen [s], [st], [t] und -chen [çən] durch [i: e: ɛ: y: ø: u: o: ɛ̃: ã: õ:] ersetzt werden, während [a] in derselben Stellung [a] bleibt oder [a:] wird; Beispiele: A̲u̲to ['au̯to], aber A̲u̲tos ['au̯to:s]; Ẹcho ['ɛço], aber ẹchot ['ɛço:t]; The̲ma ['te:ma], daneben The̲mas ['te:mas] oder ['te:ma:s] (vgl. S. 18, b, 1). Auch die Verschmelzung von [t] plus [s] und [ʃ] zu [t͜s] und [t͜ʃ] blieb z. T. unberücksichtigt; Beispiel: Mạtt [mat], aber: Mạtts [mat͜s] (vgl. S. 18, b, 5). Die Zusammenstellung berücksichtigt nicht die Wortfuge in Präfixbildungen (ent-sagen) und in zusammengesetzten Wörten (Bahn-geleise). Zur richtigen Anwendung unserer Regeln müssen die Präfixbildungen in Präfix plus einfaches Wort und die zusammengesetzten Wörter in einfache Wörter zerlegt werden. Wir haben dann z. B. das Präfix ent-, die einfachen Wörter sagen, Bahn und Geleise, auf die sich unsere Regeln anwenden lassen. Das bedeutet, daß Wörter wie Bahngeleise als Bahn plus Geleise zu sprechen sind, nämlich [ba:n] + [gə'lai̯zə], d. h. ['ba:ngəlai̯zə], nicht ['ba:ŋgəlai̯zə].

Wir konnten auch nicht alle möglichen Aussprachen von Buchstabenfolgen berücksichtigen. Unter der Buchstabenfolge eu erwähnen wir Fälle wie Museum [mu'ze:ʊm], Ileus ['i:leʊs] nicht. Sie sind nach den Regeln unter den Buchstaben e und u zu sprechen.

In unserer Zusammenstellung unterscheiden wir durchgehend zwischen Buchstaben und Lauten. Vokale und Konsonanten sind Laute. Vokalbuchstaben und Konsonantenbuchstaben sind die Buchstaben der Rechtschreibung. Vokalbuchstaben sind: a, ä, á, à, â, å, ã, e, é, è, ê, i, í, ì, î, o, ö, ó, ò, ô, u, ü, ù, ú, û, y. Konsonantenbuchstaben sind: b, c, ç, d, f, g, h, j, k, l, m, n, ñ, p, q, r, s, t, v, w, x, z.

a

A. Betont

1. spricht man langes a [a:]:

   a) wenn im Stamm nur ein Konsonantenbuchstabe (außer x), nur ph oder nur th folgt:

   ha̲b! [ha:p], ha̲b-t [ha:pt], Photogra̲ph [foto'gra:f], Ta̲g [ta:k], Wa̲gnis ['va:knɪs], wa̲gst [va:kst]

   b) wenn mehrere Konsonantenbuchstaben folgen, aber eine Nebenform oder der Stamm langes a [a:] hat:

   na̲gle ['na:glə] (Nebenform: na̲gele ['na:gələ]), Wa̲gner ['va:gnɐ] (Stamm: wa̲g[e]n ['va:g[ə]n])

c) bei folgendem ß, wenn andere Formen nicht -ass- oder -äss-, sondern -aß- oder -äß- haben:

Ma̲ß [ma:s] (daneben nicht: Mạsses, sondern: Ma̲ßes)

d) vor bl, br, cl, cr, dl, dr, fl, fr, gl, gr, kl, kr, phl, phr, pl, pr, qu, thl, thr, tl, tr:

A̲dler ['a:dlɐ], A̲fra ['a:fra], Na̲tron ['na:trɔn], Penta̲thlon [pɛnt'|a:tlɔn]

e) vor einem zur nächsten Silbe gehörenden Vokal:

A̲i ['a:i], a̲is ['a:ɪs], Cha̲os ['ka:ɔs], Menela̲us [mene'la:ʊs]

f) am Wortende:

a̲ [a:], da̲ [da:], Papa̲ [pa'pa:], Trara̲ [tra'ra:], Ulema̲ [ule'ma:]

g) in einzelnen Wörtern auf -ach-:

bra̲ch, Bra̲che, bra̲chliegen, gema̲ch, Gema̲ch, Misra̲chi, na̲ch, Schma̲ch, spra̲ch, Spra̲che, sta̲ch u. a.

h) in einzelnen Wörtern mit -a + r + Konsonant:

A̲rt, a̲rten, a̲rtig, A̲rzt (neben: Ạrzt), Ba̲rsch, Ba̲rt, Ha̲rz, Qua̲rz, Scha̲rbock, Schwa̲rte, za̲rt u. a.

i) in französischen Wörtern auf -ard [a:ɐ̯] und -art [a:ɐ̯]:

Baya̲rd [ba'ja:ɐ̯], Eka̲rt [e'ka:ɐ̯], Foula̲rd [fu'la:ɐ̯]

j) in einzelnen Wörtern mit -atsch:

Bra̲tsche, Karba̲tsche, La̲tsch, La̲tsche (Schuh), Ra̲tsche, Ta̲tsche, Tra̲tsch, Wa̲tsche (neben: Wạtsche), wa̲tscheln (neben: wạtscheln)

k) in:

dra̲sch, Dra̲sch, Ja̲gd, Ma̲gd, Pa̲pst, Schla̲ks

2. spricht man kurzes a [a]:

a) vor x oder vor mehreren Konsonantenbuchstaben (sofern nicht unter Absatz A, 1 erfaßt):

Dạch [dax], lạx [laks], Pạck [pak], rạsch [raʃ], zạpple ['t͜saplə]

b) bei folgendem ß, wenn andere Formen nicht -aß- oder -äß-, sondern -ass- oder -äss- haben:

Pạß [pas] (daneben nicht: Pa̲ßes, sondern: Pạsses)

c) im Präfix a- [a]:

ạlogisch ['alo:gɪʃ], ạpolitisch ['apoli:tɪʃ]

d) in:

ạb, ạm, Ammoniạk, ạn, Ạnanas, ạs, Ạs, Ạtlas, bạß, dạs, dạß, Fiạker, Grammạtik, hạt, Jạnuar, Kạnapee, Kạnevas, Kạp, Kosạk, Madạm[e], mạn, Massạker, Nạchbar, Pạletot, Pạpa, Pạpchen, Pạprika, Salmiạk, Trạm, Wạl(-fisch usw.). Wạl(-platz usw.), Wạlnuß, wạs u. a.

3. spricht man in englischen Wörtern:

a) kurzes offenes e [ɛ] (englische Aussprache: [æ]):

Camping ['kɛmpɪŋ] (*engl.* ['kæmpɪŋ]), Catch [kɛt͜ʃ] (*engl.* [kætʃ])

b) langes geschlossenes e [e:] (englische Aussprache: [eɪ]):

Cape [ke:p] (*engl.* [keɪp]), Safe [ze:f] (*engl.* [seɪf])

c) langes offenes e [ɛ:] (englische Aussprache: [ɛə]):

Square [skvɛ:ɐ̯] (*engl.* [skwɛə])

B. Unbetont

1. spricht man kurzes a [a]:

a) in nichtletzter Silbe:

chao̲tisch [ka'o:tɪʃ], Pake̲t [pa'ke:t], Pastẹll [pas'tɛl], Sỵllabus ['zʏlabʊs]

b) am Wortende:

A̲u̲la ['au̯la], Pạscha ['paʃa], U̲vula ['u:vula]

c) am Wortende vor x oder vor mehreren Konsonantenbuchstaben:

Bo̲rax ['bo:raks], Ko̲balt ['ko:balt], Wạllach ['valax]

d) am Wortende vor einem Konsonantenbuchstaben (sofern nicht unter Absatz B, 2 erfaßt):

Dọllar ['dɔlar], Mo̲nat ['mo:nat], Zy̲kas ['t͡sy:kas]

2. spricht man langes a [a:]:

a) in den deutschen Ableitungssilben -bar, -sal, -sam:

lạngsam ['laŋza:m], Schịcksal ['ʃɪkza:l], za̲hlbar ['t͡sa:lba:ɐ̯]

b) meistens in -ian:

Ẹnzian ['ɛnt͡si̯a:n], Gro̲bian ['gro:bi̯a:n], Thy̲mian ['ty:mi̯a:n]

c) vor Konsonant, wenn eine Nebenform oder eine kürzere verwandte Form betontes langes a [a:] hat:

Plu̲ral ['plu:ra:l] (Nebenform: Plura̲l [plu'ra:l])

d) in Ableitungen auf -ei, wenn in der einfachen Form die entsprechende Silbe langes a [a:] hat:

Malere̲i̲ [ma:lə'rai̯] (zu: ma̲len), Ratere̲i̲ [ra:tə'rai̯] (zu: ra̲ten)

e) in:

Bạlsam, Fe̲bruar, He̲i̲mat, He̲i̲rat, Ja̲guar, Jạnuar, Le̲i̲chnam, Zi̲e̲rat u. a.

ä

A. Betont

1. spricht man langes offenes e [ɛ:]:

a) wenn im Stamm nur ein Konsonantenbuchstabe (außer x), nur ph oder nur th folgt:

Bä̲r [bɛ:ɐ̯], gä̲r-te ['gɛ:ɐ̯tə], Mä̲dchen ['mɛ:tçən], Ä̲ther ['ɛ:tɐ]

b) wenn mehrere Konsonantenbuchstaben folgen, aber eine Nebenform oder der Stamm langes offenes e [ɛ:] hat:

nä̲sle ['nɛ:zlə] (Nebenform: nä̲sele ['nɛ:zələ]), Mä̲kler ['mɛ:klɐ] (Stamm: mä̲k[e]l ['mɛ:k[ə]l])

c) bei folgendem ß, wenn andere Formen nicht -ass- oder -äss-, sondern -aß- oder -äß- haben:

sä̲ße ['zɛ:sə] (daneben nicht: sạssen, sondern: sa̲ßen)

d) wenn verwandte Formen mit langem a [a:] bestehen (vgl. a, Absatz A, 1; und aa):

Ä̲lchen ['ɛ:lçən] (zu: A̲a̲l [a:l]), brä̲che ['brɛ:çə] (zu: bra̲ch [bra:x])

e) am Stamm- oder Wortende:

Jäheit ['jɛ:hai̯t], säst [zɛ:st], sä! [zɛ:], Zäheit ['tsɛ:hai̯t]

f) vor einem zur nächsten Silbe gehörenden Vokal:

Apogäum [apo'gɛ:ʊm], Gäa ['gɛ:a], säe! ['zɛ:ə], Trochäus [trɔ'xɛ:ʊs]

g) vor bl, br, cl, cr, dl, dr, gl, gr, kl, kr, phl, phr, pl, pr, qu, thl, thr, tl, tr:

Äquer ['ɛ:kvɐ], Phädra ['fɛ:dra]

h) in einigen Wörtern mit -ätsch:

ätsch!, Grätsche, Kardätsche, Kartätsche, Rätsche

i) in:

Gebärde, gemäß, nächst, Rätsel, Städte (neben: Stădte) u. a.

2. spricht man kurzes offenes e [ɛ]:

a) vor x oder vor mehreren Konsonantenbuchstaben (sofern nicht unter Absatz A, 1 erfaßt):

fällen ['fɛlən], Gäste ['gɛstə], Mäxchen ['mɛksçən], Wäscher ['vɛʃɐ]

b) bei folgendem ß, wenn andere Formen nicht -aß- oder -äß-, sondern -ass- oder -äss- haben:

Fäßchen ['fɛsçən] (daneben nicht: Fäßer, sondern: Fässer)

B. Unbetont

1. spricht man kurzes offenes e [ɛ]:

äolisch [ɛ'o:lɪʃ], Kannä ['kanɛ], Läpperei [lɛpə'rai̯], präsent [prɛ'zɛnt]

2. spricht man langes offenes e [ɛ:]:

a) in Ableitungen von Wörtern unter a, B, 2:

Grobiänchen ['gro:bi̯ɛ:nçən], Heimätlein ['hai̯mɛ:tlai̯n], Scheusälchen ['ʃɔy̯zɛ:lçən]

b) in Ableitungen auf -ei, wenn in der einfachen Form die entsprechende Silbe langes offenes e [ɛ:] hat:

Quälerei [kvɛ:lə'rai̯] (zu: quälen), Zählerei [tsɛ:lə'rai̯] (zu: zählen)

à

Man spricht kurzes a [a] in französischen und italienischen Wörtern:

à la baisse [a la 'bɛ:s], a metà [a me'ta]

aa

Man spricht langes a [a:]:

aast [a:st], Maat [ma:t], Saal [za:l], Waage ['va:gə]

ae

1. Man spricht wie ä (vgl. ä) in Fremdwörtern und Namen:

Baer [bɛ:ɐ̯], Laternae magicae [la'tɛrnɛ 'ma:gitsɛ]

2. Man spricht langes a [a:] in bestimmten rheinischen Namen:

Baesweiler ['ba:svai̯lɐ], Raesfeld ['ra:sfɛlt]

ah

A. Betont

1. spricht man langes a [a:]:

fahnd! [fa:nt], mahne ['ma:nə], nah [na:], nahst [na:st], wahrst [va:ɐ̯st]

B. Unbetont

1. spricht man langes a [a:] in Ableitungen auf -ei, wenn in der einfachen Form die entsprechende Silbe langes a [a:] hat:

Fahrerei [fa:rə'rai̯] (zu: fahren), Prahlerei [pra:lə'rai̯] (zu: prahlen)

2. spricht man kurzes a [a] in Fremdwörtern am Wortende:

Allah ['ala], allelujah [ale'lu:ja], inschallah [ɪn'ʃala], Korah ['ko:ra]

äh

Man spricht langes offenes e [ɛ:]:

mähe ['mɛ:ə], näh! [nɛ:], nähst [nɛ:st], Zählerei [tsɛ:lə'rai̯]

ai

1. Man spricht den Diphthong [ai̯] in einfachen deutschen Wörtern und in einzelnen Fremdwörtern:

Hai [hai̯], Lakai [la'kai̯], Maizena [mai̯'tse:na], Taifun [tai̯'fu:n]

2. In französischen Wörtern spricht man unbetont kurzes offenes e [ɛ], betont meist langes offenes e [ɛ:]:

Baiser [bɛ'ze:], Baisse ['bɛ:sə], Defaitist [defɛ'tɪst]

3. In englischen Wörtern spricht man betont langes geschlossenes e [e:] oder langes offenes e [ɛ:]:

Claim [kle:m], fair [fɛ:ɐ̯], Trainer ['trɛ:nɐ] (auch mit [e:])

ain

Man spricht in französischen Wörtern am Wortende oder vor Konsonant unbetont kurzes nasales e [ɛ̃], betont langes nasales e [ɛ̃:]:

Refrain [rə'frɛ̃:], Saint-Simonist [zɛ̃simo'nɪst], Souterrain [zutɛ'rɛ̃:]

am

Man spricht in französischen Wörtern am Wortende oder vor Konsonant unbetont kurzes nasales a [ã], betont langes nasales a [ã:]:

Chambriere [ʃãbri'e:rə], Estampe [ɛs'tã:p]

an

Man spricht in französischen Wörtern am Wortende oder vor Konsonant unbetont kurzes nasales a [ã], betont langes nasales a [ã:]:

Cancan [kã'kã:], Nuance ['nÿã:sə], Tantieme [tã'ti̯e:mə]

au

1. Man spricht den Diphthong [au̯] in deutschen Wörtern und den meisten nichtenglischen oder nichtfranzösischen Fremdwörtern:

Auto ['au̯to], bauen ['bau̯ən], Haus [hau̯s], traumatisch [trau̯'ma:tɪʃ]

2. Man spricht betont langes geschlossenes o [o:] in französischen Wörtern:

   Debauche [de'bo:ʃə], Hausse ['ho:sə], Sauce ['zo:sə]

3. Man spricht in französischen Wörtern unbetont meist kurzes geschlossenes o [o], weniger häufig kurzes offenes o [ɔ]:

   Chaudeau [ʃo'do:], chauffieren [ʃɔ'fi:rən], Chauvinịst [ʃovi'nɪst]

äu

Man spricht den Diphthong [ɔy̯]:

Häuser ['hɔy̯zɐ], täuschen ['tɔy̯ʃn̩], Träumerei [trɔy̯mə'rai̯]

auh

Man spricht den Diphthong [au̯] in:

rauh [rau̯]

aw

Man spricht langes geschlossenes o [o:] in englischen Wörtern (englische Aussprache: [ɔ:]):

Squaw [skvo:] (*engl.* [skwɔ:]), Yawl [jo:l] (*engl.* [jɔ:l])

ay

1. Man spricht den Diphthong [ai̯] vor allem in deutschen Eigennamen:

   Bayern ['bai̯ɐn], Haydn ['hai̯dn̩], Raygras ['rai̯gra:s]

2. Man spricht in englischen Wörtern betont langes geschlossenes e [e:], unbetont kurzes geschlossenes e [e] (englische Aussprache: [eɪ]):

   Ẹssay ['ɛse] (*engl.* ['ɛseɪ]), Okay [o'ke:] (*engl.* ['oʊ'keɪ])

b

1. Man spricht [b]:
   a) am Wortanfang:

      Bạch [bax], Bdẹllium ['bdɛli̯ʊm], blau [blau̯], Bụlle ['bʊlə]

   b) im Wortinneren vor Vokal, vor [n̩ l̩]:

      Ạmbo ['ambo], Gạbel ['ga:bl̩], Kạsba ['kasba], Nạrbe ['narbə]

   c) vor l, n, r, wenn sie zum Stamm gehören oder eine Nebenform b + e hat:

      ẹbnen ['e:bnən] (Stamm: ẹb[e]n ['e:b[ə]n])
      kạble ['ka:blə] (Nebenform: kạbele ['ka:bələ])

2. Man spricht [p]:
   a) am Wortende:

      ạb [ap], gẹlb [gɛlp], Klụb [klʊp], Lọb [lo:p], wịrb! [vɪrp]

   b) vor stimmlosen Konsonanten:

      abchạsisch [ap'xa:zɪʃ], Ẹrbse ['ɛrpsə], hụ̈bsch [hʏpʃ], Klụbs [klʊps], wẹbt [ve:pt]

   c) vor d, g im Wortinneren:

      Gelụ̈bde [gə'lʏpdə], Liebden ['li:pdn̩], Nẹbgen ['nɛpgn̩], Rhabdọm [rap'do:m]

d) vor den Ableitungssilben -bar, -chen, -haft, -heit, -lein, -lich, -ling, -lings, -los, -nis, -sal, -sam, -sel, -schaft, -tum, -wärts:

ąbwärts ['apvɛrts], Ląbsal ['la:pza:l], Liebchen ['li:pçən], lö̦blich ['lø:plɪç]

bb

1. Man spricht [b]:

a) im Wortinneren vor Vokal, vor [n̩ l̩]:

ębben ['ɛbn̩], Hǫbby ['hɔbi], Rąbbi ['rabi], Schibbǫleth [ʃɪ'bo:lɛt]

b) vor l, r, wenn sie zum Stamm gehören oder eine Nebenform bb + e hat:

Gąbbro ['gabro] (Stamm: gąbbr [gabr])
drịbble ['drɪblə] (Nebenform: drịbbele ['drɪbələ])

2. Man spricht [p]:

a) am Wortende:

ębb! [ɛp], krąbb [krap], rǫbb! [rɔp], schrụbb! [ʃrʊp]

b) vor stimmlosen Konsonanten:

ębbt [ɛpt], krąbbst [krapst], schrụbbtest ['ʃrʊptəst]

c) vor den Ableitungssilben -bar, -chen, -haft, -heit, -lein, -lich, -ling, -lings, -los, -nis, -sal, -sam, -schaft, -sel, -tum, -wärts:

ębblos ['ɛplo:s], ębbwärts ['ɛpvɛrts], Krä̦bbchen ['krɛpçən]

c

1. Man spricht [k] vor a, l, o, r, u:

Café [ka'fe:], Clown [klaun], Cour [ku:ɐ̯], Crew [kru:], Curé [ky're:]

2. Man spricht den z-Laut [ts] vor ä (ae), e, i, ö (oe), y in griechischen und lateinischen Wörtern:

Cä̦sar ['tsɛ:zar], Cịrce ['tsɪrtsə], Cytǫbion [tsy'to:bi̯ɔn], Regina coeli [re'gi:na 'tsø:li]

3. Man spricht stimmloses („scharfes") s [s] vor e, i, y in englischen, französischen und spanischen Wörtern:

Aktrice [ak'tri:sə], Cęnt [sɛnt], Centąvo [sɛn'ta:vo], Cinchǫna [sɪn'tʃo:na]

4. Man spricht den tsch-Laut [tʃ] vor e, i in italienischen Wörtern:

Cicisbęo [tʃitʃɪs'be:o], Cinquecęnto [tʃɪŋkve'tʃɛnto]

ç

Man spricht stimmloses („scharfes") s [s]:

Aperçu [apɛr'sy:], Curaçao [kyra'sa:o], Garçon [gar'sõ:]

cc

1. Man spricht [k] vor a, l, o, r, u:

Accompagnąto [akɔmpan'ja:to], Accụrsius [a'kʊrzi̯ʊs]

2. Man spricht [k] plus z-Laut, d. h. [kts], vor e, i in lateinischen Wörtern:

Ạccius ['aktsi̯ʊs], Coccę̄jus [kɔk'tse:jʊs], Ęcce ['ɛktsə]

3. Man spricht den tsch-Laut [t͜ʃ] vor e, i in italienischen Wörtern:

accelerando [at͜ʃele'rando]

cch

1. Man spricht [k] in italienischen Wörtern:

Malocchi [ma'lɔki], Malocchio [ma'lɔki̯o], Stracchino [stra'ki:no]

2. Man spricht den Ach-Laut [x] in griechischen und lateinischen Wörtern:

Bacchanal [baxa'na:l], Gracchen ['graxn̩], Saccharin [zaxa'ri:n]

cci

Man spricht den tsch-Laut [t͜ʃ] vor a, o, u in italienischen Wörtern:

Boccaccio [bɔ'kat͜ʃo], Boccia ['bɔt͜ʃa], Kapriccio [ka'prɪt͜ʃo]

ch

1. Man spricht den Ich-Laut [ç]:

a) im Wortinneren und am Wortende nach ä, e, i, ö, ü, y (nach vorderen Vokalen), nach den Diphthongen [ai̯], [ɔy̯] oder nach Konsonant:

euch [ɔy̯ç], ich [ɪç], manch [manç], psychisch ['psy:çɪʃ]

b) in der Ableitungssilbe -chen:

Frauchen ['frau̯çən], Häuschen ['hɔy̯sçən], Papachen [pa'pa:çən]

c) vor allem in griechischen Wörtern am Wortanfang vor ä (ae), e, i, ö (oe), y, oft auch nach a, o in Zusammensetzungen mit solchen Wörtern:

Biochemie [bioçe'mi:], Chäronea [çεro'ne:a], Chemie [çe'mi:], Chinin [çi'ni:n], Chörilus ['çø:rilʊs], Chylus ['çy:lʊs]

d) in weniger häufigen griechischen Wörtern am Wortanfang vor a, o oder vor Konsonant, z. T. auch nach a, o in Zusammensetzungen mit solchen Wörtern:

Charis ['ça:rɪs], Choreut [ço'rɔy̯t], chthonisch ['çto:nɪʃ], Isochasme [izo'çasmə]

2. Man spricht den Ach-Laut [x]:

a) im Wortinneren und am Wortende nach a, o, u (nach [a], [a:] oder hinteren Vokalen), nach au [au̯]:

Bach [bax], epochal [epɔ'xa:l], hoch [ho:x], Rauch [rau̯x], Tuch [tu:x]

b) selten am Wortanfang in Fremdwörtern, besonders vor a in hebräischen Wörtern:

Chanukka [xanʊ'ka:], Chasan [xa'za:n], Chlyst [xlʏst], Chnum [xnu:m]

3. Man spricht [k]:

a) in deutschen Wörtern nach Vokal vor einem zum Stamm gehörenden s:

Eidechse ['ai̯dεksə], Ochse ['ɔksə], wechsle ['vεkslə], Wuchs [vu:ks]

b) am Wortanfang in deutschen Eigennamen:

Chemnitz ['kεmnɪts], Chiemsee ['ki:mze:], Chur [ku:ɐ̯]

c) in griechischen Wörtern, besonders am Wortanfang vor a, l, o, r:

Charta ['karta], Chlor [klo:ɐ̯], Cholera ['ko:lera], Chronik ['kro:nɪk]

d) in italienischen Wörtern:

Chiạnti ['ki̯anti], Maraschi̲no [maras'ki:no], Marchẹse [mar'ke:zə]

4. Man spricht den sch-Laut [ʃ] in französischen Wörtern:

Chassi̲s [ʃa'si:], Cochon [kɔ'ʃõ:], Penchant [pã'ʃã:]

5. Man spricht den tsch-Laut [t͡ʃ] in den meisten englischen Wörtern, in einigen den tsch-Laut [t͡ʃ] oder den sch-Laut [ʃ]:

chạrtern ['t͡ʃartɐn] oder ['ʃartɐn], Chi̲e̲f [t͡ʃi:f], Chutney ['t͡ʃatni]

6. Man spricht den tsch-Laut [t͡ʃ] in spanischen Wörtern:

Chinchịlla [t͡ʃɪn't͡ʃɪla], Ga̲u̲cho ['gaʊ̯t͡ʃo]

ci

Man spricht den tsch-Laut [t͡ʃ] in italienischen Wörtern vor a, e, o, u:

Caciocavạllo [kat͡ʃoka'valo], Ciacọna [t͡ʃa'ko:na]

ck

Man spricht [k]:

Bọck [bɔk], Hẹcke ['hɛkə], Knịcks [knɪks], wạckle ['vaklə]

cs

Man spricht den tsch-Laut [t͡ʃ] in ungarischen Wörtern:

Csárdás ['t͡ʃardaʃ]

d

1. Man spricht [d]:

a) am Wortanfang:

Dạme ['da:mə], dre̲i̲ [draɪ̯], dwạrs [dvars], Dynạmik [dy'na:mɪk]

b) im Wortinneren vor Vokal, vor [n̩ l̩]:

A̲del ['a:dl̩], ạnder ['andɐ], Fẹlder ['fɛldɐ], Rhabdọm [rap'do:m]

c) vor l, n, r, wenn sie zum Stamm gehören oder eine Nebenform d + e hat:

Hạndlung ['handlʊŋ] (Stamm: hạnd[e]l ['hand[ə]l]), rụdre ['ru:drə] (Nebenform: rụdere ['ru:dərə])

2. Man spricht [t]:

a) am Wortende:

Bạd [ba:t], ẹrd! [e:ɐ̯t], Gẹld [gɛlt], Oxy̲d [ɔ'ksy:t], Wạnd [vant]

b) vor stimmlosen Konsonanten und vor g, m, n, v, w:

Admirạl [atmi'ra:l], Ẹdgar ['ɛtgar], wịdmen ['vɪtmən], Wọdka ['vɔtka]

c) vor den Ableitungssilben -bar, -chen, -haft, -heit, -lein, -lich, -ling, -lings, -los, -nis, -sal, -sam, -schaft, -tum, -wärts:

berẹdsam [bə're:tza:m], fre̲u̲ndlich ['frɔʏ̯ntlɪç], le̲i̲dlos ['laɪ̯tlo:s], Mạ̈dchen ['mɛ:tçən]

d) meist im lateinischen Präfix ad- vor Konsonantenbuchstaben (außer vor r):

Adhärẹnz [athɛ'rɛnt͡s], Adjụnkt [at'jʊŋkt], Advokạt [atvo'ka:t]

3. d ist stumm am Wortende in französischen Wörtern:

Boulevard [bulə'va:ɐ̯], Fond [fõ:], Rechaud [re'ʃo:]

dd

1. Man spricht [d]:
   a) im Wortinneren vor Vokal, vor [n̩ l̩]:

   addieren [a'di:rən], jiddisch ['jɪdɪʃ], Kladden ['kladn̩], Toddy ['tɔdi]

   b) vor l, r, wenn sie zum Stamm gehören oder eine Nebenform dd + e hat:

   Paddler ['padlɐ] (Stamm: padd[e]l ['pad[ə]l]), schnoddrig ['ʃnɔdrɪç] (Nebenform: schnodderig ['ʃnɔdərɪç])

2. Man spricht [t]:
   a) am Wortende:

   Modd [mɔt], padd! [pat]

   b) vor den Ableitungssilben -bar, -chen, -haft, -heit, -lein, -lich, -ling, -lings, -los, -nis, -sal, -sam, -schaft, -tum, -wärts:

   paddbar ['patba:ɐ̯]

[d]ds

Man spricht [t͜s] am Wortende oder vor t:

Modds [mɔt͜s], paddst [pat͜st], Rads [ra:t͜s], redst [re:t͜st]

[d]dsch

1. Man spricht den dsch-Laut [d͜ʒ] am Wortanfang und meistens im Wortinneren:

   Dschungel ['d͜ʒʊŋl̩], Hadschi ['ha:d͜ʒi], Hedschra ['hɛd͜ʒra]

2. Man spricht den tsch-Laut [t͜ʃ] in -d + sch[e] (Ableitungssuffix -sch[e]) und am Wortende:

   Had[d]sch [ha:t͜ʃ], Lodsch [lɔt͜ʃ], Wildsch[e] ['vɪlt͜ʃ[ə]]

dt

Man spricht [t]:

beredt [bə're:t], lädt [lɛ:t], Städte ['ʃtɛ:tə], verwandt [fɛɐ̯'vant]

e

A. Betont
   1. spricht man langes geschlossenes e [e:]:
      a) wenn im Stamm nur ein Konsonantenbuchstabe (außer ß oder x), nur ph oder nur th folgt:

      dem [de:m], den [de:n], der [de:ɐ̯], er [e:ɐ̯], feg-t [fe:kt], Tethys ['te:tʏs], Weg-s [ve:ks], Zephir ['t͜se:fɪr]

      b) wenn mehrere Konsonantenbuchstaben folgen, aber eine Nebenform oder der Stamm langes geschlossenes e [e:] hat:

      edle ['e:dlə] (Nebenform: edele ['e:dələ])
      regnen ['re:gnən] (Stamm: reg[e]n ['re:g[ə]n])

c) vor bl, br, cl, cr, dl, dr, fl, fr, gl, gr, kl, kr, phl, phr, pl, pr, qu, thl, thr, tl, tr:

Allęgro [a'le:gro], Ephraim ['e:fraım], Lępra ['le:pra], Ręquiem ['re:-kvi̯ɛm]

d) vor einem zur nächsten Silbe gehörenden Vokal:

Andręas [an'dre:as], protęisch [pro'te:ɪʃ], Sęen ['ze:ən], Tedęum [te'de:ʊm]

e) am Wortende:

Adę [a'de:], Akmę [ak'me:], ję [je:], Koinę [kɔy̯'ne:], Rę [re:]

f) in:

berędt, Beschwęrde, Ęrde, ęrst, Ęrz (auch: Ęrz), Hęrd, Hęrde, Kębse, Kęks, Krębs, Męltau, nębst, Schwęrt, stęts, węrden, Węrmut, Węrt, węrt u. a.

2. spricht man kurzes offenes e [ɛ]:

a) vor ß, vor x oder vor mehreren Konsonantenbuchstaben (sofern nicht unter Absatz A, 1 erfaßt):

Dręß [drɛs], Hęxe ['hɛksə], Kęrbe ['kɛrbə], męssen ['mɛsn̩]

b) in:

cęs, Chęf, dęs, Dęs, ęs, Ęs, ętliche, gęn, gęs, Hęrberge, Hęrzog, Hotęl, Karamęl, plemplęm, Rębhuhn, Relięf, Ręn, Ręntier (Ren), Sowjęt, węg, węs u. a.

3. spricht man langes offenes e [ɛ:]:

a) in -ere (fr., auch mit [e:]); in französisch -ers [ɛ:ɐ̯] (auch: [e:ɐ̯]), -ert [ɛ:ɐ̯] (auch: [e:ɐ̯]); z. T. in fr. -eil [ɛ:j], -eille [ɛ:j] oder [ɛ:jə]:

Boutęille [bu'tɛ:j(ə)], Dessęrt [dɛ'sɛ:ɐ̯] (auch: [dɛ'se:ɐ̯]), Etagęre [eta'ʒɛ:rə] (auch: [eta'ʒe:rə])

b) in französischen Wörtern (auch mit [e:]):

Enquęte, legęr, Pięce, Tantięme u. a

B. Unbetont

1. spricht man kurzes geschlossenes e [e]:

a) vor einem Konsonantenbuchstaben (außer x), vor bl, br, cl, cr, dl, dr, gl, gr, kl, kr, ph, phl, phr, pl, pr, qu, th, thl, thr, tl, tr + Vokalbuchstabe:

elegąnt [ele'gant], Metronǫm [metro'no:m], Mephịsto [me'fısto], Negri̱to [ne'gri:to], Nephri̱tis [ne'fri:tıs]

b) vor Vokal:

A̱rea ['a:rea], Eozä̱n [eo'tsɛ:n], Koffei̱n [kɔfe'i:n], Theạter [te'a:tɐ], Theologi̱e [teolo'gi:]

c) am Wortende nach Vokal in nicht unmittelbar nachtoniger Silbe in weniger häufigen Fremdwörtern und fremden Namen:

A̱loe ['a:loe], Bęnzoe ['bɛnt͜soe], Si̱mile ['zi:mile]

d) meistens in den lateinischen Präfixen de- und re-:

desperạt [despe'ra:t], Reflęx [re'flɛks], refraktä̱r [refrak'tɛ:ɐ̯]

e) in:

jedęnnoch [je'dɛnɔx], jedǫch [je'dɔx], lebęndig [le'bɛndıç]

2. spricht man kurzes offenes e [ɛ]:

a) in emp-, ent-, er-, her-, ver-, zer-:

empfịnden [ɛm'pfɪndn̩], erfạssen [ɛɐ̯'fasn̩], herein [hɛ'rai̯n], Verrat [fɛɐ̯'ra:t]

b) vor x oder vor mehreren Konsonantenbuchstaben in Fremdwörtern (sofern nicht unter Absatz B, 1 erfaßt):

Kodex ['ko:dɛks], lexikạlisch [lɛksi'ka:lɪʃ], Menthol [mɛn'to:l], Ressort [rɛ'so:ɐ̯], zentralisieren [tsɛntrali'zi:rən]

c) nachtonig vor Konsonant, wenn eine Nebenform oder eine kürzere verwandte Form betontes kurzes offenes e [ɛ] hat:

Tẹzett ['te:tsɛt] (Nebenform: Tezẹtt [te'tsɛt])
ịmpotent ['ɪmpotɛnt] (Nebenform: impotẹnt [ɪmpo'tɛnt])

d) vor Konsonant am Wortende, vor allem in griechischen und lateinischen Wörtern, besonders wenn das Wort wie in der Fremdsprache geschrieben wird:

Cọrtes ['kɔrtɛs], Debet 'de:bɛt], Hẹrpes ['hɛrpɛs], Schibboleth [ʃɪ'bo:lɛt]

e) in:

Elen[tier] ['e:lɛn[ti:ɐ̯]], elend ['e:lɛnt], Elend ['e:lɛnt]

3. spricht man [ə]:

a) in deutschen Wörtern nachtonig, vor allem in Endungen:

Ạlte ['altə], rọstet ['rɔstət], sauberere ['zaubərərə], ụnsere ['ʊnzərə], wuchernde ['vu:xɐndə]

b) wegen -el /əl/ [əl], [l̩] vgl. S. 32, 33, 36, 37; wegen -em /əm/ [əm], [m̩] vgl. S. 32–34; wegen -en /ən/ [ən], [n̩] vgl. S. 32–36; wegen -er /ər/ [ər], [ɐ] vgl. S. 32, 33, 37

c) in den Präfixen be- und ge-:

beạchten [bə'|axtn̩], Bezịrk [bə'tsɪrk], Gewạnd [gə'vant]

d) bei griechischen, lateinischen und anderen Fremdwörtern in der Endung, besonders wenn sie von der Endung in der Fremdsprache verschieden ist:

Sonate [zo'na:tə], These ['te:zə], Woiwode [vɔy'vo:də]

e) in französischen Wörtern:

vortonig, besonders vor Konsonant plus Vokal:

Koschenịlle [kɔʃə'nɪljə], Premier [prə'mi̯e:], Refus [rə'fy:]

oft am Wortende nach Konsonant:

Chaine ['ʃɛ:nə], Clịque ['klɪkə], Sauce ['zo:sə]

in -ement [ə'mã:]; oft in -ette [ɛtə], -ille, -otte [ɔtə]:

Deplacement [deplasə'mã:], Manschẹtte [man'ʃɛtə], Marọtte [ma'rɔtə]

in -age [a:ʒə], -aise [ɛ:zə], -euse [ø:zə]:

Coiffeuse [ko̯a'fø:zə], Ekossaise [ekɔ'sɛ:zə], Garage [ga'ra:ʒə]

4. spricht man langes geschlossenes e [e:] in Ableitungen auf -ei, wenn in der einfachen Form die entsprechende Silbe langes geschlossenes e [e:] hat:

Eselei [e:zə'lai̯] (zu: Esel), Weberei [ve:bə'rai̯] (zu: weben)

C. e ist stumm am Wortende in englischen Wörtern; in französischen Wörtern am Wortende nach Vokal und manchmal nach Konsonant:

Bonhọmme [bɔ'nɔm], Cape [ke:p], Frame [fre:m], Madame [ma'dam], Pipeline ['pai̯plai̯n], Revue [rə'vy:]

é

Man spricht in französischen Wörtern betont langes geschlossenes e [e:], unbetont kurzes geschlossenes e [e]:

Café [ka'fe:], Negligé [negli'ʒe:], Séance [ze'ã:sə], Séparée [zepa're:]

ê

Man spricht in französischen Wörtern betont langes offenes e [ɛ:], unbetont kurzes offenes e [ɛ]:

tête-à-tête [tɛta'tɛ:t]

ea

Man spricht meist langes geschlossenes i [i:] in englischen Wörtern, weniger häufig langes geschlossenes e [e:]:

Beefsteak ['bi:fste:k], Beat [bi:t], Clearing ['kli:rɪŋ], Seal [zi:l], Steamer ['sti:mɐ], Team [ti:m], Tea-room ['ti:ru:m]

eau

Man spricht betont langes geschlossenes o [o:], unbetont kurzes geschlossenes o [o]:

Beauté [bo'te:], Chapeau [ʃa'po:], Niveau [ni'vo:], Nouveauté [nuvo'te:], Plateau [pla'to:], Plumeau [ply'mo:]

ee

1. Man spricht:

a) betont langes geschlossenes e [e:]:

Frikassee [frika'se:], Idee [i'de:], leerst [le:ɐ̯st], See [ze:]

b) unbetont langes geschlossenes e [e:] in Ableitungen auf -ei, wenn in der einfachen Form die entsprechende Silbe langes geschlossenes e [e:] hat; in anderen Fällen kurzes geschlossenes e [e]:

Kạnapee ['kanape], Leererei [le:rə'rai̯], paneelieren [pane'li:rən], Pọrree ['pɔre]

2. Man spricht in englischen Wörtern betont langes geschlossenes i [i:], unbetont kurzes geschlossenes i [i]:

Jeep [dʒi:p], Peer [pi:ɐ̯], Tọffee ['tɔfi]

ée

Man spricht langes geschlossenes e [e:]:

Craquelée [krakə'le:], Dragée [dra'ʒe:], Séparée [zepa're:]

eh

Man spricht langes geschlossenes e [e:] in deutschen Wörtern:

gẹhe ['ge:ə], hẹhlen ['he:lən], Hehlerei [he:lə'rai̯]

ei

Man spricht den Diphthong [ai̯] in deutschen Wörtern und in den meisten Fremdwörtern:

Bein [bai̯n], Eidetik [ai̯'de:tɪk], Eis [ai̯s], reißen ['rai̯sn̩]

eih

Man spricht den Diphthong [ai̯] in deutschen Wörtern:

leih! [lai̯], leihst [lai̯st], Reihe ['rai̯ə], Weih [vai̯]

ein

Man spricht in französischen Wörtern vor Konsonantenbuchstabe unbetont kurzes nasales e [ɛ̃], betont langes nasales e [ɛ̃:]:

Enceinte [ã'sɛ̃:t], Pleinpouvoir [plɛ̃pu'vo̯a:ɐ̯], Teint [tɛ̃:]

em

Man spricht in französischen Wörtern vor Konsonantenbuchstabe unbetont kurzes nasales a [ã], betont langes nasales a [ã:]:

Empire [ã'pi:ɐ̯], Ensemble [ã'sã:bl̩], Rembours [rã'bu:ɐ̯]

en

Man spricht in französischen Wörtern:

1. vor Konsonantenbuchstabe unbetont kurzes nasales a [ã], betont langes nasales a [ã:]:

   Departement [departə'mã:], Détente [de'tã:t], Pendant [pã'dã:]

2. langes nasales e [ɛ̃:] betont nach i oder nach y am Wortende:

   Ancien régime [ã'si̯ɛ̃: re'ʒi:m], Citoyen [sito̯a'jɛ̃:], Doyen [do̯a'jɛ̃:]

er

Man spricht langes geschlossenes e [e:] am Wortende in französischen Wörtern:

Baiser [bɛ'ze:], Diner [di'ne:], Lever [lə've:], Premier [prə'mi̯e:]

ere

Man spricht [e:rə] oder [ɛ:rə] am Wortende in französischen Wörtern:

Portiere [pɔr'ti̯e:rə], [pɔr'ti̯ɛ:rə]

et

Man spricht langes geschlossenes e [e:] am Wortende in französischen Wörtern (z. T. auch: [ɛ]):

Cachet [ka'ʃe:], [ka'ʃɛ]

eu

1. Man spricht den Diphthong [ɔy̯] in deutschen und griechischen Wörtern:

   Euphorie [ɔy̯fo'ri:], heute ['hɔy̯tə], neun [nɔy̯n], Rheuma ['rɔy̯ma]

2. Man spricht in französischen Wörtern:

   a) betont meist langes geschlossenes ö [ø:]:

   Coiffeuse [ko̯a'fø:zə], Milieu [mi'li̯ø:], Redakteur [redak'tø:ɐ̯]

b) unbetont meist kurzes geschlossenes ö [ø]:

Dejeuner [deʒø'ne:], pasteurisieren [pastøri'zi:rən]

ew

Man spricht betont langes geschlossenes u [u:] in einigen englischen Wörtern:

Crew [kru:], Review [ri'vju:]

ey

1. Man spricht den Diphthong [ai̯] vor allem in Eigennamen:

Ceylon ['tsai̯lɔn], Dilthey ['dɪltai̯]

2. Man spricht in englischen Wörtern am Wortende kurzes geschlossenes i [i]:

Hockey ['hɔki], Trolley ['trɔli]

f

Man spricht [f]:

auf [au̯f], Fach [fax], Harfe ['harfə], Reform [re'fɔrm]

ff

Man spricht [f]:

Affäre [a'fɛ:rə], Affe ['afə], mufflig ['mʊflɪç], schaff! [ʃaf]

g

1. Man spricht [g]:

a) am Wortanfang vor Vokalen und stimmhaften Konsonanten:

Gas [ga:s], Gens [gɛns], gleich [glai̯ç], Gnade ['gna:də], grau [grau̯]

b) im Wortinneren vor Vokal, vor [n̩ l̩]:

Egel ['e:gl̩], Lage ['la:gə], Sorge ['zɔrgə], vulgär [vʊl'gɛ:ɐ̯]

c) vor l, n, r, wenn sie zum Stamm gehören oder eine Nebenform g + e hat:

regne ['re:gnə] (Stamm: reg[e]n ['re:g[ə]n]), segle ['ze:glə] (Nebenform: segele ['ze:gələ])

d) in griechischen und lateinischen Wörtern vor l, m, n, r:

Agronom [agro'no:m], Magma ['magma], Signal [zɪ'gna:l]

2. Man spricht [k]:

a) am Wortende:

folg! [fɔlk], lag [la:k], weg [vɛk], Weg [ve:k]

b) vor stimmlosen Konsonanten, vor d:

bugsieren [bʊ'ksi:rən], Gschnasfest ['kʃna:sfɛst], Magda ['makda]

c) vor den Ableitungssilben -bar, -chen, -haft, -heit, -lein, -lich, -ling, -lings, -los, -nis, -sal, -sam, -schaft, -sel, -tum, -wärts:

beweglich [bə've:klɪç], Feigling ['fai̯klɪŋ], tragbar ['tra:kba:ɐ̯], Wagnis ['va:knɪs]

d) in der Endung -ig, wenn die Ableitungssilbe -lich unmittelbar folgt:

königlich ['kø:nɪklɪç], männiglich ['mɛnɪklɪç]

e) in:

Kö̲nigreich [ˈkø:nɪkra͜iç]

3. Man spricht den Ich-Laut [ç] in der Endung -ig:

a) am Wortende

e̲inig [ˈa͜inɪç], Kö̲nig [ˈkø:nɪç], zwe̲isprachig [ˈt͜sva͜iʃpra:xɪç]

b) vor Konsonant, wenn nicht die Ableitungssilbe -lich unmittelbar folgt:

e̲inigst [ˈa͜inɪçst], vere̲inigt [fɛɐ̯ˈ|a͜inɪçt], zwạnzigste [ˈt͜svant͜sɪçstə]

4. Man spricht den sch-Laut [ʒ] in französischen Wörtern am Wortanfang und im Wortinneren vor e, i, y:

changi̲eren [ʃãˈʒi:rən], Garạge [gaˈra:ʒə], Gẹne [ʒɛ:n], Gilẹt [ʒiˈle:]

5. Man spricht den dsch-Laut [d͜ʒ] in italienischen und z. T. in englischen Wörtern am Wortanfang und im Wortinneren vor e, i:

Gẹntry [ˈd͜ʒɛntri], Gịn [d͜ʒɪn], Girạndola [d͜ʒiˈrandola]

gg

1. Man spricht [g]:

a) im Wortinneren vor Vokal, vor [n̩ l̩]:

Ẹgge [ˈɛgə], grọggy [ˈgrɔgi], Knịgge [ˈknɪgə], Rọggen [ˈrɔgn̩]

b) vor l, r, wenn sie zum Stamm gehören oder eine Nebenform gg + e hat:

Schmụggler [ˈʃmʊglɐ] (Stamm: schmụgg[e]l [ˈʃmʊg[ə]l]), bạggre [ˈbagrə] (Nebenform: bạggere [ˈbagərə])

2. Man spricht [k]:

a) am Wortende:

ẹgg! [ɛk], lọgg! [lɔk]

b) vor stimmlosen Konsonanten:

ẹggst [ɛkst], lọggt [lɔkt], lọggte [ˈlɔktə]

c) vor den Ableitungssilben -bar, -chen, -haft, -heit, -lein, -ling, -lings, -los, -nis, -sal, -sam, -sel, -schaft, -tum, -wärts:

ẹggbar [ˈɛkba:ɐ̯], lọggbar [ˈlɔkba:ɐ̯]

3. Man spricht den dsch-Laut [d͜ʒ] in italienischen Wörtern vor i:

Lọggien [ˈlɔd͜ʒi̯ən], solfeggi̲eren [zɔlfɛˈd͜ʒi:rən]

gh

Man spricht [g] vor Vokal, besonders in italienischen Wörtern:

Larghẹtto [larˈgɛto], Jọghurt [ˈjo:gʊrt], Sọrghum [ˈzɔrgʊm]

[g]gi

Man spricht den dsch-Laut [d͜ʒ] in italienischen Wörtern vor a, o, u, sonst [d͜ʒi]:

Arpẹggio [arˈpɛd͜ʒo], Ragio̲ne [raˈd͜ʒo:nə]

gli

Man spricht [lj] in italienischen Wörtern vor a, e, o, u, sonst [lji]:

Antikạglien [anti'kaljən], Intạglio [ɪn'taljo], Passacạglia [pasa'kalja]

gn

Man spricht [nj] in französischen oder italienischen Wörtern:

Bạgno ['banjo], Champạgner [ʃam'panjɐ], Kọgnak ['kɔnjak]

gu

Man spricht [g] am Wortanfang und im Wortinneren in französischen und spanischen Wörtern vor e, i, y:

Guerrịlla [gɛ'rɪlja], Guillotin̲e [gɪljo'ti:nə]

h

1. Man spricht [h]:
   a) am Wortanfang in den deutschen und den meisten fremden Wörtern:
   Hạls [hals], Hausse ['ho:sə], Họbby ['hɔbi], Hỵmne ['hʏmnə]
   b) in Ausrufewörtern zwischen Vokalen:
   ahạ! [a'ha], aho̲i̲! [a'hɔy], ohọ! [o'ho:]
   c) zwischen Vokalen in den meisten Fremdwörtern:
   Bu̲hurt ['bu:hʊrt], Mahago̲ni [maha'go:ni], Vehi̲kel [ve'hi:kl̩]
   d) in:
   A̲horn ['a:hɔrn], O̲heim ['o:hai̯m], Schu̲hu ['ʃu:hu], U̲hu ['u:hu]
2. Sonst ist h stumm in Inneren und am Ende deutscher Wörter:
   e̲he ['e:ə], E̲i̲nweihung ['ai̯nvai̯ʊŋ], le̲i̲hst [lai̯st], schmä̲hlich ['ʃmɛ:lɪç], sie̲h! [zi:]
3. h ist stumm im Inneren und oft am Anfang französischer Wörter:
   Bonhomie̲ [bɔno'mi:], Honneurs [ɔ'nø:ɐ̯s] (auch: [hɔ...])

i

A. Betont
   1. spricht man langes geschlossenes i [i:]:
      a) wenn im Stamm nur ein Konsonantenbuchstabe (außer x), nur ph oder nur th folgt:
      gi̲b! [gi:p], gi̲b-t [gi:pt], Li̲thium ['li:ti̯ʊm], Si̲pho ['zi:fo]
      b) wenn mehrere Konsonantenbuchstaben folgen, aber eine Nebenform oder der Stamm langes geschlossenes i [i:] hat:
      erwi̲dre [ɛɐ̯'vi:drə] (Nebenform: erwi̲dere [ɛɐ̯'vi:dərə]), wi̲drig ['vi:drɪç] (Stamm: wi̲d[e]r ['vi:d[ə]r])
      c) vor bl, br, cl, cr, dl, dr, fl, fr, gl, gr, kl, kr, phl, phr, pl, pr, qu, thl, thr, tl, tr:
      bi̲blisch ['bi:blɪʃ], Mi̲thras ['mi:tras], Tri̲plum ['tri:plʊm], Zi̲trus ['t͡si:trʊs]
      d) vor einem zur nächsten Silbe gehörenden Vokal:
      Bri̲o ['bri:o], Mani̲en [ma'ni:ən], Schi̲er ['ʃi:ɐ], Zi̲on ['t͡si:ɔn]

e) am Wortende:

Hali [ha'li:], Kroki [kro'ki:], Pli [pli:], Schi [ʃi:], Xi [ksi:]

f) in:

Livre ['li:vʁ], Nische ['ni:ʃə], piksen ['pi:ksn̩]

2. spricht man kurzes offenes i [ɪ]:

a) vor ß, vor x oder vor mehreren Konsonantenbuchstaben (sofern nicht unter A., 1. erfaßt):

Biß [bɪs], Bisses ['bɪsəs], List [lɪst], mixen ['mɪksn̩]

b) in der Endung -it (chemisch, geologisch; neben [i:t]):

Granit [gra'nɪt] (neben: [gra'ni:t])

c) in:

April, bin, bis, Bistum, cis, Clique, dis Finish ['fɪnɪʃ], fis, fit, Gambit, gis, Himbeere, hin, his, im, in, Kapitel, Klimbim, Krim, mit, Quiz, Slip, Tip, Zither u. a.

3. spricht man den Diphthong [ai̯] in einigen englischen Wörtern:

Pile [pai̯l], Spikes [ʃpai̯ks]

B. Unbetont

1. spricht man kurzes geschlossenes i [i]:

a) vor einem Konsonantenbuchstaben (außer x), vor bl, br, cl, cr, dl, dr, gl, gr, kl, kr, ph, phl, phr, pl, pr, qu, th, thl, thr, tl, tr + Vokalbuchstabe:

Antiquität [antikvi'tɛ:t], Diplom [di'plo:m]

b) vor einem zur nächsten Silbe gehörenden Vokal (vgl. S. 38, 39; d, 2, 3):

Natrium ['na:triʊm], Omnium ['ɔmniʊm]

c) am Wortende:

Famuli ['fa:muli], Filii ['fi:lii], Porti ['pɔrti]

d) z. T. in griechischen und lateinischen Zusammensetzungen mit -i-, wenn die Zusammensetzung gefühlt wird und wo sonst kurzes offenes i [ɪ] zu erwarten ist:

Hemisphäre [hemi'sfɛ:rə], Peristyl [peri'sty:l]

e) in:

Livree, Persiflage u. a.

2. spricht man unsilbisches i [i̯] vor einem zu derselben Silbe gehörendem Vokal (vgl. S. 38, d, 1):

Nation [na'tsi̯o:n], Podium ['po:di̯ʊm]

3. spricht man kurzes offenes i [ɪ]:

a) vor x oder vor mehreren Konsonantenbuchstaben (sofern nicht unter Absatz B, 1 erfaßt):

fixieren [fɪ'ksi:rən], Kristall [krɪs'tal], Million [mɪ'li̯o:n]

b) vor Konsonant am Wortende:

Defizit ['de:fitsɪt], gratis ['gra:tɪs], Köchin ['kœçɪn]

c) im Suffix -ig am Wortende, vor Vokal oder vor Konsonant; in hin-:

einig [ˈai̯nɪç], einigt [ˈai̯nɪçt], geeinigt [ɡəˈ|ai̯nɪçt], hinein [hɪˈnai̯n]

3. spricht man langes geschlossenes i [iː]:

a) nachtonig vor Konsonant, wenn eine Nebenform oder eine kürzere verwandte Form betontes langes geschlossenes i [iː] hat:

pạssiv [ˈpasiːf] (Nebenform: passiv [paˈsiːf])

b) in -im (hebräische Mehrzahlendung), meist in deutschen Eigennamen auf -in, z. T. in Gattungsnamen auf -in oder -ir:

Bạldachin [ˈbaldaxiːn], Ẹrwin [ˈɛrviːn], Sẹraphim [ˈzeːrafiːm], Vạmpir [ˈvampiːɐ̯]

4. spricht man den Diphthong [ai̯] in einigen englischen Wörtern:

Outsider [ˈau̯tsai̯dɐ], Pipeline [ˈpai̯plai̯n]

ie

A. Betont

1. spricht man langes geschlossenes i [iː]:

Biest [biːst], die [diː], geschrieen [ɡəˈʃriːən], sie [ziː], wie [viː]

2. spricht man kurzes offenes i [ɪ] in:

Viertel [ˈfɪrtl̩], vierzehn [ˈfɪrt͜seːn], vierzig [ˈfɪrt͜sɪç]

B. Unbetont

1. spricht man kurzes geschlossenes i [i]:

vielleicht

2. spricht man langes geschlossenes i [iː] in Ableitungen auf -ei, wenn in der einfachen Form die entsprechende Silbe langes geschlossenes i [iː] hat:

Spielerei [ʃpiːləˈrai̯] (zu: spielen), Ziererei [t͜siːrəˈrai̯] (zu: zieren)

ieh

Man spricht langes geschlossenes i [iː]:

zieh! [t͜siː], ziehen [ˈt͜siːən], Zieherei [t͜siːəˈrai̯], ziehst [t͜siːst]

ier

In der französischen Endung spricht man z. T. [iːɐ̯], z. T. [i̯eː]:

Bankiẹr [baŋˈki̯eː], Barbier [barˈbiːɐ̯], Offizier [ɔfiˈt͜siːɐ̯], Portiẹr [pɔrˈti̯eː]

ih

Man spricht langes geschlossenes i [iː] in deutschen Wörtern, besonders in Namen:

Ihlenfeld [ˈiːlənfɛlt], ihm [iːm], ihn [iːn], ihr [iːɐ̯], ihrzen [ˈiːɐ̯t͜sn̩], Schlemihl [ʃleˈmiːl]

ill

In französischen Wörtern spricht man z. T. [j], z. T. [lj] nach Vokalbuchstaben:

Kanạille [kaˈnaljə], mouillieren [muˈjiːrən], Tailleur [taˈjøːɐ̯]

im

Man spricht in französischen Wörtern vor Konsonantenbuchstabe unbetont kurzes nasales e [ɛ̃], betont langes nasales e [ɛ̃:]:

Impromptu [ɛ̃prõ'ty:], Timbre ['tɛ̃:bʁ]

j

1. Man spricht den sch-Laut [ʒ] in französischen, den dsch-Laut [dʒ] in englischen, den Ach-Laut [x] in spanischen Wörtern:

Don Quijote [dɔnki'xo:tə], Jobber ['dʒɔbʁ], Jupon [ʒy'põ:]

2. Sonst spricht man [j]:

Boje ['bo:jə], Jagd [ja:kt], junior ['ju:ni̯ɔr], schwojen ['ʃvo:jən]

k

Man spricht [k]:

kalt [kalt], Kino ['ki:no], Kognak ['kɔnjak], Lok [lɔk]

kk

Man spricht [k]:

Kokke ['kɔkə], Okkasion [ɔka'zi̯o:n], Stukkatur [ʃtʊka'tu:ɐ̯]

kq

Man spricht [k] in:

akquirieren [akvi'ri:rən]

l

1. Man spricht [l]:

blau [blau̯], Feld [fɛlt], Land [lant], Quirl [kvɪrl], Teil [tai̯l], Wels [vɛls]

2. Man spricht silbisches l [l̩] nach [p b t d k g m n ŋ f v s z ʃ ç x pf ts tʃ] am Wortende (besonders in bajuwarischen Wörtern):

Axolotl [akso'lɔtl̩], Kreml ['kre:ml̩], Vogl ['fo:gl̩]

3. Wegen -el /əl/ [əl], [l̩] vgl. S. 32, 33, 36, 37

ll

1. Man spricht [l]:

alle ['alə], füll! [fʏl], füllst [fʏlst], Kristall [krɪs'tal]

2. In einigen französischen Wörtern spricht man [j]:

Papillote [papi'jo:tə], Vermillon [vɛrmi'jõ:]

3. Man spricht [lj] in spanischen und einigen französischen Wörtern:

brillant [brɪl'jant], Kamarilla [kama'rɪlja], Llanos ['lja:nɔs]

m

1. Man spricht [m]:

kam [ka:m], Lampe ['lampə], mischen ['mɪʃn̩], Tmesis ['tme:zɪs]

2. Wegen -em /əm/ [əm], [m̩] vgl. S. 32–34

mm

Man spricht [m]:

bekọmmlich [bə'kœmlɪç], hẹmme ['hɛmə], kommu̲n [kɔ'mu:n], stạmmle ['ʃtamlə]

n

1. Man spricht [n]:
   a) in deutschen Wörtern (außer vor g, k):

      Bịnse ['bɪnzə], mạnch [manç], Na̲ht [na:t], Pla̲n [pla:n], Zẹntren ['t͜sɛntrən]

   b) in Fremdwörtern außer vor c (gesprochen: [k]), g (gesprochen: [g]), k, qu, x (vgl. 1, c.):

      Insuli̲n [ɪnzu'li:n], Kọncha ['kɔnça], Pne̲u̲ [pnɔy̯], Pụnsch [pʊnʃ]

   c) in den griechischen oder lateinischen Präfixen en-, in-, kon- (auch: [ŋ] vor [k], [g]), syn-:

      Enka̲u̲stik [ɛn'kau̯stɪk], Kongrẹß [kɔn'grɛs] (auch: [kɔŋ'grɛs]), synchro̲n [zʏn'kro:n]
2. Man spricht den ng-Laut [ŋ]:
   a) in deutschen Wörtern vor k:

      Ạnker ['aŋkɐ], sịnkst [zɪŋkst], Ụnke ['ʊŋkə], wạnkt [vaŋkt]

   b) in Fremdwörtern vor c (gesprochen: [k]), g (gesprochen: [g]), k, qu, x (vgl. 1, c; vgl. ng):

      Delinquẹnt [delɪŋ'kvɛnt], Sphịnx [sfɪŋks], Tạngens ['taŋgɛns]
3. Man spricht silbisches n [n̩] nach [p b t d k g] am Wortende:

   Ha̲y̲dn ['hai̯dn̩], Ịbn ['ɪbn̩]
4. Wegen -en /ən/ [ən], [n̩] vgl. S. 32, 33, 34–36

ñ

Man spricht [nj]:

Dọña ['dɔnja], Seño̲r [zɛn'jo:ɐ̯]

ng

Man spricht den ng-Laut [ŋ] in deutschen und einigen fremden Wörtern:

Ạngst [aŋst], brịngen ['brɪŋən], Gọng [gɔŋ], Ze̲i̲tung ['t͜sai̯tʊŋ]

nn

Man spricht [n]:

Anna̲len [a'na:lən], bạnnt [bant], dọnnre ['dɔnrə], Konnẹx [kɔ'nɛks], Tạnne ['tanə]

o

A. Betont

1. spricht man langes geschlossenes o [o:]:
   a) wenn im Stamm nur ein Konsonantenbuchstabe (außer x), nur ph oder nur th folgt:

      ho̲l! [ho:l], ho̲l-st [ho:lst], Philoso̲ph [filo'zo:f], to̲b-t [to:pt]

b) wenn mehrere Konsonantenbuchstaben folgen, aber eine Nebenform oder der Stamm langes geschlossenes o [o:] hat:

lọdre ['lo:drə] (Nebenform: lọdere ['lo:dərə]), Jọdler ['jo:dlɐ] (Stamm: jọd[e]l ['jo:d[ə]l])

c) bei folgendem ß, wenn andere Formen nicht -oss- oder -öss-, sondern -oß- oder -öß- haben:

Stọß [ʃto:s] (daneben nicht: Stọsses, sondern: Stọßes)

d) vor bl, br, cl, cr, dl, dr, fl, fr, gl, gr, kl, kr, phl, phr, pl, pr, qu, thl, thr, tl, tr:

Allọtria [a'lo:tria], Kọblenz ['ko:blɛnt͜s], Kọbra ['ko:bra], Kollọquium [kɔ'lo:kvi̯ʊm]

e) vor einem zur nächsten Silbe gehörenden Vokal:

Bọa ['bo:a], Gọi ['go:i], Protozọen [proto't͜so:ən], trọisch ['tro:ɪʃ]

f) am Wortende:

Bürọ [by'ro:], Hallọ [ha'lo:], họ! [ho:], Prọ [pro:]

g) in einigen Wörtern mit -och-, -osch-, -ost-:

họch, kọscher, Jọst, Klọster, Ọstern, Prọst, Trọst

h) in französischen Wörtern auf -or + d, p, t (gesprochen: [o:ɐ̯]):

Kọrps [ko:ɐ̯], Ressọrt [rɛ'so:ɐ̯]

i) in:

Jọghurt, Kọks, Lọtse, Mọnd, Mọntag, Ọbst, Prọpst, Vọgt

2. spricht man kurzes offenes o [ɔ]:

a) vor x oder vor mehreren Konsonantenbuchstaben (sofern nicht unter Absatz A, 1 erfaßt):

bọxe ['bɔksə], Pọst [pɔst], vọll [fɔl], Zọpf [t͜sɔp͜f], Zọrn [t͜sɔrn]

b) bei folgendem ß, wenn andere Formen nicht -oß- oder -öß-, sondern -oss- oder -öss- haben:

Geschọß [gə'ʃɔs] (daneben nicht: Geschọßes, sondern: Geschọsses)

c) in:

Brọmbeere, Grọg, Grọs [grɔs] (12 Dutzend), Họchzeit (Eheschließung), Họffart ['hɔfart], Jọt, Lọg, Lọk, Lọrbeer, Mọb, Mọp, ọb, Rọkoko, Stọp, vọm, vọn, vọrn, Vọrteil, vọrwärts (auch: vọrwärts) u. a.

B. Unbetont

1. spricht man kurzes geschlossenes o [o]:

a) vor einem Konsonantenbuchstaben (außer x), vor bl, br, cl, cr, dl, dr, gl, gr, kl, kr, ph, phl, phr, pl, pr, qu, th, thl, thr, tl, tr + Vokalbuchstabe:

Borạt [bo'ra:t], Sophrosỵne [zofro'zy:nə], Troglodỵt [troglo'dy:t]

b) vor einem zur nächsten Silbe gehörenden Vokal:

Oạse [o'a:zə], Poẹm [po'e:m], Zoologie [t͜soolo'gi:]

c) am Wortende:

ạnno ['ano], dẹsto ['dɛsto], I̱hro ['i:ro]

d) z. T. in griechischen und lateinischen Zusammensetzungen mit -o-, wenn die Zusammensetzung gefühlt wird und wo sonst kurzes offenes o [ɔ] zu erwarten ist:

Apostasie [aposta'zi:], Bioskop [bio'sko:p], Prospekt [pro'spɛkt]

2. spricht man kurzes offenes o [ɔ]:

a) vor x oder vor mehreren Konsonantenbuchstaben (sofern nicht unter Absatz B, 1 erfaßt):

Konnex [kɔ'nɛks], Moloch ['mo:lɔx], Portal [pɔr'ta:l], Toxin [tɔ'ksi:n]

b) vor Konsonant am Wortende:

Bischof ['bɪʃɔf] (auch: ['bɪʃo:f]), Doktor ['dɔktɔr], Pathos ['pa:tɔs], Ysop ['i:zɔp]

3. Man spricht langes geschlossenes o [o:]:

a) nachtonig vor Konsonant, wenn eine Nebenform oder eine kürzere verwandte Form betontes langes geschlossenes o [o:] hat:

alogisch ['alo:gɪʃ] (verwandte Form: logisch ['lo:gɪʃ])

b) in Ableitungen auf -ei, wenn in der einfachen Form die entsprechende Silbe langes geschlossenes o [o:] hat:

Mogelei [mo:gə'lai̯] (zu: mogeln), Vogtei [fo:k'tai̯] (zu: Vogt)

c) in:

Almosen ['almo:zn̩], Herzog ['hɛrtso:k], Kleinod ['klai̯no:t], Korridor ['kɔrido:ɐ̯] u. a.

ö

A. Betont

1. spricht man langes geschlossenes ö [ø:]:

a) wenn im Stamm nur ein Konsonantenbuchstabe (außer x), nur ph oder nur th folgt:

hör! [hø:ɐ̯], hör-st [hø:ɐ̯st], Köthen ['kø:tn̩], lös-bar ['lø:sba:ɐ̯]

b) wenn mehrere Konsonantenbuchstaben folgen, aber eine Nebenform oder der Stamm langes geschlossenes ö [ø:] hat:

trödle ['trø:dlə] (Nebenform: trödele ['trø:dələ]), Trödler ['trø:dlɐ] (Stamm: tröd[e]l ['trø:d[ə]l])

c) bei folgendem ß, wenn andere Formen nicht -oss- oder -öss-, sondern -oß- oder -öß- haben:

stößt [ʃtø:st] (daneben nicht: stossen, sondern: stoßen)

d) wenn verwandte Formen mit langem geschlossenem o [o:] bestehen (vgl. o, A, 1; oo):

höchst [hø:çst] (zu: hoch [ho:x]), trösten ['trø:stn̩] (zu: Trost [tro:st])

e) vor einem zur nächsten Silbe gehörenden Vokal:

böig ['bø:ɪç], Epopöe [epo'pø:ə], Pyorrhöen [pyɔ'rø:ən]

f) am Wortende:

Bö [bø:], o.ö [o:'|ø:]

g) in:

Behörde, Börse (auch: Börse), Gehöft, Österreich, Röste (auch: Röste), rösten (auch: rösten) u. a.

2. spricht man kurzes offenes ö [œ]:

a) vor x oder vor mehreren Konsonantenbuchstaben (sofern nicht unter Absatz A, 1 erfaßt):

Fö̩xchen ['fœksçən], Gö̩tter ['gœtɐ], lö̩schen ['lœʃn̩]

b) bei folgendem ß, wenn andere Formen nicht -oß- oder -öß-, sondern -oss- oder -öss- haben:

Schlö̩ßchen ['ʃlœsçən] (daneben nicht: Schlö̩ßer, sondern: Schlö̩sser)

B. Unbetont

1. spricht man kurzes geschlossenes ö [ø]:

a) vor einem Konsonantenbuchstaben (außer x), vor bl, br, cl, cr, dl, dr, gl, gr, kl, kr, ph, phl, phr, pl, pr, qu, th, thl, thr, tl, tr + Vokalbuchstabe:

Diözese [diø'tse:zə], möblieren [mø'bli:rən], ökonomisch [øko'no:mɪʃ]

b) vor Vokal:

böotisch [bø'o:tɪʃ], Onomatopöie [onomatopø'i:]

c) in:

Stöchiometrie [ʃtøçiome'tri:]

2. spricht man kurzes offenes ö [œ]:

a) vor x oder vor mehreren Konsonantenbuchstaben (sofern nicht unter Absatz B, 1 erfaßt):

Klöppelei [klœpə'lai], Östrogen [œstro'ge:n], Pö̩rkölt ['pœrkœlt]

b) in:

Bi̩schöfe ['bɪʃœfə] (neben: ['bɪʃø:fə])

3. spricht man langes geschlossenes ö [ø:]:

a) in Ableitungen von Wörtern unter o, B, 3, c:

Kleinödchen ['klainø:tçən], Ko̩rridörchen ['kɔridø:ɐ̯çən]

b) in Ableitungen auf -ei, wenn in der einfachen Form die entsprechende Silbe langes geschlossenes ö [ø:] hat:

Döserei [dø:zə'rai] (zu: dö̩sen), Flöterei [flø:tə'rai] (zu: flö̩ten)

c) in:

Bi̩schöfe ['bɪʃø:fə] (neben: ['bɪʃœfə])

oa

Man spricht betont langes geschlossenes o [o:] in einigen englischen Wörtern:

Goal [go:l], Roastbeef ['ro:stbi:f], Toast [to:st]

oe

1. Man spricht wie den Buchstaben ö (vgl. ö) in Fremdwörtern und Namen:

Foerster ['fœrstɐ], Goethe ['gø:tə], Goetheanum [gøte'a:nʊm]

2. Man spricht langes geschlossenes o [o:] in bestimmten norddeutschen Namen:

Coesfeld ['ko:sfɛlt], Itzehoe [ɪtsə'ho:], Soest [zo:st]

öe

Man spricht langes geschlossenes ö [ø:] in -rrhöe (Einzahl):

Diarrhöe [dia'rø:], Menorrhöe [menɔ'rø:]

oeu (œu)

Man spricht betont langes geschlossenes ö [ø:] betont in französischen Wörtern:

Cœur [kø:ɐ̯]

oh

Man spricht langes geschlossenes o [o:]:

Bohnerei [bo:nə'rai̯], Lohe ['lo:ə], roh [ro:], verrohst [fɛɐ̯'ro:st]

öh

Man spricht langes geschlossenes ö [ø:]:

Höhe ['hø:ə], Köhlerei [kø:lə'rai̯], löhnen ['lø:nən], Söhnchen ['zø:nçən]

oi

1. Man spricht den Diphthong [ɔy]:

ahoi! [a'hɔy], Koine [kɔy'ne:], Konvoi ['kɔnvɔy], schwoien ['ʃvɔyən]

2. Man spricht [o̯a:] oder [o̯a] in französischen Wörtern:

Boudoir [bu'do̯a:ɐ̯], Memoiren [me'mo̯a:rən], Oktroi [ɔk'tro̯a], Toilette [to̯a'lɛtə]

3. Man spricht langes geschlossenes o [o:] in bestimmten Namen, besonders in rheinischen Ortsnamen:

Grevenbroich [gre:vn̩'bro:x], Roisdorf ['ro:sdɔrf], Voigt [fo:kt]

oin

Man spricht betont [o̯ɛ̃:], unbetont [o̯ɛ̃] in französischen Wörtern, wenn kein Vokalbuchstabe folgt:

Appoint [a'po̯ɛ̃:], Pointe ['po̯ɛ̃:tə], pointiert [po̯ɛ̃'ti:ɐ̯t]

om

Man spricht betont langes nasales o [õ:], unbetont kurzes nasales o [õ] in französischen Wörtern, wenn kein Vokalbuchstabe folgt:

Aplomb [a'plõ:], Komplet [kõ'ple:], ombriert [õ'bri:ɐ̯t]

on

Man spricht betont langes nasales o [õ:], unbetont kurzes nasales o [õ] in französischen Wörtern, wenn kein Vokalbuchstabe oder kein h folgt (z. T. auch: [ɔŋ] in einzelnen Wörtern):

Bonbon [bõ'bõ:] (auch: [bɔŋ'bɔŋ]), foncé [fõ'se:], Jongleur [ʒõ'glø:ɐ̯]

oo

1. Man spricht langes geschlossenes o [o:]:

Boot [bo:t], Moor [mo:ɐ̯], Soor [zo:ɐ̯], Zoo [tso:]

2. Man spricht langes geschlossenes u [u:] in englischen Wörtern:

Boom [bu:m], Looping ['lu:pɪŋ], Pool [pu:l]

ou

1. Betont spricht man meistens langes geschlossenes u [u:] in französischen Wörtern:

Bravour [bra'vu:ɐ̯], Cour [ku:ɐ̯], Route ['ru:tə]

2. Unbetont spricht man in französischen Wörtern wie den Buchstaben u (vgl. u), d. h. kurzes geschlossenes u [u] oder kurzes offenes u [ʊ]:

Boudoir [bu'do̯a:ɐ̯], Camouflage [kamu'fla:ʒə], Journalist [ʒʊrna'lɪst]

3. Man spricht den Diphthong [au̯] in englischen Wörtern:

Couch [kau̯tʃ], Count [kau̯nt], knockout [nɔk'|au̯t], Rout [rau̯t]

ow

Man spricht bei englischen Wörtern in einigen Fällen den Diphthong [au̯], in anderen langes geschlossenes o [o:]:

Bowle ['bo:lə], Clown [klau̯n], Cowboy ['kau̯bɔy̯], Slowfox ['slo:fɔks]

oy

1. Man spricht den Diphthong [ɔy̯] in englischen Wörtern:

Boy [bɔy̯], Boykott [bɔy̯'kɔt], Lloyd [lɔy̯t]

2. Man spricht [o̯aj] in französischen Wörtern:

Doyen [do̯a'jɛ̃:], loyal [lo̯a'ja:l], Loyalität [lo̯ajali'tɛ:t]

p

1. Man spricht [p]:

Mumps [mʊmps], Oper ['o:pɐ], Panne ['panə], Stulpe ['ʃtʊlpə]

2. p ist stumm am Wortende in französischen Wörtern:

Contrecoup [kõtɐ'ku:], Coup [ku:]

pf

Man spricht [p͜f]:

Kampf [kamp͜f], Pfeil [p͜fai̯l], Pflaume ['p͜flau̯mə], Pfropf [p͜frɔp͜f]

pph

Man spricht [p͜f] oder [f]:

Sappho ['zap͜fo] oder ['zafo], Sepphoris ['zɛp͜forɪs] oder ['zɛforɪs]

ph

Man spricht [f]:

Aphthen ['aftn̩], Apokryph [apo'kry:f], Philister [fi'lɪstɐ]

pp

Man spricht [p]:

Appell [a'pɛl], Depp [dɛp], tipptopp [tɪp'tɔp], Tippse ['tɪpsə]

qu

1. Man spricht [k] plus w-Laut [v], d. h. [kv]:

   Qual [kva:l], Quantum ['kvantʊm], Quirl [kvɪrl], Reliquie [re'li:kvi̯ə]

2. Man spricht [k] in französischen und spanischen Wörtern:

   Quai [ke:], Quebracho [ke'bratʃo], Queue [kø:]

r

1. Man spricht [r]:

   Rabe ['ra:bə], rar [ra:ɐ̯], rühren ['ry:rən], zart [tsa:ɐ̯t], Zwirn [tsvɪrn]

2. Man spricht [ɐ] am Wortende nach den Diphthongen [ai̯ au̯ ɔy̯]:

   Kentaur [kɛn'tau̯ɐ], Mair ['mai̯ɐ], Mayrhofer ['mai̯ɐho:fɐ]

3. Wegen -er /ər/ [ər], [ɐ] vgl. S. 32, 33, 37
4. Wegen r /r/ [r] [ɐ̯] vgl. S. 50–53
5. r ist stumm in der französischen Endung -er und z. T. in -ier:

   Croupier [kru'pi̯e:], Diner [di'ne:], Portier [pɔr'ti̯e:]

rh

Man spricht [r]:

Rhabarber [ra'barbɐ], Rheuma ['rɔy̯ma], Rhein [rai̯n], Rhön [rø:n]

rr

Man spricht [r]:

Arrest [a'rɛst], Barren ['barən], Narr [nar], Terror ['tɛrɔr]

rrh

Man spricht [r]:

Katarrh [ka'tar], Menorrhagie [menɔra'gi:], Myrrhe ['mʏrə]

s

1. Man spricht stimmhaftes („weiches") s [z]:

   a) am Wortanfang vor Vokalen:

      Saal [za:l], sind [zɪnt], Sohn [zo:n]

   b) im Wortinneren zwischen Vokalen, zwischen Vokal und [m̩ n̩ l̩]:

      Basen ['ba:zn̩], Chose ['ʃo:zə], näsele ['nɛ:zələ], These ['te:zə]

   c) nach Vokal in ls, ms, ns, rs vor Vokal, vor [m̩ n̩ l̩]:

      Amsel ['amzl̩], Binse ['bɪnzə], Felsen ['fɛlzn̩], Korso ['kɔrzo]

   d) vor l, n, r, wenn eine Nebenform s + e hat:

      fasle ['fa:zlə] (Nebenform: fasele ['fa:zələ]), unsre ['ʊnzrə] (Nebenform: unsere ['ʊnzərə]), winsle ['vɪnzlə] (Nebenform: winsele ['vɪnzələ])

   e) in den Ableitungssilben -sal, -sam:

      langsam ['laŋza:m], Mühsal ['my:za:l], ratsam ['ra:tza:m], Schicksal ['ʃɪkza:l]

   f) in der Ableitungssilbe -sel nach l, m, n, ng, r:

      Füllsel ['fʏlzl̩], Gerinnsel [gə'rɪnzl̩], Mitbringsel ['mɪtbrɪŋzl̩]

g) im Inneren besonders lateinischer und griechischer Wörter nach stimmlosen Konsonanten und vor Vokal, vor allem wenn vor dem s eine Wortfuge gefühlt wird:

absolut [apzo'lu:t], Obsidian [ɔpzi'di̯a:n], Rhapsode [rap'zo:də] (auch: [ra'pso:də])

2. Man spricht stimmloses („scharfes") s [s]:

a) am Wortende:

aus [au̯s], das [das], Gas [ga:s], Hals [hals], Konkurs [kɔn'kʊrs]

b) am Wortanfang vor c (gesprochen: [k] oder [ts]), vor ch (gesprochen: [ç] oder [k]), vor f, k, l, m, n, ph, q, v, w, z (gesprochen: [ts]):

Scala ['ska:la], Schisma ['sçɪsma], Swing [svɪŋ], Szene ['stse:nə]

c) am Wortanfang vor p und t, besonders in weniger häufigen Fremdwörtern (dafür meistens auch: [ʃ]):

Speech (nur: [spi:tʃ]), Stoa ['sto:a] (auch: ['ʃto:a])

d) im Wortinneren vor stimmhaften Konsonanten in Fremdwörtern und vor allem dann, wenn keine Nebenform mit stimmhaftem s [z] besteht:

Asbest [as'bɛst], Gleisner ['glai̯snɐ], Osram ['ɔsram]

e) im Wortinneren nach b, ch, ck, f, g, k, p:

Erbse ['ɛrpsə], höchst [hø:çst], Kapsel ['kapsl̩], Ochse ['ɔksə]

f) im Wortinneren vor c (gesprochen: [k] oder [ts]), ch (gesprochen: [ç]), f, k, p, ph, q, t, z (gesprochen: [ts]):

Eschatologie [ɛsçatolo'gi:], fasten ['fastn̩], Wespe ['vɛspə]

g) im Wortinneren nach Nasalvokalen:

Chanson [ʃã'sõ:], Konsommee [kõsɔ'me:], Pensee [pã'se:]

h) in der Ableitungssilbe -sel nach Konsonanten (nicht nach l, m, n, ng, r):

Geschreibsel [gə'ʃrai̯psl̩], Häcksel ['hɛksl̩], Schabsel ['ʃa:psl̩]

i) vor den Ableitungssilben -bar, -chen, -haft, -heit, -lein, -ling, -lings, -los, -nis, -schaft, -tum, -wärts:

boshaft ['bo:shaft], lösbar ['lø:sba:ɐ̯], löslich ['lø:slɪç]

k) in fremdsprachlicher Aussprache am Wortanfang bei englischen, französischen, italienischen, spanischen und anderssprachigen Fremdwörtern (deutsche Aussprache: [z]):

Saison [*fr.* sɛ'zõ], Sujet [*fr.* sy'ʒɛ]

l) in:

sasa!, Tausendsasa ['tau̯zn̩tsasa]

3. Man spricht den sch-Laut [ʃ]:

a) am Wortanfang vor p und t in deutschen Wörtern und in häufigeren Fremdwörtern:

Spalier [ʃpa'li:ɐ̯], spät [ʃpɛ:t], Stein [ʃtai̯n], Student [ʃtu'dɛnt]

b) am Wortanfang vor p und t, z. T. in weniger häufigen Fremdwörtern (daneben auch: [sp], [st]):

Sputum ['ʃpu:tʊm] (auch: ['sp...], Stoa ['ʃto:a] (auch: ['st...])

4. s ist stumm am Wortende in französischen Wörtern:

   apropo̲s [apro'po:], Glaci̲s [gla'si:], Refus [rə'fy:]

sc

Man spricht den sch-Laut [ʃ] vor e, i in italienischen Wörtern:

   crescẹndo [krɛ'ʃɛndo], trascinạndo [traʃi'nando]

sch

1. Man spricht den sch-Laut [ʃ]:

   Bụsch [bʊʃ], rạschle ['raʃlə], Schẹck [ʃɛk], Schu̲le ['ʃu:lə]

2. Man spricht [sk] in italienischen Wörtern:

   Maraschi̲no [maras'ki:no], Schẹrzo ['skɛrt͜so]

3. Man spricht [s] plus Ich-Laut, d. h. [sç] in einigen griechischen Wörtern (daneben z. T. auch den sch-Laut [ʃ], besonders am Wortanfang):

   Eschatologi̲e̲ (nur: [ɛsçatolo'gi:]), schizophre̲n [sçit͜so'fre:n] (auch: [ʃi...])

sci

Man spricht den sch-Laut [ʃ] vor a, o, u in italienischen Wörtern:

   strisciạndo [strɪ'ʃando]

sh

Man spricht den sch-Laut [ʃ] in englischen Wörtern:

   Fịnish ['fɪnɪʃ], shọcking ['ʃɔkɪŋ], Sho̲w [ʃo:]

ß

Man spricht stimmloses („scharfes") s [s]:

   Drẹß [drɛs], Ma̲ß [ma:s], pạßte ['pastə], sto̲ßen ['ʃto:sn̩]

ss

Man spricht stimmloses („scharfes") s [s]:

   Chassi̲s [ʃa'si:], Kụrbisse ['kʏrbɪsə], lạssen ['lasn̩], Missio̲n [mɪ'si̯o:n]

t

1. Man spricht [t]:

   Ạst [ast], Stạmm [ʃtam], Toma̲te [to'ma:tə], tre̲u̲ [trɔy̯]

2. Man spricht den z-Laut [t͜s] vor unbetontem i [i̯] plus Vokal in lateinischen Wörtern, wenn kein t vorausgeht:

   Ạktien ['akt͜si̯ən], Ratio̲n [ra't͜si̯o:n], Sciẹntia ['st͜si̯ɛnt͜si̯a]

3. t ist stumm am Wortende in französischen Wörtern:

   Depo̲t [de'po:], Eta̲t [e'ta:], Komple̲t [kõ'ple:], Point [po̯ɛ̃:], Teint [tɛ̃:]

tch

Man spricht den tsch-Laut [t͜ʃ] in englischen Wörtern:

   Catch [kɛt͜ʃ], Match [mɛt͜ʃ], Pịtchpine ['pɪt͜ʃpai̯n]

th

1. Man spricht [t]:

   Athle̲t [atˈleːt], Synthe̲se [zʏnteˈzə], Thro̲n [troːn], Zịther [ˈt͜sɪtɐ]

2. Man spricht den englischen stimmlosen („scharfen") th-Laut [θ] bei englischen Wörtern in englischer Aussprache:

   Cọmmonwealth [*engl.* ˈkɔmənwɛlθ]

3. Man spricht den englischen stimmhaften („weichen") th-Laut [ð] bei bestimmten Wörtern in englischer Aussprache:

   on the rọcks [*engl.* ɔn ðə ˈrɔks]

ts

Man spricht den z-Laut [t͜s]:

Lo̲tse [ˈloːt͜sə], Ra̲ts [raːt͜s], Rä̲tsel [ˈrɛːt͜sl̩], schịltst [ʃɪlt͜st]

tsch

Man spricht den tsch-Laut [t͜ʃ]:

Quạtsch [kvat͜ʃ], Tschẹche [ˈt͜ʃɛçə], tra̲tschen [ˈtraːt͜ʃn̩], Zwẹtsche [ˈt͜svɛt͜ʃə]

tt

Man spricht [t]:

Fagọtt [faˈgɔt], Kịtt [kɪt], Mịtte [ˈmɪtə], Schọtter [ˈʃɔtɐ], zịttre [ˈt͜sɪtrə]

tth

Man spricht [t]:

Matthä̲us [maˈtɛːʊs], Matthi̲as [maˈtiːas]

tz

Man spricht den z-Laut [t͜s]:

Chịntz [t͜ʃɪnt͜s], Kạtze [ˈkat͜sə], Spạtz [ʃpat͜s], Wịtzling [ˈvɪt͜slɪŋ]

u

A. Betont

1. spricht man langes geschlossenes u [uː]:

   a) wenn im Stamm nur ein Konsonantenbuchstabe (außer x), nur ph oder nur th folgt:

   Anakolu̲th [anakoˈluːt], Blu̲t [bluːt], Gu̲t-s [guːt͜s], schu̲l-t [ʃuːlt]

   b) wenn mehrere Konsonantenbuchstaben folgen, aber eine Nebenform oder der Stamm langes geschlossenes u [uː] hat:

   fu̲sle [ˈfuːzlə] (Nebenform: fu̲sele [ˈfuːzələ]), Hu̲fner [ˈhuːfnɐ] (Stamm: hu̲f[e]n [ˈhuːf(ə)n])

   c) bei folgendem ß, wenn andere Formen nicht -uss- oder -üss-, sondern -uß- oder -üß- haben:

   Gru̲ß [gruːs] (daneben nicht: Grụsses, sondern: Gru̲ßes)

   d) vor bl, br, cl, cr, dl, dr, fl, fr, gl, gr, kl, kr, phl, phr, pl, pr, thl, thr, tl, tr:

Gudrun ['gu:dru:n], Nutria ['nu:tria], Rubrum ['ru:brʊm], Stuprum ['ʃtu:prʊm]

e) vor einem zur nächsten Silbe gehörenden Vokal:

Dual ['du:a:l], Duo ['du:o], luisch ['lu:ɪʃ], tue ['tu:ə]

f) am Wortende:

du [du:], Gnu [gnu:], nanu! [na'nu:], Peru [pe'ru:]

g) in einigen Wörtern mit -uch-, -usch-, -ust, -utsch:

Blust, Bruch (= Sumpf; häufiger: Bruch), Buch, Buche, Buchstabe, Dusche (oder: Dusche), duster, Eunuch, Fluch, Huchen, Husten, Knust, knutschen, Kuchen, Nutsche, plustern, prusten, Puste, Ruch (auch: Ruch; = Krähe), ruchbar, ruchlos, Schuster, suchen, Tarbusch, Tuch, Wucher, wusch, Wust (Unrat) u. a.

h) in:

Geburt, Pups, wuchs, Wuchs u. a.

2. spricht man kurzes offenes u [ʊ]:

a) vor x oder vor mehreren Konsonantenbuchstaben (sofern nicht unter Absatz A, 1 erfaßt):

Brust [brʊst], Busch [bʊʃ], Furt [fʊrt], Hund [hʊnt], Luchs [lʊks], Lux [lʊks], Mutter ['mʊtɐ], Wunsch [vʊnʃ]

b) bei folgendem ß, wenn andere Formen nicht -uß- oder -üß-, sondern -uss- oder -üss- haben:

Fluß [flʊs] (daneben nicht: Flußes, sondern: Flusses)

c) in:

bewußt, bum!, Bus, kaput, Klub, plus, Rum, um, un-, Urteil, wußte u. a.

3. spricht man langes geschlossenes ü [y:] in französischen Wörtern:

Avenuen [avə'ny:ən], Aperçu [apɛr'sy:], Coiffure [ko̯a'fy:ɐ̯]

4. spricht man kurzes offenes ü [ʏ] in französischen Wörtern:

Nocturne [nɔk'tʏrn]

5. spricht man kurzes a [a] oder kurzes offenes ö [œ] in englischen Wörtern (englische Aussprache [ʌ]):

Cut [kat], Pumps [pœmps], Truck [trak]

B. Unbetont

1. spricht man kurzes geschlossenes u [u]:

a) vor einem Konsonantenbuchstaben (außer x), vor bl, br, cl, cr, dl, dr, gl, gr, kl, kr, ph, phl, phr, pl, pr, th, thl, thr, tr + Vokalbuchstabe:

Duplikat [dupli'ka:t], Musik [mu'zi:k], Ruthenium [ru'te:ni̯ʊm]

b) vor einem zur nächsten Silbe gehörenden Vokal (vgl. S. 38, 39; d, 2, 3):

Influenza [ɪnflu'ɛntsa], Ruine [ru'i:nə], Triduum ['tri:duʊm]

c) am Wortende:

Emu ['e:mu], Uhu ['u:hu], Zebu ['tse:bu]

d) z. T. in griechischen und lateinischen Zusammensetzungen mit -u-, wenn die Zusammensetzung gefühlt wird und wo sonst kurzes offenes u [ʊ] zu erwarten ist:

Bustrophedon [bustrofe'dɔn], Manuskript [manu'skrɪpt]

2. spricht man unsilbisches u [u̯] vor einem zu derselben Silbe gehörendem Vokal (vgl. S. 38, d, 1):

sexuell [zɛ'ksu̯ɛl], Statue ['ʃta:tu̯ə]

3. spricht man kurzes offenes u [ʊ]:

a) vor x oder vor mehreren Konsonantenbuchstaben (sofern nicht unter Absatz B, 1 erfaßt):

bugsieren [bʊ'ksi:rən], Konkurrent [kɔnkʊ'rɛnt], luxieren [lʊ'ksi:rən]

b) vor Konsonant am Wortende:

Kautschuk ['kau̯tʃʊk], Konsul ['kɔnzʊl], minus ['mi:nʊs]

4. spricht man langes geschlossenes u [u:] in dem Ableitungssuffix -tum:

Altertum ['altɐtu:m], Bistum ['bɪstu:m]

5. spricht man kurzes geschlossenes ü [y] in französischen Wörtern vor einem Konsonanten oder vor einem zur nächsten Silbe gehörenden Vokal (vgl. S. 38, 39; d, 2, 3):

Bruitismus [bryi'tɪsmʊs], Kommuniqué [kɔmyni'ke:]

6. spricht man unsilbisches ü [y̆] in französischen Wörtern vor einem zu derselben Silbe gehörendem Vokal (vgl. S. 38, d, 1):

Nüance ['ny̆ã:sə], Tuilerien [ty̆ilə'ri:ən]

7. spricht man kurzes offenes ü [ʏ] in französischen Wörtern meist vor mehreren Konsonantenbuchstaben:

Budget [bʏ'dʒe:], Bulletin [bʏl'tɛ̃:], Surrealismus [zʏrea'lɪsmʊs]

C. Man spricht den w-Laut [v]:

1. in qu (ausgenommen qu, Absatz 2):

Antiqua [an'ti:kva], Qual [kva:l], Quelle ['kvɛlə], Quotient [kvo'tsi̯ɛnt]

2. in einigen französischen Wörtern vor i:

Biskuit [bɪs'kvi:t], Etui [ɛt'vi:], Suite ['svi:tə]

ü

A. Betont

1. spricht man langes geschlossenes ü [y:]:

a) wenn im Stamm nur ein Konsonantenbuchstabe (außer x) folgt:

für-s [fy:ɐs], Gemüt [gə'my:t], Tüte ['ty:tə], Vestibül [vɛsti'by:l]

b) wenn mehrere Konsonantenbuchstaben folgen, aber eine Nebenform oder der Stamm langes geschlossenes ü [y:] hat:

bügle ['by:glə] (Nebenform: bügele ['by:gələ]), Lügner ['ly:gnɐ] (Stamm: lüg(e)n ['ly:g(ə)n])

c) bei folgendem ß, wenn andere Formen nicht -uss- oder -üss-, sondern -uß- oder -üß- haben:

grüßt [gry:st] (daneben nicht: grüssest, sondern: grüßest)

d) wenn verwandte Formen mit langem geschlossenem u [u:] bestehen (vgl. u, A, 1):

hụsteln ['hy:stl̩n] (zu: Hụsten ['hu:stn̩]), Tụcher ['ty:çɐ] (zu: Tụch [tu:x])

e) am Wortende:

atụ [a'ty:], hottehụ [hɔtə'hy:], Menụ [me'ny:], Parvenụ [parvə'ny:]

f) in:

dụster, Kụchlein (kleiner Kuchen; Küken), Nụster (auch: Nụster), Plụsch (auch: Plụsch), Rụbsen, Rụsche, Rụster, Trụsche (auch: Trụsche), wụst, Wụste u. a.

2. spricht man kurzes offenes ü [ʏ]:

a) vor x oder vor mehreren Konsonantenbuchstaben (sofern nicht unter Absatz A, 1 erfaßt):

Bụx [bʏks], fụllen ['fʏlən], rụsten ['rʏstn̩], stụlpen ['ʃtʏlpn̩]

b) bei folgendem ß, wenn andere Formen nicht -uß- oder üß-, sondern -uss- oder üss- haben:

Flụßchen ['flʏsçən] (daneben nicht: Flụße, sondern: Flụsse)

c) in:

gebụrtig [gə'bʏrtɪç], Gelụbde [gə'lʏpdə], wụßte ['vʏstə]

B. Unbetont

1. spricht man kurzes geschlossenes ü [y]:

a) vor einem Konsonantenbuchstaben + Vokalbuchstabe:

amüsi̲eren [amy'zi:rən], Bürọ [by'ro:], debüti̲eren [deby'ti:rən]

b) am Wortende:

Ạkü-sprache ['akyʃpra:xə]

2. spricht man kurzes offenes ü [ʏ] meistens vor mehreren Konsonantenbuchstaben:

Küstere̲i [kʏstə'rai̯], reüssi̲eren [reʏ'si:rən], süffisạnt [zʏfi'zant]

3. spricht man langes geschlossenes ü [y:]:

a) in -mütig und -tüm-:

ạltertümlich ['altɐty:mlɪç], Bịstümer ['bɪsty:mɐ], dẹmütig ['de:my:tɪç]

b) in Ableitungen auf -ei, wenn in der einfachen Form die entsprechende Silbe langes geschlossenes ü [y:] hat:

Büchere̲i [by:çə'rai̯] (zu: Bụcher), Wüstene̲i [vy:stə'nai̯] (zu: Wụste)

ue

1. Man spricht wie ü (vgl. ü) in bestimmten Namen:

Du̲esterberg ['dy:stɐbɛrk], Mueller ['mʏlɐ]

2. Man spricht langes geschlossenes u [u:] in bestimmten Namen:

Buer [bu:ɐ̯], Kues [ku:s]

uh

1. Man spricht betont und in Ableitungen auf -ei langes geschlossenes u [u:]:

   Buhlerei [bu:lə'rai̯], fuhrst [fu:ɐ̯st], Kuh [ku:], Ruhe ['ru:ə]

2. Man spricht kurzes geschlossenes u [u] unbetont am Wortende:

   Känguruh ['kɛŋguru]

üh

Man spricht langes geschlossenes ü [y:]:

früh [fry:], rührst [ry:ɐ̯st], Schühchen ['ʃy:çən], Wühlerei [vy:lə'rai̯]

ui

Man spricht langes geschlossenes ü [y:] in bestimmten Namen:

Duisburg ['dy:sbʊrk], Juist [jy:st]

um

Man spricht langes nasales ö [œ̃:] in:

Parfum [par'fœ̃:]

v

1. Man spricht den f-Laut [f]:

   a) in deutschen Wörtern und in einigen wenigen häufig gebrauchten Fremdwörtern:

   Larve ['larfə], Nerven ['nɛrfn̩], Vers [fɛrs], Vogel ['fo:gl̩]

   b) am Wortende und vor stimmlosen Konsonanten:

   aktiv [ak'ti:f], aktivst [ak'ti:fst], Levkoje [lɛf'ko:je], luvt [lu:ft]

   c) vor den Ableitungssilben -bar, -chen-, -haft, -heit, -lein, -ling, -lings, -los, -nis, -sal, -sam, -schaft, -tum, -wärts:

   luvbar ['lu:fba:ɐ̯], luvwärts ['lu:fvɛrts]

2. sonst spricht man den w-Laut [v]:

   aktive [ak'ti:və], nervös [nɛr'vø:s], Violine [vi̯o'li:nə], Vokal [vo'ka:l]

w

1. Man spricht den w-Laut [v]:

   Löwe ['lø:və], powre ['po:vrə], Watt [vat], was [vas], Wrack [vrak]

2. Man spricht den f-Laut [f]:

   a) vor stimmlosen Konsonanten und am Wortende:

   Litewka [li'tɛfka], Löwchen ['lø:fçən], stow! [ʃto:f], stowst [ʃto:fst]

   b) vor den Ableitungssilben -bar, -chen, -haft, -heit, -lein, -lich, -ling, -lings, -los, -nis, -sal, -sam, -schaft, -sel, -tum, -wärts:

   stowbar ['ʃto:fba:ɐ̯]

3. w ist stumm in den meisten deutschen Namen auf -ow:

   Bülow ['by:lo], Teltow ['tɛlto]

wh

Man spricht den w-Laut [v]:

Whịpcord ['vɪpkɔrt], Whịsky ['vɪski], Whịst [vɪst]

ww

Man spricht den w-Laut [v] in:

Strụwwelkopf ['ʃtrʊvḷkɔp͜f], Strụwwelpeter ['ʃtrʊvḷpe:tɐ]

x

Man spricht [ks]:

Hẹxe ['hɛksə], luxieren [lʊ'ksi:rən], Tạxe ['taksə], Xylophọn [ksylo'fo:n]

y

A. Betont

1. spricht man langes geschlossenes ü [y:]:

a) wenn im Stamm nur ein Konsonantenbuchstabe (außer x), nur ch, ph oder th folgt:

Alkyl-s [al'ky:ls], Mythos ['my:tɔs], Psyche ['psy:çə], Triglyph [tri'gly:f]

b) vor bl, br, chl, chr, cl, cr, dl, dr, gl, gr, kl, kr, phl, phr, pl, pr, th, thl, thr, tl, tr:

Hybris ['hy:brɪs], Hydra ['hy:dra], Zyklus ['t͜sy:klʊs] (auch: ['t͜sʏklʊs])

c) vor einem zur nächsten Silbe gehörenden Vokal:

Dryas ['dry:as], Dyas ['dy:as], Zyathus ['t͜sy:atʊs]

d) am Wortende:

My [my:], Ny [ny:]

2. spricht man kurzes offenes ü [ʏ]:

a) vor x oder vor mehreren Konsonantenbuchstaben (sofern nicht unter Absatz A, 1 erfaßt):

Hymne ['hʏmnə], Myrrhe ['mʏrə], Mystik ['mʏstɪk], Pyxis ['pʏksɪs]

b) in der Endung -yt (chemisch, geologisch; neben [y:t]):

Baryt [ba'rʏt] (neben [ba'ry:t])

c) in:

Amaryl [ama'rʏl]

3. spricht man wie i (vgl. i) in vereinzelten Namen und Fremdwörtern:

Kyffhäuser ['kɪfhɔ͜yzɐ], Schwyz [ʃvi:t͜s], Ylang-Ylang ['i:laŋ'|i:laŋ], Ysop ['i:zɔp] u. a.

4. spricht man den Diphthong [a͜i] in englischen Wörtern:

Flyer ['fla͜iɐ], Nylon ['naɪlɔn]

B. Unbetont

1. spricht man kurzes geschlossenes ü [y]:

a) vor einem Konsonantenbuchstaben (außer x), vor bl, br, chl, chr, cl, cr, dl, dr, gl, gr, kl, kr, ph, phl, phr, pl, pr, th, thl, thr, tl, tr + Vokalbuchstabe:

Dynastie [dynas'ti:], Hygrometer [hygro'me:tɐ], Typhlitis [ty'fli:tɪs], Zypresse [tsy'prɛsə]

b) vor einem zur nächsten Silbe gehörenden Vokal (vgl. S. 38, 39; d, 2, 3):

Dryade [dry'a:də], Kryoskop [kryo'sko:p], Myom [my'o:m]

c) z. T. in griechischen Zusammensetzungen mit -y-, wenn die Zusammensetzung gefühlt wird und wo sonst kurzes offenes ü [ʏ] zu erwarten ist:

brachystyl [braxy'sty:l], Polyspermie [poly›pɛr'mi]

d) in psych- (zu: Psyche):

Psychiater [psy'çi̯a:tɐ], Psychologe [psyço'lo:gə]

2. spricht man unsilbisches ü [y̆] vor zu derselben Silbe gehörendem Vokal (vgl. S. 38, d, 1):

Kyaxares [ky̆a'ksa:rɛs], Zyanose [tsy̆a'no:zə]

3. spricht man kurzes offenes ü [ʏ]:

a) vor x oder vor mehreren Konsonantenbuchstaben (sofern nicht unter Absatz B, 1 erfaßt):

Hypnose [hʏp'no:zə], Myxom [mʏ'kso:m], Pygmäe [pʏ'gmɛ:ə]

b) vor Konsonant am Wortende:

Onyx ['o:nʏks], Satyr ['za:tʏr], Tethys ['te:tʏs]

4. spricht man kurzes geschlossenes i [i] am Wortende in deutschen Namen und englischen Wörtern:

Dandy ['dɛndi], Geigy ['gai̯gi], groggy ['grɔgi], Sherry ['ʃɛri]

5. spricht man kurzes geschlossenes i [i] (auch: [y]) in:

Zylinder [tsi'lɪndɐ] (auch: [tsy'lɪndɐ])

C. Man spricht den Konsonanten [j] in einigen nichtgriechischen Fremdwörtern vor Vokal:

Rayon [rɛ'jõ:], Riyal [ri'ja:l], Yohimbin [johɪm'bi:n]

z

1. Man spricht den z-Laut [ts] in deutschen, griechischen, lateinischen, italienischen und anderssprachigen Wörtern:

Flöz [flø:ts], sforzando [sfɔr'tsando], Zar [tsa:ɐ̯], Zentrum ['tsɛntrʊm]

2. Man spricht stimmhaftes („weiches") s [z] in französischen und anderssprachigen Fremdwörtern:

Gaze ['ga:zə], Vezier [ve'zi:ɐ̯], Zero ['ze:ro]

3. Man spricht stimmloses („scharfes") s [s] in:

Bronze ['brõ:sə], Quiz [kvɪs]

4. z ist stumm am Wortende in französischen Wörtern:

Cachenez [kaʃ'ne:], Pincenez [pɛ̃s'ne:]

zz

Man spricht den z-Laut [ts]:

Razzia ['ratsi̯a], Skizze ['skɪtsə], Tazzelwurm ['tatsl̩vʊrm]

I. Bemerkungen zur Lautlehre und Lautschrift fremder Sprachen[1]

Die Aussprache nichteingedeutschter fremder Wörter – besonders Eigennamen – hängt von verschiedenen Umständen ab. Als Mindestforderung darf jedoch im allgemeinen gelten, daß die Silbe betont wird, die im Wörterverzeichnis als betont erscheint; Beispiele: Brẹschnew, nicht Breschnẹw; Kẹkkonen, nicht Kekkọnen.
Im übrigen entscheiden u. a. folgende Umstände bei der Forderung nach einer oder mehr weniger fremdsprachegerechten Aussprache nichteingedeutschter Wörter:

1. *Allgemeine Verbreitung einer Fremdsprache.* Da z. B. das Englische als gesprochene Fremdsprache im deutschen Sprachgebiet eine viel größere Verbreitung hat als das Russische, wird man bestrebt sein, das Englische eher echt fremdsprachlich auszusprechen als das Russische.

2. *Nachbarschaft einer Fremdsprache.* In Österreich wird man eher als in Schleswig-Holstein versuchen, das Slowenische echt slowenisch auszusprechen. In Schleswig-Holstein wird man sich mehr als in Österreich darum bemühen, das Dänische echt dänisch auszusprechen.

3. *Länge der Wörter.* Je länger nichtunterbrochene fremdsprachliche Teile innerhalb eines deutschen Textes sind, umso mehr versucht man, sie nach der Fremdsprache auszusprechen. John Fitzgerald Kennedy wird man mehr englisch aussprechen als Kennedy allein.

4. *Wichtigkeit und Geltungsdauer der Wörter.* Beim Namen eines in die Geschichte eingehenden Staatsmannes ist die richtige Aussprache eher angebracht als bei Namen rasch vergessener Sportgrößen oder Schlagersänger.

5. *Gesprächsgegenstand sowie das Verhältnis zwischen Sprecher und Hörer.* Wenn ein deutschsprachiger Fachmann vor einem des Portugiesischen unkundigen gebildeten Publikum über portugiesische Literatur spricht, so wird er dennoch portugiesische Namen möglichst portugiesisch aussprechen. Im Fernsehen wird ein Fußballreporter sich nur wenig um die echt portugiesische Aussprache der Namen portugiesischer Fußballspieler bemühen; erstens wäre er dazu im allgemeinen selber nicht in der Lage, zweitens würde eine allzu portugiesische Aussprache die angesprochenen Fernsehzuschauer nur unnötig ablenken und befremden.

Es bleibt daher weitgehend dem Spürsinn und Geschick des Sprechenden überlassen, die im Wörterverzeichnis gegebenen fremdsprachlichen Aussprachen so zu benutzen, wie es ihm, den Hörenden und der Sprechlage entspricht. Dies gilt auch für die folgenden Bemerkungen zur Lautlehre einzelner Fremdsprachen. Im übrigen erheben diese Bemerkungen keinen Anspruch auf Vollständigkeit.

I. Albanisch

1. Lautbestand

a) *Vokale:* [i e a y ə u o]. [i e y u o] sind etwas offener als [i e y u o] im Deutschen. Betonte Vokale sind kurz bis halblang, unbetonte kurz.

---

[1] Eine Ergänzung zu diesem Kapitel ist der Duden-Beitrag Nr. 13: Mangold, Max, Ausspracheleher der bekannteren Fremdsprachen, Mannheim, 1964.

b) *Konsonanten:* Genauere Lautwerte für Konsonanten sind: [kj] = [c]; [gj] = [ɟ]; [m] = [ɱ] vor [f], [v]; [nj] = [ɲ]; [r] = geschlagenes Zungenspitzen-R; [rr] = gerolltes Zungenspitzen-R.

2. Betonung

In jedem Wort liegt die Stärkebetonung auf einer bestimmten Silbe. Sie ist für jedes einzelne Wort festgelegt.

II. Brasilianisch

1. Lautbestand

a) *Vokale:* Orale Vokale: [i e ɛ a ɐ u o ɔ]. Nasale Vokale: [ĩ ẽ ɐ̃ ũ õ]. Unsilbische Vokale: [i̯ u̯]. Vor [m n ɲ ŋ] sind die oralen Vokale nasaliert, z. B. Cąmpo ['kɐmpu], genauer ['kɐ̃mpu]. Diese Nasalität wird nicht bezeichnet. In den nasalen Diphthongen [ɐ̃u̯ ẽi̯] usw. ist auch der zweite Bestandteil nasaliert, also genauer [ɐ̃ũ̯ ẽĩ̯] usw. [a] wird vor [u̯] und vor [l] am Wortende oder vor Konsonant weiter hinten, d. h. als [ɑ] gesprochen, z. B. Natạl [na'tal], genauer [na'tɑɫ].

b) *Konsonanten:* [p b t d k g m n ɲ ŋ l r rr f v s z ʃ ʒ]. [b d g v z ʒ] sind gut stimmhaft zu sprechen. [p t k] sind nicht behaucht. [l] ist velarisiert („dunkel“) am Wortende oder vor Konsonant, z. B. Natạl [na'tal], genauer [na'tɑɫ]. [r] ist geschlagenes Zungenspitzen-R. [rr] ist gerolltes Zungenspitzen-R. Für [rr] wird auch [x] gesprochen.

2. Betonung

Die Betonung ist wie im Portugiesischen.

III. Bulgarisch

1. Lautbestand

a) *Vokale:* [i ɛ a ə u o ɔ]. [o] ist immer unbetont, [ɔ] immer betont. [ə] ist zwischen [ɐ] in lọcker ['lɔkɐ] und [ə] in mạche ['maxə]. Betonte Vokale sind halblang, unbetonte kurz. [a] ist [ɐ], wenn unbetont.

b) *Konsonanten:* [p b t d k g m n ŋ l r f v s z ʃ ʒ x ts tʃ dʒ]. [b d g v z ʒ dʒ] sind gut stimmhaft zu sprechen. [p t k] sind unbehaucht. [r] ist geschlagenes oder gerolltes Zungenspitzen-R.

2. Betonung

Die Betonung kann auf einer beliebigen Silbe sein. Sie ist für jedes einzelne Wort festgelegt.

IV. Dänisch

1. Lautbestand

a) *Vokale:* [i e ɛ a y ø œ ə u o ɔ]. Alle Vokale kommen kurz und lang vor, außer [ə], das immer kurz ist.

b) *Konsonanten:* [p b t d k g ' m n ŋ l r f v ð s j ɣ h]. [p t k] sind behaucht. [b d g] sind stimmlos, auch zwischen Vokalen. [r] ist schwaches geriebenes Zäpfchen-R, genauer: [ʁ]. Für [sj] kann man auch [ʃ] sprechen.

2. Betonung

Ungefähr wie im Deutschen.

V. Englisch

Unserer Lautschrift liegt zugrunde: Jones, D., English Pronouncing Dictionary. Davon abweichende Aussprachen (amerikanische, kanadische, irische usw.) wurden daran angepaßt.

1. Lautbestand

a) *Monophthonge:* [i: ɪ ɛ æ ɑ: ə ə: ʌ u: ʊ ɔ: ɔ]. [i: ɪ u: ʊ ɔ] sind offener als [i:] in biete ['bi:tə], [ɪ] in bịtte ['bɪtə], [u:] in gụt [gu:t], [ʊ] in Mụtter ['mʊtɐ], [ɔ] in Gọtt [gɔt]. [ɛ] ist zwischen [e:] in gẹht [ge:t] und [ɛ] in hạ̈tte ['hɛtə]. [ɔ:] ist zwischen [o:] in Boot [bo:t] und [ɔ] in Gọtt. [ə] und [ə:] sind ungerundet. [ʌ] ist entrundetes [ɔ] (wie in Gọtt [gɔt]), tiefer etwas weiter vorn gesprochen. [æ] ist zwischen [ɛ] in hạ̈tte ['hɛtə] und [a] in hạtte ['hatə], vorn gesprochen. [ɑ:] wird weiter hinten gesprochen als [a] in hạtte ['hatə]. [i: ɑ: ə: u: ɔ:] sind lang, die anderen Vokale sind kurz.

Beispiele:

[i:]	key	[ki:]	[ə:]	bird	[bə:d]
[ɪ]	bịt	[bɪt]	[ʌ]	cut	[kʌt]
[ɛ]	gẹt	[gɛt]	[u:]	boot	[bu:t]
[æ]	cat	[kæt]	[ʊ]	pụt	[pʊt]
[ɑ:]	fạr	[fɑ:]	[ɔ:]	saw	[sɔ:]
[ə]	sofa	['soʊfə]	[ɔ]	họt	[hɔt]

b) *Diphthonge:* [eɪ oʊ aɪ aʊ ɔɪ ɪə ɛə ʊə]. [oʊ] wird als [əʊ] gesprochen. In [ɛə] ist [ɛ] offener als [ɛ] in get [gɛt].

Beispiele:

[eɪ]	say	[seɪ]	[ɔɪ]	bọy	[bɔɪ]
[oʊ]	no	[noʊ]	[ɪə]	fear	[fɪə]
[aɪ]	fly	[flaɪ]	[ɛə]	care	[kɛə]
[aʊ]	how	[haʊ]	[ʊə]	poor	[pʊə]

c) *Konsonanten:* [p b t d k g m n ŋ l r f v θ ð s z ʃ ʒ h tʃ dʒ j w]. [b d g v ð z ʒ dʒ] sind ziemlich stimmhaft. [p t k] sind behaucht vor folgendem betontem Vokal. [θ ð] sind am leichtesten zu sprechen, wenn die Zungenspitze zwischen die oberen und unteren Schneidezähne gebracht wird. [t d n r s] sind alveolar. [r] ist geriebenes Zungenspitzen-R, genauer [ɹ]. Zwischen Vokalen nach betontem Vokal kann es durch geschlagenes Zungenspitzen-R ersetzt werden. [w] ist etwa unsilbisches [u]. [l] am Wortende oder vor Konsonant ist „dunkel", velarisiert: [ɫ].

Beispiele:

[p]	pọt	[pɔt]	[ŋ]	bang	[bæŋ]	[z]	zoo	[zu:]
[b]	back	[bæk]	[l]	wẹll	[wɛl]	[ʃ]	shọw	[ʃoʊ]
[t]	tọp	[tɔp]	[r]	right	[raɪt]	[ʒ]	pleasure	[ˈplɛʒə]
[d]	dull	[dʌl]	[f]	fịt	[fɪt]	[h]	hạrd	[hɑ:d]
[k]	kịll	[kɪl]	[v]	vamp	[væmp]	[tʃ]	chịp	[tʃɪp]
[g]	gẹt	[gɛt]	[θ]	thịck	[θɪk]	[dʒ]	gịn	[dʒɪn]
[m]	meet	[mi:t]	[ð]	thẹy	[ðeɪ]	[j]	yẹs	[jɛs]
[n]	no	[noʊ]	[s]	sun	[sʌn]	[w]	whịskey	[ˈwɪskɪ]

2. Betonung

Jedes Wort hat eine festgelegte Betonung. Am häufigsten ist die Betonung auf der ersten Silbe.

VI. Finnisch

1. Lautbestand

a) *Vokale:* [i ɛ æ ɑ y œ u ɔ]. Die Vokale kommen kurz und lang vor. [iɛ̯ uɔ̯ yœ̯] sind schwebende oder fallende Diphthonge.

b) *Konsonanten:* Kurze Konsonanten sind [p t d k m n ŋ l r v s j h], lange Konsonanten sind [pp tt kk mm nn ŋŋ ll rr ss]. [p pp t tt k kk] sind nicht behaucht. [r] und [rr] sind gerolltes Zungenspitzen-R.

2. Betonung

Die Betonung ist auf der ersten Silbe.

VII. Französisch

1. Lautbestand

a) *Vokale:* [i e ɛ a ɑ y ø œ ə u o ɔ]. Nasalvokale: [ɛ̃ ã œ̃ õ]. Alle Vokale kommen kurz vor. Mit Ausnahme von [ə e] kommen alle Vokale auch lang vor. Unbetont sind alle Vokale kurz. Der Unterschied zwischen [a] und [ɑ] kann vernachlässigt werden. [œ̃] wird von vielen Sprechern wie [ɛ̃] gesprochen. [ə] ist gerundet. [ã] wird wie [ɑ̃] gesprochen.

Beispiele:

[i]	grịppe	[grip]	[y:]	mur	[my:r]	[ɔ]	bọtte	[bɔt]
[i:]	mịse	[mi:z]	[ø]	bleu	[blø]	[ɔ:]	clọre	[klɔ:r]
[e]	thé	[te]	[ø:]	meute	[mø:t]	[ɛ̃]	fin	[fɛ̃]
[ɛ]	dẹtte	[dɛt]	[œ]	heurte	[œrt]	[ɛ̃:]	feinte	[fɛ̃:t]
[ɛ:]	faire	[fɛ:r]	[œ:]	peur	[pœ:r]	[ã]	banc	[bã]
[a]	doụane	[dwan]	[ə]	levée	[ləˈve]	[ã:]	pente	[pã:t]
[a:]	bạr	[ba:r]	[u]	bout	[bu]	[œ̃]	brun	[brœ̃]
[ɑ]	bạs	[bɑ]	[u:]	blouse	[blu:z]	[œ̃:]	junte	[ʒœ̃:t]
[ɑ:]	pâte	[pɑ:t]	[o]	peau	[po]	[õ]	bon	[bõ]
[y]	butte	[byt]	[o:]	hôte	[o:t]	[õ:]	onze	[õ:z]

b) *Konsonanten:* [p b t d k g m n ɲ ŋ l r f v s z ʃ ʒ j ɥ w]. [b d g v z ʒ] sind gut stimmhaft zu sprechen. [p t k] sind nicht behaucht.

[r] wird meist als gerolltes Zäpfchen-R [ʀ] oder als geriebenes Zäpfchen-R [ʁ] gesprochen. [j ɥ w] sind unsilbische [i y u], mit Reibegeräusch gesprochen.

Beispiele:

[p]	pạtte	[pat]	[n]	noir	[nwa:r]	[s]	sou	[su]
[b]	beau	[bo]	[ɲ]	cọgne	[kɔɲ]	[z]	zérọ	[ze'ro]
[t]	tạble	[tabl]	[ŋ]	swịng	[swiŋ]	[ʃ]	chạt	[ʃa]
[d]	doux	[du]	[l]	lẹttre	[lɛtr]	[ʒ]	jour	[ʒu:r]
[k]	coup	[ku]	[r]	rouge	[ru:ʒ]	[j]	yọle	[jɔl]
[g]	goût	[gu]	[f]	fou	[fu]	[ɥ]	huịt	[ɥi]
[m]	mur	[my:r]	[v]	vạche	[vaʃ]	[w]	oie	[wa]

2. Betonung

Die Stärkebetonung ist schwach. Sie ruht auf der letzten Silbe bei Einzelwörtern, z. B. Valenciẹnnes [valɑ̃'sjɛn], bei Wortgruppen auf der letzten Silbe des letzten Wortes, z. B. Neuilly-sur-Seine [nœjisyr'sɛn].

VIII. Isländisch

1. Lautbestand

a) *Vokale:* [i ɪ ɛ a ʏ œ u ɔ]. Die Vokale kommen kurz und lang vor. Diphthonge sind: [ɛi̯ ai̯ œʏ̆ ɔu̯ au̯].

b) *Konsonanten:* [p b t d kj gj k g m n ŋ l r f v θ ð s j x ɣ h hw].

2. Betonung

Die Betonung fällt auf die erste Silbe.

IX. Italienisch

1. Lautbestand

a) *Vokale:* [i e ɛ a u o ɔ]. [i u] sind etwa so geschlossen wie [i] in biete ['bi:tə] und [u] in gụt [gu:t]. [e ɛ o ɔ] sind offener als [e] in bẹte ['be:tə], [ɛ] in hạtte ['hɛtə], [o] in Boot [bo:t], [ɔ] in Gọtt [gɔt]. Betonte Vokale sind kurz oder lang: Pạlla ['palla], Pạla ['pa:la]. Unbetonte Vokale sind kurz. [ɛ ɔ] kommen unbetont nicht vor.

b) *Konsonanten:* Kurze Konsonanten sind [p b t d k g m n ɲ ŋ l ʎ r f v s z ʃ ts dz tʃ dʒ], lange Konsonanten sind [pp bb tt dd kk gg mm nn ɲɲ ll ʎʎ rr ff vv ss ʃʃ tts ddz ttʃ ddʒ]. [p pp t tt k kk] sollen nicht behaucht werden. [b bb d dd g gg v vv z dz ddz dʒ ddʒ] sind gut stimmhaft zu sprechen. [r] und [rr] werden mit der Zungenspitze gerollt. [m] oder [n] vor [f v] ist genauer [ɱ].

2. Betonung

à é è ì ó ò ù bezeichnen betonte Vokale. Allgemein ist die Betonung am häufigsten auf der zweitletzten Silbe, weniger häufig auf der drittletzten Silbe, noch weniger häufig auf der letzten Silbe, z. B. Cantù [kan'tu], Milạno [mi'la:no], Gẹnova ['dʒɛ:nova], Galilẹi [gali'lɛ:i].

X. Neugriechisch

1. Lautbestand

a) *Vokale:* [i ɛ a u ɔ]. Betonte Vokale sind halblang, unbetonte kurz.

b) *Konsonanten:* [p b t d k g m n ŋ l r f v θ ð s z ç j x ɣ ts dz]. [p t k] sind nicht behaucht. Vor [i ɛ] sind [k g] Palatale: [kj gj], genauer: [c ɟ]. [r] ist geschlagenes Zungenspitzen-R.

2. Betonung

Die Betonung liegt meistens auf einer der drei letzten Silben. Für jedes Wort ist die Betonung festgelegt.

XI. Niederländisch

1. Lautbestand

a) *Vokale:* [i: ɪ e: ɛ a: ɑ y: ʏ ø: ə u: o: ɔ]. [i: e: a: y: ø: u: o:] sind lang vor [r], sonst halblang. Die übrigen Vokale sind kurz. [ʏ] ist gerundet und etwas weiter vorn als [ə] in mạche ['maxə]. Diphthonge: [i:u̯ e:u̯ ɛi̯ a:i̯ œi̯ u:i̯ o:i̯ ɔu̯].

b) *Konsonanten:* [p b t d k g m n ŋ r l f v s z ʃ ʒ j x ɣ h w]. [p t k] sind nicht behaucht. [r] ist bei den meisten Sprechern gerolltes oder geschlagenes Zungenspitzen-R, bei einigen auch gerolltes Zäpfchen-R. [w] ist unsilbisches labiodentales u (genauer: [ʋ]).

2. Betonung

Die Betonung ist ungefähr wie im Deutschen.

XII. Norwegisch (Bokmål)

1. Lautbestand

a) *Vokale:* [œi̯] steht für [œy̆], [œy̆] für [œ] plus unsilbisches [ʉ].

b) *Konsonanten:* Für [rt rd rn rl rs] spricht man in Südostnorwegen die retroflexen Einzellaute [ʈ ɖ ɳ ɭ ʂ].

2. Betonung

Ungefähr wie im Schwedischen (vgl. Schwedisch).

XIII. Persisch

1. Lautbestand

a) *Vokale:* [i e æ ɑ o u]. [e æ o] sind kurz. [i ɑ u] sind lang; diese Länge wurde nur in betonten Silben bezeichnet. [i̯ u̯] sind Halbvokale.

b) *Konsonanten:* [p b t d k g q ' m n ŋ l r f v s z ʃ ʒ x h tʃ dʒ]. [q] ist ein stimmloser uvularer Verschlußlaut am Wortanfang, d. h.

[q], zwischen stimmhaften Lauten ist es ein stimmhafter uvularer Reibelaut, vor stimmlosen Lauten ist es ein stimmloser uvularer Reibelaut. [r] ist geschlagenes oder gerolltes Zungenspitzen-R.

2. Betonung

Stärkebetonung gewöhnlich auf der letzten Silbe.

XIV. Polnisch

1. Lautbestand

a) *Vokale:* [i ɛ a ɨ u ɔ ɛ̃ ɔ̃]. [i̯ u̯ ĩ̯] sind unsilbische Vokale. Alle Vokale sind kurz.

b) *Konsonanten:* [p b t d k g m n ŋ f v s z ʃ ʒ ɕ ʑ j x ts dz tɕ dʑ tʃ dʒ]. [p t k] sind nicht behaucht. Palatalisierte Konsonanten werden, außer vor [i], durch Konsonant plus [j] bezeichnet, z. B. [bj] in Biąła ['bjau̯a]. [r] ist geschlagenes oder gerolltes Zungenspitzen-R.

2. Betonung

Die Betonung ist fast immer auf der zweitletzten Silbe.

XV. Portugiesisch

1. Lautbestand

a) *Vokale.* Orale Vokale: [i ɪ e ɛ ə ɐ a u o ɔ]. Nasale Vokale: [ĩ ẽ ɐ̃ ũ õ]. Unsilbische Vokale: [i̯ u̯]. Vor mp, mb, nt, nd, nc [ŋk], nq, ng [ŋg] sind die Vokale leicht nasaliert, z. B. Cąmpo ['kɐmpu], genauer: ['kɐ̃mpu]. In den nasalen Diphthongen ist auch der zweite, unsilbische Teil nasaliert, also [õi̯], genauer: [õĩ̯]. [a] wird vor [u̯] und vor [l], das am Wortende steht oder dem ein Konsonant folgt, weiter hinten gesprochen, z. B. Portugąl [purtu'ɣal], genauer: [purtu'ɣɑɫ]. Betonte Vokale sind halblang, unbetonte kurz.

b) *Konsonanten:* [p b t d k g m n ɲ ŋ l r rr β f v ð s z ʃ ʒ ɣ]. [b d g β v ð z ʒ ɣ] sind gut stimmhaft zu sprechen. [p t k] sind nicht behaucht. [l] ist velarisiert („dunkel") am Wortende oder vor Konsonant, z. B. Juncąl [ʒuŋ'kal], genauer: [ʒũŋ'kɑɫ]. [r] ist geschlagenes Zungenspitzen-R. [rr] ist gerolltes Zungenspitzen-R oder gerolltes Zäpfchen-R.

2. Betonung

a) Wörter, die auf a, am, as, e, em, es, o, os enden, sind auf der zweitletzten Silbe betont, z. B. Cǫsta ['kɔʃtɐ], Ląjem ['laʒɐ̃i̯], Chąves ['ʃavɪʃ].

b) Wörter, die auf i oder u plus a, as, o, os enden, sind auf dem i oder u betont, z. B. Leirịa [lɐi̯'riɐ], Rossịo [rru'siu].

c) Der Akut und der Zirkumflex bezeichnen betonten Vokal, z. B. Mortágua [mɔr'taɣu̯ɐ], Grijó [gri'ʒɔ], Grândola ['grɐndulɐ].

d) In den übrigen Fällen wird die letzte Silbe betont, z. B. Lousã [lo'zɐ̃], Portugąl [purtu'ɣal], Quelụz [kɛ'luʃ], Ribeirão [rriβɐi̯'rɐ̃u̯].

XVI. Rumänisch

1. Lautbestand

a) *Vokale:* [i e a ɨ ə u o]. [e o] sind etwas offener als [e] in bete ['be:tə] und [o] in Boot [bo:t]. Betonte Vokale sind halblang, unbetonte kurz.

b) *Konsonanten:* [p b t d k g m n ŋ l r f v s z ʃ ʒ ç x h ts tʃ dʒ]. [k g] sind vor e, i palatal, genauer: [c ɟ]. Vor anderen Vokalen werden palatales [k g] durch [kj gj] ausgedrückt: Ghiol [gjol]. Palatalisierte Konsonanten werden durch Konsonant plus [j] ausgedrückt: Focşani [fok'ʃanj], genauer: [fok'ʃaɲ]. [r] ist geschlagenes oder gerolltes Zungenspitzen-R.

2. Betonung

Gewöhnlich sind die letzte, zweitletzte oder drittletzte Silbe betont. Für jedes Wort ist die Betonung festgelegt.

XVII. Russisch

1. Lautbestand

a) *Vokale:* [i ɪ e ɛ a ə ɐ ɨ u ɔ]. Unbetont kommen alle Vokale vor, betont [i e ɛ a ɨ u ɔ]. Betonte Vokale sind halblang, unbetonte kurz.

b) *Konsonanten:* [p b t d k g m n r l f v s z ʃ ʒ j x ts tʃ ʃtʃ]. [p b t d k g m n r l f v s z x] kommen sowohl nichtpalatalisiert („hart"), genauer: [p b t d k g m n l r f v s z x], als auch palatalisiert („weich") vor, genauer: [p̹ b̹ t̹ d̹ k̹ g̹ m̹ n̹ l̹ r̹ f̹ v̹ s̹ z̹ x̹]. [ʃ ʒ ts] sind immer nichtpalatalisiert, [tʃ ʃtʃ] sind immer palatalisiert. Aus Gründen der Übersichtlichkeit haben wir die palatalisierten Konsonanten nicht mit [p̹ b̹ t̹] usw. bezeichnet, sondern wie folgt: 1. die vor [i] und [ɪ] automatisch auftretende Palatalisation wird nicht besonders bezeichnet, z. B. Minsk [minsk], genauer [m̹insk], Belinskij [bɪ'linskij], genauer [b̹ɪ'l̹insk̹ij], 2. vor [e ɛ a ɐ u ɔ] wird die Palatalisation durch [j] kenntlich gemacht, z. B. Belyj ['bjɛlɨj], genauer ['b̹ɛlɨj], 3. folgt auf einen palatalisierten Konsonanten (außer [tʃ ʃtʃ]) kein Vokal, so wird die Palatalisation durch [j] angegeben, wenn sie in der Orthographie (Transliteration) durch ' bezeichnet wird, z. B. Ėl'ton [elj'tɔn], genauer [el̹'tɔn], 4. in den übrigen Fällen wird die Palatalisation nicht bezeichnet, z. B. Test' [tjestj], genauer [tjesjtj] oder [t̹es̹t̹]. [b d g v z ʒ] sind gut stimmhaft zu sprechen. [p t k] sind nicht behaucht. [l] vor den Vokalen [a ɐ ɨ u ɔ], vor Konsonanten (außer [j]) und am Wortende ist velarisiert („dunkel"), genauer [ɫ]. [r] ist gerolltes Zungenspitzen-R. Konsonanten kommen vereinzelt auch lang vor, z. B. Anna ['annɐ].

2. Betonung

Die Betonung kann auf einer beliebigen Silbe sein. Für jedes Wort ist sie festgelegt.

XVIII. Schwedisch

1. Lautbestand

a) *Vokale:* [i: i e: ɛ: ɛ æ: æ a ɑ: y: y ø: œ œ: ə ʉ: ʉ u: u ʊ o: o ɔ]. [æ: æ] sind offener als [ɛ] in hætte ['hɛtə] und Ræte ['rɛ:tə]. Der Qualitätsunterschied zwischen [a] und [ɑ:] ist sehr ausgeprägt. [œ] vor [r] und œ:] sind offener als [œ] in örtlich ['œrtlɪç]. [ʊ] ist zwischen [ʏ] in Hütte ['hʏtə] und [ʊ] in Hutten ['hʊtn̩]. [u: u o: o ɔ] sind etwas offener als [u] in Gut [gu:t], [o] in Boot [bo:t], [ɔ] in Gott [gɔt].

b) *Konsonanten:* [p b t d k g m n ŋ l r f v s ʃ j h tç]. [b d g] sind mäßig stimmhaft. [p t k] sind am Anfang von betonten Silben leicht behaucht, besonders vor Vokal. Anstelle von [tç] wird auch [ç] gesprochen. Anstatt der Lautfolgen [rt rd rn rl rs] spricht man außer in Südschweden und Finnland die Einzellaute bildenden Retroflexe [ʈ ɖ ɳ ɭ ʂ]. [r] ist geschlagenes oder gerolltes Zungenspitzen-R, in Südschweden gerolltes oder geschlagenes Zäpfchen-R.

2. Betonung

Die Stärkebetonung ist ähnlich der deutschen. Dazu kommt in mehrsilbigen Wörtern musikalische Betonung. Der einfache Ton (Akut) ist fallender Ton auf der stärkebetonten Silbe; er wird durch hochgestelltes Betonungszeichen gekennzeichnet, z. B. Tåkern ['to:kərn]. Der Doppelton (Gravis) ist fallender Ton auf der Silbe mit Hauptstärkebetonung und höher fallender Ton auf der folgenden Silbe, bei zusammengesetzten Wörtern auf der stärkebetonten Silbe des zweiten Wortes. Der Doppelton wird durch tiefgestelltes Betonungszeichen angegeben, z. B. Lomma [ˌluma].

XIX. Serbokroatisch

1. Lautbestand

a) *Vokale:* [i ɛ a u ɔ]. [r̩] ist silbisches gerolltes Zungenspitzen-R. Vokale kommen kurz und lang vor.

b) *Konsonanten:* [p b t d k g m n nj ŋ l lj r f v s z ʃ ʒ j h ts dz tɕ dʑ tʃ dʒ]. [p t k] sind nicht behaucht. [nj lj] sind genauer [ɲ ʎ]. [r] ist geschlagenes oder gerolltes Zungenspitzen-R.

2. Betonung

In mehrsilbigen Wörtern ist die Betonung nie auf der letzten Silbe. Die Stärkebetonung ist mit musikalischer Betonung gekoppelt. Das hochgesetzte Betonungszeichen gibt Stärkebetonung plus fallende musikalische Betonung an, z. B. Bosna ['bɔsna], Karlovac ['ka:rlɔvats]. Das tiefgesetzte Betonungszeichen gibt Stärkebetonung plus steigende musikalische Betonung an, z. B. Gradiška [ˌgradiʃka], Livno [ˌli:vnɔ]. Einsilbige Wörter haben fallende musikalische Betonung, z. B. Broz [brɔ:z].

XX. Slowakisch

Meist wie im Tschechischen (vgl. Tschechisch).

XXI. Spanisch

1. Lautbestand

a) *Vokale:* [i e ε a u o ɔ]. [i u] sind etwa so geschlossen wie [i] in biete ['bi:tə] und [u] in gut [gu:t]. [e ε o ɔ] sind etwas offener als [e] in bete ['be:tə], [ε] in wäre ['vε:rə], [o] in Boot [bo:t], [ɔ] in Gott [gɔt]. Betonte Vokale sind kurz bis halblang, unbetonte sind kurz.

b) *Konsonanten:* [p b t d k g m n ɲ ŋ l ʎ rr r β f θ ð̞ ð s z j x ɣ tʃ]. [p t k] sollen nicht behaucht werden.
[b d g β ð̞ ð z ɣ] sind gut stimmhaft zu sprechen. [rr] ist gerolltes Zungenspitzen-R; [r] ist geschlagenes Zungenspitzen-R. [n] vor [f] ist genauer [ɱ], [ð̞] ist interdentales [ð], [ð] ist postdentales [ð].

2. Betonung

a) Wörter, die auf einen silbischen Vokal, auf n oder s enden, sind auf der zweitletzten Silbe betont, z. B. Cueva ['kṷeβa], Torres ['tɔrrεs], Virgen ['birxen], Tenorio [te'norḭo].

b) Wörter, die nicht auf einen silbischen Vokal, n oder s enden, sind auf der letzten Silbe betont, z. B. Alcoy [al'kɔḭ], Miguel [mi'ɣεl].

c) Vokale mit Akut sind betont, z. B. Colón [ko'lɔn], Dalí [da'li], Málaga ['malaɣa].

3. Hispanoamerikanische Aussprache

In hispanoamerikanischer Aussprache gibt es im allgemeinen kein [θ], [ð̞] und [ʎ]. [θ] wird durch [s] ersetzt, [ð̞] durch [z] und [ʎ] meist durch [j].

4. Nichtkastilische Namen

Nichtkastilische Namen (amerindische, baskische, galicische, z. T. katalanische u. a.) wurden nach Möglichkeit der spanischen Aussprache angepaßt.

XXII. Tschechisch

1. Lautbestand

a) *Vokale:* Kurze Vokale: [i ε a ɔ u], lange Vokale: [i: ε: a: ɔ: u:]. [i] und [u] sind etwa wie [ɪ] in bitte und [ʊ] in und [ʊnt]. [m̩ l̩ r̩] sind silbische Konsonanten. Die Diphthonge [aḭ εḭ ɔḭ uḭ] schreiben wir [aj εj ɔj uj].

b) *Konsonanten:* [p b t d tj dj k g m n nj ŋ l r rʃ rʒ f v s z ʃ ʒ j x ɣ h]. [b d dj g rʒ v z ʒ ɣ] sind gut stimmhaft zu sprechen. [p t tj k] sind nicht behaucht. [rʃ] und [rʒ] (beide orthographisch ř) vertreten Einzellaute, und zwar [ʒ] und [ʃ] mit vibrierender Zungenspitze. [tj dj nj] sind Palatale, genauer: [c ɟ ɲ]. [h] ist stimmhaft, genauer [ɦ]. [r] ist geschlagenes oder gerolltes Zungenspitzen-R.

2. Betonung

Die Betonung ist auf der ersten Silbe.

XXIII. Türkisch

1. Lautbestand

a) *Vokale:* Wichtigste Vokale: [i ɛ y œ ɨ a ɑ u ɔ]. [i y u] sind etwas offener als [i] in biete ['bi:tə], [y] in Güte ['gy:tə], [u] in Gut [gu:t]. [ɛ œ ɔ] sind etwas geschlossener als [ɛ] in hätte ['hɛtə], [œ] in Götter ['gœtɐ], [ɔ] in Gott [gɔt]. [ɨ] ist weiter hinten, gegen [ɯ]. Lange Vokale kommen vor, sind aber nicht häufig.

b) *Konsonanten:* [p b t d k g m n l r f v s z ʃ ʒ j h tʃ dʒ]. [b d g v z ʒ dʒ] sind gut stimmhaft zu sprechen. [p t k] sind kaum oder nicht behaucht. [k g] sind [kj gj] (genauer: [c ɟ]) vor [i ɛ a y œ]. [l] ist leicht velarisiert ([ɫ]) bei [ɨ ɑ ɔ] und meist bei [u]. [r] ist meist geschlagenes Zungenspitzen-R.

2. Betonung

Die Stärkebetonung ist schwach. Bei Gattungsnamen fällt sie meistens auf die letzte Silbe. Bei Eigennamen kann eine beliebige Silbe betont sein. Doch ist die Betonung für jeden einzelnen Eigennamen in den meisten Fällen festgelegt.

XXIV. Ungarisch

1. Lautbestand

a) *Vokale:* Kurze Vokale: [i ɛ y ø u o ɔ], lange Vokale: [i: e: a: y: ø: u: o:]. [ɔ] ist offener als [ɔ] in Gott [gɔt]. [a:] ist weiter vorn und geschlossener als [a] in hat [hat].

b) *Konsonanten:* [p b t d tj dj k g m n nj ŋ l r f v s z ʃ ʒ j h ts dz tʃ dʒ]. [p t tj k] sind nicht behaucht. [tj dj nj] sind Palatale, genauer: [c ɟ ɲ]. [r] ist geschlagenes oder gerolltes Zungenspitzen-R. Konsonanten kommen auch lang vor, z. B. in Süttő ['ʃyttø:].

2. Betonung

Die Betonung ist auf der ersten Silbe.

K. Literaturverzeichnis

BBC Pronouncing Dictionary of British Names, London, 1971
Beiträge zur Deutschen Ausspracheregelung, Berlin, 1961
Berulfsen, Bjarne, Norsk uttaleordbok, Oslo, 1969
Blöndal, Íslensk-dönsk orðabók, Reykjavík, 1920–24
Dizionario d'ortografia e di pronunzia, Torino, 1969
Duden Fremdwörterbuch, Mannheim, 1974
Duden Grammatik, Mannheim, 1973
Duden Rechtschreibung, Mannheim, 1973
Duden, Wörterbuch geographischer Namen Europa (ohne Sowjetunion), Mannheim, 1966
Großes Duden-Lexikon, Mannheim, 1969
Hald, Kristian, Danske stednavne med udtaleangivelse, København, 1960
Jones, Daniel, English Pronouncing Dictionary, London, 1967
Kenyon-Knott, A Pronouncing Dictionary of American English, Springfield, Mass., 1953
Le Roux, T. H. en De Villiers Pienaar, Uitspraakwoordeboek van Afrikaans, Pretoria, 1962
Mangold, Max, Aussprachelehre der bekannteren Fremdsprachen, Duden-Beiträge H. 13, Mannheim, 1964
Mangold, Max, Laut und Schrift im Deutschen, Duden-Beiträge H. 3, Mannheim, 1961
Meyers Enzyklopädisches Lexikon, Mannheim, 1971–
Morciniec, Norbert; Prędota, Stanisław, Fonetyka kontrastywna języka niemieckiego, Warszawa-Wrocław, 1973
Moulton, William G., The Sounds of English and German, Chicago, 1962
NBC Handbook of Pronunciation, New York, 1964
Martens, Carl und Peter, Phonetik der deutschen Sprache, München, 1961
Philipp, Marthe, Phonologie de l'allemand, Paris, 1970
Pravopis hrvatskosrpskoga književnog jezika, Zagreb · Novi Sad, 1960
Russkoe literaturnoe proiznošenie i udarenie, Moskva, 1960
Sahlgren-Bergman, Svenska ortnamn med uttalsuppgifter, Stockholm, 1955
Siebs, Theodor, Deutsche Bühnenaussprache Hochsprache, Bonn, 1927
Siebs, Theodor, Rundfunkaussprache, Berlin, 1931
Siebs, Deutsche Hochsprache, Berlin, 1957
Siebs, Deutsche Aussprache, Berlin, 1969
Slovar' udarenij dlja rabotnikov radio i televidenija, Moskva, 1970
The American Heritage Dictionary of the English Language, New York, 1970
The Columbia Lippincott Gazetteer of the World, New York, 1952
The New Century Cyclopedia of Names, New York, 1954
The Principles of the International Phonetic Association, London, 1949
The Random House Dictionary of the English Language, New York, 1966
Ulbrich, Horst, Instrumentalphonetisch-auditive R-Untersuchungen im Deutschen, Berlin, 1972
Viëtor, Wilhelm, Deutsches Aussprache-Wörterbuch, Leipzig, 1931
Wängler, Hans-Heinrich, Grundriß einer Phonetik des Deutschen, Marburg, 1967
Warnant, Léon, Dictionnaire de la Prononciation française, Gembloux, 1968
Webster's Biographical Dictionary, Springfield, Mass., 1958
Webster's Geographical Dictionary, Springfield, Mass., 1960
Werner, Otmar, Phonemik des Deutschen, Stuttgart, 1972
Wörterbuch der deutschen Aussprache, Leipzig, 1971

A

a, A a:, *engl.* eɪ, *fr.* ɑ
α, *A* 'alfa
à a
ä, Ä ɛ:
Aa *dt., niederl.* a:
Aa (*Kinderspr.* Kot) a'|a
Aach[en] 'a:x[n̩]
Aafjes *niederl.* 'a:fi̯əs
Aage *dän.* 'ɔ:ɣə
Aagje *niederl.* 'a:xi̯ə
Aakjær *dän.* 'ɔ:'kɛ:'r
Äakus 'ɛ:akʊs
Aal[buch] 'a:l[bu:x]
aalen, Aalen 'a:lən
Aalenien ale'ni̯ɛ̃:
aalglatt 'a:l'glat
Aall *norw.* o:l
Aalsmeer *niederl.* a:ls'me:r
Aalst *niederl.* a:lst
Aalten *niederl.* 'a:ltə
Aalter *niederl.* 'a:ltər
Aalto *finn.* 'ɑ:ltɔ
Aaltonen *finn.* 'ɑ:ltɔnɛn
Aamulehti *finn.* 'ɑ:mulɛhti
Äänekoski *finn.* 'æ:nɛkɔski
Aanerud *norw.* ˌo:nərʉ:d
Aar a:ɐ̯
Aarau 'a:rau̯
Aarberg a:ɐ̯'bɛrk, '––
Aarburg 'a:ɐ̯bʊrk
Aardenburg *niederl.* 'a:rdənbʏrx
Aare 'a:rə
Aargau 'a:ɐ̯gau̯
Aaron 'a:rɔn
Aarschot *niederl.* 'a:rsxɔt
Aarsele *niederl.* 'a:rsələ
Aartrijke *niederl.* 'a:rtrɛi̯kə
Aartselaar *niederl.* 'a:rtsəla:r
Aartsen *niederl.* 'a:rtsə
Aarwangen a:ɐ̯'vaŋən
Aas a:s; **-e** 'a:zə, **Äser** 'ɛ:zɐ
aasen 'a:zn̩, **aas!** a:s, **aast** a:st
Aasen *norw.* 'o:sən
aasig 'a:zɪç, **-e** ...ɪgə
ab ap
¹Aba (arab. Mantel) a'ba:
²Aba (Name) 'a:ba, *engl.* 'ɑ:bɑ:, *fr.* a'ba, *ung.* 'ɔbɔ
Abaco *engl.* 'æbəkoʊ, *it.* 'a:bako
Abadan *pers.* ɑbɑ'dɑ:n
Abádszalók *ung.* 'ɔba:ttsɔlo:k
Abai a'bai̯
Abaka a'ba[:]ka
Abakan *russ.* aba'kan
Abakus 'a:bakʊs
Abälard abɛ'lar[t], '–––
Abalienation ap|ali̯ena'tsi̯o:n
abalienieren ap|ali̯e'ni:rən
Abaliget *ung.* 'ɔbɔligɛt
a ballata a ba'la:ta
Abancourt *fr.* abã'ku:r
Abancay *span.* aβaŋ'kai̯
abändern 'ap|ɛndɐn
Abandon abã'dõ:
Abandonnement abãdɔnə'mã:
abandonnieren abãdɔ'ni:rən
Abano *it.* 'a:bano
Abart 'ap|a:ɐ̯t
à bas a'ba
Abaschin 'abaʃi:n
Abasie aba'zi:, **-n** ...i:ən
Abastumani *russ.* abɐstu'mani
Abate a'ba:tə, **...ti** ...ti
Abatis aba'ti:, **des -** ...i:[s]
abatisch a'ba:tɪʃ
Abaton 'a:batɔn, *auch:* 'ab...; **...ta** ...ta
a battuta a ba'tu:ta
Abaúj *ung.* 'ɔbɔu:j
Abaújszántó *ung.* 'ɔbɔu:jsa:nto:
Abaziskus aba'tsɪskʊs
Abazissus aba'tsɪsʊs
Abba[ch] 'aba[x]
Abbadide aba'di:də
Abbadie *fr.* aba'di
Abbado *it.* ab'ba:do
Abbadona aba'do:na
Abbandono aban'do:no
Abbas a'ba:s, *fr.* ab'bɑ:s, *pers.* æb'bɑ:s
Abbasanta *it.* abba'santa
Abbasi *pers.* æbbɑ'si:
Abbaside aba'zi:de
Abbassamento abasa'mɛnto
Abbate a'ba:tə, **...ti** ...ti
Abbatini *it.* abba'ti:ni
Abbattimento abati'mɛnto
Abbau 'apbau̯
Abbazia *it.* abbat'tsi:a
Abbe 'abe, 'abə; a'be:
Abbé a'be:
Abbehausen abə'hau̯zn̩
Abbellimento abɛli'mɛnto
Abbeville *fr.* ab'vil
Abbevillien abəvɪ'li̯ɛ̃:
Abbey *engl.* 'æbɪ
Abbiategrasso abbi̯ate'grasso
Abbo 'abo
Abbondio *it.* ab'bondi̯o
Abbot *engl.* 'æbət
Abbotsford *engl.* 'æbətsfəd
Abbrand 'apbrant, **-es** ...ndəs
Abbrändler 'apbrɛntlɐ
Abbreviation abrevi̯a'tsi̯o:n
Abbreviator abrev'i̯a:tɔr, **-en** ...i̯a'to:rən
Abbreviatur abrevi̯a'tu:ɐ̯
abbreviieren abrevi'i:rən
Abbruch 'apbrʊx, **Abbrüche** 'apbrʏçə
Abbt apt
Abc a:be:'tse:, abe'tse:
ABC *engl.* 'eɪbi:'si:
A.B.C. *span.* aβe'θe
Abc-Buch abe'tse:bu:x
Abcdarier abetse'da:ri̯ɐ
Abcdarium abetse'da:ri̯ʊm, **...ien** ...i̯ən
Abcdarius abetse'da:ri̯ʊs, **...ii** ...ii
abchangieren 'ap-ʃãʒi:rən
Abchase ap'xa:zə
Abchasien ap'xa:zi̯ən
abchasisch ap'xa:zɪʃ
Abchasskaja ASSR, Abhazskaja ASSR ap'xasskɐjɐ aɛs-ɛs'ɛr
Abcoude *niederl.* ɑp'kɔu̯də
ABC-Statten abe'tse:ʃta:tn̩
Abd apt
abdachen 'apdaxn̩
Abdalagís *span.* aβðala'xis
Abd Al Asis 'apt al|a'zi:s
Abd Al Kadir 'apt al'ka:dɪr
Abd Allah 'apt a'la:, ap'dala
Abd Al Mumin 'apt al'mʊmɪn
Abd Al Wahhab 'apt alva'ha:p
Abdank 'apdaŋk
Abd Ar Rahman 'apt arax'ma:n
Abd el Krim apdɛl'kri:m
Abdera ap'de:ra, *neugr.* 'avðira
Abderhalden 'apdɐhaldn̩
Abderit apde'ri:t
Abd er Rahman apdɛrax'ma:n
Abdias ap'di:as
Abdikation apdika'tsi̯o:n
abdizieren apdi'tsi:rən
Abdo'l-Karim *pers.* æbdolkæ'ri:m
Abdomen ap'do:mən, **...mina** ...mina
abdominal apdomi'na:l
abducens ap'du:tsɛns
Abduktion apdʊk'tsi̯o:n
Abduktor ap'dʊktɔr, **-en** ...'to:rən
Abd ul Hamid apdʊlha'mi:t
Abd ul Ilah apdʊli'la:
Abdullah ap'dʊla, apdʊ'la:; *engl.* æb'dʌlə
Abduzens... ap'du:tsɛns...
abduzieren apdu'tsi:rən
Abece a:be:'tse:, abe'tse:
Abecedarier abetse'da:ri̯ɐ

Abecedarium abetse'da:ri̯ʊm, **...ien** ...ri̯ən
Abecedarius abetse'da:ri̯ʊs, **...ii** ...ii
abecelich abe'tse:lɪç
Abeceschütze abe'tse:ʃʏtsə
Abéché *fr.* abe'ʃe
Abel 'a:bl̩, *fr.* a'bɛl
Abélard *fr.* abe'la:r
Abelespiel 'a:bələʃpi:l
Abelin 'a:bəli:n
Abelit abe'li:t
Abell *dän.* 'a:'bəl
Abelmoschus a:bl̩'mɔʃʊs, 'a:bl̩mɔʃʊs; **-se** ...ʊsə
Æbeltoft *dän.* 'ɛ:bəltɔfd
Abenberg 'a:bn̩bɛrk
Abencerrage, Abencerraje *span.* aβenθɛ'rraxe
Abend 'a:bn̩t, **-e** ...n̩də
Abenden 'a:bn̩dən
abendlich 'a:bn̩tlɪç
Abendrot[h] 'a:bn̩tro:t
abends 'a:bn̩ts
a beneplacito a bene'pla:tʃito
Åbenrå *dän.* ɔbən'rɔ:'
Abensberg 'a:bn̩sbɛrk
Abenteuer 'a:bn̩tɔyɐ
Abenteuerin 'a:bn̩tɔyərɪn
abenteuerlich 'a:bn̩tɔyɐlɪç
abenteuern 'a:bn̩tɔyɐn
Abenteurer 'a:bn̩tɔyrɐ
Abenteurerin 'a:bn̩tɔyrərɪn
Abeokuta abeo'ku:ta, *engl.* ɑ:beɪoʊ'ku:tɑ:
aber 'a:bɐ
Abercrombie, Abercromby *engl.* 'æbəkrʌmbɪ
Aberdare *engl.* æbə'dɛə
Aberdeen *engl.* æbə'di:n
Aberfeldy *engl.* æbə'fɛldɪ
Abergavenny *engl.* æbə'gɛnɪ
Aberglaube 'a:bɐglaubə
abergläubisch 'a:bɐglɔybɪʃ
aberhundert 'a:bɐ'hʊndɐt
aberkennen 'ap|ɛɐ̯kɛnən, *selten:* – –'– –
Aberli 'a:bɐli
abermals 'a:bɐma:ls
Abernathy *engl.* 'æbənæθɪ
aberrant ap|ɛ'rant
Aberration ap|ɛra'tsi̯o:n
Aberraute 'a:bɐrautə
aberrieren ap|ɛ'ri:rən
Abersychan *engl.* æbə'sɪkən
Abert 'a:bɐt
abertausend 'a:bɐ'tauzn̩t
Abertillery *engl.* æbətɪ'lɛərɪ
Aberwitz 'a:bɐvɪts
Aberystwyth *engl.* æbə'rɪstwɪθ
Abessinien abɛ'si:ni̯ən
Abessinier abɛ'si:ni̯ɐ
abessinisch abɛ'si:nɪʃ
Abessiv 'ap|ɛsi:f, *auch:* – –'–; **-e** ...i:və
Abetone *it.* abe'to:ne
Abfahrt 'apfa:ɐ̯t
abfällig 'apfɛlɪç
abflauen 'apflauən
abfluchten 'apflʊxtn̩
Abgabe 'apga:bə
abgängig 'apgɛŋɪç
abgefeimt 'apgəfaimt
Abgeordnete 'apgə|ɔrdnətə
abgeschmackt 'apgəʃmakt
Abgötterei apgœtə'raɪ
Abgrund 'apgrʊnt, **-es** ...ndəs
abgründig 'apgrʏndɪç
abgrundtief 'apgrʊnt'ti:f
abhacken 'aphakn̩
abhagern 'apha:gɐn, **...gre** ...grə
abhanden ap'handn̩
Abhandlung 'aphandlʊŋ
abhängig 'aphɛŋɪç
Abhazskaja ASSR vgl. Abchasskaja ASSR
abhold 'aphɔlt
abhorreszieren aphɔrɛs'tsi:rən
abhorrieren aphɔ'ri:rən
Abhub 'aphu:p
Åbi 'ɛ:bi
Abidjan abi'dʒa:n, *fr.* abid'ʒã
Abidschan abi'dʒa:n
Abies 'a:bi̯ɛs
Abietinsäure abi̯e'ti:nzɔyrə
Abigail abi'gail, *engl.* 'æbɪgeɪl
Abildgaard *dän.* 'abilgɔ:'r
Abilene *engl.* 'æbəli:n
Ability *engl.* ə'bɪlɪtɪ
Abimelech a'bi:mɛlɛç, abi'mɛ...
Abington *engl.* 'æbɪŋtən
ab initio ap i'ni:tsi̯o
Abiogenese abi̯oge'ne:zə
Abiogenesis abi̯o'ge:nezɪs, *auch:* ...gɛn...
Abiose a'bi̯o:zə
Abiosis a'bi̯o:zɪs
abiotisch a'bi̯o:tɪʃ
Abiotrophie abi̯otro'fi:, **-n** ...i:ən
Abipones *span.* aβi'pones
abirren 'ap|ɪrən
Abisag 'abizak
Abisko *schwed.* 'ɑ:bisku
Abitur abi'tu:ɐ̯
Abiturient abitu'ri̯ɛnt
Abiturium abi'tu:ri̯ʊm, **...ien** ...i̯ən
Abjudikation apjudika'tsi̯o:n
abjudizieren apjudi'tsi:rən
Abjuration apjura'tsi̯o:n
abjurieren apju'ri:rən
abkanzeln 'apkantsl̩n
abkapiteln 'apkapɪtl̩n
abknappen 'apknapn̩
abkommandieren 'apkɔmandi:rən
Abkömmling 'apkœmlɪŋ
abkonterfeien 'apkɔntɐfaiən
abkragen 'apkra:gn̩; **krag ab!** 'kra:k 'ap, **abkragt** 'apkra:kt
Abkunft 'apkʊnft, **Abkünfte** 'apkʏnftə
Abla *span.* 'aβla
Ablaktation aplakta'tsi̯o:n, abl...
ablaktieren aplak'ti:rən, abl...
ablandig 'aplandɪç, **-e** ...ɪgə
Ablaß 'aplas, **Ablässe** 'aplɛsə
Ablation apla'tsi̯o:n, abl...
Ablativ 'ablati:f, 'apl..., – –'–; **-e** ...i:və
Ablativus absolutus 'ablati:vʊs apzo'lu:tʊs, 'apl... –, ...'ti:vʊs –
Ablauf 'aplauf
Ablepharie ablefa'ri:
Ablepsie ablɛ'psi:
Ablessimow, Ablesimov *russ.* a'bljesimɐf
Ablokation aploka'tsi̯o:n, abl...
ablozieren aplo'tsi:rən, abl...
abluchsen 'aplʊksn̩
Ablution ablu'tsi̯o:n, apl...
Abmachung 'apmaxʊŋ
abmeiern 'apmaiɐn
abmergeln 'apmɛrgl̩n, **...gle** ...glə
abmühen 'apmy:ən
Abnahme 'apna:mə
Abner 'apnɐ
abnorm ap'nɔrm
abnormal 'apnɔrma:l, *auch:* – –'–
Abnormität apnɔrmi'tɛ:t
abnötigen 'apnø:tɪgn̩
Åbo *schwed.* 'o:bu:
Abodrit abo'dri:t
abolieren abo'li:rən,
Abolition aboli'tsi̯o:n
Abolitionismus abolitsi̯o'nɪsmʊs
Abolitionist abolitsi̯o'nɪst
Abomey *fr.* abɔ'mɛ
abominabel abomi'na:bl̩, **...ble** ...blə
Abongabong *indon.* abɔŋ'abɔŋ
Abonnement abɔnə'mã:
Abonnent abɔ'nɛnt
abonnieren abɔ'ni:rən
Aboño *span.* a'βoɲo
Abony *ung.* 'ɔbonj
aboral ap|o'ra:l
Abordnung 'ap|ɔrdnʊŋ
[1]**Abort** (Abtritt) a'bɔrt, *auch:* 'ap|ɔrt
[2]**Abort** (Fehlgeburt) a'bɔrt
abortieren abɔr'ti:rən, ap|ɔ...
abortiv abɔr'ti:f, ap|ɔ...; **-e** ...i:və
Abortivum abɔr'ti:vʊm, ap|ɔ...; **...va** ...va
Abortus a'bɔrtʊs, ap'|ɔ...
Abotrit abo'tri:t
About *fr.* a'bu
ab ovo ap 'o:vo
ab ovo usque ad mala ap 'o:vo 'ʊskvə at 'ma:la
abpassen 'appasn̩
abplatten 'applatn̩
abrackern 'aprakɐn
Abraham 'a:braham; *engl.* 'eɪbrəhæm; *span.* aβra'am; *niederl.* 'a:bra:hɑm, 'a:brɑm

Abraham a Sancta Clara 'a:braham a: 'zaŋkta 'kla:ra
Abrahamit abraha'mi:t
Abrakadabra a:braka'da:bra, *auch:* '–––'––
Abram *engl.* 'eıbrəm, *russ.* a'bram
Abrams *engl.* 'eıbrəmz
Abrantes *port.* ɐ'βrɐ̃ntıʃ
Ábrányi *ung.* 'a:bra:nji
Abrasax abra'zaks
Abrasch 'a:braʃ
Abrassimow, Abrasimov *russ.* a'brasimɐf
Abrasio ap'ra:zi̯o, a'br...; **-nen** ...ra'zi̯o:nən
Abrasion abra'zi̯o:n, apr...
Abrasit abra'zi:t, *auch:* ...ıt
Abraxas a'braksas
abreagieren 'apreagi:rən
Abreaktion 'apreakt͜si̯o:n
Abrechte 'aprɛçtə
Abrégé abre'ʒe:
Abreu *bras.* a'breu̯
Abri a'bri:; *fr.* a'bri
Abrieb 'apri:p, **-es** ...i:bəs
Abrogans 'aprogans, 'abr...
Abrogation aproga't͜si̯o:n, abr...
abrogieren apro'gi:rən, abr...
Abrotin abro'ti:n
Abrud *rumän.* a'brud
Abruf 'apru:f
abrupt ap'rʊpt, a'brʊpt
Abruzzen a'brʊt͜sn̩
Abruzzi *it.* a'bruttsi
Abs aps
Absalom 'apsalɔm
Absalon *dän.* 'absalɔn
Absam 'apsam
Abschalom 'apʃalɔm
abschätzig 'ap-ʃɛt͜sıç, **-e** ...ıgə
Abscheu 'ap-ʃɔy
abscheulich ap'ʃɔylıç
Abschied 'ap-ʃi:t, **-es** ...i:dəs
abschlägig 'ap-ʃlɛ:gıç, **-e** ...ıgə
Abschuß 'ap-ʃʊs
abschüssig 'ap-ʃʏsıç, **-e** ...ıgə
absehbar 'apze:ba:ɐ̯, *auch:* –'––
abseit, A... ap'zai̯t
abseitig 'apzai̯tıç, **-e** ...ıgə
abseits 'apzai̯t͜s
Absence a'psã:s, **-n** ...sn̩
absent ap'zɛnt
Absentee *engl.* æbsən'ti:
absentieren apzɛn'ti:rən
Absentismus apzɛn'tısmʊs
Absenz ap'zɛnt͜s
absichtlich 'apzıçtlıç; *auch:* –'––
Absinth ap'zınt
Absinthismus apzın'tısmʊs
Absinthium ap'zıntı̯ʊm
absolut apzo'lu:t
Absolution apzolu't͜si̯o:n
Absolutismus apzolu'tısmʊs
Absolutist apzolu'tıst
Absolutorium apzolu'to:ri̯ʊm, **...ien** ...i̯ən
Absolvent apzɔl'vɛnt
absolvieren apzɔl'vi:rən
absonderlich ap'zɔndɐlıç
Absonderung 'apzɔndərʊŋ
Absorbens ap'zɔrbɛns; **...nzien** ...'bɛnt͜si̯ən, **...ntia** ...'bɛnt͜si̯a
Absorber ap'zɔrbɐ
absorbieren apzɔr'bi:rən
Absorption apzɔrp't͜si̯o:n
absorptiv apzɔrp'ti:f, **-e** ...i:və
abspänen 'ap-ʃpɛ:nən
abspenstig 'ap-ʃpɛnstıç, **-e** ...ıgə
Abstand 'ap-ʃtant
abständig 'ap-ʃtɛndıç
abstatten 'ap-ʃtatn̩
Abstention apstɛn't͜si̯o:n
Abstieg 'ap-ʃti:k, **-es** ....i:gəs
abstinent, A... apsti'nɛnt
Abstinenz apsti'nɛnt͜s
abstoßend 'ap-ʃto:sn̩t
Abstract *engl.* 'æbstrækt
abstrahieren apstra'hi:rən
abstrakt ap'strakt
Abstraktion apstrak't͜si̯o:n
Abstraktum ap'straktʊm, **...ta** ...ta
abstrus ap'stru:s, **-e** ...u:zə
Absud 'apzu:t, *auch:* –'–; **-e** ...u:də
absurd ap'zʊrt, **-e** ...rdə
Absurdität apzʊrdi'tɛ:t
Absyrtos ap'zʏrtɔs
abszedieren apst͜se'di:rən
Abszeß aps't͜sɛs
abszindieren apst͜sın'di:rən
Abszisse aps't͜sısə
Abt apt, **Äbte** 'ɛptə
abtakeln 'apta:kl̩n
Abtei ap'tai̯
Abteil ap'tai̯l, *auch:* '––
[1]**Abteilung** (das Abtrennen) 'aptai̯lʊŋ
[2]**Abteilung** (der durch Abtrennen entstandene Teil) ap'tai̯lʊŋ
Abteital ap'tai̯ta:l
Abtenau 'aptənau̯
Äbtissin ɛp'tısın
Abtrag 'aptra:k, **-es** ...a:gəs, **Abträge** 'aptrɛ:gə
abträglich 'aptrɛ:klıç
abtrünnig 'aptrʏnıç, **-e** ...ıgə
Abtsdorf 'apt͜sdɔrf
Abtshagen apt͜s'ha:gn̩
Abtsteinach apt'ʃtai̯nax
Abtweiler 'aptvai̯lɐ
Abu 'a:bu, *auch:* 'abu
Abubacer abu'ba:t͜sɐ
Abu-Bakr *pers.* æbu'bækr
Abu Bekr abu'bɛkɐ
Abu Firas abufi'ra:s
Abu Hanifa abuha'ni:fa
Abu Hassan abu'hasan
Abu Jakub abuja'ku:p
Abukir abu'ki:ɐ̯
Abu Kubais abuku'bai̯s
Abulala al Maari abula'la: almaa'ri:
Abulatahija abula'ta:hija
Abul Faradsch abʊl'faratʃ
Abul Feda abʊlfe'da:
Abul Hassan abʊl'hasan
Abulie abu'li:, **-n** ...i:ən
abulisch a'bu:lıʃ
Abu-Mansur *pers.* æbumæn'su:r
Abu Mohammed abumo'hamɛt
Abuna a'bu:na
Abundanz abʊn'dant͜s
Abu Nuwas abunu'va:s
ab urbe condita ap 'ʊrbə 'kɔndita
Abu Roasch aburo'a:ʃ
Aburteilung 'ap|ʊrtai̯lʊŋ
Abu Simbel abu'zımbl̩
Abu-Sa'id *pers.* æbusæ''i:d
Abusch 'a:bʊʃ
Abusir [el Melek] abu'zi:ɐ̯ [ɛl 'mɛlɛk]
abusiv ap|u'zi:f, *auch:* abu'zi:f; **-e** ...i:və
Abusus ap'|u:zʊs
Abu Tammam abuta'ma:m
Abutilon a'bu:tilɔn
abvieren 'apfi:rən
abwägsam 'apvɛ:kza:m
abwärts 'apvɛrt͜s
Abweg 'apve:k
abwegig 'apve:gıç, **-e** ...ıgə
abwesend 'apve:zn̩t, **-e** ...n̩də
Åby *schwed.* ˌo:by:
Åbybro *dän.* ɔby'bro:'
Abydos a'by:dɔs
abyssal, A... aby'sa:l
abyssisch a'bʏsıʃ
Abyssus a'bʏsʊs
abzüglich 'apt͜sy:klıç
Académica *port.* ɐkɐ'ðɛmikɐ
Académie française *fr.* akademifrã'sɛ:z
Academy-award *engl.* ə'kædəmı ə'wɔ:d
Acajou... aka'ʒu:...
Acajutla *span.* aka'xutla
Acamar aka'mar
Acámbaro *span.* a'kambaro
Acanthis a'kantıs
a cappella a ka'pɛla
a capriccio a ka'prıt͜ʃo
Acapulco *span.* aka'pulko
Acate *it.* a'ka:te
accelerando at͜ʃele'rando
Accent aigu *fr.* aksãtɛ'gy, **-s -s** *fr.* aksãzɛ'gy
Accent circonflexe, -s -s *fr.* aksãsirkõ'flɛks
Accent grave, -s -s *fr.* aksã'gra:v
Accentus ak't͜sɛntʊs, **die** – ...tu:s
Accessoires aksɛ'soa:ɐ̯(s)
Accessory advertising *engl.* ək'sɛsərı 'ædvətaızıŋ

Acciaccat̲ura a͜tʃaka'tu:ra
Acciaio̲li *it.* att͜ʃa'i̯ɔ:li
Acciaiuo̲li *it.* att͜ʃai̯'u̯ɔ:li
Acci̲piesholzschnitt ak't͜si:pi̯ɛs,hɔlt͜sʃnɪt
Acci̲piter ak't͜si:pitɐ
Ạccius 'akt͜si̯ʊs
Accọlti *it.* ak'kɔlti
Accompagnạto akɔmpan'ja:to, **...ti** ...ti
Accorambo̲ni *it.* akkoram'bo:ni
accordạndo akɔr'dando
accordạnte akɔr'dantə
Accoudoir aku'dŏa:ɐ̯
Account *engl.* ə'kaʊnt
Accountant *engl.* ə'kaʊntənt
Ạccra 'akra, *engl.* ə'krɑ:
accrescẹndo akrɛ'ʃɛndo
Accrocha̲ge *fr.* akrɔ'ʃa:ʒ
Accrington *engl.* 'ækrɪŋtən
Accu̲moli *it.* ak'ku:moli
Accụrsius a'kʊrzi̯ʊs
accusati̲vus cum infiniti̲vo akuza'ti:vʊs kʊm ɪnfini'ti:vo
Acẹlla Ⓦz a't͜sɛla
A̲cer 'a:t͜sɐ
Acera̲ceae at͜se'ra:t͜seɛ
Acerẹnza *it.* at͜ʃe'rɛntsa
Acero̲lakirsche at͜se'ro:lakɪrʃə
Acẹrra *it.* a't͜ʃɛrra
Aceta̲le at͜se'ta:lə
Aceta̲t at͜se'ta:t
Aceto̲n at͜se'to:n
Acetonämi̲e at͜setonɛ'mi:, **-n** ...i:ən
Acetonuri̲e at͜setonu'ri:, **-n** ...i:ən
Acetophe̲no̲n at͜setofe'no:n
Ace̲tum a't͜se:tʊm
Acety̲l at͜se'ty:l
Acetyle̲n at͜sety'le:n
Acetyleni̲d at͜setyle'ni:t, **-e** ...i:də
Acetyli̲d at͜sety'li:t, **-e** ...i:də
acetyli̲eren at͜sety'li:rən
ạch!, Ạch ax
Acha̲a a'xɛ:a
Ạchab 'axap
Ạchad 'axat
Achä̲er a'xɛ:ɐ
Achaia a'xa:ja, a'xai̯a
Achaier a'xa:jɐ, a'xai̯ɐ
achä̲isch a'xɛ:ɪʃ
Ạchalm 'axalm
Achämeni̲de axɛme'ni:də
Achä̲ne a'xɛ:nə
Ạchard 'axart, *fr.* a'ʃa:r
Acharnä̲ a'xarnɛ
Acharna̲r axar'na:ɐ̯
Ạchas 'axas
Acha̲t a'xa:t
Acha̲tius a'xa:t͜si̯ʊs
Acha̲z a'xa:t͜s
Achdar ax'da:ɐ̯
Ache 'axə, 'a:xə
Ache̲lis a'xe:lɪs
Achelo̲os axe'lo:ɔs, *neugr.* axɛ'lɔɔs
Ache̲ma a'xe:ma
Ạchenbach 'axn̩bax
A̲chenpaß 'a:xn̩pas
A̲chensee 'a:xn̩ze:
Ạcher[n] 'axɐ[n̩]
Achernar axɛr'na:ɐ̯
Ạcheron 'axerɔn
acherọntisch axe'rɔntɪʃ
Acheson *engl.* 'ætʃɪsn
Acheuléen aʃøle'ɛ̃:
Achil *engl.* 'ækɪl
Achịll a'xɪl, *engl.* 'ækɪl
Achịlle *fr.* a'ʃil
Achille̲a axɪ'le:a
Achille̲ion axɪ'lai̯ɔn
Achịlles a'xɪlɛs
Achille̲is axɪ'le:ɪs
Achịlleus a'xɪlɔy̆s
Achillịni *it.* akil'li:ni
Achillodyni̲e axɪlody'ni:
Ạchim 'axɪm
Achio̲r a'xi̯o:ɐ̯
Achladọkampos *neugr.* axla'ðokambɔs
achlamyde̲isch axlamy'de:ɪʃ
Ạch-Laut 'axlaut
Achlorhydri̲e aklo:ɐ̯hy'dri:
Achmạtowa, Ahmatova *russ.* ax'matɐvɐ
Ạchmed 'axmɛt
Ạchmer 'axmɐ
Achmi̲m ax'mi:m
Acholi̲e axo'li:
Ạchoris 'axorɪs
Achroit akro'i:t, *auch:* ...o'ɪt
Achromasi̲e akroma'zi:, **-n** ...i:ən
Achroma̲t akro'ma:t
Achromati̲n akroma'ti:n
Achromatịsmus akroma'tɪsmʊs
Achromatopsi̲e akromatɔ'psi:, **-n** ...i:ən
Ạchse 'aksə
Ạchsel 'aksl̩
achsi̲al a'ksi̯a:l
Ạchstetten 'axʃtɛtn̩
ạcht, Ạcht axt
Ạchtal 'axtal
ạchte 'axtə
Ạchteck 'axt|ɛk
ạchteckig 'axt|ɛkɪç
ạchteinhạlb 'axt|ai̯n'halp
ạchtel, Ạ... 'axtl̩
Ạchtelsbach 'axtl̩sbax
ạchten 'axtn̩
ạ̈chten 'ɛçtn̩
ạchtens 'axtn̩s
ạchter, Ạ... 'axtɐ
ạchteraus 'axtɐ|aus
Ạchterberg *niederl.* 'ɑxtərbɛrx
ạchterlastig 'axtɐlastɪç, **-e** ...ɪgə
achterle̲i 'axtɐ'lai̯
Ạchtermann 'axtɐman
Ạchterveld *niederl.* 'ɑxtərvɛlt
ạchtfach 'axtfax
ạchtfaltig 'axtfaltɪç, **-e** ...ɪgə
ạchtfältig 'axtfɛltɪç, **-e** ...ɪgə
Ạchtflach 'axtflax
Ạchtflächner 'axtflɛçnɐ
ạchtgeben 'axtge:bn̩
ạchthaben 'axtha:bn̩
ạchthụndert 'axt'hʊndɐt
ạchtjährig 'axtjɛ:rɪç, **-e** ...ɪgə
ạchtmal 'axtma:l
ạchtmalig 'axtma:lɪç, **-e** ...ɪgə
Achto̲es ax'to:ɛs
Achtọpol, Ahtopol *bulgar.* ax'tɔpol
Achtpfẹnnigmarke axt'p͜fɛnɪçmarkə
ạchtsam 'axtza:m
Achtstụndentag axt'ʃtʊndn̩ta:k
ạchtstündig 'axtʃtʏndɪç, **-e** ...ɪgə
ạchttägig 'axttɛ:gɪç, **-e** ...ɪgə
ạchttausend 'axt'tau̯znt̩
Ạchtuba, Ahtuba *russ.* 'axtubɐ
ạchtundeinhạlb 'axt|ʊnt|ai̯n'halp
ạchtundzwạnzig 'axt|ʊnt'tsvant͜sɪç
Ạchtung 'axtʊŋ
ạchtungsvoll 'axtʊŋsfɔl
Achtyrka, Ahtyrka *russ.* ax'tɨrkɐ
ạchtzehn 'axt͜se:n
ạchtzig, Ạ... 'axt͜sɪç
ạchtziger, Ạ... 'axt͜sɪgɐ
Ạchtzigerin 'axt͜sɪgərɪn
Ạchtzigerjahre 'axt͜sɪgɐja:rə
ạchtzigerle̲i 'axt͜sɪgɐ'lai̯
ạchtzigfach 'axt͜sɪçfax
ạchtzigjährig 'axt͜sɪçjɛ:rɪç, **-e** ...ɪgə
ạchtzigmal 'axt͜sɪçma:l
ạchtzigste 'axt͜sɪçstə
ạchtzigstel, Ạ... 'axt͜sɪçstl̩
ạchtzöllig 'axtt͜sœlɪç, **-e** ...ɪgə
Ạchtzylinder 'axtt͜sylɪndɐ, *auch:* ...t͜sil...
ạchtzylindrig 'axtt͜sylɪndrɪç, *auch:* ...t͜sil...; **-e** ...ɪgə
Achụndow, Ahundov *russ.* a'xundəf
Achurịan, Ahurjan *russ.* axu'rjan
Achyli̲e axy'li:, aç...; **-n** ...i:ən
ạ̈chzen 'ɛçt͜sn̩
A̲ci *it.* 'a:t͜ʃi
Acida vgl. Acidum
Acidimetri̲e at͜sidime'tri:
Acidita̲t at͜sidi'tɛ:t
acidokli̲n at͜sido'kli:n
acidophi̲l at͜sido'fi:l
Acido̲se at͜si'do:zə
A̲cidum 'a:t͜sidʊm, **...da** ...da
Acidu̲r Ⓦz at͜si'du:ɐ̯
Acire̲ale *it.* at͜ʃire'a:le
A̲cis 'a:t͜sɪs
Ạcker 'akɐ, **Ạ̈cker** 'ɛkɐ
Ạcker, van *niederl.* vɑn 'ɑkər
Ạckerer 'akərɐ
Ạckerknecht 'akɐknɛçt
Ạckermann 'akɐman

Ackermennig 'akɐmɛnɪç, -e ...ɪgə
ackern 'akɐn
Ackja 'akja
Ackumer Ee 'akʊmɐ 'e:ə
Acoluthus ako'lu:tʊs
Aconcagua *span.* akɔŋ'kaɣu̯a
à condition *fr.* akõdi'sjõ
Aconitin akoni'ti:n
Aconitum ako'ni:tʊm
Aconquija *span.* akɔŋ'kixa
Acontius a'kɔnt͜si̯ʊs
a conto a 'kɔnto
Açores *port.* ɐ'sorɪʃ
Acosta *niederl.* ɑ'kɔsta:
Acqualagna *it.* akku̯a'laɲɲa
Acquapendente *it.* akku̯apen'dɛnte
Acquarossa *it.* akku̯a'rossa
Acquasanta *it.* akku̯a'santa
Acquaviva *it.* akku̯a'vi:va
Acque Albule *it.* 'akku̯e 'albule
Acqui *it.* akku̯i
Acquit a'ki:; *fr.* a'ki
Acrab a'kra:p
[1]**Acre** (Flächenmaß) 'e:kɐ, *engl.* 'eɪkə
[2]**Acre** (Name) *bras.* 'akri, *span.* 'akre
Acri *it.* 'a:kri
Acrolein akrole'i:n
Acronal akro'na:l
Acrylsäure a'kry:lzɔyrə
Acsa *ung.* 'ɔt͜ʃɔ
Acta Apostolorum 'akta apɔsto'lo:rʊm
Acta Martyrum 'akta 'martyrʊm
Acta Sanctorum 'akta zaŋk'to:rʊm
Actinium ak'ti:ni̯ʊm
Action *engl.* 'ækʃən
Action directe *fr.* aksjõdi'rɛkt
Action française *fr.* aksjõfrã'sɛ:z
Action-painting *engl.* 'ækʃən 'peɪntɪŋ
Actium 'akt͜si̯ʊm
Actius Sincerus 'akt͜si̯ʊs zɪn't͜se:rʊs
Acton *engl.* 'æktən
Actuary *engl.* 'æktjʊərɪ
actum ut supra 'aktʊm ʊt 'zu:pra
Actus purus 'aktʊs 'pu:rʊs
Acuto *it.* a'ku:to
Aczel *ung.* 'ɔtsɛl
Ada *dt., it.* 'a:da, *engl.* 'eɪdə
Adabei 'a:dabai̯
ad absurdum at ap'zʊrdʊm
ADAC a:de:|a:'t͜se:
Adács *ung.* 'ɔda:t͜ʃ
ad acta at 'akta
ad aequales at ɛ'kva:le:s
adagietto, A... ada'd͜ʒɛto
adagio, A... a'da:d͜ʒo
adagissimo ada'd͜ʒɪsimo
Adaher a'da:hɛr
Adaja *span.* a'ðaxa
Ada Kaleh *rumän.* 'ada ka'le
Adaktylie adakty'li:
Adalar 'a:dalar
Adalbero adal'be:ro, 'a:dalbe:ro
Adalbert 'a:dalbɛrt
Adalberta adal'bɛrta
Adalberto *it.* adal'bɛrto
Adalbod 'a:dalbɔt
Adalfried 'a:dalfri:t
Adalgar 'a:dalgar
Adalgisa adal'gi:za, *it.* adal'd͜ʒi:za
Adalgot 'a:dalgɔt
Adalhard 'a:dalhart
Adalin ⓦ ada'li:n
Adalrich 'a:dalrɪç
Ådals-Liden *schwed.* ˌo:dɑ:lsli:dən
Adam 'a:dam, *niederl.* 'a:dɑm, *fr.* a'dã, *engl.* 'ædəm, *russ.* a'dam, *poln.* 'adam
Ádám *ung.* 'a:da:m
Adamantinom adamanti'no:m
Adamaoua *fr.* adama'wa
Adamas ada'ma:s, **...manten** ...'mantn̩
Adamastor ada'mastɔr
Adamaua *it.* ada'ma:u̯a
Adama van Scheltema *niederl.* 'a:dəma: vɑn 'sxɛltəma:
Adamclisi *rumän.* adamkli'si
Adam de la Halle *fr.* adãdla'al
Adamello *it.* ada'mɛllo
Adamit ada'mi:t
Adamov *tschech.* 'adamɔf, *fr.* ada'mɔf
Adams *engl.* 'ædəmz
Adamsberg 'a:damsbɛrk
Adamsbrücke 'a:damsbrʏkə
Adamsit adam'zi:t, *auch:* ...zɪt
Adamson *engl.* 'ædəmsn
Adamspik 'a:damspi:k
Adamstadt 'a:damʃtat
Adana *türk.* 'ɑdɑnɑ
Ádánd *ung.* 'a:da:nd
Adapazarı *türk.* ɑ'dɑpɑzɑˌrɨ
Adaptation adapta't͜si̯o:n
Adapter a'daptɐ
adaptieren adap'ti:rən
Adaption adap't͜si̯o:n
adaptiv adap'ti:f, -e ...i:və
adäquat adɛ'kva:t, at|ɛ...
Adare *engl.* ə'dɛə
a dato a: 'da:to
Adauktus a'dau̯ktʊs
ad calendas graecas at ka'lɛndas 'grɛ:kas
Adcock *engl.* 'ædkɔk
Adda 'ada, *it.* 'adda
Addams *engl.* 'ædəmz
adde! 'adə
Addend a'dɛnt, **-en** ...ndn̩
Addendum a'dɛndʊm, **...da** ...da
addental atdɛn'ta:l, '– – –
Adderley *engl.* 'ædəlɪ
addieren a'di:rən
Addington *engl.* 'ædɪŋtən
Addis Abeba 'adɪs 'a:beba, *auch:* – a'be:ba
Addis Alam 'adɪs 'a:lam
Addison *engl.* 'ædɪsn
Additament adita'mɛnt
Additamentum adita'mɛntʊm, **...ta** ...ta
Addition adi't͜si̯o:n
additional adit͜si̯o'na:l
additiv, A... adi'ti:f, **-e** ...i:və
addizieren adi't͜si:rən
Addo 'ado
addolorato adolo'ra:to
Adduktion adʊk't͜si̯o:n
Adduktor a'dʊktɔr, **-en** ...'to:rən
ade, Ade a'de:
Adebar 'a:dəbar
Adel 'a:dl̩
[1]**Adelaide** (Vorname) adela'i:də, *engl.* 'ædəleɪd
[2]**Adelaide** (austr. Stadt) *engl.* 'ædəlɪd
Adélaïde *fr.* adela'id
Adelberg 'a:dl̩bɛrk
Adelbert 'a:dl̩bɛrt
Adelboden 'a:dl̩bo:dn̩, – –'– –
Adelchi *it.* a'dɛlki
Adele a'de:lə
Adelebsen 'a:dəlɛpsn̩
Adelegg 'a:dəlɛk
Adelgund 'a:dl̩gʊnt
Adelgunde a:dl̩'gʊndə
Adelgundis a:dl̩'gʊndɪs
Adelheid 'a:dl̩hai̯t
Adelhelm 'a:dl̩hɛlm
Adelholzen 'a:dl̩'hɔlt͜sn̩
Adélie *fr.* ade'li
adelig 'a:dəlɪç, **-e** ...ɪgə
Adelma a'dɛlma
adeln 'a:dl̩n, **adle** 'a:dlə
Adelphie adɛl'fi:
Adelphogamie adɛlfoga'mi:
Adelphoi *neugr.* aðɛl'fi
Adelphokarpie adɛlfokar'pi:
Adelram 'a:dl̩ram
Adelsberg 'a:dl̩sbɛrk
Adelschlag a:dl̩'ʃla:k
Adelsheim 'a:dl̩shai̯m
Adeltraud 'a:dl̩trau̯t
Adeltrud 'a:dl̩tru:t
Adelung 'a:dəlʊŋ
Adelwin 'a:dl̩vi:n
Ademuz *span.* aðe'muθ
Aden 'a:dn̩, *engl.* eɪdn
Adenau[er] 'a:dənau̯[ɐ]
Adenet *fr.* ad'nɛ
Adenitis ade'ni:tɪs, **...itiden** ...ni'ti:dn̩
Adenohypophyse adenohypo'fy:zə
adenoid adeno'i:t, **-e** ...i:də
Adenom ade'no:m
Adenoma ade'no:ma, **-ta** -ta
adenomatös adenoma'tø:s, **-e** ...ø:zə

adenös ade'nø:s, **-e** ...ø:zə
Adenotomie adenoto'mi:, **-n** ...i:ən
adenotrop adeno'tro:p
Adept a'dɛpt
Ader 'a:dɐ
Äderchen 'ɛ:dɐçən
aderig 'a:dərɪç, **-e** ...ɪgə
äderig 'ɛ:dərɪç, **-e** ...ɪgə
Adermin adɛr'mi:n
ädern 'ɛ:dɐn, **ädre** 'ɛ:drə
Adernò *it.* ader'nɔ
Adeodatus adeo'da:tʊs, ade'o:datʊs
Adespota a'dɛspota
Adessiv 'at|ɛsi:f, *auch:* – –'–; **-e** ...i:və
à deux mains *fr.* adø'mɛ̃
Adgo 'atgo
Adhafera ada'fe:ra
Adhara a'da:ra
Adhärens at'hɛ:rɛns, **...nzien** athɛ'rɛntsi̯ən
adhärent athɛ'rɛnt
Adhärenz athɛ'rɛnts
adhärieren athɛ'ri:rən
Adhäsion athɛ'zi̯o:n
adhäsiv athɛ'zi:f, **-e** ...i:və
Adhémar *fr.* ade'ma:r
Adherbal at'hɛrbal
ad hoc at 'hɔk, *auch:* at 'ho:k
Adhortation athɔrta'tsi̯o:n
adhortativ, A... athɔrta'ti:f, **-e** ...i:və
Adi 'adi
Adiabate adi̯a'ba:tə
adiabatisch adi̯a'ba:tɪʃ
Adiadochokinese adi̯adɔxoki'ne:zə
Adiantum a'di̯antʊm
Adiaphon adi̯a'fo:n
Adiaphoron a'di̯a:forɔn, **...ra** ...ra
Adib a'di:p
Adickes 'a:dɪkəs
adieu!, A... a'di̯ø:, *fr.* a'djø
Adige *it.* 'a:didʒe
Adigrat 'a:digra:t
Adi Kaieh 'a:di 'ka:je
Ädikula ɛ'di:kula, **...lä** ...lɛ
Ädil ɛ'di:l
Ädilität ɛdili'tɛ:t
Adimari *it.* adi'ma:ri
Adina *it.* a'di:na
ad infinitum at ɪnfi'ni:tʊm
Adinol adi'no:l
ad interim at 'ɪnterɪm
Adipinsäure adi'pi:nzɔyrə
Adipocire adipo'si:ɐ
adipös adi'pø:s, **-e** ...ø:zə
Adipositas adi'po:zitas
Adipsie adɪ'psi:
Adirondacks *engl.* ædɪ'rɔndæks
à discrétion *fr.* adiskre'sjõ
Adi Ugri 'a:di 'u:gri
Adıyaman *türk.* ɑ'dɨjɑmɑn
Adjazent atja'tsɛnt
adjazieren atja'tsi:rən
adjektiv, A... 'atjɛkti:f, *auch:* – –'–; **-e** ...i:və
adjektivieren atjɛkti'vi:rən
adjektivisch 'atjɛkti:vɪʃ, *auch:* – –'– –
Adjektivum 'atjɛkti:vʊm, *auch:* – –'– –; **...va** ...va
Adjoint a'dʒo̯ɛ̃:
Adjud *rumän.* ad'ʒud
Adjudikation atjudika'tsi̯o:n
adjudikativ atjudika'ti:f, **-e** ...i:və
adjudizieren atjudi'tsi:rən
Adjunkt at'jʊŋkt
Adjustage atjʊs'ta:ʒə
adjustieren atjʊs'ti:rən
Adjutant atju'tant
Adjutantur atjutan'tu:ɐ
Adjutor at'ju:tɔr, **-en** atju'to:ren
Adjutum at'ju:tʊm
Adjuvans 'atjuvans; **...nzien** ...'vantsi̯ən, **...ntia** ...'vantsi̯a
Adjuvant atju'vant
Adlai *engl.* 'ædleɪ
Adlatus at'la:tʊs, a'dl...; **...ti** ...ti
Adler 'a:dlɐ, *russ.* 'adlɪr
Adlercreutz *schwed.* ˌɑ:dlərkrœi̯ts
Adlergebirge 'a:dlɐgəbɪrgə
Adlerkosteletz 'a:dlɐˌkɔstəlɛts
Adlersfeld 'a:dlɐsfɛlt
Adlershof a:dlɐs'ho:f
Adlersparre *schwed.* ˌɑ:dlərsparə
ad libitum at 'li:bitʊm
adlig 'a:dlɪç, **-e** ...ɪgə
Adligat atli'ga:t, adl...
Adliswil adlɪs'vi:l
ad maiorem Dei gloriam at ma'jo:rɛm 'de:i 'glo:ri̯am
Admet at'me:t
Admeto *it.* ad'mɛ:to
Admetos at'me:tɔs
Administration atmɪnɪstra'tsi̯o:n
administrativ atmɪnɪstra'ti:f, **-e** ...i:və
Administrator atmɪnɪs'tra:tɔr, **-en** ...ra'to:rən
administrieren atmɪnɪs'tri:rən
admirabel atmi'ra:bl̩, **...ble** ...blə
Admiral atmi'ra:l
Admiralität atmirali'tɛ:t
Admiralty *engl.* 'ædmərəltɪ
Admission atmɪ'si̯o:n
Admittanz atmɪ'tants
admonieren atmo'ni:rən
Admonition atmoni'tsi̯o:n
Admont 'atmɔnt
ad multos annos at 'mʊlto:s 'ano:s
ADN a:de:'|ɛn
Adnex at'nɛks
Adnexitis atnɛ'ksi:tɪs, **...itiden** ...ksi'ti:dn̩
adnominal atnomi'na:l
ad notam at 'no:tam
Ado 'a:do
Adobe a'do:bə
ad oculos at 'o:kulo:s
Adolar 'a:dolar
adoleszent adolɛs'tsɛnt
Adoleszenz adolɛs'tsɛnts
Adolf *dt., niederl.* 'a:dɔlf; *schwed.* 'ɑ:dɔlf
Adolfine adɔl'fi:nə
Adolfo *span.* a'ðɔlfo
Adolph 'a:dɔlf
Adolphe *fr.* a'dɔlf
Adolphseck a:dɔlfs'|ɛk
Adolphus *engl.* ə'dɔlfəs
Adonai ado'na:i
Adonia a'do:ni̯a
Adonis a'do:nɪs
adonisch a'do:nɪʃ
Adonius a'do:ni̯ʊs
Adony *ung.* 'ɔdonj
adoptieren adɔp'ti:rən
Adoption adɔp'tsi̯o:n
Adoptiv... adɔp'ti:f...
Ador *fr.* a'dɔ:r
adorabel ado'ra:bl̩, **...ble** ...blə
adoral at|o'ra:l
Adorant ado'rant
Adoration adora'tsi̯o:n
Adorazione adora'tsi̯o:nə
Adorf 'a:dɔrf
adorieren ado'ri:rən
Adorjánháza *ung.* 'ɔdorja:nha:zɔ
Adorno a'dɔrno
Adossement adɔsə'mã:
adossieren adɔ'si:rən
Adoula a'du:la, *fr.* adu'la
Adour *fr.* a'du:r
ad publicandum at publi'kandʊm
Adra *span.* 'aðra
Adradas *span.* a'ðraðas
Adrammelech a'dramɛlɛç, – –'– –
Adrano *it.* a'dra:no
Adrar *fr.* a'dra:r
Adrast[os] a'drast[ɔs]
ad referendum at refe'rɛndʊm
ad rem at 'rɛm
Adrema Ⓦᶻ a'dre:ma
Adrenalin adrena'li:n
adrenalotrop adrenalo'tro:p
Adrenosteron adrenoste'ro:n
Adressant adrɛ'sant
Adressat adrɛ'sa:t
Adresse a'drɛsə
adressieren adrɛ'si:rən
adrett a'drɛt
Adria *it.* 'a:dri̯a
Adriaan *niederl.* 'a:dri:a:n
Adrian 'a:dria:n, *engl.* 'eɪdrɪən
Adriaen *niederl.* 'a:dri:a:n
Adriana *it.* adri'a:na
Adriani *it.* adri'a:ni
Adriano *it.* adri'a:no
Adrianopel adria'no:pl̩

Adriatica *it.* adri'a:tika
Adriatico *it.* adri'a:tiko
adriatisch adri'a:tɪʃ
Adrien *fr.* adri'ɛ̃
Adrienne *fr.* adri'ɛn
adrig 'a:drɪç, **-e** ...ɪgə
ädrig 'ɛ:drɪç, **-e** ...ɪgə
Adrio 'a:drio
ad saturationem at zatura'tsi̯o:nɛm
Adscharien a'dʒa:ri̯ən
adscharisch a'dʒa:rɪʃ
Adscharskaja ASSR, Adžarskaja ASSR *russ.* ad'ʒarskɐjɐ aɛs-ɛs'ɛr
Adsorbat atzɔr'ba:t
Adsorbens at'zɔrbɛns; **...nzien** ...'bɛntsi̯ən, **...ntia** ...'bɛntsi̯a
Adsorber at'zɔrbɐ
adsorbieren atzɔr'bi:rən
Adsorption atzɔrp'tsi̯o:n
adsorptiv atzɔrp'ti:f, **-e** ...i:və
Adstringens at'strɪŋgɛns; **...nzien** ...'gɛntsi̯ən, **...ntia** ...'gɛntsi̯a
ad spectatores at spɛkta'to:re:s
adstringieren atstrɪŋ'gi:rən
Adua 'a:du̯a
Äduer 'ɛ:du̯ɐ
Adula *it.* 'a:dula
Adular adu'la:ɐ̯
Adulis a'du:lɪs
adult a'dʊlt
Adult school *engl.* 'ædʌlt 'sku:l
A-Dur 'a:du:ɐ̯, *auch:* '–'–
ad usum [Delphini] at 'u:zʊm [dɛl'fi:ni]
ad usum proprium at 'u:zʊm 'pro:priʊm
ad valorem at va'lo:rɛm
Advantage *engl.* əd'vɑ:ntɪdʒ
Advektion atvɛk'tsi̯o:n
advektiv atvɛk'ti:f, **-e** ...i:və
Adveniat at've:ni̯at
Advent at'vɛnt, *engl.* əd'vɛnt
Adventist atvɛn'tɪst
Adventitia atvɛn'ti:tsi̯a
adventiv atvɛn'ti:f, **-e** ...i:və
Adventure *engl.* əd'vɛntʃə
Adverb at'vɛrp, **-ien** ...rbi̯ən
adverbal atvɛr'ba:l, '– – –
adverbial atvɛr'bi̯a:l
adverbiell atvɛr'bi̯ɛl
Adverbium at'vɛrbi̯ʊm, **...ia** ...i̯a
Adversaria atvɛr'za:ri̯a
Adversarien atvɛr'za:ri̯ən
adversativ atvɛrza'ti:f, **-e** ...i:və
Advertisement *engl.* əd'və:tɪsmənt
Advertiser *engl.* 'ædvətaɪzə
Advertising [Agency] *engl.* 'ædvətaɪzɪŋ ['eɪdʒənsɪ]
ad vitrum at 'vi:trʊm
Advocatus Dei atvo'ka:tʊs 'de:i, **...ti –** ...ti –
Advocatus Diaboli atvo'ka:tʊs di'a:boli, **...ti –** ...ti –
ad vocem at 'vo:tsɛm
Advokat atvo'ka:t
Advokatur atvoka'tu:ɐ̯
Ady *ung.* 'ɔdi
Adyge *russ.* adɨ'gjɛ
adygeisch ady'ge:ɪʃ
Adygeiskaja AO, Adygejskaja – *russ.* adɨ'gjejskɐjɐ a'ɔ
Adynamandrie adynaman'dri:
Adynamie adyna'mi:, **-n** ...i:ən
adynamisch ady'na:mɪʃ, *auch:* '– – – –
Adynamogynie adynamogy'ni:
Adyton 'a:dytɔn, **...ta** ...ta
Adžarskaja ASSR vgl. Adscharskaja ASSR
AEG ⓦ a:|e:'ge:
Aehrenthal 'ɛ:rənta:l
Aelfric *engl.* 'ælfrɪk
Aelia Capitolina 'ɛ:li̯a kapito'li:na
Aelianus ɛ'li̯a:nʊs
Aelius 'ɛ:li̯ʊs
Aelst *niederl.* a:lst
Aenobarbus aeno'barbʊs
Aepfingen 'ɛpfɪŋən
Aerdt *niederl.* a:rt
Aereboe 'ɛ:rəbo
Aerenchym aerɛn'çy:m
Aerial ae'ri̯a:l
Aeril ae'ri:l
aerisch a'e:rɪʃ
Aero *engl.* 'ɛərou
Ærø *dän.* 'ɛ:rø:'
aerob ae'ro:p, **-e** ...o:bə
Aerobier ae'ro:bi̯ɐ
Aerobiont aero'bi̯ɔnt
Aerobios aero'bi:ɔs
Aerobiose aero'bi̯o:zə
Aerodrom aero'dro:m
Aeródromo *span.* ae'roðromo
Aerodynamik aerody'na:mɪk
Aerodynamiker aerody'na:mikɐ
aerodynamisch aerody'na:mɪʃ
Aeroflot aero'flɔt, *russ.* aɛra'flɔt
Aerogramm aero'gram
Aerokartograph aerokarto'gra:f
Aeroklub a'e:roklʊp
Aerolíneas Argentinas *span.* aero'lineas arxen'tinas
Aerolinee Italiane Internazionali *it.* aero'li:nee ita'li̯a:ne internattsi̯o'na:li
Aerolith aero'li:t, *auch:* ...lɪt
Aerologie aerolo'gi:
aerologisch aero'lo:gɪʃ
Aeromantie aeroman'ti:
Aeromechanik aerome'ça:nɪk
Aeromedizin aeromedi'tsi:n
Aerometer aero'me:tɐ
Aeronaut[ik] aero'nau̯t[ɪk]
Aeronautiker aero'nau̯tikɐ
Aéronavale *fr.* aerɔna'val
Aeronavigation aeronaviga'tsi̯o:n
Aeronomie aerono'mi:, **-n** ...i:ən
Aerophagie aerofa'gi:, **-n** ...i:ən
Aerophobie aerofo'bi:, **-n** ...i:ən
Aerophon aero'fo:n
Aerophotogrammetrie aerofotograme'tri:
Aerophyt aero'fy:t
Aeroplan aero'pla:n
Aeropuerto *span.* aero'pu̯erto
Ærøskøbing *dän.* 'ɛ:røskø:'beŋ
Aerosol aero'zo:l
aerosolieren aerozo'li:rən
Aerostatik aero'sta:tɪk
aerostatisch aero'sta:tɪʃ
Aerotaxe a'e:rotaksə
Aerotaxis aero'taksɪs
Aerotherapie aerotera'pi:, **-n** ...i:ən
aerotherm aero'tɛrm
Aerotrain a'e:rotrɛ̃:
Aerotropismus aerotro'pɪsmʊs
Aerschot *niederl.* 'a:rsxɔt
Aerssen *niederl.* 'a:rsə
Ærtholmene *dän.* 'ɛrdhɔlmənə
Aertsen *niederl.* 'a:rtsə
Äetes ɛ'e:tɛs
Aesch (Ort; Basel) ɛ:ʃ
Aeschbacher 'ɛʃbaxɐ
Aesti 'ɛ:sti, 'ɛsti
Aethusa ɛ'tu:za
Aetit ae'ti:t, *auch:* ...tɪt
Aetius a'e:tsi̯ʊs
Afanasjew, Afanas'ev *russ.* afa'nasjɪf
Afanasjewitsch, Afanas'evič *rus..* afa'nasjɪvitʃ
Afanasjewna, Afanas'evna *russ.* afa'nasjɪvnɐ
Afanassi, Afanasij *russ.* afa'nasij
afebril afe'bri:l
affabel a'fa:bl̩, **...ble** ...blə
Affalter 'afaltɐ
Affäre a'fɛ:rə
Affatomie afato'mi:, **-n** ...i:ən
Äffchen 'ɛfçən
Affe 'afə
Affekt a'fɛkt
Affektation afɛkta'tsi̯o:n
affektieren afɛk'ti:rən
affektiert afɛk'ti:ɐ̯t
Affektion afɛk'tsi̯o:n
affektioniert afɛktsi̯o'ni:ɐ̯t
affektiv afɛk'ti:f, **-e** ...i:və
Affektivität afɛktivi'tɛ:t
äffen 'ɛfn̩
Afferden *niederl.* 'ɑfərdə
Äfferei ɛfə'rai̯
afferent afe'rɛnt
affettuoso afɛ'tu̯o:zo
Affiche a'fɪʃə, *auch:* a'fi:ʃə
affichieren afɪ'ʃi:rən, afiʃ...
Affidavit afi'da:vɪt
affigieren afi'gi:rən
Affiliation afili̯a'tsi̯o:n
affiliieren afili'i:rən
affin a'fi:n

Äffin 'ɛfɪn
Affinage afi'na:ʒə
Affination afina'tsi̯o:n
Affing 'afɪŋ
Affinghausen afɪŋ'hauzn̩
affinieren afi'ni:rən
Affinität afini'tɛ:t
Affirmation afɪrma'tsi̯o:n
affirmativ afɪrma'ti:f, **-e** ...i:və
Affirmative afɪrma'ti:və
affirmieren afɪr'mi:rən
äffisch 'ɛfɪʃ
Affix a'fɪks, 'afɪks
affizieren afi'tsi:rən
afflitto a'flɪto
Affodill afo'dɪl
Affoltern 'afɔltɐn
affrettando afrɛ'tando
Affrikata afri'ka:ta
Affrikate afri'ka:tə
affrizieren afri'tsi:rən
Affront a'frõ:, *auch:* a'frɔnt; des -s a'frõ:s, *auch:* a'frɔnts; die -s a'frõ:s; **die -e** a'frɔntə
affrontieren afrɔn'ti:rən
affrös a'frø:s, **-e** ...ø:zə
Affry *fr.* a'fri
Afghalaine afga'lɛ:n
Afghan af'ga:n, '-–
Afghane af'ga:nə
Afghani af'ga:ni
afghanisch af'ga:nɪʃ
Afghanistan af'ga:nɪsta:n, ...tan
AFL a:|ɛf'|ɛl, *engl.* 'eɪ-ɛf'ɛl
Aflenz 'aflɛnts
Aflou *fr.* a'flu
AFN *engl.* 'eɪ-ɛf'ɛn
à fonds perdu *fr.* afõpɛr'dy
Afonso *port.* ɐ'fõsu
à forfait *fr.* afɔr'fɛ
a fortiori a fɔr'tsi̯o:ri
Afra 'a:fra
Afragola *it.* afra'gɔ:la
Afrancesados *span.* afranθe'saðɔs
Afranius a'fra:ni̯ʊs
a fresco a 'frɛsko
Africanthropus afri'kantropʊs
Africanus afri'ka:nʊs
África Occidental Portuguesa *port.* 'afrikɐ osiden'tal purtu'ɣezɐ
Afrik a'frɪk
Afrika 'a:frika, *auch:* 'af...
Afrikaander afri'ka:ndɐ
Afrikaans afri'ka:ns
Afrikana afri'ka:na
Afrikander afri'kandɐ
Afrikaner afri'ka:nɐ
afrikanisch afri'ka:nɪʃ
Afrikanist[ik] afrika'nɪst[ɪk]
Afrikanthropus afri'kantropʊs
Afritz 'afrɪts
Afro *it.* 'a:fro
afro-asiatisch 'a:fro|a'zi̯a:tɪʃ, *auch:* 'afr...
Afsluitdijk *niederl.* 'ɑfslœi̯tdɛi̯k

Aftenbladet *dän.* 'afdənbla:'ðət
After 'aftɐ
After-shave-Lotion *engl.* 'ɑ:ftəʃeɪv,loʊʃən
Aftonbladet *schwed.* ,aftɔnblɑ:dət
Aftontidningen *schwed.* ,aftɔnti:dniŋən
Afyon *türk.* 'ɑfjɔn
Afzelia af'tse:li̯a
Afzelius *schwed.* af'se:liʊs
Ag, AG a:'ge:
Aga 'a:ga
Ägä 'ɛ:gɛ
Agabos 'a:gabɔs
Agadès *fr.* aga'dɛs
Agadir *fr.* aga'di:r
ägadisch ɛ'ga:dɪʃ
Aga Dschari *pers.* ɑqɑdʒɑ'ri:
Agafia, Agaf'ja *russ.* a'gafjɪɐ
Ägäis ɛ'gɛ:ɪs
ägäisch ɛ'gɛ:ɪʃ
Aga Khan 'a:ga 'ka:n
Agalaktie agalak'ti:, **-n** ...i:ən
agam a'ga:m
Agamemnon aga'mɛmnɔn
Agamet aga'me:t
Agamie aga'mi:
Agamist aga'mɪst
Agamogonie agamogo'ni:
Agap *russ.* a'gap
Agapanthus aga'pantʊs, **...thi** ...ti
Agape a'ga:pə, *B* ...pe; **-n** ...pn̩
Agapet[us] aga'pe:t[ʊs]
Agapi, Agapij *russ.* a'gapij
Agapornis aga'pɔrnɪs
Agar-Agar 'a[:]gar'|a[:]gar
Agartz 'a:garts
Agasias a'ga:zi̯as
Agasse *fr.* a'gas
Agassiz *fr.* aga'si
Agata *it.* 'a:gata
Agatha 'a:gata, *engl.* 'ægəθə
Agathe a'ga:tə
Agathenburg a'ga:tn̩bʊrk
Agathias a'ga:ti̯as
Agatho 'a:gato
Agathokles a'ga:toklɛs
Agathon 'a:gatɔn
ägatisch ɛ'ga:tɪʃ
Agave a'ga:və
Agazzari *it.* agad'dza:ri
Agde *fr.* agd
Age *engl.* eɪdʒ
Åge *dän.* 'ɔ:ɣə
Agen *fr.* a'ʒɛ̃
Agena a'ge:na
Agence France Presse *fr.* aʒɑ̃sfrɑ̃s'prɛs
Agence Havas *fr.* aʒɑ̃sa'vɑ:s
Agenda a'gɛnda
agendarisch agɛn'da:rɪʃ
Agende a'gɛndə
Agenesie agene'zi:
Agenor a'ge:nɔr
Agens 'a:gɛns, **...nzien** a'gɛntsi̯ən

Agent a'gɛnt
Agentie agɛn'tsi:, **-n** ...i:ən
agentieren agɛn'ti:rən
Agent provocateur, -s -s a'ʒɑ̃: provoka'tø:ɐ̯
Agentur agɛn'tu:ɐ̯
Agenzia *it.* adʒen'tsi:a
Agenzien vgl. Agens
Ageratum a'ge:ratʊm
Agerola *it.* a'dʒɛ:rola
Agerpres *rumän.* adʒer'pres
Agesilaos agezi'la:ɔs
Agesilaus agezi'la:ʊs
Ägeus 'ɛ:gɔys
Ageusie agɔy'zi:, **-n** ...i:ən
Agfa ⓦ 'akfa
Ágfalva *ung.* 'a:kfɔlvɔ
Agger 'agɐ
Aggie *engl.* 'ægɪ
Aggius *it.* 'addʒus
Agglomerat aglome'ra:t
Agglomeration aglomera'tsi̯o:n
agglomerieren aglome'ri:rən
Agglutination aglutina'tsi̯o:n
agglutinieren agluti'ni:rən
Agglutinin agluti'ni:n
Agglutinogen aglutino'ge:n
Aggravation agrava'tsi̯o:n
aggravieren agra'vi:rən
Aggregat agre'ga:t
Aggregation agrega'tsi̯o:n
aggregieren agre'gi:rən
Aggressin agrɛ'si:n
Aggression agrɛ'si̯o:n
aggressiv agrɛ'si:f, **-e** ...i:və
Aggressivität agrɛsivi'tɛ:t
Aggressor a'grɛsɔr, **-en** agrɛ'so:rən
Aggriperlen 'agripɛrlən
Aggsbach 'aksbax
Aggtelek *ung.* 'ɔktɛlɛk
Agha 'a:ga
Aghlabide agla'bi:də
Agi 'a:gi
Agiade a'gi̯a:də
Ägid ɛ'gi:t
Ägide ɛ'gi:də
Ägidius ɛ'gi:di̯ʊs
Ägidler ɛ'gi:tlɐ
agieren a'gi:rən
agil a'gi:l
Agilität agili'tɛ:t
Agilolfinger 'a:gilɔlfɪŋɐ
Ägilops 'ɛ:gilɔps
Agilulf 'a:gilʊlf
Agimund 'a:gimʊnt
Ägina ɛ'gi:na
Agincourt *fr.* aʒɛ̃'ku:r
Äginete ɛgi'ne:tə
äginetisch ɛgi'ne:tɪʃ
Aginskoje, Aginskoe *russ.* a'ginskɐjɐ
Agio 'a:dʒo, *auch:* 'a:ʒi̯o
Agiotage aʒi̯o'ta:ʒə
Agioteur aʒi̯o'tø:ɐ̯
agiotieren aʒi̯o'ti:rən
Ägir 'ɛ:gɪr
Agira *it.* a'dʒi:ra

Agis 'a:gɪs
Ägis 'ɛ:gɪs
Ägisth[us] ɛ'gɪst[ʊs]
Agitatio agi'ta:tsi̯o, **-nen** ...ta'tsi̯o:nən
Agitation agita'tsi̯o:n
agitato adʒi'ta:to
Agitator agi'ta:tɔr, **-en** agita'to:rən
agitatorisch agita'to:rɪʃ
agitieren agi'ti:rən
Agitprop agɪt'prɔp
Aglaia a'gla:ja, a'glai̯a
Agliè *it.* aʎ'ʎɛ
Aglobulie aglobu'li:
Aglykon agly'ko:n
Agma 'agma
Agnano *it.* aɲ'ɲa:no
Agnat a'gna:t
Agnathen a'gna:tn̩
Agnation agna'tsi̯o:n
agnatisch a'gna:tɪʃ
Agnelli *it.* aɲ'ɲɛlli
Agnello *it.* aɲ'ɲɛllo
Agnes 'agnɛs
Agnès *fr.* a'ɲɛs
Agnesdorf 'agnɛsdɔrf
Agnese *it.* aɲ'ɲɛ:ze
Agnesi *it.* aɲ'ɲɛ:zi
Agnetendorf a'gne:tn̩dɔrf
Agnew *engl.* 'ægnju:
Agni 'agni
Agnita *rumän.* ag'nita
Agnition agni'tsi̯o:n
Agno[lo] *it.* 'aɲɲo[lo]
Agnomen a'gno:mən, **...mina** ...mina
Agnon a'gnɔn
Agnone *it.* aɲ'ɲo:ne
Agnosie agno'zi:, **-n** ...i:ən
Agnostiker a'gnɔstikɐ
Agnostizismus agnɔsti'tsɪsmʊs
agnostizistisch agnɔsti'tsɪstɪʃ
agnoszieren agnɔs'tsi:rən
Agnus Dei 'agnʊs 'de:i
Agogik a'go:gɪk
agogisch a'go:gɪʃ
à gogo *fr.* agɔ'go
Agon a'go:n
agonal ago'na:l
Agone a'go:nə
Agonie ago'ni:, **-n** ...i:ən
Agonist[ik] ago'nɪst[ɪk]
Agop 'agɔp
Ägophonie ɛgofo'ni:
[1]**Agora** (Markt) ago'ra:
[2]**Agora** (Münze) ago'ra, **...rot** ...'rɔt
Agorakritos ago'ra:kritɔs
Agoraphobie agorafo'bi:
Agordat 'a:gɔrda:t
Agordo *it.* 'a:gordo
Agostini *it.* agos'ti:ni
Agostino *it.* agos'ti:no
Ágost[on] *ung.* 'a:goʃt[on]
Ágota *ung.* 'a:gotɔ
Agou[l]t *fr.* a'gu
Agra 'a:gra, *engl.* 'ɑ:grə
Agraffe a'grafə
Agram 'a:gram
Agramante *it.* agra'mante
Agrammatismus agrama'tɪsmʊs
Agranulozytose agranulotsy'to:ze
Agrapha 'a:grafa, 'ag...
Agraphie agra'fi:, **-n** ...i:ən
agrar..., **A...** a'gra:ɐ̯...
Agrarier a'gra:ri̯ɐ
agrarisch a'gra:rɪʃ
Agras *neugr.* 'ayras
Agrasel 'a:gra:zl̩
Agrate *it.* a'gra:te
Agreement *engl.* ə'gri:mənt
agreieren agre'i:rən
Agrément agre'mã:
Agrés *span.* a'γres
Agrest a'grɛst
Agresti *it.* a'grɛsti
Agri *it.* 'a:gri
Ağrı *türk.* 'ɑ:rɨ
Agricius a'gri:tsi̯ʊs
Agricola a'gri:kola
Agri decumates 'a:gri deku'ma:te:s
ägrieren ɛ'gri:rən
Agrigent agri'gɛnt
Agrigento *it.* agri'dʒɛnto
Agrikultur agrikʊl'tu:ɐ̯
Agrimonia agri'mo:ni̯a
Agrinion a'gri:ni̯ɔn, *neugr.* a'γrinjɔn
Agrippa a'grɪpa
Agrippina agrɪ'pi:na, *it.* agrip'pi:na
Agronom agro'no:m
Agronomie agrono'mi:
Agro Piceno *it.* 'a:gro pi'ttʃɛ:no
Agropoli *it.* a'grɔ:poli
Agropyrum agro'py:rʊm
Agrostemma agro'stɛma
Agrostis a'grɔstɪs
Agrostologie agrɔstolo'gi:
Agrumen a'gru:mən
Agrumi *it.* a'gru:mi
Agrypnie agrʏp'ni:
Agua *span.* 'aγu̯a
Aguada[s] *span.* a'γu̯aða[s]
Aguadilla *span.* aγu̯a'ðiʎa
Aguas *span.* 'aγu̯as
Aguascalientes *span.* aγu̯aska'li̯entes
Águas da Prata *bras.* 'agu̯az da 'prata
Águas de Moura *port.* 'aγu̯ɐʒ ðə 'morɐ
Águas de São Pedro *bras.* 'agu̯az di sɐ̃u̯m'pedru
Águas Livres *port.* 'aγu̯ɐʒ 'livrɪʃ
Águeda *port.* 'aγəðɐ, *span.* 'aγeða
Aguesseau *fr.* agɛ'so
Aguiar *port.* ɐ'γi̯ar
Aguilar *span.* aγi'lar
Águilas *span.* 'aγilas
Aguilera *span.* aγi'lera
Aguirre *span.* a'γirrɛ
Agulhas a'gʊljas, *engl.* ə'gʊləs, *port.* ɐ'γuʎɐʃ
Agung *indon.* 'agʊŋ
Agus *indon.* 'agʊs
Agustín *span.* aγus'tin
Agustini *span.* aγus'tini
Aguti a'gu:ti
Ägypten ɛ'gʏptn̩
Ägypter ɛ'gʏptɐ
Ägyptienne ɛʒɪ'psi̯ɛn
ägyptisch ɛ'gʏptɪʃ
Ägyptologe ɛgʏpto'lo:gə
Ägyptologie ɛgʏptolo'gi:
ägyptologisch ɛgʏpto'lo:gɪʃ
Ägyptus ɛ'gʏptʊs
Agyrte a'gʏrtə
ah!, **Ah** a:, *auch:* a
äh! ɛ:, *auch:* ɛ
aha! a'ha:, *auch:* a'ha
Aha 'a:ha
Ahab 'ahap
Ahaggar a'hagar
Aham 'a:ham
Ahar a'har, *pers.* æ'hær
Ahas 'ahas
Ahasja a'hasja
Ahasver ahas've:ɐ̯, *auch:* –'––
ahasverisch ahas've:rɪʃ
Ahasverus ahas've:rʊs
Ahaus 'a:hau̯s
Ahidjo *fr.* aid'ʒo
Ahl Al Kitab 'axl̩ alki'ta:p
Ahlbeck 'a:lbɛk
Ahlden 'a:ldn̩
Ahle 'a:lə
Ahlefeldt *dän.* 'a:ləfɛld
Ahlen 'a:lən
Ahlers-Hestermann 'a:lɐs'hɛstɐman
Ahlersmeyer 'a:lɐsmai̯ɐ
Ahlgren *schwed.* ˌɑ:lgre:n
Ahlgrimm 'a:lgrɪm
Ahlihakk axli'hak
Ahlin *schwed.* a'li:n
Ahlqvist *schwed.* ˌɑ:lkvist
Ahlsdorf 'a:lsdɔrf
Ahlsen 'a:lzn̩
Ahlten 'a:ltn̩
Ahmad 'axmat
Ahmadabad *engl.* 'ɑ:mədəbæd
Ahmatova vgl. Achmatowa
Ahmed 'axmɛt, *pers.* æh'mæd
Ahmedabad *engl.* 'ɑ:mədəbæd
Ahmedija axme'di:ja
Ahmednagar *engl.* 'ɑ:mədnəgə
Ahmes 'axmɛs
Ahmet *türk.* ɑh'mɛt
Ahming 'a:mɪŋ
Ahmose ax'mo:zə
Ahn[a] 'a:n[a]
ahnden 'a:ndn̩, **ahnd!** a:nt
Ahne 'a:nə
ähneln 'ɛ:nl̩n
ahnen 'a:nən

Ahnfrau 'a:nfrau
ähnlich 'ɛ:nlɪç
Ahnlund *schwed.* ˌɑ:nlʊnd
Aho *finn.* 'ɑhɔ
ahoi! a'hɔy
Aholming 'a:hɔlmɪŋ
Ahorn 'a:hɔrn
Ahr a:ɐ̯
Ahrbleichert 'a:ɐ̯blaiçɐt
Ähre 'ɛ:rə
Ahrens 'a:rəns
Ahrensbök a:rəns'bø:k, '–––
Ahrensburg 'a:rənsbʊrk
Ahrensdorf 'a:rənsdɔrf
Ahrenshoop a:rəns'ho:p
Ahrgau 'a:ɐ̯gau
...ährig (z. B. kurzährig) ...ˌɛ:rɪç, **-e** ...ɪgə
Ahriman 'a:riman, *pers.* æhri'mæn
Ahrweiler 'a:ɐ̯vailɐ
Ähtäri *finn.* 'æhtæri
Ahtopol vgl. Achtopol
Ahtuba vgl. Achtuba
Ahtyrka vgl. Achtyrka
Ahuachapán *span.* auatʃa'pan
Ahun *fr.* a'œ̃
Ahundov vgl. Achundow
Ahura Masdah 'ahura 'masda
Ahurjan vgl. Achurjan
Åhus *schwed.* ˌo:hʉ:s
Ahvenanmaa *finn.* 'ɑhvɛnɑmmɑ:
Ahvenanmeri *finn.* 'ɑhvɛnɑmmɛri
Ahvenmeri *finn.* 'ɑhvɛmmɛri
Ahwas *pers.* æh'vɑ:z
Ai 'a:i
Aia 'a:ja, 'aia
Aiakos 'a:jakɔs, 'aiakɔs
Aias 'a:jas, 'aias
Aibling[er] 'aiblɪŋ[ɐ]
Aibringen 'aibrɪŋən
Aicard *fr.* ɛ'ka:r
Aich[a] 'aiç[a]
Aichach 'aiçax
Aichbühl 'aiçby:l
Aichel 'aiçl̩
Aichinger 'aiçɪŋɐ
Aichstetten 'aiçʃtɛtn̩
Aida *dt., it.* a'i:da
Aide ɛ:t, *fr.* ɛd; **-n** 'ɛ:dn̩
Aide-mémoire 'ɛ:tme'moa:ɐ̯, *fr.* ɛdme'mwa:r
Aidenbach 'aidn̩bax
Aidepsos *neugr.* ɛði'psɔs
Aidoiomanie aidɔyoma'ni:
Aidomaggiore *it.* aidomad'dʒo:re
Aidone *it.* ai'do:ne
Aidussina *it.* ai'dussina
Aiello Calabro *it.* a'iɛllo 'ka:labro
Aietes ai'e:tɛs
Aigeltshofen 'aigl̩tsho:fn̩
Aigen 'aign̩
Aigeus 'aigɔys
Aigina ai'gi:na, *neugr.* 'ɛjina
Aigion 'aigiɔn, *neugr.* 'ɛjɔn
Aigisthos ai'gɪstɔs
Aigner 'aignɐ
Aigospotamoi aigɔspota'mɔy
Aigoual *fr.* ɛ'gwal
Aigrette ɛ'grɛtə
Aigues-Mortes *fr.* ɛg'mɔrt
Aiguière ɛ'giɛ:rə, *fr.* ɛ'gjɛ:r
Aiguille *fr.* ɛ'gɥij
Aiguillette ɛgi'jɛtə
Aiguillon *fr.* ɛgɥi'jõ
Aigyptos ai'gʏptɔs
Aijubide aiju'bi:də
Aiken *engl.* 'eɪkɪn
Aikido ai'ki:do
Ailerons ɛlə'rõ:
Ailette *fr.* ɛ'lɛt
Ailianos ailia'nɔs, ai'lia:nɔs
Aillerет *fr.* aj'rɛ
Aimara *span.* aima'ra
Aimard *fr.* ɛ'ma:r
Aimé[e] *fr.* ɛ'me
Aimone *it.* ai'mo:ne
Ain ain, *fr.* ɛ̃
Ainmiller 'ainmɪlɐ
Aïn-Sefra *fr.* ainsɛ'fra
Ainsworth *engl.* 'eɪnzwə:θ
Ainu 'ainu
Aiolos 'aiolɔs
Air ɛ:ɐ̯
Aïr *fr.* a'i:r
Aira 'aira
Airasca *it.* ai'raska
Airbus 'ɛ:ɐ̯bʊs
Air-condition *engl.* 'ɛəkən,dɪʃən
Air-Conditioner 'ɛ:ɐ̯kɔn,dɪʃənɐ, *engl.* 'ɛəkən,dɪʃənə
Air-Conditioning 'ɛ:ɐ̯kɔn,dɪʃnɪŋ, *engl.* 'ɛəkən,dɪʃnɪŋ
Airdrie *engl.* 'ɛədrɪ
Aire *engl.* ɛə, *fr.* ɛ:r
Airedale 'ɛ:ɐ̯de:l, *engl.* 'ɛədeɪl
Airedaler 'ɛ:ɐ̯de:lɐ, *engl.* 'ɛədeɪlə
Air Force *engl.* 'ɛə 'fɔ:s
Air France *fr.* ɛr'frã:s
Air-fresh *engl.* 'ɛəfrɛʃ
Airmail 'ɛ:ɐ̯me:l, *engl.* 'ɛəmeɪl
Airola *it.* ai'rɔ:la
Airolo *it.* ai'rɔ:lo
Airotor ɛ'ro:tɔr, **-en** ɛro'to:rən
Airy *engl.* 'ɛərɪ
ais 'a:ɪs
Aisch aiʃ
Aischylos 'aisçylɔs
Aislingen 'aizlɪŋən
ais-Moll 'a:ɪsmɔl, *auch:* '––'–
Aisne ɛ:n, *fr.* ɛn
Aisopos ai'zo:pɔs, 'aizopɔs
Aissore ai'so:rə
Aist[e] 'aist[ə]
Aisthofen aist'ho:fn̩
Aistulf 'aistʊlf
Aitel 'aitl̩
Aithra 'aitra
Aitolikon *neugr.* ɛtɔli'kɔn
Aitos, Ajtos *bulgar.* 'ajtos
Aitrach 'aitrax
Aitrang 'aitraŋ
Aiud *rumän.* a'iud
Aitzema *niederl.* 'a:itsəma:
Aiuga a'ju:ga
Aiwasowski, Ajvazovskij *russ.* ajva'zɔfskij
Aix *fr.* ɛks
Aix-en-Provence *fr.* ɛksãprɔ'vã:s
Aix-les-Bains *fr.* ɛksle'bɛ̃
Aja 'a:ja
Ajaccio *fr.* aʒak'sjo
Ajalbert *fr.* aʒal'bɛ:r
Ajan *russ.* a'jan
Ajax 'a:jaks, 'aiaks; *niederl.* 'a:jɑks, *engl.* 'eɪdʒæks
Ajaxerle 'a:jaksɐlə
Ajka *ung.* 'ɔjkɔ
Ajoie *fr.* a'ʒwa
à jour a'ʒu:ɐ̯, *fr.* a'ʒu:r
ajourieren aʒu'ri:rən
Ajtos vgl. Aitos
Ajuthia a'ju:tia
Ajvazovsskij vgl. Aiwasowski
Akaba 'akaba
Akademie akade'mi:, **-n** ...i:ən
Akademija Nauk SSR *russ.* aka'djemijɐ na'uk ɛs-ɛs-ɛs'ɛr
Akademiker aka'de:mikɐ
akademisch aka'de:mɪʃ
akademisieren akademi'zi:rən
Akadien a'ka:diən
Akalit aka'li:t, *auch:* ...lɪt
Akanthit akan'ti:t, *auch:* ...tɪt
Akanthus a'kantʊs
Åkær *dän.* 'ɔ:'kɛ:r
Akardiakus akar'di:akʊs
Akardius a'kardiʊs
Akariasis akar'i:azɪs
Akarinose akari'no:zə
Akarizid akari'tsi:t, **-e** ...i:də
Akarnanien akar'na:niən
Akaroidharz akaro'i:tha:ɐ̯ts
Akarusräude 'a:karʊsrɔydə
Akaryont aka'rʏɔnt
Akasztó *ung.* 'ɔkɔsto:
akataleklisch akata'lɛktɪʃ
Akatholik 'akatoli:k, *auch:* –––'–
Akazie a'ka:tsiə
Akbar 'akbar
Akçakoca *türk.* ɑk'tʃɑkɔdʒɑ
Akčar vgl. Aktschar
Akdeniz *türk.* 'ɑkdɛˌniz
Åke *schwed.* ˌo:kə
Akeldamach a'kɛldamax
Akelei akə'lai, *auch:* 'a:kəlai
Aken 'a:kn̩, *niederl.* 'a:kə
akephal ake'fa:l
Akershus *norw.* akərs'hʉ:s
Aki 'a:ki
Akiba a'ki:ba
Akif *türk.* ɑ:'kif
Akim *russ.* a'kim
Akinakes aki'na:kɛs
Akinesie akine'zi:

Akinẹten aki'ne:tn̩
akinẹtisch aki'ne:tɪʃ
Åkirkeby *dän.* 'ɔ:'kirgəby:'
A̲kis 'a:kɪs, *türk.* a'kis
Aki̲ta a'ki:ta
Ạkjab 'akjap
Ạkka[d] 'aka[t]
akka̲disch a'ka:dɪʃ
Akklamatio̲n aklama'tsi̯o:n
akklami̲e̲ren akla'mi:rən
Akklimatisatio̲n aklimatiza'tsi̯o:n
akklimatisi̲e̲ren aklimati'zi:rən
Akkola̲de ako'la:də
akkommoda̲bel akɔmo'da:bl̩, **...ble** ...blə
Akkommodatio̲n akɔmoda'tsi̯o:n
akkommodi̲e̲ren akɔmo'di:rən
Akkommodomẹter akɔmodo'me:tɐ
Akkompagnement akɔmpanjə'mã:
akkompagni̲e̲ren akɔmpan'ji:rən
Akkompagnịst akɔmpan'jɪst
Akkọrd a'kɔrt, **-e** ...rdə
Akkordạnt akɔr'dant
Akkọrdeon a'kɔrdeɔn
Akkordeonịst akɔrdeo'nɪst
akkordi̲e̲ren akɔr'di:rən
Akkọrdik a'kɔrdɪk
akkọrdisch a'kɔrdɪʃ
akkouchi̲e̲ren aku'ʃi:rən, akʊʃ...
akkrediti̲e̲ren akredi'ti:rən
Akkrediti̲v akredi'ti:f, **-e** ...i:və
Akkreszẹnz akrɛs'tsɛnts
akkreszi̲e̲ren akrɛs'tsi:rən
Ạkkrum *niederl.* 'ɑkrəm
Ạkku 'aku
Akkulturatio̲n akʊltura'tsi̯o:n
Akkumula̲t akumu'la:t
Akkumulatio̲n akumula'tsi̯o:n
Akkumula̲tor akumu'la:tɔr, **-en** ...la'to:rən
akkumuli̲e̲ren akumu'li:rən
akkura̲t aku'ra:t
Akkuratẹsse akura'tɛsə
Akkusativ 'akuzati:f, *auch:* ‒‒‒'‒; **-e** ...i:və
Akkusativi̲e̲rung akuzati'vi:rʊŋ
Akla̲vik *engl.* ə'klɑ:vɪk
Akli̲ne a'kli:nə
Akmẹ ak'me:
Akmeịst akme'ɪst
Akmọlinsk *russ.* ak'mɔlinsk
Ạkne 'aknə
Akoa̲sma ako'asma
Akolu̲th ako'lu:t
Akoluthi̲e̲ akolu'ti:, **-n** ...i:ən
Akoly̲t ako'ly:t
Akoni̲t ako'ni:t, *auch:* ...nɪt
Akoniti̲n akoni'ti:n
Akọnto a'kɔnto
Akori̲e̲ ako'ri:, **-n** ...i:ən
Akosmịsmus akɔs'mɪsmʊs
Akosmịst akɔs'mɪst
akotyledo̲n akotyle'do:n
Akotyledo̲ne akotyle'do:nə
akquiri̲e̲ren akvi'ri:rən
Akquisiteur akvizi'tø:ɐ̯
Akquisitio̲n akvizi'tsi̯o:n
akquisito̲risch akvizi'to:rɪʃ
Akra̲b a'kra:p
A̲kragas 'a:kragas
A̲kranes *isl.* 'a:kranɛ:s
Akra̲nier a'kra:ni̯ɐ
A̲krar *isl.* 'a:krar
Akratopẹge akrato'pe:gə
Akratothẹrme akrato'tɛrmə
A̲kren 'a:krən
Akrenzẹphalon akrɛn'tse:falɔn, **...la** ...la
Akribi̲e̲ akri'bi:
Akridi̲n akri'di:n
Akri̲tas a'kri:tas
ạkritisch 'akri:tɪʃ
akroama̲tisch akroa'ma:tɪʃ
Akroba̲t[ik] akro'ba:t[ɪk]
Akrodyni̲e̲ akrody'ni:, **-n** ...i:ən
Akrodystoni̲e̲ akrodysto'ni:, **-n** ...i:ən
akrokạrp akro'karp
Akrokepha̲le akroke'fa:lə
Akrokephali̲e̲ akrokefa'li:, **-n** ...i:ən
Akrokorịnth akroko'rɪnt
Akrokọrinthos *neugr.* akrɔ'kɔrinθɔs
Akrolei̲n akrole'i:n
Akroli̲th akro'li:t, *auch:* ...lɪt
Akromegali̲e̲ akromega'li:, **-n** ...i:ən
Akromikri̲e̲ akromi'kri:, **-n** ...i:ən
Akron *engl.* 'ækrən
Akrony̲m akro'ny:m
akropeta̲l akrope'ta:l
Akro̲polis a'kro:polɪs, *neugr.* a'krɔpɔlis; **...len** akro'po:lən
Akrọstichon a'krɔstɪçɔn, **...cha** ...ça
Akrotẹr akro'te:ɐ̯
Akrotẹrie akro'te:ri̯ə
Akrotẹrion akro'te:ri̯ɔn
Akrotẹrium akro'te:ri̯ʊm
Akrozepha̲le akrotse'fa:lə
Akrozephali̲e̲ akrotsefa'li:, **-n** ...i:ən
Akrozyano̲se akrotsy̆a'no:zə
Akry̲lsäure a'kry:lzɔyrə
Aksakov vgl. Axakow
ä̲ks! ɛ:ks
Ạksel *dän.* 'agsəl
Aksin'ja vgl. Axinja
Aksu vgl. Axu
Aksum 'aksʊm, a'ksu:m
Ạkt akt
Akta̲ion ak'tai̯ɔn
Aktä̲on ak'tɛ:ɔn
Akta̲u *russ.* ak'tau
Ạkte 'aktə
Aktei̲ ak'tai̯
Akteur ak'tø:ɐ̯
Ạktie 'aktsi̯ə
Aktini̲den akti'ni:dn̩
Akti̲nie ak'ti:ni̯ə
akti̲nisch ak'ti:nɪʃ
Akti̲nium ak'ti:ni̯ʊm
Aktinogra̲ph aktino'gra:f
Aktinoli̲th aktino'li:t, *auch:* ...lɪt
Aktinomẹter aktino'me:tɐ
Aktinometri̲e̲ aktinome'tri:
aktinomọrph aktino'mɔrf
Aktinomyko̲se aktinomy'ko:zə
Aktinomyzẹt aktinomy'tse:t
[1]**Aktio̲n** (Handlung) ak'tsi̯o:n
[2]**Ạktion** (Kap) 'akti̯ɔn, *neugr.* 'aktjɔn
Aktionä̲r aktsi̯o'nɛ:ɐ̯
Aktionịst aktsi̯o'nɪst
Ạktium 'aktsi̯ʊm
akti̲v ak'ti:f, *auch:* '‒‒; **-e** ...i:və
[1]**Akti̲v** (Tatform) 'akti:f, *selten:* ‒'‒; **-e** ...i:və
[2]**Akti̲v** (Arbeitsgruppe) ak'ti:f, **-e** ...i:və
Akti̲va ak'ti:va
Aktiva̲tor akti'va:tɔr, **-en** ...va'to:rən
Akti̲ven ak'ti:vn̩
aktivi̲e̲ren akti'vi:rən
Aktivi̲n akti'vi:n
akti̲visch ak'ti:vɪʃ
Aktivịsmus akti'vɪsmʊs
Aktivịst akti'vɪst
Akti̲vitas ak'ti:vitas
Aktivitä̲t aktivi'tɛ:t
Akti̲vum ak'ti:vʊm, **...va** ...va
Aktju̲binsk *russ.* ak'tjubinsk
Aktri̲ce ak'tri:sə
Aktscha̲r, Akčar *bulgar.* ak'tʃar
aktualisi̲e̲ren aktu̯ali'zi:rən
Aktualịsmus aktu̯a'lɪsmʊs
aktualịstisch aktu̯a'lɪstɪʃ
Aktualitä̲t aktu̯ali'tɛ:t
Aktua̲r ak'tu̯a:ɐ̯
Aktua̲rius ak'tu̯a:ri̯ʊs, **...ien** ...i̯ən
aktuẹll ak'tu̯ɛl
Ạktus 'aktʊs
Akuli̲na *russ.* aku'linɐ
Akumetri̲e̲ akume'tri:
Akunia̲n aku'ni̯a:n
akupunkti̲e̲ren akupʊŋk'ti:rən
Akupunktu̲r akupʊŋk'tu:ɐ̯
A̲kureyri *isl.* 'a:kʏrɛi̯rɪ
Ạküsprache 'akyʃpra:xə
Akụstik a'kʊstɪk
Akụstiker a'kʊstikɐ
akụstisch a'kʊstɪʃ
aku̲t, A... a'ku:t
Akutaga̲wa akuta'ga:va
akzedi̲e̲ren aktse'di:rən
Akzeleratio̲n aktselera'tsi̯o:n
Akzelera̲tor aktsele'ra:tɔr, **-en** ...a'to:rən
akzeleri̲e̲ren aktsele'ri:rən
Akzẹnt ak'tsɛnt
Akzentuatio̲n aktsɛntu̯a'tsi̯o:n

akzentuẹll aktsɛn'tu̯ɛl
akzentuiẹren aktsɛntu'i:rən
Akzepịsse aktse'pɪsə
Akzẹpt ak'tsɛpt
akzeptạbel aktsɛp'ta:bl̩, **...ble** ...blə
Akzeptạnt aktsɛp'tant
Akzeptatiọn aktsɛpta'tsi̯o:n
akzeptiẹren aktsɛp'ti:rən
Akzẹptor ak'tsɛptɔr, **-en** ...'to:rən
Akzẹß ak'tsɛs, **...ẹsse** ...ɛsə
Akzessiọn aktsɛ'si̯o:n
Akzessịst aktsɛ'sɪst
Akzẹssit ak'tsɛsɪt
Akzessorietät aktsɛsori̯e'tɛ:t
akzessọrisch aktsɛ'so:rɪʃ
Akzessọrium aktsɛ'so:ri̯ʊm, **...ien** ...i̯ən
Ạkzidens 'aktsidɛns, **...nzien** ...'dɛntsi̯ən
Akzidentạlen aktsidɛn'ta:lən
Akzidentạlien aktsidɛn'ta:li̯ən
akzidentẹll aktsidɛn'tɛl
Akzidẹnz aktsi'dɛnts
Akzidẹnzien aktsi'dɛntsi̯ən
Akzịse ak'tsi:zə
Al (Vorname) *engl.* æl
à la a la
Ala *dt., it.* 'a:la
alaaf a'la:f
à la baissse a la 'bɛ:s
Alabạma ala'ba:ma, *engl.* ælə'bæmə
Alabạster ala'bastɐ
Alạbastron a'la:bastrɔn, **...ren** ala'bastrən
à la bonne heure! *fr.* alabɔ'nœ:r
Alacạhöyük *türk.* ɑlɑ'dʒɑhœ,jyk
à la cạrte *fr.* ala'kart
Alacọque *fr.* ala'kɔk
Alạdağ *türk.* ɑ'lɑdɑ:
Aladfạr alat'fa:ɐ̯
Al Adhafẹra al|ada'fe:ra
Ạladin 'aladi:n
Álafoss *isl.* 'au̯lafɔs
Alagọas *bras.* ala'goas
Alagón *span.* ala'ɣɔn
Alagöz *türk.* ɑlɑ'gœz
à la hausse a la 'o:s
Al Ahrạm al|ax'ra:m
Alain *fr.* a'lɛ̃
Alais *fr.* a'lɛs
à la jardinière *fr.* alaʒardi'njɛ:r
Alajos *ung.* 'ɔlɔjoʃ
Alajọth ala'jo:t
Alajuẹla *span.* ala'xu̯ela
Alakrạb ala'kra:p
Ạlalach 'alalax
Alalie ala'li:, **-n** ...i:ən
Alamaach ala'ma:x
Alamạc ala'ma:k
Alamạk ala'ma:k
Alamán *span.* ala'man
Alamạnne ala'manə
Alamạnni *it.* ala'manni
Alameda *engl.* ælə'mi:də
Alamo *engl.* 'æləmoʊ
Álamo *span.* 'alamo
à la mọde *fr.* ala'mɔd
Alamọde... ala'mo:də...
alamọdisch ala'mo:dɪʃ
Álamos *span.* 'alamɔs
Älạna ɛ'la:na
[1]**Aland** (Fisch) 'a:lant, **...de** ...ndə
[2]**Aland** (Fluß) 'a:lant
Åland *schwed.* 'o:land
Alạne a'la:nə
Alạnt a'lant
Alạnus ab Ịnsulis a'la:nʊs ap 'ɪnzuli:s
Alạnya *türk.* ɑ'lɑnjɑ
Alaotrạ *fr.* alaɔ'tra
Alap *ung.* 'ɔlɔp
Alapạjewsk, Alapaevsk *russ.* ala'pajɪfsk
Ạlapi 'alapi
Alạr *span.* a'lar
Alarạf ,...ạph ala'ra:f
Alạrbus a'larbʊs
Alarcón *span.* alar'kɔn
Alạrcos *span.* a'larkɔs
Alarich 'a:larɪç
Alạrm a'larm
alarmiẹren alar'mi:rən
Ạlas *span., indon.* 'alas
Alạska a'laska, *engl.* ə'læskə
Alạssio *it.* a'lassi̯o
Alastair *engl.* 'æləstɛə
à la suịte *fr.* ala'su̯it
Alạtri *it.* a'la:tri
Alattyán *ung.* 'ɔlɔttja:n
Alạtyr, Alatyr' *russ.* a'latɨrj
Alauịt alau̯'i:t
Alaun a'lau̯n
alaunig a'lau̯nɪç, **-e** ...ɪgə
alaunisiẹren alau̯ni'zi:rən
Alạupović *serbokr.* a,laupɔvitɕ
Álava *span.* 'alaβa
Alawịt ala'vi:t
Ạlb alp
Ạlba 'alba, *span.* 'alβa
Albacẹte *span.* alβa'θete
Ạlbacht[en] 'albaxt[n̩]
Ålbæk *dän.* 'ɔ:lbɛg
Albạida *span.* al'βai̯ða
Ạlba-Iụlia *rumän.* 'alba 'i̯ulia
Al Bạli al'ba:li
Ạlba Lọnga 'alba 'lɔŋga
Alban 'alba:n, *auch:* –'–
Albạner al'ba:nɐ
Albanẹse alba'ne:zə
albanẹsisch alba'ne:zɪʃ
Albạni *it.* al'ba:ni
Albạnia al'ba:ni̯a
Albạnien al'ba:ni̯ən
Albạnier al'ba:ni̯ɐ
albạnisch al'ba:nɪʃ
Albạno *it.* al'ba:no
Albạnus al'ba:nʊs
Albany *engl.* 'ɔ:lbənɪ
Albarẹlli-Verdụni *it.* alba'rɛlliver'du:ni
Albarẹllo alba'rɛlo, **...lli** ...li
Albạrra *span.* al'βarra
Albarracín *span.* alβarra'θin
Albarrạna *span.* alβa'rrana
Albatẹnius alba'te:ni̯ʊs
Albatẹra *span.* alβa'tera
Ạlbatros 'albatrɔs, **-se** ...ɔsə
Ạlbaum 'albau̯m
Ạlbe 'albə
Albẹdo al'be:do
Albedomẹter albedo'me:tɐ
Albee *engl.* 'ɔ:lbɪ
Albemarle *engl.* 'ælbɪmɑ:l, *span.* alβe'marle
Albẹnga *it.* al'bɛŋga
Albéniz al'be:nɪs, *span.* al'βeniθ
Albens *fr.* al'bɛ̃:s
Ạlber 'albɐ
Albẹrche *span.* al'βɛrtʃe
Ạlberdingk Thijm *niederl.* 'ɑlbərdɪŋk 'tɛi̯m
Alberẹi albə'rai̯
Albères, Monts *fr.* mõzal'bɛ:r
Albergarịa-a-Vẹlha *port.* albərɣɐ'ria'vɛʎɐ
Albẹrge al'bɛrgə
Albẹrgo al'bɛrgo, **...ghi** ...gi
Albẹri *it.* al'bɛ:ri
Ạlberich 'albərɪç
Alberịco *it.* albe'ri:ko
Alberịque *span.* alβe'rike
ạlbern, Ạ... 'albɐn
Alberobẹllo *it.* albero'bɛllo
Ạlbers[loh] 'albɐs[lo:]
Ạlbersweiler 'albɐsvai̯lɐ
Ạlbert 'albɛrt, *engl.* 'ælbət, *fr.* al'bɛ:r, *schwed.* 'albərt
Albẹrta al'bɛrta, *engl.* æl'bə:tə
Albertạzzi *it.* alber'tattsi
Albẹrti *dt., it.* al'bɛrti
Albertịna albɛr'ti:na
Albertịne albɛr'ti:nə
Albertinẹlli *it.* alberti'nɛlli
Albertịni *it.* alber'ti:ni
albertịnisch albɛr'ti:nɪʃ
Albertịnum albɛr'ti:nʊm
Albertịnus albɛr'ti:nʊs
Albertirsa *ung.* 'ɔlbɛrtirʃɔ
Albẹrtis *it.* al'bɛrtis
Albẹrtisch al'bɛrtɪʃ
Albẹrto *it.* al'bɛrto, *span.* al'βɛrto, *port.* al'bɛrtu
Albẹrto dos Reis *port.* al'bɛrtu ðuʒ 'rrɐi̯ʃ
Albertọl albɛr'to:l
Albertotypie albɛrtoty'pi:, **-n** ...i:ən
Ạlberts 'albɛrts
Albẹrtus al'bɛrtʊs, *niederl.* ɑl'bɛrtʏs
Albertvịlle *fr.* albɛr'vil
Ạlbertz 'albɛrts
Ạlberus 'alberʊs
Ạlbhard, ...rt 'alphart
Albị *fr.* al'bi
Albigẹnser albi'gɛnzɐ
Albigeois *fr.* albi'ʒwa

Ạlbiker 'albıkɐ
Albin 'albi:n, *auch:* al'bi:n, *schwed.* 'albin
Albine al'bi:nə
Albinịsmus albi'nısmʊs
albinitisch albi'ni:tıʃ
Albino *dt., it.* al'bi:no
Albinoni *it.* albi'no:ni
albinotisch albi'no:tıʃ
Albinovanus albino'va:nʊs
Albinus al'bi:nʊs
Ạlbion 'albi̯ɔn
Albireo al'bi:reo
Ạlbis 'albıs
Albissola *it.* albis'sɔ:la
Albit al'bi:t, *auch:* ...bıt
Ạlbizzi *it.* 'albittsi
Albizzie al'bıtsi̯ə
Alblasserdạm *niederl.* ɑlblɑsər'dɑm
Ạlbo *span.* 'alβo
Ạlboin 'alboi:n
Alboni *it.* al'bo:ni
Alborán *span.* alβo'ran
Ạlborg *dän.* 'ɔlbɔr'
Albornoz *span.* alβɔr'nɔθ
Albọx *span.* al'βɔks
Ạlbrecht 'albrɛçt
Ạlbrechtsberger 'albrɛçtsbɛrgɐ
Albrẹt *fr.* al'brɛ
Albrici *it.* al'bri:tʃi
Albright *engl.* 'ɔ:lbraıt
Albringhausen albrıŋ'hau̯zn̩
Ạlbris 'albrıs
Albrịzzi *it.* al'brittsi
Albrook *engl.* 'ɔ:lbrʊk
Albshausen alps'hau̯zn̩
Ạlbuch 'a:lbu:x
Albufẹra *span.* alβu'fera
Albugo al'bu:go, **...gines** ...gine:s
Ạlbuin 'albu:in
Ạlbula 'albula
Ạlbum 'albʊm
Albumen al'bu:mən
Albumin albu'mi:n
Albuminat albumi'na:t
Albuminimẹter albumini'me:tɐ
albuminoid albumino'i:t, **-e** ...i:də
albuminös albumi'nø:s, **-e** ...ø:zə
Albuminurie albuminu'ri:, **-n** ...i:ən
Albumose albu'mo:zə
Albuñọl *span.* alβu'ɲɔl
Albuquerque *engl.* 'ælbəkə:kı, *span.* alβu'kɛrke, *port.* albu'kɛrkə
Ạlbus 'albʊs, **-se** ...ʊsə
Alcácer do Sạl *port.* al'kasɛr du 'sal
alcäisch al'tsɛ:ıʃ
Alcalá *span.* alka'la
Alcalá de Chivẹrt *span.* alka'la ðe tʃi'βɛr
Alcalá de Guadaira *span.* alka'la ðe ɣu̯a'ðai̯ra
Alcalá de Henares *span.* alka'la ðe e'nares
Alcalá la Reạl *span.* alka'la la rrɛ'al
Ạlcamo *it.* 'alkamo
Alcañiz *span.* alka'ɲiθ
Alcạntara *it.* al'kantara
Alcántara *span.* al'kantara
Alcantarilha *port.* alkɐntɐ'riʎɐ
Alcantarilla *span.* alkanta'riʎa
Alcarạz *span.* alka'raθ
Alcarrạza alka'rasa, *span.* alka'rraθa
Alcạst al'kast
Alcatraz *engl.* 'ælkətræz
Alcäus al'tsɛ:ʊs
Alcazaba *span.* alka'θaβa
Alcázar al'ka:zar, *span.* al'kaθar
Alcedo al'tse:do
Alceo *it.* al'tʃɛ:o
Ạlces 'altsɛs
Alcẹst al'tsɛst
Alcẹste al'tsɛstə, *B* ...te; *fr.* al'sɛst, *it.* al'tʃɛste
Alčevsk vgl. Altschewsk
Alchemie alçe'mi:, **-n** ...i:ən
Alchemịlla alçe'mıla
Älchen 'ɛ:lçən
Alchiba alçi'ba:
Alchimie alçi'mi:, **-n** ...i:ən
Alchimịst alçi'mıst
Alchymie alçy'mi:, **-n** ...i:ən
Alciat al'tsi̯a:t
Alciato *it.* al'tʃa:to
Alcibiades altsi'bi:adɛs
Alcide *it.* al'tʃi:de
Alcịndas al'sındas, *span.* al'θindas
Alcindor *fr.* alsɛ̃'dɔ:r
Alcipe *port.* al'sipə
Alcira *span.* al'θira
Alcobaça *port.* alku'βasɐ
Alcoforado *port.* alkufu'raðu
Alcolea *span.* alko'lea
[1]**Alcor** (Stern) al'ko:ɐ̯
[2]**Ạlcor** (Stoff; Formelsprache) 'alkɔr
Alcotest (Wz) alko'tɛst, '–––
Alcott *engl.* 'ɔ:lkət
Alcover *kat.* əlku'βe, *span.* alko'βɛr
Alcoy *span.* al'kɔi̯
Alcsútdoboz *ung.* 'ɔltʃu:ddoboz
Alcubierre *span.* alku'βi̯ɛrrɛ
Alcudia *span.* al'kuði̯a
Alcyone al'tsy̆o:nə, *B* ...ne; *auch:* al'tsy:one
alcyonisch al'tsy̆o:nıʃ
Ạlda *it., span.* 'alda
Aldabra *engl.* ɑ:ldɑ:'brɑ:, –'––
Aldafira alda'fi:ra
Ạldamon 'aldamɔn
Aldạn *russ.* al'dan
Aldạnow, Aldanov *russ.* al'danɐf
Aldea *span.* al'dea
Aldeanueva *span.* aldea'nu̯eβa
Aldebaran aldeba'ra:n, *auch:* ...'ba:ran
Ạldebrand 'aldəbrant
Ạldegrever 'aldəgre:vɐ
Ạldegund 'aldəgʊnt
Aldegunde aldə'gʊndə
Aldegundis alde'gʊndıs
Aldehyd alde'hy:t, **-e** ...y:də
Ạldekerk 'aldəkɛrk
Ạldemar 'aldəmar
Alden *engl.* 'ɔ:ldən
Ạldenhoff 'aldn̩hɔf
Ạldenhoven 'aldn̩ho:fn̩
Ạldenrath 'aldn̩ra:t
Ạlder 'aldɐ
Alderamin aldera'mi:n
Alderman, ...men 'ɔldɐmən
Ạldermann 'aldɐman
Aldermaston *engl.* 'ɔ:ldəmɑ:stən
Alderney *engl.* 'ɔ:ldənı
Aldershot *engl.* 'ɔ:ldəʃɔt
Aldhafara alda'fa:ra
Aldhafera alda'fe:ra
Ạldhelm 'althɛlm
Aldib al'di:p
Aldine al'di:nə
Aldington *engl.* 'ɔ:ldıŋtən
Aldini *it.* al'di:ni
Ạldo *it.* 'aldo
Ạldöbern 'aldø:bɐn
Aldobrandeschi *it.* aldobran'deski
Aldobrandini *it.* aldobran'di:ni
Aldolase aldo'la:zə
Aldose al'do:zə
Aldosteron aldoste'ro:n
Aldous *engl.* 'ɔ:ldəs
Aldoxim aldɔ'ksi:m
Ạldrey 'aldrai̯
Aldrich *engl.* 'ɔ:ldrıtʃ
Aldrin *engl.* 'ɔ:ldrın
Ạldringen 'aldrıŋən
Ạldringer 'aldrıŋɐ
Aldrovandi *it.* aldro'vandi
Al-Duna *ung.* 'ɔlduno
Ạldus 'aldʊs
Ale e:l, *engl.* eıl
alea iacta est 'a:lea 'jakta 'ɛst
Aleander ale'andɐ
Aleandro *it.* ale'andro
Aleatorik alea'to:rık
aleatorisch alea'to:rıʃ
Alec[k] *engl.* 'ælık
Alecsandri *rumän.* aleksan'dri
Alectorolophus alɛkto'ro:lofʊs
Alecu *rumän.* a'leku
Alegría *span.* ale'ɣria
Alehin vgl. Aljochin
Alejandro *span.* alɛ'xandro
Alejchem a'lɛjxɛm
Aleksandar *serbokr.* a,lɛksa:ndar
Aleksandr vgl. Alexandr
Aleksandrija vgl. Alexandrija
Aleksandropol' vgl. Alexandropol
Aleksandrov vgl. Alexandrow

Aleksandrovič vgl. Alexandrowitsch
Aleksandrovna vgl. Alexandrowna
Aleksandrovo vgl. Alexandrowo
Aleksandrovsk vgl. Alexandrowsk
Aleksạndrów Kujạwski *poln.* alɛ'ksandruf ku'jafski
Aleksạndrów Łódzki *poln.* alɛ'ksandruf 'u̯utski
Alekseev vgl. Alexejew
Alekseevič vgl. Alexejewitsch
Alekseevna vgl. Alexejewna
Aleksej vgl. Alexei
Alękto a'lɛkto
Alemạgna *it.* ale'maɲɲa
Alemán *span.* ale'man
Alemạnne alə'manə
Alemạnnien alə'mani̯ən
alemạnnisch alə'manɪʃ
Alembẹrt *fr.* alã'bɛ:r
Alencạr *bras.* alen'kar
Alençon *fr.* alã'sõ
Alenquẹr *port.* ɐleŋ'kɛr
Alentejo *port.* ɐlen'tɐʒu
Aleph 'a:lɛf
Alẹppo a'lɛpo
Aleriạ *fr.* ale'rja
alẹrt a'lɛrt
Alès *fr.* a'lɛs
Ạleš *tschech.* 'alɛʃ
Aleša vgl. Aljoscha
Alẹsia a'le:zi̯a
Aleška vgl. Aljoschka
Alessạndri *span.* ale'sandri
Alessạndria *it.* ales'sandri̯a
Alessạndro *it.* ales'sandro
Alessạndro nell'Ịndie *it.* ales'sandro nel'lindi̯e
Alessạndro Sevẹro *it.* ales'sandro se'vɛ:ro
Alẹssi *it.* a'lɛssi
Alẹssio *it.* a'lɛssi̯o
Ålesund *norw.* ˌo:ləsʉn
Aletsch... a'lɛtʃ..., 'a:lɛtʃ...
Aleuron 'a[:]lɔyrɔn
Aleụten ale'u:tn̩
Alex 'a:lɛks
Alexạnder alɛ'ksandɐ, *engl.* ælɪg'zɑ:ndə
Alexạndersbad alɛ'ksandɐsba:t
Alexạndr, Aleksandr *russ.* alɪk'sandr
Alexạndra alɛ'ksandra, *engl.* ælɪg'zɑ:ndrə
Alexandre *fr.* alɛk'sã:dr
Alexandrẹscu *rumän.* aleksan'dresku
Alexandrẹtte alɛksan'drɛt, *fr.* alɛksã'drɛt
Alexandria alɛ'ksandria, *auch:* alɛksan'dri:a, *engl.* ælɪg'zɑ:ndrɪə, *rumän.* aleksan'dria
Alexạndrien alɛ'ksandriən
Alexandrija, Aleksandrija *russ.* alɪksan'drijɐ
Alexandrịne alɛksan'dri:nə
Alexandrịner alɛksan'dri:nɐ
alexandrịnisch alɛksan'dri:nɪʃ
Alexandrit alɛksan'dri:t, *auch:* ...rɪt
Alexandrọpol, Aleksandropol' *russ.* alɪksan'drɔpɐlj
Alexandrọpolis alɛksan'dro:polɪs
Alexandroupolis *neugr.* alɛksan'ðrupɔlis
Alexạndrow, Aleksandrov *russ.* alɪk'sandrɐf
Alexạndrowitsch, Aleksandrovič *russ.* alɪk'sandrɐvitʃ
Alexạndrowna, Aleksandrovna *russ.* alɪk'sandrɐvnɐ
Alexạndrowo, Aleksandrovo *bulgar.* alɛk'sandrovo
Alexạndrowsk, Aleksandrovsk *russ.* alɪk'sandrɐfsk
Alexạndru *rumän.* alek'sandru
Alexandrụpolis *neugr.* alɛksan'ðrupɔlis
Alexẹi, Aleksej *russ.* alɪk'sjej
Alexẹjew, Alekseev *russ.* alɪk'sjejɪf
Alexẹjewitsch, Alekseevič *russ.* alɪk'sjejɪvitʃ
Alexẹjewna, Alekseevna *russ.* alɪk'sjejɪvnɐ
Alẹxia a'lɛksi̯a
Alexiạner alɛ'ksi̯a:nɐ
Alexie alɛ'ksi:, **-n** ... i:ən
Alexine alɛ'ksi:nə
Alẹxios a'lɛksi̯ɔs
Alẹxis a'lɛksɪs, *fr.* alɛk'si
Alẹxisbad a'lɛksɪsba:t
Alẹxius a'lɛksi̯ʊs
Ạlf *dt., schwed.* alf, *dän.* al'f
Ạlfa 'alfa
Alfạkka al'faka
Alfạmbra *span.* al'fambra
Alfândega da Fé *port.* al'fɐndəɣɐ ðɐ 'fɛ
Alfạno *it.* al'fa:no
alfạnzen al'fantsn̩
Alfanzerei alfantsə'rai̯
Alfarạbi alfa'ra:bi
Alfarẹlos *port.* alfɐ'rɛluʃ
Alfạro *span.* al'faro
Ạlfa Romẹo 'alfa ro'me:o
Alfeite *port.* al'fɐi̯tə
Alfeizerão *port.* alfɐi̯zə'rɐ̃u̯
Alfeld 'a:lfɛlt
Ạlfen 'alfn̩
Alfẹo *it.* al'fɛ:o
Alfẹraz al'fe:rats
Alférez *span.* al'fereθ
Alfhausen alf'hau̯zn̩
Ạlfhild 'alfhɪlt
Alfiẹri *it.* al'fi̯ɛ:ri
al fịne al'fi:nə
Ạlfinger 'alfɪŋɐ
Ạlfio *it.* 'alfi̯o
Alfịrk al'fɪrk
Alföld[i] *ung.* 'ɔlføld[i]
Ạlfons 'alfɔns
Alfọnsa al'fɔnza
Alfonsịna *it.* alfon'si:na
Alfonsịne *it.* alfon'si:ne
Alfonsịnisch alfɔn'zi:nɪʃ
Alfọnsisch al'fɔnzɪʃ
Alfọnso *it., span.* al'fɔnso
Alfortvịlle *fr.* alfɔr'vil
Alfragạnus alfra'ga:nʊs
Ạlfred 'alfre:t, *engl.* 'ælfrɪd, *fr.* al'frɛd, *dän.* 'al'frəð, *schwed.* 'alfre:d
Alfrẹda al'fre:da
Alfrẹde al'fre:də
Alfredo *span.* al'freðo, *port.* al'freðu, *it.* al'fre:do
al frẹsco al'frɛsko
Ạlfried 'alfri:t
Ạlfsön 'alfsœn
Ạlftafjörður *isl.* 'au̯ltafjœrðʏr
Alfụren al'fu:rən
Ạlgae 'algɛ
Algạr *span.* al'ɣar
Ạlgarås *schwed.* ˌɛljaro:s
Algạrbien al'garbi̯ən
Algạrdi *it.* al'gardi
Algarọtti *it.* alga'rɔtti
Algarrọbo *span.* alɣa'rrɔβo
Algạrve *dt., port.* al'garvə
Ạlgasing 'algazɪŋ
Algazẹl alga'ze:l
Ạlge 'algə
Ạlgebra 'algebra, **...ren** al'ge:brən
algebrạisch alge'bra:ɪʃ
Algecịras *span.* alxe'θiras
Algẹdi al'ge:di
Algeiba al'gai̯ba
Ạlgemeen Hạndelblad *niederl.* 'ɑlxəme:n 'hɑndəlblɑt
Algenịb alge'ni:p
Ạlgensäure 'algn̩zɔyrə
Algẹr *fr.* al'ʒe
Algérie *fr.* alʒe'ri
Algẹrien al'ge:ri̯ən
algẹrisch al'ge:rɪʃ
Algernon *engl.* 'ældʒənən
Algérois *fr.* alʒe'rwa
Algés *port.* al'ʒɛʃ
Algesie alge'zi:, **-n** ...i:ən
Alghẹro *it.* al'gɛ:ro
Ạlghult *schwed.* ˌɛljhʊlt
Algiẹba al'gi̯e:ba
Ạlgier 'alʒi:ɐ̯
Alginạt algi'na:t
Alginẹt *span.* alxi'nɛt
Alginsäure al'gi:nzɔyrə
Algoa *engl.* æl'goʊə
Algodọr *span.* alɣo'ðɔr
[1]**Algol** (Stern) al'go:l, *auch:* '– –
[2]**Ạlgol** (Formelsprache) 'algɔl
Algolagnie algola'gni:, **-n** ...i:ən
Algolọge algo'lo:gə
Algologie algolo'gi:

algologisch algo'lo:gɪʃ
algomisch al'go:mɪʃ
Algonkin al'gɔŋkɪn, *engl.* æl'gɔŋkɪn
algonkisch al'gɔŋkɪʃ
Algonkium al'gɔŋki̯ʊm
Algorab algo'ra:p
Algorithmus algo'rɪtmʊs
Algorta *span.* al'ɣɔrta
Algot *schwed.* 'algɔt
Algraphie algra'fi:, **-n** ...i:ən
Alhabor alha'bo:ɐ̯
Alhajad alha'ja:t
Alhajor alha'jo:ɐ̯
Alhajot[h] alha'jo:t
Alhama *span.* a'lama
Alhambra al'hambra, *span.* a'lambra, *engl.* æl'hæmbrə
Alhamilla *span.* ala'miʎa
Alhazen alha'tse:n
Alheden *dän.* 'alhe:ðən
Alhena al'he:na
Alhidade alhi'da:də
Ålholm *dän.* 'ɔ:lhɔl'm
Ali 'a:li, *auch:* 'ali, a'li:
Alì *it.* a'li
Alia *it.* 'a:li̯a
Aliakmon *neugr.* a'ljakmɔn
Älian ɛ'li̯a:n
Aliartos *neugr.* a'liartɔs
alias 'a:li̯as
Aliberion *neugr.* ali'vɛrjɔn
Alibi 'a:libi
Alicante *span.* ali'kante
Alice a'li:sə, *engl.* 'ælɪs, *fr.* a'lis
Alicudi *it.* ali'ku:di
Alida a'li:da
Alide a'li:də
Alienation ali̯ena'tsi̯o:n
alienieren ali̯e'ni:rən
Alife *it.* a'li:fe
Aligarh *engl.* 'ælɪgɑ:
Alighieri *it.* ali'gi̯ɛ:ri
Alignement alɪnjə'mã:
alignieren alɪn'ji:rən
Alijó *port.* ɐli'ʒɔ
Alikianou *neugr.* alikja'nu
alimentär alimɛn'tɛ:ɐ̯
Alimentation alimɛnta'tsi̯o:n
Alimente ali'mɛntə
alimentieren alimɛn'ti:rən
Alimin *indon.* a'limɪn
a limine a: 'li:mine
Alin *schwed.* a'li:n
Alin[e]a a'li:n[e]a
alineieren aline'i:rən
Alingsås *schwed.* aliŋs'o:s
aliphatisch ali'fa:tɪʃ
Ali Portuk 'a:li 'pɔrtʊk
aliquant ali'kvant
Aliquippa *engl.* ælə'kwɪpə
aliquot ali'kvɔt
Aliquote ali'kvo:tə
Aliscans *fr.* alis'kã
Aliseda *span.* ali'seða
Alisma a'lɪsma
Alismaceae alɪs'ma:tseɛ
Aliso 'a:lizo, a'li:zo
Alison *engl.* 'ælɪsn
Alitalia *it.* ali'ta:li̯a
alitieren ali'ti:rən
Alitta a'lɪta
Älius 'ɛ:li̯ʊs
Alix 'a:lɪks
Alizarin alitsa'ri:n
Aljabjew, Aljab'ev *russ.* a'ljabjɪf
aljamiadisch alxa'mi̯a:dɪʃ
Aljezur *port.* alʒə'zur
Aljochin, Alehin *russ.* a'ljɔxin
Aljoscha, Aleša *russ.* a'ljɔʃɐ
Aljoschka, Aleška *russ.* a'ljɔʃkɐ
Aljubarrota *port.* alʒuβɐ'rrotɐ
Aljucén *span.* alxu'θen
Aljustrel *port.* alʒuʃ'trɛl
Alk alk
Alkahest alka'hɛst
Alkaid al'ka:ɪt
Alkaios al'kai̯ɔs
alkäisch al'kɛ:ɪʃ
Alkalde al'kaldə
Alkali al'ka:li, *auch:* 'alkali; ...**ien** al'ka:li̯ən
Alkalimetrie alkalime'tri:
alkalisch al'ka:lɪʃ
alkalisieren alkali'zi:rən
Alkalität alkali'tɛ:t
Alkaloid alkalo'i:t, **-e** ...i:də
Alkalose alka'lo:zə
Alkalurops alka'lu:rɔps
Alkaluropus alka'lu:ropʊs
Alkamenes al'ka:menɛs
Alkan al'ka:n
Alkanna al'kana
Alkaphrah al'kafra
Alkasar al'ka:zar
Alkäus al'kɛ:ʊs
Alkazar al'ka:zar; *auch:* alka'tsa:ɐ̯, al'ka:tsar
Alkazid... alka'tsi:t...
Alkemade *niederl.* 'ɑlkəma:də
Alke 'alkə
[1]**Alken** (Stoff) al'ke:n
[2]**Alken** (Name) 'alkn̩, *niederl.* 'ɑlkə
Alkes al'ke:s
Alkeste al'kɛstə, *B* ...te
Alkestis al'kɛstɪs
Alkibiades alki'bi:adɛs
Alkindi al'kɪndi
Alkine al'ki:nə
Alkinoos al'ki:noɔs
Alkiphron 'alkifrɔn
Alkje 'alkjə
Alkmaar *niederl.* 'ɑlkma:r
Alkmaion alk'mai̯ɔn
Alkman alk'ma:n, '––
alkmanisch alk'ma:nɪʃ
Alkmäon alk'mɛ:ɔn
Alkmäonide alkmɛo'ni:də
Alkmaar *niederl.* 'ɑlkma:r
Alkmene alk'me:nə, *B* ...ne
Alkmeonide alkmeo'ni:də
Alkmund 'alkmʊnt
Alkofen 'alko:fn̩
Alkohol 'alkoho:l, *auch:* ––'–
Alkoholat alkoho'la:t
Alkoholika alko'ho:lika
Alkoholiker alko'ho:likɐ
alkoholisch alko'ho:lɪʃ
alkoholisieren alkoholi'zi:rən
Alkoholismus alkoho'lɪsmʊs
Alkor (Stern) al'ko:ɐ̯
Alkoran alko'ra:n
[1]**Alkoven** (Bettnische) al'ko:vn̩, *auch:* 'alko:vn̩
[2]**Alkoven** (östr. Ortsn.) al'ko:fn̩
Alkuin 'alkui:n
Alkyl al'ky:l
Alkylation alkyla'tsi̯o:n
Alkylen alky'le:n
alkylieren alky'li:rən
Alkyone al'kўo:nə, *B* ...ne; al'ky:one
alkyonisch al'kўo:nɪʃ
all, All al
allabendlich al'|a:bn̩tlɪç
allabends al'|a:bn̩ts
alla breve 'ala 'bre:və
Allacci *it.* al'lattʃi
Allach 'alax
Allagen 'alagn̩
Allah 'ala
Allahabad *engl.* æləhə'bæd
Allahüekber *türk.* ɑllɑ'hyɛkˌbɛr
Allais *fr.* a'lɛ
Allalinhorn ala'li:nhɔrn
alla marcia 'ala 'martʃa
Allan *engl.* 'ælən
Alland 'alant
Allantois a'lantoɪs
alla polacca 'ala po'laka
alla prima 'ala 'pri:ma
Allard *fr.* a'la:r
Allardt 'alart
allargando alar'gando
Allasch 'alaʃ
alla tedesca 'ala te'dɛska
alla turca 'ala 'tʊrka
alla zingarese 'ala tsɪŋga're:zə
allbekannt 'albəkant
allda al'da:
alldeutsch 'aldɔytʃ
alle, A... 'alə
allebendig 'alle'bɛndɪç
Allee a'le:, **-n** ...e:ən
Allegat ale'ga:t
Allegation alega'tsi̯o:n
Alleghany *engl.* 'ælɪgeɪnɪ
Alleghe *it.* 'allege
Alleghenies *engl.* 'ælɪgɛnɪz
Allegheny *engl.* 'ælɪgɛnɪ
allegieren ale'gi:rən
Allegorese alego're:zə
Allegorie alego'ri:, **-n** ...i:ən
allegorisch ale'go:rɪʃ
allegorisieren alegori'zi:rən
Allegra *it.* al'le:gra
allegretto, A... ale'grɛto
Allegri *it.* al'le:gri
allegro, A... a'le:gro
allein a'lain

alle̲inig a'lai̯nıç, -e ...ıgə
alle̲inse̲ligmachend a'lai̯n'ze:lıçmaxnt, -e ...ndə
alle̲instehend a'lai̯nʃte:ənt, -e ...ndə
allẹl, A... a'le:l
Allel̲ie ale'li:
Allelomorphịsmus alelomɔr'fısmʊs
Allelopathi̲e alelopa'ti:
allelu̲ja[h]! ale'lu:ja
ạllemạl 'alə'ma:l
Allemand *fr.* al'mã
Allemande alə'mã:də, *fr.* al'mã:d
Allen *engl.* 'ælın
Ạllenburg 'alənbʊrk
Allenby *engl.* 'ælənbı
Allẹnde *span.* a'ʎende
ạllenfạlls 'alən'fals
Ạllensbach 'alənsbax
Ạllenstein 'alənʃtai̯n
ạllenthạlben 'alənt'halbn̩
Allentown *engl.* 'ælıntaʊn
Ạllentsteig 'aləntʃtai̯k
Allẹppey *engl.* ə'lɛpı
Ạller 'alɐ, *span.* a'ʎɛr
ạllerạrt 'alɐ'|a:ɐ̯t
Ạllerbạrmer 'al|ɛɐ̯'barmɐ
ạllerbẹste 'alɐ'bɛstə
ạllerchrịstlichst 'alɐ'krıstlıçst
ạllerdịngs 'alɐ'dıŋs
ạllerẹnden 'alɐ'|ɛndn̩
allẹrg a'lɛrk, -e ...rgə
Allerge̲ne alɛr'ge:nə
Allergi̲e alɛr'gi:, -n ...i:ən
Allẹrgiker a'lɛrgikɐ
allẹrgisch a'lɛrgıʃ
Allergo̲sen alɛr'go:zn̩
ạllerhạnd 'alɐ'hant
Ạllerhe̲iligen 'alɐ'hai̯lıgn̩
ạllerhe̲iligst 'alɐ'hai̯lıçst
Ạllerhe̲iligste 'alɐ'hai̯lıçstə
ạllerhöchst 'alɐ'hø:çst
ạllerle̲i, Ạ... 'alɐ'lai̯
ạllerlẹtzt 'alɐ'lɛtst
ạllerli̲ebst 'alɐ'li:pst
Ạllermannsharnisch 'alɐmans͵harnıʃ
ạllerme̲ist 'alɐ'mai̯st
ạllernächst 'alɐ'nɛ:çst
ạllerọrten 'alɐ'|ɔrtn̩
ạllerọrts 'alɐ'|ɔrts
Ạllers 'alɐs
Ạllerse̲elen 'alɐ'ze:lən
ạllerse̲its 'alɐ'zai̯ts
Ạllerstedt 'alɐʃtɛt
ạllerwärts 'alɐ'vɛrts
ạllerwe̲ge 'alɐ've:gə
ạllerwe̲gs 'alɐ've:ks
Ạllerwẹltskẹrl 'alɐ'vɛlts'kɛrl
ạllerwe̲nigstens 'alɐ've:nıçstn̩s
Ạllerwe̲rteste 'alɐ've:ɐ̯təstə
ạlles 'aləs
ạllesạmt 'alə'zamt
Ạllesbẹsserwisser 'aləs'bɛsɐvısɐ
ạllewe̲ge 'alə've:gə
allẹz! a'le:
ạlleze̲it 'alə'tsai̯t
ạllfällig 'alfɛlıç
ạllfarbig 'alfarbıç
Ạllgäu 'algɔy
Ạllgäuer 'algɔyɐ
ạllgäuisch 'algɔyıʃ
Ạllgayer 'algai̯ɐ
Ạllgeier 'algai̯ɐ
ạllgemạch 'algə'ma:x
ạllgeme̲in 'algə'mai̯n
Ạllgeme̲inbefinden 'algə'mai̯nbəfındn̩
Ạllgeme̲inheit 'algə'mai̯nhai̯t
Ạllgewalt 'algəvalt
Allhe̲ilmittel al'hai̯lmıtl̩
Ạllheit 'alhai̯t
Ạllia *it.* 'alli̯a
Alliance *fr.* a'ljã:s, *engl.* ə'laıəns
Alliạnz a'li̯ants
Alliaria a'li̯a:ri̯a
Allibone *engl.* 'ælıboʊn
alli̲ebend al'li:bn̩t, -e ...n̩də
Alliẹr *fr.* a'lje
Alligatio̲n aliga'tsi̯o:n
Alliga̲tor ali'ga:tɔr, -en ...a'to:rən
alli̲ieren ali'i:rən
Alli̲ierte ali'i:ɐ̯tə
Alli̲in ali'i:n
Alli̲na a'li:na
Ạlling 'alıŋ
Ạllinge *dän.* 'aleŋə
Ạllio *it.* 'alli̯o
Allio̲ni *it.* al'li̯o:ni
Allison *engl.* 'ælısn
Alliteratio̲n alıtera'tsi̯o:n
alliteri̲eren alıte'ri:rən
allitisch a'li:tıʃ, *auch:* a'lıtıʃ
Ạllium 'ali̯ʊm
Allizi̲n ali'tsi:n
ạlljährlich 'al'jɛ:ɐ̯lıç
allmạ̈chtig al'mɛçtıç, -e ...ıgə
allmä̲hlich al'mɛ:lıç
Allmẹnd al'mɛnt, -en ...ndn̩
Allmẹnde al'mɛndə
Ạllmendingen 'almɛndıŋən
Ạllmers 'almɐs
ạllmo̲natlich 'al'mo:natlıç
ạllnạ̈chtlich 'al'nɛçtlıç
Allo̲broger a'lo:brogɐ
Allochori̲e aloko'ri:
allochroma̲tisch alokro'ma:tıʃ
allochtho̲n alɔx'to:n
Allo̲d a'lo:t, -e ...o:də
allodia̲l alo'di̯a:l
Allodifikatio̲n alodifika'tsi̯o:n
Allodifizi̲ering alodifi'tsi:rʊŋ
Allo̲dium a'lo:di̯ʊm, ...ien ...i̯ən
Allọdoli *it.* al'lɔ:doli
Allogami̲e aloga'mi:
allogạm[isch] alo'ga:m[ıʃ]
Allokarpi̲e alokar'pi:
Allokutio̲n aloku'tsi̯o:n
allomọrph, A... alo'mɔrf
Allomorphi̲e alomɔr'fi:
all'ongare̲se al|ɔŋga're:zə
Allonge a'lõ:ʒə
all'onghare̲se al|ɔŋga're:zə
allons! a'lõ:
Allons, enfants de la patrie! *fr.* alõzãfãdlapa'tri[ə]
allonym, A... alo'ny:m
Allopa̲th alo'pa:t
Allopathi̲e alopa'ti:
Allopho̲n alo'fo:n
Alloplạstik alo'plastık
Allopolyploidi̲e alopolyploi'di:
Allọri *it.* al'lɔ:ri
Allorrhizi̲e alɔri'tsi:
allothige̲n aloti'ge:n
Allo̲tria a'lo:tria
allotriomọrph alotrio'mɔrf
allotro̲p alo'tro:p
allotro̲ph alo'tro:f
Allotropi̲e alotro'pi:
all'otta̲va al|ɔ'ta:va
Alloway *engl.* 'æləweı
Alloxa̲n alɔ'ksa:n
all right! *engl.* 'ɔ:l 'raıt
Allround... *engl.* 'ɔ:l'raʊnd...
Ạllschwil 'alʃvi:l
ạllseitig 'alzai̯tıç, -e ...ıgə
Ạllseitigkeit 'alzai̯tıçkai̯t
ạllseits 'alzai̯ts
Ạllstedt 'alʃtɛt
Allston *engl.* 'ɔ:lstən
ạllstụ̈ndlich 'al'ʃtʏntlıç
Ạlltag 'alta:k, -e ...a:gə
alltäglich 'al'tɛ:klıç; '--- *(an Wochentagen)*, -'-- *(täglich, gewohnt)*
ạlltags 'alta:ks
ạllüberạll 'al|y:bɐ'|al
all'ungherẹse al|ʊŋge're:zə
Allü̲re a'ly:rə
Allusio̲n alu'zi̯o:n
alluvia̲l alu'vi̯a:l
Alluvio̲n alu'vi̯o:n
Allu̲vium a'lu:vi̯ʊm
Ạllvater 'alfa:tɐ
ạllvere̲hrt 'alfɛɐ̯'|e:ɐ̯t
ạllwịssend 'al'vısn̩t, -e ...n̩də
Ạllwịssenheit 'al'vısn̩hai̯t
ạllwọ̈chentlich 'al'vœçn̩tlıç
Ally̲l... a'ly:l...
Allyle̲n aly'le:n
ạllze̲it 'al'tsai̯t
ạllzu 'altsu:
ạllzubạld 'altsu'balt
ạllzufrü̲h 'altsu'fry:
ạllzugẹrn 'altsu'gɛrn
ạllzuha̲uf 'altsu'hau̯f
ạllzulạnge 'altsu'laŋə
ạllzuma̲l 'altsu'ma:l
ạllzuọft 'altsu'|ɔft
ạllzusạmmen 'altsu'zamən
ạllzuse̲hr 'altsu'ze:ɐ̯
ạllzusẹlten 'altsu'zɛltn̩
ạllzuvi̲el 'altsu'fi:l
Ạlm alm
[1]**Ạlma** 'alma, *engl.* 'ælmə
[2]**Almạ, Al'ma** *russ.* alj'ma
Almaa̲ck al'ma:k
Almạ-Atạ *russ.* al'maa'ta
Almacẹllas *span.* alma'θeʎas

Almach al'ma:x
Almada *port.* al'maðɐ
Almadén *span.* alma'ðen
Almagest alma'gɛst
Almagro *span.* al'maɣro
Almaide alma'i:də
Almak al'ma:k
Alma mater 'alma 'ma:tɐ
Almanach 'almanax
Almandin alman'di:n
Almannagjá *isl.* 'almanagjau̯
Almansa *span.* al'mansa
Almansor al'manzɔr
Almanzor *span.* alman'θɔr
Almar[ich] 'almar[ɪç]
Almásfüzitő *ung.* 'ɔlma:ʃfyzitø:
Alma-Tadema 'ɑlma:'ta:dəma:
Almaviva *it.* alma'vi:va
Almazán *span.* alma'θan
Almazora *span.* alma'θora
Alme 'almə
Almedal *schwed.* almə'dɑ:l
Almeida *port.* al'mɐi̯ðɐ
Almeirim *port.* almɐi̯'rĩ
Almelo *niederl.* 'ɑlməlo:
Almenara *span.* alme'nara
Almendralejo *span.* almendra'lɛxo
Almendricos *span.* almen'drikɔs
Almenno *it.* al'mɛnno
Almenrausch 'almənrau̯ʃ
Almería *span.* alme'ria
Almerinide almeri'ni:də
Almgren *schwed.* ˌalmgre:n
Ålmhult *schwed.* ˌɛlmhʊlt
Almijara *span.* almi'xara
Almindingen *dän.* 'almeneŋən
Almira *it.* al'mi:ra
Almkerk *niederl.* 'ɑlmkɛrk
Almodóvar *span.* almo'ðoβar
Almodôvar *port.* almu'ðovar
Almohade almo'ha:də
Almond *engl.* 'ɑ:mənd
Almonde *niederl.* ɑl'mɔndə
Almonte *span.* al'mɔnte
Almoravide almora'vi:də
Almorchón *span.* almɔr'tʃɔn
Almosen 'almo:zn̩
Almosenier almozə'ni:ɐ̯
Almourol *port.* almo'rɔl
Almquist *schwed.* ˌalmkvist
Almrausch 'almrau̯ʃ
Almukantarat almu'kantarat
Almunia de Doña Godina *span.* al'munia ðe 'ðoɲa ɣo'ðina
Almuradiel *span.* almura'ði̯ɛl
Almuredin almu're:dɪn
Almut[h] 'almu:t
Almute al'mu:tə
Almyros *neugr.* almi'rɔs
Alnair al'nai̯ɐ
Alnasl al'nasl̩
Alnico 'alniko
Alnilam alni'la:m
Alnitak alni'ta:k
Alnitam alni'ta:m
Al Niyat alni'ja:t

Alnus 'alnʊs
Alnwick *engl.* 'ænɪk
Aloe 'a:loe, **-n** ...oən
alogisch 'alo:gɪʃ, *auch:* –'––
Alois 'a:lɔɪs, ...oi:s
Aloisi *it.* alo'i:zi
Aloisia alo'i:zi̯a
Aloisius alo'i:zi̯ʊs
Alombrados *span.* alɔm'braðɔs
Alonistaina *neugr.* alɔ'nistɛna
Alonnesos *neugr.* a'lɔnisɔs
Alonso *span.* a'lɔnso
Alopecurus alope'ku:rʊs
Alopezie alope'tsi:, **-n** ...i:ən
Åloppe *schwed.* ˌo:lɔpə
Alor *indon.* 'alɔr
Álora *span.* 'alora
Alorna *port.* ɐ'lɔrnɐ
Alosno *span.* a'lɔzno
Alost *fr.* a'lɔst
Alouette *fr.* a'lwɛt
aloxieren alɔ'ksi:rən
Aloys 'a:lɔɪs, ...oi:s
Aloysia alo'i:zi̯a, alo'y:zi̯a
Aloysius alo'i:zi̯ʊs, alo'y:...
Alp alp
Alpaka Ⓦ al'paka
Alpanor al'pa:nɔr
al pari al 'pa:ri
Alpbach 'alpax
Alpdruck 'alpdrʊk
Alpe 'alpə, *it.* 'alpe
Alpedrinha *port.* alpə'ðriɲɐ
Alpen 'alpn̩
Alpena *engl.* æl'pi:nə
Alpera *span.* al'pera
Alpers 'alpɐs
Alpes 'alpe:s, *fr.* alp
Alpes-Maritimes *fr.* alpmari'tim
Alpetragius alpe'tra:gi̯ʊs
Alpha 'alfa, *engl.* 'ælfə
Alphabet alfa'be:t
alphabetisch alfa'be:tɪʃ
alphabetisieren alfabeti'zi:rən
alphamerisch alfa'me:rɪʃ
Alphand *fr.* al'fã
alphanumerisch alfanu'me:rɪʃ
Alpha privativum 'alfa priva'ti:vʊm
[1]**Alphard, ...t** (Vorname) 'alphart
[2]**Alphard** (Stern) al'fart
Alphatron 'alfatro:n
Alpheios al'fai̯ɔs, *neugr.* al'fjɔs
Alphekka al'fɛka
Alphen *niederl.* 'ɑlfə
Alpheus al'fe:ʊs
Alphirk al'fɪrk
Alphonse *fr.* al'fõ:s
Alphonsus al'fɔnzʊs
Alpi *it.* 'alpi
Alpi Bergamasche *it.* 'alpi berga'maske
Alpiden al'pi:dn̩
Alpiglen al'pi:glən
Alpignano *it.* alpiɲ'ɲa:no
Alpilles *fr.* al'pij

alpin al'pi:n
Alpines *fr.* al'pin
Alpini *it.* al'pi:ni
Alpinismus alpi'nɪsmʊs
Alpinist[ik] alpi'nɪst[ɪk]
Alpinum al'pi:nʊm
Alpirsbach 'alpɪrsbax
Älpler 'ɛlplɐ
Alpnach 'alpnax
Alpnachstad alpnax'ʃta:t
Alportel *port.* alpur'tɛl
Alpsee 'alpze:
Alptraum 'alptrau̯m
Alpujarras *span.* alpu'xarras
Alquerías *span.* alke'rias
Alquist 'alkvɪst
Al Rakis al'ra:kɪs
Alramech al'ra:mɛç
Alrameh al'ra:me
Alraun[e] al'rau̯n[ə]
Alrescha alrɛ'ʃa:
Al Rischa alrɪ'ʃa:
al riverso al ri'vɛrzo
al rovescio al ro'vɛʃo
Alrukaba al'ru:kaba
Alrukkabah al'rʊkaba
Alrun 'alru:n
Alruna al'ru:na
Alrune al'ru:nə
als als
Als *dän.* al's
Alsace *fr.* al'zas
Al Sadira al'za:dira
Alsafi al'za:fi
Alsaphi al'za:fi
Alsasua *span.* al'sasu̯a
Alsatia al'za:tsi̯a
Alsbach 'alsbax
alsbald als'balt
alsbaldig als'baldɪç, **-e** ...ɪgə
Alschain alʃa'i:n
alsdann als'dan
Alsdorf 'alsdɔrf
al secco al 'zɛko
al segno al 'zɛnjo
Alsen[born] 'alzn̩[bɔrn]
Alseno *it.* al'sɛ:no
Alsenz 'alzɛnts
Alsergrund 'alzɐgrʊnt
Alsfeld 'alsfɛlt
Alsheim 'alshai̯m
Alsineae al'zi:neɛ
Alsleben 'alsle:bn̩
also 'alzo
Als-ob als'|ɔp
alsobald alzo'balt
alsogleich alzo'glai̯ç
Alsógöd *ung.* 'ɔlʃo:gød
Alsónána *ung.* 'ɔlʃo:na:nɔ
Alsónémedi *ung.* 'ɔlʃo:ne:mɛdi
Alsóörs *ung.* 'ɔlʃo:ørʃ
Alsop *engl.* 'ɔ:lsəp
Alsópetény *ung.* 'ɔlʃo:pɛte:nj
Alstaden 'alʃta:dn̩
Alster 'alstɐ
Alsterbro *schwed.* alstər'bru:
Alströmer *schwed.* ˌɑ:lstrœmər
alt, Alt alt

Alta *norw.* 'alta
Altaelv *norw.* 'altaɛlv
Altafjord *norw.* 'altafju:r
Altafulla *span.* alta'fuʎa
Altai, Altaj al'ta:i, al'tai̯; *russ.* al'taj
Altaiden alta'i:dn̩
Altair al'ta:ɪr
altaisch al'ta:ɪʃ
Altaiski Krai, Altaiskij Kraj *russ.* al'tajskij 'kraj
Altaj vgl. Altai
Altamaha *engl.* ɔ:ltəmə'hɔ:
Altamira *span.* alta'mira
Altammann 'alt|aman, '–'––
Altamor 'altamɔr
Altamura *it.* alta'mu:ra
Altan al'ta:n
Altar al'ta:ɐ̯, **Altäre** al'tɛ:rə
Altare *it.* al'ta:re
Alta ripa 'alta 'ri:pa
Altarist alta'rɪst
Altasiat 'alt|a'zi̯a:t
Alt-Aussee 'alt|ause:
Altavilla *it.* alta'villa
Altazimut altatsi'mu:t
Altbayern 'altbai̯ɐn
Altbenatek 'altbɛnatɛk
Alt-Berlin altbɛr'li:n
altbewährt 'altbə'vɛ:ɐ̯t
Altbreisach alt'brai̯zax
Altchemnitz 'altkɛmnɪts
Altdamm alt'dam
altdeutsch 'altdɔytʃ
Altdorf[er] 'altdɔrf[ɐ]
Altea *span.* al'tea
Alteberg 'altəbɛrk
Altefähr altə'fɛ:ɐ̯
alteingesessen 'alt'|ai̯ngəzɛsn̩
Alteisen 'alt|ai̯zn̩
Alte Land 'altə 'lant
Altels 'altl̩s
Alten 'altn̩
Altena 'altəna
Altenahr 'altn̩|a:ɐ̯
Altenau 'altənau̯
Altenbeken altn̩'be:kn̩
Altenberg 'altn̩bɛrk
Altenberge altn̩'bɛrgə
Altenbochum altn̩'bo:xʊm
Altenbögge-Bönen altn̩'bœgə'bø:nən
Altenboitzen altn̩'bɔytsn̩
Altenbruch altn̩'brʊx
Altenburg 'altn̩bʊrk
Altendorf 'altn̩dɔrf
Altengeseke altn̩'ge:zəkə
Altenglan 'altn̩gla:n
Altengörs altn̩'gœrs
Altengrabow altn̩'gra:bo
Altengronau altn̩'gro:nau̯
Altenhammer altn̩'hamɐ
Altenhohenau altn̩'ho:ənau̯
Altenhundem altn̩'hʊndəm
Altenkessel altn̩'kɛsl̩
Altenkirchen 'altn̩kɪrçn̩, ––'––
[1]**Altenmarkt** (Triesting, Isper) altn̩'markt
[2]**Altenmarkt** (Alz, Enns) 'altn̩markt
Altenoythe altn̩'|ɔytə
Altenpleen altn̩'ple:n
Altenrhein 'altn̩rai̯n
Altenstadt 'altn̩ʃtat
Altensteig 'altn̩ʃtai̯k
Altenstein 'altn̩ʃtai̯n
Altenstetter 'altn̩ʃtɛtɐ
Altentreptow altn̩'tre:pto
Altenwalde altn̩'valdə
älter 'ɛltɐ
Alter 'altɐ
Alterantia alte'rantsi̯a
Altera pars 'altera 'pars
Alteration altera'tsi̯o:n
Alter ego 'altɐ 'e:go
alterieren alte'ri:rən
...alterig (z. B. gleichalterig) ...,|altərɪç, -e ...ɪgə
altern 'altɐn
Alternanz altɛr'nants
Alternat altɛr'na:t
Alternation altɛrna'tsi̯o:n
alternativ altɛrna'ti:f, -e ...i:və
Alternative altɛrna'ti:və
alternieren altɛr'ni:rən
Altertum 'altɐtu:m, **...tümer** ...ty:mɐ
Altertümelei altɐty:mə'lai̯
altertümeln 'altɐty:mln̩
Altertümler 'altɐty:mlɐ
altertümlich 'altɐty:mlɪç
Älteste 'ɛltəstə
Altewiek 'altəvi:k
Altfalkenhagen altfalkn̩'ha:gn̩
Altforweiler alt'fo:ɐ̯vai̯lɐ
Altfriedland alt'fri:tlant
Altgedein 'altgədai̯n
altgewohnt 'altgə'vo:nt
Altglienicke alt'gli:nɪkə
Altglietzen alt'gli:tsn̩
Altgolssen alt'go:lsn̩, ...'gɔlsn̩
Althäa al'tɛ:a
Althagen alt'ha:gn̩
Althaia al'tai̯a
Althaldensleben alt'haldn̩sle:bn̩
Althart 'althart
Althaus 'althau̯s
Althee al'te:ə
Altheide alt'hai̯də
Alt-Heidelberg alt'hai̯dl̩bɛrk
Altheim 'althai̯m
Althengstett alt'hɛŋʃtɛt
althergebracht 'alt'he:ɐ̯gəbraxt
altherkömmlich 'alt'he:ɐ̯kœmlɪç
Altherr 'althɛr
Altherrenschaft alt'hɛrənʃaft
althochdeutsch 'altho:xdɔytʃ
Althofen alt'ho:fn̩
Althoff 'althɔf
Althorp *engl.* 'ɔ:lθɔ:p
Althouse *engl.* 'ɔ:lthaʊs
Althusen 'althu:zn̩
Althusius alt'hu:zi̯ʊs
Althüttendorf alt'hʏtn̩dɔrf
Altichiero *it.* alti'ki̯ɛ:ro
Altieri *it.* al'ti̯ɛ:ri
Altig 'altɪç
Altigraph alti'gra:f
Altimeter alti'me:tɐ
Altis 'altɪs
Altissimo *it.* al'tissimo
Altist[in] al'tɪst[ɪn]
Altjabel alt'ja:bl̩
Altjahrabend 'altja:ɐ̯|a:bn̩t, –'–––
Altjungfernstand alt'jʊŋfɐnʃtant
Altkäbelich alt'kɛ:bəlɪç
Altkalen alt'ka:lən
Altkarstädt alt'ka:ɐ̯ʃtɛt
Altkastilien 'altkas'ti:li̯ən
Altkatholik 'altkato'li:k
altkatholisch 'altka'to:lɪʃ
Altkatholizismus 'altkatoli'tsɪsmʊs
Altkirch 'altkɪrç, *fr.* alt'kirʃ
altklug 'alt'klu:k, -e ...gə
Altkölln alt'kœln
Altkönig 'altkø:nɪç
Altkrüssow alt'krʏso
Altladoga alt'la:doga
Altlandsberg alt'lantsbɛrk
ältlich 'ɛltlɪç
Altlüdersdorf alt'ly:dɐsdɔrf
Altlünen alt'ly:nən
Altmädewitz alt'mɛ:dəvɪts
Altmann 'altman
Altmannsdorf 'altmansdɔrf
Altmark 'altmark
Altmeier 'altmai̯ɐ
Altmittweida altmɪt'vai̯da
altmodisch 'altmo:dɪʃ
Altmörbitz alt'mœrbɪts
Altmühl 'altmy:l
Altmünster alt'mʏnstɐ
altnordisch 'alt'nɔrdɪʃ
Alto *span.* 'alto, *engl.* 'æltoʊ
Alto Adige *it.* 'alto 'a:didʒe
Alto Douro *port.* 'altu 'ðoru
Altokumulus alto'ku:mulʊs
Altomonte *it.* alto'monte
Altomünster alto'mʏnstɐ
Alton *engl.* 'ɔ:ltən
Altona[er] 'altona[ɐ]
Altoona *engl.* æl'tu:nə
Alto Paraná *bras.* 'altu parɐ'na, *span.* 'alto para'na
Altopascio *it.* alto'paʃʃo
Altos *span.* 'altɔs
Altostratus alto'stra:tʊs
Altötting alt'|œtɪŋ
Altoum 'altoʊm
Altpreußen 'altprɔysn̩
Altranstädt 'altranʃtɛt, –'––
Altraud 'altrau̯t
Altravenhorst alt'ra:vn̩hɔrst
Altreichenau altrai̯çə'nau̯
Altreichskanzler 'altrai̯çskantslɐ, '–'–––
...altrig (z. B. gleichaltrig) ...,|altrɪç, -e ...ɪgə
Altrincham *engl.* 'ɔ:ltrɪŋəm
Altringer 'altrɪŋɐ

Ạltrip[p] 'altrɪp
Alt-Rọm alt'ro:m
Ạltrud 'altru:t
Altruịsmus altru'ɪsmʊs
Altruịst altru'ɪst
Altruppịn altrʊ'pi:n
Ạltschau 'altʃau̯
Altschẹwsk, Alčevsk *russ.* al'tʃɛfsk
Altschọ̈nau alt'ʃø:nau̯
Altsha̲usen alt͡s'hau̯zn̩
Ạltsohl 'altzo:l
Ạltstadt 'altʃtat
Ạltstätten 'altʃtɛtn̩
Ạltstetten 'altʃtɛtn̩
Ạltstoff 'altʃtɔf
Ạltswert 'alt͡sve:ɐ̯t
Alttellịn alttɛ'li:n
Ạlttestamentler 'alttɛsta,mɛntlɐ
ạlttestamentlich 'alttɛsta,mɛntlɪç
Ạlttitschein 'alttɪtʃain
ạltüberlie̲fert 'alt|y:bɐ'li:fɐt
Altus *engl.* 'æltəs
Ạltvater 'altfa:tɐ
ạltväterisch 'altfɛ:tərɪʃ
Ạltvordern 'altfɔrdɐn
Ạltwegg 'altwɛk
Altwe̲ibersommer alt'vai̯bɐzɔmɐ
Altwie̲d alt'vi:t
Alt-Wie̲n alt'vi:n
Altzạrrendorf alt'tsarəndɔrf
A̲lu 'a:lu
Aludu̲r alu'du:ɐ̯
Alumbrạdos *span.* alum'braðɔs
Alu̲men a'lu:mən
alumetie̲ren alume'ti:rən
Alumina̲t alumi'na:t
aluminie̲ren alumi'ni:rən
Aluminit alumi'ni:t, *auch:* ...nɪt
Alumi̲nium alu'mi:ni̯ʊm
Aluminothermie̲ aluminotɛr'mi:
Alumna̲t alʊm'na:t
Alụmne a'lʊmnə
Alụmnus a'lʊmnʊs
Alunit alu'ni:t, *auch:* ...nɪt
Alụnno *it.* a'lunno
Alụpka *russ.* a'lupkɐ
Alụschta, Alušta *russ.* a'luʃtɐ
Ạlva *it.* 'alva, *port.* 'alvɐ *span.* 'alβa
Alvane̲u alva'nɔy̯
Alvạr *span.* al'βar
Alvarạdo *span.* alβa'raðo
Álvares *bras.* 'alvaris
Álvarez *span.* 'alβarɛθ
Alvạro *it.* al'va:ro
Álvaro 'alvaro, *span.* 'alβaro, *port.* 'alvɐru
Alvaschạgn *rät.* alva'ʒaɲ
Ạlvastra *schwed.* ,alvastra
Ạ̈lvdalen *schwed.* ,ɛlvdɑ:lən
Alveạr *span.* alβe'ar
Ạlvensleben 'alvn̩sle:bn̩
alveolạr, A... alveo'la:ɐ̯
alveolạ̈r alveo'lɛ:ɐ̯
alveolarisie̲ren alveolari'zi:rən
Alveọle alve'o:lə
Ạlverdes 'alvɛrdɛs
Ạlverdissen 'alvɐdɪsn̩
Ạlvesta *schwed.* ,alvəsta
Alviạno *it.* al'vi̯a:no
Alviẹla *port.* al'vi̯ɛlɐ
Ạlving 'alvɪŋ
Alvisọpoli *it.* alvi'zɔ:poli
Alvịto *port.* al'vitu
Älvkarleby *schwed.* ,ɛlvkɑ:rləby:, ɛlv,k...
Älvsbyn *schwed.* 'ɛlvsby:n
Ạlwa 'alva
Ạlwegbahn 'alve:k,ba:n
Ạlwin 'alvi:n
Alwịna al'vi:na
Alwịne al'vi:nə
Ạlxinger 'alksɪŋɐ
Alxnupọ̈nen alksnu'pø:nən
Alyạttes a'ly̆atɛs
Alymphie̲ alʏm'fi:, **-n** ...i:ən
Ạlz alt͡s
Ạlžběta *tschech.* 'alʒbjɛta
Ạlzenau 'alt͡sənau̯
Alzẹtte *fr.* al'zɛt
Alzey 'alt͡sai̯
Ạlzig 'alt͡sɪç
Ạlzheimer 'alt͡shaimɐ
Alzọla *span.* al'θola
ạm am
amạbile a'ma:bilə, ...le
Amadẹo *it.* ama'dɛ:o
Amade̲us *dt., schwed.* ama'de:ʊs
Amadis ama'di:s, a'ma:dɪs
Amadís *span.* ama'ðis
Amạdo a'ma:do, *bras.* ɐ'madu
Ạmager *dän.* 'ama:'ɣər, 'ama:'r
Åmål *schwed.* 'o:mo:l
Amạlarich a'ma:larɪç
Amalasụntha amala'zʊnta
Amalaswịntha amala'svɪnta
Amalbẹrga amal'bɛrga
A̲malbert 'a:malbɛrt
Amalbẹrta amal'bɛrta
Amalbụrga amal'bʊrga
Amaleki̲ter amale'ki:tɐ
A̲maler 'a:malɐ
Amạlfi *it.* a'malfi
A̲malfried 'a:malfri:t
Amalfrie̲da amal'fri:da
Amalgạm amal'ga:m
Amalgamatio̲n amalgama't͡si̯o:n
amalgamie̲ren amalga'mi:rən
A̲malgund 'a:malgʊnt
Amalgụnde amal'gʊndə
Amạlia a'ma:li̯a
Amália *port.* ɐ'mali̯ɐ
Amaliạs *neugr.* ama'ljas
Amạlie a'ma:li̯ə
Amalienau̲ ama:li̯ə'nau̯
Amạlienborg *dän.* a'ma:'liənbɔr'
A̲malrich 'a:malrɪç
Amạlrik, Amal'rik *russ.* a'maljrik
Amalthẹa amal'te:a
Amalthe̲ia amal'tai̯a
Amambạy *span.* amam'bai̯
Amạnda a'manda
Amạndola *it.* a'mandola
Amạndus a'mandʊs
Amani̲ta ama'ni:ta
Ạmann 'aman
Amạnt a'mã:
Amanuẹnsis ama'nu̯ɛnzɪs, **...nses** ...ze:s
Amạnus a'ma:nʊs
Amapá *bras.* ɐma'pa
Amapạla *span.* ama'pala
Amạr *fr.* a'ma:r
amarạnt, A... ama'rant
Amarạnte *port.* ɐmɐ'rɐntə
Amarẹlle ama'rɛlə
Amarẹtti *it.* ama'retti
Amạri *it.* a'ma:ri
Amarịllo *engl.* æmə'rɪloʊ, *span.* ama'riʎo
Amạrna a'marna
Amarousion *neugr.* ama'rusjɔn
A̲maru 'a:maru
Amạrum a'ma:rʊm
Amarỵl ama'rʏl
Amaryllidạceae amarʏli'da:t͡seɛ
Amarỵllis ama'rʏlɪs
Amạsai a'ma:zai̯
Amasịa ama'zi:a
Amạsis a'ma:zɪs
amassie̲ren ama'si:rən
Amasya *türk.* 'ɑmɑsjɑ, –'––
Amạta a'ma:ta
Amateur ama'tø:ɐ̯
Amateurịsmus amatø'rɪsmʊs
Amathụs ama'tu:s
Amạti *it.* a'ma:ti
Amatịque *span.* ama'tike
Amatitlán *span.* amatit'lan
Amạto *it.* a'ma:to
Amạtrix a'ma:trɪks
Amạtus a'ma:tʊs
Amau̲net ama'u:nɛt
Amaurọse amau̯'ro:zə
Ama̲use a'mau̯zə
Amạya *span.* a'maja
Amazịli, ...ly ama'zi:li
Amazonas ama't͡so:nas, *span.* ama'θonas, *bras.* ɐma'zonas
Amazọne ama't͡so:nə
Amazọnenstrom ama't͡so:nənʃtro:m
Amazọnien ama't͡so:ni̯ən
Ạmbach 'ambax
Ambạla *engl.* əm'bɑ:lə
Ambassạde amba'sa:də, *auch:* ãb...; *fr.* ãba'sad
Ambassadeur ambasa'dø:ɐ̯, *auch:* ãb...; *fr.* ãbasa'dœ:r
Ambassador *engl.* æm'bæsədə
Ambạto *span.* am'bato
Ạmbe 'ambə
Ạmber 'ambɐ

Ambẹres *span.* am'beres
Ạmberg 'ambɛrk
Ạmbergau 'ambɐgau̯
Ạmberger 'ambɛrgɐ
ambidẹxter ambi'dɛkstɐ
Ambidextri̱e ambidɛks'tri:, **-n** ...i:ən
Ambiẹnte am'bi̯ɛntə
Ambigu *fr.* ãbi'gy
Ambiguitạ̈t ambigu̯i'tɛ:t
Ambi̱orix am'bi:orɪks
Ambitio̱n ambi'tsi̯o:n
ambitioni̱eren ambitsi̯o'ni:rən
ambitiö̱s ambi'tsi̯ø:s, **-e** ...ø:zə
Ạmbitus 'ambitʊs
ambivalẹnt ambiva'lɛnt
Ambivalẹnz ambiva'lɛnts
Ambi̱vius am'bi:vi̯ʊs
Amblève *fr.* ã'blɛ:v
Amblygonit amblygo'ni:t, *auch:* ...nɪt
Amblyopi̱e ambly|o'pi:, **-n** ...i:ən
Amblypo̱den ambly'po:dn̩
Ạmbo 'ambo, **-nen** am'bo:nən
Ambo̱ina am'bɔyna
Amboise *fr.* ã'bwa:z
Ạmboland 'ambolant
¹**Ạmbon** (Lesepult) 'ambɔn, **-en** am'bo:nən
²**Ạmbon** (Insel) *indon.* 'ambɔn
Ạmboß 'ambɔs, **...osse** ...ɔsə
Amboy *engl.* 'æmbɔɪ
Ambozẹptor ambo'tsɛptɔr, **-en** ...'to:rən
Ạmbra 'ambra
Ambra̱kia am'bra:ki̯a
ambra̱kisch am'bra:kɪʃ
Ạmbras 'ambras
Ạmbraser 'ambrazɐ
Ambre *fr.* ã:br
Ambridge *engl.* 'æmbrɪdʒ
Ambri̱z *port.* ɐm'briʃ
Ambrizẹte *port.* ɐmbri'zetə
Ambrogi̱ni *it.* ambro'dʒi:ni
Ambro̱gio *it.* am'brɔ:dʒo
Ambroise *fr.* ã'brwa:z
Ambro̱ne am'bro:nə
Ạmbros 'ambrɔs
Ambrosẹtti *span.* ambro'seti
Ambro̱sia am'bro:zi̯a
Ambrosia̱na *it.* ambro'zi̯a:na
ambrosia̱nisch ambro'zi̯a:nɪʃ
Ambrosi̱ni *it.* ambro'zi:ni
Ambro̱sio *it.* am'brɔ:zi̯o
ambro̱sisch am'bro:zɪʃ
Ambro̱sius am'bro:zi̯ʊs
Ambrym *fr.* ã'brɛ̃
ambulạnt ambu'lant
Ambulạnz ambu'lants
ambulato̱risch ambula'to:rɪʃ
Ambulato̱rium ambula'to:ri̯ʊm, **...ien** ...i̯ən
Ạmden 'amdn̩
Amdermạ *russ.* amdɪr'ma
Amédé[e] *fr.* ame'de
Amedẹo *it.* ame'dɛ:o
A̱meile 'a:mai̯lə
A̱meise 'a:mai̯zə
Ameixia̱l *port.* ɐmɐi̯'ʃi̯al
A̱mel *niederl.* 'a:məl
A̱meland *niederl.* 'a:məlɑnt
Amelanẹsier amela'ne:zi̯ɐ
Amẹlia a'me:li̯a, *it.* a'mɛ:li̯a
¹**Amelie** (Vorname) 'ameli, ame'li:, a'me:li̯ə
²**Ameli̱e** ame'li:, **-n** ...i:ən
Amélie *fr.* ame'li
Amélie-les-Bains *fr.* amelile'bɛ̃
Amelioratio̱n ameli̯ora'tsi̯o:n
ameliori̱eren ameli̯o'ri:rən
Amẹlius a'me:li̯ʊs
A̱meln 'a:mln̩
A̱melkorn 'a:mlkɔrn
Amelsbü̱ren a:mls'by:rən
A̱melung 'a:məlʊŋ
A̱melungen 'a:məlʊŋən
A̱melunxen 'a:məlʊŋksn̩
a̱men, A̱... 'a:mɛn, ...mən
Amenai̱de amena'i:də
Amenạis ame'na:ɪs
Am Ẹnde am 'ɛndə
Amendement amãdə'mã:
amendi̱eren amɛn'di:rən
Amẹndment *engl.* ə'mɛndmənt
Amẹndola *it.* a'mɛndola
Amendola̱ra *it.* amendo'la:ra
Amenemhe̱t amenɛm'he:t
Amenemo̱pet amene'mo:pɛt
Amenẹrdis ame'nɛrdɪs
Amenho̱tep amɛn'ho:tɛp
Amenmo̱se amɛn'mo:zə
Ameno̱phis ame'no:fɪs
Amenorrhö̱, ...öe amenɔ'rø:, **...rrhö̱en** ...'rø:ən
amenorrho̱isch amenɔ'ro:ɪʃ
Amẹnta *it.* a'mɛnta
Amẹntia a'mɛntsi̯a, **...ien** ...i̯ən
Amen-U̱ser amɛn'|u:zɐ
Amẹnz a'mɛnts, **-ien** -i̯ən
Ạmerang 'aməraŋ
Ạmerbach 'amɐbax
Amẹrica *engl.* ə'mɛrɪkə
Americaine ameri'kɛ:n
Amẹrican *engl.* ə'mɛrɪkən
America̱na ameri'ka:na
Americanịsmo amerika'nɪsmo
Amẹrican Legion *engl.* ə'mɛrɪkən 'li:dʒən
Ameri̱cium ame'ri:tsi̯ʊm
Ameri̱co *it.* ame'ri:ko
Amẹricus *engl.* ə'mɛrɪkəs
Ameri̱ghi *it.* ame'ri:gi
Ameri̱go *it.* ame'ri:go
Amẹrika a'me:rika
Amerika̱ner ameri'ka:nɐ
amerika̱nisch ameri'ka:nɪʃ
amerikanisi̱eren amerikani'zi:rən
Amerikanịsmus amerika'nɪsmʊs
Amerikanịst amerika'nɪst
Amerikanịstik amerika'nɪstɪk
A̱mern 'a:mɐn
A̱merongen *niederl.* 'a:mərɔŋə
A̱mersfoort *niederl.* 'a:mərsfo:rt
Ạmery *engl.* 'eɪmərɪ
Ames *engl.* eɪmz
Amesbury *engl.* 'eɪmzbərɪ
Amẹscua *span.* a'mesku̯a
a metà a me'ta
amethodisch 'ameto:dɪʃ, *auch:* --'--
Amethỵst ame'tʏst
Ametri̱e ame'tri:, **-n** ...i:ən
amẹtrisch a'me:trɪʃ
Ametropi̱e ametro'pi:, **-n** ...i:ən
Ameublement amøblə'mã:
Amfọrtas am'fɔrtas
Amgạ *russ.* am'ga
Amha̱ra am'ha:ra
amha̱risch am'ha:rɪʃ
Amherst *engl.* 'æməst
Ạmi 'ami
Amiạnt a'mi̯ant
A̱mias 'a:mi̯as, *engl.* 'eɪmɪəs
Amiạta *it.* a'mi̯a:ta
Amiati̱nus ami̯a'ti:nʊs
Ami̱ci[s] *it.* a'mi:tʃi[s]
Amici̱tia ami'tsi:tsi̯a
Ami̱co *it.* a'mi:ko
Ami̱co Frịtz *it.* a'mi:ko 'frits
Ami̱cus a'mi:kʊs
Ami̱d a'mi:t, **-e** ...i:də
Amida̱se ami'da:zə
Amiẹl *fr.* a'mjɛl
Amiens *fr.* a'mjɛ̃
Ạmiet 'ami̯ɛt
Amigo̱ni *it.* ami'go:ni
Amịkt a'mɪkt
Amịlcare *it.* a'milkare
Ä̱milia ɛ'mi:li̯a
Ä̱milie ɛ'mi:li̯ə
Ä̱milius ɛ'mi:li̯ʊs
Amimi̱e ami'mi:, **-n** ...i:ən
Ami̱n[e] a'mi:n[ə]
Amini̱erung ami'ni:rʊŋ
Aminoplạst amino'plast
Ami̱nosäuren a'mi:nozɔyrən
Amịntore *it.* a'mintore
Ami̱r *pers.* æ'mi:r
Ami̱ra a'mi:ra
Amirạnten ami'rantn̩
Amis *engl.* 'eɪmɪs
Amito̱se ami'to:zə
¹**Ạmman** 'aman
²**Amma̱n** (Ort) a'ma:n
Ammana̱ti *it.* amma'na:ti
Ạmmann 'aman, **Ạmmänner** 'amɛnɐ
Ạmmaus 'amaʊs
Ạmme 'amə
Åmmebẹrg *schwed.* ɔmə'bærj
Ạmmelshain 'amlshai̯n
Ạmmer 'amɐ
Ạmmerfeld 'amɐfɛlt
Ạmmergau 'amɐgau̯
Ạmmerland 'amɐlant
Ammerlü̱gen amɐ'ly:gn̩
Ạmmersee 'amɐze:
Ạmmers-Kụ̈ller *niederl.* 'ɑmərs'kʏlər

Ammia̲na a'mi̯a:na
Ammia̲nus a'mi̯a:nʊs
Ammira̲to *it.* ammi'ra:to
[1]**Ạmmon** (ägypt. Gott; Familienname) 'amɔn
[2]**Ammo̲n** (Ammonium) a'mo:n
Ammoniak amo'ni̯ak, *auch:* '–––
ammoniaka̲lisch amoni̯a'ka:lɪʃ
Ammoniaka̲t amoni̯a'ka:t
Ammonit amo'ni:t, *auch:* ...nɪt
Ammoni̲ter amo'ni:tɐ
Ammo̲nios a'mo:ni̯ɔs
Ammo̲nium a'mo:ni̯ʊm
Ammons *engl.* 'æmənz
Ạmmonshorn 'amɔnshɔrn
Amne̲ris am'ne:rɪs
Amnesi̲e amne'zi:, **-n** ...i:ən
Amnesti̲e amnɛs'ti:, **-n** ...i:ən
amnesti̲eren amnɛs'ti:rən
Amnesty *engl.* 'æmnɛstɪ
Ạmnion 'amniɔn
Amnio̲ten amni'o:tn̩
amnio̲tisch amni'o:tɪʃ
Amnokkang *korean.* amnɔkkaŋ
amöbä̲isch amø'bɛ:ɪʃ
Amöbä̲um amø'bɛ:ʊm, **...bä̲a** ...'bɛ:a
Amö̲be a'mø:bə
Amöbo̲id amøbo'i:t, **-e** ...i:də
Amoiba̲ion amɔy'bai̯ɔn, **...ba̲ia** ...'bai̯a
Amok 'a:mɔk, *auch:* a'mɔk
Amo̲l *pers.* ɑ'mol
a-Moll 'a:mɔl, *auch:* '–'–
Amo̲m a'mo:m
amö̲n a'mø:n
Amö̲na a'mø:na
Amona̲sro amo'nasro, *it.* amo'nazro
Amö̲neburg a'mø:nəbʊrk
Amönitä̲t amøni'tɛ:t
Ạmonn 'amɔn
Amontons *fr.* amõ'tõ
A̲mor 'a:mɔr
amoralisch 'amora:lɪʃ, *auch:* ––'––
Amorali̲smus amora'lɪsmʊs
amorali̲stisch amora'lɪstɪʃ
Amoralitä̲t amorali'tɛ:t
A̲morbach 'a:mo:ɐ̯bax
Amo̲rces a'mɔrs
Amorebięta *span.* amore'βi̯eta
Amoreira *port.* ɐmu'rɐi̯rɐ
Amorẹtte amo'rɛtə
A̲mor fa̲ti 'a:mɔr 'fa:ti
Amorgo̲s *neugr.* amɔr'ɣɔs
Amori̲m *span.* amo'rin
Amori̲ter amo'ri:tɐ
Ammoro̲sa amo'ro:za
amoro̲so amo'ro:zo
amo̲rph a'mɔrf
Amorphi̲e amɔr'fi:, **-n** ...i:ən
amo̲rphisch a'mɔrfɪʃ
amortisa̲bel amɔrti'za:bl̩, **...ble** ...blə
Amortisatio̲n amɔrtiza'tsi̯o:n
amortisi̲eren amɔrti'zi:rən
A̲mos 'a:mɔs, *engl.* 'eɪməs
Amo̲sis a'mo:zɪs
Amouren a'mu:rən
amourö̲s amu'rø:s, **-e** ...ø:zə
Amo̲y a'mɔy
Ạmpel 'ampl̩
Ampelographi̲e ampelogra'fi:
Ampelo̲psis ampe'lɔpsɪs
Ạmper 'ampɐ
Ampe̲re am'pe:ɐ̯, ...'pɛ:ɐ̯
Ampère *fr.* ã'pɛ:r
Amperemẹter ampe:ɐ̯'me:tɐ, ampɛ:ɐ̯...
Amperestụnde ampe:ɐ̯'ʃtʊndə, ampɛ:ɐ̯...
Ạmpex ⓦ 'ampɛks
Ampẹzzo *it.* am'pettso
Ạmpfer 'ampfɐ
Ạmpferer 'ampfərɐ
Ạmpfing 'ampfɪŋ
Amphetami̲n amfeta'mi:n
Amphiara̲os amfi̯a'ra:ɔs
Amphi̲bie am'fi:bi̯ə
amphi̲bisch am'fi:bɪʃ
Amphi̲bium am'fi:bi̯ʊm, **...ien** ...i̯ən
Amphibo̲l amfi'bo:l
Amphiboli̲e amfibo'li:, **-n** ...i:ən
amphibo̲lisch amfi'bo:lɪʃ
Amphibolit amfibo'li:t, *auch:* ...lɪt
Amphi̲brachys am'fi:braxʏs
Amphigoni̲e amfigo'ni:
amphika̲rp amfi'karp
Amphikarpi̲e amfikar'pi:
Amphịkleia *neugr.* am'fiklia
Amphikrani̲e amfikra'ni:, **-n** ...i:ən
Amphiktyo̲ne amfɪk'tÿo:nə
Amphiktyoni̲e amfɪktÿo'ni:, **-n** ...i:ən
Amphiloch̲ia *neugr.* amfilɔ'çia
Amphi̲macer, ...zer am'fi:matsɐ
amphimịktisch amfi'mɪktɪʃ
Amphimịxis amfi'mɪksɪs
Amphio̲le ⓦ am'fi̯o:lə
Amphi̲on am'fi:ɔn
Amphio̲xus am'fi̯ɔksʊs
amphipneu̲stisch amfi'pnɔystɪʃ
Amphipo̲den amfi'po:dn̩
Amphi̲polis am'fi:polɪs
Amphipro̲stylos amfi'prɔstylɔs, **...len** ...ro'sty:lən
Amphịssa am'fɪsa, *neugr.* 'amfisa
amphistoma̲tisch amfisto'ma:tɪʃ
Amphi̲theater am'fi:tea:tɐ
amphitheatra̲lisch amfitea'tra:lɪʃ
Amphitri̲te amfi'tri:tə, *B* ...te
Amphi̲truo am'fi:truo
Amphi̲tryo am'fi:tryo
Amphi̲tryon am'fi:tryɔn
Ạmphora 'amfora, **...ren** ...'fo:rən
Ampho̲re am'fo:rə
amphote̲r amfo'te:ɐ̯
Amplifikatio̲n amplifika'tsi̯o:n
Amplifikati̲v... (z. B. Amplifikativsuffix) amplifika'ti:f...
Amplifikati̲vum amplifika'ti:vʊm, **...va** ...va
amplifizi̲eren amplifi'tsi:rən
Amplitu̲de ampli'tu:də
Ampo̲lla *span.* am'poʎa
Ampo̲sta *span.* am'pɔsta
Ampsiva̲rier ampsi'va:ri̯ɐ
Ampụlle am'pʊlə
Ampurdán *span.* ampur'ðan
Ampu̲rias span. am'puri̯as
Amputatio̲n amputa'tsi̯o:n
amputi̲eren ampu'ti:rən
Ạmr 'amɐ
Amram *engl.* 'æmræm
Ạmras 'amras
Ạmraser 'amrazɐ
Ạmrehn 'amre:n
Ạmrei 'amrai̯
Amrilka̲is amrɪl'kai̯s
Amriswi̲l amrɪs'vi:l
Amrịtsar *engl.* əm'rɪtsə
Ạmrum 'amrʊm
Ạmsdorf 'amsdɔrf
Ạmsel 'amzl̩
Åmsele *schwed.* 'ɔmsələ
Ạmselfing 'amzl̩fɪŋ
Amsiva̲rier amzi'va:ri̯ɐ
Ạmsler 'amzlɐ
Ạmsteg 'amʃte:k
Ạmstel *niederl.* 'ɑmstəl
Amstelme̲er *niederl.* ɑmstəl'me:r
Amstelve̲en *niederl.* ɑmstəl've:n
Ạmstenrade *niederl.* 'ɑmstənra:də
Amsterdam amstɐ'dam, *auch:* '–––, *niederl.* ɑmstər'dɑm, *engl.* 'æmstə'dæm; **-er** ...amɐ
Amstẹtten am'ʃtɛtn̩
Ạmstutz 'amʃtʊts, *engl.* 'æmstʌts
Ạmt amt, **Ạ̈mter** 'ɛmtɐ
Amte̲i am'tai̯
ạmten 'amtn̩
amti̲eren am'ti:rən
Amtọrg *russ.* am'tɔrk
Amtzẹll amt'tsɛl
Amụ-Darjạ, Amu-Dar'ja *russ.* a'mudarj'ja
Amulẹtt amu'lɛt
A̲mun 'a:mʊn
A̲mund Rịngnes *engl.* 'ɑ:mʊn 'rɪŋneɪs
A̲mundsen 'a:mʊntsn̩, *norw.* ˌa:mʉnsən
Amu̲r a'mu:ɐ̯, *russ.* a'mur
Amu̲rang *indon.* a'muraŋ
Amu̲rrio *span.* a'murri̯o
amüsạnt amy'zant

Amüsement amyzə'mã:
Amusie amu'zi:
amüsieren amy'zi:rən
amusisch 'amu:zɪʃ, *auch:* –'––
Amy *engl.* 'eɪmɪ
Amygdalin amʏkda'li:n
amygdaloid amʏkdalo'i:t, **-e** ...i:də
Amygdalus a'mʏkdalʊs
Amyklä a'my:klɛ
Amyl a'my:l
Amylase amy'la:zə
Amylen amy'le:n
amyloid amylo'i:t, **-e** ...i:də
Amyloidose amyloi'do:zə
Amylolyse amylo'ly:zə
amylolytisch amylo'ly:tɪʃ
amylophil amylo'fi:l
Amylose amy'lo:zə
Amylum 'a:mylʊm, a'my:lʊm
Amyntas a'mʏntas
Amyot *fr.* a'mjo
amythisch 'amy:tɪʃ, *auch:* –'––
an[a] 'an[a]
[1]**Ana** (Sammlung von Aussprüchen) 'a:na
[2]**Ana** (Vorname) *span.* 'ana, *port.* 'ɐnɐ
Anabaptismus anabap'tɪsmʊs
Anabaptist anabap'tɪst
Anabar *russ.* ana'bar
Anabasis a'na:bazɪs
anabatisch ana'ba:tɪʃ
Anabel 'anabɛl, *engl.* 'ænəbɛl
Anabiose ana'bi̯o:zə
anabol ana'bo:l
Anabyssos *neugr.* a'navisɔs
Anacapri *it.* ana'ka:pri
Anacharsis ana'çarzɪs, ana'xa...; *fr.* anakar'sis
Anachoret anaço're:t, anaxo..., anako...
Anachronismus anakro'nɪsmʊs
anachronistisch anakro'nɪstɪʃ
Anaconda *engl.* ænə'kɔndə
Anacortes *engl.* ænə'kɔ:tɪz
Anadarko *engl.* ænə'dɑ:koʊ
Anadiplose anadi'plo:zə
Anadiplosis ana'di:plozɪs, **...sen** ...di'plo:zn̩
Anadolu *türk.* ɑ'nɑdɔlu
Anadyomene ana'dy̆o:mene; ...dy̆o'me:nə, *B* ...ne
Anadyr, Anadyr' *russ.* a'nadɨrj
anaerob an|ae'ro:p, **-e** ...o:bə
Anaerobier an|ae'ro:bi̯ɐ
Anaerobiont an|aero'bi̯ɔnt
Anaerobiose an|aero'bi̯o:zə
Anagallis ana'galɪs
Anagenese anage'ne:zə
Anaglyphen ana'gly:fn̩
Anagni *it.* a'naɲɲi
Anagnorisis ana'gno:rizɪs
Anagoge anago'ge:, ana'go:gə
anagogisch ana'go:gɪʃ
Anagramm ana'gram
anagrammatisch anagra'ma:tɪʃ
Anaheim *engl.* 'ænəhaɪm
anähneln 'an|ɛ:nl̩n
Anáhuac *span.* a'nau̯ak
Anaklasis a'na:klazɪs
Anaklet ana'kle:t
Anakoluth anako'lu:t
Anakoluthie anakolu'ti:
Anakonda ana'kɔnda
Anakreon a'na:kreɔn
Anakreontiker anakre'ɔntikɐ
anakreontisch anakre'ɔntɪʃ
Anakrusis a'na:kruzɪs, **...krusen** ana'kru:zn̩
Anakusis ana'ku:zɪs
anal a'na:l
Analcim anal'tsi:m
Analekten ana'lɛktn̩
analektisch ana'lɛktɪʃ
Analeptikon ana'lɛptikɔn, **...ka** ...ka
Analeptikum ana'lɛptikʊm, **...ka** ...ka
analeptisch ana'lɛptɪʃ
Analgen an|al'ge:n
Analgesie an|alge'zi:, **-n** ...i:ən
Analgetikum an|al'ge:tikʊm, **...ka** ...ka
analgetisch an|al'ge:tɪʃ
Analgie an|al'gi:, **-n** ...i:ən
anallaktisch an|a'laktɪʃ
analog ana'lo:k, **-e** ...o:gə
Analoga vgl. Analogon
Analogat analo'ga:t
Analogie analo'gi:, **-n** ...i:ən
Analogismus analo'gɪsmʊs
Analogon a'na:logɔn, **...ga** ...ga
Analphabet an|alfa'be:t, *auch:* '––––
Analphabetismus an|alfabe'tɪsmʊs
Analysand analy'zant, **-en** ...dn̩
Analysator analy'za:tɔr, **-en** analyza'to:rən
Analyse ana'ly:zə
analysieren analy'zi:rən
Analysis a'na:lyzɪs, **...ysen** ana'ly:zn̩
Analyst ana'lʏst, *engl.* 'ænəlɪst
Analytik ana'ly:tɪk
Analytiker ana'ly:tikɐ
analytisch ana'ly:tɪʃ
Anambas *indon.* a'nambas
Anämie anɛ'mi:, **-n** ...i:ən
anämisch a'nɛ:mɪʃ
Anamnese anam'ne:zə
anamnestisch anam'nɛstɪʃ
Anamnier a'namniɐ
Anamorphot anamɔr'fo:t
Ananas 'ananas
Ananda a'nanda
Ananias ana'ni:as
Ananit ana'ni:t
Anankast anaŋ'kast
Ananke a'naŋkə, *B* ...ke
Anantapodoton ananta'po:dotɔn, **-ta** ...ta
Ananym ana'ny:m
Anapa *russ.* a'napɐ
ana partes aequales 'ana 'parte:s ɛ'kva:le:s
Anaphase ana'fa:zə
Anaphe *neugr.* a'nafi
Anapher a'na[:]fɐ
Anaphora a'na:fora, **...rä** ...rɛ
anaphorisch ana'fo:rɪʃ
Anaphrodisiakum an|afrodi'zi:akʊm, **...ka** ...ka
Anaphrodisie an|afrodi'zi:, **-n** ...i:ən
Anaphylaxie anafyla'ksi:, **-n** ...i:ən
Anápolis *bras.* ɐ'napulis
Anaptyxe anap'tʏksə
Anarchie anar'çi:, **-n** ...i:ən
anarchisch a'narçɪʃ
Anarchismus anar'çɪsmʊs
Anarchist anar'çɪst
Anarchosyndikalismus anarçozʏndika'lɪsmʊs
Anarchosyndikalist anarçozʏndika'lɪst
Anarthrie an|ar'tri:, **-n** ...i:ən
Anasarka ana'zarka
Anasarkie ana'zar'ki:
Anastas *russ.* anas'tas
Anastas'evič vgl. Anastasjewitsch
Anastas'evna vgl. Anastasjewna
Anastasia *dt., it.* anas'ta:zi̯a
Anastasij vgl. Anastassi
Anastasija vgl. Anastassija
Anastasio *span.* anas'tasi̯o
Anastasios anas'ta:zi̯ɔs
Anastasis a'nastazɪs
Anastasius anas'ta:zi̯ʊs
Anastasjewna, Anastas'evna *russ.* anas'tasjɪvitʃ
Anastasjewna, Anastas'evna *russ.* anas'tasjɪvnɐ
Anastassi, Anastasij *russ.* anas'tasij
Anastassija, Anastasija *russ.* anas'tasijɐ
anastatisch ana'sta:tɪʃ
Anästhesie an|ɛste'zi:, **-n** ...i:ən
anästhesieren an|ɛste'zi:rən
Anästhesin an|ɛste'zi:n
Anästhesiologe an|ɛstezi̯o'lo:gə
Anästhesiologie an|ɛstezi̯olo'gi:
Anästhesist an|ɛste'zɪst
Anästhetikum an|ɛs'te:tikʊm, **...ka** ...ka
anästhetisch an|ɛs'te:tɪʃ
anästhetisieren an|ɛsteti'zi:rən
Anastigmat an|astɪ'gma:t
Anastomose anasto'mo:zə
Anastrophe a'nastrofe, **-n** ana'stro:fn̩
Anasuya ana'zu:ja
Anatevka ana'tɛfka
Anatexis ana'tɛksɪs
Anath a'na:t
Anathem ana'te:m
Anathema a'na:tema, **-ta** ana'te:mata

anathematisieren anatemati'zi:rən
anational 'anatsi̯ona:l, *auch:* – – –'–
Anatọl ana'to:l
Anatọle *fr.* ana'tɔl
Anatọlien ana'to:li̯ən
Anatọli, Anatolij *russ.* ana'tɔlij
anatọlisch ana'to:lɪʃ
Anatọljewitsch, Anatol'evič *russ.* ana'tɔljɪvitʃ
Anatọljewna, Anatol'evna *russ.* ana'tɔljɪvnɐ
Anatọm ana'to:m
Anatomie anato'mi:, **-n** ...i:ən
anatomieren anato'mi:rən
anatọmisch ana'to:mɪʃ
Anatozịsmus anato'tsɪsmʊs
anatrọp ana'tro:p
Anaxạgoras ana'ksa:goras
anaxial 'an|aksi̯a:l, *auch:* – –'–
Anaximạnder anaksi'mandɐ
Anaximạndros anaksi'mandrɔs
Anaxịmenes ana'ksi:menɛs
Anazidität an|atsidi'tɛ:t
anazyklisch ana'tsy:klɪʃ, *auch:* ...tsʏk...
Ạnbahnung 'anba:nʊŋ
anbei an'bai̯, *auch:* '–
ạnberaumen 'anbə,rau̯mən
ạnbiedern 'anbi:dɐn, **ạnbiedre** ...i:drə
Ạnbruch 'anbrʊx, **Ạnbrüche** 'anbrʏçə
ạnceps 'antsɛps
Ạnčerl *tschech.* 'antʃɛrl
Ancervịlle *fr.* ãsɛr'vil
Anchesenạmun ançeze'na:mʊn
Anchesenpẹpi ançezən'pe:pi
Anchẹta *span.* an'tʃeta
Anchịalos *neugr.* an'çialɔs
Anchiẹta *span.* an'tʃi̯eta
Anchises an'çi:zɛs
Anchnesneferibre ançnɛsneferi'bre:
Anchorage *engl.* 'æŋkərɪdʒ
Anchose an'ʃo:zə
Anchovis an'ço:vɪs, an'ʃo:vɪs
Anchusa an'çu:za
Anciennität ãsi̯ɛni'tɛ:t
Ancien régime *fr.* ãsjɛ̃re'ʒim
Ạnckarström *schwed.* ,aŋkarstrœm
Ancón *span.* aŋ'kɔn
Ancona *it.* aŋ'ko:na
ancora aŋ'ko:ra
Ancre *fr.* ã:kr
Ancud *span.* aŋ'kuð
Ạncus 'aŋkʊs
Ạncylus 'antsylʊs
Ancyra an'tsy:ra
and *engl.* ænd, ənd
Ạnda 'anda, *ung.* 'ɔndɔ
Ạndacht 'andaxt
ạndächtig 'andɛçtɪç, **-e** ...ɪgə
ạndächtiglich 'andɛçtɪklɪç
Åndalsnes *norw.* ,ɔnda:lsne:s
Andalucía *span.* andalu'θia
Andalusien anda'lu:zi̯ən
Andalusier anda'lu:zi̯ɐ
andalusisch anda'lu:zɪʃ
Andalusit andalu'zi:t, *auch:* ...zɪt
Andaman *engl.* 'ændəmæn
Andamanen anda'ma:nən
Andamaner anda'ma:nɐ
andạnte, A... an'dantə
andantino, A... andan'ti:no
Ạndau 'andau̯
Ạndechs 'andɛks
Andeer *rät.* an'de:r
Ạndel 'andl̩
Ạndelfingen 'andl̩fɪŋən
Andelys *fr.* ã'dli
Ạnden 'andn̩
Andẹnne *fr.* ã'dɛn
ạndere 'andərə
ạnderenfạlls 'andərən'fals
ạndererseits 'andərɐ'zai̯ts
Andergeschwisterkind 'andɐgəʃvɪstɐ,kɪnt, – – –'– – –
Ạnderlecht *niederl.* 'ɑndərlɛxt
Ạnderlingen 'andɐlɪŋən
ạndermal 'andɐ'ma:l
Ạndermatt 'andɐmat
ạ̈ndern 'ɛndɐn, **ạ̈ndre** 'ɛndrə
Ạndernach 'andɐnax
ạndernfạlls 'andɐn'fals
ạnders 'andɐs
Ạnders 'andɐs, *engl.* 'ændəz, *dän.* 'anɐs, *schwed.* ,andərs, *poln.* 'andɛrs
ạndersartig 'andɐs|a:ɐ̯tɪç
Ạndersch 'andɐʃ
ạndersdenkend 'andɐsdɛŋkn̩t, **-e** ...n̩də
ạnderseits 'andɐ'zai̯ts
Ạndersen 'andɐzn̩, *dän.* 'anɐsən
ạndersgeartet 'andɐsgə|a:ɐ̯tət
Anderson *engl.* 'ændəsn
Ạnderssen 'andɐsn̩
Ạndersson *schwed.* ,andərsɔn
ạnderssprachig 'andɐsʃpra:xɪç, **-e** ...ɪgə
Ạnderstorp *schwed.* ,andərstɔrp
ạnderswie 'andɐs'vi:
ạnderswo 'andɐs'vo:
ạnderswoher 'andɐsvo'he:ɐ̯
ạnderswohịn 'andɐsvo'hɪn
Ạnderten 'andɐtn̩
ạnderthạlb 'andɐt'halp, **-e** ...bə
ạnderthạlbfach 'andɐt'halpfax
Ạ̈nderung 'ɛndərʊŋ
ạnderwạ̈rtig 'andɐ'vɛrtɪç, **-e** ...ɪgə
ạnderwạ̈rts 'andɐ'vɛrts
ạnderweit 'andɐ'vai̯t
Ạndes *span.* 'andes
Andesin ande'zi:n
Andesit ande'zi:t, *auch:* ...zɪt
Ạndhra 'andra, *engl.* 'ɑ:ndrə
Andijk *niederl.* ɑn'dɛi̯k
Ạndi 'andi
Andischạn, Andižan *russ.* andi'ʒan
Ạndisleben 'andɪsle:bn̩
Ạndlau, ...law 'andlau̯
Ạndler 'andlɐ, *fr.* ã'dlɛ:r
Andoaín *span.* andoa'in
Andocs *ung.* 'ɔndotʃ
Andọkides an'do:kidɛs
Andong *korean.* andɔŋ
Andor *ung.* 'ɔndor
Ạndorn 'andɔrn
Andọrno *it.* an'dorno
Andọrra an'dɔra, *span.* an'dɔrra
Andover *engl.* 'ændoʊvə
Ạndøy *norw.* ,anœi̯
Ạndrä, ...rae 'andrɛ
Andrạda e Sịlva *bras.* ɐn'drada i 'silva
Andrạde *port.* ɐn'draðə
Andraitx *span.* an'dratʃ
András *ung.* 'ɔndra:ʃ
Andrason an'dra:zɔn
Andrássy *ung.* 'ɔndra:ʃi
ạndre 'andrə
André an'dre:, ã'dre:; *fr.* ã'dre, *port.* ɐn'drɛ
Andrea an'dre:a, *it.* an'drɛ:a
Andreae an'dre:ɛ
Andréä and're:ɛ
Andreani *it.* andre'a:ni
Andreas an'dre:as, *dän.* an'dre:'as
Andreasberg an'dre:asbɛrk
Ạndree 'andre
Andrée *schwed.* an'dre:
Andrẹew, Andreev *bulgar.* an'drɛɛf
Andrẹi, Andrej *russ.* an'drjej
Andreini *it.* andre'i:ni
Andrẹjew, Andreev *russ.* an'drjejɪf
Andrẹjewitsch, Andreevič *russ.* an'drjejɪvitʃ
Andrẹjewna, Andreevna *russ.* an'drjejɪvnɐ
Andrẹjewski, Andreevskij *russ.* an'drjejɪfskij
Andreọtti *it.* andre'ɔtti
Andreọzzi *it.* andre'ɔttsi
ạndrerseits 'andrɐ'zai̯ts
Ạndres 'andrəs
Andrés *span.* an'dres, *isl.* 'andrjɛ:s
Andresen an'dre:zn̩
Andrew[s] *engl.* 'ændru:[z]
Ạndria *it.* 'andri̯a
Ạndrić *serbokr.* ,andritɕ
Andriẹnne *fr.* ãdri'ɛn
Ạndriessen *niederl.* 'ɑndri:sə
Ạndrijevica *serbokr.* ,andrijɛvitsa
Andrịtsaina *neugr.* an'ðritsɛna
Andrjụsch[k]a, Andrjuš[k]a *russ.* an'drjuʃ[k]ɐ
Ạndroclus 'androklʊs
Androdiözie androdiø'tsi:
Androgamet androga'me:t
Androgamon androga'mo:n
Androgen andro'ge:n

Androgenẹse androge'ne:zə
androgyn andro'gy:n
Androgynie androgy'ni:
Androgynophọr androgyno'fo:ɐ̯
Androide andro'i:də
Ạndroklus 'androklʊs
Andrologie androlo'gi:
Andrọmache an'dro:maxe
Andromạque *fr.* ãdrɔ'mak
Andrọmeda an'dro:meda
Andromonözie andromonø'tsi:
Andrọnicus (bei Shakespeare) an'dro:nikʊs
Androni̦kos andro'ni:kɔs
Androni̦kus andro'ni:kʊs
Androphọr andro'fo:ɐ̯
Ạndros 'andrɔs, *engl.* 'ændrɔs, *neugr.* 'anðrɔs
Androspọre andro'spo:rə
Androsterọn androste'ro:n
Androuẹt *fr.* ã'drwɛ
Andrözẹum andrø'tse:ʊm
Andrụssowo, Andrusovo *russ.* an'drusɐvɐ
Ạndrzej *poln.* 'and-ʒɛj
Andschu, Anju *korean.* andʒu
Andújar *span.* an'duxar
Andy *engl.* 'ændɪ
Änẹas ɛ'ne:as
ạnecken 'an|ɛkn̩
Äneide ɛne'i:də
aneinạnder an|ai̯'nandɐ
Änẹis ɛ'ne:ɪs
Aneisa a'nai̯za
Anekdọte anɛk'do:tə
anekdọtisch anɛk'do:tɪʃ
Anẹlli *it.* a'nɛlli
Anemochọren anemo'ko:rən
Anemochorie anemoko'ri:
anemogạm anemo'ga:m
Anemogamie anemoga'mi:
anemogẹn anemo'ge:n
Anemogrạmm anemo'gram
Anemogrạph anemo'gra:f
Anemologie anemolo'gi:
Anemomẹter anemo'me:tɐ
Anemọne ane'mo:nə
anemophi̦l anemo'fi:l
Anemoskọp anemo'sko:p
Anemostạt ⓦ anemo'sta:t
Anemotropogrạph anemotropo'gra:f
Anemotropomẹter anemotropo'me:tɐ
Anenergie an|enɛr'gi:
anenergisch an|e'nɛrgɪʃ, *auch:* '– – – – –
Anepi̦grapha an|e'pi:grafa
ạnerbieten 'an|ɛɐ̯bi:tn̩
Anergie an|ɛr'gi:
anẹrgisch an'|ɛrgɪʃ
Anẹrio *it.* a'nɛ:ri̯o
anerkennen 'an|ɛɐ̯kɛnən, *seltener:* – –'– –
Aneroid anero'i:t, **-e** ...i:də
Anẹt *fr.* a'nɛ
Anethọl ane'to:l
Anẹthum a'ne:tʊm
Anẹto *span.* a'neto
Aneurie anɔy̯'ri:
[1]**Aneuri̦n** (Vitamin) anɔy̯'ri:n
[2]**Aneurin** (Name) *engl.* ə'naɪərɪn
Aneurỵsma anɔy̯'rʏsma
ạnfachen 'anfaxn̩
ạnfällig 'anfɛlɪç
Ạnfang 'anfaŋ
ạnfänglich 'anfɛŋlɪç
ạnfeinden 'anfai̯ndn̩, **feind ạn!** 'fai̯nt 'an
Anfọrtas an'fɔrtas
Anfọssi *it.* an'fɔssi
ạnfreunden 'anfrɔy̯ndn̩, **freund ạn!** 'frɔy̯nt 'an
Ạngabe 'anga:bə
Angạmos *span.* aŋ'gamɔs
ạngängig 'angɛŋɪç
Angarạ *russ.* anga'ra
Angạria aŋ'ga:ri̯a
Angarie aŋga'ri:
Angạrsk *russ.* an'garsk
Ånge *schwed.* ˌɔŋə
Angeberei ange:bə'rai̯
ạngeblich 'ange:plɪç
ạngeheitert 'angəhai̯tɐt
Ạngehrn 'ange:ɐ̯n
Ạngel 'aŋl̩
Ángel *span.* 'aŋxɛl
Ạngela 'aŋgela, *auch:* aŋ'ge:la; *it.* 'andʒela, *engl.* 'ændʒɪlə
Ángela *span.* 'aŋxela
Angèle *fr.* ã'ʒɛl
ạngelegen 'angəle:gn̩
ạngelegentlich 'angəle:gn̩tlɪç
Ángeles *span.* 'aŋxeles
Ängelhọlm *schwed.* ɛŋəl'hɔlm
Ạngeli 'aŋgeli
Angẹlica aŋ'ge:lika
Angẹlico *it.* an'dʒɛ:liko
Angẹlika aŋ'ge:lika
Angeli̦na aŋge'li:na
Angeli̦ni *it.* andʒe'li:ni
Angeli̦nus aŋge'li:nʊs
Angéli̦que *fr.* ãʒe'lik
Angell *engl.* 'eɪndʒəl
Ạngelmodde 'aŋl̩mɔdə
ạngeln, Ạ... 'aŋl̩n
Ạngelo *it.* 'andʒelo
Angelolatrie aŋgelola'tri:
Angelologie aŋgelolo'gi:
Angelọni *it.* andʒe'lo:ni
Ạngelos 'aŋgelɔs
Angelọtti *it.* andʒe'lɔtti
Ạngelow, Angelov *bulgar.* 'angelof
Ạngelsachse 'aŋl̩zaksə
ạngelsächsisch 'aŋl̩zɛksɪʃ
Ängelsbẹrg *schwed.* ɛŋəls'bærj
Angelụcci *it.* andʒe'luttʃi
Ạngelus 'aŋgelʊs
ạngenehm 'angəne:m
Ạnger 'aŋɐ
Ạngerapp 'aŋərap
Ạngerburg 'aŋɐbʊrk
Ạngerlo *niederl.* 'ɑŋərlo:
Ạngermair 'aŋɐmai̯ɐ
Ångermanälven *schwed.* ˌɔŋərmanɛlvən
Ångermanland *schwed.* ˌɔŋərmanland
Ạngermund 'aŋɐmʊnt
Angermụ̈nde aŋɐ'mʏndə
Ạngern 'aŋɐn
Angẹrs *fr.* ã'ʒe
Angevin *fr.* ãʒ'vɛ̃
Ạnghel *rumän.* 'aŋgel
Anghiạri *it.* aŋ'gi̯a:ri
Angii̦tis aŋgi'i:tɪs, **...iti̦den** aŋgii'ti:dn̩
Ạngilbert 'aŋgɪlbɛrt
Angi̦na aŋ'gi:na
Angi̦na [pẹctoris] aŋ'gi:na ['pɛktorɪs]
anginọ̈s aŋgi'nø:s, **-e** ...ø:zə
Angiogrạmm aŋgi̯o'gram
Angioli̦na *it.* andʒo'li:na
Ạngiolo *it.* 'andʒolo
Angiologie aŋgi̯olo'gi:
Angiọm aŋ'gi̯o:m
Angiọma aŋ'gi̯o:ma, **-ta** -ta
Angiopathie aŋgi̯opa'ti:, **-n** ...i:ən
Angiọse aŋ'gi̯o:zə
Angiospẹrmae aŋgi̯o'spɛrmɛ
Angiospẹrmen aŋgi̯o'spɛrmən
Ạngkor 'aŋkɔr
Anglaise ã'glɛ:zə
Ạngleichung 'anglai̯çʊŋ
Ạngler 'aŋlɐ
Anglería *span.* aŋgle'ria
Anglés *span.* aŋ'gles
Anglesea, Anglesey *engl.* 'æŋglsɪ
Angles-sur-l'Anglin *fr.* ãgləsyrlã'glɛ̃
Angleur *fr.* ã'glœ:r
Ạnglia 'aŋglia, *engl.* 'æŋglɪə
Ạnglien 'aŋgliən
anglikạnisch aŋgli'ka:nɪʃ
Anglikani̦smus aŋglika'nɪsmʊs
ạnglisch 'aŋ[g]lɪʃ
anglisieren aŋgli'zi:rən
Angli̦st[ik] aŋ'glɪst[ɪk]
Anglizi̦smus aŋgli'tsɪsmʊs
Angloamerikaner aŋglo|ameri'ka:nɐ, *auch:* '– – – – – – –
Ạnglo-Amerikạner 'aŋglo|ameri'ka:nɐ
anglofranzösisch aŋglofran'tsø:zɪʃ, *auch:* '– – – – –
Angloinder aŋglo'|ɪndɐ, *auch:* '– – – –
Anglo-Iranian *engl.* 'æŋgloʊ-ɪ'reɪnjən
Anglokatholizi̦smus aŋglokatoli'tsɪsmʊs
Anglomane aŋglo'ma:nə
Anglomanie aŋgloma'ni:
anglonormannisch aŋglonɔr'manɪʃ, *auch:* '– – – – –

anglophil aŋglo'fi:l
Anglophilie aŋglofi'li:
anglophob aŋglo'fo:p, **-e** ...o:bə
Anglophobie aŋglofo'bi:
Angol *span.* aŋ'gɔl
Angola aŋ'go:la, *port.* ɐn'gɔlɐ
Angolar aŋgo'la:ɐ̯
Angora aŋ'go:ra
Angostura Ⓦᶻ aŋgɔs'tu:ra
Angoulême *fr.* ãgu'lɛm
Angoumois *fr.* ãgu'mwa
Angra do Heroismo *port.* 'ɐŋgrɐ ðu i'ruiʒmu
Angraria aŋ'gra:ri̯a
Angra Pequena *port.* 'ɐŋgrɐ pə'kenɐ
Angren *russ.* an'grjɛn
Angri *it.* 'aŋgri
Angrivarier aŋgri'va:ri̯ɐ
Angry young men *engl.* 'æŋgrɪ 'jʌŋ 'mɛn
Angst aŋst, **Ängste** 'ɛŋstə
Angster 'aŋgstɐ
angsterfüllt 'aŋst|ɛɐ̯fʏlt
ängstigen 'ɛŋstɪgn̩, **ängstig!** 'ɛŋstɪç, **ängstigt** 'ɛŋstɪçt
ängstlich 'ɛŋstlɪç
Ångström 'ɔŋstrø:m, *auch:* 'aŋ...; *schwed.* ˌɔŋstrœm
Anguier *fr.* ã'gje
Anguilla *engl.* æŋ'gwɪlə
Anguissola *it.* aŋgu̯is'sɔ:la
angular aŋgu'la:ɐ̯
Angus 'aŋgʊs, *engl.* 'æŋgəs
anhaben 'anha:bn̩
anhägern 'anhɛ:gɐn, **anhägre** 'anhɛ:grə
Anhalt[er] 'anhalt[ɐ]
Anhaltiner anhal'ti:nɐ
an Hand, anhand an'hant
Anhang 'anhaŋ
anhängig 'anhɛŋɪç, **-e** ...ɪgə
anhänglich 'anhɛŋlɪç
Anhängsel 'anhɛŋzl̩
anhangsweise 'anhaŋsvai̯zə
anheimeln 'anhai̯mln̩
anheimfallen an'hai̯mfalən
anheischig 'anhai̯ʃɪç
Anhidrose anhi'dro:zə
Anhilte an'hɪltə
anhin 'anhɪn
Anholt 'anhɔlt, *dän.* 'anhɔl'd
Anhwei 'anxvai̯
Anhydrämie anhydrɛ'mi:
Anhydrid anhy'dri:t, **-e** ...i:də
Anhydrit anhy'dri:t, *auch:* ...rɪt
Ani *russ.* a'ni
Aniba a'ni:ba
Aníbal *span.* a'nißal
Anicetus ani'tse:tʊs
Aniche *fr.* a'niʃ
Anicius a'ni:tsi̯ʊs
Aniello *it.* a'ni̯ɛllo
Aniene *it.* a'ni̯ɛ:ne
änigmatisch ɛnɪ'gma:tɪʃ
Anilin ani'li:n
Anima 'a:nima
animal[isch] ani'ma:l[ɪʃ]
animalisieren animali'zi:rən
Animalismus anima'lɪsmʊs
Animalität animali'tɛ:t
Animatismus anima'tɪsmʊs
animato ani'ma:to
animieren ani'mi:rən
Animismus ani'mɪsmʊs
Animist ani'mɪst
Animo 'a:nimo
animos ani'mo:s, **-e** ...o:zə
Animosität animozi'tɛ:t
animoso ani'mo:zo
Animuccia *it.* ani'muttʃa
Animus 'a:nimʊs
Anina *rumän.* a'nina
Anio *it.* 'a:ni̯o
Anion 'ani̯o:n, ...i̯ɔn; 'an|i̯...; **-en** a'ni̯o:nən, an|i̯...
Anis a'ni:s, *auch:* 'a:nɪs; **-e** a'ni:zə
Anisett ani'zɛt
Anisija vgl. Anissija
Anisogamie an|izoga'mi:, **-n** ...i:ən
Anisomorphie an|izomɔr'fi:
Anisophyllie an|izofy'li:
anisotrop an|izo'tro:p
Anisotropie an|izotro'pi:
Anissija, Anisija *russ.* a'nisijɐ
Anita a'ni:ta, *span.* a'nita, *engl.* ə'ni:tə
Anitra a'ni:tra
Aniwa, Aniva *russ.* a'nivɐ
Anja 'anja
Anjan *schwed.* ˌanjan
Anjang 'anjaŋ
Anjou *fr.* ã'ʒu
Anjouan *fr.* ã'ʒwã
Anjou-Plantagenet *engl.* ã:'ʒu:plæn'tædʒɪnɪt
Anju vgl. Andschu
Anjut[k]a *russ.* a'njut[k]ɐ
Anka[ra] 'aŋka[ra]
Anke 'aŋkə
[1]**Anker** 'aŋkɐ
[2]**Anker** (Name) 'aŋkɐ, *dän.* 'aŋgər
ankern 'aŋkɐn
Anklam 'aŋklam
Ankober 'ankobɐ
Ankömmling 'ankœmlɪŋ
Ankrah *engl.* 'æŋkrɑ:
Ankum 'aŋkʊm
Ankunft 'ankʊnft
Ankylose aŋky'lo:zə
Ankylostomiase aŋkylosto'mi̯a:zə
Ankylostomiasis aŋkylostom'i:azɪs, **...sen** ...'mi̯a:zn̩
Ankylostomose aŋkylosto'mo:zə
ankylotisch aŋky'lo:tɪʃ
Ankylotom aŋkylo'to:m
Ankyra aŋ'ky:ra, 'aŋkyra
Anlage 'anla:gə
Anlaß 'anlas, **Anlasses** 'anlasəs, **Anlässe** 'anlɛsə
anläßlich 'anlɛslɪç
Anlernling 'anlɛrnlɪŋ
Anlo *niederl.* 'ɑnlo:
anmaßend 'anma:sn̩t, **-e** ...n̩də
Anmut 'anmu:t
anmutig 'anmu:tɪç
Ann *engl.* æn
Ånn *schwed.* ɔn
[1]**Anna** (Vorn.) 'ana, *engl.* 'ænə, *it.*, *poln.* 'anna, *russ.* 'annɐ
[2]**Anna** (ind. Münze) a'na:
Annabel 'anabɛl, *engl.* 'ænəbɛl
Annabella ana'bɛla, *engl.* ænə'bɛlə
Annabelle *fr.* anna'bɛl
Annaberg 'anabɛrk
Annaburg 'anabʊrk
annähernd 'annɛ:ɐnt, **-e** ...ndə
Annahme 'anna:mə
Annahof 'anaho:f
Annalen a'na:lən
Annalist[ik] ana'lɪst[ɪk]
Annam 'anam
Annamit ana'mi:t
Anna Paulowna *niederl.* 'ɑna: pɔu̯'lo:na:
Annapolis *engl.* ə'næpəlɪs
Annapurna ana'pʊrna
Ann Arbor *engl.* æn'ɑ:bə
Annarode ana'ro:də
Annaten a'na:tn̩
Ännchen 'ɛnçən
Anne 'anə, *engl.* æn, *fr.* ɑ:n, an
Änne 'ɛnə
Annecy *fr.* an'si
Annedore 'anədo:rə
Annegret 'anəgre:t
annektieren anɛk'ti:rən
Annele 'anələ
Anneli[e] 'anəli
Anneliden ane'li:dn̩
Annelies 'anəli:s
Anneliese 'anəli:zə
Annelore 'anəlo:rə
Annemarie 'anəmaˌri:
Annemasse *fr.* an'mas, an'mɑ:s
Annemirl 'anəmɪrl
Annenhof 'anənho:f
Annenkow, Annenkov *russ.* 'annɪnkɐf
Annerl 'anɐl
Annerstedt *schwed.* ˌanərstɛt
Annette a'nɛtə
Annex a'nɛks
Annexion anɛ'ksi̯o:n
Annexionismus anɛksi̯o'nɪsmʊs
Annexionist anɛksi̯o'nɪst
Annexitis anɛ'ksi:tɪs, **...itiden** anɛksi'ti:dn̩
Anni 'ani
Änni 'ɛni
Annibale *it.* an'ni:bale
anni currentis 'ani kʊ'rɛntɪs
Annie 'ani, *engl.* 'ænɪ
anni futuri 'ani fu'tu:ri
Annihilation anihila'tsi̯o:n
annihilieren anihi'li:rən
Annina a'ni:na, *it.* an'ni:na

ạnni praetẹriti 'ani prɛ'te:riti
Anniston *engl.* 'ænɪstən
Anniversar anivɛr'za:ɐ̯
Anniversarium anivɛr'za:ri̯ʊm, **...ien** ...i̯ən
Annivięrs *fr.* ani'vje
ạnno, Ạ... 'ano
Annobón *span.* ano'βɔn
ạnno currẹnte 'ano ku'rɛntə
Ạnno Dọmini 'ano 'do:mini
Annominatiọn anomina'tsi̯o:n
Annonay *fr.* anɔ'nɛ
Annonce a'nõ:sə
Annonceuse anõ'sø:zə
annoncieren anõ'si:rən
Annọne a'no:nə
Ạnno sạnto *it.* 'anno 'santo
Annotatiọn anota'tsi̯o:n
annuẹll a'nu̯ɛl
Annuität anu̯i'tɛ:t
annullieren anʊ'li:rən
Ạnnulus 'anulʊs, **...li** ...li
Annuntiatiọn anʊntsi̯a'tsi̯o:n
Annunziạta *it.* annun'tsi̯a:ta
Annunziạten anʊn'tsi̯a:tn̩
Annunziaziọne anʊntsi̯a'tsi̯o:nə
Annụnzio, d' *it.* dan'nuntsi̯o
Ạnnuschka, Annuška *russ.* 'annuʃkɐ
Ạnnweiler 'anvai̯lɐ
Anny *engl.* 'ænɪ
Anọde a'no:də
ạnöden 'an|ø:dn̩, **öd ạn!** 'ø:t 'an
anọdisch a'no:dɪʃ
Anodyna a'no:dyna, ano'dy:na
anogẹn ano'ge:n
Anọia a'nɔya
anomal ano'ma:l, *auch:* '–––
Anomalie anoma'li:, **-n** ...i:ən
anomalịstisch anoma'lɪstɪʃ
Anomaloskọp anomalo'sko:p
Anomie ano'mi:, **-n** ...i:ən
anọmisch a'no:mɪʃ
anonym ano'ny:m
Anonymität anonymi'tɛ:t
Anọnymus a'no:nymʊs; **...mi** ...mi, **...men** ano'ny:mən
Anọpheles a'no:felɛs
Anophthalmie an|ɔftal'mi:, **-n** ...i:ən
Anopie an|o'pi:, **-n** ...i:ən
anopistographisch an|opɪsto'gra:fɪʃ
Anopsie an|ɔ'psi:, **-n** ...i:ən
Ạnorak 'anorak
anorektạl anorek'ta:l
Anorexie an|orɛ'ksi:
Añọrga *span.* a'ɲɔrɣa
anorganisch 'an|ɔrga:nɪʃ, *auch:* ––'––
anormal 'anɔrma:l, *auch:* ––'–
Anorthit anɔr'ti:t, *auch:* ...tɪt
Anosmie an|ɔs'mi:
Anostọse an|ɔs'to:zə
Anouilh *fr.* a'nuj
Anoxämie an|ɔksɛ'mi:
Anoxie an|ɔ'ksi:
Anoxybiọse an|ɔksy'bi̯o:zə
Anoxyhämie an|ɔksyhɛ'mi:
ạnprangern 'anpraŋɐn
Anquetịl *fr.* ãk'til
ạnrainen 'anrai̯nən
Ạnrath[er] 'anra:t[ɐ]
ạnreichern 'anrai̯çɐn
Ạnrep *schwed.* 'anre:p
Ạnröchte 'anrœçtə
ạnrüchig 'anrʏçɪç, **-e** ...ɪgə
ạns ans
Ans *fr.* ã:s
ẠNSA *it.* 'ansa
Ạnsager 'anza:gɐ, *dän.* 'an'sa:'ɣər
ạnsässig 'anzɛsɪç, **-e** ...ɪgə
Ạnsbach 'ansbax
Ạnsbert 'ansbɛrt
Anschạrius ans'ça:ri̯ʊs
Anschẹro-Sụdschensk, Anžero-Sudžensk *russ.* an'ʒɛrɐ'sudʒənsk
Ạnschluß 'anʃlʊs
Anschọvis an'ʃo:vɪs
Ạnschütz-Kaempfe 'anʃʏts'kɛmpfə
Ạnsegisel 'anzəgi:zl̩
Ạnsehen 'anze:ən
Ạnseith 'anzai̯t
Ạnsel 'anzl̩
Ạnselm 'anzɛlm
Ansẹlma an'zɛlma
Ansẹlme *fr.* ã'sɛlm
Ansẹlmi *it.* an'sɛlmi
Ansẹlmo *it., span.* an'sɛlmo
Ansermẹt *fr.* ãsɛr'mɛ
Ạnsgar[d] 'ansgar[t]
Ansgạrius ans'ga:ri̯ʊs
Ạnshelm 'anshɛlm
Ạnsicht 'anzɪçt
Ansiedelei anzi:də'lai̯
Ạnskar 'anskar
Ansonia *engl.* æn'soʊnɪə
ansọnst[en] an'zɔnst[n̩]
Ạnsorge 'anzɔrgə
Ạnspach 'anspax
Ạnstalt 'anʃtalt
ạnständig 'anʃtɛndɪç
anstạtt an'ʃtat
an Stẹlle, anstẹlle an'ʃtɛlə
Anstellerei anʃtɛlə'rai̯
ạnstellig 'anʃtɛlɪç, **-e** ...ɪgə
Ạnstieg 'anʃti:k, **-es** ...i:gəs
ạnstößig 'anʃtø:sɪç
Ạnsuchen 'anzu:xn̩
Antacid ant|a'tsi:t, **-e** ...i:də
Antạcidum ant'|a:tsidʊm, **...da** ...da
Antagonịsmus antago'nɪsmʊs
Antagonịst antago'nɪst
Antaios an'tai̯ɔs
Antạkya *türk.* an'takja
Antal *ung.* 'ɔntɔl
Antạlgikum ant'|algikʊm, **...ka** ...ka
Antạlkidas an'talkidas
Antạlya *türk.* an'talja
Antạpex ant'|a:pɛks
Antaphrodisiạkum ant|afrodi'zi:akʊm, **...ka** ...ka
Ạntara Ịbn Schaddạd 'antara 'ɪbn̩ ʃa'da:t
Antares an'ta:rɛs, 'antarɛs
Antạrktika ant'|arktika
Antạrktis ant'|arktɪs
antạrktisch ant'|arktɪʃ
Antarthritikum ant|ar'tri:tikʊm, **...ka** ...ka
antasthẹnisch ant|as'te:nɪʃ
Antäus an'tɛ:ʊs
Ạnte 'antə, *serbokr.* ˌa:ntɛ
Antebrạchium ante'braxi̯ʊm, **...ia** ...i̯a
ạnte Chrịstum [nạtum] 'antə 'krɪstʊm ['na:tʊm]
ạnte cibum 'antə 'tsi:bʊm
antedatieren anteda'ti:rən
ạnte diem 'antə 'di:ɛm
antediluviạnisch antedilu'vi̯a:nɪʃ
Ạntef 'antɛf
ạnteigen 'antai̯gn̩; **teig ạn!** 'tai̯k 'an, **ạnteigt** 'antai̯kt
Ạnteil 'antai̯l
ạnteilig 'antai̯lɪç, **-e** ...ɪgə
Ạnteilnahme 'antai̯lna:mə
Antẹlami *it.* an'tɛ:lami
Antelao *it.* ante'la:o
ạnte meridiem 'antə me'ri:di̯ɛm
ạnte mọrtem 'antə 'mɔrtɛm
Ạnten 'antn̩
Ạntenen 'antənən
Antẹnne an'tɛnə
Antẹnor an'te:nɔr
Antepänụltima antepɛ'nʊltima, **...mä** ...mɛ
Antepẹndium ante'pɛndi̯ʊm, **...ien** ...i̯ən
Antepirrhẹm antepɪ're:m
anteponieren antepo'ni:rən
ạnte pọrtas 'antə 'pɔrta:s
Antequẹra *span.* ante'kera
Antẹro *port.* ɐn'tɛru
Antezẹdens ante'tse:dɛns, **...nzien** ...tse'dɛntsi̯ən
antezedẹnt antetse'dɛnt
Antezedẹnz antetse'dɛnts
antezedieren antetse'di:rən
Antezẹssor ante'tsɛsɔr, **-en** ...'so:rən
Antheil *engl.* 'æntaɪl
Anthẹlien an'te:li̯ən
Anthelmịnthikum anthɛl'mɪntikʊm, **...ka** ...ka
anthelmịnthisch anthɛl'mɪntɪʃ
Anthem *engl.* 'ænθəm
Anthẹmion an'te:mi̯ɔn, **...ien** ...i̯ən
Anthẹmios an'te:mi̯ɔs
Ạnthemis 'antemɪs
Anthẹre an'te:rə
Anthẹridium ante'ri:di̯ʊm, **...ien** ...i̯ən
Anthẹse an'te:zə
Anthidrọtikum anthi'dro:tikʊm, **...ka** ...ka

Anthochlọr anto'klo:ɐ̯
Anthologi̲e antolo'gi:, **-n** ...i:ən
Antholọgion anto'lo:gi̯ɔn; **...ia** ...i̯a, **...ien** ...i̯ən
antholọgisch anto'lo:gɪʃ
Antholọgium anto'lo:gi̯ʊm; **...ia** ...i̯a, **...ien** ...i̯ən
Antholy̲se anto'ly:zə
Anthọnie *niederl.* ɑn'to:ni:
Anthony *engl.* 'æntənı
Anthoxanthi̲n antɔksan'ti:n
Anthoxạnthum antɔ'ksantʊm
Anthozọon anto'tso:ɔn, **...zọen** ...tso:ən
Anthozyạn anto'tsya:n
Anthracẹn antra'tse:n
Anthrachinọn antraçi'no:n
Anthraknọse antrak'no:zə
Anthrakọse antra'ko:zə
Ạnthrax 'antraks
Anthrazẹn antra'tse:n
Anthrazit antra'tsi:t, *auch:* ...tsɪt
Anthrịscus an'trɪskʊs
Anthropobiologi̲e antropobiolo'gi:
Anthropochọren antropo'ko:rən
Anthropochori̲e antropoko'ri:
anthropogẹn antropo'ge:n
Anthropogenẹse antropoge'ne:zə
Anthropogeni̲e antropoge'ni:
Anthropogeographi̲e antropogeogra'fi:
Anthropogoni̲e antropogo'ni:
Anthropographi̲e antropogra'fi:
anthropoi̲d antropo'i:t, **-e** ...i:də
Anthropoklimatologi̲e antropoklimatolo'gi:
Anthropolatri̲e antropola'tri:
Anthropolọge antropo'lo:gə
Anthropologi̲e antropolo'gi:
anthropolọgisch antropo'lo:gɪʃ
Anthropomẹter antropo'me:tɐ
Anthropometri̲e antropome'tri:
anthropomẹtrisch antropo'me:trɪʃ
anthropomọrph antropo'mɔrf
Anthropomọrphae antropo'mɔrfɛ
anthropomorphisi̲eren antropomɔrfi'zi:rən
Anthropomorphịsmus antropomɔr'fɪsmʊs
Anthropomorphọse antropomɔr'fo:zə
Anthropophạg antropo'fa:k, **-en** ...a:gn̩
Anthropophạge antropo'fa:gə
Anthropophagi̲e antropofa'gi:
anthropophọb antropo'fo:p, **-e** ...o:bə
Anthropophobi̲e antropofo'bi:
Anthroposọph antropo'zo:f
Anthroposophi̲e antropozo'fi:
anthropozẹntrisch antropo'tsɛntrɪʃ
Ạnthropus 'antropʊs
Anthygrọndose anthy'gro:ndo:zə
Antialkoholiker anti|alko'ho:likɐ, *auch:* '– – – – – – – –
Antiạpex anti'|a:pɛks
Antiasthmạtikum anti|ast'ma:tikʊm, **...ka** ...ka
Ạnti-Ạtlas 'anti'|atlas
antiautoritä̲r anti|au̯tori'tɛ:ɐ̯
Antiauxochrọm anti|au̯kso'kro:m
Antibabypille anti'be:bipɪlə
antibakteriẹll antibakte'ri̯ɛl
Antibạrbarus anti'barbarʊs, **...ri** ...ri
Anti̲bes *fr.* ã'tib
Antibiọse anti'bi̯o:zə
Antibiọtikum anti'bi̯o:tikʊm, **...ka** ...ka
antibiọtisch anti'bi̯o:tɪʃ
Ạntiblock 'antiblɔk
Antichambre, -s ãti'ʃã:bɐ, *fr.* ãti'ʃã:br
antichambri̲eren antiʃam'bri:rən
Antichrẹse anti'kre:zə, anti'ç...
antichrẹtisch anti'kre:tɪʃ, anti'ç...
Ạntichrist 'antikrɪst
Antichthọne anti'çto:nə
anticipạndo antitsi'pando
Anticordillẹra *span.* antikɔrði'ʎera
Anticọsti *engl.* æntı'kɔstı
Antidiarrhọikum antidia'ro:ikʊm, **...ka** ...ka
Antidọt anti'do:t
Antidotạrium antido'ta:ri̯ʊm, **...ia** ...i̯a
Anti̲doton an'ti:dotɔn, **...ta** ...ta
Antidụal anti'du:a:l, **-e** ...du'a:lə
Antidumpinggesetz anti'dampɪŋgəzɛts, '– – – – –,–
Anti̲etam *engl.* æn'ti:təm
Antifaschismus antifa'ʃɪsmʊs, *auch:* '– – – – –
Antifaschist antifa'ʃɪst, *auch:* '– – – –
antifaschistisch antifa'ʃɪstɪʃ, *auch:* '– – – – –
Antifebri̲lia antife'bri:lia
Antifebrin antife'bri:n, *auch:* '– – – –
Antiferment antifɛr'mɛnt, *auch:* '– – – –
antiferromagnẹtisch antifɛroma'gne:tɪʃ
Antifouling *engl.* 'æntı'faʊlɪŋ
Anti̲gonä an'ti:gonɛ
Anti̲gone an'ti:gone
Anti̲gonos an'ti:gonɔs
Anti̲gonus an'ti:gonʊs
Antigua *engl.* æn'ti:gə, *span.* an'tiɣu̯a
Antihistami̲nikum antihɪsta'mi:nikʊm, **...ka** ...ka
Anti̲hormon antihɔr'mo:n, *auch:* '– – – –
anti̲k an'ti:k
Antikạglien anti'kaljən
Antikathọde, Antikatọde antika'to:də
Anti̲ke an'ti:kə
anti̲kisch an'ti:kɪʃ
antikisi̲eren antiki'zi:rən
antiklerikal antikleri'ka:l, *auch:* '– – – – –
Antiklerikalismus antiklerika'lɪsmʊs, *auch:* '– – – – – – – –
Antikli̲max anti'kli:maks
antiklinạl antikli'na:l
Antiklinạle antikli'na:lə
Antikli̲ne anti'kli:nə
Antikọlikum anti'ko:likʊm, **...ka** ...ka
antikonzeptionẹll antikɔntsɛptsi̯o'nɛl
Antikordillẹren antikɔrdɪl'je:rən
Ạntikörper 'antikœrpɐ
Antikritik antikri'ti:k, *auch:* '– – – –
Antikri̲tikus anti'kri:tikʊs; **...ki** ...ki, **...kusse** ...kʊsə
antikritisch 'antikri:tɪʃ, *auch:* – –'– –
Antikythẹra antiky'te:ra
Antilạbe anti'la:bə
Antilegọmenon antile'go:menɔn, **...na** ...na
Ạntili̲banon 'anti'li:banɔn
Anti̲lla[s] *span.* an'tiʎa[s]
Antịllen an'tɪlən
Antịlles *fr.* ã'tij
Anti̲lochos an'ti:lɔxɔs
Anti̲lochus an'ti:lɔxʊs
Antilọpe anti'lo:pə
Ạntim *bulgar.* 'antim
Antimachiavẹll antimaki̯a'vɛl
Antimachiavellịsmus antimaki̯avɛ'lɪsmʊs
Anti̲machos an'ti:maxɔs
Antimatẹrie antima'te:ri̯ə
Antimetabọle antimeta'bo:lə
antimetaphysisch antimeta'fy:zɪʃ
Antimetạthesis antime'ta:tezɪs
Antimilitarịsmus antimilita'rɪsmʊs
Ạntimo *it.* 'antimo
Antimodernịsteneid antimodɛr'nɪstn̩|ai̯t
Antimọn anti'mo:n
antimonarchisch antimo'narçɪʃ, *auch:* '– – – – –
Antimonạt antimo'na:t
Antimonit antimo'ni:t, *auch:* ...nɪt

Antimoralịsmus antimora'lɪsmʊs

Antimoralịst antimora'lɪst

Antineurạlgikum antinɔy'ralgikʊm, **...ka** ...ka

Antin̲e̲utron anti'nɔytrɔn, **-en** ...'tro:nən

Antinomi̲e̲ antino'mi:, **-n** ...i:ən

antino̲misch anti'no:mɪʃ

Antinomịsmus antino'mɪsmʊs

Antinomịst antino'mɪst

Antịnoos an'ti:noɔs

Antịnous an'ti:noʊs

Antioch *engl.* 'æntɪɔk

antioche̲nisch antiɔ'xe:nɪʃ

Antiochia anti'ɔxi̯a, antiɔ'xi:a

Antio̲chien anti'ɔxi̯ən

Antio̲chier anti'ɔxi̯ɐ

Antịochos an'ti:ɔxɔs

Antịochus an'ti:ɔxʊs

Antịoco *it.* an'ti:oko

Antịope an'ti:ope

Antịp *russ.* an'tip

Antịparos *neugr.* an'diparɔs

Antipassa̲t antipa'sa:t

Antipạsto anti'pasto

Antịpater an'ti:patɐ

Antipathi̲e̲ antipa'ti:, **-n** ...i:ən

antipa̲thisch anti'pa:tɪʃ

Antịpatros an'ti:patrɔs

Antịpaxos *neugr.* an'dipaksɔs

Antiperistạltik antiperi'staltɪk

Antipersonalịstas *span.* antipɛrsona'listas

Antiphlogịstikum antiflo'gɪstikʊm, **...ka** ...ka

Antịpholus an'ti:folʊs

[1]**Antipho̲n** (liturg. Wechselgesang) anti'fo:n

[2]**Ạntiphon** (Name) 'antifɔn

antiphona̲l antifo'na:l

Antiphona̲le antifo'na:lə, **...lien** ...li̯ən

Antiphona̲r antifo'na:ɐ̯, **-ien** ...ri̯ən

Antipho̲ne anti'fo:nə

Antiphoni̲e̲ antifo'ni:, **-n** ...i:ən

antipho̲nisch anti'fo:nɪʃ

Antiphra̲se anti'fra:zə

Antipni̲gos anti'pni:gɔs

Antipo̲de anti'po:də

Antipro̲ton anti'pro:tɔn, **-en** ...ro'to:nən

Antipto̲se antɪp'to:zə

Antipyre̲se antipy're:zə

Antipyre̲tikum antipy're:tikʊm, **...ka** ...ka

antipyre̲tisch antipy're:tɪʃ

Antipyri̲n (W) antipy'ri:n

Antịqua an'ti:kva

Antiqua̲r anti'kva:ɐ̯

Antiquaria̲t antikva'ri̯a:t

antiqua̲risch anti'kva:rɪʃ

Antiqua̲rium anti'kva:ri̯ʊm

antiqui̲e̲ren anti'kvi:rən

Antiquitä̲t antikvi'tɛ:t

Antirachi̲tikum antira'xi:tikʊm, **...ka** ...ka

Antirheuma̲tikum antirɔy'ma:tikʊm, **...ka** ...ka

Antirrhi̲num antɪ'ri:nʊm

Antịrrion *neugr.* an'dirjɔn

Antisạna *span.* anti'sana

Antiscabio̲sum antiska'bi̯o:zʊm, **...sa** ...o:za

Antisemi̲t antize'mi:t

antisemi̲tisch antize'mi:tɪʃ

Antisemitịsmus antizemi'tɪsmʊs

Antisẹpsis anti'zɛpsɪs

Antisẹptik anti'zɛptɪk

Antisẹptikum anti'zɛptikʊm, **...ka** ...ka

antisẹptisch anti'zɛptɪʃ

Antise̲rum anti'ze:rʊm, **...ra** ...ra

Antispasmo̲dikum antispas'mo:dikʊm, **...ka** ...ka

Antispạst anti'spast

Antispạstikum anti'spastikʊm, **...ka** ...ka

Antịstes an'tɪstɛs, **...tites** ...tite:s

Antịsthenes an'tɪstenɛs

Antistro̲phe anti'stro:fə, anti'ʃt...; *auch:* '– – – –

Antita̲u̲rus anti'taurʊs

Antithe̲se anti'te:zə, *auch:* '– – – –

Antithe̲tik anti'te:tɪk

antithe̲tisch anti'te:tɪʃ

Antitoxi̲n antitɔ'ksi:n

Antitrinita̲rier antitrini'ta:ri̯ɐ

antitrinita̲risch antitrini'ta:rɪʃ

antitrịptisch anti'trɪptɪʃ

Ạntium 'antsi̯ʊm

Antịvari *it.* an'ti:vari

Antivẹrtex anti'vɛrtɛks

antizipạndo antitsi'pando

Antizipatio̲n antitsipa'tsi̯o:n

antizipi̲e̲ren antitsi'pi:rən

antizyklisch anti'tsy:klɪʃ, *auch:* ...tsʏk...

antizyklona̲l antitsyklo'na:l

Antizyklone antitsy'klo:nə, *auch:* '– – – – –

Antizymo̲tikum antitsy'mo:tikʊm, **...ka** ...ka

Ạntje 'antjə

Ạ̈ntje 'ɛntjə

Ạntlia 'antlia

Ạntlitz 'antlɪts

Anto̲de an'to:də

Antofagạsta *span.* antofa'ɣasta

Antoine *fr.* ã'twan

Antoinẹtte antoa'nɛtə, *fr.* ãtwa'nɛt

Antoing[t] *fr.* ã'twɛ̃

Antö̲ke an'tø:kə

Antokọlski, Antokol'skij *russ.* anta'kɔljskij

Antolínez *span.* anto'lineθ

Antommạrchi *it.* antom'marki

[1]**Ạnton** (Vorn.) 'anto:n, *niederl.* 'ɑntɔn, *russ.* an'tɔn, *tschech.* 'antɔn

[2]**Anto̲n** (Mark) an'to:n

Antonẹlla *it.* anto'nɛlla

Antonẹlli *it.* anto'nɛlli

Antonẹllo *it.* anto'nɛllo

Antonẹscu *rumän.* anto'nesku

[1]**Antọni** *poln.* an'tɔni

[2]**Antọni, Antonij** *russ.* an'tɔnij

Anto̲nia an'to:ni̯a

Antoni̲da anto'ni:da

Anto̲nides *niederl.* ɑn'to:ni:dɛs

Anto̲nie an'to:ni̯ə

Antö̲nien an'tø:ni̯ən

Anto̲niendorf an'to:ni̯əndɔrf

Antonij vgl. [2]Antoni

Ạntonín *tschech.* 'antɔnji:n

Antonina *it.* anto'ni:na, *russ.* anta'ninɐ

Antoni̲nus anto'ni:nʊs

Anto̲nio an'to:ni̯o, *it.* an'tɔ:ni̯o, *span.* an'toni̯o

António *port.* ɐn'tɔni̯u

Antonio̲ni *it.* anto'ni̯o:ni

Anto̲nius an'to:ni̯ʊs

Antonomasi̲e̲ antonoma'zi:, **-n** ...i:ən

Antọnow, Antonov *russ.* an'tɔnɐf

Antọnowitsch, Antonovič *russ.* an'tɔnɐvitʃ

Antọnowna, Antonovna *russ.* an'tɔnɐvnɐ

Antony *fr.* ãtɔ'ni

Antony̲m anto'ny:m

Antọscha, Antoša *russ.* an'tɔʃɐ

Ạntrag 'antra:k, **Ạnträge** 'antrɛ:gə

Antrim *engl.* 'æntrɪm

Ạntrobus 'antrobʊs

Antrodọco *it.* antro'dɔ:ko

Ạntula 'antula

Ạntun *serbokr.* ˌantu:n

Antwẹrpen ant'vɛrpn̩, '– – –; *niederl.* 'ɑntwɛrpə

Ạntwort 'antvɔrt

ạntworten 'antvɔrtn̩

Anu̲bis a'nu:bɪs

Anu̲kis a'nu:kɪs

an und für sich an ʊnt 'fy:ɐ̯ zɪç, – – –'–

Anundfürsichsein an|ʊnt'fy:ɐ̯zɪçzai̯n, – – –'– –

Anu̲ren a'nu:rən

Anuri̲e̲ an|u'ri:, **-n** ...i:ən

A̲nus 'a:nʊs

Anvers *fr.* ã'vɛ:r, *belg.-fr.* ã'vɛrs

Ạnwalt 'anvalt, **Ạnwälte** 'anvɛltə

Anwa̲r an'va:ɐ̯, *indon.* 'anwar

ạnwidern 'anvi:dɐn, **ạnwidre** 'anvi:drə

Ạnxur 'aŋksʊr

Ạnzengruber 'antsn̩gru:bɐ

Ạnzeps 'antsɛps

Anžero-Sudžensk vgl. Anschero-Sudschensk

Anzilọtti *it.* antsi'lɔtti, andzi...

Anzin *fr.* ã'zɛ̃

Anzing 'antsɪŋ
Anzio *it.* 'antsi̯o
Anzoátegui *span.* anθo'ateɣi
Anzuaga *span.* an'θu̯aɣa
Anzug 'antsu:k
anzüglich 'antsy:klɪç
Anzuola *span.* an'θu̯ola
a.o. a:'|o:
AO *russ.* a'ɔ
AOA *engl.* 'eɪ-oʊ'eɪ
Aöde a'ø:də
Äolien ɛ'o:li̯ən
Äolier ɛ'o:li̯ɐ
Äoline ɛo'li:nə
Äolis 'ɛ:olɪs
äolisch ɛ'o:lɪʃ
Äolsharfe 'ɛ:ɔlsharfə
Äolus 'ɛ:olʊs
Aomori ao'mo:ri
Äon ɛ'o:n, *auch:* 'ɛ:ɔn; **-en** ɛ'o:nən
Aorangi *engl.* ɑ:oʊ'ræŋi:
Aorist ao'rɪst
Aorta a'ɔrta
Aortalgie aɔrtal'gi:, **-n** ...i:ən
Aortitis aɔr'ti:tɪs
Aosta *it.* a'ɔsta
Aoste *fr.* a'ɔst
AP a:'pe:, *engl.* 'eɪ'pi:
[1]**Apache** (Gauner) a'paxə
[2]**Apache** (Indianerstamm) a'patʃə, a'paxə
Apafi, ...fy *ung.* 'ɔpɔfi
Apagoge apa'go:gə, apago'ge:
apagogisch apa'go:gɪʃ
Apalache apa'latʃə, apa'laxə
Apalachicola *engl.* æpəlætʃɪ'koʊlə
Apamea apa'me:a
Apameia apa'mai̯a
Apanage apa'na:ʒə
apart a'part
Aparte a'partə
Apartheid a'pa:ɐ̯thai̯t
Apartment a'partmənt, *engl.* ə'pɑ:tmənt
Apastron a'pastrɔn
Apátfalva *ung.* 'ɔpa:tfɔlvɔ
Apathie apa'ti:
apathisch a'pa:tɪʃ
apathogen apato'ge:n
Apatit apa'ti:t, *auch:* ...tɪt
Apatride apa'tri:də
Apatsche a'patʃə
Apc *ung.* ɔpts
Apeiron 'a:pai̯rɔn
Apel 'a:pl̩
Apeldoorn *niederl.* 'a:pəldo:rn
Apelles a'pɛlɛs
Apelt 'a:pl̩t
Apemantus ape'mantʊs
Apen 'a:pn̩
Apennin apɛ'ni:n
Apenrade a:pn̩'ra:də
Apensen 'a:pn̩zən
aper 'a:pɐ
Aperçu apɛr'sy:
Aperiens a'pe:ri̯ɛns; **...ntia** ape'ri̯ɛntsi̯a, **...nzien** ape'ri̯ɛntsi̯ən
Aperitif aperi'ti:f; *fr.* ...tif
Aperitivum aperi'ti:vʊm, **...va** ...va
apern 'a:pɐn
Apersonalismus apɛrzona'lɪsmʊs
Apertometer apɛrto'me:tɐ
Apertur apɛr'tu:ɐ̯
apetal ape'ta:l
Apex 'a:pɛks, **Apizes** 'a:pitse:s
Apfel 'apfl̩, **Äpfel** 'ɛpfl̩
Apfelsine apfl̩'zi:nə
Aphakie afa'ki:
Aphärese afɛ're:zə
Aphäresis a'fɛ:rezɪs, **...sen** afɛ're:zn̩
Aphasie afa'zi:, **-n** ...i:ən
Aphel a'fe:l
Aphelium a'fe:li̯ʊm, **...ien** ...i̯ən
Aphemie afe'mi:, **-n** ...i:ən
Aphongetriebe a'fo:ngətri:bə
Aphonie afo'ni:, **-n** ...i:ən
Aphorismus afo'rɪsmʊs
Aphoristik afo'rɪstɪk
Aphoristiker afo'rɪstikɐ
aphoristisch afo'rɪstɪʃ
Aphrasie afra'zi:, **-n** ...i:ən
Aphrodisiakum afrodi'zi:akʊm, **...ka** ...ka
Aphrodisie afrodi'zi:
aphrodisisch afro'di:zɪʃ
Aphrodite afro'di:tə, *B* ...te
aphroditisch afro'di:tɪʃ
Aphthe 'aftə
Aphyllen a'fʏlən
Aphyllie afʏ'li:
aphyllisch a'fʏlɪʃ
API *engl.* 'eɪpi:'aɪ
Api *engl.* 'eɪpɪ, *fr.* a'pi
a piacere a pi̯a'tʃe:rə
Apianus a'pi̯a:nʊs
Apicius a'pi:tsi̯ʊs
apikal api'ka:l
Apis 'a:pɪs
Apium 'a:pi̯ʊm
Aplanat apla'na:t
Aplasie apla'zi:, **-n** ...i:ən
aplastisch a'plastɪʃ
Aplazentalier aplatsɛn'ta:li̯ɐ
Aplerbeck 'aplɐbɛk
Aplit a'pli:t, *auch:* ...lɪt
Aplomb a'plõ:
Apnoe a'pno:ə
APO, Apo 'a:po
Apochromat apokro'ma:t
Apodeiktik apo'dai̯ktɪk
Apoden a'po:dn̩
Apodiktik apo'dɪktɪk
apodiktisch apo'dɪktɪʃ
Apodosis a'po:dozɪs, **...osen** apo'do:zn̩
Apoferment apofɛr'mɛnt
apogam apo'ga:m
Apogamie apoga'mi:
Apogäum apo'gɛ:ʊm
Apographon a'po:grafɔn, **...pha** ...fa
Apographum a'po:grafʊm, **...pha** ...fa
Apokalypse apoka'lʏpsə
Apokalyptik apoka'lʏptɪk
Apokalyptiker apoka'lʏptikɐ
apokalyptisch apoka'lʏptɪʃ
apokarp apo'karp
Apokarpium apo'karpi̯ʊm
Apokatastase apokata'sta:zə
Apokoinu apokɔy'nu:
Apokope a'po:kope, **-n** apo'ko:pn̩
apokopieren apoko'pi:rən
apokryph, A... apo'kry:f
Apolda a'pɔlda
apolitisch 'apoli:tɪʃ, *auch:* – –'– –
Apoll a'pɔl
Apollinaire *fr.* apɔlli'nɛ:r
Apollinarios apɔli'na:ri̯ɔs
Apollinaris apɔli'na:rɪs
apollinisch apɔ'li:nɪʃ
Apollinopolis apɔli'no:polɪs
Apollo a'pɔlo
Apollodoros apɔlo'do:rɔs
Apollon *russ.* apal'lɔn
Apollonia apɔ'lo:ni̯a
Apollonios apɔ'lo:ni̯ɔs
apollonisch apɔ'lo:nɪʃ
Apollonius apɔ'lo:ni̯ʊs
Apollos a'pɔlɔs
Apolog apɔ'lo:k, **-e** ...o:gə
Apologet[ik] apolo'ge:t[ɪk]
Apologie apolo'gi:, **-n** ...i:ən
Apomixis apo'mɪksɪs
Apomorphin apomɔr'fi:n
Aponeurose aponɔy'ro:zə
Apopemptikon apo'pɛmptikɔn, **...ka** ...ka
Apophis a'po:fɪs
Apophthegma apo'ftɛgma, **-ta** -ta
apophthegmatisch apoftɛ'gma:tɪʃ
Apophyse apo'fy:zə
Apoplektiker apo'plɛktikɐ
apoplektisch apo'plɛktɪʃ
Apoplexie apoplɛ'ksi:, **-n** ...i:ən
Aporem apo're:m
aporematisch apore'ma:tɪʃ
Aporetik apo're:tɪk
Aporetiker apo're:tikɐ
Aporie apo'ri:, **-n** ...i:ən
Áporka *ung.* 'a:porkɔ
Aporogamie aporoga'mi:
Aposiopese apozi̯o'pe:zə
Aposporie apospo'ri:
Apostasie aposta'zi:, **-n** ...i:ən
Apostat apɔs'ta:t
Apostata a'pɔstata
Apostel a'pɔstl̩
a posteriori a: pɔste'ri̯o:ri
aposteriorisch apɔste'ri̯o:rɪʃ
Apostilb apo'stɪlp
Apostolat apɔsto'la:t
Apostoliker apɔs'to:likɐ

Apostọlikum apɔs'to:likʊm
apostọlisch apɔs'to:lɪʃ
Apọstolo *it.* a'pɔstolo
Apọstolos a'pɔstolɔs
Apostrọph apo'stro:f
Apostrophe a'pɔstrofe; apo'stro:fə, **-n** apo'stro:fn̩
apostrophi̲eren apostro'fi:rən
Apothẹcium apo'te:tsi̯ʊm, **...ien** ...i̯ən
Apothẹke apo'te:kə
Apothẹker apo'te:kɐ
Apotheose apote'o:zə
Apothẹzium apo'te:tsi̯ʊm, **...ien** ...i̯ən
a potiọri a: po'tsi̯o:ri
Apotrọpaion apo'tro:pai̯ɔn, **...aia** ...ai̯a
apotropä̲isch apotro'pɛ:ɪʃ
Apotropä̲um apotro'pɛ:ʊm
Appalạchen apa'laxn̩
Appalachian *engl.* æpə'leɪtʃɪən, **-s** ...nz
Apparạt apa'ra:t
apparati̲v apara'ti:f, **-e** ...i:və
Apparạtschik apa'ratʃɪk
Apparatu̲r apara'tu:ɐ̯
Appartement apartə'mã:
Appassionạta apasi̯o'na:ta
appassionạto apasi̯o'na:to
Appeal *engl.* ə'pi:l
Appeasement *engl.* ə'pi:zmənt
Ạppeldorn 'apl̩dɔrn
Appelhü̲lsen apl̩'hʏlzn̩
Appẹll a'pɛl
appellạbel apɛ'la:bl̩, **...ble** ...blə
Ạppelland 'apl̩lant
Appellạnt apɛ'lant
Appellạt apɛ'la:t
Appellatiọn apɛla'tsi̯o:n
Appellati̲v apɛla'ti:f, **-e** ...i:və
Appellati̲vum apɛla'ti:vʊm, **...va** ...va
appelli̲eren apɛ'li:rən
Ạppelscha *niederl.* 'ɑpəlsxa:
Appendektomi̲e apɛndɛkto'mi:, **-n** ...i:ən
Appẹndix a'pɛndɪks, **...dizes** ...ditse:s
Appendizi̲tis apɛndi'tsi:tɪs, **...iti̲den** ...tsi'ti:dn̩
Appenni̲ni *it.* appen'ni:ni
Appenni̲no *it.* appen'ni:no
Appenzell apn̩'tsɛl, '–––
Appẹrt *fr.* a'pɛ:r
Appẹrtinens a'pɛrtinɛns, **...nzien** ...'nɛntsi̯ən
Apperzeptiọn apɛrtsɛp'tsi̯o:n
apperzipi̲eren apɛrtsi'pi:rən
Appetẹnz ape'tɛnts
Appeti̲t ape'ti:t
Appiạ *fr.* ap'pja
Appiạn a'pi̯a:n
Appiạni *it.* ap'pi̯a:ni
Appiạno *it.* ap'pi̯a:no
Appingedạm *niederl.* ɑpɪŋə'dɑm
Ạppische Straße 'apɪʃə 'ʃtra:sə
applani̲eren apla'ni:rən
applaudi̲eren aplau̯'di:rən
Applau̲s a'plau̯s, **-e** ...au̯zə
Apple[ton] *engl.* 'æpl[tən]
applikạbel apli'ka:bl̩, **...ble** ...blə
Applikạnt apli'kant
Applikatiọn aplika'tsi̯o:n
Applikatu̲r aplika'tu:ɐ̯
Appling *engl.* 'æplɪŋ
applizi̲eren apli'tsi:rən
Appoggiatu̲r apɔdʒa'tu:ɐ̯
Appoggiatu̲ra apɔdʒa'tu:ra
Appoint a'po̯ɛ̃:
Appomattox *engl.* æpə'mætəks
apponi̲eren apo'ni:rən
Apponyi *ung.* 'ɔponji
appọrt!, Appọrt a'pɔrt
Appọrtl a'pɔrtl̩
apporti̲eren apɔr'ti:rən
Appositiọn apozi'tsi̯o:n
appositionẹll apozitsi̯o'nɛl
Apprehensiọn aprehɛn'zi̯o:n
apprehensi̲v aprehɛn'zi:f, **-e** ...i:və
Appreteur apre'tø:ɐ̯
appreti̲eren apre'ti:rən
Appretu̲r apre'tu:ɐ̯
Approbatiọn aproba'tsi̯o:n
approbạtur apro'ba:tʊr
approbi̲eren apro'bi:rən
Apprọche a'prɔʃ[ə], **-n** ...ʃn̩
approchi̲eren aprɔ'ʃi:rən
Appropriatiọn apropria'tsi̯o:n
Approximatiọn aprɔksima'tsi̯o:n
approximati̲v aprɔksima'ti:f, **-e** ...i:və
Ạprath 'apra:t
Apraxi̲e apra'ksi:, **-n** ...i:ən
Aprạxin, Apraksin *russ.* a'praksin
Après-midi d'un faune *fr.* aprɛmididœ̃'fo:n
Après nous le déluge! *fr.* aprɛnulde'ly:ʒ
Après-Ski̲ aprɛ'ʃi:, *fr.* aprɛs'ki
Après-Swi̲m aprɛ'svɪm
Apri̲ca *it.* a'pri:ka
Apricẹna *it.* apri'tʃɛ:na
Ạpries 'a:priɛs
Aprigli̲ano *it.* apriʎ'ʎa:no
Aprikọse apri'ko:zə
Apri̲l a'prɪl
Apri̲low, Aprilov *bulgar.* a'prilof
Áprily *ung.* 'a:prili
a pri̲ma vi̲sta a 'pri:ma 'vɪsta
a priọri a: pri'o:ri
apriọrisch apri'o:rɪʃ
Apriori̲smus aprio'rɪsmʊs
Aprioṛist aprio'rɪst
apropọs apro'po:
Aprosdokẹse aprɔsdo'ke:zə
aprosdokẹtisch aprɔsdo'ke:tɪʃ
Aprosdọketon aprɔs'do:ketɔn, **...ta** ...ta
Aprosexi̲e aprozɛ'ksi:, **-n** ...i:ən
Apscherọn, Apšeron *russ.* apʃə'rɔn
Apsi̲de a'psi:də
apsidiạl apsi'di̯a:l
Ạpsis 'apsɪs, **Apsi̲den** a'psi:dn̩
Ạpt *dt., fr.* apt
apterygọt aptery'go:t
apti̲eren ap'ti:rən
Aptyali̲smus aptÿa'lɪsmʊs
apuạnisch a'pu̯a:nɪʃ
Apụchtin, Apuhtin *russ.* a'puxtin
Apulẹjus apu'le:jʊs
Apu̲lien a'pu:li̯ən
Apu̲re *span.* a'pure
Apurímac *span.* apu'rimak
Ạpus 'a:pʊs
Apyrexi̲e apyrɛ'ksi:, **-n** ...i:ən
Ạqua destillạta 'a:kva dɛstɪ'la:ta
Aquädụkt akvɛ'dʊkt
Ạquae Sẹxtiae 'a:kvɛ 'zɛkstiɛ
Ạquakultur 'a:kvakʊltu:ɐ̯
äquạl ɛ'kva:l
Aquamani̲le akvama'ni:lə
Aquamari̲n akvama'ri:n
Aquanau̲t akva'nau̯t
Aquaplạning akva'pla:nɪŋ
Aquarẹll akva'rɛl
aquarelli̲eren akvarɛ'li:rən
Aquarelli̲st akvarɛ'lɪst
Aquariạner akva'ri̯a:nər
Aquari̲stik akva'rɪstɪk
Aquạrium a'kva:ri̯ʊm, **...ien** ...i̯ən
Aquatẹl akva'tɛl
Aquati̲nta akva'tɪnta
aquạtisch a'kva:tɪʃ
Aquatọne... akva'to:n...
Äquạtor ɛ'kva:tɔr
Äquatoreạl ɛkvatore'a:l
äquatoriạl, Ä... ɛkvato'ri̯a:l
à quạtre *fr.* a'katr
à quatre mains *fr.* akatrə'mɛ̃
à quatre parti̲s *fr.* akatrəpar'ti
Aquavi̲t akva'vi:t
Ạquer 'ɛ:kvɐ
Äquiglaziạle ɛkvigla'tsi̯a:lə
Ạquila 'a:kvila, *it.* 'a:ku̯ila
Aquilẹgia akvi'le:gi̯a
Aquilẹia *it.* aku̯i'lɛ:i̯a
Aquilẹja akvi'le:ja
Äquilibri̲smus ɛkvili'brɪsmʊs
Äquilibri̲st ɛkvili'brɪst
Äquilibri̲stik ɛkvili'brɪstɪk
Aquili̲na akvi'li:na
äquimolạr ɛkvimo'la:ɐ̯
äquimolekulạr ɛkvimoleku'la:ɐ̯
Aqui̲n a'kvi:n, *fr.* a'kɛ̃
Aqui̲nas a'kvi:nas
Aqui̲no *it.* a'ku̯i:no
äquinoktiạl ɛkvinɔk'tsi̯a:l
Äquinọktium ɛkvi'nɔktsi̯ʊm, **...ien** ...i̯ən
äquipollẹnt ɛkvipɔ'lɛnt
Äquipollẹnz ɛkvipɔ'lɛnts
Aquitạnien akvi'ta:ni̯ən
aquitạnisch akvi'ta:nɪʃ

Äquitạt ɛkviˈtɛ:t
äquivalẹnt, Ä... ɛkvivaˈlɛnt
Äquivalẹnz ɛkvivaˈlɛnts
äquivọk ɛkviˈvo:k
Äquivokatiọn ɛkvivokaˈtsi̯o:n
A̱r (Flächenmaß) a:ɐ̯
A̱ra ˈa:ra
Ä̱ra ˈɛ:ra
Arabạtskaja Strẹlka *russ.* araˈbatskɐjɐ ˈstrjɛlkɐ
Arabẹlla araˈbɛla
Araber ˈa:rabɐ, *auch:* ˈar...
Arabẹske araˈbɛskə
Arạbien aˈra:bi̯ən
Arabinọse arabiˈno:zə
A̱rabis ˈa:rabɪs
arạbisch aˈra:bɪʃ
Arabịst[ik] araˈbɪst[ɪk]
Arabistạn *pers.* æræbesˈtɑ:n
Arabit araˈbi:t, *auch:* ...bɪt
Aracaju *bras.* arakaˈʒu
Aracati *bras.* arakaˈti
Arạceae aˈra:tseɛ
Aracẹna *span.* araˈθena
A̱rachis ˈa:raxɪs
Arachnịden araxˈni:dn̩
Arachnịtis araxˈni:tɪs
Arachnodaktylie araxnodaktyˈli:, **-n** ...i:ən
arachnoịd araxnoˈi:t, **-e** ...i:də
Arachnoịdea araxnoˈi:dea
Arachnoịden araxnoˈi:dn̩
Arachnoidịtis araxnoiˈdi:tɪs
Arachnolọge araxnoˈlo:gə
Arachnologie araxnoloˈgi:
Arạchoba *neugr.* aˈraxɔva
Ạrachthos *neugr.* ˈaraxθɔs
Arad *ung.* ˈɔrɔd, *rumän.* aˈrad
A̱rae Flạviae ˈa:rɛ ˈfla:vi̯ɛ
Arafụra *indon.* araˈfura
Aragọ *fr.* araˈgo
Aragon *fr.* araˈgõ
Aragón *span.* araˈɣɔn
Aragonẹse aragoˈne:zə
Aragọnien araˈgo:ni̯ən
Aragọnier araˈgo:ni̯ɐ
aragọnisch araˈgo:nɪʃ
Aragonit aragoˈni:t, *auch:* ...nɪt
Arạgua *span.* aˈraɣu̯a
Araguạia *bras.* araˈgu̯ai̯a
Arạgwi, Aragvi *russ.* aˈragvi
A̱rahad ˈa:rahat
Arahạl *span.* araˈal
Arai aˈrai̯
Arạk *pers.* æˈrɑ:k
Araks vgl. Arax
Araktschẹjew, Arakčeev *russ.* arakˈtʃejɪf
Arạl (Wz) aˈra:l
Aralạr *span.* araˈlar
Araliạceae araˈli̯a:tseɛ
Arạlie aˈra:li̯ə
Aralsee ˈa:ra[:]lze:
Arạlsk, Aralʼsk *russ.* aˈraljsk
Aramạ̈a araˈmɛ:a
Aramạ̈er araˈmɛ:ɐ
aramạ̈isch araˈmɛ:ɪʃ

Aramạyo *span.* araˈmajo
Arambụru *span.* aramˈburu
Arạmech aˈra:mɛç
Aran *engl.* ˈærən
Arán *span.* aˈran
Arạna *span.* aˈrana
Arancịni aranˈtsi:ni
Arạnd[i]la *span.* aˈrand[i̯]la
Ạrandjelovac, Ạranđelovac *serbokr.* ˌara:ndzɛlɔvats
Arangụren *span.* araŋˈguren
Arạnha *bras.* aˈrɐɲa
Aranjuez *span.* araŋˈxu̯ɛθ, *Schiller* aˈranxuˌɛs
Arany[os] *ung.* ˈɔrɔɲ[oʃ]
Aranzịni aranˈtsi:ni
Araouạn *fr.* araˈwan
Arapaho *engl.* əˈræpəhoʊ
Arapịles *span.* araˈpiles
Ärạr ɛˈra:ɐ̯
Arạra aˈra:ra
Ararat ˈa:rarat, *auch:* ˈararat; *pers.* ɑrɑˈrɑ:t
ärạrisch ɛˈra:rɪʃ
Aras *pers.* æˈræs
Arasbarạn *pers.* æræsbɑˈrɑ:n
Arạschnia aˈrasçni̯a
Arạspe aˈraspə
Arạt aˈra:t
Arató *ung.* ˈɔrɔto:
Arạtor aˈra:tɔr
Arạtus aˈra:tʊs
Arạuca *span.* aˈrau̯ka
Araucạria arau̯ˈka:ri̯a
Arạuco *span.* aˈrau̯ko
Arạucos *span.* aˈrau̯kɔs
Araụjo *bras.* araˈuʒu
Araukạner arau̯ˈka:nɐ
Araukạrie arau̯ˈka:ri̯ə
Arausio aˈrau̯zi̯o
Arawạke araˈva:kə
Arạx, Araks *russ.* aˈraks
Arạxes aˈraksɛs
Arạzzo aˈratso, **...zzi** ...tsi
Ạrba *span.* ˈarβa
Ạrbaces ˈarbatsɛs
Arbạnasi *serbokr.* arˌbanasi
Arbạsia *span.* arˈβasi̯a
Ạrbe ˈarbə
Arbaud, ...beau *fr.* arˈbo
Ạrbeit ˈarbai̯t
ạrbeiten ˈarbai̯tn̩
Arbẹla arˈbe:la
Ạrbenz ˈarbɛnts, *span.* arˈβenθ
Ạrber ˈarbɐ, *engl.* ˈɑ:bə
Ạrberg ˈarbɛrk
Ạrbing ˈarbɪŋ
Ạrbiter ˈarbitɐ
Arbitrạge arbiˈtra:ʒə
arbitrạ̈r arbiˈtrɛ:ɐ̯
Arbitratiọn arbitraˈtsi̯o:n
arbitrieren arbiˈtri:rən
Arbịtrium arˈbi:tri̯ʊm, **...ia** ...i̯a
Ạrbo ˈarbo
Arbó *span.* arˈβo
Ạrboga *schwed.* ˌarbo:ga
Ạrbogast ˈarbogast

Arbois de Jubainvịlle *fr.* arbwadʒybɛ̃ˈvil
Ạrbon ˈarbo:n
Arborẹa *it.* arboˈrɛ:a
Arborẹtum arboˈre:tʊm
Arbós *span.* arˈβɔs
Ạrbrå *schwed.* ˈarbro:
Arbrissẹl *fr.* arbriˈsɛl
Arbroath *engl.* ɑ:ˈbroʊθ
Arbués *span.* arˈβu̯es
Arbụse arˈbu:zə
[1]**Arbụsow** (dt.-balt. Familienname) arˈbu:zɔf
[2]**Arbụsow, Arbuzov** *russ.* arˈbuzɐf
Arbuthnot *engl.* ɑ:ˈbʌθnət
Ạrc *fr.* ark
ARC *engl.* ˈeɪ-ɑ:ˈsi:
Ạrca *it.* ˈarka
Arcachon *fr.* arkaˈʃõ
Arcạdelt *niederl.* ɑrˈka:dɑlt
Arcadia *engl.* ɑ:ˈkeɪdɪə
Arcạngelo *it.* arˈkandʒelo
Arc de triomphe arkdətriˈõ:f
Ạrce *it.* ˈartʃe, *span.* ˈarθe
Arcẹgno *it.* arˈtʃeɲɲo
Ạrcen *niederl.* ˈɑrsə
Arcẹsius arˈtse:zi̯ʊs
Arcẹtri *it.* arˈtʃɛ:tri
Arcẹvia *it.* arˈtʃɛ:vi̯a
Archạikum arˈça:ikʊm
Archạ̈ikum arˈçɛ:ikʊm
archạisch arˈça:ɪʃ
archạ̈isch arˈçɛ:ɪʃ
archaisieren arçaiˈzi:rən
Archaịsmus arçaˈɪsmʊs
archaịstisch arçaˈɪstɪʃ
Archạngelos *neugr.* arˈxaŋgɛlɔs
Archạngelsk, Arhangelʼsk arˈçanl̩sk, arˈçaŋgɛlsk; *russ.* arˈxangɪljsk
Archanthropịnen arçantroˈpi:nən
Archäolọge arçɛoˈlo:gə
Archäologie arçɛoloˈgi:
archäolọgisch arçɛoˈlo:gɪʃ
Archäọpteris arçɛˈɔptərɪs, **...iden** arçɛɔpteˈri:dn̩
Archäọpteryx arçɛˈɔpterʏks, **...ryges** arçɛɔpˈte:ryge:s
Archäozọikum arçɛoˈtso:ikʊm
Archbald *engl.* ˈɑ:tʃbɔ:ld
Ạrche ˈarçə
Archegoniạten arçegoˈni̯a:tn̩
Archegọnium arçeˈgo:ni̯ʊm, **...ien** ...i̯ən
Archelạos arçeˈla:ɔs
Archelạus arçeˈla:ʊs
Archẹna *span.* arˈtʃena
Ạrchenholz ˈarçn̩hɔlts
Archenzẹphalon arçɛnˈtse:falɔn
A̱rcher *engl.* ˈɑ:tʃə
Archespọr arçeˈspo:ɐ̯
Archetỵp arçeˈty:p, *auch:* ˈ– – –
archetỵpisch arçeˈty:pɪʃ, *auch:* ˈ– – – –
Archetỵpus arçeˈty:pʊs
Archẹus arˈçe:ʊs

Archey *engl.* 'ɑ:tʃɪ
Archias 'arçias
Archibald 'arçibalt, *engl.* 'ɑ:tʃɪbəld
Archidamus arçi'da:mʊs
Archidiakon arçidia'ko:n
Archidiakonat arçidiako'na:t
Archidona *span.* artʃi'ðona
Archigonie arçigo'ni:
Archilochius arçilɔ'xi:ʊs
Archilochos ar'çi:lɔxɔs
Archimandrit arçiman'dri:t
Archimedes arçi'me:dɛs
archimedisch, A... arçi'me:dɪʃ
Archipel arçi'pe:l
Archipelagos arçi'pɛ:lagɔs
Archipenko, Arhipenko arçi'pɛŋko, *russ.* ar'xipɪnkɐ
Archipoeta arçipo'e:ta
Archipresbyter arçi'prɛsbytɐ
Archisposa arçi'spo:za
Architekt arçi'tɛkt
Architektonik arçitɛk'to:nɪk
architektonisch arçitɛk'to:nɪʃ
Architektur arçitɛk'tu:ɐ̯
Architrav arçi'tra:f, **-e** ...a:və
Archiv ar'çi:f, **-e** ...i:və
Archivalien arçi'va:li̯ən
archivalisch arçi'va:lɪʃ
Archivar arçi'va:ɐ̯
archivieren arçi'vi:rən
Archivolte arçi'vɔltə
Archont ar'çɔnt
Archontat arçɔn'ta:t
Archytas ar'çy:tas
Arcibašev vgl. Arzibaschew
Arcipelago *it.* artʃi'pɛ:lago
Arcis-sur-Aube *fr.* arsisy'ro:b
Arciszewski *poln.* artɕi'ʃɛfski
arco, Arco 'arko
Arcole *it.* 'arkole
Arcos *span.* 'arkɔs, *fr.* ar'ko:s
Arctic Bay *engl.* 'ɑ:ktɪk 'beɪ
Arctocephalus arkto'tse:falʊs
Arctomys 'arktomʏs
Arcueil *fr.* ar'kœj
Arcus 'arkʊs
Arda *bulgar.* 'arda
Årdal *norw.* ˌo:rda:l
Ardas *neugr.* 'arðas
Ardea *dt., it.* 'ardea
Ardeal *rumän.* ar'deal
Ardebil arde'bi:l, *pers.* ærdæ'bi:l
Ardèche *fr.* ar'dɛʃ
Ardemáns *span.* arðe'mans
Arden *engl.* ɑ:dn
Ardenne ar'dɛn
Ardennen ar'dɛnən
Ardennes *fr.* ar'dɛn
ardente ar'dɛntə
Ardey 'ardai̯
Ardez *rät.* ar'dɛts
Ardigò *it.* ardi'gɔ
Ardila *span.* ar'ðila
Ardinghello *it.* ardiŋ'gɛllo
Ardistan *pers.* ærdes'tɑ:n
Arditi *it.* ar'di:ti
ardito ar'di:to
Ardmore *engl.* 'ɑ:dmɔ:
Ardometer ardo'me:tɐ
Ardooie *niederl.* ɑr'do:jə
Ardres *fr.* ardr
Arduin 'ardui:n
Are 'a:rə
Åre *schwed.* ˌo:rə
Area 'a:rea, **Areen** a're:ən
Areal are'a:l
Arée, Montagne d' *fr.* mõtaɲda're
Aref 'a:rɛf
Areflexie areflɛ'ksi:, **-n** ...i:ən
Areia[s] *bras.* a'reja[s]
Arekanuß a're:kanʊs
Arel 'a:rəl
Arelat[e] are'la:t[ə]
areligiös 'areligi̯ø:s, *auch:* ‒‒‒'‒; **-e** ...ø:zə
Aremberg 'a:rəmbɛrk
Aremorica are'mo:rika
Arena a're:na, *span.* a'rena
Arenal *span.* are'nal
Arenas *span.* a'renas
Arenberg 'a:rənbɛrk
Arend 'a:rənt
Arenda a'rɛnda
Arendal *norw.* ˌa:rənda:l
Arendonk *niederl.* 'a:rəndɔŋk
Arends 'a:rənts
Arendsee a:rənt'ze:
Arendt 'a:rənt
Arène *fr.* a'rɛn
Arens[burg] 'a:rəns[bʊrk]
Arenshausen a:rəns'hau̯zn̩
Arenski, Arenskij *russ.* a'rjɛnskij
Areopag areo'pa:k, **-e** ...a:gə
Areopagita areopa'gi:ta
Areopolis *neugr.* arɛ'ɔpɔlis
Arequipa *span.* are'kipa
Ares 'a:rɛs
Aresing 'a:rəzɪŋ
Åresjön *schwed.* ˌo:rəʃœn
Åreskutan *schwed.* ˌo:rəskʉ:tan
Årestrup *dän.* 'ɔ:rəsdrob
Areta *span.* a'reta
Aretaios are'tai̯ɔs
Aretalogie aretalo'gi:, **-n** ...i:ən
[1]**Arete** (Name) a're:tə, *B.* ...te
[2]**Arete** (Tugend) are'te:
Arethusa are'tu:za
Aretin 'areti:n
Aretino *it.* are'ti:no
Aretologie aretolo'gi:
Arévalo *span.* a'reβalo
Arezzo *it.* a'rettso
Arfakgebirge 'arfakgəbɪrgə
Arfe *span.* 'arfe
Arfeld 'a:ɐ̯fɛlt
Arfurt 'a:ɐ̯fʊrt
arg ark, **-e** 'argə, **ärger** 'ɛrgɐ
Arga *span.* 'arɣa
Argali 'argali
Argamasilla *span.* arɣama'siʎa
Argand *fr.* ar'gã
Arganda *span.* ar'ɣanda
Argar *span.* ar'ɣar
Argast 'argast
Argäus ar'gɛ:ʊs
Argeioi ar'gai̯ɔy̯
Argelander arge'landɐ
Argelsried argl̩s'ri:t
Argen 'argn̩
Argens (Fluß) *fr.* ar'ʒã:s
Argenschwang 'argn̩ʃvaŋ
Argensola *span.* arxen'sola
Argenson *fr.* arʒã'sõ
Argenta *span.* ar'xenta
Argentan argɛn'ta:n, *fr.* arʒã'tã
Argentario *it.* ardʒen'ta:ri̯o
Argentera *it.* ardʒen'tɛ:ra
Argenteuil *fr.* arʒã'tœj
Argentière *fr.* arʒã'tjɛ:r
Argentina *span.* arxen'tina
Argentine argɛn'ti:nə
Argentinien argɛn'ti:ni̯ən
Argentinier argɛn'ti:ni̯ɐ
argentinisch argɛn'ti:nɪʃ
Argentino *span.* arxen'tino
Argentit argɛn'ti:t, *auch:* ...tɪt
Argenton *fr.* arʒã'tõ
Argentoratum argɛnto'ra:tʊm
Argentum ar'gɛntʊm
Argeo *it.* ar'dʒɛ:o
ärger, Ä... 'ɛrgɐ
Argerich 'argərɪç
ärgern 'ɛrgɐn, **ärgre** 'ɛrgrə
Argeș *rumän.* 'ardʒeʃ
Arghezi *rumän.* ar'gezi
Arginase argi'na:zə
Arginin argi'ni:n
Arginusen argi'nu:zn̩
Argiope ar'gi:ope
Argiver ar'gi:vɐ
Arglist 'arklɪst
arglos 'arklo:s
Argo[lis] 'argo[lɪs]
Argon 'argɔn, *auch:* ar'go:n
Argonaut argo'naut
Argonne *fr.* ar'gɔn
Argonnen ar'gɔnən
Argopuro *indon.* argo'puro
Argos 'argɔs, *neugr.* 'arɣɔs
Argostolion *neugr.* arɣɔs'tɔljɔn
Argot ar'go:
Argote *span.* ar'ɣote
ärgste 'ɛrkstə
Arguedas *span.* ar'ɣeðas
Argüelles *span.* ar'ɣu̯eʎes
Argument argu'mɛnt
Argumentation argumɛnta'tsi̯o:n
argumentativ argumɛnta'ti:f, **-e** ...i:və
argumentieren argumɛn'ti:rən
[1]**Argun, Argun'** (Quellfluß des Amurs) *russ.* ar'gunj
[2]**Argun** (Fluß im Kaukasus) *russ.* ar'gun
Argus 'argʊs, *engl.* 'ɑ:gəs
Argwohn 'arkvo:n
argwöhnen 'arkvø:nən
argwöhnisch 'arkvø:nɪʃ

Argyll, Argyle *engl.* ɑː'gaɪl
Argyri̲e argy'riː, **-n** ...iːən
Argyroka̩stron *neugr.* arjirɔ'kastrɔn
Argyro̲se argy'roːzə
Arhangel'sk vgl. Archangelsk
Arhe̲ilgen aːɐ̯'hailgn̩
Arhipenko vgl. Archipenko
Århus *dän.* 'ɔrhuː's, 'ɔːr...
Arhytmi̲e arʏt'miː, **-n** ...iːən
A̲ri *isl.* 'aːrɪ
Aria̩dne a'ri̯adnə, *auch:* a'ri̯atnə; *B* ...ne
Aria̩ldus a'ri̯aldʊs
Aria̲ne a'ri̯aːnə
Aria̲ner a'ri̯aːnɐ
aria̲nisch a'ri̯aːnɪʃ
Ariani̩smus ari̯a'nɪsmʊs
Aria̩nna *it.* a'ri̯anna
Aria̲no *it.* a'ri̯aːno
A̩rias *span.* 'ari̯as
A̲ribert 'aːribɛrt
Ariboflavino̲se ariboflavi'noːzə
Ari̩ca *span.* a'rika
Ari̩ccia *it.* a'rittʃa
Ari̲cia a'riːtsi̯a
ari̲d a'riːt, **-e** ...iːdə
Arida̲eus, ...ä̲us ari'dɛːʊs
Aridit̲ät aridi'tɛːt
A̲rie 'aːri̯ə
Ariège *fr.* a'ri̯ɛːʒ
A̲riel 'aːri̯eːl, *auch:* ...i̯ɛl
A̲rier 'aːri̯ɐ
A̲ries 'aːri̯ɛs
Arie̩tta a'ri̯ɛta
Arie̩tte a'ri̯ɛtə
Ari̲go a'riːgo
A̲rild *schwed.* ˌɑːrild
Ari̩llus a'rɪlʊs, **Ari̩lli** a'rɪli
Arima̩spen ari'maspn̩
Arimat̲ä̲a arima'tɛːa
Arimathi̲a arima'tiːa
Ari̩na *russ.* a'rinɐ
A̲rindal 'aːrɪndal
Ari̩nos *bras.* a'rinus
Arioda̩nte *it.* ari̯o'dante
Ari̲on a'riːɔn
ari̲os a'ri̯oːs, **-e** ...oːzə
ario̲so a'ri̯oːzo
Ario̲so a'ri̯oːzo, **...si** ...zi
Ario̩st a'ri̯ɔst
Ario̩sti *it.* a'ri̯ɔsti
Ario̩sto *it.* a'ri̯ɔsto
Ariovi̩st ari̯o'vɪst
a̲risch 'aːrɪʃ
Ari̲sch a'riːʃ
Arista̲goras arɪs'taːgoras
Ari̩stan a'rɪstan
Arista̩rchos arɪs'tarçɔs
Aristeas a'rɪsteas, arɪs'teːas
Aristei̲des arɪs'tai̯dɛs
Ari̩steus a'rɪstɔʏs
Aristi̲d arɪs'tiːt
Aristi̩de *fr.* aris'tid
Aristi̲des arɪs'tiːdɛs
Aristi̩pp[os] arɪs'tɪp[ɔs]
Aristobu̲los arɪsto'buːlɔs
Aristode̲mos arɪsto'deːmɔs
Aristode̲mus arɪsto'deːmʊs
Aristogei̲ton arɪsto'gai̯tɔn
Aristogi̲ton arɪsto'giːtɔn
Aristokra̲t arɪsto'kraːt
Aristokrati̲e arɪstokra'tiː, **-n** ...iːən
Aristolo̩chia arɪsto'lɔxi̯a, **...ien** ...i̯ən
Aristolochia̲ceae arɪstolɔ'xi̯aːtsɛɛ
Aristo̲menes arɪs'toːmenɛs
Aristony̲m arɪsto'nyːm
Aristo̲phanes arɪs'toːfanɛs
Aristophane̲us arɪstofa'neːʊs
aristopha̲nisch arɪsto'faːnɪʃ
Aristo̲teles arɪs'toːtelɛs
Aristote̲liker arɪsto'teːlikɐ
aristote̲lisch, A... arɪsto'teːlɪʃ
Aristoteli̩smus arɪstote'lɪsmʊs
A̩ristow, Aristov *russ.* 'aristɐf
Aristo̩xenos arɪs'tɔksenɔs
A̩ritaporzellan 'aritapɔrtsɛlaːn
Arithme̲tik arɪt'meːtɪk
Arithme̲tiker arɪt'meːtikɐ
arithme̲tisch arɪt'meːtɪʃ
Arithmogri̲ph arɪtmo'griːf
Arithmologi̲e arɪtmolo'giː
Arithmomani̲e arɪtmoma'niː, **-n** ...iːən
Arithmomanti̲e arɪtmoman'tiː
Ari̲us a'riːʊs
Ari̩za *span.* a'riθa
Arizo̲na ari'tsoːna, *engl.* ærɪ'zoʊnə
A̩rjeplog *schwed.* ˌarjepluːg
Arka̲de ar'kaːdə
Arka̩di, Arkadij *russ.* ar'kadij
Arka̲dien ar'kaːdi̯ən
Arka̲dier ar'kaːdi̯ɐ
Arka̲dios ar'kaːdi̯ɔs
arka̲disch ar'kaːdɪʃ
Arka̲n... ar'kaːn...
Arka̩nsas ar'kanzas; *engl.* 'ɑːkənsɔː, ɑː'kænzəs
Arkansit arkan'ziːt, *auch:* ...zɪt
Arka̲num ar'kaːnʊm, **...na** ...na
A̩rkas 'arkas
Arkebu̲se arke'buːzə
Arkebusi̲er arkebu'ziːɐ̯
Arkel *fr.* ar'kɛl, *niederl.* 'ɑrkəl
Arkele̲y arkə'lai̯
Arkesila̲os arkezi'laːɔs
Arko̲na ar'koːna
Arko̲se ar'koːzə
Arkoso̲lium arko'zoːli̯ʊm, **...ien** ...i̯ən
A̩rktiker 'arktikɐ
A̩rktis 'arktɪs
a̩rktisch 'arktɪʃ
A̩rktos 'arktɔs
Arktu̲r ark'tuːɐ̯
Arktu̲rus ark'tuːrʊs
Arkuballi̩ste arkuba'lɪstə
A̩rkus 'arkʊs, **die –** ...kuːs
A̲rkwright *engl.* 'ɑːkraɪt
Arland *fr.* ar'lã
Arlanzón *span.* arlan'θɔn
A̩rlberg 'arlbɛrk
Arlecchi̲no arlɛ'kiːno, **...ni** ...ni
A̩rles *fr.* arl
A̩rlesheim 'arləshai̯m
Arlésie̩nne *fr.* arle'zi̯ɛn
Arle̩tt ar'lɛt
Arle̩tte *dt., fr.* ar'lɛt
A̲rlington *engl.* 'ɑːlɪŋtən
Arló *ung.* 'ɔrloː
A̩rloff 'arlɔf
Arlon *fr.* ar'lõ
A̲rlöv *schwed.* 'ɑːrløːv
a̩rm arm, **ä̩rmer** 'ɛrmɐ
A̩rm arm
Armação de Pêra *port.* ɐrmɐ'sɐ̃u̯n də 'perɐ
Arma̲da ar'maːda
Arma̲gh *engl.* ɑː'mɑː
Armagna̩c arman'jak, *fr.* arma'ɲak
Armagna̲ke arman'jaːkə
Arman[d] *fr.* ar'mã
Arma̩ndo *it.* ar'mando
Ármannsfell *isl.* 'au̯rmansfɛdl
A̩rmansperg 'armanspɛrk
Arma̩nt ar'mant
Arma̲rium ar'maːri̯ʊm, **...ien** ...i̯ən
A̩rmas *span.* 'armas
Armato̲le arma'toːlə
Armatu̲r arma'tuːɐ̯
Armawi̩r, Armavir *russ.* arma'vir
A̩rmbrust 'armbrʊst
A̩rmco-Eisen 'armko|ai̯zn̩
Arme̲e ar'meː, **-n** ...eːən
Ä̩rmel 'ɛrml̩
...ärmelig (z. B. kurzärmelig) ...|ɛrməlɪç, **-e** ...ɪgə
Ä̩rmelkanal 'ɛrml̩kanaːl
Arme̩nia *span.* ar'meni̯a
Arme̲nien ar'meːni̯ən
Arme̲nier ar'meːni̯ɐ
arme̲nisch ar'meːnɪʃ
Armentières *fr.* armã'tjɛːr
ärmer vgl. arm
Armesü̩nder armə'zʏndɐ
A̩rmfeldt *schwed.* ˌarmfɛlt
A̩rmgard 'armgart
Armi̲da *it.* ar'miːda
Armi̲de ar'miːdə
armi̲eren ar'miːrən
...armig (z. B. langarmig) ...|armɪç, **-e** ...ɪgə
Armi̩lla ar'mɪla, *span.* ar'miʎa
Armilla̲ria armɪ'laːri̯a
Armilla̲r... armɪ'laːɐ̯...
A̩rmin 'armiːn
Arminia̲ner armi'ni̯aːnɐ
arminia̲nisch armi'ni̯aːnɪʃ
Arminiani̩smus armini̯a'nɪsmʊs
Armi̲nio *it.* ar'miːni̯o
Armi̲nius ar'miːni̯ʊs
Armja̩nskaja SSR *russ.* ar'mjanskɐjɐ ɛs-ɛs'ɛr
...ärmlig (z. B. kurzärmlig) ...|ɛrmlɪç, **-e** ...ɪgə
Armoria̲l armo'ri̯aːl
Armo̲rica, ...ika ar'moːrika

armorikanisch armori'ka:nıʃ
Armsen 'armzn̩
Armstrong *engl.* 'ɑ:mstrɔŋ
Armsünderglocke arm'zʏndɐglɔkə
Armuelles *span.* ar'mu̯eʎes
Armüre ar'my:rə
Armut 'armu:t
Armutei armu'tai̯
Arn[ach] 'arn[ax]
Arnaia *neugr.* ar'nɛa
Arnaldo *it., span.* ar'naldo
Arnarfjord 'arnarfjɔrt
Arnarfjörður *isl.* 'ardnarfjœrðʏr
Arnau 'arnau̯
Arnaud *fr.* ar'no
Arnaudow, Arnaudov *bulgar.* arna'udof
Arnauld *fr.* ar'no
Arnau[l]t *fr.* ar'no
Arnaute ar'nau̯tə
Arnd[t] arnt
Arne *dt., dän.* 'arnə, *schwed.* ˌɑ:rnə
Arneburg 'arnəbʊrk
Árnes *isl.* 'au̯rdnɛ:s
Arnesson 'arnəsɔn
Arnessön 'arnəsœn
Árnessýsla *isl.* 'au̯rdnɛsisla
Arneth 'arnɛt
Arnfels 'arnfɛls
Arnfried 'arnfri:t
Arnfriede arn'fri:də
Arnhart 'arnhart
Arnheim 'arnhai̯m
Arnhem *niederl.* 'ɑrnhɛm, 'ɑrnəm, *engl.* 'ɑ:nəm
Arni 'arni
Árni *isl.* 'au̯rdnı
Arnica, ...ika 'arnika
Arnim 'arnım
Arno *dt., it.* 'arno, *engl.* 'ɑ:noʊ
Arnold 'arnɔlt, *engl.* ɑ:nld
Arnoldi ar'nɔldi
Arnoldson *schwed.* ˌɑ:rnɔldsɔn
Arnoldstein 'arnɔltʃtai̯n
Arnolfo *it.* ar'nɔlfo
Arnon *fr.* ar'nõ
Arnošt *tschech.* 'arnɔʃt
Arnould, ...noux *fr.* ar'nu
Arnøy *norw.* ˌa:rnœi̯
Arnsberg 'arnsbɛrk
Arnsburg 'arnsbʊrk
Arnsfelde arns'fɛldə
Arnshagen arns'ha:gn̩
Arnstadt 'arnʃtat
Arnstein 'arnʃtai̯n
Arnstorf 'arnstɔrf
Arnswalde arns'valdə
Arntraud 'arntrau̯t
Arnulf 'arnʊlf
Arnum 'arnʊm
Arogno *it.* a'rɔɲɲo
Aroldo *it.* a'rɔldo
Arolla *fr.* arɔ'la
Arolsen 'a:rɔlzn̩
Arom a'ro:m
Aroma a'ro:ma, **-ta** -ta
Aromat aro'ma:t
aromatisch aro'ma:tıʃ
aromatisieren aromati'zi:rən
Aromune aro'mu:nə
Aron 'a:rɔn
Arona *it.* a'ro:na
Arosa a'ro:za, *span.* a'rosa
Arosemena *span.* arose'mena
Aroser a'ro:zɐ
Arouet *fr.* a'rwɛ
Arp arp
Arpad 'arpat
Árpád *ung.* 'a:rpa:d
Arpade ar'pa:də
Árpás *ung.* 'a:rpa:ʃ
Arpeggiatur arpɛdʒa'tu:ɐ̯
arpeggieren arpɛ'dʒi:rən
arpeggio, A... ar'pɛdʒo; **Arpeggien** ar'pɛdʒi̯ən
Arpeggione arpɛ'dʒo:nə
Arpi *it.* 'arpi
Arpino *it.* ar'pi:no
Arrabal *fr.* ara'bal, *span.* arra'βal
Arrábida *port.* ɐ'rraβiðɐ
Arrak 'arak
Arrakis a'ra:kıs
Arran *engl.* 'ærən
Arrangement arãʒə'mã:
Arrangeur arã'ʒø:ɐ̯
arrangieren arã'ʒi:rən
Arras 'aras, *fr.* a'rɑ:s
Arrau *span.* a'rrau̯
Arrawake ara'va:kə
Arrazzo a'ratso, **...zzi** ...tsi
Arrenda a'rɛnda
Arrende a'rɛndə
Arrest a'rɛst
Arrestant arɛs'tant
Arrestat arɛs'ta:t
Arrestation arɛsta'tsi̯o:n
Arrêt a'rɛ[:]; **des -s** a'rɛ[s], a'rɛ:[s]; **die -s** a'rɛ[:]s
arretieren are'ti:rən
arretinisch are'ti:nıʃ
Arretium a're:tsi̯ʊm
Arrhenatherum arena'te:rʊm
Arrhenius *schwed.* a're:niʊs
Arrhenotokie arenoto'ki:
Arrhytmie arʏt'mi:, **-n** ...i:ən
Arria 'ari̯a
Arrian[us] a'ri̯a:n[ʊs]
Arriba *span.* a'rriβa
Arrieregarde a'ri̯e:ɐ̯gardə, a'ri̯ɛ:ɐ̯...; *fr.* arjɛr'gard
Arrigo *it.* ar'ri:go
Arrigorriaga *span.* arriɣɔ'rri̯aɣa
Arriondas *span.* a'rri̯ɔndas
Arrivabene *it.* arriva'bɛ:ne
arrivieren ari'vi:rən
Arrivist ari'vıst
arrogant aro'gant
Arroganz aro'gants
Arrona *span.* a'rrɔna
arrondieren arɔn'di:rən, arõ...
Arrondissement arõdısə'mã:, *fr.* arõdis'mã
Arrosement arozə'mã:
arrosieren aro'zi:rən
Arrosion aro'zi̯o:n
Arroux *fr.* a'ru
Arrow[rock] *engl.* 'ærou̯[rɔk]
Arrowroot 'ɛroru:t, *engl.* 'ærəru:t, 'æroʊru:t
Arroyito *span.* arrɔ'jito
Arroyo *span.* a'rrɔjo
Arrupe *span.* a'rrupe
Års *dän.* 'ɔ:'rs
Arsakide arza'ki:də
Ars amandi 'ars a'mandi
Arsamas, Arzamas *russ.* arza'mas
Ars amatoria 'ars ama'to:ri̯a
Ars antiqua 'ars an'ti:kva
Arsazide arza'tsi:də
Arsch arʃ, *auch:* a:ɐ̯ʃ; **Ärsche** 'ɛrʃə, *auch:* 'ɛ:ɐ̯ʃə
Arschin ar'ʃi:n
Arsen ar'ze:n
Arsena 'arzena
Arsenal arze'na:l, *engl.* 'ɑ:sınl
Arsenat arze'na:t
Arsène *fr.* ar'sɛn
Arseni, Arsenij *russ.* ar'sjenij
Arsenid arze'ni:t, **-e** ...i:də
Arsenik ar'ze:nık
Arsenit arze'ni:t, *auch:* ...nıt
Arsenius ar'ze:ni̯ʊs
Arsenolith arzeno'li:t, *auch:* ...lıt
Arsidas 'arzidas
Arsin ar'zi:n
Arsinoe ar'zi:noe
Arsir 'arzır, ar'zi:ɐ̯
Arsis 'arzıs
Arsizio *it.* ar'sittsi̯o
Arslantaş *türk.* ɑr'slɑntɑʃ
Ars moriendi 'ars mo'ri̯ɛndi
Ars nova 'ars 'no:va
Arsonval *fr.* arsõ'val
Årstaviken *schwed.* ˌo:rstavi:kən
Art a:ɐ̯t, *engl.* ɑ:t
Arta *dt., neugr., it.* 'arta
Artá *span.* ar'ta
Artagareytia *span.* artaɣa'rɛi̯ti̯a
Artajo *span.* ar'taxo
Artamane arta'ma:nə
Ártánd *ung.* 'a:rta:nd
Artaphernes arta'fɛrnɛs
Artaria *it.* ar'ta:ri̯a
Artaserse *it.* arta'sɛrse
Artaxata ar'taksata
Artaxerxes arta'ksɛrksɛs
Arteaga *span.* arte'aɣa
artefakt, A... arte'fakt
artefiziell artefi'tsi̯ɛl
Artel ar'tɛl, ar'tjɛl
Artem vgl. Artjom
Artemi, Artemij *russ.* ar'tjemij
Artemidor artemi'do:ɐ̯
Artemidoros artemi'do:rɔs

Artemidọrus artemi'do:rʊs
Ạrtemis 'artemɪs
Artemịsia *dt., it.* arte'mi:zi̯a
Artemịsion arte'mi:zi̯ɔn, *neugr.* artɛ'misjɔn
Artẹmius ar'te:mi̯ʊs
Artemovsk vgl. Artjomowsk
a̲rten 'a:ɐ̯tn̩
Artenay *fr.* artə'nɛ
Artẹrie ar'te:ri̯ə
arteriẹll arte'ri̯ɛl
Arteri̲i̲tis arteri'i:tɪs
Arteriogrạmm arteri̯o'gram
Arteriographi̲e̲ arteri̯ogra'fi:, **-n** ...i:ən
Arteriọle arte'ri̯o:lə
Arteriosklerọse arteri̯oskle'ro:zə
arteriosklerọtisch arteri̯oskle'ro:tɪʃ
Ạrtern 'artɐn
artẹsisch ar'te:zɪʃ
Ạrtes liberạles 'arte:s libe'ra:le:s
Ạrtevelde *niederl.* 'ɑrtəvɛldə
Ạrth[a] 'art[a]
Arthois *fr.* ar'twa
Arthralgi̲e̲ artral'gi:, **-n** ...i:ən
Arthri̲tiker ar'tri:tikɐ
Arthri̲tis ar'tri:tɪs, **...iti̲den** ...ri'ti:dn̩
arthri̲tisch ar'tri:tɪʃ
Arthritịsmus artri'tɪsmʊs
Arthrodẹse artro'de:zə
arthrogẹn artro'ge:n
Arthrolith artro'li:t, *auch:* ...lɪt
Arthropathi̲e̲ artropa'ti:, **-n** ...i:ən
Arthroplạstik artro'plastɪk
Arthropọden artro'po:dn̩
Arthrọse ar'tro:zə
Arthrọsis ar'tro:zɪs
Ạrthur 'artʊr, *engl.* 'ɑ:θə, *fr.* ar'ty:r
Arthurhaus 'artʊrhaus
Ạrthus 'artʊs, *fr.* ar'tys
artifiziẹll artifi'tsi̯ɛl
a̲rtig 'a:ɐ̯tɪç, **-e** ...ɪgə
Artịgas *span.* ar'tiɣas
Artikel ar'ti:kl̩, *auch:* ...tɪkl̩
artikulạr artiku'la:ɐ̯
Artikulạten artiku'la:tn̩
Artikulatiọn artikula'tsi̯o:n
artilulatọrisch artikula'to:rɪʃ
artikuli̲e̲ren artiku'li:rən
Artillerie artɪlə'ri:, *auch:* 'artɪləri; **-n** ...i:ən
Artillerist artɪlə'rɪst, *auch:* '– – – –
Artiodạctyla artsi̯o'daktyla
Artischọcke arti'ʃɔkə
Artịst[ik] ar'tɪst[ɪk]
Artjọm, Artem *russ.* ar'tjɔm
Artjọmowsk, Artemovsk *russ.* ar'tjɔmɐfsk
A̲rtland 'a:ɐ̯tlant
Ạrtmann 'artman
Artocạrpus arto'karpʊs
Artois ar'to̯a, *fr.* ar'twa
Artothẹk arto'te:k
Artôt *fr.* ar'to
Ạrtur 'artʊr
Artu̲ro *it.* ar'tu:ro
Ạrtus 'artʊs
Ạrtvin *türk.* 'ɑrtvin
Ạru *indon.* 'aru
A̲ruak 'a:ru̯ak
Arụba a'ru:ba, *niederl.* ɑ'ry:ba:
A̲rum 'a:rʊm, *niederl.* 'a:rəm
Arundel *engl.* 'ærəndl
Årup *dän.* 'ɔ:'rob
Ạrva 'arva
Arvạlische Brü̲der ar'va:lɪʃə 'bry:dɐ
Ạrve 'arvə, *fr.* arv
Arvẹrner ar'vɛrnɐ
Ạrvid *dän.* 'arvið, *schwed.* ˌarvid
Arvida *engl.* ɑ:'vaɪdə, *fr.* arvi'da
Ạrvika *schwed.* ˌarvi:ka
Arvirạgus arvi'ra:gʊs
Ạrwed 'arve:t
Ạrx arks
Ary̲l a'ry:l
A̲rys, Arys' 'a:rɪs, *russ.* a'rɨsj
Ạrz arts
Arzamas vgl. Arsamas
Ạrzberg 'artsbɛrk
Ạrzfeld 'artsfɛlt
Arzibạschew, Arcibašev *russ.* artsɨ'baʃəf
Arznei a:ɐ̯ts'nai, *auch:* arts...
Ạrzo *it.* 'ardzo
Arzobịspo *span.* arθo'βispo
Arzt a:ɐ̯tst, *auch:* artst; **Ärzte** 'ɛ:ɐ̯tstə, *auch:* 'ɛrtstə
Ärztin 'ɛ:ɐ̯tstɪn, *auch:* 'ɛrtstɪn
ärztlich 'ɛ:ɐ̯tstlɪç, *auch:* 'ɛrtstlɪç
ạs as
[1]**Ạs** as, **Asse** 'asə
[2]**Ạs** (Name) *niederl.* ɑs
Ås *schwed.* o:s, **-ar** ˌo:sar
Aš *tschech.* aʃ
Asạchi *rumän.* a'saki
Asadi *pers.* æsæ'di
A̲sa fo̲etida 'a:za 'fø:tida
Asafötida aza'fø:tida
Asạhan *indon.* a'sahan
Asahikạwa azahi'ka:va
A̲sam 'a:zam
Asạnde a'zandə
Asạnt a'zant
Åsar vgl. Ås
Asarhạddon azar'hadɔn
A̲sarum *schwed.* ˌɑ:sarʊm
Asasẹl aza'ze:l
Ạsbach 'asbax
Asbẹst as'bɛst
Asbestọse asbɛs'to:zə
Ạsbjørn *dän.* 'asbjœr'n
Ạsbjørnsen *norw.* 'asbjœrnsən
Asbury *engl.* 'æzbərɪ
Ascạnio *it.* as'ka:ni̯o
Ascạnius as'ka:ni̯ʊs
Ascạri *it.* as'ka:ri
Ascẹnsion *engl.* ə'sɛnʃən
Ascetonym astseto'ny:m
Ạsch aʃ, *niederl.* ɑs
Ạscha[ch] 'aʃa[x]
Aschạffenburg a'ʃafn̩bʊrk
Ascham *engl.* 'æskəm
Aschạnti a'ʃanti
Aschari̲t aʃa'ri:t
Ạschau 'aʃau
Ạschbach 'aʃbax
ạschblei̲ch 'aʃ'blaiç
Aschchabạd, Ašhabad *russ.* aʃxa'bat
Ạsche 'aʃə
Äsche 'ɛʃə
Ạscheberg 'aʃəbɛrk
Ạschenbrödel 'aʃn̩brø:dl̩
Ạschendorf 'aʃn̩dɔrf
Aschenmü̲hle aʃn̩'my:lə
Ạschenputtel 'aʃn̩pʊtl̩
Ạscher 'aʃɐ
Äscher 'ɛʃɐ
Aschermịttwoch aʃɐ'mɪtvɔx
Ạschersleben 'aʃɐsle:bn̩
ạschfa̲hl 'aʃ'fa:l
Ạschheim 'aʃhaim
ạschig 'aʃɪç, **-e** ...ɪgə
Aschikạga aʃi'ka:ga
Äschines 'ɛ[:]ʃinɛs
Aschkenạs aʃke'na:s
Aschkenasim aʃke'na:zi:m, ...na'zi:m
Ạschoff 'aʃɔf
Aschọka a'ʃo:ka
Ạscholding 'aʃɔldɪŋ
Aschrẹf *pers.* æʃ'ræf
Ạschschur 'aʃʊr
Aschtọret aʃ'to:rɛt
äschylẹisch, Ä... ɛʃy'le:ɪʃ
Äschylos 'ɛʃylɔs, 'ɛ:ʃylɔs
Äschylus 'ɛʃylʊs, 'ɛ:ʃylʊs
Asciạno *it.* aʃ'ʃa:no
Ascịtes as'tsi:tɛs
Ạscoli *it.* 'askoli
Ascomycẹtes askomy'tse:te:s
Ascọna *it.* as'ko:na
Ascorbịn... askɔrbi:n...
Ascot *engl.* 'æskət
Ạscq *fr.* ask
Asdọd as'dɔt
As-Dur 'asdu:ɐ̯, *auch:* '–'–
A̲se 'a:zə
Åse 'o:sə
Asebi̲e̲ aze'bi:
a sẹcco a 'zɛko
A̲segabuch 'a:zəgabu:x
Aseitä̲t azei'tɛ:t
Åsele *schwed.* 'o:sələ
Asẹlla a'zɛla
Asemi̲e̲ aze'mi:, **-n** ...i:ən
A̲semissen 'a:zəmɪsn̩
ä̲sen 'ɛ:zn̩, **ä̲s!** ɛ:s, **ä̲st** ɛ:st
Asenovgrad vgl. Assenowgrad
Asẹpsis a'zɛpsɪs
Asẹptik a'zɛptɪk
asẹptisch a'zɛptɪʃ
Äser vgl. Aas

Aserbaidschan, Azerbajdžan azɛrbai̯'dʒa:n, *russ.* azɪrbaj'dʒan
Aserbaidschanskaja SSR, Azerbajdžanskaja SSR *russ.* azɪrbaj'dʒanskɐjɐ ɛs-ɛs'ɛr
Aserbeidschan azɛrbai̯'dʒa:n, *pers.* ɑzærbɑi̯'dʒɑ:n
asexual 'azɛksu̯a:l, *auch:* --'-
Asew, Azev *russ.* a'zjɛf
Asgard 'asgart
Åsgårdstrand *norw.* ˌɔsgɔrstran
Asgaut 'asgau̯t
Asgeir[sson] *isl.* 'au̯sgjɛi̯r[sɔn]
Ashabad vgl. Aschchabad
Ashburnham *engl.* 'æʃbə:nəm
Ashburton *engl.* 'æʃbə:tn
Ashby *engl.* 'æʃbɪ
Asher *engl.* 'æʃə
Asheville *engl.* 'æʃvɪl
Ashfield *engl.* 'æʃfi:ld
Ashford *engl.* 'æʃfəd
Ashington *engl.* 'æʃɪŋtən
Ashkenazy aʃke'na:zi
Ashland *engl.* 'æʃlənd
Ashley *engl.* 'æʃlɪ
Ashmole *engl.* 'æʃmoʊl
Ashmore *engl.* 'æʃmɔ:
Ashtabula *engl.* æʃtə'bju:lə
Ashton 'ɛʃtən, *engl.* 'æʃtən
Ashton-under-Lyne *engl.* 'æʃtən 'ʌndə 'laɪn
Asiago *it.* a'zi̯a:go
Asialie azi̯a'li:
Asianismus azi̯a'nɪsmʊs
Asiat a'zi̯a:t
asiatisch a'zi̯a:tɪʃ
Asiderit azide'ri:t, *auch:* ...rɪt
Asiderose azide'ro:zə
Asien 'a:zi̯ən
Asín *span.* a'sin
Asinara *it.* asi'na:ra
Asinius a'zi:ni̯ʊs
Asinus 'a:zinʊs
Asio 'a:zi̯o
Asir a'zi:ɐ̯
Asis *pers.* æ'zi:z
Asiut as'ju:t
Asja 'asja
Ask ask
Askalaphus as'ka:lafʊs
Askalon 'askalɔn
Askanien as'ka:ni̯ən
Askanier as'ka:ni̯ɐ
Askanija-Nowa, Askanija-Nova *russ.* as'kanijɐ'nɔvɐ
Askanios as'ka:ni̯ɔs
Askari as'ka:ri
Askariasis aska'ri:azɪs
Askaridiasis askari'di:azɪs
Askaris 'askarɪs, **...iden** ...'ri:dn̩
Askenas aske'na:s
Askenase aske'na:zə
Askenazy *poln.* askɛ'nazɨ
Aškerc *slowen.* 'a:ʃkɛrts
Askersund *schwed.* askər'sʊnd
Askese as'ke:zə
Asket[ik] as'ke:t[ɪk]
Asketiker as'ke:tikɐ
asketisch as'ke:tɪʃ
Åskilje *schwed.* ˌo:ʃiljə
Askja *isl.* 'askja
asklepiadeisch asklepi̯a'de:ɪʃ
Asklepiades askle'pi:adɛs
Asklepiadeus asklepi̯a'de:ʊs, **...ei** ...'de:i
Asklepios as'kle:pi̯ɔs
Asklepius as'kle:pi̯ʊs
Askogon asko'go:n
Askomyzeten askomy'tse:tn̩
Askorbin... askɔr'bi:n...
Äskulap ɛsku'la:p
Askus 'askʊs, **Aszi** 'astsi
Aslak[sen] 'aslak[sn̩]
Asmara as'ma:ra
Asmissen 'asmɪsn̩
Asmodi as'mo:di
as-Moll 'asmɔl, *auch:* '-'-
Asmus[sen] 'asmʊs[n̩]
Asnæs *dän.* 'asnɛs
Åsnen *schwed.* ˌo:snən
Asnières *fr.* a'njɛ:r
Asnyk *poln.* 'asnɨk
asomatisch 'azoma:tɪʃ *auch:* --'--
Asomnie azɔm'ni:, **-n** ...i:ən
Äsop ɛ'zo:p
äsopisch, Ä... ɛ'zo:pɪʃ
Asopos *neugr.* asɔ'pɔs
Äsopus ɛ'zo:pʊs
Ásotthalom *ung.* 'a:sotholom
Asow, Azov *russ.* a'zɔf
Asowsches Meer 'a:zɔfʃəs 'me:ɐ̯, a'zɔfʃəs -
Asowskoje More, Azovskoe - *russ.* a'zɔfskɐjɐ 'mɔrɪ
asozial 'azotsi̯a:l, *auch:* --'-
Asozialität azotsi̯ali'tɛ:t
Aspang 'aspaŋ
Asparageae aspa'ra:geɛ
Asparagin aspara'gi:n
Asparagus as'pa:ragʊs
Asparn 'asparn
Aspasia as'pa:zi̯a
Aspe 'aspə
Aspekt as'pɛkt
Aspelt 'asplt
Aspen *schwed.* 'aspən
Aspendos *türk.* ɑs'pɛndɔs
Asperg 'aspɛrk
aspergieren aspɛr'gi:rən
Aspergill aspɛr'gɪl
aspermatisch aspɛr'ma:tɪʃ
Aspermatismus aspɛrma'tɪsmʊs
Aspermie aspɛr'mi:
Aspern 'aspɐn
Aspersion aspɛr'zi̯o:n
Aspersorium aspɛr'zo:ri̯ʊm, **...ien** ...i̯ən
Aspertini *it.* asper'ti:ni
Asperula as'pe:rula
Asphalt as'falt, *auch:* '--
asphaltieren asfal'ti:rən
asphaltisch as'faltɪʃ
Asphodelos as'fo:delɔs
Asphodil[l] asfo'dɪl
asphyktisch as'fʏktɪʃ
Asphyxie asfʏ'ksi:, **-n** ...i:ən
Aspidistra aspi'dɪstra
Aspidium as'pi:di̯ʊm
Aspik as'pi:k; *auch:* as'pɪk, '--
Aspirant aspi'rant
Aspirantur aspiran'tu:ɐ
Aspirata aspi'ra:ta, **...tä** ...tɛ
Aspirateur aspira'tø:ɐ̯
Aspiration aspira'tsi̯o:n
Aspirator aspi'ra:tɔr, **-en** ...a'to:rən
aspiratorisch aspira'to:rɪʃ
aspirieren aspi'ri:n
Aspirin Ⓦ aspi'ri:n
Aspirometer aspiro'me:tɐ
Aspiroz *span.* aspi'rɔθ
Aspisviper 'aspɪsvi:pɐ
Asplenium as'ple:ni̯ʊm
Asplund *schwed.* ˌasplʊnd
Aspra *it.* 'aspra
Aspromonte *it.* aspro'monte
Aspropotamos *neugr.* asprɔ'pɔtamɔs
Asqueimat *span.* askɛi̯'mat
Asquith *engl.* 'æskwɪθ
Asra[el] 'asra[e:l], *auch:* 'asra[ɛl]
aß a:s
Aß as, **Asses** 'asəs
Assab 'asap
Assad 'asat
Assagai asa'gai̯
assai a'sai̯
Assam 'asam, *engl.* 'æsæm
Assan 'asan
assanieren asa'ni:rən
Assaph 'asaf
Assassine asa'si:nə
Assaut a'so:
äße 'ɛ:sə
Asse 'asə, *niederl.* 'ɑsə
Assebroek *niederl.* 'ɑsəbru:k
Asseburg 'asəbʊrk
Asseiseira *port.* ɐsɐi̯'sɐi̯rɐ
Assekurant aseku'rant
Assekuranz aseku'rants
Assekurat aseku'ra:t
assekurieren aseku'ri:rən
Assel 'asl̩
Asselijn *niederl.* 'ɑsəlɛi̯n
Assemblee asã'ble:, **-n** ...e:ən
Assemblée nationale, -s -s *fr.* asãblenasjɔ'nal
Assembler *engl.* ə'sɛmblə
Assembling *engl.* ə'sɛmblɪŋ
Assen *niederl.* 'ɑsə
Assenowgrad, Asenovgrad *bulgar.* a'sɛnovgrat
Assens *dän.* 'asəns
assentieren asɛn'ti:rən
Asser 'asɐ, *niederl.* 'ɑsər
Asserato ase'ra:to, *it.* asse...
asserieren ase'ri:rən

Assertion asɛr't͜si̯o:n
assertorisch asɛr'to:rɪʃ
Asservat asɛr'va:t
asservieren asɛr'vi:rən
Assessor a'sɛsɔr, **-en** asɛ'so:rən
assessoral aseso'ra:l
assessorisch asɛ'so:rɪʃ
Assia 'asi̯a
Assibilation asibila't͜si̯o:n
assibilieren asibi'li:rən
Assiduität asidu̯i'tɛ:t
Assiette a'si̯ɛtə
Assignant asɪ'gnant
Assignat asɪ'gna:t
Assignatar asɪgna'ta:ɐ̯
Assignate asɪ'gna:tə
assignieren asɪ'gni:rən
Assimilat asimi'la:t
Assimilation asimila't͜si̯o:n
assimilatorisch asimila'to:rɪʃ
assimilieren asimi'li:rən
Assiniboia *engl.* əsɪnɪ'bɔɪə
Assiniboine *engl.* ə'sɪnɪbɔɪn
Assis *bras.* a'sis
Assisen a'si:zn̩
Assisi a'si:zi, *it.* as'si:zi
Assistent asɪs'tɛnt
Assistenz asɪs'tɛnt͜s
assistieren asɪs'ti:rən
Aßlar 'aslar
Aßling 'aslɪŋ
Aßmann 'asman
Aßmannshausen asmans'hau̯zn̩
Associated Press *engl.* ə'soʊʃɪeɪtɪd 'prɛs
Associé aso'si̯e:
Assonanz aso'nant͜s
assortieren asɔr'ti:rən
Assortiment asɔrti'mɛnt
Assoziation asot͜si̯a't͜si̯o:n
assoziativ asot͜si̯a'ti:f, **-e** ...i:və
assoziieren asot͜si'i:rən
ASSR *russ.* aɛs-ɛs'ɛr
Assuan a'su̯a:n
assumieren asu'mi:rən
Assumptio a'sʊmpt͜si̯o
Assumptionist asʊmpt͜si̯o'nɪst
Assumtion asʊm't͜si̯o:n
Assunta a'sʊnta
Assunzione asʊn't͜si̯o:nə
Assur 'asʊr
Assurbanipal asʊr'ba:nipal
Assureelinien asy're:li:ni̯ən
Assurnasirpal asʊr'na:zɪrpal
Assweiler 'asvai̯lɐ
Assynt *engl.* 'æsɪnt
Assyrer a'sy:rɐ
Assyrien a'sy:ri̯ən
Assyrier a'sy:ri̯ɐ
Assyriologe asyri̯o'lo:gə
Assyriologie asyri̯olo'gi:
assyrisch a'sy:rɪʃ
Ast ast, **Äste** 'ɛstə
Asta, AStA 'asta
Astaire *engl.* əs'tɛə
Astano *it.* as'ta:no
Astara *pers.* ɑstɑ'rɑ:
Astaroth 'astaro:t
Astarte as'tartə, *B* ...te
Astasie asta'zi:, **-n** ...i:ən
astasieren asta'zi:rən
Astat a'sta:t, as't...
astatisch a'sta:tɪʃ, as't...
Ästchen 'ɛstçən
Asten *niederl.* 'ɑstə
ästen 'ɛstn̩
Astene *niederl.* 'ɑstənə
Aster 'astɐ
Asterabad *pers.* æstærɑ'bɑ:d
Asteria as'te:ri̯a
asterisch as'te:rɪʃ
Asteriskus aste'rɪskʊs
Asterismus aste'rɪsmʊs
Astérix *fr.* aste'riks
Asteroid astero'i:t, **-en** ...i:dn̩
Asteronym astero'ny:m
Asthenie aste'ni:, **-n** ...i:ən
Astheniker a'ste:nikɐ, as't...
asthenisch a'ste:nɪʃ, as't...
Asthenopie asteno'pi:
Ästhesie ɛste'zi:
Ästhet[ik] ɛs'te:t[ɪk]
Ästhetiker ɛs'te:tikɐ
ästhetisch ɛs'te:tɪʃ
ästhetisieren ɛsteti'zi:rən
Ästhetizismus ɛsteti't͜sɪsmʊs
ästhetizistisch ɛsteti't͜sɪstɪʃ
Asthma 'astma
Asthmatiker ast'ma:tikɐ
asthmatisch ast'ma:tɪʃ
Asti *it.* 'asti
ästig 'ɛstɪç, **-e** ...ɪgə
astigmatisch astɪ'gma:tɪʃ
Astigmatismus astɪgma'tɪsmʊs
Astilbe a'stɪlbə, as't...
Astillero *span.* asti'ʎero
ästimieren ɛsti'mi:rən
Ästivation ɛstiva't͜si̯o:n
Astolfo *it., span.* as'tɔlfo
Ästometer ɛsto'me:tɐ
Aston [Villa] *engl.* 'æstən ['vɪlə]
Astor 'astɔr, *engl.* 'æstə, 'æstɔ:
Astorga *span.* as'tɔrɣa
Astoria as'to:ri̯a, *engl.* æs'tɔ:rɪə
Astrachan, Astrahan' 'astraxa[:]n, *russ.* 'astrɐxɐnj
Astragal astra'ga:l
[1]**Astragalus** (Sprungbein) as'tra:galʊs, **...li** ...li
[2]**Astragalus** (Gestalt zei Raimund) as'tra:galʊs
astral as'tra:l
Astralon Ⓦ astra'lo:n
Astrée *fr.* as'tre
Astrid 'astri:t, *schwed.* 'astrid
Astrida *fr.* astri'da
Astrild as'trɪlt, **-e** ...ldə
Astrognosie astrogno'zi:
Astrograph astro'gra:f
Astrographie astrogra'fi:, **-n** ...i:ən
Astrolabium astro'la:bi̯ʊm, **...ien** ...i̯ən
Astrolatrie astrola'tri:
Astrologe astro'lo:gə
Astrologie astrolo'gi:
astrologisch astro'lo:gɪʃ
Astromantie astroman'ti:
Astrometeorologie astrometeorolo'gi:
Astrometer astro'me:tɐ
Astrometrie astrome'tri:
Astronaut astro'nau̯t
Astronautik astro'nau̯tɪk
Astronom astro'no:m
Astronomie astrono'mi:
astronomisch astro'no:mɪʃ
astrophisch 'astro:fɪʃ, *auch:* –'––
Astrophotographie astrofotogra'fi:
Astrophotometrie astrofotome'tri:
Astrophyllit astrofʏ'li:t, *auch:* ...lɪt
Astrophysik astrofy'zi:k
astrophysikalisch astrofyzi'ka:lɪʃ
Astrophysiker astro'fy:zikɐ
Astros *neugr.* 'astrɔs
Astrospektroskopie astrospɛktrosko'pi:
Astrow, Astrov *russ.* 'astrɐf
Ästuar ɛs'tu̯a:ɐ̯, **...rien** ...ri̯ən
Astur 'astʊr
Asturias *span.* as'turi̯as
Asturien as'tu:ri̯ən
Asturier as'tu:ri̯ɐ
asturisch as'tu:rɪʃ
Astutuli as'tu:tuli
Astuzie femminili *it.* as'tuttsi̯e femmi'ni:li
Astyages as'ty:agɛs
Astyanax as'ty:anaks
Astypalaia *neugr.* asti'palɛa
Asunción *span.* asun'θi̯ɔn
Åsunden *schwed.* 'o:sʊndən
Ásványráró *ung.* 'a:ʃva:njra:ro:
Asweiler 'a:svai̯lɐ
Asyl a'zy:l
Asymblastie azymblas'ti:
Asymmetrie azyme'tri:, **-n** ...i:ən
asymmetrisch 'azʏme:trɪʃ, *auch:* ––'––
Asymptote azʏm'pto:tə
asymptotisch azʏm'pto:tɪʃ
asynchrom azʏn'kro:m
asynchron 'azʏnkro:n, *auch:* ––'–
asyndetisch 'azʏnde:tɪʃ, *auch:* ––'––
Asyndeton a'zʏndetɔn, **...ta** ...ta
Asynergie azynɛr'gi:, azʏn|ɛr...; **-n** ...i:ən
Asystolie azʏsto'li:, **-n** ...i:ən
Aszendent ast͜sɛn'dɛnt
Aszendenz ast͜sɛn'dɛnt͜s
aszendieren ast͜sɛn'di:rən
Aszension ast͜sɛn'zi̯o:n
Aszese as't͜se:zə
Aszetik] as't͜se:t[ɪk]
Aszetiker as't͜se:tikɐ

aszetisch as'tse:tɪʃ
Aszi vgl. Askus
Aszites as'tsi:tɛs
Aszód *ung.* 'ɔso:d
Atabapo *span.* ata'βapo
Atabeg ata'bɛk
Atacama *span.* ata'kama
Atahualpa *span.* ata'u̯alpa
Atair a'ta:ɪr
Atakpamé *fr.* atakpa'me
ataktisch a'taktɪʃ
Atala *fr.* ata'la
Atalanta *it.* ata'lanta
Atalante ata'lantə, *B* ...te; *neugr.* ata'landi
Atalus 'a:talʊs
Ataman ata'ma:n
Atami a'ta:mi
Atanassow, Atanasov *bulgar.* ˌata'nasof
Átány *ung.* 'a:ta:nj
Atar *fr.* a'ta:r
Ataraxie atara'ksi:
Atarfe *span.* a'tarfe
Atargatis a'targatɪs
Atassi a'tasi
Atatürk *türk.* ɑtɑ'tyrk
Atascadero *span.* ataska'ðero
Ataúlfo *span.* ata'ulfo
Atavismus ata'vɪsmʊs
atavistisch ata'vɪstɪʃ
Ataxie ata'ksi:, **-n** ...i:ən
Atbara 'atbara
Atbaschi, Atbaši *russ.* adba'ʃɨ
Atchison *engl.* 'ætʃɪsn
Ate 'a:tə, *B* ...te
Atebrin ⓦ ate'bri:n
Ateca *span.* a'teka
Atelektase atelɛk'ta:zə
Ateles a'te:lɛs
Atelie ate'li:, **-n** ...i:ən
Atelier ate'li̯e:, atə...
Atellane atɛ'la:nə
Atem 'a:təm
a tempo a 'tɛmpo
Atérien ate'ri̯ɛ̃:
Aterno *it.* a'tɛrno
Ath *fr.* at
Athabasca *engl.* æθə'bæskə
Athabasken ata'baskn̩
Athaide *port.* ɐ'tai̯ðə
Athala 'atala
Athalarich a'ta:larɪç
Athalia a'ta:li̯a
Athalie *fr.* ata'li
Athamas a'ta:mas
Äthan ɛ'ta:n
Äthanal ɛta'na:l
Athanarich a'ta:narɪç
Athanas a'ta:nas
Athanasia ata'na:zi̯a
Athanasianisch atana'zi̯a:nɪʃ
Athanasianum atana'zi̯a:nʊm
Athanasie atana'zi:
Athanasius ata'na:zi̯ʊs
Athanatismus atana'tɪsmʊs
Äthanol ɛta'no:l
Athapasken ata'paskn̩
Athaumasie atau̯ma'zi:
Atheismus ate'ɪsmʊs
Atheist ate'ɪst
Athelie ate'li:, **-n** ...i:ən
athematisch 'atema:tɪʃ, *auch:* --'--
Athen ɛ'te:n
Athen[a] a'te:n[a]
Athenagoras ate'na:goras
Athenai *neugr.* a'θinɛ
Athenaios ate'nai̯ɔs
Athenais ate'na:ɪs
Athenäum ate'nɛ:ʊm
Athenäus ate'nɛ:ʊs
Athene a'te:nə, *B* ...ne
Athénée *fr.* ate'ne
Athener a'te:nɐ
athenisch a'te:nɪʃ
Athenodoros ateno'do:rɔs
Athenodorus ateno'do:rʊs
Athens *engl.* 'æθɪnz
Äther 'ɛ:tɐ
ätherisch ɛ'te:rɪʃ
ätherisieren ɛteri'zi:rən
atherman atɛr'ma:n
Atherom ate'ro:m
atheromatisch atero'ma:tɪʃ
Atheromatose ateroma'to:zə
Atherosklerose ateroskle'ro:zə
Atherton *engl.* 'æθətən
Athesie ate'zi:, **-n** ...i:ən
Athesis 'a:tezɪs
Athesmie atɛs'mi:, **-n** ...i:ən
Athetese ate'te:zə
Athetose ate'to:zə
Äthin ɛ'ti:n
Athinaiki *neugr.* aθinai'ki
Äthiopianismus ɛti̯opi̯a'nɪsmʊs
Äthiopien ɛ'ti̯o:pi̯ən
Äthiopier ɛ'ti̯o:pi̯ɐ
äthiopisch ɛ'ti̯o:pɪʃ
Äthiopismus ɛti̯o'pɪsmʊs
Athis 'a:tɪs, *fr.* a'tis
Athlet[ik] at'le:t[ɪk]
Athletiker at'le:tikɐ
athletisch at'le:tɪʃ
Athlone *engl.* æθ'loʊn
Athol *engl.* 'æθɔl, 'æθəl
Atholl *engl.* 'æθəl
At-home *engl.* ət'hoʊm
Athos 'a:tɔs, *neugr.* 'aθɔs
Athribis a'tri:bɪs
Äthrioskop ɛtrio'sko:p
Athus *fr.* a'tys
Äthyl ɛ'ty:l
Äthylen ɛty'le:n
Athymie aty'mi:, **-n** ...i:ən
Atienca *span.* a'ti̯eŋka
Ätiologie ɛti̯olo'gi:
ätiologisch ɛti̯o'lo:gɪʃ
ätiotrop ɛti̯o'tro:p
Atitlán *span.* atit'lan
Atkár *ung.* 'ɔtka:r
Atkin[s] *engl.* 'ætkɪn[z]
Atkinson *engl.* 'ætkɪnsn
Atlant at'lant
Atlanten vgl. [1]Atlas
Atlanta *engl.* ət'læntə
Atlantic City *engl.* ət'læntɪk 'sɪtɪ
Atlántico *span.* at'lantiko
Atlântico *port.* ɐ'tlɐntiku
Atlantik at'lantɪk
Atlantikum at'lantikʊm
Atlantique *fr.* atlɑ̃'tik
Atlantis at'lantɪs
atlantisch at'lantɪʃ
Atlantosaurus atlanto'zau̯rʊs, **...rier** ...ri̯ɐ
Atlantshaf *isl.* 'ahtlantsha:v
[1]**Atlas** 'atlas, **Atlasse** 'atlasə, **Atlanten** at'lantn̩
[2]**Atlas** (Name) 'atlas, *fr.* a'tlɑ:s
atlassen 'atlasn̩
Atlético *span.* at'letiko, *port.* ɐt'lɛtiku
Atli 'atli
Atman 'a:man
atmen 'a:tmən
Atmidometer atmido'me:tɐ
...atmig (z. B. kurzatmig) ...,|a:tmɪç, **-e** ...ɪgə
Atmokausis atmo'kau̯zɪs
Atmometer atmo'me:tɐ
atmophil atmo'fi:l
Atmosphäre atmo'sfɛ:rə
Atmosphärilien atmosfɛ'ri:li̯ən
atmosphärisch atmo'sfɛ:rɪʃ
Atmosphärographie atmosfɛrogra'fi:
Atmosphärologie atmosfɛrolo'gi:
Ätna 'ɛ:tna, 'ɛtna
Atokos *neugr.* 'atɔkɔs
Ätolien ɛ'to:li̯ən
Ätolier ɛ'to:li̯ɐ
ätolisch ɛ'to:lɪʃ
Atoll a'tɔl
Atom a'to:m
atomar ato'ma:ɐ̯
Atomiser ato'mai̯zɐ, *engl.* 'ætəmaɪzə
Atomiseur atomi'zø:ɐ̯
atomisieren atomi'zi:rən
Atomismus ato'mɪsmʊs
Atomist[ik] ato'mɪst[ɪk]
Atomium a'to:mi̯ʊm
Aton 'a:tɔn, a'to:n
Atona vgl. Atonon
atonal 'atona:l, *auch:* --'-
Atonalist atona'lɪst
Atonalität atonali'tɛ:t
Atonie ato'ni:, **-n** ...i:ən
atonisch a'to:nɪʃ
Atonon 'a:tonɔn, 'at...; **Atona** 'a:tona, 'atona
Atophan ⓦ ato'fa:n
Atopie ato'pi:, **-n** ...i:ən
Atossa a'tɔsa
Atotonilco *span.* atoto'nilko
Atout a'tu:
à tout prix *fr.* atu'pri
atoxisch 'atɔksɪʃ, *auch:* -'--
Ätrafors *schwed.* ɛtra'fɔrs
atramentieren atramɛn'ti:rən
Ätran *schwed.* ˌɛ:tran

Atrato *span.* a'trato
Atrecht *niederl.* 'a:trɛxt
Atrek *russ.* a'trjɛk, *pers.* æ'træk
Atresie atre'zi:, **-n** ...i:ən
Atreus 'a:trɔy̯s
Atrichie atrɪ'çi:, **-n** ...i:ən
Atride a'tri:də
Atrio del Cavallo *it.* 'a:tri̯o del ka'vallo
Atrium 'a:triʊm, **...ien** ...i̯ən
atrop a'tro:p
Atropa 'a:tropa
Atrophie atro'fi:, **-n** ...i:ən
atrophieren atro'fi:rən
atrophisch a'tro:fɪʃ
Atropin atro'pi:n
Atropos 'a:tropɔs
Atrozität atrot̮si'tɛ:t
ätsch! ɛ:tʃ
Atta 'ata
attacca a'taka
Attaché ata'ʃe:
Attachement ataʃə'mã:
attachieren ata'ʃi:rən
Attacke a'takə
attackieren ata'ki:rən
Attaignant *fr.* atɛ'ɲã
Attala 'atala, *engl.* 'ætələ
Attalos 'atalɔs
Attar *pers.* æt'tɑ:r
Attaratte ata'ratə
Attarin 'atari:n
Attavante degli Attavanti *it.* atta'vante 'deʎʎi atta'vanti
Attel[n] 'atl̩[n]
Attems 'atɛms
Attendorn 'atn̩dɔrn
Attentat 'atn̩ta:t, *auch:* atɛn'ta:t
Attentäter 'atn̩tɛ:tɐ, *auch:* atɛn'tɛ:tɐ
attentieren atɛn'ti:rən
Attention! *fr.* atã'sjõ
Attentismus atɛn'tɪsmʊs
Attentist atɛn'tɪst
Atterberg *schwed.* ˌatərbærj
Atterbom *schwed.* ˌatərbum
Attersee 'atɐze:
Attest a'tɛst
attestieren atɛs'ti:rən
Ätti 'ɛti
Attica *engl.* 'ætɪkə
Atticus 'atikʊs
Attigny *fr.* ati'ɲi
Attika 'atika
Attike *neugr.* ati'ki
Attila 'atila, *it.* 'attila, *ung.* 'ɔttilɔ
Attilanus ati'la:nʊs
Attilio *it.* at'ti:li̯o
Atting 'atɪŋ
Attinghausen 'atɪŋhau̯zn̩
Attis 'atɪs
attisch 'atɪʃ
Attitüde ati'ty:də
Attizismus ati't̮sɪsmʊs
Attizist ati't̮sɪst
Attleboro *engl.* 'ætlbərə
Attlee *engl.* 'ætlɪ
Attnang 'atnaŋ
Atto 'ato
Attolico *it.* at'tɔ:liko
Attonität atoni'tɛ:t
Attorney *engl.* ə'tə:nɪ
Attraktion atrak't̮si̯o:n
attraktiv atrak'ti:f, **-e** ...i:və
Attraktivität atraktivi'tɛ:t
Attrappe a'trapə
attrappieren atra'pi:rən
attribuieren atribu'i:rən
Attribut atri'bu:t
attributiv atribu'ti:f, *auch:* '– – – –; **-e** ...i:və
Attu *engl.* 'ætu:
Attuarier a'tu̯a:ri̯ɐ
atü a'ty:
Atum 'a:tʊm, a'tu:m
Åtvidaberg *schwed.* o:tvida'bærj
Atwood *engl.* 'ætwʊd
atypisch 'aty:pɪʃ, *auch:* –'– –
Atys 'a:tʏs
atzen 'at̮sn̩
ätzen 'ɛt̮sn̩
Atzenbrugg at̮sn̩'brʊk
Atzgersdorf 'at̮sgɐsdɔrf
au!, Au au̯
Aua, AUA 'au̯a
Auatuya *span.* au̯a'tuja
Aub au̯p
Aubagne *fr.* o'baɲ
Aubanel *fr.* oba'nɛl
Aube *fr.* o:b
Aubenas *fr.* ob'nɑ
Auber *fr.* o'bɛ:r
Aubergine obɛr'ʒi:nə
Auberjonois *fr.* obɛrʒɔ'nwa
Aubert *fr.* o'bɛ:r
Aubervilliers *fr.* obɛrvi'lje
Aubespine *fr.* obɛs'pin
Aubigné *fr.* obi'ɲe
Aubigny *fr.* obi'ɲi
Aubin *fr.* o'bɛ̃
Aubing 'au̯bɪŋ
Aubonne *fr.* o'bɔn
Aubrac *fr.* o'brak
Aubrietie au̯bri'e:t̮si̯ə
Aubry *fr.* o'bri
Aubry de Montdidier *fr.* obridmõdi'dje
Auburn *engl.* 'ɔ:bən
Aubusson obʏ'sõ:, *fr.* oby'sõ
Aucassin et Nicolette *fr.* okasɛ̃eniko'lɛt
auch au̯x
Auch *fr.* o:ʃ
Auchel 'au̯xl̩, *fr.* o'ʃɛl
Auchinleck *engl.* ɔ:kɪn'lɛk
Auckland *engl.* 'ɔ:klənd
au contraire *fr.* okõ'trɛ:r
au courant *fr.* oku'rã
Auctoritas au̯k'to:ritas
Aucuba au'ku:ba
Aude *fr.* o:d
Audefroi le Bâtard *fr.* odəfrwalbɑ'ta:r
Auden *engl.* ɔ:dn
Audenarde *fr.* od'nard
Audi 'au̯di
audiatur et altera pars au̯'di̯a:tʊr ɛt 'altera 'pars
Audiberti *fr.* odibɛr'ti
Audienz au̯'di̯ɛnt̮s
Audifax 'au̯difaks
Audimax au̯di'maks, '– – –
Audincourt *fr.* odɛ'ku:r
Audiogramm au̯di̯o'gram
Audiometer au̯di̯o'me:tɐ
Audiometrie au̯di̯ome'tri:
audiometrisch au̯di̯o'me:trɪʃ
Audion 'au̯di̯ɔn, **-en** ...'di̯o:nən
Audiovision au̯di̯ovi'zi̯o:n
audiovisuell au̯di̯ovi'zu̯ɛl
Audiphon au̯di'fo:n
Audishorn 'au̯dɪshɔrn
Auditeur au̯di'tø:ɐ̯
Audition au̯di't̮si̯o:n
Audition colorée *fr.* odisjõkɔlɔ're
auditiv au̯di'ti:f, **-e** ...i:və
Auditor au'di:tɔr, **-en** au̯di'to:rən
Auditorium au̯di'to:ri̯ʊm, **...ien** ...i̯ən
Auditorium maximum au̯di'to:ri̯ʊm 'maksimʊm
Auditus au'di:tʊs
Audoux *fr.* o'du
Audran *fr.* o'drã
Audubon *engl.* 'ɔ:dəbɔn
Aue 'au̯ə
Auenblick 'au̯ənblɪk
Auenstein 'au̯ənʃtain
Auer 'au̯ɐ
Auerbach 'au̯ɐbax
Auerberg 'au̯ɐbɛrk
Auerhahn 'au̯ɐha:n
Auerlicht 'au̯ɐlɪçt
Auernheimer 'au̯ɐnhaimɐ
Auerochs 'au̯ɐ|ɔks
Auersberg 'au̯ɐsbɛrk
Auersmacher 'au̯ɐsmaxɐ
Auersperg 'au̯ɐspɛrk
Auerstedt 'au̯ɐʃtɛt
Auerswald 'au̯ɐsvalt
Auerswalde au̯ɐs'valdə
auf au̯f
Aufbahrung 'au̯fba:rʊŋ
aufeinander au̯f|ai'nandɐ
Aufeinanderfolge au̯f|ai'nandɐfɔlgə
Aufenau 'au̯fənau̯
Aufenthalt 'au̯f|ɛnthalt
auferlegen 'au̯f|ɛɐ̯le:gn̩, *seltener:* – –'– –
auferstehen 'au̯f|ɛɐ̯ʃte:ən, *seltener:* – –'– –
auferwecken 'au̯f|ɛɐ̯vɛkn̩
auffädeln 'au̯ffɛ:dl̩n
auffällig 'au̯ffɛlɪç
Aufforstung 'au̯ffɔrstʊŋ
Aufgabe 'au̯fga:bə
aufgagen 'au̯fgɛ[:]gn̩, **gag auf** 'gɛ[:]k 'au̯f, **gagt auf** 'gɛ[:]kt 'au̯f

Aufgalopp 'au̯fgalɔp
aufgebläht 'au̯fgəblɛ:t
aufgeblasen 'au̯fgəbla:zn̩
aufgebracht 'au̯fgəbraxt
aufgedonnert 'au̯fgədɔnɐt
aufgedunsen 'au̯fgədʊnzn̩
aufgekratzt 'au̯fgəkratst
aufgelegt 'au̯fgəle:kt
aufgepaßt 'au̯fgəpast
aufgeräumt 'au̯fgərɔy̆mt
aufgeregt 'au̯fgəre:kt
aufgeschmissen 'au̯fgəʃmɪsn̩
aufgetakelt 'au̯fgəta:kl̩t
aufgeweckt 'au̯fgəvɛkt
aufgleisen 'au̯fglai̯zn̩, **gleis auf!** 'glai̯s 'au̯f, **gleist auf** 'glai̯st 'au̯f
auf Grund, aufgrund au̯f'grʊnt
Aufguß 'au̯fgʊs
aufhaben 'au̯fha:bn̩
Aufhausen au̯f'hau̯zn̩
Aufidius au̯'fi:di̯ʊs
Aufidus 'au̯fidʊs
aufkaschieren 'au̯fkaʃi:rən
Aufkirchen au̯f'kɪrçn̩
aufklaren 'au̯fkla:rən
auflandig 'au̯flandɪç, **-e** ...ɪgə
auflässig 'au̯flɛsɪç
Aufmachung 'au̯fmaxʊŋ
äufnen 'ɔy̆fnən
Aufpasser 'au̯fpasɐ
aufrappeln 'au̯frapl̩n
aufrecht, Au... 'au̯frɛçt
aufrechterhalten 'au̯frɛçt|ɛɐ̯haltn̩
aufrichtig 'au̯frɪçtɪç
Aufruhr 'au̯fru:ɐ̯
Aufrührer 'au̯fry:rɐ
aufrührerisch 'au̯fry:rərɪʃ
aufs au̯fs
Aufsagung 'au̯fza:gʊŋ
aufsässig 'au̯fzɛsɪç, **-e** ...ɪgə
Aufschnaiter 'au̯fʃnai̯tɐ
Aufschneider 'au̯fʃnai̯dɐ
Aufschneiderei au̯fʃnai̯də'rai̯
aufschneiderisch 'au̯fʃnai̯dərɪʃ
auf seiten au̯f 'zai̯tn̩
Aufseß 'au̯fzɛs
Aufsicht 'au̯fzɪçt
Aufstand 'au̯fʃtant
aufständisch 'au̯fʃtɛndɪʃ
Aufstieg 'au̯fʃti:k, **-es** ...i:gəs
auftakeln 'au̯fta:kl̩n
Auftrag 'au̯ftra:k, **-es** ...a:gəs, **Aufträge** 'au̯ftrɛ:gə
Auftropfstein 'au̯ftrɔpf‚ʃtai̯n
auf und ab 'au̯f ʊnt 'ap
auf und davon 'au̯f ʊnt da'fɔn
Aufwand 'au̯fvant, **-es** ...ndəs
aufwärts 'au̯fvɛrts
Aufwasch 'au̯fvaʃ
Aufwiegelei au̯fvi:gə'lai̯
auf Zeit au̯f 'tsai̯t
Aufzögling 'au̯ftsø:klɪŋ
Augapfel 'au̯k|apfl̩
Auge 'au̯gə
Augeias au̯'gai̯as
Äugelchen 'ɔy̆gl̩çən
äugeln 'ɔy̆gl̩n, **äugle** 'ɔy̆glə
äugen 'ɔy̆gn̩, **äug!** ɔy̆k, **äugt** ɔy̆kt
Augenblick 'au̯gn̩blɪk, *auch:* – –'–
augenblicklich 'au̯gn̩blɪklɪç, *auch:* – –'– –
Augenblicksereignis 'au̯gn̩blɪks|ɛɐ̯‚|ai̯gnɪs
Augendienerei au̯gn̩di:nə'rai̯
augenfällig 'au̯gn̩fɛlɪç
augenscheinlich 'au̯gn̩ʃai̯nlɪç, *auch:* – –'– –
Auger *fr.* o'ʒe
Augereau *fr.* o'ʒro
Auggen 'au̯gn̩
Augias au̯'gi:as
Augier *fr.* o'ʒje
...äugig (z. B. braunäugig) ...‚|ɔy̆gɪç, **-e** ...ɪgə
Augio *it.* 'a:u̯dʒo
Augit au̯'gi:t, *auch:* au̯'gɪt
Äuglein 'ɔy̆klai̯n
Augment au̯'gmɛnt
Augmentation au̯gmɛnta'tsi̯o:n
Augmentativ... au̯gmɛnta'ti:f...
Augmentativum au̯gmɛnta'ti:vʊm, **...va** ...va
augmentieren au̯gmɛn'ti:rən
au gratin *fr.* ogra'tɛ̃
Augsburg 'au̯ksbʊrk
Augsburger 'au̯ksbʊrgɐ
augsburgisch 'au̯ksbʊrgɪʃ
Augsproß 'au̯k-ʃprɔs
Augspurg 'au̯kspʊrk
Augst au̯kst
Augstein 'au̯k-ʃtai̯n
Augur 'au̯gʊr, **-en** au̯'gu:rən
[1]**August** (Monat) au̯'gʊst
[2]**August** (Name) 'au̯gʊst, *poln.* 'au̯gust, *schwed.* 'au̯gʊst
Augusta au̯'gʊsta, *engl.* ɔ:'gʌstə, *it.* au̯'gusta
Augustana au̯gʊs'ta:na
Augusta Rauracorum, – Treverorum, – Vindelicorum au̯'gʊsta rau̯ra'ko:rʊm, – treve'ro:rʊm, – vɪndeli'ko:rʊm
Auguste au̯'gʊstə, *fr.* o'gyst
augusteisch, A... au̯gʊs'te:ɪʃ
Augustenburg au̯'gʊstn̩bʊrk
Augustin 'au̯gʊsti:n, *auch:* – –'–; der liebe Augustin *nur:* '– – –; *fr.* ogys'tɛ̃
Augustine au̯gʊs'ti:nə
Augustiner au̯gʊs'ti:nɐ
Augustinus au̯gʊs'ti:nʊs
Augustiny au̯gʊs'ti:ni
Augusto *span.* au̯'ɣusto
Augustów *poln.* au̯'gustuf
Augustulus au̯'gʊstulʊs
Augustus[burg] au̯'gʊstʊs[bʊrk]
Auhafen 'au̯ha:fn̩
Auhausen au̯'hau̯zn̩
Auherzen 'au̯hɛrtsn̩
Aukrust *norw.* ‚œy̆krʉst
Auktion au̯k'tsi̯o:n
Auktionator au̯ktsi̯o'na:tɔr, **-en** ...na'to:rən
auktionieren au̯ktsi̯o'ni:rən
Auktor 'au̯ktɔr
Aukube au̯'ku:bə
Aul (Zeltlager) au̯l, a'u:l
Aula 'au̯la
Aulard *fr.* o'la:r
Auld *engl.* ɔ:ld
Aulén *schwed.* au̯'le:n
Aulen[bach] 'au̯lən[bax]
Aulendorf 'au̯ləndɔrf
Auler 'au̯lɐ
Auletik au̯'le:tɪk
Aulfingen 'au̯lfɪŋən
Aulide *it.* 'a:u̯lide
Aulis 'au̯lɪs
Aulla *it.* a'ulla
Aullagas *span.* au̯'ʎaɣas
Aulne *fr.* o:n
Aulnoy[e] *fr.* o'nwa
Aulodie au̯lo'di:, **-n** ...i:ən
Aulos 'au̯lɔs, **Auloi** 'au̯lɔy̆
Auma 'au̯ma
Aumale *fr.* o'mal
Aumenau 'au̯mənau̯
Aumerle *fr.* o'mɛrl
Aumetz 'au̯mɛts
Aumund 'au̯mʊnt
au naturel *fr.* onaty'rɛl
Aune 'au̯nə
Aunis *fr.* o'nis
Aunjetitz 'au̯njətɪts
Aunoy *fr.* o'nwa
Aupa 'au̯pa
au pair *fr.* o'pɛ:r
au porteur *fr.* opɔr'tœ:r
Aura[ch] 'au̯ra[x]
aural au̯'ra:l
Auramin au̯ra'mi:n
Aurar vgl. Eyrir
Auray *fr.* ɔ'rɛ
Aurbacher 'au̯ɐbaxɐ
Aurea mediocritas 'au̯rea me'di̯o:kritas
Aurei vgl. Aureus
Aurel[ia] au̯'re:l[i̯a]
Aurelian[us] au̯re'li̯a:n[ʊs]
Aurelie au̯'re:li̯ə
Aurelio *span.* au̯'reli̯o
Aurelius au̯'re:li̯ʊs
Aurell *schwed.* au̯'rɛl
Aureole au̯re'o:lə
Aureomycin Ⓦ au̯reomy'tsi:n
Aurès *fr.* ɔ'rɛs
Auressio *it.* au̯'rɛssi̯o
Aureus 'au̯reʊs, **Aurei** 'au̯rei
Aurica 'au̯rika
Aurich 'au̯rɪç
Aurifaber au̯ri'fa:bɐ
Auriga au̯'ri:ga
Aurigeno *it.* au̯'ri:dʒeno
Aurignac orɪn'jak, *fr.* ɔri'ɲak
Aurignacien orɪnja'si̯ɛ̃:
Aurigny *fr.* ɔri'ɲi
Aurikel au̯'ri:kl̩
Aurikular au̯riku'la:ɐ̯

Aurillac *fr.* ɔri'jak
Auriol *fr.* ɔ'rjɔl
Auripigment auripɪ'gmɛnt
Auripunktur auripʊŋk'tu:ɐ̯
Aurispa *it.* au̯'rispa
Aurith 'aurɪt
Aurlandsfjord *norw.* ˌœÿrlansfju:r
Aurora au̯'ro:ra, *engl.* ɔ:'rɔ:rə, *span.* au̯'rora
Aurore *fr.* ɔ'rɔ:r
Aurum 'aurʊm
Aurunker au̯'rʊŋkɐ
aus, Aus au̯s
Ausarbeitung 'au̯s|arbai̯tʊŋ
ausbaden 'au̯sba:dn̩
ausbaldowern 'au̯sbal,do:vɐn, **baldowre aus** bal'do:vrə 'au̯s
Ausbauchung 'au̯sbau̯xʊŋ
Ausbeute 'au̯sbɔytə
ausbeuten 'au̯sbɔytn̩
ausbogen 'au̯sbo:gn̩; **bog aus!** 'bo:k 'au̯s, **ausbogt** 'au̯sbo:kt
ausbojen 'au̯sbo:jən
ausbomben 'au̯sbɔmbn̩
ausbooten 'au̯sbo:tn̩
Ausbreitung 'au̯sbrai̯tʊŋ
Ausbruch 'au̯sbrʊx, **Ausbrüche** ...rʏçə
ausbuchten 'au̯sbʊxtn̩
Ausbuchtung 'au̯sbʊxtʊŋ
Ausbund 'au̯sbʊnt
ausbürgern 'au̯sbʏrgɐn, **ausbürgre** 'au̯sbʏrgrə
Auscha 'au̯ʃa
Auschwitz 'au̯ʃvɪts
Ausculum 'au̯skulʊm
ausdauernd 'au̯sdau̯ɐnt, **-e** ...ndə
Ausdehnung 'au̯sde:nʊŋ
Ausdruck 'au̯sdrʊk
ausdrücklich 'au̯sdrʏklɪç, *auch:* –'––
Ausdrusch 'au̯sdrʊʃ
auseinander au̯s|ai̯'nandɐ
auseinandergelebt au̯s|ai̯'nandɐgəle:pt
Auseinandersetzung au̯s|ai̯'nandɐzɛtsʊŋ
auserkoren 'au̯s|ɛɐ̯ko:rən
auserlesen 'au̯s|ɛɐ̯le:zn̩
ausersehen 'au̯s|ɛɐ̯ze:ən
auserwählt 'au̯s|ɛɐ̯vɛ:lt
ausfahrend 'au̯sfa:rənt, **-e** ...ndə
ausfällig 'au̯sfɛlɪç
ausfindig 'au̯sfɪndɪç
Ausflucht 'au̯sflʊxt, **...flüchte** ...flʏçtə
Ausflug 'au̯sflu:k
Ausflügler 'au̯sfly:klɐ
ausführlich 'au̯sfy:ɐ̯lɪç, *auch:* –'––
Ausgabe 'au̯sga:bə
Ausgang 'au̯sgaŋ
ausgangs 'au̯sgaŋs
ausgaren 'au̯sga:rən
ausgekocht 'au̯sgəkɔxt
ausgerechnet *Adjektiv* 'au̯sgərɛçnət, *auch:* '––'––
ausgezeichnet *Adjektiv* 'au̯sgətsai̯çnət, *auch:* '––'––
ausgiebig 'au̯sgi:bɪç, **-e** ...ɪgə
Ausgleich 'au̯sglai̯ç
Ausguck 'au̯sgʊk
aushacken 'au̯shakn̩
aushändigen 'au̯s,hɛndɪgn̩, **händig aus!** 'hɛndɪç 'au̯s, **aushändigt** 'au̯shɛndɪçt
aushäusig 'au̯shɔyzɪç, **-e** ...ɪgə
aushebern 'au̯she:bɐn, **aushebre** 'au̯she:brə
ausixen 'au̯s|ɪksn̩
auskehlen 'au̯ske:lən
ausklarieren 'au̯skla,ri:rən
ausknocken 'au̯snɔkn̩
Auskolkung 'au̯skɔlkʊŋ
auskömmlich 'au̯skœmlɪç
Auskultant au̯skʊl'tant
Auskultation au̯skʊlta'tsi̯o:n
Auskultator au̯skʊl'ta:tɔr, **-en** ...ta'to:rən
auskultatorisch au̯skʊlta'to:rɪʃ
auskultieren au̯skʊl'ti:rən
auskundschaften 'au̯skʊntʃaftn̩
Auskunft 'au̯skʊnft, **...künfte** ...kʏnftə
Auskunftei au̯skʊnf'tai̯
Auslad 'au̯sla:t, **-es** ...a:dəs
Ausland 'au̯slant
Ausländer 'au̯slɛndɐ
Ausländerei au̯slɛndə'rai̯
ausländisch 'au̯slɛndɪʃ
auslandsdeutsch 'au̯slantsdɔytʃ
Auslaß 'au̯slas, **...lasses** ...lasəs, **...lässe** ...lɛsə
auslogieren 'au̯sloʒi:rən
Auslug 'au̯slu:k, **-es** ...u:gəs
ausmachen 'au̯smaxn̩
ausmergeln 'au̯smɛrgl̩n, **mergle aus!** 'mɛrglə 'au̯s
Ausmerze 'au̯smɛrtsə
ausmerzen 'au̯smɛrtsn̩
ausmitteln 'au̯smɪtl̩n
ausmittig 'au̯smɪtɪç, **-e** ...ɪgə
Ausnahme 'au̯sna:mə
ausöden 'au̯s|ø:dn̩, **öd aus!** 'ø:t 'au̯s
Ausoner 'au̯zonɐ
Ausonia au̯'zo:ni̯a, *it.* au̯'zɔ:ni̯a, *span.* au̯'soni̯a
Ausonius au̯'zo:ni̯ʊs
auspfählen 'au̯spfɛ:lən
auspfarren 'au̯spfarən
Auspitz 'au̯spɪts
Auspizium au̯s'pi:tsi̯ʊm, **...ien** ...i̯ən
auspowern 'au̯spo:vɐn, **powre aus!** 'po:vrə 'au̯s
auspunkten 'au̯spʊŋktn̩
ausquartieren 'au̯skvarti:rən
ausrangieren 'au̯srãʒi:rən
ausrotten 'au̯srɔtn̩
Aussaat 'au̯sza:t
aussäen 'au̯szɛ:ən
Aussatz 'au̯szats
aussätzig 'au̯szɛtsɪç, **-e** ...ɪgə
ausschaben 'au̯sʃa:bn̩
ausschalen 'au̯sʃa:lən
Ausschank 'au̯sʃaŋk
Ausschlachterei au̯sʃlaxtə'rai̯
ausschließlich 'au̯sʃli:slɪç; *auch:* '–'––, –'––
Ausschlupf 'au̯sʃlʊpf
Aussee au̯'se:
aussegnen 'au̯sze:gnən
Außem 'au̯sm̩
außen, Au... 'au̯sn̩
Außenalster 'au̯sn̩|alstɐ
außenbords 'au̯sn̩bɔrts
Außenpolitik 'au̯sn̩politi:k
außenpolitisch 'au̯sn̩poli:tɪʃ
außer 'au̯sɐ
Außerachtlassen au̯sɐ'|axtlasn̩
Außerachtlassung au̯sɐ'|axtlasʊŋ
außeramtlich 'au̯sɐ|amtlɪç
Außerbraz au̯sɐ'bra:ts
außerdem 'au̯sɐde:m, ––'–
äußere, Äu... 'ɔysərə
außergewöhnlich 'au̯sɐgə'vø:nlɪç
außerhalb 'au̯sɐhalp
Außerkurssetzung au̯sɐ'kʊrszɛtsʊŋ
äußerln 'ɔysɐln
äußerlich 'ɔysɐlɪç
außermittig 'au̯sɐmɪtɪç, **-e** ...ɪgə
äußern 'ɔysɐn
Außernzell au̯sɐn'tsɛl
außerordentlich 'au̯sɐ'|ɔrdn̩tlɪç
außerplanmäßig 'au̯sɐ,pla:nmɛ:sɪç
Außerrhoden 'au̯sɐro:dn̩
äußerst 'ɔysɐst
außerstand au̯sɐ'ʃtant, *auch:* '–––
außerstande au̯sɐ'ʃtandə, *auch:* '––––
äußerstenfalls 'ɔysɐstn̩'fals
aussichtslos 'au̯szɪçtslo:s
Aussig 'au̯sɪç
aussöhnen 'au̯szø:nən
ausspähen 'au̯sʃpɛ:ən
Ausspann 'au̯sʃpan
ausstaffieren 'au̯sʃta,fi:rən
Ausstand 'au̯sʃtant
ausständig 'au̯sʃtɛndɪç
Ausständler 'au̯sʃtɛntlɐ
ausstatten 'au̯sʃtatn̩
Aust-Agder *norw.* ˌœÿstagdər
austarieren 'au̯stari:rən
Austausch 'au̯stau̯ʃ
Austen *engl.* 'ɔstɪn
Austenit au̯ste'ni:t, *auch:* ...nɪt
austenitisieren au̯steniti'zi:rən
Auster 'au̯stɐ, *engl.* 'ɔ:stə
Austerity *engl.* ɔs'tɛrɪtɪ
Austerlitz 'au̯stɐlɪts
Austin *engl.* 'ɔstɪn
austonnen 'au̯stɔnən
Austrag 'au̯stra:k, **-es** ...a:gəs, **...träge** ...trɛ:gə
Austrägler 'au̯strɛ:klɐ

austrạl au̯s'tra:l
Austrạlasien au̯s'tra:l|a:zi̯ən
Australia *engl.* ɔs'treɪljə
australịd au̯stra'li:t, -e ...i:də
Austrạlien au̯s'tra:li̯ən
Austrạlier au̯s'tra:li̯ɐ
austrạlisch au̯s'tra:lɪʃ
australoịd au̯stralo'i:d, -e ...i:də
Australopịthecus au̯stralo'pi:tekʊs
Austrạsien au̯s'tra:zi̯ən
Austrebẹrta au̯stre'bɛrta
Austria 'au̯stria, *engl.* 'ɔstrɪə
Austrian Airlines *engl.* 'ɔstrɪən 'ɛəlaɪnz
Austriazịsmus au̯stria'tsɪsmʊs
Austrien 'au̯striən
Austromarxịsmus au̯stromar'ksɪsmʊs
Austur-Barðastrandarsýsla *isl.* 'œy̆stʏrbarðastrandarsisla
Austur-Húnavatnssýsla *isl.* 'œy̆stʏrhu:navasisla
Austurland *isl.* 'œy̆stʏrland
Austur Skaftafell *isl.* 'œy̆stʏrskaftafɛdl
Austur-Skaftafellssýsla *isl.* 'œy̆stʏrskaftafɛlsisla
Austvågøy *norw.* ˌœy̆stvo:gœi̯
ausüben 'au̯s|y:bn̩
ausufern 'au̯s|u:fɐn
Ausverkauf 'au̯sfɛɐ̯kau̯f
auswachsen 'au̯svaksn̩
auswärtig 'au̯svɛrtɪç, -e ...ɪgə
auswärts 'au̯svɛrts
Ausweiler 'au̯svai̯lɐ
Ausweis 'au̯svai̯s, -e ...ai̯zə
ausweislich 'au̯svai̯slɪç
auswendig 'au̯svɛndɪç
auswringen 'au̯svrɪŋən
Auszug 'au̯stsu:k
Auszüger 'au̯stsy:gɐ
Auszügler 'au̯stsy:klɐ
Autafọrt au̯ta'fɔrt
autạrk au̯'tark
Autarkie au̯tar'ki:, -n ...i:ən
Autbẹrtus au̯t'bɛrtʊs
auteln 'au̯tl̩n
autẹrg au̯'tɛrk, -e ...rgə
Auteuil *fr.* o'tœj
Authari 'au̯tari
Authausen 'au̯thau̯zn̩
Authentie au̯tɛn'ti:
authentifizieren au̯tɛntifi'tsi:rən
authẹntisch au̯'tɛntɪʃ
authentisieren au̯tɛnti'zi:rən
Authentizitạ̈t au̯tɛntitsi'tɛ:t
authigẹn au̯ti'ge:n
Autịsmus au̯'tɪsmʊs
autịstisch au̯'tɪstɪʃ
Auto 'au̯to
Autobiographie au̯tobiogra'fi:, -n ...i:ən
autobiogrạphisch au̯tobio'gra:fɪʃ
Autobus 'au̯tobʊs, -se ...ʊsə
Autocar 'au̯toka:ɐ̯
Autochọre au̯to'ko:rə
Autochorie au̯toko'ri:
Autochrọm au̯to'kro:m
autochthọn au̯tɔx'to:n
Auto-Cross 'au̯tokrɔs
Autodafé au̯toda'fe:
Autodeterminịsmus au̯todetɛrmi'nɪsmʊs
Autodidạkt au̯todi'dakt
Autodigestiọn au̯todigɛs'ti̯o:n
Autodrọm au̯to'dro:m
autodynạmisch au̯tody'na:mɪʃ
Autoerotịsmus au̯to|ero'tɪsmʊs
autogạm au̯to'ga:m
Autogamie au̯toga'mi:
autogẹn au̯to'ge:n
Autogiro au̯to'ʒi:ro
Autognosie au̯togno'zi:
Autogrạmm au̯to'gram
Autogrạph au̯to'gra:f
Autographie au̯togra'fi:, -n ...i:ən
autographieren au̯togra'fi:rən
Autographilie au̯tografi'li:
Autogravüre au̯togra'vy:rə
Autohypnọse au̯tohʏp'no:zə
Autointoxikatiọn au̯to|ɪntɔksika'tsi̯o:n
Autokarpie au̯tokar'pi:
Autokatalyse au̯tokata'ly:zə
autokephạl au̯toke'fa:l
Autokephalie au̯tokefa'li:
Autokino 'au̯toki:no
Autoklạv au̯to'kla:f, -en ...a:vn̩
autoklavieren au̯tokla'vi:rən
Autokoagulatiọn au̯toko|agula'tsi̯o:n
Autokrạt au̯to'kra:t
Autokratie au̯tokra'ti:, -n ...i:ən
Autọlycus au̯'to:lykʊs
Autọlykos au̯'to:lykɔs
Autolyse au̯to'ly:zə
autolỵtisch au̯to'ly:tɪʃ
Automạt au̯to'ma:t
Automatie au̯toma'ti:
Automạtik au̯to'ma:tɪk
Automatiọn au̯toma'tsi̯o:n
Automatisatiọn au̯tomatiza'tsi̯o:n
automạtisch au̯to'ma:tɪʃ
automatisieren au̯tomati'zi:rən
Automatịsmus au̯toma'tɪsmʊs
Automatophọn au̯tomato'fo:n
Autọmedon au̯'to:medɔn
automobịl, A... au̯tomo'bi:l
Automobilịsmus au̯tomobi'lɪsmʊs
Automobilịst au̯tomobi'lɪst
automọrph au̯to'mɔrf
autonọm au̯to'no:m
Autonomie au̯tono'mi:, -n ...i:ən
Autonomịst au̯tono'mɪst
Autọnomna Pọkrajina Vọjvodina *serbokr.* au̯ˌtɔnɔmna: ˌpɔkrajina ˌvɔjvɔdina
autonym au̯to'ny:m
Autopilọt au̯topi'lo:t
Autoplạstik au̯to'plastɪk
Autopsie au̯tɔ'psi:, -n ...i:ən
Autor 'au̯tɔr, -en au̯'to:rən
Autorisatiọn au̯toriza'tsi̯o:n
autorisieren au̯tori'zi:rən
autoritạ̈r au̯tori'tɛ:ɐ̯
Autoritạ̈t au̯tori'tɛ:t
autoritatịv au̯torita'ti:f, -e ...i:və
Autos (feierliche öffentliche Handlungen in Spanien und Portugal) 'au̯tɔs
Autosemạntikon au̯toze'mantikɔn, **...ka** ...ka
Autoskopie au̯tosko'pi:, -n ...i:ən
Autostrạda au̯to'stra:da
Autosuggestiọn au̯tozʊgɛs'ti̯o:n
autosuggestịv au̯tozʊgɛs'ti:f, -e ...i:və
Autotomie au̯toto'mi:, -n ...i:ən
Autotoxịn au̯totɔ'ksi:n
Autotransformạtor au̯totransfɔr'ma:tɔr, -en ...ma'to:rən
Autotransfusiọn au̯totransfu'zi̯o:n
autotrọph au̯to'tro:f
Autotrophie au̯totro'fi:
Autotropịsmus au̯totro'pɪsmʊs
Autotypie au̯toty'pi:, -n ...i:ən
Autovakzịne au̯tovak'tsi:nə
autozephạl au̯totse'fa:l
autsch! au̯tʃ
aut sịmile au̯t 'zi:mile
Autumnạl... au̯tʊm'na:l...
Autun *fr.* o'tœ̃
Auvẹrgne o'vɛrnjə, *fr.* o'vɛrɲ
Auw au̯
auwẹh! au̯'ve:
Auwera 'au̯vəra
Auwers 'au̯vɐs
Auxẹrre *fr.* o'sɛ:r
auxiliạr au̯ksi'li̯a:ɐ̯
Auxịn au̯'ksi:n
auxochrọm au̯kso'kro:m
Auxois *fr.* o'swa
Auxọnne *fr.* o'sɔn
Auxospọre au̯kso'spo:rə
Ava 'a:va, *engl.* 'eɪvə
Avạl a'val
Ạvala *serbokr.* 'avala
avalieren ava'li:rən
Avallon *fr.* ava'lõ
Avalon *engl.* 'ævəlɔn
Avance a'vã:sə
Avancement avãsə'mã:
avancieren avã'si:rən
Avancịnus avan'tsi:nʊs
Avantạge avã'ta:ʒə
Avantageur avãta'ʒø:ɐ̯
Avantès *fr.* avã'tɛs
Avantgarde a'vã:gardə, avã'gardə; *auch:* a'vant..., 'a[:]vant...; *fr.* avã'gard

Avantgardịsmus avãgar'dɪsmʊs, *auch:* avant...
Avantgardịst avãgar'dɪst, *auch:* avant...
avạnti, A... *it.* a'vanti
Avanturi̲n avantu'ri:n
Ava̲re a'va:rə
Ava̲ricum a'va:rikʊm
A̲ve 'a:ve
Avebury *engl.* 'eɪvbərɪ
Aveiro *port.* ɐ'vɐi̯ru
Avellanẹda *span.* aβeʎa'neða
Avelli̲no *it.* avel'li:no
A̲ve-Mari̲a 'a:vema'ri:a
Ave̲na a've:na
Avena̲rius ave'na:ri̯ʊs
Avenches *fr.* a'vã:ʃ
Avenẹl *fr.* av'nɛl
Aveni̲da ave'ni:da
Aventi̲n avɛn'ti:n
Aventi̲no *it.* aven'ti:no
Aventi̲nus avɛn'ti:nʊs
Aventiure avɛn'ty:rə
Aventü̲re avɛn'ty:rə
Aventurie̲r avãty'ri̯e:
Aventuri̲n avɛntu'ri:n
Avenue avə'ny:, **-n** ...y:ən
average, A... *engl.* 'ævərɪdʒ
Avẹrbo a'vɛrbo
A̲vercamp *niederl.* 'a:vərkɑmp
Averčenko vgl. Awertschenko
Avere̲est *niederl.* a:və're:st
Averell *engl.* 'eɪvərəl
Averẹscu *rumän.* ave'resku
Avẹrner a'vɛrnɐ
Avẹrno *it.* a'vɛrno
Avẹrnus a'vɛrnʊs
Avẹroff, ...ph *neugr.* a'vɛrɔf
Avẹrroes a'vɛroɛs
Averroịsmus avɛro'ɪsmʊs
[1]**Avẹrs** (Vorderseite; Abfindung) a'vɛrs, **-e** ...rzə
[2]**A̲vers** (Ort in der Schweiz) 'a:fɐs
[1]**Avẹrsa** vgl. Aversum
[2]**Avẹrsa** (Name) *it.* a'vɛrsa
Aversa̲l... avɛr'za:l...
Aversio̲n avɛr'zi̯o:n
Aversiona̲l... avɛrzi̯o'na:l...
aversionie̲ren avɛrzi̯o'ni:rən
Avẹrsum a'vɛrzʊm, **...sa** ...za
averti̲eren avɛr'ti:rən
Averti̲n Ⓦz avɛr'ti:n
Avertissement avɛrtɪsə'mã:
A̲ves 'a:ve:s
Avẹsnes *fr.* a'vɛn
Aveyron *fr.* avɛ'rõ
Avgust vgl. Awgust
Aviạnca *span.* a'βi̯aŋka
Avia̲nius a'vi̯a:ni̯ʊs
Avia̲nus a'vi̯a:nʊs
Avia̲tik a'vi̯a:tɪk
Avia̲tiker a'vi̯a:tikɐ
Avicẹnna avi'tsɛna
Avignon avɪn'jõ:, *fr.* avi'ɲõ
Ávila *span.* 'aβila
Avilés *span.* aβi'les
avirulent 'avirulɛnt, *auch:* – – – ' –
Avi̲s a'vi:, *auch:* a'vi:s; **des –** a'vi:[s]; **die –** a'vi:s; **-e** a'vi:zə
avisie̲ren avi'zi:rən
Avi̲sio *it.* a'vi:zi̯o
Avi̲so a'vi:zo
a vịsta a 'vɪsta
Avitamino̲se avitami'no:zə
Aviva̲ge avi'va:ʒə
avivie̲ren avi'vi:rən
Ạvlum *dän.* 'au̯lom
Avoca̲to avo'ka:to
Avoga̲dro *it.* avo'ga:dro
Avoirdupois avo̯ardy'po̯a, ˌɛvɐdə'pɔys, *engl.* ævədə'pɔɪz
A̲vola *it.* 'a:vola
Avon *engl.* 'eɪvən
Avosmedia̲no avɔsme'di̯a:no
Avram vgl. Awram
Avranches *fr.* a'vrã:ʃ
A̲vre *fr.* ɑ:vr
Avtonomnaja Oblast' vgl. Awtonomnaja Oblast
Avunkula̲t avʊŋku'la:t
A̲vus 'a:vʊs
Avvakum vgl. Awwakum
Awa̲re a'va:rə
awa̲risch a'va:rɪʃ
Awạtscha *russ.* a'vatʃɐ
Awe *engl.* ɔ:
Awẹrtschenko, Averčenko *russ.* a'vjɛrtʃɪnkɐ
Awẹsta a'vɛsta
awẹstisch a'vɛstɪʃ
Ạwgust, Avgust *russ.* 'avgust
Awrạm, Avram *russ.* av'ram
Awtonọmnaja Ọblast, Avtonomnaja Oblast' *russ.* afta'nɔmnɐjɐ 'ɔblɐstj
Awwakụm, Avvakum *russ.* avva'kum
Axạkow, Aksakov *russ.* ak'sakɐf
Ạxams 'aksams
Ạxarfjord 'aksarfjɔrt
Ạxarfjörður *isl.* 'axsarfjœrðʏr
Ạxel 'aksl̩; *niederl.* 'ɑksəl; *schwed.* ˌaksəl, '– –
Ạxelfors *schwed.* ˌaksəlfɔrs
Ạxel-He̲iberg-Land 'aksl̩'haibɛrklant, *engl.* 'æksəl'haɪbə:glænd
Ạxen[berg] 'aksn̩[bɛrk]
Ạxenfeld 'aksn̩fɛlt
Ạxenstraße 'aksn̩ʃtra:sə
Axentọwicz *poln.* aksɛn'tɔvitʃ
Axerophtho̲l aksero'fto:l
axia̲l a'ksi̯a:l
Axialitä̲t aksi̯ali'tɛ:t
axilla̲r aksɪ'la:ɐ̯
Axi̲nia a'ksi:ni̯a
Axịnja, Aksin'ja *russ.* ak'sinjjɐ
Axiologie̲ aksi̯olo'gi:, **-n** ...i:ən
axiolo̲gisch aksi̯o'lo:gɪʃ
Axio̲m a'ksi̯o:m
Axioma̲tik aksi̯o'ma:tɪk
axioma̲tisch aksi̯o'ma:tɪʃ
Axiome̲ter aksi̯o'me:tɐ
Axiọs *neugr.* a'ksjɔs
Axioupolis *neugr.* a'ksjupɔlis
Ax-les-Thẹrmes *fr.* aksle'tɛrm
Axminster *engl.* 'æksmɪnstə
Axminsterteppich 'ɛksmɪnstɐtɛpɪç
Axolọtl akso'lɔtl̩
Axonometrie̲ aksonome'tri:, **-n** ...i:ən
axonomẹtrisch aksono'me:trɪʃ
Ạxpe *span.* 'akspe
Ạxt akst, **Ạ̈xte** 'ɛkstə
Axụ, Aksu *russ.* ak'su
Ạxur 'aksʊr
Ay *fr.* a'i
Ayacụcho *span.* aja'kutʃo
Ayạla *span.* a'jala
Ayamọnte *span.* aja'mɔnte
Ayạzoluk *türk.* ɑ'jɑzɔluk
Ạydın *türk.* 'ɑi̯dɨn
Ayẹrbe *span.* a'jɛrβe
A̲ying 'aiŋ
Aylesbury *engl.* 'eɪlzbərɪ
Ayllón *span.* ai̯'ʎɔn
Aymará *span.* ai̯ma'ra
Aymé *fr.* ɛ'me
Ayr *engl.* ɛə
A̲yrer 'airɐ
Ayrshire *engl.* 'ɛəʃɪə
Aysén *span.* ai̯'sen
A̲yub *engl.* 'ɑ:jʊb, ...u:b
Ayuntamiẹnto ajʊnta'mi̯ento
A̲yus 'a:jʊs
Ạyvalık *türk.* 'ɑi̯vɑlɨk
Aywạille *fr.* ɛ'waj
Azạila *span.* a'θai̯la
Aza̲lea a'tsa:lea
Azale̲e atsa'le:ə
Aza̲lie a'tsa:li̯ə
Azambụja *port.* ɐzɐm'buʒɐ
Azạña *span.* a'θaɲa
Azạra *span.* a'θara
Azariạs *fr.* aza'rjɑ:s
Ažbẹ *slowen.* aʒ'bɛ
Azbẹn *fr.* az'bɛn
Azcọitia *span.* aθ'kɔi̯ti̯a
Azẹglio *it.* ad'dzɛʎʎo
Aze̲ma a'tse:ma
azeotro̲p atseo'tro:p
azepha̲l atse'fa:l
Azepha̲le atse'fa:lə
Azephalie̲ atsefa'li:, **-n** ...i:ən
Azeri̲den atse'ri:dn̩
Azeta̲ldehyd a'tse:t|aldehy:t, **-es** ...y:dəs
Azeta̲t atse'ta:t
Azev vgl. Asew
Azeve̲do aze've:do, *bras.* aze'vedu, *port.* ɐzə'veðu
Azi̲d a'tsi:t, **-e** ...i:də
Azilien azi'ljɛ̃:
Azi̲mech a'tsi:mɛç
Azimu̲t atsi'mu:t
azimuta̲l atsimu'ta:l
Azincourt *fr.* azɛ̃'ku:r
Azi̲ne a'tsi:nə
azinö̲s atsi'nø:s, **-e** ...ø:zə

Aznavour *fr.* azna'vu:r
Azofarbstoff 'atso,farp-ʃtɔf
Azogues *span.* a'θoɣes
Azoikum a'tso:ikʊm
azoisch a'tso:ɪʃ
Azoospermie atsoospɛr'mi:, **-n** ...i:ən
Azoren a'tso:rən
Azorín *span.* aθo'rin
Azotämie atsotɛ'mi:, **-n** ...i:ən
Azote *fr.* a'zɔt
azotieren atso'ti:rən
Azotobakter atsoto'baktɐ
Azotobakterin atsotobakte'ri:n
Azotogen atsoto'ge:n
Azoturie atsotu'ri:, **-n** ...i:ən
Azov vgl. Asow
Azovskoe More vgl. Asowskoje More
Azpeitia *span.* aθ'pɛi̯tja
Azteke ats'te:kə
Azua *span.* 'aθu̯a
Azuay *span.* a'θu̯ai̯
Azucena *it.* addzu'tʃɛ:na, *span.* aθu'θena
Azuer *span.* a'θu̯ɛr
Azuga *rumän.* a'zuga
Azul *span.* a'θul
Azulejos atsu'lɛxɔs, asu..., *span.* aθu'lɛxɔs
Azulen atsu'le:n
Azur a'tsu:ɐ̯
Azuree... atsu're:...
azuriert atsu'ri:ɐ̯t
Azurit atsu'ri:t, *auch:* ...rɪt
azurn a'tsu:ɐ̯n
Azusa *engl.* ə'zu:sə
Azygie atsy'gi:
azygisch a'tsy:gɪʃ
azyklisch 'atsy:klɪʃ, *auch:* 'atsʏk...; *auch:* –'––
Azyma 'a:tsyma, 'ats...
Azymit atsy'mi:t
Azzilo 'atsilo
Azzo 'atso, *it.* 'attso
Azzurri a'tsʊri, *it.* ad'dzurri

B

b, B be:, *engl.* bi:, *fr.* be
β, B 'be:ta
Baabe 'ba:bə
Baade 'ba:də
Baader 'ba:dɐ
Baak *niederl.* ba:k
Baal *dt., niederl.* ba:l
Baalbek 'ba:lbɛk
Baal-Hanan 'ba:al'ha:nan
Baal Schem ba'al 'ʃe:m
Baamonde *span.* baa'mɔnde
Baar ba:ɐ̯, *tschech.* ba:r
Baarle *niederl.* 'ba:rlə
Baarle-Hertog *niederl.* 'ba:rlə'hɛrtɔx
Baarle-Nassau *niederl.* 'ba:rlə'nɑsɔu̯
Baarlo *niederl.* 'ba:rlo:
Baarn *niederl.* ba:rn
Baas ba:s, **-e** 'ba:zə
Baasrode *niederl.* 'ba:sro:də
Baath ba:t
Bååth *schwed.* bo:t
Bab ba:p, *pers.* bɑ:b
babą ba'ba
Baba *türk.* bɑ'bɑ, *mak., rümän.* 'baba
Babadag *rumän.* baba'dag
Babahoyo *span.* baβa'ojo
Baba Mustapha 'ba:ba 'mʊstafa
Babar *indon.* babar
Babbage *engl.* 'bæbɪdʒ
babbeln 'babl̩n, **babble** 'bablə
[1]Babbitt (Durchschnittsmensch) 'bɛbɪt
[2]Babbitt (Name) *engl.* 'bæbɪt
Babcock *engl.* 'bæbkɔk
Babeck 'ba:bɛk
Babekan 'ba:beka:n, babe'ka:n
Babel 'ba:bl̩
Babelino babe'li:no
Bab el Mandeb 'ba:p ɛl 'mandɛp
Babelon *fr.* ba'blõ
Babelsberg 'ba:bl̩sbɛrk
Babelthuap *engl.* bɑ:bəl'tu:ɑ:p
Babenberger 'ba:bn̩bɛrgɐ
Babenhausen ba:bn̩'hau̯zn̩
Babeş *rumän.* 'babeʃ
Babesien ba'be:zi̯ən
Babett ba'bɛt
Babette ba'bɛtə, *fr.* ba'bɛt
Babeuf *fr.* ba'bœf
Babi *pers.* bɑ'bi:
Babia Góra *poln.* 'babja 'gura
Babia Hora *slowak.* 'babja 'hɔra
Babić *serbokr.* 'babitɕ
Babieca *span.* ba'βjeka
Babilonie babilo'ni:
Babinet *fr.* babi'nɛ
Babing[er] 'ba:bɪŋ[ɐ]
Babington *engl.* 'bæbɪŋtən
Babinski ba'bɪnski, *fr.* babɛ̃s'ki
Babinský *tschech.* 'babinski:
Babirussa babi'rʊsa
Babismus ba'bɪsmʊs
Babist ba'bɪst
Babits *ung.* 'bɔbitʃ
Babka *engl.* 'bæbkə
Babo 'ba:bo
Babœuf *fr.* ba'bœf
Babol *pers.* bɑ'bol
Babolsar *pers.* bɑbol'sær
Babouvismus babu'vɪsmʊs
Babrios 'ba:briɔs
Babrius 'ba:briʊs
Bapst bapst
Babu 'ba:bu
Babuin 'ba:bui:n
Babur 'ba:bʊr
Baburen *niederl.* bɑ'by:rə
Babusche ba'bʊʃə, *auch:* ba'bu:ʃə
Baby 'be:bi, *engl.* 'beɪbɪ
Babycar 'be:bika:ɐ̯, *engl.* 'beɪbɪkɑ:
Babydoll 'be:bidɔl, *engl.* 'beɪbɪdɔl
Babylon 'ba:bylɔn
Babylonien baby'lo:ni̯ən
Babylonier baby'lo:ni̯ɐ
babylonisch baby'lo:nɪʃ
Babylook 'be:bilʊk, *engl.* 'beɪbɪlʊk
Babysitter 'be:bizɪtɐ, *engl.* 'beɪbɪsɪtə
Bacău *rumän.* ba'kəu̯
Baccaloni *it.* bakka'lo:ni
Baccarat *fr.* baka'ra
Baccelli *it.* bat'tʃɛlli
Bacchanal baxa'na:l, **-ien** ...li̯ən
Bacchant ba'xant
Bacchelli *it.* bak'kɛlli
Bacchiacca *it.* bak'ki̯akka
Bacchien vgl. Bacchius
Bacchiglione *it.* bakkiʎ'ʎo:ne
Bacchiocci *it.* bak'ki̯ɔttʃi
bacchisch 'baxɪʃ
Bacchius ba'xi:ʊs, **...ien** ...i:ən
Bacchus 'baxʊs
Bacchylides ba'xy:lidɛs
Bacci *it.* 'battʃi
Baccio *it.* 'battʃo
Bacewicz *poln.* ba'tsɛvitʃ
Bach bax, **Bäche** 'bɛçə
bachab bax'|ap
Bacharach 'baxarax
Bache 'baxə
Bachelard *fr.* ba'ʃla:r
Bachelin *fr.* ba'ʃlɛ̃
Bachelor 'bɛtʃəlɐ, *engl.* 'bætʃələ
Bachelor of Laws *engl.* 'bætʃələ əv 'lɔ:z
Bachem 'baxm̩
Bacher[n] 'baxɐ[n]
Bachér ba'xe:ɐ̯
Baches 'baxəs
Bächingen 'bɛçɪŋən
Bachja Ibn Pakuda 'baxja 'ɪbn̩ pa'ku:da
Bächler 'bɛçlɐ
Bachman[n] 'baxman
Bachofen 'bax|o:fn̩
Bachtiare bax'ti̯a:rə
Bachtiari bax'ti̯a:ri
Bächtold 'bɛçtɔlt
Bachtschissarai, Bahčisaraj *russ.* bɐxtʃisa'raj
Baciccia *it.* ba'tʃittʃa
Bacílek *tschech.* 'batsi:lɛk
Bacillus ba'tsɪlʊs, **...li** ...li
back, [1]Back (seemänn.) bak
[2]Back (Verteidiger) bɛk, *engl.* bæk
[3]Back (Name) *engl.* bæk
Bäck *dt., schwed.* bɛk
Bačka *serbokr.* 'ba:tʃka:

Backbord 'bakbɔrt, -e ...rdə
Bäckchen 'bɛkçən
Backe 'bakə
backen, B... 'bakn̩
...backen (z. B. altbacken) ...,bakn̩
Backer *niederl.* 'bɑkər
Bäcker 'bɛkɐ
Bäckerei bɛkə'rai̯
Backfisch 'bakfɪʃ
Background 'bɛkgraunt, *engl.* 'bækgraʊnd
Backhaendl 'bakhɛndl̩
Backhand 'bɛkhɛnt, *engl.* 'bækhænd
Backhaus 'bakhaus
Backhendel 'bakhɛndl̩
Backhuysen *niederl.* 'bɑkhœi̯zə
...backig (z. B. rotbackig) ...,bakɪç, -e ...ɪgə
...bäckig (z. B. rotbäckig) ...,bɛkɪç, -e ...ɪgə
Bäckler 'bɛklɐ
Backlund *schwed.* ,baklʊnd
Backnang 'baknaŋ
Backofen 'bak|o:fn̩
Backoffen 'bak|ɔfn̩
Backstag 'bak-ʃta:k, -e ...a:gə
Backstairs Passage *engl.* 'bækstɛəz 'pæsɪdʒ
Backström *schwed.* ,bakstrœm
bäckt bɛkt
Bacmeister 'bakmaistɐ
Baco 'ba:ko
Baçó *kat.* bə'so
Bacolod ba'ko:lɔt
Bacon 'be:kn̩, *engl.* 'beɪkən, *fr.* ba'kõ
Bacovia *rumän.* ba'kovia
Bacquehem 'bakhɛm
Bács *ung.* ba:tʃ
Bácsalmás *ung.* 'ba:tʃɔlma:ʃ
Bacsányi *ung.* 'bɔtʃa:nji
Bácska *ung.* 'ba:tʃkɔ
Baculard *fr.* baky'la:r
Baculus 'ba:kulʊs
Bačvice *serbokr.* 'batʃvitsɛ
Bad ba:t, -es 'ba:dəs, **Bäder** 'bɛ:dɐ
Badacsony *ung.* 'bɔdɔtʃonj
Badajoz *span.* baða'xɔθ
Badalona *span.* baða'lona
Badem 'ba:dəm
baden 'ba:dn̩, **bad!** ba:t
Baden 'ba:dn̩
Baden-Baden 'ba:dn̩'ba:dn̩
Badener 'ba:dənɐ
Badeni ba'de:ni
Baden-Powell *engl.* 'beɪdn'poʊəl
Badenser ba'dɛnzɐ
badensisch ba'dɛnzɪʃ
Badenweiler ba:dn̩'vailɐ
Baden-Württemberg 'ba:dn̩'vʏrtəmbɛrk
Bader 'ba:dɐ
Bäder vgl. Bad
Badersleben 'ba:dɐsle:bn̩
Badgastein ba:tgas'taın
Badge *engl.* bædʒ
[1]**Badia** (Abtei) ba'di:a, **...ien** ...i:ən
[2]**Badia** (Name) *it.* ba'di:a
Badía *span.* ba'ðia
Badinage badi'na:ʒə, *fr.* badi'na:ʒ
Badinerie badinə'ri:, **-n** ...i:ən
Badingen 'ba:dɪŋən
Badings *niederl.* 'ba:dɪŋs
badisch 'ba:dɪʃ
Badius 'ba:di̯ʊs
Badlands *engl.* 'bædlændz
Badminton 'bɛtmɪntən, *engl.* 'bædmɪntən
Badoer *it.* bado'ɛr
Badoere *it.* bado'ɛ:re
Badoglio *it.* ba'dɔʎʎo
Badschgiran *pers.* bɑdʒgi'rɑ:n
Badt bat
Badura ba'du:ra
Baeck bɛ:k
Baedeker 'bɛ:dəkɐ
Baegert 'ba:gɐt
Baehr bɛ:ɐ̯
Baekelmans *niederl.* 'ba:kəlmɑns
Baelen *niederl.* 'ba:lə
Baels *niederl.* ba:ls
Baensch bɛnʃ
Baer bɛ:ɐ̯
Baerl ba:ɐ̯l
Baerle *niederl.* 'ba:rlə
Baers *niederl.* ba:rs
Baert *niederl.* ba:rt
Baertling *schwed.* ,bɛrtliŋ
Baertsoen *niederl.* 'ba:rtsu:n
Bærum *norw.* ,bæ:rʉm
Baesecke 'bɛ:zəkə
Baessler 'bɛslɐ
Baesweiler 'ba:svailɐ
Baetica 'bɛ:tika
Baetis 'bɛ:tɪs
Baeumker 'bɔymkɐ
Baeyer 'baiɐ
Báez *span.* 'baɛθ
Baeza *span.* ba'eθa
Bafang *fr.* ba'faŋ
Bafel 'ba:fl̩
baff baf
Baffin *engl.* 'bæfɪn
Bafile *it.* ba'fi:le
Bag bɛk, *engl.* bæg, *ung.* bɔg
Bagage ba'ga:ʒə
Bagagem *bras.* ba'gaʒẽi̯
Bagamoyo baga'mo:jo
Bagasse ba'gasə
Bagatelle baga'tɛlə
bagatellisieren bagatɛli'zi:rən
Bagdad 'bakdat, bak'da:t
Bagge 'bagə
Bagehot *engl.* 'bædʒət
Bagenkop *dän.* 'ba:'ɣənkɔb
Bagger 'bagɐ
baggern 'bagɐn, **baggre** 'bagrə
Baggesen 'bagəzn̩
Bagheria *it.* bage'ri:a
Bagirmi ba'gɪrmi
Baglione *it.* baʎ'ʎo:ne
Baglioni *it.* baʎ'ʎo:ni
Bagnacavallo *it.* baɲɲaka'vallo
Bagnara *it.* baɲ'ɲa:ra
Bagnasco *it.* baɲ'ɲasko
Bagnères-de-Bigorre *fr.* baɲɛrdəbi'gɔ:r
Bagnères-de-Luchon *fr.* baɲɛrdəly'ʃõ
Bagnes *fr.* baɲ
Bagneux *fr.* ba'ɲø
Bagni *it.* 'baɲɲi
[1]**Bagno** (Kerker) 'banjo, **Bagni** 'banji
[2]**Bagno** (Name) *it.* 'baɲɲo
Bagnolet *fr.* baɲɔ'lɛ
Bagnoli *it.* baɲ'ɲɔ:li
Bagnolo *it.* baɲ'ɲɔ:lo
Bagnoregio *it.* baɲɲo'rɛ:dʒo
Bagot 'ba:gɔt, *engl.* 'bægət
Bagramjan *russ.* bɐgra'mjan
Bagratide bagra'ti:də
Bagration *russ.* bɐgrɐti'ɔn
Bagrationowsk, Bagrationovsk *russ.* bɐgrɐti'ɔnɐfsk
Bagratunier bagra'tu:ni̯ɐ
Bagrjana *bulgar.* ba'grjana
Bagsværd *dän.* 'bɑɣsvɛ:'r
Báguena *span.* 'baɣena
Baguette ba'gɛt, **-n** ...tn̩
Baguirmi *fr.* bagir'mi
Bagur *span.* ba'ɣur
bah! ba:
bäh! bɛ:
Bahadur ba'ha:dʊr
Bahai baha'i:
Bahaismus baha'ɪsmʊs
Bahama[s] ba'ha:ma[s], *engl.* bə'hɑ:mə[z]
Bahamonde *span.* baa'monde
Bahar 'baha:ɐ, *pers.* bæ'hɑ:r
Bahasa Indonesia *indon.* ba'hasa ɪndo'nɛsi̯a
Bahčisaraj vgl. Bachtschissarai
bähen 'bɛ:ən
Bahia *bras.* ba'ia
Bahía Blanca *span.* ba'ia 'βlaŋka
Bahía Honda *span.* ba'ia 'ɔnda
Bahlsen Ⓦⓩ 'ba:lzn̩
Bahlui *rumän.* bax'lui̯
Bahmani bama'ni:
Bahn[sen] 'ba:n[zn̩]
Bahr ba:ɐ̯
Bähr bɛ:ɐ̯
Bahrain ba'rai̯n, bax'rai̯n
Bahrdt ba:ɐ̯t
Bahre 'ba:rə
Bahrein ba'rai̯n, bax'rai̯n
Bahr el Arab 'baxɐ ɛl 'arap
Bahr el Asrak 'baxɐ ɛl 'azrak
Bahr el Dschebel 'baxɐ ɛl 'dʒɛbl̩
Bahr el Ghasal 'baxɐ ɛl ga'za:l
Bahrenfeld 'ba:rənfɛlt, **-er** ...ldɐ
Bahrfeldt 'ba:ɐ̯fɛlt

Bahrija bax'ri:ja
Baht ba:t
Bahuwrihi bahu'vri:hi
Bai bai
Baia *it.* 'ba:ja
Baiano *it.* ba'ja:no
Baiao bai'a:o
Baião *bras.* ba'jẽu
Baia Sprie *rumän.* 'baja 'sprie
Baibars bai'bars
Băicoi *rumän.* bə'koj
Baida, Al albai'da:
Baidawi bai'da:vi
Baiera 'baiəra, bai'e:ra
Baier 'baiɐ
Baierbrunn baiɐ'brʊn
Baiersbronn baiɐs'brɔn
Baïf *fr.* ba'if
Baigneuse bɛn'jø:zə, *fr.* bɛ'ɲø:z
Baikal, Bajkal 'baikal, *auch:* –'–; *russ.* baj'kal
Baikonur, Bajkonur *russ.* bɐjka'nur
Băile Govora *rumän.* 'bəile go'vora
Băile Herculane *rumän.* 'bəile herku'lane
Băile Olănești *rumän.* 'bəile olə'neʃtj
Bailén *span.* bai'len
Băilești *rumän.* bəi'leʃtj
Bailey *engl.* 'beılı
Bailiff 'be:lıf, *engl.* 'beılıf
Bailleul *fr.* ba'jœl
Bailli *fr.* ba'ji
Bailliage ba'ja:ʒə
Baillie *engl.* 'beılı
Baillot *fr.* ba'jo
Bailly *fr.* ba'ji
Baily *engl.* 'beılı
Bain[es] *engl.* beın[z]
Bainbridge *engl.* 'beınbrıdʒ
Baini *it.* ba'i:ni
Baining 'bainıŋ
Bain[s]-marie bẽma'ri:
Bainville *fr.* bẽ'vil
Bairak bai'rak
Bairam bai'ram
Baird *engl.* bɛəd
Baire *fr.* bɛ:r
bairisch 'bairıʃ
Bairnsdale *engl.* 'bɛənzdeıl
Baiser bɛ'ze:
Baisse 'bɛ:s[ə]
Baissier bɛ'sie:
Baitin bai'ti:n
Baixo Douro *port.* 'baiʃu 'ðoru
Baja *ung.* 'bɔjɔ
Baja California *span.* 'baxa kali'fɔrnia
Bajadere baja'de:rə
Bajasid baja'zi:t
Bajazzo ba'jatso
Bajer *dän.* 'bai'ər
Bajkal vgl. Baikal
Bajkonur vgl. Baikonur
Bajna *ung.* 'bɔjnɔ
Bajocien baʒo'sjẽ:
Bajonett bajo'nɛt
bajonettieren bajonɛ'ti:rən
Bajót *ung.* 'bɔjo:t
Bajus 'ba:jʊs
Bajuware baju'va:rə
bajuwarisch baju'va:rıʃ
Bajza *ung.* 'bɔjzɔ, *slowak.* 'baiza
Bak *ung.* bɔk
Bakalow, Bakalov *bulgar.* ba'kalof
Bakar *serbokr.* ˌbakar
Bakchos 'bakçɔs
Bakchylides bak'çy:lidɛs
Bake 'ba:kə
Bakel 'ba:kl̩, *fr.* ba'kɛl
Bakelit Ⓦ bakə'li:t, ...lıt
Bakema *niederl.* 'ba:kəma:
Baker *engl.* 'beıkə
Bakerloo *engl.* beıkə'lu:
Bakersfield *engl.* 'beıkəzfi:ld
Bakháza *ung.* 'bɔkha:zɔ
Bakhuizen *niederl.* 'bɑkhœizə
Baki *türk.* bɑ:'ki
Bakin 'ba:kın
Bakka 'baka, *isl.* 'bahka
Bakkaflói *isl.* 'bahkaflɔuı
Bakkagerði *isl.* 'bahkagjɛrðı
Bakkalaureat bakalaure'a:t
Bakkalaureus baka'laureʊs, ...ei ...ei
Bakkarat 'bakara[t], ...'ra
Bakken 'bakn̩, *dän.* 'bagən
Bakker *niederl.* 'bɑkər
Baklanow, Baklanov *russ.* ba'klanɐf
Bakony *ung.* 'bɔkonj
Bakonycsernye *ung.* 'bɔkonjtʃɛrnjɛ
Bakonyer ba'ko:niɐ
Bakov *tschech.* 'bakɔf
Bakschisch 'bakʃıʃ
Baktalórántháza *ung.* 'bɔktɔlo:ra:ntha:zɔ
Bakteriämie bakterie'mi:, -n ...i:ən
Bakterie bak'te:riə
bakteriell bakte'riɛl
Bakteriologe bakterio'lo:gə
Bakteriologie bakteriolo'gi:
bakteriologisch bakterio'lo:gıʃ
Bakteriolyse bakterio'ly:zə
Bakteriolysin bakterioly'zi:n
bakteriolytisch bakterio'ly:tıʃ
Bakteriophage bakterio'fa:gə
Bakteriose bakte'rio:zə
Bakteriostase bakterio'sta:zə
bakteriostatisch bakterio'sta:tıʃ
Bakteriotherapie bakteriotera'pi:, -n ...i:ən
Bakterium bak'te:riʊm, **...ien** ...iən
Bakteriurie bakteriu'ri:
bakterizid, B... bakteri'tsi:t, -e ...i:də
Baktr[i]a 'baktr[i]a
Baktriana baktri'a:na
Baktrien 'baktriən
baktrisch 'baktrıʃ
Baku 'ba:ku; *russ.* ba'ku
Bakunin *russ.* ba'kunin
Balabac ba'la:bak
Balabanow, Balabanov *bulgar.* bala'banof
Balaena ba'lɛ:na
Balaguer *span.* bala'ɣɛr, *kat.* bələ'ɣe
Balakirew, Balakirev *russ.* ba'lakirıf
Balaklawa, Balaklava *russ.* bɐla'klavɐ
Balalaika bala'laika
Balance ba'lã:s[ə], -n ...sn̩
Balancé balã'se:
Balancement balãsə'mã:
balancieren balã'si:rən
Balandrino balan'dri:no
Balanitis bala'ni:tıs
Balanoposthitis balanopɔs'ti:tıs
Balaorites *neugr.* valaɔ'ritis
Balard *fr.* ba'la:r
Balassa[gyarmat] *ung.* 'bɔlɔʃʃɔ[djɔrmɔt]
Balástya *ung.* 'bɔla:ʃtjɔ
Balata Ⓦ 'balata, *auch:* ba'la:ta
Balaton *ung.* 'bɔlɔton
Balatonalmádi *ung.* 'bɔlɔtonɔlma:di
Balatonboglár *ung.* 'bɔlɔtombogla:r
Balatonfüred *ung.* 'bɔlɔtonfyrɛd
Balatum 'balatʊm, *auch:* ba'la:tʊm
Balban bal'ban
Balbek 'ba:lbɛk
Balbi *it.* 'balbi
Balbier bal'bi:ɐ
balbieren bal'bi:rən
Balbín *span.* bal'βin, *tschech.* 'balbi:n
Balbina bal'bi:na
Balbino *it.* bal'bi:no
Balbo *it.* 'balbo
Balboa bal'bo:a, *span.* bal'βoa
Balbuena *span.* bal'βuena
Balbulus 'balbulʊs
Bălcescu *rumän.* bəl'tʃesku
Balchany, Balhany *russ.* bal'xanɨ
Balchasch, Balhaš *russ.* bal'xaʃ
Balchin *engl.* 'bɔ:ltʃın
Balčik vgl. Baltschik
bald balt
Balda[chin] 'balda[xi:n]
Baldassare *it.* baldas'sa:re
Balde 'baldə
Bälde 'bɛldə
Baldegger See 'baldɛgɐ 'ze:
Baldeneysee 'baldənaize:
Baldensperger 'baldn̩spɛrgɐ, *fr.* baldɛ̃spɛr'ʒe
Balder[n] 'baldɐ[n]
Balderschwang 'baldɐʃvaŋ

Bạldewin 'baldəvi:n
Bạldi *it.* 'baldi
bạldig 'baldıç, **-e** ...ıgə
Bạldingen 'baldıŋən
Baldịni *it.* bal'di:ni
Baldinụcci *it.* baldi'nuttʃi
bạldmö̱glichst 'balt'mø:klıçst
Bạldo *it.* 'baldo
Baldovinẹtti *it.* baldovi'netti
Baldovi̱no *it.* baldo'vi:no
baldo̱wern bal'do:vɐn, **...wre** ...vrə
Bạldr 'baldɐ
Bạldrian 'baldria:n
Bạlduin 'baldui:n
Bạldung 'baldʊŋ
Bạldur 'baldʊr, *isl*: 'baldʏr
Bạldus de Ubạldis 'baldʊs de: u'baldi:s
Baldwin *engl.* 'bɔ:ldwın
Bâle *fr.* bɑ:l
Bale̱aren bale'a:rən
Bale̱ares *span.* bale'ares
bale̱arisch bale'a:rıʃ
Baleizão *port.* bɐlɐi̯'zɐ̃u̯
Ba̱len *niederl.* 'ba:lə
Balenciạga *span.* balen'θi̯aɣa
Balenit bale'ni:t, *auch:* ...nıt
Balẹrna *it.* ba'lɛrna
Ba̱lesfeld 'ba:ləsfɛlt
Balẹster ba'lɛstɐ
Ba̱lestrand *norw.* ˌba:ləstran
Balfour *engl.* 'bælfʊə
Bạlg balk, **-es** ...gəs, **Bälge** 'bɛlgə, **Bälger** 'bɛlgɐ
Bạlga[ch] 'balga[x]
Balgạrija, Bălgarija *bulgar.* bəl'garija
Bạlge 'balgə
Bälge vgl. Balg
bạlgen 'balgn̩, **bạlg!** balk, **bạlgt** balkt
Bälger vgl. Balg
Balgere̱i balgə'rai̯
Balhany vgl. Balchany
Balhaš vgl. Balchasch
Bạlholmen *norw.* 'ba:lhɔlmən
Bạlhorn 'balhɔrn
Ba̱li 'ba:li, *indon.* 'bali
Balịkesir *türk.* bɑ'lɨkɛˌsir
Balikpạpan *indon.* balık'papan
Balịlla *it.* ba'lilla
baline̱sisch bali'ne:zıʃ
Ba̱lingen 'ba:lıŋən
Balinka *ung.* 'bɔliŋkɔ
Bálint *ung.* 'ba:lint
Bạlje 'baljə
Bạlk balk, *niederl.* bɑlk
Bạlkan 'balka:n, *serbokr.* ˌbalka:n, *bulgar.* bal'kan
balka̱nisch bal'ka:nıʃ
balkanisi̱eren balkani'zi:rən
Balkány *ung.* 'bɔlka:nj
Balka̱re bal'ka:rə
Bạlkbrug *niederl.* 'bɑlgbrʏx
Bạlkchen 'bɛlkçən
Bạlke 'balkə
Bạlken 'balkn̩
Balkon bal'kɔŋ; *auch:* bal'kõ:, bal'ko:n; **des -s** ...kɔŋs; *auch:* ...kõ:s, ...ko:ns; **die -s** ...kɔŋs, *auch:* ...kõ:s; **die -e** ...ko:nə
¹Bạll bal, **Bälle** 'bɛlə
²Ball (Name) *engl.* bɔ:l
Balla̱de ba'la:də
balladẹsk bala'dɛsk
Ballad-opera *engl.* 'bælədˌɔpərə
Ballantine *engl.* 'bæləntaın
Ballantrae *engl.* bælən'treı
Ballantyne *engl.* 'bæləntaın
Ballarat *engl.* bælə'ræt, '– –'–, '– – –
Ballast 'balast, *auch:* ba'last
Bälle vgl. Ball
Balle̱i ba'lai̯
bạllen, B... 'balən
Bạllenstedt 'balənʃtɛt
Balleny *engl.* 'bælənı
Balleri̱na balə'ri:na
Balleri̱ne balə'ri:nə
bạllern, B... 'balɐn
Bạllerup *dän.* 'bal'ərob
Ballestẹr *span.* baʎes'tɛr
ballẹstern ba'lɛstɐn
Ballestẹros *span.* baʎes'terɔs
Bạllestrem 'baləstre:m
Ballẹtt ba'lɛt
Balletteuse balɛ'tø:zə
Bạllhorn 'balhɔrn
ballhornisi̱eren balhɔrni'zi:rən
bạllig 'balıç, **-e** ...ıgə
Bạllin 'bali:n
Ballinger *engl.* 'bælındʒə
Ballịsmus ba'lısmʊs
Ballịste ba'lıstə
Ballịstik ba'lıstık
Ballịstiker ba'lıstikɐ
ballịstisch ba'lıstıʃ
Ballit ba'li:t, *auch:* ...lıt
Bạllo in mạschera *it.* 'ballo im'maskera
¹Ballon ba'lɔŋ; *auch:* ba'lõ:, ba'lo:n; **des -s** ba'lɔŋs; *auch:* ba'lõ:s, ba'lo:ns; **die -s** ba'lɔŋs; *auch:* ba'lõ:s; **die -e** ba'lo:nə
²Ballon (Name) *fr.* ba'lõ
Ballonẹtt balo'nɛt
Ballószög *ung.* 'bɔllo:søg
¹Ballo̱t (Warenballen) ba'lo:
²Ballot (geheime Abstimmung) 'bɛlət, *engl.* 'bælət
Ballo̱ta ba'lo:ta
Ballota̱de balo'ta:də
Ballota̱ge balo'ta:ʒə
ballotie̱ren balo'ti:rən
Bạllstädt, ...edt 'balʃtɛt
Bạllum *niederl.* 'bɑləm
Bạllweiler 'balvai̯lɐ
Bạlly 'bali, *fr.* ba'ji
Ballyhoo *engl.* 'bælıhu:, – –'–
Bạlm balm
Balmacẹda *span.* balma'θeða
Balmazújváros *ung.* 'bɔlmɔzu:jva:roʃ
Bạlme 'balmə
Bạlmer 'balmɐ
Bạlmes *span.* 'balmes
Balmọnt, Bal'mont *russ.* balj'mɔnt
Balmọral *engl.* bæl'mɔrəl
Bạlmung 'balmʊŋ
Balneạrio *span.* balne'ari̯o
Balneographi̱e̱ balneogra'fi:, **-n** ...i:ən
Balneologi̱e̱ balneolo'gi:
balneolo̱gisch balneo'lo:gıʃ
Balneophysiologi̱e̱ balneofyzi̯olo'gi:
Balneotherapi̱e̱ balneotera'pi:
Balotaszállás *ung.* 'bɔlotɔsa:lla:ʃ
Bạl paré, -s -s 'bal pa're:
Bạlş *rumän.* balʃ
Bạlsa 'balza
Bạlsam 'balza:m
Balsamão *port.* balsɐ'mɐ̃u̯
balsami̱eren balza'mi:rən
Balsami̱ne balza'mi:nə
balsạmisch bal'za:mıʃ
Bạlsamo *it.* 'balsamo
Bạlsas *bras., span.* 'balsas
Bạlser 'balzɐ
Bạlsfjord *norw.* 'balsfju:r
Bạlsthal 'balsta:l
Bạlta *russ.* 'baltɐ
Baltạrd *fr.* bal'ta:r
Bạlte 'baltə
Bạltersweiler 'baltɐsvai̯lɐ
Baltẹtai *neugr.* val'tɛtɛ
Bạlthasar 'baltazar
Bạlthe 'baltə
Bạltia 'balti̯a
Baltijsk vgl. Baltisk
Bạltikum 'baltikʊm
Bạltimore 'baltimo:ɐ̯, *engl.* 'bɔ:ltımɔ:
bạltisch 'baltıʃ
Baltischpọrt baltıʃ'pɔrt
Baltịsk, Baltijsk *russ.* bal'tijsk
Baltmannsweiler baltmans'vai̯lɐ
Bạltrum 'baltrʊm
Baltschịk, Balčik *bulgar.* bal'tʃik
Bałtyk *poln.* 'bau̯tɨk
Baluba ba'lu:ba, *fr.* balu'ba
Bạluschek 'balʊʃɛk
Balụster ba'lʊstɐ
Balustra̱de balʊs'tra:də
Balu̱t ba'lu:t
Baluze *fr.* ba'ly:z
Bạlve 'balvə
Balỵk ba'lʏk
Bạlz balts
Bälz bɛlts
Balzạc *fr.* bal'zak
bạlzen 'baltsn̩
Bạlzers 'baltsɐs
Bạlzola *it.* 'baltsola
Bam *pers.* bæm
Bamakọ *fr.* bama'ko
Bamba̱ra bam'ba:ra
Bạmberg 'bambɛrk

Bạmberger 'bambɛrgɐ
bạmbergisch 'bambɛrgɪʃ
Bạmbi 'bambi
Bambino bam'bi:no, **...ni** ...ni
Bambocciade bambɔ'tʃa:də
Bạmbula 'bambula
Bạmbus 'bambʊs
Bambuti bam'bu:ti
Bạmm[el] 'bam[l̩]
bạmmeln 'bamln̩
Bampur *pers.* bæm'pu:r
¹**Ban** (Würdenträger) ba:n
²**Bạn** (Maß) ban
Bañado *span.* ba'ɲaðo
banal ba'na:l
banalisieren banali'zi:rən
Banalität banali'tɛ:t
Banana ba'na:na, *fr.* bana'na
Banane ba'na:nə
Banat ba'na:t, *serbokr.* ˌbana:t, *rumän.* ba'nat
Bánát *ung.* 'ba:na:t
Banater ba'na:tɐ
Banause ba'nau̯zə
banausisch ba'nau̯zɪʃ
Banbury *engl.* 'bænbərɪ
Bancban[us] baŋk'ba:n[ʊs]
Banchieri *it.* baŋ'ki̯ɛ:ri
Bạnco *it.* 'baŋko
Bancroft *engl.* 'bænkrɔft
bạnd bant
¹**Bạnd** bant, **-e** 'bandə, **Bạ̈nde** 'bɛndə, **Bänder** 'bɛndɐ
²**Band** (Gruppe von Musikern) bɛnt, *engl.* bænd
¹**Bạnda** 'banda, **...de** 'bandə
²**Banda** (Name) *indon.* 'banda, *engl.* 'bændə
Bandage ban'da:ʒə
bandagieren banda'ʒi:rən
Badagịst banda'ʒɪst
Bạndak *norw.* ˌbandak
Bandana ban'da:na
Bandaneira *indon.* banda'nɛi̯ra
Bandaranaike *engl.* bændərə'naɪkɪ
Bạ̈ndchen 'bɛntçən
¹**Bạnde** 'bandə
²**Bande** vgl. ¹Banda
bạ̈nde 'bɛndə
Bände vgl. ¹Band
Bandeau bã'do:
Bandeirante *bras.* bɐndei̯'rɐnti
Bandeira, Pico da *bras.* 'piku da bɐn'dei̯ra
Bạndel 'bandl̩
Bạ̈ndel 'bɛndl̩
Bandelier bandə'li:ɐ̯
Bandẹllo *it.* ban'dɛllo
bạnden 'bandn̩
Bänder vgl. ¹Band
Banderịlla bandə'rɪlja
Banderillero bandərɪl'je:ro
bạ̈ndern 'bɛndɐn, **bạ̈ndre** 'bɛndrə
Banderole bandə'ro:lə
banderolieren bandəro'li:rən
Bạndholm *dän.* 'banhɔl'm
bạ̈ndigen 'bɛndɪgn̩, **bạ̈ndig!** 'bɛndɪç, **bạ̈ndigt** 'bɛndɪçt
Bandinẹlli *it.* bandi'nɛlli
Bandit ban'di:t
Bạndjar *indon.* 'bandʒar
Bandjarmạsin *indon.* bandʒar'masɪn
Bandjermạsin bandʒɛr'masɪn
Bandleader 'bɛntli:dɐ, *engl.* 'bændli:də
Bandola ban'do:la
Bandoneon ban'do:neɔn
Bandonion ban'do:ni̯ɔn, **...ien** ...i̯ən
Bạ̈ndsel 'bɛntsl̩
Bạndung *indon.* 'bandʊŋ
Bandura ban'du:ra
Bandụrria ban'dʊri̯a
Bandy 'bɛndi, *engl.* 'bændɪ
Băneasa *rumän.* bə'ne̯asa
Banér *schwed.* ba'ne:r
Báñez *span.* 'baɲeθ
Bañeza *span.* ba'ɲeθa
Banff *engl.* bæmf
Bánffy *ung.* 'ba:nfi
bạng baŋ, **bạ̈nger** 'bɛŋɐ
Bạng *dt., dän.* baŋ
Bangali baŋ'ga:li
bangalisch baŋ'ga:lɪʃ
Bangalore *engl.* bæŋgə'lɔ:
Bangassou *fr.* bãga'su
Bangạssu baŋ'gasu
Bạngbüx[e] 'baŋbʏks[ə]
Bạngbuxe 'baŋbʊksə
bạnge 'baŋə, **bạ̈nger** 'bɛŋɐ
bạngen 'baŋən
Bạnggai *indon.* 'baŋgai̯
Bạngka *indon.* 'baŋka
Bangkạlan *indon.* baŋ'kalan
Bạngkok 'baŋkɔk
Bangladẹsch baŋgla'dɛʃ
Bangla Dẹsh *engl.* 'bæŋglə 'dɛʃ
bạ̈nglich 'bɛŋlɪç
Bạngnis 'baŋnɪs, **-se** ...ɪsə
Bangor *Wales* 'bæŋgə, *USA* 'bæŋgɔ:
Bangui *fr.* bã'gi
Bangweolosee baŋve'o:loze:
Bạnhans 'banhans
Bạni *rumän.* banj
Bani vgl. Banu
Bạnja *bulgar.* 'banja
Bạnjak *indon.* 'banjak
Bạnja Kovịljača *serbokr.* 'banja kɔˌviljatʃa
Bạnja Luka *serbokr.* 'ba:nja: ˌlu:ka
Bạnjan 'banjan
Bạnjica *serbokr.* 'banjitsa
Banjo 'banjo; *auch:* 'bɛndʒo, 'bandʒo
Bạnjska *serbokr.* 'banjska:
Banjuwạngi *indon.* banju'waŋi
Bạnk baŋk, **Bạ̈nke** 'bɛŋkə
Bánk *ung.* ba:ŋk
Bạnka 'baŋka
Bánkbán *ung.* 'ba:ŋgba:n
Bạ̈nkchen 'bɛŋkçən
Bạ̈nkellied 'bɛŋkl̩li:t
Bạnkert 'baŋkɐt
Bankẹtt[e] baŋ'kɛt[ə]
bankettieren baŋkɛ'ti:rən
Bankier baŋ'ki̯e:
Bạnko 'baŋko
Bank of England *engl.* 'bæŋk əv 'ɪŋglənd
bankrọtt, B... baŋ'krɔt
Bankrotteur baŋkrɔ'tø:ɐ̯
bankrottieren baŋkrɔ'ti:rən
Banks *engl.* bæŋks
Bạnn ban, *engl.* bæn
bạnnen 'banən
Bạnner 'banɐ
Bannerman *engl.* 'bænəmən
Bạnnewitz 'banəvɪts
bạnnig 'banɪç, **-e** ...ɪgə
Bạnning *niederl.* 'banɪŋ
Bạ̈nninger 'bɛnɪŋɐ
Bánokszentgyörgy *ung.* 'ba:noksɛndjørdj
Bañolas *span.* ba'ɲolas
Baños *span.* 'baɲɔs
Bạnquo 'baŋko
Bánréve *ung.* 'ba:nre:vɛ
Bánság *ung.* 'ba:nʃa:g
Bạnschaft 'ba:nʃaft
Bạnse 'banzə
Bansin ban'zi:n
Bạnská Bystrica *slowak.* 'banska: 'bistritsa
Bạnsko *bulgar.* 'bansko
Bạntam 'bantam
Bantin ban'ti:n
Banting *engl.* 'bæntɪŋ
Bantock *engl.* 'bæntək
Bạntsbalje 'bantsbaljə
Bạntu 'bantu
Bạntz[er] 'bants[ɐ]
Banu 'ba:nu, **Bani** 'ba:ni
Banus 'ba:nʊs
Banville *fr.* bã'vil
Banyo *fr.* ba'njo
Banyuls-sur-Mer *fr.* banjulssyr'mɛ:r
Bạnz bants
Bạnzai! 'banzai̯
Banzare *engl.* 'bænzɛə
Baobab 'ba:obap
Bao Dai 'bau̯'dai̯
Bapaume *fr.* ba'po:m
Bạphomet 'bafomɛt
Baptịsmus bap'tɪsmʊs
Baptịst[a] bap'tɪst[a]
Baptịste *fr.* ba'tist
Baptisterium baptɪs'te:ri̯ʊm, **...ien** ...i̯ən
bar, Bar ba:ɐ̯
Bár *ung.* ba:r
Bär bɛ:ɐ̯
Barabạ *russ.* bɐra'ba
Bạrabbas 'barabas
Baraber ba'ra:bɐ
barabern ba'ra:bɐn, **...bre** ...brə
Barabino *it.* bara'bi:no
Barạbinsk *russ.* ba'rabinsk

Baraboo *engl.* 'bɛrəbu:
Baracạldo *span.* bara'kaldo
Bạrack 'ba:rak
Barack (Schnaps) *ung.* 'bɔrɔtsk
Barạcke ba'rakə
Baracọa *span.* bara'koa
Baracs[ka] *ung.* 'bɔrɔtʃ[kɔ]
Baradạus bara'dɛ:ʊs
Bărăgạn *rumän.* bərə'gan
Barạjas *span.* ba'raxas
Bạrak 'ba:rak
Bạrák *tschech.* 'bara:k
Bạran 'ba:ran
Barạnović *serbokr.* ba,ranɔvitɕ
Barạnowitschi, Baranoviči *russ.* ba'ranɐvitʃi
Barante *fr.* ba'rã:t
Bárány *ung.* 'ba:ra:nj
Baranya *ung.* 'bɔrɔnjɔ
Baratiẹri *it.* bara'ti̯ɛ:ri
Baratteri̲e baratə'ri:, **-n** ...i:ən
Baratỵnski, Baratynskij *russ.* bɐra'tɨnskij
Bạrazk (Schnaps) 'baratsk
Bạrb barp
Barbacọas *span.* barβa'koas
Barbạdier bar'ba:di̯e
barbạdisch bar'ba:dɪʃ
Barbạdos bar'ba:dɔs, *engl.* bɑ:'beɪdoʊz
Barbakạne barba'ka:nə
Barbạr bar'ba:ɐ̯
Bạrbara *dt., it.* 'barbara, *engl.* 'bɑ:bərə
Barbarạno *it.* barba'ra:no
Barbare̲i barba'rai̯
Barbarẹske barba'rɛskə
Bạrbari *it.* 'barbari
Barbarịno *it.* barba'ri:no
barbạrisch bar'ba:rɪʃ
Barbarịsmus barba'rɪsmʊs
Bạrbaro *it.* 'barbaro
Barbarọssa barba'rɔsa
Barbạstro *span.* bar'βastro
Barbạte *span.* bar'βate
Bạ̈rbchen 'bɛrpçən
Bạrbe 'barbə, *fr.* barb
Barbe bleue *fr.* barbə'blø
Bạrbecue *engl.* 'bɑ:bɪkju:
Barbediẹnne *fr.* barbə'djɛn
bạ̈rbeißig 'bɛ:ɐ̯bai̯sɪç, **-e** ...ɪgə
Bạ̈rbel 'bɛrbl̩
Barbẹngo *it.* bar'beŋgo
Bạrber *engl.* 'bɑ:bə
Barbẹra *it.* bar'bɛ:ra
Barberịni *it.* barbe'ri:ni
Barberịno *it.* barbe'ri:no
Bạrberton *engl.* 'bɑ:bətən
Barbès *fr.* bar'bɛs
Barbẹtte bar'bɛtə
Barbey d'Aurevilly *fr.* barbɛdɔrvi'ji
Barbezieux *fr.* barbə'zjø
Bạrbi *dt., it.* 'barbi
[1]**Barbi̲er** bar'bi:ɐ̯
[2]**Barbiẹr** (Name) *fr.* bar'bje
Barbiẹre *it.* bar'bi̯ɛ:re
barbi̲eren bar'bi:rən

Barbiẹri *it.* bar'bi̯ɛ:ri
Bạrbing 'barbɪŋ
Barbirọlli *engl.* bɑ:bɪ'rɔlɪ
Bạrbiton 'barbitɔn
Barbitụr... barbi'tu:ɐ̯...
Barbizon *fr.* barbi'zõ
Barblạn bar'bla:n
Barbọsa *port.* bɐr'bɔzɐ
Bạrbour *engl.* 'bɑ:bə
Bạrbu *rumän.* 'barbu
Barbụda *engl.* bɑ:'bu:də
Barbusse *fr.* bar'bys
Bạrby 'barbi
Bạrca *span.* 'barka
Barcaság *ung.* 'bɔrtsɔʃa:g
Barcellọna *it.* bartʃel'lo:na
Barcelọna bartse'lo:na, barse...; *span.* barθe'lona
Barcẹlos *port.* bɐr'sɛluʃ
Bárcena *span.* 'barθena
Barchạn bar'ça:n
Bạrchent 'barçn̩t
Bạrchfeld 'barçfɛlt
Bạrclay[s] *engl.* 'bɑ:klɪ[z]
Bạrco *span.* 'barko
Barcs *ung.* bɔrtʃ
Barczẹwo *poln.* bar'tʃɛvɔ
Bárðarbunga *isl.* 'bau̯rðarbuŋga
Bardạres *neugr.* var'ðaris
bardau̲z! bar'dau̯ts
Bạrde 'bardə
Bạrdejov *slowak.* 'bardjɛjɔu̯
Bạrdeleben 'bardəle:bn̩
Bárdenas *span.* 'barðenas
Bạrdenberg 'bardn̩bɛrk
Bạrdhaj *alban.* 'barðai̯
Bạrdi *it.* 'bardi
bardi̲eren bar'di:rən
Bardi̲et bar'di:t
Bardịli bar'di:li
Bardịtus bar'di:tʊs
Bardolịno *it.* bardo'li:no
Bạrdo 'bardo
Bạrdolf, ...ph 'bardɔlf
Bardonẹcchia *it.* bardo'nekki̯a
Bárdos[sy] *ung.* 'ba:rdoʃ[i]
Bardọt *fr.* bar'do
Bardowick bardo'vi:k, '– – –
Bạrdufoss *norw.* 'bardʉfɔs
Barège ba'rɛ:ʒə, *fr.* ba'rɛ:ʒ
Barèges *fr.* ba'rɛ:ʒ
Barẹilly *engl.* bə'reɪlɪ
Barẹli ba're:li
Bạrendrecht *niederl.* 'ba:rəndrɛxt
Bạrendsz *niederl.* 'ba:rənts
Bạ̈renkeller 'bɛ:rənkɛlɐ
Bạ̈renstein 'bɛ:rənʃtai̯n
Bạrenthin 'ba:rənti:n
Bạrents 'ba:rənts, *niederl.* 'ba:rənts
Bạrentsz *niederl.* 'ba:rənts
Bärenwạlde bɛ:rən'valdə
Barẹtt ba'rɛt
Barẹtti *it.* ba'retti
Barforụsch *pers.* bɑrfo'ru:ʃ
bạrfuß 'ba:ɐ̯fu:s

Bạrfüßer 'ba:ɐ̯fy:sɐ
barg, B... bark
Bạrga *dt., it.* 'barga
Bạrge *it.* 'bardʒe
bạ̈rge 'bɛrgə
Bargẹllo *it.* bar'dʒɛllo
bạrgen, B... 'bargn̩
Barghe̲er bar'ge:ɐ̯
Bargọne *fr.* bar'gɔn
Bargtehe̲ide barktə'hai̯də
Bargusịn, Barguzin *russ.* bɐrgu'zin
Bargụte bar'gu:tə
Bạri *it.* 'ba:ri
Bạribal 'ba:ribal
Barịle ba'ri:lə, **...li** ...li
Barilọche *span.* bari'lotʃe
Barịnas *span.* ba'rinas
Bạring *engl.* 'bɛərɪŋ
Bárinkay *ung.* 'ba:riŋkɔi
Bariolạge bari̯o'la:ʒə
Bạri Palẹse *it.* 'ba:ri pa'le:se
Barisạnus bari'za:nʊs
bạrisch 'ba:rɪʃ
Barịto *indon.* ba'rito
Bạriton 'ba:ritɔn, **-e** ...o:nə
Baritonịst barito'nɪst
Bạrium 'ba:ri̯ʊm
Bạrk[a] 'bark[a]
Barkarọle barka'ro:lə
Bạrkas 'barkas
Barkạsse bar'kasə
Bạrke 'barkə
Bạrkeeper 'ba:ɐ̯ki:pɐ, *engl.* 'bɑ:ki:pə
Bạrker *engl.* 'bɑ:kə
Barkerọle barkə'ro:lə
Barkẹtte bar'kɛtə
Bạrkhausen 'barkhau̯zn̩
Barkịde bar'ki:də
Bạrkla *engl.* 'bɑ:klə
Bạrkley, ...ly *engl.* 'bɑ:klɪ
Bar Kọchba 'ba:ɐ̯ 'kɔxba
Barkọne bar'ko:nə
Bạrksdale *engl.* 'bɑ:ksdeɪl
Barkụl 'ba:ɐ̯ku:l
Bạrlaam 'barlaam
Bạrlach 'barlax
Bạ̈rlapp 'bɛ:ɐ̯lap
Barlạ̈us bar'lɛ:ʊs
Bạrleben 'ba:ɐ̯le:bn̩
Bar-le-Duc *fr.* barlə'dyk
Barlẹtta *it.* bar'letta
Barlịnek *poln.* bar'linɛk
Bạrlog 'barlɔk
Bạrlow *engl.* 'bɑ:loʊ
Bạrmbek 'barmbɛk
Bạ̈rme 'bɛrmə
Barmekịde barme'ki:də
bạrmen, B... 'barmən
Bạrmer 'barmɐ
barmhẹrzig barm'hɛrtsɪç
Bạrmstedt 'barmʃtɛt
Bạ̈rn bɛ:ɐ̯n
Bạrna 'barna
Bạrnaba *it.* 'barnaba
Bạrnabas 'barnabas
Bạrnabe 'barnabe

Barnabit barna'bi:t
Barnacken 'barnakn̩
Barnales *neugr.* 'varnalis
Barnard *engl.* 'bɑ:nəd
Barnardo *engl.* bɑ:'nɑ:doʊ
Bärnau bɛr'nau, '--
Barnaul *russ.* bɐrna'ul
Barnay 'barnai̯
Barnd barnt
Bärndorf 'bɛrndɔrf
Barneberg 'barnəbɛrk
Barnes *engl.* bɑ:nz
Barnet[t] *engl.* 'bɑ:nɪt
Barneveld *niederl.* 'bɑrnəvɛlt
Barnevelt *niederl.* 'bɑrnəvɛlt
Barnewitz 'barnəvɪt͜s
Barney *engl.* 'bɑ:nɪ
Barnim 'barnɪm, **-er** -ɐ
Barnowsky bar'nɔfski
Bärnsdorf 'bɛ:ɐ̯nsdɔrf
Barnsley *engl.* 'bɑ:nzlɪ
Barnstable *engl.* 'bɑ:nstəbl
Barntrup 'barntrʊp
Barnum *engl.* 'bɑ:nəm
Barocci *it.* ba'rɔttʃi
barock, B... ba'rɔk
barockal barɔ'ka:l
barockisieren barɔki'zi:rən
Baroda *engl.* bə'roʊdə
Barogramm baro'gram
Barograph baro'gra:f
Baroja *span.* ba'rɔxa
Barometer baro'me:tɐ
Barometrie barome'tri:
barometrisch baro'me:trɪʃ
[1]**Baron** (Freiherr) ba'ro:n
[2]**Baron** (Eigenname) *fr.* bɑ'rõ
Baronat baro'na:t
Baroncelli barɔn't͜ʃɛli, *it.* baron'tʃɛlli
Barone *it.* ba'ro:ne
Baronesse baro'nɛsə
Baronet 'baronɛt, 'bɛronɛt; *engl.* 'bærənɪt
Baronie baro'ni:, **-n** ...i:ən
Baronin ba'ro:nɪn
baronisieren baroni'zi:rən
Baronissi *it.* baro'nissi
Baronius ba'ro:ni̯ʊs
Baronzio *it.* ba'rɔntsi̯o
Barothermograph barotɛrmo'gra:f
Barotse ba'ro:t͜sə
Barquera *span.* bar'kera
Barquisimeto *span.* barkisi'meto
Barr *fr.* ba:r, *engl.* bɑ:
Barra *engl.* 'bærə; *it.*, *span.*, *bras.* 'barra
Barrabas 'barabas
Barraca[s] *span.* ba'rraka[s]
Barracco *it.* bar'rakko
Barrafranca *it.* barra'fraŋka
Barrage ba'ra:ʒə
Barrakuda bara'ku:da
Barrameda *span.* barra'meða
Barranca *span.* ba'rraŋka
Barrancas *span.* ba'rraŋkas
Barranco *span.* ba'rraŋko, *port.* bɐ'rrɐŋku
Barranquilla *span.* barraŋ'kiʎa
[1]**Barras** (Militär) 'baras
[2]**Barras** (Name) *fr.* ba'rɑ:s
Barraud, ...ault *fr.* ba'ro
Barre 'barə
Barré ba're:
Barreda *span.* ba'rrɛða
Barreiros *bras.* ba'rrei̯rus, *port.* bɐ'rrɐi̯ruʃ
Barrel 'bɛrəl, *auch:* 'barəl; *engl.* 'bærəl
Barrême *fr.* ba'rɛm
Barren 'barən
Barrena *span.* ba'rrɛna
Barren Grounds *engl.* 'bærən 'graʊndz
Barrère *fr.* ba'rɛ:r
Barrès *fr.* ba'rɛs
Barrett *engl.* 'bærət
Barretter ba'rɛtɐ
Barrie[r] *engl.* 'bærɪ[ə]
Barriere ba'ri̯e:rə, ...'ri̯ɛ:rə
Barrikade bari'ka:də
barrikadieren barika'di:rən
Barrili *it.* bar'ri:li
Barring 'barɪŋ
Barrington *engl.* 'bærɪŋtən
Barrio *span.* 'barri̯o
Barrios *span.* 'barri̯ɔs
Barrister 'bɛrɪstɐ, *engl.* 'bærɪstə
Barritus ba'ri:tʊs
Barroccio *it.* bar'rɔttʃo
Barrois *fr.* ba'rwa
Barros *span.* 'barrɔs, *bras.* 'barrus, *port.* 'barruʃ
Barrow *engl.* 'bæroʊ
Barry *engl.* 'bærɪ, *fr.* ba'ri
Barrymore *engl.* 'bærɪmɔ:
Bars *pers.* bɑ:rz
barsch barʃ
Barsch ba:ɐ̯ʃ
Barsebäck *schwed.* ˌbarsəbɛk
Barsinghausen barzɪŋ'hau̯zn̩
Barsoi bar'zɔy̆
Bársonyos *ung.* 'ba:rʃonjoʃ
Barßel 'barsl̩
barst barst
bärste 'bɛrstə
Bar-sur-Aube *fr.* barsy'ro:b
[1]**Bart** ba:ɐ̯t, **Bärte** 'bɛ:ɐ̯tə
[2]**Bart** (Name) *fr.* ba:r
Bartali *it.* 'bartali
Bärtchen 'bɛ:ɐ̯tçən
Barte 'bartə
Bartel 'bartl̩, *poln.* 'bartɛl
Bartels 'bartl̩s
Barten 'bartn̩
Bartenstein 'bartn̩ʃtai̯n
Bartfeld 'ba:ɐ̯tfɛlt
Barth ba:ɐ̯t, bart
Barthel 'bartl̩
Barthélemy *fr.* bartel'mi
Barthélemy-Saint-Hilaire *fr.* bartelmisɛ̃ti'lɛ:r
Bartheln 'bartl̩n
Bartholdi *fr.* bartɔl'di
Barthody bar'tɔldi
Bartholinus barto'li:nʊs
Bartholomä bar'to:lomɛ
Bartholomäus bartolo'mɛ:ʊs
Bartholomé *fr.* bartɔlɔ'me
Bartholomew *engl.* bɑ:'θɔləmju:
Bartholomio *neugr.* varθɔlɔ'mjɔ
Barthou *fr.* bar'tu
bärtig 'bɛ:ɐ̯tɪç, **-e** ...ɪgə
Bartlett *engl.* 'bɑ:tlɪt
Bartloff 'bartlɔf
Bartning 'bartnɪŋ
Bartók 'bartɔk, *ung.* 'bɔrto:k
Bartold, Bartol'd 'bartɔlt, *russ.* 'bartɐljt
Bartoli *it.* 'bartoli
Bartolini *it.* barto'li:ni
Bartolo *it.* 'bartolo
Bartolomé *span.* bartolo'me
Bartolomeo *it.* bartolo'mɛ:o, *span.* bartolo'meo
Bartolozzi *it.* barto'lɔttsi
Bartolus 'bartolʊs
Bartolus de Sassoferrato 'bartolʊs de: zasofɛ'ra:to
Barton *engl.* bɑ:tn
Bartoš *tschech.* 'bartɔʃ
Bartoszyce *poln.* bartɔ'ʃɨtsɛ
Bartow 'barto, *engl.* 'bɑ:toʊ
Bartringen 'bartrɪŋən
Bartsch ba:ɐ̯t͜ʃ, bart͜ʃ
Bartucci *it.* bar'tuttʃi
Baruch 'ba:rʊx, *engl.* bə'ru:k
Baruth 'ba:rʊt
Barutsche ba'rʊt͜ʃə
Bärwalde bɛ:ɐ̯'valdə
Barweiler 'ba:ɐ̯vai̯lɐ
Barxheim 'barksha̯im
Barycz *poln.* 'barɨt͜ʃ
Barye *fr.* ba'ri
Barylli ba'rʏli
Barymetrik bary'me:trɪk
Barysphäre bary'sfɛ:rə
Baryt ba'ry:t, *auch:* ...rʏt
Baryton 'ba:rytɔn
Barytonese baryto'ne:zə
Barytonon ba'ry:tonon, **...na** ...ona
baryzentrisch bary't͜sɛntrɪʃ
Baryzentrum bary't͜sɛntrʊm, **...tra** ...tra
Barzdorf 'ba:ɐ̯tsdɔrf
Barzel 'bart͜sl
Barzelletta bart͜sɛ'lɛta
basal, B... ba'za:l
Basaliom baza'li̯o:m
Basalt ba'zalt
Basan *fr.* ba'zã
Basane ba'za:nə
Basar ba'za:ɐ̯
Basarab *rumän.* basa'rab
Basarabia *rumän.* basa'rabia
Başaul *rumän.* ba'ʃaul
Basch *fr.* baʃ
Bäschen 'bɛ:sçən
Baschkire baʃ'ki:rə

Baschkịrien baʃ'ki:ri̯ən
Baschkịrija, Baškirija *russ.* baʃ'kirijɐ
baschkịrisch baʃ'ki:rɪʃ
Baschkịrskaja ASSR, Baškirskaja – *russ.* baʃ'kirskɐjɐ aɛs-ɛs'ɛr
Baschkụrt baʃ'kʊrt
Bạschlik 'baʃlɪk
Bạscho 'baʃo
Bạschwitz 'baʃvɪts
Bạsdorf 'ba:sdɔrf
[1]**Bạse** 'ba:zə
[2]**Base** (im Baseballspiel) be:s, *engl.* beɪs
Baseball 'be:sbo:l, *engl.* 'beɪsbɔ:l
Bạsedow 'ba:zədo
Basedowoịd bazədovo'i:t, **-e** ...i:də
Bạsel 'ba:zl̩
Bạselbiet 'ba:zl̩bi:t
Basẹlgia *rät.* ba'zɛldʒja
Basẹlice *it.* ba'ze:litʃe
Basel-Lạnd ba:zl̩'lant
Basel-Stạdt ba:zl̩'ʃtat
Basement *engl.* 'beɪsmənt
Basenthịn bazn̩'ti:n
Bạsepohl 'ba:zəpo:l
Bashkịmi *alban.* baʃ'kimi
Basic *engl.* 'beɪsɪk
Basịdie ba'zi:di̯ə
Basidiospọre bazidi̯o'spo:rə
Basie *engl.* 'beɪsɪ
basi̯eren ba'zi:rən
basiklịn bazi'kli:n
[1]**Basịl** (Schafleder) ba'zi:l
[2]**Basil** (Name) ba'zi:l, 'ba:zi:l; *engl.* bæzl
Basịl Basịlowitsch ba'zi:l ba'zi:lovɪtʃ
Basịlan ba'zi:lan
Basịle *it.* ba'zi:le
Basileios bazi'lai̯ɔs, ba'zi:lai̯ɔs
Basilẹus bazi'lɔy̆s
Basiliạner bazi'li̯a:nɐ
Basilicạta *it.* bazili'ka:ta
Basịlides ba'zi:lidɛs
Basịlie ba'zi:li̯ə
Basịlika ba'zi:lika
basilikạl bazili'ka:l
Basịlikum ba'zi:likʊm
Basịlios ba'zi:li̯ɔs
Basilịsk bazi'lɪsk
Basilio *it.* ba'zi:li̯o, *span.* ba'sili̯o
Basilius ba'zi:li̯ʊs, bazi'li:ʊs
Basin *fr.* ba'zɛ̃, *engl.* beɪsn
Basingstoke *engl.* 'beɪzɪŋstoʊk
Bạsion 'ba:zi̯ɔn
basipetạl bazipe'ta:l
basiphịl bazi'fi:l
Bạsis 'ba:zɪs
bạsisch 'ba:zɪʃ
Basizitạ̈t bazitsi'tɛ:t
Bạška *serbokr.* 'baʃka
Bạske 'baskə
Baskerville *engl.* 'bæskəvɪl
Basketball 'ba:skətbal, 'bas...
Baskịne bas'ki:nə
Baškirija vgl. Baschkirija
Baškirskaja ASSR vgl. Baschkirskaja ASSR
bạskisch 'baskɪʃ
Bạsko 'basko
Baskụ̈le bas'ky:lə
Baskuntschạk, Baskunčak *russ* bɐskun'tʃak
Bạsler 'ba:zlɐ
Basmạnow, Basmanov *russ.* bas'manɐf
Basọko ba'zo:ko, *fr.* basɔ'ko
basophịl bazo'fi:l
Bạsra 'basra
Basrelief 'bareli̯ɛf, – –'–
Bas-Rhin *fr.* bɑ'rɛ̃
bạß bas
Bạß bas, **Bạsses** 'basəs, **Bạ̈sse** 'bɛsə
Bass *engl.* bæs
Bạssa *dt., span.* 'basa
Bạssä 'basɛ
Bassạnio ba'sa:ni̯o
Bassạno [del Grạppa] *it.* bas'sa:no [del 'grappa]
Baßbariton 'basba:ritɔn, '–'– – –
Baßbuffo 'basbʊfo, '–'– –
Bạsse 'basə
Basse danse, -s -s *fr.* bɑs'dã:s
Bassẹin ba'sai̯n
Basselin *fr.* bas'lɛ̃
Basselissestuhl 'bas[ə]lɪs[ə]ʃtu:l, bas[ə]'lɪs[ə]ʃtu:l
Bassẹna ba'se:na
Bạssenheim 'basn̩hai̯m
Bạssermann 'basɐman
Bassẹt ba'se:; *fr.* bɑ'sɛ, *engl.* 'bæsɪt
Basse-Tẹrre *fr.* bɑs'tɛ:r
Bassẹtt ba'sɛt
Bạssewitz 'basəvɪts
[1]**Bassi** vgl. Basso
[2]**Bạssi** (Name) *it.* 'bassi
Bạssiafette 'basi̯afɛtə
Bassiạne ba'si̯a:nə
Bassiạnus ba'si̯a:nʊs
Bassigny *fr.* basi'ɲi
Bassin ba'sɛ̃:
Bassịst ba'sɪst
Bạsso 'baso, **Bạssi** 'basi
Bạsso contịnuo 'baso kɔn'ti:nu̯o
Bạsso ostinạto 'baso ɔsti'na:to
Bạsso seguẹnte 'baso ze'gu̯entə
Bassọtti ba'sɔti
Bạssum 'basʊm
Bạssus 'basʊs
Bạst bast
bạsta! 'basta
Bạstaards 'basta:ɐ̯ts
Båstad *schwed.* ˌbo:stɑ:d
Bạstard 'bastart, **-e** ...rdə
Bastạrda bas'tarda
Bastardi̯erung bastar'di:rʊn
Bastạrner bas'tarnɐ
Bạste 'bastə
Bastẹi[n] bas'tai̯[n]
bạsteln 'bastl̩n
Bạstet 'bastɛt
Bastia *fr.* bas'tja, *it.* 'basti̯a
Bạstian 'basti̯a[:]n
Bastianịni *it.* basti̯a'ni:ni
Bastiạno *it.* bas'ti̯a:no
Bastiạt *fr.* bas'tja
Bastịda[s] *span.* bas'tiða[s]
Bastien *fr.* bas'tjɛ̃
Bastien-Lepạge *fr.* bastjɛ̃l'pa:ʒ
Bastiẹnne *fr.* bas'tjɛn
Bastille bas'ti:jə, ...tɪljə; *fr.* bas'tij
Bastiọn bas'ti̯o:n
bastioni̯eren basti̯o'ni:rən
Bạsto *port.* 'baʃtu
Bastọgne *fr.* bas'tɔɲ
Bastonạde basto'na:də
Basụto ba'zu:to
bạt ba:t
Bạta *span.* 'bata
Báta *ung.* 'ba:tɔ
Bạt'a *tschech.* 'batja
[1]**Bataille** (Schlacht) ba'ta:jə, ba'taljə
[2]**Batạille** (Familienname) *fr.* ba'tɑ:j
Bataillọn batal'jo:n
Batạk *bulgar.* ba'tak
Batạlha *port.* bɐ'taʎɐ
Bạtang Hạri *indon.* 'bataŋ 'hari
Batạngas ba'taŋgas
Bátaszék *ung.* 'ba:tɔse:k
Batạte ba'ta:tə
Bạtaver 'ba:tavɐ
Batạvia ba'ta:vi̯a
batạvisch ba'ta:vɪʃ
bä̤te, B... 'bɛ:tə
Bạ̈tely 'bɛ:təli
Bạtemberg *bulgar.* 'batɛmbɛrk
Bạtenbrock 'ba:tn̩brɔk
Bạtenfurt 'ba:tn̩fʊrt
Bates *engl.* beɪts
Bạth *engl.* bɑ:θ
Bathịlde ba'tɪldə
Bathịldis ba'tɪldɪs
Bạthmen *niederl.* 'bɑtmə
Batholith bato'li:t, *auch:* ...lɪt
Bathomẹter bato'me:tɐ
Báthori, ...ry *ung.* 'ba:tori
Bathrokephali̯e batrokefa'li:
Bathrozephali̯e batrotsefa'li:
Bạthseba 'batseba
Bathurst *engl.* 'bæθə:st
Bathy *neugr.* va'θi
bathyal, B... ba'ty̆a:l
Bathygraphi̯e batygra'fi:
bathygrạphisch baty'gra:fɪʃ
Bathymẹter baty'me:tɐ
Bathyscạphe baty'ska:f, **-n** ...fn̩
Bathyskạph baty'ska:f
Bathysphä̤re baty'sfɛ:rə
Batignọlles *fr.* bati'ɲɔl
Bạtik 'ba:tɪk
bạtiken 'ba:tɪkn̩

Batist baˈtɪst
Batista y Zaldívar *span.* baˈtista i θalˈdiβar
batisten baˈtɪstn̩
Batjan *indon.* ˈbatʃan
Batjuschkow, Batjuškov *russ.* ˈbatjuʃkɐf
Batley *engl.* ˈbætlɪ
Batlle y Ordóñez *span.* ˈbatʎe i ɔrˈðoɲeθ
Bátmonostor *ung.* ˈbaːtmonoʃtor
Batna *fr.* batˈna
Batoni *it.* baˈtoːni
Baton Rouge *engl.* ˈbætən ˈruːʒ
Batory *poln.* baˈtɔrɨ
Batrachium baˈtraxi̯ʊm
Batrachomyomachie batraxomyomaˈxiː
Batschka ˈbatʃka
Batseba ˈbatseba
[1]**Battaglia** (Musikstück) baˈtalja, **...ien** ...ljən
[2]**Battaglia** (Name) *it.* batˈtaʎʎa
Battambang ˈbatambaŋ
Battani baˈtaːni
Battelle *engl.* bəˈtɛl
Battenberg ˈbatn̩bɛrk, *engl.* ˈbætənbəːg
Batterie batəˈriː, **-n** ...iːən
Battersea *engl.* ˈbætəsɪ
Batteur baˈtøːɐ̯
Batteux *fr.* baˈtø
Batthyány *ung.* ˈbɔttjaːni
Batticaloa *engl.* bʌtɪkəˈloʊə
Battista baˈtɪsta, *it.* batˈtista
Battisti *it.* batˈtisti
Battistini *it.* battisˈtiːni
Battle *engl.* bætl
Battonya *ung.* ˈbɔttonjɔ
Battuta baˈtuːta
Battute baˈtuːtə
Batu *indon.* ˈbatu
Batuecas *span.* baˈtu̯ekas
Batumi *russ.* baˈtumi
Batur *indon.* ˈbatʊr
Baturadja *indon.* batuˈradʒa
Bátya *ung.* ˈbaːtjɔ
Batz bats, *fr.* bats
Batzen ˈbatsn̩
Batzwitz ˈbatsvɪts
Bau bau̯
Bauch bau̯x, **Bäuche** ˈbɔy̯çə
bauchig ˈbau̯xɪç, **-e** ...ɪgə
bäuchig ˈbɔy̯çɪç, **-e** ...ɪgə
Bauchinger ˈbau̯xɪŋɐ
bäuchlings ˈbɔy̯çlɪŋs
Bauchwitz ˈbau̯xvɪts
Baucis ˈbau̯tsɪs
Baud bau̯t, boːt
Baude ˈbau̯də
Baudelaire *fr.* boˈdlɛːr
Baudissin ˈbau̯dɪsiːn
Bauditz *dän.* ˈbau̯dits
Baudot *fr.* boˈdo
Baudouin *fr.* boˈdwɛ̃
Baudouin de Courtenay *fr.* bodwɛ̃dkurtəˈnɛ
Baudouinville *fr.* bodwɛ̃ˈvil
Baudricourt *fr.* bodriˈkuːr
Baudrillart *fr.* bodriˈjaːr
Baudry *fr.* boˈdri
bauen ˈbau̯ən
[1]**Bauer** ˈbau̯ɐ
[2]**Bauer** (Name) ˈbau̯ɐ, *engl.* ˈbaʊə
Bäuerin ˈbɔy̯ərɪn
bäuerisch ˈbɔy̯ərɪʃ
Bäuerle ˈbɔy̯ɐlə
Bauernfeind ˈbau̯ɐnfai̯nt
Bauernfeld ˈbau̯ɐnfɛlt
Bauerwitz ˈbau̯ɐvɪts
Bauhaus ˈbau̯hau̯s
Bauhin ˈbau̯hiːn, *fr.* boˈɛ̃
Baukau ˈbau̯kau̯
Baúl *span.* baˈul
Bauland ˈbau̯lant
Baum bau̯m, **Bäume** ˈbɔy̯mə
Baumann ˈbau̯man
Baumbach ˈbau̯mbax
Baumberge ˈbau̯mbɛrgə
Baumberger ˈbau̯mbɛrgɐ
Baumégrad bomˈeːgraːt
Baumeister ˈbau̯mai̯stɐ
baumeln ˈbau̯ml̩n
baumen ˈbau̯mən
bäumen ˈbɔy̯mən
Bäumer ˈbɔy̯mɐ
Baumes-les-Dames *fr.* bomleˈdam
Baumgärtel ˈbau̯mgɛrtl̩
Baumgarten ˈbau̯mgartn̩
Baumgartenberg bau̯mgartn̩ˈbɛrk
Baumgartner ˈbau̯mgartnɐ, *fr.* bomgartˈnɛːr
Baumholder bau̯mˈhɔldɐ
Bäumler ˈbɔy̯mlɐ
Baumstark ˈbau̯mʃtark
Baunach ˈbau̯nax
Baunscheidtismus bau̯nʃai̯ˈtɪsmʊs
Baur ˈbau̯ɐ
Bausch bau̯ʃ, **Bäusche** ˈbɔy̯ʃə
Bäuschel ˈbɔy̯ʃl̩
bauschen ˈbau̯ʃn̩
Bauschinger ˈbau̯ʃɪŋɐ
Bauschitz ˈbau̯ʃɪts
Bause ˈbau̯zə
Bausinger ˈbau̯zɪŋɐ
Bausznern ˈbau̯snɐn
Bautastein ˈbau̯taʃtai̯n
Bautista *span.* bau̯ˈtista
Bautsch[i] ˈbau̯tʃ[i]
Bautzen ˈbau̯tsn̩
Bauwich ˈbau̯vɪç
Baux *fr.* bo
Bauxit bau̯ˈksiːt, *auch:* ...ksɪt
bauz! bau̯ts
Bauzen ˈbau̯tsn̩
Bavaria baˈvaːri̯a
Bavel *niederl.* ˈbaːvəl
Bavière *fr.* baˈvjɛːr
Bavinck *niederl.* ˈbaːvɪŋk
Bavink ˈbaːfɪŋk
Bavnehøj *dän.* ˈbau̯nəhɔi̯ˀ
Bavona *it.* baˈvoːna
Bavorov *tschech.* ˈbavɔrɔf
Bawean *indon.* baˈwean
Bawerk ˈbaːvɛrk
Bax *engl.* bæks
Baxter *engl.* ˈbækstə
Baxterianismus bɛksteri̯aˈnɪsmʊs
Bay *engl.* beɪ
Bayamón *span.* bajaˈmɔn
Bayar *türk.* ˈbɑjɑr
Bayard *fr.* baˈjaːr
Bayas *span.* ˈbajas
Bayazit *türk.* ˈbɑjɑzit
Bayenthal ˈbai̯əntaːl
Bayer ˈbai̯ɐ
bayerisch ˈbai̯ərɪʃ
Bayern ˈbai̯ɐn
Bayeu *span.* baˈjeu̯
Bayeux *fr.* baˈjø
Bayle *fr.* bɛl
Baynard ˈbeːnart
Baynes *engl.* beɪnz
Bayón *span.* baˈjɔn
Bayona *span.* baˈjona
Bayonne *fr.* baˈjɔn
Bayot *fr.* baˈjo
Bayr ˈbai̯ɐ
Bayraktar *türk.* bɑi̯rɑkˈtɑr
Bayreuth bai̯ˈrɔy̯t
bayrisch ˈbai̯rɪʃ
Bayrischzell bai̯rɪʃˈtsɛl
Bayswater *engl.* ˈbeɪzwɔːtə
Baza *span.* ˈbaθa
Bazaine *fr.* bɑˈzɛn
Bazán *span.* baˈθan
Bazard *fr.* bɑˈzaːr
Bazel *niederl.* ˈbaːzəl
bazillär batsɪˈlɛːɐ̯
Bazille *fr.* baˈzij
Bazillurie batsɪluˈriː
Bazillus baˈtsɪlʊs
Bazin *fr.* bɑˈzɛ̃
Bazooka baˈzuːka, *engl.* bəˈzuːkə
Bazzano *it.* badˈdzaːno, batˈtsaːno
BBC (britischer Rundfunk) *engl.* ˈbiːbiːˈsiː
Bdellium ˈbdɛli̯ʊm, **...ien** ...i̯ən
B-Dur ˈbeːduːɐ̯, *auch:* ˈ–ˈ–
Bea ˈbeːa, *it.* ˈbɛːa
BEA *engl.* ˈbiːiːˈeɪ
beabsichtigen bəˈ|apzɪçtɪgn̩, **beabsichtig!** ...ɪç, **beabsichtigt** ...ɪçt
Beach *engl.* biːtʃ
Beach-la-mar *engl.* ˈbiːtʃləˈmɑː
beachten bəˈ|axtn̩
Beachy Head *engl.* ˈbiːtʃɪ ˈhɛd
Beaconsfield (Disraeli) ˈbiːkənzfiːld
Beadle *engl.* biːdl
Beaflor ˈbeːafloːɐ̯
Beagle *engl.* biːgl
Beam biːm
Beamte bəˈ|amtə
beamtet bəˈ|amtət

Bean *engl.* biːn
beạnspruchen bəˈ|anʃprʊxn̩
beạnstanden bəˈ|anʃtandn̩, **beạnstand!** ...nt
Bear *engl.* bɛə
Beard *engl.* bɪəd
Beardsley *engl.* ˈbɪədzlɪ
Béạrn *fr.* beˈarn
Beasaín *span.* beasaˈin
¹Beat (Takt) biːt
²Beạt (Vorname) beˈaːt
Beạta beˈaːta
Beạta Marịa Vịrgo beˈaːta marˈiːa ˈvɪrgo
beạtae memọriae beˈaːtɛ meˈmoːri̯ɛ
Beạte beˈaːtə
beaten ˈbiːtn̩
Beạtenberg beˈaːtn̩bɛrk
Beatifikatiọn beatifikaˈtsi̯oːn
beatifiziẹren beatifiˈtsiːrən
Beatles *engl.* biːtlz
beạtmen bəˈ|aːtmən
Beatnik ˈbiːtnɪk
Beaton *engl.* biːtn
Beatrịce beaˈtriːsə, *it.* beaˈtriːtʃe, *fr.* beaˈtris, *engl.* ˈbɪətrɪs
Beạtrix beˈaːtrɪks, *engl.* ˈbɪətrɪks, *niederl.* ˈbeːaːtrɪks
Beattie, Beatty *engl.* ˈbiːtɪ
Beạtus beˈaːtʊs
Beau boː
Beaucaire *fr.* boˈkɛːr
Beauce *fr.* boːs
Beauchamp *engl.* ˈbiːtʃəm, *fr.* boˈʃã
Beaufort ˈboːfɐt, *fr.* boˈfɔːr, *engl.* ˈboʊfət
bea̲u̲fschlagen bəˈ|au̯fʃlaːgn̩, **bea̲u̲fschlag!** ...aːk, **bea̲u̲fschlagt** ...aːkt
bea̲u̲fsichtigen bəˈ|au̯fzɪçtɪgn̩, **bea̲u̲fsichtig!** ...ɪç, **bea̲u̲fsichtigt** ...ɪçt
bea̲u̲genscheinigen bəˈ|au̯gn̩ʃai̯nɪgn̩, **bea̲u̲genscheinig!** ...ɪç, **bea̲u̲genscheinigt** ...ɪçt
Beauharnais *fr.* boarˈnɛ
Beaujeu *fr.* boˈʒø
Beaujolais *fr.* boʒɔˈlɛ
Beaulieu *fr.* boˈljø
Beaumanoir *fr.* bomaˈnwaːr
Beaumarchais *fr.* bomarˈʃɛ
Beaumaris *engl.* boʊˈmærɪs
Beaumẹtz *fr.* boˈmɛ
Beaumont *fr.* boˈmõ, *engl.* ˈboʊmənt
Beaune *fr.* boːn
Beauneveu *fr.* bonˈvø
Beauraing *fr.* boˈrɛ̃
Beauté boˈteː
Beauty ˈbjuːti
Beauvais *fr.* boˈvɛ
Beauvoir *fr.* boˈvwaːr
Beaver *engl.* ˈbiːvə
Beaverbrook *engl.* ˈbiːvəbrʊk
Beazley *engl.* ˈbiːzlɪ
Béb *ung.* beːb
bebạ̈ndern bəˈbɛndɐn, **...dre** ...drə
Bẹbber ˈbɛbɐ
Bébé beˈbeː
Bẹbel ˈbeːbl̩
bẹben ˈbeːbn̩; **bẹb!** beːp, **bẹbt** beːpt
Bẹbenburg ˈbeːbn̩bʊrk
Bebenha̲u̲sen beːbn̩ˈhau̯zn̩
Bẹbermeyer ˈbeːbɐmai̯ɐ
Bẹberstedt ˈbeːbɐʃtɛt
bebịldern bəˈbɪldɐn, **...dre** ...drə
Bẹbington *engl.* ˈbɛbɪŋtən
Bẹbitz ˈbeːbɪts
Bẹbler *serbokr.* ˈbɛblɛr
Bebop ˈbiːbɔp
Bẹbra ˈbeːbra
bebrịllt bəˈbrɪlt
bebụscht bəˈbʊʃt
Bẹc *fr.* bɛk
Becạnus beˈkaːnʊs
Bécaud *fr.* beˈko
Beccadẹlli *it.* bekkaˈdɛlli
Beccafụmi *it.* bekkaˈfuːmi
Beccarịa *it.* bekkaˈriːa
Bẹcchi *it.* ˈbekki
Bẹčej *serbokr.* ˌbɛtʃɛːj
Becẹrra *span.* beˈθɛrra
Becerreá *span.* beθɛrrɛˈa
Bẹch bɛç
Béchamẹlsoße beʃaˈmɛlzoːsə
Bêche-de-mẹr bɛʃdəˈmeːɐ̯
Bechelạren bɛxəˈlaːrən
Bẹchen ˈbɛçn̩
Bẹcher[t] ˈbɛçɐ[t]
bẹchern ˈbɛçɐn
Bechet *engl.* ˈbɛʃeɪ, *fr.* beˈʃɛ
Bẹchin ˈbɛçiːn
Bẹchstein ˈbɛçʃtai̯n
Bẹchterew ˈbɛçtərɛf, *russ.* ˈbjɛxtɪrɪf
Bẹchtolsheim ˈbɛçtɔlshai̯m
Bẹchyně *tschech.* ˈbɛxiɲɛ
becịrcen bəˈtsɪrtsn̩
Bẹck *dt., engl., fr., niederl., poln.* bɛk
Bẹcke ˈbɛkə, *engl.* bɛk
Bẹcken ˈbɛkn̩
Bẹckenham *engl.* ˈbɛknəm
Beckenri̲e̲d bɛkn̩ˈriːt
Bẹcker ˈbɛkɐ, *engl.* ˈbɛkə
Bẹckerath ˈbɛkəraːt
Bečkẹrek *serbokr.* bɛtʃˌkɛrɛk
Bẹckerich ˈbɛkərɪç
Bẹcket[t] *engl.* ˈbɛkɪt
Bẹcki ˈbɛki
Bẹcking[en] ˈbɛkɪŋ[ən]
Bẹckmann ˈbɛkman
Bẹckmesser ˈbɛkmɛsɐ
Beckmessere̲i̲ bɛkmɛsəˈrai̯
bẹckmessern ˈbɛkmɛsɐn
Bẹcks *niederl.* bɛks
Bẹckum ˈbɛkʊm
Bẹckwith *engl.* ˈbɛkwɪθ
Bẹčov *tschech.* ˈbɛtʃɔf
Bẹcque *fr.* bɛk
Bécquer *span.* ˈbekɛr
Becquerẹl bɛkəˈrɛl, *fr.* bɛˈkrɛl
Bécs *ung.* beːtʃ
Bẹcsehely *ung.* ˈbɛtʃɛhɛj
Bẹcske *ung.* ˈbɛtʃkɛ
Bẹčva *tschech.* ˈbɛtʃva
Bẹčváry *tschech.* ˈbɛtʃvaːri
Bẹda ˈbeːda
bedạchen bəˈdaxn̩
bedạcht, B... bəˈdaxt
bedạ̈chtig bəˈdɛçtɪç, **-e** ...ɪgə
bedạchtsam bəˈdaxtzaːm
Bedạno *it.* beˈdaːno
Bedạrf bəˈdarf
Bédarieux *fr.* bedaˈrjø
beda̲u̲erlich bəˈdau̯ɐlɪç
beda̲u̲ern bəˈdau̯ɐn
Bẹdburg ˈbɛtbʊrk
Bẹddoes *engl.* ˈbɛdoʊz
¹Bẹde (Abgabe) ˈbeːdə
²Bede (Eigenname) *engl.* biːd
bedẹcktsamig bəˈdɛktzaːmɪç, **-e** ...ɪgə
Bẹdegkér *ung.* ˈbɛdɛkkeːr
Bedel *fr.* bəˈdɛl; *engl.* biːdl, bɪˈdɛl
Bedell *engl.* biːdl, bɪˈdɛl
bedẹnken bəˈdɛŋkn̩
bedẹnklich bəˈdɛŋklɪç
bedẹppert bəˈdɛpɐt
Bederkẹsa beːdɐˈkeːza
bede̲u̲tend bəˈdɔy̯tn̩t, **-e** ...n̩də
Bede̲u̲tendheit bəˈdɔy̯tn̩thai̯t
bede̲u̲tsam bəˈdɔy̯tzaːm
Bẹdford *engl.* ˈbɛdfəd, **-shire** -ʃɪə
bedi̲e̲nstet bəˈdiːnstət
Bedi̲e̲nte bəˈdiːntə
Bédiẹr *fr.* beˈdje
Bedigliọra *it.* bediʎˈʎɔːra
Bedịng bəˈdɪŋ
bedịngen bəˈdɪŋən
Bẹdlam *engl.* ˈbɛdləm
Bẹdloe *engl.* ˈbɛdloʊ
Bẹdny, Bednyj *russ.* ˈbjɛdnɨj
Bedón *span.* beˈðɔn
bedọrnen bəˈdɔrnən
Bedos de Cẹlles *fr.* bədodˈsɛl
Bedrạ̈ngnis bəˈdrɛŋnɪs, **-se** ...ɪsə
Bedreddịn *türk.* bɛdrɛdˈdin
Bedrẹtto *it.* beˈdretto
Bẹdřich *tschech.* ˈbɛdrʒix
bedrịpst bəˈdrɪpst
Bẹdřiška *tschech.* ˈbɛdrʒɪʃka
Bedu̲i̲ne beduˈiːnə
Bẹdum *niederl.* ˈbeːdəm
bedụngen bəˈdʊŋən
Bedụ̈rfnis bəˈdʏrfnɪs, **-se** ...ɪsə
bedụ̈rftig bəˈdʏrftɪç, **-e** ...ɪgə
Bẹdzin *poln.* ˈbɛndzin
Be̲e̲be ˈbeːbə
Beebe *engl.* ˈbiːbɪ
Beech[am] *engl.* ˈbiːtʃ[əm]
Beechcraft *engl.* ˈbiːtʃkrɑːft
Beecher-Stowe *engl.* ˈbiːtʃəˈstoʊ

Beech[e]y *engl.* 'bi:tʃɪ
Beeck[e] 'be:k[ə]
Beefeaters *engl.* 'bi:fi:təz
Beefsteak 'bi:fste:k
Beeftea 'bi:fti:
beehren bə'|e:rən
beeiden bə'|aidn̩, **beeid!** bə'|ait
beeidigen bə'|aidɪgn̩, **beeidig!** ...dɪç, **beeidigt** ...dɪçt
beeindrucken bə'|aindrʊkn̩
beeinflussen bə'|ainflʊsn̩, **...uß!** ...ʊs
beeinträchtigen bə'|aintrɛçtɪgn̩, **beeinträchtig!** ...ɪç, **beeinträchtigt** ...ɪçt
Beek *dt., niederl.* be:k
Beekbergen *niederl.* 'be:gbɛrxə
Beel[aerts] *niederl.* 'be:l[a:rts]
Beelen 'be:lən
beelenden bə'|e:lɛndn̩, **beelend!** bə'|e:lɛnt
Beelitz 'be:lɪts
Beelzebub be'ɛltsəbu:p, *auch:* 'be:l...
Beemster *niederl.* 'be:mstər
beenden bə'|ɛndn̩, **beend!** bə'|ɛnt
beendigen bə'|ɛndɪgn̩, **beendig!** ...dɪç, **beendigt** ...dɪçt
Beer be:ɐ̯, *engl.* bɪə
Beerberg 'be:ɐ̯bɛrk
Beerbohm *engl.* 'bɪəboʊm
beerdigen bə'|e:ɐ̯dɪgn̩, **beerdig!** ...dɪç, **beerdigt** ...dɪçt
Beere[nberg] 'be:rə[nbɛrk]
Beerfelden be:ɐ̯'fɛldn̩
Beerman *niederl.* 'be:rmɑn
Beernaert *niederl.* 'be:rna:rt
Beers *niederl.* be:rs, *engl.* bɪəz
Beerscheba 'be:ɐ̯ʃeba, be'ɛrʃ...
Beerschot *niederl.* 'be:rsxɔt
Beerse[l] *niederl.* 'be:rsə[l]
Beerta *niederl.* 'be:rta:
Beesd *niederl.* be:st
Beesdau 'be:sdau
Beeskow 'be:sko
Beet[e] 'be:t[ə]
Beetgum *niederl.* 'be:txəm
Beethoven 'be:tho:fn̩
Beets *niederl.* be:ts
Beetz[endorf] 'be:ts[n̩dɔrf]
Beetzsee 'be:tsze:
befähigen bə'fɛ:ɪgn̩, **befähig!** ...ɪç, **befähigt** ...ɪçt
befahl bə'fa:l
befähle bə'fɛ:lə
Befana *it.* be'fa:na
befangen bə'faŋən
befehden bə'fe:dn̩, **befehd!** bə'fe:t
Befehl bə'fe:l
befehlen bə'fe:lən
befehlerisch bə'fe:lərɪʃ
befehligen bə'fe:lɪgn̩, **befehlig!** ...lɪç, **befehligt** ...lɪçt
Befehlshaber bə'fe:lsha:bɐ
befehlshaberisch bə'fe:lsha:bərɪʃ
befeinden bə'faindn̩, **befeind!** bə'faint
Beffchen 'bɛfçən
befiedern bə'fi:dɐn, **befiedre** ...drə
befiehl! bə'fi:l
befindlich bə'fɪntlɪç
befleißen bə'flaisn̩
befleißigen bə'flaisɪgn̩, **befleißig!** ...ɪç, **befleißigt** ...ɪçt
befliß bə'flɪs
beflissen bə'flɪsn̩
beflissentlich bə'flɪsn̩tlɪç
beflügeln bə'fly:gl̩n, **beflügle** ...glə
beföhle bə'fø:lə
befohlen bə'fo:lən
beforsten bə'fɔrstn̩
beförstern bə'fœrstɐn
Befort 'be:fɔrt
befremden bə'frɛmdn̩, **befremd!** bə'frɛmt
befremdlich bə'frɛmtlɪç
Befremdnis bə'frɛmtnɪs, **-se** ...ɪsə
befreunden bə'frɔyndn̩, **befreund!** bə'frɔynt
befrieden bə'fri:dn̩, **befried!** bə'fri:t
befriedigen bə'fri:dɪgn̩, **befriedig!** ...dɪç, **befriedigt** ...dɪçt
Befugnis bə'fu:knɪs, **-se** ...ɪsə
befugt bə'fu:kt
befürsorgen bə'fy:ɐ̯zɔrgn̩, **befürsorg!** ...rk
befürworten bə'fy:ɐ̯vɔrtn̩
Beg bɛk, be:k
Bega 'be:ga, *niederl.* 'be:xa:
begabt bə'ga:pt
Begängnis bə'gɛŋnɪs, **-se** ...ɪsə
begann bə'gan
begänne bə'gɛnə
Begard be'gart, be'ga:ɐ̯t; **-en** ...dn̩
Begarelli *it.* bega'rɛlli
Begas 'be:gas
begasen bə'ga:zn̩, **begas!** bə'ga:s, **begast** bə'ga:st
Begasse be'gasə
begatten bə'gatn̩
Begbick 'bɛkbɪk
Begebnis bə'ge:pnɪs, **-se** ...ɪsə
begegnen bə'ge:gnən
Begehr bə'ge:ɐ̯
begehren bə'ge:rən
begehrlich bə'ge:ɐ̯lɪç
Begga 'bɛga
Beggar's opera *engl.* 'bɛgəz 'ɔpərə
Begier[de] bə'gi:ɐ̯[də]
begierig bə'gi:rɪç, **-e** ...ɪgə
Begine be'gi:nə
Beginn bə'gɪn
beginnen bə'gɪnən
beglaubigen bə'glaubɪgn̩, **beglaubig!** ...ɪç, **beglaubigt** ...ɪçt
begleiten bə'glaitn̩
Beglerbeg 'bɛglɐbɛk, 'be:glɐbe:k
Beglücker bə'glʏkɐ
Begna *norw.* 'bɛŋna, 'bɛgna
begnaden bə'gna:dn̩, **begnad!** bə'gna:t
begnadet bə'gna:dət
begnadigen bə'gna:dɪgn̩, **begnadig!** ...ɪç, **begnadigt** ...ɪçt
begnügen bə'gny:gn̩, **begnüg!** ...y:k, **begnügt** ...y:kt
Begoña *span.* be'ɣoɲa
Begonie be'go:ni̯ə
begönne bə'gœnə
begonnen bə'gɔnən
begönnern bə'gœnɐn
Begonte *span.* be'ɣonte
Begović *serbokr.* 'bɛgɔvitɕ
Begräbnis bə'grɛ:pnɪs, **-se** ...ɪsə
begradigen bə'gra:dɪgn̩, **begradig!** ...ɪç, **begradigt** ...ɪçt
begrannt bə'grant
begreiflich bə'graiflɪç
Begriff bə'grɪf
begrifflich bə'grɪflɪç
begriffsstutzig bə'grɪfsʃtʊtsɪç, **-e** ...ɪgə
Béguin *fr.* be'gɛ̃
Beguine be'gi:n
Begum 'be:gʊm, *auch:* 'be:gam
begünstigen bə'gʏnstɪgn̩, **begünstig!** ...ɪç, **begünstigt** ...ɪçt
begutachten bə'gu:t|axtn̩
begütert bə'gy:tɐt
begütigen bə'gy:tɪgn̩, **begütig!** ...ɪç, **begütigt** ...ɪçt
behaart bə'ha:ɐ̯t
behäbig bə'hɛ:bɪç, **-e** ...ɪgə
behaftet bə'haftət
behagen bə'ha:gn̩, **behag!** ...a:k, **behagt** ...a:kt
Behaghel be'ha:gl̩
behaglich bə'ha:klɪç
Behaim 'be:haim
Behaismus beha'ɪsmʊs
Behältnis bə'hɛltnɪs, **-se** ...ɪsə
Beham 'be:ham
Behan *engl.* 'bi:ən
behaupten bə'hauptn̩
Behaviorismus bihevi̯ə'rɪsmʊs
behavioristisch bihevi̯ə'rɪstɪʃ
Beheim 'be:haim
beheimatet bə'haima:tət
Behelf bə'hɛlf
behelligen bə'hɛlɪgn̩, **behellig!** ...ɪç, **behelligt** ...ɪçt
behelmt bə'hɛlmt
Behemoth behe'mo:t, *auch:* 'be:hemo:t
behend bə'hɛnt, **-e** ...də
Behendigkeit bə'hɛndɪçkait
Behennuß 'be:ənnʊs
beherzigen bə'hɛrtsɪgn̩, **beherzig!** ...ɪç, **beherzigt** ...ɪçt
behilflich bə'hɪlflɪç

Behistan behɪs'ta:n
Behistun behɪs'tu:n
Behl[a] 'be:l[a]
Behlingen 'be:lɪŋən
Behm[er] 'be:m[ɐ]
Behmlot 'be:mlo:t
Behn be:n
Behncke 'be:nkə
Behobia *span.* be'oβi̯a
Behörde bə'hø:ɐ̯də
behördlich bə'hø:ɐ̯tlɪç
behost bə'ho:st
Behr be:ɐ̯
Behrenhorst 'be:rənhɔrst
Behrens 'be:rəns
Behring[en] 'be:rɪŋ[ən]
Behringersmühle be:rɪŋɐs'my:lə
Behrisch 'be:rɪʃ
Behrmann 'be:ɐ̯man
Behuf bə'hu:f
behufs bə'hu:fs
behutsam bə'hu:tza:m
bei, Bei bai̯
beibehalten 'bai̯bəhaltn̩
Beicha 'bai̯ça
Beichte 'bai̯çtə
beichten 'bai̯çtn̩
Beichtiger 'bai̯çtɪgɐ
beidäugig 'bai̯t|ɔy̆gɪç, **-e** ...ɪgə
beide[mal] 'bai̯də[ma:l]
Beidendorf 'bai̯dn̩dɔrf
beiderlei 'bai̯dɐ'lai̯
beiderseitig 'bai̯dɐzai̯tɪç
beiderseits 'bai̯dɐ'zai̯ts
Beiderwand 'bai̯dɐvant
Beidhänder 'bai̯thɛndɐ
Beidrecht 'bai̯trɛçt
beidrehen 'bai̯dre:ən
beidseitig 'bai̯tzai̯tɪç, **-e** ...ɪgə
beidseits 'bai̯tzai̯ts
beieinander bai̯|ai̯'nandɐ
Beierfeld 'bai̯ɐfɛlt
Beiern 'bai̯ɐn
Beifahrer 'bai̯fa:rɐ
beifällig 'bai̯fɛlɪç, **-e** ...ɪgə
Beigabe 'bai̯ga:bə
beige, B...be:ʃ; *auch:* 'be:ʒə, 'bɛ:ʒə; **-s** 'be:ʒəs, *auch:* 'bɛ:ʒəs
beigeben 'bai̯ge:bn̩
Beigeordnete 'bai̯gə|ɔrdnətə
Beignet bɛn'je:
Beihilfe 'bai̯hɪlfə
Beihingen 'bai̯ɪŋən
Beijer *schwed.* 'bɛi̯ər
Beijerland *niederl.* 'bɛi̯ərlɑnt
Beil bai̯l
beiläufig 'bai̯lɔy̆fɪç, **-e** ...ɪgə
Beilbrief 'bai̯lbri:f
beileibe bai̯'lai̯bə
Beilen *niederl.* 'bɛi̯lə
Beilke 'bai̯lkə
Beilngries bai̯ln'gri:s
Beilrode bai̯l'ro:də
Beilstein 'bai̯lʃtai̯n
beim bai̯m
Bein bai̯n
beinah 'bai̯na:; *auch:* '-'-, -'-
beinahe 'bai̯na:ə; *auch:* '-'--, -'--
Beinbrech 'bai̯nbrɛç
beinern 'bai̯nɐn
beinhalten bə'|ɪnhaltn̩
Beinhaus 'bai̯nhau̯s
Beinling 'bai̯nlɪŋ
Beinum *niederl.* 'bɛi̯nəm
Beinwell 'bai̯nvɛl
Beinwil (Aargau) bai̯n'vi:l
beiordnen 'bai̯|ɔrdnən
Beipferd 'bai̯pfe:ɐ̯t
beipflichten 'bai̯pflɪçtn̩
Beira *port.* 'bɐi̯rɐ
Beiram 'bai̯ram
Beiramar *port.* bɐi̯rɐ'mar
Beirat 'bai̯ra:t
Beirer 'bai̯rɐ
beirren bə'|ɪrən
Beirut bai̯'ru:t, *auch:* '--
beisammen bai̯'zamən
Beisasse 'bai̯zasə
beischießen 'bai̯ʃi:sn̩
Beisein 'bai̯zai̯n
beiseite bai̯'zai̯tə
Beispiel 'bai̯ʃpi:l
beispiellos 'bai̯ʃpi:llo:s
beispielshalber 'bai̯ʃpi:ls,halbɐ
beißen 'bai̯sn̩
Beißner 'bai̯snɐ
Beistand 'bai̯ʃtant
Beit bai̯t
Beith *engl.* bi:θ
Beitrag 'bai̯tra:k, **-es** 'bai̯tra:gəs, **Beiträge** 'bai̯trɛ:gə
Beiuş *rumän.* be'i̯uʃ
Beiwacht 'bai̯vaxt
Beize 'bai̯tsə
beizeiten bai̯'tsai̯tn̩
beizen 'bai̯tsn̩
Beja *port.* 'bɐʒɐ
Béja *fr.* be'ʒa
bejahen bə'ja:ən
bejahrt bə'ja:ɐ̯t
Béjar *span.* 'bɛxar
Béjart *fr.* be'ʒa:r
Beka 'be:ka
bekalmen bə'kalmən
bekämpfen bə'kɛmpfn̩
bekannt bə'kant
bekanntlich bə'kantlɪç
Bekassine beka'si:nə
Beke 'be:kə, *engl.* bi:k, *ung.* 'bɛkɛ
bekehren bə'ke:rən
Bekenntnis bə'kɛntnɪs, **-se** ...ɪsə
Békés[y] *ung.* 'be:ke:ʃ[i]
Békésszentandrás *ung.* 'be:ke:ssɛntɔndra:ʃ
Bekker 'bɛkɐ, *niederl.* 'bɛkər
beklommen bə'klɔmən
bekömmlich bə'kœmlɪç
beköstigen bə'kœstɪgn̩, **beköstig!** ...ɪç, **beköstigt** ...ɪçt
Bekümmernis bə'kʏmɐnɪs, **-se** ...ɪsə
bekunden bə'kʊndn̩, **bekund!** bə'kʊnt
[1]**Bel** (Maßeinheit) bɛl
[2]**Bel** (babylon. Gottheit) be:l
Bél *ung.* be:l
Béla 'be:la, *ung.* 'be:lɔ
Bělá *tschech.* 'bjɛla:
Bélabánya *ung.* 'be:lɔba:njɔ
Bela Crkva *serbokr.* 'bɛ:la: 'tsr̩:kva
Belafonti *engl.* bɛla'fɔntɪ
Belag bə'la:k, **-es** bə'la:gəs, **Beläge** bə'lɛ:gə
Belaja *russ.* 'bjɛlɐjɐ
Belalcázar *span.* belal'kaθar
Belami bɛla'mi:
Bélami *fr.* bela'mi
Belang bə'laŋ
Belar 'be:lar
Belarius be'la:ri̯ʊs
Belas *port.* 'bɛlɐʃ
Belasco be'lasko, *engl.* bə'læskoʊ
belästigen bə'lɛstɪgn̩, **belästig!** bə'lɛstɪç, **belästigt** bə'lɛstɪçt
belauben bə'lau̯bn̩, **belaub!** bə'lau̯p, **belaubt** bə'lau̯pt
Belaúnde *span.* bela'unde
Bela Vista *bras.* 'bɛla 'vista
Belcanto *it.* bel'kanto
Belčeva vgl. Beltschewa
Bełchatów *poln.* bɛu̯'xatuf
Belchen 'bɛlçn̩
Belcher *engl.* 'bɛltʃə
Beldahnsee bɛl'da:nze:
Beldiman *rumän.* beldi'man
Bele 'be:lə
belebt bə'le:pt
Belecke 'be:ləkə
Beled *ung.* 'bɛlɛd
[1]**Beleg** bə'le:k, **-e** bə'le:gə
[2]**Beleg** *ung.* 'bɛlɛg
beleibt bə'lai̯pt
beleidigen bə'lai̯dɪgn̩, **beleidig!** ...ɪç, **beleidigt** ...ɪçt
Belém *port.* bəl'ẽi̯, *bras.* be'lẽi̯
belemmert bə'lɛmɐt
Belemnit belɛm'ni:t, *auch:* ...nɪt
Belén *span.* be'len
Belene *bulgar.* 'bɛlɛnɛ
Belenense *port.* bələ'nẽsə
belesen bə'le:zn̩
Belesprit bɛlɛs'pri:, *fr.* bɛlɛs'pri
Belestinon *neugr.* vɛlɛs'tinɔn
Beletage bɛle'ta:ʒə
beleum[un]det bə'lɔym[ʊn]dət
Belew, Belev *bulgar.* 'bɛlɛf
Belfast *engl.* bɛl'fɑ:st, '-'-, '--
Belfast Telegraph *engl.* 'bɛlfɑ:st 'tɛlɪgrɑ:f
belfern 'bɛlfɐn
Belfiore *it.* bel'fi̯o:re
Belfort *fr.* bɛl'fɔ:r
Belforte *it.* bel'fɔrte
BELGA 'bɛlga
Belgard 'bɛlgart, **-er** ...dɐ

Belgaum *engl.* bɛlˈgaʊm
Bẹlge ˈbɛlgə
Bẹlgern ˈbɛlgɐn
Bẹlgershain ˈbɛlgɐshai̯n
Bẹlgië *niederl.* ˈbɛlxi:ə
Bẹlgien ˈbɛlgi̯ən
Bẹlgier ˈbɛlgi̯ɐ
Belgioiọso *it.* beldʒoˈi̯o:so
Belgique *fr.* bɛlˈʒik
bẹlgisch ˈbɛlgɪʃ
Bẹlgorod *russ.* ˈbjɛlgɐrɐt
Bẹlgrad ˈbɛlgra:t, **-er** ...a:dɐ
Belgrạno *span.* bɛlˈɣrano
Belial ˈbe:li̯al
Belić *serbokr.* ˌbɛ:litɕ
Belice *it.* beˈli:tʃe, *span.* beˈliθe
Beli Drim *serbokr.* ˈbɛ:li: ˈdri:m
beliebig bəˈli:bɪç, **-e** ...ɪgə
beliebt bəˈli:pt
Bẹli Lọm *bulgar.* ˈbɛli ˈlɔm
Belịnda beˈlɪnda, *engl.* bɪˈlɪndə
Belịnde beˈlɪndə
Beling ˈbe:lɪŋ
Belịnski, Belinskij *russ.* bɪˈlinskij
Belisar ˈbe:lizar
Bẹlišće *serbokr.* ˌbɛli:ʃtɕɛ
Belitung *indon.* bəˈlitʊŋ
Belius ˈbe:li̯ʊs
Belize *engl.* bɛˈli:z *span.* beˈliθe
Beljạjew, Beljaev *russ.* bɪˈljajɪf
Bẹlje *serbokr.* ˈbɛ:ljɛ
Belkacẹm *fr.* bɛlkaˈsɛm
belkantieren bɛlkanˈti:rən
Belkạnto bɛlˈkanto
Bẹlkau ˈbɛlkau̯
Bẹll *engl.* bɛl
Bẹlla[ch] ˈbɛla[x]
Bellạc *fr.* bɛˈlak
Belladọnna bɛlaˈdɔna
Bellagio *it.* belˈla:dʒo
Bellaire *engl.* bɛˈlɛə
Bẹllamy *engl.* ˈbɛləmɪ
Bellạno *it.* belˈla:no
Bellarmin bɛlarˈmi:n
Bellarmino *it.* bellarˈmi:no
Bellastriga bɛlaˈstri:ga
Bellatrix bɛˈla:trɪks
Bellavịsta *it.* bellaˈvista
Bellay *fr.* bɛˈlɛ
Bellcạire *span.* bɛlˈkai̯re
Belle-Alliance *fr.* bɛlaˈljã:s
Belleau *fr.* bɛˈlo
Bẹlleben ˈbɛlle:bn̩
Bellechose *fr.* bɛlˈʃo:z
Bellefleur bɛlˈflø:ɐ̯
Bellefontaine *engl.* bɛlˈfaʊntn
Bellegambe *fr.* bɛlˈgã:b
Bellegạrde *fr.* bɛlˈgard
Belle-Ịle *fr.* bɛˈlil
Belle Ịsle *engl.* bɛˈli:l
Belle-Ịsle *fr.* bɛˈlil
bẹllen, B... ˈbɛlən
Belle Rêve *fr.* bɛlˈrɛ:v
Bẹllermann ˈbɛlɐman
Bellerophon bɛˈle:rofɔn
Bẹllersen ˈbɛlɐzn̩
Belletrịst[ik] bɛleˈtrɪst[ɪk]
Belleville *engl.* ˈbɛlvɪl, *fr.* bɛlˈvil
Bellevue bɛlˈvy:, *fr.* bɛlˈvy; **-n** ...y:ən
Belley *fr.* bɛˈlɛ
Bẹllheim ˈbɛlhai̯m
Bẹlli *it.* ˈbɛlli
Bellièvre *fr.* bɛˈljɛ:vr
Bellin bɛˈli:n
Bellinciọni *it.* bellinˈtʃo:ni
Bẹlling[en] ˈbɛlɪŋ[ən]
Bẹllingham *engl.* ˈbɛlɪŋhæm
Bẹllinghausen ˈbɛlɪŋhau̯zn̩
Bellingshausen bɛlɪŋsˈhau̯zn̩, ˈ– – – –
Bellini *it.* belˈli:ni
Bellinzọna *it.* bellinˈtso:na
Bẹllis ˈbɛlɪs
Bẹllman *schwed.* ˈbɛlman
Bẹllo ˈbɛlo, *span.* ˈbeʎo
Bellọc *fr.*, *engl.* bɛˈlɔk
Bellona bɛˈlo:na
Bellori *it.* belˈlɔ:ri
Bellọtto *it.* belˈlɔtto
Bellovaker bɛloˈva:kɐ
Bẹllow[s] *engl.* ˈbɛloʊ[z]
Belloy *fr.* bɛlˈwa
Belluno *it.* belˈlu:no
Bélmez *span.* ˈbɛlmɛθ
Belmont *engl.* ˈbɛlmɔnt, *fr.* bɛlˈmõ
Belmọnte *it.* belˈmonte, *span.* bɛlˈmɔnte, *port.* bɛlˈmontə, *bras.* belˈmonti
belobigen bəˈlo:bɪgn̩, **belobig!** ...ɪç, **belobigt** ...ɪçt
Beloch ˈbe:lɔx
Belogradtschik, Belogradčik *bulgar.* bɛlogratˈtʃik
Bẹlo Horizọnte *bras.* ˈbɛloriˈzonti
Bẹloiannisz *ung.* ˈbɛloiɔnnis
Belọit *engl.* bɪˈlɔɪt
Bẹloje Mọre, Beloe More *russ.* ˈbjɛlɐjɐ ˈmɔrɪ
Bẹloje Osero, Beloe Ozero *russ.* ˈbjɛlɐjɐ ˈɔzɪrɐ
Belomọrsk *russ.* bɪlaˈmɔrsk
Belorụssija *russ.* bɪlaˈrusijɐ
belorussisch beloˈrʊsɪʃ; *auch:* ˈbe:lorʊsɪʃ, ˈbɛ...
Belorụsskaja SSR *russ.* bɪlaˈruskɐjɐ ɛs-ɛsˈɛr
Beloslaw, Beloslav *bulgar.* bɛloˈslaf
Belọtte *fr.* bəˈlɔt
Below ˈbe:lo
Belowẹscher Heide beloˈvɛʃɐ ˈhai̯də
Bẹlp bɛlp
Bel-Paese bɛlpaˈe:zə
Belpạsso *it.* belˈpasso
Belpmoos bɛlpˈmo:s
Belriguạrdo *it.* belriˈgu̯ardo
Belsazar bɛlˈza:tsar
Bẹlsen ˈbɛlzn̩
Bẹlt bɛlt
Bẹltheim ˈbɛlthai̯m
Beltramẹlli *it.* beltraˈmɛlli
Beltrạmi *it.* belˈtra:mi
Beltrán *span.* bɛlˈtran
Bẹltrum *niederl.* ˈbɛltrəm
Bẹltschewa, Belčeva *bulgar.* ˈbɛltʃɛva
Bẹltz bɛlts
Belụcha, Beluha *russ.* bɪˈluxɐ
Beluga beˈlu:ga
belụstigen bəˈlʊstɪgn̩, **belụstig!** ...ɪç, **belụstigt** ...ɪçt
Belutsche beˈlu:tʃə, *auch:* beˈlʊtʃə
Belutschistan beˈlu:tʃɪsta[:]n, *auch:* beˈlʊtʃ...
Belvedere bɛlveˈde:rə, *it.* belveˈde:re, *engl.* bɛlvɪˈdɪə
Belvidera bɛlviˈde:ra
Bẹly, Belyj *russ.* ˈbjɛlɨj
Belzạnor bɛlˈtsa:nɔr
Bẹlzig ˈbɛltsɪç
Bẹlzner ˈbɛltsnɐ
Belzọni *it.* belˈtso:ni
Bẹm *poln.* bɛm
Bẹma ˈbe:ma, **-ta** -ta
bemạchtigen bəˈmɛçtɪgn̩, **bemạ̈chtig!** ...ɪç, **bemạ̈chtigt** ...ɪçt
bemạ̈ngeln bəˈmɛŋl̩n
bemạ̈nteln bəˈmɛntl̩n
Bemata vgl. Bema
Bẹmberg Ⓦⓩ ˈbɛmbɛrk
Bembézar *span.* bɛmˈbeθar
Bembịbre *span.* bɛmˈbiβre
Bẹmbo *it.* ˈbɛmbo
bemeistern bəˈmai̯stɐn
Bemfịca *port.* bẽˈfikɐ
Bemis *engl.* ˈbi:mɪs
bemịtleiden bəˈmɪtlai̯dn̩, **bemịtleid!** ...ai̯t
bemịttelt bəˈmɪtl̩t
Bẹmme ˈbɛmə
Bẹmmel *niederl.* ˈbɛməl
bémọl beˈmɔl
bemoost bəˈmo:st
Bẹmpflingen ˈbɛmpflɪŋən
bemühen bəˈmy:ən
bemüßigen bəˈmy:sɪgn̩, **bemüßig!** ...ɪç, **bemüßigt** ...ɪçt
bemụttern bəˈmʊtɐn
Bẹn *dt.*, *engl.*, *fr.* bɛn
benạchbart bəˈnaxba:ɐ̯t
benachrichtigen bəˈna:xrɪçtɪgn̩, **benachrichtig!** ...ɪç, **benachrichtigt** ...ɪçt
benachteiligen bəˈna:xtai̯lɪgn̩, **benachteilig!** ...ɪç, **benachteiligt** ...ɪçt
Benaco *it.* beˈna:ko
Benaguacịl *span.* benaɣu̯aˈθil
Benahadụx *span.* benaaˈðuks
Bẹn Akiba ˈbɛn aˈki:ba
banamsen bəˈna:mzn̩, **benams!** ...ms, **benamst** ...mst
benạnnt bəˈnant
benạrbt bəˈnarpt
Benares beˈna:rɛs, *engl.* bɪˈnɑ:rɪz

Bẹnatek 'bɛnatɛk
Bẹnátky *tschech.* 'bɛna:tki
Benạtzky be'natski
Bẹnau 'be:nau̯
benạut bə'nau̯t
Benavẹnte *span.* bena'βente
Benbẹcula *engl.* bɛn'bɛkjʊlə
Ben Bẹlla bɛn 'bɛla
Bẹnchley *engl.* 'bɛntʃlɪ
Bẹnckendorff 'bɛŋkn̩dɔrf
Bẹnczúr *ung.* 'bɛntsu:r
Bẹnda *dt., tschech.* 'bɛnda, *fr.* bɛ̃'da
Bendạvid bɛn'da:fɪt, ...a:vɪt
Bẹndel 'bɛndl̩
Bẹndemann 'bɛndəman
Bẹnder 'bɛndɐ, *engl.* 'bɛndə
Bendẹry *russ.* bɪn'dɛrɨ
Bẹndigo *engl.* 'bɛndɪgoʊ
Bẹndin 'bɛndi:n
Bendịne bɛn'di:nə
Bẹndis 'bɛndɪs
Bendịt *fr.* bɛn'dit
Bẹndix *dt., engl.* 'bɛndɪks
Bẹndorf 'bɛndɔrf
bẹne 'be:nə
Bẹnecke 'bɛnəkə
Bẹneckendorff 'bɛnəkn̩dɔrf
benedẹien bene'dai̯ən
Bẹnedek 'be:nədɛk, *ung.* 'bɛnɛdɛk
Benedẹtti bene'dɛti, *it.* bene'detti, *fr.* benedɛt'ti
Benedẹtto *it.* bene'detto
Bẹnedict *engl.* 'bɛnɪdɪkt
Benedictionạle benedɪktsi̯o'na:lə, **...lien** ...li̯ən
Benedịctis bene'dɪktɪs
Bẹnedictsson *schwed.* ˌbe:nədiktsɔn
Bẹnedik[t] 'be:nedɪk[t]
Benedịkta bene'dɪkta
Benediktbeuern be:nedɪkt'bɔy̯ɐn
Benedịktenwand bene'dɪktn̩vant
Benediktịner benedɪk'ti:nɐ
Benediktiọn benedɪk'tsi̯o:n
Benedịktus bene'dɪktʊs
Benedịto *span.* bene'ðito
Bẹnedix 'be:nedɪks
benedizịeren benedi'tsi:rən
Benefạktor bene'faktɔr, **-en** ...'to:rən
Benefịz bene'fi:ts
Benefiziạnt benefi'tsi̯ant
Benefiziạr benefi'tsi̯a:ɐ̯
Benefiziạt benefi'tsi̯a:t
Benefịzium bene'fi:tsi̯ʊm, **...ien** ...i̯ən
benẹhmen, B... bə'ne:mən
Bẹneke 'bɛnəkə
Benẹlli *it.* be'nɛlli
Benelux 'be:nelʊks, *auch:* bene'lʊks
Bẹneš *tschech.* 'bɛnɛʃ
Bẹnesch[au] 'bɛnɛʃ[au̯]
Bẹnešić *serbokr.* ˌbɛnɛʃitɕ
Bẹnešov *tschech.* 'bɛnɛʃɔf
Bẹnešová *tschech.* 'bɛnɛʃɔva:
Bẹnet *engl.* 'bɛnɪt
Benét *engl.* bɛ'neɪ
Bẹnetević *serbokr.* ˌbɛnɛtɛvitɕ
Benevẹnt bene'vɛnt
Benevẹnto *it.* bene'vɛnto
Benẹvoli *it.* be'nɛ:voli
Bẹnfeld 'bɛnfɛlt, *fr.* bɛn'fɛld
Bẹnfey 'bɛnfai̯
Benfịca *port.* bẽ'fikɐ
Bengal *engl.* bɛŋ'gɔ:l
Bengạle[n] bɛŋ'ga:lə[n]
Bengạli bɛŋ'ga:li
Bengalịne bɛŋga'li:nə
bengạlisch bɛŋ'ga:lɪʃ
Bengalụr bɛŋga'lu:ɐ̯
Bengạsi bɛn'ga:zi
Bengạwan Sọlo *indon.* bə'ŋawan 'solo
Bẹngel 'bɛŋl̩
Bengkạlis *indon.* bəŋ'kalɪs
Bẹngt *schwed.* bɛŋt
Bẹngtsfors *schwed.* ˌbɛŋtsfɔrs
Bẹngtson 'bɛŋtsɔn
Benguẹla *port.* bɛŋ'gu̯ɛlɐ
Ben Gụrion bɛn 'gu:ri̯ɔn
Ben Hụr bɛn 'hu:ɐ̯
Bẹni *span.* 'beni
Beni-Abbès *fr.* benia'bɛs
Beniaján *span.* beni̯a'xan
Bẹni Ạmer 'bɛni 'amɐ
Beniamịno *it.* beni̯a'mi:no
Benicarló *span.* benikar'lo
Benicasịm *span.* benika'sim
Benịcia *engl.* bɪ'nɪʃə
Benidọrm *span.* beni'ðɔrm
Benịgna be'nɪgna
Benignitạ̈t benɪgni'tɛ:t
Benịgno *it.* be'niɲɲo
Benịgnus be'nɪgnʊs
Bẹni Hạsan 'bɛni 'hasan
Benịmm bə'nɪm
Benịn be'ni:n
Benincasa *it.* beniŋ'ka:sa
Bẹning *niederl.* 'be:nɪŋ
Beni-Ounịf *fr.* beniu'nif
Benịsa *span.* be'nisa
Beni-Sạf *fr.* beni'saf
Bẹni Salạme 'bɛni za'la:mə
Bẹni Suẹf 'bɛni 'zu̯e:f
Benịto *it.* be'ni:to
Beniục *rumän.* be'njuk
Bẹnjamin 'bɛnjami:n, *engl.* 'bɛndʒəmɪn, *fr.* bɛ̃ʒa'mɛ̃
Ben Jọchai bɛn 'jɔxai̯
Bẹnke *ung.* 'bɛŋkɛ
Bẹnken 'bɛŋkn̩
Bẹnkendorf 'bɛŋkn̩dɔrf
Ben Khẹdda bɛn 'kɛda
Bẹnkovac *serbokr.* ˌbɛ:ŋkɔvats
Benkọwski, Benkovski *bulgar.* bɛŋ'kɔfski
Benlliure y Gịl *span* ben'ʎiu̯re i 'xil
Ben Lomond *engl.* bɛn'loʊmənd
Bẹn Macdhui *engl.* 'bɛn mək'dju:ɪ
bẹn marcạto 'bɛn mar'ka:to
Bẹnn *dt., engl.* bɛn
Bẹnndorf 'bɛndɔrf
Bẹnneckenstein 'bɛnəkn̩ʃtai̯n
Bẹnner 'bɛnɐ
Bẹnnet[t] *engl.* 'bɛnɪt
Bennettitee bɛnɛti'te:ə
Ben Nẹvis *engl.* bɛn'nɛvɪs
Bẹnnewitz 'bɛnəvɪts
Bẹnnigsen 'bɛnɪçsn̩
Bẹnning[en] 'bɛnɪŋ[ən]
Benningbroek *niederl.* bɛnɪŋ'bru:k
Bẹnnington *engl.* 'bɛnɪŋtən
Bẹnno 'bɛno
Bẹnnstedt 'bɛnʃtɛt
Bẹnnungen 'bɛnʊŋən
Bẹnnuß 'be:nnʊs
Bẹnny *engl.* 'bɛnɪ
Benois, ...oît *fr.* bə'nwa
Benoît de Sainte-Mọre *fr.* bənwadsɛ̃t'mɔ:r
benọmmen bə'nɔmən
Bénoué *fr.* be'nwe
Benọzzo *it.* be'nɔttso
Bẹnrath 'bɛnra:t
Bẹnsberg 'be:nsbɛrk
Bẹnse 'bɛnzə
Bẹnsen 'bɛnzn̩
Benserạde *fr.* bɛ̃'srad
Bẹnshausen 'bɛnshau̯zn̩
Bẹnsheim 'bɛnshai̯m
Bẹnson *engl.* bɛnsn
Bẹnt *dän.* bɛn'd, *engl.* bɛnt
bẹn tenụto 'bɛn te'nu:to
Benthạl bɛn'ta:l
Bẹntham *engl.* 'bɛntəm
Bẹntheim 'bɛnthai̯m
benthọnisch bɛn'to:nɪʃ
Bẹnthos 'bɛntɔs
Bẹnthuizen *niederl.* 'bɛnthœi̯zə
Bẹntinck *engl.* 'bɛntɪŋk
Bentivọglio *it.* benti'vɔʎʎo
Bẹntlage 'bɛntla:gə
Bẹntley *engl.* 'bɛntlɪ
Bẹnton *engl.* 'bɛntən
Bentonit bɛnto'ni:t, *auch:* ...nɪt
Bẹntorf 'bɛntɔrf
Bẹntschen 'bɛntʃn̩
Bẹntwisch 'bɛntwɪʃ
Bẹnue 'be:nu̯ə
benụmmern bə'nʊmɐn
Benvenịste *fr.* bɛ̃ve'nist
Benvenụti *it.* benve'nu:ti
Benvenụto *it.* benve'nu:to
Benvọlio bɛn'vo:li̯o
Bénye *ung.* 'be:njɛ
Bẹnz bɛnts
Benzaldehyd ˌbɛnts|alde'hy:t, '– – – –; **-e** ...y:də
Bẹnzelrath 'bɛntsl̩ra:t
Benzidịn bɛntsi'di:n
Benzịn bɛn'tsi:n
Benzoạt bɛntso'a:t
Bẹnzoe 'bɛntsoe
Benzọl bɛn'tso:l
Benzoyl bɛntso'y:l
benzoylieren bɛntsoy'li:rən

Ben Zwi bɛn 'tsvi:
Benzyl bɛn'tsy:l
beobachten bə'|o:baxtn̩
Beočin *serbokr.* bɛ,ɔtʃi:n
Beograd *serbokr.* bɛ,ɔgrad
Beolco *it.* be'olko
beordern bə'|ɔrdɐn, **...dre** ...drə
Beöthy *ung.* 'bø:ti
Beowulf 'be:ovʊlf
Bẹppa *it.* 'bɛppa
Bẹppe *it.* 'bɛppe
Bẹppo 'bɛpo, *it.* 'bɛppo
Beppone *it.* bep'po:ne
bequem[en] bə'kve:m[ən]
Bẹran *tschech.* 'bɛran
Bẹrane *serbokr.* 'bɛra:nɛ
Berạnga *span.* be'raŋga
Béranger *fr.* berã'ʒe
Berạpp bə'rap
berạppen bə'rapn̩
Bérar[d] *fr.* be'ra:r
Berat[i] *alban.* be'rat[i]
Bérat *fr.* be'ra
beratschlagen bə'ra:tʃla:gn̩, **beratschlag!** ...a:k, **beratschlägt** ...ɛ:kt
Berau[n] 'be:rau̯[n]
Bérbaltavár *ung.* 'be:rbɔltɔva:r
Bẹrber (Volksname, Stadt) 'bɛrbɐ
Bẹrbera 'bɛrbera
Berberei bɛrbə'rai̯
Berberin bɛrbə'ri:n
Bẹrberis 'bɛrberɪs
bẹrberisch 'bɛrbərɪʃ
Berberịtze bɛrbə'rɪtsə
Bẹrcel *ung.* 'bɛrtsɛl
Berceo *span.* bɛr'θeo
Berceto *it.* ber'tʃe:to
Berceuse bɛr'sø:zə
Berchem *fr.* bɛr'ʃɛm, *niederl.* 'bɛrxəm
Berchet *it.* ber'ʃɛ
Bẹrching 'bɛrçɪŋ
Bẹrchmans *niederl.* 'bɛrxmɑns
Berchoux *fr.* bɛr'ʃu
Bẹrcht[a] 'bɛrçt[a]
Berchtesgaden bɛrçtəs'ga:dn̩
Bẹrchtold 'bɛrçtɔlt
Bẹrchum 'bɛrçʊm
Bẹrck *fr.* bɛrk
Bẹrckheyde *niederl.* 'bɛrkhɛi̯də
Bẹrczik *ung.* 'bɛrtsik
Berdịtschew, Berdičev *russ.* bɪr'ditʃɪf
Berdjajew, Berdjaev *russ.* bɪr'djajɪf
Berdjạnsk *russ.* bɪr'djansk
Bẹrdoa 'bɛrdoa
Bẹrdorf 'bɛrdɔrf
berẹchenbar bə'rɛçn̩ba:ɐ̯
berẹchtigen bə'rɛçtɪgn̩, **berẹchtig!** ...ɪç, **berẹchtigt** ...ɪçt
beredsam bə're:tza:m
beredt bə're:t
beredert bə're:dɐt
Beregowọi, Beregovoj *russ.* bɪrɪga'vɔj
Bẹregsurány *ung.* 'bɛrɛkʃura:nj
Bẹregszász *ung.* 'bɛrɛksa:s
bereichern bə'rai̯çɐn
bereit bə'rai̯t
bereiten bə'rai̯tn̩
bereits bə'rai̯ts
Bereitschaft bə'rai̯tʃaft
Bẹremend *ung.* 'bɛrɛmɛnd
Bẹrengar 'be:rɛŋgar
Bérenger *fr.* berã'ʒe
Berenguer *span.* bereŋ'gɛr
Berenice bere'ni:tsə, *B* ...tse; *it.* bere'ni:tʃe
Bérénice *fr.* bere'nis
Berenike bere'ni:kə, *B* ...ke
Bẹrens 'be:rəns
Bẹresford *engl.* 'bɛrɪzfəd
Beresina, Berezina bere'zi:na, *auch:* be're:zina; *russ.* bɪrɪzi'na
Beresniki, Berezniki *russ.* bɪrɪzni'ki
Bẹrettyó *ung.* 'bɛrɛttjo:
Berettyóújfalu *ung.* 'bɛrɛttjo:u:jfɔlu
bereuen bə'rɔyən
[1]**Bẹrg** bɛrk, **-e** 'bɛrgə
[2]**Bẹrg** (Name) bɛrk, *niederl.* bɛrx, *schwed.* bærj, *norweg.* bærg, *russ.* bjɛrk
Bẹrga 'bɛrga, *span.* 'bɛrɣa
bergạb bɛrk'|ap
bergạbwärts bɛrk'|apvɛrts
Bẹrgalingen 'bɛrgalɪŋən
Bẹrgama *türk.* 'bɛrgɑmɑ
Bergamạsca bɛrga'maska, *it.* ber...
Bergamạsco *it.* berga'masko
Bergamạske bɛrga'maskə
Bergamạsker bɛrga'maskɐ
bergamạskisch bɛrga'maskɪʃ
Bẹrgamo *it.* 'bɛrgamo
Bergamọtte bɛrga'mɔtə
bergạn bɛrk'|an
Bergạnza bɛr'gantsa, *span.* bɛr'ɣanθa
Bergareute bɛrga'rɔytə
bergauf bɛrk'|au̯f
bergaufwärts bɛrk'|au̯fvɛrts
Bẹrgbohm 'bɛrkbo:m
Bẹrgbom *schwed.* ,bærjbum
Bẹrge[dorf] 'bɛrgə[dɔrf]
Bẹrgel 'bɛrgl̩
Bergẹll bɛr'gɛl
bẹrgen 'bɛrgn̩, **bẹrgt** bɛrkt
Bẹrgen 'bɛrgn̩, *niederl.* 'bɛrxə, *norw.* 'bærgən
Bergen-aan-Zee *niederl.* bɛrxəna:n'ze:
Bẹrgengruen 'bɛrgn̩gry:n
Bergẹnie bɛr'ge:ni̯ə
Bẹrgen op Zoom *niederl.* 'bɛrxə ɔp 'so:m
Bẹrger 'bɛrgɐ, *schwed.* 'bærjər, *engl.* 'bə:gə
Bergerạc *fr.* bɛrʒə'rak
Bergerạt *fr.* bɛrʒə'ra
Bergẹre bɛr'ʒe:r[ə], ...ʒɛ:r[ə]
Bergerẹtte bɛrʒə'rɛtə
Bergerhausen bɛrgɐ'hau̯zn̩
Bergey *engl.* 'bə:gɪ
Bẹrgfeld 'bɛrkfɛlt
Bẹrgfried 'bɛrkfri:t, **-e** ...i:də
Berggießhübel bɛrkgi:s'hy:bl̩
Bergh *engl.* bə:g, *niederl.* bɛrx, *schwed.* bærj
Bẹrghaus 'bɛrkhau̯s
Bẹrgheim 'bɛrkhai̯m
Bẹrghem *niederl.* 'bɛrxəm
Bẹrghe von Trịps 'bɛrgə fɔn 'trɪps
bẹrghoch 'bɛrkho:x
Bẹrghoeffer 'bɛrkhœfɐ
bẹrgig 'bɛrgɪç, **-e** ...ɪgə
bẹrgisch 'bɛrgɪʃ
Bẹrgius 'bɛrgi̯ʊs
Bẹrgk bɛrk
Bergkạmen bɛrk'ka:mən
Bẹrglund *schwed.* ,bærjlʊnd
Bẹrgman *schwed.* 'bærjman, ,-ˊ-
Bẹrgmann 'bɛrkman, *niederl.* 'bɛrxmɑn, *engl.* 'bə:gmən
Bẹrgner 'bɛrgnɐ
Bergneustadt bɛrk'nɔyʃtat
Bergọnzi *it.* ber'gondzi
Bergreichenstein bɛrk'rai̯çn̩ʃtai̯n
Bẹrgslagen *schwed.* ,bærjslɑ:gən
Bẹrgsøe *dän.* 'bɛrɣsø:'
Bergsọn *fr.* bɛrk'sɔn
Bẹrgstraße 'bɛrk-ʃtra:sə
Bẹrgsträßer 'bɛrk-ʃtrɛ:sɐ
Bẹrgström *schwed.* ,bærjstrœm
Bergues *fr.* bɛrg
Bergün bɛr'gy:n
bergụnter bɛrk'|ʊntɐ
Bergwardein bɛrkvar'dai̯n
Bẹrgwitz 'bɛrkvɪts
Bẹrgzabern 'bɛrktsa:bɐn
Berhạla *indon.* bər'hala
Bẹrhard 'bɛrhart
Bẹrhida *ung.* 'bɛrhidɔ
Beribẹri beri'be:ri
Berịcht bə'rɪçt
berịchtigen bə'rɪçtɪgn̩, **berịchtig!** ...ɪç, **berịchtigt** ...ɪçt
Bẹrico *it.* 'bɛ:riko
Bẹrici *it.* 'bɛ:ritʃi
Bẹrija 'be:rija, *russ.* 'bjerijɐ
Bẹring 'be:rɪŋ, *dän.* 'be:reŋ
berịngen bə'rɪŋən
Bẹringen *niederl.* 'be:rɪŋə
Bẹrio *it.* 'bɛ:ri̯o
Bériọt *fr.* be'rjo
Bẹrit 'be:rɪt
Bẹrja *span.* 'bɛrxa
Bẹrk[a] 'bɛrk[a]
Bẹrke 'bɛrkə
Bẹrkel 'bɛrkl̩, *niederl.* 'bɛrkəl
Berkeley *England* 'bɑ:klɪ, *USA* 'bə:klɪ
Berkẹlium bɛr'ke:li̯ʊm
Berkenbrụ̈ck bɛrkn̩'brʏk
Berkenbrụ̈gge bɛrkn̩'brʏgə

Berkley *engl.* 'bə:klı
Bẹrko[w] 'bɛrko
Berkọwiza, Berkovica *bulgar.* bɛr'kɔvitsa
Berks. *engl.* bɑ:ks
Berkshire *engl.* 'bɑ:kʃıə
Bẹrkum 'bɛrkʊm
Bẹrkutow, Berkutov *russ.* 'bjɛrkutɐf
Bẹrl bɛrl
Bẹrlage *niederl.* 'bɛrla:xə
Berlaimont *fr.* bɛrlɛ'mõ
Bẹrlebeck 'bɛrləbɛk
Bẹrleburg 'bɛrləbʊrk
Berlẹngas *port.* bər'leŋgɐʃ
Bẹrlepsch 'bɛrlɛpʃ
Bẹrlichingen 'bɛrlıçıŋən
Bẹrlicum *niederl.* 'bɛrli:kʏm
Berlịn bɛr'li:n; *engl. Personenname* 'bə:lın, –'–; *Ort in den USA* 'bə:lın
Berlinạle bɛrli'na:lə
Berlịnchen bɛr'li:nçən
Bẹrlind 'bɛrlınt
Berlịnde bɛr'lındə
Berlịner bɛr'li:nɐ
berlịnerisch bɛr'li:nərıʃ
berlịnern bɛr'li:nɐn
Bẹrlingen 'bɛrlıŋən
Berlinghiẹro *it.* berliŋ'gi̯ɛ:ro
Bẹrlingske tịdende *dän.* 'bɛrleŋsgə 'ti:ðənə
Berlinguẹr *it.* berliŋ'gu̯ɛr
berlịnisch bɛr'li:nıʃ
Berliọz *fr.* bɛr'ljo:z
Bẹrlitz 'bɛrlıts
Berlọcke bɛr'lɔkə
Bẹrlstedt 'bɛrlʃtɛt
Bermann *engl.* 'bə:mən
Bẹrmaringen 'bɛrmarıŋən
Bẹrmatingen 'bɛrmatıŋən
Bẹrmbeck 'bɛrmbɛk
Bẹrme 'bɛrmə
Bermẹja *span.* bɛr'mɛxa
Bermẹjo *span.* bɛr'mɛxo
Bermẹo *span.* bɛr'meo
Bermondsey *engl.* 'bə:məndzı
Bermụda[s] bɛr'mu:da[s], *engl.* bə[:]'mju:də[z]
Bermúdez *span.* bɛr'muðɛθ
Bermụdo *span.* bɛr'muðo
Bẹrn[a] 'bɛrn[a]
Bernabé *span.* bɛrna'βe
Bernadẹtte *fr.* bɛrna'dɛt, *engl.* bə:nə'dɛt
Bernadọtte *fr.* bɛrna'dɔt, *schwed.* ˌbær...
Bernai *fr.* bɛr'nɛ
Bernạl *span.* bɛr'nal
Bẹrnald 'bɛrnalt
Bernạlda *it.* ber'nalda
Bernanọs *fr.* bɛrna'no:s
Bẹrnard 'bɛrnart; *fr.* bɛr'na:r; *engl. Vorname* 'bə:nəd, *Familienname auch:* bə:'nɑ:d; *schwed.* 'bæ:rnhard
Bernardạkes *neugr.* bɛrnar'ðakis
Bernạrdes *port.* bər'nardıʃ, *bras.* ber'nardis
Bernạrdi *it.* ber'nardi
Bernardin de Saint-Piẹrre *fr.* bɛrnardɛ̃dsɛ̃'pjɛ:r
Bernardịno *it.* bernar'di:no
Bernạrdo *it.* ber'nardo, *span.* bɛr'narðo
Bernạrt *fr.* bɛr'na:r
Bernau 'bɛrnau̯, –'–
Bẹrnauer 'bɛrnau̯ɐ
Bernay *fr.* bɛr'nɛ
Bẹrnays 'bɛrnai̯s
Bẹrnbrunn 'bɛrnbrʊn
Bẹrnburg 'bɛrnbʊrk, **-er** ...rgɐ
Bẹrndorf 'bɛrndɔrf
Bẹrnd[t] bɛrnt
Bẹrnecebaráti *ung.* 'bɛrnɛtsɛbɔra:ti
Berneck bɛr'nɛk, '––
Bẹrneker 'bɛrnəkɐ
Bẹrner 'bɛrnɐ
Berners *engl.* 'bə:nəz
Bernẹsga *span.* bɛr'nezɣa
Bẹrnhard 'bɛrnhart, *niederl.* 'bɛrnɑrt, *schwed.* 'bæ:rnhard
Bernhạrda bɛrn'harda
Bernhạrde bɛrn'hardə
Bernhạrdi bɛrn'hardi
Bernhardịn[e] bɛrnhar'di:n[ə]
Bernhardịner bɛrnhar'di:nɐ
Bẹrnhardt 'bɛrnhart, *fr.* bɛr'na:r
Bẹrnhart 'bɛrnhart
Bẹrnheim 'bɛrnhai̯m
Bẹrnhild 'bɛrnhılt
Bẹrni *it.* 'bɛrni
Bernịna bɛr'ni:na, *it.* ber'ni:na
Bẹrning 'bɛrnıŋ
Bernịni *it.* ber'ni:ni
Bernịs *fr.* bɛr'nis
bẹrnisch 'bɛrnıʃ
Bẹrnkastel 'bɛrnkastl̩
Bẹrno 'bɛrno
Bẹrnold 'bɛrnɔlt
Bernoulli bɛr'nʊli
Bẹrnsbach 'bɛrnsbax
Bẹrnsdorf 'bɛrnsdɔrf
Bẹrnstadt 'bɛrnʃtat
Bẹrnstein 'bɛrnʃtain, *fr.* bɛrn'stɛn, *engl.* 'bə:nstaın, ...sti:n
Bẹrnstorff 'bɛrnstɔrf, *dän.* 'bɛr'nsdɔrf
Bernterọde bɛrntə'ro:də
Bẹrnus 'bɛrnʊs
Bẹrnuth 'bɛrnʊt
Bẹrnward 'bɛrnvart
Bẹro 'be:ro
Béroalde de Bervịlle *fr.* bɛrɔalddəbɛr'vil
Berolịna bero'li:na
Bẹrolzheim 'be:rɔltshai̯m
Beromünster be:ro'mʏnstɐ, '––––
Berọn *bulgar.* bɛ'rɔn
Béroul *fr.* be'rul
Bẹroun *tschech.* 'bɛrɔu̯n
Bẹrounka *tschech.* 'bɛrɔu̯ŋka
Berquin *fr.* bɛr'kɛ̃
Bẹrre *fr.* bɛ:r
Berrettịni *it.* berret'ti:ni
Bẹrria *span.* 'bɛrri̯a
Bẹrrio *span.* 'bɛrri̯o
Bẹrroia *neugr.* 'vɛrja
Berruguẹte *span.* bɛrru'ɣete
Bẹrry 'bɛri, *fr.* bɛ'ri, *engl.* 'bɛrı
Bersagliẹre bɛrzal'je:rə, **...ri** ...ri
Bẹrsenbrück 'bɛrzn̩brʏk
Berserker bɛr'zɛrkɐ, *auch:* '–––
Bersẹzio *it.* ber'sɛttsi̯o
Bẹrson 'bɛrzɔn
bẹrsten 'bɛrstn̩
Bẹrt bɛrt, *fr.* bɛ:r, *engl.* bə:t
Bẹrta 'bɛrta
Bertaut *fr.* bɛr'to
Bẹrtel[sen] 'bɛrtl̩[zn̩]
Bẹrtel[s]mann 'bɛrtl̩[s]man
Bertẹroa bɛr'te:roa
Bẹrtha 'bɛrta, *engl.* 'bə:θə
Berthạlda bɛr'talda
Berthelọt *fr.* bɛrtə'lo
Bẹrthelsdorf 'bɛrtl̩sdɔrf
Berthiẹr[s] *fr.* bɛr'tje
Bẹrthild 'bɛrt[h]ılt
Berthịlde bɛr'tıldə, bɛrt'hıldə
Bẹrthold 'bɛrtɔlt, *auch:* 'bɛrthɔlt
Bertho[l]lẹt *fr.* bɛrtɔ'lɛ
Berthoud *fr.* bɛr'tu
Bẹrti 'bɛrti
Bertie *engl.* 'bɑ:tı, 'bə:tı
Bẹrtil *schwed.* 'bærtil
Bertillon *fr.* bɛrti'jõ
Bertillonage bɛrtijo'na:ʒə
Bertin *fr.* bɛr'tɛ̃
Bertịna bɛr'ti:na
Bertịni *it.* ber'ti:ni
Bertinọro *it.* berti'nɔ:ro
Bẹrto 'bɛrto
Bẹrtold 'bɛrtɔlt
Bertọldi *it.* ber'tɔldi
Bertọldo *it.* ber'tɔldo
Berton *fr.* bɛr'tõ
Bertọni *it.* ber'to:ni
Bertrạda bɛrt'ra:da
Bẹrtram 'bɛrtram, *engl.* 'bə:trəm
Bertran *fr.* bɛr'trã
Bẹrtrand 'bɛrtrant, *fr.* bɛr'trã, *engl.* 'bə:trənd
Bertrạndo *it.* ber'trando
Bertrant *fr.* bɛr'trã
Bẹrtrich 'bɛrtrıç
Bẹrtrun 'bɛrtru:n
Bẹrtuch 'bɛrtʊx
berụ̈chtigt bə'rʏçtıçt
berụ̈cksichtigen bə'rʏkzıçtıgn̩, **berụ̈cksichtig!** ...ıç, **berụ̈cksichtigt** ...ıçt
Beruẹte *span.* be'ru̯ete
Berụf bə'ru:f
berụhigen bə'ru:ıgn̩, **berụhig!** ...ıç, **berụhigt** ...ıçt

berühmt bə'ry:mt
Bérulle *fr.* be'ryl
Bẹrum 'be:rʊm
Berụni be'ru:ni
Bẹrus 'be:rʊs
Berụtti *it.* be'rutti
Bẹrve 'bɛrvə
Bervịc *fr.* bɛr'vik
Bervoix *fr.* bɛr'vwa
Bẹrwald *schwed.* 'bæ:rvald
Berwick *engl.* 'bɛrɪk, *fr.* bɛ'rwik
Bẹrwicke 'bɛrvɪkə
Bẹrwickshire *engl.* 'bɛrɪkʃɪə
Berwyn *engl.* 'bə:wɪn
Bẹryl 'be:rɪl, *engl.* 'bɛrɪl
Berỵll[ium] be'rʏl[i̯ʊm]
Berỵtos be'ry:tɔs
Bẹrzdorf 'bɛrtsdɔrf
Berzẹlius bɛr't͡se:li̯ʊs, *schwed.* bær'se:liʊs
Berzọna *it.* ber'dzo:na
Bẹrzsenyi *ung.* 'bɛrʒɛnji
besạgt bə'za:kt
besaiten bə'zai̯tn̩
Besan be'za:n, *auch:* 'be:za:n
Besançon *fr.* bəzã'sõ
besạ̈nftigen bə'zɛnftɪgn̩, **besạ̈nftig!** ...ɪç, **besạ̈nftigt** ...ɪçt
[1]**Bẹsant** (Annie) *engl.* 'bɛsənt
[2]**Besant** (Sir Walter) *engl.* bɪ'zænt
Besạtz bə'zat͡s
Besạtzung bə'zat͡sʊŋ
Besborọdko, Bezborodko *russ.* bɪzba'rɔtkɐ
Besch bɛʃ, be:ʃ
beschạ̈ftigen bə'ʃɛftɪgn̩, **beschạ̈ftig!** ...ɪç, **beschạ̈ftigt** ...ɪçt
beschạllen bə'ʃalən
Beschau bə'ʃau̯
Bescheid bə'ʃai̯t, **-e** bə'ʃai̯də
[1]**bescheiden** (Adj.) bə'ʃai̯dn̩, **...dne** ...dnə
[2]**bescheiden** (Verb) bə'ʃai̯dn̩, **bescheid!** ...ai̯t
bescheinigen bə'ʃai̯nɪgn̩, **bescheinig!** ...ɪç, **bescheinigt** ...ɪçt
beschẹren bə'ʃe:rən
Bẹschiza, Bežica *russ.* 'bjɛʒɪtsɐ
Bẹschkow, Beškov *bulgar.* 'bɛʃkof
Beschlạ̈cht bə'ʃlɛçt
Beschlạg bə'ʃla:k, **Beschläge** bə'ʃlɛ:gə
Beschlạgnahme bə'ʃla:kna:mə
beschlạgnahmen bə'ʃla:kna:mən
beschleunigen bə'ʃlɔy̯nɪgn̩, **beschleunig!** ...ɪç, **beschleunigt** ...ɪçt
Beschmẹt bɛʃ'mɛt
beschọ̈nigen bə'ʃø:nɪgn̩, **beschọ̈nig!** ...ɪç, **beschọ̈nigt** ...ɪçt
beschrạnkt bə'ʃraŋkt
beschrịften bə'ʃrɪftn̩
Bẹscht bɛʃt
beschụldigen bə'ʃʊldɪgn̩, **beschụldig!** ...ɪç, **beschụldigt** ...ɪçt
beschụmmeln bə'ʃʊml̩n
Beschwẹr[de] bə'ʃve:ɐ̯[də]
beschwẹren bə'ʃve:rən
Beschwẹrnis bə'ʃve:ɐ̯nɪs, **-se** ...ɪsə
beschwịchtigen bə'ʃvɪçtɪgn̩, **beschwịchtig!** ...ɪç, **beschwịchtigt** ...ɪçt
beschwịngt bə'ʃvɪŋt
beschwịpst bə'ʃvɪpst
beseelen bə'ze:lən
beseitigen bə'zai̯tɪgn̩, **beseitig!** ...ɪç, **beseitigt** ...ɪçt
Bẹseler 'be:zəlɐ
besẹligen bə'ze:lɪgn̩, **besẹlig!** ...ɪç, **besẹligt** ...ɪçt
Bẹsemschon 'be:zm̩ʃo:n
Bẹsen 'be:zn̩
Bẹsenfeld 'be:zn̩fɛlt
Bẹsenyőtelek *ung.* 'bɛʃɛnjø:tɛlɛk
besẹssen bə'zɛsn̩
besịchtigen bə'zɪçtɪgn̩, **besịchtig!** ...ɪç, **besịchtigt** ...ɪçt
Bẹsigheim 'be:zɪçhai̯m
Bésịgue be'zi:k
Besịk be'zi:k
Besịka be'zi:ka
Beşịktaş *türk.* bɛ'ʃik͵taʃ
besịnnlich bə'zɪnlɪç
Běšiny *tschech.* 'bjɛʃini
Besịtz bə'zɪt͡s
Beskịden bɛs'ki:dn̩
Beskịdy *poln.* bɛs'kidɨ
Beškov vgl. Beschkow
Bẹskydy *slowak.* 'bɛskidi
Beslẹner bɛs'le:nɐ
Besnạrd *fr.* bɛ'na:r
Bẹsnyő *ung.* 'bɛʃnjø:
besọffen bə'zɔfn̩
besọlden bə'zɔldn̩, **besọld!** ...lt
besọnder[s] bə'zɔndɐ[s]
besọnnen bə'zɔnən
Besọrgnis bə'zɔrknɪs, **-se** ...ɪsə
besọrgt bə'zɔrkt
Bẹss *engl.* bɛs
Bessarạbien bɛsa'ra:bi̯ən
Bessạrion bɛ'sa:ri̯ɔn
Bẹssastaðir *isl.* 'bɛsasta:ðɪr
Bẹsse *fr.* bɛs
Bessèges *fr.* bɛ'sɛ:ʒ
Bẹssel 'bɛsl̩
Bẹsseler 'bɛsəlɐ
Bẹssemer 'bɛsəmɐ, *engl.* 'bɛsɪmə
bẹssemern 'bɛsəmɐn
Bẹssenyei *ung.* 'bɛʃɛnjɛi
bẹsser 'bɛsɐ
Bẹsseringen 'bɛsərɪŋən
Bessermạ̈ne bɛsɐ'mɛ:nə
Bẹssey, ...ie *engl.* 'bɛsɪ
Bessières *fr.* bɛ'sjɛ:r
Bessin *fr.* bɛ'sɛ̃
Bẹssingen 'bɛsɪŋən
Bẹsson 'bɛsɔn, *fr.* bɛ'sõ
Bẹssos 'bɛsɔs
Bẹssungen 'bɛsʊŋən
Bẹst *dt., engl., niederl.* bɛst
bestạllen bə'ʃtalən
Bestạnd bə'ʃtant
bestạ̈ndig bə'ʃtɛndɪç, **-e** ...ɪgə
bestạ̈tigen bə'ʃtɛ:tɪgn̩, **bestạ̈tig!** ...ɪç, **bestạ̈tigt** ...ɪçt
bestạtten bə'ʃtatn̩
Bestạ̈tter bə'ʃtɛtɐ
Bestätterei bəʃtɛtə'rai̯
bẹste, B... 'bɛstə
bestẹchlich bə'ʃtɛçlɪç
Bestẹck bə'ʃtɛk
Bestẹder bə'ʃte:dɐ
Bestẹg bə'ʃte:k, **-e** ...gə
bestẹhen bə'ʃte:ən
Bẹstelmeyer 'bɛstl̩mai̯ɐ
bẹstenfạlls 'bɛstn̩'fals
bẹstens 'bɛstn̩s
bestẹrnt bə'ʃtɛrnt
Bestiaire *fr.* bɛs'tjɛ:r
bestiạlisch bɛs'ti̯a:lɪʃ
Bestialitạ̈t bɛsti̯ali'tɛ:t
Bestiạrium bɛs'ti̯a:ri̯ʊm, **...ien** ...i̯ən
Bẹstie 'bɛsti̯ə
bestiefelt bə'ʃti:fl̩t
bestịmmt bə'ʃtɪmt
bestịrnt bə'ʃtɪrnt
Bẹstmann 'bɛstman
bẹstmọ̈glich 'bɛst'mø:klɪç
bestọßen bə'ʃto:sn̩
Bẹstseller 'bɛstzɛlɐ
Bestụschew-Rjụmin, Bestužev-Rjumin *russ.* bɪs'tuʒɛf'rjumin
Bẹstwig 'bɛstvɪç
Besụch bə'zu:x
Bẹt *engl.* bɛt
Bẹta 'be:ta
betạgt bə'ta:kt
Betạin beta'i:n
Betancourt *span.* betaŋ'kur
Betạnzos *span.* be'tanθɔs
Betạ̈tigung bə'tɛ:tɪgʊŋ
Bẹtatron 'be:tatro:n
betäuben bə'tɔy̯bn̩, **betäub!** bə'tɔy̯p, **betäubt** bə'tɔy̯pt
Betaxịn Ⓦz beta'ksi:n
bête bɛ:t
Bẹte 'be:tə
Beteigeuze betai̯'gɔy̯tsə
beteiligen bə'tai̯lɪgn̩, **beteilig!** ...ɪç, **beteiligt** ...ɪçt
Bẹtel 'be:tl̩
bẹten 'be:tn̩
beteuern bə'tɔy̯ɐn
Bẹth be:t
Bethạnien be'ta:ni̯ən
Bẹthe 'be:tə
Bẹthel 'be:tl̩, *engl.* 'bɛθəl
Béthencourt *fr.* betã'ku:r
Bethẹsda be'tɛsda
Bẹthge 'be:tgə
Bẹthingen 'bɛtɪŋən

Bethlehem 'be:tlehɛm, *engl.* 'bɛθlɪhɛm
bethlehemitisch be:tlehe'mi:tɪʃ
Bethlen *ung.* 'bɛtlɛn
Bethmann 'be:tman
Bethnal *engl.* 'bɛθnəl
Bethsaida be'tsaida
Beth-Sean 'be:t'ʃa:n
Bethulia be'tu:lia
Bethulien be'tu:liən
Béthune *fr.* be'tyn
Beth Zur 'be:t 'tsu:ɐ̯
Beting 'be:tɪŋ
betisch 'be:tɪʃ
Betise be'ti:zə
betiteln bə'ti:tl̩n
Beton be'tɔŋ; *auch:* be'tõ:, be'to:n; **des -s** be'tɔŋs; *auch:* be'tõ:s, be'to:ns; **die -s** be'tɔŋs; *auch:* be'tõ:s; **die -e** be'to:nə
betonen bə'to:nən
Betonie be'to:ni̯ə
betonieren beto'ni:rən
betonnen bə'tɔnən
betören bə'tø:rən
Betoya *span.* be'toja
Betracht bə'traxt
beträchtlich bə'trɛçtlɪç
Betrag bə'tra:k, **-es** ...a:gəs, **Beträge** bə'trɛ:gə
Betreff bə'trɛf
betreffs bə'trɛfs
betreuen bə'trɔyən
Betrieb bə'tri:p, **-e** ...i:bə
betrieblich bə'tri:plɪç
betriebsam bə'tri:pza:m
betrüblich bə'try:plɪç
Betrübnis bə'try:pnɪs, **-se** ...ɪsə
Betrug bə'tru:k, **-es** ...gəs
Betrüger bə'try:gɐ
Betrügerei bətry:gə'rai
betrügerisch bə'try:gərɪʃ
betrunken bə'trʊŋkn̩
Betschkerek 'bɛtʃkɛrɛk
Betschuana be'tʃu̯a:na
Betschwa 'bɛtʃva
Betsy *engl.* 'bɛtsɪ
Bett bɛt
Bettag 'be:tta:k
Bette *engl.* bɛt
Bettel 'bɛtl̩
Bettelei bɛtə'lai
betteln 'bɛtl̩n
betten 'bɛtn̩
Bettenhausen bɛtn̩'hauzn̩
Betti 'bɛti
Bettina bɛ'ti:na
Bettine bɛ'ti:nə
Bettinelli *it.* betti'nɛlli
Bettler 'bɛtlɐ
Bettmar 'bɛtmar
Bettola *it.* 'bettola
[1]**Bettuch** (Tuch für das Bett) 'bɛttu:x
[2]**Bettuch** (beim jüdischen Gottesdienst) 'be:ttu:x
Betty 'bɛti, *engl.* 'bɛtɪ

betuch[t] bə'tu:x[t]
Betula 'be:tula
Betulaceae betu'la:tseɛ
betulich bə'tu:lɪç
Betuwe *niederl.* 'be:ty:wə
Betzenstein 'bɛtsn̩ʃtain
Betzigau 'bɛtsɪgau
Betzin bɛ'tsi:n
Betzingen 'bɛtsɪŋən
Beuche 'bɔyçə
beuchen 'bɔyçn̩
Beudant *fr.* bø'dã
Beue *neugr.* 'vɛvi
Beuel 'bɔyəl
Beuerberg 'bɔyɐbɛrk
Beuge 'bɔygə
beugen 'bɔygn̩, **beug!** bɔyk, **beugt** bɔykt
Beuggen 'bɔygn̩
Beugnot *fr.* bø'ɲo
Beule 'bɔylə
Beumelburg 'bɔyml̩bʊrk
Beuna 'bɔyna
beunruhigen bə'|ʊnru:ɪgn̩, **beunruhig!** ...ɪç, **beunruhigt** ...ɪçt
Beuren 'bɔyrən
Beurig 'bɔyrɪç
beurkunden bə'|u:ɐ̯kʊndn̩, **beurkund!** ...nt
beurlauben bə'|u:ɐ̯laubn̩, **beurlaub!** ...laup, **beurlaubt** ...laupt
Beuron 'bɔyro:n
Beust bɔyst
beut bɔyt
Beute 'bɔytə
Beutel 'bɔytl̩
beuteln 'bɔytl̩n
beuten 'bɔytn̩
Beutersitz 'bɔytɐzɪts
Beuth bɔyt
Beuthen 'bɔytn̩
Beuther 'bɔytɐ
Beutler 'bɔytlɐ
Beutlmayr 'bɔytl̩maiɐ
Beutner 'bɔytnɐ
Beutnerei bɔytnə'rai
Beutnitz 'bɔytnɪts
Beuvron *fr.* bø'vrõ
Bevagna *it.* be'vaɲɲa
Bevan *engl.* 'bɛvən
Bevatron 'be:vatro:n
Bever *rät., niederl.* 'be:vər
Beveren *niederl.* 'be:vərə
Beveridge *engl.* 'bɛvərɪdʒ
Beverl[e]y *engl.* 'bɛvəlɪ
Beverlo *niederl.* 'be:vərlo:
Bevern 'be:vɐn
Beverungen 'be:vərʊŋən
Beverwijk *niederl.* be:vər'wɛi̯k
bevettern bə'fɛtɐn
Bevilacqua *it.* bevi'lakku̯a
Bevin *engl.* 'bɛvɪn
Bevis 'be:vɪs
Bevk *slowen.* be:u̯k
bevölkern bə'fœlkɐn
bevor bə'fo:ɐ̯

bevormunden bə'fo:ɐ̯mʊndn̩, **bevormund!** ...mʊnt
bevorraten bə'fo:ɐ̯ra:tn̩
bevorrechten bə'fo:ɐ̯rɛçtn̩
bevorrechtigen bə'fo:ɐ̯rɛçtɪgn̩, **bevorrechtig!** ...tɪç, **bevorrechtigt** ...tɪçt
bevorschussen bə'fo:ɐ̯ʃʊsn̩
bevorstehen bə'fo:ɐ̯ʃte:ən
bevorworten bə'fo:ɐ̯vɔrtn̩
bevorzugen bə'fo:ɐ̯tsu:gn̩, **bevorzug!** ...u:k, **bevorzugt** ...u:kt
bewachsen bə'vaksn̩
bewähren bə'vɛ:rən
bewahrheiten bə'va:ɐ̯haitn̩
bewalden bə'valdn̩, **bewald!** ...lt
bewaldrechten bə'valtrɛçtn̩
bewältigen bə'vɛltɪgn̩, **bewältig!** ...ɪç, **bewältigt** ...ɪçt
bewandert bə'vandɐt
bewandt bə'vant
Bewandtnis bə'vantnɪs, **-se** ...ɪsə
Bewcastle *engl.* 'bju:kɑ:sl
bewegen bə've:gn̩, **beweg!** ...e:k, **bewegt** ...e:kt
beweglich bə've:klɪç
beweiben bə'vaibn̩, **beweib!** bə'vaip, **beweibt** bə'vaipt
beweihräuchern bə'vairɔyçɐn
Beweis bə'vais, **-e** ...aizə
bewerkstelligen bə'vɛrk-ʃtɛlɪgn̩, **bewerkstellig!** ...ɪç, **bewerkstelligt** ...ɪçt
Bewick *engl.* 'bju:ɪk, bjʊɪk
bewilligen bə'vɪlɪgn̩, **bewillig!** bə'vɪlɪç, **bewilligt** bə'vɪlɪçt
bewillkommnen bə'vɪlkɔmnən
bewirken bə'vɪrkn̩
bewirten bə'vɪrtn̩
bewog bə'vo:k, **-en** bə'vo:gn̩
bewöge bə'vø:gə
bewölken bə'vœlkn̩
Bewuchs bə'vu:ks
bewundern bə'vʊndɐn, **bewundre** bə'vʊndrə
Bewundrer bə'vʊndrɐ
bewußt bə'vʊst
Bewußtheit bə'vʊsthait
bewußtlos bə'vʊstlo:s
Bex *fr.* bɛ
Bexbach 'bɛksbax
Bexhill *engl.* 'bɛks'hɪl
Bexley *engl.* 'bɛkslɪ
Bey bai, *türk.* bɛi̯
Beydritten bai'drɪtn̩
Beyenburg 'baiənbʊrk
Beyens *niederl.* 'bɛi̯əns
Beyer 'baiɐ
Beyeren *niederl.* 'bɛi̯ərə
Beyerle 'baiɐlə
Beyerlein 'baiɐlain
Beyle *fr.* bɛl
Beyme 'baimə
Beyschlag 'baiʃla:k
Beza 'be:za
Bezborodko vgl. Besborodko

Bezdan *serbokr.* ˌbɛzdan
Bezdružice *tschech.* ˈbɛzdruʒitsɛ
Bèze *fr.* bɛ:z
bezeugen bəˈtsɔygn̩
Bežica vgl. Beschiza
bezichtigen bəˈtsɪçtɪgn̩, **bezichtig!** ...ɪç, **bezichtigt** ...ɪçt
beziehentlich bəˈtsi:əntlɪç
Beziehung bəˈtsi:ʊŋ
Béziers *fr.* beˈzje
beziffern bəˈtsɪfɐn
Bezirk bəˈtsɪrk
bezirzen bəˈtsɪrtsn̩
Bezoar betsoˈa:ɐ̯
Bezold ˈbe:tsɔlt
Bezruč *tschech.* ˈbɛzrutʃ
Bezug bəˈtsu:k
bezüglich bəˈtsy:klɪç
bezuschussen bəˈtsu:ʃʊsn̩, **bezuschuß!** bəˈtsu:ʃʊs
Bezvěrov *tschech.* ˈbɛzvjɛrɔf
bezwecken bəˈtsvɛkn̩
Bezzel ˈbɛtsl̩
Bezzenberger ˈbɛtsn̩bɛrgɐ
Bhagalpur *engl.* ˈbɑ:gəlpʊə
Bhagawadgita bagavatˈgi:ta
Bhagawata ˈba:gavata
Bhakti ˈbakti
Bharat ˈba:rat
Bhasa ˈba:za
Bhaskara Atscharja ˈba:skara aˈtʃa:ri̯a
Bhatpara *engl.* bɑ:tˈpɑ:rə
Bhavnagar *engl.* ˈbaʊnəgə
Bhawabhuti bavaˈbu:ti
Bhikku ˈbɪku
Bhikschu ˈbɪkʃu
Bhil bi:l
Bhiwani *engl.* bɪˈwɑ:nɪ
Bhopal *engl.* ˈboʊpɑ:l
Bhubaneswar *engl.* bʊbəˈneɪswə
Bhusawal *engl.* bʊˈsɑ:wəl
Bhutan ˈbu:tan
Bhutto ˈbʊto, *engl.* ˈbʊtoʊ
Biafra ˈbi̯afra
Biafraner bi̯aˈfra:nɐ
biafranisch bi̯aˈfra:nɪʃ
Biagio *it.* ˈbi̯a:dʒo
Biak *indon.* ˈbiak
Biała-Podlaska *poln.* ˈbjau̯a pɔdˈlaska
Bialik ˈbi̯a:lɪk
Bialla ˈbi̯ala
Białogard *poln.* bjaˈu̯ɔgart
Białowieska Puszcza *poln.* bjau̯ɔˈvjɛska ˈpuʃtʃa
Białowieża *poln.* bjau̯ɔˈvjɛʒa
Białystok *poln.* bjaˈu̯ɨstɔk
Bianca *it.* ˈbi̯aŋka
Bianchi *it.* ˈbi̯aŋki
Bianco *it.* ˈbi̯aŋko
Biarchie biarˈç:i, **-n** ...i:ən
Biard *fr.* bja:r
Biarritz *fr.* bjaˈrits
Bias ˈbi:as
Biasca *it.* ˈbi̯aska

Biathlon ˈbi:atlɔn
Biatorbágy *ung.* ˈbiɔtorba:dj
Bibaculus biˈba:kulʊs
bibbern ˈbɪbɐn, **bibbre** ˈbɪbrə
Bibbiena *it.* bibˈbi̯ɛ:na
Bibel ˈbi:bl̩
Bibelot biˈblo:
Biber ˈbi:bɐ
Biberach ˈbi:bərax
Biberberg ˈbi:bɐbɛrk
Biberette bibəˈrɛtə
Bibergeil ˈbi:bɐgai̯l
Bibernelle bi:bɐˈnɛlə
Bibersfeld ˈbi:bɐsfɛlt
Bibesco *fr.* bibɛsˈko
Bibescu *rumän.* biˈbesku
Bibiana biˈbi̯a:na
Bibiena *it.* biˈbi̯ɛ:na
Bibi [Johns] ˈbi:bi [ˈdʒo:ns]
Bibl ˈbi:bl̩
Bibliander bibliˈandɐ
Biblia pauperum ˈbi:blia ˈpau̯perʊm
Bibliognosie bibliognoˈzi:
Bibliograph biblioˈgra:f
Bibliographie bibliograˈfi:, **-n** ...i:ən
bibliographieren bibliograˈfi:rən
bibliographisch biblioˈgra:fɪʃ
Biblioklast biblioˈklast
Bibliolatrie bibliolaˈtri:
Bibliolithen biblioˈli:tn̩, *auch:* ...lɪtn̩
Bibliologie biblioloˈgi:
Bibliomane biblioˈma:nə
Bibliomanie bibliomaˈni:
Bibliomantie bibliomanˈti:
Bibliophage biblioˈfa:gə
bibliophil biblioˈfi:l
Bibliophilie bibliofiˈli:
Bibliophobie bibliofoˈbi:
Bibliosophie bibliozoˈfi:
Bibliotaph biblioˈta:f
Bibliothek biblioˈte:k
Bibliothekar biblioteˈka:ɐ̯
bibliothekarisch biblioteˈka:rɪʃ
Bibliothekographie bibliotekograˈfi:
Bibliothekonomie bibliotekonoˈmi:
Bibliotherapie biblioteraˈpi:
Biblis ˈbi:blɪs
biblisch ˈbi:blɪʃ
Biblizismus bibliˈtsɪsmʊs
Biblizist bibliˈtsɪst
Bibracte biˈbraktə, *B* ...te
Bicaj *alban.* ˈbitsai̯
Biccari *it.* ˈbikkari
Bice *it.* ˈbi:tʃe
Bicellaglas biˈtsɛlagla:s
Bicester *engl.* ˈbɪstə
Bicêtre *fr.* biˈsɛtr
Bichat *fr.* biˈʃa
Bichl ˈbɪçl̩
bichrom ˈbi:kro:m, biˈkro:m
Bichromat ˈbi:kroma:t, bikroˈma:t

Bichromie bikroˈmi:
Bichsel ˈbɪksl̩
Bicinium biˈtsi:ni̯ʊm, **...ien** ...i̯ən
Bickbeere ˈbɪkbe:rə
Bickenriede bɪkn̩ˈri:də
Bicknell *engl.* ˈbɪknəl
Bicocca *it.* biˈkɔkka
Bicske *ung.* ˈbitʃkɛ
Bidasoa *span.* biðaˈsoa
Bidault *fr.* biˈdo
Bid[d]eford *engl.* ˈbɪdɪfəd
Biddle *engl.* bɪdl
Bideford *engl.* ˈbɪdɪfəd
Bidens ˈbi:dɛns
Bider ˈbi:dɐ
biderb biˈdɛrp, **-e** ...rbə
Bidermann ˈbi:dɐman
Bidet biˈde:
Bidez *fr.* biˈde
Bidonville *fr.* bidõˈvil
Bieberstein ˈbi:bɐʃtai̯n
Biebl ˈbi:bl̩
Biebrich ˈbi:brɪç
Biebrza *poln.* ˈbjɛbʒa
Biedenkopf ˈbi:dn̩kɔpf
bieder ˈbi:dɐ, **...dre** ...drə
Biederitz ˈbi:dərɪts
Biedermann ˈbi:dɐman
Biedermeier ˈbi:dɐmai̯ɐ
Bièfve *fr.* bjɛ:v
Biege ˈbi:gə
biegen ˈbi:gn̩, **bieg!** bi:k, **biegt** bi:kt
biegsam ˈbi:kza:m
Biehla ˈbi:la
Biel[a] ˈbi:l[a]
Bielawa *poln.* bjɛˈlava
Bielbrief ˈbi:lbri:f
Bielefeld ˈbi:ləfɛlt, **-er** ...ldɐ
Bielenstein ˈbi:lənʃtai̯n
Bieler ˈbi:lɐ
Bielitz ˈbi:lɪts
Biella *it.* ˈbi̯ɛlla
Bielschowsky bɪlˈʃɔfski
Bielsk *poln.* bjɛlsk
Bielsko-Biała *poln.* ˈbjɛlskɔˈbjau̯a
Bielstein ˈbi:lʃtai̯n
Bien[e] ˈbi:n[ə]
Bienek ˈbi:nɛk
Bienen ˈbi:nən
Bienewitz ˈbi:nəvɪts
Biengen ˈbɪŋən
Bienn biˈɛn
biennal biɛˈna:l
Biennale biɛˈna:lə
Bienne *fr.* bjɛn
Biennium biˈɛni̯ʊm, **...ien** ...i̯ən
Bienville *fr.* bjɛ̃ˈvil, *engl.* ˈbjɛnvɪl
Bier bi:ɐ̯
Bierbaum ˈbi:ɐ̯bau̯m
Bierce *engl.* bɪəs
Biere[n] ˈbi:rə[n]
Bierfeld ˈbi:ɐ̯fɛlt
Biermann ˈbi:ɐ̯man
Biermer ˈbi:ɐ̯mɐ

Biernatzki bɪr'natski
Bierstadt 'bi:ɐ̯ʃtat
Bierum *niederl.* 'bi:rəm
Bierut *poln.* 'bjɛrut
Bierutowice *poln.* bjɛrutɔ'vitsɛ
Biervliet *niederl.* 'bi:rvli:t
Bierzo *span.* 'bjɛrθo
Biesbosch *niederl.* 'bi:zbɔs
Biesdorf 'bi:sdɔrf
Biese 'bi:zə
Biesenrode bi:zn̩'ro:də
Biesenthal 'bi:zn̩ta:l
Biesfliege 'bi:sfli:gə
Biesme *fr.* bjɛm
Biest bi:st
Biestow 'bi:sto
Bieszczady *poln.* bjɛʃ'tʃadɨ
Biet bi:t
bieten 'bi:tn̩
Bietigheim 'bi:tɪçhaim
Bietzen 'bi:tsn̩
Bièvre *fr.* bjɛ:vr
Biferno *it.* bi'fɛrno
Biff bɪf
bifilar bifi'la:ɐ̯
Bifokal... bifo'ka:l...
Bifurkation bifʊrka'tsi̯o:n
Biga 'bi:ga
Bigamie biga'mi:, **-n** ...i:ən
bigamisch bi'ga:mɪʃ
Bigamist biga'mɪst
Bigarade biga'ra:də
Big Ben *engl.* 'bɪg 'bɛn
Bigelow *engl.* 'bɪgəloʊ
Bigge 'bɪgə
Bigg[er]s *engl.* 'bɪg[ə]z
Bighorn *engl.* 'bɪghɔ:n
Biglow Papers *engl.* 'bɪgloʊ 'peɪpəz
Bignasco *it.* biɲ'nasko
Bignon *fr.* bi'ɲõ
Bignonie bɪ'gno:ni̯ə
Bigorre *fr.* bi'gɔ:r
Bigot 'bi:gɔt, *fr.* bi'go
bigott bi'gɔt
Bigotterie bigɔtə'ri:, **-n** ...i:ən
Bihać *serbokr.* ˌbiha:tɕ
Bihar bi'ha:ɐ̯, *engl.* bɪ'hɑ:, *ung.* 'bihɔr
Bihari bi'ha:ri
Biharkeresztes *ung.* 'bihɔrkɛrɛstɛʃ
Biharnagybajom *ung.* 'bihɔrnɔdjbɔjom
Bihé *port.* bi̯ɛ
Bihlmeyer 'bi:lmai̯ɐ
Bihor *rumän.* bi'hor
Bihzad *pers.* beh'zɑ:d
Bija *russ.* 'bijɐ
Bijela *serbokr.* 'bijɛla:
Bijns *niederl.* bɛi̯ns
Bijou bi'ʒu:
Bijouterie biʒutə'ri:, **-n** ...i:ən
Bijsk vgl. Bisk
Bikaa bi'ka:
Bikács *ung.* 'bika:tʃ
Bikaner *engl.* bɪkə'nɪə
Bikarbonat 'bi:karbona:t, *auch:* bikarbo'na:t
Bikin *russ.* bi'kin
Bikini bi'ki:ni, *engl.* bɪ'ki:nɪ
bikollateral bikɔlate'ra:l
Bikompositum 'bi:kɔmpo:zitʊm, *auch:* bikɔm'p...; **...ta** ...ta
bikonkav bikɔn'ka:f, *auch:* ...kɔŋ... **-e** ...a:və
bikonvex bikɔn'vɛks
bilabial, B... bila'bi̯a:l, *auch:* 'bi:l...
Bilac *bras.* bi'laki
Bílá Hora *tschech.* 'bi:la: 'hɔra
Bilák *slowak.* 'bila:k
Bilalama bila'la:ma
Bilanz bi'lants
bilanzieren bilan'tsi:rən
Bilaspur *engl.* bɪ'lɑ:spʊə
bilateral 'bi:latera:l, *auch:* bilate'ra:l
Bilateralia bilate'ra:li̯a
Bilateralismus bilatera'lɪsmʊs
Bilbao bɪl'ba:o, *span.* bil'βao
Bilch bɪlç
Bild bɪlt, **-er** 'bɪldɐ
Bildchen 'bɪltçən
bilden 'bɪldn̩, **bild!** bɪlt
Bilderchen 'bɪldɐçən
Bilderdijk *niederl.* 'bɪldərdɛi̯k
Bilderstürmerei bɪldɐʃtʏrmə'rai̯
Bildhauer 'bɪlthau̯ɐ
bildhauern 'bɪlthau̯ɐn
bildhübsch 'bɪlt'hʏpʃ
Bildner 'bɪldnɐ
Bildnerei bɪldnə'rai̯
bildnerisch 'bɪldnərɪʃ
Bildnis 'bɪltnɪs, **-se** ...ɪsə
bildsam 'bɪltza:m
bildschön 'bɪlt'ʃø:n
Bíldudalur *isl.* 'bildʏda:lʏr
Bileam 'bi:leam
Bilecik *türk.* 'bilɛdʒik
Bilfinger 'bɪlfɪŋɐ
Bilge 'bɪlgə
Bilharzie bɪl'hartsi̯ə
Bilharziose bɪlhar'tsi̯o:zə
biliär bi'li̯ɛ:ɐ̯
bilifer bili'fe:ɐ̯
Bilin bi'li:n
Bílina *tschech.* 'bi:lina
bilinear biline'a:ɐ̯, *auch:* 'bi:l...
bilingue, B... bi'lɪŋgu̯ə
bilinguisch bi'lɪŋguɪʃ
Bilinguität bilɪŋgu̯i'tɛ:t
biliös bi'li̯ø:s, **-e** ...ø:zə
Bilirubin biliru'bi:n
Bilis 'bi:lɪs
Biliverdin bilivɛr'di:n
Bill *dt.*, *engl.* bɪl
Billa 'bɪla
Billancourt *fr.* bijã'ku:r
Billard 'bɪljart, **-e** 'bɪljardə
billardieren bɪljar'di:rən
Billaud *fr.* bi'jo
Billau[l]t *fr.* bi'jo
Billbergie bɪl'bɛrgi̯ə
Bille 'bɪlə
billen 'bɪlən
Billendorf 'bɪləndɔrf
Billerbeck 'bɪlɐbɛk
Billesholm *schwed.* biləs'hɔlm
Billetdoux *fr.* bijɛ'du
Billeteur bɪljɛ'tø:ɐ̯
Billett bɪl'jɛt
Billhard 'bɪlhart
Billia *neugr.* 'vilja
Billiarde bɪ'li̯ardə
Billie *engl.* 'bɪlɪ
billig 'bɪlɪç, **-e** ...ɪgə
billigen 'bɪlɪgn̩, **billig!** 'bɪlɪç, **billigt** 'bɪlɪçt
Billing 'bɪlɪŋ
Billingen *schwed.* ˌbiliŋən
Billinger 'bɪlɪŋɐ
Billings *engl.* 'bɪlɪŋz
Billion bɪ'li̯o:n
Billiton bɪ'li:tɔn
Billo 'bɪlo
Billom *fr.* bi'jõ
Billon bɪl'jõ:
Billot *fr.* bi'jo
Billows *engl.* 'bɪloʊz
Billroth 'bɪlro:t
Billstedt 'bɪlʃtɛt
Billunger 'bɪlʊŋɐ
Billwerder bɪl'vɛrdɐ
Billy *engl.* 'bɪlɪ, *fr.* bi'ji
Bilma *fr.* bil'ma
Bilokation biloka'tsi̯o:n
Bílovec *tschech.* 'bi:lɔvɛts
Bilsdorf 'bɪlsdɔrf
Bilsenkraut 'bɪlzn̩krau̯t
Bilston *engl.* 'bɪlstən
Bilt *niederl.* bɪlt
Bilthoven *niederl.* 'bɪltho:və
Bilwiß 'bɪlvɪs, **...isses** ...ɪsəs
Bilz bɪlts
Bilzen *niederl.* 'bɪlzə
bim! bɪm
bim, bam! 'bɪm 'bam
Bimbam 'bɪm'bam
bim, bam, bum! 'bɪm 'bam 'bʊm
Bimester bi'mɛstɐ
Bimetall 'bi:mɛtal
Bimetallismus bimeta'lɪsmʊs
Bimini *engl.* bɪ'mɪnɪ
Bimmelei bɪmə'lai̯
bimmeln 'bɪmln̩
bimsen 'bɪmzn̩, **bims!** bɪms, **bimst** bɪmst
Bimsstein 'bɪmsʃtai̯n
bin bɪn
Bina 'bi:na
Binab *pers.* bi'nɑ:b
Binalud *pers.* binɑ'lu:d
binar bi'na:ɐ̯
binär bi'nɛ:ɐ̯
binarisch bi'na:rɪʃ
Binary digit *engl.* 'baɪnərɪ 'dɪdʒɪt
Binasco *it.* bi'nasko
Bination bina'tsi̯o:n
binaural binau̯'ra:l

Binboğa *türk.* 'binbɔːɑ
Binche *fr.* bɛ̃ːʃ
Binchois *fr.* bɛ̃'ʃwa
Binde 'bɪndə
binden 'bɪndn̩, **bind!** bɪnt
Binder 'bɪndɐ
Binderei bɪndə'rai̯
Binding 'bɪndɪŋ
Bindjai *indon.* 'bɪndʒai̯
Bindlach 'bɪndlax
Bine 'biːnə
Binéfar *span.* bi'nefar
Binet *fr.* bi'nɛ
Bing *engl.* bɪŋ
Bingen 'bɪŋən
Binger 'bɪŋɐ
Bingerbrück bɪŋɐ'brʏk
Bingham *engl.* 'bɪŋəm
Binghamton *engl.* 'bɪŋəmtən
Bingley *engl.* 'bɪŋlɪ
Bingöl *türk.* 'bingœl
Binhdinh 'bɪn'dɪn
binieren bi'niːrən
Bingo 'bɪŋgo
Bink[e]l 'bɪŋkl̩
Binn bɪn
Binnatal 'bɪnataːl
binnen 'bɪnən
binnenbords 'bɪnənbɔrts
Binnenland 'bɪnənlant
Binney *engl.* 'bɪnɪ
Binningen 'bɪnɪŋən
Binns *engl.* bɪnz
Binode bi'noːdə
Binokel bi'noːkl̩, *auch:* bi'nɔkl̩
binokular binoku'laːɐ̯
Binom bi'noːm
binomial bino'mi̯aːl
Binse 'bɪnzə
Binsfeld 'bɪnsfɛlt
Binswangen 'bɪnsvaŋən
Binswanger 'bɪnsvaŋɐ
Bintan *indon.* 'bɪntan
Binyon *engl.* 'bɪnjən
Binz[en] 'bɪnts[n̩]
Biobibliographie biobibliogra'fiː, **-n** ...iːən
Bío-Bío *span.* 'bio'βio
Biochemie bioçe'miː
Biochemiker bio'çeːmikɐ
biochemisch bio'çeːmɪʃ
Biochore bio'koːrə
Biodynamik biody'naːmɪk
Bio-Element 'biːo|elemɛnt
biogen, B... bio'geːn
Biogenese bioge'neːzə
biogenetisch bioge'neːtɪʃ
Biogenie bioge'niː
Biogeographie biogeogra'fiː
biogeographisch biogeo'graːfɪʃ
Biogeozönose biogeotsø'noːzə
Biograd *serbokr.* 'biɔgraːd
Biograph bio'graːf
Biographie biogra'fiː, **-n** ...iːən
biographisch bio'graːfɪʃ
Biokatalysator biokataly'zaːtɔr, **-en** ...za'toːrən
Bioklimatologie bioklimatolo'giː
Biokovo *serbokr.* 'biɔkɔvɔ
Biolith bio'liːt, *auch:* ...lɪt
Biologe bio'loːgə
Biologie biolo'giː
Biologismus biolo'gɪsmʊs
biologistisch biolo'gɪstɪʃ
Biolumineszenz biolumines'tsɛnts
Biolyse bio'lyːzə
biolytisch bio'lyːtɪʃ
Biom bi'oːm
Biomant bio'mant
Biomantie bioman'tiː
Biometrie biome'triː
Biometrik bio'meːtrɪk
Biomorphose biomɔr'foːzə
Biomotor bio'moːtɔr, **-en** ...mo'toːrən
Bion 'biːɔn, *fr.* bjõ
Biondi *it.* 'bi̯ondi
Bionik bi'oːnɪk
bionisch bi'oːnɪʃ
Bionomie biono'miː
Biontologie biɔntolo'giː
Biophor bio'foːɐ̯
Biophysik biofy'ziːk
biophysikalisch biofyzi'kaːlɪʃ
Biopsie biɔ'psiː, **-n** ...iːən
Biorisator biori'zaːtɔr, **-en** ...za'toːrən
biorisieren biori'ziːrən
Biörn bjœrn
Bios 'biːɔs
Biosatellit biozatɛ'liːt
Bioskop bio'skoːp
Biosphäre bio'sfɛːrə
Biostratigraphie biostratigra'fiː
Biot *fr.* bjo
Biotar bio'taːɐ̯
Biotechnik bio'tɛçnɪk
biotechnisch bio'tɛçnɪʃ
Biotechnologie biotɛçnolo'giː
Biotin bio'tiːn
biotisch bi'oːtɪʃ
Biotit bio'tiːt, *auch:* ...tɪt
Biotop bio'toːp
biotrop bio'troːp
Biotyp[us] bio'tyːp[ʊs]
biozentrisch bio'tsɛntrɪʃ
Biozönologie biotsønolo'giː
Biozönose biotsø'noːzə
biozönotisch biotsø'noːtɪʃ
Bipede bi'peːdə
bipedisch bi'peːdɪʃ
Bipedität bipedi'tɛːt
bipolar bipo'laːɐ̯
Bipolarität bipolari'tɛːt
Biquadrat 'biːkvadraːt, *auch:* bikva'draːt
biquadratisch bikva'draːtɪʃ, *auch:* 'biːk...
Biquet bi'keː
Birago *it.* bi'raːgo
Biran *fr.* bi'rã
Birbaumer 'bɪrbaumɐ
Birbeek 'biːɐ̯beːk
Birch bɪrç, *engl.* bəːtʃ
Bircher 'bɪrçɐ
Bird *engl.* bəːd
Birdschand, Birdschend *pers.* bir'dʒænd
Birdwood *engl.* 'bəːdwʊd
Bireme bi'reːmə
Biret *türk.* bi'rɛt
Birett bi'rɛt
birg! bɪrk
Birgden 'bɪrkdn̩
Birge 'bɪrgə
Birger 'bɪrgɐ, *schwed.* 'birjər, *dän.* 'birˀɣər
Birgit 'bɪrgɪt
Birgitta bɪr'gɪta, *schwed.* bir'gita
Birgsau 'bɪrksau̯
birgt bɪrkt
Biringen 'biːrɪŋən
Birk bɪrk
Birka *schwed.* 'birka
Birkach 'bɪrkax
Birkbeck *engl.* 'bəːkbɛk
Birke 'bɪrkə
Birkelbach 'bɪrkl̩bax
birken, B... 'bɪrkn̩
Birkenau 'bɪrkənau̯
Birkendorf 'bɪrkn̩dɔrf
Birkenfeld 'bɪrkn̩fɛlt
Birkenhead *engl.* 'bəːkənhɛd
Birkenstein 'bɪrkn̩ʃtai̯n
Birkenwerder bɪrkn̩'vɛrdɐ
Birkerød *dän.* 'birgərøːˀð
Birkesdorf 'bɪrkəsdɔrf
Birket-Smith *dän.* birgəð'smeð
Birkfeld 'bɪrkfɛlt
Birkmeyer 'bɪrkmai̯ɐ
Birknack 'bɪrknak
Birkungen 'bɪrkʊŋən
Bîrlad *rumän.* bɨr'lad
Birluckn 'bɪrlʊkn̩
Birma 'bɪrma
Birmane bɪr'maːnə
birmanisch bɪr'maːnɪʃ
Birmann 'bɪrman
Birmingham *England* 'bəːmɪŋəm; *USA* 'bəːmɪŋhæm, ...ŋəm
Birnau 'bɪrnau̯
Birne 'bɪrnə
Birney *engl.* 'bəːnɪ
Birnhorn 'bɪrnhɔrn
Biró *ung.* 'biroː
Birobidschan, Birobidžan *russ.* birɐbid'ʒan
Biron 'biːrɔn, *fr.* bi'rõ
Bironico *it.* bi'rɔːniko
Birrell *engl.* 'bɪrəl
Birresborn 'bɪrəsbɔrn
Birs bɪrs
Bîrseanu *rumän.* bɨr'se̯anu
Birsfelden bɪrs'fɛldn̩
birst bɪrst
Birstein 'bɪrʃtai̯n
Birt[en] 'bɪrt[n̩]
Biruni bi'ruːni
Birutsche bi'rʊtʃə

bịs bɪs
Bịsam[berg] 'bi:zam[bɛrk]
Bisạnz bi'zants͡
Bisbạl *span.* biz'βal
Biscạya bɪs'ka:ja
Biscẹglie *it.* biʃ'ʃeʎʎe
Bịschdorf 'bɪʃdɔrf
Bịschheim 'bɪʃhai̯m
Bịschleben 'bɪʃle:bn̩
Bịschmisheim 'bɪʃmɪshai̯m
Bịschof 'bɪʃɔf, *auch:* 'bɪʃo:f; Bịschöfe 'bɪʃœfə, *auch:* 'bɪʃø:fə
Bịschoff 'bɪʃɔf
Bischofferọde bɪʃɔfə'ro:də
Bịschoffwerder 'bɪʃɔfvɛrdɐ
bịschöflich 'bɪʃœflɪç, *auch:* 'bɪʃø:flɪç
Bịschofsburg 'bɪʃɔfsbʊrk
Bischofsdhrọn bɪʃɔfs'dro:n
Bischofsgrün bɪʃɔfs'gry:n
Bịschofsheim 'bɪʃɔfshai̯m
Bischofshọfen bɪʃɔfs'ho:fn̩
Bịschofskoppe 'bɪʃɔfskɔpə
Bịschofstein 'bɪʃɔfʃtai̯n
Bischofswẹrda bɪʃɔfs'vɛrda
Bischofswiesen bɪʃɔfs'vi:zn̩
Bischofteinitz bɪʃɔf'tai̯nɪts͡
Bịschopinck 'bɪʃopɪŋk
Bịschweiler 'bɪʃvai̯lɐ
Bischwillẹr *fr.* biʃvi'lɛ:r
Bise 'bi:zə
Biseauschliff bi'zo:ʃlɪf
Bisẹktrix bi'zɛktrɪks, ...trizes ...'tri:tse:s
Bisẹnzio *it.* bi'zɛntsi̯o
biseriạl bize'ri̯a:l
biseriert bize'ri:ɐ̯t
Bisẹrta bi'zɛrta
Bisexualität bizɛksu̯ali'tɛ:t, *auch:* 'bi:...
bisexuell bizɛ'ksu̯ɛl, *auch:* 'bi:z...
bishẹr bɪs'he:ɐ̯
bishẹrig bɪs'he:rɪç, -e ...ɪgə
Bịshop *engl.* 'bɪʃəp
Bịshop's Stọrtford *engl.* 'bɪʃəps 'stɔ:fəd
Bịsingen 'bi:zɪŋən
Bịsk, Biịsk *russ.* bijsk
Biskạya bɪs'ka:ja
Biskọtte bɪs'kɔtə
Bịskra 'bɪskra, *fr.* bis'kra
Biskuịt bɪs'kvi:t, *auch:* bɪs'ku̯i:t
Biskụpiec *poln.* bis'kupjɛts
Biskụpin *poln.* bis'kupin
bislạng bɪs'laŋ
Bịslich 'bɪslɪç
Bịsmarck 'bɪsmark, *engl.* 'bɪzmɑ:k
Bịsmarckhütte 'bɪsmarkhʏtə
Bịsmark 'bɪsmark
bismillạh bɪsmɪ'la:
Bismutit bɪsmu'ti:t, *auch:* ...tɪt
Bismụtum bɪs'mu:tʊm
Bịson 'bi:zɔn
Bịspebjạrg *dän.* 'bisbəbjɛr'
Bịspel 'bi:spɛl
Bịspham *engl.* 'bɪspəm
Bịsque *fr.* bisk
bịß bɪs
Bịß bɪs, Bịsse 'bɪsə
Bissạgos *port.* bi'saɣuʃ
Bissạu *port.* bi'sau̯
bịßchen 'bɪsçən
bịssel 'bɪsl̩
Bịssell *engl.* bɪsl
bịssen 'bɪsn̩
[1]Bịssen 'bɪsn̩
[2]Bịssen (Ort in Luxemburg) 'bi:sn̩
Bissiẹr bɪ'si̯e:
bịssig 'bɪsɪç, -e ...ɪgə
Bịssing[en] 'bɪsɪŋ[ən]
Bịsson *fr.* bi'sõ
bịst bɪst
[1]Bịsten (Lockruf der Haselhenne) 'bɪstn̩
[2]Bịsten (Ortsname) 'bi:stn̩
Bịster 'bɪstɐ, 'bi:stɐ
Bistịcci *it.* bis'tittʃi
Bistouri bɪs'tu:ri
Bịstrica *serbokr.* ˌbistritsa
Bịstrița *rumän.* 'bistritsa
Bịstritz 'bɪstrɪts͡
Bịstro 'bɪstro:, *auch:* bɪs'tro:
Bịstum 'bɪstu:m, Bịstümer ...ty:mɐ
Bisulfat 'bi:zʊlfa:t, *auch:* bizʊl'fa:t
Bisulfit 'bi:zʊlfi:t, *auch:* ...fɪt; *auch:* bizʊl'f...
bisweilen bɪs'vai̯lən
Bịswind 'bi:svɪnt
bisyllabisch bizʏ'la:bɪʃ, *auch:* 'bi:z...
Bịszku *ung.* 'bisku
Bịt[burg] 'bɪt[bʊrk]
Bịtche *fr.* bitʃ
Bịterolf 'bi:tərɔlf
Bithỵnien bi'ty:ni̯ən
Bithỵnier bi'ty:ni̯ɐ
bithỵnisch bi'ty:nɪʃ
Bịtlis *türk.* 'bitlis
Bịtola *mak.* 'bitɔla
Bịton 'bi:tɔn
bitonal bito'na:l, *auch:* 'bi:tona:l
Bitonalität bitonali'tɛ:t, *auch:* 'bi:...
Bitọnto *it.* bi'tonto
Bítov *tschech.* 'bi:tɔf
Bịtsch bɪtʃ
Bịttag 'bɪtta:k
Bịtte 'bɪtə
bịtten 'bɪtn̩
bịtter 'bɪtɐ
Bịtter 'bɪtɐ, *engl.* 'bɪtə
bịtterböse 'bɪtɐ'bø:zə
bịtterẹrnst 'bɪtɐ'|ɛrnst
Bịtterfeld 'bɪtɐfɛlt
Bịtterfontẹin *engl.* 'bɪtəfɔn'teɪn
Bịtterling 'bɪtɐlɪŋ
Bịtternis 'bɪtɐnɪs, -se ...ɪsə
Bịtterroot Mountains *engl.* 'bɪtəru:t 'maʊntɪnz
Bịttner 'bɪtnɐ
Bitụmen bi'tu:mən, ...mina ...mina
bitụmig bi'tu:mɪç, -e ...ɪgə
bituminieren bitumi'ni:rən
bituminọ̈s bitumi'nø:s, -e ...ø:zə
Bitụriger bi'tu:rigɐ
Bịtz[ius] 'bɪts[i̯ʊs]
Biurẹtreaktion biu're:treaktsi̯o:n
bivalẹnt biva'lɛnt
Bivalẹnz biva'lɛnts͡
Bivalve *engl.* 'baɪvælv
Bivạlven bi'valvn̩
Bivạr *span.* bi'βar
Bịvio *it.* 'bi:vi̯o
Bivọna *it.* bi'vo:na
Biwa[k] 'bi:va[k]
biwakieren biva'ki:rən
Bịx[by] *engl.* 'bɪksbɪ
Bịxio *it.* 'biksi̯o
Bịxler *engl.* 'bɪkslə
bizạrr bi'tsar
Bizarrerie bitsarə'ri:, -n ...i:ən
Bize *ung.* 'bizɛ, *fr.* bi:z
Bizeps 'bi:tsɛps
Bizẹrte *fr.* bi'zɛrt
Bizẹt *fr.* bi'zɛ
Bizinie bi'tsi:ni̯ə
bizyklisch bi'tsy:klɪʃ, *auch:* bi'tsʏklɪʃ
Bịzzell *engl.* bɪzl
Bjạla *bulgar.* 'bjala
Bjạrmaland 'bjarmalant
Bjạrne *dän.* 'bjarnə
Bjẹlašnica *serbokr.* ˌbjɛla:ʃnitsa
Bjẹlke 'bjɛlkə
Bjelọvar *serbokr.* bjɛˌlɔva:r
Bjerringbrọ *dän.* bjɛreŋ'bro:'
Bjọ̈rkö *schwed.* ˌbjœrkø:
Bjọ̈rling *schwed.* ˌbjœ:rliŋ
Bjọ̈rn bjœrn, *isl.* bjœrdn
Bjọrn *dän.* bjœr'n, *norw.* bjø:rn
Bjọ̈rneborg *schwed.* bjœrnə'bɔrj
Bjọ̈rnson 'bjœrnzɔn
Bjọrnson *norw.* 'bjœ:rnsɔn
Bjọ̈rnsson *isl.* 'bjœsɔn
Blaas bla:s
Blacạs *fr.* bla'kɑ:s
Blacas d'Aulps *fr.* blakɑs'do:p
Blạche 'blaxə
Blạcher 'blaxɐ
Blạchfeld 'blaxfɛlt
Black blɛk, *engl.* blæk
Blackband *engl.* 'blækbænd
Blackbeard *engl.* 'blækbɪəd
Black-Bottom *engl.* 'blækbɔtəm
Blackburn[e] *engl.* 'blækbə:n
Blackett *engl.* 'blækɪt
Blackfeet *engl.* 'blækfi:t
Blackfriars *engl.* 'blæk'fraɪəz
Blackie 'blɛki, *engl.* 'blækɪ
Blackmail 'blɛkme:l, *engl.* 'blækmeɪl
Blackout 'blɛkau̯t, '–'–, –'–; *engl.* 'blækaʊt, '–'–

Blackmore *engl.* 'blækmɔ:
Black Panther *engl.* 'blæk 'pænθə
Blackpool *engl.* 'blækpu:l
Black Power *engl.* 'blæk 'paʊə
Blackstone *engl.* 'blækstən
Blackwall *engl.* 'blækwɔ:l
Blackwell *engl.* 'blækwəl
Blackwood *engl.* 'blækwʊd
blạd bla:t, **-e** 'bla:də
Blạde 'bla:də
Bláfell *isl.* 'blau̯fɛdl
blạffen 'blafn̩
blạ̈ffen 'blɛfn̩
Blạffert 'blafɐt
Bláfjall *isl.* 'blau̯fjadl
Blạga *rumän.* 'blaga
Blạge 'bla:gə
blagieren bla'gi:rən
Bladodạt, Blagodat' *russ.* blɐga'datj
Blagọewgrad, Blagoevgrad *bulgar.* bla'gɔɛvgrat
Blagọi, Blagoj *bulgar.* bla'gɔj
Blagowẹschtschensk, Blagoveščensk *russ.* blɐga'vjeʃtʃɪnsk
Blạgue 'bla:gə
Blagueur bla'gø:ɐ̯
Blạhe 'bla:ə
blạ̈hen 'blɛ:ən
Blạhoslav *tschech.* 'blahɔslaf
Blaiberg *engl.* 'blaɪbə:g
Blaich[ach] 'blai̯ç[ax]
Blaina *engl.* 'blaɪnə
Blaine *engl.* bleɪn
Blainvịlle *fr.* blɛ̃'vil
Blair *engl.* blɛə
Blạj *rumän.* blaʒ
Blạjvajs *slowen.* 'bla:jva:js
Blake *engl.* bleɪk
Blakelock *engl.* 'bleɪklɔk
blạken 'bla:kn̩
blạ̈ken 'blɛ:kn̩
Blakey *engl.* 'bleɪkɪ
blạkig 'bla:kɪç, **-e** ...ɪgə
blamạbel bla'ma:bl̩, **...ble** ...blə
Blamạge bla'ma:ʒə
Blạman *niederl.* 'bla:mɑn
Blamey *engl.* 'bleɪmɪ
blamieren bla'mi:rən
Blâmont *fr.* blɑ'mõ
Blanc *fr.* blã
Blạnca *span.* 'blaŋka
Blanc fịxe *fr.* blã'fiks
Blanchạrd *fr.* blã'ʃa:r
Blanche *fr.* blã:ʃ, *engl.* blɑ:ntʃ, *schwed.* blanʃ
Blancheflọr blãʃə'flo:ɐ̯
blanchieren blã'ʃi:rən
Blanchọt *fr.* blã'ʃo
Blạnckenburg 'blaŋkn̩bʊrk
Blancmangẹr blãmã'ʒe:
Blanc-Mesnịl *fr.* blãme'nil
Blanc-Nẹz *fr.* blã'ne
Blạnco *span.* 'blaŋko
blạnd blant, **-e** ...ndə
Bland *engl.* blænd
Blạnda *dt., isl.* 'blanda
Blandford *engl.* 'blændfəd
Blạndikow 'blandɪko
Blandịna blan'di:na
Blandịne blan'di:nə
Blandrạta blan'dra:ta
Blạnes *span.* 'blanes
Blạník *tschech.* 'blanji:k
blạnk, B... blaŋk
Blạnka 'blaŋka
Blạnkenberg 'blaŋkn̩bɛrk
Blạnkenberge *niederl.* 'blɑŋkənbɛrxə
Blạnkenburg 'blaŋkn̩bʊrk
Blankenẹse blaŋkə'ne:zə
Blankenfẹlde blaŋkn̩'fɛldə
Blạnkenhain 'blaŋkn̩hai̯n
Blạnkenheim 'blaŋkn̩hai̯m
Blankenheimerdọrf blaŋkn̩hai̯mɐ'dɔrf
Blạnkenloch 'blaŋkn̩lɔx
Blạnkenrath 'blaŋkn̩ra:t
Blạnkensee 'blaŋkn̩ze:
Blạnkers-Koen *niederl.* 'blɑŋkərs'ku:n
Blankẹtt blaŋ'kɛt
blạnko, B... 'blaŋko
Blạnkscheit 'blaŋk-ʃai̯t
Blanquefọrt *fr.* blãk'fɔ:r
Blanquẹtte *fr.* blã'kɛt
Blanquị *fr.* blã'ki
Blạnsko *tschech.* 'blanskɔ
Blantyre *engl.* blæn'taɪə
Blanzy *fr.* blã'zi
Blạrer 'bla:rɐ
Blạricum *niederl.* 'bla:ri:kʏm
Blạrney *engl.* 'blɑ:nɪ
Blạs *span.* blas
Blạ̈schen 'blɛ:sçən
Blạschke 'blaʃkə
Blạschkow, Blaškov *bulgar.* 'blaʃkof
Blạsco *span.* 'blasko
Blạse 'bla:zə
blạsen 'bla:zn̩, **blạs!** bla:s, **blạst** bla:st
Blạ̈ser 'blɛ:zɐ
Blaserei bla:zə'rai̯
Bläserei blɛ:zə'rai̯
Blạsewitz 'bla:zəvɪts
Blashfield *engl.* 'blæʃfi:ld
blasiert bla'zi:ɐ̯t
blạsig 'bla:zɪç, **-e** ...ɪgə
Blạsius 'bla:zi̯ʊs
Blaškov vgl. Blaschkow
Blaskow, Blăskov *bulgar.* 'bləskof
Blạskowitz 'blaskovɪts
Blason bla'zõ:
blasonieren blazo'ni:rən
Blasphemie blasfe'mi:, **-n** ...i:ən
blasphemieren blasfe'mi:rən
blasphẹmisch blas'fe:mɪʃ
Blasphemịst blasfe'mɪst
blạß blas, **blạsser** 'blasɐ, **blạ̈sser** 'blɛsɐ
Blạ̈ßbock 'blɛsbɔk
Blạ̈sse 'blɛsə
blạssen 'blasn̩, **blạß!** blas
blasser vgl. blaß
blässer vgl. blaß
Blạ̈ßhuhn 'blɛshu:n
blạ̈ßlich 'blɛslɪç
blạ̈st blɛ:st
Blastẹm blas'te:m
Blastodẹrm blasto'dɛrm
Blastogenẹse blastoge'ne:zə
Blastọm blas'to:m
Blastomẹre balsto'me:rə
Blastomykọse blastomy'ko:zə
Blastomyzẹt blastomy'tse:t
Blastophthorie blastofto'ri:
Blastopọrus blasto'po:rʊs
Blastozọ̈l blasto'tsø:l
Blạstula 'blastula
Blåtand *dän.* 'blɔtan'
Blạtno *tschech.* 'blatnɔ
Blạtný *tschech.* 'blatni:
Blạtt blat, **Blạ̈tter** 'blɛtɐ
Blạ̈ttchen 'blɛtçən
blạtten 'blatn̩
Blạtter[n] 'blatɐ[n]
blạ̈ttern 'blɛtɐn
Blạttnicksele *schwed.* 'blatniksələ
Blạtzheim 'blatshai̯m
blau, Blau blau̯
Blaubart 'blau̯ba:ɐ̯t
Blaubeuren blau̯'bɔyrən
Blauda 'blau̯da
Bläue 'blɔyə
blauen, B... 'blau̯ən
bläuen 'blɔyən
Blauenschlag 'blau̯ənʃla:k
Blauenthal 'blau̯ənta:l
blaugelb 'blau̯gɛlp
blau-gẹlb 'blau̯'gɛlp
Blauling 'blau̯lɪŋ
Bläuling 'blɔylɪŋ
blaurot 'blau̯ro:t
blau-rọt 'blau̯'ro:t
blau-weiß 'blau̯'vai̯s
Blåvand *dän.* 'blɔvan'
Blåvands Huk *dän.* blɔvans'hɔg, ...hug
Blavạtsky bla'vatski
Blavẹt *fr.* bla'vɛ
Blaye *fr.* blaj
Blaze *fr.* blɑ:z
Blạžena *tschech.* 'blaʒɛna
Blazer 'ble:zɐ, *engl.* 'bleɪzə
Blẹch[e] 'blɛçə
blẹchen, B... 'blɛçn̩
Blẹchhammer 'blɛçhamɐ
Blẹchner 'blɛçnɐ
Blẹckede 'ble:kədə
blẹcken 'blɛkn̩
Blẹd *slowen.* ble:d
Blẹdisloe *engl.* 'blɛdɪsloʊ
Blẹdow 'ble:do
Bleeker 'ble:kɐ
Blegdamsvej *dän.* 'blai̯damsvai̯'
Blei blai̯
Bleiạlt blai̯'|alt
Bleibach 'blai̯bax
Bleibe 'blai̯bə

bleiben 'blaibn̩, **bleib!** blaip, **bleibt** blaipt
Bleiberg 'blaibɛrk
Bleibtreu 'blaiptrɔy
Bleiburg 'blaibʊrk
bleich, B... blaiç
Bleiche 'blaiçə
bleichen 'blaiçn̩
Bleichenbach 'blaiçn̩bax
Bleicherei blaiçə'rai
Bleicherode blaiçə'ro:də
Bleichert 'blaiçɐt
bleien 'blaiən
bleiern 'blaiɐn
bleischwer 'blai'ʃve:ɐ̯
Bleiswedel blais've:dl̩
Blekinge *schwed.* ˌble:kiŋə
Blemyer 'ble:mÿɐ
Blemmyer 'blɛmÿɐ
Blende 'blɛndə
blenden 'blɛndn̩, **blend!** blɛnt
blendendweiß 'blɛndn̩t'vais
Bléneau *fr.* ble'no
Blenheim *engl.* 'blɛnɪm
Blenio *it.* 'blɛ:nio
Blenkinsop *engl.* 'blɛŋkɪnsɔp
Blennadenitis blɛnade'ni:tɪs, **...itiden** ...ni'ti:dn̩
Blennorrhagie blɛnɔra'gi:, **-n** ...i:ən
Blennorrhö, Blennorrhöe blɛnɔ'rø:, **...rrhöen** ...'rø:ən
Blens blɛns
Blepharitis blefa'ri:tɪs, **...itiden** ...ri'ti:dn̩
Blepharochalase blefaroxa'la:zə
Blepharoklonus blefaro'klo:nʊs, **-se** ...ʊsə
Blepharospasmus blefaro'spasmʊs
Blériot *fr.* ble'rio
Bléry *fr.* ble'ri
Bles *niederl.* blɛs
Blesh *engl.* blɛʃ
Bleskensgraaf *niederl.* blɛskəns'xra:f
Blesle *fr.* blɛl
Blesse *dt., niederl.* 'blɛsə
blessieren blɛ'si:rən
Blessing 'blɛsɪŋ
Blessington *engl.* 'blɛsɪŋtən
Blessur blɛ'su:ɐ̯
Bletterans *fr.* blɛ'trã
bleu blø:
Bleuel 'blɔyəl
bleuen 'blɔyən
Bleuler 'blɔylɐ
Bleyer 'blaiɐ
Bleyle 'blailə
blich blɪç
Blicher *dän.* 'blegər
Blick blɪk
blicken 'blɪkn̩
Blida *fr.* bli'da
blieb bli:p
blieben 'bli:bn̩
Bliersheim 'bli:ɐ̯shaim
blies, B... bli:s
Bliesdalheim bli:s'da:lhaim
bliese 'bli:zə
Bliesen, B... 'bli:zn̩
Blieskastel bli:s'kastl̩
Bliesmengen bli:s'mɛŋən
Bliesransbach bli:s'ransbax
Blievenstorf 'bli:vn̩stɔrf
Bligger 'blɪgɐ
Bligh *engl.* blaɪ
Blimbing *indon.* 'blɪmbɪŋ
blind blɪnt, **-e** ...ndə
Blindage blɛ̃'da:ʒə
Blinde 'blɪndə
Blindekuh 'blɪndəku:
Blindheim 'blɪnthaim
blindlings 'blɪntlɪŋs
Blindschleiche 'blɪntʃlaiçə
Blini 'bli:ni
blink blɪŋk
blinken 'blɪŋkn̩
Blinker 'blɪŋkɐ
blinkern 'blɪŋkɐn
blinzeln 'blɪntsl̩n
Bliss *engl.* blɪs
Blister 'blɪstɐ
blistern 'blɪstɐn
Blitar *indon.* 'blitar
Blitta *fr.* bli'ta
Blitz blɪts
blitzen 'blɪtsn̩
Blitzesschnelle 'blɪtsəs'ʃnɛlə
blitzsauber 'blɪts'zaubɐ
blitzschnell 'blɪts'ʃnɛl
Blixen *dän.* 'blegsən
Blizzard 'blɪzɐt, *engl.* 'blɪzəd
Bljucher, Bljuher *russ.* 'bljuxɪr
[1]Bloch blɔx, **Blöcher** 'blœçɐ
[2]Bloch (Name) *dt., poln.* blɔx; *fr., engl.* blɔk; *dän.* blɔg
Blocher 'blɔxɐ
Blochmann 'blɔxman
Blochwitz 'blɔxvɪts
[1]Block blɔk, **Blöcke** 'blœkə
[2]Block (Name) *dt., fr.* blɔk
Blockade blɔ'ka:də
blocken 'blɔkn̩
blockieren blɔ'ki:rən
blockig 'blɔkɪç, **-e** ...ɪgə
Blockland 'blɔklant
Blocksberg 'blɔksbɛrk, **-es** ...rgəs
blöd blø:t, **-e** 'blø:də
blöde 'blø:də
Blödel 'blø:dl̩
blödeln 'blø:dl̩n, **...dle** ...dlə
Blödian 'blø:dia:n
Blödling 'blø:tlɪŋ
blödsinnig 'blø:tzɪnɪç
Bloem blø:m, *niederl.* blu:m
Bloemaert *niederl.* 'blu:ma:rt
Bloemen *niederl.* 'blu:mə
Bloemendaal *niederl.* 'blu:mənda:l
Bloemfontein *engl.* 'blu:mfɔn'teɪn, *afr.* 'blu:mfɔntəin
Bloesch blœʃ
Blohm blo:m
Blois *fr.* blwa
Blok *niederl., russ.* blɔk
blöken 'blø:kn̩
Blokhus *dän.* 'blɔghu:'s
Blokzijl *niederl.* blɔk'sɛil
Blomberg 'blɔmbɛrk, *schwed.* ˌblumbærj
Blomfield *engl.* 'blɔmfi:ld
Blommaert *niederl.* 'blɔma:rt
Blomstermåla *schwed.* blɔmstər,mo:la
blond blɔnt, **-e** ...ndə
[1]Blonde (Frau) 'blɔndə
[2]Blonde (Seidenspitze) 'blɔndə, *fr.* blõ:d; **-n** ...dn̩
Blondeel *niederl.* blɔn'de:l
Blondel *fr.* blõ'dɛl
blondieren blɔn'di:rən
Bondine blɔn'di:nə
Blönduós *isl.* 'blœndʏɔus
Blönsdorf 'blø:nsdɔrf
Bloom[er] *engl.* 'blu:m[ə]
Bloomfield *engl.* 'blu:mfi:ld
Bloomington *engl.* 'blu:mɪŋtən
Bloomsbury *engl.* 'blu:mzbərɪ
Blooteling *niederl.* 'blo:təlɪŋ
Blora *indon.* 'blora
Blos blo:s
bloß blo:s
Blöße 'blø:sə
Blouet *fr.* blu'ɛ
Blount *engl.* blʌnt
Blouson blu'zõ:
Blovice *tschech.* 'blɔvitsɛ
Blow-up *engl.* 'bloʊ-ʌp
Bloy *fr.* blwa
blubbern 'blʊbɐn, **...bbre** ...brə
Blücher 'blʏçɐ
Bludenz 'blu:dɛnts
Bludov *tschech.* 'bludɔf
Bluebox *engl.* 'blu:bɔks
Blue jeans 'blu:dʒi:ns, *engl.* 'blu: 'dʒi:nz
Bue notes *engl.* 'blu: 'noʊts
Blues blu:s, *engl.* blu:z
Blues-feeling *engl.* 'blu:z'fi:lɪŋ
Bluette bly'ɛtə
Bluff blʊf, *veraltend:* blœf
bluffen 'blʊfn̩, *veraltend:* 'blœfn̩
blühen 'bly:ən
Blüher 'bly:ɐ
Bluhme *dän.* 'blu:mə
Blum blu:m, *fr.* blum, *engl.* blom
Blumauer 'blu:mauɐ
Blumberg 'blʊmbɛrk, 'blu:m...
Blümchen 'bly:mçən
Blume 'blu:mə, *engl.* blu:m
Blümelhuber 'bly:ml̩hu:bɐ
Blumenau 'blu:mənau, *bras.* blume'nau
Blumenbach 'blu:mənbax
Blumenberg 'blu:mənbɛrk
[1]Blumenhagen (Familienname) 'blu:mənha:gn̩
[2]Blumenhagen (Ort) blu:mən'ha:gn̩

Blu̲menholz ˈbluːmənhɔlt͜s
Blu̲menthal ˈbluːməntaːl
Blu̲mer ˈbluːmɐ
blümerạnt blyməˈrant
Blu̲mhardt ˈbluːmhart
Blü̲mlisạlp blyːmliˈzalp
Blụmner ˈblʊmnɐ
Blü̲mner ˈblyːmnɐ
Blụnck blʊŋk
Blunden *engl.* ˈblʌndən
Blunt *engl.* blʌnt
Blụntschli ˈblʊntʃli
Blü̲schen ˈblyːsçən
Blu̲se ˈbluːzə
Blü̲se ˈblyːzə
Blust bluːst, *auch:* blʊst
Blu̲t bluːt
¹blu̲tarm (arm an Blut) ˈbluːt|arm
²blu̲tạrm (sehr arm) ˈbluːtˈ|arm
blu̲tdürstig ˈbluːtdʏrstɪç, **-e** ...ɪɡə
Blü̲te ˈblyːtə
blu̲ten ˈbluːtn̩
Blu̲ter ˈbluːtɐ
Blü̲then ˈblyːtn̩
Blü̲thner ˈblyːtnɐ
blu̲tig ˈbluːtɪç, **-e** ...ɪɡə
blu̲tjụng ˈbluːtˈjʊŋ
blu̲trünstig ˈbluːtrʏnstɪç, **-e** ...ɪɡə
blu̲ttriefend ˈbluːttriːfn̩t
blu̲twe̲nig ˈbluːtˈveːnɪç
Blyth *engl.* blaɪ[θ]
Blythe *engl.* blaɪð
b-Moll ˈbeːmɔl, *auch:* ˈ–ˈ–
BMW (Wz) beː|ɛmˈveː
Bo *it.* bɔ, *engl.* boʊ
Bö̲ bøː, **-en** ˈbøːən
Bő *ung.* bøː
Bo̲a ˈboːa
Boabdịl boapˈdɪl, *span.* boaβˈðil
BOAC *engl.* ˈbiːoʊ-eɪˈsiː
Bo̲a Esperança *bras.* ˈboa espeˈrẽsa
Boanẹrges boaˈnɛrɡɛs
Boardinghouse ˈboːɐ̯dɪŋhaʊ̯s, *engl.* ˈbɔːdɪŋhaʊs
Bo̲as ˈboːas, *engl.* ˈboʊæz
Bo̲a Vịsta *bras.* ˈboa ˈvista
¹Bọb (Schlitten) bɔp, *engl.* bɔb
²Bọb (Name) *engl.* bɔb
Bọba *ung.* ˈbobɔ
Bobadịlla *span.* boβaˈðiʎa
Bọbbahn ˈbɔpbaːn
Bọbbau ˈbɔbbaʊ̯
bọbben ˈbɔbn̩, **bọbb!** bɔp, **bọbbt** bɔpt
Bọbby ˈbɔbi, *engl.* ˈbɔbɪ
Bobčev vgl. Bobtschew
Bobčinskij vgl. Bobtschinski
Bobenneukịrchen boːbn̩nɔy̯ˈkɪrçn̩
Bo̲benthal ˈboːbn̩taːl
Bo̲ber ˈboːbɐ
Bo̲berg *schwed.* ˌbuːbærj
Bo̲bersberg ˈboːbɐsbɛrk

Bobẹt *fr.* bɔˈbɛ
Bobi̲ne boˈbiːnə
Bobinet ˈboːbinɛt, *auch:* bobiˈnɛt
Bo̲bingen ˈboːbɪŋən
Bö̲bingen ˈbøːbɪŋən
Bobinoir bobiˈno̯aːɐ̯, *fr.* bɔbiˈnwaːr
Bo̲bitz ˈboːbɪt͜s
Bö̲blingen ˈbøːblɪŋən
Bö̲blinger ˈbøːblɪŋɐ
Bo̲bo ˈboːbo, *span.* ˈboβo
Bobo-Dioulassọ *fr.* bɔbodjulaˈso
Boborykin *russ.* bɐbaˈrɨkin
Bo̲br ˈboːbɐ
Bóbr *poln.* bubr
Bo̲brek-Kạrf ˈboːbrɛkˈkarf
Bobruisk, Bobrujsk *russ.* baˈbrujsk
Bobrzyński *poln.* bɔbˈʒɨĩ̯ski
Bọbsleigh ˈbɔpsle, *engl.* ˈbɔbsleɪ
Bọbstadt ˈbɔp-ʃtat
Bọbtschew, Bobčev *bulgar.* ˈbɔptʃɛf
Bọbtschinskij, Bobčinskij *russ.* ˈbɔptʃinskij
Boca̲ge boˈkaːʒə, *port.* buˈkaʒɪ
Bocage normand *fr.* bɔkaʒnɔrˈmã
Bocage vendéen *fr.* bɔkaʒvãdeˈɛ̃
Bocane̲gra *span.* bokaˈneɣra
Bo̲cas del To̲ro *span.* ˈbokaz ðɛl ˈtoro
Boccacci̲no *it.* bokkatˈtʃiːno
Boccạccio bɔˈkatʃo, *it.* bokˈkattʃo
Boccadifạlco *it.* bokkadiˈfalko
Boccali̲ni *it.* bokkaˈliːni
Boccane̲gra *it.* bokkaˈneːɡra
Boccane̲ra *it.* bokkaˈneːra
Bọcca-Ti̲gris ˈbɔkaˈtiːɡrɪs
Bọcche di Cạttaro *it.* ˈbokke di ˈkattaro
Boccheri̲ni *it.* bokkeˈriːni
Bocchẹtta *it.* bokˈketta
Bọcchus ˈbɔxʊs
Bọccia ˈbɔtʃa
Boccio̲ni *it.* botˈtʃoːni
Bocco̲ni *it.* bokˈkoːni
Bọch bɔx
Bocha̲ra bɔˈxaːra
Bọche bɔʃ
Bọcher ˈbɔxɐ
Bọ̈chingen ˈbœçɪŋən
Bọchmann ˈbɔxman
Bọchnia *poln.* ˈbɔxnja
Bọchold ˈbɔxɔlt
Bọcholt *dt., niederl.* ˈbɔxɔlt
Bọchov *tschech.* ˈbɔxɔf
Bo̲chum ˈboːxʊm
Bọck bɔk, **Bọ̈cke** ˈbœkə
Böck bøːk, bœk
Bọckau ˈbɔkaʊ̯
bọckbeinig ˈbɔkbai̯nɪç, **-e** ...ɪɡə
Bo̲ckel ˈboːkl̩

Bọckelmann ˈbɔkl̩man
böckeln ˈbœkl̩n
Bọckelson ˈbɔkl̩zɔn
Bọckelwitz ˈbɔkl̩vɪt͜s
bọcken ˈbɔkn̩
Bọckenem ˈbɔkənəm
Bọckenfeld ˈbɔkn̩fɛlt
Bọckert ˈbɔkɐt
Bö̲ckh bøːk
bọckig ˈbɔkɪç, **-e** ...ɪɡə
Bọ̈ckingen ˈbœkɪŋən
Bọ̈ckl ˈbœkl̩
Bocklemụnd bɔkləˈmʊnt
Bọ̈cklin ˈbœkliːn
Bọckshorn ˈbɔkshɔrn
Bọ̈ckstein ˈbœk-ʃtai̯n
Bọckum-Hö̲vel ˈbɔkʊmˈhøːfl̩
Bọ̈ckweiler ˈbœkvai̯lɐ
Bọcq *fr.* bɔk
Bőcs *ung.* bøːtʃ
Bócsa *ung.* ˈboːtʃɔ
Bọcska[y] *ung.* ˈbotʃkɔ[i]
Bodaibọ, Bodajbo *russ.* bɐdajˈbɔ
Bọdajk *ung.* ˈbodɔjk
Bø̲dal *norw.* ˈbøːdaːl
Bodạnsky boˈdanski
Bodạrt *fr.* bɔˈdaːr
Bọdden ˈbɔdn̩
Boddi̲n bɔˈdiːn
Bo̲de ˈboːdə
Bode̲ga boˈdeːɡa
Bo̲degraven *niederl.* ˈboːdəxraːvə
Bodẹl *fr.* bɔˈdɛl
Bö̲dele ˈbøːdələ
Bö̲deli ˈbøːdəli
Bo̲delschwingh ˈboːdl̩ʃvɪŋ
¹Bo̲den ˈboːdn̩, **Bö̲den** ˈbøːdn̩
²Bo̲den (Name) *schwed.* ˈbuːdən
Bo̲denbach ˈboːdn̩bax
Bo̲denheim ˈboːdn̩hai̯m, *engl.* ˈboʊdnhaɪm
Bodenmai̲s boːdn̩ˈmai̯s
Bodenro̲de boːdn̩ˈroːdə
Bo̲densee ˈboːdn̩zeː
Bo̲denstadt ˈboːdn̩ʃtat
Bo̲denstedt ˈboːdn̩ʃtɛt
Bo̲denstein ˈboːdn̩ʃtai̯n
Bodenwö̲hr boːdn̩ˈvøːɐ̯
Bö̲dexen ˈbøːdɛksn̩
Bodhisạttwa bodiˈzatva
bo̲digen ˈboːdɪɡn̩, **bo̲dig!** ...ɪç, **bo̲digt** ...ɪçt
Bö̲diker ˈbøːdɪkɐ
Bo̲dil *dän.* ˈbodil
Bodin *fr.* bɔˈdɛ̃
Bö̲dingen ˈbøːdɪŋən
Bo̲dio *it.* ˈbɔːdi̯o
Bọdkin *engl.* ˈbɔdkɪn
Bodleian *engl.* bɔdˈlɪən
Bo̲dmer ˈboːdmɐ
Bodmerei̲ boːdməˈrai̯
Bọdmin *engl.* ˈbɔdmɪn
Bo̲do ˈboːdo
Bo̲dø *norw.* ˌbuːdø
Bo̲dolz ˈboːdɔlt͜s

Bọdoni *it.* bo'do:ni
Bọdrog *slowak.* 'bɔdrɔk
Bọdrogköz *ung.* 'bodrokkøz
Bọdt *fr.* bɔt
Bodwin 'bo:tvi:n, 'bɔt...
Bọdybuilder 'bɔdibɪldɐ
Bọdybuilding 'bɔdibɪldɪŋ
Bọdycheck 'bɔditʃɛk
Boece *engl.* boʊ'i:s
Boeheim 'bø:haim
Boehland 'bø:lant
Boehle 'bø:lə
Boehm bø:m, *engl.* beɪm, bə:m
Boehn bø:n
Boeing 'bo:ɪŋ, *engl.* 'boʊɪŋ
Boekel *niederl.* 'bu:kəl
Boelcke 'bœlkə
Boelitz 'bø:lɪts
Boemund 'bo:əmʊnt
Boën *fr.* bwɛ̃
Böen vgl. Bö
Boendale *niederl.* 'bu:nda:lə
Boer *niederl.* bu:r
Boere 'bu:rə
Boerhaave *niederl.* 'bu:rha:və
Boeslunde *dän.* 'bo:'slonə
Boẹthius bo'e:tsi̯ʊs, *auch:* bo'e:ti̯ʊs; *schwed.* bu'e:tsiʊs
Boétie, de la *fr.* dəlabɔe'si
Boẹtius bo'e:tsi̯ʊs
Boffalọra *it.* boffa'lɔ:ra
Boffrand *fr.* bɔ'frã
Bọffy *span.* 'bofi
Bofist 'bo:fɪst, *auch:* bo'fɪst
Bofọrs *schwed.* bu:'fɔrs
Bọfu 'bo:fu
Bọg bo:k
Bogaers *niederl.* 'bo:xa:rs
Bogart *engl.* 'boʊgɑ:t
Bogatsikọn *neugr.* voɣatsi'kɔn
Bogạtzky bo'gatski
Boğạzköy *türk.* bɔ:'ɑzkœi̯
Boğazlạr *türk.* bɔ:ɑz'lɑr
Bogdan *russ.* bag'dan, *alban.* 'bogdan, *serbokr.* ˌbɔgda:n, *rumän.* bog'dan
Bogdạnow, Bogdanov *russ.* bag'danɐf
Bogdanọwitsch, Bogdanovič *russ.* bɐgda'nɔvitʃ
Bogdọ *russ.* bag'dɔ
böge 'bø:gə
Bọgel 'bo:gl̩
Bögelchen 'bø:gl̩çən
bogen 'bo:gn̩
Bogen 'bo:gn̩, **Bögen** 'bø:gn̩
Bogeng 'bo:gɛŋ
Bogenhausen bo:gn̩'hauzn̩
Bogense *dän.* 'bɔ:ɣənsə
Bogesụnd *schwed.* bu:gə'sʊnd
Bọghead *engl.* 'bɔghɛd
bogig 'bo:gɪç, -e ...ɪgə
Bogislaus 'bo:gɪslaus
Bogislaw 'bo:gɪslaf
Böglein 'bø:klain
Bogner 'bo:gnɐ
Bogno *it.* 'boɲɲo
Bognor *engl.* 'bɔgnə
Bogø *dän.* 'bɔ:ɣø:'
Bogoljụbow, Bogoljubov *russ.* bɐga'ljubɐf
Bogomịle bogo'mi:lə
Bogomọle[t]z-Serum bogo'mo:lɛtsze:rʊm
Bogomọlez, Bogomolec *russ.* bɐga'mɔlɪts
Bogomọlow, Bogomolov *russ.* bɐga'mɔlɐf
Bọgor *indon.* 'bogɔr
Bogọrow, Bogorov *bulgar.* bo'gɔrof
Bogota *engl.* bə'goʊtə
Bogotá bogo'ta, *span.* boɣo'ta
Bögöte *ung.* 'bøgøtɛ
Bọgović *serbokr.* 'bɔgɔvitɕ
Bogumil 'bo:gumi:l
Bogumịle bogu'mi:lə
Bogusłạwski *poln.* bɔgu'su̯afski
Bogụszów *poln.* bɔ'guʃuf
Bọgza *rumän.* 'bogza
Böhaim 'bø:haim
Bohain *fr.* bɔ'ɛ̃
Bohạtta bo'hata
Bọhdan *tschech.* 'bɔhdan
Bọhdaneč *tschech.* 'bɔhdanɛtʃ
Bọhdanetz 'bɔxdanɛts
Bohẹme bo'e:m, bo'ɛ:m; *auch:* bo'he:m, bo'hɛ:m; *fr.* bɔ'ɛm
Bohême *fr.* bɔ'ɛm
Bohẹmia bo'he:mi̯a
Bohemien boe'mi̯ɛ̃:, *auch:* bohe...; *fr.* bɔe'mjɛ̃
Bohemịst[ik] bohe'mɪst[ɪk]
Bohemund 'bo:əmʊnt
Bọhinj *slowen.* 'bɔ:xinj
Böhl[a] 'bø:l[a]
Böhlau 'bø:lau
Bohle 'bo:lə
Böhlen 'bø:lən
Bohlịn *schwed.* bu'li:n
Bohlingen 'bo:lɪŋən
Böhlitz 'bø:lɪts
Böhm[e] 'bø:m[ə]
Böhmelt 'bø:ml̩t
Böhmen 'bø:mən
Böhmenkịrch bø:mən'kɪrç
Böhmer 'bø:mɐ
Böhmerland 'bø:mɐlant
Böhmerwald 'bø:mɐvalt
Böhmerwäldler 'bø:mɐvɛltlɐ
böhmisch 'bø:mɪʃ
Böhmisch-Leipa 'bø:mɪʃ'laipa
Bohmte 'bo:mtə
Bohn bo:n, *engl.* boʊn
Böhnchen 'bø:nçən
Bohne[n] 'bo:nə[n]
Bohnenblust 'bo:nənblu:st
Bohner 'bo:nɐ
bohnern 'bo:nɐn
Bohnitzsch 'bo:nɪtʃ
Bohnstedt 'bo:nʃtɛt
Böhönye *ung.* 'bøhøɲɛ
Bohorič *slowen.* 'bo:xoritʃ
Bohr *dän.* bo:'r
bohren 'bo:rən
Böhringen 'bø:rɪŋən
Bohse 'bo:zə
Böhtlingk 'bø:tlɪŋk
Bohumil 'bo:humi:l, *tschech.* 'bɔhumil
Bohumín *tschech.* 'bɔhumi:n
Bohumír *tschech.* 'bɔhu:mi:r
Bohuslän *schwed.* ˌbu:hʉ:slɛ:n
Bohuslav *tschech.* 'bɔhuslaf
Bohuslaw 'bo:hʊslaf
Boi bɔy
Boiano *it.* bo'i̯a:no
Boiardo *it.* bo'i̯ardo
Boichorst 'bɔyçɔrst
Boie 'bɔyə
Boieldieu *fr.* bɔjɛl'djø
böig 'bø:ɪç, -e ...ɪgə
Boigne *fr.* bwaɲ
Boileau *fr.* bwa'lo
Boiler 'bɔylɐ
Boilly *fr.* bwa'ji
Boindin *fr.* bwɛ̃'dɛ̃
Boiohẹmum bojo'he:mʊm
Boineburg 'bɔynəbʊrk
Bois *fr.* bwa
Bois-d'Oingt *fr.* bwa'dwɛ̃
Boise *engl.* 'bɔɪsɪ
Boisguillebert *fr.* bwagij'bɛ:r
boisieren bo̯a'zi:rən
Bois-le-Duc *fr.* bwal'dyk
Boislisle *fr.* bwa'lil
Bois Rosé *fr.* bwaro'ze
Boisserée bo̯asə're:
Boissieu *fr.* bwa'sjø
Boissy *fr.* bwa'si
Boiste *fr.* bwast
Boite *it.* 'bɔ:i̯te
Boito *it.* 'bɔ:i̯to
Boi[t]zenburg 'bɔytsn̩bʊrk
Bojador *span.* bɔxa'ðɔr
Bojan *russ.* ba'jan, *bulgar.* bo'jan
Bojana *serbokr.* ˌbojana, *bulgar.* bo'jana
Bojar bo'ja:ɐ̯
Bojardo *it.* bo'i̯ardo
Boje 'bo:jə
[1]**Bojer** (kelt. Volk) 'bo:jɐ
[2]**Bojer** (norweg. Schriftsteller) *norw.* 'bɔi̯ər
Bojke 'bɔykə
Bojkovice *tschech.* 'bɔjkɔvitsɛ
Bök bø:k
Boka Kotorska *serbokr.* 'bɔka ˌkɔtɔrska:
Boké *fr.* bɔ'ke
Bokhara bɔ'xa:ra
Bokmål 'bo:kmo:l, *norw.* ˌbu:kmo:l
Boknafjord *norw.* ˌbuknafju:r
Boknisek 'bo:knɪs|ɛk
Bokod *ung.* 'bokod
[1]**Bol** (Tonerdesilikat) bo:l
[2]**Bol** (Eigenname) *niederl.* bɔl
Bola 'bo:la
Bolbec *fr.* bɔl'bɛk
Bölchen 'bɔlçn̩
Bölcske *ung.* 'bøltʃkɛ
Bolden *engl.* 'boʊldən

Boldini *it.* bol'di:ni
Boldog *ung.* 'boldog
Boldrewood *engl.* 'bouldəwud
Bolena *it.* bo'lɛ:na
Bolero bo'le:ro
Boles *engl.* boulz
Boleslaus 'bo:lɛslaus
Boleslav 'bo:lɛslaf, *tschech.* 'bɔlɛslaf
Boleslaw, Boleslav 'bo:lɛslaf, *russ.* bɐlɪ'slaf
Bolesław *poln.* bɔ'lɛsuaf
Bolesławiec *poln.* bɔlɛ'suavjɛts
Boletus bo'le:tus, **...ti** ...ti
Boleyn *engl.* 'bulɪn
Bolgar *russ.* 'bɔlgɐr
Bolgrad *russ.* 'bɔlgrɐt
Bolhás *ung.* 'bolha:ʃ
Bolid bo'li:t, -e ...i:də
Boliden *schwed.* ˌbu:li:dən
Bolíkov *tschech.* 'bɔli:kɔf
Bolingbroke *engl.* 'bɔlɪŋbrʊk
Bolintineanu *rumän.* bolinti'neanu
Bolivar bo'li:var
Bolívar *span.* bo'liβar
Bolivia *span.* bo'liβia
Bolivianer boli'via:nɐ
bolivianisch boli'via:nɪʃ
Boliviano boli'via:no
Bolivien bo'li:viən
Bolkart 'bɔlkart
bölken 'bœlkn̩
Bolkenhain 'bɔlkn̩hain
Bolko 'bɔlko
Bölko[w] 'bœlko
Boll bɔl
Böll bœl
Bolland *niederl.* 'bɔlɑnt, *fr.* bɔ'lã
Bollandist bɔlan'dɪst
Böllberg 'bœlbɛrk
Bolle 'bɔlə, *fr.* bɔl
Bøllemosen *dän.* 'bøləmo:sən
Bollène *fr.* bɔ'lɛn
Böller 'bœlɐ
böllern 'bœlɐn
Bollert 'bɔlɐt
Bolletrieholz bole'tri:hɔlts
Bollette bɔ'lɛtə
Bollewick 'bɔləvɪk
Bolligen 'bɔlɪgən
Bollingen 'bɔlɪŋən
Bollinger 'bɔlɪŋɐ
Bollnäs *schwed.* 'bɔlnɛ:s
Bollschweiler 'bɔlʃvailɐ
Bollwerk 'bɔlvɛrk
Bolmen *schwed.* 'bɔlmən
Bolmsö *schwed.* 'bɔlmsø:
Bolo 'bo:lo
Bologna bo'lɔnja, *it.* bo'loɲɲa, bo'lɔɲɲa
Bologne *fr.* bɔ'lɔɲ
Bolognese bolɔn'je:zə, *it.* boloɲ'ɲe:se
Bologneser bolɔn'je:zɐ
bolognesisch bolɔn'je:zɪʃ
Bolometer bolo'me:tɐ
bolometrisch bolo'me:trɪʃ
Bolos *neugr.* 'vɔlɔs
Boloskop bolo'sko:p
Bolotana *it.* bo'lɔ:tana
Bolotnikow, Bolotnikov *russ.* ba'lɔtnikɐf
Bolschaja, Bol'šaja *russ.* balj'ʃajɐ
Bölsche 'bœlʃə
Bolschewik bɔlʃe'vɪk, **-i** ...ki
bolschewisieren bɔlʃevi'zi:rən
Bolschewismus bɔlʃe'vɪsmʊs
Bolschewist bɔlʃe'vɪst
Bolschoi bɔl'ʃɔy
Bolschoi Kawkas, Bol'šoj Kavkaz *russ.* balj'ʃɔj kaf'kas
Bolschoi Teatr SSSR, Bol'šoj — — *russ.* balj'ʃɔj tɪ'atr ɛs-ɛs-ɛs'ɛr
Bolsena *it.* bol'se:na, ...'sɛ:na
Bolsener bɔl'ze:nɐ
Bolson bɔl'zo:n
[1]**Bolsover** (engl. Personenname) *engl.* 'bɔlsəvə
[2]**Bolsover** (Ort in Derbyshire) *engl.* 'boulzouvə
Bol'šoj Kavkaz vgl. Bolschoi Kawkas
Bol'šoj Teatr SSSR vgl. Boschoi Teatr SSSR
Bolsward *niederl.* 'bɔlswɑrt
Bolswert *niederl.* 'bɔlswɛrt
Bolt[e] 'bɔlt[ə]
Boltenhagen bɔltn̩'ha:gn̩
Bolton *engl.* 'boultən
Boltraffio *it.* bol'traffio
Boltz[mann] 'bɔlts[man]
Bolu *türk.* 'bɔlu
Bölükbaşı *türk.* bœ'lykbɑˌʃɨ
Bolungavík *isl.* 'bɔ:lungavi:k
Bolus 'bo:lʊs
Bóly *ung.* bo:j
Bolyai 'bɔljai, *ung.* 'bo:jɔi
Bolz bɔlts
Bolzano bɔl'tsa:no, *it.* bol'tsa:no
bolzen, B... 'bɔltsn̩
Bom *niederl.* bɔm
Boma 'bo:ma, *fr.* bɔ'ma
Bomätsche 'bo:mɛtʃə
bomätschen 'bo:mɛtʃn̩
Bomba *it.* 'bomba
Bombage bɔm'ba:ʒə
Bombala *engl.* bɔm'bɑ:lə
Bombard *fr.* bõ'ba:r
Bombarde bɔm'bardə
Bombardement bɔmbardə'mã:
bombardieren bɔmbar'di:rən
Bombardon bɔmbar'dõ:
Bombast bɔm'bast
Bombastus bɔm'bastʊs
Bombay 'bɔmbe, *engl.* bɔm'beɪ
Bombe 'bɔmbə
bomben 'bɔmbn̩, **bomb!** bɔmp, **bombt** bɔmpt
bombenfest 'bɔmbn̩fɛst; *sehr fest* '——'—
bombensicher 'bɔmbn̩zɪçɐ; *sehr sicher* '——'——
Bomber 'bɔmbɐ
Bombet *fr.* bõ'bɛ
bombieren bɔm'bi:rən
Bombilla bɔm'bɪlja
Bombois *fr.* bõ'bwa
Bombus 'bɔmbʊs
Bombykometer bɔmbyko'me:tɐ
Bomhard 'bɔmhart, **-e** ...rdə
Bomhart 'bɔmhart
Bom Jesus *bras.* 'bõ ʒe'zus
Bommel 'bɔml̩
Bommerlunder bɔmɐ'lʊndɐ
Bompiani *it.* bom'pia:ni
Bom Retiro *bras.* 'bõ rre'tiru
Bomst bɔmst
Bom Sucesso *bras.* 'bõ su'sɛsu
Bomu 'bo:mu
[1]**Bon** (Gutschein) bɔŋ, bõ:
[2]**Bon** (Name) *fr.* bõ, *it.* bɔn
Bona 'bo:na
Bona [Dea] 'bo:na ['de:a]
bona fide 'bo:na 'fi:də
Bonaire *niederl.* bo:'nɛ:r[ə]
Bonald *fr.* bɔ'nald
Bonames bona'me:s
Bonannus bo'nanʊs
Bonanza bo'nantsa, *span.* bo'nanθa
Bonaparte bona'partə, *fr.* bɔna'part
Bonapartismus bonapar'tɪsmʊs
Bonapartist bonapar'tɪst
Bonar *engl.* 'bɔnə, *indon.* 'bonar
Bonatz 'bo:nats
Bonaventura bonavɛn'tu:ra, *it.* ...ven...
Bonbon bɔŋ'bɔŋ, bõ'bõ:
Bonbonniere bɔŋbɔ'niɛ:rə, ...ɛ:rə; bõb...
Bončev vgl. Bontschew
Boncour[t] *fr.* bõ'ku:r
Bond bɔnt, *engl.* bɔnd
Bonde *schwed.* ˌbundə
Bondeli 'bɔndəli
Bondeno *it.* bon'dɛ:no
Bondeson *schwed.* ˌbundəsɔn
Bondo 'bɔndo, *fr.* bɔn'do
Bondol[f] *niederl.* 'bɔndɔl[f]
Bondoukou *fr.* bɔndu'ku
Bondy 'bɔndi, *fr.* bõ'di
Bone *engl.* boun, *indon.* 'bone
Bône *fr.* bo:n
Bonefro *it.* bo'nɛ:fro
Bonelli *it.* bo'nɛlli
Bönen 'bø:nən
Bonenburg 'bo:nənbʊrk
Boner 'bo:nɐ
Bonfest 'bo:nfɛst
Bonfigli *it.* bon'fiʎʎi
Bonfim *bras.* bõ'fĩ
Bongartz 'bɔngarts
bongen 'bɔŋən
Bonham *engl.* 'bɔnəm
Bönhase 'bø:nha:zə
Bonheur *fr.* bɔ'nœ:r
Bonhoeffer 'bo:nhœfɐ, 'bɔn...

Bonhomi̱e bɔno'mi:, **-n** ...i:ən
Bonhọmme *dt., fr.* bɔ'nɔm
Boni vgl. Bonus
Bonifacio *it.* boni'fa:tʃo, *fr.* bɔnifa'sjo, *span.* boni'faθi̯o
Bonifácio *port.* buni'fasi̯u, *bras.* boni'fasi̯u
Bonifạtius boni'fa:tsi̯ʊs
Bonifaz boni'fa:ts, *auch:* 'bo:...
Bonifạzio *it.* boni'fattsi̯o
Bonifikatio̱n bonifika'tsi̯o:n
bonifizi̱eren bonifi'tsi:rən
Bonịlla *span.* bo'niʎa
Boni̱n (dt. Name) bo'ni:n
Bọnington *engl.* 'bɔnɪŋtən
Boninsẹgna *it.* bonin'seɲɲa
Bonipẹrti *it.* boni'pɛrti
Bonitä̱t boni'tɛ:t
boniti̱eren boni'ti:rən
Boni̱to bo'ni:to
Bö̱nitz 'bø:nɪts
Bonivạrd *fr.* bɔni'va:r
Bonjour *fr.* bõ'ʒu:r
Bonmo̱t bõ'mo:
Bọnn bɔn
Bonnạrd *fr.* bɔ'na:r
Bonnassieux *fr.* bɔna'sjø
Bonnạt *fr.* bɔ'na
Bọnndorf 'bɔndɔrf
Bọnne 'bɔnə
Bønnelycke *dän.* 'bønəløgə
Bọnner 'bɔnɐ
¹**Bonnẹt** (Haube) bɔ'ne:
²**Bonnẹt** (Name) *fr.* bɔ'nɛ
Bonnétạble *fr.* bɔne'tabl
Bonneteri̱e bɔnɛt[ə]'ri:, **-n** ...i:ən
Bonnevạl *fr.* bɔn'val
Bonnevịlle *fr.* bɔn'vil
Bọnnier *schwed.* 'bɔniər
Bọ̈nnigheim 'bœnɪçhai̯m
Bọ̈nninghardt 'bœnɪŋhart
Bonnọt *fr.* bɔ'no
Bọno *it.* 'bɔ:no
Bonomẹlli *it.* bono'mɛlli
Bonọmi *it.* bo'nɔ:mi
Bononcịni *it.* bonon'tʃi:ni
Bonọrva *it.* bo'nɔrva
Bonpland *fr.* bõ'plã
Bonpọrti *it.* bom'pɔrti
Bọnsels 'bɔnzl̩s
Bọnstetten 'bo:nʃtɛtn̩, *fr.* bɔnstɛ'tɛn
Bọnte 'bɔntə
Bontempẹlli *it.* bontem'pɛlli
Bontemps *fr.* bõ'tã
Bọnthain *indon.* 'bɔntai̯n
Bontoux *fr.* bõ'tu
Bọntschew, Bončev *bulgar.* 'bɔntʃɛf
Bonụcci *it.* bo'nuttʃi
Bo̱nus 'bo:nʊs, **Bo̱ni** 'bo:ni
Bonvalọt *fr.* bõva'lo
Bonvicịno *it.* bonvi'tʃi:no
Bonvivant bõvi'vã:
Bọnynge *engl.* 'bɔnɪŋ
Bọnze 'bɔntsə
Bonzokrati̱e bɔntsokra'ti:, **-n** ...i:ən

Boo *norw.* bu:
Bo̱o̱fke 'bo:fkə
Boogie-Woogie 'bʊgi'vʊgi, *engl.* 'bu:gɪ,wu:gɪ
Bö̱ö̱k *schwed.* bø:k
Boole *engl.* bu:l
¹**Boom** (Wirtschaftsaufschwung) bu:m
²**Bo̱o̱m** (Name) *niederl.* bo:m
Boon *niederl.* bo:n, *engl.* bu:n
Boone *engl.* bu:n
Bo̱o̱nekamp (Wz) 'bo:nəkamp
Bo̱o̱s bo:s
Booster 'bu:stɐ
¹**Bo̱o̱t** (Nachen) bo:t
²**Boot** (Name) *engl.* bu:t
Bo̱o̱tes bo'o:tɛs
Bo̱o̱th bo:t, *engl.* bu:ð
Boothby *engl.* 'bu:ðbɪ
Boothe *engl.* bu:ð
Boothia *engl.* 'bu:θɪə
Bö̱o̱tien bø'o:tsi̯ən
Bö̱o̱tier bø'o:tsi̯ɐ
bö̱o̱tisch bø'o:tɪʃ
Bootle *engl.* bu:tl
Bootlegger 'bu:tlɛgɐ
Bọpfingen 'bɔpfɪŋən
Bọpp[ard] 'bɔp[art]
Bọppe 'bɔpə
Bọppo 'bɔpo
¹**Bo̱r** (Element) bo:ɐ̯
²**Bor** (Name) *russ., tschech.* bɔr, *serbokr.* bɔ:r
Bór *poln.* bur
Bo̱ra 'bo:ra
Borạccia bo'ratʃa
Borạchio bo'ra:ki̯o
Borạgo bo'ra:go
Bọrah *engl.* 'bɔ:rə
Borạne bo'ra:nə
Borạner bo'ra:nɐ
Borås *schwed.* bu'ro:s
Borasdschạn *pers.* borɑz'dʒɑ:n
Borassá *span.* bora'sa
Borạt bo'ra:t
Bo̱rax 'bo:raks
Borazit bora'tsi:t, *auch:* ...tsɪt
Bọrba *port.* 'borbɐ, *bras.* 'borba, *serbokr.* ˌbɔrba
Bọrbeck 'bɔrbɛk
Borbón *span.* bɔr'βɔn
Bọrchardt 'bɔrçart
Bọrchert 'bɔrçɐt
Bọrchhorst 'bɔrçhɔrst
Bọrculo *niederl.* 'bɔrky:lo:
Bọrd bɔrt, **-e** ...rdə
Bordạ *fr.* bɔr'da
Bọrdány *ung.* 'bɔrda:nj
Bọ̈rde 'bœrdə
¹**Bordeaux** (Stadt) bɔr'do:, *fr.* bɔr'do
²**Bordeaux** (Wein) bɔr'do:, **des** - ...'do:[s], **die** - ...'do:s
bordeauxrot bɔr'do:ro:t
Bordelaiser bɔrdə'lɛ:zɐ
Borde̱se bɔrdə'le:zə
Bordẹll bɔr'dɛl

bọ̈rdeln 'bœrdl̩n, **...dle** ...dlə
Bọrden *engl.* bɔ:dn
Bordereau bɔrdə'ro:
Borderọ bɔrdə'ro:
Bọrderpreis 'bɔrdɐprai̯s
Bordẹt *fr.* bɔr'dɛ
Bọrdewijk *niederl.* 'bɔrdəwɛi̯k
Bọrðeyri *isl.* 'bɔrðɛi̯rɪ
bordi̱eren bɔr'di:rən
Bordighẹra *it.* bordi'gɛ:ra
Bọrdo *span.* 'bɔrðo
Bọrdolo 'bɔrdolo
Bordọne *it.* bor'do:ne
Bordọni *it.* bor'do:ni
bordọrot bɔr'do:ro:t
Bordu̱n bɔr'du:n
Bordü̱re bɔr'dy:rə
Bo̱re 'bo:rə, *engl.* bɔ:
Boreạde bore'a:də
boreạl, B... bore'a:l
Bọreas 'bo:reas
Borẹl *fr.* bɔ'rɛl, *niederl.* bo:'rɛl
Boren *schwed.* ˌbu:rən
Bọrg bɔrk, *schwed.* bɔrj
Bọrgarfjarðarsýsla *isl.* 'bɔrgarfjarðarsisla
Bọrgarfjörður *isl.* 'bɔrgarfjœrðʏr
Bọrgarnes *isl.* 'bɔrgarnɛ:s
Borgạtti *it.* bor'gatti
Børge *dän.* 'bœrɣə
bọrgen 'bɔrgn̩, **bọrg!** bɔrk, **bọrgt** bɔrkt
Bọrger *niederl.* 'bɔrxər
Borgerhout *niederl.* bɔrxər'hɔu̯t
Bọrges *span.* 'bɔrxes
Borge̱se *it.* bor'dʒe:se
Borghe̱se *it.* bor'ge:se
Borghe̱sisch bɔr'ge:zɪʃ
Borghẹtto *it.* bor'getto
Borghi̱ni *it.* bor'gi:ni
Bọrgholm *schwed.* ˌbɔrjhɔlm
Bọrghorst 'bɔrkhɔrst
Bọrgia *it.* 'bɔrdʒa
Borgiạnni *it.* bor'dʒanni
Bọrgio *it.* 'bɔrdʒo
Bọrgis 'bɔrgɪs
Bọrgk bɔrk
Bọrgloon *niederl.* 'bɔrxlo:n
Bọrglum *engl.* 'bɔ:gləm
Børglum *dän.* 'bœrɣlom
Borgne *fr.* bɔrɲ, *engl.* bɔ:n
Bọrgo *it.* 'borgo
Borgognọne *it.* borgoɲ'ɲo:ne
Borgomane̱ro *it.* borgoma'nɛ:ro
Borgọña *span.* bɔr'ɣoɲa
Bö̱rgönd *ung.* 'børgønd
Borgongi̱ni *it.* borgon'dʒi:ni
Borgose̱sia *it.* borgo'sɛ:zi̯a
Borgota̱ro *it.* borgo'ta:ro
Borgou *fr.* bɔr'gu
Bọrgu 'bɔrgu
Bọrgund *norw.* ˌbɔrgʉn
Bori̱d bo'ri:t, **-e** ...i:də
Borinage *fr.* bɔri'na:ʒ
Bo̱ris 'bo:rɪs; *russ.* ba'ris; *bulgar.* bo'ris

Bọris Godụnow, Boris Godunov ˈbo:rɪs goˈdu:nɔf, *russ.* baˈris gɐduˈnɔf

Borisław, Borislav *russ.* bɐriˈslaf, *bulgar.* boriˈslaf

Borissoglębsk, Borisoglebsk *russ.* bɐrisaˈgljɛpsk

Borịssow, Borisov *russ.* baˈrisəf

Borịssowitsch, Borisovič *russ.* baˈrisɐvitʃ

Borịssowka, Borisovka *russ.* baˈrisɐfkɐ

Borịssowna, Borisovna *russ.* baˈrisɐvnɐ

Bọrja *span.* ˈbɔrxa

Bọrjas Blạncas *span.* ˈbɔrxaz ˈβlaŋkas

Börjeson *schwed.* ˌbœrjəsɔn

Bọrk[e] ˈbɔrk[ə]

Bọrken ˈbɔrkn̩

Bọrkenstein ˈbɔrkn̩ʃtain

Bọrkh bɔrk

Borkheide bɔrkˈhaidə

Borkou *fr.* bɔrˈku

Bọrkow ˈbɔrko

Borkọwski bɔrˈkɔfski

Bọrku ˈbɔrku

Bọrkum ˈbɔrkʊm

Bọrlänge *schwed.* ˌbo:rlɛŋə

Bọrman *niederl.* ˈbɔrmɑn

Bọrmann ˈbo:ɐ̯man

Bọrmida *it.* ˈbɔrmida

Bọrmio *it.* ˈbɔrmi̯o, ˈbɔ...

Bọrms *niederl.* bɔrms

Bọrn *dt., fr.* bɔrn

Bọrna ˈbɔrna

Bọrne *dt., niederl.* ˈbɔrnə

Börne ˈbœrnə

Bọrnefeld ˈbɔrnəfɛlt

Bọrnemann ˈbɔrnəman

Bọrnemissza *ung.* ˈbornɛmissɔ

Bọrneo ˈbɔrneo

Borneọl bɔrneˈo:l

Börner ˈbœrnɐ

Bọrnewasser ˈbɔrnəvasɐ

Bọrnhak ˈbɔrnhak

Bọrnheim ˈbɔrnhaim

Bornhọlm bɔrnˈhɔlm, *dän.* bɔrnˈhɔlˀm

Bornhọlte bɔrnˈhɔltə

Börnicke ˈbœrnɪkə

Borniẹr *fr.* bɔrˈnje

borniert bɔrˈni:ɐ̯t

Bọrnim ˈbɔrnɪm

Bornit bɔrˈni:t, *auch:* ...nɪt

Bọrnitz ˈbɔrnɪts

Bọrnkamm ˈbɔrnkam

Bọrnstedt ˈbɔrnʃtɛt

Borntuchen bɔrnˈtu:xn̩

Bọrnu ˈbɔrnu

Borny *fr.* bɔrˈni

Borobudur *indon.* boroˈbudʊr

Borodin boroˈdi:n, *russ.* bɐraˈdin

Borodinọ *russ.* bɐrɐdiˈnɔ

Boroević boˈro:evɪtʃ

Bọrohrádek *tschech.* ˈbɔrɔhra:dɛk

Boron *fr.* bɔˈrõ

Bọronka *ung.* ˈboroŋkɔ

Bọrota *ung.* ˈborotɔ

Bọrotin ˈbo:roti:n

Borough *engl.* ˈbʌrə

Bọrovský *tschech.* ˈbɔrɔfski:

Borowikọwski, Borovikovskij *russ.* bɐrɐviˈkɔfskij

Borowitschị, Boroviči *russ.* bɐrɐviˈtʃi

Bọrr bɔr

Borraginaceae bɔragiˈna:tseɛ

Borrago bɔˈra:go

Borrẹlia bɔˈre:li̯a

Borrẹlien bɔˈre:li̯ən

Borreliosen bɔreˈli̯o:zn̩

Bọrretsch ˈbɔrɛtʃ

Bọrrhaus ˈbɔrhaus

Bọrrhus ˈbɔrhu:s

Bọrries ˈbɔri̯əs

Börries ˈbœri̯əs

Bọrris *dt., engl.* ˈbɔrɪs

Borromäerin bɔroˈmɛ:ərɪn

Borromäus bɔroˈmɛ:ʊs

borromäisch bɔroˈmɛ:ɪʃ

Borromeo *it.* borroˈmɛ:o

Borromini *it.* borroˈmi:ni

Borron *fr.* bɔˈrõ

Bọrrow *engl.* ˈbɔroʊ

Bọrrowdale *engl.* ˈbɔroʊdeɪl

Börrstadt ˈbœrʃtat

Börry ˈbœri

Borsalino bɔrzaˈli:no

Borschimmen bɔrˈʒɪmən

Borschtsch bɔrʃtʃ

Bọrsdorf ˈbɔrsdɔrf

Börse ˈbœrzə, *auch:* ˈbø:ɐ̯zə

Bọrsec *rumän.* ˈborsek

Bọrsfa *ung.* ˈborʃfɔ

Börsianer bœrˈzi̯a:nɐ

Bọrsig ˈbɔrzɪç

Bọrso *it.* ˈborso

Bọrsod[i] *ung.* ˈborʃod[i]

Bọrssele *niederl.* ˈbɔrsələ

Börssum ˈbø:ɐ̯sʊm

Bọrst bɔrst

Bọrstal *engl.* bɔ:stl

Bọrste ˈbɔrstə

bọrstig ˈbɔrstɪç, -e ...ɪgə

Börtchen ˈbœrtçən

Bọrte ˈbɔrtə

Bọrten *norw.* ˌburtən

Bọrth bɔrt, bo:ɐ̯t

Bortkiẹwicz bɔrtˈki̯e:vɪtʃ

Börtlingen ˈbœrtlɪŋən

Bortnjạnski, Bortnjanskij *russ.* bartˈnjanskij

Borụsse boˈrʊsə

Borụssia boˈrʊsi̯a

Bọrvin ˈbɔrvɪn

Börwang ˈbø:ɐ̯vaŋ

Borysthenes boˈrʏstenɛs

Bọrzavár *ung.* ˈborzɔva:r

Börzsöny *ung.* ˈbørʒønj

Bọs bo:s, *niederl.* bɔs

bös bø:s, -e ˈbø:zə

Bọsa *it.* ˈbɔ:za

Bọsanquet *engl.* ˈboʊznkɪt

Bọsanski Brọd *serbokr.* ˌbɔsanski: ˈbrɔ:d

Bosạtsu boˈzatsu

Bọsboom *niederl.* ˈbɔzbo:m

Boscán *span.* bɔsˈkan

Bọsch bɔʃ, *niederl.* bɔs, *kat.* bɔsk

Bọschek ˈbɔʃɛk

Bọschi *it.* ˈbɔski

Boschịnow, Božinov *bulgar.* boˈʒinof

Böschung ˈbœʃʊŋ

Bosco *fr.* bɔsˈko, *it.* ˈbɔsko

böse, B... ˈbø:zə

Bọsen ˈbo:zn̩

Bösendorfer ˈbø:zn̩dɔrfɐ

Bösewicht ˈbø:zəvɪçt

bọshaft ˈbo:shaft

Bọšice *tschech.* ˈbɔʃitsɛ

Bösig ˈbø:zɪç

Bösingen ˈbø:zɪŋən

Bosio *fr.* bɔˈzjo, *it.* ˈbɔ:zi̯o

Boskẹtt bɔsˈkɛt

Bọskoop *niederl.* ˈbɔsko:p

Bọskop ˈbɔskɔp

Bọšković *serbokr.* ˈbɔʃkɔvitɕ

Bọskovice *tschech.* ˈbɔskɔvitsɛ

Boskọvsky bɔsˈkɔfski

Bọskowitz ˈbɔskovɪts

Bọsna *serbokr.* ˈbɔsna

Bosniạke bɔsniˈa:kə

Bọsnien ˈbɔsniən

Bọsnier ˈbɔsniɐ

bọsnisch ˈbɔsnɪʃ

Bọso ˈbo:zo

Bösperde ˈbœspɐdə

bosporạnisch bɔspoˈra:nɪʃ

Bọsporus ˈbɔspɔrʊs

Bọsque *span.* ˈbɔske

Bọsruck ˈbo:srʊk

Bọß bɔs

Bọsse ˈbɔsə, *fr.* bɔs

Bọßel ˈbo:sl̩

bosselieren bɔsəˈli:rən

bọsseln ˈbɔsl̩n, **bọßle** ˈbɔslə

bọßeln ˈbo:sl̩n, **bọßle** ˈbo:slə

Bọssert ˈbɔsɐt

Bọßhard, ...t ˈbɔshart

Bọssi *it.* ˈbɔssi

bossieren bɔˈsi:rən

Bọsso ˈbɔso

Bossu *fr.* bɔˈsy

Bossuẹt *fr.* bɔˈsɥɛ

Bọst *fr.* bɔst

Bostạna bɔsˈta:na

Bọston ˈbɔstɔn, *engl.* ˈbɔstən

Boström *schwed.* ˌbu:strœm

Bọsvoorde *niederl.* ˈbɔsfo:rdə

Bọswell *engl.* ˈbɔzwəl

Bọsworth *engl.* ˈbɔzwəθ

Böszénfa *ung.* ˈbø:se:nfɔ

bọt bo:t

Bọt bɔt

Botạnik boˈta:nɪk

Botạniker boˈta:nɪkɐ

botạnisch boˈta:nɪʃ

botanisieren botaniˈzi:rən

Bọtany *engl.* ˈbɔtənɪ

Bö̱tchen 'bø:tçən
Bo̱te 'bo:tə
bö̱te 'bø:tə
Botẹl bo'tɛl
Botelho *port.* bu'tɐʎu
Botẹro *it.* bo'tɛ:ro
Bọtew, Botev *bulgar.* 'bɔtɛf
Bọtewgrad, Botevgrad *bulgar.* 'bɔtɛvgrat
Botẹz *rumän.* bo'tez
Bọth *niederl.* bɔt
Bo̱tha 'bo:ta
Bo̱the 'bo:tə
Bö̱thi̲nsee bø'ti:nze:
Bo̱tho 'bo:to
Bọthwell *engl.* 'bɔθwəl
Bọtjow, Botjov *bulgar.* 'bɔtjof
Bọtkin *russ.* 'bɔtkin
Bọtnang 'bɔtnaŋ
Bo̱to 'bo:to
Botoku̲de boto'ku:də
Botoṣạni *rumän.* boto'ʃanj
Botrange *fr.* bɔ'trã:ʒ
Botryomyko̲se botryomy'ko:zə
Bo̱tschaft 'bo:tʃaft
Botsua̲na bɔ'tsu̯a:na
Botswa̲na bɔ'tsva:na
Bọtt bɔt
Bọtta *it.* 'bɔtta
Bottạ̈i *it.* bot'ta:i
Bọ̈ttcher 'bœtçɐ
Böttchere̲i bœtçə'rai̯
Bottẹ̄ga bɔ'te:ga
Botteli̲er bɔtə'li̯:ɐ
Bọttengruber 'bɔtŋ̍gru:bɐ
Bọttenhavet *schwed.* ˌbɔtənhɑ:vət
Bọ̈ttger 'bœtgɐ
Botticẹlli *it.* botti'tʃɛlli
Bọttich 'bɔtɪç
Bọ̈tticher 'bœtɪçɐ
Botticị̄ni *it.* botti'tʃi:ni
Botticị̄no *it.* botti'tʃi:no
Bọ̈ttiger 'bœtɪgɐ, *schwed.* ˌbœtigər
Bottin *fr.* bɔ'tɛ̃
Botti̲ne bɔ'ti:nə
Bọ̈ttingen 'bœtɪŋən
Bọttler 'bɔtlɐ
Bottlere̲i bɔtlə'rai̯
bọttnisch 'bɔtnɪʃ
Bottome *engl.* bə'toʊm
Bọttomley *engl.* 'bɔtəmlɪ
Bọttoms *engl.* 'bɔtəmz
Bọttrop 'bɔtrɔp
Bọttschow 'bɔtʃo
Botulịsmus botu'lɪsmʊs
Botwị̣nnik, Botvinnik *russ.* bat'vinnik
Bọ̈tzingen 'bœtsɪŋən
Bọ̈tzke 'bœtskə
Bọ̈tzow 'bœtso
Bouaké *fr.* bwa'ke
Bouchạrd *fr.* bu'ʃa:r
Bouchardon *fr.* buʃar'dõ
Bouché, Bouchẹr *fr.* bu'ʃe
boucherisi̲eren buʃəri'zi:rən
Bouches-du-Rhône *fr.* buʃdy'ro:n
Bouchẹt *fr.* bu'ʃɛ
Bouchọr *fr.* bu'ʃɔ:r
Boucicau[l]t *fr.* busi'ko
Bouclé bu'kle:
Boudi̲er *niederl.* bu:'di:r
Boudin *fr.* bu'dɛ̃
Boudoir bu'do̯a:ɐ̯
Boudry *fr.* bu'dri
Boué *fr.* bwe
Boufarịk *fr.* bufa'rik
Bouffes-Parisiens *fr.* bufpari'zjɛ̃
Bouffioulx *fr.* bu'fju
Bouffle̲rs *fr.* bu'flɛ:r
Bouffonneri̲e bʊfɔnə'ri:, **-n** ...i:ən
Bougainville *engl.* 'bu:gənvɪl, *fr.* bugɛ̃'vil
Bougeant *fr.* bu'ʒã
Boughton *engl.* baʊtn
[1]**Bougi̲e** (Dehnsonde) bu'ʒi:
[2]**Bougie** (Name) *fr.* bu'ʒi
bougi̲eren bu'ʒi:rən
Bougivạl *fr.* buʒi'val
Bougounị *fr.* bugu'ni
Bougram, Bougran bu'grã:
Bougue̲r *fr.* bu'gɛ:r
Bouguereau *fr.* bu'gro
Bouhours *fr.* bu'u:r
Bouilhẹt *fr.* bu'jɛ
Bouillabaisse, -s buja'bɛ:s
Bouillé *fr.* bu'je
Bouillẹt *fr.* bu'jɛ
[1]**Bouillon** (Brühe) bʊl'jɔŋ; *auch:* bʊl'jõ:, bu'jõ:
[2]**Bouillon** (Name) *fr.* bu'jõ
bouilloni̲eren bʊljo'ni:rən, *auch:* buj...
Bouilly *fr.* bu'ji
Boujạd *fr.* bu'ʒad
Boula *neugr.* 'vula
Boulaide *fr.* bu'lɛd
Boulainvilliers *fr.* bulɛ̃vi'lje
Boulange̲r *fr.* bulã'ʒe
Boulangerit bulãʒə'ri:t, *auch:* ...rɪt
Bọulder *engl.* 'boʊldə
Boule bu:l, *fr.* bul
Boulevạrd bulə'va:ɐ̯, *fr.* bul'va:r
Boulevardi̲er bulәvar'di̯e:
Boulẹz *fr.* bu'lɛ:z
Bouliagmẹne *neugr.* vuljaɣ'mɛni
Boulle *fr.* bul
Boulọngne *fr.* bu'lɔɲ
Boulọgne bu'lɔnjə, *fr.* bu'lɔɲ
Boulọgner bu'lɔnjɐ
Boulogne-sur-Mẹr *fr.* bulɔɲsyr'mɛ:r
Boulonnais bulɔ'nɛ:, *fr.* bulɔ'nɛ; **des -** ...ɛ:[s], **die -** ...ɛ:s
Bọult *engl.* boʊlt
Bọulton *engl.* 'boʊltən
Boumann 'bau̯man
Boumediẹnne *fr.* bume'djɛn
Bou Mọrt *span.* bou̯ 'mɔr
Bounce *engl.* baʊns
Bound Brook *engl.* 'baʊnd 'brʊk
Bounty *engl.* 'baʊntɪ
Bouquẹt bu'ke:, *fr.* bu'kɛ
Bouquinịst buki'nɪst
Bour *fr.* bu:r
Bourbakị *fr.* burba'ki
Bourbon *fr.* bur'bõ
Bourbo̲ne bʊr'bo:nə
bourbo̲nisch bʊr'bo:nɪʃ
Bourbonnais *fr.* burbɔ'nɛ
Bourbons *fr.* bur'bõ
Bourbourg *fr.* bur'bu:r
Bourbriạc *fr.* burbri'ak
Bourchier 'bœrtʃi̯ɐ, *engl.* 'baʊtʃə
Bourdaloue *fr.* burda'lu
Bourdẹlle[s] *fr.* bur'dɛl
Bourdẹt *fr.* bur'dɛ
Bourdichon *fr.* burdi'ʃõ
[1]**Bourdon** (Orgelpfeife) bʊr'dõ:
[2]**Bourdon[s]** (Name) *fr.* bur'dõ
Bourẹm *fr.* bu'rɛm
Bourg (Ortsname) *fr.* burk
Bourganeuf *fr.* burga'nœf
Bourg-Argentạl *fr.* burkarʒã'tal
Bourg-en-Brẹsse *fr.* burkã'brɛs
bourgeois bʊr'ʒo̯a, **-e** ...'ʒo̯a:zə
Bourgeois bʊr'ʒo̯a, *fr.* bur'ʒwa; **des -** ...a[s], ...a[:s]; **die -** ...a[:]s
Bourgeoisi̲e bʊrʒo̯a'zi:, **-n** ...i:ən
Bourges *fr.* burʒ
Bourgẹt *fr.* bur'ʒɛ
Bourgi̲ba bʊr'gi:ba, *fr.* burgi'ba
Bourgknẹcht *fr.* bur'knɛʃt
Bourg-la-Reine *fr.* burla'rɛn
Bourgneuf-en-Rẹtz *fr.* burnœfã'rɛ
Bourgo̲gne bʊr'gɔnjə, *fr.* bur'gɔɲ
Bourgogni̲no bʊrgɔn'ji:no, *it.* burgoɲ'ɲi:no
Bourgoin[g] *fr.* bur'gwɛ̃
Bouriẹnne *fr.* bu'rjɛn
Bourke *engl.* bɔ:k
Bourmont *fr.* bur'mõ
Bourne *engl.* bʊən
Bournemouth *engl.* 'bɔ:nməθ
Bournonvịlle *dän.* burnɔŋ'vil
Bournville *engl.* 'bɔ:nvɪl
Bourrée bu're:, bʊ're:
Bourẹtte bu'rɛtə, bʊ...
Boursault *fr.* bur'so
Bourscheid 'bu:ɐ̯ʃait
Bourtanger Mo̲or 'bu:ɐ̯taŋɐ 'mo:ɐ̯
Bourvịl *fr.* bur'vil
Bous bu:s
Bou Saadạ *fr.* busa'da
Boussạc *fr.* bu'sak
Boussẹt *fr.* bu'sɛ

Boussinẹsq *fr.* busi'nɛsk
Boussingault *fr.* busɛ̃'go
Boussọ *fr.* bu'so
Bouteille bu'tɛ:j[ə], ...'tɛljə, *fr.* bu'tɛj; **-n** ...jən
Bọutens *niederl.* 'bɔu̯təns
Bouterwek 'bau̯tɐve:k
Boutique bu'ti:k, **-n** ...kn̩
Bouton bu'tõ:
Boutonạsi *neugr.* vuto'nasi
Boutonnięre butɔ'ni̯e:r[ə], ...ɛ:r[ə]; **-n** ...rən
Boutroux *fr.* bu'tru
Bọuts *niederl.* bɔu̯ts
Bouverie, La *fr.* labu'vri
Bouvẹt *fr.* bu'vɛ
Bouvięr *fr.* bu'vje
Bouvịnes *fr.* bu'vin
Bọuwman *niederl.* 'bɔu̯mɑn
Bouxwillẹr *fr.* buksvi'lɛ:r
Bouzonvịlle *fr.* buzõ'vil
Bọv *dän.* bɔu̯'
Bọva *it.* 'bɔ:va
Bovary *fr.* bɔva'ri
Bọvegno *it.* 'bɔ:veɲɲo
Bovẹri bo've:ri
Bọvidae 'bo:vidɛ
bovịn bo'vi:n
Bovino *it.* bo'vi:no
Bọvio *it.* 'bɔ:vi̯o
Bovist 'bo:vɪst, bo'vɪst
Bovovakzịn bovovak'tsi:n
Bowden *engl.* boʊdn, baʊdn
Bowdenzug 'bau̯dn̩tsu:k
Bowdi[t]ch *engl.* 'baʊdɪtʃ
Bowdler *engl.* 'baʊdlə
Bọwen *engl.* 'boʊɪn
Bọwes *engl.* boʊz
Bọwiemesser 'bo:vimɛsɐ
Bọwle 'bo:lə
Bọwler 'bo:lɐ, *engl.* 'boʊlə
Bọwles *engl.* boʊlz
Bọwling 'bo:lɪŋ, *engl.* 'boʊlɪŋ
Bọwman *engl.* 'boʊmən
Bọwstring *engl.* 'boʊstrɪŋ
Bọx bɔks, **-en** 'bɔksn̩
Bọxberg 'bɔksbɛrk
Bọxcalf 'bɔkskalf, *engl.* 'bɔkskɑ:f
bọxen 'bɔksn̩
Bọxer 'bɔksɐ
Boxhọlm *schwed.* bɔks'hɔlm
Boxịn bɔ'ksi:n
Bọxkalf 'bɔkskalf
Boxmeer *niederl.* bɔks'me:r
Bọxtel *niederl.* 'bɔkstəl
Boy bɔy
Boyacá *span.* boja'ka
Bọyce *engl.* bɔɪs
Bọycott *engl.* 'bɔɪkət
Bọyd *engl.* bɔɪd
Bọydell *engl.* 'bɔɪdɛl
Bọyden *engl.* bɔɪdn
Bọye *schwed.* ˌbɔjə
Boyen 'bɔyən
Boyer *fr.* bwa'je, *engl.* 'bɔɪə
Boyẹt *fr.* bwa'jɛ
Bô Yin Râ bojɪn'ra:
Boykọtt bɔy'kɔt
boykottieren bɔykɔ'ti:rən
Bọyle *engl.* bɔɪl
Boylẹsve *fr.* bwa'lɛ:v
Bọyne *engl.* bɔɪn
Boyneburg 'bɔynəbʊrk
Boy-Scout 'bɔyskau̯t
Bọz *engl.* bɔz
Bọ̈zberg 'bœtsbɛrk
Bọzdağ *türk.* 'bɔzdɑ:
Bọzen 'bo:tsn̩
Bọžena *tschech.* 'bɔʒɛna
Bożepọle Wiẹlkie *poln.* bɔʒɛ'pɔlɛ 'vjɛlkjɛ
Bọží Dạr *tschech.* 'bɔʒi: 'dar
Božinov vgl. Boschinow
Bozoum *fr.* bo'zum
Bọzsok *ung.* 'boʒok
Brạ *it.* bra
Braak *niederl.* bra:k
Braaten *norw.* 'bro:tən
Brabançọnne *fr.* brabɑ̃'sɔn
Brabançons *fr.* brabɑ̃'sõ
Brabạnt bra'bant, *niederl.* 'bra:bɑnt, *fr.* bra'bɑ̃
Brabạntio bra'bantsi̯o
Brabazon *engl.* 'bræbəzn
brạbbeln 'brabl̩n, **brạbble** 'brablə
Brạbham *engl.* 'bræbəm
Brabourne *engl.* 'breɪbə:n
Brạbrand *dän.* 'bra:bran
Brač *serbokr.* bra:tʃ
Brạça 'brasa
Bracciạno *it.* brat'tʃa:no
Brạccio *it.* 'brattʃo
Bracciolịni *it.* brattʃo'li:ni
Brạcco *it.* 'brakko
brach bra:x
Brạche 'bra:xə
brạ̈che 'brɛ:çə
Brạchelen 'bra:xələn
Brạchet 'bra:xət
brachiạl bra'xi̯a:l
Brachialgie braxi̯al'gi:, **-n** ...i:ən
Brachiopọde braxi̯o'po:də
Brạchmann 'braxman
Brạchmonat 'bra:xmo:nat
Brạchse 'braksə
Brạchsen 'braksn̩
Brạcht braxt
brạchte 'braxtə
brạ̈chte 'brɛçtə
Brạchvogel 'bra:xfo:gl̩
brachydaktyl braxydak'ty:l
Brachydaktylie braxydakty'li:, **-n** ...i:ən
Brachygenie braxyge'ni:, **-n** ...i:ən
Brachygnathie braxygna'ti:, **-n** ...i:ən
Brachygraphie braxygra'fi:
brachykatalẹktisch braxykata'lɛktɪʃ
Brachykatalẹxe braxykata'lɛksə
brachykephạl braxyke'fa:l
Brachylalie braxyla'li:
Brachylogie braxylo'gi:, **-n** ...i:ən
Brachypnọe braxy'pno:ə
brachystyl braxy'sty:l
brachyzephạl braxytse'fa:l
Brachyzephalie braxytsefa'li:, **-n** ...i:ən
Bracigovo vgl. Brazigowo
Brạck[e] 'brak[ə]
Brạ̈cke *schwed.* ˌbrɛkə
Brạckel 'bra:kl̩
brạcken 'brakn̩
Bracken *engl.* 'brækən
Brạckenheim 'brakn̩hai̯m
Brackenridge *engl.* 'brækənrɪdʒ
brạckig 'brakɪç, **-e** ...ɪgə
Brạ̈ckin 'brɛkɪn
brạckisch 'brakɪʃ
Brạckmann 'brakman
Bracknell *engl.* 'bræknəl
Brackwẹde brak've:də
Brạcque *fr.* brak
Bracquemond *fr.* brak'mõ
Brạd *rumän.* brad
Brạdano *it.* 'bra:dano
Bradbury *engl.* 'brædbərɪ
Braddock *engl.* 'brædək
Braddon *engl.* brædn
Bradford *engl.* 'brædfəd
Bradlaugh *engl.* 'brædlɔ:
Bradley *engl.* 'brædlɪ
Bradshaw *engl.* 'brædʃɔ:
Bradstreet *engl.* 'brædstri:t
Bradwardine *engl.* 'brædwədi:n
Brady *engl.* 'breɪdɪ
Bradykardie bradykar'di:, **-n** ...i:ən
Bradykinesie bradykine'zi:, **-n** ...i:ən
Bradylalie bradyla'li:, **-n** ...i:ən
Bradyphrasie bradyfra'zi:, **-n** ...i:ən
Bradyphrenie bradyfre'ni:, **-n** ...i:ən
Bradypnọe brady'pno:ə
Brạdypus 'bra:dypʊs
Braekeleer *niederl.* 'bra:kəle:r
Braemạr *engl.* breɪ'mɑ:
Brạga *port.* 'braɣɐ
Bragança *port.* brɐ'ɣɐ̃sɐ
Brạ̈gen 'brɛ:gn̩
Bragg *engl.* bræg
Brạgi 'bra:gi
Brạhe *dt., dän.* 'bra:ə, *schwed.* ˌbrɑ:ə
Brạhlstorf 'bra:lstɔrf
Brạhm[a] 'bra:m[a]
Brahmagụpta brama'gʊpta
Brahmaịsmus brama'ɪsmʊs
Brạhman[as] 'bra:man[as]
Brahmạne bra'ma:nə
brahmạnisch bra'ma:nɪʃ
Brahmaputra brama'pʊtra, ...pu:tra
Brahmịne bra'mi:nə
Brạhms bra:ms
Braibant *fr.* brɛ'bɑ̃

Braid *engl.* breɪd
Brail *rät.* brail
Brăila *rumän.* brəˈila
Braille *fr.* braj
Brailleschrift ˈbraːjəʃrɪft, ˈbrajə...
Brăiloiu *rumän.* brəiˈloiu
Brailowsky braiˈlɔfski
Brailsford *engl.* ˈbreɪlsfəd
Brain-Drain *engl.* ˈbreɪndreɪn
Braine-l'Alleud *fr.* brɛnlaˈlø
Brain-Gain *engl.* ˈbreɪngeɪn
Brainstorming *engl.* ˈbreɪnstɔːmɪŋ
Braintree *engl.* ˈbreɪntriː
Brain-Trust *engl.* ˈbreɪntrʌst
Brain-Washing *engl.* ˈbreɪnwɔʃɪŋ
Braise ˈbrɛːzə
braisieren brɛˈziːrən
Braisne *fr.* brɛn
Braith brait
Braithwaite *engl.* ˈbreɪθweɪt
Brake ˈbraːkə
Brakel ˈbraːkl̩, *niederl.* ˈbraːkəl
Bräker ˈbrɛːkɐ
Brakpan *engl.* ˈbrækpæn
Brakteat brakteˈaːt
Braktee brakˈteːə
brakteoid brakteoˈiːt, -e ...iːdə
Brakteole brakteˈoːlə
Bralitz ˈbraːlits
Bram braːm
Bramah *engl.* ˈbrɑːmə
Bramahschloß ˈbraːmaʃlɔs
Bramante *it.* braˈmante
Bramantino *it.* bramanˈtiːno
Bramarbas braˈmarbas
bramarbasieren bramarbaˈziːrən
Brambach ˈbrambax
Brambilla bramˈbɪla, *it.* bramˈbilla
Bramböck ˈbraːmbœk
Bramburi ˈbramburi
Bräme ˈbrɛːmə
Bramer *niederl.* ˈbraːmər
Bramfeld ˈbraːmfɛlt
Bramine braˈmiːnə
Bramme ˈbramə
Bramminge *dän.* ˈbramenə
Bramsche ˈbraːmʃə
Bramsegel ˈbraːmzeːgl̩
Bramsted ˈbraːmʃtɛt
Bramwald ˈbraːmvalt
Brancas *fr.* brãˈkɑːs
Branch *engl.* brɑːntʃ
Branche ˈbrãːʃə
Branchiat branˈçi̯aːt
Branchide branˈçiːdə
Branchien ˈbrançi̯ən
branchiogen brançi̯oˈgeːn
Branchiosaurier brançi̯oˈzau̯ri̯ɐ
Branchiosaurus brançi̯oˈzau̯rʊs
Branco *bras.* ˈbrɐŋku
Brâncuşi *rumän.* brɨnˈkuʃi
Brand brant, **Brände** ˈbrɛndə
Brandberg ˈbrantbɛrk
Brande *engl.* brænd, *dän.* ˈbrandə
Brände vgl. Brand
Brandeis ˈbrandai̯s, *engl.* ˈbrændaɪs
branden ˈbrandn̩, **brand!** brant
Brandenberg ˈbrandn̩bɛrk
Brandenburg ˈbrandn̩bʊrk
Brandenburger ˈbrandn̩bʊrgɐ
brandenburgisch ˈbrandn̩bʊrgɪʃ
Brandenhusen brandn̩ˈhuːzn̩
Brander ˈbrandɐ
Brandes *dän.* ˈbrandəs
Brandi ˈbrandi
brandig ˈbrandɪç, -e ...ɪgə
Brandis ˈbrandɪs
Brandl ˈbrandl̩
Brando *engl.* ˈbrændoʊ
Brandolf ˈbrandɔlf
Brandon *engl.* ˈbrændən
Brandsch brantʃ
brandschatzen ˈbrantʃatsn̩
Brandstetter ˈbrantʃtɛtɐ
Brandström *schwed.* ˌbrɛndstrœm
Brandt *dt., poln.* brant, *niederl.* brɑnt
Brandts brants, *niederl.* brɑnts
Brandy ˈbrɛndi
Brandýs *tschech.* ˈbrandiːs
Brandywine *engl.* ˈbrændɪwaɪn
Brangäne braŋˈgɛːnə
Branięwo *poln.* braˈnjɛvɔ
Branimir *serbokr.* ˌbranimiːr
Branisko *slowak.* ˈbranjiskɔ
Branko *serbokr.* ˈbraːŋkɔ
Branković *serbokr.* ˌbraːŋkɔvitɕ
Branle ˈbrãːl[ə]
Branly *fr.* brãˈli
Brannenburg ˈbranənbʊrk
Branner *dän.* ˈbranˀər
brannte ˈbrantə
Branntwein ˈbrantvai̯n
Brant brant, *engl.* brɑːnt
Brantas *indon.* ˈbrantas
Branting *schwed.* ˌbrantiŋ
Brantôme *fr.* brãˈtoːm
Brantzky ˈbrantski
Braque *fr.* brak
Brascassat *fr.* braskaˈsa
Braschi *it.* ˈbraski
Brasidas ˈbraːzidas
Bräsig ˈbrɛːzɪç
Brasil braˈziːl, *bras.* braˈzil
Brasilettoholz braziˈlɛtohɔlts
Brasilia braˈziːli̯a
Brasília *bras.* braˈzili̯a
Brasilianer braziˈli̯aːnɐ
brasilianisch braziˈli̯aːnɪʃ
Brasilien braˈziːli̯ən
Brasilin braziˈliːn
Braşov *rumän.* braˈʃov
Brassbound *engl.* ˈbrɑːsbaʊnd
Brasse ˈbrasə
Brasselett brasəˈlɛt
brassen, B... ˈbrasn̩
Brassens *fr.* braˈsɛ̃ːs
Brasseur *fr.* braˈsœːr
Brassica ˈbrasika
Brassó *ung.* ˈbrɔʃʃoː
Brass Section *engl.* ˈbrɑːs ˈsɛkʃən
Bræstrup *dän.* ˈbrɛsdrob
Břasy *tschech.* ˈbrʒasi
brät brɛːt
Brätchen ˈbrɛːtçən
bräteln ˈbrɛːtl̩n
braten ˈbraːtn̩
Brater ˈbraːtɐ
Brătescu *rumän.* brəˈtesku
Brathwaite *engl.* ˈbræθweɪt
Brătianu *rumän.* brəˈtjanu
Bratislava *slowak.* ˈbratjislava
Brätling ˈbrɛːtlɪŋ
Bratsche ˈbraːtʃə
Bratschi ˈbratʃi
Bratschist braˈtʃɪst
Bratsk *russ.* bratsk
brätst brɛːtst
Bratt *schwed.* brat
Bratte ˈbratə
Brattleboro *engl.* ˈbrætlbərə
Bräu brɔy̆
Braubach ˈbrau̯bax
Brauch brau̯x, **Bräuche** ˈbrɔy̆çə
brauchen ˈbrau̯xn̩
Brauchitsch ˈbrau̯xɪtʃ
Brauchle ˈbrau̯xlə
bräuchte ˈbrɔy̆çtə
Braue ˈbrau̯ə
brauen ˈbrau̯ən
Brauer ˈbrau̯ɐ
Bräuer ˈbrɔy̆ɐ
Brauerei brau̯əˈrai̯
Braumann ˈbrau̯man
Braumüller ˈbrau̯mʏlɐ
braun, B... brau̯n
Braunau ˈbrau̯nau̯
Braune ˈbrau̯nə
Bräune ˈbrɔy̆nə
Brauneis ˈbrau̯nai̯s
Braunelle brau̯ˈnɛlə
bräunen ˈbrɔy̆nən
Braunfels ˈbrau̯nfɛls
Braunlage brau̯nˈlaːgə
bräunlich ˈbrɔy̆nlɪç
Bräunlingen ˈbrɔy̆nlɪŋən
Brauns brau̯ns
Braunsberg ˈbrau̯nsbɛrk
Braunsbach ˈbrau̯nsbax
Braunschweig ˈbrau̯nʃvai̯k, -er ...ai̯gɐ
braunschweigisch ˈbrau̯nʃvai̯gɪʃ
Braunsfeld ˈbrau̯nsfɛlt
Braunsfelde brau̯nsˈfɛldə
Braunshausen ˈbrau̯nshau̯zn̩
Braunshör ˈbrau̯nshøːɐ̯
Braunwald brau̯nˈvalt
Braus brau̯s
Brausche ˈbrau̯ʃə
Brause ˈbrau̯zə
brausen ˈbrau̯zn̩, **braus!** brau̯s, **braust** brau̯st
Braut brau̯t, **Bräute** ˈbrɔy̆tə
Bräutchen ˈbrɔy̆tçən

Bräutigam 'brɔytɪgam, *auch:* ...ti...
Brautlacht 'brautlaxt
bräutlich 'brɔytlɪç
Brautmann 'brautman
Brauweiler 'brauvailɐ
brav bra:f; **-e** 'bra:fə, 'bra:və; **-st** bra:fst
Bravade bra'va:də
Bravais *fr.* bra'vɛ
Bravheit 'bra:fhait
Bråviken *schwed.* ˌbro:vi:kən
bravissimo! bra'vɪsimo
bravo! 'bra:vo
Bravo 'bra:vo, **Bravi** 'bra:vi
Bravour bra'vu:ɐ̯
bravourös bravu'rø:s, **-e** ...ø:zə
Bravuogn *rät.* bra'vuɔ̯n
Bray brai, *fr.* brɛ, *engl.* breɪ
Braz *bras.* bras
Brazigowo, Bracigovo *bulgar.* bra'tsigovo
Brazil *engl.* brə'zɪl
Brazos *engl.* 'bræzoʊs
Brazza *it.* 'brattsa, *fr.* bra'za
Brazzaville *fr.* braza'vil
Brčko *serbokr.* 'br̩tʃkɔ:
Brda *poln.* brda
Brdy *tschech.* 'br̩di
Brè *it.* brɛ
Bréa *fr.* bre'a
break, B... bre:k, *engl.* breɪk
Breakspear *engl.* 'breɪkspɪə
Bréal *fr.* bre'al
Breasted *engl.* 'brɛstɪd
Breaza *rumän.* 'breaza
Breazul *rumän.* 'breazul
Brebach 'bre:bax
Breccie 'brɛtʃə
Breche 'brɛçə
Brèche de Roland *fr.* brɛʃdərɔ'lã
brechen 'brɛçn̩
Brecher 'brɛçɐ
Brechin *engl.* 'bri:kɪn
Brecht brɛçt, *niederl.* brɛxt
Breckenridge *engl.* 'brɛknrɪdʒ
Breckerfeld 'brɛkɐfɛlt
Brecknock *engl.* 'brɛknɔk
Brecknockshire *engl.* 'brɛknɔkʃɪə
Břeclav *tschech.* 'br̝ɛtslaf
Brecon *engl.* 'brɛkən
Breda 'bre:da, *niederl.* bre'da:, brə'da:
Breddin brɛ'di:n
Bredebro *dän.* breðə'bro:'
Breden 'bre:dn̩
Bredeney 'bre:dənai
Bredenfelde bre:dn̩'fɛldə
Bredero *niederl.* 'bre:dəro:
Bredius *niederl.* 'bre:di:ʏs
Bredouille bre'dʊljə
Bredow 'bre:do
Bredsjö *schwed.* 'bre:dʃø:
Bredstedt 'bre:tʃtɛt
Bree *niederl.* bre:
Breeches 'brɪtʃəs
Breege 'bre:gə
Breendonk *niederl.* 'bre:ndɔŋk
Breetz[e] 'bre:ts[ə]
Brefeld 'bre:fɛlt
Breg bre:k
Bregaglia *it.* bre'gaʎʎa
Brege 'bre:gə
Bregen 'bre:gn̩
Bregendahl *dän.* 'bre:'ɣənda:'l
Bregenz 'bre:gɛnts
Bregma 'brɛgma
Bregninge *dän.* 'brainenə
Bregowo, Bregovo *bulgar.* 'brɛgovo
Breguet *fr.* brə'gɛ
Bréhier *fr.* bre'je
Brehm[er] 'bre:m[ɐ]
Brehna 'bre:na
Brei brai
Breidablik 'braidablɪk
Breiðafjörður *isl.* 'brɛiðafjœrðʏr
Breiðavík *isl.* 'brɛiðavi:k
breiig 'braiɪç, **-e** 'braiɪgə
Breil *rät.* brail
Breisach 'braizax
Breisgau 'braisgau
Breisky 'braiski
breit brait
Breitach 'braitax
Breite 'braitə
breiten 'braitn̩
Breitenauer 'braitənau[ɐ]
Breitenauriegel 'braitənauˌri:gl̩
Breitenbrunn braitn̩'brʊn, '- - -
Breiteneich braitn̩'|aiç
Breitenfeld 'braitn̩fɛlt
Breitenfelde braitn̩'fɛldə
Breitenlee braitn̩'le:
Breitenstein 'braitn̩ʃtain
Brreitenwaida braitn̩'vaida
Breitenworbis braitn̩'vɔrbɪs
Breitfurt 'braitfʊrt
Breitfuß 'braitfu:s
Breithaupt 'braithaupt
Breithorn 'braithɔrn
Breitinger 'braitɪŋɐ
Breitkopf 'braitkɔpf
Breitling 'braitlɪŋ
Breitner 'braitnɐ, *niederl.* 'brɛitnər
Breitscheid 'braitʃait
Breitsol 'braitzo:l
Breitungen 'braitʊŋən
Brekelenkam *niederl.* 'bre:kələnkɑm
Breker 'bre:kɐ
Breklum 'brɛklʊm
Brekzie 'brɛktsiə
Bremberg 'brɛmbɛrk
Brembo *it.* 'brɛmbo, 'bre...
Bremen 'bre:mən
Bremer 'bre:mɐ, *schwed.* 'bre:mər
Bremerhagen bre:mɐ'ha:gn̩
Bremerhaven bre:mɐ'ha:fn̩
Bremerhof bre:mɐ'ho:f
Bremerton *engl.* 'brɛmətən
Bremervörde bre:mɐ'fø:ɐ̯də
Bremgarten 'bre:mgartn̩, 'brɛm...
bremisch 'bre:mɪʃ
Bremke 'bre:mkə
Bremond *fr.* bre'mõ
Bremsberg 'brɛmsbɛrk
Bremse 'brɛmzə
bremsen 'brɛmzn̩, **brems!** brɛms, **bremst** brɛmst
Bremser 'brɛmzɐ
Brendel 'brɛndl̩
Brenderup *dän.* 'brɛnərob
Brendl 'brɛndl̩
Brenet[s] *fr.* brə'nɛ
Brennan *engl.* 'brɛnən
Brenne *fr.* brɛn
brennen 'brɛnən
Brenner 'brɛnɐ, *schwed.* 'brɛnər
Brennerei brɛnə'rai
Brennero *it.* 'brɛnnero
Brennessel 'brɛnnɛsl̩
Brennglas 'brɛngla:s
Brenno *it.* 'brɛnno
Brennus 'brɛnʊs
Brennwald 'brɛnvalt
Breno *it.* 'bre:no
Brenschelbach 'brɛnʃl̩bax
Brenta *it.* 'brɛnta
Brentano brɛn'ta:no
Brentford *engl.* 'brɛntfəd
Brentwood *engl.* 'brɛntwʊd
Brenz[e] 'brɛnts[ə]
brenzeln 'brɛntsl̩n
brenzlig 'brɛntslɪç, **-e** ...ɪgə
Brera *it.* 'brɛ:ra
Brescello *it.* breʃ'ʃɛllo
Bresche 'brɛʃə
Breschnew, Brežnev 'brɛʃnɛf, 'brɛʃnjɛf; *russ.* 'brjɛʒnɪf
Brescia *it.* 'breʃʃa
Brescianino *it.* breʃʃa'ni:no
Breskens *niederl.* 'brɛskəns
Breslau 'brɛslau
Breslauer 'brɛslauɐ
breslauisch 'brɛslauɪʃ
Bresle[s] *fr.* brɛl
Bresnik, Breznik *bulgar.* 'brɛznik
Bressana *it.* bres'sa:na
Bressano *it.* bres'sa:no
Bressanone *it.* bressa'no:ne
Bresse *fr.* brɛs
Breßlau 'brɛslau
Bresson *fr.* brɛ'sõ
Bressoux *fr.* brɛ'su
Bressuire *fr.* brɛ'sɥi:r
Brest *dt.*, *bulgar.*, *fr.* brɛst
Brest-Litowsk 'brɛstli'tɔfsk
Bret *engl.* brɛt
Bretagne bre'tanjə, brə..., *fr.* brə'taɲ; **-er** bre'tanjɐ, brə...
Bretesche bre'tɛʃə
Breteuil *fr.* brə'tœj
Bretholz 'brɛthɔlts
Brétigny *fr.* breti'ɲi

Břẹtislav *tschech.* 'brʒɛtjislaf
Breton *fr.* brə'tõ
Bretón de los Herrẹros *span.* bre'tɔn de los ɛ'rrɛrɔs
Bretọne bre'to:nə
bretọnisch bre'to:nɪʃ
Bretonneau *fr.* brətɔ'no
Brẹtschneider 'brɛtʃnaidɐ
Brẹtt *dt., engl.* brɛt
Brẹttach 'brɛtax
Brẹttauer 'brɛtauɐ
Brẹttel 'brɛtl̩
Brẹtten[tal] 'brɛtn̩[ta:l]
brẹttern 'brɛtɐn
Brettịn brɛ'ti:n
Brẹttl 'brɛtl̩
Brẹtton *engl.* 'brɛtən
Brẹtzenheim 'brɛtsn̩haim
Brẹtzfeld 'brɛtsfɛlt
Brẹtzner 'brɛtsnɐ
Breu[er] 'brɔy[ɐ]
Breugel *niederl.* 'brø:xəl
Breughel 'brɔygl̩, *niederl.* 'brø:xəl
Breuil *fr.* brœj
Breukelen *niederl.* 'brø:kələ
Breul brɔyl
Breusch brɔyʃ
Breusing 'brɔyzɪŋ
Breve 'bre:və
Brevet bre've:, bre'vɛ
brevetieren breve'ti:rən
Breviạrium bre'vi̯a:ri̯ʊm, ...ien ...i̯ən
Brevier bre'vi:ɐ̯
Brevière *fr.* brə'vjɛ:r
Brẹvik *norw.* ,bre:vi:k
Breviloquẹnz brevilo'kvɛnts
brẹvi mạnu 'bre:vi 'ma:nu
Brẹvis 'bre:vɪs
Brew brɔy
Brewer *engl.* 'bru:ə
Brewster *engl.* 'bru:stə
Brevell 'braiəl
Brevsig 'braizɪç
Brézé *fr.* bre'ze
Brezel 'bre:tsl̩
Břẹzina *tschech.* 'brʒɛzina
Brežnev vgl. Breschnew
Břẹznice *tschech.* 'brʒɛznjitsɛ
Breznik vgl. Bresnik
Brẹznik *slowen.* 'bre:znik
Břẹzno *tschech.* 'brʒɛznɔ
Brẹzovački *serbokr.* 'brɛzɔvatʃki:
Břẹzové Hợry *tschech.* 'brʒɛzɔvɛ: 'hɔri
Brialy *fr.* bria'li
Briançon *fr.* briã'sõ
Briand *fr.* bri'ã
Briạnza *it.* bri'antsa
Briard *fr.* bri'a:r
Briare *fr.* bri'a:r
Briạtico *it.* bri'a:tiko
brịch! brɪç
Bricherạsio *it.* brike'ra:zi̯o
brịcht, B... brɪçt
Brickavịlle *fr.* brika'vil
Brịcke 'brɪkə
Brịddy *engl.* 'brɪdɪ
Brịdge[1] brɪtʃ, *engl.* brɪdʒ
Brịdge[2] (Name) *engl.* brɪdʒ
Brịdgeport *engl.* 'brɪdʒpɔ:t
Brịdges *engl.* 'brɪdʒɪz
Brịdgetown *engl.* 'brɪdʒtaʊn
Brịdgewater *engl.* 'brɪdʒwɔ:tə
Brịdgman *engl.* 'brɪdʒmən
Brịdgnorth *engl.* 'brɪdʒnɔ:θ
Brịdgwater *engl.* 'brɪdʒwɔ:tə
Bridie *engl.* 'braɪdɪ
bridieren bri'di:rən
Břịdličná *tschech.* 'brʒidlitʃna:
Brịdlington *engl.* 'brɪdlɪŋtən
Brịdport *engl.* 'brɪdpɔ:t
Brie bri:, *fr.* bri
Briẹc *fr.* bri'ɛk
Brief[ing] 'bri:f[ɪŋ]
Brieg bri:k
Briekäse 'bri:kɛ:zə
Briel, den *niederl.* dɛn 'bri:l
Brielle *niederl.* 'bri:lə
Brielow 'bri:lo
Brienne-le-Château *fr.* briɛnləʃɑ'to
Brienz 'bri:ɛnts
Brierly *engl.* 'braɪəlɪ
Bries bri:s, -e 'bri:zə
Brieschen 'bri:sçən
Briesel 'bri:zl̩
Brieselang 'bri:zəlaŋ
Briesen 'bri:zn̩
Brieske 'bri:skə
Briesmann 'bri:sman
Briesnig 'bri:snɪç
Briest bri:st
briet bri:t
Brieux *fr.* bri'ø
Briey *fr.* bri'ɛ
Brig bri:k
Briga *dt., it.* 'bri:ga
Brigach 'bri:gax
Brigade bri'ga:də
Brigadier[1] (Heer) briga'di̯e:
Brigadier[2] (Leiter einer Arbeitsbrigade) briga'di̯e:, ...'di:ɐ̯; -e ...'di:rə
Brigadierin briga'di:rɪn
Brigands *fr.* bri'gã
Brigạnt[e] bri'gant[ə]
Brigạnti *it.* bri'ganti
Brigạntia bri'gantsi̯a
Brigantine brigan'ti:nə
Brigantinus lạcus brigan'ti:nʊs 'la:kʊs
Brigạntium bri'gantsi̯ʊm
Brigẹlla bri'gɛla
Brịgga 'brɪga
Brịggs *engl.* brɪgz
Brịgham *engl.* 'brɪgəm
Brighẹlla *it.* bri'gɛlla
Brịghouse *engl.* 'brɪghaʊs
Bright *engl.* braɪt
Bright[on] *engl.* braɪt[n]
Brigid *engl.* 'brɪdʒɪd
Brigida 'bri:gida
Brigịtta bri'gɪta
Brigịtte bri'gɪtə, *fr.* bri'ʒit
Brigịttenau bri'gɪtənau
Brignais *fr.* bri'ɲɛ
Brignọ[l]es brɪn'jɔl
Brigue *fr.* brig
Brihuẹga *span.* bri'u̯eɣa
Brikẹtt bri'kɛt
brikettieren brikɛ'ti:rən
Brikọle bri'ko:lə
brikolieren briko'li:rən
Brịl *niederl.* brɪl
Brịlheim 'brɪlhaim
Brịlioth *schwed.* 'briliɔt
brillạnt, B... brɪl'jant
brillạnte brɪ'lantə
brillantieren brɪljan'ti:rən
Brillantin[e] brɪljan'ti:n[ə]
Brillạnz brɪl'jants
Brillạt *fr.* bri'ja
Brịlle 'brɪlə
brillieren brɪl'ji:rən
Brillonẹtten brɪljo'nɛtn̩
Brillouin *fr.* brij'wɛ̃
Brilon 'bri:lɔn
Brimbọrium brɪm'bo:ri̯ʊm
Brịmsen 'brɪmzn̩
Brịncken 'brɪŋkn̩
Brịnckman[n] 'brɪŋkman
Brîncoveạnu *rumän.* brɨŋko'vḙanu
Brîncuşi *rumän.* brɨŋ'kuʃj
Brịndisi *it.* 'brindizi
Brinẹll *schwed.* bri'nɛl
brịngen 'brɪŋən
Brịnk, ten tɛn 'brɪŋk
Brịnkman *schwed.* 'briŋkman
Brịnkmann 'brɪŋkman
Brịnton *engl.* 'brɪntən
Brịnz brɪnts
Brio 'bri:o
Briọche, -s bri'ɔʃ
Briolẹtts brio'lɛts
Brion 'bri:ɔn, 'bri:o:n; *fr.* bri'õ
Brione *it.* bri'o:ne
Briọnes *span.* bri'ones
Briọni *it.* bri'o:ni, *serbokr.* bri,ɔ:ni
briọnisch bri'o:nɪʃ
briọso bri'o:zo
Briọt *fr.* bri'o
Brioude *fr.* bri'ud
Brioux-sur-Boutọnne *fr.* briusyrbu'tɔn
brisạnt bri'zant
Brisạnz bri'zants
Brịsbane 'brɪsbe:n, ...bən; *engl.* 'brɪzbən, ...beɪn
Brịse 'bri:zə, *engl.* braɪs
Brisẹis bri'ze:ɪs
Briseux *fr.* bri'zø
Brisolẹtt[e] brizo'lɛt[ə]
Brissạc *fr.* bri'sak
Brissago brɪ'sa:go, *it.* bris'sa:go
Brissard *fr.* bri'sa:r
Brissọt *fr.* bri'so
Brịstol *engl.* brɪstl
Brisur bri'zu:ɐ̯

Brit brɪt
Britain *engl.* brɪtn
Britannia bri'tani̯a, *engl.* brɪ'tænjə
Britannicus bri'tanikʊs
Britannien bri'tani̯ən
britannisch bri'tanɪʃ
Britannus bri'tanʊs
Brite 'brɪtə, 'bri:tə
britisch 'brɪtɪʃ, 'bri:tɪʃ
British *engl.* 'brɪtɪʃ
British Broadcasting Corporation *engl.* 'brɪtɪʃ 'brɔ:dkɑ:stɪŋ kɔ:pə'reɪʃən
British Museum *engl.* 'brɪtɪʃ mjʊ'zɪəm
British Overseas Airways Corporation *engl.* 'brɪtɪʃ 'oʊvəsi:z 'ɛəweɪz kɔ:pə'reɪʃən
Brito *span.* 'brito, *port., bras.* 'britu
Britschka 'brɪtʃka
Britta 'brɪta, *schwed.* ˌbrita
Brittain *engl.* brɪ'teɪn, brɪtn
Brittany *engl.* 'brɪtənɪ
Britten 'brɪtn̩, *engl.* 'brɪtən
Britting 'brɪtɪŋ
Britz brɪts
Brive *fr.* bri:v
Brive-la-Gaillarde *fr.* brivlaga'jard
Briviesca *span.* bri'βi̯eska
Brix *fr.* bri
Brixen 'brɪksn̩
Brixham *engl.* 'brɪksəm
Brixlegg brɪks'lɛk
Brixton *engl.* 'brɪkstən
Briza 'bri:tsa
Brizeux *fr.* bri'zø
Brjansk *russ.* brjansk
Brjullow, Brjullov *russ.* brju'lɔf
Brjussow, Brjusov *russ.* 'brjusɐf
Brno *tschech.* 'br̩nɔ
Broadcasting *engl.* 'brɔ:dkɑ:stɪŋ
Broad-Church *engl.* 'brɔ:dtʃə:tʃ
Broadmoor *engl.* 'brɔ:dmʊə
Broads *engl.* brɔ:dz
Broadway *engl.* 'brɔ:dweɪ
Broager *dän.* 'broa:'ɣər
Broca *fr.* brɔ'ka
Brocchi *it.* 'brɔkki
Brocéliande *fr.* brɔse'ljã:d
Broch brɔx
Broché brɔ'ʃe:
Brock *dt., engl.* brɔk
Bröckchen 'brœkçən
Brockdorff 'brɔkdɔrf
bröckelig 'brœkəlɪç, -e ...ɪgə
Brockelmann 'brɔkl̩man
bröckeln 'brœkl̩n
brocken, B... 'brɔkn̩
Brockes 'bro:kəs, 'brɔkəs
Brockhaus 'brɔkhau̯s
bröcklig 'brœklɪç, -e ...ɪgə
Brockmann 'brɔkman
Brockton *engl.* 'brɔktən
Brod bro:t, *tschech.* brɔt, *serbokr.* brɔ:d
Broda 'bro:da
Brodek *tschech.* 'brɔdɛk
Brodel 'bro:dl̩
brodeln 'bro:dl̩n, ...dle ...dlə
Broder 'bro:dɐ
Broderie brodə'ri:, -n ...i:ən
brodieren bro'di:rən
Brodnica *poln.* brɔ'dnitsa
Brodski, Brodskij *russ.* 'brɔtskij
Brodten 'bro:tn̩
Broechem *niederl.* 'bru:xəm
Broederlam *niederl.* 'bru:dərlɑm
Broek *niederl.* bru:k
Broekhuizen *niederl.* bru:k'hœi̯zə
Bröger 'brø:gɐ
[1]Broglie (Familienname) *fr.* brɔj
[2]Broglie (Ort in Eure) *fr.* brɔ'gli
Brogni *fr.* brɔ'ɲi
Brohl bro:l
Brohmer 'bro:mɐ
Bröhn brø:n
Broich bro:x
Broichweiden bro:x'vai̯dn̩
Broiler 'brɔylɐ
Brokat bro'ka:t
Brokatell[e] broka'tɛl[ə]
Brokatello broka'tɛlo
Broken Hill *engl.* 'broʊkən 'hɪl
Broker 'bro:kɐ, *engl.* 'broʊkə
Brokkoli 'brɔkoli
Bröl brø:l
Brolo *it.* 'brɔ:lo
Brom bro:m
Brombach 'brɔmbax
Brombeere 'brɔmbe:rə
Bromberg 'brɔmbɛrk
Brome *engl.* bru:m
Bromelie bro'me:li̯ə
Bromfield *engl.* 'brɔmfi:ld
Bromid bro'mi:t, -e ...i:də
bromieren bro'mi:rən
Bromios 'bro:mi̯ɔs
Bromismus bro'mɪsmʊs
Bromit bro'mi:t, *auch:* ...mɪt
Bromley *engl.* 'brɔmlɪ
Bromma *Stockholm schwed.* ˌbrɔma; *Malmöhus schwed.* ˌbruma
Bromme 'brɔmə
Bromo *indon.* 'bromo
Bromoderm bromo'dɛrm
Brompton *engl.* 'brɔmtən
Brömsebro *schwed.* brœmsə'bru:
Bromus 'bro:mʊs
Bronche 'brɔnçə
bronchial brɔn'çi̯a:l
Bronchie 'brɔnçi̯ə
Bronchiektasie brɔnçi̯ɛkta'zi:, -n ...i:ən
Bronchiole brɔn'çi̯o:lə
Bronchitis brɔn'çi:tɪs, ...itiden ...çi'ti:dn̩
Bronchopneumonie brɔnçopnɔymo'ni:, -n ...i:ən
Bronchoskop brɔnço'sko:p
Bronchoskopie brɔnçosko'pi:, -n ...i:ən
Bronchotomie brɔnçoto'mi:, -n ...i:ən
Bronchus 'brɔnçʊs
Brønderslev *dän.* 'brœn'ərsleu̯
Brondgeest *niederl.* 'brɔntxe:st
Brondolo *it.* 'brondolo
Brøndum *dän.* 'brœndom
Brongniart *fr.* brõ'ɲa:r, brɔ'ɲa:r
Bronikowski broni'kɔfski
Bronislaw, Bronislav 'bro:nɪslaf, *russ.* brɐni'slaf
Bronislawa bronɪs'la:va
Bronn[bach] 'brɔn[bax]
Bronnen 'brɔnən
Bronner 'brɔnɐ
Brønnøysund *norw.* ˌbrœnœi̯sʉn
Bronnzell brɔn'tsɛl
Bronsart 'brɔnzart
Bronschtein, Bronštejn *russ.* bran'ʃtjejn
Brønshøj *dän.* 'brœn'shɔi̯'
Bronson *engl.* brɔnsn
Bronstein 'brɔnʃtai̯n
Bronštejn vgl. Bronschteijn
Bronte *it.* 'bronte
Brontë *engl.* 'brɔntɪ
Brontosaurus brɔnto'zau̯rʊs, ...rier ...ri̯ɐ
Bronx *engl.* brɔŋks
Bronxville *engl.* 'brɔŋksvɪl
Bronze 'brõ:sə
bronzen 'brõ:sn̩
bronzieren brõ'si:rən
Bronzino *it.* bron'dzi:no
Bronzit brɔn'tsi:t, *auch:* ...tsɪt
Brook bro:k, *engl.* brʊk
Brooke[s] *engl.* brʊk[s]
Brookline *engl.* 'brʊklaɪn
Brooklyn *engl.* 'brʊklɪn
Brooks *engl.* brʊks
Broom[e] *engl.* bru:m
Bror bro:ɐ̯, *schwed.* bru:r
Brosämchen 'bro:zɛ:mçən
Brosame 'bro:za:mə
Brosamer 'bro:za:mɐ
Brosbøl *dän.* 'brɔsbøl
Brosche 'brɔʃə
Bröschen 'brø:sçən
broschieren brɔ'ʃi:rən
Broschur brɔ'ʃu:ɐ̯
Broschüre brɔ'ʃy:rə
Brösel 'brø:zl̩
Bröselein 'brø:zəlai̯n
bröseln 'brø:zl̩n, ...sle 'brø:zlə
Brosio *it.* 'brɔ:zi̯o
Brossac *fr.* brɔ'sak
Brossage brɔ'sa:ʒə
Brosse[s] *fr.* brɔs
Brosset *fr.* brɔ'sɛ
Brossette *fr.* brɔ'sɛt
brossieren brɔ'si:rən
Brot bro:t

Brötchen 'brø:tçən
Brotdorf 'bro:tdɔrf
Brothers *engl.* 'brʌðəz
Brotherton *engl.* 'brʌðətn
Brötli 'brø:tli
Brotterode brɔtə'ro:də
Brottewitz 'brɔtəvɪts
Brotton *engl.* brɔtn
brotzeln 'brɔtsl̩n
Brotzen 'brɔtsn̩
Brötzingen 'brœtsɪŋən
Brou *fr.* bru
Brouckère *fr.* bru'kɛ:r
Brougham *engl.* brʊm, bru:m, 'bru:əm, 'broʊəm
Broughton *Ort in Northamptonshire* braʊtn, *sonst in England* brɔ:tn
Brouillerie brujə'ri:, **-n** ...i:ən
brouillieren bru'ji:rən
Brouillon bru'jõ:
Broumov *tschech.* 'broʊmɔf
Broussais *fr.* bru'sɛ
Broussard *fr.* bru'sa:r
Broussart *fr.* bru'sa:r
Brouwer *niederl.* 'broʊwər
Brouwershaven *niederl.* broʊwərs'ha:və
Brovik 'bro:vɪk
Brovst *dän.* broʊ'sd
Browallius *schwed.* bru'valiʊs
Brown braun, *engl.* braʊn
Browne *engl.* braʊn
Brownell *engl.* 'braʊnɛl, –'–
Brownhills *engl.* 'braʊnhɪlz
Browning *engl.* 'braʊnɪŋ
Brown-Séquard *fr.* brunse'ka:r, ...kwa:r
Brownsville *engl.* 'braʊnzvɪl
Broye *fr.* brwa
Broz *serbokr.* brɔ:z
Brożek *poln.* 'brɔʒɛk
brr! br̩ (r̩ = *dentaler oder bilabialer Vibrant*)
Bruant *fr.* bry'ã
Bruat *fr.* bry'a
Bruay-en-Artois *fr.* bryɛãnar'twa
Bruay-sur-l'Escaut *fr.* bryɛsyrlɛs'ko
Bruce *engl.* bru:s
Brucella bru'tsɛla
Brucellose brutsɛ'lo:zə
[1]**Bruch** (Zerbrochenes) brʊx, **Brüche** 'brʏçə
[2]**Bruch** (Sumpfland) brʊx, *auch:* bru:x; **Brüche** 'brʏçə, *auch:* 'bry:çə
[3]**Bruch** (Name) brʊx, *span.* bruk
Bruchberg 'brʊxbɛrk
Bruche *fr.* bryʃ
Bruchhagen brʊx'ha:gn̩
bruchig 'brʊxɪç, *auch:* 'bru:xɪç; **-e** ...ɪgə
brüchig 'brʏçɪç, **-e** ...ɪgə
Bruchmühlbach brʊx'my:lbax
Bruchollerie *fr.* bryʃɔl'ri
Bruchsal 'brʊxza:l
Bruchweiler 'brʊxvailɐ
Brucin bru'tsi:n
Bruck brʊk
Brück[chen] 'brʏk[çən]
Brücke 'brʏkə
Brücken 'brʏkn̩
Brückenau brʏkə'nau
Brückenberg 'brʏkn̩bɛrk
Brucker 'brʊkɐ
Bruckhausen brʊk'hauzn̩
Brückl 'brʏkl̩
Bruckmühl brʊk'my:l
Bruckner 'brʊknɐ
Brückner 'brʏknɐ, *poln.* 'brɨknɛr
Bruder 'bru:dɐ, **Brüder** 'bry:dɐ
Bruderholz bru:dɐ'hɔlts
Brudi 'bru:di
Brueg[h]el 'brɔygl̩, *niederl.* 'brø:xəl
Brüel bry:l
Brües bry:s
Brueys *fr.* bry'ɛs
Bruges *fr.* bry:ʒ
Brugg brʊk
Brugge *niederl.* 'brʏxə, *schwed.* ˌbrʊgə
Brügge 'brʏgə
Brüggemann 'brʏgəman
Brüggen 'brʏgn̩
Brugger 'brʊgɐ
Brüggler 'brʏglɐ
Brugmann 'bru:kman
Brügnole brʏn'jɔl, ...jo:lə; **-n** ...'jo:lən
Brugsch brʊkʃ
brühen 'bry:ən
brühheiß 'bry:'hais
brühig 'bry:ɪç, **-e** ...ɪgə
Brühl[mann] 'bry:l[man]
Brühne 'bry:nə
Bruhn[s] bru:n[s]
brühwarm 'bry:'varm
Bruin[s] *niederl.* brœin[s]
Bruitismus bryi'tɪsmʊs
Bruix *fr.* bruiks
Brújula *span.* 'bruxula
Brukenthal 'bru:kn̩ta:l
Brukterer 'brʊktərɐ
Brulé *fr.* bry'le
Brulez *niederl.* bry:'le:
brüllen 'brʏlən
Brumaire bry'mɛ:ɐ̯
Brummell *engl.* 'brʌməl
brummeln 'brʊml̩n
brummen 'brʊmən
Brummen *niederl.* 'brʏmə
brummig 'brʊmɪç, **-e** ...ɪgə
Brumoy *fr.* bry'mwa
Brun bru:n, *fr.* brœ̃, *norw.* brʉ:n
Bruna 'bru:na
Brunai *indon.* 'brunai̯
Brunate *it.* bru'na:te
Brunau 'bru:nau
Brundage *engl.* 'brʌndɪdʒ
Brundisium brʊn'di:zi̯ʊm
Brune *fr.* bryn
Bruneau *fr.* bry'no
Bruneck bru'nɛk
Brunei *engl.* bru:'naɪ, bru:'neɪ; *indon.* 'brunai̯
Brunel *fr.* bry'nɛl, *engl.* bru:'nɛl
Brunella bru'nɛla
Brunelle bru'nɛlə
Brunelleschi *it.* brunel'leski
Brunellesco *it.* brunel'lesko
Brunet *fr.* bry'nɛ
Brunetière *fr.* bryn'tjɛ:r
brünett bry'nɛt
Brünette bry'nɛtə
Brunetto *it.* bru'netto
Brunfels 'bru:nfɛls
Brunflo *schwed.* 'brʊnflu:
Brunft brʊnft, **Brünfte** 'brʏnftə
brunften 'brʊnftn̩
brunftig 'brʊnftɪç, **-e** ...ɪgə
Brunhild 'bru:nhɪlt
Brünhild 'brʏnhɪlt
Brunhilde bru:n'hɪldə
Bruni *dt., it.* 'bru:ni
Brunichilde brunɪ'çɪldə
Brunico *it.* bru'ni:ko
brünieren bry'ni:rən
Brünig 'bry:nɪç
Brüning 'bry:nɪŋ
Brunkeberg *schwed.* brʊŋkə'bærj
Brünn[e] 'brʏn[ə]
Brunn[en] 'brʊn[ən]
Brunner 'brʊnɐ
Brunngraber 'brʊngra:bɐ
Bruno *dt., it.* 'bru:no
Brunold 'bru:nɔlt
Brunot *fr.* bry'no
Bruns bru:ns
Brunsberg *schwed.* brʊns'bærj
Brunsbüttel 'brʊnsbʏtl̩
Brunsbüttelkoog brʊnsbʏtl̩'ko:k
Brunschvicg *fr.* brœ̃s'vik
Brunshaupten brʊns'hauptn̩
Brunssum *niederl.* 'brʏnsəm
Brunst brʊnst, **Brünste** 'brʏnstə
Brunstäd 'brʊnʃtɛt
Brunswick 'bru:nsvɪk, *engl.* 'brʌnzwɪk
Brunswik 'brʊnsvi:k
Bruntál *tschech.* 'brunta:l
Bruntje 'bru:ntjə
Brusarci vgl. Brussarzi
Brush *engl.* brʌʃ
Brusilov vgl. Brussilow
Brusino *it.* bru'zi:no
Brusio *it.* 'bru:zi̯o
brüsk brʏsk
brüskieren brʏs'ki:rən
Brusovsky bru'zɔfski
Brussarzi, Brusarci *bulgar.* bru'sartsi
Brussel *niederl.* 'brʏsəl
Brüssel 'brʏsl̩
Brussilow, Brusilov *russ.* bru'silɐf

Brüßler 'brʏslɐ
Brụssow 'brʏso
Brụst brʊst, **Brụ̈ste** 'brʏstə
Brụ̈stchen 'brʏstçən
brụ̈sten 'brʏstn̩
Brüsterọrt bry:stɐ'|ɔrt
Brụt bru:t, *fr.* bryt
brutạl bru'ta:l
Brutalitạ̈t brutali'tɛ:t
Brutamọnte bruta'mɔntə
brụ̈ten 'bry:tn̩
brụ̈tig 'bry:tɪç, **-e** ...ɪɡə
Brụto *it.* 'bru:to
Brụ̈tt brʏt
Brụttig 'brʊtɪç
Brụttium 'brʊti̯ʊm
brụtto 'brʊto
Brụtus 'bru:tʊs
brụtzeln 'brʊtsl̩n
Bruun *dän.* bru:'n
Brụ̈x brʏks
Bruxẹlles *fr.* bry'sɛl
Bruyère[s] *fr.* bry'jɛ:r
Bruyn brɔyn, *niederl.* brœi̯n
Bruys *niederl.* brœi̯s
Brụz[z]io *it.* 'bruttsi̯o
Břvany *tschech.* 'br̝ʒvani
Bryan[t] *engl.* 'braɪən[t]
Bryce *engl.* braɪs
Bryẹnnios bry'ɛni̯ɔs
Bryn Mawr *engl.* brɪn'mɔ:
Bryologie bryolo'gi:
Bryọnia bry'o:ni̯a
Bryọnie bry'o:ni̯ə
Bryọphyta bry'o:fyta
Bryophyten bryo'fy:tn̩
Bryozọon bryo'tso:ɔn
Brzẹg *poln.* bʒɛk
Brzẹść *poln.* bʒɛɕtɕ
Brzẹsko *poln.* 'bʒɛskɔ
Brzezịny *poln.* bʒɛ'zini
Brzọzów *poln.* 'bʒɔzuf
bst! pst (s = *silbisches* s)
Bụb bu:p, **-en** 'bu:bn̩
Bụbach 'bʊbax
Bubạstis bu'bastɪs
Bụbbio *it.* 'bubbi̯o
Bụ̈bchen 'by:pçən
Bụbe 'bu:bə
Bụben[berg] 'bu:bn̩[bɛrk]
Bubenreuth bu:bn̩'rɔyt
Bụber 'bu:bɐ
Büberei by:bə'rai̯
Bụberow 'bu:bəro
Bụbi 'bu:bi
Bubiẹrca *span.* bu'βi̯ɛrka
Bụbikon 'bu:biko:n
Bụ̈bin 'by:bɪn
Bụ̈bingen 'by:bɪŋən
bụ̈bisch 'by:bɪʃ
Bụ̈blein 'by:plai̯n
Bụblitz 'bu:blɪts
Bụbnoff 'bʊbnɔf
Bụbo 'bu:bo, **-nen** bu'bo:nən
Buçạco *port.* bu'saku
Bucaramạnga *span.* bukara'maŋɡa
Bụccari *it.* 'bukkari
Bụcchero[vasen] 'bʊkero[va:zn̩]
Bucchiạnico *it.* buk'ki̯a:niko
Buccịna bʊk'tsi:na, **...nae** ...nɛ
Buccinạri *it.* buttʃi'na:ri
Buccịno *it.* but'tʃi:no
Buccleuch *engl.* bə'klu:
Bucẹgi *rumän.* bu'tʃedʒ
Bucẹphalus bu'tse:falʊs
Bụcer 'bʊtsɐ
Bụch bu:x, **Bụ̈cher** 'by:çɐ
Buchan *engl.* 'bʌkən
Buchanan *engl.* bjʊ'kænən, bju:'k...
Buchạra, Buhara bu'xa:ra, *russ.* buxa'ra
Buchạre bu'xa:rə
Bucharei buxa'rai̯
Buchạri bu'xa:ri
Buchạrin, Buharin *russ.* bu'xarin
Bụchau 'bu:xau̯
Bụchberger 'bu:xbɛrɡɐ
Buchbinderei bu:xbɪndə'rai̯
bụchbindern 'bu:xbɪndɐn, **...dre** ...drə
Buchdruckerei bu:xdrʊkə'rai̯
Bụche 'bu:xə
Bụ̈chelchen 'by:çl̩çən
Bụ̈cheler 'by:çəlɐ
bụchen, B... 'bu:xn̩
Bụ̈chen 'by:çn̩
[1]**Bụchenau** (Familienname) 'bu:xənau̯
[2]**Buchenau** (Ort) 'bu:xənau̯, – –'–
Bụchenberg 'bu:xn̩bɛrk
Bụchenholz 'bu:xn̩hɔlts
Bụchenland 'bu:xn̩lant
bụchenländisch 'bu:xn̩lɛndɪʃ
Bụchenstamm 'bu:xn̩ʃtam
Bụchenstein 'bu:xn̩ʃtai̯n
Bụchenwald 'bu:xn̩valt
Bụcher 'bu:xɐ
[1]**Bụ̈cher** vgl. Buch
[2]**Bụ̈cher** (Name) 'by:çɐ
Bücherei by:çə'rai̯
Buchẹz *fr.* by'ʃe
Bụchheide 'bu:xhai̯də
Bụchheim 'bu:xhai̯m
Buchhọfen bu:x'ho:fn̩
Bụchholtz 'bu:xhɔlts, *dän.* 'bukhɔl'ts
Bụchholz[er] 'bu:xhɔlts[ɐ]
Bụ̈chi 'by:çi
Bụchis 'bu:xɪs
Büchlbẹrg byçl̩'bɛrk
Bụ̈chlein 'by:çlai̯n
Bụchloe 'bu:xlo:ə
Bụchman 'bu:xman, *engl.* 'bʌkmən
Bụchmann 'bu:xman
Bụ̈chmann 'by:çman
Bụchmayer 'bu:xmai̯ɐ
Bụchner 'bu:xnɐ
Bụ̈chner 'by:çnɐ
Bụchol[t]z 'bu:xɔlts
Buchon *fr.* by'ʃõ
Bụchs[baum] 'bʊks[bau̯m]
bụchsbaumen 'bʊksbau̯mən
Bụ̈chschen 'bʏksçən
Bụchschlag 'bu:xʃla:k
Bụchse 'bʊksə
Bụ̈chse 'bʏksə
Bụchser 'bʊksɐ
Bụchstabe 'bu:xʃta:bə
buchstabiẹren bu:xʃta'bi:rən
bụchstäblich 'bu:xʃtɛ:plɪç
Bụchstein 'bu:xʃtai̯n
Bụchsweiler 'bʊksvai̯lɐ
Bụcht[a] 'bʊxt[a]
Bụchtel 'bʊxtl̩
Bụ̈chtger 'bʏçtɡɐ
bụchtig 'bʊxtɪç, **-e** ...ɪɡə
Bucịna bu'tsi:na, **...nae** ...nɛ
Bụcine *it.* 'bu:tʃine
Bucintọro butʃɪn'to:ro
Buck *engl.* bʌk, *dän.* bug
Bụckau 'bʊkau̯
Bụ̈ckeberg 'bʏkəbɛrk
Bụ̈ckeberge 'bʏkəbɛrɡə
Bụ̈ckeburg 'bʏkəbʊrk
Bụckeisen 'bʊk|ai̯zn̩
Bụckel 'bʊkl̩
bụckelig 'bʊkəlɪç, **-e** ...ɪɡə
bụckeln 'bʊkl̩n
bụ̈cken, B... 'bʏkn̩
Bụ̈ckenbach 'bʏkn̩bax
Bụ̈cking 'bʏkɪŋ
Buckingham[shire] *engl.* 'bʌkɪŋəm[ʃɪə]
Buckland *engl.* 'bʌklənd
Bucklaw *engl.* 'bʌklɔ:
Buckle *engl.* bʌkl
bụcklig 'bʊklɪç, **-e** ...ɪɡə
Bụ̈ckling 'bʏklɪŋ
Buckner *engl.* 'bʌknə
Bụ̈cknitz 'bʏknɪts
Bụckow 'bʊko, 'bu:ko
Bụckram 'bʊkram
Bucks. *engl.* bʌks
Bụckskin 'bʊkskɪn
Bụ̈ckwitz 'bʏkvɪts
Bụcky 'bʊki
Bučovice *tschech.* 'butʃɔvitsɛ
Bucovịna *rumän.* buko'vina
Bụcsecs *ung.* 'butʃɛtʃ
Bucureşti *rumän.* buku'reʃtj
Bucyrus *engl.* bju:'saɪərəs
Bụda *ung.* 'budɔ
Bụdai *rumän.* 'budai̯, *ung.* 'budɔi
Bụdakalász *ung.* 'budɔkɔla:s
Bụdakeszi *ung.* 'budɔkɛsi
Bụdaörs *ung.* 'budɔørʃ
Bụdapest 'bu:dapɛst, *ung.* 'budɔpɛʃt
Búðardalur *isl.* 'bu:ðarda:lʏr
Bụ̈dchen 'by:tçən
Budd *engl.* bʌd
Bụddel 'bʊdl̩
Buddelei bʊdə'lai̯
bụddeln 'bʊdl̩n, **bụddle** 'bʊdlə
Bụddenbrooks 'bʊdn̩bro:ks
Buddenhagen bʊdn̩'ha:ɡn̩
Bụddha 'bʊda
Buddhịsmus bʊ'dɪsmʊs

Buddhịst bʊ'dɪst
Bụddinge *dän.* 'buðeŋə
buddisi̱eren bʊdi'zi:rən
Buddy *engl.* 'bʌdɪ
Bụde 'bu:də, *engl.* bju:d
Budé *fr.* by'de
Bụdějovice *tschech.* 'budjɛjɔvitsɛ
Budel *niederl.* 'by:dəl
Budennyj vgl. Budjonnyj
Bü̱derich 'by:dərɪç
Bü̱desheim 'by:dəshaim
Budge[ll] *engl.* bʌdʒ[l]
Budgẹt bʏ'dʒe:
budgetä̱r bʏdʒe'tɛ:ɐ̯
budgeti̱eren bʏdʒe'ti:rən
Bụdi *alban.* 'budi
Budi̱ke bu'di:kə
Bü̱dingen 'by:dɪŋən
Bü̱dinger 'by:dɪŋɐ
Búðir *isl.* 'bu:ðɪr
Bụdišov *tschech.* 'budjiʃɔf
Budjọnny, Budennyj *russ.* bu'djɔnnɨj
Bü̱dner 'by:dnɐ
Bụdo 'bu:do
Budo̱ja bu'do:ja
Bụdow 'bu:do
Bụdrio *it.* 'bu:dri̯o
Budschnụrd *pers.* bodʒ'nu:rd
Bụdva *serbokr.* 'bu:dva
Bụdweis 'bʊtvai̯s
Bụdwitz 'bʊtvɪts
Bueil *fr.* bɥɛj
Buenaventụra *span.* bu̯enaβen'tura
Buenavịsta *span.* bu̯ena'βista
Buẹnco 'bu̯ɛŋko
Buendía *span.* bu̯en'dia
Buẹnos A̱ires 'bu̯e:nɔs 'ai̯rɛs, *span.* 'bu̯enos 'ai̯res
Buẹn Reti̱ro 'bu̯ɛn re'ti:ro, *span.* 'bu̯en rrɛ'tiro
Buer bu:ɐ̯
Buẹras *span.* 'bu̯eras
Büfẹtt by'fɛt
Büfetti̱er byfɛ'ti̯e:
Bụff[a] 'bʊf[a]
Buffalo *engl.* 'bʌfəloʊ
Bụ̈ffel 'bʏfl̩
Büffelei̱ bʏfə'lai̯
bụ̈ffeln 'bʏfl̩n
Buffẹt bʏ'fe:, *fr.* by'fɛ
Büffẹt bʏ'fe:
Bụffo 'bʊfo, **Bụffi** 'bʊfi
Buffon *fr.* by'fõ
buffonẹsk bʊfo'nɛsk
Bụfleben 'bʊfle:bn̩
Bufotali̱n bufota'li:n
[1]**Bụg** (Schiffsvorderteil) bu:k, **Bü̱ge** 'by:gə
[2]**Bụg** (Name) bu:k; *russ., poln.* buk
Bụgac *ung.* 'bugɔts
Bugạnda bu'ganda
Bugat[t]i̱ *fr.* byga'ti
Bugeạt *fr.* by'ʒa
Bugeaud *fr.* by'ʒo
Bü̱gel 'by:gl̩
bü̱geln 'by:gl̩n, **bü̱gle** 'by:glə
Bu̱genhagen 'bu:gn̩ha:gn̩
Bugey *fr.* by'ʒɛ
Bugge *norw.* 'bʉgə
Buggenhout *niederl.* 'bʏxənhɔu̯t
Buggiạno *it.* bud'dʒa:no
Bụggingen 'bʊgɪŋən
Buggy 'bagi, *engl.* 'bʌgɪ
Bu̱gi 'bu:gi
Bugiardi̱ni *it.* budʒar'di:ni
Bugine̱se bugi'ne:zə
bugsi̱eren bʊ'ksi:rən
Bu̱gspriet 'bu:k-ʃpri:t
Bugue *fr.* byg
Bụgyi *ung.* 'budji
Buhara vgl. Buchara
Buharin vgl. Bucharin
bu̱h, B... bu:
Buhai̱ bu'hai
Bü̱hel 'by:əl
bu̱hen 'bu:ən
Bu̱hl bu:l, *dän.* bu:'l
Bü̱hl by:l
Bu̱hla[n] 'bu:la[n]
Bü̱hlau 'by:lau̯
Bu̱hle 'bu:lə
bu̱hlen, B... 'bu:lən
Bü̱hler 'by:lɐ
Buhlerei̱ bu:lə'rai̯
Bu̱hne 'bu:nə
Bü̱hne 'by:nə
Bü̱hrer 'by:rɐ
Bụhturi 'bʊxturi
Bu̱hurt 'bu:hʊrt
Buhụşi *rumän.* bu'huʃj
Buick *engl.* 'bju:ɪk, bjʊɪk
Building *engl.* 'bɪldɪŋ
Bui̱n bu'i:n
Buinen *niederl.* 'bœi̯nə
Buisson *fr.* bɥi'sõ
Buitenpost *niederl.* 'bœi̯tənpɔst
Buitenzorg *niederl.* 'bœi̯tənzɔrx
Buitrạgo *span.* bu̯i'traɣo
Buitrón *span.* bu̯i'trɔn
Buizingen *niederl.* 'bœi̯zɪŋə
Buje̱[d]o *span.* bu'xe[ð]o
Buji̱de bu'ji:də
bu̱k, Bu̱k bu:k
Bük *ung.* byk
Bu̱ka *engl.* 'bu:kə
Bukani̱er bu'ka:ni̯ɐ
Bu̱karest 'bu:karɛst
bü̱ke 'by:kə
Bu̱ke 'bu:kə
buke̱isch bu'ke:ɪʃ
Bukentau̱r bukɛn'tauɐ̯
Buke̱phalos bu'ke:falɔs
Bukẹtt bu'kɛt
Bukinịst buki'nɪst
Bukittịnggi *indon.* bukɪt'tɪŋgi
Bụ̈kk *ung.* bykk
Bukkenfjord *norw.* 'bʉkənfju:r
Bükkszék *ung.* 'bykse:k
Bu̱ko 'bu:ko
Buko̱lik bu'ko:lɪk
Buko̱liker bu'ko:likɐ
buko̱lisch bu'ko:lɪʃ
Bukowi̱na buko'vi:na
Bukra̱nion bu'kra:ni̯ɔn, **...nien** ...ni̯ən
Bü̱lach 'by:lax
Bụlatović *serbokr.* ˌbulatɔvitɕ
Bulawa̱yo bula'va:jo
bulbä̱r bʊl'bɛ:ɐ̯
Bulbi vgl. Bulbus
Bulbjerg *dän.* 'bolbjɛr', 'bul...
bulbö̱s bʊl'bø:s, **-e** ...ø:zə
Bụ̈lbül 'bʏlbʏl
Bụlbus 'bʊlbʊs, **...bi** ...bi
Bụldern 'bʊldɐn
Bule̱ bu'le:
Bulẹtte bu'lɛtə
Bụlfinch *engl.* 'bʊlfɪntʃ
Bulgạkow, Bulgakov *russ.* bul'gakɐf
Bulgạnin *russ.* bul'ganin
Bụlgar *russ.* 'bulgɐr
Bulga̱re bʊl'ga:rə
Bulga̱rien bʊl'ga:ri̯ən
bulga̱risch bʊl'ga:rɪʃ
Bulimi̱e buli'mi:
Buli̱n[e] bu'li:n[ə]
Bụ̈lk bʏlk
Bulkcarrier *engl.* 'bʌlkkærɪə
Bụlkladung 'bʊlkla:dʊŋ
Bull *engl.* bʊl, *norw.* bʉl
Bụlla 'bʊla, **...ae** ...'bʊlɛ
Bullange *fr.* by'lã:ʒ
Bullant *fr.* by'lã
Bulla̱rium bʊ'la:ri̯ʊm, **...ien** ...i̯ən
Bụllas *span.* 'buʎas
Bụllauge 'bʊl|au̯gə
Bụllay 'bʊlai̯
Bụlldog (Wz) 'bʊldɔk
Bụlldogge 'bʊldɔgə
Bụlldozer 'bʊldo:zɐ
Bụlle 'bʊlə, *fr.* byl
Bụllen *engl.* 'bʊlɪn
Bụller *engl.* 'bʊlə
bụllern 'bʊlɐn
Bullẹt *fr.* by'lɛ
Bulletin bʏl'tɛ̃:
Bụllfinch *engl.* 'bʊlfɪntʃ
Bụllinger 'bʊlɪŋɐ
Bụllion 'bʊljən
Bụllitt *engl.* 'bʊlɪt
bullö̱s bʊ'lø:s, **-e** ...ø:zə
bullo̱sus bʊ'lo:zʊs
Bull Run *engl.* 'bʊl 'rʌn
Bụllterrier 'bʊltɛri̯ɐ
Bụlly 'bʊli
Bụlmke 'bʊlmkə
Bụlnes *span.* 'bulnes
Bü̱low 'by:lo
Bụlt[haupt] 'bʊlt[hau̯pt]
Bụltmann 'bʊltman
Bulụan bu'lu:an
Bulụn *russ.* bu'lun
Bụlwer *engl.* 'bʊlwə
Bụ̈lzig 'bʏltsɪç
bụm! bʊm
Bụmbaß 'bʊmbas, **...asse** ...asə
Bụmboot 'bʊmbo:t

bụm, bụm! 'bʊm 'bʊm
Bumbụm bʊm'bʊm
Bumbry *engl.* 'bʌmbrɪ
Bumerang 'bu:məraŋ, *auch:* 'bʊm...
Bụmke 'bʊmkə
Bụmm bʊm
Bụmmel 'bʊml̩
Bummelạnt bʊmə'lant
Bummelei bʊmə'lai̯
bụmmeln 'bʊml̩n
Bụmmler 'bʊmlɐ
bụms! bʊms
bụmsen 'bʊmzn̩, **bụms**! bʊms, **bụmst** bʊmst
Bụna Ⓦ 'bu:na
Bunbury *engl.* 'bʌnbərɪ
Bunche *engl.* bʌntʃ
Bụnd bʊnt, **-es** 'bʊndəs, **Bụ̈nde** 'bʏndə
Bụnda 'bʊnda
Bụ̈nde 'bʏndə
Bụ̈ndel 'bʏndl̩
Bündelei bʏndə'lai̯
Bụ̈nden 'bʏndn̩
Bunderneuland bʊndɐ'nɔy̯lant
Bụ̈ndheim 'bʏnthai̯m
bụ̈ndig 'bʏndɪç, **-e** ...ɪɡə
bụ̈ndisch 'bʏndɪʃ
Bụ̈ndner 'bʏndnɐ
bụ̈ndnerisch 'bʏndnərɪʃ
Bụ̈ndnis 'bʏntnɪs, **-se** ...ɪsə
Bundy *engl.* 'bʌndɪ
Bụnë *alban.* 'bunə
Bụngalow 'bʊŋɡalo
Bụnge 'bʊŋə
Bụngsberg 'bʊŋsbɛrk
Bunguran *indon.* bu'ŋuran
Bụnić *serbokr.* ˌbunitɕ
Bụnin *russ.* 'bunin
Bunjewạtze bʊnje'vatsə
Bunjewaze bʊnje'va:tsə
Bunjẹwze bʊn'jɛftsə
Bụnker 'bʊŋkɐ
Bunker Hịll *engl.* 'bʌŋkə 'hɪl
bụnkern 'bʊŋkɐn
Bunn[er] *engl.* 'bʌn[ə]
Bụ̈nning 'bʏnɪŋ
Bunny *engl.* 'bʌnɪ
Buñọl *span.* bu'ɲɔl
Bunschoten *niederl.* 'bʏnsxo:tə
Bụnsen 'bʊnzn̩
bụnt bʊnt
Bụnte 'bʊntə
Buñuẹl *span.* bu'ɲuɛl
Bunyan *engl.* 'bʌnjən
Bụnz[e] 'bʊnts[ə]
Bụnzelwitz 'bʊntsl̩vɪts
Bụnzlau 'bʊntslau̯
Bụ̈nzow 'bʏntso
Buochs 'bu:ɔks
Buol 'bu:ɔl
Buọn *it.* bu̯ɔn
Buonaccọrsi *it.* bu̯onak'korsi
Buonaiuti *it.* bu̯ona'ju:ti
Buonapạrte *it.* bu̯ona'parte
Buonarrọti *it.* bu̯onar'rɔ:ti
Buoncompạgni *it.* bu̯oŋkom'paɲɲi
Buondelmọnte *it.* bu̯ondel'monte
Buọno *it.* 'bu̯ɔ:no
Buononcini *it.* bu̯onon'tʃi:ni
Buontalẹnti *it.* bu̯onta'lɛnti
Buonvicini *it.* bu̯onvi'tʃi:ni
Buphthalmie bʊftal'mi:
Buphthạlmus bʊf'talmʊs
Bụr bu:ɐ̯
Burạn bu'ra:n
Burano *it.* bu'ra:no
Burattino bura'ti:no, **...ni** ...ni
Bụrbach 'bu:ɐ̯bax
Burbage *engl.* 'bə:bɪdʒ
Burbank *engl.* 'bə:bæŋk
Burcev vgl. Burzew
Bụrchard 'bʊrçart
Burchiẹllo *it.* bur'ki̯ɛllo
Bụrck[hardt] 'bʊrk[hart]
Bụrdach 'bʊrdax
Búrdalo *span.* 'burðalo
Bụ̈rde 'bʏrdə
Burdẹtt[e] *engl.* bə[:]'dɛt
Burdọnen bʊr'do:nən
Bụrdur *türk.* 'burdur
Bụre 'bu:rə
Bureau by'ro:
Burejạ *russ.* burɪ'ja
Buren *niederl.* 'by:rə
Bụ̈ren 'by:rən
Bụresch 'bu:rɛʃ
Bürẹtte by'rɛtə
Bụrg bʊrk, **-en** 'bʊrɡn̩
Burg, den *niederl.* dɛn 'bʏrx
Bụrga 'bʊrɡa
Burgạs *bulgar.* bur'ɡas
Bụrgau 'bʊrɡau̯
Burgbẹrnheim bʊrk'bɛrnhai̯m
Burgbrohl bʊrk'bro:l, '--
Bụrgdorf 'bʊrkdɔrf
Bụrgdörfer 'bʊrkdœrfɐ
Bụ̈rge 'bʏrɡə
Bụrgel 'bʊrɡl̩
Bụ̈rgel 'bʏrɡl̩
Bụrgen[land] 'bʊrɡn̩[lant]
Bụ̈rgenstock 'bʏrɡn̩ʃtɔk
Bụrger 'bʊrɡɐ
Bụ̈rger 'bʏrɡɐ
Bụ̈rgeralpe 'bʏrɡɐ|alpə
bụ̈rgerlich 'bʏrɡɐlɪç
Bürgermeister 'bʏrɡɐmai̯stɐ, *auch:* --'--
Burgess *engl.* 'bə:dʒɪs
Bụrgfried 'bʊrkfri:t, **-e** ...i:də
Burgh *engl.* bə:ɡ, *niederl.* bʏrx
Bụrghard 'bʊrkhart
Burghausen bʊrk'hau̯zn̩
Bụrgheim 'bʊrkhai̯m
Burghers *engl.* 'bə:ɡəz
Bụrghild 'bʊrkhɪlt
Burghịlde bʊrk'hɪldə
Burghley *engl.* 'bə:lɪ
Bụ̈rgi 'bʏrɡi
Burgiba bʊr'ɡi:ba
[1]**Bụ̈rgin** (weibl. Bürge) 'bʏrɡɪn
[2]**Bụ̈rgin** (Name) 'bʏrɡi:n
Bụrgio *it.* 'burdʒo
Bụrgk bʊrk
Burgkẹmnitz bʊrk'kɛmnɪts
Burgkịrchen bʊrk'kɪrçn̩
Bụrgkmair 'bʊrkmai̯ɐ
Burgkụnstadt bʊrk'kʊnʃtat
Bụrgl 'bʊrɡl̩
Bụ̈rglen 'bʏrɡlən
Burglẹngenfeld bʊrk'lɛŋənfɛlt
Bụ̈rglitz 'bʏrɡlɪts
Bụrgo de Ọsma *span.* 'burɣo ðe 'ɔzma
Bụrgos 'bʊrɡɔs, *span.* 'burɣɔs
Burgoyne *engl.* 'bə:ɡɔɪn, -'-
Burgscheidungen bʊrk'ʃai̯dʊŋən
Bụrgsdorf[f] 'bʊrksdɔrf
Bụ̈rgstadt 'bʏrk-ʃtat
Bụrgstädt 'bʊrk-ʃtɛt
Bụrgstall[er] 'bʊrk-ʃtal[ɐ]
Burgsteinfurt bʊrk'ʃtai̯nfʊrt
Burgtọnna bʊrk'tɔna
Burgụnd bʊr'ɡʊnt
Burgụnder bʊr'ɡʊndɐ
burgụndisch bʊr'ɡʊndɪʃ
Bụri[dan] 'bu:ri[dan]
bụrisch 'bu:rɪʃ
Burjate bʊr'ja:tə
Burjäte bʊr'jɛ:tə
Bụ̈rk bʏrk
Bụrkamp 'bu:ɐ̯kamp
Bụrk[art] 'bʊrk[art]
Bụrkau 'bʊrkau̯
Burke *engl.* bə:k
Bụ̈rkel 'bʏrkl̩
Bụrkhard[t] 'bʊrkhart
Bụrkhards 'bʊrkharts
Bụrkhardtsdorf 'bʊrkhartsdɔrf
Bụrkhart 'bʊrkhart
Burkitt *engl.* 'bə:kɪt
Bụ̈rklein 'bʏrklai̯n
Bụ̈rkli 'bʏrkli
Bụ̈rkner 'bʏrknɐ
Bụrko 'bʊrko
Bụrladingen 'bʊrladɪŋən
Bụrlafingen 'bʊrlafɪŋən
Burlạk bʊr'lak
Burleigh *engl.* 'bə:lɪ
burlẹsk bʊr'lɛsk
Burlẹske bʊr'lɛskə
Burlẹtta bʊr'lɛta
Burley *engl.* 'bə:lɪ
Burlingame *engl.* 'bə:lɪŋəm
Burlington *engl.* 'bə:lɪŋtən
Bụrma 'bʊrma
Burmane bʊr'ma:nə
burmanisch bʊr'ma:nɪʃ
Bụrmeister 'bu:ɐ̯mai̯stɐ
Burnand *fr.* byr'nã
Burne[t] *engl.* 'bə:n[ɪt]
Burnett *engl.* bə[:]'nɛt, 'bə:nɪt
Burney *engl.* 'bə:nɪ
Burnham *engl.* 'bə:nəm
Bụrnitz 'bʊrnɪts
Burnley *engl.* 'bə:nlɪ
Burnouf *fr.* byr'nuf
Burns *engl.* bə:nz
Bụrnus 'bʊrnʊs, **-se** ...ʊsə
Bürọ by'ro:
Bürokrạt byro'kra:t

Bürokratie byrokra'ti:, **-n** ...i:ən
bürokratisieren byrokrati'zi:rən
Bürokratismus byrokra'tɪsmʊs
Bürokratius byro'kra:tsi̯ʊs
Bürolist byro'lɪst
Buron *fr.* by'rõ
Burow 'bu:ro
Burr *engl.* bə:
Burrel *alban.* bu'rrel
Burrell *engl.* 'bʌrəl
Burriana *span.* bu'rri̯ana
Burrillville *engl.* 'bʌrɪlvɪl
Burrough[s] *engl.* 'bʌrou[z]
Burrow[s] *engl.* 'bʌroʊ[z]
Bürs bʏrs
Bursa 'bʊrza, *türk.* 'bursɑ
Bürschchen 'bʏrʃçən
Bursch[e] 'bʊrʃ[ə]
Burscheid 'bu:ɐ̯ʃai̯t
burschikos bʊrʃi'ko:s, **-e** ...o:zə
Burschikosität bʊrʃikozi'tɛ:t
Burse 'bʊrzə
Bursitis bʊr'zi:tɪs, **...itiden** ...zi'ti:dn̩
Burslem *engl.* 'bə:zləm
Bürstadt 'by:ɐ̯ʃtat
Bürste 'bʏrstə
Burten[bach] 'bʊrtn̩[bax]
...bürtig (z. B. ebenbürtig) ...ˌbʏrtɪç, -e ...ɪgə
Burton *engl.* bə:tn
Burtscheid 'bʊrtʃai̯t
Buru *indon.* 'buru
Burudschird *pers.* boru'dʒerd
Burundi bu'rʊndi
Burundier bu'rʊndi̯ɐ
burundisch bu'rʊndɪʃ
Bury *engl. Familienname* 'bjʊərɪ, 'bɛrɪ; *engl. Ortsname* 'bɛrɪ; *fr.* by'ri
Buryja 'bu:rija
Bury Saint Edmunds *engl.* 'bɛrɪ sɪnt 'ɛdməndz
Bürzel 'bʏrtsl̩
Burzenland 'bʊrtsn̩lant
Burzew, Burcev *russ.* 'burtsəf
Burzio *it.* 'burtsi̯o
[1]**Bus** (Auto) bʊs, **-se** 'bʊsə
[2]**Bus** (Name) *fr.* bys
Busbecq *fr.* bys'bɛk
Busca *it.* 'buska
Buscaino *it.* buska'i:no
[1]**Busch** bʊʃ, **Büsche** 'bʏʃə
[2]**Busch** (Name) bʊʃ, *span.* butʃ
Büsch bʏʃ
Buschan 'bʊʃan
Buschehr *pers.* bu'ʃehr
Büschel 'bʏʃl̩
Büschfeld 'bʏʃfɛlt
Buschhof 'bʊʃho:f
Büsching 'bʏʃɪŋ
Buschmann 'bʊʃman
Buschor 'bʊʃɔr
Buschow 'bʊʃo
Busdongo *span.* buz'ðɔŋgo
Büse 'by:zə
Busen[bach] 'bu:zn̩[bax]
Busenbaum 'bu:zn̩bau̯m
Busenberg 'bu:zn̩bɛrk
Busento *it.* bu'sɛnto
Büsgen 'bʏsgn̩
Bush[bury] *engl.* 'bʊʃ[bərɪ]
Bushel 'bʊʃl̩
Bushtricë *alban.* buʃ'tritsə
Bushy *engl.* 'bʊʃɪ
Busineß 'bɪznɪs
Büsingen 'by:zɪŋən
Busiris bu'zi:rɪs
Busken Huet *niederl.* 'bʏskə hy:'ɛt
Buskerud *norw.* ˌbʉskərʉ:
Busko Zdrój *poln.* 'buskɔ 'zdruj
Buslajew, Buslaev *russ.* bus'lajɪf
Busley 'bʊslai̯
Busolt 'bu:zɔlt
Busoni *it.* bu'zo:ni
Busovača *serbokr.* ˌbusɔvatʃa
busper 'bʊspɐ
Buß bʊs
Buss (Saarland) bu:s
Bussang *fr.* by'sã
Bussard 'bʊsart, **-e** ...rdə
Buße 'bu:sə
Busse 'bʊsə
Bussen 'bʊsn̩
büßen 'by:sn̩
Busserl 'bʊsɐl
Busseto *it.* bus'se:to
Bussières *fr.* by'sjɛ:r
Büssing 'bʏsɪŋ
Busso 'bʊso
Bussole bʊ'so:lə
Bussoleno *it.* busso'le:no
Bussum *niederl.* 'bʏsəm
Bussy *fr.* by'si
Busta 'bʊsta
Bustamante *span.* busta'mante
Bustani bʊs'ta:ni
Büste 'bʏstə
Buštěhrad *tschech.* 'buʃtjɛhrat
Bustelli bʊs'tɛli
Busteni *rumän.* buʃ'tenj
Buster *engl.* 'bʌstə
Busti *it.* 'busti
Busto *it., span.* 'busto
Bustorius bʊs'to:ri̯ʊs
Bustrophedon bʊstrofe'dɔn
Busuluk, Buzuluk *russ.* buzu'luk
Büsum 'by:zʊm
Buta 'bu:ta, *fr.* by'ta
Butadien buta'di̯e:n
Butan bu'ta:n
Butanol buta'no:l
Butcher *engl.* 'bʊtʃə
Bute *engl.* bju:t
buten 'bu:tn̩
Buten bu'te:n
Butenandt 'bu:tənant
Buteo 'bu:teo
Butera *it.* bu'tɛ:ra
Butike bu'ti:kə
Butiker bu'ti:kɐ
Butin bu'ti:n
Butjadingen bʊt'ja:dɪŋən
[1]**Butler** (Diener) 'batlɐ, *auch:* 'bœtlɐ, *engl.* 'bʌtlə
[2]**Butler** (Name) 'bʊtlɐ, *engl.* 'bʌtlə
Butlerow, Butlerov *russ.* 'butlɪrɐf
Butlin *engl.* 'bʌtlɪn
Bütner 'bʏtnɐ
Buto[mus] 'bu:to[mʊs]
Butor *fr.* by'tɔ:r
Bütow 'by:to
Butrint *alban.* bu'trint
Bütschli 'bʏtʃli
Butskopf 'bʊtskɔpf
Butt bʊt, *engl.* bʌt
Buttadeus bʊta'de:ʊs
Butte 'bʊtə, *fr.* byt, *engl.* bju:t
Bütte 'bʏtə
Buttel 'bʊtl̩
Büttel 'bʏtl̩
Buttelstedt 'bʊtl̩ʃtɛt
Bütten 'bʏtn̩
Butter 'bʊtɐ, *engl.* 'bʌtɐ
Butterfield *engl.* 'bʌtəfi:ld
Butterfly *engl.* 'bʌtəflaɪ
butterig 'bʊtərɪç, **-e** ...ɪgə
buttern 'bʊtɐn
butterweich 'bʊtɐ'vai̯ç
Büttgen 'bʏtgn̩
Buttlar 'bʊtlar
Buttler 'bʊtlɐ
Buttmann 'bʊtman
Büttner 'bʏtnɐ
Button *engl.* bʌtn
buttrig 'bʊtrɪç, **-e** ...ɪgə
Butts *engl.* bʌts
Buttstädt, ...stedt 'bʊtʃtɛt
Butung *indon.* 'butʊŋ
Buturlin *russ.* butur'lin
Butyl bu'ty:l
Butylen buty'le:n
Butyrat buty'ra:t
Butyrometer butyro'me:tɐ
Butz bʊts
Butze 'bʊtsə
Butzen 'bʊtsn̩
Bützenhagen bʏtsn̩'ha:gn̩
Butzer 'bʊtsɐ
Bützfleth 'bʏtsfle:t
Butzow 'bʊtso
Bützow 'bʏtso, 'by:tso
Butzweiler 'bʊtsvai̯lɐ
Buurmalsen *niederl.* by:r'mɑlsə
Buvette by'vɛtə
Buweiler 'bu:vai̯lɐ
Büx bʏks
Buxbaum 'bʊksbau̯m
Buxe 'bʊksə
Buxtehude bʊkstə'hu:də
Buxton *engl.* 'bʌkstən
Buxtorf 'bʊkstɔrf
Buxus 'bʊksʊs
Buxy *fr.* by'si
Buyck bɔyk
Buys[se] *niederl.* 'bœi̯s[ə]

Buzançais *fr.* byzã'sɛ
Buzancy *fr.* byzã'si
Buzău *rumän.* bu'zəu̯
Buzentaur butsɛn'tauɐ
Buzenval *fr.* byzã'val
Buzephalus bu'tse:falʊs
Buziaș *rumän.* bu'zjaʃ
Buzolić *serbokr.* 'buzɔlitɕ
Buzuk *alban.* bu'zuk
Buzuluk vgl. **Busuluk**
By *schwed.* by:
Byas[s] *engl.* 'baɪəs
bye-bye bai̯'bai̯, *engl.* 'baɪ'baɪ
Byblos 'by:blɔs
Bychawa *poln.* bɨ'xava
Byck *rumän.* bik
Bydgoszcz *poln.* 'bɨdgɔʃtʃ
Bygdin *norw.* ˌbygdin
Bygdøy *norw.* ˌbygdœi̯
Bykow, Bykov *russ.* 'bɨkɐf
Bykowski, Bykovski *russ.* bɨ'kɔfskij
Bylany *tschech.* 'bilani
Byline by'li:nə
Byng *engl.* bɪŋ
Bynner *engl.* 'bɪnə
Byns *niederl.* bɛi̯ns
Byrd[e] *engl.* bə:d
Byrgius 'bʏrgi̯ʊs
Byrn[e]s *engl.* bə:nz
Byron 'bai̯rən, *engl.* 'baɪərən
Byronismus bai̯ro'nɪsmʊs
Byrum *dän.* 'by:rom
Byske *schwed.* ˌbyskə
Byssus 'bʏsʊs
Bystřice *tschech.* 'bistr̝itsɛ
Byström *schwed.* ˌby:strœm
Bystrzyca [Kłodzka] *poln.* bɨst'ʃɨtsa ['ku̯ɔtska]
Byte *engl.* baɪt
Bytina *neugr.* vi'tina
Bytom *poln.* 'bɨtɔm
Bytów *poln.* 'bɨtuf
Byzantiner bytsan'ti:nɐ
byzantinisch bytsan'ti:nɪʃ
Byzantinismus bytsanti'nɪsmʊs
Byzantinist[ik] bytsanti'nɪst[ɪk]
Byzantium by'tsantsi̯ʊm
Byzanz by'tsants
Bzenec *tschech.* 'bzɛnɛts
Bzovík *tschech.* 'bzɔvi:k
Bzura *poln.* 'bzura

C

c, C tse:, *engl.* si:, *fr.* se
Čaadaev vgl. Tschaadajew
Caaguazú *span.* kaaɣu̯a'θu
Caamaño *span.* kaa'maɲo
Caazapá *span.* kaaθa'pa
Cab *engl.* kæb
Caba *span.* 'kaβa
Cabaletta kaba'lɛta
Caballero kabal'je:ro, *auch:* kava...; *span.* kaβa'ʎero
Cabaña[s] *span.* ka'βaɲa[s]
Cabanel *fr.* kaba'nɛl
Cabanyes *span.* ka'βaɲes
Cabaret kaba're:
Cabat *fr.* ka'ba
Cabarz 'kabarts
Cabcart *engl.* 'kæbkɑ:t
Cabell *engl.* kæbl
Cabello *span.* ka'βeʎo
Cabet *fr.* ka'bɛ
Cabeza de Vaca *span.* ka'βeθa ðe 'βaka
Cabezas *span.* ka'βeθas
Cabezón *span.* kaβe'θɔn
Cabianca *it.* ka'bi̯aŋka
Cabinda *port.* kɐ'bindɐ
Cable *engl.* keɪbl
Cabo *span.* 'kaβo, *port.* 'kaβu, *bras.* 'kabu
Cabochiens *fr.* kabɔ'ʃjɛ̃
Cabochon kabɔ'ʃõ:
Caboclo *bras.* ka'boklu
Cabot *engl.* 'kæbət
Cabotage kabo'ta:ʒə
Caboto *it.* ka'bɔ:to
Cabourg *fr.* ka'bu:r
Cabo Verde *port.* 'kaβu 'verdə
Cabral *port.* kɐ'βral
Cabramatta *engl.* kæbrə'mætə
Cabras *it.* 'ka:bras, *span.* 'kaβras
Cabrera *span.* ka'βrera
Cabriolet kabrio'le:
Čačak *serbokr.* ˌtʃa:tʃak
Caccamo *it.* 'kakkamo
Caccia 'katʃa, *it.* 'kattʃa
Caccini *it.* kat'tʃi:ni
Cáceres *span.* 'kaθeres
Cachan *fr.* ka'ʃã
Cachelot kaʃə'lɔt
Cachenez kaʃ[ə]'ne:, **des -** ...e:[s], **die -** ...e:s
Cachet ka'ʃe:, ka'ʃɛ
Cachetero katʃe'te:ro
Cachí *span.* ka'tʃi
Cachin *fr.* ka'ʃɛ̃
Cachoeira *bras.* ka'ʃu̯ei̯ra
Cachot ka'ʃo:
Cachou ka'ʃu:
Cachucha ka'tʃʊtʃa
Cäcilia tsɛ'tsi:li̯a
Cäcilianismus tsɛtsili̯a'nɪsmʊs
Cäcilie tsɛ'tsi:li̯ə
Caciocavallo katʃoka'valo
Cacique *span.* ka'θike
Cactus *engl.* 'kæktəs
Cacus 'ka:kʊs
Cadalso *span.* ka'ðalso
Cadamosto *it.* kada'mosto
Čadan vgl. Tschadan
Cadbury *engl.* 'kædbərɪ
Caddie 'kɛdi, *engl.* 'kædɪ
Cade *engl.* keɪd
Cademario *it.* kade'ma:ri̯o
Cadempino *it.* kadem'pi:no
Cadenabbia *it.* kade'nabbi̯a
Cadenazzo *it.* kade'nattso
Cadett ka'dɛt
Cadewitz 'ka:dəvɪts
Cadillac *fr.* kadi'jak, *engl.* 'kædɪlæk
Cadinen ka'di:nən
Cadix *fr.* ka'diks
Cádiz *span.* 'kaðiθ
Cadmium 'katmiʊm
Cadogan *engl.* kə'dʌgən
Cadolzburg 'ka:dɔltsbʊrk
Cadore *it.* ka'do:re
Cadorna *it.* ka'dorna
Cadoudal *fr.* kadu'dal
Caduceus ka'du:tseʊs, **...ei** ...ei
Cadwall 'katval, *engl.* 'kædwɔ:l
Cadzand *niederl.* kɑt'sɑnt
Caecilius tsɛ'tsi:li̯ʊs
Caecum 'tsɛ:kʊm, **Caeca** 'tsɛ:ka
Caen *fr.* kã
Caedmon *engl.* 'kædmən
Cael[i]us 'tsɛ:l[i]ʊs
Caerleon *engl.* kɑ:'li:ən
Caernarvon *engl.* kɑ:'nɑ:vən
Caerphilly *engl.* kɑ:'fɪlɪ
Caesar 'tsɛ:zar, *engl.* 'si:zə
Caetani *it.* kae'ta:ni
Caetano *port.* kai̯'tɐnu
[1]**Café** ka'fe:
[2]**Café** (Name) *bras.* ka'fɛ
Cafeteria kafetə'ri:a
Cafeterie kafetə'ri:, **-n** ...i:ən
Cafetier kafe'ti̯e:
Cafetiere kafe'ti̯e:rə, ...ɛ:rə
Caffarelli *it.* kaffa'rɛlli
Caffaro *it.* 'kaffaro
Caffieri *it.* kaf'fi̯ɛ:ri
Cafuso ka'fu:zo
Caggiano *it.* kad'dʒa:no
Cagiallo *it.* ka'dʒallo
Cagli *it.* 'kaʎʎi
Cagliari *it.* 'kaʎʎari
Cagliostro *it.* kaʎ'ʎɔstro
Cagnacci *it.* kaɲ'ɲattʃi
Cagnano *it.* kaɲ'ɲa:no
Cagnes-sur-Mer *fr.* kaɲsyr'mɛ:r
Cagney *engl.* 'kægnɪ
Cagni[s] *it.* 'kaɲɲi[s]
Cagniard *fr.* ka'ɲa:r
Cagnola *it.* kaɲ'ɲɔ:la
Cagnoni *it.* kaɲ'ɲo:ni
Čagoda vgl. Tschagoda
Cagots *fr.* ka'go
Cagveri vgl. Zagweri
Cahors *fr.* ka'ɔ:r
Cahours *fr.* ka'u:r
Caia *port.* 'kajɐ
Caiazzo *it.* ka'i̯attso
Caicedo *span.* kai̯'θeðo
Caignet *span.* kai̯'nɛt
Caillaux *fr.* ka'jo
Caillavet *fr.* kaja'vɛ
Caille *fr.* kɑ:j
Caillebotte *fr.* kaj'bɔt
Caillois *fr.* kaj'wa
Caïn *fr.* ka'ɛ̃
Cain[e] *engl.* keɪn
Cainsdorf 'kai̯nsdɔrf

Ça irạ *fr.* sai'ra
Cairạsco *span.* kai̯'rasko
Caird *engl.* kɛəd
Cairngorm *engl.* 'kɛən'gɔ:m
Cairns *engl.* kɛənz
Cairo (USA) *engl.* 'kɛəroʊ
Caịssa ka'ɪsa
Caisson kɛ'sõ:
Caithness *engl.* 'keɪθnɛs
Cajạl *span.* ka'xal
Cajamạrca *span.* kaxa'marka
Cajạnder *schwed.* ka'jandər
Cajetạn[us] kaje'ta:n[ʊs]
Čajetina *serbokr.* 'tʃajɛtina
Čajkovskij vgl. Tschaikowski
Čạjniče *serbokr.* 'tʃa:jni:tʃɛ
Cạjus 'ka:jʊs, 'ga:jʊs
Cakchiquẹl kaktʃi'kɛl
Cakewalk *engl.* 'keɪkwɔ:k
Čạkovec *serbokr.* 'tʃakɔvɛts
Čakovskij vgl. Tschakowski
Cạla *span.* 'kala
Calabazạr *span.* kalaβa'θar
Calabọzo *span.* kala'βoθo
Calabrẹse *it.* kala'bre:se
Calạbria *it.* ka'la:bri̯a
Calabrịtto *it.* kala'britto
Calafạt *rumän.* kala'fat
Calahọrra *span.* kala'ɔrra
[1]**Calais** (Frankreich) ka'lɛ:, *fr.* ka'lɛ
[2]**Calais** (USA) *engl.* 'kælɪs
Calamạr *span.* kala'mar
Calạme *fr.* ka'lam
Cạlamus 'ka:lamʊs, **...mi** ...mi
Calạnca *it.* ka'laŋka
Cạland 'ka:lant
Calạnda ka'landa
calạndo ka'lando
Calandrẹlli kalan'drɛli
Călărạși *rumän.* kələ'raʃj
Calạs *fr.* ka'lɑ:s
Calasạnz *span.* kala'sanθ
Calasạnza *it.* kala'zantsa
Calascibẹtta *it.* kalaʃʃi'betta
Calatafịmi *it.* kalata'fi:mi
Calatayụd *span.* kalata'juð
Calatrạva kala'tra:va, *span.* kala'traβa
Cạlau 'ka:lau
Calạyos ka'lajɔs
Cạlbe 'kalbə
Cạlbitz 'kalbɪts
Calbụco *span.* kal'βuko
Calcạgno kal'kaɲo
Calcạneus kal'ka:neʊs, **...ei** ...ei
Calcạño *span.* kal'kaɲo
Cạlcar *niederl.* 'kɑlkɑr
Calceolạria kaltseo'la:ri̯a, **...ien** ...i̯ən
Calces vgl. Calx
Calchaquíes *span.* kaltʃa'kies
Cạlchas 'kalças
Calciferọl kaltsife'ro:l
Calcispọngiae kaltsi'spɔŋgi̯ɛ
Cạlculus 'kalkulʊs, **...li** ...li
Calcụtta kal'kʊta, *engl.* kæl'kʌtə
Caldạra *it.* kal'da:ra
Caldạro *it.* kal'da:ro
Cạldas *span., bras.* 'kaldas
Cạldas da Raịnha *port.* 'kaldɐʒ ðɐ rrɐ'iɲɐ
Caldecote *engl.* 'kɔ:ldɪkət
Caldecott *engl.* 'kɔ:ldəkət
Caldẹlas *port.* kal'dɛlɐʃ
Calder *engl.* 'kɔ:ldə
Caldẹra kal'de:ra, *span.* kal'dera
Cạlderón 'kaldərɔn, *span.* kalde'rɔn
Caldiẹro *it.* kal'di̯ɛ:ro
Caldwell *engl.* 'kɔ:ldwəl
Caledọnia kale'do:ni̯a
Calembour kalã'bu:ɐ̯
Calembourdier kalãbʊr'di̯e:
Calembourg kalã'bu:ɐ̯
Cạlenberg 'ka:lənbɛrk
Calẹndae ka'lɛndɛ
Calẹndula ka'lɛndula, **...lae** ...lɛ
Calepịno *it.* kale'pi:no
Calẹra *span.* ka'lera
Calestạno *it.* kales'ta:no
Calẹxico *engl.* kə'lɛksɪkoʊ
Cạlf kalf, *engl.* kɑ:f
Calgary *engl.* 'kælgərɪ
Calgọn kal'go:n
Calhọun *engl.* kæl'hoʊn
Cạli *span.* 'kali
Caliạri *it.* ka'li̯a:ri
Caliban 'ka[:]liban, *engl.* 'kælɪbæn
Calịche ka'li:tʃə
Calicọt kali'ko:
Calicut *engl.* 'kælɪkət
California *engl.* kælɪ'fɔ:nɪə, *span.* kali'fɔrni̯a
Califọrnium kali'fɔrni̯ʊm
Caligula ka'li:gula
Călimănești *rumän.* kəlimə'neʃtj
Calịna ka'li:na
Călinẹscu *rumän.* kəli'nesku
Calit ka'li:t, *auch:* ...lɪt
Calịtri *it.* ka'li:tri
Cälius 'tsɛ:li̯ʊs
Calịxt ka'lɪkst
Calixtịner kalɪks'ti:nɐ
Calịxtus ka'lɪkstʊs
Cạlla 'kala
Calla[g]han *engl.* 'kæləhən
Call and Respọnse *engl.* 'kɔ:l ənd rɪs'pɔns
Callạo *span.* ka'ʎao
Callas *it.* 'kallas, *fr.* ka'lɑ:s
Cạllbach 'kalbax
Callboy 'kɔ:lbɔy, *engl.* 'kɔ:lbɔɪ
Cạlle *fr.* kal
Callẹja *span.* ka'ʎɛxa
Cạlles *span.* 'kaʎes
Callgirl 'kɔ:lgø:ɐ̯l, ...gœrl; *engl.* 'kɔ:lgə:l
Callọsa *span.* ka'ʎosa
Callọt *fr.* ka'lo
Callovien kalo'vi̯ɛ̃:
Cạllus 'kalʊs, **-se** ...ʊsə
calmạto kal'ma:to
Cạlmbach 'kalmbax
Cạlmesweiler 'kalməsvai̯lɐ
Calmẹtte *fr.* kal'mɛt
Cạlne *engl.* kɑ:n
Cạlo 'ka:lo
Calomạrde *span.* kalo'marðe
Calọnder ka'lɔndɐ
Calọnne *fr.* ka'lɔn
Cạlor 'ka:lɔr
Cạlov 'ka:lɔf
Calọvius ka'lo:vi̯ʊs
Cạlpe *span.* 'kalpe
Calprenède *fr.* kalprə'nɛd
Calpụrnia kal'pʊrni̯a
Calpụrnius kal'pʊrni̯ʊs
Cạls *niederl.* kɑls
Caltabellọtta *it.* kaltabel'lɔtta
Caltagirọne *it.* kaltadʒi'ro:ne
Caltanissẹtta *it.* kaltanis'setta
Cạltex 'kaltɛks
Caltrạno *it.* kal'tra:no
Călugărẹni *rumän.* kəlugə'renj
Calumet 'ka:lumɛt, *auch:* kalu'mɛt, *fr.* kaly'mɛ, *engl.* 'kæljumɛt
Calụso *it.* ka'lu:zo
Cạlutron 'ka:lutro:n
Cạlva 'kalva
Calvadọs *fr.* kalva'do:s
Cạlvaert *niederl.* 'kɑlva:rt
Calvạria kal'va:ri̯a, **...ien** ...i̯ən
Calvé *fr.* kal've
Cạlven 'kalvn̩
Cạlvi *it.* 'kalvi
Calvịn kal'vi:n, *fr.* kal'vɛ̃
calvịnisch kal'vi:nɪʃ
Calvịsius kal'vi:zi̯ʊs
Calvịties kal'vi:tsi̯ɛs
Cạlvo *span.* 'kalβo
Calvörde kal'fø:ɐ̯də
Cạlw kalf, **-er** 'kalvɐ
Cạlx kalks, **Cạlces** 'kaltse:s
Calyces vgl. Calyx
calycịnisch kaly'tsi:nɪʃ
Calypso ka'lɪpso
Calyptra ka'lʏptra
Cạlyx 'ka:lʏks, **Cạlyces** ...lytse:s
Calzabịgi *it.* kaltsa'bi:dʒi
Cam *engl.* kæm
Camạcho *span.* ka'matʃo
Camagüẹy *span.* kama'ɣu̯ei̯
Camaieu kama'jø:
Camaiọre *it.* kama'jo:re
Camạldoli *it.* ka'maldoli
Camargo *fr.* kamar'go, *span.* ka'marɣo
Camạrgue *fr.* ka'marg
Camarịna *it.* kama'ri:na
Camạro ka'ma:ro
Camarón *span.* kama'rɔn
Cạmba *span.* 'kamba
Cambacérès *fr.* kãbase'rɛs
Camber 'kɛmbɐ, *engl.* 'kæmbə
Cạmberg 'kambɛrk
Camberley *engl.* 'kæmbəlɪ

Cambẹrt *fr.* kã'bɛ:r

Camberwell *engl.* 'kæmbəwəl

Cambia̱so *it.* kam'bi̯a:zo

Cambia̱ta kam'bi̯a:ta

¹**Cạmbio** (Wechsel) 'kambi̯o, **Cạmbi** 'kambi

²**Cạmbio** (Name) *it.* 'kambi̯o

Cạmbium 'kambi̯ʊm

Camblak vgl. Zamblak

Cambó *kat.* kəm'bo

Cambon *fr.* kã'bõ

Camborne *engl.* 'kæmbɔ:n

Cambrai *fr.* kã'brɛ

Cambrésịs *fr.* kãbre'zi

Cạmbria 'kambria

Cambrian *engl.* 'kæmbrɪən

Cạmbric 'kambrɪk, *engl.* 'keɪmbrɪk

Cambridge *engl.* 'keɪmbrɪdʒ

Cạmbrium 'kambriʊm

Cambrọnne *fr.* kã'brɔn

Cạmburg 'kambʊrk, **-er** ...rɡɐ

Camden *engl.* 'kæmdən

Ca̱medo *it.* 'ka:medo

Camelọt kamə'lɔt, *fr.* kam'lo

Camembert 'kaməmbe:ɐ̯, ...bɛ:ɐ̯; *auch:* kamã'bɛ:ɐ̯

Came̱na ka'me:na

Ca̱menzind 'ka:məntsɪnt

Cạmera obscu̱ra 'kamera ɔps'ku:ra, **...rae ...rae** ...rɛ ...rɛ

Camera̱rius kame'ra:ri̯ʊs

Camera̱ta kame'ra:ta

Ca̱meri *it.* 'ka:meri

Cameri̱ni *it.* kame'ri:ni

Cameri̱no *it.* kame'ri:no

Camerlẹngo kamɛr'lɛŋgo

Cameron *engl.* 'kæmərən

Cameronia̱ner kamero'ni̯a:nɐ

Cameroons *engl.* 'kæməru:nz

Cameroun *fr.* kam'run

Cametá *bras.* kame'ta

Camila̱r *rumän.* kami'lar

Camịlla ka'mɪla, *it.* ka'milla

Camịlle *fr.* ka'mij

Camịllo ka'mɪlo, *it.* ka'millo

Camịllus ka'mɪlʊs

Cami̱lo *span.* ka'milo, *port.* kɐ'milu

Cami̱nha *port.* kɐ'miɲɐ

Cami̱no *it.* ka'mi:no, *span.* ka'mino

Camion ka'mi̯õ:

Camionna̱ge kami̯ɔ'na:ʒə

Camionneur kami̯ɔ'nø:ɐ̯

Cammara̱no *it.* kamma'ra:no

Cammara̱ta *it.* kamma'ra:ta

Cammẹlli *it.* kam'mɛlli

Cammi̱n ka'mi:n

Camocim *bras.* kɐmo'sĩ

Camões *port.* ka'mõi̯ʃ

Camón *span.* ka'mɔn

Camo̱nica *it.* ka'mɔ:nika

Camọrra ka'mɔra

Camoufla̱ge kamu'fla:ʒə

camoufli̱eren kamu'fli:rən

Camp kɛmp, *engl.* kæmp

Campa̱gna kam'panja, *it.* kam'paɲɲa

Campagno̱la *it.* kampaɲ'ɲɔ:la

Campaldi̱no *it.* kampal'di:no

Campan *fr.* kã'pã

Campa̱na *it.* kam'pa:na, *span.* kam'pana

Campaña *span.* kam'paɲa

Campanẹlla *it.* kampa'nɛlla

Campani̱le kampa'ni:lə

Campani̱ni *it.* kampa'ni:ni

Campa̱nula kam'pa:nula, **...lae** ...lɛ

Campa̱ri Ⓦ kam'pa:ri

Campbell *engl.* kæmbl

Campbelli̱t kambɛ'li:t

Campbellton *engl.* 'kæmbltən

Campbeltown *engl.* 'kæmbltaʊn

Cạmpe 'kampə

Campeado̱r *span.* kampea'ðɔr

Campẹche *span.* kam'petʃe

Campẹggi *it.* kam'peddʒi

Campe̱ius kam'pe:jʊs

campen 'kɛmpn̩

Cạmpendonk 'kampn̩dɔŋk

Cạmpenhausen 'kampn̩hau̯zn̩

Camper 'kɛmpɐ, *niederl.* 'kɑmpər

Campe̱ro *span.* kam'pero

Cạmpert *niederl.* 'kɑmpərt

Cạmphausen 'kamphau̯zn̩

Cạmpher 'kamfɐ

Cạmphuysen *niederl.* 'kɑmphœi̯zə

Cạmpi *it.* 'kampi

Campida̱no *it.* kampi'da:no

Campido̱glio *it.* kampi'dɔʎʎo

Campiẹllo *it.* kam'pi̯ɛllo

Campịgli *it.* kam'piʎʎi

Campịglia Marịttima *it.* kam'piʎʎa ma'rittima

Campignien kãpɪn'jɛ̃:

Campi̱n *niederl.* kɑm'pi:n

Campiña *span.* kam'piɲa

Campi̱nas *bras.* kɐm'pinas

Campi̱ne *fr.* kã'pin

Camping 'kɛmpɪŋ, *auch:* 'kampɪŋ

Campion *engl.* 'kæmpɪən

Campio̱ne *it.* kam'pi̯o:ne

Campistron *fr.* kãpis'trõ

Cạmpli *it.* 'kampli

Cạmpo *it., span.* 'kampo, *port., bras.* 'kɐmpu

Campoamo̱r *span.* kampoa'mɔr

Campoba̱sso *it.* kampo'basso

Campobẹllo *it.* kampo'bɛllo

Campocolo̱gno *it.* kampoko'loɲɲo

Campoda̱rsego *it.* kampo'darsego

Campofo̱rmio *it.* kampo'fɔrmi̯o

Cạmpoli *it.* 'kampoli

Campoma̱nes *span.* kampo'manes

Cámpora *span.* 'kampora

Cạmpos *span.* 'kampɔs, *bras.* 'kɐmpus, *port.* 'kɐmpuʃ

Camposa̱nto *it.* kampo'santo

Cạmpos Sạlles *bras.* 'kɐmpus 'salis

Campra̱ *fr.* kã'pra

Camprodón *span.* kampro'ðɔn

Cạmps kamps

Campsu̱t *rät.* kam'psut

Cạmpus 'kampʊs, *engl.* 'kæmpəs

Camus *fr.* ka'my

Cạnada 'kanada, *engl.* 'kænədə, *fr.* kana'da

Canadian *engl.* kə'neɪdɪən

Canadiẹnne kana'di̯ɛn[ə], **-n** ...nən

Canaille ka'naljə

Çanạkkale *türk.* tʃɑ'nɑkkɑ,lɛ

Cana̱l *it., span.* ka'nal

Canal du Centre *fr.* kanaldy'sã:tr

Canal du Midi *fr.* kanaldymi'di

Cana̱le ka'na:lə, **...li** ...li

Canalẹjas *span.* kana'lɛxas

Canalẹtto *it.* kana'letto

Cana̱li *it.* ka'na:li

Cana̱lis ka'na:lɪs, **...les** ...le:s

Canandaigua *engl.* kænən'deɪgwə

Canane̱a *span.* kana'nea

Caña̱r *span.* ka'ɲar

Cana̱rias *span.* ka'nari̯as

Canari̱e kana'ri:

Cana̱ris ka'na:rɪs

Canary kə'nɛ:ri, *engl.* kə'nɛərɪ

Cañas *span.* 'kaɲas

Canạsta ka'nasta

Canaveral *engl.* kə'nævərəl

Canave̱se *it.* kana've:se

Canaze̱i *it.* kanat'tsɛ:i

Canberra *engl.* 'kænbərə

Cancạle *fr.* kã'kal

Cancan kã'kã:

Cancelli̱eri *it.* kantʃel'li̯ɛ:ri

Cạncer 'kantsɐ

Cáncer *span.* 'kanθɛr

Canción *span.* kan'θi̯ɔn

Cancioneiro *port.* kɐ̃si̯u'nɐi̯ru

Cancione̱ro kansi̯o'ne:ro, *span.* kanθi̯o'nero

Cande̱la *dt., it.* kan'de:la

Candela̱ria *span.* kande'lari̯a

Cande̱lo *it.* kan'de:lo

Cạndia *it.* 'kandi̯a

Candia̱no *it.* kan'di̯a:no

Cạndida 'kandida

candida̱tus [reverẹndi] ministe̱rii kandi'da:tʊs [reve'rɛndi] minɪs'te:rii

Candi̱de *fr.* kã'did

Cạndido *it.* 'kandido

cand. med. 'kant 'me:t, - 'mɛt

Candọlle *fr.* kã'dɔl

cand. phil. 'kant 'fi:l, - 'fɪl

Cané *span.* ka'ne

Canebière *fr.* kan'bjɛ:r
Canelas *port.* kɐ'nɛlɐʃ
Canelli *it.* ka'nɛlli
Canelones *span.* kane'lones
Canestrini *it.* kanes'tri:ni
Canes Venatici 'ka:ne:s ve'na:titsi
Canetti ka'nɛti
Caneva *it.* 'ka:neva
Canevari *it.* kane'va:ri
Canfield *engl.* 'kænfi:ld
Canicattì *it.* kanikat'ti
Canicula ka'ni:kula
Canidius ka'ni:di̯ʊs
Caniglia *it.* ka'niʎʎa
Canigó *span.* kani'ɣo
Canik *türk.* 'dʒanik
Canigou *fr.* kani'gu
Canin *it.* ka'nin
Canina *it.* ka'ni:na
Canini *it.* ka'ni:ni
Canino *it.* ka'ni:no
Caninus ka'ni:nʊs, **Canini** ka'ni:ni
Canisius ka'ni:zi̯ʊs
Canis Major 'ka:nɪs 'ma:jɔr
Canis Minor 'ka:nɪs 'mi:nɔr
Canities ka'ni:tsi̯ɛs
Canitz 'ka:nɪts
Cañizares *span.* kaɲi'θares
Cankar *slowen.* 'tsa:ŋkar
Çankırı *türk.* 'tʃankɨrɨ
Canlassi *it.* kan'lassi
Canley *engl.* 'kænlɪ
Canna[bich] 'kana[bɪç]
Cannabis 'kanabɪs
Cannae 'kanɛ
Cannan *engl.* 'kænən
Cannelé kanə'le:
Cannelkohle 'kɛnl̩ko:lə
Cannero *it.* 'kannero
Cannes *fr.* kan
Canneto *it.* kan'ne:to
Cannewitz 'kanəvɪts
Canning 'kɛnɪŋ, *engl.* 'kænɪŋ
Cannizzaro *it.* kanit'tsa:ro
Cannock *engl.* 'kænək
Cannole *it.* 'kannole
Cannon *engl.* 'kænən
Cannstadt 'kanʃtat
Cano 'ka:no, *span.* 'kano
Canoe 'ka:nu, ka'nu:
Canon 'ka:nɔn
Cañon 'kanjɔn, kan'jo:n
Canon City *engl.* 'kænjən 'sɪtɪ
Canonica *it.* ka'nɔ:nika
Canonicus ka'no:nikʊs
Canonsburg *engl.* 'kænənzbə:g
Canopus ka'no:pʊs
Canosa *it.* ka'no:sa
Canossa *it.* ka'nɔssa
Canotier kano'ti̯e:
Canova *it.* ka'nɔ:va
Cánovas *span.* 'kanoβas
Canrobert *fr.* kãrɔ'bɛ:r
Canstein 'kanʃtain
Cant kɛnt, *engl.* kænt
cantabile kan'ta:bilə, ...le
Cantabria *span.* kan'taβri̯a
Cantábrico *span.* kan'taβriko
Cantacuzino *rumän.* kantakuzi'no
Cantal *fr.* kã'tal
Cantalupo *it.* kanta'lu:po
cantando kan'tando
Cantani *it.* kan'ta:ni
Cantaro (Maß) kan'ta:ro, **...ri** ...ri
Cantate kan'ta:tə
Cantelli *it.* kan'tɛlli
Cantemir *rumän.* kante'mir
Canter 'kantɐ, *engl.* 'kæntə
Canterbury *engl.* 'kæntəbərɪ
Canth *schwed.* kant
Cantharidin kantari'di:n
Cantica 'kantika
Cantillon *fr.* kãti'jõ
Cantire *engl.* kæn'taɪə
Cantium 'kantsi̯ʊm
Canto 'kanto
Canton 'kantɔn, *engl.* 'kæntən
Cantoni *it.* kan'to:ni
Cantor 'kantɔr
Cantù *it.* kan'tu
Cantus 'kantʊs
Cantus choralis, – figuralis, – firmus, – mensurabilis, – mensuratus, – planus 'kantʊs ko'ra:lɪs, – figu'ra:lɪs, – 'fɪrmʊs, – mɛnzu'ra:bilɪs, – mɛnzu'ra:tʊs, – 'pla:nʊs
Canvey *engl.* 'kænvɪ 'aɪlənd
Canyon *engl.* 'kænjən
Canzone kan'tso:nə
Canzow 'kantso
Cao-Dai 'ka:o'dai̯
Caodaismus kaoda'ɪsmʊs
Caorle *it.* 'ka:orle
Capablanca *span.* kapa'βlaŋka
Cápac *span.* 'kapak
Capaccio *it.* ka'pattʃo
Čapaevsk vgl. Tschapajewsk
Capanna *it.* ka'panna
Capannori *it.* ka'pannori
Capasso *it.* ka'passo
Cap-Breton *fr.* kapbrə'tõ
Capdevila *span.* kapðe'βila
Cape ke:p, *engl.* keɪp
Capeador kapea'do:ɐ̯, **-es** ...o:rɛs
Cape Breton *engl.* 'keɪp 'brɛtən
Capecchi *it.* ka'pekki
Cape Cod *engl.* 'keɪp 'kɔd
Cape Girardeau *engl.* 'keɪp ʒɪ'rɑ:doʊ
Čapek *tschech.* 'tʃapɛk
Capella ka'pɛla
Capellanus kapɛ'la:nʊs
Capelle *niederl.* kɑ'pɛlə
Capellen ka'pɛlən
Capellio *it.* ka'pɛlli̯o
Capello ka'pɛlo, *it.* ka'pɛllo
Capensis ka'pɛnzɪs
Caper 'ka:pɐ
Capestang *fr.* kapɛs'tã
Capestrano *it.* kapes'tra:no
Capet *fr.* ka'pɛ
Capétiens *fr.* kape'sjɛ̃
Cape Town *engl.* 'keɪptaʊn
Cap Haïtien *fr.* kapai'sjɛ̃
Caphis 'ka:fɪs
Capistranus kapɪs'tra:nʊs
Capistrum ka'pɪstrʊm, **...ra** ...ra
Capita vgl. Caput
Capitan[t] *fr.* kapi'tã
Capitium ka'pi:tsi̯ʊm, **...ia** ...i̯a
Capito 'ka:pito
Capitolinus mons kapito'li:nʊs 'mɔns
Capitulum ka'pi:tulʊm, **...la** ...la
Capizzi *it.* ka'pittsi
Čaplygin vgl. Tschaplygin
Capmany *span.* kap'mani, *kat.* kəp'maɲ
Capnio 'kapnio
Capnion 'kapniɔn
Capodichino *it.* kapodi'ki:no
Capodimonte *it.* kapodi'monte
Capodistria *it.* kapo'distri̯a
Capolago *it.* kapo'la:go
Capone *engl.* kə'poʊn
Caporetto *it.* kapo'retto
Capotasto kapo'tasto, **...sti** ...sti
Capote *engl.* kə'poʊtɪ
Cappel 'kapl̩
Cappel[l]er 'kapəlɐ
Cappelletti *it.* kappel'letti
Cappello *it.* kap'pɛllo
Capponi *it.* kap'po:ni
Cappuccilli *it.* kapput'tʃilli
Capra *engl.* 'kæprə
Capraia *it.* ka'pra:i̯a
Capranica *it.* ka'pra:nika
Caprarola *it.* kapra'rɔ:la
Capreolus ka'pre:olʊs
Caprera *it.* ka'prɛ:ra
Capri *it.* 'ka:pri
Capriccio ka'prɪtʃo
capriccioso kaprɪ'tʃo:zo
Caprice ka'pri:sə, *fr.* ka'pris
Capricorn Channel *engl.* 'kæprɪkɔ:n 'tʃænl
Capricornus kapri'kɔrnʊs
Caprino *it.* ka'pri:no
Caprivi ka'pri:vi
Caproni *it.* ka'pro:ni
Capsicum 'kapsikʊm
Capsien ka'psjɛ̃:
Captain *engl.* 'kæptɪn
Captatio benevolentiae kap'ta:tsi̯o benevo'lɛntsi̯ɛ
Capua *it.* 'ka:pua
Capuana *it.* kapu'a:na
Capuchon kapy'ʃõ:
Capucines *fr.* kapy'sin
Capucius ka'pu:tsi̯ʊs
Capulet 'ka:pulɛt
Capuleti *it.* kapu'le:ti
Capuletti kapu'lɛti, *it.* kapu'letti

Capus *fr.* ka'py
Caput 'ka:pʊt, 'kapʊt; **Capita** 'ka:pita, 'kap...
Caput mortuum 'ka:pʊt 'mɔrtuʊm, 'kap...
Čapygin vgl. Tschapygin
Caquerelle *fr.* ka'krɛl
Caquetá *span.* kake'ta
Car ka:ɐ̯, *serbokr.* tsar
Carabiniere karabi'ni̯e:rə, **...ri** ...ri
Carabobo *span.* kara'βoβo
Caracal *rumän.* ka'rakal
Caracalla kara'kala
Caracas *span.* ka'rakas
Caracciola kara'tʃo:la
Caraccioli *it.* ka'rattʃoli
Caracho ka'raxo
Caradosso *it.* kara'dɔsso
Carafa *it.* ka'ra:fa
Caraffa *it.* ka'raffa
Caragea *rumän.* kara'dʒe̯a
Caragiale *rumän.* kara'dʒale
Caraglio *it.* ka'raʎʎo
Caramanico *it.* kara'ma:niko
caramba! ka'ramba
Caramuel *span.* kara'mu̯ɛl
Caran d'Ache *fr.* karã'daʃ
Caransebeş *rumän.* karan'sebeʃ
Carapkin vgl. Zarapkin
Caraşul *rumän.* 'karaʃul
Carate *it.* ka'ra:te
Carathéodory karateo'do:ri
Caratinga *bras.* kara'tiŋga
Caratsch *rät.* ka'ratʃ
Caravaca *span.* kara'βaka
Caravaggio *it.* kara'vaddʒo
Caravan 'ka[:]ravan, kara'va:n; *seltener:* 'kɛrəvɛn, --'-
Caravaner 'ka[:]ravа:nɐ, kara'va:nɐ
Caravaning 'ka[:]rava:nɪŋ, kara'va:nɪŋ; *seltener:* 'kɛrəvɛnɪŋ
Caravelle *fr.* kara'vɛl
Carazo *span.* ka'raθo
Carbo 'karbo
Carbó *span.* kar'βo, *kat.* kər'βo
Carbon *fr.* kar'bõ
Carbonado karbo'na:do
Carbonari *it.* karbo'na:ri
Carbondale *engl.* 'kɑ:bəndeɪl
Carboneum karbo'ne:ʊm
Carborundum karbo'rʊndʊm
Carbonia *it.* kar'bɔ:ni̯a
Carcamo kar'ka:mo
Carcano *it.* 'karkano
Carcassonne *fr.* karka'sɔn
Carchi *span.* 'kartʃi
Carcinoma kartsi'no:ma
Carco *fr.* kar'ko
Carcoforo *it.* kar'kɔ:foro
Carcopino *fr.* karkɔpi'no
Cardano *it.* kar'da:no
Cardanus kar'da:nʊs
Cárdenas *span.* 'karðenas
Cardew *engl.* 'kɑ:dju:
Cardiff *engl.* 'kɑ:dɪf
Cardigan 'kardigan, *engl.* 'kɑ:dɪgən; **-shire** *engl.* 'kɑ:dɪgənʃɪə
Cardillac *fr.* kardi'jak
Cardin *fr.* kar'dɛ̃
Cardinale *it.* kardi'na:le
Cardona *span.* kar'ðona
Carducci *it.* kar'duttʃi
Carducho *span.* kar'ðutʃo
Čardžou vgl. Tschardschou
CARE *engl.* kɛə
Carei *rumän.* ka'rei̯
Carelli *it.* ka'rɛlli
Carême *fr.* ka'rɛm
Carena *it.* ka'rɛ:na
Carenage *engl.* kə'ri:nɪdʒ
Carentan *fr.* karã'tã
care of *engl.* 'kɛər əv
Careil *fr.* ka'rɛj
Carew *engl.* kə'ru:
Carey *engl.* 'kɛərɪ
carezzando karɛ'tsando
carezzevole karɛ'tse:volə, ...le
Cargilit kargi'li:t
Cariani *it.* ka'ri̯a:ni
Cariati *it.* ka'ri̯a:ti
Caribana *span.* kari'βana
Caricyn vgl. Zarizyn
Caries 'ka:ri̯ɛs
Carignan *fr.* kari'ɲã
Carignano *it.* kariɲ'ɲa:no
Carillon kari'jõ:
Carina ka'ri:na, **...nae** ...nɛ
Carinhanha *bras.* kari'ɲɐɲa
Carini *it.* ka'ri:ni
Carinola *it.* ka'ri:nola
Carinzia *it.* ka'rintsi̯a
Carioca *bras.* ka'ri̯ɔka
Carion 'ka:ri̯ɔn
Carisbrooke *engl.* 'kærɪsbrʊk
Carissimi *it.* ka'rissimi
Carit *dän.* 'karid
Caritas 'ka:ritas
Carl *schwed.* kɑ:rl
Carla 'karla
Carlén *schwed.* kar'le:n
Carlentini *it.* karlen'ti:ni
Carleton *engl.* 'kɑ:ltən
Carletti *it.* kar'letti
Carlevaris *it.* karle'va:ris
Carli *it.* 'karli
Carlinville *engl.* 'kɑ:lɪnvɪl
Carli[s]le *engl.* kɑ:'laɪl
Carlitte *fr.* kar'lit
Carlo *dt., it.* 'karlo
Carloforte *it.* karlo'fɔrte
Carlone *it.* kar'lo:ne
Carlos *dt., span.* 'karlɔs, *port.* 'karluʃ, *bras.* 'karlus
Carlota *span.* kar'lota
Carlotta kar'lɔta
Carlow *engl.* 'kɑ:loʊ
Carlsbad *engl.* 'kɑ:lzbæd
Carlsfeld 'karlsfɛlt
Carlsruhe 'karlsru:ə
Carl[s]son *schwed.* 'kɑ:rlsɔn
Carlstadt *engl.* 'kɑ:lstæt
Carlton *engl.* 'kɑ:ltən
Carlyle *engl.* kɑ:'laɪl
Carmagnola *it.* karmaɲ'ɲɔ:la
Carmagnole karman'jo:lə, *fr.* karma'ɲɔl
Carman 'karman, *engl.* 'kɑ:mən
Carmarthen *engl.* kə'mɑ:ðən; **-shire** -ʃɪə
Carmaux *fr.* kar'mo
Carmel 'karml̩, *engl.* 'kɑ:məl
Carmela kar'me:la, *span.* kar'mela
Carmen 'karmən, *span.*, *rumän.* 'karmen, *fr.* kar'mɛn, *bras.* 'karmẽi̯
Carmencita *span.* karmen'θita
Carmenta kar'mɛnta
Carmer 'karmɐ
Carmi *engl.* 'kɑ:maɪ
Carmichael *engl.* kɑ:'maɪkəl
Carmina burana 'karmina bu'ra:na
Carmine *it.* 'karmine
Carmona *span.* kar'mona, *port:* kɐr'monɐ
Carmontelle *fr.* karmõ'tɛl
Carnac *fr.* kar'nak
Carnallit karna'li:t, *auch:* ...lɪt
Carnap 'karnap
Carnarvon *engl.* kə'nɑ:vən; **-shire** -ʃɪə
Carnavalet *fr.* karnava'lɛ
Carné *fr.* kar'ne
Carnegie *engl.* kɑ:'nɛgɪ, 'kɑ:nɪgɪ
Carner *kat.* kər'ne
Carnera *it.* kar'nɛ:ra
Carnero kar'ne:ro, *span.* kar'nero
Carnet [de passages], -s [- -] kar'nɛ [də pa'sa:ʒə]
Carnevali *it.* karne'va:li
Carney *engl.* 'kɑ:nɪ
Carnia *it.* 'karni̯a
carnivor karni'vo:ɐ̯
Carnot *fr.* kar'no
Carnuntum kar'nʊntʊm
Caro *dt., it.* 'ka:ro, *span.* 'karo
Carol 'ka:rol, *engl.* 'kærəl, *fr.* ka'rɔl, *rumän.* 'karol
Carola ka'ro:la, *auch:* 'ka:rola
Carolath 'ka:rolat
Carolina karo'li:na, *engl.* kærə'laɪnə, *span.* karo'lina, *bras.* karu'lina
Caroline karo'li:nə, *engl.* 'kærəlaɪn
Carolines *engl.* 'kærəlaɪnz
Carolles *fr.* ka'rɔl
Carolsfeld 'ka:rɔlsfɛlt
Carolus 'ka:rolʊs, *auch:* ka'ro:lʊs
Caron *fr.* ka'rõ
Carona *it.* ka'ro:na
Caroní *it.* karo'ni
Carosio *it.* ka'rɔ:zi̯o

Carọssa ka'rɔsa
Carotịn karo'ti:n
Carotinoịde karotino'i:də
Carọtis ka'ro:tɪs
Carouge *fr.* ka'ru:ʒ
Carovịgno *it.* karo'viɲɲo
Cạrp *rumän.* karp
Carpạccio *it.* kar'pattʃo
Carpạlia kar'pa:li̯a
Carpanẹto *it.* karpa'ne:to
Carpạți *rumän.* kar'patsj
Carpeaux *fr.* kar'po
cạrpe dịem 'karpə 'di:ɛm
Carpentaria *engl.* kɑ:pən'tɛərɪə
Cạrpenter *engl.* 'kɑ:pɪntə
Carpentiẹr *fr.* karpɑ̃'tje
Carpentrạs *fr.* karpɑ̃'trɑ
Cạrpi *it.* 'karpi
Carpignạno *it.* karpiɲ'ɲa:no
Carpịn kar'pi:n
Cạrpine *it.* 'karpine
Carpinẹti *it.* karpi'ne:ti
Cạrpio *span.* 'karpi̯o
Cạrpus 'karpʊs, **...pi** ...pi
Cạrpzow 'karpt͡so
Cạrr *engl.* kɑ:
Carrà *it.* kar'ra
Carrạcci *it.* kar'rattʃi
Carrạnza *span.* ka'rranθa
Carrạra ka'ra:ra, *it.* kar'ra:ra
carrạrisch ka'ra:rɪʃ
Carrạsco *span.* ka'rrasko, *bras.* ...ku
Carrasquịlla *span.* karras'kiʎa
Carré *fr.* kɑ're
Carrẹl *fr.* ka'rɛl
Carrẹño *span.* ka'rrɛɲo
Carrẹr *it.* kar'rɛr
Carrẹra *span.* ka'rrɛra
Carrẹro *span.* ka'rrɛro
Carrickfergus *engl.* kærɪk'fə:gəs
Carrie *engl.* 'kærɪ
Carriẹra *it.* kar'ri̯ɛ:ra
Carrière *fr.* ka'rjɛ:r
Carrión *span.* ka'rri̯ɔn
Carrizạl *span.* karri'θal
Carroll *engl.* 'kærəl
Carrollton *engl.* 'kærəltən
Carrousẹl *fr.* karu'zɛl
Carry *engl.* 'kærɪ
Carshalton *engl.* kə'ʃɔ:ltən
Carskoe Selo vgl. Zarskoje Selo
Cạrso *it.* 'karso
Carsọli *it.* kar'sɔ:li
Cạrson Cịty *engl.* 'kɑ:sn 'sɪtɪ
Cạrsta 'karsta
Cạrsten 'karstn̩, *dän.* 'karsdən
Cạrstens 'karstn̩s
Cạrstensz *niederl.* 'kɑrstəns
Cartagẹna *span.* karta'xena
Cartạgo *span.* kar'taɣo
Cartailhạc *fr.* karta'jak
Cartan *fr.* kar'tɑ̃
Cartạxo *port.* kɐr'taʃu
Carte blanche, -s -s *fr.* kartə'blɑ̃:ʃ
Cartelliẹri kartɛ'li̯ɛ:ri
Cạrter *engl.* 'kɑ:tə
Carteret *fr.* kartə'rɛ, *engl.* 'kɑ:tərɛt
Carterọmaco *it.* karte'rɔ:mako
Cạrtersville *engl.* 'kɑ:təzvɪl
cartesiạnisch karte'zi̯a:nɪʃ
cartẹsisch kar'te:zɪʃ
Cartẹsius kar'te:zi̯ʊs
Cạrthage *engl.* 'kɑ:θɪdʒ
Carthamịn karta'mi:n
Cartiẹr *fr.* kar'tje
Cartilạgo karti'la:go
Carton de Wiạrt *fr.* kartõdə'vja:r
Cartoon kar'tu:n, *engl.* kɑ:'tu:n
Cạrtwright *engl.* 'kɑ:traɪt
Carúpano *span.* ka'rupano
Cạrus 'ka:rʊs
Carụso *it.* ka'ru:zo
Caruthersville *engl.* kə'rʌðəzvɪl
Carvajạl *span.* karβa'xal
Carvạlho *port.* kɐr'vaʎu
Cạrver *engl.* 'kɑ:və
Carvin *fr.* kar'vɛ̃
Cary *engl.* 'kɛərɪ
Cạrzig 'kart͡sɪç
Cạsa *it.* 'ka:sa
Casablạnca kaza'blaŋka, *fr.* kazablɑ̃'ka
Casacalẹnda *it.* kasaka'lɛnda
Casadesus *fr.* kazad'sy
Casạdo *span.* ka'saðo
Casạl *span.* ka'sal, *port.* kɐ'zal
Casalbordịno *it.* kasalbor'di:no
Casalbuttạno *it.* kasalbut'ta:no
Casạl di Prịncipe *it.* ka'sal di 'printʃipe
Casalẹcchio *it.* kasa'lekki̯o
Casạle Monferrạto *it.* ka'sa:le monfer'ra:to
Casalnuọvo *it.* kasal'nu̯ɔ:vo
Casalpusterlẹngo *it.* kasalpuster'leŋgo
Casạls *kat.* kə'zals, *span.* ka'sals
Casamạssima *it.* kasa'massima
Casanọva kaza'no:va, *it.* kasa'nɔ:va
Cạ̈sar 'tsɛ:zar, **-en** t͡sɛ'za:rən
Casarạno *it.* kasa'ra:no
Cäsarẹa t͡sɛza're:a
Casạres *span.* ka'sares
cäsạrisch t͡sɛ'za:rɪʃ
Cäsarịsmus t͡sɛza'rɪsmʊs
Cäsạrius t͡sɛ'za:ri̯ʊs
Cäsaropapịsmus t͡sɛzaropa'pɪsmʊs
Cạsa Rosạda *span.* 'kasa rrɔ'saða
Cạsas *span.* 'kasas
Casạti *it.* ka'sa:ti
Casaubon *fr.* kazo'bõ
Cạsca 'kaska
Cascạda kas'ka:da
Cascade *engl.* kæs'keɪd
Cascạis *port.* kɐʃ'kai̯ʃ
Cạscara sagrạda 'kaskara za'gra:da
Casciạno *it.* kaʃ'ʃa:no
Cạscina (Toskana) *it.* 'kaʃʃina
Cạsco 'kasko
Case *engl.* keɪs
Casein kaze'i:n
Cạsel 'ka:zl̩
Casẹlla *it.* ka'sɛlla
Casement *engl.* 'keɪsmənt
Casentịno *it.* kazen'ti:no
Casẹrta *it.* ka'sɛrta, ka'z...
Casey *engl.* 'keɪsɪ
Cash *engl.* kæʃ
cash and carry *engl.* 'kæʃ ənd 'kærɪ
Cash befọre delịvery *engl.* 'kæʃ bɪ'fɔ: dɪ'lɪvərɪ
Cashel *engl.* kæʃl
Cashew 'kɛʃu, *engl.* kə'ʃu:
Cash on delịvery 'kæʃ ɔn dɪ'lɪvərɪ
Cạsimir 'ka:zimi:ɐ̯, *fr.* kazi'mi:r
Casiquiạre *span.* kasi'ki̯are
Cạ̈sium 'tsɛ:zi̯ʊm
Čáslav *tschech.* 'tʃa:slaf
Caslon *engl.* 'kæzlən
Cạsoli *it.* 'ka:soli
Casorạti *it.* kazo'ra:ti
Casọria *it.* ka'sɔ:ri̯a
Časov Jar vgl. Tschassow Jar
Cạspar 'kaspar
Cạspe *span.* 'kaspe
Casper *engl.* 'kæspə
Cạssa 'kasa
Cassadó *kat.* kəsə'ðo, *span.* kasa'ðo
Cassagnạc *fr.* kasa'ɲak
Cassạnder ka'sandɐ
Cassạno *it.* kas'sa:no
Cassapạnca kasa'paŋka
Cassarạte *it.* kassa'ra:te
Cassạta ka'sa:ta
Cassatt *engl.* kə'sæt
Cassel *fr.* ka'sɛl, *engl.* kæsl, *schwed.* 'kasəl
Cassell *engl.* kæsl
Cassẹlla ka'sɛla
Cassianẹum kasi̯a'ne:ʊm
Cassiạno *it.* kas'si̯a:no
Cassiạnus ka'si̯a:nʊs
Cassibelạn kasibe'la:n, *engl.* kæ'sɪbələn
Cassịne *it.* kas'si:ne
Cassinẹt kasi'nɛ
Cassini *it.* kas'si:ni, *fr.* kasi'ni
Cassịno *it.* kas'si:no
Cạssio 'kasi̯o
Cassiodọrus kasi̯o'do:rʊs
Cassiopẹia kasi̯o'pai̯a
Cassiopẹium kasi̯o'pai̯ʊm
Cassịrer ka'si:rɐ
Cassịs *fr.* kɑ'sis
Cạssius 'kasi̯ʊs; *engl.* 'kæsɪəs, *USA* 'kæʃ[ɪ]əs
Cassọne ka'so:nə, **...ni** ...ni
Cassou *fr.* ka'su

Cast ka:st
Castagno *it.* kas'taɲɲo
Castagnola *it.* kastaɲ'ɲɔ:la
Castaldi *it.* kas'taldi
Castanheda *port.* kɐʃtɐ'ɲeðɐ
Castaños *span.* kas'taɲɔs
Castasegna *it.* kasta'seɲɲa
Casteau *fr.* kas'to
Casteggio *it.* kas'teddʒo
Castelar *span.* kaste'lar
Castelbuono *it.* kastel'bu̯ɔ:no
Castel del Monte *it.* kas'tɛl del 'monte
Castel di Sangro *it.* kas'tɛl di 'saŋgro
Castelein *niederl.* kɑstə'lɛi̯n
Castelfiorentino *it.* kastelfi̯oren'ti:no
Castelfranco *it.* kastel'fraŋko
Castel Gandolfo *it.* kas'tɛl gan'dɔlfo
Castell kas'tɛl
Castellabate *it.* kastella'ba:te
Castellammare *it.* kastellam'ma:re
Castellamonte *it.* kastella'monte
Castellana *it.* kastel'la:na
Castellaneta *it.* kastella'ne:ta
Castellani *it.* kastel'la:ni
Castellanza *it.* kastel'lantsa
Castellazzo *it.* kastel'lattso
Castelleone *it.* kastelle'o:ne
Castelli kas'tɛli, *it.* kas'tɛlli
Castellio kas'tɛli̯o, *fr.* kastɛ'ljo
Castellón *span.* kaste'ʎɔn
Castelluccio *it.* kastel'luttʃo
Castelnau *fr.* kastɛl'no
Castelnaudary *fr.* kastɛlnoda'ri
Castelnovo *it.* kastel'nɔ:vo
Castelnuovo *it.* kastel'nu̯ɔ:vo, *span.* kastɛl'nu̯oβo
Castelo *port.* kɐʃ'tɛlu
Castel San Giovanni *it.* kas'tɛl sandʒo'vanni
Castel San Pietro *it.* kas'tɛl sam'pi̯ɛ:tro
Castel Sant'Angelo *it.* kas'tɛl san'tandʒelo
Castelsardo *it.* kastel'sardo
Castelsarrasin *fr.* kastɛlsara'zɛ̃
Casteltermini *it.* kastel'tɛrmini
Castelverde *it.* kastel'verde
Castelvetrano *it.* kastelve'tra:no
Castelvetro *it.* kastel've:tro
Castenedolo *it.* kaste'ne:dolo
Casteren *niederl.* 'kɑstərə
Casti *it.* 'kasti
Castigliano *it.* kastiʎ'ʎa:no
Castiglione *it.* kastiʎ'ʎo:ne
Castiglion Fiorentino *it.* kastiʎ'ʎon fi̯oren'ti:no
Castiglioni *it.* kastiʎ'ʎo:ni
Castilho *port.* kɐʃ'tiʎu
Castilla *span.* kas'tiʎa
Castillejo *span.* kasti'ʎɛxo
Castillejos *span.* kasti'ʎɛxɔs
Castillo *span.* kas'tiʎo
Castillon *fr.* kasti'jõ
Castione *it.* kas'ti̯o:ne
Casti-Piani kasti'pi̯a:ni
Castize kas'ti:t͡sə
Castle 'kastlə, *engl.* kɑ:sl
Castlebar *engl.* 'kɑ:sl'bɑ:
Castleford *engl.* 'kɑ:slfəd
Castlemaine *engl.* 'kɑ:slmeɪn
Castlereagh *engl.* 'kɑ:slreɪ
Castletown *engl.* 'kɑ:sltaʊn
Častolovice *tschech.* 'tʃastɔlɔvitsɛ
Castor 'kastɔr
Castor et Pollux *fr.* kastɔrepɔl'lyks
Castoreum kas'to:reʊm
Castra 'kastra
Castracani *it.* kastra'ka:ni
Castrén *schwed.* kas'tre:n
Castres *fr.* kastr
Castricum *niederl.* 'kɑstri:kʏm
Castrismus kas'trɪsmʊs
Castro *span.* 'kastro, *bras.* 'kastru, *port.* 'kaʃtru, *engl.* 'kæstroʊ
Castro Alves *bras.* 'kastru 'alvis
Castro Daire *port.* 'kaʃtru 'ðai̯rə
Castrogiovanni *it.* kastrodʒo'vanni
Castro Marim *port.* 'kaʃtru mɐ'rĩ
Castronuovo *it.* kastro'nu̯ɔ:vo
Castrop-Rauxel 'kastrɔp'rau̯ksl̩
Castroreale *it.* kastrore'a:le
Castrovillari *it.* kastro'villari
Castruccio *it.* kas'truttʃo
Casuarina kazu̯a'ri:na
Casula 'ka:zula, **...lae** ...lɛ
Casus belli 'ka:zʊs 'bɛli, **die –** – 'ka:zu:s –
Casus obliquus 'ka:zʊs o'bli:kvʊs, **– ...ui** 'ka:zu:s ...vi
Casus rectus 'ka:zʊs 'rɛktʊs, **– ...ti** 'ka:zu:s ...ti
Cat *engl.* kæt
Catacombe *it.* kata'kombe
Catalani *it.* kata'la:ni
Catalão *bras.* kata'lɐ̃ṷ
Çatalca *türk.* tʃɑ'tɑldʒɑ
Cataldo *it.* ka'taldo
Catalina *span.* kata'lina
Catalpa ka'talpa
Cataluña *span.* kata'luɲa
Catamarca *span.* kata'marka
Catania *it.* ka'ta:ni̯a
Catanzaro *it.* katan'dza:ro, ...'tsa:ro
Cataracta kata'rakta
Catargiu *rumän.* katar'dʒiu̯
Catarina *port.* kɐtɐ'rinɐ
Catawba *engl.* kə'tɔ:bə
Catboot 'kɛtbo:t
Catch kɛtʃ
Catch-as-catch-can *engl.* 'kætʃ əz 'kætʃ 'kæn
catchen 'kɛtʃn̩
Catcher 'kɛtʃɐ
Catcherpromoter 'kɛtʃɐpro'mo:tɐ
Catchup 'kɛtʃap
Cateau *fr.* ka'to
Catechine katɛ'çi:nə
Catechu 'katɛçu
Catena *it.* ka'te:na
Catenaccio kate'natʃo
Catene ka'te:nə
Caterham *engl.* 'keɪtərəm
Caterina *it.* kate'ri:na
Caterpillar *engl.* 'kætəpɪlə
Catesby *engl.* 'keɪtsbɪ
Catgut 'katgʊt, *engl.* 'kætgʌt
Catharina kata'ri:na
Cathay ka'tai̯
Cathedra 'ka:tedra, **...drae** ...drɛ
Cather[ine] *engl.* 'kæθə[rɪn]
Cathérine *fr.* kate'rin
Cathrein ka'trai̯n
Cathrine *fr.* ka'trin
Catilina kati'li:na
Catinat *fr.* kati'na
Catinga *bras.* ka'tiŋga
Catlett *engl.* 'kætlɪt
Catlin *engl.* 'kætlɪn
Catlinit katli'ni:t, *auch:* ...nɪt
Cato 'ka:to
Catroux *fr.* ka'tru
Cats *niederl.* kɑts
Catskill *engl.* 'kætskɪl
Catsup 'kɛtsap, *engl.* 'kætsəp
Catt *dt., fr.* kat, *engl.* kæt
Cattaneo *it.* kat'ta:neo
Cattaro *it.* 'kattaro
Cattleya ka'tlai̯a
Cattolica *it.* kat'tɔ:lika
Catull[us] ka'tʊl[ʊs]
Catulus 'ka:tulʊs
Caub kau̯p
Cauca *span.* 'kau̯ka
Cauchon *fr.* ko'ʃõ
Cauchy *fr.* ko'ʃi
Cauda 'kau̯da
caudal[is] kau̯'da:l[ɪs]
Caudex 'kau̯dɛks, **...dices** ...ditse:s
Caudillo kau̯'dɪljo, *span.* kau̯'ðiʎo
Caudium 'kau̯di̯ʊm
Caudry *fr.* ko'dri
Cauer[witz] 'kau̯ɐ[vɪt͡s]
Caulaincourt *fr.* kolɛ̃'ku:r
Caulfield *engl.* 'kɔ:lfi:ld
Caullery *fr.* kol'ri
Caulnes *fr.* ko:n
Caumont *fr.* ko'mõ
Caura *span.* 'kau̯ra
Caus *fr.* ko
Causa 'kau̯za
Cause célèbre, -s -s *fr.* kozse'lɛbr
Causerie kozə'ri:, **-n** ...i:ən
Causeur ko'zø:ɐ̯
Causeuse ko'zø:zə

Causses *fr.* ko:s
Causticum 'kaustikʊm, **...ca** ...ka
Čausy vgl. Tschaussy
Cauterets *fr.* ko'trɛ, kɔ'trɛ
Cautín *span.* kau'tin
Cauwelaert *niederl.* 'kɔuwəla:rt
Caux *fr.* ko
Cava vgl. Cavum
Cava de' Tirreni *it.* 'ka:va de tir'rɛ:ni
Cávado *port.* 'kavaðu
Cavaignac *fr.* kavɛ'ɲak
Cavaillon *fr.* kava'jõ
Cavalaire *fr.* kava'lɛ:r
Cavalcanti *it.* kaval'kanti
Cavaliere kava'li̯e:rə, **...ri** ...ri
Cavalieri *it.* kava'li̯ɛ:ri
Cavalier poets *engl.* kævə'lɪə 'poʊɪts
Cavalleria kavale'ri:a
Cavalleria Rusticana *it.* kavalle'ri:a rusti'ka:na
Cavallero *it.* kaval'lɛ:ro
Cavalli *it.* ka'valli
Cavallini *it.* kaval'li:ni
Cavallotti *it.* kaval'lɔtti
Cava Manara *it.* 'ka:va ma'na:ra
Cavan *engl.* 'kævən
Cavarzere *it.* ka'vardzere
Cavazzoni *it.* kavat'tso:ni
Cave *engl.* keɪv
Caveau *fr.* ka'vo
cave canem! 'ka:və 'ka:nɛm
Cavell *engl.* kævl
Cavendish *engl.* 'kævəndɪʃ
Caversham *engl.* 'kævəʃəm
Cavia *span.* 'kaβi̯a
Cavos *it.* 'ka:vos
Cavour *it.* ka'vur
Cavtat *serbokr.* ˌtsaftat
Cavum 'ka:vʊm, **...va** ...va
Cawnpore *engl.* kaʊn'pɔ:
Caxambu *bras.* kaʃɐm'bu
Caxias *port.* kɐ'ʃiɐʃ, *bras.* ka'ʃias
Caxton *engl.* 'kækstən
Cayatte *fr.* ka'jat
Cayenne *fr.* ka'jɛn
Cayes *fr.* kaj
Cayeux *fr.* ka'jø
Cayley *engl.* 'keɪlɪ
Caylus *fr.* kɛ'lys
Caymans *engl.* kaɪ'mɑ:nz, 'keɪmənz
Cayrol *fr.* kɛ'rɔl
Cazalis *fr.* kaza'lis
Cazalla *span.* ka'θaʎa
Cazin *fr.* ka'zɛ̃
Cazotte *fr.* ka'zɔt
Cazzati *it.* kat'tsa:ti
CBS *engl.* 'si:bi:'ɛs
Ceauşescu *rumän.* tʃe̯au'ʃesku
CDU tse:de:'|u:
C-Dur 'tse:du:ɐ̯, *auch:* '–'–
Ceán *span.* θe'an
Ceará *bras.* si̯a'ra
Céard *fr.* se'a:r
Čebarkul' vgl. Tschebarkul
Cebion Ⓦⓩ 'tse:bi̯o:n
Čeboksary vgl. Tscheboxary
Cebollera *span.* θeβo'ʎera
Cebotari tʃebo'ta:ri
Cebu 'tse:bu
Čebyšev vgl. Tschebyschew
Ceccano *it.* tʃek'ka:no
Cecchi *it.* 'tʃekki
Cecco *it.* 'tʃekko
Cecco del Vecchio 'tʃɛko dɛl 'vɛki̯o
Cece *ung.* 'tsɛtsɛ
Čech *tschech.* tʃɛx
Čechtice *tschech.* 'tʃɛxtjitsɛ
Čechy *tschech.* 'tʃɛxi
Cecidie tse'tsi:di̯ə
Cecil *engl.* sɛsl
Cécile *fr.* se'sil
Cecilia *span.* θe'θili̯a
Cecilie tse'tsi:li̯ə
Cecilienhof tse'tsi:li̯ənho:f
Cecily *engl.* 'sɪsɪlɪ, 'sɛsɪlɪ
Cecina *it.* 'tʃɛ:tʃina
Cedar *engl.* 'si:də
Cedarhurst *engl.* 'si:dəhə:st
Cedartown *engl.* 'si:dətaʊn
Cederborgh *schwed.* ˌse:dərbɔrj
Cederström *schwed.* ˌse:dərstrœm
Cedille se'di:j[ə], **-n** ...jən
ČEDOK *tschech.* 'tʃɛdɔk
Cefalù *it.* tʃefa'lu
Cegléd *ung.* 'tsɛgle:d
Ceglie Messapico *it.* 'tʃɛʎʎe mes'sa:piko
Cehegín *span.* θeɛ'xin
Čehov vgl. Tschechow
Ceiba *span.* 'θei̯βa
Ceiça *port.* 'sɐi̯sɐ
Ceilometer tsailo'me:tɐ
Ceinturon sɛ̃ty'rõ:
Ceira *port.* 'sɐi̯rɐ
Čejč *tschech.* tʃɛjtʃ
Čekalinskij vgl. Tschekalinski
Cela *span.* 'θela
Čelákovice *tschech.* 'tʃɛla:kɔvitsɛ
Čelakovský *tschech.* 'tʃɛlakɔfski:
Čelakowitz 'tʃɛla:kovɪts
Celan tse'la:n
Celano *it.* tʃe'la:no
Celaya *span.* θe'laja
Célé *fr.* se'le
Celebes tse'le:bɛs; *auch:* 'tse:lebɛs, se'le:bɛs
Celebret 'tse:lebrɛt
Čeleken vgl. Tscheleken
Celenza *it.* tʃe'lɛntsa
Celerina tsele'ri:na, tʃe...
Celesta tʃe'lɛsta
Celestina *span.* θeles'tina
Celia 'tse:li̯a, *engl.* 'si:ljə
Celibidache *rumän.* tʃelibi'dake
Céline *fr.* se'lin
Celio *it.* 'tʃɛ:li̯o
Čeljabinsk vgl. Tscheljabinsk
Celje *slowen.* 'tsɛ:ljɛ
Čeljuskin vgl. Tscheljuskin
Čelkar vgl. Tschelkar
Cella 'tsɛla, **Cellae** 'tsɛlɛ
Cellarius tsɛ'la:ri̯ʊs
Celldömölk *ung.* 'tsɛldømølk
Celle 'tsɛlə, *it.* 'tʃɛlle
Cellerar tsɛle'ra:ɐ̯
Cellerarius tsɛle'ra:ri̯ʊs, **...rii** ...rii
Cellere *it.* 'tʃɛllere
Cellesch 'tsɛləʃ
Celli vgl. Cello
Cellier *fr.* sɛ'lje
Cellini *it.* tʃel'li:ni
Cellisch 'tsɛlɪʃ
Cellist tʃɛ'lɪst; *auch:* ʃɛ...
Cello 'tʃɛlo, *auch:* 'ʃɛlo; **Celli** ...li
Cellon Ⓦⓩ tsɛ'lo:n
Cellophan[e] Ⓦⓩ tsɛlo'fa:n[ə]
cellophanieren tsɛlofa'ni:rən
Cellula 'tsɛlula, **...lae** ...lɛ
Celorico de Basto *port.* səlu'riku ðə 'βaʃtu
Celsius 'tsɛlzi̯ʊs, *schwed.* 'sɛlsiʊs
Celsus 'tsɛlzʊs
Celtis 'tsɛltɪs
Celtium 'tsɛltsi̯ʊm
Cem *türk.* dʒɛm
Cembalist tʃɛmba'lɪst
Cembalo 'tʃɛmbalo, **...li** ...li
Cenabum 'tse:nabʊm
Cena *it.* 'tʃe:na
Cenci *it.* 'tʃɛntʃi
Cendrars *fr.* sã'dra:r
Cenerentola *it.* tʃene'rɛntola
Ceneri *it.* 'tʃe:neri
Cenisio *it.* tʃe'ni:zi̯o
Cennini *it.* tʃen'ni:ni
Cenoman[e] tseno'ma:n[ə]
Cenomanum tseno'ma:nʊm
Cent tsɛnt, *engl.* sɛnt
CENTAG *engl.* 'sɛntæg
Cental 'sɛntl̩
Centallo *it.* tʃen'tallo
Centaurus tsɛn'taurʊs
Centavo sɛn'ta:vo
Centenar tsɛnte'na:ɐ̯
Center 'sɛntɐ
Centerville *engl.* 'sɛntəvɪl
Centesimo tʃɛn'te:zimo, **...mi** ...mi
Centésimo sɛn'te:zimo
Cent-gardes *fr.* sã'gard
Centime sã'ti:m, *fr.* sã'tim; **des...s** ...m[s], **die...s** ...m[s]
Céntimo 'sɛntimo
[1]**Cento** (Gedicht) 'tsɛnto, **-nes** tsɛn'to:ne:s
[2]**Cento** (Name) *engl.* 'sɛntoʊ, *it.* 'tʃɛnto, *span.* 'θento
Centovalli *it.* tʃento'valli
Central Criminal Court *engl.* 'sɛntrəl 'krɪmɪnl 'kɔ:t
Centrale *it.* tʃen'tra:le

Centralia *engl.* sɛn'treılıə
Cẹntral Intẹlligence Agency *engl.* 'sɛntrəl ın'tɛlıdʒəns 'eıdʒənsı
Centrosọm tsɛntro'zo:m
Cẹntula 'tsɛntula
Centụrie tsɛn'tu:ri̯ə
Centụripe *it.* tʃen'tu:ripe
Centụrium tsɛn'tu:ri̯ʊm
Cephalopọde tsefalo'po:də
Čepca vgl. Tschepza
Cephẹiden tsefe'i:dn̩
Cẹpheus 'tse:fɔys
Cephịsus tse'fi:zʊs
Ceprạno *it.* tʃe'pra:no
Cẹr tse:ɐ̯
Cẹra[m] 'tse:ra[m]
Cerạmi *it.* tʃe'ra:mi
Cerạno *it.* tʃe'ra:no
Cerbère *fr.* sɛr'bɛ:r
Cẹrberus 'tsɛrberʊs
Cercạl *span.* θɛr'kal, *port.* sər'kal
Čẹrčany *tschech.* 'tʃɛrtʃani
Čẹrchov *tschech.* 'tʃɛrxɔf
Cẹrcle 'sɛrkl̩, **des -s** ...l̩[s], **die -s** ...l̩[s]
Cẹrcola *it.* 'tʃerkola
Cerdạgne *fr.* sɛr'daɲ
Cerdạña *span.* θɛr'ðaɲa
Čerdyn' vgl. Tscherdyn
Cère *fr.* sɛ:r
Cereạlien tsere'a:li̯ən
Cerebẹllum tsere'bɛlʊm, **...lla** ...la
Cerebotạni *it.* tʃerebo'ta:ni
Cẹrebrum 'tse:rebrʊm, **...ra** ...ra
Cẹrekvice *tschech.* 'tsɛrɛkvitsɛ
Čeremhovo vgl. Tscheremchowo
Cerẹolus tse're:olʊs, **...li** ...li
Čerepanovo vgl. Tscherepanowo
Čerepnin vgl. Tscherepnin
Čerepovec vgl. Tscherepowez
Cẹres 'tse:rɛs, *engl.* 'sıəri:z, *span.* 'θeres, *bras.* 'sɛris
Ceresịn tsere'zi:n
Cerẹsio *it.* tʃe'rɛ:zi̯o
Cérẹt *fr.* se'rɛ
Cẹreus 'tse:reʊs
Cérẹz *fr.* se'rɛ:z
Cerẹzo *span.* θe'reθo
Cẹrha 'tsɛrha
Cerignọla *it.* tʃeriɲ'ɲɔ:la
Cerịgo *it.* tʃe'ri:go
Cerigọtto *it.* tʃeri'gɔtto
Čerikov vgl.Tscherikow
Cẹrimon 'tse:rimɔn
Cerịnth[us] tse'rınt[ʊs]
cerịse *fr.* sə'ri:z
Cerit tse'ri:t, *auch:* ...rıt
Cerizịer *fr.* səri'zje
Čerkessk vgl. Tscherkessk
Čẹrmák *tschech.* 'tʃɛrma:k
Čermoz vgl. Tschermos
CẸRN *fr.* sɛrn
Čẹrna *rumän.* 'tʃerna
Čẹrná [Hộra] *tschech.* 'tʃɛrna: ['hɔra]
Cernan *engl.* 'sə:nən
Cernăụţi *rumän.* tʃernə'utsj
Cernavọdă *rumän.* tʃerna'vodə
Cernay *fr.* sɛr'nɛ
Cernịẹr *fr.* sɛr'nje
Černigov vgl. Tschernigow
Čẹrník *tschech.* 'tʃɛrnji:k
Černikovsk vgl. Tschernikowsk
Černjaev vgl. Tschernjajew
Černjahovsk vgl. Tschernjachowsk
Černjahovskij vgl. Tschernjachowski
Černjakovskij vgl. Tschernjakowski
Cernọbbio *it.* tʃer'nɔbbi̯o
Černobyl' vgl. Tschernobyl
Černogorsk vgl. Tschernogorsk
Čẹrnošín *tschech.* 'tʃɛrnɔʃi:n
Černov vgl. Tschernow
Černovcy vgl. Tschernowzy
Čẹrnovice *tschech.* 'tʃɛrnɔvitsɛ
Cernụda *span.* θɛr'nuða
Cernuschị *fr.* sɛrnys'ki
Čẹrný [Kříž] *tschech.* 'tʃɛrni: ['krʃi:ʃ]
Černyšev vgl. Tschernyschow
Černyševskij vgl. Tschernyschewski
Cerọne *it.* tʃe'ro:ne
Cerotịn... tsero'ti:n...
Cerquẹtti *it.* tʃer'ku̯etti
Cerquọzzi *it.* tʃer'ku̯ɔttsi
Cerrẹto *it.* tʃer're:to
Cẹrri *it.* 'tʃɛrri
Cerrịllos *span.* θɛ'rriʎɔs
Cerrịto *span.* θɛ'rrito
Cẹrro de Pạsco *span.* 'θɛrrɔ ðe 'pasko
Cẹrro Lạrgo *span.* 'θɛrrɔ 'larɣo
Cẹrsne 'tsɛrsnə
Certạldo *it.* tʃer'taldo
Certọsa *it.* tʃer'tɔ:za
Cerụmen tse'ru:mən
Cerussit tserʊ'si:t, *auch:* ...sıt
Cervạntes sɛr'vantɛs, *span.* θɛr'βantes
Cervạro[lo] *it.* tʃer'va:ro[lo]
Čẹrvená [Vọda] *tschech.* 'tʃɛrvɛna: ['vɔda]
Čẹrvený *tschech.* 'tʃɛrvɛni:
Cervẹteri *it.* tʃer'vɛ:teri
Cervẹra *span.* θɛr'βera
Cẹrvi *it.* 'tʃɛrvi
Cẹrvia *it.* 'tʃɛrvi̯a
Cervices vgl. Cervix
Cervignạno *it.* tʃerviɲ'ɲa:no
Cervin *fr.* sɛr'vɛ̃
Cervinạra *it.* tʃervi'na:ra
Cervịno *it.* tʃer'vi:no
Cẹrvix 'tsɛrvıks, **Cervịces** tsɛr'vi:tse:s
Červonoarmejsk vgl. Tscherwonoarmeisk
cẹs tsɛs
Césaire *fr.* se'zɛ:r
Cesạna *it.* tʃe'za:na
Cesạno *it.* tʃe'za:no
Cẹsar 'tse:zar
César *fr.* se'za:r, *span.* 'θesar
Cẹsare *it.* 'tʃe:zare
Cesarevič vgl. Zessarewitsch
Cesari *it.* 'tʃe:zari, tʃe'za:ri
Cesarịni *it.* tʃeza'ri:ni
Cesarịno *it.* tʃeza'ri:no
Cesạr[i]o *it.* tʃe'za:r[i̯]o
Cesarò *it.* tʃeza'rɔ
Cesarọtti *it.* tʃeza'rɔtti
Cesbron *fr.* sɛs'brõ
Cesẹna *it.* tʃe'zɛ:na
Cesenạtico *it.* tʃeze'na:tiko
Čẹská Kụbice *tschech.* 'tʃɛska: 'kubitsɛ
Čẹská Lípa *tschech.* 'tʃɛska: 'li:pa
Čẹské Vẹlenice *tschech.* 'tʃɛskɛ: 'vɛlɛnjitsɛ
Čẹskomoravská Vysočina *tschech.* 'tʃɛskɔmɔrafska: 'visɔtʃina
Čẹskoslovenská Rẹpublika *tschech.* 'tʃɛskɔslɔvɛnska: 'rɛpublika
Čẹskoslovensko *tschech.* 'tʃɛskɔslɔvɛnskɔ
Čẹský Dụb *tschech.* 'tʃɛski: 'dup
Čẹský Krụmlov *tschech.* 'tʃɛski: 'krumlɔf
Cẹslaus 'tsɛslau̯s
Česlav vgl. Tscheslaw
Çẹşme *türk.* 'tʃɛʃmɛ
Česnokov vgl. Tschesnokow
Česnokovka vgl. Tschesnokowka
Céspedes *span.* 'θespeðes
Cẹss[na] *engl.* 'sɛs[nə]
Cẹssnock *engl.* 'sɛsnɔk
Cẹsti *it.* 'tʃesti
Cẹstius 'tsɛsti̯ʊs
c'est la guẹrre *fr.* sɛla'gɛ:r
Cestọdes tsɛs'to:dɛs
Cetạceum tse'ta:tseʊm
Cetạtea Ạlbă *rumän.* tʃe'tatea 'albə
Cẹtechovice *tschech.* 'tsɛtɛxɔvitsɛ
cẹteris pạribus 'tse:teri:s 'pa:ribʊs
Cẹterum cẹnseo 'tse:terʊm 'tsɛnzeo
Cethẹgus tse'te:gʊs
Cetina *span.* θe'tina, *serbokr.* ˌtsɛtina
Cẹtinje *serbokr.* ˌtsɛtinjɛ
cẹtisch 'tse:tıʃ
Čẹtnici *serbokr.* 'tʃɛtni:tsi
Cetrạro *it.* tʃe'tra:ro
Cẹtte *fr.* sɛt
Cẹtus 'tse:tʊs

Ceuben 'kɔybn̩
Ceulen *niederl.* 'kø:lə
Cẹuta *span.* 'θeu̯ta
Cẹva *it.* 'tʃe:va
Cevedạle *it.* tʃeve'da:le
Cevẹnnen se'vɛnən
Cévẹnnes *fr.* se'vɛn
Cẹvio *it.* 'tʃɛ:vi̯o
Cẹyhan *türk.* 'dʒɛi̯hɑn
Ceylon 'tsai̯lɔn, *engl.* sɪ'lɔn
Cézạnne *fr.* se'zan
Cézannịsmus seza'nɪsmʊs
Cèze *fr.* sɛ:z
CFTC *fr.* seɛfte'se
CGT *fr.* seʒe'te
Chaam *niederl.* xa:m
Chaban-Delmạs *fr.* ʃabãdɛl'mɑ:s
Chabạnnes *fr.* ʃa'ban
Chạbařovice *tschech.* 'xabarʒɔvitsɛ
Chabạrow, Habarov *russ.* xa'barɐf
Chabạrowsk, Habarovsk *russ.* xa'barɐfsk
Chabạrowski Krại, Habarovskij Kraj *russ.* xa'barɐfskij 'kraj
Chabẹrt *fr.* ʃa'bɛ:r
Chablais *fr.* ʃa'blɛ
[1]**Chablịs** (Wein) ʃa'bli:, **des -** ...i:[s], **die -** ...i:s
[2]**Chablịs** (Ort) *fr.* ʃɑ'bli, ʃa'bli
Chabọt *fr.* ʃa'bo
Chabrias 'ça:brias
Chabriẹr *fr.* ʃabri'e
Chabrọl *fr.* ʃa'brɔl
Chacabụco *span.* tʃaka'βuko
Chạ-Chạ-Chạ 'tʃa'tʃa'tʃa
Chachạni *span.* tʃa'tʃani
Chachapọyas *span.* tʃatʃa'pojas
Chạco *span.* 'tʃako
Chacọnne ʃa'kɔn, **-n** ...nən
Chadderton *engl.* 'tʃædətən
Chadourne *fr.* ʃa'durn
Chạdschi, Hadži *bulgar.* 'xadʒi
Chadwick *engl.* 'tʃædwɪk
Chagạll *fr.* ʃa'gal
Chạgas *port.* 'ʃaɣɐʃ
Chagny *fr.* ʃa'ɲi
Chạgos *engl.* 'tʃɑ:goʊs
Chạgres *span.* 'tʃaɣres
Chagrin ʃa'grɛ̃:
chagrinịeren ʃagri'ni:rən
Chahut ʃa'y:
Chaillọt *fr.* ʃa'jo
Chain *engl.* tʃeɪn
Chaine 'ʃɛ:n[ə], **-n** ...nən
Chaine-des-Maures *fr.* ʃɛnde'mɔ:r
Chaireddịn xai̯rɛ'di:n
Chairẹmon çai̯'re:mɔn
Chạiril *indon.* 'xai̯rɪl
Chairleder 'ʃɛ:ɐ̯le:dɐ
Chairman 'tʃɛ:ɐ̯mən, *engl.* 'tʃɛəmən; **...men** ...mən
Chairọnia *neugr.* çɛ'rɔnja
Chaise 'ʃɛ:zə
Chaise-Dieu *fr.* ʃɛz'djø
Chaiselongue ʃɛzə'lɔŋ, ...'lõ:k; **-n** ...'lɔŋən, ...'lõ:gn̩; **die -s** ...'lɔŋs
Chajiạm xa'ja:m, *pers.* xei̯'jɑ:m
Chakạn *pers.* xɑ'kɑ:n
Chakạsse xa'kasə
Chakạsskaja AO, Hakasskaja AO *russ.* xa'kasskɐjɐ a'ɔ
Chalạndri *neugr.* xa'lanðri
Chalatenạngo *span.* tʃalate'naŋgo
Chạlaza 'ça:latsa, **...zen** ça'la:tsən
Chalạze ça'la:tsə
Chalạzion ça'la:tsi̯ɔn, **...ien** ...i̯ən
Chalạzium ça'la:tsi̯ʊm, **...ien** ...i̯ən
Chalazogamịe çalatsoga'mi:, **-n** ...i:ən
[1]**Chalcedọn** (Stein) kaltse'do:n
[2]**Chalcẹdon** (Stadt) çal'tse:dɔn
Chalchuạpa *span.* tʃal'tʃu̯apa
Chalcịdice çal'tsi:ditse
Chaldạ̈a kal'dɛ:a
Chaldạ̈er kal'dɛ:ɐ
chaldạ̈isch kal'dɛ:ɪʃ
Chạlder 'kaldɐ
Chạldi 'xaldi
Chalet ʃa'le:, ʃa'lɛ
Chaleur Bay *engl.* ʃɑ:'lə: 'beɪ
Chalfont *engl.* 'tʃælfɔnt
Chalgrin *fr.* ʃal'grɛ̃
Chạlid 'xa:lɪt
Chalikọse çali'ko:zə
Chalịl xa'li:l
Chạlke *neugr.* 'xalki
Chalkẹdon çal'ke:dɔn
Chalkịdike çal'ki:dike, *neugr.* xalkiði'ki
Chạlkis 'çalkɪs, *neugr.* xal'kis
Chalkochemigraphie çalkoçemigra'fi:
Chalkogẹne çalko'ge:nə
Chalkogrạph çalko'gra:f
Chalkographịe çalkogra'fi:
Chalkolith çalko'li:t, *auch:* ...lɪt
Chalkolithikum çalko'li:tikʊm, *auch:* ...lɪt...
chalkophịl çalko'fi:l
Challans *fr.* ʃa'lã
Chạlle *fr.* ʃal
Challenger *engl.* 'tʃælɪndʒə
Chạlmers *engl.* 'tʃɑ::məz
Châlons-sur-Mạrne *fr.* ʃɑlõsyr'marn
Chalon-sur-Saône *fr.* ʃalõsyr'so:n
Chaltubo vgl. Zchaltubo
Chaltụrin, Halturin *russ.* xal'turin
Chaly ʃa'li:
Chalzedọn kaltse'do:n
Chalzịdize çal'tsi:ditse
Chạm ka:m, *fr.* kam
Chamacọcos *span.* tʃama'kokɔs
Chamạde ʃa'ma:də
Chamạ̈leon ka'mɛ:leɔn
Chamạ̈phyt çamɛ'fy:t
Chamartin *span.* tʃamar'tin
Chamạve ça'ma:və
Chamäzephalịe çamɛtsefa'li:, **-n** ...i:ən
Chambạra *span.* tʃam'bara
Chamberlain 'tʃe:mbɐlɪn, *engl.* 'tʃeɪmbəlɪn
Chamberlen *engl.* 'tʃeɪmbəlɪn
Chamber of Cọmmerce *engl.* 'tʃeɪmbə əv 'kɔmə:s
Chambers *engl.* 'tʃeɪmbəz
Chambersburg *engl.* 'tʃeɪmbəzbə:g
Chambertin *fr.* ʃãbɛr'tɛ̃
Chambéry *fr.* ʃãbe'ri
Chambon *fr.* ʃã'bõ
Chambonnières *fr.* ʃãbɔ'njɛ:r
Chambọrd *fr.* ʃã'bɔ:r
Chambray *fr.* ʃã'brɛ
Chambre des Députés *fr.* ʃãbrədedepy'te
Chambre garnie, -s -s *fr.* ʃãbrəgar'ni
Chambre séparée, -s -s *fr.* ʃãbrəsepa're
Chambriẹre ʃãbri'e:rə, ...ɛ:rə
Chamerau ka:mə'rau̯
Chamfọrt *fr.* ʃã'fɔ:r
Chaminạde *fr.* ʃami'nad
Chamịsso ʃa'mɪso
Chamịzo *span.* tʃa'miθo
Chammurạbi xamu'ra:bi
chamois, Ch... ʃa'mo̯a, **des -** ...a[s]
Chamonịx *fr.* ʃamɔ'ni
Chamọrro *span.* tʃa'mɔrrɔ
Champạgne ʃam'panjə, *fr.* ʃã'paɲ
Champạgner ʃam'panjɐ
Champagnọle *fr.* ʃãpa'ɲɔl
Champagny *fr.* ʃãpa'ɲi
Champaigne *fr.* ʃã'paɲ
Champaign-Urbana *engl.* ʃæm'peɪnə:'bænə
Champ-de-Mạrs *fr.* ʃãd'mars
Champeaux *fr.* ʃã'po
Champeix *fr.* ʃã'pɛ
Champerịco *span.* tʃampe'riko
Champéry *fr.* ʃãpe'ri
Champfèr *rät.* tʃjam'fɛ:r
Champfleury *fr.* ʃãflœ'ri
Champignon 'ʃampɪnjɔŋ, 'ʃã:pɪnjõ; *fr.* ʃãpi'ɲõ
Champigny *fr.* ʃãpi'ɲi
Champion 'tʃɛmpi̯ən, *auch:* ʃã'pi̯õ:; *engl.* 'tʃæmpjən, *fr.* ʃã'pjõ
Championạt ʃampi̯o'na:t
Champlain *fr.* ʃã'plɛ̃
Champmeslé *fr.* ʃãmɛ'le
Champollion *fr.* ʃãpɔ'ljõ
Champs-Élysées *fr.* ʃãzeli'ze
Chamson *fr.* ʃã'sõ
Chamụsca *port.* ʃɐ'muʃkɐ
Chạn ka:n, xa:n

Chañạr *span.* tʃa'ɲar
Chañarạl *span.* tʃaɲa'ral
Chañarcịllo *span.* tʃaɲar'θiʎo
Chạnça *port.* 'ʃɐ̃sɐ
Chance 'ʃã:sə; *auch:* ʃã:s, 'ʃaŋs[ə]; **-n** ...sn̩
Chancelạde *fr.* ʃã'slad
Chạncellor 'tʃa:nsəlɐ, *engl.* 'tʃɑ:nsələ
Chandemi̲r *pers.* xandæ'mi:r
Chạndler *engl.* 'tʃɑ:ndlə
Chandolin *fr.* ʃãdɔ'lɛ̃
Chandos *engl.* 'ʃændɔs
Chandọschkin, Handoškin *russ.* xan'dɔʃkin
Chạng tʃaŋ
Change ʃã:ʃ, *fr.* ʃã:ʒ, *engl.* tʃeɪndʒ
changeant, Ch... ʃã'ʒã:
Changement ʃãʒə'mã:
changi̲eren ʃã'ʒi:rən
Chạngo *span.* 'tʃaŋgo
Chaniạ *neugr.* xa'nja
Chạni Mourgkạni *neugr.* 'xani mur'gani
Chạnka, Hanka *russ.* 'xankɐ
Channel Islands *engl.* 'tʃænl 'aɪləndz
Chạnning *engl.* 'tʃænɪŋ
Chạnoyu 'tʃanoju
Chanson ʃã'sõ:
Chanson de gẹste, -s - - *fr.* ʃãsõd'ʒɛst
Chanson de Roland *fr.* ʃãsõdrɔ'lã
Chansonẹtte ʃãso'nɛtə
Chansonnẹtte ʃãsɔ'nɛtə
Chansonnịer ʃãsɔ'ni̯e:
Chansonnịere ʃãsɔ'ni̯e:rə, ...ɛ:rə
Chant ʃã:, *engl.* tʃɑ:nt
Chantạge *fr.* ʃã'ta:ʒ
Chantạl *fr.* ʃã'tal
Chạnte 'xantə
Chanteclẹr *fr.* ʃãtə'klɛ:r
Chantepie de la Saussaye *fr.* ʃãtpidlaso'sɛ
Chantilly *fr.* ʃãti'ji
Chạntrey *engl.* 'tʃɑ:ntrɪ
Chantỵ-Mansịsk, Hanty-Mansiịsk *russ.* xan'tɨman'sijsk
Chanukkạ xanu'ka:
Chanụm xa'num
Chanute *engl.* tʃə'nu:t, *fr.* ʃa'nyt
Chạnza *span.* 'tʃanθa
Chão de Maçãs *port.* 'ʃɐ̃ṷn də mɐ'sɐ̃ʃ
Chạos 'ka:ɔs
Chaọten ka'o:tn̩
chaọtisch ka'o:tɪʃ
Chapạda *bras.* ʃa'pada
Chapạla *span.* tʃa'pala
Chaparrạl *span.* tʃapa'rral
Chapeau ʃa'po:
Chapeau clạque, -x -s ʃapo'klak
Chapel *engl.* 'tʃæpəl
Chapelain *fr.* ʃa'plɛ̃
Chapẹlle *fr.* ʃa'pɛl
Chapelou *fr.* ʃa'plu
Chaperon ʃapə'rõ:, ʃa'prõ:
chaperoni̲eren ʃap[ə]ro'ni:rən
Chapetọnes tʃape'to:nɛs, *span.* tʃape'tones
Chapiteau ʃapi'to:
Chaplain *fr.* ʃa'plɛ̃
Chaplin *engl.* 'tʃæplɪn
Chaplinạde tʃapli'na:də
Chapman *engl.* 'tʃæpmən, *schwed.* 'tçapman
Chạppe *fr.* ʃap
Chappell *engl.* 'tʃæpəl
Chappelle-lez-Herlaimont *fr.* ʃapɛlleɛrle'mõ
Chapí *span.* tʃa'pi
Chaptạl *fr.* ʃap'tal
chaptalisi̲eren ʃaptali'zi:rən
Chapu *fr.* ʃa'py
Chapuisạt *fr.* ʃapɥi'za
Chapultepẹc *span.* tʃapulte'pɛk
Chạr *fr.* ʃa:r
Charạcter indelẹbilis ka'raktɐ ɪnde'le:bilɪs
Charạde ʃa'ra:də
Charạkter ka'raktɐ, **-e** ...'te:rə
charakterisi̲eren karakteri'zi:rən
Charakterịstik karakte'rɪstɪk
Charakterịstikum karakte'rɪstikum, **...ka** ...ka
charakterịstisch karakte'rɪstɪʃ
Charakterolo̲ge karaktero'lo:gə
Charakterologi̲e karakterolo'gi:
charakterolo̲gisch karaktero'lo:gɪʃ
Chạrax 'ça:raks
Charbin vgl. Harbin
Chạrcas *span.* 'tʃarkas
Charcọt *fr.* ʃar'ko
Charcuteri̲e ʃarkytə'ri:, **-n** ...i:ən
Charcutiẹr ʃarky'ti̯e:
Chạrd *engl.* tʃɑ:d
Chardin *fr.* ʃar'dɛ̃
Chardọnne *fr.* ʃar'dɔn
Chardonnẹt *fr.* ʃardɔ'nɛ
Chardonnẹtseide ʃardɔ'ne:zaidə
Charente *fr.* ʃa'rã:t
Charente-Inférieure *fr.* ʃarãtɛ̃fe'rjœ:r
Charenton *fr.* ʃarã'tõ
Chạres 'ça:rɛs
Chạrga 'xarga
Chạrge 'ʃarʒə
Chargé d'affaires, - s - - ʃar'ʒe: da'fɛ:ɐ̯, *fr.* ʃarʒeda'fɛ:r
chargi̲eren ʃar'ʒi:rən
Charị *fr.* ʃa'ri
Charidschi̲je xari'dʒi:jə
Charidschi̲t xari'dʒi:t
Charing Crọss *engl.* 'tʃærɪŋ 'krɔs
Charis 'ça:rɪs, *auch:* 'çarɪs; **...i̲ten** ça'ri:tn̩
Chari̲sius ça'ri:zi̯ʊs
Charisma 'ça:rɪsma, *auch:* 'çar..., ça'rɪsma; **-ta** ça'rɪsmata, **Charịsmen** ça'rɪsmən
charismạtisch çarɪs'ma:tɪʃ
charitati̲v karita'ti:f, **-e** ...i:və
Charité ʃari'te:, *fr.* ...te
Chari̲ten ça'ri:tn̩
Chari̲tin ça'ri:tɪn
[1]**Chạriton** 'ça:ritɔn, *engl.* 'ʃærɪtn
[2]**Charitọn, Hariton** *russ.* xɐri'tɔn, *bulgar.* xar...
Chariva̲ri ʃari'va:ri
Chạrkow, Har'kov 'çarkɔf, *russ.* 'xarjkɐf
Charlemạgne *fr.* ʃarlə'maɲ
Charlemont *fr.* ʃarlə'mõ
Charleroi *fr.* ʃarlə'rwa, *engl.* ʃɑ:lə'rɔɪ
Charles *engl.* tʃɑ:lz, *fr.* ʃarl
Charlesbourg *fr.* ʃarlə'bu:r
Chạrleston 'tʃarlstn̩, *engl.* 'tʃɑ:lstən
Chạrlestown *engl.* 'tʃɑ:lztaʊn
Charlẹt *fr.* ʃar'lɛ
Charlevịlle *fr.* ʃarlə'vil
Chạrley, ...lie *engl.* 'tʃɑ:lɪ
Charliẹr ʃar'lje
Charlière ʃarl'li̯e:rə, ...ɛ:rə
Charlieu *fr.* ʃar'ljø
Charlọt *fr.* ʃar'lo
Charlọtta *schwed.* ʃar,lɔta
[1]**Charlọtte** (Vorname) ʃar'lɔtə, *fr.*, *schwed.* ʃar'lɔt, *engl.* 'ʃɑ:lət
[2]**Charlotte** (Ort) *engl.* *Michigan* ʃɑ:'lɔt, *engl.* *North Carolina* 'ʃɑ:lət
Chạrlotte Amạlie *engl.* 'ʃɑ:lət ə'mɑ:lɪə
Charlottenbẹrg *schwed.* ʃarlɔtn̩'bærj
Charlottenbrụnn ʃarlɔtn̩'brʊn
Charlọttenburg ʃar'lɔtn̩bʊrk, **-er** ...rgɐ
Charlọttenhof ʃar'lɔtn̩ho:f
Charlottenlund *dän.* sjarlɔdən'lɔn'
Chạrlottesville *engl.* 'ʃɑ:lətsvɪl
Charlọttetown *engl.* ʃɑ:'lɔttaʊn
Chạrlton *engl.* 'tʃɑ:ltən
Charly *fr.* ʃar'li
Chạrmanli, Hamanli *bulgar.* 'xarmanli
charmạnt ʃar'mant
Chạrme ʃarm
Charmelaine ʃarmə'lɛ:n
Chạrmes *fr.* ʃarm
Charmẹttes *fr.* ʃar'mɛt
Charmeur ʃar'mø:ɐ̯
Charmeuse *fr.* ʃar'mø:z
Charmey *fr.* ʃar'mɛ
Chạrmion 'çarmi̯ɔn
Charol[l]ais *fr.* ʃarɔ'lɛ
Chäromani̲e çɛroma'ni:, **-n** ...i:ən

Chạron 'ça:rɔn
Chäronẹa çɛro'ne:a
Charonton *fr.* ʃarõ'tõ
Charpentiẹr *fr.* ʃarpã'tje
Charrière *fr.* ʃa'rjɛ:r
Charron *fr.* ʃɑ'rõ
Charrúas *span.* tʃa'rruas
Chạrsovo, Hărsovo *bulgar.* 'xərsovo
Chạrta 'karta
Chạrte 'ʃartə
Chạrter 'tʃartɐ, 'ʃa...
Chạrterer 'tʃartərɐ, 'ʃa...
chạrtern 'tʃartɐn, 'ʃa...
Chạrters Towers *engl.* 'tʃɑ:təz 'taʊəz
Chartiẹr *fr.* ʃar'tje
Chartịsmus tʃar'tɪsmʊs, ʃa...
Chartịst tʃar'tɪst, ʃa...
Chartrain *fr.* ʃar'trɛ̃
Chạrtres *fr.* ʃartr
Chartreuse ® ʃar'trø:zə, *fr.* ʃar'trø:z
Chartulạria kartu'la:ri̯a
Chartụm kar'tu:m, xa...
Charụde xa'ru:də, ça...
Chạrval 'karval
Charybdis ça'rʏpdɪs
Chasạn xa'za:n
Chasạre ça'za:rə, xa...
Chase *engl.* tʃeɪs
Chasẹchem xa'zeçɛm
Chạskowo, Haskovo *bulgar.* 'xaskovo
Chạsles *fr.* ʃɑ:l
Chạsma 'çasma
Chasmogamie çasmoga'mi:, **-n** ...i:ən
Chạsmus 'çasmʊs, **-se** ...ʊsə
Chạsse ʃas
Chassecœur *fr.* ʃɑs'kœ:r
Chassepọtgewehr ʃasə'po:gəve:ɐ̯
Chasserạl *fr.* ʃa'sral
Chassériau *fr.* ʃase'rjo
Chasseron *fr.* ʃa'srõ
Chasseur ʃa'sø:ɐ̯
Chassidịm xasi'di:m
Chassidịsmus xasi'dɪsmʊs
Chassịs ʃa'si:, **des -** ...i:[s], **die -** ...i:s
Chastelạrd *fr.* ʃɑ'tla:r
Chastelẹt *fr.* ʃɑ'tlɛ
Chastellain *fr.* ʃɑ'tlɛ̃
Chastellux *fr.* ʃɑ'tly
Chasuạrier ça'zu̯a:ri̯ɐ
Chasuble *fr.* ʃa'zybl, *engl.* 'tʃæzjʊbl
Chạtanga, Hatanga *russ.* 'xatɐngɐ
Chataway *engl.* 'tʃætəweɪ
Château ʃa'to:, *fr.* ʃɑ'to
Chateaubriand *fr.* ʃatobri'ã
Châteaubriant *fr.* ʃɑtobri'ã
Château-d'Oex *fr.* ʃɑto'dɛ
Châteaudun *fr.* ʃɑto'dœ̃
Château-Lafịt[t]e *fr.* ʃɑtola'fit
Château-Latour *fr.* ʃɑtola'tu:r
Châteaulin *fr.* ʃɑto'lɛ̃
Château-Margaux *fr.* ʃɑtomar'go
Châteaumeillant *fr.* ʃɑtomɛ'jã
Châteauneuf *fr.* ʃɑto'nœf
Châteauneuf-du-Pạpe *fr.* ʃɑtonœfdy'pap
Châteauroux *fr.* ʃɑto'ru
Château-Salins *fr.* ʃɑtosa'lɛ̃
Château-Yquẹm *fr.* ʃɑtoi'kɛm
Chatelaine ʃatə'lɛ:n
Châtelạrd *fr.* ʃɑ'tla:r
Châtelẹt *fr.* ʃa'tlɛ, ʃɑ'tlɛ
Châtelineau *fr.* ʃatli'no
Châtellerault *fr.* ʃɑtɛl'ro
Châtel-Saint-Denịs *fr.* ʃɑtɛlsɛ̃d'ni
Chatenẹt *fr.* ʃat'nɛ
Chatham *engl.* 'tʃætəm
Châtillon *fr.* ʃɑti'jõ, ʃat...
Chat Noir *fr.* ʃa'nwa:r
Chatonfassung ʃa'tõ:fasʊŋ
Chatou *fr.* ʃa'tu
Châtre *fr.* ʃɑ:tr
Chatrian *fr.* ʃatri'ã
Chatschaturjạn, Hačaturjan *russ.* xɐtʃɐtu'rjan
Chattahoochee *engl.* tʃætə'hu:tʃɪ
Chattanooga *engl.* tʃætə'nu:gə
Chạtte 'katə, *auch:* 'çatə
Chatterton *engl.* 'tʃætətn
Chạtti 'xati
Chattuạrier xa'tu̯a:ri̯ɐ
Chatzidạkes *neugr.* xadzi'ðakis
Chatzọpulos *neugr.* xa'dzɔpulɔs
Chaucer *engl.* 'tʃɔ:sə
Chauchạt *fr.* ʃo'ʃa
Chaudeau ʃo'do:
Chaudes-Aigues *fr.* ʃod'zɛg
Chaudẹt *fr.* ʃo'dɛ
Chaudière *fr.* ʃo'djɛr, *engl.* ʃoʊ'djɛə
Chaudron *fr.* ʃo'drõ
Chauffeur ʃɔ'fø:ɐ̯
chauffieren ʃɔ'fi:rən
Chauke 'çau̯kə
Chauliạc *fr.* ʃo'ljak
Chaulieu *fr.* ʃo'ljø
Chaulmoograöl tʃɔ:l'mu:gra|ø:l
Chaulnes *fr.* ʃo:n
Chaumẹtte *fr.* ʃo'mɛt
Chaumont *fr.* ʃo'mõ
Chauny *fr.* ʃo'ni
Chausey *fr.* ʃo'zɛ
Chaussee ʃo'se:, ʃɔ...; **-n** ...e:ən
chaussieren ʃo'si:rən, ʃɔ...
Chausson *fr.* ʃo'sõ
Chautauqua *engl.* ʃə'tɔ:kwə
Chautemps *fr.* ʃo'tã
Chauvin *fr.* ʃo'vɛ̃
Chauvinịsmus ʃovi'nɪsmʊs
Chauvinịst ʃovi'nɪst
Chaux-de-Fonds *fr.* ʃod'fõ
Chavạnnes *fr.* ʃa'van
Chavarría *span.* tʃaβa'rria
Chavạz *fr.* ʃa'va
Chạves *span.* 'tʃaβes, *port.* 'ʃavɪʃ, *bras.* 'ʃavis
Chávez *span.* 'tʃaβeθ
Chavịlle *fr.* ʃa'vil
Chazẹlles *fr.* ʃa'zɛl
Chẹ *span.* tʃe
Cheadle *engl.* tʃi:dl
Cheadle and Gatley *engl.* 'tʃi:dl ənd 'gætlɪ
Cheam *engl.* tʃi:m
Chẹb *tschech.* xɛp
Chebọygan *engl.* ʃɪ'bɔɪgən
Chẹcco 'kɛko
¹**Chẹck** (Scheck) ʃɛk
²**Chẹck** (Behinderung) tʃɛk
chẹcken 'tʃɛkn̩
Chẹcklist 'tʃɛklɪst
Chẹckpoint 'tʃɛkpɔy̯nt
Chẹddar *engl.* 'tʃɛdə
Chẹddarkäse 'tʃɛdɐkɛ:zə
Chẹderschule 'xɛdɐʃu:lə
cheerio! 'tʃi:ri̯o, *engl.* 'tʃɪərɪ'oʊ
Chẹf ʃɛf
Chef d'œuvre, -s - ʃɛ'dø:vɐ, *fr.* ʃɛ'dœ:vr
Chẹfren 'çe:frɛn
Chehalis *engl.* tʃi:'heɪlɪs
Cheilịtis çai̯'li:tɪs, **...itịden** çai̯li'ti:dn̩
Cheiloschịsis çai̯lo'sçi:zɪs
Cheilọsis çai̯'lo:zɪs
Cheinitz 'kai̯nɪts
Cheiron 'çai̯rɔn
Cheironomie çai̯rono'mi:
cheironọmisch çai̯ro'no:mɪʃ
Cheirospạsmus çai̯ro'spasmʊs
Cheirotonie çai̯roto'ni:, **-n** ...i:ən
Cheju Do vgl. Tschedschu-do
Cheke *engl.* tʃi:k
Chẹlčický *tschech.* 'xɛltʃitski:
Chelidonịn çelido'ni:n
Chelịff *fr.* ʃe'lif
Chelizẹre çeli'tse:rə
Chelléen ʃɛle'ɛ̃:
Chẹlleri *it.* 'kɛlleri
Chẹlles *fr.* ʃɛl
Chẹlm xɛlm
Chẹłm[no] *poln* 'xɛu̯m[nɔ]
Chełmọński *poln.* xɛu̯'mɔi̯ski
Chelmọs *neugr.* xɛl'mɔs
Chẹlmsford *engl.* 'tʃɛlmsfəd
Chẹłmża *poln.* 'xɛu̯mʒa
Chelọnia çe'lo:ni̯a, **...niae** ...ni̯ɛ
Chẹlpin 'kɛlpi:n
Chẹlsea *engl.* 'tʃɛlsɪ
Chẹltenham *engl.* 'tʃɛltnəm
Chẹlwood *engl.* 'tʃɛlwʊd
Chemiatrie çemi̯a'tri:
Chemie çe'mi:
Chemigrạph çemi'gra:f
Chemigraphie çemigra'fi:
Chemikạlien çemi'ka:li̯ən
Chemikạnt çemi'kant
Chẹmiker 'çe:mikɐ
Chemillé *fr.* ʃəmi'je
Chemilumineszẹnz çemiluminɛs'tsɛnts

Chemin des Dames *fr.* ʃəmɛ̃de'dam
chemisch 'çe:mɪʃ
Chemise ʃə'mi:zə, *fr.* ʃəm'i:z; **-n** ...zn̩
Chemisett[e] ʃəmi'zɛt[ə]
chemisieren çemi'zi:rən
Chemisierkleid ʃəmi'zi̯e:klai̯t
Chemismus çe'mɪsmʊs
Chemnitz 'kɛmnɪts
Chemolumineszenz çemoluminɛs'tsɛnts
Chemonastie çemonas'ti:, **-n** ...i:ən
Chemoplaste çemo'plastə
Chemoresistenz çemorezɪs'tɛnts
Chemorezeptoren çemoretsɛp'to:rən
Chemosynthese çemozʏn'te:zə
chemotaktisch çemo'taktɪʃ
Chemotaxis çemo'taksɪs
Chemotechniker çemo'tɛçnikɐ
Chemotherapeutikum çemotera'pɔytikʊm, **...ka** ...ka
chemotherapeutisch çemotera'pɔytɪʃ
Chemotherapie çemotera'pi:
Chemotropismus çemotro'pɪsmʊs
Chemurgie çemʊr'gi:
Chênedollé *fr.* ʃɛndɔ'le
Chênée *fr.* ʃɛ'ne
Chenevière *fr.* ʃənə'vjɛ:r
Cheney *engl.* 'tʃi:nɪ
Chénier *fr.* ʃe'nje
Chenille ʃə'nɪljə, *auch:* ʃə'ni:jə; *fr.* ʃə'nij
Chenis-Ckali vgl. Zchenis-Zkali
Chenit, Le *fr.* lə'ʃni
Chennevières *fr.* ʃɛn'vjɛ:r
Chenonceaux *fr.* ʃənõ'so
Chenot *fr.* ʃə'no
Chentechtai çɛn'tɛçtai̯
Chentkaus çɛnt'kau̯s
Cheops 'çe:ɔps
Chephren 'çe:frɛn
Chepre 'çe:prə
Chepstow *engl.* 'tʃɛpstoʊ
Chequers *engl.* 'tʃɛkəz
Cher *fr.* ʃɛ:r
Cherasco *it.* ke'rasko
Cheraskow, Heraskov *russ.* xɪ'raskɐf
Cherbourg *fr.* ʃɛr'bu:r
Cherbuliez *fr.* ʃɛrby'lje
Cherchel[l] *fr.* ʃɛr'ʃɛl
cherchez la femme! *fr.* ʃɛrʃela'fam
Chéret *fr.* ʃe'rɛ
Cheristane çerɪs'ta:nə
Cherkassky tʃɛr'kaski
Cherokee *engl.* tʃɛrə'ki:
Cherry Brandy 'tʃɛri 'brɛndi, 'ʃɛ... –; *engl.* 'tʃɛrɪ 'brændɪ
Cherso *it.* 'kɛrso
Cherson, Herson *russ.* xɪr'sɔn
Chersones çɛrzo'ne:s, **-e** ...e:zə
Chertsey *engl.* 'tʃə:tsɪ
Cherub 'çe:rʊp; **-im** 'çe:rubi:m, **-inen** çeru'bi:nən
Cherubin 'ke:rubi:n
Cherubini *it.* keru'bi:ni
cherubinisch çeru'bi:nɪʃ
Cherubino *it.* keru'bi:no
Cherusker çe'rʊskɐ
Cherwell *engl.* 'tʃɑ:wəl
Chesapeake *engl.* 'tʃɛsəpi:k
Chesham *engl.* 'tʃɛʃəm
Cheshire *engl.* 'tʃɛʃə
Cheshunt *engl.* tʃɛsnt
Chester *engl.* 'tʃɛstə
Chesterfield 'tʃɛstɐfi:lt, *engl.* 'tʃɛstəfi:ld
Chesterton *engl.* 'tʃɛstətən
Chet *engl.* tʃɛt
Cheta, Heta *russ.* 'xjɛtɐ
Chetagurow, Hetagurov *russ.* xɪta'gurɐf
Cheti 'çe:ti
Chetiter çe'ti:tɐ
Chettle *engl.* tʃɛtl
chevaleresk ʃəvalə'rɛsk
Chevalier ʃəva'li̯e:, *fr.* ʃəva'lje
Chevallaz *fr.* ʃəva'la
Chevallier *fr.* ʃəva'lje
Chevauleger, -s ʃəvole'ʒe:
Chevillard *fr.* ʃəvi'ja:r
chevillieren ʃəvi'ji:rən, ʃe...
Cheviot 'ʃɛvi̯ɔt, 'tʃɛvi̯ɔt, 'ʃe:vi̯ɔt; *engl.* 'tʃɛvɪət
Chevreau ʃə'vro:, 'ʃɛvro
Chevrette ʃə'vrɛt, **-n** ...tn̩
Chevreuse *fr.* ʃə'vrø:z
Chevrolet 'ʃɛvrolɛt; *engl.* 'ʃɛvrəleɪ, ––'–
Chevron ʃə'vrõ:
Chevy *engl.* 'tʃɛvɪ
Chewing-gum 'tʃu:ɪŋgam, *engl.* 'tʃu:ɪŋgʌm
Chewsure xɛf'zu:rə
Chexbres *fr.* ʃɛbr
Cheyenne *engl.* ʃaɪ'æn, ʃaɪ'ɛn
Cheyne *engl.* 'tʃeɪn[ɪ]
Chézy *fr.* ʃe'zi
Chi çi:
Chiabrera *it.* ki̯a'brɛ:ra
Chian çi̯a:n
Chiana *it.* 'ki̯a:na
Chiang Kai-shek tʃi̯aŋkai̯'ʃɛk
Chianti *it.* 'ki̯anti
Chiapa[s] *span.* 'tʃi̯apa[s]
Chiappelli *it.* ki̯ap'pɛlli
Chiara *it.* 'ki̯a:ra
Chiaramonti *it.* ki̯ara'monti
Chiaravalle *it.* ki̯ara'valle
Chiari *it.* 'ki̯a:ri
Chiarini *it.* ki̯a'ri:ni
Chiaroscuro ki̯arɔs'ku:ro
Chiasma opticum 'çi̯asma 'ɔptikʊm
Chiasmus 'çi̯asmʊs
Chiasso *it.* 'ki̯asso
chiastisch 'çi̯astɪʃ
Chiavacci ki̯a'vatʃi
Chiavari *it.* 'ki̯a:vari
Chiavenna *it.* ki̯a'vɛnna, ...'venna
Chiaveri *it.* 'ki̯a:veri
Chiavette ki̯a'vɛtə
Chibchas *span.* 'tʃiβtʃas
Chibiny, Hibiny *russ.* xi'binɨ
chic ʃɪk, *fr.* ʃik
Chicago ʃi'ka:go, *engl.* ʃɪ'kɑ:goʊ
Chicamocha *span.* tʃika'motʃa
Chicha 'tʃɪtʃa, *span.* 'tʃitʃa
Chichén-Itzá *span.* tʃi'tʃenit'sa
Chichester *engl.* 'tʃɪtʃɪstə
Chichibio *it.* kiki'bi:o
Chichigalpa *span.* tʃitʃi'ɣalpa
Chichimeca *span.* tʃitʃi'meka
Chickamauga *engl.* tʃɪkə'mɔ:gə
Chickasaw *engl.* 'tʃɪkəsɔ:
Chickasha *engl.* 'tʃɪkəʃeɪ
Chiclana *span.* tʃi'klana
Chiclayo *span.* tʃi'klajo
Chico 'tʃi:ko, 'tʃɪko; *span.* 'tʃiko, *engl.* 'tʃi:koʊ
Chicomoztoc *span.* tʃikomoθ'tɔk
Chiconamel *span.* tʃikona'mɛl
Chiconcuantla *span.* tʃikɔn'ku̯antla
Chicopee *engl.* 'tʃɪkəpi:
Chicorée ʃiko're:
Chief tʃi:f
Chiemgau 'ki:mgau̯
Chieming 'ki:mɪŋ
Chiemsee 'ki:mze:
Chiers *fr.* ʃjɛ:r
Chiesa *it.* 'ki̯ɛ:za
Chiese *it.* 'ki̯ɛ:ze
Chieti *it.* 'ki̯ɛ:ti
Chiffon 'ʃɪfõ, ʃɪ'fõ:
Chiffonnier ʃɪfɔ'ni̯e:
Chiffonniere ʃɪfɔ'ni̯e:r[ə], ...ɛ:r[ə]; **-n** ...rən
Chiffre 'ʃɪfɐ, 'ʃɪfrə; **-n** 'ʃɪfɐn, 'ʃɪfrən
Chiffreur ʃɪ'frø:ɐ̯
chiffrieren ʃɪ'fri:rən
Chifley *engl.* 'tʃɪflɪ
Chigi *it.* 'ki:dʒi
Chignon ʃɪn'jõ:
Chihuahua *span.* tʃi'u̯au̯a
Chikago ʃi'ka:go
Chilana çi'la:na
Chilapa *span.* tʃi'lapa
Child[e] *engl.* tʃaɪld
Childebert 'çɪldəbɛrt
Childerich 'çɪldərɪç
Childers *engl.* 'tʃɪldəz
Childress *engl.* 'tʃaɪldrɪs
Childs *engl.* tʃaɪldz
Chile 'tʃi:le, *auch:* 'çi:le; *span.* 'tʃile
Chilene tʃi'le:nə, *auch:* çi...
chilenisch tʃi'le:nɪʃ, *auch:* çi...
Chili 'tʃi:li
Chiliade çi'li̯a:də
Chiliasmus çi'li̯asmʊs

Chiliast çi'li̯ast
Chilies 'tʃɪlɪs
Chilkoot *engl.* 'tʃɪlku:t
Chillán *span.* tʃi'ʎan
Chillicothe *engl.* tʃɪlɪ'kɔθɪ
Chillies 'tʃɪlɪs
Chillingworth *engl.* 'tʃɪlɪŋwə[:]θ
Chillon *fr.* ʃi'jõ
Chilly 'tʃɪli
Chiloé *span.* tʃilo'e
Chilon 'çi:lɔn
Chilpancingo *span.* tʃilpan'θiŋgo
Chilperich 'çɪlpərɪç
Chiltern *engl.* 'tʃɪltə[:]n
Chimalpahin *span.* tʃimal'pain
Chimalpopoca *span.* tʃimalpo'poka
Chimaltenango *span.* tʃimalte'naŋgo
Chimära çi'mɛ:ra
Chimäre çi'mɛ:rə
Chimay *fr.* ʃi'mɛ
Chimborasso tʃɪmbo'raso
Chimborazo *span.* tʃimbo'raθo
Chimbote *span.* tʃim'bote
Chimenti *it.* ki'menti, ...'mɛnti
Chimú *span.* tʃi'mu
China 'çi:na
Chinameca *span.* tʃina'meka
Chinampas tʃi'nampas
Chinandega *span.* tʃinan'deɣa
Chinantecas *span.* tʃinan'tekas
Chinard *fr.* ʃi'na:r
Chinchaycocha *span.* tʃintʃai̯'kotʃa
Chinchaysuyo *span.* tʃintʃai̯'sujo
Chinchilla tʃɪn'tʃɪla, *seltener:* ...tʃɪlja; *span.* tʃin'tʃiʎa, *engl.* tʃɪn'tʃɪlə
chin-chin! 'tʃɪntʃɪn
Chinchón *span.* tʃin'tʃɔn
Chiné ʃi'ne:
Chinese çi'ne:zə
Chinesin çi'ne:zɪn
chinesisch çi'ne:zɪʃ
Chinet *fr.* ʃi'nɛ
Chingford *engl.* 'tʃɪŋfəd
chiniert ʃi'ni:ɐ̯t
Chinin çi'ni:n
Chinju vgl. Tschindschu
Chinnanpo vgl. Tschinnampo
[1]**Chino** (Mischling) 'tʃi:no
[2]**Chino** (Ort) *engl.* 'tʃi:noʊ
Chinois ʃi'no̯a
Chinoisants *fr.* ʃinwa'zã
Chinoiserie ʃino̯azə'ri:, **-n** ...i:ən
Chinolin çino'li:n
Chinon *fr.* ʃi'nõ
Chinone çi'no:nə
Chinook *engl.* tʃɪ'nʊk
Chinosol tʃino'zo:l
Chintz tʃɪnts
Chinú *span.* tʃi'nu
Chinucos *span.* tʃi'nukɔs
Chioggia *it.* 'ki̯ɔddʒa
Chionides 'çi̯o:nidɛs
Chionograph çi̯ono'gra:f
Chios 'çi:ɔs, *neugr.* 'çiɔs
Chip tʃɪp
Chipiona *span.* tʃi'pi̯ona
[1]**Chippendale** (Stil) 'tʃɪpn̩de:l, 'ʃɪp...
[2]**Chippendale** (Name) *engl.* 'tʃɪpəndeɪl
Chippenham *engl.* 'tʃɪpənəm
Chippewa *engl.* 'tʃɪpəwɑ:
Chippeway *engl.* 'tʃɪpəweɪ
Chipping *engl.* 'tʃɪpɪŋ
Chips tʃɪps
Chiquillanes *span.* tʃiki'ʎanes
Chiquimula *span.* tʃiki'mula
Chiquinquirá *span.* tʃikiŋki'ra
Chiquita *span.* tʃi'kita
Chiquitos *span.* tʃi'kitɔs
Chiragra 'çi:ragra
Chiriboga *span.* tʃiri'βoɣa
Chirico *it.* 'ki:riko
Chiriguanos *span.* tʃiri'ɣu̯anɔs
Chiriquí *span.* tʃiri'ki
Chirognomie çirogno'mi:
Chirogrammatomantie çirogramatoman'ti:, **-n** ...i:ən
Chirograph çiro'gra:f
Chirographum çi'ro:grafʊm; **...pha** ...fa, **...phen** ...ro'gra:fn̩
Chirologie çirolo'gi:
Chiromant çiro'mant
Chiromantie çiroman'ti:
Chiron *fr.* ʃi'rõ
Chironico *it.* ki'rɔ:niko
Chironomie çirono'mi:
chironomisch çiro'no:mɪʃ
Chiropädie çiropɛ'di:
Chiropraktik çiro'praktɪk
Chiroptera çi'rɔptera
Chiropterogamie çirɔpteroga'mi:
Chirospasmus çiro'spasmʊs
Chirotherium çiro'te:ri̯ʊm, **...ien** ...i̯ən
Chirp *engl.* tʃə:p
Chirripó *span.* tʃirri'po
Chirurg çi'rʊrk, **-en** ...rgn̩
Chirurgie çirʊr'gi:, **-n** ...i:ən
chirurgisch çi'rʊrgɪʃ
Chisholm *engl.* 'tʃɪzəm
Chişinău *rumän.* kiʃi'nəu̯
Chislehurst *engl.* 'tʃɪzlhə:st
Chispa *span.* 'tʃispa
Chiswick *engl.* 'tʃɪzɪk
Chitarra ki'tara
Chitarrone kita'ro:nə
Chitin çi'ti:n
chitinös çiti'nø:s, **-e** ...ø:zə
Chitlatépetl *span.* tʃitla'tepɛtl
[1]**Chiton** (Kleidung) çi'to:n
[2]**Chiton** (Schnecke) 'çi:tɔn
Chittagong *engl.* 'tʃɪtəgɔŋ
Chittenden *engl.* 'tʃɪtndən
Chiusa *it.* 'ki̯u:sa
Chiusdino *it.* ki̯uz'di:no
Chiusi *it.* 'ki̯u:si
Chivasso *it.* ki'vasso
Chiver *span.* tʃi'βɛr
Chivilcoy *span.* tʃiβil'kɔi̯
Chivora *span.* tʃi'βora
Chiwa (Teppich) 'çi:va
Chiwa, Hiva *russ.* xi'va
Chladni 'kladni
Chlaina 'çla̯ina
Chlamydobakterien çlamydobak'te:ri̯ən
Chlamys 'çla:mʏs, çla'mʏs
Chläna 'çlɛ:na
Chlebnikow, Hlebnikov *russ.* 'xljɛbnikɐf
Chłędowski *poln.* xu̯ɛn'dɔfski
Chlestakow, Hlestakov *russ.* xlɪsta'kɔf
Chloanthit kloan'ti:t, *auch:* ...tɪt
Chlodio 'klo:di̯o
Chlodomer 'klo:dome:ɐ̯
Chlodwig 'klo:tvɪç
Chloe 'klo:ə, 'xlo:ə; *B* ...o:e
Chłopicki *poln.* xu̯ɔ'pitski
Chlopow, Hlopov *russ.* 'xlɔpɐf
Chlor klo:ɐ̯
Chloral klo'ra:l
Chloralismus klora'lɪsmʊs
Chloramin klora'mi:n
Chlorat klo'ra:t
Chloration klora'tsi̯o:n
Chloratit klora'ti:t, *auch:* ...tɪt
Chlorella klo'rɛla
chloren 'klo:rən
Chlorid klo'ri:t, **-e** ...i:də
chlorieren klo'ri:rən
chlorig 'klo:rɪç, **-e** ...ɪgə
Chloris 'klo:rɪs, *fr.* klɔ'ris
Chlorit klo'ri:t, *auch:* ...rɪt
chloritisieren kloriti'zi:rən
Chlorodont ® kloro'dɔnt
Chloroform kloro'fɔrm
chloroformieren klorofɔr'mi:rən
Chlorom klo'ro:m
Chloromycetin ® kloromytse'ti:n
Chlorophan kloro'fa:n
Chlorophyll kloro'fʏl
Chlorophytum kloro'fy:tʊm
Chlorophyzee klorofy'tse:ə
Chloroplast kloro'plast
Chlorose klo'ro:zə
Chlot[h]ar 'klo:tar, *auch:* klo'ta:ɐ̯
Chlothilde klo'tɪldə
Chlumberg 'klʊmbɛrk
Chlumčany *tschech.* 'xlumtʃani
Chlumec *tschech.* 'xlumɛts
Chlumetz 'xlʊmɛts
Chlyst xlʏst
Chmel xmɛl
Chmelnizki, Hmel'nickij *russ.* xmɪlj'nitskij
Chmielnik *poln.* 'xmjɛlnik
Chmielowski *poln.* xmjɛ'lɔfski
Chňoupek *slowak.* 'xnjɔu̯pɛk
Chnum xnu:m
Chnumhotep xnʊm'ho:tɛp

Choane ço'a:nə
Choc ʃɔk
Chocano *span.* tʃo'kano
Choceň *tschech.* 'xɔtsɛnj
Chochlow, Hohlov *russ.* xax'lɔf
Chocho-Popoloca *span.* 'tʃotʃopopo'loka
Cho-Cho-San tʃotʃo'san
Chocó *span.* tʃo'ko
Chocontá *span.* tʃokon'ta
Choctaw *engl.* 'tʃɔktɔ:
Chod *tschech.* xɔt
Chodau 'ko:dau
Chode 'xo:də
Choderlos *fr.* ʃɔdɛr'lo
Chodkiewicz *poln.* xɔt'kjɛvitʃ
Chodov *tschech.* 'xɔdɔf
Chodowiecki kodo'vjɛtski, ço..., xo...
Chodschent, Hodžent *russ.* xad'ʒɛnt
Chodzież *poln.* 'xɔdzɛʃ
Choele Choel *span.* tʃo'ele tʃo'ɛl
Choi *pers.* xoi
Choindez *fr.* ʃwɛ̃'de
Choiseul *fr.* ʃwa'zœl, *engl.* ʃwɑ:'zə:l
Choisy *fr.* ʃwa'zi
Chojna *poln.* 'xɔjna
Chojnów *poln.* 'xɔjnuf
chokant ʃɔ'kant, ʃo'k...
Choke tʃo:k, *engl.* tʃoʊk
chokieren ʃɔ'ki:rən, ʃo'k...
Chol *span.* tʃɔl
Cholagogum çola'go:gʊm, **...ga** ...ga
Cholämie çolɛ'mi:, **-n** ...i:ən
Cholangitis çolaŋ'gi:tɪs
Cholansäure ço'la:nzɔyrə
Cholelith çole'li:t, *auch:* ...lɪt
Cholelithiasis çoleli'ti:azɪs
Cholera 'ko:lera
Cholerese çole're:zə
Choleretikum çole're:tikʊm, **...ka** ...ka
choleretisch çole're:tɪʃ
Choleriker ko'le:rikɐ
Cholerine kole'ri:nə
cholerisch ko'le:rɪʃ
Choles *span.* 'tʃoles
Cholesteatom çolestea'to:m
Cholesterin çoleste'ri:n
Cholet *fr.* ʃɔ'lɛ
Cholezystitis çoletsʏs'ti:tɪs, **...itiden** ...ti'ti:dn̩
Cholezystopathie çoletsʏstopa'ti:, **-n** ...i:ən
Choliambus ço'liambʊs
Cholin ço'li:n
Cholm, Holm *russ.* xɔlm
Cholm[ond]eley *engl.* 'tʃʌmlɪ
Cholo 'tʃo:lo, *span.* 'tʃolo
Chololteca *span.* tʃolɔl'teka
Cholon *fr.* ʃɔ'lõ
Cholones *span.* tʃo'lones
cholostatisch çolo'sta:tɪʃ
Cholula *span.* tʃo'lula
Cholurie çolu'ri:, **-n** ...i:ən
Choluteca *span.* tʃolu'teka
Chomage ʃo'ma:ʒə, *fr.* ʃo'ma:ʒ
Chombo *span.* 'tʃɔmbo
Chomjakow, Homjakov *russ.* xɐmɪ'kɔf
Chomsky *engl.* 'tʃɔmskɪ
Chomutov *tschech.* 'xɔmutɔf
Chondren 'çɔndrən
Chondrin çɔn'dri:n
Chondriosomen çɔndrio'zo:mən
Chondrit çɔn'dri:t, *auch:* ...rɪt
Chondritis çɔn'dri:tɪs, **...itiden** ...ri'ti:dn̩
Chondroblasten çɔndro'blastn̩
Chondroblastom çɔndroblas'to:m
Chondrom çɔn'dro:m
Chondromatose çɔndroma'to:zə
Chongjin vgl. Tschöngdschin
Chongoyape *span.* tʃɔŋgo'jape
Chonju vgl. Tschöndschu
Chonos *span.* 'tʃonɔs
Chontales *span.* tʃɔn'tales
Chontamenti xɔnta'mɛnti
Chop ko:p
Chopin *fr.* ʃɔ'pɛ̃
Chopjor, Hoper *russ.* xa'pjɔr
Chopper 'tʃɔpɐ, *engl.* 'tʃɔpə
Chor ko:ɐ̯, **Chöre** 'kø:rə
Chora *neugr.* 'xɔra
Choral ko'ra:l, **Choräle** ko'rɛ:lə
Chorassan *pers.* xorɑ'sɑ:n
Chörchen 'kø:ɐ̯çən
Chorda 'kɔrda
Chordaten kɔr'da:tn̩
Chorde 'çɔrdə, 'kɔ...
Chorditis kɔr'di:tɪs, **...itiden** ...di'ti:dn̩
Chordom kɔr'do:m
Chordophon kɔrdo'fo:n
Chordotonal kɔrdoto'na:l
Chöre vgl. Chor
Chorea ko're:a
choreaform korea'fɔrm
Chorege ço're:gə, ko...
choreiform korei'fɔrm
Choreograf koreo'gra:f
Choreographie koreogra'fi:, **-n** ...i:ən
choreographieren koreogra'fi:rən
choreographisch koreo'gra:fɪʃ
Choreomanie koreoma'ni:, **-n** ...i:ən
Choresm, Horezm xo'rɛsm̩, ço... *russ.* xa'rjɛzm
Choresmien xo'rɛsmiən, ço...
Choresmier xo'rɛsmiɐ, ço...
choresmisch xo'rɛsmɪʃ, ço...
Choretide kore'ti:də
Choreus ço're:ʊs, **...een** ...e:ən
Choreut[ik] ço'rɔyt[ɪk]
Choriambus ço'riambʊs
...chörig (z. B. zweichörig) ...kø:rɪç, **-e** ...ɪgə
Chörilus 'çø:rilʊs
Chorin ko'ri:n
Chorioidea korio'i:dea
Chorion 'ko:riɔn
choripetal koripe'ta:l
chorisch 'ko:rɪʃ
Chorist ko'rɪst
Chorley *engl.* 'tʃɔ:lɪ
Chornice *tschech.* 'xɔrnjitsɛ
Choroebus ko'rø:bʊs
Chorographie çorogra'fi:, ko...; **-n** ...i:ən
chorographisch çoro'gra:fɪʃ, ko...
Chorologie çorolo'gi:, ko...; **-n** ...i:ən
chorologisch çoro'lo:gɪʃ, ko...
Choroloque *span.* tʃoro'loke
Choromanie koroma'ni:, **-n** ...i:ən
Chorotecas *span.* tʃoro'tekas
Chorotes *span.* tʃo'rotes
Chorramabad *pers.* xorræmɑ'bɑ:d
Chorramschahr *pers.* xorræm'ʃæhr
Chorrillos *span.* tʃɔ'rriʎɔs
Chorus 'ko:rʊs
Chorwon vgl. Tschörwön
Chorzów *poln.* 'xɔʒuf
Chose 'ʃo:zə
Chosen vgl. Tschosen
Choszczno *poln.* 'xɔʃtʃnɔ
Chota *span.* 'tʃota
Chotěboř *tschech.* 'xɔtjɛbɔrʃ
Chotek *dt., tschech.* 'xɔtɛk
Chotětov *tschech.* 'xɔtjɛtɔf
Chotěvice *tschech.* 'xɔtjɛvitsɛ
Chotin, Hotin *russ.* xa'tin
Chott-el-Djerid *fr.* ʃɔtɛldʒe'rid
Chotusitz 'kɔtuzɪts
Chotzen 'xɔtsn̩
Chouannerie *fr.* ʃwan'ri
Chouans *fr.* ʃwã
Chou En-lai tʃu|ɛn'lai
Chouet *fr.* ʃwɛ
Chowanschtschina, Hovanščina *russ.* xa'vanʃtʃinɐ
Chowanski, Hovanskij *russ.* xa'vanskij
Chow-Chow tʃau'tʃau, *auch:* ʃau'ʃau
Chrast *tschech.* xrast
Chrastava *tschech.* 'xrastava
Chrelkow, Hrelkov *bulgar.* 'xrɛlkof
Chrematistik krema'tɪstɪk
Chrennikow, Hrennikov *russ.* 'xrjennikɐf
Chresta 'krɛsta
Chrestien *fr.* kre'tjɛ̃
Chrestomathie krɛstoma'ti:, **-n** ...i:ən
Chrétien *fr.* kre'tjɛ̃
Chřibská *tschech.* 'xrʃipska:
Chrie 'çri:[ə], **-n** 'çri:ən
Chris *engl.* krɪs
Chrisam 'çri:zam

Chrischọna krɪˈʃoːna
Chrịsma ˈçrɪsma
Chrismạle çrɪsˈmaːlə; **...lien** ...li̯ən, **...lia** ...li̯a
Chrismạrium çrɪsˈmaːri̯ʊm, **...ien** ...i̯ən
Chrismatọrium çrɪsmaˈtoːri̯ʊm, **...ien** ...i̯ən
Chrịsmon ˈçrɪsmɔn, **...ma** ...ma
Chrịst[a] ˈkrɪst[a]
Chrịstaller ˈkrɪstalɐ
Chrịstburg ˈkrɪstbʊrk
Christchurch *engl.* ˈkraɪsttʃəːtʃ
Christe vgl. Christus
Chrịstea *rumän.* ˈkriste̯a
Chrịstel ˈkrɪstl̩
Chrịsten ˈkrɪstn̩, *dän.* ˈkresdən
Chrịstensen *norw.* ˈkristənsən
Christi vgl. Christus
Chrịstian ˈkrɪsti̯an, *fr.* krisˈtjã, *engl.* ˈkrɪstjən, *dän.* ˈkresdjan
Christiạne krɪsˈti̯aːnə
Christiạnia *norw.* kristiˈaːnia
christianisi̱eren krɪsti̯aniˈziːrən
Christiạnitas krɪsˈti̯aːnitas
Christiansborg *dän.* kresdjansˈbɔrʼ, *engl.* ˈkrɪʃənzbəːg
Chrịstian Science [Mọnitor] *engl.* ˈkrɪstjən ˈsaɪəns [ˈmɔnɪtə]
Chrịstiansen *norw.* ˈkristjansən
Christiansfẹld *dän.* kresdjansˈfɛlʼd
Christianshạvn *dän.* kresdjansˈhau̯ʼn
Christiansø *dän.* kresdjansˈøːʼ
Chrịstianstadt ˈkrɪsti̯anʃtat
Chrịstiansted *engl.* ˈkrɪʃənstɛd
Chrịstie *engl.* ˈkrɪstɪ
Christịna krɪsˈtiːna, *engl.* krɪsˈtiːnə
Christịne krɪsˈtiːnə, *fr.* krisˈtin; *engl.* ˈkrɪstiːn, –ˈ–
Christịnenberg krɪsˈtiːnənbɛrk
chrịstkatholisch ˈkrɪstkatoːlɪʃ
Chrịstkatholizismus ˈkrɪstkatolitsɪsmʊs
Chrịstkindl ˈkrɪstkɪndl̩
Chrịstl ˈkrɪstl̩
Chrịstmas *engl.* ˈkrɪsməs
Chrịstmas-Pantomimes *engl.* ˈkrɪsməsˈpæntəmaɪmz
[1]**Christo** vgl. Christus
[2]**Chrịsto, Hristo** *bulgar.* ˈxristo
Chrịstof ˈkrɪstɔf
Chrịstoff *it.* ˈkristof
Christoffel ˈkrɪstɔfl̩, *auch:* –ˈ––
Christogrạmm krɪstoˈgram
Christolatri̱e krɪstolaˈtriː
Christologi̱e krɪstoloˈgiː
christolọgisch krɪstoˈloːgɪʃ
Chrịstoph ˈkrɪstɔf
Christophani̱e krɪstofaˈniː, **-n** ...iːən
Christọphe *fr.* krisˈtɔf
Christophel ˈkrɪstɔfl̩, *auch:* –ˈ––
Chrịstopher ˈkrɪstɔfɐ, *engl.* ˈkrɪstəfə, *schwed.* krisˈtɔfər
Christophịne krɪstoˈfiːnə
Christọphorus krɪsˈtoːforʊs
Chrịstow, Hristov *bulg.* ˈxristof
christozẹntrisch krɪstoˈt͜sɛntrɪʃ
Chrịstus ˈkrɪstʊs, **...ti** ...ti, **...to** ...to, **...tum** ...tʊm; **...te** ...tə, *B* ...te
Chrịsty *engl.* ˈkrɪstɪ
Chrọbak ˈxroːbak
Chrọbry *poln.* ˈxrɔbrɨ
Chrọdegang ˈkroːdəgaŋ
Chrodegịlde krodəˈgɪldə
Chrọm kroːm
Chromatịden kromaˈtiːdn̩
Chromạtik kroˈmaːtɪk
Chromatịn kromaˈtiːn
chromạtisch kroˈmaːtɪʃ
chromatisi̱eren kromatiˈziːrən
Chromatographi̱e kromatograˈfiː
chromatogrạphisch kromatoˈgraːfɪʃ
Chromatomẹter kromatoˈmeːtɐ
chromatophịl kromatoˈfiːl
Chromatophọr kromatoˈfoːɐ̯
Chrọmatron ˈkroːmatroːn
Chrọmax ˈkroːmaks
Chromịdien kroˈmiːdi̯ən
chromi̱eren kroˈmiːrən
Chromit kroˈmiːt, *auch:* ...mɪt
chromogẹn kromoˈgeːn
Chromolith kromoˈliːt, *auch:* ...lɪt
Chromolithographi̱e kromolitograˈfiː, **-n** ...iːən
Chromomẹr kromoˈmeːɐ̯
Chromonẹma kromoˈneːma
Chromọnika kroˈmoːnika
Chromophọr kromoˈfoːɐ̯
Chromoplạst kromoˈplast
Chromoproteịde kromoproteˈiːdə
Chromoskọp kromoˈskoːp
Chromosọm kromoˈzoːm
chromosomạl kromozoˈmaːl
Chromosphä̱re kromoˈsfɛːrə
Chromotypi̱e kromotyˈpiː
Chromozẹntren kromoˈt͜sɛntrən
Chrọnegk ˈkroːnɛk
Chronẹm kroˈneːm
Chrọnik ˈkroːnɪk
Chrọnika ˈkroːnika
chronikạlisch kroniˈkaːlɪʃ
Chronịn kroˈniːn
Chronique scandaleuse *fr.* krɔnikskãdaˈløːz
chrọnisch ˈkroːnɪʃ
Chronịst kroˈnɪst
Chronodịstichon kronoˈdɪstɪçɔn
Chronogrạmm kronoˈgram
Chronogrạph kronoˈgraːf
Chronographi̱e kronograˈfiː, **-n** ...iːən
Chronolọge kronoˈloːgə
Chronologi̱e kronoloˈgiː
chronolọgisch kronoˈloːgɪʃ
Chronomẹter kronoˈmeːtɐ
Chronometri̱e kronomeˈtriː, **-n** ...iːən
chronomẹtrisch kronoˈmeːtrɪʃ
Chronophotographi̱e kronofotograˈfiː
Chronos ˈkroːnɔs, ˈkrɔnɔs
Chronoskọp kronoˈskoːp
Chronọstichon kroˈnɔstɪçɔn
Chronothẹrm Ⓦ kronoˈtɛrm
Chrọtta ˈkrɔta
Chroust krʊst
Chrụdim[ka] *tschech.* ˈxrudjim[ka]
Chruschtschọw, Hruščev *russ.* xruˈʃtʃɔf
Chrysalịde çryzaˈliːdə
Chrysạnder çryˈzandɐ
Chrysanthẹme kryzanˈteːmə
Chrysạnthemum çryˈzantemʊm, kr...; **...thẹmen** çryzanˈteːmən, kr...
Chrysạor çryˈzaːɔr
Chrysẹis çryˈzeːɪs
chryselephantịn çryzelefanˈtiːn
Chrysịpp[os] çryˈzɪp[ɔs]
Chrysler *engl.* ˈkraɪzlə
Chrysoberỵll çryzobeˈrʏl
Chrysochạlk çryzoˈçalk
Chrysographi̱e çryzograˈfiː
Chrysoidịn çryzoiˈdiːn
Chrysokạlk çryzoˈkalk
Chrysolith çryzoˈliːt, *auch:* ...lɪt
Chrysọlogus çryˈzoːlogʊs
Chrysolọras çryzoˈloːras
Chrysoprạs çryzoˈpraːs, **-e** ...aːzə
Chrysọstomos çryˈzɔstomɔs
Chrysọstomus çyˈzɔstomʊs
Chrysọthemis çryˈzoːtemɪs
Chrysotịl çryzoˈtiːl
Chrzanów *poln.* ˈxʃanuf
chthọnisch ˈçtoːnɪʃ
Chubb *engl.* tʃʌb
Chubbschloß Ⓦ ˈtʃap-ʃlɔs
Chubụt *span.* tʃuˈβut
Chụchelná *tschech.* ˈxuxɛlnaː
Chucuịto *span.* tʃuˈku̯ito
Chucumạques *span.* tʃukuˈmakes
Chụdenice *tschech.* ˈxudɛnjitsɛ
Chụla Vịsta *engl.* ˈtʃuːlə ˈvɪstə
Chụllpa *span.* ˈtʃulpa
Chulumạni *span.* tʃuluˈmani
Chunchon vgl. Tschuntschön
Chụnchos *span.* ˈtʃuntʃɔs
Chuquibạmba *span.* tʃukiˈβamba
Chuquicamạta *span.* tʃukikaˈmata
Chuquisạca *span.* tʃukiˈsaka
Chu̱r kuːɐ̯
Church *engl.* tʃəːtʃ
Church-Ạrmy *engl.* ˈtʃəːtʃˈɑːmɪ
Churchill *engl.* ˈtʃəːtʃɪl
Chu̱rfirsten ˈkuːɐ̯fɪrstn̩

Churistan *pers.* xures'tɑ:n
Churri 'xʊri
Churriguera *span.* tʃurri'ɣera
Churriter xʊ'ri:tɐ, kʊ...
Chursdorf 'ku:ɐ̯sdɔrf
Churubusco *span.* tʃuru'βusko
Churwalden ku:ɐ̯'valdn̩
churwelsch 'ku:ɐ̯vɛlʃ
Chusistan *pers.* xuzes'tɑ:n
Chutney 'tʃatni, *engl.* 'tʃʌtnɪ
Chutro *span.* 'tʃutro
Chuzpe 'xʊt͜spə
Chvaletice *tschech.* 'xvalɛtjitsɛ
Chvostek 'xvɔstɛk
Chwarismi xva'rɪsmi
Chwistek *poln.* 'xfistɛk
Chybiński *poln.* xɨ'biʲski
chylös çy'lø:s, **-e** ...ø:zə
Chylurie çylu'ri:, **-n** ...i:ən
Chylus 'çy:lʊs
Chymosin çymo'zi:n
Chymus 'çy:mʊs
Chýnov *tschech.* 'xi:nɔf
Chypre 'ʃi:pɐ, *fr.* ʃipr
Chytil *tschech.* 'xitjil
Chyträus çy'trɛ:ʊs
CIA *engl.* 'si:aɪ'eɪ
Ciacona tʃa'ko:na
Ciampino *it.* tʃam'pi:no
Ciano *it.* 'tʃa:no
ciao! tʃau̯
Ciardi *it.* 'tʃardi
Čiatura vgl. Tschiatura
CIBA 'tsi:ba
Cibakháza *ung.* 'tsibɔkha:zɔ
Cibao *span.* θi'βao
Cibazol Ⓦⓩ t͜siba't͜so:l
Cibber *engl.* 'sɪbə
Cibin[ul] *rumän.* tʃi'bin[ul]
Cibo *it.* 'tʃi:bo
Cíbola *span.* 'θiβola
Ciborium t͜si'bo:ri̯ʊm, **...ien** ...i̯ən
Ciboure *fr.* si'bu:r
CIC *engl.* 'si:aɪ'si:
Cicciano *it.* tʃit'tʃa:no
Cicellis *engl.* 'sɪslɪs
Cicely *engl.* 'sɪslɪ
Čičenice *tschech.* 'tʃi:tʃɛnjitsɛ
Čičerin vgl. Tschitscherin
Cicero 'tsi:tsero, *engl.* 'sɪsəroʊ
Cicerone tʃitʃe'ro:nə, **...ni** ...ni
Ciceronianer t͜sitsero'ni̯a:nɐ
ciceronianisch t͜sitsero'ni̯a:nɪʃ
Ciceronianismus t͜sitseroni̯a'nɪsmʊs
ciceronisch tsitse'ro:nɪʃ
Cicisbeo tʃitʃɪs'be:o
Cicognani *it.* tʃikoɲ'ɲa:ni
Cid t͜si:t, si:t; *span.* θið; *fr.* sid
Cidacos *span.* θi'ðakɔs
Cidre 'si:dɐ, *fr.* sidr
Cie. kɔmpa'ni:
Ciechanów *poln.* tɕɛ'xanuf
Ciechocinek *poln.* tɕɛxɔ'tɕinɛk
Cieco d'Adria *it.* 'tʃɛ:ko 'da:dri̯a
Ciénaga *span.* 'θi̯enaɣa
Cienfuegos *span.* θi̯ɛn'fu̯eɣɔs
Cieplice Śląskie Zdrój *poln.* tɕɛ'plitsɛ 'ɕlɔ̃skjɛ 'zdruj
Cierva *span.* 'θi̯ɛrβa
Cieszyn *poln.* 'tɕɛʃɨn
Cieza *span.* 'θi̯eθa
cif tsɪf, sɪf
Cifra *it.* 'tʃi:fra
Cigalè *slowen.* tsiga'lɛ
Cigánd *ung.* 'tsiga:nd
Cigna *it.* 'tʃiɲɲa
Cignani *it.* tʃiɲ'ɲa:ni
Cigoli *it.* 'tʃi:goli
Čigorin vgl. Tschigorin
Čikoj vgl. Tschikoi
Cilea *it.* tʃi'lɛ:a
Cilia 'tsi:li̯a
Cilli, Čilly 't͜sɪli
Cilo *türk.* 'dʒilɔ
Cima *it.* 'tʃi:ma
Cimabue *it.* tʃima'bu:e
Cimarosa *it.* tʃima'rɔ:za
Cimarrón *span.* θima'rrɔn
Cimarrones *span.* θima'rrɔnes
Čimbaj vgl. Tschimbai
Ciminna *it.* tʃi'minna
Cimino *it.* tʃi'mi:no
Cimitero *it.* tʃimi'tɛ:ro
Čimkent vgl. Tschimkent
Cimljanskij vgl. Zimljanski
Cimone *it.* tʃi'mo:ne
Cîmpina *rumän.* 'kɨmpina
Cîmpia Turzii *rumän.* kɨm'pia 'turzi
Cîmpulung *rumän.* kɨmpu'lung
Cinca *span.* 'θiŋka
Cinchona sɪn't͜ʃo:na
Chinchonin sɪnt͜ʃo'ni:n
Cincinnati *engl.* sɪnsɪ'nætɪ
Cincinnatus t͜sɪnt͜si'na:tʊs
Cinco Villas *span.* 'θiŋko 'βiʎas
Cinderella *engl.* sɪndə'rɛlə
Cineast sine'ast
Cinecittà *it.* tʃinetʃit'ta
Cinelli tʃi'nɛli
Cinema *it.* 'tʃi:nema, *engl.* 'sɪnɪmə
Cinéma *fr.* sine'ma
Cinemascope Ⓦⓩ sinema'sko:p
Cinemathek sinema'te:k
Cinerama Ⓦⓩ sine'ra:ma
Ciney *fr.* si'nɛ
Cingria *fr.* sɛ̃gri'a
Cingulum 'tsɪŋgulʊm, **...la** ...la
Cinisello Balsamo *it.* tʃini'zɛllo 'balsamo
Cinna 't͜sɪna
Cino *it.* 'tʃi:no
Cínovec *tschech.* 'tsi:nɔvɛts
Cinq-Mars *fr.* sɛ̃'ma:r
Cinquecentist tʃɪŋkvetʃɛn'tɪst
Cinquecento tʃɪŋkve'tʃɛnto
Cinque Ports *engl.* 'sɪŋk 'pɔ:ts
Cinqueterre *it.* tʃiŋku̯e'tɛrre
Cintra *port.* 'sintrɐ
Cinuos-chel *rät.* tsi'nuɔʃtʃəl
Cinvatbrücke 'tʃɪnvatbrʏkə
CIO *engl.* 'si:aɪ'oʊ
Ciolkovskij vgl. Ziolkowski
Ciołkowski *poln.* tɕɔu̯'kɔfski
Cione *it.* 'tʃo:ne
Ciotat, La *fr.* lasjɔ'ta
Čiovo *serbokr.* 'tʃiɔvɔ
Ćipiko *serbokr.* ˌtɕipikɔ
Cipollata tʃipɔ'la:ta
Cipollin[o] tʃipɔ'li:n[o]
Cipriano *it.* tʃipri'a:no
Cippus 'tsɪpʊs
Cirák *ung.* 'tsira:k
circa 't͜sɪrka
Circarama sɪrka'ra:ma
Circe 'tsɪrtsə, *B* ...tse
circensisch t͜sɪr't͜sɛnzɪʃ
Circeo *it.* tʃir'tʃɛ:o
Čirčik vgl. Tschirtschik
Circinus 'tsɪrtsinʊs
Circle *engl.* sə:kl
Circleville *engl.* 'sə:klvɪl
Circulus 'tsɪrkulʊs, **...li** ...li
Circulus vitiosus 't͜sɪrkulʊs vi't͜si̯o:zʊs, **...li ...si** ...li ...zi
Circus 't͜sɪrkʊs
Ciré si're:
Cirencester *engl.* 'saɪərənsɛstə
Cire perdue *fr.* sirpɛr'dy
Cirey *fr.* si'rɛ
Ciriaci *it.* tʃi'ri:atʃi
Ciriaco *it.* tʃi'ri:ako
Ciriè *it.* tʃi'ri̯ɛ
Čirikov vgl. Tschirikow
Cirksena 't͜sɪrksəna
Cirlova *rumän.* kɨr'lova
Cirò *it.* tʃi'rɔ
Čirpan vgl. Tschirpan
Cirque de Gavarnie *fr.* sirkdəgavar'ni
Cirrik *alban.* tsi'rrik
cis tsɪs
Cisa *it.* 'tʃi:za
Cisco *engl.* 'sɪskoʊ
Cis-Dur 'tsɪsdu:ɐ̯, *auch:* '–'–
Ciseri *it.* 'tʃi:zeri
Cisiojanus t͜sizi̯o'ja:nʊs, **...ni** ...ni
CISL *it.* tʃizl
Cismar 'tsɪsmar
cis-Moll 't͜sɪsmɔl, *auch:* '–'–
Cisnădie *rumän.* tʃisnə'die
Cisneros *span.* θiz'nerɔs
Cissarz 'tsɪsart͜s
Cissi 't͜sɪsi
Cista 't͜sɪsta
Cister 't͜sɪstɐ
Cisterna di Latina *it.* tʃis'tɛrna di la'ti:na
Cisternino *it.* tʃister'ni:no
Cisti 'tʃɪsti
Čistjakovo vgl. Tschistjakowo
Cistierna *span.* θis'ti̯erna
Čistopol vgl. Tschistopol
Cita 'tsi:ta
Čita vgl. Tschita
Cité *fr.* si'te
Cîteaux *fr.* si'to
citissime t͜si'tɪsime

Citlaltépetl *span.* θitlal'tepɛtl
Čitluk *serbokr.* 'tʃitluk
cito 'tsi:to
Citoyen sitoa'jɛ̃:
Citral tsi'tra:l
Citrat tsi'tra:t
Citrin tsi'tri:n
Citrine *engl.* sɪ'tri:n
Citroën Ⓦ *fr.* sitrɔ'ɛn
Citrus... 'tsi:trʊs...
Cittadella *it.* tʃitta'dɛlla
Città della Pieve *it.* tʃit'tad'della'piɛ:ve
Città del Vaticano *it.* tʃit'taddelvati'ka:no
Città di Castello *it.* tʃit'taddikas'tɛllo
Cittanova *it.* tʃitta'nɔ:va
Città Sant'Angelo *it.* tʃit'tassan'tandʒelo
City 'sɪti, *engl.* 'sɪtɪ
Ciuc *rumän.* tʃuk
Ciudad *span.* θiu'ðað
Ciudad de los Reyes *span.* θiu'ðað ðe lɔr 'rrɛjes
Ciudadela *span.* θiuða'ðela
Ciudad Real *span.* θiu'ðað rrɛ'al
Ciura *rumän.* 'tʃura
Civet si've:, si'vɛ
Civetta *it.* tʃi'vetta
Cividale *it.* tʃivi'da:le
Civilis tsi'vi:lɪs
Civil'sk vgl. Ziwilsk
Civita Castellana *it.* 'tʃi:vita kastel'la:na
Civitali *it.* tʃivi'ta:li
Civitanova *it.* tʃivita'nɔ:va
Civitas Dei 'tsi:vitas 'de:i
Civitavecchia *it.* tʃivita'vɛkkia
Civitella *it.* tʃivi'tɛlla
Čiževskij vgl. Tschischewski
Čkalov vgl. Tschkalow
Claaßen 'kla:sn̩
Cabassi *it.* kla'bassi
Clackmannan *engl.* klæk'mænən
Clacton *engl.* 'klæktən
Clactonien klɛkto'niɛ̃:
Cladel *fr.* kla'dɛl
Cladocera kla'do:tsera
Cladow 'kla:do
Claes *schwed.* klɑ:s
Claes[z] *niederl.* kla:s
Claggart *engl.* 'klægət
Claim kle:m, *engl.* kleɪm
Clair *fr.* klɛ:r, *engl.* klɛə
Clairau[l]t *fr.* klɛ'ro
Claire *fr.* klɛ:r
Clairet *fr.* klɛ'rɛ
Clairette klɛ'rɛt
Clair-obscur klɛrɔps'ky:ɐ̯
Clairon klɛ'rõ:, *fr.* ...rõ
Clairton *engl.* klɛətn
Clairvaux *fr.* klɛr'vo
Clairvoyance *fr.* klɛrvwa'jã:s
Clamart *fr.* kla'ma:r
Clamecy *fr.* klam'si
Clan kla:n, *engl.* klæn
Clanricarde *engl.* klæn'rɪkəd
Claparède *fr.* klapa'rɛd
Clapeyron *fr.* klapɛ'rõ
Clapham *engl.* 'klæpəm
Claque 'klakə, *fr.* klak
Claqueur kla'kø:ɐ̯
Clara *dt.*, *it.* 'kla:ra, *span.* 'klara, *engl.* 'klɑ:rə, *fr.* kla'ra
Clará *span.* kla'ra
Cläre 'klɛ:rə
Clare *engl.* klɛə
Claremont *engl.* 'klɛəmɔnt
Clarence *engl.* 'klærəns
Clarendon *engl.* 'klærəndən
Clarens *fr. Hautes-Pyrénées* kla'rɛ̃, *fr. Schweiz* kla'rã
[1]**Claret** (Wein) 'klɛrət, *engl.* 'klærət
[2]**Claret** (Name) *span.* kla'rɛt
Claretiner klare'ti:nɐ
Clari *fr.* kla'ri
Clariden kla'ri:dn̩
Clarín *span.* kla'rin
Clarino kla'ri:no, **...ni** ...ni
Clarís *span.* kla'ris
Clarissa kla'rɪsa *engl.* klə'rɪsə
Clarisse kla'rɪsə
Clark[e] *engl.* klɑ:k
Clark Fork *engl.* 'klɑ:k 'fɔ:k
Clarkia 'klarkia, **...ien** 'klarkiən
Clarksburg *engl.* 'klɑ:ksbə:g
Clarksdale *engl.* 'klɑ:ksdeɪl
Clarks Fork *engl.* 'klɑ:ks 'fɔ:k
Clarkston *engl.* 'klɑ:kstən
Clarksville *engl.* 'klɑ:ksvɪl
Claro *it.* 'kla:ro
Claß kla:s
Classen 'kla:sn̩
Clastidium klas'ti:diʊm
Claude *fr.* klo:d
Claudel *fr.* klo'dɛl
Claudia 'klaudia
Claudian[us] klau'dia:n[ʊs]
Claudina klau'di:na
Claudine klau'di:nə, *fr.* klo'din
Claudio 'klaudio, *it.* 'kla:udio
Claudius 'klaudiʊs
Clauert 'klauɐt
Clauren 'klaurən
Claus klaus
Clausewitz 'klauzəvɪts
Clausius 'klauziʊs
Clausner 'klausnɐ
Clausnitz 'klausnɪts
Clauß[en] 'klau[sn̩]
Claussen *dän.* 'klau'sən
Clausthal 'klausta:l
Clausula 'klauzula, **...lae** ...lɛ
Clausula rebus sic stantibus 'klauzula 're:bʊs 'zi:k 'stantibʊs
Clavé *span.* kla'βe
Clavecin klavə'sɛ̃:, *fr.* klav'sɛ̃
Clavecinisten klavəsi'nɪstn̩
Clavel *fr.* kla'vɛl
Claver *span.* kla'βɛr
Claves vgl. Clavis
Clavi vgl. Clavus
Clavicembalo klavi'tʃɛmbalo, **...li** ...li
Clavicula kla'vi:kula, **...lae** ...lɛ
Clavigo kla'vi:go
Clavijero *span.* klaβi'xero
Clavijo *span.* kla'βixo
Clavis 'kla:vɪs, **...ves** ...ve:s
Clavus 'kla:vʊs, **...vi** ...vi
Clawson *engl.* klɔ:sn
Clay[ton] *engl.* kleɪ[tn]
Clearance 'kli:rəns, *engl.* 'klɪərəns
Clearfield *engl.* 'klɪəfi:ld
Clearing 'kli:rɪŋ, *engl.* 'klɪərɪŋ
Clearwater *engl.* 'klɪəwɔ:tə
Cleburne *engl.* 'kli:bən
Cleef *niederl.* kle:f
Cleethorpe[s] *engl.* 'kli:θɔ:p[s]
Cleis klais
Cleland *engl.* 'klɛlənd
Clémanges *fr.* kle'mã:ʒ
Clematis kle'ma:tɪs, 'kle:matɪs
Clemen 'kle:mən
Clemence *engl.* 'klɛməns
Clemenceau *fr.* klemã'so
Clemencín *span.* klemen'θin
Clemens *dt.*, *niederl.* 'kle:məns, *engl.* 'klɛmənz
Clement *engl.* 'klɛmənt
Clément *fr.* kle'mã
Clemente *it.* kle'mɛnte, *span.* ...mente
Clementi *it.* kle'mɛnti
Clementia kle'mɛntsia
Clementine klemɛn'ti:nə
Clementis *slowak.* 'klɛmɛntis
Clemenza *it.* kle'mɛntsa
Clemm[ys] 'klɛm[ʏs]
Clénin *fr.* kle'nɛ̃
Cleomenes kle'o:menɛs
Clercq *niederl.* klɛrk
Clerf klɛrf
Clericus 'kle:rikʊs
Clerihew *engl.* 'klɛrɪhju:
Clerk klark, *engl.* klɑ:k
Clerke *engl.* klɑ:k
Clermont-Ferrand *fr.* klɛrmõfɛ'rã
Clervaux *fr.* klɛr'vo
Cléry *fr.* kle'ri
Cles *it.* kles
Cleve *dt.*, *niederl.* 'kle:və
Clevedon *engl.* 'kli:vdən
Cleveland *engl.* 'kli:vlənd
clever 'klɛvɐ
Cleverness 'klɛvɐnɛs
Clianthus kli'antʊs
Cliburn *engl.* 'klaɪbən
Cliché kli'ʃe:
Clichy *fr.* kli'ʃi
Cliff-dwellings *engl.* 'klɪfdwɛlɪŋz
Clifford 'klɪfɔrt, *engl.* 'klɪfəd
Cliffside *engl.* 'klɪfsaɪd
Clif[ton] *engl.* 'klɪft[tən]
Clignancourt *fr.* kliɲã'ku:r

Clịnch klɪntʃ, klɪnʃ
Clịnschor 'klɪnʃo:ɐ̯
Clịnton *engl.* 'klɪntən
Cli̲o 'kli:o
Clịp[per] 'klɪp[ɐ]
Clịpperton *engl.* 'klɪpətən
Clique 'klɪkə, *auch:* 'kli:kə; *fr.* klik
Clisson *fr.* kli'sõ
Clịtheroe *engl.* 'klɪðəroʊ
Cli̲tus 'kli:tʊs
Clive *engl.* klaɪv
Cli̲via 'kli:vi̯a, **...ien** ...i̯ən
Clochard *fr.* klɔ'ʃa:r
Clo-Clo̲ klo'klo:
Clo̲dia 'klo:di̯a
Clodion *fr.* klɔ'djõ
Clo̲dius Pụlcher 'klo:di̯ʊs 'pʊlkɐ, – ...lçɐ
Cloete *engl.* kloʊ'i:tɪ, 'klu:tɪ
Cloisonné klo̯azɔ'ne:
Clö̲lia 'klø:li̯a
Clonmẹl *engl.* klɔn'mɛl
Clooney *engl.* 'klu:nɪ
Clo̲os klo:s
Cloots *fr.* klɔts, klo:ts
Clọppenburg 'klɔpn̩bʊrk
Cloqué klo'ke:
Cloquet *engl.* kloʊ'keɪ
Clo̲s klo:, *fr.* klo; **des -** klo:[s], **die -** klo:s
Clọşca *rumän.* 'kloʃka
Clo̲sener 'klo:zənɐ
Clọss klɔs
Clostri̲dium klɔs'tri:di̯ʊm
Clos-Vougeo̲t *fr.* klovu'ʒo
Clotạldo *dt., span.* klo'taldo
Cloten *engl.* kloʊtn
Cloth *engl.* klɔ[:]θ
Clou klu:
Clouẹt *fr.* klu'ɛ
Clough *engl.* klʌf, klu:
Clouzo̲t *fr.* klu'zo
Clọvio *it.* 'klɔ:vi̯o
Clovis *fr.* klɔ'vis, *engl.* 'kloʊvɪs
Clown klau̯n
Clowneri̲e klau̯nə'ri:, **-n** ...i:ən
clownẹsk klau̯'nɛsk
Clownịsmus klau̯'nɪsmʊs
Clụb klʊb, *engl.* klʌb
Clụj *rumän.* kluʒ
Cluniazẹnser kluni̯a'tsɛnzɐ
Cluny *fr.* kly'ni
Cluses *fr.* kly:z
Clu̲sius 'klu:zi̯ʊs
Cluso̲ne *it.* klu'zo:ne
Cluster 'klastɐ, *engl.* 'klʌstə
Clu̲ver 'klu:vɐ
Cluytens *fr.* klųi'tɛ̃:s, *niederl.* 'klœi̯təns
Clyde *engl.* klaɪd
Clydebank *engl.* 'klaɪdbæŋk
c-Moll 'tse:mɔl, *auch:* '-'-
Cna vgl. Zna
Co. (Kompanie) ko:
Côa *port.* 'koɐ
Coach ko:tʃ, *engl.* koʊtʃ
coachen 'ko:tʃn̩
Coa̲gulum ko'|a:gulʊm, **...la** ...la
Coahuịla *span.* koa'u̯ila
Coaldale *engl.* 'koʊldeɪl
Coalịnga *engl.* koʊə'lɪŋgə
Coalville *engl.* 'koʊlvɪl
Coa̲ña *span.* ko'aɲa
Coast Ranges *engl.* 'koʊst 'reɪndʒɪz
Coatbridge *engl.* 'koʊtbrɪdʒ
Coatepẹc *span.* koate'pɛk
Coates *engl.* koʊts
Coaticook *engl.* koʊ'ætɪkʊk
Coating 'ko:tɪŋ, *engl.* 'koʊtɪŋ
Coats *engl.* koʊts
Coatzacoạlcos *span.* koatθako'alkɔs
Coạz ko'ats
Cọb kɔp, *engl.* kɔb
Cobá *span.* ko'βa
Coba̲ea ko'bɛ:a
Cobalt *engl.* 'koʊbɔ:lt
Cobán *span.* ko'βan
Cọbb[e] *engl.* kɔb
Cọbbett *engl.* 'kɔbɪt
Cọbbler 'kɔblɐ
Cọbbs *engl.* kɔbz
Cọbden *engl.* 'kɔbdən
Cobẹlli *it.* ko'bɛlli
Co̲benzl 'ko:bɛntsl̩
Cobh *engl.* koʊv
Cọbham *engl.* 'kɔbəm
Co̲blenz 'ko:blɛnts
Co̲bo *span.* 'koβo
CO̲BOL 'ko:bɔl
Co̲bra 'ko:bra
Co̲burg 'ko:bʊrk, *engl.* 'koʊbə:g
Co̲ca 'ko:ka, *span.* 'koka
Coca-Co̲la (Wz) koka'ko:la
Coca̲in koka'i:n
Cocạma *span.* ko'kama
Coccạio *it.* kok'ka:i̯o
Cocce̲ji kɔk'tse:ji
Cocce̲jus kɔk'tse:jʊs
Cọccius 'kɔktsi̯ʊs
Cọccus 'kɔkʊs
Cocentạina *span.* koθen'tai̯na
Cochabạmba *span.* kotʃa'βamba
Cọche *span.* 'kotʃe
Cọchem 'kɔxm̩
Cochenịlle kɔʃə'nɪljə, *fr.* kɔʃ'nij
Cochin *fr.* kɔ'ʃɛ̃, *engl.* 'koʊtʃɪn
Cochlä̲us kɔx'lɛ:ʊs
Cọchlea 'kɔxlea, **...eae** ...eɛ
Cochon kɔ'ʃõ:
Cochonneri̲e kɔʃɔnə'ri:, **-n** ...i:ən
Cọchran *engl.* 'kɔkrən
Cọchrane *engl.* 'kɔkrɪn
Cọchstedt 'kɔxʃtɛt
Cockburn *engl.* 'koʊbə:n
Cockcroft *engl.* 'koʊkkrɔft
Cọcker... 'kɔkɐ...
Cọckerell *engl.* 'kɔkərəl
Cọckerill *engl.* 'kɔkərɪl
Cọckermouth *engl.* 'kɔkəmaʊθ
Cọckney 'kɔkni, *engl.* 'kɔknɪ
Cọckpit 'kɔkpɪt
Cockroft *engl.* 'koʊkrɔft
Cọcksdorp *niederl.* 'kɔgzdɔrp
Cọcktail 'kɔkte:l, *engl.* 'kɔkteɪl
Coclé *span.* ko'kle
Cocle̲nius ko'kle:ni̯ʊs
Co̲co *span.* 'koko
Cocos-Keeling *engl.* 'koʊkəs'ki:lɪŋ
Cọcs *niederl.* kɔks
Cocteau *fr.* kɔk'to
Cocy̲tus ko'tsy:tʊs
Co̲da 'ko:da
Codạcci *it.* ko'dattʃi
Cọdde *niederl.* 'kɔdə
Co̲de ko:t, *fr.* kɔd, *engl.* koʊd
Code civịl *fr.* kɔdsi'vil
Code̲in kode'i:n
Code Napoléon *fr.* kɔdnapɔle'õ
Co̲dex 'ko:dɛks, **Co̲dices** 'ko:ditse:s
Co̲dex argẹnteus 'ko:dɛks ar'gɛnteʊs
Co̲dex Ju̲ris Cano̲nici 'ko:dɛks 'ju:rɪs ka'no:nitsi
Codicịllus kodi'tsɪlʊs, **...lli** ...li
codi̲eren ko'di:rən
Codigo̲ro *it.* kodi'gɔ:ro
Cọdlea *rumän.* 'kodle̯a
Codó *bras.* ko'dɔ
Codọgno *it.* ko'doɲɲo
Codomạnnus kodo'manʊs
Codreạnu *rumän.* ko'dre̯anu
Codro̲ipo *it.* ko'drɔ:i̯po
Codụcci *it.* ko'duttʃi
Cody *engl.* 'koʊdɪ
Coecke *niederl.* 'ku:kə
Coelho *port.* 'ku̯ɐʎu, *bras.* 'ku̯eʎu
Coẹllo *span.* ko'eʎo
Coen *niederl.* ku:n
Coesfeld 'ko:sfɛlt
coetạn ko|e'ta:n
Cœur kø:ɐ̯, *fr.* kœ:r
Cœur-As kø:ɐ̯'|as, '--
Cœur d'Alene *engl.* kɔ:d'leɪn
Cœur de Lion *fr.* kœrdə'ljõ
Coevorden *niederl.* 'ku:vɔrdə
Coffe̲in kɔfe'i:n
Cọffeyville *engl.* 'kɔfɪvɪl
Cọffin *engl.* 'kɔfɪn
Co̲fre de Pero̲te *span.* 'kofre ðe pe'rote
Cọggiola *it.* 'kɔddʒola
Coghẹtti *it.* ko'getti
co̲gito, ẹrgo sụm 'ko:gito 'ɛrgo 'zʊm
[1]**Cognạc** (Ort) *fr.* kɔ'ɲak
[2]**Cọgnac** (Weinbrand) 'kɔnjak
Cogniẹt *fr.* kɔ'ɲɛ
Cogno̲men kɔ'gno:mən, **Cogno̲mina** kɔ'gno:mina
Cogu̲l *span.* ko'ɣul
Co̲hen 'ko:ən, *selten* ko'he:n; *fr.* kɔ'ɛn, *engl.* 'koʊɪn
Co̲hn ko:n, *engl.* koʊn, *fr.* kɔn
Cohoes *engl.* koʊ'hoʊz

Coiffeur ko̯a'fø:ɐ̯
Coiffeuse ko̯a'fø:zə
Coiffure ko̯a'fy:ɐ̯, **-n** ...rən
Coigny *fr.* kwa'ɲi
Cọimbatọre *engl.* 'kɔɪmbə'tɔ:
Coịmbra *port.* 'ku̯imbrɐ
Coimbrizẹnser kɔɪmbri'tsɛnzɐ
Coín *span.* ko'in
Coincidẹntia oppositọrum ko|ɪntsi'dɛntsi̯a ɔpozi'to:rʊm
Coincy *fr.* kwɛ̃'si
Cọing 'ko:ɪŋ
Cointrin *fr.* kwɛ̃'trɛ̃
Coịr ko'i:ɐ̯, *engl.* 'kɔɪə
Cọitus 'ko:itʊs
Coiẹdes *span.* kɔ'xeðes
Coiutepẹque *span.* kɔxute'peke
Cọiz *slowen.* tso:jz
¹**Coke** (Name) *engl.* koʊk, kʊk
²**Coke** (Wz) (Coca-Cola) ko:k, *engl.* koʊk
Coker *engl.* 'koʊkə
¹**Cọla** *it.* 'kɔ:la
²**Cola** vgl. Colon
Colac *engl.* kə'læk
Colạlto ko'lalto
Colardeau *fr.* kɔlar'do
Colạres *port.* ku'larɪʃ
Colạs *fr.* kɔ'lɑ
Colasciọne kola'ʃo:nə
col bạsso kɔl 'baso
Colbẹrt *fr.* kɔl'bɛ:r
Cọlbitz 'kɔlbɪts
Colby *engl.* 'koʊlbɪ
Colchạgua *span.* kɔl'tʃagu̯a
Colchester *engl.* 'koʊltʃɪstə
Cọlchicum 'kɔlçikʊm
Colchizịn kɔlçi'tsi:n
Cold Cream *engl.* 'koʊld 'kri:m
Coldfield *engl.* 'koʊldfi:ld
Cọlditz 'kɔldɪts
Coldrẹrio *it.* kol'drɛ:ri̯o
Cold Rubber *engl.* 'koʊld 'rʌbə
Coldstream *engl.* 'koʊldstri:m
Col du Perthus *fr.* kɔldypɛr'tys
Coldwater *engl.* 'koʊldwɔ:tə
Cole *engl.* koʊl
Colebrooke *engl.* 'koʊlbrʊk
Coleman *engl.* 'koʊlmən
Cọlenbrander *niederl.* 'ko:lənbrɑndər
Colẹnso *engl.* kə'lɛnzoʊ
Coleọpter kole'ɔptɐ
Cọler 'ko:lɐ
Coleraine *engl.* koʊl'reɪn, '--
Coleridge *engl.* 'koʊlrɪdʒ
Colẹrus ko'le:rʊs
Cölestịn[us] tsølɛs'ti:n[ʊs]
Colet *fr.* kɔ'lɛ, *engl.* 'kɔlɪt
Colẹtta ko'lɛta, *it.* ko'letta
Colẹtte *fr.* kɔ'lɛt
Cọleus 'ko:leʊs
Coleville *engl.* 'koʊlvɪl
Colgate kɔl'ga:tə, *engl.* 'kɔlgɪt
Cọlico *it.* 'kɔ:liko
Coligny *fr.* kɔli'ɲi
Colijn *niederl.* ko:'lɛi̯n
Colijnsplaat *niederl.* ko:'lɛi̯nspla:t
Colịma *span.* ko'lima
Colin *fr.* kɔ'lɛ̃, *engl.* 'kɔlɪn
Colịnes *fr.* kɔ'lin
Colins *fr.* kɔ'lɛ̃, *engl.* 'kɔlɪnz
Coliseọ *it.* koli'zɛ:o
Cölius 'tsø:li̯ʊs
Cọll kɔl
Cọlla *it.* 'kɔlla
cọlla dẹstra 'kɔla 'dɛstra
Collạge kɔ'la:ʒə
Collạlto *it.* kol'lalto
Collạnde kɔ'landə
cọlla pạrte 'kɔla 'partə
coll'ạrco kɔl 'arko
Collạrd *fr.* kɔ'la:r
Collargọl kɔlar'go:l
cọlla sinịstra 'kɔla zi'nɪstra
Collatịnus kɔla'ti:nʊs
Collạzo *span.* ko'ʎaθo
Cọlle *it.* 'kɔlle
collé kɔ'le:
Collectạnea kɔlɛk'ta:nea
Cọlle di Val d'Ẹlsa *it.* 'kɔlle di val'delsa
Cọllege 'kɔlɪtʃ, *engl.* 'kɔlɪdʒ; **-s** ...lɪtʃ[s]
Collège kɔ'lɛ:ʃ, *fr.* kɔ'lɛ:ʒ; **-s** ...'lɛ:ʃ[s]
Collège de France *fr.* kɔlɛʒdə'frɑ̃:s
Collẹgium mụsicum kɔ'le:gi̯ʊm 'mu:zikʊm, **...ia ...ka** ...i̯a ...ka
Collẹgium pụblicum kɔ'le:gi̯ʊm 'pu:blikʊm, **...ia ...ka** ...i̯a ...ka
col lẹgno kɔl 'lɛnjo
Colleọni *it.* kolle'o:ni
Cọllett *norw.* 'kɔlət
Cọlley *engl.* 'kɔlɪ
Collibẹrts *fr.* kɔli'bɛ:r
Cọllico-Kiste 'kɔlikokɪstə
¹**Cọllie** (Hund) 'kɔli
²**Cọllie** (Ort) *engl.* 'kɔlɪ
¹**Colliẹr** (Schmuck) kɔ'li̯e:
²**Cọllier** (Name) *engl.* 'kɔlɪə
Collier de Venus, -s - - *fr.* kɔljedve'nys
Collijn *schwed.* kɔ'li:n
Collin *fr.* kɔ'lɛ̃, *norw.* kɔ'li:n
Cọllingdale *engl.* 'kɔlɪŋdeɪl
Cọlling[s]wood *engl.* 'kɔlɪŋ[z]wʊd
Cọllins *engl.* 'kɔlɪnz
Cọllinson *engl.* 'kɔlɪnsn
Cọllinsville *engl.* 'kɔlɪnzvɪl
Collioure *fr.* kɔ'lju:r
Cọllip *engl.* 'kɔlɪp
Cọllm[berg] 'kɔlm[bɛrk]
Cọllmen 'kɔlmən
Cọlln kœln
Collọdi *it.* kol'lɔ:di
Collon *fr.* kɔ'lɔ̃
Collorẹdo kɔlo're:do, *it.* kollo're:do
Collot d'Herbois *fr.* kɔlodɛr'bwa
Colman *engl.* 'koʊlmən, *span.* 'kɔlman
Cọlmar 'kɔlmar, *fr.* kɔl'ma:r
Cọlmberg 'kɔlmbɛrk
Colmenạr [Viẹjo] *span.* kɔlme'nar ['βi̯ɛxo]
Colne *engl.* koʊ[l]n
Colọgna Vẹneta *it.* ko'loɲɲa 'vɛ:neta
Colọgne *fr.* kɔ'lɔɲ
Cologny *fr.* kɔlɔ'ɲi
Colọma *span.* ko'loma
Coloman 'ko:loman, *auch:* 'kɔl...
Colomạnnus kolo'manʊs
Colomb-Béchạr *fr.* kɔlɔ̃be'ʃa:r
Colombe[s] *fr.* kɔ'lɔ̃:b
Colombey-les-deux-Églịses *fr.* kɔlɔ̃bɛledøze'gli:z
Colọmbia *span.* ko'lɔmbi̯a
Colombiẹr *fr.* kɔlɔ̃'bje
Colombịne kolɔm'bi:nə
Colọmbo ko'lɔmbo, *it.* ko'lombo, *engl.* kə'lʌmboʊ
Cọlon 'ko:lɔn, **Cọla** 'ko:la
Colón *span.* ko'lɔn
Colonẹl kolo'nɛl, *fr.* kɔlɔ'nɛl, *engl.* 'kə:nəl
Colọnia *span.* ko'loni̯a
Colọnia Agrippinẹnsis ko'lo:ni̯a agrɪpi'nɛnzɪs
Colọnna *it.* ko'lonna
Colọnne *fr.* kɔ'lɔn, *it.* ko'lonne
Cọlonsay *engl.* 'kɔlənseɪ
Colorạdo kolo'ra:do, *engl.* kɔlə'rɑ:doʊ, *span.* kolo'raðo
Colọrno *it.* ko'lorno
Colquhoun *engl.* kə'hu:n
¹**Cọlt** (Wz) (Waffe) kɔlt
²**Colt** (Name) *engl.* koʊlt
Colton *engl.* 'koʊltən
Cọlum *engl.* 'kɔləm
Colụmba ko'lʊmba
Columbạn kolʊm'ba:n
Columbạrium kolʊm'ba:ri̯ʊm, **...ien** ...i̯ən
Colụmbia ko'lʊmbi̯a, *engl.* kə'lʌmbɪə
Columbia Broadcasting System *engl.* kə'lʌmbɪə 'brɔ:dkɑ:stɪŋ 'sɪstɪm
Colụmbium ko'lʊmbi̯ʊm
Columbrẹtes *span.* kolum'bretes
Columbus *engl.* kə'lʌmbəs
Columẹlla kolu'mɛla
Colụna *port.* ku'lunɐ
Colụnga *span.* ko'luŋga
Cọlwyn *engl.* 'kɔlwɪn
Cọma Berenịces 'ko:ma bere'ni:tse:s
Comạcchio *it.* ko'makki̯o
Comạnder ko'mandɐ
Comănești *rumän.* komə'neʃtj
Cọmas *span.* 'komas
Comạske ko'maskə
Comayạgua *span.* koma'jaɣu̯a
Cọmba 'kɔmba, *it.* 'komba

Combarelles, Les *fr.* lekõba'rɛl
Combat *fr.* kõ'ba
Combe *engl.* ku:m
Combe-Capelle *fr.* kõbka'pɛl
Combes *fr.* kõ:b
Combin *fr.* kõ'bɛ̃
Combine kɔm'bain
Combloux *fr.* kõ'blu
Combo 'kɔmbo
Combourg *fr.* kõ'bu:r
Comeback kam'bɛk, *engl.* 'kʌmbæk
Comecon 'kɔmekɔn
Comedia ko'me:di̯a
Comédie-Française *fr.* kɔmedifrã'sɛ:z
Comédie larmoyante *fr.* kɔmedilarmwa'jã:t
Comelico *it.* ko'mɛ:liko
Comenius ko'me:ni̯ʊs
Come quick, danger! *engl.* 'kʌm 'kwɪk 'deɪndʒə
Comércio *port.* ku'mɛrsi̯u
Comer See 'ko:mɐ 'ze:
Comes 'ko:mɛs, **Comites** 'ko:mite:s
come sopra 'ko:mə 'zo:pra
Comestibles komɛs'ti:bl̩
Comet *engl.* 'kɔmɪt
Cömeterium tsøme'te:ri̯ʊm, **...ien** ...i̯ən
Comfort *engl.* 'kʌmfət
Comics *engl.* 'kɔmɪks
Comic strips *engl.* 'kɔmɪk 'strɪps
Comillas *span.* ko'miʎas
Comines *fr.* kɔ'min
Coming man *engl.* 'kʌmɪŋ 'mæn
Cominius ko'mi:ni̯ʊs
COMISCO ko'mɪsko
Comiso *it.* 'kɔ:mizo
Comitatus komi'ta:tʊs
Comites vgl. Comes
Commedia dell'arte kɔ'me:di̯a dɛl 'artə
comme il faut kɔmɪl'fo:, *fr.* kɔmil'fo
Commentry *fr.* kɔmã'tri
Commer 'kɔmɐ
Commercy *fr.* kɔmɛr'si
Commines *fr.* kɔ'min
Comminges *fr.* kɔ'mɛ̃:ʒ
Commis voyageur, - -s *fr.* kɔmivwaja'ʒœ:r
Commodity *engl.* kə'mɔdɪtɪ
commodo 'kɔmodo
Commodus 'kɔmodʊs
Commoner *engl.* 'kɔmənə
Common Law *engl.* 'kɔmən 'lɔ:
Common Prayer-Book *engl.* 'kɔmən 'prɛəbʊk
Commons *engl.* 'kɔmənz
Commons sense *engl.* 'kɔmən 'sɛns
Commonwealth [of Nations] *engl.* 'kɔmənwɛlθ [əv 'neɪʃənz]
Commune *fr.* kɔ'myn
Commune Sanctorum kɔ'mu:nə zaŋk'to:rʊm
Communio Sanctorum kɔ'mu:ni̯o zaŋk'to:rʊm
Communiqué kɔmyni'ke:
Communis opinio kɔ'mu:nɪs o'pi:ni̯o
Commynes *fr.* kɔ'min
Como *it.* 'kɔ:mo
comodo 'ko:modo, *it.* 'kɔ:modo
Comodoro *span.* komo'ðorɔ
Comonfort *span.* komɔn'fɔr
Comores *fr.* kɔ'mɔ:r
Comorin *engl.* 'kɔmərɪn
Compagni *it.* kam'paɲɲi
Compagnie kɔmpa'ni:, **-n** ...i:ən
Compagnon kɔmpan'jõ:, *fr.* kõpa'ɲõ
Companys *kat.* kum'paɲs, *span.* kɔm'panis
Comparetti *it.* kompa'retti
Compartimento komparti'mɛnto
Compiègne *fr.* kõ'pjɛn
Compiler kɔm'pailɐ
Composé kõpo'ze:
Composer kɔm'po:zɐ
Compositae kɔm'po:zitɛ
Compostela *span.* kɔmpɔs'tela
Compound... kɔm'paʊnt..., *auch:* '––; *engl.* 'kɔmpaʊnd...
Comprette Ⓦⓩ kɔm'prɛtə
comptant kõ'tã:
Comptoir kõ'to̯a:ɐ̯
Compton *engl.* 'kʌmptən
Compur Ⓦⓩ kɔm'pu:ɐ̯
Computer kɔm'pju:tɐ
computerisieren kɔmpjutəri'zi:rən
Comstock Lode *engl.* 'kɔmstɔk 'loʊd
Comte *fr.* kõ:t
Comtesse kõ'tɛs, **-n** kõ'tɛsn̩
Comuneros *span.* komu'nerɔs
Čona vgl. Tschona
Conachi *rumän.* ko'naki
con affetto kɔn a'fɛto
Conakry *fr.* kɔna'kri
con amore kɔn a'mo:rə
Conan *engl.* 'koʊnən, 'kɔnən
con anima kɔn 'a:nima
Conant *engl.* 'kɔnənt
conaxial kɔn|a'ksi̯a:l
con brio kɔn 'bri:o
con calore kɔn ka'lo:rə
Concarneau *fr.* kõkar'no
Conceição *port.* kõsɐi̯'sɐ̃ṷ
Concelebratio kɔntsele'bra:tsi̯o
Concentus kɔn'tsɛntʊs
Concepción *span.* kɔnθɛp'θi̯ɔn
Conceptio immaculata kɔn'tsɛptsi̯o ɪmaku'la:ta
Concertante kɔntsɛr'tantə, *it.* kontʃer'tante, *fr.* kõsɛr'tã:t, **-n** ...tn̩
Concertgebouw *niederl.* kɔn'sɛrtxəbɔṷ
Concertgebouworkest *niederl.* kɔn'sɛrtxəbɔṷɔr,kɛst
Concertino kɔntʃɛr'ti:no
Concerto grosso kɔn'tʃɛrto 'grɔso, **...ti ...ssi** ...ti ...si
Concerts spirituels *fr.* kõsɛrspiri'tɥɛl
Concetti kɔn'tʃɛti
[1]**Concha** (Organ) 'kɔnça
[2]**Concha** (Name) *span.* 'kɔntʃa
Conches kõ:ʃ
Conchita *span.* kɔn'tʃita
Concierge kõ'si̯ɛrʃ, *fr.* kõ'sjɛrʒ; **-s** kõ'si̯ɛrʃ[s]
Conciergerie kõsi̯ɛrʒə'ri:, *fr.* kõsjɛrʒə'ri
Concini *it.* kon'tʃi:ni, *fr.* kõsi'ni
concitato kɔntʃi'ta:to
Conclusio kɔn'klu:zi̯o, *auch:* kɔŋ...
Concord *engl.* 'kɔŋkɔ:d
Concorde *fr.* kõ'kɔrd
Concordia kɔn'kɔrdi̯a, *auch:* kɔŋ...; *engl.* kɔn'kɔ:dɪə, *span.* kɔŋ'kɔrði̯a
Concours hippique *fr.* kõkuri'pik, **- -s** ...rzi'pik
Conde *span.* 'kɔnde
Condé *fr.* kõ'de
Condeixa *port.* kon'dɐi̯ʃɐ
Condensa kɔn'dɛnza
Condensite Ⓦⓩ kɔndɛn'zi:tə
Condillac *fr.* kõdi'jak
con discrezione kɔn dɪskre'tsi̯o:nə
Conditionalis kɔnditsi̯o'na:lɪs
Conditio sine qua non kɔn'di:tsi̯o 'zi:nə 'kva: 'no:n
con dolore kɔn do'lo:rə
Condon *engl.* 'kɔndən
Condom *fr.* kõ'dõ
Condor 'kɔndɔr
Condorcet *fr.* kõdɔr'sɛ
Condottiere kɔndɔ'ti̯e:rə, **...ri** ...ri
Condroz *fr.* kõ'dro
Conductus kɔn'dʊktʊs
Condwiramurs kɔnt'vi:ramʊrs
con effetto kɔn ɛ'fɛto
Conegliano *it.* koneʎ'ʎa:no
Coney *engl.* 'koʊnɪ
Confalonieri *it.* konfalo'ni̯ɛ:ri
Confédération Française des Travailleurs Chrétiens *fr.* kõfederɑsjõfrã-sɛzdetravajœrkre'tjɛ̃
Confédération Générale du Travail *fr.* kõfederɑsjõʒeneraldytra'vaj
Confédération Internationale des Sociétés d'Auteurs et Compositeurs *fr.* kõfederɑsjõɛ̃tɛrnasjɔnal-desɔsjetedotœrzekõpozi'tœ:r
confer 'kɔnfɛr
Conférence kõfe'rã:s
Conférencier kõferã'si̯e:

conferieren kɔnfe'ri:rən
Confessio kɔn'fɛsi̯o, **-nes** ...'si̯o:ne:s
Confessio Augustana, - Belgica, - Gallicana, - Helvetica kɔn'fɛsi̯o au̯gʊs'ta:na, - 'bɛlgika, - gali'ka:na, - hɛl've:tika
Confessor kɔn'fɛsɔr, **-es** ...'so:re:s
Confiteor kɔn'fi:teɔr
Confoederatio Helvetica kɔnføde'ra:tsi̯o hɛl've:tika
Confolens *fr.* kõfɔ'lã
Conformers *engl.* kən'fɔ:məz
con forza kɔn 'fɔrtsa
Confrater kɔn'fra:tɐ, **...tres** ...tre:s
con fuoco kɔn 'fu̯o:ko
Conga 'kɔŋga
Congar *fr.* kõ'ga:r
Congo *fr.* kõ'go
Congo Belge *fr.* kõgo'bɛlʒ
con grazia kɔn 'gra:tsi̯a
Congress of Industrial Organizations *engl.* 'kɔŋgrɛs əv ɪn'dʌstrɪəl ɔ:gənaɪ'zeɪʃənz
Congreve *engl.* 'kɔŋgri:v
Coni vgl. Conus
Coniferae ko'ni:ferɛ
con impeto kɔn 'ɪmpeto
Coningh *niederl.* 'ko:nɪŋ
Coninxloo *niederl.* 'ko:nɪŋkslo:
Conisborough *engl.* 'kɔnɪsbrə, 'kʌn...
Conjunctiva kɔnjʊŋk'ti:va
Conjunctivitis kɔnjʊŋkti'vi:tɪs, **...itiden** ...vi'ti:dn̩
con leggierezza kɔn lɛdʒe'rɛtsa
con moto kɔn 'mo:to
Connacht *engl.* 'kɔnət
Connaisseur kɔnɛ'sø:ɐ̯
Connally *engl.* 'kɔnəlɪ
Connaught *engl.* 'kɔnɔ:t
Conneaut *engl.* 'kɔnɪɔt
Connecticut kɔ'nɛktikət, *engl.* kə'nɛtɪkət
Connellsville *engl.* 'kɔnlzvɪl
Connelly *engl.* 'kɔnəlɪ
Connemara *engl.* kɔnɪ'mɑ:rə
Conner[s] *engl.* 'kɔnə[z]
Connersville *engl.* 'kɔnəzvɪl
Connewitz 'kɔnəvɪts
Conni 'kɔni
Connie *engl.* 'kɔnɪ
Connolly *engl.* 'kɔnəlɪ
Conny 'kɔni, *engl.* 'kɔnɪ
Cönobit tsøno'bi:t
Conolly *engl.* 'kɔnəlɪ
con passione kɔn pa'si̯o:nə
con pietà kɔn pi̯e'ta
Conques *fr.* kõ:k
Conrad 'kɔnra:t, *engl.* 'kɔnræd
Conradi, ...dy kɔn'ra:di
Conrart *fr.* kõ'ra:r
Conring 'kɔnrɪŋ
Consalvi *it.* kon'salvi
Conscience *fr.* kõ'sjã:s
Consdorf 'kɔnsdɔrf
Consecutio temporum kɔnze'ku:tsi̯o 'tɛmporʊm
Conseil kõ'se:j, *fr.* kõ'sɛj
Conselice *it.* kon'se:litʃe
Consensus kɔn'zɛnzʊs
Consensus communis kɔn'zɛnzʊs kɔ'mu:nɪs
Consensus omnium kɔn'zɛnzʊs 'ɔmniʊm
con sentimento kɔn zɛnti'mɛnto
Consett *engl.* 'kɔnsɪt
Conshohocken *engl.* kɔnʃə'hɔkən
Considérant *fr.* kõside'rã
Consilium abeundi kɔn'zi:li̯ʊm abe'ʊndi
Consolatio kɔnzo'la:tsi̯o, **-nes** ...la'tsi̯o:ne:s
Consommé kõsɔ'me:
con sordino kɔn zɔr'di:no
con spirito kɔn 'spi:rito
Constable 'kanstəbl̩, *engl.* 'kʌnstəbl
Constans 'kɔnstans, *fr.* kõs'tã
Constant *engl.* 'kɔnstənt, *fr.* kõs'tã
Constanța *rumän.* kon'stantsa
Constantin 'kɔnstanti:n, *auch:* ––'–, *rumän.* konstan'tin
Constantina *span.* kɔnstan'tina
Constantine *fr.* kõstã'tin
Constantinescu *rumän.* konstanti'nesku
Constantinus kɔnstan'ti:nʊs
Constantius kɔn'stantsi̯ʊs
Constellation *engl.* kɔnstə'leɪʃən
Constituante kõsti'tɥ̆ã:t, **-s** ...ã:t, **-n** ...ã:tn̩
Constitución *span.* kɔnstitu'θi̯ɔn
Constructio ad sensum kɔn'strʊktsi̯o at 'zɛnzʊm
Constructio apo koinu kɔn'strʊktsi̯o a'po: kɔy'nu:
Constructio kata synesin kɔn'strʊktsi̯o ka'ta 'zy:nezɪn
Consuegra *span.* kɔn'su̯eɣra
Consuelo *span.* kɔn'su̯elo
Consulat *fr.* kõsy'la
Contact... kɔn'takt...
Contagion kɔnta'gi̯o:n
Container kɔn'te:nɐ, *engl.* kən'teɪnə
Containment *engl.* kən'teɪnmənt
Contarini *it.* konta'ri:ni
Contax Ⓦz 'kɔntaks
[1]**Conte** (Erzählung), **-s** *fr.* kõ:t
[2]**Conte** (Graf) 'kɔntə, **...ti** ...ti
Conteben kɔnte'be:n
Contenance kõtə'nã:s[ə], *fr.* kõt'nã:s
con tenerezza kɔn tene'rɛtsa
Contergan Ⓦz kɔntɛr'ga:n
Contessa kɔn'tɛsa
Contessina kɔnntɛ'si:na
Conthey *fr.* kõ'tɛ
Conti *it.* 'konti, *fr.* kõ'ti
Conto *span.* 'kɔnto
Conto de Reis *port.* 'kontu ðə 'rrɐi̯ʃ, *bras.* – di 'rrei̯s
contra, C... 'kɔntra
Contradictio in adiecto kɔntra'dɪktsi̯o ɪn at'jɛkto
Contraria contrariis kɔn'tra:ri̯a kɔn'tra:rii:s
Contrat social *fr.* kõtrasɔ'sjal
contre cœur *fr.* kõtrə'kœ:r
Contrecoup kõtɐ'ku:, kõtrə'ku:
Contredanse kõtɐ'dã:s, kõtrə'dã:s
Contreras *span.* kɔn'treras
Contrexéville *fr.* kɔntrɛkse'vil
Control[l]er kɔn'tro:lɐ, *engl.* kən'troʊlə
Controviesa *span.* kɔntro'βi̯esa
Contucci *it.* kon'tuttʃi
Contwig 'kɔntvɪç
Conus 'ko:nʊs, **...ni** ...ni
Convair *engl.* 'kɔnvɛə
Convent kɔn'vɛnt
Convention nationale *fr.* kõvãsjõnasjɔ'nal
Conversano *it.* konver'sa:no
Converter kɔn'vɛrtɐ
Convertible Bonds *engl.* kən'və:təbl 'bɔndz
Conveyer kɔn've:ɐ
Convoy 'kɔnvɔy, *auch:* –'–
Conway *engl.* 'kɔnweɪ
Conybeare *engl.* 'kɔnɪbɪə, 'kʌn...
Conz[e] 'kɔnts[ə]
Coo *it.* 'kɔ:o
Coogan *engl.* 'ku:gən
Cook[e] *engl.* kʊk
Cool Clary *engl.* 'ku:l 'klærɪ
Coolen *niederl.* 'ko:lə
Coolgardie *engl.* ku:l'gɑ:dɪ
Coolidge *engl.* 'ku:lɪdʒ
Cool Jazz *engl.* 'ku:l 'dʒæz
Coomb[e] *engl.* ku:m
Co op ko'|ɔp
Cooper *engl.* 'ku:pə
Coornhert *niederl.* 'ko:rnhɛrt
Coosa *engl.* 'ku:sə
Cop kɔp
Čop *slowen.* tʃo:p
Copacabana *span.* kopaka'βana, *bras.* kopaka'βɐna
Copán *span.* ko'pan
Copaño *span.* ko'paɲo
Copeau *fr.* kɔ'po
Copello *span.* ko'peʎo
Cöpenick 'kø:pənɪk
Copernicus ko'pɛrnikʊs
Copertino *it.* koper'ti:no
Copiapó *span.* kopi̯a'po
Copilot 'ko:pilo:t
Copland *engl.* 'kɔplənd, 'koʊp..
Coplé *span.* ko'ple

Cọplestone *engl.* 'kɔplstən
Cọpley *engl.* 'kɔplɪ
Coppạro *it.* kop'pa:ro
Coppé[e] *fr.* kɔ'pe
Coppélia kɔ'pe:li̯a, *fr.* kɔpe'lja
Coppẹlius kɔ'pe:li̯ʊs
Cọpperfield *engl.* 'kɔpəfi:ld
Cọppermine *engl.* 'kɔpəmaɪn
Coppẹt *fr.* kɔ'pɛ
Cọppi *it.* 'kɔppi, 'koppi
Cọppo *it.* 'kɔppo
Cọpyright 'kɔpirai̯t
Coq d'Ọr *fr.* kɔk'dɔ:r
Coquelin *fr.* kɔ'klɛ̃
Coquerẹl *fr.* kɔ'krɛl
Cọques *fr.* kɔk
Coquilhatvịlle *fr.* kɔkijat'vil
Coquịlle ko'ki:j[ə], *fr.* kɔ'kij; **-n** ...jən
Coquịmbo *span.* ko'kimbo
Cọr ko:ɐ̯
Cọra 'ko:ra
Corạbia *rumän.* ko'rabia
Cọral Gables *engl.* 'kɔrəl 'geɪblz
Corallịna kora'li:na
cọram pụblico 'ko:ram 'pu:bliko
Coraọpolis *engl.* kɔrɪ'ɔpəlɪs
Corạto *it.* ko'ra:to
Coray *fr.* kɔ'rɛ
Corazzịni *it.* korat'tsi:ni
Corbẹil *fr.* kɔr'bɛj
Corbie *fr.* kɔr'bi
Corbière[s] *fr.* kɔr'bjɛ:r
Cọrbin *engl.* 'kɔ:bɪn
Cọrby *engl.* 'kɔ:bɪ
Corcạpolo *it.* kor'ka:polo
Corcovạdo *span.* kɔrko'βaðo, *bras.* korko'vadu
Corcubión *span.* kɔrku'βi̯ɔn
Corcy *fr.* kɔr'si
Corcyra [nịgra] kɔr'tsy:ra ['ni:gra]
Cọrd kɔrt
Cọrda[n] 'kɔrda[n]
Corday *fr.* kɔr'dɛ
Cordeiro *port.* kur'dɐi̯ru
Cordele *engl.* kɔ:'di:l, 'kɔ:di:l
Cordẹlia kɔr'de:li̯a
Cordeliẹrs *fr.* kɔrdə'lje
Cordenọns *it.* korde'nons
Cordẹro *span.* kɔr'ðero
Cordial Médọc *fr.* kɔrdjalme'dɔk
Cordiẹr *fr.* kɔr'dje
Cordierit kɔrdi̯e'ri:t, *auch:* ...ɪt
Cordillẹra *span.* kɔrði'ʎera; **- Blạnca** – 'βlaŋka, **- Reạl** – rrɛ'al
Córdoba 'kɔrdoba, *auch:* ...va; *span.* 'kɔrðoβa
Cordon bleu, -s -s *fr.* kɔrdõ'blø
Cordovẹro *span.* kɔrðo'βero
Cọrduba 'kɔrduba
Cọrdula 'kɔrdula
Cọrdus 'kɔrdʊs
Cọre *engl.* kɔ:
Corẹlli *it.* ko'rɛlli
Cọremans *niederl.* 'ko:rəmɑns
Corẹna *it.* ko'rɛ:na
Corẹsi *rumän.* ko'resi
Cọrey *engl.* 'kɔ:rɪ
Corfịnium kɔr'fi:ni̯ʊm
Corfù *it.* kor'fu
Cọrgo *port.* 'korgu
Cọri *engl.* 'kɔ:rɪ, *it.* 'kɔ:ri
Cọria *span.* 'kori̯a
Coriạno *it.* ko'ri̯a:no
Corigliạno Cạlabro *it.* koriʎ'ʎa:no 'ka:labro
Corinạldo *it.* kori'naldo
Corịnna ko'rɪna
Corịnne *fr.* kɔ'rin
Corịnnus ko'rɪnʊs
Corịnth ko'rɪnt
Cọrinth *engl.* 'kɔrɪnθ
Cọrio *it.* 'kɔ:ri̯o
Coriolạno *it.* kori̯o'la:no
Coriolạn[us] kori̯o'la:n[ʊs]
Coriolịs *fr.* kɔrjɔ'lis
Corịsco *span.* ko'risko
Cọrium 'ko:ri̯ʊm
Cọrk *engl.* kɔ:k
Corleọne *it.* korle'o:ne
Corlẹto Perticạra *it.* kor'le:to perti'ka:ra
Cọrliss *engl.* 'kɔ:lɪs
Cormọns *it.* kor'mons
Cornamụsa kɔrna'mu:za
Cornạro *it.* kor'na:ro
Cọrnea 'kɔrnea, **-e** ...neɛ
Cọrned beef *engl.* 'kɔ:nd 'bi:f
Cọrned pọrk *engl.* 'kɔ:nd 'pɔ:k
Cornẹille *fr.* kɔr'nɛj
Cornẹjo *span.* kɔr'nɛxo
Cornẹlia kɔr'ne:li̯a
Cornẹlie kɔr'ne:li̯ə
Cornẹlisz *niederl.* kɔr'ne:lɪs
Cornẹlius kɔr'ne:li̯ʊs, *niederl.* kɔr'ne:li:ʏs
Cọrnell 'kɔrnl̩, *engl.* kɔ:'nɛl
Cornẹly kɔr'ne:li
Cornemuse, -s *fr.* kɔrnə'my:z
Cọrner 'ko:ɐ̯nɐ, *engl.* 'kɔ:nə
Cornet à pistons *fr.* kɔrnɛapis'tõ
Cornẹto *it.* kor'ne:to
Cọrn-flakes 'ko:ɐ̯nfle:ks, *engl.* 'kɔ:nfleɪks
Corni vgl. Corno
Cornịce *it.* kor'ni:tʃe
Cornịche *fr.* kɔr'niʃ
Cornichon kɔrni'ʃõ:
Cornịglio *it.* kor'niʎʎo
Cọrning *engl.* 'kɔ:nɪŋ
Cọrno 'kɔrno, **...ni** ...ni
Cọrno da cạccia 'kɔrno da 'katʃa
Cọrno di bassẹtto 'kɔrno di ba'sɛto
Cọrnova 'kɔrnova
Cornu *fr.* kɔr'ny
Cornụtus kɔr'nu:tʊs
Cọrnwall 'kɔrnval, *engl.* 'kɔ:nwəl
Cornwallis *engl.* kɔ:n'wɔlɪs
Cọro *span.* 'koro
Coroạdos *bras.* ko'ru̯adus
Corocọro *span.* koro'koro
Corolẹu *span.* koro'leu̯
Corọlla ko'rɔla
Coromịnas *kat.* kuru'minəs, *span.* koro'minas
Corọna ko'ro:na, *engl.* kə'roʊnə
Coronado *span.* koro'naðo, *engl.* kɔrə'nɑ:doʊ
Corọne *it.* ko'rɔ:ne
Coronẹl *span.* koro'nɛl
Cọroner 'kɔrənɐ
Coropụna *span.* koro'puna
Corọt *fr.* kɔ'ro
Corozạl *span.* koro'θal
Corpạncho *span.* kɔr'pantʃo
Corpora vgl. Corpus
Cọrporal *engl.* 'kɔ:pərəl
Cọrps ko:ɐ̯, **des –** ko:ɐ̯[s], **die –** ko:ɐ̯s
Corps de ballẹt *fr.* kɔrdəba'lɛ
Corps diplomatịque *fr.* kɔrdiplɔma'tik
Cọrpus 'kɔrpʊs, **...pora** ...pora
[1]**Cọrpus Chrịsti** (Sakrament) 'kɔrpʊs 'krɪsti
[2]**Cọrpus Chrịsti** (Name) *engl.* 'kɔ:pəs 'krɪstɪ
Cọrpus Chrịsti mỵsticum 'kɔrpʊs 'krɪsti 'mʏstikʊm
Corpụsculum kɔr'pʊskulʊm, **...la** ...la
Cọrpus delịcti 'kɔrpʊs de'lɪkti
Cọrpus Inscriptiọnum Latinạrum 'kɔrpʊs ɪnskrɪp'tsi̯o:nʊm lati'na:rʊm
Cọrpus jụris 'kɔrpʊs 'ju:rɪs
Cọrpus jụris canọnici 'kɔrpʊs 'ju:rɪs ka'no:nitsi
Cọrpus jụris civịlis 'kɔrpʊs 'ju:rɪs tsi'vi:lɪs
Cọrpus lụteum 'kɔrpʊs 'lu:teʊm
Cọrpus Reformatọrum 'kɔrpʊs reforma'to:rʊm
Corradịni *it.* korra'di:ni
Corrạdo *it.* kor'ra:do
Corrạl[es] *span.* kɔ'rral[es]
Corrẹa[s] *span.* kɔ'rrea[s]
Corregedọr kɔreʒe'do:ɐ̯, *port.* kurrɪʒɪ'ðor
Corrẹggio kɔ'rɛdʒo, *it.* kor'reddʒo
Corregidọr kɔrɛxi'do:ɐ̯, *span.* kɔrrɛxi'ðɔr
Correia *port.* ku'rrɐi̯ɐ
Corrẹio da Manhã *bras.* ko'rrei̯u dɐ mɐ'ɲɐ̃
Cọrrens 'kɔrɛns
Corrẹnte kɔ'rɛntə
Corrẹo *span.* kɔ'rrɛo
Corrẹr *it.* kor'rɛr
Corrèze *fr.* kɔ'rɛ:z
Corrịda [de tọros] kɔ'ri:da [de 'to:rɔs]

Corriẹntes *span.* kɔ'rri̯entes
Corriẹre dẹlla Sẹra *it.* kor'ri̯ɛ:re 'della 'se:ra
Corrigẹnda kɔri'gɛnda
Cọrrigens 'kɔrigɛns; **...ntia** ...'gɛntsi̯a; **...nzien** ...'gɛntsi̯ən
corriger la fortune *fr.* kɔriʒelafɔr'tyn
Corrọdi kɔ'ro:di
Cọrry *engl.* 'kɔrɪ
Corsạge kɔr'za:ʒə
Cọrse *fr.* kɔrs
Cọrsica *it.* 'kɔrsika
Corsicana *engl.* kɔ:sɪ'kænə
Corsini *it.* kor'si:ni
Cọrso 'kɔrzo
Cọrt *niederl.* kɔrt
Cortadẹras *span.* kɔrta'ðeras
Corte *it.* 'korte, *fr.* kɔr'te
Cortège, -s *fr.* kɔr'tɛ:ʒ
Cortemaggiọre *it.* kortemad'dʒo:re
Cortenuọva *it.* korte'nu̯ɔ:va
Cọrtes 'kɔrtɛs, *span.* 'kɔrtes
Cortés *span.* kɔr'tes
Cọrtex 'kɔrtɛks
Cọrtez 'kɔrtɛs
Cọrti 'kɔrti, *it.* 'korti
Corticẹlli kɔrti'tʃɛli
Corticiạsca *it.* korti'tʃaska
Corticosteron kɔrtikoste'ro:n
Cortina *it.* kor'ti:na
Cortine kɔr'ti:nə
Cortines *span.* kɔr'tines
Cortínez *span.* kɔr'tineθ
Cortison kɔrti'zo:n
Cọrtland *engl.* 'kɔ:tlənd
Cortona *it.* kor'to:na
Cortọt *fr.* kɔr'to
Corụche *port.* ku'ruʃɪ
Çọruh *türk.* 'tʃoruh
Çọrum *türk.* 'tʃɔrum
Corumbá *bras.* korum'ba
Corụña, La *span.* la ko'ruɲa
Corvallis *engl.* kɔ:'vælɪs
Corvạtsch *rät.* kɔr'vatʃ
Cọrvey 'kɔrvai̯
Corvịglia *it.* kor'viʎʎa, *rät.* kɔr'viʎa
Corvin[us] kɔr'vi:n[ʊs]
Corvịno *span.* kɔr'βino
Corvisart *fr.* kɔrvi'za:r
Corvo *port.* 'korvu, *engl.* 'kɔ:voʊ
Cọrvus 'kɔrvʊs
Cory 'ko:ri, *engl.* 'kɔ:rɪ
Corydalis ko'ry:dalɪs
Coryfin (Wz) kory'fi:n
Coryza 'ko:rytsa
Cọsa *span.* 'kosa
Cosamaloapán *span.* kosamaloa'pan
Cosa Nọstra 'ko:za 'nɔstra, *engl.* 'koʊsə 'noʊstrə
Coşbục *rumän.* koʒ'buk
Cọschen 'kɔʃn̩
Coschütz 'ko:ʃʏts
Cosel 'ko:zl̩
Cosẹnza *it.* ko'zɛntsa
Cọsgrave *engl.* 'kɔzgreɪv
Coshọcton *engl.* kə'ʃɔktən
così fạn tụtte ko'zi: 'fan 'tʊtə, *it.* ko'sif'fan'tutte
Cosima 'ko:zima
Cosimo 'ko:zimo, *it.* 'kɔ:zimo
Cọsmas 'kɔsmas
Cosmate kɔs'ma:tə
Cosmea kɔs'me:a, **...een** ...e:ən
Cosmerovius kɔsme'ro:vi̯ʊs
Cọsmotron 'kɔsmotro:n
Cosne *fr.* ko:n
Cọssa 'kɔsa, *it.* 'kɔssa
Cossato *it.* kos'sa:to
Cossé *fr.* kɔ'se
Cossío *span.* ko'sio
Cọßmann 'kɔsman
Cọssmann 'kɔsman
Cossonay *fr.* kɔsɔ'nɛ
Cossọtto *it.* kos'sɔtto
[1]**Cọsta** (Rippe) 'kɔsta, **...tae** ...tɛ
[2]**Cọsta** (Name) *port.* 'kɔʃtɐ; *bras., span., it.* 'kɔsta; *engl.* 'kɔstə; *niederl.* 'kɔsta:
Cọsta Brava 'kɔsta 'bra:va, *span.* 'kɔsta 'βraβa
Cọsta de Ọro *span.* 'kɔsta ðe 'oro
Cọsta do Sọl *port.* 'kɔʃtɐ ðu 'sɔl
cọst and freight *engl.* 'kɔst ənd 'freɪt
Cọsta Nọva *port.* 'kɔʃtɐ 'nɔvɐ
Costantini *it.* kostan'ti:ni
Costạnza kɔs'tantsa, *it.* kos'tantsa
Costạnzo *it.* kos'tantso
Cọsta Rica 'kɔsta 'ri:ka, *span.* 'kɔsta 'rrika
Costaricaner kɔstari'ka:nɐ
costaricanisch kɔstari'ka:nɪʃ
Cọsta Rọja *span.* 'kɔsta 'rrɔxa
Cọstas *span.* 'kɔstas
Cọste *fr.* kɔst
Costello *engl.* kɔs'tɛloʊ, 'kɔstəloʊ
Costenọble *fr.* kɔstə'nɔbl
Coster *fr.* kɔs'tɛ:r, *niederl.* 'kɔstər
Costigliole *it.* kostiʎ'ʎɔ:le
Costịn *rumän.* kos'tin
cọst, insurance, freight 'kɔst ɪn'ʃʊərəns 'freɪt
Cọsway *engl.* 'kɔzweɪ
Cọswig 'kɔsvɪç
Cọt *fr.* kɔt
Cọta *span.* 'kota
Cotạpos *span.* ko'tapɔs
Cotarẹlo *span.* kota'relo
Côte *fr.* ko:t
Côte d'Azur *fr.* kotda'zy:r
Côte d'Ivoire *fr.* kotdi'vwa:r
Côte d'Or *fr.* kot'dɔ:r
Côtelé kotə'le:, *fr.* ko'tle
Coteline kotə'li:n
Cotentin *fr.* kɔtã'tɛ̃
Coter *niederl.* 'ko:tər
Côte-Rôtie *fr.* kotrɔ'ti
Cotes *engl.* koʊts
Côtes *fr.* ko:t
Côtes-du-Nord *fr.* kotdy'nɔ:r
Côtes-Lorraines *fr.* kotlɔ'rɛn
Cotignola *it.* kotiɲ'ɲɔ:la
Cotin *fr.* kɔ'tɛ̃
Cọtman *engl.* 'kɔtmən
Cotonou *fr.* kɔtɔ'nu
Cotopạxi *span.* koto'paksi
Cọtswold[s] *engl.* 'kɔtswoʊld[z]
Cọtta 'kɔta
Cọttage 'kɔtɪtʃ, *engl.* 'kɔtɪdʒ; **-s** ...tʃ[s]
Cọttbus 'kɔtbʊs, **Cọttbuser, Cọttbusser** 'kɔtbʊsɐ
Cọtte *fr.* kɔt
Cottẹt *fr.* kɔ'tɛ
cọttisch 'kɔtɪʃ
[1]**Cọtton** (Baumwolle) 'kɔtn̩
[2]**Cọtton** (Name) *engl.* kɔtn
cottonisieren kɔtoni'zi:rən
Cọttonwood *engl.* 'kɔtnwʊd
Coty *fr.* kɔ'ti
Coubertin *fr.* kubɛr'tɛ̃
Coubiẹr *fr.* ku'bje
Couch kaʊtʃ, **-es** ...tʃɪs
Coucy *fr.* ku'si
Coudenhove-Kalẹrgi kudn̩'ho:vəka'lɛrgi
Coudray *fr.* ku'drɛ
Coué ku̯e:, *fr.* kwe
Couéịsmus ku̯e'ɪsmʊs
Couillẹt *fr.* ku'jɛ
Coulage ku'la:ʒə
Coulanges *fr.* kul'ã:ʒ
Coulee *engl.* 'ku:lɪ
Couleur ku'lø:ɐ̯
Coulis ku'li:, *fr.* ku'li
Couloir ku'lo̯a:ɐ̯
[1]**Coulomb** (Einheit) ku'lõ:
[2]**Coulomb** (Name) *fr.* ku'lõ
Coulommiẹr *fr.* kulɔ'mje
Coulondre *fr.* ku'lõ:dr
Coulsdon *engl.* 'koʊlzdən
Council Bluffs *engl.* 'kaʊnsl 'blʌfs
Count kaʊnt
Countdown 'kaʊnt'daʊn
Counter Intẹlligence Corps *engl.* 'kaʊntə ɪn'tɛlɪdʒəns 'kɔ:
Counterpart 'kaʊntɐpart
Counteß 'kaʊntɪs, **...ẹssen** ...'tɛsn̩; **...esses** 'kaʊntɪsɪs
Country-Music *engl.* 'kʌntrɪ,mju:zɪk
Country of the Cọmmonwealth *engl.* 'kʌntrɪ əv ðə 'kɔmənwɛlθ
County 'kaʊnti, **...ties** ...ti:s
Coup ku:
Coupage ku'pa:ʒə
Coup d'état, -s - *fr.* kude'ta
Coupé ku'pe:
Couperin *fr.* ku'prɛ̃
Couperus *niederl.* ku:'pe:rəs
Couplẹt ku'ple:

Coupon ku'põ:
Cour ku:ɐ̯
Cour, la *dän.* la'ku:r
Coura *port.* 'korɐ
Courage ku'ra:ʒə
couragiert kura'ʒi:ɐ̯t
courant ku'rant
Courante ku'rã:t[ə], **-n** ...tn̩
Courbẹt *fr.* kur'bɛ
Courbẹtte kʊr'bɛtə
Courbevoie *fr.* kurbə'vwa
Courbière *fr.* kur'bjɛ:r
Cour des miracles *fr.* kurdemi'rɑ:kl
Courgenay *fr.* kurʒə'nɛ
Courmacher 'ku:ɐ̯maxɐ
Courmayeur *fr.* kurma'jœ:r
Cournand *fr.* kur'nã
Cournọt *fr.* kur'no
Couronne d'or *fr.* kurɔn'dɔ:r
Courrèges *fr.* ku'rɛ:ʒ
Cours, Court *fr.* ku:r
Courtage kʊr'ta:ʒə
Courtauld *engl.* 'kɔ:toʊ[ld]
Courtelary *fr.* kurtəla'ri
Courteline *fr.* kurtə'lin
Courtenay *fr.* kurtə'nɛ
Courteys *fr.* kur'tɛ
Courths-Mahler 'kʊrts'ma:lɐ
Courtier kʊr'ti̯e:, *fr.* kur'tje
Courtois *fr.* kur'twa
Courtoisie kʊrto̯a'zi:, **-n** ...i:ən
Courtrai *fr.* kur'trɛ
Courvoisier kʊrvo̯a'zi̯e:, *fr.* kurvwa'zje
[1]**Cousin** (Vetter) ku'zɛ̃:
[2]**Cousin** (Name) *fr.* ku'zɛ̃
Cousine ku'zi:nə
Cousinẹt *fr.* kuzi'nɛ
Coussemaker *fr.* kusma'kɛ:r
Cousser *fr.* ku'sɛ:r
Cousteau *fr.* kus'to
Coustou *fr.* kus'tu
Coutances *fr.* ku'tã:s
Coutinho *port.* ko'tiɲu
Coutiño *span.* ko̯u'tiɲo
Couto *port.* 'kotu
Coutras *fr.* ku'trɑ
Coutts *engl.* ku:ts
Couture *fr.* ku'ty:r
Couturier kuty'ri̯e:, *fr.* kuty'rje
Couvade ku'va:də
Couve *fr.* ku:v
Couvert ku've:ɐ̯, ...'vɛ:ɐ̯
Couveuse ku'vø:zə
Cova *port.* 'kɔvɐ
Covadonga *span.* koβa'ðɔŋga
Covarrubias *span.* koβa'rruβi̯as
Covas *port.* 'kɔvɐʃ
Covasna *rumän.* ko'vasna
Covent-Garden *engl.* 'kɔvənt'gɑ:dn
Coventry *engl.* 'kɔvəntrɪ
Covercoat 'kavɐko:t, *engl.* 'kʌvəkoʊt
Coverdale *engl.* 'kʌvədeɪl
Covergirl 'kavɐgø:ɐ̯l, ...gœrl; *engl.* 'kʌvəgə:l
Covilhã[o] *port.* kuvi'ʎɐ̃[u̯]
Covington *engl.* 'kʌvɪŋtən
Covões *port.* ku'võĩʃ
Coward *engl.* 'kaʊəd
Cowboy 'kaubɔy
Cowen *engl.* 'kaʊɪn, 'koʊɪn
Cowes *engl.* kaʊz
Cowley *engl.* 'kaʊlɪ
[1]**Cowper** (Erhitzer) 'kaupɐ
[2]**Cowper** (Name) *engl.* 'kaʊpə, 'ku:pə
Cox *engl.* kɔks
Coxa 'kɔksa, **...xae** ...ksɛ
Coxalgia kɔksal'gi:a
Coxie *niederl.* 'kɔksi:
Coxitis kɔ'ksi:tɪs, **Coxitiden** kɔksi'ti:dn̩
Cox' Orange 'kɔks|o‚rã:ʒə
Coyote ko'jo:tə
Coypel *fr.* kwa'pɛl
Coyzevox *fr.* kwaz'vɔks
Coz[z]ens *engl.* kʌznz
Cozumel *span.* koθu'mɛl
Cozy *engl.* 'koʊzɪ
Crabbe *engl.* kræb
Cracau 'kra:kau
Crack krɛk
cracken 'krɛkn̩
Cracker 'krɛkɐ
Cracovienne krako'vi̯ɛn
Cracow 'kra:ko
Craddock *engl.* 'krædək
Craesbeeck *niederl.* 'kra:zbe:k
Crafton *engl.* 'krɑ:ftən
Craig[ie] *engl.* 'kreɪ[gɪ]
Craik *engl.* kreɪk
Crailsheim 'krailshaim
Crainic *rumän.* 'krainik
Craiova *rumän.* kra'i̯ova
Cramer 'kra:mɐ
Cramm kram
Crampton *engl.* 'kræm[p]tən
Crampus 'krampʊs, **...pi** ...pi
Cranach 'kra:nax
Cranko *engl.* 'kræŋkoʊ
Crane *engl.* kreɪn
Cranford *engl.* 'krænfəd
Cranmer *engl.* 'krænmə
Crans *fr.* krã
Cransac *fr.* krã'sak
Cranston *engl.* 'krænstən
Cranz krants
Craon *fr.* krã
Crapart *fr.* kra'pa:r
Craquelé[e] krakə'le:
Craquelure krakə'ly:rə
Crashaw *engl.* 'kræʃɔ:
Crasna *rumän.* 'krasna
crassus, C... 'krasʊs
Crataegutt Ⓦ kratɛ'gʊt
Cratander kra'tandɐ
Crater Lake *engl.* 'kreɪtə 'leɪk
Crati *it.* 'kra:ti
Crato *port., bras.* 'kratu
Crau *fr.* kro
Craveiro *port.* krɐ'βɐi̯ru
Craven *engl.* 'kreɪvən
Crawford *engl.* 'krɔ:fəd
Crawfordsville *engl.* 'krɔ:fədzvɪl
Crawinkel kra:'vɪŋkl̩
Crawl kraul, *engl.* krɔ:l
Crayer *niederl.* 'kra:i̯ər
Crayon krɛ'jõ:
Creagh *engl.* kreɪ
Cream *engl.* kri:m
Creangă *rumän.* 'kre̯aŋgə
Creas 'kre:as
Création, -s *fr.* kreɑ'sjõ
Crébillon *fr.* krebi'jõ
Crécy *fr.* kre'si
Credé kre'de:
Credi *it.* 'kre:di
Crediton *engl.* 'krɛdɪtn
Credo 'kre:do
credo, quia absurdum [est] 'kre:do 'kvi:a ap'zʊrdʊm ['ɛst]
credo, ut intelligam 'kre:do 'ʊt ɪn'tɛligam
Cree[k] *engl.* kri:[k]
Creglingen 'kre:glɪŋən
Creidlitz 'kraidlɪts
Creixomil *port.* krɐi̯ʃu'mil
Crell[e] 'krɛl[ə]
Crema *it.* 'krɛ:ma
creme, C... kre:m, *auch:* krɛ:m
cremen 'kre:mən, *auch:* 'krɛ:mən
Cremer 'kre:mɐ, *engl.* 'kri:mə
Cremera *it.* 'krɛ:mera
Crémieux *fr.* kre'mjø
Cremona *it.* kre'mo:na
Cremonini *it.* kremo'ni:ni
Cremor tartari 'kre:mɔr 'tartari
Crenzow 'krɛntso
Creolin Ⓦ kreo'li:n
Creosotal Ⓦ kreozo'ta:l
Crêpe de Chine, -s - - *fr.* krɛpdə'ʃin
Crêpe Georgette, -s - *fr.* krɛpʒɔr'ʒɛt
Crêpe lavable, -s - *fr.* krɛpla'vabl
Crepeline krɛpə'li:n, *fr.* krɛ'plin
Crêpe marocain, -s - *fr.* krɛpmarɔ'kɛ̃
Crêpe Satin, -s - *fr.* krɛpsa'tɛ̃
Crépieux-Jamin *fr.* krepjøʒa'mɛ̃
Crepon kre'põ:
Crepuscolari *it.* krepusko'la:ri
Crépy *fr.* kre'pi
Créqui *fr.* kre'ki
Cres *serbokr.* tsrɛs
Crescas 'krɛskas
crescendo krɛ'ʃɛndo
Crescendo krɛ'ʃɛndo, **...di** ...di
Crescentia krɛs'tsɛntsi̯a
Crescentino *it.* krɛʃʃen'ti:no
Crescentius krɛs'tsɛntsi̯ʊs
Cresciano *it.* krɛʃ'ʃa:no
Crescimbeni *it.* krɛʃʃim'bɛ:ni

Crẹspi *it.* 'krespi
Crespin *fr.* krɛs'pɛ̃
Crespi̱no *it.* kres'pi:no
Crẹspo *span.* 'krespo
Crẹssida 'krɛsida
Crẹston *engl.* 'krɛstən
Crêt de la Neige *fr.* krɛdla'nɛ:ʒ
Crétẹil *fr.* kre'tɛj
Cre̱ticus 'kre:tikʊs
Cretọnne kre'tɔn
Crẹus *kat.* krɛu̯s, *span.* kreu̯s
Creuse *fr.* krø:z
Creu̱ßen 'krɔysn̩
Creusọt *fr.* krø'zo
Creutz *schwed.* krɔi̯ts
Creu̱zberg 'krɔytsbɛrk
Creu̱zburg 'krɔytsbʊrk
Creu̱zer 'krɔytsɐ
Crevalco̱re *it.* kreval'kɔ:re
Crèvecœur *fr.* krɛv'kœ:r, *engl.* krɛv'kə:
Crevẹl *fr.* krə'vɛl
Crevẹtte kre'vɛtə
Crevillẹnte *span.* kreβi'ʎente
Crew kru:
Crewe *engl.* kru:
Crịbbage *engl.* 'krɪbɪdʒ
Crichton *engl.* kraɪtn
Crịcov *rumän.* 'krikov
Cri̱dola *it.* 'kri:dola
Crie̱ff *engl.* kri:f
Crikvẹnica *serbokr.* tsrikˌvɛnitsa
Crime krai̯m
Crịmmitschau 'krɪmɪtʃau̯
Crịmson Rambler *engl.* 'krɪmzən 'ræmblə
Cri̱nis 'kri:nɪs
Cri̱nitz 'kri:nɪts
Criollịsmo kriɔl'jɪsmo
Criọllo kri'ɔljo
Crịpps *engl.* krɪps
Crịș *rumän.* kriʃ
Crișạn[a] *rumän.* kri'ʃan[a]
Crịsby *engl.* 'krɪzbɪ
Crịspi *it.* 'krispi
Crịspien 'krɪspi:n
Crispi̱n krɪs'pi:n, *fr.* kris'pɛ̃
Crispina̱den krɪspi'na:dn̩
Crispi̱nus krɪs'pi:nʊs
Crịsta 'krɪsta, **...stae** ...stɛ
Cristạllo *it.* kris'tallo
Cristẹlo *port.* kriʃ'telu
Cristịnos *span.* kris'tinɔs
Cristóbal *span.* kris'toβal
Cristobalit krɪstoba'li:t, *auch:* ...lɪt
Cristo̱fori *it.* kris'tɔ:fori
Cristo̱foro *it.* kris'tɔ:foro
Crịsturu Secuẹsc *rumän.* 'kristuru seku'i̯esk
Crịșul Ạlb *rumän.* 'kriʃul 'alb
Crịșul Nẹgru *rumän.* 'kriʃul 'negru
Crítica *span.* 'kritika
Crivẹlli *it.* kri'vɛlli
Cri̱vitz 'kri:vɪts
Crna Gọra *serbokr.* 'tsr̩:na:ˌgɔra
Crni Dri̱m *serbokr.* 'tsr̩:ni: 'dri:m
Crni Vrh *serbokr.* 'tsr̩:ni: 'vr̩:h
Crnjạnski *serbokr.* tsr̩ˌnjanski:
Cro̱ce *it.* 'kro:tʃe
Crọcker *engl.* 'krɔkə
Crọckett *engl.* 'krɔkɪt
Cro̱da Rọssa *it.* 'krɔ:da 'rossa
Crọfts *engl.* krɔfts
Croisé kro̯a'ze:
Croisịc *fr.* krwa'zik
croisi̱ert kro̯a'zi:ɐ̯t
Croissẹt *fr.* krwa'sɛ
Croix *fr.* krwa
Croker *engl.* 'kroʊkə
Crô-Magnon *fr.* kroma'ɲõ
Crọmarty *engl.* 'krɔmətɪ
Crome[r] *engl.* 'kroʊm[ə]
Crọmford *engl.* 'krɔmfəd
Crọmlech 'krɔmlɛç, ...lɛk
Crommelynck *fr.* krɔm'lɛ̃:k
Crompton *engl.* 'krʌm[p]tən
Crọmwell *engl.* 'krɔmwəl
Cro̱naca *it.* 'krɔ:naka
Cro̱nberg 'kro:nbɛrk
Cro̱nberger 'kro:nbɛrgɐ
Cro̱negk 'kro:nɛk
Cro̱nenberg 'kro:nənbɛrk
Cronin *engl.* 'kroʊnɪn
Cronjẹ *afr.* krɔn'je:
Crooked Islands *engl.* 'krʊkɪd 'aɪləndz
Crookes *engl.* krʊks
Crookshank *engl.* 'krʊkʃæŋk
Crookston *engl.* 'krʊkstən
Crooner 'kru:nɐ
Croquet 'krɔkɛt, ...kət, krɔ'kɛt
Croquẹtte krɔ'kɛtə
Croqui̱s kro'ki:, **des -** ...i:[s], **die -** ...i:s
Crọsby *engl.* 'krɔzbɪ
Crọsland *engl.* 'krɔslənd
Crọss *engl.* krɔs
Cross-Country, Croß-Country krɔs'kantri, *engl.* 'krɔs'kʌntrɪ
Crọsse, La *engl.* lə'krɔs
Crọssen 'krɔsn̩
Crossing-over *engl.* 'krɔsɪŋ'oʊvə
Crọssman *engl.* 'krɔsmən
Crọss-rate *engl.* 'krɔsreɪt
Croto̱ne *it.* kro'to:ne
Crotoy *fr.* krɔ'twa
Crọttendorf 'krɔtn̩dɔrf
Cro̱tus Rubia̱nus 'kro:tʊs ru'bi̯a:nʊs
Croupa̱de kru'pa:də
Croupie̱r kru'pi̯e:
Croupon kru'põ:
crouponi̱eren krupo'ni:rən
Crouton kru'tõ:
Crọwe[ll] *engl.* 'kroʊ[əl]
Crọwley *engl.* 'kroʊlɪ
Crown *engl.* kraʊn
Cro̱y krɔy
Crọydon *engl.* krɔɪdn
Crozạt *fr.* kro'za
Crozẹt *fr.* kro'zɛ
Crozon *fr.* kro'zõ
Cru̱ces *span.* 'kruθes
Cruci̱ferae kru'tsi:ferɛ
Cru̱ciger 'kru:tsigɐ
Crude̱li *it.* kru'dɛ:li
Crü̱ger 'kry:gɐ
Cruikshank *engl.* 'krʊkʃæŋk
Cru̱s kru:s
Crụsca *it.* 'kruska
Cru̱senstolpe *schwed.* ˌkru:sənstɔlpə
Cru̱sius 'kru:zi̯ʊs
Cru̱soe 'kru:zo, *engl.* 'kru:soʊ, ...zoʊ
Crụsta 'krʊsta, **...stae** ...stɛ
Cruveilhiẹr *fr.* kryvɛ'je
Crụx krʊks
crụx intẹrpretum 'krʊks ɪn'tɛrpretʊm
Cruz *span.* kruθ, *port.* kruʃ, *bras.* krus, *engl.* kru:z
Cruz Ạlta *port.* kru'zaltɐ, *bras.* ...ta
Cruzẹiro *bras.* kru'zei̯ru
Crụz Quebrạda *port.* 'kruʃ kə'βraðɐ
Crveni Čọt *serbokr.* ˌtsr̩veni: 'tʃɔt
Crwth *engl.* kru:θ
Crystal Cịty *engl.* 'krɪstl 'sɪtɪ
Csabrendek *ung.* 'tʃɔbrɛndɛk
Csáford *ung.* 'tʃa:ford
Csákány *ung.* 'tʃa:ka:nj
Csákánydoroszló *ung.* 'tʃa:ka:njdoroslo:
Csákberény *ung.* 'tʃa:gbɛre:nj
Csákvár *ung.* 'tʃa:kva:r
Csáky *ung.* 'tʃa:ki
Csallóköz *ung.* 'tʃɔllo:køz
Csanádpalota *ung.* 'tʃɔna:tpɔlotɔ
Csanytelek *ung.* 'tʃɔnjtɛlɛk
Csap[od] *ung.* 'tʃɔp[od]
Csárda 'tʃarda, *ung.* 'tʃa:rdɔ
Csárdás 'tʃardas, *ung.* 'tʃa:rda:ʃ
Csárdásfürstin 'tʃardasfʏrstɪn
Császár *ung.* 'tʃa:sa:r
Csávoly *ung.* 'tʃa:voj
Csẹmpeszkopács *ung.* 'tʃɛmpɛskopa:tʃ
Csẹngele *ung.* 'tʃɛngɛlɛ
Csẹnger[y] *ung.* 'tʃɛngɛr[i]
Csénye *ung.* 'tʃe:njɛ
Csépa *ung.* 'tʃe:pɔ
Csẹpel[i] *ung.* 'tʃɛpɛl[i]
Csẹpelsziget *ung.* 'tʃɛpɛlsigɛt
Csẹpreg *ung.* 'tʃɛprɛg
Csẹrhát[i] *ung.* 'tʃɛrha:t[i]
Csẹrkeszőllő *ung.* 'tʃɛrkɛsø:llø:
Csẹrnely *ung.* 'tʃɛrnɛj
Csẹsznek *ung.* 'tʃɛsnɛk
Csẹtény *ung.* 'tʃɛte:nj
Csík *ung.* tʃi:k
Csi̱kós 'tʃi:ko:ʃ, *ung.* 'tʃiko:ʃ
Csịky *ung.* 'tʃiki
Csịllag *ung.* 'tʃillɔg
Csịpkerek *ung.* 'tʃipkɛrɛk

Csịtar *ung.* 'tʃitɔr
Csọbád *ung.* 'tʃoba:d
Csọ̈köly *ung.* 'tʃøkøj
Csọkonai *ung.* 'tʃokonɔi
Csọkonyavisonta *ung.* 'tʃokonjɔviʃontɔ
Csọkor 'tʃɔkɔr
Csọlnok *ung.* 'tʃolnok
Csọma *ung.* 'tʃomɔ
Csọ̈mör *ung.* 'tʃømør
Csọ̈nge *ung.* 'tʃøŋgɛ
Csọngrád *ung.* 'tʃoŋgra:d
Csọnkahegyhát *ung.* 'tʃoŋkɔhɛtjha:t
Csọp *ung.* tʃop
Csór *ung.* tʃo:r
Csọrba *ung.* 'tʃorbɔ
Csọrna *ung.* 'tʃornɔ
Csọ̈rötnek *ung.* 'tʃørøtnɛk
Csọrvás *ung.* 'tʃorva:ʃ
Csősz *ung.* tʃø:s
Csót *ung.* tʃo:t
Csóványos *ung.* 'tʃo:va:njoʃ
ČSR tʃe:|ɛs'|ɛr
ČSSR tʃe:|ɛs|ɛs'|ɛr
CSU tse:|ɛs'|u:
Csụrgó *ung.* 'tʃurgo:
ČTK tʃe:te:'ka:
Ču vgl. Tschu
Cuatiá *span.* kṷa'ti̯a
Cuạtro Camịnos *span.* 'kṷatro ka'minɔs
Cụba 'ku:ba, *span.* 'kuβa, *port.* 'kuβɐ
Cubạgua *span.* ku'βaɣṷa
Cuban Jazz *engl.* 'kju:bən 'dʒæz
Cuban Music *engl.* 'kju:bən 'mju:zɪk
Cụbas *span.* 'kuβas
Cụbe 'ku:bə
Cubịculum ku'bi:kulʊm, **...la** ...la
Cubịllas *span.* ku'βiʎas
Cubillín *span.* kuβi'ʎin
Cubịllo *span.* ku'βiʎo
Cụbitus 'ku:bitʊs, **...ti** ...ti
Cụbo de Tiẹrra del Vịno *span.* 'kuβo ðe 'ti̯ɛrra ðɛl 'βino
Čụbranović *serbokr.* 'tʃubra:nɔvitɕ
Cucarạcha *span.* kuka'ratʃa
Cucujães *port.* kuku'ʒɐ̃i̯ʃ
Cucụrbita ku'kʊrbita, **...tae** ...tɛ
Cúcuta *span.* 'kukuta
Cudahy *engl.* 'kʌdəhɪ
Cudillẹra *span.* kuði'ʎera
Čudovo vgl. Tschudowo
Cudworth *engl.* 'kʌdwə[:]θ
Cue *engl.* kju:
Cuéllar *span.* 'kṷeʎar
Cuẹnca *span.* 'kṷeŋka
Cuernavạca *span.* kṷɛrna'βaka
Cuero *engl.* 'kwɛəroʊ
Cuẹrvo *span.* 'kṷɛrβo
Cues ku:s
Cuẹsmes *fr.* kɥɛm
Cuẹsta *span.* 'kṷesta
Cuẹto *span.* 'kṷeto
[1]**Cuẹva** (Tanz) 'kṷe:va
[2]**Cuẹva** (Name) *span.* 'kṷeβa
Cuevas *span.* 'kṷeβas, *fr.* kɥe'vɑ:s
Cugạt *kat., span.* ku'ɣat
Cuggiọno *it.* kud'dʒɔ:no
Cụglieri *it.* 'kuʎʎeri
Čuguev vgl. Tschugujew
Čugunov vgl. Tschugunow
Čuhloma vgl. Tschuchloma
Cuị *russ.* kju'i
Cuiabá *bras.* kui̯a'ba
cụi bọno! 'ku:i 'bo:no
Cuicatẹcas *span.* kṷika'tekas
Cuijk *niederl.* kœi̯k
Cuite *fr.* kɥit
Cuitlahuạc *span.* kṷitla'ṷak
Cuitzẹo *span.* kṷit'seo
cuius rẹgio, ẹius relịgio 'ku:jʊs 're:gi̯o 'e:jʊs re'li:gi̯o
Čuja vgl. Tschuja
Cujạcius ku'ja:tsi̯ʊs
Cujạs *fr.* ky'ʒɑ:s
Čujkov vgl. Tschuikow
Čujskie Belki vgl. Tschuiskije Belki
Cụkmantl *tschech.* 'tsukmantl̩
Čukovskij vgl. Tschukowski
Çukụrova *türk.* tʃu'kurɔ,vɑ
Culbertson *engl.* 'kʌlbətsn
Cul de Parịs, Culs - - *fr.* kydpa'ri
Culẹbra *engl.* ku:'lɛbrə, *span.* ku'leβra
Culemborg *niederl.* 'ky:ləmbɔrx
Cụlemeyer 'ku:ləmai̯ɐ
Culiacán *span.* kuli̯a'kan
Čulkov vgl. Tschulkow
Cúllar de Bạza *span.* 'kuʎar ðe 'βaθa
Cullen *engl.* 'kʌlɪn
Cullẹra *span.* ku'ʎera
Cullinan *engl.* 'kʌlɪnən
Cullman *engl.* 'kʌlmən
Cụllmann 'kʊlman
Cullọden *engl.* kə'lɔdn
Cullum *engl.* 'kʌləm
Cully *fr.* ky'ji
Cụlm kʊlm
Cụlmann 'ku:lman
Cụlmsee 'kʊlmze:
Culọtte ky'lɔt, **-n** ...tn̩
Cụlpa 'kʊlpa
Cụlten 'kʊltn̩
Culteranịst kʊltera'nɪst
Cultịsmo kʊl'tɪsmo
Culver *engl.* 'kʌlvə
Čulym vgl. Tschulym
Čulyšman vgl. Tschulyschman
Cụmä, Cụmae 'ku:mɛ
Cumaná *span.* kuma'na
Čumandrin vgl. Tschumandrin
Cumarịn kuma'ri:n
Cumarọn kuma'ro:n
Cumbạl *span.* kum'bal
Cụmbels *rät.* 'kumbəls
Cumberland *engl.* 'kʌmbələnd
Cụmbre[s] *span.* 'kumbre[s]
Cụmbria 'kʊmbria
Cumbrian *engl.* 'kʌmbrɪən
cum grạno sạlis kʊm 'gra:no 'za:lɪs
Cumhuriyẹt *türk.* dʒumhu:ri'jɛt
Cumiạna *it.* ku'mi̯a:na
Cumieira *port.* ku'mi̯ɐi̯rɐ
cum infạmia kʊm ɪn'fa:mi̯a
cum lạude kʊm 'lau̯də
Cumming[s] *engl.* 'kʌmɪŋ[z]
Cummins *engl.* 'kʌmɪnz
Cumont *fr.* ky'mõ
cum tẹmpore kʊm 'tɛmpore
Cumulonịmbus kumulo'nɪmbʊs
Cunard *engl.* kju:'nɑ:d, '––
Cụnas *span.* 'kunas
Cụncas *span.* 'kuŋkas
Cunctạtor kʊŋk'ta:tɔr
Cundinamạrca *span.* kundina'marka
Cundrịe kʊn'dri:ə
Cundwịramurs kʊn'dvi:ramʊrs
Cụneo *it.* 'ku:neo
Cunewạlde ku:nə'valdə
Cụnha *port.* 'kuɲɐ, *bras.* 'kuɲa
Cụnitz 'ku:nɪts
Čunja vgl. Tschunja
Cunliffe *engl.* 'kʌnlɪf
Cụnner[s]dorf 'kʊnɐ[s]dɔrf
Cunnilịngus kʊni'lɪŋgʊs
Cunningham *engl.* 'kʌnɪŋəm
Cụno[w] 'ku:no
Cụnter *rät.* 'kuntər
Cunturguachạna *span.* kunturɣṷa'tʃana
Cuorgnè *it.* kṷor'ɲɛ
Cup kap, *engl.* kʌp
Cupạl ku'pa:l
Cụpar *engl.* 'ku:pə
Cupịdo ku'pi:do
Cụppa 'kʊpa, **...ae** 'kʊpɛ
Cuprạma (Wz) ku'pra:ma
Cuprẹin kupre'i:n
Cuprẹsa (Wz) ku'pre:za
Čuprov vgl. Tschuprow
Cụprum 'ku:prʊm
Cụpula 'ku:pula, **...lae** ...lɛ
Cuquío *span.* ku'kio
[1]**Curaçao** (Wz) (Likör) kyra'sa:o
[2]**Curaçao** (Name) *niederl.* ky:ra:'sɔṷ
Curạglia *rät.* ku'raʎa
Curan *engl.* 'kʌrən
Cụra postẹrior 'ku:ra pɔs'te:ri̯ɔr
Curarạy *span.* kura'rai̯
Curạre ku'ra:rə
Curarịn kura'ri:n
Cụrci *it.* 'kurtʃi
Cụrcuma 'kʊrkuma, **...men** kʊr'ku:mən
Cụrd kʊrt
Cure *fr.* ky:r
Curé ky're:

Curęglia *it.* ku'reʎʎa
Curęl *fr.* ky'rɛl
Curepịpe *fr.* kyr'pip
Cureton *engl.* kjʊətn
Curettage kyrɛ'ta:ʒə
Curętte ky'rɛtə
curettieren kyrɛ'ti:rən
Curiatier ku'ri̯a:tsi̯ɐ
Curicó *span.* kuri'ko
[1]**Curie** (Maßeinheit) ky'ri:
[2]**Curie** (Name) *fr.* ky'ri
Cụrio 'ku:ri̯o
Curitịba *bras.* kuri'tiba
Cụrium 'ku:ri̯ʊm
Cụrius 'ku:ri̯ʊs
Curl *engl.* kə:l
Curler 'kø:ɐ̯lɐ, 'kœrlɐ
Curling 'kø:ɐ̯lɪŋ, 'kœr...; *engl.* 'kə:lɪŋ
Currency *engl.* 'kʌrənsɪ
currẹntis kʊ'rɛntɪs
Curricụlum [vịtae] kʊ'ri:kulʊm ['vi:tɛ]
Currie[r] *engl.* 'kʌrɪ[ə]
Cụrros *span.* 'kurrɔs
Curry 'kari, 'kœri, *engl.* 'kʌrɪ
Cụrschmann 'kʊrʃman
Cụrt kʊrt
Curtatọne *it.* kurta'to:ne
Cụrtea de Ạrgeş *rumän.* 'kurte̯a de 'ardʒeʃ
Cụrti *it.* 'kurti
Cụrtici *rumän.* 'kurtitʃ
Curtis *engl.* 'kə:tɪs, *it.* 'kurtis
Curtiss *engl.* 'kə:tɪs
Cụrtius 'kʊrtsi̯ʊs
Curupaití *span.* kurupai̯'ti
Curuzú *span.* kuru'θu
Cụrzio *it.* 'kurtsi̯o
Cụrzola *it.* 'kurtsola
Curzon *engl.* kə:zn
Cụsa 'ku:za
Cusạnus ku'za:nʊs
Cuscatlán *span.* kuskat'lan
Cụsco *span.* 'kusko
Cụshing *engl.* 'kʊʃɪŋ
Cụshman *engl.* 'kʊʃmən
Čusovaja vgl. Tschussowaja
Čusovoj vgl. Tschussowoi
Cuspiniạn kʊspi'ni̯a:n
Cussęt *fr.* ky'sɛ
Cust *engl.* kʌst
Čust vgl. Tschust
Custard 'kastɐt
Custịne *fr.* kys'tin
Custodian *engl.* kʌs'toʊdjən
Custóias *port.* kuʃ'tɔi̯ɐʃ
Custọza *it.* kus'tɔddza
Custọzza kʊs'tɔtsa
Cut kœt, kat, *engl.* kʌt
Cutaway 'kœtəve, 'kat..., *engl.* 'kʌtəweɪ
Cutch *engl.* kʌtʃ
Cutịcula ku'ti:kula, **...len** kuti'ku:lən
Cụtis 'ku:tɪs
Cutler *engl.* 'kʌtlə
Cụtro *it.* 'ku:tro
Cuttack *engl.* kʌ'tæk
Cutter 'katɐ, *auch:* 'kœtɐ, *engl.* 'kʌtə
cuttern 'katɐn, *auch:* 'kœtɐn
Čuvašija vgl. Tschuwaschija
Čuvašskaja ASSR vgl. Tschuwaschskaja ASSR
Cuvée ky've:
Cuvięr *fr.* ky'vje
Cuvillięr *fr.* kyvi'lje
Cuvilliés kyvi'lje:, ...vi'je:
Cuxhạven kʊks'ha:fn̩
Cuyahọga *engl.* kaɪ'hɔgə
Cuyk *niederl.* kœi̯k
Cụyo *span.* 'kujo
Cuyp[ers] *niederl.* 'kœi̯p[ərs]
Cụza *rumän.* 'kuza
Cụzco *span.* 'kuθko
Cvetaeva vgl. Zwetajewa
Cvętković *serbokr.* ˌtsvɛtkɔvitɕ
Cvịjić *serbokr.* ˌtsvi:jitɕ
Cvịkov *tschech.* 'tsvikɔf
Čvrsnica *serbokr.* ˌtʃvr̩:snitsa
Cyạn tsy̆a:n
Cybele 'tsy:bele
Cyclạmen tsy'kla:mən
Cyclọnium tsy'klo:ni̯ʊm
Cyclops 'tsy:klɔps, *auch:* 'tsʏk...; **...pịden** tsyklo'pi:dn̩
Cyganov vgl. Zyganow
Cymbeline *engl.* 'sɪmbɪli:n
Cynewulf 'ky:nəvʊlf, 'kʏn...
Cynthia 'tsʏnti̯a
Cypern 'tsy:pɐn
Cyphạnthropus tsy'fantropʊs
Cypria 'tsy:pria
Cypriạn[us] tsypri'a:n[ʊs]
Cypriẹnne *fr.* sipri'ɛn
Cyrankiẹwicz *poln.* tsɨraŋ'kjɛvitʃ
Cyranọ *fr.* sira'no
Cyrenaica, Cyrenaika tsyre'na:ika, *auch:* ...'nai̯ka
Cyrẹne tsy're:nə, *B* ...ne
Cyrịacus tsy'ri:akʊs
Cyriac 'tsy:ri̯ak
Cyril *engl.* 'sɪrɪl
Cyrịlle *fr.* si'ril
cyrịllisch tsy'rɪlɪʃ
Cyrịll[us] tsy'rɪl[ʊs]
Cyrus 'tsy:rʊs
Cysarz 'tsʏzarts
Cysoing *fr.* si'zwɛ̃
Cythẹra tsy'te:ra
Cythẹre tsy'te:rə, *B* ...re
Cytherẹa tsyte're:a
Cząki 'tʃaki
Czạrnków *poln.* 'tʃarnkuf
Czạrnowanz 'tʃarnovants
Czartoryscy *poln.* tʃartɔ'rɨstsɨ
Czartorỵski *poln.* tʃartɔ'rɨski
Czẹch tʃɛç
Czekanọwski *poln.* tʃɛka'nɔfski
Czẹladź *poln.* 'tʃɛlatɕ
Czẹnstochau 'tʃɛnstɔxau̯
Czẹpko 'tʃɛpko
Czẹrmak 'tʃɛrmak
Czernin 'tʃɛrni:n, –'–
Czernọmski *poln.* tʃɛr'nɔmski
Czẹrnowitz 'tʃɛrnovɪts
Czẹrny 'tʃɛrni
Czẹrsk *poln.* tʃɛrsk
Czẹrski 'tʃɛrski
Czerwenka tʃɛr'vɛŋka, '–––
Czerwọny Bór *poln.* tʃɛr'vɔnɨ 'bur
Częstochọwa *poln.* tʃɛ̃stɔ'xɔva
Czibulka 'tʃi:bʊlka, tʃi'bʊlka
Czịpra 'tʃɪpra
Czịffra *ung.* 'tsifrɔ
Człụchów *poln.* 'tʃu̯uxuf
Czọrneboh 'tʃɔrnəbo

D

d, D de:, *engl.* di:, *fr.* de
δ, Δ 'dɛlta
dą da:
Daaden 'da:dn̩
Daarle *niederl.* 'da:rlə
Dabakalą *fr.* dabaka'la
Dabass *ung.* 'dɔbɔʃ
dabei da'bai̯, *hinweisend* 'da:bai̯
Dạbel 'da:bl̩
Dạbendorf 'da:bn̩dɔrf
Dạber 'da:bɐ
D'Abernon *engl.* 'dæbənən
Dąbie *poln.* 'dɔmbjɛ
Dabịt *fr.* da'bi
Dabolą *fr.* dabɔ'la
Dabrony *ung.* 'dɔbronj
Dąbrọwa Górnịcza *poln.* dɔm'brɔva gur'nitʃa
Dąbrọwa Tarnọwska *poln.* dɔm'brɔva tar'nɔfska
Dąbrówno *poln.* dɔm'bruvnɔ
Dąbrọwski *poln.* dɔm'brɔfski
da cạpo da 'ka:po
Dacạpo da'ka:po
Dạcca 'daka, *engl.* 'dækə
d'accord da'ko:ɐ̯, *fr.* da'kɔ:r
Dạch dax, **Dạ̈cher** 'dɛçɐ
Dạchau 'daxau̯
dạchen 'daxn̩
Dachrieden dax'ri:dn̩
Dạchroth 'daxro:t
Dạchs daks
Dạchsbach 'daksbax
Dạchsberg 'daksbɛrk
Dạ̈chschen 'dɛksçən
Dạchsriegel 'daksri:gl̩
Dạchstein 'daxʃtai̯n
dạchte 'daxtə
dạ̈chte 'dɛçtə
Dạchtel 'daxtl̩
Dạchwig 'daxvɪç
Dạčice *tschech.* 'datʃitsɛ
Dacięr *fr.* da'sje
Dạckel 'dakl̩
Dackọ *fr.* da'ko
Da Cọsta *niederl.* da:'kɔsta:
Dacqué da'ke:
Da Cụnha *port.* dɐ 'kuɲɐ

Dad *ung.* dɔd
Dadaismus dada'ɪsmʊs
Dadaist dada'ɪst
Dädaleum dɛda'le:ʊm, **...leen** ...'le:ən
dädalisch dɛ'da:lɪʃ
Dädalus 'dɛ:dalʊs
Daddah *fr.* da'da
Daddi *it.* 'daddi
Dadeisee, Dadeysee 'da:daize:
dadurch da'dʊrç, *hinweisend* 'da:dʊrç
dadurch, daß 'da:dʊrç 'das
Daems *niederl.* da:ms
Daer 'da:ɐ
Daffinger 'dafɪŋɐ
Daffke 'dafkə
dafür da'fy:ɐ̯, *hinweisend* 'da:fy:ɐ̯
dafürhalten, D... da'fy:ɐ̯haltn̩
Dag *schwed.* dɑ:g
Dág *ung.* da:g
dagegen da'ge:gn̩, *hinweisend* 'da:ge:gn̩
Dagenham *engl.* 'dægnəm
Dagens Nyheter *schwed.* 'dɑ:gəns ˌny:he:tər
Dagerort da:gɐ'|ɔrt
Dagersheim 'da:gɐshaim
Dagestan 'da:gɛsta:n, ...tan; *russ.* dɐgɪs'tan
dagestanisch dagɛs'ta:nɪʃ
Dagincour[t] *fr.* daʒɛ̃'ku:r
Daghild 'dakhɪlt
Daglfing 'da:glfɪŋ
Dagmar *dt., schwed.* 'dagmar, *dän.* 'daɣmar
Dagö 'da:gø
Dagoba 'da:goba
Dagobert 'da:gobɛrt
Dagomar 'da:gomar
Dagomba da'gɔmba
Dagon da'go:n
Dagover 'da:govɐ
Dagsburg 'da:ksbʊrk
Dagstuhl 'dak-ʃtu:l
Daguerre *fr.* da'gɛ:r
Daguerreotyp dagɛro'ty:p
Daguerreotypie dagɛroty'pi:
daguerreotypieren dagɛroty'pi:rən
Daguesseau *fr.* dagɛ'so
Dahabije daha'bi:jə
daheim da'haim
daher da'he:ɐ̯, *hinweisend* 'da:he:ɐ̯
daher, daß 'da:he:ɐ̯ 'das
daher, weil 'da:he:ɐ̯ 'vail
daherab dahɛ'rap, *hinweisend* 'da:hɛrap
daherkommen da'he:ɐ̯kɔmən
dahin da'hɪn, *hinweisend* 'da:hɪn
dahinab dahɪ'nap, *hinweisend* 'da:hɪnap
dahinauf dahɪ'nauf, *hinweisend* 'da:hɪnauf
dahinaus dahɪ'naus, *hinweisend* 'da:hɪnaus
dahinein dahɪ'nain, *hinweisend* 'da:hɪnain
dahingegen dahɪn'ge:gn̩
dahingestellt da'hɪngəʃtɛlt
dahinsiechen da'hɪnzi:çn̩
dahinten da'hɪntn̩, *hinweisend* 'da:hɪntn̩
dahinter da'hɪntɐ, *hinweisend* 'da:hɪntɐ
dahinterher dahɪntɐ'he:ɐ̯
dahinunter dahɪ'nʊntɐ, *hinweisend* 'da:hɪnʊntɐ
dahinwärts da'hɪnvɛrts *hinweisend* 'da:hɪnvɛrts
Dahl *dt., norw.* da:l
Dahlak 'daxlak
Dahlberg *schwed.* ˌdɑ:lbærj
Dahlbruch 'da:lbrʊx
Dahle[m] 'da:lə[m]
Dahlen 'da:lən
Dahlewitz 'da:ləvɪts
Dahlgren *schwed.* ˌdɑ:lgre:n
Dahlheim 'da:lhaim
Dahlie 'da:li̯ə
Dahlke 'da:lkə
Dahlmann 'da:lman
Dahlström 'da:lʃtrø:m
Dahm[e] 'da:m[ə]
Dahmert 'da:mɐt
Dahmeshöved da:məs'hø:vət
Dahn[er] 'da:n[ɐ]
Dahome daho'me:
Dahomeer daho'me:ɐ
dahomeisch daho'me:ɪʃ
Dahomey daho'mɛ:, *fr.* daɔ'mɛ
Dahomeyer daho'mɛ:ɐ
dahomeyisch daho'mɛ:ɪʃ
Dähre 'dɛ:rə
Dahrendorf 'da:rəndɔrf
Dahure da'hu:rə
Dail Eireann 'da:l 'e:rɪn, *engl.* daɪl'ɛərən
Daily Graphic *engl.* 'deɪlɪ 'græfɪk
Daily Mail *engl.* 'deɪlɪ 'meɪl
Daily Mirror *engl.* 'deɪlɪ 'mɪrə
Daily Record *engl.* 'deɪlɪ 'rɛkɔ:d
Daimiel *span.* dai̯'mi̯ɛl
Daimio 'daimi̯o
Daimler (Wz) 'daimlɐ
Daimonion dai̯'mo:ni̯ɔn, **...ien** ...i̯ən
Daina 'daina
Daisne *fr.* dɛn
Daisy 'de:zi, *engl.* 'deɪzɪ
Daja 'da:ja
Dajak 'dajak
Dakapo da'ka:po
Dakar 'dakar, *fr.* da'ka:r
Daker 'da:kɐ
Dakien 'da:ki̯ən
dakisch 'da:kɪʃ
Dakka 'daka
Dakoromane dakoro'ma:nə
Dakoromania dakoro'ma:ni̯a
dakoromanisch dakoro'ma:nɪʃ
Dakota da'ko:ta, *engl.* də'koʊtə
Đakovica, Dja... *serbokr.* 'dzakɔvitsa
Đakovo, Dja... *serbokr.* 'dzakɔvɔ
Dakryoadenitis dakryo|ade'ni:tɪs, **...itiden** ...ni'ti:dn̩
Dakryolith dakryo'li:t, *auch:* ...lɪt
Dakryon 'da:kryɔn
Dakryops 'da:kryɔps, **-es** dakry'ɔpsəs, **-e** dakry'ɔpsə
Dakryorrhö, ...öe dakryɔ'rø:, **...rrhöen** ...'rø:ən
Dakryozystitis dakryotsʏs'ti:tɪs, **....itiden** ...ti'ti:dn̩
Daktyle dak'ty:lə
Daktylen vgl. Daktylus
Daktyliomantie daktyli̯oman'ti:
Daktyliothek daktyli̯o'te:k
daktylisch dak'ty:lɪʃ
Daktylitis dakty'li:tɪs, **...itiden** ...li'ti:dn̩
Daktylo 'daktylo
Daktyloepitrit daktylo|epi'tri:t
Daktylogramm daktylo'gram
Daktylograph daktylo'gra:f
daktylographieren daktylogra'fi:rən
Daktylogrypose daktylogry'po:zə
Daktyloskopie daktylosko'pi:, **-n** ....i:ən
Daktylus 'daktylʊs, **...len** dak'ty:lən
[1]**Dal** *schwed.* dɑ:l
[2]**Dal, Dal'** *russ.* dalj
Daladier *fr.* dala'dje
Dalai-Lama 'da:lai̯'la:ma
Dalainor, Dalajnor *russ.* dɐlaj'nɔr
Dalälv *schwed.* ˌdɑ:lɛlv
Daland 'da:lant
Dalane *norw.* ˌda:lanə
Dalarna *schwed.* ˌdɑ:larna
Dalarö *schwed.* ˌdɑ:larø:
Dalasýsla *isl.* 'da:lasisla
Dalbe 'dalbə
Dalberei dalbə'rai
Dalberg 'da:lbɛrk, *fr.* dal'bɛrg
Dalbergia dal'bɛrgi̯a, **...ien** ...i̯ən
dalbern 'dalbɐn, **dalbre** 'dalbrə
D'Albert *fr.* dal'bɛ:r
Dalbo *schwed.* 'dɑ:lbu:
Dalbono *it.* dal'bo:no
Dalbosjö *schwed.* ˌdɑ:lbu:ʃø:
Dalcroze *fr.* dal'kro:z
Dale *engl.* deɪl, *niederl.* 'da:lə
Daleiden 'da:laidn̩
Dalekarlien dale'karli̯ən
D'Alembert *fr.* dalã'bɛ:r
Daleminze dale'mɪntsə
Dalén *schwed.* da'le:n
Dalen *niederl.* 'da:lə, *norw.* ˌda:lən

Dạlešice *tschech.* 'dalɛʃitsɛ
Dạlfsen *niederl.* 'dɑlfsə
Dalgạrno *engl.* dæl'gɑ:noʊ
Dalgopọl, Dălgopol *bulgar.* dəlgo'pɔl
Dalhart *engl.* 'dælhɑ:t
Dạlheim 'da:lhai̯m
Dalhousie *engl.* dæl'haʊzɪ
Dalí *span.* da'li, *kat.* də'li
Dalías *span.* da'lias
Dạlibor *tschech.* 'dalibɔr
Dalidạ *fr.* dali'da
Dalịla da'li:la, *fr.* dali'la
Dalịn *schwed.* da'li:n
dạlisch 'da:lɪʃ
Dạlk[auer] 'dalk[auɐ]
Dalkeith *engl.* dæl'ki:θ
dạlken 'dalkn̩
Dallapịccola *it.* dalla'pikkola
Dallas *engl.* 'dæləs
Dalleochịn daleɔ'xi:n
Dạlles 'daləs
Dạllgow 'dalgo
dạlli! 'dali
Dallmịn dal'mi:n
Dall'Ọngaro *it.* dal'longaro
Dallọz *fr.* da'lo:z
Dạlmacija *serbokr.* ˌdalma:tsija
Dalman 'da[:]lman
Dalmand *ung.* 'dɔlmɔnd
Dalmạtien dal'ma:tsi̯ən
Dalmạtik dal'ma:tɪk
Dalmạtika dal'ma:tika
Dạlmatin *slowen.* 'da:lmatin
Dalmatịner dalma'ti:nɐ
dalmatịnisch dalma'ti:nɪʃ
dalmạtisch dal'ma:tɪʃ
Dalmạu *kat.* dəl'mau̯
Dalmạzia *it.* dal'mattsi̯a
Dạlni, Dal'nij *russ.* 'dalʲnij
Dálnoki *ung.* 'da:lnoki
Daloạ *fr.* dalɔ'a
Dalou *fr.* da'lu
Dạlpe *it.* 'dalpe
Dalrymple *engl.* dæl'rɪmpl
dal sẹgno dal 'zɛnjo
Dạlsgaard *dän.* 'dal'sgɔ:'r
Đạlski, Đjạ... *serbokr.* 'dʒa:lski:
Dạlsland *schwed.* 'dɑ:lsland
Dalton *engl.* 'dɔ:ltən
Daltonịsmus dalto'nɪsmʊs
Dalụege da'ly:gə
Dạlum 'da:lʊm
Dạlvík *isl.* 'dalvi:k
Dạlwigk 'da:lvɪk
Daly *engl.* 'deɪlɪ
Dạm *niederl.* dɑm
Dạma 'da:ma
Damage *engl.* 'dæmɪdʒ
Damalạs *neugr.* ðama'las
dạmalig 'da:ma:lɪç, **-e** ...ɪgə
dạmals 'da:ma:ls
Damanhụr daman'hu:ɐ̯
Damão *port.* dɐ'mɐ̃ṷ
Damara da'ma:ra, 'da:mara
Damạris da'ma:rɪs
Dạmas 'da:mas
Damạschke da'maʃkə
Damaskenọs, Damaskinọs *neugr.* ðamaski'nɔs
Damạskios da'maski̯ɔs
Damạskus da'maskʊs
Dámaso *span.* 'damaso
Damassé dama'se:
Damạst da'mast
damạsten da'mastn̩
Dạmasus 'da:mazʊs
Damaszẹner damas'tse:nɐ
damaszẹnisch damas'tse:nɪʃ
Damaszẹnus damas'tse:nʊs
damaszieren damas'tsi:rən
Dạmbach 'dambax
Dạmbock 'dambɔk
D'Ambray *fr.* dɑ̃'brɛ
Dạ̈mchen 'dɛ:mçən
Dạme 'da:mə
Dame blanche *fr.* dam'blɑ̃:ʃ
Dạmebrett 'da:məbrɛt
Dạ̈mel 'dɛ:ml̩
Dạ̈melack 'dɛ:məlak
dạ̈melich 'dɛ:məlɪç
Dạmen 'da:mən
Dạmenweg 'da:mənve:k
Dạmerau 'da:mərau̯
Damergou *fr.* damɛr'gu
Dạmerkow 'da:mɐko
Dạmerow 'da:məro
Dạmgarten 'damgartn̩
Dạmgartner 'damgartnɐ
Damg[h]ạn *pers.* dɑm'ɢɑ:n
Dạmhirsch 'damhɪrʃ
Damian da'mi̯a:n, *auch:* 'da:mi̯a:n
Damiạni *it.* da'mi̯a:ni
Damiạno *it.* da'mi̯a:no
Damião *port.* dɐ'mi̯ɐ̃ṷ
Damiẹtte da'mi̯ɛt[ə], *fr.* da'mjɛt
Damịri da'mi:ri
Dạmis 'da:mɪs, *fr.* da'mis
dạmisch 'da:mɪʃ
damit da'mɪt, *hinweisend* 'da:mɪt, *Konjunktion* da'mɪt
Dạmitz 'da:mɪts
Damiạn[ow], Damjan[ov] *bulgar.* da'mjan[of]
Dạ̈mlack 'dɛ:mlak
dạmledern 'damle:dɐn
dạ̈mlich 'dɛ:mlɪç
Dạmm dam, **Dạ̈mme** 'dɛmə
Dammạm da'ma:m
Dạmmar 'damar
Dammarafichte da'ma:rafɪçtə
Dammarie *fr.* dama'ri
Dạmmastock 'damaʃtɔk
Dạmme[n] 'damə[n]
dạ̈mmen 'dɛmən
Dạmmer 'damɐ
Dạ̈mmer 'dɛmɐ
dạ̈mmerig 'dɛmərɪç, **-e** ...ɪgə
Dạmmerkirch 'damɐkɪrç
dạ̈mmern 'dɛmɐn
Dạmmersfeld 'damɐsfɛlt
Dạmmkrug 'damkru:k
Dạmmscher See 'damʃɐ 'ze:
Damnation de Faust *fr.* dɑnɑsjõd'fo:st
damnạtur dam'na:tʊr
Dạmno 'damno
Dạmnum 'damnʊm
Dạmokles 'da:moklɛs
Dạmon 'da:mɔn
Dạ̈mon 'dɛ:mɔn, **-en** dɛ'mo:nən
dämọnenhaft dɛ'mo:nənhaft
Dämonie dɛmo'ni:, **-n** ...i:ən
dämọnisch dɛ'mo:nɪʃ
dämonisieren dɛmoni'zi:rən
Dämonịsmus dɛmo'nɪsmʊs
Dämọnium dɛ'mo:ni̯ʊm, **...ien** ...i̯ən
Dämonologie dɛmonolo'gi:, **-n** ...i:ən
Dämonomanie dɛmonoma'ni:, **-n** ...i:ən
Dämonopathie dɛmonopa'ti:, **-n** ...i:ən
Dạmophon 'da:mofɔn
Damọ̈t da'mø:t
Dạmpf dampf, **Dạ̈mpfe** 'dɛmpfə
dạmpfen 'dampfn̩
dạ̈mpfen 'dɛmpfn̩
Dạmpfer 'dampfɐ
Dạ̈mpfer 'dɛmpfɐ
[1]**Dạmpfschiffahrt** (Dampferverkehr) 'dampfˌʃɪffa:ɐ̯t
[2]**Dạmpfschiffahrt** (Fahrt mit dem Dampfschiff) 'dampfʃɪfˌfa:ɐ̯t
Dampier *engl.* 'dæmpjə
Dampiẹrre *fr.* dɑ̃'pjɛ:r
Dampremy *fr.* dɑ̃rə'mi
Dampt *fr.* dɑ̃
Damrosch *engl.* 'dæmrɔʃ
Dạmsdorf 'damsdɔrf
Damshạgen dams'ha:gn̩
Damụ̈ls da'mʏls
Dạmwild 'damvɪlt
Dạn da:n, *dän.* da:'n, *engl.* dæn
Dana *engl.* 'deɪnə
danach da'na:x, *hinweisend* 'da:na:x
Dạnae 'da:nae
Dạnaer 'da:naɐ
Danaide dana'i:də
Dạnakil 'da:nakɪl
Dạnaos 'da:naɔs
Dạnaus 'da:naʊs
Danbury *engl.* 'dænbərɪ
Danby *engl.* 'dænbɪ
Dance *engl.* dɑ:ns, dæns
Dančenko vgl. Dantschenko
Dạnckelmann 'daŋkl̩man
Danclạ *fr.* dɑ̃'kla
Dancọ *fr.* dɑ̃'ko
Dancourt *fr.* dɑ̃'ku:r
Dančov vgl. Dantschow
Dạnderyd *schwed.* ˌdandəry:d
[1]**Dandin** *fr.* dɑ̃'dɛ̃

[2]**Dạndin** (ind. Dichter) ˈdandi:n
Dặndliker ˈdɛndlɪkɐ
Dạndolo *it.* ˈdandolo
Dandy ˈdɛndi, *engl.* ˈdændɪ
Dandyịsmus dɛndiˈɪsmʊs
Dane *engl.* deɪn
Dặne ˈdɛ:nə
danẹben daˈne:bn̩, *hinweisend* ˈda:ne:bn̩
Dạnebrog ˈda:nəbro:k, *dän.* ˈdanəbrɔ:ˀɣ
Dặnemark ˈdɛ:nəmark
Dạnew, Danev *bulgar.* ˈdanɛf
Dạnewerk ˈda:nəvɛrk
dạng daŋ
dặnge ˈdɛŋə
Danger *engl.* ˈdeɪndʒə
Dạngio *it.* ˈdandʒo
Dạngkrotzheim ˈdaŋkrɔtshai̯m
Dạnhauser ˈdanhau̯zɐ
Dặnholm ˈdɛ:nhɔlm
Dạničić *serbokr.* ˌdanitʃitɕ
daniẹden daˈni:dn̩
daniẹder daˈni:dɐ
Dạniel ˈda:ni̯e:l, *auch:* ...i̯ɛl; *engl.* ˈdænjəl, *fr.* daˈnjɛl, *schwed.* ˌdɑ:niɛl; *port., bras.* dɐˈni̯ɛl
Daniel' vgl. Danijel
Danięla daˈni̯e:la
Danięle *it.* daˈni̯ɛ:le
Daniell *engl.* ˈdænjəl
Danięlla daˈni̯ɛla
Danięlle *fr.* daˈnjɛl
Danięllo daˈni̯ɛlo
Daniels *engl.* ˈdænjəlz
Dạnielson *schwed.* ˌdɑ:niɛlsɔn
Daniịl *russ.* daniˈil
Daniịlowna, Daniilovna *russ.* dɐniˈilɐvnɐ
Daniịęl, Daniel' *russ.* dɐniˈjelj
Dặniker ˈdɛ:nɪkɐ
Danịla *russ.* daˈnilɐ
Danilęwski, Danilevskij *russ.* dɐniˈljɛfskij
Danịlo *it.* daˈni:lo, *serbokr.* daˌni:lɔ
Dạnilovgrad *serbokr.* ˌdanilɔvgra:d
Danịlow, Danilov *russ.* daˈnilɐf
Danịlowitz daˈni:lovɪts
Danịłowski *poln.* daniˈu̯ɔfski
Dạnioth ˈda:ni̯ɔt
dặnisch ˈdɛ:nɪʃ
danisiẹren daniˈzi:rən
dänisiẹren dɛniˈzi:rən
dạnk, D... daŋk
dạnkbar ˈdaŋkba:ɐ̯
dạnken ˈdaŋkn̩
dạnkenswert ˈdaŋkn̩sve:ɐ̯t
Dạnkl ˈdaŋkl̩
Dạnkmar ˈdaŋkmar
Dạnkrad ˈdaŋkra:t
Dạnkward, ...rt ˈdaŋkvart
Dankwarderọde daŋkvardəˈro:də
Dạnmark *dän.* ˈdanmarɡ
Dạnmarksstrædet *dän.* ˈdanmarɡssdrɛ:ðəð
dạnn, D... dan
Dạnnecker ˈdanɛkɐ
Dạnnemora *schwed.* ˌdanəmu:ra
dạnnen ˈdanən
Dạnnenberg ˈdanənbɛrk
Dạnnenfels ˈdanənfɛls
Dannenwạlde danənˈvaldə
Dạnnreuther *engl.* ˈdænrɔɪtə
Dạnnstadt ˈdanʃtat
Danny *engl.* ˈdænɪ
dạnnzumal ˈdantsuma:l
Dạnosve ˈda:nɔsve
Dạnow, Danov *bulgar.* ˈdanof
Danse macạbre *fr.* dɑ̃smaˈkɑ:br
Dansville *engl.* ˈdænzvɪl
Dánszentmiklós *ung.* ˈda:nsɛntmiklo:ʃ
Dantan *fr.* dɑ̃ˈtɑ̃
Dạntas *port.* ˈdɐntɐʃ, *bras.* ˈdɐntas
Dạnte Alighiẹri ˈdantə aliˈgi̯e:ri, *it.* ˈdante aliˈgi̯ɛ:ri
Dạntes ˈdantəs
dantẹsk danˈtɛsk
Dạnti *it.* ˈdanti
dạntisch, D... ˈdantɪʃ
Danton *fr.* dɑ̃ˈtɔ̃
Dantschẹnko, Dančenko *russ.* danˈtʃɛnkɐ
Dạntschow, Dančov *bulgar.* ˈdantʃof
Dantỵszek *poln.* danˈtɨʃɛk
Danụbius daˈnu:bi̯ʊs
Danụta daˈnu:ta
Danvers *engl.* ˈdænvəz
Danville *engl.* ˈdænvɪl
Dany *fr.* daˈni
Dány *ung.* da:nj
Dạnza *it.* ˈdantsa
Dạnzer ˈdantsɐ
Dạnzi ˈdantsi
Dạnzig ˈdantsɪç
Dạnziger ˈdantsɪgɐ
Dão *port.* dɐ̃u̯
Daoíz *span.* daoˈiθ
Dapertụtto dapɛrˈtʊto
Dạphne ˈdafnə, *engl.* ˈdæfnɪ
Dạphni *neugr.* ˈðafni
Dạphnia ˈdafnia, **...ien** ...iən
Dạphnie ˈdafniə
Daphnịn dafˈni:n
Dạphnis ˈdafnɪs
Dapọnte *it.* daˈponte
Daquin *fr.* daˈkɛ̃
daran daˈran, *hinweisend* ˈda:ran
darạnsetzen daˈranzɛtsn̩
Darány[i] *ung.* ˈdɔra:nj[i]
darauf daˈrau̯f, *hinweisend* ˈda:rau̯f
darau̯ffolgend daˈrau̯ffɔlgn̩t, **-e** ...n̩də
daraufhin darau̯fˈhɪn, *hinweisend* ˈda:rau̯fhɪn
daraus daˈrau̯s, *hinweisend* ˈda:rau̯s
dạrben ˈdarbn̩, **dạrb!** darp, **dạrbt** darpt
Dạrbietung ˈda:ɐ̯bi:tʊŋ
Darbịst darˈbɪst
Darboụka darˈbu:ka
Darboux *fr.* darˈbu
Darbụka darˈbu:ka
Dạrby *engl.* ˈdɑ:bɪ
Darbyst darˈbɪst
Darcẹt *fr.* darˈsɛ
Dạrching ˈdarçɪŋ
Darcy *fr.* darˈsi
Dạrd *fr.* da:r
Dardanẹllen dardaˈnɛlən
Dạrdaner ˈdardanɐ
Dardạnius darˈda:ni̯ʊs
Dạrdanos ˈdardanɔs
Dạrde ˈdardə
Dạrdhë *alban.* ˈdarðə
darein daˈrai̯n, *hinweisend* ˈda:rai̯n
darẹinreden daˈrai̯nre:dn̩
Darẹios daˈrai̯ɔs
Dạres ˈda:rɛs
Daressalạm darɛsaˈla:m
Darẹt *fr.* daˈrɛ
dạrf darf
Dạrfield *engl.* ˈdɑ:fi:ld
Dạrfo *it.* ˈdarfo
Darfụr darˈfu:ɐ̯
Dạrg dark, **-e** ...gə
Dargạinen darˈgai̯nən
Dạrgen ˈdargn̩
dạrgetan ˈda:ɐ̯gəta:n
Dargilan *fr.* darʒiˈlɑ̃
Dargịner darˈgi:nɐ
Dargomyschski, Dargomyžskij *russ.* dɐrgaˈmɨʃskij
Dargụn darˈgu:n
Dạrgwa ˈdargva
Dạri ˈda:ri
Darịa daˈri:a
Darién *span.* daˈri̯en
darin daˈrɪn, *hinweisend* ˈda:rɪn
darịnnen daˈrɪnən
Dạrio *it.* ˈda:ri̯o
Darío *span.* daˈrio
Darịus daˈri:ʊs, *fr.* daˈrjys
Dạrja, Dar'ja *russ.* ˈdarjɐ
Darjeeling *engl.* dɑ:ˈdʒi:lɪŋ
Dạrjes ˈdarjəs
Dark dark
Darkẹhmen darˈke:mən
Dark họrse *engl.* ˈdɑ:k ˈhɔ:s
Dạrkov *tschech.* ˈdarkɔf
Darlan *fr.* darˈlɑ̃
Dạrlaston *engl.* ˈdɑ:ləstən
Dạrlegung ˈda:ɐ̯le:gʊŋ
Dạrlehen ˈda:ɐ̯le:ən
Dạrling ˈda:ɐ̯lɪŋ, *engl.* ˈdɑ:lɪŋ
Dạrlington *engl.* ˈdɑ:lɪŋtən
Darłọwo *poln.* darˈu̯ɔvɔ
Dạrm darm, **Dặrme** ˈdɛrmə
Dặrmchen ˈdɛrmçən
Darmesteter *fr.* darm[ɛ]steˈtɛ:r
Dạrmstadt ˈdarmʃtat

Dạrmstädter 'darmstɛtɐ
dạrmstädtisch 'darmʃtɛtɪʃ
darnach dar'na:x, *auch:* '– –
darnẹben dar'ne:bn̩
Darnétal *fr.* darne'tal
darni̲eder dar'ni:dɐ
Dạrnley *engl.* 'dɑ:nlɪ
Dạro *it.* 'da:ro
darob da'rɔp, *hinweisend* 'da:rɔp
Darọca *span.* da'roka
Dạrre 'darə
Darré da're:
dạrren 'darən
D'Arrẹst da'rɛ:
Darrieux *fr.* da'rjø
Darryl *engl.* 'dærɪl
Dạrscheid 'da:ɐ̯ʃai̯t
Dạrß dars
Dạrßer 'darsɐ
Dạrsteller 'da:ɐ̯ʃtɛlɐ
Dạrt[ford] *engl.* 'dɑ:t[fəd]
Darthés *span.* dar'tes
dạrtun 'da:ɐ̯tu:n
Dạrtmoor *engl.* 'dɑ:tmʊə
Dạrtmouth *engl.* 'dɑ:tməθ
Dạrton *engl.* dɑ:tn
Daru *fr.* da'ry, *engl.* 'dɑ:ru:
darüber da'ry:bɐ, *hinweisend* 'da:ry:bɐ
darụ̈berstehen da'ry:bɐʃte:ən
darum da'rʊm, *hinweisend* 'da:rʊm
darụmlegen da'rʊmle:gn̩
darunter da'rʊntɐ, *hinweisend* 'da:rʊntɐ
darụnterliegen da'rʊntɐli:gn̩
Dạrwen *engl.* 'dɑ:wɪn
Dạrwin 'darvi:n, *engl.* 'dɑ:wɪn
Darwi̲nisch dar'vi:nɪʃ
Darwinịsmus darvi'nɪsmʊs
Darwinịst darvi'nɪst
Dạrwinsch 'darvi:nʃ
Dạrzau 'dartsau̯
Dạrze 'dartsə
dạs das
Dạs *engl.* dɑ:s
Dạsai 'da:zai̯
Dạsbach 'dasbax
Dạsberg 'da:sbɛrk
Dạsburg 'da:sbʊrk
Daschkessạn, Daškesan *russ.* dɐʃkɪ'san
Dạschkow, Daškov *russ.* 'daʃkɐf
Dạscht daʃt
Dascht-i-Gorgạn *pers.* 'dæʃtegor'gɑ:n
Dascht-i-Mischạn *pers.* 'dæʃtemi'ʃɑ:n
Dạsein 'da:zai̯n
dasẹlbst da'zɛlpst
Dạser 'da:zɐ
Dash dɛʃ, *engl.* dæʃ
dạsig 'da:zɪç, **-e** ...ɪgə
Dạsing 'da:zɪŋ
Dạsio 'da:zi̯o
dạsitzen 'da:zɪtsn̩
dạsjenige 'dasje:nɪgə
Daskalọw, Daskalov *bulgar.* daska'lɔf
Daškesan vgl. Daschkessan
Daškov vgl. Daschkow
Daskyle̲ion dasky'lai̯ɔn
dạß das
Dạss *norw.* das
Dassault *fr.* da'so
Dạssel 'dasl̩
Dạssel... (z. B. Dasselfliege) 'dasl̩...
dassẹlbe das'zɛlbə
Dassiẹr *fr.* da'sje
Dạsswang 'dasvaŋ
dạstehen 'da:ʃte:ən
Dasymẹter dazy'me:tɐ
Dasypọdius dazy'po:di̯ʊs
Daszyński *poln.* da'ʃɨi̯ski
Datari̲e data'ri:
Date̲i da'tai̯
Daten vgl. Datum
Dathẹn da'te:n
Dathẹnus da'te:nʊs
Dạti *it.* 'da:ti
dati̲eren da'ti:rən
Dating *engl.* 'deɪtɪŋ
Dạtis 'da:tɪs
Dạtiv 'da:ti:f, **-e** ...i:və
datịvisch da'ti:vɪʃ
Datịvus ẹthicus da'ti:vʊs 'e:tikʊs, **...vi ...ci** ...vi ...i̯tsi
dạto 'da:to
Datolith dato'li:t, *auch:* ...lɪt
Dạtscha 'datʃa
Dạtsche 'datʃə
Dạttel[n] 'datl̩[n]
Dạttenfeld 'datn̩fɛlt
Dạtterich 'datərɪç
dạtum 'da:tʊm
Dạtum 'da:tʊm, **Dạten** 'da:tn̩
Datụra da'tu:ra
Dạtzeroth 'datsəro:t
Dau̲[b] dau̯[p]
Dauba[ch] 'dau̯ba[x]
Dau̲be 'dau̯bə
Dau̲bensee 'dau̯bn̩ze:
daubi̲eren do'bi:rən
Daubigny *fr.* dobi'ɲi
Däu̲bler 'dɔy̯blɐ
Dau̲cher 'dau̯xɐ
Da-Ụd da'u:t
Daudẹt *fr.* do'dɛ
Dau̲er 'dau̯ɐ
dau̲ern 'dau̯ɐn
dau̲ernd 'dau̯ɐnt, **-e** ...ndə
Dau̲erseller 'dau̯ɐzɛlɐ
Daulatschạh *pers.* doulæt'ʃɑ:h
Däu̲mchen 'dɔy̯mçən
Dau̲me[n] 'dau̯mə[n]
Dau̲mer 'dau̯mɐ
Daumiẹr *fr.* do'mje
Däu̲mling 'dɔy̯mlɪŋ
Dau̲n dau̯n
dạ- und dọrthin 'da: ʊnt 'dɔrthɪn
Dau̲ne 'dau̯nə
Dauphin do'fɛ̃:, *fr.* do'fɛ̃, *engl.* 'dɔ:fɪn
Dauphiné dofi'ne:, *fr.* dofi'ne
Daụre da'u:rə
Dau Rụd *pers.* dou̯'ru:d
Dau̲s dau̯s, **Dau̲ses** 'dau̯zəs, **Däu̲ser** 'dɔy̯zɐ
Dau̲t[he] 'dau̯t[ə]
Dau̲thendey 'dau̯tn̩dai̯
Dau̲tweiler 'dau̯tvai̯lɐ
Dauzạt *fr.* do'za
Dávalos *span.* 'daβalɔs
Davạo da'va:o
Dave *engl.* deɪv
Davẹl *fr.* da'vɛl
Davenant *engl.* 'dævɪnənt
Davenaut *fr.* dav'no
Davenport *engl.* 'dævnpɔ:t
Dạvensberg 'da:vn̩sbɛrk
Daventry *engl.* 'dævəntrɪ
[1]**Dạvid** 'da:fɪt, *auch:* 'da:vɪt; *niederl.* 'da:vɪt, *engl.* 'deɪvɪd, *fr.* da'vid, *span.* da'βið, *slowak.* 'davit
[2]**David** vgl. Dawid
Dạvíð *isl.* 'da:vi:ð
Davịda da'vi:da
Davịdis da'vi:dɪs
Davidovič vgl. Dawidowitsch
Davidovna vgl. Dawidowna
Davids *engl.* 'deɪvɪdz
Dạvidsohn 'da:fɪtzo:n, *auch:* 'da:vɪ...
Davidson *engl.* 'deɪvɪdsn
Davie[s] *engl.* 'deɪvɪ[s]
Davignon *fr.* davi'ɲõ
Dạvila *it.* 'da:vila
Dávila *span.* 'daβila
Davilẹr *fr.* davi'lɛ:r
Davioud *fr.* da'vju
Davis *engl.* 'deɪvɪs
Davisiani̲smus davizi̯a'nɪsmʊs, dev...
Davis[s]on *engl.* 'deɪvɪsn
Davit 'de:vɪt, *engl.* 'dævɪt
Davitt *engl.* 'dævɪt
Dạvle *tschech.* 'davlɛ
Davlekanovo vgl. Dawlekanowo
Dávod *ung.* 'da:vod
davon da'fɔn, *hinweisend* 'da:fɔn
davọnkommen da'fɔnkɔmən
davor da'fo:ɐ̯, *hinweisend* 'da:fo:ɐ̯
davọrliegen da'fo:ɐ̯li:gn̩
Davọs da'vo:s, **-er** ...o:zɐ
Davou[s]t *fr.* da'vu
Davy 'de:vi, *engl.* 'deɪvɪ
Davyd vgl. Dawyd
Davydov vgl. Dawydow
Davydovič vgl. Dawydowitsch
Davydovna vgl. Dawydowna
Davysch 'de:vɪʃ
dawa̲i da'vai̯
Dawes *engl.* dɔ:z
Dawịd, David *russ.* da'vit
dawider da'vi:dɐ, *hinweisend* 'da:vi:dɐ
Dawịdowitsch, Davidovič *russ.* da'vidɐvitʃ

Dawịdowna, Davidovna *russ.* da'vidɐvnɐ
Dawịson *poln.* da'visɔn
Dawlekạnowo, Davlekanovo *russ.* dɐvlɪ'kanɐvɐ
Dawlish *engl.* 'dɔ:lɪʃ
Dawson *engl.* dɔ:sn
Dawỵd, Davyd *russ.* da'vɨt
Dawỵdow, Davydov *russ.* da'vɨdɐf
Dawỵdowitsch, Davydovič *russ.* da'vɨdɐvitʃ
Dawỵdowna, Davydovna *russ.* da'vɨdɐvnɐ
Dạx *fr.* daks
Daxlạnden daks'landn̩
Day *engl.* deɪ
Dayạn da'jan
Dayton *engl.* deɪtn
Daytona Beach *engl.* deɪ'toʊnə 'bi:tʃ
Da̱zien 'da:t͜si̯ən
Da̱zier 'da:t͜si̯ɐ
da̱zisch 'da:t͜sɪʃ
dazu da't͜su:, *hinweisend* 'da:t͜su:
dazu̱gehörig da't͜su:gəhø:rɪç, **-e** ...ɪgə
dazu̱halten da't͜su:haltn̩
da̱zumal 'da:t͜suma:l
dazwịschen da't͜svɪʃn̩, *hinweisend* 'da:t͜svɪʃn̩
D-day *engl.* 'di:deɪ
DDR de:de:'|ɛr
DDT Ⓦ de:de:'te:
D-Dur 'de:du:ɐ̯, *auch:* '–'–
DE̱A Ⓦ 'de:a
Deacon *engl.* 'di:kən
Deadfreight *engl.* 'dɛdfreɪt
Deadweight *engl.* 'dɛdweɪt
Dẹák *ung.* 'dɛa:k
Deakin *engl.* 'di:kɪn
Deakzentuie̱rung de|akt͜sɛntu'i:rʊŋ
Deal *engl.* di:l
Dealer 'di:lɐ, *engl.* 'di:lə
Dean[e] *engl.* di:n
Deanna *engl.* dɪ'ænə
Dearborn *engl.* 'dɪəbɔ:n
Dearne *engl.* də:n
Déạt *fr.* de'a
Death Valley *engl.* 'dɛθ 'vælɪ
Deauvịlle *fr.* do'vil
Deba̱kel de'ba:kl̩
Dẹbar *serbokr.* 'dɛbar
Debarda̱ge debar'da:ʒə
Debardeur debar'dø:ɐ̯
debardie̱ren debar'di:rən
debarkie̱ren debar'ki:rən
Debating *engl.* dɪ'beɪtɪŋ
Debạtte de'batə
Debạtter de'batɐ
debattie̱ren deba'ti:rən
Debauche de'bo:ʃ[ə], **-n** ...ʃn̩
debauchie̱ren debo'ʃi:rən
Debeljạnow, Debeljanov *bulgar.* dɛbɛ'ljanof
Debellatio̱n debɛla't͜si̯o:n
De̱bes 'de:bəs
De̱bet 'de:bɛt
Dębịca *poln.* dɛm'bitsa
debi̱l de'bi:l
Debilitä̱t debili'tɛ:t
Debi̱t de'bi:t, de'bi:
debitie̱ren debi'ti:rən
De̱bitor 'de:bitɔr, **-en** debi'to:rən
Dęblin *poln.* 'dɛmblin
deblockie̱ren deblɔ'ki:rən
Dębno *poln.* 'dɛmbnɔ
De Boer *niederl.* də'bu:r
de Bo̱or de'bo:ɐ̯
Debo̱ra de'bo:ra
Debo̱rah de'bo:ra, *engl.* 'dɛbərə
debouchie̱ren debu'ʃi:rən
De̱bra Mạrkos 'de:bra 'markɔs
De̱bra Ta̱bor 'de:bra 'ta:bɔr
Debray *fr.* də'brɛ
Debré *fr.* də'bre
Dẹbrecen *ung.* 'dɛbrɛtsɛn
Dẹbreczin 'dɛbrɛt͜si:n
Dẹbre[c]ziner 'dɛbrɛt͜si:nɐ
De̱brunner 'de:brʊnɐ
Dębrzno *poln.* 'dɛbʒnɔ
Dẹbschitz 'dɛpʃɪt͜s
Debucourt *fr.* dəby'ku:r
Debussy *fr.* dəby'si
Debü̱t de'by:
Debütạnt deby'tant
debütie̱ren deby'ti:rən
Debye *niederl.* də'bɛi̯ə
Decadence deka'dã:s
Decamero̱ne *it.* dekame'ro:ne
Decamps *fr.* də'kã
Dẹčani *serbokr.* 'dɛtʃa:ni
Dẹčanski *serbokr.* 'dɛtʃanski:
Decatur *engl.* dɪ'keɪtə
Decazevịlle *fr.* dəkaz'vil
Dẹcca 'dɛka, *engl.* 'dɛkə
Dẹccan *engl.* 'dɛkən
Dece̱balus de't͜se:balʊs
Deception Island *engl.* dɪ'sɛpʃən 'aɪlənd
Dechana̱t dɛça'na:t
Dechane̱i dɛça'nai̯
Dechant dɛ'çant, *auch:* '––; **-en** dɛ'çantn̩
Dechante̱i dɛçan'tai̯
Dechạrge de'ʃarʒə
dechargie̱ren deʃar'ʒi:rən
Dẹchen[d] 'dɛçn̩[t]
Dẹcher 'dɛçɐ
Deche̱t de'ʃe:, *fr.* de'ʃɛ
dechiffrie̱ren deʃɪ'fri:rən
Dẹchsel 'dɛksl̩
Déchy *ung.* 'de:tʃi
Deci̱dua de't͜si:du̯a
Decimomạnnu *it.* detʃimo'mannu
De̱cimus 'de:t͜simʊs
Děčín *tschech.* 'djɛtʃi:n
Děčínské Stěny *tschech.* 'djɛtʃi:nskɛ: 'stjɛni
deci̱so de't͜ʃi:zo
De̱cius 'de:t͜si̯ʊs
Deci̱ze *fr.* də'si:z
Dẹck[e] 'dɛk[ə]
Dẹckel 'dɛkl̩
dẹckeln 'dɛkl̩n
dẹcken 'dɛkn̩
Dẹckenhardt 'dɛkn̩hart
Dẹcker 'dɛkɐ, *niederl.* 'dɛkər
decodie̱ren deko'di:rən
Decoding *engl.* 'di:koʊdɪŋ
Décollement dekɔlə'mã:
Décolleté dekɔl'te:
Deco̱rah *engl.* dɪ'kɔ:rə
Dẹcorated style *engl.* 'dɛkəreɪtɪd 'staɪl
Découpa̱ge deku'pa:ʒə
decouragie̱ren dekura'ʒi:rən
decouragie̱rt dekura'ʒi:ɐ̯t
Decourt de'ku:ɐ̯
Découve̱rt deku've:ɐ̯, ...vɛ:ɐ̯
decrescẹndo dekrɛ'ʃɛndo
Decrescẹndo dekrɛ'ʃɛndo, **...di** ...di
Decroly *fr.* dəkrɔ'li
Decu̱bitus de'ku:bitʊs
de da̱to de: 'da:to
Dẹddo 'dɛdo
Dẹdeağaç *türk.* 'dɛdɛɑ:,ɑtʃ
De̱dekind 'de:dəkɪnt
De̱delow 'de:dəlo
De̱demsvaart *niederl.* 'de:dəmsfa:rt
Dẹdham *engl.* 'dɛdəm
Dědice *tschech.* 'djɛdjitsɛ
Dẹdijer *serbokr.* ,dɛdijɛr
Dedikatio̱n dedika't͜si̯o:n
deditie̱ren dedi'ti:rən
dedizie̱ren dedi't͜si:rən
De̱do 'de:do
Dédougou *fr.* dedu'gu
Dẹdowsk, Dedovsk *russ.* 'djɛdɐfsk
Deduktio̱n dedʊk't͜si̯o:n
dedukti̱v dedʊk'ti:f, **-e** ...i:və
deduzie̱ren dedu't͜si:rən
Dee *engl.* di:
Deẹmphasis de'|ɛmfazɪs
De̱ep de:p
Deep-freezer *engl.* 'di:pfri:zə
Deeping *engl.* 'di:pɪŋ
Deep Rịver *engl.* 'di:p 'rɪvə
Deerfield *engl.* 'dɪəfi:ld
Deer Pa̱rk *engl.* 'dɪə 'pɑ:k
De̱esis 'de:ezɪs, **De̱esen** de'e:zn̩
Deeskalatio̱n de|ɛskala't͜si̯o:n
deeskalie̱ren de|ɛska'li:rən
De̱etz de:t͜s
DE̱FA 'de:fa
de fạcto de: 'fakto
Defaitịsmus defɛ'tɪsmʊs
Defaitịst defɛ'tɪst
Defäkatio̱n defɛka't͜si̯o:n
defäkie̱ren defɛ'ki:rən
De Fạlla *span.* de 'faʎa
Defatigatio̱n defatiga't͜si̯o:n
Defätịsmus defɛ'tɪsmʊs
Defätịst defɛ'tɪst
defẹkt, D... de'fɛkt
defekti̱v defɛk'ti:f, **-e** ...i:və

Defektivität defɛktivi'tɛ:t
Defektivum defɛk'ti:vʊm, **...va** ...va
Defemination defemina'tsi̯o:n
Défense musculaire *fr.* defãsmysky'lɛ:r
Defensionale defɛnzi̯o'na:lə
denfensiv defɛn'zi:f, **-e** ...i:və
Defensive defɛn'zi:və
Defensivität defɛnzivi'tɛ:t
Defensor de'fɛnzɔr, **-en** ...'zo:rən
Defensor fidei de'fɛnzɔr 'fi:dei
Defereggen 'de:fərɛgn̩
Deferentitis deferɛn'ti:tɪs, **...titiden** ...ti'ti:dn̩
Deferenz defe'rɛnts
deferieren defe'ri:rən
Deferveszenz defɛrvɛs'tsɛnts
Defferre *fr.* də'fɛ:r
Defiance *engl.* dɪ'faɪəns
Defibrator defi'bra:tɔr, **-en** ...ra'to:rən
Defibreur defi'brø:ɐ̯
defibrinieren defibri'ni:rən
Deficit-spending *engl.* 'dɛfɪsɪt 'spɛndɪŋ
Defiguration defigura'tsi̯o:n
defigurieren defigu'ri:rən
Defilee defi'le:, **-n** ...e:ən
defilieren defi'li:rən
definieren defi'ni:rən
definit defi'ni:t
Definition defini'tsi̯o:n
definitiv defini'ti:f, **-e** ...i:və
Definitivum defini'ti:vʊm, **...va** ...va
definitorisch defini'to:rɪʃ
Defixion defɪ'ksi̯o:n
defizient, D... defi'tsi̯ɛnt
Defizit 'de:fitsɪt
defizitär defitsi'tɛ:ɐ̯
Deflagration deflagra'tsi̯o:n
Deflagrator defla'gra:tɔr, **-en** ...ra'to:rən
Deflation defla'tsi̯o:n
deflationär deflatsi̯o'nɛ:ɐ̯
deflationistisch deflatsi̯o'nɪstɪʃ
deflatorisch defla'to:rɪʃ
deflektieren deflɛk'ti:rən
Deflektor de'flɛktɔr, **-en** deflɛk'to:rən
Deflexion deflɛ'ksi̯o:n
Defloration deflora'tsi̯o:n
deflorieren deflo'ri:rən
Defoe də'fo:, *engl.* də'foʊ
De Forest *engl.* də'fɔrɪst
deform de'fɔrm
Deformation defɔrma'tsi̯o:n
deformieren defɔr'mi:rən
Deformität defɔrmi'tɛ:t
Defraudant defrau̯'dant
Defraudation defrau̯da'tsi̯o:n
defraudieren defrau̯'di:rən
Defregger 'de:frɛgɐ
Defroster de'frɔstɐ
deftig 'dɛftɪç, **-e** ...ɪgə
Dég *ung.* de:g
Degagement degaʒə'mã:
degagieren dega'ʒi:rən
Degas *fr.* də'ga
Degen 'de:gn̩
Degeneration degenera'tsi̯o:n
degenerativ degenera'ti:f, **-e** ...i:və
degenerieren degene'ri:rən
Degenhard[t] 'de:gn̩hart
Degerfors *schwed.* ˌde:gərfɔrs
Degerhamn *schwed.* de:gər'hamn
Degerloch 'de:gɐlɔx
Degersheim 'de:gɐshai̯m
Deggendorf 'dɛgn̩dɔrf
Deggingen 'dɛgɪŋən
Deggio *it.* 'deddʒo
D'Églantine *fr.* deglã'tin
Deglutination deglutina'tsi̯o:n
Deglutition degluti'tsi̯o:n
Degorgement degɔrʒə'mã:
degorgieren degɔr'ʒi:rən
Degout de'gu:
degoutant degu'tant
degoutieren degu'ti:rən
Degoutte *fr.* də'gut
Degradation degrada'tsi̯o:n
degradieren degra'di:rən
de Graes de'gra:s
degraissieren degrɛ'si:rən
Degras de'gra, **des -** ...a[s]
Degrelle *fr.* də'grɛl
Degression degrɛ'si̯o:n
degressiv degrɛ'si:f, **-e** ...i:və
de Gruyter de'grɔytɐ
Degtjarsk *russ.* dɪk'tjarsk
DEGUSSA de'gʊsa
Degustation degʊsta'tsi̯o:n
de gustibus non est disputandum de: 'gʊstibʊs 'no:n 'ɛst dɪspu'tandʊm
degustieren degʊs'ti:rən
De Havilland *engl.* də'hævɪlənd
Dehio de'hi:o
Dehiszenz dehɪs'tsɛnts
Dehlau 'de:lau̯
Dehlentrup 'de:ləntrʊp
Dehler 'de:lɐ
Dehlitz 'de:lɪts
Dehme 'de:mə
Dehmel 'de:ml̩
Dehn[e] 'de:n[ə]
dehnen 'de:nən
Dehors de'o:ɐ̯[s], *fr.* də'ɔ:r
De Hooch *niederl.* də 'ho:x
Dehra Dun *engl.* 'dɛərə 'du:n
Dehrn de:ɐ̯n
Dehumanisation dehumaniza'tsi̯o:n
Dehydrase dehy'dra:zə
Dehydratation dehydrata'tsi̯o:n
Dehydration dehydra'tsi̯o:n
dehydratisieren dehydrati'zi:rən
dehydrieren dehy'dri:rən
Dehydrite Ⓦ dehy'dri:tə
Dehydrogenase dehydroge'na:zə
Deianira deja'ni:ra, dai̯a...
Deich dai̯ç
deichen 'dai̯çn̩
Deichsel 'dai̯ksl̩
deichseln 'dai̯ksl̩n
Deidesheim 'dai̯dəshai̯m
Deifikation deifika'tsi̯o:n
deifizieren deifi'tsi:rən
Dei gratia 'de:i 'gra:tsi̯a
Deike 'dai̯kə
deiktisch 'dai̯ktɪʃ, *auch:* de'ɪktɪʃ
Deilingen 'dai̯lɪŋən
Deime 'dai̯mə
Deimling 'dai̯mlɪŋ
Deimos 'dai̯mɔs
dein dai̯n
Deindorf 'dai̯ndɔrf
deiner 'dai̯nɐ
deinerseits 'dai̯nɐ'zai̯ts
deinesgleichen 'dai̯nəs'glai̯çn̩
deinesteils 'dai̯nəs'tai̯ls
deinethalben 'dai̯nət'halbn̩
deinetwegen 'dai̯nət've:gn̩
deinetwillen 'dai̯nət'vɪlən
Deinhardstein 'dai̯nhartʃtai̯n
deinige 'dai̯nɪgə
Deining[en] 'dai̯nɪŋ[ən]
Deinokrates dai̯'no:kratɛs
Deinze *niederl.* 'dɛinzə
Deiphobus de'i:fobʊs
Deirdre *engl.* 'dɪədrɪ
Deismus de'ɪsmʊs
Deißlingen 'dai̯slɪŋən
Deißmann 'dai̯sman
[1]**Deist** de'ɪst
[2]**Deist** (Name) dai̯st
Deister 'dai̯stɐ
Deiwel 'dai̯vl̩
Deixel 'dai̯ksl̩
Dej *rumän.* deʒ
Déjà-vu-... deʒa'vy:...
Dejbjerg *dän.* 'dai̯bjɛr'
Dejekt de'jɛkt
Dejektion dejɛk'tsi̯o:n
Dejeuner deʒø'ne:
dejeunieren deʒø'ni:rən
Dejtár *ung.* 'dɛjta:r
de jure de: 'ju:rə
Deka 'dɛka
Dekabrist deka'brɪst
Dekade de'ka:də
dekadent deka'dɛnt
Dekadenz deka'dɛnts
dekadisch de'ka:dɪʃ
Dekaeder deka'|e:dɐ
Dekagramm deka'gram
De Kalb *engl.* dɪ 'kælb
Dekaliter deka'li:tɐ
Dekalkier... dekal'ki:ɐ̯...
Dekalo de'ka:lo, **...li** ...li
Dekalog deka'lo:k, **-es** ...o:gəs
Dekameron de'ka:merɔn
Dekameter deka'me:tɐ
Dekan de'ka:n
Dekanat deka'na:t
dekandrisch de'kandrɪʃ
Dekanei deka'nai̯

dekantieren dekan'ti:rən
dekapieren deka'pi:rən
Dekapitation dekapita'tsi̯o:n
dekapitieren dekapi'ti:rən
Dekapode deka'po:də
Dekapolis de'ka:polɪs
Dekapsulation dekapsula'tsi̯o:n
dekaptieren dekap'ti:rən
Dekar de'ka:ɐ̯
Dekare de'ka:rə
dekartellieren dekartɛ'li:rən
dekartellisieren dekartɛli'zi:rən
Dekaster deka'ste:ɐ̯
Dekasyllabus deka'zʏlabʊs, **...bi** ...bi
Dekateur deka'tø:ɐ̯
dekatieren deka'ti:rən
Dekatur deka'tu:ɐ̯
Dekelea deke'le:a
Dekeleia *neugr.* ðɛ'kɛlja
Deken *niederl.* 'de:kə
Dekker *engl.* 'dɛkə, *niederl.* 'dɛkər
Deklamation deklama'tsi̯o:n
Deklamator dekla'ma:tɔr, **-en** ...ma'to:rən
Deklamatorik deklama'to:rɪk
deklamatorisch deklama'to:rɪʃ
deklamieren dekla'mi:rən
Deklarant dekla'rant
Deklaration deklara'tsi̯o:n
deklaratorisch deklara'to:rɪʃ
deklarieren dekla'ri:rən
deklassieren dekla'si:rən
deklinabel dekli'na:bl̩, **...ble** ...blə
Deklination deklina'tsi̯o:n
Deklinator dekli'na:tɔr, **-en** deklina'to:rən
Deklinatorium deklina'to:ri̯ʊm, **...ien** ...i̯ən
deklinieren dekli'ni:rən
Deklinometer deklino'me:tɐ
dekliv de'kli:f, **-e** ...i:və
Dekobra *fr.* dəkɔ'bra
dekodieren deko'di:rən
dekokt de'kɔkt
Dekolleté dekɔl'te:
dekolletieren dekɔl'ti:rən
dekolorieren dekolo'ri:rən
Dekompensation dekɔmpɛnza'tsi̯o:n
dekomponieren dekɔmpo'ni:rən
Dekomposition dekɔmpozi'tsi̯o:n
Dekompositum dekɔm'po:zitʊm, **...ta** ...ta
Dekontamination dekɔntamina'tsi̯o:n
dekontaminieren dekɔntami'ni:rən
Dekonzentration dekɔntsɛntra'tsi̯o:n
dekonzentrieren dekɔntsɛn'tri:rən
Dekor de'ko:ɐ̯
Dekorateur dekora'tø:ɐ̯
Dekoration dekora'tsi̯o:n
dekorativ dekora'ti:f, **-e** ...i:və
dekorieren deko'ri:rən
Dekorit ⓦ deko'ri:t, *auch:* ...rɪt
Dekort de'ko:ɐ̯, *auch:* de'kɔrt
dekortieren dekɔr'ti:rən
Dekorum de'ko:rʊm
Dekostoff 'de:koʃtɔf
Dekrement dekre'mɛnt
dekrepit dekre'pi:t
Dekrepitation dekrepita'tsi̯o:n
dekrepitieren dekrepi'ti:rən
Dekrescendo dekrɛ'ʃɛndo, **...di** ...di
Dekreszenz dekrɛs'tsɛnts
Dekret de'kre:t
Dekretale dekre'ta:lə, **...lien** ...li̯ən
Dekretalist dekreta'lɪst
dekretieren dekre'ti:rən
Dekretist dekre'tɪst
Dekubitus de'ku:bitʊs
Dekumat[en]land deku'ma:t[n̩]lant
dekupieren deku'pi:rən
Dekurie de'ku:ri̯ə
Dekurio de'ku:ri̯o, **-nen** deku'ri̯o:nən
dekussieren dekʊ'si:rən
Dekuvert deku've:ɐ̯, ...vɛ:ɐ̯
dekuvrieren deku'vri:rən
Dela 'de:la
Delaborde *fr.* dəla'bɔrd
Delacroix *fr.* dəla'krwa
Delafield *engl.* 'dɛləfi:ld
De la Force *fr.* dəla'fɔrs
De Lagarde *fr.* dəla'gard
De la Mare *engl.* dɛlə'mɛə
Delambre *fr.* də'lã:br
Delamere *engl.* 'dɛləmɪə
Delamination delamina'tsi̯o:n
Delamon 'de:lamɔn
De la Motte-Fouqué də la 'mɔt fu'ke:
Deland *England* 'di:lənd, *USA* dɪ'lænd
De Land *engl.* dɪ'lænd
Delano *engl.* 'dɛlənoʊ
De la Pasture *engl.* də 'læpətɪə
Delaquis *fr.* dəla'ki
De la Rive *fr.* dəla'ri:v
Delarive *fr.* dəla'ri:v
De la Roche *fr.* dəla'rɔʃ
Delaroche *fr.* dəla'rɔʃ
Delat de'la:t
Delation dela'tsi̯o:n
delatorisch dela'to:rɪʃ
Delattre *fr.* də'latr
Delaunay *fr.* dəlo'nɛ
Delavigne *fr.* dəla'viɲ
Delavrancea *rumän.* dela'vrantʃe̯a
[1]**Delaware** (Indianer) dela'va:rə
[2]**Delaware** (Staat in den USA) 'dɛləvɛ:ɐ̯, *engl.* 'dɛləwɛə
De la Warr *engl.* 'dɛləwɛə
Delbos *fr.* dɛl'bɔs
Delbrück 'dɛlbrʏk
Delcassé *fr.* dɛlka'se
Delden *niederl.* 'dɛldə
Dele 'de:lə
Deleanu *rumän.* de'le̯anu
deleatur, D... dele'a:tʊr
Delécluze *fr.* dəle'kly:z
Deledda *it.* de'lɛdda
Delegat dele'ga:t
Delegation delega'tsi̯o:n
Delegatur delega'tu:ɐ̯
de lege ferenda de: 'le:gə fe'rɛnda
de lege lata de: 'le:gə 'la:ta
delegieren dele'gi:rən
Délegyháza *ung.* 'de:lɛtjha:zɔ
delektabel delɛk'ta:bl̩, **...ble** ...blə
delektieren delɛk'ti:rən
Delémont *fr.* dəle'mõ
Delen *niederl.* 'de:lə
Delesse *fr.* də'lɛs
deletär dele'tɛ:ɐ̯
Delf dɛlf
Delfino *it.* del'fi:no
Delfland *niederl.* 'dɛlflɑnt
Delft *niederl.* dɛlft
Delfter 'dɛlftɐ
Delfzijl *niederl.* dɛlf'sɛi̯l
Delgado *span.* dɛl'ɣaðo, *port.* dɛl'gaðu
Delhi 'de:li, *engl.* 'dɛlɪ
Delia 'de:li̯a
Deliberation delibera'tsi̯o:n
Deliberativstimme delibera'ti:fʃtɪmə
deliberieren delibe'ri:rən
Delibes *fr.* də'lib
Delicias *span.* de'liθi̯as
delikat deli'ka:t
Delikatesse delika'tɛsə
Delikt de'lɪkt
Delila[h] de'li:la
Delille *fr.* də'lil
Delimitation delimita'tsi̯o:n
delimitieren delimi'ti:rən
delineavit deline'a:vɪt
delinquent, D... delɪŋ'kvɛnt
Delinter de'lɪntɐ
Deli Orman *bulgar.* dɛ'li or'man
Delios 'de:li̯ɔs
Delir de'li:ɐ̯
delirant deli'rant
delirieren deli'ri:rən
deliriös deli'ri̯ø:s, **-e** ...ø:zə
Delirium de'li:ri̯ʊm, **...ien** ...i̯ən
Delirium tremens de'li:ri̯ʊm 'tre:mɛns
delisch 'de:lɪʃ
Delisle *fr.* də'lil
Delitzsch 'de:lɪtʃ
Delius 'de:li̯ʊs, *engl.* 'di:ljəs
deliziös deli'tsi̯ø:s, **-e** ...ø:zə
Delkredere dɛl'kre:dərə
Dell *engl.* dɛl

Dẹllbrück 'dɛlbrʏk
Dẹlle 'dɛlə, *fr.* dɛl
Dellepia̲ne *it.* delle'pi̯a:ne
Dẹller *engl.* 'dɛlə
Dẹllfeld 'dɛlfɛlt
Dẹlligsen 'dɛlɪksn̩
Dẹllinger 'dɛlɪŋɐ
Dẹllmensingen 'dɛlmənzɪŋən
Dẹllwig 'dɛlvɪç
Dellys *fr.* dɛ'lis
Dẹlme 'dɛlmə
Dẹlmenhorst 'dɛlmənhɔrst
Delmi̲ra *span.* dɛl'mira
delogi̲eren delo'ʒi:rən
Delon *fr.* də'lõ
Deloney *engl.* də'loʊnɪ
De Lọng *engl.* də'lɔŋ
Delọrges *fr.* də'lɔrʒ
Delọrme *fr.* də'lɔrm
Dẹlos 'de:lɔs, *neugr.* 'ðilɔs
Dẹlp dɛlp
Dẹlphi 'dɛlfi
Delphi̲n dɛl'fi:n
Delphina̲rium dɛlfi'na:ri̯ʊm, **...ien** ...i̯ən
Delphini̲n dɛlfi'ni:n
Delphi̲nus dɛl'fi:nʊs
dẹlphisch 'dɛlfɪʃ
Delphoi *neugr.* ðɛl'fi
Dẹlphos *engl.* 'dɛlfəs
Dẹlray Beach *engl.* 'dɛlreɪ 'bi:tʃ
Dẹlsberg 'dɛlsbɛrk
Dẹlsbo *schwed.* 'dɛlsbu:
Dẹlta 'dɛlta, *engl.* 'dɛltə
Dẹlta Amacu̲ro *span.* 'dɛlta ama'kuro
Delto̲id dɛlto'i:t, **-e** ...i:də
Delusio̲n delu'zi̯o:n
deluso̲risch delu'zo:rɪʃ
de Luxe *fr.* də'lyks
Delvau[x] *fr.* dɛl'vo
Dẹlvenau 'dɛlvənau̯
Delvi̲në *alban.* dɛl'vinə
Dẹlwig, Del'vig *russ.* 'djeljvik
Delyle *fr.* də'lil
dẹm de:m
Dema̲des de'ma:dɛs
DEMAG 'de:mak
Demago̲ge dema'go:gə
Demagogi̲e demago'gi:, **-n** ...i:ən
demago̲gisch dema'go:gɪʃ
Demạk *indon.* də'mak
Demạnda *span.* de'manda
Demangeon *fr.* dəmã'ʒõ
[1]**Demant** (Diamant) 'de:mant, *auch:* de'mant
[2]**Demant** (Name) *engl.* dɪ'mænt
demạnten de'mantn̩
Demạntius de'mantsi̯ʊs
Demanto̲id demanto'i:t, **-e** ...i:də
Demara̲tos dema'ra:tɔs
Demạrch de'març, **-en** de'marçn̩
Demạrche de'marʃə
Demarkatio̲n demarka'tsi̯o:n
demarki̲eren demar'ki:rən
Demarteau *fr.* dəmar'to
demaski̲eren demas'ki:rən
Demawẹnd *pers.* dæmɑ'vænd
Dembọwski *poln.* dɛm'bɔfski
Demẹdts *niederl.* də'mɛts
Demele̲e deme'le:
Demen vgl. Demos
dẹmentgegen 'de:m|ɛnt'ge:gn̩
Demẹnti de'mɛnti
Demẹntia [prae̲cox, seni̲lis] de'mɛntsi̯a ['prɛ:kɔks, ze'ni:lɪs]
dementi̲eren demɛn'ti:rən
dẹmentsprẹchend 'de:m|ɛnt'ʃprɛçn̩t, **-e** ...n̩də
Demẹnz de'mɛnts
Dẹmer *niederl.* 'de:mər
Demera̲ra *engl.* dɛmə'rɑ:rə
Demeri̲t deme'ri:t
Dẹmerthin 'de:mɐti:n
Deme̲ter de'me:tɐ, *serbokr.* ˌdɛmɛtɛr
Deme̲trias de'me:trias, *neugr.* ðimitri'as
Deme̲trio *it.* de'mɛ:tri̯o
Deme̲trios de'me:tri̯ɔs
Deme̲trius de'me:tri̯ʊs
Demetsa̲na *neugr.* ðimi'tsana
dẹmgegenü̲ber 'de:mge:gn̩'|y:bɐ
dẹmgemä̲ß 'de:mgə'mɛ:s
Demi̲d *russ.* dɪ'mit
Demi̲dow, Demidov *russ.* dɪ'midɐf
Demi̲dowitsch, Demidovič *russ.* dɪ'midɐvitʃ
Demi̲downa, Demidovna *russ.* dɪ'midɐvnɐ
Dẹmijohn 'de:midʒɔn
demilitarisi̲eren demilitari'zi:rən
De Mịlle *engl.* də'mɪl
Demimonde *fr.* dəmi'mõ:d
Demineralisatio̲n demineraliza'tsi̯o:n
Dẹming *engl.* 'dɛmɪŋ
deminuti̲v deminu'ti:f, **-e** ...i:və
Demirẹl *türk.* dɛmi'rɛl
Demi̲rkazık *türk.* dɛ'mirkɑˌzɨk
Demissio̲n demɪ'si̯o:n
Demissionä̲r demɪsi̯o'nɛ:ɐ̯
demissioni̲eren demɪsi̯o'ni:rən
Dẹmitz 'de:mɪts
Demiụrg demi'ʊrk, **-en** ...rgn̩
Demi-vierge *fr.* dəmi'vjɛrʒ
Demja̲n, Dem'jan *russ.* dɪmj'jan
Dẹmmel 'dɛml̩
Demmi̲n dɛ'mi:n
dẹmna̲ch 'de:m'na:x
dẹmnä̲chst 'de:m'nɛ:çst
Demobilisatio̲n demobiliza'tsi̯o:n
demobilisi̲eren demobili'zi:rən
Demobi̲lmachung demo'bi:lmaxʊŋ
Democrạcia *span.* demo'kraθi̯a
Democrazi̲a Cristia̲na *it.* demokrat'tsi:a kris'ti̯a:na
Democrazi̲a Italia̲na *it.* demokrat'tsi:a ita'li̯a:na
Demo̲critus de'mo:kritʊs
Demodulatio̲n demodula'tsi̯o:n
Demodula̲tor demodu'la:tɔr, **-en** demodula'to:rən
demoduli̲eren demodu'li:rən
Demographi̲e demogra'fi:, **-n** ...i:ən
demogra̲phisch demo'gra:fɪʃ
Demoisẹlle demo̯a'zɛl, də...; **-n** ...lən
Demokra̲t demo'kra:t
Demokra̲ten *dän.* demo'kra:dən
Demokrati̲e demokra'ti:, **-n** ...i:ən
demokra̲tisch demo'kra:tɪʃ
demokratisi̲eren demokrati'zi:rən
Demokratịsmus demokra'tɪsmʊs
Demokri̲t demo'kri:t
Demo̲kritos de'mo:kritɔs
demoli̲eren demo'li:rən
Demolitio̲n demoli'tsi̯o:n
demonetisi̲eren demoneti'zi:rən
Demo̲ni de'mo:ni
Demonstrạnt demɔn'strant
Demonstratio̲n demɔnstra'tsi̯o:n
demonstrati̲v, D... demɔnstra'ti:f, **-e** ...i:və
Demonstrati̲vum demɔnstra'ti:vʊm, **...va** ...va
Demonstra̲tor demɔn'stra:tɔr, **-en** ...ra'to:rən
demonstri̲eren demɔn'stri:rən
Demonta̲ge demɔn'ta:ʒə, *auch:* ...mõ't...
Demọnte *it.* de'monte
demonti̲eren demɔn'ti:rən, *auch:* ...mõ't...
Demọpolis *engl.* dɪ'mɔpəlɪs
Demoralisatio̲n demoraliza'tsi̯o:n
demoralisi̲eren demorali'zi:rən
de Mọrgan *engl.* də'mɔ:gən
De mọrtuis ni̲l ni̲si bẹne de: 'mɔrtui:s 'ni:l 'ni:zi 'be:nə
Dẹmos 'de:mɔs
Demosko̲p demo'sko:p
Demoskopi̲e demosko'pi:
Demọsthenes de'mɔstenɛs
demosthe̲nisch, D... demɔs'te:nɪʃ
Demotike̲ demoti'ke:, *neugr.* ðimɔti'ki
demo̲tisch de'mo:tɪʃ
Dẹmpf dɛmpf
Dẹmpo *indon.* 'dɛmpo
Dẹmpsey *engl.* 'dɛm[p]sɪ
Demulga̲tor demʊl'ga:tɔr, **-en** demʊlga'to:rən
demulgi̲eren demʊl'gi:rən
Demulzẹnzien demʊl'tsɛntsi̯ən

demunerachtet 'de:m|ʊn|ɛɐ̯'|axtət, '–'––––
demungeachtet 'de:m|ʊngə'|axtət, '–'––––
Dẹmut 'de:mu:t
Dẹmus 'de:mʊs
Demuth *engl.* də'mu:θ
dẹmütig 'de:my:tɪç, **-e** ...gə
dẹmütigen 'de:my:tɪgn̩, **dẹmütig!** ...ɪç, **dẹmütigt** ...ɪçt
dẹmütiglich 'de:my:tɪklɪç
dẹmzufọlge 'de:mt͜su'fɔlgə
dẹn de:n
Denain *fr.* də'nɛ̃
Denar de'na:ɐ̯
Denaturalisation denaturaliza't͜si̯o:n
denaturalisieren denaturali'zi:rən
denaturieren denatu'ri:rən
denazifizieren denat͜sifi't͜si:rən
Dẹnbigh *engl.* 'dɛnbɪ
Dẹnby Dale *engl.* 'dɛnbɪ 'deɪl
Dẹnck[er] 'dɛŋk[ɐ]
Dẹnder *niederl.* 'dɛndər
Dẹndera 'dɛndera
Denderleeuw *niederl.* dɛndər'le:u̯
Dendermọnde *niederl.* dɛndər'mɔndə
Dendre *fr.* dã:dr
Dendrit dɛn'dri:t, *auch:* ...drɪt
Dendrobios dɛndro'bi:ɔs
Dendrochronologie dɛndrokronolo'gi:
Dendrologe dɛndro'lo:gə
Dendrologie dɛndrolo'gi:
dendrologisch dɛndro'lo:gɪʃ
Dendrometer dɛndro'me:tɐ
Dẹnekamp *niederl.* 'de:nəkamp
Déneke *span.* 'deneke
dẹnen 'de:nən
Denéréaz *fr.* dənere'a
Dénes *ung.* 'de:nɛʃ
Deneuve *fr.* də'nœ:v
Dẹngel 'dɛŋl̩
dẹngeln 'dɛŋl̩n
Dẹngler 'dɛŋlɐ
Dẹnguefieber 'dɛŋgefi:bɐ
Den Haag de:n 'ha:k, *niederl.* dɛn 'ha:x
Dẹnhardt 'dɛnhart
Dẹnia *span.* 'deni̯a
De Nicola *it.* de ni'kɔ:la
Deniẹl *span.* de'ni̯ɛl
Denier de'ni̯e:, də...
Dẹnifle 'de:niflə
Denịkin *russ.* dɪ'nikin
Dẹnis 'de:nɪs, *engl.* 'dɛnɪs, *fr.* də'ni
Denise *fr.* də'ni:z
Dẹnison *engl.* 'dɛnɪsn
denitrieren deni'tri:rən
Denitrifikation denitrifika't͜si̯o:n
denitrifizieren denitrifi't͜si:rən
Denizli *türk.* dɛ'nizli, '–––
Dẹnk dɛŋk
dẹnken 'dɛŋkn̩
Dẹnkendorf 'dɛŋkn̩dɔrf
Dẹnk[l]ingen 'dɛŋk[l]ɪŋən
Dẹnkmal 'dɛŋkma:l, **...mäler** ...mɛ:lɐ
Dẹnman *engl.* 'dɛnmən
dẹnn dɛn
Dẹnner[t] 'dɛnɐ[t]
Dẹnnett *engl.* 'dɛnɪt
Dennery *fr.* dɛn'ri
Dẹnnewitz 'dɛnəvɪt͜s
Dẹnnheritz 'dɛnherɪt͜s
Dennin dɛ'ni:n
Dẹnnis[on] *engl.* 'dɛnɪs[n]
Dẹnny *engl.* 'dɛnɪ
Dẹno 'de:no
Denobilitation denobilita't͜si̯o:n
denobilitieren denobili'ti:rən
dẹnnoch 'dɛnɔx
Denomination denomina't͜si̯o:n
Denominativ denomina'ti:f, **-e** ...i:və
Denominativum denomina'ti:vʊm, **...va** ...va
denominieren denomi'ni:rən
Denon *fr.* də'nõ
Denouement denu'mã:
Đẹnović, Dịę... *serbokr.* 'd͜zɛnɔvit͜ɕ
Denpạsar *indon.* dɛm'pasar
Dẹns dɛns, **Dẹntes** 'dɛnte:s
Dẹnsborn 'dɛnsbɔrn
Densimeter dɛnzi'me:tɐ
Densität dɛnzi'tɛ:t
Densitometer dɛnzito'me:tɐ
Densitometrie dɛnzitome'tri:
Densograph dɛnzo'gra:f
Densometer dɛnzo'me:tɐ
Densuşianu *rumän.* densu'ʃi̯anu
Dẹnt *engl.* dɛnt
Dẹntagra 'dɛntagra
dental, D... dɛn'ta:l
Dentalgie dɛntal'gi:, **-n** ...i:ən
Dentalis dɛn'ta:lɪs, **...les** ...le:s
Dẹnte *it.* 'dɛnte
dentelieren dãtə'li:rən
Dentẹlles *fr.* dã'tɛl
Dentes vgl. Dens
Dentifikation dɛntifika't͜si̯o:n
Dentikel dɛn'ti:kl̩
Dentin dɛn'ti:n
Dentịst dɛn'tɪst
Dentition dɛnti't͜si̯o:n
dentogen dɛnto'ge:n
Dentologie dɛntolo'gi:
Dẹnton *engl.* 'dɛntən
D'Entrecasteaux Islands *engl.* dɑ:ntrəkɑ:s'toʊ 'aɪləndz
Denudation denuda't͜si̯o:n
Denunziạnt denʊn't͜si̯ant
Denunziat denʊn't͜si̯a:t
Denunziation denʊnt͜si̯a't͜si̯o:n
denunziatorisch denʊnt͜si̯a'to:rɪʃ
denunzieren denʊn't͜si:rən
Dẹnver *engl.* 'dɛnvə
Dẹnza *it.* 'dɛnt͜sa
Dẹnzig 'dɛnt͜sɪç
Dẹnzinger 'dɛnt͜sɪŋɐ
Dẹnzlingen 'dɛnt͜slɪŋən
Deodat deo'da:t
Deodatus deo'da:tʊs, de'o:datʊs
Deodorạnt de|odo'rant
Dẹo gratias! 'de:o 'gra:t͜si̯a:s
Deontologie deontolo'gi:
Dẹo ọptimo mạximo 'de:o 'ɔptimo 'maksimo
Departement departə'mã:
Department *engl.* dɪ'pɑ:tmənt
Dépêche du Midị *fr.* depɛʃdymi'di
Dépêche Tunisiẹnne *fr.* depɛʃtyni'zjɛn
Dependance depã'dã:s, **-n** ...sn̩
Dependẹnz depɛn'dɛnt͜s
Depere *engl.* dɪ'pɪə
Depersonalisation depɛrzonaliza't͜si̯o:n
Depẹsche de'pɛʃə
depeschieren depɛ'ʃi:rən
Depew *engl.* dɪ'pju:
Dephlegmation deflɛgma't͜si̯o:n
Dephlegmator deflɛ'gma:tɔr, **-en** ...ma'to:rən
dephlegmieren deflɛ'gmi:rən
depigmentieren depɪgmɛn'ti:rən
Depilation depila't͜si̯o:n
Depilatorium depila'to:ri̯ʊm, **...ien** ...i̯ən
depilieren depi'li:rən
Deplacement deplasə'mã:
deplacieren depla'si:rən, *auch:* ...a't͜si:...
deplaciert depla'si:ɐ̯t, *auch:* ...a't͜si:ɐ̯t
Depolarisation depolariza't͜si̯o:n
Depolarisator depolari'za:tɔr, **-en** ...za'to:rən
depolarisieren depolari'zi:rən
Depolymerisation depolymeriza't͜si̯o:n
Deponens de'po:nɛns; **...nẹntia** depo'nɛnt͜si̯a, **...nẹnzien** depo'nɛnt͜si̯ən
Deponẹnt depo'nɛnt
Deponie depo'ni:, **-n** ...i:ən
deponieren depo'ni:rən
Depopulation depopula't͜si̯o:n
Deport de'pɔrt, *auch:* de'po:ɐ̯
Deportation depɔrta't͜si̯o:n
deportieren depɔr'ti:rən
Depositar depozi'ta:ɐ̯
Depositär depozi'tɛ:ɐ̯
Depositen depo'zi:tn̩
Deposition depozi't͜si̯o:n
Depositorium depozi'to:ri̯ʊm, **...ien** ...i̯ən
Depositum de'po:zitʊm, **...ta** ...ta
depossedieren depɔse'di:rən
Depot de'po:
depotenzieren depotɛn't͜si:rən

Dẹpp[e] 'dɛp[ə]
Depravation deprava'tsi̯o:n
depravieren depra'vi:rən
Deprekation depreka'tsi̯o:n
Depression deprɛ'si̯o:n
depressiv deprɛ'si:f, **-e** ...i:və
Depressivität deprɛsivi'tɛ:t
Depretiation depretsi̯a'tsi̯o:n
depretiieren depretsi'i:rən
Deprẹtis *it.* de'prɛ:tis
Depreux *fr.* də'prø
Deprẹz *fr.* də'pre
deprezieren depre'tsi:rən
deprimieren depri'mi:rən
Deprivation depriva'tsi̯o:n
De profụndis de: pro'fʊndi:s
Dẹptford *engl.* 'dɛtfəd
Depurạntia depu'rantsi̯a
Deputạnt depu'tant
Deputat depu'ta:t
Deputation deputa'tsi̯o:n
deputieren depu'ti:rən
de Quịncey *engl.* dɪ'kwɪnsɪ
der de:ɐ̯
Derain *fr.* də'rɛ̃
Derangement derãʒə'mã:
derangieren derã'ʒi:rən
derart 'de:ɐ̯'|a:ɐ̯t
derartig 'de:ɐ̯'|a:ɐ̯tɪç, **-e** ...ɪgə
dẹrb dɛrp, **-e** 'dɛrbə
Derbenạkia *neugr.* ðɛrvɛ'nakja
Derbẹnt *russ.* dɪr'bjɛnt
Dẹrbolav 'dɛrbolaf
[1]**Derby** (Ort) *England* 'dɑ:bɪ, *USA* 'də:bɪ
[2]**Dẹrby** (Pferderennen) 'dɛrbi
Derbyshire *engl.* 'dɑ:bɪʃə
Dercẹtas dɛr'tse:tas
Đẹrdap, Djẹ... *serbokr.* ˌdzɛrda:p
Dẹrecske *ung.* 'dɛrɛtʃkɛ
Dereham *engl.* 'dɪərəm
dereinst de:ɐ̯'|ai̯nst
dereinstens de:ɐ̯'|ai̯nstn̩s
Dẹrek 'de:rɛk
Dereliktion derelɪk'tsi̯o:n
derelinquieren derelɪŋ'kvi:rən
Derème *fr.* də'rɛm
dẹren 'de:rən
Dẹrenburg 'de:rənbʊrk
Dẹrendingen 'de:rəndɪŋən
Dẹrendorf 'de:rəndɔrf
dẹrenthạlben 'de:rənt'halbn̩
dẹrentwegen 'de:rənt've:gn̩
dẹrentwịllen 'de:rənt'vɪlən
dẹrer 'de:rɐ
Dẹrfflinger 'dɛrflɪŋɐ
Dergatschị, Dergači *russ.* dɪrga'tʃi
dẹrgestạlt 'de:ɐ̯gə'ʃtalt
dẹrgleichen 'de:ɐ̯'glai̯çn̩
de rigueur *fr.* dəri'gœ:r
Derivạntia deri'vantsi̯a
Derivat deri'va:t
Derivation deriva'tsi̯o:n
derivativ, D... deriva'ti:f, **-e** ...i:və
Derivativum deriva'ti:vʊm, **...va** ...va
Derivator deri'va:tɔr, **-en** ...va'to:rən
derivieren deri'vi:rən
dẹrjenige 'de:ɐ̯je:nɪgə
Dẹrk dɛrk
Derketo dɛrke'to:
Derkụl *russ.* dɪr'kul
Dẹrkum 'dɛrkʊm
dẹrlei 'de:ɐ̯'lai̯
Dẹrleth 'dɛrlɛt, ...lət
Dẹrma 'dɛrma, **-ta** -ta
dermal dɛr'ma:l
dẹrmaleinst 'de:ɐ̯ma:l'|ai̯nst
Dermalgie dɛrmal'gi:, **-n** ...i:ən
dẹrmaßen 'de:ɐ̯'ma:sn̩
Dermatikum dɛr'ma:tikʊm, **...ka** ...ka
dermatisch dɛr'ma:tɪʃ
Dermatitis dɛrma'ti:tɪs, **...itiden** ...ati'ti:dn̩
Dermatogen dɛrmato'ge:n
Dermatoid (Wz) dɛrmato'i:t, **-e** ...i:də
Dermatol (Wz) dɛrma'to:l
Dermatologe dɛrmato'lo:gə
Dermatologie dɛrmatolo'gi
Dermatolysis dɛrmato'ly:zɪs
Dermatom dɛrma'to:m
Dermatomyiasis dɛrmatomy'i:azɪs
Dermatomykose dɛrmatomy'ko:zə
Dermatomyom dɛrmato'my̆o:m
Dermatophyten dɛrmato'fy:tn̩
Dermatoplạstik dɛrmato'plastɪk
Dermatose dɛrma'to:zə
Dermatozoon dɛrmato'tso:ɔn
Dermatozoonose dɛrmatotsoo'no:zə
Dermograph dɛrmo'gra:f
Dermographie dɛrmogra'fi:
Dermographịsmus dɛrmogra'fɪsmʊs
Dermoid dɛrmo'i:t, **-e** ...'i:də
Dermota dɛr'mo:ta
dermotrop dɛrmo'tro:p
Dermulo *it.* der'mu:lo
Dẹrna 'dɛrna
Dẹrnau 'dɛrnau̯
Dẹrnbach 'dɛrnbax
Dẹrnburg 'dɛrnbʊrk
Dẹrne 'dɛrnə
Dernier cri, -s -s *fr.* dɛrnje'kri
Dernière Heure *fr.* dɛrnjɛ'rœ:r
Dernières Nouvelles du Lundi *fr.* dɛrnjɛrnuvɛldylɛ̃'di
dero 'de:ro
Derogation deroga'tsi̯o:n
derogativ deroga'ti:f, **-e** ...i:və
derogatorisch deroga'to:rɪʃ
derogieren dero'gi:rən
dẹrohạlben 'de:ro'halbn̩
Deroute de'ru:t[ə], **-n** ...tn̩
Déroute *fr.* de'rut
dẹrowegen 'de:ro've:gn̩
Dẹrrickkran 'dɛrɪkkra:n
Dẹrris 'dɛrɪs
Dẹrry *engl.* 'dɛrɪ
Derschạwin, Deržavin *russ.* dɪr'ʒavin
Dẹrsekow 'dɛrzəko
derselbe de:ɐ̯'zɛlbə
derselbige de:ɐ̯'zɛlbɪgə
Dẹrsim *türk.* 'dɛrsim
Dẹrtinger 'dɛrtɪŋɐ
Deruta *it.* de'ru:ta
Dẹrventa *serbokr.* ˌdɛrvɛ:nta
dẹrweile[n] 'de:ɐ̯'vai̯lə[n]
Dẹrwent *engl.* 'də:wənt, 'dɑ:w...
Dẹrwisch 'dɛrvɪʃ
Déry *ung.* 'de:ri
Deržavin vgl. Derschawin
dẹrzeit 'de:ɐ̯'tsai̯t
dẹrzeitig 'de:ɐ̯'tsai̯tɪç, **-e** ...ɪgə
dẹs, Dẹs dɛs
De Sạbata *it.* de 'sa:bata
Desaguadẹro *span.* desaɣu̯a'ðero
Desai *engl.* 'deɪsaɪ
Desaix *fr.* də'sɛ
desaminieren dɛs|ami'ni:rən, deza...
Desannexion dɛs|anɛ'ksi̯o:n, deza...
Desạrgues *fr.* de'zarg
desarmieren dɛs|ar'mi:rən, deza...
Desạster de'zastɐ
Desault *fr.* də'so
desavouieren dɛs|avu'i:rən, deza...
Desbọrdes *fr.* de'bɔrd
Descabezado *span.* deskaβe'θaðo
Descamps *fr.* de'kã
Descạrtes *fr.* de'kart
Descẹnsus de'stsɛnzʊs
Dẹsch dɛʃ
Deschamps *fr.* de'ʃã
Deschanẹl *fr.* deʃa'nɛl
Dẹschnaer Kọppe 'dɛʃnaɐ 'kɔpə
Deschnjọw, Dežnev *russ.* dɪʒ'njɔf
Dẹschowitz 'dɛʃovɪts
Dẹschwanden 'de:ʃvandn̩
Descort dɛ'ko:ɐ̯
Descroizịlles *fr.* dekrwa'zij
Desdemona dɛsde'mo:na, *it.* dez'dɛ:mona
Des-Dur 'dɛsdu:ɐ̯, *auch:* '–'–
Desengagement dezãgaʒə'mã:
Desensibilisation dezɛnzibiliza'tsi̯o:n
Desensibilisator dezɛnzibili'za:tɔr, **-en** ...za'to:rən
desensibilisieren dezɛnzibili'zi:rən
Desenzano *it.* dezen'tsa:no
Désẹrt *fr.* de'zɛ:r
Desẹrtas, Ịlhas *port.* 'iʎɐʒ ðə'zɛrtɐʃ

Deserteur dezɛr'tøːɐ̯
desertieren dezɛr'tiːrən
Desertion dezɛr'tsi̯oːn
Desèze *fr.* də'sɛːz
desfalls 'dɛs'fals
Desfontaines *fr.* defõ'tɛn
Desforges *fr.* de'fɔrʒ
desgleichen 'dɛs'glai̯çn̩
Des Grieux *fr.* degri'ø
Déshabillé dezabi'jeː
deshalb 'dɛs'halp
Deshoulières *fr.* dezu'li̯ɛːr
desiderabel dezide'raːbl̩, **...ble** ....blə
Desiderat[a] dezide'raːt[a]
Desiderativum dezidera'tiːvʊm, **...va** ...va
Desideratum dezide'raːtʊm, **...ta** ...ta
Desideria dezi'deːri̯a
Desiderio *it.* desi'dɛːri̯o
Desiderium dezi'deːri̯ʊm; **...ien** ...i̯ən, **...ia** ...i̯a
Desiderius dezi'deːri̯ʊs
Design di'zai̯n
Designation dezɪgna'tsi̯oːn
designatus dezɪ'gnaːtʊs
Designer di'zai̯nɐ
designieren dezɪ'gniːrən
Desillusion dɛs|ɪlu'zi̯oːn, dezɪlu'zi̯oːn
desillusionieren dɛs|ɪluzi̯o'niːrən, dezɪ...
Desillusionismus dɛs|ɪluzi̯o'nɪsmʊs, dezɪ...
Desinfektion dɛs|ɪnfɛk'tsi̯oːn, dezɪ...
Desinfektor dɛs|ɪn'fɛktɔr, dezɪ...; **-en** ...'toːrən
Desinfiziens dɛs|ɪn'fiːtsi̯ɛns, dezɪ...; **...ntia** ...fi'tsi̯ɛntsi̯a, **...nzien** ...fi'tsi̯ɛntsi̯ən
desinfizieren dɛs|ɪnfi'tsiːrən, dezɪ...
Desintegration dɛs|ɪntegra'tsi̯oːn, dezɪ...
Desintegrator dɛs|ɪnte'graːtɔr, dezɪ...; **-en** ...ra'toːrən
desintegrierend dɛs|ɪnte'griːrənt, dezɪ...; **-e** ...ndə
Desinteresse dɛs|ɪntə'rɛsə, dezɪ...
Desinteressement dɛs|ɛ̃tɛrɛsə'mãː, dezɛ̃...
desinteressiert dɛs|ɪntərɛ'siːɐ̯t, dezɪ...; 'dɛs|ɪ..., 'deːzɪ...
Désinvolture dezɛ̃vɔl'tyːɐ̯
Desio *it.* 'dɛːzi̯o
Désirade *fr.* dezi'rad
Désirée *fr.* dezi're
desistieren dezɪs'tiːrən
Desjardins *fr.* deʒar'dɛ̃
Deskription deskrɪp'tsi̯oːn
deskriptiv deskrɪp'tiːf, **-e** ...iːvə
Deslandres *fr.* de'lãːdr
Desmarées *fr.* dema're
Desmarets de Saint-Sorlin *fr.* demarɛdsɛ̃sɔr'lɛ̃

Desmitis dɛs'miːtɪs, **Desmitiden** dɛsmi'tiːdn̩
Desmodont dɛsmo'dɔnt
Desmoid dɛsmo'iːt, **-e** ...'iːdə
Des Moines *engl.* dɪ'mɔɪn[z]
Desmolasen dɛsmo'laːzn̩
Desmond *engl.* 'dɛzmənd
Desmoulins *fr.* demu'lɛ̃
Desna *russ.* dɪs'na
Desnoyer[s] *fr.* denwa'je
Desnos *fr.* dɛs'nɔs, ...oːs
Desnouettes *fr.* de'nwɛt
Desodorans dɛs|o'doːrans, dezo... **...ntia** ...do'rantsi̯a, **...nzien** ...do'rantsi̯ən
desodorieren dɛs|odo'riːrən, dezo...
desodorisieren dɛs|odori'ziːrən, dezo...
desolat dezo'laːt
Desordre de'zɔrdɐ
Desorganisation dɛs|ɔrganiza'tsi̯oːn, dezɔ...
desorganisieren dɛs|ɔrgani'ziːrən, dezɔ...
desorientiert dɛs|ori̯ɛn'tiːɐ̯t, dezo...
Desornamentado... dɛs|ɔrnamɛn'taːdo, dezɔ...
Desorption dezɔrp'tsi̯oːn
De Soto *engl.* dɪ'soʊtoʊ
Desoxydation dɛs|ɔksyda'tsi̯oːn, dezɔ...
desoxydieren dɛs|ɔksy'diːrən, dezɔ...
Desoxyribose dɛs|ɔksyri'boːzə, dezɔ...
despektieren despɛk'tiːrən
despektierlich despɛk'tiːɐ̯lɪç
Despeñaperros *span.* despeɲa'pɛrrɔs
Desperado dɛspe'raːdo
desperat dɛspe'raːt
Desperation dɛspera'tsi̯oːn
Despériers *fr.* depe'rje
Despiau *fr.* dɛs'pjo
Despina *it.* des'piːna
Despoina 'dɛspɔyna
Desportes *fr.* de'pɔrt
Despot dɛs'poːt
Despotie dɛspo'tiː, **-n** ...iːən
despotisch dɛs'poːtɪʃ
despotisieren dɛspoti'ziːrən
Despotismus dɛspo'tɪsmʊs
Despotovac *serbokr.* 'dɛspɔtɔvats
Despréaux *fr.* depre'o
Desquamation dɛskvama'tsi̯oːn
Des Roches *fr.* de'rɔʃ
Dessalines *fr.* desa'lin
dessaretisch dɛsa'reːtɪʃ
Dessau[er] 'dɛsau̯[ɐ]
dessauisch 'dɛsau̯ɪʃ
Desschel *niederl.* 'dɛsəl
Dessel *niederl.* 'dɛsəl
desselben dɛs'zɛlbn̩
dessen 'dɛsn̩
dessenthalben 'dɛsn̩t'halbn̩

dessentwegen 'dɛsn̩t'veːgn̩
dessentwillen 'dɛsn̩t'vɪlən
dessenungeachtet 'dɛsn̩|ʊngə'|axtət, '–––'–––
Dessert dɛ'seːɐ̯, dɛ'sɛːɐ̯; dɛ'sɛrt
Dessewffy *ung.* 'dɛʒøːfi
Dessin dɛ'sɛ̃ː
Dessinateur dɛsina'tøːɐ̯
dessinieren dɛsi'niːrən
Dessoir dɛ'so̯aːɐ̯
Dessous dɛ'suː, **des -** dɛ'suː[s], **die -** dɛ'suːs
Dessouslavy *fr.* dəsula'vi
Destelbergen *niederl.* 'dɛstəlbɛrxə
d'Ester 'dɛstɐ
Destillat dɛstɪ'laːt
Destillateur dɛstɪla'tøːɐ̯
Destillation dɛstɪla'tsi̯oːn
destillativ dɛstɪla'tiːf, **-e** ...iːvə
Destille dɛs'tɪlə
destillieren dɛstɪ'liːrən
Destimulator destimu'laːtɔr, **-en** ...la'toːrən
Destinatar dɛstina'taːɐ̯
Destinatär dɛstina'tɛːɐ̯
Destination dɛstina'tsi̯oːn
destituieren dɛstitu'iːrən
Destitution dɛstitu'tsi̯oːn
D'Estivet *fr.* dɛsti'vɛ
Děstná *tschech.* 'dɛʃtnaː
Děstné *tschech.* 'dɛʃtnɛː
desto 'dɛsto
Destose dɛs'toːzə
Destouches *fr.* de'tuʃ
Destour *fr.* dɛs'tuːr
D'Estrades *fr.* dɛs'trad
destra mano 'dɛstra 'maːno
Destrée *fr.* dɛs'tre
destruieren destru'iːrən
Destruktion destrʊk'tsi̯oːn
destruktiv destrʊk'tiːf, **-e** ...iːvə
Destutt de Tracy *fr.* dɛstytdətra'si
desultorisch dezʊl'toːrɪʃ
desungeachtet 'dɛs|ʊngə'|axtət, '–'–––
Desvres *fr.* dɛːvr
deswegen 'dɛs'veːgn̩
Deszendent dɛstsɛn'dɛnt
Deszendenz dɛstsɛn'dɛnts
deszendieren dɛstsɛn'diːrən
Deta 'deːta
détaché, D... deta'ʃeː
Detachement detaʃə'mãː
Detacheur deta'ʃøːɐ̯
Detacheuse deta'ʃøːzə
detachieren deta'ʃiːrən
Detachment *engl.* dɪ'tætʃmənt
Detail de'tai̯, *auch:* de'taːj
detaillieren deta'jiːrən
Detaillist deta'jɪst
Detektei detɛk'tai̯
Detektiv detɛk'tiːf, **-e** ...iːvə
Detektor de'tɛktɔr, **-en** ...'toːrən
Détente de'tãːt
Detention detɛn'tsi̯oːn

Deterding *niederl.* 'de:tərdɪŋ
Detergentia detɛr'gɛntsi̯a, **...tien** ...tsi̯ən
Deterioration deteri̯ora'tsi̯o:n
Deteriorativum deteri̯ora'ti:vʊm, **...va** ...i:va
deteriorieren deteri̯o'ri:rən
Determinante detɛrmi'nantə
Determination detɛrmina'tsi̯o:n
determinativ, D... detɛrmina'ti:f, **-e** ...i:və
Determinativum detɛrmina'ti:vʊm, **...va** ...va
determinieren detɛrmi'ni:rən
Determinismus detɛrmi'nɪsmʊs
Determinist detɛrmi'nɪst
detestabel detɛs'ta:bl̩, **...ble** ...blə
detestieren detɛs'ti:rən
Detlef 'de:tlɛf, *auch:* 'dɛtlɛf
Detmar 'de:tmar, *auch:* 'dɛt...
Detmold 'dɛtmɔlt
Detmolder 'dɛtmɔldɐ, *fr.* dɛtmɔl'dɛ:r
Detonation detona'tsi̯o:n
Detonator deto'na:tɔr, **-en** ...na'to:rən
detonieren deto'ni:rən
Detriment detri'mɛnt
detritogen detrito'ge:n
Detritus de'tri:tʊs
Detroit di'trɔyt; *engl.* də'trɔɪt, dɪ...
Detskoje Selo, Detskoe Selo *russ.* 'djɛtskɐjɐ sɪ'lɔ
Dettelbach 'dɛtl̩bax
Detter 'dɛtɐ
Dettifoss *isl.* 'dɛhtɪfɔs
Dettingen 'dɛtɪŋən
Dettmann 'dɛtman
detto 'dɛto
detur 'de:tʊr
Detzem 'dɛtsm̩
Detumeszenz detumɛs'tsɛnts
Deubel 'dɔybl̩
Deuben 'dɔybn̩
deucht[e] 'dɔyçt[ə]
Deuerling 'dɔyɐlɪŋ
Deukalion dɔy'ka:li̯ɔn
deukalionisch dɔyka'li̯o:nɪʃ
Deûle *fr.* dø:l
Deurne *niederl.* 'dø:rnə
Deus *port.* deu̯ʃ, *bras.* deu̯s
Deus absconditus 'de:ʊs aps'kɔnditʊs
Deusdedit de:ʊs'de:dɪt, de'ʊsdedɪt
Deus ex machina 'de:ʊs ɛks 'maxina
Deussen 'dɔysn̩
Deut dɔyt
Deutelei dɔytə'lai̯
deuteln 'dɔytl̩n
deuten, D... 'dɔytn̩
Deuter 'dɔytɐ
Deuteragonist dɔyterago'nɪst
Deuteranopie dɔyterano'pi:, **-n** ...i:ən
Deuterei dɔytə'rai̯
Deuterium dɔy'te:ri̯ʊm
Deuteroanomalie dɔytero|anoma'li:, **-n** ...i:ən
Deuterojesaja dɔyterojе'za:ja
Deuteron 'dɔyterɔn, **...onen** ...'ro:nən
deuteronomisch dɔytero'no:mɪʃ
Deuteronomist dɔyterono'mɪst
Deuteronomium dɔytero'no:mi̯ʊm
Deuterostomier dɔytero'sto:mi̯ɐ
...deutig (z. B. zweideutig) ...,dɔytɪç, **-e** ...ɪgə
Deutinger 'dɔytɪŋɐ
Deutler 'dɔytlɐ
deutlich 'dɔytlɪç
Deutoplasma dɔyto'plasma
deutsch, D... dɔytʃ
Deutschamerikaner 'dɔytʃ|amerika:nɐ, ‒‒‒'‒‒
deutschamerikanisch 'dɔytʃ|ameri'ka:nɪʃ, ‒‒‒'‒‒
deutsch-amerikanisch 'dɔytʃ|ameri'ka:nɪʃ
Deutschbein 'dɔytʃbain
Deutsch-Brod 'dɔytʃ'bro:t
Deutsche 'dɔytʃə
Deutschenbora dɔytʃn̩'bo:ra
Deutschendorf 'dɔytʃn̩dɔrf
Deutsches Eck 'dɔytʃəs 'ɛk
Deutsch Eylau 'dɔytʃ'|ailau̯
Deutsch Krone 'dɔytʃ'kro:nə
Deutschkunde 'dɔytʃkʊndə
Deutschkundler 'dɔytʃkʊntlɐ
deutschkundlich 'dɔytʃkʊntlɪç
Deutschland 'dɔytʃlant
Deutschlandsberg 'dɔytʃ'lantsbɛrk
Deutschlehrer 'dɔytʃle:rɐ
Deutsch-Lissa 'dɔytʃ'lɪsa
Deutschmeister 'dɔytʃmaistɐ
Deutschordensritter dɔytʃ'|ɔrdn̩srɪtɐ
Deutsch-Österreich 'dɔytʃ'|ø:stəraiç
Deutschritterorden dɔytʃ'rɪtɐ|ɔrdn̩, '‒‒‒,‒‒
deutschschweizerisch 'dɔytʃʃvaitsərɪʃ
deutsch-schweizerisch 'dɔytʃ'ʃvaitsərɪʃ
deutschsprachig 'dɔytʃʃpra:xɪç, **-e** ...ɪgə
deutschsprachlich 'dɔytʃʃpra:xlɪç
Deutschsprechen 'dɔytʃʃprɛçn̩
Deutschtum 'dɔytʃtu:m
Deutschtümelei dɔytʃty:mə'lai̯
Deutschtümler 'dɔytʃty:mlɐ
Deutschunterricht 'dɔytʃ|ʊntɐrɪçt
Deutsch-Wagram 'dɔytʃ'va:gram
Deutschwissenschaft 'dɔytʃvɪsn̩ʃaft
Deutung 'dɔytʊŋ
Deutz[ie] 'dɔyts[i̯ə]
Deuxième Bureau *fr.* døzjɛmby'ro
Deux-pièces dø'pi̯ɛ:s, *fr.* dø'pjɛs
Deux-Ponts *fr.* dø'põ
Deux-Sèvres *fr.* dø'sɛ:vr
Deuz dɔyts
Deva *rumän.* 'deva
Déva[i] *ung.* 'de:vɔ[i]
De Valera *engl.* dəvə'lɛərə
Devalvation devalva'tsi̯o:n
devalvationistisch devalvatsi̯o'nɪstɪʃ
devalvatorisch devalva'to:rɪʃ
devalvieren deval'vi:rən
Devastation devasta'tsi̯o:n
devastieren devas'ti:rən
Devau 'de:vau̯
Dévaványa *ung.* 'de:vɔva:njɔ
Devecser *ung.* 'dɛvɛtʃɛr
Developer *engl.* dɪ'vɛləpə
Deventer *niederl.* 'de:vəntər
deverbativ, D... devɛrba'ti:f, **-e** ...i:və
Deverbativum devɛrba'ti:vʊm, **...va** ...va
Devereux *engl.* 'dɛvəru:[ks]
Devéria *fr.* dəve'rja
Deveroux 'de:veru
Devers *engl.* 'dɛvəz
devestieren devɛs'ti:rən
Devestitur devɛsti'tu:ɐ̯
Devèze *fr.* də'vɛ:z
Deviation devi̯a'tsi̯o:n
Deviationist devi̯atsi̯o'nɪst
deviieren devi'i:rən
Deville *fr.* də'vil
Devils Lake *engl.* 'dɛvɪlz 'leɪk
Devin vgl. Dewin
Devise de'vi:zə
devital devi'ta:l
devitalisieren devitali'zi:rən
Devize[s] *engl.* dɪ'vaɪz[ɪz]
Devnja vgl. Dewnja
Devoll *alban.* de'voɫ
[1]**Devon** (Erdg.) de'vo:n
[2]**Devon** (Name) *engl.* dɛvn
devonisch de'vo:nɪʃ
Devonport *engl.* 'dɛvnpɔ:t
Devonshire *engl.* 'dɛvnʃɪə
devorieren devo'ri:rən
devot de'vo:t
Devotio moderna de'vo:tsi̯o mo'dɛrna
Devotion devo'tsi̯o:n
devotional devotsi̯o'na:l
Devotionalien devotsi̯o'na:li̯ən
Devrient de'fri:nt, *auch:* dəvri'ɛ̃:
Dewadasi deva'da:zi
Dewald 'de:valt
Dewanagari deva'na:gari
Dewantoro *indon.* dewan'toro
Dewar *engl.* 'dju:ə
De Wette de'vɛtə

Dewey *engl.* 'dju:ɪ
Dewin, Devin *bulgar.* 'dɛvin
Dewnja, Devnja *bulgar.* 'dɛvnja
Dewsbury *engl.* 'dju:zbərɪ
Dexheim 'dɛkshaim
Dexiographie dɛksiogra'fi:
dexiographisch dɛksio'gra:fɪʃ
Dextrin dɛks'tri:n
dextrogyr dɛkstro'gy:ɐ̯
Dextrokardie dɛkstrokar'di:, **-n** ...i:ən
Dextropur Ⓦᶻ dɛkstro'pu:ɐ̯
Dextrose dɛks'tro:zə
Deyssel *niederl.* 'dɛi̯səl
Dez[em] 'de:ts[ɛm]
Dezember de'tsɛmbɐ
Dezemvir de'tsɛmvɪr
Dezemvirat detsɛmvi'ra:t
Dezennium de'tsɛni̯ʊm, **...ien** ...i̯ən
dezent de'tsɛnt
dezentral detsɛn'tra:l
Dezentralisation detsɛntraliza'tsi̯o:n
dezentralisieren detsɛntrali'zi:rən
Dezenz de'tsɛnts
Dezernat detsɛr'na:t
Dezernent detsɛr'nɛnt
Deziar detsi'|a:ɐ̯, *auch:* 'de:tsi...
Dezibel detsi'bɛl, *auch:* 'de:tsi...
dezidieren detsi'di:rən
Dezigramm detsi'gram, *auch:* 'de:tsi...
Deziliter detsi'li:tɐ, *auch:* 'de:tsi...
dezimal detsi'ma:l
Dezimale detsi'ma:lə
dezimalisieren detsimali'zi:rən
Dezimation detsima'tsi̯o:n
Dezime 'de:tsimə, de'tsi:mə
Dezimeter detsi'me:tɐ, *auch:* 'de:tsi...
dezimieren detsi'mi:rən
dezisiv detsi'zi:f, **-e** ...i:və
Dezister detsi'ste:ɐ̯, *auch:* 'de:tsi...
Dežnev vgl. Deschnjow
Dezső *ung.* 'dɛʒø:
DGB de:ge:'be:
Dhahran da'ra:n, dax'ra:n
Dharma 'darma
Dhau dau̯
Dhaulagiri dau̯la'gi:ri
Dhaw dau̯
Dheune *fr.* dø:n
Dhorme *fr.* dɔrm
Dhoti 'do:ti
Dhron dro:n
Dhronecken 'dro:nɛkn̩
Dhuis *fr.* dɥis
Dhün dy:n
Dhünn dʏn
Dia 'di:a
Diabas dia'ba:s, **-e** ...a:zə
Diabelli dia'bɛli
Diabetes [mellitus] dia'be:tɛs [mɛ'li:tʊs]
Diabetiker dia'be:tikɐ
diabetisch dia'be:tɪʃ
Diablerets *fr.* djablə'rɛ
Diabolie diabo'li:
Diabolik dia'bo:lɪk
diabolisch dia'bo:lɪʃ
Diabolo di'a:bolo
Diabolus di'a:bolʊs
Diabrosis dia'bro:zɪs
Diachronie diakro'ni:
diachronisch dia'kro:nɪʃ
Diadem dia'de:m
Diadoche dia'dɔxə
Diagenese diage'ne:zə
Diaghilev *fr.* djagi'lɛf
Diaglyphe dia'gly:fə
diaglyphisch dia'gly:fɪʃ
Diagnose dia'gno:zə
Diagnostik dia'gnɔstɪk
Diagnostiker dia'gnɔstikɐ
Diagnostikon dia'gnɔstikɔn, **...ka** ...ka
diagnostisch dia'gnɔstɪʃ
diagnostizieren diagnɔsti'tsi:rən
diagonal, D... diago'na:l
Diagonale diago'na:lə
Diagoras di'a:goras
Diagramm dia'gram
Diagraph dia'gra:f
Diakaustik dia'kau̯stɪk
diakaustisch dia'kau̯stɪʃ
Diakon dia'ko:n
Diakonat diako'na:t
Diakonie diako'ni:
Diakonikon diakoni'kɔn, **Diakoniken** dia'ko:nikn̩
diakonisch dia'ko:nɪʃ
Diakonisse diako'nɪsə
Diakonus di'a:konʊs, **Diakone[n]** dia'ko:nə[n]
Diakophton *neugr.* ðjakɔf'tɔn
Diakrise dia'kri:zə
Diakrisis di'a:krizɪs, **Diakrisen** dia'kri:zn̩
diakritisch dia'kri:tɪʃ
diaktin diak'ti:n
Dialekt dia'lɛkt
dialektal dialɛk'ta:l
Dialektik dia'lɛktɪk
Dialektiker dia'lɛktikɐ
dialektisch dia'lɛktɪʃ
Dialektologie dialɛktolo'gi:
dialektologisch dialɛkto'lo:gɪʃ
Diallag dia'la:k, **-e** ...a:gə
Diallele dia'le:lə
Dialog dia'lo:k, **-e** ...o:gə
dialogisch dia'lo:gɪʃ
dialogisieren dialogi'zi:rən
Dialogismus dialo'gɪsmʊs
Dialypetale dialype'ta:lə
Dialysat dialy'za:t
Dialysator dialy'za:tɔr, **-en** ...a'to:rən
Dialyse dia'ly:zə
dialysieren dialy'zi:rən
dialytisch dia'ly:tɪʃ
diamagnetisch diama'gne:tɪʃ
Diamagnetismus diamagne'tɪsmʊs
Diamant dia'mant
Diamante *span.* di̯a'mante
diamanten dia'mantn̩
Diamantina *bras.* di̯ẽmɐn'tina
Diamantine diaman'ti:nə
Diamantit diaman'ti:t, *auch:* ...tɪt
DIAMAT dia'ma[:]t
Diameter dia'me:tɐ
diametral diame'tra:l
diametrisch dia'me:trɪʃ
Diamid dia'mi:t, **-es** ...i:dəs
Diamin dia'mi:n
Diamond *engl.* 'daɪəmənd
Diana 'di̯a:na, *span.* 'di̯ana, *engl.* daɪ'ænə
Diane *fr.* djan
Dianoetik diano'e:tɪk
dianoetisch diano'e:tɪʃ
Diapason dia'pa:zɔn, **-e** ...pa'zo:nə
Diapause dia'pau̯zə
Diapedese diape'de:zə
diaphan dia'fa:n
Diaphanie diafa'ni:, **-n** ...i:ən
Diaphanität diafani'tɛ:t
Diaphanoskopie diafanosko'pi:, **-n** ...i:ən
Diaphonie diafo'ni:, **-n** ...i:ən
Diaphora di'a:fora
Diaphorese diafo're:zə
Diaphoretikum diafo're:tikʊm, **...ka** ...ka
diaphoretisch diafo're:tɪʃ
Diaphragma dia'fragma
Diaphthorese diafto're:zə
Diaphthorit diafto'ri:t, *auch:* ...rɪt
Diaphyse dia'fy:zə
Diapir dia'pi:ɐ̯
Diapositiv diapozi'ti:f, **-e** ...i:və
Diärese diɛ're:zə
Diäresis di'ɛ:rezɪs, **Diäresen** diɛ're:zn̩
Diario *span.* 'di̯ari̯o
Diário da Manhã *port.* 'di̯ari̯u ðɐ mɐ'ɲɐ̃
Diário de Lisboa *port.* 'di̯ari̯u ðə liʒ'βoɐ
Diário de Notícias *port.* 'di̯ari̯u ðə nu'tisi̯ɐʃ, *bras.* – di no'tisi̯as
Diario ilustrado *span.* 'di̯ari̯o ilus'traðo
Diarium 'di̯a:ri̯ʊm, **...ien** ...i̯ən
Diarrhö, ...öe dia'rø:, **...rrhöen** ...'rø:ən
diarrhöisch dia'rø:ɪʃ
Diarthrose diar'tro:zə
Dias *port.* 'diɐʃ, *bras.* 'dias
diaschist dia'sçɪst, dia'ʃɪst
Diaskeuast diaskɔy̯'ast
Diaskop dia'sko:p
Diaskopie diasko'pi:, **-n** ...i:ən

Diaspor dia'spo:ɐ̯
Diaspora di'aspora
Diastase dia'sta:zə
Diastema di'astema, **-ta** dia'ste:mata
Diastole di'astole, *auch:* dia'sto:lə; **-n** dia'sto:lən
diastolisch dia'sto:lɪʃ
diät, D... di'ɛ:t
Diätar diɛ'ta:ɐ̯
diätarisch diɛ'ta:rɪʃ
Diäten di'ɛ:tn̩
Diätetik diɛ'te:tɪk
Diätetikum diɛ'te:tikʊm, **...ka** ...ka
diätetisch diɛ'te:tɪʃ
Diathek dia'te:k
diatherman diatɛr'ma:n
Diathermanität diatɛrmani'tɛ:t
Diathermansie diatɛrman'zi:
Diathermie diatɛr'mi:
Diathese dia'te:zə
Diatomee diato'me:ə, **-n** ...me:ən
Diatomit Ⓦ diato'mi:t, *auch:* ...mɪt
Diatonik dia'to:nɪk
diatonisch dia'to:nɪʃ
Diatribe dia'tri:bə
Diavolezza *it.* di̯avo'lettsa
Diavolo di'a:volo, **...li** ...li
Diaz *it.* 'di:ats, *port.* 'diɐʃ
Díaz *span.* 'diaθ
Diaz de la Peña *fr.* djazdəlape'nja
Diazed... dia'tsɛt...
Diazine dia'tsi:nə
Diba 'di:ba
dibbeln 'dɪbl̩n, **dibble** 'dɪblə
Dibdin *engl.* 'dɪbdɪn
Dibelius di'be:li̯ʊs
Dibër *alban.* 'dibər
Dibon 'di:bɔn
Dibothryocephalus dibotryo'tse:falʊs
Dibrachys 'di:braxʏs
Dicenta *span.* di'θenta
Dicentra di'tsɛntra, **...rae** ...rɛ
dich dɪç
Dichasium dɪ'ça:zi̯ʊm, **...ien** ...i̯ən
Dichogamie dɪçoga'mi:
Dichoreus diço're:ʊs, **...reen** ...re:ən
dichotom dɪço'to:m
Dichotomie dɪçoto'mi:, **-n** ...i:ən
Dichroismus dikro'ɪsmʊs
dichroitisch dikro'i:tɪʃ
Dichromasie dikroma'zi:, **-n** ...i:ən
Dichromat dikro'ma:t
Dichromatopsie dikromatɔ'psi:, **-n** ...i:ən
Dichromie dikro'mi:, **-n** ...i:ən
Dichroskop dikro'sko:p
dicht dɪçt
Dichte 'dɪçtə
dichten 'dɪçtn̩
Dichter 'dɪçtɐ
dichterisch 'dɪçtərɪʃ
Dichterling 'dɪçtɐlɪŋ
dichthalten 'dɪçthaltn̩
Dichtigkeit 'dɪçtɪçkai̯t
Dichtung 'dɪçtʊŋ
dick dɪk
Dick *engl.* dɪk
Dicke 'dɪkə
Dickens *engl.* 'dɪkɪnz
Dickenschied dɪkn̩'ʃi:t
Dickhut 'dɪkhu:t
Dickicht 'dɪkɪçt
Dickie *engl.* 'dɪkɪ
Dickinson *engl.* 'dɪkɪnsn
Dickson 'dɪksɔn, *engl.* dɪksn
Dickte 'dɪktə
Dicktuerei dɪktu:ə'rai̯
Dicle *türk.* 'didʒlɛ
Dicomano *it.* diko'ma:no
Didaktik di'daktɪk
Didaktiker di'daktikɐ
didaktisch di'daktɪʃ
didaktisieren didakti'zi:rən
Didam *niederl.* di:'dɑm
Didaskalia didaska'li:a
Didaskalie didas'ka:li̯ə
Diday *fr.* di'dɛ
Didda 'dɪda
dideldum! di:dl̩'dʊm
dideldumdei! di:dl̩dʊm'dai̯
Diderot *fr.* di'dro
Didier *fr.* di'dje
Dido 'di:do
Didot di'do:, *fr.* di'do
Didring *schwed.* ˌdi:drɪŋ
Didschla 'dɪdʒla
Didym di'dy:m
Didyma 'di:dyma
Didymitis didy'mi:tɪs, **Didymitiden** didymi'ti:dn̩
Didymos 'di:dymɔs
Didymoteichon *neugr.* ðiði'mɔtixɔn
Didymus 'di:dymʊs
didynamisch didy'na:mɪʃ
die di:
Die *fr.* di
Dieb di:p, **-e** 'di:bə
Diebald 'di:balt
Dieberei di:bə'rai̯
diebessicher 'di:bəszɪçɐ
diebisch 'di:bɪʃ
Diebitsch 'di:bɪtʃ
Diebold 'di:bɔlt
Diebstahl 'di:p-ʃta:l
Dieburg 'di:bʊrk
Dieck[er]hoff 'di:k[ɐ]hɔf
Dieckmann 'di:kman
Diedenhofen 'di:dn̩ho:fn̩
Dieder (Vieleck) di'|e:dɐ
Diederichs 'di:dərɪçs
Diedersdorf 'di:dɐsdɔrf
Diedesheim 'di:dəshai̯m
Diedorf 'di:dɔrf
Diedrichshagen di:drɪçs'ha:gn̩
Dief[f]enbach 'di:fn̩bax
Diefenbaker *engl.* 'di:fənbeɪkə
Diefflen 'di:flən
Diegese die'ge:zə
diegetisch die'ge:tɪʃ
Diego 'di̯e:go, *span.* 'di̯eɣo, *it.* 'di̯ɛ:go
Diego Alvarez *engl.* 'djeɪgoʊ 'ɑ:lvɑ:rɛθ
Diego Garcia *engl.* 'djeɪgoʊ gɑ:'θi:ɑ:
Diégo-Suarez *fr.* djegosɥa'rɛs, ...rɛ:z
Diehard *engl.* 'daɪhɑ:d
Diehl di:l, *fr.* dil
diejenige 'di:je:nɪgə
Diek[irch] 'di:k[ɪrç]
Dieksand di:k'zant
Dielbach 'di:lbax
Diele 'di:lə
Dielektrikum die'lɛktrikʊm, **...ka** ...ka
dielektrisch die'lɛktrɪʃ
dielen 'di:lən
Dielheim 'di:lhai̯m
Dielmann 'di:lman
Diels[dorf] 'di:ls[dɔrf]
Diem[e] 'di:m[ə]
Diemel 'di:ml̩
[1]**Diemen** (Feim) 'di:mən
[2]**Diemen** *niederl.* 'di:mə
Diemeringen 'di:mərɪŋən
Diemitz 'di:mɪts
Diemo 'di:mo
Diemut 'di:mu:t
Dien di'e:n
Dienbienphu 'di̯ɛn'bi̯ɛn'fu:
dienen 'di:nən
Diener 'di:nɐ
dienern 'di:nɐn
Dienst[ag] 'di:nst[a:k]
Dienstagabend di:nsta:k'|a:bn̩t, '__'__
dienstägig 'di:nstɛ:gɪç, **-e** ...ɪgə
dienstäglich 'di:nstɛ:klɪç
dienstags 'di:nsta:ks
Dienstedt 'di:nʃtɛt
Dienten 'di:ntn̩
Dientzenhofer 'di:ntsn̩ho:fɐ
Diepenau 'di:pənau̯
Diepenbee[c]k *niederl.* 'di:pənbe:k
Diepenbrock *niederl.* 'di:pənbrɔk
Diepenheim *niederl.* 'di:pənhɛi̯m
Diepenveen *niederl.* 'di:pənve:n
Diepgen 'di:pgn̩
Diephold 'di:pɔlt
Diepholz 'di:phɔlts
Diepoldsau di:pɔlts'|au̯
Dieppe *fr.* djɛp
Dierauer 'di:rau̯ɐ
Dierberg 'di:ɐ̯bɛrk
Dierdorf 'di:ɐ̯dɔrf
Dieren *niederl.* 'di:rə
Dierhagen di:ɐ̯'ha:gn̩
Dierk[ow] 'di:ɐ̯k[o]
Diers[furt] 'di:ɐ̯s[fʊrt]

Dierx *fr.* djɛrks
dies di:s, **-e** 'di:zə
Dies academicus 'di:ɛs aka'de:mikʊs
Dies ater 'di:ɛs 'a:tɐ
Diesbach 'di:sbax
diesbezüglich 'di:sbətsy:klɪç
Diesdorf 'di:sdɔrf
diese 'di:zə
Diese di'e:zə
Diesel 'di:zl̩
dieselbe di:'zɛlbə
dieselbige di:'zɛlbɪgə
dieseln 'di:zl̩n, **diesle** 'di:zlə
dieser 'di:zɐ
dieserhalb 'di:zɐhalp
dieses 'di:zəs
diesfalls 'di:sfals
diesig 'di:zɪç, **-e** ...ɪgə
Dies irae 'di:ɛs 'i:rɛ
Diesis 'di:ezɪs, **Diesen** di'e:zn̩
diesjährig 'di:sjɛ:rɪç, **-e** ...ɪgə
Dieskau 'di:skau̯
diesmal 'di:sma:l
diesmalig 'di:sma:lɪç, **-e** ...ɪgə
Diesner 'di:snɐ
diesseitig 'di:szaitɪç, **-e** ...ɪgə
diesseits 'di:szaits
Dießem 'di:sm̩
Dießen 'di:sn̩
Diessenhofen 'di:sn̩ho:fn̩
Diest *niederl.* di:st
Diestedde 'di:stɛdə
Diesterweg 'di:stɐve:k
Dieta[chdorf] 'di:ta[xdɔrf]
Dietbald 'di:balt
Dietbert 'di:tbɛrt
Dietenheim 'di:tn̩haim
Dieter 'di:tɐ
Dieterich 'di:tərɪç
Dietfried 'di:tfri:t
Dietfurt 'di:tfʊrt
Dietger 'di:tgɛr
Dietges 'di:tgəs
Dieth di:t
Dietharz 'di:tha:ɐ̯ts
Diethelm 'di:thɛlm
Diethensdorf 'di:tn̩sdɔrf
Diether 'di:tɐ, 'di:thɛr
Diethild 'di:thɪlt
Diethilde di:t'hɪldə
Dietikon 'di:tiko:n
Dietkirchen 'di:tkɪrçn̩, –'––
Dietl 'di:tl̩
Dietlind 'di:tlɪnt
Dietlinde di:t'lɪndə
Dietmannsried di:tmans'ri:t
Dietmar 'di:tmar
Dietmund 'di:tmʊnt
Dietram 'di:tram
Dietramszell di:trams'tsɛl
Dietrich 'di:trɪç
Dietrichson *norw.* 'di:triksɔn
Dietrichstein 'di:trɪçʃtain
Dietrici di'tri:tsi
Dietschweiler 'di:tʃvailɐ
Dietterlin 'di:tɐli:n
Diettrich 'di:trɪç
Dietz[e] 'di:ts[ə]
Dietzenbach 'di:tsn̩bax
Dietzenschmidt 'di:tsn̩ʃmɪt
Dietzfelbinger di:ts'fɛlbɪnɐ
Dietzgen 'di:tsgn̩
Dietzsch di:tʃ
Dieudonné *fr.* djødɔ'ne
Dieu le veut! *fr.* djøl'vø
Dieuze *fr.* djø:z
Dievenow 'di:vəno
Dieverbrug *niederl.* 'di:vərbrʏx
dieweil di:'vail
Diex di:ks
Diez di:ts
Díez *span.* 'diɛθ
Diezmann 'di:tsman
Diffalco dɪ'falko
Diffamation dɪfama'tsi̯o:n
diffamatorisch dɪfama'to:rɪʃ
Diffamie dɪfa'mi:, **-n** ...i:ən
diffamieren dɪfa'mi:rən
Differdange *fr.* difɛr'dã:ʒ
Differdingen 'dɪfɐdɪŋən
different dɪfə'rɛnt
differential, D... dɪfərɛn'tsi̯a:l
Differentiat dɪfərɛn'tsi̯a:t
Differentiation dɪfərɛntsia'tsi̯o:n
Differentiator dɪfərɛn'tsi̯a:tɔr, **-en** ...i̯a'to:rən
differentiell dɪfərɛn'tsi̯ɛl
Differenz dɪfə'rɛnts
differenzieren dɪfərɛn'tsi:rən
differieren dɪfə'ri:rən
Differten 'dɪfɐtn̩
diffizil dɪfi'tsi:l
Diffluenz dɪflu'ɛnts
difform dɪ'fɔrm
Difformität dɪfɔrmi'tɛ:t
diffrakt dɪ'frakt
Diffraktion dɪfrak'tsi̯o:n
diffundieren dɪfʊn'di:rən
diffus dɪ'fu:s, **-e** ...u:zə
Diffusat dɪfu'za:t
Diffusion dɪfu'zi̯o:n
Diffusor dɪ'fu:zɔr, **-en** dɪfu'zo:rən
Digamma di'gama
digen di'ge:n
digerieren dige'ri:rən
Digest *engl.* 'daɪdʒɛst
Digesten di'gɛstn̩
Digestion digɛs'ti̯o:n
digestiv digɛs'ti:f, **-e** ...i:və
Digestivum digɛs'ti:vʊm, **...va** ...va
Digestor di'gɛstɔr, **-en** ...'to:rən
Digges *engl.* dɪgz
Digit *engl.* 'dɪdʒɪt
digital digi'ta:l
Digitalis digi'ta:lɪs
Digitaloid digitalo'i:t, **-e** ...i:də
Digitoxin digitɔ'ksi:n
Digitus 'di:gitʊs, **...ti** ...ti
Diglyph di'gly:f
Digne *fr.* diɲ
Dignitar dɪgni'ta:ɐ̯
Dignitär dɪgni'tɛ:ɐ̯
Dignität dɪgni'tɛ:t
Digoin *fr.* di'gwɛ̃
digorisch di'go:rɪʃ
Digraph di'gra:f
Digression digrɛ'si̯o:n
Digul *indon.* 'digʊl
dihybrid dihy'bri:t, 'di:h...; **-e** ...i:də
Dihybride dihy'bri:də, 'di:h...
Dijambus di'jambʊs
Dijck, Dijk daik, *niederl.* dɛi̯k
Dijkstra *niederl.* 'dɛi̯kstra:
Dijle *niederl.* 'dɛi̯lə
Dijon *fr.* di'ʒõ
dijudizieren dijudi'tsi:rən
Dikaryont dika'ry̆ɔnt
Dikasterium dikas'te:ri̯ʊm, **...ien** ...i̯ən
Dike 'di:kə, *B* ...ke
diklin di'kli:n
dikotyl diko'ty:l
Dikotyle diko'ty:lə
Dikotyledone dikotyle'do:nə
Dikrotie dikro'ti:, **-n** ...i:ən
Diksmuide *niederl.* dɪks'mœi̯də
Dikson vgl. Dixon
Dikta vgl. Diktum
Diktam 'dɪktam
diktando dɪk'tando
Diktaphon dɪkta'fo:n
Diktat dɪk'ta:t
Diktator dɪk'ta:tɔr, **-en** dɪkta'to:rən
diktatorisch dɪkta'to:rɪʃ
Diktatur dɪkta'tu:ɐ̯
diktieren dɪk'ti:rən
Diktion dɪk'tsi̯o:n
Diktionär dɪktsi̯o'nɛ:ɐ̯
Diktonius *schwed.* dik'tu:niʊs
Diktum 'dɪktʊm, **...ta** ...ta
Diktus 'dɪktʊs
Diktyogenese dɪktÿoge'ne:zə
Diktys 'dɪktʏs
Đilas, Dji... *serbokr.* ˌdʑilas
dilatabel dila'ta:bl̩, **...ble** ...blə
Dilatabiles dila'ta:bile:s
Dilatation dilata'tsi̯o:n
Dilatator dila'ta:tɔr, **-en** dilata'to:rən
dilatieren dila'ti:rən
Dilation dila'tsi̯o:n
Dilatometer dilato'me:tɐ
dilatorisch dila'to:rɪʃ
Dilbeek *niederl.* 'dɪlbe:k
Dilemma di'lɛma, **-ta** -ta
Dilettant dilɛ'tant
dilettantisch dilɛ'tantɪʃ
Dilettantismus dilɛtan'tɪsmʊs
dilettieren dilɛ'ti:rən
Dili *port.* di'li
Dilia 'di:li̯a
Dilich 'di:lɪç
Diligence dili'ʒã:s, **-n** -sn̩
Dilischan, Diližan *russ.* dili'ʒan
Dilke *engl.* dɪlk
Dill *dt., engl.* dɪl
Dille[nburg] 'dɪlə[nbʊrk]

Dillens *niederl.* 'dɪləns
Dillingen 'dɪlɪŋən
Dillis 'dɪlɪs
Dillmann 'dɪlman
Dilln dɪln
Dillon *fr.* di'lõ, *engl.* 'dɪlən
Dilthey 'dɪltai̯
Dilution dilu'tsi̯o:n
diluvial dilu'vi̯a:l
Diluvium di'lu:vi̯ʊm, **...ien** ...i̯ən
Dimafon dima'fo:n
Dimbokro *fr.* dimbɔ'kro
Dîmbovița *rumän.* 'dɨmbovitsa
Dime *engl.* daɪm
Dimension dimɛn'zi̯o:n
dimensional dimɛnzi̯o'na:l
dimensionieren dimɛnzi̯o'ni:rən
dimer di'me:ɐ̯
Dimerisation dimeriza'tsi̯o:n
Dimeter 'di:metɐ
Diminuendo dimi'nu̯ɛndo, **...di** ...di
diminuieren diminu'i:rən
Diminution diminu'tsi̯o:n
diminutiv, D... diminu'ti:f, **-e** ...i:və
Diminutivum diminu'ti:vʊm, **...va** ...va
Dimission dimɪ'si̯o:n
Dimissoriale dimɪso'ri̯a:lə, **...ien** ...i̯ən
Dimitar, Dimităr *bulgar.* di'mitər
Dimitrievna vgl. Dimitrijewna
Dimitri, Dimitrij *russ.* di'mitrij
Dimitrije *serbokr.* di,mitrijɛ
Dimitrijević *serbokr.* dimi,tri:jɛvitɕ
Dimitrijewna, Dimitrievna *russ.* di'mitrijɪvnɐ
Dimitroff 'dɪmitrɔf
Dimitrow, Dimitrov *bulgar.* dimi'trɔf
Dimitrowgrad, Dimitrovgrad *bulgar.* di'mitrovgrat
Dimitrowo, Dimitrovo *bulgar.* di'mitrovo
dimittieren dimɪ'ti:rən
di molto di 'mɔlto
dimorph di'mɔrf
Dimorphie dimɔr'fi:, **-n** ...i:ən
Dimorphismus dimɔr'fɪsmʊs
Dimović *serbokr.* 'di:mɔvitɕ
Dimow, Dimov *bulgar.* 'dimof
DIN Ⓦz di:n, dɪn
Dina 'di:na
Dinah 'di:na, *engl.* 'daɪnə
Dinamo *russ.* di'namɐ, *serbokr.* 'dinamɔ
Dinan *fr.* di'nã
Dinanderie dinandə'ri:, **-n** ...i:ən
Dinant *fr.* di'nã
Dinar di'na:ɐ̯, *serbokr.* 'dina:r
Dinard *fr.* di'na:r
Dinariden dina'ri:dn̩
dinarisch di'na:rɪʃ
Dindorf 'dɪndɔrf
D'Indy *fr.* dɛ̃'di
Dindymon 'dɪndymɔn
Dinekow, Dinekov *bulgar.* 'dinɛkof
Diner di'ne:
Ding[den] 'dɪŋ[dn̩]
Dingelsdorf 'dɪŋl̩sdɔrf
Dingelstädt 'dɪŋl̩ʃtɛt
Dingelstedt 'dɪŋl̩ʃtɛt
dingen 'dɪŋən
Ding[h]i 'dɪŋgi, *engl.* 'dɪŋgɪ
Dinghofer 'dɪŋho:fɐ
Dingle *engl.* dɪŋgl
Dingler 'dɪŋlɐ
Dinglingen 'dɪŋlɪŋən
Dinglinger 'dɪŋlɪŋɐ
Dingo 'dɪŋgo
Dingolfing 'dɪŋgɔlfɪŋ
Dingsbums 'dɪŋsbʊms
Dingsda 'dɪŋsda:
Dingsfelden 'dɪŋsfɛldn̩, *auch:* _'_ _ _
Dingskirchen 'dɪŋskɪrçn̩, *auch:* _'_ _ _
dinieren di'ni:rən
Dining-room *engl.* 'daɪnɪŋrʊm
Dinis, Diniz *port.* də'niʃ, *bras.* di'nis
Dinkel[berg] 'dɪŋkl̩[bɛrk]
Dinkelsbühl 'dɪŋkl̩sby:l
Dinkelscherben dɪŋkl̩'ʃɛrbn̩
Dinklage 'dɪŋkla:gə
Dinner 'dɪnɐ
Dino *it.* 'di:no
Dinokrates di'no:kratɛs
Dinorah di'no:ra
Dinosaurier dino'zauri̯ɐ
Dinosaurus dino'zaurʊs
Dinotherium dino'te:ri̯ʊm, **...ien** ...i̯ən
Dinslaken 'dɪnsla:kn̩
Dintel *niederl.* 'dɪntəl
Dintelsas *niederl.* 'dɪntəlsɑs
Dinxperlo *niederl.* 'dɪŋkspɛrlo:
Dio 'di:o
Diö *schwed.* ,di:ø:
Diode di'|o:də
Diodor di̯o'do:ɐ̯
Diodorus di̯o'do:rʊs
Diogenes 'di̯o:genɛs
Diogo *port.* 'di̯oyu, *bras.* 'di̯ogu
Diokletian di̯okle'tsi̯a:n
diokletianisch, D... di̯okle'tsi̯a:nɪʃ
Diolefin di̯ole'fi:n
Diolen Ⓦz di̯o'le:n
Diomede *it.* dio'mɛ:de
Diomedes di̯o'me:dɛs
[1]**Dion** (Name) 'di:ɔn, *fr.* djõ
[2]**Dion** (Direktion, Division) di̯o:n
Dione 'di̯o:nə, *B* ...ne
Dionisio *span.* di̯o'nisi̯o
Dionys di̯o'ny:s
Dionysia di̯o'ny:zi̯a
Dionysien di̯o'ny:zi̯ən
Dionysios di̯o'ny:zi̯ɔs
dionysisch di̯o'ny:zɪʃ
Dionysius di̯o'ny:zi̯ʊs
Dionysos 'di̯o:nyzɔs
diophantisch di̯o'fantɪʃ
Diophantos di̯o'fantɔs
Diopsid diɔ'psi:t, **-e** ...i:də
Diopter di'ɔptɐ
Dioptrie diɔp'tri:, **-n** ...i:ən
Dioptrik di'ɔptrɪk
dioptrisch di'ɔptrɪʃ
Dioptrometer diɔptro'me:tɐ
Dior *fr.* djɔ:r
Diorama dio'ra:ma
Diori *fr.* djɔ'ri
Diorismus dio'rɪsmʊs
Diorit dio'ri:t, *auch:* ...rɪt
Diósberény *ung.* 'dio:ʒbɛre:nj
Diósd *ung.* 'dio:ʒd
Diósgyőr *ung.* 'dio:ʒdjø:r
Diósjenő *ung.* 'dio:ʒjɛnø:
Dioskuren di̯ɔs'ku:rən
Dioskurides di̯ɔs'ku:ride:s
Diospolis magna, - parva 'di̯ɔspolɪs 'magna, – 'parva
Diotima 'di̯o:tima, *auch:* di̯o'ti:ma
Diourbel *fr.* djur'bɛl
Dioxyd 'di:|ɔksy:t, *auch:* di|ɔ'ksy:t; **-e** ...y:də
Diözesan diøtse'za:n
Diözese diø'tse:zə
Diözie diø'tsi:
diözisch di'ø:tsɪʃ
Diözismus diø'tsɪsmʊs
Dipeptid dipɛp'ti:t, 'di:p...; **-e** ...i:də
Dipeptidase dipɛpti'da:zə
Diphtherie dɪfte'ri:, **-n** ...i:ən
diphtherisch dɪf'te:rɪʃ
Diphtheritis dɪfte'ri:tɪs
diphtheroid dɪftero'i:t, **-e** ...i:də
Diphthong dɪf'tɔŋ
Diphthongie dɪftɔŋ'gi:, **-n** ...i:ən
diphthongieren dɪftɔŋ'gi:rən
diphthongisch dɪf'tɔŋɪʃ
diphyletisch dify'le:tɪʃ
diphyodont dify̆o'dɔnt
Diplegie diple'gi:, **-n** ...i:ən
Diplex... 'di:plɛks...
Diplodokus di'plo:dokʊs, **...ken** diplo'do:kn̩
Diploe di'plo:ə
Diploid diplo'i:t, **-e** ...i:də
Diploidie diploi'di:
Diplokokkus diplo'kɔkʊs
Diplom di'plo:m
Diplomand diplo'mant, **-en** ...dn̩
Diplomat diplo'ma:t
Diplomatie diploma'ti:
Diplomatik diplo'ma:tɪk
Diplomatiker diplo'ma:tikɐ
diplomatisch diplo'ma:tɪʃ
diplomieren diplo'mi:rən
Diplont di'plɔnt
Diplopie diplo'pi:

diplostemon diploste'mo:n
Dipnoi 'dıpnoi
Dipodie dipo'di:, **-n** ...i:ən
dipodisch di'po:dıʃ
Dipol 'di:po:l
Dippach 'dıpax
Dippel 'dıpl̩
dippen 'dıpn̩
Dippoldiswalde dıpɔldıs'valdə
Dipsomane dıpso'ma:nə
Dipsomanie dıpsoma'ni:, **-n** ...i:ən
Diptam 'dıptam
Dipteren dıp'te:rən
Dipteros 'dıpterɔs, **...roi** ...ɔy
Diptychon 'dıptʏçɔn, **...cha** ...ça
Dipylon 'di:pylɔn
dir di:ɐ̯
Dirac *engl.* dı'ræk
Dirae 'di:rɛ
Directoire dirɛk'to̯a:ɐ̯
Diredaua dire'daṵa
direkt di'rɛkt
Direktion dirɛk'tsi̯o:n
Direktive dirɛk'ti:və
Direktor di'rɛktɔr, **-en** ...'to:rən
Direktorat dirɛkto'ra:t
direktorial dirɛkto'ri̯a:l
Direktorin dirɛk'to:rın, *auch:* di'rɛktorın
Direktorium dirɛk'to:ri̯ʊm, **...ien** ...i̯ən
Direktrice dirɛk'tri:sə
Direktrix di'rɛktrıks
Direx 'di:rɛks
Dirge *engl.* də:dʒ
Dirham 'dırham
Dirhem 'dırhɛm
Dirichlet diri'kle:
Dirigent diri'gɛnt
dirigieren diri'gi:rən
Dirigismus diri'gısmʊs
dirigistisch diri'gıstıʃ
Dirk *dt., niederl.* dırk, *engl.* də:k
Dirke 'dırkə, *B* ...ke
Dirks *niederl.* dırks
Dirksen 'dırksn̩, *engl.* də:ksn
Dirksland *niederl.* 'dırkslɑnt
Dirlewang 'dırləvaŋ
Dirmingen 'dırmıŋən
Dirndl 'dırndl̩
Dirne 'dırnə
Dirr dır
Dirschau 'dırʃau
Dirt-Track *engl.* 'də:ttræk
Diruta *it.* di'ru:ta
dis, [1]**Dis** dıs
[2]**Dis** (Ort) *pers.* dez
Disacharid dizaxa'ri:t, 'di:z...; **-e** ...i:də
Disagio dıs'|a:dʒo, *it.* di'za:dʒo
Discantus dıs'kantʊs
Dischingen 'dıʃıŋən
Disciples of Christ *engl.* dı'saıplz əv 'kraıst
Discjockey 'dıskdʒɔke, *auch:* ...ki
Discount... dıs'kaunt...
Discounter dıs'kaṵntɐ
Discoverer *engl.* dıs'kʌvərə
Discovery *engl.* dıs'kʌvərı
disculpieren dıskʊl'pi:rən
Disen 'di:zn̩
Disengagement *engl.* dısın'geıdʒmənt
Disentis 'di:zn̩tıs
Diseur di'zø:ɐ̯
Diseuse di'zø:zə
Disful *pers.* dez'fu:l
disgruent dısgru'ɛnt
Disharmonie dısharmo'ni:, **-n** ...i:ən
disharmonieren dısharmo'ni:rən
disharmonisch dıshar'mo:nıʃ
disjunkt dıs'jʊŋkt
Disjunktion dısjʊŋk'tsi̯o:n
disjunktiv dısjʊŋk'ti:f, **-e** ...i:və
Diskant dıs'kant
Diskjockey 'dıskdʒɔke, *auch:* ...ki
Disko *dän.* 'disgo
Diskographie dıskogra'fi:
diskoidal dıskoi'da:l
Diskomyzet dıskɔmy'tse:t
Diskont dıs'kɔnt
diskontieren dıskɔn'ti:rən
diskontinuierlich dıskɔntinu'i:ɐ̯lıç
Diskontinuität dıskɔntinu̯i'tɛ:t
Diskonto dıs'kɔnto, **...ti** ...ti
diskordant dıskɔr'dant
Diskordanz dıskɔr'dants
Diskothek dısko'te:k
Diskothekar dıskote'ka:ɐ̯
Diskredit 'dıskredi:t, *auch:* – –'–
diskreditieren dıskredi'ti:rən
diskrepant dıskre'pant
Diskrepanz dıskre'pants
diskret dıs'kre:t
Diskretion dıskre'tsi̯o:n
diskretionär dıskretsi̯o'nɛ:ɐ̯
Diskriminante dıskrimi'nantə
Diskrimination dıskrimina'tsi̯o:n
Diskriminator dıskrimi'na:tɔr, **-en** dıskrimina'to:rən
diskriminieren dıskrimi'ni:rən
diskurrieren dıskʊ'ri:rən
Diskurs dıs'kʊrs, **-e** ...rzə
diskursiv dıskʊr'zi:f, **-e** ...i:və
Diskus 'dıskʊs, **-se** ...ʊsə
Diskussion dıskʊ'si̯o:n
diskutabel dısku'ta:bl̩, **...ble** ...blə
Diskutant dısku'tant
diskutieren dısku'ti:rən
Dislokation dısloka'tsi̯o:n
disloyal dıslo̯a'ja:l, *auch:* '– – –
dislozieren dıslo'tsi:rən
Dismal Swamp *engl.* 'dızməl 'swɔmp
Dismembration dısmɛmbra'tsi̯o:n
Dismembrator dısmɛm'bra:tɔr, **-en** ...ra'to:rən
dis-Moll 'dısmɔl, *auch:* '–'–
Disna *russ.* dis'na
Disney *engl.* 'dıznı
Dispache dıs'paʃə
Dispacheur dıspa'ʃø:ɐ̯
dispachieren dıspa'ʃi:rən
disparat dıspa'ra:t
Disparität dıspari'tɛ:t
Dispatcher dıs'pɛtʃɐ
Dispens dıs'pɛns, **-e** ...nzə
dispensabel dıspɛn'za:bl̩, **...ble** ...blə
Dispensarium dıspɛn'za:ri̯ʊm, **...ien** ...i̯ən
Dispensation dıspɛnza'tsi̯o:n
Dispensatorium dıspɛnza'to:ri̯ʊm, **...ien** ...i̯ən
dispensieren dıspɛn'zi:rən
Dispergens dıs'pɛrgɛns; **...enzien** ...'gɛntsi̯ən, **...entia** ...'gɛntsi̯a
dispergieren dıspɛr'gi:rən
Dispermie dıspɛr'mi:, **-n** ...i:ən
dispers dıs'pɛrs, **-e** ...rzə
Dispersion dıspɛr'zi̯o:n
Dispersität dıspɛrzi'tɛ:t
Dispersoid dıspɛrzo'i:t, **-e** ...idə
Displaced person *engl.* dıs'pleıst 'pə:sn
Display dıs'ple:, *engl.* ...'pleı
Displayer dıs'ple:ɐ, *engl.* ...'pleıə
Dispondeus dıspɔn'de:ʊs, **...deen** ...de:ən
Disponenden dıspo'nɛndn̩
Disponent dıspo'nɛnt
disponibel dıspo'ni:bl̩, **...ble** ...blə
Disponibilität dısponibili'tɛ:t
disponieren dıspo'ni:rən
Disposition dıspozi'tsi̯o:n
dispositiv dıspozi'ti:f, **-e** ...i:və
Disproportion dısproportsi̯o:n
disproportional dısproportsi̯o'na:l
Disproportionalität dısproportsi̯onali'tɛ:t
disproportioniert dısproportsi̯o'ni:ɐ̯t
Disput dıs'pu:t
disputabel dıspu'ta:bl̩, **...ble** ...blə
Disputant dıspu'tant
Disputation dısputa'tsi̯o:n
disputieren dıspu'ti:rən
Disqualifikation dıskvalifika'tsi̯o:n
disqualifizieren dıskvalifi'tsi:rən
D'Israeli, Disraeli *engl.* dız'reılı
dissecans 'dısekans
Dissemination dısemina'tsi̯o:n

disseminiert dısemi'ni:ɐ̯t
Dịssen 'dısn̩
Dissẹns dı'sɛns, **-e** ...nzə
Dissẹnter dı'sɛntɐ
dissentieren dısɛn'ti:rən
Dissepimẹnt dısepi'mɛnt
Dissertạnt dısɛr'tant
Dissertatiọn dısɛrta'tsi̯o:n
dissertieren dısɛr'ti:rən
Dissidẹnt dısi'dɛnt
Dissịdien dı'si:di̯ən
dissidieren dısi'di:rən
Dissimilatiọn dısimila'tsi̯o:n
dissimilieren dısimi'li:rən
Dịssimo *it.* 'dissimo
Dissimulatiọn dısimula'tsi̯o:n
dissimulieren dısimu'li:rən
Dissipatiọn dısipa'tsi̯o:n
dissipieren dısi'pi:rən
dissolụbel dıso'lu:bl̩, **...ble** ...blə
dissolụt dıso'lu:t
Dissolutiọn dısolu'tsi̯o:n
Dissọlvens dı'sɔlvɛns, **...vẹntia** ...'vɛntsi̯a
dissolvieren dısɔl'vi:rən
dissonạnt dıso'nant
Dissonạnz dıso'nants
dissonieren dıso'ni:rən
Dissousgas dı'su:ga:s
Dissoziatiọn dısotsi̯a'tsi̯o:n
dissoziieren dısotsi'i:rən
distạl dıs'ta:l
Distạnz dıs'tants
distanzieren dıstan'tsi:rən
Distạr dıs'ta:ɐ̯
Dịstel 'dıstl̩, *fr.* dis'tɛl
Dịsteli 'dıstəli
Dịsteln 'dıstl̩n
Dịstelrasen 'dıstl̩ra:zn̩
Disthẹn dıs'te:n
distịch dıs'tıç
Distichịasis dıstı'çi:azıs
distichịtisch dıstı'çi:tıʃ
Distichomythie dıstıçomy'ti:
Dịstichon 'dıstıçɔn
distinguieren dıstıŋ'gi:rən
distịnkt dıs'tıŋkt
Distinktiọn dıstıŋk'tsi̯o:n
distinktịv dıstıŋk'ti:f, **-e** ...i:və
Dịstler 'dıstlɐ
Distọmon *neugr.* ðis'tɔmɔn
Distorsiọn dıstɔr'zi̯o:n
distrahieren dıstra'hi:rən
Distraktiọn dıstrak'tsi̯o:n
Distribuẹnt dıstri'bu̯ɛnt
distribuieren dıstribu'i:rən
Distributiọn dıstribu'tsi̯o:n
distributịv dıstribu'ti:f, **-e** ...i:və
Distributịvum dıstribu'ti:vʊm, **...va** ...va
Distrịkt dıs'trıkt
Distrịto Federạl *bras.* dis'tritu fede'ral
Diszessiọn dıstsɛ'si̯o:n
Disziplịn dıstsi'pli:n
Disziplinạr... dıstsipli'na:ɐ̯...
disziplinạ̈r dıstsipli'nɛ:ɐ̯
disziplinarisch dıstsipli'na:rıʃ
disziplinẹll dıstsipli'nɛl
disziplinieren dıstsipli'ni:rən
diszipliniert dıstsipli'ni:ɐ̯t
Diszissiọn dıstsı'si̯o:n
Dịt di:, *fr.* di
Ditetrọde dite'tro:də
Dithmarschen 'dıtmarʃn̩, *auch:* 'di:t...
Dithmarscher 'dıtmarʃɐ, *auch:* 'di:t...
dithmarsisch 'dıtmarzıʃ, *auch:* 'di:t...
Dithyrạmbe dity'rambə
dithyrạmbisch dity'rambıʃ
Dithyrạmbos dity'rambɔs
Dithyrạmbus dity'rambʊs
dịto, D... 'di:to
Ditrochạ̈us ditrɔ'xɛ:ʊs, **...ạ̈en** ...ɛ:ən
Dịttchen 'dıtçən
Dịtte 'dıtə
Dịttelstedt 'dıtl̩ʃtɛt
Dịtters[dorf] 'dıtɐs[dɔrf]
Dịttes 'dıtəs
Dittographie dıtogra'fi:, **-n** ...i:ən
Dittologie dıtolo'gi:, **-n** ...i:ən
Dịttwar 'dıtvar
Ditzen[bach] 'dıtsn̩[bax]
Dịtzingen 'dıtsıŋən
Dịu *port.* diu̯
Diurẹse diu're:zə
Diurẹtikum diu're:tikʊm, **...ka** ...ka
Diuretịn Ⓦⓩ diure'ti:n
diurẹtisch diu're:tıʃ
Diurnạl di̯ʊr'na:l
Diurnạle di̯ʊr'na:lə, **...lia** ...li̯a
Diụrnum 'di̯ʊrnʊm
Dịva 'di:va
Dịvača *serbokr.* ˌdivatʃa
Dívčice *tschech.* 'dji:ftʃitsɛ
Divẹrbium di'vɛrbi̯ʊm, **...ien** ...i̯ən
divergẹnt divɛr'gɛnt
Divergẹnz divɛr'gɛnts
divergieren divɛr'gi:rən
divẹrs di'vɛrs, **-e** ...rzə
Divẹrsa di'vɛrza
Diversạnt divɛr'zant
Divẹrse di'vɛrzə
Diversifikatiọn divɛrzifika'tsi̯o:n
diversifizieren divɛrzifi'tsi:rən
Diversiọn divɛr'zi̯o:n
divertieren divɛr'ti:rən
Divertịkel divɛr'ti:kl̩
Divertikulịtis divɛrtiku'li:tıs
Divertikulọse divɛrtiku'lo:zə
Divertimẹnto divɛrti'mɛnto, **...ti** ...ti
Divertissement divɛrtısə'mã:
Dịves *fr.* di:v
Dịvico 'di:viko
dịvide et ịmpera 'di:vide ɛt 'ımpera
Dividẹnd divi'dɛnt, **-en** ...ndn̩
Dividẹnde divi'dɛndə
dividieren divi'di:rən
Dividịvi divi'di:vi
Divịna Commẹdia di'vi:na kɔ'me:dia, *it.* – kom'mɛ:di̯a
Divịna Pastọra *bras.* di'vina pas'tora
Divinatiọn divina'tsi̯o:n
divinatọrisch divina'to:rıʃ
Divinitạ̈t divini'tɛ:t
Divion *fr.* di'vjõ
Divịs di'vi:s, **-e** ...i:zə
divịsi di'vi:zi
Divisiọn divi'zi̯o:n
Divisionạ̈r divizi̯o'nɛ:ɐ̯
Divisionịsmus divizi̯o'nısmʊs
Divịsor di'vi:zɔr, **-en** divi'zo:rən
Divisọrium divi'zo:ri̯ʊm, **...ien** ...i̯ən
Dịvitz 'di:vıts
Divulsiọn divʊl'zi̯o:n
Dịvus 'di:vʊs
Dịwan 'di:va:n; *pers.* di'vɑ:n, *türk.* di:'vɑn
Dịx *dt.*, *engl.* dıks
Dixẹlius *schwed.* dik'se:liʊs
Dixence *fr.* dik'sã:s
Dịxie[land] *engl.* 'dıksı[lænd]
[1]**Dịxon** *engl.* dıksn
[2]**Dịxon, Dikson** *russ.* 'diksɐn
Diyạrbakır *türk.* di'jɑrbɑkɨr
Dịzzy *engl.* 'dızı
Djailọlo *indon.* dʒai̯'lolo
Djakạrta *indon.* dʒa'karta
Djạkovica, Đạ... *serbokr.* 'dʑakɔvitsa
Djạkovo, Đạ... *serbokr.* 'dʑakɔvɔ
Djạlski, Đạlski *serbokr.* 'dʑa:lski
Djạmbi *indon.* 'dʒambi
Djạwa *indon.* 'dʒawa
Djebẹl *fr.* dʒe'bɛl
Djebel Banị *fr.* dʒebɛlba'ni
Djedkarẹ djɛtka're:
Djelfạ *fr.* dʒɛl'fa
Djembẹr *indon.* dʒəm'bɛr
Djembrạna *indon.* dʒəm'brana
Djẹnović, Đẹ... *serbokr.* 'dʑɛnɔvitɕ
Djerbạ[h] *fr.* dʒɛr'ba
Djẹrdap, Đẹ... *serbokr.* ˌdʑɛrda:p
Djérịd *fr.* dʒe'rid
Djiboutị *fr.* dʒibu'ti
Djidjellị *fr.* dʒidʒɛl'li
Djịlas, Đị... *serbokr.* ˌdʑilas
Djọmbang *indon.* 'dʒɔmbaŋ
Djordje, Đọrđe *serbokr.* 'dʑɔ:rdʑɛ
Djordjić, Đjorđić *serbokr.* 'dʑɔ:rdʑitɕ
Djougou *fr.* dʒu'gu
Djuạnda *indon.* 'dʒu̯anda
Djụlewo, Djulevo *bulgar.* 'djulɛvo
Djúpavík *isl.* 'dju:pavi:k

Djúpavogur *isl.* 'dju:pavɔ:ɣʏr
Djurgården *schwed.* 'jʉ:rgo:rdən
Djurshọlm *schwed.* jʉ:rs'hɔlm
Djursland *dän.* 'dju:'rslan'
Długosz *poln.* 'dṷugɔʃ
Dmitriev vgl. Dmitrijew
Dmitrievič vgl. Dmitrijewitsch
Dmitrievna vgl. Dmitrijewna
Dmitrievskij Sobor vgl. Dmitrijewski Sobor
Dmịtri, Dmitrij *russ.* 'dmitrij
Dmịtrijew, Dmitriev *russ.* 'dmitrijɪf
Dmịtrijewitsch, Dmitrievič *russ.* 'dmitrijɪvitʃ
Dmịtrijewna, Dmitrievna *russ.* 'dmitrijɪvnɐ
Dmịtrijewski Sobọr, Dmitrievskij Sobor *russ.* 'dmitrijɪfskij sa'bɔr
Dmịtrow, Dmitrov *russ.* 'dmitrɐf
d-Moll 'de:mɔl, *auch:* '–'–
Dmochọwski *poln.* dmɔ'xɔfski
Dmọwski *poln.* 'dmɔfski
Dmytryk *engl.* 'dmɪtrɪk
Dnẹpr *russ.* dnjɛpr
Dneprodserschịnsk, Dneprodzeržinsk *russ.* dnɪprɐdzɪr'ʒɨnsk
Dneprogẹs *russ.* dnɪpra'gɛs
Dnepropetrọwsk, Dnepropetrovsk *russ.* dnɪprɐpɪ'trɔfsk
Dnẹstr *russ.* dnjɛstr
Dnjẹpr 'dnjɛpɐ
Dnjepropetrọwsk dnjɛprope'trɔfsk
Dnjẹstr 'dnjɛstɐ
Dnọ *russ.* dnɔ
Do̱ do:
Dobbertị̱n dɔbɐ'ti:n
Dobbiạco *it.* dob'bi̯a:ko
Dọbbrick 'dɔbrɪk
Dọbbs [Fẹrry] *engl.* 'dɔbz ['fɛrɪ]
Dobčinskij vgl. Dobtschinski
Dobczyce *poln.* dɔp'tʃɨtsɛ
Do̱bel 'do:bl̩
Dö̱bel 'dø:bl̩
Dobẹll *engl.* doʊ'bɛl
Dö̱beln 'dø:bl̩n
Do̱ber 'do:bɐ
Dobera̱n dobə'ra:n
Dö̱bereiner 'dø:bərai̯nɐ
Dö̱beritz 'dø:bərɪts
Do̱berlug 'do:bɐlʊk
Do̱bermann 'do:bɐman
Do̱bern 'do:bɐn
Dö̱bern[ei] 'dø:bɐn[ai̯]
Do̱berschütz 'do:bɐʃʏts
Dọbi *ung.* 'dobi
Dọbiáš *tschech.* 'dɔbia:ʃ
Dobiẹgniew *poln.* dɔ'bjɛgnjɛf
Do̱bischau 'do:bɪʃau̯
Döblin 'dø:bli:n, dø'bli:n
Dö̱bling 'dø:blɪŋ
Dọbo *indon.* 'dobo
Dọboj *serbokr.* 'dɔbɔj
Dọboz[y] *ung.* 'doboz[i]
Dọbra *dt., poln.* 'dɔbra
Dö̱braberg 'dø:brabɛrk
Dọbřany *tschech.* 'dɔbrʒani
Dọbratsch 'dɔbratʃ
Dọbre Miạsto *poln.* 'dɔbrɛ 'mjastɔ
Do̱bretsberger 'do:brɛtsbɛrgɐ
Dọbrew, Dobrev *bulgar.* 'dɔbrɛf
Dọbri *ung.* 'dobri
Dobri̱la *slowen.* dɔ'bri:la
Do̱brilugk 'do:brilʊk
Dọbříš *tschech.* 'dɔbrʒi:ʃ
Dọbritsch, Dobrič *bulgar.* 'dɔbritʃ
Do̱britz 'do:brɪts
Dobriạnka *russ.* da'brjankɐ
Dobrọdzień *poln.* dɔ'brɔdʑɛi̯n
Dobrọgea *rumän.* do'brodʒe̯a
Dobrogea̱nu *rumän.* dobro'dʒe̯anu
Dobroljụbow, Dobroljubov *russ.* dɐbra'ljubɐf
Dọbromila 'dɔbromila
Dọbronín *tschech.* 'dɔbrɔnji:n
Dobropọlje, Dobropol'e *russ.* dɐbra'pɔljɛ
Dọbrovice *tschech.* 'dɔbrɔvitsɛ
Dobrovol'skij vgl. Dobrowolski
Dobrọvsky do'brɔfski
Dọbrovský *tschech.* 'dɔbrɔfski:
[1]**Dobrowọlski** *poln.* dɔbrɔ'vɔlski
[2]**Dobrowọlski, Dobrovol'skij** *russ.* dɐbra'vɔljskij
Dobrụdscha, Dobrudža do'brudʒa, *bulgar.* 'dɔbrudʒa
Dọbrusch, Dobruš *russ.* 'dɔbruʃ
Dọbruška *tschech.* 'dɔbruʃka
Dobrynin *russ.* da'brɨnin
Dọbrzan 'dɔbʒan
Dobrzạny *poln.* dɔb'ʒanɨ
Dọbrzyń *poln.* 'dɔbʒɨi̯n
Dọbschau 'dɔpʃau̯
Dọbschütz 'dɔpʃʏts
Dọbson *engl.* dɔbsn
Dọbtschinski, Dobčinskij *russ.* 'dɔptʃinskij
Dobzhạnsky dɔp'ʃanski
Dọce, Rịo *bras.* 'rriu 'dosi
Doce̱n do'tse:n
docẹndo dịscimus do'tsɛndo 'dɪstsimʊs
dọch[misch] 'dɔx[mɪʃ]
Dọchmius 'dɔxmiʊs, **...ien** ...iən
Dọcht dɔxt
Dọck[e] 'dɔk[ə]
dọcken 'dɔkn̩
Dọ̈cker 'dœkɐ
Dọcking 'dɔkɪŋ
Dọckweiler 'dɔkvai̯lɐ
Dọctor 'dɔktɔr
Dọctor of Laws *engl.* 'dɔktə əv 'lɔ:z
documẹnta doku'mɛnta
Dóczi *ung.* 'do:tsi
Dọdd[ridge] *engl.* 'dɔd[rɪdʒ]
Dọdds *engl.* dɔdz
Dodecane̱so *it.* dodeka'nɛ:zo
Dodeka̱dik dode'ka:dɪk
dodeka̱disch dode'ka:dɪʃ
Dodekae̱der dodeka'|e:dɐ
Dodekalo̱g dodeka'lo:k, **-es** ...o:gəs
Dodekane̱s dodeka'ne:s
Dodeka̱nesos *neugr.* ðɔðɛ'kanisɔs
Dodekaphoni̱e dodekafo'ni:
dodekapho̱nisch dodeka'fo:nɪʃ
Dodekaphonịst dodekafo'nɪst
Do̱derer 'do:dərɐ
Dö̱derlein 'dø:dɐlai̯n
Dodewaa̱rd *niederl.* do:də'wa:rt
Dọdge *engl.* dɔdʒ
Dọdgson *engl.* dɔdʒsn
Do̱dici, Ci̱ma del *it.* 'tʃi:ma del 'do:ditʃi
[1]**Do̱do** (Vorname) 'do:do, do'do:
[2]**Do̱do** (Vogel) 'do:do
Dodo̱na do'do:na
dodo̱näisch dodo'nɛ:ɪʃ
Dodọne *neugr.* ðɔ'ðɔni
Dọdsley *engl.* 'dɔdzlɪ
Doebbelin 'dœbəli:n
Doe̱berl 'dø:bɐl
Doe̱hring 'dø:rɪŋ
Doelenstücke 'du:lənʃtʏkə
Does *niederl.* du:s
Doesburg *niederl.* 'du:zbʏrx
Doeskin Ⓦz 'do:skɪn
Doetinchem *niederl.* 'du:tɪŋxəm
Dọff *engl.* dɔf
Do̱flein 'do:flai̯n
Dogarẹssa doga'rɛsa
Dọgcart 'dɔkart, *engl.* 'dɔgkɑ:t
Do̱ge 'do:ʒə, *it.* 'dɔ:dʒe
Do̱gern 'do:gɐn
Dọgge 'dɔgə
Dọgger 'dɔgɐ, *engl.* 'dɔgə
Dọ̈ggingen 'dœgɪŋən
Dogliạni *it.* doʎ'ʎa:ni
Dö̱gling 'dø:klɪŋ
Dọgma 'dɔgma
Dogma̱tik dɔ'gma:tɪk
Dogma̱tiker dɔ'gma:tikɐ
dogma̱tisch dɔ'gma:tɪʃ
dogmatisi̱eren dɔgmati'zi:rən
Dogmatịsmus dɔgma'tɪsmʊs
dogmatịstisch dɔgma'tɪstɪʃ
Dọgskin *engl.* 'dɔgskɪn
Dọherty *engl.* 'doʊətɪ
Do̱hle 'do:lə
Dö̱hlen[er] 'dø:lən[ɐ]
Do̱hm[a] 'do:m[a]
Do̱hme 'do:mə
Do̱hna 'do:na
Dohnányi do'na:ni, *ung.* 'dohna:nji
Do̱hne 'do:nə
Dö̱hren 'dø:rən

Dö̲hringen 'dø:rɪŋən
Dọhrn do:ɐ̯n
Doicești *rumän.* doi̯'tʃeʃtj
Dọiro *port.* 'doi̯ru
Dọis Córregos *bras.* 'doi̯s 'kɔrregus
Dọis Irmãos *bras.* 'doi̯z ir'mɐ̃u̯s
Dọis Pọrtos *port.* 'doi̯ʃ 'pɔrtuʃ
Dọisy *engl.* 'dɔɪzɪ
Do it yoursẹlf! *engl.* 'du: ɪt jɔ:'sɛlf
Dọjčević *serbokr.* ˌdɔ:jtʃɛvitɕ
Dọkeská Plọšina *tschech.* 'dɔkɛska: 'plɔʃina
Dokẹt do'ke:t
Doketị̲smus doke'tɪsmʊs
Dokimasi̲e dokima'zi:
Dokimasiologi̲e dokimazi̯olo'gi:
Dokimạstik doki'mastɪk
dokimạstisch doki'mastɪʃ
Dọkkum *niederl.* 'dɔkəm
Dọksany *tschech.* 'dɔksani
Dokschụkino, Dokšukino *russ.* dak'ʃukinɐ
Dọksy *tschech.* 'dɔksi
dọktern 'dɔktɐn
Dọktor 'dɔktɔr, **-en** dɔk'to:rən
Doktorạnd dɔkto'rant, **-en** ...ndn̩
Doktora̲t dɔkto'ra:t
doktori̲eren dɔkto'ri:rən
Doktorin dɔk'to:rɪn, *auch:* 'dɔktorɪn
Doktoringenieur dɔktɔr|ɪnʒe'ni̯ø:ɐ̯
Doktri̲n dɔk'tri:n
doktrinä̲r, D... dɔktri'nɛ:ɐ̯
Doktrinarị̲smus dɔktrina'rɪsmʊs
Dokučaev[sk] vgl. Dokutschajew[sk]
Dokumẹnt doku'mɛnt
Dokumentalị̲st dokumɛnta'lɪst
Dokumenta̲r dokumɛn'ta:ɐ̯
dokumenta̲risch dokumɛn'ta:rɪʃ
Dokumentatio̲n dokumɛnta'tsi̯o:n
dokumenti̲eren dokumɛn'ti:rən
Dokutscha̲jew[sk], Dokučaev[sk] *russ.* dɐku'tʃajɪf[sk]
Dọl do:l
Dolabẹlla dola'bɛla
Do̲lamon 'do:lamɔn
Dola̲n do'la:n
Dọlanský *tschech.* 'dɔlanski:
Dö̲lau 'dø:lau̯
dọlce fa̲r niẹnte 'dɔltʃə 'fa:ɐ̯ 'ni̯ɛntə
Dolcefarniẹnte dɔltʃəfa:ɐ̯'ni̯ɛntə
Dọlce sti̲l nuo̲vo 'dɔltʃə 'sti:l 'nu̯o:vo
Dọlce vi̲ta 'dɔltʃə 'vi:ta
Dọlch dɔlç
Dọlci *it.* 'doltʃi
Dolcian 'dɔltsi̯a:n, –'–
Dọlde 'dɔldə
Dọldenhorn 'dɔldn̩hɔrn
Dọlder 'dɔldɐ
Dọldrum 'dɔldrʊm, *engl.* 'dɔldrəm
[1]**Do̲le** 'do:lə
[2]**Dole** (Name) *fr.* dɔl, *engl.* doʊl
Dôle *fr.* do:l
dolẹndo do'lɛndo
Dole̲njsko *slowen.* dɔ'le:njskɔ
dolẹnte do'lɛntə
Dolerit dole'ri:t, *auch:* ...rɪt
Do̲les 'do:ləs
Dolẹt *fr.* dɔ'lɛ
Dọležal *slowak.* 'dɔlɛʒal
Dọlf dɔlf
Dolfi̲n dɔl'fi:n
Dolga̲ne dɔl'ga:nə
Dolgẹll[e]y *engl.* dɔl'gɛθlɪ
Dọlgen 'dɔlgn̩
Dọ̈lger 'dœlgɐ
Dolgoprụdny, Dolgoprudnyj *russ.* dɐlga'prudnɨj
Dolgorụki, Dolgorukij *russ.* dɐlga'rukij
Dolianọva *it.* doli̯a'nɔ:va
Dolichẹnus dolɪ'çe:nʊs
dolichokepha̲l dolɪçoke'fa:l
dolichozepha̲l dolɪçotse'fa:l
Dolichozepha̲le dolɪçotse'fa:lə
Dolichozephali̲e dolɪçotsefa'li:, **-n** ...i:ən
doli̲eren do'li:rən
Doli̲na *russ.* da'linɐ
Doli̲nar *slowen.* dɔ'li:nar
Doli̲ne do'li:nə
Dọlinsk *russ.* 'dɔlinsk
Dolị̲nskaja *russ.* da'linskɐjɐ
Do̲litz 'do:lɪts
Dö̲litz 'dø:lɪts
dọll dɔl
Dọ̈ll[ach] 'dœl[ax]
Dọllar 'dɔlar, *engl.* 'dɔlə
Dọllart 'dɔlart, *niederl.* 'dɔlɑrt
Dọ̈llbach 'dœlbax
Dọllbord 'dɔlbɔrt
Dọlle 'dɔlə
Dọ̈lle[n] 'dœlə[n]
Dọller 'dɔlɐ, *fr.* dɔ'lɛ:r
Dọ̈llersheim 'dœlɐshai̯m
Dọllerup *dän.* 'dɔl'ərob
Dọllfuß 'dɔlfu:s
dolli̲eren dɔ'li:rən
Dọlling[er] 'dɔlɪŋ[ɐ]
Dọ̈llinger 'dœlɪŋɐ
Dọllmann 'dɔlman
Dọ̈llnitz 'dœlnɪts
Dollọ *fr.* dɔ'lo
Dọllond *engl.* 'dɔlənd
Dọ̈llstädt 'dœlʃtɛt
Dọlly 'dɔli, *engl.* 'dɔlɪ
Dolma dɔl'ma[:]
Dọlman 'dɔlman
Dọlmar 'dɔlmar
Dolmatọwski, Dolmatovskij *russ.* dɐlma'tɔfskij
Dọlmen 'dɔlmən
Dọlmetsch 'dɔlmɛtʃ
dọlmetschen 'dɔlmɛtʃn̩
Dọlmetscher 'dɔlmɛtʃɐ
Dọlní Bọusov *tschech.* 'dɔlnji: 'bɔu̯sɔf
Dọlní Krạlovice *tschech.* 'dɔlnji: 'kralɔvitsɛ
Dọlní Lị̲pová *tschech.* 'dɔlnji: 'lipɔva:
Dọlní Pọustevna *tschech.* 'dɔlnji: 'pɔu̯stɛvna
Dọlni Tschiflị̲k, Dolni Čiflik *bulgar.* 'dɔlni tʃif'lik
Dọlní Věstonice *tschech.* 'dɔlnji: 'vjɛstɔnjitsɛ
Do̲lo *it.* 'dɔ:lo
Dolomi̲t dolo'mi:t, *auch:* ...mɪt
Dolomi̲ten dolo'mi:tn̩
Dolo̲miti *it.* dolo'mi:ti
Dolo̲res do'lo:rɛs, *span.* do'lores
doloro̲s dolo'ro:s, **-e** ...o:zə
dolorö̲s dolo'rø:s, **-e** ...ø:zə
Doloro̲sa dolo'ro:za
doloro̲so dolo'ro:zo
dolo̲s do'lo:s, **-e** ...o:zə
Dọlphin *engl.* 'dɔlfɪn
Dọ̈lsach 'dœlzax
Dọlsk *poln.* dɔlsk
Dọlton *engl.* 'doʊltən
Do̲lus [dire̲ctus, - eventua̲lis] 'do:lʊs [di'rɛktʊs, evɛn'tu̯a:lɪs]
Dọlzig 'dɔltsɪç
Do̲m[a] 'do:m[a]
Do̲magk 'do:mak
Domä̲ne do'mɛ:nə
Domania̲l... doma'ni̯a:l...
Dọmanig 'dɔmanɪk
Dọmaschlag 'dɔmaʃla:k
Dọmaslaw 'dɔmaslaf
Dọmaszék *ung.* 'domɔse:k
Domạt *fr.* dɔ'ma
Doma̲tien do'ma:tsi̯ən
Dọmažlice *tschech.* 'dɔmaʒlitsɛ
Dombạrowski, Dombarovskij *russ.* dam'barɐfskij
Dombås *norw.* ˌdumbo:s
Dombasle *fr.* dõ'bɑ:l
Dọmbeck 'dɔmbɛk
Dọmbe Grạnde *port.* 'dombə 'ɣrɐndə
Dombes *fr.* dõ:b
Dọmbóvár *ung.* 'dombo:va:r
Dọmbrád *ung.* 'dombra:d
Dọmbrau 'dɔmbrau̯
Dombro̲wa dɔm'bro:va
Dombrọwka dɔm'brɔfka
Dombrọwski dɔm'brɔfski
Dọmburg *niederl.* 'dɔmbʏrx
Dôme *fr.* do:m
Do̲mela *niederl.* 'do:məla:
Doménech *span.* do'menɛk
Dome̲nica *it.* do'me:nika
Domenichi̲no *it.* domeni'ki:no
Dome̲nico *it.* do'me:niko
Domentị̲jan *serbokr.* dɔmɛnˌtijan

Domes 'do:məs
Domesday Book *engl.* 'du:mzdeɪ 'bʊk
Domesnäs *schwed.* ˌduməsnɛ:s
Domestik domɛs'ti:k
Domestikation domɛstika'tsi̯o:n
Domestike domɛs'ti:kə
domestizieren domɛsti'tsi:rən
Domgraf 'do:mgra:f
Domin do'mi:n
Domina 'do:mina, **...nä** ...nɛ
dominant domi'nant
Dominante domi'nantə
Dominantseptakkord dominant'zɛpt|akɔrt
Dominantseptimenakkord dominantzɛp'ti:mən|akɔrt
Dominanz domi'nants
Dominat domi'na:t
Domingo do'mɪŋgo, *span.* do'mɪŋgo
Domínguez *span.* do'miŋgɛθ
Dominguín *span.* dominŋ'gin
Dominic *engl.* 'dɔmɪnɪk
Dominica do'mi:nika; *engl.* dɔmɪ'ni:kə, doʊ'mɪnɪkə
Dominica in albis do'mi:nika ɪn 'albi:s
dominieren domi'ni:rən
Dominik 'do:minɪk
Dominikaner domini'ka:nɐ
dominikanisch domini'ka:nɪʃ
Dominikos do'mi:nikɔs
Dominikus do'mi:nikʊs
Dominion do'mɪni̯ən, *engl.* də'mɪnjən; **...ien** ...i̯ən
Dominique *fr.* dɔmi'nik
Dominium do'mi:ni̯ʊm, **...ien** ...i̯ən
Domino 'do:mino
Dominus vobiscum! 'do:minʊs vo'bɪskʊm
Domitian domi'tsi̯a:n
Domitilla domi'tɪla
Domitius do'mi:tsi̯ʊs
Dömitz 'dø:mɪts
Domizellar domitsɛ'la:ɐ̯
Domizil domi'tsi:l
domizilieren domitsi'li:rən
Domizlaff 'dɔmɪtslaf
Domjanić *serbokr.* ˌdɔmjanitɕ
Domkirken *dän.* 'dɔmkergən
Domleschg dɔm'lɛʃk
Domme *fr.* dɔm
Dommel *niederl.* 'dɔməl
Dommer 'dɔmɐ
Dommitzsch 'dɔmɪtʃ
Domnarvet *schwed.* ˌdɔmnarvət
Domnau 'dɔmnau̯
Domnitz 'dɔmnɪts
Domodędowo, Domodedovo *russ.* dɐma'djɛdɐvɐ
Domodossola *it.* domo'dɔssola
Domokos *neugr.* ðɔmɔ'kɔs
Domony *ung.* 'domonj
Dömös *ung.* 'dømøʃ
Dom Pedrito *bras.* dompe'dritu
Dompfaff 'do:mpfaf
Dompteur dɔmp'tø:ɐ̯
Dompteuse dɔmp'tø:zə, **-n** ...zn̩
Domra 'dɔmra
Dom Remi *fr.* dõre'mi, dõrə'mi
Domremy *fr.* dõre'mi, dõrə'mi
Domrémy-la-Pucelle *fr.* dõremilapy'sɛl
Dömsöd *ung.* 'dømʃød
Domsühl dɔm'zy:l
Don *engl., russ., span.* dɔn
Dona vgl. Donum
Doña 'dɔnja, *span.* 'doɲa
Doña Ana *span.* 'doɲa 'ana
Donado *span.* do'naðo
Donalbain *engl.* 'dɔnlbeɪn
Donald 'do:nald, *engl.* dɔnld
Donaldson *engl.* dɔnldsn
Doña Mencía *span.* 'doɲa men'θia
Donar 'do:nar
Donarit dona'ri:t, *auch:* ...rɪt
[1]**Donat** (moderner Name) 'do:nat, *engl.* 'doʊnæt, *russ.* da'nat
[2]**Donat** (alter Name) do'na:t
Donata do'na:ta
Donatar dona'ta:ɐ̯
Donatello *it.* dona'tɛllo
Donati *it.* do'na:ti
Donation dona'tsi̯o:n
Donatismus dona'tɪsmʊs
Donatist dona'tɪst
Donato *it.* do'na:to
Donator do'na:tɔr, **-en** dona'to:rən
Donatus do'na:tʊs
Donau 'do:nau̯
Donaueschingen do:nau̯'|ɛʃɪŋən
Donaumoos 'do:nau̯mo:s
Donauried 'do:nau̯ri:t
Donaustadt 'do:nau̯ʃtat
Donaustauf do:nau̯'ʃtau̯f
Donaustetten do:nau̯'ʃtɛtn̩
Donauwörth do:nau̯'vø:ɐ̯t
Donawitz 'do:navɪts
Donbass *russ.* dan'bas
Don Benito *span.* dɔmbe'nito
Don Bosco *it.* dɔm'bɔsko
Don Carlos dɔn'karlɔs, *span.* dɔŋ'karlɔs, *it.* dɔŋ'karlos
Doncaster *engl.* 'dɔŋkəstə
Dončev vgl. Dontschew
Dönch dœnç
Doncker *niederl.* 'dɔŋkər
Donegal done'ga:l, 'do:nega:l, *engl.* 'dɔnɪgɔ:l
Donez, Donec 'do:nɛts, *russ.* da'njɛts
Donezk, Doneck *russ.* da'njɛtsk
Dongen *niederl.* 'dɔŋə
Donges *fr.* dõ:ʒ
Donggala *indon.* dɔŋ'gala
Dongio *it.* 'dondʒo
Don Giovanni *it.* dondʒo'vanni
Dönhoff 'dø:nhɔf
Doni *it.* 'do:ni
Donici *rumän.* 'donitʃ
Dönitz 'dø:nɪts
Donizetti *it.* donid'dzetti
Donja 'dɔnja
Donji Miholjac *serbokr.* 'dɔ:nji: mi,hɔ:ljats
Donji Milanovac *serbokr.* 'dɔ:nji: ˌmilanɔvats
Donji Vakuf *serbokr.* 'dɔ:nji: ˌvakuf
Donjon dõ'ʒõ:
Don Juan dɔn'xu̯an, dɔn-'ju:an; *span.* dɔŋ'xu̯an; *fr.* dõ'ʒɥã
Donker *niederl.* 'dɔŋkər
Donkey 'dɔŋki, *engl.* 'dɔŋkɪ
[1]**Donna** (Herrin) 'dɔna
[2]**Donna** (Name) *engl.* 'dɔnə
Donne *engl.* dʌn, dɔn
Donnelly *engl.* 'dɔnlɪ
Donner 'dɔnɐ
donnern 'dɔnɐn
Donnersberg 'dɔnɐsbɛrk
Donnersmarck 'dɔnɐsmark
Donnerstag 'dɔnɐsta:k
Donnerwetter 'dɔnɐvɛtɐ, *Ausruf* '--'--
Donon *fr.* dɔ'nõ
Donora *engl.* doʊ'nɔ:rə
Donoso *span.* do'noso
Donovan *engl.* 'dɔnəvən
Don Pasquale *it.* dompas'ku̯a:le
Don Quichotte dɔnki'ʃɔt, dõ...
Donquichotterie dɔnkiʃɔtə'ri:, dõ...; **-n** ...i:ən
Donquichottiade dɔnkiʃɔ'ti̯a:də, dõ...
Don Quijote, Don Quixote dɔnki'xo:tə, *span.* dɔŋki'xote
Donrath 'dɔnra:t
Donskoi, Donskoj *russ.* dan'skɔj
Donsö *schwed.* ˌdu:nsø:
Dontgeschäft 'dõ:gəʃɛft
Dontschew, Dončev *bulgar.* 'dɔntʃɛf
Donum 'do:nʊm, **Dona** 'do:na
Donzdorf 'dɔntsdɔrf
Donzé *fr.* dõ'ze
Donzère *fr.* dõ'zɛ:r
doof do:f
Doolaard *niederl.* 'do:la:rt
Dool[e]y *engl.* 'du:lɪ
Doolittle *engl.* 'du:lɪtl
Doon[e] *engl.* du:n
Doorn[ik] *niederl.* 'do:rn[ɪk]
Doornkaat Ⓦ 'do:ɐ̯nka:t
Doos do:s
dopen 'dɔpn̩, *auch:* 'do:pn̩
Döpfner 'dœpfnɐ
Doping 'dɔpɪŋ, *auch:* 'do:pɪŋ
Döpler 'dø:plɐ
Dopolavoro *it.* dopola'vo:ro
Doppel 'dɔpl̩
doppeldeutig 'dɔpl̩dɔytɪç, **-e** ...ɪgə

doppeln 'dɔpl̩n
doppelzüngig 'dɔpl̩tsʏŋɪç, -e ...ɪgə
Dopper *niederl.* 'dɔpər
Doppik 'dɔpɪk
doppio movimento 'dɔpi̯o moviˈmɛnto
Doppler 'dɔplɐ
Dopsch dɔpʃ
Dór *ung.* dør
Dora 'do:ra, *it.* 'dɔ:ra, *engl.* 'dɔ:rə
Dora Baltea *it.* 'dɔ:ra 'baltea
Dorade do'ra:də
Dorado do'ra:do
Doran *engl.* 'dɔ:rən
Dorant do'rant
Dora Riparia *it.* 'dɔ:ra ri'pa:ri̯a
Dorat *fr.* dɔ'ra
Dorati do'ra:ti
Doráti *ung.* 'dora:ti
Dörbach 'dœrbax
Dorchen 'do:ɐ̯çən
Dorchester *engl.* 'dɔ:tʃɪstə
Dorchheim 'dɔrçhai̯m
Dorcigny *fr.* dɔrsi'ɲi
Đorđe, Djordje *serbokr.* 'dzɔ:rdzɛ
Đorđić, Djordjić *serbokr.* 'dzɔ:rdzitɕ
Dordogne dɔr'dɔnjə, *fr.* dɔr'dɔɲ
Dordrecht *niederl.* 'dɔrdrɛxt
Dore 'do:rə, *fr.* dɔ:r
Doré *fr.* dɔ're
Doreen *engl.* dɔ:'ri:n
Doreia do'rai̯a
Dörenberg 'dø:rənbɛrk
Dörenhagen dø:rən'ha:gn̩
Dörentrup 'dø:rəntrʊp
Dorer 'do:rɐ
Dores da Boa Esperança *bras.* 'doriz da 'boa ispe'rɐ̃sa
Dores do Indaiá *bras.* 'doriz du inda'i̯a
Dorestad *niederl.* 'do:rəstɑt
Doret *fr.* dɔ'rɛ
Dorett[e] do'rɛt[ə]
Dorf dɔrf, **Dörfer** 'dœrfɐ
Dorfchemnitz dɔrf'kɛmnɪt͜s
Dörfchen 'dœrfçən
Dörf[f]el 'dœrfl̩
Dorfgastein 'dɔrfgastai̯n
Dörfler 'dœrflɐ
Dorfsame 'dɔrfza:mə
Dorgali *it.* dor'ga:li
Dorgelès *fr.* dɔrʒə'lɛs
Dorheim 'do:ɐ̯hai̯m
Dori *fr.* dɔ'ri
[1]**Doria** (Name) 'do:ri̯a, *it.* 'dɔ:ri̯a
[2]**Doria** (Donner und –!) 'do:ri̯a
Dorian *engl.* 'dɔ:rɪən
[1]**Doriden** (Töchter des Nereus) do'ri:dn̩
[2]**Doriden** Ⓦ dori'de:n
Dorier 'do:ri̯ɐ
Dorigny *fr.* dɔri'ɲi
Dorina do'ri:na
Doriot *fr.* dɔ'rjo
Doris 'do:rɪs, *engl.* 'dɔrɪs
dorisch 'do:rɪʃ
Dorit[t] 'do:rɪt
Dorking *engl.* 'dɔ:kɪŋ
Dorlar 'dɔrlar
Dorle 'do:ɐ̯lə
Dormagen 'dɔrma:gn̩
Dormánd *ung.* 'dɔrma:nd
Dormeuse dɔr'mø:zə
Dormitorium dɔrmi'to:ri̯ʊm, **...ien** ...i̯ən
Dormitz 'dɔrmɪt͜s
Dorn dɔrn, **Dörner** 'dœrnɐ
Dorna[ch] 'dɔrna[x]
Dörnberg 'dœrnbɛrk
Dornbirn 'dɔrnbɪrn
Dornburg 'dɔrnbʊrk
Dornbusch 'dɔrnbʊʃ
Dörnchen 'dœrnçən
Dorner 'dɔrnɐ
Dörner vgl. Dorn
Dornheim 'dɔrnhai̯m
Dornicht 'dɔrnɪçt
Dornier dɔr'ni̯e:
dornig 'dɔrnɪç, **-e** ...ɪgə
Dörnitz 'dœrnɪt͜s
Dorno 'dɔrno
Dornreichenbach dɔrn'rai̯çn̩bax
Dornröschen 'dɔrnrø:sçən
Doro 'do:ro
Dorog *ung.* 'dorog
Dorohoi *rumän.* doro'hoi̯
Doronicum do'ro:nikʊm
Doroschenko, Dorošenko *russ.* dɐra'ʃɛnkɐ
Dorota *tschech.* 'dɔrɔta
Dorotea *span.* doro'tea
Doroteia *port.* duru'tɐi̯a
Dorothea doro'te:a
Dorothee 'do:rote, doro'te:[ə]
Dorotheenstadt doro'te:ənʃtat
Dorotheum doro'te:ʊm
Dorotheus doro'te:ʊs
Dorothy *engl.* 'dɔrəθɪ
Dorpat 'dɔrpat
Dörpfeld 'dœrpfɛlt
Dorpmüller 'dɔrpmʏlɐ
Dörr[e] 'dœr[ə]
dorren 'dɔrən
dörren 'dœrən
Dörrie[s] 'dœri̯ə[s]
Dorrien *engl.* 'dɔrɪən
dorsal, D... dɔr'za:l
Dorsale dɔr'za:lə
Dorsch dɔrʃ
Dörschnitz 'dœrʃnɪt͜s
Dörsdorf 'dœrsdɔrf
Dorset 'dɔrzɛt, *engl.* 'dɔ:sɪt
Dorsey *engl.* 'dɔ:sɪ
dorsiventral dɔrzivɛn'tra:l
dorsoventral dɔrzovɛn'tra:l
Dorst *niederl.* dɔrst
Dorsten 'dɔrstn̩
Dorstfeld 'dɔrstfɛlt
dort dɔrt
Dortchen 'do:ɐ̯tçən
Dort[h]e 'do:ɐ̯tə
Dört[h]e 'dø:ɐ̯tə
dorther 'dɔrt'he:ɐ̯, –'–, *hinweisend* '––
dorthin 'dɔrt'hɪn, –'–, *hinweisend* '––
dorthinab 'dɔrthɪ'nap, ––'–, *hinweisend* '–––
Dorticós *span.* dɔrti'kɔs
dortig 'dɔrtɪç, **-e** ...ɪgə
Dortka 'dɔrtka
Dortmund 'dɔrtmʊnt
Dortmunder 'dɔrtmʊndɐ
dortseitig 'dɔrtzai̯tɪç, **-e** ...ɪgə
dortseits 'dɔrtzai̯t͜s
dortselbst 'dɔrt'zɛlpst, –'–, *hinweisend* '––
dortzulande 'dɔrtt͜su,landə
Dorval *fr.* dɔr'val, *engl.* dɔ:'vɑ:l
Doryphoros do'ry:forɔs
Dos do:s, **Dotes** 'do:te:s
dos à dos *fr.* doza'do
Dosalo 'do:zalo
Döschen 'dø:sçən
Dose 'do:zə
dösen 'dø:zn̩, **dös!** dø:s, **döst** dø:st
Dos Hermanas *span.* doser'manas
dosieren do'zi:rən
dösig 'dø:zɪç, **-e** ...ɪgə
Dosimeter dozi'me:tɐ
Dosimetrie dozime'tri:
Dosio *it.* 'dɔ:zi̯o
Dosis 'do:zɪs
Dositej *serbokr.* dɔ,sitɛj
Dositheos do'zi:teɔs
Dosoftei *rumän.* dosof'tei̯
Dos Passos *engl.* dɔs'pæsoʊs
Dospat *bulgar.* dos'pat
Doss[e] 'dɔs[ə]
Dossi *it.* 'dossi
Dossier dɔ'si̯e:
dossieren dɔ'si:rən
Dosso *fr.* dɔ'so, *it.* 'dɔsso
Dossobuono *it.* dosso'bu̯ɔ:no
Dossow 'dɔso
Dost[al] 'dɔst[al]
Dostojewski, Dostoevskij dɔsto'jɛfski, *russ.* dɐsta'jɛfskij
Dotal... do'ta:l...
Dotation dota't͜si̯o:n
Dotes vgl. Dos
Dothan *engl.* 'doʊθən
dotieren do'ti:rən
Dotter 'dɔtɐ
dotterig 'dɔtərɪç, **-e** ...ɪgə
Dotti *it.* 'dotti
Dottikon 'dɔtiko:n
Dottori *it.* dot'to:ri
Dottrens *fr.* dɔ'trɑ̃
Dou *niederl.* dɔu̯
Douai *fr.* dwɛ
Douala *fr.* dwa'la
Douane 'du̯a:nə
Douanier du̯a'ni̯e:

Douarnenez *fr.* dwarnə'ne
Douaumont *fr.* dwo'mõ
doubeln 'du:bl̩n, **double** 'du:blə
Doublage du'bla:ʒə
Double 'du:bl̩
Doublé du'ble:
Doubleday *engl.* 'dʌbldeɪ
Doubleface, -s 'du:bl̩fa:s
doublieren du'bli:rən
Doublure du'bly:rə
Doubrava *tschech.* 'doubrava
Doubs *fr.* du
Doucet *fr.* du'sɛ
Douceur du'sø:ɐ̯
Doudeauville *fr.* dudo'vil
Douffet *fr.* du'fɛ
Dougherty *engl.* 'doʊətɪ
Doughton *engl.* daʊtn
Doughty *engl.* 'daʊtɪ
Douglas *engl.* 'dʌgləs
Douglas-Home *engl.* 'dʌgləs'hju:m
Douglasie du'gla:zi̯ə
Douglastanne 'du:glastanə
Douhet *it.* du'ɛ
Doullens *fr.* du'lã
Doumé *fr.* du'me
Doumer *fr.* du'mɛ:r
Doumergue *fr.* du'mɛrg
Doumic *fr.* du'mik
Doupion du'pi̯õ:
Doupovské Hory *tschech.* 'doupɔfskɛ: 'hɔri
Dour *fr.* du:r
Dourado[s] *bras.* do'radu[s]
Dourine du'ri:n
Douro *port.* 'doru
do ut des 'do: ʊt 'dɛs
Douw *niederl.* doṷ
Douwes *niederl.* 'doṷwəs
Douze *fr.* du:z
Dove 'do:və, *engl.* dʌv
Dover 'do:vɐ, *engl.* 'doʊvə
Dovifat 'do:vifat
Dovre[fjell] *norw.* 'dɔvrə[fjɛl]
Dow[den] *engl.* daʊ[dn]
Dowding *engl.* 'daʊdɪŋ
Dowland *engl.* 'daʊlənd
Dowlas *engl.* 'daʊləs
down!, Down *engl.* daʊn
Downers Grove *engl.* 'daʊnəz 'groʊv
Downing *engl.* 'daʊnɪŋ
Downpatrick *engl.* daʊn'pætrɪk
Downs *engl.* daʊnz
Dowson *engl.* daʊsn
Doxale dɔ'ksa:lə
Doxaton *neugr.* ðɔksa'tɔn
Doxographen dɔkso'gra:fn̩
Doxologie dɔksolo'gi:, **-n** ...i:ən
Doyen doa'jɛ̃:, *fr.* dwa'jɛ̃
Doyle *engl.* dɔɪl
Dozent do'tsɛnt
Dozentur dotsɛn'tu:ɐ̯
dozieren do'tsi:rən
Dózsa *ung.* 'do:ʒɔ
Dozy *fr.* do'zi

D. P. *engl.* 'di:'pi:
Dr. 'dɔktɔr
Draaiburg *niederl.* 'dra:i̯bʏrx
Drac *fr.* drak
Drachen 'draxn̩
Drachen[fels] 'draxn̩[fɛls]
Drachenloch 'draxn̩lɔx
Drachmann *dän.* 'dragman
Drachme 'draxmə
Drachomanow, Drahomanov *bulgar.* draxo'manof
Drachten *niederl.* 'drɑxtə
Dracontius dra'kɔntsi̯ʊs
Dracula 'dra:kula
Draeseke 'drɛ:zəkə
Dragalewzi, Dragalevci *bulgar.* draga'lɛftsi
Drăgăşani *rumän.* drəgə'ʃanj
Drage 'dra:gə
Dragée dra'ʒe:, **-n** ...'ʒe:ən
Dräger 'drɛ:gɐ
Drageoir dra'ʒoa:ɐ̯
Drageur dra'ʒø:ɐ̯
Draggen 'dragn̩
dragieren dra'ʒi:rən
Drago *it.* 'dra:go, *span.* 'draɣo, *serbokr.* ˌdra:gɔ
[1]Dragoman (Dolmetscher) 'dra:goman
[2]Dragoman (Name) *bulgar.* drago'man
Dragomir 'dra:gomi:ɐ̯, *bulgar.* drago'mir
Dragon dra'go:n
Dragonade drago'na:də
Dragoner dra'go:nɐ
Dragonera *span.* draɣo'nera
Dragør *dän.* 'dra:ɣø:'r
Dragowitsche drago'vɪtʃə
Drágszél *ung.* 'dra:kse:l
Draguignan *fr.* dragi'ɲã
Dragun dra'gu:n
Drăguşanu *rumän.* drəgu'ʃanu
drahn dra:n
Drahomanov vgl. Drachomanow
Drahrer 'dra:rɐ
Draht dra:t, **Drähte** 'drɛ:tə
drahten 'dra:tn̩
drähtern 'drɛ:tɐn
Drahuschen 'dra:hʊʃn̩
Drain drɛ:n, drɛ̃:
Drainage drɛ'na:ʒə
drainieren drɛ'ni:rən
Drais drais
Draisine drai̯'zi:nə, *auch:* drɛ'zi:nə
Drake *engl.* dreɪk
Drakensberge 'dra:kn̩sbɛrgə
Drako 'dra:ko
Drakon 'dra:kɔn
drakonisch dra'ko:nɪʃ
Drakontiasis drakɔn'ti:azɪs
Drakunkulose drakʊŋku'lo:zə
drall, D... dral
Dralon Ⓦ 'dra:lɔn
Drama 'dra:ma, *neugr.* 'ðrama
Dramatik dra'ma:tɪk

Dramatiker dra'ma:tikɐ
dramatisch dra'ma:tɪʃ
dramatisieren dramati'zi:rən
dramatis personae 'dra:matɪs pɛr'zo:nɛ
Dramaturg drama'tʊrk, **-en** ...rgn̩
Dramaturgie dramatʊr'gi:, **-n** ...i:ən
dramaturgisch drama'tʊrgɪʃ
Dramburg 'drambʊrk
Dramma per musica 'drama pɛr 'mu:zika, **Dramme - -** 'dramə – –
Drammen *norw.* 'dramən
Drammenselva *norw.* 'dramənsɛlva
Dramolett dramo'lɛt
dran dran
Drän drɛ:n
Dränage drɛ'na:ʒə
Drance *fr.* drã:s
Drancy *fr.* drã'si
dränen 'drɛ:nən
drang, D... draŋ
Drangajökull *isl.* 'drau̯ŋgajœ:kʏdl
dränge 'drɛŋə
Drängelei drɛŋə'lai̯
drängeln 'drɛŋl̩n
drängen 'drɛŋən
Drängerei drɛŋə'rai̯
Drangsal 'draŋza:l
drangsalieren draŋza'li:rən
Drangsnes *isl.* 'drau̯ŋsnɛ:s
dränieren drɛ'ni:rən
Drank draŋk
drankommen 'drankɔmən
Dranse 'dranzə
Dransfeld 'dransfɛlt
Drap *fr.* dra
Drapa 'dra:pa, **Drapur** 'dra:pʊr
Drapé dra'pe:
Drapeau dra'po:
Drapeau Rouge, Le *fr.* lədrapo'ru:ʒ
Draper *engl.* 'dreɪpə
Draperie drapə'ri:, **-n** ...i:ən
drapieren dra'pi:rən
drappfarbig 'drapfarbɪç
Drapur vgl. Drapa
drasch, D... dra:ʃ
Drasche 'dra:ʃə
dräsche 'drɛ:ʃə
Drasenhofen dra:zn̩'ho:fn̩
Drastik 'drastɪk
Drastikum 'drastikʊm, **...ka** ...ka
drastisch 'drastɪʃ
Dratow 'dra:to
Dratzigsee 'dratsɪçze:
Drätzigsee 'drɛtsɪçze:
Drau drau̯
dräuen 'drɔyən
drauf drau̯f
Draufgänger 'drau̯fgɛŋɐ
draufgängerisch 'drau̯fgɛŋərɪʃ

draufgehen 'drau̯fge:ən
drauflosgehen drau̯f'lo:sge:ən
Draunsdorf 'drau̯nsdɔrf
draus drau̯s
Drausensee 'drau̯zn̩ze:
drauß[en] 'drau̯s[n̩]
Drava *slowen., serbokr.* 'dra:va
Dráva *ung.* 'dra:vɔ
Drave 'dra:və
Drawäne dra'vɛ:nə
Drawback *engl.* 'drɔ:bæk
Drawehn dra've:n
Drawida dra'vi:da, *auch:* 'dra:vida
drawidisch dra'vi:dɪʃ
Drawing-room *engl.* 'drɔ:ɪŋrʊm
Drawno *poln.* 'dravnɔ
Drawsko Pomorskie *poln.* 'drafskɔ pɔ'mɔrskjɛ
Drax *engl.* dræks
Drayton *engl.* dreɪtn
Drazäne dra'tsɛ:nə
Drd[l]a *tschech.* 'dr̩d[l]a
Dreadnought *engl.* 'drɛdnɔ:t
Dreba[ch] 'dre:ba[x]
drechseln 'drɛksl̩n
Drechsler 'drɛkslɐ
Drechslerei drɛkslə'rai̯
Dreck drɛk
Dredsche 'drɛdʒə
Drees *niederl.* dre:s
Dreesen 'dre:zn̩
Drégelypalánk *ung.* 'dre:gɛjpɔla:nk
Dregowitsche drego'vɪtʃə
Dreh dre:
drehen 'dre:ən
Dreher 'dre:ɐ
Dreherei dre:ə'rai̯
Drehnow 'dre:no
drei drai̯
Dreiachteltakt drai̯'|axtl̩takt
Dreiborn 'drai̯bɔrn
Dreieck 'drai̯|ɛk
dreieckig 'drai̯|ɛkɪç
Dreieichen drai̯'|ai̯çn̩
dreieinhalb 'drai̯|ai̯n'halp
dreieinig drai̯'|ai̯nɪç, -e ...ɪgə
Dreieinigkeit drai̯'|ai̯nɪçkai̯t
Dreier 'drai̯ɐ
dreierlei 'drai̯ɐ'lai̯
Drei Exen drai̯ 'ɛksn̩
dreifach 'drai̯fax
Dreifaltigkeit drai̯'faltɪçkai̯t
Dreifarbendruck drai̯'farbn̩drʊk
Dreifelderwirtschaft drai̯'fɛldɐvɪrtʃaft
dreigestrichen 'drai̯gəʃtrɪçn̩
Drei Gleichen drai̯ 'glai̯çn̩
Dreigroschenoper drai̯'grɔʃn̩|o:pɐ
Dreihäuser drai̯'hɔy̯zɐ
Dreiheit 'drai̯hai̯t
Dreiherr[e]nspitze drai̯'hɛr[ə]nʃpɪtsə
dreihundert 'drai̯'hʊndɐt
Dreikaiserzusammenkunft drai̯'kai̯zɐtsuzamənkʊnft
Dreikant[er] 'drai̯kant[ɐ]
dreikantig 'drai̯kantɪç
Dreikäsehoch drai̯'kɛ:zəho:x
Dreikönige drai̯'kø:nɪgə
Dreileben 'drai̯le:bn̩
Dreiling 'drai̯lɪŋ
dreimal 'drai̯ma:l
dreimalig 'drai̯ma:lɪç, -e ...ɪgə
Dreimaster 'drai̯mastɐ
dreimastig 'drai̯mastɪç, -e ...ɪgə
Dreimeilenzone drai̯'mai̯ləntso:nə
Dreimonatsziel drai̯'mo:natstsi:l
drein drai̯n
Dreipaß 'drai̯pas, **...asse** ...asə
Dreiphasenstrom drai̯'fa:zn̩ʃtro:m
Dreis drai̯s
Dreisam 'drai̯zam
Dreisbach 'drai̯sbax
dreischürig 'drai̯ʃy:rɪç, -e ...ɪgə
Dreischusterspitze drai̯'ʃu:stɐʃpɪtsə
Dreisen 'drai̯zn̩
Dreiser *engl.* 'draɪzə
Dreisesselberg drai̯'zɛsl̩bɛrk
Dreisprachenspitze drai̯'ʃpra:xn̩ʃpɪtsə
dreißig 'drai̯sɪç
dreißigjährig 'drai̯sɪçjɛ:rɪç
dreist drai̯st
Dreistufenrakete drai̯'ʃtu:fn̩rake:tə
Dreitagefieber drai̯'ta:gəfi:bɐ
Dreitannenriegel drai̯'tanənri:gl̩
dreitausend 'drai̯'tau̯znt
Dreitorspitze 'drai̯to:ɐ̯ʃpɪtsə, _'___
dreiundeinhalb 'drai̯|ʊnt|ai̯n'halp
dreiundzwanzig 'drai̯|ʊnt'tsvantsɪç
dreiviertel 'drai̯'fɪrtl̩
Dreiviertelmehrheit drai̯'fɪrtl̩me:ɐ̯hai̯t
Dreivierteltakt drai̯'fɪrtl̩takt
dreizehn 'drai̯tse:n
Dreizimmerwohnung drai̯'tsɪmɐvo:nʊŋ
Drei Zinnen drai̯'tsɪnən
Drell drɛl
dremmeln 'drɛml̩n
Dremmen 'drɛmən
Drempel 'drɛmpl̩
Drensen 'drɛnzn̩
Drensteinfurt drɛn'ʃtai̯nfʊrt
Drente *niederl.* 'drɛntə
Dres. dɔk'to:re:s
Dresbach 'dre:sbax
Dresche 'drɛʃə
dreschen 'drɛʃn̩
Dresden 'dre:sdn̩
Dresden-Altstadt dre:sdn̩'|altʃtat
Dresdener 'dre:sdənɐ
Dresden-Neustadt dre:sdn̩'nɔy̯ʃtat
Dresdner 'dre:sdnɐ
Dreß drɛs, **Dressen** 'drɛsn̩
Dresseur drɛ'sø:ɐ̯
dressieren drɛ'si:rən
Dressing *engl.* 'drɛsɪŋ
Dressing gown *engl.* 'drɛsɪŋgaʊn
Dressman, ...men 'drɛsmən
Dressur drɛ'su:ɐ̯
Dretzel 'drɛtsl̩
Dreumel *niederl.* 'drø:məl
Dreux *fr.* drø
Drevenack 'dre:vənak
Dreveskirchen dre:vəs'kɪrçn̩
Drevet *fr.* drə'vɛ
Drewenz 'dre:vɛnts
Drewes 'dre:vəs
Drewitz 'dre:vɪts
Drewjane drɛ'vja:nə
Drews dre:fs, *engl.* dru:z
Dreyer 'drai̯ɐ
Dreyfus 'drai̯fu:s, *fr.* drɛ'fys
Dreyse 'drai̯zə
Drezdenko *poln.* drɛz'dɛŋkɔ
Dr. ... habil. 'dɔktɔr... ha'bi:l
Dr. h. c. 'dɔktɔr ha:'tse:
dribbeln 'drɪbl̩n, **dribble** 'drɪblə
Dribbling *engl.* 'drɪblɪŋ
Driburg 'dri:bʊrk
Driebergen *niederl.* 'dri:bɛrxə
Driedorp *niederl.* 'dri:dɔrp
Dries dri:s
Driesch dri:ʃ
Driesen 'dri:zn̩
Drieu *fr.* dri'ø
Driewegen *niederl.* 'dri:we:xə
Driffield *engl.* 'drɪfi:ld
Drift drɪft
Drilch drɪlç
Drill drɪl
drillen 'drɪlən
Drillich 'drɪlɪç
Drilling 'drɪlɪŋ
Drimmel 'drɪml̩
Drimmelen *niederl.* 'drɪmələ
drin drɪn
Drin *alban.* drin
Drina *serbokr.* ˌdri:na
Dr.-Ing. dɔktɔr'|ɪŋ
dringen 'drɪŋən
dringend 'drɪŋənt, -e ...ndə
dringlich 'drɪŋlɪç
Drink drɪŋk
Drinkwater *engl.* 'drɪŋkwɔ:tə
drinnen 'drɪnən
Drinow, Drinov *bulgar.* 'drinof
drisch! drɪʃ
Drischel 'drɪʃl̩
drischt drɪʃt
dritt[e] 'drɪt[ə]
Dritteil 'drɪttai̯l
Drittel 'drɪtl̩
dritteln 'drɪtl̩n
drittens 'drɪtn̩s
dritthöchst 'drɪt'hø:çst
drittletzt 'drɪt'lɛtst
Drive drai̯f, *engl.* draɪv
Drive-in drai̯'vɪn

Driver 'drai̯vɐ, *engl.* 'draɪvə
Drjạnowo, Drjanovo *bulgar.* 'drjanovo
Dr. jụr. 'dɔktɔr 'ju:ɐ̯
Dr. med. 'dɔktɔr 'me:t, – 'mɛt
Dr. med. dẹnt. 'dɔktɔr 'me:t 'dɛnt, – 'mɛt –
Dr. med. vẹt. 'dɔktɔr 'me:t 'vɛt, – 'mɛt –
Drniš *serbokr.* 'dr̩niʃ
drọb drɔp
Drøbak *norw.* 'drø:bak
drọben 'dro:bn̩
Drọbný *tschech.* 'drɔbni:
Drọchtersen 'drɔxtɐzn̩
Drọgden *dän.* 'drɔyʼdən
Drọge 'dro:gə
Drọgenbos *niederl.* 'dro:xənbɔs
Drogerie drogə'ri:, **-n** ...i:ən
Drọgheda *engl.* 'drɔɪɪdə
Drogịst dro'gɪst
Drọgo 'dro:go
Drogọbytsch, Drogobyč *russ.* dra'gɔbɨtʃ
drọhen 'dro:ən
Drohịczyn *poln.* drɔ'xitʃɨn
Drọhn[e] 'dro:n[ə]
drọ̈hnen 'drø:nən
Drọhung 'dro:ʊŋ
Drọitwich *engl.* 'drɔɪtwɪtʃ
Drolerie drolə'ri:, **-n** ...i:ən
drọllig 'drɔlɪç, **-e** ...ɪgə
Drolshagen 'drɔlsha:gn̩, –'––
Drôme *fr.* dro:m
Dromedar drome'da:ɐ̯, *auch:* 'dro:meda:ɐ̯
Drọmersheim 'dro:mɐshai̯m
Drọmio 'dro:mi̯o
Drọ̈mling 'drø:mlɪŋ
Dronẹro *it.* dro'nɛ:ro
Drọngen *niederl.* 'drɔŋə
Drọnne *fr.* drɔn
Drọnningestolen *dän.* 'drɔnenəsdo:'lən
Dronninggård *dän.* drɔneŋ'gɔ:'r
Dronninglund *dän.* drɔneŋ'lɔn'
Drọnrijp *niederl.* 'drɔnrɛi̯p
Drọnte 'drɔntə
Drọntheim 'drɔnthai̯m
Droop dro:p
Drọps drɔps
Drọsa 'dro:za
drọsch drɔʃ
drọ̈sche 'drœʃə
Drọschke 'drɔʃkə
Drosdọw, Drozdow *russ.* draz'dɔf
drọ̈seln 'drø:zl̩n, **drọ̈sle** 'drø:zlə
Drọsendorf 'dro:zn̩dɔrf
Drọsera 'dro:zera
Drosịnis *neugr.* ðrɔ'sinis
Drosogrạph drozo'gra:f
Drosomẹter drozo'me:tɐ
Drosọphila dro'zo:fila, **...lae** ...lɛ
Drọssel 'drɔsl̩
Drọsselbart 'drɔsl̩ba:ɐ̯t
drọsseln 'drɔsl̩n, **drọßle** 'drɔslə
Drọssen 'drɔsn̩
Drọssenfeld 'drɔsn̩fɛlt
Drọst drɔst
Drọste-Hụ̈lshoff 'drɔstə'hʏlshɔf
Drostei drɔs'tai̯
Drottninghọlm *schwed.* drɔtniŋ'hɔlm
Drouais *fr.* dru'ɛ
Drouẹt *fr.* dru'ɛ
Drouọt *fr.* dru'o
Drouyn de Lhuys *fr.* druɛ̃də'lɥis
Drọylsden *engl.* 'drɔɪlzdən
Droysen 'drɔyzn̩
Droyßig 'drɔysɪç
Droz *fr.* dro:z; *fr.-schweiz.* dro
Drozdow vgl. Drosdow
Dr. phil. 'dɔktɔr 'fi:l, – 'fɪl
Dr. phil. nat. 'dɔktɔr 'fi:l 'nat, – 'fɪl –
Dr. rer. nat. 'dɔktɔr 're:ɐ̯ 'nat
Dr. rer. pol. 'dɔktɔr 're:ɐ̯ 'pɔl
Dr. theol. 'dɔktɔr 'te:ɔl, – te'ɔl
drụ̈ben 'dry:bn̩
drụ̈ber 'dry:bɐ
Drụck drʊk, **Drụ̈cke** 'drʏkə
drụcken 'drʊkn̩
drụ̈cken 'drʏkn̩
Druckerei drʊkə'rai̯
Drückerei drʏkə'rai̯
drụcksen 'drʊksn̩
Drụde 'dru:də
Druey *fr.* dry'ɛ
Drụ̈ggelte 'drʏgl̩tə
Drugstore *engl.* 'drʌgstɔ:
Drụgulindruck 'drʊguli:ndrʊk
Druide dru'i:də
drụm drʊm
Drum dram, *engl.* drʌm
Drumclọg *engl.* drʌm'klɔg
Drụmew, Drumev *bulgar.* 'drumɛf
Drụmlin 'drʊmlɪn, *engl.* 'drʌmlɪn
Drummer 'dramɐ, *engl.* 'drʌmə
Drummond *engl.* 'drʌmənd, *bras.* dru'mõ
Drummondville *engl.* 'drʌməndvɪl
Drumont *fr.* dry'mõ
Drumright *engl.* 'drʌmraɪt
Drụm und Drạn 'drʊm ʊnt 'dran
Drunen *niederl.* 'dry:nə
drụnten 'drʊntn̩
drụnter 'drʊntɐ
Druon *fr.* dry'õ
Drury *engl.* 'drʊərɪ
Drụsch drʊʃ
Drụschba, Družba *bulgar.* 'druʒba, *russ.* 'druʒbɐ
Drụ̈schen 'dry:sçən
Druschịna dru'ʃi:na, dru'ʒi:na
Druschọwka, Družowka *russ.* dru'ʒɔfkɐ
Druse 'dru:zə
Drüse 'dry:zə
drụsig 'dru:zɪç, **-e** ...ɪgə
drụ̈sig 'dry:zɪç, **-e** ...ɪgə
Drusịlla dru'zɪla
Drusina dru'zi:na
Drus[i]lus 'dru:z[i̯]ʊs
Drụt, Drut' *russ.* drutj
Druten *niederl.* 'dry:tə
Družba vgl. Druschba
Družowka vgl. Druschowka
Drwęca *poln.* 'drvɛntsa
dry drai̯
Dryạda dry'a:da
Dryạde dry'a:də
Dryạnder dry'andɐ
Dryas 'dry:as
Dryden *engl.* draɪdn
Dryfarming 'drai̯farmɪŋ, *engl.* 'draɪ'fɑ:mɪŋ
Drygạllen dri'galən
Drygạlski dry'galski
Dryopithekus dryo'pi:tekʊs
Držić *serbokr.* ˌdr̩:ʒitɕ
Dsaudschikạu, Dzaudžikau *russ.* dzɐudʒɨ'kau
Dschạfar 'dʒafar
Dschafarabạd *pers.* dʒafɑrɑ'bɑ:d
Dschạgga 'dʒaga
Dschahur dʒa'hu:ɐ̯
Dschaina 'dʒai̯na
Dschainịsmus dʒai̯'nɪsmʊs
Dschalạl-Abạd, Džalal-Abad *russ.* dʒa'lala'bat
Dschambụl, Džambul *russ.* dʒam'bul
Dschami *pers.* dʒɑ'mi:
Dschamschid *pers.* dʒæm'ʃi:d
Dschanide dʒa'ni:də
Dschankọi, Džankoj *russ.* dʒan'kɔj
Dscharabub dʒara'bu:p
Dscharir dʒa'ri:ɐ̯
Dschebel 'dʒɛbl̩, 'dʒe:bl̩
Dschelalo'd-din *pers.* dʒælɑlod'di:n
Dschemal ed Din al Afghani dʒe'ma:l ɛ'di:n al|af'ga:ni
Dschẹrba 'dʒɛrba
Dschẹrman, Džerman *bulgar.* 'dʒɛrman
Dschetygarạ, Džetygara *russ.* dʒətɨga'ra
Dschibuti dʒi'bu:ti
Dschịdda 'dʒɪda
Dschiggetai dʒɪge'tai̯
Dschihad dʒi'ha:t
Dschịngis-Khan 'dʒɪŋgɪs'ka:n
Dschinịsmus dʒi'nɪsmʊs
Dschịnn dʒɪn
Dschiu-Dschitsu 'dʒi:u'dʒɪtsu
Dschọnke 'dʒɔŋkə
Dschoweini *pers.* dʒovei̯'ni:
Dschugaschwịli, Džugašvili *russ.* dʒuga'ʃvili
[1]**Dschulfạ** *pers.* dʒol'fɑ:
[2]**Dschulfạ, Džu'lfa** *russ.* dʒulj'fa
Dschụngel 'dʒʊŋl̩

Dschụnke 'dʒʊŋkə
Dserschịnsk[i], Dzeržinsk[ij] *russ.* dzɪr'ʒɨnsk[ij]
Dsungare t͜sʊŋ'ɡa:rə
Dsungarei t͜sʊŋɡa'rai̯
dsungarisch t͜sʊŋ'ɡa:rɪʃ
dụ, Dụ du:
duạl du'a:l
Dual 'du:a:l, du'a:l; **-e** du'a:lə
Duạla 'du̯a:la
Duạlis du'a:lɪs
dualisiẹren duali'zi:rən
Dualịsmus dua'lɪsmʊs
Dualịst dua'lɪst
Dualitạ̈t duali'tɛ:t
Duane *engl.* du:'eɪn
Duạrte *span.* 'du̯arte, *port.* 'du̯artə
Dụas Bạrras *bras.* 'duaz 'barras
Dụas Igrejas *port.* 'duɐz i'ɣrɐʒɐʃ
Dụbá *tschech.* 'duba:
Dubarry *fr.* dyba'ri
Du Bartạs *fr.* dybar'tɑ:s
Dubạsse du'basə
Dubbo *engl.* 'dʌboʊ
Dụbčanský *tschech.* 'duptʃanski:
Dụbček *slowak.* 'duptʃɛk
Dụ̈bel 'dy:bl̩
Du Bellay *fr.* dybɛ'lɛ
dụ̈beln 'dy:bl̩n, **dụ̈ble** 'dy:blə
Duben 'du:bn̩
Dụ̈ben 'dy:bn̩
Dụ̈bendorf 'dy:bn̩dɔrf
Dụ̈bener 'dy:bənɐ
Dụbí *tschech.* 'dubi:
Dụ̈bi 'dy:bi
Dubia, Dubien vgl. Dubium
du Bięf *fr.* dy'bjɛf
Dubịnsky *engl.* du:'bɪnskɪ
dubiọs du'bi̯o:s, **-e** ...o:zə
dubiọ̈s du'bi̯ø:s, **-e** ...ø:zə
Dubiọsa du'bi̯o:za
Dubiọsen du'bi̯o:zn̩
Dụbislav 'du:bɪslaf
Dubitạtio dubi'ta:t͜si̯o, **-nes** ...ta't͜si̯o:ne:s
dubitatịv, D... dubita'ti:f, **-e** ...i:və
Dụbium 'du:bi̯ʊm; **...ia** ...i̯a, **...ien** ...i̯ən
Dublee du'ble:
Dublẹtte du'blɛtə
dubliẹren du'bli:rən
Dublin 'dablɪn, *engl.* 'dʌblɪn
Dublọne du'blo:nə
Dublụ̈re du'bly:rə
Dubnạ *russ.* dub'na
Dụbňany *tschech.* 'dubnjani
Dụbnica *tschech.* 'dubnjitsa
Dụbno *russ.* 'dubnɐ
Du Bois *engl.* də'bɔɪs, *fr.* dy'bwa
Dubois *fr.* dy'bwa
Du Bois-Reymond *fr.* dybwarɛ'mõ
Du Bọs, Dubọs *fr.* dy'bo
Dubọwka, Dubovka *russ.* du'bɔfkɐ
Dubreuil *fr.* dy'brœj
Dụbrovnik *serbokr.* ˌdubrɔ:vni:k
Dụbs[ky] 'dʊps[ki]
Dubufe *fr.* dy'byf
Dubuffẹt *fr.* dyby'fɛ
Dubuque *engl.* də'bju:k
Duc *fr.* dyk
¹Dụca (Herzog) *it.* 'du:ka
²Dụca (Name) *rumän.* 'duka
Du Camp, Ducamp *fr.* dy'kã
Du Cange, Ducange *fr.* dy'kã:ʒ
Ducạsse *fr.* dy'kas
Dụccio *it.* 'duttʃo
Dụce *it.* 'du:tʃe
Ducẹnto *it.* du'tʃɛnto
Ducerceau *fr.* dysɛr'so
Duces vgl. Dux
Du Châtẹl *fr.* dyʃɑ'tɛl
Du Châtelẹt *fr.* dyʃɑ'tlɛ, dyʃa'tlɛ
Dụchcov *tschech.* 'duxtsɔf
Duchẹnne *fr.* dy'ʃɛn
Dụcherow 'dʊxəro
Duchẹsnea dy'ʃɛ:nea
Duchẹsne *fr.* dy'ʃɛn
Duchẹsse dy'ʃɛs, **-n** dy'ʃɛsn̩
Duchobọrze dʊxo'bɔrt͜sə
Dụcht dʊxt
Dụčić *serbokr.* 'dutʃitɕ
Duci[s] *fr.* dy'si[s]
Duck *engl.* dʌk
Dụckdalbe 'dʊkdalbə
Dụ̈ckdalbe 'dʏkdalbə
dụcken 'dʊkn̩
Dụckmäuser 'dʊkmɔy̆zɐ
Dụckstein 'dʊk-ʃtai̯n
Duckworth *engl.* 'dʌkwə:θ
Duclọs *fr.* dy'klo
Ducommun *fr.* dykɔ'mœ̃
Ducọs *fr.* dy'ko
Ducrọz *fr.* dy'kro
Dụctus 'dʊktʊs
Dụda 'du:da
Dụdar *ung.* 'dudɔr
Duddẹll *engl.* dʌ'dɛl
Du Deffand *fr.* dydɛ'fã
Dudelange *fr.* dy'dlã:ʒ
dudeldumdei! du:dl̩dʊm'dai̯
Dudelei du:də'lai̯
Dụdeler 'du:dəlɐ
Dụ̈deldingen 'dy:dl̩dɪŋən
Dụ̈delingen 'dy:dəlɪŋən
dụdeln 'du:dl̩n, **dụdle** 'du:dlə
Dụdelsack 'du:dl̩zak
Dụ̈delsheim 'dy:dl̩shai̯m
Dụden 'du:dn̩
Dụdeney *engl.* 'du:dnɪ
Dudenhọfen du:dn̩'ho:fn̩
Dụderstadt 'du:dɐʃtat
Dudevant *fr.* dyd'vã
Dudịnka *russ.* du'dinkɐ
Dudịnzew, Dudincev *russ.* du'dintsəf
Dụdith *ung.* 'duditʃ
Dụdler 'du:dlɐ
Dudley *engl.* 'dʌdlɪ
Dudok *niederl.* 'dy:dɔk
Dụdweiler 'dʊtvai̯lɐ
dụe *it.* 'du:e
Duecẹnto *it.* due'tʃɛnto
Duẹll du'ɛl
Duellạnt duɛ'lant
duelliẹren duɛ'li:rən
Duẹnja 'du̯ɛnja, *span.* 'du̯ɛɲa
Dụeodde *dän.* 'du:əɔðə
Duer *engl.* 'dju:ə
Duẹro 'du̯e:ro, *span.* 'du̯ero
Duesterberg 'dy:stɐbɛrk
Duẹtt du'ɛt
Duettịno duɛ'ti:no, **...ni** ...ni
Duẹz *fr.* dɥɛ:z
Du Fạil *fr.* dy'faj
Dufay, Du Fay *fr.* dy'fɛ
dụff dʊf
Duff *engl.* dʌf
Duffel *niederl.* 'dʏfəl
Dụ̈ffel 'dʏfl̩
Dufferin *engl.* 'dʌfərɪn
Dufflecoat 'dafl̩ko:t, *engl.* 'dʌfəlkoʊt
Duffy *engl.* 'dʌfɪ
Dufour *fr.* dy'fu:r
Dufrénoy *fr.* dyfre'nwa
Dufrẹsne *fr.* dy'frɛn
Dufresnoy *fr.* dyfrɛ'nwa
Dufresny *fr.* dyfrɛ'ni
Dụft dʊft, **Dụ̈fte** 'dʏftə
dụfte 'dʊftə
dụften 'dʊftn̩
dụftig 'dʊftɪç, **-e** ...ɪɡə
Dufy *fr.* dy'fi
Du Gạrd *fr.* dy'ɡa:r
Dụga Rẹsa *serbokr.* 'duga: ˌrɛ:sa
Dugdale *engl.* 'dʌɡdeɪl
Dugẹnto *it.* du'dʒɛnto
Dughẹt *fr.* dy'ɡɛ
Dụgi Ọtok *serbokr.* 'dugi: ˌɔtɔk
Dụgong 'du:ɡɔŋ
Dụgonics *ung.* 'dugonitʃ
Duguesclins *fr.* dyɡe'klɛ̃
Duhamẹl *fr.* dya'mɛl
Duhẹm *fr.* dy'ɛm
Dụhm du:m
Dụhr du:ɐ̯
Dụ̈hring[er] 'dy:rɪŋ[ɐ]
Dụ̈hringshof 'dy:rɪŋsho:f
Duịlius du'i:li̯ʊs
Duinẹser dui'ne:zɐ
Dụingen 'du:ɪŋən
Duinkerken *niederl.* 'dœi̯nkɛrkə
Duịno *it.* du'i:no
Duisberg 'dy:sbɛrk
Duisburg 'dy:sbʊrk
Duisdorf 'dy:sdɔrf
Duissern 'dy:sɐn, 'dʏsɐn
Duiveland *niederl.* 'dœi̯vəlɑnt
Duiven *niederl.* 'dœi̯və
Dujardin *fr.* dyʒar'dɛ̃
du jour *fr.* dy'ʒu:r

Dụkas 'du:kas, *fr.* dy'kɑ:s
Dukạten du'ka:tn̩
Duk-Duk 'dʊk'dʊk, '--
Duke *engl.* dju:k
Dụ̈ker 'dy:kɐ
Dukes *engl.* dju:ks
Dukinfield *engl.* 'dʌkɪnfi:ld
Dụkla *tschech., poln.* 'dukla
duktil dʊk'ti:l
Duktilität dʊktili'tɛ:t
Dụktor 'dʊktɔr, **-en** dʊk'to:rən
Dụktus 'dʊktʊs
Dulạc *fr.* dy'lak
Dulaurens *fr.* dylɔ'rɑ̃:s
Dụ̈lberg 'dʏlbɛrk
Dulcamạra *it.* dulka'ma:ra
Dụlce *span.* 'dulθe
Dulcịgno *it.* dul'tʃiɲɲo
Dulcimer *engl.* 'dʌlsɪmə
Dulcin dʊl'tsi:n
Dulcinẹa *span.* dulθi'nea
dụlden 'dʊldn̩, **dụld!** dʊlt
dụldsam 'dʊltza:m
Dụ̈lfer 'dʏlfɐ
Dulịchius du'lɪçi̯ʊs
Dụ̈lken 'dʏlkn̩
Dụllenried 'dʊlənri:t
Dulles *engl.* 'dʌlɪs
Dụ̈lmen 'dʏlmən
Dulon[g] *fr.* dy'lɔ̃
Dụlowo, Dulovo *bulgar.* 'dulovo
Dụlsberg 'du:lsbɛrk
Dụlt dʊlt
Dulụth *engl.* də'lu:θ
Dulwich *engl.* 'dʌlɪdʒ
Dulzian 'dʊltsi̯a:n, -'-
Dulzin dʊl'tsi:n
Dulzinẹa dʊltsi'ne:a, **...nẹen** ...ne:ən
Dụma 'du:ma
Dumain *engl.* dju:'meɪn, *fr.* dy'mɛ̃
Dumạs *fr.* dy'mɑ
Du Maurier *engl.* dju:'mɔ:rɪeɪ
Dumbạrton *engl.* dʌm'bɑ:tn
Ďụmbier *slowak.* 'djumbi̯er
Dumbrăvẹni *rumän.* dumbrə'venj
Dumb shọw *engl.* 'dʌm 'ʃoʊ
[1]**Dumdụm** (Geschoß) dʊm'dʊm
[2]**Dumdum** (Name) *engl.* 'dʌmdʌm
Dumesnịl *fr.* dyme'nil
Dumfries *engl.* dʌm'fri:s
Dumitrẹscu *rumän.* dumi'tresku
Dumitrịu *rumän.* dumi'triu̯
Dụmka 'dʊmka, **...ki** ...ki
Dụmkow 'dʊmko
Dumlụpnar *türk.* dum'lupnɑr
dụmm dʊm, **dụ̈mmer** 'dʏmɐ
dụmmdreist 'dʊmdrai̯st
Dummejụngenstreich dʊmə'jʊŋənʃtrai̯ç
Dụ̈mmer 'dʏmɐ
Dụmmerjan 'dʊmɐja:n
Dụ̈mmersee 'dʏmɐze:
Dụmmian 'dʊmi̯a:n, ...i̯an
dụ̈mmlich 'dʏmlɪç
Dụ̈mmler 'dʏmlɐ
Dụmmrian 'dʊmria:n, ...ian
Dummy 'dami
Du Mont *fr.* dy'mɔ̃
Dumont *fr.* dy'mɔ̃, *bras.* du'mõ
Dumont d'Urvịlle *fr.* dymɔ̃dyr'vil
Dumouriẹz *fr.* dymu'rje
Dụ̈mpelfeld 'dʏmpl̩fɛlt
dụ̈mpeln 'dʏmpl̩n
Dumper 'dampɐ, *auch:* 'dʊmpɐ
dụmpf dʊmpf
dụmpfig 'dʊmpfɪç, **-e** ...ɪgə
Dumping 'dampɪŋ
Dumpling *engl.* 'dʌmplɪŋ
Dụ̈mpten 'dʏmptn̩
dụn du:n
Dụ̈n dy:n
Dụna *ung.* 'dunɔ
Dụ̈na 'dy:na
Dụnaalmás *ung.* 'dunɔɔlma:ʃ
Dụnabogdány *ung.* 'dunɔbogda:nj
Dụ̈naburg 'dy:nabʊrk
Dụnaegyháza *ung.* 'dunɔɛtjha:zɔ
Dunaevskij vgl. Dunajewski
Dụnafalva *ung.* 'dunɔfɔlvɔ
Dụnaföldvár *ung.* 'dunɔføldva:r
Dụnaharaszti *ung.* 'dunɔhɔrɔsti
Dụnaiszky *ung.* 'dunɔiski
Dụnaj *tschech.* 'dunaj, *slowak.* 'dunai̯
Dunạjec *poln.* du'najɛts
Dunajẹwski, Dunaevskij *russ.* duna'jɛfskij
Dụnakeszi *ung.* 'dunɔkɛsi
Dụnakeszt *ung.* 'dunɔkɛst
Dụnakiliti *ung.* 'dunɔkiliti
Dünamụ̈nde dy:na'mʏndə
Dunant *fr.* dy'nɑ̃
Dụnántúl *ung.* 'duna:ntu:l
Dụnapataj *ung.* 'dunɔpɔtɔj
Dụnăre *rumän.* 'dunəre
Dụnaszekcső *ung.* 'dunɔsɛktʃø:
Dụnaszentgyörgy *ung.* 'dunɔsɛndjørdj
Dụnaújváros *ung.* 'dunɔu:jva:roʃ
[1]**Dụnav** *serbokr.* 'dunav
[2]**Dunav** vgl. Dunaw
Dụnavarsány *ung.* 'dunɔvɔrʃa:nj
Dụnavecse *ung.* 'dunɔvɛtʃɛ
Dụnaw, Dunav *bulgar.* 'dunaf
Dunbạr *engl.* dʌn'bɑ:
Dunbạrton *engl.* dʌn'bɑ:tn
Dunblane *engl.* dʌn'bleɪn
Duncairn *engl.* dʌn'kɛən
Duncan *engl.* 'dʌŋkən
Dunciạde dʊn'tsi̯a:də
Dụncker 'dʊŋkɐ
Dundalk *engl.* dʌn'dɔ:k
Dundas *engl.* dʌn'dæs
Dundee *engl.* dʌn'di:
Dunderlandsdal *norw.* 'dundərlansda:l
Dundọnald *engl.* dʌn'dɔnld
Dundreary *engl.* dʌn'drɪərɪ
Dụne 'du:nə
Dụ̈ne 'dy:nə
Dunedin *engl.* dʌ'ni:dɪn
Dunẹllen *engl.* dʌ'nɛlɪn
Dụ̈nen 'dy:nən
Dunfermline *engl.* dʌn'fə:mlɪn
Dụng dʊŋ
Dungane dʊŋ'ga:nə
Dungannon *engl.* dʌn'gænən
Dungạrvan *engl.* dʌn'gɑ:vən
Dụngau 'du:ngau̯
dụ̈ngen 'dʏŋən
Dungenẹss *engl.* dʌndʒɪ'nɛs
Dunglison *engl.* 'dʌnglɪsn
Dunham *engl.* 'dʌnəm
Dụni *it.* 'du:ni
Dunikọwski *poln.* duni'kɔfski
Dunit du'ni:t, *auch:* ...nɪt
Dụnja *russ.* 'dunjɐ
Dunjạsch[k]a, Dunjaš[k]a *russ.* du'njaʃ[k]ɐ
Dụnka, Dun'ka *russ.* 'dunjkɐ
dụnkel 'dʊŋkl̩
Dụ̈nkel 'dʏŋkl̩
dụnkelblau 'dʊŋkl̩blau̯
Dunkẹld *engl.* dʌn'kɛld
dụ̈nkelhaft 'dʏŋkl̩haft
dụnkeln 'dʊŋkl̩n
dụ̈nken 'dʏŋkn̩
Dunkẹrque *fr.* dœ̃'kɛrk
Dụ̈nkirchen 'dy:nkɪrçn̩
Dụnkmann 'dʊŋkman
Dun Laoghaire *engl.* dʌn'lɛərə
Dunlap *engl.* 'dʌnlæp
Dunlop *engl.* 'dʌnlɔp
Dunmọre *engl.* dʌn'mɔ:
Dunn *engl.* dʌn
dụ̈nn dʏn
Dunne *engl.* dʌn
Dụ̈nne 'dʏnə
Dụ̈nnern 'dʏnɐn
Dunnọttar *engl.* dʌ'nɔtə
Dunnville *engl.* 'dʌnvɪl
Dunois *fr.* dy'nwa
Dunoon *engl.* dʌ'nu:n
Dunoyẹr *fr.* dynwa'je
Dụns dʊns, *engl.* dʌnz
Dunsany *engl.* dʌn'seɪnɪ
Dụnsel 'dʊnzl̩
Dunsinane *engl.* 'dʌnsɪneɪn, -'--, --'-
Dụns Scọtus 'dʊns 'sko:tʊs
Dụnst dʊnst, **Dụ̈nste** 'dʏnstə
Dunstable *engl.* 'dʌnstəbl
Dunstan *engl.* 'dʌnstən
dụnsten 'dʊnstn̩
dụ̈nsten 'dʏnstn̩
dụnstig 'dʊnstɪç, **-e** ...ɪgə
Dunthorne *engl.* 'dʌnθɔ:n
Dụ̈ntzer 'dʏntsɐ
Dụ̈nung 'dy:nʊŋ

Dünz dʏnts
Dụo 'du:o
duodenal duode'na:l
Duodenitis duode'ni:tɪs, **...nitiden** ...ni'ti:dn̩
Duodẹnum duo'de:nʊm, **...na** ...na
Duodẹz duo'de:ts
duodezimal duodetsi'ma:l
Duodẹzime duo'de:tsimə
Duole du'o:lə
Duolit Ⓦ duo'li:t, *auch:* ...lɪt
Duonelaitis duone'laitɪs
Dupanloup *fr.* dypɑ̃'lu
Dupạrc *fr.* dy'park
Dupaty *fr.* dypa'ti
dụppen 'dʊpn̩
Dupérạc *fr.* dype'rak
Dupériẹr *fr.* dype'rje
Duperron *fr.* dypɛ'rõ
Dupetịt dyp'ti
düpieren dy'pi:rən
Dupin, Du Pin *fr.* dy'pɛ̃
Dupla vgl. Duplum
Dupleix *fr.* dy'plɛks
Duplessịs *fr.* dyplɛ'si
Du Plessys *fr.* dyplɛ'si
Duplet du'ple:, ...lɛ
Duplex... 'du:plɛks
duplieren du'pli:rən
Duplik du'pli:k
Duplikat dupli'ka:t
Duplikation duplika'tsi̯o:n
Duplikator dupli'ka:tɔr, **-en** ...ka'to:rən
Duplikatur duplika'tu:ɐ̯
duplizieren dupli'tsi:rən
Duplizität duplitsi'tɛ:t
Duployé *fr.* dyplwa'je
Duplum 'du:plʊm, **...la** ...la
Dụpniza, Dupnica *bulgar.* 'dupnitsa
Dupong *fr.* dy'põ
Du Pont *fr.* dy'põ; *engl.* 'dju:pɔnt
Dupont *fr.* dy'põ
Duport *fr.* dy'pɔ:r
Dụppau 'dʊpau̯
Düppel 'dʏpl̩
Düppenweiler 'dʏpn̩vailɐ
Duprạt *fr.* dy'pra
Duprè *it.* du'prɛ
Dupré, ...ẹz *fr.* dy'pre
Dụps dʊps
Dupuịs, ...uy *fr.* dy'pɥi
Dupuytren *fr.* dypɥi'trɛ̃
Duque *span.* 'duke
Duquesne *fr.* dy'kɛn, *engl.* dju:'keɪn
Duquesnois, ...noy *fr.* dykɛ'nwa
Du Quoin *engl.* dju:'kɔɪn
Dur du:ɐ̯
Dura 'du:ra
durabel du'ra:bl̩, **...ble** ...blə
Durach 'du:rax
dural, D... du'ra:l
Duralumin Ⓦ 'du:ralumi:n
Dura mater 'du:ra 'ma:tɐ
Duran *fr.* dy'rɑ̃
Durán *span.* du'ran
Durance *fr.* dy'rɑ̃:s
Durand *fr.* dy'rɑ̃
Durandạl *fr.* dyrɑ̃'dal
Durạndus de Sạncto Porciạno du'randʊs de: 'zaŋkto pɔr'tsi̯a:no
Durango *span.* du'raŋgo, *engl.* djʊə'ræŋgoʊ
Durant *fr.* dy'rɑ̃, *engl.* djʊə'rɑ:nt
Durạnte *it.* du'rante
Durạntis du'rantɪs
Durão *bras.* du'rɐ̃ṷ
Durạs *fr.* dy'rɑ:s
durativ 'du:rati:f, **-e** ...i:və
Duratón *span.* dura'tɔn
Durạzno *span.* du'raðno
Durạzzo *it.* du'rattso
Durban 'dʊrban, *engl.* 'də:bən
Durbar 'dʊrba:ɐ̯, –'–
Durbin *engl.* 'də:bɪn
Dúrcal *span.* 'durkal
Durčanský *slowak.* 'durtʃanski:
durch , D... dʊrç
durchackern 'dʊrç|akɐn
durcharbeiten 1. 'dʊrç|arbai̯tn̩ 2. –'–––
Durcharbeitung 'dʊrç|arbai̯tʊŋ
durchaus dʊrç'|au̯s; *auch:* '–'–, '––
durchbacken 1. 'dʊrçbakn̩ 2. –'––
durchbeben dʊrç'be:bn̩
durchbeißen 1. 'dʊrçbai̯sn̩ 2. –'––
durchbekommen 'dʊrçbəkɔmən
durchberaten 'dʊrçbəra:tn̩
durchbetteln 1. 'dʊrçbɛtl̩n 2. –'––
durchbilden 'dʊrçbɪldn̩
Durchbildung 'dʊrçbɪldʊŋ
durchblasen 1. 'dʊrçbla:zn̩ 2. –'––
durchblättern 'dʊrçblɛtɐn, –'––
durchbleuen 'dʊrçblɔyən
Durchblick 'dʊrçblɪk
durchblicken 'dʊrçblɪkn̩
durchblịtzen dʊrç'blɪtsn̩
durchblutet dʊrç'blu:tət
Durchblutung dʊrç'blu:tʊŋ
durchbohren 1. 'dʊrçbo:rən 2. –'––
Durchbohrung dʊrç'bo:rʊŋ
durchboxen 'dʊrçbɔksn̩
durchbrausen 1. 'dʊrçbrau̯zn̩ 2. –'––
durchbrechen 1. 'dʊrçbrɛçn̩ 2. –'––
durchbrennen 'dʊrçbrɛnən
Durchbrenner 'dʊrçbrɛnɐ
durchbringen 'dʊrçbrɪŋən
Durchbruch 'dʊrçbrʊx, **...brüche** ...brʏçə
durchdenken 1. 'dʊrçdɛŋkn̩ 2. –'––
durchdiskutieren 'dʊrçdɪskuti:rən
durchdrängen 'dʊrçdrɛŋən
durchdrehen 'dʊrçdre:ən
durchdringen 1. 'dʊrçdrɪŋən 2. –'––
Durchdrịngung dʊrç'drɪŋʊŋ
durchdröhnen dʊrç'drø:nən
durchdrucken 'dʊrçdrʊkn̩
durchdrücken 'dʊrçdrʏkn̩
durchdrungen dʊrç'drʊŋən
durchdụften dʊrç'dʊftn̩
durcheilen 1. 'dʊrç|ai̯lən 2. –'––
durcheinạnder, D... dʊrç|ai̯'nandɐ
durchfahren 1. 'dʊrçfa:rən 2. –'––
Durchfahrt 'dʊrçfa:ɐ̯t
Durchfall 'dʊrçfal
durchfallen 1. 'dʊrçfalən 2. –'––
durchfechten 'dʊrçfɛçtn̩
durchfegen 1. 'dʊrçfe:gn̩ 2. –'––
durchfeuchten dʊrç'fɔyçtn̩
durchfinden 'dʊrçfɪndn̩
durchflạmmen dʊrç'flamən
durchflechten 1. 'dʊrçflɛçtn̩ 2. –'––
durchfliegen 1. 'dʊrçfli:gn̩ 2. –'––
durchfließen 1. 'dʊrçfli:sn̩ 2. –'––
Durchflug 'dʊrçflu:k
durchfluten 1. 'dʊrçflu:tn̩ 2. –'––
durchformen 'dʊrçfɔrmən
durchfọrschen dʊrç'fɔrʃn̩
Durchfọrschung dʊrç'fɔrʃʊŋ
durchfọrsten dʊrç'fɔrstn̩
durchfressen 1. 'dʊrçfrɛsn̩ 2. –'––
durchfrieren 1. 'dʊrçfri:rən 2. –'––
Durchfuhr 'dʊrçfu:ɐ̯
durchführen 'dʊrçfy:rən
durchfụnkeln dʊrç'fʊŋkl̩n
durchfụrchen dʊrç'fʊrçn̩
Durchgang 'dʊrçgaŋ
Durchgänger 'dʊrçgɛŋɐ
durchgängig 'dʊrçgɛŋɪç
durchgedreht 'dʊrçgədre:t
durchgehen 1. 'dʊrçge:ən 2. –'––
durchgehend 1. 'dʊrçge:ənt 2. –'––; **-e** ...ndə
durchgehends 'dʊrçge:ənts
durchgeistigt dʊrç'gai̯stɪçt
durchgliedern 'dʊrçgli:dɐn, –'––
durchglühen 1. 'dʊrçgly:ən 2. –'––
durchgreifen 'dʊrçgrai̯fn̩
durchhalten 'dʊrçhaltn̩
durchhauen 1. 'dʊrçhau̯ən 2. –'––

dụrchhecheln ˈdʊrçhɛçl̩n
dụrchhelfen ˈdʊrçhɛlfn̩
Dụrchhieb ˈdʊrçhiːp
dụrchixen ˈdʊrç|ɪksn̩
dụrchkämmen ˈdʊrçkɛmən
durchkämpfen 1. ˈdʊrçkɛmpfn̩ 2. –ˈ––
durchklingen 1. ˈdʊrçklɪŋən 2. –ˈ––
dụrchkommen ˈdʊrçkɔmən
dụrchkomponieren ˈdʊrçkɔmponiːrən
dụrchkosten ˈdʊrçkɔstn̩
durchkreuzen 1. ˈdʊrçkrɔy̯tsn̩ 2. –ˈ––
Durchkreuzung dʊrçˈkrɔy̯tsʊŋ
Dụrchlaß ˈdʊrçlas, **...lasses** ...lasəs, **...lässe** ...lɛsə
dụrchlassen ˈdʊrçlasn̩
dụrchlässig ˈdʊrçlɛsɪç
Durchlaucht ˈdʊrçlau̯xt, *auch:* –ˈ–
durchlauchtig dʊrçˈlau̯xtɪç, **-e** ...ɪɡə
durchlauchtigst dʊrçˈlau̯xtɪçst
durchlaufen 1. ˈdʊrçlau̯fn̩ 2. –ˈ––
durchleben dʊrçˈleːbn̩
dụrchlesen ˈdʊrçleːzn̩
durchleuchten 1. ˈdʊrçlɔy̯çtn̩ 2. –ˈ––
Durchleuchtung dʊrçˈlɔy̯çtʊŋ
dụrchliegen ˈdʊrçliːɡn̩
durchlọchen dʊrçˈlɔxn̩
durchlọ̈chern dʊrçˈlœçɐn
durchlüften 1. ˈdʊrçlʏftn̩ 2. –ˈ––
Durchlụ̈fter dʊrçˈlʏftɐ
Durchlụ̈ftung dʊrçˈlʏftʊŋ
dụrchmachen ˈdʊrçmaxn̩
Dụrchmarsch ˈdʊrçmarʃ
dụrchmarschieren ˈdʊrçmarʃiːrən
durchmessen 1. ˈdʊrçmɛsn̩ 2. –ˈ––
Dụrchmesser ˈdʊrçmɛsɐ
durchmustern ˈdʊrçmʊstɐn, –ˈ––
Durchmusterung ˈdʊrçmʊstərʊŋ, –ˈ–––
Dụrchnahme ˈdʊrçnaːmə
durchnạ̈ssen dʊrçˈnɛsn̩
dụrchnehmen ˈdʊrçneːmən
dụrchnumerieren ˈdʊrçnumeriːrən
dụrchpausen ˈdʊrçpau̯zn̩
dụrchpeitschen ˈdʊrçpai̯tʃn̩
durchpụlsen dʊrçˈpʊlzn̩
durchqueren dʊrçˈkveːrən
durchrasen 1. ˈdʊrçraːzn̩ 2. –ˈ––
durchregnen 1. ˈdʊrçreːɡnən 2. –ˈ––
Dụrchreise ˈdʊrçrai̯zə
durchreisen 1. ˈdʊrçrai̯zn̩ 2. –ˈ––
dụrchreißen ˈdʊrçrai̯sn̩
durchreiten 1. ˈdʊrçrai̯tn̩ 2. –ˈ––
durchrieseln 1. ˈdʊrçriːzl̩n 2. –ˈ––
dụrchringen ˈdʊrçrɪŋən
dụrchs dʊrçs
Dụrchsage ˈdʊrçzaːɡə
dụrchsagen ˈdʊrçzaːɡn̩
Dụrchsatz ˈdʊrçzats
durchschauen 1. ˈdʊrçʃau̯ən 2. –ˈ––
durchscheinen 1. ˈdʊrçʃai̯nən 2. –ˈ––
durchschießen 1. ˈdʊrçʃiːsn̩ 2. –ˈ––
durchschimmern 1. ˈdʊrçʃɪmɐn 2. –ˈ––
durchschlafen 1. ˈdʊrçʃlaːfn̩ 2. –ˈ––
Dụrchschlag ˈdʊrçʃlaːk
durchschlagen 1. ˈdʊrçʃlaːɡn̩ 2. –ˈ––
durchschlagend 1. ˈdʊrçʃlaːɡn̩t, 2. –ˈ––; **-e** ...n̩də
dụrchschlägig ˈdʊrçʃlɛːɡɪç, **-e** ...ɪɡə
durchschleichen 1. ˈdʊrçʃlai̯çn̩ 2. –ˈ––
dụrchschleusen ˈdʊrçʃlɔy̯zn̩
Dụrchschlupf ˈdʊrçʃlʊpf
dụrchschlüpfen ˈdʊrçʃlʏpfn̩
durchschneiden 1. ˈdʊrçʃnai̯dn̩ 2. –ˈ––
Dụrchschnitt ˈdʊrçʃnɪt
dụrchschnittlich ˈdʊrçʃnɪtlɪç
durchschnụ̈ffeln dʊrçˈʃnʏfl̩n
durchschọssen dʊrçˈʃɔsn̩
dụrchschreiben ˈdʊrçʃrai̯bn̩
durchschreiten 1. ˈdʊrçʃrai̯tn̩ 2. –ˈ––
Dụrchschrift ˈdʊrçʃrɪft
Dụrchschuß ˈdʊrçʃʊs
durchschwạ̈rmen dʊrçˈʃvɛrmən
durchschweifen dʊrçˈʃvai̯fn̩
durchsegeln 1. ˈdʊrçzeːɡl̩n 2. –ˈ––
dụrchsehen ˈdʊrçzeːən
durchsetzen 1. ˈdʊrçzɛtsn̩ 2. –ˈ––
durchseuchen dʊrçˈzɔy̯çn̩
Dụrchsicht ˈdʊrçzɪçt
dụrchsichtig ˈdʊrçzɪçtɪç
dụrchsickern ˈdʊrçzɪkɐn
dụrchsitzen ˈdʊrçzɪtsn̩
dụrchsprechen ˈdʊrçʃprɛçn̩
durchspringen 1. ˈdʊrçʃprɪŋən 2. –ˈ––
durchstechen 1. ˈdʊrçʃtɛçn̩ 2. –ˈ––
Durchstecherei dʊrçʃtɛçəˈrai̯
Dụrchstich ˈdʊrçʃtɪç
durchstöbern dʊrçˈʃtøːbɐn
Dụrchstoß ˈdʊrçʃtoːs
durchstoßen 1. ˈdʊrçʃtoːsn̩ 2. –ˈ––
durchstreichen 1. ˈdʊrçʃtrai̯çn̩ 2. –ˈ––
durchstreifen 1. ˈdʊrçʃtrai̯fn̩ 2. –ˈ––
durchströmen 1. ˈdʊrçʃtrøːmən 2. –ˈ––
durchsuchen 1. ˈdʊrçzuːxn̩ 2. –ˈ––
Durchsuchung dʊrçˈzuːxʊŋ
durchtanzen 1. ˈdʊrçtantsn̩ 2. –ˈ––
durchtoben dʊrçˈtoːbn̩
durchtrạ̈nken dʊrçˈtrɛŋkn̩
dụrchtreiben ˈdʊrçtrai̯bn̩
durchtrennen ˈdʊrçtrɛnən, –ˈ––
durchtrieben dʊrçˈtriːbn̩
Durchtriebenheit dʊrçˈtriːbn̩hai̯t
durchwachen 1. ˈdʊrçvaxn̩ 2. –ˈ––
durchwachsen 1. ˈdʊrçvaksn̩ 2. –ˈ––
dụrchwagen ˈdʊrçvaːɡn̩
dụrchwalken ˈdʊrçvalkn̩
durchwandern 1. ˈdʊrçvandɐn 2. –ˈ––
durchwärmen ˈdʊrçvɛrmən, –ˈ––
durchwaten 1. ˈdʊrçvaːtn̩ 2. –ˈ––
durchweben 1. ˈdʊrçveːbn̩ 2. –ˈ––
durchweg ˈdʊrçvɛk, *auch:* –ˈ–
durchwegs ˈdʊrçveːks, *auch:* –ˈ–
durchweichen ˈdʊrçvai̯çn̩, –ˈ––
durchwinden 1. ˈdʊrçvɪndn̩ 2. –ˈ––
durchwịntern dʊrçˈvɪntɐn
Durchwịnterung dʊrçˈvɪntərʊŋ
durchwirken 1. ˈdʊrçvɪrkn̩ 2. –ˈ––
durchwühlen 1. ˈdʊrçvyːlən 2. –ˈ––
dụrchzählen ˈdʊrçtsɛːlən
Dụrchzählung ˈdʊrçtsɛːlʊŋ
durchzechen 1. ˈdʊrçtsɛçn̩ 2. –ˈ––
dụrchzeichnen ˈdʊrçtsai̯çnən
durchziehen 1. ˈdʊrçtsiːən 2. –ˈ––
Dụrchzieher ˈdʊrçtsiːɐ
durchzịttern dʊrçˈtsɪtɐn
durchzụcken dʊrçˈtsʊkn̩
Dụrchzug ˈdʊrçtsuːk
Dụrchzügler ˈdʊrçtsyːklɐ
dụrchzwängen ˈdʊrçtsvɛŋən
Dụrdík *tschech.* ˈdurdjiːk
Düren ˈdyːrən
Dürer ˈdyːrɐ
Duret, ...rey *fr.* dyˈrɛ
dürfen ˈdʏrfn̩
dụrfte ˈdʊrftə
dürfte ˈdʏrftə
dürftig ˈdʏrftɪç, **-e** ...ɪɡə
Durgerdạm *niederl.* dʏrxərˈdɑm
Durham *engl.* ˈdʌrəm
Durieux *fr.* dyˈrjø
Durig ˈduːrɪç
Durine duˈriːnə
Duris ˈduːrɪs
Durit duˈriːt, *auch:* ...rɪt

Durkheim *fr.* dyr'kɛm
Dürkheim 'dʏrkhai̯m
Durkin *engl.* 'də:kɪn
Durlach 'dʊrlax
Durlesbach 'dʊrləsbax
Dürmentingen 'dʏrməntɪŋən
Durmersheim 'dʊrmɐshai̯m
Durmitor *serbokr.* dur,mitɔr
Dürn dʏrn
Dürnast dʏr'nast
Dürnberg 'dʏrnbɛrk
Durne 'dʊrnə
Dürnkrut 'dʏrnkrʊt
Durnowo, Durnovo *russ.* durna'vɔ
Dürnstein 'dʏrnʃtai̯n
Duro *port.* 'duru
Duroc *fr.* dy'rɔk
Durochromgalvano duro'kro:mgalva:no
Duroplast duro'plast
Durow, Durov *russ.* 'durɐf
dürr, Dürr dʏr
Durra 'dʊra
Dürre 'dʏrə
Durrell *engl.* 'dʌrəl
Dürrenberg 'dʏrənbɛrk
Dürrenmatt 'dʏrənmat
Dürrensee 'dʏrənze:
Dürrenstein 'dʏrənʃtai̯n
Dürrenwaid dʏrən'vai̯t
Durrer 'dʊrɐ
Durrës *alban.* 'durrəs
Dürrgoy 'dʏrgɔy
Dürrheim 'dʏrhai̯m
Dürrhennersdorf dʏr'hɛnɐsdɔrf
Dürrmenz 'dʏrmɛnts
Dürrnhaar 'dʏrnha:ɐ̯
Dürrweitzschen dʏr'vai̯tʃn̩
Dürscheid 'dʏ:ɐ̯ʃai̯t
Durst dʊrst
dursten 'dʊrstn̩
dürsten 'dʏrstn̩
durstig 'dʊrstɪç, **-e** ...ɪgə
Durtain *fr.* dyr'tɛ̃
Dürte 'dʏrtə
Duru *fr.* dy'ry
Duruy *fr.* dy'rɥi
Durward *engl.* 'də:wəd
Du Ry *fr.* dy'ri
Durych *tschech.* 'durix
Duryea *engl.* 'dʊərjeɪ
Dušan *serbokr.* ,duʃan
Dusart *fr.* dy'sa:r
Dusaulx *fr.* dy'so
Dusburg 'du:sbʊrk
Duschanbe, Dušanbe *russ.* duʃam'bɛ
Dusche 'dʊʃə, *auch:* 'du:ʃə
Duschek 'dʊʃɛk
duschen 'dʊʃn̩, *auch:* 'du:ʃn̩
Duse *it.* 'du:ze
Düse 'dy:zə
Dušek *tschech.* 'duʃɛk
Dusel 'du:zl̩
Duselei du:zə'lai
duselig 'du:zəlɪç, **-e** ...ɪgə
duseln 'du:zl̩n, **dusle** 'du:zlə
Dusík *slowak., tschech.* 'dusi:k
duslig 'du:zlɪç, **-e** ...ɪgə
Dusnok *ung.* 'duʃnok
Du Sommerard *fr.* dysɔm'ra:r
Dussault *fr.* dy'so
Dussel 'dʊsl̩
Düssel[dorf] 'dʏsl̩[dɔrf]
dusselig 'dʊsəlɪç, **-e** ...ɪgə
dußlig 'dʊslɪç, **-e** ...ɪgə
Düßnitz 'dʏsnɪts
[1]**Dust** (Dunst, Staub) dʊst
[2]**Dust** (Teestaub) *engl.* dʌst
duster 'du:stɐ
düster, D... 'dy:stɐ
Düsterförde dy:stɐ'fø:ɐ̯də
düstern 'dy:stɐn
Düsternis 'dy:stɐnɪs, **-se** ...ɪsə
Duszniki Zdrój *poln.* duʃ'niki 'zdruj
Dutchman *engl.* 'dʌtʃmən; **...men** ...mən
Dutendorf 'du:tn̩dɔrf
Du Tillet *fr.* dyti'jɛ
Dutilleux *fr.* dyti'jø
Du Toit *afr.* də'to:i̯
Dutra *bras.* 'dutra
Dutreuil *fr.* dy'trœj
Dutschke 'dʊtʃkə
Dütschow 'dy:tʃo
Dutt[e] 'dʊt[ə]
Dutton *engl.* dʌtn
Duttweiler 'dʊtvai̯lɐ
Duty-free... *engl.* 'dju:tɪ'fri:...
Dutzend 'dʊtsn̩t, **-e** ...n̩də
dutzendemal 'dʊtsn̩də'ma:l
dutzendmal 'dʊtsn̩t'ma:l
Dutzendteich 'dʊtsn̩ttai̯ç
dutzendweise 'dʊtsn̩tvai̯zə
Duumvir du'ʊmvɪr
Duumvirat duʊmvi'ra:t
Duun *norw.* dʉ:n
Duurstede *niederl.* 'dy:rste:de
Duval *fr.* dy'val
Duva[l]lier *fr.* dyva'lje
Duved *schwed.* ,dʉ:ve:d
Duvergier *fr.* dyvɛr'ʒje
Duvet *fr.* dy'vɛ
Duvetine dʏf'ti:n
Duveyrier *fr.* dyvɛ'rje
Düvier dy'vi:ɐ̯
Duvivier *fr.* dyvi'vje
Duwock 'du:vɔk
[1]**Dux** (Führer) dʊks, **Duces** 'du:tse:s
[2]**Dux** (Ortsname) dʊks
Duyse *niederl.* 'dœi̯sə
duzen 'du:tsn̩
Dúzs *ung.* du:ʒ
Dvina vgl. Dwina
Dvinsk vgl. Dwinsk
Dvořák 'dvɔrʒak, *tschech.* 'dvɔrʒa:k
Dvůr Králové *tschech* 'dvu:r 'kra:lɔvɛ:
D-Wagen 'de:va:gn̩
Dwaita 'dvai̯ta
dwars dvars
Dweil dvai̯l
Dwiggins *engl.* 'dwɪgɪnz
Dwight *engl.* dwaɪt
Dwina, Dvina 'dvi:na, *russ.* dvi'na
Dwingeloo *niederl.* 'dwɪŋəlo:
Dwinger 'dvɪŋɐ
Dwinsk, Dvinsk *russ.* dvinsk
Dwory *poln.* 'dvɔrɨ
Dyade dy'a:də
Dyadik dy'a:dɪk
dyadisch dy'a:dɪʃ
Dyar *engl.* 'daɪə
Dyas 'dy:as
dyassisch dy'asɪʃ
Dybbøl *dän.* 'dybøl
Dyce *engl.* daɪs
Dyck, van fan 'daik, van –; *niederl.* vɑn 'dɛi̯k
Dyckerhoff 'dɪkɐhɔf
Dyer *engl.* 'daɪə
Dyersburg *engl.* 'daɪəzbə:g
Dygat *poln.* 'dɨgat
Dygasiński *poln.* dɨga'ɕii̯ski
Dyggve *dän.* 'dygvə
Dyhrenfurt 'di:rənfʊrt
Dyje *tschech.* 'dijɛ
Dyk *tschech.* dik, *niederl.* dɛi̯k
Dykstra *niederl.* 'dɛi̯kstra:
Dylan *engl.* 'dɪlən
Dymokury *tschech.* 'dimɔkuri
Dymond *engl.* 'daɪmənd
dyn, Dyn dy:n
Dynameter dyna'me:tɐ
Dynamik dy'na:mɪk
Dynamis 'dy:namɪs
dynamisch dy'na:mɪʃ
dynamisieren dynami'zi:rən
Dynamismus dyna'mɪsmʊs
dynamistisch dyna'mɪstɪʃ
Dynamit dyna'mi:t, *auch:* ...mɪt
Dynamo dy'na:mo, *auch:* 'dy:namo
Dynamograph dynamo'gra:f
dynamometamorph dynamometa'mɔrf
Dynamometamorphismus dynamometamɔr'fɪsmʊs
Dynamometamorphose dynamometamɔr'fo:zə
Dynamometer dynamo'me:tɐ
Dynast dy'nast
Dynastie dynas'ti:, **-n** ...i:ən
Dynatron 'dy:natro:n
Dynów *poln.* 'dɨnuf
Dyophysit dyofy'zi:t
Dyophysitismus dyofyzi'tɪsmʊs
Dyopol dyo'po:l
Dyothelet dyote'le:t
Dýrafjord 'dy:rafjɔrt
Dýrafjörður *isl.* 'di:rafjœrðʏr
Dyrehaven *dän.* 'dy:rəha:vən
Dyrehavsbakken *dän.* 'dy:rəhau̯sbagən
Dyrenfurth 'di:rənfʊrt
Dyrhólaey *isl.* 'dɪrhɔu̯laɛi̯
Dyroff 'dy:rɔf
Dyrrhachium dʏ'raxi̯ʊm

Dysakụsis dʏs|a'ku:zɪs, dyza...
Dysart *engl.* 'daɪsət
Dysarthrie dʏs|ar'tri:, dyza...; **-n** ...i:ən
Dysarthrọsis dʏs|ar'tro:zɪs, dyza...
Dysästhesie dʏs|ɛste'zi:, dyzɛ...
Dysautonomie dʏs|au̯tono'mi:, dyzau̯...; **-n** ...i:ən
Dysbasie dʏsba'zi:, **-n** ...i:ən
Dysbulie dʏsbu'li:
Dyscholie dʏsço'li:
Dyschromie dʏskro'mi:, **-n** ...i:ən
Dysenterie dʏs|ɛnte'ri:, dyzɛ...; **-n** ...i:ən
dysentẹrisch dʏs|ɛn'te:rɪʃ, dyzɛ...
Dysergie dʏs|ɛr'gi:, dyzɛ...
Dysfunktion dʏsfʊŋk'tsi̯o:n, '– – –
Dyshidrọsis dʏshi'dro:zɪs
Dýšina *tschech.* 'di:ʃina
Dyskeratọse dʏskera'to:zə
Dyskinẹse dʏski'ne:zə
Dyskolie dʏsko'li:
Dyskolos 'dʏskolɔs
Dyskranie dʏskra'ni:, **-n** ...i:ən
Dyskrasie dʏskra'zi:, **-n** ...i:ən
Dyslalie dʏsla'li:, **-n** ...i:ən
Dysmenorrhö, ...öe dʏsmenɔ'rø:, **...rrhöen** ...'rø:ən
Dysodil dʏs|o'di:l, dyzo...; ...dɪl
Dyson *engl.* daɪsn
Dysontogenie dʏs|ɔntoge'ni:, dyzɔ...
Dysosmie dʏs|ɔs'mi:, dyzɔ...; **-n** ...i:ən
Dysosphresie dʏs|ɔsfre'zi:, dyzɔ...; **-n** ...i:ən
Dysostọse dʏs|ɔs'to:zə, dyzɔ...
Dyspareunie dʏsparɔy̆'ni:, **-n** ...i:ən
Dyspepsie dʏspɛ'psi:, **-n** ...i:ən
dyspẹptisch dʏs'pɛptɪʃ
Dysphagie dʏsfa'gi:, **-n** ...i:ən
Dysphasie dʏsfa'zi:, **-n** ...i:ən
Dysphonie dʏsfo'ni:, **-n** ...i:ən
dysphọtisch dʏs'fo:tɪʃ
Dysphrenie dʏsfre'ni:, **-n** ...i:ən
Dysplasie dʏspla'zi:, **-n** ...i:ən
dysplạstisch dʏs'plastɪʃ
Dyspnọe dʏs'pno:ə
Dysprọsium dʏs'pro:zi̯ʊm
Dysteleologie dʏsteleolo'gi:
Dysthymie dʏsty'mi:, **-n** ...i:ən
Dysthyreọse dʏstyre'o:zə
Dystokie dʏsto'ki:, **-n** ...i:ən
Dystonie dʏsto'ni:, **-n** ...i:ən
Dystopie dʏsto'pi:, **-n** ...i:ən
dystọpisch dʏs'to:pɪʃ
dystrọph dʏs'tro:f
Dystrophie dʏstro'fi:, **-n** ...i:ən
Dysurie dʏs|u'ri:, dyzu'ri:; **-n** ...i:ən
Dyszephalie dʏstsefa'li:, **-n** ...i:ən
Dytịscus dy'tɪskʊs, **....ci** ...stsi
Dytrọn dy'tro:n
Džalal-Abad vgl. Dschalal-Abad
Džambul vgl. Dschambul
Džankoj vgl. Dschankoi
Dzaudžikau vgl. Dsaudschikau
Džbán *tschech.* dʒba:n
Džerman vgl. Dscherman
Dzeržinsk vgl. Dserschinsk
Dzeržinskij vgl. Dserschinski
Džetygara vgl. Dschetygara
Działdọwo *poln.* dzau̯'dɔvɔ
Działoszyce *poln.* dzau̯ɔ'ʃɨtsɛ
Dziątzko 'tsi̯atsko
Dzięrzgoń *poln.* 'dzɛʒgɔi̯n
Dzięrzon 'tsi̯ɛrʒɔn
Dzięrżon *poln.* 'dzɛrʒɔn
Dzierżọniów *poln.* dzɛr'ʒɔnjuf
D-Zug 'de:tsu:k
Džugašvili vgl. Dschugaschwili
Džul'fa vgl. Dschulfa

E

e, E e:, *engl.* i:, *fr.* œ
ε, E 'ɛpsilɔn
η, H 'e:ta
Eadmer *engl.* 'ɛdmə
Eadmund *engl.* 'ɛdmənd
Eads *engl.* i:dz
Eagle *engl.* i:gl
Eaglehawk *engl.* 'i:glhɔ:k
Eaker *engl.* 'i:kə
Eakins *engl.* 'eɪkɪnz
Ealing *engl.* 'i:lɪŋ
Eames *engl.* eɪmz
Eamon *engl.* 'i:mən
Earhart *engl.* 'ɛəhɑ:t
Earl ø:ɐ̯l, œrl; *engl.* ə:l
Earle *engl.* ə:l
Earl of Home *engl.* 'ə:l əv 'hju:m
Earlom *engl.* 'ə:ləm
Earl's Court *engl.* 'ɛ:lz 'kɔ:t
Early English *engl.* 'ə:lɪ 'ɪŋglɪʃ
Earth[a] *engl.* 'ə:θ[ə]
Easley *engl.* 'i:zlɪ
East *engl.* i:st
Eastbourne *engl.* 'i:stbɔ:n
East Ham *engl.* 'i:st 'hæm
Easthampton *engl.* 'i:sthæmptən
Eastlake *engl.* 'i:stleɪk
Eastleigh *engl.* 'i:stli:
East London *engl.* 'i:st 'lʌndən
Eastman *engl.* 'i:stmən
Easton *engl.* 'i:stən
Eastport *engl.* 'i:stpɔ:t
East Rịver *engl.* 'i:st 'rɪvə
Eastview *engl.* 'i:stvju:
Eastwood *engl.* 'i:stwʊd
Eaton *engl.* i:tn
Eaubọnne *fr.* o'bɔn
Eau Claire *engl.* oʊ'klɛə
Eau de Colọgne 'o: də ko'lɔnjə, *fr.* odkɔ'lɔɲ
Eau de Javẹlle 'o: də ʒa'vɛl, *fr.* odʒa'vɛl
Eau de Labarrạque 'o: də laba'rak, *fr.* odlaba'rak
Eau de vie 'o: də 'vi:, *fr.* od'vi
Eau fọrte 'o: 'fɔrt, *fr.* o'fɔrt
Eaux-Bọnnes *fr.* o'bɔn
Eaux-Chaudes *fr.* o'ʃo:d
Eauze *fr.* e'o:z
Ẹban 'e:ban
Ẹbba 'ɛba
Ẹbbe 'ɛbə
ẹbben 'ɛbn̩, **ẹbb!** ɛp, **ẹbbt** ɛpt
Ẹbbinghaus 'ɛbɪŋhau̯s
Ẹbbo 'ɛbo
Ẹbbw Vale *engl.* 'ɛbu: 'veɪl
Ẹbe *it.* 'ɛ:be
Ẹbel 'e:bl̩
Ẹbeleben 'e:bəle:bn̩
Ẹbeling 'e:bəlɪŋ
Ẹbeltoft *dän.* 'ɛ:bəltɔfd
ẹben 'e:bn̩, **ẹbne** 'e:bnə
Ebenạlp e:bə'nalp
ẹbenbürtig 'e:bn̩bʏrtɪç, **-e** ...ɪgə
ebenda 'e:bn̩'da:, *hinweisend* – –'–
ebendaher 'e:bn̩da'he:ɐ̯, *hinweisend* e:bn̩'da:he:ɐ̯
ebendahin 'e:bn̩da'hɪn, *hinweisend* e:bn̩'da:hɪn
ebendarum 'e:bn̩da'rʊm, *hinweisend* e:bn̩'da:rʊm
ebender 'e:bn̩'de:ɐ̯, *hinweisend* – –'–
ebenderselbe 'e:bn̩de:ɐ̯'zɛlbə, *hinweisend* – – –'– –
ebendeshalb 'e:bn̩dɛs'halp, *hinweisend* – –'– –
ebendeswegen 'e:bn̩dɛs've:gn̩, *hinweisend* – –'– – –
ebendieser 'e:bn̩'di:zɐ, *hinweisend* – –'– –
ebendort 'e:bn̩'dɔrt, *hinweisend* – –'–
Ẹbene 'e:bənə
Ebenẹzer ebe'ne:tsɐ, *engl.* ɛbɪ'ni:zə
ẹbenfalls 'e:bn̩fals
Ebenhausen e:bn̩'hau̯zn̩
Ẹbenheit 'e:bn̩hai̯t
Ẹbenholz 'e:bn̩hɔlts
ebenieren ebe'ni:rən
Ebenịst ebe'nɪst
ebenjener 'e:bn̩'je:nɐ, *hinweisend* – –'– –
Ebenrọde e:bn̩'ro:də
Ẹbensee 'e:bn̩ze:
ẹbenso 'e:bn̩zo:
ẹbensogut 'e:bn̩zo,gu:t
ẹbensohäufig 'e:bn̩zo,hɔyfɪç
ẹbensolang[e] 'e:bn̩zo,laŋ[ə]
ẹbensolcher 'e:bn̩zɔlçɐ
ẹbensooft 'e:bn̩zo,|ɔft
ebensosehr 'e:bn̩zo,ze:ɐ̯

ebensoviel 'e:bn̩zo,fi:l
ebensoweit 'e:bn̩zo,vait
ebensowenig 'e:bn̩zo,ve:nɪç
ebensowohl 'e:bn̩zo,vo:l
Eber[bach] 'e:bɐ[bax]
Eberesche 'e:bɐ|ɛʃə
Eberhard[t] 'e:bɐhart
Eberharda e:bɐ'harda
Eberhardsreit e:bɐharts'rait
Eberhild 'e:bɐhɪlt
Eberhilde e:bɐ'hɪldə
Eberl[e] 'e:bɐl[ə]
Eberlein 'e:bɐlain
Eberlin 'e:bɐli:n
Ebermannstadt 'e:bɐmanʃtat
Ebermayer 'e:bɐmaiɐ
Ebermergen e:bɐ'mɛrgn̩
Ebermund 'e:bɐmʊnt
Ebern[burg] 'e:bɐn[bʊrk]
Ebers[bach] 'e:bɐs[bax]
Ebersberg 'e:bɐsbɛrk
Ebersbrunn e:bɐs'brʊn
Ebersmünster e:bɐs'mʏnstɐ
Eberstadt 'e:bɐʃtat
Eberstädt 'e:bɐʃtɛt
Eberstein 'e:bɐʃtain
Eberswalde e:bɐs'valdə
Ebert[h] 'e:bɐt
Eberwein 'e:bɐvain
Eberwin 'e:bɐvi:n
Eberz 'e:bɐts
Ebhardt 'e:phart
Ebing[en] 'e:bɪŋ[ən]
Ebionit ebio'ni:t
Ebko 'ɛpko
Ebnat[h] 'e:bnat
ebnen 'e:bnən
Ebner 'e:bnɐ
Ebnung 'e:bnʊŋ
Ebo 'e:bo
Eboli 'e:boli, *it.* 'ɛ:boli, *span.* 'eβoli
Ébolowa *fr.* ebɔlɔ'va
Ebonit ebo'ni:t, *auch:* ...nɪt
Éboué *fr.* e'bwe
Ebrach 'e:brax
Ebrard 'e:brart
Ebreichsdorf 'e:braiçsdɔrf
Ebro 'e:bro, *span.* 'eβro
Ebros 'e:brɔs
Ebstein 'ɛp-ʃtain
Ebstorf 'ɛpstɔrf
Ebullioskop ebulio'sko:p
Ebullioskopie ebuliosko'pi:
Eburacum ebu'ra:kʊm
Eburneation ebʊrnea'tsio:n
Eburnifikation ebʊrnifika'tsio:n
Eburone ebu'ro:nə
Eça de Queiroz *port.* 'ɛsɐ ðə kɐi'rɔʃ
Ecaille e'kaj, *fr.* e'kɑ:j
Ecart e'ka:ɐ
Ecarté ekar'te:
Écaussines *fr.* eko'sin
Ecbasis captivi 'ɛkbazɪs kap'ti:vi
Eccard 'ɛkart
ecce!, Ecce 'ɛktsə
Ecce-Homo 'ɛktsə'ho:mo
Ecchondrose ɛkçɔn'dro:zə
Eccles *engl.* ɛklz
Ecclesia [militans] ɛ'kle:zia ['mi:litans]
Ecclesiastes ɛkle'ziastɛs
Ecclesia triumphans ɛ'kle:zia tri'ʊmfans
Ecco 'ɛko
Echagüe *span.* e'tʃaɣue
Échallens *fr.* eʃa'lã
Echandi *span.* e'tʃandi
Echappement eʃapə'mã:
echappieren eʃa'pi:rən
Echarpe e'ʃarp
echauffieren eʃɔ'fi:rən
Echec e'ʃɛk
Echegaray *span.* etʃeɣa'rai
Echegoyen *span.* etʃe'ɣojen
Echelle e'ʃɛl, -n ...lən
Echelon eʃə'lõ:
echelonieren eʃəlo'ni:rən
Echeveria ɛtʃe've:ria, ...ien ...iən
Echeverría *span.* etʃeβɛ'rria
Echinit ɛçi'ni:t, *auch:* ...nɪt
Echinoderme ɛçino'dɛrmə
Echinokaktus ɛçino'kaktʊs
Echinokokkose ɛçinokɔ'ko:zə
Echinokokkus ɛçino'kɔkʊs
Echinus ɛ'çi:nʊs
Echnaton 'ɛçnatɔn
Echo 'ɛço
echoen 'ɛçoən; echo! 'ɛço, echot 'ɛço:t
Echokinesie ɛçokine'zi:, -n ...i:ən
Echolalie ɛçola'li:, -n ...i:ən
Echomimie ɛçomi'mi:
Echophrasie ɛçofra'zi:, -n ...i:ən
Echopraxie ɛçopra'ksi:, -n ...i:ən
Echothymie ɛçoty'mi:
Echse 'ɛksə
echt ɛçt
Echt *niederl.* ɛxt
Echter[dingen] 'ɛçtɐ[dɪŋən]
Echtermeyer 'ɛçtɐmaiɐ
Echtern[ach] 'ɛçtɐn[ax]
Echtsilber 'ɛçtzɪlbɐ
echtsilbern 'ɛçtzɪlbɐn
Écija *span.* 'eθixa
Eck[ard] 'ɛkart
Eckardtsleben ɛkarts'le:bn̩
Eckard[t] 'ɛkart
Eckartsberga ɛkarts'bɛrga
Eckartshausen ɛkarts'hauzn̩
Eckbert 'ɛkbɛrt
Eckbrecht 'ɛkbrɛçt
Eckchen 'ɛkçən
Ecke 'ɛkə
Eckehard, ...rt 'ɛkəhart
Eckelhausen ɛkl̩'hauzn̩
ecken 'ɛkn̩
Eckener 'ɛkənɐ
Eckenhagen ɛkn̩'ha:gn̩
Eckenhaim 'ɛkn̩haim
Ecker[berg] 'ɛkɐ[bɛrk]
Eckermann 'ɛkɐman
Eckernförde ɛkɐn'fø:ɐdə
Eckersberg 'ɛkɐsbɛrk
Eckert 'ɛkɐt
Eckesey 'ɛkəzai
Eckford *engl.* 'ɛkfəd
Eckhard[t], ...rt 'ɛk[h]art
Eckhel 'ɛkl̩
Eckhof 'ɛkho:f
eckig 'ɛkɪç, -e ...ɪgə
Eckmann 'ɛkman
Eckmühl 'ɛkmy:l
Eckstätt 'ɛk-ʃtɛt
Eckstein 'ɛk-ʃtain
Eclair e'klɛ:ɐ
Écluse *fr.* e'kly:z
Economiser i'kɔnomaizɐ, *engl.* ɪ'kɔnəmaɪzə
Economist, The *engl.* ðɪ ɪ'kɔnəmɪst
Economo eko'no:mo
Economy *engl.* ɪ'kɔnəmɪ
e contrario e: kɔn'tra:rio
Ecossais ekɔ'sɛ, des – ...ɛ[s]
Ecossaise ekɔ'sɛ:zə
Écouen *fr.* e'kwã
Ecraséleder ekra'ze:le:dɐ
Écrasez l'infâme! *fr.* ekrɑzelɛ̃'fɑ:m
ecru e'kry:, *fr.* e'kry
Écs *ung.* e:tʃ
Ecseg *ung.* 'ɛtʃɛg
Ecser *ung.* 'ɛtʃɛr
Ecuador ekua'do:ɐ, *span.* ekua'ðɔr
Ecuadorianer ekuado'ria:nɐ
ecuadorianisch ekuado'ria:nɪʃ
Ed *engl.* ɛd, *schwed.* e:d
ed. 'e:didɪt
Ed. e'di:tsio, edi'tsio:n; *engl.* ɪ'dɪʃən
Éd. *fr.* edi'sjõ
Edam 'e:dam, *niederl.* e:'dɑm
Edamer 'e:damɐ
edaphisch e'da:fɪʃ
Edaphon 'e:dafɔn
edd. edi'de:rʊnt
Edda 'ɛda, *it.* 'edda
Edde *ung.* 'ɛddɛ
Eddelak 'ɛdəlak
Edderitz 'ɛdərɪts
Eddersheim 'ɛdɐshaim
Eddi[e] *engl.* 'ɛdɪ
Eddington *engl.* 'ɛdɪŋtən
eddisch 'ɛdɪʃ
Eddy *engl.* 'ɛdɪ
Eddystone *engl.* 'ɛdɪstən
Ede 'e:də, *engl.* i:d, *niederl.* 'e:də, *ung.* 'ɛdɛ
Édéa *fr.* ede'a
Edegem *niederl.* 'e:dəxəm
Edeka 'e:deka
edel 'e:dl̩, edle 'e:dlə
Edel 'e:dl̩, *engl.* i:dl
Edelberg 'e:dl̩bɛrk

Edelbert 'e:dlbɛrt
Edelény *ung.* 'ɛdɛle:nj
Edelfingen 'e:dlfɪŋən
Edelhagen 'e:dlha:gn
Edelinck *niederl.* 'e:dəlɪŋk
Edeling 'e:dəlɪŋ
Edelmann 'e:dlman
Edelmut 'e:dlmu:t
edelmütig 'e:dlmy:tɪç, -e ...ɪgə
Edelschrott 'e:dlʃrɔt
Edelshausen e:dls'hauzn
Edeltraud 'e:dltraut
Edeltrud 'e:dltru:t
Edelweiß 'e:dlvais
Edelweißspitze 'e:dlvaisʃpɪtsə
Eden 'e:dn, *engl.* i:dn
Edenkoben 'e:dnko:bn
Edens *engl.* i:dnz
Edentate edɛn'ta:tə
Edenvale *engl.* 'i:dnveɪl
Eder[kopf] 'e:dɐ[kɔpf]
Edersee 'e:dɐze:
Edessa e'dɛsa
Edewecht 'e:dəvɛçt
Edfelt *schwed.* ˌe:dfɛlt
Edfu 'ɛtfu
Edgar 'ɛtgar, *engl.* 'ɛdgə, *fr.* ɛd'ga:r
Edgardo *it.* ed'gardo
Edgcumbe *engl.* 'ɛdʒkəm
Edge[rton] *engl.* 'ɛdʒ[ətn]
Edgewater *engl.* 'ɛdʒwɔ:tə
Edgewood *engl.* 'ɛdʒwʊd
Edgeworth *engl.* 'ɛdʒwə:θ
Edgware *engl.* 'ɛdʒwɛə
ediderunt edi'de:rʊnt
edidit 'e:didɪt
edieren e'di:rən
Edikt e'dɪkt
Edina *engl.* ɪ'daɪnə
Edinburg 'e:dɪnbʊrk
Edinburgh *engl.* 'ɛdɪnbərə
Edingen 'e:dɪŋən, *niederl.* 'e:dɪŋə
Edip *türk.* ɛ'dip
Edirne *türk.* ɛ'dirnɛ
Edison 'e:dizɔn, *engl.* 'ɛdɪsn
Edith 'e:dɪt, *engl.* 'i:dɪθ, *fr.* e'dit
Editha e'di:ta
Editio castigata e'di:tsio kasti'ga:ta; **-nes ...tae** edi'tsio:ne:s ...tɛ
Edition edi'tsio:n
Editio princeps e'di:tsio 'prɪntsɛps
Editor 'e:ditɔr, **-en** edi'to:rən
editorisch edi'to:rɪʃ
Edle 'e:dlə
Edlibach 'e:dlibax
Edling[er] 'e:dlɪŋ[ɐ]
Edmar 'ɛtmar
Edmer *engl.* 'ɛdmə
Edmond *fr.* ɛd'mõ, *engl.* 'ɛdmənd
Edmondo *it.* ed'mondo
Edmonton *engl.* 'ɛdməntən
Edmund 'ɛtmʊnt, *engl.* 'ɛdmənd
Edmundo *span.* ɛð'mundo
Edmunds *engl.* 'ɛdməndz
Edmundson *engl.* 'ɛdmənsn
Edmundston *engl.* 'ɛdmǝndstən
Edna 'ɛtna, *engl.* 'ɛdnə
Edoardo *it.* edo'ardo
Edolo *it.* 'e:dolo
Edom 'e:dɔm
Edomiter edo'mi:tɐ
Édouard *fr.* e'dwa:r
Edrisi e'dri:zi
Edriside edri'zi:də
Edrita e'dri:ta
Edschmid 'e:tʃmɪt, 'ɛt...
Edsel *engl.* ɛdsl
Eduard 'e:duart, *schwed.* 'e:dvard
Eduardo *span.* e'ðuarðo
Edukation eduka'tsio:n
Edukt e'dʊkt
E-Dur 'e:du:ɐ, *auch:* '–'–
Edvard *norw.* 'ɛdvard, *schwed.* 'e:dvard
Edvin *schwed.* 'e:dvin
Edward 'ɛtvart, *engl.* 'ɛdwəd, *poln.* 'ɛdvart
Edwards *engl.* 'ɛdwədz
Edwardsville *engl.* 'ɛdwədzvɪl
Edwin 'ɛtvi:n, *engl.* 'ɛdwɪn
Edwina *engl.* ɛd'wi:nə
Edwyn *engl.* 'ɛdwɪn
Edzard 'ɛtsart
Eeckhout *niederl.* 'e:khɔut
Eeden *niederl.* 'e:də
Eekhoud *niederl.* 'e:khɔut
Eekhout *niederl.* 'e:khɔut
Eeklo *niederl.* 'e:klo:
Eelde *niederl.* 'e:ldə
Eelen *niederl.* 'e:lə
Eem *niederl.* e:m
Eemskanaal *niederl.* 'e:mska:na:l
Eenegem *niederl.* 'e:nəxəm
Eerbeek *niederl.* 'e:rbe:k
Eersel *niederl.* 'e:rsəl
Efanov vgl. Jefanow
EFE *span.* 'efe
Efendi e'fɛndi
Eferding 'e:fɐdɪŋ
Efes *türk.* 'ɛfɛs
Efeu 'e:fɔy
Effeff ɛf'|ɛf; *auch:* '–'–, '––
Effekt ɛ'fɛkt
Effekthascherei ɛfɛkthaʃə'rai
effektiv, E... ɛfɛk'ti:f, **-e** ...i:və
Effektivität ɛfɛktivi'tɛ:t
effektuieren ɛfɛktu'i:rən
Effel *fr.* ɛ'fɛl
Effelsberg 'ɛflsbɛrk
Effeltrich 'ɛfltrɪç
Effemination ɛfemina'tsio:n
effeminieren ɛfemi'ni:rən
Effen *niederl.* 'ɛfə
Effenberger 'ɛfnbɛrgɐ
Effendi ɛ'fɛndi
Efferen 'ɛfərən
efferens 'ɛfɛrɛns
efferent ɛfe'rɛnt
efferveszieren ɛfɛrvɛs'tsi:rən
Effet ɛ'fe:, *auch:* ɛ'fɛ:
effettuoso ɛfɛ'tuo:zo
Effi 'ɛfi
Efficiency *engl.* ɪ'fɪʃənsɪ
Effie 'ɛfi, *engl.* 'ɛfɪ
effilieren ɛfi'li:rən
Effilochés ɛfilɔ'ʃe:
Effingham *engl.* 'ɛfɪŋəm
Effizienz ɛfi'tsiɛnts
effizieren ɛfi'tsi:rən
Efflation ɛfla'tsio:n
Effloreszenz ɛflorɛs'tsɛnts
effloreszieren ɛflorɛs'tsi:rən
effluieren ɛflu'i:rən
Effluvium ɛ'flu:viʊm, **...ien** ...iən
Effner 'ɛfnɐ
Effusiometer ɛfuzio'me:tɐ
Effusion ɛfu'zio:n
effusiv ɛfu'zi:f, **-e** ...i:və
Efik *engl.* 'ɛfɪk
Efim vgl. Jefim
Efimenko vgl. Jefimenko
Efimov vgl. Jefimow
Efimovič vgl. Jefimowitsch
Efimovna vgl. Jefimowna
Eforie *rumän.* efo'rie
Efrem vgl. Jefrem
Efremov vgl. Jefremow
Efremovič vgl. Jefremowitsch
Efremovna vgl. Jefremowna
EFTA 'ɛfta
Ega *span.* 'eɣa, *port.* 'ɛɣɐ
Egadi *it.* 'ɛ:gadi
egal e'ga:l
egalisieren egali'zi:rən
egalitär egali'tɛ:ɐ
Egalität egali'tɛ:t
Égalité *fr.* egali'te
Egan *engl.* 'i:gən
Egart 'e:gart
Egas *span.* 'eɣas
Egas Moniz *port.* 'ɛɣɐʒ mu'niʃ
Egbert 'ɛkbɛrt, *engl.* 'ɛgbə:t
Egberta ɛk'bɛrta
Egbrecht 'ɛkbrɛçt
Ege *türk.* 'ɛgɛ
Egea *span.* ɛ'xea
Egea de los Caballeros *span.* ɛ'xea ðe lɔs kaβa'ʎerɔs
Egede *dän.* 'e:ɣəðə
Egedesminde *dän.* eɣəðəs'menə
Egel[l] 'e:gl
Egeln 'e:gln
Egen 'e:gn
Egenolff 'e:gənɔlf
Egenter 'e:gntɐ
Eger 'e:gɐ, *ung.* 'ɛgɛr
Egeria e'ge:ria
Egerländer 'e:gɐlɛndɐ
Egerling 'e:gɐlɪŋ
Egernsund *dän.* eɣərn'sɔn'
Egersund *norw.* e:gər'sʉn
Egerszalók *ung.* 'ɛgɛrsɔlo:k
Egervár *ung.* 'ɛgɛrva:r
Egerton *engl.* 'ɛdʒətn
Egeskov *dän.* 'e:ɣəsgɔu'

Egẹsta eˈgɛsta
Egestion egɛsˈti̯o:n
Egestorff ˈe:gəstɔrf
Ẹgg ɛk
[1]**Ẹgge** ˈɛgə
[2]**Ẹgge** (Name) *norw.* ˌɛgə
Ẹggebrecht ˈɛgəbrɛçt
ẹggen ˈɛgn̩, **ẹgg!** ɛk, **ẹggt** ɛkt
Ẹggenburg ˈɛgn̩bʊrk
Eggenfẹlden ɛgn̩ˈfɛldn̩
Ẹggenstein ˈɛgn̩ʃtai̯n
Ẹgger ˈɛgɐ, *fr.* ɛgˈʒɛ:r
Ẹgger-Lienz ˈɛgɐˈli:ɛnts
Ẹggers ˈɛgɐs, *engl.* ˈɛgəz
Eggesin ɛgəˈzi:n
Ẹggestein ˈɛgəʃtai̯n
Ẹggheads *engl.* ˈɛghɛdz
Ẹggingen ˈɛgɪŋən
Ẹggishorn ˈɛgɪshɔrn
Ẹggius ˈɛgi̯ʊs
Ẹggleston *engl.* ˈɛglstən
Ẹgglham ˈɛgl̩ham
Egglkofen ɛgl̩ˈko:fn̩
Ẹggmühl ˈɛkmy:l
Ẹgg-Nọg[g] *engl.* ˈɛgˈnɔg
Ẹggo ˈɛgo
Ẹggolsheim ˈɛgɔlshai̯m
Ẹgham *engl.* ˈɛgəm
Egid eˈgi:t
Egil ˈe:gɪl, ˈɛgɪl; *dän.* ˈe:gil
Egill ˈe:gɪl, ˈɛgɪl
Ẹgilsson *isl.* ˈɛji̯lsɔn
Eginald ˈe:ginalt
Eginẹtico *it.* edʒiˈnɛ:tiko
Eging ˈe:gɪŋ
Eginhard ˈe:gɪnhart
Egino ˈe:gino
Eginolf ˈe:ginɔlf
Egisheim ˈe:gɪshai̯m
Ẹgk ɛk
Eglamour ˈe:glamu:ɐ̯, *engl.* ˈɛgləmʊə
Eglantine eglanˈti:nə
Egle ˈe:glə
Egli ˈe:gli
Ẹglinton *engl.* ˈɛglɪntən
Eglisau ˈe:glizau̯
Egloff[stein] ˈe:glɔf[ʃtai̯n]
eglomisieren eglomiˈzi:rən
Ẹgmond aan Zee *niederl.* ˈɛxmɔnt a:n ˈze:
Ẹgmont *dt., engl.* ˈɛgmɔnt
Ẹgna *it.* ˈeɲɲa
Ẹgnach ˈɛgnax
egnatisch ɛˈgna:tɪʃ
ẹgo, Ego ˈe:go
Egoịsmus egoˈɪsmʊs
Egoịst egoˈɪst
egoịstisch egoˈɪstɪʃ
Egolf ˈe:gɔlf
Egon ˈe:gɔn
Egor vgl. Jegor
Egorʼevsk vgl. Jegorjewsk
Egorlyk vgl. Jegorlyk
Egorov vgl. Jegorow
Egoršino vgl. Jegorschino
Egotịsmus egoˈtɪsmʊs
Egotịst egoˈtɪst

Egoutteur egʊˈtø:ɐ̯
Egozẹntrik egoˈtsɛntrɪk
Egozẹntriker egoˈtsɛntrikɐ
egozẹntrisch egoˈtsɛntrɪʃ
Egranus eˈgra:nʊs
egrenieren egreˈni:rən
Ẹgressy *ung.* ˈɛgrɛʃi
Ẹgstedt ˈɛk-ʃtɛt
Egtved *dän.* ˈe:ɣtveð
Ẹgyek *ung.* ˈɛdjɛk
Ẹgyházrádóc *ung.* ˈɛtjha:zra:do:ts
Egyptiẹnne eʒɪˈpsi̯ɛn
ẹh! e:
Ehard ˈe:hart
ẹhe, Ehe ˈe:ə
Eheberg ˈe:əbɛrk
ẹhedẹm ˈe:əˈde:m
Ehekịrchen e:əˈkɪrçn̩
ẹhelich ˈe:əlɪç
ẹhelich[en] ˈe:əlɪç[n̩]
ẹhemalig ˈe:əma:lɪç, -e ...ɪgə
ẹhemals ˈe:əma:ls
ẹher[n] ˈe:ɐ[n]
Ehingen ˈe:ɪŋən
Ehinger ˈe:ɪŋɐ
Ehle *dt., schwed.* ˈe:lə
Ehlers ˈe:lɐs
Ehlingen ˈe:lɪŋən
Ehm[ann] ˈe:m[an]
Ehm[c]ke ˈe:mkə
Ehmsen ˈe:mzn̩
Ehnn e:n
Ehrang ˈe:raŋ
ẹhrbar ˈe:ɐ̯ba:ɐ̯
Ehre ˈe:rə
Ehregott ˈe:rəgɔt
ẹhren ˈe:rən
Ehrenberg ˈe:rənbɛrk
Ehrenberger ˈe:rənbɛrgɐ
Ehrenbreitstein e:rənˈbrai̯tʃtai̯n
Ehrenburg ˈe:rənbʊrk
Ehrenbürg ˈe:rənbʏrk
Ehrencron *dän.* ˈe:rənkro:ˀn
Ehrenfeld ˈe:rənfɛlt
Ehrenfels ˈe:rənfɛls
Ehrenfest ˈe:rənfɛst
Ehrenfried ˈe:rənfri:t
Ehrenfriedersdorf e:rənˈfri:dɐsdɔrf
ẹhrenhaft, E... ˈe:rənhaft
Ehrenhain ˈe:rənhai̯n
ẹhrenrührig ˈe:rənry:rɪç
Ehrenstein ˈe:rənʃtai̯n
Ehrensvärd *schwed.* ˌe:rənsvæ:rd
Ehrentraud ˈe:rəntrau̯t
Ehrentrud ˈe:rəntru:t
ẹhrerbietig ˈe:ɐ̯|ɛɐ̯ˌbi:tɪç, -e ...ɪgə
Ehret ˈe:rɛt
ẹhrfürchtig ˈe:ɐ̯fʏrçtɪç, -e ...ɪgə
Ehrgeiz ˈe:ɐ̯gai̯ts
ẹhrgeizig ˈe:ɐ̯gai̯tsɪç
Ehrhard[t] ˈe:ɐ̯hart
Ehringsdorf ˈe:rɪŋsdɔrf
Ehrismann ˈe:rɪsman
Ehrle ˈe:ɐ̯lə

Ehrler ˈe:ɐ̯lɐ
ẹhrlich, E... ˈe:ɐ̯lɪç
ẹhrsam ˈe:ɐ̯za:m
Ehrwald ˈe:ɐ̯valt
Ehrwürden ˈe:ɐ̯vʏrdn̩
ẹhrwürdig ˈe:ɐ̯vʏrdɪç, -e ...ɪgə
ei!, Ei ai̯
eia! ˈai̯a
eiapopeia! ai̯apoˈpai̯a, ˈ---ˈ--
Eibach ˈai̯bax
Eibar *span.* ɛi̯ˈβar
Eibau ˈai̯bau̯
Eibe ˈai̯bə
Eibenschitz ˈai̯bn̩ʃɪts
Eibenstock ˈai̯bn̩ʃtɔk
Ẹibergen *niederl.* ˈɛi̯bɛrxə
Eibisch ˈai̯bɪʃ
Eibiswald ˈai̯bɪsvalt
Eibl ˈai̯bl̩
Eibsee ˈai̯pze:
Eibstadt ˈai̯p-ʃtat
Eich[berg] ˈai̯ç[bɛrk]
Eiche ˈai̯çə
Eichel ˈai̯çl̩
Eichelberger ˈai̯çl̩bɛrgɐ, *engl.* ˈaɪkəlbə:gə
Eichelhäher ˈai̯çl̩hɛ:ɐ
Eichelsdorf ˈai̯çl̩sdɔrf
eichen, Ei... ˈai̯çn̩
Eichenbühl ai̯çn̩ˈby:l
Eichendorf[f] ˈai̯çn̩dɔrf
Eicherscheid ˈai̯çɐʃai̯t
Eichhof ˈai̯çho:f
Eichhorn ˈai̯çhɔrn
Eichhörnchen ˈai̯çhœrnçən
Eichler ˈai̯çlɐ
Eichmann ˈai̯çman
Eichner ˈai̯çnɐ
Eichrodt ˈai̯çro:t
Eichsfeld ˈai̯çsfɛlt
Eichstätt ˈai̯çʃtɛt
Eichstetten ˈai̯çʃtɛtn̩
Eicht ai̯çt
Eichtersheim ˈai̯çtɐshai̯m
Eichwạlde aɪçˈvaldə
Eickel[born] ˈai̯kl̩[bɔrn]
Eickemeyer ˈai̯kəmai̯ɐ
Eicken[dorf] ˈai̯kn̩[dɔrf]
Eickhorst ˈai̯khɔrst
Eickstedt ˈai̯k-ʃtɛt
Eid ai̯t, -e ˈai̯də
[1]**Eidam** ˈai̯dam
[2]**Ẹidam** (Name) *schwed.* ˈɛi̯dam
Eidamerkäse ˈai̯damɐkɛ:zə
Eidạngerfjord *norw.* ɛi̯ˈdaŋərfju:r
Eidechschen ˈai̯dɛksçən
Eidechse ˈai̯dɛksə
Eidelstedt ˈai̯dl̩ʃtɛt
Ẹidem *schwed.* ˈɛi̯dəm
Eidenborn ˈai̯dn̩bɔrn
Eider[däne] ˈai̯dɐ[dɛ:nə]
Eiderdaune ˈai̯dɐdau̯nə
Eiderstedt ˈai̯dɐʃtɛt
Eidẹtik ai̯ˈde:tɪk
Eidẹtiker ai̯ˈde:tikɐ
eidẹtisch ai̯ˈde:tɪʃ
Eidgenosse ˈai̯tgənɔsə

eidgenössisch 'a͜itgənœsɪʃ
eidlich 'a͜itlɪç
Eidlitz 'a͜idlɪts
Eidologie a͜idolo'gi:, **-n** ...i:ən
Eidolon 'a͜idolɔn, **...la** ...la
Eidophor a͜ido'fo:ɐ̯
Eidos 'a͜idɔs
Eidsvoll *norw.* 'ɛi̯dsvɔl
Eier[mann] 'a͜iɐ[man]
Eifel 'a͜ifl̩
Eifer 'a͜ifɐ
eifern 'a͜ifɐn
Eifersucht 'a͜ifɐzʊxt
Eifersüchtelei a͜ifɐzʏçtə'la͜i
eifersüchtig 'a͜ifɐzʏçtɪç
Eiff a͜if
Eiffel 'a͜ifl̩, *fr.* ɛ'fɛl
Eiffelturm 'a͜ifl̩tʊrm
Eifischtal 'a͜ifɪʃta:l
eifrig 'a͜ifrɪç, **-e** ...ɪgə
Eigelstein 'a͜igl̩ʃta͜in
Eigeltingen 'a͜igl̩tɪŋən
eigen 'a͜ign̩, **eigne** 'a͜ignə
Eigen 'a͜ign̩
Eigenart 'a͜ign̩|a:ɐ̯t
eigenartig 'a͜ign̩|a:ɐ̯tɪç
Eigenbrötelei a͜ign̩brø:tə'la͜i
Eigenbrötler 'a͜ign̩brø:tlɐ
Eigenbrötlerei a͜ign̩brø:tlə'ra͜i
eigenbrötlerisch 'a͜ign̩brø:tlərɪʃ
eigenhändig 'a͜ign̩hɛndɪç, **-e** ...ɪgə
eigenmächtig 'a͜ign̩mɛçtɪç
Eigenmann 'a͜ign̩man
eigennützig 'a͜ign̩nʏtsɪç, **-e** ...ɪgə
Eigenrieden a͜ign̩'ri:dn̩
eigens 'a͜ign̩s
Eigenschaft 'a͜ign̩ʃaft
eigensinnig 'a͜ign̩zɪnɪç
eigenständig 'a͜ign̩ʃtɛndɪç
eigensüchtig 'a͜ign̩zʏçtɪç
eigentlich 'a͜ign̩tlɪç
Eigentum 'a͜ign̩tu:m
Eigentümer 'a͜ign̩ty:mɐ
eigentümlich 'a͜ign̩ty:mlɪç
eigenwillig 'a͜ign̩vɪlɪç
Eiger 'a͜igɐ
Eigergletscher 'a͜igɐglɛtʃɐ
Eigernordwand a͜igɐ'nɔrtvant
Eigerwand 'a͜igɐvant
eignen 'a͜ignən
eigner, Ei... 'a͜ignɐ
Eignung 'a͜ignʊŋ
Eigtved *dän.* 'a͜iytveð
Eijgelshoven *niederl.* 'ɛi̯xəlsho:və
Eijkman *niederl.* 'ɛi̯kman
Eijsden *niederl.* 'ɛi̯zdə
Eike 'a͜ikə
Eiko 'a͜iko
Eikonal a͜iko'na:l
Eiland 'a͜ilant, **-e** ...ndə
Eilbek 'a͜ilbe:k
Eilbert 'a͜ilbɛrt
Eilberta a͜il'bɛrta
Eile 'a͜ilə
Eileen *engl.* 'aɪli:n
eilen 'a͜ilən
Eilenburg 'a͜ilənbʊrk
Eilendorf 'a͜iləndɔrf
eilends 'a͜ilənts
Eilenstedt 'a͜ilənʃtɛt
eilfertig 'a͜ilfɛrtɪç
Eilfried 'a͜ilfri:t
Eilhard, ...rt 'a͜ilhart
Eilif 'a͜ilɪf
eilig 'a͜ilɪç, **-e** ...ɪgə
Eilika 'a͜ilika
Eiliko 'a͜iliko
Eilrad 'a͜ilra:t
Eilrich 'a͜ilrɪç
Eilsen 'a͜ilzn̩
Eilsleben 'a͜ilsle:bn̩
Eiltraud 'a͜iltra͜ut
Eiltrud 'a͜iltru:t
Eimansberger 'a͜imansbɛrgɐ
Eimeldingen 'a͜iml̩dɪŋən
Eimer[t] 'a͜imɐ[t]
Eimmart 'a͜imart
Eimsbüttel 'a͜imsbʏtl̩
ein a͜in
einachsig 'a͜in|aksɪç, **-e** ...ɪgə
Einakter 'a͜in|aktɐ
einander a͜i'nandɐ
Einar 'a͜inar, *isl.* 'ɛi̯nar
einarmig 'a͜in|armɪç, **-e** ...ɪgə
einäschern 'a͜in|ɛʃɐn
Einaudi *it.* ei̯'na:u̯di
einäugig 'a͜in|ɔygɪç, **-e** ...ɪgə
Einback 'a͜inbak
einballieren 'a͜inbali:rən
einbalsamieren 'a͜inbalzami:rən
Einband 'a͜inbant
einbändig 'a͜inbɛndɪç, **-e** ...ɪgə
Einbeck 'a͜inbɛk
Einbeere 'a͜inbe:rə
Einbrenne 'a͜inbrɛnə
einbringlich 'a͜inbrɪŋlɪç
Einbruch 'a͜inbrʊx, **Einbrüche** 'a͜inbrʏçə
einbuchten 'a͜inbʊxtn̩
einbürgern 'a͜inbʏrgɐn, **einbürgre** 'a͜inbʏrgrə
eindämmen 'a͜indɛmən
eindellen 'a͜indɛlən
eindeutig 'a͜indɔytɪç, **-e** ...ɪgə
eindeutschen 'a͜indɔytʃn̩
Eindhoven *niederl.* 'ɛi̯ntho:və
eindicken 'a͜indɪkn̩
eindosen 'a͜indo:zn̩, **dos ein!** 'do:s 'a͜in, **eindost** 'a͜indo:st
eindringlich 'a͜indrɪŋlɪç
Eindringling 'a͜indrɪŋlɪŋ
Eindruck 'a͜indrʊk
eindrücklich 'a͜indrʏklɪç
Eine *niederl.* 'ɛi̯nə
eineiig 'a͜in|a͜iɪç, **-e** ...ɪgə
eineinhalb 'a͜in|a͜in'halp
Einem 'a͜inəm
einen 'a͜inən
einengen 'a͜in|ɛŋən
einer, Ei... 'a͜inɐ
einerlei, Ei... 'a͜inɐ'la͜i
einerseits 'a͜inɐ'za͜its
eines 'a͜inəs
einesteils 'a͜inəs'ta͜ils
einfach 'a͜infax
einfädeln 'a͜infɛ:dl̩n
Einfall 'a͜infal
Einfalt 'a͜infalt
einfältig 'a͜infɛltɪç, **-e** ...ɪgə
Einfeld 'a͜infɛlt
Einfelder 'a͜infɛldɐ
einfenzen 'a͜infɛntsn̩
einförmig 'a͜infœrmɪç, **-e** ...ɪgə
einfrieden 'a͜infri:dn̩, **fried ein!** 'fri:t 'a͜in
einfriedigen 'a͜infri:dɪgn̩, **friedig ein!** 'fri:dɪç 'a͜in, **einfriedigt** 'a͜infri:dɪçt
ein für allemal 'a͜in fy:ɐ̯ alə'ma:l, – – 'aləma:l
Eingang 'a͜ingaŋ
eingangs 'a͜ingaŋs
eingeboren 'a͜ingəbo:rən
eingedenk 'a͜ingədɛŋk
eingefleischt 'a͜ingəfla͜iʃt
eingefuchst 'a͜ingəfʊkst
eingehend 'a͜inge:ənt, **-e** ...ndə
eingemeinden 'a͜ingəma͜indn̩, **gemeind ein!** gə'ma͜int 'a͜in
Eingerichte 'a͜ingərɪçtə
eingeschlechtig 'a͜ingəʃlɛçtɪç, **-e** ...ɪgə
Eingeständnis 'a͜ingəʃtɛntnɪs, **-se** ...ɪsə
eingestrichen 'a͜ingəʃtrɪçn̩
Eingeweide 'a͜ingəva͜idə
eingleisen 'a͜ingla͜izn̩, **gleis ein!** 'gla͜is 'a͜in, **eingleist** 'a͜ingla͜ist
eingleisig 'a͜ingla͜izɪç, **-e** ...ɪgə
einhalbmal a͜in'halpma:l
Einhalt 'a͜inhalt
einhändig 'a͜inhɛndɪç, **-e** ...ɪgə
einhändigen 'a͜inhɛndɪgn̩, **händig ein!** 'hɛndɪç 'a͜in, **einhändigt** 'a͜inhɛndɪçt
Einhard, ...rt 'a͜inhart
einhäusig 'a͜inhɔyzɪç, **-e** ...ɪgə
einheimisch 'a͜inha͜imɪʃ
einheimsen 'a͜inha͜imzn̩, **heims ein!** 'ha͜ims 'a͜in, **einheimst** 'a͜inha͜imst
Einheit 'a͜inha͜it
einheitlich 'a͜inha͜itlɪç
einhellig 'a͜inhɛlɪç, **-e** ...ɪgə
einherfahren a͜in'he:ɐ̯fa:rən
Einherier a͜in'he:ri̯ɐ
Einhufer 'a͜inhu:fɐ
einhufig 'a͜inhu:fɪç, **-e** ...ɪgə
einhundert 'a͜in'hʊndɐt
einig 'a͜inɪç, **-e** ...ɪgə
einige 'a͜inɪgə
einigeln 'a͜in|i:gl̩n, **igle ein** 'i:glə 'a͜in
einigemal 'a͜inɪgəma:l, *auch:* '–––'–
einigen 'a͜inɪgn̩, **einig!** 'a͜inɪç, **einigt** 'a͜inɪçt
einigermaßen 'a͜inɪgɐ'ma:sn̩
einiggehen 'a͜inɪçge:ən
Einigkeit 'a͜inɪçka͜it
einjährig 'a͜injɛ:rɪç

Einjährig-Freiwilliger 'ai̯njɛ:rɪç'frai̯vɪlɪgɐ
einkampfern 'ai̯nkampfɐn
einkapseln 'ai̯nkapsl̩n
einkassieren 'ai̯nkasi:rən
Einkehr 'ai̯nke:ɐ̯
einkellern 'ai̯nkɛlɐn
einkerkern 'ai̯nkɛrkɐn
Einkind 'ai̯nkɪnt
einkremen 'ai̯nkre:mən, *auch:* ...rɛ:mən
Einkünfte 'ai̯nkʏnftə
Einlaß 'ai̯nlas, **Einlasses** ...lasəs, **Einlässe** ...lɛsə
einläßlich 'aɪnlɛslɪç
einliegend 'ai̯nli:gn̩t, -e ...n̩də
einmal 'ai̯nma:l
Einmaleins ai̯nma:l'|ai̯ns
einmalig 'ai̯nma:lɪç, *nachdrücklich* '–'––; -e ...ɪgə
einmännig 'ai̯nmɛnɪç, -e ...ɪgə
Einmarkstück ai̯n'mark-ʃtʏk
einmastig 'ai̯nmastɪç, -e ...ɪgə
Einmeterbrett ai̯n'me:tɐbrɛt
einmotten 'ai̯nmɔtn̩
einmütig 'ai̯nmy:tɪç, -e ...ɪgə
einnachten 'ai̯nnaxtn̩
Einnahme 'ai̯nna:mə
einnehmend 'ai̯nne:mənt, -e ...n̩də
Einnehmerei ai̯nne:mə'rai̯
Eino *finn.* 'ɛi̯nɔ
Einöd (Saar) 'ai̯n|ø:t
Einöde 'ai̯n|ø:də
Einödriegel 'ai̯n|ø:tri:gl̩
einpacken 'ai̯npakn̩
einpfarren 'ai̯npfarən
Einphasenstrom ai̯n'fa:zn̩ʃtro:m
einpolig 'ai̯npo:lɪç, -e ...ɪgə
einprägsam 'ai̯nprɛ:kza:m
einquartieren 'ai̯nkvarti:rən
einrahmen 'ai̯nra:mən
einreihig 'ai̯nrai̯ɪç, -e ...ɪgə
Einruhr 'ai̯nru:ɐ̯
eins ai̯ns
Einsaat 'ai̯nza:t
einsam 'ai̯nza:m
einsargen 'ai̯nzargn̩, **sarg ein!** 'zark 'ai̯n, **einsargt** 'ai̯nzarkt
Einsattelung 'ai̯nzatəlʊŋ
einschachteln 'ai̯nʃaxtl̩n
einschalen 'ai̯nʃa:ln̩
einscheren 'ai̯nʃe:rən
einschichtig 'ai̯nʃɪçtɪç
Einschiebsel 'ai̯nʃi:psl̩
einschläf[e]rig 'ai̯nʃlɛ:f[ə]rɪç
einschläfernd 'ai̯nʃlɛ:fɐnt, -e ...ndə
einschläfig 'ai̯nʃlɛ:fɪç, -e ...ɪgə
einschlägig 'ai̯nʃlɛ:gɪç, -e ...ɪgə
einschließlich 'ai̯nʃli:slɪç
einschneidend 'ai̯nʃnai̯dn̩t, -e ...n̩də
Einschrieb 'ai̯nʃri:p, -es ...i:bəs
einschüchtern 'ai̯nʃʏçtɐn
einschürig 'ai̯nʃy:rɪç, -e ...ɪgə
einsegnen 'ai̯nze:gnən
einseifen 'ai̯nzai̯fn̩
einseitig 'ai̯nzai̯tɪç, -e ...ɪgə
Einser 'ai̯nzɐ
einsichtig 'ai̯nzɪçtɪç
Einsiedel 'ai̯nzi:dl̩
Einsiedelei ai̯nzi:də'lai̯
Einsiedeln 'ai̯nzi:dl̩n
Einsiedler 'ai̯nzi:dlɐ
einsilbig 'ai̯nzɪlbɪç, -e -ɪgə
einsilieren 'ai̯nzili:rən
einsitzig 'ai̯nzɪtsɪç, -e ...ɪgə
Einsle 'ai̯nslə
Einspänner 'ai̯nʃpɛnɐ
einspännig 'ai̯nʃpɛnɪç, -e ...ɪgə
einspurig 'ai̯nʃpu:rɪç, -e ...ɪgə
einst, Ei... ai̯nst
einstampfen 'ai̯nʃtampfn̩
Einstein 'ai̯nʃtai̯n
Einsteinium ai̯n'ʃtai̯ni̯ʊm
einstens 'ai̯nstn̩s
Einstieg 'ai̯nʃti:k, -es ...i:gəs
einstig 'ai̯nstɪç, -e ...ɪgə
einstimmig 'ai̯nʃtɪmɪç, -e ...ɪgə
einstmalig 'ai̯nstma:lɪç, -e ...ɪgə
einstmals 'ai̯nstma:ls
einstöckig 'ai̯nʃtœkɪç, -e ...ɪgə
einstufen 'ai̯nʃtu:fn̩
einstufig 'ai̯nʃtu:fɪç, -e ...ɪgə
einstweilen 'ai̯nst'vai̯lən
einstweilig 'ai̯nst'vai̯lɪç, -e ...ɪgə
eintausend 'ai̯n'tau̯zn̩t
einteigen 'ai̯ntai̯gn̩, **teig ein!** 'tai̯k 'ai̯n, **einteigt** 'ai̯ntai̯kt
einteilig 'ai̯ntai̯lɪç, -e ...ɪgə
Eintel 'ai̯ntl̩
Einthoven *niederl.* 'ɛi̯ntho:və
eintönig 'ai̯ntø:nɪç, -e ...ɪgə
Eintracht 'ai̯ntraxt
einträchtig 'ai̯ntrɛçtɪç
einträchtiglich 'ai̯ntrɛçtɪklɪç
Eintrag 'aɪntra:k, -es 'ai̯ntra:gəs, **Einträge** 'ai̯ntrɛ:gə
einträglich 'ai̯ntrɛ:klɪç
eintreibbar 'ai̯ntrai̯pba:ɐ̯
eintretendenfalls 'ai̯ntre:tn̩dən'fals
einüben 'ai̯n|y:bn̩
Einundalles 'ai̯n|ʊnt'|aləs
ein und derselbe 'ai̯n ʊnt de:ɐ̯'zɛlbə
ein und einhalb 'ai̯n|ʊnt|ai̯n'halp
einundzwanzig 'ai̯n|ʊnt'tsvantsɪç
einverleiben 'ai̯nfɛɐ̯lai̯bn̩, **verleib ein!** fɛɐ̯'lai̯p 'ai̯n, **einverleibt** 'ai̯nfɛɐ̯lai̯pt
Einvernahme 'ai̯nfɛɐ̯na:mə
einvernehmen 'ai̯nfɛɐ̯ne:mən
einverstanden 'ai̯nfɛɐ̯ʃtandn̩
Einverständnis 'ai̯nfɛɐ̯ʃtɛntnɪs, -se ...ɪsə
Einwaage 'ai̯nva:gə
Einwand 'ai̯nvant, -es 'ai̯nvandəs, **Einwände** ...vɛndə
einwandfrei 'ai̯nvantfrai̯
einwärts 'ai̯nvɛrts
einwertig 'ai̯nve:ɐ̯tɪç, -e ...ɪgə
einwilligen 'ai̯nvɪlɪgn̩, **willig ein!** 'vɪlɪç 'ai̯n, **einwilligt** 'ai̯nvɪlɪçt
einwintern 'ai̯nvɪntɐn
Einwohner 'ai̯nvo:nɐ
Einzahl 'ai̯ntsa:l
einzehig 'ai̯ntse:ɪç, -e ...ɪgə
einzeilig 'ai̯ntsai̯lɪç, -e ...ɪgə
Einzel 'ai̯ntsl̩
Einzeller 'ai̯ntsɛlɐ
einzellig 'ai̯ntsɛlɪç, -e ...ɪgə
einzeln 'ai̯ntsl̩n
einzig 'ai̯ntsɪç, -e ...ɪgə
einzigartig 'ai̯ntsɪç|a:ɐ̯tɪç, *nachdrücklich* '––'––; -e ...ɪgə
Einzigeine 'ai̯ntsɪç'|ai̯nə
Einzüger 'ai̯ntsy:gɐ
Eipel 'ai̯pl̩
Eipper[le] 'ai̯pɐ[lə]
Eiras *port.* 'ɐi̯rɐʃ
Eire *engl.* 'ɛərə
Éire 'a:iri, 'i:ri; *engl.* 'ɛərə
Eirene ai̯'re:nə, *B* ...ne
Eiríksjökull *isl.* 'ɛi̯rixsjœ:kʏdl
Eiríkur *isl.* 'ɛi̯ri:kʏr
eirund, Ei... 'ai̯rʊnt, -e ...ndə
[1]**Eis** (gefrorenes Wasser) ai̯s, -es 'ai̯zəs
eis, [2]**Eis** (Tonbezeichnung) 'e:ɪs
Eisack 'ai̯zak
Eisbrenner 'ai̯sbrɛnɐ
Eisele 'ai̯zələ, *engl.* 'aɪzələ
Eiselen 'ai̯zələn
Eiselsberg 'ai̯zl̩sbɛrk
eisen 'ai̯zn̩, **eis!** ai̯s, **eist** ai̯st
Eisen 'ai̯zn̩, *fr.* ɛ'zɛn
Eisenach 'ai̯zənax
Eisenbahn 'ai̯zn̩ba:n
Eisenbart[h] 'ai̯zn̩ba:ɐ̯t
Eisenberg 'ai̯zn̩bɛrk
Eisenbrod 'ai̯zn̩bro:t
Eisenburg 'ai̯zn̩bʊrk
Eisenerz[er] 'ai̯zn̩|e:ɐ̯ts[ɐ], ...|ɛrts[ɐ]
eisenhaltig 'ai̯zn̩haltɪç, -e ...ɪgə
eisenhart 'ai̯zn̩'hart
Eisenhofer 'ai̯zn̩ho:fɐ
Eisenhoit 'ai̯zn̩hɔyt
Eisenhower 'ai̯zn̩hau̯ɐ, *engl.* 'aɪzənhaʊə
Eisenhut 'ai̯zn̩hu:t
Eisenhüttenstadt ai̯zn̩'hʏtn̩ʃtat
Eisenia ai̯'ze:ni̯a
Eisenkappel 'ai̯zn̩kapl̩
Eisenmenger 'ai̯zn̩mɛŋɐ
Eisenreich 'ai̯zn̩rai̯ç
Eisenreith 'ai̯zn̩rai̯t
Eisenschiml 'ai̯zn̩ʃɪml̩
Eisenschtein, Ejzenštejn 'ai̯zn̩ʃtai̯n, *russ.* ɛjzɪn'ʃtjejn
eisenschüssig 'ai̯zn̩ʃʏsɪç, -e ...ɪgə
Eisenstadt 'ai̯zn̩ʃtat
Eisenstein 'ai̯zn̩ʃtai̯n
Eiserfeld 'ai̯zɐfɛlt
Eiserloh 'ai̯zɐlo:

eisern, Ei... 'ai̯zɐn
Eisfeld 'ai̯sfɛlt
Eisfjord 'ai̯sfjɔrt
Eisgarn 'ai̯sgarn
Eisgrub 'ai̯sgru:p
Eisheiligen 'ai̯shai̯lɪgn̩
eisig 'ai̯zɪç, **-e** ...ɪgə
eiskalt 'ai̯s'kalt
eislaufen 'ai̯slau̯fn̩
Eisleben 'ai̯sle:bn̩
Eisleber 'ai̯sle:bɐ
Eisler 'ai̯slɐ
Eisling[en] 'ai̯slɪŋ[ən]
Eismeer 'ai̯sme:ɐ̯
Eismitte 'ai̯smɪtə
Eisner 'ai̯snɐ
Eisriesenwelt 'ai̯sri:zn̩vɛlt
Eiß[e] 'ai̯s[ə]
Eissen 'ai̯sn̩
Eisteddfod *engl.* aɪs'tɛðvɔd
Eistrup 'ai̯strʊp
Eisweiler 'ai̯svai̯lɐ
eitel, Ei... 'ai̯tl̩
Eitelberger 'ai̯tl̩bɛrgɐ
Eitelfriedrich 'ai̯tl̩fri:drɪç, '‿‿'‿‿, ‿‿'‿‿
Eitelkeit 'ai̯tl̩kai̯t
Eiter 'ai̯tɐ
eiterig 'ai̯tərɪç, **-e** ...ɪgə
eitern 'ai̯tɐn
Eitner 'ai̯tnɐ
Eitorf 'ai̯tɔrf
Eitrem *norw.* ˌɛi̯trɛm
eitrig 'ai̯trɪç **-e** ...ɪgə
Eitz[en] 'ai̯tsn̩
Eitzenberger 'ai̯tsn̩bɛrgɐ
Eitzweiler 'ai̯tsvai̯lɐ
Eiweiler 'ai̯vai̯lɐ
Eiweiß 'ai̯vai̯s
Eixo *port.* 'ɐi̯ʃu
Eizaguirre *span.* ɛi̯θa'ɣirrɛ
Ejakulat ejakula:t
Ejakulation ejakula'tsi̯o:n
ejakulieren ejaku'li:rən
Ejby *dän.* 'ai̯by:ˀ
Ejektion ejɛk'tsi̯o:n
Ejektive ejɛk'ti:və
Ejektor e'jɛktɔr, **-en** ...'to:rən
Ejer Bavnehøj *dän.* 'ai̯ər 'bau̯nəhɔi̯ˀ
Eigil *dän.* 'ai̯gil
ejizieren eji'tsi:rən
Ejlert 'ai̯lɐt, *dän.* 'ai̯ˀlərd
Ejlif 'ai̯lɪf
Ejnar 'ai̯nar, *schwed.* 'ɛi̯nar, *dän.* 'aiˀnər
Ejner *dän.* 'ai̯nər
Ejpovice *tschech.* 'ɛjpɔvitsɛ
Ejsk vgl. Jeisk
ejusdem mensis e'jʊsdɛm 'mɛnzɪs
Ejvind *dän.* 'ai̯ven'
Ejzenštejn vgl. Eisenschtein
Ekart e'ka:ɐ̯
Ekarté ekar'te:
Ekaterina vgl. Jekaterina
Ekaterinburg vgl. Jekaterinburg
Ekaterinodar vgl. Jekaterinodar
Ekaterinoslav vgl. Jekaterinoslaw
Ekaterinovka vgl. Jekaterinowka
Ekateriny vgl. Jekateriny
Ekbatana ɛk'ba:tana
Ekchondrom ɛkçɔn'dro:m
Ekchondrose ɛkçɔn'dro:zə
Ekchymose ɛkçy'mo:zə
Ekdal 'e:kdal
ekdemisch ɛk'de:mɪʃ
Ekdyson ɛkdy'zo:n
ekel, E... 'e:kl̩
ekelig 'e:kəlɪç, **-e** ...ɪgə
ekeln 'e:kl̩n
Ekelöf *schwed.* ˌe:kəløːv
Ekelund *schwed.* ˌe:kəlʊnd
Ekeren *niederl.* 'e:kərə
Ekhof 'e:kho:f
Ekkehard, ...rt 'ɛkəhart
Ekklesia ɛ'kle:zi̯a
Ekklesiastes ɛkle'zi̯astɛs
Ekklesiastik ɛkle'zi̯astɪk
Ekklesiastikus ɛkle'zi̯astikʊs
Ekklesiologie ɛklezi̯olo'gi:
ekkrin ɛ'kri:n
Ekkyklema e'ky:klema, **...klemen** ɛky'kle:mən
Eklaireur eklɛ'rø:ɐ̯
Eklampsie eklam'psi:, ek...; **-n** ...i:ən
Eklampsismus ɛklam'psɪsmʊs, ek...
Eklat e'kla[:]
eklatant ekla'tant
Eklektiker ɛk'lɛktikɐ, e'k...
eklektisch ɛk'lɛktɪʃ, e'k...
Eklektizismus ɛklɛkti'tsɪsmʊs, ek...
eklektizistisch ɛklɛkti'tsɪstɪʃ, ek...
eklig 'e:klɪç, **-e** ...ɪgə
Eklipse ɛk'lɪpsə, e'k...
Ekliptik ɛk'lɪptɪk, e'k...
Ekliptikal... ɛklɪpti'ka:l..., ek...
ekliptisch ɛk'lɪptɪʃ, e'k...
Ekloge ɛk'lo:gə, e'k...
Eklogit ɛklo'gi:t, ek...; *auch:* ...gɪt
Eklund *schwed.* ˌe:klʊnd
Ekman *schwed.* ˌe:kman
Ekmnesie ɛkmne'zi:, **-n** ...i:ən
Eknoia ɛk'nɔy̯a
Ekonomiser i'kɔnomai̯zɐ, *engl.* ɪ'kɔnəmaɪzə
Ekossaise ekɔ'sɛ:zə
Ekphorie ɛkfo'ri:, **-n** ...i:ən
Ekphym ɛk'fy:m
Ekpyrosis ɛk'py:rozɪs
Ekrasit ekra'zi:t, *auch:* ...zɪt
Ekron 'e:krɔn
Ekrüseide e'kry:zai̯də
Eksjö *schwed.* ˌe:kʃø:
Ekstase ɛk'sta:zə, ɛks'ta:zə
Ekstatik ɛk'sta:tɪk, ɛks't...
Ekstatiker ɛk'sta:tikɐ, ɛks't...
ekstatisch ɛk'sta:tɪʃ, ɛks't...
Ekstrabladet *dän.* 'ɛgsdrabla:ˀðəd
...ektomiert (z. B. gastrektomiert) ...ɛkto'mi:ɐ̯t
Ekstrophie ɛkstro'fi:, **-n** ...i:ən
Ektase ɛk'ta:zə
Ektasie ɛkta'zi:, **-n** ...i:ən
Ektasis 'ɛktazɪs, **...sen** ɛk'ta:zn̩
Ektenie ɛkte'ni:, **-n** ...i:ən
Ekthlipsis 'ɛktlɪpsɪs, **...ipsen** ɛk'tlɪpsn̩
Ekthym ɛk'ty:m
Ektoderm ɛkto'dɛrm
Ektodermose ɛktodɛr'mo:zə
Ektomie ɛkto'mi:, **-n** ...i:ən
Ektoparasit ɛktopara'zi:t
ektophytisch ɛkto'fy:tɪʃ
Ektopie ɛkto'pi:, **-n** ...i:ən
ektopisch ɛk'to:pɪʃ
Ektoplasma ɛkto'plasma
Ektosit ɛkto'zi:t
Ektoskelett ɛktoske'lɛt
Ektoskopie ɛktosko'pi:, **-n** ...i:ən
Ektotoxin ɛktotɔ'ksi:n
ektotroph ɛkto'tro:f
Ektrodaktylie ɛktrodakty'li:, **-n** ...i:ən
Ektromelie ɛktrome'li:, **-n** ...i:ən
Ektropion ɛk'tro:pi̯ɔn, **...ien** ...i̯ən
Ektropium ɛk'tro:pi̯ʊm, **...ien** ...i̯ən
Ekuador eku̯a'do:ɐ̯
Ekuadorianer eku̯ado'ri̯a:nɐ
ekuadorianisch eku̯ado'ri̯a:nɪʃ
Ekzem ɛk'tse:m
Ekzematiker ɛktse'ma:tikɐ
Ekzematoid ɛktsemato'i:t, **-e** ...i:də
ekzematös ɛktsema'tø:s, **-e** ...ø:zə
El (Gott) e:l
Elaborat elabo'ra:t
Elabuga vgl. Jelabuga
Elagabal e'la:gabal, ela'ga:bal
Elagabalus ela'ga:balʊs
Elaidin elai'di:n
Elain ela'i:n
Elaine *engl.* ɪ'leɪn
Elaiosom elai̯o'zo:m
Elakrab ela'kra:p
EL AL ɛl'|a:l
El-Alamein ɛl|ala'mai̯n
Elam 'e:lam
elamisch e'la:mɪʃ
elamitisch ela'mi:tɪʃ
Elan e'la:n, *auch:* e'lã:
Elan vital *fr.* elãvi'tal
Eläolith elɛo'li:t, *auch:* ...lɪt
Eläoplast elɛo'plast
elaphitisch ela'fi:tɪʃ
Elaste e'lastə
Elastik e'lastɪk
elastisch e'lastɪʃ
Elastizität elastitsi'tɛ:t

Elastomere elasto'me:rə
Elat 'e:lat
Elatea ela'te:a
Elatere ela'te:rə
Elath 'e:lat
Elativ 'e:lati:f, **-e** ...i:və
Elatos 'e:latɔs
Elâzığ *türk.* ɛla'zɨ:, '---
[1]**Elba** (Insel) 'ɛlba, *it.* 'elba
[2]**Elba** (Fluß) *it.* 'ɛlba
elbabwärts 'ɛlp'|apvɛrts
Elbasan *alban.* elba'san
El Barco *span.* ɛl 'βarko
elbaufwärts 'ɛlp'|aufvɛrts
Elbe 'ɛlbə
Elbe-Kosteletz 'ɛlbə'kɔstələts
Elberfeld ɛlbɐ'fɛlt *auch:* '---
Elbert 'ɛlbɛrt
Elbert[on] *engl.* 'ɛlbət[ən]
Elbe-Teinitz 'ɛlbə'tainɪts
Elbeuf *fr.* ɛl'bœf
Elb-Florenz 'ɛlpflorɛnts
Elbherzogtümer 'ɛlphɛrtso:kty:mɐ
Elbing[en] 'ɛlbɪŋ[ən]
Elbingerode ɛlbɪŋə'ro:də
Elbląg *poln.* 'ɛlblɔŋk
Elbmarschen 'ɛlpmarʃn̩
Elbogen 'ɛlbo:gn̩
Elbrinxen 'ɛlbrɪŋksn̩
Elbrus, Ėl'brus 'ɛlbrʊs, *russ.* elj'brus
Elbsandsteingebirge ɛlp'zantʃtaingəbɪrgə
Elbslawe 'ɛlp-sla:və
Elbstrand 'ɛlp-ʃtrant
Elbstrom 'ɛlp-ʃtro:m
Elburg *niederl.* 'ɛlbʏrx
Elburs ɛl'bʊrs, *pers.* æl'borz
El Cajon *engl.* ɛl kə'hoʊn
El Campo *engl.* ɛl 'kæmpoʊ
Elcano *span.* ɛl'kano
El Capitan *engl.* ɛl kæpɪ'tæn
El Centro *engl.* ɛl 'sɛntroʊ
El Cerrito *engl.* ɛl sə'ri:toʊ
Elch ɛlç
El-Charga ɛl'xarga
Elche *span.* 'ɛltʃe
Elchingen 'ɛlçɪŋən
Elchowo, Elhovo *bulgar.* 'ɛlxovo
Elchwerder ɛlç'vɛrdɐ
Elckerlyc *niederl.* 'ɛlkərlɪk
Elda *span.* 'ɛlda
Eldagsen 'ɛldaksn̩, 'e:l...
Elde[na] 'ɛldə[na]
Elder *engl.* 'ɛldə
Eldering 'ɛldərɪŋ
Eldersch 'ɛldɐʃ
Eldey *isl.* 'ɛldɛi
Eldgjá *isl.* 'ɛldgjau
El-Djouf *fr.* ɛl'dʒuf
ELDO 'ɛldo
Eldon *engl.* 'ɛldən
Eldorado ɛldo'ra:do
El Dorado *engl.* ɛl də'reɪdoʊ
Eldridge *engl.* 'ɛldrɪdʒ
El-Dschuf ɛl'dʒu:f
Elea e'le:a
Eleanor *engl.* 'ɛlɪnə
Eleanora *engl.* ɛlɪə'nɔ:rə
Eleasar ele'a:zar
Eleate ele'a:tə
eleatisch ele'a:tɪʃ
Eleatismus elea'tɪsmʊs
[1]**Eleazar** ele'a:tsar, *engl.* ɛlɪ'eɪzə
[2]**Eleazar** vgl. Jeleasar
Elec vgl. Jelez
Electra *engl.* ɪ'lɛktrə
Elefant ele'fant
Elefantiasis elefan'ti:azɪs, **...asen** ...'tia:zn̩
elegant ele'gant
Elegant ele'gã:
Eleganz ele'gants
Elegeion ele'gaiɔn
Elegie ele'gi:, **-n** ...i:ən
Elegiker e'le:gikɐ
elegisch e'le:gɪʃ
Elegiambus ele'giambʊs
Eleison e'laizɔn
Elek *ung.* 'ɛlɛk
Elektion elɛk'tsio:n
elektiv elɛk'tif, **-e** ...i:və
Elektorat elɛkto'ra:t
Elektra e'lɛktra
Elektret elɛk'tre:t
Elektride elɛk'tri:də
Elektrifikation elɛktrifika'tsio:n
elektrifizieren elɛktrifi'tsi:rən
Elektrik e'lɛktrɪk
Elektriker e'lɛktrikɐ
elektrisch e'lɛktrɪʃ
elektrisieren elɛktri'zi:rən
Elektrizität elɛktritsi'tɛ:t
Elektroakustik elɛktro|a'kʊstɪk
elektroakustisch elɛktro|a'kʊstɪʃ
Elektroanalyse elɛktro|ana'ly:zə
Elektrochemie elɛktroçe'mi:
elektrochemisch elɛktro'çe:mɪʃ
Elektrochirurgie elɛktroçirʊr'gi:
Elektrochord elɛktro'kɔrt, **-e** ...rdə
Elektrocolorverfahren elɛktro'ko:lɔrfɛɐ̯fa:rən
Elektrode elɛk'tro:də
Elektrodialyse elɛktrodia'ly:zə
Elektrodynamik elɛktrody'na:mɪk
elektrodynamisch elɛktrody'na:mɪʃ
Elektrodynamometer elɛktrodynamo'me:tɐ
Elektroendosmose elɛktro|ɛndɔs'mo:zə
Elektroenzephalogramm elɛktro|ɛntsefalo'gram
Elektroenzephalographie elɛktro|ɛntsefalogra'fi:
Elektroerosion elɛktro|ero'zio:n
Elektrogorsk, Ėlektrogorsk *russ.* elɪktra'gɔrsk
Elektrographie elɛktrogra'fi:
Elektroindustrie e'lɛktro|ɪndʊstri:
elektrokalorisch elɛktroka'lo:rɪʃ
Elektrokardiogramm elɛktrokardio'gram
Elektrokardiograph elɛktrokardio'gra:f
Elektrokardiographie elɛktrokardiogra'fi:
Elektrokatalyse elɛktrokata'ly:zə
Elektrokaustik elɛktro'kaustɪk
Elektrokauter elɛktro'kautɐ
Elektrokoagulation elɛktroko|agula'tsio:n
Elektrolunge e'lɛktrolʊŋə
Elektrolyse elɛktro'ly:zə
Elektrolyseur elɛktroly'zø:ɐ̯
elektrolysieren elɛktroly'zi:rən
Elektrolyt elɛktro'ly:t
Elektromagnet elɛktroma'gne:t
Elektromagnetismus elɛktromagne'tɪsmʊs
elektromechanisch elɛktrome'ça:nɪʃ
Elektrometall elɛktrome'tal
Elektrometallurgie elɛktrometalʊr'gi:
Elektrometer elɛktro'me:tɐ
Elektromobil elɛktromo'bi:l
Elektromotor e'lɛktro,mo:tɔr, *auch:* ...mo,to:ɐ̯
elektromotorisch elɛktromo'to:rɪʃ
Elektromyogramm elɛktromyo'gram
[1]**Elektron** (negatives Elementarteilchen) 'e:lɛktrɔn; *auch:* e'lɛktrɔn, elɛk'tro:n; **-en** elɛk'tro:nən
[2]**Elektron** Ⓦ (Leichtmetallegierung) e'lɛktrɔn
Elektronenoptik elɛk'tro:nən|ɔptɪk
Elektronik elɛk'tro:nɪk
Elektroniker elɛk'tro:nikɐ
elektronisch elɛk'tro:nɪʃ
elektronographisch elɛktrono'gra:fɪʃ
Elektroofen e'lɛktro|o:fn̩
Elektroosmose elɛktro|ɔs'mo:zə
Elektropathologie elɛktropatolo'gi:
elektrophil elɛktro'fi:l
elektrophob elɛktro'fo:p, **-e** ...o:bə
Elektrophon elɛktro'fo:n
Elektrophor elɛktro'fo:ɐ̯
Elektrophorese elɛktrofo're:zə
elektrophoretisch elɛktrofo're:tɪʃ
Elektrophysiologie elɛktrofyzio lo'gi:

elektropositiv elɛktropozi'ti:f, ...'po:ziti:f
Elektrorọtor elɛktro'ro:tɔr
Elektroskọp elɛktro'sko:p
Elektrostạl, Ėlektrostal' *russ.* elıktras'talj
Elektrostạtik elɛktro'sta:tık
elektrostạtisch elɛktro'sta:tıʃ
Elektrostriktiọn elɛktrostrık'tsi̯o:n
Elektrotẹchnik elɛktro'tɛçnık
Elektrotherapie elɛktrotera'pi:
Elektrothermie elɛktrotɛr'mi:
Elektrotomie elɛktroto'mi:
Elektrotọnus elɛktro'to:nʊs
Elektrotypie elɛktroty'pi:
Elektrovalẹnz elɛktrova'lɛnts
Elemẹnt ele'mɛnt
elementạr elemɛn'ta:ɐ̯
elementạrisch elemɛn'ta:rıʃ
Elementaritạ̈t elemɛntari'tɛ:t
Ẹlemér *ung.* 'ɛlɛme:r
Elẹmi e'le:mi
Ẹlen 'e:lɛn
[1]**Elena** *it.* 'ɛ:lena, *span.* e'lena, *bulgar.* ɛ'lɛna, *port.* i'lenɐ, *bras.* e'lena
[2]**Elena** vgl. Jelena
Elẹnchus e'lɛnçʊs, **...chi** ...çi
ẹlend 'e:lɛnt, **-e** ...ndə
Ẹlend 'e:lɛnt, **-es** ...ndəs
elendig 'e:lɛndıç, *nachdrücklich* '–'––; **-e** ...ıgə
elendiglich 'e:lɛndıklıç, *nachdrücklich* '–'–––
Elẹnktik e'lɛŋktık
Ẹlentier 'e:lɛnti:ɐ̯
Eleonọra eleo'no:ra, *engl.* ɛlıə'nɔ:rə
Eleonọre eleo'no:rə
Éléonọre *fr.* eleɔ'nɔ:r
Elephạnta ele'fanta
Elephantiasis elefan'ti:azıs, **...ạsen** ...'ti̯a:zn̩
Ẹlephas 'e:lefas
Ẹlert 'e:lɐt
Eleudrọn elɔy'dro:n
Eleụsa ele'u:za
Eleusinien elɔy'zi:ni̯ən
eleusinisch elɔy'zi:nıʃ
Eleusis e'lɔyzıs
Eleuthera *engl.* ı'lju:θərə
Eleutherius elɔy'te:ri̯ʊs
Eleutheronomie elɔyterono'mi:
Eleutherus e'lɔyterʊs
Elevatiọn eleva'tsi̯o:n
Elevator ele'va:tɔr, **-en** eleva'to:rən
Elẹve e'le:və
Elẹvin e'le:vın
ẹlf, Ẹlf ɛlf
El-Fajụm ɛlfai̯'ju:m
Ẹlfas 'ɛlfas
Ẹlfe 'ɛlfə
ẹlfeinhạlb 'ɛlf|ai̯n'halp
Ẹlfeld 'ɛlfɛlt
Ẹlfenbein 'ɛlfn̩bai̯n
ẹlferlei 'ɛlfɐ'lai̯
El Ferrọl del Caudịllo *span.* ɛlfɛ'rrɔl dɛl kau̯'ðiʎo
ẹlffach 'ɛlffax
Ẹlfgen 'ɛlfgn̩
Ẹlfi[e] 'ɛlfi
ẹlfmal 'ɛlfma:l
ẹlfmalig 'ɛlfma:lıç, **-e** ...ıgə
Elfmẹter ɛlf'me:tɐ
Ẹlfort 'ɛlfɔrt
Elfriede ɛl'fri:də
ẹlftausend 'ɛlf'tau̯znt
ẹlfte 'ɛlftə
ẹlftel, Ẹ... 'ɛlftl̩
ẹlftens 'ɛlftn̩s
ẹlfundeinhạlb 'ɛlf|ʊnt|ai̯n'halp
Ẹlga 'ɛlga
Ẹlgar 'ɛlgar, *engl.* 'ɛlgə
Elgava vgl. Jelgawa
Ẹlgersburg 'ɛlgɐsbʊrk
Ẹlgg ɛlk
Ẹlg[g]er 'ɛlgɐ
[1]**Ẹlgin** (britischer Name) *engl.* 'ɛlgın
[2]**Ẹlgin** (Ort in Illinois) *engl.* 'ɛldʒın
Ẹlginshire *engl.* 'ɛlgınʃıə
El-Goléạ *fr.* ɛlgɔle'a
Ẹlgon *engl.* 'ɛlgɔn
El Grẹco ɛl 'grɛko, *span.* ɛl 'ɣreko
Elhovo vgl. Elchọwo
Eli 'e:li, *engl.* 'i:laı
Elia *it.* e'li:a, *engl.* 'i:ljə
Eliạde *rumän.* eli'ade
Eliạkim e'li̯a:kım
Eliạne e'li̯a:nə
Elias e'li:as, *engl.* ı'laıəs, *schwed.* ɛˌli:as
Elías *span.* e'lias
elidieren eli'di:rən
Elie *engl.* 'i:lı
Élie *fr.* e'li
Eliẹser e'li̯e:zɐ
Eliezer *engl.* ɛlı'i:zə
Eligio *it.* e'li:dʒo
Eligius e'li:gi̯ʊs
Elihu *engl.* ı'laıhju:
Elij vgl. Jeli
Elija e'li:ja
Elijah *engl.* ı'laıdʒə
Ẹlimäki *finn.* 'ɛlimæki
Ẹlimar 'e:limar
Eliminatiọn elimina'tsi̯o:n
eliminieren elimi'ni:rən
Ẹlin *schwed.* 'e:lin
Eline e'li:nə
Ẹlinor *engl.* 'ɛlınə
Ẹlịn Pẹlịn *bulgar.* ɛ'limpɛ'lin
Ẹlinwood *engl.* 'ɛlınwʊd
Ẹlio *span.* 'eli̯o
Ẹliot[t] *engl.* 'ɛljət
Elipạndus eli'pandʊs
Eliphalet *engl.* ı'lıfəlıt
Ẹlis 'e:lıs
Elisa e'li:za, *dän.* e'li:sa
Elisabẹta *rumän.* elisa'beta
Elisabeth e'li:zabɛt, *engl.* ı'lızəbəθ, *schwed.* e'li:sabɛt
Élisabẹth *fr.* eliza'bɛt
Elisabethạnisch elizabe'ta:nıʃ
Elisabẹthen eliza'be:tn̩
Elisabethinerin elizabe'ti:nərın
Élisabethvịlle *fr.* elizabɛt'vil
Elisabẹtta *it.* eliza'bɛtta
ẹlisch 'e:lıʃ
Elischen e'li:sçən
Elise e'li:zə
Eliseev vgl. Jelissejew
Eliseevič vgl. Jelissejewitsch
Eliseevna vgl. Jelissejewna
Elisej vgl. Jelissei
Elisha *engl.* ı'laıʃə
Elísio *port.* i'lizi̯u
Elisiọn eli'zi̯o:n
Elịsta, Ėlista *russ.* e'listɐ
elitạ̈r eli'tɛ:ɐ̯
Elite e'li:tə
Elixier elı'ksi:ɐ̯
Eliza *engl.* ı'laızə, *poln.* ɛ'liza
Elizabeth *engl.* ı'lızəbəθ, *niederl.* e:'li:za:bɛt
Elizabethan *engl.* ılızə'bi:θən
Elizabethtown *engl.* ı'lızəbəθtaʊn
Elizarov vgl. Jelisarow
Elizaveta vgl. Jelisaweta
ẹljen! 'ɛljɛn
Ẹlk *engl.* ɛlk
Ẹłk *poln.* ɛu̯k
Elkạb ɛl'ka:p
Elkaid ɛl'ka:ıt
Ẹlkan 'ɛlkan, *engl.* 'ɛlkən
El-Kạntara ɛl'kantara
Ẹlke 'ɛlkə
Ẹlkhart *engl.* 'ɛlkhɑ:t
Ẹlkhorn *engl.* 'ɛlkhɔ:n
Ẹlkington *engl.* 'ɛlkıŋtən
Ẹlkins *engl.* 'ɛlkınz
Ẹlko 'ɛlko, *engl.* 'ɛlkoʊ
El-Kọphrah ɛl'kɔfra
El Ksar el Kébịr *fr.* ɛlksarɛlke'bi:r
Ẹlkton *engl.* 'ɛlktən
El-Kụds ɛl'kʊts
Ẹlla 'ɛla, *engl.* 'ɛlə
Ẹlland *engl.* 'ɛlənd
Ellạs *neugr.* ɛ'las
Ẹllbogen 'ɛlbo:gn̩
Ẹlle[feld] 'ɛlə[fɛlt]
Ẹllef Rịngnes Island *engl.* 'ɛləf 'rıŋnɛs 'aılənd
Ẹllegaard *dän.* 'ɛləgɔ:'r
Ẹllekom *niederl.* 'ɛləkɔm
Ẹllen[berg] 'ɛlən[bɛrk]
Ẹllenbogen 'ɛlənbo:gn̩
Ẹllenborough *engl.* 'ɛlınbərə
Ellenbrụnn ɛlən'brʊn
Ẹllensburg *engl.* 'ɛlınzbə:g
Ẹllenz 'ɛlɛnts
Ẹller[bek] 'ɛlɐ[be:k]
Ẹllerberg 'ɛlɐbɛrk
Ẹllern 'ɛlɐn
Ẹllerspring 'ɛlɐʃprıŋ
Ẹllert 'ɛlɐt
Ẹllery *engl.* 'ɛlərı
Ẹllesmere *engl.* 'ɛlzmıə

Ẹllet[t] *engl.* 'ɛlɪt
Ellezẹlles *fr.* ɛl'zɛl
Ẹllgoth 'ɛlgo:t
Ẹllguth 'ɛlgu:t
Ẹlli 'ɛli
Ẹllice *engl.* 'ɛlɪs
Ẹllicott *engl.* 'ɛlɪkət
Ellịda ɛ'li:da
Ẹllingen 'ɛlɪŋən
Ẹllington *engl.* 'ɛlɪŋtən
Ellinikọs Vorrạs *neugr.* ɛlini'kɔz vɔ'ras
Ẹllinor 'ɛlino:ɐ̯, *engl.* 'ɛlɪnɔ:
Ẹlliot *engl.* 'ɛljət
Ellịpse ɛ'lɪpsə
ellipsoịd, E... ɛlɪpso'i:t, **-e** ...i:də
ellịptisch ɛ'lɪptɪʃ
Elliptizitạ̈t ɛlɪptitsi'tɛ:t
Ẹllis[on] *engl.* 'ɛlɪs[n]
Ẹllmauer Hạlt 'ɛlmaue̯ɐ 'halt
Ẹllmendingen 'ɛlməndɪŋən
Ẹllös *schwed.* ˌɛlø:s
Ẹllrich 'ɛlrɪç
Ẹllsworth *engl.* 'ɛlzwə:θ
Ẹllwangen 'ɛlvaŋən
Ẹllweiler 'ɛlvai̯lɐ
Ẹllwood *engl.* 'ɛlwʊd
Ẹlly 'ɛli
Ẹlm ɛlm
Elmạ *türk.* ɛl'mɑ
Ẹlman 'ɛlman, *engl.* 'ɛlmən
Ẹlmar 'ɛlmar
Elmau ɛl'mau̯
Ẹlmendorf 'ɛlməndɔrf, *engl.* 'ɛlməndɔ:f
Ẹlmenhorst 'ɛlmənhɔrst
Ẹlmer *schwed.* 'ɛlmər
Ẹlmhurst *engl.* 'ɛlmhə:st
Elmịra ɛl'mi:ra, *engl.* ɛl'maɪərə
Elmịre ɛl'mi:rə
Ẹlmo 'ɛlmo
El Mọnte *engl.* ɛl 'mɔntɪ
Ẹlmore *engl.* 'ɛlmɔ:
Ẹlmpt ɛlmpt
Elmschenhagen ɛlmʃn̩'ha:gn̩
Ẹlmsfeuer 'ɛlmsfɔyɐ
Elmshọrn ɛlms'hɔrn
Ẹlmwald 'ɛlmvalt
Ẹlmwood *engl.* 'ɛlmwʊd
El'nja vgl. Jelnja
Elọah e'lo:a, **Elohịm** elo'hi:m
Elọdea e'lo:dea
Elọge e'lo:ʒə
Elọgium e'lo:gi̯ʊm, **...ia** ...i̯a
Elohim vgl. Eloah
Elohịst elo'hɪst
Éloi *fr.* e'lwa
E-Lok 'e:lɔk
Elongatiọn elɔŋga'tsi̯o:n
eloquẹnt elo'kvɛnt
Eloquẹnz elo'kvɛnts
Elọrrio *span.* e'lɔrri̯o
Ẹlőszállás *ung.* 'ɛlø:sa:lla:ʃ
Elout *niederl.* 'e:lɔu̯t
Eloxạl ⓦ elɔ'ksa:l
eloxịeren elɔ'ksi:rən
Elọy *span.* e'lɔi̯

El Pạrdo *span.* ɛl 'parðo
El Paso *span.* ɛl 'paso, *engl.* ɛl 'pæsoʊ
Elpat'evskij vgl. Jelpatjewski
Ẹlpe 'ɛlpə
Elpẹnor ɛl'pe:nɔr
El-Phẹkrah ɛl'fɛkra
Ẹlphinstone *engl.* 'ɛlfɪnstən
Elpịdio *it.* el'pi:di̯o
Elpọre ɛl'po:rə
El-Rạkis ɛl'rakɪs
El Reno *engl.* ɛl 'reɪnoʊ
El-Rischạ ɛlrɪ'ʃa:
Ẹlritze 'ɛlrɪtsə
Ẹlroy *engl.* 'ɛlrɔɪ
Ẹlsa 'ɛlza, *engl.* 'ɛlsə, *it.* 'elsa, *schwed.* ˌɛlsa
Elsabe 'ɛlzabə, ɛl'za:bə
El Salvadọr ɛl zalva'do:ɐ̯, *span.* el salβa'ðɔr
Ẹlsan 'ɛlzan
Ẹlsaß 'ɛlzas, **Ẹlsasses** 'ɛlzasəs
Ẹlsässer, Ẹlsaesser 'ɛlzɛsɐ
ẹlsässisch 'ɛlzɛsɪʃ
Ẹlsbe 'ɛlsbə
Ẹlsberry *engl.* 'ɛlzbərɪ
Ẹlsbeth 'ɛlsbɛt
Ẹlschbach 'ɛlʃbax
Ẹlschen 'ɛlsçən
Ẹlsdorf 'ɛlsdɔrf
Ẹlse[lein] 'ɛlzə[lai̯n]
Ẹlseke 'ɛlzəkə
Ẹlsen 'ɛlzn̩
Ẹlsenau 'ɛlzənau̯
Ẹlsenborn *niederl.* 'ɛlsənbɔrn
Ẹlsendorp *niederl.* 'ɛlsəndɔrp
Ẹlsene *niederl.* 'ɛlsənə
Ẹlsenfeld 'ɛlzn̩fɛlt
Ẹlsenroth 'ɛlzn̩ro:t
Ẹlsenz 'ɛlzɛnts
Ẹlsfleth 'ɛlsfle:t
Ẹlsgau 'ɛlsgau̯
Ẹlsheim[er] 'ɛlshai̯m[ɐ]
Ẹlsholz 'ɛlshɔlts
Ẹlsi 'ɛlzi
Ẹlsie 'ɛlzi, *engl.* 'ɛlsɪ
Elsinore *engl.* ɛlsɪ'nɔ:, '– – –
Ẹlskamp *niederl.* 'ɛlskɑmp
Ẹlslein 'ɛlslai̯n
Ẹlsloo *niederl.* 'ɛlslo:
Ẹlsnigk 'ɛlsnɪk
Ẹlson *engl.* ɛlsn
Ẹlspe 'ɛlspə
Ẹlspeet *niederl.* 'ɛlspe:t
Ẹlspeth *engl.* 'ɛlspɛθ
Ẹlsschott *niederl.* 'ɛlsxɔt
Ẹlsler, Ẹlßler 'ɛlslɐ
Ẹlst *niederl.* ɛlst
[1]**Ẹlster** 'ɛlstɐ
[2]**Ẹlster** (norw. Personenname) *norw.* ˌɛlstɐ
Ẹlsterberg 'ɛlstɐbɛrk
Elsterwẹrda ɛlstɐ'vɛrda
Ẹlstra 'ɛlstra
Ẹlsy 'ɛlzi
Ẹlten 'ɛltn̩, *niederl.* 'ɛltə
Ẹlter[lein] 'ɛltɐ[lai̯n]
Ẹltern 'ɛltɐn

Ẹlters 'ɛltɐs
Ẹltmann 'ɛltman
[1]**Ẹlton** *engl.* 'ɛltən
[2]**Eltọn, Ėl'ton** *russ.* elj'tɔn
Eltville ɛlt'vɪlə, '– – –
eltvillerisch ɛlt'vɪlərɪʃ, '– – – –
Ẹltz ɛlts
Éluạrd *fr.* e'lɥa:r
Eluạt e'lɥa:t
eluịeren elu'i:rən
Elukubratiọn elukubra'tsi̯o:n
Elutiọn elu'tsi̯o:n
Eluviạl elu'vi̯a:l...
Eluvium e'lu:vi̯ʊm, **...ien** ...i̯ən
Ẹlvas *port.* 'ɛlvɐʃ
Elven *fr.* ɛl'vɛ̃
Ẹlversberg 'ɛlvɐsbɛrk
Ẹlverdissen 'ɛlvɐdɪsn̩
Ẹlverum *norw.* ˌɛlvərʉm
Ẹlvestad *norw.* ˌɛlvəsta
Ẹlvey *engl.* 'ɛlvɪ
Elvịra ɛl'vi:ra, *it.* el'vi:ra, *span.* el'βira, *engl.* ɛl'vaɪərə
Elvịre *fr.* ɛl'vi:r
Ẹlvis *engl.* 'ɛlvɪs
Ẹlvsted 'ɛlfste:t
Ẹlwell *engl.* 'ɛlwəl
Ẹlwert 'ɛlvɛrt
Ẹlwood *engl.* 'ɛlwʊd
Ẹlwyn *engl.* ɛlwɪn
Ẹlxleben 'ɛlksle:bn̩
Ẹly 'e:li, *engl.* 'i:lɪ
Ély *fr.* e'li
Elymas 'e:lymas
Ẹlyot *engl.* 'ɛljət
elysạ̈isch ely'zɛ:ɪʃ
Elysẹe eli'ze:
elysịeren ely'zi:rən
elysisch e'ly:zɪʃ
Elysium e'ly:zi̯ʊm
Elytron 'e:lytrɔn, **Elytren** e'ly:trən
Ẹlz[ax] 'ɛlts[ax]
Elżbięta *poln.* ɛlʒ'bjɛta
Elze 'e:ltsə
Ẹlzevier *niederl.* 'ɛlzəvi:r
Ẹlzevir 'ɛlzəvi:ɐ̯
Elzevirịana ɛlzəvi'ri̯a:na
Ẹlzie *engl.* 'ɛlzɪ
Ẹlzleben 'ɛltsle:bn̩
Email e'mai̯, e'ma:j
Email brun *fr.* emaj'brœ̃
Emaille e'maljə, e'mai̯, e'ma:j; **-n** e'maljən, e'mai̯ən, e'ma:jən
Emailleur ema'jø:ɐ̯, emal'jø:ɐ̯
emaillịeren ema'ji:rən, emal'ji:rən
Emạn e'ma:n
Emanatiọn emana'tsi̯o:n
Emanatịsmus emana'tɪsmʊs
emanịeren ema'ni:rən
Emanomẹter emano'me:tɐ
Emants *niederl.* 'e:mɑnts
Emạnuel e'ma:nu̯e:l, *auch:* ...u̯ɛl
Emanuẹla ema'nu̯e:la
Emanuẹle *it.* emanu'ɛ:le
Emanželinsk vgl. Jemanschelinsk

Emanzipatio̱n emantsipa'tsi̯o:n
emanzipato̱risch emantsipa'to:rɪʃ
emanzipi̱eren emantsi'pi:rən
Emaskulatio̱n emaskula'tsi̯o:n
Emaskula̱tor emasku'la:tɔr, **-en** ...la'to:rən
Ẹmba, Émba *russ.* 'ɛmbɐ
Ẹmbach 'ɛmbax
Emballa̱ge ãba'la:ʒə
emballi̱eren ãba'li:rən
Emba̱rgo ɛm'bargo
Embarra̱s ãba'ra, **des-** ...ra[s], **die -** ...ra[s]
embarassi̱eren ãbara'si:rən
Embate̱rien ɛmba'te:ri̯ən
Ẹmbden 'ɛmpdn̩
Ẹmbla 'ɛmbla
Emble̱m ɛm'ble:m, *auch:* ã'ble:m
emblema̱tisch ɛmble'ma:tɪʃ, *auch:* ã...
Emboli̱e ɛmbo'li:, **-n** ...i:ən
embolifọrm ɛmboli'fɔrm
Ẹmbolus 'ɛmbolʊs, **...li** ...li
Embonpoint ãbõ'po̯ɛ̃:
embrassi̱eren ãbra'si:rən
embrouilli̱eren ãbru'ji:rən
Embrun *fr.* ã'brœ̃
Ẹmbryo 'ɛmbryo, **-nen** ...y'o:nən
Embryogene̱se ɛmbryoge'ne:zə
Embryologi̱e ɛmbryolo'gi:
embryona̱l ɛmbryo'na:l
embryo̱nisch ɛmbry'o:nɪʃ
Embryopathi̱e ɛmbryopa'ti:
Embryotomi̱e ɛmbryoto'mi:
Ẹmbsen 'ɛmpsn̩
Ẹmbury *engl.* 'ɛmbərɪ
Emca vgl. Jemza
E̱md e:mt, **E̱mdes** 'e:mdəs
Ẹmde 'ɛmdə
e̱mden 'e:mdn̩, **e̱md!** e:mt
Ẹmden 'ɛmdn̩
Ẹmder 'ɛmdɐ
E̱mdet 'e:mdət
Ẹmdrup *dän.* 'ɛm'drob
E̱melgem *niederl.* 'e:məlxəm
Emel'jan vgl. Jemeljan
Emendatio̱n emɛnda'tsi̯o:n
emendi̱eren emɛn'di:rən
E̱mer *niederl.* 'e:mər
Emera̱n emə'ra:n
Emerẹntia eme'rɛntsi̯a
Emerẹnz eme'rɛnts
Emergẹnz emɛr'gɛnts
emergi̱eren emɛr'gi:rən
Emeri̱t eme'ri:t
emeriti̱eren emeri'ti:rən
Eme̱ritus e'me:ritʊs, **...ti** ...ti
emẹrs e'mɛrs, **-e** e'mɛrzə
Emersạcker e:mɐs'|akɐ
Emersio̱n emɛr'zi̯o:n
Ẹmerson *engl.* 'ɛməsn
Ẹmery *engl.* 'ɛmərɪ
E̱mesa 'e:meza
E̱mesis 'e:mezɪs
Eme̱tikum e'me:tikʊm, **...ka** ...ka
eme̱tisch e'me:tɪʃ
Emeute e'mø:tə
E̱mich 'e:mɪç
Emigrạnt emi'grant
Emigratio̱n emigra'tsi̯o:n
emigri̱eren emi'gri:rən
Émi Koussi̱ *fr.* emiku'si
E̱mi Ku̱ssi 'e:mi 'ku:si
E̱mil 'e:mi:l, *engl.* i:ml, *dän.* e'mi:'l, *schwed.* 'e:mil
Émi̱le *fr.* e'mil
Emi̱lia *dt.*, *it.* e'mi:li̯a, *engl.* ɪ'mɪlɪə, *span.* e'mili̯a
Emi̱lie e'mi:li̯ə, *engl.* 'ɛmɪlɪ, *schwed.* ˌɛmili
Emi̱liekilde *dän.* e'mi:'liəkilə
Emi̱lienhof e'mi:li̯ənho:f
Emi̱lio *it.* e'mi:li̯o
Emílio *port.* i'mili̯u, *bras.* e'm...
Ẹmily *engl.* 'ɛmɪlɪ
Emin *serbokr.* ˌɛmin, *türk.* ɛ'min
Ẹmine *bulgar.* 'ɛminɛ
eminẹnt emi'nɛnt
Eminẹnz emi'nɛnts
Eminẹscu *rumän.* emi'nesku
Emi̱n Pạscha e'mi:n 'paʃa
Emir 'e:mɪr, *auch:* e'mi:ɐ̯; *türk.* ɛ'mir; **-e** 'e:mi:rə, e'mi:rə
Emira̱t emi'ra:t
Emissä̱r emɪ'sɛ:ɐ̯
Emissio̱n emɪ'si̯o:n
Emitron 'e:mitro:n
Emittẹnt emɪ'tɛnt
Emịtter e'mɪtɐ, *engl.* ɪ'mɪtə
emitti̱eren emɪ'ti:rən
Ẹmleben 'ɛmle:bn̩
Ẹmlichheim 'ɛmlɪçhaim
Ẹmlin, ...lyn *engl.* 'ɛmlɪn
Ẹmma 'ɛma, *engl.* 'ɛmə, *fr.* ɛm'ma, *niederl.* 'ɛma:
Emmanuel *fr.* ɛma'nɥɛl, *engl.* ɪ'mænjʊəl
Ẹmmaus 'ɛmaʊs, *engl.* ɛ'meɪəs
Ẹmmchen 'ɛmçən
Ẹmme 'ɛmə
Emmeli̱ne ɛmə'li:nə, *engl.* 'ɛmɪli:n
Ẹmmeloord *niederl.* 'ɛməlo:rt
Ẹmmen *niederl.* 'ɛmə
Emmenago̱ga ɛmena'go:ga
Emmenbrụ̈cke ɛmən'brʏkə
Ẹmmendingen 'ɛməndɪŋən
Ẹmmental[er] 'ɛmənta:l[ɐ]
Ẹmmer 'ɛmɐ
Ẹmmeram 'ɛməram
Ẹmmeran 'ɛməra:n
Ẹmmerich 'ɛmərɪç
Ẹmmerick 'ɛmərɪk
Ẹmmeritze 'ɛmərɪtsə
Ẹmmerling 'ɛmɐlɪŋ
Ẹmmersweiler 'ɛmɐsvai̯lɐ
Ẹmmet *engl.* 'ɛmɪt
Ẹmmetten 'ɛmɛtn̩
Emmetropi̱e ɛmetro'pi:
Ẹmmi 'ɛmi
Ẹmmich 'ɛmɪç
Ẹmmie *engl.* 'ɛmɪ
Ẹmminger 'ɛmɪŋɐ
Ẹmmo 'ɛmo
Ẹmmy 'ɛmi, *engl.* 'ɛmɪ
ẸMNID 'ɛmni:t, ...nɪt
Emo *it.* 'ɛ:mo
e-Moll 'e:mɔl, *auch:* '-'-
Emọlliens e'mɔli̯ɛns; **...iẹnzien** emɔ'li̯ɛntsi̯ən, **...iẹntia** ...'li̯ɛntsi̯a
Emolumẹnt emolu'mɛnt
Emotio̱n emo'tsi̯o:n
emotiona̱l emotsi̯o'na:l
Emotiona̱le emotsi̯o'na:lə
emotionalisi̱eren emotsi̯onali'zi:rən
Emotionalịsmus emotsi̯ona'lɪsmʊs
Emotionalitä̱t emotsi̯onali'tɛ:t
emotionẹll emotsi̯o'nɛl
Emotivitä̱t emotivi'tɛ:t
ẸMPA, Ẹmpa 'ɛmpa
Empathi̱e ɛmpa'ti:
Empe̱docle *it.* em'pɛ:dokle
Empe̱dokles ɛm'pe:doklɛs
Ẹmpel[de] 'ɛmpl̩[də]
Empereur ãpə'rø:ɐ̯
empfa̱hl ɛm'pfa:l
empfä̱hle ɛm'pfɛ:lə
empfạnd ɛm'pfant
empfạ̈nde ɛm'pfɛndə
empfạnden ɛm'pfandn̩
Empfạng ɛm'pfaŋ, **Empfạ̈nge** ɛm'pfɛŋə
empfạngen ɛm'pfaŋən
Empfạ̈nger ɛm'pfɛŋɐ
empfạ̈nglich ɛm'pfɛŋlɪç
Empfạ̈ngnis ɛm'pfɛŋnɪs, **-se** ...nɪsə
empfe̱hlen ɛm'pfe:lən
empfi̱ehl! ɛm'pfi:l
Empfindele̱i ɛmpfɪndə'lai̯
empfịnden ɛm'pfɪndn̩, **empfịnd!** ɛm'pfɪnt
empfịndlich ɛm'pfɪntlɪç
empfịndsam ɛm'pfɪntza:m
Ẹmpfingen 'ɛmpfɪŋən
empfö̱hle ɛm'pfø:lə
empfo̱hlen ɛm'pfo:lən
empfụnden ɛm'pfʊndn̩
Empha̱se ɛm'fa:zə
empha̱tisch ɛm'fa:tɪʃ
Emphyse̱m ɛmfy'ze:m
emphysema̱tisch ɛmfyze'ma:tɪʃ
Emphyteu̱se ɛmfy'tɔyzə
Ẹmpie *engl.* 'ɛmpɪ
Empi̱re ã'pi:ɐ̯, *fr.* ã'pi:r, *engl.* 'ɛmpaɪə
Empire̱m ɛmpi're:m
Empi̱ricus ɛm'pi:rikʊs
Empiri̱e ɛmpi'ri:
Empi̱riker ɛm'pi:rikɐ
Empiriokritizịsmus ɛmpiri̯okriti'tsɪsmʊs
Empiriokritizịst ɛmpiri̯okriti'tsɪst,
empi̱risch ɛm'pi:rɪʃ

Empiri̱smus ɛmpiˈrɪsmʊs
Empiri̱st ɛmpiˈrɪst
Emplacement ãplasəˈmã:
Emplạstrum ɛmˈplastrʊm, **...ra** ...ra
Employé ãplo̯aˈje:
employi̱eren ãplo̯aˈji:rən
Ẹmpoli *it.* ˈempoli
empo̱r ɛmˈpo:ɐ̯
Empo̱re ɛmˈpo:rə
empö̱ren ɛmˈpø:rən
Empo̱rium ɛmˈpo:ri̯ʊm, **...ien** ...i̯ən
Ẹmpress *engl.* ˈɛmprɪs
Empressement ãprɛsəˈmã:
Ẹmpson *engl.* ɛmpsn
Empu̱sa ɛmˈpu:za
Empye̱m ɛmˈpy̆e:m
empyre̱isch ɛmpyˈre:ɪʃ
Empyre̱um ɛmpyˈre:ʊm
empyreuma̱tisch ɛmpyrɔy̆ˈma:tɪʃ
Ẹmroy *engl.* ˈɛmrɔɪ
Ẹms ɛms
Ẹmscher ˈɛmʃɐ
Emsdẹtten ɛmsˈdɛtn̩
Ẹmser ˈɛmzɐ
ẹmsig ˈɛmzɪç, **-e** ...ɪgə
Ẹmsland ˈɛmslant
Ẹmst *niederl.* ɛmst
Ẹmstek ˈɛmʃtɛk
Ẹmten, de *niederl.* də ˈɛmtə
E̱mu ˈe:mu
Emulga̱tor emʊlˈga:tɔr, **-en** ...gaˈto:rən
emulgi̱eren emʊlˈgi:rən
Emulsi̱n emʊlˈzi:n
Emulsio̱n emʊlˈzi̯o:n
Emundạntia emʊnˈdantsi̯a
Ẹn *rät.* ɛn
E̱na ˈe:na
Enafọrs *schwed.* e:naˈfɔrs
Enakievo vgl. Jenakijewo
Enaki̱ter enaˈki:tɐ
E̱nakskinder ˈe:nakskɪndɐ
Enallage ɛnˈ|alage, eˈna...; ɛn|alaˈge:, ena...
Enanthe̱m ɛn|anˈte:m, ena...
enantiotro̱p ɛn|anti̯oˈtro:p, ena...
Enantiotropi̱e ɛn|anti̯otroˈpi:, ena...
Enargit enarˈgi:t, *auch:* ...gɪt
Enarthro̱n ɛn|arˈtro:n, ena...
Enarthro̱se ɛn|arˈtro:zə, ena...
Enašimskij Polkan vgl. Jenaschimski Polkan
en avant *fr.* ãnaˈvã
en blọc *fr.* ãˈblɔk
en cabochon *fr.* ãkabɔˈʃõ
en cana̱ille *fr.* ãkaˈnɑ:j
Encarnação *port.* iŋkɐrnɐˈsɐ̃ṷ
Encarnación *span.* eŋkarnaˈθi̯ɔn
en carrière *fr.* ãkaˈrjɛ:r
Enceinte ãˈsɛ̃:t[ə], **-n** ãˈsɛ̃:tn̩
Encephali̱tis ɛntsefaˈli:tɪs, **...liti̱den** ...liˈti:dn̩
Encẹphalon ɛnˈtse:falɔn, **...la** ...la
enchanti̱ert ãʃãˈti:ɐ̯t
enchassi̱eren ãʃaˈsi:rən
Enchassure ãʃaˈsy:rə
Encheire̱se ɛnçai̯ˈre:zə
Enche̱iresis natu̱rae ɛnˈçai̯rezɪs naˈtu:rɛ
Enchiri̱dion ɛnçiˈri:di̯ɔn, **...dien** ...di̯ən
enchondra̱l ɛnçɔnˈdra:l
Enchondro̱m ɛnçɔnˈdro:m
Enci̱na *span.* enˈθina
Ẹncke ˈɛŋkə
Ẹnckell *schwed.* ˈɛŋkəl
Encoding *engl.* ɪnˈkoʊdɪŋ
Encounter Bay *engl.* ɪnˈkaʊntə ˈbeɪ
encouragi̱eren ãkuraˈʒi:rən
Encri̱nus ɛnˈkri:nʊs, **...ni** ...ni
Encruzilha̱da *bras.* iŋkruziˈʎada
Ẹncs *ung.* ɛntʃ
Encyclopédie *fr.* ãsiklɔpeˈdi
Endaorti̱tis ɛndaɔrˈti:tɪs, **...rtiti̱den** ...rtiˈti:dn̩
Endarterii̱tis ɛndarteriˈi:tɪs, **...riiti̱den** ...riiˈti:dn̩
Ẹndchen ˈɛntçən
[1]**Ẹnde** ˈɛndə
[2]**Ẹnde** (Name) *indon.* ˈɛnde
Endeavo[u]r *engl.* ɪnˈdɛvə
Endecasịllabo ɛndekaˈzɪlabo, **...bi** ...bi
Endẹcha ɛnˈdɛtʃa, *span.* enˈdetʃa
Endelave *dän.* ɛnəˈla:və
Ẹndel[l] ˈɛndl̩
ẹndeln ˈɛndl̩n
Endemi̱e ɛndeˈmi:, **-n** ...i:ən
endẹmisch ɛnˈde:mɪʃ
Endemịsmus ɛndeˈmɪsmʊs
Endemi̱ten ɛndeˈmi:tn̩
ẹnden ˈɛndn̩, **ẹnd!** ɛnt
Ẹndenich ˈɛndənɪç
Ẹnder ˈɛndɐ
...ender (z. B. Achtender) ...,|ɛndɐ
Ẹnderbury *engl.* ˈɛndəbərɪ
Ẹnderby *engl.* ˈɛndəbɪ
Ẹnderle ˈɛndɐlə
enderma̱l ɛndɛrˈma:l
Ẹnders ˈɛndɐs, *engl.* ˈɛndəz
endesma̱l ɛndɛsˈma:l
en déta̱il *fr.* ãdeˈtaj
Ẹndicott *engl.* ˈɛndɪkət
ẹndigen ˈɛndɪgn̩, **ẹndig!** ˈɛndɪç, **ẹndigt** ˈɛndɪçt
Ẹndingen ˈɛndɪŋən
Endi̱vie ɛnˈdi:vi̯ə
Ẹndler ˈɛndlɐ
ẹndlich ˈɛntlɪç
Ẹndlicher ˈɛntlɪçɐ
Endocardi̱tis ɛndokarˈdi:tɪs, **...diti̱den** ...diˈti:dn̩
Endocạrdium ɛndoˈkardi̯ʊm, **...ien** ...i̯ən
endochondra̱l ɛndoçɔnˈdra:l
Endocra̱nium ɛndoˈkra:ni̯ʊm, **...ien** ...i̯ən
Endodẹrmis ɛndoˈdɛrmɪs
Endoenzy̱m ɛndo|ɛnˈtsy:m
Endogami̱e ɛndogaˈmi:
endoge̱n ɛndoˈge:n
Endokannibali̱smus ɛndokanibaˈlɪsmʊs
Endokạrd ɛndoˈkart, **-e** ...rdə
Endokardi̱tis ɛndokarˈdi:tɪs, **...diti̱den** ...diˈti:dn̩
Endokạrdium ɛndoˈkardi̯ʊm, **...ien** ...i̯ən
Endokardo̱se ɛndokarˈdo:zə
Endokạrp ɛndoˈkarp
Endokra̱nium ɛndoˈkra:ni̯ʊm, **...ien** ...i̯ən
endokri̱n ɛndoˈkri:n
Endokrini̱e ɛndokriˈni:
Endokrinolo̱ge ɛndokrinoˈlo:gə
Endokrinologi̱e ɛndokrinoloˈgi:
Endoly̱mphe ɛndoˈlʏmfə
Endolysi̱ne ɛndolyˈzi:nə
Endometrio̱se ɛndometriˈo:zə
Endometri̱tis ɛndomeˈtri:tɪs, **...riti̱den** ...riˈti:dn̩
Endome̱trium ɛndoˈme:triʊm, **...ien** ...iən
endomọrph ɛndoˈmɔrf
Endomorpho̱se ɛndomɔrˈfo:zə
Endophlebi̱tis ɛndofleˈbi:tɪs, **...biti̱den** ...biˈti:dn̩
Endophy̱t ɛndoˈfy:t
Ẹndor[f] ˈɛndɔr[f]
Endosko̱p ɛndoˈsko:p
Endoskopi̱e ɛndoskoˈpi:, **-n** ...i:ən
Endosmo̱se ɛndɔsˈmo:zə
Endospẹrm ɛndoˈspɛrm
Endospo̱re ɛndoˈspo:rə
Endọst ɛnˈdɔst
Endothe̱l ɛndoˈte:l
Endothelio̱m ɛndoteˈli̯o:m
Endothelio̱se ɛndoteˈli̯o:zə
Endothe̱lium ɛndoˈte:li̯ʊm, **...ien** ...i̯ən
endothẹrm ɛndoˈtɛrm
endothy̱m ɛndoˈty:m
Endotoxi̱ne ɛndotɔˈksi:nə
endotro̱ph ɛndoˈtro:f
Ẹndre *ung.* ˈɛndrɛ
Ẹndrefalva *ung.* ˈɛndrɛfɔlvɔ
Ẹndres ˈɛndrəs
Ẹndrikat ˈɛndrikat
Ẹndrőd[i] *ung.* ˈɛndrø:d[i]
Ẹndrödy ˈɛndrødi
Ẹndt[n]er ˈɛnt[n]ɐ
Endymion ɛnˈdy:mi̯ɔn
Ene̱a *it.* eˈnɛ:a
Energe̱tik enɛrˈge:tɪk
Energe̱tiker enɛrˈge:tikɐ
energe̱tisch enɛrˈge:tɪʃ
enẹrgico eˈnɛrdʒiko
Energi̱de enɛrˈgi:də
Energi̱e enɛrˈgi:, **-n** ...i:ən
enẹrgisch eˈnɛrgɪʃ
energoche̱misch enɛrgoˈçe:mɪʃ

Ẹnergy *engl.* 'ɛnədʒɪ
Enervatio̲n enɛrva'tsi̯o:n
enervi̲eren enɛr'vi:rən
Enẹsco e'nɛsko, *fr.* enɛs'ko
Enẹscu *rumän.* e'nesku
en fạce *fr.* ã'fas
en famịlle *fr.* ãfa'mij
Enfantin *fr.* ãfã'tɛ̃
Enfant terrịble, -s -s *fr.* ãfãtɛ'ribl
Ẹnfield *engl.* 'ɛnfi:ld
enfili̲eren ãfi'li:rən
enflammi̲eren ãfla'mi:rən
Enfle 'ã:fl̩, des -s ...l̩[s], die -s ...l̩s
Enfleura̲ge ãflø'ra:ʒə
ẹng ɛŋ
Engadin 'ɛŋgadi:n, *auch:* --'-
Engadi̲na *it.* eŋga'di:na
Engadi̲ner ɛŋga'di:nɐ
Engagement ãgaʒə'mã:
engagi̲eren ãga'ʒi:rən
Engastrimạnt ɛŋgastri'mant
ẹngbrüstig 'ɛŋbrʏstɪç, -e ...ɪgə
Ẹnge 'ɛŋə
Ẹngel[berg] 'ɛŋl̩[bɛrk]
Ẹngelbert 'ɛŋl̩bɛrt
Engelbẹrta ɛŋl̩'bɛrta
Ẹngelbrecht 'ɛŋl̩brɛçt, *schwed.* ˌɛŋəlbrɛkt, *niederl.* 'ɛŋəlbrɛxt
Ẹngelbrechtsen *niederl.* 'ɛŋəlbrɛxtsə
Ẹngelbrechtson *schwed.* ˌɛŋəlbrɛktsɔn
Ẹngelbrekt[sson] *schwed.* ˌɛŋəlbrɛkt[sɔn]
Ẹngelhard[t] 'ɛŋl̩hart
Ẹngelhart 'ɛŋl̩hart
Engelhartstẹtten ɛŋl̩hart'ʃtɛtn̩
Engelhartszẹll ɛŋl̩harts'tsɛl
Ẹngelhorn 'ɛŋl̩hɔrn
Ẹngelhus 'ɛŋl̩hu:s
Ẹngelke 'ɛŋl̩kə
Ẹngelland 'ɛŋl̩lant
Ẹngelman *niederl.* 'ɛŋəlmɑn
Ẹngelmann 'ɛŋl̩man
[1]Ẹngels (dt. Name) 'ɛŋl̩s
[2]Ẹngels, Ẹngel's (Stadt) 'ɛŋl̩s, *russ.* 'ɛngɪljs
Ẹngelsberg 'ɛŋl̩sbɛrk
Ẹngelsburg 'ɛŋl̩sbʊrk
ẹngelschö̲n 'ɛŋl̩'ʃø:n
Ẹngelsdorf 'ɛŋl̩sdɔrf
Ẹngelskirchen 'ɛŋl̩skɪrçn̩, --'--
ẹngen, Ẹ... 'ɛŋən
Ẹnger 'ɛŋɐ
Ẹngerau 'ɛŋərau̯
Ẹngerling 'ɛŋɐlɪŋ
Ẹngern 'ɛŋɐn
Ẹngers 'ɛŋɐs
Ẹngert[h] 'ɛŋɐt
Ẹngertsham 'ɛŋɐtsham
Enggạno *indon.* ɛŋ'gano
Ẹnghaus 'ɛŋhau̯s
Enghien *fr.* ã'gɛ̃, *belg.-fr. auch:* ã'gjɛ̃
Enghien-les-Bains *fr.* ãgɛ̃le'bɛ̃
Engiadi̲na Bạssa *rät.* endʒja'di:na 'basa
Engiadi̲na O̲ta *rät.* endʒja'di:na 'ɔ:ta
Engịs *fr.* ã'ʒi
Ẹngland 'ɛŋlant, *engl.* 'ɪŋglənd
Ẹngländer 'ɛŋlɛndɐ
Ẹnglefield *engl.* 'ɛŋglfi:ld
Ẹngler 'ɛŋlɐ
Ẹnglewood *engl.* 'ɛŋglwʊd
ẹnglisch, Ẹ... 'ɛŋlɪʃ
English [spoken] *engl.* 'ɪŋglɪʃ ['spoʊkən]
English-Waltz *engl.* 'ɪŋglɪʃ 'wɔ[:]l[t]s
englisi̲eren ɛŋ[g]li'zi:rən
ẹngmaschig 'ɛŋmaʃɪç, -e ...ɪgə
Engo̲be ã'go:bə, *fr.* ã'gɔb; -n ã'go:bn̩
engobi̲eren ãgo'bi:rən
Engorgement ãgɔrʒə'mã:
Engrạmm ɛn'gram
en grọs *fr.* ã'gro
Engrossịst ãgrɔ'sɪst
Ẹngstatt 'ɛŋʃtat
ẹngstirnig 'ɛŋʃtɪrnɪç, -e ...ɪgə
Engstligen-Ạlp ɛŋstlɪgn̩'|alp
Ẹngstligental 'ɛŋstlɪgn̩ta:l
Ẹngstrand 'ɛŋstrant
Ẹngström *schwed.* ˌɛŋstrœm
Enharmo̲nik ɛnhar'mo:nɪk
enharmo̲nisch ɛnhar'mo:nɪʃ
Ẹnhuber 'ɛnhu:bɐ
ẸNIAC *engl.* 'ɛnɪæk
Enid *engl.* 'i:nɪd
E̲ningen 'e:nɪŋən
Enise̲j vgl. Jenissei
Enise̲jsk vgl. Jenisseisk
Eni̲te e'ni:tə
Eni̲wetok *engl.* ɛ'ni:wətɔk, ɛnɪ'wi:tɔk
Enjambement ãʒãbə'mã:
enkausti̲eren ɛnkau̯s'ti:rən
Enka̲u̲stik ɛn'kau̯stɪk
enka̲u̲stisch ɛn'kau̯stɪʃ
Ẹnk[[e] 'ɛnk[ə]
Ẹnkel 'ɛŋkl̩
Ẹnkenbach 'ɛŋkn̩bax
Ẹnkhuizen *niederl.* ɛŋk'hœi̯zə
Enki̲du ɛŋ'ki:du
Ẹnking 'ɛŋkɪŋ
Ẹnkirch 'ɛnkɪrç
Enkla̲ve ɛn'kla:və
Enkli̲se ɛn'kli:zə
Ẹnklisis 'ɛnklizɪs, Enkli̲sen ɛn'kli:zn̩
Enkli̲tikon ɛn'kli:tikɔn, ...ka ...ka
enkli̲tisch ɛn'kli:tɪʃ
Enkọlpion ɛn'kɔlpi̯ɔn, ...ien ...i̯ən
Enkomiạst[ik] ɛnko'mi̯ast[ɪk]
Enko̲mion ɛn'ko:mi̯ɔn, ...ien ...i̯ən
Enko̲mium ɛn'ko:mi̯ʊm, ...ien ...i̯ən
E̲nköping *schwed.* 'e:ntçø:pɪŋ
en mạsse *fr.* ã'mas
en miniature *fr.* ãminja'ty:r
Ẹnna *it.* 'ɛnna, *dän.* 'ɛna
Ẹnneberg 'ɛnəbɛrk
Ennecce̲rus ɛnɛk'tse:rʊs
Ẹnnemoser 'ɛnəmo:zɐ
Ennenda 'ɛnənda, ɛnən'da:
Ẹnnepe 'ɛnəpə
Ennery *fr.* ɛn'ri
ẹnnet 'ɛnət
Ẹnnetbaden 'ɛnətba:dn̩
ẹnnetbergisch 'ɛnətbɛrgɪʃ
ẹnnetbirgisch 'ɛnətbɪrgɪʃ
Ẹnnetbürgen 'ɛnətbʏrgn̩
Ẹnniger[loh] 'ɛnɪgɐ[lo:]
Ẹnnigloh 'ɛnɪçlo:
Ẹnnis *engl.* 'ɛnɪs
Enniscọrthy *engl.* ɛnɪs'kɔ:θɪ
Enniskịllen *engl.* ɛnɪs'kɪlɪn
Ẹnnius 'ɛni̯ʊs
Ẹnno 'ɛno
Enno̲dius ɛ'no:di̯ʊs
Ẹnns ɛns
ennuyant ãny'jant, an...; ...'jã:; -e ...jantə
ennuyi̲eren ãny'ji:rən, an...
Ẹno *finn.* 'ɛnɔ
Enobạrbus eno'barbʊs
E̲noch 'e:nɔx, *engl.* 'i:nɔk
Ẹnontekiö *finn.* 'ɛnɔntɛkiœ
enophthạlmisch ɛn|ɔf'talmɪʃ, enɔ...
Enophthạlmus ɛn|ɔf'talmʊs, enɔ...
enọrm e'nɔrm
Enormitä̲t enɔrmi'tɛ:t
Ẹnosis *neugr.* 'ɛnɔsis
Enosto̲se ɛn|ɔs'to:zə, enɔ...
en passant *fr.* ãpɑ'sã
en pleine carrière *fr.* ãplɛnka'rjɛ:r
en profịl *fr.* ãprɔ'fil
Enquelines *fr.* ã'klin
Enque̲te ã'ke:t[ə], ã'kɛ:t[ə]; -n ...tn̩
enragi̲ert ãra'ʒi:ɐ̯t
enrhümi̲ert ãry'mi:ɐ̯t
Enrịca *it.* en'ri:ka
Enrịco *it.* en'ri:ko
Enrịque *span.* en'rrike
Enrịques *it.* en'ri:ku̯es
Enriquẹta *span.* enrri'keta
Enríquez *span.* en'rrikɛθ
enrolli̲eren ãrɔ'li:rən
en route *fr.* ã'rut
[1]Ẹns (das Seiende) ɛns
[2]Ẹns (Name) *niederl.* ɛns
Ẹnschede *niederl.* 'ɛnsxəde:
Ẹnsdorf 'ɛnsdɔrf
Ẹnse 'ɛnzə
Enseli *pers.* ænzæ'li:
Ensemble ã'sã:bl̩, des -s ...l̩[s], die -s ...l̩[s]
Ẹnsheim 'ɛnshai̯m
Ensila̲ge ãsi'la:ʒə
Ẹnsinger 'ɛnzɪŋɐ
Ẹnsisheim 'ɛnzɪshai̯m
E̲nskede *schwed.* ˌe:nʃe:də
Ẹnslingen 'ɛnslɪŋən

Ẹnsomheten *norw.* ˌeːnsɔmheːtən
Ẹnsor *niederl.* ˈɛnsɔr
Ẹnßlin ˈɛnsliːn
Enstatit ɛnstaˈtiːt, *auch:* ...tɪt
en suite *fr.* ãˈsɥit
Entamöben ɛntaˈmøːbn̩
entạmten ɛntˈ|amtn̩
Entari ɛntaˈriː
entạschen ɛntˈ|aʃn̩
Entase ɛnˈtaːzə
Ẹntasis ˈɛntazɪs, **Entasen** ɛnˈtaːzn̩
entäußern ɛntˈ|ɔysɐn
entbehren ɛntˈbeːrən
entblöden ɛntˈbløːdn̩, **entblöd!** ɛntˈbløːt
entblößen ɛntˈbløːsn̩
entbürokratisieren ɛntbyrokratiˈziːrən
Ẹntchen ˈɛntçən
Entdẹcker ɛntˈdɛkɐ
Ẹnte ˈɛntə
Entẹbbe *engl.* ɛnˈtɛbɪ
entehren ɛntˈ|eːrən
enteisen ɛntˈ|ai̯zn̩, **enteis!** ɛntˈ|ai̯s, **enteist** ɛntˈ|ai̯st
enteisenen ɛntˈ|ai̯zənən
Entelechie ɛnteleˈçiː, **-n** ...iːən
entelẹchisch ɛnteˈlɛçɪʃ
Ẹntenbühl ˈɛntn̩byːl
Entente ãˈtãːt[ə], **-n** ...tn̩
Entente cordiale *fr.* ãtãtkɔrˈdi̯al
Ẹnter ˈɛntɐ
Entera vgl. Enteron
enteral ɛnteˈraːl
Enteralgie ɛnteralˈgiː
entẹrben ɛntˈ|ɛrbn̩
Ẹnterich ˈɛntərɪç
Enteritis ɛnteˈriːtɪs, **Enteritiden** ɛnteriˈtiːdn̩
ẹntern ˈɛntɐn
Enteroanastomose ɛntero|anastoˈmoːzə
enterogen ɛnteroˈgeːn
Enterokinase ɛnterokiˈnaːzə
Enteroklyse ɛnteroˈklyːzə
Enteroklysma ɛnteroˈklʏsma, **-ta** -ta
Enterokọkken ɛnteroˈkɔkn̩
Enterokolitis ɛnterokoˈliːtɪs, **...litiden** ...liˈtiːdn̩
Enterolith ɛnteroˈliːt, *auch:* ...lɪt
Enteromyiase ɛnteromyiˈaːzə
Ẹnteron ˈɛnterɔn, **...ra** ...ra
Enteroneurose ɛnterɔnɔyˈroːzə
Enteroptose ɛnterɔpˈtoːzə
Enterorrhagie ɛnterɔraˈgiː, **-n** ...iːən
Enterosit ɛnteroˈziːt
Enteroskop ɛnteroˈskoːp
Enteroskopie ɛnteroskoˈpiː, **-n** ...iːən
Enterostomie ɛnterostoˈmiː, **-n** ...iːən
Enterotomie ɛnterotoˈmiː, **-n** ...iːən
Enterozele ɛnteroˈt͜seːlə
Enterozoa ɛnteroˈt͜soːa
Enterozoen ɛnteroˈt͜soːən
Ẹnterprise *engl.* ˈɛntəpraɪz
Ẹnters *engl.* ˈɛntəz
Entertainer ɛntɐˈteːnɐ, *engl.* ˈɛntəteɪnə
entfạchen ɛntˈfaxn̩
Ẹntfelder ˈɛntfɛldɐ
entfẹrnen ɛntˈfɛrnən
entfrẹmden ɛntˈfrɛmdn̩
entgasen ɛntˈgaːzn̩
entgegen ɛntˈgeːgn̩
entgegengesetzt ɛntˈgeːgn̩gəzɛt͜st
entgegengesetztenfạlls ɛntˈgeːgn̩gəzɛt͜stn̩ˈfals
entgegenkommen ɛntˈgeːgn̩kɔmən
entgegnen ɛntˈgeːgnən
entgeistert ɛntˈgai̯stɐt
Entgẹlt ɛntˈgɛlt
entgịften ɛntˈgɪftn̩
entgleisen ɛntˈglai̯zn̩, **entgleis!** ɛntˈglai̯s, **entgleist** ɛntˈglai̯st
entgọtten ɛntˈgɔtn̩
entgọ̈ttern ɛntˈgœtɐn
enthaaren ɛntˈhaːrən
Enthalpie ɛntalˈpiː
enthạltsam ɛntˈhaltzaːm
enthaupten ɛntˈhau̯ptn̩
Enthelmịnthen ɛnthɛlˈmɪntn̩
enthumanisieren ɛnthumaniˈziːrən
enthusiasmieren ɛntuzi̯asˈmiːrən
Enthusiạsmus ɛntuˈzi̯asmʊs
Enthusiạst ɛntuˈzi̯ast
Enthymem ɛntyˈmeːm
entideologisieren ɛnt|ideologiˈziːrən
Entität ɛntiˈtɛːt
entkeimen ɛntˈkai̯mən
entkrạ̈ften ɛntˈkrɛftn̩
entladen ɛntˈlaːdn̩
entlạng ɛntˈlaŋ
entlạrven ɛntˈlarfn̩
entlauben ɛntˈlau̯bn̩, **entlaub!** ɛntˈlau̯p, **entlaubt** ɛntˈlau̯pt
Ẹntlebuch ˈɛntləbuːx
entledigen ɛntˈleːdɪgn̩, **entledig!** ɛntˈleːdɪç, **entledigt** ɛntˈleːdɪçt
entleeren ɛntˈleːrən
entlegen ɛntˈleːgn̩
entleiben ɛntˈlai̯bn̩, **entleib!** ɛntˈlai̯p, **entleibt** ɛntˈlai̯pt
entmạchten ɛntˈmaxtn̩
entmạnnen ɛntˈmanən
entmẹnscht ɛntˈmɛnʃt
entmilitarisieren ɛntmilitariˈziːrən
entminen ɛntˈmiːnən
entmụ̈ndigen ɛntˈmʏndɪgn̩, **entmụ̈ndig!** ɛntˈmʏndɪç, **entmụ̈ndigt** ɛntˈmʏndɪçt
entmutigen ɛntˈmuːtɪgn̩, **entmutig!** ɛntˈmuːtɪç, **entmutigt** ɛntˈmuːtɪçt
entmythisieren ɛntmytiˈziːrən
entmythologisieren ɛntmytologiˈziːrən
Entnahme ɛntˈnaːmə
entnationalisieren ɛntnat͜si̯onaliˈziːrən
entnazifizieren ɛntnat͜sifiˈt͜siːrən
entnẹrven ɛntˈnɛrfn̩
Entodẹrm ɛntoˈdɛrm
entodermal ɛntodɛrˈmaːl
entomogam ɛntomoˈgaːm
Entomogamie ɛntomogaˈmiː
Entomologe ɛntomoˈloːgə
Entomologie ɛntomoloˈgiː
entomologisch ɛntomoˈloːgɪʃ
Entoparasit ɛntoparaˈziːt
Entophyten ɛntoˈfyːtn̩
entopisch ɛnˈtoːpɪʃ
Entoplạsma ɛntoˈplasma
entọptisch ɛnˈtɔptɪʃ
entotisch ɛnˈtoːtɪʃ
Entourage ãtuˈraːʒə
En-tout-cas ãtuˈka[ː], **des -** ...aː[s], ...a[s]; **die -** ...a[ː]s
Entoxịsmus ɛntɔˈksɪsmʊs
Entozoon ɛntoˈt͜soːɔn; **...zoen** ...t͜soːən, **...zoa** ...t͜soːa
entpflịchten ɛntˈpf͜lɪçtn̩
entpolitisieren ɛntpolitiˈziːrən
entpụlpen ɛntˈpʊlpn̩
Entrada ɛnˈtraːda
entrahmen ɛntˈraːmən
enträtseln ɛntˈrɛːt͜sl̩n
Entreạkt ãtɐˈ|akt, ãtəˈrakt, *fr.* ãˈtrakt
Entrechat ãtɐˈʃa[ː], *fr.* ãtrəˈʃa
entrẹchten ɛntˈrɛçtn̩
Entrecote ãtɐˈkoːt, *fr.* ãtrəˈkoːt
Ẹntre Douro e Mịnho *port.* ˈentrə ˈðoru i ˈmiɲu
Entree ãˈtreː
Entrefilet ãtɐfiˈleː, *fr.* ãtrəfiˈlɛ
Entrelacs ãtɐˈla[ː]; **des -** ...aː[s], ...a[s]; **die -** ...a[ː]s
Entremés ɛntreˈmɛs
Entremets ãtɐˈmeː, *fr.* ãtrəˈmɛ; **des -** ...eː[s], **die -** ...eːs
Entremont *fr.* ãtrəˈmõ
entre nous *fr.* ãtrəˈnu
Ẹntre-os-Rios *port.* ˈentruʒˈrriuʃ
Entrepeñas *span.* entreˈpeɲas
Entrepot ãtɐˈpoː, *fr.* ãtrəˈpo
Entrepreneur ãtɐprəˈnøːɐ̯, *fr.* ãtrəprəˈnœːr
Entreprise ãtɐˈpriːzə, *fr.* ãtrəˈpriːz; **-n** ...zn̩
Ẹntre Rios *bras.* ˈentri ˈrrius
Ẹntre Ríos *span.* ˈentrɛ ˈrriɔs
Entresol ãtɐˈsɔl, *fr.* ãtrəˈsɔl
Entrevue ãtɐˈvyː, **...uen** ...yːən
entrez! ãˈtreː
entrịchten ɛntˈrɪçtn̩
entrieren ãˈtriːrən
entrịnnen, E... ɛntˈrɪnən
Entropie ɛntroˈpiː, **-n** ...iːən

Entrọpium ɛn'tro:pi̯ʊm, **...pien** ...pi̯ən
entrụ̈mpeln ɛnt'rʏmpl̩n
Ẹntry *engl.* 'ɛntrɪ
entsa̲gen ɛnt'za:gn̩
entschä̲digen ɛnt'ʃɛ:dɪgn̩
Entsche̲i̲d ɛnt'ʃai̯t, **-e** ...ai̯də
entsche̲i̲dend ɛnt'ʃai̯dn̩t, **-e** ...n̩də
entschi̲e̲den ɛnt'ʃi:dn̩
entschle̲i̲ern ɛnt'ʃlai̯ɐn
entschlọssen ɛnt'ʃlɔsn̩
Entschlụß ɛnt'ʃlʊs
entschụldbar ɛnt'ʃʊltba:ɐ̯
entschụldigen ɛnt'ʃʊldɪgn̩, **entschụldig!** ɛnt'ʃʊldɪç, **entschụldigt** ɛnt'ʃʊldɪçt
entschwe̲ren ɛnt'ʃve:rən
entse̲e̲lt ɛnt'ze:lt
entsẹtzlich ɛnt'zɛtslɪç
entse̲u̲chen ɛnt'zɔy̯çn̩
entsịttlichen ɛnt'zɪtlɪçn̩
entspạnnen ɛnt'ʃpanən
entsprẹchend ɛnt'ʃprɛçn̩t, **-e** ...n̩də
entstalinisi̲e̲ren ɛntstalini'zi:rən
entsụmpfen ɛnt'zʊmpfn̩
enttä̲u̲schen ɛnt'tɔy̯ʃn̩
entvọ̈lkern ɛnt'fœlkɐn
entwạffnen ɛnt'vafnən
entwe̲der ɛnt've:dɐ, *auch:* '−−−
Ẹntweder-O̲der 'ɛntve:dɐ'|o:dɐ
entwe̲i̲chen ɛnt'vai̯çn̩
Ẹntwistle *engl.* 'ɛntwɪsl
entwö̲hnen ɛnt'vø:nən
entwọ̈lken ɛnt'vœlkn̩
entza̲u̲bern ɛnt'tsau̯bɐn
entzịffern ɛnt'tsɪfɐn
entzụ̈ckend ɛnt'tsʏkn̩t, **-e** ...n̩də
entzụndern ɛnt'tsʊndɐn, **...dre** ...drə
entzụ̈ndlich ɛnt'tsʏntlɪç
entzwe̲i̲ ɛnt'tsvai̯
entzwe̲i̲en ɛnt'tsvai̯ən
Enụgu *engl.* ɛ'nu:gu:
Enukleatio̲n enuklea'tsi̯o:n
enuklei̲e̲ren enukle'i:rən
Enumeratio̲n enumera'tsi̯o:n
enumeri̲e̲ren enume'ri:rən
Enunziatio̲n enʊntsi̯a'tsi̯o:n
Enure̲se enu're:zə
Envelọppe ãvə'lɔp[ə], **-n** ...pn̩
Enver *alban.* 'emver, *türk.* ɛn'vɛr
Enve̲rs ã've:ɐ̯, ã'vɛ:ɐ̯, **des -** ...ɐ̯[s], **die -** ...ɐ̯s
Environment *engl.* ɪn'vaɪərənmənt
Environtologi̲e ɛnvirɔntolo'gi:
en vo̲gue ã'vo:k, *fr.* ã'vɔg
Envoyé ãvo̯a'je:
Enweri̲ *pers.* ænvæ'ri:
Ẹnying *ung.* 'ɛnjiŋg
Ẹnz ɛnts
Ẹnzberg 'ɛntsbɛrk
Ẹnzensberger 'ɛntsn̩sbɛrgɐ
Enzephala vgl. Enzephalon
Enzephali̲tis ɛntsefa'li:tɪs, **...litiden** ...li'ti:dn̩

Enzephalogrạmm ɛntsefalo'gram
Enzephalographi̲e ɛntsefalogra'fi:
Enzephalomalazi̲e ɛntsefalomala'tsi:, **-n** ...i:ən
Enze̲phalon ɛn'tse:falɔn, **...la** ...la
Enzephalorrhagi̲e ɛntsefalɔra'gi:, **-n** ...i:ən
Enzephaloze̲le ɛntsefalo'tse:lə
Ẹnzersdorf 'ɛntsɐsdɔrf
Ẹnzian 'ɛntsi̯a:n
Ẹnzigsee 'ɛntsɪçze:
Enzịnas *span.* en'θinas
Ẹnz[i]o 'ɛnts[i̯]o
Enzwe̲i̲hingen ɛnts'vaiɪŋən
Enzy̲klika ɛn'tsy:klika, *auch:* ...'tsʏk...
enzy̲klisch ɛn'tsy:klɪʃ, *auch:* ...'tsʏk...
Enzyklopädi̲e ɛntsyklopɛ'di:, **-n** ...i:ən
Enzyklopä̲diker ɛntsyklo'pɛ:dikɐ
enzyklopä̲disch ɛntsyklo'pɛ:dɪʃ
Enzyklopädịst ɛntsyklopɛ'dɪst
Enzy̲m ɛn'tsy:m
enzyma̲tisch ɛntsy'ma:tɪʃ
Enzymologi̲e ɛntsymolo'gi:
enzysti̲e̲ren ɛntsys'ti:rən
Eoba̲n[us] eo'ba:n[ʊs]
e̲o ịpso 'e:o 'ɪpso
Eoliẹnne eo'li̯ɛn
Eoli̲th eo'li:t, *auch:* ...lɪt
Eoli̲thikum eo'li:tikʊm, *auch:* ...lɪt...
E̲os 'e:ɔs
Eosạnder eo'zandɐ
Eosi̲n eo'zi:n
eosini̲e̲ren eozi'ni:rən
eosinophi̲l eozino'fi:l
Eötvös *ung.* 'øtvøʃ
eozä̲n, E... eo'tsɛ:n
Eozo̲ikum eo'tso:ikʊm
eozo̲isch eo'tso:ɪʃ
Eozo̲on eo'tso:ɔn
Epagoge̲ epago'ge:
epago̲gisch epa'go:gɪʃ
E̲pakris 'e:pakrɪs
Epạkte e'paktə
Epameinọndas epamai̯'nɔndas
Epaminọndas epami'nɔndas
Epanalẹpse epana'lɛpsə
Epana̲lepsis epa'na:lɛpsɪs, **...ẹpsen** ...na'lɛpsn̩
Epana̲phora epa'na:fora, **...rä** ...rɛ
Epa̲nodos e'pa:nodɔs, **...doi** ...dɔy̯
Epạrch e'parç
Eparchi̲e epar'çi:, **-n** ...i:ən
Epaulẹtt[e] epo'lɛt[ə]
Epa̲ve e'pa:və
E̲pe *dt., niederl.* 'e:pə
Epecuén *span.* epe'ku̯en
Épée *fr.* e'pe
Epeirogene̲se epai̯roge'ne:zə

Epeirophore̲se epai̯rofo're:zə
Epe̲i̲ros e'pai̯rɔs
Epeiso̲dion epai̯'zo:di̯ɔn, **...dia** ...di̯a
Ependy̲m epɛn'dy:m
Ependymo̲m epɛndy'mo:m
Epenthe̲se epɛn'te:zə
Epẹnthesis e'pɛntezɪs, **...the̲sen** ...'te:zn̩
epenthe̲tisch epɛn'te:tɪʃ
Ẹperies 'ɛpɛri̯ɛs
Ẹperjes *ung.* 'ɛpɛrjɛʃ
Épernay *fr.* epɛr'nɛ
Épernon *fr.* epɛr'nõ
Epexege̲se epɛkse'ge:zə
epexege̲tisch epɛkse'ge:tɪʃ
Ẹpfendorf 'ɛpfn̩dɔrf
Ephe̲be e'fe:bə
Ephebi̲e efe'bi:
ephe̲bisch e'fe:bɪʃ
E̲phedra 'e:fedra, **...drae** ...drɛ
Ephedri̲n (Wz) efe'dri:n
Epheli̲den efe'li:dn̩
epheme̲r efe'me:ɐ̯
Ephe̲mera e'fe:mera
Ephemeri̲de efeme'ri:də
Ephe̲meris e'fe:merɪs
epheme̲risch efe'me:rɪʃ
Ephemerophy̲t efemero'fy:t
E̲pheser 'e:fezɐ
ephe̲sisch e'fe:zɪʃ
E̲phesos 'e:fezɔs
E̲phesus 'e:fezʊs
Ephe̲te e'fe:tə
Ephiạltes e'fi̯altɛs
Ephidro̲se efi'dro:zə
Ephịppium e'fɪpi̯ʊm, **...ien** ...i̯ən
Epho̲r e'fo:ɐ̯
Ephora̲t efo'ra:t
Ephori̲e efo'ri:, **-n** ...i:ən
E̲phoros 'e:fɔrɔs, **...ren** e'fo:rən
E̲phorus 'e:fɔrʊs, **...ren** e'fo:rən
E̲phraim 'e:fraɪm, *engl.* 'i:freɪɪm
Ephrä̲m e'frɛ:m
Ephtaliọtes *neugr.* ɛfta'ljɔtis
Epi *engl.* 'eɪpɪ, *fr.* e'pi
Epiboli̲e epibo'li:
Epice̲dium epi'tse:di̯ʊm, **...ia** ...i̯a
Epichạrm[os] epi'çarm[ɔs]
Epidạmnos epi'damnɔs
Epidạmnus epi'damnʊs
Epida̲u̲ros epi'dau̯rɔs, *neugr.* ɛ'piðavrɔs
Epida̲u̲rus epi'dau̯rʊs
Epide̲i̲ktik epi'dai̯ktɪk
epide̲i̲ktisch epi'dai̯ktɪʃ
Epidemi̲e epide'mi:, **-n** ...i:ən
Epidemiolo̲ge epidemi̯o'lo:gə
Epidemiologi̲e epidemi̯olo'gi:
epidemiolo̲gisch epidemi̯o'lo:gɪʃ
epide̲misch epi'de:mɪʃ
epiderma̲l epidɛr'ma:l
Epidẹrmis epi'dɛrmɪs
Epidermoi̲d epidɛrmo'i:t, **-e** ...i:də

epidermoidạl epidɛrmoiˈdaːl
Epidermophy̲t epidɛrmoˈfyːt
Epidermophyti̲e epidɛrmofyˈtiː, **-n** ...iːən
Epidiasko̲p epidiaˈskoːp
Epidi̲dymis epiˈdiːdymɪs, **...mi̲den** epididyˈmiːdn̩
Epididymi̲tis epididyˈmiːtɪs, **...miti̲den** ...miˈtiːdn̩
Epido̲t epiˈdoːt
Epifanij vgl. Jepifani
Epiga̲ion epiˈga͜iɔn
epigä̲isch epiˈgɛːɪʃ
Epigạstrium epiˈgastriʊm, **...ien** ...iən
Epi̲genes eˈpiːgenɛs
Epigene̲se epigeˈneːzə
epigene̲tisch epigeˈneːtɪʃ
Epiglọttis epiˈglɔtɪs
Epiglotti̲tis epiglɔˈtiːtɪs, **...ottiti̲den** ...ɔtiˈtiːdn̩
epigona̲l epigoˈnaːl
Epigonạtion epigoˈnaːti̯ɔn, **...ien** ...i̯ən
Epigo̲ne epiˈgoːnə
Epigrạmm epiˈgram
Epigrammatik epigraˈma[ː]tɪk
Epigrammatiker epigraˈma[ː]tikɐ
epigrammatisch epigraˈma[ː]tɪʃ
Epigrammatịst epigramaˈtɪst
Epigra̲ph[ik] epiˈgraːf[ɪk]
Epigra̲phiker epiˈgraːfikɐ
epigy̲n epiˈgyːn
E̲pik ˈeːpɪk
Epikạnthus epiˈkantʊs
Epikạrp epiˈkarp
Epikạrpium epiˈkarpi̯ʊm, **...ien** ...i̯ən
Epike̲deion epiˈkeːda͜iɔn, **...deia** ...da͜ia
E̲piker ˈeːpikɐ
Epikle̲se epiˈkleːzə
epikontinenta̲l epikɔntinɛnˈtaːl
Epikoty̲l epikoˈtyːl
Epikri̲se epiˈkriːzə
Epikte̲t[os] epɪkˈteːt[ɔs]
Epiku̲r epiˈkuːɐ̯
Epikure̲er epikuˈreːɐ
epikure̲isch, E... epikuˈreːɪʃ
Epikureịsmus epikureˈɪsmʊs
epiku̲risch, E... epiˈkuːrɪʃ
Epiku̲ros epiˈkuːrɔs
Epilatio̲n epilaˈt͜si̯oːn
Epilepsi̲e epilɛˈpsiː, **-n** ...iːən
epileptifọrm epilɛptiˈfɔrm
Epilẹptiker epiˈlɛptikɐ
epilẹptisch epiˈlɛptɪʃ
epilepto̲id epilɛptoˈiːt, **-e** ...iːdə
epili̲eren epiˈliːrən
Epilịmnion epiˈlɪmniɔn, **...ien** ...iən
Epilịmnium epiˈlɪmniʊm, **...ien** ...iən
Epilo̲g epiˈloːk, **-e** ...oːgə
Epimele̲ia epimeˈla͜ia
Epimele̲t epimeˈleːt
Epime̲nides epiˈmeːnidɛs
Epime̲theus epiˈmeːtɔ͜ys
Épinạl *fr.* epiˈnal
Epinasti̲e epinasˈtiː
epinạstisch epiˈnastɪʃ
Épinay *fr.* epiˈnɛ
Epinephri̲tis epineˈfriːtɪs, **...riti̲den** ...riˈtiːdn̩
Epinglé epɛ̃ˈgleː
Epini̲kion epiˈniːki̯ɔn, **...ien** ...i̯ən
Epipaläolithikum epipalɛoˈliːtikʊm, *auch:* ...lɪt
Epi̲phanes eˈpiːfanɛs
Epiphania epiˈfaːni̯a, ...faˈniːa
Epipha̲nias epiˈfaːni̯as
Epiphani̲e epifaˈniː
Epipha̲nien... epiˈfaːni̯ən...
Epipha̲nius epiˈfaːni̯ʊs
Epiphänome̲n epifɛnoˈmeːn
Epipha̲rynx epiˈfaːrʏŋks
Epi̲phora eˈpiːfora, **...rä** ...rɛ
Epiphỵllum epiˈfylʊm
Epiphy̲se epiˈfyːzə
Epiphy̲t epiˈfyːt
Epi̲ploon eˈpiːploɔn, **...loa** ...loa
epiroge̲n epiroˈgeːn
Epirogene̲se epirogeˈneːzə
epirogene̲tisch epirogeˈneːtɪʃ
Epiro̲t epiˈroːt
Epirrhe̲m epɪˈreːm
Epịrrhema eˈpɪrema, **-ta** epɪˈreːmata
Epi̲rus eˈpiːrʊs
e̲pisch ˈeːpɪʃ
Epịscopus eˈpɪskopʊs
Episiotomi̲e epizi̯otoˈmiː, **-n** ...iːən
Episi̲t epiˈziːt
Episkleri̲tis episkleˈriːtɪs, **...riti̲den** ...riˈtiːdn̩
Episko̲p epiˈskoːp
episkopa̲l epɪskoˈpaːl
Episkopa̲le epɪskoˈpaːlə
Episkopalịsmus epɪskopaˈlɪsmʊs
Episkopalịst epɪskopaˈlɪst
Episkopa̲t epɪskoˈpaːt
Epịskopus eˈpɪskopʊs, **...pi** ...pi
Episo̲de epiˈzoːdə
episo̲disch epiˈzoːdɪʃ
Epispadi̲e epispaˈdiː, **-n** ...iːən
Epispạstikum epiˈspastikʊm, **...ka** ...ka
Epistạxis epiˈstaksɪs
Epịstel eˈpɪstl̩
Epistemologi̲e epɪstemoloˈgiː
epistemolo̲gisch epɪstemoˈloːgɪʃ
Epịstolae obscuro̲rum viro̲rum eˈpɪstolɛ ɔpskuˈroːrʊm viˈroːrʊm
Epistola̲r epɪstoˈlaːɐ̯
Epistola̲rium epɪstoˈlaːri̯ʊm, **...ien** ...i̯ən
Epistolographi̲e epɪstolograˈfiː, **-n** ...iːən
Epistropheus eˈpɪstrofɔ͜ys, epiˈstroːfeʊs
Episty̲l epiˈstyːl
Episty̲lion epiˈstyːli̯ɔn, **...ien** ...i̯ən
Epita̲ph epiˈtaːf
Epita̲phium epiˈtaːfi̯ʊm, **...ien** ...i̯ən
Epi̲tasis eˈpiːtazɪs, **...a̲sen** epiˈtaːzn̩
Epithala̲mion epitaˈlaːmi̯ɔn, **...ien** ...i̯ən
Epithala̲mium epitaˈlaːmi̯ʊm, **...ien** ...i̯ən
Epithe̲l epiˈteːl
epithelia̲l epiteˈli̯aːl
Epithelio̲m epiteˈli̯oːm
Epithelisatio̲n epitelizaˈt͜si̯oːn
Epithe̲lium epiˈteːli̯ʊm, **...ien** ...i̯ən
Epithe̲m epiˈteːm
Epithe̲se epiˈteːzə
Epi̲theton eˈpiːtetɔn, **...ta** ...ta
Epi̲thethon ọrnans eˈpiːtetɔn ˈɔrnans, **...ta ...ạntia** ...ta ɔrˈnant͜si̯a
epito̲k epiˈtoːk
Epitoki̲e epitoˈkiː
Epitoma̲tor epitoˈmaːtɔr, **-en** ...maˈtoːrən
Epi̲tome eˈpiːtome, **-n** epiˈtoːmən
Epitrache̲lion epitraˈxeːli̯ɔn, **...ien** ...i̯ən
Epitri̲t epiˈtriːt
Epizentra̲lentfernung epit͜sɛnˈtraːl|ɛntfɛrnʊŋ
Epizẹntrum epiˈt͜sɛntrʊm
Epize̲uxis epiˈt͜sɔ͜yksɪs
epizo̲isch epiˈt͜soːɪʃ
Epizo̲ne epiˈt͜soːnə
Epizo̲on epiˈt͜soːɔn; **...zo̲en** ...t͜soːən, **...zo̲a** ...ˈt͜soːa
Epizoono̲sen epit͜sooˈnoːzn̩
Epizy̲kel epiˈt͜syːkl̩
Epizykloi̲de epit͜sykloˈiːdə
epocha̲l epɔˈxaːl
Epọche eˈpɔxə
epọchemachend eˈpɔxəmaxn̩t, **-e** ...n̩də
Epo̲de eˈpoːdə
epo̲disch eˈpoːdɪʃ
Ẹpöl *ung.* ˈɛpøl
Epome̲o *it.* epoˈmɛːo
E̲pona ˈeːpona
Epony̲m epoˈnyːm
Epo̲nymos eˈpoːnymɔs
Epopö̲e epoˈpøːə, *auch:* ...ˈpøː; **-n** ...øːən
Epọpt eˈpɔpt
E̲pos ˈeːpɔs
Ẹpp[an] ˈɛp[an]
Ẹppelborn ˈɛpl̩bɔrn
Ẹppelsheimer ˈɛpl̩sha͜imɐ
Ẹpper ˈɛpɐ
Ẹpperson *engl.* ˈɛpəsn
Ẹppich ˈɛpɪç
Ẹpping *dt., engl.* ˈɛpɪŋ
Ẹppingen ˈɛpɪŋən
Ẹppstein ˈɛp-ʃta͜in

Eprouvẹtte epru'vɛt, **-n** ...tn̩
Ẹpsilon 'ɛpsilɔn
Ẹpsom *engl.* 'ɛpsəm
Ẹpstein 'ɛp-ʃtai̯n, *engl.* 'ɛpstaɪn
Ẹpte *fr.* ɛpt
Ẹptingen 'ɛptɪŋən
Epulis e'pu:lɪs, **...liden** epu'li:dn̩
Equẹstrik e'kvɛstrɪk
Equidae 'e:kvidɛ
Equiden e'kvi:dn̩
Equilibrịst ekvili'brɪst
Equilibrịstik ekvili'brɪstɪk
Equipage ek[v]i'pa:ʒə
Equipe e'kɪp, **-n** ...pn̩
equipieren ek[v]i'pi:rən
Equisetum ekvi'ze:tʊm
Equites 'e:kvite:s
er e:ɐ̯
erachten ɛɐ̯'|axtn̩
erahnen ɛɐ̯'|a:nən
Eran e'ra:n
Ẹranos 'e:ranɔs
Érard *fr.* e'ra:r
Erasịstratos era'zɪstratɔs
erạsmisch, E... e'rasmɪʃ
Erạsmo *span.* e'razmo
Erạsmus e'rasmʊs, *engl.* ɪ'ræzməs
Erạst[us] e'rast[ʊs]
Erath 'e:rat
Erato e'ra:to, *auch:* 'e:rato
Eratọsthenes era'tɔstenɛs
Ẹrb ɛrp, *fr.* ɛrb
Ẹrba *it.* 'ɛrba
Ẹrbach 'ɛrbax
Ẹrbadel 'ɛrp|a:dl̩
Erbạrmedich ɛɐ̯'barmədɪç
erbạrmen, E... ɛɐ̯'barmən
erbärmlich ɛɐ̯'bɛrmlɪç
erbạrmungslos ɛɐ̯'barmʊŋslo:s
Ẹrbe 'ɛrbə
ẹrben 'ɛrbn̩, **ẹrb!** ɛrp, **ẹrbt** ɛrpt
Ẹrben 'ɛrbn̩, *tschech.* ...bɛn
Ẹrbendorf 'ɛrbn̩dɔrf
Ẹrbenheim 'ɛrbn̩hai̯m
Erbent vgl. Jerbent
Ẹrbeskopf 'ɛrbəskɔpf
erbeten ɛɐ̯'be:tn̩
erbeuten ɛɐ̯'bɔy̯tn̩
ẹrbfähig 'ɛrpfɛ:ɪç
Erbgroßherzog ɛrp'gro:shɛrtso:k, '–,–––
erbieten, E... ɛɐ̯'bi:tn̩
Erbil ɛr'bi:l
Ẹrbisdorf 'ɛrbɪsdɔrf
erbịttern ɛɐ̯'bɪtɐn
Ẹrbium 'ɛrbi̯ʊm
erblạssen ɛɐ̯'blasn̩ **erblạß!** ɛɐ̯'blas, **erblạßt** ɛɐ̯'blast
Ẹrblassenschaft 'ɛrplasn̩ʃaft
Ẹrblasser 'ɛrplasɐ
ẹrblasserisch 'ɛrplasərɪʃ
erbleichen ɛɐ̯'blai̯çn̩
ẹrblich 'ɛrplɪç
erblịchen (von: erbleichen) ɛɐ̯'blɪçn̩
erblịcken ɛɐ̯'blɪkn̩
erblịnden ɛɐ̯'blɪndn̩, **erblịnd!** ɛɐ̯'blɪnt
ẹrblos 'ɛrplo:s
Erbogačen vgl. Jerbogatschon
erbosen ɛɐ̯'bo:zn̩, **erbos!** ɛɐ̯'bo:s, **erbost** ɛɐ̯'bo:st
erbötig ɛɐ̯'bø:tɪç, **-e** ...ɪgə
erbrẹchen, E... ɛɐ̯'brɛçn̩
erbrịngen ɛɐ̯'brɪŋən
Ẹrbringen (Ort) 'ɛrbrɪŋən
Ẹrbschaft 'ɛrp-ʃaft
Ẹrbse 'ɛrpsə
Ercé *fr.* ɛr'se
Ẹrchanger 'ɛrçaŋɐ
Ercịlla *span.* ɛr'θiʎa
Ẹrciyas dağı *türk.* 'ɛrdʒijɑs dɑ:'ɨ
Erckmann-Chatrian *fr.* ɛrkmanʃatri'ã
Ercolani *it.* erko'la:ni
Ercolano *it.* erko'la:no
Ẹrcole *it.* 'ɛrkole
Ẹrcsi *ung.* 'ɛrtʃi
Érd *ung.* e:rd
Erda 'e:ɐ̯da
erdạcht ɛɐ̯'daxt
erdauern ɛɐ̯'dau̯ɐn
Erdbeere 'e:ɐ̯tbe:rə
Erde 'e:ɐ̯də
Ẹrdély[i] *ung.* 'ɛrde:j[i]
erden 'e:ɐ̯dn̩, **erd!** e:ɐ̯t
Erden[burg] 'e:ɐ̯dn̩[bʊrk]
erdẹnkbar ɛɐ̯'dɛŋkba:ɐ̯
erdig 'e:ɐ̯dɪç, **-e** ...ɪgə
Erding 'e:ɐ̯dɪŋ, 'ɛrdɪŋ
Érdliget *ung.* 'e:rdligɛt
Erdmann 'e:ɐ̯tman
Erdmännchen 'e:ɐ̯tmɛnçən
Erdmannsdorf[f] 'e:ɐ̯tmansdɔrf
Erdmannsdörffer 'e:ɐ̯tmansdœrfɐ
Erdmut 'e:ɐ̯tmu:t
Erdmut[h]e e:ɐ̯t'mu:tə
Ẹrdőbénye *ung.* 'ɛrdø:be:njɛ
Ẹrdőd *ung.* 'ɛrdø:d
Ẹrdőkürt *ung.* 'ɛrdø:kyrt
erdọlchen ɛɐ̯'dɔlçn̩
erdölhöffig 'e:ɐ̯t|ø:l,hœfɪç, **-e** ...ɪgə
Ẹrdorf 'ɛrdɔrf
Ẹrdős[i] *ung.* 'ɛrdø:ʃ[i]
Ẹrdre *fr.* ɛrdr
erdreisten ɛɐ̯'drai̯stn̩
Erdrọsselung ɛɐ̯'drɔsəlʊŋ
Erebos 'e:rebɔs
Erebus 'e:rebʊs, *engl.* 'ɛrɪbəs
Erec 'e:rɛk
Erechtheion ereç'tai̯ɔn
Erechtheum ereç'te:ʊm
Erẹchtheus e'rɛçtɔy̯s
Erẹde *it.* e'rɛ:de
ereifern ɛɐ̯'|ai̯fɐn
ereignen ɛɐ̯'|ai̯gnən
Ereignis ɛɐ̯'|ai̯gnɪs, **-se** ...ɪsə
Erek 'e:rɛk
erektil erɛk'ti:l
Erektion erɛk'tsi̯o:n
Eremej vgl. Jeremei
eremisch e're:mɪʃ
Eremit ere'mi:t
Eremitage eremi'ta:ʒə
Eremitagen *dän.* erəmi'ta:sjən
Eremurus ere'mu:rʊs
Eren 'e:rən
Erenburg, Érenburg *russ.* ɛrɪn'burk
Erens *niederl.* 'e:rəns
Erepsin erɛ'psi:n
Eresburg 'e:rəsbʊrk
Erẹsma *span.* e'rezma
erethisch e're:tɪʃ
Eretria e're:tria
Erevan vgl. Jerewan
Erewan ere'va:n, ...van
Erez Jisrael 'e:rɛts jɪsra'e:l
erfahren ɛɐ̯'fa:rən
Ẹrfde 'ɛrfdə
Ẹrfenschlag 'ɛrfn̩ʃla:k
Erfịnder ɛɐ̯'fɪndɐ
erfịnderisch ɛɐ̯'fɪndərɪʃ
Erfọlg ɛɐ̯'fɔlk, **-e** ...lgə
Erfolghascherei ɛɐ̯fɔlkhaʃə'rai̯
erfọlglos ɛɐ̯'fɔlklo:s
erfọrderlich ɛɐ̯'fɔrdɐlɪç
Erfọrdernis ɛɐ̯'fɔrdɐnɪs, **-se** ...ɪsə
erfrẹchen ɛɐ̯'frɛçn̩
erfreulich ɛɐ̯'frɔy̯lɪç
Ẹrft ɛrft
Ẹrfurt 'ɛrfʊrt, **-er** -ɐ
Ẹrfweiler 'ɛrfvai̯lɐ
Ẹrg ɛrk
Ergak-Targak-Taiga vgl. Jergak-Targak-Taiga
ergänzen ɛɐ̯'gɛntsn̩
Ergasiolipophyt ɛrgazi̯olipo'fy:t
Ergasiophyophyt ɛrgazi̯ofy̯o'fy:t
Ergasiophyt ɛrgazi̯o'fy:t
ergạstisch ɛr'gastɪʃ
Ẹrgativ 'ɛrgati:f, **-e** ...i:və
ergạttern ɛɐ̯'gatɐn
ergeben ɛɐ̯'ge:bn̩
Ergebnis ɛɐ̯'ge:pnɪs, **-se** ...ɪsə
ergehen ɛɐ̯'ge:ən
Ẹrgene *türk.* 'ɛrgɛnɛ
Ergeni vgl. Jergeni
ergiebig ɛɐ̯'gi:bɪç, **-e** ...ɪgə
ẹrgo bibamus 'ɛrgo bi'ba:mʊs
Ergoden ɛr'go:dn̩
Ergograph ɛrgo'gra:f
Ergographie ɛrgogra'..
Ẹrgolding 'ɛrgɔldɪŋ
Ẹrgoldsbach 'ɛrgɔltsbax
Ergologie ɛrgolo'gi:
Ẹrgolz 'ɛrgɔlts
Ergometer ɛrgo'me:tɐ
Ergonomie ɛrgono'mi:
Ergostat ɛrgo'sta:t
Ergosterin ɛrgoste'ri:n
Ergotamin ɛrgota'mi:n
Ergotịsmus ɛrgo'tɪsmʊs
Ergotoxin ɛrgotɔ'ksi:n
ergotrop ɛrgo'tro:p
ergötzen ɛɐ̯'gœtsn̩

Ergrịffensein ɛɐ̯'grɪfn̩zai̯n
Ẹrgste 'ɛrkstə
erhaben ɛɐ̯'ha:bn̩, **erhabne** ɛɐ̯'ha:bnə
erhạ̈ltlich ɛɐ̯'hɛltlɪç
Erhard[t], ...rt 'e:ɐ̯hart
erhạ̈rten ɛɐ̯'hɛrtn̩
Erharting 'e:ɐ̯hartɪŋ
erheblich ɛɐ̯'he:plɪç
erheitern ɛɐ̯'hai̯tɐn
erhịtzen ɛɐ̯'hɪtsn̩
erhöhen ɛɐ̯'hø:ən
erholsam ɛɐ̯'ho:lza:m
Eria 'e:ri̯a
Eric *engl.* 'ɛrɪk, *schwed.* ˌe:rik
Erice *it.* 'e:ritʃe
Ericeira *port.* iri'sɐi̯rɐ
Erich 'e:rɪç
Erịchtho e'rɪçto
Ericsson *schwed.* ˌe:riksɔn
Eridanos e'ri:danɔs
Eridanus e'ri:danʊs
Eridon 'e:ridɔn
Eridu 'e:ridu
Erie *engl.* 'ɪərɪ
Erigeron e'ri:gerɔn
erigibel eri'gi:bl̩, **...ble** ...blə
erigieren eri'gi:rən
Erik 'e:rɪk, *schwed.* ˌe:rik, '--, *dän.* 'e:reg
[1]**Erika** (Vorn.) 'e:rika
[2]**Erika** (Pflanze) 'e:rika, *selten:* e'ri:ka
Erikazee erika'tse:ə
Eriksson *schwed.* ˌe:riksɔn
Erin 'e:rɪn, *engl.* 'ɪərɪn
Eringer 'e:rɪŋɐ
Eringsboda *schwed.* ˌe:riŋsbu:da
Erịnna e'rɪna
erịnnerlich ɛɐ̯'|ɪnɐlɪç
erịnnern ɛɐ̯'|ɪnɐn
Erịnnye e'rɪny̆ə
Erịnnys e'rɪnʏs, **...yen** e'rɪny̆ən
Eris 'e:rɪs
Eriskirch 'e:rɪskɪrç
Erismann 'e:rɪsman
Erịstik e'rɪstɪk
Erịstiker e'rɪstikɐ
Erith *engl.* 'ɪərɪθ
ẹritis sicut deus 'e:ritɪs 'zi:kʊt 'de:ʊs
Eritrea eri'tre:a, *it.* eri'trɛ:a
Eriugena e'ri̯u:gena
Eriwan eri'va:n, ...van
Erizzo *it.* 'ɛ:rittso
erjagen ɛɐ̯'ja:gn̩
Ẹrk[a] 'ɛrk[a]
erkahlen ɛɐ̯'ka:lən
erkẹcken ɛɐ̯'kɛkn̩
Ẹrkel *ung.* 'ɛrkɛl
Ẹrkelenz 'ɛrkəlɛnts
erkẹnntlich ɛɐ̯'kɛntlɪç
Erkẹnntnis ɛɐ̯'kɛntnɪs, **-se** ...ɪsə
Ẹrkenschwick 'ɛrkn̩ʃvɪk
Ẹrker 'ɛrkɐ
Erkersreuth ɛrkɐs'rɔyt
erkiesen ɛɐ̯'ki:zn̩
Ẹrkko *finn.* 'ɛrkkɔ
erklẹcklich ɛɐ̯'klɛklɪç
Ẹrkner 'ɛrknɐ
Ẹrkrath 'ɛrkra:t
erkühnen ɛɐ̯'ky:nən
erkụnden ɛɐ̯'kʊndn̩, **erkụnd!** ɛɐ̯'kʊnt
erkụndigen ɛɐ̯'kʊndɪgn̩, **erkụndig!** ɛɐ̯'kʊndɪç, **erkụndigt** ɛɐ̯'kʊndɪçt
Ẹrl ɛrl
Ẹrla[a] 'ɛrla
Erlabrụnn ɛrla'brʊn
Ẹrlach 'ɛrlax
Ẹrlaf 'ɛrlaf
Erland *schwed.* 'æ:rland
Erlạnder *schwed.* ær'landər
erlạngen ɛɐ̯'laŋən
Ẹrlangen 'ɛrlaŋən
Ẹrlanger (Name) 'ɛrlaŋɐ, *fr.* ɛrlɑ̃'ʒe, *engl.* 'ə:læŋə
Erlạß ɛɐ̯'las, **Erlạsses** ɛɐ̯'lasəs, **Erlạ̈sse** ɛɐ̯'lɛsə
erlạ̈ßlich ɛɐ̯'lɛslɪç
Ẹrlau 'ɛrlau̯
erlauben ɛɐ̯'lau̯bn̩, **erlaub!** ...au̯p, **erlaubt** ...au̯pt
erlaucht, E... ɛɐ̯'lau̯xt
Ẹrlauf 'ɛrlau̯f
[1]**Ẹrle** 'ɛrlə
[2]**Erle** (engl. Vorname) *engl.* ə:l
Erlebnis ɛɐ̯'le:pnɪs, **-se** ...ɪsə
erledigen ɛɐ̯'le:dɪgn̩, **erledig!** ɛɐ̯'le:dɪç, **erledigt** ɛɐ̯'le:dɪçt
erleichtern ɛɐ̯'lai̯çtɐn
ẹrlen 'ɛrlən
Ẹrlenbach 'ɛrlənbax
Ẹrlenmeyer 'ɛrlənmai̯ɐ
Erlenstegen ɛrlən'ʃte:gn̩
Ẹrler 'ɛrlɐ
erlẹrnbar ɛɐ̯'lɛrnba:ɐ̯
Erling *schwed.* ˌæ:rliŋ
Ẹrlinsbach 'ɛrlɪnsbax
erlịsten ɛɐ̯'lɪstn̩
Ẹrlitzgebirge 'ɛrlɪtsgəbɪrgə
Ẹrlkönig 'ɛrlkø:nɪç
erlogen ɛɐ̯'lo:gn̩, **erlogne** ɛɐ̯'lo:gnə
erlụstigen ɛɐ̯'lʊstɪgn̩, **erlụstig!** ɛɐ̯'lʊstɪç, **erlụstigt** ɛɐ̯'lʊstɪçt
Erlynne *engl.* 'ə:lɪn
Ẹrma 'ɛrma
ermạ̈chtigen ɛɐ̯'mɛçtɪgn̩, **ermạ̈chtig!** ɛɐ̯'mɛçtɪç, **ermạ̈chtigt** ɛɐ̯'mɛçtɪçt
Ermak vgl. Jermak
Ẹrman 'ɛrman
Ermanarich 'ɛrmanarɪç, ɛr'ma:narɪç
ermạnnen ɛɐ̯'manən
Ẹrmanrich 'ɛrmanrɪç
Ẹrmatingen 'ɛrmatɪŋən
Ẹrmatinger 'ɛrmatɪŋɐ
ermạtten ɛɐ̯'matn̩
Ẹrmeland 'ɛrməlant
Ẹrmelind 'ɛrməlɪnt
Ermelịnde ɛrmə'lɪndə
Ẹrmelo *niederl.* 'ɛrməlo:
Ermenonvịlle *fr.* ɛrmənõ'vil
ermẹßbar ɛɐ̯'mɛsba:ɐ̯
Ermil vgl. Jermil
Ermina ɛr'mi:na
Erminio *it.* er'mi:ni̯o
Erminone ɛrmi'no:nə
Ermitage ɛrmi'ta:ʒə
Ermitasch, Ėrmitaž *russ.* ɛrmi'taʃ
ermịtteln ɛɐ̯'mɪtl̩n
Ẹrmland 'ɛrmlant
Ẹrmländer 'ɛrmlɛndɐ
ẹrmländisch 'ɛrmlɛndɪʃ
ermöglichen ɛɐ̯'mø:klɪçn̩
Ermolaevo vgl. Jermolajewo
Ermolaj vgl. Jermolai
Ermolov vgl. Jermolow
Ermont *fr.* ɛr'mõ
Ẹrmos 'ɛrmɔs
Ẹrmsleben 'ɛrmsle:bn̩
ermüden ɛɐ̯'my:dn̩, **ermüd!** ɛɐ̯'my:t
Ermundure ɛrmʊn'du:rə
ermụntern ɛɐ̯'mʊntɐn
ermutigen ɛɐ̯'mu:tɪgn̩, **ermutig!** ɛɐ̯'mu:tɪç, **ermutigt** ɛɐ̯'mu:tɪçt
Ern e:ɐ̯n
Ẹrna 'ɛrna
Ernährer ɛɐ̯'nɛ:rɐ
Ernakulam *engl.* ə:'nɑ:kʊləm
Ernald *engl.* ə:nld
Ernani *fr.* ɛrna'ni, *it.* er'na:ni
Erndtebrụ̈ck ɛrntə'brʏk
Ẹrne 'ɛrnə, *engl.* ə:n
Ernée *fr.* ɛr'ne
Ẹrnemann 'ɛrnəman
Ernest *fr.* ɛr'nɛst, *engl.* 'ə:nɪst
Ernẹsta ɛr'nɛsta, *span.* ɛr'nesta
Ernestine ɛrnɛs'ti:nə, *engl.* 'ə:nɪsti:n
ernestinisch ɛrnɛs'ti:nɪʃ
Ernẹsto *it.* er'nɛsto, *span.* ɛr'nesto, *port.* ir'nɛʃtu, *bras.* er'nɛstu
Ernẹstus ɛr'nɛstʊs
erneuen ɛɐ̯'nɔy̆ən
Ẹrni 'ɛrni
erniedrigen ɛɐ̯'ni:drɪgn̩, **erniedrig!** ɛɐ̯'ni:drɪç, **erniedrigt** ɛɐ̯'ni:drɪçt
Ernie *engl.* 'ə:nɪ
Ẹrno 'ɛrno
Ẹrnő *ung.* 'ɛrnø:
ẹrnst ɛrnst
Ẹrnst *dt., niederl.* ɛrnst, *schwed.* æ:rnst
Ernstbrụnn ɛrnst'brʊn
Ẹrnstthal 'ɛrnstta:l
Ẹrnte 'ɛrntə
ẹrnten 'ɛrntn̩
Ẹrnting 'ɛrntɪŋ
ernụ̈chtern ɛɐ̯'nʏçtɐn
erobern ɛɐ̯'|o:bɐn, **erobre** ɛɐ̯'|o:brə
erodieren ero'di:rən
Erofej vgl. Jerofei
Erofej Pavlovič vgl. Jerofei Pawlowitsch

eröffnen ɛɐ̯ˈ|œfnən
erogen eroˈɡeːn
eroico eˈroːiko
Eroika eˈroːika
Erolzheim ˈeːrɔltshaim
erörtern ɛɐ̯ˈ|œrtɐn
Eros ˈeːrɔs
Erosion eroˈzi̯oːn
erosiv eroˈziːf, **-e** ...iːvə
Erotema eˈroːtema, **-ta** eroˈteːmata
Erotematik eroteˈmaːtɪk
erotematisch eroteˈmaːtɪʃ
Eroten eˈroːtn̩
Erotica eˈroːtika
Erotical eˈroːtikl̩
Erotik eˈroːtɪk
Erotiker eˈroːtikɐ
Erotikon eˈroːtikɔn, **...ka** ...ka
erotisch eˈroːtɪʃ
erotisieren erotiˈziːrən
Erotismus eroˈtɪsmʊs
Erotizismus erotiˈtsɪsmʊs
Erotokritos *neugr.* ɛrɔˈtɔkritɔs
Erotomane erotoˈmaːnə
Erotomanie erotomaˈniː
Erp *niederl.* ɛrp
ERP *engl.* ˈiːɑːˈpiː
Erpe *niederl.* ˈɛrpə
Erpel ˈɛrpl̩
Erpfingen ˈɛrpfɪŋən
erpicht ɛɐ̯ˈpɪçt
Erpingham *engl.* ˈəːpɪŋəm, ...ŋhæm
erpresserisch ɛɐ̯ˈprɛsərɪʃ
Erps-Kwerps *niederl.* ˈɛrpsˈkwɛrps
Erquelinnes *fr.* ɛrkəˈlin
erquicken ɛɐ̯ˈkvɪkn̩
Errakis ɛˈraːkɪs
Errard *fr.* ɛˈraːr
erratbar ɛɐ̯ˈraːtbaːɐ̯
erratisch ɛˈraːtɪʃ
Erratum ɛˈraːtʊm **...ta** ...ta
Errhina ɛˈriːna
Erri *it.* ˈɛrri
Er-Riad ɛˈri̯aːt
Errol *engl.* ˈɛrəl
Errungenschaft ɛɐ̯ˈrʊŋənʃaft
Errwald ˈɛrvalt
Ersatz ɛɐ̯ˈzats
Ersch ɛrʃ
ersch[l]affen ɛɐ̯ˈʃ[l]afn̩
erschüttern ɛɐ̯ˈʃʏtɐn
erschweren ɛɐ̯ˈʃveːrən
Erschwernis ɛɐ̯ˈʃveːɐ̯nɪs, **-se** ...ɪsə
erschwinglich ɛɐ̯ˈʃvɪŋlɪç
Erse ˈɛrzə, *engl.* əːs
Ersekë *alban.* ɛrˈsekə
Érsekújvár *ung.* ˈeːrʃɛkuːjvaːr
ersetzbar ɛɐ̯ˈzɛtsbaːɐ̯
Ershausen ɛrsˈhauzn̩
ersichtlich ɛɐ̯ˈzɪçtlɪç
Ersingen ˈɛrzɪŋən
ersinnlich ɛɐ̯ˈzɪnlɪç
ersisch ˈɛrzɪʃ
Erskine *engl.* ˈəːskɪn
Erslev *dän.* ˈɛrslɛu̯
Eršov vgl. Jerschow
Ersparnis ɛɐ̯ˈʃpaːɐ̯nɪs, **-se** ...ɪsə
ersprießlich ɛɐ̯ˈʃpriːslɪç
erst eːɐ̯st
Erstein ˈɛrʃtain, *fr.* ɛrˈstajn
erstarken ɛɐ̯ˈʃtarkn̩
erstatten ɛɐ̯ˈʃtatn̩
erstaunlich ɛɐ̯ˈʃtaunlɪç
erste ˈeːɐ̯stə
erstehen ɛɐ̯ˈʃteːən
erstemal ˈeːɐ̯stəmaːl
erstens ˈeːɐ̯stn̩s
Erstfeld ˈɛrstfɛlt
ersticken ɛɐ̯ˈʃtɪkn̩
erstklassig ˈeːɐ̯stklasɪç, **-e** ...ɪɡə
Erstling ˈeːɐ̯stlɪŋ
erstmalig ˈeːɐ̯stmaːlɪç, **-e** ...ɪɡə
erstmals ˈeːɐ̯stmaːls
erstrangig ˈeːɐ̯straŋɪç, **-e** ...ɪɡə
erstrebenswert ɛɐ̯ˈʃtreːbn̩sveːɐ̯t
erststellig ˈeːɐ̯stʃtɛlɪç, **-e** ...ɪɡə
erstunken ɛɐ̯ˈʃtʊŋkn̩
ersuchen, E... ɛɐ̯ˈzuːxn̩
ertappen ɛɐ̯ˈtapn̩
Ertebølle *dän.* ˈɛrdəbølə
Ertel ˈɛrtl̩
Ertény *ung.* ˈeːrteːnj
Erthal ˈɛrtaːl
Ertholmene *dän.* ˈɛrdhɔlmənə
Ertingen ˈɛrtɪŋə
Ertl ˈɛrtl̩
Ertrag ɛɐ̯ˈtraːk, **-es** ɛɐ̯ˈtraːɡəs, **Erträge** ɛɐ̯ˈtrɛːɡə
erträglich ɛɐ̯ˈtrɛːklɪç
Erträgnis ɛɐ̯ˈtrɛːknɪs, **-se** ...ɪsə
ertüchtigen ɛɐ̯ˈtʏçtɪɡn̩, **ertüchtig!** ɛɐ̯ˈtʏçtɪç, **ertüchtigt** ɛɐ̯ˈtʏçtɪçt
Ertvelde *niederl.* ˈɛrtfɛldə
erübrigen ɛɐ̯ˈ|yːbrɪɡn̩, **erübrig!** ɛɐ̯ˈ|yːbrɪç, **erübrigt** ɛɐ̯ˈ|yːbrɪçt
Erudition erudiˈtsi̯oːn
eruieren eruˈiːrən
Eruktation erʊktaˈtsi̯oːn
eruktieren erʊkˈtiːrən
eruptieren erʊpˈtiːrən
Eruption erʊpˈtsi̯oːn
eruptiv erʊpˈtiːf, **-e** ...iːvə
Eruslan vgl. Jeruslan
Erval *bras.* erˈval
Ervalla *schwed.* ˌæːrvala
Erve ˈɛrvə
Ervedal *port.* irvəˈðal
Ervedosa *port.* irvəˈðɔzɐ
Ervěnice *tschech.* ˈɛrvjɛnjitsɛ
Ervidel *port.* irviˈðɛl
Ervin[e] *engl.* ˈəːvɪn
erwachsen ɛɐ̯ˈvaksn̩
erwarmen ɛɐ̯ˈvarmən
Erwein ˈɛrvain
Erweis ɛɐ̯ˈvais, **-e** ɛɐ̯ˈvaizə
erweislich ɛɐ̯ˈvaislɪç
erweitern ɛɐ̯ˈvaitɐn
Erwerb ɛɐ̯ˈvɛrp, **-es** ɛɐ̯ˈvɛrbəs
Erwetegem *niederl.* ɛrˈweːtəxəm
erwidern ɛɐ̯ˈviːdɐn, **...dre** ...drə
erwiesen ɛɐ̯ˈviːzn̩, **erwiesne** ɛɐ̯ˈviːznə
erwiesenermaßen ɛɐ̯ˈviːzənɐˈmaːsn̩
Erwin ˈɛrviːn, *engl.* ˈəːwɪn
Erwine ɛrˈviːnə
erwirken ɛɐ̯ˈvɪrkn̩
erwischen ɛɐ̯ˈvɪʃn̩
Erwitte ˈɛrvɪtə
Erxleben ˈɛrksleːbn̩
erymanthisch eryˈmantɪʃ
Erymanthos eryˈmantɔs
Erymanthus eryˈmantʊs
Erysipel eryziˈpeːl
Erysipelas eryˈziːpelas
Erysipeloid eryzipeloˈiːt, **-es** ...iːdəs
Erythea eryˈteːa, **...theen** ...teːən
Erythem eryˈteːm
Erythematodes erytemaˈtoːdɛs
Erythräa eryˈtrɛːa
erythräisch eryˈtrɛːɪʃ
Erythrämie erytrɛˈmiː, **-n** ...iːən
Erythrasma eryˈtrasma
Erythrin eryˈtriːn
Erythrismus eryˈtrɪsmʊs
Erythrit eryˈtriːt, *auch:* ...rɪt
Erythroblast erytroˈblast
Erythroblastose erytroblasˈtoːzə
Erythrodermie erytrodɛrˈmiː, **-n** ...iːən
Erythrokonten erytroˈkɔntn̩
Erythrolyse erytroˈlyːzə
Erythromelalgie erytromelalˈɡiː, **-n** ...iːən
Erythromelie erytromeˈliː, **-n** ...iːən
Erythromiten erytroˈmiːtn̩
Erythropathien erytropaˈtiːən
Erythrophagen erytroˈfaːɡn̩
Erythrophobie erytrofoˈbi
Erythroplasie erytroplaˈziː, **-n** ...iːən
Erythropoese erytropoˈeːzə
Erythropsie erytrɔˈpsiː, **-n** ...iːən
Erythrosin erytroˈziːn
Erythrozyt erytroˈtsyːt
Erythrozytolyse erytrotsytoˈlyːzə
Erythrozytose erytrotsyˈtoːzə
Eryx ˈeːrʏks
Erz (Mineral) eːɐ̯ts, ɛrts
erz..., Erz... 1. *bei Titeln* ˈɛrts..., *Betonung* ˈ––, ˈ––– *usw., z. B.* Erzabt ˈɛrts|apt, Erzpriester ˈɛrtspriːstɐ; 2. *zur Verstärkung* ˈɛrts..., *Betonung* ˈ–ˈ–, ˈ–ˈ––, ˈ–ˈ–ˈ–, ˈ–ˈ––– *usw. z. B.* erzdumm ˈɛrtsˈdʊm, Erzhalunke ˈɛrtshaˈlʊŋkə
Erzabt ˈɛrts|apt
Erzähler ɛɐ̯ˈtsɛːlɐ
Erzamt ˈɛrts|amt
Erzberger ˈeːɐ̯tsbɛrɡɐ, ˈɛrts...

Ẹrzbischof 'ɛrtsbɪʃɔf

ẹrzböse 'ɛrts'bø:zə

Ẹrzdiözese 'ɛrtsdiøtse:zə

ẹrzdụmm 'ɛrts'dʊm

erzeigen ɛɐ̯'tsaign̩

[1]**ẹrzen** (mit „Er" anreden) 'e:ɐ̯tsn̩

[2]**erzen** (von Erz) 'e:ɐ̯tsn̩, 'ɛrtsn̩

Erzẹn *alban.* er'zen

Ẹrzengel 'ɛrts|ɛŋl̩

erzeugen ɛɐ̯'tsɔygn̩

Erzeugnis ɛɐ̯'tsɔyknɪs, **-se** ...ɪsə

ẹrzfaul 'ɛrts'faul

Erzgebirge 'e:ɐ̯tsgəbɪrgə, 'ɛrts...

Ẹrzhalụnke 'ɛrtsha'lʊŋkə

Ẹrzherzog 'ɛrtshɛrtso:k

Ẹrzherzogin 'ɛrtshɛrtso:gɪn

Ẹrzherzog-Thronfolger 'ɛrtshɛrtso:k'tro:nfɔlgɐ

Ẹrzherzogtum 'ɛrtshɛrtso:ktu:m

Erzieher ɛɐ̯'tsi:ɐ

Ẹrzincan *türk.* 'ɛrzindʒan

Ẹrzingen 'ɛrtsɪŋən

Ẹrzlụmp 'ɛrts'lʊmp

Ẹrzpriester 'ɛrtspri:stɐ

Erzscheiden 'e:ɐ̯tsʃaidn̩

Ẹrzschẹlm 'ɛrts'ʃɛlm

Ẹrzsébet *ung.* 'ɛrʒe:bɛt

erzürnen ɛɐ̯'tsʏrnən

Ẹrzurum *türk.* 'ɛrzurum

Ẹrzvater 'ɛrtsfa:tɐ

erzwịngen ɛɐ̯'tsvɪŋən

ẹs, Ẹs ɛs

Esạjas *schwed.* eˌsajas

Esau 'e:zau

Esaulov vgl. Jessaulow

Ẹsbern *dän.* 'ɛsbɔrn

Ẹsbjerg *dän.* 'ɛsbjɛr'

Escạda *bras.* is'kada

Escalạde *fr.* ɛska'lad

Escalante *engl.* ɛskə'læntɪ, *span.* eska'lante

Escạldas *span.* es'kaldas

Escalhão *port.* ɪʃkɐ'ʎɐ̃ũ

Escalọna *span.* eska'lona

Escalọpes ɛska'lɔp, ...ɔps; *fr.* ɛska'lɔp

Ẹscalus 'ɛskalʊs, *engl.* 'ɛskələs

Escamịllo ɛska'mɪljo, *span.* eska'miʎo

Escanạba *engl.* ɛskə'nɑ:bə

Ẹscanes 'ɛskanɛs

Escape *engl.* ɪs'keɪp

Escartefigue *fr.* ɛskart'fig

Escatrón *span.* eska'trɔn

Escaut *fr.* ɛs'ko

Ẹsch[ax] 'ɛʃ[ax]

Eschatologie ɛsçatolo'gi:, **-n** ...i:ən

eschatologisch ɛsçato'lo:gɪʃ

Ẹschau 'ɛʃau

Ẹschbeck 'ɛʃbɛk

Ẹschberg 'ɛʃbɛrk

Ẹschborn 'ɛʃbɔrn

Ẹsche 'ɛʃə

Ẹschen[bach] 'ɛʃn̩[bax]

Ẹschenburg 'ɛʃn̩bʊrk

Eschenlohe ɛʃn̩'lo:ə

Ẹschental 'ɛʃn̩ta:l

Ẹscher 'ɛʃɐ

Ẹscherich 'ɛʃərɪç

Ẹscherndorf 'ɛʃɐndɔrf

Eschershausen 'ɛʃɐshauzn̩, --'--

Ẹschkopf 'ɛʃkɔpf

Ẹschlikon 'ɛʃliko:n

Ẹschmann 'ɛʃman

Escholzmạtt ɛʃɔlts'mat

Ẹschringen 'ɛʃrɪŋən

Ẹschscholtz 'ɛʃɔlts

Eschschọl[t]zia ɛ'ʃɔltsia, **...ien** ...iən

Ẹschwege 'ɛʃve:gə

Ẹschweiler 'ɛʃvailɐ

Escobạr *span.* esko'βar, *port.* ɪʃku'βar

Escobẹdo *span.* esko'βeðo

Escondido *engl.* ɛskən'di:doʊ

Escorial ɛsko'ria:l, *span.* esko'rial

Escosụra *span.* esko'sura

Escoublạc *fr.* ɛsku'blak

Escudẹro *span.* esku'ðero

Escụdo ɛs'ku:do, *port.* ɪʃ'kuðu

Ẹsdras 'ɛsdras

Esdrẹlon ɛs'dre:lɔn

Esel 'e:zl̩

Eselei e:zə'lai

Eselsfürth 'e:zl̩sfʏrt

Eselshöhe 'e:zl̩shø:ə

Esenin vgl. Jessenin

Esens 'e:zn̩s

Esera *span.* 'esera

Esguẹva *span.* ez'ɣeβa

Ẹsher *engl.* 'ɛʃə

Esja *isl.* 'ɛ:sja

Eskạder ɛs'ka:dɐ

Eskadrọn ɛska'dro:n

Eskalạde ɛska'la:də

eskaladieren ɛskala'di:rən

Eskalation ɛskala'tsio:n

eskalieren ɛska'li:rən

Eskamotạge ɛskamo'ta:ʒə

Eskamoteur ɛskamo'tø:ɐ̯

eskamotieren ɛskamo'ti:rən

Eskapạde ɛska'pa:də

Eskapịsmus ɛska'pɪsmʊs

Eskariol ɛska'rio:l

Eskạrpe ɛs'karpə

eskarpieren ɛskar'pi:rən

Eskarpin ɛskar'pɛ̃:

Ẹsker 'ɛskɐ

Ẹskifjörður *isl.* 'ɛskjɪfjœrðʏr

Ẹskil *schwed.* ˌɛskil, *dän.* 'ɛsgɪl

Ẹskilstuna *schwed.* ˌɛskilstʉ:na

Ẹskimo 'ɛskimo

eskimoisch ɛski'mo:ɪʃ

Eskimọnna ɛski'mɔna

eskimotieren ɛskimo'ti:rən

Eskişehir *türk.* ɛs'kiʃɛˌhir

Eskompte ɛs'kõ:t

eskomptieren ɛskõ'ti:rən

Eskorial ɛsko'ria:l, *span.* esko'rial

Eskọrte ɛs'kɔrtə

eskortieren ɛskɔr'ti:rən

Eskudo ɛs'ku:do, *port.* ɪʃ'kuðu

Ẹsla *span.* 'ezla

Ẹslarn 'ɛslarn

Eslạva *span.* ez'laβa

Eslohe 'ɛslo:ə, –'––

Eslöv *schwed.* 'e:slø:v

Ẹsmarch 'ɛsmarç

Esmerạlda ɛsme'ralda

Esmerạldas *span.* ezme'raldas

Esmorịz *port.* ɪʒmu'rɪʃ

Ẹsna 'ɛsna

Ẹsne 'ɛsnə

Ẹsnik 'ɛsnɪk

Esotẹrik ezo'te:rɪk

Esotẹriker ezo'te:rikɐ

esotẹrisch ezo'te:rɪʃ

Espadanẹdo *port.* ɪʃpɐðɐ'neðu

Espạgne *fr.* ɛs'paɲ

Espagnole ɛspan'jo:lə

Espagnolẹtte ɛspanjo'lɛtə

Espạña *span.* es'paɲa

Españọla *span.* espa'ɲola

Esparsẹtte ɛspar'zɛtə

Espạrta *span.* es'parta

Espartẹro *span.* espar'tero

Espạrto ɛs'parto

Ẹspe 'ɛspə

Espẹjo *span.* es'pɛxo

Ẹspelkamp 'ɛspl̩kamp

ẹspen 'ɛspn̩

Ẹspen *niederl.* 'ɛspə

Ẹspenhain 'ɛspn̩hain

Esperança *bras.* ispe'rɐ̃sa

Espérance ɛspe'rã:s, **-n** ...sn̩

Esperantịst ɛsperan'tɪst

Esperạnto ɛspe'ranto

Esperạnza *span.* espe'ranθa

Espergærde *dän.* ɛsbɔr'gɛ:rə

Espẹria *it.* es'pɛ:ria

Ẹsperlin 'ɛspɐli:n

Espérou *fr.* ɛspe'ru

Ẹsperstedt 'ɛspɐʃtɛt

Espịna *span.* es'pina

Espinẹl *span.* espi'nɛl

Espinẹla ɛspi'ne:la, *span.* espi'nela

Espịnho *port.* ɪʃ'piɲu

Espinọsa *span.* espi'nosa

Espinouse *fr.* ɛspi'nu:z

espirạndo ɛspi'rando

Espírito Sạnto *port.* ɪʃ'piritu 'sɐntu, *bras.* is'piritu 'sɐntu

Espiritu Sạnto *engl.* ɛɪs'pi:rɪtu: 'sɑ:ntoʊ

Espíritu Sạnto *span.* es'piritu 'santo

Esplá *span.* es'pla

Esplanade ɛspla'na:də

Esposẹnde *port.* ɪʃpɔ'zendə

Espọsito *it.* es'pɔ:zito

Espressivo ɛsprɛ'si:vo, **...vi** ...vi

Esprẹsso ɛs'prɛso, **...ssi** ...si

Esprit ɛs'pri:, *fr.* ɛs'pri

Esprit de corps *fr.* ɛsprid'kɔ:r

Esproncẹda *span.* espron'θeða

Espụña *span.* es'puɲa

Ẹspy *engl.* ˈɛspɪ
Esquẹl *span.* esˈkɛl
Esquilin ɛskviˈliːn
Esquilino *it.* esku̯iˈliːno
Esquin[tl]a *span.* esˈkin[tl]a
Esquire *engl.* ɪsˈkwaɪə
Esquivẹl *span.* eskiˈβɛl
Ẹsra ˈɛsra
Ẹsrum *dän.* ˈɛsrom
ẸSRO ˈɛsro, *engl.* ˈɛsroʊ
Essäer ɛˈsɛːɐ
Essai ˈɛse, ɛˈseː, *fr.* ɛˈsɛ
Ẹssay ˈɛse, ɛˈseː, *engl.* ˈɛseɪ
Essayịst[ik] ɛseˈɪst[ɪk]
Ẹsse ˈɛsə
Ẹsseg ˈɛsɛk
Ẹsseger ˈɛsɛɡɐ
Essej vgl. Jessei
ẹssen, [1]Ẹ... ˈɛsn̩, ẹßt ɛst
[2]Ẹssen (Stadt) ˈɛsn̩
[3]Ẹssen (Name) ˈɛsn̩, *niederl.* ˈɛsə
essẹndisch ɛˈsɛndɪʃ
Ẹssendorf ˈɛsn̩dɔrf
[1]Ẹssener (zu: [2]Essen) ˈɛsənɐ
[2]Essẹner (Essäer) ɛˈseːnɐ
Essẹntia ɛˈsɛntsi̯a
essentiạl ɛsɛnˈtsi̯aːl
Essentiạlien ɛsɛnˈtsi̯aːli̯ən
Essẹntials *engl.* ɪˈsɛnʃəlz
essentiẹll ɛsɛnˈtsi̯ɛl
Essentuki vgl. Jessentuki
Ẹssenwein ˈɛsn̩vai̯n
Essẹnz ɛˈsɛnts
Ẹsser ˈɛsɐ, *niederl.* ˈɛsər
Esserei ɛsəˈrai̯
Ẹssex *engl.* ˈɛsɪks
Essexit ɛsɛˈksiːt, *auch:* ...ksɪt
Ẹssig ˈɛsɪç, -e ...ɪɡə
Ẹssing[en] ˈɛsɪŋ[ən]
Ẹßling[en] ˈɛslɪŋ[ən]
Ẹsso (Wz) ˈɛso
Essọnne[s] *fr.* ɛˈsɔn
Ẹst *fr.* ɛst
Establishment *engl.* ɪsˈtæblɪʃmənt
Ẹstabrook *engl.* ˈɛstəbrʊk
Estạca de Vạres *span.* esˈtaka ðe ˈβares
Estạço *port.* ɪʃˈtasu
Estạdo do Rịo *bras.* isˈtadu du ˈrriu
Estạdos Unịdos do Brasịl *bras.* isˈtaduz uˈniduz du braˈzil
Estafẹtte ɛstaˈfɛtə
Estamin ɛstaˈmiːn
Estaminẹt ɛstamiˈnɛ
Estampe ɛsˈtãːp[ə], -n ...pn̩
Estạncia *span.* esˈtanθi̯a
Estância *bras.* isˈtẽsi̯a
Estanislạo *span.* estanizˈlao
Estạnzia ɛsˈtantsi̯a, ...nsi̯a
Estarreja *port.* ɪʃtɐˈrrɐʒɐ
Estaunié *fr.* ɛstoˈnje
Estavayẹr *fr.* ɛstavaˈje
[1]Este (zu: Estland) ˈeːstə, *auch:* ˈɛstə
[2]Ẹste (it. Name) *it.* ˈɛste
[3]Ẹste (Fluß) ˈɛstə
Estẹban *span.* esˈteβan
Estébanez *span.* esˈteβanɛθ
Ẹstedt ˈɛʃtɛt
Estelí *span.* esteˈli
Estẹll *engl.* ɛsˈtɛl
Estẹlla ɛsˈtɛla, *span.* esˈteʎa
Estẹlle *engl.*, *fr.* ɛsˈtɛl
Estẹna *span.* esˈtena
Estenssọro *span.* estenˈsoro
Estepọna *span.* esteˈpona
Ẹster ˈɛstɐ, *span.* esˈtɛr
Esterạse ɛsteˈraːzə
Ẹsterházy ˈɛstɐhaːzi
Ẹstes *engl.* ˈɛstɪz
Estẹvão *port.* ɪʃˈtɛvɐ̃u̯, *bras.* isˈtɛvɐ̃u̯
Ẹsthal ˈɛstaːl
Ẹsther ˈɛstɐ, *engl.* ˈɛstə, ˈɛsθə, *fr.* ɛsˈtɛːr
Ẹstherville *engl.* ˈɛstəvɪl
Estiẹnne *fr.* eˈtjɛn
Estigarrịbia *span.* estiɣaˈrriβi̯a
estinguẹndo ɛstɪŋˈɡu̯ɛndo
estịnto ɛsˈtɪnto
Estland ˈeːstlant, *auch:* ˈɛs...
Estländer ˈeːstlɛndɐ, *auch:* ˈɛs...
estländisch ˈeːstlɛndɪʃ, *auch:* ˈɛs...
Ẹstlin *engl.* ˈɛstlɪn
estnisch ˈeːstnɪʃ, *auch:* ˈɛs...
Estoile *fr.* eˈtwal
Estombạr *port.* ɪʃtomˈbar
Estomihi ɛstoˈmiːhi
Ẹston *engl.* ˈɛstən
Estorịl *port.* ɪʃtuˈril
Estrạda *span.* esˈtraða
Estrạde ɛsˈtraːdə
Ẹstragon ˈɛstraɡɔn
Estrạngelo ɛsˈtraŋɡelo
Estrée *fr.* eˈtre, ɛsˈtre
Estrées *fr.* eˈtre
Estrées-Saint-Denịs *fr.* ɛstresɛ̃dˈni
Estreito *port.* ɪʃˈtrɐi̯tu
Estrêla *port.* ɪʃˈtrelɐ
Estrẹlla ɛsˈtrɛla, *span.* esˈtreʎa, *port.* ɪʃˈtrelɐ, *bras.* isˈtrela
Estremadụra ɛstremaˈduːra, *span.* estremaˈðura, *port.* ɪʃtrəmɐˈðurɐ
Estremọz *port.* ɪʃtrəˈmoʃ
Ẹstrich ˈɛstrɪç
Ẹstrup *dän.* ˈɛsdrob
Ẹszék *ung.* ˈɛseːk
Eszẹtt ɛsˈtsɛt
Ẹsztergom *ung.* ˈɛstɛrɡom
Ẹsztergom-Kẹnyérmező *ung.* ˈɛstɛrɡomˈkɛnjeːrmɛzøː
Ẹszterházy *ung.* ˈɛstɛrhaːzi
ẹt ɛt, *fr.* e
Eta ˈeːta
Etạbles *fr.* eˈtabl
etablieren etaˈbliːrən
Etablissement etablɪsəˈmãː
Etage eˈtaːʒə
Etagere etaˈʒeːrə, ...ɛːrə
Etalage etaˈlaːʒə
etalieren etaˈliːrən
Etalon etaˈlõː
Etalonnage etalɔˈnaːʒə
Etamin[e] etaˈmiːn[ə]
Étampes *fr.* eˈtãːp
Étạples *fr.* eˈtapl
Etạppe eˈtapə
Etạt eˈtaː
etatisieren etatiˈziːrən
Etatịsmus etaˈtɪsmʊs
Etats généraux *fr.* etaʒeneˈro
Etats provinciaux *fr.* etaprɔvɛ̃ˈsjo
Étaules *fr.* eˈtoːl
Etazịsmus etaˈtsɪsmʊs
et cẹtera ɛt ˈtseːtera
et cum spịritu tuo ɛt kʊm ˈspiːritu ˈtuːo
Étẹl *fr.* eˈtɛl
Ẹtelka *ung.* ˈɛtɛlkɔ
Étendạrd *fr.* etãˈdaːr
Eteọkles eˈteːoklɛs
Eteokreter eteoˈkreːtɐ
etepetẹte eːtəpeˈteːtə, ...pəˈt...
eternisieren etɛrniˈziːrən
Eternit (Wz) etɛrˈniːt, *auch:* ...nɪt
Etẹsien eˈteːzi̯ən
Étẹx *fr.* eˈtɛks
Ethan *engl.* ˈiːθən
Ethel ˈeːtl, *engl.* ˈɛθəl
Ẹthelbald *engl.* ˈɛθəlbɔːld
Ẹthelbert *engl.* ˈɛθəlbəːt
Ethelịnda *engl.* ɛθəˈlɪndə
Ẹthelred *engl.* ˈɛθəlrɛd
Ethelreda *engl.* ɛθəlˈriːdə
Ẹthelwulf *engl.* ˈɛθəlwʊlf
Ẹthere[d]ge *engl.* ˈɛθərɪdʒ
Ethik ˈeːtɪk
Ethiker ˈeːtikɐ
Ethikotheologie etikoteoloˈɡiː
ethisch ˈeːtɪʃ
Ethnạrch ɛtˈnarç
ẹthnisch ˈɛtnɪʃ
Ethnograph ɛtnoˈɡraːf
Ethnographie ɛtnoɡraˈfiː
ethnographisch ɛtnoˈɡraːfɪʃ
Ethnologe ɛtnoˈloːɡə
Ethnologie ɛtnoloˈɡiː
ethnologisch ɛtnoˈloːɡɪʃ
Ẹthnos ˈɛtnɔs
Ethologie etoloˈɡiː
ethologisch etoˈloːɡɪʃ
Ethos ˈeːtɔs
Etiẹnne eˈti̯ɛn, *fr.* eˈtjɛn
Étiẹnne *fr.* eˈtjɛn
Etikẹtt[e] etiˈkɛt[ə]
etikettieren etikɛˈtiːrən
Etiolement eti̯oləˈmãː
etiolieren eti̯oˈliːrən
Ẹtlar *dän.* ˈɛdlar
ẹtliche ˈɛtlɪçə
Ẹtmal ˈɛtmaːl
Ẹtna *it.* ˈɛtna, *engl.* ˈɛtnə
Étoile *fr.* eˈtwal
Étoile-du-Congọ *fr.* etwaldykõˈɡo
Eton *engl.* iːtn

Etonian *engl.* iː'toʊnjən
Étretạt *fr.* etrə'ta
Ẹtropole *bulgar.* 'ɛtropolɛ
Etrụria e'truːri̯a
Etrụrien e'truːri̯ən
Etrụsker e'trʊskɐ
etrụskisch e'trʊskɪʃ
Ẹtsch ɛtʃ
Ẹtscheid 'ɛtʃai̯t
Ẹtt[a] 'ɛt[a]
Ẹttal 'ɛtaːl
Ẹttelbrück 'ɛtl̩brʏk
Ẹtteln 'ɛtl̩n
Ẹtten *niederl.* 'ɛtə
Ettenhausen ɛtn̩'hau̯zn̩
Ẹtter 'ɛtɐ
Ẹtterbeek *niederl.* 'ɛtərbeːk
Etterhausen ɛtɐ'hau̯zn̩
Ẹttersberg 'ɛtɐsbɛrk
Ẹttighofer 'ɛtɪçhoːfɐ
Ẹtting[en] 'ɛtɪŋ[ən]
Ẹttling[en] 'ɛtlɪŋ[ən]
Ẹttlinger 'ɛtlɪŋɐ
Ẹttore *it.* 'ɛttore
Ẹtty *engl.* 'ɛtɪ
Etüde e'tyːdə
Etui ɛt'viː, e'ty̆iː; *fr.* e'tɥi
ẹtwa 'ɛtva
etwaig 'ɛtvaɪç, ɛt'vaːɪç; **-e** ...ɪgə
ẹtwas, Ẹ... 'ɛtvas
ẹtwelche 'ɛtvɛlçə
Ẹtyek *ung.* 'ɛtjɛk
Etyma vgl. Etymon
Etymologe etymo'loːgə
Etymologie etymolo'giː, **-n** ...iːən
etymologisch etymo'loːgɪʃ
etymologisieren etymologi'ziːrən
Ẹtymon 'eːtymɔn, **...ma** ...ma
Ẹtzdorf 'ɛtsdɔrf
Ẹt-Zeichen 'ɛttsai̯çn̩
Ẹtzel 'ɛtsl̩
Etzin ɛ'tsiːn
Ẹtzlaub 'ɛtslau̯p
Ẹtzwilen 'ɛtsviːlən
Eu (Name) *fr.* ø
Euagrius ɔy̆'aːgri̯ʊs
Eubigheim 'ɔy̆bɪçhai̯m
Eubiotik ɔy̆'bi̯oːtɪk
Euböa ɔy̆'bøːa
Euboia 'ɔy̆bɔya
euböisch ɔy̆'bøːɪʃ
Eubuleus ɔy̆'buːlɔy̆s
Eubulides ɔy̆'buːlidɛs
Eubulie ɔy̆bu'liː
Eubulos ɔy̆'buːlɔs
Eucain Ⓦⓩ ɔy̆ka'iːn
euch, Euch ɔy̆ç
Eucharistie ɔy̆çarɪs'tiː
Eucharistiner ɔy̆çarɪs'tiːnɐ
eucharistisch ɔy̆ça'rɪstɪʃ
Euchologion ɔy̆ço'loːgi̯ɔn
Eucken 'ɔy̆kn̩
Euclid *engl.* 'juːklɪd
Euclides ɔy̆'kliːdɛs, *bras.* eu̯'klidis
Euctemon ɔy̆k'teːmɔn
Eudämonie ɔy̆dɛmo'niː
Eudämonismus ɔy̆dɛmo'nɪsmʊs
Eudämonist ɔy̆dɛmo'nɪst
Eudemos ɔy̆'deːmɔs
Eudes *fr.* øːd
Eudiometer ɔy̆di̯o'meːtɐ
Eudiometrie ɔy̆di̯ome'triː
Eudist ø'dɪst
Eudokia ɔy̆'doːki̯a
Eudoxia ɔy̆'dɔksi̯a, *span.* eu̯'ðɔksi̯a
Eudoxie ɔy̆dɔ'ksiː, **-n** ...iːən
Eudoxos ɔy̆'dɔksɔs
euer 'ɔy̆ɐ
euere 'ɔy̆ərə
Euergie ɔy̆|ɛr'giː
euerseits 'ɔy̆ɐ'zai̯ts
euersgleichen 'ɔy̆ɐs'glai̯çn̩
euerthalben 'ɔy̆ɐt'halbn̩
euertwegen 'ɔy̆ɐt'veːgn̩
euertwillen 'ɔy̆ɐt'vɪlən
Eufaula *engl.* juː'fɔːlə
Eufemia *it.* eu̯'fɛːmi̯a
Euganeen ɔy̆ga'neːən
Euganei *it.* eu̯'gaːnei
Eugen 'ɔy̆geːn, *auch:* –'–
Eugen, Prinz 'prɪnts ɔy̆'geːn
Eugene *engl.* juː'ʒeɪn; 'juːdʒiːn, –'–
Eugène *fr.* ø'ʒɛn
Eugenetik ɔy̆ge'neːtɪk
eugenetisch ɔy̆ge'neːtɪʃ
Eugenia ɔy̆'geːni̯a, *span.* eu̯'xeni̯a
Eugenie ɔy̆'geːni̯ə
Eugénie *fr.* øʒe'ni
Eugenik ɔy̆'geːnɪk
Eugeniker ɔy̆'geːnikɐ
Eugenio *it.* eu̯'dʒɛːni̯o, *span.* eu̯'xeni̯o
Eugénio *port.* eu̯'ʒɛni̯u
eugenisch ɔy̆'geːnɪʃ
Eugenius ɔy̆'geːni̯ʊs, *dän.* œu̯'geː'nius
Euglena ɔy̆'gleːna
Eugnathie ɔy̆gna'tiː
Euhemerismus ɔy̆heme'rɪsmʊs
euhemeristisch ɔy̆heme'rɪstɪʃ
Euhemeros ɔy̆'heːmerɔs
Euhominine ɔy̆homi'niːnə
Eukalyptus ɔy̆ka'lʏptʊs
Euklas ɔy̆'klaːs, **-es** ...aːzəs
Eukleides ɔy̆'klai̯dɛs
Euklid ɔy̆'kliːt
euklidisch, E... ɔy̆'kliːdɪʃ
Eukodal Ⓦⓩ ɔy̆ko'daːl
Eukolie ɔy̆ko'liː
eukon ɔy̆'koːn
Eukrasie ɔy̆kra'ziː
Eula 'ɔy̆la
Eulalia ɔy̆'laːli̯a, *span.* eu̯'lali̯a
Eulalie ɔy̆'laːli̯ə
Eulalius ɔy̆'laːli̯ʊs
Eulan Ⓦⓩ ɔy̆'laːn
eulanisieren ɔy̆lani'ziːrən
Eulas *engl.* 'juːləs
Eulau 'ɔy̆lau̯
Eule 'ɔy̆lə
Eulenberg 'ɔy̆lənbɛrk
Eulenburg 'ɔy̆lənbʊrk
Eulengebirge 'ɔy̆ləngəbɪrgə
Eulenspiegel 'ɔy̆lənʃpiːgl̩
Eulenspiegelei ɔy̆lənʃpiːgə'lai̯
Euler 'ɔy̆lɐ
Eulogie ɔy̆lo'giː, **-n** ...iːən
Eulogius ɔy̆'loːgi̯ʊs
Eumaios ɔy̆'mai̯ɔs
Eumäus ɔy̆'mɛːʊs
Eumelos ɔy̆'meːlɔs
Eumenes 'ɔy̆menɛs
Eumenide ɔy̆me'niːdə
Eumolpide ɔy̆mɔl'piːdə
Eunapios ɔy̆'naːpi̯ɔs
Eunice *engl.* 'juːnɪs
Eunomia ɔy̆'noːmi̯a, ɔy̆no'miːa
Eunuch ɔy̆'nuːx
Eunuchoidismus ɔy̆nuxoi'dɪsmʊs
Eupateoskop ɔy̆pateo'skoːp
Eupator 'ɔy̆patɔr, ɔy̆'paːtɔr
Eupatoria ɔy̆pa'toːri̯a
Eupatride ɔy̆pa'triːdə
eupelagisch ɔy̆pe'laːgɪʃ
Eupen 'ɔy̆pn̩, *fr.* ø'pɛn, *niederl.* 'øːpə
Euphanie ɔy̆'faːni̯ə
Euphemia ɔy̆'feːmi̯a
Euphemismus ɔy̆fe'mɪsmʊs
euphemistisch ɔy̆fe'mɪstɪʃ
Euphonie ɔy̆fo'niː, **-n** ...iːən
euphonisch ɔy̆'foːnɪʃ
Euphonium ɔy̆'foːni̯ʊm, **...ien** ...i̯ən
Euphorbia ɔy̆'fɔrbi̯a, **...ien** ...i̯ən
Euphorbie ɔy̆'fɔrbi̯ə
Euphorbium ɔy̆'fɔrbi̯ʊm
Euphorie ɔy̆fo'riː
Euphorion ɔy̆'foːri̯ɔn
euphorisch ɔy̆'foːrɪʃ
euphorisieren ɔy̆fori'ziːrən
euphotisch ɔy̆'foːtɪʃ
Euphrat 'ɔy̆frat
Euphronios ɔy̆'froːni̯ɔs
Euphronius ɔy̆'froːni̯ʊs
Euphrosyne ɔy̆fro'zyːnə, *B* ...ne
Euphues *engl.* 'juːfuːiːz
Euphuismus ɔy̆fu'ɪsmʊs
euphuistisch ɔy̆fu'ɪstɪʃ
Eupnoe ɔy̆'pnoːə
Eupolis 'ɔy̆polɪs
Eupraxie ɔy̆pra'ksiː
eurafrikanischh ɔy̆rafri'kaːnɪʃ
Eurasburg 'ɔy̆rasbʊrk
Eurasien ɔy̆'raːzi̯ən
Eurasier ɔy̆'raːzi̯ɐ
eurasisch ɔy̆'raːzɪʃ
Euratom ɔy̆ra'toːm
eure 'ɔy̆rə
Eure *fr.* œːr
Eure-et-Loire *fr.* œre'lwaːr
Eureka *engl.* jʊə'riːkə
Euren 'ɔy̆rən
eurerseits 'ɔy̆rɐ'zai̯ts
euresgleichen 'ɔy̆rəs'glai̯çn̩
eurethalben 'ɔy̆rət'halbn̩

euretwegen 'ɔyrət've:gn̩
euretwillen 'ɔyrət'vɪlən
Eurhythmie ɔyrʏt'mi:
Eurhythmik ɔy'rʏtmɪk
Eurich 'ɔyrɪç, *engl.* 'jʊərɪk
Euridice *it.* eu̯ri'di:tʃe
eurige 'ɔyrɪgə
Euriphile ɔy'ri:file
euripideisch, E... ɔyripi'de:ɪʃ
Euripides ɔy'ri:pidɛs
Euripos ɔy'ri:pɔs
Euristeo ɔyrɪs'te:o
Eurodollar 'ɔyrodɔlar
Eurokrat ɔyro'kra:t
EUROP ɔy'ro:p
Europa ɔy'ro:pa
Europäer ɔyro'pɛ:ɐ
europäid ɔyropɛ'i:t, **-e** ...i:də
europäisch ɔyro'pɛ:ɪʃ
europäisieren ɔyropɛi'zi:rən
European Recovery Program *engl.* jʊərə'pi:ən rɪ'kʌvərɪ 'proʊgræm
europid ɔyro'pi:t, **-e** ...i:də
Europide ɔyro'pi:də
Europium ɔy'ro:pi̯ʊm
Europoort *niederl.* 'ø:ro:po:rt
Europos ɔyro'pɔs
eurosibirisch ɔyrozi'bi:rɪʃ
Eurospace *engl.* 'jʊərəspeɪs
Eurotas ɔy'ro:tas
Eurotel ɔyro'tɛl
Eurotron 'ɔyrotro:n
Eurovision ɔyrovi'zi̯o:n
euroxybiont ɔyrɔksy'bi̯ɔnt
Eursinge *niederl.* 'ø:rsɪŋə
Euryanthe ɔyry'antə
Eurybiades ɔyry'bi:adɛs
eurychor ɔyry'ko:ɐ̯
Eurydice ɔy'ry:ditse; ɔyry'di:tsə, *B* ...tse
Eurydike ɔy'ry:dike; ɔyry'di:kə, *B* ...ke
euryhalin ɔyryha'li:n
Eurykl̥ea ɔyry'kle:a
Eurykleia ɔyry'klai̯a
Eurymedon ɔy'ry:medɔn
euryök ɔyry'|ø:k
euryphag ɔyry'fa:k, **-e** ...a:gə
Euryprosopie ɔyryprozo'pi:
eurysom ɔyry'zo:m
Eurystheus ɔy'rʏstɔys
eurytherm ɔyry'tɛrm
eurytop ɔyry'to:p
Éuscaro *span.* 'eu̯skaro
Eusden *engl.* 'ju:zdən
Eusebianer ɔyze'bi̯a:nɐ
Eusebie ɔyze'bi:
Eusebio *span.* eu̯'seβi̯o
Eusébio *port.* eu̯'zɛβi̯u
Eusebius ɔy'ze:bi̯ʊs
Euskirchen 'ɔyskɪrçn̩
Eußenheim 'ɔysn̩haim
Eustacchio *it.* eu̯s'takki̯o
Eustace *engl.* 'ju:stəs
Eustach ɔys'tax
Eustache *fr.* øs'taʃ
Eustachio *it.* eu̯s'ta:ki̯o
Eustachius ɔys'taxi̯ʊs
Eustaquio *span.* eu̯s'taki̯o
Eustasie ɔysta'zi:, **-n** ...i:ən
Eustathios ɔys'ta:ti̯ɔs
Eustathius ɔys'ta:ti̯ʊs
eustatisch ɔy'sta:tɪʃ
Eustis *engl.* 'ju:stɪs
Eustochium ɔy'stɔxi̯ʊm
Euston *engl.* 'ju:stən
Eutektikum ɔy'tɛktikʊm, **...ka** ...ka
eutektisch ɔy'tɛktɪʃ
Eutektoid ɔytɛkto'i:t, **-e** ...i:də
Euter 'ɔytɐ
Euterpe ɔy'tɛrpə, *B* ...pe
Euthanasie ɔytana'zi:
Euthymides ɔy'ty:midɛs
Euthymie ɔyty'mi:
Euthymios ɔy'ty:mi̯ɔs
Eutin ɔy'ti:n
Euting[en] 'ɔytɪŋ[ən]
Eutokie ɔyto'ki:
Eutopie ɔyto'pi
Eutritzsch 'ɔytrɪtʃ
eutroph ɔy'tro:f
Eutrophie[rung] ɔytro'fi:[rʊŋ]
Eutropius ɔy'tro:pi̯ʊs
Eutyches 'ɔytʏçɛs
Eutzsch ɔytʃ
Euwe *niederl.* 'ø:wə
Euxeinos ɔy'ksai̯nɔs, 'ɔyksai̯nɔs
Euxinus ɔy'ksi:nʊs, 'ɔyksinʊs
Ev e:f
Eva 'e:fa, *auch:* 'e:va; *engl.* 'i:və, *span.* 'eβa, *it.* 'ɛ:va
Éva *ung.* 'ɛ:vɔ
Evadne e'vadnə, ...atnə; *B* ...ne
Evagrius e'va:gri̯ʊs
Evakuation evaku̯a'tsi̯o:n
evakuieren evaku'i:rən
Evald *schwed.* 'e:vald
Evaluation evalu̯a'tsi̯o:n
Evalvation evalva'tsi̯o:n
evalvieren eval'vi:rən
Evander e'vandɐ, *engl.* ɪ'vændə
Evangeliar evaŋge'li̯a:ɐ̯, **-ien** ...ri̯ən
Evangelimann evaŋ'ge:liman
Evangelisation evaŋgeliza'tsi̯o:n
evangelisch evaŋ'ge:lɪʃ
evangelisieren evaŋgeli'zi:rən
Evangelist evaŋge'lɪst
Evangelistar evaŋgelɪs'ta:ɐ̯
Evangelistas *span.* eβaŋxe'listas
Evangelium evaŋ'ge:li̯ʊm, **...ien** ...i̯ən
Evans 'ɛvans, *engl.* 'ɛvənz
Evanston *engl.* 'ɛvənstən
Evansville *engl.* 'ɛvənzvɪl
Evaporation evapora'tsi̯o:n
Evaporator evapo'ra:tɔr, **-en** ...a'to:rən
evaporieren evapo'ri:rən
Evaporimeter evapori'me:tɐ
Evarts *engl.* 'ɛvəts
Evasion eva'zi̯o:n
evasiv eva'zi:f, **-e** ...i:və
evasorisch eva'zo:rɪʃ
Evatt *engl.* 'ɛvət
Evchen 'e:fçən
Evdokija vgl. Jewdokija
Evdokim vgl. Jewdokim
Eve 'e:fə, *engl.* i:v
Ève *fr.* ɛ:v
Evektion evɛk'tsi̯o:n
Eveleth *engl.* 'ɛvəlɪθ
Evelin 'e:vəli:n
Eveline 'e:vəli:n; evə'li:nə, eve'l...; *engl.* 'i:vlɪn, 'ɛvlɪn, 'ɛvɪli:n
Éveline *fr.* e'vlin
Evelyn *engl.* 'i:vlɪn, 'ɛvlɪn
Evenement evenə'mã:
Evening News *engl.* 'i:vnɪŋ 'nju:z
Event *engl.* ɪ'vɛnt
Eventail evã'ta:j
Eventration evɛntra'tsi̯o:n
eventual evɛn'tu̯a:l
Eventualität evɛntu̯ali'tɛ:t
eventualiter evɛn'tu̯a:litɐ
eventuell evɛn'tu̯ɛl
Everaert *niederl.* 'e:vəra:rt
Everard *engl.* 'ɛvərɑ:d
Everdingen *niederl.* 'e:vərdɪŋə
Everest 'ɛvərɛst, *engl.* 'ɛvərɪst
Everett *engl.* 'ɛvrɪt
Evergem *niederl.* 'e:vərxəm
Everglades *engl.* 'ɛvəgleɪdz
Everglaze ® 'ɛvɐgle:s, *engl.* 'ɛvəgleɪz
evergreen, E... 'ɛvɐgri:n, *engl.* 'ɛvəgri:n
Everley *engl.* 'ɛvəlɪ
Everling 'e:vɐlɪŋ
Evers 'e:vɐs, *engl.* 'ɛvəz
Eversberg 'e:vɐsbɛrk
Evertebrat evɛrte'bra:t
Everton *engl.* 'ɛvətn
Everyman *engl.* 'ɛvrɪmæn
Eves *engl.* i:vz
Evesham *engl.* 'i:vʃəm
Evgen'evič vgl. Jewgenjewitsch
Evgen'evna vgl. Jewgenjewna
Evgenij vgl. Jewgeni
Evgenija vgl. Jewgenija
Evgraf vgl. Jewgraf
Evi 'e:fi
Évian-les-Bains evjãle'bɛ̃
Evidement evidə'mã:
evident evi'dɛnt
Evidenz evi'dɛnts
Eviktion evɪk'tsi̯o:n
Evill *engl.* i:vl
Eving 'e:vɪŋ
evinzieren evɪn'tsi:rən
Evipan ® evi'pa:n
Eviration evira'tsi̯o:n
Evita e'vi:ta, *span.* e'βita
Evlah vgl. Jewlach
Evlampij vgl. Jewlampi
Evlampija vgl. Jewlampija
Evlogij vgl. Jewlogi

evoe 'e:voe
Evokation evoka'tsi̯o:n
evokativ evoka'ti:f, **-e** ...i:və
evokatorisch evoka'to:rɪʃ
Évolène *fr.* evɔ'lɛn
Evolute evo'lu:tə
Evolution evolu'tsi̯o:n
evolutionär evolutsi̯o'nɛ:ɐ̯
Evolutionismus evolutsi̯o'nɪsmʊs
Evolutionist evolutsi̯o'nɪst
Evolvente evɔl'vɛntə
evolvieren evɔl'vi:rən
Evonymus e'vo:nymʊs
Évora *port.* 'ɛvura
Eversion evɔr'zi̯o:n
evozieren evo'tsi:rən
Évreux *fr.* e'vrø
Evpatorija vgl. Jewpatorija
Évron *fr.* e'vrõ
Evsevij vgl. Jewsewi
Evstrat vgl. Jewstrat
Evtihij vgl. Jewtichi
Evtimi vgl. Ewtimi
Evtušenko vgl. Jewtuschenko
evviva! ɛ'vi:va
Evzone ɛf'tso:nə
Ewald 'e:valt, *dän.* 'e:val'
Ewart *engl.* 'ju:ət
Ewbanke *engl.* 'ju:bæŋk
Ewe 'e:və
Ewell *engl.* 'ju:əl
Ewen *engl.* 'ju:ɪn
Ewene e've:nə
Ewenke e'vɛŋkə
ewenkisch e'vɛŋkɪʃ
Ewer 'e:vɐ
Ewers 'e:vɐs, *niederl.* 'e:wərs
EWG e:ve:'ge:
ewig 'e:vɪç, **-e** ...ɪgə
Ewigkeit 'e:vɪçkai̯t
ewiglich 'e:vɪklɪç
Ewigweibliche 'e:vɪç'vai̯plɪçə
Ewing *engl.* 'ju:ɪŋ
Eworth *engl.* joəθ
Ewtimi, Evtimi *bulgar.* ɛf'timi
ex! ɛks
ex abrupto ɛks ap'rʊpto, — a'br...
ex aequo ɛks 'ɛ:kvo
Exaggeration ɛksagera'tsi̯o:n
exaggerieren ɛksage'ri:rən
Exairese ɛksai̯'re:zə, ɛks|ai̯...
exakt ɛ'ksakt
Exaltation ɛksalta'tsi̯o:n
exaltiert ɛksal'ti:ɐ̯t
Examen ɛ'ksa:mən, **Examina** ɛ'ksa:mina
Examinand ɛksami'nant, **-en** ...ndn̩
Examinator ɛksami'na:tɔr, **-en** ...na'to:rən
Examinatorium ɛksamina'to:ri̯ʊm, **...ien** ...i̯ən
examinieren ɛksami'ni:rən
Exanie ɛksa'ni:, **-n** ...i:ən
Exanthem ɛksan'te:m, ɛks|a...
exanthematisch ɛksante'ma:tɪʃ, ɛks|a...
Exanthropie ɛksantro'pi:, ɛks|a...
Exaration ɛksara'tsi̯o:n
Exarch ɛ'ksarç, ɛks'|arç
Exarchat ɛksar'ça:t, ɛks|a...
Exartikulation ɛksartikula'tsi̯o:n, ɛks|a...
Exaudi ɛ'ksau̯di, ɛks'|au̯di
Exazerbation ɛksatsɛrba'tsi̯o:n
ex cathedra ɛks 'ka:tedra
Excelsior ɛks'tsɛlzi̯ɔr, *engl.* ɪk'sɛlsɪə
Exceptio ɛks'tsɛptsi̯o; **-nes** ...'tsi̯o:ne:s
Exceptio doli ɛks'tsɛptsi̯o 'do:li
Exceptio plurium ɛks'tsɛptsi̯o 'plu:ri̯ʊm
Exchange ɛks'tʃe:ntʃ, *engl.* ɪks'tʃeɪndʒ; **-n** ...ndʒn̩
Exchequer ɪks'tʃɛkɐ
Excitans 'ɛkstsitans; **...nzien** ...'tantsi̯ən, **...ntia** ...'tantsi̯a
excudit ɛks'ku:dɪt
Exe *engl.* ɛks
exeat 'ɛkseat
Exedra 'ɛksedra, **Exedren** ɛ'kse:drən
Exegese ɛkse'ge:zə
Exeget[ik] ɛkse'ge:t[ɪk]
exegieren ɛkse'gi:rən
Exekias ɛ'kse:ki̯as
Exekration ɛksekra'tsi̯o:n
exekrieren ɛkse'kri:rən
exekutieren ɛkseku'ti:rən
Exekution ɛkseku'tsi̯o:n
exekutiv ɛkseku'ti:f, **-e** ...i:və
Exekutive ɛkseku'ti:və
Exekutor ɛkse'ku:tɔr, **-en** ...ku'to:rən
exekutorisch ɛkseku'to:rɪʃ
Exempel ɛ'ksɛmpl̩
Exemplar ɛksɛm'pla:ɐ̯
exemplarisch ɛksɛm'pla:rɪʃ
Exemplarismus ɛksɛmpla'rɪsmʊs
exempli causa ɛ'ksɛmpli 'kau̯za
Exemplifikation ɛksɛmplifika'tsi̯o:n
exemplifikatorisch ɛksɛmplifika'to:rɪʃ
exemplifizieren ɛksɛmplifi'tsi:rən
exemt ɛ'ksɛmt
Exemtion ɛksɛm'tsi̯o:n
Exenteration ɛksɛntera'tsi̯o:n
exenterieren ɛksɛnte'ri:rən
Exequatur ɛkse'kva:tʊr
Exequien ɛ'kse:kvi̯ən
exequieren ɛkse'kvi:rən
Exercitium ɛksɛr'tsi:tsi̯ʊm, **...ien** ...i̯ən
exerzieren ɛksɛr'tsi:rən
Exerzitium ɛksɛr'tsi:tsi̯ʊm, **...ien** ...i̯ən
ex est 'ɛks 'ɛst
exeunt 'ɛkseʊnt
Exeter *engl.* 'ɛksɪtə
Exfoliation ɛksfoli̯a'tsi̯o:n
Exhairese ɛkshai̯'re:zə
Exhalation ɛkshala'tsi̯o:n
exhalieren ɛksha'li:rən
Exhaustion ɛkshau̯s'ti̯o:n
Exhaustor ɛks'hau̯stɔr, **-en** ...'to:rən
Exheredation ɛksheredaˈtsi̯o:n
exheredieren ɛkshere'di:rən
Exhibitenzahl ɛkshi'bi:tn̩tsa:l
exhibieren ɛkshi'bi:rən
Exhibition ɛkshibi'tsi̯o:n
Exhibitionismus ɛkshibitsi̯o'nɪsmʊs
Exhibitionist ɛkshibitsi̯o'nɪst
Exhorte ɛks'hɔrtə
Exhumation ɛkshuma'tsi̯o:n
exhumieren ɛkshu'mi:rən
Exigenz ɛksi'gɛnts
exigieren ɛksi'gi:rən
Exiguität ɛksigui̯'tɛ:t
Exiguus ɛ'ksi:gu̯ʊs
Exil ɛ'ksi:l
exilieren ɛksi'li:rən
exilisch ɛ'ksi:lɪʃ
eximieren ɛksi'mi:rən
Exin[e] ɛ'ksi:n[ə]
existent ɛksɪs'tɛnt
Existentia ɛksɪs'tɛntsi̯a
existential ɛksɪstɛn'tsi̯a:l
Existentialien ɛksɪstɛn'tsi̯a:li̯ən
Existentialismus ɛksɪstɛntsi̯a'lɪsmʊs
Existentialist ɛksɪstɛntsi̯a'lɪst
Existentialität ɛksɪstɛntsi̯ali'tɛ:t
existentiell ɛksɪstɛn'tsi̯ɛl
Existenz ɛksɪs'tɛnts
Existenzial... ɛksɪstɛn'tsi̯a:l...
existieren ɛksɪs'ti:rən
Exitus 'ɛksitʊs
ex juvantibus ɛks ju'vantibʊs
Exkaiser 'ɛkskai̯zɐ
Exkardination ɛkskardina'tsi̯o:n
Exkavation ɛkskava'tsi̯o:n
Exkavator ɛkska'va:tɔr, **-en** ...va'to:rən
exkavieren ɛkska'vi:rən
Exklamation ɛksklama'tsi̯o:n
exklamieren ɛkskla'mi:rən
Exklave ɛks'kla:və
exkludieren ɛksklu'di:rən
Exklusion ɛksklu'zi̯o:n
exklusiv ɛksklu'zi:f, **-e** ...i:və
exklusive ɛksklu'zi:və
Exklusivität ɛkskluzivi'tɛ:t
Exkommunikation ɛkskɔmunika'tsi̯o:n
exkommunizieren ɛkskɔmuni'tsi:rən
Exkoriation ɛkskori̯a'tsi̯o:n
Exkrement ɛkskre'mɛnt
Exkreszenz ɛkskrɛs'tsɛnts
Exkret ɛks'kre:t
Exkretion ɛkskre'tsi̯o:n
exkretorisch ɛkskre'to:rɪʃ
Exkulpation ɛkskʊlpa'tsi̯o:n

exkulpi̱eren ɛkskʊl'pi:rən
Exkụrs ɛks'kʊrs, -e ...rzə
Exkursio̱n ɛkskʊr'zi̯o:n
Exkusatio̱n ɛkskuza'tsi̯o:n
exlẹx ɛks'lɛks
Exli̱bris ɛks'li:bri:s
Ẹxlo *niederl.* 'ɛkslo:
Exmatri̱kel ɛksma'tri:kl̩
Exmatrikulatio̱n ɛksmatrikula'tsi̯o:n
exmatrikuli̱eren ɛksmatriku'li:rən
Ẹxminister 'ɛksmɪnɪstɐ
Exmissio̱n ɛksmɪ'si̯o:n
exmitti̱eren ɛksmɪ'ti:rən
Ẹxmoor *engl.* 'ɛksmʊə
Ẹxmouth *engl.* 'ɛksmaʊθ
Ẹxner 'ɛksnɐ
ex nẹxu ɛks 'nɛksu
ex nụnc ɛks 'nʊŋk
Exobiologi̱e ɛksobiolo'gi:
Exodẹrmis ɛkso'dɛrmɪs
Ẹxodos 'ɛksodɔs
Ẹxodus 'ɛksodʊs
ex offi̱cio ɛks ɔ'fi:tsi̯o
Exogami̱e ɛksoga'mi:
exoge̱n ɛkso'ge:n
Exokannibalịsmus ɛksokaniba'lɪsmʊs
Exokạrp ɛkso'karp
exokri̱n ɛkso'kri:n
exomọrph ɛkso'mɔrf
Exoneratio̱n ɛksonera'tsi̯o:n
exoneri̱eren ɛksone'ri:rən
Exo̱nymon ɛ'kso:nymɔn, **...ma** ...ma
ex o̱pere opera̱to ɛks 'o:pərə ope'ra:to
Exophori̱e ɛksofo'ri:
exophthạlmisch ɛksɔf'talmɪʃ, ɛks|ɔ...
Exophthạlmus ɛksɔf'talmʊs, ɛks|ɔ...
exophy̱tisch ɛkso'fy:tɪʃ
exorbitạnt ɛksɔrbi'tant
Exorbitạnz ɛksɔrbi'tants
Exọrdium ɛ'ksɔrdi̯ʊm, **...ia** ...i̯a
ex ori̱ente lụx ɛks o'ri̯ɛntə 'lʊks
exorzi̱eren ɛksɔr'tsi:rən
exorzisi̱eren ɛksɔrtsi'zi:rən
Exorzịsmus ɛksɔr'tsɪsmʊs
Exorzịst ɛksɔr'tsɪst
Exoskelẹtt ɛksoske'lɛt
Exosmo̱se ɛksɔs'mo:zə, ɛks|ɔ...
Exosphä̱re ɛkso'sfɛ:rə
Exosto̱se ɛksɔs'to:zə, ɛks|ɔ...
Exo̱t ɛ'kso:t
Exota̱rium ɛkso'ta:ri̯ʊm, **...ien** ...i̯ən
Exote̱riker ɛkso'te:rikɐ
exote̱risch ɛkso'te:rɪʃ
exothẹrm ɛkso'tɛrm
Exo̱tik ɛ'kso:tɪk
Exo̱tika ɛ'kso:tika
exo̱tisch ɛ'kso:tɪʃ
ex o̱vo ɛks 'o:vo
Exozẹntrikum ɛkso'tsɛntrikʊm, **...ka** ...ka
exozẹntrisch ɛkso'tsɛntrɪʃ
Expạnder ɛks'pandɐ
expandi̱eren ɛkspan'di:rən
expansi̱bel ɛkspan'zi:bl̩, **...ble** ...blə
Expansio̱n ɛkspan'zi̯o:n
expansionịstisch ɛkspanzi̯o'nɪstɪʃ
expansi̱v ɛkspan'zi:f, **-e** ...i:və
Expatriatio̱n ɛkspatria'tsi̯o:n
expatrii̱eren ɛkspatri'i:rən
Expediẹnt ɛkspe'di̯ɛnt
expedi̱eren ɛkspe'di:rən
Expedi̱t ɛkspe'di:t
Expeditio̱n ɛkspedi'tsi̯o:n
Expedi̱tor ɛkspe'di:tɔr, **-en** ...di'to:rən
Expedi̱tus ɛkspe'di:tʊs
Expẹktorans ɛks'pɛktorans; **...ntia** ...'rantsi̯a, **...nzien** ...'rantsi̯ən
Expektorạntium ɛkspɛkto'rantsi̯ʊm, **...ia** ...i̯a
Expektoratio̱n ɛkspɛktora'tsi̯o:n
expektori̱eren ɛkspɛkto'ri:rən
Expellẹntia ɛkspɛ'lɛntsi̯a
expelli̱eren ɛkspɛ'li:rən
Expẹnsen ɛks'pɛnzn̩
expensi̱v ɛkspɛn'zi:f, **-e** ...i:və
Experimẹnt ɛksperi'mɛnt
experimentạl ɛksperimɛn'ta:l
Experimenta̱tor ɛksperimɛn'ta:tɔr, **-en** ...ta'to:rən
experimentẹll ɛksperimɛn'tɛl
experimenti̱eren ɛksperimɛn'ti:rən
Experimentịsmus ɛksperimɛn'tɪsmʊs
Experimẹntum cru̱cis ɛksperi'mɛntʊm 'kru:tsɪs
expẹrt ɛks'pɛrt
Expẹrt *fr.* ɛk'spɛ:r
Expẹrte ɛks'pɛrtə
Experti̱se ɛkspɛr'ti:zə
expertisi̱eren ɛkspɛrti'zi:rən
Explanatio̱n ɛksplana'tsi̯o:n
explanati̱v ɛksplana'ti:f, **-e** ...i:və
explani̱eren ɛkspla'ni:rən
Explanta̱t ɛksplan'ta:t
Explantatio̱n ɛksplanta'tsi̯o:n
Expleti̱v ɛksple'ti:f, **-e** ...i:və
ẹxplicit, Ẹ... 'ɛksplitsɪt
Explikatio̱n ɛksplika'tsi̯o:n
explizi̱eren ɛkspli'tsi:rən
explizi̱t ɛkspli'tsi:t
expli̱zite ɛks'pli:tsite
explodi̱eren ɛksplo'di:rən
Exploitatio̱n ɛksplo̯ata'tsi̯o:n
Exploiteur ɛksplo̯a'tø:ɐ̯
exploiti̱eren ɛksplo̯a'ti:rən
Exploratio̱n ɛksplora'tsi̯o:n
Explorạnd ɛksplo'rant, **-en** ...ndn̩
Explora̱tor ɛksplo'ra:tɔr, **-en** ...ra'to:rən
Explo̱rer ɛks'plo:rɐ, *engl.* ɪks'plɔ:rə
explori̱eren ɛksplo'ri:rən
explosi̱bel ɛksplo'zi:bl̩, **...ble** ...blə
Explosibilitä̱t ɛksplozibili'tɛ:t
Explosio̱n ɛksplo'zi̯o:n
explosi̱v ɛksplo'zi:f, **-e** ...i:və
Explosi̱va ɛksplo'zi:va
Explosi̱ve ɛksplo'zi:və
Expona̱t ɛkspo'na:t
Exponẹnt ɛkspo'nɛnt
Exponentia̱l... ɛksponɛn'tsi̯a:l...
exponi̱eren ɛkspo'ni:rən
Expọrt ɛks'pɔrt
Exporteur ɛkspɔr'tø:ɐ̯
exporti̱eren ɛkspɔr'ti:rən
Exposé ɛkspo'ze:
Expositi vgl. Expositus
Expositio̱n ɛkspozi'tsi̯o:n
Exposi̱tur ɛkspozi'tu:ɐ̯
Expo̱situs ɛks'po:zitʊs, **...ti** ...ti
exprẹß ɛks'prɛs
Exprẹß ɛks'prɛs, **Exprẹsses** ɛks'prɛsəs
Exprẹss *engl.* ɪks'prɛs, *fr.* ɛks'prɛs
Exprẹssen *schwed.* ɛks'prɛsən
Expressio̱n ɛksprɛ'si̯o:n
Expressionịsmus ɛksprɛsi̯o'nɪsmʊs
Expressionịst ɛksprɛsi̯o'nɪst
exprẹssis vẹrbis ɛks'prɛsi:s 'vɛrbi:s
expressi̱v ɛksprɛ'si:f, **-e** ...i:və
Expressivitä̱t ɛksprɛsivi'tɛ:t
Exprima̱t ɛkspri'ma:t
exprimi̱eren ɛkspri'mi:rən
ex profẹsso ɛks pro'fɛso
Expromissio̱n ɛkspromɪ'si̯o:n
Expropriateur ɛkspropria'tø:ɐ̯
Expropriatio̱n ɛkspropria'tsi̯o:n
exproprii̱eren ɛkspropri'i:rən
Expulsio̱n ɛkspʊl'zi̯o:n
expulsi̱v ɛkspʊl'zi:f, **-e** ...i:və
exquisi̱t ɛkskvi'zi:t
Exsekratio̱n ɛkszekra'tsi̯o:n
exsekri̱eren ɛksze'kri:rən
Exsịkkans ɛks'zɪkans, **...kkạntien** ...'kantsi̯ən, **...kkạntia** ...'kantsi̯a
Exsikkatio̱n ɛkszɪka'tsi̯o:n
exsikkati̱v ɛkszɪka'ti:f, **-e** ...i:və
Exsikka̱tor ɛkszɪ'ka:tɔr, **-en** ...ka'to:rən
Exsikko̱se ɛkszɪ'ko:zə
Exspektạnt ɛkspɛk'tant
Exspektạnz ɛkspɛk'tants
exspektati̱v ɛkspɛkta'ti:f, **-e** ...i:və
Exspiratio̱n ɛkspira'tsi̯o:n
exspirato̱risch ɛkspira'to:rɪʃ
exspiri̱eren ɛkspi'ri:rən
Exspoliatio̱n ɛkspoli̯a'tsi̯o:n
exspolii̱eren ɛkspoli'i:rən
Exstinktio̱n ɛkstɪŋk'tsi̯o:n

Exstirpation ɛkstɪrpa'tsi̯o:n
Exstirpator ɛkstɪr'pa:tɔr, **-en** ...pa'to:rən
exstirpieren ɛkstɪr'pi:rən
Exsudat ɛkszu'da:t
Exsudation ɛkszuda'tsi̯o:n
exsudativ ɛkszuda'ti:f, **-e** ...i:və
Extemporale ɛkstɛmpo'ra:lə, **...lien** ...li̯ən
ex tempore ɛks 'tɛmpore
Extempore ɛks'tɛmpore
extemporieren ɛkstɛmpo'ri:rən
Extended *engl.* ɪks'tɛndɪd
extendieren ɛkstɛn'di:rən
extensibel ɛkstɛn'zi:bl̩, **...ble** ...blə
Extensibilität ɛkstɛnzibili'tɛ:t
Extension ɛkstɛn'zi̯o:n
Extensität ɛkstɛnzi'tɛ:t
extensiv ɛkstɛn'zi:f, **-e** ...i:və
extensivieren ɛkstɛnzi'vi:rən
Extensivität ɛkstɛnzivi'tɛ:t
Extensor ɛks'tɛnzɔr, **-en** ...'zo:rən
Exter 'ɛkstɐ
Exterieur ɛkste'ri̯ø:ɐ̯
Exteriorität ɛksteri̯ori'tɛ:t
Extermination ɛkstɛrmina'tsi̯o:n
exterminieren ɛkstɛrmi'ni:rən
extern ɛks'tɛrn
Externa vgl. Externum
Externat ɛkstɛr'na:t
Externe ɛks'tɛrnə
Externist ɛkstɛr'nɪst
Externsteine 'ɛkstɐnʃtainə
Externum ɛks'tɛrnʊm, **...na** ...na
exterritorial ɛkstɛrito'ri̯a:l
exterritorialisieren ɛkstɛritori̯ali'zi:rən
Exterritorialität ɛkstɛritori̯ali'tɛ:t
Extinkteur ɛkstɪŋk'tø:ɐ̯
Extinktion ɛkstɪŋk'tsi̯o:n
Exton *engl.* 'ɛkstən
extorquieren ɛkstɔr'kvi:rən
Extorsion ɛkstɔr'zi̯o:n
extra, E... 'ɛkstra
extra ecclesiam nulla salus 'ɛkstra ɛ'kle:zi̯am 'nʊla 'za:lʊs
extrafein 'ɛkstrafain
extrafloral ɛkstraflo'ra:l
extragalaktisch ɛkstraga'laktɪʃ
extragenital ɛkstrageni'ta:l
Extrahent ɛkstra'hɛnt
extrahieren ɛkstra'hi:rən
Extrakt ɛks'trakt
Extrakteur ɛkstrak'tø:ɐ̯
Extraktion ɛkstrak'tsi̯o:n
extraktiv ɛkstrak'ti:f, **-e** ...i:və
extramundan ɛkstramʊn'da:n
extramural ɛkstramu'ra:l
extra muros 'ɛkstra 'mu:ro:s
extran ɛks'tra:n
Extraneer ɛks'tra:neɐ
Extraneus ɛks'tra:neʊs, **...neer** ...neɐ
extraordinär ɛkstra|ɔrdi'nɛ:ɐ̯
Extraordinarium ɛkstra|ɔrdi'na:ri̯ʊm, **...ien** ...i̯ən
Extraordinarius ɛkstra|ɔrdi'na:ri̯ʊs, **...ien** ...i̯ən
extra ordinem 'ɛkstra 'ɔrdinɛm
extraperitoneal ɛkstraperitone'a:l
extrapleural ɛkstraplɔy'ra:l
Extrapolation ɛkstrapola'tsi̯o:n
extrapolieren ɛkstrapo'li:rən
Extrasystole ɛkstra'zʏstole, *auch:* ...zʏs'to:lə; **-n** ...zʏs'to:lən
extrauterin ɛkstra|ute'ri:n
extravagant ɛkstrava'gant, *auch:* '----
Extravaganz ɛkstrava'gants, *auch:* '----
extravagieren ɛkstrava'gi:rən
Extravasat ɛkstrava'za:t
Extravasation ɛkstravaza'tsi̯o:n
Extraversion ɛkstravɛr'zi̯o:n
extravertiert ɛkstravɛr'ti:ɐ̯t
extrazellulär ɛkstratsɛlu'lɛ:ɐ̯
extrem, E... ɛks'tre:m
Extrema vgl. Extremum
Extremadura *span.* estrema'ðura
Extremisierung ɛkstremi'zi:rʊŋ
Extremismus ɛkstre'mɪsmʊs
Extremist ɛkstre'mɪst
Extremität ɛkstremi'tɛ:t
Extremum ɛks'tre:mʊm, **...ma** ...ma
extrinsisch ɛks'trɪnzɪʃ
Extrophie ɛkstro'fi:, **-n** ...i:ən
extrors ɛks'trɔrs, **-e** ...rzə
extrovertiert ɛkstrovɛr'ti:ɐ̯t
Extruder ɛks'tru:dɐ
extrudieren ɛkstru'di:rən
Extrusion ɛkstru'zi̯o:n
extrusiv ɛkstru'zi:f, **-e** ...i:və
ex tunc ɛks 'tʊŋk
exuberans ɛ'ksu:berans
exuberant ɛksube'rant
Exuberanz ɛksube'rants
Exulant ɛksu'lant
exulieren ɛksu'li:rən
Exulzeration ɛksʊltsera'tsi̯o:n, ɛks|ʊ...
exulzerieren ɛksʊltse'ri:rən, ɛks|ʊ...
Exuma *engl.* ɛk'su:mə
Exundation ɛksʊnda'tsi̯o:n, ɛks|ʊ...
exundieren ɛksʊn'di:rən, ɛks|ʊ...
ex ungue leonem ɛks 'ʊŋgu̯ə le'o:nɛm
ex usu ɛks 'u:zu
Exuvial... ɛksu'vi̯a:l...
Exuvien ɛ'ksu:vi̯ən
ex voto ɛks 'vo:to
Exvoto ɛks'vo:to
Exxon *engl.* 'ɛksən
Exzedent ɛkstse'dɛnt
exzedieren ɛkstse'di:rən
exzellent ɛkstsɛ'lɛnt
Exzellenz ɛkstsɛ'lɛnts
exzellieren ɛkstsɛ'li:rən
exzelsior!, Exzelsior ɛks'tsɛlzi̯ɔr
Exzenter ɛks'tsɛntɐ
Exzentrik ɛks'tsɛntrɪk
Exzentriker ɛks'tsɛntrikɐ
exzentrisch ɛks'tsɛntrɪʃ
Exzentrizität ɛkstsɛntritsi'tɛ:t
Exzeption ɛkstsɛp'tsi̯o:n
Exzeptionalismus ɛkstsɛptsi̯ona'lɪsmʊs
exzeptionell ɛkstsɛptsi̯o'nɛl
exzeptiv ɛkstsɛp'ti:f, **-e** ...i:və
exzerpieren ɛkstsɛr'pi:rən
Exzerpt ɛks'tsɛrpt
Exzeß ɛks'tsɛs, **Exzesse** ɛks'tsɛsə
exzessiv ɛkstsɛ'si:f, **-e** ...i:və
exzidieren ɛkstsi'di:rən
exzipieren ɛkstsi'pi:rən
Exzision ɛkstsi'zi̯o:n
Exzitation ɛkstsita'tsi̯o:n
exzitativ ɛkstsita'ti:f, **-e** ...i:və
Exzitatorium ɛkstsita'to:ri̯ʊm, **...ien** ...i̯ən
exzitieren ɛkstsi'ti:rən
Eyach 'ai̯ax
Eyb aip
Eybl 'aibl̩
Eybler 'aiblɐ
Eyck aik, *niederl.* ɛi̯k
Eydtkau 'aitkau
Eydtkuhnen ait'ku:nən
Eyemouth *engl.* 'aɪməθ
Eyjafjallajökull *isl.* 'ɛi̯jafjadlajœ:kʏdl
Eyjafjarðarsýsla *isl.* 'ɛi̯jafjarðarsisla
Eyjafjord 'ai̯jafjɔrt
Eyjafjörður *isl.* 'ɛi̯jafjœrðʏr
Eyjólfur *isl.* 'ɛi̯joulvʏr
Eyk *niederl.* ɛi̯k
Eyke 'aikə
Eylau 'ailau
Eylert 'ailɐt
Eymericus aime'ri:kʊs
Eynard *fr.* ɛ'na:r
Eynsford *engl.* 'eɪnsfəd
Eyolf 'ai̯ɔlf
Eyra 'aira
Eyrarbakki *isl.* 'ɛi̯rarbahkɪ
Eyre *engl.* ɛə
Eyrir 'airɪr, **Aurar** 'aurar
Eysen 'aizn̩
Eysenbarth 'aizn̩ba:ɐ̯t
Eyskens *niederl.* 'ɛi̯skəns
Eysler 'aislɐ
Eysoldt 'aizɔlt
Eyth[ra] 'ait[ra]
Eyton *engl.* aɪtn
Eyvind Skaldaspillir *norw.* 'ɛi̯vin 'skaldaspilir
Eyzies *fr.* ɛ'zi
Eyzinger 'aitsɪŋɐ

Ezechias e'tse:çi̯as
Ezechiel e'tse:çi̯e:l, *auch:* ...i̯ɛl
Ezeiza *span.* e'θɛi̯θa
Ezekiel *engl.* ɪ'zi:kjəl
Ezinge *niederl.* 'e:zɪŋə
Ezio *it.* 'ɛttsi̯o
Ežov vgl. Jeschow
Ezra *engl.* 'ɛzrə
Ezzelin ɛtsə'li:n
Ezzelino *it.* ettse'li:no
Ezzes 'ɛtsəs
Ezzo 'ɛtso

F

f, F *dt., engl., fr.* ɛf
Fa fa:
Faak fa:k
Fabbri *it.* 'fabbri
Fabbrizzi *it.* fab'brittsi
Fabel 'fa:bl̩
Fabela Alfaro *span.* fa'βela al'faro
fabelhaft 'fa:bl̩haft
fabeln 'fa:bl̩n, **fable** 'fa:blə
Faber 'fa:bɐ, *engl.* 'feɪbə, *dän.* 'fa:'bər
Faber du Faur 'fa:bɐ dy: 'fo:ɐ̯
Fabert *fr.* fa'bɛ:r
Fabian 'fa:bi̯a:n, *engl.* 'feɪbjən
Fabián *span.* fa'βi̯an
Fabini *span.* fa'βini
Fabiani *it.* fa'bi̯a:ni
Fabianus fa'bi̯a:nʊs
Fabier 'fa:bi̯ɐ
Fabio 'fa:bi̯o, *span.* 'faβi̯o
[1]**Fabiola** (Vorname) fa'bi̯o:la
[2]**Fabiola** (Heilige) fa'bi:ola
Fabismus fa'bɪsmʊs
Fabius 'fa:bi̯ʊs
Fable 'fa:bl̩
Fableau fa'blo:
Fable convenue, -s -s *fr.* fɑbləkõv'ny
Fabliau, -x fabli'o:
Fåborg *dän.* 'fɔbɔr'
Fabra *span.* 'faβra, *kat.* 'faβrə
Fabre *fr.* fabr
Fabre d'Églantine *fr.* fabrədeglã'tin
Fabre d'Olivet *fr.* fabrədɔli'vɛ
Fábregas *span.* 'faβreɣas
Fabregat *span.* faβre'ɣat
Fabre-Luce *fr.* fabrə'lys
Fabri *it.* 'fa:bri, *fr.* fa'bri
Fabriano *it.* fabri'a:no
Fabrice *fr.* fa'bris
Fabricius fa'bri:tsi̯ʊs
Fabrik fa'bri:k
Fabrikant fabri'kant
Fabrikat fabri'ka:t
Fabrikation fabrika'tsi̯o:n
fabrikatorisch fabrika'to:rɪʃ
Fabris *it.* 'fa:bris
Fabritius fa'bri:tsi̯ʊs, *niederl.* fa:'bri:tsi:ʏs
Fabrizi *it.* fa'brittsi
fabrizieren fabri'tsi:rən
Fabrizio *it.* fa'brittsi̯o
Fabry 'fa:bri, *fr.* fa'bri
Fabula docet 'fa:bula 'do:tsɛt
Fabulant fabu'lant
fabulieren fabu'li:rən
Fabulist fabu'lɪst
fabulös fabu'lø:s, **-e** ...ø:zə
Fabvier *fr.* fa'vje
Fabvre *fr.* fɑ:vr
Fabyan *engl.* 'feɪbjən
fac fak
Fácánkert *ung.* 'fa:tsa:ŋkɛrt
Facatativá *span.* fakatati'βa
Face fa:s, **-n** 'fa:sn̩
Face-Lift *engl.* 'feɪslɪft
Facette fa'sɛtə
facettieren fasɛ'ti:rən
Fach fax, **Fächer** 'fɛçɐ
...fach (z. B. vierfach) ...,fax
...fache (z. B. Vierfache) ...,faxə
fächeln 'fɛçl̩n
fachen 'faxn̩
Fächer 'fɛçɐ
fächern 'fɛçɐn
Faches *fr.* faʃ
Fachingen 'faxɪŋən
Fachsimpel faxzɪmpl̩
Fachsimpelei faxzɪmpə'lai̯
fachsimpeln 'faxzɪmpl̩n
Facialis fa'tsi̯a:lɪs
Facies 'fa:tsi̯ɛs, *Plural* 'fa:tsi̯e:s
Facies abdominalis 'fa:tsi̯ɛs apdomi'na:lɪs
Facies gastrica 'fa:tsi̯ɛs 'gastrika
Facies hippocratica 'fa:tsi̯ɛs hɪpo'kra:tika
Facies leonina 'fa:tsi̯ɛs leo'ni:na
Facius 'fa:tsi̯ʊs
Fackel 'fakl̩
fackeln 'fakl̩n
Faco *span.* 'fako
Façon fa'sõ:
Façon de parler *fr.* fasõdpar'le
Façonné fasɔ'ne:
Factoring *engl.* 'fæktərɪŋ
Facture fak'ty:rə
Facultas docendi fa'kʊltas do'tsɛndi
fad fa:t, **-e** 'fa:də
Fadaise fa'dɛ:zə
Fada n'Gourma *fr.* fadangur'ma
Fädchen 'fɛ:tçən
Fadd *ung.* fɔdd
Faddei, Faddej *russ.* fad'djej
fade 'fa:də
Fadejew, Fadeev *russ.* fa'deiɪf
fädeln 'fɛ:dl̩n, **fädle** 'fɛ:dlə
Faden 'fa:dn̩, **Fäden** 'fɛ:dn̩
fadendünn 'fa:dn̩'dʏn
fadenscheinig 'fa:dn̩ʃai̯nɪç, **-e** ...ɪgə
Fader *span.* fa'ðɛr
Fadheit 'fa:thait
Fadiman *engl.* 'fædɪmən
Fading 'fe:dɪŋ, *engl.* 'feɪdɪŋ
Fadinger 'fa:dɪŋɐ
fadisieren fadi'zi:rən
Fädlerin 'fɛ:dlərɪn
Fadrique *span.* fa'ðrike
Fadrus 'fa:drʊs
Faè *it.* fa'ɛ
Faeces 'fɛ:tse:s
Faed *engl.* feɪd
Faenza *it.* fa'ɛntsa
Faesi 'fɛ:zi
Fafe *port.* 'fafə
Fafner 'fa:fnɐ
Fafnir 'fa:fnɪr
Făgăraş *rumän.* fəgə'raʃ
Fagaraseide fa'ga:razai̯də
Fagerholm *schwed.* ,fɑ:gərhɔlm
Fagernes *norw.* ,fa:gərne:s
Fagg[e] *engl.* fæg
Faggiuola *it.* fad'dʒu̯ɔ:la
Fagioli *it.* fa'dʒɔ:li
Fagiuoli *it.* fa'dʒu̯ɔ:li
Fagnano *it.* faɲ'ɲa:no, *span.* faɣ'nano
Fagnes *fr.* faɲ
Fagott fa'gɔt
Fagottino fagɔ'ti:no
Fagottist fagɔ'tɪst
Faguet *fr.* fa'gɛ
Faguibine *fr.* fagi'bin
Fagundes Varela *bras.* fa'gundiz va'rɛla
Faha 'fa:ha
Fähe 'fɛ:ə
fahen 'fa:ən
fähig 'fɛ:ɪç, **-e** ...ɪgə
fahl fa:l
Fahlbeck *schwed.* ,fɑ:lbɛk
Fahlberg 'fa:lbɛrk
Fähnchen 'fɛ:nçən
fahnden 'fa:ndn̩, **fahnd!** fa:nt
Fahne 'fa:nə
Fahner fa:nɐ
Fahnersche 'fa:nɐʃə
Fähnrich 'fɛ:nrɪç
Fåhraeus *schwed.* fo:'re:ʊs
Fährbrück fɛ:ɐ̯brʏk
Fährde 'fɛ:ɐ̯də
Fähre 'fɛ:rə
fahren 'fa:rən
Fahrenbach 'fa:rənbax
Fahrenberg 'fa:rənbɛrk
Fahrenheit 'fa:rənhait
Fahrenkamp 'fa:rənkamp
Fahrenkrog 'fa:rənkro:k
Fahrer 'fa:rɐ
Fahrerei fa:rə'rai̯
fahrig 'fa:rɪç, **-e** ...ɪgə
Fährkrug 'fɛ:ɐ̯kru:k
Fahrland 'fa:ɐ̯lant
Fahrlander See 'fa:ɐ̯landɐ 'ze:
fahrlässig 'fa:ɐ̯lɛsɪç
Fahrn[er] 'fa:ɐ̯n[ɐ]
Fahrnis 'fa:ɐ̯nɪs, **-se** ...ɪsə
Fährnis 'fɛ:ɐ̯nɪs, **-se** ...ɪsə

Fahrrad 'fa:ɐ̯ra:t
Fahrt fa:ɐ̯t
fährt fɛ:ɐ̯t
Fährte 'fɛ:ɐ̯tə
Fahsel 'fa:zl̩
Faial *port.* fɐ'i̯al
Faible 'fɛ:bl̩
Faichtmayr 'fai̯çtmai̯ɐ
Faidherbe *fr.* fɛ'dɛrb
Faidit *fr.* fɛ'di
Faido *it.* fa'i:do
Faijum fai̯'ju:m
Faille fa:j, 'faljə
Failly *fr.* fa'ji
Failsworth *engl.* 'feɪlzwə:θ
Fain *fr.* fɛ̃
Fainéants *fr.* fɛne'ã
fair fɛ:ɐ̯, *engl.* fɛə
Fairbairn *engl.* 'fɛəbɛən
Fairbank[s] *engl.* 'fɛəbæŋk[s]
Fairborn *engl.* 'fɛəbɔ:n
Fairbury *engl.* 'fɛəbərɪ
Fairchild *engl.* 'fɛətʃaɪld
Fairey *engl.* 'fɛərɪ
Fairfax *engl.* 'fɛəfæks
Fairfield *engl.* 'fɛəfi:ld
Fairhaven *engl.* 'fɛəheɪvən
Fairmont *engl.* 'fɛəmɔnt
Fairneß 'fɛ:ɐ̯nɛs, *engl.* 'fɛənɪs
Fair play 'fɛ:ɐ̯ 'ple:, *engl.* 'fɛə 'pleɪ
Fairport *engl.* 'fɛəpɔ:t
Fairview *engl.* 'fɛəvju:
Fairweather *engl.* 'fɛəwɛðə
Fairy chess 'fɛ:ri 'tʃɛs, *engl.* 'fɛərɪ 'tʃɛs
Faisal 'fai̯zal
Faisanes *span.* fai̯'sanes
Faiseur fɛ'zø:ɐ̯
Faistauer 'fai̯stau̯ɐ
Faistenberger 'fai̯stn̩bɛrgɐ
Fait accompli *fr.* fɛtakõ'pli, **-s** **-s** fɛza...
Faith and order *engl.* 'feɪθ ənd 'ɔ:də
Faizabad *engl.* 'faɪzəbæd
Fajã de Cima *port.* fɐ'ʒɐn də 'simɐ
Fajardo *span.* fa'xarðo
Fajon *fr.* fa'ʒõ
Fajsz *ung.* fɔjs
fäkal fɛ'ka:l
Fäkalien fɛ'ka:li̯ən
Fakfak *indon.* 'fakfak
Fakija *bulgar.* fa'kija
Fakir 'fa:ki:ɐ̯
Fakkegrav *dän.* 'fagəgra:'v
Fakse *dän.* 'fagsə
Faksimile fak'zi:mile
faksimilieren fakzimi'li:rən
Fakt fakt
Fakta vgl. Faktum
Faktage fak'ta:ʒə
Fakten vgl. Faktum
Faktion fak'tsi̯o:n
faktiös fak'tsi̯ø:s, **-e** ...ø:zə
Faktis 'faktɪs
faktisch 'faktɪʃ
faktitiv, F... fakti'ti:f, *auch:* '– – –; **-e** ...i:və
Faktitivum fakti'ti:vʊm, **...va** ...va
Faktizität faktitsi'tɛ:t
Faktor 'faktɔr, **-en** fak'to:rən
Faktorei fakto'rai̯
Faktotum fak'to:tʊm
Faktum 'faktʊm; **Fakta** 'fakta, **Fakten** 'faktn̩
Faktur fak'tu:ɐ̯
Faktura fak'tu:ra
fakturieren faktu'ri:rən
Fakturist faktu'rɪst
fäkulent fɛku'lɛnt
Fäkulom fɛku'lo:m
Fakultas fa'kʊltas, **...täten** ...'tɛ:tn̩
Fakultät fakʊl'tɛ:t
fakultativ fakʊlta'ti:f, **-e** ...i:və
Falaise[s] *fr.* fa'lɛ:z
Falaisen fa'lɛ:zn̩
Falange fa'laŋe, *span.* fa'laŋxe
Falangist falaŋ'gɪst
Fałat *poln.* 'fau̯at
falb falp, **-e** 'falbə
Falbe 'falbə
Falbel 'falbl̩
fälbeln 'fɛlbl̩n, **fälble** 'fɛlblə
Falcão *port., bras.* fal'kɐ̃u̯
Falchi *it.* 'falki
Falckenberg 'falkn̩bɛrk
Falcó *span.* fal'ko
Falcon *engl.* 'fɔ:lkən, *fr.* fal'kõ
Falcón *span.* fal'kɔn
Falconara *it.* falko'na:ra
Falcone *it.* fal'ko:ne
Falconer *engl.* 'fɔ:knə
Falconet *fr.* falkɔ'nɛ
Falconetto *it.* falko'netto
Faldistorium faldɪs'to:ri̯ʊm, **...ien** ...i̯ən
Falerii fa'le:rii
Falerna *it.* fa'lɛrna
Falerner fa'lɛrnɐ
Falerno *it.* fa'lɛrno
Falerum *schwed.* ˌfɑ:lərʊm
Fales *engl.* feɪlz
Falfurrias *engl.* fæl'fjʊərɪəs
Falieri *it.* fa'li̯ɛ:ri
Faliero *it.* fa'li̯ɛ:ro
fälisch 'fɛ:lɪʃ
Falisker fa'lɪskɐ
Falk[au] 'falk[au̯]
Falkberget *norw.* ˌfalkbærgə
Falke[nau] 'falkə[nau̯]
Falkenberg 'falkn̩bɛrk, *schwed.* ˌfalkənbærj
Falkenburg 'falkn̩bʊrk
Falkenhagen falkn̩'ha:gn̩
Falkenhain 'falkn̩hai̯n
Falkenhausen 'falkn̩hau̯zn̩
Falkenhayn 'falkn̩hai̯n
Falkenhorst 'falkn̩hɔrst
Falkenier falkə'ni:ɐ̯
Falkenrehde falkn̩'re:də
Falkensee (Berlin) falkn̩'ze:
Falkenstein 'falkn̩ʃtai̯n
Falkenthal 'falkn̩ta:l
Falkirk *engl.* 'fɔ:lkə:k
Falkland [Dependency] *engl.* 'fɔ:klənd [dɪ'pɛndənsɪ]
Falklandinseln 'falklant|ɪnzl̩n
[1]**Falkner** 'falknɐ
[2]**Falkner** (Name) 'falknɐ, *engl.* 'fɔ:knə
Falknerei falknə'rai̯
Falknis 'falknɪs
Falknov *tschech.* 'falknɔf
Falko 'falko
Falkonett falko'nɛt
Falköping *schwed.* 'fɑ:ltçø:pɪŋ
Fall fal, **Fälle** 'fɛlə
Falla 'falja, *span.* 'faʎa
Fallada 'falada
Fallas *engl.* 'fæləs
Fallazien fa'la:tsi̯ən
Falle 'falə
Fälle vgl. Fall
Fælledpark *dän.* 'fɛləðparg
fallen 'falən
fällen 'fɛlən
Fallen Timbers *engl.* 'fɔ:lən 'tɪmbəz
Fallersleben 'falɐsle:bn̩
fallibel fa'li:bl̩, **...ble** ...blə
Fallibilität falibili'tɛ:t
fallieren fa'li:rən
Fallières *fr.* fa'ljɛ:r
fällig 'fɛlɪç, **-e** ...ɪgə
Fälligkeit 'fɛlɪçkai̯t
Falliment fali'mɛnt
Fallingbostel falɪŋ'bɔstl̩
Fallissement falɪsə'mã:
fallit, F... fa'li:t, *auch:* ...lɪt
Fallmerayer 'falmərai̯ɐ
Falloppio *it.* fal'lɔppi̯o
Falloppius fa'lɔpi̯ʊs
Fallot fa'lɔt
Falloux *fr.* fa'lu
Fallout fɔ'lau̯t, *engl.* 'fɔ:laʊt
Fallow[s] *engl.* 'fæloʊ[z]
Fallreep 'falre:p
Fall River *engl.* 'fɔ:l 'rɪvə
falls fals
Falls fals, *engl.* fɔ:lz
Fallstein 'falʃtai̯n
fällt fɛlt
Falmouth *engl.* 'fælməθ
Falott fa'lɔt
Falsa vgl. Falsum
falsch, F... falʃ
Falscheid 'falʃai̯t
fälschen 'fɛlʃn̩
Falschmünzerei falʃmʏntsə'rai̯
False Bay *engl.* 'fɔ:ls 'beɪ
Falsett fal'zɛt
falsettieren falzɛ'ti:rən
Falsettist falzɛ'tɪst
Falsifikat falzifi'ka:t
Falsifikation falzifika'tsi̯o:n
falsifizieren falzifi'tsi:rən
Falso bordone 'falzo bɔr'do:nə, **...si** **...ni** ...zi ...ni

Fạlstaff *dt., it.* 'falstaf, *engl.* 'fɔ:lstɑ:f
Fạlster 'falstɐ, *dän.* 'fal'sdər
Fạlsterbo *schwed.* ˌfalstərbu:
Fạlsum 'falzʊm, **Fạlsa** 'falza
Fạlte 'faltə
fạ̈lteln 'fɛltl̩n
fạlten 'faltn̩
Fạlter 'faltɐ
Fălticeni *rumän.* fəlti'tʃenj
fạltig 'faltɪç, **-e** ...ɪɡə
...fältig (z. B. vielfältig) ...ˌfɛltɪç, **-e** ...ɪɡə
Faludi *ung.* 'fɔludi
Fạlun *schwed.* ˌfɑ:lʊn
Fạlz falt͜s
Falzạrego *it.* fal'tsa:rego
fạlzen 'falt͜sn̩
fạlzig 'falt͜sɪç, **-e** ...ɪɡə
Fạma 'fa:ma
Famagụsta fama'ɡʊsta
Famalicão *port.* fɐmɐli'kɐ̃u̯
Famatịna *span.* fama'tina
Famẹnne *fr.* fa'mɛn
Famịglia Pontifịcia *it.* fa'miʎʎa ponti'fi:tʃa
familiạ̈r fami'li̯ɛ:ɐ̯
Familiạre fami'li̯a:rə
Familiarität famili̯ari'tɛ:t
Famịlie fa'mi:li̯ə
Familịsmus fami'lɪsmʊs
Fạminzyn, Famincyn *russ.* 'famintsɨn
Fæmø *dän.* 'fɛ:mø:'
famọs fa'mo:s, **-e** ...o:zə
Fạmula 'fa:mula, **...lä** ...lɛ
Famulạnt famu'lant
Famulatụr famula'tu:ɐ̯
famulịeren famu'li:rən
Fạmulus 'fa:mulʊs; **-se** ...ʊsə, **...li** 'fa:muli
Fan fɛn, *engl.* fæn
Fạna *norw.* ˌfa:na
Fanạl fa'na:l
Fanạno *it.* fa'na:no
Fanariọte fana'ri̯o:tə
Fanạtiker fa'na:tikɐ
fanạtisch fa'na:tɪʃ
fanatisịeren fanati'zi:rən
Fanatịsmus fana'tɪsmʊs
Fancẹlli *it.* fan'tʃɛlli
Fạnck faŋk
Fancy 'fɛnsi, *engl.* 'fænsɪ
fạnd fant
Fandạngo fan'daŋɡo
Fandarọle fanda'ro:lə
fạ̈nde 'fɛndə
fạnden 'fandn̩
Fáñez *span.* 'faɲeθ
Fanfạni *it.* fan'fa:ni
Fanfan la Tulịpe *fr.* fɑ̃fɑ̃laty'lip
Fanfạre fan'fa:rə
Fanfạre... (Bucheinband) fɑ̃'fa:ɐ̯...
Fanfaron fɑ̃fa'rɔ̃:
Fanfaronạde fanfaro'na:də
Fạng faŋ, **Fạ̈nge** 'fɛŋə
fạngen 'faŋən
Fạngen *norw.* ˌfaŋən
Fạ̈nger 'fɛŋɐ
Fạngio *it.* 'fandʒo
fạ̈ngisch 'fɛŋɪʃ
Fanglomerạt faŋglome'ra:t
Fạngo 'faŋɡo
fạ̈ngt fɛŋt
Fạninal 'faninal
Fạnkhauser 'faŋkhau̯zɐ
Fạnni 'fani
Fannie *engl.* 'fænɪ
Fanning[s] *engl.* 'fænɪŋ[z]
Fạnnius 'fani̯ʊs
Fạnny 'fani, *engl.* 'fænɪ, *fr.* fa'ni
Fạno *it.* 'fa:no
Fạnø *dän.* 'fa:nø:'
Fanon fa'nɔ̃:
Fanọne fa'no:nə, **...ni** ...ni
Fansạgo *it.* fan'sa:ɡo
Fanshawe *engl.* 'fænʃɔ:
Fạnt fant
Fantasịa fanta'zi:a
Fantasịe fanta'zi:, **-n** ...i:ən
fantạstico fan'tastiko
Fạnti *it.* 'fanti
Fantịni-Pertiné *span.* fan'tiniperti'ne
Fantin-Latour *fr.* fɑ̃tɛ̃la'tu:r
Fantụzzi *it.* fan'tuttsi
Fanzạgo *it.* fan'tsa:ɡo
Fanzẹres *port.* fɐ̃'zɛrɪʃ
FAO ɛf|a:'|o: *engl.* 'ɛf-eɪ'oʊ
Fão *port.* fɐ̃u̯
Faouẹt *fr.* fa'wɛ
Faoug *fr.* fu
Fạra *it.* 'fa:ra
Farạbi fa'ra:bi
Farạd fa'ra:t
Farád *ung.* 'fɔra:d
Fạraday *engl.* 'færədɪ
Faradisatiọn faradiza'tsi̯o:n
farạdisch fa'ra:dɪʃ
faradisịeren faradi'zi:rən
Faradotherapịe faradotera'pi:
Fạrah Dịba 'fa:ra 'di:ba
Farạfra fa'ra:fra
Farandọle faran'do:lə
Farasạn fara'za:n
Farạsdak fa'rasdak
Fạrbe 'farbə
...farben (z. B. cremefarben) ...ˌfarbn̩, **...bne** ...bnə
fạ̈rben 'fɛrbn̩, **fạ̈rb!** fɛrp, **fạ̈rbt** fɛrpt
Färberẹi fɛrbə'rai̯
fạrbig 'farbɪç, **-e** ...ɪɡə
fạrblich 'farplɪç
fạrblos 'farplo:s
Fạrce 'farsə
Farceur far'sø:ɐ̯
Fạrchant 'farçant
Farciẹnnes *fr.* far'sjɛn
farcịeren far'si:rən
Fạr East Rand *engl.* 'fɑ: 'i:st 'rænd
Fareham *engl.* 'fɛərəm
Farẹl *fr.* fa'rɛl
Faremoutiẹrs *fr.* farmu'tje
Fạrès *fr.* fa'rɛs
Farẹt *fr.* fa'rɛ
Fåreveile *dän.* fɔ:rə'vai̯lə
Farewell *engl.* 'fɛəwɛl
Fạrfa *it.* 'farfa
Fạrge 'farɡə
Farghạni far'ɡa:ni
Fạrgo *engl.* 'fɑ:ɡoʊ
Fạrgue[s] *fr.* farɡ
Faria *span.* 'fari̯a, *port.* fɐ'riɐ
Faribault *engl.* 'færɪboʊ
Fạ̈rila *schwed.* ˌfæ:rila
Farilhões *port.* fɐri'ʎõi̯ʃ
Farimạgsgade *dän.* fari'maɡsɡa:ðə
Farịn fa'ri:n
Farịna *it.* fa'ri:na
Farinạcci *it.* fari'nattʃi
Farinạde fari'na:də
Farinạta *it.* fari'na:ta
Farinạti *it.* fari'na:ti
Farinatọm farina'to:m
Farinẹlli *it.* fari'nɛlli
Færingehavn *dän.* 'fɛ:reŋəhau̯'n
Fạ̈ringer 'fɛ:rɪŋɐ
fạ̈ringisch 'fɛ:rɪŋɪʃ
Farịni *it.* fa'ri:ni
Fạ̈rinseln 'fɛ:ɐ̯|ɪnzl̩n
Fạrjeon *engl.* 'fɑ:dʒən
Fạrkas 'farkas, *ung.* 'fɔrkɔʃ
Fạrley *engl.* 'fɑ:lɪ
Fạrlow *engl.* 'fɑ:loʊ
Fạrm farm
Fạrman *engl.* 'fɑ:mən, *fr.* far'mɑ̃, *pers.* fær'mɑ:n
Fạrmbeck 'farmbɛk
[1]**Fạrmer** 'farmɐ
[2]**Fạrmer** (Name) *engl.* 'fɑ:mə
Fạrmsen 'farmzn̩
Fạrn farn
Fạrnaby *engl.* 'fɑ:nəbɪ
Fạrnborough *engl.* 'fɑ:nbərə
Fạrne Islands *engl.* 'fɑ:n 'aɪləndz
Farnẹse *it.* far'ne:se
Farnesịna *it.* farne'zi:na
farnẹsisch far'ne:zɪʃ
Farnẹti *it.* far'ne:ti
Fạrnham *engl.* 'fɑ:nəm
Fạrnol *engl.* fɑ:nl
Fạrn[s]worth *engl.* 'fɑ:n[z]wə:θ
[1]**Fạro** (Pharus) 'fa:ro
[2]**Fạro** (Name) *port., bras.* 'faru
Fårö *schwed.* ˌfo:rø:
Färöer fɛ'rø:ɐ, *auch:* 'fɛ:røɐ
Færøerne *dän.* 'fɛ:r-ø:'ərnə
färöisch fɛ'rø:ɪʃ, *auch:* 'fɛ:røɪʃ
Fạrquhar *engl.* 'fɑ:k[w]ə
Farragut *engl.* 'færəɡət
Farrand *engl.* 'færənd
Farrar *engl.* 'færə
Fạrre 'farə
Farrell *engl.* 'færəl, *span.* fa'rrɛl
Farrère *fr.* fa'rɛ:r
Farrọbo *port.* fɐ'rroβu
Farrụkhabad *engl.* fə'rʊkəbæd

Fars *pers.* fɑːrs
Farscherote farʃeˈroːtə
Färse ˈfɛrzə
Farsistan *pers.* fɑrsesˈtɑːn
Farthing *engl.* ˈfɑːðɪŋ
Fartura *bras.* farˈtura
Faruk faˈruːk
Farum *dän.* ˈfaːrom
Farvel, Kap *dän.* kab farˈvɛl
Farwell *engl.* ˈfɑːwɛl
Fas faːs
Fasan faˈzaːn
Fasänchen faˈzɛːnçən
Fasanerie fazanəˈriː, **-n** ...iːən
Fasano *it.* faˈzaːno
Fasces ˈfastseːs
Fasch[e] ˈfaʃ[ə]
faschen ˈfaʃn̩
Fäschen ˈfɛːsçən
faschieren faˈʃiːrən
Faschine faˈʃiːnə
Fasching ˈfaʃɪŋ
Faschismus faˈʃɪsmʊs
Faschist faˈʃɪst
faschistisch faˈʃɪstɪʃ
faschistoid faʃɪstoˈiːt, **-e** ...iːdə
Faschoda faˈʃoːda
Fasci *it.* ˈfaʃʃi
Fascio *it.* ˈfaʃʃo
Fascismo *it.* faʃˈʃizmo
Fase ˈfaːzə
Fäsekow ˈfɛːzəko
Fasel ˈfaːzl̩
Faselei faːzəˈlai̯
faseln ˈfaːzl̩n, **fasle** ˈfaːzlə
fasen ˈfaːzn̩, **fas!** faːs, **fast** faːst
fasennackt ˈfaːzn̩ˈnakt
Faser ˈfaːzɐ
Fäserchen ˈfɛːzɐçən
faserig ˈfaːzərɪç, **-e** ...ɪɡə
fasern ˈfaːzɐn, **fasre** ˈfaːzrə
fasernackt ˈfaːzɐˈnakt
Fashion ˈfɛʃn̩, *engl.* ˈfæʃən
fashionabel ˈfɛʃənəbl̩, *auch:* faʃi̯oˈnaːbl̩, *engl.* ˈfæʃnəbl; **...ble** ...blə
fashionable ˈfɛʃənəbl̩, *engl.* ˈfæʃnəbl
Fashionable novels *engl.* ˈfæʃnəbl ˈnɔvəlz
Fäslein ˈfɛːslai̯n
Fasler ˈfaːzlɐ
Fasolo *it.* faˈzɔːlo
Fasolt ˈfaːzɔlt
Fasquelle *fr.* fasˈkɛl
fasrig ˈfaːzrɪç, **-e** ...ɪɡə
Faß fas, **Fasses** ˈfasəs, **Fässer** ˈfɛsɐ
Fassa *it.* ˈfassa
Fassade faˈsaːdə
Fassatal ˈfasataːl
Faßbänder ˈfasbɛndɐ
Faßbender ˈfasbɛndɐ
Fäßchen ˈfɛsçən
fassen ˈfasn̩, **faß!** fas, **faßt** fast
Fässer vgl. Faß
Fassion faˈsi̯oːn
fäßlich ˈfɛslɪç
Fasson faˈsõː
fassonieren fasoˈniːrən
fast fast
Fast *engl.* fɑːst
Fastage fasˈtaːʒə
Fastback *engl.* ˈfɑːstbæk
Faste ˈfastə
Fastelabend ˈfastl̩|aːbn̩t
fasten, F... ˈfastn̩
Fastenrath ˈfastn̩raːt
Fasti ˈfasti
fastidiös fastiˈdi̯øːs, **-e** ...øːzə
Fastnacht ˈfastnaxt
Fastolf ˈfastɔlf
Fastolfe ˈfastɔlf, *engl.* ˈfæstɔlf
Fastow, Fastov *russ.* ˈfastɐf
Faszes ˈfastseːs
faszial fasˈtsi̯aːl
Fasziation fastsi̯aˈtsi̯oːn
Faszie ˈfastsi̯ə
Faszikel fasˈtsiːkl̩
faszikulieren fastsikuˈliːrən
Faszination fastsinaˈtsi̯oːn
faszinieren fastsiˈniːrən
Fata vgl. Fatum
Fatah, Al alˈfata
fatal faˈtaːl
Fatalismus fataˈlɪsmʊs
Fatalist fataˈlɪst
Fatalität fataliˈtɛːt
Fata Morgana ˈfaːta mɔrˈɡaːna
Fatemide fateˈmiːdə
Fatesch, Fatež *russ.* faˈtjɛʃ
Fath *fr.* fat
Fathom *engl.* ˈfæðəm
fatieren faˈtiːrən
fatigant fatiˈɡant
Fatige faˈtiːɡə
fatigieren fatiˈɡiːrən
Fatigue faˈtiːɡə
Fatiha ˈfaːtiha
Fatima ˈfaːtima
Fátima *port.* ˈfatimɐ
Fatime ˈfaːtimə
Fatimide fatiˈmiːdə
Fatinitza fatiˈnɪtsa
Fatio *fr.* faˈsjo
Fatjanowo, Fat'janovo *russ.* fatjˈjanɐvɐ
Fatra *slowak.* ˈfatra
Fatsia ˈfatsi̯a, **...ien** ...i̯ən
Fattore *it.* fatˈtoːre
Fattori *it.* fatˈtoːri
Fatuität fatu̯iˈtɛːt
Fatum ˈfaːtʊm, **Fata** ˈfaːta
Fatzke ˈfatskə
Faubourg *fr.* foˈbuːr
Fauces ˈfau̯tseːs
fauchen ˈfau̯xn̩
Faucher *fr.* foˈʃe
Fauchet *fr.* foˈʃɛ
Faucigny *fr.* fosiˈɲi
Faucille[s] *fr.* foˈsij
Fauconnier *fr.* fokɔˈnje
Fauglia *it.* faˈuʎʎa
faukal fau̯ˈkaːl
faukalisieren fau̯kaliˈziːrən
faul fau̯l
Faulconbridge *engl.* ˈfɔː[l]kənbrɪdʒ
Fäule ˈfɔy̯lə
faulen ˈfau̯lən
Faulenrost ˈfau̯lənrɔst
Faulensee ˈfau̯lənzeː
faulenzen ˈfau̯lɛntsn̩
Faulenzer ˈfau̯lɛntsɐ
Faulenzerei fau̯lɛntsəˈrai̯
Faulhaber ˈfau̯lhaːbɐ
Faulhorn ˈfau̯lhɔrn
faulig ˈfau̯lɪç, **-e** ...ɪɡə
Faulk[ner] *engl.* ˈfɔːk[nə]
Faulmann ˈfau̯lman
Fäulnis ˈfɔy̯lnɪs
Faulquemont *fr.* fokˈmõ
Faulx *fr.* fo
Faun[a] ˈfau̯n[a]
Faunce *engl.* fɔːns
Faune *fr.* foːn
faunisch ˈfau̯nɪʃ
Faunist[ik] fau̯ˈnɪst[ɪk]
Faunus ˈfau̯nʊs
Faupel ˈfau̯pl̩
Faure *fr.* foːr
Fauré *fr.* foˈre
Faurndau ˈfau̯ɐndau̯
Fauske *norw.* ˌfœy̯skə
Fausse foːs, **-n** ˈfoːsn̩
[1]**Faust** fau̯st, **Fäuste** ˈfɔy̯stə
[2]**Faust** (Name) fau̯st, *fr.* foːst
Fausta ˈfau̯sta, *it.* ˈfau̯sta
Fäustchen ˈfɔy̯stçən
faustdick ˈfau̯stˈdɪk
Fäuste vgl. Faust
Fäustel ˈfɔy̯stl̩
fausten ˈfau̯stn̩
faustgroß ˈfau̯stɡroːs
Faustin *fr.* fosˈtɛ̃
Faustina fau̯sˈtiːna, *it.* fau̯sˈtiːna, *span.* fau̯sˈtina
Faustino *it.* fau̯sˈtiːno, *span.* ...tino
faustisch ˈfau̯stɪʃ
Fäustling ˈfɔy̯stlɪŋ
Fausto *it., span.* ˈfau̯sto
Faustulus ˈfau̯stulʊs
Faustus ˈfau̯stʊs
faute de mieux *fr.* fotdəˈmjø
Fauteuil foˈtøːj, *fr.* foˈtœj
Fautfracht ˈfau̯tfraxt
Fauves *fr.* foːv
Fauvismus foˈvɪsmʊs
Faux ami[s] *fr.* fozaˈmi
Fauxbourdon foburˈdõː
Faux-Monnayeurs *fr.* fomɔnɛˈjœːr
Fauxpas foˈpa, **des -** ...pa[s], **die -** ...pas
Favara *it.* faˈvaːra
Favaro (Piemont, Ligurien) *it.* ˈfaːvaro
Favart *fr.* faˈvaːr
Favenz faˈvɛnts
Faverges *fr.* faˈvɛrʒ
Favero *it.* ˈfaːvero
Faverolleshuhn faˈvrɔlhuːn
Faversham *engl.* ˈfævəʃəm

Favi vgl. Favus
Favignạna *it.* faviɲ'ɲa:na
favorạbel favo'ra:bl̩, **...ble** ...blə
Favorịnus favo'ri:nʊs
Favorịs favo'ri:
favorisiẹren favori'zi:rən
Favorịt favo'ri:t
Favorịta *it.* favo'ri:ta
Favorịte favo'ri:tə
Favorịten favo'ri:tn̩
Favorịtin favo'ri:tɪn
Favrạs *fr.* fa'vrɑ:s
Fạvre *fr.* fɑ:vr
Favrẹtto *it.* fa'vretto
Fạvus 'fa:vʊs, **Fạvi** 'fa:vi
Fawcett *engl.* 'fɔ:sɪt
Fawkes *engl.* fɔ:ks
Fạxabucht 'faksabʊxt
Fạxaflói *isl.* 'faxsaflɔu̯ɪ
Fạxe 'faksə
Fay *engl.* feɪ
Fáy *ung.* 'fa:i
Faydhẹrbe *fr.* fɛ'dɛrb
Fạye *fr.* faj
Fayence fa'jã:s, **-n** ...sn̩
Fayẹtte *engl.* feɪ'ɛt
Fayetteville *engl.* 'feɪɛtvɪl
Fayọl[le] *fr.* fa'jɔl
Fayrfax *engl.* 'fɛəfæks
Fayụm fai̯'ju:m
Fazekas *ung.* 'fɔzɛkɔʃ
Fazẹnda fa'tsɛnda, fa'zɛnda, *port.* fɐ'zendɐ, *bras.* fa'zenda
Fạzes 'fɛ:tse:s
Fazẹtie fa'tse:tsi̯ə
faziạl fa'tsi̯a:l
Faziạlis fa'tsi̯a:lɪs
faziẹll fa'tsi̯ɛl
Fạzies 'fa:tsi̯ɛs, *Plural* 'fa:tsi̯e:s
Fazilẹttlein fatsi'lɛtlai̯n
Fazilitạ̈t fatsili'tɛ:t
Fazinẹttlein fatsi'nɛtlai̯n
Fạzit 'fa:tsɪt
FBI *engl.* ɛfbi:'aɪ
FDJ ɛfde:'jɔt
FDP ɛfde:'pe:
F-Dur 'ɛfdu:ɐ̯, *auch:* '–'–
Feargus *engl.* 'fə:gəs
Fearnley *engl.* 'fə:nlɪ
Fearon *engl.* 'fɪərən
Feather *engl.* 'fɛðə
Featherston[e] *engl.* 'fɛðəstən
Feature 'fi:tʃɐ
featuren 'fi:tʃɐn
Fẹber 'fe:bɐ
Febrẹr *span.* fe'βrɛr
Fẹbres Cordẹro *span.* 'feβres kɔr'ðero
febrịl fe'bri:l
Fẹbris 'fe:brɪs
Fẹbruar 'fe:brua:ɐ̯
Fẹbvre *fr.* fɛ:vr
Fécamp *fr.* fe'kã
Fẹchingen 'fɛçɪŋən
Fẹchner 'fɛçnɐ
Fẹchser 'fɛksɐ
Fẹcht *fr.* fɛʃt
fẹchten 'fɛçtn̩
Fẹchter 'fɛçtɐ, *engl.* 'fɛktə
fẹcit 'fe:tsɪt
Fẹcker 'fɛkɐ
Fẹckes 'fɛkəs
Fedạia, Fedạja *it.* fe'da:ja
Fedajịn feda'ji:n
Fẹddersen 'fɛdɐzn̩
Fẹddo 'fɛdo
Fẹdenka, Feden'ka *russ.* 'fjedɪnjkɐ
Fẹder 'fe:dɐ
Fẹderal Bureau of Investigation *engl.* 'fɛdərəl bjʊə'roʊ əv ɪnvɛstɪ'geɪʃən
Fẹderal Dịstrict *engl.* 'fɛdərəl 'dɪstrɪkt
Fédération Internationale de Football Association *fr.* federɑsjõɛ̃tɛrnasjɔnal-dəfutbolasɔsjɑ'sjõ
Fédération Internationale de Natation Amateur *fr.* federɑsjõɛ̃tɛrnasjɔnal-dənatɑsjõama'tœ:r
Fédération Internationale des Échẹcs *fr.* federɑsjõ-ɛ̃tɛrnasjɔnaldeze'ʃɛk
Fédération Internationale de Skị *fr.* federɑsjõ-ɛ̃tɛrnasjɔnaldəs'ki
Fẹderativna Nạrodna Repụblika Jugọslavija *serbokr.* 'fɛdɛrati:vna: ˌna:rɔdna: rɛˌpublika juˌgɔsla:vija
Fẹderer 'fe:dərɐ
Fédérịc *fr.* fede'rik
Federico *it.* fede'ri:ko, *span.* feðe'riko
fẹderig 'fe:dərɪç, **-e** ...ɪgə
Federịghi *it.* fede'ri:gi
Federigo *it.* fede'ri:go, *span.* feðe'riɣo
fẹderleicht 'fe:dɐ'lai̯çt
Fẹderling 'fe:dɐlɪŋ
Fẹdermann 'fe:dɐman
fẹdern 'fe:dɐn, **fẹdre** 'fe:drə
Fẹdern 'fe:dɐn
Fẹdersee 'fe:dɐze:
fẹderwẹiß 'fe:dɐ'vai̯s
Fẹderweiß 'fe:dɐvai̯s
Federzọni *it.* feder'tso:ni
Fẹdi *it.* 'fe:di
Fẹdin *russ.* 'fjedin
Fẹdja *russ.* 'fjedjɐ
Fẹdka, Fed'ka *russ.* 'fjetjkɐ
Fedkọwitsch, Fed'kovič *russ.* fɪtj'kɔvitʃ
[1]**Fẹdor** 'fe:dɔr, 'fe:do:ɐ̯
[2]**Fedor** vgl. Fjodor
Fedọra fe'do:ra
Fedorẹnko *russ.* fɪda'rjɛnkɐ
Fedorov vgl. Fjodorow
Fedorovič vgl. Fjodorowitsch
Fedorovna vgl. Fjodorowna
Fedossẹjew, Fedoseev *russ.* fɪda'sjejɪf
Fedọt *russ.* fɪ'dɔt
Fedọtow, Fedotov *russ.* fɪ'dɔtɐf
Fedọtowitsch, Fedotovič *russ.* fɪ'dɔtɐvitʃ
Fedọtowna, Fedotovna *russ.* fɪ'dɔtɐvnɐ
Fedra *it.* 'fɛ:dra, *span.* 'feðra
Fedrịco fe'dri:ko
fẹdrig 'fe:drɪç, **-e** ...ɪgə
Fẹdtschenko, Fedčenko *russ.* 'fjettʃɪnkɐ
Fee fe:, **-n** 'fe:ən
Feedback *engl.* 'fi:dbæk
feeden 'fi:dn̩, **feed!** fi:t
Feeder 'fi:dɐ
Feelies *engl.* 'fi:lɪz
Feer fe:ɐ̯
Feerịe feə'ri:, fe'ri:; **-n** ...i:ən
Feet vgl. Foot
Fẹfe 'fe:fə
Fẹge 'fe:gə
fẹgen 'fe:gn̩, **fẹg!** fe:k, **fẹgt** fe:kt
Fẹgen *schwed.* ˌfe:gən
Fẹgnest 'fe:knɛst
fẹgnesten 'fe:knɛstn̩
Fẹgsel 'fe:ksl̩
Fẹh[de] 'fe:[də]
Fẹhér *ung.* 'fɛhe:r
Fẹhérgyarmat *ung.* 'fɛhe:rdjɔrmɔt
Fẹhér Kọrös *ung.* 'fɛhe:r 'kørøʃ
fẹhl, F... fe:l
fẹhlen 'fe:lən
Fẹhler 'fe:lɐ
Fẹhling 'fe:lɪŋ
Fẹhmarn 'fe:marn
Fẹhmarnbelt 'fe:marnbɛlt
Fẹhn fe:n
Fẹhr fe:ɐ̯
Fehrbellịn fe:ɐ̯bɛ'li:n
Fẹhrenbach 'fe:rənbax
Fẹhring[er] 'fe:rɪŋ[ɐ]
Fẹhrle 'fe:ɐ̯lə
Fẹhrs fe:ɐ̯s
Fẹi *it.* 'fɛ:i
Fẹia *bras.* 'feja
Feichtmayr 'fai̯çtmai̯ɐ
feien 'fai̯ən
Feier 'fai̯ɐ
Feierabend 'fai̯ɐ|a:bn̩t
feierlich 'fai̯ɐlɪç
feiern 'fai̯ɐn
Feiertag 'fai̯ɐta:k
feiertäglich 'fai̯ɐtɛ:klɪç
feiertags 'fai̯ɐta:ks
Feig fai̯k
feig fai̯k, **-e** 'fai̯gə
Feige 'fai̯gə
Feigenwinter 'fai̯gn̩vɪntɐ
Feigling 'fai̯klɪŋ
Feignies *fr.* fɛ'ɲi
Fẹijenoord *niederl.* 'fɛi̯əno:rt
Feijó *port.* fɐi̯'ʒɔ, *bras.* fei̯'ʒɔ
Feijóo *span.* fɛi̯'xoo
feil fai̯l
Feilchen 'fai̯lçən
Feilding *engl.* 'fi:ldɪŋ

Feile 'failə
feilen 'failən
Feiler 'failɐ
Feilicht 'failıçt
Feilnbach 'failnbax
feilschen 'failʃn̩
Feim[e] 'faim[ə]
Feimen 'faimən
fein[d] fain[t]
Feind faint, **-e** 'faində
feindlich 'faintlıç
feindselig 'faintze:lıç
Feine 'fainə
feinfühlig 'fainfy:lıç, **-e** ...ıgə
feinglied[e]rig 'faingli:d[ə]rıç, **-e** ...ıgə
Feininger 'fainıŋɐ, *engl.* 'faınıŋə
Feinsinnigkeit 'fainzınıçkait
Feinsliebchen fains'li:pçən
Feinstwaage 'fainstva:gə
Feira *port.* 'fɐirɐ, *bras.* 'feira
Feirefiz 'fairəfi:ts
Feisal 'faizal
Feisi *pers.* fei'zi:
feiß fais
feist, F... faist
Feistmantel 'faistmantl̩
Feistritz 'faistrıts
Feitel 'faitl̩
Feith *niederl.* fɛit
feixen 'faiksn̩
Fejér *ung.* 'fɛje:r
Fejérváry *ung.* 'fɛje:rva:ri
Fejø *dän.* 'faiø:ˀ
Fejos 'fe:jɔs
Feke *engl.* fi:k, *türk.* 'fɛkɛ
Fekete *ung.* 'fɛkɛtɛ
Fekete Körös *ung.* 'fɛkɛtɛ 'kørøʃ
fekund fe'kʊnt, **-e** ...ndə
Fekundation fekʊnda'tsio:n
Fekundität fekʊndi'tɛ:t
Felanitx *span.* fela'nitʃ
Felbel 'fɛlbl̩
Felber 'fɛlbɐ
Felbermayer 'fɛlbɐmaiɐ
Felbiger 'fɛlbıgɐ
Felchen 'fɛlçn̩
Felchow 'fɛlço
Felcsút *ung.* 'fɛltʃu:t
Feld fɛlt, **-er** 'fɛldɐ
Felda[fing] 'fɛlda[fıŋ]
feldaus fɛlt'|aus
Feldbauer 'fɛltbauɐ
Feldberg 'fɛltbɛrk
feldein fɛlt'|ain
Felder 'fɛldɐ
Feldhausen 'fɛlthauzn̩
Feldis 'fɛldıs
Feldkeller 'fɛltkɛlɐ
Feldkirch 'fɛltkırç
Feldkirchen fɛlt'kırçn̩, '–––
Feldmarschall 'fɛltmarʃal
Feldmarschalleutnant 'fɛltmarʃal'lɔytnant
Feldmoching fɛlt'mɔxıŋ
Feldsberg 'fɛltsbɛrk
Feldscher 'fɛltʃe:ɐ̯
Feldscherer 'fɛltʃe:rɐ
Feldspat 'fɛltʃpa:t
Feldtkeller 'fɛltkɛlɐ
Feldwebel 'fɛltve:bl̩
Feldweibel 'fɛltvaibl̩
Felek *poln.* 'fɛlɛk
Felge 'fɛlgə
felgen 'fɛlgn̩, **felg!** fɛlk, **felgt** fɛlkt
Felgueira[s] *port.* fɛl'gɐirɐ[ʃ]
Felguera *span.* fɛl'ɣera
Feli 'fe:li
Feliberto *port.* fəli'βɛrtu
Félibien *fr.* feli'bjɛ̃
Felice *it.* fe'li:tʃe
Felicia fe'li:tsia, *engl.* fı'lısıə, *span.* fe'liθia
Feliciano *span.* feli'θiano, *port.* fəli'siɐnu
Felicidad *span.* feliθi'ðað
Félicien *fr.* feli'sjɛ̃
Felicitas fe'li:tsitas
Félicité *fr.* felisi'te
Felicudi *it.* feli'ku:di
Feliden fe'li:dn̩
Feliks *poln.* 'fɛliks
Félines *fr.* fe'lin
Feliński *poln.* fɛ'liĩski
Felipa *span.* fe'lipa
Felipe *span.* fe'lipe
Felix 'fe:lıks, *engl.* 'fi:lıks
Félix *fr.* fe'liks, *span.* 'feliks, *port.* 'fɛliʃ
Felixstowe *engl.* 'fi:lıkstoʊ
Felizia fe'li:tsia
Felizian fe'li:tsia:n
Felizitas fe'li:tsitas
Felke 'fɛlkə
Fell fɛl
Fella *it.* 'fɛlla
Fellache fɛ'laxə
Fellagha *fr.* fɛlla'ga
Fellah fɛ'la:
Fellatio fɛ'la:tsio
Fellbach 'fɛlbax
Felleisen 'fɛl|aizn̩
Fellenberg 'fɛlənbɛrk
Feller 'fɛlɐ
Fellerer 'fɛlərɐ
Felletin *fr.* fɛl'tɛ̃
Fellhammer 'fɛlhamɐ
Fellheim 'fɛlhaim
Fellin fɛ'li:n
Felling *engl.* 'fɛlıŋ
Fellingsbro *schwed.* fɛliŋs'bru:
Fellini *it.* fel'li:ni
Fellner 'fɛlnɐ
Fellow[s] *engl.* 'fɛloʊ[z]
Fellowship *engl.* 'fɛloʊʃıp
Fellow-traveller *engl.* 'fɛloʊtrævələ
Felltham *engl.* 'fɛlθəm
Felnémet *ung.* 'fɛlne:mɛt
Felonie felo'ni:, **-n** ...i:ən
Felpéc *ung.* 'fɛlpe:ts
Fels fɛls, **-en** 'fɛlzn̩
felsenfest 'fɛlzn̩'fɛst
Felsenstein 'fɛlzn̩ʃtain
Felsenthal 'fɛlzn̩ta:l
felsig 'fɛlzıç, **-e** ...ıgə
Felsina *it.* 'fɛlsina
Felsing 'fɛlzıŋ
Felsit fɛl'zi:t, *auch:* ...zıt
Felsőgöd *ung.* 'fɛlʃø:gød
Felsőnyék *ung.* 'fɛlʃø:nje:k
Felsőpakony *ung.* 'fɛlsø:pɔkonj
Felsőpaty *ung.* 'fɛlʃø:pɔtj
Felsőpetény *ung.* 'fɛlsø:pɛte:nj
Felsőszentistván *ung.* 'fɛlʃø:sɛntiʃtva:n
Felsőszentiván *ung.* 'fɛlʃø:sɛntiva:n
Felsőtárkány *ung.* 'fɛlʃø:ta:rka:nj
Felsőzsolca *ung.* 'fɛlʃø:ʒoltsɔ
Felt *engl.* fɛlt
[1]**Felten** 'fɛltn̩
[2]**Felten, Fel'ten** *russ.* 'fjeljtın
[1]**Feltham** (Ortsname) *engl.* 'fɛltəm
[2]**Feltham** (Personenname) *engl.* 'fɛlθəm
Feltin *fr.* fɛl'tɛ̃
Felton *engl.* 'fɛltən
Feltre *it.* 'feltre
Feluke fe'lu:kə
Feme 'fe:mə
Femel 'fe:ml̩
femeln 'fe:mln̩
Femgericht 'fe:mgərıçt
Feminell femi'nɛl
feminieren femi'ni:rən
feminin femi'ni:n
Femininum femi'ni:nʊm, *auch:* 'fe:mini:nʊm; **...na** ...na
Feminis 'fe:minıs
Feminismus femi'nısmʊs
feministisch femi'nıstıʃ
femisch 'fe:mıʃ
Femme fatale *fr.* famfa'tal
Femmes savantes *fr.* famsa'vã:t
Femø *dän.* 'fɛmø:ˀ
femoral femo'ra:l
Femunden *norw.* ˌfe:mʉnən
Femur 'fe:mʊr, **Femora** 'fe:mora
[1]**Fen** (Moor) fɛn
[2]**Fen** (Name) *engl.* fɛn
Fenain *fr.* fə'nɛ̃
Fench[el] 'fɛnç[l̩]
Fendant fã'dã:
Fendel 'fɛndl̩
Fender 'fɛndɐ
Fendi 'fɛndi
Fendrich 'fɛndrıç
Fendt fɛnt
Fenek 'fɛnɛk
Fenella fe'nɛla, *engl.* fı'nɛlə
Fénelon *fr.* fen'lõ
Fenerbahçe *türk.* fɛ'nɛrbɑhˌtʃɛ
Fénétrange *fr.* fene'trã:ʒ
Fenier 'fe:niɐ
Fenimore *engl.* 'fɛnımɔ:
Fenis 'fe:nis
Feniso *span.* fe'niso

Fẹnn fɛn
Fennẹc *fr.* fɛ'nɛk
Fẹnnek 'fɛnɛk
Fẹnnich 'fɛnɪç
Fennosarma̲tia fɛnozar'ma:tsi̯a
fennosarma̲tisch fɛnozar'ma:tɪʃ
Fennoskạndia fɛno'skandi̯a
fennoskạndisch fɛno'skandɪʃ
Fenollosa *engl.* fɛnə'loʊzə
Fẹnrir 'fɛnrɪr
Fẹnriswolf 'fɛnrɪsvɔlf
Fẹnster 'fɛnstɐ
fẹnsterln 'fɛnstɐln
...fenstrig (z. B. zweifenstrig) ...ˌfɛnstrɪç, **-e** ...ɪgə
Fẹnton 'fɛntɔn, *engl.* 'fɛntən
Fẹnwick *engl.* 'fɛnɪk
Fényes *ung.* 'fe:njɛs
Fẹnyőfő *ung.* 'fɛnjø:fø:
Fẹnz fɛnts
fẹnzen 'fɛntsn̩
Fe̲odor 'fe:odɔr, 'fe:odo:ɐ̯; *russ.* fɪ'ɔdɐr
Feodọra *russ.* fɪa'dɔrɐ
Feọdorowitsch, Feodorovič *russ.* fɪ'ɔdɐrɐvitʃ
Feọdorowna, Feodorovna *russ.* fɪ'ɔdɐrɐvnɐ
Feodọssij, Feodosij *russ.* fɪa'dɔsij
Feodọssija, Feodosija *russ.* fɪa'dɔsijɐ
Feodọssijewitsch, Feodosievič *russ.* fɪa'dɔsijɪvitʃ
Feodọssijewna, Feodosievna *russ.* fɪa'dɔsijɪvnɐ
Feodọt *russ.* fɪa'dɔt
Feodọtija *russ.* fɪa'dɔtijɐ
Fe̲odum 'fe:odʊm
Fera̲lien fe'ra:li̯ən
Fe̲ramors 'fe:ramɔrs
Ferapọnt *russ.* fɪra'pɔnt
Fẹrber 'fɛrbɐ, *engl.* 'fə:bə
Fẹrch fɛrç
Ferchault *fr.* fɛr'ʃo
Fẹrchland 'fɛrçlant
Fẹrdi 'fɛrdi
Fẹrdinand 'fɛrdinant, *engl.* 'fə:dɪnənd, *fr.* fɛrdi'nã, *schwed.* 'fæ:rdinand
Fẹrdinánd *ung.* 'fɛrdina:nd
Ferdinạnde fɛrdi'nandə, *fr.* fɛrdi'nã:d
Ferdinạndo *it.* ferdi'nando
Fẹrdinandshof 'fɛrdinantsho:f
Fẹrdl 'fɛrdl̩
Ferdy̲nand *poln.* fɛr'dɨnant
Fère *fr.* fɛ:r
Fère-en-Tardenois *fr.* fɛrãtardə'nwa
Fẹrenc *ung.* 'fɛrɛnts
Fẹrencváros *ung.* 'fɛrɛntsva:roʃ
Fẹrencz[i] *ung.* 'fɛrɛnts[i]
Fẹrenczy *ung.* 'fɛrɛntsi
Ferenti̲no *it.* feren'ti:no
Féréo̲l *fr.* fere'ɔl
Ferga̲na fɛr'ga:na *russ.* fɪrga'na
Fẹrge 'fɛrgə
fẹrggen 'fɛrgn̩, **fẹrgg!** fɛrk, **fẹrggt** fɛrkt
Fergus *engl.* 'fə:gəs
Fergus[s]on *engl.* 'fə:gəsn
Fẹri *ung.* 'fɛri
Fe̲ria 'fe:ri̯a, **Fe̲riae** 'fe:ri̯ɛ
Feria̲ltag fe'ri̯a:lta:k
Férianạ *fr.* ferja'na
Ferido'd-di̲n *pers.* færidod'di:n
Fe̲rien 'fe:ri̯ən
Fẹrihegy *ung.* 'fɛrihɛdj
Ferima̲n *pers.* feri'mɑ:n
Fẹrkel 'fɛrkl̩
fẹrkeln 'fɛrkl̩n
Fẹrla *it.* 'fɛrla
Fẹrlach 'fɛrlax
Ferland *fr.* fɛr'lã, *engl.* 'fə:lənd
Ferle̲iten fɛr'lai̯tn̩
Ferli̲n *schwed.* fær'li:n
fẹrm fɛrm
fermamẹnte fɛrma'mɛntə
Ferma̲n fɛr'ma:n
Fermanagh *engl.* fə'mænə
Fermạt *fr.* fɛr'ma
Ferma̲te fɛr'ma:tə
Fẹrme fɛrm, **-n** ...mən
Fermẹnt fɛr'mɛnt
Fermentatio̲n fɛrmɛnta'tsi̯o:n
fermentati̲v fɛrmɛnta'ti:f, **-e** ...i:və
fermenti̲eren fɛrmɛn'ti:rən
Fermerswạlde fɛrmɐs'valdə
Fẹrmi *it.* 'fermi
Fermín *span.* fɛr'min
Fẹrmium 'fɛrmi̯ʊm
Fẹrmo *it.* 'fermo
Fermosẹlle *span.* fɛrmo'seʎe
fẹrn fɛrn
Fern *engl.* fə:n
Fẹrna 'fɛrna
fernạb fɛrn'|ap
Fernambu̲kholz fɛrnam'bu:khɔlts
Fernán *span.* fɛr'nan
Fernand *fr.* fɛr'nã
Fernandẹl *fr.* fɛrnã'dɛl
Fernạndes, ...es *port.* fər'nɐndɪʃ, *bras.* fer'nɐndis
Fernández *span.* fɛr'nandeθ
Fernạndi *it.* fer'nandi
Fernandi̲na *span.* fɛrnan'dina
Fernạndo *dt., span.* fɛr'nando, *it.* fer'nando, *port.* fər'nɐndu, *bras.* fer'nɐndu
Fernạndo de Norọnha *bras.* fer'nɐndu di no'roɲa
Fernạndo Póo *span.* fɛr'nando 'poo
Fernão *port.* fər'nɐ̃u̯, *bras.* fer'nɐ̃u̯
Fẹrnau 'fɛrnau̯
Ferndale *engl.* 'fə:ndeɪl
Fẹrne 'fɛrnə
fẹrner, F... 'fɛrnɐ
fernerhin 'fɛrnɐhɪn, *auch:* '– –'–
fẹrnerweitig 'fɛrnɐvai̯tɪç, **-e** ...ɪgə
Ferney *fr.* fɛr'nɛ
fẹrnhẹr 'fɛrn'he:ɐ̯
fẹrnhi̲n 'fɛrn'hɪn
Fẹrnkorn 'fɛrnkɔrn
Fẹrnọst 'fɛrn'|ɔst
fẹrnöstlich 'fɛrn'|œstlɪç
Fẹrnow 'fɛrno, *engl.* 'fɛənoʊ
Fẹrnpaß 'fɛrnpas
fẹrnsehen 'fɛrnze:ən
fẹrnsprechen 'fɛrnʃprɛçn̩
fero̲ce fe'ro:tʃə
Fero̲nia fe'ro:ni̯a
Ferozepore *engl.* fə'roʊzpɔə
Ferragu̲do *port.* fərrɐ'ɣuðu
Ferrand *fr.* fɛ'rã
Ferrandi̲na *it.* ferran'di:na
Ferrạndo *it.* fer'rando
Ferrạndus fɛ'randʊs
Ferra̲ni *it.* fer'ra:ni
Ferrạnt *span.* fɛ'rran
Ferrạnte *it.* fer'rante
Ferranti *engl.* fə'ræntɪ
Ferrán y Clúa *span.* fɛ'rran i 'klua
Ferra̲ra fɛ'ra:ra, *it.* fer'ra:ra, *span.* fɛ'rrara
Ferrare̲se *it.* ferra're:se
Ferra̲ri[s] *it.* fer'ra:ri[s]
Ferrạs *fr.* fɛ'rɑ:s
Ferrassie, La *fr.* lafɛra'si
Ferra̲ta *it.* fer'ra:ta
Ferré *fr.* fɛ're
Ferreira *port.* fə'rrɐi̯rɐ, *bras.* fe'rrei̯ra
Ferre̲iro *span.* fɛ'rrɛi̯ro
Ferrer *kat.* fə'rre, *fr.* fɛ'rɛ:r, *span.* fɛ'rrɛr, *engl.* fə'rɛə
Ferre̲ra fɛ're:ra
Ferre̲res *span.* fɛ'rrɛres
Ferre̲ro *it.* fer'rɛ:ro
Ferrẹt[te] *fr.* fɛ'rɛ[t]
Ferrẹtti *it.* fer'retti
Fẹrri *it.* 'fɛrri
Ferrié *fr.* fɛ'rje
Ferrier *engl.* 'fɛrɪə, *fr.* fɛ'rje
Ferrière[s] *fr.* fɛ'rjɛ:r
Ferri̲ni *it.* fer'ri:ni
Fẹrris *engl.* 'fɛrɪs
Fẹrrisalz 'fɛrizalts
Ferrit fɛ'ri:t, *auch:* ...rɪt
Fẹrro 'fɛro, *port.* 'fɛrru
Ferrogra̲ph fɛro'gra:f
Ferro̲l *span.* fɛ'rrɔl
Ferromagnẹtika fɛroma'gne:tika
ferromagnẹtisch fɛroma'gne:tɪʃ
Ferromagneti̲smus fɛromagne'tɪsmʊs
Ferronnerie *fr.* fɛrɔn'ri
Fẹrros *bras.* 'fɛrrus
Fẹrrosalz 'fɛrozalts
Ferrotypi̲e fɛroty'pi:, **-n** ...i:ən
Ferrụcci *it.* fer'ruttʃi
Ferrụccio *it.* fer'ruttʃo
Fẹrrum 'fɛrʊm
Fẹrry 'fɛri, *fr.* fɛ'ri, *engl.* 'fɛrɪ
Ferryvi̲lle *fr.* fɛri'vil
Fẹrse 'fɛrzə

Fẹrsen *schwed.* 'færsən
Fẹrsental 'fɛrzn̩ta:l
Fẹrstel 'fɛrstl̩
Ferté-Bernạrd *fr.* fɛrtebɛr'na:r
Ferté-Macé *fr.* fɛrtema'se
Ferté-sous-Jouạrre *fr.* fɛrtesu'ʒwa:r
fẹrtig 'fɛrtɪç, -e ...ɪgə
fẹrtigen 'fɛrtɪgn̩, **fẹrtig!** 'fɛrtɪç, **fẹrtigt** 'fɛrtɪçt
fertịl fɛr'ti:l
Fertilitä̱t fɛrtili'tɛ:t
Fẹrtő[d] *ung.* 'fɛrtø:[d]
Fẹrtőszentmiklós *ung.* 'fɛrtø:sɛntmiklo:ʃ
Fervạllgruppe fɛr'valgrʊpə
Féry *fr.* fe'ri
fẹs, [1]Fẹs (Tonbezeichnung) fɛs
[2]Fẹs (Kopfbedeckung) fɛs, **Fẹsse** 'fɛsə
[3]Fes (Ort) fe:s, *auch:* fɛ:s
Fescẹnnium fɛs'tsɛni̯ʊm
fẹsch fɛʃ
Fẹsch *fr.* fɛʃ, *niederl.* fɛs
Fẹschak 'fɛʃak
Fescọggia *it.* fes'kɔddʒa
Fessạn fɛ'sa:n
Fẹssel 'fɛsl̩
fẹsseln 'fɛsl̩n
Fessenden *engl.* 'fɛsndən
Fẹssler 'fɛslɐ
fẹst, Fẹst fɛst
Fẹsta *it.* 'fɛsta
Fẹste 'fɛstə
fẹsten 'fɛstn̩
Fẹstenberg 'fɛstn̩bɛrk
Fẹstetich *ung.* 'fɛʃtɛtitʃ
fẹstigen 'fɛstɪgn̩, **fẹstig!** 'fɛstɪç, **fẹstigt** 'fɛstɪçt
Fẹstigkeit 'fɛstɪçkai̯t
Festịna lẹnte fɛs'ti:na 'lɛntə
Festịniog *engl.* fɛs'tɪnɪɔg
Fẹstival 'fɛstivəl, 'fɛstival; *engl.* 'fɛstəvəl
Festivitä̱t fɛstivi'tɛ:t
festịvo fɛs'ti:vo
Fẹstland 'fɛstlant
fẹstländisch 'fɛstlɛndɪʃ
Fẹstnahme 'fɛstna:mə
Feston fɛs'tõ:
festonie̱ren fɛsto'ni:rən
festọso fɛs'to:zo
Fẹstung 'fɛstʊŋ
Fẹstus 'fɛstʊs, *engl.* 'fɛstəs
Feszenninen fɛstsɛ'ni:nən
Fẹszty *ung.* 'fɛsti
[1]Fẹt (Fötus) fe:t
[2]Fẹt (Name) *russ.* fjɛt
fetạl fe'ta:l
Fẹte 'fe:tə, 'fɛ:tə
Fetẹşti *rumän.* fe'teʃtj
Fetiạlen fe'tsi̯a:lən
fetie̱ren fe'ti:rən
Fétịs *fr.* fe'tis
Fẹtisch 'fe:tɪʃ
fetischisie̱ren fetɪʃi'zi:rən
Fetischịsmus fetɪ'ʃɪsmʊs
Fetischịst fetɪ'ʃɪst

fẹtt, F... fɛt
Fẹtte 'fɛtə
fẹtten 'fɛtn̩
Fẹtti *it.* 'fetti
fẹttig 'fɛtɪç, -e ...ɪgə
fẹttleibig 'fɛtlai̯bɪç, -e ...ɪgə
Fẹtus 'fe:tʊs
Fẹtwa 'fɛtva
Fẹtzchen 'fɛtsçən
fẹtzen, F... 'fɛtsn̩
fẹtzeln 'fɛtsl̩n
Feuardent *fr.* føar'dã
feucht, F... fɔyçt
Feuchte 'fɔyçtə
feuchten, F... 'fɔyçtn̩
Feuchtersleben 'fɔyçtɐsle:bn̩
feuchtfröhlich 'fɔyçt'frø:lɪç
Feuchtigkeit 'fɔyçtɪçkai̯t
Feuchtmayer 'fɔyçtmai̯ɐ
Feuchtwangen 'fɔyçtvaŋən
Feuchtwanger 'fɔyçtvaŋɐ
feudạl fɔy'da:l
Feudalịsmus fɔyda'lɪsmʊs
feudalịstisch fɔyda'lɪstɪʃ
Feudalitä̱t fɔydali'tɛ:t
Feudel 'fɔydl̩
Feudenheim 'fɔydn̩hai̯m
Feudingen 'fɔydɪŋən
Feuer 'fɔyɐ
Feuerbach 'fɔyɐbax
feuerjo 'fɔyɐjo
Feuer-Kogel 'fɔyɐko:gl̩
Feuerland 'fɔyɐlant; **...länder** ...lɛndɐ
feuerrọt 'fɔyɐ'ro:t
feuersicher 'fɔyɐzɪçɐ
Feuerthalen 'fɔyɐta:lən
feuerwerken 'fɔyɐvɛrkn̩
Feuguerọlles *fr.* fø'grɔl
Feuillage fœ'ja:ʒə
Feuillạnten fœ'jantn̩
Feuillants *fr.* fœ'jã
Feuillé *fr.* fœ'je
Feuilles d'autọmne *fr.* fœjdo'tɔn
Feuillẹt *fr.* fœ'jɛ
Feuillère *fr.* fœ'jɛ:r
Feuilleton fœjə'tõ:, *auch:* 'fœjətõ
feuilletonisie̱ren fœjətoni'zi:rən
Feuilletonịsmus fœjəto'nɪsmʊs
Feuilletonịst fœjəto'nɪst
Feuilletonịstik fœjəto'nɪstɪk
Feulner 'fɔylnɐ
Feuquières *fr.* fø'kjɛ:r
Feurich 'fɔyrɪç
feurig 'fɔyrɪç, -e ...ɪgə
feurio 'fɔyri̯o
Feurs *fr.* fœ:r
Févạl *fr.* fe'val
Few *engl.* fju:
Fẹwa 'fe:va
Fewkes *engl.* fju:ks
[1]Fẹx (Narr) fɛks
[2]Fẹx (Name) *rät.* fɛks
Fey fai̯
Feydeau *fr.* fɛ'do
Feydẹr *fr.* fɛ'dɛ:r

Fẹyér *ung.* 'fɛje:r
Feyerabend 'fai̯ɐ|a:bn̩t
Feyrer 'fai̯rɐ
[1]Fẹz (Spaß) fe:ts
[2]Fẹz (Stadt) *fr.* fɛ:z
Fezensạc *fr.* fəzã'sak
ff ɛf'|ɛf
Ffestịniog *engl.* fɛs'tɪnɪɔg
FFI *fr.* ɛfɛ'i
Fiạcre *fr.* fi̯akr
Fiạcrius 'fi̯a:kriʊs
Fiạker 'fi̯akɐ
Fịala *tschech.* 'fiala
Fiạle 'fi̯a:lə
Fiạlho *port.* 'fi̯aʎu
Fiammẹtta fi̯a'mɛta, *it.* fi̯am'metta
Fianarantsoạ *fr.* fi̯anarãtsɔ'a
fianchettie̱ren fi̯aŋkɛ'ti:rən
Fianchẹtto fi̯aŋ'kɛto
Fịanna Fail *engl.* 'fɪənə 'fɑ:l
fiạnt 'fi:ant
Fiạsko 'fi̯asko
fịat 'fi:at
Fịat *it.* 'fi:at
Fịat iustịtia, et pẹreat mụndus 'fi:at jʊs'ti:tsi̯a ɛt 'pe:reat 'mʊndʊs
Fịbel 'fi:bl̩
Fịber 'fi:bɐ
Fịbiger *dän.* 'fi:'bigər
Fibonạcci *it.* fibo'nattʃi
fibrillä̱r fibrɪ'lɛ:ɐ̯
Fibrịlle fi'brɪlə
fibrillie̱ren fibrɪ'li:rən
Fibrịn fi'bri:n
Fibrinogẹn fibrino'ge:n
fibrinọ̈s fibri'nø:s, -e ...ø:zə
Fibrinurie̱ fibrinu'ri:
Fibroblạsten fibro'blastn̩
Fibrocartilạgo fibrokarti'la:go
Fibroịn fibro'i:n
Fibrọm fi'bro:m
Fibromatọse fibroma'to:zə
Fibromyọm fibromy'o:m
fibrọ̈s fi'brø:s, -e ...ø:zə
Fibrozyten fibro'tsy:tn̩
Fịbula 'fi:bula, **Fịbuln** 'fi:bʊln, **...lae** ...ulɛ
Ficạlho *port.* fi'kaʎu
Ficạria fi'ka:ri̯a, **...iae** ...i̯ɛ
Fịche fi:ʃ
Fichẹt *fr.* fi'ʃɛ
Fịchna 'fɪçna
fịcht fɪçt
Fịchte 'fɪçtə
Fịchtelberg 'fɪçtl̩bɛrk
Fịchtelnaab 'fɪçtl̩na:p
Fịchtenberg 'fɪçtn̩bɛrk
Fịcht[n]er 'fɪçt[n]ɐ
Fịchu fi'ʃy:
Fici vgl. Ficus
Ficịno *it.* fi'tʃi:no
Fịck fɪk
fịcken 'fɪkn̩
Fịcker 'fɪkɐ
fịckfacken 'fɪkfakn̩
Fickfackerei fɪkfakə'rai̯

Ficksburg *engl.* 'fɪksbə:g
Fiction *engl.* 'fɪkʃən
Ficulle *it.* fi'kulle
Ficus 'fi:kʊs, **...ci** 'fi:tsi
Fidaz *rät.* fi'da:ts
Fiddichow 'fɪdɪço
Fideikommiß fideikɔ'mɪs, 'fi:dei...; **...isse** ...ɪsə
Fideismus fide'ɪsmʊs
Fideist fide'ɪst
fidel fi'de:l
[1]**Fidel** (Streichinstrument) 'fi:dl̩
[2]**Fidel** (Name) *span.* fi'ðɛl
Fidelio fi'de:li̯o
Fidelis fi'de:lɪs
Fidelismus fide'lɪsmʊs
Fidelitas fi'de:litas
Fidelität fideli'tɛ:t
Fidenae fi'de:nɛ
Fidenza *it.* fi'dɛntsa
Fides 'fi:dɛs
Fidibus 'fi:dibʊs
Fidschi 'fɪdʒi
Fidschianer fɪ'dʒi̯a:nɐ
fidschianisch fɪ'dʒi̯a:nɪʃ
Fidulität fiduli'tɛ:t
Fidus 'fi:dʊs
Fiduz fi'du:ts
Fiduziant fidu'tsi̯ant
Fiduziar fidu'tsi̯a:ɐ̯
fiduziarisch fidu'tsi̯a:rɪʃ
fiduzit, Fiduzit fi'du:tsɪt
Fieber 'fi:bɐ
Fieberbrunn fi:bɐ'brʊn
fieberig 'fi:bərɪç, **-e** ...ɪgə
fiebern 'fi:bɐn, **fiebre** 'fi:brə
fiebrig 'fi:brɪç, **-e** ...ɪgə
Fiecht fi:çt
Fiechter 'fi:ɛçtɐ
Fiedel 'fi:dl̩
fiedeln 'fi:dl̩n, **fiedle** 'fi:dlə
Fied[l]er fi:d[l]ɐ
Fiekchen 'fi:kçən
Fieke 'fi:kə
fiel fi:l
Field[ing] *engl.* 'fi:ld[ɪŋ]
Fieldistor 'fi:ldɪstɔr, *auch:* –'––; **-en** ...'to:rən
Fields *engl.* fi:ldz
Fieldwork[er] *engl.* 'fi:ldwə:k[ə]
Fiene 'fi:nə
fiepen 'fi:pn̩
Fier *alban.* 'fier
Fierabras 'fi̯e:rabras, *fr.* fjɛra'brɑ
Fierant fi̯ə'rant, fi̯e'rant
Fieravanti *it.* fi̯era'vanti
Fierboys *fr.* fjɛr'bwa
fieren 'fi:rən
Fierlinger 'fɪrlɪŋɐ, *tschech.* 'firlingɛr
fiero 'fi̯e:ro
Fierro *span.* 'fi̯ɛrrɔ
fies fi:s, **-e** 'fi:zə
Fiesch 'fi:ɛʃ
Fieschi *it.* 'fi̯ɛski
Fiesco 'fi̯ɛsko, *it.* 'fi̯ɛsko
Fieseler 'fi:zəlɐ
Fiesole *it.* 'fi̯ɛ:zole
Fiesso *it.* 'fi̯ɛsso
Fiesta de la Raza *span.* 'fi̯esta ðe la 'rraθa
Fiet[j]e 'fi:t[j]ə
Fietz fi:ts
Fifa, FIFA 'fi:fa
Fife *engl.* faɪf
Fiffi 'fɪfi
Fifth Avenue *engl.* 'fɪfθ 'ævɪnju:
fifty-fifty *engl.* 'fɪftɪ'fɪftɪ
Figaro *dt., it.* 'fi:garo, *fr.* figa'ro
Figeac *fr.* fi'ʒak
Figg[is] *engl.* 'fɪg[ɪs]
Fight fait
fighten 'faitn̩
Fighter 'faitɐ, *engl.* 'faɪtə
Figino *it.* fi'dʒi:no
Figl 'fi:gl̩
Figline Valdarno *it.* fiʎ'ʎi:ne val'darno
Figner *russ.* 'fignɪr
Figueira *span.* fi'ɣei̯ra
Figueira da Foz *port.* fi'ɣɐi̯rɐ ðɐ 'fɔʃ
Figueiredo *port.* fiɣɐi̯'reðu, *bras.* figei̯'redu
Figueiró dos Vinhos *port.* fiɣɐi̯'rɔ ðuʒ 'viɲuʃ
Figueras *span.* fi'ɣeras
Figueredo *span.* fiɣe'reðo
Figueroa *span.* fiɣe'roa
Figuerola *span.* fiɣe'rola
Figuli *slowak.* 'figuli
Figulus 'fi:gulʊs
Figur fi'gu:ɐ̯
Figura etymologica fi'gu:ra etymo'lo:gika, **...ae ...ae** ...rɛ ...tsɛ
figural figu'ra:l
Figurant figu'rant
Figuration figura'tsi̯o:n
Figürchen fi'gy:ɐ̯çən
figurieren figu'ri:rən
...figurig (z. B. kleinfigurig) ...fi‚gu:rɪç, **-e** ...ɪgə
Figurine figu'ri:nə
figürlich fi'gy:ɐ̯lɪç
Fiji *engl.* 'fi:dʒi:
Fijnaart *niederl.* 'fɛi̯na:rt
Fike 'fi:kə
Fiken 'fi:kn̩
Fikh fɪk
Fiktion fɪk'tsi̯o:n
Fiktionalismus fɪktsi̯ona'lɪsmʊs
fiktiv fɪk'ti:f, **-e** ...i:və
Filabres *span.* fi'laβres
Filadelfia *it.* fila'dɛlfi̯a
Fil-à-fil *fr.* fila'fil
Filage fi'la:ʒə
Filament fila'mɛnt
Filanda fi'landa
Filaret[a] *russ.* fila'rjɛt[ɐ]
Filarete *it.* fila'rɛ:te
Filaria fi'la:ri̯a; **...iae** ...i̯ɛ, **...ien** ...i̯ən
filar il tuono fi'la:r ɪl 'tu̯o:no
Filariose fila'ri̯o:zə
Filatow, Filatov *russ.* fi'latɐf
Filchner 'fɪlçnɐ
Filder 'fɪldɐ
Fildes *engl.* faɪldz
fil di voce 'fɪl di 'vo:tʃə
Filehne fi'le:nə
Filelfo *it.* fi'lɛlfo
Filet fi'le:
Filete fi'le:tə
filetieren file'ti:rən
Filho *bras.* 'fiʎu
Filia hospitalis 'fi:li̯a hɔspi'ta:lɪs, **...ae ...les** ...li̯ɛ ...le:s
Filiale fi'li̯a:lə
Filialist fili̯a'lɪst
Filialkirche fi'li̯a:lkɪrçə
Filiation fili̯a'tsi̯o:n
Filibert 'fi:libɛrt
Filiberta fili'bɛrta
Filiberto *it.* fili'bɛrto, *span.* fili'βerto
[1]**Filibuster** (Pirat) fili'bʊstɐ
[2]**Filibuster** (Verschleppungstaktik) fili'bastɐ
Filicudi *it.* fili'ku:di
filieren fi'li:rən
filiform fili'fɔrm
Filigran fili'gra:n
Filii vgl. Filius
Filimon *russ.* fili'mɔn, *rumän.* fili'mon
Filinto *port.* fi'lintu
Filipa *port.* fə'lipɐ
Filipe *port.* fə'lipə
Filipescu *rumän.* fili'pesku
Filipinas *span.* fili'pinas
Filipino fili'pi:no
Filipp *russ.* fi'lipp
Filippini *it.* filip'pi:ni
Filippo *it.* fi'lippo
Filippone filɪ'po:nə
Filippowitsch, Filippovič *russ.* fi'lippɐvitʃ
Filippowna, Filippovna *russ.* fi'lippɐvnɐ
Filipstad *schwed.* filip'stɑ:d
Filísola *span.* fi'lisola
Filisur fuli'zu:ɐ̯
Filius 'fi:li̯ʊs, **...lii** ...lii
Fillastre *fr.* fi'lɑ:tr
Fillebrown *engl.* 'fɪlbraʊn
Fillér 'fɪlɐ, 'fɪle:ɐ̯; *ung.* 'fille:r
Filling 'fɪlɪŋ
Fillmore *engl.* 'fɪlmɔ:
Film fɪlm
Filmaron Ⓦⓩ fɪlma'ro:n
filmen 'fɪlmən
filmisch 'fɪlmɪʃ
Filmothek fɪlmo'te:k
Filo 'fi:lo
Filosel filo'zɛl
Filou fi'lu:
[1]**Fils** (Name, Münze) fɪls
[2]**Fils** (Sohn) *fr.* fis

Fils naturẹl *fr.* fisnaty'rɛl
Fịlter 'fɪltɐ
fịltern 'fɪltɐn
Filtrạt fɪl'tra:t
Filtratiọn filtra'tsi̯o:n
filtrieren fɪl'tri:rən
Filụre fi'ly:rə
Fịlz fɪlts
fịlzen 'fɪltsn̩
Fịmbulwinter 'fɪmbʊlvɪntɐ
Fịmmel 'fɪml̩
Fin *dän.* fen'
Fịna, FỊNA 'fi:na
finạl fi'na:l
Finale fi'na:lə
Finale Ligure *it.* fi'na:le 'li:gure
Finạlis fi'na:lɪs, **...les** ...le:s
Finalịsmus fina'lɪsmʊs
Finalịst fina'lɪst
Finalitạ̈t finali'tɛ:t
Financial Times *engl.* faɪ'nænʃəl 'taɪmz
Financiẹr finã'si̯e:
Finạnzen fi'nantsn̩
Finạnzer fi'nantsɐ
finanziẹll finan'tsi̯ɛl
Finanziẹr finan'tsi̯e:
finanzieren finan'tsi:rən
finassieren fina'si:rən
Fịncastle *engl.* 'fɪnkɑ:sl
Fịnch[ley] *engl.* 'fɪntʃ[lɪ]
Fịnck[en] 'fɪŋk[n̩]
Fịnckenstein 'fɪŋkn̩ʃtai̯n
Fịnckh fɪŋk
Fịndeisen 'fɪnt|ai̯zn̩
Fịndel[kind] 'fɪndl̩[kɪnt]
fịnden 'fɪndn̩, **fịnd!** fɪnt
Fin de siècle *fr.* fɛ̃d'si̯ɛkl
fịndig 'fɪndɪç, **-e** ...ɪgə
Fịndlay *engl.* 'fɪndleɪ
Fịndling 'fɪntlɪŋ
Fịndorff 'fɪndɔrf
Fine 'fi:nə, *engl.* fai̯n, *fr.* fin
Fines hẹrbes *fr.* fin'zɛrb
Finẹsse fi'nɛsə
Finẹtte fi'nɛt
fịng fɪŋ
Fịngal 'fɪŋgal, *engl.* 'fɪŋgəl
Fịngalshöhle 'fɪŋgalshø:lə
Fịnger 'fɪŋɐ
...fingerig (z. B. dickfingerig) ...,fɪŋərɪç, **-e** ...ɪgə
Fịngerling 'fɪŋɐlɪŋ
fịngern 'fɪŋɐn
Fịngerzeig 'fɪŋɐtsai̯k, **-e** ...ai̯gə
fingieren fɪŋ'gi:rən
Fịni 'fi:ni
Finiguẹrra *it.* fini'gu̯ɛrra
Fịnis 'fi:nɪs
Fịnish 'fɪnɪʃ
fịnishen 'fɪnɪʃn̩
finishieren fɪnɪ'ʃi:rən
Finisseur fɪnɪ'sø:ɐ̯
Finistère *fr.* finis'tɛ:r
Finistẹrre *span.* finis'tɛrrɛ
finịt fi'ni:t
Finitịsmus fini'tɪsmʊs
Fịnk[e] 'fɪŋk[ə]
Fịnkelstein 'fɪŋkl̩ʃtai̯n
Fịnken 'fɪŋkn̩
Finkenheerd fɪŋkn̩'he:ɐ̯t
Finkenwạlde fɪŋkn̩'valdə
Finkenwẹrder fɪŋkn̩'vɛrdɐ
Fịnkler 'fɪŋklɐ
Fịnland *schwed.* 'finland
Finlạndia fɪn'landi̯a
Fịnlay *engl.* 'fɪnleɪ
Fịnley *engl.* 'fɪnlɪ
Fịnn *dt., engl.* fɪn, *dän.* fen'
Fịnnair 'fɪnɛ:ɐ̯
Fịnn-Dingi 'fɪndɪŋgi
Fịnne 'fɪnə
Fịnnentrop 'fɪnəntrɔp
Fịnney *engl.* 'fɪnɪ
Fịnni 'fɪni
fịnnig 'fɪnɪç, **-e** ...ɪgə
Fịnnin 'fɪnɪn
fịnnisch 'fɪnɪʃ
Fịnnland 'fɪnlant
Fịnnländer 'fɪnlɛndɐ
fịnnländisch 'fɪnlɛndɪʃ
Fịnnmark 'fɪnmark, *norw.* ,finmark
Fịnnmarksvidda *norw.* ,finmarksvida
Fịnnur *isl.* 'fɪnʏr
Fịnnwal 'fɪnva:l
Fịnow[furt] 'fi:no[fʊrt]
Fịnsbury *engl.* 'fɪnzbərɪ
Fịnsch fɪnʃ
Finsen *dän.* 'fen'sən
Fịnspång *schwed.* ,finspɔŋ
fịnster 'fɪnstɐ
Finsteraarhorn fɪnstɐ'|a:ɐ̯hɔrn
Finsterau fɪnstə'rau̯
Fịnsterer 'fɪnstərɐ
Fịnsterling 'fɪnstɐlɪŋ
Fịnstermünz 'fɪnstɐmʏnts
fịnstern 'fɪnstɐn
Fịnsternis 'fɪnstɐnɪs, **-se** ...ɪsə
Finsterwạlde fɪnstɐ'valdə
Fịnsterwalder 'fɪnstɐvaldɐ
Fịntan 'fɪntan
Fịnte 'fɪntə
Fịnthen 'fɪntn̩
fintieren fɪn'ti:rən
fịnzelig 'fɪntsəlɪç, **-e** ...ɪgə
Fịnžgar *slowen.* 'fi:nʒgar
fịnzlig 'fɪntslɪç, **-e** ...ɪgə
fiọco 'fi̯o:ko
Fiọra *it.* 'fi̯o:ra
Fioravạnti *it.* fi̯ora'vanti
Fiordilịgi *it.* fi̯ordi'li:dʒi
Fiorẹlli *it.* fi̯o'rɛlli
Fiorentịna *it.* fi̯oren'ti:na
Fiorentịno *it.* fi̯oren'ti:no
Fiorẹnzo *it.* fi̯o'rɛntso
Fiorenzuọla *it.* fi̯oren'tsu̯ɔ:la
Fiorẹtte fi̯o'rɛtə
Fiọri *it.* 'fi̯o:ri
Fiorịllo fi̯o'rɪlo, *it.* fi̯o'rillo
Fioritụr fi̯ori'tu:ɐ̯
Fịps fɪps
fịpsen 'fɪpsn̩
fịpsig 'fɪpsɪç, **-e** ...ɪgə
Fịqh fɪk
Fịrchau 'fɪrçau̯
Firdaus *pers.* fer'dou̯s
Firdausi fɪr'dau̯zi, *pers.* ferdou̯'zi:
Fire Island [Beach] *engl.* 'faɪə 'aɪlənd ['bi:tʃ]
Firẹnk fi'rɛnk
Firẹnze *it.* fi'rɛntse
Firenzuọla *it.* firen'tsu̯ɔ:la
Firestone *engl.* 'faɪəstoʊn
Firjusạ, Firjuza *russ.* firju'za
Firkụsny fɪr'kʊsni
Fịrkušný *tschech.* 'firkuʃni:
Fịrlefanz 'fɪrləfants
Firlefanzerei fɪrləfantsə'rai̯
fịrm fɪrm
Fịrma 'fɪrma
Firmamẹnt fɪrma'mɛnt
fịrmen 'fɪrmən
Fịrmenbuch 'fɪrmənbu:x
Fịrmian 'fɪrmi̯a:n
firmieren fɪr'mi:rən
Firmiliạn fɪrmi'li̯a:n
Firmin *fr.* fir'mɛ̃
Firminy *fr.* firmi'ni
Fịrmling 'fɪrmlɪŋ
fịrn, F... fɪrn
Fịrne 'fɪrnə
Fịrner 'fɪrnɐ
Fịrnis 'fɪrnɪs, **-se** ...ɪsə
fịrnissen 'fɪrnɪsn̩, **fịrnißt** 'fɪrnɪst
Fịrs *russ.* firs
Fịrst fɪrst
First Clạss *engl.* 'fə:st 'klɑ:s
First Day Cover *engl.* 'fə:st 'deɪ 'kʌvə
First Lady *engl.* 'fə:st 'leɪdɪ
Firth *engl.* fə:θ
fịs, Fịs, FỊS fɪs
Fịsch fɪʃ
Fịscha[ch] 'fɪʃa[x]
Fischamẹnd fɪʃa'mɛnt
Fịschart 'fɪʃart
Fịschbach[er] 'fɪʃbax[ɐ]
Fịschbeck 'fɪʃbɛk
Fịscheln 'fɪʃl̩n
fịschen, F... 'fɪʃn̩
Fịschenz 'fɪʃɛnts
Fịscher 'fɪʃɐ
Fischerei fɪʃə'rai̯
Fịschern 'fɪʃɐn
Fịschhaus 'fɪʃhau̯s
Fischhausen fɪʃ'hau̯zn̩
Fịschhof 'fɪʃho:f
fịschig 'fɪʃɪç, **-e** ...ɪgə
Fịschingen 'fɪʃɪŋən
Fịschland 'fɪʃlant
Fịschlingen 'fɪʃlɪŋən
Fịschsee 'fɪʃze:
Fis-Dur 'fɪsdu:ɐ̯, *auch:* '–'–
Fisẹttholz fi'zɛthɔlts
Fịsh *engl.* fɪʃ
Fịshbein *engl.* 'fɪʃbaɪn
Fịsher *engl.* 'fɪʃə
Fịsher's Hịll *engl.* 'fɪʃəz 'hɪl
Fịshers Island *engl.* 'fɪʃəz 'aɪlənd

Fịshta *alban.* 'fiʃta
Fisimatẹnten fizima'tɛntn̩
Fịsk *engl.* fɪsk
Fiskạl fɪs'ka:l
fiskạlisch fɪʃ'ka:lɪʃ
Fịske *engl.* fɪsk
Fiskebäckski̲l *schwed.* fiskəbɛks'tçi:l
Fiskenæsset *dän.* 'fesgənɛsəð
Fịskus 'fɪskʊs
Fịsmes *fr.* fim
fis-Moll 'fɪsmɔl, *auch:* '–'–
Fisọle fi'zo:lə
fissi̲l fɪ'si:l
Fissilitä̲t fɪsili'tɛ:t
Fissiọn fɪ'si̯o:n
Fissu̲r fɪ'su:ɐ̯
Fịstel 'fɪstl̩
fịsteln 'fɪstl̩n
Fịstula 'fɪstula, **...lae** ...lɛ
fịt fɪt
Fi̲ta 'fi:ta
Fịtch[burg] *engl.* 'fɪtʃ[bə:g]
Fịtger 'fɪtgɐ
Fịtis 'fɪtɪs, **-se** ...ɪsə
Fịtness, ...neß 'fɪtnɛs
Fịtten 'fɪtn̩
Fịttich, ...ig 'fɪtɪç
[1]**Fịtting** (Verbindungsstück) 'fɪtɪŋ
[2]**Fịtting** (Name) *engl.* 'fɪtɪŋ
Fitzalan *engl.* fɪts'ælən
Fịtzbohne 'fɪtsbo:nə
Fịtze 'fɪtsə
fịtzen 'fɪtsn̩
Fitzchạrles *engl.* fɪts'tʃɑ:lz
Fitzclarence *engl.* fɪts'klærəns
Fitzdọttrel *engl.* fɪts'dɔtrəl
Fitzẹdward *engl.* fɪts'ɛdwəd
Fitzgeọrge *engl.* fɪts'dʒɔ:dʒ
Fitzgẹrald *engl.* fɪts'dʒɛrəld
Fitz Gẹrald *engl.* fɪts'dʒɛrəld
Fitzgịbbon *engl.* fɪts'gɪbən
Fitzgreene *engl.* fɪts'gri:n
Fitzhạrdinge *engl.* fɪts'hɑ:dɪŋ
Fitzharris *engl.* fɪts'hærɪs
Fitzherbert *engl.* fɪts'hə:bət
Fitzhugh *engl.* fɪts'hju:
Fitzjạmes *engl.* fɪts'dʒeɪmz
Fitzjọhn *engl.* fɪts'dʒɔn
Fitzmaurice *engl.* fɪts'mɔrɪs
Fitzpatrick *engl.* fɪts'pætrɪk
Fitzrandolph *engl.* fɪts'rændɔlf
Fitzrọy *engl.* fɪts'rɔɪ
Fitzsịmmons *engl.* fɪts'sɪmənz
Fitzstephen *engl.* fɪts'sti:vən
Fitzurse *engl.* fɪts'ə:s
Fitzwalter *engl.* fɪts'wɔ:ltə
Fitzwater *engl.* fɪts'wɔ:tə
Fitzwygram *engl.* fɪts'waɪgrəm
Fiụggi *it.* 'fi̯uddʒi
Fiumạner fi̯u'ma:nɐ
Fiumạra fi̯u'ma:ra
Fiumạre fi̯u'ma:rə
Fiụme 'fi̯u:mə, *it.* 'fi̯u:me
Fiụmer 'fi̯u:mɐ
Fiumicịno *it.* fi̯umi'tʃi:no
fiụmisch 'fi̯u:mɪʃ

Five Fọrks *engl.* 'faɪv 'fɔ:ks
Five o'clọck 'fa̯ivə'klɔk
Five o'clọck tea 'fa̯ivə'klɔk'ti:
Fives *engl.* faɪvs
Fivizzạno *it.* fivit'tsa:no
fịx fɪks
Fixa vgl. Fixum
Fixateur fɪksa'tø:ɐ̯
Fixatiọn fɪksa'tsi̯o:n
Fixati̲v fɪksa'ti:f, **-e** ...i:və
Fixạtor fɪ'ksa:tɔr, **-en** fɪksa'to:rən
fịxen 'fɪksn̩
Fịxer 'fɪksɐ
fixi̲eren fɪ'ksi:rən
Fịxum 'fɪksʊm, **Fịxa** 'fɪksa
Fizeau *fr.* fi'zo
Fịzz fɪs, *engl.* fɪz
Fjạ̈ll fjɛl
Fjạ̈llbacka *schwed.* ˌfjɛlbaka
Fjạ̈rås *schwed.* ˌfjæ:ro:s
Fjạ̈rd fjɛrt, **-e** 'fjɛrdə
Fjạ̈rdhundra *schwed.* ˌfjæ:rdhʊndra
Fjærlandsfjord *norw.* ˌfjæ:rlansfju:r
Fjẹld fjɛlt, **-es** 'fjɛldəs
Fjẹll fjɛl
Fjẹnneslev *dän.* 'fjɛnəsleu̯
Fjẹrritslev *dän.* 'fjɛr'idsleu̯
Fjọdor, Fedor 'fjo:dɔr, ...do:ɐ̯; *russ.* 'fjɔdɐr
Fjọdorow, Fedorov *russ.* 'fjɔdɐrɐf
Fjọdorowitsch, Fedorovič *russ.* 'fjɔdɐrɐvitʃ
Fjọdorowna, Fedorovna *russ.* 'fjɔdɐrɐvnɐ
Fjọrd fjɔrt, **-e** 'fjɔrdə
Fjordane *norw.* ˌfju:ranə
Flạccus 'flakʊs
flạch, F... flax
...flach (z. B. Achtflach) ...ˌflax
Flachạt *fr.* fla'ʃa
Flạchau 'flaxa̯u
Flạ̈che 'flɛçə
flạ̈chig 'flɛçɪç, **-e** ...ɪgə
...flächner (z. B. Achtflächner) ...ˌflɛçnɐ
Flạchs flaks
flạchsen 'flaksn̩
flạ̈chsen 'flɛksn̩
Flạchsland 'flakslant
Flạcht flaxt
Flạcius 'fla:tsi̯ʊs
flạcken 'flakn̩
flạckerig 'flakərɪç, **-e** ...ɪgə
flạckern 'flakɐn
flạckrig 'flakrɪç, **-e** ...ɪgə
Flacon fla'kõ:
Flacourt *fr.* fla'ku:r
Flacourtia fla'kʊrtsi̯a
Fla̲d fla:t
Fla̲den 'fla:dn̩
Fla̲der 'fla:dɐ
fla̲derig 'fla:dərɪç **-e** ...ɪgə
Fla̲dnitz 'fla:dnɪts
fla̲drig 'fla:drɪç, **-e** ...ɪgə

Fla̲dungen 'fla:dʊŋən
Flaesheim 'fla:sha̯im
Flag *engl.* flæg
Flagellạnt flagɛ'lant
Flagellantịsmus flagɛlan'tɪsmʊs
Flagellạte flagɛ'la:tə
Flagellatiọn flagɛla'tsi̯o:n
Flagẹlle fla'gɛlə
Flagellomani̲e flagɛloma'ni:
Flagẹllum fla'gɛlʊm
Flageolẹtt flaʒo'lɛt
Flagg *engl.* flæg
Flạgge 'flagə
flạggen 'flagn̩, **flạgg!** flak, **flạggt** flakt
Flagler *engl.* 'flæglə
flagrạnt fla'grant
Flạgstad 'flak-ʃtat, *norw.* ˌflaksta
Flagstaff *engl.* 'flægstɑ:f
Flahaut *fr.* fla'o
Flaherty *engl.* 'flɛətɪ
Flair flɛ:ɐ̯
Fla̲ischlen 'fla̯iʃlən
Flạk flak
Fla̲ke 'fla:kə
Flạkkebjærg *dän.* 'flagəbjɛr'
Flakon fla'kõ:
Flamand *fr.* fla'mã
Flambeau flã'bo:
Flạmberg 'flambɛrk, **-e** ...rgə
flambi̲eren flam'bi:rən
Flamborough *engl.* 'flæmbərə
Flamboyant... flãbo̯a'jã:...
Fla̲me 'fla:mə
Flamẹl *fr.* fla'mɛl
Fla̲men 'fla:me:n, **...mines** 'fla:mine:s
Flamẹnco fla'mɛŋko
Flameng *fr.* fla'mɛ̃:g
Flamẹngo fla'mɛŋgo
Fla̲min 'fla:mɪn
Flä̲min 'flɛ:mɪn
Flamines vgl. Flamen
Flä̲ming 'flɛ:mɪŋ
Flamịngo fla'mɪŋgo
Flami̲nio *it.* fla'mi:ni̯o
Flami̲nius fla'mi:ni̯ʊs
flä̲misch 'flɛ:mɪʃ
Flamiso̲l flami'zo:l
Fla̲mländer 'fla:mlɛndɐ
fla̲mländisch 'fla:mlɛndɪʃ
Flammarion *fr.* flama'rjõ
Flạmme 'flamə
Flammé fla'me:
flạmmen 'flamən
flạ̈mmen 'flɛmən
Flạmmeri 'flaməri
Flạmmersfeld 'flamɐsfɛlt
flạmmig 'flamɪç, **-e** ...ɪgə
Flamsteed *engl.* 'flæmsti:d
Flanagan *engl.* 'flænəgən
Flạndern 'flandɐn
Flạnders 'flandɐs, *engl.* 'flɑ:ndəz
Flandin *fr.* flã'dɛ̃
Flandre *fr.* flã:dr

Flandrin *fr.* flã'drɛ̃
flandrisch 'flandrɪʃ
Flanell fla'nɛl
flanellen fla'nɛlən
Flaneur fla'nø:ɐ̯
flanieren fla'ni:rən
Flanke 'flaŋkə
flanken 'flaŋkn̩
flankieren flaŋ'ki:rən
Flannan *engl.* 'flænən
Flansch flanʃ
flanschen 'flanʃn̩
Flappe 'flapə
Flapper 'flɛpɐ
Flaps flaps
flapsig 'flapsɪç, **-e** ...ɪgə
Flare flɛ:ɐ̯, *engl.* flɛə
Fläschchen 'flɛʃçən
Flasche 'flaʃə
Flaschner 'flaʃnɐ
Flash flɛʃ, *engl.* flæʃ
flat flɛt, *engl.* flæt
Flatbush *engl.* 'flætbʊʃ
Flateyri *isl.* 'fla:tɛi̯rɪ
Flatheads *engl.* 'flæthɛdz
Flatow 'fla:to
Flat River *engl.* 'flæt 'rɪvə
Flatsche 'flat͡ʃə, *auch:* 'fla:t͡ʃə
Flatschen 'flat͡ʃn̩, *auch:* 'fla:t͡ʃn̩
Flatterie flatə'ri:, **-n** ...i:ən
flatterig 'flatərɪç, **-e** ...ɪgə
flattern 'flatɐn
Flatters *fr.* fla'tɛrs
Flatteur fla'tø:ɐ̯
flattieren fla'ti:rən
Flattnitz 'flatnɪt͡s
flattrig 'flatrɪç, **-e** ...ɪgə
Flatulenz flatu'lɛnt͡s
Flatus 'fla:tʊs
Flatz flat͡s
flau flau̯
Flaubert *fr.* flo'bɛ:r
Flaum[er] 'flau̯m[ɐ]
flaumig 'flau̯mɪç, **-e** ...ɪgə
Flaus flau̯s, **-e** 'flau̯zə
Flausch flau̯ʃ
Flause 'flau̯zə
flautando flau̯'tando
flautato flau̯'ta:to
Flaute 'flau̯tə
Flauto 'flau̯to, **...ti** ...ti
Flauto piccolo 'flau̯to 'pɪkolo, **...ti ...li** ...ti ...li
Flåvatn *norw.* ˌflo:vatn
Flavia 'fla:vi̯a
Flavian fla'vi̯a:n
Flavier 'fla:vi̯ɐ
Flavio *it.* 'fla:vi̯o
Flavius 'fla:vi̯ʊs
Flavon fla'vo:n
Flavus 'fla:vʊs
Flavy *fr.* fla'vi
Flawil 'fla:vi:l, fla'vi:l
Flaxman *engl.* 'flæksmən
Fläz flɛ:t͡s
fläzen 'flɛ:t͡sn̩
fläzig 'flɛ:t͡sɪç, **-e** ...ɪgə
Fleance *engl.* 'fli:əns
Flebbe 'flɛbə
Flecha *span.* 'flet͡ʃa
Flèche *fr.* flɛʃ
Fléchier *fr.* fle'ʃje
Flechse 'flɛksə
flechsig 'flɛksɪç, **-e** ...ɪgə
Flechsig 'flɛksɪç
Flechte 'flɛçtə
flechten 'flɛçtn̩
Flechtingen 'flɛçtɪŋən
Fleck flɛk
flecken, F... 'flɛkn̩
Fleckenberg 'flɛkn̩bɛrk
Flecker *engl.* 'flɛkə
Fleckerl 'flɛkɐl
fleckig 'flɛkɪç, **-e** ...ɪgə
Fledderer 'flɛdərɐ
fleddern 'flɛdɐn, **fleddre** 'flɛdrə
Fledermaus 'fle:dɐmau̯s
Fleeming *engl.* 'flɛmɪŋ
[1]Fleet (Kanal) fle:t
[2]Fleet (Name) *engl.* fli:t
Fleetwood *engl.* 'fli:twʊd
Flegel 'fle:gl̩
Flegelei fle:gə'lai̯
flegeln 'fle:gl̩n, **flegle** 'fle:glə
flehen 'fle:ən
flehentlich 'fle:əntlɪç
Flehingen 'fle:ɪŋən
Fleier 'flai̯ɐ
Fleierin 'flai̯ərɪn
Fleimstal 'flai̯msta:l
Flein[er] 'flai̯n[ɐ]
Fleisch[er] 'flai̯ʃ[ɐ]
Fleischerei flai̯ʃə'rai̯
fleischern 'flai̯ʃɐn
fleischig 'flai̯ʃɪç, **-e** ...ɪgə
fleischlich 'flai̯ʃlɪç
Fleischmann 'flai̯ʃman
Fleischwerdung 'flai̯ʃve:ɐ̯dʊŋ
Fleiß flai̯s
fleißig 'flai̯sɪç, **-e** ...ɪgə
Fleiverkehr 'flai̯fɛɐ̯ke:ɐ̯
Flekkefjord *norw.* ˌflɛkəfju:r
flektieren flɛk'ti:rən
Flem *rät.* flem
Flémal[le] *fr.* fle'mal
Flemendorf 'fle:məndɔrf
Fleming 'fle:mɪŋ, *engl.* 'flɛmɪŋ
Flemming 'flɛmɪŋ, *dän.* 'flɛmən
Flen *schwed.* fle:n, flɛn
flennen 'flɛnən
Flennerei flɛnə'rai̯
Flensburg 'flɛnsbʊrk
Flénu *fr.* fle'ny
Flerden *rät.* 'flɛrdən
Flers *fr.* flɛ:r
Flesch flɛʃ
Flessau 'flɛsau̯
Flesselles *fr.* flɛ'sɛl
Fletcher *engl.* 'flɛt͡ʃə
fletschen 'flɛt͡ʃn̩
fletschern 'flɛt͡ʃɐn
Fletschhorn 'flɛt͡ʃhɔrn
Flett[ner] 'flɛt[nɐ]
Fletz fle:t͡s, *auch:* flɛt͡s
fleucht flɔy̯çt
fleugt flɔy̯kt
Fleur flø:ɐ̯
Fleurance *fr.* flœ'rã:s
Fleuret flø're:
Fleurette flø'rɛt
Fleurier *fr.* flœ'rje
Fleurieu *fr.* flœ'rjø
Fleurin flø'ri:n
Fleuriot *fr.* flœ'rjo
Fleurist flø'rɪst
[1]Fleuron (Blumenzierat) flø'rõ:
[2]Fleuron (Name) *dän.* flø'rɔŋ
Fleurop 'flɔy̯rɔp, 'flø:rɔp; flɔy̯'ro:p, flø'ro:p
Fleurs du mal *fr.* flœrdy'mal
Fleurus *fr.* flœ'rys
Fleury *fr.* flœ'ri
Fleußt flɔy̯st
Fleute 'flø:tə
Fléville *fr.* fle'vil
Flevoland *niederl.* 'fle:vo:lɑnt
Flex flɛks
Flexaton 'flɛksatɔn
Flexen 'flɛksn̩
flexibel flɛ'ksi:bl̩, **...ble** ...blə
Flexibilität flɛksibili'tɛ:t
Flexion flɛ'ksi̯o:n
flexivisch flɛ'ksi:vɪʃ
Flexner *engl.* 'flɛksnə
Flexodruck 'flɛksodrʊk
Flexor 'flɛksɔr, **-en** flɛ'kso:rən
Flexur flɛ'ksu:ɐ̯
Flibustier fli'bʊsti̯ɐ
Flic flɪk, *fr.* flik
Flicflac flɪk'flak
flicht flɪçt
Flick flɪk
Flickel 'flɪkl̩
flicken 'flɪkn̩
Flickenschildt 'flɪkn̩ʃɪlt
Flickerei flɪkə'rai̯
Flickflack 'flɪkflak
Flida 'fli:da
Flieboot 'fli:bo:t
Flieden 'fli:dn̩
Flied[n]er 'fli:d[n]ɐ
Fliege 'fli:gə
fliegen 'fli:gn̩, **flieg!** fli:k, **fliegt** fli:kt
Fliegerei fli:gə'rai̯
fliehen 'fli:ən
Fliese 'fli:zə
Fließ fli:s
fliesen 'fli:zn̩, **flies!** fli:s, **fliest** fli:st
fließen 'fli:sn̩
Flight *engl.* flaɪt
flimmern 'flɪmɐn
Flims flɪms
Flimser 'flɪmzɐ
Flinck *niederl.* flɪŋk
Flinders *engl.* 'flɪndəz
Flindt flɪnt
Flines *fr.* flin
Flin Flon *engl.* 'flɪnflɔn
Flingern 'flɪŋɐn
flink flɪŋk
Flinsberg 'flɪnsbɛrk
Flinsch *engl.* flɪnt͡ʃ

Flinserl 'flɪnzɐl
Flint *dt., engl.* flɪnt
Flinte 'flɪntə
Flintshire *engl.* 'flɪntʃɪə
Flinz flɪnts
Flip flɪp
Flipart *fr.* fli'pa:r
Flip-Flop 'flɪpflɔp
Flipse *niederl.* 'flɪpsə
flirren 'flɪrən
Flirsch flɪrʃ
Flirt flɪrt; *auch:* flø:ɐ̯t, flœrt; *engl.* flə:t
flirten 'flɪrtn̩; *auch:* 'flø:ɐ̯tn̩, 'flœrtn̩
Flit[ner] 'flɪt[nɐ]
Flitsch flɪtʃ
Flitscherl 'fli:tʃɐl
Flittchen 'flɪtçən
Flitter 'flɪtɐ
flittern 'flɪtɐn
Flitz flɪts
flitzen 'flɪtsn̩
Flix *span.* fliks
Flize *fr.* fli:z
FLN *fr.* ɛfɛ'lɛn
floaten 'flo:tn̩, *engl.-dt.* 'floʊtn̩
Floating 'flo:tɪŋ, *engl.* 'floʊtɪŋ
Flobertgewehr 'flo:bɛrtgəve:ɐ̯; *auch:* flo'be:ɐ̯..., flo'bɛ:ɐ̯...
flocht flɔxt
flöchte 'flœçtə
Flocke 'flɔkə
flocken 'flɔkn̩
flockig 'flɔkɪç, **-e** ...ɪgə
Flockprint 'flɔkprɪnt
Floconné flokɔ'ne:
Flodden *engl.* flɔdn
Flödel 'flø:dl̩
Flodoard *fr.* flɔdɔ'a:r
Floericke 'flø:rɪkə
flog flo:k
flöge 'flø:gə
Flögel 'flø:gl̩
flogen 'flo:gn̩
Flogny *fr.* flɔ'ɲi
flogt flo:kt
flögt flø:kt
floh flo:
Floh flo:, **Flöhe** 'flø:ə
Flöha 'flø:a
flöhe[n] 'flø:ə[n]
Floing *fr.* flwɛ̃
Floirac *fr.* flwa'rak
Flóki Vilgerdarson *norw.* 'flo:ki 'vilgərdarsɔn
Flom[en] 'flo:m[ən]
Flond *rät.* flɔnt
Flonheim 'flo:nhaim
Flood *engl.* flʌd
Floquet *fr.* flɔ'kɛ
Flor flo:ɐ̯
[1]**Flora** (Pflanzenwelt) 'flo:ra
[2]**Flora** (Name) 'flo:ra, *engl.* 'flɔ:rə, *it.* 'flɔ:ra, *span.* 'flora, *norw.* ˌflu:ra
Florac *fr.* flɔ'rak
Floral Park *engl.* 'flɔ:rəl 'pɑ:k
Florance *engl.* 'flɔrəns
Florange *fr.* flɔ'rã:ʒ
Florath 'flo:rat
Flore *fr.* flɔ:r
Floreal flore'a:l
floreat 'flo:reat
Florence *engl.* 'flɔrəns, *fr.* flɔ'rã:s
Florencio *span.* flo'renθi̯o
Florens 'flo:rɛns
Florensac *fr.* flɔrã'sak
Florent *fr.* flɔ'rã
Florentin florɛn'ti:n, 'flo:r...; *fr.* flɔrã'tɛ̃
Florentine florɛn'ti:nə
Florentiner florɛn'ti:nɐ
Florentini florɛn'ti:ni
florentinisch florɛn'ti:nɪʃ
Florentinum florɛn'ti:nʊm
Florenville *fr.* flɔrã'vil
[1]**Florenz** (Ort) flo'rɛnts
[2]**Florenz** (Vorname) 'flo:rɛnts
Florenze flo'rɛntsə
flore pleno 'flo:rə 'ple:no
[1]**Flores** (Blüten) 'flo:re:s
[2]**Flores** (Name) 'flo:rɛs, *span.* 'flores, *port.* 'florɪʃ, *bras.* 'floris, *indon.* 'florɛs
Floresta *bras.* flo'rɛsta
Florestan 'flo:rɛsta:n, *fr.* flɔrɛs'tã
Florestano *it.* flores'ta:no
Floreszenz florɛs'tsɛnts
Floret *fr.* flɔ'rɛ
Florett[a] flo'rɛt[a]
Florey *engl.* 'flɔ:rɪ
Flórez *span.* 'florɛθ
Flori 'flo:ri
Floria *it.* 'flɔ:ri̯a
Florian 'flo:ri̯a:n, *engl.* 'flɔ:rɪən, *fr.* flɔ'rjã
Florián *span.* flo'ri̯an
Floriano *port.* flu'ri̯ɐnu, *bras.* flo'r...
Florianópolis *bras.* flori̯ɐ'nɔpulis
florid flo'ri:t, **-e** ...i:də
Florida 'flo:rida, *engl.* 'flɔrɪdə, *span.* flo'riða
Floridablanca *span.* floriða'βlaŋka
Floridia *it.* flo'ri:di̯a
Florido *span.* flo'riðo
Floridsdorf 'flo:rɪtsdɔrf
florieren flo'ri:rən
Florilegium flori'le:gi̯ʊm, **...ien** ...i̯ən
Florimond *fr.* flɔri'mõ
Florimund 'flo:rimʊnt
Florin 'flo:ri:n, flo'ri:n, *engl.* 'flɔrɪn
Florina *neugr.* 'flɔrina
Florio *engl.* 'flɔ:rɪoʊ, *it.* 'flɔ:ri̯o
Floris *fr.* flɔ'ris, *niederl.* 'flo:rɪs
Florist[ik] flo'rɪst[ɪk]
Florizel 'flo:rizɛl, *engl.* 'flɔrɪzɛl
Floro 'flo:ro, *span.* 'floro
Florø *norw.* ˌflu:rø
Flörsheim 'flø:ɐ̯shaim
Florus 'flo:rʊs
Floskel 'flɔskl̩
floß flɔs
[1]**Floß** (Wasserfahrzeug) flo:s, **Flöße** 'flø:sə
[2]**Floß** (Ort) flɔs
flösse 'flœsə
Flosse 'flɔsə
Flöße vgl. [1]Floß
flossen 'flɔsn̩
flößen 'flø:sn̩
Flossenbürg 'flɔsn̩bʏrk
...flosser (z. B. Bauchflosser) ...ˌflɔsɐ
Flößerei flø:sə'rai
...flossig (z. B. breitflossig) ...ˌflɔsɪç, **-e** ...ɪgə
Flotation flota'tsi̯o:n
flotativ flota'ti:f, **-e** ...i:və
Flote *fr.* flɔt
Flöte 'flø:tə
flöten 'flø:tn̩
Flötenstein 'flø:tn̩ʃtain
flotieren flo'ti:rən
Flotigol floti'go:l
Flötist flø'tɪst
Flötner 'flø:tnɐ
Flotol flo'to:l
Flotow 'flo:to
flott, F... flɔt
Flotte 'flɔtə, *fr.* flɔt
flottieren flɔ'ti:rən
Flottille flɔ'tɪl[j]ə
flottweg 'flɔt'vɛk
Flotzmaul 'flɔtsmaul
Flourens *fr.* flu'rɛ̃:s
Flournoy *fr.* flur'nwa
Flower[s] *engl.* 'flaʊə[z]
Floy[d] *engl.* flɔɪ[d]
Fløyen *norw.* 'flœi̯ən
Flöz flø:ts
Fluat flu'a:t
Fluch flu:x, **Flüche** 'fly:çə
fluchen 'flu:xn̩
Flucht flʊxt
flüchten 'flʊxtn̩
flüchten 'flʏçtn̩
Fluchthorn 'flʊxthɔrn
fluchtig 'flʊxtɪç, **-e** ...ɪgə
flüchtig 'flʏçtɪç, **-e** ...ɪgə
Flüchtling 'flʏçtlɪŋ
fluchwürdig 'flu:xvʏrdɪç
Flück[iger] 'flʏk[ɪgɐ]
Fludd *engl.* flʌd
Flüe 'fly:[ə]
Flüela-Paß 'fly:ɛlapas
Flüelen 'fly:ɛlən
Flüeli 'fly:ɛli
Fluellen flu'ɛlən, *engl.* flu:'ɛlɪn, flʊ'ɛ...
Flug flu:k, **-es** 'flu:gəs, **Flüge** 'fly:gə
Flügel 'fly:gl̩
...flügelig (z. B. einflügelig) ...ˌfly:gəlɪç, **-e** ...ɪgə
flügeln 'fly:gl̩n, **flügle** 'fly:glə
flügge 'flʏgə

Flụgge 'flʏɡə
Flụggen 'flʏɡn̩
flụgs flʊks
Flụh flu:, **Flụ̈he** 'fly:ə
Flụ̈h[li] 'fly:[li]
fluid flu'i:t, -e ...i:də
Fluid 'flu:ɪt, -a 'flu:ida
fluidal flui'da:l
Fluidum 'flu:idʊm, **...da** ...da
Fluktuation flʊktu̯a'tsi̯o:n
fluktuieren flʊktu'i:rən
Flumet *fr.* fly'mɛ
Flumini *it.* 'flu:mini
Flụms flʊms
Flụmser 'flʊmzɐ
Flụnder 'flʊndɐ
Flunkerei flʊŋkə'rai̯
flụnkern 'flʊŋkɐn
Flụnsch flʊnʃ
Fluor 'flu:ɔr
Fluor albus 'flu:ɔr 'albʊs
Fluoreszein fluorɛstse'i:n
Fluoreszẹnz fluorɛs'tsɛnts
fluoreszieren fluorɛs'tsi:rən
Fluoreszin fluorɛs'tsi:n
Fluorid fluo'ri:t, -e ...i:də
fluorieren fluo'ri:rən
Fluorit fluo'ri:t, *auch:* ...rɪt
fluorogen fluoro'ge:n
Fluorometer fluoro'me:tɐ
Fluorometrie fluorome'tri:
fluorometrisch fluoro'me:trɪʃ
fluorophor, F... fluoro'fo:ɐ̯
Flur flu:ɐ̯
Flụ̈rscheim 'fly:ɐ̯ʃai̯m
fluschen 'flu:ʃn̩
Fluse 'flu:zə
Flush *engl.* flʌʃ
Flushing Meadow *engl.* 'flʌʃɪŋ 'mɛdoʊ
Flụß flʊs, **Flụsses** 'flʊsəs, **Flụ̈sse** 'flʏsə
flußab[wärts] flʊs'|ap[vɛrts]
Flussalverfahren flʊ'sa:lfɛɐ̯fa:rən
flußauf[wärts] flʊs'|auf[vɛrts]
Flụ̈ßchen 'flʏsçən
Flüsse vgl. Fluß
flụ̈ssig 'flʏsɪç, -e ...ɪɡə
Flụßspat 'flʊsʃpa:t
Flụ̈sterer 'flʏstərɐ
flụ̈stern 'flʏstɐn
Flut flu:t
Flüte 'fly:tə
fluten 'flu:tn̩
flụtschen 'flʊtʃn̩
Fluvià *span.* flu'βi̯a
fluvial flu'vi̯a:l
fluviatil fluvi̯a'ti:l
fluvioglazial fluvi̯ogla'tsi̯a:l
Fluviograph fluvi̯o'gra:f
Flụx flʊks
Fluxion flʊ'ksi̯o:n
Fly *engl.* flaɪ
Flyer 'flai̯ɐ
Flyerin 'flai̯ərɪn
Flygare *schwed.* ˌfly:garə
Flying Dutchman *engl.* 'flaɪɪŋ 'dʌtʃmən
Flynn *engl.* flɪn
Flynt *engl.* flɪnt
Fly-over flai̯'|o:və, *engl.* 'flaɪ-oʊvə
Fly River *engl.* 'flaɪ 'rɪvə
Flysch flɪʃ
f-Moll 'ɛfmɔl, *auch:* '–'–
fob fɔp
Foch *fr.* fɔʃ
Foča *serbokr.* 'fɔtʃa
fọcht fɔxt
fọ̈chte 'fœçtə
Focillon *fr.* fɔsi'jõ
Fọck fɔk, *ung.* fok
Fọcke 'fɔkə, *engl.* fɔk
Fọcko 'fɔko
Focșani *rumän.* fok'ʃanj
föderal føde'ra:l
föderalisieren føderali'zi:rən
Föderalịsmus fødera'lɪsmʊs
Föderalịst fødera'lɪst
Föderation fødera'tsi̯o:n
föderativ fødera'ti:f, -e ...i:və
Föderierte føde'ri:ɐ̯tə
Födermayr 'fø:dɐmai̯ɐ
Foerster 'fœrstɐ, *engl.* 'fə:stə
Fọg *engl.* fɔg
Fogarasch foga'raʃ
Fogazzaro *it.* fogat'tsa:ro
Fogelberg *schwed.* ˌfo:gəlbærj
Fọggia *it.* 'fɔddʒa
Fogo *port.* 'foɣu
Fogosch 'fɔgɔʃ
fohlen, F... 'fo:lən
Föhn fø:n
föhnen 'fø:nən
föhnig 'fø:nɪç, -e ...ɪɡə
Fohnsdorf 'fo:nsdɔrf
Föhr fø:ɐ̯
Föhre 'fø:rə
Foiano *it.* fo'i̯a:no
Foix *fr.* fwa
Fọka *russ.* 'fɔkɐ
fokal fo'ka:l
Fokine *fr.* fɔ'kin, *engl.* 'fɔ:kɪn
Fọkker *niederl.* 'fɔkər
Fokus 'fo:kʊs
fokussieren fokʊ'si:rən
Folard *fr.* fɔ'la:r
Fọlch *span., kat.* fɔlk
Fọlchart 'fɔlçart
Fọldal 'fɔldal
Fọldes 'fɔldɛs
Fọ̈ldes *ung.* 'føldɛʃ
Folengo *it.* fo'lɛŋgo
Foley *engl.* 'foʊlɪ
Fọlge 'fɔlgə
Fọlgefonni *norw.* ˌfɔlgəfɔni
fọlgen 'fɔlgn̩, **fọlg!** fɔlk, **fọlgt** fɔlkt
fọlgend 'fɔlgn̩t, -e ...n̩də
fọlgendergestalt 'fɔlgn̩dɐgə'ʃtalt
fọlgendermaßen 'fɔlgn̩dɐ'ma:sn̩
fọlgenderweise 'fɔlgn̩dɐ'vai̯zə
fọlgerecht 'fɔlgərɛçt
fọlgerichtig 'fɔlgərɪçtɪç
fọlgern 'fɔlgɐn, **fọlgre** 'fɔlgrə
fọlgewidrig 'fɔlgəvi:drɪç
fọlglich 'fɔlklɪç
fọlgsam 'fɔlkza:m
[1]**Folia** (Tanzmelodie) fo'li:a, **...ien** fo'li:ən
[2]**Folia** vgl. Folium
Foliant fo'li̯ant
[1]**Folie** ([Metall]blatt) 'fo:li̯ə, **...ien** 'fo:li̯ən
[2]**Folie** (Torheit) fo'li:, **-n** ...i:ən
Folies-Bergère *fr.* fɔlibɛr'ʒɛ:r
Foligno *it.* fo'liɲɲo
foliieren foli'i:rən
Folinsäure fo'li:nzɔy̯rə
folio, F... 'fo:li̯o
Folium 'fo:li̯ʊm, **...ia** ...i̯a
Fọlke 'fɔlkə, *schwed.* ˌfɔlkə
Fọlkestone *engl.* 'foʊkstən
Fọlketing 'fɔlkətɪŋ, *dän.* 'fɔlgəteŋ'
Folklore 'fɔlklo:ɐ̯, *auch:* ...lo:rə, fɔlk'lo:rə; *engl.* 'foʊklɔ:
Folklorịst[ik] fɔlklo'rɪst[ɪk]
Fọlko 'fɔlko
Fọlksong 'fɔlkzɔŋ
Fọlkung[er] 'fɔlkʊŋ[ɐ]
Fọlkvangr 'fɔlkvaŋɐ
Fọlkwang 'fɔlkvaŋ
Fọlkwein 'fɔlkvai̯n
Follain *fr.* fɔ'lɛ̃
Fọllen 'fɔlən, *engl.* 'fɔlɪn
Follenius fɔ'le:ni̯ʊs
Fọllett *engl.* 'fɔlɪt
Follẹtte fo'lɛtə
Follikulitis fɔliku'li:tɪs, **...itiden** ...li'ti:dn̩
Follikel fɔ'li:kl̩
follikular fɔliku'la:ɐ̯
follikulär fɔliku'lɛ:ɐ̯
Follikulitis fɔliku'li:tɪs, **...itiden** ...li'ti:dn̩
Follọnica *it.* fol'lɔ:nika
Fọlmer *dän.* 'fɔl'mər
Folquet *fr.* fɔl'kɛ
Folsäure 'fo:lzɔy̯rə
Fọlsom *engl.* 'foʊlsəm
Fọlter 'fɔltɐ
fọltern 'fɔltɐn
Fọltz, Fọlz fɔlts
Foma *russ.* fa'ma
Fomalhaut fomal'hau̯t
Foment fo'mɛnt
Fomentation fomɛnta'tsi̯o:n
Fomič vgl. Fomitsch
Fomin *russ.* fa'min
Fominitschna, Fominična *russ.* fa'miniʃnɐ
Fomitsch, Fomič *russ.* fa'mitʃ
Fön Ⓦⓩ fø:n
foncé fõ'se:
Foncemagne *fr.* fõs'maɲ
Fọnck fɔŋk, *fr.* fõ:k
Fond fõ:
Fọnda *engl.* 'fɔndə
Fọndaco 'fɔndako, **...chi** ...ki
Fondant fõ'dã:
Fọnd du Lac *engl.* 'fɔndʒəlæk

Fọndi *it.* 'fondi
Fọndo *it.* 'fondo
Fondouk *fr.* fõ'duk
Fonds fõ:, **des -** fõ:[s], **die -** fõ:s
Fondue fõ'dy:
fö̱nen 'fø:nən
Fonfrède *fr.* fõ'frɛd
Fø̱nhus *norw.* 'fø:nhʉ:s
Fọnni *it.* 'fɔnni
Fọnó *ung.* 'fono:
Fọns fɔns
Fonsagrạda *span.* fɔnsa'ɣraða
Fonsẹca *span.* fɔn'seka, *port.* fõ'sekɐ, *bras.* fõ'seka
Fonson *fr.* fõ'sõ
Fonssagrịves *fr.* fõsa'gri:v
Fọnt *span.* fɔn
Fontaine *fr.* fõ'tɛn; *engl.* fɔn'teɪn, '‒‒
Fontainebleau *fr.* fõtɛn'blo
Fontaine-l'Évêque *fr.* fõtɛnle'vɛk
Fontaines *fr.* fõ'tɛn
Fontan *fr.* fõ'tã
Fontạna fɔn'ta:na, *it.* fon'ta:na, *span.* fɔn'tana, *engl.* fɔn'tænə
Fontanạls *span.* fɔnta'nals
Fontạne fɔn'ta:nə, *fr.* fõ'tan
Fontä̱ne fɔn'tɛ:nə
Fontanẹlla *span.* fɔnta'neʎa
Fontanẹlle fɔnta'nɛlə
Fontạnes *fr.* fõ'tan
Fontanẹsi *it.* fonta'ne:si
Fontange fõ'tã:ʒə
Fontanges *fr.* fõ'tã:ʒ
Fontanne *engl.* fɔn'tæn
Font-de-Gaume *fr.* fõd'go:m
Fọnte Bọa *bras.* 'fonti 'boa
Fontéchevạde *fr.* fõteʃ'vad
Fontẹlas *port.* fon'tɛlɐʃ
Fontenay fõt'nɛ
Fontenay-aux-Rọses *fr.* fõtnɛo'ro:z
Fontenay-le-Comte *fr.* fõtnɛl'kõ:t
Fontenay-sous-Bois *fr.* fõtnɛsu'bwa
Fontenẹlle *fr.* fõt'nɛl
Fontenoy *fr.* fõtə'nwa
Fọntes *port.* 'fontɪʃ, *bras.* 'fontis
Fontevrault *fr.* fõtə'vro
Fontẹyn *engl.* fɔn'teɪn
Fontoura *port.* fon'torɐ
Fontoy *fr.* fõ'twa
Fontviẹille *fr.* fõ'vjɛj
Fonwịsin, Fonvizin *russ.* fan'vizin
Fọny *ung.* fonj
Fő̱nyed *ung.* 'fø:njɛd
Fọnyód *ung.* 'fonjo:d
Fonzạso *it.* fon'dza:zo
[1]**Foot** (Maß) fu:t, *engl.* fʊt; **Feet** fi:t
[2]**Foot** (Name) *engl.* fʊt
Football *engl.* 'fʊtbɔ:l
Foot-candle *engl.* 'fʊtkændl
Foote *engl.* fʊt
Footing *engl.* 'fʊtɪŋ
Fọppa *it.* 'fɔppa, *rät.* 'fɔpa
fọppen 'fɔpn̩
Fopperei fɔpə'rai̯
Fö̱ppl 'fœpl̩
Fora vgl. Forum
Forain *fr.* fɔ'rɛ̃
Fọraker *engl.* 'fɔrɪkə
Forạmen fo'ra:mən, **...mina** ...mina
Foraminifẹre foramini'fe:rə
Foramịti fora'mi:ti
Fọrbach 'fɔrbax, *fr.* fɔr'bak
Fọrberg 'fɔrbɛrk
Fọrbes *engl.* fɔ:bz
Forbin *fr.* fɔr'bɛ̃
Forbonnais *fr.* fɔrbɔ'nɛ
Forcalquiẹr *fr.* fɔrkal'kje
[1]**Fọrce** (Kraft) fɔrs, **-n** ...sn̩
[2]**Fọrce** (Name) *engl.* fɔ:s
Force de frạppe *fr.* fɔrsdə'frap
Forcellịni *it.* fortʃel'li:ni
Force majeure *fr.* fɔrsma'ʒœ:r
Force Ouvrière *fr.* fɔrsuvri'ɛ:r
Fọrceps 'fɔrt͜sɛps
Fọrch fɔrç
Fọrchhammer 'fɔrçhamɐ
Fọrchheim 'fɔrçhai̯m
Fọrchheimer 'fɔrçhai̯mɐ
Forchies-la-Mạrche *fr.* fɔrʃila'marʃ
forcie̱ren fɔr'si:rən
Fọrckenbeck 'fɔrkn̩bɛk
Forclạz *fr.* fɔr'kla
Fọrd fɔrt, *engl.* fɔ:d
Fö̱rde 'fø:ɐ̯də
Fø̱rdefjord *norw.* ˌfœrdəfju:r
fọrdern 'fɔrdɐn, **fọrdre** 'fɔrdrə
fö̱rdern 'fœrdɐn, **fö̱rdre** 'fœrdrə
Fö̱rdernis 'fœrdɐnɪs, **-se** ...ɪsə
Fö̱rderstedt 'fœrdɐʃtɛt
Fọrdham *engl.* 'fɔ:dəm
Fọrdon *poln.* 'fɔrdɔn
Fọrdyce *engl.* 'fɔ:daɪs
Fö̱re 'fø:rə
Fọrechecking *engl.* 'fɔ:tʃɛkɪŋ
Fọregger 'fo:rɛgɐ
Fọrehand *engl.* 'fɔ:hænd
Fọreign Ọffice *engl.* 'fɔrɪn 'ɔfɪs
Forẹl *fr.* fɔ'rɛl
Forẹlle fo'rɛlə
Forensạlbesitz forɛn'za:lbəzɪt͜s
forẹnsisch fo'rɛnzɪʃ
Forẹnza *it.* fo'rɛntsa
Forest *engl.* 'fɔrɪst, *fr.* fɔ'rɛ
Fọrester *engl.* 'fɔrɪstə
Forestiẹr *fr.* fɔrɛs'tje
Forêt, ...ey, ...ez *fr.* fɔ'rɛ
Forfait *fr.* fɔr'fɛ
Fọrfar *engl.* 'fɔ:fə
Fọrgách *ung.* 'forga:tʃ
Forges-les-Eaux *fr.* fɔrʒle'zo
Forgẹt *fr.* fɔr'ʒɛ
Fọrggensee 'fɔrgn̩ze:
Fọrgue *fr.* fɔrg
Forịnt 'fo:rɪnt, *ung.* 'forint
Forịo *it.* fo'ri:o
Fọrke 'fɔrkə
Fọrkel 'fɔrkl̩
fọrkeln 'fɔrkl̩n
Fọrkenbeck 'fɔrkn̩bɛk
Fọrks *engl.* fɔ:ks
Forlạna fɔr'la:na
Forlạne fɔr'la:nə
Fọrle 'fɔrlə
Forlì *it.* for'li
Forlimpọpoli *it.* forlim'pɔ:poli
Fọrm fɔrm
Formạggio fɔr'madʒo
formạl fɔr'ma:l
Formaldehyd 'fɔrm|aldehy:t, *auch:* ...'hy:t; **-es** ...y:dəs
Formạlien fɔr'ma:li̯ən
Formalịn ® fɔrma'li:n
formalisie̱ren fɔrmali'zi:rən
Formalịsmus fɔrma'lɪsmʊs
Formalịst fɔrma'lɪst
Formalitä̱t fɔrmali'tɛ:t
formạliter fɔr'ma:litɐ
Formamịd fɔrma'mi:t, **-es** ...i:dəs
Formamịnt ® fɔrma'mɪnt
Fọrman *engl.* 'fɔ:mən
Fọrmans 'fɔrmans; **...ntia** fɔr'mant͜si̯a, **...nzien** fɔr'mant͜si̯ən
Formạnt fɔr'mant
Formạt fɔr'ma:t
Formatiọn fɔrma't͜si̯o:n
formatịv, F... fɔrma'ti:f, **-e** ...i:və
Fọrmby *engl.* 'fɔ:mbɪ
Formé *fr.* fɔr'me
Fọrme fruste *fr.* fɔrm'fryst
Fọrmel 'fɔrml̩
formẹll fɔr'mɛl
fọrmen 'fɔrmən
Formẹnt *kat.* fur'men
Formentẹra *span.* fɔrmen'tera
Formentọr *span.* fɔrmen'tɔr
Formerei fɔrmə'rai̯
Formerie *fr.* fɔrmə'ri
Fọrmes 'fɔrməs
Fọrmia *it.* 'fɔrmi̯a
Formiạt fɔr'mi̯a:t
Formicạrium fɔrmi'ka:ri̯ʊm
Formicạtio fɔrmi'ka:t͜si̯o
formidạbel fɔrmi'da:bl̩, **...ble** ...blə
formie̱ren fɔr'mi:rən
Formigé *fr.* fɔrmi'ʒe
Formịgine *it.* for'mi:dʒine
Formigny *fr.* fɔrmi'ɲi
Formiguères *fr.* fɔrmi'gɛ:r
fö̱rmlich 'fœrmlɪç
Formọl ® fɔr'mo:l
Formont *fr.* fɔr'mõ
Formọsa fɔr'mo:za, *span.* fɔr'mosa, *bras.* for'moza
Formọsus fɔr'mo:zʊs
Formulạr fɔrmu'la:ɐ̯
formulie̱ren fɔrmu'li:rən
Formy̱l fɔr'my:l
Fornạci *it.* for'na:tʃi
Fornạri *it.* for'na:ri

Fornarina *it.* forna'ri:na
Fornæs *dän.* 'fɔrnɛs
Fornebu *norw.* ˌfɔrnəbʉ:
Forner *span.* fɔr'nɛr
Fornerod *fr.* fɔrnə'ro
Forni *it.* 'forni
Fornix 'fɔrnɪks, **...ices** ...nitse:s
Forno *it.* 'forno
Fornos de Algodres *port.* 'fɔrnuʒ ðal'ɡoðrɪʃ
Fornovo *it.* for'nɔ:vo
Fornsbach 'fɔrnsbax
Foro romano *it.* 'fɔ:ro ro'ma:no
Forráskút *ung.* 'forra:ʃku:t
Forrer 'fɔrɐ
Forres[t] *engl.* 'fɔrɪs[t]
Forrestal *engl.* 'fɔrəstl
Forrester *engl.* 'fɔrɪstə
Forró *ung.* 'forro:
Fors *schwed.* fɔrs
Forsakar *schwed.* fɔrsa'kɑ:r
forsch fɔrʃ
förscheln 'fœrʃl̩n
forschen 'fɔrʃn̩
Forseti 'fɔrzeti
Forss *schwed.* fɔrs
Forssa *finn.* 'fɔrssɑ
Forst fɔrst
Förstenau 'fœrstənau̯
Forstenried fɔrstn̩'ri:t
Forster 'fɔrstɐ, *engl.* 'fɔ:stə
Förster 'fœrstɐ
Försterei fœrstə'rai̯
Förstgen 'fœrstɡn̩
Forsthoff 'fɔrsthɔf
Forsting 'fɔrstɪŋ
Forsyte Saga *engl.* 'fɔ:saɪt 'sɑ:ɡə
Forsyth *engl.* fɔ:'saɪθ
Forsythie fɔr'zy:tsi̯ə, *auch:* fɔr'zy:ti̯ə
fort fɔrt
[1]**Fort** (Festungswerk) fo:ɐ̯, *engl.* fɔ:t
[2]**Fort** (Name) *fr.* fɔ:r
fortab fɔrt'|ap
Fortaleza *bras.* forta'leza
fortan fɔrt'|an
Fort-Archambault *fr.* fɔrtarʃã'bo
Fort Beauséjour *engl.* 'fɔ:t boʊseɪ'ʒʊə
Fort-Crampel *fr.* fɔrkrã'pɛl
Fort-Dauphin *fr.* fɔrdo'fɛ̃
Fort-de-France *fr.* fɔrdə'frã:s
Fort-de-l'Eau *fr.* fɔrdə'lo
forte 'fɔrtə
Forte 'fɔrtə, **Forti** 'fɔrti
Fortebracci *it.* forte'brattʃi
Forteguerri *it.* forte'ɡuɛrri
fortepiano fɔrtə'pi̯a:no
Fortepiano fɔrtə'pi̯a:no, **...ni** ...ni
Fortes vgl. Fortis
Fortescue *engl.* 'fɔ:tɪskju:
Fortes fortuna adiuvat 'fɔrte:s fɔr'tu:na 'atjuvat
Fortezza *it.* for'tettsa
Fort-Gouraud *fr.* fɔrɡu'ro
Forth fɔrt, *engl.* fɔ:θ
Förtha 'fœrta
forthin fɔrt'hɪn
Forti vgl. Forte
Fortiá *span.* fɔr'ti̯a
Fortifikation fɔrtifika'tsi̯o:n
fortifikatorisch fɔrtifika'to:rɪʃ
fortifizieren fɔrtifi'tsi:rən
Fortinbras 'fɔrtɪnbras, *engl.* 'fɔ:tɪnbræs
Fortis 'fɔrtɪs, **Fortes** 'fɔrte:s
fortissimo fɔr'tɪsimo
Fortissimo fɔr'tɪsimo, **...mi** ...mi
Fort-Lallemand *fr.* fɔrlal'mã
Fort-Lamy *fr.* fɔrla'mi
Fort-Liberté *fr.* fɔrlibɛr'te
Fort-Mahon-Plage *fr.* fɔrmaõ'pla:ʒ
Fort-National *fr.* fɔrnasjɔ'nal
Fortner 'fɔrtnɐ
Fortoul *fr.* fɔr'tul
Fortran 'fɔrtran
Fort Schewtschenko, Fort Ševčenko *russ.* 'fɔrt ʃəf'tʃɛnkɐ
Fortschritt 'fɔrtʃrɪt
Fort Ševčenko vgl. Fort Schewtschenko
Fortsetzung 'fɔrtzɛtsʊŋ
Fortuna fɔr'tu:na
Fortunat fɔrtu'na:t, *fr.* fɔrty'na, *russ.* fɐrtu'nat
Fortunata fɔrtu'na:ta
Fortunato *it.* fortu'na:to
Fortunatow, Fortunatov *russ.* fɐrtu'natɐf
Fortunatus fɔrtu'na:tʊs
Fortune *engl.* 'fɔ:tju:n
Fortüne fɔr'ty:nə
Fortuné *fr.* fɔrty'ne
Fortunio *fr.* fɔrty'njo
Fortunen *dän.* fɔr'tu:'nən
Fortuny *kat.* fur'tuɲ, *span.* fɔr'tuni
fortwährend 'fɔrtvɛ:rənt, **-e** ...ndə
Forty Fort *engl.* 'fɔ:tɪ 'fɔ:t
Forum 'fo:rʊm, **Fora** 'fo:ra
Forville *fr.* fɔr'vil
Forward *engl.* 'fɔ:wəd
Forza del destino *it.* 'fɔrtsa del des'ti:no
forzando fɔr'tsando
forzato fɔr'tsa:to
Fos *fr.* fo:s, fɔs
Fosbury *engl.* 'fɔsbərɪ
Foscari *it.* 'foskari
Foscarini *it.* foska'ri:ni
Foscolo *it.* 'foskolo
Fosdick *engl.* 'fɔzdɪk
Fose 'fo:zə
Fosna *norw.* ˌfu:sna
Fossa 'fɔsa, **Fossae** 'fɔsɛ
Fossá *isl.* 'fɔsau̯
Fossano *it.* fos'sa:no
Fossat *fr.* fɔ'sa
Fossati *it.* fos'sa:ti
Fossato *it.* fos'sa:to
Foße 'fo:sə
Fosse *fr.* fo:s
fossil fɔ'si:l
Fossil fɔ'si:l, **-ien** -i̯ən
Fossilisation fɔsiliza'tsi̯o:n
fossilisieren fɔsili'zi:rən
Fossombrone *it.* fossom'bro:ne
Fossombroni *it.* fossom'bro:ni
Fossula 'fɔsula, **...lae** ...lɛ
Foster *engl.* 'fɔstə
Fostoria *engl.* fɔs'tɔ:rɪə
Fot *russ.* fɔt
Fót *ung.* fo:t
Föt fø:t
fötal fø'ta:l
Fothergill *engl.* 'fɔðəɡɪl
Fotheringhay *engl.* 'fɔðərɪŋɡeɪ
Foti, Fotij *russ.* 'fɔtij
fötid fø'ti:t, **-e** ...i:də
Fotina *russ.* fa'tinɐ
Foto 'fo:to
fotogen foto'ɡe:n
Fotochemigrafie fotoçemiɡra'fi:
Fotogenität fotoɡeni'tɛ:t
Fotograf foto'ɡra:f
Fotografie fotoɡra'fi:, **-n** ...i:ən
fotografieren fotoɡra'fi:rən
fotografisch foto'ɡra:fɪʃ
Fotokopie fotoko'pi:, **-n** ...i:ən
fotokopieren fotoko'pi:rən
Fotomodell 'fo:tomodɛl
Fötor 'fø:tɔr
Fötus 'fø:tʊs, **-se** ...ʊsə
Fotze 'fɔtsə
Fötzel 'fœtsl̩
fotzen 'fɔtsn̩
Foucart *fr.* fu'ka:r
Foucauld, ...lt *fr.* fu'ko
Fouché, ...cher *fr.* fu'ʃe
Fouchet *fr.* fu'ʃɛ
Foucquet *fr.* fu'kɛ
foudroyant fudroa'jã:, ...jant; **-e** ...jantə
Fouesnant *fr.* fwɛ'nã
Fougeray *fr.* fu'ʒrɛ
Fougère[s] *fr.* fu'ʒɛ:r
Fougerolles *fr.* fu'ʒrɔl
Fouillée *fr.* fu'je
Fouilloux *fr.* fu'ju
foul, Foul faul
Foulard fu'la:ɐ̯
Foulardine fular'di:n
Fould *fr.* fuld
Foulé fu'le:
foulen 'faulən
Foulis *engl.* faʊlz
Foullon *fr.* fu'lõ
Foulque[s] *fr.* fulk
Foumban *fr.* fum'ban
Fountain *engl.* 'faʊntɪn
Fouqué fu'ke:, *fr.* fu'ke
Fouqueray *fr.* fu'krɛ
Fouquet *fr.* fu'kɛ
Fouquier *fr.* fu'kje
Fouquières *fr.* fu'kjɛ:r

Four *fr.* fu:r
Fourạs *fr.* fu'rɑ
Fourberies de Scapin *fr.* furbəridska'pɛ̃
Fourcaud *fr.* fur'ko
Fourchambault *fr.* furʃã'bo
Fourcroy *fr.* fur'krwa
Fourdrịnier *engl.* fʊə'drɪnɪə
Foureau *fr.* fu'ro
Fourgon fʊr'gõ:
[1]**Fourier** (Unteroffizier) fu'ri:ɐ̯
[2]**Fourịer** (Name) *fr.* fu'rje
Fourierịsmus furi̯e'rɪsmʊs
Four-letter-word *engl.* 'fɔ:lɛtə,wə:d
Fourmies *fr.* fur'mi
Fourmont *fr.* fur'mõ
Fourneau[x] *fr.* fur'no
Fournẹt *fr.* fur'nɛ
Fourneyron *fr.* furnɛ'rõ
Fournié, ...iẹr *fr.* fur'nje
Fournier d'Albe *engl.* 'fʊənɪeɪ'dælb
Fourniture fʊrni'ty:ɐ̯, **-n** ...rən
Fourquẹt *fr.* fur'kɛ
Fourquevaux *fr.* furkə'vo
Fourrure fʊ'ry:ɐ̯
Fours *fr.* fu:r
Fourtou *fr.* fur'tu
Fourvière *fr.* fur'vjɛ:r
Foussais *fr.* fu'sɛ
Fousserẹt *fr.* fu'srɛ
Foutạ *fr.* fu'ta
Fouta-Djalon *fr.* futadʒa'lõ
Foutounạ *fr.* futu'na
Fọvea 'fo:vea, **Fọveae** 'fo:veɛ
Fovẹola fo've:ola, **...lae** ...lɛ
Fovịlle *fr.* fɔ'vil
Fowler *engl.* 'faʊlə
Fowles *engl.* faʊlz
Fownes *engl.* faʊnz
Fọx *dt.*, *engl.*, *span.* fɔks
Fọxboro *engl.* 'fɔksbərə
Fọxcroft *engl.* 'fɔkskrɔft
Fọxe *engl.* fɔks
Fọxhound 'fɔkshaunt, *engl.* ...haʊnd
Fọxterrier 'fɔkstɛri̯ɐ
Fọxtrott 'fɔkstrɔt
Fọxwell *engl.* 'fɔkswəl
Foy *fr.* fwa
Foyatiẹr *fr.* fwaja'tje, fɔja...
Foyẹr foa'je:
Fọyle *engl.* fɔɪl
Fọz *port.* fɔʃ
Frạ fra:
Fracạs fra'ka, **des -** ...ka[s]
Fracastọro *it.* frakas'tɔ:ro
Frachon *fr.* fra'ʃõ
Frạcht[er] 'fraxt[ɐ]
Frạck frak, **Frạ̈cke** 'frɛkə
Frackville *engl.* 'frækvɪl
Fraenkel 'frɛŋkl̩
Frạga *span.* 'fraɣa
Frage 'fra:gə
frägeln 'frɛ:gln̩, **frägle** 'frɛ:glə
fragen 'fra:gn̩, **frag!** fra:k, **fragt** fra:kt

Fragerei fra:gə'rai̯
Fragerọlle *fr.* fra'ʒrɔl
Frage- und-Ạntwort-Spiel 'fra:gə ʊnt 'antvɔrtʃpi:l
fragil fra'gi:l
Fragilität fragili'tɛ:t
frạglich 'fra:klɪç
frạglos 'fra:klo:s
Fragmẹnt fra'gmɛnt
fragmentarisch fragmɛn'ta:rɪʃ
Fragmentation fragmɛnta'tsi̯o:n
fragmentieren fragmɛn'ti:rən
Fragner 'fra:gnɐ
Fragonard *fr.* fragɔ'na:r
fragwürdig 'fra:kvʏrdɪç
Frähn frɛ:n
Frain frai̯n
Fraipont *fr.* frɛ'põ
frais frɛ:s
Frais frai̯s, **-en** 'frai̯zn̩
fraise 'frɛ:zə, *fr.* frɛ:z
Fraise 'frɛ:zə
Fraize *fr.* frɛ:z
Fraktion frak'tsi̯o:n
fraktionẹll fraktsi̯o'nɛl
fraktionieren fraktsi̯o'ni:rən
Fraktur frak'tu:ɐ̯
Frạm *norw.* fram
Fra Mauro *it.* fram'ma:u̯ro
Frambösie frambø'zi:, **-n** ...i:ən
Frame fre:m, *engl.* freɪm; **-n** ...mən
Frameries *fr.* fram'ri
Framersheim 'fra:mɐshai̯m
Framingham *engl.* 'freɪmɪŋəm
Frampton *engl.* 'fræmptən
Frana 'fra:na, **Frane** 'fra:nə
[1]**Franc, -s** frã:
[2]**Frạnc** (Name) fraŋk
Frạnca *it.*, *span.* 'fraŋka
Français *fr.* frã'sɛ
Française frã'sɛ:zə
Françaix *fr.* frã'sɛ
Francạrt *fr.* frã'ka:r
Francavịlla *it.* fraŋka'villa
France *fr.* frã:s
France-Prẹsse *fr.* frãs'prɛs
Frances *engl.* 'frɑ:nsɪs
Francés *span.* fran'θes
Francẹsca *it.* fran'tʃeska
Francescati *it.* frantʃes'ka:ti, *fr.* frãsɛska'ti
Franceschini *it.* frantʃes'ki:ni
Francẹsco *it.* fran'tʃesko
France-Soir *fr.* frãs'swa:r
Francevịlle *fr.* frãs'vil
Franche-Comté *fr.* frãʃkõ'te
Franches-Montạgnes *fr.* frãʃmõ'taɲ
Franchet d'Esperey *fr.* frãʃɛdɛspə'rɛ
Franchẹtti *it.* fraŋ'ketti
Franchevịlle *fr.* frãʃ'vil
Frạnchy 'fraŋki
Franchino *it.* fraŋ'ki:no
Franchise frã'ʃi:zə
Frạnci *it.* 'frantʃi

Frạncia 'frantsi̯a, *it.* frantʃa, *span.* 'franθi̯a
Franciabigio *it.* frantʃa'bi:dʒo
Franciạde *fr.* frã'sjad
Francien *fr.* frã'sjɛ̃
Francịne *fr.* frã'sin
Francis *engl.* 'frɑ:nsɪs, *fr.* frã'sis
Francịsca *span.* fran'θiska; *port.* frɐ̃'siʃkɐ, *bras.* ...siska
Francịsco *span.* fran'θisko; *port.* frɐ̃'siʃku, *bras.* ...sisku
Francịsque *fr.* frã'sisk
Francịszek *poln.* fran'tɕiʃɛk
Frạncium 'frantsi̯ʊm
Frạnck fraŋk, *fr.* frã:k, *niederl.* frɑŋk, *engl.* fræŋk
Frạncke 'fraŋkə
Frạncken *niederl.* 'frɑŋkə
Frạnckenstein 'fraŋkn̩ʃtai̯n
Franc-Nohain *fr.* frãnɔ'ɛ̃
franco 'fraŋko
Frạnco *it.*, *span.* 'fraŋko, *port.*, *bras.* 'frɐŋku
Francœur *fr.* frã'kœ:r
Francofọnte *it.* fraŋko'fonte
François *fr.* frã'swa
Françoise *fr.* frã'swa:z
Francọni *it.* fraŋ'ko:ni
Francọnia fraŋ'ko:ni̯a
Franconvịlle *fr.* frãkõ'vil
Franc-Tireur *fr.* frãti'rœ:r
Frane vgl. Frana
Frạneker *niederl.* 'fra:nəkər
Frangipạne *it.* frandʒi'pa:ne
Frangy *fr.* frã'ʒi
Frạnje 'franjə
Franjo *serbokr.* ˌfra:njɔ
frạnk, [1]**Frạnk** fraŋk
[2]**Frank** (Name) fraŋk, *engl.* fræŋk, *fr.* frã:k
Frạnka 'fraŋka
Frankatur fraŋka'tu:ɐ̯
Frạnke 'fraŋkə
Frạ̈nkel 'frɛŋkl̩
Frạnken 'fraŋkn̩
Frạnkenalb 'fraŋkn̩|alp
Frạnkenau 'fraŋkənau̯
Frạnkenbach 'fraŋkn̩bax
Frạnkenberg 'fraŋkn̩bɛrk
Frạnkenburg 'fraŋkn̩bʊrk
Frạnkeneck 'fraŋkn̩|ɛk
Frankenfẹlde fraŋkn̩'fɛldə
Frạnkenhain 'fraŋkn̩hai̯n
Frạnkenhöhe 'fraŋkn̩hø:ə
Frạnkenholz 'fraŋkn̩hɔlts
Frạnkenmarkt 'fraŋkn̩markt
Frankenrọda fraŋkn̩'ro:da
Frạnkenstein 'fraŋkn̩ʃtai̯n
Frạnkenthal 'fraŋkn̩ta:l
Frạnkenwald 'fraŋkn̩valt
Frankfort *engl.* 'fræŋkfət
Frạnkfurt 'fraŋkfʊrt
Frạnkfurter 'fraŋkfʊrtɐ, *engl.* 'fræŋkfə:tə
frạnkfurtisch 'fraŋkfʊrtɪʃ
frankieren fraŋ'ki:rən
Frạ̈nkin 'frɛŋkɪn

frạnkisch 'frɛŋkɪʃ
Frạnkl 'fraŋkl̩
Frankland *engl.* 'frænklənd
Franklin *engl.* 'fræŋklɪn, *fr.* frã'klɛ̃
Franklinisation fraŋkliniza'tsi̯o:n
frạnko 'fraŋko
Frạnko 'fraŋko, *russ.* fran'kɔ
Frạnkobert 'fraŋkobɛrt
Frạnkokanadier 'fraŋkokana:di̯ɐ
Frankọpan *serbokr.* fraŋˌkɔpa:n
frankophil fraŋko'fi:l
Frankophilie fraŋkofi'li:
frankophob fraŋko'fo:p, **-e** ...o:bə
Frankophobie fraŋkofo'bi:
frankophon fraŋko'fo:n
Frankophonie fraŋkofo'ni:
Frạnkreich 'fraŋkraiç
Franks *engl.* fræŋks
Franktireur frãti'rø:ɐ̯
Franqueville *fr.* frãk'vil
Frans *niederl.* frɑns
Frạnsa *span.* 'fransa
Frạnschen 'frɛnsçən
Franscini *it.* fran'ʃi:ni
Frạnse 'franzə
frạnsen 'franzn̩, **frạns!** frans, **frạnst** franst
frạnsig 'franzɪç, **-e** ...ɪgə
Frạntišek *tschech.* 'frantjiʃɛk
Frạntiškovy Lázně *tschech.* 'frantjiʃkɔvi 'la:znjɛ
Frạntz[en] 'frants[n]
Frạnz frants, *fr.* frã:s
Frạnzburg 'frantsbʊrk
Frạ̈nzchen 'frɛntsçən
Frạ̈nze 'frɛntsə
Franzén *schwed.* fran'se:n
Frạnzensbad 'frantsn̩sba:t
Frạnzensfeste 'frantsn̩sfɛstə
Frạnzfeld 'frantsfɛlt
Frạnzi 'frantsi
Frạnzien 'frantsi̯ən
Franziska fran'tsɪska
Franziskaner frantsɪs'ka:nɐ
Franziskus fran'tsɪskʊs
Frạnzius 'frantsi̯ʊs
Frạnz Joseph 'frants 'jo:zɛf
Frạnz-Joseph-Land 'frants'jo:zɛflant
Frạnzmann 'frantsman
Franzos (Name) fran'tso:s, '--
Franzose fran'tso:zə
Französelei frantsø:zə'lai
französeln fran'tsø:zl̩n, **französle** fran'tsø:zlə
französieren frantsø'zi:rən
Französin fran'tsø:zɪn
französisch fran'tsø:zɪʃ
französisieren frantsøzi'zi:rən
Frapan 'fra:pan
Frapié *fr.* fra'pje
frappạnt fra'pant
Frappé fra'pe:
frappieren fra'pi:rən
Frascati *it.* fras'ka:ti
Frạsch fraʃ, *engl.* frɑ:ʃ
Fräsdorn 'frɛ:sdɔrn
Fräse 'frɛ:zə
fräsen 'frɛ:zn̩, **fräs!** frɛ:s **fräst** frɛ:st
Fraser *engl.* 'freɪzə
Fräser 'frɛ:zɐ
Fraserburgh *engl.* 'freɪzəbərə
Frash *engl.* fræʃ
Frashër[i] *alban.* 'fraʃər[i]
Frasne[s] *fr.* frɑ:n
Frasquita *span.* fras'kita
fraß, F... fra:s
fräße 'frɛ:sə
Frạssini *it.* frassini
Frạstanz 'frastants
Frate 'fra:tə
Fratellini *it.* fratel'li:ni
Frater 'fra:tɐ, **Fratres** 'fra:tre:s
Fraternisation fratɛrniza'tsi̯o:n
fraternisieren fratɛrni'zi:rən
Fraternität fratɛrni'tɛ:t
Fraternité fratɛrni'te:
Frati *it.* 'fra:ti
Fratres vgl. Frater
Fratres minores 'fra:tre:s mi'no:re:s
Frạtta *it.* 'fratta
Frattamaggiore *it.* frattamad'dʒo:re
Frạtz frats
Frạ̈tzchen 'frɛtsçən
Frạtze 'fratsə
Frau frau
Frauchen 'frauçən
fraudulös fraudu'lø:s, **-e** ...ø:zə
Frauenberg 'frauənbɛrk
Frauenburg 'frauənbʊrk
Frauenchiemsee frauən'ki:mze:
Frauenfeld 'frauənfɛlt
Frauenhain 'frauənhain
Frauenlob 'frauənlo:p
Frauenprießnitz frauən'pri:snɪts
Frauenrechtlerin 'frauənrɛçtlərɪn
Frauenstädt 'frauənʃtɛt
Frauenwald 'frauənvalt
Frauenwörth frauən'vø:ɐ̯t
Frau Holle frau 'hɔlə
Frauke 'fraukə
Fraulautern frau'lautɐn
Fräulein 'frɔylain
fraulich 'fraulɪç
Fraunberg 'fraunbɛrk
Fraungruber 'fraungru:bɐ
Fraunhofer 'fraunho:fɐ
Fraustadt 'frauʃtat
Frawạschi fra'vaʃi
Fray Bẹntos *span.* 'frai 'βentɔs
Frayssinous *fr.* frɛsi'nus
Frazer *engl.* 'freɪzə
frẹch frɛç
Frẹchen 'frɛçn̩
Frechenrieden frɛçn̩'ri:dn̩
Fréchẹtte *fr.* fre'ʃɛt
Frẹchling 'frɛçlɪŋ
Frẹchulf 'frɛçʊlf
Frẹckleben 'frɛkle:bn̩
Fred fre:t, frɛt, *engl.* frɛd
Frẹddy 'frɛdi
Frede *dän.* 'fre:ðə
Fredeburg 'fre:dəbʊrk
Fredegar 'fre:dəgar
Fredegund 'fre:dəgʊnt
Fredegunde fre:də'gʊndə
Frẹdensborg *dän.* 'fre:'ðənsbɔr'
Frẹderic *engl.* 'frɛdrɪk
Frédéric *fr.* frede'rik
Fredericia *dän.* freðə'redsja
Frẹderick *engl.* 'frɛdrɪk
Frẹdericksburg *engl.* 'frɛdrɪksbə:g
Frederico *port.* frəðə'riku
Frẹdericton *engl.* 'frɛdrɪktən
Frederik *niederl.* 'fre:dərɪk, *dän.* 'frɛðəreg
Frederiksberg *dän.* frɛðregs'bɛr'
Frederiksborg *dän.* frɛðregs'bɔr'
Frẹderiksen *dän.* 'frɛðregsən
Frederikshåb *dän.* frɛðregs'hɔ:'b
Frederikshavn *dän.* frɛðregs'hau̯'n
Frederiksholms kanal *dän.* frɛðregs'hɔl'ms ka'na:'l
Frederiksoord *niederl.* 'fre:dərɪkso:rt
Frederikssund *dän.* frɛðregs'sɔn'
Frederikstad *norw.* 'fre:dəriksta:d
Frederiksværk *dän.* frɛðregs'vɛrg
Fredeswitha fredɛs'wi:ta
Fredi *it.* 'fre:di
Fredonia *engl.* fri:'doʊnɪə
Fredrik *schwed.* 'fre:drik
Fredrika *schwed.* fredˌri:ka
Frẹdrikstad *norw.* 'frɛdriksta
Frẹdro *poln.* 'frɛdrɔ
free alongside ship *engl.* 'fri: ə'lɔŋsaɪd 'ʃɪp
Free clinic *engl.* 'fri: 'klɪnɪk
Freeden 'fre:dn̩
Freedom *engl.* 'fri:dəm
Freehold *engl.* 'fri:hoʊld
Freeholder *engl.* 'fri:hoʊldə
Freelance *engl.* 'fri:lɑ:ns
Freeland *engl.* 'fri:lənd
Freeman *engl.* 'fri:mən
free on board *engl.* 'fri: ɔn 'bɔ:d
free on waggon *engl.* 'fri: ɔn 'wægən
Freeport *engl.* 'fri:pɔ:t
Frees fre:s
Freese 'fre:zə
Freesie 'fre:zi̯ə
Freetown *engl.* 'fri:taʊn
Fregatte fre'gatə
Frege 'fre:gə

Fregenạl *span.* frɛxe'nal
Fregenẹda *span.* frɛxe'neða
Fregim *port.* frɪ'ʒĩ
Fregọso *it.* fre'go:zo
Fréhẹl *fr.* fre'ɛl
Frẹhne 'fre:nə
frei frai
Frei frai, *engl.* fraɪ, *fr.* frɛ, *span.* frɛi
Freia 'fraia
Freiạmt frai'|amt
Freiberg 'fraibɛrk
Freiberge 'fraibɛrgə
Freibeuter 'fraibɔytɐ
Freiburg 'fraibʊrk
Freidank 'fraidaŋk
freien 'fraiən
Freienfels 'fraiənfɛls
Freienhufen fraiən'hu:fn̩
Freienseen 'fraiənze:n
Freienwạlde fraiən'valdə
freigebig 'fraige:bɪç, **-e** ...ɪgə
Freigeisterei fraigaistə'rai
Freigné *fr.* frɛ'ɲe
Freigrafschaft 'frai͵gra:fʃaft
Freiham 'fraiham
Freihandbücherei 'fraihantby:çərai
freihändig 'fraihɛndɪç, **-e** ...ɪgə
Freiheit 'fraihait
freiheraus fraihɛ'raus
Freihung 'fraiʊŋ
Freiin 'fraiɪn
Freiland 'frailant
Freilạssing frai'lasɪŋ
Frei-Laubersheim frai'laubɐshaim
freilich 'frailɪç
Freiligrath 'frailigra:t, ...lɪç...
Freilingen 'frailɪŋən
Freilitzsch 'frailɪtʃ
Freimạnn (Ort) frai'man
Freimaurer 'fraimaurɐ
Freimaurerei fraimaurə'rai
freimaurerisch 'fraimaurərɪʃ
Freimut 'fraimu:t
freimütig 'fraimy:tɪç, **-e** ...ɪgə
Frein frain
Freinẹt *fr.* frɛ'nɛ
Freinsheim 'frainshaim
Freir 'fraiɐ
Freire *port.* 'frɐirə, *bras.* 'freiri, *span.* 'frɛire
Freirọda frai'ro:da
Freisaß 'fraizas, **...assen** ...asn̩
Freisasse 'fraizasə
Freischärler 'fraiʃɛ:ɐ̯lɐ
Freischütz[e] 'fraiʃʏts[ə]
Freisen 'fraizn̩
Freising 'fraizɪŋ
Freisinn 'fraizɪn
Freist fraist
Freistadt 'fraiʃtat
Freistett 'fraiʃtɛt
Freitag 'fraita:k
freitags 'fraita:ks
Freital 'fraita:l
Freitas *port.* 'frɐitɐʃ, *bras.* 'freitas
Freite 'fraitə
Freiung 'fraiʊŋ
Freiwạlde frai'valdə
freiwillig 'fraivɪlɪç
Freiwillige 'fraivɪlɪgə
Freixiạnda *port.* frɐi'ʃiɐndɐ
Freixo de Espạda à Cịnta *port.* 'frɐiʃuðɪʃ'paða'sintɐ
freizügig 'fraitsy:gɪç
Fréjọrgues *fr.* fre'ʒɔrg
Fréjus *fr.* fre'ʒys
Frelịmo *port.* frɛ'limu
Frelinghuysen *engl.* 'fri:lɪŋhaɪzn
Fremantle *engl.* 'fri:mæntl
frẹmd frɛmt, **-e** 'frɛmdə
frẹmdartig 'frɛmt|a:ɐ̯tɪç
Frẹmde 'frɛmdə
frẹmdeln 'frɛmdl̩n, **frẹmdle** 'frɛmdlə
frẹmden 'frɛmdn̩, **frẹmd!** frɛmt
frẹmdländisch 'frɛmtlɛndɪʃ
Frẹmdling 'frɛmtlɪŋ
Fremdtümelei frɛmtty:mə'lai
frẹmdwörteln 'frɛmtvœrtl̩n
Fremdwörterei frɛmtvœrtə'rai
Frẹmersdorf 'frɛmɐsdɔrf
Frémiẹt *fr.* fre'mjɛ
Frémin *fr.* fre'mɛ̃
Fréminẹt *fr.* fremi'nɛ
Frẹmitus 'fre:mitʊs
Fremont *engl.* 'fri:mɔnt, frɪ'mɔnt
Frẹmstadt *engl.* 'frɛmstɑ:d
Frémy *fr.* fre'mi
Frémyọt *fr.* fre'mjo
Frenay *fr.* frə'nɛ
Frẹnch *engl.* frɛntʃ
Freneau *engl.* frɪ'noʊ
frenẹtisch fre'ne:tɪʃ
Frẹni *it.* 'fre:ni
Frẹnk[e] 'frɛŋk[ə]
Frensdorferhaar frɛnsdɔrfɐ'ha:ɐ̯
Frẹnssen 'frɛnsn̩
Frẹnštát *tschech.* 'frɛnʃta:t
Frẹn[t]zel 'frɛnts̩l
Freppẹl *fr.* frɛ'pɛl
frequẹnt fre'kvɛnt
Frequentạnt frekvɛn'tant
Frequentatiọn frekvɛnta'tsio:n
Frequentatịv frekvɛnta'ti:f, **-a** ...i:va
Frequentatịvum frekvɛnta'ti:vʊm, **...va** ...va
frequentieren frekvɛn'ti:rən
Frequẹnz fre'kvɛnts
Frere *engl.* frɪə
Frère *fr.* frɛ:r
Frẹren 'fre:rən
Frère-Orban *fr.* frɛrɔr'bã
Frères *fr.* frɛ:r
Fréron *fr.* fre'rõ
Frescobạldi *it.* fresko'baldi
Fresẹnius fre'ze:niʊs
Frẹske 'frɛskə
Frẹsko 'frɛsko
Fresnay[e] *fr.* frɛ'nɛ
Fresnẹl *fr.* frɛ'nɛl
Frẹsnes *fr.* frɛn
Fresnin *fr.* frɛ'nɛ̃
Frẹsno *engl.* 'frɛznoʊ
Fressạlien frɛ'sa:liən
Frẹsse 'frɛsə
frẹssen, frẹßt frɛst
Fresserei frɛsə'rai
Frẹsta *schwed.* ͵frɛsta
Freteur fre'tø:ɐ̯
Frétevạl *fr.* fret'val
fretieren fre'ti:rən
Frẹtt[chen] 'frɛt[çən]
frẹtten 'frɛtn̩
frettieren frɛ'ti:rən
Frẹu *span.* freu
Freuchen 'frɔyçn̩, *dän.* 'frɔi'gən
Freud frɔyt
Freude 'frɔydə
Freudenberg 'frɔydn̩bɛrk
Freudenberger 'frɔydn̩bɛrgɐ
Freudenstadt 'frɔydn̩ʃtat
Freudent[h]al 'frɔydn̩ta:l
Freudiạner frɔy'dia:nɐ
freudig 'frɔydɪç, **-e** ...ɪgə
freudlos 'frɔytlo:s
Freudlosigkeit 'frɔytlo:zɪçkait
Freudweiler 'frɔytvailɐ
freuen 'frɔyən
Freuler 'frɔylɐ
[1]**Freund** 'frɔynt, **-e** 'frɔyndə
[2]**Freund** (Name) frɔynt, *dän.* frɔi'nd
Freundin 'frɔyndɪn
freundlich 'frɔyntlɪç
Freundorfer 'frɔyndɔrfɐ
Freusburg 'frɔysbʊrk
frẹvel, F... 'fre:fl̩
frẹveln 'fre:fl̩n
frẹventlich 'fre:fn̩tlɪç
Frẹvler 'fre:flɐ
frẹvlerisch 'fre:flərɪʃ
Frey frai, *fr.* frɛ
Freya 'fraia
Freyburg 'fraibʊrk
Freycinẹt *fr.* frɛsi'nɛ
Freyenstein 'fraiənʃtain
Freyer 'fraiɐ
Freyja 'fraija
Freylinghausen 'frailɪŋhauzn̩
Freyming *fr.* frɛ'mɛ̃
Freyr 'fraiɐ
Frẹyre *span.* 'frɛire
Freyssinẹt *fr.* frɛsi'nɛ
Freystadt 'fraiʃtat
Freytag 'fraita:k
Freyung 'fraiʊŋ
Friant *fr.* fri'ã
Friaul fri'aul
Fribourg *fr.* fri'bu:r
Frịck *dt., engl.* frɪk
Frịcka 'frɪka
Frịcke 'frɪkə
Frịcken 'frɪkn̩
Frịcker 'frɪkɐ, *engl.* 'frɪkə
Frịckingen 'frɪkɪŋən
Frịcsay 'frɪtʃai, *ung.* 'fritʃɔi
Frịda 'fri:da

Frída *tschech.* 'fri:da
Fridatte fri'datə
Fridegård *schwed.* ˌfri:dəgo:rd
Fridericus fride'ri:kʊs
friderizianisch frideri'tsi̯a:nɪʃ
Fridingen 'fri:dɪŋən
Fridjónsson *isl.* 'frɪðjɔu̯nsɔn
Fridolin 'fri:doli:n
Fridtjof *dän.* 'fridjɔf
Fried fri:t
Frieda 'fri:da
Friedberg 'fri:tbɛrk
Friedbert 'fri:tbɛrt
Friedburg 'fri:tbʊrk
Friede 'fri:də
Friedeberg 'fri:dəbɛrk
Friedebert 'fri:dəbɛrt
Friedeburg 'fri:dəbʊrk
Friedegård *schwed.* 'fri:dəgo:rd
Friedegund 'fri:dəgʊnt
Friedegunde fri:də'gʊndə
Friedek 'fri:dɛk
Friedel 'fri:dl̩
Friedell 'fri:dɛl, fri'dɛl; *fr.* fri'dɛl
Friedemann 'fri:dəman
Frieden 'fri:dn̩
Friedenau fri:də'nau̯
Friedenfels 'fri:dn̩fɛls
Friedensburg 'fri:dn̩sbʊrk
Frieder 'fri:dɐ
Friederich[s] 'fri:dərɪç[s]
Friederici fride'ri:tsi
Friederike fri:də'ri:kə
Friedersdorf 'fri:dɐsdɔrf
Friedewalde fri:də'valdə
Friedfertigkeit 'fri:tfɛrtɪçkai̯t
Friedgar 'fri:tgar
Friedger 'fri:tgɛr
Friedgund 'fri:tgʊnt
Friedheim 'fri:thai̯m
Friedhelm 'fri:thɛlm
Friedhof 'fri:tho:f
Friedjung 'fri:tjʊŋ
Friedlaender 'fri:tlɛndɐ
Friedland 'fri:tlant
Friedländer 'fri:tlɛndɐ
friedländisch 'fri:tlɛndɪʃ
friedlich 'fri:tlɪç
Friedlieb 'fri:tli:p
Friedlingen 'fri:tlɪŋən
friedlos 'fri:tlo:s
Friedmann 'fri:tman
Friedmannsdorf 'fri:tmansdɔrf
Friedo[lin] 'fri:do[li:n]
Friedreich 'fri:drai̯ç
Friedrich 'fri:drɪç
Friedrichroda fri:drɪç'ro:da
Friedrichsdor 'fri:drɪçsdo:ɐ̯
Friedrichsdorf 'fri:drɪçsdɔrf
Friedrichsfelde fri:drɪçs'fɛldə
Friedrichshafen 'fri:drɪçsha:fn̩
Friedrichshagen fri:drɪçs'ha:gn̩
Friedrichshain 'fri:drɪçshai̯n
Friedrichshall 'fri:drɪçshal, --'-
Friedrichshütte 'fri:drɪçshʏtə
Friedrichsort fri:drɪçs'|ɔrt
Friedrichsruh fri:drɪçs'ru:
Friedrichsstadt 'fri:drɪçsʃtat
Friedrichstal 'fri:drɪçsta:l
Friedrichstein 'fri:drɪçʃtai̯n
Friedrichsthal 'fri:drɪçsta:l
Friedrichswalde fri:drɪçs'valdə
Friedrichswerder fri:drɪçs'vɛrdɐ
Friedrich-Wilhelm-Stadt fri:drɪç'vɪlhɛlmʃtat
friedsam 'fri:tza:m
friedselig 'fri:tze:lɪç
Frielingsdorf 'fri:lɪŋsdɔrf
Friendly *engl.* 'frɛndlɪ
frieren 'fri:rən
Friendship *engl.* 'frɛndʃɪp
Friern *engl.* 'fraɪən
[1]**Fries** (Gesimsstreifen) fri:s, **-e** 'fri:zə
[2]**Fries** (Name) *dt.*, *engl.* fri:s
Friesach 'fri:zax
Friesack 'fri:zak
Friese 'fri:zə
Friesel 'fri:zl̩
Friesenried fri:zn̩'ri:t
friesisch 'fri:zɪʃ
Friesland 'fri:slant, *niederl.* ...lɑnt
Friesländer 'fri:slɛndɐ
friesländisch 'fri:slɛndɪʃ
Frieso 'fri:zo
Friesoythe fri:s'|ɔytə
Friesz *fr.* fri'ɛs
Frigento *it.* fri'dʒɛnto
Frigg frɪk
frigid fri'gi:t, **-e** ...i:də
Frigidaire ® friʒi'dɛ:ɐ̯, *auch:* frigi'dɛ:ɐ̯, fridʒi...
Frigidarium frigi'da:ri̯ʊm, **...ien** ...i̯ən
frigide fri'gi:də
Frigidität frigidi'tɛ:t
Frigorimeter frigori'me:tɐ
Frigyes *ung.* 'fridjɛʃ
Frihavnen *dän.* 'frihau̯'nən
Friis *dän.* fri:'s
Frija 'fri:ja
Frikadelle frika'dɛlə
Frikandeau frikan'do:
Frikandelle frikan'dɛlə
Frikassee frika'se:
frikassieren frika'si:rən
frikativ, F... frika'ti:f, **-e** ...i:və
Frikativum frika'ti:vʊm, **...va** ...va
Friktiograph frɪktsi̯o'gra:f
Friktion frɪk'tsi̯o:n
Friley *engl.* 'fraɪlɪ
Frimaire fri'mɛ:ɐ̯
Frimley *engl.* 'frɪmlɪ
Frimmel 'frɪml̩
Frings frɪŋs
Frinton *engl.* 'frɪntən
Friolzheim 'fri:ɔltshai̯m
Friquet *fr.* fri'kɛ
Frisange *fr.* fri'zã:ʒ
frisch, F... frɪʃ
frischauf! frɪʃ'|au̯f
frischbacken 'frɪʃbakn̩
Frische 'frɪʃə
Frischeisen 'frɪʃ|ai̯zn̩
frischen 'frɪʃn̩
Frisching 'frɪʃɪŋ
Frischlin 'frɪʃli:n
Frischling 'frɪʃlɪŋ
frischweg frɪʃ'vɛk
Frisco 'frɪsko, *engl.* 'frɪskoʊ
Frisé fri'ze:
Frisella fri'zɛla
Friseur fri'zø:ɐ̯
Friseuse fri'zø:zə
frisieren fri'zi:rən
Frisingen 'fri:zɪŋən
Frisko 'frɪsko
Frisör fri'zø:ɐ̯
friß! frɪs
frissest 'frɪsəst
frißt, Frist frɪst
fristen 'frɪstn̩
Fristingen 'frɪstɪŋən
Frisur fri'zu:ɐ̯
Friteuse fri'tø:zə
fritieren fri'ti:rən
Fritfliege 'frɪtfli:gə
Frith *engl.* frɪθ
Fritheswith *engl.* 'frɪθəswɪθ
Frithjof 'frɪtjɔf, *norw.* 'fritjɔf
Fritillaria fritɪ'la:ri̯a, **...ien** ...i̯ən
Fritjof *schwed.* 'fritjɔf, ˌ--, 'fri:tjɔf
Frits *niederl.* frɪts
Fritsch frɪtʃ
Frittate frɪ'ta:tə
Fritte 'frɪtə
fritten 'frɪtn̩
Fritter 'frɪtɐ
Fritüre fri'ty:rə
Fritz[i] 'frɪts[i]
...fritze (z. B. Filmfritze) ...ˌfrɪtsə
Fritzlar 'frɪtslar
Fritzow 'frɪtso
Fritzsche 'frɪtʃə
Friuli *it.* fri'u:li
Friville-Escarbotin *fr.* frivilɛskarbɔ'tɛ̃
frivol fri'vo:l
Frivolität frivoli'tɛ:t
Frjasino, Frjazino *russ.* 'frjazinɐ
Fro fro:
Fröbel 'frø:bl̩
Froben 'fro:bn̩
Frobenius fro'be:ni̯ʊs
Froberger 'fro:bɛrgɐ
Frobisher *engl.* 'froʊbɪʃə
Frode *dän.* 'fro:ðə
Fröding *schwed.* ˌfrø:dɪŋ
Froebel 'frø:bl̩
Froelich 'frø:lɪç
froh fro:
Frohburg 'fro:bʊrk
Froheit 'fro:hai̯t
fröhlich, F... 'frø:lɪç
frohlocken fro'lɔkn̩

Frohman *engl.* 'froʊmən
Frohmut 'fro:mu:t
frohmütig 'fro:my:tɪç, **-e** ...ɪgə
Frohnau fro'nau̯
Frohne 'fro:nə
Fröhner 'frø:nɐ
Frohnhausen 'fro:nhau̯zn̩
Frohnleiten fro:n'lai̯tn̩
Frohs fro:s
Frohschammer 'fro:ʃamɐ
Frohse 'fro:zə
Froissart *fr.* frwa'sa:r
Froissy *fr.* frwa'si
Froitzheim 'fro:tshai̯m
Frol *russ.* frɔl
Frolenko *russ.* fra'ljɛnkɐ
Frölicher 'frø:lɪçɐ
Frolow, Frolov *russ.* fra'lɔf
Frolowitsch, Frolovič *russ.* 'frɔlɐvitʃ
Frolowna, Frolovna *russ.* 'frɔlɐvnɐ
Frolowo, Frolovo *russ.* fra'lɔvɐ
Fromage fro'ma:ʒə, *fr.* frɔ'ma:ʒ
Fromage de Brie *fr.* frɔmaʒdə'bri
Frombork *poln.* 'frɔmbɔrk
Frome *engl.* fru:m
Froment *fr.* frɔ'mã
Fromentin *fr.* frɔmã'tɛ̃
Frömern 'frø:mɐn
fromm frɔm, **frömmer** 'frœmɐ
Frommann 'frɔman
Fromme 'frɔmə
Frommel 'frɔml̩
Frömmelei frœmə'lai̯
frömmeln 'frœml̩n
frommen 'frɔmən
frömmer vgl. fromm
Frommern 'frɔmɐn
Frömmigkeit 'frœmɪçkai̯t
Fromund 'fro:mʊnt
Fron fro:n
Fronalpstock fro'nalp-ʃtɔk
[1]Fronde (Fron) 'fro:ndə
[2]Fronde (Auflehnung) 'frõ:də
fronden 'fro:ndn̩, **frond!** fro:nt
Fröndenberg 'frœndn̩bɛrk
Frondeszenz frɔndɛs'tsɛnts
Frondeur frõ'dø:ɐ̯
Frondienst 'fro:ndi:nst
frondieren frõ'di:rən
Frondizi *span.* frɔn'diθi
frondos frɔn'do:s, **-e** ...o:zə
Frondsberg 'fro:ntsbɛrk
fronen 'fro:nən
frönen 'frø:nən
Fronhausen 'fro:nhau̯zn̩
Fronleichnam fro:n'lai̯çna:m
Fronsac *fr.* frõ'sak
Fronsperg 'fro:nspɛrk
Front frɔnt
frontal frɔn'ta:l
Frontale frɔn'ta:lə, **...lien** ...li̯ən
Frontalität frɔntali'tɛ:t
Frontaura *span.* frɔn'tau̯ra
Fronteira *port.* frõ'tei̯rɐ
Frontenac *fr.* frõt'nak
Frontera[s] *span.* frɔn'tera[s]
Frontier *engl.* 'frʌntɪə
Frontignan *fr.* frõti'ɲã
Frontinus frɔn'ti:nʊs
Frontispiz frɔnti'spi:ts
Fronto 'frɔnto
Frontogenese frɔntoge'ne:zə
Frontolyse frɔnto'ly:zə
Frontone *it.* fron'to:ne
Front Range *engl.* 'frʌnt 'reɪndʒ
fror fro:ɐ̯
fröre 'frø:rə
Froriep 'fro:ri:p
Frosch frɔʃ, **Frösche** 'frœʃə
Froschauer 'frɔʃau̯ɐ
Fröschchen 'frœʃçən
Frœschviller *fr.* frɛʃvi'lɛ:r
Fröschweiler 'frœʃvai̯lɐ
Fröse 'frø:zə
Frosinone *it.* frozi'no:ne
Frosolone *it.* frozo'lo:ne
Frösön *schwed.* ˌfrø:sø:n
Frossard *fr.* frɔ'sa:r
[1]Frost frɔst, **Fröste** 'frœstə
[2]Frost (Name) *engl.* frɔst
Frostavallen *schwed.* ˌfrɔstavalən
Frostburg *engl.* 'frɔstbə:g
fröstelig 'frœstəlɪç, **-e** ...ɪgə
frösteln 'frœstl̩n
Froster 'frɔstɐ
frostig 'frɔstɪç, **-e** ...ɪgə
fröstlig 'frœstlɪç, **-e** ...ɪgə
Fröstling 'frœstlɪŋ
Frottee frɔ'te:
Frotteur frɔ'tø:ɐ̯
frottieren frɔ'ti:rən
Frottola 'frɔtola, **...olen** frɔ'to:lən
Fröttstädt 'frœtʃtɛt
frotzeln 'frɔtsl̩n
Frouard *fr.* fru'a:r
Froude *engl.* fru:d
Frou-Frou fru'fru:, *fr.* fru'fru
Froumund 'frau̯mʊnt
Froward *engl.* 'froʊəd
Frowein 'fro:vai̯n
Frowin 'fro:vi:n
Frucht frʊxt, **Früchte** 'frʏçtə
fruchtbar 'frʊxtba:ɐ̯
fruchten 'frʊxtn̩
fruchtig 'frʊxtɪç, **-e** ...ɪgə
Fructose frʊk'to:zə
Fructuosus frʊk'tu̯o:zʊs
Frueauf 'fry:|au̯f
Frue kirke *dän.* 'fru:ə 'kergə
Fruela *span.* 'fru̯ela
Frug *russ.* fruk
frugal fru'ga:l
Frugalität frugali'tɛ:t
Fruges *fr.* fry:ʒ
Frugivore frugi'vo:rə
Frugoni *it.* fru'go:ni
früh, Früh fry:
frühauf 'fry:|au̯f
Frühe 'fry:ə
Früher 'fry:ɐ
Frühjahr 'fry:ja:ɐ̯
Frühling 'fry:lɪŋ
frühmorgens fry:'mɔrgn̩s
Frühstück 'fry:ʃtʏk
frühstücken 'fry:ʃtʏkn̩
frühzeitig 'fry:tsai̯tɪç
Fruin *niederl.* frœi̯n
Fruktidor frʏkti'do:ɐ̯
Fruktifikation frʊktifika'tsi̯o:n
fruktifizieren frʊktifi'tsi:rən
Fruktose frʊk'to:zə
Frumentius fru'mɛntsi̯ʊs
Fründ frʏnt
Frundsberg 'frʊntsbɛrk
Frunse, Frunze *russ.* 'frunzɪ
Fruote fru'o:tə
Fruška gora *serbokr.* 'fruʃka: ˌgɔra
fruste frʏst, *fr.* fryst
Frustration frʊstra'tsi̯o:n
frustratorisch frʊstra'to:rɪʃ
frustrieren frʊs'tri:rən
Frutal *bras.* fru'tal
Frute 'fru:tə
Frutigen 'fru:tɪgn̩
Frutolf 'fru:tɔlf
Frutt frʊt
Frutti 'frʊti, *it.* 'frutti
Frutti di mare 'frʊti di 'ma:rə
Fry *engl.* fraɪ
Frycz *poln.* frɨtʃ
Frýdek-Místek *tschech.* 'fri:dɛk'mi:stɛk
Fryderyk *poln.* frɨ'dɛrɨk
Frýdlant *tschech.* 'fri:dlant
Frye *engl.* fraɪ
Fryšták *tschech.* 'friʃta:k
Fryxell *schwed.* fryk'sɛl
Ftan *rät.* ftan
Fuad fu'a:t
Fuca *span.* 'fuka
[1]Fuchs (Tier) fʊks, **Füchse** 'fʏksə
[2]Fuchs (Name) fʊks, *engl.* fu:ks
Fuchsberg 'fʊksbɛrk
Füchschen 'fʏksçən
fuchsen 'fʊksn̩
Fuchsie 'fʊksi̯ə
fuchsig 'fʊksɪç, **-e** ...ɪgə
Fuchsin fʊ'ksi:n
Füchsin 'fʏksɪn
Fuchskauten 'fʊkskau̯tn̩
fuchsrot 'fʊksro:t
fuchsschwänzeln 'fʊksʃvɛntsl̩n
fuchsschwänzen 'fʊksʃvɛntsn̩
fuchsteufelswild 'fʊks'tɔyfl̩s'vɪlt
fuchswild 'fʊks'vɪlt
Fuchtel 'fʊxtl̩
fuchteln 'fʊxtl̩n
fuchtig 'fʊxtɪç, **-e** ...ɪgə
Fučík *tschech.* 'futʃi:k
Fuciner See 'fu:tʃi:nɐ 'ze:
Fucini *it.* fu'tʃi:ni
Fucino *it.* 'fu:tʃino
Fuder 'fu:dɐ
fudit 'fu:dɪt

Fudschijama fudʒi'ja:ma
Fudschiwara fudʒi'va:ra
Fuego *span.* 'fu̯eɣo
Fuel *engl.* fjʊəl, 'fju:əl
Fuencaliente *span.* fu̯eŋka'li̯ente
Fuengirola *span.* fu̯eŋxi'rola
Fuensanta de Martos *span.* fu̯en'santa ðe 'martɔs
Fuente *span.* 'fu̯ente
Fuente de Cantos *span.* 'fu̯ente ðe 'kantɔs
Fuente Obejuna *span.* 'fu̯ente oβɛ'xuna
Fuenteovejuna *span.* fu̯enteoβɛ'xuna
Fuenterrabía *span.* fu̯entɛrra'βia
Fuentes *span.* 'fu̯entes
Fuentes de Oñoro *span.* 'fu̯entez ðe o'ɲoro
Fuero 'fu̯e:ro, *span.* 'fu̯ero
Fuertes *engl.* 'fwɛətɛɪs
Fuerteventura *span.* fu̯ɛrteβen'tura
Füessli 'fy:ɛsli
Füeter 'fu:ɛtɐ
Füetrer 'fy:ɛtrɐ
Fuffzehn 'fʊftse:n
Fuffziger 'fʊftsɪgɐ
Fug fu:k
Fuga *it.* 'fu:ga
fugal fu'ga:l
fugato fu'ga:to
Fugato fu'ga:to, **...ti** ...ti
Fuge 'fu:gə
Fugel 'fu:gl̩
fugen 'fu:gn̩, **fug!** fu:k, **fugt** fu:kt
fügen 'fy:gn̩, **füg!** fy:k, **fügt** fy:kt
Füger 'fy:gɐ
Fugette fu'gɛtə
Fugger 'fʊgɐ
Fuggerei fʊgə'rai̯
Fughetta fu'gɛta, **...tten** ...ɛtn̩
fugieren fu'gi:rən
Fuglefjord *dän.* 'fu:ləfjo:'r
füglich 'fy:klɪç
fügsam 'fy:kza:m
fühlen 'fy:lən
Fuhlenbrock 'fu:lənbrɔk
Fuhlrott 'fu:lrɔt
Fuhlsbüttel 'fu:lsbʏtl̩
Fühner 'fy:nɐ
fuhr, F... fu:ɐ̯
Fuhre 'fu:rə
führe[n] 'fy:rə[n]
Führer 'fy:rɐ
Führich 'fy:rɪç
Fujiyama fudʒi'ja:ma
Fukazeen fuka'tse:ən
Fukien 'fu:ki̯ɛn
Fukui 'fu:kui
Fukujama fuku'ja:ma
Fukuoka fuku'o:ka
Fukuschima fuku'ʃi:ma
Fulbe 'fʊlbə
Fulbert 'fʊlbɛrt, *fr.* fyl'bɛ:r
Fulbright *engl.* 'fʊlbraɪt
Fulda 'fʊlda
Fuldaer 'fʊldaɐ
fuldaisch 'fʊldaɪʃ
Fuldera *rät.* fʊl'de:ra
Fulgencio *span.* fʊl'xenθi̯o
Fulgentius fʊl'gɛntsi̯ʊs
Fulgurant fʊlgu'rant
Fulgurante fʊlgu'rantə
Fulgurit Ⓦ fʊlgu'ri:t, *auch:* ...rɪt
Fulham *engl.* 'fʊləm
Fuligo fu'li:go
Fulla 'fʊla, *slowak.* 'fula
Full dress *engl.* 'fʊl 'drɛs
Fülle 'fʏlə
füllen, F... 'fʏlən
Fuller *engl.* 'fʊlə
Füller 'fʏlɐ
Fullerton *engl.* 'fʊlətən
füllig 'fʏlɪç, **-e** ...ɪgə
Füllsel 'fʏlzl̩
Fullspeed *engl.* 'fʊl'spi:d
Full-time-job *engl.* 'fʊltaɪm,dʒɔb
fulminant fʊlmi'nant
Fulminat fʊlmi'na:t
Fulminanz fʊlmi'nants
Fulnek 'fʊlnɛk, *tschech.* 'fulnɛk
Fülöp 'fy:lœp, *ung.* 'fyløp
Fülöpszállás *ung.* 'fyløpsa:lla:ʃ
Fulpmes 'fʊlpmɛs
Fulton *engl.* 'fʊltən
Fulvia 'fʊlvi̯a
Fulvius 'fʊlvi̯ʊs
Fulwood *engl.* 'fʊlwʊd
Fumagalli *it.* fuma'galli
Fumarole fuma'ro:lə
Fumasoni *it.* fuma'zo:ni
Fumay *fr.* fy'mɛ
Fumé fy'me:
Fumel *fr.* fy'mɛl
Fummel 'fʊml̩
fummeln 'fʊmln̩
Fumoir fy'moa:ɐ̯
Funchal *port.* fũ'ʃal
Funck-Brentano 'fʊŋkbrɛn'ta:no, *fr.* fõkbrɛ̃ta'no
Fund fʊnt, **-e** 'fʊndə
Funda 'fʊnda, **...dae** ...dɛ
Fundament fʊnda'mɛnt
fundamental fʊndamɛn'ta:l
Fundamentalismus fʊndamɛnta'lɪsmʊs
fundamentieren fʊndamɛn'ti:rən
Fundão *port.* fun'dɐ̃u̯
Fundation fʊnda'tsi̯o:n
Fündchen 'fʏntçən
Funder 'fʊndɐ, *dän.* 'fɔn'dər, 'fɔnər
fundieren fʊn'di:rən
fündig 'fʏndɪç, **-e** ...ɪgə
Fundus ['**dotalis, instructus]** 'fʊndʊs [do'ta:lɪs, ɪn'strʊktʊs]
Fundy *engl.* 'fʌndɪ
funebre *fr.* fy'nɛbr; *it.* 'fu:nebre, fu'nɛ:bre
Fünen 'fy:nən
funerale fune'ra:lə
Funeralien fune'ra:li̯ən
Funes *span.* 'funes
fünf fʏnf
fünfeckig 'fʏnf|ɛkɪç
fünfeinhalb 'fʏnf|ai̯n'halp
Fünfer 'fʏnfɐ
fünferlei 'fʏnfɐ'lai̯
fünffach 'fʏnffax
fünffältig 'fʏnffɛltɪç, **-e** ...ɪgə
Fünffrankenstück fʏnf'fraŋkn̩ʃtʏk
Fünfhaus fʏnf'hau̯s
fünfhundert 'fʏnf'hʊndɐt
Fünfjahresplan fʏnf'ja:rəspla:n
Fünfjahrplan fʏnf'ja:ɐ̯pla:n
Fünfkirchen fʏnf'kɪrçn̩
Fünfliber fʏnf'li:bɐ
Fünfmarkstück fʏnf'mark-ʃtʏk
fünfmarkstückgroß fʏnf'mark-ʃtʏkgro:s
Fünfpfennigstück fʏnf'pfɛnɪçʃtʏk
Fünfstetten 'fʏnfʃtɛtn̩
Fünfstromland fʏnf'ʃtro:mlant
fünft fʏnft
Fünftagefieber fʏnf'ta:gəfi:bɐ
fünftausend 'fʏnf'tau̯zn̩t
fünfte 'fʏnftə
fünftel, F... 'fʏnftl̩
fünftens 'fʏnftn̩s
Fünfuhrtee 'fʏnf|u:ɐ̯te:
fünfundzwanzig 'fʏnf|ʊnt'tsvantsɪç
fünfzehn 'fʏnftse:n
fünfzig 'fʏnftsɪç
Fünfziger 'fʏnftsɪgɐ
Fungi vgl. Fungus
fungibel fʊŋ'gi:bl̩, **...ble** ...blə
Fungibilien fʊŋgi'bi:li̯ən
fungieren fʊŋ'gi:rən
Fungistatikum fʊŋgi'sta:tikʊm, **...ka** ...ka
fungizid, F... fʊŋgi'tsi:t, **-e** ...i:də
fungös fʊŋ'gø:s, **-e** ...ø:zə
Fungosität fʊŋgozi'tɛ:t
Fungus 'fʊŋgʊs, **...gi** ...gi
Funhof 'fu:nho:f
Funi 'fu:ni
Funiculitis funiku'li:tɪs, **...litiden** ...li'ti:dn̩
Funiculus fu'ni:kulʊs, **...li** ...li
Funk fʊŋk, *engl.* fʌŋk, *poln.* fuŋk
Funke 'fʊŋkə
funkeln 'fʊŋkln̩
funkelnagelneu 'fʊŋkl̩'na:gl̩'nɔy
funken, F... 'fʊŋkn̩
Funkenhagen fʊŋkn̩'ha:gn̩
Funkie 'fʊŋki̯ə
funkisch 'fʊŋkɪʃ
Funktion fʊŋk'tsi̯o:n

funktional fʊŋkts̮i̯o'na:l
Funktionalismus fʊŋkts̮i̯ona'lɪsmʊs
Funktionalität fʊŋkts̮i̯onali'tɛ:t
Funktionär fʊŋkts̮i̯o'nɛ:ɐ̯
funktionell fʊŋkts̮i̯o'nɛl
funktionieren fʊŋkts̮i̯o'ni:rən
Funktiv fʊŋk'ti:f, **-e** ...i:və
Funktor 'fʊŋktɔr, **-en** ...'to:rən
Funsel 'fʊnzl̩
Funza *span.* 'funθa
Funzel 'fʊnts̮l̩
Fuoruscjti fu̯oru'ʃi:ti
für fy:ɐ̯
Furage fu'ra:ʒə
furagieren fura'ʒi:rən
fürbaß fy:ɐ̯'bas
Fürbitte 'fy:ɐ̯bɪtə
fürbitten, F... 'fy:ɐ̯bɪtn̩
Furca 'fʊrka, **Furcae** 'fʊrts̮ɛ
Furceva vgl. Furzewa
Furche 'fʊrçə
furchen 'fʊrçn̩
furchig 'fʊrçɪç, **-e** ...ɪgə
Furcht fʊrçt
Fürchtegott 'fʏrçtəgɔt
fürchten 'fʏrçtn̩
furchtsam 'fʊrçtza:m
fürder 'fʏrdɐ
fürderhin 'fʏrdɐhɪn
füreinander fy:ɐ̯|ai̯'nandɐ
Furesø *dän.* 'fu:rəsø:'
Furetière *fr.* fyr'tjɛ:r
Fürfeld 'fy:ɐ̯fɛlt
Fürfurt 'fy:ɐ̯fʊrt
Furiant fu'ri̯ant
furibund furi'bʊnt, **-e** ...ndə
Furie 'fu:ri̯ə
Furier fu'ri:ɐ̯
Fürigen 'fy:rɪgn̩
Furini *it.* fu'ri:ni
Furio *it.* 'fu:ri̯o
furios fu'ri̯o:s, **-e** ...o:zə
furioso fu'ri̯o:zo
Furioso fu'ri̯o:zo, **...si** fu'ri̯o:zi
Furius 'fu:ri̯ʊs
Furler 'fʊrlɐ
Furka 'fʊrka
Furlana fʊr'la:na
Furlane fʊr'la:nə
fürlieb fy:ɐ̯'li:p
Furmanow, Furmanov *russ.* 'furmɐnɐf
Furneaux *engl.* 'fə:noʊ
Furnes *fr.* fyrn
Furness *engl.* 'fə:nɪs
Furnier fʊr'ni:ɐ̯
furnieren fʊr'ni:rən
Furniss *engl.* 'fə:nɪs
Furnival[l] *engl.* 'fə:nɪvəl
Furoiani *span.* furo'jani
Furor 'fu:rɔr
Furore fu'ro:rə
Furor poeticus, - teutonicus 'fu:rɔr po'e:tikʊs, — tɔy'to:nikʊs
Furphy *engl.* 'fə:fɪ
Furrer 'fʊrɐ

fürs fy:ɐ̯s
Furschweiler 'fʊrʃvai̯lɐ
Fürsorge 'fy:ɐ̯zɔrgə
fürsorgerisch 'fy:ɐ̯zɔrgərɪʃ
fürsorglich 'fy:ɐ̯zɔrklɪç
Fürsprache 'fy:ɐ̯ʃpra:xə
Fürsprecher 'fy:ɐ̯ʃprɛçɐ
Fürst fʏrst
Fürstabt 'fʏrst'|apt
Fürstbischof 'fʏrst'bɪʃɔf
fürsten 'fʏrstn̩
Fürstenau 'fʏrstənau̯
Fürstenberg 'fʏrstn̩bɛrk
Fürstenfeld 'fʏrstn̩fɛlt
Fürstenfeldbruck fʏrstn̩fɛlt'brʊk
Fürstenfelde fʏrstn̩'fɛldə
Fürstenhagen fʏrstn̩'ha:gn̩
Fürstenhaus 'fʏrstn̩haus
Fürstenhausen fʏrstn̩'hau̯zn̩
Fürstenwalde fʏrstn̩'valdə
Fürstenwerder fʏrstn̩'vɛrdɐ
Fürstenzell fʏrstn̩'ts̮ɛl
Fürsterzbischof 'fʏrst'|ɛrts̮bɪʃɔf
Fürstinmutter 'fʏrstɪn'mʊtɐ
fürstlich 'fʏrstlɪç
Furt fʊrt
Furta *ung.* 'furtɔ
Furth fʊrt
[1]**Fürth** (Mittelfranken) fʏrt
[2]**Fürth** (Saarland) fy:ɐ̯t
Furtwangen 'fʊrtvaŋən
Furtwängler 'fʊrtvɛŋlɐ
Furunkel fu'rʊŋkl̩
Furunkulose furʊŋku'lo:zə
Furusund *schwed.* fʉ:rʉ:'sʊnd
fürwahr fy:ɐ̯'va:ɐ̯
Fürweiler 'fy:ɐ̯vai̯lɐ
Fürwitz 'fy:ɐ̯vɪts̮
Fürwort 'fy:ɐ̯vɔrt
Fury and Hecla Strait *engl.* 'fjʊərɪ ənd 'hɛklə 'streɪt
Furz fʊrts̮, **Fürze** 'fʏrts̮ə
furzen 'fʊrts̮n̩
Furzewa, Furceva *russ.* 'furts̮əvɐ
Fusa 'fu:za, **Fusae** 'fu:zɛ
Fusan 'fu:zan
Fusariose fuza'ri̯o:zə
Fusarium fu'za:ri̯ʊm, **...ien** ...i̯ən
Fuscaldo *it.* fus'kaldo
Fusch[er] 'fʊʃ[ɐ]
Fuschl 'fʊʃl̩
Fuschun 'fu:ʃʊn
Fusel 'fu:zl̩
fuseln 'fu:zl̩n, **fusle** 'fu:zlə
Füsilier fyzi'li:ɐ̯
füsilieren fyzi'li:rən
Füsillade fyzi'ja:də
Fusinato *it.* fuzi'na:to
Fusio *it.* 'fu:zi̯o
Fusion fu'zi̯o:n
fusionieren fuzi̯o'ni:rən
Fusit fu'zi:t, *auch:* ...zɪt
Fuß fu:s, **Füße** 'fy:sə
Fuss fu:s
Fußball[er] 'fu:sbal[ɐ]

fußbreit, F... 'fu:sbrai̯t
Füßchen 'fy:sçən
Fussel 'fʊsl̩
fusselig 'fʊsəlɪç, **-e** ...ɪgə
füßeln 'fy:sl̩n
fußen 'fu:sn̩
Füssen 'fʏsn̩
Fussenegger 'fʊsənɛgɐ
Füssenich 'fʏsənɪç
...füßer (z. B. Bauchfüßer) ...fy:sɐ
fußhoch 'fu:sho:x
...füßig (z. B. vierfüßig) ...ˌfy:sɪç, **-e** ...ɪgə
fußlang 'fu:slaŋ
...füßler (z. B. Tausendfüßler) ...ˌfy:slɐ
Füßli 'fy:sli
fußlig 'fʊslɪç, **-e** ...ɪgə
Füßling 'fy:slɪŋ
Fuß[s]tapfe 'fu:s[ʃ]tapf̮ə
fußtief 'fu:sti:f
Fust fʊst, fu:st
Füst *ung.* fyʃt
Fustage fʊs'ta:ʒə
Fustanella fʊsta'nɛla
Fustel *fr.* fys'tɛl
Fusti 'fʊsti
Fustikholz 'fʊstɪkhɔlts̮
Futa *it.* 'fu:ta
Füterer 'fy:tərɐ
Futhark 'fu:θark
futil fu'ti:l
Futilität futili'tɛ:t
Futrall *engl.* 'fju:trəl
futsch fʊtʃ
Futschou 'fu:tʃau̯
Futter 'fʊtɐ
Futterage fʊtə'ra:ʒə
Futteral fʊtə'ra:l
Fütterer 'fʏtərɐ
futtern 'fʊtɐn
füttern 'fʏtɐn
Futur fu'tu:ɐ̯
[1]**Futura** (Groteskschrift) fu'tu:ra
[2]**Futura** vgl. Futurum
Futura exakta vgl. Futurum exaktum
Futurismus futu'rɪsmʊs
Futurist futu'rɪst
Futurologe futuro'lo:gə
Futurologie futurolo'gi:
futurologisch futuro'lo:gɪʃ
Futurum fu'tu:rʊm, **...ra** ...ra
Futurum exaktum fu'tu:rʊm ɛ'ksaktʊm, **...ra ...ta** ...ra ...ta
Fux fʊks
Fuzel 'fu:ts̮l̩
fuzeln 'fu:ts̮l̩n
Füzesabony *ung.* 'fyzɛʃɔbonj
Fuzeta *port.* fu'zetɐ
Fy[f]fe *engl.* faɪf
Fylgja 'fʏlgja, **...jur** ...jʊr
Fylke 'fʏlkə
Fyn *dän.* fy:'n
Fyne, Loch *engl.* 'lɔk 'faɪn

Fynske Alper *dän.* 'fy:'nsgə 'albər
Fyris[ån] *schwed.* 'fy:ris[o:n]
Fyt *niederl.* fɛi̯t

G

g, G ge:, *engl.* dʒi:, *fr.* ʒe
γ, Γ 'gama
Gäa 'gɛ:a
Gaál *ung.* ga:l
Gaarden 'ga:ɐ̯dn̩
Gaasterland *niederl.* 'xa:stərlɑnt
gab ga:p
Gabardine 'gabardi:n, *auch:* gabar'di:n[ə]
Gaba[r]ręt *fr.* gaba'rɛ
[1]**Gabbro** (Gestein) 'gabro
[2]**Gabbro** (Name) *it.* 'gabbro
[1]**Gabe** 'ga:bə
[2]**Gabe** (Name) *bulgar.* 'gabɛ
gäbe 'gɛ:bə
Gabel 'ga:bl̩
Gabele 'ga:bələ
Gabelentz 'ga:bəlɛnts
gabelig 'ga:bəlɪç, **-e** ...ɪgə
Gabelle ga'bɛlə
gabeln 'ga:bl̩n, **gable** 'ga:blə
Gabelsberger 'ga:bl̩sbɛrgɐ
Gabelung 'ga:bəlʊŋ
gaben 'ga:bn̩
Gaberl 'ga:bɐl
Gabes 'ga:bɛs
Gabès *fr.* ga'bɛs
Gabi 'ga:bi
Gabian *fr.* ga'bjã
Gabin *fr.* ga'bɛ̃
Gabin *poln.* 'gɔmbin
Gabinius ga'bi:ni̯ʊs
Gabirol gabi'ro:l, *span.* gaβi'rɔl
Gable *engl.* geɪbl
Gablenz 'ga:blɛnts
Gabler 'ga:blɐ
gablig 'ga:blɪç, **-e** ...ɪgə
Gablingen 'ga:blɪŋən
Gablonz 'ga:blɔnts
Gablung 'ga:blʊŋ
Gabon *fr.* ga'bõ
Gábor *ung.* 'ga:bor
Gaboriau *fr.* gabɔ'rjo
Gabriel 'ga:brie:l, *auch:* ...iɛl; *engl.* 'geɪbrɪəl, *fr.* gabri'ɛl, *span.* ga'βri̯el, *port.* gɐ'βri̯ɛl, *schwed.* ˌgɑ:briəl
Gabriela gabri'e:la, *span.* ga'βri̯ela, *port.* ga'βri̯ɛlɐ
Gabriele gabri'e:lə, *it.* gabri'ɛ:le
Gabrieli *it.* gabri'ɛ:li
Gabrielle *fr.* gabri'ɛl
Gabrielli *it.* gabri'ɛlli
Gabriello *it.* gabri'ɛllo
Gabrowo, Gabrovo *bulgar* 'gabrovo
gabst ga:pst
gabt ga:pt
Gabun ga'bu:n
Gabuner ga'bu:nɐ
gabunisch ga'bu:nɪʃ
Gaby 'ga:bi, *fr.* ga'bi, *engl.* 'gɑ:bɪ
Gacé *fr.* ga'se
Gace Brulé *fr.* gasbry'le
Gachard *fr.* ga'ʃa:r
Gächingen 'gɛçɪŋən
Gacilly *fr.* gasi'ji
Gacka *serbokr.* 'ga:tska
Gackelei gakə'lai̯
gackeln 'gakl̩n
gackern 'gakɐn
Gacko *serbokr.* ˌgatskɔ
gacksen 'gaksn̩
Gad ga:t
Gadamer 'ga:damɐ
Gadames ga'da:mɛs
Gadány *ung.* 'gɔda:nj
Gadara 'ga:dara
Gaddafi ga'da:fi
Gadderbaum 'gadɐbau̯m
Gaddi *it.* 'gaddi
Gaddo *it.* 'gaddo
Gade *dän.* 'ga:ðə
Gadebusch 'ga:dəbʊʃ
Gaden 'ga:dn̩
Gadernheim 'ga:dɐnhai̯m
Gadertal 'ga:dɐta:l
Gadget *engl.* 'gædʒɪt
Gadjatsch, Gadjač *russ.* ga'djatʃ
Gadolinit gadoli'ni:t, *auch:* ...nɪt
Gadolinium gado'li:ni̯ʊm
Gádor *span.* 'gaðɔr
Gádoros *ung.* 'ga:doroʃ
Gadow 'ga:do
Gadschibekow, Gadžibekov *russ.* gɐdʒɨ'bjɛkɐf
Gadsden *engl.* 'gædzdən
Gadshill *engl.* 'gædzhɪl
Gaede 'gɛ:də
Găești *rumän.* gə'i̯eʃtj
Gaeta *it.* ga'e:ta
Gaétan *fr.* gae'tã
Gaetana *it.* gae'ta:na
Gaetani *it.* gae'ta:ni
Gaetano *it.* gae'ta:no
Gafencu *rumän.* ga'feŋku
Gaffel 'gafl̩
gaffen 'gafn̩
Gafferei gafə'rai̯
Gaffky 'gafki
Gaffney *engl.* 'gæfnɪ
Gaffron 'gafrɔn
Gaffurio *it.* gaf'fu:ri̯o
Gaflei ga'flai̯
Gafsa 'gafsa, *fr.* gaf'sa
Gafurow, Gafurov *russ.* ga'furɐf
Gag gɛ[:]k, *engl.* gæg
Gagarin *russ.* ga'garin
Gagat ga'ga:t
Gagause gaga'u:zə
[1]**Gage** 'ga:ʒə
[2]**Gage** (Name) *engl.* geɪdʒ
Gager[n] 'ga:gɐ[n]
Gaggenau 'gagənau̯
Gagist ga'ʒɪst
Gagliano *it.* gaʎ'ʎa:no
Gagliarde gal'jardə
Gagliardi gal'jardi, *it.* gaʎ'ʎardi
Gagman, Gagmen *engl.* 'gægmən
Gagnebin *fr.* gɑɲ'bɛ̃
Gagnef *schwed.* ˌgaŋnɛv
Gagny *fr.* ga'ɲi
Gagra *russ.* 'gagrɐ
Gaguin *fr.* ga'gɛ̃
Gahlen 'ga:lən
Gahlkow 'ga:lko
Gahmuret 'ga:murɛt, 'gaxm...
Gahn *schwed.* gɑ:n
gähnen 'gɛ:nən
Gahnit ga'ni:t, *auch:* ...nɪt
Gaia 'gai̯a
Gaiardoni *it.* gai̯ar'do:ni
Gaichtpaß 'gai̯çtpas
Gaidar, Gajdar *russ.* gaj'dar
Gaidoz *fr.* gɛ'do
gaiement *fr.* ge'mã
Gaignières *fr.* gɛ'ɲɛ:r
Gail gai̯l, *engl.* geɪl, *fr.* gaj
Gailberg 'gai̯lbɛrk
Gailhard *fr.* ga'ja:r
Gaillac *fr.* ga'jak
[1]**Gaillard** (Bruder Lustig) ga'ja:r
[2]**Gaillard** (Name) *fr.* ga'ja:r, *engl.* gɪl'jɑ:d
Gaillarde ga'jardə
Gaillardia ga'jardi̯a, **...ien** ...i̯ən
gaîment *fr.* ge'mã
Gaines[ville] *engl.* 'geɪnz[vɪl]
Gainsborough *engl.* 'geɪnzbərə
Gainza *span.* 'gai̯nθa
gaio 'gai̯o
Gaio *port.* 'gai̯u
Gairdner *engl.* 'gɛədnə
Gairo *it.* 'ga:i̯ro
Gais gai̯s
Gai savoir *fr.* gɛsa'vwa:r
Gaisberg 'gai̯sbɛrk
Gaiser 'gai̯zɐ
Gaisford *engl.* 'geɪsfəd
Gaishorn 'gai̯shɔrn
Gaismair, ...ayr 'gai̯smai̯ɐ
Gaisruck gai̯s'rʊk
Gaisthal 'gai̯sta:l
Gaitán *span.* gai̯'tan
Gaitskell *engl.* 'geɪtskəl
Gaius 'gai̯ʊs
Gaissin, Gajsin *russ.* 'gajsin
Gaiworon, Gajvoron *russ.* 'gajvɐrɐn
Gaj *slowen.* ga:j
Gajdar vgl. Gaidar
Gajsin vgl. Gaissin
Gajus 'ga:jʊs
Gajvoron vgl. Gaiworon

Gạkstad *norw.* 'gaksta:d
Gala 'gala, *auch:* 'ga:la
Galabow, Gălăbov *bulgar.* 'gələbof
Galactiọn *rumän.* galak't[s]ion
Galahad *engl.* 'gæləhæd
Galaktiọnow, Galaktionov *russ.* gɐlɐkti'ɔnɐf
galạktisch ga'laktɪʃ
Galaktologie galaktolo'gi:
Galaktomẹter galakto'me:tɐ
Galaktorrhọ̈, ...öe galaktɔ'rø:, **...rrhọ̈en** ...'rø:ən
Galaktọse galak'to:zə
Galaktosidạse galaktozi'da:zə
Galaktostạse galakto'sta:zə
Galaktosurie galaktozu'ri:, **-n** ...i:ən
Galaktozẹle galakto'tse:lə
Galalith Ⓦⓩ gala'li:t, *auch:* ...lɪt
[1]Galạn (Liebhaber) ga'la:n
[2]Galạn (Name) *russ.* ga'lan
Galán *span.* ga'lan
galạnt ga'lant
Gạlanta *slowak.* 'galanta
Galánta *ung.* 'gɔla:ntɔ
Galanterie galantə'ri:, **-n** ...i:ən
Galanthọmme, -s galan'tɔm
Galantine galan'ti:nə
Galantuọmo galan'tuo:mo, **...mini** ...mini
Galápagos *span.* ga'lapaɣɔs
Galapagosinseln ga'la[:]pagɔs|ɪnzln
Galashiels *engl.* gælə'ʃi:lz
Gạlata 'ga:lata, *türk.* gɑ'lɑtɑ
Galatẹa gala'te:a
Galateia gala'taia
Gạlater 'ga:latɐ
Galathẹa gala'te:a
Galathee gala'te:
Galạți *rumän.* ga'latsj
Galạtien ga'la:tsiən
Galatịna *it.* gala'ti:na
Galạtone *it.* ga'la:tone
Galatz ga'lats; 'gal..., 'ga:l...
Galax *engl.* 'geɪlæks
Galaxịas gala'ksi:as
Galạxis ga'laksɪs
Galaxy *engl.* 'gæləksɪ
Gạlba 'galba
Gạlban[um] 'galban[ʊm]
Galbẹrt *fr.* gal'bɛ:r
Gałczyński *poln.* gau'tʃɨi̯ski
Gáldar *span.* 'galdar
Gạldhöpiggen *norw.* ˌgalhø:pigən
Galdịno *it.* gal'di:no
Galdós *span.* gal'dɔs
Gale *engl.* geɪl
Gạ̈le 'gɛ:lə
Galeão *bras.* ga'li̯ẽu̯
Galeạsse gale'asə
Galeạzzo *it.* gale'attso
Galeere ga'le:rə
Galẹffi *it.* ga'lɛffi
[1]Gạlen (Name) 'ga:lən, *engl.* 'geɪlɪn
[2]Galẹn (altgr. Arzt) ga'le:n
Galena *engl.* gə'li:nə
Galẹnikum ga'le:nikʊm, **...ka** ...ka
galẹnisch, G... ga'le:nɪʃ
Galenit gale'ni:t, *auch:* ...nɪt
Galẹno *span.* ga'leno
Gạlenstock 'ga:lənʃtɔk
Galẹnus ga'le:nʊs
Galeọne gale'o:nə
Galeọt[e] gale'o:t[ə]
Galeọtto *it.* gale'ɔtto
Galẹra ga'le:ra
Galẹria ga'le:ria
Galerie galə'ri:, **-n** ...i:ən
Galerịst galə'rɪst
Galẹrius ga'le:riʊs
Galesburg *engl.* 'geɪlzbə:g
Galẹtte ga'lɛtə
Gálffy *ung.* 'ga:lfi
Galga *ung.* 'gɔlgɔ
Gạlgacus 'galgakʊs
Galgaguta *ung.* 'gɔlgɔgutɔ
Galgagyörk *ung.* 'gɔlgɔdjørk
Galgamácsa *ung.* 'gɔlgɔma:tʃɔ
Galgano *it.* gal'ga:no
Galgạntwurzel gal'gantvʊrtsl̩
Gạlgen 'galgn̩
Gạli *span., russ.* 'gali
Galiạni *it.* ga'lia:ni
Galibiẹr *fr.* gali'bje
Galič vgl. Galitsch
Galịcia *span.* ga'liθia
Galịcien ga'li:tsiən
Galịcier ga'li:tsiɐ
galịcisch ga'li:tsɪʃ
Galịcja *poln.* ga'litsja
Gạličnik *serbokr.* ˌgalitʃni:k
Galilạ̈a gali'lɛ:a
Galilạ̈er gali'lɛ:ɐ
galilạ̈isch gali'lɛ:ɪʃ
Galilee *engl.* 'gælɪli:
Galilée *fr.* gali'le
Galilẹi gali'le:i, *it.* gali'lɛ:i
Galimạrd *fr.* gali'ma:r
Galimathịas galima'ti:as
Galimbẹrti *it.* galim'bɛrti
Galịna *russ.* ga'linɐ
Galịnde ga'lɪndə
Galịndo *span.* ga'lindo
[1]Galiọn (Schiffsteil) ga'lio:n
[2]Galion (Name) *engl.* 'gælɪən
Galiọne ga'lio:nə
Galiọte ga'lio:tə
Galipọt gali'po:
gạ̈lisch 'gɛ:lɪʃ
Gạlitsch, Galič *russ.* 'galitʃ
Gạlium 'ga:liʊm
Galivạten gali'va:tn̩
Galịzien ga'li:tsiən
Galịzier ga'li:tsiɐ
galịzisch ga'li:tsɪʃ
Gạlja *russ.* 'galjɐ
Galjạß gal'jas, **...ạssen** ...asn̩
Galjọn gal'jo:n
Galjọt gal'jo:t
Gạll[a] 'gal[a]
Galla[g]her *engl.* 'gælə[g]ə
Gallait *fr.* ga'lɛ
Gallaktiọn *russ.* gɐllɐkti'ɔn
Gallalee *engl.* 'gæləli:
Gạlland 'galant, *fr.* ga'lã
Gallarạte *it.* galla'ra:te
Gallạrdo *span.* ga'ʎarðo
Gạllas 'galas
Gallạt ga'la:t
Gallatin *engl.* 'gælətɪn
Gallaudẹt *engl.* gælə'dɛt
[1]Gạlle 'galə
[2]Gạlle (Name) *fr.* gal, *niederl.* 'xɑlə
Gallé *fr.* ga'le
Gallégläser ga'le:glɛ:zɐ
Gallẹgo *span.* ga'ʎeɣo
Gállego *span.* 'gaʎeɣo
Gallẹgos *span.* ga'ʎeɣɔs
Gạllehus *dän.* 'galəhu:'s
Gallén *schwed.* ga'le:n
gạllenbịtter 'galən'bɪtɐ
Gallẹnga *it.* gal'leŋga
Gallén-Kạllela *schwed.* ga'le:n'kalәla
Gallert 'galɐt, *auch:* ga'lɛrt
Gallerte ga'lɛrtə, *auch:* 'galɐtə
gallertig ga'lɛrtɪç, *auch:* 'galɐtɪç; **-e** ...ɪgə
Gallery *engl.* 'gælərɪ
Gallẹt *fr.* ga'lɛ
Gallẹtti ga'lɛti, *it.* gal'letti
Galley *fr.* ga'lɛ
Galley Hịll *engl.* 'gælɪ 'hɪl
Gạlli *it.* 'galli
Galliạrde ga'jardə
Galliạte *it.* gal'lia:te
Gallicạno *it.* galli'ka:no
Gallịcius ga'li:tsiʊs
Gạllico *it.* 'galliko
Gạllien 'galiən
Galliẹni *fr.* galje'ni
Galliẹnus ga'lie:nʊs
Gạllier 'galiɐ
Galliẹra *it.* gal'liɛ:ra
gallieren ga'li:rən
Gallịfa *span.* ga'ʎifa
Galliffẹt *fr.* gali'fɛ
gạllig 'galɪç, **-e** ...ɪgə
gallikạnisch gali'ka:nɪʃ
Gallikanịsmus galika'nɪsmʊs
Gallimạrd *fr.* gali'ma:r
Gallịn ga'li:n
Gallịna *it.* gal'li:na
Gạlling[er] 'galɪŋ[ɐ]
Gạllio 'galio
Galliọn ga'lio:n
Gallịpoli ga'li:poli, *it.* gal'li:poli
Gallipolis *engl.* gæləpə'li:s
gạllisch 'galɪʃ
gallisieren gali'zi:rən
Gallitzin ga'lɪtsɪn, 'galitsɪn
Gạllium 'galiʊm
Gạ̈llivare *schwed.* 'jɛlivɑ:rə
Gallizịsmus gali'tsɪsmʊs
Galljạmbus gal'jambʊs
Gallneukịrchen galnɔy'kɪrçn̩
Gạllo *it.* 'gallo, *span.* 'gaʎo

Gallocạnta *span.* gaʎoˈkanta
Gallọche *fr.* gaˈlɔʃ
Gallois *fr.* gaˈlwa
Gallomạne galoˈmaːnə
Gallomanie̱ galomaˈniː
Gallon *engl.* ˈgælən
Gallọne gaˈloːnə
gallophi̱l galoˈfiːl
Gallophilie̱ galofiˈliː
gallophọb galoˈfoːp, **-e** ...oːbə
Gallophobie̱ galofoˈbiː
galloromạnisch galoroˈmaːnɪʃ
Galloromạnia galoroˈmaːni̯a
Galloway *engl.* ˈgæləweɪ
Gạllspach ˈgalspax
Gallụn gaˈluːn
Gạllup ˈgalʊp, *auch:* ˈgɛləp; *engl.* ˈgæləp
Gallụppi *it.* galˈluppi
Gallụra *it.* galˈluːra
Gạllus ˈgalʊs
Gallụzzo *it.* galˈluttso
Gạllwitz ˈgalvɪts
Galmei galˈmai̯, *auch:* ˈ– –
Galočka vgl. Galotschka
Galois *fr.* gaˈlwa
Gạlomir ˈgaːlomiːɐ̯
Galon gaˈlõː
Galọne gaˈloːnə
galoni̱eren galoˈniːrən
Galopin galoˈpɛ̃ː
Galọpp gaˈlɔp
Galoppạde galɔˈpaːdə
galoppi̱eren galɔˈpiːrən
Galọsche gaˈlɔʃə
Gạlotschka, Galočka *russ.* ˈgalɐtʃkɐ
Galọtti gaˈlɔti
Galswịntha galˈsvɪnta
Galsworthy *engl.* ˈgɔːlzwəːðɪ, ˈgæl...
gạlt galt
Galt[on] *engl.* gɔːlt[n]
gälte ˈgɛltə
Gạltgarben ˈgaltgarbn̩
Galtụ̈r galˈtyːɐ̯
Gạltvieh ˈgaltfiː
Galụppi *it.* gaˈluppi
Galvạni *it.* galˈvaːni
Galvanisatiọn galvanizaˈtsi̯oːn
galvạnisch galˈvaːnɪʃ
Galvaniseur galvaniˈzøːɐ̯
galvanisi̱eren galvaniˈziːrən
Galvanịsmus galvaˈnɪsmʊs
Galvạno galˈvaːno
Galvanographie̱ galvanograˈfiː
Galvanokau̱stik galvanoˈkau̯stɪk
Galvanokau̱ter galvanoˈkau̯tɐ
Galvanomẹter galvanoˈmeːtɐ
galvanomẹtrisch galvanoˈmeːtrɪʃ
Galvanoplạstik galvanoˈplastɪk
galvanoplạstisch galvanoˈplastɪʃ
Galvanopunktu̱r galvanopʊŋkˈtuːɐ̯
Galvanoskọp galvanoˈskoːp
Galvanostegie̱ galvanosteˈgiː
Galvanotạxis galvanoˈtaksɪs
Galvanotẹchnik galvanoˈtɛçnɪk
Galvanotherapie̱ galvanoteraˈpiː
Galvanotropịsmus galvanotroˈpɪsmʊs
Galvanotypie̱ galvanotyˈpiː
Galvão *port., bras.* galˈvɐ̃u̯
Galveias *port.* galˈvɐi̯ɐʃ
Galveston *engl.* ˈgælvɪstən
Gálvez *span.* ˈgalβeθ
Galway *engl.* ˈgɔːlweɪ
Galyatető *ung.* ˈgɔjɔtɛtøː
Gạma ˈgaːma, *span.* ˈgama, *port.* ˈgɐmɐ, *bras.* ˈgɐma
Gamạche[s] *fr.* gaˈmaʃ
Gamạliel gaˈmaːli̯eːl, *auch:* ...i̯el
Gamạnder gaˈmandɐ
Gamạrra *span.* gaˈmarra
Gamạsche gaˈmaʃə
Gamasidiọse gamaziˈdi̯oːzə
Gạmbach ˈgambax
Gambạde gamˈbaːdə, *auch:* gɑ̃ˈb...
Gạmbara *it.* ˈgambara
Gambarọgno *it.* gambaˈrɔɲɲo
Gạmbe ˈgambə
Gambẹtta gamˈbɛta, *fr.* gɑ̃bɛˈta
Gạmbia ˈgambi̯a, *engl.* ˈgæmbɪə
Gambie *fr.* gɑ̃ˈbi
[1]**Gạmbier** (Staatsangehöriger von Gambia) ˈgambi̯ɐ
[2]**Gambier** (Name) *engl.* ˈgæmbɪə, *fr.* gɑ̃ˈbje
Gambịn gamˈbiːn
Gạmbir ˈgambɪr
gạmbisch ˈgambɪʃ
Gambịst gamˈbɪst
Gambịt gamˈbɪt
Gamble *engl.* gæmbl
Gambọa *span.* gamˈboa
Gạmbos *port.* ˈgɐmbuʃ
Gambri̱nus gamˈbriːnʊs
Gạmbs gamps
Gạmelan ˈgaːməlan
Gạmelang ˈgaːməlaŋ
Gamelin *fr.* gamˈlɛ̃
Gamẹlle gaˈmɛlə
Gamẹt gaˈmeːt
Gametangiogamie̱ gametaŋgi̯ogaˈmiː
Gametạngium gameˈtaŋgi̯ʊm, **...ien** ...i̯ən
Gametophy̱t gametoˈfyːt
Gametozy̱ten gametoˈtsyːtn̩
Gạmillscheg ˈgamɪlʃɛk
Gamin gaˈmɛ̃ː
Gạming ˈgamɪŋ
Gạmle by *dän.* ˈgamlə ˈbyːˀ
Gạmma[rus] ˈgama[rʊs]
Gammazịsmus gamaˈtsɪsmʊs
gạmmelig ˈgaməlɪç, **-e** ...ɪgə
Gammeli̱n gaməˈliːn
gạmmeln ˈgamln̩
Gạmmelstrand *dän.* ˈgaməlsdranˀ
Gạmmeltorv *dän.* ˈgaməltɔr[v]
Gạmmertingen ˈgamɐtɪŋən
Gạmmler ˈgamlɐ
gạmmlig ˈgamlɪç, **-e** ...ɪgə
Gammon *engl.* ˈgæmən
Gamọne gaˈmoːnə
Gamọnt gaˈmɔnt
gamotrọp gamoˈtroːp
Gamow *engl.* ˈgeɪmaʊ
Gampri̱n gamˈpriːn
Gampsodaktylie̱ gampsodaktyˈliː, **-n** ...iːən
Gạms gams
Gạn gaːn, *fr.* gɑ̃
Gạna ˈgaːna, *span.* ˈgana
Ganạsche gaˈnaʃə
Gạnauser ˈganau̯zɐ
Gance *fr.* gɑ̃ːs
Gancẹdo *span.* ganˈθeðo
[1]**Gạnd** (Schuttfeld) gant, **-en** ...dn̩, **Gänder** ˈgɛndɐ
[2]**Gand** (Name) *fr.* gɑ̃
Gandak *engl.* ˈgændək
Gandạr *fr.* gɑ̃ˈdaːr
Gándara *span.* ˈgandara
Gander *engl.* ˈgændə
Gạnderkesee ˈgandɐkəzeː
Gạndern ˈgandɐn
Gạndersheim ˈgandɐshai̯m
Gandẹsa *span.* ganˈdesa
Gandhạra ganˈdaːra
Gandhạrwa ganˈdaːrva
Gạndhi ˈgandi
Gandillọt *fr.* gɑ̃diˈjo
Gandía *span.* ganˈdia
Gandi̱nus ganˈdiːnʊs
Gạndo *dt., span.* ˈgando
Gạndria *it.* ˈgandri̯a
Gandschạ, Gandža *russ.* ganˈdʒa
Gandschẹ *pers.* gænˈdʒe
Gạndu ˈgandu
Gạne *rumän.* ˈgane
Gạneff ˈganɛf
Ganelon *fr.* ganˈlɔ̃
Gạnerbe ˈgaːn|ɛrbə
Ganẹscha gaˈneːʃa
[1]**Gạng** gaŋ, **Gạ̈nge** ˈgɛŋə
[2]**Gang** (Bande) gɛŋ
Ganganẹlli *it.* gaŋgaˈnɛlli
Gängelei̱ gɛŋəˈlai̯
gạ̈ngeln ˈgɛŋl̩n
Gạngelt ˈgaŋl̩t
Gạnges ˈgaŋgɛs, *auch:* ˈgaŋəs; *fr.* gɑ̃ːʒ
Gạnghofer ˈgaŋhoːfɐ
Gạngi *it.* ˈgandʒi
gạ̈ngig ˈgɛŋɪç, **-e** ...ɪgə
Gangkọfen gaŋˈkoːfn̩
Gạnglion ˈgaŋ[g]li̯ɔn, **...ien** ...i̯ən
ganglionạ̈r gaŋglioˈnɛːɐ̯
Ganglionịtis gaŋglioˈniːtɪs, **...nitịden** ...niˈtiːdn̩
Ganglioplẹgica gaŋglioˈpleːgika

Gangli̲tis gaŋ'gli:tɪs, **...liti̲den** ...li'ti:dn̩
Gạngloff 'gaŋlɔf
Gạngolf 'gaŋgɔlf
Gangrä̲n[e] gaŋ'grɛ:n[ə]
gangräneszi̲eren gaŋgrɛnɛs'tsi:rən
gangränö̲s gaŋgrɛ'nø:s, **-e** ...ø:zə
Gạngspill 'gaŋʃpɪl
Gangster 'gɛŋstɐ, *auch:* 'gaŋstɐ
gạng und gä̲be 'gaŋ ʊnt 'gɛ:bə
Gangway *engl.* 'gæŋweɪ
Ganivẹt *span.* gani'βɛt
Gann *engl.* gæn
Gannạt *fr.* ga'na
Ganne *fr.* gan
Ganneau *fr.* ga'no
Gannett *engl.* 'gænɪt
Gannon *engl.* 'gænən
Ganoblạsten gano'blastn̩
Ganoi̲den gano'i:dn̩
Ganoi̲n gano'i:n
Ga̲nosis 'ga:nozɪs, **...o̲sen** ga'no:zn̩
Gano̲ve ga'no:və
Gạns gans, **Gä̲nse** 'gɛnzə
Gä̲nsbacher 'gɛnsbaxɐ
Gạnsberg 'gansbɛrk
Gänsbrụnnen gɛns'brʊnən
Gä̲nschen 'gɛnsçən
Gạnsen 'ganzn̩
Gạnser 'ganzɐ
Gä̲nserich 'gɛnzərɪç
Gansevoort *engl.* 'gænzvɔ:t
Gạnsfort 'gansfɔrt
Gạnshof *niederl.* 'xanshɔf
Gạnshoren *niederl.* 'xansho:rə
Gạnt gant
Gánt *ung.* ga:nt
Gạnte *span.* 'gante
Ganteaume *fr.* gã'to:m
Gạnter 'gantɐ
Ganymẹd gany'me:t
Ganymẹdes gany'me:dɛs
gạnz, Gạnz gants
Gä̲nze 'gɛntsə
gạnzgar 'gantsga:ɐ̯
gä̲nzlich 'gɛntslɪç
Ganzli̲n gants'li:n
Gao̲ *fr.* ga'o
Gap *fr.* gap, *engl.* gæp
Ga̲pel 'ga:pl̩
Gapo̲n *russ.* ga'pɔn
Gaponẹnko *russ.* gɐpa'njɛnkɐ
ga̲r ga:ɐ̯
Gara *ung.* 'gɔrɔ, *engl.* 'gærə
Garachi̲co *span.* gara'tʃiko
Garạfia *span.* ga'rafi̯a
Gara̲ge ga'ra:ʒə
garagi̲eren gara'ʒi:rən
Garai *ung.* 'gɔrɔi
Garam *ung.* 'gɔrɔm
Garamạnte gara'mantə
Garamond gara'mõ:
Garand *engl.* 'gærənd
Garạnt ga'rant
Garanti̲e garan'ti:, **-n** ...i:ən
garanti̲eren garan'ti:rən
Gararu̲ *bras.* gara'ru
Garạt *fr.* ga'ra
Ga̲raus 'ga:ɐ̯|au̯s
Garay *span.* ga'rai̯, *ung.* 'gɔrɔi
Gạrbe 'garbə
Gạrbeck 'garbɛk
Gạrbenteich 'garbn̩tai̯ç
Gạrbo *dt., it.* 'garbo, *schwed.* 'garbu
Gạrborg *norw.* ˌga:rbɔr[g]
Garção *port.* gɐr'sɐ̃u̯
Garcés *span.* gar'θes
Gạrches *fr.* garʃ
Gạrching 'garçɪŋ
Garcia *fr.* gar'sja, *port.* gɐr'siɐ, *kat.* gər'siə
García [Villạda] *span.* gar'θia [βi'ʎaða]
Garcilạso *span.* garθi'laso
Garcin *fr.* gar'sɛ̃
Garçon gar'sõ:
Garçọnne gar'sɔnə
Garçonnière garsɔ'ni̯ɛ:rə
Ga̲rd *fr.* ga:r
Gạrda *it.* 'garda
Gardạnne *fr.* gar'dan
Gạrdariki 'gardari:ki
[1]Gạrde (Wache) 'gardə
[2]Gạrde (Name) *fr.* gard
Gardeduko̲rps gardədy'ko:ɐ̯, **des -** ...ɐ̯[s]
Gardeko̲rps gardə'ko:ɐ̯; **des -** ...ɐ̯[s]
Gạrdelegen 'gardəle:gn̩
Gardẹlle *fr.* gar'dɛl
Gardemanger gardəmã'ʒe:
Ga̲rden *engl.* gɑ:dn
Gardena *engl.* gɑ:'di:nə, *it.* gar'de:na
Garde̲nie gar'de:ni̯ə
Ga̲rden of the Gọds *engl.* 'gɑ:dn əv ðə 'gɔdz
Ga̲rden Reach *engl.* 'gɑ:dn 'ri:tʃ
Gạrderen *niederl.* 'xardərə
Gardero̲be gardə'ro:bə
Garderobi̲er gardəro'bi̯e:
Garderobi̲ere gardəro'bi̯e:rə, ...ɛ:rə
Gạrder Se̲e 'gardɐ 'ze:
garde̲z! gar'de:
Gardie *fr.* gar'di
Gardi̲ne gar'di:nə
Ga̲rdiner *engl.* 'gɑ:dnə
Gardịst gar'dɪst
Ga̲rdner *engl.* 'gɑ:dnə
Gardon *fr.* gar'dõ
Gardo̲ne *it.* gar'do:ne
Gárdony[i] *ung.* 'ga:rdonj[i]
Gạrðsskagi *isl.* 'garðskai̯jɪ
Gạrdthausen 'garthau̯zn̩
Ga̲re 'ga:rə
gä̲ren 'gɛ:rən
Garẹnne *fr.* ga'rɛn
Garenne-Colombes *fr.* garɛnkɔ'lõ:b
Garẹssio *it.* ga'rɛssi̯o
Garfagnạna *it.* garfaɲ'ɲa:na
Ga̲rfield [He̲ights] *engl.* 'gɑ:fi:ld ['haɪts]
Ga̲rforth *engl.* 'gɑ:fəθ
Gargạllo *span.* gar'ɣaʎo
Gargạno *it.* gar'ga:no
Gargạntua gar'gantu̯a, *fr.* gargɑ̃'tɥa
gargarisi̲eren gargari'zi:rən
Gargarịsma garga'rɪsma, **-ta** -ta
Gargẹllen gar'gɛlən
Garges-lès-Gonẹsse *fr.* garʒlegɔ'nɛs
Gargilẹsse *fr.* garʒi'lɛs
Gargnạno *it.* gar'ɲa:no
Ga̲rgrave *engl.* 'gɑ:greɪv
Garguịlle *fr.* gar'gij
Garibạldi *it.* gari'baldi
Garigliạno *it.* gariʎ'ʎa:no
Garịgue *fr.* ga'rig
Garizi̲m gari'tsi:m
Ga̲rland *engl.* 'gɑ:lənd
Garlạnda *it.* gar'landa
Garlande *fr.* gar'lã:d
Garlạndia gar'landi̯a
Garlạsco *it.* gar'lasko
Garmendía *span.* garmen'dia
Gạrmisch 'garmɪʃ
Garmo̲ gar'mo:
Garmond gar'mõ:
Gạrn garn
Garneau *fr.* gar'no
Garne̲le gar'ne:lə
Ga̲rner *engl.* 'gɑ:nə
Ga̲rnett *engl.* 'gɑ:nɪt
garni̲ gar'ni:
Garnie̲r *fr.* gar'nje
garni̲eren gar'ni:rən
Garnierit garnie'ri:t, *auch:* ...rɪt
Garniso̲n garni'zo:n
garnisoni̲eren garnizo'ni:rən
Garnitu̲r garni'tu:ɐ̯
Garọfalo *it.* ga'rɔ:falo
Ga̲ro Hịlls *engl.* 'gɑ:roʊ 'hɪlz
Garọnne *fr.* ga'rɔn
Garọtte ga'rɔtə
garotti̲eren garɔ'ti:rən
Garouạ *fr.* ga'rwa
Garouillle ga'ru:jə
Gạrrel 'garəl
Garrẹta *span.* ga'rrɛta
Garrẹtt *port.* gɐ'rrɛt, *engl.* 'gærət
Garrick *engl.* 'gærɪk
Garri̲do *span.* ga'rriðo
Garri̲ga *span.* ga'rriɣa
Garrigou *fr.* gari'gu
Garri̲gue[s] *fr.* ga'rig
Garri̲n ga'ri:n
Garrincha *bras.* ga'rrĩʃa
Garrison *engl.* 'gærɪsn
Gạrro *span.* 'garrɔ
Garron *engl.* 'gærən
Garro̲s *fr.* ga'ro:s
Garrọtte ga'rɔtə

garrottieren garɔ'ti:rən
Garrovịllas *span.* garrɔ'βiʎas
Garry *engl.* 'gærɪ
Gạrs gars
Gạrschin, Garšin *russ.* 'garʃɨn
Garserạn garze'ran
Gạrsnäs *schwed.* 'jærsnɛ:s
Gạrson *engl.* gɑ:sn
Gạrstedt 'garʃtɛt
gạrstig 'garstɪç, **-e** ...ɪgə
gạ̈rteln 'gɛrtl̩n
Gartempe *fr.* gar'tã:p
Gạrten 'gartn̩, **Gạ̈rten** 'gɛrtn̩
Gạrter 'gartɐ, *engl.* 'gɑ:tə
Gạrth *engl.* gɑ:θ
Gartịn gar'ti:n
Gạ̈rtitz 'gɛrtɪts
Gạrtner 'gartnɐ
Gạ̈rtner 'gɛrtnɐ
Gärtnerei gɛrtnə'rai
Gạrtow 'garto
Gạ̈rtringen 'gɛrtrɪŋən
Gạrtz garts
Garúa *span.* ga'rua
Gạruda 'ga:ruda
Gạ̈rung 'gɛ:rʊŋ
Gạrut *indon.* 'garʊt
Garve 'garvə
Gạrvin *engl.* 'gɑ:vɪn
Gạrw *engl.* 'gɑ:rʊ
Garwọlin *poln.* gar'vɔlin
Gary *engl.* 'gɛrɪ
Garz garts, ga:ɐts
Garzón *span.* gar'θɔn
Gạs ga:s, **-e** 'ga:zə
Gạsa 'ga:za
Gasanov vgl. Gassanow
Gaschụrn ga'ʃʊrn
Gạschwitz 'gaʃvɪts
Gascọgne *fr.* gas'kɔɲ
Gascoigne *engl.* 'gæskɔɪn
Gạscue *span.* 'gaskue
Gasẹl[e] ga'ze:l[ə]
gạsen 'ga:zn̩, **gạs!** ga:s, **gạst** ga:st
Gåsetårnet *dän.* 'gɔsətɔr'nəð
gasieren ga'zi:rən
gasifizieren gazifi'tsi:rən
gạsig 'ga:zɪç, **-e** ...ɪgə
Gaskell *engl.* 'gæskəl
Gaskọgner gas'kɔnjɐ
Gaskonạde gasko'na:də
Gasnawide gasna'vi:də
Gasọl ga'zo:l
Gasolin Ⓦ gazo'li:n
Gasomẹter gazo'me:tɐ
Gaspạr *span., bras.* gas'par, *port.* gɐʃ'par
Gáspár *ung.* 'ga:ʃpa:r
Gạspara *it.* 'gaspara
Gasparin *fr.* gaspa'rɛ̃
Gasparịni *it.* gaspa'ri:ni
Gaspạro gas'pa:ro, *it.* 'gasparo
Gasparọne *it.* gaspa'ro:ne
Gaspạrri *it.* gas'parri
Gaspé *fr.* gas'pe, *engl.* 'gæspeɪ
Gạsperi *it.* 'gasperi
Gaspésie *fr.* gaspe'zi
Gasquet *fr.* gas'kɛ, *engl.* gæs'keɪ
Gạss gas
Gassạnow, Gasanov *russ.* ga'sanəf
gaßaus gas'|aus
Gạ̈ßchen 'gɛsçən
Gạsse 'gasə
gaßein gas'|ain
Gạsselte *niederl.* 'xɑsəltə
Gassendị *fr.* gasɛ̃'di
Gạsser 'gasɐ, *engl.* 'gæsə
Gassẹt *span.* ga'sɛt
Gạssi 'gasi
Gạssino *it.* 'gassino
Gassion *fr.* ga'sjõ
Gạ̈ßlein 'gɛslain
Gạßmann 'gasman
Gạst gast, **Gạ̈ste** 'gɛstə
Gastein gas'tain
Gạster 'gastɐ, *fr.* gas'tɛ:r, *engl.* 'gɑ:stə, *rumän.* 'gaster
Gasterei gastə'rai
Gạsterental 'gastərənta:l
gastieren gas'ti:rən
gạstlich 'gastlɪç
Gaston *fr.* gas'tõ
Gastọne *it.* gas'to:ne
Gastonia *engl.* gæs'toʊnɪə
Gastonvịlle *fr.* gastõ'vil
Gastoué *fr.* gas'twe
Gastrạ̈a gas'trɛ:a, **...äen** ...ɛ:ən
gastrạl gas'tra:l
Gastralgie gastral'gi:, **-n** ...i:ən
Gastrektasie gastrɛkta'zi:, **-n** ...i:ən
Gastrektomie gastrɛkto'mi:, **-n** ...i:ən
Gạ̈strikland *schwed.* 'jɛstrikland
gạstrisch 'gastrɪʃ
Gastrịtis gas'tri:tɪs, **...ritịden** ...ri'ti:dn̩
Gastrizịsmus gastri'tsɪsmʊs
Gastroanastomọse gastro|anasto'mo:zə
Gastrodiaphanie gastrodiafa'ni:, **-n** ...i:ən
gastroduodenạl gastroduode'na:l
Gastroduodenịtis gastroduode'ni:tɪs, **...itịden** ...ni'ti:dn̩
Gastrodynie gastrody'ni:, **-n** ...i:ən
gastroentẹrisch gastro|ɛn'te:rɪʃ
Gastroenterịtis gastro|ɛnte'ri:tɪs, **...ritịden** ...ri'ti:dn̩
Gastroenterokolịtis gastro|ɛnteroko'li:tɪs, **...litịden** ...li'ti:dn̩
Gastroenterolọge gastro|ɛntero'lo:gə
Gastroenterostomie gastro|ɛnterosto'mi:, **-n** ...i:ən
gastrogẹn gastro'ge:n
gastrointestinạl gastro|ɪntɛsti'na:l
Gastrolith gastro'li:t, *auch:* ...lɪt
Gastrologie gastrolo'gi:
Gastrolyse gastro'ly:zə
Gastromalazie gastromala'tsi:
Gastromạnt gastro'mant
Gastromegalie gastromega'li:, **-n** ...i:ən
Gastromyzẹt gastromy'tse:t
Gastronọm gastro'no:m
Gastronomie gastrono'mi:
Gastroparẹse gastropa're:zə
Gastropathie gastropa'ti:, **-n** ...i:ən
Gastropexie gastropɛ'ksi:, **-n** ...i:ən
Gastroplegie gastrople'gi:, **-n** ...i:ən
Gastropọde gastro'po:də
Gastroptọse gastrɔp'to:zə
Gastrorrhagie gastrɔra'gi:, **-n** ...i:ən
Gastroskọp gastro'sko:p
Gastroskopie gastrosko'pi:, **-n** ...i:ən
Gastrosọph gastro'zo:f
Gastrosophie gastrozo'fi:
Gastrospạsmus gastro'spasmʊs
Gastrostomie gastrosto'mi:, **-n** ...i:ən
Gastrotomie gastroto'mi:, **-n** ...i:ən
Gastrotrịchen gastro'trɪçn̩
Gastrozọ̈l gastro'tsø:l
Gạstrula 'gastrula
Gastrulatiọn gastrula'tsjo:n
Gastyne *fr.* gas'tin
Gạt gat
Gạta *span.* 'gata
Gatčina vgl. Gattschina
Gátér *ung.* 'ga:te:r
Gạtersleben 'ga:tɐsle:bn̩
Gate[s] *engl.* geɪt[s]
Gateshead *engl.* 'geɪtshɛd
Gạthas 'ga:tas
Gâtinais *fr.* gɑti'nɛ
Gatineau *fr.* gati'no, *engl.* 'gætɪnoʊ
Gatley *engl.* 'gætlɪ
Gatling *engl.* 'gætlɪŋ
Gạtow 'ga:to
Gatsch Sarạn *pers.* gætʃsɑ'rɑ:n
Gạtt gat
GẠTT gat, *engl.* gæt
Gạtta *it.* 'gatta
Gattamelạta *it.* gattame'la:ta
Gatteaux *fr.* ga'to
Gạtte 'gatə
gạtten 'gatn̩
Gạtter 'gatɐ
Gạtterer 'gatərɐ
Gạttermann 'gatɐman
Gạtterstädt 'gatɐʃtɛt
Gạtti *it.* 'gatti
gattieren ga'ti:rən
Gattinạra *it.* gatti'na:ra
Gạttschina, Gatčina *russ.* 'gattʃinɐ

Gattung 'gatʊŋ
Gätuler gɛ'tu:lɐ
Gatún *span.* ga'tun
Gatwick *engl.* 'gætwɪk
Gau gau̯
Gäu gɔy̯
Gau-Algesheim gau̯'|algəshai̯m
Gaube 'gau̯bə, *fr.* go:b
Gaubert *fr.* go'bɛ:r
Gaubickelheim gau̯'bɪkl̩hai̯m
Gäuboden 'gɔy̯bo:dn̩
Gaucelm *fr.* go'sɛlm
Gauch gau̯x, **Gäuche** 'gɔy̯çə
Gaucher 'gau̯xɐ, *fr.* go'ʃe
Gauchheil 'gau̯xhai̯l
Gauchismus go'ʃɪsmʊs
Gauchist go'ʃɪst
Gaucho 'gau̯tʃo, *span.* 'gau̯tʃo
Gaudeamus gau̯de'a:mʊs
Gaudefroy *fr.* god'frwa
Gauden *engl.* gɔ:dn
Gaudentius gau̯'dɛntsi̯ʊs
Gaudenz 'gau̯dɛnts
Gaudi 'gau̯di
Gaudí *span.* gau̯'ði, *kat.* gəu̯'ði
gaudieren gau̯'di:rən
Gaudig 'gau̯dɪç
Gaudin *fr.* go'dɛ̃
Gaudio *it.* 'ga:u̯di̯o
Gaudissart *fr.* godi'sa:r
Gaudium 'gau̯di̯ʊm
Gaudry *fr.* go'dri
Gaudy 'gau̯di
Gauermann 'gau̯ɐman
Gaufrage go'fra:ʒə
Gaufré go'fre:
gaufrieren go'fri:rən
Gaugamela gau̯ga'me:la
Gauge *engl.* geɪdʒ
Gaugrehweiler gau̯k're:vai̯lɐ
Gauguin *fr.* go'gɛ̃
Gaukelei gau̯kə'lai̯
gaukeln 'gau̯kl̩n
Gaukler 'gau̯klɐ
[1]**Gaul** gau̯l, **Gäule** 'gɔy̯lə
[2]**Gaul** gau̯l, *fr.* go:l
Gaula 'gau̯la, *span.* 'gau̯la, *norw.* ˌgœy̯la
Gaulhofer 'gau̯lho:fɐ
Gaulle, de *fr.* də'go:l
Gaullismus go'lɪsmʊs
Gaullist go'lɪst
Gault *engl.* gɔ:lt
Gaultheria gɔl'te:ri̯a
Gaultier *fr.* go'tje
gaumen, G... 'gau̯mən
Gaumont *fr.* go'mõ
Gauner 'gau̯nɐ
Gaunerei gau̯nə'rai̯
gaunern 'gau̯nɐn
Gaunt *engl.* gɔ:nt
Gaupe 'gau̯pə
Gaupp gau̯p
Gaur 'gau̯ɐ
Gaurain *fr.* gɔ'rɛ̃
Gaure *fr.* gɔ:r
Gauriac *fr.* gɔ'rjak
Gaurisankar gau̯ri'zaŋkar
Gauselfingen 'gau̯zl̩fɪŋən
Gauß[berg] 'gau̯s[bɛrk]
Gausta[d] *norw.* ˌgœy̯sta
Gaustadt 'gau̯ʃtat
Gautama 'gau̯tama
Gautar 'gau̯tar
Gaute 'gau̯tə
Gautesön 'gau̯təzœn
Gaut[h]ier *fr.* go'tje
Gauting 'gau̯tɪŋ
Gautsch[brief] 'gau̯tʃ[bri:f]
Gautsche 'gau̯tʃə
gautschen 'gau̯tʃn̩
Gautzsch gau̯tʃ
Gauvain *fr.* go'vɛ̃
Gavarni[e] *fr.* gavar'ni
Gavault *fr.* ga'vo
Gävernitz 'gɛ:vɐnɪts
Gave *fr.* ga:v
Gaveston *engl.* 'gævɪstən
Gavi *it.* 'ga:vi
Gavia *it.* 'ga:vi̯a
Gavião *port.* gɐ'vi̯ɐ̃u̯
Gavius 'ga:vi̯ʊs
Gävle *schwed.* 'jɛ:vlə
Gavorrano *it.* gavor'ra:no
Gavotte ga'vɔtə
Gavray *fr.* ga'vrɛ
Gavriil vgl. Gawriil
Gavrila vgl. Gawrila
Gavrilov vgl. Gawrilow
Gavrilovič vgl. Gawrilowitsch
Gavrilovna vgl. Gawrilowna
Gavriuša vgl. Gawrjuscha
Gavrinis *fr.* gavri'nis
Gavroche *fr.* ga'vrɔʃ
Gawain 'ga:vai̯n
Gawan 'ga:van
Gawein[stal] 'ga:vai̯n[sta:l]
Gawler *engl.* 'gɔ:lə
Gawriil, Gavriil *russ.* gavri'il
Gawrila, Gavrila *russ.* ga'vrilɐ
Gawrilow, Gavrilov *russ.* ga'vrilɐf
Gawrilowitsch, Gavrilovič *russ.* ga'vrilɐvitʃ
Gawrilowna, Gavrilovna *russ.* ga'vrilɐvnɐ
Gawrjuscha, Gavriuša *russ.* ga'vrjuʃɐ
Gaxotte *fr.* gak'sɔt
Gay *engl.* geɪ, *fr.* ge
Gaya *engl.* 'gaɪə, *fr.* ga'ja
Gaya ciencia 'ga:ja 'tsi̯ɛntsi̯a
Gayal 'ga:jal, ga'ja:l
Gayarré *fr.* gaja're
Gayley *engl.* 'geɪlɪ
Gaylord *engl.* 'geɪlɔ:d
Gay-Lussac *fr.* gɛly'sak
Gaynor *engl.* 'geɪnə
Gaysmayr 'gai̯smai̯ɐ
Gaza 'ga:za, *auch:* 'ga:tsa; *port.* 'gazɐ
Gaze 'ga:zə
Gazelle ga'tsɛlə
Gazes 'ga:tsɛs, *neugr.* ɣa'zis
Gaziantep *türk.* gɑ:'ziɑnˌtɛp
Gazet *niederl.* xa:'zɛt
Gazette ga'tsɛtə, *auch:* ga'zɛtə; *fr.* ga'zɛt; **-n** ...tn̩
Gazi 'ga:zi
Gazpacho gas'patʃo
Gaztambide *span.* gaθtam'biðe
Gbell gbɛl
G. B. S. *engl.* 'dʒi:bi:'ɛs
Gdańsk *poln.* gdai̯sk
Gdingen 'gdɪŋən
G-Dur 'ge:du:ɐ̯, *auch:* '-'-
Gdynia *poln.* 'gdɨnja
Ge (Göttin) ge:
Geächtete gə'|ɛçtətə
Geächze gə'|ɛçtsə
Geäder gə'|ɛ:dɐ
Geäfter gə'|ɛftɐ
Geantiklinale ge|antikli'na:lə
geartet gə'|a:ɐ̯tət
Geary *engl.* 'gɪərɪ
Geäse gə'|ɛ:zə
Geäst gə'|ɛst
Geaune *fr.* ʒo:n
Geb ge:p
Geba[berg] 'ge:ba[bɛrk]
Gebäck gə'bɛk
Gebalge gə'balgə
Gebälk[e] gə'bɛlk[ə]
Gebände gə'bɛndə
gebar gə'ba:ɐ̯
Gebärde gə'bɛ:ɐ̯də
gebärden gə'bɛ:ɐ̯dn̩, **gebärd!** gə'bɛ:ɐ̯t
gebaren, G... gə'ba:rən
gebären gə'bɛ:rən
Gebarung gə'ba:rʊŋ
Gebäude gə'bɔy̯də
Gebein gə'bai̯n
[1]**Gebel** (dt. Name) 'ge:bl̩
[2]**Gebel** (Berg; arab.) 'ge:bl̩, 'gɛbl̩; ...bɛl
Gebelfer gə'bɛlfɐ
Gebell[e] gə'bɛl[ə]
geben 'ge:bn̩, **gebt** ge:pt
Gebende gə'bɛndə
Gebenedeite gəbene'dai̯tə
Gebesee 'ge:bəze:
Gebet gə'be:t
gebeten gə'be:tn̩
Gebettel gə'bɛtl̩
Gebhardshain 'gɛphartshai̯n
Gebhard[t] 'gɛphart
Gebhart 'gɛphart, *fr.* ge'ba:r
gebier! gə'bi:ɐ̯
gebiert gə'bi:ɐ̯t
Gebiet gə'bi:t
gebieterisch gə'bi:tərɪʃ
Gebild gə'bɪlt, **-e** ...ldə
Gebinde gə'bɪndə
Gebirge gə'bɪrgə
gebirgig gə'bɪrgɪç, **-e** ...ɪgə
Gebirgler gə'bɪrklɐ
Gebirol gebi'ro:l
Gebiß gə'bɪs, **Gebisse** gə'bɪsə
gebissen gə'bɪsn̩, **gebißne** ...ɪsnə
Geblaffe gə'blafə
Geblase gə'bla:zə
Gebläse gə'blɛ:zə
Gebler 'ge:blɐ

geblichen gə'blıçn̩
geblieben gə'bli:bn̩, ...bne ...bnə
Geblök[e] gə'blø:k[ə]
geblümt gə'bly:mt
Geblüt gə'bly:t
gebogen gə'bo:gn̩, ...gne ...gnə
geboren gə'bo:rən
geborgen gə'bɔrgn̩, ...gne ...gnə
geborsten gə'bɔrstn̩
Gebot gə'bo:t
geboten gə'bo:tn̩
Gebräch[e] gə'brɛ:ç[ə]
gebracht gə'braxt
Gebräme gə'brɛ:mə
gebrannt gə'brant
Gebräu gə'brɔy
gebrauchen gə'brauxn̩
gebräuchlich gə'brɔyçlıç
Gebraus gə'braus, -es ...auzəs
Gebrause gə'brauzə
Gebrech gə'brɛç
Gebrechen gə'brɛçn̩
gebrechlich gə'brɛçlıç
Gebresten gə'brɛstn̩
gebrochen gə'brɔxn̩
Gebröckel gə'brœkl̩
Gebrodel gə'bro:dl̩
Gebrüder gə'bry:dɐ
Gebrüll gə'brʏl
Gebrumme gə'brʊmə
Gebser 'gɛpsɐ
Gebück gə'bʏk
Gebühr gə'by:ɐ̯
gebühren gə'by:rən
gebührlich gə'by:ɐ̯lıç
Gebührnis gə'by:ɐ̯nıs, -se ...ısə
Gebums gə'bʊms, -es ...mzəs
Gebumse gə'bʊmzə
Gebund gə'bʊnt
gebunden gə'bʊndn̩, ...dne ...dnə
Geburt gə'bu:ɐ̯t
gebürtig gə'bʏrtıç, -e ...ıgə
Gebüsch gə'bʏʃ
Gebweiler 'ge:pvailɐ
Gebze *türk.* 'gɛbzɛ
Geck gɛk
Gecko 'gɛko, -nen gɛ'ko:nən
Gecse *ung.* 'gɛtʃɛ
Ged *engl.* gɛd
gedacht gə'daxt
Gedächtnis gə'dɛçtnıs, -se ...ısə
gedackt gə'dakt
Gedanke gə'daŋkə
Gedanken gə'daŋkn̩
gedanklich gə'daŋklıç
Gedärm[e] gə'dɛrm[ə]
Gedda *schwed.* ˌgɛda, *it.* 'dʒɛdda
Geddes *engl.* 'gɛdıs
Gede *indon.* gə'de
Gedeck gə'dɛk
Gedeih gə'dai
gedeihen, G... gə'daiən
gedeihlich gə'dailıç
Gedenkemein gə'dɛŋkəmain
Gedeon 'ge:deɔn, *russ.* gıdı'ɔn
Gedeonowitsch, Gedeonovič *russ.* gıdı'ɔnɐvitʃ
Gedeonowna, Gedeonovna *russ.* gıdı'ɔnɐvnɐ
gedeucht gə'dɔyçt
Gedicht gə'dıçt
gediegen gə'di:gn̩, ...gne ...gnə
gedieh[en] gə'di:[ən]
Gedinge gə'dıŋə
Gediz *türk.* 'gɛdiz
Gedon 'ge:dɔn
Gedöns gə'dø:ns, -es ...zəs
Gédoyn *fr.* ʒe'dwɛ̃
Gedränge gə'drɛŋə
Gedröhn gə'drø:n
gedroschen gə'drɔʃn̩
Gedrosia gə'dro:zi̯a
Gedrosien gə'dro:zi̯ən
gedrungen gə'drʊŋən
Gedser *dän.* 'gesər, 'gɛsər
Gedser Rev *dän.* 'gesər 'reu̯, 'gɛsər –
Geduld gə'dʊlt
gedulden gə'dʊldn̩, geduld! gə'dʊlt
geduldig gə'dʊldıç, -e ...ıgə
gedungen gə'dʊŋən
gedunsen gə'dʊnzn̩, ...nsne ...nznə
gedurft gə'dʊrft
Gedymin *poln.* gɛ'dɨmin
Geefs *niederl.* xe:fs
Geehrte gə'|e:ɐ̯tə
geeignet gə'|aignət
Geel *niederl.* xe:l
Geelong *engl.* dʒi:'lɔŋ
Geelvink *niederl.* 'xe:lvıŋk
Geer *niederl.* xe:r
Geerd ge:ɐ̯t
Geert ge:ɐ̯t, *niederl.* xe:rt
Geertgen *niederl.* 'xe:rtxə
Geertruidenberg *niederl.* xe:rtrœi̯dən'bɛrx
Geesow 'ge:zo
Geest[e] 'ge:st[ə]
Geestemünde ge:stə'mʏndə
Geesthacht ge:st'haxt
Geetbets *niederl.* xe:d'bɛts
Geez ge:ts, ge'e:ts; ge:s
Gefach gə'fax, Gefächer gə'fɛçɐ
Gefahr gə'fa:ɐ̯
gefährden gə'fɛ:ɐ̯dn̩, gefährd! gə'fɛ:ɐ̯t
Gefahre gə'fa:rə
gefährlich gə'fɛ:ɐ̯lıç
gefahrlos gə'fa:ɐ̯lo:s
Gefährt[e] gə'fɛ:ɐ̯t[ə]
Gefälle gə'fɛlə
gefallen, G... gə'falən
gefällig gə'fɛlıç, -e ...ıgə
gefälligst gə'fɛlıçst
Gefältel gə'fɛltl̩
gefangen gə'faŋən
Gefängnis gə'fɛŋnıs, -se ...ısə
Gefasel gə'fa:zl̩
Gefaser gə'fa:zɐ
Gefäß gə'fɛ:s
Gefecht gə'fɛçt
Gefege gə'fe:gə
gefeit gə'fait
Gefell gə'fɛl
Gefertigte gə'fɛrtıçtə
Geffcken 'gɛfkn̩
Geffrey *engl.* 'dʒɛfrı
Geffroy *fr.* ʒɛ'frwa
Gefiedel gə'fi:dl̩
Gefieder gə'fi:dɐ
gefiedert gə'fi:dɐt
Gefilde gə'fıldə
Gefion 'ge:fi̯ɔn
gefirnißt gə'fırnıst
Geflacker gə'flakɐ
Geflatter gə'flatɐ
Geflecht gə'flɛçt
Geflenne gə'flɛnə
Geflimmer gə'flımɐ
Geflissenheit gə'flısn̩hait
geflissentlich gə'flısn̩tlıç
geflochten gə'flɔxtn̩
geflogen gə'flo:gn̩, ...gne ...gnə
geflohen gə'flo:ən
geflossen gə'flɔsn̩, ...ßne ...ɔsnə
Gefluche gə'flu:xə
Geflügel gə'fly:gl̩
geflügelt gə'fly:gl̩t
Geflunker gə'flʊŋkɐ
Geflüster gə'flʏstɐ
gefochten gə'fɔxtn̩
Gefolge gə'fɔlgə
Gefrage gə'fra:gə
gefräßig gə'frɛ:sıç, -e ...ıgə
Gefrees gə'fre:s
Gefreite gə'fraitə
Gefrett gə'frɛt
Gefrieß gə'fri:s
gefroren gə'fro:rən
gefüge, G... gə'fy:gə
gefügig gə'fy:gıç, -e ...ıgə
Gefühl gə'fy:l
gefühlig gə'fy:lıç, -e ...ıgə
gefunden gə'fʊndn̩, ...dne ...dnə
Gefunkel gə'fʊŋkl̩
gefürstet gə'fʏrstət
Gegacker gə'gakɐ
Gegaj *alban.* 'gegai̯
gegangen gə'gaŋən
gegeben gə'ge:bn̩
gegen 'ge:gn̩
Gegenbaur 'ge:gn̩bauɐ
Gegend 'ge:gn̩t, -en ...n̩dən
gegeneinander ge:gn̩|ai̯'nandɐ
gegensätzlich 'ge:gn̩zɛtslıç
gegenseitig 'ge:gn̩zaitıç, -e ...ıgə
gegenständig 'ge:gn̩ʃtɛndıç
gegenständlich 'ge:gn̩ʃtɛntlıç
gegenstimmig 'ge:gn̩ʃtımıç, -e ...ıgə
gegenstromig 'ge:gn̩ʃtro:mıç -e ...ıgə
gegenströmig 'ge:gn̩ʃtrø:mıç, -e ...ıgə

Gegenteil 'ge:gn̩tai̯l
gegenteilig 'ge:gn̩tai̯lɪç, **-e** ...ɪgə
gegenüber, G... ge:gn̩'|y:bɐ
Gegenwart 'ge:gn̩vart
gegenwärtig 'ge:gn̩vɛrtɪç
––'––; **-e** ...ɪgə
gegessen gə'gɛsn̩, **...eßne** ...ɛsnə
Gegirre gə'gɪrə
geglichen gə'glɪçn̩
geglitten gə'glɪtn̩
geglommen gə'glɔmən
Gegner 'ge:gnɐ
gegolten gə'gɔltn̩
gegoren gə'go:rən
gegossen gə'gɔsn̩, **...oßne** ...ɔsnə
gegriffen gə'grɪfn̩
Gegröle gə'grø:lə
Gegrunze gə'grʊntsə
Gehabe gə'ha:bə
gehaben, G... gə'ha:bn̩
gehabt gə'ha:pt
Gehader gə'ha:dɐ
Gehalt gə'halt, **Gehälter** gə'hɛltɐ
Gehaltlosigkeit gə'haltlo:zɪçkai̯t
Gehämmer gə'hɛmɐ
gehandikapt gə'hɛndikɛpt
Gehänge gə'hɛŋə
gehangen gə'haŋən
geharnischt gə'harnɪʃt
gehässig gə'hɛsɪç, **-e** ...ɪgə
Gehäuse gə'hɔyzə
Geheck[e] gə'hɛk[ə]
Geheeb gə'he:p
Gehege gə'he:gə
geheim gə'hai̯m
Geheimbündelei gəhai̯mbʏndə'lai̯
Geheimbündler gə'hai̯mbʏntlɐ
Geheimnis gə'hai̯mnɪs, **-se** ...ɪsə
Geheimniskrämerei gəhai̯mnɪskrɛ:mə'rai̯
Geheimnistuerei gəhai̯mnɪstu:ə'rai̯
Geheimtuer gə'hai̯mtu:ɐ
Geheimtuerei gəhai̯mtu:ə'rai̯
Geheiß gə'hai̯s
gehen 'ge:ən
Gehenk gə'hɛŋk
Gehenna ge'hɛna
Geher 'ge:ɐ
Gehetze gə'hɛtsə
geheuer gə'hɔyɐ
Geheul gə'hɔyl
Gehilfe gə'hɪlfə
Gehirn gə'hɪrn
gehl ge:l
Gehlberg 'ge:lbɛrk
Gehlchen 'ge:lçən
Gehlen 'ge:lən
Gehler 'ge:lɐ
gehoben gə'ho:bn̩, **...bne** ...bnə
Gehöft gə'hø:ft
Gehöhne gə'hø:nə
geholfen gə'hɔlfn̩
Gehölz gə'hœlts
Gehölze gə'hɔltsə
Gehör gə'hø:ɐ̯
gehorchen gə'hɔrçn̩
gehören gə'hø:rən
gehörig gə'hø:rɪç, **-e** ...ɪgə
Gehörn gə'hœrn
gehörnt gə'hœrnt
gehorsam, G... gə'ho:ɐ̯za:m
Gehrcke 'ge:ɐ̯kə
Gehrde 'ge:ɐ̯də
Gehrden 'ge:ɐ̯dn̩
Gehre 'ge:rə
gehren, G... 'ge:rən
Gehrenberg 'ge:rənbɛrk
Gehrkens *engl.* 'gɛəkənz
Gehrts ge:ɐ̯ts
Gehrung 'ge:rʊŋ
Gehudel gə'hu:dl̩
Gehupe gə'hu:pə
Gehweiler 'ge:vai̯lɐ
Gei[bel] 'gai̯[bl̩]
Geidarow, Geidarov *russ.* gɪi̯'darɐf
geien 'gai̯ən
Geier[sberg] 'gai̯ɐ[sbɛrk]
Geifer 'gai̯fɐ
geif[e]rig 'gai̯f[ə]rɪç, **-e** ...ɪgə
geifern 'gai̯fɐn
Geigant 'gai̯gant
Geige 'gai̯gə
geigen 'gai̯gn̩, **geig!** gai̯k, **geigt** gai̯kt
Geigenberger 'gai̯gn̩bɛrgɐ
Geiger 'gai̯gɐ
Geiglitz 'gai̯glɪts
Geigy Ⓦ 'gai̯gi
Geijer *schwed.* 'jɛi̯ər
Geijerstam *schwed.* ˌjɛi̯ərstam
Geikie *engl.* 'gi:kɪ
geil gai̯l
Geilamir 'gai̯lami:ɐ̯
Geile 'gai̯lə
geilen 'gai̯lən
Geilenkirchen 'gai̯lənkɪrçn̩
Geiler 'gai̯lɐ
Geilinger 'gai̯lɪŋɐ
Geilo *norw.* ˌjɛi̯lu
[1]**Gein** (Stoff) ge'i:n
[2]**Gein** (Name) *niederl.* xɛi̯n
Geinitz 'gai̯nɪts
Geiranger *norw.* ˌgɛi̯raŋər, ˌjɛi̯...
Geisa vgl. Geison
Geisberg 'gai̯sbɛrk
Geise 'gai̯zə
Geisel 'gai̯zl̩, *bras.* 'gai̯zɛl
Geiselgasteig gai̯zl̩gas'tai̯k, ––'––
Geiselhöring gai̯zl̩'hø:rɪŋ
Geiselmann 'gai̯zl̩man
Geiseltal 'gai̯zl̩ta:l
Geisenfeld 'gai̯zn̩fɛlt
Geisenheim 'gai̯zn̩hai̯m
Geiser 'gai̯zɐ
Geiserich 'gai̯zərɪç
Geisha 'ge:ʃa, *auch:* 'gai̯ʃa
Geishüsler 'gai̯shy:slɐ
Geising[berg] 'gai̯zɪŋ[bɛrk]
Geisingen 'gai̯zɪŋən
Geisler 'gai̯slɐ
Geislingen 'gai̯slɪŋən
Geismar 'gai̯smar
Geison 'gai̯zɔn, **Geisa** 'gai̯za
Geispolsheim 'gai̯spɔlshai̯m
Geiß gai̯s
Geißel, Geissel 'gai̯sl̩
geißeln 'gai̯sl̩n
Geißler 'gai̯slɐ
Geist gai̯st
geistern 'gai̯stɐn
geistig 'gai̯stɪç, **-e** ...ɪgə
geistig-seelisch 'gai̯stɪç'ze:lɪʃ
Geistinger 'gai̯stɪŋɐ
geistlich 'gai̯stlɪç
geistlos 'gai̯stlo:s
Geistthal gai̯st'ta:l
Geitau 'gai̯tau̯
Geitel 'gai̯tl̩
Geithain 'gai̯thai̯n
Geitler 'gai̯tlɐ
Geitonogamie gai̯tonoga'mi:
Geiz gai̯ts
geizen 'gai̯tsn̩
geizig 'gai̯tsɪç, **-e** ...ɪgə
Gejammer gə'jamɐ
Gejauchze gə'jau̯xtsə
Gejdarov vgl. Geidarow
Gejodel gə'jo:dl̩
Gejohle gə'jo:lə
gekannt gə'kant
Gekeife gə'kai̯fə
Gekicher gə'kɪçɐ
Gekläff[e] gə'klɛf[ə]
Geklapper gə'klapɐ
Geklatsche gə'klatʃə
Geklimper gə'klɪmpɐ
Geklingel gə'klɪŋl̩
Geklirr[e] gə'klɪr[ə]
geklommen gə'klɔmən
Geklopfe gə'klɔpfə
Geklüft[e] gə'klʏft[ə]
geklungen gə'klʊŋən
Geknatter gə'knatɐ
gekniffen gə'knɪfn̩
Geknirsche gə'knɪrʃə
Geknister gə'knɪstɐ
gekonnt gə'kɔnt
gekoren gə'ko:rən
Gekrächze gə'krɛçtsə
Gekrakel gə'kra:kl̩
Gekrätz gə'krɛts
Gekräusel gə'krɔyzl̩
Gekreisch[e] gə'krai̯ʃ[ə]
gekrischen gə'krɪʃn̩
Gekritzel gə'krɪtsl̩
gekrochen gə'krɔxn̩
Gekröse gə'krø:zə
Gel ge:l
Gela 'ge:la, *it.* 'dʒɛ:la, *russ.* 'gjɛlɐ
Gelächter gə'lɛçtɐ
gelackmeiert gə'lakmai̯ɐt
Gelage gə'la:gə
gelahrt gə'la:ɐ̯t
Gelände gə'lɛndə

Geländer gəˈlɛndɐ
gelang gəˈlaŋ
gelänge gəˈlɛŋə
gelangen gəˈlaŋən
Gelar geˈlaːɐ̯
Gelärme gəˈlɛrmə
Gelassi, Gelasij *russ.* gɪˈlasij
Gelasius geˈlaːzi̯ʊs
Gelasma geˈlasma, **-ta** -ta
Gelaß gəˈlas, **Gelasse** gəˈlasə
gelassen gəˈlasn̩, **gelaßne** gəˈlasnə
Gelatine ʒelaˈtiːnə
gelatinieren ʒelatiˈniːrən
gelatinös ʒelatiˈnøːs, **-e** ...øːzə
Gelatit ʒelaˈtiːt, *auch:* ...tɪt
Geläuf gəˈlɔy̯f
Gelaufe gəˈlau̯fə
geläufig gəˈlɔy̯fɪç, **-e** ...ɪgə
gelaunt gəˈlau̯nt
Geläut[e] gəˈlɔy̯t[ə]
gelb gɛlp, **-e** ˈgɛlbə
Gelbe ˈgɛlbə
Gelbensande gɛlbn̩ˈzandə
gelblich ˈgɛlplɪç
Gelbling ˈgɛlplɪŋ
Gelbsand ˈgɛlpzant
Gelbveigelein gɛlpˈfai̯gəlai̯n
Gelchsheim ˈgɛlçshai̯m
Geld gɛlt, **-er** ˈgɛldɐ
Gelder[land] *niederl.* ˈxɛldər[lɑnt]
Geldermalsen *niederl.* xɛldərˈmɑlsə
Geldern ˈgɛldɐn
geldlich ˈgɛltlɪç
Geldner ˈgɛldnɐ
geldrisch ˈgɛldrɪʃ
Geldrop *niederl.* ˈxɛldrɔp
Gelee ʒeˈleː, *auch:* ʒəˈleː
Gelée *fr.* ʒəˈle
Geleen *niederl.* xəˈleːn
Gelege gəˈleːgə
gelegen gəˈleːgn̩, **...gne** ...gnə
Gelegenheit gəˈleːgn̩hai̯t
gelegentlich gəˈleːgn̩tlɪç
gelehrig gəˈleːrɪç, **-e** ...ɪgə
Geleier gəˈlai̯ɐ
Geleise gəˈlai̯zə
...geleisig (z. B. eingeleisig) ...gəˌlai̯zɪç, **-e** ...ɪgə
Geleit[e] gəˈlai̯t[ə]
Gelenau ˈgeːlənau̯
Gelendschik, Gelendžik *russ.* gɪlɪnˈdʒɨk
gelenk, G... gəˈlɛŋk
gelenkig gəˈlɛŋkɪç, **-e** ...ɪgə
Geleucht[e] gəˈlɔy̯çt[ə]
Gelgia *rät.* ˈdʒjɛldʒja
Gelibolu *türk.* gɛˈlibɔlu
Gelichter gəˈlɪçtɐ
geliehen gəˈliːən
gelieren ʒeˈliːrən, *auch:* ʒə...
Gelimer ˈgeːlimɛr
gelind gəˈlɪnt, **-e** ...ndə
Gelindigkeit gəˈlɪndɪçkai̯t
gelingen, G... gəˈlɪŋən
Gelispel gəˈlɪspl̩
gelitten gəˈlɪtn̩
gell, gell? gɛl
Gell *engl.* gɛl
gelle? ˈgɛlə
Gellée *fr.* ʒəˈle
gellen, G... ˈgɛlən
Gellenstrom ˈgɛlənʃtroːm
Gellershagen gɛlɐsˈhaːgn̩
Gellert ˈgɛlɐt
Gellért[hegy] *ung.* ˈgɛlleːrt[hɛdj]
Gelli *it.* ˈdʒɛlli
Gelligaer *engl.* gɛlɪˈgaɪə
Gellius ˈgɛli̯ʊs
Gelmírez *span.* xɛlˈmirɛθ
Gelnhausen gɛlnˈhau̯zn̩
Gelnhäuser gɛlnˈhɔy̯zɐ
Gelo ˈgeːlo
geloben gəˈloːbn̩
Gelöbnis gəˈløːpnɪs, **-se** ...ɪsə
Gelobtland gəˈloːptlant
Gelock[e] gəˈlɔk[ə]
gelogen gəˈloːgn̩, **...gne** ...gnə
Gelolepsie gelolɛˈpsiː, **-n** ...iːən
Gelon ˈgeːlɔn
Geloplegie geloplеˈgiː, **-n** ...iːən
geloschen gəˈlɔʃn̩
Gelotripsie gelotrɪˈpsiː, **-n** ...iːən
Gelpke ˈgɛlpkə
Gelsdorf ˈgɛlsdɔrf
[1]**Gelse** (Mücke) ˈgɛlzə
[2]**Gelse** (Name) *ung.* ˈgɛlʃɛ
Gelsenberg ˈgɛlzn̩bɛrk
Gelsenkirchen gɛlzn̩ˈkɪrçn̩
gelt? gɛlt
gelten ˈgɛltn̩
Gelterkinden ˈgɛltɐkɪndn̩
Geltinger Birk ˈgɛltɪŋɐ ˈbɪrk
Geltow ˈgɛlto
Geltrú *span.* xɛlˈtru
Geltschberg ˈgɛltʃbɛrk
Gelübde gəˈlʏpdə
Gelünge gəˈlʏŋə
gelungen gəˈlʊŋən
Gelüst[e] gəˈlʏst[ə]
gelüsten, G... gəˈlʏstn̩
gelüstig gəˈlʏstɪç, **-e** ...ɪgə
Geluwe *niederl.* ˈxeːlyːwə
Gelze ˈgɛltsə
GEMA ˈgeːma
gemach gəˈmaːx
Gemach gəˈmaːx, **Gemächer** gəˈmɛːçɐ
gemächlich gəˈmɛːçlɪç, *auch:* ...mɛç...
Gemächt[e] gəˈmɛçt[ə]
Gemahl gəˈmaːl
Gemälde gəˈmɛːldə
Gemara geˈmaːra
Gemarkung gəˈmarkʊŋ
gemäß gəˈmɛːs
...gemäß (z. B. zeitgemäß) ...gəˌmɛːs
Gematrie gemaˈtriː
Gemäuer gəˈmɔy̯ɐ
Gembloux *fr.* ʒɑ̃ˈblu
Gemecker gəˈmɛkɐ
Gemeck[e]re gəˈmɛk[ə]rə
gemein gəˈmai̯n
Gemeinde gəˈmai̯ndə
Gemeindeutsch gəˈmai̯ndɔy̯tʃ
gemeindlich gəˈmai̯ntlɪç
Gemeine gəˈmai̯nə
gemeinhin gəˈmai̯nhɪn
gemeiniglich gəˈmai̯nɪklɪç
Gemeinlebarn gəmai̯nˈleːbarn
Gemeinnutz gəˈmai̯nnʊts
gemeinnützig gəˈmai̯nnʏtsɪç, **-e** ...ɪgə
gemeinplätzlich gəˈmai̯nplɛtslɪç
gemeinsam gəˈmai̯nzaːm
Gemelli *it.* dʒeˈmɛlli
Gemellus geˈmɛlʊs, **...lli** ...li
Gemenge gəˈmɛŋə
Gemengsel gəˈmɛŋzl̩
Gemert *niederl.* ˈxeːmərt
Gemetzel gəˈmɛtsl̩
gemieden gəˈmiːdn̩, **...dne** ...dnə
Gémier *fr.* ʒeˈmje
Geminata gemiˈnaːta, **...tä** ...tɛ
Gemination geminaˈtsi̯oːn
Geminiani *it.* dʒemiˈnjaːni
geminieren gemiˈniːrən
Geminus ˈgeːminʊs, **...ni** ...ni
Gemisch gəˈmɪʃ
[1]**Gemma** (Stern) ˈgɛma
[2]**Gemma** (Name) ˈgɛma, *it.* ˈdʒɛmma
Gemme ˈgɛmə
Gemmi ˈgɛmi
Gemmingen ˈgɛmɪŋən
Gemmoglyptik gɛmoˈglʏptɪk
Gemmologie gɛmoloˈgiː
Gemmula ˈgɛmula, **...lae** ...lɛ
gemocht gəˈmɔxt
gemolken gəˈmɔlkn̩
Gemona *it.* dʒeˈmoːna
Gémozac *fr.* ʒemoˈzak
Gempen ˈgɛmpn̩
Gemse ˈgɛmzə
Gemünd gəˈmʏnt
Gemünden gəˈmʏndn̩
Gemunkel gəˈmʊŋkl̩
Gemurmel gəˈmʊrml̩
Gemurre gəˈmʊrə
Gemüse gəˈmyːzə
gemüßigt gəˈmyːsɪçt
gemußt gəˈmʊst
Gemüt gəˈmyːt
gen gɛn
Gen geːn
genannt gəˈnant
genant ʒeˈnant
Genappe *fr.* ʒəˈnap
genarbt gəˈnarpt
genas gəˈnaːs
genäschig gəˈnɛʃɪç, **-e** ...ɪgə
genäse gəˈnɛːzə
genasen gəˈnaːzn̩
Genast ˈgeːnast
genau gəˈnau̯
Genauigkeit gəˈnau̯ɪçkai̯t
genauso gəˈnau̯zoː
Genazzano *it.* dʒenatˈtsaːno

Gençay *fr.* ʒã'sɛ
Gencẹr *türk.* gɛn'dʒɛr
Gendạrm ʒan'darm, *auch:* ʒã'd...
Gendarmerie ʒandarmə'ri:, *auch:* ʒãd...; **-n** ...i:ən
Gẹnderkingen 'gɛndɐkɪŋən
Gẹndringen *niederl.* 'xɛndrɪŋə
Gendron *fr.* ʒã'drõ
Gẹndt *niederl.* xɛnt
[1]**Gẹne** (Zwang, Unbehagen) ʒɛ:n; *auch:* 'ʒɛ:nə, 'ʒɛ:nə
[2]**Gene** (Name) *engl.* dʒi:n
Genealọge genea'lo:gə
Genealogie genealo'gi:, **-n** ...i:ən
genealọgisch genea'lo:gɪʃ
Genée *fr.* ʒə'ne
genẹhm gə'ne:m
genẹhmigen gə'ne:mɪgn̩, **genẹhmig!** ...ɪç, **genẹhmigt** ...ɪçt
Genẹlli dʒe'nɛli
Genemuiden *niederl.* xe:nə'mœ̯idə
Genẹr *span.* xe'nɛr
Genera vgl. Genus
Generạl genə'ra:l, **Generäle** genə'rɛ:lə
Generalạt genəra'la:t
Generạl Belgrạno *span.* xene'ral βɛl'ɣrano
Generạle genə'ra:lə; **...lien** ...li̯ən, **...lia** ...li̯a
Generalfẹldmarschall genəra:l'fɛltmarʃal
Generạlgouverneur genə'ra:lguvɛrnø:ɐ̯
Generalịfe *span.* xenera'life
Generalisatiọn genəraliza'tsi̯o:n
generalisieren genərali'zi:rən
Generalịssimus genəra'lɪsimʊs; **-se** ...ʊsə, **...mi** ...mi
Generalitạt *kat.* ʒənərəli'tat
Generalitạ̈t genərali'tɛ:t
generạliter genə'ra:litɐ
Generạlleutnant genə'ra:llɔy̆tnant
Generạlmajor genə'ra:lmajo:ɐ̯
Gẹneral Motors [Corporation] *engl.* 'dʒɛnərəl 'moʊtəz [kɔ:pə'reɪʃən]
Generạloberst genə'ra:l|o:bɐst
Generạl Pạz *span.* xene'ral 'paθ
Generạl Pịnto *span.* xene'ral 'pinto
Generạl San Martín *span.* xene'ral sanmar'tin
Generạlstäbler genə'ra:lʃtɛ:plɐ
Generạl Villẹgas *span.* xene'ral βi'ʎeɣas
Generatianịsmus genəratsi̯a'nɪsmʊs
Generạtio aequịvoca genə'ra:tsi̯o ɛ'kvi:voka
Generatiọn genəra'tsi̯o:n
Generạtio primạria genə'ra:tsi̯o pri'ma:ri̯a
Generạtio spontạnea genə'ra:tsi̯o spɔn'ta:nea
generatịv genəra'ti:f, **-e** ...i:və
Generạtor genə'ra:tɔr, **-en** genəra'to:rən
Genera verbi vgl. Genus verbi
generẹll genə'rɛl
genẹrisch ge'ne:rɪʃ
generọ̈s genə'rø:s, *auch:* ʒe...; **-e** ...ø:zə
Generositạ̈t genərozi'tɛ:t, *auch:* ʒe...
Generọso *it.* dʒene'ro:so
Genẹse ge'ne:zə
genẹsen gə'ne:zn̩, **genẹs!** gə'ne:s, **genẹst** gə'ne:st
Genesis 'ge:nezɪs, *auch:* 'gɛn...
Genẹsius ge'ne:zi̯ʊs
Genẹst *fr.* ʒə'nɛ
Gẹnestet *niederl.* 'xe:nəstɛt
Genestrẹrio *it.* dʒenes'trɛ:ri̯o
Genẹsung gə'ne:zʊŋ
Genẹt, Genêt *fr.* ʒə'nɛ
Genethlịakon gene'tli:akɔn, **...ka** ...ka
Genẹtik ge'ne:tɪk
Genẹtiker ge'ne:tikɐ
genẹtisch ge'ne:tɪʃ
Genetiv 'ge:neti:f, *auch:* gene'ti:f; **-e** ...i:və
Genẹtte ʒə'nɛt[ə], ʒe'n...; **-n** ...tn̩
Genève *fr.* ʒə'nɛ:v
Genẹver ʒe'ne:vɐ, ʒə'n..., ge'n...
Geneviève *fr.* ʒən'vjɛ:v
Genevois, ...ix *fr.* ʒən'vwa
Genèvre *fr.* ʒə'nɛ:vr
Genẹzareth ge'ne:tsarɛt
Gẹnf[er] 'gɛnf[ɐ]
gẹnferisch 'gɛnfərɪʃ
Gẹng gɛŋ
Gẹnga *it.* 'dʒɛŋga, 'dʒɛŋga
Gẹngenbach 'gɛŋənbax
geniạl[isch] ge'ni̯a:l[ɪʃ]
Genialitạ̈t geni̯ali'tɛ:t
Geničesk vgl. Genitschesk
Géniaux *fr.* ʒe'njo
Genịck gə'nɪk
Genie ʒe'ni:
Genien vgl. Genius
genieren ʒe'ni:rən
genießen gə'ni:sn̩
genießerisch gə'ni:sərɪʃ
Genịl *span.* xe'nil
Genịsa ge'ni:za
Génissiạt *fr.* ʒeni'sja
Genịsta ge'nɪsta
genitạl geni'ta:l
Genitạle geni'ta:lə
Genitạlien geni'ta:li̯ən
Genitiv 'ge:niti:f, *auch:* geni'ti:f; **-e** ...i:və
Genitịvus geni'ti:vʊs, **...vi** ...vi
Genịtschesk, Geničesk *russ.* gɪ'nitʃɪsk
Gẹnius 'ge:ni̯ʊs, **...ien** ...i̯ən
Gẹnius epidẹmicus 'ge:ni̯ʊs epi'de:mikʊs
Gẹnius lọci 'ge:ni̯ʊs 'lo:tsi
Gẹnius mọrbi 'ge:ni̯ʊs 'mɔrbi
Genịza ge'ni:za
Gẹnk *niederl.* xɛŋk
Gẹnkingen 'gɛŋkɪŋən
Genlịs *fr.* ʒã'lis
Gennạdi, Gennạdij *russ.* gɪn'nadij
Gennạdios gɛ'na:di̯ɔs
Gennạdius gɛ'na:di̯ʊs
Gennargẹntu *it.* dʒennar'dʒɛntu
Gennạro *it.* dʒen'na:ro
Gẹnnebreck 'gɛnəbrɛk
Gẹnnep 'gɛnəp, *niederl.* 'xɛnəp
Gẹnnes *fr.* ʒɛn
Gennẹsaret gɛ'ne:zarɛt
Gennevilliẹrs *fr.* ʒɛnvi'lje
Genofẹfa geno'fe:fa
Génolhac *fr.* ʒenɔ'lak
Genọm ge'no:m
genọmmen gə'nɔmən
Genọ̈rgel gə'nœrgl̩
Genos 'ge:nɔs, *auch:* 'gɛnɔs
genọß gə'nɔs
Genọsse gə'nɔsə
genọ̈sse gə'nœsə
genọssen gə'nɔsn̩
Genọssenschaft gə'nɔsn̩ʃaft
Genọßsame gə'nɔsza:mə
Genotỵp[us] geno'ty:p[ʊs]
Genoux *fr.* ʒə'nu
Gẹnova *it.* 'dʒɛ:nova
Genovẹfa geno'fe:fa, *auch:* ...ve:fa
Genovẹsi *it.* dʒeno've:si
Genovẹva geno'fe:fa, *auch:* geno've:va; *span.* xeno'βeβa
Genozịd geno'tsi:t, **-e** ...i:də, **-ien** ...i:di̯ən
Genre ʒã:ɐ̯, *auch:* 'ʒã:rə, 'ʒaŋɐ
Gẹnrich, Genrih *russ.* 'gjenrix
Gẹns gɛns, **Gẹntes** 'gɛnte:s
Gẹnscher 'gɛnʃɐ
Gẹnserich 'gɛnzərɪç
Gẹnsfleisch 'gɛnsflai̯ʃ
Genshagen gɛns'ha:gn̩
Gẹnsler 'gɛnslɐ
Gensonné *fr.* ʒɛ̃sɔ'ne
[1]**Gẹnt** (Stutzer) *engl.* dʒɛnt
[2]**Gẹnt** (Stadt) gɛnt, *niederl.* xɛnt
Gẹnta *span.* 'xenta
Gentbrugge *niederl.* xɛnd'brʏxə
Gentes vgl. Gens
Gẹnth[a] 'gɛnt[a]
Genthịn gɛn'ti:n
Gentiạna gɛn'tsi̯a:na
gentịl ʒɛn'ti:l, ʒã'ti:l
Gentịl *fr.* ʒã'ti, *port.* ʒen'til
Gentịle *it.* dʒen'ti:le
Gentịlen gɛn'ti:lən
Gentilẹschi *it.* dʒenti'leski
Gentilhomme ʒãti'jɔm
Gentịli *it.* dʒen'ti:li

Gentilly *fr.* ʒãti'ji
Gentioux *fr.* ʒã'sju
Gentleman, ...men *engl.* 'dʒɛntlmən
gentlemanlike *engl.* 'dʒɛntlmənlaɪk
Gentleman's Agreement *engl.* 'dʒɛntlmənz ə'gri:mənt
Gentlemen vgl. Gentleman
Gentlemen's Agreement *engl.* 'dʒɛntlmənz ə'gri:mənt
Gento *span.* 'xento
Gentofte *dän.* 'gɛntɔfdə
Gentry *engl.* 'dʒɛntrɪ
Gentz gɛnts
Genua 'ge:nu̯a
Genuese ge'nu̯e:zə
Genueser ge'nu̯e:zɐ
genuesisch ge'nu̯e:zɪʃ
genug gə'nu:k
Genüge gə'ny:gə
genügen gə'ny:gn̩, **genüg!** gə'ny:k, **genügt** gə'ny:kt
genügend gə'ny:gn̩t, **-e** ...n̩də
genugsam gə'nu:kza:m
genügsam gə'ny:kza:m
Genugtuung gə'nu:ktu:ʊŋ
genuin genu'i:n
Genus 'ge:nʊs, *auch:* 'gɛn...; **Genera** 'ge:nera, *auch:* 'gɛn...
Genus proximum 'ge:nʊs 'prɔksimʊm, *auch:* 'gɛn... –
Genuß gə'nʊs, **Genusses** gə'nʊsəs, **Genüsse** gə'nʏsə
Genüßling gə'nʏslɪŋ
Genußsucht gə'nʊszʊxt
Genus verbi 'ge:nʊs 'vɛrbi, *auch:* 'gɛn... –; **Genera** - 'ge:nera –, *auch:* 'gɛn... –
Genval *fr.* ʒɛn'val
Genzano *it.* dʒen'tsa:no
Genzmer 'gɛntsmɐ
geoantiklinal geo|antikli'na:l
Geoantiklinale geo|antikli'na:lə
Geobotanik geobo'ta:nɪk
geobotanisch geobo'ta:nɪʃ
Geochemie geoçe'mi:,
geochemisch geo'çe:mɪʃ
Geochronologie geokronolo'gi:
Geodäsie geodɛ'zi:
Geodät geo'dɛ:t
geodätisch geo'dɛ:tɪʃ
Geode ge'o:də
Geodepression geodeprɛ'si̯o:n
Geodynamik geody'na:mɪk
Geoffrey *engl.* 'dʒɛfrɪ
Geoffrin *fr.* ʒɔ'frɛ̃
Geoffroi, ...oy *fr.* ʒɔ'frwa
Geofraktur geofrak'tu:ɐ̯
Geofredo *span.* xeo'freðo
Geogenese geoge'ne:zə
Geogenie geoge'ni:
Geognosie geogno'zi:
Geognost geo'gnɔst
Geogonie geogo'ni:
Geograph geo'gra:f
Geographie geogra'fi:
geographisch geo'gra:fɪʃ
geöhrt gə'|ø:ɐ̯t
Geoid geo'i:t, **-es** ...i:dəs
Geoisotherme geo|izo'tɛrmə
Geojurisprudenz geojurɪspru'dɛnts
geojuristisch geoju'rɪstɪʃ
geokarp geo'karp
Geokarpie geokar'pi:
geokrat geo'kra:t
Geologe geo'lo:gə
Geologie geolo'gi:
geologisch geo'lo:gɪʃ
Geomantie geoman'ti:
Geomantik geo'mantɪk
Geomedizin geomedi'tsi:n
Geometer geo'me:tɐ
Geometrie geome'tri:, **-n** ...i:ən
geometrisch geo'me:trɪʃ
Geomontographie geomɔntogra'fi:
Geomorphologie geomɔrfolo'gi:
Geonym geo'ny:m
Geoökonomie geo|økono'mi:
Geophage geo'fa:gə
Geophagie geofa'gi:
Geophon geo'fo:n
Geophysik geofy'zi:k
geophysikalisch geofyzi'ka:lɪʃ
Geophysiker geo'fy:zikɐ
Geophyt geo'fy:t
Geoplastik geo'plastɪk
Geopolitik geopoli'ti:k
geopolitisch geopo'li:tɪʃ
Geoponici geo'po:nitsi
Geopsychologie geɔpsyçolo'gi:
Georg ge'ɔrk, 'ge:ɔrk; *dän.* 'ge:ɔrʏ, *schwed.* 'je:ɔrj
[1]**George** (dt. Vorname) ʒɔrʃ
[2]**George** (dt. Familienname) ge'ɔrgə
[3]**George** (Name) *engl.* dʒɔ:dʒ, *fr.* ʒɔrʒ
Georgenberg ge'ɔrgn̩bɛrk
Georgenburg ge'ɔrgn̩bʊrk
Georgensgmünd geɔrgn̩s'gmʏnt
Georgent[h]al ge'ɔrgn̩ta:l
[1]**Georges** (Vorname) *fr.* ʒɔrʒ
[2]**Georges** (Nachname) ge'ɔrgəs, *fr.* ʒɔrʒ
Georgescu *rumän.* dʒor'dʒesku
Georgetown *engl.* 'dʒɔ:dʒtaʊn
Georgette *fr.* ʒɔr'ʒɛt
[1]**Georgi** ge'ɔrgi, *bulgar.* gɛ'ɔrgi
[2]**Georgi, Georgij** ge'ɔrgi, *russ.* gɪ'ɔrgij
Georgia *engl.* 'dʒɔ:dʒə
Georgia Augusta ge'ɔrgi̯a au̯'gʊsta
Georgiades geɔr'gi̯a:dɛs, *neugr.* jɛɔr'jaðis
Georgian Bay *engl.* 'dʒɔ:dʒən 'beɪ
Georgie *engl.* 'dʒɔ:dʒɪ
Georgien ge'ɔrgi̯ən
Georgier ge'ɔrgi̯ɐ
Georgiew, Georgiev *bulgar.* gɛor'giɛf
Georgijewitsch, Georgievič *russ.* gɪ'ɔrgijɪvitʃ
Georgijewna, Georgievna *russ.* gɪ'ɔrgijɪvnɐ
Georgijewsk, Georgievsk *russ.* gɪ'ɔrgijɪfsk
Georgika ge'ɔrgika
Georgine geɔr'gi:nə
Georgios ge'ɔrgi̯ɔs
georgisch ge'ɔrgɪʃ
Georgius ge'ɔrgi̯ʊs
Georgsmarienhütte geɔrksma'ri:ənhʏtə, – – – – –'– –
Georgswalde geɔrks'valdə
Geostatik geo'sta:tɪk
geostrophisch geo'stro:fɪʃ
Geosutur geozu'tu:ɐ̯
geosynklinal geozynkli'na:l
Geosynklinale geozynkli'na:lə
Geotektonik geotɛk'to:nɪk
geotektonisch geotɛk'to:nɪʃ
Geotherapie geotera'pi:
geothermisch geo'tɛrmɪʃ
Geothermometer geotɛrmo'me:tɐ
geotrop geo'tro:p
Geotropismus geotro'pɪsmʊs
Geotroposkop geotropo'sko:p
Geotumor geo'tu:mɔr
Geozentrik geo'tsɛntrɪk
geozentrisch geo'tsɛntrɪʃ
geozyklisch geo'tsy:klɪʃ, *auch:* ...tsʏk...
Gepa 'ge:pa
Gepäck gə'pɛk
Gepard 'ge:part, **-e** ...rdə
Gepatschferner gə'patʃfɛrnɐ
Gepfeife gə'pfaifə
gepfiffen gə'pfɪfn̩
Gepflegtheit gə'pfle:kthait
gepflogen gə'pflo:gn̩, **...gne** ...gnə
Gephyrophobie gefyrofo'bi:, **-n** ...i:ən
Gepide ge'pi:də
Gepiepe gə'pi:pə
Geplänkel gə'plɛŋkl̩
Geplapper gə'plapɐ
Geplärr[e] gə'plɛr[ə]
Geplätscher gə'plɛtʃɐ
Geplauder gə'plaudɐ
Gepoche gə'pɔxə
Gepolter gə'pɔltɐ
Gepräge gə'prɛ:gə
Geprahle gə'pra:lə
Gepränge gə'prɛŋə
Geprassel gə'prasl̩
gepriesen gə'pri:zn̩, **...sne** ...znə
Gequake gə'kva:kə
Gequassel gə'kvasl̩
Gequieke gə'kvi:kə
Gequietsche gə'kvi:tʃə
gequollen gə'kvɔlən
[1]**Ger** (Spieß) ge:ɐ̯
[2]**Ger** (Name) *fr.* ʒɛ:r

Gẹra ˈgeːra
Geraardsbergen *niederl.* ˈxeːraːrdzbɛrxə
Gẹraberg ˈgeːrabɛrk
Gerabrọnn geːraˈbrɔn
gerạde, G... gəˈraːdə
geradeaus gəraːdəˈ|aus
geradeheraus gəraːdəhɛˈraus
geradehịn gəraːdəˈhɪn
gerạdenwegs gəˈraːdn̩veːks
gerạdeso gəˈraːdəzoː
gerạde[s]wegs gəˈraːdə[s]veːks
geradezu gəˈraːdətsuː, ---ˈ-
gerạdsinnig gəˈraːtzɪnɪç
Gẹrald ˈgeːralt, *engl.* ˈdʒɛrəld
Gerạlde geˈraldə
Gẹraldin ˈgeːraldiːn
Geraldịne geralˈdiːnə, *engl.* ˈdʒɛrəldiːn
Gẹraldton *engl.* ˈdʒɛrəltn
Géraldy *fr.* ʒeralˈdi
Gérandọ *fr.* ʒerãˈdo
Gerạnie geˈraːni̯ə
Geraniọl geraˈni̯oːl
Gerạnium geˈraːni̯ʊm, **...ien** ...i̯ən
Gerạnke gəˈraŋkə
gerạnnt gəˈrant
Gerạnt ʒeˈrant
Gẹrara ˈgeːrara
Gẹrard ˈgeːrart; *engl.* ˈdʒɛrɑːd, -ˈ-; *niederl.* ˈxeːrɑrt
Gérạrd *fr.* ʒeˈraːr
Gérardmẹr *fr.* ʒerarˈme
Gerạrdo *span.* xeˈrarðo
Gerạrdus geˈrardʊs
Gẹras ˈgeːras
Gẹrasa ˈgeːraza
Gerạschel gəˈraʃl̩
Gerạssel gəˈrasl̩
Gerạssim, Gerasim *russ.* gɪˈrasim
Gerassimẹnko, Gerasimenko *russ.* gɪrɐsiˈmjɛnkɐ
Gerạssimow, Gerasimov *russ.* gɪˈrasimɐf
Gerạssimowitsch, Gerasimovič *russ.* gɪˈrasimɐvitʃ
Gerạssimowna, Gerasimovna *russ.* gɪˈrasimɐvnɐ
Gerät gəˈrɛːt
Geratewohl gəraːtəˈvoːl, *auch:* ˈ----
Gerạtter gəˈratɐ
Geraufe gəˈraufə
geraum gəˈraum
Geräumde gəˈrɔymdə
geräumig gəˈrɔymɪç, **-e** ...ɪgə
Geraune gəˈraunə
Geräusch gəˈrɔyʃ
Geräusper gəˈrɔyspɐ
Gẹrbach ˈgeːɐ̯bax
Gerbault *fr.* ʒɛrˈbo
gẹrben ˈgɛrbn̩, **gẹrb!** gɛrp, **gẹrbt** gɛrpt
Gẹrber ˈgɛrbɐ, *engl.* ˈgəːbə
Gerbẹra gɛrˈbeːra
Gerberei gɛrbəˈrai
Gerbẹrga gɛrˈbɛrga
Gẹrbert ˈgɛrbɛrt, *fr.* ʒɛrˈbɛːr
Gerbévillẹr *fr.* ʒɛrbeviˈle
Gerbier-de-Jonc *fr.* ʒɛrbjedˈʒõ
Gerbillon *fr.* ʒɛrbiˈjõ
Gerbịno *it.* dʒerˈbiːno
Gẹrbitz ˈgɛrbɪts
Gẹrborg ˈgeːɐ̯bɔrk
Gẹrbrand *niederl.* ˈxɛrbrɑnt
Gerbrạndy *niederl.* xɛrˈbrɑndiː
Gẹrbstedt ˈgɛrp-ʃtɛt
gerbulieren gɛrbuˈliːrən
Gerbulụr gɛrbuˈluːɐ̯
Gẹrburg ˈgeːɐ̯bʊrk
Gérce *ung.* ˈgeːrtsɛ
Gercen vgl. Gerzen
Gẹrd gɛrt
Gẹrda ˈgɛrda
Gerdauen gɛrˈdauən
Gerẹbelte gəˈreːbl̩tə
gerẹcht gəˈrɛçt
Gerẹchtigkeit gəˈrɛçtɪçkait
Gerẹchtsame gəˈrɛçtzaːmə
Gẹrecse *ung.* ˈgɛrɛtʃɛ
Gerẹde gəˈreːdə
Gereime gəˈraimə
Geremịa *it.* dʒereˈmiːa
Geremoạbo *bras.* ʒereˈmu̯abu
Gẹrenot ˈgeːrənoːt
Gẹreon ˈgeːreɔn
Gerẹz *port.* ʒɪˈreʃ
Gẹrfalke ˈgeːɐ̯falkə
Gerfaut *fr.* ʒɛrˈfo
Gérgal *span.* ˈxɛrɣal
Gẹrgely *ung.* ˈgɛrgɛj
Gergọvia gɛrˈgoːvi̯a
Gẹrhaert *niederl.* ˈxeːraːrt
Gẹrhard ˈgeːɐ̯hart, *engl.* ˈgɛrəd
Gerhạrde geːɐ̯ˈhardə
Gerhardịne geːɐ̯harˈdiːnə
Gẹrhardsen *norw.* ˈgæːrhartsən
Gẹrhardt ˈgeːɐ̯hart, *fr.* ʒeˈraːr
Gẹrhart ˈgeːɐ̯hart
Gẹrhild ˈgeːɐ̯hɪlt
Gerhịlde geːɐ̯ˈhɪldə
Gẹrhoh ˈgeːɐ̯hoː
Gẹri ˈgeːri
Geriatrie geri̯aˈtriː
geriạtrisch geˈri̯aːtrɪʃ
Géricault *fr.* ʒeriˈko
Gerịcht gəˈrɪçt
Gẹricke ˈgeːrɪkə
gerieben gəˈriːbn̩, **...bne** ...bnə
geriehen gəˈriːən
gerieren geˈriːrən
Geriesel gəˈriːzl̩
gerịng gəˈrɪŋ
Gẹring ˈgeːrɪŋ
gerịngfügig gəˈrɪŋfyːgɪç, **-e** ...ɪgə
gerịngschätzig gəˈrɪŋʃɛtsɪç, **-e** ...ɪgə
Geringswạlde geːrɪŋsˈvaldə
Gerịnnsel gəˈrɪnzl̩
Gerịppe gəˈrɪpə
gerịssen gəˈrɪsn̩, **...ịßne** ...ɪsnə
gerịtten gəˈrɪtn̩
Gẹrkan ˈgɛrkan
Gẹrl[ach] ˈgɛrl[ax]
Gerlạche *fr.* ʒɛrˈlaʃ
Gẹrlafingen ˈgɛrlafɪŋən
Gẹrland ˈgɛrlant
Gẹrlfangen ˈgɛrlfaŋən
Gerliẹr *fr.* ʒɛrˈlje
Gẹrlind ˈgeːɐ̯lɪnt
Gerlịnde geːɐ̯ˈlɪndə
Gẹrling[en] ˈgɛrlɪŋ[ən]
Gerliswịl gɛrlɪsˈviːl
Gẹrloff ˈgɛrlɔf
Gẹrlos ˈgɛrlɔs
Gẹrlsdorfer ˈgɛrlsdɔrfɐ
Gẹrm gɛrm
Germain *fr.* ʒɛrˈmɛ̃
Germaine *fr.* ʒɛrˈmɛn
Gẹrman ˈgɛrman, *engl.* ˈdʒəːmən, *russ.* ˈgjɛrmɐn
Germán *span.* xɛrˈman
Germạna gɛrˈmaːna
Germạne gɛrˈmaːnə
Germạnia gɛrˈmaːni̯a
Germạnicus gɛrˈmaːnikʊs
Germạnien gɛrˈmaːni̯ən
[1]**Germạnin** (weibl. Germane) gɛrˈmaːnɪn
[2]**Germanịn** Ⓦ (Arznei) gɛrmaˈniːn
germạnisch gɛrˈmaːnɪʃ
germanisieren gɛrmaniˈziːrən
Germanịsmus gɛrmaˈnɪsmʊs
Germanịst[ik] gɛrmaˈnɪst[ɪk]
Germạnium gɛrˈmaːni̯ʊm
germanophịl gɛrmanoˈfiːl
Germạnos gɛrˈmaːnɔs, *neugr.* jɛrmaˈnɔs
germanotyp gɛrmanoˈtyːp
Germantown *engl.* ˈdʒəːməntaʊn
Germạnus gɛrˈmaːnʊs
Germany *engl.* ˈdʒəːmənɪ
Gẹrmar ˈgɛrmar
Gẹrmau ˈgɛrmau
Gẹrmer ˈgɛrmɐ, *fr.* ʒɛrˈmɛːr
Gẹrmering ˈgɛrmərɪŋ
Gẹrmersheim ˈgɛrmɐshaim
Gẹrmi *it.* ˈdʒɛrmi
germinạl gɛrmiˈnaːl
Germinạl ʒɛrmiˈnal
Germinạlie gɛrmiˈnaːli̯ə
Germinatiọn gɛrminaˈtsi̯oːn
germinatịv gɛrminaˈtiːf, **-e** ...iːvə
Germiston *engl.* ˈdʒəːmɪstən
Germont *fr.* ʒɛrˈmõ
gẹrn[e] ˈgɛrn[ə]
Gernẹz *fr.* ʒɛrˈne
Gẹrnot ˈgeːɐ̯noːt
Gernrọde gɛrnˈroːdə
Gẹrnsbach ˈgɛrnsbax
Gẹro ˈgeːro
Gẹrö ˈgeːrø
Gẹrő *ung.* ˈgɛrøː
Gẹroburg ˈgeːrobʊrk
Geröchel gəˈrœçl̩
gerọchen gəˈrɔxn̩
Gerodẹrma geroˈdɛrma
Gẹrok ˈgeːrɔk

Gerolamo *it.* dʒeˈrɔːlamo
Gerold ˈgeːrɔlt
Geroldseck ˈgeːrɔlts|ɛk
Geroldsgrün geːrɔltsˈgryːn
Geroldstein ˈgeːrɔltʃtai̯n
Gerolf ˈgeːrɔlf
Geröll[e] gəˈrœl[ə]
Gerolstein ˈgeːrɔlʃtai̯n
Gerolzhofen geːrɔltsˈhoːfn̩
Gerolzhöfer geːrɔltsˈhøːfɐ
Gérome *fr.* ʒeˈrɔm
Gerona *span.* xeˈrona
Geronimo *it.* dʒeˈrɔːnimo
Gerónimo *span.* xeˈronimo
geronnen gəˈrɔnən
Geront geˈrɔnt
Géronte *fr.* ʒeˈrõːt
Gerontokratie gerɔntokraˈtiː, **-n** ...iːən
Gerontologie gerɔntoloˈgiː
Gerould *engl.* ˈdʒɛrəld
Gerow, Gerov *bulgar.* ˈgɛrof
Gerpir *isl.* ˈgjɛrpɪr
Gerra *it.* ˈdʒɛrra
Gerresheim ˈgɛrəshai̯m
Geretson *niederl.* ˈxɛrətsɔn
Gerrit ˈgɛrɪt, *niederl.* ˈxɛrɪt
Gerry *engl.* ˈgɛrɪ
Gers *fr.* ʒɛːr, ʒɛrs
Gersau ˈgɛrzau̯
Gerschnialp gɛrʃniˈ|alp
Gerschom ˈgɛrʃɔm
Gersdorf ˈgɛrsdɔrf
Gersfeld ˈgɛrsfɛlt
Gershwin *engl.* ˈgəːʃwɪn
Gerson ˈgɛrzɔn, *poln.* ˈgɛrsɔn, *russ.* ˈgjɛrsɐn, *fr.* ʒɛrˈsõ
Gersprenz ˈgɛrsprɛnts
Gerstäcker ˈgɛrstɛkɐ
Gerste ˈgɛrstə
Gerstel ˈgɛrstl̩
Gersten ˈgɛrstn̩
Gerstenberg ˈgɛrstn̩bɛrk, *dän.* ˈgɛrsdənbɛrˀɣ
Gerstenmaier ˈgɛrstn̩mai̯ɐ
Gerstenmeier ˈgɛrstn̩mai̯ɐ
Gerster ˈgɛrstɐ
Gersthof[en] gɛrstˈhoːf[n̩]
Gerstner ˈgɛrstnɐ
Gerstungen ˈgɛrstʊŋən
Gerswalde gɛrsˈvaldə
Gersweiler ˈgɛrsvai̯lɐ
Gert[a] ˈgɛrt[a]
Gerte ˈgɛrtə
Gerthe ˈgeːɐ̯tə
Gerti ˈgɛrti
gertig ˈgɛrtɪç, **-e** ...ɪgə
Gertraud ˈgɛrtraut
Gertraude gɛrˈtrau̯də
Gertraut ˈgɛrtrau̯t
Gertrud ˈgɛrtruːt
Gertrude gɛrˈtruːdə, *engl.* ˈgəːtruːd, *fr.* ʒɛrˈtryd
Gertrudis *span.* xɛrˈtruðis
Gertsch gɛrtʃ
Gerty ˈgɛrti
Geruch gəˈrʊx, **Gerüche** gəˈrʏçə
Gerücht gəˈrʏçt
Gerufe gəˈruːfə
geruhig gəˈruːɪç, **-e** ...ɪgə
Gerumpel gəˈrʊmpl̩
Gerümpel gəˈrʏmpl̩
Gerundium geˈrʊndi̯ʊm, **...ien** ...i̯ən
Gerundiv gerʊnˈdiːf, **-e** ...iːvə
gerundivisch gerʊnˈdiːvɪʃ
Gerundivum gerʊnˈdiːvʊm, **...va** ...va
Gerung ˈgeːrʊŋ
gerungen gəˈrʊŋən
Gerusalemme liberata *it.* dʒeruzaˈlɛmme libeˈraːta
Gerusia geruˈziːa
Gerusie geruˈziː
Gerüst gəˈrʏst
Gerüttel gəˈrʏtl̩
[1]**Gervais** Ⓦ (Käse) ʒɛrˈvɛː; **des** – ...ɛː[s], **die** – ...ɛːs
[2]**Gervais** (Name) *fr.* ʒɛrˈvɛ
Gervasio *it.* dʒerˈvaːzi̯o, *span.* xɛrˈβasi̯o
Gervasius gɛrˈvaːzi̯ʊs
Gerwassi, Gervasij *russ.* gɪrˈvasij
Gervex *fr.* ʒɛrˈvɛks
Gervinus gɛrˈviːnʊs
Gerwig ˈgɛrvɪç
Gerwin ˈgɛrviːn
Gerwisch ˈgɛrvɪʃ
Geryon ˈgeːrÿɔn
Géryville *fr.* ʒeriˈvil
Gerzen, Gercen ˈgɛrtsn̩, *russ.* ˈgjɛrtsən
ges, Ges gɛs
Gês *bras.* ʒes
Gesa ˈgeːza
Gesäge gəˈzɛːgə
gesamt, G... gəˈzamt
gesamtdeutsch gəˈzamtdɔy̯tʃ
Gesamtdeutschland gəˈzamtdɔy̯tʃlant
gesamthaft gəˈzamthaft
gesandt gəˈzant
Gesandte gəˈzantə
Gesandtschaft gəˈzantʃaft
Gesang gəˈzaŋ, **Gesänge** gəˈzɛŋə
Gesäß gəˈzɛːs
Gesäuge gəˈzɔy̯gə
Gesause gəˈzau̯zə
Gesäuse gəˈzɔy̯zə
Gesäusel gəˈzɔy̯zl̩
Geschäft gəˈʃɛft
geschäftig gəˈʃɛftɪç, **-e** ...ɪgə
Geschaftlhuber gəˈʃaftl̩huːbɐ
geschäftlich gəˈʃɛftlɪç
geschah gəˈʃaː
geschähe gəˈʃɛːə
Geschäker gəˈʃɛːkɐ
geschamig gəˈʃaːmɪç, **-e** ...ɪgə
Gescharre gəˈʃarə
Geschaukel gəˈʃau̯kl̩
geschehen, G... gəˈʃeːən
Geschehnis gəˈʃeːnɪs, **-se** ...ɪsə
Gescheide gəˈʃai̯də
Geschein gəˈʃai̯n
gescheit gəˈʃai̯t
Geschenk gəˈʃɛŋk
Gescher ˈgɛʃɐ
geschert gəˈʃeːɐ̯t
Geschichte gəˈʃɪçtə
geschichtlich gəˈʃɪçtlɪç
Geschick gəˈʃɪk
geschicklich gəˈʃɪklɪç
Geschiebe gəˈʃiːbə
geschieden gəˈʃiːdn̩, **...dne** ...dnə
geschieht gəˈʃiːt
geschienen gəˈʃiːnən
Geschieße gəˈʃiːsə
Geschimpfe gəˈʃɪmpf͜ə
Geschirr gəˈʃɪr
geschissen gəˈʃɪsn̩, **...ißne** ...ɪsnə
Geschlecht gəˈʃlɛçt
...geschlechtig (z. B. getrenntgeschlechtig) ...gəˌʃlɛçtɪç, **-e** ...ɪgə
geschlechtlich gəˈʃlɛçtlɪç
Geschleck[e] gəˈʃlɛk[ə]
Geschleif[e] gəˈʃlai̯f[ə]
geschlichen gəˈʃlɪçn̩
geschliffen gəˈʃlɪfn̩
Geschlinge gəˈʃlɪŋə
geschlissen gəˈʃlɪsn̩, **...ißne** ...ɪsnə
geschlossen gəˈʃlɔsn̩, **...oßne** ...ɔsnə
Geschluchze gəˈʃlʊxtsə
geschlungen gəˈʃlʊŋən
Geschmack gəˈʃmak, **Geschmäcke** gəˈʃmɛkə, **Geschmäcker** gəˈʃmɛkɐ
Geschmatze gəˈʃmatsə
Geschmause gəˈʃmau̯zə
Geschmeichel gəˈʃmai̯çl̩
Geschmeide gəˈʃmai̯də
geschmeidig gəˈʃmai̯dɪç, **-e** ...ɪgə
Geschmeiß gəˈʃmai̯s
Geschmetter gəˈʃmɛtɐ
Geschmier gəˈʃmiːɐ̯
Geschmiere gəˈʃmiːrə
geschmissen gəˈʃmɪsn̩, **...ißne** ...ɪsnə
geschmolzen gəˈʃmɔltsn̩
Geschmus gəˈʃmuːs, **-es** ...uːzəs
Geschmuse gəˈʃmuːzə
Geschnäbel gəˈʃnɛːbl̩
Geschnatter gəˈʃnatɐ
geschniegelt gəˈʃniːgl̩t
geschnitten gəˈʃnɪtn̩
geschnoben gəˈʃnoːbn̩, **...bne** ...bnə
Geschnörkel gəˈʃnœrkl̩
geschoben gəˈʃoːbn̩, **...bne** ...bnə
gescholten gəˈʃɔltn̩
Geschöpf gəˈʃœpf
geschoren gəˈʃoːrən
Geschoß gəˈʃɔs, **...osse** ...ɔsə
geschossen gəˈʃɔsn̩, **...oßne** ...ɔsnə

...geschossig (z. B. dreigeschossig) ...gə͵ʃɔsɪç, **-e** ...ɪgə
Geschre̲i̲[be] gə'ʃra͜i[bə]
Geschre̲ibsel gə'ʃra͜ipsl̩
Geschre̲ie gə'ʃra͜iə
geschri̲e̲ben gə'ʃri:bn̩, **...bne** ...bnə
geschri̲e̲[e]n gə'ʃri:[ə]n
geschrịtten gə'ʃrɪtn̩
geschrọcken gə'ʃrɔkn̩
Geschụ̈he gə'ʃy:ə
geschụnden gə'ʃʊndn̩, **...dne** ...dnə
Geschụ̈tz gə'ʃʏt͜s
Geschwa̲der gə'ʃva:dɐ
...geschwänzt (z. B. langgeschwänzt) ...gə͵ʃvɛnt͜st
Geschwạ̈tz gə'ʃvɛt͜s
Geschwạtze gə'ʃvat͜sə
Geschwạ̈tze gə'ʃvɛt͜sə
geschwạ̈tzig gə'ʃvɛt͜sɪç, **-e** ...ɪgə
geschwe̲i̲ge gə'ʃva͜igə
geschwi̲e̲gen gə'ʃvi:gn̩, **...gne** ...gnə
geschwịnd gə'ʃvɪnt, **-e** ...ndə
Geschwịndigkeit gə'ʃvɪndɪçka͜it
Geschwịster gə'ʃvɪstɐ
geschwọllen gə'ʃvɔlən
geschwọmmen gə'ʃvɔmən
geschwo̲ren gə'ʃvo:rən
Geschwụlst gə'ʃvʊlst, **Geschwụ̈lste** gə'ʃvʏlstə
geschwụnden gə'ʃvʊndn̩, **...dne** ...dnə
geschwụngen gə'ʃvʊŋən
Geschwü̲r gə'ʃvy:ɐ̯
geschwü̲rig gə'ʃvy:rɪç, **-e** ...ɪgə
Ges-Dur 'gɛsdu:ɐ̯, *auch:* '–'–
Gese̲i̲er gə'za͜iɐ
Gese̲i̲re[s] gə'za͜irə[s]
Gẹseke 'ge:zəkə
Gesẹlchte gə'zɛlçtə
Gesẹll *dt., engl.* gə'zɛl
Gesẹlle gə'zɛlə
gesẹllen gə'zɛlən
gesẹllig gə'zɛlɪç, **-e** ...ɪgə
Gesẹllschaft gə'zɛlʃaft
Gesẹlschap gə'zɛlʃap
Gẹsemann 'ge:zəman
Gesẹnius ge'ze:ni̯ʊs
Gesẹnk[e] gə'zɛŋk[ə]
Gẹser 'ge:zɐ
Gẹserichsee 'ge:zərɪçze:
gesẹssen gə'zɛsn̩, **gesẹßne** ...ɛsnə
Gesẹtz gə'zɛt͜s
gesẹtzlich gə'zɛt͜slɪç
Gese̲u̲fze gə'zɔ͜yft͜sə
Gesịcht gə'zɪçt
Gesịms gə'zɪms, **-e** ...mzə
Gesịnde gə'zɪndə
Gesịndel gə'zɪndl̩
Gesi̲ne ge'zi:nə
gesịnnt gə'zɪnt
gesịttet gə'zɪtət
Gẹsner 'gɛsnɐ
Gesọcks gə'zɔks
Gesọ̈ff gə'zœf
gesọffen gə'zɔfn̩
geso̲gen gə'zo:gn̩, **...gne** ...gnə
gesọndert gə'zɔndɐt
gesọnnen gə'zɔnən
gesọtten gə'zɔtn̩
Gespa̲n gə'ʃpa:n
Gespạ̈nge gə'ʃpɛŋə
Gespạnn gə'ʃpan
Gespa̲nschaft gə'ʃpa:nʃaft
Gespạ̈rre gə'ʃpɛrə
Gespa̲ße gə'ʃpa:sə
gespa̲ßig gə'ʃpa:sɪç, **-e** ...ɪgə
Gespẹnst gə'ʃpɛnst
Gespẹnsterchen gə'ʃpɛnstɐçən
gespẹnstern gə'ʃpɛnstɐn
gespẹnstig gə'ʃpɛnstɪç, **-e** ...ɪgə
gespẹnstisch gə'ʃpɛnstɪʃ
Gespẹrr[e] gə'ʃpɛr[ə]
gespi̲e̲[e]n gə'ʃpi:[ə]n
Gespi̲e̲le gə'ʃpi:lə
Gespịnst gə'ʃpɪnst
geschlịssen gə'ʃplɪsn̩, **...ịßne** ...snə
gespọnnen gə'ʃpɔnən
Gespọns gə'ʃpɔns, **-e** ...nzə
Gespọ̈tt[el] gə'ʃpœt[l̩]
Gesprä̲ch gə'ʃprɛ:ç
gesprä̲chig gə'ʃprɛ:çɪç, **-e** ...ɪgə
Gesprẹnge gə'ʃprɛŋə
gesprọchen gə'ʃprɔxn̩
gesprọssen gə'ʃprɔsn̩, **...ọßne** ...ɔsnə
Gespru̲del gə'ʃpru:dl̩
gesprụngen gə'ʃprʊŋən
Gẹssele 'gɛsələ
Gẹssen 'gɛsn̩
Gẹssi *it.* 'd͜ʒɛssi
Gẹßler, Gẹssler 'gɛslɐ
Gẹßner 'gɛsnɐ
Gẹssopainting *engl.* 'd͜ʒɛsoʊpeɪntɪŋ
Gẹst[a] 'gɛst[a]
Gesta̲de gə'ʃta:də
Gestạlt gə'ʃtalt
...gestalt (z. B. mißgestalt) ...gə͵ʃtalt
gestạlten gə'ʃtaltn̩
gestạlterisch gə'ʃtaltərɪʃ
...gestaltet (z. B. wohlgestaltet) ...gə͵ʃtaltət
...gestaltig (z. B. vielgestaltig) ...gə͵ʃtaltɪç, **-e** ...ɪgə
Gestạmmel gə'ʃtaml̩
Gestạmpfe gə'ʃtamp͜fə
Gestạ̈nde gə'ʃtɛndə
gestạnden gə'ʃtandn̩, **...dne** ...dnə
gestạ̈ndig gə'ʃtɛndɪç, **-e** ...ɪgə
Gestạ̈ndnis gə'ʃtɛntnɪs, **-se** ...ɪsə
Gestạ̈nge gə'ʃtɛŋə
Gestạnk gə'ʃtaŋk
Gesta̲po ge'sta:po
Gẹsta Romano̲rum 'gɛsta roma'no:rʊm
Gestatio̲n gɛsta't͜si̯o:n
gestạtten gə'ʃtatn̩
Geste 'gɛstə, *auch:* 'ge:stə
Gestẹck gə'ʃtɛk
Geste̲i̲n gə'ʃta͜in
Gẹstel *niederl.* 'xɛstəl
Gestẹll gə'ʃtɛl
gẹstern, G... 'gɛstɐn
gesti̲e̲gen gə'ʃti:gn̩, **...gne** ...gnə
Gẹstik 'gɛstɪk
Gestikulatio̲n gɛstikula't͜si̯o:n
gestikuli̲e̲ren gɛstiku'li:rən
Gestio̲n gɛs'ti̯o:n
Gestịrn gə'ʃtɪrn
Gẹstler 'gɛstlɐ
gesto̲ben gə'ʃto:bn̩, **...bne** ...bnə
gestọchen gə'ʃtɔxn̩
gesto̲hlen gə'ʃto:lən
Gestö̲hn[e] gə'ʃtø:n[ə]
Gestọlper gə'ʃtɔlpɐ
gestọrben gə'ʃtɔrbn̩, **...bne** ...bnə
Gesto̲se gɛs'to:zə
Gesto̲so *span.* xes'toso
gesto̲ßen gə'ʃto:sn̩
Gestọtter gə'ʃtɔtɐ
Gestrạmpel gə'ʃtrampl̩
Geströ̲u̲ch gə'ʃtrɔ͜yç
Gestre̲i̲te gə'ʃtra͜itə
gestrẹng gə'ʃtrɛŋ
Gestre̲u̲ gə'ʃtrɔ͜y
gestrịchen gə'ʃtrɪçn̩
gẹstrig 'gɛstrɪç, **-e** ...ɪgə
Gẹstringen 'gɛstrɪŋən
gestrịtten gə'ʃtrɪtn̩
Geströ̲m gə'ʃtrø:m
Gestrụ̈pp gə'ʃtrʏp
Gestü̲be gə'ʃty:bə
Gestü̲ber gə'ʃty:bɐ
Gestü̲hl[e] gə'ʃty:l[ə]
Gestụ̈mper gə'ʃtʏmpɐ
gestụnken gə'ʃtʊŋkn̩
Gestụ̈rm gə'ʃtʏrm
Gestü̲t gə'ʃty:t
Gesù *it.* d͜ʒe'zu
Gesuạldo *it.* d͜ʒezu'aldo
Gesu̲ch gə'zu:x
Gesu̲del gə'zu:dl̩
Gesụmm[e] gə'zʊm[ə]
Gesụms gə'zʊms, **-es** ...mzəs
gesụnd gə'zʊnt, **-e** ...ndə, **gesụ̈nder** gə'zʏndɐ
gesụnden gə'zʊndn̩, **gesụnd!** gə'zʊnt
gesụngen gə'zʊŋən
gesụnken gə'zʊŋkn̩
Gẹszt *ung.* gɛst
Gẹszti, Gẹszty *ung.* 'gɛsti
Gẹta 'ge:ta
Geta̲fe *span.* xe'tafe
Getä̲fel gə'tɛ:fl̩
Getä̲fer gə'tɛ:fɐ
geta̲n gə'ta:n
Getạ̈ndel gə'tɛndl̩
Gẹte 'ge:tə
Gethse̲mane ge't͜se:mane
Gethse̲mani ge't͜se:mani
Geti̲e̲r gə'ti:ɐ̯
geti̲gert gə'ti:gɐt

Getön gə'tø:n
Getös gə'tø:s, **-es** ...ø:zəs
Getose gə'to:zə
Getöse gə'tø:zə
getragen gə'tra:gn̩, **...gne** ...gnə
Geträmpel gə'trampl̩
Getränk gə'trɛŋk
Geträppel gə'trapl̩
Getratsch[e] gə'tra:tʃ[ə]
Getreide gə'traidə
getreu gə'trɔy
Getriebe gə'tri:bə
getrieben gə'tri:bn̩, **...bne** ...bnə
Getrippel gə'trɪpl̩
getroffen gə'trɔfn̩
getrogen gə'tro:gn̩, **...gne** ...gnə
getrost gə'tro:st
getrösten gə'trø:stn̩
getrunken gə'trʊŋkn̩
Getsemani ge'tse:mani
Gette *fr.* ʒɛt
Getto 'gɛto
Gettorf 'gɛtɔrf
Getty *engl.* 'gɛtɪ
Gettysburg *engl.* 'gɛtɪzbə:g
Getue gə'tu:ə
Getúlio *bras.* ʒe'tuliu
Getümmel gə'tʏml̩
Getuschel gə'tʊʃl̩
Getzersdorf 'gɛtsɐsdɔrf
Geübtheit gə'|y:pthait
Geul[e] *niederl.* 'xø:l[ə]
Geulincx *niederl.* 'xø:lɪŋks
Geum 'ge:ʊm
Geus *niederl.* xø:s
Geuse 'gɔyzə
Geuzen *niederl.* 'xø:zə
Gevaert *niederl.* 'xe:va:rt
Gevatter gə'fatɐ
Gévaudan *fr.* ʒevo'dã
Gevelsberg 'ge:vl̩sbɛrk, 'ge:f...
Gevenich 'ge:vənɪç
Gevgelija *mak.* gɛv'gɛlija
geviert, G... gə'fi:ɐ̯t
Gévora *span.* 'xeβora
Gevrey-Chambertin *fr.* ʒəvrɛʃãbɛr'tɛ̃
Gewächs gə'vɛks
Gewackel gə'vakl̩
Gewack[e]le gə'vak[ə]lə
Gewaff[en] gə'vaf[n̩]
gewahr gə'va:ɐ̯
Gewähr gə'vɛ:ɐ̯
gewahren gə'va:rən
gewähren gə'vɛ:rən
gewährleisten gə'vɛ:ɐ̯laistn̩
Gewahrsam gə'va:ɐ̯za:m
Gewährschaft gə'vɛ:ɐ̯ʃaft
Gewalt gə'valt
gewaltig gə'valtɪç, **-e** ...ɪgə
gewältigen gə'vɛltɪgn̩, **gewältig!** gə'vɛltɪç, **gewältigt** gə'vɛltɪçt
gewaltsam gə'valtza:m
Gewand gə'vant, **Gewänder** gə'vɛndɐ
Gewandhaus gə'vanthaus
gewandt gə'vant
gewann gə'van
Gewann[e] gə'van[ə]
gewänne gə'vɛnə
gewärtig gə'vɛrtɪç, **-e** ...ɪgə
gewärtigen gə'vɛrtɪgn̩, **gewärtig!** gə'vɛrtɪç, **gewärtigt** gə'vɛrtɪçt
Gewäsch gə'vɛʃ
Gewässer gə'vɛsɐ
Gewebe gə've:bə
Gewehr gə've:ɐ̯
Geweih gə'vai
geweiht gə'vait
Gewende gə'vɛndə
Gewerbe gə'vɛrbə
gewerblich gə'vɛrplɪç
Gewerk[e] gə'vɛrk[ə]
Gewerkschaft gə'vɛrk-ʃaft
Gewerkschaft[l]er gə'vɛrk-ʃaft[l]ɐ
Gewese gə've:zə
gewesen gə've:zn̩, **...sne** ...znə
gewichen gə'vɪçn̩
Gewicht gə'vɪçt
gewichtig gə'vɪçtɪç, **-e** ...ɪgə
gewieft gə'vi:ft
gewiegt gə'vi:kt
Gewieher gə'vi:ɐ
gewiesen gə'vi:zn̩, **...sne** ...znə
gewillt gə'vɪlt
Gewimmel gə'vɪml̩
Gewimmer gə'vɪmɐ
Gewinde gə'vɪndə
Gewinn gə'vɪn
gewinnen gə'vɪnən
Gewinsel gə'vɪnzl̩
Gewinst gə'vɪnst
Gewirke gə'vɪrkə
Gewirkst gə'vɪrkst
Gewirr[e] gə'vɪr[ə]
gewiß gə'vɪs, **...isse** ...ɪsə
Gewissen gə'vɪsn̩
Gewissenlosigkeit gə'vɪsn̩lo:zɪçkait
Gewitsch 'ge:vɪtʃ
Gewitter gə'vɪtɐ
gewitt[e]rig gə'vɪt[ə]rɪç, **-e** ...ɪgə
gewittern gə'vɪtɐn
Gewitzel gə'vɪtsl̩
gewitzigt gə'vɪtsɪçt
gewitzt gə'vɪtst
gewoben gə'vo:bn̩, **...bne** ...bnə
Gewoge gə'vo:gə
gewogen gə'vo:gn̩, **...gne** ...gnə
gewöhnen gə'vø:nən
gewöhnlich gə'vø:nlɪç
gewohnt gə'vo:nt
gewöhnt gə'vø:nt
Gewölbe gə'vœlbə
Gewölk gə'vœlk
Gewölle gə'vœlə
gewönne gə'vœnə
gewonnen gə'vɔnən
geworben gə'vɔrbn̩, **...bne** ...bnə
geworden gə'vɔrdn̩, **...dne** ...dnə
geworfen gə'vɔrfn̩
gewrungen gə'vrʊŋən
Gewühl gə'vy:l
gewunden gə'vʊndn̩, **...dne** ...dnə
Gewürm gə'vʏrm
Gewürz gə'vʏrts
gewürzig gə'vʏrtsɪç, **-e** ...ɪgə
gewußt gə'vʊst
Geyen 'gaiən
Geyer[sberg] 'gaiɐ[sbɛrk]
Geyger 'gaigɐ
Geyik *türk.* gɛ'jik
Geyl *niederl.* xɛil
Geymüller 'gaimʏlɐ
Geyser 'gaizɐ
[1]**Geysir** (Quelle) 'gaizɪr
[2]**Geysir** (Name) *isl.* 'gjɛisɪr
Geyter *niederl.* 'xɛitər
Gex *fr.* ʒɛks
Géza *ung.* 'ge:zɔ
gezackt gə'tsakt
Gezähe gə'tsɛ:ə
gezähnt gə'tsɛ:nt
Gezänk gə'tsɛŋk
Gezanke gə'tsaŋkə
Gezappel gə'tsapl̩
Gezeiten gə'tsaitn̩
Gezelle *niederl.* xə'zɛlə
Gezerre gə'tsɛrə
Gezeter gə'tse:tɐ
Geziefer gə'tsi:fɐ
geziehen gə'tsi:ən
Geziere gə'tsi:rə
Gezira ge'zi:ra
Gezirp[e] gə'tsɪrp[ə]
Gezisch[e] gə'tsɪʃ[ə]
Gezischel gə'tsɪʃl̩
gezogen gə'tso:gn̩, **...gne** ...gnə
Gezücht gə'tsʏçt
Gezüngel gə'tsʏŋl̩
Gezweig gə'tsvaik, **-es** ...gəs
Gezwitscher gə'tsvɪtʃɐ
gezwungen gə'tsvʊŋən
Gfäll kfɛl
Gfeller 'kfɛlɐ
Gföhl kfø:l
Gfrast kfrast
Gfrett kfrɛt
Gfrieß kfri:s
Gfrörer 'kfrø:rɐ
Ghadames ga'da:mɛs
Ghana 'ga:na, *engl.* 'gɑ:nə
Ghanaer 'ga:naɐ
ghanaisch 'ga:naɪʃ
Gharb garp, *fr.* garb
Ghardaïa *fr.* garda'ja
Ghasali ga'za:li
Ghasel[e] ga'ze:l[ə]
Ghasi 'ga:zi
Ghasnawide gasna'vi:də
Ghassanide gasa'ni:də
Ghats *engl.* gɔ:ts, gɑ:ts
Ghazi 'ga:zi
Ghedi *it.* 'gɛ:di
Ghega 'ge:ga
Ghéon *fr.* ge'õ
Gheorgieni *rumän.* georgi'enj

Gheorghịu *rumän.* ge̯or'giu̯
Gherardẹsca *it.* gerar'deska
Gherạrdi *it.* ge'rardi
Gherardịno *it.* gerar'di:no
Gherạrdo *it.* ge'rardo
Ghẹrea *rumän.* 'gere̯a
Gherghịu *rumän.* ger'giu̯
Ghẹrla *rumän.* 'gerla
Ghẹtto 'gɛto
Ghẹyn *niederl.* xɛi̯n
Ghịa Ⓦz 'gi:a
Ghiaurov vgl. Gjaurow
Ghibellịne gibɛ'li:nə
Ghibellịni *it.* gibel'li:ni
Ghibẹrti *it.* gi'bɛrti
Ghịca *rumän.* 'gika
Ghịl *fr.* gil
Ghịnste *niederl.* 'xɪnstə
Ghirạldo *span.* gi'raldo
Ghirlandạio *it.* girlan'da:i̯o
Ghịsi *it.* 'gi:zi
Ghislain *fr.* gi'lɛ̃
Ghislạndi *it.* giz'landi
Ghislanzọni *it.* gizlan'tso:ni
Ghisliẹri *it.* giz'li̯ɛ:ri
Ghismọnda *it.* giz'monda
Ghọrmley *engl.* 'gɔ:mlɪ
Ghostword *engl.* 'goʊstwə:d
Ghostwriter *engl.* 'goʊstraɪtə
G. I. *engl.* 'dʒi:'aɪ
Giạc *fr.* ʒjak
Giacịnto *it.* dʒa'tʃinto
Giacomẹtti dʒako'mɛti, *it.* dʒako'metti
Giacomẹtto *it.* dʒako'metto
Giạcomo *it.* 'dʒa:komo
Giacomụzzo *it.* dʒako'muttso
Giạcopo *it.* 'dʒa:kopo
Giacọsa *it.* dʒa'ko:za
Giambattịsta *it.* dʒambat'tista
Giambọni *it.* dʒam'bɔ:ni
Giambọno *it.* dʒam'bɔ:no
Giambullạri *it.* dʒambul'la:ri
Giammarịa *it.* dʒamma'ri:a
Giạn *it.* dʒan
Gianettịno *it.* dʒanet'ti:no
Gianfrancẹsco *it.* dʒanfran'tʃesko
Giangaleạzzo *it.* dʒangale'attso
Giangiọrgio *it.* dʒan'dʒordʒo
Gianịcolo *it.* dʒa'ni:kolo
Gianmarịa *it.* dʒamma'ri:a
Giạnna *it.* 'dʒanna
Giannẹtti *it.* dʒan'netti
Giạnni *it.* 'dʒanni
Giannịna *it.* dʒan'ni:na
Giannịni *it.* dʒan'ni:ni
Giannịno *it.* dʒan'ni:no
Giannọne *it.* dʒan'no:ne
Giannụtri *it.* dʒan'nu:tri
Gianolị *fr.* ʒjanɔ'li
Giant's Cạstle *engl.* 'dʒaɪənts 'kɑ:sl
Giant's Causeway *engl.* 'dʒaɪənts 'kɔ:zweɪ
Giantụrco *it.* dʒan'turko
Giarabub dʒara'bu:p
Giạrd *fr.* ʒja:r
Giardịna *it.* dʒar'di:na
Giardịni *it.* dʒar'di:ni
Giardiniẹra *it.* dʒardi'ni̯ɛ:ra
Giạrre *it.* 'dʒarre
Giasọne *it.* dʒa'zo:ne
Giauque *engl.* dʒɪ'oʊk
Giaur 'gi̯au̯ɐ
Giavẹno *it.* dʒa've:no
Giạvera *it.* 'dʒa:vera
gib! gi:p
Gibạra *span.* xi'βara
Gịbb *engl.* gɪb
[1]**Gịbbon** (Affe) 'gɪbɔn
[2]**Gịbbon** (Name) *engl.* 'gɪbən
Gịbbons *engl.* 'gɪbənz
Gịbbs *engl.* gɪbz
Gịbbus 'gɪbʊs
Gibea 'gi:bea
Gibellịna *it.* dʒibel'li:na
Gibellịne gibɛ'li:nə
Gibeon 'gi:beɔn
Gibich 'gi:bɪç
Gịbli 'gɪbli
Gibraleón *span.* xiβrale'ɔn
Gibraltar gi'braltar, *auch:* gibral'ta:ɐ̯; *engl.* dʒɪ'brɔ:ltə; *span.* xiβral'tar
Gịbson [Dẹsert] *engl.* 'gɪbsn ['dɛzət]
gibt gi:pt
Gịc *ung.* gits
Gịcht[el] 'gɪçt[l̩]
gịchtig 'gɪçtɪç, -e ...ɪgə
gịchtisch 'gɪçtɪʃ
Gịckel 'gɪkl̩
gịcks[en] 'gɪks[n̩]
Gịddings *engl.* 'gɪdɪŋz
Gịde *fr.* ʒid
Gideon 'gi:deɔn, *engl.* 'gɪdɪən
Gidschuwạn, Gidžuvan *russ.* gidʒu'van
Gié *fr.* ʒje
Giebel[roth] 'gi:bl̩[ro:t]
Giebichenstein 'gi:bɪçn̩ʃtai̯n
Giẹdi 'gi̯e:di
Gielen 'gi:lən
Gielgood, ...gud *engl.* 'gɪlgʊd
Gielow 'gi:lo
Giemen 'gi:mən
Giẹmsa 'gi̯ɛmza
[1]**Gien** (Takel) gi:n
[2]**Gien** (Name) *fr.* ʒjɛ̃
gienen 'gi:nən
Giengen 'gɪŋən
Gieper 'gi:pɐ
[1]**Gier** gi:ɐ̯
[2]**Giẹr** (Name) *fr.* ʒjɛ:r
Gierach 'gi:rax
Gierath 'gi:ra:t
Giẹrek *poln.* 'gjɛrɛk
gieren 'gi:rən
gierig 'gi:rɪç, -e ...ɪgə
Gierke 'gi:ɐ̯kə
Gierle *niederl.* 'xi:rlə
Giersch gi:ɐ̯ʃ
Giẹrtz *schwed.* jærts
Gierymski *poln.* gjɛ'rɨmski
Gieß[bach] 'gi:s[bax]
Giesbeek *niederl.* 'xi:zbe:k
Giese[brecht] 'gi:zə[brɛçt]
Gieseking 'gi:zəkɪŋ
Giesel 'gi:zl̩
Gieseler 'gi:zəlɐ
Giesing 'gi:zɪŋ
gießen, G... 'gi:sn̩
Giessen *niederl.* 'xi:sə
Giessendạm *niederl.* xi:sən'dɑm
Gießener 'gi:sənɐ
Gießerei gi:sə'rai̯
Gießhübel 'gi:shy:bl̩
Giesshübl 'gi:shy:bl̩
Gießmannsdorf 'gi:smansdɔrf
Gieten *niederl.* 'xi:tə
Giethoorn *niederl.* 'xi:tho:rn
Giffard *engl.* 'dʒɪfəd, *fr.* ʒi'fa:r
Gịfford *engl.* 'gɪfəd
Gịfhorn 'gɪfhɔrn
Gịft gɪft
gịften 'gɪftn̩
gịftig 'gɪftɪç, -e ...ɪgə
Gifu 'gi:fu
Gịg gɪk, *engl.* gɪg
Gigamẹter giga'me:tɐ
Gigạnt *dt., russ.* gi'gant
gigạntisch gi'gantɪʃ
Gigantịsmus gigan'tɪsmʊs
Gigantographie gigantogra'fi:, -n ...i:ən
Gigantomachie gigantoma'xi:
Gịge *ung.* 'gigɛ
Gigerl 'gi:gɐl
Gigị *fr.* ʒi'ʒi
Gịgli *it.* 'dʒiʎʎi
Gịglio *it.* 'dʒiʎʎo
Gignạc *fr.* ʒi'ɲak
Gigolo 'ʒi:golo, *auch:* 'ʒɪg...
Gigọts ʒi'go:
Gigout, ...oux *fr.* ʒi'gu
Gigue ʒi:k, -n 'ʒi:gn̩
Gigüẹla *span.* xi'ɣu̯ela
Gijón *span.* xi'xɔn
Gijselen *niederl.* 'xɛi̯sələ
Gijsen *niederl.* 'xɛi̯sə
giksen 'gi:ksn̩
Gịl gɪl, *span.* xil, *port.* ʒil
Gịl, Jack and *engl.* 'dʒæk ənd 'dʒɪl
Gila 'gi:la, *engl.* 'hi:lə
Gilạn *pers.* gi'lɑ:n
gịlben 'gɪlbn̩, **gịlb!** gɪlp, **gịlbt** gɪlpt
Gịlbert 'gɪlbɛrt, *engl.* 'gɪlbət, *fr.* ʒil'bɛ:r
Gilbẹrta gɪl'bɛrta
Gilbẹrte *fr.* ʒil'bɛrt
Gịlbert Islands *engl.* 'gɪlbət 'aɪləndz
Gilbẹrto *span.* xil'βɛrto
Gilbẹrtus gɪl'bɛrtʊs
Gịlbhard, ...rt 'gɪlphart
Gil Blạs *fr.* ʒil'blɑ:s
Gilbọa gɪl'bo:a
Gịlching 'gɪlçɪŋ
Gịlchrist *engl.* 'gɪlkrɪst

Gilda *it.* 'dʒilda
Gildas 'gɪldas, *engl.* 'gɪldəs, *fr.* ʒil'dɑ
Gilde[meister] 'gɪldə[maistɐ]
Gilder[sleeve] *engl.* 'gɪldə[sli:v]
Gildo 'gɪldo
Gilead 'gi:leat
Gilels, Gilel's *russ.* 'gililjs
Giles *engl.* dʒaɪlz
Gilet ʒi'le:
Gilette *engl.* ʒɪ'lɛt
Gilfillan *engl.* gɪl'fɪlən
Gilg gɪlk
Gilgal 'gɪlgal
Gilgamesch 'gɪlgamɛʃ
Gilge 'gɪlgə
Gilgen 'gɪlgn̩
Gilgit *engl.* 'gɪlgɪt
Giljake gɪl'ja:kə
Gilka Ⓦ 'gɪlka
Gill *dt., engl.* gɪl
Gille *fr.* ʒil
Gilleleje *dän.* gilə'laje
Gillenfeld 'gɪlənfɛlt
Gilles 'gɪləs, *fr.* ʒil
Gillespie *engl.* gɪ'lɛspɪ
Gillet *fr.* ʒi'lɛ
Gillette Ⓦ *engl.* ʒɪ'lɛt
Gilletteklinge ʒi'lɛtklɪŋə
Gilliéron *fr.* ʒilje'rõ
Gilling 'gɪlɪŋ
Gillingham *engl.* 'dʒɪlɪŋəm
Gillmore *engl.* 'gɪlmɔ:
Gillot *fr.* ʒi'lo
Gillrath 'gɪlra:t
Gillray *engl.* 'gɪlreɪ
Gillson *engl.* dʒɪlsn
Gillung 'gɪlʊŋ
Gilly 'ʒɪli, *fr.* ʒi'li
Gilm gɪlm
Gilman *engl.* 'gɪlmən
Gilmer *engl.* 'gɪlmə
Gilmore *engl.* 'gɪlmɔ:
Gilmour *engl.* 'gɪlmə
Gilort *rumän.* dʒi'lort
Gilpin *engl.* 'gɪlpɪn
Gilroy *engl.* 'gɪlrɔɪ
Gilson *fr.* ʒil'sõ
gilt gɪlt
giltig 'gɪltɪç, **-e** ...ɪgə
Gil Vicente *port.* 'ʒil vi'sentə, *span.* 'xil βi'θente
Gilze *niederl.* 'xɪlzə
Gilze-Rijen *niederl.* 'xɪlzə'rɛiə
Gimbernat *span.* ximbɛr'nat
Gimborn 'gɪmbɔrn
Gimbsheim 'gɪmpshaim
Gimbweiler 'gɪmpvailɐ
Giménez *span.* xi'menɛθ
Gimignano *it.* dʒimiɲ'ɲa:no
Gimont *fr.* ʒi'mõ
Gimpe 'gɪmpə
Gimpel 'gɪmpl̩
Gimpera *kat.* ʒim'pɛrə
Gimpern 'gɪmpɐn
Gimson *engl.* gɪmsn
Gin dʒɪn
Gina 'gi:na, *it.* 'dʒi:na
Ginastera *span.* xinas'tera
Giner de los Ríos *span.* xi'nɛr ðe lɔr 'rriɔs
Ginés *span.* xi'nes
Ginevra gi'ne:vra
Gin-Fizz 'dʒɪnfɪs
ging gɪŋ
Gingan 'gɪŋgan
Gingaradja *indon.* giŋa'radʒa
Gingen 'gɪŋən
Ginggang *indon.* 'gɪŋgaŋ
Gingham *engl.* 'gɪŋəm
Gingivitis gɪŋgi'vi:tɪs, **...vitiden** ...vi'ti:dn̩
Gingst gɪŋst
Ginkgo 'gɪŋko
Gingkjo 'gɪŋkjo
Ginneken *niederl.* 'xɪnəkə
Ginosa *it.* dʒi'no:sa
Ginseng 'gɪnzɛŋ, *auch:* 'ʒɪnzɛŋ
Ginster 'gɪnstɐ
Gintl 'gɪntl̩
Ginzberg 'gɪntsbɛrk
Ginzkey 'gɪntskai
Ginzo *span.* 'xinθo
Gioachino *it.* dʒoa'ki:no
Gioberti *it.* dʒo'bɛrti
Gioconda *it.* dʒo'konda
Giocondo *it.* dʒo'kondo
giocoso dʒo'ko:zo
Gioia *it.* 'dʒɔ:ja
Gioia del Colle *it.* 'dʒɔ:ja del 'kɔlle
Gioiosa Ionica *it.* dʒo'jo:sa 'jɔ:nika
Giolito *it.* dʒo'li:to
Giolitti *it.* dʒo'litti
Giono *fr.* ʒjɔ'no
Giordani *it.* dʒor'da:ni
Giordano *it.* dʒor'da:no
Giorgio *it.* 'dʒordʒo
Giorgione *it.* dʒor'dʒo:ne
Giornale d'Italia *it.* dʒor'na:le di'ta:lja
Giornico *it.* dʒor'ni:ko
Giorno *it.* 'dʒorno
Giosuè *it.* dʒozu'ɛ
Giottino *it.* dʒot'ti:no
Giotto *it.* 'dʒɔtto
Giovanna *it.* dʒo'vanna
Giovanni *it.* dʒo'vanni
Giovannino *it.* dʒovan'ni:no
Giovi (Ligurien) *it.* 'dʒɔ:vi
Giovinazzo *it.* dʒovi'nattso
Giovinezza *it.* dʒovi'nettsa
Giovio *it.* 'dʒɔ:vjo
Giovo *it.* 'dʒɔ:vo
Gipfel 'gɪpfl̩
gipf[e]lig 'gɪpf[ə]lɪç, **-e** ...ɪgə
gipfeln 'gɪpfl̩n
Gipps[land] *engl.* 'gɪps[lænd]
Gips gɪps
gipsen 'gɪpsn̩
Gipsy *engl.* 'dʒɪpsɪ
Gipüre gi'py:rə
Giraffe gi'rafə
Giral *fr.* ʒi'ral, *span.* xi'ral
Giralda *span.* xi'ralda
Giraldi *it.* dʒi'raldi
Giraldoni *it.* dʒiral'do:ni
Giraldus gi'raldʊs
Giralgeld ʒi'ra:lgɛlt
Girandola dʒi'randola
Girandole ʒiran'do:lə, ʒirã...
Girant ʒi'rant
Girard *fr.* ʒi'ra:r, *engl.* dʒɪ'rɑ:d
Girardet *fr.* ʒirar'dɛ
Girardi ʒi'rardi
Girardin *fr.* ʒirar'dɛ̃
Girardon *fr.* ʒirar'dõ
Girardot *span.* xirar'ðɔt
Girart *fr.* ʒi'ra:r
Girat ʒi'ra:t
Giratar ʒira'ta:ɐ̯
Giraud *fr.* ʒi'ro
Giraudoux *fr.* ʒiro'du
Girault *fr.* ʒi'ro
Girching 'gɪrçɪŋ
Giresun *türk.* 'girɛsun
Giretti *it.* dʒi'retti
Girgeh 'gɪrge
Girgensohn 'gɪrgn̩zo:n
Girgenti *it.* dʒir'dʒɛnti
Giri vgl. Giro
girieren ʒi'ri:rən
Girl gø:ɐ̯l, gœrl; *engl.* gə:l
Girlande gɪr'landə
Girlitz 'gɪrlɪts
Giro 'ʒi:ro, **Giri** 'ʒi:ri
Girod *fr.* ʒi'ro
Girodet *fr.* ʒirɔ'dɛ
Giro d'Italia *it.* 'dʒi:ro di'ta:lja
Girolamo *it.* dʒi'rɔ:lamo
Giromagny *fr.* ʒirɔma'ɲi
Girometti *it.* dʒiro'metti
Girón *span.* xi'rɔn
Gironde *fr.* ʒi'rõ:d
Girondins *fr.* ʒirõ'dɛ̃
Girondist ʒirõ'dɪst
girren 'gɪrən
Girtin *engl.* 'gə:tɪn
Girvan *engl.* 'gə:vən
gis, Gis gɪs
Gisa 'gi:za
Gisbert 'gɪsbɛrt
Gisberta gɪs'bɛrta
Gisborne *engl.* 'gɪzbən
gischen 'gɪʃn̩
Gischt gɪʃt
Gise[h] 'gi:ze
Gisela 'gi:zəla
Giselbert 'gi:zl̩bɛrt
Giselberta gi:zl̩'bɛrta
Gisèle *fr.* ʒi'zɛl
Giselher 'gi:zl̩he:ɐ̯
Giselle *fr.* ʒi'zɛl
Giselmar 'gi:zl̩mar
Gisgon 'gɪsgɔn
Gisingen 'gi:zɪŋən
Giskra 'gɪskra
Gíslason *isl.* 'gjislasɔn
Gislaved *schwed.* ˌjislave:d
Gísli *isl.* 'gjislɪ
gis-Moll 'gɪsmɔl, *auch:* '–'–
Gisors *fr.* ʒi'zɔ:r
Gispersleben 'gɪspɐsle:bn̩

Gispersleben-Kiliani 'gɪspɐsle:bn̩ki'li̯a:ni
Gispersleben-Viti 'gɪspɐsle:bn̩'vi:ti
Giß gɪs
gissen 'gɪsn̩, **giß!** gɪs, **gißt** gɪst
Gissi *it.* 'dʒissi
Gissing *engl.* 'gɪsɪŋ
Gistel *niederl.* 'xɪstəl
Giswil gɪs'vi:l
Gita 'gɪta
Gitana xi'ta:na, *span.* ...tana
Gitano *span.* xi'tano
Gitarre gi'tarə
Gitarrist gita'rɪst
Gits *niederl.* xɪts
Gitschin 'jɪtʃi:n, *Schiller* 'gɪtʃi:n
Gitta 'gɪta
Gitte 'gɪtə
Gitter 'gɪtɐ
gittern 'gɪtɐn
Giubiasco *it.* dʒu'bi̯asko
Giudecca *it.* dʒu'dɛkka
Giudici *it.* 'dʒu:ditʃi
Giuditta *it.* dʒu'ditta
Giulia *it.* 'dʒu:li̯a
Giuliana *it.* dʒu'li̯a:na
Giuliano *it.* dʒu'li̯a:no
Giulianova *it.* dʒuli̯a'nɔ:va
Giulietta *it.* dʒu'li̯etta
Giulini *it.* dʒu'li:ni
Giulio *it.* 'dʒu:li̯o
Giunta *it.* 'dʒunta
Giunti *it.* 'dʒunti
Giuoco piano 'dʒu̯ɔ:ko 'pi̯a:no, **Giuochi piani** 'dʒu̯ɔ:ki 'pi̯a:ni
Giurgiu *rumän.* 'dʒurdʒu
Giuseppe *it.* dʒu'zɛppe
Giuseppina *it.* dʒuzep'pi:na
Giusti *it.* 'dʒusti
Giustiniani *it.* dʒusti'ni̯a:ni
giusto 'dʒʊsto
Giusto *it.* 'dʒusto
Give *dän.* 'gi:və
Givet *fr.* ʒi'vɛ
Givors *fr.* ʒi'vɔ:r
Givrine *fr.* ʒi'vrin
Givry *fr.* ʒi'vri
Giza 'gi:za
Gizeh 'gi:ze
Gizella *ung.* 'gizɛllɔ
Gizenga gi'zɛŋga, *fr.* gizɛŋ'ga
Gizo *engl.* 'gi:zoʊ
Giżycko *poln.* gi'ʒɨtskɔ
Gjang-tse 'gjaŋtsə
Gjata *alban.* 'gjata
Gjaurow, Gjaurov *bulgar.* gja'urof
Gjellerup *dän.* 'gɛl'ərob
Gjende *norw.* ˌjɛndə
Gjerstad *schwed.* 'jæ:rstɑ:d
Gjinokastër *alban.* gjino'kastər
Gjirokastër *alban.* gjiro'kastər
Gjøa *norw.* ˌjø:a
Gjögur *isl.* 'gjœ:ʏɣr
Gjöll gjœl
Gjudschenow, Gjudženov *bulgar.* gju'dʒɛnof

Glabella gla'bɛla
Glace, -s gla:s, *fr.* glas
Glacé gla'se:
Glace Bay *engl.* 'gleɪs 'beɪ
glacieren gla'si:rən
Glacis gla'si:; **des -** gla'si:[s], **die -** gla'si:s
Gladau 'gla:dau̯
Gladbach 'glatbax
Gladbeck 'glatbɛk
Gladden *engl.* glædn
Gladewater *engl.* 'gleɪdwɔ:tə
Gladiator gla'di̯a:tɔr, **-en** gladi̯a'to:rən
Gladiole gla'di̯o:lə
Gladius 'gla:di̯ʊs
Gladkow, Gladkov *russ.* 'glatkɐf
Gladsakse *dän.* 'glaðsagsə
Gladstone *engl.* 'glædstən
Gladwin *engl.* 'glædwɪn
Gladys *engl.* 'glædɪs
Glaeser 'glɛ:zɐ
Glafira *russ.* gla'firɐ
Glagolismus glago'lɪsmʊs
glagolitisch glago'li:tɪʃ
Glagoliza gla'gɔlit͡sa
Glaise 'glai̯zə
Glaisher *engl.* 'gleɪʃə
Glåma *norw.* ˌglo:ma
Glambeck 'glambɛk
Glamis 'gla:mɪs, *engl.* glɑ:mz
Glamoč *serbokr.* ˌgla:mɔtʃ
Glamorgan *engl.* glə'mɔ:gən
Glamour 'glɛmɐ, *engl.* 'glæmə
Glan gla:n, *schwed.* glɑ:n
Glandel 'glandl̩
glandotrop glando'tro:p
Glandula 'glandula, **...lae** ...lɛ
glandulär glandu'lɛ:ɐ̯
Glanegg gla'nɛk
Glan-Münchweiler gla:n'mʏnçvai̯lɐ
Glans glans
Glansdale *engl.* 'glænzdeɪl
Glanvill[e] *engl.* 'glænvɪl
Glanz glant͡s
glänzen 'glɛnt͡sn̩
glänzend 'glɛnt͡sn̩t, **-e** ...ndə
Glarean[us] glare'a:n[ʊs]
Glarner 'glarnɐ
glarnerisch 'glarnərɪʃ
Glärnisch 'glɛrnɪʃ
Glarus 'gla:rʊs
Glas gla:s, **-es** 'gla:zəs, **Gläser** 'glɛ:zɐ
Gläschen 'glɛ:sçən
Glasenapp 'gla:zənap
Glaser 'gla:zɐ
Gläser 'glɛ:zɐ
Glaserei gla:zə'rai̯
gläsern 'glɛ:zɐn
Glasewitz 'gla:zəvɪt͡s
Glasgow *engl.* 'glɑ:sgoʊ
Glashütte 'gla:shʏtə
glasieren gla'zi:rən
glasig 'gla:zɪç, **-e** ...ɪgə
[1]Glasow 'gla:zo

[2]Glasow, Glazov *russ.* 'glazɐf
Glaspell *engl.* 'glæspɛl
Glass glas, *engl.* glɑ:s
Glassboro *engl.* 'glɑ:sbərə
Glaßbrenner 'gla:sbrɛnɐ
Glassford *engl.* 'glɑ:sfəd
Glasson *fr.* gla'sõ
Glast glast
glastig 'glastɪç, **-e** ...ɪgə
Glastonbury *engl.* 'glæstənbərɪ
Glasunow, Glazunov *russ.* glɐzu'nɔf
Glasur gla'zu:ɐ̯
Glatigny *fr.* glati'ɲi
glatt glat, **glätter** 'glɛtɐ
Glatt glat
Glätte 'glɛtə
Glatten 'glatn̩
glätten 'glɛtn̩
glätter vgl. glatt
glatterdings 'glatɐdɪŋs
Glattfelden 'glatfɛldn̩
glattweg 'glatvɛk
glattzüngig 'glatt͡sʏŋɪç, **-e** ...ɪgə
Glatz gla:t͡s
Glatze 'glat͡sə
Glatzer 'gla:t͡sɐ
glatzig 'glat͡sɪç, **-e** ...ɪgə
glatzköpfig 'glat͡skœpfɪç, **-e** ...ɪgə
Glaube 'glau̯bə
glauben, G... 'glau̯bn̩, **glaub!** glau̯p, **glaubt** glau̯pt
Glauber 'glau̯bɐ, *niederl.* 'xlɔu̯bər
Glauberg 'glau̯bɛrk
gläubig 'glɔy̯bɪç, **-e** ...ɪgə
Gläubiger 'glɔy̯bɪgɐ
Glaubrecht 'glau̯prɛçt
Glaucha 'glau̯xa
Glauchau 'glau̯xau̯
Glaucus 'glau̯kʊs
Glaukochroit glau̯kokro'i:t, *auch:* ...o'ɪt
Glaukodot glau̯ko'do:t
Glaukom glau̯'ko:m
Glaukonit glau̯ko'ni:t, *auch:* ...nɪt
Glaukophan glau̯ko'fa:n
Glaukopis glau̯'ko:pɪs
Glaukos 'glau̯kɔs
Glauschnitz 'glau̯ʃnɪt͡s
Glaux glau̯ks
Gläve 'glɛ:fə
Glawari gla'va:ri
glazial, G... gla't͡si̯a:l
glaziär gla't͡si̯ɛ:ɐ̯
glazigen glat͡si'ge:n
Glaziologe glat͡si̯o'lo:gə
Glaziologie glat͡si̯olo'gi:
glaziologisch glat͡si̯o'lo:gɪʃ
Glazov vgl. [2]Glasow
Glazunov vgl. Glasunow
Gleason *engl.* gli:sn
Gleb glɛp, *russ.* gljɛp
Glebe *engl.* gli:b
Glebka *russ.* 'gljɛpkɐ
Glebowitsch, Glebovič *russ.* 'gljɛbɐvitʃ

Głębowna, Glebovna *russ.* ˈgljɛbɐvnɐ
Gleditsch ˈgle:dɪtʃ
Gleditschie gleˈdɪtʃi̯ə
Glee gli:
Glefe ˈgle:fə
Glehn gle:n
Gleiberg ˈglai̯bɛrk
gleich glai̯ç
gleichalt[e]rig ˈglai̯ç|alt[ə]rɪç, **-e** ...ɪgə
Gleichberge ˈglai̯çbɛrgə
Gleiche ˈglai̯çə
gleichen, G... ˈglai̯çn̩
Gleichförmigkeit ˈglai̯çfœrmɪçkai̯t
Gleichgültigkeit ˈglai̯çgʏltɪçkai̯t
Gleichmacherei glai̯çmaxəˈrai̯
Gleichmäßigkeit ˈglai̯çmɛ:sɪçkai̯t
gleichmütig ˈglai̯çmy:tɪç, **-e** ...ɪgə
Gleichnis ˈglai̯çnɪs, **-se** ...ɪsə
gleichsam ˈglai̯çza:m
gleichschenk[e]lig ˈglai̯çʃɛŋk[ə]lɪç, **-e** ...ɪgə
gleichseitig ˈglai̯çzai̯tɪç, **-e** ...ɪgə
Gleichung ˈglai̯çʊŋ
gleichviel glai̯çˈfi:l
gleichwie ˈglai̯çvi:
gleichwohl glai̯çˈvo:l
Gleidorf ˈglai̯dɔrf
Gleim[a] glai̯m[a]
Gleina ˈglai̯na
Gleinalpe ˈglai̯n|alpə
Gleinstätten glai̯nˈʃtɛtn̩
Gleis glai̯s, **-e** ˈglai̯zə
...gleisig (z. B. eingleisig) ...ˌglai̯zɪç, **-e** ...ɪgə
Gleisner ˈglai̯snɐ
Gleisnerei glai̯snəˈrai̯
Gleispach ˈglai̯spax
Gleiß[e] ˈglai̯s[ə]
gleißen, G... ˈglai̯sn̩
Gleissenberg ˈglai̯sn̩bɛrk
Gleissner, Gleißner ˈglai̯snɐ
gleiten ˈglai̯tn̩
Gleiwitz ˈglai̯vɪts
Gleizes *fr.* glɛ:z
Glen *engl.* glɛn
Glénard *fr.* gleˈna:r
Glencheck ˈglɛntʃɛk
Glencoe (USA) *engl.* ˈglɛnkoʊ
Glen Cove *engl.* ˈglɛn ˈkoʊv
Glendale *engl.* ˈglɛndeɪl
Glendalough *engl.* ˈglɛndəlɔk
Glendive *engl.* ˈglɛndaiv
Glendower *engl.* ˈglɛndaʊə, –ˈ––
Glen Ellyn *engl.* ˈglɛn ˈɛlɪn
Glen Innes *engl.* ˈglɛn ˈɪnɪs
Glenmore *engl.* glɛnˈmɔ:
Glenn[an] *engl.* ˈglɛn[ən]
Glenner ˈglɛnɐ
Glenolden *engl.* glɛnˈoʊldən
Glen Ridge *engl.* ˈglɛn ˈrɪdʒ
Glen Rock *engl.* ˈglɛn ˈrɔk
Glens Falls *engl.* ˈglɛnz ˈfɔ:lz
Glentrool *engl.* glɛnˈtru:l
Glenview *engl.* ˈglɛnvju:
Gleschendorf ˈglɛʃn̩dɔrf
Gletsch[er] ˈglɛtʃ[ɐ]
Gleve ˈgle:fə
Glewe ˈgle:və
Gley[re] *fr.* glɛ[:r]
Glia ˈgli:a
Gliadin gliaˈdi:n
glich glɪç
Glichesaere ˈgli:çəzɛ:rə
Glider ˈglai̯dɐ
Glied gli:t, **-es** ˈgli:dəs
gliedern ˈgli:dɐn, **gliedre** ˈgli:drə
...gliedrig (z. B. zweigliedrig) ...ˌgli:drɪç, **-e** ...ɪgə
Glien[icke] ˈgli:n[ɪkə]
Glier, Gliér *russ.* gliˈɛr
Glière[s] *fr.* gliˈɛ:r
Glima ˈgli:ma
glimmen ˈglɪmən
Glimmer ˈglɪmɐ
glimmerig ˈglɪmərɪç, **-e** ...ɪgə
glimmern ˈglɪmɐn
glimpflich ˈglɪmpflɪç
Glin gli:n
Glindow ˈglɪndo
Glinka ˈglɪŋka, *russ.* ˈglinkɐ
Glinski, Glinskij *russ.* ˈglinskij
Glinz glɪnts
Glioblastom glioblasˈto:m
Gliom gliˈo:m
Glion *fr.* gliˈõ, *rät.* ʎɔn
Gliosarkom gliozarˈko:m
Glišič *serbokr.* ˌgli:ʃitɕ
Glissade glɪˈsa:də
glissando glɪˈsando
Glissando glɪˈsando, **...di** ...di
Glisson *engl.* glɪsn
glitschen ˈglɪtʃn̩
glitsch[e]rig ˈglɪtʃ[ə]rɪç, **-e** ...ɪgə
glitschig ˈglɪtʃɪç, **-e** ...ɪgə
glitt glɪt
Glittertind *norw.* ˌglitərtin
glitz[e]rig ˈglɪts[ə]rɪç, **-e** ...ɪgə
glitzern ˈglɪtsɐn
Gliwice *poln.* gliˈvitsɛ
Gliwicki *poln.* gliˈvitski
global gloˈba:l
Globe *engl.* gloʊb
Globemaster *engl.* ˈgloʊbmɑ:stə
Globenstein ˈglo:bn̩ʃtai̯n
Globetrotter ˈglo:bətrɔtɐ, ˈglo:ptrɔtɐ, *engl.* ˈgloʊbtrɔtə
Globigerine globigeˈri:nə
Globin gloˈbi:n
Globke ˈglɔpkə
Globo *bras.* ˈglobu
Globoid globoˈi:t, **-e** ...i:də
Globularia globuˈla:ri̯a, **...ien** ...i̯ən
Globulin globuˈli:n
Globulus ˈglo:bulʊs, **...li** ...li
Globus ˈglo:bʊs, **-se** ...ʊsə
Glochidium glɔˈxi:di̯ʊm, **...ien** ...i̯ən
Glöckchen ˈglœkçən
Glocke ˈglɔkə
Glöckel ˈglœkl̩
Glockendon ˈglɔkn̩do:n
Glockenist glɔkəˈnɪst
Glockner ˈglɔknɐ
Glödnitz ˈglø:dnɪts
Glogau ˈglo:gau̯
Gloggnitz ˈglɔgnɪts
Głogów *poln.* ˈgu̯ɔguf
Głogówek *poln.* gu̯ɔˈguvɛk
Głogów Małopolski *poln.* ˈgu̯ɔguf mau̯ɔˈpɔlski
Gloire *fr.* glwa:r
Glomera vgl. Glomus
Glomerulum gloˈme:rulʊm, **...la** ...la
Glomerulus gloˈme:rulʊs, **...li** ...li
Glomfjord *norw.* ˈglɔmfju:r
glomm glɔm
Glomma *norw.* ˌglɔma
glömme ˈglœmə
Glomus ˈglo:mʊs, **Glomera** ˈglo:mera
Glonar *slowen.* ˈglo:nar
Glonn glɔn
Glorenza *it.* gloˈrɛntsa
Gloria ˈglo:ri̯a, *engl.* ˈglɔ:rɪə, *span.* ˈglori̯a
Glória do Goitá *bras.* ˈglɔri̯a du goi̯ˈta
Gloria in excelsis Deo ˈglo:ri̯a ɪn ɛksˈtsɛlzi:s ˈde:o
Gloria Patri et Filio et Spiritu Sancto ˈglo:ri̯a ˈpa:tri ɛt ˈfi:li̯o ɛt ˈspi:ritu ˈzaŋkto
Glorie ˈglo:ri̯ə
Gloriette gloˈri̯ɛtə
Glorifikation glorifikaˈtsi̯o:n
glorifizieren glorifiˈtsi:rən
Gloriole gloˈri̯o:lə
glorios gloˈri̯o:s, **-e** ...o:zə
glorreich ˈglo:ɐ̯rai̯ç
Glösa ˈglø:za
glosen ˈglo:zn̩, **glos!** glo:s, **glost** glo:st
Glossa ˈglɔsa
Glossalgie glɔsalˈgi:, **-n** ...i:ən
Glossanthrax glɔˈsantraks
Glossar glɔˈsa:ɐ̯
Glossarium glɔˈsa:ri̯ʊm, **...ien** ...i̯ən
Glossator glɔˈsa:tɔr, **-en** glɔsaˈto:rən
Glosse ˈglɔsə, *auch:* ˈglo:sə
Glossem glɔˈse:m
Glossematik glɔseˈma:tɪk
Glossematist glɔsemaˈtɪst
glossieren glɔˈsi:rən
Glossina glɔˈsi:na
Glossitis glɔˈsi:tɪs, **...itiden** glɔsiˈti:dn̩
Glossodynie glɔsodyˈni:, **-n** ...i:ən
Glossograph glɔsoˈgra:f
Glossographie glɔsograˈfi:
Glossolale glɔsoˈla:lə

Glossolali̲e glɔsola'li:
Glọssop *engl.* 'glɔsəp
Glossoplegi̲e glɔsople'gi:, **-n** ...i:ən
Glossọpteris glɔ'sɔpterɪs
Glossoptọsis glɔsɔp'to:zɪs
Glossoschi̲sis glɔso'sçi:zɪs
Glossospạsmus glɔso'spasmʊs
Glossoze̲le glɔso'tse:lə
glọsten 'glɔstn̩
Glọster *engl.* 'glɔstə
Glọstrup *dän.* 'glo:'sdrob
glottạl, G... glɔ'ta:l
Glọtter[tal] 'glɔtɐ[ta:l]
Glọttis 'glɔtɪs, **Glọttides** 'glɔtide:s
glottogo̲n glɔto'go:n
Glottogoni̲e glɔtogo'ni:
Glottola̲le glɔto'la:lə
glọtzäugig 'glɔts|ɔygɪç, **-e** ...ɪgə
glọtzen 'glɔtsn̩
Gloucester[shire] *engl.* 'glɔstə[ʃɪə]
Glover *engl.* 'glʌvə
Gloversville *engl.* 'glʌvəzvɪl
Gloze̲l *fr.* glo'zɛl
Głowạcki *poln.* gu̯ɔ'vatski
Glo̲we 'glo:və
Glö̲wen 'glø:vn̩
Glo̲witz 'glo:vɪts
Głọwno *poln.* 'gu̯ɔvnɔ
Glọxin 'glɔksi:n
Gloxi̲nie glɔ'ksi:ni̯ə
Glubb *engl.* glʌb
Głubczỵce *poln.* gu̯up'tʃitsɛ
Glubọkoje, Glubokoe *russ.* glu'bɔkɐjɐ
Głuchołạzy *poln.* gu̯uxɔ'u̯azɨ
Glucinium glu'tsi:ni̯ʊm
glụck!, G... glʊk
Glück glʏk
Glück ạb! 'glʏk 'ap
Glückạb glʏk'|ap
Glück au̲f! 'glʏk 'au̯f
Glücka̲uf glʏk'|au̯f
Glụcke 'glʊkə
Glụ̈ckel 'glʏkl̩
glụcken 'glʊkn̩
glụ̈cken 'glʏkn̩
glụckern 'glʊkɐn
glụ̈cklich 'glʏklɪç
Glụ̈cksburg 'glʏksbʊrk
glückse̲lig glʏk'ze:lɪç, '---; **-e** ...ɪgə
glụcksen 'glʊksn̩
Glụ̈ckstadt 'glʏk-ʃtat
Glụ̈ckstädter 'glʏk-ʃtɛtɐ
Glück zu̲! 'glʏk 'tsu:
Glückzu̲ glʏk'tsu:
Glu̲d *dän.* glu:'ð
glü̲hen 'gly:ən
glü̲hhei̲ß 'gly:'hai̯s
Gluko̲se glu'ko:zə
Glukosi̲de gluko'zi:də
Glukosuri̲e glukozu'ri:, **-n** ...i:ən
Glü̲mer 'gly:mɐ
Glụmpert 'glʊmpɐt
Glụngezer 'glʊŋətsɐ
Glụrns glʊrns
glụpschen 'glʊpʃn̩
Gluschọwski, Glušovskij *russ.* glu'ʃɔfskij
Glu̲t glu:t
Glutami̲n gluta'mi:n
glu̲ten 'glu:tn̩
Glute̲n glu'te:n
Gluti̲n glu'ti:n
Glụtzow 'glʊtso
Glyceri̲d glytse'ri:t, **-e** ...i:də
Glyceri̲n glytse'ri:n
Glyci̲n gly'tsi:n
Glykämi̲e glykɛ'mi:
Glykocholi̲e glykoço'li:
Glykoge̲n glyko'ge:n
Glykogeni̲e glykoge'ni:
Glykogenoly̲se glykogeno'ly:zə
Glykogeno̲se glykoge'no:zə
Glyko̲l gly'ko:l
Glykokọll glyko'kɔl
Glykoly̲se glyko'ly:zə
Glykoneogeni̲e glykoneoge'ni:
Glykone̲us glyko'ne:ʊs, **...e̲en** ...e:ən
Glyko̲se gly'ko:zə
Glykosi̲de glyko'zi:də
Glykosuri̲e glykozu'ri:, **-n** ...i:ən
Glyn *engl.* glɪn
Glyncorwg *engl.* glɪn'kɔ:rʊg
Glynde *engl.* glaɪnd
Glyndebourne *engl.* 'glaɪndbɔ:n
Glyngøre *dän.* gløŋ'ø:rə
Gly̲phe 'gly:fə
Gly̲phik 'gly:fɪk
Glyphographi̲e glyfogra'fi:
Glỵpte 'glʏptə
Glỵptik 'glʏptɪk
Glyptographi̲e glyptogra'fi:
Glyptote̲ket *dän.* glybto'te:'gəð
Glyptothe̲k glʏpto'te:k
Glyzeri̲d glytse'ri:t, **-e** ...ri:də
Glyzeri̲n glytse'ri:n
Glyzi̲n[e] gly'tsi:n[ə]
Glyzi̲nie gly'tsi:ni̯ə
Glyzyrrhizi̲n glytsʏri'tsi:n
G-man *engl.* 'dʒi:mæn, **G-men** *engl.* 'dʒi:mɛn
GmbH ge:|ɛmbe:'ha:
Gme̲lin 'gme:li:n
Gmịnder 'gmɪndɐ
g-Moll 'ge:mɔl, *auch:* '-'-
Gmụnd gmʊnt
Gmụ̈nd gmʏnt
Gmụnden 'gmʊndn̩
Gmy̲rew, Gmyrev *russ.* 'gmɨrɪf
Gna̲dau 'gna:dau̯
Gna̲de 'gna:də
gna̲den 'gna:dn̩, **gna̲d!** gna:t
gnä̲dig 'gnɛ:dɪç, **-e** ...ɪgə
Gnae̲us 'gnɛ:ʊs
Gna̲gi 'gna:gi
Gnä̲gi 'gnɛ:gi
Gnaphä̲us gna'fɛ:ʊs
Gna̲thia 'gna:ti̯a
Gnathoschi̲sis gnato'sçi:zɪs
Gnathosto̲men gnato'sto:mən
Gna̲uck gnau̯k
Gne̲ditsch, Gnedič *russ.* 'gnjeditʃ
Gne̲is gnai̯s, **-e** 'gnai̯zə
Gne̲isenau 'gnai̯zənau̯
gne̲ißen 'gnai̯sn̩
Gne̲ist gnai̯st
Gne̲sen 'gne:zn̩
Gnẹsta *schwed.* 'gnɛsta
Gne̲wikow 'gne:vɪko
Gniẹw *poln.* gnjɛf
Gniewkọwo *poln.* gnjɛf'kɔvɔ
Gniẹzno *poln.* 'gnjɛznɔ
Gnịtte 'gnɪtə
Gnịtze 'gnɪtsə
Gnọcchi 'njɔki
Gno̲ien gnɔyn
Gno̲m[e] 'gno:m[ə]
Gno̲miker 'gno:mikɐ
gno̲misch 'gno:mɪʃ
Gno̲mon 'gno:mɔn, **-e** gno'mo:nə
gnomo̲nisch gno'mo:nɪʃ
Gnọsca *it.* 'ɲoska
Gnoseologi̲e gnozeolo'gi:
gnoseolo̲gisch gnozeo'lo:gɪʃ
Gno̲sis 'gno:zɪs
Gnọstik 'gnɔstɪk
Gnọstiker 'gnɔstikɐ
gnọstisch 'gnɔstɪʃ
Gnostizịsmus gnɔsti'tsɪsmʊs
Gnostologi̲e gnɔstolo'gi:
Gnu̲ gnu:
Go̲ go:
Go̲a 'go:a, *engl.* 'goʊə
Gôa *port.* 'goɐ
Goaji̲ra *span.* goa'xira
Goaji̲ro *span.* goa'xiro
Goal go:l
Goalgetter 'go:lgɛtɐ
Goalkeeper 'go:lki:pɐ
Goane̲se goa'ne:zə
goane̲sisch goa'ne:zɪʃ
Goar go'a:ɐ̯, 'go:ar
Gobạt *fr.* gɔ'ba
Gọbbo 'gɔbo
Gọbbi *it.* 'gɔbbi
Gö̲bel 'gø:bl̩
Gobele̲t gobə'le:, *fr.* gɔ'blɛ
Gobelin gobə'lɛ̃:, *fr.* gɔ'blɛ̃
Go̲belsburg 'go:bl̩sbʊrk
Go̲bert 'go:bɐt, *fr.* gɔ'bɛ:r
Go̲bi 'go:bi
Gobineau *fr.* gɔbi'no
Goblọt *fr.* gɔ'blo
Go̲burg 'go:bʊrk
Gọch gɔx
Gọ̈chhausen 'gœçhau̯zn̩
Gọchsheim 'gɔkshai̯m
Gọckel[n] 'gɔkl̩[n]
Gocle̲nius go'kle:ni̯ʊs
Gọ̈csej *ung.* 'gøtʃɛj
Gö̲da 'gø:da
Go̲ðafoss *isl.* 'gɔ:ðafɔs
Gọdalming *engl.* 'gɔdlmɪŋ
Goda̲rd *fr.* gɔ'da:r
Goda̲vari *engl.* goʊ'dɑ:vərɪ

Godchọt *fr.* gɔd'ʃo
Gọddard *engl.* 'gɔdəd
Gọddelau 'gɔdəlau̯
Gọddelsheim 'gɔdl̩shai̯m
Gọde 'go:də
Godeau *fr.* gɔ'do
Godeffroy *fr.* gɔd'frwa
Godefroi[d], ...oy *fr.* gɔd'frwa
Gọdehard 'go:dəhart
Gọdel[heim] 'go:dl̩[hai̯m]
Gọden 'go:dn̩
Gọder 'go:dɐ
Gọderich *engl.* 'gɔdrɪtʃ
Gọderl 'go:dɐl
Godervịlle *fr.* gɔdɛr'vil
Gọdesberg 'go:dəsbɛrk
Godescạrd *fr.* gɔdɛs'ka:r
Godẹt *fr.* gɔ'dɛ
Gọdfrey *engl.* 'gɔdfrɪ
Gọdhavn *dän.* 'goðhau̯'n
Godin *fr.* gɔ'dɛ̃
Gö̩ding 'gø:dɪŋ
Gọdkin *engl.* 'gɔdkɪn
Godl 'go:dl̩
Gọdlove *engl.* 'gɔdlʌv
Godofrẹdo *span.* goðo'freðo
Gö̩döllő *ung.* 'gødøllø:
Godọlphin *engl.* gə'dɔlfɪn
Gọdorf 'go:dɔrf
Godọt *fr.* gɔ'do
Godọy *span.* go'ðɔi̯
Gọdramstein 'gɔdramʃtai̯n
Gọdthåb[svej] *dän.* 'gɔdhɔ:'b[svai̯]
Godunọw, Godunov *russ.* gɐdu'nɔf
Gọdwin 'gɔtvi:n, *engl.* 'gɔdwɪn
Gọdwin-Austen *engl.* 'gɔdwɪn'ɔ:stɪn
Goebbels 'gœbl̩s
Goebel 'gø:bl̩
Goeben 'gø:bn̩
Goeckel 'gœkl̩
Goeckingk 'gœkɪŋ
Goedeckemeyer 'gø:dəkəmai̯ɐ
Goedeke 'gø:dəkə
Goemans *niederl.* 'xu:mɑns
Goerdeler 'gœrdəlɐ
Goeree *niederl.* xu:'re:
Goeree-Overflakkee *niederl.* xu:'re:'o:vərflɑke:
Goering 'gø:rɪŋ
Goerz gœrts
Goes gø:s, *port.* goi̯ʃ, *niederl.* xu:s
Góes *port.* goi̯ʃ
Goetel *poln.* 'gɛtɛl
Goethals *engl.* 'goʊθəlz
Goethe 'gø:tə
Goetheạna gøte'a:na
Goetheạnum gøte'a:nʊm
goethesch, G... 'gø:təʃ
goethisch, G... 'gø:tɪʃ
Goeze 'gœtsə
Gọf go:f
Gọff[e] *engl.* gɔf
Goffin *fr.* gɔ'fɛ̃
Goffiné gɔfi'ne:
Gofrẹdo *span.* go'freðo
Gọg go:k
Gọga *rumän.* 'goga
Gọgarten 'go:gartn̩
Gö̩gging[en] 'gœgɪŋ[ən]
Goggomobịl Ⓦ gɔgomo'bi:l
Gogh, van fan 'go:k, – 'gɔx; *niederl.* vɑn 'xɔx
Gọ-Go... 'go:go...
Gọgol, Gogol' 'go:gɔl, *russ.* 'gɔgɐlj
Gọgolin 'go:goli:n
Gogọzki, Gogockij *russ.* gɐ'gɔtskij
Gogra *engl.* 'goʊgrə
Gọhfeld 'go:fɛlt
Gohiẹr *fr.* gɔ'je
Gö̩hlen 'gø:lən
Gọhlis 'go:lɪs
Gọhr go:ɐ̯
Gọhrau 'go:rau̯
Gö̩hrde 'gø:ɐ̯də
Gö̩hre[n] 'gø:rə[n]
Gö̩hrenberg 'gø:rənbɛrk
Gọi 'go:i, **Gojim** 'go:jɪm, go'ji:m
Goianá *bras.* goi̯ɐ'na
Goiâna *bras.* go'i̯ɐna
Goianás *bras.* goi̯ɐ'nas
Goiânia *bras.* go'i̯ɐni̯a
Goianịnha *bras.* goi̯ɐ'niɲa
Goiás, Goiạz *bras.* go'i̯as
goidẹlisch gɔy'de:lɪʃ
Go-ịn go:'|ɪn
Gö̩inge *schwed.* ˌjø:iŋə
Goirle *niederl.* 'xo:rlə
Góis *port.* goi̯ʃ
Goiserer 'gɔyzərɐ
Goisern 'gɔyzɐn
Gojim vgl. Goi
Gọ-kart 'go:kart
gọkeln 'go:kl̩n
Goktschạ, Gokča *russ.* gak'tʃa
Gọlaja Prịstan, – Pristan' *russ.* 'gɔlɐjɐ 'pristɐnj
Golạn go'la:n
Gọłańcz *poln.* 'gɔu̯ai̯ntʃ
Golạnd *fr.* gɔ'lɑ̃
Golạtsche go'latʃə
Gọlaw 'go:laf
Gö̩lbaşı *türk.* 'gœlbɑ,ʃɨ
Golbey *fr.* gɔl'bɛ
Golborne *engl.* 'goʊlbən
Gọlčův Jẹníkov *tschech.* 'gɔltʃu:v 'jɛnji:kɔf
Gọld gɔlt, **-es** 'gɔldəs
Gọlda[ch] 'gɔlda[x]
Gọldammer 'gɔlt|amɐ
Gọldap 'gɔldap
Gọłdap *poln.* 'gɔu̯dap
Gọldast 'gɔldast
Gọldau 'gɔldau̯
Gọldbach 'gɔltbax
Gọldbeck 'gɔltbɛk
Gọldberg 'gɔltbɛrk, *engl.* 'goʊldbə:g
Gọldberger 'gɔltbɛrgɐ
Gọldbrunner 'gɔltbrʊnɐ
Gold Coast *engl.* 'goʊld 'koʊst
Gọlde[mund] 'gɔldə[mʊnt]
gọlden 'gɔldn̩, **gọldne** 'gɔldnə
Golden *engl.* 'goʊldən
Gọldene Aue 'gɔldənə 'au̯ə
Golden Delịcious *engl.* 'goʊldən dɪ'lɪʃəs
Golden Gate *engl.* 'goʊldən 'geɪt
Gọldenkron 'gɔldn̩kro:n
Goldenö̩ls gɔldn̩'|œls
Golden Throne *engl.* 'goʊldən 'θroʊn
Golden Valley *engl.* 'goʊldən 'vælɪ
Goldenweiser *engl.* 'goʊldənvaɪzə
gọldig 'gɔldɪç, **-e** ...ɪgə
Golding *engl.* 'goʊldɪŋ
Goldịno *it.* gol'di:no
Goldkrọnach gɔlt'kro:nax
Gọldküste 'gɔltkʏstə
Gọldman 'gɔltman, *engl.* 'goʊldmən
Gọldmann 'gɔltman
Gọldmark 'gɔltmark, *engl.* 'goʊldmɑ:k
Goldmühl gɔlt'my:l
Goldọni *it.* gol'do:ni
Gold Range *engl.* 'goʊld 'reɪndʒ
Goldsboro *engl.* 'goʊldzbərə
Gọldscheid 'gɔltʃai̯t
Gọldscheuer 'gɔltʃɔyɐ
Gọldschmi[d]t 'gɔltʃmɪt
Goldschmiẹden gɔlt'ʃmi:dn̩
Goldsmith *engl.* 'goʊldsmɪθ
Gọldstein 'gɔltʃtai̯n
Gọldstücker 'gɔltʃtʏkɐ
Goldwater *engl.* 'goʊldwɔ:tə
Goldwyn *engl.* 'goʊldwɪn
Gọldziher 'gɔlttsi:ɐ
Goléạ *fr.* gɔle'a
Golegã *port.* gulə'ɣɐ̃
Gọlem 'go:lɛm
Golẹniów *poln.* gɔ'lɛnjuf
Golenịschtschew, Goleniščev *russ.* gɐlɪ'niʃtʃɪf
Golẹscu *rumän.* go'lesku
Gọlf gɔlf
Gọlgatha 'gɔlgata
Gọlgi *it.* 'gɔldʒi
Gọlgot[h]a 'gɔlgota
Goliạrd go'li̯art, **-en** ...rdn̩
Goliạrde go'li̯ardə
Gọliat[h] Ⓦ 'go:li̯at
Golicyn vgl. Golizyn
Gọlikow, Golikov *russ.* 'gɔlikɐf
Golịlla go'lɪlja
Golịna *poln.* gɔ'lina
Golịzyn, Golicyn *russ.* ga'litsɨn
Golịamo Konạre *bulgar.* go'ljamo ko'narɛ
Gọlk[e] 'gɔlk[ə]
Gọll *dt., tschech.* gɔl
Gö̩ll gœl
Gollancz *engl.* gə'lænts
Gö̩lle *ung.* 'gøllɛ

Gọllen[berg] 'gɔlən[bɛrk]
Gọ̈ller 'gœlɐ
Gọ̈llheim 'gœlhai̯m
Gọllnow 'gɔlno
Gọlling 'gɔlɪŋ
Gọ̈lling[en] 'gœlɪŋ[ən]
Gọllma 'gɔlma
Gọllmitz 'gɔlmɪt͜s
Gọ̈llnitz 'gœlnɪt͜s
Gọllwitzer 'gɔlvɪtsɐ
Gọlm[berg] 'gɔlm[bɛrk]
Golo 'go:lo
Golọdny, Golodnyi *russ.* ga'lɔdnɨj
Golowạnow, Galovanov *russ.* gɐla'vanɐf
Golowịn, Golovin *russ.* gɐla'vin
Golọwkin, Golovkin *russ.* ga'lɔfkin
Golowkọ, Golovko *russ.* gɐlaf'kɔ
Golownịn, Golovnin *russ.* gɐlav'nin
Gọlpa 'gɔlpa
Gọls gɔls
Gọlschman 'gɔlʃman, *engl.* 'goʊlʃmən, *fr.* gɔlʃ'man
Golßen 'go:lsn̩, 'gɔlsn̩
Gọltermann 'gɔltɐman
Gọlther 'gɔltɐ
Gọltsch-Jẹnikau 'gɔlt͜ʃ'je:nɪkau̯
Gọltz gɔlt͜s, *poln.* gɔlts
Gọltzius *niederl.* 'xɔltsi:ʏs
Gọ̈ltzsch gœlt͜ʃ
Gọltzscha 'gɔlt͜ʃa
Golụbac *serbokr.* gɔˌlu:bats
Gọlub *poln.* 'gɔlup
Gọlubew, Golubev *russ.* 'gɔlubɪf
Golụbkina *russ.* ga'lupkinɐ
Golụngo Ạlto *port.* gu'luŋgu 'altu
Gọlzheim 'gɔlt͜shai̯m
Gọlzow 'gɔlt͜so
Gomá *span.* go'ma
Gọmadingen 'go:madɪŋən
Gomạr *fr.* gɔ'ma:r
Gómara *span.* 'gomara
Gọmaringen 'go:marɪŋən
Gomạrus go'ma:rʊs *niederl.* xo:'ma:rʏs
Gọmba *ung.* 'gombɔ
Gombauld *fr.* gõ'bo
Gombert *fr.* gõ'bɛ:r, *niederl.* 'xɔmbərt
Gombervịlle *fr.* gõbɛr'vil
Gọmbocz *ung.* 'gombots
Gọ̈mbös *ung.* 'gømbøʃ
Gombrọwicz *poln.* gɔm'brɔvitʃ
Gọmel, Gomel' *russ.* 'gɔmɪlj
Gomẹra *span.* go'mera
Gọmes *port.* 'gomɪʃ, *bras.* 'gomis
Gómez *span.* 'gomɛθ
Gọmirje *serbokr.* ˌgɔmi:rjɛ
Gọmmern 'gɔmɐn
Gomọrr[h]a go'mɔra
Gọmpers *engl.* 'gɔmpəz
Gọmperz 'gɔmpɐt͜s
Gọms gɔms
Gomụłka go'mʊlka, *poln.* gɔ'muu̯ka
Gọn go:n
Gonạde go'na:də
gonadotrọp gonado'tro:p
Gọnagra 'go:nagra
Gonaïves *fr.* gɔna'i:v
Gonarthrịtis gonar'tri:tɪs, **...ritịden** ...ri'ti:dn̩
Gonạve *fr.* gɔ'na:v
Gọ̈nc *ung.* gønts
Gonçạlo *port.* gõ'salu
Gonçạlves *port.* gõ'salvɪʃ, *bras.* gõ'salvis
Gončar vgl. Gontschar
Gončarov vgl. Gontscharow
Goncelin *fr.* gõ'slɛ̃
Goncourt *fr.* gõ'ku:r
Gọnd gɔnt
Gọndar 'gɔndar
Gọndel 'gɔndl̩
gọndeln 'gɔndl̩n, **gọndle** 'gɔndlə
Gọndelsheim 'gɔndl̩shai̯m
Gọndi 'gɔndi
Gondinẹt *fr.* gõdi'nɛ
Gọndo *it.* 'gondo
Gondoliẹra gɔndo'li̯e:ra
Gondoliẹre gɔndo'li̯e:rə, **...ri** ...ri
Gondomạr *span.* gondo'mar, *port.* gondu'mar
Gond-Pontouvre *fr.* gõpõ'tu:vr
Gondwạnafauna gɔnt'va:nafau̯na
Gonẹlla *it.* go'nɛlla
Gọneril *engl.* 'gɔnərɪl
Gonẹsse *fr.* gɔ'nɛs
Gonfaloniẹre gɔnfalo'ni̯e:rə, **...ri** ...ri
Gonfaloniẹre dẹlla chiẹsa gɔnfalo'ni̯e:rə 'dɛla 'ki̯e:za
Gonfaloniẹre dẹlla giustịzia gɔnfalo'ni̯e:rə 'dɛla dʒʊs'ti:tsi̯a
Gonfreville-l'Orchẹr *fr.* gõfrəvillɔr'ʃe
Gọng gɔŋ
gọngen 'gɔŋən
Góngora *span.* 'gɔŋgora
Gongorịsmus gɔŋgo'rɪsmʊs
Gongorịst gɔŋgo'rɪst
Gọniądz *poln.* 'gɔnjɔnts
Goniatit gɔni̯a'ti:t, *auch:* ...tɪt
Goniomẹter goni̯o'me:tɐ
Goniometrie goni̯ome'tri:
goniomẹtrisch goni̯o'me:trɪʃ
Gonịtis go'ni:tɪs, **Gonitịden** goni'ti:dn̩
gọ̈nnen 'gœnən
Gọ̈nnersdorf 'gœnɐsdɔrf
Gọ̈nningen 'gœnɪŋən
Gonnosfanạdiga *it.* gonnosfa'na:diga
Gonoblennorrhö̱, ...öe gonoblɛnɔ'rø:, **...rrhö̱en** ...'rø:ən
Gonochorịsmus gonoko'rɪsmus
Gonochorịsten gonoko'rɪstn̩
Gonokọkkus gono'kɔkʊs
Gonorrhö̱, ...öe gonɔ'rø:, **...rrhö̱en** ...'rø:ən
gonorrhọisch gonɔ'ro:ɪʃ
Gonsạlvo *it.* gon'salvo
Gọnszar 'gɔnsar
Gọntard 'gɔntart, *fr.* gõ'ta:r
Gọnten 'gɔntn̩
Gontiẹr *fr.* gõ'tje
Gontschạr, Gončar *russ.* gan'tʃar
Gontscharọw, Gončarov *russ.* gɐntʃɪ'rɔf
Gonzaga *it.* gon'dza:ga, *bras.* gõ'zaga
González *span.* gɔn'θalɛθ
Gonzạlo *span.* gɔn'θalo
Gọnzen 'gɔnt͜sn̩
Gooch *engl.* gu:tʃ
Goodale *engl.* 'gʊdeɪl
Goodall *engl.* 'gʊdɔ:l
good bye! *engl.* 'gʊd'baɪ
Goodenough *engl.* 'gʊdɪnʌf
Goode *engl.* gʊd
Goodhue *engl.* 'gʊdhju:
Goodman *engl.* 'gʊdmən
Goodrich *engl.* 'gʊdrɪtʃ
Goodwill *engl.* 'gʊd'wɪl
Goodwin [Sands] *engl.* 'gʊdwɪn ['sændz]
Goodwood *engl.* 'gʊdwʊd
Goodyear Ⓦ *engl.* 'gʊdjə:
Googe *engl.* gʊdʒ
Gooi[k] *niederl.* xo:i̯[k]
Goole *engl.* gu:l
Goor *niederl.* xo:r
Goos *dän.* go:'s
Goose *engl.* gu:s
Goosport *engl.* 'gɔspɔ:t
Goossens *niederl.* 'xo:səns, *engl.* gu:snz
Gö̱pel 'gø:pl̩
Gọ̈pfritz 'gœpfrɪt͜s
Gọpło *poln.* 'gɔpu̯ɔ
Gọppel 'gɔpl̩
Gọppenstein 'gɔpn̩ʃtai̯n
Gọ̈ppert 'gœpɐt
Gọ̈ppingen 'gœpɪŋən
Gö̱r gø:ɐ̯
Gorạ *russ.* ga'ra
Góra *poln.* 'gura
Góra Kalwạria *poln.* 'gura kal'varja
Gọrakhpur *engl.* 'gɔ:rəkpʊə
Gorạle go'ra:lə
Gö̱ran *schwed.* ˌjœ:ran
Gọražde *serbokr.* ˌgɔraʒdɛ
Gọrbach 'gɔrbax
Gorbạtow, Gorbatov *russ.* gar'batɐf
Gorbẹa *span.* gɔr'βea
Gọrbitz 'gɔrbɪt͜s
Gọrboduk *engl.* 'gɔ:bədʌk
Gorbunọw, Gorbunov *russ.* gɐrbu'nɔf

Gorčakov vgl. Gortschakow
Gö̱rcsöny *ung.* 'gørtʃønj
Gọrcum *niederl.* 'xɔrkəm
Gordẹj, Gordej *russ.* gar'djej
Gordẹjew, Gordeev *russ.* gar'djejɪf
Gö̱rden 'gœrdn̩
Gordi̱anus gɔr'di̯a:nʊs
Gọrding 'gɔrdɪŋ
Gọrdion 'gɔrdi̯ɔn
Gọrdios 'gɔrdi̯ɔs
gọrdisch 'gɔrdɪʃ
Gọrdium 'gɔrdi̯ʊm
Gọrdola *it.* 'gɔrdola
Gọrdon 'gɔrdɔn, *engl.* gɔ:dn
Gordụno *it.* gor'du:no
Gọre *engl.* gɔ:
Gö̱re 'gø:rə
Gorẹckij vgl. Gorezki
Gorée *fr.* gɔ're
Gorẹlow *russ.* ga'rjɛlɐf
Goremy̱kin *russ.* gɐrɪ'mɨkin
Gore̱njsko *slowen.* gɔ're:njskɔ
Gorẹnko *russ.* ga'rjɛnkɐ
Gorẹtti *it.* go'retti
Gorẹzki, Goreckij *russ.* ga'rjɛtskij
Gorga̱n *pers.* gor'gɑ:n
Gọrgas *engl.* 'gɔ:gəs
Gọrgast 'gɔrgast
Gö̱rge 'gœrgə
Gọrges *engl.* 'gɔ:dʒɪz
Gö̱rges 'gœrgəs
Gö̱rgey *ung.* 'gørgɛi
Gọrgi, Gorgij *russ.* 'gɔrgij
Gọrgias 'gɔrgi̯as
Gọrgo 'gɔrgo, -nen gɔr'go:nən
Gorgo̱na *it.* gor'go:na
[1]Gorgonzo̱la (Käse) gɔrgɔn'tso:la
[2]Gorgonzo̱la (Name) *it.* gorgon'dzɔ:la
Gọrgos *span.* 'gɔrɣɔs
Gọrham *engl.* 'gɔ:rəm
Gọri *russ.* 'gɔri
Gọrica *serbokr.* ˌgɔritsa
Gorịlla go'rɪla
Gọrinchem *niederl.* 'xɔrkəm
Gọring *engl.* 'gɔ:rɪŋ
Gö̱ring 'gø:rɪŋ
Go̱rion 'go:ri̯ɔn
Gorio̱t *fr.* gɔ'rjo
Görisri̱ed gø:rɪs'ri:t
Gori̱ni *it.* go'ri:ni
Gö̱ritz 'gø:rɪts
Gọrizia *it.* go'rittsi̯a
Gorja̱ninow, Gorjaninov *russ.* ga'rjaninɐf
Gorja̱tschi Klju̱tsch, Gorjačij Ključ *russ.* ga'rjatʃij 'kljutʃ
Górka *poln.* 'gurka
Gö̱rkau 'gœrkau̯
Gö̱rke 'gœrkə
Gọrki, Gor'kij 'gɔrki, *russ.* 'gɔrjkij
Gọrkum *niederl.* 'xɔrkəm
Gö̱rland 'gœrlant
Gorli̱ce *poln.* gɔr'litsɛ
Gö̱rlitz 'gœrlɪts
Gorlo̱sen gɔr'lo:zn̩
Gọrlowka, Gorlovka *russ.* 'gɔrlɐfkɐ
Gọrm *dän.* gɔr'm
Gọrman *engl.* 'gɔ:mən
Görmi̱n gœr'mi:n
Gọrna Orja̱chowiza, Gorna Orjahovica *bulgar.* 'gɔrna o'rjaxovitsa
Gö̱rne 'gœrnə
Gọrnergletscher 'gɔrnɐglɛtʃɐ
Górni̱cki *poln.* gur'nitski
Gọrnji Miho̱ljac *serbokr.* 'gɔ:rnji: miˌhɔ:ljats
Gọrnji Še̱her *serbokr.* 'gɔ:rnji: 'ʃɛhɛr
Gọrnji Va̱kuf *serbokr.* 'gɔ:rnji: ˌvakuf
Gọrno-Alta̱isk, Gorno-Altajsk *russ.* 'gɔrnɐal'tajsk
Gọrno-Alta̱iskaja AO, Gorno-Altajskaja AO *russ.* 'gɔrnɐal'tajskɐjɐ a'ɔ
Gornosawọdsk, Gornozavodsk *russ.* gɐrnɐza'vɔtsk
Górny Śląsk *poln.* 'gurnɨ 'ɕlɔ̃sk
Go̱ro 'go:ro
Gorodẹz[ki], Gorodec[kij] *russ.* gɐra'djɛts[kij]
Gorodi̱schtsche, Gorodišče *russ.* gɐra'diʃtʃɛ
Gorodki̱ gorɔt'ki:, *russ.* gɐrat'ki
Gorodọk *russ.* gɐra'dɔk
Gorosabẹl *span.* gorosa'βɛl
Gorosti̱za *span.* gorɔs'tiθa
Górọwo Iławięckie *poln.* gu'rɔvɔ iu̯a'vjɛtskjɛ
Gorredi̱jk *niederl.* xɔrə'dɛi̯k
Gö̱rr[i]es 'gœr[i̯]əs
Gorri̱ti *span.* gɔ'rriti
Gorron *fr.* gɔ'rõ
Gö̱rschen 'gœrʃn̩
Gọrski Kọtar *serbokr.* ˌgɔrski: ˌkɔtar
Gọrskoje, Gorskoe *russ.* 'gɔrskɐjɐ
Gọrssel *niederl.* 'xɔrsəl
Gọrt *engl.* gɔ:t
Gọrter *niederl.* 'xɔrtər
Gọrton *engl.* gɔ:tn
Gortschakọw, Gorčakov *russ.* gɐrtʃɪ'kɔf
Gọrtyn 'gɔrty:n
Gory̱n, Goryn' *russ.* ga'rɨnj
Góry Świętokrzy̱skie *poln.* 'gurɨ ɕfjɛntɔ'kʃiskjɛ
Gö̱rz gœrts
Gọrze 'gɔrtsə
Gö̱rzke 'gœrtskə
Górzno *poln.* 'guʒnɔ
Gọrzów *poln.* 'gɔʒuf
Gọrzów Wielkopọlski *poln.* 'gɔʒuf vjɛlkɔ'pɔlski
Gosa̱in go'za:ɪn
Go̱san 'go:zan
Go̱sau 'go:zau̯
Gö̱sch gœʃ
Gọsche 'gɔʃə
Gö̱schel 'gœʃl̩
Gọschen 'gɔʃn̩, *engl.* 'goʊʃən
Gö̱schen 'gœʃn̩
Gö̱schenen 'gœʃənən
Gö̱schwitz 'gœʃvɪts
Go̱se 'go:zə
Go̱sen[bach] 'go:zn̩[bax]
Go̱shen *engl.* 'goʊʃən
Gọslar 'gɔslar
Gọsnold *engl.* 'gɔznoʊld
Gọspel 'gɔspl̩
Gọspić *serbokr.* ˌgɔ:spitɕ
Gospla̱n *russ.* gɔs'plan
Gospoda̱r gɔspo'da:ɐ̯
Gospodi̱n *russ.* gɐspa'din, **...dạ** *russ.* gɐspa'da
Gọsport *engl.* 'gɔspɔ:t
gọß gɔs
Gọssaert *niederl.* 'xɔsa:rt
Gọssage *engl.* 'gɔsɪdʒ
Gọssau 'gɔsau̯
[1]Gọsse 'gɔsə
[2]Gọsse (Name) *engl.* gɔs
gö̱sse 'gœsə
Gossẹc *fr.* gɔ'sɛk
Gö̱ssel 'gœsl̩
Gosselies *fr.* gɔ'sli
Gosselin *fr.* gɔ'slɛ̃
gọssen, G... 'gɔsn̩
Gọssensaß 'gɔsn̩zas
Gossẹt *fr.* gɔ'sɛ
Gö̱ßl 'gœsl̩
Gọßler 'gɔslɐ
Gọßner 'gɔsnɐ
Gö̱ßnitz 'gœsnɪts
Gọsson *engl.* gɔsn
Gö̱ßweinstein 'gœsvai̯nʃtai̯n
Gossy̱pium gɔ'sy:pi̯ʊm
Gö̱sta [Bẹrling] *schwed.* ˌjœsta [ˌbæ:rlɪŋ]
Gọstic 'gɔstɪtʃ
Gọstivar *mak.* 'gɔstivar
Gö̱stling 'gœstlɪŋ
Gọstyń *poln.* 'gɔstɨi̯n
Gosty̱nin *poln.* gɔs'tɨnin
Gọswin 'gɔsvɪn
Gọt *fr.* go
Gö̱ta *schwed.* ˌjø:ta
Gö̱taland *schwed.* ˌjø:taland
Go̱tama 'go:tama
Gö̱ta ri̱ke *schwed.* ˌjø:ta ˌri:kə
Gö̱tasjöarna *schwed.* ˌjø:taʃø:arna
Go̱te 'go:tə
Gö̱teborg 'gø:təbɔrk, *schwed.* jœtə'bɔrj
Götebọrgs Hạndels- och Sjö̱fartstidning *schwed.* jœtə'bɔrjs 'handəls ɔk ˌʃø:fɑ:rtsti:dnɪŋ
Go̱telind 'go:təlɪnt
Go̱tenhafen 'go:tn̩ha:fn̩
Go̱tha[er] 'go:ta[ɐ]
go̱thaisch 'go:taɪʃ
Gö̱the 'gø:tə

Gọthein 'go:thain
Gothem *schwed.* ˌgu:thɛm
Gọthenburg 'go:tn̩bʊrk
Gothofrẹdus goto'fre:dʊs
Gọtik 'go:tɪk
gọtisch, G... 'go:tɪʃ
Gotizịsmus goti'ts̮ɪsmʊs
gotizịstisch goti'ts̮ɪstɪʃ
Gọtland 'go:tlant, *schwed.* 'gɔtlant
Gotlạndium gɔt'landi̯ʊm
Gọtovac *serbokr.* ˌgɔtɔvats
Gọtska Sạndön *schwed.* ˌgɔtska ˌsandø:n
Gọtt gɔt, **Gọ̈tter** 'gœtɐ
Gọ̈tt gœt
Gọtta *it.* 'gɔtta
Gottạrdo *it.* got'tardo
Gọttberg 'gɔtbɛrk
Gọttbert 'gɔtbɛrt
Gottbẹrta gɔt'bɛrta
gottbewạhre gɔtbə'va:rə
Gọ̈ttelborn 'gœtl̩bɔrn
Gọttenheim 'gɔtn̩hai̯m
Gọtter 'gɔtɐ
Götter vgl. Gott
Gọttesberg 'gɔtəsbɛrk
gọttesfürchtig 'gɔtəsfʏrçtɪç, **-e** ...ɪgə
Gọttesgab 'gɔtəsga:p
Gọtteskoogsee 'gɔtəsko:kze:
Gotteszẹll gɔtəs'ts̮ɛl
Gọttfried 'gɔtfri:t, *schwed.* 'gɔtfri:d
Gottfrieding gɔt'fri:dɪŋ
Gọtthard 'gɔthart
Gọtthelf 'gɔthɛlf
Gọtthilf 'gɔthɪlf
Gọtthold 'gɔthɔlt
Gọ̈tti 'gœti
[1]**Gọ̈ttin** 'gœtɪn
[2]**Göttịn** (Ortsname) gœ'ti:n
Gọ̈ttingen 'gœtɪŋən
Gọ̈ttinger 'gœtɪŋɐ
Gọttl 'gɔtl̩
Gọttland[t] 'gɔtlant
Gottleuba gɔt'lɔy̆ba
gọ̈ttlich 'gœtlɪç
Gọttlieb 'gɔtli:p
Gọttlieben 'gɔtli:bn̩
gottlọb! gɔt'lo:p
Gọttlob 'gɔtlo:p
Gọttlosigkeit 'gɔtlo:zɪçkai̯t
Gọttmensch 'gɔtmɛnʃ
Gọttorf 'gɔtɔrf
Gọttorp 'gɔtɔrp
Gọttram 'gɔtram
Gọ̈ttrik 'gœtrɪk
Gọttschalk 'gɔtʃalk
Gọttschall 'gɔtʃal
Gọttsched 'gɔtʃe:t
Gottschee gɔ'tʃe:
Gottseibeiuns gɔtzai̯'bai̯|ʊns, *auch:* –'– – –
gottselig gɔt'ze:lɪç, *auch:* '– – –; **-e** ...ɪgə
gọttserbạ̈rmlich 'gɔts|ɛɐ̯'bɛrmlɪç
gọttsjạ̈mmerlich 'gɔts'jɛmɐlɪç
Gọttskär *schwed.* 'gɔtʃæ:r
Gọttstein 'gɔtʃtai̯n
Gottvạter gɔt'fa:tɐ
Gọttwald *dt., tschech.* 'gɔtvalt
Gọttwaldov *tschech.* 'gɔtvaldɔf
Gọ̈ttweig 'gœtvai̯k
Gọ̈ttweih 'gœtvai̯
Gọttwin 'gɔtvi:n
Gọ̈tz[e] 'gœts̮[ə]
Gọ̈tzinger 'gœts̮ɪŋɐ
Gọ̈tzis 'gœts̮ɪs
Gouache gu̯a[:]ʃ, **-n** 'gu̯a[:]ʃn̩
Gouadeloupe *fr.* gwa'dlup
Gouarẹc *fr.* gwa'rɛk
Goubaux *fr.* gu'bo
Goubliẹr *fr.* gubli'e
[1]**Gouda** (Käse) 'gau̯da, 'xau̯da
[2]**Gọuda** (Name) *niederl.* 'xɔu̯da:
Goudelin *fr.* gu'dlɛ̃
Goudimẹl *fr.* gudi'mɛl
Gọudriaan *niederl.* 'xɔu̯dri:a:n
Goudron gu'drõ:
Gọudsmit *niederl.* 'xɔu̯tsmɪt
Goudy *engl.* 'gaʊdɪ
Gough *engl.* gɔf
Gouhiẹr *fr.* gu'je
Gouin *fr.* gwɛ̃
Goujon *fr.* gu'ʒõ
Goulạrd, ...rt *bras.* gu'lar
[1]**Gọulburn** (Ort) *engl.* 'goʊlbə:n
[2]**Goulburn** (Personenname) *engl.* 'gu:lbə:n
Gould *engl.* gu:ld
Goulẹtte *fr.* gu'lɛt
Goundạm *fr.* gun'dam
Gounọd *fr.* gu'no
Gourarạ *fr.* gura'ra
Gouraud *fr.* gu'ro
Gourde *fr.* gurd
Gourdon *fr.* gur'dõ
Gouré *fr.* gu're
Gourgaud *fr.* gur'go
Gourin *fr.* gu'rɛ̃
Gourmand gʊr'mã:
Gourmandise gʊrmã'di:zə
Gourmet gʊr'mɛ, ...'me:
Gourmont *fr.* gur'mõ
Gournay *fr.* gur'nɛ
Gourock *engl.* 'gʊərək
Goursạt *fr.* gur'sa
Goussainvịlle *fr.* gusɛ̃'vil
Gout gu:
Gouthière *fr.* gu'tjɛ:r
goutieren gu'ti:rən
Gouveia *port.* go'vɐjɐ
Gouvernạnte guvɛr'nantə
Gouvernement guvɛrnə'mã:, *fr.* guvɛrnə'mã
gouvernementạl guvɛrnəmã'ta:l
Gouverneur guvɛr'nø:ɐ̯
Gouvion-Saint-Cyr *fr.* guvjõsɛ̃'si:r
Gọuw *niederl.* xɔu̯
Govọne *it.* go'vo:ne
Govọni *it.* go'vo:ni
Govorov vgl. Goworow
Govụso *port.* gu'vuzu
Gower *engl.* 'gaʊə, gɔ:
Gowon *engl.* 'gaʊən, 'goʊən
Gọworow, Govorov *russ.* 'gɔvɐrɐf
Gọya *span.* 'goja
Gọyatz 'go:jats̮
Goyau *fr.* gɔ'jo
Gọyen *niederl.* 'xo:i̯ə
Goyenẹche *span.* goje'netʃe
Goyoạga *span.* gojo'aɣa
Gozo *it.* 'gɔddzo, *engl.* 'goʊzoʊ
Gozón *span.* go'θɔn
Gọzzi *it.* 'gɔddzi
Gọzzo *it.* 'gɔddzo
Gọzzoli *it.* 'gɔttsoli
GPU ge:pe:'|u:
Graach-Kautenbach 'gra:x'kau̯tn̩bax
Graaf gra:f, *niederl.* xra:f
Graaf-Reinẹt *afr.* xrafrə'nɛt
Graal-Müritz 'gra:l'my:rɪts̮
Grạb gra:p, **-es** 'gra:bəs, **Grạ̈ber** 'grɛ:bɐ
Grabạr, Grabar' *russ.* gra'barj
Grabau *engl.* 'greɪboʊ
Grạbbe 'grabə
Grabbelei grabə'lai̯
grạbbeln 'grabl̩n, **grạbble** 'grablə
Grạ̈bchen 'grɛ:pçən
grạben 'gra:bn̩, **grạb!** gra:p, **grạbt** gra:pt
Grạben 'gra:bn̩, **Grạ̈ben** 'grɛ:bn̩
Grạbenhorst 'gra:bn̩hɔrst
Gräber vgl. Grab
Gråberg 'gro:bɛrk
Grạbern 'gra:bɐn
Grạbfeld 'gra:pfɛlt
Grạbmann 'gra:pman
Grạbner 'gra:bnɐ
Grạ̈bner 'grɛ:bnɐ
Grạbovac *serbokr.* 'grabɔvats
Grạbow 'gra:bo
Grạbów *poln.* 'grabuf
Grabọwen gra'bɔvn̩
Grạbowsee 'gra:boze:
Grabọwski, Grabovskij *russ.* gra'bɔfskij
Grabọwsky gra'bɔfski
Grạbs graps
Grạ̈bschen 'grɛpʃn̩
Grạbschütz 'gra:pʃʏts̮
grạ̈bt grɛ:pt
Grạça Arạnha *bras.* 'grasa a'rɐɲa
Grạčac *serbokr.* ˌgratʃats
Grạčani *serbokr.* ˌgratʃani
Gračạnica *serbokr.* graˌtʃanitsa
Grạcchen 'graxn̩
Grạcchus 'graxʊs
Grace *engl.* greɪs
Grâce-Berleur *fr.* grɑsbɛr'lœ:r

Gracht graxt
Gracia 'gra:tsi̯a, *engl.* 'greɪʃə, *span.* 'graθi̯a
Gracián *span.* gra'θi̯an
Graciano *span.* gra'θi̯ano
Gracias *span.* 'graθi̯as
Gracie *engl.* 'greɪsɪ
Graciosa *port.* grɐ'si̯ɔzɐ
Gracioso gra'si̯o:zo
Gracq *fr.* grak
Grad gra:t, **-e** 'gra:də
Gradac *serbokr.* ˌgra:dats
Gradačac *serbokr.* graˌdatʃats
gradatim gra'da:tɪm
Gradation grada'tsi̯o:n
grade, G... 'gra:də
Gradenigo *it.* grade'ni:go
Gradenwitz 'gra:dn̩vɪts
Grades 'gra:dəs
Gradient[e] gra'di̯ɛnt[ə]
gradieren gra'di:rən
...gradig (z. B. dreigradig) ...ˌgra:dɪç, **-e** ...ɪgə
Gradisca *it.* gra'diska
Gradiška *serbokr.* ˌgradiʃka
Gradište *serbokr.* ˌgradiʃtɛ
Graditz[er] 'gra:dɪts[ɐ]
Gradl 'gra:dl̩
Gradlitz 'gra:dlɪts
Gradmann 'gra:tman
Gradnik *slowen.* 'gra:dnik
Grado *it.* 'gra:do, *span.* 'graðo
gradual gra'du̯a:l
Graduale gra'du̯a:lə, **...lien** ...li̯ən
graduell gra'du̯ɛl
graduieren gradu'i:rən
Gradus ad Parnassum 'gra:dʊs at par'nasʊm, **die** – – – ...du:s – –
Grady *engl.* 'greɪdɪ
Graeb grɛ:p
Graebe 'grɛ:bə
Graecia 'grɛ:tsi̯a
Graecum 'grɛ:kʊm
Graefe 'grɛ:fə
Graeff *niederl.* xra:f
Graeme *engl.* greɪm
Graener 'grɛ:nɐ
Graes gra:s
Graesse 'grɛsə
Graetz grɛ:ts
Graf gra:f, *it.* graf
Gräfe 'grɛ:fə
Gräfelfing 'grɛ:fl̩fɪŋ
Grafenau gra:fə'nau
[1]Grafenberg (Wirnt von Grafenberg) 'gra:fn̩bɛrk
[2]Grafenberg (Wien, Düsseldorf) gra:fn̩'bɛrk
Gräfenberg 'grɛ:fn̩bɛrk
Gräfendorf 'grɛ:fn̩dɔrf
Grafengehaig gra:fn̩gə'haik
Gräfenhainichen grɛ:fn̩'hainɪçn̩
Grafenhausen gra:fn̩'hauzn̩
Gräfenroda grɛ:fn̩'ro:da
Grafenschlag 'gra:fn̩ʃla:k
Grafensulz gra:fn̩'zʊlts
Gräfenthal 'grɛ:fn̩ta:l
Gräfentonna grɛ:fn̩'tɔna
Grafenwerth 'gra:fn̩vɛrt
Grafenwöhr gra:fn̩'vø:ɐ̯
Graff[el] 'graf[l̩]
Graffiato gra'fi̯a:to
Graffigny *fr.* grafi'ɲi
Graffito gra'fi:to, **...ti** ...ti
Grafigny *fr.* grafi'ɲi
Grafik 'gra:fɪk
Grafiker 'gra:fikɐ
Gräfin 'grɛ:fɪn
Grafing 'gra:fɪŋ
Gräfinwitwe 'grɛ:fɪn'vɪtvə
grafisch 'gra:fɪʃ
gräflich 'grɛ:flɪç
Grafling 'gra:flɪŋ
Gräfrath 'grɛ:fra:t
Graft *niederl.* xrɑft
Grafton *engl.* 'grɑ:ftən
Gragnano *it.* graɲ'ɲa:no
Graham[e] *engl.* 'greɪəm
Grahambrot 'gra:hambro:t
Grahamstown *engl.* 'greɪəmztaʊn
Grahovo *serbokr.* 'grahɔvɔ
Grain grɛ:n, *engl.* greɪn
Grainau 'grainau
Grainet 'grainət
Grainger[s] *engl.* 'greɪndʒə[z]
Graisivaudan *fr.* grɛzivo'dã
Graitschen 'graitʃn̩
Graiworon, Grajvoron *russ.* 'grajvərɐn
Grajaú *bras.* graʒa'u
Grajewo *poln.* gra'jɛvɔ
grajisch 'gra:jɪʃ
gräko-lateinisch 'grɛ:kola'tainɪʃ
Gräkomanie grɛkoma'ni:
Gräkum 'grɛ:kʊm
Gral gra:l
gram, Gram gra:m
Gram (Name) *dän.* gram'
Gramanet *span.* grama'nɛt
Gramatneusiedl gramat'nɔyzi:dl̩
Grambow 'grambo
grämeln 'grɛ:mln̩
Gramen 'gra:mən
grämen 'grɛ:mən
Gram-Färbung 'gramfɛrbʊŋ
Gramineen grami'ne:ən
Gramm gram
Grammatik gra'matɪk
Grammatikalisation gramatikaliza'tsi̯o:n
grammatikalisch gramati'ka:lɪʃ
grammatikalisieren gramatikali'zi:rən
Grammatiker gra'matikɐ
grammatisch gra'matɪʃ
Gramme *fr.* gram
Grammel 'graml̩
Grammen 'gramən
Grammichele *it.* grammi'kɛ:le
Grammol gra'mmo:l
Grammont *fr.* gra'mõ
Grammophon ⓌⓏ gramo'fo:n
Grammos *neugr.* 'ɣramɔs
gramnegativ gram'ne:gati:f
Gramolate gramo'la:tə
Gramont *fr.* gra'mõ
Grampian[s] *engl.* 'græmpjən[z]
grampositiv gram'po:ziti:f
Gramsbergen *niederl.* 'xrɑmzbɛrxə
Gramsci *it.* 'gramʃi
Gramsh *alban.* gramʃ
Gramzow 'gramtso
Gran gra:n
Grän grɛ:n
Grana 'gra:na
Granada gra'na:da, *span.* gra'naða
Granadilla de Abona *span.* grana'ðiʎa ðe a'βona
Granadille grana'dɪlə
Granados *span.* gra'naðɔs
Granalien gra'na:li̯ən
Granat[e] gra'na:t[ə]
Granby *engl.* 'grænbɪ
Gran Canaria *span.* graŋ ka'nari̯a
Gran Cassa gran 'kasa
Grancey *fr.* grã'sɛ
Gran Chaco *span.* gran 'tʃako
Gran Colombia *span.* graŋ ko'lɔmbi̯a
Gran Cuenca Cerrada *span.* graŋ 'ku̯eŋka θɛ'rraða
[1]Grand (Kies, Wasserbehälter) grant, **-es** 'grandəs
[2]Grand (Großspiel im Skat) grã:, *auch:* graŋ
[3]Grand (Name) *engl.* grænd, *fr.* grã
Grand-Bassam *fr.* grãba'sam
Grand-Bourg *fr.* grã'bu:r
Grand Canal d'Alsace *fr.* grãkanaldal'zas
Grand Canyon *engl.* 'grænd 'kænjən
Grand-Champ *fr.* grã'ʃã
Grand-Combe *fr.* grã'kõ:b
Grand Coulee *engl.* 'grænd 'ku:lɪ
Grand-Couronné *fr.* grãkurɔ'ne
Grande 'grandə
Grande Armée *fr.* grãdar'me
Grandeau *fr.* grã'do
Grande Chartreuse *fr.* grãdʃar'trø:z
Grande Comore *fr.* grãdkɔ'mɔ:r
Grandel 'grandl̩
Grande Nation *fr.* grãdnɑ'sjõ
Grande, Rio *bras.* 'rriu 'grendi
Grande, Rio 'ri:o 'grandə, *span.* 'rrio 'ɣrande
Grandes-Rousses *fr.* grã'drus
Grande-Terre *fr.* grãd'tɛr
Grandeur grã'dø:ɐ̯
Grandezza gran'dɛtsa
Grandgent *engl.* 'grændʒənt
Grand-Guignol *fr.* grãgi'ɲɔl

Grandhotel 'grã:hotɛl
Grạndi *it.* 'grandi
Grandidiẹr *fr.* grãdi'dje
Grandiẹr *fr.* grã'dje
grạndig 'grandɪç, -e ...ɪgə
grandiọs gran'di̯o:s, -e ...o:zə
grandiọso gran'di̯o:zo
Grandmạl grã'mal
Grand Manan Island *engl.* 'grænd mə'næn 'aɪlənd
Grand'Mère *fr.* grã'mɛ:r
Grandmontạgne *span.* granmɔn'taɲe
Grand-Morin *fr.* grãmɔ'rɛ̃
Grândola *port.* 'grɐndulɐ
Grand Old Man 'grænd 'oʊld 'mæn, – – **Mẹn** – – 'mɛn
Grand ouvẹrt, -s -s 'grã: u've:ɐ̯, – u'vɛ:ɐ
Grandpré *engl.* grænd'preɪ, *fr.* grã'pre
Grand Prịx grã'pri:, **des** – ...'pri:[s], **die** – ...'pri:s
Grand-Quevilly *fr.* grãkevi'ji
Grand Rapids *engl.* 'grænd 'ræpɪdz
Grandseigneur grãsɛn'jø:ɐ̯
Grandson *fr.* grã'sõ
Grand Tourịsme *fr.* grãtu'rism
Grand Turk *engl.* 'grænd 'tə:k
Grandvạl *fr.* grã'val
Grandview Heights *engl.* 'grændvju: 'haɪts
Grandvịlle *fr.* grã'vil
Granẹt *fr.* gra'nɛ
Grangemouth *engl.* 'greɪndʒməθ
Granger *engl.* 'greɪndʒə
Grängesberg *schwed.* grɛŋəs'bærj, ˌ–ˈ–
Graniẹr *fr.* gra'nje
granieren gra'ni:rən
Granikos gra'ni:kɔs
Granit gra'ni:t, *auch:* ...nɪt
Granit (Name) *schwed.* gra'ni:t
Granite Cịty *engl.* 'grænɪt 'sɪtɪ
graniten gra'ni:tn̩, *auch:* ...nɪtn̩
Granitisatiọn granitiza'tsi̯o:n
Granitit grani'ti:t, *auch:* ...tɪt
Granịto *bras.* grɐ'nitu
Grạnitz 'gra:nɪts
Granja *span.* 'graŋxa, *port.* 'grɐ̃ʒɐ, *bras.* 'grɐ̃ʒa
Granjon *fr.* grã'ʒõ
Grạnna *schwed.* ˌgrɛna
Grạnne 'granə
grạnnig 'granɪç, -e ...ɪgə
Grạnö *schwed.* ˌgrɑ:nø:
Granodiorit granodio'ri:t, *auch:* ...rɪt
Granollẹrs *span.* grano'ʎɛrs
Granọwski, Granovskij *russ.* gra'nɔfskij
Gran Paradịso *it.* gram para'di:zo
Gran Sạsso d'Itạlia *it.* gran 'sasso di'ta:li̯a
Grạnsee 'granze:
Granson *fr.* grã'sõ
[1]**Grạnt** grant
[2]**Grant** (Name) *engl.* grɑ:nt
Grantham *engl.* 'grænθəm
grạntig 'grantɪç, -e ...ɪgə
Grants Pạss *engl.* 'grɑ:nts 'pɑ:s
Granula vgl. Granulum
granulạ̈r granu'lɛ:ɐ̯
Granulạr granu'la:ɐ̯
Granulạt granu'la:t
Granulatiọn granula'tsi̯o:n
Granulạtor granu'la:tɔr, **-en** ...'to:rən
granulieren granu'li:rən
Granulit granu'li:t, *auch:* ...lɪt
Granulọm granu'lo:m
granulọ̈s granu'lø:s, -e ...ø:zə
Granulọse granu'lo:zə
Granulozyten granulo'tsy:tn̩
Grạnulum 'gra:nulʊm, **...la** ...la
Granvẹla *span.* gram'bela
Granvẹlle *fr.* grã'vɛl
Granville *engl.* 'grænvɪl, *fr.* grã'vil
Grạo *span.* 'grao
Grão *port.* grɐ̃u̯
Grapefruit 'gre:pfru:t, *engl.* 'greɪpfru:t
Grạph gra:f
Graphẹm[ik] gra'fe:m[ɪk]
Grạphik 'gra:fɪk
Grạphiker 'gra:fikɐ
grạphisch 'gra:fɪʃ
Graphit gra'fi:t, *auch:* ...fɪt
graphitieren grafi'ti:rən
graphitisch gra'fi:tɪʃ, *auch:* ...ɪtɪʃ
Graphologe grafo'lo:gə
Graphologie grafolo'gi:
graphologisch grafo'lo:gɪʃ
Graphospạsmus grafo'spasmʊs
Graphostạtik grafo'sta:tɪk
Grạpow 'gra:po
Grạppa *it.* 'grappa
grạpschen 'grapʃn̩
grạpsen 'grapsn̩
Graptolith grapto'li:t, *auch:* ...lɪt
Grạs gra:s, -es 'gra:zəs, **Grạ̈ser** 'grɛ:zɐ
Grạ̈schen 'grɛ:sçən
grạsen 'gra:zn̩, **grạs!** gra:s, **grạst** gra:st
Grạser 'gra:zɐ
Grạ̈serchen 'grɛ:zɐçən
Grạshof 'gra:sho:f
grạsig 'gra:zɪç, -e ...ɪgə
Graslitz 'gra:slɪts, 'gras...
Grạsmann 'gra:sman
Grạß, Grạss gras
Grassạno *it.* gras'sa:no
Graßberger 'gra:sbɛrgɐ
Grạsse *fr.* grɑ:s
Grạ̈ssel 'grɛsl̩
Grạsser 'grasɐ
Grassẹt *fr.* gra'sɛ
Grạsshoppers 'gra:shɔpɐs
Grạssi 'grasi, *it.* 'grassi
grassieren gra'si:rən
grạ̈ßlich 'grɛslɪç
Grạßmann 'grasman
Grạss Valley *engl.* 'grɑ:s 'vælɪ
Gråstẹn *dän.* grɔ'sde:'n
Grạstrup 'gra:strʊp
Grạt gra:t
Grạ̈te 'grɛ:tə
Grạ̈ter 'grɛ:tɐ
Gratiạl[e] gra'tsi̯a:l[ə], **...lien**...li̯ən
Gratiạn[o] gra'tsi̯a:n[o]
Gratiạnus gra'tsi̯a:nʊs
Grạtias 'gra:tsi̯as
Gratifikatiọn gratifika'tsi̯o:n
gratifizieren gratifi'tsi:rən
grạ̈tig 'grɛ:tɪç, -e ...ɪgə
Gratignan *fr.* grati'ɲã
Grạ̈ting 'grɛ:tɪŋ
gratinieren grati'ni:rən
grạtis 'gra:tɪs
Grạtius 'gra:tsi̯ʊs
Grạtkorn 'gra:tkɔrn
Gratry *fr.* gra'tri
Grạ̈tsche 'grɛ:tʃə
grạ̈tschen 'grɛ:tʃn̩
Grattan *engl.* grætn
Grạttius 'grati̯ʊs
Gratulạnt gratu'lant
Gratulatiọn gratula'tsi̯o:n
gratulieren gratu'li:rən
Grạtz grats
Grạ̈tz grɛ:ts
grau grau̯
Grau grau̯, *span.* grau̯
grauäugig 'grau̯|ɔygɪç, -e ...ɪgə
Graubụ̈nden grau̯'bʏndn̩
Graubụ̈ndner grau̯'bʏndnɐ
graubụ̈ndnerisch grau̯'bʏndnərɪʃ
Grauchen 'grau̯çən
Graudenz 'grau̯dɛnts
grauen, G... 'grau̯ən
Grauert 'grau̯ɐt
Graul grau̯l
graulen 'grau̯lən
Graulhẹt *fr.* gro'lɛ
Graun grau̯n
Graunt *engl.* grænt
Gräupchen 'grɔypçən
Graupe 'grau̯pə
Graupel 'grau̯pl̩
graupeln 'grau̯pl̩n
Graupner 'grau̯pnɐ
graus grau̯s, -e 'grau̯zə
Graus grau̯s, -es 'grau̯zəs
grausam 'grau̯za:m
grausen 'grau̯zn̩, **graus!** grau̯s, **graust** grau̯st
grausig 'grau̯zɪç, -e ...ɪgə
Gravạmen gra'va:mən, **...mina** ...mina
Gravataí *bras.* gravata'i
Gravatiọn grava'tsi̯o:n
grạve, [1]**G...** 'gra:və
[2]**Grạve** (Name) *niederl.* 'xra:və, *fr.* gra:v

Gravedọna *it.* grave'do:na
Gravelịnes *fr.* gra'vlin
Gravelọt *fr.* gra'vlo
Gravelọtte *fr.* gra'vlɔt
Gravendạl *schwed.* grɑ:vən'dɑ:l
Gravenhurst *engl.* 'greɪvənhə:st
Gravensteiner 'gra:vn̩ʃtai̯nɐ
Gravenzạnde *niederl.* xra:vən'zɑndə
Graversfọrs *schwed.* grɑ:vərs'fɔrs
Graves *engl.* greɪvz, *fr.* gra:v
Gravesạno *it.* grave'za:no
Gravesend *engl.* 'greɪvz'ɛnd
Graveur gra'vø:ɐ̯
gravid gra'vi:t, **-e** ...i:də
Gravida 'gra:vida, **...dae** ...dɛ
Gravidität gravidi'tɛ:t
gravieren gra'vi:rən
Gravimẹter gravi'me:tɐ
Gravimetrie gravime'tri:
gravimẹtrisch gravi'me:trɪʃ
Gravina *it.* gra'vi:na
Gravis 'gra:vɪs
Gravisphäre gravi'sfɛ:rə
Gravität gravi'tɛ:t
Gravitation gravita'tsi̯o:n
gravitätisch gravi'tɛ:tɪʃ
gravitieren gravi'ti:rən
Graviton 'gra:vitɔn, **-en** gravi'to:nən
Grävius 'grɛ:vi̯ʊs
Gravur gra'vu:ɐ̯
Gravüre gra'vy:rə
Grawitz 'gra:vɪts
Gray *engl.* greɪ, *fr.* grɛ
Grayson *engl.* greɪsn
Grays Peak *engl.* 'greɪz 'pi:k
Graz gra:ts
Grazalẹma *span.* graθa'lema
Grazia *it.* 'grattsi̯a
Graziadio *it.* grattsi̯a'di:o
Graziani *it.* grat'tsi̯a:ni
Grazie 'gra:tsi̯ə
Graziẹlla *it.* grat'tsi̯ɛlla
grazil gra'tsi:l
Grazilität gratsili'tɛ:t
graziös gra'tsi̯ø:s, **-e** ...ø:zə
grazioso gra'tsi̯o:zo
Grazioso gra'tsi̯o:zo, **...si** ...zi
gräzisieren grɛtsi'zi:rən
Gräzịsmus grɛ'tsɪsmʊs
Gräzịst[ik] grɛ'tsɪst[ɪk]
Gräzität grɛtsi'tɛ:t
Grażyna *poln.* gra'ʒɨna
Grazzini *it.* grat'tsi:ni
Great Barrier Reef *engl.* 'greɪt 'bærɪə 'ri:f
Great Bẹnd *engl.* 'greɪt 'bɛnd
Great Dividing Range *engl.* 'greɪt dɪ'vaɪdɪŋ 'reɪndʒ
Greathead *engl.* 'greɪthɛd
Great Lakes *engl.* 'greɪt 'leɪks
Great Nẹck *engl.* 'greɪt 'nɛk
Great Plains *engl.* 'greɪt 'pleɪnz
Great Sandy Dẹsert *engl.* 'greɪt 'sændɪ 'dɛzət
Great Slave Lake *engl.* 'greɪt 'sleɪv 'leɪk
Great Victọria Dẹsert *engl.* 'greɪt vɪk'tɔ:rɪə 'dɛzət
Greaves *engl.* gri:vz
Gréban *fr.* gre'bã
Grẹbbe[r] *niederl.* 'xrɛbə[r]
Grẹbbestad *schwed.* ˌgrɛbəstɑ:d
Grebe[nau] 'gre:bə[nau̯]
Grebenstein 'gre:bn̩ʃtai̯n
Grebjọnka, Grebenka *russ.* grɪ'bjɔnkɐ
Grečaninov vgl. Gretschaninow
Grečko vgl. Gretschko
Grẹco 'grɛko, *it.* 'grɛ:ko, *span.* 'greko, *fr.* gre'ko
Grécourt *fr.* gre'ku:r
Greding 'gre:dɪŋ
Grẹdos *span.* 'greðɔs
Greel[e]y *engl.* 'gri:lɪ
Green *engl.* gri:n
Greenaway *engl.* 'gri:nəweɪ
Greenback *engl.* 'gri:nbæk
Greenbelt *engl.* 'gri:nbɛlt
Greencastle *engl.* 'gri:nkɑ:sl
Greene 'gre:nə, *engl.* gri:n
Greenfield *engl.* 'gri:nfi:ld
Greenhill *engl.* 'gri:nhɪl
Greenhorn *engl.* 'gri:nhɔ:n
Greenleaf *engl.* 'gri:nli:f
Greenock *engl.* 'gri:nək
Greenough *engl.* 'gri:noʊ
Greensboro *engl.* 'gri:nzbərə
Green[e]ville *engl.* 'gri:nvɪl
Greenwich *engl.* 'grɪnɪdʒ, ...ɪtʃ
Greenwicher 'grɪnɪdʒɐ, ...ɪtʃɐ
Greenwood *engl.* 'gri:nwʊd
Greer *engl.* grɪə
Grẹffe 'grɛfə
Grẹffen 'grɛfn̩
Gref[l]inger 'gre:f[l]ɪŋɐ
Grefrath 'gre:fra:t
Grẹg *engl.* grɛg
Gregarinen grega'ri:nən
Grège *fr.* grɛ:ʒ
Greger 'gre:gɐ
Grẹgg *engl.* grɛg
Grẹgh *fr.* grɛg
Grégoire *fr.* gre'gwa:r
Gregor 'gre:gɔr, *engl.* 'grɛgə
Gregorčič *slowen.* grɛ'go:rtʃɪtʃ
Gregori gre'go:ri
Gregorianik grego'ri̯a:nɪk
Gregorianisch grego'ri̯a:nɪʃ
gregorianisieren gregori̯ani'zi:rən
Gregorianus grego'ri̯a:nʊs
Gregorio *it.* gre'gɔ:ri̯o, *span.* gre'ɣori̯o
Gregorios gre'go:ri̯ɔs
Gregorius gre'go:ri̯ʊs
Gregorovius grego'ro:vi̯ʊs
Grẹgory *engl.* 'grɛgərɪ
Grẹidhoek *niederl.* 'xrɛi̯thu:k
Greierz 'grai̯ɐts
Greif grai̯f
greifen 'grai̯fn̩
Greifenberg 'grai̯fn̩bɛrk
Greifenburg 'grai̯fn̩bʊrk
Greifenhagen grai̯fn̩'ha:gn̩
Greifensee 'grai̯fn̩ze:
Greifenstein 'grai̯fn̩ʃtai̯n
Greiffenberg 'grai̯fn̩bɛrk
Greifswald 'grai̯fsvalt
Greifswalder 'grai̯fsvaldɐ
Greil grai̯l
Greim[erath] 'grai̯m[əra:t]
Grein grai̯n
greinen 'grai̯nən
Greiner 'grai̯nɐ
Greinz grai̯nts
greis, G... grai̯s, **-e** 'grai̯zə
Greiser 'grai̯zɐ
Greißler 'grai̯slɐ
Greiz grai̯ts
Grejsdal *dän.* 'grai̯ˀsda:ˀl
Grẹkow, Grekov *russ.* 'grjɛkɐf
grẹll grɛl
Grẹlling[en] 'grɛlɪŋ[ən]
Grẹmbergen *niederl.* 'xrɛmbɛrxə
Gremiale gre'mi̯a:lə, **...lien** ...li̯ən
Grẹmin *russ.* 'grjemin
Gremio 'gre:mi̯o
Gremium 'gre:mi̯ʊm, **...ien** ...i̯ən
Gremsmühlen grɛms'my:lən
Gren *schwed.* gre:n
Grenada *engl.* grə'neɪdə
Grenạde *fr.* grə'nad
Grenadier grena'di:ɐ̯
Grenadịlle grena'dɪlə
Grenadin grəna'dɛ̃:
Grenadine grena'di:nə
Grenay *fr.* grə'nɛ
Grẹnchen 'grɛnçn̩
Grenẹlle *fr.* grə'nɛl
Grenen *dän.* 'gre:ˀnən
Grẹnfell *engl.* 'grɛnfɛl
Grẹngg grɛŋk
Grenivík *isl.* 'grɛ:nɪvi:k
Grenọble *fr.* grə'nɔbl
Grente *fr.* grã:t
Grẹnville *engl.* 'grɛnvɪl
Grẹnz[ach] 'grɛnts[ax]
Grẹnze 'grɛntsə
grẹnzen 'grɛntsn̩
Grẹnzenberg 'grɛntsn̩bɛrk
Grenzin grɛn'tsi:n
Grẹnzmark 'grɛntsmark
Gréoux-les-Bains *fr.* greule'bɛ̃
Greppin grɛ'pi:n
Gresaubach gre'zaubax
Gresenhorst 'gre:zn̩hɔrst
Grẹsham *engl.* 'grɛʃəm
Grẹshoff *niederl.* 'xrɛshɔf
Grésivaudan *fr.* grezivo'dã
Grẹšlové Mýto *tschech.* 'grɛʃlɔvɛ: 'mi:tɔ
Grẹsse[nich] 'grɛsə[nɪç]
Gressẹt *fr.* grɛ'sɛ
Grẹßmann 'grɛsman
Gressoney *fr.* grɛsɔ'nɛ

Grẹssow ˈgrɛso
Grẹsten ˈgrɛstn̩
Grésy-sur-Isère *fr.* grezisyriˈzɛ:r
Grẹta ˈgre:ta
Grẹtchen ˈgre:tçən
Grẹte ˈgre:tə
Grẹtel ˈgre:tl̩
Grẹtna *engl.* ˈgrɛtnə
Grétry *fr.* greˈtri
Gretschanịnow, Grečaninov *russ.* grɪtʃɪˈninɐf
Grẹtschko, Grečko *russ.* ˈgri̯ɛtʃkɐ
Grẹtser ˈgrɛtsɐ
Gre̲uel ˈgrɔy̯əl
gre̲ulich ˈgrɔylɪç
Gre̲ußen ˈgrɔysn̩
Greuze *fr.* grø:z
Grẹve ˈgre:və, *it.* ˈgrɛ:ve
Grève *fr.* grɛ:v
Grẹvelingen *niederl.* ˈxre:vəlɪŋə
Grẹvels ˈgre:vl̩s
Grẹven ˈgre:vn̩
Grẹvenbicht *niederl.* ˈxre:vənbɪxt
Grevenbroich gre:vn̩ˈbro:x
Grevenbrụ̈ck gre:vn̩ˈbrʏk
Grẹvenmacher ˈgre:vn̩maxɐ
Grevesmühlen gre:vəsˈmy:lən
Grẹville *engl.* ˈgrɛvɪl
Grévịlle *fr.* greˈvil
Grévin *fr.* greˈvɛ̃
Grẹving ˈgre:vɪŋ
Grévy *fr.* greˈvi
Grew *engl.* gru:
Grẹwe ˈgre:və
Grẹy *engl.* greɪ
Gre̲yerz ˈgrai̯ɐts
Grẹyhound *engl.* ˈgreɪhaʊnd
Grẹylock *engl.* ˈgreɪlɔk
Grẹymouth *engl.* ˈgreɪmaʊθ
Greynville *engl.* ˈgrɛnvɪl
Grezzạna *it.* gretˈtsa:na
Gribatschọw, Gribačev *russ.* gribaˈtʃɔf
Grịbë *alban.* ˈgribə
Gribeauvạl *fr.* griboˈval
Griblẹtte griˈblɛtə
Griboịẹdow, Griboedov *russ.* gribaˈjɛdɐf
Grịbskov *dän.* ˈgribsgɔu̯ˀ
Grịdley *engl.* ˈgrɪdlɪ
Gri̲ebe ˈgri:bə
Gri̲eben ˈgri:bn̩
Gri̲ebs gri:ps
Gri̲eche ˈgri:çə
Gri̲echenland ˈgri:çn̩lant
gri̲echisch ˈgri:çɪʃ
gri̲echisch-orthodọx ˈgri:çɪʃ|ɔrtoˈdɔks
Gri̲edel ˈgri:dl̩
Gri̲efe ˈgri:fə
Gri̲efstedt ˈgri:fʃtɛt
Gri̲eg gri:k, *norw.* gri:g
gri̲emeln ˈgri:mln̩
Gri̲en gri:n
gri̲enen ˈgri:nən
Gri̲epenkerl ˈgri:pn̩kɛrl
Gri̯ẹra *span.* ˈgri̯era, *kat.* griˈerə
Grịerson *engl.* grɪəsn
gri̲es gri:s, **-e** ˈgri:zə
Gri̲es gri:s, *it.* ˈgri:es
Gri̲esbach[er] ˈgri:sbax[ɐ]
Gri̲esborn ˈgri:sbɔrn
Gri̲esel ˈgri:zl̩
Gri̲ese ˈgri:zə
gri̲eseln ˈgri:zl̩n, **gri̲esle** ˈgri:zlə
Gri̲esen ˈgri:zn̩
Gri̲esgram ˈgri:sgra:m
gri̲esgrämig ˈgri:sgrɛ:mɪç, **-e** ...ɪgə
gri̲esgrämisch ˈgri:sgrɛ:mɪʃ
gri̲esgrämlich ˈgri:sgrɛ:mlɪç
Gri̲eshaber ˈgri:sha:bɐ
Gri̲esheim ˈgri:shai̯m
Grieskirchen ˈgri:skɪrçn̩, –ˈ––
Gri̲eß gri:s
gri̲eßeln ˈgri:sl̩n
Gri̲eßen ˈgri:sn̩
gri̲eßig ˈgri:sɪç, **-e** ...ɪgə
Gri̲eßig ˈgri:sɪç, **-es** ...ɪgəs
Gri̲et[h] gri:t
Gri̲eve *engl.* gri:v
Grieux *fr.* griˈø
grịff, Grịff grɪf
Grịffel ˈgrɪfl̩
Grịffen ˈgrɪfn̩
grịffig ˈgrɪfɪç, **-e** ...ɪgə
Grịffin *engl.* ˈgrɪfɪn
Grịffis[s] *engl.* ˈgrɪfɪs
Grịffith[s] *engl.* ˈgrɪfɪθ[s]
Griffon grɪˈfõ:, *fr.* griˈfõ
Grịft *niederl.* xrɪft
Grịgg[s] *engl.* grɪg[z]
Grigiọni *it.* griˈdʒo:ni
Grignan *fr.* griˈɲã
Grignạrd *fr.* griˈɲa:r
grignardi̲eren grɪnjarˈdi:rən
Grignon *fr.* griˈɲõ
Grigny *fr.* griˈɲi
Grigorẹscu *rumän.* grigoˈresku
Grigọri, Grigorij *russ.* griˈgɔrij
Grigọrjew, Grigor'ev *russ.* griˈgɔrjɪf
Grigọrjewitsch, Grigor'evič *russ.* griˈgɔrjɪvitʃ
Grigọrjewna, Grigor'evna *russ.* griˈgɔrjɪvnɐ
Grigorọwitsch, Grigorovič *russ.* grigaˈrɔvitʃ
Grijó *port.* griˈʒɔ
Grijpskẹrk *niederl.* xrɛi̯psˈkɛrk
Grịll grɪl
Grillade griˈja:də
Grịlle ˈgrɪlə
grịllen ˈgrɪlən
Grịllenburg ˈgrɪlənbʊrk
grilli̲eren grɪˈli:rən, *auch:* griˈji:rən
grịllig ˈgrɪlɪç, **-e** ...ɪgə
Grịllparzer ˈgrɪlpartsɐ
Grịllroom ˈgrɪlru:m
Grimaldi *fr.* grimalˈdi, *it.* griˈmaldi
Grimạni *it.* griˈma:ni
Grimạsse griˈmasə
grimassi̲eren grimaˈsi:rən
Grimaud *fr.* griˈmo
Grịmbart ˈgrɪmba:ɐ̯t
Grịmbergen *niederl.* ˈxrɪmbɛrxə
Grịmburg ˈgrɪmbʊrk
Grimes *engl.* graɪmz
Grịmeton *schwed.* ˌgrimətɔn
grịmm grɪm
Grịmm grɪm, *fr.* grim
Grịmma ˈgrɪma
Grịmmdarm ˈgrɪmdarm
Grịmme ˈgrɪmə
Grịmmelfingen ˈgrɪml̩fɪŋən
Grịmmelshausen ˈgrɪml̩shau̯zn̩
grịmmen, G... ˈgrɪmən
Grịmmer ˈgrɪmɐ
grịmmig ˈgrɪmɪç, **-e** ...ɪgə
Grịmmsch grɪmʃ
Grịmnitzsee ˈgrɪmnɪtsze:
Grịmoald ˈgri:moalt
Grimoux *fr.* griˈmu
Grịmsby *engl.* ˈgrɪmzbɪ
Grịmsel ˈgrɪmzl̩
Grímsey *isl.* ˈgrimsei̯
Grịmshaw *engl.* ˈgrɪmʃɔ:
Grịmsing ˈgrɪmzɪŋ
Grịmstad *norw.* ˈgrimsta
Grímsvötn *isl.* ˈgrimsvœhtn
Grịn *russ.* grin
Grịnd grɪnt, **-e** ˈgrɪndə
Grịndavík *isl.* ˈgrɪndavi:k
Grịndelwald ˈgrɪndl̩valt
grịndig ˈgrɪndɪç, **-e** ...ɪgə
Grindsted *dän.* ˈgrensdɛð
Grịndwal ˈgrɪntva:l
Grịngo ˈgrɪŋgo
Gringoire *fr.* grɛ̃ˈgwa:r
Gringọre *fr.* grɛ̃ˈgɔ:r
Grinnẹll *engl.* grɪˈnɛl
Grịnsel ˈgrɪnzl̩
grịnsen ˈgrɪnzn̩, **grịns!** grɪns, **grịnst** grɪnst
Grịnstead *engl.* ˈgrɪnstɪd
Grịnzing ˈgrɪntsɪŋ
Grịpenberg *schwed.* ˌgri:pənbærj
grippạl grɪˈpa:l
Grịppe ˈgrɪpə
Grippeminaud *fr.* gripmiˈno
Grippon *fr.* griˈpõ
Grịps grɪps
Grịpsholm *schwed.* ˌgripshɔlm
Grịqualand *engl.* ˈgrɪkwələnd
Grịs *span.* gris
Grisạille griˈza:j
Grịsar ˈgri:zar, *fr.* griˈza:r
Grịscha, Griša *russ.* ˈgriʃɐ
Grịschow ˈgrɪʃo
Gri̲sebach ˈgri:zəbax
Grisẹlda *it.* griˈzɛlda
Grisẹldis griˈzɛldɪs
Grisẹtte griˈzɛtə
Grịslybär ˈgrɪslibɛ:ɐ̯
Gris-Nẹz *fr.* griˈne
Grisọlles *fr.* griˈzɔl
Grisslehạmn *schwed.* grisləˈhamn

Grịssom *engl.* 'grɪsəm
Grịst *engl.* grɪst
Grịstow 'grɪsto
Grịswold *engl.* 'grɪzwoʊld
Grịt grɪt
Grịtti *it.* 'gritti
Grịvas *neugr.* 'ɣrivas
Grjạsi, Grjazi *russ.* 'grjazi
grọb gro:p, **grọ̈ber** 'grø:bɐ, **grọ̈bste** 'grø:pstə
Grọbbendonk *niederl.* 'xrɔbəndɔŋk
gröber vgl. grob
Grọ̈ber[s] 'grø:bɐ[s]
Grọbian 'gro:bi̯a:n
grobiạnisch gro'bi̯a:nɪʃ
Grobianịsmus grobi̯a'nɪsmʊs
Grobịn gro'bi:n
grọ̈blich 'grø:plɪç
Grọ̈bming 'grø:pmɪŋ
gröbste vgl. grob
Grọck grɔk
Grọcka *serbokr.* ˌgrɔtska
Grocyn *engl.* 'groʊsɪn
Grọddek 'grɔdɛk
Grọ̈de 'grø:də
Grọ̈ditz[berg] 'grø:dɪts[bɛrk]
Grọdków *poln.* 'grɔtkuf
Grọdno *russ.* 'grɔdnɐ
Grọdziec *poln.* 'grɔdʑɛts
Grọdzisk Mazowięcki *poln.* 'grɔdzisk mazɔ'vjɛtski
Groede *niederl.* 'xru:də
Groenendaal *niederl.* 'xru:nənda:l
Groener 'grø:nɐ
Groenhoff 'grø:nhɔf
Groenlo *niederl.* 'xru:nlo:
Groen van Prịnsterer *niederl.* 'xru:n vɑn 'prɪnstərər
Groesbeek *niederl.* 'xru:zbe:k
Groethuysen *niederl.* 'xru:thœi̯zə
Grọg grɔk
Grọgger 'grɔgɐ
grọggy 'grɔgi
Grọhote *serbokr.* 'grɔhɔtɛ
Groitzleben 'grɔy̯tsle:bn̩
Groitzsch grɔy̯tʃ
Groix *fr.* grwa
Grójec *poln.* 'grujɛts
grọ̈len 'grø:lən
Groliẹr *fr.* grɔ'lje
Grọ̈ling 'grø:lɪŋ
Grọll grɔl
grọllen 'grɔlən
Grọlmann 'gro:lman
Gromaire *fr.* grɔ'mɛ:r
Grọmbach 'grɔmbax
Grombụ̈hl grɔm'by:l
Grọ̈mitz 'grø:mɪts
Gromỵko gro'mʏko, *russ.* gra'mɨkɐ
Grọnau 'gro:nau̯
Grønbech *dän.* 'grœnbɛg
Grọnchi *it.* 'grɔŋki
Grọne 'gro:nə
Grọ̈nhart 'grø:nhart
Grọnig 'gro:nɪç
Grọningen 'gro:nɪŋən, *niederl.* 'xro:nɪŋə
Grọ̈ningen 'grø:nɪŋən
Grọ̈ninger 'grø:nɪŋɐ
Grọ̈nland 'grø:nlant
Grønland *dän.* 'grœnlan'
Grọ̈nländer 'grø:nlɛndɐ
grọ̈nländisch 'grø:nlɛndɪʃ
Grønningen *dän.* 'grœnenən
Grọnov 'gro:no
Grọnsveld *niederl.* 'xrɔnsfɛlt
Groom *engl.* gru:m
Groos gro:s
Grootaers *niederl.* 'xro:ta:rs
Groot[e] *niederl.* 'xro:t[ə]
Grootebroek *niederl.* 'xro:təbru:k
Grootegast *niederl.* 'xro:təxɑst
Groote Schuur *niederl.* 'xro:tə 'sxy:r
Grootfontein 'gro:tfɔntai̯n
Grọ̈pelingen 'grø:pəlɪŋən
Grọpius 'gro:pi̯ʊs
Grọppe 'grɔpə
Grọppel 'grɔpl̩
Grọpper *engl.* 'grɔpə
[1]**Grọs** (Hauptmasse) gro:; **des** – gro:[s], **die** – gro:s
[2]**Grọs** (12 Dutzend) grɔs
[3]**Grọs** (Name) *fr.* gro
Grosbous gro:s'bu:s
Grọsche 'grɔʃə
Grọschen 'grɔʃn̩
Groschlattengrün grɔʃlatn̩'gry:n
Groslay *fr.* gro'lɛ
Gros-Mọrne *fr.* gro'mɔrn
Grọsny, Groznyj *russ.* 'grɔznɨj
grọß gro:s, **grọ̈ßer** 'grø:sɐ, **grọ̈ßte** 'grø:stə
Grọß gro:s
Gross gro:s, grɔs, *engl.* groʊs, grɔs
Grọßache 'gro:s|a[:]xə
Großalmerọde gro:s|almə'ro:də
grọßartig 'gro:s|a:ɐ̯tɪç
Großauheim gro:s'|auhai̯m
Großbeeren gro:s'be:rən
Großbẹhnitz gro:s'be:nɪts
Groß-Berlin gro:sbɛr'li:n, '–––
Großberliner gro:sbɛr'li:nɐ, '––––
Großbieberau gro:s'bi:bərau̯
Grọßbock 'gro:sbɔk
Großbọdungen gro:s'bo:dʊŋən
Groß Bọschpol gro:s'bɔʃpɔl
Großbọthen gro:s'bo:tn̩
Großbọttwar gros:'bɔtvar
Großbreese gro:s'bre:zə
Großbreitenbach gro:s'brai̯tn̩bax
Großbritạnnien gro:sbri'tani̯ən, '––––
großbritạnnisch gro:sbri'tanɪʃ, '––––
Großbrụ̈tz gro:s'brʏts
Großbụchholz gro:s'bu:xhɔlts
Großbụrgwedel gro:s'bʊrkve:dl̩
Grosscup *engl.* 'groʊskʌp
Großdinghạrting gro:sdɪŋ'hartɪŋ
Grọßdorf 'gro:sdɔrf
Großdọrnberg gro:s'dɔrnbɛrk
Großdrẹwitz gro:s'dre:vɪts
Grosse 'grɔsə, 'gro:sə
Grọ̈ße 'grø:sə
Großẹbersdorf gro:s'|e:bɐsdɔrf
Grọßelfingen 'grɔsl̩fɪŋən
Großenbẹhringen gro:sn̩'be:rɪŋən
Großenbrẹden gro:sn̩'bre:dn̩
Großenbrọde gro:sn̩'bro:də
Grọßendorf 'gro:sn̩dɔrf
Großengọttern gro:sn̩'gɔtɐn
Grọßenhain 'gro:sn̩hai̯n
Großenknẹten gro:sn̩'kne:tn̩
Grọßenstein 'gro:sn̩ʃtai̯n
Großẹnzersdorf gro:s'|ɛntsɐsdɔrf
größer vgl. groß
Grossesse nerveuse *fr.* grosɛsnɛr'vø:z
Grosseteste *engl.* 'groʊstɛst
Grossẹto *it.* gros'se:to
Großfạhner gro:s'fa:nɐ
Großflọtow gro:s'flo:to
Groß Flọttbek gro:s'flɔtbe:k
Großfụrra gro:s'fʊra
Grọßfürst 'gro:sfʏrst
Grọßfürstin-Mụtter 'gro:sfʏrstɪn'mʊtɐ
Großgạrtach gro:s'gartax
Groß Gastrọse gro:sgas'tro:zə
Groß-Gẹrau gro:s'ge:rau̯
Großgẹrungs gro:s'ge:rʊŋs
Grọßglockner 'gro:sglɔknɐ, *auch:* –'––
Großgọ̈rschen gro:s'gœrʃn̩
Großgrạbe gro:s'gra:bə
Großgrạbow gro:s'gra:bo
Großgrọ̈nau gro:s'grø:nau̯
Großhạdern gro:s'ha:dɐn
Großhạrtau gro:s'hartau̯
Großhạrtmannsdorf gro:s'hartmansdɔrf
Großhạsslow gro:s'haslo
Großheidekrug gro:s'hai̯dəkru:k
Großhẹnnersdorf gro:s'hɛnɐsdɔrf
Grọßherzog 'gro:shɛrtso:k
grọßherzoglich 'gro:shɛrtso:klɪç
Großhesselọhe gro:shɛsə'lo:ə
Großhöflein gro:shø:f'lai̯n
Großholzleute gro:shɔlts'lɔytə
Grọßhundert 'gro:s'hʊndɐt
Grọssi *it.* 'grɔssi
Grossịst grɔ'sɪst
Groß-Jẹdlersdorf gro:s'je:dlɐsdɔrf
grọßkalib[e]rig 'gro:skali:b[ə]rɪç, -e ...ɪgə
Großkạnischa gro:s'kanɪʃa

Großkanitza gro:s'kanɪt͜sa
Großkarolinenfeld gro:skaro'li:nənfɛlt
Großkayna gro:s'kai̯na
Großkiesow gro:s'ki:zo
Großkonreuth gro:skɔn'rɔyt
Großkopfete 'gro:skɔp͜fətə
Großkopferte 'gro:skɔp͜fɐtə
großköpfig 'gro:skœp͜fɪç, **-e** ...ɪgə
Großkreutz gro:s'krɔyt͜s
Großkrotzenburg gro:s'krɔt͜sn̩bʊrk
Großleine gro:s'lai̯nə
Großleuthen gro:s'lɔytn̩
Groß-Lichterfelde gro:slɪçtɐ'fɛldə
Grosslittgen gro:s'lɪtgn̩
Großlübars gro:sly'bars
Grossman 'grɔsman, *russ.* 'grɔsmɐn
Großmann 'gro:sman
Großmarkow gro:s'marko
Großmarzehns gro:smar't͜se:ns
großmäulig 'gro:smɔylɪç, **-e** ...ɪgə
Großmehring gro:s'me:rɪŋ
Groß-Meseritsch gro:s'me:zərɪt͜ʃ
Großmethling gro:s'me:tlɪŋ
Großmöhlau gro:s'mø:lau̯
Großmohrdorf gro:s'mo:ɐ̯dɔrf
Großmühlingen gro:s'my:lɪŋən
großmütig 'gro:smy:tɪç, **-e** ...ɪgə
Großobringen gro:s'|o:brɪŋən
Grossohandel 'grɔsohandl̩
Großörner gro:s'|œrnɐ
Großostheim gro:s'|ɔsthai̯m
Großottersleben gro:s'|ɔtɐsle:bn̩
Großpankow gro:s'paŋko
Großpolen 'gro:spo:lən
Großpostwitz gro:s'pɔstvɪt͜s
Großraming gro:s'ramɪŋ
Groß Räschen gro:s'rɛʃn̩
Großreifling gro:s'rai̯flɪŋ
Großreinemachen gro:s'rai̯nəmaxn̩
Groß-Reken gro:s're:kn̩
Großrettbach gro:s'rɛtbax
Großrietz gro:s'ri:t͜s
Großröda gro:s'rø:da
Großrohrheim gro:s'ro:ɐ̯hai̯m
Großröhrsdorf gro:s'rø:ɐ̯sdɔrf
Großrrosseln gro:s'rɔsl̩n
Großrudelstedt gro:s'ru:dl̩ʃtɛt
Großsachsen gro:s'zaksn̩
Groß-Sankt-Nikolaus gro:szaŋkt'nɪkolaus
Großsatz 'gro:szat͜s
Großschirma gro:s'ʃɪrma
Großschönau gro:s'ʃø:nau̯
Großschönbrunn gro:sʃø:n'brʊn
Großstadt 'gro:sʃtat
Großstädter 'gro:sʃtɛ:tɐ, *auch:* ...ʃtɛtɐ
großstädtisch 'gro:sʃtɛ:tɪʃ, *auch:* ...ʃtɛtɪʃ
Großsteinberg gro:s'ʃtai̯nbɛrk
Großsteinhausen gro:sʃtai̯n'hau̯zn̩
Großstößnitz gro:s'ʃtœsnɪt͜s
Groß Strehlitz gro:s'ʃtre:lɪt͜s
größte vgl. groß
größtmöglich 'grø:st'mø:klɪç
großtuerisch 'gro:stu:ərɪʃ
Grossular grɔsu'la:ɐ̯
Groß-Umstadt gro:s'|ʊmʃtat
Großvenediger 'gro:sve,ne:dɪgɐ, *auch:* ––'–––
Großwardein gro:svar'dai̯n
Groß Wartenberg gro:s'vartn̩bɛrk
Großwelzin gro:svɛl't͜si:n
Großwerzin gro:svɛr't͜si:n
Großwokern gro:s'vo:kɐn
Großwudicke gro:s'vu:dɪkə
Großwüstenfelde gro:svy:stn̩'fɛldə
Großwusterwitz gro:s'vʊstɐvɪt͜s, ...vu:s...
großziehen 'gro:st͜si:ən
Großzimmern gro:s't͜sɪmɐn
Großzöbern gro:s't͜sø:bɐn
Grosvenor *engl.* 'groʊvnə
[1]**Grosz** (Name) grɔs, *engl.* groʊs
[2]**Grosz** (Münze) *poln.* grɔʃ, **-e** 'grɔʃɛ
Grot *russ.* grɔt
Grote 'gro:tə, *engl.* groʊt
Grotefend 'gro:təfɛnt
Grotenburg 'gro:tn̩bʊrk
grotesk, G... gro'tɛsk
Groteske gro'tɛskə
Grotewohl 'gro:təvo:l
Groth[e] 'gro:t[ə]
Grotius 'gro:t͜si̯ʊs, *niederl.* 'xro:tsi:ʏs
Groto *it.* 'grɔ:to
Groton *engl.* grɔtn
Grotrian 'gro:trian
Grotta Azzurra *it.* 'grɔtta ad'dzurra
Grottaferrata *it.* grottafer'ra:ta
Grottaglie *it.* grot'taʎʎe
Grottammare *it.* grottam'ma:re
Grottau 'grɔtau̯
[1]**Grotte** 'grɔtə
[2]**Grotte** (Name) *it.* 'grɔtte
Grottger *poln.* 'grɔdgɛr
Grottkau 'grɔtkau̯
Grotthuß 'grɔthu:s
Grottole *it.* 'grɔttole
Grotzen 'grɔt͜sn̩
Grötzingen 'grœt͜sɪŋən
Grouchy *fr.* gru'ʃi
Groundhostess 'grau̯nthɔstɛs
Groupie 'gru:pi
Groussęt *fr.* gru'sɛ
Groux *fr.* gru
Grove *engl.* groʊv
Grovers Corners *engl.* 'groʊvəz 'kɔ:nəz
Groves *engl.* groʊvz
Groza *rumän.* 'groza
Groznyj vgl. Grosny
grub, G... gru:p
grubben 'grʊbn̩, **grubb!** grʊp, **grubbt** grʊpt
Grubbenvorst *niederl.* 'xrʏbənvɔrst
Grubber 'grʊbɐ
grubbern 'grʊbɐn, **grubbre** 'grʊbrə
Grübchen 'gry:pçən
Grube 'gru:bə
grübe 'gry:bə
Grübel 'gry:bl̩
Grübelei gry:bə'lai̯
grübeln 'gry:bl̩n, **grüble** 'gry:blə
gruben, G... 'gru:bn̩
Gruber 'gru:bɐ
Grüber 'gry:bɐ
Grübler 'gry:blɐ
grüblerisch 'gry:blərɪʃ
grubt gru:pt
Grude 'gru:də
Grudowo, Grudovo *bulgar.* 'grudovo
Grudziądz *poln.* 'grudzɔnts
Gruenberg 'gry:nbɛrk *engl.* 'gru:ənbə:g
Gruenther 'grʏntɐ, *engl.* 'grʌnθə
Gruft grʊft, **Grüfte** 'grʏftə
Gruga 'gru:ga
Grügelborn 'gry:gl̩bɔrn
Grujić *serbokr.* ˌgru:jitɕ
Grulich 'gru:lɪç
Grumbach 'grʊmbax, *fr.* grum'bak
Grumbkow 'grʊmpko
Grumello *it.* gru'mɛllo
Grumio 'gru:mi̯o
Grümmer 'grʏmɐ
Grumme[t] 'grʊmə[t]
Grumiaux *fr.* gry'mjo
Grumo Appula *it.* 'gru:mo 'appula
Grumt grʊmt
grün, G... gry:n
Grüna 'gry:na
Grunau 'gru:nau̯
[1]**Grünau** (Berlin, Sankt Pölten) gry:'nau̯
[2]**Grünau** (Almtal; Tschechoslowakei) 'gry:nau̯
Grünberg 'gry:nbɛrk
Grünburg 'gry:nbʊrk
[1]**Grund** grʊnt, **-es** 'grʊndəs, **Gründe** 'grʏndə
[2]**Grund** (Name) grʊnt, *isl.* grʏnd
grundehrlich 'grʊnt'|e:ɐ̯lɪç
Grundel 'grʊndl̩
Gründel 'grʏndl̩
gründeln 'grʏndl̩n, **gründle** 'grʏndlə

grụ̈nden 'grʏndn̩, **grụ̈nd!** grʏnt
grụndfạlsch 'grʊnt'falʃ
Grụ̈ndgens 'grʏntgn̩s
Grụndholde 'grʊnthɔldə
grundie̱ren grʊn'di:rən
Grụndig 'grʊndɪç
...gründig (z. B. tiefgründig) ...ˌgrʏndɪç, -e ...ɪgə
grụ̈ndlich 'grʏntlɪç
Grụ̈ndling 'grʏntlɪŋ
Grụndlsee 'grʊndl̩ze:
Gründọnnerstag gry:n'dɔnɐsta:k
Grụndsatz 'grʊntzats
grụndsätzlich 'grʊntzɛtslɪç
Grụndsund *schwed.* ˌgrʊndsʊnd
Grundtvig *dän.* 'grondvi
Grundtvigskirken *dän.* 'grondvi[ɣ]skergən
grụndverschie̱den 'grʊntfɛɐ̯'ʃi:dn̩
Grü̱ne[bach] 'gry:nə[bax]
Grü̱neberg 'gry:nəbɛrk
grü̱nen 'gry:nən
Gru̱nenberg 'gru:nənbɛrk
Gru̱ner[n] 'gru:nɐ[n]
Gru̱newald 'gru:nəvalt
Grü̱newald 'gry:nəvalt
Grü̱nfeld 'gry:nfɛlt
Grü̱nhain 'gry:nhai̯n
Grünhạinichen gry:n'hai̯nɪçn̩
Grü̱nhof 'gry:nho:f
Grü̱ningen 'gry:nɪŋən
Grü̱ninger 'gry:nɪŋɐ
grü̱nlich 'gry:nlɪç
Grü̱nling 'gry:nlɪŋ
Gru̱now 'gru:no
Grü̱now 'gry:no
Grü̱nsfeld 'gry:nsfɛlt
Grü̱nspan 'gry:nʃpa:n
Grü̱nstadt 'gry:nʃtat
Grụ̈nten 'grʏntn̩
Grünwạld (bei München) gry:n'valt
Grü̱nwedel 'gry:nve:dl̩
grụnzen 'grʊntsn̩
Grupẹllo *it.* gru'pɛllo
Grụpp grʊp
Grụ̈ppchen 'grʏpçən
Grụppe 'grʊpə
Grụ̈ppe 'grʏpə
gruppie̱ren grʊ'pi:rən
Gru̱s gru:s, -e 'gru:zə
Gruschẹwski, Gruševskij *russ.* gru'ʃɛfskij
gru̱selig 'gru:zəlɪç, -e ...ɪgə
gru̱seln 'gru:zl̩n, **gru̱sle** 'gru:zlə
Gru̱sical 'gru:zikl̩
Gru̱sien 'gru:zi̯ən
gru̱sig 'gru:zɪç, -e ...ɪgə
Gru̱sija, Gruzija *russ.* 'gruzijɐ
Grusi̱nier gru'zi:ni̯ɐ
grusi̱nisch, G... gru'zi:nɪʃ
Grusi̱nskaja SSR, Gruzinskaja — *russ.* gru'zinskɐjɐ ɛs-ɛs'ɛr
gru̱slig 'gru:zlɪç, -e ...ɪgə
Gru̱son 'gru:zɔn
Gru̱ß gru:s, **Grü̱ße** 'gry:sə
Grü̱ssau 'grysau̯
Gru̱ßbach 'gru:sbax
grü̱ßen 'gry:sn̩
Grü̱ssow 'gryso
Grụ̈tzbeutel 'grʏtsbɔytl̩
Grụ̈tze 'grʏtsə
Grụ̈tzmacher 'grʏtsmaxɐ
Grụ̈tzner 'grʏtsnɐ
Gruyère[s] *fr.* gry'jɛ:r
Gruyter 'grɔytɐ, *niederl.* 'xrœi̯tər
Gru̱ž *serbokr.* gru:ʒ
Gru̱ža *serbokr.* ˌgruʒa
Gruzija vgl. Grusija
Gruzinskaja SSR vgl. Grusinskaja SSR
Gry̱bów *poln.* 'grɨbuf
Gryfi̱ce *poln.* grɨ'fitsɛ
Gryfi̱no *poln.* grɨ'finɔ
Gry̱fów *poln.* 'grɨfuf
Grý̱la *isl.* 'gri:la
Grypạres *neugr.* ɣri'paris
Gry̱phius 'gry:fi̯ʊs
Grzesi̱nski kʃe'zɪnski
Grzi̱mek 'gʒɪmɛk, 'kʃ...
Gschai̱d[t] kʃai̯t
Gschạftlhuber 'kʃaftl̩hu:bɐ
gscha̱mig 'kʃa:mɪç, -e ...ɪgə
Gschạtsk, Gžatsk *russ.* gʒatsk
gsche̱rt kʃe:ɐ̯t
Gschna̱sfest 'kʃna:sfɛst
Gschnịtz kʃnɪts
gschụpft kʃʊpft
Gschụ̈tt kʃʏt
Gschwẹnd kʃvɛnt
Gsẹll ksɛl
gspa̱ßig 'kʃpa:sɪç, -e ...ɪgə
Gsta̱ad kʃta:t
Gstạnzel, ...zl 'kʃtantsl̩
Gstạ̈tten 'kʃtɛtn̩
Gstei̱g kʃtai̯k
Guachạlla *span.* gu̯a'tʃaʎa
Guadạgni *it.* gu̯a'daɲɲi
Guadagni̱ni *it.* gu̯adaɲ'ɲi:ni
Guadaji̱ra *span.* gu̯aða'xira
Guadalajạra *span.* gu̯aðala'xara
Guadalaviạr *span.* gu̯aðala'βi̯ar
Guadalbullón *span.* gu̯aðalβu'ʎɔn
Guadalcacín *span.* gu̯aðalka'θin
Guadalcanal *span.* gu̯aðalka'nal, *engl.* gwɔdlkə'næl
Guadalén *span.* gu̯aða'len
Guadalẹna *span.* gu̯aða'lena
Guadalentín *span.* gu̯aðalen'tin
Guadalẹte *span.* gu̯aða'lete
Guadalfẹo *span.* gu̯aðal'feo
Guadalhọrce *span.* gu̯aða'lɔrθe
Guadalimạr *span.* gu̯aðali'mar
Guadalmanzọr *span.* gu̯aðalman'θɔr
Guadalmedi̱na *span.* gu̯aðalme'ðina
Guadalmẹz *span.* gu̯aðal'mɛθ
Guadalquivi̱r *span.* gu̯aðalki'βir
Guadalupe *span.* gu̯aða'lupe, *port.* gu̯ɐðɐ'lupə, *engl.* 'gwɔdlu:p
Guadameiụd *span.* gu̯aðame'xuð
Guadarrạma *span.* gu̯aða'rrama
Guadarrạnque *span.* gu̯aða'rraŋke
Guadeloupe *fr.* gwa'dlup
Guadẹt *fr.* ga'dɛ
Guadiamạr *span.* gu̯aði̯a'mar
Guadiạna *span.* gu̯a'ði̯ana, *port.* gu̯ɐ'ði̯ɐnɐ
Guadiạna Menọr *span.* gu̯a'ði̯ana me'nɔr
Guadiạro *span.* gu̯a'ði̯aro
Guadiạto *span.* gu̯a'ði̯ato
Guadiẹla *span.* gu̯a'ði̯ela
Guadi̱x *span.* gu̯a'ðiks
Guaicurúes *span.* gu̯ai̯ku'rues
Guainạres *span.* gu̯ai̯'nares
Guạinia *span.* 'gu̯ai̯ni̯a
Guạira *span.* 'gu̯ai̯ra
Guajạk... gu̯a'jak...
Guajako̱l gu̯aja'ko:l
Guaja̱na gu̯a'ja:na
Guaja̱ve gu̯a'ja:və
Guaji̱ra *span.* gu̯a'xira
Gualbẹrtus gu̯al'bɛrtʊs
Guạldo Tadi̱no *it.* 'gu̯aldo ta'di:no
Gualeguạy *span.* gu̯ale'ɣu̯ai̯
Gualeguaychú *span.* gu̯alegu̯ai̯'tʃu
Gualtẹrio *span.* gu̯al'teri̯o
Gualtério *port.*, *bras.* gu̯al'tɛri̯u
Gu̱am gu̯am, *engl.* gwɔm
Guanabacọa *span.* gu̯anaβa'koa
Guanabạra *bras.* gu̯ɐna'bara
Guanacạche *span.* gu̯ana'katʃe
Guanacạste *span.* gu̯ana'kaste
Guanahạni *engl.* gwɑ:nə'hɑ:nɪ
Guanajuạto *span.* gu̯ana'xu̯ato
Guanạko gu̯a'nako
Guanạre *span.* gu̯a'nare
Guanartẹme *span.* gu̯anar'teme
Guạnche *span.* 'gu̯antʃe
Guanidi̱n gu̯ani'di:n
Guani̱n gu̯a'ni:n
Gua̱no 'gu̯a:no
Guạnta *span.* 'gu̯anta
Guantánamo *span.* gu̯an'tanamo
Guaporé *bras.* gu̯apo'rɛ, *span.* gu̯apo're
Guạra *span.* 'gu̯ara
Guarabi̱ra *bras.* gu̯ara'bira
Guarajá *bras.* gu̯ara'ʒa
Guarạnda *span.* gu̯a'randa
Guara̱ni gu̯a'ra:ni
Guaraní *span.* gu̯ara'ni, *bras.* gu̯arɐ'ni

Guaraparị *bras.* guarapa'ri
Guarapuạva *bras.* guara'puava
Guaraquiçạba *bras.* guaraki'saba
Guarará *bras.* guara'ra
Guaratinguetá *bras.* guaratinge'ta
Guarạunos *span.* gua'raunɔs
Guạrda *port.* 'guardɐ, *rät.* 'guarda
Guardạl *span.* guar'ðal
Guardamạr *span.* guarða'mar
Guạrdi *it.* 'guardi
Guạrdia *it.* 'guardia, *span.* 'guarðia
Guardiagrẹle *it.* guardia'gre:le
Guardiạn guar'dia:n, *engl.* 'gɑ:djən
Guardịni *it.* guar'di:ni
Guạrdo *span.* 'guarðo
Guarẹschi *it.* gua'reski
Guárico *span.* 'guariko
Guarịni *it.* gua'ri:ni
Guarịno *it.* gua'ri:no
Guarnẹri *it.* guar'nɛ:ri
Guarnẹrius guar'ne:riʊs, **...rii** ...rii
Guarniẹri *it.* guar'njɛ:ri
Guasch gua[:]ʃ
Guastạlla *it.* guas'talla
Guatavịta *span.* guata'βita
Guatemạla guate'ma:la, *span.* guate'mala
Guatemaltẹke guatemal'te:kə
guatemaltẹkisch guatemal'te:kɪʃ
Guatimozín *span.* guatimo'θin
Guạve 'gua:və
Guaviạre *span.* gua'βiare
Guayạna gua'ja:na, *span.* gua'jana
Guayạner gua'ja:nɐ
guayạnisch gua'ja:nɪʃ
Guayaquịl *span.* guaja'kil
Guạyas *span.* 'guajas
Guạymas *span.* 'guaimas
Gubạcha, Gubaha *russ.* gu'baxɐ
Gụbbio *it.* 'gubbio
Gụben 'gu:bn̩
Gụber 'gu:bɐ, *poln.* 'gubɛr
Gubernạl gubɛr'na:l
Gubẹrnium gu'bɛrniʊm, **...ien** ...iən
Gụbin *poln.* 'gubin
Gụbitz 'gu:bɪts
Gụbkin *russ.* 'gupkin
Gụča *serbokr.* 'gu:tʃa
gụcken 'gʊkn̩
Gụcki 'gʊki
Gụckindieluft 'gʊk|ɪndi:lʊft
Gučkov vgl. Gutschkow
Gụda 'gu:da
Gúdar *span.* 'guðar
Gudaụta *russ.* guda'utɐ
Gudbrandsdal *norw.* ˌgʉdbransda:l
Gudbrandsdalslågen *norw.* ˌgʉdbransda:lslo:gən
Gụdbrandstal 'gʊtbrantsta:l
Gụdden 'gʊdn̩
Gude *norw.* ˌgʉ:də
Güde 'gy:də
Gudẹa gu'de:a
Güdemann 'gy:dəman
Güden 'gy:dn̩
Gudenå *dän.* 'gu:ðənɔ:', 'gu:'ð...
Gudẹrian gu'de:rian
Güdesweiler 'gy:dəsvailɐ
Gụdhjem *dän.* 'guðjɛm
Gudila 'gu:dila
Gudin *fr.* gy'dɛ̃
Gudịña *span.* gu'ðiɲa
Güdingen 'gy:dɪŋən
Gudkọw, Gudkov *russ.* gut'kɔf
Gụdmund 'gʊtmʊnt, *dän.* 'guðmon
Guðmundsson *isl.* 'gvʏðmʏndsən
Guðmundur *isl.* 'gvʏðmʏndʏr
Gudọk *russ.* gu'dɔk
Gudọwitsch, Gudovič *russ.* gu'dɔvitʃ
Gụdrun 'gu:dru:n
Guðrún *isl.* 'gvʏðru:n
Gudscharạt gʊdʒa'ra:t
Gudscharạti gʊdʒa'ra:ti
Gudschrạt gʊ'dʒra:t
Gụdula 'gu:dula
Guébriant *fr.* gebri'ã
Guebwillẹr *fr.* gebvi'lɛ:r
Guẹcho *span.* 'getʃo
Guedalla *engl.* gwɪ'dælə
Guẹdes *port.* 'gɛðɪʃ
Guéhennọ *fr.* geɛ'no
Guẹlfe 'guɛlfə, *auch:* 'gɛlfə
Guẹlfi *it.* 'guɛlfi
Güẹll *span.* guel
Guelmạ *fr.* gɛl'ma, guɛ...
Guẹlph *engl.* gwɛlf
Guẹltar 'guɛltar
Guémené *fr.* gem'ne
Guenther 'gʏntɐ
Guénégaud *fr.* gene'go
Guérande *fr.* ge'rã:d
Guérangẹr *fr.* gerã'ʒe
Guérạrd *fr.* ge'ra:r
Guẹrche *fr.* gɛrʃ
Guercịno *it.* guer'tʃi:no
Guérẹt *fr.* ge'rɛ
Guẹricke 'ge:rɪkə
Guerịlla ge'rɪlja, *auch:* ge'rɪla
Guerillẹro gerɪl'je:ro
Guérin *fr.* ge'rɛ̃
Guẹrnes *fr.* gɛrn
Guernesey *fr.* gɛrnə'zɛ
Guernịca *span.* gɛr'nika
Guernsey *engl.* 'gə:nzɪ
Guéroult *fr.* ge'ru
Guẹrra *it.* 'guɛrra, *span.*, *bras.* 'gɛrra, *port.* 'gɛrrɐ
Guerrạzzi *it.* guer'rattsi
Guerrẹro *span.* gɛ'rrɛro
Guerrigliẹro gueril'je:ro, **...ri** ...ri
Guerrịni *it.* guer'ri:ni
Guesclin *fr.* ge'klɛ̃
Guẹsde *fr.* gɛd
Guẹss *engl.* gɛs
Guẹst *engl.* gɛst
Guéthary *fr.* geta'ri
Gueugnon *fr.* gø'ɲõ
Guevạra *span.* ge'βara
Guffens *niederl.* 'xʏfəns
Gụgelhupf 'gu:gl̩hʊpf
Gụ̈ggel 'gʏgl̩
Gụ̈ggeli 'gʏgəli
Gụggemoos 'gʊgəmo:s
Gụggenbichler 'gʊgn̩bɪçlɐ
Gụggenheim 'gʊgn̩haim, *engl.* 'gʊgənhaɪm
Gụggisberg 'gʊgɪsbɛrk
Gugliẹlmi *it.* guʎ'ʎɛlmi
Gugliẹlmo *it.* guʎ'ʎɛlmo
Güglingen 'gy:glɪŋən
Gụhra 'gu:ra
Gụhrau 'gu:rau
Guị *fr.* gi
Guiạna *engl.* gɪ'ɑ:nə
Guibẹrt *fr.* gi'bɛ:r
Guicciạrdi *it.* gui't'tʃardi
Guicciardịni *it.* guittʃar'di:ni
Guịche *fr.* giʃ
Guichen *fr.* gi'ʃɛ̃
Guide *fr.* gid, *engl.* gaɪd
Guidẹl *fr.* gi'dɛl
Guidẹrius gui'de:riʊs, *engl.* gwɪ'dɪərɪəs
Guịdi *it.* 'gui:di
Guịdo 'gui:do, 'gi:do, *it.* 'gui:do, *span.* 'giðo
Guidọnia *it.* gui'dɔ:nia
Guidọnische Hạnd gui'do:nɪʃə 'hant
Guidụccio *it.* gui'duttʃo
Guiglọ *fr.* gi'glo
Guignọl *fr.* gi'ɲɔl
Guilbẹrt *fr.* gil'bɛ:r
Guịldford *engl.* 'gɪlfəd
Guịlford 'gɪlfɔrt, *engl.* 'gɪlfəd
Guịldhall *engl.* 'gɪldhɔ:l
Guilhẹrme *port.* gi'ʎɛrmə
Guillain *fr.* gi'lɛ̃
Guillaumạt *fr.* gijo'ma
Guillaume *fr.* gi'jo:m
Guillaumin *fr.* gijo'mɛ̃
Guillẹlmo *span.* gi'ʎɛlmo
Guillemẹt *fr.* gij'mɛ
Guillemin *fr.* gij'mɛ̃
Guillén *span.* gi'ʎen
Guillerías *span.* giʎe'rias
Guillẹrmo *span.* gi'ʎɛrmo
Guillevịc *fr.* gil'vik
Guillọche gɪl'jɔʃ, gi'jɔʃ; **-n** ...ʃn̩
Guillocheur gɪljɔ'ʃø:ɐ̯, gij...
guillochieren gɪljɔ'ʃi:rən, gij...
Guillọt *fr.* gi'jo
Guillotin *fr.* gijɔ'tɛ̃
Guillotine gɪljo'ti:nə, *auch:* gijo'ti:nə
guillotinieren gɪljoti'ni:rən, *auch:* gijo...
Guilloux *fr.* gi'ju
Guilmant *fr.* gil'mã

Güimạr *span.* gu̯i'mar
Guimarães *port.* gimɐ'rɐ̃i̯ʃ, *bras.* gima'rɐ̃i̯s
Guimạrd *fr.* gi'ma:r
Guimerá *kat.* gimə'ra
Guimẹt *fr.* gi'mɛ
Guinchay *fr.* gɛ̃'ʃɛ
Guindalẹra *span.* ginda'lera
[1]**Guịnea** (Münze) *engl.* 'gɪnɪ
[2]**Guinẹa** (Name) gi'ne:a, *span.* gi'nea
Guinee gi'ne:[ə], **...ẹen** ...e:ən
Guinée *fr.* gi'ne
Guinẹer gi'ne:ɐ
guinẹisch gi'ne:ɪʃ
Guinemẹr *fr.* gin'mɛ:r
Guiné Portuguẹsa *port.* gi'nɛ purtu'ɣezɐ
Guînes *fr.* gin
Güịnes *span.* 'gu̯ines
Guiney *engl.* 'gaɪnɪ
Guingamp *fr.* gɛ̃'gɑ̃
Guinicẹlli *it.* gu̯ini'tʃɛlli
Guinizẹlli *it.* gu̯init'tsɛlli
Guịnness *engl.* 'gɪnɪs
Guiọt *fr.* gi'jo, gu̯i'jo
Guipure gi'py:rə
Guipúzcoa *span.* gi'puθkoa
Güirạldes *span.* gu̯i'raldes
Guiraud *fr.* gi'ro
Guiriọr *span.* gi'ri̯ɔr
Guirlạnde gɪr'landə
Guisan *fr.* gi'zɑ̃
Guisasọla *span.* gisa'sola
Guịsborough *engl.* 'gɪzbərə
Guiscạrd *fr.* gis'ka:r
Guiscạrdo *it.* gu̯is'kardo
[1]**Gui̲se** (Personenname) *fr.* gi:z, gu̯i:z
[2]**Gui̲se** (Ort) *fr.* gu̯i:z
Guịskard 'gɪskart
Guitạrre gi'tarə
Guịterman *engl.* 'gɪtəmən
Guiton *fr.* gi'tõ
Guitry *fr.* gi'tri
Guittọne *it.* gu̯it'to:ne
Guizọt *fr.* gi'zo
Gujarạt *engl.* gu:dʒə'rɑ:t
Gụkowo, Gukovo *russ.* 'gukɐvɐ
Gula *norw.* ˌgʉ:la
Gulạg *russ.* gu'lak
Gulạk *russ.* gu'lak
Gulasch 'gu:laʃ, 'gʊlaʃ
Gulbenkiạn gʊlbɛŋ'ki̯a:n
Gulbrans[s]en *norw.* 'gʉlbransən
Gulbransson *norw.* 'gʉlbransɔn
Gụlda 'gʊlda
Guldberg *norw.* 'gʉlbærg
Guldborgsund *dän.* gulbɔr'sɔn'
Gụlde 'gʊldə
Gụlden 'gʊldn̩
gụ̈lden 'gʏldn̩, **gụ̈ldne** 'gʏldnə
Gụ̈ldenstern 'gʏldn̩ʃtɛrn
Gụldi 'gʊldi
Gụldin 'gʊldi:n
gụ̈ldisch 'gʏldɪʃ
Gulf *engl.* gʌlf
Gulfport *engl.* 'gʌlfpɔ:t
Gulistạn gulɪs'ta:n, *pers.* goles'tɑ:n
Gülistạne gylɪs'ta:nə
Guljại Pọle, Guljaj - *russ.* gu'ljaj 'pɔlɪ
Gụllberg *schwed.* ˌgʊlbærj
Gullbringusýsla *isl.* 'gʏdlbriŋgʏsisla
Gụ̈lle 'gʏlə
Gullegem *niederl.* 'xʏləxəm
gụ̈llen, G... 'gʏlən
Gullfoss *isl.* 'gʏdlfɔs
Gull Island *engl.* 'gʌl 'aɪlənd
Gụlliver 'gʊlivɐ, *engl.* 'gʌlɪvə
Gụ̈llön *schwed.* ˌgʊlø:n
Gụllstrand *schwed.* ˌgʊlstrand
Gully 'gʊli, *auch:* 'gali, *engl.* 'gʌlɪ
Gülnạre gʏl'na:rə
Gulpen *niederl.* 'xʏlpə
Gụ̈lt[e] 'gʏlt[ə]
gụ̈ltig 'gʏltɪç, **-e** ...ɪgə
Gụ̈ltlingen 'gʏltlɪŋən
Gụ̈ltz gʏlts
Gulyás 'gu:laʃ, 'gʊlaʃ; *ung.* 'guja:ʃ
Gụ̈lzow 'gʏltso
Gum *engl.* gʌm
GỤM *russ.* gum
Gụ̈mbel 'gʏmbl̩
Gumbịnnen gʊm'bɪnən
Gụmenz 'gu:mɛnts
Gumiljọw, Gumilev *russ.* gumi'ljɔf
Gumịlla *span.* gu'miʎa
Gụmma 'gʊma, **-ta** -ta
Gummere *engl.* 'gʌmərɪ
Gụmmersbach 'gʊmɐsbax
Gụmmi 'gʊmi
Gummiarạbikum gʊmi|a'ra:bikʊm
Gummielạstikum gʊmi|e'lastikʊm
gummi̲eren gʊ'mi:rən
Gụmmigutt 'gʊmigʊt
gummö̲s gʊ'mø:s, **-e** ...ø:zə
Gummo̲se gʊ'mo:zə
Gụmp[e] 'gʊmp[ə]
Gụmpeltzhaimer 'gʊmpl̩tshaimɐ
Gumplọvicz gʊm'plo:vɪtʃ
Gumpoldskịrchen gʊmpɔlts'kɪrçn̩
Gụmppenberg 'gʊmpn̩bɛrk
Gümụ̈şane *türk.* gy'myʃa:ˌnɛ
Gümụ̈şpala *türk.* gy'myʃpɑˌlɑ
Gụnaris *neugr.* 'ɣunaris
Gụnda[cker] 'gʊnda[kɐ]
Gụndahl 'gʊnda:l
Gụndeldingen 'gʊndl̩dɪŋən
Gụndelfingen 'gʊndl̩fɪŋən
Gụndelfinger 'gʊndl̩fɪŋɐ
Gụndelrebe 'gʊndl̩re:bə
Gụndermann 'gʊndɐman
Günderọde gʏndə'ro:də
Gundestrup *dän.* 'gɔnəsdrob
Gụndhelm 'gʊnthɛlm
Gụndinci *serbokr.* 'gu:ndi:ntsi
Gundisạlvo *span.* gundi'salβo
Gụndlach 'gʊndlax
Gụndoba[l]d 'gʊndoba[l]t
Gụndobert 'gʊndobɛrt
Gụndolf 'gʊndɔlf
Gundrẹmmingen gʊnt'rɛmɪŋən
Gụndula 'gʊndula
Gụndulić *serbokr.* ˌgundulitɕ
Gunhild *dän.* 'gonhil
Gụnkel 'gʊŋkl̩
Gunman, ...men *engl.* 'gʌnmən
Gụnn gʊn, *engl.* gʌn
Gunnar *schwed.* 'gʊnar, *dän.* 'gon'ər, *isl.* 'gʏnar
Gụnnarn *schwed.* 'gʊnarn
Gunnarsson *isl.* 'gʏnarsɔn
Gụ̈nne 'gʏnə
Gunner *dän.* 'gon'ər
Gunning *niederl.* 'xʏnɪŋ
Gụ̈ns gʏns
Gunsaulus *engl.* gʌn'sɔ:ləs
Gụ̈nsel 'gʏnzl̩
Gụnst gʊnst
gụ̈nstig 'gʏnstɪç, **-e** ...ɪgə
Gụ̈nstling 'gʏnstlɪŋ
Gụntbald 'gʊntbalt
Gụntbert 'gʊntbɛrt
Gụnter 'gʊntɐ, *engl.* 'gʌntə
Gụ̈nter 'gʏntɐ
Güntersbẹrge gʏntɐs'bɛrgə
Guntersblu̲m gʊntɐs'blu:m
Gụ̈nterstal 'gʏntɐsta:l
Guntersville *engl.* 'gʌntəzvɪl
Gụnther 'gʊntɐ
Gụ̈nther 'gʏntɐ
Gụnthild 'gʊnthɪlt
Gunthịlde gʊnt'hɪldə
Gụntram 'gʊntram
Guntur *engl.* gʊn'tʊə, *indon.* 'guntʊr
Gụ̈nz[ach] 'gʏnts[ax]
Gụ̈nzburg 'gʏntsbʊrk
Gunzenhau̲sen gʊntsn̩'hauzn̩
Gunzenhäu̲ser (Ort) gʊntsn̩'hɔyzɐ
Günzero̲de gʏntsə'ro:də
Gunzesri̲ed gʊntsəs'ri:t
Gụpf gʊpf
Gụppy 'gʊpi
Gụpta 'gʊpta
Gu̲r gu:ɐ̯
Gụra Humọrului *rumän.* 'gura hu'moruluj
Gụrde 'gʊrdə
Gur'ev vgl. Gurjew
Gur'evič vgl. Gurjewitsch
Gur'evna vgl. Gurjewna
Gụrgel 'gʊrgl̩
gụrgeln 'gʊrgl̩n, **gụrgle** 'gʊrglə
Gụrgl 'gʊrgl̩
Gụrgler 'gʊrglɐ
Gurguẹia *bras.* gur'geja
Gụri, Gurij *russ.* 'gurij
Guri̲de gu'ri:də
Guriljọw, Gurilev *russ.* guri'ljɔf
Gurịn *it.* gu'rin
Guri̲na gu'ri:na

Gụrjew, Gur'ev *russ.* 'gurjɪf
Gụrjewitsch, Gur'evič *russ.* 'gurjɪvitʃ
Gụrjewna, Gur'evna *russ.* 'gurjɪvnɐ
Gụrk[e] 'gʊrk[ə]
Gụrkha 'gʊrka
Gụrko *russ.* 'gurkɐ
Gụrktal 'gʊrkta:l
Gụrlitt 'gʊrlɪt
Gụrlo *russ.* 'gurlɐ
Gụrma 'gʊrma
Gụrnemanz 'gʊrnəmants
Gurney 'gœrni, *engl.* 'gə:nɪ
Gurre *dän.* 'gorə
gụrren 'gʊrən
Gürsẹl *türk.* gyr'sɛl
Gụrski, Gurskij *russ.* 'gurskij
Gursụf, Gurzuv *russ.* gur'zuf
Gụrt gʊrt
Gụ̈rtel 'gʏrtl̩
Gụrten 'gʊrtn̩
gụ̈rten 'gʏrtn̩
Gụ̈rtler 'gʏrtlɐ
Gụrtnellen 'gʊrtnɛlən
Gụ̈rtner 'gʏrtnɐ
Guru 'gu:ru, 'gʊru
Gurupá *bras.* guru'pa
Gurupị *bras.* guru'pi
Gụ̈rzenich 'gʏrtsənɪç
Gurzuv vgl. Gursuf
Gụs gʊs
Gụsche 'gʊʃə
Gụs-Chrustạlny, Gus'-Hrustal'nyj *russ.* 'gusjxrus'taljnɨj
Gụ̈sen 'gy:zn̩
Gụsenburg 'gu:zn̩bʊrk
Gusev vgl. Gussew
Gusịnde gu'zɪndə
Gusinoosjọrsk, Guzinoozersk *russ.* guzinɐ'zjɔrsk
Gụsla 'gʊsla
Guslạr gʊs'la:ɐ̯
Gụsli 'gʊsli
Gusmạn gʊs'man
Gusmão *port.* guz'mɐ̃ũ̯
Gụspini *it.* 'guspini
Gụß gʊs, **Gụsses** 'gʊsəs, **Gụ̈sse** 'gʏsə
Gụssew, Gusev *russ.* 'gusɪf
Gụ̈ssfeldt 'gʏsfɛlt
Gụ̈ssing 'gʏsɪŋ
Gụssow 'gʊso
Gụssy 'gʊsi
gụ̈st gʏst
Gụstaf *schwed.* ˌgʊstav
Gụstav 'gʊstaf, *schwed.* ˌgʊstav, *tschech.* 'gustaf
Gustavo *it.* gus'ta:vo, *span.* gus'taβo, *port.* guʃ'tavu
Gustavsbẹrg *schwed.* gʊstafs'bærj
Gụstavsburg 'gʊstafsbʊrk
Gustavson *engl.* 'gʌstəfsən
Gustạvus *engl.* gʊs'tɑ:vəs
Gụste 'gʊstə
Gụstel 'gʊstl̩
Gụ̈sten 'gʏstn̩
Gụsterath 'gʊstəra:t
Gụsti 'gʊsti
gustieren gʊs'ti:rən
Gustịn Ⓦ gʊs'ti:n
gustiọ̈s gʊs'ti̯ø:s, -e ...ø:zə
Gụsto 'gʊsto
Gustomẹter gʊsto'me:tɐ
Gustometrie gʊstome'tri:
Gụstorf 'gʊstɔrf
Gụstow 'gʊsto
Gụ̈strow 'gʏstro
gụt gu:t
Gụt gu:t, **Gụ̈ter** 'gy:tɐ
Gụtach 'gu:tax
Gụtachten 'gu:t|axtn̩
gụtachtlich 'gu:t|axtlɪç
Gutạ̈er gu'tɛ:ɐ
Gụtberlet 'gu:tbɛrlət
gụtbụ̈rgerlich 'gu:t'bʏrgɐlɪç
Gụ̈tchen 'gy:tçən
Gụ̈te 'gy:tə
Gutenạchtkuß gu:tə'naxtkʊs
Gụ̈tenbach 'gy:tn̩bax
Gụtenberg 'gu:tn̩bɛrk
Gụtenfeld 'gu:tn̩fɛlt
Gutenfụ̈rst gu:tn̩'fʏrst
Gutengẹrmendorf gu:tn̩'gɛrməndɔrf
Gụtenhof 'gu:tn̩ho:f
Gutenmọrgengruß gu:tn̩'mɔrgn̩gru:s
Gụtenstein 'gu:tn̩ʃtain
Gutenzẹll gu:tn̩'tsɛl
Gụ̈ter vgl. Gut
Gụ̈terberg 'gy:tɐbɛrk
Güterfẹlde gy:tɐ'fɛldə
Gụ̈terglück 'gy:tɐglʏk
Gụ̈tersloh 'gy:tɐslo:
Gụt Freund! 'gu:t 'frɔynt
Gụt Heil! 'gu:t 'hail
Guthmannshausen gu:tmans'hauzn̩
Gụthnick 'gu:tnɪk
Gụt Họlz! 'gu:t 'hɔlts
Guthrie *engl.* 'gʌθrɪ
Gutiérrez *span.* gu'ti̯ɛrrɛθ
gụ̈tig 'gy:tɪç, -e ...ɪgə
Gụtland 'gu:tlant
Gutleuthaus gu:t'lɔythaus
gụ̈tlich 'gy:tlɪç
Gụtmann 'gu:tman
gụtmütig 'gu:tmy:tɪç, -e ...ɪgə
Gụtorm 'gu:tɔrm
Gụtrune 'gu:tru:nə
Gutschkọw, Gučkov *russ.* gutʃ'kɔf
Gụtschmid 'gu:tʃmɪt
Gụtsel 'gu:tsl̩
Gụts Muths 'gu:ts 'mu:ts
Gutt *fr.* gyt
Gúttamási *ung.* 'gu:ttɔma:ʃi
Gụttannen 'gu:ttanən
Guttapẹrcha gʊta'pɛrça
Guttatiọn gʊta'tsi̯o:n
Gụttau 'gʊtau
Gụttempler 'gu:ttɛmplɐ
Gụttenberg 'gʊtn̩bɛrk, *engl.* 'gʌtnbə:g
Gụttenbrunn[er] 'gʊtn̩brʊn[ɐ]
Gụttentag 'gʊtn̩ta:k
Gụttenthau 'gʊtn̩tau
Gụtti 'gʊti
guttieren gʊ'ti:rən
Guttifẹren gʊti'fe:rən
Gụttmann 'gʊtman
Gụttstadt 'gʊtʃtat
guttural, G... gʊtu'ra:l
Gutturalis gʊtu'ra:lɪs, **...les** ...le:s
Guttụso *it.* gut'tu:zo
Gutwẹtterzeichen gu:t'vɛtɐtsaiçn̩
Gụtzeit 'gu:ttsait
Gụtzkow 'gʊtsko
Gụ̈tzkow 'gʏtsko
Gụ̈tzlaff 'gʏtslaf
Gützlaffshạgen gʏtslafs'ha:gn̩
Guy *fr.* gi, *engl.* gaɪ
Guyạna gu'ja:na
Guyạne *fr.* gɥi'jan
Guyau *fr.* gɥi'jo
Guyẹnne *fr.* gɥi'jɛn
Guyon *fr.* gɥi'jõ
Guyot *fr.* gɥi'jo, *engl.* 'gi:oʊ
Guys *fr.* gɥi[s]
Guyton de Morveau *fr.* gitõdmɔr'vo
Guzinoozersk vgl. Gusinoosjorsk
Guzmán *span.* guð'man
Guzzard *engl.* 'gʌzəd
Gvardejsk vgl. Gwardeisk
Gwadar *pers.* gvɑ'dær
Gwạlior *engl.* 'gwɑ:lɪɔ:
Gwardẹisk, Gwardejsk *russ.* gvar'djejsk
Gwatar *pers.* gvɑ'tær
Gwdą *poln.* gvda
Gwelo *engl.* 'gwi:loʊ
Gwẹndoline *engl.* 'gwɛndəlɪn
Gwịnner 'gvɪnɐ
Gwinnẹtt *engl.* gwɪ'nɛt
Gwịrkst gvɪrkst
Gwladys *engl.* 'glædɪs
Gwyn[ne] *engl.* gwɪn
Gyál *ung.* dja:l
Gyarmat[hi] *ung.* 'djɔrmɔt[i]
Gyékényes *ung.* 'dje:ke:njɛʃ
Gyẹpükaján *ung.* 'djɛpykɔja:n
Gyẹrmely *ung.* 'djɛrmɛj
Gygax 'gi:gaks
Gyger 'gi:gɐ
Gyges 'gy:gɛs
Gyldén *schwed.* jyl'de:n
Gyldenlöve 'gʏldn̩lø:və
Gyllenborg *schwed.* ˌjylənbɔrj
Gyllingnæs *dän.* gyleŋ'nɛs
Gymkhạna gʏm'ka:na
gymnasiạl gʏmna'zi̯a:l
Gymnasiạrch gʏmna'zi̯arç
Gymnasiạst gʏmna'zi̯ast
Gymnạsium gʏm'na:zi̯ʊm, **...ien** ...i̯ən
Gymnạst[ik] gʏm'nast[ɪk]
Gymnạstiker gʏm'nastikɐ
Gymnosophịst gʏmnozo'fɪst

Gymnospęrme gymno'spɛrmə
Gympie *engl.* 'gɪmpɪ
Gynaecęum gynɛ'tse:ʊm, **...cęen** ...tse:ən
Gynäkeion gynɛ'kaiɔn
Gynäkokratie gynɛkokra'ti:
Gynäkologe gynɛko'lo:gə
Gynäkologie gynɛkolo'gi:
gynäkologisch gynɛko'lo:gɪʃ
Gynäkomastie gynɛkomas'ti:, **-n** ...i:ən
Gynäkophobie gynɛkofo'bi:
Gynąnder gy'nandɐ
Gynandrie gynan'dri:
gynąndrisch gy'nandrɪʃ
Gynandromorphismus gynandromɔr'fɪsmʊs
Gynąnthropos gy'nantropɔs, **Gynanthropen** gynan'tro:pn̩, **Gynąnthropoi** gy'nantropɔy
Gynatresie gynatre'zi:, **-n** ...i:ən
Gynäzęum gynɛ'tse:ʊm, **...ęen** ...tse:ən
Gynophor gyno'fo:ɐ̯
Gynt gʏnt; *norw.* jynt, *Ibsen auch:* gynt
Gyoma *ung.* 'djomɔ
Gyömrő *ung.* 'djømrø:
Gyón *ung.* djo:n
Gyöngyös[i] *ung.* 'djøndjøʃ[i]
Gyöngyöspata *ung.* 'djøndjøʃpɔtɔ
Gyöngyössi *ung.* 'djøndjøʃi
Gyönk *ung.* djøŋk
Gyopárosfürdő *ung.* 'djopa:roʃfyrdø:
Győr *ung.* djø:r
Győrasszonyfa *ung.* 'djø:rɔssonjfɔ
György *ung.* djørdj
Györköny *ung.* 'djørkønj
Győrság *ung.* 'djø:rʃa:g
Győrszemere *ung.* 'djø:rsɛmɛrɛ
Győrszentistván *ung.* 'djø:rsɛntiʃtva:n
Győrvár *ung.* 'djø:rva:r
Győző *ung.* 'djø:zø:
Gyp *fr.* ʒip
Gyri vgl. Gyrus
Gyrobus 'gy:robʊs
Gyromęter gyro'me:tɐ
Gyroskop gyro'sko:p
Gyrowetz 'gi:rovɛts
Gyrus 'gy:rʊs, **...ri** 'gy:ri
Gysi 'gi:zi
Gysin 'gi:zi:n
Gysis 'gy:zɪs
Gyttja 'gʏtja
Gyugy *ung.* djudj
Gyula *ung.* 'djulɔ
Gyulafehérvár *ung.* 'djulɔfɛhe:rva:r
Gyulai *ung.* 'djulɔi
Gyúró *ung.* 'dju:ro:
Gžatsk vgl. Gschatsk

H

h, H ha:, *engl.* eɪtʃ, *fr.* aʃ
ha! ha, ha:
Hå *norw.* ho:
Haab ha:p
Haacht *niederl.* ha:xt
Haack ha:k
Haaften *niederl.* 'ha:ftə
Haag ha:k, *niederl.* ha:x, *fr.* ag, *engl.* hɑ:g
Haag, den de:n 'ha:k, *niederl.* dɛn 'ha:x
Haage 'ha:gə
Haager 'ha:gɐ
Haakon *norw.* ˌho:kɔn, '‒‒
Haaks *niederl.* ha:ks
Haaksbergen *niederl.* 'ha:gzbɛrxə
Haaltert *niederl.* 'ha:ltərt
Haan *dt., niederl.* ha:n
Haanpää *finn.* 'hɑ:mpæ
Haapajärvi *finn.* 'hɑ:pɑjærvi
Haar ha:ɐ̯
Haard[t] ha:ɐ̯t, *auch:* hart
haaren 'ha:rən
Haaren (Name) 'ha:rən, *niederl.* 'ha:rə
haarfein 'ha:ɐ̯'fain
haarig 'ha:rɪç, **-e** ...ɪgə
Haarlem 'ha:ɐ̯lɛm,, *niederl.* 'ha:rlɛm
Haarlemer 'ha:ɐ̯rlɛmɐ
Haarlemmerliede *niederl.* ha:rlɛmər'li:də
Haarlemmermeer *niederl.* ha:rlɛmər'me:r
Haarspalterei ha:ɐ̯ʃpaltə'rai
haarsträubend 'ha:ɐ̯ʃtrɔybn̩t, **-e** ...n̩də
Haarzuilens *niederl.* ha:r'zœjləns
Haas *dt., niederl.* ha:s, *engl.* hɑ:s, hɑ:z
Haase 'ha:zə
Haasenstein 'ha:zn̩ʃtain
Haasow 'ha:zo
Haasse *niederl.* 'ha:sə
Haastrecht *niederl.* 'ha:strɛxt
Haaz ha:ts
hab! ha:p
Hába *tschech.* 'ha:ba
Habach 'ha:bax
Habakuk 'ha:bakʊk
Habana *span.* a'βana
Habaner ha'ba:nɐ
Habanera haba'ne:ra
Habarov vgl. Chabarow
Habarovsk vgl. Chabarowsk
Habarovskij Kraj vgl. Chabarowski Krai
Habberton *engl.* 'hæbətən
Habdala hapda'la:
Habdank 'ha:pdaŋk, *auch:* ‒'‒

Habe 'ha:bə
Habeas corpus 'ha:beas 'kɔrpʊs
Habeaskorpusakte ha:beas'kɔrpʊs|aktə
Habeck 'ha:bɛk
Habedank 'ha:bədaŋk, *auch:* ‒‒'‒
Habel 'ha:bl̩
Habelschwerdt ha:bl̩'ʃve:ɐ̯t, '‒‒‒
Habelsdorf 'ha:bl̩sdɔrf
Habemus Papam ha'be:mʊs 'pa:pam
haben 'ha:bn̩, **hab!** ha:p, **habt** ha:pt, **gehabt** gə'ha:pt
Habeneck *fr.* ab'nɛk
Habenichts 'ha:bənɪçts
Habent sua fata libelli 'ha:bɛnt 'zu:a 'fa:ta li'bɛli
Haber[berg] 'ha:bɐ[bɛrk]
Haberditzl 'ha:bɐdɪtsl̩
Haberdorf 'ha:bɐdɔrf
Haberer 'ha:bərɐ
Haberfeldtreiben 'ha:bɐfɛltˌtraibn̩
Habergeiß 'ha:bɐgais
Haberl[andt] 'ha:bɐl[ant]
Haberler 'ha:bɐlɐ
Häberlin 'hɛ:bɐli:n
Habermann 'ha:bɐman
Habermas 'ha:bɐma:s
habern 'ha:bɐn, **habre** 'ha:brə
Haberskirchen ha:bɐs'kɪrçn̩
Habesch 'ha:bɛʃ
Habgier 'ha:pgi:ɐ̯
habgierig 'ha:pgi:rɪç
Habib ha'bi:p
Habich[t] 'ha:bɪç[t]
Habichtstein 'ha:bɪçtʃtain
Habichtswald 'ha:bɪçtsvalt
habil ha'bi:l
Habilitand habili'tant, **-en** ...ndn̩
Habilitation habilita'tsio:n
habilitieren habili'ti:rən
Habima ha'bi:ma
Habington *engl.* 'hæbɪŋtən
[1]**Habit** (Kleidung) ha'bi:t, ...bɪt
[2]**Habit** (Gewohnheit) *engl.* 'hæbɪt
Habitat habi'ta:t
habitualisieren habitu̯ali'zi:rən
Habitué [h]abi'ty̆e:
habituell habi'tu̯ɛl
Habitus 'ha:bitʊs
Habkern 'ha:pkɛrn
Habkirchen 'ha:pkɪrçn̩
hablich 'ha:plɪç
Haboob *engl.* hə'bu:b
Habrecht 'ha:prɛçt
Habry *tschech.* 'habri
Habsberg 'hapsbɛrk
Habsburg 'ha:psbʊrk
Habsburger 'ha:psbʊrgɐ
habsburgisch 'ha:psbʊrgɪʃ
Habscheid 'ha:p-ʃait

Habseligkeit 'ha:pze:lıçkai̯t
habsüchtig 'ha:pzʏçtıç
habt ha:pt
Habub ha'bu:p
Hab und Gut 'ha:p ʊnt 'gu:t
Habutai habu'tai̯
Hačaturjan vgl. Chatschaturjan
Háček *tschech.* 'ha:tʃɛk
hach! hax
Hácha *tschech.* 'ha:xa
Hachberg 'haxbɛrk
Haché [h]a'ʃe:
Hachel 'haxl̩
hacheln 'haxl̩n
Hachen 'haxn̩
Hachenburg 'haxn̩bʊrk
Hachette *fr.* a'ʃɛt
Hachiville *fr.* aʃi'vil
Hachse 'haksə
Hacı *türk.* ha'dʒɨ
Hacienda a'si̯ɛnda
Haciendero asi̯ɛn'de:ro
Hack hɛk, *engl.* hæk
Hackaert *niederl.* 'haka:rt
Hacke 'hakə
hacken, H... 'hakn̩
Hackenbroich 'hakn̩bro:x
Hackensack *engl.* 'hækənsæk
Hackenwalde hakn̩'valdə
Hackepeter 'hakəpe:tɐ
Hacker 'hakɐ, *engl.* 'hækə
Häckerling 'hɛkɐrlıŋ
Hackert 'hakɐt
Hackett *engl.* 'hækıt
Hackländer 'haklɛndɐ
Hackney *engl.* 'hæknı
Hacks haks
Häcksel 'hɛksl̩
Häcks[e]ler 'kɛks[ə]lɐ
Hackzell *schwed.* hak'sɛl
Hadamar 'ha:damar
Hadamard *fr.* ada'ma:r
Hadamovsky hada'mɔfski
Hadank 'ha:daŋk
Hadassa hada'sa:
Haddington *engl.* 'hædıŋtən
Haddock *engl.* 'hædək
Haddon[field] *engl.* 'hædn[fi:ld]
Haddsch ha:tʃ
Haddschadsch ha'dʒa:tʃ
Hadeland *norw.* 'ha:dəlan
Hadeln 'ha:dl̩n
Haden *engl.* heıdn
Hader 'ha:dɐ
Haderer 'ha:dərɐ
Haderlump 'ha:dɐlʊmp
hadern 'ha:dɐn, **hadre** 'ha:drə
Hadersdorf 'ha:dɐsdɔrf
Hadersleben 'ha:dɐsle:bn̩
Haderslev *dän.* 'ha:'ðərsleu̯
Hades 'ha:dɛs
Hadewych *niederl.* 'ha:dəwıx
Hadfield *engl.* 'hædfi:ld
Hadik 'ha:dık
Hadith ha'di:t
Hadjar *indon.* 'hadʒar
Hadji *indon.* 'hadʒi
Hadlaub 'ha:tlau̯p
Hadley *engl.* 'hædlı
Hadow *engl.* 'hædoʊ
Hadramaut hadra'mau̯t
Hadrer 'ha:drɐ
Hadrian hadri'a:n, 'ha:d...
Hadrianus hadri'a:nʊs
Hadrom ha'dro:m
Hadrumetum hadru'me:tʊm
Hadschar 'hadʒar
Hadschi 'ha:dʒi
Hadsund *dän.* hað'sɔn'
Hadubrand 'ha:dubrant
Häduer 'hɛ:du̯ɐ
Hadwig 'ha:tvıç
Hadwigis hat'vi:gıs
Hadži vgl. Chadschi
Haebler 'hɛ:blɐ
Haeckel 'hɛkl̩
Haecker 'hɛkɐ
Haedo *span.* a'eðo
Haedschu, Haeju *korean.* hɛdʒu
Haefliger 'hɛ:flıgɐ
Haeften 'hɛftn̩
Haegge 'hɛgə
Haelen *niederl.* 'ha:lə
Haenisch 'hɛ:nıʃ
Haensel 'hɛnzl̩
Haering 'hɛ:rıŋ
Haeseler 'hɛ:zəlɐ
Haesler 'hɛ:slɐ
Hafadschi ha'fa:dʒi
Häfelfingen 'hɛ:fl̩fıŋən
Hafen 'ha:fn̩, **Häfen** 'hɛ:fn̩
Häfen 'hɛ:fn̩
Hafenlohr ha:fn̩'lo:ɐ̯
Hafer 'ha:fɐ
Haferl 'ha:fɐl
Häferl 'hɛ:fɐl
Haff[en] 'haf[n̩]
Haffkrug 'hafkru:k
Haffner 'hafnɐ
Haffstrom 'hafʃtro:m
Hafis 'ha:fıs, *pers.* ha'fez
Hafling[er] 'ha:flıŋ[ɐ]
Hafnarfjörður *isl.* 'habnarfjœrðʏr
Hafner 'ha:fnɐ
Häfner 'hɛ:fnɐ
Hafnerei ha:fnə'rai̯
Hafnium 'ha:fniʊm, 'haf...
Hafstein *isl.* 'hafstei̯n
Haft haft
Haftarah hafta'ra:, **...roth** ...ro:t
Haftare haf'ta:rə
haftbar 'haftba:ɐ̯
Haftel 'haftl̩
häfteln 'hɛftl̩n
haften 'haftn̩
Hafter 'haftɐ
Haft Gil *pers.* hæft'gel
Häftling 'hɛftlıŋ
Haftpflicht 'haftpflıçt
Haftung 'haftʊŋ
Hag ha:k, **-e** 'ha:gə
Haga *schwed.* ˌha:ga
Hagada haga'da:
Hagalín *isl.* 'ha:ɣali:n
Hagalund *schwed.* ha:ga'lʊnd
Haganah haga'na:
Hagar 'ha:gar, *engl.* 'heıgə
Hagberg *schwed.* 'ha:gbærj
Hagebuche 'ha:gəbu:xə
hagebuchen 'ha:gəbu:xn̩
hagebüchen 'ha:gəby:çn̩
Hagecius ha'ge:tsi̯ʊs
Hagedorn 'ha:gədɔrn, *engl.* 'hægıdɔ:n
Hagel 'ha:gl̩
Hageland *niederl.* 'ha:xəlant
hageldicht 'ha:gl̩'dıçt
hageln 'ha:gl̩n, **hagle** 'ha:glə
Hagelsberg 'ha:gl̩sbɛrk
Hagelstange 'ha:gl̩ʃtaŋə
Hagemann 'ha:gəman
Hagemeister 'ha:gəmai̯stɐ
Hagen 'ha:gn̩, *niederl.* 'ha:xə, *engl.* 'heıgən
Hagenau 'ha:gənau̯
Hagenauer 'ha:gənau̯ɐ
Hagenbach 'ha:gn̩bax
Hagenbeck 'ha:gn̩bɛk
Hagendingen 'ha:gn̩dıŋən
Hagengebirge 'ha:gn̩gəbırgə
Hagenow 'ha:gəno
Hagenthal 'ha:gn̩ta:l
Hagenwerder ha:gn̩'vɛrdɐ
hager 'ha:gɐ, **hagre** 'ha:grə
Hagerstown *engl.* 'heıgəztaʊn
Hagerty *engl.* 'hægətı
Hagestolz 'ha:gəʃtɔlts
Haggada haga'da:
Haggadah haga'da:, **...doth** ...'do:t
Haggai ha'ga:i
Haggard *engl.* 'hægəd
Haggin *engl.* 'hægın
Hagi *isl.* 'haji̯ı
Hagiasmos hagi̯as'mɔs
Hagia Sophia 'ha:gi̯a zo'fi:a
Hagia Triada *neugr.* a'jia tri'aða
Hagiograph hagi̯o'gra:f
Hagiographa ha'gi̯o:grafa
Hagiographen hagi̯o'gra:fn̩
Hagiographie hagi̯ogra'fi:, **-n** ...i:ən
Hagiolatrie hagi̯ola'tri:, **-n** ...i:ən
Hagiologie hagi̯olo'gi:
Hagiologion hagi̯o'lo:gi̯ɔn, **...ien** ...i̯ən
Hagionym hagi̯o'ny:m
Hagios Elias *neugr.* 'ajɔs i'lias
Hagios Eustratios *neugr.* 'ajɔs ɛf'stratjɔs
Hagios Georgios *neugr.* 'ajɔz jɛ'ɔrjɔs
Hagios Nikolaos *neugr.* 'ajɔz ni'kɔlaɔs
Hagios Paulos *neugr.* 'ajɔs 'pavlɔs
Hagios Petros *neugr.* 'ajɔs 'pɛtrɔs

Hagnau 'ha:gnau
Hagondange *fr.* agõ'dã:ʒ
Hägstadt 'hɛ:k-ʃtat
Hague *engl.* heɪg, *fr.* ag
Haguenau *fr.* ag'no
haha! ha'ha:, ha'ha
hahaha! haha'ha:, ...'ha
Häher 'hɛ:ɐ
[1]**Hahn** ha:n, **Hähne** 'hɛ:nə
[2]**Hahn** (Name) ha:n, *fr.* ɑ:n
Hähnchen 'hɛ:nçən
Hahne *engl.* hɑ:n
Hähnel 'hɛ:nl̩
Hahnemann 'ha:nəman
Hahnenkamm 'ha:nənkam
Hahnenklee-Bockswiese 'ha:nənkle:bɔks'vi:zə
Hahnenmoos ha:nən'mo:s
Hahnepot 'ha:nəpo:t
Hahn-Hahn 'ha:n'ha:n
Hähnichen 'hɛ:nɪçn̩
Hahnium 'ha:ni̯ʊm
Hahnrei 'ha:nrai
Hahnweiler 'ha:nvailɐ
Hahót *ung.* 'hɔho:t
Hai[bach] 'hai[bax]
Haid hait
Haida 'haida
Haide[naab] 'haidə[na:p]
Haider 'haidɐ
Haiderabad *engl.* 'haɪdərəbɑ:d
Haidgau 'haitgau
Haidhausen hait'hauzn̩
Haidhof 'haitho:f
Haiding[er] 'haidɪŋ[ɐ]
Haidmühle hait'my:lə
Haiduck hai'dʊk
Haifa 'haifa
Haifisch 'haifɪʃ
Haig *engl.* heɪg
Haiger[loch] 'haigɐ[lɔx]
Haik haik
Haikou 'haikau
Hail[ar] 'hail[ar]
Hailes *engl.* heɪlz
Haile Selassie 'hailə ze'lasi
Hailey *engl.* 'heɪlɪ
Hailing 'hailɪŋ
Hailmann 'hailman, *engl.* 'haɪlmən
Hailsham *engl.* 'heɪlʃəm
Hailtingen 'hailtɪŋən
Hailuoto *finn.* 'hɑiluo̯tɔ
Haimensfeld 'haimənsfɛlt
Haiming 'haimɪŋ
Haimo 'haimo
Haimon 'haimɔn
Hain hain
Haina[n] 'haina[n]
Hainau 'hainau
Hainaut *fr.* ɛ'no
Hainbund 'hainbʊnt
Hainburg 'hainbʊrk
Haine *fr.* ɛn
Haine-Saint-Paul *fr.* ɛnsɛ̃'pɔl
Haine-Saint-Pierre *fr.* ɛnsɛ̃'pjɛ:r
Haines City *engl.* 'heɪnz 'sɪtɪ
Hainewalde hainə'valdə, '– – – –
Hainfeld hain'fɛlt
Hainholz 'hainhɔlts
Hainich[en] 'hainɪç[n̩]
Hainisch 'hainɪʃ
Hainleite 'hainlaitə
Hainspach 'hainspax
Hainstadt 'hainʃtat
Haiphong 'haifɔŋ
Haitang 'haitaŋ
Haiterbach 'haitɐbax
Haithabu 'haithabu
Haiti ha'i:ti
Haïti *fr.* ai'ti
Haitianer hai'ti̯a:nɐ
haitianisch hai'ti̯a:nɪʃ
Haitienne hai'ti̯ɛn
haitisch ha'i:tɪʃ
Hajdú *ung.* 'hɔjdu:
Hajdúbihar *ung.* 'hɔjdu:bihɔr
Hajdúböszörmény *ung.* 'hɔjdu:bøsørme:nj
Hajdučica *serbokr.* haj,dutʃitsa
Hajdúdorog *ung.* 'hɔjdu:dorog
Hajdúhadház *ung.* 'hɔjdu:hɔtha:z
Hajduk *serbokr.* ,hajdu:k
Hajdúnánás *ung.* 'hɔjdu:na:na:ʃ
Hajdúság *ung.* 'hɔjdu:ʃa:g
Hajdúsámson *ung.* 'hɔjdu:ʃa:mʃon
Hajdúszoboszló *ung.* 'hɔjdu:soboslo:
Hajek 'hajɛk
Hájek *tschech.* 'ha:jɛk
Hajen 'ha:jən
Hajmáskér *ung.* 'hɔjma:ʃke:r
Hajnówka *poln.* xaj'nufka
Hajós *ung.* 'hɔjo:ʃ
Hakam 'hakam
Håkan *schwed.* ,ho:kan
Hakasskaja AO vgl. Chakasskaja AO
Häkchen 'hɛ:kçən
Häkelei hɛ:kə'lai
häkeln 'hɛ:kl̩n
haken, H... 'ha:kn̩
hakig 'ha:kɪç, **-e** ...ɪgə
[1]**Hakim** (Richter, Herrscher) 'ha:kɪm
[2]**Hakim** (Weiser, Arzt) ha'ki:m
Hakkâri *türk.* hɑk'ka:ri
Hakka 'haka
Hakluyt *engl.* 'hæklu:t
Hakodate hako'da:tə
Hakon *dän.* 'ha:kɔn, *norw.* ,ha:kɔn, '– –; *schwed.* ,hɑ:kɔn
Håkon *dän.* 'hɔ:kɔn, *norw.* ,ho:kɔn, '– –
Hakonsson *norw.* 'ha:kɔnsɔn
Hakulinen *finn.* 'hɑkulinɛn
Hal *fr.* al, *niederl.* hɑl
Halacha hala'xa:, **...choth** ...'xo:t
Halali hala'li:
Halász *ung.* 'hɔla:s
Halászbástya *ung.* 'hɔla:zba:ʃtjɔ
Halászi *ung.* 'hɔla:si
Halásztelek *ung.* 'hɔla:stɛlɛk
halb halp, **-e** 'halbə
Halbaffe 'halp|afə
Halbblut 'halpblu:t
halbbürtig 'halpbʏrtɪç, **-e** ...ɪgə
halbdunkel, H... 'halpdʊŋkl̩
Halbe[haupt] 'halbə[haupt]
halber 'halbɐ
Halberstadt 'halbɐʃtat
Halbertsma *niederl.* 'hɑlbərtsma:
Halbfranz 'halpfrants
halbieren hal'bi:rən
Halbig 'halbɪç
Halbinsel 'halp|ɪnzl̩
Halbjahreskurs halp'ja:rəskʊrs
halbjährig 'halpjɛ:rɪç
halbjährlich 'halpjɛ:ɐ̯lɪç
halblaut 'halplaut
Halbleinen 'halplainən
Halblinks halp'lɪŋks
halbmast 'halpmast
halbmeterdick 'halp'me:tɐdɪk
halboffen 'halp|ɔfn̩
halbpart 'halppart
Halbrechts halp'rɛçts
Halbscheid 'halp-ʃait
Halbschied 'halp-ʃi:t
halbschürig 'halp-ʃy:rɪç, **-e** ...ɪgə
Halbschwergewicht 'halp,ʃve:ɐ̯gəvɪçt
halbseitig 'halpzaitɪç, **-e** ...ɪgə
Halbstadt 'halp-ʃtat
halbstündig 'halp-ʃtʏndɪç, **-e** ...ɪgə
halbstündlich 'halp'ʃtʏntlɪç
halbtot 'halp'to:t
halbvoll 'halp'fɔl
halbwegs 'halp've:ks
Halbwisserei halpvɪsə'rai
halbwollen 'halpvɔlən
halbwüchsig 'halpvy:ksɪç, **-e** ...ɪgə
Haldane *engl.* 'hɔ:ldeɪn
Halde[m] 'haldə[m]
Halden *norw.* 'haldən
Haldensleben 'haldn̩sle:bn̩
Halder[n] 'haldɐ[n]
Hale *engl.* heɪl
Haleakala haleaka'la:, *engl.* hɑ:leɪɑ:kɑ:'lɑ:
Haleb 'halɛp
Halecki *poln.* xa'lɛtski
Haledon *engl.* 'heɪldən
Hálek *tschech.* 'ha:lɛk
Halen *niederl.* 'ha:lə
Halensee ha:lən'ze:
Haléř *tschech.* 'halɛ:rʃ
Hales[owen] *engl.* 'heɪlz[oʊən]
Halévy *fr.* ale'vi
Haley *engl.* 'heɪlɪ
half half
Half ha:f
Halfa 'halfa

Hạlfcourt *engl.* 'hɑ:fkɔ:t
hạ̈lfe 'hɛlfə
Hạlffter 'halftɐ, *span.* 'alftɛr
Hạlfing 'halfɪŋ
Hạlfmann 'halfman
Halfpenny *engl.* 'heɪpnɪ
Hạ̈lfte 'hɛlftə
hạ̈lften 'hɛlftn̩
Hạlfter 'halftɐ
hạlftern 'halftɐn
hạ̈lftig 'hɛlftɪç, **-e** ...ɪgə
Hạlf-Time 'ha:ftaim, *engl.* 'hɑ:f'taɪm
Hạlfweg *niederl.* 'hɑlfwɛx
Hali̱ ha'li:
Haliạrtos ha'li̯artɔs
Haliburton *engl.* 'hælɪbə:tn
Hali̱d ha'li:t, **-e** ...i:də
Halidẹ *türk.* hɑ:li'dɛ
Halidon Hịll *engl.* 'hælɪdən 'hɪl
Halifax *engl.* 'hælɪfæks
Halikarnạß halikar'nas
Halikarnạssos halikar'nasɔs
Halịm *türk.* hɑ'lim
Halisterẹse haliste're:zə
Hali̱t ha'li:t, *auch:* ...lɪt
Hạlitus 'ha:litʊs
Hạlka *poln.* 'xalka
Halkyone hal'ky̆o:nə, *B* ...ne; hal'ky:one
halkyonisch hal'ky̆o:nɪʃ
Hạll hal, *engl.* hɔ:l
Hallam *engl.* 'hæləm
Hạlland *schwed.* 'haland
Hạllandsåsen *schwed.* 'halandso:sən
Hạllau 'halau̯
Hallays *fr.* a'lɛ
Hạllberg 'halbɛrk
Hạlldór *isl.* 'haldo̯ʊr
Hạlle 'halə, *fr.* al, *niederl.* 'hɑlə
Hallé *fr.* a'le
Halleck *engl.* 'hælɪk
Hạ̈llefors *schwed.* ˌhɛləfɔrs
Hallei̱n ha'lain
Hạ̈llekis *schwed.* ˌhɛlətçi:s
Hallẹl ha'le:l
halleluja hale'lu:ja
hạllen 'halən
Hạllenberg 'halənbɛrk
Hallẹnser ha'lɛnzɐ
Hạller[mund] 'halɐ[mʊnt]
Hạllerstein 'halɐʃtain
Hạllertau 'halɐtau̯
hạllesch 'haləʃ
Halley *engl.* 'hælɪ
Hạlleysche Komẹt 'haleʃə ko'me:t
Hạllgarten 'halgartn̩
Hạllgrímsson *isl.* 'hadlgrimsən
Halliburton *engl.* 'hælɪbə:tn
Halliday *engl.* 'hælɪdeɪ
Hạllig 'halɪç, **-en** ...ɪgn̩
Hạllimasch 'halimaʃ
Hạllingdal *norw.* ˌhaliŋda:l
Hạllingskarvet *norw.* ˌhaliŋskarvə
Hạllingtal 'halɪŋta:l
hạllisch 'halɪʃ
hạ̈llisch 'hɛlɪʃ
Halliwell *engl.* 'hælɪwəl
Hạlljahr 'halja:ɐ̯
hallo!, H... ha'lo:, *auch:* 'halo
Hallọdri ha'lo:dri
Hallọre ha'lo:rə
Hạ̈llristningar *schwed.* 'hɛlristniŋar
Hạllsberg *schwed.* 'halsbærj
Hạllschlag 'halʃla:k
Hạllstadt, ...statt 'halʃtat
Hạllstätter See̱ 'halʃtɛtɐ 'ze:
Hạllstein 'halʃtain
Hạllström *schwed.* ˌhalstrœm
Hạllthurm 'haltʊrm
Halluin *fr.* a'lɥɛ̃
Halluzinatio̱n halutsina'tsio:n
halluzinati̱v halutsina'ti:f, **-e** ...i:və
halluzini̱eren halutsi'ni:rən
Halluzinoge̱n halutsino'ge:n
Hạllwachs 'halvaks
Hạllwiler See̱ 'halvi:lɐ 'ze:
Hạlm[a] 'halm[a]
Halmahe̱ra *indon.* halma'hera
Hạ̈lmchen 'hɛlmçən
Hạlmstad *schwed.* ˌhalmstɑ:d, '––
halmyroge̱n halmyro'ge:n
Halmyroly̱se halmyro'ly:zə
Hạlo 'ha:lo, **-nen** ha'lo:nən
Haloạnder halo'andɐ
haloge̱n, H... halo'ge:n
Halogeni̱d haloge'ni:t, **-e** ...i:də
halogeni̱eren haloge'ni:rən
Haloi̱d halo'i:t, **-e** ...i:də
Halome̱ter halo'me:tɐ
Hạlonen *finn.* 'hɑlɔnɛn
haloni̱ert halo'ni:ɐ̯t
Halope̱ge halo'pe:gə
Halophy̱t halo'fy:t
Halorquí *span.* alɔr'ki
Halothẹrme halo'tɛrmə
Halotrichit halotrɪ'çi:t, *auch:* ...çɪt
Haloun ha'laun
Halphẹn *fr.* al'fɛn
Halpin[e] *engl.* 'hælpɪn
[1]**Hạls** hals, **-es** 'halzəs, **Hạ̈lse** 'hɛlzə
[2]**Hạls** (Name) hals, *niederl.* hɑls, *dän.* hal's
Háls *isl.* hau̯ls
Hạlsberge 'halsbɛrgə
hạlsbrecherisch 'halsbrɛçərɪʃ
Halsbrụ̈cke hals'brʏkə
Hạ̈lschen 'hɛlsçən
hhạlsen 'halzn̩, **hạls!** hals, **hạlst** halst
Hạlserspitze 'halzɐʃpɪtsə
Halsey *engl.* 'hælsɪ
Hälsingbọrg *schwed.* hɛlsiŋ'bɔrj
Hạ̈lsingland *schwed.* 'hɛlsiŋland
Hạlske 'halskə
Hạlsskov *dän.* 'halsgou̯
hạlsstarrig 'halsʃtarɪç, **-e** ...ɪgə
Halste[a]d *engl.* 'hɔ:lstɛd
Hạlstenbek 'halstn̩be:k
Hạlsteren *niederl.* 'hɑlstərə
Hạlštrovské Họry *tschech.* 'halʃtrɔfskɛ: 'hɔri
hạlt, H..., hạlt! halt
hạ̈lt hɛlt
hạltbar 'haltba:ɐ̯
hạlten 'haltn̩
Halte̱re hal'te:rə
Hạltern 'haltɐn
...haltig (z. B. mehlhaltig) ...,haltɪç, **-e** ...ɪgə
...hältig (z. B. hinterhältig) ...,hɛltɪç, **-e** ...ɪgə
Hạltingen 'haltɪŋən
Hạltlosigkeit 'haltlo:zɪçkait
Haltom Cịty *engl.* 'hɔ:ltəm 'sɪtɪ
Hạltung 'haltʊŋ
Halturin vgl. Chalturin
Halụnke ha'lʊŋkə
Halu̱sa ha'lu:za
Hạluschka 'halʊʃka
Hạlvdan *dän.* 'halðan
Hạlver 'halvɐ
Hạlvor *dän.* 'halvɔr
Halwạ hal'va
Hạlys 'ha:lʏs
Hạm ham, *engl.* hæm, *fr.* am, *niederl.* hɑm
Hạ̈m hɛ:m
Hạma 'hama
Hama̱da ha'ma:da
Hamada̱n hama'da:n, *pers.* hæmæ'dɑ:n
Hamadha̱ni hama'da:ni
Hamadry̱ade hamadry'a:də
Hämagglutinatio̱n hɛmaglutina'tsio:n
Hämagglutini̱n hɛmagluti'ni:n
Hämago̱ga hɛma'go:ga
Hamaide *fr.* a'mɛd
Hạ̈mäläiset *finn.* 'hæmælæi̯sɛt
Hạ̈malops 'hɛ:malɔps
Hamamạtsu hama'matsu
Hamame̱lis hama'me:lɪs
Ham and E̱ggs *engl.* 'hæm ənd 'ɛgz
Hämangio̱m hɛmaŋ'gi̯o:m
Hạmann 'ha:man
Hạmar *norw.* ˌha:mar
Hämarthro̱se hɛmar'tro:zə
Hamarti̱e hamar'ti:, **-n** ...i:ən
Hamarto̱m hamar'to:m
Hama̱sa ha'ma:za
Hämatei̱n hɛmate'i:n
Hämate̱mesis hɛma'te:mezɪs
Hämathidro̱se hɛmathi'dro:zə
Hämatidro̱se hɛmati'dro:zə
Hämati̱n hɛma'ti:n
Hämatino̱n hɛmati'no:n
Hämati̱t hɛma'ti:t, *auch:* ...tɪt
Hämatoblạsten hɛmato'blastn̩
Hämatoce̱le hɛmato'tse:lə
Hämatochyluri̱e hɛmatoçylu'ri:, **-n** ...i:ən

hämatoge̲n hɛmato'ge:n
Hämatogrạmm hɛmato'gram
Hämatoidi̲n hɛmatoi'di:n
Hämatokọkkus hɛmato'kɔkʊs
Hämatokọlpos hɛmato'kɔlpɔs
Hämatoko̲nien hɛmato'ko:ni̯ən
Hämatokri̲t hɛmato'kri:t
Hämatolo̲ge hɛmato'lo:gə
Hämatologi̲e hɛmatolo'gi:
Hämato̲m hɛma'to:m
Hämatome̲tra hɛmato'me:tra
Hämatomyeli̲e hɛmatomy̆e'li:, **-n** ...i:ən
Hämatopha̲gen hɛmato'fa:gn̩
Hämatopneumotho̲rax hɛmatopnɔymo'to:raks
Hämatopoe̲se hɛmatopo'e:zə
hämatopoe̲tisch hɛmatopo'e:tɪʃ
Hämatorrhö̲, ...öe hɛmatɔ'rø:, **...rrhö̲en** ...'rø:ən
Hämato̲se hɛma'to:zə
Hämatoskopi̲e hɛmatosko'pi:
Hämatospermi̲e hɛmatospɛr'mi:
Hämatotho̲rax hɛmato'to:raks
Hämatotoxiko̲se hɛmatotɔksi'ko:zə
Hämatoxyli̲n hɛmatɔksy'li:n
Hämatoze̲le hɛmato't͜se:lə
Hämatoze̲phalus hɛmato't͜se:falʊs
Hämatozo̲on hɛmato't͜so:ɔn, **...zo̲en** ...'t͜so:ən
Hämatozytoly̲se hɛmatot͜syto'ly:zə
Hämaturi̲e hɛmatu'ri:, **-n** ...i:ən
Hạmbach 'hambax
Hambidge *engl.* 'hæmbɪdʒ
Hambly *engl.* 'hæmblɪ
Hạmborn 'hambɔrn
Hạmbro *norw.* 'hambru
Hạmbrücken 'hambrʏkn̩
Hạmburg 'hambʊrk, *engl.* 'hæmbə:g
Hạmburger 'hambʊrgɐ, *engl.* 'hæmbə:gə
hạmburgern 'hambʊrgɐn, **...gre** ...grə
hạmburgisch 'hambʊrgɪʃ
Hạm, den *niederl.* dɛn 'hɑm
Hamdani̲de hamda'ni:də
Hamd'olla̲h *pers.* hæmdol'lɑ:h
Hä̲me *finn.* 'hæmɛ
Hä̲meenlinna *finn.* 'hæmɛ:nlinnɑ
Ha̲mel *dt.*, *niederl.* 'ha:məl
Hamelin *fr.* am'lɛ̃
Ha̲meln 'ha:mln̩
Hamelwörden 'ha:ml̩vø:ɐ̯dn̩, ––'––
Ha̲men 'ha:mən
Ha̲merling 'ha:mɐlɪŋ
Hä̲merten 'hɛ:mɐtn̩
Hamerton *engl.* 'hæmətən
Hamhung *korean.* hamhɨŋ
Hämidro̲sis hɛmi'dro:zɪs
Hämiglobi̲n hɛmiglo'bi:n
Hamịlkar ha'mɪlkar
Hamilton *engl.* 'hæmɪltən
Hämi̲n hɛ'mi:n
Hạmina *finn.* 'hɑminɑ
hä̲misch 'hɛ:mɪʃ
Hami̲t ha'mi:t
hami̲tisch ha'mi:tɪʃ
Hạmlar 'hamlar
Hạmlet 'hamlɛt, *engl.* 'hæmlɪt
Hamlin *engl.* 'hæmlɪn
Hạ̈mling 'hɛmlɪŋ
Hạmm ham
Hamma̲da ha'ma:da
Hamma̲l ha'ma:l
Hạmmann 'haman
Hạmmarby *schwed.* ˌhamarby:
Hạmmarskjöld *schwed.* ˌhamarʃœld
Hạmme 'hamə, *niederl.* 'hɑmə
Hạmmel 'haml̩, **Hạ̈mmel** 'hɛml̩
Hạmmelburg 'haml̩bʊrk
Hạmmelsbeck 'haml̩sbɛk
Hạmmelspring 'haml̩ʃprɪŋ
Hạmmenhög *schwed.* ˌhamənhø:g
[1]**Hạmmer** 'hamɐ, **Hạ̈mmer** 'hɛmɐ
[2]**Hạmmer** (Name) 'hamɐ, *dän.* 'hamər
Hạ̈mmerchen 'hɛmɐçən
Hạmmeren *dän.* 'hamərən
Hạmmerfest *norw.* ˌhamərfɛst
Hạmmerich *dän.* 'hamərɛg
Hammerle̲u̲bsdorf hamɐ'lɔypsdɔrf
Hạmmerling 'hamɐlɪŋ
Hạ̈mmerling 'hɛmɐlɪŋ
Hammermü̲hle hamɐ'my:lə
hạ̈mmern 'hɛmɐn
Hạmmerschmidt 'hamɐʃmɪt
Hạmmersen 'hamɐzn̩
Hạmmershøy *dän.* 'ham'ərshɔi̯'
Hammershu̲s *dän.* hamərs'hu:'s
Hammersmith *engl.* 'hæməsmɪθ
Hạmmerstein 'hamɐʃtai̯n, *engl.* 'hæməstaɪn
Hạmmerstorfer 'hamɐstɔrfɐ
Hammond *engl.* 'hæmənd
Hammonton *engl.* 'hæməntən
Hammura̲bi hamu'ra:bi
Hammura̲pi hamu'ra:pi
Hämoblạsten hɛmo'blastn̩
Hämochromato̲se hɛmokroma'to:zə
Hämochromome̲ter hɛmokromo'me:tɐ
Hämodynamome̲ter hɛmodynamo'me:tɐ
Hämoglobi̲n hɛmoglo'bi:n
hämoglobinoge̲n hɛmoglobino'ge:n
Hämoglobinome̲ter hɛmoglobino'me:tɐ
Hämoglobinuri̲e hɛmoglobinu'ri:, **-n** ...i:ən
Hämogrạmm hɛmo'gram
Hämoko̲nien hɛmo'ko:ni̯ən
Hämolỵmphe hɛmo'lʏmfə
Hämoly̲se hɛmo'ly:zə
Hämolysi̲n hɛmoly'zi:n
hämoly̲tisch hɛmo'ly:tɪʃ
Hämome̲ter hɛmo'me:tɐ
Hamon *fr.* a'mõ
Hä̲mon 'hɛ:mɔn
Hamont *fr.* a'mõ, *niederl.* ha:'mɔnt
Hämopathi̲e hɛmopa'ti:, **-n** ...i:ən
Hämoperikạrd hɛmoperi'kart, **-e** ...rdə
Hämophili̲e hɛmofi'li:, **-n** ...i:ən
Hämophthạlmus hɛmɔf'talmʊs
Hämopto̲e hɛmɔp'to:ə
Hämopty̲sis hɛmɔp'ty:zɪs
Hämorrhagi̲e hɛmɔra'gi:, **-n** ...i:ən
hämorrha̲gisch hɛmɔ'ra:gɪʃ
Hämorrhoida̲lleiden hɛmɔroi'da:llai̯dn̩
Hämorrhoi̲de hɛmɔro'i:də
Hämosideri̲n hɛmozide'ri:n
Hämosidero̲se hɛmozide'ro:zə
Hämosi̲ten hɛmo'zi:tn̩
Hämospasi̲e hɛmospa'zi:
Hämospermi̲e hɛmospɛr'mi:
Hämospori̲dia hɛmospo'ri:di̯a, **...i̲en** ...i̯ən
Hämosta̲se hɛmo'sta:zə
Hämosta̲tikum hɛmo'sta:tikʊm, **...ka** ...ka
hämosta̲tisch hɛmo'sta:tɪʃ
Hämostỵptikum hɛmo'stʏptikʊm, **...ka** ...ka
hämostỵptisch hɛmo'stʏptɪʃ
Hämotherapi̲e hɛmotera'pi:
Hämotho̲rax hɛmo'to:raks
Hämotoxiko̲se hɛmotɔksi'ko:zə
Hämotoxi̲ne hɛmotɔ'ksi:nə
Hamoudia̲ *fr.* amu'dja
Hämozyani̲n hɛmot͜sy̆a'ni:n
Hämozy̲t hɛmo't͜sy:t
Hämozytoblạsten hɛmot͜syto'blastn̩
Hạmp hamp, *engl.* hæmp, *fr.* ã:p
Hampden *engl.* 'hæmpdən
Hạmpe 'hampə
Hạmpelmann 'hampl̩man
hạmpeln 'hampl̩n
Hampshire *engl.* 'hæmpʃə
Hampstead *engl.* 'hæmpstɪd
Hampton *engl.* 'hæmptən
Hạmry *tschech.* 'hamri
Hạmster 'hamstɐ
hạmstern 'hamstɐn
Hạmsun *norw.* ˌhamsʉn
Hamtramck *engl.* hæm'træmɪk
Hamu̲n *pers.* hɑ'mu:n
Hä̲mus 'hɛ:mʊs
Hamy *fr.* a'mi
[1]**Ha̲n** (Herberge) ha:n
[2]**Ha̲n** (Name) ha:n, *korean.* han, *engl.* hæn

[3]**Han** (chin. Dynastie) han
Hanafit hana'fi:t
Hanak 'hanak
Hananias hana'ni:as
Hanau 'ha:nau̯
Hanbalit hanba'li:t
Hancher *engl.* 'hæntʃə
Hancock *engl.* 'hænkɔk
Hand hant, **Hände** 'hɛndə
handbreit, H... 'hantbrai̯t
Händchen 'hɛntçən
Handel 'handl̩
Händel 'hɛndl̩
handeln 'handl̩n, **handle** 'handlə
handelseinig 'handl̩s|ai̯nɪç
handelseins 'handl̩s|ai̯ns
handfest 'hantfɛst
handgearbeitet 'hantgə|arbai̯tət
handgemein 'hantgəmai̯n
handgreiflich 'hatgrai̯flɪç
handgroß 'hantgro:s
handhaben 'hantha:bn̩, **handhab**! 'hantha:p, **handhabt** 'hantha:pt
...händig (z. B. zweihändig) ...,hɛndɪç, -e ...ɪgə
Handikap 'hɛndikɛp
handikapen 'hɛndikɛpn̩
Handikapper 'hɛndikɛpɐ
Hand-in-Hand-Arbeiten 'hant|ɪn'hant|arbai̯tn̩
Handke 'hantkə
Handkehrum 'hantke:ɐ̯|ʊm
Handl *dt., tschech.* 'handl̩
Händl 'hɛndl̩
handlang 'hantlaŋ
Handlanger 'hantlaŋɐ
handlangern 'hantlaŋɐn
Händler 'hɛndlɐ
handlich 'hantlɪç
Handlová *slowak.* 'handlɔva:
Handlung 'handlʊŋ
Handorf 'handɔrf
Handoškin vgl. Chandoschkin
Handout 'hɛndau̯t
Hands hɛnts, *engl.* hændz
Handschar han'dʒa:ɐ̯
Handschrift 'hantʃrɪft
handschriftlich 'hantʃrɪftlɪç
Handschuhsheim 'hantʃu:shai̯m
Handumdrehen 'hant|ʊmdre:ən
Handvoll 'hantfɔl
Handy *engl.* 'hændɪ
Handzame *niederl.* 'hɑntsa:mə
hanebüchen 'ha:nəby:çn̩
Hanefit hane'fi:t
Hänel 'hɛ:nl̩
Hanf hanf
Hanfei han'fai̯
hanfen 'hanfn̩
hänfen 'hɛnfn̩
Hanfertal 'hanfɐta:l
Hanford *engl.* 'hænfəd
Hanfstaengl 'hanfʃtɛŋl̩
Hang haŋ, **Hänge** 'hɛŋə
Hangar 'haŋga:ɐ̯, *auch:* -'-
Hangard 'haŋgart
Hangelar 'haŋəlar
hangeln 'haŋl̩n
Hangelsberg 'haŋl̩sbɛrk
hangen, H... 'haŋən
hängen 'hɛŋən
Hangerl 'haŋɐl
hängig 'hɛŋɪç, -e ...ɪgə
Hangö *schwed.* ,haŋø:
Hang-over *engl.* 'hæŋoʊvə
Hangtschou 'haŋtʃau̯
Hangul 'haŋgʊl
Hanichen 'ha:nɪçn̩
Haniel 'ha:ni̯e:l, *auch:* ...i̯ɛl
Hänigsen 'hɛ:nɪçsn̩
[1]**Hanka** *tschech.* 'haŋka
[2]**Hanka** vgl. Chanka
Hankamer 'haŋkamɐ
Hanke 'haŋkə
Hankiang 'haŋki̯aŋ
Hankin *engl.* 'hæŋkɪn
Hanko *finn.* 'hɑŋkɔ
Hankou 'haŋkau̯
Hann han
Hanna 'hana, *engl.* 'hænə
Hannah *engl.* 'hænə
Hannake ha'na:kə
Hannas 'hanas
Hannay *engl.* 'hæneɪ
Hannchen 'hançən
Hanne[bach] 'hanə[bax]
Hannegan *engl.* 'hænɪgən
Hannelore 'hanəlo:rə
Hannemann 'hanəman
Hannes 'hanəs, *isl.* 'hanɛ:s
Hänneschen 'hɛnəsçən
Hannibal 'hanibal, *engl.* 'hænɪbəl
Hannibal ad portas 'hanibal at 'pɔrta:s
Hannibal ante portas 'hanibal 'antə 'pɔrta:s
Hanno 'hano
Hannover ha'no:fɐ
Hannoveraner hanovə'ra:nɐ
hannoverisch ha'no:fərɪʃ
hannöverisch ha'nø:fərɪʃ
hannoversch ha'no:fɐʃ
hannöversch ha'nø:fɐʃ
Hannoversch-Münden hano:fɐʃ'mʏndn̩
Hanoi ha'nɔy, 'hanɔy
Hanomag (Wz) 'hanomak
Hanotaux *fr.* ano'to
Hanover *engl.* 'hænəvə
Han Pijesak *serbokr.* 'ha:n pi,jɛsak
Hanriot *fr.* ã'rjo
Hans hans, *niederl.* hɑns, *dän.* han's
Hansa 'hanza
Hanság *ung.* 'hɔnʃa:g
Hansaplast (Wz) hanza'plast
Hansard *engl.* 'hænsəd
Hänschen 'hɛnsçən
Hansdampf hans'dampf, *auch:* '--
Hansdorf 'hansdɔrf
Hanse 'hanzə
Hanseat hanze'a:t
Hansel 'hanzl̩
Hänsel 'hɛnzl̩
Hanselmann 'hanzl̩man
hänseln 'hɛnzl̩n, **hänsle** 'hɛnzlə
Hansemann 'hanzəman
Hansen 'hanzn̩, *niederl.* 'hɑnsə, *dän.* 'han'sən, *norw.* 'hansən, *engl.* hænsn
Hansi 'hanzi, *fr.* ã'si
hansisch 'hanzɪʃ
Hansjakob (Vorname) hans'ja:kɔp
Hansl 'hanzl̩
Hanslick 'hanslɪk
Hansnarr hans'nar, *auch:* '--
Hansom 'hɛnzəm, *engl.* 'hænsəm
Hanson *engl.* hænsn
Hanssen *dän.* 'han'sən
Hanssens *niederl.* 'hɑnsəns
Hansson *schwed.* 'hɑ:nsɔn
Hans Taps 'hans 'taps
Hanstein 'hanʃtai̯n
Hanstholm *dän.* 'hansdhɔl'm
Han-sur-Lesse *fr.* ãsyr'lɛs
Hansweert *niederl.* 'hɑnswe:rt
Hanswurst hans'vʊrst, *auch:* '--
Hanswursterei hansvʊrstə'rai̯
Hanswurstiade hansvʊrs'ti̯a:də
Hánta *ung.* 'ha:ntɔ
Hantel 'hantl̩
hanteln 'hantl̩n
hantieren han'ti:rən
hantig 'hantɪç, -e ...ɪgə
Hantos *ung.* 'hɔntoʃ
Hantschung 'hantʃʊŋ
Hanty-Mansijsk vgl. Chanty-Mansisk
Hanum ha'nʊm
Hanušovice *tschech.* 'hanuʃɔvitsɛ
Hanweiler 'hanvai̯lɐ
Haoma ha'o:ma, 'hau̯ma
Hapag 'hapak, 'ha:pak
Haparanda *schwed.* hapa'randa
hapaxanth hapa'ksant
Hapaxlegomenon hapaksle'go:menɔn, **...mena** ...mena
haperig 'ha:pərɪç, -e ...ɪgə
hapern 'ha:pɐn
Hapert *niederl.* 'ha:pərt
Hapeville *engl.* 'heɪpvɪl
Haphalgesie hafalge'zi:
Haphtarah hafta'ra:, **...roth** ...ro:t
haplodont, H... haplo'dɔnt
Haplographie haplogra'fi:, **-n** ...i:ən
haploid haplo'i:t, -e ...i:də
haplokaulisch haplo'kaulɪʃ
Haplologie haplolo'gi:, **-n** ...i:ən
Haplont ha'plɔnt

haplostemon haploste'mo:n
Häppchen 'hɛpçən
happen, H... 'hapn̩
Happening 'hɛpənɪŋ
Happenist hɛpə'nɪst
happig 'hapɪç, **-e** ...ɪgə
Happy *engl.* 'hæpɪ
Happy-End 'hɛpi'|ɛnt, *engl.* 'hæpɪ'ɛnd
Haps *niederl.* hɑps
Haptere hap'te:rə
haptisch 'haptɪʃ
Haptonastie haptonas'ti:, **-n** ...i:ən
Haptotropismus haptotro'pɪsmʊs
har! ha:ɐ̯
Härad *schwed.* ˌhæ:rad
Harakiri hara'ki:ri
Harald 'ha:ralt, *schwed.* 'hɑ:rald, *dän.* 'ha:ral
Haraldur *isl.* 'ha:raldʏr
Haram 'ha:ram
Harambašić *serbokr.* 'harambaʃitɕ
Haran ha'ra:n
Harana *span.* a'rana
harangieren haraŋ'gi:rən
Harangod *ung.* 'hɔrɔŋgod
Harar 'ha:rar
Harasiewicz *poln.* xara'ɕɛvitʃ
Haraß 'haras, **...asse** ...asə
Harbach *engl.* 'hɑ:bɑ:k
Harbatshofen harbats'ho:fn̩
Harbaugh *engl.* 'hɑ:bɔ:
Harbig 'harbɪç
Harbin 'harbɪn
Harbke 'harpkə
Harbor[d] *engl.* 'hɑ:bə[d]
Harborough *engl.* 'hɑ:bərə
Harbou 'harbu, ar'bu:
Harbour Grace *engl.* 'hɑ:bə 'greɪs
Harburg 'ha:ɐ̯bʊrk
Hårby *dän.* 'hɔ:rby:'
Harc *ung.* hɔrts
Härchen 'hɛ:ɐ̯çən
Harcourt *engl.* 'hɑ:kət, 'hɑ:kɔ:t, *fr.* ar'ku:r
Hard hart
Hardanger *norw.* har'daŋər
Hardangerarbeit 'hardaŋɐ|arbait
Hardangerfjord *norw.* har'daŋərfju:r
Hardangervidda *norw.* har'daŋərvida
[1]**Harde** (Bezirk) 'hardə
[2]**Harde** (Name) *niederl.* 'hɑrdə
Hardecanute *engl.* 'hɑ:dɪkənju:t
Hardee *engl.* 'hɑ:dɪ
Hardel 'hardl̩
Harden 'hardn̩, *engl.* hɑ:dn
Hardenbeck 'hardn̩bɛk
Hardenberg 'hardn̩bɛrk, *niederl.* 'hɑrdənbɛrx
Harder 'hardɐ
Harderwijk *niederl.* hɑrdər'wɛi̯k
Hardheim 'harthaim
Hardi 'hardi
Hardie *engl.* 'hɑ:dɪ
Harding[e] *engl.* 'hɑ:dɪŋ
Hardinghausen hardɪŋ'hauzn̩
Hardinxveld *niederl.* 'hɑrdɪŋksfɛlt
Härdler 'hɛrdlɐ
Hardouin *fr.* ar'dwɛ̃
Hardsyssel *dän.* 'harsysəl
Hardt hart, ha:ɐ̯t, *fr.* art
Hardtmuth 'hartmu:t
Hardtop *engl.* 'hɑ:dtɔp
Härdtsfeld 'hɛrtsfɛlt
Harduin 'hardui:n
Hardware *engl.* 'hɑ:dwɛə
Hardwick[e] *engl.* 'hɑ:dwɪk
Hardy *engl.* 'hɑ:dɪ, *fr.* ar'di
Hardybremse 'hardibrɛmzə
Hare *engl.* hɛə
Harelbeke *niederl.* 'ha:rəlbe:kə
Harem 'ha:rɛm
Haremheb harɛm'he:p
Haren *niederl.* 'ha:rə
hären 'hɛ:rən
Harenkarspel *niederl.* ha:rən'kɑrspəl
Häresie hɛre'zi:, **-n** ...i:ən
Hareskov *dän.* 'ha:rəsgɔu̯'
Häretiker hɛ're:tikɐ
häretisch hɛ're:tɪʃ
Harewood *engl.* 'hɑ:wʊd, 'hɛəwʊd
Harfe 'harfə
harfen 'harfn̩
Harfenist harfə'nɪst
Harfleur *fr.* ar'flœ:r
Harfner 'harfnɐ
Harg *schwed.* harj
Hargarten 'hargartn̩
Hargesheim 'hargəshaim
Hargraves *engl.* 'hɑ:greɪvz
Hargreaves *engl.* 'hɑ:gri:vz
Haria *span.* 'ari̯a
Harich 'ha:rɪç
Harijan 'ha:rijan
Häring 'hɛ:rɪŋ
Haringer 'ha:rɪŋɐ
Harington *engl.* 'hærɪŋtən
Haringvliet *niederl.* 'ha:rɪŋvli:t
Hariri ha'ri:ri
Haris *indon.* 'harɪs
Hariton vgl. Chariton
Härjedalen *schwed.* ˌhærjəda:lən
Harkakötöny *ung.* 'hɔrkɔkøtønj
Harkány *ung.* 'hɔrka:nj
Harkányfürdő *ung.* 'hɔrka:njfyrdø:
Harke 'harkə
harken 'harkn̩
Harkerode harkə'ro:də
Harkness *engl.* 'hɑ:knɪs
Harkort 'harkɔrt
Harksheide harks'haidə
Harlaching 'harlaxɪŋ
Harlan 'harlan, *engl.* 'hɑ:lən
Harland *engl.* 'hɑ:lənd
Harlange *fr.* ar'lã:ʒ
Harlay *fr.* ar'lɛ
Harle 'harlə
Harlech *engl.* 'hɑ:lɛk
Harlekin 'harleki:n
Harlekinade harleki'na:də
Harlem 'harlɛm, *engl.* 'hɑ:ləm
Harleshausen 'harləshauzn̩
Harleß 'harlɛs
Hårlev *dän.* 'hɔ:rleu̯
Harley *engl.* 'hɑ:lɪ
Harlingen 'harlɪŋən, *engl.* 'hɑ:lɪŋən, *niederl.* 'hɑrlɪŋə
Harlinger 'harlɪŋɐ
Harlingerode harlɪŋə'ro:də
Harlington *engl.* 'hɑ:lɪŋtən
Harlunge 'harlʊŋə
Harm harm
Harmaja *finn.* 'hɑrmɑjɑ
Harmanli *vgl.* Charmanli
Harmannsdorf 'harmansdɔrf
Hármashatárhegy *ung.* 'ha:rmɔʃhɔta:rhɛdj
Harmel *fr.* ar'mɛl
Harmelen *niederl.* 'hɑrmələ
Harmelsdorf 'harml̩sdɔrf
härmen 'hɛrmən
Harmensz *niederl.* 'hɑrməns
Harmlosigkeit 'harmlo:zɪçkait
Harmon *engl.* 'hɑ:mən
Harmodios har'mo:di̯ɔs
Harmodius har'mo:di̯ʊs
Harmonia har'mo:ni̯a
Harmonie harmo'ni:, **-n** ...i:ən
harmonieren harmo'ni:rən
Harmonik har'mo:nɪk
Harmonika har'mo:nika
harmonikal harmoni'ka:l
Harmoniker har'mo:nikɐ
harmonisch har'mo:nɪʃ
Harmonische har'mo:nɪʃə
harmonisieren harmoni'zi:rən
harmonistisch harmo'nɪstɪʃ
Harmonium har'mo:ni̯ʊm, **...ien** ...i̯ən
Harmosis har'mo:zɪs
Harms harms
Harmsen 'harmzn̩
Harmsworth *engl.* 'hɑ:mzwə:θ
Harn[ack] 'harn[ak]
harnen 'harnən
Harnes *fr.* arn
Harney *engl.* 'hɑ:nɪ
Harnisch 'harnɪʃ
Härnösand *schwed.* hærnø:'sand
Haro *span.* 'aro
Haroeris haro'e:rɪs
Harold 'ha:rɔlt, *engl.* 'hærəld
Háromfa *ung.* 'ha:romfɔ
Harpagon 'harpagɔn, *fr.* arpa'gɔ̃
Harpalus 'harpalʊs
Harpeggio [h]ar'pɛdʒo
Harpen 'harpn̩

Harpenden *engl.* 'hɑːpəndən
Harper *engl.* 'hɑːpə
Harpignies *fr.* arpi'ɲi
Harpokrates har'poːkratɛs
Harpolith harpo'liːt, *auch:* ...lɪt
Harpsichord harpsi'kɔrt, -e ...rdə
Harpstedt 'harp-ʃtɛt
Harpune har'puːnə
Harpunier harpu'niːɐ̯
harpunieren harpu'niːrən
Harpyie har'pyːjə
Harrachov *tschech.* 'haraxɔf
Harrap *engl.* 'hærəp
Harras 'haras
Harrassowitz ha'rasovɪts
Harrell *engl.* 'hærəl
harren 'harən
Harrer 'harɐ
Harri 'hari
Harriet *dän.* 'harjɛd, 'har'jɛd
Harriman *engl.* 'hærɪmən
Harrington *engl.* 'hærɪŋtən
Harriot *engl.* 'hærɪət
Harris *engl.* 'hærɪs
Harrisburg *engl.* 'hærɪsbəːg
Harrismith *engl.* 'hærɪsmɪθ
Harrison[burg] *engl.* 'hærɪsn[bəːg]
Harris-Tweed *engl.* 'hærɪstwiːd
Harrodsburg *engl.* 'hærədzbəːg
Harrogate *engl.* 'hærəgɪt
Harrow *engl.* 'hæroʊ
Harry 'hari, 'hɛri, *engl.* 'hærɪ, *schwed.* 'hary
Harsányi *ung.* 'hɔrʃaːnji
harsch, H... harʃ
harschen 'harʃn̩
Harsdorf 'harsdɔrf
Harsdorff *dt., dän.* 'harsdɔrf
Harsdörffer 'harsdœrfɐ
Harsefeld 'harzəfɛlt
Harsewinkel harzə'vɪŋkl̩
Harsiese har'zieːzə
Harskamp *niederl.* 'harskɑmp
Hărsovo vgl. Charsowo
Harst harst
Harstad *norw.* ˌharsta
Harsum 'harzʊm
hart hart, **härter** 'hɛrtɐ
Hart hart, *engl.* hɑːt
Hartberg 'hartbɛrk
Harte *engl.* hɑːt
Härte 'hɛrtə
Hartebeest 'hartəbeːst
Hartefeld 'hartəfɛlt
Hartel 'hartl̩
Härtel 'hɛrtl̩
härten 'hɛrtn̩
Hartenau 'hartənau̯
Hartenstein 'hartn̩ʃtai̯n
härter vgl. hart
Härterei hɛrtə'rai̯
Hartford *engl.* 'hɑːtfəd
hartgesotten 'hartgəzɔtn̩
Harth[a] 'hart[a]
Harthau 'hartau̯
Hartherzigkeit 'harthɛrtsɪçkai̯t
Hartig 'hartɪç
Hartkirchen hart'kɪrçn̩
Hartknoch 'hartknɔx
hartköpfig 'hartkœpfɪç, -e ...ɪgə
Hartl 'hartl̩
Hartlaub 'hartlau̯p
Hartleben 'hartleːbn̩
Hartlef 'hartlɛf
Hartleibigkeit 'hartlai̯bɪçkai̯t
Hartlepool *engl.* 'hɑːtlɪpuːl
Hartley *engl.* 'hɑːtlɪ
Hartli[e]b 'hartliːp
Härtling 'hɛrtlɪŋ
Hartmann *dt., schwed.* 'hartman
Hartmannsdorf 'hartmansdɔrf
Hartmannshof hartmans'hoːf
Hartmannsweilerkopf hartmansvai̯lɐ'kɔpf
hartmäulig 'hartmɔy̯lɪç, -e ...ɪgə
Hartmut 'hartmuːt
Hartmute hart'muːtə
Hartnacke 'hartnakə
hartnäckig 'hartnɛkɪç, -e ..ɪgə
Hartog *niederl.* 'hɑrtɔx
Hartold 'hartɔlt
Hartriegel 'hartriːgl̩
Hartschier har'tʃiːɐ̯
Härtsfeld 'hɛrtsfɛlt
Hartsville *engl.* 'hɑːtsvɪl
Hartum 'hartʊm
Hartung 'hartʊŋ
Härtung 'hɛrtʊŋ
Hartvig *dän.* 'hardvi
Hartwich 'hartvɪç
Hartwig 'hartvɪç
Hartwin 'hartviːn
Hartz *niederl.* hɑrts
Hartzenbusch 'hartsn̩bʊʃ, *span.* arθɛm'butʃ
Harude ha'ruːdə
Harun Al Raschid ha'ruːn al ra'ʃiːt
Harunobu haru'noːbu
Haruspex ha'rʊspɛks, **Haruspizes** ha'rʊspitseːs
Haruspizium haru'spiːtsiʊm, ...**ien** ...iən
Harvard *engl.* 'hɑːvəd
Harvestehude harvɛstə'huːdə
Harvey *engl.* 'hɑːvɪ
Harwich *engl.* 'hærɪdʒ
Harwood *engl.* 'hɑːwʊd
Harxheim 'harkshai̯m
Hary 'haːri
Harz haːɐ̯ts
Harzburg 'haːɐ̯tsbʊrk
harzen 'haːɐ̯tsn̩
Harzer 'haːɐ̯tsɐ
Harzgerode haːɐ̯tsgə'roːdə
harzig 'haːɐ̯tsɪç, -e ...ɪgə
Hasan 'hasan, *pers.* hæ'sæn, *türk.* hɑ'sɑn
Hasard ha'zart
Hasardeur hazar'døːɐ̯
Hasardeuse hazar'døːzə
hasardieren hazar'diːrən
Hasbengau 'hasbŋgau̯
Hasborn 'hasbɔrn
Hasbrouck *engl.* 'hæzbrʊk
Hasch haʃ
Haschee ha'ʃeː
haschen, H... 'haʃn̩
Häschen 'hɛːsçən
Häscher 'hɛʃɐ
Hascherl 'haʃɐl
haschieren ha'ʃiːrən
Haschisch 'haʃɪʃ
Hasdeu *rumän.* haz'deu̯, haʒ'deu̯, hɨʒ'dɨu̯
Hasdrubal 'hasdrubal
Hase 'haːzə
Hasebroek *niederl.* 'haːzəbruːk
Hašek *tschech.* 'haʃɛk
Hasel 'haːzl̩
Haselant hazə'lant
Haselberg 'haːzl̩bɛrk
Häselgehr 'hɛːzl̩geːɐ̯
haselieren hazə'liːrən
Haselnuß 'haːzl̩nʊs
Haseloff 'haːzəlɔf
Haselrig *engl.* 'heɪzlrɪg
Haselwander 'haːzl̩vandɐ
Hasenauer 'haːzənau̯ɐ
Hasenclever 'haːzn̩kleːvɐ
hasenfüßig 'haːzn̩fyːsɪç, -e ...ɪgə
Hasenkamp 'haːzn̩kamp
Hasenmatt haːzn̩'mat
Hasenöhrl 'haːzn̩|øːɐ̯l
Hasentanz 'haːzn̩tants
Häser 'hɛːzɐ
Hasin *pers.* hæ'ziːn
Häsin 'hɛːzɪn
Häsingen 'hɛːzɪŋən
Häsitation hɛzita'tsioːn
häsitieren hɛzi'tiːrən
Haskerland *niederl.* 'hɑskərlɑnt
Haskil 'haskɪl
Haskovo vgl. Chaskowo
Haslach (Baden) 'haslax
Hasle *dän.* 'haslə
Haslemere *engl.* 'heɪzlmɪə
Haslev *dän.* 'hasleu̯
Hasli 'haːsli
Haslingden *engl.* 'hæzlɪŋdən
Haslinger 'haːslɪŋɐ
Hasner 'haːsnɐ
Hasparren *fr.* aspa'rɛn
Haspe 'haspə
Haspel 'haspl̩
haspeln 'haspl̩n
Haspen 'haspn̩
Haspengouw *niederl.* 'hɑspənxɔu̯
Haspinger 'haspɪŋɐ
Haß has, **Hasses** 'hasəs
Hass has
Hassam *engl.* 'hæsəm
Hassan 'hasan
Haßberge 'hasbɛrgə
Hasse 'hasə
Hassee 'hase
Hassegau 'hasəgau̯

Hạssel 'hasl̩
Hạssela *schwed.* ˌhasəla
Hạsselblatt 'hasl̩blat
Hasselfẹlde hasl̩'fɛldə
Hạsselfors *schwed.* ˌhasəlfɔrs
Hạssell 'hasl̩
Hạsselriis *dän.* 'hasəlriːˀs
Hasselt *fr.* a'sɛlt, *niederl.* 'hɑsəlt
hạssen 'hasn̩, **hạßt** hast
Hạssenpflug 'hasn̩pfluːk
Hạssenstein 'hasn̩ʃtai̯n
Hạssert 'hasɐt
Hạßfurt 'hasfʊrt
Hạssia 'hasi̯a
Hassi-Messaoud *fr.* asimɛsa'ud
Hạssinger 'hasɪŋɐ
Hạßkarl 'haskarl
Hạßlach 'haslax
Hạßlau 'haslau̯
Hạßleben 'hasleːbn̩
Hässlehọlm *schwed.* hɛslə'hɔlm
Hạßler 'haslɐ
hạ̈ßlich 'hɛslɪç
Haßlinghausen 'haslɪŋhau̯zn̩, ––'––
Hạßloch 'haslɔx
hạst, Hạst hast
Hạste 'hastə
Hạstedt 'haʃtɛt
hạsten 'hastn̩
hạstig 'hastɪç, **-e** ...ɪɡə
Hastings *engl.* 'heɪstɪŋz
Haswell *engl.* 'hæzwəl
hạt hat
Hạta 'hata
Hatanga vgl. Chatanga
Hạtay *türk.* 'hɑtɑi̯
Hatch[ett] *engl.* 'hætʃ[ɪt]
Hạteg *rumän.* 'hatseg
Hatfield *engl.* 'hætfiːld
Hathaway *engl.* 'hæθəweɪ
Hạthor 'haːtɔr
Hatifị *pers.* hɑte'fiː
Hatojạma hato'jaːma
Hạtra 'haːtra
Hạtschek 'hatʃɛk
hạ̈tscheln 'hɛːtʃl̩n
Hatschẹpsut ha'tʃɛpsʊt
hatschi! ha'tʃiː, *auch:* 'hatʃi
Hatschier ha'tʃiːɐ̯
Hạtt *dän.* had
Hạtta *indon.* 'hata
hạtte 'hatə
hạ̈tte 'hɛtə
Hạttem *niederl.* 'hɑtəm
Hạtten 'hatn̩, *niederl.* 'hɑtə
Hatteras *engl.* 'hætərəs
Hạttersheim 'hatɐshai̯m
Hạttiesburg *engl.* 'hætɪzbəːɡ
Hạttingen 'hatɪŋən
Hạtto 'hato
Hatton *engl.* hætn
Hạttorf 'hatɔrf
Hat-Trick, Hạttrick *engl.* 'hættrɪk
Hạttuscha 'hatʊʃa
Hatvan *ung.* 'hɔtvɔn
Hạtz[enport] 'hats[n̩pɔrt]
Hạ̈tzer 'hɛtsɐ
Hạtzfeld 'hatsfɛlt, *fr.* ats'fɛld
hatzi! ha'tsiː, *auch:* 'hatsi
Hatzidạkis *neugr.* xadzi'ðakis
Hau hau̯
Häubchen 'hɔy̯pçən
Haube 'hau̯bə
Hauberrisser 'hau̯bərɪsɐ
Haubersbrọnn hau̯bɐs'brɔn
Haubịtze hau̯'bɪtsə
Haubourdin *fr.* obur'dɛ̃
[1]**Hauch** haux
[2]**Hạuch** (Name) *dän.* hau̯'ɡ
hauchdụ̈nn 'haux'dʏn
hauchen 'hau̯xn̩
hauchfein 'haux'fai̯n
hauchzart 'haux'tsaːɐ̯t
Hauck hau̯k, *engl.* haʊk
Haucke 'hau̯kə
Haudegen 'hau̯deːɡn̩
Haue 'hau̯ə
Haueis 'hau̯|ai̯s
Haueisen 'hau̯|ai̯zn̩
hauen 'hau̯ən
Hauenstein 'hau̯ənʃtai̯n
Hauer 'hau̯ɐ
Häuer 'hɔy̯ɐ
Hauerz 'hau̯ɐts
Häufchen 'hɔy̯fçən
häufeln 'hɔy̯fl̩n
Haufen 'hau̯fn̩
häufen 'hɔy̯fn̩
Hauff[e] 'hau̯f[ə]
häufig 'hɔy̯fɪç, **-e** ...ɪɡə
Häufung 'hɔy̯fʊŋ
Haug hau̯k, *fr.* oːɡ
Hauge *norw.* ˌhœy̆ɡə
Haugen *engl.* 'haʊɡən
Haugesund *norw.* ˌhœy̆ɡəsʉn
Haugsdorf 'hau̯ksdɔrf
Haugwitz 'hau̯kvɪts
Hauhechel 'hau̯hɛçl̩
Hauingen 'hau̯ɪŋən
Hạukipudas *finn.* 'hɑu̯kipudɑs
Hạukivesi *finn.* 'hɑu̯kivɛsi
Haukland *norw.* ˌhœu̯klan
Hauksbee *engl.* 'hɔːksbɪ
Haule *niederl.* 'hɔu̯lə
Haunalter 'hau̯naltɐ
Haune 'hau̯nə
Haunstẹtten hau̯n'ʃtɛtn̩
Haupersweiler 'hau̯pɐsvai̯lɐ
[1]**Haupt** hau̯pt, **Häupter** 'hɔy̯ptɐ
[2]**Haupt** (Name) hau̯pt, *engl.* haʊpt
Häuptel 'hɔy̯ptl̩
Häupten, zu 'tsuː 'hɔy̯ptn̩
Haupteslänge 'hau̯ptəslɛŋə
Häuptling 'hɔy̯ptlɪŋ
häuptlings 'hɔy̯ptlɪŋs
Hauptmann 'hau̯ptman
Hauptsache 'hau̯ptzaxə
hauptsächlich 'hau̯ptzɛçlɪç
Hauptstuhl 'hau̯ptʃtuːl
Hauptteil 'hau̯pttai̯l
Hauran hau̯'raːn
Haurạnne *fr.* ɔ'ran
Hauriou *fr.* o'rju
hau rụck! 'hau̯ 'rʊk
Haurụck hau̯'rʊk
Haus hau̯s, **-es** 'hau̯zəs, **Häuser** 'hɔy̯zɐ
Hausa 'hau̯sa
Hausach 'hau̯zax
hausbacken 'hau̯sbakn̩
Häuschen 'hɔy̯sçən
Hausdorf[f] 'hau̯sdɔrf
Hausegger 'hau̯zɛɡɐ, –'––
Häusel 'hɔy̯zl̩
hausen 'hau̯zn̩, **haus!** hau̯s, **haust** hau̯st
Hausen[stein] 'hau̯zn̩[ʃtai̯n]
Hauser 'hau̯zɐ
Häuser vgl. Haus
Häusern 'hɔy̯zɐn
haushälterisch 'hau̯shɛltərɪʃ
Hausham 'hau̯sham
haushoch 'hau̯s'hoːx
Haushofer 'hau̯shoːfɐ
hausieren hau̯'ziːrən
Häusl 'hɔy̯zl̩
Hausleiten hau̯s'lai̯tn̩
Häusler 'hɔy̯slɐ
Hausleute 'hau̯slɔy̯tə
häuslich 'hɔy̯slɪç
Hausmacher... 'hau̯smaxɐ...
Hausmann 'hau̯sman
Hausmannit hau̯sma'niːt, *auch:* ...nɪt
Hausruck 'hau̯srʊk
Haussa 'hau̯sa
Hausse 'hoːs[ə], oːs; **-n** '[h]oːsn̩
Häusser 'hɔy̯sɐ
Haussier [h]o'si̯eː
Haußmann 'hau̯sman
Haussmạnn *fr.* os'man
Haussonvịlle *fr.* osõ'vil
Haustadt 'hau̯ʃtat
Haustenbeck 'hau̯stn̩bɛk
Haustorium hau̯s'toːri̯ʊm, **...ien** ...i̯ən
Haut hau̯t, **Häute** 'hɔy̯tə
Hautbois [h]o'bo̯a, **des -** ...a[s], **die -** ...as
Haut-Brion *fr.* obri'õ
Häutchen 'hɔy̯tçən
Haute Coiffure [h]oːtko̯a'fyːɐ̯
Haute Couture [h]oːtku'tyːɐ̯
Haute Couturier [h]oːtkuty'ri̯eː
Hautefinance [h]oːtfi'nãːs
Hautefort *fr.* ot'fɔːr
Hautelisse [h]oːt'lɪs, **-n** ...sn̩
häuten 'hɔy̯tn̩
Hauterive *fr.* ot'riːv
Hauterivien [h]oːtri'vi̯ɛ̃ː
Hautes-Fagnes *fr.* ot'faɲ
Hauteville *fr.* ot'vil
Hautevolee [h]oːtvo'leː
Haute-Voltạ *fr.* otvɔl'ta
Hautflügler 'hau̯tflyːɡlɐ
Hautgout o'ɡuː
häutig 'hɔy̯tɪç, **-e** ...ɪɡə
Haut mal *fr.* o'mal
Hautmont *fr.* o'mõ
Hautpoul *fr.* o'pul

Hautrelief '[h]o:reli̯ɛf, ore'li̯ɛf
Haut-Rhin *fr.* o'rɛ̃
Haut-Sauternes *fr.* oso'tɛrn
Haüy *fr.* a'ɥi
Haüyn hay'i:n
Hauzenberg hautsn̩'bɛrk
Havamal 'ha:vama:l
Havana, Havanna ha'vana
Havant *engl.* 'hævænt
Havarie hava'ri:, **-n** ...i:ən
havariert hava'ri:ɐ̯t
Havarino hava'ri:no
Havarist hava'rɪst
Havas *fr.* a'vɑ:s
Havasu *engl.* 'hævəsu:
Havdhem *schwed.* ˌhavdhɛm
Havel 'ha:fl̩, *tschech.* 'havɛl
Havelaar *niederl.* 'ha:vəla:r
Havelberg 'ha:fl̩bɛrk
Havelland 'ha:fl̩lant
[1]**Havelock** (Mantel) 'ha:vəlɔk
[2]**Havelock** (Name) *engl.* 'hævlɔk
Havelte *niederl.* 'ha:vəltə
Havemann 'ha:vəman
Haven *engl.* heɪvn
Hävenich 'hɛ:vənɪç
have, pia anima 'ha:ve 'pi:a 'a:nima
Haverei havə'rai̯, *auch:* haf...
Haverfordwest *engl.* hævəfəd'wɛst
Haverhill *engl.* 'heɪvərɪl
Haverschmidt *niederl.* 'ha:vərsmɪt
Haverstraw *engl.* 'hævəstrɔ:
Havet *fr.* a'vɛ
Havilland *engl.* 'hævɪlənd
Havířov *tschech.* 'havi:rʒɔf
Havlíček *tschech.* 'havli:tʃɛk
Havlíčkův Brod *tschech.* 'havli:tʃku:v 'brɔt
Havre *engl.* 'hævə
Havre de Grace *engl.* 'hævə dɪ'greɪs
Havre, Le *fr.* lə'ɑ:vr
Hawaii ha'vai̯i, *engl.* hə'wɑ:i:
Hawaiian Islands *engl.* hə'waɪən 'aɪləndz
hawaiisch ha'vai̯ɪʃ
Hawara ha'va:ra
Hawel 'ha:vl̩
Hawelka ha'vɛlka
Hawes *engl.* hɔ:z
Hawick *engl.* 'hɔ:ɪk
Hawke[r] *engl.* 'hɔ:k[ə]
Hawkesbury *engl.* 'hɔ:ksbərɪ
Hawkesworth *engl.* 'hɔ:kswə:θ
Hawkins *engl.* 'hɔ:kɪnz
Hawks[bee] *engl.* 'hɔ:ks[bɪ]
Hawksmoor *engl.* 'hɔ:ksmʊə
Hawkyns *engl.* 'hɔ:kɪnz
Hawley *engl.* 'hɔ:lɪ
Haworth *engl.* 'hɔ:əθ
Hawthorn[e] *engl.* 'hɔ:θɔ:n
Haxe 'haksə
Haxo *fr.* ak'so
Haxthausen 'haksthau̯zn̩

Hay *engl.* heɪ
Háy *ung.* 'ha:i
Haya de la Torre *span.* 'aja ðe la 'tɔrrɛ
Hayange *fr.* a'jã:ʒ
Haydarpaşa *türk.* hai̯'darpaˌʃa
Hayden *engl.* heɪdn
Haydn 'hai̯dn̩
Haydock *engl.* 'heɪdɔk
Haydon *engl.* heɪdn
Haye *fr.* ɛ
Hayek 'hajɛk
Hayes *engl.* heɪz
Hayez *it.* 'a:i̯ets
Hayingen 'hai̯ɪŋən
Hay-les-Roses *fr.* ɛle'ro:z
Hayley *engl.* 'heɪlɪ
Haym hai̯m
Hayman *engl.* 'heɪmən
Haymarket *engl.* 'heɪmɑ:kɪt
Haymerle 'hai̯mɐlə
Haymo 'hai̯mo
Hayn[au] 'hai̯n[au̯]
Hayneccius hai̯'nɛkʦi̯ʊs
Hayne[s] *engl.* heɪn[z]
Haynrode hai̯n'ro:də
Haynsburg 'hai̯nsbʊrk
Hays *engl.* heɪz
Hayward *engl.* 'heɪwəd
Haywood *engl.* 'heɪwʊd
Hayworth *engl.* 'heɪwəθ
Hazard *engl.* 'hæzəd, *fr.* a'za:r
Hazebrouck *fr.* az'bruk, *niederl.* 'ha:zəbru:k
Hazel *engl.* heɪzl
Hazelius *schwed.* ha'se:liʊs
Hazen *engl.* heɪzn
Hazerswoude *niederl.* ha:zɔrs'wɔu̯də
Hazienda ha'tsi̯ɛnda
Haziendero hatsi̯ɛn'de:ro
Hazleton *engl.* 'heɪzltən
Hazlitt *engl.* 'hæzlɪt, 'heɪzlɪt
Hazor ha'tso:ɐ̯
H-Bombe 'ha:bɔmbə
h. c. ha:'tse:
H-Dur 'ha:du:ɐ̯, *auch:* '–'–
he! he:
Head[lam] *engl.* 'hɛd[ləm]
Headline *engl.* 'hɛdlaɪn
Heagerty *engl.* 'hɛgətɪ
Heald *engl.* hi:ld
Heal[ey] *engl.* 'hi:lɪ
Heanor *engl.* 'hi:nə
Heanze 'he:antsə
Heard *engl.* hə:d
Hearing *engl.* 'hɪərɪŋ
Hearn[e] *engl.* hə:n
Hearst *engl.* hə:st
Heart of Midlothian *engl.* 'hɑ:t əv mɪd'loʊðjən
Heart's Content *engl.* 'hɑ:ts kən'tɛnt
Heath[cliff] *engl.* 'hi:θ[klɪf]
Heathcoat *engl.* 'hi:θkoʊt
Heathcote *engl.* 'hɛθkət, 'hi:θkət
Heathfield *engl.* 'hi:θfi:ld

Heathrow *engl.* 'hi:θroʊ
Heaton *engl.* hi:tn
Heautognomie heau̯tɔgno'mi:
Heautonomie heau̯tono'mi:
Heautoskopie heau̯tosko'pi:
Heaviside *engl.* 'hɛvɪsaɪd
heb! he:p
Hebalm 'he:balm
Hebamme 'he:p|amə, *auch:* 'he:bamə
Hebbel 'hɛbl̩
Hebble *engl.* hɛbl
Hebburn *engl.* 'hɛbən
Hebden *engl.* 'hɛbdən
Hebdomadar hɛpdoma'da:ɐ̯
Hebdomadarius hɛpdoma'da:ri̯ʊs, **...ien** ...i̯ən
Hebe 'he:bə, *B* ...be
Hebebrand 'he:bəbrant
Hebel 'he:bl̩
heben 'he:bn̩, **heb!** he:p, **hebt** he:pt
Hebephrenie hebefre'ni:, **-n** ...i:ən
[1]**Heber** 'he:bɐ
[2]**Heber** (Name) *engl.* 'hi:bə
Heberden *engl.* 'hɛbədən
Heberdey 'he:bɐdai̯
Heberer 'he:bərɐ
Heberlein 'he:bɐlai̯n
Hébert *fr.* e'bɛ:r
Hébertot *fr.* ebɛr'to
Hebertsfelden he:bɐts'fɛldn̩
Heboidophrenie hebo͜idofre'ni:, **-n** ...i:ən
Heb[oste]otomie heb[ɔste]oto'mi:, **-n** ...i:ən
Hebra 'he:bra
Hebräer he'brɛ:ɐ
Hebraica he'bra:ika
hebräisch he'brɛ:ɪʃ
Hebraismus hebra'ɪsmʊs
Hebraist[ik] hebra'ɪst[ɪk]
Hebräus he'brɛ:ʊs
Hebriden he'bri:dn̩
Hebrides *engl.* 'hɛbrɪdi:z
Hebron 'he:brɔn, *engl.* 'hi:brɔn
Hecataeus heka'tɛ:ʊs
Hechel 'hɛçl̩
Hechelei hɛçə'lai̯
hecheln 'hɛçl̩n
Hechendorf 'hɛçn̩dɔrf
Hechingen 'hɛçɪŋən
Hechlingen 'hɛçlɪŋən
Hechse 'hɛksə
[1]**Hecht** hɛçt
[2]**Hecht** (Name) hɛçt, *engl.* hɛkt
Hechtel *niederl.* 'hɛxtəl
Hechtsheim 'hɛçtshai̯m
Heck hɛk
[1]**Hecke** 'hɛkə
[2]**Hecke** (Name) *dt., niederl.* 'hɛkə
Heckel[berg] 'hɛkl̩[bɛrk]
hecken 'hɛkn̩
Heckenbach 'hɛkn̩bax
Heckendalheim hɛkn̩'da:lhai̯m
Heckendorf 'hɛkn̩dɔrf

Heckengäu 'hɛkŋɡɔy
Hecker 'hɛkɐ, *engl.* 'hɛkə
Heckewelder *engl.* 'hɛkəwɛldə
Hecklingen 'hɛklɪŋən
Heckmann 'hɛkman
Heckmeck 'hɛkmɛk
Heckmondwike *engl.* 'hɛkməndwaɪk
Hector 'hɛktɔr, *engl.* 'hɛktə, *fr.* ɛk'tɔ:r
Héctor *span.* 'ɛktɔr
Hecuba 'he:kuba
heda! 'he:da
Heda *niederl.* 'he:da:
Hedberg *schwed.* ˌhe:dbærj
Hedda 'hɛda
Heddernheim 'hɛdɐnhaim
Heddesheim 'hɛdəshaim
Hede 'he:də, *schwed.* ˌhe:də
Hedehusene *dän.* 'he:ðəhu:sənə
Hedel 'he:dl̩, *niederl.* 'he:dəl
Hedemann 'he:dəman
Hedemora *schwed.* ˌhe:dəmu:ra
heden 'he:dn̩, **hedne** 'he:dnə
Hedenvind *schwed.* ˌhe:dənvind
Hederich 'he:dərɪç
Hedersleben 'he:dɐsle:bn̩
Hédervár[y] *ung.* 'he:dɛrva:r[i]
Hedge[s] *engl.* 'hɛdʒ[ɪz]
Hedi 'he:di
Hedin *schwed.* he'di:n
Hedlinger 'he:dlɪŋɐ
Hedmark *norw.* ˌhe:dmark
Hedonik he'do:nɪk
Hedoniker he'do:nikɐ
Hedonismus hedo'nɪsmʊs
Hedonist hedo'nɪst
Hédouville *fr.* edu'vil
Hedrozele hedro'tse:lə
Hedschas 'hɛdʒas
Hedschra 'hɛdʒra
Hedtoft *dän.* 'heðtɔft
Hedvig *schwed.* 'hɛdvig
Hedvika *tschech.* 'hɛdvika
Hedwig 'he:tvɪç
Hedy 'he:di
Heel *niederl.* he:l
Heem *niederl.* he:m
Heemsker[c]k *niederl.* 'he:mskɛrk
Heemstede *niederl.* 'he:mste:də
Heenan *engl.* 'hi:nən
Heepen 'he:pn̩
[1]**Heer** he:ɐ̯
[2]**Heer** (Name) he:ɐ̯, *niederl.* he:r
Heer-Arendskerke *niederl.* he:r'a:rəntskɛrkə
Heerbrugg he:ɐ̯'brʊk
Heerdt he:ɐ̯t
Heere *niederl.* 'he:rə
Heeren 'he:rən
Heerenberg *niederl.* he:rən'bɛrx
Heerenveen *niederl.* he:rən've:n
Heerhugowaard *niederl.* he:rhy:xo:'wa:rt
Heeringen 'he:rɪŋən
Heerlen *niederl.* 'he:rlə
Heermann 'he:ɐ̯man
Hees, Heesch *niederl.* he:s
Heessen 'he:sn̩
Heesters 'he:stɐs
Heestert *niederl.* 'he:stərt
Heeswijk *niederl.* 'he:swɛi̯k
Heeten *niederl.* 'he:tə
Heeze *niederl.* 'he:zə
Hefe[le] 'he:fə[lə]
Heffter 'hɛftɐ
Hefner 'he:fnɐ
Heft[el] 'hɛft[l̩]
hefteln 'hɛftl̩n
heften 'hɛftn̩
heftig 'hɛftɪç, **-e** ...ɪɡə
Heftrich 'hɛftrɪç
Hegar 'he:ɡar
Hegau 'he:ɡau̯
Hege 'he:ɡə
Hegedüs *ung.* 'hɛɡɛdyʃ
Hegel 'he:ɡl̩
Hegelianer he:ɡə'li̯a:nɐ
hegelianisch, H... he:ɡə'li̯a:nɪʃ
Hegeling 'he:ɡəlɪŋ
hegelsch, H... 'he:ɡl̩ʃ
Hegemann 'he:ɡəman
Hegemon he'ɡe:mɔn
Hegemonial... hegemo'ni̯a:l...
Hegemonie hegemo'ni:, **-n** ...i:ən
Hegemonikon hegemoni'kɔn
hegemonisch hege'mo:nɪʃ
hegen 'he:ɡn̩, **heg!** he:k, **hegt** he:kt
Hegenbarth 'he:ɡn̩ba:ɐ̯t
Hegesias he'ɡe:zi̯as
Hegesipp[os] hege'zɪp[ɔs]
Heggen 'hɛɡn̩
Hegi 'he:ɡi
Hegius 'he:ɡi̯ʊs, *niederl.* 'he:xi:ʏs
Hegner 'he:ɡnɐ
Hegumenos he'ɡu:menɔs, **...noi** ...nɔy
Hegyeshalom *ung.* 'hɛdjɛʃhɔlom
Hegyfalu *ung.* 'hɛtjfɔlu
Hegyhát *ung.* 'hɛtjha:t
Hehl he:l
hehlen 'he:lən
Hehlerei he:lə'rai̯
Hehn he:n
hehr he:ɐ̯
hei! hai̯
Heia 'hai̯a
Heian 'he:an
heiapopeia! hai̯apo'pai̯a
Heiberg 'hai̯bɛrk, *dän.* 'hai̯bɛr', *engl.* 'haɪbə:ɡ
heida! hai̯'da:, 'hai̯da
Heidbrink 'hai̯tbrɪŋk
Heide 'hai̯də
Heideck 'hai̯dɛk
Heidegger 'hai̯dɛɡɐ
Heidelbeck 'hai̯dl̩bɛk
Heidelbeere 'hai̯dl̩be:rə
Heidelberg 'hai̯dl̩bɛrk, *engl.* 'haɪdlbə:ɡ
Heideloff 'hai̯dəlɔf
Heidelsheim 'hai̯dl̩shai̯m
Heidelstein 'hai̯dl̩ʃtai̯n
Heiden 'hai̯dn̩
Heidenaab 'hai̯dəna:p
Heidenangst 'hai̯dn̩'|aŋst
Heidenau 'hai̯dənau̯
Heidenberg 'hai̯dn̩bɛrk
Heidenhain 'hai̯dn̩hai̯n
Heidenheim 'hai̯dn̩hai̯m
Heidenlärm 'hai̯dn̩'lɛrm
heidenmäßig 'hai̯dn̩mɛ:sɪç, **-e** ...ɪɡə
Heidenoldendorf hai̯dn̩'|ɔldn̩dɔrf
Heidenreich 'hai̯dn̩rai̯ç
Heidenstam *schwed.* ˌhɛi̯dənstam, '–––
Heider 'hai̯dɐ
Heiderscheid 'hai̯dɐʃai̯t
Heidesheim 'hai̯dəshai̯m
heidi! hai̯'di:, 'hai̯di
Heidi 'hai̯di
Heidin 'hai̯dɪn
Heidingsfeld 'hai̯dɪŋsfɛlt
Heidjer 'hai̯djɐ
heidnisch 'hai̯dnɪʃ
Heidrich 'hai̯drɪç
Heidrun 'hai̯dru:n
Heidschnucke 'hai̯tʃnʊkə
Heiduck hai̯'dʊk
Heifetz *engl.* 'haɪfɛts
Heigel 'hai̯ɡl̩
Heigenbrücken hai̯ɡn̩'brʏkn̩
Heights *engl.* haɪts
Heigl 'hai̯ɡl̩
Heije[n] *niederl.* 'hɛi̯ə
Heijermans *niederl.* 'hɛi̯ərmɑns
Heijthuizen *niederl.* 'hɛi̯thœi̯zə
Heike 'hai̯kə
heikel 'hai̯kl̩
Heikendorf 'hai̯kn̩dɔrf
Heikki *finn.* 'hɛi̯kki
Heiko 'hai̯ko
heil, Heil hai̯l
Heiland 'hai̯lant, **-e** ...ndə
heilbar 'hai̯lba:ɐ̯
Heilborn 'hai̯lbɔrn
Heilbron *afr.* 'hɛi̯lbrɔn, *engl.* 'haɪlbrən
Heilbronn hai̯l'brɔn
Heilbrunn hai̯l'brʊn
Heilbutt 'hai̯lbʊt
heilen 'hai̯lən
Heiler 'hai̯lɐ
heilfroh 'hai̯l'fro:
heilig 'hai̯lɪç, **-e** ...ɪɡə
Heiligabend hai̯lɪç'|a:bn̩t
Heiligedreikönigstag hai̯lɪɡədrai̯'kø:nɪçsta:k
heiligen 'hai̯lɪɡn̩, **heilig!** 'hai̯lɪç, **heiligt** 'hai̯lɪçt
Heiligenbeil hai̯lɪɡn̩'bai̯l
Heiligenberg 'hai̯lɪɡn̩bɛrk
Heiligenblut hai̯lɪɡn̩'blu:t
Heiligendamm hai̯lɪɡn̩'dam
Heiligenfelde hai̯lɪɡn̩'fɛldə
Heiligengrabe hai̯lɪɡn̩'gra:bə

Heiligenhafen hailıgn̩'ha:fn̩
Heiligenhaus 'hailıgn̩haus
Heiligenkreuz hailıgn̩'krɔyts
Heiligensee hailıgn̩'ze:
Heiligenstadt 'hailıgn̩ʃtat
Heiligenwald 'hailıgn̩valt
Heiliger 'hailıgɐ
Heiliggeistkirche hailıç'gaistkırçə
Heiligkeit 'hailıçkait
Heiligtum 'hailıçtu:m, **...tümer** ...ty:mɐ
Heilingsetzer 'hailıŋzɛtsɐ
Heiller 'hailɐ
heillos 'haillo:s
Heilmann 'hailman
Heilmeyer 'hailmaiɐ
Heilo[o] *niederl.* hɛi'lo:
Heilprin *engl.* 'haılprın
heilsam 'hailza:m
Heilsberg 'hailsbɛrk
Heilsbronn hails'brɔn, '– –
Heilung 'hailʊŋ
Heilungkiang 'hailʊŋkiaŋ
Heim haim
Heimaey *isl.* 'hɛimaɛi
Heimann 'haiman
Heimans *niederl.* 'hɛimɑns
Heimarmene haimar'me:nə, *B* ...ne
Heimat 'haima:t
heimatlich 'haima:tlıç
Heimbach 'haimbax
Heimbuchenthal 'haimbu:xn̩ta:l
Heimchen 'haimçən
Heimdal[l] 'haimdal
heimelig 'haiməlıç, **-e** ...ıgə
Heimen 'haimən
Heimenkirch haimən'kırç
Heimeran 'haimәran
Heimerdingen 'haimɐdıŋən
Heimersheim 'haimɐshaim
heimfällig 'haimfɛlıç
Heimfeld 'haimfɛlt
Heimgarten 'haimgartn̩
heimisch 'haimıʃ
Heimito hai'mi:to
Heimkehle 'haimke:lə
heimkehren 'haimke:rən
Heimkunft 'haimkʊnft
heimlich 'haimlıç
Heimlichtuerei haimlıçtu:ə'rai
heimlichtun 'haimlıçtu:n
Heimo 'haimo
Heimpel 'haimpl̩
Heimsen 'haimzn̩
Heimsheim 'haimshaim
Heimskringla 'haimskrıŋla
Heimsoeth 'haimzø:t
heimsuchen 'haimzu:xn̩
Heimtücke 'haimtʏkə
heimtückisch 'haimtʏkıʃ
heimwärts 'haimvɛrts
heimzu 'haimtsu:
Hein hain, *niederl.* hɛin
Heina 'haina
Heindl 'haindl̩
Heindonk *niederl.* 'hɛindɔŋk
Heine 'hainə
Heineccius hai'nɛktsiʊs
Heineken 'hainəkn̩
Heinemann 'hainəman, *engl.* 'haınəmæn
Heiner[scheid] 'hainɐ[ʃait]
Heinersdorf 'hainɐsdɔrf
heinesch, H... 'hainəʃ
Heini 'haini
Heinichen 'hainıçn̩
Heinicke 'hainıkə
Heining 'hainıŋ
Heiningen 'hainıŋən
heinisch, H... 'hainıʃ
Heinitz 'hainıts
Heink haiŋk, *engl.* haıŋk
Heinkel 'haiŋkl̩
Heinl 'hainl̩
Heino 'haino, *niederl.* 'hɛino:
Heinola *finn.* 'hɛinɔlɑ
Heinrich[sen] 'hainrıç[sn̩]
Heinrichsgrün hainrıçs'gry:n
Heinrichskirchen hainrıçs'kırçn̩
Heinrichswalde hainrıçs'valdə
Heinroth 'hainro:t
Heinsberg 'hainsbɛrk
Heinsdorf 'hainsdɔrf
Heinse 'hainzə
Heinsheim 'hainshaim
Heinsius 'hainziʊs, *niederl.* 'hɛinsi:ʏs
Heintrop 'haintrɔp
Heintz[e] 'haints[ə]
Heintzelman 'haintsl̩man, *engl.* 'haıntsəlmæn
Heinz[e] 'haints[ə]
Heinzel 'haintsl̩
Heinzelbank 'haintsl̩bank
Heinzelin 'haintsəli:n
Heinzelmännchen 'haintsl̩mɛnçən
Heinzendorf 'haintsn̩dɔrf
Heinzenhausen haintsn̩'hauzn̩
heiopopeio! haiopo'paio
Heirat 'haira:t
heiraten 'haira:tn̩
Heiri 'hairi
heisa! 'haiza, 'haisa
heischen 'haiʃn̩
Heise[ler] 'haizə[lɐ]
Heisenberg 'haiznbɛrk
heiser 'haizɐ
Heiser 'haizɐ, *engl.* 'haızə
Heising 'haizıŋ
heiß hais
heißa! 'haisa
heißassa! 'haisasa
heißblütig 'haisbly:tıç, **-e** ...ıgə
heißen 'haisn̩
Heißenbüttel 'haisn̩bʏtl̩
heißspornig 'haisʃpɔrnıç, **-e** ....ıgə
Heist *niederl.* hɛist
Heist-aan-Zee *niederl.* 'hɛist a:n'ze:
Heister[bach] 'haistɐ[bax]
Heist-op-den-Berg *niederl.* 'hɛist ɔb dɛn 'bɛrx
heiter, H... 'haitɐ
Heitersheim 'haitɐshaim
Heiti 'haiti
Heitmann 'haitman
Heitmüller 'haitmʏlɐ
Heitor *port.* ɐi'tor, *bras.* ei'tor
Heitzinger 'haitsıŋɐ
heizbar 'haitsba:ɐ̯
heizen 'haitsn̩
Hejőbába *ung.* 'hɛjø:ba:bɔ
Hekatäus heka'tɛ:ʊs
Hekabe 'he:kabe
Hekate 'he:kate
Hekatombe heka'tɔmbə
Hekelgem *niederl.* 'he:kəlxəm
Hekla 'he:kla, *isl.* 'hɛhkla
Hektar hɛk'ta:ɐ̯, *auch:* '– –
Hektare 'hɛkta:rə
Hektik 'hɛktık
Hektiker 'hɛktikɐ
hektisch 'hɛktıʃ
Hektogramm hɛkto'gram, *auch:* '– – –
Hektograph hɛkto'gra:f
Hektographie hɛktogra'fi:, **-n** ...i:ən
hektographieren hɛktogra'fi:rən
Hektoliter hɛkto'li:tɐ, *auch:* '– – – –
Hektometer hɛkto'me:tɐ, *auch:* '– – – –
Hektor 'hɛktɔr
Hektorović *serbokr.* hɛk͵tɔrɔvitɕ
Hektoster hɛkto'ste:ɐ̯, *auch:* '– – –
Hektowatt hɛkto'vat, *auch:* '– – –
Hekuba 'he:kuba
Hel he:l, *poln.* xɛl
Hela 'he:la, *poln.* 'xɛla
Helanca Ⓦ he'laŋka
helau! he'laʊ
Helbig 'hɛlbıç
Helbing 'hɛlbıŋ
Helbling 'hɛlblıŋ
Helbra 'hɛlbra
Helche 'hɛlçə
Held hɛlt, **-en** 'hɛldn̩
Heldburg 'hɛltbʊrk
heldenmütig 'hɛldn̩my:tıç, **-e** ...ıgə
Helder 'hɛldɐ, *niederl.* 'hɛldər
Helderberg *engl.* 'hɛldəbə:g
heldisch 'hɛldıʃ
Heldrungen 'hɛldrʊŋən
Heldt hɛlt
Helen 'hɛlən, 'he:lən; ...le:n; *engl.* 'hɛlın
[1]**Helena** (Vorname) 'he:lena, *engl.* 'hɛlınə, hɛ'li:nə; *span.* e'lena; *port.* i'lenɐ, *bras.* e'lena; *poln.* xɛ'lɛna; *tschech.* 'hɛlɛna
[2]**Helena** (Stadt) *engl.* 'hɛlınə

Helẹne he'le:nə
Hélène *fr.* e'lɛn
Helẹnenberg he'le:nənbɛrk
Hẹlensburgh *engl.* 'hɛlɪnzbərə
Hẹlenus 'he:lenʊs, *schwed.* he'le:nʊs
Hẹlfe 'hɛlfə
hẹlfen 'hɛlfn̩
Hẹlfendorf 'hɛlfn̩dɔrf
Hẹlfer[t] 'hɛlfɐ[t]
Hẹlfferich 'hɛlfərɪç
Hẹlfgott 'hɛlfgɔt
Hẹlfrich 'hɛlfrɪç
Hẹlfritz 'hɛlfrɪts
Hẹlfta 'hɛlfta
Hẹlga *dt., dän.* 'hɛlga, *schwed.* ˌhɛlga
Hẹlgasjön *schwed.* ˌhɛlgaʃœn
Hẹlge 'hɛlgə, *norw., schwed.* ˌhɛlgə, *dän.* 'hɛlɣə
Hẹlgeland *norw.* ˌhɛlgəlan
Hẹlgen 'hɛlgn̩
Hẹlgenæs *dän.* 'hɛlɣənɛs
Hẹlgoland 'hɛlgolant
Hẹlgoländer 'hɛlgolɛndɐ
hẹlgoländisch 'hɛlgolɛndɪʃ
Hẹlgum *schwed.* ˌhɛljʊm
Heliạde *rumän.* eli'ade
heliạkisch he'li̯a:kɪʃ
Hẹliand 'he:li̯ant
Heliạnthemum he'li̯antemʊm, **...themen** ...'te:mən
Heliạnthus he'li̯antʊs
Heliạr ® he'li̯a:ɐ̯
Helicạnus heli'ka:nʊs
Hélie *fr.* e'li
Hẹlikon 'he:likɔn
Helikoplạn heliko'pla:n
Helikọpter heli'kɔptɐ
Heliodọr heli̯o'do:ɐ̯
Heliodọros heli̯o'do:rɔs
Heliodọrus heli̯o'do:rʊs
Heliogabal[us] heli̯o'ga:bal[ʊs]
Heliograph heli̯o'gra:f
Heliographie heli̯ogra'fi:
Heliogravüre heli̯ogra'vy:rə
Heliomẹter heli̯o'me:tɐ
heliophil heli̯o'fi:l
heliophọb heli̯o'fo:p, **-e** ...o:bə
Heliọpolis he'li̯o:polɪs
Hẹlios 'he:li̯ɔs
Heliọsis he'li̯o:zɪs
Helioskọp heli̯o'sko:p
Heliostạt heli̯o'sta:t
Heliotherapie heli̯otera'pi:
heliotrọp, H... heli̯o'tro:p
Heliotropin heli̯otro'pi:n
Heliotropịsmus heli̯otro'pɪsmʊs
heliozẹntrisch heli̯o'tsɛntrɪʃ
Heliozọon heli̯o'tso:ɔn, **...zoen** ...'tso:ən
Helipọrt heli'pɔrt
hẹlisch 'he:lɪʃ
Hẹlium 'he:li̯ʊm
Hẹlix 'he:lɪks
helkogẹn hɛlko'ge:n
Helkologie hɛlkolo'gi:
Helkọma hɛl'ko:ma, **-ta** ...ta
Helkọse hɛl'ko:zə
hẹll hɛl
Hẹll *dt., norw.* hɛl
Hẹlla 'hɛla, *isl.* 'hɛdla
Hẹllaakoski *finn.* 'hɛllɑ:kɔski
Hellabrụnn hɛla'brʊn
Hẹllas 'hɛlas
hẹllauf 'hɛl'|auf
hẹllläugig 'hɛl|ɔygɪç, **-e** ...ɪgə
Hẹllberge 'hɛlbɛrgə
Hẹlldorf 'hɛldɔrf
[1]**Hẹlle** 'hɛlə
[2]**Hẹlle** (altgr. Name) 'hɛlə, *B* ...le
Hẹllebæk *dän.* 'hɛləbɛg
Hellebạrde hɛlə'bardə
Hellebardier hɛləbar'di:ɐ̯
Hellẹborus hɛ'le:borʊs
Hẹllefeld 'hɛləfɛlt
[1]**Hẹllegat** (Raum auf Schiffen) 'hɛləgat
[2]**Hẹllegat** (Name) *niederl.* 'hɛləxɑt
Hẹllegatt 'hɛləgat
Hellẹmmes *fr.* ɛ'lɛm
hẹllen 'hɛlən
Hẹllendoorn *niederl.* 'hɛləndo:rn
Hellẹne hɛ'le:nə
Hellenikọn *neugr.* ɛlini'kɔn
hellẹnisch hɛ'le:nɪʃ
hellenisieren hɛleni'zi:rən
Hellenịsmus hɛle'nɪsmʊs
Hellenịst[ik] hɛle'nɪst[ɪk]
Hẹllens *niederl.* 'hɛləns
Hẹllenthal 'hɛlənta:l
Hẹller 'hɛlɐ
Hẹllerau 'hɛlərau
Hẹlleristninger 'hɛlərɪstnɪŋɐ
Hẹllertown *engl.* 'hɛlətaʊn
Hẹllerup *dän.* 'hɛl'ərob
Hellespọnt hɛlɛs'pɔnt
Helleu *fr.* ɛ'lø
Hellevloetsluis *niederl.* hɛləvlu:t'slœi̯s
Hẹllgat[t] 'hɛlgat
hẹllhörig 'hɛlhø:rɪç, **-e** ...ɪgə
hẹllicht 'hɛl'lɪçt
Hẹlligdommen *dän.* 'hɛlidɔm'ən
Helligen vgl. Helling
Hellín *span.* e'ʎin
Hẹlling 'hɛlɪŋ, **Hẹlligen** 'hɛlɪgn̩
Hẹllingen 'hɛlɪŋən
Hẹllmann 'hɛlman
Hẹllmer 'hɛlmɐ
Hẹllmesberger 'hɛlməsbɛrgɐ
Hellmonsödt hɛlmɔns'|ø:t
Hẹllmut 'hɛlmu:t
Hẹllo *fr.* ɛ'lo
Hẹllpach 'hɛlpax
Hẹllriegel 'hɛlri:gl̩
Hẹllseher 'hɛlze:ɐ
Hellseherei hɛlze:ə'rai̯
Hẹllström *schwed.* ˌhɛlstrœm
hẹllwạch 'hɛl'vax
Hẹllwald 'hɛlvalt
Hẹllweg 'hɛlve:k, **-es** 'hɛlve:gəs
Hẹllwege 'hɛlve:gə
Hẹllwig 'hɛlvɪç
Hẹlm[a] 'hɛlm[a]
Hẹlman *niederl.* 'hɛlmɑn
Hẹlmbold 'hɛlmbɔlt
Hẹlmbrecht 'hɛlmbrɛçt
Hẹlmbrechts 'hɛlmbrɛçts
Hẹlme 'hɛlmə
Hẹlmer 'hɛlmɐ, *dän.* 'hɛl'mər
Hẹlmerding 'hɛlmɐdɪŋ
Hẹlmers *niederl.* 'hɛlmərs
Hẹlmert 'hɛlmɐt
Hẹlmholtz 'hɛlmhɔlts
Helmịne hɛl'mi:nə
Helminthagọgum hɛlmɪnta'go:gʊm, **...ga** ...ga
Helmịnthe hɛl'mɪntə
Helminthịasis hɛlmɪn'ti:azɪs
Helminthologie hɛlmɪntolo'gi:
Helminthọse hɛlmɪn'to:zə
Hẹlmold, ...lt 'hɛlmɔlt
Hẹlmond *niederl.* 'hɛlmɔnt, *fr.* ɛl'mõ
Hẹlmont *niederl.* 'hɛlmɔnt
Hẹlmstadt 'hɛlmʃtat
Hẹlmstedt 'hɛlmʃtɛt
Hẹlmstedt[er] 'hɛlmʃtɛt[ɐ]
Hẹlmtraud, Hẹlmtraut 'hɛlmtraut
Hẹlmtrud 'hɛlmtru:t
Hẹlmut[h] 'hɛlmu:t
Hẹlmward 'hɛlmvart
Helọbiae he'lo:bi̯ɛ
Helọdea he'lo:dea
Helọdes he'lo:dɛs
Heloïse helo'i:zə
Héloïse *fr.* elɔ'i:z
Helophỵt helo'fy:t
Helọt he'lo:t
Helou *fr.* e'lu
Hẹlper *engl.* 'hɛlpə
Hẹlps *engl.* hɛlps
Hẹlpter Bẹrge 'hɛlptɐ 'bɛrgə
Hẹlpup 'hɛlpʊp
Hẹlsingfors 'hɛlzɪŋfɔrs, *schwed.* hɛlsɪŋ'fɔrs
Hẹlsingin Sạnomat *finn.* 'hɛlsiŋŋin 'sɑnɔmɑt
Helsingør *dän.* hɛlseŋ'ø:'r
Hẹlsinki 'hɛlzɪŋki, *finn.* 'hɛlsiŋki
Hẹlst *niederl.* hɛlst
Hẹlston *engl.* 'hɛlstən
Hẹltai *ung.* 'hɛltɔi
Hẹltersberg 'hɛltɐsbɛrk
Heluạn he'lu̯a:n
Helvécia *ung.* 'hɛlve:tsiɔ
Helvẹllyn *engl.* hɛl'vɛlɪn
Helvẹt hɛl've:t
Helvẹtia hɛl've:tsi̯a
Helvetiạn hɛlve'tsi̯a:n
Helvẹtica hɛ'lve:tika
Helvẹtien hɛl've:tsi̯ən
Helvẹtier hɛl've:tsi̯ɐ
Helvẹtik hɛl've:tɪk
helvẹtisch hɛl've:tɪʃ
Helvetịsmus hɛlve'tɪsmʊs

Helvétius *fr.* ɛlveˈsjys
Helvịdius hɛlˈviːdi̯ʊs
Hẹlvoirt *niederl.* ˈhɛlvoːrt
Hẹlwig ˈhɛlvɪç
hem! həm, hm̩
Hẹm *niederl.* hɛm, *fr.* ɛm
Hẹmans *engl.* ˈhɛmənz
Hẹmau ˈheːmau̯
Hẹmbsen ˈhɛmpsn̩
Hẹmd hɛmt, **-es** ˈhɛmdəs
hẹmdsärmelig ˈhɛmt͡s|ɛrməlɪç, **-e** ...ɪgə
Hẹmeldonck *niederl.* ˈheːməldɔŋk
Hẹmel Hẹmpstead *engl.* ˈhɛməl ˈhɛmpstɪd
Hẹmelingen ˈheːməlɪŋən
Hẹmelumer-Ọldeferd *niederl.* ˈheːməlʏmərˈɔldəfɛrt
Hẹmer ˈheːmɐ
Hemeralopie hemeraloˈpiː
Hẹmerken ˈheːmɐkn̩
Hẹmessen *niederl.* ˈheːməsə
Hemialgie hemi|alˈgiː, **-n** ...iːən
Hemianästhesie hemi|an|ɛsteˈziː, **-n** ...iːən
Hemianopsie hemi|an|ɔˈpsiː, **-n** ...iːən
Hemiataxie hemi|ataˈksiː, **-n** ...iːən
Hemiatrophie hemi|atroˈfiː, **-n** ...iːən
Hemiedrie hemi|eˈdriː
Hemiepes hemi|eˈpeːs
Hemignathie hemignaˈtiː, **-n** ...iːən
Hemikranie hemikraˈniː, **-n** ...iːən
Hemikraniose hemikraˈni̯oːzə
Hemikryptophyt hemikrʏptoˈfyːt
Hẹmiksem *niederl.* ˈheːmɪksəm
Hemimelie hemimeˈliː, **-n**
Hemimetabolen hemimetaˈboːlən
Hemimetabolie hemimetaboˈliː
hemimọrph hemiˈmɔrf
Hemimorphit hemimɔrˈfiːt, *auch:* ...ˈfɪt
Hẹming[way] *engl.* ˈhɛmɪŋ[weɪ]
Hemiọle heˈmi̯oːlə
Hemiopie hemi|oˈpiː, **-n** ...iːən
Hemiopsie hemi|ɔˈpsiː, **-n** ...iːən
Hemiparẹse hemipaˈreːzə
hemipelagisch hemipeˈlaːgɪʃ
Hemiplegie hemipleˈgiː, **-n** ...iːən
Hemiplẹgiker hemiˈpleːgikɐ
Hemiplẹgische hemiˈpleːgɪʃə
Hemiptẹre hemɪpˈteːrə
Hemispạsmus hemiˈspasmʊs
Hemisphäre hemiˈsfɛːrə
hemisphärisch hemiˈsfɛːrɪʃ
Hemistịchion hemiˈstɪçi̯ɔn, **...ien** ...i̯ən
Hemistịchium hemiˈstɪçi̯ʊm, **...ien** ...i̯ən
Hemistichomythie hemistɪçomyˈtiː
Hemizellulose hemit͡sɛluˈloːzə
hemizyklisch hemiˈt͡syːklɪʃ, *auch:* ...t͡sʏk...
Hẹmlocktanne ˈhɛmlɔktanə
Hẹmma ˈhɛma
Hẹmmel ˈhɛml̩
Hẹmmelsdorfer See ˈhɛml̩sdɔrfɐ ˈzeː
hẹmmen ˈhɛmən
Hẹmmer *schwed.* ˈhɛmər
Hẹmmerde ˈhɛmɐdə
Hẹmmerden ˈhɛmɐdn̩
Hẹmmerli[n] ˈhɛmɐli[ːn]
Hẹmmern ˈhɛmɐn
Hẹmmersdorf ˈhɛmɐsdɔrf
Hẹmminge *engl.* ˈhɛmɪŋ
Hẹmmingen ˈhɛmɪŋən
Hẹmmnis ˈhɛmnɪs, **-se** ˈhɛmnɪsə
Hẹmmoor ˈhɛmmoːɐ̯
Hẹmmungslosigkeit ˈhɛmʊŋsloːzɪçkaɪt
Hémon *fr.* eˈmõ
Hẹmpel ˈhɛmpl̩
Hẹmpstead *engl.* ˈhɛmpstɪd
Hẹmsbach ˈhɛmsbax
Hẹmsedalsfjelli *norw.* ˌhɛmsədaːlsfjɛli
Hẹmsterhuis *niederl.* ˈhɛmstərhœi̯s
Hẹmsworth *engl.* ˈhɛmzwəːθ
Henạde heˈnaːdə
Henạres *span.* eˈnares
Henạrez heˈnaːrɛs
Hẹnau ˈheːnau̯
Hénault *fr.* eˈno
Hẹnch *engl.* hɛntʃ
Hẹncke ˈhɛŋkə
Hẹnckel[l] ˈhɛŋkl̩
Hendạye *fr.* ãˈdaj
Hendekagon hɛndekaˈgoːn
Hendekasyllabus hɛndekaˈzʏlabʊs; **...syllạben** ...zʏˈlaːbn̩, **...sỵllabi** ...ˈzʏlabi
Hẹndel ˈhɛndl̩
Hẹnderson[ville] *engl.* ˈhɛndəsn[vɪl]
Hendiadyoin hɛndiadyˈɔʏn
Hendiadys hɛndiaˈdʏs
Hẹndl ˈhɛndl̩
Hẹndon *engl.* ˈhɛndən
Hẹndrich ˈhɛndrɪç
Hẹndri[c]k *niederl.* ˈhɛndrɪk
Hẹndrych *tschech.* ˈhɛndrix
Hẹndschel ˈhɛnt͡ʃl̩
Hẹndungen ˈhɛndʊŋən
Hẹnegouwen *niederl.* ˈheːnəxɔu̯wə
Hẹneke ˈhɛnəkə
Hẹngelo *niederl.* ˈhɛŋəloː
Hẹngersberg ˈhɛŋɐsbɛrk
Hẹngest ˈhɛŋəst
Hẹngist ˈhɛŋɪst
Hẹngsen ˈhɛŋzn̩
Hẹngst hɛŋst
Hẹngstenberg ˈhɛŋstn̩bɛrk
Hẹngsteysee ˈhɛŋstai̯zeː
Hẹnhöfer ˈhɛnhøːfɐ
Hẹnie *engl.* ˈhɛnɪ
Hénin-Liétard *fr.* enɛ̃ljeˈtaːr
Hẹnke ˈhɛŋkə
Hẹnkel ˈhɛŋkl̩
...henkelig (z. B. zweihenkelig) ...ˌhɛŋkəlɪç, **-e** ...ɪgə
Hẹnkell Ⓦᶻ ˈhɛŋkl̩
henken ˈhɛŋkn̩
Henkenhagen hɛŋkn̩ˈhaːgn̩
...henklig (z. B. zweihenklig) ...ˌhɛŋklɪç, **-e** ...ɪgə
Hẹnle ˈhɛnlə
Hẹnlein ˈhɛnlain
Hẹnley *engl.* ˈhɛnlɪ
Henlopen *engl.* hɛnˈloʊpən
Hẹnna ˈhɛna
[1]Hẹnne ˈhɛnə
[2]Hẹnne (Name) *dt., dän.* ˈhɛnə
Hẹnneberg ˈhɛnəbɛrk
Hẹnneberger ˈhɛnəbɛrgɐ
Hennebique *fr.* ɛnˈbik
Hennebont *fr.* ɛnˈbõ
Hẹnnecke ˈhɛnəkə
Hẹnnef ˈhɛnɛf
Hẹnnegat[t] ˈhɛnəgat
Hẹnnegau ˈhɛnəgau̯
Hẹnneke ˈhɛnəkə
Hẹnnen ˈhɛnən
Hennepin *fr.* ɛnˈpɛ̃
Hennequin *fr.* ɛnˈkɛ̃
Hẹnner ˈhɛnɐ, *fr.* ɛˈnɛːr
Hẹnnersdorf ˈhɛnɐsdɔrf
Hẹnnessy *engl.* ˈhɛnɪsɪ
Hẹnnet ˈhɛnət
Hẹnni ˈhɛni
Henniẹz *fr.* ɛˈnje
Hẹnnig[sdorf] ˈhɛnɪç[sdɔrf]
Hẹnning *dt., engl.* ˈhɛnɪŋ, *dän.* ˈhɛnen, *schwed.* ˌhɛnɪŋ
Hẹnningsdorf ˈhɛnɪŋsdɔrf
Hẹnnke ˈhɛŋkə
Hẹnno ˈhɛno
Hẹnny ˈhɛni, *engl.* ˈhɛnɪ
Hẹnoch ˈheːnɔx
Henotheịsmus hɛnoteˈɪsmʊs
henotheịstisch hɛnoteˈɪstɪʃ
Henri ãˈriː, *fr.* ãˈri, *engl.* ˈhɛnrɪ, *dän.* ˈhɛnri
Henriạde *fr.* ãˈrjad
Henrichemont *fr.* ãriʃˈmõ
Henrịci hɛnˈriːtsi
Henrideux *fr.* ãriˈdø
Henriẹtta *engl.* hɛnrɪˈɛtə
Henriẹtte hɛnriˈɛtə, *fr.* ãˈrjɛt
Hẹnrik ˈhɛnrɪk, *dän.* ˈhɛnˈrəg, *schwed.* ˈhɛnrɪk
Henrịke hɛnˈriːkə
Henriọt *fr.* ãˈrjo
Henriquatre, -s *fr.* ãriˈkatr
Henrique *span.* enˈrrike, *port.* ẽˈrrikə, *bras.* ẽˈrriki
Henriques *port.* ẽˈrrikɪʃ
Henríquez *span.* enˈrrikeθ
Hẹnry ˈhɛnri, *engl.* ˈhɛnrɪ
Henryẹtta *engl.* hɛnrɪˈɛtə
Hẹnryk *poln.* ˈxɛnrɨk

Hẹnryson *engl.* 'hɛnrɪsn
Hẹnschel 'hɛnʃl̩, *engl.* 'hɛnʃəl
Hẹnschke 'hɛnʃkə
Hẹnsel 'hɛnzl̩
Hẹnseler 'hɛnzəlɐ
Hẹnselt 'hɛnzl̩t
Hẹnsen *niederl.* 'hɛnsə
Hẹnsler 'hɛnslɐ
Hẹnslow[e] *engl.* 'hɛnzloʊ
Hẹnsoldt 'hɛnzɔlt
Hẹnson *engl.* hɛnsn
Hẹntig 'hɛntɪç
Hẹntschel 'hɛnt͜ʃl̩
Hẹnty *engl.* 'hɛntɪ
Hẹntzi 'hɛnt͜si
Hẹnz hɛnt͜s
Hẹnze 'hɛnt͜sə
Hẹnzen 'hɛnt͜sn̩
Hẹnzi 'hɛnt͜si
Heortologie heɔrtolo'gi:
Heortologium heɔrto'lo:gi̯ʊm, **...ien** ...i̯ən
Hẹpar 'he:par
Heparin hepa'ri:n
Hepatalgie hepatal'gi:, **-n** ...i:ən
hepatạlgisch hepa'talgɪʃ
Hepatargie hepatar'gi:, **-n** ...i:ən
Hepaticae he'pa:tit͜sɛ
Hepatika he'pa:tika
Hepatisation hepatiza't͜si̯o:n
hepatisch he'pa:tɪʃ
Hepatitis hepa'ti:tɪs, **...itiden** hepati'ti:dn̩
hepatogen hepato'ge:n
Hepatographie hepatogra'fi:
Hepatolith hepato'li:t, *auch:* ...'lɪt
Hepatologe hepato'lo:gə
Hepatomegalie hepatomega'li:, **-n** ...i:ən
Hepatopathie hepatopa'ti:, **-n** ...i:ən
Hepatoptose hepatɔp'to:zə
Hepatose hepa'to:zə
Hepatotoxämie hepatotɔksɛ'mi:, **-n** ...i:ən
Hẹpburn *engl.* 'hɛbən, ...bə:n
Hephaistos he'fai̯stɔs
Hephäst he'fɛ:st
Hephästion, Hephaestion he'fɛ:sti̯ɔn
Hephästus he'fɛ:stʊs
Hephthemimeres hɛftemime're:s
Hẹphzibah *engl.* 'hɛfsɪbə, 'hɛfzɪbə
Hẹpner *engl.* 'hɛpnə
Hẹppenheim 'hɛpn̩hai̯m
Hẹpplewhite *engl.* 'hɛplwaɪt
Heptachord hɛpta'kɔrt, **-e** ...rdə
Heptagon hɛpta'go:n
Heptameron hɛp'ta:merɔn
Heptameter hɛp'ta:metɐ
Heptan hɛp'ta:n
Heptateuch hɛpta'tɔy̯ç
Heptode hɛ'pto:də
her he:ɐ̯
Hẹra 'he:ra
herab hɛ'rap
Heraclea hera'kle:a
Heraclides hera'kli:dɛs
Heraeus he'rɛ:ʊs
Heraion he'rai̯ɔn
Heraklea hera'kle:a
Herakleia hera'klai̯a, he'ra:klaɪa
Herakleides hera'klai̯dɛs
Herakleios hera'klai̯ɔs, he'ra:klai̯ɔs
herakleisch hera'kle:ɪʃ
Herakleitos he'ra:klai̯tɔs, hera'klai̯tɔs
Herakleopolis herakle'o:polɪs
Herakleopolit herakleopo'li:t
Hẹrakles 'he:raklɛs
Heraklide hera'kli:də
Heraklides hera'kli:dɛs
Heraklion he'ra:kli̯ɔn
Heraklios he'ra:kli̯ɔs
Heraklit hera'kli:t, *auch:* ...lɪt
Herakliteer herakli'te:ɐ
Heraklith Ⓦ hera'kli:t, *auch:* ...lɪt
Heraklitus hera'kli:tʊs
Hẹrald *engl.* 'hɛrəld
Heraldik he'raldɪk
Heraldiker he'raldikɐ
heraldisch he'raldɪʃ
heran hɛ'ran
Heräon he'rɛ:ɔn
Hẹrapath *engl.* 'hɛrəpɑ:θ
Heraskov vgl. Cheraskow
Herat he'ra:t
Heratimuster he'ra:timʊstɐ
herauf hɛ'rauf
Hérault *fr.* e'ro
Hérault de Séchelles *fr.* erodse'ʃɛl
heraus hɛ'raus
hẹrb hɛrp, **-e** 'hɛrbə
Hẹrbald 'hɛrbalt
Herbar hɛr'ba:ɐ̯
Herbarium hɛr'ba:ri̯ʊm, **...ien** ...i̯ən
Hẹrbart 'hɛrbart
Hẹrbe[de] 'hɛrbə[də]
herbei hɛɐ̯'bai̯
Herbelot *fr.* ɛrbə'lo
Hẹrber 'hɛrbɐ
Hẹrberge 'hɛrbɛrgə
hẹrbergen 'hɛrbɛrgn̩, **hẹrberg!** 'hɛrbɛrk, **hẹrbergt** 'hɛrbɛrkt
Hẹrberger 'hɛrbɛrgɐ
Hẹrbermann 'hɛrbɐman
Hẹrbern 'hɛrbɐn
Hẹrberstein 'hɛrbɐʃtai̯n
Hẹrbert 'hɛrbɛrt, *engl.* 'hə:bət, *schwed.* 'hærbært, *dän.* 'hɛrbərd, 'hɛr'bərd
Hẹrbertingen 'hɛrbɐtɪŋən
Hẹrbesthal 'hɛrbəsta:l
Hẹrbig 'hɛrbɪç
Hẹrbitzheim 'hɛrbɪt͜shai̯m
Herbivore hɛrbi'vo:rə
Herbizid hɛrbi't͜si:t, **-e** ...i:də
Herblay *fr.* ɛr'blɛ
Hẹrbling 'hɛrplɪŋ
Herbois *fr.* ɛr'bwa
Hẹrbolzheim 'hɛrbɔlt͜shai̯m
Hẹrborn 'hɛrbɔrn
Hẹrbort 'hɛrbɔrt
Hẹrbrand 'hɛrbrant
Hẹrbrechtingen 'hɛrbrɛçtɪŋən
Hẹrbsleben 'hɛrpsle:bn̩
Hẹrbst hɛrpst
hẹrbsteln 'hɛrpstl̩n
hẹrbsten[s] 'hɛrpstn̩[s]
Hẹrbster 'hɛrpstɐ
hẹrbstlich 'hɛrpstlɪç
Hẹrbstling 'hɛrpstlɪŋ
Hẹrbst-Tagundnạchtgleiche 'hɛrpstta:k|ʊnt'naxtglai̯çə
Hẹrceghalom *ung.* 'hɛrt͜sɛkhɔlom
Hẹrceg Nọvi *serbokr.* ˌhɛrt͜sɛg 'nɔvi:
Hẹrcegovina *serbokr.* ˌhɛrt͜sɛgɔvina
Hẹrcegszántó *ung.* 'hɛrt͜sɛksa:nto:
Hẹrchen 'hɛrçn̩
Hẹrchweiler 'hɛrçvai̯lɐ
Herculan[e]um hɛrku'la:n[e]ʊm
Herculano *port.* irku'lɐnu
Herculano de Carvalho e Araujo *port.* irku'lɐnu ðə kɐr'vaʎu i ɐrɐ'uʒu
Hercule *fr.* ɛr'kyl
Hẹrcules 'hɛrkulɛs, *engl.* 'hə:kjʊli:z
Hẹrczeg *ung.* 'hɛrt͜sɛg
Hẹrd he:ɐ̯t, **-e** 'he:ɐ̯də
Hẹrde 'he:ɐ̯də
Hẹrdecke 'hɛrdɛkə
Hẹrder 'hɛrdɐ
hẹrderisch, H... 'hɛrdərɪʃ
Hẹrdern 'hɛrdɐn
hẹrdersch, H... 'hɛrdɐʃ
Hẹrdman *engl.* 'hə:dmən
Hẹrdorf 'hɛrdɔrf
Hẹrðubreið *isl.* 'hɛrðʏbrɛi̯ð
Hẹre 'he:rə, *B* ...re
Héré de Corny *fr.* eredkɔr'ni
Heredia *fr.* ere'dja, *span.* e'reðja
hereditär heredi'tɛ:ɐ̯
Heredität heredi'tɛ:t
Heredodegeneration heredodegenera't͜si̯o:n
Heredopathie heredopa'ti:, **-n** ...i:ən
Hẹreford[shire] *engl.* 'hɛrɪfəd[ʃɪə]
herein hɛ'rai̯n
Hérẹlle, d' *fr.* de'rɛl
Hẹremans *niederl.* 'he:rəmɑns
Hérémence *fr.* ere'mã:s
Hẹrend *ung.* 'hɛrɛnd
Hẹrent *niederl.* 'he:rənt
Hẹrentals *niederl.* 'he:rəntɑls
Hẹrenthout *niederl.* 'he:rənthou̯t

Herero he're:ro, *auch:* 'he:rero
Hẹrford 'hɛrfɔrt, *engl.* 'hə:fəd, 'hɑ:fəd
Hẹrfried 'hɛrfri:t
Hẹrgatz 'hɛrgats
Hẹrgenröther 'hɛrgn̩rø:tɐ
Hergensweiler hɛrgn̩s'vailɐ
Hẹrgesell 'hɛrgəzɛl
Hergesheimer *engl.* 'hə:gəshaımə
Hergiswil hɛrgıs'vi:l
Hẹrgot 'hɛrgɔt
Hériạt *fr.* e'rja
Hẹribert 'he:ribɛrt
Héricault *fr.* eri'ko
Héricourt *fr.* eri'ku:r
Herihor heri'ho:ɐ̯
Hẹring[en] 'he:rıŋ[ən]
Hẹringsdorf 'he:rıŋsdɔrf
herịnnen hɛ'rınən
Hẹriot *engl.* 'hɛrıət
Hẹrisau 'he:rizau
Héristạl *fr.* eris'tal
Hẹrjolfsnes *dän.* 'hɛrjɔl'fsnɛs
Hẹrk *niederl.* hɛrk
Hẹrkenrath 'hɛrkn̩ra:t
Herkimer *engl.* 'hə:kımə
Hẹrkner 'hɛrknɐ
Herkogamie hɛrkoga'mi:
Hẹrkomer 'he:ɐ̯komɐ, *engl.* 'hə:kəmə
Hẹrkommer 'he:ɐ̯kɔmɐ
hẹrkömmlich 'he:ɐ̯kœmlıç
Herkulạneum hɛrku'la:neʊm
Hẹrkules 'hɛrkulɛs
herkụlisch hɛr'ku:lıʃ
Hẹrkunft 'he:ɐ̯kʊnft
Hẹrlasgrün 'hɛrlasgry:n
Hẹrlikofen 'hɛrlıko:fn̩
Hẹrlin 'hɛrli:n
Herlịnde hɛr'lındə
Herlịndis hɛr'lındıs
Hẹrling 'hɛrlıŋ
Hẹrlitze 'hɛrlıtsə, *auch:* -'--
Hẹrloß[son] 'hɛrlɔs[zo:n]
Hẹrluf *dän.* 'hɛrlof
Herlufshọlm *dän.* hɛrlofs'hɔl'm
Herm *engl.* hə:m
Hẹrma[gor] 'hɛrma[go:ɐ̯]
Her Majesty *engl.* hə: 'mædʒıstı
Her Majesty's shịp *engl.* hə: 'mædʒıstız 'ʃıp
Hẹrman 'hɛrman, *fr.* ɛr'mã, *schwed.* 'hærman, *engl.* 'hə:mən
Hermandạd hɛrman'da:t, *span.* ɛrman'dað
Hẹrmanitz 'hɛrmanıts
Hẹrmann 'hɛrman
Hẹrmannsburg 'hɛrmansbʊrk
Hermannseifen hɛrman'zaifn̩
Hẹrmannshof 'hɛrmansho:f
Hẹrmannstadt 'hɛrmanʃtat
Hẹrmans *niederl.* 'hɛrmɑns
Hermant *fr.* ɛr'mã
Hẹřmanův Městec *tschech.* 'hɛrʒmanu:v 'mnjɛstɛts

Hermaphrodịsmus hɛrmafro'dısmʊs
Hermaphrodit hɛrmafro'di:t
Hermaphroditịsmus hɛrmafrodi'tısmʊs
Hẹrmaringen 'hɛrmarıŋən
Hẹrmas 'hɛrmas
Hẹrme 'hɛrmə
Hermelin hɛrmə'li:n
Hẹrmelink 'hɛrməlıŋk
Hermeneutik hɛrme'nɔytık
hermeneutisch hɛrme'nɔytıʃ
Hẹrmengard 'hɛrməngart
Hẹrmengild 'hɛrməngılt
Hẹrmenigild 'hɛrmenigılt
Hẹrmes 'hɛrmɛs
Hẹrmesdorf 'hɛrməsdɔrf
Hermesianax hɛrme'zi:anaks
Hẹrmeskeil 'hɛrməskail
Hermẹtiker hɛr'me:tikɐ
hermẹtisch hɛr'me:tıʃ
Hẹrmi 'hɛrmi
Hẹrmia[s] 'hɛrmi̯a[s]
Hermịgua *span.* ɛr'miɣu̯a
Hẹrmina *tschech.* 'hɛrmina
Hermịne hɛr'mi:nə
Herminọne hɛrmi'no:nə
herminọnisch hɛrmi'no:nıʃ
[1]Hermịone (griech. Name) hɛr'mi:one
[2]Hermiọne (germ. Stammesangehöriger) hɛr'mi̯o:nə
Hermịppos hɛr'mıpɔs
Hermitage [h]ɛrmi'ta:ʒə, *fr.* ɛrmi'ta:ʒ
Hermịte *fr.* ɛr'mit
Hermlịn hɛrm'li:n
Hermọgenes hɛr'mo:genɛs
Hermọkrates hɛr'mo:kratɛs
Hẹrmon 'hɛrmɔn
Hermọnthis hɛr'mɔntıs
Hẹrmos 'hɛrmɔs
Hermosa *engl.* hə:'moʊsə
Hermosịllo *span.* ɛrmo'siʎo
Hermotỵbier hɛrmo'ty:bi̯ɐ
Hẹrms[dorf] 'hɛrms[dɔrf]
Hermundụre hɛrmʊn'du:rə
Hermụpolis hɛr'mu:polıs
hernạch hɛɐ̯'na:x
Hẹrnád *ung.* 'hɛrna:d
Hernạls hɛr'nals
Hernández *span.* ɛr'nandɛθ
Hernạni ɛr'na:ni, *span.* ɛr'nani, *fr.* ɛrna'ni
Hẹrne 'hɛrnə, *engl.* hə:n
Hẹrnie 'hɛrni̯ə
hernieder hɛɐ̯'ni:dɐ
Hẹrning *dän.* 'hɛrneŋ
Herniotomie hɛrni̯oto'mi:, -n ...i:ən
Hẹrntrich 'hɛrntrıç
Hẹro 'he:ro
Heroa vgl. Heroon
Herọdas he'ro:das
Herọdes he'ro:dɛs
Herodiạn[os] hero'di̯a:n[ɔs]
Herọdias he'ro:di̯as

Herodot hero'dɔt, *auch:* ...do:t
Herọdotos he'ro:dotɔs
Herọe he'ro:ə
Heroịde hero'i:də
Herọik he'ro:ık
[1]Heroịn (Heldin) he'ro:ın
[2]Heroịn (Medikament) hero'i:n
Heroịne hero'i:nə
herọisch he'ro:ıʃ
heroisieren heroi'zi:rən
Heroịsmus hero'ısmʊs
Hẹrold 'he:rɔlt, **-e** ...ldə
Hérọld *fr.* e'rɔld
Hẹroldsbach 'he:rɔltsbax
Hẹron 'he:rɔn, *engl.* 'hɛrən
Herọndas he'rɔndas
Herọon he'ro:ɔn, **Herọa** he'ro:a
Herọphilos he'ro:filɔs
Hẹros 'he:rɔs, **Herọen** he'ro:ən
Herostrạt herɔs'tra:t
herostrạtisch herɔs'tra:tıʃ
Herọstratos hɛ'rɔstratɔs
Hero-Trickster *engl.* 'hıəroʊtrıkstə
Héroult *fr.* e'ru
Herpangịna hɛrpaŋ'gi:na
Hẹrpenyő *ung.* 'hɛrpɛnjø:
Hẹrpes 'hɛrpɛs
herpetifọrm hɛrpeti'fɔrm
Herpetologie hɛrpetolo'gi:
Hẹrpf hɛrpf
Hẹrr hɛr
Herrán *span.* ɛ'rran
Hẹrre 'hɛrə
Herrẹdia *span.* ɛ'rrɛði̯a
Hẹrreise 'he:ɐ̯raizə
Herrenạlb hɛrən'|alp
Hẹrrenberg 'hɛrənbɛrk
Herrenchiemsee hɛrən'ki:mze:
Herrenhausen hɛrən'hauzn̩
Herrenwọ̈rth hɛrən'vø:ɐ̯t
Herrẹra *span.* ɛ'rrɛra
Hẹrreshoff *dt., engl.* 'hɛrəshɔf
Hẹrrgott 'hɛrgɔt
Hẹrrgottsfrühe 'hɛrgɔtsfry:ə
Hẹrrick *engl.* 'hɛrık
Hẹrrin (Ort) *engl.* 'hɛrın
Hẹrring *engl.* 'hɛrıŋ
Hẹrringen 'hɛrıŋən
Herringhausen hɛrıŋ'hauzn̩
Herriọt *fr.* ɛ'rjo
hẹrrisch 'hɛrıʃ
herrjẹ! hɛr'je:
herrjẹmine! hɛr'je:mine
Hẹrrliberg 'hɛrlibɛrk
Hẹrrlingen 'hɛrlıŋən
Hẹrrljunga *schwed.* ˌhærjʊŋa
Hẹrrmann 'hɛrman, *engl.* 'hə:mən
Herrnchiemsee hɛrn'ki:mze:
Hẹrrnhut[er] 'hɛrnhu:t[ɐ]
Herrnskrẹtschen hɛrns'kre:tʃn̩
Hẹrrschaft 'hɛrʃaft
hẹrrschen 'hɛrʃn̩
Hẹrrsching 'hɛrʃıŋ
Hersbrụck hɛrs'brʊk

Hẹrschbach 'hɛrʃbax
Herscheid 'hɛrʃai̯t, 'he:ɐ̯...
Hẹrschel 'hɛrʃl̩, *engl.* 'hə:ʃəl
Herseaux *fr.* ɛr'so
Hẹrselt *niederl.* 'hɛrsəlt
Herserange *fr.* ɛrsə'rã:ʒ
Hẹrsfeld 'hɛrsfɛlt
Hershey *engl.* 'hə:ʃɪ
Hersin-Coupigny *fr.* ɛrsɛ̃kupi'ɲi
Hẹrskovits *engl.* 'hə:skəvɪts
Herson vgl. Cherson
Herstal *niederl.* 'hɛrstɑl, *fr.* ɛrs'tal
Hẹrste 'hɛrstə
Hẹrstelle 'he:ɐ̯ʃtɛlə
Hẹrta 'hɛrta
Hẹrtefeld 'hɛrtəfɛlt
Hẹrtel 'hɛrtl̩
Hẹrten 'hɛrtn̩, *niederl.* 'hɛrtə
Hẹrtenstein 'hɛrtn̩ʃtai̯n
Hẹrter 'hɛrtɐ, *engl.* 'hə:tə
Hẹrterich 'hɛrtərɪç
[1]**Hertford** (England) *engl.* 'hɑ:fəd
[2]**Hertford** (USA) *engl.* 'hə:tfəd
Hertfordshire *engl.* 'hɑ:fədʃɪə
Hẹrtha 'hɛrta
Hẹrtingen 'hɛrtɪŋən
Hẹrtling 'hɛrtlɪŋ
Hertlingshausen hɛrtlɪŋs'hau̯zn̩
Hẹrtwig 'hɛrtvɪç
Herty *engl.* 'hə:tɪ
Hẹrtz hɛrts, *engl.* hə:ts, *dän.* hɛrds, *poln.* xɛrts
Hẹrtzberg 'hɛrtsbɛrk
Hertziạna hɛr'tsi̯a:na
Hẹrtzka 'hɛrtska
Hẹrtzog 'hɛrtso:k, *engl.* 'hə:tsɔg, *afr.* 'hɛrtsɔx
Hẹrtzsprung 'hɛrtsʃprʊŋ, *dän.* 'hɛrdsbrɔŋ'
herụ̈ber hɛ'ry:bɐ
Hẹruler 'he:rulɐ
herụm hɛ'rʊm
herụnter hɛ'rʊntɐ
Hervạl *port.* ir'val, *bras.* er'val
Hervás *span.* ɛr'βas
Hervé *fr.* ɛr've
Hẹrver 'hɛrvɐ
Hẹrvest 'hɛrvəst
Hervẹus hɛr've:ʊs
Hervey *engl.* 'hɑ:vɪ, 'hə:vɪ
Hervieu *fr.* ɛr'vjø
hervọr hɛɐ̯'fo:ɐ̯
hervọrragend hɛɐ̯'fo:ɐ̯ra:gn̩t, -e ...n̩də
Hẹrward, ...rt[h] 'hɛrvart
hẹrwärts 'he:ɐ̯vɛrts
Hẹrwegen 'hɛrve:gn̩
Hẹrwegh 'hɛrve:k
Hẹrwen *niederl.* 'hɛrwə
Hẹrwig 'hɛrvɪç
Herwiga hɛr'vi:ga
Hẹrwigsdorf 'hɛrvɪçsdɔrf
Hẹrwijnen *niederl.* 'hɛrwɛi̯nə
Hẹrwin 'hɛrvi:n
Hẹrxheim 'hɛrkshai̯m

Hẹrz hɛrts
hẹrzallerliebst 'hɛrts|alɐ'li:pst
Hẹrzallerliebste 'hɛrts|alɐ'li:pstə
Hẹrzberg 'hɛrtsbɛrk
Hẹrze 'hɛrtsə
Herzegowina hɛrtse'go:vina, *auch:* hɛrtsego'vi:na
Hẹrzele *niederl.* 'hɛrzələ
Herzeloide hɛrtsə'lɔydə
hẹrzen, H... 'hɛrtsn̩
Hẹrzfeld 'hɛrtsfɛlt
Hẹrzhaftigkeit 'hɛrtshaftɪçkai̯t
hẹrzig 'hɛrtsɪç, -e ...ɪgə
Hẹrzl 'hɛrtsl̩
Hẹrzlieb 'hɛrtsli:p
Herzmanọvsky hɛrtsma'nɔfski
[1]**Hẹrzog** 'hɛrtso:k, **Hẹrzöge** ...tsø:gə
[2]**Hẹrzog** (Name) 'hɛrtso:k, *fr.* ɛr'zɔg
Herzogenaurach hɛrtso:gn̩'|au̯rax
Hẹrzogenberg 'hɛrtso:gn̩bɛrk
Herzogenbuchsee hɛrtso:gn̩'bʊxze:
Herzogenburg 'hɛrtso:gn̩bʊrk, – – – '–
Herzogenbusch hɛrtso:gn̩'bʊʃ
Herzogenhorn hɛrtso:gn̩'hɔrn
Herzogenrath hɛrtso:gn̩'ra:t, '– – – –
Hẹrzogin 'hɛrtso:gɪn
hẹrzoglich 'hɛrtso:klɪç
Herzogsreut hɛrtso:ks'rɔyt
Hẹrzogstand 'hɛrtso:k-ʃtant
Hẹrzsprung 'hɛrtsʃprʊŋ
herzu hɛɐ̯'tsu:
herzynisch hɛr'tsy:nɪʃ
Hesbaye *fr.* ɛs'bɛ
Hẹsbengau 'hɛsbn̩gau̯
Hesdin *fr.* e'dɛ̃
Hesekiel he'ze:ki̯e:l, *auch:* ...i̯ɛl
Hesilrige *engl.* 'hɛɪzlrɪdʒ
Hesiod he'zi̯o:t
hesiodisch he'zi̯o:dɪʃ
Hẹske 'hɛskə
Hẹsler 'hɛslɐ
Hesperide hɛspe'ri:də
Hespẹrien hɛs'pe:ri̯ən
Hẹsperis 'hɛsperɪs
Hẹsperos 'hɛsperɔs
Hẹsperus 'hɛsperʊs
Heß hɛs
Hẹss *dt.*, *engl.* hɛs
Hẹsse 'hɛsə
Hẹssel 'hɛsl̩
Hẹsselbach[er] 'hɛsl̩bax[ɐ]
Hẹsselberg 'hɛsl̩bɛrk
Hẹsse[l]n 'hɛs[l̩]n
Hẹssen 'hɛsn̩
Hessenreuth hɛsn̩'rɔyt
Hesserode hɛsə'ro:də
Hẹssian *engl.* 'hɛsɪən
Hẹssing 'hɛsɪŋ
hẹssisch 'hɛsɪʃ
Hẹsso 'hɛso
Hẹssus 'hɛsʊs

Hẹster *engl.* 'hɛstə
Hẹstia 'hɛsti̯a
Hẹston *engl.* 'hɛstən
Hesych he'zʏç, ...'zy:ç
Hesychạsmus hezy'çasmʊs
Hesychạst hezy'çast
Heta vgl. Cheta
Hetagurov vgl. Chetagurow
Hetäre he'tɛ:rə
Hetärie hetɛ'ri:, -n ...i:ən
Hẹtel 'hɛtl̩
Hẹtényegyháza *ung.* 'hɛte:ɲɛtjha:zɔ
Hẹteren *niederl.* 'he:tərə
Heteroauxin hetero|au̯'ksi:n
heterochlamydẹisch heteroçlamy'de:ɪʃ
Heterochromie heterokro'mi:, -n ...i:ən
Heterochromosom heterokromo'zo:m
Heterochylie heteroçy'li:
heterodọnt hetero'dɔnt
Heterodontie heterodɔn'ti:
heterodọx hetero'dɔks
Heterodoxie heterodɔ'ksi:, -n ...i:ən
heterodynạmisch heterody'na:mɪʃ
heterofinal heterofi'na:l
heterogamẹtisch heteroga'me:tɪʃ
heterogẹn hetero'ge:n
Heterogenẹse heteroge'ne:zə
Heterogenität heterogeni'tɛ:t
Heterogonie heterogo'ni:
Heterokarpie heterokar'pi:
Heteroklisie heterokli'zi:
heteroklitisch hetero'kli:tɪʃ
Heterọkliton ete'ro:klitɔn, **...ta** ...ta
Heterokotylie heterokoty'li:
heterolog hetero'lo:k, -e ...o:gə
heteromẹr hetero'me:ɐ̯
heteromẹsisch hetero'me:zɪʃ
heteromọrph hetero'mɔrf
Heteromorphie heteromɔr'fi:
Heteromorphịsmus heteromɔr'fɪsmʊs
Heteromorphopsie heteromɔrfɔ'psi:, -n ...i:ən
Heteromorphọse heteromɔr'fo:zə
heteronom hetero'no:m
Heteronomie heterono'mi::
Heteronymie heterony'mi:
Heterophemie heterofe'mi:
heterophọn hetero'fo:n
Heterophonie heterofo'ni:
Heterophorie heterofo'ri:
Heterophyllie heterofʏ'li:
heterọpisch hete'ro:pɪʃ
Heteroplasie heteropla'zi:, -n ...i:ən
Heteroplạstik hetero'plastɪk
heteroploid heteroplo'i:t, -e ...i:də
heteropolar heteropo'la:ɐ̯

Heterorhizie heterori'tsi:
Heterosexualität heterozɛksu̯ali'tɛ:t
heterosexuell heterozɛ'ksu̯ɛl
Heterosis hete'ro:zɪs
Heterostylie heterosty'li:
Heterotaxie heterota'ksi:, **-n** ...i:ən
Heteroteleologie heteroteleolo'gi:
Heterotelie heterote'li:
Heterotopie heteroto'pi:, **-n** ...i:ən
heterotopisch hetero'to:pɪʃ
heterotrop hetero'tro:p
heterotroph hetero'tro:f
Heterozetesis hetero'tse:tezɪs
heterözisch hete'rø:tsɪʃ
heterozygot heterotsy'go:t
Heterozygotie heterotsygo'ti:
heterozyklisch hetero'tsy:klɪʃ, *auch:* ...tsyk...
Hetes *ung.* 'hɛtɛʃ
[1]**Heth** (Vorname) *engl.* hɛθ
[2]**Heth** (Familienname) *engl.* hi:θ
Het Harde *niederl.* hɛt 'hɑrdə
Hetherington *engl.* 'hɛðərɪŋtən
Het[h]iter he'ti:tɐ
Het[h]itien he'ti:tsi̯ən
het[h]itisch he'ti:tɪʃ
Hetman 'hɛtmən
Hetsch hɛtʃ
Hetschepetsch 'hɛtʃəpɛtʃ
Hetscherl 'hɛtʃɐl
Hettel 'hɛtl̩
Hetti 'hɛti
Hettingen 'hɛtɪŋən
Hettinger 'hɛtɪŋɐ
Hettiter hɛ'ti:tɐ
Hettner 'hɛtnɐ
Hetton *engl.* hɛtn
Hettstedt 'hɛtʃtɛt
Hetty 'hɛti
Hetz[e] 'hɛts[ə]
Hetzel 'hɛtsl̩, *engl.* hɛtsl, *fr.* ɛt'sɛl
hetzen 'hɛtsn̩
Hetzendorf 'hɛtsn̩dɔrf
Hetzer 'hɛtsɐ
Hetzerath 'hɛtsəra:t
Hetzmannsdorf 'hɛtsmansdɔrf
Heu hɔy̯
Heubach 'hɔy̯bax
Heuberg 'hɔy̯bɛrk
Heuberger 'hɔy̯bɛrgɐ
Heubner 'hɔy̯bnɐ
Heuchelberg 'hɔy̯çl̩bɛrk
Heuchelei hɔy̯çə'lai̯
Heuchelheim 'hɔy̯çl̩hai̯m
heucheln 'hɔy̯çl̩n
Heuckewalde hɔy̯kə'valdə
heuen 'hɔy̯ən
heuer, H... 'hɔy̯ɐ
heuern 'hɔy̯ɐn
Heuert 'hɔy̯ɐt
Heuet 'hɔy̯ət
Heuglin 'hɔy̯gli:n
Heule *niederl.* 'hø:lə
heulen 'hɔy̯lən
Heuman 'hɔy̯man
Heumar 'hɔy̯mar
Heumen *niederl.* 'hø:mə
Heuneburg 'hɔy̯nəbʊrk
heureka! 'hɔy̯reka
heurig 'hɔy̯rɪç, **-e** ...ɪgə
Heuristik hɔy̯'rɪstɪk
heuristisch hɔy̯'rɪstɪʃ
Heurtebise *fr.* œrt'bi:z
Heuschele 'hɔy̯ʃələ
Heuscheuer 'hɔy̯ʃɔy̯ɐ
Heuschrecke 'hɔy̯ʃrɛkə
Heusden *niederl.* 'hø:zdə
Heusenstamm 'hɔy̯zn̩ʃtam
Heuser 'hɔy̯zɐ
Heusinger 'hɔy̯zɪŋɐ
Heusler 'hɔy̯slɐ
Heuss[i] 'hɔy̯s[i]
Heustrich 'hɔy̯ʃtrɪç
Heusweiler 'hɔy̯svai̯lɐ
heute, H... 'hɔy̯tə
heutig 'hɔy̯tɪç, **-e** ...ɪgə
heutigentags 'hɔy̯tɪgn̩'ta:ks, '– – – –
heutzutage 'hɔy̯ttsuta:gə
Heuven-Goedhart *niederl.* 'hø:vən'xu:thɑrt
Hève *fr.* ɛ:v
Hevea 'he:vea, **Heveae** 'he:veɛ, **Heveen** he've:ən
Hevel 'he:vl̩
Hevelius he've:li̯ʊs
Hevelke 'he:vl̩kə
Heveller he'vɛlɐ
Hever 'he:vɐ
Heverlee *niederl.* he:vər'le:
Heverstrom 'he:vɐʃtro:m
Heves *ung.* 'hɛvɛʃ
Hevesi, ...y *ung.* 'hɛvɛʃi
Héviz *ung.* 'he:viz
Hevlín *tschech.* 'hɛvli:n
Heward *engl.* 'hju:əd
Hewel 'he:vl̩
Hewel[c]ke 'he:vl̩kə
Hewes *engl.* hju:z
Hewett *engl.* 'hju:ɪt
Hewit[t] *engl.* 'hju:ɪt
Hewlett *engl.* 'hju:lɪt
Hexachord hɛksa'kɔrt, **-e** ...rdə
hexadaktyl hɛksadak'ty:l
Hexadaktylie hɛksadakty'li:
hexadisch hɛ'ksa:dɪʃ
Hexaeder hɛksa'|e:dɐ
hexaedrisch hɛksa'|e:drɪʃ
Hexaemeron hɛksa'|e:merɔn
Hexagon hɛksa'go:n
hexagonal hɛksago'na:l
Hexagramm hɛksa'gram
Hexameron hɛ'ksa:merɔn
Hexameter hɛ'ksa:metɐ
hexametrisch hɛksa'me:trɪʃ
Hexamin hɛksa'mi:n
Hexan hɛ'ksa:n
hexangulär hɛksaŋgu'lɛ:ɐ̯
hexaploid hɛksaplo'i:t, **-e** ...i:də
Hexapode hɛksa'po:də
Hexateuch hɛksa'tɔy̯ç
Hexe 'hɛksə
hexen 'hɛksn̩
Hexentanzplatz 'hɛksn̩ˌtantsplats
Hexerei hɛksə'rai̯
Hexham 'hɛksəm
Hexite hɛ'ksi:tə
Hexode hɛ'kso:də
Hexogen hɛkso'ge:n
Hexose hɛ'kso:zə
Hexyl hɛ'ksy:l
Hey[ck] hai̯[k]
Heyde[brand] 'hai̯də[brant]
Heydebreck 'hai̯dəbrɛk
Heydekrug 'hai̯dəkru:k
Heyden 'hai̯dn̩, *niederl.* 'hɛi̯də
Heydt hai̯t
Heyduk *tschech.* 'hɛjduk
Heye 'hai̯ə, *niederl.* 'hɛi̯ə
Heyen 'hai̯ən
Heyer 'hai̯ɐ
Heyerdahl *norw.* 'hɛi̯ərda:l
Heyking 'hai̯kɪŋ
Heyl hai̯l
Heylyn *engl.* 'heɪlɪn
Heym hai̯m
Heyman *niederl.* 'hɛi̯mɑn
Heymann 'hai̯man
Heymans *niederl.* 'hɛi̯mɑns
Heymel 'hai̯ml̩
Heyn *niederl.* hɛi̯n
Heyne 'hai̯nə
Heynicke 'hai̯nɪkə
Heyse 'hai̯zə
Heysham *engl.* 'hi:ʃəm
Heyward *engl.* 'heɪwəd
Heywood *engl.* 'heɪwʊd
hi! hi:
Hialeah *engl.* haɪə'li:ə
Hias 'hi:as
Hiat[us] 'hi̯a:t[ʊs]
Hiawatha *engl.* haɪə'wɔθə
Hibbard *engl.* 'hɪbəd
Hibben *engl.* 'hɪbən
Hibbert *engl.* 'hɪbət
Hibbing *engl.* 'hɪbɪŋ
Hibernakel hibɛr'na:kl̩
hibernal hibɛr'na:l
Hibernation hibɛrna'tsi̯o:n
Hibernia hi'bɛrni̯a
Hibernian Edinburgh *engl.* hɪ'bə:njən 'ɛdɪnbərə
Hibernien hi'bɛrni̯ən
Hibiny vgl. Chibiny
Hibis 'hi:bɪs
Hibiskus hi'bɪskʊs
hic et nunc 'hi:k ɛt 'nʊŋk
Hichens *engl.* 'hɪtʃɪnz
Hickes *engl.* hɪks
Hickhack 'hɪkhak
Hickok *engl.* 'hɪkɔk
[1]**Hickory** (Holz) 'hɪkori
[2]**Hickory** (Name) *engl.* 'hɪkərɪ
Hicks *engl.* hɪks
Hic Rhodus, hic salta! 'hi:k 'ro:dʊs 'hi:k 'zalta

Hidalgo hi'dalgo, *span.* i'ðalɣo

Hidalgo y Costilla *span.* i'ðalɣo i kɔs'tiʎa

Hidasnémeti *ung.* 'hidɔʃne:mɛti

Hiddensee 'hɪdn̩ze:

Hiddesen 'hɪdəzn̩

Hidradenitis hidrade'ni:tɪs, **...itiden** ...ni'ti:dn̩

Hidraot hidra'o:t

Hidrenus hi'dre:nʊs

Hidroa hi'dro:a

Hidro[s]adenitis hidro[z]ade'ni:tɪs, **...itiden** ...ni'ti:dn̩

Hidrotikum hi'dro:tikʊm, **...ka** ...ka

hidrotisch hi'dro:tɪʃ

Hidrozysten hidro'tsʏstn̩

Hidschas hi'dʒa:s

Hidschra 'hɪdʒra

Hidvégardó *ung.* 'hidve:gɔrdo:

hie[b] hi:[p]

Hieb hi:p, **-e** 'hi:bə

hiebei 'hi:'bai̯, –'–, *hinweisend* '––

hieben 'hi:bn̩

Hieber 'hi:bɐ

hiebt hi:pt

hiedurch 'hi:'dʊrç, –'–, *hinweisend* '––

Hieflau hi:f'lau̯

hiefür 'hi:'fy:ɐ̯, –'–, *hinweisend* '––

hiegegen 'hi:'ge:gn̩, –'––, *hinweisend* '–––

hieher 'hi:'he:ɐ̯, –'–, *hinweisend* '––

Hiel *niederl.* hi:l

Hielscher 'hi:lʃɐ

hielt hi:lt

hiemal hi̯e'ma:l

hiemit 'hi:'mɪt, –'–, *hinweisend* '––

hienach 'hi:'na:x, –'–, *hinweisend* '––

hieneben 'hi:'ne:bn̩, –'––, *hinweisend* '–––

hienieden 'hi:'ni:dn̩, –'––, *hinweisend* '–––

hier hi:ɐ̯

hieramts 'hi:ɐ̯'|amts, –'–, *hinweisend* '––

hieran 'hi:'ran, –'–, *hinweisend* '––

Hierapolis hi̯e'ra:pɔlɪs

Hierarchie hi̯erar'çi:, **-n** ...i:ən

hierarchisch hi̯e'rarçɪʃ

hieratisch hi̯e'ra:tɪʃ

Hierax 'hi:eraks

hierauf 'hi:'rau̯f, –'–, *hinweisend* '––

hieraufhin 'hi:rau̯f'hɪn, ––'–, *hinweisend* '–––

hieraus 'hi:'rau̯s, –'–, *hinweisend* '––

hierbei 'hi:ɐ̯'bai̯, –'–, *hinweisend* '––

Hierden *niederl.* 'hi:rdə

hierdurch 'hi:ɐ̯'dʊrç, –'–, *hinweisend* '––

hierein 'hi:'rai̯n, –'–, *hinweisend* '––

hierfür 'hi:ɐ̯'fy:ɐ̯, –'–, *hinweisend* '––

hiergegen 'hi:ɐ̯'ge:gn̩, –'––, *hinweisend* '–––

hierher 'hi:ɐ̯'he:ɐ̯, –'–, *hinweisend* '––

hierherauf 'hi:ɐ̯hɛ'rau̯f, ––'–, *hinweisend* '–––

hierherum 'hi:ɐ̯hɛ'rʊm, ––'–, *hinweisend* '–––

hierherwärts 'hi:ɐ̯'he:ɐ̯vɛrts, –'––, *hinweisend* '–––

hierhin 'hi:ɐ̯'hɪn, –'–, *hinweisend* '––

hierin 'hi:'rɪn, –'–, *hinweisend* '––

hierinnen 'hi:'rɪnən, –'––, *hinweisend* '–––

Hierl hi:ɐ̯l

hierlands 'hi:ɐ̯'lants, –'–, *hinweisend* '––

hiermit 'hi:ɐ̯'mɪt, –'–, *hinweisend* '––

hiernach 'hi:ɐ̯'na:x, –'–, *hinweisend* '––

hierneben 'hi:ɐ̯'ne:bn̩, –'––, *hinweisend* '–––

Hierodule hi̯ero'du:lə

Hieroglyphe hi̯ero'gly:fə

Hieroglyphik hi̯ero'gly:fɪk

hieroglyphisch hi̯ero'gly:fɪʃ

Hierogramm hi̯ero'gram

Hierokles 'hi̯e:roklɛs

Hierokratie hi̯erokra'ti:, **-n** ...i:ən

Hieromant hi̯ero'mant

Hieromantie hi̯eroman'ti:

Hieromonachos hi̯ero'mo:naxɔs **...choi** ...xɔy̯

Hieron 'hi:erɔn

Hieronym hi̯ero'ny:m

Hieronymus hi̯e'ro:nymʊs

Hierophant hi̯ero'fant

hierorts 'hi:ɐ̯'|ɔrts, –'–, *hinweisend* '––

Hieroskopie hi̯erosko'pi:

Hierosolyma hi̯ero'zo:lyma

Hierro *span.* 'jɛrrɔ

Hierscheid 'hi:ɐ̯ʃai̯t

hierselbst 'hi:ɐ̯'zɛlpst, –'–, *hinweisend* '––

Hiersemann 'hi:ɐ̯zəman

hierüber 'hi:'ry:bɐ, –'––, *hinweisend* '–––

hierum 'hi:'rʊm, –'–, *hinweisend* '––

hierunter 'hi:'rʊntɐ, –'––, *hinweisend* '–––

hiervon 'hi:ɐ̯'fɔn, –'–, *hinweisend* '––

hiervor 'hi:ɐ̯'fo:ɐ̯, –'–, *hinweisend* '––

hierwider 'hi:ɐ̯'vi:dɐ, –'––, *hinweisend* '–––

hierzu 'hi:ɐ̯'tsu:, –'–, *hinweisend* '––

hierzulande 'hi:ɐ̯tsu'landə, *hinweisend* '––––

hierzwischen 'hi:ɐ̯'tsvɪʃn̩, –'––, *hinweisend* '–––

Hiesel 'hi:zl̩

hieselbst 'hi:'zɛlpst, –'–, *hinweisend* '––

hiesig 'hi:zɪç, **-e** ...ɪgə

Hiesl 'hi:zl̩

hieß hi:s

Hietzing 'hi:tsɪŋ

hieven 'hi:fn̩, *auch:* 'hi:vn̩; **hief!** hi:f, **hieft** hi:ft

hievon 'hi:'fɔn, –'–, *hinweisend* '––

hievor 'hi:'fo:ɐ̯, –'–, *hinweisend* '––

hiewider 'hi:'vi:dɐ, –'––, *hinweisend* '–––

hiezu 'hi:'tsu:, –'–, *hinweisend* '––

hiezulande 'hi:tsu'landə, *hinweisend* '––––

hiezwischen 'hi:'tsvɪʃn̩, –'––, *hinweisend* '–––

Hi-Fi 'haifi, *engl.* 'haɪ'faɪ

Hifthorn 'hɪfthɔrn

Higden *engl.* 'hɪgdən

Higgins *engl.* 'hɪgɪnz

Higginson *engl.* 'hɪgɪnsn

High-Church *engl.* 'haɪ'tʃə:tʃ

High-Fidelity *engl.* 'haɪfaɪ'dɛlɪtɪ

Highgate *engl.* 'haɪgɪt

Highland[s] *engl.* 'haɪlənd[z]

Highlife 'hailai̯f

High Point *engl.* 'haɪ 'pɔɪnt

High-School *engl.* 'haɪsku:l

High-Society *engl.* 'haɪ sə'saɪətɪ

Highway *engl.* 'haɪweɪ

Higuer *span.* i'ɣɛr

Higuera *span.* i'ɣera

hihi! hi'hi:

Hijacker 'haidʒɛkɐ

Hila vgl. Hilum

Hilaire *fr.* i'lɛ:r

Hilar 'hi:lar, *tschech.* 'hilar

Hilario *span.* i'lari̯o

Hilarion hi'la:ri̯ɔn

Hilarión *span.* ila'ri̯ɔn

Hilaris 'hi:larɪs

Hilarität hilari'tɛ:t

Hilarius hi'la:ri̯ʊs

Hilary *engl.* 'hɪlərɪ

Hilbeck 'hɪlbɛk

Hilber 'hɪlbɐ

Hilberseimer 'hɪlbɐzai̯mɐ

Hilbert 'hɪlbɐt, *tschech.* 'hilbɛrt

Hilchenbach 'hɪlçn̩bax

Hilda 'hɪlda

Hildanus hɪl'da:nʊs

Hildburg 'hɪltbʊrk

Hildburghausen hɪltbʊrk'hau̯zn̩

Hịldchen 'hıltçən
Hịlde[bert] 'hıldə[bɛrt]
Hịldebrand 'hıldəbrant, *schwed.* ˌhildəbrand
Hịldebrandt 'hıldəbrant
Hịldeburg 'hıldəbʊrk
Hịldefons 'hıldəfɔns
Hịldegard 'hıldəgart
Hildegạrde hıldə'gardə
Hịldegund 'hıldəgʊnt
Hildegụnde hıldə'gʊndə
Hịldemar 'hıldəmar
Hildemạra hıldə'ma:ra
Hịlden 'hıldn̩
Hịlderich 'hıldərıç
Hịlders 'hıldɐs
Hịldesheim 'hıldəshai̯m
Hịldreth *engl.* 'hıldrıθ
Hịldur *schwed.* 'hildʊr
Hilẹndar *serbokr.* hiˌlɛnda:r
hịlf!, H... hılf
Hịlfe 'hılfə
Hịlferding 'hılfɐdıŋ
hịlflos 'hılflo:s
Hịlflosigkeit 'hılflo:zıçkai̯t
hịlfreich 'hılfrai̯ç
hịlft hılft
Hịlgen 'hılgn̩
Hịlger[s] 'hılgɐ[s]
Hili vgl. Hilus
Hili̱tis hi'li:tıs, **Hiliti̱den** hili'ti:dn̩
Hịlker 'hılkɐ
Hịll *dt., engl.* hıl
Hịlla[rd] 'hıla[rt]
Hịllary *engl.* 'hılərı
Hịllbilly *engl.* 'hılbılı
Hịlle[bille] 'hılə[bılə]
Hịllebrand 'hıləbrant, *engl.* 'hıləbrænd
Hịllebrandt 'hıləbrant
Hịllegem *niederl.* 'hıləxəm
Hịllegersberg *niederl.* 'hıləxərzbɛrx
Hịllegom *niederl.* 'hıləxɔm
Hịllegossen 'hıləgɔsn̩
Hịlleh 'hıle
Hillel hı'le:l, 'hılɛl
Hịllentrup 'hıləntrʊp
Hịller 'hılɐ
Hillerhe̱ide hılɐ'hai̯də
Hịllern 'hılɐn
Hịllerød *dän.* 'hilərø:'ð
Hịllesheim 'hıləshai̯m
Hịlliard *engl.* 'hıljəd
Hịllier *engl.* 'hılıə
Hịlling 'hılıŋ
Hịllis *engl.* 'hılıs
Hịllman *engl.* 'hılmən
Hịllquit *engl.* 'hılkwıt
Hịlls[boro] *engl.* 'hılz[bərə]
Hịllsdale *engl.* 'hılzdeıl
Hịllyer *engl.* 'hılıə
Hịlma[r] 'hılma[r]
Hịlman *engl.* 'hılmən
Hilmạra hıl'ma:ra
Hịlo 'hi:lo, *engl.* 'hi:loʊ
Hịlpert 'hılpɐt
Hịlpoltstein 'hılpɔltʃtai̯n
Hịlprecht 'hılprɛçt
Hịls[bach] 'hıls[bax]
Hịltbrunner 'hıltbrʊnɐ
Hịlterfingen 'hıltɐfıŋən
Hịltersdorf 'hıltɐsdɔrf
Hịlton *engl.* hıltn
Hịltraud 'hıltrau̯t
Hịltraut 'hiltrau̯t
Hịltrud 'hıltru:t
Hịltrup 'hıltrʊp
Hịlty 'hılti
Hi̱lum 'hi:lʊm, **...la** ...la
Hi̱lus 'hi:lʊs, **Hi̱li** 'hi:li
Hilvarenbe̱ek *niederl.* hılva:rən'be:k
Hịlversum *niederl.* 'hılvərsym
Himalaja hi'ma:laja, *auch:* hima'la:ja
Himalaya *engl.* hımə'leıə
Himạrë *alban.* hi'marə
Himạtion hi'ma:ti̯ɔn, **...ien** ...i̯ən
Hịmbach 'hımbax
Hịmbeere 'hımbe:rə
Hịmberg 'hımbɛrk
Himẹdschi hi'me:dʒi
Hi̱mera 'hi:mera
Himẹrius hi'me:ri̯ʊs
Himịlco hi'mılko
Himịlkon hi'mılkɔn
Himiọb *span.* i'mi̯ɔβ
Hịmmel 'hıml̩
himmelạn hıml̩'|an
hịmmelạngst 'hıml̩'|aŋst
himmela̱uf hıml̩'|au̯f
Himmelbjerget *dän.* 'hɛməlbjɛr'yəð
hịmmelblau 'hıml̩blau̯
Hịmmeldọnnerwẹtter! 'hıml̩'dɔnɐ'vɛtɐ
Hịmmelfahrt 'hıml̩fa:ɐ̯t
hịmmelhọch 'hıml̩'ho:x
Hịmmelkron 'hıml̩kro:n
hịmmeln 'hımln̩
Hịmmelpfort 'hıml̩pfɔrt
Hịmmelreich 'hıml̩rai̯ç
Hịmmel[s]pforten 'hıml̩[s]pfɔrtn̩
hịmmelwärts 'hıml̩vɛrts
hịmmelwe̱it 'hıml̩'vai̯t
Himmerland *dän.* 'hɛmərlan'
Hịmmerod 'hımərо:t
Hịmmler 'hımlɐ
hịmmlisch 'hımlıʃ
hịn hın
hinạb hı'nap
hinạn hı'nan
hina̱uf hı'nau̯f
hina̱us hı'nau̯s
Hinayạna hina'ja:na
Hinche *fr.* ɛ̃:ʃ
Hịnckley *engl.* 'hıŋklı
Hịncks *engl.* hıŋks
Hincmar *fr.* ɛ̃k'ma:r
Hind *engl.* haınd
Hịndås *schwed.* ˌhindo:s
Hịnde 'hındə
Hịndelang 'hındəlaŋ
Hịndelbank 'hındl̩baŋk
Hịndemith 'hındəmıt
Hịndenberg 'hındn̩bɛrk
Hịndenburg 'hındn̩bʊrk
Hịnderer 'hındərɐ
hịnderlich 'hındɐlıç
hịndern 'hındɐn, **hịndre** 'hındrə
Hịndernis 'hındɐnıs, **-se** ...ısə
Hịndersin 'hındɐzın
Hịndi 'hındi
Hịndin 'hındın
Hindley *engl.* 'haındlı, 'hındlı
Hindmarsh *engl.* 'haındmɑ:ʃ
Hịndostan 'hındɔsta:n, ...tan
Hinds *engl.* haındz
Hindsgavl *dän.* 'hen'sgau̯l
Hịndu 'hındu
Hinduịsmus hındu'ısmʊs
hinduịstisch hındu'ıstıʃ
hindụrch hın'dʊrç
Hịndustan 'hındʊsta:n, ...tan
Hindustạni hındʊs'ta:ni
Hindusthạn Times *engl.* hındʊs'tɑ:n 'taımz
hine̱in hı'nai̯n
hine̱ingeheimnissen hı'nai̯ngəhai̯mnısn̩, **...nißt** ...nıst
Hines *engl.* haınz
hịnfällig 'hınfɛlıç
hinfọrt hın'fɔrt
hing hıŋ
hingẹgen hın'ge:gn̩
Hịngene *niederl.* 'hıŋənə
Hịngham *engl.* 'hıŋəm
Hinigạran *engl.* hi:nı'gɑ:rɑ:n
Hịnkel 'hıŋkl̩
hịnken 'hıŋkn̩
Hịnkley *engl.* 'hıŋklı
Hịnkmar 'hıŋkmar
Hịnkson *engl.* hıŋksn
Hịnkunft 'hınkʊnft
hịnlänglich 'hınlɛŋlıç
hịnnen 'hınən
Hịnnerk 'hınɐk
Hịnnøy *norw.* ˌhinœy̆
Hinojọsa *span.* ino'xosa
Hịnrek *niederl.* 'hınrək
Hịnrich[s] 'hınrıç[s]
Hinrichshạgen hınrıçs'ha:gn̩
Hịnrick 'hınrık
Hịnschius 'hınʃi̯ʊs
Hịnsdale *engl.* 'hınzdeıl
hịnsichtlich 'hınzıçtlıç
hintạn... hınt'|an...
hịnten 'hıntn̩
hintenạn hıntn̩'|an
hịntenherum 'hıntn̩hɛrʊm
hịntenhin 'hıntn̩hın
hintennạch hıntn̩'na:x
hintenü̱ber hıntn̩'|y:bɐ
hịnter 'hıntɐ
Hịnterberg 'hıntɐbɛrk
hinterble̱iben hıntɐ'blai̯bn̩
Hinterbli̱eb[e]ne hıntɐ'bli:b[ə]nə
hinterbringen 1. 'hıntɐbrıŋən 2. ——'——

hinterdrein hıntɐ'drai̯n
hintere 'hıntərə
hintereinander hıntɐ|ai̯'nandɐ
hinteressen 'hıntɐ|ɛsn̩
hinterfotzig 'hıntɐfɔtsıç, **-e** ...ıgə
hinterfragen hıntɐ'fra:gn̩
hintergehen 1. 'hıntɐge:ən 2. – – '– –
Hintergehung hıntɐ'ge:ʊŋ
hintergießen 1. 'hıntɐgi:sn̩ 2. – – '– –
hinterhältig 'hıntɐhɛltıç, **-e** ...ıgə
hinterher hıntɐ'he:ɐ̯, *auch:* '– – –
hinterlassen hıntɐ'lasn̩
Hinterlassene hıntɐ'lasənə
hinterlegen hıntɐ'le:gn̩
hinterlistig 'hıntɐlıstıç
hinterm 'hıntɐm
hintern, H... 'hıntɐn
Hinterrhein 'hıntɐrai̯n
hinterrücks 'hıntɐrʏks
hinters 'hıntɐs
Hintersaß 'hıntɐzas, **...sassen** ...zasn̩
Hintersäß 'hıntɐzɛs, **...sässen** ...zɛsn̩
Hintersasse 'hıntɐzasə
hinterschlingen 'hıntɐʃlıŋən
hinterschlucken 'hıntɐʃlʊkn̩
Hintersee 'hıntɐze:
Hinterseer 'hıntɐze:ɐ
hintersinnen hıntɐ'zınən
hinterst 'hıntɐst
Hinterstein 'hıntɐʃtai̯n
hintertreiben hıntɐ'trai̯bn̩
Hintertux 'hıntɐtʊks
Hinterwäldler 'hıntɐvɛltlɐ
hinterwärts 'hıntɐvɛrts
Hinterweidenthal hıntɐ'vai̯dn̩ta:l
Hinterzarten 'hıntɐtsa:ɐ̯tn̩
hinterziehen hıntɐ'tsi:ən
Hinton *engl.* 'hıntən
Hintze 'hıntsə
hinüber hı'ny:bɐ
Hin und Her 'hın ʊnt 'he:ɐ̯
Hin- und Herfahrt hın|ʊnt'he:ɐ̯fa:ɐ̯t
hinunter hı'nʊntɐ
hinwärts 'hınvɛrts
hinweg hın'vɛk
Hinweg 'hınve:k
Hinweis 'hınvai̯s, **-e** ...ai̯zə
hinwieder hın'vi:dɐ
hinwiederum hın'vi:dərʊm
Hinwil hın'vi:l
Hinz hınts
Hinzerath 'hıntsəra:t
hinziehen 'hıntsi:ən
hinzu hın'tsu:
Hinzug 'hıntsu:k
Hinzweiler 'hıntsvai̯lɐ
Hiob 'hi:ɔp
Hipler 'hıplɐ
Hipólito *span.* i'polito
Hipp hıp
Hipparch hı'parç
Hipparion hı'pa:ri̯ɔn, **...ien** ...i̯ən
Hippe 'hıpə
Hippeastrum hıpe'astrʊm
Hippel 'hıpl̩
Hipper 'hıpɐ
Hipp, hipp, hurra! 'hıp'hıphʊ'ra:
Hipphipphurra hıphıphʊ'ra:
Hippias 'hıpi̯as
Hippiatrik hı'pi̯a:trık
Hippo 'hıpo
Hippocampus hıpo'kampʊs, **...pi** ...pi
Hippodamos hı'po:damɔs
Hippie 'hıpi
Hippodrom hıpo'dro:m
Hippogryph hıpo'gry:f
Hippokamp hıpo'kamp
Hippokrates hı'po:kratɛs
Hippokratiker hıpo'kra:tikɐ
hippokratisch, H... hıpo'kra:tıʃ
Hippokratismus hıpokra'tısmʊs
Hippokrene hıpo'kre:nə, *B* ...ne
Hippologe hıpo'lo:gə
Hippologie hıpolo'gi:
hippologisch hıpo'lo:gıʃ
Hippolyt hıpo'ly:t
Hippolyta hı'po:lyta
Hippolyte *fr.* ipɔ'lit
Hippolytos hı'po:lytɔs
Hippolytus hı'po:lytʊs
Hipponakteum hıponak'te:ʊm, **...ea** ...'te:a
Hippopotamus hıpo'po:tamʊs
Hippo Regius 'hıpo 're:gi̯ʊs
Hippurit hıpu'ri:t, *auch:* ...rıt
Hippursäure hı'pu:ɐ̯zɔyrə
Hippus 'hıpʊs
Hipster 'hıpstɐ
Hirado hi'ra:do
Hiragana hira'ga:na
Hiram 'hi:ram, *engl.* 'haıərəm
Hird *ung.* hird
Hirn hırn
Hirohito hiro'hi:to
Hirosaki hiro'za:ki
Hiroschige hiro'ʃi:gə
Hiroschima hiro'ʃi:ma, *auch:* hi'ro:ʃima
Hirrlingen 'hırlıŋən
Hirsau 'hırzau̯
[1]Hirsch hırʃ
[2]Hirsch (Name) hırʃ, *engl.* hə:ʃ, *fr.* irʃ
Hirschau 'hırʃau̯
Hirschberg 'hırʃbɛrk
Hirschegg hır'ʃɛk
Hirschenau 'hırʃənau̯
Hirschenstein 'hırʃn̩ʃtai̯n
Hirscher 'hırʃɐ
Hirschfeld 'hırʃfɛlt
Hirschfelde hırʃ'fɛldə
Hirschhorn 'hırʃhɔrn
Hirschsprung 'hırʃʃprʊŋ
Hirschstetten hırʃ'ʃtɛtn̩
Hirschvogel 'hırʃfo:gl̩
Hirse 'hırzə
Hirson *fr.* ir'sõ
Hîrşova *rumän.* 'hɨrʃova
Hirst *engl.* hə:st
Hirstein 'hırʃtai̯n
Hirsuties hır'zu:tsi̯ɛs
Hirsutismus hırzu'tısmʊs
Hirt[e] 'hırt[ə]
Hirtentäschel 'hırtn̩tɛʃl̩
Hirth hırt
Hirtius 'hırtsi̯ʊs
Hirtshals *dän.* 'hirdshal's
Hirtsholmene *dän.* 'hirdshɔlmənə
Hirtsiefer 'hırtsi:fɐ
Hirudin hiru'di:n
Hirzel 'hırtsl̩
Hirzer 'hırtsɐ
his, His hıs
Hisarlık *türk.* hi'sɑrlɨk
Hiskia[s] hıs'ki:a[s]
Hiskija hıs'ki:ja
His Majesty *engl.* hız 'mædʒıstı
His Majesty's Ship *engl.* hız 'mædʒıstız 'ʃıp
Hispanidad *span.* ispani'ðað
Hispanien hıs'pa:ni̯ən
hispanisch hıs'pa:nıʃ
hispanisieren hıspani'zi:rən
Hispanismus hıspa'nısmʊs
Hispanist hıspa'nıst
Hispanität hıspani'tɛ:t
Hispano *span.* is'pano
Hispanomoreske hıspanomo'rɛskə
Hispanus hıs'pa:nʊs
hissen 'hısn̩, **hißt** hıst
Histamin hısta'mi:n
Hister 'hıstɐ
Histidin hısti'di:n
histioid hısti̯o'i:t, **-e** ...i:də
Histiozyt hısti̯o'tsy:t
Histochemie hıstoçe'mi:
Histogenese hıstoge'ne:zə
Histogenie hıstoge'ni:
Histologe hısto'lo:gə
Histologie hıstolo'gi:
histologisch hısto'lo:gıʃ
Histolyse hısto'ly:zə
Histone hıs'to:nə
Histopathologie hıstopatolo'gi:
Histörchen hıs'tø:ɐ̯çən
Historie hıs'to:ri̯ə
Historik hıs'to:rık
Historiker hıs'to:rikɐ
Historiograph hıstori̯o'gra:f
Historiographie hıstori̯ogra'fi:
historisch hıs'to:rıʃ
historisieren hıstori'zi:rən
Historismus hısto'rısmʊs
Historist hısto'rıst
Historizismus hıstori'tsısmʊs
Histotherapie hıstotera'pi:
Histrione hıstri'o:nə

Hit (Schlager) hɪt
Hita *span.* 'ita
Hitchcock *engl.* 'hɪtʃkɔk
hitchhiken 'hɪtʃhaikn̩
Hitchin *engl.* 'hɪtʃɪn
Hitler 'hɪtlɐ
Hitomaro hito'ma:ro
Hitra *norw.* 'hitra
Hitsche 'hɪtʃə
Hitti *engl.* 'hɪtɪ
Hittiter hɪ'ti:tɐ
hittitisch hɪ'ti:tɪʃ
Hittorf 'hɪtɔrf
Hittorff 'hɪtɔrf, *fr.* i'tɔrf
Hitz[acker] 'hɪts[|akɐ]
Hitze 'hɪtsə
hitzig 'hɪtsɪç, **-e** ...ɪgə
Hitzig 'hɪtsɪç
Hitzkirch 'hɪtskɪrç
hitzköpfig 'hɪtskœpfɪç, **-e** ...ɪgə
Hiva vgl. Chiwa
Hivarenbeek *niederl.* hi:va:rən'be:k
Hjallerup *dän.* 'jal'ərob, 'jalərob
Hjalmar 'hjalmar, 'jalmar; *dän.* 'jal'mar, *schwed.* 'jalmar
Hjälmaren *schwed.* ˌjɛlmarən
Hjärne *schwed.* ˌjæ:rnə
Hjelm *dän.* jɛl'm
Hjelmslev *dän.* 'jɛl'msleu̯
Hjo *schwed.* ju:
Hjørring *dän.* 'jœreŋ
Hjortø *dän.* 'jɔrdø:'
Hjortspring *dän.* 'jɔrdsbreŋ'
Hladik *tschech.* 'hladjik
Hłasko *poln.* 'xu̯askɔ
Hlaváček *tschech.* 'hlava:tʃɛk
Hlebnikov vgl. Chlebnikow
Hlestakov vgll. Chlestakow
Hlinka *tschech.* 'hliŋka, *slowak.* 'hljiŋka
Hlinsko *tschech.* 'hlinskɔ
Hlond *poln.* xlɔnt
Hlopov vgl. Chlopow
Hluboká *tschech.* 'hlubɔka:
Hluboš *tschech.* 'hlubɔʃ
Hlučín *tschech.* 'hlutʃi:n
hm! hm̩
Hmel'nickij vgl. Chmelnizki
h-Moll 'ha:mɔl, *auch:* '–'–
ho! ho:
Hoad *engl.* hoʊd
Hoangho ho'aŋho, *auch:* hoaŋ'ho:
Hoar[e] *engl.* hɔ:
hob, Hob ho:p
Hoban *engl.* 'hoʊbən
Hobart *engl.* 'hoʊbɑ:t
Hobbach 'hɔbax
Hobbema *niederl.* 'hɔbəma:
Hobbes *engl.* hɔbz
Hobbock 'hɔbɔk
Hobbs *engl.* hɔbz
[1]**Hobby** (Liebhaberei) 'hɔbi
[2]**Hobby** (Name) *engl.* 'hɔbɪ
Hobbyist hɔbi'ɪst
höbe 'hø:bə
Hobel 'ho:bl̩
hobeln 'ho:bl̩n, **hoble** 'ho:blə
Hobelsberger 'ho:bl̩sbɛrgɐ
hoben 'ho:bn̩
Hobertus ho'bɛrtʊs
Hobhouse *engl.* 'hɔbhaʊs
Höbing 'hø:bɪŋ
Hobler 'ho:blɐ
Hoboe ho'bo:ə
Hobohm 'ho:bo:m
Hoboken 'ho:bo:kn̩, *engl.* 'hoʊboʊkən, *niederl.* 'ho:bo:kə
Hobrecht *niederl.* 'ho:brɛxt
Hobro *dän.* ho'bro:'
Hobscheid 'hɔp-ʃait
Hobson *engl.* hɔbsn̩
hobt ho:pt
höbt hø:pt
Hoca *türk.* 'hɔdʒɑ
hoc anno 'ho:k 'ano
Hoccleve *engl.* 'hɔkli:v
hoc est 'hɔk 'ɛst
hoch, H... ho:x, **höher** 'hø:ɐ, **höchst** hø:çst
Hochalmspitze 'ho:x|almʃpɪtsə
Hocharn 'ho:x|arn
Hochberg 'ho:xbɛrk
Hochbruck ho:x'brʊk
hochdeutsch, H... 'ho:xdɔytʃ
Hochdorf 'ho:xdɔrf
Hoche 'hɔxə, *fr.* ɔʃ
Hochehrwürden ho:x'|e:ɐ̯vʏrdn̩
Höchen 'hø:çn̩
Hocheneder 'hɔxəne:dɐ
Hochenegg 'ho:xənɛk
Höchenschwand hø:çn̩'ʃvant
Hochepot, -s *fr.* ɔʃ'po
Höcherberg 'hø:çɐbɛrk
Höcherl 'hœçɐl
Hochfeiler 'ho:xfailɐ
Hochfeld 'ho:xfɛlt
Hochfelln ho:x'fɛln
Hochfirst 'ho:xfɪrst
Hochfrottspitze ho:x'frɔtʃpɪtsə
Hochgall 'ho:xgal
hochgemut 'ho:xgəmu:t
Hochgolling 'ho:xgɔlɪŋ
Hochgrat 'ho:xgra:t
Hochheim[er] 'ho:xhaim[ɐ]
hochherzig 'ho:xhɛrtsɪç
Hochhuth 'ho:xhu:t
Ho Chi Minh hotʃi'mɪn
Hochjoch 'ho:xjɔx
Hochkalter ho:x'kaltɐ
hochkant[ig] 'ho:xkant[ɪç]
Hochkirch 'ho:xkɪrç
Hochkönig ho:x'kø:nɪç
Hochland 'ho:xlant
Hochländer 'ho:xlɛndɐ
hochländisch 'ho:xlɛndɪʃ
Hochlautung 'ho:xlaʊtʊŋ
hochleben 'ho:xle:bn̩
höchlich 'hø:çlɪç
Hochmut 'ho:xmu:t
hochmütig 'ho:xmy:tɪç, **-e** ...ɪgə
hochnäsig 'ho:xnɛ:zɪç, **-e** ...ɪgə
Hochneukirch ho:x'nɔykɪrç
hochnotpeinlich 'ho:xno:t'painlɪç, *auch:* '–,–'–
Hochobir ho:x|o'bi:ɐ̯
Hoch-Osterwitz ho:x'|o:stɐvɪts
Hochplatte 'ho:xplatə
Hochratzenberg ho:x'ratsn̩bɛrk
Hochreichard 'ho:xraiçart
Hochrhein 'ho:xrain
hochrot 'ho:x'ro:t
Hochschule 'ho:xʃu:lə
hochschult[e]rig 'ho:xʃʊlt[ə]rɪç, **-e** ...ɪgə
Hochschwab 'ho:xʃva:p
Hochspeyer 'ho:xʃpaiɐ
Hochsprache 'ho:xʃpra:xə
hochsprachlich 'ho:xʃpra:xlɪç
höchst vgl. hoch
Höchst hø:çst
Hochstadt 'ho:xʃtat
Höchstadt 'hø:çʃtat
Höchstädt 'hø:çʃtɛt
Hochstapelei ho:xʃta:pə'lai
hochstapeln 'ho:xʃta:pl̩n
Hochstapler 'ho:xʃta:plɐ
Hochstätten 'ho:xʃtɛtn̩
höchstderselbe 'hø:çstde:ɐ̯'zɛlbə
höchsteigen 'hø:çst'|aign̩
Höchsten 'hø:çstn̩
Höchstenbach 'hø:çstn̩bax
höchstens 'hø:çstn̩s
Hochstetten 'ho:xʃtɛtn̩
Höchstetten 'hø:çʃtɛtn̩
Hochstetter 'ho:xʃtɛtɐ
höchstmöglich 'hø:çst'mø:klɪç
Hochsträß 'ho:xʃtrɛ:s
Hochstuckli ho:x'ʃtʊkli
Hochstuhl 'ho:xʃtu:l
höchstwahrscheinlich 'hø:çstva:ɐ̯'ʃainlɪç
Hochtor 'ho:xto:ɐ̯
hochtourig 'ho:xtu:rɪç, **-e** ...ɪgə
Hochvogel 'ho:xfo:gl̩
Hochwald 'ho:xvalt
Hochwälder 'ho:xvɛldɐ
hochwertig 'ho:xve:ɐ̯tɪç, **-e** ...ɪgə
hochwillkommen 'ho:xvɪlkɔmən
hochwohlgeboren 'ho:xvo:lgəˌbo:rən
Hochwolkersdorf ho:x'vɔlkɐsdɔrf
Hochwürden 'ho:xvʏrdn̩
[1]**Hochzeit** (Eheschließung) 'hɔxtsait
[2]**Hochzeit** (Glanz, Hochstand) 'ho:xtsait
Hochzeiter 'hɔxtsaitɐ
hochzeitlich 'hɔxtsaitlɪç
Hochzoll ho:x'tsɔl
Hock hɔk
Höck hœk
Hocke 'hɔkə
hocken 'hɔkn̩
Hockenheim 'hɔkn̩haim
Höcker 'hœkɐ

họ̈ckerig 'hœkərıç, -e ...ıgə
Họckerland 'hɔkɐlant
Họckett *engl.* 'hɔkıt
Họckey 'hɔki, *auch:* 'hɔke
Họcking *engl.* 'hɔkıŋ
hoc lọco 'ho:k 'lo:ko
Họd ho:t
Hoda̲i̲da ho'dai̯da
Họddesdon *engl.* 'hɔdzdən
Họddis 'hɔdıs
Hodegẹtik hode'ge:tık
Hodegẹtria hode'ge:tria
Hode̲i̲da ho'dai̯da
Ho̲de 'ho:də
Ho̲den 'ho:dn̩
Họdge[s] *engl.* 'hɔdʒ[ız]
Họdgkin *engl.* 'hɔdʒkın
Họdgson *engl.* hɔdʒsn
Họdkovice *tschech.* 'hɔtkɔvitsɛ
Ho̲dler 'ho:dlɐ
Hödli̲n hø'dli:n
Hódmezővásárhely *ung.* 'ho:dmɛzø:va:ʃa:rhɛi̯
Hodogra̲ph hodo'gra:f
Hodome̲ter hodo'me:tɐ
Họdonín *tschech.* 'hɔdɔnji:n
Ho̲dorf 'ho:dɔrf
Hö̲dr 'hø:dɐ
[1]**Họdscha** (Lehrer) 'hɔdʒa
[2]**Họdscha** (Name) 'hɔdʒa, *alban.* 'hodʒa
Họdson *engl.* hɔdsn
Hö̲dur 'hø:dʊr
Họdža *slowak.* 'hɔdʒa
Hodžent vgl. Chodschent
Hoe *engl.* hoʊ
Hoe̲chstetter 'hø:çʃtɛtɐ
Hoedt *niederl.* hu:t
Hoe̲fer 'hø:fɐ
Hoe̲fler 'hø:flɐ
Hoefnagel *niederl.* 'hu:fna:xəl
Hoegaarden *niederl.* 'hu:xa:rdə
Høegh-Gụldberg *dän.* hø:'ɣ'gulbɐr'ɣ
Hoe̲gner 'hø:gnɐ
Hoei *niederl.* hu:i̯
Hoeilaart *niederl.* 'hu:i̯la:rt
Hoek *niederl.* hu:k
Hoekendijk *niederl.* 'hu:kəndɛi̯k
Hoekstra *niederl.* 'hu:kstra:
Hoek van Họlland 'hʊk fan 'hɔlant, *niederl.* 'hu:k fɑn 'hɔlɑnt
Hoenderlo *niederl.* 'hu:ndərlo:
Hoene *poln.* 'xɛnɛ
Hoensbroech *niederl.* 'hu:nzbru:x
Hoensbroek *niederl.* 'hu:nzbru:k
Hoepli 'hœpli
Hoeppner 'hœpnɐ
Hoerbst hœrpst, *engl.* hə:pst
Hoernes 'hœrnəs
Hoerschelmann 'hœrʃl̩man
Hoesch hœʃ
Hoeselt *niederl.* 'hu:səlt
Hoet *niederl.* hu:t
Hoetger 'hœtgə
Hoetzsch hœtʃ
Hoeven *niederl.* 'hu:və
[1]**Ho̲f** ho:f, **Hö̲fe** 'hø:fə
[2]**Ho̲f** (Name) ho:f, *dän.* hɔ:v
Ho̲facker 'ho:f|akɐ
Hö̲fats 'hœfats
Ho̲fbauer 'ho:fbau̯ɐ
Ho̲fburg 'ho:fbʊrk
Hö̲fchen 'hø:fçən
Họ̈fðakaupstaður *isl.* 'hœvðakœy̆psta:ðʏr
Họfdijk *niederl.* 'hɔvdɛi̯k
Höfe vgl. Hof
Ho̲feld 'ho:fɛlt
hö̲feln 'hø:fl̩n
Ho̲fer 'ho:fɐ
Hö̲fer 'hø:fɐ
Ho̲fern 'ho:fɐn
Họff[a] 'hɔf[a]
Họffart 'hɔfart
họffärtig 'hɔfɛrtıç, -e ...ıgə
Høffding *dän.* 'hœfdeŋ
họffen 'hɔfn̩
Họffenreich 'hɔfn̩rai̯ç
họffentlich 'hɔfn̩tlıç
Họ̈ffer 'hœfɐ
...höffig (z. B. erdölhöffig) ...,hœfıç, -e ...ıgə
họ̈fflich 'hœflıç
Họffman *engl.* 'hɔfmən
Họffmann 'hɔfman, *engl.* 'hɔfmən, *fr.* ɔf'man
Họffnung 'hɔfnʊŋ
Họffnungslosigkeit 'hɔfnʊŋslo:zıçkai̯t
Họffnungsthal 'hɔfnʊŋsta:l
Ho̲fgastein 'ho:fgastai̯n
Hofge̲i̲smar ho:f'gai̯smar
Ho̲fhaimer 'ho:fhai̯mɐ
Ho̲fheim 'ho:fhai̯m
hofi̲eren ho'fi:rən
hö̲fisch 'hø:fıʃ
Hofkịrchen ho:f'kırçn̩
Ho̲flehner 'ho:fle:nɐ
[1]**Hö̲flein** (Höfchen) 'hø:flai̯n
[2]**Höfle̲i̲n** (bei Wien) hø:f'lai̯n
Hö̲fler 'hø:flɐ
hö̲flich, H... 'hø:flıç
Hö̲fling 'hø:flıŋ
Hö̲flitz 'hø:flıts
Ho̲fmann 'ho:fman
Ho̲fmannsthal 'ho:fmansta:l
Hofmannswạldau ho:fmans'valdau̯
Ho̲fmeister 'ho:fmai̯stɐ
ho̲fmeisterlich 'ho:fmai̯stɐlıç
ho̲fmeistern 'ho:fmai̯stɐn
Ho̲fmiller 'ho:fmılɐ
Hö̲fn *isl.* hœbn
Hofors *schwed.* ,hu:fɔrs
Họfsjökull *isl.* 'hɔfsjœ:kʏdl
Họfstade *niederl.* 'hɔfsta:də
Ho̲fstaetter 'ho:fʃtɛtɐ
Ho̲fstätten 'ho:fʃtɛtn̩
Họfstede *niederl.* 'hɔfste:də
Họfstra *niederl.* 'hɔfstra:
Hö̲ft hø:ft
Ho̲gan *engl.* 'hoʊgən
Hö̲ganäs *schwed.* ,hø:ganɛ:s
Ho̲garth *engl.* 'hoʊgɑ:θ
Họgaş *rumän.* 'hogaʃ
Họgben *engl.* 'hɔgbən
Hö̲gberg *schwed.* ,hø:gbærj
Ho̲gendorp *niederl.* 'ho:xəndɔrp
Hö̲ger 'hø:gɐ
Họgg *engl.* hɔg
Họggar 'hɔgar, *fr.* ɔ'ga:r
Ho̲gland *schwed.* 'hu:gland
Ho̲gue *engl.* hoʊg, *fr.* ɔg
Hoguẹt *fr.* ɔ'gɛ
ho̲he 'ho:ə
Hö̲he 'hø:ə
Ho̲he Gra̲s 'ho:ə 'gra:s
Ho̲he Họ̈rn 'ho:ə 'hœrn
Ho̲heit 'ho:hai̯t
Hoheli̲ed ho:ə'li:t
Hohelụft ho:ə'lʊft
hö̲hen 'hø:ən
Hohena̲hlsdorf ho:ən'|a:lsdɔrf
Hohenạltheim ho:ən'|althai̯m
Hohenạschau ho:ən'|aʃau̯
Hohenạsperg ho:ən'|aspɛrk
Hohenau ho:ə'nau̯, '– – –
Ho̲henberg 'ho:ənbɛrk
Hohenbọcka ho:ən'bɔka
Hohenbrụck ho:ən'brʊk
Hohenbrụ̈ck ho:ən'brʏk
Hohenbrụnn ho:ən'brʊn
Ho̲henburg 'ho:ənbʊrk
Hohendemzi̲n ho:əndɛm'tsi:n
Ho̲hendorf 'ho:əndɔrf
Hohene̲bra ho:ən'|e:bra
Ho̲henecken 'ho:ən|ɛkn̩
Hohenẹlbe ho:ən'|ɛlbə, '– – – –
Hohenẹms ho:ən'|ɛms
Ho̲henfels 'ho:ənfɛls
Hohenfi̲no ho:ən'fi:no
Hohenfri̲edberger ho:ən'fri:tbɛrgɐ
Hohenfri̲edeberg ho:ən'fri:dəbɛrk
Ho̲henfurt[h] 'ho:ənfʊrt
Hohengọ̈rsdorf ho:ən'gœrsdɔrf
Hö̲henhaus 'hø:ənhau̯s
Ho̲henhausen 'ho:ənhau̯zn̩
Ho̲henheim 'ho:ənhai̯m
Hohenhö̲wen ho:ən'hø:vn̩
Hohenkịrchen ho:ən'kırçn̩
Hohenlạndsberg ho:ən'lantsbɛrk
Hohenle̲i̲pisch ho:ən'lai̯pıʃ
Hohenle̲u̲ben ho:ən'lɔy̆bn̩
Hohenlịmburg ho:ən'lımbʊrk
Hohenlịnden ho:ən'lındn̩
Hohenlọbbese ho:ən'lɔbəzə
Hohenlo̲he ho:ən'lo:ə
Hohenlụckow ho:ən'lʊko
Hohenly̲chen ho:ən'ly:çn̩
Ho̲henmaut 'ho:ənmau̯t
Hohenmẹchtin ho:ən'mɛçti:n
Hohenmịstorf ho:ən'mıstɔrf
Hohenmọcker ho:ən'mɔkɐ
Hohenmọ̈lsen ho:ən'mœlzn̩
Hohenna̲u̲en ho:ən'nau̯ən

Hohen Neuendorf ho:ən'nɔyəndɔrf
Hohenneuffen ho:ən'nɔyfn̩
Hohenofen ho:ən'|o:fn̩
Hohenpeißenberg ho:ən'paisn̩bɛrk
Hohenpolding ho:ən'pɔldɪŋ
Hohenrechberg ho:ən'rɛçbɛrk
Hohenroda ho:ən'ro:da
Hohensalza ho:ən'zaltsa
Hohensalzburg ho:ən'zaltsbʊrk
Hohenschäftlarn ho:ən'ʃɛftlarn
Hohenschönhausen ho:ənʃø:n'hauzn̩
Hohenschwangau ho:ən'ʃvaŋgau
Hohenseeden ho:ən'ze:dn̩
Hohenseefeld ho:ən'ze:fɛlt
Hohensprenz ho:ən'ʃprɛnts
Hohenstadt 'ho:ənʃtat
Höhenstadt 'hø:ənʃtat
Hohenstaufe ho:ən'ʃtaufə
Hohenstaufen ho:ən'ʃtaufn̩
hohenstaufisch ho:ən'ʃtaufɪʃ
Hohenstein 'ho:ənʃtain
Hohenstoffeln ho:ən'ʃtɔfl̩n
Hohensyburg ho:ən'zi:bʊrk
Hohentauern 'ho:əntauɐn
Hohenthann ho:ən'tan
Hohentwiel ho:ən'tvi:l
Hohenwalde ho:ən'valdə
Hohenwaldheim ho:ən'valthaim
[1]Hohenwart (Ortsname) ho:ən'vart
[2]Hohenwart (Personenname) 'ho:ənvart
Hohenwarte ho:ən'vartə
Hohenwarth ho:ən'vart
Hohenwestedt ho:ən'vɛʃtɛt
Hohenwutzen ho:ən'vʊtsn̩
Hohenziatz ho:ən'tsi:ats
Hohenzieritz ho:ən'tsi:rɪts
Hohenzoller ho:ən'tsɔlɐ
hohenzollerisch ho:ən'tsɔlərɪʃ
Hohenzollern ho:ən'tsɔlɐn
Hohepriester ho:ə'pri:stɐ
höher vgl. hoch
Hoher Göll 'ho:ɐ 'gœl
Hoher Hagen 'ho:ɐ 'ha:gn̩
Hoher Ifen 'ho:ɐ 'i:fn̩
Hoher Kapf 'ho:ɐ 'kapf
Hohermut[h] 'ho:ɐmu:t
Hoherodskopf ho:ə'ro:tskɔpf
Hohes Venn 'ho:əs 'fɛn
Hohkönigsburg ho:'kø:nɪçsbʊrk
hohl ho:l
hohläugig 'ho:l|ɔygɪç, -e ...ɪgə
Hohlbaum 'ho:lbaum
Höhle 'hø:lə
höhlen 'hø:lən
Hohloh 'ho:lo:
hohlwangig 'ho:lvaŋɪç, -e ...ɪgə
Hohn ho:n
Höhn hø:n
Hohndorf 'ho:ndɔrf
Hohne 'ho:nə
Hohneck 'ho:nɛk, *fr.* ɔ'nɛk
Hohneklippen 'ho:nəklɪpn̩
höhnen 'hø:nən
Hohner 'ho:nɐ
höhnisch 'hø:nɪʃ
hohnlächeln 'ho:nlɛçl̩n
Hohnstein 'ho:nʃtain
hoho! ho'ho:
Hohoff 'ho:hɔf
Höhr-Grenzhausen 'hø:ɐ'grɛntshauzn̩
Höhscheid 'hø:ʃait
Hohthürli ho:'ty:ɐli
Hohwachter Bucht 'ho:vaxtɐ 'bʊxt
hoi! hɔy
Hojaldre *span.* ɔ'xaldre
Højbroplads *dän.* 'hɔjbro:'plas
Hojeda *span.* ɔ'xeða
Højer *dän.* 'hɔj'ər
Højrup *dän.* 'hɔj'rob
höken 'hø:kn̩
hökern 'hø:kɐn
Hoketus ho'ke:tʊs
Hokkaido hɔ'kaido
Hokko 'hɔko
Hokku 'hɔku
Hokusai 'ho:kuzai
Hokuspokus ho:kʊs'po:kʊs
Hol *niederl.* hɔl
Holabird *engl.* 'hɔləbə:d
Holan *tschech.* 'hɔlan
Hólar *isl.* 'hoular
Holarktis hɔl'|arktɪs
holarktisch hɔl'|arktɪʃ
Holas *tschech.* 'hɔlas
Holbach 'hɔlbax, *fr.* ɔl'bak
Holbæk *dän.* 'hɔl'bɛg
Holbein 'hɔlbain
Holberg *dän.* 'hɔlbɛr'
Holborn *engl.* 'hoʊbən
Holbrook[e] *engl.* 'hoʊlbrʊk
Holcomb *engl.* 'hoʊlkəm
Holcroft *engl.* 'hoʊlkrɔft
hold hɔlt, -e 'hɔldə
Holda 'hɔlda
Holdeman *engl.* 'hoʊldəmən
Holden *engl.* 'hoʊldən
Holdenville *engl.* 'hoʊldənvɪl
[1]Holder (Holunder) 'hɔldɐ
[2]Holder (Name) 'hɔldɐ, *engl.* 'hoʊldə
Holderbank 'hɔldɐbaŋk
Hölderlin 'hœldɐli:n
Holderness *engl.* hoʊldə'nɛs
Holdheim 'hɔlthaim
Holding 'ho:ldɪŋ, *engl.* 'hoʊldɪŋ
Holdorf 'hɔldɔrf
holdrio, H... 'hɔldrio
holdselig 'hɔltze:lɪç
Hold-up *engl.* 'hoʊldʌp
Holeček *tschech.* 'hɔlɛtʃɛk
holen 'ho:lən
Holenia ho'le:nja
Holešov *tschech.* 'hɔlɛʃɔf
Holger 'hɔlgɐ, *dän.* 'hɔl'gər, *schwed.* 'hɔlgər
Holgersen 'hɔlgɐzn̩
Holguín *span.* ɔl'ɣin
Holice *tschech.* 'hɔlitsɛ
Holiday *engl.* 'hɔlɪdeɪ
Holik 'hɔlɪk
Holinshed *engl.* 'hɔlɪnʃɛd
Holismus ho'lɪsmʊs
Holitz 'ho:lɪts
Holitscher 'hɔlɪtʃɐ
Holk hɔlk
Holl hɔl, *engl.* hoʊl
holla! 'hɔla
Hollabrunn hɔla'brʊn
Hollaender 'hɔlɛndɐ
Holland 'hɔlant, *niederl.* 'hɔlɑnt, *engl.* 'hɔlənd
Hollander 'hɔlandɐ, *engl.* 'hɔləndə
Holländer 'hɔlɛndɐ
Holländerei hɔlɛndə'rai
holländern 'hɔlɛndɐn, **holländre** 'hɔlɛndrə
Hollandia *niederl.* hɔ'lɑndi:a:
holländisch 'hɔlɛndɪʃ
Hollandsch Diep *niederl.* 'hɔlɑndz 'di:p
Hollandsche Veld *niederl.* 'hɔlɑntsə 'vɛlt
Hollar *tschech.* 'hɔlar
Hollaus 'hɔlaus
Holle 'hɔlə
Hölle 'hœlə
Holledau hɔlə'dau, *auch:* '– – –
Höllenangst 'hœlən'|aŋst
Hollenegg hɔlə'nɛk
Höllenlärm 'hœlən'lɛrm
Höllensteinsee 'hœlənʃtain,ze:
Höllental 'hœlənta:l
Höllentalklamm 'hœlənta:l,klam
Holler 'hɔlɐ
Höller 'hœlɐ
Hollerath 'hɔləra:t
Höllerer 'hœlərɐ
hollerithieren hɔlərɪ'ti:rən
Hollerith hɔlə'rɪt, *auch:* '– – –; *engl.* 'hɔlərɪθ
Hollersbacher 'hɔlɐsbaxɐ
Holles *engl.* 'hɔlɪs
Holleschau 'hɔlɛʃau
Holley *engl.* 'hɔlɪ
Hollfeld 'hɔlfɛlt
Hollick *engl.* 'hɔlɪk
Hollidaysburg *engl.* 'hɔlɪdeɪzbə:g
Hollinek 'hɔlinɛk
Hollingshead *engl.* 'hɔlɪŋzhɛd
Holling[s]worth *engl.* 'hɔlɪŋ[z]wə:θ
Hollins *engl.* 'hɔlɪnz
Hollis *engl.* 'hɔlɪs
höllisch 'hœlɪʃ
Hollister *engl.* 'hɔlɪstə
Hölloch 'hœllɔx
Hollogne-aux-Pierres *fr.* ɔlɔɲo'pjɛ:r
Holloway *engl.* 'hɔləweɪ
Hollreiser 'hɔlraizɐ

Holls *engl.* hɔlz
Höllsteig 'hœlʃtaik
Höllstein 'hœlʃtain
Hollum *niederl.* 'hɔləm
Hollweg 'hɔlve:k
Holly[wood] *engl.* 'hɔlɪ[wʊd]
[1]**Holm** hɔlm
[2]**Holm** vgl. Cholm
Holman *engl.* 'hoʊlmən
Hólmavík *isl.* 'hoʊlmavi:k
Holmberg *schwed.* ˌhɔlmbærj
Holmenkollen *norw.* ˌhɔlmənkɔlən
Holmes *engl.* hoʊmz
Holmestrand *norw.* ˌhɔlməstran
Holmfirth *engl.* 'hoʊmfə:θ
Holmgang 'hɔlmgaŋ
Holmgren *schwed.* ˌhɔlmgre:n
Holmium 'hɔlmiʊm
Holmström *schwed.* ˌhɔlmstrœm
Holnis 'hɔlnɪs
holoarktisch holo'|arktɪʃ
Holoeder holo'|e:dɐ
Holoedrie holo|e'dri:
holoedrisch holo'|e:drɪʃ
Holoferment holofɛr'mɛnt
Holofernes holo'fɛrnɛs
Hologramm holo'gram
Holographie hologra'fi:
holographieren hologra'fi:rən
holographisch holo'gra:fɪʃ
Holographon ho'lo:grafɔn, **...pha** ...fa
Holographum ho'lo:grafʊm, **...pha** ...fa
holokrin holo'kri:n
holokristallin holokrɪsta'li:n
Holometabolen holometa'bo:lən
Holometabolie holometabo'li:
Holophaneglas ® holo'fa:nəgla:s
Holosiderit holozide'ri:t, *auch:* ...rɪt
Holothurie holo'tu:ri̯ə
Holotopie holoto'pi:
Holozän holo'tsɛ:n
Holpe 'hɔlpə
holp[e]rig 'hɔlp[ə]rɪç, **-e** ...ɪgə
holpern 'hɔlpɐn
Holroyd *engl.* 'hɔlrɔɪd
Holsatia hɔl'za:tsi̯a
Holsbeek 'hɔlsbe:k
Hölscher 'hœlʃɐ
Holsen 'hɔlzn̩
Holsloot *niederl.* 'hɔlslo:t
Holst hɔlst, *engl.* hoʊlst, *niederl.* hɔlst
Holste 'hɔlstə
Holstebro *dän.* hɔlsdə'bro:'
Holstein 'hɔlʃtai̯n, *dän.* 'hɔlsdai̯'n
holsteinisch 'hɔlʃtai̯nɪʃ
Holsteinsborg *dän.* 'hɔlsdai̯nsbɔr'
Holsten *dän.* 'hɔlsde:'n
Holstengau 'hɔlstn̩gau
Holsterhausen hɔlstɐ'hauzn̩
Holsthum 'hɔlstʊm
Holston *engl.* 'hoʊlstən
Holt[by] *engl.* 'hoʊlt[bɪ]
Holte 'hɔltə, *dän.* 'hɔldə
Holtei 'hɔltai̯
Holtemme 'hɔlt|ɛmə
Holten *niederl.* 'hɔltə
Holtenau 'hɔltənau̯
holterdiepolter hɔltɐdi'pɔltɐ
Holthausen 'hɔlthauzn̩
Holtheim 'hɔlthai̯m
[1]**Holthusen** (Ortsname) hɔlt'hu:zn̩
[2]**Holthusen** (Personenname) 'hɔlthu:zn̩
Hölty 'hœlti
Holtz hɔlts
Holtzendorff 'hɔltsn̩dɔrf
Holtzmann 'hɔltsman
Holub 'hɔlʊp, *tschech.* 'hɔlup
holüber! hɔ:l'|y:bɐ
Holunder ho'lʊndɐ
Holweck *fr.* ɔl'vɛk
Holwerda *niederl.* 'hɔlwərda:
Holý *tschech.* 'hɔli:
Holy Cross *engl.* 'hoʊlɪ 'krɔs
Holyhead *engl.* 'hɔlɪhɛd
Holyo[a]ke *engl.* 'hoʊlɪoʊk
Holýšov *tschech.* 'hɔli:ʃɔf
Holywell *engl.* 'hɔlɪwəl
Holywood *engl.* 'hɔlɪwʊd
Holz hɔlts, **Hölzer** 'hœltsɐ
Hölz hœlts
Holzamer 'hɔlts|amɐ
Holzapfel 'hɔlts|apf̩l
Holzbauer 'hɔltsbauɐ
Hölzchen 'hœltsçən
Holzdorf 'hɔltsdɔrf
Hölzel 'hœlts̩l
Holzemme 'hɔlts|ɛmə
holzen, H... 'hɔltsn̩
Holzer 'hɔltsɐ
Hölzer vgl. Holz
Holzerei hɔltsə'rai̯
Holzhausen 'hɔltshauzn̩, –'––
Holzheim 'hɔltshai̯m
holzig 'hɔltsɪç, **-e** ...ɪgə
Holzkirchen hɔlts'kɪrçn̩, '–––
Holzknecht 'hɔltsknɛçt
Hölzl 'hœlts̩l
Holzleithen 'hɔltslai̯tn̩
Holzmann 'hɔltsman
Holzmeister 'hɔltsmai̯stɐ
Holzminden hɔlts'mɪndn̩
Holzschliff 'hɔltsʃlɪf
Holzschuher 'hɔltsʃu:ɐ
Holzwarth 'hɔltsvart
Holzweißig 'hɔltsvai̯sɪç, –'––
Holzwickede hɔlts'vɪkədə
Homa 'ho:ma
Hóman *ung.* 'ho:mɔn
Homann 'ho:man
Hombeek *niederl.* 'hɔmbe:k
Homberg 'hɔmbɛrk
Hömberg 'hœmbɛrk
Homburg 'hɔmbʊrk
Home *engl.* hoʊm; (Milne-Home, Douglas-Home, Earl of Home, Lord Home) hju:m
Homécourt *fr.* ɔme'ku:r
Homem *port.* 'ɔmẽi̯, *bras.* 'ɔmẽi̯
Homer ho'me:ɐ̯, *engl.* 'hoʊmə
Homeride home'ri:də
homerisch, H... ho'me:rɪʃ
Homeros ho'me:rɔs
Homert 'ho:mɐt
Homerule *engl.* 'hoʊmru:l
Homerun *engl.* 'hoʊmrʌn
Homespun *engl.* 'hoʊmspʌn
Homestead *engl.* 'hoʊmstɛd
Hometrainer *engl.* 'hoʊmtreɪnə
Homewood *engl.* 'hoʊmwʊd
Homilet[ik] homi'le:t[ɪk]
Homiliarium homi'li̯a:ri̯ʊm, **...ien** ...i̯ən
Homilie homi'li:, **-n** ...i:ən
Homilius ho'mi:li̯ʊs
Homilopathie homilopa'ti:
Homines vgl. Homo
Hominide homi'ni:də
Hominisation hominiza'tsi̯o:n
Hominismus homi'nɪsmʊs
hominịstisch homi'nɪstɪʃ
Homito ho'mi:to
Homjakov vgl. Chomjakow
Hommel 'hɔml̩
Hommerich 'hɔmərɪç
Homo 'ho:mo **Homines** 'ho:mine:s
Homöarkton homø'|arktɔn, **...ta** ...ta
Homochronie homokro'ni:, **-n** ...i:ən
homodont homo'dɔnt
Homo faber 'ho:mo 'fa:bɐ
Homogamie homoga'mi:
homogen homo'ge:n
homogenisieren homogeni'zi:rən
Homogenität homogeni'tɛ:t
Homogonie homogo'ni:
Homogramm homo'gram
Homograph homo'gra:f
Homokszentgyörgy *ung.* 'homoksɛndjørdj
Homolje *serbokr.* ˌhɔmɔ:ljɛ
Homolle *fr.* ɔ'mɔl
homolog homo'lo:k, **-e** ...o:gə
Homologie homolo'gi:, **-n** ...i:ən
homologieren homolo'gi:rən
Homologumenon homolo'gu:menɔn, **...ena** ...ena
Homo loquens 'ho:mo 'lo:kvɛns
Homonay *ung.* 'homonɔi
homonom homo'no:m
Homo novus 'ho:mo 'no:vʊs
homonym, H... homo'ny:m
Homonymie homony'mi:
Homöomerien homøome'ri:ən

Homöonym homøo'ny:m
Homöopath homøo'pa:t
Homöopathie homøopa'ti:
homöopathisch homøo'pa:tɪʃ
Homöoplasie homøopla'zi:
Homöoplastik homøo'plastɪk
homöopolar homøopo'la:ɐ̯
Homöopropheron homøo'pro:ferɔn, **...ra** ...ra
Homöoptoton homø'ɔptotɔn, **...ta** ...ta
Homöoteleuton homøo'te:lɔytɔn, **...ta** ...ta
homöotherm homøo'tɛrm
Homöotherme homøo'tɛrmə
homophil homo'fi:l
Homophilie homofi'li:
homophon, H... homo'fo:n
Homophonie homofo'ni:
Homoplastik homo'plastɪk
homorgan homɔr'ga:n
Homorganität homɔrgani'tɛ:t
Homorrhizie hɔmɔri'tsi:
Homorúd *ung.* 'homoru:d
Homo sapiens 'ho:mo 'za:pi̯ɛns
Homoseiste homo'zai̯stə
Homosexualität homozɛksu̯ali'tɛ:t
homosexuell homozɛ'ksu̯ɛl
homothetisch homo'te:tɪʃ
homozygot homotsy'go:t
Homozygotie homotsygo'ti:
Homs hɔms
Homunkulus ho'mʊŋkulʊs; **-se** ...lʊsə, **...li** ...li
Honan 'ho:nan
Honau 'ho:nau̯
Honda 'hɔnda, *span.* 'ɔnda
Hondecoeter *niederl.* 'hɔndəku:tər
Hondo 'hɔndo
Hondsrug *niederl.* 'hɔntsrʏx
Honduraner hɔndu'ra:nɐ
honduranisch hɔndu'ra:nɪʃ
Honduras hɔn'du:ras, *span.* ɔn'duras, *engl.* hɔn'djʊərəs
Hone *engl.* hoʊn
Honecker 'ho:nɛkɐ
Hønefoss *norw.* ˌhø:nəfɔs
Honegger 'ho:nɛgɐ, *fr.* ɔnɛ'gɛ:r
honen 'ho:nən
Honesdale *engl.* 'hoʊnzdeɪl
honett hɔ'nɛt
Honeymoon *engl.* 'hʌnɪmu:n
Honeywell *engl.* 'hʌnɪwəl
Honfleur *fr.* õ'flœ:r
Höngen 'hœŋən
Hongkong 'hɔŋkɔŋ
Hong Kong *engl.* hɔŋ'kɔŋ, '–'–, '– –
Honig 'ho:nɪç, **-e** ...ɪgə
Honigsheim 'ho:nɪçshai̯m
Hönigswald 'hø:nɪçsvalt
Honi [Honni, Honny] soit qui mal i pense *fr.* ɔniswakimali'pã:s
Honky Tonk *engl.* 'hɔŋkɪ'tɔŋk
Honnecourt *fr.* ɔn'ku:r
Honnef 'hɔnɛf
Honneurs [h]ɔ'nø:ɐ̯s
Honningsvåg *norw.* ˌhɔniŋsvo:g
Honolulu hono'lu:lu, *engl.* hɔnə'lu:lu:
honorabel hono'ra:bl̩, **...ble** ...blə
Honorant hono'rant
Honorar hono'ra:ɐ̯
[1]**Honorat** (jemand, für den ein Wechsel bezahlt wird) hono'ra:t
[2]**Honorat** (Name) *fr.* ɔnɔ'ra
Honoratioren honora'tsi̯o:rən
Honoré *fr.* ɔnɔ're
Honoria ho'no:ri̯a
honorieren hono'ri:rən
honorig ho'no:rɪç, **-e** ...ɪgə
Honorine *fr.* ɔnɔ'rin
honoris causa ho'no:rɪs 'kau̯za
Honorius ho'no:ri̯ʊs
Honourable *engl.* 'ɔnərəbl
Honrath 'hɔnra:t
Honschu 'hɔnʃu
Hont *niederl.* hɔnt, *ung.* hont
Honte *niederl.* 'hɔntə
Hontenisse *niederl.* hɔntə'nɪsə
Honter 'hɔntɐ
Honterus hɔn'te:rʊs
Hontheim 'hɔnthai̯m
Honthorst *niederl.* 'hɔnthɔrst
Honvéd *ung.* 'honve:d
Honzrath 'hɔnt͡sra:t
Hooch *niederl.* ho:x
Hood *engl.* hʊd
Hoof *dt., niederl.* ho:f
Hoofddorp *niederl.* 'ho:ftdɔrp
Hooft *niederl.* ho:ft
Hooge 'ho:gə
Hoogeloon *niederl.* 'ho:xəlo:n
Hoogen 'ho:gn̩
Hoogerheide *niederl.* ho:xər'hɛi̯də
Hoogeveen *niederl.* ho:xə've:n
Hoogh[e] *niederl.* 'ho:x[ə]
Hoogezand *niederl.* ho:xə'zɑnt
Hooglede *niederl.* 'ho:xle:də
Hoogkarspel *niederl.* ho:x'kɑrspəl
Hoogkerk *niederl.* 'ho:xkɛrk
Hoogland *niederl.* 'ho:xlɑnt
Hoogstraten *niederl.* 'ho:xstra:tə
Hoogwoud *niederl.* 'ho:xwɔu̯t
[1]**Hook** (Haken im Boxsport) hʊk
[2]**Hook** (Name) *engl.* hʊk
Hooke[r] *engl.* 'hʊk[ə]
Hoole *engl.* hu:l
Hooligan 'hu:lɪgn̩
Hooliganismus huliga'nɪsmʊs
Hoonah *engl.* 'hu:nə
Hooper *engl.* 'hu:pə
Hoopeston *engl.* 'hu:pstən
Hoops ho:ps
Höör *schwed.* hœ:r
Hoorn ho:ɐ̯n, *niederl.* ho:rn, *engl.* hɔ:n
Hoorne *niederl.* 'ho:rnə
Hoornik *niederl.* 'ho:rnɪk
Hoosac Range *engl.* 'hu:sək 'reɪndʒ
Hoosier *engl.* 'hu:ʒə
Hooton *engl.* hu:tn
Hoover [Dam] *engl.* 'hu:və ['dæm]
Hop *niederl.* hɔp
Hóp *isl.* hou̯p
Hope *engl.* hoʊp
Hopeh 'ho:pe
Hoper vgl. Chopjor
Hopewell *engl.* 'hoʊpwəl
Hopf hɔpf
hopfen, H... 'hɔpfn̩
Hopfgarten 'hɔpfgartn̩
Höpfl 'hœpfl̩
Höpker 'hœpkɐ
Hopkins *engl.* 'hɔpkɪnz
Hopkinson *engl.* 'hɔpkɪnsn
Hopkinsville *engl.* 'hɔpkɪnzvɪl
Höpler 'hø:plɐ
Hoplit ho'pli:t
Hoplites ho'pli:tɛs, **...en** ...tn̩
Hopovo *serbokr.* 'hɔpɔvɔ
hopp! hɔp
Hoppe 'hɔpə, *engl.* 'hɔpɪ
Hoppegarten 'hɔpəgartn̩
hoppeln 'hɔpl̩n
Hoppelpoppel 'hɔpl̩'pɔpl̩
Hoppenrade hɔpn̩'ra:də
Hopper *engl.* 'hɔpə
Hopphei hɔp'hai̯
Hoppin *engl.* 'hɔpɪn
Hoppner *engl.* 'hɔpnə
Hoppstädten 'hɔp-ʃtɛtn̩
Hoppenstedt 'hɔpn̩ʃtɛt
hopphopp! hɔp'hɔp
hoppla! 'hɔpla
hops!, Hops hɔps
hopsa[la]! hɔpsa[la]
hopsasa! 'hɔpsasa
hopsen 'hɔpsn̩
Hopsten 'hɔpstn̩
Hopton *engl.* 'hɔptən
Hopwood *engl.* 'hɔpwʊd
Hoquiam *engl.* 'hoʊkwɪəm
hora, [1]**Hora** 'ho:ra
[2]**Hora** (Name) *tschech.* 'hɔra
Horabin *engl.* 'hɔrəbɪn
Horace *engl.* 'hɔrɪs, *fr.* ɔ'ras
Horacio *span.* o'raθi̯o
Horant 'ho:rant
Hora Svatého Šebestiána *tschech.* 'hɔra 'svatɛ:hɔ 'ʃɛbɛstia:na
Hora Svaté Kateřiny *tschech.* 'hɔra 'svatɛ: 'katɛrʒini
Horatio ho'ra:tsi̯o
Horatius ho'ra:tsi̯ʊs
Horaz ho'ra:ts
Horažďovice *tschech.* 'hɔraʒdjɔvitsɛ
Horažd'owitz 'hɔraʒdjɔvɪts
horazisch, H... ho'ra:tsɪʃ
Horb hɔrb
Horbach 'hɔrbax, 'ho:ɐ̯...

Hörbiger 'hœrbɪgɐ
Horburg 'ho:ɐ̯bʊrk
Horbury *engl.* 'hɔ:bərɪ
Hörby *schwed.* ˌhœ:rby:
horch!, Horch hɔrç
horchen 'hɔrçn̩
Horchheim 'hɔrçhai̯m
Horda *schwed.* ˌho:rda
Hordaland *norw.* ˌhɔrdalan
Horde 'hɔrdə
Hörde 'hø:ɐ̯də
Hordein hɔrde'i:n
Hordenin hɔrde'ni:n
Hordeolum hɔr'de:olʊm, **...la** ...la
Hore 'ho:rə
Horeb 'ho:rɛp
Hore-Belisha *engl.* 'hɔ:bɪ'li:ʃə
Horen 'ho:rən
hören 'hø:rən
Hörensagen 'hø:rənza:gn̩
Horezm vgl. Choresm
Horgan *engl.* 'hɔ:gən
Horgau 'hɔrgau̯
Horgen 'hɔrgn̩
Horhausen 'hɔrhau̯zn̩
Horia *rumän.* 'horia
Hořice *tschech.* 'hɔrʒitsɛ
hörig 'hø:rɪç, **-e** ...ɪgə
Hořitz 'hɔrʒɪts
Horizont hori'tsɔnt
horizontal horitsɔn'ta:l
Horizontale horitsɔn'ta:lə
horizontieren horitsɔn'ti:rən
Hörken *schwed.* 'hœrkn̩
Horkheimer 'hɔrkhai̯mɐ
Horlacher 'hɔrlaxɐ
Horler *engl.* 'hɔ:lə
Horlick *engl.* 'hɔ:lɪk
Hormayr 'hɔrmai̯ɐ
Hormon hɔr'mo:n
hormonal hɔrmo'na:l
hormonell hɔrmo'nɛl
Hormus *pers.* hor'moz
[1]**Horn** hɔrn, **Hörner** 'hœrnɐ
[2]**Horn** (Name) *dt., niederl.* hɔrn, *engl.* hɔ:n, *schwed.* hu:rn, *isl.* hɔrdn
Hornád *slowak.* 'hɔrna:t
Hornaday *engl.* 'hɔ:nədeɪ
Hornavan *schwed.* ˌhu:rnɑ:van
Hornbach 'hɔrnbax
Hornbæk *dän.* 'hɔrnbɛg
Hornberg 'hɔrnbɛrk
Hornblow[er] *engl.* 'hɔ:nbloʊ[ə]
Hornbostel 'hɔrnbɔstl̩
Hornburg 'hɔrnbʊrk
Hornby *engl.* 'hɔ:nbɪ
Horncastle *engl.* 'hɔ:nkɑ:sl
Hornchurch *engl.* 'hɔ:ntʃə:tʃ
Horne *engl.* hɔ:n
Horneburg 'hɔrnəbʊrk
Horneffer 'hɔrnɛfɐ
Hörnefors *schwed.* hœrnə'fɔrs
Hornell *engl.* hɔ:'nɛl
Hornemann 'hɔrnəman
hornen 'hɔrnən
hörnen 'hœrnən
Horner 'hɔrnɐ, *engl.* 'hɔ:nə
Hörner vgl. Horn
Horney 'hɔrnai̯
Hornhausen 'hɔrnhau̯zn̩
Horní Benešov *tschech.* 'hɔrnji: 'bɛnɛʃɔf
Horní Blatná *tschech.* 'hɔrnji: 'blatna:
Horní Bříza *tschech.* 'hɔrnji: 'brʒi:za
Horní Cerekev *tschech.* 'hɔrnji: 'tsɛrɛkɛf
Hornick 'hɔrnɪk
Horní Dvořiště *tschech.* 'hɔrnji: 'dvɔrʒiʃtjɛ
hornig 'hɔrnɪç, **-e** ...ɪgə
Hornig 'hɔrnɪç
Hornik 'hɔrnɪk
Horní Libina *tschech.* 'hɔrnji: 'libina
Horniman *engl.* 'hɔ:nɪmən
Horní Planá *tschech.* 'hɔrnji: 'plana:
Hornisgrinde hɔrnɪs'grɪndə, *auch:* '– – – –
Hornisse hɔr'nɪsə, *auch:* '– – –
Hornist hɔr'nɪst
Horní Vltavice *tschech.* 'hɔrnji: 'vl̩tavitsɛ
Hornpipe *engl.* 'hɔ:npaɪp
Hornsea *engl.* 'hɔ:nsi:
Hornsey *engl.* 'hɔ:nzɪ
Hornu *fr.* ɔr'ny
Hörnum 'hœrnʊm
[1]**Hornung** (Februar) 'hɔrnʊŋ
[2]**Hornung** (Name) 'hɔrnʊŋ, *engl.* 'hɔ:nəŋ
Hornuß 'hɔrnu:s
hornußen 'hɔrnu:sn̩
Horny 'hɔrni
Höroldt 'hø:rɔlt
Horolog horo'lo:k, **-e** ...o:gə
Horologion horo'lo:gi̯ɔn, **...ien** ...i̯ən
Horologium horo'lo:gi̯ʊm, **...ien** ...i̯ən
Horopter ho'rɔptɐ
Horos 'ho:rɔs
Horoskop horo'sko:p
Hořovice *tschech.* 'hɔrʒɔvitsɛ
Horowitz 'ho:rovɪts
Horpács *ung.* 'horpa:tʃ
Horps *fr.* ɔ:r
Horrem 'hɔrəm
horrend hɔ'rɛnt, **-e** ...ndə
horribel hɔ'ri:bl̩, **...ble** ...blə
horribile dictu hɔ'ri:bile 'dɪktu
horrido! hɔri'do:
Horrocks *engl.* 'hɔrəks
Horror 'hɔrɔr
Horror vacui 'hɔrɔr 'va:kui
Horsa 'hɔrza
Horschelt 'hɔrʃl̩t
hors concours *fr.* ɔrkõ'ku:r
Horsd'œuvre, -s [h]ɔr'dø:vɐ, [h]ɔ:ɐ̯'dø:vɐ
Hörsel 'hœrzl̩
Horsens *dän.* 'hɔrsəns
horse-power *engl.* 'hɔ:spaʊə
Horseshoe Fall *engl.* 'hɔ:ʃʃu: 'fɔ:l
Horsforth *engl.* 'hɔ:sfəθ
Horsham *engl.* 'hɔ:ʃəm
Hørsholm *dän.* 'hœrshɔl'm
Hörsing[en] 'hœrzɪŋ[ən]
Horsley *engl.* 'hɔ:slɪ, 'hɔ:zlɪ
Horšovský Týn *tschech.* 'hɔrʃɔfski: 'ti:n
Horssen *niederl.* 'hɔrsə
[1]**Horst** (Nest) hɔrst
[2]**Horst** (Name) *dt., niederl.* hɔrst
Hörst hœrst
Hörstadius *schwed.* hœr'stɑ:diʊs
Hörstel 'hœrstl̩
horsten 'hɔrstn̩
Horstenau 'hɔrstənau̯
Horsthausen hɔrst'hau̯zn̩
Horstmar 'hɔrstmar
Horszowski *poln.* xɔr'ʃɔfski
[1]**Hort** hɔrt
[2]**Hort** (Name) hɔrt, *engl.* hɔ:t, *ung.* hort
hört! hø:ɐ̯t
Horta *port.* 'ɔrtɐ
Hortativ hɔrta'ti:f, **-e** ...i:və
horten 'hɔrtn̩
Horten *norw.* ˌhɔrtən
Hortense *fr.* ɔr'tã:s
Hortensia hɔr'tɛnzi̯a, *span.* ɔr'tensi̯a
Hortensie hɔr'tɛnzi̯ə
Hortensio hɔr'tɛnzi̯o
Hortensius hɔr'tɛnzi̯ʊs
hört, hört! 'hø:ɐ̯t 'hø:ɐ̯t
Hörthörtruf 'hø:ɐ̯t'hø:ɐ̯tru:f
Horthy *ung.* 'horti
Hortnerin 'hɔrtnərɪn
Hortobágy *ung.* 'hortoba:dj
Horton *engl.* hɔ:tn
Hortulus animae 'hɔrtulʊs 'a:nimɛ, **...li -** ...li -
Hortus deliciarum 'hɔrtʊs deli'tsi̯a:rʊm
horuck! ho:'rʊk
Horuk 'ho:rʊk
Hørungane *norw.* 'hø:rʉŋanə
Horunger *norw.* 'hu:rʉŋər
Horus 'ho:rʊs
Horus-Aha 'ho:rʊs'|a:ha
Horváth 'hɔrva:t, *ung.* 'horva:t
Horvátkimle *ung.* 'horva:tkimlɛ
Horwich *engl.* 'hɔrɪdʒ
Hosack *engl.* 'hɔsək
hosanna! ho'zana
Hosäus ho'zɛ:ʊs
Hösbach 'hø:sbax, 'hœs...
Hoscheid 'hɔʃai̯t
Höschen 'hø:sçən
Hose 'ho:zə
Hosea ho'ze:a
Hošek *tschech.* 'hɔʃɛk
Hösel 'hø:zl̩
Hosemann 'ho:zəman

hosịanna!, Hosịanna ho'zi̯ana
Hosingen 'ho:zɪŋən
Họsios Lukạs *neugr.* 'ɔsjɔz lu'kas
Họsius 'ho:zi̯ʊs
Họskins *engl.* 'hɔskɪnz
Họsmer *engl.* 'hɔzmə
Họspental 'hɔspn̩ta:l
Hospitạl hɔspi'ta:l, **Hospitạ̈ler** hɔspi'tɛ:lɐ
Hospitalẹt *span.* ɔspita'lɛt
hospitalisi̱eren hɔspitali'zi:rən
Hospitalịsmus hɔspita'lɪsmʊs
Hospitali̱t hɔspita'li:t
Hospitalitạ̈t hɔspitali'tɛ:t
Hospitali̱ter hɔspita'li:tɐ
Hospitạnt hɔspi'tant
Hospitatio̱n hɔspita'tsi̯o:n
hospiti̱eren hɔspi'ti:rən
Hospi̱z hɔs'pi:ts
Hospodạr hɔspo'da:ɐ̯
Hossein *fr.* ɔ'sɛ̃
Hö̱ßlin 'hœsli:n
Họsszúpályi *ung.* 'hossu:pa:ji
Họste *niederl.* 'hɔstə
Họstein 'hɔstai̯n
Họstel *engl.* 'hɔstəl
Họstenbach 'hɔstn̩bax
Høsterkøb *dän.* 'hœsdərkø:'b
Hostess, ...teß 'hɔstɛs, -'-; **Hostẹssen** hɔs'tɛsn̩
Họstie 'hɔsti̯ə
hosti̱l hɔs'ti:l
Hostilitạ̈t hɔstili'tɛ:t
Hosti̱lius hɔs'ti:li̯ʊs
Họstinné *tschech.* 'hɔstjinɛ:
Họstinský *tschech.* 'hɔstjinski:
Họstivice *tschech.* 'hɔstjivitsɛ
Họšťka *tschech.* 'hɔʃtjka
Họstouň *tschech.* 'hɔstou̯nj
Họt hɔt
Hotagen *schwed.* 'hu:tɑ:gən
Họtchkin *engl.* 'hɔtʃkɪn
Hotchkiss *engl.* 'hɔtʃkɪs, *fr.* ɔtʃ'kis
Họtchpotch 'hɔtʃpɔtʃ
Họt dọg 'hɔt 'dɔk
Hotẹl ho'tɛl
Hôtel de Vịlle *fr.* ɔtɛldə'vil, ot..
Hotel-Dieu *fr.* ɔtɛl'djø, ot...
Hotẹl garni̱, -s -s ho'tɛl gar'ni:
Hoteli̱er hotə'li̯e:
Hotellerie̱ hotɛlə'ri:
Hö̱tensleben 'hø:tn̩sle:bn̩
Hoti̱n *rumän.* ho'tin
Hotin vgl. Chotin
Họt Jazz *engl.* 'hɔt 'dʒæz
Hotmạn *fr.* ɔt'man
Hotmạnnus hɔt'manʊs
Họt pants 'hɔt 'pɛnts
Ho Tschi-mịnh hotʃi'mɪn
Họt Sprịngs *engl.* 'hɔt 'sprɪnz
Họtspur[s] *engl.* 'hɔtspə:[z]
hott! hɔt
Họtte 'hɔtə
hottehü̱!, H... hɔtə'hy:
họtten 'hɔtn̩
Họtten *niederl.* 'hɔtə
Hottentọtte hɔtn̩'tɔtə
hottentọttisch hɔtn̩'tɔtɪʃ
Họtter 'hɔtɐ
Họttinger 'hɔtɪŋɐ
họtto! 'hɔto
Hottọnia hɔ'to:ni̯a, **...ien** ...i̯ən
Hö̱tzendorf 'hœtsn̩dɔrf
Họtzenplotz 'hɔtsn̩plɔts
Họtzenwald 'hɔtsn̩valt
Houạsse *fr.* was
Houben 'hu:bn̩
Họubraken *niederl.* 'hɔu̯bra:kə
Houches *fr.* huʃ
Họuckgeest *niederl.* 'hɔu̯kxe:st
Houdain *fr.* u'dɛ̃
Houdeng-Aimeries *fr.* udɛ̃ɛm'ri
Houdeng-Goegnies *fr.* udɛ̃gø'ɲi
Houdetọt *fr.* ud'to
Houdi̱ni *engl.* hu:'di:nɪ
Houdon *fr.* u'dõ
Houẹl *fr.* wɛl
Houffali̱ze *fr.* ufa'li:z
Hough *engl.* hʌf
Houghton *engl.* hɔ:tn, haʊtn, hoʊtn
Họughton-le-Sprịng *engl.* 'hoʊtnlə'sprɪŋ
Houille[s] *fr.* uj
Họulton *engl.* hoʊltn
Houma *engl.* 'hu:mə
Hounslow *engl.* 'haʊnzloʊ
Houphouët-Boigny *fr.* ufwɛbwa'ɲi
Houplịnes *fr.* u'plin
Houppelande, -s *fr.* u'plã:d
House *engl.* haʊs
House of Cọmmons *engl.* 'haʊs əv 'kɔmənz
House of Lọrds *engl.* 'haʊs əv 'lɔ:dz
Housman *engl.* 'haʊsmən
Houssạy *span.* u'sai̯
Houssaye *fr.* u'sɛ
[1]**Houston** (England) *engl.* 'hu:stən
[2]**Houston** (USA) *engl.* 'hju:stən
Họut[en] *niederl.* 'hɔu̯t[ə]
Họuthalen *niederl.* 'hɔu̯tha:lə
Họuthem *niederl.* 'hɔu̯təm
Họuthulst *niederl.* 'hɔu̯thʏlst
Houtin *fr.* u'tɛ̃
Họutland *niederl.* 'hɔu̯tlɑnt
Họutman *niederl.* 'hɔu̯tmɑn
Họutte *niederl.* 'hɔu̯tə
Họuwaart *niederl.* 'hɔu̯wa:rt
Họuwaert *niederl.* 'hɔu̯wa:rt
Houwald 'hu:valt
Họuwink *niederl.* 'hɔu̯wɪŋk
Hov *dän.* hɔu̯', *schwed.* ho:v
Họva 'ho:va, *fr.* ɔ'va, *schwed.* ˌhu:va
Hovanščina vgl. Chowanschtschina
Hovanskij vgl. Chowanski
Hovde *engl.* 'hʌvdɪ
Hove *engl.* hoʊv
Họveden *engl.* 'hɔvdən
Hö̱vel[hof] 'hø:fl̩[ho:f]
Hovenden *engl.* 'hoʊvəndən
Hö̱ver 'hø:vɐ
Họvercraft 'ho:vɐkra:ft, *engl.* 'hɔvəkrɑ:ft
Hovey *engl.* 'hʌvɪ
Họvmantorp *schwed.* ˌho:vmantɔrp
Họvstad 'ho:fstat
Họwa 'ho:va
Họwald[t] 'ho:valt
Howard *engl.* 'haʊəd
Howden *engl.* haʊdn
Howe *engl.* haʊ
Họwea 'ho:vea, **Howẹen** ho've:ən
Hö̱wel[c]ke 'hø:vl̩kə
Howell[s] *engl.* 'haʊəl[z]
Howick Falls *engl.* 'haʊɪk 'fɔ:lz
Howie *engl.* 'haʊɪ
Howison *engl.* 'haʊɪsn
Howitt *engl.* 'haʊɪt
Howrah *engl.* 'haʊrə
Howze *engl.* haʊz
Họxha *alban.* 'hodʒa
Họxie *engl.* 'hɔksɪ
Hö̱xter 'hœkstɐ
Họy *engl.* hɔɪ
Họya 'ho:ja
Høyanger *norw.* ˌhœi̯aŋər
Hoyer 'hɔyɐ
Hoyerswẹrda hɔyɐs'vɛrda
Họylake *engl.* 'hɔɪleɪk
Họyland Nẹther *engl.* 'hɔɪlənd 'nɛðə
Họyle *engl.* hɔɪl
Hoym hɔym
Họyos *span.* 'ojɔs
Họyt *engl.* hɔɪt
Hoziẹr, d' *fr.* do'zje
Hrạban 'ra:ban
Hrabạnus Maurus ra'ba:nʊs 'maurʊs
Hrạdčany *tschech.* 'hratʃani
Hrạdec *tschech.* 'hradɛts
Hrạdec Králové *tschech.* 'hradɛts 'kra:lɔvɛ:
Hrádek *tschech.* 'hra:dɛk
Hrạdiště *tschech.* 'hradjiʃtjɛ
Hradschin '[h]ratʃi:n, *auch:* -'-
Hrạnice *tschech.* 'hranjitsɛ
Hrạnilović *serbokr.* ˌhranilɔvitɕ
Hrdlička *tschech.* 'hr̩dlitʃka, *engl.* 'hə:dlɪtʃkə
Hrẹljin *serbokr.* 'hrɛljin
Hrelkov vgl. Chrelkow
Hrẹn *slowen.* xrɛn
Hrennikov vgl. Chrennikow
Hřẹnsko *tschech.* 'hrʒɛnskɔ
Hri̱stić *serbokr.* ˌhri:stitɕ
Hristo vgl. Christo
Hristov vgl. Christow
Hrọb *tschech.* hrɔp
Hrọchův Týnec *tschech.* 'hrɔxu:f 'ti:nɛts
Hrọmádka *tschech.* 'hrɔma:tka
Hrọn *slowak.* hrɔn
Hrọnov *tschech.* 'hrɔnɔf
Hroswịtha rɔs'vi:ta

Hrothsvit[h] 'ro:tsvɪt
Hrozný *tschech.* 'hrozni:
Hrtkovci *serbokr.* 'hr̩tkɔ:fstsi
Hrubieszów *poln.* xru'bjɛʃuf
Hruščev vgl.Chruschtschow
Hrušovany *tschech.* 'hruʃɔvani
Hrvatska *serbokr.* ˌhr̩va:tska:
hu! hu:
hü! hy:
Huachipato *span.* u̯atʃi'pato
Huacho *span.* 'u̯atʃo
Hualalai hu̯ala'lai̯, *engl.* hu:ɑ:lɑ:'laɪ
Huallaga *span.* u̯a'ʎaɣa
Huallatiri *span.* u̯aʎa'tiri
Huamantla *span.* u̯a'mantla
Huancabamba *span.* u̯aŋka'βamba
Huancavelica *span.* u̯aŋkaβe'lika
Huancayo *span.* u̯aŋ'kajo
Huanaco hu̯a'nako
Huánuco *span.* 'u̯anuko
Huarás, ...az *span.* u̯a'ras
Huarte *span.* 'u̯arte
Huáscar *span.* 'u̯askar
Huascarán *span.* u̯aska'ran
Huasco *span.* 'u̯asko
Huaxteke hu̯as'te:kə
Huayna Potosí *span.* 'u̯ai̯na poto'si
Huaynaputina *span.* u̯ai̯napu'tina
Huazteca *span.* u̯aθ'teka
hub hu:p
Hub hu:p, **-es** 'hu:bəs
Hubacher 'hu:baxɐ
Hubald 'hu:balt
Hubalek 'hu:balɛk
Hubay *ung.* 'hubɔi
Hubbard *engl.* 'hʌbəd
Hubbel[l] *engl.* hʌbl
Hubbelrath 'hʊbl̩ra:t
Hubble *engl.* hʌbl
Hubbrücke 'hu:pbrʏkə
hübe 'hy:bə
huben, H... 'hu:bn̩
hüben 'hy:bn̩
Huber[man] 'hu:bɐ[man]
Hubert 'hu:bɛrt, *fr.* y'bɛ:r, *niederl.* 'hy:bərt
Hubertus hu'bɛrtʊs
Hubertusburg hu'bɛrtʊsbʊrk
Hubinger 'hu:bɪŋɐ
Hübl 'hy:bl̩
Hubmaier 'hu:pmai̯ɐ
Hübner 'hy:bnɐ
hübsch, H... hʏpʃ
Hübschmann 'hʏpʃman
Hubschmid 'hu:p-ʃmi:t
hubt hu:pt
hübt hy:pt
Huc hu:k, *fr.* hyk
Hucbald 'hu:kbalt
huch! hʊx
Huch[en] 'hu:x[n̩]
Huchel 'hʊxl̩
Huchting 'hʊxtɪŋ
Huckarde 'hʊkardə
Hucke 'hʊkə
Hückelhoven 'hʏkl̩ho:vn̩
Huckelriede hʊkl̩'ri:də
hucken 'hʊkn̩
huckepack 'hʊkəpak
Hückeswagen 'hʏkəsva:gn̩
Hucknall *engl.* 'hʌknəl
Huddersfield *engl.* 'hʌdəzfi:ld
Hude 'hu:də
Hudelei hu:də'lai̯
Hudeler 'hu:dəlɐ
hudelig 'hu:dəlɪç, **-e** ...ɪɡə
hudeln 'hu:dl̩n, **hudle** 'hu:dlə
hudern 'hu:dɐn, **hudre** 'hu:drə
Hudiksvall *schwed.* hʊdiks'val
Hudler 'hu:dlɐ
hudlig 'hu:dlɪç, **-e** ...ɪɡə
Hudson [Strait] *engl.* 'hʌdsn ['streɪt]
Hué *fr.* ɥe
Hueber 'hu:ɛbɐ
Huebner 'hy:bnɐ, *engl.* 'hi:bnə
Huebra *span.* 'u̯eβra
Hueck hu:k
Hueffer *engl.* 'hju:fə
Huehuetenango *span.* u̯eu̯ete'naŋgo
Huelma *span.* 'u̯ɛlma
Huelsenbeck 'hʏlzn̩bɛk
Huelva *span.* 'u̯ɛlβa
Hueneme *engl.* waɪ'ni:mɪ
Huércal-Overa *span.* 'u̯ɛrkalo'βera
Huerta[s] *span.* 'u̯ɛrta[s]
Huesca *span.* 'u̯eska
Huéscar *span.* 'u̯eskar
Huet *fr.* ɥɛ, *niederl.* hy:'ɛt
huf! hu:f
hüf! hy:f
Huf[e] 'hu:f[ə]
Hufeland 'hu:fəlant
hufen 'hu:fn̩
Huff *engl.* hʌf
Hüffer 'hʏfɐ
Hüfingen 'hy:fɪŋən
Hufner 'hu:fnɐ
Hüfner 'hy:fnɐ
Hüfte 'hʏftə
Hüfthorn 'hʏfthɔrn
Hugbald 'hu:kbalt
Hugdietrich 'hu:kdi:trɪç
Hügel 'hy:gl̩
hügelig 'hy:gəlɪç, **-e** ...ɪɡə
Hugelmann 'hu:gl̩man
Hugenberg 'hu:gn̩bɛrk
Hugenotte hugə'nɔtə
hugenottisch hugə'nɔtɪʃ
Huggenberger 'hʊgn̩bɛrgɐ
Huggins *engl.* 'hʌgɪnz
Hugh[es] *engl.* hju:[z]
Hugin 'hu:gɪn
Hugl 'hu̞:gl̩
Hugli *engl.* 'hu:gli:
hüglig 'hy:glɪç, **-e** ...ɪɡə
Hugo 'hu:go, *fr.* y'go, *engl.* 'hju:goʊ, *niederl.* 'hy:xo:, *span.* 'uɣo
Hugolin 'hu:goli:n
Hugstetten 'hu:k-ʃtɛtn̩
Hugué *span.* u'ɣe
Huguenin *fr.* yg'nɛ̃
Hugues *fr.* yg
Huguet *fr.* y'gɛ, *span.* u'ɣɛt
Huguette *fr.* y'gɛt
Huhn hu:n, **Hühner** 'hy:nɐ
Hühnchen 'hy:nçən
Hühnerwasser 'hy:nɐvasɐ
huhu! hu̯'hu:
hui! hui̯
Huib *niederl.* hœi̯p
Huibert *niederl.* 'hœi̯bərt
Huidobro *span.* u̯i'ðoβro
Huig *niederl.* hœi̯x
Huila *span.* 'u̯ila, *port.* 'u̯ilɐ
Huise *niederl.* 'hœi̯zə
Huisne *fr.* ɥin
Huissen *niederl.* 'hœi̯sə
Huitfeldt *dän.* 'vidfɛl't
Huitzilopochtli *span.* u̯itsilo'pɔtʃtli
Huizen *niederl.* 'hœi̯zə
Huizinga *niederl.* 'hœi̯zɪŋxa:
hujus anni 'hu:jʊs 'ani
hujus mensis 'hu:jʊs 'mɛnzɪs
Huka 'hu:ka
Hukboot 'hʊkbo:t
Huker 'hʊkɐ
Hula 'hu:la
Hula-Hoop hu:la'hʊp, *engl.* 'hu:ləhu:p
Hulbert, ...burt *engl.* 'hʌlbət
Huld hʊlt
Hulda 'hʊlda
huldigen 'hʊldɪgn̩, **huldig!** 'hʊldɪç, **huldigt** 'hʊldɪçt
Huldin 'hʊldɪn
Huldreich 'hʊltrai̯ç
Hule 'hu:lə
hülfe 'hʏlfə
Hulín *tschech.* 'huli:n
Hulk hʊlk
Hull[ah] *engl.* 'hʌl[ə]
Hülle 'hʏlə
hüllen, H... 'hʏlən
Hully-Gully 'hali'gali
Hulme *engl.* hju:m, hu:m
Hüls hʏls
Hülscheid 'hʏlʃai̯t
Hülse 'hʏlzə
Hülsebeck 'hʏlzəbɛk
hülsen 'hʏlzn̩, **hüls!** hʏls, **hülst** hʏlst
Hülsen 'hʏlzn̩
hülsig 'hʏlzɪç, **-e** ...ɪɡə
Hulst[e] *niederl.* 'hʏlst[ə]
Hulten *niederl.* 'hʏltə
Hulton *engl.* hʌltn
Hultschin hʊl'tʃi:n, *auch:* '--
Hultsfred *schwed.* 'hʊltsfre:d
Hultz *engl.* hʌlts
Hültz hʏlts
Hultzsch hʊltʃ
Hulzen *niederl.* 'hʏlzə
Hülzweiler 'hʏltsvai̯lɐ
hum! hm̩

Hum *serbokr.* hu:m
Humaitá *span., bras.* umai̯'ta
human hu'ma:n
Humanae vitae hu'ma:nɛ 'vi:tɛ
Human engineering *engl.* 'hju:mən ɛndʒɪ'nɪərɪŋ
Humaniora huma'ni̯o:ra
humanisieren humani'zi:rən
Humanismus huma'nɪsmʊs
Humanist huma'nɪst
humanitär humani'tɛ:ɐ̯
Humanitas hu'ma:nitas
Humanität humani'tɛ:t
Humanité *fr.* ymani'te
Humann 'hu:man
Human relations *engl.* 'hju:mən rɪ'leɪʃənz
Humbald 'hʊmbalt
Humbe *port.* 'umbə
Humbeek *niederl.* 'hʏmbe:k
Humber *engl.* 'hʌmbə
Humbert 'hʊmbɛrt, *fr.* œ̃'bɛ:r
Humberta hʊm'bɛrta
Humblot 'hʊmblɔt
Humboldt 'hʊmbɔlt, *engl.* 'hʌmboʊlt, *span.* 'umbɔl
humboldtisch, H... 'hʊmbɔltɪʃ
humboldtsch, H... 'hʊmbɔltʃ
Humbu[r]g 'hʊmbʊ[r]k
Hume *engl.* hju:m
Humerale hume'ra:lə; **...lien** ...li̯ən, **...lia** ...li̯a
Humes 'hu:məs
Humfeld 'hʊmfɛlt
humid hu'mi:t, -e ...i:də
Humidität humidi'tɛ:t
Humières *fr.* y'mjɛ:r
Humifikation humifika'tsi̯o:n
humifizieren humifi'tsi:rən
humil hu'mi:l
Humiliant humi'li̯ant
Humiliation humili̯a'tsi̯o:n
Humilität humili'tɛ:t
Huminsäure hu'mi:nzɔyrə
Humit hu'mi:t, *auch:* ...mɪt
Humlebæk *dän.* 'homləbɛg
Hummel[gau] 'hʊml̩[gau̯]
Hummelo *niederl.* 'hʏməlo:
Hummelshain 'hʊml̩shai̯n
Hummer 'hʊmɐ
Hümmling 'hʏmlɪŋ
Humolith humo'li:t, *auch:* ...lɪt
[1]**Humor** (Heiterkeit) hu'mo:ɐ̯
[2]**Humor** (Feuchtigkeit) 'hu:mɔr, **Humores** hu'mo:re:s
[3]**Humor** *rumän.* hu'mor
humoral humo'ra:l
Humoralpathologie humo'ra:lpatologi:
Humoreske humo'rɛskə
humorig hu'mo:rɪç, -e ...ɪɡə
humorisieren humori'zi:rən
Humorist humo'rɪst
Humoristikum humo'rɪstikʊm, **...ka** ...ka
humos hu'mo:s, -e ...o:zə
Humpata *port.* um'patɐ
Humpelei hʊmpə'lai̯
humpelig 'hʊmpəlɪç, -e ...ɪɡə
humpeln 'hʊmpl̩n
Humpen 'hʊmpn̩
Humperdinck 'hʊmpɐdɪŋk
Humphrey[s] *engl.* 'hʌmfrɪ[z]
humplig 'hʊmplɪç, -e ...ɪɡə
Humpolec *tschech.* 'humpɔlɛts
Humpoletz 'hʊmpolɛts
Humulus 'hu:mulʊs
Humus 'hu:mʊs
Huna 'hu:na
Húnabucht 'hu:nabʊxt
Húnaflói *isl.* 'hu:naflɔu̯ɪ
Hunan 'hu:nan
Hund hʊnt, -e 'hʊndə
Hündchen 'hʏntçən
Hundekälte 'hʊndə'kɛltə
Hundeluft (Name) 'hʊndəlʊft
hundemüde 'hʊndə'my:də
hundert, H... 'hʊndɐt
hunderteins 'hʊndɐt'|ai̯ns
Hunderter 'hʊndɐtɐ
hunderterlei 'hʊndɐtɐ'lai̯
hundertfach 'hʊndɐtfax
Hundertjahrfeier hʊndɐt'ja:ɐ̯fai̯ɐ
hundertjährig 'hʊndɐtjɛ:rɪç
hundertmal 'hʊndɐtma:l
hundertmalig 'hʊndɐtma:lɪç, -e ...ɪɡə
hundertprozentig 'hʊndɐtprotsɛntɪç, -e ...ɪɡə
Hundertsatz 'hʊndɐtzats
hundertste 'hʊndɐtstə
hundertstel, H... 'hʊndɐtstl̩
hundertstens 'hʊndɐtstn̩s
hunderttausend 'hʊndɐt'tau̯zn̩t
hundertundeins 'hʊndɐt|ʊnt'|ai̯ns
Hundested *dän.* 'hunəsdɛð
Hundewetter 'hʊndəvɛtɐ
Hundhammer 'hʊnthamɐ
hündisch 'hʏndɪʃ
Hundredweight *engl.* 'hʌndrədweɪt
Hundsfott 'hʊntsfɔt, **...fötter** ...fœtɐ
hundsföttisch 'hʊntsfœtɪʃ
hundsgemein 'hʊntsgə'mai̯n
Hundsgrün 'hʊntsgry:n
hundsmäßig 'hʊntsmɛ:sɪç
hundsmiserabel 'hʊntsmizə'ra:bl̩
hundsmüde 'hʊnts'my:də
hundswütig 'hʊntsvy:tɪç
Hüne 'hy:nə
Hunedoara *rumän.* hune'do̯ara
Hünefeld 'hy:nəfɛlt
Huneker *engl.* 'hʌnɪkə
Hunfalvy *ung.* 'hunfɔlvi
Hünfeld 'hy:nfɛlt
Hungaria hʊŋ'ga:ri̯a
Hungarica hʊŋ'ga:rika
Hungen 'hʊŋən
Hunger 'hʊŋɐ
Hungerford *engl.* 'hʌŋəfəd
hungern 'hʊŋɐn
Hungnam *korean.* hɨŋnam
hungrig 'hʊŋrɪç, -e ...ɪɡə
Hüningen 'hy:nɪŋən
Huningue *fr.* y'nɛ̃:g
Hunne 'hʊnə
hunnisch 'hʊnɪʃ
Hunnius 'hʊni̯ʊs
Hunold 'hu:nɔlt
Hunsa 'hʊnza
Hunsaker *engl.* 'hʌnseɪkə
Hunsrück 'hʊnsrʏk
Hunswinkel 'hʊnsvɪŋkl̩
[1]**Hunt** (Förderwagen) hʊnt
[2]**Hunt** (Name) *engl.* hʌnt
Hunte 'hʊntə
Hunting *engl.* 'hʌntɪŋ
Hunter *engl.* 'hʌntə
Huntingdon *engl.* 'hʌntɪŋdən
Huntington *engl.* 'hʌntɪŋtən
Huntl[e]y *engl.* 'hʌntlɪ
Huntsman *engl.* 'hʌntsmən
Huntsville *engl.* 'hʌntsvɪl
Huntziger 'hʊntsɪɡɐ, *fr.* œ̃tsi'ʒɛ:r
Hünxe 'hʏŋksə
Hunyadi *ung.* 'hunjɔdi
Hunyadvár *ung.* 'hunjɔdva:r
Hunyady *ung.* 'hunjɔdi
Hunza 'hʊnza
hunzen 'hʊntsn̩
Hunziker 'hʊntsɪkɐ
Hüon 'hy:ɔn
Huonville *engl.* 'hju:ənvɪl
Huot *fr.* ɥo
Hupe 'hu:pə
Hupeh 'hu:pe
hupen 'hu:pn̩
hüpfen 'hʏpfn̩
Hüpferling 'hʏpfɐlɪŋ
Huppel *niederl.* 'hʏpəl
huppen 'hʊpn̩
Hüpstedt 'hʏp-ʃtɛt
Hurban *slowak.* 'hurban
Hurd *engl.* hə:d
Hurde 'hʊrdə
Hürde 'hʏrdə
Hurdes 'hʊrdəs, *span.* 'urðes
Hure 'hu:rə
Huré *fr.* y're
huren 'hu:rən
Hurerei hu:rə'rai̯
Huri 'hu:ri
Hurlbut *engl.* 'hə:lbət
Hurley *engl.* 'hə:lɪ
Hürlimann 'hʏrliman
hürnen 'hʏrnən
Huron hu'ro:n, *engl.* 'hjʊərən
Hurone hu'ro:nə
huronisch hu'ro:nɪʃ
hurra! hʊ'ra:, *auch:* 'hʊra
Hurrikan 'hʊrikan, *engl.* 'hʌrɪkən
Hürriyet *türk.* hyrri'jɛt
Hurst[on] *engl.* 'hə:st[ən]
Hurtado *span.* ur'taðo
Hurter 'hʊrtɐ
Hürtgen 'hʏrtgn̩
Hürth hʏrt
hurtig 'hʊrtɪç, -e ...ɪɡə

Hụs hʊs
Husain *pers.* hoˈsei̯n
Hụsák *slowak.* ˈhusaːk
Husa̲r huˈzaːɐ̯
Húsavík *isl.* ˈhuːsaviːk
hụsch! hʊʃ
Hụ̈sch hʏʃ
Hụsche ˈhʊʃə
hụsch[e]lig ˈhʊʃ[ə]lɪç, **-e** ...ɪɡə
hụscheln ˈhʊʃl̩n
hụschen ˈhʊʃn̩
hụsch, hụsch! ˈhʊʃˈhʊʃ
Huse̲in[i] hʊˈsai̯n[i]
Hu̲sen ˈhuːzn̩
Hụși *rumän.* huʃj
Hụsinec *tschech.* ˈhusinɛts
Huskisson *engl.* ˈhʌskɪsn
Huskvarna *schwed.* ˌhʉːskvaːrna
Husky ˈhaski
Hụsle ˈhʊslə
Hụß hʊs
hụssa! ˈhʊsa
Hụssarek ˈhʊsarɛk
hụssasa! ˈhʊsasa
Husse̲in hʊˈsai̯n
hụssen ˈhʊsn̩
Hụsserl ˈhʊsɐl
Hussey *engl.* ˈhʌsɪ
Hụ̈ssgen ˈhʏsɡn̩
Hussi̲t hʊˈsiːt
Hussitịsmus hʊsiˈtɪsmʊs
hụ̈st! hʏst
hü̲steln ˈhyːstl̩n
hu̲sten ˈhuːstn̩
Hụ̈sten ˈhʏstn̩
Huston *engl.* hjuːstn
Hụstopeče *tschech.* ˈhustɔpɛtʃɛ
Hu̲sum ˈhuːzʊm, *dän.* ˈhuːsom
Hụszár *ung.* ˈhusaːr
Hu̲t huːt, **Hü̲te** ˈhyːtə
Hü̲tchen ˈhyːtçən
Hutchens *engl.* ˈhʌtʃɪnz
Hutcheson *engl.* ˈhʌtʃɪsn
Hutchins *engl.* ˈhʌtʃɪnz
Hutchinson *engl.* ˈhʌtʃɪnsn
hü̲ten ˈhyːtn̩
Hu̲ter ˈhuːtɐ
Hu̲th huːt, *engl.* huːθ
Hụ̈thum ˈhʏtʊm
Hụtsche ˈhʊt͡ʃə
Hụ̈tsche ˈhʏt͡ʃə
hụtschen ˈhʊt͡ʃn̩
Hụtschenreuther ˈhʊt͡ʃn̩rɔytɐ
Hutt *engl.* hʌt
Hụ̈ttau ˈhʏtau̯
Hụ̈ttchen ˈhʏtçən
Hụtte ˈhʊtə
Hụ̈tte ˈhʏtə
Hụ̈tteldorf ˈhʏtl̩dɔrf
Hụtten ˈhʊtn̩
Hụ̈ttenberg ˈhʏtn̩bɛrk
Hụ̈ttenbrenner ˈhʏtn̩brɛnɐ
Hụtter ˈhʊtɐ
Hụtterer ˈhʊtərɐ
Hụ̈ttersdorf ˈhʏtɐsdɔrf
Hụtthurm ˈhʊtʊrm
Hụ̈ttigweiler ˈhʏtɪçvai̯lɐ
Hụ̈ttner ˈhʏtnɐ
Hutton *engl.* hʌtn
Huttwi̲l hʊtˈviːl
Hu̲tung ˈhuːtʊŋ
Hụtzel ˈhʊt͡sl̩
Hụtzelbrot ˈhʊt͡sl̩broːt
hụtz[e]lig ˈhʊt͡s[ə]lɪç, **-e** ...ɪɡə
hụtzeln ˈhʊt͡sl̩n
Hű̲vösvölgy *ung.* ˈhyːvøʃvøldj
Huxley *engl.* ˈhʌkslɪ
Huy hyː, *fr.* ɥi
Huydecoper *niederl.* ˈhœi̯dəkoːpər
Huygens ˈhɔyɡn̩s, *niederl.* ˈhœi̯xəns
Huys *niederl.* hœi̯s
Huysman *niederl.* ˈhœi̯smɑn
Huysmans *niederl.* ˈhœi̯smɑns, *fr.* ɥisˈmãːs
Huyssens *niederl.* ˈhœi̯səns
Huysum *niederl.* ˈhœi̯səm
Huyton *engl.* haɪtn
Huywald ˈhyːvalt
Huzu̲le huˈt͡suːlə
Hvạlfjord ˈhvalfjɔrt
Hvạlfjörður *isl.* ˈhwalfjœrðʏr
Hvalpsund *dän.* valbˈsonˀ
Hvạlsø *dän.* ˈvalsøːˀ
Hvạnnadalshnúkur *isl.* ˈhwanadalshnuːkʏr
Hva̲r *serbokr.* hvaːr
Hve̲ragerði *isl.* ˈhwɛːragjɛrðɪ
Hvịdøre *dän.* ˈviðøːrə
Hvịdovre *dän.* ˈviðɔu̯rə
Hvię̣zdoslav *slowak.* ˈhvi̯ɛzdɔslau̯
Hvítá *isl.* ˈhwiːtau̯
Hvịtfeldt *dän.* ˈvidfɛlˀd
Hvọlsvöllur *isl.* ˈhwɔlsvœdlʏr
Hvọzd *tschech.* hvɔst
Hwạn xvan
Hwạngho ˈxvaŋho
Hyacinthe *fr.* jaˈsɛ̃ːt
Hya̲den ˈhy̆aːdn̩
hyali̲n, H... hy̆aˈliːn
Hyalino̲se hy̆aliˈnoːzə
Hyali̲t hy̆aˈliːt, *auch:* ...lɪt
Hyali̲tis hy̆aˈliːtɪs, **...iti̲den** ...liˈtiːdn̩
Hyalographi̲e hy̆alograˈfiː
hyalo̲id hy̆aloˈiːt, **-e** ...iːdə
Hyalopha̲n hy̆aloˈfaːn
Hyaloplạsma hy̆aloˈplasma
Hyamson *engl.* ˈhaɪəmsn
Hyä̲ne ˈhy̆ɛːnə
Hyannis *engl.* haɪˈænɪs
Hyatt *engl.* ˈhaɪət
Hyattsville *engl.* ˈhaɪətsvɪl
Hyazịnth[e] hy̆aˈt͡sɪnt[ə]
Hyazịnthus hy̆aˈt͡sɪntʊs
hybri̲d hyˈbriːt, **-e** ...iːdə
Hybri̲de hyˈbriːdə
hybri̲disch hyˈbriːdɪʃ
Hy̲bris ˈhyːbrɪs
Hydarthro̲se hydarˈtroːzə
Hydạspes hyˈdaspɛs
Hydatho̲de hydaˈtoːdə
Hydati̲de hydaˈtiːdə
hydatoge̲n hydatoˈɡeːn
hydatopyroge̲n hydatopyroˈɡeːn
Hyde *engl.* haɪd, *fr.* id
Hydepark, Hyde Pa̲rk *engl.* ˈhaɪdˈpɑːk
Hyderabad *engl.* ˈhaɪdərəbɑːd
Hy̲dra ˈhyːdra
hydrago̲gisch hydraˈɡoːɡɪʃ
Hydrago̲gum hydraˈɡoːɡʊm, **...ga** ...ɡa
Hydrämi̲e hydrɛˈmiː, **-n** ...iːən
Hydrạmnion hyˈdramniɔn, **...ien** ...iən
Hydrange̲a hydraŋˈɡeːa, **...e̲ae** ...eːɛ
Hydrạnt[h] hyˈdrant
Hy̲drapulper ˈhyːdrapalpɐ
Hydrargyro̲se hydrarɡyˈroːzə
Hydrạrgyrum hyˈdrarɡyrʊm
Hydrarthro̲se hydrarˈtroːzə
Hydra̲t hyˈdraːt
Hydra[ta]tio̲n hydra[ta]ˈt͡si̯oːn
hydratisi̲eren hydratiˈziːrən
Hydrau̲lik hyˈdrau̯lɪk
hydrau̲lisch hyˈdrau̯lɪʃ
Hydrauli̲t hydrau̯ˈliːt, *auch:* ...lɪt
Hydrau̲los hyˈdrau̯lɔs
Hydrazi̲de hydraˈt͡siːdə
Hydrazi̲n hydraˈt͡siːn
Hydrazo̲ne hydraˈt͡soːnə
Hy̲dria ˈhyːdria, **...ien** ...iən
Hydriatri̲e hydriaˈtriː
Hydri̲d hyˈdriːt, **-e** ...iːdə
hydri̲eren hyˈdriːrən
Hydro̲bienschichten hyˈdroːbi̯ənʃɪçtn̩
Hydrobiologi̲e hydrobioloˈɡiː
Hydrocepha̲le hydrot͡seˈfaːlə
Hydrochino̲n (Wz) hydroçiˈnoːn
Hydrochori̲e hydrokoˈriː
Hydrodyna̲mik hydrodyˈnaːmɪk
hydrodyna̲misch hydrodyˈnaːmɪʃ
hydroelẹktrisch hydro|eˈlɛktrɪʃ
Hydroelẹktrostation hydro|eˈlɛktroʃtat͡si̯oːn
hydroenerge̲tisch hydro|enɛrˈɡeːtɪʃ
hydroga̲m hydroˈɡaːm
Hydroge̲l hydroˈɡeːl
Hydroge̲n hydroˈɡeːn
Hydroge̲nium hydroˈɡeːni̯ʊm
Hydrogeolo̲ge hydroɡeoˈloːɡə
Hydrogeologi̲e hydroɡeoloˈɡiː
Hydrogra̲ph hydroˈɡraːf
Hydrographi̲e hydroɡraˈfiː
Hydrokarbo̲ngas hydrokarˈboːnɡaːs
Hydrokepha̲le hydrokeˈfaːlə
Hydrokine̲ter hydrokiˈneːtɐ
Hydrokultu̲r hydrokʊlˈtuːɐ̯
Hydrola̲sen hydroˈlaːzn̩
Hydrolo̲ge hydroˈloːɡə
Hydrologi̲e hydroloˈɡiː
hydrolo̲gisch hydroˈloːɡɪʃ

Hydrologium hydro'lo:gi̯ʊm, **...ien** ...i̯ən
Hydrolyse hydro'ly:zə
hydrolytisch hydro'ly:tɪʃ
Hydromanie hydroma'ni:
Hydromantie hydroman'ti:
Hydromechanik hydrome'ça:nɪk
Hydromeduse hydrome'du:zə
Hydrometeore hydromete'o:rə
Hydrometeorologie hydrometeorolo'gi:
Hydrometer hydro'me:tɐ
Hydrometrie hydrome'tri:
hydrometrisch hydro'me:trɪʃ
Hydromonitor hydro'mo:nitɔr, **-en** ...moni'to:rən
Hydromyelie hydromy̆e'li:
hydronalisieren hydronali'zi:rən
Hydronalium hydro'na:li̯ʊm
Hydronephrose hydrone'fro:zə
Hydronfarbstoffe hy'dro:n,farp-ʃtɔfə
Hydropath hydro'pa:t
Hydropathie hydropa'ti:
Hydroperikardium hydroperi'kardi̯ʊm
Hydrophan hydro'fa:n
hydrophil hydro'fi:l
Hydrophilie hydrofi'li:
hydrophob hydro'fo:p, **-e** ...o:bə
Hydrophobie hydrofo'bi:, **-n** ...i:ən
hydrophobieren hydrofo'bi:rən
Hydrophor ⓦ hydro'fo:ɐ̯
Hydrophthalmus hydrɔf'talmʊs
Hydrophyt hydro'fy:t
hydropigen hydropi'ge:n
hydropisch hy'dro:pɪʃ
Hydroplan hydro'pla:n
hydropneumatisch hydropnɔy'ma:tɪʃ
Hydroponik hydro'po:nɪk
Hydrops 'hy:drɔps
Hydropsie hydrɔ'psi:
Hydropulsator hydropʊl'za:tɔr, **-en** ...za'to:rən
Hydropulsor hydro'pʊlzɔr, **-en** ...'zo:rən
Hydrorrhachie hydrɔra'xi:
Hydrorrhö, ...öe hydrɔ'rø:, **...rrhöen** ...'rø:ən
Hydrosalz 'hy:drozalts
Hydrosol hydro'zo:l
Hydrosphäre hydro'sfɛ:rə
Hydrostatik hydro'sta:tɪk
hydrostatisch hydro'sta:tɪʃ
Hydrotechnik hydro'tɛçnɪk
hydrotherapeutisch hydrotera'pɔytɪʃ
Hydrotherapie hydrotera'pi:
hydrothermal hydrotɛr'ma:l
Hydrothorax hydro'to:raks
Hydroxyd hydrɔ'ksy:t, **-e** ...y:də
hydroxydisch hydrɔ'ksy:dɪʃ
Hydroxylgruppe hydrɔ'ksy:lgrʊpə
Hydrozele hydro'tse:lə
Hydrozephalus hydro'tse:falʊs, **...len** ...tse'fa:lən
Hydrozoen hydro'tso:ən
Hydrurie hydru'ri:
Hyères *fr.* jɛ:r
Hyetograph hy̆eto'gra:f
Hyetographie hy̆etogra'fi:
Hyetometer hy̆eto'me:tɐ
Hygieia hy'gi̯aia
Hygiene hy'gi̯e:nə
Hygieniker hy'gi̯e:nikɐ
hygienisch hy'gi̯e:nɪʃ
Hyginus hy'gi:nʊs
Hygrochasie hygroça'zi:
Hygrogramm hygro'gram
Hygrograph hygro'gra:f
Hygrom hy'gro:m
Hygrometer hygro'me:tɐ
Hygrometrie hygrome'tri:
hygrophil hygro'fi:l
Hygrophilie hygrofi'li:
Hygrophyt hygro'fy:t
Hygroskop hygro'sko:p
Hygroskopizität hygroskopitsi'tɛ:t
Hyksos 'hʏksɔs
Hyläa hy'lɛ:a
Hylan *engl.* 'haɪlən
Hyle 'hy:lə, *B* ...le
Hylemorphismus hylemɔr'fɪsmʊs
Hyliker 'hy:likɐ
hylisch 'hy:lɪʃ
Hylismus hy'lɪsmʊs
Hylla 'hʏla
Hyllos 'hʏlɔs
hylotrop hylo'tro:p
Hylotropie hylotro'pi:
Hylozoismus hylotso'ɪsmʊs
hylozoistisch hylotso'ɪstɪʃ
Hymans *niederl.* 'hɛi̯mɑns
Hymen 'hy:mən
Hymenaeus hyme'nɛ:ʊs, **...aei** ...ɛ:i
Hymenaios hyme'nai̯ɔs, hy'me:nai̯ɔs
hymenal hyme'na:l
Hymenäus hyme'nɛ:ʊs
Hymenium hy'me:ni̯ʊm, **...ien** ...i̯ən
Hymenomyzeten hymenomy'tse:tn̩
Hymenoptere hymenɔp'te:rə
Hymettos hy'mɛtɔs
Hymnar hʏm'na:ɐ̯
Hymnarium hʏm'na:ri̯ʊm, **...ien** ...i̯ən
Hymne 'hʏmnə
Hymnik 'hʏmnɪk
Hymniker 'hʏmnikɐ
hymnisch 'hʏmnɪʃ
Hymnode hʏm'no:də
Hymnodie hʏmno'di:
Hymnograph hʏmno'gra:f
Hymnologe hʏmno'lo:gə
Hymnologie hʏmnolo'gi:
hymnologisch hʏmno'lo:gɪʃ
Hymnos 'hʏmnɔs
Hymnus 'hʏmnʊs
Hyndman *engl.* 'haɪndmən
Hyne *engl.* haɪn
Hynek *tschech.* 'hinɛk
Hyoszyamin hy̆ɔstsy̆a'mi:n
Hypakusis hypa'ku:zɪs
Hypalbuminose hypalbʊmi'no:zə
Hypalgator hypal'ga:tɔr, **-en** ...ga'to:rən
Hypalgesie hypalge'zi:
hypalgetisch hypal'ge:tɪʃ
Hypallage hypala'ge:, *auch:* hy'palage
Hypästhesie hypɛste'zi:, **-n** ...i:ən
Hypäthraltempel hypɛ'tra:ltɛmpl̩
Hypatia hy'pa:ti̯a
Hypazidität hypatsidi'tɛ:t
Hyperakusie hypɐ|aku'zi:
Hyperalgesie hypɐ|alge'zi:
hyperalgetisch hypɐ|al'ge:tɪʃ
Hyperämie hypɐ|ɛ'mi:
hyperämisch hypɐ'|ɛ:mɪʃ
hyperämisieren hypɐ|ɛmi'zi:rən
Hyperästhesie hypɐ|ɛste'zi:
hyperästhetisch hypɐ|ɛs'te:tɪʃ
Hyperazidität hypɐ|atsidi'tɛ:t
Hyperbasis hy'pɛrbazɪs, **...sen** hypɐ'ba:zn̩
Hyperbaton hy'pɛrbatɔn, **...ta** ...ta
Hyperbel hy'pɛrbl̩
Hyperboliker hypɐ'bo:likɐ
hyperbolisch hypɐ'bo:lɪʃ
Hyperboloid hypɐbolo'i:t, **-e** ...i:də
Hyperbolus hy'pɛrbolʊs
Hyperboräer hypɐbo'rɛ:ɐ
Hyperboreer hypɐbo're:ɐ
hyperboreisch hypɐbo're:ɪʃ
Hyperbulie hypɐbu'li:
Hypercharakterisierung hypɐkarakteri'zi:rʊn
Hyperchlorhydrie hypɐklo:ɐ̯hy'dri:
Hypercholie hypɐço'li:
hyperchrom hypɐ'kro:m
Hyperchromatose hypɐkroma'to:zə
Hyperchromie hypɐkro'mi:
Hyperdaktylie hypɐdakty'li:
Hypereides hype'raidɛs
Hyperemesis hypɐ'|e:mezɪs
Hyperergie hypɐ|ɛr'gi:
Hypererosie hypɐ|ero'zi:
Hypergalaktie hypɐgalak'ti:
Hypergenitalismus hypɐgenita'lɪsmʊs
Hypergeusie hypɐgɔy'zi:
Hyperglobulie hypɐglobu'li:
Hyperglykämie hypɐglykɛ'mi:
hypergolisch hypɐ'go:lɪʃ

Hyperhidrosis hypɐhi'dro:zɪs
Hyperides hype'ri:dɛs
Hyperidrose hypɐ|i'dro:zə
Hyperidrosis hypɐ|i'dro:zɪs
Hyperinsulinismus hypɐ|ɪnzuli'nɪsmʊs
Hyperinvolution hypɐ|ɪnvolu'tsi̯o:n
Hyperion hy'pe:ri̯ɔn, *auch:* hype'ri:ɔn
Hyperius hy'pe:ri̯ʊs
Hyperkalzämie hypɐkaltsɛ'mi:
hyperkatalektisch hypɐkata'lɛktɪʃ
Hyperkatalexe hypɐkata'lɛksə
Hyperkeratose hypɐkera'to:zə
Hyperkinese hypɐki'ne:zə
hyperkorrekt hypɐkɔ'rɛkt
Hyperkrinie hypɐkri'ni:
hyperkritisch hypɐ'kri:tɪʃ
Hyperkultur 'hy:pɐkʊltu:ɐ̯
Hypermastie hypɐmas'ti:
Hypermetabolie hypɐmetabo'li:
Hypermeter hy'pɛrmetɐ
Hypermetrie hypɐme'tri:
hypermetrisch hypɐ'me:trɪʃ
Hypermetron hy'pɛrmetrɔn, **...ra** ...ra
Hypermetropie hypɐmetro'pi:
hypermetropisch hypɐme'tro:pɪʃ
Hypermnesie hypɐmne'zi:
Hypermotilität hypɐmotili'tɛ:t
Hypernephritis hypɐne'fri:tɪs, **...itiden** ...ri'ti:dn̩
Hypernephrom hypɐne'fro:m
Hyperodontie hypɐ|odɔn'ti:
Hyperonen hype'ro:nən
Hyperonychie hypɐ|onʏ'çi:
Hyperopie hypɐ|o'pi:
Hyperorexie hypɐ|orɛ'ksi:
Hyperosmie hypɐ|ɔs'mi:
Hyperostose hypɐ|ɔs'to:zə
Hyperphysik hypɐfy'zi:k
hyperphysisch hypɐ'fy:zɪʃ
Hyperplasie hypɐpla'zi:, **-n** ...i:ən
hyperplastisch hypɐ'plastɪʃ
hyperpyretisch hypɐpy're:tɪʃ
Hyperpyrexie hypɐpyrɛ'ksi:
Hypersekretion hypɐzekre'tsi̯o:n
hypersensibel hypɐzɛn'zi:bl̩, **...ble** ...blə
Hypersomie hypɐzo'mi:
hypersonisch hypɐ'zo:nɪʃ
Hyperspermie hypɐspɛr'mi:
Hypersteatosis hypɐstea'to:zɪs
Hypersthen hypɐ'ste:n
Hypertelie hypɐte'li:
Hypertension hypɐtɛn'zi̯o:n
Hyperthelie hypɐte'li:
Hyperthermie hypɐtɛr'mi:
Hyperthymie hypɐty'mi:
Hyperthyreoidismus hypɐtyreoi'dɪsmʊs
Hyperthyreose hypɐtyre'o:zə
Hypertonie hypɐto'ni:, **-n** ...i:ən
Hypertoniker hypɐ'to:nikɐ
hypertonisch hypɐ'to:nɪʃ
Hypertrichose hypɐtrɪ'ço:zə
hypertroph hypɐ'tro:f
Hypertrophie hypɐtro'fi:
Hyperurbanismus hypɐ|ʊrba'nɪsmʊs
Hyperurikämie hypɐ|urikɛ'mi:
Hyperventilation hypɐvɛntila'tsi̯o:n
Hypervitaminose hypɐvitami'no:zə
Hyphaema hy'fɛ:ma, **-ta** -ta
Hyphärese hyfɛ're:zə
Hyphe 'hy:fə
Hyphen hy'fɛn
Hyphidrose hyfi'dro:zə
Hypnagogum hʏpna'go:gʊm, **...ga** ...ga
Hypnalgie hʏpnal'gi:, **-n** ...i:ən
Hypnonarkose hʏpnonar'ko:zə
Hypnopädie hʏpnopɛ'di
hypnopädisch hʏpno'pɛ:dɪʃ
Hypnos 'hʏpnɔs
Hypnose hʏp'no:zə
Hypnotik hʏp'no:tɪk
Hypnotikum hʏp'no:tikʊm, **...ka** ...ka
hypnotisch hʏp'no:tɪʃ
Hypnotiseur hʏpnoti'zø:ɐ̯
hypnotisieren hʏpnoti'zi:rən
Hypnotismus hʏpno'tɪsmʊs
Hypoazidität hypo|atsidi'tɛ:t
Hypobromit hypobro'mi:t, *auch:* ...mɪt
Hypobulie hypobu'li:
Hypochlorämie hypoklorɛ'mi:
Hypochlorhydrie hypoklo:ɐ̯hy'dri:
Hypochlorit hypoklo'ri:t, *auch:* ...rɪt
Hypochonder hypo'xɔndɐ, ...pɔ'x...
Hypochondrie hypoxɔn'dri:, ...pɔx...
hypochondrisch hypo'xɔndrɪʃ, ...pɔx...
hypochrom hypo'kro:m
Hypochromie hypokro'mi:
Hypochylie hypoçy'li:
Hypodaktylie hypodakty'li:
Hypoderm hypo'dɛrm
hypodermatisch hypodɛr'ma:tɪʃ
Hypodochmius hypo'dɔxmiʊs
Hypodontie hypodɔn'ti:
Hypofunktion hypofʊŋk'tsi̯o:n
hypogäisch hypo'gɛ:ɪʃ
Hypogalaktie hypogalak'ti:
Hypogastrium hypo'gastriʊm, **...ien** ...iən
Hypogäum hypo'gɛ:ʊm
Hypogenitalismus hypogenita'lɪsmʊs
Hypogeusie hypogɔy'zi:
Hypoglykämie hypoglykɛ'mi:
Hypognathie hypogna'ti:
hypogyn hypo'gy:n
Hypoinsulinismus hypo|ɪnzuli'nɪsmʊs
Hypokalzämie hypokaltsɛ'mi:
Hypokapnie hypokap'ni:
hypokaustisch hypo'kau̯stɪʃ
Hypokaustum hypo'kau̯stʊm
Hypokeimenon hypo'kai̯menɔn
Hypokinese hypoki'ne:zə
Hypokorismus hypoko'rɪsmʊs
Hypokoristikum hypoko'rɪstikʊm, **...ka** ...ka
hypokoristisch hypoko'rɪstɪʃ
Hypokotyl hypoko'ty:l
Hypokrisie hypokri'zi:
Hypokrit hypo'kri:t
hypokritisch hypo'kri:tɪʃ
Hypolimnion hypo'lɪmniɔn, **...ien** ...iən
Hypolite *fr.* ipɔ'lit
Hypomanie hypoma'ni:
Hypomaniker hypo'ma:nikɐ
hypomanisch hypo'ma:nɪʃ
Hypomnema hy'pɔmnema; **-ta** hypɔm'ne:mata
Hypomnesie hypɔmne'zi:
Hypomotilität hypomotili'tɛ:t
Hyponastie hyponas'ti:
Hyponitrit hyponi'tri:t, *auch:* ...rɪt
Hypophosphit hypofɔs'fi:t, *auch:* ...fɪt
hypophrenisch hypo'fre:nɪʃ
Hypophyse hypo'fy:zə
Hypoplasie hypopla'zi:, **-n** ...i:ən
hypoplastisch hypo'plastɪʃ
Hypopyon hypo'py:ɔn
Hyporchem hypɔr'çe:m
Hyporchema hy'pɔrçema, **-ta** ...'çe:mata
Hyposmie hypɔs'mi:
hyposom hypo'zo:m
Hypospadie hypospa'di:, **-n** ...i:ən
Hyposphagma hypo'sfagma, **-ta** -ta
Hypostase hypo'sta:zə
hypostasieren hyposta'zi:rən
hypostatisch hypo'sta:tɪʃ
Hyposthenie hyposte'ni:
hypostomatisch hyposto'ma:tɪʃ
Hypostylon hy'pɔstylɔn, **...la** ...la
Hypostylos hy'pɔstylɔs, **...loi** ...lɔy
hypotaktisch hypo'taktɪʃ
Hypotaxe hypo'taksə
Hypotaxis hy'po:taksɪs, **...xen** hypo'taksn̩
Hypotension hypotɛn'zi̯o:n
Hypotenuse hypote'nu:zə
Hypothek hypo'te:k
Hypothekar hypote'ka:ɐ̯
hypothekarisch hypote'ka:rɪʃ
Hypothermie hypotɛr'mi:
Hypothese hypo'te:zə
hypothetisch hypo'te:tɪʃ

Hypothyreoidismus hypotyreoi'dɪsmʊs
Hypothyreose hypotyre'o:zə
Hypotonie hypoto'ni:, **-n** ...i:ən
hypotonisch hypo'to:nɪʃ
Hypotrachelion hypotra'xe:li̯ɔn, **...ien** ...i̯ən
Hypotrichose hypotrɪ'ço:zə
Hypotrichosis hypotrɪ'ço:zɪs
Hypotrophie hypotro'fi:, **-n** ...i:ən
Hypovitaminose hypovitami'no:zə
Hypoxämie hypɔksɛ'mi:, **-n** ...i:ən
Hypoxie hypɔ'ksi:
Hypozentrum hypo'tsɛntrʊm
Hypozykloide hypotsyklo'i:də
Hypsiphobie hypsifo'bi:, **-n** ...i:ən
Hypsizephalie hypsitsefa'li:, **-n** ...i:ən
Hypsometer hypso'me:tɐ
Hypsometrie hypsome'tri:
hypsometrisch hypso'me:trɪʃ
Hypsothermometer hypsotɛrmo'me:tɐ
Hyrkanien hyr'ka:ni̯ən
hyrkanisch hyr'ka:nɪʃ
Hyrkanus hyr'ka:nʊs
Hyrtl 'hɪrtl̩
Hyrynsalmi *finn.* 'hyrynsalmi
Hyskos 'hyskɔs
Hýskov *tschech.* 'hi:skɔf
Hyslop *engl.* 'hɪsləp
Hystaspes hys'taspɛs
Hysteralgie hysteral'gi:, **-n** ...i:ən
Hysterektomie hysterɛkto'mi:
Hysterese hyste're:zə
Hysteresis hys'te:rezɪs
Hysterie hyste'ri:, **-n** ...i:ən
Hysteriker hys'te:rikɐ
hysterisch hys'te:rɪʃ
hysterogen hystero'ge:n
hysteroid hystero'i:t, **-e** ...i:də
Hysterologie hysterolo'gi:, **-n** ...i:ən
Hysteron-Proteron 'hysterɔn'pro:terɔn, **...ra ...ra** ...ra ...ra
Hysteroptose hysterɔp'to:zə
Hysteroskopie hysterosko'pi:
Hysterotomie hysteroto'mi:
Hythe *engl.* haɪð
Hyvinkää *finn.* 'hyviŋkæ:

I

i, I i:, *engl.* aɪ, *fr.* i
ι, I 'jo:ta
i! i:
Iacobello *it.* i̯ako'bɛllo
Iacopo *it.* 'i̯a:kopo
Iacopone *it.* i̯ako'po:ne
iah 'i:'a:, i'a:
iahen 'i:'a:ən, i'a:ən
Iain *engl.* ɪən
Iakow, Iakov *russ.* i'akɐf
Ialomița *rumän.* 'i̯alomitsa
Iambe 'i̯ambə
Iamblichos 'i̯amblɪçɔs
Ian *engl.* ɪən
Ianthe 'i̯antə, *B* ...te
Iapetos 'i̯a:petɔs
Iapygia i̯a'py:gi̯a
Iași *rumän.* i̯aʃj
Iason i̯a:zɔn
IATA 'i̯a:ta, *engl.* 'aɪ-eɪti:'eɪ
Iatrik i̯a:trɪk
iatrisch i̯a:trɪʃ
Iatrochemie i̯atroçe'mi:
iatrogen i̯atro'ge:n
Ib *dän.* ib
Ibach 'i:bax
Ibagué *span.* iβa'ɣe
Ibáñez *span.* i'βaɲɛθ
Ibar *serbokr.* ˌi:bar
Ibara Saikaku i'ba:ra zai̯'kaku
Ibarbourou *span.* iβar'βuru
Ibarra *span.* i'βarra
Ibárruri *span.* i'βarruri
Ibas 'i:bas
Ibbenbüren ɪbn̩'by:rən
Iberer i'be:rɐ
Iberg 'i:bɛrk
Ibergeregg i:bɛrgɐ'|ɛk
Iberia i'be:ri̯a, *span.* i'βeria
Iberis i'be:rɪs, 'i:berɪs
iberisch i'be:rɪʃ
Ibero *span.* i'βero
Iberoamérica *span.* iβeroa'merika
Iberoamerika i'be:ro|ame:rika
iberoamerikanisch i'be:ro|amerika:nɪʃ
ibero-amerikanisch i'be:ro|ameri'ka:nɪʃ
Ibersheim 'i:bɐshai̯m
Ibert *fr.* i'bɛ:r
Iberus i'be:rʊs
Iberville *fr.* ibɛr'vil, *engl.* 'aɪbəvɪl
Ibi 'i:bi
Ibiapina *bras.* ibi̯a'pina
Ibiapinópolis *bras.* ibi̯api'nɔpulis
ibidem i'bi:dɛm, 'i:bidɛm
Ibis 'i:bɪs, **-se** ...ɪsə
Ibiza *span.* i'βiθa
IBM i:be:'|ɛm, *engl.* 'aɪbi:'ɛm
Ibn 'ɪbn̩
Ibn Al Athir 'ɪbn̩ al'|a:tɪr
Ibn Al Baitar 'ɪbn̩ albai̯'ta:ɐ̯
Ibn Al Chatib 'ɪbn̩ a|xa'ti:p
Ibn Al Farid 'ɪbn̩ al'fa:rɪt
Ibn Al Mukaffa 'ɪbn̩ almu'kafa
Ibn Baddscha 'ɪbn̩ 'ba:dʒa
Ibn Battuta 'ɪbn̩ ba'tu:ta
Ibn Chaldun 'ɪbn̩ xal'du:n
Ibn Esra 'ɪbn̩ 'ɛsra
Ibn Hanbal 'ɪbn̩ 'hanbal
Ibn Hasm 'ɪbn̩ 'hazm̩
Ibn Kutaiba 'ɪbn̩ ku'tai̯ba
Ibn Ruschd 'ɪbn̩ 'rʊʃt
Ibn Saud 'ɪbn̩ 'zau̯t, *auch:* – za'u:t
Ibn Sina 'ɪbn̩ 'zi:na
Ibn Tufail 'ɪbn̩ tu'fai̯l
Ibo 'i:bo
Ibrahim 'i:brahi:m, ibra'hi:m
Ibrăileanu *rumän.* ibrəi'l̯eanu
Ibrány *ung.* 'ibra:nj
Ibrik i'brɪk
Ibsen 'ɪpsn̩, *norw.* 'ipsən
Iburg 'i:bʊrk
Iburger 'i:bʊrgɐ
Ibykos 'i:bykɔs
Ibykus 'i:bykʊs
Ica *span.* 'ika
Içá *bras.* i'sa
Icatu *bras.* ika'tu
Icaza *span.* i'kaθa
İçel *türk.* 'itʃɛl
ich, Ich ɪç
Ichenhausen ɪçn̩'hau̯zn̩
Ich-Laut 'ɪçlau̯t
Ichneumon ɪç'nɔymɔn
Ichneumoniden ɪçnɔymo'ni:dn̩
Ichnogramm ɪçno'gram
Ichor ɪ'ço:ɐ̯
Ichtegem *niederl.* 'ɪxtəxɛm
Ichtershausen ɪçtɐs'hau̯zn̩
Ichthyodont ɪçtyo'dɔnt
Ichthyol Ⓦᶻ ɪç'tyo:l
Ichthyolith ɪçtyo'li:t, *auch:* ...lɪt
Ichthyologe ɪçtyo'lo:gə
Ichthyologie ɪçtyolo'gi:
ichthyologisch ɪçtyo'lo:gɪʃ
Ichthyophage ɪçtyo'fa:gə
Ichthyophthalm ɪçtyɔf'talm
Ichthyophthirius ɪçtyo'fti:ri̯ʊs, **...ien** ...i̯ən
Ichthyopterygium ɪçtyɔpte'ry:gi̯ʊm
Ichthyosaurus ɪçtyo'zau̯rʊs, **...rier** ...ri̯ɐ
Ichthyose ɪç'tyo:zə
Ichthyosis ɪç'tyo:zɪs
Ichthyotoxin ɪçtyotɔ'ksi:n
Ichtiman, Ihtiman *bulgar.* ixti'man
I. C. I. *engl.* 'aɪsi:'aɪ
Ičići *serbokr.* 'itʃitɕi
Ickelsamer 'ɪkl̩za:mɐ
Ickes *engl.* 'ɪkɪs
Icó *bras.* i'kɔ
Icoc *span.* i'kɔk
Icod *span.* i'kɔð
Icterus 'ɪkterʊs
Ictus 'ɪktʊs
Id i:t, **Ide** 'i:də
Ida *dt., it.* 'i:da, *engl.* 'aɪdə
Idaarderadeel *niederl.* i:da:rdəra:'de:l
Idaberga i:da'bɛrga
Idacio *span.* i'ðaθi̯o
Idafeld 'i:dafɛlt
Idaho *engl.* 'aɪdəhoʊ
idäisch i'dɛ:ɪʃ
Idamantes ida'mantɛs

Idanha-a-Nova *port.* i'ðɐna'nɔvɐ
Idar[kopf] 'i:dar[kɔpf]
Idar-Oberstein i:dar'|o:bɐʃtai̯n
Idarwald 'i:darvalt
Iddings *engl.* 'ɪdɪŋz
Iddlesleigh *engl.* 'ɪdzlɪ
Ide *engl.* aɪd
ideal, [1]**I...** ide'a:l
[2]**Ideal** (Name) *engl.* aɪ'dɪəl
idealisieren ideali'zi:rən
Idealismus idea'lɪsmʊs
Idealist idea'lɪst
Idealität ideali'tɛ:t
Idee i'de:, **-n** i'de:ən
Idée fixe, -s -s *fr.* ide'fiks
ideell ide'ɛl
idem 'i:dɛm
[1]**Iden** (im altröm. Kalender) 'i:dn̩
[2]**Iden** (Name) *engl.* aɪdn
Identifikation idɛntifika'ts̮i̯o:n
identifizieren idɛntifi'ts̮i:rən
identisch i'dɛntɪʃ
Identität idɛnti'tɛ:t
Ideogramm ideo'gram
Ideographie ideogra'fi:
ideographisch ideo'gra:fɪʃ
Ideokinese ideoki'ne:zə
Ideokratismus ideokra'tɪsmʊs
Ideologe ideo'lo:gə
Ideologie ideolo'gi:, **-n** ...i:ən
ideologisch ideo'lo:gɪʃ
ideologisieren ideologi'zi:rən
ideomotorisch ideomo'to:rɪʃ
id est 'ɪt 'ɛst
Idfu 'ɪtfu
Idioblast idi̯o'blast
idiochromatisch idi̯okro'ma:tɪʃ
Idiogramm idi̯o'gram
idiographisch idi̯o'gra:fɪʃ
Idiokrasie idi̯okra'zi:, **-n** ...i:ən
Idiolatrie idi̯ola'tri:
Idiolekt idi̯o'lɛkt
Idiom i'di̯o:m
Idiomatik idi̯o'ma:tɪk
idiomatisch idi̯o'ma:tɪʃ
idiomorph idi̯o'mɔrf
idiopathisch idi̯o'pa:tɪʃ
Idiophon idi̯o'fo:n
Idioplasma idi̯o'plasma
idiorrhythmisch idi̯ɔ'rʏtmɪʃ
Idiosom idi̯o'zo:m
Idiosynkrasie idi̯ozʏnkra'zi:, **-n** ...i:ən
idiosynkratisch idi̯ozʏn'kra:tɪʃ
Idiot i'di̯o:t
Idiotie idi̯o'ti:, **-n** ...i:ən
Idiotikon i'di̯o:tikɔn, **...ka** ...ka
idiotisch i'di̯o:tɪʃ
Idiotismus idi̯o'tɪsmʊs
idiotypisch idi̯o'ty:pɪʃ
Idiotypus idi̯o'ty:pʊs
Idiovariation idi̯ovari̯a'ts̮i̯o:n
Idisen 'i:dizn̩
Idistaviso idɪsta'vi:zo
Idlewild *engl.* 'aɪdlwaɪld
Ido 'i:do
Idokras ido'kra:s, **-e** ...a:zə
Idol i'do:l
Ido[lo]latrie ido[lo]la'tri:, **-n** ...i:ən
Idomeneo idome'ne:o
Idomeneus i'do:menɔy̯s
Idrialit idria'li:t, *auch:* ...lɪt
Idrija *serbokr.* ˌidrija
İdris *türk.* i'dris
Idris i'dri:s
Idrisi i'dri:zi
Idriside idri'zi:də
Idrißi i'dri:si
Idro *it.* 'i:dro
Idschma ɪ'dʒma:
Idstein 'ɪtʃtai̯n
Idumäa idu'mɛ:a
Idumäer idu'mɛ:ɐ
Idumäer idu'mɛ:ɐ
Idun 'i:dʊn
Iduna i'du:na
Idus 'i:du:s
Idyll[e] i'dʏl[ə]
Idyllik i'dʏlɪk
idyllisch i'dʏlɪʃ
Iéna *fr.* je'na
Ieper *niederl.* 'i:pər
Ieronim vgl. Ijeronim
Ierzu *it.* 'i̯ɛrtsu
Iesi *it.* 'i̯ɛ:zi
Iesolo *it.* 'i̯ɛ:zolo
If *fr.* if
Ife *engl.* 'i:feɪ
If[f]erten 'i:fɐtn̩
Iffezheim 'ɪfətshai̯m
Iffland 'ɪflant
Ifigenia *it.* ifidʒe'ni:a
Ifni *span.* 'ifni
Igal *ung.* 'igɔl
Igar *ung.* 'igɔr
Igarka *russ.* i'garkɐ
Igel 'i:gl̩
Igeler Säule 'i:gəlɐ 'zɔy̯lə
Igelit Ⓦᶻ ige'li:t, *auch:* ...lɪt
IG-Farben i:ge:'farbn̩
Iggenhausen ɪgn̩'hau̯zn̩
igitt! i'gɪt
Iglau 'i:glau̯
Iglesias *span.* i'ɣlesi̯as, *it.* i'glɛ:zi̯as
Igli *fr.* i'gli
Igls 'i:gl̩s
Iglu 'i:glu
Igman *serbokr.* 'igman
Ignaberga *schwed.* ˌi:gnabærja
Ignace *fr.* i'ɲas
Ignacio *span.* iɣ'naθi̯o
Ignácio *port.* iɣ'nasi̯u
Ignacy *poln.* ig'natsɨ
Ignat[i], Ignat[ij] *russ.* ig'nat[ij]
Ignatius ɪ'gna:tsi̯ʊs
Ignatjew, Ignat'ev *russ.* i'gnatjɪf
Ignatjewitsch, Ignat'evič *russ.* i'gnatjɪvitʃ
Ignatjewna, Ignat'evna *russ.* i'gnatjɪvnɐ
Ignatowitsch, Ignatovič *russ.* i'gnatɐvitʃ
Ignatowna, Ignatovna *russ.* i'gnatɐvnɐ
Ignaz 'ɪgna:ts̮, *auch:* ɪ'gna:ts̮
Ignazio *it.* iɲ'ɲattsi̯o
Ignipunktur ɪgnipʊŋk'tu:ɐ̯
Ignitron 'ɪgnitro:n
Ignjatović *serbokr.* iˌgnja:tɔvitɕ
ignoramus et ignorabimus ɪgno'ra:mʊs ɛt ɪgno'ra:bimʊs
Ignorant ɪgno'rant
Ignoranz ɪgno'rants̮
ignorieren ɪgno'ri:rən
Ignoszenz ɪgnɔs'tsɛnts̮
ignoszieren ɪgnɔs'tsi:rən
Igor, Igor' 'i:gɔr, *russ.* 'igɐrj
Igorewitsch, Igorevič *russ.* 'igɐrɪvitʃ
Igorewna, Igorevna *russ.* 'igɐrɪvnɐ
Igorote igo'ro:tə
Igorrote igɔ'ro:tə
Igra *russ.* i'gra
Igstadt 'ɪk-ʃtat
Iguaçu *bras.* igu̯a'su
Igualada *span.* iɣu̯a'laða
Iguana i'gu̯a:na
Iguanodon i'gu̯a:nodɔn, **...odonten** igu̯ano'dɔntn̩
Iguape *bras.* i'gu̯api
Iguassu *bras.* igu̯a'su
Iguazú *span.* iɣu̯a'θu
Igueldo *span.* i'ɣɛldo
Igumen i'gu:mən
Igumnow, Igumnov *russ.* i'gumnɐf
Iharosberény *ung.* 'ihɔrɔʒbɛrɛ:nj
Ihering 'je:rɪŋ
Ihlenfeld 'i:lənfɛlt
ihm i:m
Ihmert 'i:mɐt
ihn, Ihn i:n
Ihna 'i:na
Ihne 'i:nə
ihnen 'i:nən
ihr i:ɐ̯
ihresgleichen 'i:rəs'glai̯çn̩
ihresteils 'i:rəs'tai̯ls
ihrethalben 'i:rət'halbn̩
ihretwegen 'i:rət've:gn̩
ihretwillen 'i:rət'vɪlən
ihrige 'i:rɪgə
Ihringen 'i:rɪŋən
Ihringshausen i:rɪŋs'hau̯zn̩
Ihro 'i:ro
ihrzen 'i:ɐ̯tsn̩
Ithiman vgl. Ichtiman
Iijärvi *finn.* 'i:jærvi
Iijoki *finn.* 'i:jɔki
Iisalmi *finn.* 'i:sɑlmi
Ij *niederl.* ɛi̯
Ija *russ.* 'ijɐ
Ijeronim, Ieronim *russ.* ijɪra'nim
IJlst *niederl.* ɛi̯lst
IJmuiden *niederl.* ɛi̯'mœi̯də
Ijob i'jo:p
Ijpolders *niederl.* 'ɛi̯pɔldərs

Ijsel *niederl.* 'ɛi̯səl
Ijselmeer *niederl.* ɛi̯səl'me:r
Ijselmeerpolders *niederl.* ɛi̯səl'me:rpɔldərs
Ijselmonde *niederl.* ɛi̯səl'mɔndə
Ijselmuiden *niederl.* ɛi̯səl'mœi̯də
Ijsselstein *niederl.* 'ɛi̯səlstɛi̯n
Ijuí *bras.* i'ʒu̯i
Ijzendijke *niederl.* 'ɛi̯zəndɛi̯kə
Ijzer *niederl.* 'ɛi̯zər
Ik *engl.* aɪk, *russ.* ik
Ikaalinen *finn.* 'ikɑ:linɛn
Ikaria *neugr.* ika'ria
Ikarier i'ka:ri̯ɐ
Ikarios i'ka:ri̯ɔs
ikarisch i'ka:rɪʃ
Ikaros 'i:karɔs
Ikarus 'i:karʊs
Ike *engl.* aɪk
Ikebana ike'ba:na
Ikeda i'ke:da
Ikervár *ung.* 'ikɛrva:r
I-king i'kɪŋ
Ikon[e] i'ko:n[ə]
Ikonion i'ko:ni̯ɔn
Ikonodule ikono'du:lə
Ikonodulie ikonodu'li:
Ikonograph ikono'gra:f
Ikonographie ikonogra'fi:
Ikonoklasmus ikono'klasmʊs
Ikonoklast ikono'klast
Ikonolatrie ikonola'tri:
Ikonologie ikonolo'gi
Ikonometer ikono'me:tɐ
Ikonoskop ikono'sko:p
Ikonostas ikono'sta:s, **-e** ...a:zə
Ikonostase ikono'sta:zə
Ikosaeder ikoza'|e:dɐ
Ikositetraeder ikozitetra'|e:dɐ
Ikrény *ung.* 'ikre:nj
ikterisch ɪk'te:rɪʃ
Ikterus 'ɪkterʊs
Iktinos ɪk'ti:nɔs
Iktus 'ɪktʊs
Ikva *ung.* 'ikvɔ
Ilača *serbokr.* 'ilatʃa
Ilang-Ilang-Öl 'i:laŋ'|i:laŋ|ø:l
Ilanski, Ilanskij *russ.* i'lanskij
Ilanz 'i:lant̮s
Ilari, Ilarij *russ.* i'larij
Ilarion i'la:ri̯ɔn
Iława *poln.* i'u̯ava
Ilbenstadt 'ɪlbn̩ʃtat
Ilberstedt 'ɪlbɐʃtɛt
Ilchan ɪl'ka:n, ɪl'xa:n
Ildebrando *it.* ilde'brando
Ildefons 'ɪldəfɔns
Ildefonse *fr.* ildə'fõ:s
Ildefonso *span.* ilde'fɔnso
Île *fr.* il
Île-de-France *fr.* ildə'frã:s
Île-de la-Cité *fr.* ildəlasi'te
Île des Pins *fr.* ilde'pɛ̃
Île-d'Yeu *fr.* il'djø
Ileen vgl. Ileus
Ileitis ile'i:tɪs, **...itiden** ilei'ti:dn̩
Ilek *russ.* i'ljɛk
Il'enkov vgl. Iljenkow
Iler 'i:lɐ
Île-Rousse *fr.* il'rus
Îles *fr.* il
Îles-d'Hyères *fr.* il'djɛ:r
Îles du Vent *fr.* ildy'vã
Îles-Sous-le-Vent *fr.* ilsul'vã
Ileum 'i:leʊm
Ileus 'i:leʊs, **Ileen** 'i:leən
Ilex 'i:lɛks
Ilfeld 'ɪlfɛlt, 'i:l...
Ilford *engl.* 'ɪlfəd
Ilfov *rumän.* 'ilfov
Ilfracombe *engl.* ɪlfrə'ku:m
Ilg ɪlk
Ilgner 'ɪlgnɐ
Ilhas *port.* 'iʎɐʃ
Ílhavo *port.* 'iʎɐvu
Ilhéus *bras.* i'ʎɛu̯s
¹Ili 'i:li
²Ilj *russ.* i'li
Il'i vgl. Ilji
Ilia 'i:li̯a
Ilia *rumän.* i'lia
Iliade i'li̯a:də
Ilian *russ.* ili'an
Ilias 'i:li̯as
Ilić *serbokr.* ,ili:tɕ
Il'ič vgl. Iljitsch
Il'ičev vgl. Iljitschow
Ilidža *serbokr.* i,lidʒa
Iliew, Iliev *bulgar.* i'liɛf
Ilija *russ.* ili'ja
Ilim *russ.* i'lim
Ilimpeja *russ.* ilim'pjejɐ
Il'in vgl. Iljin
Il'inična vgl. Iljinitschna
Il'inskij vgl. Iljinski
Iliodor *russ.* ilia'dɔr
Ilion 'i:li̯ɔn, *engl.* 'ɪlɪən
Ilithyia i'li:tyja
Ilium 'i:li̯ʊm
Ilja, Il'ja *russ.* ilj'ja
Iljenkow, Il'enkov *russ.* ilj'jɛnkɐf
Ilji, Il'i *russ.* ilj'ji
Iljin, Il'in *russ.* ilj'jin
Iljinitschna, Il'inična *russ.* ilj'jiniʃnɐ
Iljinski, Il'inskij *russ.* ilj'jinskij
Iljitsch, Il'ič *russ.* ilj'jitʃ
Iljitschow, Il'ičev *russ.* iljji'tʃɔf
Iljuschin, Il'jušin ɪl'jʊʃi:n, *russ.* ilj'juʃɨn
Ilka 'ɪlka, *ung.* 'ilkɔ
Ilkeston *engl.* 'ɪlkɪstən
Ilkley *engl.* 'ɪlklɪ
Ill ɪl, *fr.* il
Illampu *span.* i'ʎampu
Illarion *russ.* illɐri'ɔn
Illarionowitsch, Illarionovič *russ.* illɐri'ɔnɐvitʃ
Illarionowna, Illarionovna *russ.* illɐri'ɔnɐvnɐ
Illatum ɪ'la:tʊm, **...ta** ...ta
Illau 'ɪlau̯
Illawarra North *engl.* ɪlə'wɔrə 'nɔ:θ
Ille *fr.* il
Ille-et-Vilaine *fr.* ilevi'lɛn
illegal 'ɪlega:l, *auch:* --'-
Illegalität ɪlegali'tɛ:t, *auch:* '-----
illegitim 'ɪlegiti:m, *auch:* ---'-
Illegitimität ɪlegitimi'tɛ:t, *auch:* '------
Iller 'ɪlɐ
Illerbeuren ɪlɐ'bɔy̆rən
Illertissen ɪlɐ'tɪsn̩
Illescas *span.* i'ʎeskas
Illfeld 'ɪlfɛlt
illiberal 'ɪlibera:l, *auch:* ---'-
Illiberalität ɪliberali'tɛ:t, *auch:* '------
Illiers, Illiez *fr.* i'lje
Illimani *span.* iʎi'mani
illimitiert ɪlimi'ti:ɐ̯t
Illingen 'ɪlɪŋən
Illinium ɪ'li:ni̯ʊm
Illinois *engl.* ɪlɪ'nɔɪ[z]
illiquid 'ɪlikvi:t, *auch:* --'-; **-e** ...i:də
Illiquidität ɪlikvidi'tɛ:t, *auch:* '-----
Illiterat 'ɪlɪtəra:t, *auch:* ---'-
Illo 'ɪlo
illoyal 'ɪlo̯aja:l, *auch:* --'-
Illoyalität ɪlo̯ajali'tɛ:t, *auch:* '-----
Illuminat ɪlumi'na:t
Illumination ɪlumina'tsi̯o:n
Illuminator ɪlumi'na:tɔr, **-en** ...na'to:rən
illuminieren ɪlumi'ni:rən
Illuminist ɪlumi'nɪst
Illusion ɪlu'zi̯o:n
illusionär ɪluzi̯o'nɛ:ɐ̯
Illusionismus ɪluzi̯o'nɪsmʊs
Illusionist ɪluzi̯o'nɪst
illusorisch ɪlu'zo:rɪʃ
illuster ɪ'lʊstɐ
Illustration ɪlʊstra'tsi̯o:n, *fr.* illystrɑ'sjõ
illustrativ ɪlʊstra'ti:f, **-e** ...i:və
Illustrator ɪlʊs'tra:tɔr, **-en** ...ra'to:rən
illustrieren ɪlʊs'tri:rən
Illustrierte ɪlʊs'tri:ɐ̯tə
illuvial ɪlu'vi̯a:l
Illyés *ung.* 'ijje:ʃ
Illyrer ɪ'ly:rɐ
Illyrien ɪ'ly:ri̯ən
Illyrier ɪ'ly:ri̯ɐ
illyrisch ɪ'ly:rɪʃ
Illyrismus ɪly'rɪsmʊs
Ilm ɪlm
Ilm-Athen 'ɪlm|ate:n
Ilmen, Il'men' *russ.* 'iljmɪnj
Ilmenau 'ɪlmənau̯
Ilmenit ɪlme'ni:t, *auch:* ...nɪt
Ilmensee 'ɪlmənze:
Iloilo *span.* ilo'ilo, *engl.* 'i:loʊ'i:loʊ
Ilona 'i:lona, 'ɪlona, i'lo:na; *ung.* 'ilonɔ

Ilongo̱te ilɔŋ'go:tə
Ilonka i'lɔŋka, 'i:lɔŋka, 'ɪlɔŋka; *ung.* 'ilonkɔ
Ilopạngo *span.* ilo'paŋgo
Ilorin *engl.* i:lə'ri:n, ɪ'lɔ:ri:n
I̱low 'i:lo
Ilowạisk[i], Ilovajsk[ij] *russ.* ila'vajsk[ij]
Ịlowlja, Ilovlja *russ.* 'ilɐvljɐ
Ilpendạm *niederl.* ɪlpən'dɑm
Ịlsa[n] 'ɪlza[n]
Ịlse[der] 'ɪlzə[dɐ]
Ịlsenburg 'ɪlzn̩bʊrk
Ịlsfeld 'ɪlsfɛlt
Ịltis 'ɪltɪs, **-se** ...ɪsə
Ịluska *ung.* 'iluʃkɔ
Ịlvesheim 'ɪlvəshai̯m
Ịlytsch, Ilyč *russ.* 'ilɨtʃ
Ịlz ɪlts
Ịłża *poln.* 'iu̯ʒa
Iłżạnka *poln.* iu̯'ʒaŋka
ịm ɪm
Ịmage 'ɪmɪtʃ, *engl.* 'ɪmɪdʒ; **des -s** ...mɪtʃs; **die -s** 'ɪmɪtʃ[s], *engl.* 'ɪmɪdʒɪz
imagina̱bel imagi'na:bl̩, **...ble** ...blə
imagina̱l imagi'na:l
imaginä̱r imagi'nɛ:ɐ̯
Imaginatio̱n imagina'tsi̯o:n
imaginati̱v imagina'ti:f, **-e** ...i:və
imagini̱e̱ren imagi'ni:rən
Imagịsmus ima'gɪsmʊs
Imagịst ima'gɪst
Ima̱go i'ma:go, **...gines** ...gine:s
Ima̱go De̱i i'ma:go 'de:i
Ima̱m i'ma:m
Imami̱ten ima'mi:tn̩
Ima̱n i'ma:n, *russ.* i'man
Ịmandra *russ.* 'imɐndrɐ
Ima̱ri i'ma:ri
Imaruí *bras.* ima'ru̯i
Imatạca *span.* ima'taka
Ịmatra *finn.* 'imɑtrɑ
Imbabụra *span.* imba'βura
Imbạccari *it.* im'bakkari
Imbault *fr.* ɛ̃'bo
imbezi̱l ɪmbe'tsi:l
imbezịll ɪmbe'tsɪl
Imbezillitä̱t ɪmbetsɪli'tɛ:t
imbibi̱e̱ren ɪmbi'bi:rən
Imbibitio̱n ɪmbibi'tsi̯o:n
Ịmbiß 'ɪmbɪs, **...isse** ...ɪsə
Imbitụva *bras.* imbi'tuva
Ịmbosch *niederl.* 'ɪmbɔs
Imbrọglio ɪm'brɔljo, **...gli** ...lji
Ịmbros 'ɪmbrɔs
Imẹlda i'mɛlda
Ime̱ra *it.* i'mɛ:ra
Imere̱ter ime're:tɐ
Ime̱rier i'me:ri̯ɐ
Ịmgenbroich 'ɪmgn̩bro:x
Ịmhof 'ɪmho:f
Ịmhoff 'ɪmhɔf
Ịmhoof 'ɪmho:f
Imho̱tep ɪm'ho:tɛp
Imi̱d i'mi:t, **-e** i'mi:də
Imi̱n i'mi:n
Imita̱tio Chrịsti imi'ta:tsi̯o 'krɪsti
Imitatio̱n imita'tsi̯o:n
Imitati̱v imita'ti:f, **-e** ...i:və
Imita̱tor imi'ta:tɔr, **-en** ...ta'to:rən
imitato̱risch imita'to:rɪʃ
imiti̱e̱ren imi'ti:rən
Ịmker 'ɪmkɐ
Imkere̱i ɪmkə'rai̯
ịmkern 'ɪmkɐn
Ịmma 'ɪma
Immacula̱ta [concẹptio] ɪmaku'la:ta [kɔn'tsɛptsi̯o]
Immakula̱ta ɪmaku'la:ta
immanẹnt ɪma'nɛnt
Immanẹnz ɪma'nɛnts
immani̱e̱ren ɪma'ni:rən
Imma̱nuel ɪ'ma:nu̯e:l, *auch:* ...u̯ɛl
Immateria̱l... ɪmate'ri̯a:l...
Immaterialịsmus ɪmateri̯a'lɪsmʊs
Immaterialität ɪmateri̯ali'tɛ:t, *auch:* '––––––
immateriẹll ɪmate'ri̯ɛl, *auch:* '––––
Immatrikulatio̱n ɪmatrikula'tsi̯o:n
immatrikuli̱e̱ren ɪmatriku'li:rən
immatu̱rus ɪma'tu:rʊs
Ịmme 'ɪmə
immedia̱t ɪme'di̯a:t
immediatisi̱e̱ren ɪmedi̯ati'zi:rən
Ịmmelborn 'ɪml̩bɔrn
Ịmmelmann 'ɪml̩man
Ịmmeln *schwed.* ˌiməln
Ịmmendingen 'ɪməndɪŋən
Immenreu̱th ɪmən'rɔyt
immẹns ɪ'mɛns, **-e** ...nzə
Ịmmensee 'ɪmənze:
Immensitä̱t ɪmɛnzi'tɛ:t
Ịmmenstaad 'ɪmənʃta:t
Ịmmenstadt 'ɪmənʃtat
immensura̱bel ɪmɛnzu'ra:bl̩, **...ble** ...blə
Immensurabilitä̱t ɪmɛnzurabili'tɛ:t
ịmmer 'ɪmɐ
immerda̱r 'ɪmɐ'da:ɐ̯
immerfọrt 'ɪmɐ'fɔrt
ịmmergrün, I... 'ɪmɐgry:n
immerhịn 'ɪmɐ'hɪn
Ịmmerkeppel 'ɪmɐkɛpl̩
Ịmmermann 'ɪmɐman
Immersio̱n ɪmɛr'zi̯o:n
immerzu̱ 'ɪmɐ'tsu:
Immigrạnt ɪmi'grant
Immigratio̱n ɪmigra'tsi̯o:n
immigri̱e̱ren ɪmi'gri:rən
imminẹnt ɪmi'nɛnt
Ịmmisch 'ɪmɪʃ
Immissio̱n ɪmɪ'si̯o:n
Ịmmo 'ɪmo
immobil 'ɪmobi:l, *auch:* ––'–
Immobilia̱r... ɪmobi'li̯a:ɐ̯...
Immobi̱lien ɪmo'bi:li̯ən
Immobilisatio̱n ɪmobiliza'tsi̯o:n
immobilisi̱e̱ren ɪmobili'zi:rən
Immobilịsmus ɪmobi'lɪsmʊs
Immobilität ɪmobili'tɛ:t, *auch:* '–––––
immoralisch 'ɪmora:lɪʃ, *auch:* ––'––
Immoralịsmus ɪmora'lɪsmʊs
Immoralịst ɪmora'lɪst
Immoralität ɪmorali'tɛ:t, *auch:* '–––––
Immortalitä̱t ɪmɔrtali'tɛ:t
Immortẹlle ɪmɔr'tɛlə
immu̱n ɪ'mu:n
immunisi̱e̱ren ɪmuni'zi:rən
Immunitä̱t ɪmuni'tɛ:t
Immunolo̱ge ɪmuno'lo:gə
Immunologi̱e̱ ɪmunolo'gi:
Immutabilitä̱t ɪmutabili'tɛ:t
I̱mogen 'i:mogɛn
I̱mola *it.* 'i:mola
Ịmotski *serbokr.* ˌimɔtski:
Ịmp ɪmp
impair ɛ̃'pɛ:ɐ̯
impakti̱e̱rt ɪmpak'ti:ɐ̯t
Impa̱la ɪm'pa:la
Imparciạl *span.* impar'θi̯al
Imparitä̱t ɪmpari'tɛ:t
Impạsto ɪm'pasto, **...ti** ...ti
Impa̱tiens ɪm'pa:tsi̯ɛns
Impeachment *engl.* ɪm'pi:tʃmənt
Impedạnz ɪmpe'dants
Impedimẹnt ɪmpedi'mɛnt
impenetra̱bel ɪmpene'tra:bl̩, **...ble** ...blə
imperati̱v ɪmpera'ti:f, **-e** ...i:və
Imperativ 'ɪmperati:f, *auch:* –––'–; **-e** ...i:və
imperativisch ɪmpera'ti:vɪʃ, *auch:* '–––––
Impera̱tor ɪmpe'ra:tɔr, **-en** ...ra'to:rən
imperato̱risch ɪmpera'to:rɪʃ
Impera̱tor Rẹx ɪmpe'ra:tɔr 'rɛks
Imperatrịz *bras.* impera'tris
Imperfekt 'ɪmpɛrfɛkt, *auch:* ––'–
imperfektisch 'ɪmpɛrfɛktɪʃ, *auch:* ––'––
imperfektiv 'ɪmpɛrfɛkti:f, *auch:* –––'–; **-e** ...i:və
Imperfẹktum ɪmpɛr'fɛktʊm, **...ta** ...ta
imperfora̱bel ɪmpɛrfo'ra:bl̩, **..ble** ...blə
Imperforatio̱n ɪmpɛrfora'tsi̯o:n
Impe̱ria *it.* im'pɛ:ri̯a
imperia̱l, I... ɪmpe'ri̯a:l
Imperia̱li *it.* impe'ri̯a:li
Imperialịsmus ɪmperi̯a'lɪsmʊs
Imperialịst ɪmperi̯a'lɪst
imperialịstisch ɪmperi̯a'lɪstɪʃ
Impe̱rium ɪm'pe:ri̯ʊm, **...ien** ...i̯ən
impermea̱bel ɪmpɛrme'a:bl̩, *auch:* '–––––; **...ble** ...blə

Impermeabilität ɪmpɛrmeabili'tɛ:t, *auch:* '–––––––
Impersonale ɪmpɛrzo'na:lə; **...lien** ...li̯ən, **...lia** ...li̯a
impertinent ɪmpɛrti'nɛnt
Impertinenz ɪmpɛrti'nɛnt͜s
imperzeptibel ɪmpɛrt͜sɛp'ti:bl̩, *auch:* '–––––; **...ble** ...blə
impetiginös ɪmpetigi'nø:s, **-e** ...ø:zə
Impetigo ɪmpe'ti:go
impetuoso ɪmpe'tu̯o:zo
Impetuoso ɪmpe'tu̯o:zo **...si** ...zi
Impetus 'ɪmpetʊs
Impey *engl.* 'ɪmpɪ
impfen 'ɪmpfn̩
Impfling 'ɪmpflɪŋ
Imphal *engl.* 'ɪmfəl
Impietät ɪmpi̯e'tɛ:t
Implantat ɪmplan'ta:t
Implantation ɪmplanta't͜si̯o:n
implantieren ɪmplan'ti:rən
Implement ɪmple'mɛnt
Implikation ɪmplika't͜si̯o:n
implizieren ɪmpli't͜si:rən
implizit ɪmpli't͜si:t
implizite ɪm'pli:t͜site
implodieren ɪmplo'di:rən
Implosion ɪmplo'zi̯o:n
Impluvium ɪm'plu:vi̯ʊm, **...ien** ...i̯ən
imponderabel ɪmpɔnde'ra:bl̩, **...ble** ...blə
Imponderabilien ɪmpɔndera'bi:li̯ən
Imponderabilität ɪmpɔnderabili'tɛ:t
imponieren ɪmpo'ni:rən
Import ɪm'pɔrt
importạnt ɪmpɔr'tant
Importanz ɪmpɔr'tant͜s
Importe ɪm'pɔrtə
Importeur ɪmpɔr'tø:ɐ̯
importieren ɪmpɔr'ti:rən
importun ɪmpɔr'tu:n
imposant ɪmpo'zant
impossibel ɪmpɔ'si:bl̩, **...ble** ...blə
Impossibilität ɪmpɔsibili'tɛ:t
impotent 'ɪmpotɛnt, *auch:* ––'–
Impotenz 'ɪmpotɛnt͜s, *auch:* ––'–
Imprägnation ɪmprɛgna't͜si̯o:n
imprägnieren ɪmprɛ'gni:rən
impraktikabel ɪmprakti'ka:bl̩, *auch:* '–––––; **...ble** ...blə
Impresario ɪmpre'za:ri̯o, **...ri** ...ri
Impression ɪmprɛ'si̯o:n
impressionabel ɪmprɛsi̯o'na:bl̩, **...ble** ...blə
Impressionismus ɪmprɛsi̯o'nɪsmʊs
Impressionist ɪmprɛsi̯o'nɪst
Impressum ɪm'prɛsʊm
imprimatur, I... ɪmpri'ma:tʊr
Imprimé ɛ̃pri'me:
imprimieren ɪmpri'mi:rən
Impromptu ɛ̃prõ'ty:
Improperien ɪmpro'pe:ri̯ən
Improvisation ɪmproviza't͜si̯o:n
Improvisator ɪmprovi'za:tɔr, **-en** ...za'to:rən
improvisatorisch ɪmproviza'to:rɪʃ
improvisieren ɪmprovi'zi:rən
Impuls ɪm'pʊls, **-e** ...lzə
impulsiv ɪmpʊl'zi:f, **-e** ...i:və
Impulsivität ɪmpʊlzivi'tɛ:t
Imputabilität ɪmputabili'tɛ:t
Imputation ɪmputa't͜si̯o:n
imputativ ɪmputa'ti:f, **-e** ...i:və
imputieren ɪmpu'ti:rən
Imre *ung.* 'imrɛ
Imrédy *ung.* 'imre:di
Imrehegy *ung.* 'imrɛhɛdj
İmroz *türk.* 'imrɔz
Imrulkais ɪmrʊl'ka͜is
Imsen 'ɪmzn̩
Imst ɪmst
imstande ɪm'ʃtandə
Imsweiler 'ɪmsva͜ilɐ
im voraus ɪm fo'ra͜us, *auch:* – 'fo:ra͜us
in ɪn
Ina 'i:na, *poln.* 'ina
in absentia ɪn ap'zɛnt͜si̯a
in abstracto ɪn ap'strakto
inadäquat 'ɪn|adɛkva:t, 'ɪn|at|ɛ...; *auch:* –––'–
in aeternum ɪn ɛ'tɛrnʊm
Inagua *engl.* ɪ'nɑ:gwə
inakkurat 'ɪn|akura:t, *auch:* –––'–
inaktiv 'ɪn|akti:f, *auch:* ––'–; **-e** ...i:və
inaktivieren ɪn|akti'vi:rən
Inaktivität ɪn|aktivi'tɛ:t, *auch:* '–––––
inaktuell 'ɪn|aktu̯ɛl, *auch:* ––'–
inakzeptabel 'ɪn|akt͜sɛpta:bl̩, *auch:* –––'––; **...ble** ...blə
in albis ɪn 'albi:s
Inambari *span.* inam'bari
inan i'na:n
Inangriffnahme ɪn'|angrɪfna:mə
Inanität inani'tɛ:t
Inanition inani't͜si̯o:n
inappellabel ɪn|apɛ'la:bl̩, **...ble** ...blə
Inappetenz ɪn|ape'tɛnt͜s
inäqual 'ɪn|ɛkva:l
Inárcs *ung.* 'ina:rtʃ
Inari *finn.* 'inɑri
inartikuliert 'ɪn|artikuli:ɐ̯t, *auch:* ––––'–
Inaugural... ɪn|a͜ugu'ra:l...
Inauguration ɪn|a͜ugura't͜si̯o:n
inaugurieren ɪn|a͜ugu'ri:rən
Inazidität ɪn|at͜sidi'tɛ:t, *auch:* '–––––
Inbegriff 'ɪnbəgrɪf
inbegriffen 'ɪnbəgrɪfn̩
Inber *russ.* 'inbɪr
Inbild 'ɪnbɪlt
in blanko ɪn 'blaŋko
in bond ɪn 'bɔnt
in brevi ɪn 'bre:vi
Inbrunst 'ɪnbrʊnst
inbrünstig 'ɪnbrʏnstɪç
incarnatus ɪnkar'na:tʊs
Ince in Makerfield *engl.* 'ɪns ɪn 'meɪkəfi:ld
Inch ɪntʃ, **-es** 'ɪntʃ[ɪs], *engl.* 'ɪntʃɪz
Inchbald *engl.* 'ɪntʃbɔ:ld
Inchcape *engl.* 'ɪntʃkeɪp
inchoativ ɪnkoa'ti:f, **-e** ...i:və
Inchoativ 'ɪnkoati:f, *auch:* –––'–; **-e** ...i:və
Inchoativum ɪnkoa'ti:vʊm, **...va** ...va
Inchon vgl. Intschön
inchromieren ɪnkro'mi:rən
incidit ɪn't͜si:dɪt
incipit, I... 'ɪnt͜sipɪt
Incisivus ɪnt͜si'zi:vʊs, **...vi** ...vi
Inclán *span.* iŋ'klan
in concreto ɪn kɔn'kre:to, *auch:* – kɔŋ...
in contumaciam ɪn kɔntu'ma:t͜si̯am
incorporated *engl.* ɪn'kɔ:pəreɪtɪd
in corpore ɪn 'kɔrpore
Incroyable ɛ̃kro̯a'ja:bl̩, *fr.* ɛ̃krwa'jabl
Incubus 'ɪnkubʊs
Incus 'ɪŋkʊs
Indaiá *bras.* inda'i̯a
Indaiatuba *bras.* inda͜ia'tuba
Indalecio *span.* inda'leθi̯o
Indanthren Ⓦⓩ ɪndan'tre:n
indebite ɪn'de:bite
Indebitum ɪn'de:bitʊm
indeciso ɪnde'tʃi:zo
indefinibel ɪndefi'ni:bl̩, **...ble** ...blə
indefinit ɪndefi'ni:t, *auch:* '––––
Indefinitum ɪndefi'ni:tʊm, **..ta** ...ta
indeklinabel ɪndekli'na:bl̩, *auch:* '–––––; **...ble** ...blə
Indeklinabile ɪndekli'na:bilə, **...lia** ...na'bi:li̯a
indelikat 'ɪndelika:t, *auch:* –––'–
indem ɪn'de:m
Indemini *it.* in'de:mini
indemnisieren ɪndɛmni'zi:rən
Indemnität ɪndɛmni'tɛ:t
indemonstrabel 'ɪndemɔnstra:bl̩, *auch:* –––'––; **...ble** ...blə
Inden ɪn'de:n
In-den-April-Schicken ɪnde:n|a'prɪlʃɪkn̩
Indentgeschäft ɪn'dɛntgəʃɛft
Independence *engl.* ɪndɪ'pɛndəns

Independência *bras.* indepen'dẽsi̯a
Independenten ɪndepɛn'dɛntn̩
Independent Labour Party *engl.* ɪndɪ'pɛndənt 'leɪbə 'pɑ:tɪ
Independenz ɪndepɛn'dɛnt͜s
Inder 'ɪndɐ
indes ɪn'dɛs
indessen ɪn'dɛsn̩
Indestege *niederl.* ɪndəs'te:xə
indeterminabel ɪndetɛrmi'na:bl̩, *auch:* '––––––; **...ble** ...blə
Indetermination ɪndetɛrmina't͜si̯o:n, *auch:* '––––––
indeterminieren ɪndetɛrmi'ni:rən
Indeterminismus ɪndetɛrmi'nɪsmʊs
Index 'ɪndɛks, **Indizes** 'ɪndit͜se:s
indezent 'ɪndet͜sɛnt, *auch:* ––'–
Indezenz 'ɪndet͜sɛnt͜s, *auch:* ––'–
India *engl.* 'ɪndjə
Indian 'ɪndi̯a:n
Indiana ɪn'di̯a:na, *engl.* ɪndɪ'ænə
Indianapolis *engl.* ɪndɪə'næpəlɪs
Indianer ɪn'di̯a:nɐ
indianid ɪndi̯a'ni:t, **-e** ...i:də
Indianide ɪndi̯a'ni:də
indianisch ɪn'di̯a:nɪʃ
Indianist[ik] ɪndi̯a'nɪst[ɪk]
Indianola *engl.* ɪndɪə'noʊlə
Índia Portuguesa *port.* 'indi̯ɐ purtu'ɣezɐ
Indicator ɪndi'ka:tɔr
Indide ɪn'di:də
Indien 'ɪndi̯ən
Indies *engl.* 'ɪndɪz
indifferent 'ɪndɪfərɛnt, *auch:* ––'–
Indifferentismus ɪndɪfərɛn'tɪsmʊs
Indifferenz 'ɪndɪfərɛnt͜s, *auch:* –––'–
Indiga *russ.* 'indigɐ
indigen ɪndi'ge:n
Indigenat ɪndige'na:t
Indigestion ɪndigɛs'ti̯o:n, *auch:* '––––
Indigirka *russ.* indi'girkɐ
Indignation ɪndɪgna't͜si̯o:n
indignieren ɪndɪ'gni:rən
indigniert ɪndɪ'gni:ɐ̯t
Indignität ɪndɪgni'tɛ:t
Indigo 'ɪndigo
indigoid ɪndigo'i:t, **-e** ...i:də
Indigolith ɪndigo'li:t, *auch:* ...lɪt
Indigotin ɪndigo'ti:n
Indik 'ɪndɪk
Indikation ɪndika't͜si̯o:n
Indikativ 'ɪndikati:f, *auch:* –––'–; **-e** ...i:və
indikativisch 'ɪndikati:vɪʃ, *auch:* –––'––
Indikator ɪndi'ka:tɔr, **-en** ...ka'to:rən

Indikatrix ɪndi'ka:trɪks
Indiktion ɪndɪk't͜si̯o:n
[1]**Indio** (Indianer) 'ɪndi̯o
[2]**Indio** (Ort) *engl.* 'ɪndɪoʊ
indirekt 'ɪndirɛkt, *auch:* ––'–
indisch 'ɪndɪʃ
indiskret 'ɪndɪskre:t, *auch:* ––'–
Indiskretion ɪndɪskre't͜si̯o:n, *auch:* '––––
indiskutabel 'ɪndɪskuta:bl̩, *auch:* –––'––; **...ble** ...blə
indispensabel 'ɪndɪspɛnza:bl̩, *auch:* –––'––; **...ble** ...blə
indisponibel 'ɪndɪsponi:bl̩, *auch:* –––'––; **...ble** ...blə
indisponiert 'ɪndɪsponi:ɐ̯t, *auch:* –––'–
Indisposition 'ɪndɪspozit͜si̯o:n, *auch:* ––––'–
indisputabel 'ɪndɪsputa:bl̩, *auch:* –––'––; **...ble** ...blə
Indisziplin 'ɪndɪst͜sipli:n, *auch:* –––'–
indiszipliniert 'ɪndɪst͜sipliniːɐ̯t, *auch:* ––––'–
Indium 'ɪndi̯ʊm
Individual... ɪndivi'du̯a:l...
Individualisation ɪndividu̯aliza't͜si̯o:n
individualisieren ɪndividu̯ali'zi:rən
Individualismus ɪndividu̯a'lɪsmʊs
Individualist ɪndividu̯a'lɪst
Individualität ɪndividu̯ali'tɛ:t
Individuation ɪndividu̯a't͜si̯o:n
individuell ɪndivi'du̯ɛl
Individuum ɪndi'vi:duʊm, **...duen** ...du̯ən
Indiz ɪn'di:t͜s, **-ien** ɪn'di:t͜si̯ən
Indizes vgl. Index
indizieren ɪndi't͜si:rən
Indjija, Inđija *serbokr.* ˌindʑija
Indoarier 'ɪndo'|a:ri̯ɐ
indoarisch 'ɪndo'|a:rɪʃ
Indoaustralier 'ɪndo|aus'tra:li̯ɐ
Indochina 'ɪndo'çi:na
Indoeuropäer 'ɪndo|ɔyro'pɛ:ɐ
indoeuropäisch 'ɪndo|ɔyro'pɛ:ɪʃ
Indogermane 'ɪndogɛr'ma:nə
indogermanisch 'ɪndogɛr'ma:nɪʃ
Indogermanist[ik] ɪndogɛrma'nɪst[ɪk]
Indoktrination ɪndɔktrina't͜si̯o:n
indoktrinieren ɪndɔktri'ni:rən
Indol ɪn'do:l
indolent 'ɪndolɛnt, *auch:* ––'–
Indolenz 'ɪndolɛnt͜s, *auch:* ––'–
Indologe ɪndo'lo:gə
Indologie ɪndolo'gi:
Indonésia Besar *indon.* ɪndo'nesi̯a bə'sar
Indonesien ɪndo'ne:zi̯ən
Indonesier ɪndo'ne:zi̯ɐ
indonesisch ɪndo'ne:zɪʃ

indopazifisch 'ɪndopa't͜si:fɪʃ
Indore *engl.* ɪn'dɔ:
indossabel ɪndɔ'sa:bl̩, **...ble** ...blə
Indossament ɪndɔsa'mɛnt
Indossant ɪndɔ'sant
Indossat ɪndɔ'sa:t
Indossatar ɪndɔsa'ta:ɐ̯
Indossent ɪndɔ'sɛnt
indossieren ɪndɔ'si:rən
Indosso ɪn'dɔso, **...ossi** ...ɔsi
Indra 'ɪndra, *tschech.* 'indra
Indramaju *indon.* ɪndra'maju
Indre *fr.* ɛ̃:dr
Indre-et-Loire *fr.* ɛ̃dre'lwa:r
Indret *fr.* ɛ̃'drɛ
Indri 'ɪndri
Indsche Woiwoda, Indže Vojvoda *bulgar.* in'dʒɛ voj'vɔda
Indschin, Injin *korean.* indʒin
in dubio [pro reo] ɪn 'du:bi̯o [pro: 're:o]
Induktanz ɪndʊk'tant͜s
Induktion ɪndʊk't͜si̯o:n
induktiv ɪndʊk'ti:f, *auch:* '–––; **-e** ...i:və
Induktivität ɪndʊktivi'tɛ:t
Induktor ɪn'dʊktɔr, **-en** ...'to:rən
in dulci jubilo ɪn 'dʊlt͜si 'ju:bilo
indulgent ɪndʊl'gɛnt
Indulgenz ɪndʊl'gɛnt͜s
Induline ɪndu'li:nə
Indult ɪn'dʊlt
Induno *it.* in'du:no
in duplo ɪn 'du:plo
Induration ɪndura't͜si̯o:n
indurieren ɪndu'ri:rən
Indus 'ɪndʊs, *engl.* 'ɪndəs
Indusi ɪn'du:zi
Indusium ɪn'du:zi̯ʊm, **...ien** ...i̯ən
Industrial design *engl.* ɪn'dʌstrɪəl dɪ'zaɪn
industrialisieren ɪndʊstriali'zi:rən
Industrialismus ɪndʊstria'lɪsmʊs
Industrie ɪndʊs'tri:, **-n** ...i:ən
industriell ɪndʊstri'ɛl
Industrielle ɪndʊstri'ɛlə
induzieren ɪndu't͜si:rən
Indy, d' *fr.* dɛ̃'di
Indže Vojvoda vgl. Indsche Woiwoda
Ineditum ɪn'|e:ditʊm, **...ta** ...ta
in effectu ɪn ɛ'fɛktu
ineffektiv 'ɪn|ɛfɛkti:f, *auch:* –––'–; **-e** ...i:və
in effigie ɪn ɛ'fi:gi̯ə
inegal 'ɪn|ega:l, *auch:* ––'–
ineinander ɪn|ai̯'nandɐ
inert i'nɛrt
Inertial... inɛr't͜si̯a:l...
Ines 'i:nɛs
Inés *span.* i'nes
Inês *port.* i'neʃ, *bras.* i'nes

inessentiell 'ɪn|ɛsɛnt͜si̯ɛl, *auch:* ---'-
inexakt 'ɪn|ɛksakt, *auch:* --'-
inexistent 'ɪn|ɛksɪstɛnt, *auch:* ---'-
Inexistenz 'ɪn|ɛksɪstɛnt͜s, *auch:* ---'-
inexplosibel 'ɪn|ɛksplozi:bl̩, *auch:* ---'--; **...ble** ...blə
in extẹnso ɪn ɛks'tɛnzo
in extrẹmis ɪn ɛks'tre:mi:s
in fạcto ɪn 'fakto
infallibel ɪnfa'li:bl̩, **...ble** ...blə
Infallibilịst ɪnfalibi'lɪst
Infallibilität ɪnfalibili'tɛ:t
infạm ɪn'fa:m
Infami̲e ɪnfa'mi:, **-n** ...i:ən
Infạnt ɪn'fant
Infạnte *span.* in'fante
Infanteri̲e ɪnfantə'ri:, *auch:* '----; **-n** ...i:ən
Infanterịst ɪnfantə'rɪst, *auch:* '----
infantịl ɪnfan'ti:l
Infantilịsmus ɪnfanti'lɪsmʊs
Infantilịst ɪnfanti'lɪst
Infantilität ɪnfantili'tɛ:t
Infạrkt ɪn'farkt
infarzi̲eren ɪnfar't͜si:rən
infau̲st ɪn'faust
Infẹkt ɪn'fɛkt
Infektio̲n ɪnfɛk't͜si̯o:n
infektiö̲s ɪnfɛk't͜si̯ø:s, **-e** ...ø:zə
Infektiosität ɪnfɛkt͜si̯ozi'tɛ:t
Ịnfel 'ɪnfl̩
inferio̲r ɪnfe'ri̯o:ɐ̯
Inferiorität ɪnferi̯ori'tɛ:t
infernạl ɪnfɛr'na:l
Infernalität ɪnfɛrnali'tɛ:t
Infẹrno ɪn'fɛrno
infertil ɪnfɛr'ti:l, *auch:* '---
Infiẹsto *span.* in'fi̯esto
Ịnfight[ing] 'ɪnfai̯t[ɪŋ]
infigi̲eren ɪnfi'gi:rən
Infiltrạnt ɪnfɪl'trant
Infiltrạt ɪnfɪl'tra:t
Infiltratio̲n ɪnfɪltra't͜si̯o:n
infiltri̲eren ɪnfɪl'tri:rən
infinit 'ɪnfini:t, *auch:* --'-
infinitesimạl ɪnfinitezi'ma:l
Infinitịsmus ɪnfini'tɪsmʊs
Infinitiv 'ɪnfiniti:f, *auch:* ---'-; **-e** ...i:və
Infirmität ɪnfɪrmi'tɛ:t
Infix ɪn'fɪks, '--
infizi̲eren ɪnfi't͜si:rən
in flagrạnti ɪn fla'granti
inflammạbel ɪnfla'ma:bl̩, **...ble** ...blə
Inflammatio̲n ɪnflama't͜si̯o:n
inflammi̲eren ɪnfla'mi:rən
inflati̲eren ɪnfla'ti:rən
Inflatio̲n ɪnfla't͜si̯o:n
inflationä̲r ɪnflat͜si̯o'nɛ:ɐ̯
inflationi̲eren ɪnflat͜si̯o'ni:rən
Inflationịsmus ɪnflat͜si̯o'nɪsmʊs
inflationịstisch ɪnflat͜si̯o'nɪstɪʃ
inflato̲risch ɪnfla'to:rɪʃ
inflexibel 'ɪnflɛksi:bl̩, *auch:* --'--; **...ble** ...blə
Inflexi̲bile ɪnflɛ'ksi:bilə, **...bi̲lia** ...ksi'bi:li̯a
Inflexibilität ɪnflɛksibili'tɛ:t
Infloreszẹnz ɪnflorɛs'tsɛnt͜s
in flo̲ribus ɪn 'flo:ribʊs
Influẹnz[a] ɪnflu'ɛnt͜s[a]
influenzi̲eren ɪnfluɛn'tsi:rən
Influ̲xus physicus ɪn'flʊksʊs 'fy:zikʊs
infọlge ɪn'fɔlgə
infolgedẹssen ɪnfɔlgə'dɛsn̩
in fo̲lio ɪn 'fo:li̯o
Informạnd ɪnfɔr'mant, **-en** ...ndn̩
Informạnt ɪnfɔr'mant
Informạtik ɪnfɔr'ma:tɪk
Informạtiker ɪnfɔr'ma:tikɐ
Informatio̲n ɪnfɔrma't͜si̯o:n
informationẹll ɪnfɔrmat͜si̯o'nɛl
informati̲v ɪnfɔrma'ti:f, **-e** ...i:və
Informạtor ɪnfɔr'ma:tɔr, **-en** ...ma'to:rən
informato̲risch ɪnfɔrma'to:rɪʃ
informell 'ɪnfɔrmɛl, *auch:* --'-
Informẹlle ɪnfɔr'mɛlə
informi̲eren ɪnfɔr'mi:rən
Infothẹk ɪnfo'te:k
Ịnfragrill Ⓦᶻ 'ɪnfragrɪl
infrakrustạl ɪnfrakrʊs'ta:l
Infraktio̲n ɪnfrak't͜si̯o:n
ịnfrarot, I... 'ɪnfraro:t
Ịnfrastruktur 'ɪnfrastrʊktu:ɐ̯
ịnfrastrukturell 'ɪnfrastrʊkturɛl
Ịnfratest 'ɪnfratɛst
Ịnful 'ɪnfʊl
infuli̲ert ɪnfu'li:ɐ̯t
infundi̲eren ɪnfʊn'di:rən
Infu̲s ɪn'fu:s, **-e** ...u:zə
Infusio̲n ɪnfu'zi̯o:n
Infuso̲rium ɪnfu'zo:ri̯ʊm, **...ien** ...i̯ən
Infu̲sum ɪn'fu:zʊm, **...sa** ...u:za
Ịnga 'ɪŋa, *schwed.* ˌiŋa, *dän.* 'eŋga
Ịngarö *schwed.* 'iŋarø:
Ingävo̲ne ɪŋɡɛ'vo:nə
Ịngbert 'ɪŋbɛrt
Ịnge 'ɪŋə, *engl.* ɪŋ, *schwed.* ˌɪŋə, *dän.* 'eŋə
Ịngebjörg 'ɪŋəbjœrk
Ịngeborg 'ɪŋəbɔrk, *schwed.* ˌɪŋəbɔrj, *dän.* 'eŋəbɔr'
Ịngeburg 'ɪŋəbʊrk
Ingegnẹri *it.* indʒeɲ'ɲɛ:ri
Ịngelfingen 'ɪŋl̩fɪŋən
Ịngelheim 'ɪŋl̩hai̯m
Ịngelmunster *niederl.* 'ɪŋəlmʏnstər
Ịngelore 'ɪŋəlo:rə
Ịngelow *engl.* 'ɪndʒɪloʊ
Ịngemann *dän.* 'eŋəman'
Ịngenbohl 'ɪŋənbo:l
in genere ɪn 'ge:nere, *auch:* -'gɛn...
ingeneri̲ert ɪngene'ri:ɐ̯t
Ịngen-Housz *niederl.* 'ɪŋənhu:s
Ingeniẹros *span.* iŋxe'ni̯erɔs
Ingenieur ɪnʒe'ni̯ø:ɐ̯
ingeniö̲s ɪnge'ni̯ø:s, **-e** ...ø:zə
Ingeniosität ɪngeni̯ozi'tɛ:t
Ingẹnium ɪn'ge:ni̯ʊm, **...ien** ...i̯ən
Ịngenohl 'ɪŋəno:l
Ingénu *fr.* ɛ̃ʒe'ny
Ingenuität ɪngenu̯i'tɛ:t
Ịnger 'ɪŋɐ, *dän.* 'eŋər
Ingerẹnz ɪnge'rɛnt͜s
Ịngerkingen 'ɪŋɐkɪŋən
Ịngermanland 'ɪŋɐmanlant
Ịngersoll *engl.* 'ɪŋgəsɔl
Ịngesinde 'ɪŋgəzɪndə
Ịngessön 'ɪŋəsœn
Ingẹsta ɪn'gɛsta
Ingestio̲n ɪngɛs'ti̯o:n
ingezüchtet 'ɪngət͜syçtət
Ịngham *engl.* 'ɪŋəm
Inghelbrẹcht *fr.* ɛ̃ʒɛl'brɛʃt, ɛ̃gɛ...
Ịngleby *engl.* 'ɪŋglbɪ
Inglefieldgolf *dän.* 'eŋləfjɛl'gɔl'f
ingle̲ichen ɪn'glai̯çn̩
Ịnglewood *engl.* 'ɪŋglwʊd
Ịnglin 'ɪŋli:n
Ịnglis *engl.* ɪŋglz, 'ɪŋglɪs
in glo̲bo ɪn 'glo:bo
Ịngo 'ɪŋgo
Ingodạ *russ.* inga'da
Ịngoldsby *engl.* 'ɪŋgəldzbɪ
Ịngólfshöfði *isl.* 'iŋgoʊ̯lshœvðɪ
Ịngolič *slowen.* 'i:ŋgɔlitʃ
Ịngolstadt 'ɪŋgɔlʃtat
Ịngomar 'ɪŋgomar
Ịngot 'ɪŋgɔt
Ịngraban 'ɪŋgraban
Ịngraham *engl.* 'ɪŋgrəhəm
Ingrainfarbe *engl.-dt.* ɪn'greɪnfarbə
Ịngram 'ɪŋgram, *engl.* 'ɪŋgrəm
Ingrẹdiens ɪn'gre:di̯ɛns, **...nzien** ...re'di̯ɛnt͜si̯ən
Ingrediẹnz ɪngre'di̯ɛnt͜s
Ingremiatio̲n ɪngremi̯a't͜si̯o:n
Ingres *fr.* ɛ̃:gr
Ingrẹß ɪn'grɛs, **...ẹsse** ...ɛsə
Ingressio̲n ɪngrɛ'si̯o:n
ingressiv 'ɪngrɛsi:f, *auch:* --'-; **-e** ...i:və
Ingressi̲vum ɪngrɛ'si:vʊm, **...va** ...i:va
Ịngrid 'ɪŋgrɪt, ...ri:t, *dän.* 'eŋrið
Ịngrimm 'ɪngrɪm
in grọsso ɪn 'grɔso
inguinạl ɪŋgu̯i'na:l
Inguiomẹr ɪŋgu̯io'me:ɐ̯
Ingụl *russ.* in'gul
Ingulẹz, Ingulec *russ.* ingu'ljɛts
Ingụri *russ.* in'guri
Ingụsche ɪŋ'gʊʃə
Ịngvar 'ɪŋvar, *schwed.* 'iŋvar, *dän.* 'eŋ'var
Ịngvo 'ɪŋ[g]vo
Ingwäo̲ne ɪŋvɛ'o:nə

ingwäonisch ɪŋvɛˈoːnɪʃ
Ingwer ˈɪŋvɐ
Inhaber ˈɪnhaːbɐ
Inhaca *port.* iˈɲakɐ
inhaftieren ɪnhafˈtiːrən
Inhalation ɪnhalaˈt͜si̯oːn
Inhalatorium ɪnhalaˈtoːri̯ʊm, **...ien** ...i̯ən
inhalieren ɪnhaˈliːrən
Inhalt ˈɪnhalt
Inhambane *port.* i̯nɐmˈbɐnə
Inhambupe *bras.* i̯nɐmˈbupi
inhärent ɪnhɛˈrɛnt
Inhärenz ɪnhɛˈrɛnt͜s
inhärieren ɪnhɛˈriːrən
Inhaúma *bras.* i̯naˈuma
inhibieren ɪnhiˈbiːrən
Inhibin ɪnhiˈbiːn
Inhibition ɪnhibiˈt͜si̯oːn
Inhibitor ɪnˈhiːbitɔr, **-en** ...hibiˈtoːrən
inhibitorisch ɪnhibiˈtoːrɪʃ
in hoc salus ɪn ˈhoːk ˈzaːlʊs
in hoc signo ɪn ˈhoːk ˈzɪgno
inhomogen ˈɪnhomogeːn, *auch:* – – –ˈ–
Inhomogenität ɪnhomogeniˈtɛːt, *auch:* ˈ– – – – – –
in honorem ɪn hoˈnoːrɛm
inhuman ˈɪnhumaːn, *auch:* – –ˈ–
Inhumanität ɪnhumaniˈtɛːt, *auch:* ˈ– – – – –
in infinitum ɪn ɪnfiˈniːtʊm
Inini *fr.* iniˈni
in integrum ɪn ˈɪntegrʊm
inintelligibel ˈɪn|ɪntɛligiːbl̩, *auch:* – – – –ˈ– –; **...ble** ...blə
Iniquität inikviˈtɛːt
initial, I... iniˈt͜si̯aːl
Initiale iniˈt͜si̯aːlə
Initiand iniˈt͜si̯ant, **-en** ...ndn̩
Initiant iniˈt͜si̯ant
Initiation init͜si̯aˈt͜si̯oːn
initiativ init͜si̯aˈtiːf, **-e** ...iːvə
Initiative init͜si̯aˈtiːvə
Initiator iniˈt͜si̯aːtɔr, **-en** ...i̯aˈtoːrən
initiatorisch init͜si̯aˈtoːrɪʃ
Initien iˈniːt͜si̯ən
initiieren init͜siˈiːrən
Inja *russ.* ˈinjɐ
Injektion ɪnjɛkˈt͜si̯oːn
Injektive ɪnjɛkˈtiːvə
Injektor ɪnˈjɛktɔr, **-en** ...ˈtoːrən
Injin vgl. Indschin
injizieren ɪnjiˈt͜siːrən
injungieren ɪnjʊŋˈgiːrən
Injunktion ɪnjʊŋkˈt͜si̯oːn
Injuriant ɪnjuˈri̯ant
Injuriat ɪnjuˈri̯aːt
Injurie ɪnˈjuːri̯ə
injuriieren ɪnjuriˈiːrən
injuriös ɪnjuˈri̯øːs, **-e** ...øːzə
Inka ˈɪŋka
inkaisch ˈɪŋkaɪʃ
Inkantation ɪnkantaˈt͜si̯oːn
Inkardination ɪnkardinaˈt͜si̯oːn
inkarnat, I... ɪnkarˈnaːt
Inkarnation ɪnkarnaˈt͜si̯oːn
inkarnieren ɪnkarˈniːrən
Inkarzeration ɪnkart͜seraˈt͜si̯oːn
inkarzerieren ɪnkart͜seˈriːrən
Inkassant ɪnkaˈsant
Inkasso ɪnˈkaso, **...assi** ...asi
Inke *ung.* ˈiŋkɛ
Inkerman *russ.* inkɪrˈman
Inklination ɪnklinaˈt͜si̯oːn
inklinieren ɪnkliˈniːrən
Inklusen ɪnˈkluːzn̩
Inklusion ɪnkluˈzi̯oːn
inklusive ɪnkluˈziːvə
inkognito, I... ɪnˈkɔgnito
inkohärent ɪnkohɛˈrɛnt
Inkohärenz ɪnkohɛˈrɛnt͜s
inkohativ ɪnkohaˈtiːf, **-e** ...iːvə
Inkohativ ˈɪnkohatiːf, *auch:* – – –ˈ–; **-e** ...iːvə
Inkohlung ˈɪnkoːlʊŋ
inkommensurabel ɪnkɔmɛnzuˈraːbl̩, **...ble** ...blə
Inkommensurabilität ɪnkɔmɛnzurabiliˈtɛːt
inkommodieren ɪnkɔmoˈdiːrən
Inkommodität ɪnkɔmodiˈtɛːt
inkomparabel ɪnkɔmpaˈraːbl̩, **...ble** ...blə
Inkomparabile ɪnkɔmpaˈraːbilə; **...bilien** ...raˈbiːli̯ən, **...ilia** ...raˈbiːli̯a
inkompatibel ɪnkɔmpaˈtiːbl̩, **...ble** ...blə
Inkompatibilität ɪnkɔmpatibiliˈtɛːt
inkompetent ˈɪnkɔmpetɛnt, *auch:* – – –ˈ–
Inkompetenz ˈɪnkɔmpetɛnt͜s, *auch:* – – –ˈ–
inkomplett ˈɪnkɔmplɛt, *auch:* – –ˈ–
inkompressibel ɪnkɔmprɛˈsiːbl̩, **...ble** ...blə
Inkompressibilität ɪnkɔmprɛsibiliˈtɛːt
inkongruent ˈɪnkɔngruɛnt, *auch:* – – –ˈ–; *auch:* ...kɔŋ...
Inkongruenz ˈɪnkɔngruɛnt͜s, *auch:* – – –ˈ–; *auch:* ...kɔŋ...
inkonsequent ˈɪnkɔnzekvɛnt, *auch:* – – –ˈ–
Inkonsequenz ˈɪnkɔnzekvɛnt͜s, *auch:* – – –ˈ–
inkonsistent ˈɪnkɔnzɪstɛnt, *auch:* – – –ˈ–
Inkonsistenz ˈɪnkɔnzɪstɛnt͜s, *auch:* – – –ˈ–
inkonstant ˈɪnkɔnstant, *auch:* – –ˈ–
Inkonstanz ˈɪnkɔnstant͜s, *auch:* – –ˈ–
Inkontinenz ˈɪnkɔntinɛnt͜s, *auch:* – – –ˈ–
inkonvenabel ɪnkɔnveˈnaːbl̩, **...ble** ...blə
inkonvenient ˈɪnkɔnveni̯ɛnt, *auch:* – – –ˈ–
Inkonvenienz ˈɪnkɔnveni̯ɛnt͜s, *auch:* – – –ˈ–
inkonvertibel ɪnkɔnvɛrtˈtiːbl̩, *auch:* ˈ– – – – –; **...ble** ...blə
inkonziliant ˈɪnkɔnt͜sili̯ant, *auch:* – – –ˈ–
inkonzinn ˈɪnkɔnt͜sɪn, *auch:* – –ˈ–
Inkonzinnität ɪnkɔnt͜sɪniˈtɛːt, *auch:* ˈ– – – – –
Inkoordination ɪnko|ɔrdinaˈt͜si̯oːn, *auch:* ˈ– – – – – –
inkoordiniert ɪnko|ɔrdiˈniːɐ̯t, *auch:* ˈ– – – – –
inkorporal ɪnkɔrpoˈraːl
Inkorporation ɪnkɔrporaˈt͜si̯oːn
inkorporieren ɪnkɔrpoˈriːrən
inkorrekt ˈɪnkɔrɛkt, *auch:* – –ˈ–
Inkorrektheit ˈɪnkɔrɛkthai̯t, *auch:* – –ˈ– –
Inkreis ˈɪnkrai̯s
Inkrement ɪnkreˈmɛnt
Inkret ɪnˈkreːt
Inkretion ɪnkreˈt͜si̯oːn
inkretorisch ɪnkreˈtoːrɪʃ
inkriminieren ɪnkrimiˈniːrən
inkromieren ɪnkroˈmiːrən
Inkrustation ɪnkrʊstaˈt͜si̯oːn
inkrustieren ɪnkrʊsˈtiːrən
Inkster *engl.* ˈɪŋkstə
Inkubant ɪnkuˈbant
Inkubation ɪnkubaˈt͜si̯oːn
Inkubator ɪnkuˈbaːtɔr, **-en** ...baˈtoːrən
Inkubus ˈɪnkubʊs, **...ben** ɪnˈkuːbn̩
inkulant ˈɪnkulant, *auch:* – –ˈ–
Inkulanz ˈɪnkulant͜s, *auch:* – –ˈ–
Inkulpant ɪnkʊlˈpant
Inkulpat ɪnkʊlˈpaːt
Inkunabel ɪnkuˈnaːbl̩
Inkunablist ɪnkunaˈblɪst
inkurabel ɪnkuˈraːbl̩, *auch:* ˈ– – – –; **...ble** ...blə
Inkurvation ɪnkʊrvaˈt͜si̯oːn
Inlaid ˈɪnlai̯t, **-e** ...ai̯də
Inland ˈɪnlant
Inländer ˈɪnlɛndɐ
inländisch ˈɪnlɛndɪʃ
Inlaut ˈɪnlau̯t
Inlett ˈɪnlɛt
inliegend ˈɪnliːgn̩t, **-e** ...n̩də
in maiorem Dei gloriam ɪn mai̯ˈoːrɛm ˈdeːi ˈgloːri̯am
Inman *engl.* ˈɪnmən
in medias res ɪn ˈmeːdi̯aːs ˈreːs
in memoriam ɪn meˈmoːri̯am
inmitten ɪnˈmɪtn̩
Inn ɪn
in natura ɪn naˈtuːra
inne ˈɪnə
innen ˈɪnən
innenpolitisch ˈɪnənpoliːtɪʃ
Innenreede ˈɪnənreːdə

Ịnnerasien ˈɪnɐ|a:zi̯ən
ịnnere, I... ˈɪnərə
Innere̱i̱ ɪnəˈrai̯
ịnnerhalb ˈɪnɐhalp
Ịnneringen ˈɪnərɪŋən
ịnnerlich ˈɪnɐlɪç
Innerzẹll ɪnɐˈtsɛl
Ịnnerösterreich ˈɪnɐ|ø:stəraiç
ịnnerpolitisch ˈɪnɐpoli:tɪʃ
Ịnnerrhoden ˈɪnɐro:dn̩
Ịnnerste ˈɪnɐstə
ịnnert ˈɪnɐt
Ịnnertkirchen ˈɪnɐtkɪrçn̩
Innervatio̱n ɪnɛrvaˈtsi̯o:n
innervi̱e̱ren ɪnɛrˈvi:rən
Ịnnes[s] *engl.* ˈɪnɪs
ịnnig ˈɪnɪç, **-e** ...ɪɡə
Ịnnigkeit ˈɪnɪçkai̯t
ịnniglich ˈɪnɪklɪç
ịnnigst ˈɪnɪçst
Innisfail *engl.* ɪnɪsˈfeɪl
Ịnnitzer ˈɪnɪtsɐ
Innocent *fr.* inɔˈsã
innocẹnte ɪnoˈtʃɛntə
Innocẹnzo *it.* innoˈtʃɛntso
in no̱mine De̱i ɪn ˈno:mine ˈde:i
Innovatio̱n ɪnovaˈtsi̯o:n, *engl.* ɪnoʊˈveɪʃən
innovato̱risch ɪnovaˈto:rɪʃ
Ịnnozenz ˈɪnotsɛnts
Ịnnsbruck ˈɪnsbrʊk
in nu̱ce ɪn ˈnu:tsə
Ịnnung ˈɪnʊŋ
Ịnnviertel ˈɪnfɪrtl̩
Ịnnwerk ˈɪnvɛrk
I̱no ˈi:no
Inocêncio *port.* inuˈsẽsi̯u
inoffensiv ˈɪn|ɔfɛnzi:f, *auch:* ---ˈ-; **-e** ...i:və
inoffiziell ˈɪn|ɔfitsi̯ɛl, *auch:* ---ˈ-
inoffiziös ˈɪn|ɔfitsi̯ø:s, *auch:* ---ˈ-; **-e** ...ø:zə
Inokulatio̱n ɪn|okulaˈtsi̯o:n
inokuli̱e̱ren ɪn|okuˈli:rən
Ịnönü *türk.* ˈɪnœny
inoperabel ˈɪn|opera:bl̩, *auch:* ---ˈ--; **...ble** ...blə
inopportun ˈɪn|ɔpɔrtu:n, *auch:* ---ˈ-
Inopportunität ɪn|ɔpɔrtuniˈtɛ:t, *auch:* ˈ------
in ọptima fọrma ɪn ˈɔptima ˈfɔrma
Inosit inoˈzi:t, *auch:* ...zɪt
Inosituri̱e̱ inozituˈri:
Inostrạnzew, Inostrancev *russ.* inasˈtrantsəf
Inosuri̱e̱ inozuˈri:
Inowrạzlaw inoˈvratslaf
Inowrọcław *poln.* inɔˈvrɔtsu̯af
inoxydi̱e̱ren ɪn|ɔksyˈdi:rən
in pạrtibus infide̱lium ɪn ˈpartibʊs ɪnfiˈde:li̯ʊm
in perpe̱tuum ɪn pɛrˈpe:tuʊm
in perso̱na ɪn pɛrˈzo:na
in pẹtto ɪn ˈpɛto
in ple̱no ɪn ˈple:no
in pontifica̱libus ɪn pɔntifiˈka:libʊs
in prạxi ɪn ˈpraksi
in pụncto [pụncti] ɪn ˈpʊŋkto [ˈpʊŋkti]
Ịnput ˈɪnpʊt
Inquili̱n ɪnkviˈli:n
Inquirẹnt ɪnkviˈrɛnt
inquiri̱e̱ren ɪnkviˈri:rən
Inquisi̱t ɪnkviˈzi:t
Inquisitio̱n ɪnkviziˈtsi̯o:n
Inquisi̱tor ɪnkviˈzi:tɔr, **-en** ...ziˈto:rən
inquisito̱risch ɪnkviziˈto:rɪʃ
ịns ɪns
Ịnsa, Inza *russ.* ˈinzɐ
in sạldo ɪn ˈzaldo
in sạlvo ɪn ˈzalvo
insa̱n ɪnˈza:n
Insa̱nia ɪnˈza:ni̯a
Ịnsasse ˈɪnzasə
insatia̱bel ɪnzaˈtsi̯a:bl̩, **...ble** ...blə
insbesọnd[e]re ɪnsbəˈzɔnd[ə]rə
inschạllah ɪnˈʃala
Ịnschrift ˈɪnʃrɪft
Ịnse ˈɪnzə
Insẹkt ɪnˈzɛkt
Insekta̱rium ɪnzɛkˈta:ri̯ʊm, **...ien** ...i̯ən
insektivo̱r ɪnzɛktiˈvo:ɐ̯
Insektivo̱ren ɪnzɛktiˈvo:rən
insektizi̱d, I... ɪnzɛktiˈtsi:t, **-e** ...i:də
Insektolo̱ge ɪnzɛktoˈlo:ɡə
Ịnsel ˈɪnzl̩
Inseminatio̱n ɪnzeminaˈtsi̯o:n
insensibel ɪnzɛnˈzi:bl̩, *auch:* ˈ----; **...ble** ...blə
Insensibilitä̱t ɪnzɛnzibiliˈtɛ:t, *auch:* ˈ------
Insepara̱bles *fr.* ɛ̃sepaˈrabl
insequent ˈɪnzekvɛnt, *auch:* --ˈ-
Insẹr, Inzer *russ.* inˈzjɛr
Insera̱t ɪnzeˈra:t
Inserẹnt ɪnzeˈrɛnt
inseri̱e̱ren ɪnzeˈri:rən
Insertio̱n ɪnzɛrˈtsi̯o:n
insgehe̱i̱m ɪnsɡəˈhai̯m
insgeme̱i̱n ɪnsɡəˈmai̯n
insgesạmt ɪnsɡəˈzamt
Ịnside *engl.* ˈɪnsaɪd
Ịnsider *engl.* ˈɪnsaɪdə
Insi̱dien ɪnˈzi:di̯ən
insidiö̱s ɪnziˈdi̯ø:s, **-e** ...ø:zə
Ịnsiegel ˈɪnzi:ɡl̩
Insịgnien ɪnˈzɪɡni̯ən
insignifikant ˈɪnzɪɡnifikant, *auch:* ----ˈ-
Insimulatio̱n ɪnzimulaˈtsi̯o:n
insimuli̱e̱ren ɪnzimuˈli:rən
Insinuạnt ɪnziˈnu̯ant
Insinuatio̱n ɪnzinu̯aˈtsi̯o:n
insinui̱e̱ren ɪnzinuˈi:rən
insipi̱d ɪnziˈpi:t, **-e** ...i:də
insistẹnt ɪnzɪsˈtɛnt
insisti̱e̱ren ɪnzɪsˈti:rən
in si̱tu ɪn ˈzi:tu
Ịnsko *poln.* ˈi̯ĩskɔ
inskribi̱e̱ren ɪnskriˈbi:rən
Inskriptio̱n ɪnskrɪpˈtsi̯o:n
ịnskünftig ˈɪnskʏnftɪç
insofẹrn ɪnzoˈfɛrn, *hinweisend* ɪnˈzo:fɛrn
Insolatio̱n ɪnzolaˈtsi̯o:n
insolent ˈɪnzolɛnt, *auch:* --ˈ-
Insolenz ˈɪnzolɛnts, *auch:* --ˈ-
insoli̱e̱ren ɪnzoˈli:rən
insolu̱bel ɪnzoˈlu:bl̩, **...ble** ...blə
insolvent ˈɪnzɔlvɛnt, *auch:* --ˈ-
Insolvenz ˈɪnzɔlvɛnts, *auch:* --ˈ-
Insomni̱e̱ ɪnzɔmˈni:
insọnderheit ɪnˈzɔndɐhai̯t
insowe̱i̱t ɪnzoˈvai̯t, *hinweisend* ɪnˈzo:vai̯t
in spe̱ ɪn ˈspe:
Inspekteur ɪnspɛkˈtø:ɐ̯
Inspektio̱n ɪnspɛkˈtsi̯o:n
Inspẹktor ɪnˈspɛktɔr, **-en** ...ˈto:rən
Inspektora̱t ɪnspɛktoˈra:t
Inspiratio̱n ɪnspiraˈtsi̯o:n
Inspira̱tor ɪnspiˈra:tɔr, **-en** ...raˈto:rən
inspirato̱risch ɪnspiraˈto:rɪʃ
inspiri̱e̱ren ɪnspiˈri:rən
Inspiziẹnt ɪnspiˈtsi̯ɛnt
inspizi̱e̱ren ɪnspiˈtsi:rən
instabil ˈɪnstabi:l, *auch:* --ˈ-
Instabilität ɪnstabiliˈtɛ:t, *auch:* ˈ-----
Installateur ɪnstalaˈtø:ɐ̯
Installatio̱n ɪnstalaˈtsi̯o:n
installi̱e̱ren ɪnstaˈli:rən
instạnd ɪnˈʃtant
ịnständig ˈɪnʃtɛndɪç
Instant... ɪnˈstant..., ˈ--...; *engl.* ˈɪnstənt...
Instạnz ɪnˈstants
in sta̱tu nascẹndi ɪn ˈsta:tu nasˈtsɛndi
in sta̱tu quo̱ ɪn ˈsta:tu ˈkvo:
in sta̱tu quo̱ ạnte ɪn ˈsta:tu ˈkvo: ˈantə
Instauratio̱n ɪnstauraˈtsi̯o:n
instauri̱e̱ren ɪnstau̯ˈri:rən
Ịnste ˈɪnstə
Ịnster[burg] ˈɪnstɐ[bʊrk]
Instillatio̱n ɪnstɪlaˈtsi̯o:n
instilli̱e̱ren ɪnstɪˈli:rən
Instịnkt ɪnˈstɪŋkt
instinkti̱v ɪnstɪŋkˈti:f, **-e** ...i:və
Instito̱ris ɪnstiˈto:rɪs
institui̱e̱ren ɪnstituˈi:rən
Institu̱t ɪnstiˈtu:t
Institut de France *fr.* ɛ̃stitydˈfrã:s
Institutio̱n ɪnstituˈtsi̯o:n
institutionalisi̱e̱ren ɪnstitutsi̯onaliˈzi:rən
Institutionalịsmus ɪnstitutsi̯onaˈlɪsmʊs
institutionẹll ɪnstitutsi̯oˈnɛl
Ịnstmann ˈɪnstman

instradieren ɪnstra'di:rən
instruieren ɪnstru'i:rən
Instrukteur ɪnstrʊk'tø:ɐ̯
Instruktiọn ɪnstrʊk'ts͜i̯o:n
instruktiv ɪnstrʊk'ti:f, **-e** ...i:və
Instrụktor ɪn'strʊktɔr, **-en** ...'to:rən
Instrumẹnt ɪnstru'mɛnt
instrumental, I... ɪnstrumɛn'ta:l
Instrumentalis ɪnstrumɛn'ta:lɪs, **...les** ...le:s
Instrumentalisierung ɪnstrumɛntali'zi:rʊŋ
Instrumentalịsmus ɪnstrumɛnta'lɪsmʊs
Instrumentalịst ɪnstrumɛnta'lɪst
Instrumentarium ɪnstrumɛn'ta:ri̯ʊm, **...ien** ...i̯ən
Instrumentation ɪnstrumɛnta'ts͜i̯o:n
Instrumentativ ɪnstrumɛnta'ti:f, **-e** ...i:və
Instrumentator ɪnstrumɛn'ta:tɔr, **-en** ...ta'to:rən
instrumentatorisch ɪnstrumɛnta'to:rɪʃ
instrumentẹll ɪnstrumɛn'tɛl
instrumentieren ɪnstrumɛn'ti:rən
Ínsua *bras.* 'ĩsu̯a
Insúa *span.* in'sua
Insubordination ɪnzʊp|ɔrdina'ts͜i̯o:n, *auch:* '------
Ịnsubrer 'ɪnzubrɐ
insuffizient 'ɪnzʊfits͜i̯ɛnt, *auch:* ---'-
Insuffizienz 'ɪnzʊfits͜i̯ɛnts, *auch:* ---'-
Insulaner ɪnzu'la:nɐ
insular ɪnzu'la:ɐ̯
Insulin Ⓦⱬ ɪnzu'li:n
Insulịnde ɪnzu'lɪndə
Ịnsull *engl.* ɪnsl
Insụlt ɪn'zʊlt
Insultation ɪnzʊlta'ts͜i̯o:n
insultieren ɪnzʊl'ti:rən
in sụmma ɪn 'zʊma
Insurgẹnt ɪnzʊr'gɛnt
insurgieren ɪnzʊr'gi:rən
Insurrektion ɪnzʊrɛk'ts͜i̯o:n
in suspẹnso ɪn zʊs'pɛnzo
Inszenator ɪnsts͜e'na:tɔr, **-en** ...na'to:rən
inszenatorisch ɪnsts͜ena'to:rɪʃ
inszenieren ɪnsts͜e'ni:rən
Intạ *russ.* in'ta
Intabulation ɪntabula'ts͜i̯o:n
intabulieren ɪntabu'li:rən
Intạglio ɪn'taljo, **...lien** ...jən
intạkt ɪn'takt
Intarseur ɪntar'zø:ɐ̯
Intạrsia ɪn'tarzi̯a, **...ien** ...i̯ən
Intạrsie ɪn'tarzi̯ə, **-n** ...i̯ən
Intarsiatur ɪntarzi̯a'tu:ɐ̯
intarsieren ɪntar'zi:rən
intẹger ɪn'te:gɐ, **intẹgre** ɪn'te:grə
integral, I... ɪnte'gra:l
Integralịsmus ɪntegra'lɪsmʊs
Integralịst ɪntegra'lɪst
Integrạnd ɪnte'grant, **-en** ...ndn̩
Integrạph ɪnte'gra:f
Integration ɪntegra'ts͜i̯o:n
Integrator ɪnte'gra:tɔr, **-en** ...ra'to:rən
integrieren ɪnte'gri:rən
Integrimeter ɪntegri'me:tɐ
Integrität ɪntegri'tɛ:t
Integumẹnt ɪntegu'mɛnt
Integumẹntum ɪntegu'mɛntʊm, **...ta** ...ta
Intellẹctus archetypus ɪntɛ'lɛktʊs arçe'ty:pʊs
Intellẹkt ɪntɛ'lɛkt
intellektual ɪntɛlɛk'tu̯a:l
Intellektualịsmus ɪntɛlɛktu̯a'lɪsmʊs
intellektualịstisch ɪntɛlɛktu̯a'lɪstɪʃ
Intellektualität ɪntɛlɛktu̯ali'tɛ:t
intellektuẹll ɪntɛlɛk'tu̯ɛl
Intẹlligence Service *engl.* ɪn'tɛlɪdʒəns 'sə:vɪs
intelligẹnt ɪntɛli'gɛnt
Intelligẹnz[ler] ɪntɛli'gɛnts͜[lɐ]
Intelligẹnzija ɪntɛli'gɛnts͜ija
intelligibel ɪntɛli'gi:bl̩, **...ble** ...blə
intẹlligo, ut crẹdam ɪn'tɛligo ʊt 'kre:dam
Intendạnt ɪntɛn'dant
Intendantur ɪntɛndan'tu:ɐ̯
Intendạnz ɪntɛn'dants͜
intendieren ɪntɛn'di:rən
Intensimeter ɪntɛnzi'me:tɐ
Intension ɪntɛn'zi̯o:n
Intensität ɪntɛnzi'tɛ:t
intensiv ɪntɛn'zi:f, **-e** ...i:və
intensivieren ɪntɛnzi'vi:rən
Intensivum ɪntɛn'zi:vʊm, **...va** ...va
Intention ɪntɛn'ts͜i̯o:n
intentional ɪntɛnts͜i̯o'na:l
Intentionalịsmus ɪntɛnts͜i̯ona'lɪsmʊs
Intentionalität ɪntɛnts͜i̯onali'tɛ:t
intentionẹll ɪntɛnts͜i̯o'nɛl
Interaktion ɪntɐ|ak'ts͜i̯o:n
interalliiert 'ɪntɐ|alii:ɐ̯t, *auch:* ----'-
Intercarrierverfahren ɪntɐ'kɛri̯ɐfɛɐ̯fa:rən
Intercịty... ɪntɐ'sɪti...
interdental, I... ɪntɐdɛn'ta:l
Interdentalis ɪntɐdɛn'ta:lɪs, **...les** ...le:s
interdependẹnt ɪntɐdepɛn'dɛnt
Interdependẹnz ɪntɐdepɛn'dɛnts͜
Interdịkt ɪntɐ'dɪkt
Interdiktion ɪntɐdɪk'ts͜i̯o:n
interdisziplinär ɪntɐdɪsts͜ipli'nɛ:ɐ̯
interdiurn ɪntɐ'di̯ʊrn
interdizieren ɪntɐdi'ts͜i:rən
interessạnt ɪntərɛ'sant
Interẹsse ɪntə'rɛsə
Interessẹnt ɪntərɛ'sɛnt
interessieren ɪntərɛ'si:rən
interfaszikulär ɪntɐfasts͜iku'lɛ:ɐ̯
Interferẹnz ɪntɐfe'rɛnts͜
interferieren ɪntɐfe'ri:rən
Interferometer ɪntɐfero'me:tɐ
interferometrisch ɪntɐfero'me:trɪʃ
Interfẹrrikum ɪntɐ'fɛrikʊm
interfoliieren ɪntɐfoli'i:rən
interfraktionẹll ɪntɐfrakts͜i̯o'nɛl
intergalạktisch ɪntɐga'laktɪʃ
interglazial, I... ɪntɐgla'ts͜i̯a:l
Interieur ɛ̃te'ri̯ø:ɐ̯
Ịnterim 'ɪnterɪm
interimịstisch ɪnteri'mɪstɪʃ
Interjektion ɪntɐjɛk'ts͜i̯o:n
interkalar ɪntɐka'la:ɐ̯
Interkalare ɪntɐka'la:rə
Interkalarien ɪntɐka'la:ri̯ən
interkantonal ɪntɐkanto'na:l
Interkolụmnie ɪntɐko'lʊmni̯ə
Interkolụmnium ɪntɐko'lʊmni̯ʊm, **...ien** ...i̯ən
interkommunal ɪntɐkɔmu'na:l
Interkommunion ɪntɐkɔmu'ni̯o:n
Interkonfessionalịsmus ɪntɐkɔnfɛsi̯ona'lɪsmʊs
interkonfessionẹll ɪntɐkɔnfɛsi̯o'nɛl
interkontinental ɪntɐkɔntinɛn'ta:l
interkostal ɪntɐkɔs'ta:l
interkrustal ɪntɐkrʊs'ta:l
interkurrẹnt ɪntɐkʊ'rɛnt
interkurrierend ɪntɐkʊ'ri:rənt, **-e** ...ndə
Ịnterlaken 'ɪntɐlakn̩
interlinear ɪntɐline'a:ɐ̯
Interlịngua ɪntɐ'lɪŋgu̯a
Interlịngue ɪntɐ'lɪŋgu̯ə
Interlinguịst[ik] ɪntɐlɪŋ'gu̯ɪst[ɪk]
Ịnterlockware 'ɪntɐlɔkva:rə
Interludium ɪntɐ'lu:di̯ʊm, **...ien** ...i̯ən
Interlunium ɪntɐ'lu:ni̯ʊm, **...ien** ...i̯ən
Intermaxillar... ɪntɐmaksɪ'la:ɐ̯...
intermediär ɪntɐme'di̯ɛ:ɐ̯
Intermedin ɪntɐme'di:n
Intermẹdio ɪntɐ'me:di̯o
Intermẹdium ɪntɐ'me:di̯ʊm, **...ien** ...i̯ən
intermẹdius ɪntɐ'me:di̯ʊs
intermenstrual ɪntɐmɛnstru'a:l
intermenstruẹll ɪntɐmɛnstru'ɛl
Intermẹzzo ɪntɐ'mɛts͜o, **...zzi** ...ts͜i
interministeriẹll ɪntɐmɪnɪste'ri̯ɛl
Intermission ɪntɐmɪ'si̯o:n

intermittierend ɪntɐmɪ'ti:rənt, **-e** ...ndə
Intermundien ɪntɐ'mʊndi̯ən
intern ɪn'tɛrn
Interna vgl. Internum
Internat ɪntɐ'na:t
international ɪntɐnatsi̯o'na:l
International Amateur Athletic Federation *engl.* ɪntə'næʃənəl 'æmətə: æθ'lɛtɪk fɛdə'reɪʃən
International Bank for Reconstruction and Development *engl.* ɪntə'næʃənəl 'bæŋk fə 'ri:kəns'strʌkʃən ənd dɪ'vɛləpmənt
Internationale ɪntɐnatsi̯o'na:lə
International Falls *engl.* ɪntə'næʃənəl 'fɔ:lz
internationalisieren ɪntɐnatsi̯onali'zi:rən
Internationalismus ɪntɐnatsi̯ona'lɪsmʊs
Internationalität ɪntɐnatsi̯ona'li'tɛ:t
International News Service *engl.* ɪntə'næʃənəl 'nju:z 'sə:vɪs
International Olympic Committee *engl.* ɪntə'næʃənəl oʊ'lɪmpɪk kə'mɪtɪ
International Organisation for Standardization *engl.* ɪntə'næʃənəl ɔ:gənaɪ'zeɪʃən fə stændədaɪ'zeɪʃən
Internazionale *it.* internattsi̯o'na:le
Interne ɪn'tɛrnə
internieren ɪntɐ'ni:rən
Internist ɪntɐ'nɪst
Internodium ɪntɐ'no:di̯ʊm, **...ien** ...i̯ən
Internum ɪn'tɛrnʊm, **...na** ...na
Internuntius ɪntɐ'nʊntsi̯ʊs, **...ien** ...i̯ən
interorbital ɪntɐ|ɔrbi'ta:l
interozeanisch ɪntɐ|otse'a:nɪʃ
interparlamentarisch ɪntɐparlamɛn'ta:rɪʃ
Interpellant ɪntɐpɛ'lant
Interpellation ɪntɐpɛla'tsi̯o:n
interpellieren ɪntɐpɛ'li:rən
Interpetiolar... ɪntɐpetsi̯o'la:ɐ̯...
interplanetar ɪntɐplane'ta:ɐ̯
interplanetarisch ɪntɐplane'ta:rɪʃ
Interpluvial... ɪntɐplu'vi̯a:l...
inter pocula 'ɪntɐ 'po:kula
Interpol 'ɪntɐpo:l
Interpolation ɪntɐpola'tsi̯o:n
Interpolator ɪntɐpo'la:tɔr, **-en** ...la'to:rən
interpolieren ɪntɐpo'li:rən
interponieren ɪntɐpo'ni:rən
Interposition ɪntɐpozi'tsi̯o:n
Interpret ɪntɐ'pre:t
Interpretation ɪntɐpreta'tsi̯o:n
Interpretatio romana ɪntɐpre'ta:tsi̯o ro'ma:na
Interpretator ɪntɐpre'ta:tɔr, **-en** ...ta'to:rən
interpretatorisch ɪntɐpreta'to:rɪʃ
interpretieren ɪntɐpre'ti:rən
interpungieren ɪntɐpʊŋ'gi:rən
interpunktieren ɪntɐpʊŋk'ti:rən
Interpunktion ɪntɐpʊŋk'tsi̯o:n
Interradius ɪntɐ'ra:di̯ʊs, **...ien** ...i̯ən
Interregnum ɪntɐ'rɛgnʊm, **...na** ...na
Interrenalismus ɪntɐrena'lɪsmʊs
interrogativ, I... ɪntɛroga'ti:f, *auch:* '– – – – –; **-e** ...i:və
Interrogativum ɪntɛroga'ti:vʊm, **...va** ...va
Interruptio ɪntɐ'rʊptsi̯o, **-nen** ...'tsi̯o:nən
Interruption ɪntɛrʊp'tsi̯o:n
Interseptum ɪntɐ'zɛptʊm
Intersex ɪntɐ'zɛks, '– – –
Intersexualität ɪntɐzɛksu̯ali'tɛ:t
intersexuell ɪntɐzɛ'ksu̯ɛl
interstadial, I... ɪntɐsta'di̯a:l
interstellar ɪntɐstɛ'la:ɐ̯
interstitiell ɪntɐsti'tsi̯ɛl
Interstitium ɪntɐ'sti:tsi̯ʊm, **...ien** ...i̯ən
interterritorial ɪntɐtɛrito'ri̯a:l
Intertrigo ɪntɐ'tri:go, **...trigines** ...'tri:gine:s
Intertritur ɪntɐtri'tu:ɐ̯
Intertype Ⓦ 'ɪntɐtaip
interurban ɪntɐ|ʊr'ba:n
Interusurium ɪntɐ|u'zu:ri̯ʊm, **...ien** ...i̯ən
Intervall ɪntɐ'val
intervalutarisch ɪntɐvalu'ta:rɪʃ
Intervenient ɪntɐve'ni̯ɛnt
intervenieren ɪntɐve'ni:rən
Intervent ɪntɐ'vɛnt
Intervention ɪntɐvɛn'tsi̯o:n
Interventionismus ɪntɐvɛntsi̯o'nɪsmʊs
Interventionist ɪntɐvɛntsi̯o'nɪst
interventiv ɪntɐvɛn'ti:f, **-e** ...i:və
Interversion ɪntɐvɛr'zi̯o:n
intervertebral ɪntɐvɛrte'bra:l
Interview 'ɪntɐvju:, ɪntɐ'vju:; *engl.* 'ɪntəvju:
interviewen ɪntɐ'vju:ən, *auch:* '– – – –
Interviewer ɪntɐ'vju:ɐ, *auch:* '– – – –
Intervision ɪntɐvi'zi̯o:n
interzedieren ɪntɐtse'di:rən
interzellular, ...lär ɪntɐtsɛlu'la:ɐ̯, ...lɛ:ɐ̯
Interzellulare ɪntɐtsɛlu'la:rə
Interzeption ɪntɐtsɛp'tsi̯o:n
Interzeptor ɪntɐ'tsɛptɔr, **-en** ...'to:rən
Interzession ɪntɐtsɛ'si̯o:n
interzonal ɪntɐtso'na:l
Interzonen... ɪntɐ'tso:nən...
intestabel ɪntɛs'ta:bl̩, **...ble** ...blə
Intestaterbe ɪntɛs'ta:t|ɛrbə
intestinal ɪntɛsti'na:l
Intestinum ɪntɛs'ti:nʊm, **...na** ...na
Inthronisation ɪntroniza'tsi̯o:n
inthronisieren ɪntroni'zi:rən
intim ɪn'ti:m
Intima 'ɪntima
Intimation ɪntima'tsi̯o:n
Intimi vgl. Intimus
Intimidation ɪntimida'tsi̯o:n
intimidieren ɪntimi'di:rən
intimieren ɪnti'mi:rən
Intimität ɪntimi'tɛ:t
Intimus 'ɪntimʊs, **...mi** ...mi
Intine ɪn'ti:nə
Intitulation ɪntitula'tsi̯o:n
intolerabel ɪntole'ra:bl̩, **...ble** ...blə
intolerant 'ɪntolerant, *auch:* – – – '–
Intoleranz 'ɪntolerants, *auch:* – – – '–
Intonation ɪntona'tsi̯o:n
intonieren ɪnto'ni:rən
in toto ɪn 'to:to
Intourist 'ɪnturɪst
Intoxikation ɪntɔksika'tsi̯o:n
Intra *it.* 'intra
intraabdominal, ...nell ɪntra|apdomi'na:l, ...nɛl
intraalveolar ɪntra|alveo'la:ɐ̯
Intrabilität ɪntrabili'tɛ:t
Intrada ɪn'tra:da
Intrade ɪn'tra:də
Intragna *it.* in'traɲɲa
intrakardial ɪntrakar'di̯a:l
intrakontinental ɪntrakɔntinɛn'ta:l
intrakraniell ɪntrakra'ni̯ɛl
intrakrustal ɪntrakrʊs'ta:l
intrakutan ɪntraku'ta:n
intralumbal ɪntralʊm'ba:l
intramerkuriell ɪntramɛrku'ri̯ɛl
intramolekular ɪntramoleku'la:ɐ̯
intramontan ɪntramɔn'ta:n
intramundan ɪntramʊn'da:n
intramural ɪntramu'ra:l
intra muros 'ɪntra 'mu:ro:s
intramuskulär ɪntramʊsku'lɛ:ɐ̯
Intransigeant *fr.* ɛ̃trɑ̃zi'ʒɑ̃
intransigent, I... ɪntranzi'gɛnt
Intransigenz ɪntranzi'gɛnts
intransitiv, I... 'ɪntranziti:f, *auch:* – – – '–; **-e** ...i:və
Intransitivum ɪntranzi'ti:vʊm, **...va** ...va
intraokular ɪntra|oku'la:ɐ̯
intraoral ɪntra|o'ra:l
intraossär ɪntra|ɔ'sɛ:ɐ̯
intra partum 'ɪntra 'partʊm
intraperitoneal ɪntraperitone'a:l
intrapleural ɪntraplɔy'ra:l
intrapulmonal ɪntrapʊlmo'na:l
intratellurisch ɪntratɛ'lu:rɪʃ
intrathorakal ɪntratora'ka:l

intrauterịn ɪntra|ute'ri:n
intravaginạl ɪntravagi'na:l
intravasạl ɪntrava'za:l
intravenọ̈s ɪntrave'nø:s, **-e** ...ø:zə
intravitạl ɪntravi'ta:l
intrazellulạr, ...lär ɪntratsɛlu'la:ɐ̯, ...lɛ:ɐ̯
intrigạnt, I... ɪntri'gant
Intrigạnz ɪntri'gants
Intrịge ɪn'tri:gə
intrigiẹren ɪntri'gi:rən
intrikạt ɪntri'ka:t
intrịnsisch ɪn'trɪnzɪʃ
in trịplo ɪn 'tri:plo
Introdạcqua *it.* intro'dakku̯a
Introduktiọn ɪntrodʊk'tsi̯o:n
introduziẹren ɪntrodu'tsi:rən
Introduziọne ɪntrodu'tsi̯o:nə, **...ni** ...ni
Introịtis ɪntro'i:tɪs, **...itịden** ...oi'ti:dn̩
Introịtus ɪn'tro:itʊs
Introjektiọn ɪntrojɛk'tsi̯o:n
intrọrs ɪn'trɔrs, **-e** ...rzə
Introspektiọn ɪntrospɛk'tsi̯o:n
introspektịv ɪntrospɛk'ti:f, **-e** ...i:və
Introversiọn ɪntrovɛr'zi̯o:n
introvertiẹrt ɪntrovɛr'ti:ɐ̯t
Intrụder ɪn'tru:dɐ
intrudiẹren ɪntru'di:rən
Intrusiọn ɪntru'zi̯o:n
Intrusịv... ɪntru'zi:f...
Intrusịva ɪntru'zi:va
Intschön, Inchon *korean.* intʃhʌn
Intubatiọn ɪntuba'tsi̯o:n
Intuitiọn ɪntu̯i'tsi̯o:n
Intuitionịsmus ɪntu̯itsi̯o'nɪsmʊs
intuitịv ɪntu̯i'ti:f, **-e** ...i:və
Intumeszẹnz ɪntumɛs'tsɛnts
Inturgeszẹnz ɪntʊrgɛs'tsɛnts
ịntus 'ɪntʊs
Intuskrustatiọn ɪntʊskrusta'tsi̯o:n
Intussuszeptiọn ɪntʊszʊstsɛp'tsi̯o:n
in tyrạnnos ɪn ty'rano:s
Ịnuit 'ɪnuɪt
I̲nula 'i:nula
Inulịn inu'li:n
Inundatiọn ɪn|ʊnda'tsi̯o:n
Inunktiọn ɪn|ʊŋk'tsi̯o:n
Inụrria *span.* i'nurri̯a
in ụsum Delphịni ɪn 'u:zʊm dɛl'fi:ni
Inụvik *engl.* ɪ'nu:vɪk
In'va vgl. Inwa
Invaginatiọn ɪnvagina'tsi̯o:n
invalịd ɪnva'li:t, **-e** ...i:də
Invalidatiọn ɪnvalida'tsi̯o:n
invalịde, I... ɪnva'li:də
Invalịdes *fr.* ɛ̃va'lid
invalidiẹren ɪnvali'di:rən
invalidisiẹren invalidi'zi:rən
Invaliditạ̈t ɪnvalidi'tɛ:t
Ịnvar Ⓦ 'ɪnvar
invariabel ɪnva'ri̯a:bl̩, *auch:* '––––; **...ble** ...blə
invariant ɪnva'ri̯ant, *auch:* '–––
Invariạnte ɪnva'ri̯antə
Invarianz ɪnva'ri̯ants, *auch:* '–––
Invasiọn ɪnva'zi̯o:n
Invạsor ɪn'va:zɔr, **-en** ɪnva'zo:rən
Invektịve ɪnvɛk'ti:və
invẹnit ɪn've:nɪt
Inventạr ɪnvɛn'ta:ɐ̯
Inventarisatiọn ɪnvɛntariza'tsi̯o:n
Inventarisạtor ɪnvɛntari'za:tɔr, **-en** ...a'to:rən
inventarisiẹren ɪnvɛntari'zi:rən
Inventạrium ɪnvɛn'ta:ri̯ʊm, **...ien** ...i̯ən
inventiẹren ɪnvɛn'ti:rən
Inventiọn ɪnvɛn'tsi̯o:n
Inventụr ɪnvɛn'tu:ɐ̯
in vẹrba magịstri ɪn 'vɛrba ma'gɪstri
Invercạrgill *engl.* ɪnvə'kɑ:gɪl
Inverchapel *engl.* ɪnvə'tʃæpl
Inverẹll *engl.* ɪnvə'rɛl
Invernẹss *engl.* ɪnvə'nɛs
Inverụrie *engl.* ɪnvə'rʊərɪ
invẹrs ɪn'vɛrs, **-e** ...rzə
Inversiọn ɪnvɛr'zi̯o:n
Invertạse ɪnvɛr'ta:zə
Invertebrạt ɪnverte'bra:t
Invẹrter ɪn'vɛrtɐ
invertiẹren ɪnvɛr'ti:rən
Invertịn ɪnvɛr'ti:n
Invẹrtzucker ɪn'vɛrttsʊkɐ
investiẹren ɪnvɛs'ti:rən
Investigatiọn ɪnvɛstiga'tsi̯o:n
investigiẹren ɪnvɛsti'gi:rən
Investitiọn ɪnvɛsti'tsi̯o:n
Investitụr ɪnvɛsti'tu:ɐ̯
Investịv... ɪnvɛs'ti:f...
Invẹstment [Trust] *engl.* ɪn'vɛstmənt ['trʌst]
Invẹstor ɪn'vɛstɔr, **-en** ...'to:rən
Inveteratiọn ɪnvetera'tsi̯o:n
inveteriẹren ɪnvete'ri:rən
in vịno vẹritas ɪn 'vi:no 've:ritas
invisịbel ɪnvi'zi:bl̩, **...ble** ...blə
Invịsibles *engl.* ɪn'vɪzəblz
Invitatọrium ɪnvita'to:ri̯ʊm, **...ien** ...i̯ən
invitiẹren ɪnvi'ti:rən
in vịtro ɪn 'vi:tro
in vịvo ɪn 'vi:vo
Invokatiọn ɪnvoka'tsi̯o:n
Invokạvit ɪnvo'ka:vɪt
Involutiọn ɪnvolu'tsi̯o:n
involviẹren ɪnvɔl'vi:rən
Ịnwa, In'va *russ.* 'injvɐ
ịnwärts 'ɪnvɛrts
ịnwendig 'ɪnvɛndɪç
inwiefẹrn ɪnvi'fɛrn
inwiewe̲it ɪnvi'vait
Inyltschẹk, Inyl'ček *russ.* inɨlj'tʃɛk
Inza vgl. Insa
Inzẹll ɪn'tsɛl
Inzẹns ɪn'tsɛns
Inzensatiọn ɪntsɛnza'tsi̯o:n
inzensiẹren ɪntsɛn'zi:rən
Inzensọrium ɪntsɛn'zo:ri̯ʊm, **...ien** ...i̯ən
Inzer vgl. Inser
Inzẹst ɪn'tsɛst
inzestuọ̈s ɪntsɛs'tu̯ø:s, **-e** ...ø:zə
inzidẹnt ɪntsi'dɛnt
Inzidẹnz ɪntsi'dɛnts
inzidiẹren ɪntsi'di:rən
inzipiẹnt ɪntsi'pi̯ɛnt
Inzisiọn ɪntsi'zi̯o:n
Inzisịv ɪntsi'zi:f, **-en** ...i:vn̩
Inzisụr ɪntsi'zu:ɐ̯
Ịnzucht 'ɪntsʊxt
inzwịschen ɪn'tsvɪʃn̩
I̲o 'i:o
Ioạnnina *neugr.* jɔ'anina
Iofạn *russ.* ia'fan
Iogansọn *russ.* iɐgan'sɔn
Iọkanga *russ.* i'ɔkɐngɐ
Iokạste i̯o'kastə, *B* ...te
Iola *engl.* aɪ'oʊlə
Iolạnda *it.* i̯o'landa
Iolạnthe i̯o'lantə
Iọlkos 'i̯ɔlkɔs
Iolotạn, Iolotan' *russ.* iɐla'tanj
Iomẹlli *it.* i̯o'mɛlli
[1]**Ion** (Physik) i̯o:n, *auch:* 'i:ɔn; **Iọnen** 'i̯o:nən
[2]**I̲on** (Name) 'i:ɔn, *rumän.* i̯on
Iona *engl.* aɪ'oʊnə, *russ.* i'ɔnɐ
Ionẹl *rumän.* i̯o'nɛl
Ionẹsco i̯o'nɛsko, *fr.* jɔnɛs'ko
Ionẹscu *rumän.* i̯o'nesku
Ionia *engl.* aɪ'oʊnɪə
Iọnien 'i̯o:ni̯ən
Iọnier 'i̯o:ni̯ɐ
Iọniker 'i̯o:nikɐ
Iọnikus 'i̯o:nikʊs, **...ki** ...ki
Iọnikus a maiọre 'i̯o:nikʊs a: ma'i̯o:rə
Iọnikus a minọre 'i̯o:nikʊs a: mi'no:rə
Ionisatiọn i̯oniza'tsi̯o:n
Ionisạtor i̯oni'za:tɔr, **-en** ...za'to:rən
iọnisch, I... 'i̯o:nɪʃ
ionisiẹren i̯oni'zi:rən
Iọnium 'i̯o:ni̯ʊm
Ionomẹter i̯ono'me:tɐ
Ionọn i̯o'no:n
Ionophorẹse i̯onofo're:zə
Ionosphạ̈re i̯ono'sfɛ:rə
Iontophorẹse i̯ɔntofo're:zə
I̲ophon 'i:ofɔn
Iordạn *rumän.* i̯or'dan
Iọrga *rumän.* 'i̯orga
Iọri *russ.* i'ɔri
Iọsif *rumän.* 'i̯osif
Iossafạt, Iosafat *russ.* iɐsa'fat
Iossị, Iosij *russ.* ia'sij
Iossịf, Iosif *russ.* i'ɔsif
Iọssifowitsch, Iosifovič *russ.* i'ɔsifɐvitʃ

Iossifowna, Iosifovna *russ.* i'ɔsifɐvnɐ
Iossija, Iosija *russ.* ia'sijɐ
Iota 'i̯o:ta
Iotazismus i̯ota'ts̯ɪsmʊs
Iovi optimo maximo 'i̯o:vi 'ɔptimo 'maksimo
Iow, Iov *russ.* i'ɔf
Iowa *engl.* 'aɪəwə
Iowski, Iovskij *russ.* i'ɔfskij
Iparraguirre *span.* iparra'ɣirrɛ
Ipati, Ipatij *russ.* i'patij
Ipek *alban.* i'pek
Ipekakuanha ipeka'ku̯anja
Ipf ɪp͡f
Iphigenie ifi'ge:ni̯ə
Iphigénie *fr.* ifiʒe'ni
Iphikles 'i:fiklɛs
Iphikrates i'fi:kratɛs
Ipiales *span.* i'pi̯ales
Ipin 'i:pɪn
Piranga *bras.* ipi'rɐŋga
Ipoh *indon.* 'ipɔh
Ipojuca *bras.* ipo'ʒuka
Ipoly[ság] *ung.* 'ipoj[ʃa:g]
Ipolytarnóc *ung.* 'ipojtɔrno:ts
Ipolyvece *ung.* 'ipojvɛtsɛ
Iporanga *bras.* ipo'rɐŋga
Ippolit *russ.* ipa'lit
Ippolito *it.* ip'pɔ:lito
Ippolitow, Ippolitov *russ.* ipa'litɐf
Ippolitowitsch, Ippolitovič *russ.* ipa'litɐvitʃ
Ippolitowna, Ippolitovna *russ.* ipa'litɐvnɐ
Ipsation ɪpsa'ts̯i̯o:n
ipse fecit 'ɪpsə 'fe:ts̯ɪt
Ipsen 'ɪpsn̩
Ipsilanti *rumän.* ipsi'lanti
Ipsilantis *neugr.* ipsi'landis
Ipsismus ɪ'psɪsmʊs
ipsissima verba ɪ'psɪsima 'vɛrba
Ipsitilla ɪpsi'tɪla
ipso facto 'ɪpso 'fakto
ipso jure 'ɪpso 'ju:rə
Ipsos 'ɪpsɔs
Ipswich *engl.* 'ɪpswɪtʃ
Ipu *bras.* i'pu
Ipuche *span.* i'putʃe
Ipueiras *bras.* i'pu̯ei̯ras
Iput, Iput' *russ.* 'iputj
Iquique *span.* i'kike
Iquitos *span.* i'kitɔs
Ira 'i:ra, *engl.* 'aɪərə
IRA 'i:ra, *engl.* 'aɪ-ɑ:'reɪ
Iracema *bras.* ira'sema
Irade i'ra:də
Iragna *it.* i'raɲɲa
Irak i'ra:k, *auch:* 'i:rak; *pers.* e'rɑ:q
Iraker i'ra:kɐ
irakisch i'ra:kɪʃ
Irakli, Iraklij *russ.* i'raklij
Iran i'ra:n, *pers.* i'rɑ:n
Iran[i]er i'ra:n[i̯]ɐ
iranisch i'ra:nɪʃ
Iranist[ik] ira'nɪst[ɪk]
Irapuato *span.* ira'pu̯ato
Irará *bras.* ira'ra
Irawadi ira'va:di
Irazú *span.* ira'θu
Irbil ɪr'bi:l
Irbis 'ɪrbɪs, **-se** ...ɪsə
Irbit *russ.* ir'bit
Irchel 'ɪrçl̩
irden 'ɪrdn̩, **irdne** 'ɪrdnə
irdisch 'ɪrdɪʃ
Irdning 'ɪrdnɪŋ
Ire 'i:rə
Iredell *engl.* 'aɪədɛl
Iregna *span.* i'rɛɣna
Iregszemcse *ung.* 'irɛksɛmtʃɛ
Ireland *engl.* 'aɪələnd
Iren, Iren' *russ.* i'rjenj
Irén *ung.* 'ire:n
Irena *poln.* i'rɛna
Irenäus ire'nɛ:ʊs
[1]**Irene** (Vorname) i're:nə, *engl.* aɪ'ri:n, *it.* i'rɛ:ne, *span.* i'rene, *niederl.* i:'re:nə
[2]**Irene** (Göttin) i're:nə, *B* ...ne
Irène *fr.* i'rɛn
Irénée *fr.* ire'ne
Irenik i're:nɪk
irenisch i're:nɪʃ
Ireton *engl.* 'aɪətn
irgend 'ɪrgn̩t
irgendein[er] 'ɪrgn̩t'|ai̯nɐ
irgendeinmal 'ɪrgn̩t|ai̯n'ma:l
irgendetwas 'ɪrgn̩t'|ɛtvas
irgendwann 'ɪrgn̩t'van
irgendwas 'ɪrgn̩t'vas
irgendwelcher 'ɪrgn̩t'vɛlçɐ
irgendwer 'ɪrgn̩t've:ɐ̯
irgendwie 'ɪrgn̩t'vi:
irgendwo 'ɪrgn̩t'vo:
irgendwoher 'ɪrgn̩tvo'he:ɐ̯
irgendwohin 'ɪrgn̩tvo'hɪn
irgendworan 'ɪrgn̩tvo'ran
Irgis, Irgiz *russ.* ir'gis
Irian *indon.* i'rian
Iriarte *span.* i'ri̯arte
Iridektomie iridɛkto'mi:, **-n** ...i:ən
Iridium i'ri:di̯ʊm
Iridologe irido'lo:gə
Iridologie iridolo'gi:
Iridotomie iridoto'mi:, **-n** ...i:ən
Irig *serbokr.* ˌirig
Irigoyen *span.* iri'ɣojen
Irina i'ri:na, *russ.* i'rinɐ
Irinei, Irinej *russ.* iri'njej
Irinij, Irinij *russ.* iri'nij
Iris 'i:rɪs
irisch 'i:rɪʃ
Irish-Stew *engl.* 'aɪərɪʃ 'stju:
irisieren iri'zi:rən
Iritis i'ri:tɪs, **Iritiden** iri'ti:dn̩
Irja *schwed.* ˌirja
Irkut[sk] *russ.* ir'kut[sk]
Irla *span.* 'irla
Irlam *engl.* 'ə:ləm
Irland 'ɪrlant
Irländer 'ɪrlɛndɐ
irländisch 'ɪrlɛndɪʃ
Irma 'ɪrma
Irmbert 'ɪrmbɛrt
Irmela 'ɪrməla
Irmensäule 'ɪrmənzɔy̯lə
Irmgard 'ɪrmgart
Irmgarteichen ɪrmgart'|ai̯çn̩
Irmin 'ɪrmɪn
Irminger 'ɪrmɪŋɐ
Irmino 'ɪrmino, *russ.* 'irminɐ
Irminone ɪrmi'no:nə
Irminsäule 'ɪrmɪnzɔy̯lə
Irminsul 'ɪrmɪnzu:l
Irmtraud 'ɪrmtrau̯t
Irnerius ɪr'ne:ri̯ʊs
Irnfritz 'ɪrnfrɪts̯
Irpino *it.* ir'pi:no
Irokese iro'ke:zə
Iron *engl.* 'aɪən
Ironie iro'ni:, **-n** ...i:ən
Ironiker i'ro:nikɐ
ironisch i'ro:nɪʃ
ironisieren ironi'zi:rən
Ironside *engl.* 'aɪənsaɪd
Ironton *engl.* 'aɪəntən
Ironwood *engl.* 'aɪənwʊd
Ironym iro'ny:m
Iroquois *engl.* 'ɪrəkwɔɪ
irr ɪr
Irradiation ɪradi̯a'ts̯i̯o:n
irrational 'ɪrats̯i̯ona:l, *auch:* – – –'–
Irrationalismus ɪrats̯i̯ona'lɪsmʊs
irrationell 'ɪrats̯i̯onɛl, *auch:* – – –'–
irre, I... 'ɪrə
irreal, I... 'ɪrea:l, *auch:* – –'–
Irrealis 'ɪrea:lɪs, *auch:* – –'– –; **...les** ...le:s
Irrealität ɪreali'tɛ:t, *auch:* '– – – – –
Irredenta ɪre'dɛnta
Irredentismus ɪredɛn'tɪsmʊs
Irredentist ɪredɛn'tɪst
irreduzibel 'ɪreduts̯i:bl̩, *auch:* – – –'– –; **...ble** ...blə
Irreduzibilität ɪreduts̯ibil'tɛ:t
irregulär 'ɪregulɛ:ɐ̯, *auch:* – – –'–
Irregularität ɪregulari'tɛ:t, *auch:* '– – – – – –
Irrel 'ɪrəl
irrelevant 'ɪrelevant, *auch:* – – –'–
Irrelevanz 'ɪrelevants̯, *auch:* – – –'–
irreligiös 'ɪreligi̯ø:s, *auch:* – – –'–; **-e** ...ø:zə
Irreligiosität ɪreligi̯ozi'tɛ:t, *auch:* '– – – – – –
irren 'ɪrən
Irrenlohe ɪrən'lo:ə
irreparabel 'ɪrepara:bl̩, *auch:* – – –'– –; **...ble** ...blə
irreponibel 'ɪreponi:bl̩, *auch:* – – –'– –; **...ble** ...blə

irresolut 'ɪrezolu:t, *auch:* ‒‒‒'‒
irrespirabel 'ɪrɛspira:bl̩, *auch:* ‒‒‒'‒‒; **...ble** ...blə
irreversibel 'ɪrɛvɛrzi:bl̩, *auch:* ‒‒‒'‒‒; **...ble** ...blə
Irreversibilität ɪrevɛrzibili'tɛ:t, *auch:* '‒‒‒‒‒‒‒
irrevisibel 'ɪrevizi:bl̩, *auch:* ‒‒‒'‒‒; **...ble** ...blə
irrig 'ɪrɪç, **-e** ...ɪgə
Irrigation ɪriga'tsi̯o:n
Irrigator ɪri'ga:tɔr, **-en** ɪriga'to:rən
irritabel ɪri'ta:bl̩, **...ble** ...blə
Irritabilität ɪritabili'tɛ:t
Irritation ɪrita'tsi̯o:n
irritieren ɪri'ti:rən
Irrlicht 'ɪrlɪçt
irrlichtelieren ɪrlɪçtə'li:rən
Irrnis 'ɪrnɪs, **-se** ...ɪsə
Irrsal 'ɪrza:l
Irrsee 'ɪrze:
Irrsinn 'ɪrzɪn
irrsinnig 'ɪrzɪnɪç
Irrtum 'ɪrtu:m, **Irrtümer** 'ɪrty:mɐ
irrtümlich 'ɪrty:mlɪç
Irrwald 'ɪrvalt
Irrwisch 'ɪrvɪʃ
Irsina *it.* ir'si:na
Irslingen 'ɪrslɪŋən
Irthlingborough *engl.* 'ə:θlɪŋbərə
Irtysch, Irtyš *russ.* ir'tɨʃ
Irún *span.* i'run
Irvine *engl.* 'ə:vɪn
Irving *engl.* 'ə:vɪŋ
Irvingianer ɪrvɪŋ'gi̯a:nɐ
Irvingianismus ɪrvɪŋgi̯a'nɪsmʊs
Irvington *engl.* 'ə:vɪŋtən
Irwin *engl.* 'ə:wɪn
Isa 'i:za
Isaac *engl.* 'aɪzək, *fr.* iza'ak, *span.* isa'ak, *niederl.* 'i:za:ɑk
Isaacs *span.* isa'aks
[1]**Isaak** 'i:zak, 'i:za:k, *auch:* 'i:zaak
[2]**Isaak** vgl. Issaak
Isaakij vgl. Issaaki
Isaakjan vgl. Issaakjan
Isaaks *engl.* 'aɪzəks
Isabeau *fr.* iza'bo
Isabel 'i:zabɛl, *engl.* 'ɪzəbɛl, *span.* isa'βɛl, *port.* izɐ'βɛl, *bras.* iza'bɛl
Isabela *span.* isa'βela
Isabell iza'bɛl
Isabella iza'bɛla, *it.* ...bɛlla
[1]**Isabelle** (Pferd) iza'bɛlə
[2]**Isabelle** (Name) iza'bɛlə, *fr.* iza'bɛl
Isabey *fr.* iza'bɛ
Isaccea *rumän.* i'saktʃe̯a
Isačenko vgl. Issatschenko
Isadora *engl.* ɪzə'dɔ:rə
Isaev vgl. Issaew
Ísafjord 'i:zafjɔrt
Ísafjörður *isl.* 'i:safjœrðʏr
Isagoge iza'go:gə
Isagogik iza'go:gɪk
Isagoras i'za:goras
Isai 'i:zai
Isaiah *engl.* aɪ'zaɪə
Isaias iza'i:as
Isaj vgl. Issai
[1]**Isak** *schwed.* ˌi:sak
[2]**Isak** vgl. Issak
Isakov vgl. Issakow
Isakovič vgl. Issakowitsch
Isakovna vgl. Issakowna
Isakovskij vgl. Issakowski
Isakuste iza'kʊstə
Isallobare izalo'ba:rə
Isallotherme izalo'tɛrmə
Isambert *fr.* izã'bɛ:r
Isanabase izana'ba:zə
Isanemone izane'mo:nə
Isanomale izano'ma:lə
Isar 'i:zar
Isar-Athen 'i:zar|ate:n
Isarco *it.* i'zarko
Isaszeg *ung.* 'iʃɔsɛg
Isatin iza'ti:n
Isatis 'i:zatɪs
Isaure *fr.* i'zɔ:r
Isaurien i'zau̯ri̯ən
Isaurier i'zau̯ri̯ɐ
Isäus i'zɛ:ʊs
Isav vgl. Issaw
Isberbasch, Izberbaš *russ.* izbɪr'baʃ
Isbergues *fr.* is'bɛrg
Isch, Iž *russ.* iʃ
Ischämie ɪsçɛ'mi:, **-n** ...i:ən
ischämisch ɪs'çɛ:mɪʃ
Ischariot[t] ɪ'ʃa:ri̯ɔt
Ischewsk, Iževsk *russ.* i'ʒɛfsk
Ischgl 'ɪʃgl̩
[1]**Ischia** (Insel) 'ɪski̯a, *it.* 'iski̯a
[2]**Ischia** vgl. Ischium
Ischiadicus ɪs'çi̯a:dikʊs, *auch:* ɪ'ʃi̯a:...
ischiadisch ɪs'çi̯a:dɪʃ, *auch:* ɪ'ʃi̯a:...
Ischialgie ɪsçi̯al'gi:, *auch:* ɪʃi̯...
Ischias 'ɪʃi̯as, *auch:* 'ɪsçi̯as
Ischibaschi ɪʃi'baʃi
Ischim, Išim *russ.* i'ʃɨm
Ischimbai, Išimbaj *russ.* iʃɨm'baj
Ischium 'ɪsçi̯ʊm, *auch:* 'ɪʃi̯ʊm; **...ia** ...i̯a
Ischl 'ɪʃl̩
Ischma, Ižma *russ.* 'iʒmɐ
Ischtar 'ɪʃtar
Ischurie ɪsçu'ri:, **-n** ...i:ən
Ise 'i:zə
Isebel 'i:zəbɛl
Isefjord *dän.* 'isəfjo:'r
Isegrimm 'i:zəgrɪm
Iseh *pers.* i'ze
Isel 'i:zl̩
Iselin 'i:zəli:n
Iselle *it.* i'zɛlle
Iselsberg 'i:zl̩sbɛrk
Isemann 'i:zəman
Isenbrant *niederl.* 'i:zənbrɑnt
Isenburg 'i:zn̩bʊrk
Isen[heimer] 'i:zn̩[hai̯mɐ]
isentrop[isch] izɛn'tro:p[ɪʃ]
Iseo *it.* i'zɛ:o
Iser 'i:zɐ
Iseran *fr.* i'zrã
Isère *fr.* i'zɛ:r
Iserkamm 'i:zɐkam
Iserlohn i:zɐ'lo:n
Isern Hinnerk 'i:zɐn 'hɪnɐk
Isernia *it.* i'zɛrni̯a
Iset' vgl. Isset
Iseum i'ze:ʊm
Isfahan ɪsfa'ha:n, *pers.* esfæ'hɑ:n
Isfara *russ.* isfa'ra
Isgaryschew, Izgaryšev *russ.* iz'garɨʃəf
Isham *engl.* 'aɪʃəm
Isherwood *engl.* 'ɪʃəwʊd
Ishpeming *engl.* 'ɪʃpəmɪŋ
Isidor 'i:zido:ɐ̯
Isidore *fr.* izi'dɔ:r
Isidoro *span.* isi'ðoro
Isidorus izi'do:rʊs
Isidro *span.* i'siðro
Isili *it.* 'i:zili
Isil'kul' vgl. Issilkul
Išim vgl. Ischim
Išimbaj vgl. Ischimbai
Isin 'i:zi:n
Isis 'i:zɪs
Isjaslaw, Izjaslav *russ.* izɪ'slaf
Isjum, Izjum *russ.* i'zjum
Iskandar *pers.* eskæn'dær
Iskar, Iskăr *bulgar.* 'iskər
Iskariot[h] ɪs'ka:ri̯ɔt
Iskenderun *türk.* is'kɛndɛrun
Isker vgl. Iskar
Iskitim *russ.* iski'tim
Iskra *russ.* 'iskrɐ
Isla *span.* 'izla
Isla de Cocos, ‒ ‒ Pinos *span.* 'izla ðe 'kokɔs, ‒ ‒ 'pinɔs
Islam 'ɪslam, *auch:* ɪs'la:m
Islamabad ɪslama'ba:t, ɪs'la:maba:t
islamisch ɪs'la:mɪʃ
islamisieren ɪslami'zi:rən
Islamismus ɪsla'mɪsmʊs
Islamit ɪsla'mi:t
Island 'i:slant, *engl.* 'aɪlənd
Ísland *isl.* 'i:sland
Isländer 'i:slɛndɐ
isländisch 'i:slɛndɪʃ
Island Lake *engl.* 'aɪlənd 'leɪk
Islands, Bay of *engl.* 'beɪ əv 'aɪləndz
Islas Baleares *span.* 'izlaz βale'ares
Islas Canarias *span.* 'izlas ka'nari̯as
Islas de la Bahía *span.* 'izlaz ðe la βa'ia
Islay *engl.* 'aɪleɪ

Ịsla y Rọjo *span.* 'izla i 'rrɔxo

Ịsle *fr.* il

Isle-de-France *fr.* ildə'frã:s

Isle Rọyale *engl.* 'aɪl 'rɔɪəl

Isles des Saintes *fr.* ilde'sɛ̃:t

Isle-sur-la-Sọrgue *fr.* ilsyrla'sɔrg

Isleworth *engl.* 'aɪzlwə:θ

Ịslington *engl.* 'ɪzlɪŋtən

Ịslip *engl.* 'ɪzlɪp

Ịsmael 'ɪsmae:l, *auch:* ...aɛl; *span.* izma'ɛl

Ismaelịt ɪsmae'li:t

Ismaịl, Izmail *russ.* izma'il

Isma'ịl ɪsma'i:l

Ismailịa ɪsmai'li:a

Ismailịt ɪsmai'li:t

Ismạilow, Izmajlov *russ.* iz'majlɐf

Ismạilowitsch, Izmailovič *russ.* izma'ilɐvitʃ

Ismạilowna, Izmailovna *russ.* izma'ilɐvnɐ

Ismạilowo, Izmajlovo *russ.* iz'majlɐvɐ

Ịsmaning 'ɪsmanɪŋ

Ịsmay *engl.* 'ɪzmeɪ

Ismẹne ɪs'me:nə, *B* ...ne

İsmẹt *türk.* is'mɛt

Ịsmus 'ɪsmʊs

Ịsna 'ɪsna

Isnạrd *fr.* is'na:r

Ịsny 'ɪsni

I̱so 'i:zo

Isoamplitụde izo|ampli'tu:də

isobạr, I... izo'ba:ɐ̯

Isobạre izo'ba:rə

Isobạse izo'ba:zə

Isobạthe izo'ba:tə

Isobrọnte izo'brɔntə

Isobutạn izobu'ta:n

Isochạsme izo'çasmə

Isochimẹne izoçi'me:nə

Isochiọne izo'çi̯o:nə

isochọr izo'ko:ɐ̯

Isochọre izo'ko:rə

isochrọm izo'kro:m

Isochromasie izokroma'zi:

Isochromạten izokro'ma:tn̩

isochromạtisch izokro'ma:tɪʃ

isochrọn izo'kro:n

Isochrọne izo'kro:nə

Isochronịsmus izokro'nɪsmʊs

isodọnt izo'dɔnt

Isodynạme izody'na:mə

Isodỵne izo'dy:nə

isoelẹktrisch izo|e'lɛktrɪʃ

Isoẹrge izo'|ɛrgə

Isogamẹten izoga'me:tn̩

Isogamie izoga'mi:, **-n** ...i:ən

Isogạmme izo'gamə

isogẹn izo'ge:n

Isogeothẹrme izogeo'tɛrmə

Isoglọsse izo'glɔsə

Isogọn izo'go:n

isogonạl izogo'na:l

Isogonalitạ̈t izogonali'tɛ:t

Isogọne izo'go:nə

Isohalịne izoha'li:nə

[1]Isohẹlie (gleiche Sonnenbestrahlung) izo'he:li̯ə

[2]Isohelie (fotograf. Verfahren) izohe'li:

Isohyẹte izo'hy̆e:tə

Isohỵpse izo'hʏpsə

Isokatabạse izokata'ba:zə

Isokatanabạre izokatana'ba:rə

Isokephalie izokefa'li:

isoklinạl izokli'na:l

Isoklinạle izokli'na:lə

Isoklịne izo'kli:nə

Isokọlon izo'ko:lɔn, **...la** ...la

Isọkrates i'zo:kratɛs

Isokrỵme izo'kry:mə

I̱sola Bẹlla, - del Lịri, - dẹlla Scạla, - Grọssa, - Lụnga, - Mạdre *it.* 'i:zola 'bɛlla, — del 'li:ri, — 'della 'ska:la, — 'grɔssa, — 'luŋga, — 'ma:dre

Isolạni izo'la:ni

Isolạr... izo'la:ɐ̯...

Isolatiọn izola'tsi̯o:n, *engl.* aɪsə'leɪʃən

Isolationịsmus izolatsi̯o'nɪsmʊs

Isolationịst izolatsi̯o'nɪst

Isolạtor izo'la:tɔr, **-en** izola'to:rən

Isọlde i'zɔldə

I̱sole Borromẹe *it.* 'i:zole borro'mɛ:e

Isolẹxe izo'lɛksə

isolieren izo'li:rən

isomagnẹtisch izoma'gne:tɪʃ

isomẹr izo'me:ɐ̯

Isomẹre izo'me:rə

Isomerie izome'ri:

Isomerisatiọn izomeriza'tsi̯o:n

isomẹrisch izo'me:rɪʃ

Isometrie izome'tri:

isomẹtrisch izo'me:trɪʃ

isometrọp izome'tro:p

isomọrph izo'mɔrf

Isomorphie izomɔr'fi:

Isomorphịsmus izomɔr'fɪsmʊs

Isọne *it.* i'zo:ne

Isonẹphe izo'ne:fə

Isonomie izono'mi:

Isọnzo *it.* i'zontso

Isoọmbre izo'|ɔmbrə

Isopạche izo'paxə

Isopạge izo'pa:gə

Isopathie izopa'ti:

isoperimẹtrisch izoperi'me:trɪʃ

Isopẹrm izo'pɛrm

Isophạne izo'fa:nə

Isophọne izo'fo:nə

Isophọten izo'fo:tn̩

isọpisch i'zo:pɪʃ

Isoplẹthe izo'ple:tə

Isopọde izo'po:də

Isoprẹn izo'pre:n

Isọptera i'zɔptera

Isorrhạchie izɔ'raxi̯ə

Isoseiste izo'zai̯stə

Isoskọp izo'sko:p

isosmọtisch izɔs'mo:tɪʃ

Isọssim, Izosim *russ.* i'zɔsim

Isostasie izosta'zi:

isostạtisch izo'sta:tɪʃ

Isotạche izo'taxə

Isotalantọse izotalan'to:zə

Isothẹre izo'te:rə

isothẹrm izo'tɛrm

Isothẹrme izo'tɛrmə

Isothermie izotɛr'mi:, **-n** ...i:ən

Isotomie izoto'mi:

isotọnisch izoto'nɪʃ

isotọp, I... izo'to:p

Isotopie izoto'pi:

isotrọp izo'tro:p

Isotropie izotro'pi:

Isotypie izoty'pi:

isozỵklisch izo'tsy:klɪʃ, *auch:* ...tsʏk...

Ispahạn ɪspa'ha:n

Ispạrta *türk.* ɨs'parta

Isperịch, Isperih *bulgar.* ispɛ'rix

Ịspica *it.* 'ispika

Ispirẹscu *rumän.* ispi'resku

Ịsrael 'ɪsrae:l, *auch:* ...raɛl

Israẹli ɪsra'e:li

israẹlisch ɪsra'e:lɪʃ

Israelịt ɪsrae'li:t

Ịsraëls *niederl.* 'ɪsra:ɛls

ịß! ɪs

Ịssa 'ɪsa

Issạew, Isaev *bulgar.* i'saɛf

Issạak, Isaak *russ.* isa'ak

Issạaki, Isaakij *russ.* isa'akij

Issaakjạn, Isaakjan *russ.* isɐ'kjan

Issạj, Isaj *russ.* i'saj

Issạk, Isak *russ.* i'sak

Issakọw, Isakov *russ.* isa'kɔf

Issạkowitsch, Isakovič *russ.* i'sakɐvitʃ

Issạkowna, Isakovna *russ.* i'sakɐvnɐ

Issakọwski, Isakovskij *russ.* isa'kɔfskij

Ịssaschar 'ɪsaʃar

Issạtschenko, Isačenko *russ.* i'satʃɪnkɐ

Issạw, Isav *russ.* i'saf

Ịssel 'ɪsl̩

Ịsserstedt 'ɪsɐʃtɛt

Issẹt, Iset' *russ.* i'sjetj

Issịlkul, Isil'kul' *russ.* i'siljkulj

Issoire *fr.* i'swa:r

Ịssos 'ɪsɔs

Issoudun *fr.* isu'dœ̃

ịßt ɪst

Ịssum 'ɪsʊm

Ịssus 'ɪsʊs

Issyk-Kụl, Issyk-Kul' *russ.* is'sɨk'kulj

Issy-les-Moulineaux *fr.* isilemuli'no

ịst ɪst

Ịstanbul 'ɪstambu:l

İstạnbul *türk.* is'tanbul

Ịstar 'ɪstar

Istävọne ɪstɛ'vo:nə

Ist-Bestand 'ɪstbəʃtant
Istębna *poln.* is'tɛbna
Istein 'i:ʃtain
Ister 'ɪstɐ
isthmisch 'ɪstmɪʃ
Isthmos 'ɪstmɔs, *neugr.* is'θmɔs
Isthmus 'ɪstmʊs
Istiklal, Istiqlal ɪsti'kla:l
Istra *serbokr.* 'istra, *russ.* 'istrɐ
İstranca *türk.* is'trandʒa
Istrati *rumän.* is'trati
Istria *it.* 'istria
Istrien 'ɪstriən
Istros 'ɪstrɔs
Istrup 'i:strʊp
Istúriz *span.* is'turiθ
István *ung.* 'iʃtva:n
Istwäone ɪstvɛ'onə
istwäonisch ɪstvɛ'o:nɪʃ
Isumo i'zu:mo
Isungen 'i:zʊŋən
Iswestija, Izvestija *russ.* iz'vjestijɐ
Iswolski, Izvol'skij *russ.* iz'vɔljskij
Isztimér *ung.* 'istime:r
Ita 'i:ta
Itabaiana *bras.* itaba'iɐna
Itabapoana *bras.* itaba'puɐna
Itaberaba *bras.* itabe'raba
Itabira *bras.* ita'bira
Itaboraí *bras.* itabora'i
Itacambira *bras.* itakɐm'bira
Itacoatiara *bras.* itakua'tiara
Itacolomi *bras.* itakolo'mi
Itajaí *bras.* itaʒa'i
Itajubá *bras.* itaʒu'ba
Itakolumit itakolu'mi:t, *auch:* ...mɪt
Itala 'i:tala
Italer 'i:talɐ
Italia *dt., it.* i'ta:lia
italianisieren italiani'zi:rən
Italica i'ta:lika
Italicus i'ta:likʊs
Italien i'ta:liən
Italiener ita'lie:nɐ
italienisch ita'lie:nɪʃ
italienisieren italieni'zi:rən
Italienne ita'liɛn
Italiker i'ta:likɐ
Italique *fr.* ita'lik
italisch i'ta:lɪʃ
Italo *it.* 'i:talo
Italos 'i:talɔs
Itamaracá *bras.* itɐmara'ka
Itambé *bras.* itɐm'bɛ
Itämeri *finn.* 'itæmɛri
Itanhaém *bras.* itɐɲa'ẽi
Itaparica *bras.* itapa'rika
Itapecuru-Mirim *bras.* itapeku'rumi'rĩ
Itapemirim *bras.* itapemi'rĩ
Itaperica *bras.* itape'rika
Itaperuna *bras.* itape'runa
Itapetininga *bras.* itapeti'niŋga
Itapicuru *bras.* itapiku'ru
Itapira *bras.* ita'pira
Itaporanga *bras.* itapo'rɐŋga
Itaqui *bras.* ita'ki
Itararé *bras.* itara'rɛ
Itasca Lake *engl.* aɪ'tæskə 'leɪk
Itatiaia *bras.* ita'tiaia
Itazismus ita'tsɪsmʊs
Itelmen itɛl'me:n
item, I... 'i:tɛm
ite, missa est 'i:tə 'mɪsa 'ɛst
Iteration itera'tsio:n
iterativ, I... itera'ti:f, **-e** ...i:və
Iterativum itera'ti:vʊm, **...va** ...va
Ith i:t
Ithaca *engl.* 'ɪθəkə
Ithaka 'i:taka
Ithake *neugr.* i'θaki
Ithyphallikus ity'falikʊs, **...ki** ...ki
ithyphallisch ity'falɪʃ
Itinerar itine'ra:ɐ̯
Itinerarium itine'ra:riʊm, **...ien** ...iən
Ito 'i:to
Iton *fr.* i'tõ
Itri *it.* 'i:tri
Itschang 'i:tʃaŋ
ITT *engl.* 'aɪti:'ti:
Itten 'ɪtn̩
Itter[beek] *niederl.* 'ɪtər[be:k]
Ittiri *it.* 'ittiri
Ittre *fr.* itr
Itu *bras.* i'tu
Ituaçu *bras.* itua'su
Ituräa itu'rɛ:a
Ituräer itu'rɛ:ɐ
Iturbi i'tʊrbi, *span.* i'turβi
Itúrbide *span.* i'turβiðe
Ituri i'tu:ri
Iturup *russ.* itu'rup
Ituxi *bras.* itu'ʃi
Ituzaingó *span.* ituθain'go
Itz ɪts
Itzehoe[r] ɪtsə'ho:[ɐ]
Itzig 'ɪtsɪç
itzo 'ɪtso
itzt ɪtst
itzund 'ɪtsʊnt
Iulija *russ.* i'ulijɐ
Iuvara *it.* iu'va:ra
Iuventus *it.* iu'vɛntus
i. V., I. V. i:'fau
Ivaí *bras.* iva'i
Ivajlovgrad vgl. Iwailowgrad
Ivalo *finn.* 'ivalɔ
[1]**Ivan** *schwed.* 'i:van, *serbokr.* ˌivan, *bulgar.* i'van
[2]**Ivan** vgl. Iwan
Iván[c] *ung.* 'iva:n[ts]
Ivančica *serbokr.* ˌiva:ntʃitsa
Ivančice *tschech.* 'ivantʃitsɛ
Iváncsa *ung.* 'iva:ntʃɔ
Ivan-Gorod vgl. Iwan-Gorod
Ivanhoe *engl.* 'aɪvənhoʊ
Ivanić Grad *serbokr.* ˌivanitɕ 'gra:d
Ivanjska *serbokr.* ˌivansjka:
Ivanka *serbokr.* 'iva:ŋka
Ivankovo *serbokr.* ˌiva:ŋkɔvɔ
Ivan'kovo vgl. Iwankowo
Ivanov vgl. Iwanow
Ivanovič vgl. Iwanowitsch
Ivanovo vgl. Iwanowo
Ivanovskij vgl. Iwanowski
Ivanska *serbokr.* ˌivanska:
Ivanteevka vgl. Iwantejewka
Ivar *dt., schwed.* 'i:var, *dän.* 'i:'vər
Ivdel' vgl. Iwdel
Iver *dän.* 'i:'vər
Ivernia i'vɛrnia
Ives *engl.* aɪvz
Ivey *engl.* 'aɪvɪ
Ivigtut *dän.* 'ivi[ɣ]tud
Ivo 'i:vo, *serbokr.* ˌi:vɔ, *port., bras.* 'ivu
Ivogün 'i:vogy:n, ...gʏn
Ivory *engl.* 'aɪvərɪ
Ivösjön *schwed.* ˌi:vø:ʃœn
Ivrea *it.* i'vrɛ:a
Ivry-sur-Seine *fr.* ivrisyr'sɛn
Ivy *engl.* 'aɪvɪ
Iwailowgrad, Ivajlovgrad *bulgar.* i'vajlovgrat
Iwan, Ivan 'i:va:n, *russ.* i'van
Iwangorod *russ.* ivan'gɔrɐt
Iwankowo, Ivan'kovo *russ.* i'vanjkɐvɐ
[1]**Iwanow, Ivanov** *bulgar.* iva'nɔf
[2]**Iwanow, Ivanov** *russ.* iva'nɔf, *weniger häufig:* i'vanɐf
Iwanowitsch, Ivanovič *russ.* i'vanɐvitʃ
Iwanowo, Ivanovo *russ.* i'vanɐvɐ
Iwanowski, Ivanovskij *russ.* iva'nɔfskij
Iwantejewka, Ivanteevka *russ.* ivan'tjejɪfkɐ
Iwaszkiewicz *poln.* ivaʃ'kjɛvitʃ
Iwdel, Ivdel' *russ.* 'ivdɪlj
Iwein 'i:vain
i wo! 'i: 'vo:
Iwön, Iwon *korean.* iwʌn
Iwonicz Zdrój *poln.* i'vɔnitʃ 'zdruj
Iwrith i'vri:t
Ixelles *fr.* ik'sɛl
ixen 'ɪksn̩
Ixion ɪ'ksi:ɔn
Ixtaccíhuatl *span.* istak'θiuatl
Iž vgl. Isch
Izaak *engl.* 'aɪzək
Izaäk *niederl.* 'i:za:ak, 'i:zak
Izabal *span.* iθa'βal
Izak *niederl.* 'i:zak
Izalco *span.* i'θalko
Izard *engl.* 'ɪzəd
Izberbaš vgl. Isberbasch
Izegem *niederl.* 'i:zəxəm
Iževsk vgl. Ischewsk
Izgaryšev vgl. Isgaryschew
Izieux *fr.* i'zjø
Izjaslav vgl. Isjaslaw
Izjum vgl. Isjum
Ižma vgl. Ischma

Izmail vgl. Ismail
Izmailovič vgl. Ismailowitsch
Izmailovna vgl. Ismailowna
Izmajlov vgl. Ismailow
Izmajlovo vgl. Ismailowo
İzmir ɪs'mɪr, '‒‒; *türk.* 'izmir
İzmit *türk.* 'izmit
Izosim vgl. Isossim
Izsák *ung.* 'izɑ:k
Iztaccíhuatl *span.* iθtak'θiu̯atl
Izvestija vgl. Iswestija
Izvol'skij vgl. Iswolski
İzzẹt *türk.* iz'zɛt

J

j, J jɔt, *engl.* dʒeɪ, *fr.* ʒi
jạ, ja:
Jaakkola *finn.* 'jɑ:kkɔlɑ
Jaarsveld *niederl.* 'ja:rsfɛlt
Jab *engl.* dʒæb
Jabalón *span.* xaβa'lɔn
Jạbel 'ja:bl̩
Jạbem 'ja:bɛm
Jạblanica *serbokr.* 'jablanitsa
Jabločkov vgl. Jablotschkow
Jạblonec *tschech.* 'jablɔnɛts
Jạblonica *slowak.* 'jablɔnjitsa
Jạblonné *tschech.* 'jablɔnɛ:
Jablonoigebirge jablo'nɔygəbɪrgə
Jabłonọwski *poln.* jabu̯ɔ'nɔfski
Jạblonowy Chrebẹt, Jablonovyj Hrebet *russ.* 'jablɐnɐvɨj xrɪ'bjɛt
Jablọnski ja'blɔnski
Jạblonský *tschech.* 'jablɔnski:
Jạblotschkow, Jabločkov *russ.* 'jablɐtʃkɐf
Jablụnka ja'blʊŋka
Jạblunkau 'jablʊŋkau̯
Jạblunkov *tschech.* 'jabluŋkɔf
Jaboatão *bras.* ʒabu̯a'tɐ̃u̯
Jaborạndiblätter ʒabo'randiblɛtɐ
Jabọt ʒa'bo:
Jaboticabạl *bras.* ʒabotika'bal
Jabotịnsky jabo'tɪnski, *engl.* ʒæbə'tɪnskɪ
Jạbučje *serbokr.* 'jabutʃjɛ
Jạbučnjak *serbokr.* 'jabutʃnja:k
Jạca *span.* 'xaka
Jacaré *bras.* ʒaka'rɛ
Jaccoud *fr.* ʒa'ku
J'accuse *fr.* ʒa'ky:z
Jachenau jaxə'nau̯
Jạchimo 'dʒakimo
Jachịn ja'xi:n
Jạchmann 'jaxman
Jạchroma, Jahroma *russ.* 'jaxrɐmɐ
Jạcht jaxt
Jạchym 'jaxɪm
Jáchym[ovo] *tschech.* 'ja:xim[ɔvɔ]
Jacịnto Cịty *engl.* ʒə'sɪntoʊ 'sɪtɪ
Jack *engl.* dʒæk
Jạckchen 'jɛkçən
Jạcke 'jakə
Jạckel 'jɛkl̩
Jacketkrone 'dʒɛkɪtkro:nə
Jackẹtt ʒa'kɛt
Jạckh jɛk
Jacks[on] *engl.* dʒæks[n]
Jacksonville *engl.* 'dʒæksnvɪl
Jackstag 'dʒɛk-ʃta:k, **-e** ...a:gə
Jacky *engl.* 'dʒækɪ
Jacó *port.* ʒɐ'kɔ, *bras.* ʒa'kɔ
Jạcob 'ja:kɔp, *engl.* 'dʒeɪkəb, *fr.* ʒa'kɔb, *schwed.* ˌjɑ:kɔp, *norw.* ˌja:kɔb
Jacobaeus *schwed.* jakɔ'be:ʊs
Jacọbi ja'ko:bi, *engl.* dʒə'koʊbɪ
Jacobịna *bras.* ʒako'bina
Jạcobs *dt., niederl.* 'ja:kɔps, *engl.* 'dʒeɪkəbz
Jạcobse *niederl.* 'ja:kɔpsə
Jạcobsen *dän.* 'jakɔbsən
Jacobshạgen ja:kɔps'ha:gn̩
Jạcobsohn 'ja:kɔpzo:n
Jạcobson 'ja:kɔpsɔn, *schwed.* ˌjɑ:k...
Jạcobsz *niederl.* 'ja:kɔps
Jacọbus ja'ko:bʊs, *niederl.* ja:'ko:bʏs, *engl.* dʒə'koʊbəs
Jacọbus a Vorạgine ja'ko:bʊs a: vo'ra:gine
Jacọby ja'ko:bi, *engl.* dʒə'koʊbɪ
Jacomb *engl.* 'dʒeɪkəm
Jacon[n]et 'ʒakɔnɛt, ‒‒'‒
Jạcopo *it.* 'ja:kopo
Jacopọne *it.* jako'po:ne
Jacotọt *fr.* ʒakɔ'to
Jacquand *fr.* ʒa'kɑ̃
Jacquạrd *fr.* ʒa'ka:r
Jạcque *fr.* ʒak
Jacqueline *fr.* ʒa'klin, ʒɑ'klin, *engl.* 'dʒækli:n
Jacquemạrt *fr.* ʒak'ma:r
Jacquemont *fr.* ʒak'mõ
Jacquerie ʒakə'ri:, *fr.* ʒa'kri
Jacques *fr.* ʒɑ:k, ʒak
Jacques Cartier *fr.* ʒɑkkar'tje, *engl.* 'ʒɑ:k kɑ:'tjeɪ
Jacquinọt *fr.* ʒaki'no
Jacquọt *fr.* ʒa'ko
Jacuí[pe] *bras.* ʒa'ku̯i[pi]
Jạdassohn 'ja:daszo:n
jạde, Jạde 'ja:də
Jạdebusen 'ja:dəbu:zn̩
Jadeit jade'i:t, *auch:* ...e'ɪt
jạden 'ja:dn̩, **jạdne** 'ja:dnə
Jạderin *schwed.* 'jɛ:dərin
Jadin *fr.* ʒa'dɛ̃
Jadotvịlle *fr.* ʒado'vil
j'adoube *fr.* ʒa'dub
Jạdraås *schwed.* ˌjɛ:drao:s
Jạdran *serbokr.* 'jadra:n, ˌj...
Jạdransko Mọre *serbokr.* 'jadra:nskɔ: 'mɔrɛ
Jạdrin *russ.* 'jadrin
Jạdro *serbokr.* ˌjadrɔ
Jadwịga jat'vi:ga, *poln.* jad'viga
Jaeckel 'jɛkl̩
Jaén *span.* xa'en
Jaeger 'jɛ:gɐ, *norw.* 'je:gər
Jaenisch 'jɛ:nɪʃ
Jaensch jɛnʃ
Jæren *norw.* 'jæ:rən
Jạfet 'ja:fɛt
Jạffa 'jafa
Jaffe *engl.* 'dʒæfɪ
Jaffé ja'fe:
Jaffna *engl.* 'dʒæfnə
Jagan *engl.* 'dʒeɪgən, 'dʒægən
Jạgd ja:kt
jạgdlich 'ja:ktlɪç
Jagẹllo ja'gɛlo
Jagellọne jagɛ'lo:nə
Jạgemann 'ja:gəman
jạgen 'ja:gn̩, **jạg!** ja:k, **jạgt** ja:kt
Jäger 'jɛ:gɐ
Jägerei jɛ:gə'rai̯
Jägerndorf 'jɛ:gɐndɔrf
Jägersfreude 'jɛ:gɐsfrɔydə
Jägersgrün 'jɛ:gɐsgry:n
Jaggar, Jagger *engl.* 'dʒægə
Jạgić *serbokr.* ˌja:gitɕ
Jagiẹłło *poln.* ja'gjɛu̯u̯ɔ
Jagiellọńczyk *poln.* jagjɛl'lɔjntʃɨk
Jagiellọne jagiɛ'lo:nə
Jagiellonọwie *poln.* jagjɛllɔ'nɔvjɛ
Jäglitz 'jɛ:glɪts
Jagmạn *russ.* jɪg'man
Jạgo 'ja:go, *engl.* 'dʒeɪgoʊ
Jạgoda *russ.* 'jagɐdɐ
Jạgodnoje, Jagodnoe *russ.* 'jagɐdnɐjɐ
Jạgow 'ja:go
Jạgst[feld] 'jakst[fɛlt]
Jagsthausen jakst'hau̯zn̩
Jagstzẹll jakst'tsɛl
Jạguar 'ja:gu̯a:ɐ̯
Jaguarão *bras.* ʒagu̯a'rɐ̃u̯
Jaguariaíva *bras.* ʒagu̯ari̯a'iva
Jaguarịbe *bras.* ʒagu̯a'ribi
Jaguarịpe *bras.* ʒagu̯a'ripi
jäh jɛ:
Jähe 'jɛ:ə
Jäheit 'jɛ:hai̯t
Jạhja 'jahja
jählings 'jɛ:lɪŋs
Jạhn[n] ja:n
Jähns jɛ:ns
Jạhorina *serbokr.* ˌjahɔrina
Jạhr ja:ɐ̯
jahraus ja:ɐ̯'|au̯s
Jährchen 'jɛ:ɐ̯çən
jahrein ja:ɐ̯'|ai̯n
jạhrelang 'ja:rəlaŋ
jähren 'jɛ:rən
Jahrfünft ja:ɐ̯'fʏnft
Jahrhụndert ja:ɐ̯'hʊndɐt
jährig 'jɛ:rɪç, **-e** ...ɪgə

jährlich 'jɛ:ɐ̯lɪç
Jährling 'jɛ:ɐ̯lɪŋ
Jahroma vgl. Jachroma
Jahrreiß 'ja:rai̯s
Jahrtausend ja:ɐ̯'tau̯zn̩t
Jahrzehnt ja:ɐ̯'tse:nt
Jahve 'ja:və
Jahvist ja'vɪst
Jahwe 'ja:və
Jahwist ja'vɪst
Jähzorn 'jɛ:tsɔrn
jähzornig 'jɛ:tsɔrnɪç
Jaicós *bras.* ʒai̯'kɔs
Jaila *russ.* jij'la
Jaime *span.* 'xai̯me, *port.* 'ʒai̯mə, *bras.* 'ʒai̯mi
Jaimes *span.* 'xai̯mes
Jaina 'dʒai̯na
Jainismus dʒai̯'nɪsmʊs
Jaipur *engl.* dʒaɪ'pʊə
Jairus ja'i:rʊs
Jaiwa, Jajva *russ.* 'jajvɐ
Jaja *russ.* 'jajɐ
Jajce *serbokr.* ˌja:jtsɛ
Jak jak
Ják *ung.* ja:k
Jakarandaholz jaka'randahɔlts
Jako 'jako
Jakob *dt., niederl.* 'ja:kɔp, *schwed.* ˌjɑ:kɔp, *dän.* 'jakɔb, *isl.* 'ja:kɔ:b
Jakób *poln.* 'jakup
Jakoba ja'ko:ba
Jakobäa jako'bɛ:a
Jaköbchen 'ja:kœpçən
Jakobi ja'ko:bi, *russ.* jɪ'kɔbi
Jakobine jako'bi:nə
Jakobiner jako'bi:nɐ
Jakobit jako'bi:t
Jakobshavn *dän.* 'jakɔbshau̯'n
Jakobson *russ.* 'jakɐpsɐn
Jakobus ja'ko:bʊs
Jakonett 'ʒakonɛt, --'-
Jakopič *slowen.* 'ja:kɔpitʃ
Jakova *alban.* ja'kova
Jakow, Jakov *russ.* 'jakɐf
Jakowlew, Jakovlev *russ.* 'jakɐvlɪf
Jakowlewitsch, Jakovlevič *russ.* 'jakɐvlɪvitʃ
Jakowlewna, Jakovlevna *russ.* 'jakɐvlɪvnɐ
Jaksch jakʃ
Jakscha, Jakša *russ.* 'jakʃɐ
Jakšić *serbokr.* 'jakʃitɕ
Jaktation jakta'tsi̯o:n
Jakub *tschech.* 'jakup, *russ.* jɪ'kup
Jakuba *serbokr.* 'jakuba
Jakubec *tschech.* 'jakubɛts
[1]**Jakubowitsch, Jakubovič** (Familienname) *russ.* jɪku'bɔvitʃ
[2]**Jakubowitsch, Jakubovič** (Sohn des Jakub) *russ.* jɪ'kubɐvɪtʃ
Jakubowna, Jakubovna *russ.* jɪ'kubɐvnɐ
Jakubowski, Jakubovskij *russ.* jɪku'bɔfskij
Jakuschkin, Jakuškin *russ.* jɪ'kuʃkin
Jakut[e] ja'ku:t[ə]
Jakutsk ja'kʊtsk, *russ.* jɪ'kutsk
Jalabad *engl.* dʒə'lɑ:ləbɑ:d
Jalapa *span.* xa'lapa
Jalape ja'la:pə
Jalas[järvi] *finn.* 'jɑlɑs[jærvi]
Jalisco *span.* xa'lisko
Jälmaren *schwed.* ˌjɛlmarən
Jalon ʒa'lõ:
Jalón *span.* xa'lɔn
Jalousette ʒalu'zɛtə
Jalousie ʒalu'zi:, **-n** ...i:ən
Jaloux *fr.* ʒa'lu
Jalta 'jalta, *russ.* 'jaltɐ
Jaltuschkow, Jaltuškov *russ.* jɪl'tuʃkɐf
Jalu 'ja:lu
Jaluit *engl.* 'dʒælʊɪt
Jalutorowsk, Jalutorovsk *russ.* jɪ'lutɐrɐfsk
Jam *engl.* dʒæm
Jama *dt., slowen.* 'ja:ma
Jamaica ja'mai̯ka, *engl.* dʒə'meɪkə
Jamaika ja'mai̯ka
Jamal *russ.* jɪ'mal
Jamalo-Nenze ja'ma:lo'nɛntsə
Jaman *fr.* ʒa'mã
Jamantau *russ.* jɪman'tau
Jamari *bras.* ʒɐma'ri
Jamato ja'ma:to
Jambe 'jambə
Jambelegus jamp'|e:legʊs, **...gi** ...gi
Jambes *fr.* ʒã:b
jambisch 'jambɪʃ
Jamblichos 'jamblɪçɔs
Jambograph jambo'gra:f
Jambol *bulgar.* 'jambol
Jamboree *engl.* dʒæmbə'ri:
Jambus 'jambʊs
Jambuse jam'bu:zə
James *engl.* dʒeɪmz
Jameson[e] *engl.* dʒeɪmsn
Jamestown *engl.* 'dʒeɪmztau̯n
Jamickow 'jamɪko
Jamieson *engl.* 'dʒeɪmɪsn
Jamlitz 'jamlɪts
Jammelshofen 'jaml̩sho:fn̩
Jammer 'jamɐ
Jammerbugt *dän.* 'jam'ərbogd
jämmerlich 'jɛmɐlɪç
Jämmerling 'jɛmɐlɪŋ
jammern 'jamɐn
jammerschade 'jamɐ'ʃa:də
Jammes *fr.* ʒam[s]
Jammu *engl.* 'dʒæmu:
Jamnitz[er] 'jamnɪts[ɐ]
Jampol, Jampol' *russ.* 'jampɐlj
Jam Session *engl.* 'dʒæm 'sɛʃən
Jamshedpur *engl.* 'dʒɑ:mʃɛdpʊə
Jamswurzel 'jamsvʊrtsl̩
Jämtland *schwed.* 'jɛmtland
Jamund 'ja:mʊnt
Jamunder ja'mʊndɐ
Jamyn *fr.* ʒa'mɛ̃
[1]**Jan** (Vorname) *dt., poln., tschech.* jan, *niederl.* jɑn
[2]**Jan** (Familienname) ja:n
Jana *russ.* 'janɐ
Janáček *tschech.* 'jana:tʃɛk
Janaul *russ.* jɪna'ul
Jancofiore *it.* i̯aŋko'fi̯o:re
Janda *span.* 'xanda
Jandelsbrunn jandl̩s'brʊn
Jane *engl.* dʒeɪn
Janeiro de Baixo *port.* ʒɐ'nɐi̯ru ðə 'βai̯ʃu
Janek *poln.* 'janɛk
Janequin *fr.* ʒan'kɛ̃
Janes[ville] *engl.* 'dʒeɪnz[vɪl]
Janet *fr.* ʒa'nɛ, *engl.* 'dʒænɪt
Janevski *mak.* 'janɛfski
Janeway *engl.* 'dʒeɪnweɪ
Jang jaŋ
Jangi-Jul, Jangi-Jul' *russ.* jɪn'gi'julj
Jangtse[kiang] 'jaŋtsə[ki̯aŋ]
Janhagel jan'ha:gl̩, '---
Jänickendorf 'jɛ:nɪkn̩dɔrf
Janicki *poln.* ja'nitski
Janiculum ja'ni:kulʊm
Janiculus mons ja'ni:kulʊs 'mɔns
Janikulus ja'ni:kulʊs
Janin *fr.* ʒa'nɛ̃
Janinet *fr.* ʒani'nɛ
Janitschar jani'tʃa:ɐ̯
Janitschek 'janitʃɛk
Jank[au] 'jaŋk[au̯]
Janker 'jaŋkɐ
Janko *serbokr.* 'ja:ŋkɔ
Jankó *ung.* 'jɔŋko:
Jánkó *ung.* 'ja:ŋko:
Jankov *tschech.* 'jaŋkɔf
Janković *serbokr.* ˌjaŋkɔvitɕ
Jan Maat 'jan 'ma:t
Janmaat 'janma:t
Jan Mayen *norw.* jan'mai̯ən
Jannequin *fr.* ʒan'kɛ̃
Jänner 'jɛnɐ
Janney *engl.* 'dʒænɪ
Jannings 'janɪŋs
Jano *tschech.* 'janɔ
János *ung.* 'ja:noʃ
Jánoshalma *ung.* 'ja:noʃhɔlmɔ
Jánoshegy *ung.* 'ja:noʃhɛdj
Jánoshida *ung.* 'ja:noʃhidɔ
Janot *fr.* ʒa'no
Janovice *tschech.* 'janɔvitsɛ
Janovskij vgl. Janowski
Janow 'ja:no
Janowiec *poln.* ja'nɔvjɛts
Janowitz 'janovɪts
Janów Lubelski *poln.* 'januf lu'bɛlski
Janowski, Janovskij *russ.* jɪ'nɔfskij
Jans jans
Jänschwalde jɛnʃ'valdə

Jạnsen 'janzn̩, *niederl.* 'jɑnsə
Jansenịsmus janze'nɪsmʊs
Jansenịst janze'nɪst
Jansẹnius jan'ze:ni̯ʊs, *niederl.* jɑn'se:ni:ʏs
Jạnské Lázně *tschech.* 'janskɛ: 'la:znjɛ
Janson *fr.* ʒã'sõ, *norw.* 'jansɔn
Jạnssand 'janszant
Jạnssen 'jansn̩, *niederl.* 'jɑnsə, *fr.* ʒã'sɛn
Jạnssens *niederl.* 'jɑnsəns
Jạnsson *schwed.* 'jɑ:nsɔn
Jantạrny, Jantarnyj *russ.* jɪn'tarnɨ
Jạntje *niederl.* 'jɑntjə
Jạntra *bulgar.* 'jantra
Jạntzen 'jant͜sn̩
Jạnuar 'janu̯a:ɐ̯
Januária *bras.* ʒɐ'nu̯ari̯a
Januạrius ja'nu̯a:ri̯ʊs
Jạnus 'ja:nʊs
Jạnuschau 'janʊʃau̯
Jạny 'ja:ni
Jạnz jant͜s
Jạo 'ja:o
Jạp jap
Jạpan 'ja:pan
Japạner ja'pa:nɐ
Japanẹse japa'ne:zə
japạnisch ja'pa:nɪʃ
Japanolọge japano'lo:gə
Japanologie japanolo'gi:
Japaratụba *bras.* ʒapara'tuba
Jạpetus 'ja:petʊs
Jạphet 'ja:fɛt
Japhetịt jafe'ti:t
Japhetitolọge jafetito'lo:gə
Japhetitologie jafetitolo'gi:
Jạpho 'jafo
Jạpik *niederl.* 'ja:pɪk
Jạpiks 'ja:pɪks
Jạpikse *niederl.* 'ja:pɪksə
Japon ʒa'põ:
jạppen 'japn̩
Jạpsand 'japzant
jạpsen 'japsn̩
Japurá *bras.* ʒapu'ra
Japỵger ja'py:gɐ
Jaquenẹtta ʒake'nɛta
Jaquotọt *fr.* ʒakɔ'to
Jạr *russ.* jar
Jạra *span.* 'xara
Jaraguá *bras.* ʒara'gu̯a
Jarạma *span.* xa'rama
Jarạnsk *russ.* jɪ'ransk
Jarcevo vgl. Jarzewo
Járdányi *ung.* 'ja:rda:nji
Jardiẹl *span.* xar'ði̯ɛl
Jardim *bras.* ʒar'dĩ
Jạrdine *engl.* 'dʒɑ:di:n
Jardiniẹre ʒardi'ni̯ɛ:rə, ...'ni̯ɛ:rə
Jardinópolis *bras.* ʒardi'nɔpulis
Jargeau *fr.* ʒar'ʒo
[1]**Jargon** (Sprache) ʒar'gõ:
[2]**Jargọn** (Mineral) jar'go:n
Jarị *bras.* ʒa'ri
Jarkạnd jar'kant
Jarkẹnd jar'kɛnt
Jạ̈rkvitsle *schwed.* ˌjæ:rkvislə
Jạrl jarl
Jạrmen 'jarmən
Jarnạc *fr.* ʒar'nak
Jạrnach 'jarnax
Jạ̈rnefelt *schwed.* ˌjæ:rnəfɛlt
Jarnés *span.* xar'nes
Jạrník *tschech.* 'jarnji:k, *rumän.* 'i̯arnik
Jạrno 'jarno
Jarny *fr.* ʒar'ni
Jaro *span.* 'xaro, *engl.* 'hɑ:roʊ
Jarọcin *poln.* ja'rɔtɕin
Jạroměřice *tschech.* 'jarɔmjɛrʒitsɛ
Jạromiersch 'jaromi:ɐ̯ʃ
Jạromil *tschech.* 'jarɔmil
Jạromir 'ja:romi:ɐ̯
Jạromír *tschech.* 'jarɔmi:r
Jaroschẹnko, Jarošenko *russ.* jɪra'ʃɛnkɐ
Jạroslau 'jarɔslau̯
[1]**Jạroslav** *tschech.* 'jarɔslaf
[2]**Jaroslav** vgl. Jaroslaw
Jạroslavice *tschech.* 'jarɔslavitsɛ
Jaroslavl' vgl. Jaroslawl
Jaroslavskij vgl. Jaroslawski
Jaroslạw, Jaroslav *russ.* jɪra'slaf
Jarọsław *poln.* ja'rɔsu̯af
Jaroslạwl, Jaroslavl' *russ.* jɪra'slavlj
Jaroslạwski, Jaroslavskij *russ.* jɪra'slafskij
Jạrotschin 'jarot͜ʃi:n
Jarowisatiọn jaroviza't͜si̯o:n
jarowisiẹren jarovi'zi:rən
Jạ̈rpen *schwed.* 'jærpən
Jạrre *fr.* ʒa:r
Jarrell *engl.* 'dʒærəl
Jạrres 'jarəs
Jạrring *schwed.* 'jariŋ
Jarrow *engl.* 'dʒæroʊ
Jarry *fr.* ʒa'ri
Jạrves *engl.* 'dʒɑ:vɪs
Jạ̈rvi *finn.* 'jærvi
Jarvịlle *fr.* ʒar'vil
Jạrvis *engl.* 'dʒɑ:vɪs
Jạry 'ja:ri
Jạrzewo, Jarcevo *russ.* 'jartsəvɐ
Jạschin, Jašin *russ.* 'jaʃɨn
Jạ̈schke 'jɛʃkə
Jạschkino, Jaškino *russ.* 'jaʃkinɐ
Jaschmạk jaʃ'mak
Jasel'da vgl. Jasselda
Jasẹnica *serbokr.* ja,sɛnitsa
Jạsenitz 'ja:zənɪt͜s
Jasenov vgl. Jassenow
Jasgulẹm[ski], Jazgulem[skij] *russ.* jɪzgu'ljɛm[skij]
Jạsień *poln.* 'jaɕɛi̯n
Jašin vgl. Jaschin
Jasinovataja vgl. Jassinowataja
Jasịński *poln.* ja'ɕi̯ski
Jaškino vgl. Jaschkino
Jạsło *poln.* 'jasu̯ɔ
[1]**Jasmịn** jas'mi:n
[2]**Jasmin** (Name) *fr.* ʒas'mɛ̃
Jạsmund 'jasmʊnt
Jạsmunder 'jasmʊndɐ
Jạsnaja Poljạna *russ.* 'jasnɐjɐ pa'ljanɐ
Jạsnitz 'jasnɪt͜s
Jasnorzẹwska *poln.* jasnɔ'ʒɛfska
Jasnọw, Jasnov *russ.* jɪs'nɔf
Jasọmirgott ja'zo:mi:ɐ̯gɔt
Jạson 'ja:zɔn, *engl.* dʒeɪsn
Jaspégarn jas'pe:garn
Jasper [Place] *engl.* 'dʒæspə ['pleɪs]
Jạspers 'jaspɐs
Jasperware 'dʒɛspɐva:rə
jaspiẹren jas'pi:rən
Jạspis 'jaspɪs, **-se** ...ɪsə
Jạß jas, **Jạsses** 'jasəs
Jạsse 'jasə
Jạsselda, Jasel'da *russ.* 'jasɪljdɐ
jạssen 'jasn̩, **jạß!** jas, **jạßt** jast
Jạssen 'jasn̩
Jạssenow, Jasenov *bulgar.* 'jasɛnof
Jassinowạtaja, Jasinovataja *russ.* jɪsina'vatɐjɐ
Jạssy 'jasi
Jạstorf 'jastɔrf
Jạstrebac *serbokr.* 'jastrɛbats
Jạstrebarsko *serbokr.* 'jastrɛba:rskɔ:
Jạstrow 'jastro, *engl.* 'dʒæstroʊ
Jastrọwie *poln.* jas'trɔvjɛ
Jạstrun *poln.* 'jastrun
Jasỵkow, Jazykov *russ.* jɪ'zɨkɐf
Jasỵkowo, Jazykovo *russ.* jɪ'zɨkɐvɐ
Jászalsószentgyörgy *ung.* 'ja:sɔlʃo:sɛndjørdj
Jászapáti *ung.* 'ja:sɔpa:ti
Jászárokszállás *ung.* 'ja:sa:rɔksa:lla:ʃ
Jászberény *ung.* 'ja:zbɛre:nj
Jászboldogháza *ung.* 'ja:zbɔldɔkha:zɔ
Jászfényszaru *ung.* 'ja:sfe:njsɔru
Jászkarajenő *ung.* 'ja:skɔrɔjɛnø:
Jászkisér *ung.* 'ja:skiʃe:r
Jászladány *ung.* 'ja:slɔda:nj
Jászszentandrás *ung.* 'ja:ssɛntɔndra:ʃ
Jászszentlászló *ung.* 'ja:ssɛntla:slo:
Jásztelek *ung.* 'ja:stɛlɛk
Jatagạn jata'ga:n
Jataí *bras.* ʒata'i
jạ̈ten 'jɛ:tn̩
Jạtgeir 'jatgai̯ɐ
Jạtho 'ja:to

Játiva *span.* 'xatiβa
Jatobá *bras.* ʒato'ba
Jatrochemie jatroçe'mi:
Jątsnik 'jatsnɪk
Jątwinger 'jatvɪŋɐ
Jauaperį *bras.* ʒau̯ape'ri
Jaubert *fr.* ʒo'bɛ:r
Jauche 'jau̯xə
jauchen 'jau̯xn̩
Jauchert 'jau̯xɐt
jauchig 'jau̯xɪç, -e ...ɪɡə
jauchzen 'jau̯xtsn̩
Jaucourt *fr.* ʒo'ku:r
Jauer[nig] 'jau̯ɐ[nɪç]
Jaufen 'jau̯fn̩
jaulen 'jau̯lən
Jaun[de] 'jau̯n[də]
Jąunelgawa, Jaunelgava *russ.* 'jaunɪlgɐvɐ
Jauner 'jau̯nɐ
Jauregg 'jau̯rɛk
Jáuregui *span.* 'xau̯reɣi
Jauréguiberry *fr.* ʒoreɡibɛ'ri, ʒor...
Jaurès *fr.* ʒɔ'rɛs, ʒo'rɛs
Jąusa, Jauza *russ.* 'jauzɐ
Jause 'jau̯zə
jausen 'jau̯zn̩, **jaus!** jau̯s, **jaust** jau̯st
jausnen 'jau̯snən
Jąva 'ja:va
Javaj vgl. Jawai
Javaląmbre *span.* xaβa'lambre
Javaner ja'va:nɐ
Javanęse java'ne:zə
javanisch ja'va:nɪʃ
Javarį *bras.* ʒava'ri
Javelin *engl.* 'dʒævəlɪn
Jävenitz 'jɛ:vənɪts
Javięr *span.* xa'βjɛr
Jąvorná *tschech.* 'javɔrna:
Jąvorník *tschech.* 'javɔrnji:k
Jąvorníky *slowak.* 'javɔrnji:ki
Javorov vgl. Jaworow
Javorskij vgl. Jaworski
Javotte *fr.* ʒa'vɔt
Jawąi, Javaj *russ.* jɪ'vaj
Jawąta ja'va:ta
jawohl ja'vo:l
Jąwor *poln.* 'javɔr
Jąworow, Javorov *russ.* 'javɐrɐf, *bulgar.* 'javorof
Jawǫrski, Javorskij *russ.* jɪ'vɔrskij
Jawǫrzno *poln.* ja'vɔʒnɔ
Jaworzyna [Śląska] *poln.* javɔ'ʒɨna ['ɕlɔ̃ska]
Jaxąrtes ja'ksartɛs
Jay *engl.* dʒeɪ
Jayadęva dʒaja'de:va
Jązak *serbokr.* ˌja:zak
Jazgulem[skij] vgl. Jasgulem[ski]
Jazyge ja'tsy:ɡə
Jazykov vgl. Jasykow
Jazykovo vgl. Jasykowo
Jazz dʒɛs, *veraltend, abschätzig:* jats; *engl.* dʒæz
Jazz at the Philharmonic *engl.* 'dʒæz ət ðə fɪlɑ:'mɔnɪk
Jazzband 'dʒɛsbɛnt, *engl.* 'dʒæzbænd
jazzen 'dʒɛsn̩; *veraltend, abschätzig:* 'jatsn̩
Jazzer 'dʒɛsɐ, *veraltend, abschätzig* 'jatsɐ, *engl.* 'dʒæzə
Jazz-Fan 'dʒɛsfɛn, *engl.* 'dʒæzfæn
jazzoid jatso'i:t, -e ...i:də
ję je:
Jeaffreson *engl.* 'dʒɛfəsn
Jean *fr.* ʒɑ̃, *engl.* dʒeɪn
Jean-Baptiste *fr.* ʒɑ̃ba'tist
Jean Bon Saint-André *fr.* ʒɑ̃bõsɛ̃tɑ̃'dre
Jean de Meung *fr.* ʒɑ̃d'mœ̃
Jeanne *fr.* ʒɑ:n, ʒan, *engl.* dʒeɪn
Jeanne d'Ąrc *fr.* ʒɑn'dark
Jeanneney *fr.* ʒan'nɛ
Jeanneręt *fr.* ʒan'rɛ
Jeanneton *fr.* ʒan'tõ
Jeannętte *fr.* ʒa'nɛt, *engl.* dʒɪ'nɛt
Jeannin *fr.* ʒa'nɛ̃
Jeannǫt *fr.* ʒa'no
Jean Paul ʒɑ̃'pau̯l
Jean Potąge *fr.* ʒɑ̃pɔ'ta:ʒ
Jeanron *fr.* ʒɑ̃'rõ
Jeans *engl.* dʒi:nz
Jean sans Peur *fr.* ʒɑ̃sɑ̃'pœ:r
Jeaurąt *fr.* ʒɔ'ra, ʒo'ra
Jębavý *tschech.* 'jɛbavi:
Jębb *engl.* dʒɛb
Jebeleąnu *rumän.* ʒebe'l̯ęanu
Jębus 'je:bʊs
Jebusįter jebu'zi:tɐ
Jędburgh *engl.* 'dʒɛdbərə
jedęnnoch je'dɛnɔx
jęder 'je:dɐ
jęderlei 'je:dɐ'lai̯
jędermann 'je:dɐman
jęderzeit 'je:dɐ'tsai̯t
jędesmal 'je:dəs'ma:l
jędesmalig 'je:dəs'ma:lɪç, -e ...ɪɡə
Jedįn je'di:n
Jędlersdorf 'je:dlɐsdɔrf
Jędlesee 'je:dləze:
Jędlicka 'jɛdlɪtʃka
Jedlįna Zdrój *poln.* jɛ'dlina 'zdruj
jedǫch je'dɔx
Jędrychǫwski *poln.* jɛndrɨ'xɔfski
Jędrzej *poln.* 'jɛndʒɛj
Jędrzęjów *poln.* jɛnd'ʒɛjuf
Jedwąbne *poln.* jɛd'vabnɛ
jędwęder 'je:t've:dɐ
Jeep dʒi:p
Jeeser 'je:zɐ
Jeetze 'je:tsə
Jeetzel 'je:tsl̩
Jefąnow, Efanov *russ.* jɪ'fanɐf
Jęff[eries] *engl.* 'dʒɛf[rɪz]
Jęffers *engl.* 'dʒɛfəz
Jęfferson[ville] *engl.* 'dʒɛfəsn[vɪl]
Jęffery *engl.* 'dʒɛfrɪ
Jęffrey[s] *engl.* 'dʒɛfrɪ[z]
Jęffries *engl.* 'dʒɛfrɪz
Jefįm, Efim *russ.* jɪ'fim
Jefimęnko, Efimenko *russ.* jɪfi'mjɛnkɐ
Jefįmow, Efimov *russ.* jɪ'fimɐf
Jefįmowitsch, Efimovič *russ.* jɪ'fimɐvitʃ
Jefįmowna, Efimovna *russ.* jɪ'fimɐvnɐ
Jefręm, Efrem *russ.* jɪ'frjɛm
Jefręmow, Efremov *russ.* jɪ'frjɛmɐf
Jefręmowitsch, Efremovič *russ.* jɪ'frjɛmɐvitʃ
Jefręmowna, Efremovna *russ.* jɪ'frjɛmɐvnɐ
Jęgerlehner 'je:gɐle:nɐ
Jęgher *niederl.* 'je:xər
jęglich 'je:klɪç
Jegǫr, Egor *russ.* jɪ'gɔr
Jegǫrjewsk, Egor'evsk *russ.* jɪ'gɔrjɪfsk
Jegorlyk, Egorlyk *russ.* jɪgar'lɨk
Jegǫrow, Egorov *russ.* jɪ'gɔrɐf
Jegǫrschino, Egoršino *russ.* jɪ'gɔrʃɨnɐ
Jegun *fr.* ʒə'gœ̃
Jehan *fr.* ʒə'ɑ̃, ʒɑ̃
jeher 'je:he:ɐ̯, *auch:* '–'–
Jehǫl dʒe'ho:l
Jehǫva je'ho:va
Jehovįst jeho'vɪst
Jęhu 'je:hu
Jehuda je'hu:da
Jehudi je'hu:di
jein jai̯n
Jęisk, Ejsk *russ.* jejsk
Jęja *russ.* 'jejɐ
Jejunitis jeju'ni:tɪs
Jekaterįna, Ekaterina *russ.* jɪkɐtɪ'rinɐ
Jekaterinbųrg, Ekaterinburg *russ.* jɪkɐtɪrim'burk
Jekaterinodąr, Ekaterinodar *russ.* jɪkɐtɪrina'dar
Jekaterinosląw, Ekaterinoslav *russ.* jɪkɐtɪrina'slaf
Jekaterinǫwka, Ekaterinovka *russ.* jɪkɐtɪri'nɔfkɐ
Jekaterįny, Ekateriny *russ.* jɪkɐtɪ'rinɨ
Jęker *niederl.* 'je:kər
Jekyll *engl.* 'dʒi:kɪl
Jeląbuga, Elabuga *russ.* jɪ'labugɐ
Jelängerjelieber je'lɛŋɐje'li:bɐ
Jeleąsar, Eleazar *russ.* jɪlɪ'azɐr
[1]**Jęlena** *serbokr.* ˌjɛlɛna
[2]**Jelęna, Elena** *russ.* jɪ'ljɛnɐ
Jelęnia Góra *poln.* jɛ'lɛnja 'gura
Jęlep Lą *engl.* 'dʒɛlɛp'lɑ:
Jelęz, Elec *russ.* jɪ'ljɛts

Jẹlgawa, Elgava *russ.* 'jɛlɡɐvɐ
Jẹlgerhuis *niederl.* 'jɛlxərhœi̯s
Jẹli, Elij *russ.* 'jelij
Jẹlinek 'jɛlinɛk
Jẹlínek *tschech.* 'jɛli:nɛk
Jelisạrow, Elizarov *russ.* jɪli'zarɐf
Jelisawẹta, Elizaveta *russ.* jɪliza'vjɛtɐ
Jelissẹi, Elisej *russ.* jɪli'sjej
Jelissẹjew, Eliseev *russ.* jɪli'sjejɪf
Jelissẹjewitsch, Eliseevič *russ.* jɪli'sjejɪvitʃ
Jelissẹjewna, Eliseevna *russ.* jɪli'sjejɪvnɐ
Jẹlla 'jɛla
Jẹllačić 'jɛlat͜ʃɪt͜ʃ
Jẹllicoe *engl.* 'dʒɛlɪkoʊ
Jẹllinek 'jɛlinɛk, *fr.* ʒɛli'nɛk
Jẹlling *dän.* 'jɛleŋ
Jẹlnja, El'nja *russ.* 'jeljnjɐ
Jelpạtjewski, Elpat'evskij *russ.* jɪl'patjɪfskij
Jẹlsa *serbokr.* 'jɛ:lsa
Jẹlusich 'jɛluzɪtʃ
jẹmals 'je:ma:ls
jẹmand 'je:mant, **-es** ...ndəs
Jemanschelịnsk, Emanželinsk *russ.* jɪmɐnʒə'linsk
Jemạppes *fr.* ʒə'map
Jemẹhr je'me:ɐ̯
Jemelịan, Emel'jan *russ.* jɪmɪlj'jan
Jẹmen 'je:mən
Jemenịte jeme'ni:tə
jemenịtisch jeme'ni:tɪʃ
Jemẹppe *fr.* ʒə'mɛp
Jemez Mountains *engl.* 'heɪmɪs 'maʊntɪnz
Jemima *engl.* dʒɪ'maɪmə
Jẹmina 'je:mina
jẹmine! 'je:mine
Jemmạpes *fr.* ʒɛ[m]'map
Jẹmmingen *niederl.* 'jɛmɪŋə
Jẹmnice *tschech.* 'jɛmnjitsɛ
Jẹmza, Emca *russ.* 'jɛmtsɐ
Jẹn jɛn
Jẹna 'je:na
Jẹnaer 'je:naɐ
jẹnaisch 'je:naɪʃ
Jenạkijewo, Enakievo *russ.* jɪ'nakijɪvɐ
Jenạschimski Polkạn, Enašimskij Polkan *russ.* jɪ'naʃɨmskij pal'kan
Jenatsch je'natʃ, 'je:natʃ
Jẹnbach 'jɛnbax
Jenẹnser je'nɛnzɐ
jẹner 'je:nɐ
Jẹníček *tschech.* 'jɛnji:tʃɛk
Jẹník *tschech.* 'jɛnji:k
Jẹnikau 'je:nɪkau̯
Jenịns je'nɪns
jẹnisch 'je:nɪʃ
Jenissei, Enisej jenɪ'se:i, ...sai̯; *russ.* jɪni'sjej
Jenissẹisk, Enisejsk *russ.* jɪni'sjejsk
Jẹnkin[s] *engl.* 'dʒɛŋkɪn[z]
Jẹnkintown *engl.* 'dʒɛŋkɪntaʊn
Jẹnks *engl.* dʒɛŋks
Jennạro dʒe'na:ro
Jẹnner *engl.* 'dʒɛnə
Jẹnnet *engl.* 'dʒɛnɪt
Jennevạl *fr.* ʒɛn'val
Jẹnney *engl.* 'dʒɛnɪ
Jẹnni 'jɛni
Jennie *engl.* 'dʒɛnɪ, 'dʒɪnɪ
Jẹnnifer *engl.* 'dʒɛnɪfə
Jẹnning[s] *engl.* 'dʒɛnɪŋ[z]
Jẹnny 'jɛni; *engl.* 'dʒɪnɪ, 'dʒɛnɪ; *fr.* ʒɛn'ni, ʒɛ'ni; *dän.* 'jɛny, 'jɛni
Jẹnő *ung.* 'jɛnø:
Jẹns *dt., dän.* jɛns
jenseitig 'je:nzai̯tɪç, *auch:* 'jɛn...; **-e** ...ɪɡə
jenseits, J... 'je:nzai̯ts, *auch:* 'jɛn...
Jẹnsen 'jɛnzn̩, *dän.* 'jɛnsən
Jenson *fr.* ʒã'sõ
Jẹntl 'jɛntl̩
Jẹnufa 'jɛnufa
Jẹnyns *engl.* 'dʒɛnɪnz
Jẹphta[h] 'jɛfta
Jepifạni, Epifanij *russ.* jɪpi'fanij
Jẹppe[sen] *dän.* 'jɛbə[sən]
Jẹpson *engl.* dʒɛpsn
Jequitinhọnha *bras.* ʒekiti'ɲoɲa
Jẹřábek *tschech.* 'jɛrʒa:bɛk
Jerbẹnt, Erbent *russ.* jɪr'bjɛnt
Jerbogatschọn, Erbogačen *russ.* jɪrbɐga'tʃɔn
Jẹrchel 'jɛrçl̩
Jeremẹi, Eremej *russ.* jɪrɪ'mjej
Jeremịa jere'mi:a
Jeremiạde jere'mi̯a:də
Jeremiah *engl.* dʒɛrɪ'maɪə
Jeremịas jere'mi:as
Jérémie *fr.* ʒere'mi
Jẹremy *engl.* 'dʒɛrɪmɪ
Jẹretov *serbokr.* ˌjɛrɛtɔv
Jerewạn, Erevan *russ.* jɪrɪ'van
Jerez 'çe:rɛs, *span.* xe'rɛθ
Jerẹz de la Frontẹra *span.* xe'rɛð ðe la frɔn'tera
Jerẹz de los Caballẹros *span.* xe'rɛð ðe lɔs kaβa'ʎerɔs
Jergạk-Targạk-Taigạ, Ergak-Targak-Tajga *russ.* jɪr'gaktar'gaktaj'ga
Jergenị, Ergeni *russ.* jɪrgɪ'ni
Jẹrger 'jɛrgɐ
Jẹrichau *dän.* 'je:'rikɔu̯
Jẹricho[w] 'je:rɪço
Jericó *span.* xeri'ko
Jẹritza 'jɛrit͜sa
Jermạk, Ermak *russ.* jɪr'mak
Jermịl, Ermil *russ.* jɪr'mil
Jermolại, Ermolaj *russ.* jɪrma'laj
Jermolạjewo, Ermolaevo *russ.* jɪrma'lajɪvɐ
Jermọlow, Ermolov *russ.* jɪr'mɔlɐf
Jermyn *engl.* 'dʒə:mɪn
Jerọbeam je'ro:beam
Jerofẹi, Erofej *russ.* jɪra'fjej
Jerofẹi Pạwlowitsch, Erofej Pavlovič *russ.* jɪra'fjej 'pavlɐvitʃ
Jerọlim *serbokr.* jɛˌrɔlim
Jẹrome *engl.* 'dʒɛroʊm
Jérôme *fr.* ʒe'ro:m
Jerónimo *port.* ʒɪ'rɔnimu
Jerônimo *bras.* ʒe'ronimu
Jẹroschin 'je:rɔʃi:n
Jẹrram *engl.* 'dʒɛrəm
Jẹrring *schwed.* ˌjæriŋ
Jẹrrold *engl.* 'dʒɛrəld
Jẹrry *engl.* 'dʒɛrɪ
Jerschọw, Eršov *russ.* jɪr'ʃɔf
Jersey 'dʒø:ɐ̯zi, 'dʒœrzi, *engl.* 'dʒə:zɪ, *fr.* ʒɛr'zɛ
Jerseyville *engl.* 'dʒə:zɪvɪl
Jẹrshöft 'jɛrshø:ft
Jẹrsild *dän.* 'jɛrsil'
jẹrum! 'je:rʊm
Jerụsalem je'ru:zalɛm
Jeruschalạjim jeruʃa'lajɪm
Jeruslạn, Eruslan *russ.* jɪrus'lan
Jerụtten je'rʊtn̩
Jervis *engl.* 'dʒɑ:vɪs, 'dʒə:vɪs
Jervolịno *it.* i̯ervo'li:no
Jẹrxen 'jɛrksn̩
Jẹry 'je:ri
Jẹrzy *poln.* 'jɛʒɨ
Jesạja je'za:ja
Jẹschkengebirge 'jɛʃkŋ̩gəbɪrgə
Jeschọnnek jɛ'ʃɔnɛk
Jeschọw, Ežov *russ.* jɪ'ʒɔf
Jẹsd *pers.* i̯æzd
Jẹsebel 'je:zebɛl
Jesenice *tschech.* 'jɛsɛnjitsɛ, *slowen.* jɛsɛ'ni:tsɛ
Jẹseník *tschech.* 'jɛsɛnji:k
Jẹsenská *tschech.* 'jɛsɛnska:
Jẹsenský *slowak.* 'jɛsɛnski:
Jẹserig 'je:zərɪç
Jẹsewitz 'je:zəvɪt͜s
Jesịde je'zi:də
Jẹsingen 'je:zɪŋən
Jẹso 'je:zo
Jẹspers *niederl.* 'jɛspərs
Jẹspersen *dän.* 'jɛsbərsən
Jesreẹl jɛsre'e:l
Jẹss *engl.* dʒɛs
Jessạulow, Esaulov *russ.* jɪsa'ulɐf
Jẹsse 'jɛsə, *engl.* 'dʒɛsɪ
Jessẹi, Essej *russ.* jɪs'sjej
Jẹssel 'jɛsl̩
Jẹsselton *engl.* 'dʒɛsltən
Jẹssen 'jɛsn̩
Jessẹnin, Esenin *russ.* jɪ'sjenin
Jẹssenitz 'jɛsənɪt͜s
Jessentukị, Essentuki *russ.* jɪssɪntu'ki
Jẹssica 'jɛsika, *engl.* 'dʒɛsɪkə
Jẹssie *engl.* 'dʒɛsɪ
Jẹssner 'jɛsnɐ
Jẹßnitz 'jɛsnɪt͜s

Jesso 'jɛso
Jessopp, Jessup *engl.* 'dʒɛsəp
Ještěd *tschech.* 'jɛʃtjɛt
Jestin jɛs'ti:n
Jestřebí *tschech.* 'jɛstrʃɛbi:
Jesuate je'zu̯a:tə
Jesu Christe, Jesu Christi, Jesu Christo vgl. Jesus Christus
Jesuit je'zu̯i:t
Jesum Christum vgl. Jesus Christus
Jesup *engl.* 'dʒɛsəp
Jesus 'je:zʊs, *port.* ʒɪ'zuʃ, *bras.* ʒe'zus, *engl.* 'dʒi:zəs
Jesús *span.* xe'sus
Jesus Christus 'je:zʊs 'krɪstʊs, **Jesu Christi** 'je:zu 'krɪsti, **Jesu Christo** 'je:zu 'krɪsto, **Jesum Christum** 'je:zʊm 'krɪstʊm, **Jesu Christe** 'je:zu 'krɪstə, *B* – ...te
Jesus hominum salvator 'je:zʊs 'ho:minʊm zal'va:tɔr
Jesus Nazarenus Rex Judaeorum 'je:zʊs natsa're:nʊs 'rɛks judɛ'o:rʊm
Jesus Sirach 'je:zʊs 'zi:rax
Jethro 'je:tro, *engl.* 'dʒɛθroʊ
Jeton ʒə'tõ:
Jet[t] dʒɛt
Jetstream *engl.* 'dʒɛtstri:m
Jettatore dʒɛta'to:rə, **...ri** ...ri
Jettchen 'jɛtçən
Jette *dt., niederl.* 'jɛtə, *fr.* ʒɛt
jetten 'dʒɛtn̩
jetzig 'jɛtsɪç, **-e** ...ɪgə
jetzo 'jɛtso
jetzt, J... jɛtst
Jeu ʒø:
Jeu de Paume *fr.* ʒød'po:m
Jeumont *fr.* ʒø'mõ
Jeunesse *fr.* ʒœ'nɛs
Jeunesse dorée *fr.* ʒœnɛsdɔ're
Jeunesses Musicales *fr.* ʒœnɛsmyzi'kal
Jeux floraux *fr.* ʒøflɔ'ro
Jever[land] 'je:fɐ[lant], 'je:v...
Jeveraner jevə'ra:nɐ
Jevíčko *tschech.* 'jɛvi:tʃkɔ
Jevišovice *tschech.* 'jɛviʃɔvitsɛ
Jevnaker *norw.* ˌjɛvna:kər
Jevons *engl.* 'dʒɛvənz
Jewdokija, Evdokija *russ.* jɪv'dokijɐ
Jewdokim, Evdokim *russ.* jɪvda'kim
jeweilen 'je:'vailən
jeweilig 'je:'vailɪç, **-e** ...ɪgə
jeweils 'je:'vails
Jewel *engl.* 'dʒu:əl
Jewett *engl.* 'dʒu:ɪt
Jewgeni, Evgenij *russ.* jɪv'gjenij
Jewgenija, Evgenija *russ.* jɪv'gjenijɐ
Jewgenjewitsch, Evgen'evič *russ.* jɪv'gjenjɪvitʃ
Jewgenjewna, Evgen'evna *russ.* jiv'gjenjɪvnɐ
Jewgraf, Evgraf *russ.* jɪv'graf
Jewish Agency *engl.* 'dʒu:ɪʃ 'eɪdʒənsɪ
Jewlach, Evlah *russ.* jɪ'vlax
Jewlampi, Evlampij *russ.* jɪ'vlampij
Jewlampija Evlampija *russ.* jɪ'vlampijɐ
Jewlogi, Evlogij *russ.* jɪ'vlɔgij
Jewpatorija, Evpatorija *russ.* jɪfpa'tɔrijɐ
Jewsbury *engl.* 'dʒu:zbərɪ
Jewsewi, Evsevij *russ.* jɪf'sjevij
Jewstrat, Evstrat *russ.* jɪf'strat
Jewtichi, Evtihij *russ.* jɪf'tixij
Jewtuschenko, Evtušenko *russ.* jɪftu'ʃɛnkɐ
Jex-Blake *engl.* 'dʒɛks'bleɪk
Jeż *poln.* jɛʃ
Jezabel 'je:tsabɛl
Jezebel *engl.* 'dʒɛzəbl
Jezerane *serbokr.* ˌjɛzɛra:nɛ
Jeziorany *poln.* jɛzɔ'ranɨ
jezuweilen 'je:tsu'vailən
Jhansi *engl.* 'dʒɑ:nsɪ
Jhering 'je:rɪŋ
Jíbaro *span.* 'xiβaro
Jibraltar *span.* xiβral'tar
Jicaque *span.* xi'kake
Jičín *tschech.* 'jitʃi:n
jiddisch, J... 'jɪdɪʃ
Jiddist[ik] jɪ'dɪst[ɪk]
Jieper 'ji:pɐ
Jigger Ⓦz 'dʒɪgɐ
Jihlava *tschech.* 'jihlava
Jijona *span.* xi'xona
Jilemnice *tschech.* 'jilɛmnjitsɛ
Jill *engl.* dʒɪl
Jílové *tschech.* 'ji:lɔvɛ:
Jim *engl.* dʒɪm
Jimbolia *rumän.* ʒim'bolia
Jimena *span.* xi'mena
Jimenes çim'e:nɛs
Jiménez *span.* xi'menɛθ
Jimmu Tenno 'dʒɪmu 'tɛno
Jimmy *engl.* 'dʒɪmɪ
Jin jɪn
Jince *tschech.* 'jintsɛ
Jindřich[ov] *tschech.* 'jindrʒix[ɔf]
Jindřichův Hradec *tschech.* 'jindrʒixu:v 'hradɛts
Jindřiška *tschech.* 'jindrʒiʃka
Jingo 'dʒɪŋgo
Jingoismus dʒɪŋgo'ɪsmʊs
Jinismus dʒi'nɪsmʊs
jinistisch dʒi'nɪstɪʃ
Jinnah *engl.* 'dʒɪnə
Jinotega *span.* xino'teɣa
Jirásek *tschech.* 'jira:sɛk
Jireček *tschech.* 'jirɛtʃɛk
Jiří[ček] *tschech.* 'jirʒi:[tʃɛk]
Jiřík *tschech.* 'jirʒi:k
Jirkov *tschech.* 'jirkɔf
Jirmilik jɪrmi'lɪk
Jithro 'ji:tro
Jitschin 'jɪtʃi:n
Jitterbug *engl.* 'dʒɪtəbʌg
Jiu *rumän.* ʒiu̯
Jiu-Jitsu 'dʒi:u'dʒɪtsu
Jive *engl.* dʒaɪv
Jizera *tschech.* 'jizɛra
Jizerské Hory *tschech.* 'jizɛrskɛ: 'hɔri
Jo jo:, *engl.* dʒoʊ
Joab 'jo:ap
Joachim 'jo:axɪm, *auch:* jo'axɪm; *engl.* 'dʒoʊəkɪm, *fr.* ʒɔa'ʃɛ̃
Joachimsen 'jo:axɪmzn̩
Joachimstal[er] 'jo:axɪmsta:l[ɐ], jo'ax...
Joachimsthal 'jo:axɪmsta:l, jo'ax...
Joan *engl.* dʒoʊn
Joana *port.* 'ʒu̯ɐnɐ, *bras.* ...na
Joanna *engl.* dʒoʊ'ænə
Joanne *fr.* ʒwan, ʒɔ'an
João *port., bras.* ʒu̯ɐ̃u̯
João Pessoa *bras.* 'ʒu̯ɐ̃u̯m pe'soa
Joaquim *port.* ʒu̯ɐ'kĩ, *bras.* ʒu̯a'kĩ
Joarim jo'a:rɪm
Joas 'jo:as
Joasch 'jo:aʃ
[1]**Job** (Beschäftigung) dʒɔp, *engl.* dʒɔb
[2]**Job** (Name) jo:p, *engl.* dʒoʊb, *serbokr.* jɔb
jobben 'dʒɔbn̩, **jobb!** dʒɔp, **jobbt** dʒɔpt
Jobber 'dʒɔbɐ
Jobeljahr jo'be:lja:ɐ̯
Jobert *fr.* ʒɔ'bɛ:r
Jobsiade jɔ'psi̯a:də
Jobson *engl.* dʒɔbsn
Jobst jɔpst
Jocelyn *fr.* ʒɔ'slɛ̃, *engl.* 'dʒɔslɪn
Joch jɔx
Jochanan Ben Zakkai 'jɔxanan 'bɛn 'tsakai̯
Jöcheln 'jœçl̩n
Jochem 'jɔxm̩, *niederl.* 'jɔxəm
jochen, J... 'jɔxn̩
Jochenstein 'jɔxn̩ʃtain, ––'–
Jöcher 'jœçɐ
Joching 'jɔxɪŋ
Jochmus 'jɔxmʊs
Jochum 'jɔxʊm
Jockei, ...ey 'dʒɔke, 'dʒɔki, *auch:* 'dʒɔkai̯, 'jɔkai̯; *engl.* 'dʒɔkɪ
Jocketa 'jɔkəta
Jod jo:t, **-es** 'jo:dəs
Jodat jo'da:t
Jode *niederl.* 'jo:də
Jöde 'jø:də
Jodel 'jo:dl̩
Jodelet *fr.* ʒɔ'dlɛ
Jodelle *fr.* ʒɔ'dɛl
jodeln 'jo:dl̩n, **jodle** 'jo:dlə
Jodhpur *engl.* 'dʒɔdpʊə
Jodid jo'di:t, **-e** ...i:də
jodieren jo'di:rən
Jodismus jo'dɪsmʊs

Jodit jo'di:t, *auch:* ...ɪt
Jodl 'jo:dl̩
Jodler 'jo:dlɐ
Jodo 'jo:do
Jodoform jodo'fɔrm
Jodok[us] jo'do:k[ʊs]
Jodometrie jodome'tri:
Jodrell *engl.* 'dʒɔdrəl
Joe *engl.* dʒoʊ
Joel 'jo:e:l, *auch:* 'jo:ɛl, *engl.* 'dʒoʊəl
Joël 'jo:e:l, *auch:* 'jo:ɛl; *fr.* ʒɔ'ɛl
Joensuu *finn.* 'jɔɛnsu:
Joest *dt.*, *niederl.* jo:st
Jœuf *fr.* ʒœf
Joey *engl.* 'dʒoʊɪ
Joffre *fr.* ʒɔfr
Joga 'jo:ga
Joghurt 'jo:gʊrt
Jogi 'jo:gi
Jogin 'jo:gɪn
Jogjakarta *indon.* dʒɔgdʒa'karta
Johan *niederl.* jo:'hɑn; *schwed.* ˌju:an, ˌju:han; *dän.* jo'han
Johann jo'han, *auch:* 'jo:han
Jóhann *isl.* 'jɔu̯hann
Johanna jo'hana
Johanne jo'hanə
johanneisch, J... joha'ne:ɪʃ
Johannes jo'hanəs, ...nɛs; *niederl.* jo:'hɑnəs, *schwed.* ju'hanəs, *dän.* jo'han'əs
Jóhannes *isl.* 'jɔu̯hanɛs
Johannes a Sancto Thoma jo'hanəs a: 'zaŋkto 'to:ma, ...nɛs – – –
Johannesburg jo'hanəsbʊrk, jo'hanɛs...; *engl.* dʒoʊ'hænɪsbə:g
Johanngeorgenstadt jo:hange'ɔrgn̩ʃtat
Johanni jo'hani
Johannis[berg] jo'hanɪs[bɛrk]
Johanniskirchen johanɪs'kɪrçn̩
Johanniskreuz johanɪs'krɔy̯ts, –'–––
Johannisson *schwed.* ju'hanisɔn
Johanniter joha'ni:tɐ
Johannot *fr.* ʒɔa'no
Johannsdorf 'jo:hansdɔrf
Johannsen *dän.* jo'han'sən
Johansen *dän.* jo'hansən
Johanssen 'jo:hansən
Johansson *schwed.* ˌju:ansɔn
johlen 'jo:lən
John *engl.* dʒɔn, *schwed.* jɔn
John Bull *engl.* 'dʒɔn 'bʊl
Johne 'jo:nə
Johner 'jo:nɐ
Johnnie, Johnny *engl.* 'dʒɔnɪ
Johns *engl.* dʒɔnz
Johnsdorf 'jo:nsdɔrf
Johnson 'jo:nzɔn, *engl.* dʒɔnsn, *schwed.* 'junsɔn
Johnston[e] *engl.* 'dʒɔnstən, dʒɔnsn
Johnstown *engl.* 'dʒɔnztaʊn
Johore *indon.* 'dʒohɔr, *engl.* dʒoʊ'hɔ:
Johst jo:st
Jöhstadt 'jø:ʃtat
Joigny *fr.* ʒwa'ɲi
Joint *engl.* dʒɔɪnt
Joinville *fr.* ʒwɛ̃'vil, *bras.* ʒu̯ẽ'vili, *engl.* 'dʒɔɪnvɪl
Joinville-le-Pont *fr.* ʒwɛ̃villə'põ
Jojachin 'jo:jaxɪn
Jojakim 'jo:jakɪm
Jo-Jo jo'jo:, 'jo:'jo:
Jókai *ung.* 'jo:kɔi
Joker 'jo:kɐ, *auch:* 'dʒo:kɐ
Jokkaitschi jɔ'kaitʃi
Jokkmokk *schwed.* 'jɔkmɔk
Jokl 'jo:kl̩
Jokohama joko'ha:ma
jokos jo'ko:s, **-e** ...o:zə
Jokosuka joko'zu:ka
Jokulator joku'la:tɔr, **-en** ...la'to:rən
Jökulsá á Brú, - - Fjöllum *isl.* 'jœ:kʏlsau̯ au̯ 'bru:, – – 'fjœdlʏm
Jokus 'jo:kʊs, **-se** ...ʊsə
Joliet *engl.* 'dʒoʊlɪɛt
Joliette *fr.* ʒɔ'ljɛt, *engl.* ʒɔ:'ljɛt
Joliot *fr.* ʒɔ'ljo
Jolivet *fr.* ʒɔli'vɛ
Jolle 'jɔlə
Jöllenbeck 'jœlənbɛk
Jolly *fr.* ʒɔ'li
Jølsen *norw.* 'jœlsən
Joly *engl.* 'dʒɔlɪ, *fr.* ʒɔ'li
Jomini *fr.* ʒɔmi'ni
Jom Kippur 'jo:m kɪ'pu:ɐ̯
Jommelli *it.* i̯om'mɛlli
Jomo *engl.* 'dʒoʊmoʊ
Jon *engl.* dʒɔn
Jón *isl.* jɔu̯n
Jona 'jo:na
Jonas 'jo:nas, *engl.* 'dʒoʊnəs, *schwed.* ˌju:nas
Jónas *isl.* 'jɔu̯na:s
Jonás *span.* xo'nas
Jonathan 'jo:natan, *engl.* 'dʒɔnəθən
Jonckheere *niederl.* 'jɔŋkhe:rə
Jones *engl.* dʒoʊnz
Jonesboro *engl.* 'dʒoʊnzbərə
Jong[en] *niederl.* 'jɔŋ[ə]
Jongh *niederl.* jɔŋ
Jonghelinck *niederl.* 'jɔŋəlɪŋk
Jongkind *niederl.* 'jɔŋkɪnt
Jongleur ʒõ'glø:ɐ̯
jonglieren ʒõ'gli:rən
Joni 'jo:ni
Jonikus 'jo:nikʊs, **...ki** ...ki
Jonkheer *niederl.* 'jɔŋkhe:r
Jönköping *schwed.* ˌjœntçø:piŋ
Jonnart *fr.* ʒɔ'na:r
Jonny 'dʒɔni, *engl.* 'dʒɔnɪ
Jonon jo'no:n
Jonquière[s] *fr.* ʒõ'kjɛ:r
Jonsdorf 'jo:nsdɔrf
Jonson *engl.* dʒɔnsn
Jónsson *isl.* 'jɔu̯nsɔn
Jonssön 'jɔnsœn
Jonzac *fr.* ʒõ'zak
Joos *dt.*, *niederl.* jo:s
Jooß jo:s
Joost *niederl.* jo:st
Joplin *engl.* 'dʒɔplɪn
Jöppchen 'jœpçən
[1]**Joppe** (Jacke) 'jɔpə
[2]**Joppe** (Ort) 'jɔpə, *B* 'jɔpe
Jopson *engl.* dʒɔpsn
Joram 'jo:ram
Jöran *schwed.* ˌjœ:ran
Jorasses *fr.* ʒɔ'ras
Jorat *fr.* ʒɔ'ra
Jordaens *niederl.* jɔr'da:ns, '––
Jordan 'jɔrdan, *engl.* dʒɔ:dn, *fr.* ʒɔr'dã
Jordán *span.* xɔr'ðan
Jordanes jɔr'da:nɛs
Jordanien jɔr'da:ni̯ən
Jordanier jɔr'da:ni̯ɐ
Jordanis jɔr'da:nɪs
jordanisch jɔr'da:nɪʃ
Jordanów *poln.* jɔr'danuf
Jordansmühl 'jɔrdansmy:l
Jörg jœrk
Jorge *span.* 'xɔrxe, *port.* 'ʒɔrʒɪ, *bras.* 'ʒɔrʒi
Jörgen *dän.* 'jœr[ɣ]ən
Jorgensen *engl.* 'dʒɔ:gənsən
Jørgensen *dän.* 'jœrn'sən
Jorinde jo'rɪndə
Joringel jo'rɪŋl̩
Joris[z] *niederl.* 'jo:rɪs
Joritomo jori'to:mo
Jork jɔrk
Jornal *bras.* ʒor'nal
Jörn jœrn
Jørpeland *norw.* ˌjœrpəlan
Jortin *engl.* 'dʒɔ:tɪn
Joruba 'jo:ruba
Jorullo *span.* xo'ruʎo
Joruri 'd̠ʒo:ruri
Jos *engl.* dʒɔ:s, *niederl.* jɔs
Josaphat 'jo:zafat
Joschafat 'jo:ʃafat
Joschida jo'ʃi:da
Joschija jo'ʃi:ja
Joschitsune joʃi'tsu:nə
Joschiwara joʃi'va:ra
Joschkar-Ola, Joškar-Ola *russ.* jaʃ'kara'la
José *span.* xo'se, *port.* ʒu'zɛ, *bras.* ʒo'zɛ
Josef 'jo:zɛf, *schwed.* ˌju:sɛf, *tschech.* 'jɔzɛf
Joseffy *engl.* dʒoʊ'zɛfɪ
Josefo *span.* xo'sefo
Josel 'jo:zl̩
Joseph 'jo:zɛf, *engl.* 'dʒoʊzɪf, *fr.* ʒo'zɛf
Josepha jo'zɛfa, jo'ze:fa
Josephine joze'fi:nə, *engl.* 'dʒoʊzɪfi:n
Joséphine *fr.* ʒoze'fin
Josephinisch joze'fi:nɪʃ
Josephinismus jozefi'nɪsmʊs

Josephson *schwed.* ˌju:sɛfsɔn, *engl.* ˈdʒoʊzɪfsn
Josẹphus joˈze:fʊs
Jọsh[ua] *engl.* ˈdʒɔʃ[wə]
Josịa joˈzi:a
Josiah *engl.* dʒoʊˈsaɪə
Josịas joˈzi:as
Jọsidpol *serbokr.* ˌjɔsitpɔ:l
Jọsif *serbokr.* ˌjɔsif
Jósika *ung.* ˈjo:ʃikɔ
Jọsip *serbokr.* ˌjɔsip
Joškar-Ola vgl. Joschkar-Ola
Jọslin *engl.* ˈdʒɔslɪn
Jọslowitz ˈjɔslovɪts
Josquin des Prés *fr.* ʒɔskɛ̃deˈpre
Jọssa ˈjɔsa
Josselin *fr.* ʒɔˈslɛ̃
Jọst jo:st
Jostedal[sbre] *norw.* ˌjustəda:l[sbre:]
Jost Van Dyke *engl.* ˈjoʊst væn ˈdaɪk
Jọsua ˈjo:zu̯a
Jọt jɔt
[1]**Jọta** (Buchstabe) ˈjo:ta
[2]**Jọta** (Tanz) *span.* ˈxɔta
Jotazịsmus jotaˈtsɪsmʊs
Jọtham ˈjo:tam
jotịeren joˈti:rən
Jọtunheimen *norw.* ˈjo:tʉnhɛi̯mən
Jọtuni *finn.* ˈjɔtuni
Jö̱tunn ˈjø:tʊn
Jouan *fr.* ʒwã
Jouaust *fr.* ʒwo
Joubẹrt *fr.* ʒuˈbɛ:r
Joué *fr.* ʒwe
Jouffroy *fr.* ʒuˈfrwa
Jouffroy d'Abbans *fr.* ʒufrwadaˈbã:s
Jouhandeau *fr.* ʒuãˈdo
Jouhaud, Jouhaux *fr.* ʒuˈo
Jou-Jou *fr.* ʒuˈʒu
[1]**Joule** (Maß) dʒau̯l, *auch:* dʒu:l, ʒu:l
[2]**Joule** (Name) *engl.* dʒu:l, dʒaʊl, dʒoʊl
Jour ʒu:ɐ̯
Jourdain *fr.* ʒurˈdɛ̃
Jourdan *fr.* ʒurˈdã
Jọure *niederl.* ˈjɔu̯rə
Journaille ʒʊrˈnaljə
Journạl ʒʊrˈna:l, *fr.* ʒurˈnal, *engl.* dʒə:nl
Journalịsmus ʒʊrnaˈlɪsmʊs
Journalịst[ik] ʒʊrnaˈlɪst[ɪk]
Jọutsa *finn.* ˈjɔu̯tsa
Jọutseno *finn.* ˈjɔu̯tsɛnɔ
Jouve *fr.* ʒu:v
Jouvenẹl *fr.* ʒuvˈnɛl
Jouvenẹt *fr.* ʒuvˈnɛ
Jouvẹt *fr.* ʒuˈvɛ
Joux *fr.* ʒu
Jouy *fr.* ʒwi
Jọvan *serbokr.* ˌjɔvan
Jọvanka *serbokr.* ˌjɔva:ŋka
Jovạnović *serbokr.* jɔˌva:nɔvitɕ
Jovellạnos *span.* xoβeˈʎanɔs
joviạl joˈvi̯a:l
Jovialitạ̈t jovi̯aliˈtɛ:t
Joviạnus joˈvi̯a:nʊs
Joviniạnus joviˈni̯a:nʊs
Jọvine *it.* ˈjo:vine
Jọvius ˈjo:vi̯ʊs
Jowett, Jowitt *engl.* ˈdʒaʊɪt
Jọwkow, Jovkov *bulgar.* ˈjɔfkof
Jọxe *fr.* ʒɔks
Jọy[ce] *engl.* dʒɔɪ[s]
Joyeuse *fr.* ʒwaˈjø:z
Jọynson *engl.* dʒɔɪnsn
Jọzef *niederl.* ˈjo:zəf
Józef *poln.* ˈjuzɛf
József *ung.* ˈjo:ʒɛf
j-te ˈjɔtə
[1]**Jụan** (Währung) ˈju:an
[2]**Jụan** (Johann) *span.* xu̯an
Jụana, - la Lọca *span.* ˈxu̯ana, – la ˈloka
Jụan de Fụca *span.* ˈxu̯an de ˈfuka
Jụanes *span.* ˈxu̯anes
Juanịta *span.* xu̯aˈnita
Juanịto *span.* xu̯aˈnito
Juan-les-Pins *fr.* ʒu̯aleˈpɛ̃
Juárez *span.* ˈxu̯areθ
Juàzẹiro *bras.* ʒu̯aˈzei̯ru
Jụba (König von Numidien) ˈju:ba
Jubainvịlle *fr.* ʒybɛ̃ˈvil
Jụbal ˈju:bal
Jubbulpore *engl.* ˈdʒʌbəlpʊə
Jụbel ˈju:bl̩
jụbeln ˈju:bl̩n, **jụble** ˈju:blə
Jubilạr jubiˈla:ɐ̯
Jubilạrin jubiˈla:rɪn
Jubilạte jubiˈla:tə
Jubilạtio jubiˈla:tsi̯o
Jubilatiọn jubilaˈtsi̯o:n
Jubilạ̈um jubiˈlɛ:ʊm
Jụbilee *engl.* ˈdʒu:bɪli:
jubilịeren jubiˈli:rən
Jụbilus ˈju:bilʊs
Jucá *bras.* ʒuˈka
Júcar *span.* ˈxukar
Jụch[art] ˈjʊx[art]
Jụcharte ˈjʊxartə
jụchen ˈjʊxn̩
Jü̱chen ˈjʏçn̩, ˈjy:çn̩
Jụchert ˈjʊxɐt
juchhẹ!, Juchhẹ jʊxˈhe:
juchhei jʊxˈhai̯
juchheirassa! jʊxˈhai̯rasa
juchheirassassa! jʊxˈhai̯rasasa
juchheisa! jʊxˈhai̯za, ...ai̯sa
juchheißa! jʊxˈhai̯sa
Jụchnow, Juhnov *russ.* ˈjuxnɐf
Jụchow ˈju:xo
jụchten, J... ˈjʊxtn̩
jụchzen ˈjʊxtsn̩
jụcken ˈjʊkn̩
Jụd ju:t
Jụda ˈju:da
Judá *port.* ʒuˈða
Judạ̈a juˈdɛ:a
Judạika juˈda:ika
Judaịsmus judaˈɪsmʊs
Judaịst[ik] judaˈɪst[ɪk]
Jụdas ˈju:das, **-se** ...asə
Judd *engl.* dʒʌd
Jụde ˈju:də
Judenau ju:dəˈnau̯
Jụdenburg ˈju:dn̩bʊrk
Judẹnitsch, Judenič *russ.* juˈdjenitʃ
Juderías *span.* xuðeˈrias
Judge *engl.* dʒʌdʒ
Jụdika ˈju:dika
Judikạrien judiˈka:ri̯ən
Judikạt judiˈka:t
Judikatiọn judikaˈtsi̯o:n
judikatọrisch judikaˈto:rɪʃ
Judikatụr judikaˈtu:ɐ̯
Jụdikum ˈju:dikʊm
Jụdin *russ.* ˈjudin
Jü̱din ˈjy:dɪn
jü̱disch ˈjy:dɪʃ
Jụdith ˈju:dɪt, *engl.* ˈdʒu:dɪθ, *fr.* ʒyˈdit
Judịtten juˈdɪtn̩
Judịz juˈdi:ts
judizịeren judiˈtsi:rən
Judịzium juˈdi:tsi̯ʊm, **...ien** ...i̯ən
Jụdo ˈju:do
Judọka juˈdo:ka
Jụdoma *russ.* ˈjudɐmɐ
Judson *engl.* dʒʌdsn
Jụdy *engl.* ˈdʒu:dɪ
Jụel *dän.* ju:ˀl
Juelsminde *dän.* julsˈmenə
Jug *engl.* dʒʌg, *russ.* juk
Jụgend ˈju:gn̩t
jụgendlich ˈju:gn̩tlɪç
Jụgenheim ˈju:gn̩hai̯m
Jụgert ˈju:gɐt
Jü̱gesheim ˈjy:gəshai̯m
Juglạr *fr.* ʒyˈgla:r
Jụgorski Schạr, Jugorskij Šar *russ.* ˈjugɐrskij ˈʃar
Jugọslavija *serbokr.* juˌgɔsla:vija
Jugoslạwe jugoˈsla:və
Jugoslạwien jugoˈsla:vi̯ən
jugoslạwisch jugoˈsla:vɪʃ
Jụgow, Jugov *russ.* ˈjugɐf, *bulgar.* ˈjugof
jugulạr juguˈla:ɐ̯
Jugụrtha juˈgʊrta
jugurthịnisch, J... jugʊrˈti:nɪʃ
Jụhani *finn.* ˈjuhani
Jụhász *ung.* ˈjuha:s
juhẹ! juˈhe:
Juhnov vgl. Juchnow
Jụhor *serbokr.* ˈjuhɔr
Juice dʒu:s, **-s** ˈdʒu:sɪs
Juilly *fr.* ʒyˈji, ʒu̯iˈji
Juin *fr.* ʒu̯ɛ̃
Juist jy:st, *niederl.* jœi̯st
Juịz de Fọra *bras.* ˈʒu̯iz di ˈfɔra
Jujube juˈju:bə
Jujụy *span.* xuˈxui̯
Jukagire jukaˈgi:rə
Jụkebox ˈdʒu:kbɔks

Jukel 'jʊkl̩
Jukon 'ju:kɔn
Jul[a] 'ju:l[a]
Julchen 'ju:lçən
Julei ju'la̯i, *auch:* 'ju:la̯i
Julep 'dʒu:lɛp
Jules *fr.* ʒyl
Julfest 'ju:lfɛst
Jülg jʏlk
Juli 'ju:li; *deutlich* ju'la̯i, *auch:* 'ju:la̯i
Julia 'ju:li̯a, *engl.* 'dʒu:ljə, *fr.* ʒy'lja, *span.* 'xuli̯a
Júlia *port.* 'ʒuli̯a, *bras.* 'ʒuli̯a
Julian ju'li̯a:n, *engl.* 'dʒu:ljən, *poln.* 'juljan
Julián *span.* xu'li̯an
Juliana ju'li̯a:na, *engl.* dʒu:lɪ'ɑ:nə, *niederl.* jy:li:'a:na:, *span.* xu'li̯ana
Juliane ju'li̯a:nə
Julianehåb *dän.* juli'a:nəhɔ:'b
julianisch ju'li̯a:nɪʃ
Juliano *span.* xu'li̯ano
Julianus ju'li̯a:nʊs
Jülich 'jy:lɪç
Julie 'ju:li̯ə, *engl.* 'dʒu:lɪ, *fr.* ʒy'li
Julien *fr.* ʒy'ljɛ̃
Julienne *fr.* ʒy'ljɛn
Julier 'ju:li̯ɐ
Juliet *engl.* 'dʒu:ljət
Juliette *fr.* ʒy'ljɛt, *engl.* dʒu:'ljɛt
Julin ju'li:n
Julio *span.* 'xuli̯o
Júlio *port.*, *bras.* 'ʒuli̯u
julisch, J... 'ju:lɪʃ
Julischka 'ju:lɪʃka
Juliska *ung.* 'juliʃkɔ
Julitta ju'lɪta
Julius 'ju:li̯ʊs, *engl.* 'dʒu:ljəs, *tschech.* 'julius
Juliusz *poln.* 'juljuʃ
Julklapp 'ju:lklap
Jullian *fr.* ʒy'ljã
Jullundur *engl.* 'dʒʌləndə
Julsø *dän.* 'ju:'lsø:'
Jumbo 'jʊmbo; *auch:* 'dʒambo
Jumelage *fr.* ʒym'la:ʒ
Jumet *fr.* ʒy'mɛ
Jumièges *fr.* ʒy'mjɛ:ʒ
Jumilhac-le-Grand *fr.* ʒymijaklə'grã
Jumilla *span.* xu'miʎa
Jumna *engl.* 'dʒʌmnə
Jumneta jʊm'ne:ta
jumpen 'jʊmpn̩; *auch:* 'dʒampn̩
Jumper 'jʊmpɐ; *auch:* 'dʒampɐ, 'dʒɛm...
Junagarh *engl.* dʒʊ'nɑ:gə
Juncal *span.* xuŋ'kal, *port.* ʒuŋ'kal
Junceda *span.* xuŋ'θeða
Juncosa *span.* xuŋ'kosa
Junction *engl.* 'dʒʌŋkʃən
Jundiaí *bras.* ʒundi̯a'i
June[au] *engl.* 'dʒu:n[oʊ]
jung jʊŋ, **jünger** 'jʏŋɐ
Jung (Name) jʊŋ
Jungbauer 'jʊŋba̯uɐ
Jungbunzlau 'jʊŋbʊntsla̯u
Jungdeutschland jʊŋ'dɔ̯ʏtʃlant
Junge 'jʊŋə
Jüngelchen 'jʏŋl̩çən
jungen 'jʊŋən
jünger vgl. jung
Jünger 'jʏŋɐ
Jungfer 'jʊŋfɐ
Jungfernheide 'jʊŋfɐnha̯idə
Jungfernsee 'jʊŋfɐnze:
Jungfrau 'jʊŋfra̯u
jungfräulich 'jʊŋfrɔ̯ʏlɪç
Junggeselle 'jʊŋgəzɛlə
Junghans 'jʊŋhans
Junghuhn 'jʊŋhu:n
jungieren jʊŋ'gi:rən
Jungingen 'jʊŋɪŋən
Jungius 'jʊŋgi̯ʊs
Jungk jʊŋk
Jünglein 'jʏŋla̯in
Jungle *engl.* dʒʌŋgl
Jüngling 'jʏŋlɪŋ
Junglinster jʊŋ'lɪnstɐ
Jungmann 'jʊŋman, *tschech.* 'juŋgman
Jungnickel 'jʊŋnɪkl̩
Jung Siegfried jʊŋ 'zi:kfri:t
jüngst jʏŋst
jüngstens 'jʏŋstn̩s
jüngsthin 'jʏŋst'hɪn
[1]**Juni** (Monat) 'ju:ni; *deutlich* ju'no:, *auch:* 'ju:no
[2]**Juni** (Name) *span.* 'xuni
Junimea *rumän.* ʒu'nime̯a
Junín *span.* xu'nin
junior 'ju:ni̯ɔr
Junior 'ju:ni̯ɔr, **-en** ju'ni̯o:rən
Juniorat juni̯o'ra:t
Junípero *span.* xu'nipero
Juniperus ju'ni:perʊs
Junius 'ju:ni̯ʊs
Jungkar 'jʊŋkar
Junker 'jʊŋkɐ, *russ.* 'junkɪr
Junkermann 'jʊŋkɐman
Junkers 'jʊŋkɐs
Junktim 'jʊŋktɪm
Junktor 'jʊŋktɔr, **-en** ...'to:rən
Junktur jʊŋk'tu:ɐ̯
Jünnan 'jʏnan
[1]**Juno** (Göttin, Planetoid) 'ju:no
[2]**Juno** (Monat Juni; deutlich) ju'no:; *auch:* 'ju:no
Junod *fr.* ʒy'no
junonisch ju'no:nɪʃ
Junot *fr.* ʒy'no
Junqueira *port.* ʒuŋ'ke̯irɐ, *bras.* ʒuŋ'ke̯ira
Junqueiro *port.* ʒuŋ'ke̯iru
Junsele *schwed.* 'junsələ
Junta 'xʊnta, *auch:* 'jʊnta; *span.* 'xunta
Juon *russ.* ju'ɔn
Jüpchen 'jy:pçən
Jupe ʒy:p
Jupille *fr.* ʒy'pij
Jupiter 'ju:pitɐ
Jupon ʒy'põ:
Jupp[iter] 'jʊp[itɐ]
Jüptner 'jʏptnɐ
[1]**Jura** 'ju:ra
[2]**Jura** (Name) 'ju:ra, *engl.* 'dʒʊərə, *fr.* ʒy'ra
Juraj *serbokr.* 'juraj
Jurament jura'mɛnt
Juramento *span.* xura'mento
Jurançon *fr.* ʒyrã'sõ
Juranitsch 'ju:ranɪtʃ
jura novit curia 'ju:ra 'no:vɪt 'ku:ri̯a
jurare in verba magistri ju'ra:rə ɪn 'vɛrba ma'gɪstri
Jurassier ju'rasi̯e
jurassisch ju'rasɪʃ
Jurčič *slowen.* 'ju:rtʃitʃ
Jur'ev vgl. Jurjew
Jur'evec vgl. Jurjewez
Jur'ev Pol'skij vgl. Jurjew Polski
Jurga *russ.* jur'ga
Jürgen 'jʏrgn̩
Jürgensen *dän.* 'jyr'ɣənsən
Juribei, Juribej *russ.* juri'bjej
juridisch ju'ri:dɪʃ
Jurien de la Gravière *fr.* ʒyrjɛ̃dlagra'vjɛ:r
jurieren ju'ri:rən
Jurieu *fr.* ʒy'rjø
Jurin *engl.* 'dʒʊərɪn
Jurinac 'ju:rinats̮
Jurisconsultus jurɪskɔn'zʊltʊs
Jurisdiktion jurɪsdɪk'tsi̯o:n
Jurisprudenz jurɪspru'dɛnts̮
Jurist ju'rɪst
Juristerei jurɪstə'ra̯i
juristisch ju'rɪstɪʃ
Jurjew, Jur'ev *russ.* 'jurjɪf
Jurjewez, Jur'evec *russ.* 'jurjɪvɪts
Jurjew Polski, Jur'ev Pol'skij *russ.* 'jurjɪf 'pɔljskij
Jurjusan, Jurjuzan' *russ.* jurju'zanj
Jurković *serbokr.* 'jurkɔvitɕ
Jurma *russ.* jur'ma
Juror 'ju:rɔr, **-en** ju'ro:rən
Jurte 'jʊrtə
Jurten 'jʊrtn̩
Jurtsche 'jʊrtʃə
Juruá *bras.* ʒu'ru̯a
Juruena *bras.* ʒu'ru̯ena
Jürüke jy'ry:kə
Jury ʒy'ri:, *auch:* 'ʒy:ri:, 'dʒu:ri, 'ju:ri; *fr.* ʒy'ri, *engl.* 'dʒʊəri
[1]**Jus** (Recht) ju:s, **Jura** 'ju:ra
[2]**Jus** (Saft) ʒy:, **des -** ʒy:[s]
Jus ad rem 'ju:s at 'rɛm
Juschno-Kurilsk, Južno-Kuril'sk *russ.* 'juʒnɐku'riljsk

Jụschno-Sachalịnsk, Južno-Sahalinsk *russ.* ˈjuʒnɐsɐxaˈlinsk
Jụschny, Južnyj *russ.* ˈjuʒnɨj
Jụs divịnum ˈju:s diˈvi:nʊm
Jụs gẹntium ˈju:s ˈɡɛntsi̯ʊm
Juskọwiak jʊsˈko:vi̯ak
Jụs naturạle ˈju:s natuˈra:lə
Jụso ˈju:zo
Jụs prịmae nọctis ˈju:s ˈpri:mɛ ˈnɔktɪs
jusqu'au bout *fr.* ʒyskoˈbu
Jụssi *finn.* ˈjussi
Jussiạpe *bras.* ʒuˈsi̯api
Jussieu *fr.* ʒyˈsjø
Jụssiv ˈjʊsi:f, **-e** ...i:və
Jụs strịctum ˈju:s ˈstrɪktʊm
Jụssuf ˈjʊsʊf
jụst jʊst
Jụst jʊst, *engl.* dʒʌst
justamẹnt jʊstaˈmɛnt
Juste *fr.* ʒyst
Juste-milieu *fr.* ʒystmiˈljø
Jụsti ˈjʊsti
Justianiạno *span.* xustiˈni̯ano
Justice *engl.* ˈdʒʌstɪs
justie̲ren jʊsˈti:rən
Justifikatio̲n jʊstifikaˈtsi̯o:n
Justifikatu̲r jʊstifikaˈtu:ɐ̯
justifizie̲ren jʊstifiˈtsi:rən
Justi̲n jʊsˈti:n, *engl.* ˈdʒʌstɪn, *fr.* ʒysˈtɛ̃
Justi̲na jʊsˈti:na
Justi̲ne jʊsˈti:nə, *fr.* ʒysˈtin
Jụstingen ˈjʊstɪŋən
Jụstinger ˈjʊstɪŋɐ
Justinia̲n[us] jʊstiˈni̯a:n[ʊs]
Justi̲no *span.* xusˈtino
Justi̲nus jʊsˈti:nʊs
Justi̲tia jʊsˈti:tsi̯a
justitia̲bel jʊstiˈtsi̯a:bl̩, **...ble** ...blə
Justitia̲r jʊstiˈtsi̯a:ɐ̯
Justitiä̲r jʊstiˈtsi̯ɛ:ɐ̯
Justitia̲rius jʊstiˈtsi̯a:ri̯ʊs, **...ien** ...i̯ən
Justi̲tium jʊsˈti:tsi̯ʊm, **...ien** ...i̯ən
Justi̲z jʊsˈti:ts
Jụsto *span.* ˈxusto
Jụstus ˈjʊstʊs, *niederl.* ˈjʏstʏs
Jutaí *bras.* ʒutaˈi
Ju̲te ˈju:tə
Jü̲te ˈjy:tə
Jü̲terbog ˈjy:tɐbɔk
Ju̲thunge ˈju:tʊŋə
Jutiạpa *span.* xuˈti̯apa
jü̲tisch ˈjy:tɪʃ
Jü̲tland ˈjy:tlant
Jutphaas *niederl.* ˈjʏtfa:s
Jutrọsin *poln.* juˈtrɔɕin
Jụtta ˈjʊta
Jụtte ˈjʊtə
Jutụrna juˈtʊrna
Juvạra *it.* juˈva:ra
Juvena̲l juveˈna:l
Juvénal des Ursins *fr.* ʒyvenaldezyrˈsɛ̃
Juvena̲lis juveˈna:lɪs
juvena̲lisch, J... juveˈna:lɪʃ
Juvẹncus juˈvɛŋkʊs
juveni̲l juveˈni:l
Juvenilịsmus juveniˈlɪsmʊs
Juvenilitä̲t juveniliˈtɛ:t
Juvẹntus juˈvɛntʊs, *it.* juˈvɛntus
Juvisy-sur-Ọrge *fr.* ʒyvizisyrˈɔrʒ
juvivạllera! juviˈvaləra, juviˈfa...
Juwe̲l juˈve:l
Juwelie̲r juveˈli:ɐ̯
Jụx jʊks
jụxen ˈjʊksn̩
Juxon *engl.* dʒʌksn
Jụxta ˈjʊksta
Juxtakompo̲situm jʊkstakɔmˈpo:zitʊm, **...ta** ...ta
Juxtapositio̲n jʊkstapoziˈtsi̯o:n
Juxtapo̲situm jʊkstaˈpo:zitʊm, **...ta** ...ta
Južno-Kuril'sk vgl. Juschno-Kurilsk
Južno-Sahalinsk vgl. Juschno-Sachalinsk
Južnyj vgl. Juschny
Jyderup *dän.* ˈjy:ðərob
Jylland *dän.* ˈjylanˀ
Jytte *dän.* ˈjydə
Jyväskylä *finn.* ˈjyvæskylæ

K

k, K ka:, *engl.* keɪ, *fr.* kɑ
κ, K ˈkapa
Ka̲aba ˈka:aba
Ka̲aden ˈka:dn̩
Kaalund *dän.* ˈkɔ:lonˀ
Ka̲amanen *finn.* ˈkɑ:mɑnɛn
Ka̲an ka:n
Ka̲apstad *afr.* ˈkɑ:pstat
Ka̲arlo *finn.* ˈkɑ:rlɔ
Ka̲arst ka:ɐ̯st
Kaartạ *fr.* kaarˈta
Ka̲as ka:s
Kaba *ung.* ˈkɔbɔ
Kaba̲le kaˈba:lə
Kabalẹwski, Kabalevskij *russ.* kɐbaˈljɛfskij
kabalie̲ren kabaˈli:rən
kabalisie̲ren kabaliˈzi:rən
Kabalịst kabaˈlɪst
Kaba̲lo kaˈba:lo, *fr.* kabaˈlo
Kabardi̲ner kabarˈdi:nɐ
Kabarẹtt kabaˈrɛt, *auch:* ...re:
Kabarettie̲r kabarɛˈti̯e:
Kabarettịst kabarɛˈtɪst
Kabä̲uschen kaˈbɔʏsçən
Kạbbala ˈkabala
Kabbalịst[ik] kabaˈlɪst[ɪk]
Kabbele̲i kabəˈlai̯
kạbbelig ˈkabəlɪç, **-e** ...ɪɡə
kạbbeln ˈkabl̩n, **kạbble** ˈkablə
Kåbdalis *schwed.* ˈkɔbdalis
Ka̲bel ˈka:bl̩
Ka̲beljau ˈka:bl̩jau̯
ka̲beln ˈka:bl̩n, **ka̲ble** ˈka:blə
Ka̲bi ˈka:bi
Kabịnda kaˈbɪnda, *fr.* kabinˈda
Kabi̲ne kaˈbi:nə
Kabinẹtt kabiˈnɛt
Ka̲bis ˈka:bɪs
Ka̲bleschkov, Kableškov *bulgar.* ˈkablɛʃkof
Kablukọw, Kablukov *russ.* kɐbluˈkɔf
Kabota̲ge kaboˈta:ʒə
kabotie̲ren kaboˈti:rən
Ka̲brio ˈka:brio
Kabriolẹtt kabrioˈlɛt
Kabriolimousi̲ne kabriolimuˈzi:nə
Kabụff kaˈbʊf
Kabu̲ki kaˈbu:ki
Kabul kaˈbʊl, *auch:* ˈka:bʊl
Kabu̲se kaˈbu:zə
Kabü̲se kaˈby:zə
Kaby̲le kaˈby:lə
Kabyle̲i kabyˈlai̯
Kabylie *fr.* kabiˈli
Kačalov vgl. Katschalow
Kạčanik *serbokr.* ˈkatʃani:k
Kacarov vgl. Kazarow
Kačenovskij vgl. Katschenowski
Kachẹktiker kaˈxɛktikɐ
kachẹktisch kaˈxɛktɪʃ
Kạchel ˈkaxl̩
kạcheln ˈkaxl̩n
Ka-Chẹm, Ka-Hem *russ.* kaˈxjɛm
Kachexie̲ kaxɛˈksi:, **-n** ...i:ən
Kạchlet ˈkaxlət
Kachọwka, Kahovka *russ.* kaˈxɔfkɐ
Kachọwski, Kahovskij *russ.* kaˈxɔfskij
Kạčić *serbokr.* ˈkatʃitɕ
Kaçkạr *türk.* kɑtʃˈkɑr
kạcken ˈkakn̩
Kácov *tschech.* ˈka:tsɔf
Kács *ung.* ka:tʃ
Kaczkọwski *poln.* katʃˈkɔfski
Kạdaň *tschech.* ˈkadanj
Kádár *ung.* ˈka:da:r
Kadarkút *ung.* ˈkɔdɔrku:t
Kada̲ver kaˈda:vɐ
Kadaveri̲n kadaveˈri:n
Kaddi̲sch kaˈdi:ʃ
Ka̲delburg ˈka:dl̩bʊrk
Kạden-Bandrọwski *poln.* ˈkadɛm banˈdrɔfski
Kadẹnz kaˈdɛnts
kadenzie̲ren kadɛnˈtsi:rən
Ka̲der ˈka:dɐ
Kade̲sch kaˈde:ʃ
Kadẹtt kaˈdɛt
Kadhdha̲fi kaˈda:fi
Ka̲di ˈka:di
Kạdijewka, Kadievka *russ.* ˈkadijɪfkɐ
Kadıköy *türk.* kɑˈdɨkœj

Kadinen ka'di:nən
Kadiz 'ka:dɪts
Kadłubek *poln.* ka'duubɛk
Kadmea kat'me:a
Kadmeia kat'maia
kadmeisch kat'me:ɪʃ
kadmieren kat'mi:rən
Kadmium 'katmiʊm
Kädmon 'kɛ:tmɔn
Kadmos 'katmɔs
Kadmus 'katmʊs
Kadnikow, Kadnikov *russ.* 'kadnikɐf
Kadosa *ung.* 'kɔdoʃɔ
Kadow 'ka:do
Kadschare ka'dʒa:rə
kaduk ka'du:k
kaduzieren kadu'tsi:rən
Kaédi *fr.* kae'di
Kaegi 'kɛ:gi
Kaelble 'kɛlplə
Kaesöng, Kaesong *korean.* kɛsʌŋ
Kafan *russ.* ka'fan
Kafarnaum ka'farnaʊm
Kafarow, Kafarov *russ.* ka'farɐf
Käfer[tal] 'kɛ:fɐ[ta:l]
Kaff kaf
Kaffa ka'fa, '– –
Kaffee 'kafe, *auch:* ka'fe:
Kaffein kafe'i:n
Kaffer 'kafɐ
Kaffitscho ka'fɪtʃo
Kaffraria ka'fra:ria
Kaffzig 'kaftsɪç
Käfig 'kɛ:fɪç, **-e** ...ɪgə
Kafiller ka'fɪlɐ
Kafillerei kafɪlə'rai
Kafir 'ka:fɪr
Kafiristan ka'fi:rɪsta:n, ...tan
Kafka 'kafka
kafkaesk kafka'ɛsk
Kaftan 'kaftan
Käfterchen 'kɛftɐçən
[1]**Kagan** (Ort) *russ.* ka'gan
[2]**Kagan** (Familienname) *russ.* 'kagɐn
Kaganowitsch, Kaganovič *russ.* kɐga'nɔvitʃ
Kagel 'ka:gl̩, *span.* ka'xɛl
Kagemni ka'gɛmni
Kagera ka'ge:ra
Kagoschima kago'ʃi:ma
Kagran ka'gra:n
Kagu 'ka:gu
Kagul *russ.* ka'gul
Ka-Hem vgl. Ka-Chem
kahl, K... ka:l
Kahla 'ka:la
Kahlbaum 'ka:lbaum
Kahle[nberg] 'ka:lə[nbɛrk]
Kahlenbergerdorf 'ka:lənbɛrgɐdɔrf
Kahler 'ka:lɐ
Kähler 'kɛ:lɐ
Kahler Asten 'ka:lɐ 'astn̩
kahlköpfig 'ka:lkœpfɪç, **-e** ...ɪgə
Kahm ka:m
kahmen 'ka:mən
kahmig 'ka:mɪç, **-e** ...ɪgə
[1]**Kahn** ka:n, **Kähne** 'kɛ:nə
[2]**Kahn** (Name) ka:n, *engl.* kɑ:n, *fr.* kan
Kähnchen 'kɛ:nçən
Kähnert 'kɛ:nɐt
Kahnweiler 'ka:nvailɐ
Kahoolawe *engl.* kɑ:hu:'lɑ:wi:
Kahovka vgl. Kachowka
Kahovskij vgl. Kachowski
Kahr ka:ɐ̯
Kahren 'ka:rən
Kahrstedt 'ka:ɐ̯ʃtɛt
Kai[chen] 'kai[çn̩]
Kaieteur Falls *engl.* 'kaɪətʊə 'fɔ:lz
Kaifeng 'kaifɛŋ
Kaik 'ka:ɪk
Kaikos 'ka:ikɔs
Kailas *finn.* 'kɑilɑs
Kaim[an] 'kaim[an]
Kain kain, *auch:* 'ka:ɪn
Kaindl 'kaindl̩
Kaindlmühle kaindl̩'my:lə
Kaindorf 'kaindɔrf
Kainit kai'ni:t, *auch:* ...nɪt
Kainreith 'kainrait
Kainulaiset *finn.* 'kɑinulɑisɛt
Kainz kaints
Kaiphas 'kaifas, *auch:* 'ka:ifas
Kairo 'kairo
Kairoer 'kairoɐ
Kairos kai'rɔs, **...roi** ...'rɔy
Kairouan *fr.* kɛ'rwã
Kairow, Kairov *russ.* ka'irɐf
Kairuan kai'rua:n
Kaisarion kai'za:riɔn
Kaisen 'kaizn̩
Kaiser 'kaizɐ, *engl.* 'kaɪzə
Kaiseraugst 'kaizɐ|aukst
Kaiser-Ebersdorf kaizɐ'|e:bɐsdɔrf
Kaiserfahrt 'kaizɐfa:ɐ̯t
Kaiser-Friedrich-Museum kaizɐ'fri:drɪçmuze:ʊm
Kaiseringen 'kaizərɪŋən
Kaiserinmutter 'kaizərɪn'mʊtɐ
kaiserlich 'kaizɐlɪç
Kaiserling 'kaizɐlɪŋ
Kaisersesch kaizɐs'|ɛʃ
Kaiserslautern kaizɐs'lautɐn
Kaiserstock 'kaizɐʃtɔk
Kaiserstuhl 'kaizɐʃtu:l
Kaiserswaldau kaizɐs'valdau
Kaiserswerth kaizɐs've:ɐ̯t
Kaiserwald 'kaizɐvalt
Kaitz kaits
Kaj *dän.* kai
Kaja 'ka:ja, *dän.* 'kaja
Kajaani *finn.* 'kɑjɑ:ni
Kajafas 'ka:jafas
Kajak 'ka:jak
Kajan *alban.* ka'jan
Kajana *schwed.* ka'jɑ:na
Kajanide kaja'ni:də
Kajanus *schwed.* ka'jɑ:nʊs
Kajdacs *ung.* 'kɔjdɔtʃ
Kaje 'ka:jə
Kajeputbaum kajə'pʊtbaum
Kajetan 'ka[:]jeta:n, – – '–
Kajik 'ka:jɪk
Kajmakčalan *serbokr.* kajmak,tʃala:n
kajolieren kaʒo'li:rən
Kajütdeck ka'jy:tdɛk
Kajüte ka'jy:tə
Kak ka:k
Kakadu 'kakadu
Kakanj *serbokr.* ,kakanj
Kakao ka'kau, *auch:* ka'ka:o
Kakasszék *ung.* 'kɔkɔsse:k
kakeln 'ka:kl̩n
Kakemono kake'mo:no
Kakerbeck 'ka:kɐbɛk
Kakerlak 'ka:kɐlak
Kaki 'ka:ki
Kakidrosis kaki'dro:zɪs
Kakirit kaki'ri:t, *auch:* ...rɪt
Käkisalmi *finn.* 'kækisɑlmi
Kakodyl kako'dy:l
Kakogeusie kakogɔy'zi:
Kakophonie kakofo'ni:, **-n** ...i:ən
Kakophoniker kako'fo:nikɐ
kakophonisch kako'fo:nɪʃ
Kakosmie kakɔs'mi:
Kakostomie kakosto'mi:
Kakowski *poln.* ka'kɔfski
Kakridis *neugr.* kakri'ðis
Kaktee kak'te:ə
Kaktus 'kaktʊs, **-se** ...ʊsə
Kakucs *ung.* 'kɔkutʃ
kakuminal kakumi'na:l
Kál *ung.* ka:l
Kala-Azar 'kala|a'tsar
Kalabasse kala'basə
Kalabrese kala'bre:zə
Kalabreser kala'bre:zɐ
Kalabrien ka'la:briən
Kalabrier ka'la:briɐ
kalabrisch ka'la:brɪʃ
Kalač vgl. Kalatsch
Kalačevskij vgl. Kalatschewski
Kalach 'kalax
Kalač-na-Donu vgl. Kalatsch-na-Donu
Kalaf 'ka:laf
Kalafati kala'fati
Kalahari kala'ha:ri
Kalajoki *finn.* 'kɑlɑjɔki
Kalamä, ...mai *neugr.* ka'lamɛ
Kalamaika kala'maika
Kalamander kala'mandɐ
Kalamarien kala'ma:riən
Kalamazoo *engl.* kæləmə'zu:
Kalamin kala'mi:n
Kalamität kalami'tɛ:t
Kalamiten kala'mi:tn̩
Kalamos 'ka:lamɔs
Kalander ka'landɐ
kalandern ka'landɐn, **kalandre** ka'landrə
Kalandsbrüder 'ka:lantsbry:dɐ
Kalar *russ.* 'kalɐr

Kalarạsch, Kalaraš *russ.* kɐla'raʃ
Kalasantịner kalazan'ti:nɐ
Kalạsche ka'laʃə
kalạschen ka'laʃn̩
Kalasịrier kala'zi:ri̯ɐ
Kalasịris kala'zi:rɪs
Kạlathos 'ka:latɔs, **...thoi** ...tɔy
Kalạtsch, Kalač *russ.* ka'latʃ
Kalatschẹwski, Kalačevskij *russ.* kɐla'tʃɛfskij
Kalạtsch-na-Donụ, Kalač-na-Donu *russ.* ka'latʃnɐda'nu
Kạlau[er] 'ka:lau̯[ɐ]
kạlauern 'ka:lau̯ɐn
Kala̱uria ka'lau̯ri̯a
Kalạus *russ.* ka'laus
Kạlb kalp, **Kạlbes** ...bəs, **Kạ̈lber** 'kɛlbɐ
Kạ̈lbchen 'kɛlpçən
Kạlbe 'kalbə
kạlben 'kalbn̩, **kạlb!** kalp, **kạlbt** kalpt
kạlbern 'kalbɐn, **kạlbre** 'kalbrə
kạ̈lbern 'kɛlbɐn, **kạ̈lbre** 'kɛlbrə
Kalčev vgl. Kaltschew
Kạlchas 'kalças
Kalchẹdon kal'çe:dɔn
Kalchre̱uth kalç'rɔyt
Kạlchu 'kalçu
Kạlcker *niederl.* 'kɑlkər
Kạlckreuth 'kalkrɔyt
Káld *ung.* ka:ld
Kaldạrium kal'da:ri̯ʊm, **...ien** ...i̯ən
Kalda̱une kal'dau̯nə
Kạldenkirchen 'kaldn̩kɪrçn̩
Kaldẹra kal'de:ra
Kạleb 'ka:lɛp, *serbokr.* 'kalɛ:b
Kalebạsse kale'basə
Kaledonịden kaledo'ni:dn̩
Kaledọnien kale'do:ni̯ən
Kaledọnier kale'do:ni̯ɐ
kaledọnisch kale'do:nɪʃ
Kaleidoskọp kalai̯do'sko:p
Kale̱ika ka'lai̯ka
Kalemẹgdan *serbokr.* kalɛˌmɛgdan
kalendạrisch kalɛn'da:rɪʃ
Kalendạrium kalɛn'da:ri̯ʊm, **...ien** ...i̯ən
Kalẹnden ka'lɛndn̩
Kalẹnder ka'lɛndɐ
Kạlenter 'kalɛntɐ
Kalẹsche ka'lɛʃə
Kalẹty *poln.* ka'lɛtɨ
Kạlevala *finn.* kɑlɛvɑlɑ
Kạlewala 'kalevala
Kạlf *niederl.* kɑlf
Kạlfa *türk.* 'kɑlfɑ
Kálfafell *isl.* 'kau̯lvafjɛdl
Kálfafellsstaður *isl.* 'kau̯lvafɛdlsta:ðʏr
Kalfạkter kal'faktɐ
Kalfạktor kal'faktɔr, **-en** kalfak'to:rən
kalfạtern kal'fa:tɐn
Kalfạthammer kal'fa:thamɐ
Kạlff *niederl.* kɑlf
Kạlfow, Kalfov *bulgar.* 'kalfof
Kalgan 'kalgan, kal'ga:n
Kalgoorlie *engl.* kæl'gʊəlɪ
Kạli 'ka:li
Kaliạn ka'li̯a:n
Kạliban 'kaliban
Kalịber ka'li:bɐ
Kalibreur kali'brø:ɐ̯
kalibrie̱ren kali'bri:rən
...kalibrig (z. B. kleinkalibrig) ...kaˌli:brɪç, **-e** ...ɪgə
Kalidạsa kali'da:za
Kalịf ka'li:f
Kalifạt kali'fa:t
Kalifọrnien kali'fɔrni̯ən
Kalifọrnier kali'fɔrni̯ɐ
kalifọrnisch kali'fɔrnɪʃ
Kalifọrnium kali'fɔrni̯ʊm
Kalịgula ka'li:gula
Kạliko 'kaliko
Kạlikut 'kalikʊt
Kalịle u Dịmne ka'li:lə u: 'dɪmnə, *pers.* kæli'le o dem'ne
Kalimạntan *indon.* kali'mantan
Kạlimnos *neugr.* 'kalimnɔs
Kalịna *russ.* ka'linɐ
Kalịnin *russ.* ka'linin
Kaliningrạd *russ.* kɐlinin'grat
Kalịnka *russ.* ka'linkɐ
Kalịnkowitschi, Kalinkoviči *russ.* ka'linkɐvitʃi
Kalịnnikow, Kalinnikov *russ.* ka'linnikɐf
[1]**Kalinọwski** *poln.* kali'nɔfski
[2]**Kalinọwski, Kalinovskij** *russ.* kɐli'nɔfskij
Kalịr ka'li:ɐ̯
Kạlisch 'ka:lɪʃ
Kalispell *engl.* 'kælɪspɛl
Kạlisz *poln.* 'kaliʃ
Kạlisz Pomọrski *poln.* 'kaliʃ pɔ'mɔrski
Kalitwạ, Kalitva *russ.* kɐlit'va
Kạlium 'ka:li̯ʊm
Kaliụn ka'li̯u:n
Kạlix *schwed.* 'kɑ:liks
Kalịxt ka'lɪkst
Kalixtịner kalɪks'ti:nɐ
Kalịxtus ka'lɪkstʊs
Kaljạsin, Kaljazin *russ.* ka'ljazin
Kạlk kalk
Kalkạneus kal'ka:neʊs, **...ei** ...ei
Kalkạnt kal'kant
Kạlkar 'kalkar, *niederl.* 'kɑlkɑr
Kalkariurie kalkari̯u'ri:, **-n** ...i:ən
Kạlkberg 'kalkbɛrk
Kạlkbrenner 'kalkbrɛnɐ
kạlken 'kalkn̩
Kạlken *niederl.* 'kɑlkə
kạ̈lken 'kɛlkn̩
Kạlkhorst 'kalkhɔrst
kạlkig 'kalkɪç, **-e** ...ɪgə
Kạlkkögel 'kalkkø:gl̩
Kalkoolith kalkoo'li:t, *auch:* ...lɪt
Kalkü̱l kal'ky:l
Kalkulatiọn kalkula'tsi̯o:n
Kalkulạtor kalku'la:tɔr, **-en** ...la'to:rən
kalkulatọrisch kalkula'to:rɪʃ
kalkulie̱ren kalku'li:rən
Kạlkum 'kalkʊm
Kalkụtta kal'kʊta
kalkụttisch kal'kʊtɪʃ
Kạlla 'kala
Kállai *ung.* 'ka:llɔi
Kållandsö *schwed.* kɔlands'ø:
Kạllas *finn.* 'kɑllɑs
Kạllavesi *finn.* 'kɑllɑvɛsi
Kállay *ung.* 'ka:llɔi
Kạlle 'kalə
Kạllela *schwed.* 'kaləla
Kallenhạrdt kalən'hart
Kạller 'kalɐ
Kạllias 'kali̯as
Kallie̱s ka'li:s
Kalligrạph kali'gra:f
Kalligraphie̱ kaligra'fi:
Kallịkrates ka'li:kratɛs
Kallịmachos ka'li:maxɔs
Kallịna ka'li:na
Kallịnos ka'li:nɔs
Kallinọwen kali'nɔvn̩
Kạllio *finn.* 'kɑlliɔ
Kallịope ka'li:ope
Kallipygos kali'py:gɔs, ka'li:pygɔs
Kallịsthenes ka'lɪstenɛs
Kallịsto ka'lɪsto
Kallịstus ka'lɪstʊs
Kalliwoda kali'vo:da, '––––
Kạllmorgen 'kalmɔrgn̩
Kạllmut 'kalmu:t
Kálló *ung.* 'ka:llo:
kallö̱s ka'lø:s, **-e** ...ø:zə
Kallo̱se ka'lo:zə
Kạllus 'kalʊs, **-se** ...ʊsə
Kạlman 'kalman
Kálmán *ung.* 'ka:lma:n
Kálmáncsa *ung.* 'ka:lma:ntʃɔ
Kalmansọn, Kal'manzon *russ.* kɐljman'zɔn
[1]**Kạlmar** (Tier) 'kalmar, **...a̱re** ...'ma:rə
[2]**Kạlmar** (Stadt) *schwed.* 'kalmar
Kạlmarer 'kalmarɐ
kalma̱risch kal'ma:rɪʃ
Kạlmäuser 'kalmɔyzɐ
Kạlme 'kalmə
kalmie̱ren kal'mi:rən
Kạlmit 'kalmɪt
Kạlmius, Kal'mius *russ.* 'kaljmius
Kạlmthout *niederl.* 'kɑlmthɔu̯t
Kalmụck kal'mʊk
Kalmụ̈ck[e] kal'mʏk[ə]
Kạlmus 'kalmʊs, **-se** ...ʊsə
Kalmykọwo, Kalmykovo *russ.* kɐlmɨ'kɔvɐ

Kạlnik *serbokr.* 'ka:lni:k
Kálnoky *ung.* 'ka:lnoki
Kạlnyn, Kalnyn' *russ.* 'kalnɨnj
Kạlo 'ka:lo
Kạlø *dän.* 'kalø:ˀ
Kalobiọtik kalo'bi̯o:tɪk
Kálócfa *ung.* 'ka:lo:tsfɔ
Kalocsa[y] *ung.* 'kɔlotʃɔ[i]
Kalodẹrma Ⓦ kalo'dɛrma
Kalọfer *bulgar.* ka'lɔfɛr
Kaloikagathoi kalɔykaga'tɔy
Kalokagathie kalokaga'ti:
Kạlomel 'ka:lomɛl
Kalorie kalo'ri:, **-n** ...i:ən
Kalorifẹr kalori'fe:ɐ̯
Kalọrik ka'lo:rɪk
Kalorimẹter kalori'me:tɐ
Kalorimetrie kalorime'tri:
kalorimẹtrisch kalori'me:trɪʃ
kalọrisch ka'lo:rɪʃ
kalorisieren kalori'zi:rən
Kalọtte ka'lɔtə
Káloz *ung.* 'ka:loz
Kalpak 'kalpak, *auch:* –'–
Kạlsching 'kalʃɪŋ
Kạlsdorf 'kalsdɔrf
kạlt kalt, **kạ̈lter** 'kɛltɐ
Kạltblüter 'kaltbly:tɐ
kạltblütig 'kaltbly:tɪç, **-e** ...ɪgə
Kạ̈lte 'kɛltə
kạlten 'kaltn̩
kạ̈lten 'kɛltn̩
Kaltenbrụnn kaltn̩'brʊn
Kaltenẹber kaltn̩'|e:bɐ
Kaltenẹck kaltn̩'|ɛk
Kạltenhof 'kaltn̩ho:f
Kaltennọrdheim kaltn̩'nɔrthai̯m
kälter vgl. kalt
Kalterhẹrberg kaltɐ'hɛrbɛrk
Kạltern 'kaltɐn
Kạlthoff 'kalthɔf
Kạltschew, Kalčev *bulgar.* 'kaltʃɛf
Kalụga *russ.* ka'lugɐ
Kalumbin kalʊm'bi:n
Kalumẹt kalu'mɛt, *fr.* kaly'mɛ
Kalumniạnt kalʊmni'ant
Kålund *dän.* 'kɔ:lon
Kalundbọrg *dän.* kalon'bɔrˀ
Kalụppe ka'lʊpə
Kạlusch, Kaluš *russ.* 'kaluʃ
Kałụszyn *poln.* ka'u̯uʃɨn
Kalvạria kal'va:ri̯a, **...ien** ...i̯ən
Kalvạrienberg kal'va:ri̯ənbɛrk
Kạlveboderne *dän.* 'kal[v]əbo:ðərnə
Kạlvehave *dän.* 'kaləha:və
Kalvịll[e] kal'vɪl[ə]
kalvịnisch, K... kal'vi:nɪʃ
Kalvinịsmus kalvi'nɪsmʊs
Kalvinịst kalvi'nɪst
Kạlvos *neugr.* 'kalvɔs
Kạlw kalf
Kalwạria Zebrzydọwska *poln.* kal'varja zɛbʒɨ'dɔfska
Kạlwer 'kalvɐ
Kalydon 'ka:lydɔn, kaly'do:n
kalydọnisch kaly'do:nɪʃ
Kạlym 'ka:lʏm
Kạlymnos *neugr.* 'kalimnɔs
Kalỵpso ka'lʏpso
Kalỵptra ka'lʏptra
Kalyptrogẹn kalʏptro'ge:n
Kalzạn Ⓦ kal'tsa:n
Kalzeolạrie kaltseo'la:ri̯ə
kalzifụg kaltsi'fu:k, **-e** ...u:gə
Kạlzig 'kaltsɪç
Kalzinatiọn kaltsina'tsi̯o:n
kalzinieren kaltsi'ni:rən
Kalzinọse kaltsi'no:zə
kalziphịl kaltsi'fi:l
Kalzit kal'tsi:t, *auch:* ...tsɪt
Kạlzium 'kaltsi̯ʊm
kạm ka:m
Kám *ung.* ka:m
Kạma 'ka:ma, *russ.* 'kamɐ
Kamadẹwa kama'de:va
Kamakụra kama'ku:ra
Kamạl *russ.* ka'mal
Kamaldulẹnser kamaldu'lɛnzɐ
Kạmann 'ka:man
Kamạres ka'ma:rɛs
Kamarịlla kama'rɪlja, *auch:* ...'rɪla; *span.* kama'riʎa
Kamasụtra kama'zu:tra
Kạmba 'kamba
Kạmban *isl.* 'kamban
Kambạrka *russ.* kam'barkɐ
kambiạl kam'bi̯a:l
kambieren kam'bi:rən
Kạmbio 'kambi̯o, **...bi** ...bi
Kạmbium 'kambi̯ʊm, **...ien** ...i̯ən
Kambọdscha kam'bɔdʒa
Kambodschạner kambo'dʒa:nɐ
kambodschạnisch kambo'dʒa:nɪʃ
Kạmbrik 'kambrɪk, *engl.* 'keɪmbrɪk
kạmbrisch 'kambrɪʃ
Kạmbrium 'kambriʊm
Kạmburg 'kambʊrk
Kambỵses kam'by:zɛs
Kamčatka vgl. Kamtschatka
Kamčija vgl. Kamtschija
kạ̈me 'kɛ:mə
Kamẹe ka'me:ə
Kamẹgg ka'mɛk
Kamẹl ka'me:l
Kạ̈melgarn 'kɛ:ml̩garn
Kamẹlie ka'me:li̯ə
Kamẹllen ka'mɛlən
Kamẹllie ka'mɛli̯ə
Kamelopạrd kamelo'part, **-e** ...rdə
Kamelọtt kamə'lɔt
Kạmen 'ka:mən, *serbokr.* 'kamɛ:n
Kamẹne ka'me:nə
Kạmenew, Kamenev *russ.* 'kamɪnɪf
Kạmenez-Podọlski, Kamenec-Podol'skij *russ.* 'kamɪnɪtspa'dɔljskij
Kạmengrad *serbokr.* 'kamɛŋgra:d
Kạmenica *serbokr.* 'kamɛnitsa
Kạmenice *tschech.* 'kamɛnjitsɛ
Kamẹnjak *serbokr.* ka,mɛnja:k
Kạmenka *russ.* 'kamɪnkɐ
Kạmenka-Bụgskaja *russ.* 'kamɪnkɐ'bukskɐjɐ
Kạmen-Kaschirski, Kamen'-Kaširskij *russ.* 'kamɪnjka'ʃɨrskij
Kạmen-na-Obị, Kamen'-na-Obi *russ.* 'kamɪnjnɐ'bi
Kamennogọrsk *russ.* kɐmɪnna'gɔrsk
Kạmenowa, Kamenova *bul.* 'kamɛnova
Kamẹnski, Kamenskij *russ.* ka'mjɛnskij
Kạmensk-Schạchtinski, Kamensk-Šahtinskij *russ.* 'kamɪnsk'ʃaxtinskij
Kạmensk-Urạlski, Kamensk-Ural'skij *russ.* 'kamɪnsku'raljskij
Kạmený Újezd *tschech.* 'kamɛni: 'u:jɛst
Kạmenz (Dresden) 'ka:mɛnts
Kamera 'kamәra, *auch:* 'ka:m...
Kamerạd kamə'ra:t, **-en** ...a:dn̩
Kameraderie kamәradə'ri:, **-n** ...i:ən
Kamerạdschaft kamə'ra:tʃaft
Kamerạlien kame'ra:li̯ən
Kameralịst[ik] kamera'lɪst[ɪk]
Kạmerik *niederl.* 'ka:mərɪk
Kạmerlingh [Ọnnes] *niederl.* 'ka:mərlɪŋ ['ɔnəs]
Kamerun 'kaməru:n, 'ka:...; kamə'ru:n
Kạmes 'ka:məs, *engl.* keɪmz
Kạmi 'ka:mi
Kamiẹniec Ząbkowịcki *poln.* ka'mjɛnjɛts zɔmpkɔ'vitski
Kạmień Krajẹński *poln.* 'kamjɛi̯n kra'jɛi̯ski
Kamiẹnna Góra *poln.* ka'mjɛnna 'gura
Kạmień Pomọrski *poln.* 'kamjɛi̯n pɔ'mɔrski
kamieren ka'mi:rən
Kamịlla ka'mɪla
Kamịlle ka'mɪlə
Kamilliạner kamɪ'li̯a:nɐ
Kamịllo ka'mɪlo
Kamịllus ka'mɪlʊs
Kamin ka'mi:n
kaminieren kami'ni:rən
Kamịnski ka'mɪnski
Kamisạrde kami'zardə
Kamisọl kami'zo:l
Kamisö̩lchen kami'zø:lçən
Kạmitz 'ka:mɪts
Kamloops *engl.* 'kæmlu:ps
Kạmm kam, **Kạ̈mme** 'kɛmə
Kạmmacher 'kammaxɐ
Kạ̈mmchen 'kɛmçən
Kạ̈mmelgarn 'kɛml̩garn
kạ̈mmeln 'kɛml̩n

kämmen 'kɛmən
Kammer 'kamɐ
Kämmerchen 'kɛmɐçən
Kämmerei kɛmə'rai
Kammerling 'kamɐlɪŋ
Kämmerling 'kɛmɐlɪŋ
Kammersee 'kamɐze:
Kammin ka'mi:n
Kämmling 'kɛmlɪŋ
Kamnitz[er] 'kamnɪts[ɐ]
Kamöne ka'mø:nə
Kamorra ka'mɔra
Kamos ka'mo:s
Kamose ka'mo:ze
Kamp kamp
Kampagne kam'panjə
Kampala kam'pa:la
Kampania kam'pa:nia
Kampanien kam'pa:niən
Kampanile kampa'ni:lə
Kampanje kam'panjə
Kampanula kam'pa:nula
Kampar *indon.* 'kampar
Kämpe 'kɛmpə
Kampelei kampə'lai
kampeln 'kampl̩n
Kampen 'kampn̩, *niederl.* 'kɑmpə
Kampenhout *niederl.* 'kɑmpənhɔut
Kampenwand 'kampn̩vant
Kamperduin *niederl.* kɑmpər'dœin
Kampereilanden *niederl.* kɑmpər'ɛilɑndə
Kamperland *niederl.* 'kɑmpərlɑnt
Kampescheholz kam'pɛʃəhɔlts
Kämpeviser 'kɛmpəvi:zɐ
Kampf kampf, **Kämpfe** 'kɛmpfə
kämpfen 'kɛmpfn̩
Kampfer 'kampfɐ
Kämpfer 'kɛmpfɐ
kampieren kam'pi:rən
Kamp-Lintfort kamp'lɪntfɔrt
Kampong 'kampɔŋ
Komposanto kampo'zanto
Kamptz kampts
kampylotrop kampylo'tro:p
Kampyses *neugr.* kam'bisis
Kamsin kam'zi:n
Kamtschadale kamtʃa'da:lə
Kamtschatka, Kamčatka kam'tʃatka, *russ.* kam'tʃatkɐ
Kamtschija, Kamčija *bulgar.* 'kamtʃija
Kamuffel ka'mʊfl̩
Kamýk *tschech.* 'kami:k
Kamyschin, Kamyšin *russ.* ka'mɨʃɨn
Kamyschlow, Kamyšlov *russ.* kamɨʃ'lɔf
Kan *russ.* kan, *türk.* kɑn
Kana 'ka:na
Kána *tschech.* 'ka:na
Kanaan 'ka:naan
kanaanäisch kanaa'nɛ:ɪʃ
Kanaaniter kanaa'ni:tɐ
kanaanitisch kanaa'ni:tɪʃ
Kanada 'kanada
Kanadier ka'na:diɐ
kanadisch ka'na:dɪʃ
Kanaille ka'naljə
Kanake ka'na:kə
Kanaker *russ.* kɐna'kjɛr
Kanal ka'na:l, **Kanäle** ka'nɛ:lə
Kanälchen ka'nɛ:lçən
Kanalisation kanaliza'tsio:n
kanalisieren kanali'zi:rən
kananäisch kana'nɛ:ɪʃ
Kananiter kana'ni:tɐ
Kanapee 'kanape
Kanaren ka'na:rən
Kanares *neugr.* ka'naris
Kanari ka'na:ri
Kanarienvogel ka'na:riənfo:gl̩
Kanarier ka'na:riɐ
Kanaris *neugr.* ka'naris
kanarisch ka'na:rɪʃ
Kanasawa kana'za:va
Kanasch, Kanaš *russ.* ka'naʃ
Kanaster ka'nastɐ
Kanawha *engl.* kə'nɔ:wə
Kancsianu kan'tʃa:nu
Kańczuga *poln.* kain'tʃuga
Kandahar kanda'ha:ɐ̯
Kandahar-Rennen 'kandaharrɛnən
Kandalakscha, Kandalakša *russ.* kɐnda'lakʃɐ
Kandangan *indon.* kan'daŋan
Kandare kan'da:rə
Kandaules kan'daulɛs
Kandel 'kandl̩
Kandelaber kande'la:bɐ
kandeln 'kandl̩n, **...dle** ...dlə
Kander[n] 'kandɐ[n]
Kandersteg 'kandɐʃte:k
Kandestederne *dän.* 'kanəsdɛ:ðərnə
Kandia 'kandia
Kandida 'kandida
Kandidat kandi'da:t
Kandidatur kandida'tu:ɐ̯
kandidieren kandi'di:rən
Kandidus 'kandidʊs
kandieren kan'di:rən
Kandinski, Kandinskij *russ.* kan'dinskij
Kandinsky kan'dɪnski
Kandiote kan'dio:tə
Kandis 'kandɪs
Kanditen kan'di:tn̩
Kändler 'kɛndlɐ
Kandó *ung.* 'kɔndo:
Kandschar kan'dʒa:r
Kandschur 'kandʒʊr
Kandy *engl.* 'kændɪ
Kane *engl.* keɪn
Kaneel ka'ne:l
Kanellopulos *neugr.* kanɛ'lɔpulɔs
Kanem *fr.* ka'nɛm
Kanena ka'ne:na
Kanephore kane'fo:rə
Kanevas 'kanəvas, **-se** ...asə
kanevassen 'kanəvasn̩, **...aßne** ...asnə
Kanew, Kanev *russ.* 'kanɪf
Kang kaŋ
Kangar *indon.* 'kaŋar
Kangaroo Island *engl.* 'kæŋgəru: 'aɪlənd
Kanggie, Kanggye *korean.* kaŋgje
Kangnung *korean.* kaŋnɨŋ
Känguruh 'kɛŋguru
Kanibadam *russ.* kɐniba'dam
Kaniden ka'ni:dn̩
Kanin[chen] ka'ni:n[çən]
Kanin Nos *russ.* 'kanin 'nɔs
Kanischka ka'nɪʃka
Kanisius ka'ni:ziʊs
Kaniška Iva *serbokr.* ˌkaniʃka: ˌi:va
Kanister ka'nɪstɐ
Kanitz 'ka:nɪts
Kaniža *serbokr.* ˌka:niʒa
Kanižlić *serbokr.* kaˌniʒlitɕ
Kanizsavár *ung.* 'kɔniʒɔva:r
Kanjiža *serbokr.* ˌkanjiʒa
Kankakee *engl.* kæŋkə'ki:
Kankan *fr.* kã'kã
Kanker 'kaŋkɐ
Kankiang 'kaŋkiaŋ
Kankrin *russ.* kan'krin
Kankroid kaŋkro'i:t, **-e** ...i:də
kankrös kaŋ'krø:s, **-e** ...ø:zə
kann kan
Kanna 'kana
Kannä 'kanɛ
Kannada 'kanada
Kannapolis *engl.* kə'næpəlɪs
Kännchen 'kɛnçən
Kanne[bäckerland] 'kanə[bɛkɐˌlant]
Kannegießer 'kanəgi:sɐ
kannegießern 'kanəgi:sɐn
Kännel 'kɛnl̩
kannelieren kanə'li:rən
Kannelur kanə'lu:ɐ̯
Kannelüre kanə'ly:rə
Kannenbäckerland 'kanənbɛkɐˌlant
kannensisch ka'nɛnzɪʃ
Kannibale kani'ba:lə
kannibalisch kani'ba:lɪʃ
Kannibalismus kaniba'lɪsmʊs
Kannitverstan ka'nɪtfɛɐ̯ʃta:n
kannte 'kantə
Kano 'ka:no
Kanoldt 'ka:nɔlt
Kanon 'ka:nɔn, **-es** 'ka:none:s
Kanonade kano'na:də
Kanone ka'no:nə
Kanonier kano'ni:ɐ̯
kanonieren kano'ni:rən
Kanonik ka'no:nɪk
Kanonikat kanoni'ka:t
Kanoniker ka'no:nikɐ
Kanonikus ka'no:nikʊs
Kanonisation kanoniza'tsio:n
kanonisch ka'no:nɪʃ

kanonisi̲e̲ren kanoni'zi:rən
Kanonịsse kano'nɪsə
Kanonịssin kano'nɪsɪn
Kanonịst kano'nɪst
Kano̲pe ka'no:pə
Känophytikum kɛno'fy:tikʊm
Kano̲pos ka'no:pɔs
Kano̲pus ka'no:pʊs
Kanọssa ka'nɔsa
Känozo̲ikum kɛno't͜so:ikʊm
känozo̲isch kɛno't͜so:ɪʃ
Kanpur *engl.* kɑ:n'pʊə
Kạnsas 'kanzas, *engl.* 'kænzəs
Kạnsk *russ.* kansk
Kạ̈nsö *schwed.* ˌtɕɛnsø:
Kạnsu 'kanzu
Kạnt kant
kanta̲bel kan'ta:bl̩, **...ble** ...blə
Kanta̲bile kan'ta:bilə, ...le
Kantabilitä̲t kantabili'tɛ:t
Kantabrer kan'ta:brɐ, *auch:* 'kantabrɐ
Kanta̲brien kan'ta:bri̯ən
kanta̲brisch kan'ta:brɪʃ
Kantakuzenọs *neugr.* kandakuzi'nɔs
Kạntala 'kantala
Kanta̲r kan'ta:ɐ̯
Kanta̲te kan'ta:tə
Kạnte 'kantə
Kạntel 'kantl̩
Kạntele 'kantələ, *finn.* 'kɑntɛlɛ
kạnteln 'kantl̩n
Kantemi̲r *russ.* kɐntɪ'mir
kạnten, K... 'kantn̩
[1]**Kạnter** (Gestell) 'kantɐ
[2]**Kanter** (Galopp) 'kantɐ, *auch:* 'kɛntɐ
kạntern 'kantɐn, *auch:* 'kɛntɐn
Kạnthaken 'kantha:kn̩
Kanthari̲de kanta'ri:də
Kantharidi̲n kantari'di:n
Kạntharos 'kantarɔs, **...roi** ...rɔy̆
Kantia̲ner kan'ti̯a:nɐ
Kantianịsmus kanti̯a'nɪsmʊs
kạntig 'kantɪç, **-e** ...ɪgə
Kantile̲ne kanti'le:nə
Kantịlle kan'tɪlə
Kanti̲ne kan'ti:nə
Kanti̲r kan'ti:ɐ̯
kạntisch, K... 'kantɪʃ
[1]**Kanto̲n** (Bezirk) kan'to:n
[2]**Kạnton** (chin. Stadt) 'kantɔn
kantona̲l kanto'na:l
Kantö̲nchen kan'tø:nçən
Kantonie̲re kanto'ni̯e:rə, ...'ni̯ɛ:rə
kantoni̲e̲ren kanto'ni:rən
Kantonịst kanto'nɪst
Kantö̲nligeist kan'tø:nligai̯st
Kantonnement kantɔnə'mã:
[1]**Kạntor** 'kantɔr, **-en** kan'to:rən
[2]**Kạntor** (Name) *dt., poln.* 'kantɔr, *engl.* 'kæntə
Kantora̲t kanto'ra:t
Kantore̲i̲ kanto'rai̯
Kanto̲rowicz kan'to:rovɪt͜ʃ
Kantschindschạnga kant͜ʃɪn'd͜ʒaŋga
Kạntschu 'kant͜ʃu
Kạntus 'kantʊs, **-se** ...ʊsə
Kạnu 'ka:nu, *auch:* ka'nu:
Kanü̲le ka'ny:lə
Kanu̲ri ka'nu:ri
Kanu̲t[e] ka'nu:t[ə]
Kánya[vár] *ung.* 'ka:njɔ[va:r]
Kạnzach 'kant͜sax
Kạnzel 'kant͜sl̩
Kanzellaria̲t kant͜sɛla'ri̯a:t
Kanzẹllen kan't͜sɛlən
kanzelli̲e̲ren kant͜sɛ'li:rən
Kạnzem 'kant͜sm̩
kanzeroge̲n kant͜sero'ge:n
Kanzle̲i̲ kant͜s'lai̯
Kạnzler 'kant͜slɐ
Kanzlịst kant͜s'lɪst
Kanzo̲ne kan't͜so:nə
Kanzonẹtta kant͜so'nɛta
Kanzonẹtte kant͜so'nɛtə
Kaolạck *fr.* kaɔ'lak
Kaoli̲n kao'li:n
kaolinisi̲e̲ren kaolini'zi:rən
Kaolinit kaoli'ni:t, *auch:* ...nɪt
Kạp kap
kapa̲bel ka'pa:bl̩, **...ble** ...blə
Kapa̲u̲n ka'pau̯n
kapa̲u̲nen ka'pau̯nən
kapaunisi̲e̲ren kapau̯ni'zi:rən
Kapazitä̲t kapat͜si'tɛ:t
kapazitati̲v kapat͜sita'ti:f, **-e** ...i:və
Kap Blạnco kap 'blaŋko
Kapeado̲r kapea'do:ɐ̯
Kape̲e̲ ka'pe:
Kạpela *serbokr.* 'kapɛla
Kapela̲n kapə'la:n
Kapẹlla ka'pɛla
[1]**Kapẹlle** ka'pɛlə
[2]**Kapẹlle** (Name) *niederl.* kɑ'pɛlə
Kapẹllen ka'pɛlən, *niederl.* kɑ'pɛlə
kapelli̲e̲ren kapɛ'li:rən
Kapẹlln ka'pɛln
Ka̲per 'ka:pɐ
Kapere̲i̲ ka:pə'rai̯
ka̲pern 'ka:pɐn
Kapẹrnaum ka'pɛrnaʊm
Kapetinger 'ka:petɪŋɐ, *auch:* 'kap...
Kap Farvẹl *dän.* kab far'vɛl
Kạpfau 'kapfau̯
Kạpfenberg 'kapfn̩bɛrk
Kaphạrnaum ka'farnaʊm
Kạpherr 'kaphɛr
Ka̲phis 'ka:fɪs
Kapica vgl. Kapiza
kapi̲e̲ren ka'pi:rən
kapilla̲r kapɪ'la:ɐ̯
Kapilla̲re kapɪ'la:rə
Kapillaritä̲t kapɪlari'tɛ:t
Kapilli̲tium kapɪ'li:t͜si̯ʊm, **...ien** ...i̯ən
kapita̲l, K... kapi'ta:l
Kapitä̲l[chen] kapi'tɛ:l[çən]
Kapita̲le kapi'ta:lə
Kapita̲lis kapi'ta:lɪs
Kapitalisatio̲n kapitaliza't͜si̯o:n
kapitalisi̲e̲ren kapitali'zi:rən
Kapitalịsmus kapita'lɪsmʊs
Kapitalịst kapita'lɪst
Kapitä̲n[leutnant] kapi'tɛ:n[lɔy̆tnant]
Kapịtel ka'pɪtl̩
Kapitẹll kapi'tɛl
kapịteln ka'pɪtl̩n
Kapito̲l kapi'to:l
kapitoli̲nisch kapito'li:nɪʃ
Kapitọn *russ.* kɐpi'tɔn
Kapitulạnt kapitu'lant
Kapitula̲r kapitu'la:ɐ̯
Kapitula̲rien kapitu'la:ri̯ən
Kapitulatio̲n kapitula't͜si̯o:n
kapituli̲e̲ren kapitu'li:rən
Kạpitza 'kapɪt͜sa
Kapịza, Kapica *russ.* ka'pit͜sɐ
Kạplaken 'kaplakn̩
[1]**Kapla̲n** ka'pla:n, **Kaplä̲ne** ka'plɛ:nə
[2]**Kaplan** (Name) 'kaplan, *engl.* 'kæplən
Kạpland 'kaplant
Kạplanturbine 'kaplantʊrbi:nə
Kạplice *tschech.* 'kaplitsɛ
Kạplitz 'kaplɪt͜s
Kapnịst *russ.* kap'nist
Kạpo 'kapo
Kapodạster kapo'dastɐ
Kapodịstrias *neugr.* kapɔ'ðistrias
Kạpok 'kapɔk, 'ka:pɔk
Kápolna *ung.* 'ka:polnɔ
Kápolnásnyék *ung.* 'ka:polna:ʃnje:k
Kapoly *ung.* 'kɔpoj
Kaponnie̲re kapɔ'ni̯e:rə, ...'ni̯ɛ:rə
kapo̲res ka'po:rəs
Kapos[vár] *ung.* 'kɔpoʃ[va:r]
Kapọtte ka'pɔtə
Kạpp *dt., russ.* kap, *engl.* kæp
Kạ̈pp kɛp
Kạppa 'kapa
Kappado̲kien kapa'do:ki̯ən
Kappado̲kier kapa'do:ki̯ɐ
kappado̲kisch kapa'do:kɪʃ
Kappado̲zien kapa'do:t͜si̯ən
Kappado̲zier kapa'do:t͜si̯ɐ
kappado̲zisch kapa'do:t͜sɪʃ
Kạ̈ppchen 'kɛpçən
Kạppe 'kapə
Kạppel[n] 'kapl̩[n]
Kappelshạmn *schwed.* kapəls'hamn
kạppen 'kapn̩
Kạppes 'kapəs
Kạpphahn 'kapha:n
Kạ̈ppi 'kɛpi
Kạppus 'kapʊs
Ka̲pri 'ka:ri
Kaprịccio ka'prɪt͜ʃo
Kapri̲ce ka'pri:sə
Kaprifikatio̲n kaprifika't͜si̯o:n

Kaprifoliazeen kaprifoli̯a'tse:ən
Kaprijke *niederl.* 'kɑprɛi̯kə
Kapriole kapri'o:lə
kapriolen kapri'o:lən
Kaprize ka'pri:tsə
kaprizieren kapri'tsi:rən
kapriziös kapri'tsi̯ø:s, **-e** ...ø:zə
Kaprotinenkalk kapro'ti:nənkalk
Kaprun ka'pru:n
Kapsel 'kapsl̩
Käpselchen 'kɛpsl̩çən
...kaps[e]lig (z. B. einkaps[e]lig) ...,kaps[ə]lɪç, **-e** ...ɪgə
Kapsikum 'kapsikʊm
Kapstadt 'kap-ʃtat
Kapstein 'kap-ʃtai̯n
Kapsweyer 'kapsvai̯ɐ
Kaptal kap'ta:l
kaptalen kap'ta:lən
Kaptation kapta'tsi̯o:n
kaptatorisch kapta'to:rɪʃ
Kapterew, Kapterev *russ.* 'kaptɪrɪf
Kapteyn *niederl.* kɑp'tɛi̯n
Kaption kap'tsi̯o:n
kaptiös kap'tsi̯ø:s, **-e** ...ø:zə
kaptivieren kapti'vi:rən
Kaptivität kaptivi'tɛ:t
Kaptur kap'tu:ɐ̯
Kapu ka'pu:
Kapua 'ka:pu̯a
Kapuas [Hulu] *indon.* ka'puas ['hulu]
Kapustinski, Kapustinskij *russ.* kɐpus'tinskij
Kaput (Mantel) ka'pʊt
Kaputh ka'pu:t
Kaput mortuum 'ka:pʊt 'mɔrtuʊm, 'kapʊt –
kaputt ka'pʊt
Kapuvár *ung.* 'kɔpuva:r
Kapuze ka'pu:tsə
Kapuzinade kaputsi'na:də
Kapuziner kapu'tsi:nɐ
Kap Verde kap 'vɛrdə
Kapverden kap'vɛrdn̩
Kapverdisch kap'vɛrdɪʃ
Kar ka:ɐ̯
Kara *russ.* 'karɐ, *türk.* kɑ'rɑ
Karabach, Karabah *russ.* kɐra'bax
Karabanowo, Karabanovo *russ.* kɐra'banɐvɐ
Karabasch, Karabaš *russ.* kɐra'baʃ
Karabiner kara'bi:nɐ
Karabinier karabi'ni̯e:
Karabiniere karabi'ni̯e:rə, **...ri** ...ri
Kara-Bogas-Gol, Kara-Bogaz-Gol *russ.* ka'raba'gaz'gɔl
Karaburan karabu'ra:n
Karacadağ *türk.* kɑrɑ'dʒɑdɑ:
Karačev vgl. Karatschew
Karachan, Karahan *russ.* kɐra'xan
Karachi *engl.* kə'rɑ:tʃɪ
Karacho ka'raxo
Karácsond *ung.* 'kɔra:tʃond
Karadağ *türk.* kɑ'rɑdɑ:
Karadag *russ.* kɐra'dak
Karadeniz *türk.* kɑ'rɑdɛ,niz
Karadjordje, Karađorđe *serbokr.* 'karadzɔ:rdzɛ, ,k...,
_,–––
Karadjordjević, Karađorđević *serbokr.* kara,dzɔ:rdzɛvitɕ
Karadscha, Karadža *bulgar.* kara'dʒa
Karadžić *serbokr.* 'karadʒitɕ
Karäer ka'rɛ:ɐ
Karaffe ka'rafə
Karaffine kara'fi:nə
Karaganda *russ.* kɐrɐgan'da
Karagasse kara'gasə
Karageorg karage'ɔrk
Karagös kara'gø:s
Karahan vgl. Karachan
Karaibe kara'i:bə
karaibisch kara'i:bɪʃ
Karait kara'i:t
Karajan 'ka:rajan, *auch:* 'kar...
Karakal 'karakal
Karakalmücke karakal'mʏkə
Karakalpake karakal'pa:kə
Karakalpakija *russ.* kɐrɐkal'pakijɐ
Karakalpaxkaja ASSR, Karakalpakskaja ASSR *russ.* kɐrɐkal'pakskɐjɐ aɛs-ɛs'ɛr
karakolieren karako'li:rən
Karakoram *engl.* kærə'kɔ:rəm
Karakorum karako'rʊm, *auch:* ...'ko:rʊm
Karakószörcsök *ung.* 'kɔrɔko:sørtʃøk
Karakul, Karakul' *russ.* kɐra'kulj
Karakulschaf kara'kʊlʃa:f
Karakum *russ.* kɐra'kum
Karalitschew, Karaliičev *bulgar.* kara'lijtʃɛf
Karall ka'ral
Karaman *russ.* kɐra'man, *türk.* kɑ'rɑmɑn
Karamanles, ...lis *neugr.* karaman'lis
Karamasow, Karamazov kɐra'mazɐf
Karambolage karambo'la:ʒə
Karambole karam'bo:lə
karambolieren karambo'li:rən
Karamel[le] kara'mɛl[ə]
Karamichailowa, Karamihajlova *bulgar.* karami'xajlova
Karamsin, Karamzin *russ.* kɐram'zin
Karantaner karan'ta:nɐ
Karantanien karan'ta:ni̯ən
Karapapache karapa'paxə
Karasberge 'karasbɛrgə
Karasee 'ka:raze:
Karásek *tschech.* 'kara:sɛk
Karasjok *norw.* 'ka:raʃɔk, 'kar...
Karaslawow, Karaslavov *bulgar.* kara'slavof
Karastojanow, Karastojanov *bulgar.* karasto'janof
Karasu *türk.* kɑ'rɑsu
Karat ka'ra:t
Karataje kara'ta:jə
Karatal *russ.* kɐra'tal
Karatatar karata'ta:ɐ̯
Karatau *russ.* kɐra'tau
...karätig (z. B. zehnkarätig) ...ka,rɛ:tɪç, **-e** ...ɪgə
Karate ka'ra:tə
Karateka kara'te:ka
Karatepe *türk.* kɑ'rɑtɛ,pɛ
Karatschaier kara'tʃai̯ɐ
karatschaiisch kara'tʃai̯ɪʃ
Karatschew, Karačev *russ.* ka'ratʃɪf
Karatschi ka'ra:tʃi
Karausche ka'rau̯ʃə
Karavelle kara'vɛlə
Karawajewa, Karavaeva *russ.* kɐra'vajɪvɐ
Karawane kara'va:nə
Karawanken kara'vaŋkn̩
Karawanserei karavanzə'rai̯
Karawelow, Karavelov *bulgar.* kara'vɛlof
Karazane kara'tsa:nə
Karbatsche kar'ba:tʃə
karbatschen kar'ba:tʃn̩
Karbazol karba'tso:l
Karbenning *schwed.* 'kɑ:rbɛnɪŋ
Karbid kar'bi:t, **-e** ...i:də
Karbinol karbi'no:l
Karbitz 'karbɪts
Karbodynamit karbodyna'mi:t, *auch:* ...mɪt
Karbohydrase karbohy'dra:zə
Karboid karbo'i:t, **-e** ...i:də
Karbol kar'bo:l
Karbolineum karboli'ne:ʊm
Karbon kar'bo:n
Karbonade karbo'na:də
Karbonado karbo'na:do
Karbonari karbo'na:ri
Karbonat karbo'na:t
Karboneum karbo'ne:ʊm
Karbonisation karboniza'tsi̯o:n
karbonisch kar'bo:nɪʃ
karbonisieren karboni'zi:rən
Karbonyl karbo'ny:l
Karborund karbo'rʊnt, **-es** ...ndəs
Karborundum karbo'rʊndʊm
karbozyklisch karbo'tsy:klɪʃ, *auch:* ...tsʏk...
Karbunkel kar'bʊŋkl̩
karburieren karbu'ri:rən
Karcag *ung.* 'kɔrtsɔg
Karchedon kar'çe:dɔn
Karchemisch karçe'mi:ʃ
Karcher 'karçɐ
Kardamom karda'mo:m
Kardan... kar'da:n...

kardanisch kar'da:nɪʃ
Kạrdašova Řẹčice *tschech.* 'kardaʃɔva 'rʒɛtʃitsɛ
Kardạtsche kar'dɛ:tʃə
kardạtschen kar'dɛ:tʃn̩
Kạrde 'kardə
Kardẹc *fr.* kar'dɛk
Kardeel kar'de:l
Kardẹlj *slowen.* kar'de:lj
kạrden 'kardn̩, **kạrd!** kart
Kạrden 'kardn̩
Kardia kar'di:a, 'kardi̯a
Kardiakum kar'di:akʊm, **...ka** ...ka
kardial kar'di̯a:l
Kardialgie kardi̯al'gi:, **-n** ...i:ən
kardieren kar'di:rən
kardinal kardi'na:l
Kardinal kardi'na:l, **...näle** ...'nɛ:lə
Kardinale kardi'na:lə, **...lia** ...li̯a
Kardiogrạmm kardi̯o'gram
Kardiograph kardi̯o'gra:f
Kardioide kardi̯o'i:də
Kardiologe kardi̯o'lo:gə
Kardiologie kardi̯olo'gi:
Kardiolyse kardi̯o'ly:zə
Kardiomegalie kardi̯omega'li:, **-n** ...i:ən
Kardiopathie kardi̯opa'ti:, **-n** ...i:ən
Kardioplegie kardi̯ople'gi:
Kardioptose kardi̯ɔp'to:zə
Kardiospạsmus kardi̯o'spasmʊs
Kardiothymie kardi̯oty'mi:, **-n** ...i:ən
kardiovaskulär kardi̯ovasku'lɛ:ɐ̯
Kardịtis kar'di:tɪs **...itiden** ...di'ti:dn̩
Kardịtsa *neugr.* kar'ðitsa
Kardobenedịktenkraut kardobene'dɪktn̩kraut
Kạrdorff 'ka:ɐ̯dɔrf
Kardọwski, Kardovskij *russ.* kar'dɔfskij
Kạrdschali, Kărdžali *bulgar.* 'kərdʒali
Karduche kar'du:xə
Karẹjew, Kareev *russ.* ka'rjejɪf
Karel *niederl.* 'ka:rəl, *tschech.* 'karɛl
Kạrel ẹnde Elegast *niederl.* 'ka:rəl 'ɛndə 'e:ləxɑst
Karelien ka're:li̯ən
Karelier ka're:li̯ɐ
Karẹlin *russ.* ka'rjelin
karelisch ka're:lɪʃ
karelo-fịnnisch ka're:lo'fɪnɪʃ
[1]**Karẹn** (Volk) ka'rɛn, *engl.* kə'rɛn
[2]**Karen** (Vorname) *dän.* 'ka:rən
Karẹnina ka're:nina, *russ.* ka'rjeninɐ
Karẹnz ka'rɛnts
Karer[see] 'ka:rɐ[ze:]
karessieren karɛ'si:rən
Karẹtte ka'rɛtə
Karẹttschildkröte ka'rɛtʃɪltkrø:tə
Karẹzza ka'rɛtsa
Karfiol kar'fi̯o:l
Karfreit kar'frait
Karfreitag ka:ɐ̯'fraita:k
Karfụnkel kar'fʊŋkl̩
kạrg kark, **kạrge** 'kargə, **kärger** 'kɛrgɐ
Kargadeur karga'dø:ɐ̯
Kargador karga'do:ɐ̯
Kargạt *russ.* kar'gat
kạrgen 'kargn̩, **kạrg!** kark, **kạrgt** karkt
kärger vgl. karg
kạrglich 'kɛrklɪç
Kạrgo 'kargo
Kạrgopol, Kargopol' *russ.* 'kargɐpɐlj
Kạrgow 'kargo
Kargọwa *poln.* kar'gɔva
Kạrhula *finn.* 'kɑrhulɑ
Kari 'ka:ri
Karibe ka'ri:bə
Karibik ka'ri:bɪk
karibisch ka'ri:bɪʃ
Karibu 'ka:ribu, 'kar...
Karien 'ka:ri̯ən
karieren ka'ri:rən
Karies 'ka:ri̯ɛs
Kạrigasniemi *finn.* 'kɑrigɑsni̯ɛmi
Karikạl *fr.* kari'kal
Karikatur karika'tu:ɐ̯
Karikaturịst karikatu'rɪst
karikieren kari'ki:rən
Karimạta *indon.* kari'mata
Karimundjạwa *indon.* karimʊn'dʒawa
Karin 'ka:ri:n, 'ka:rɪn, *schwed.* ˌkɑ:rin, *dän.* 'karin
Karina ka'ri:na
Karịnski, Karinskij *russ.* ka'rinskij
Karịnth ka'rɪnt
Karinthy *ung.* 'kɔrinti
kariogen kari̯o'ge:n
kariös ka'ri̯ø:s, **-e** ...ø:zə
karisch 'ka:rɪʃ
Karitas 'ka:ritas
karitativ karita'ti:f, **-e** ...i:və
Karius 'ka:ri̯ʊs
Kạrjala *finn.* 'kɑrjɑlɑ
Kạrjalainen *finn.* 'kɑrjɑlɑinɛn
Kạrkamış *türk.* 'kɑrkɑmɨʃ
Karkapalịnsk *russ.* kɐrkɐpa'linsk
Karkạsse kar'kasə
Karkavịtsas *neugr.* karka'vitsas
Kạrkeln 'karkl̩n
Karkemisch karke'mi:ʃ
Karkhạn kar'ka:n
Kạrkkila *finn.* 'kɑrkkilɑ
Karkonọsze *poln.* karkɔ'nɔʃɛ
Kạrl karl, *schwed.* kɑ:rl, *dän.* ka:'rl
Kạrla 'karla
Karlbẹrg *schwed.* kɑ:rl'bærj
Kạrlfeldt *schwed.* ˌkɑ:rlfɛlt
Kạrlgren *schwed.* ˌkɑ:rlgre:n
Karlheinz karl'haints
Kạrlholm *schwed.* ˌkɑ:rlhɔlm
Karline kar'li:nə
Kạrlinger 'karlɪŋɐ
karlịngisch kar'lɪŋɪʃ
Karlịno *poln.* kar'linɔ
Karlịst kar'lɪst
Kạrlmann 'karlman
Karl-Mạrx-Stadt karl'marksʃtat
Kạrlos 'karlɔs
Karlovac *serbokr.* 'ka:rlɔvats
Kạrlova Stụdánka *tschech.* 'karlɔva 'studa:ŋka
Kạrlovci *serbokr.* 'ka:rlɔ:ftsi
Kạrlovy Vạry *tschech.* 'karlɔvi 'vari
Karłọwicz *poln.* kar'u̯ɔvitʃ
Kạrlowitz 'karlovɪts
Kạrlowo, Karlovo *bulgar.* 'karlovo
Kạrlsbad 'karlsba:t
Kạrlsbader 'karlsba:dɐ
Karlsbọrg *Skarab. schwed.* kɑ:rls'bɔrj
Karlsbrụnn karls'brʊn
Kạrlsburg 'karlsbʊrk
Karlshafen karls'ha:fn̩
Karlshagen karls'ha:gn̩
Kạrlshamn *schwed.* ˌkɑ:rlshamn, kɑ:rls'hamn
Karlshọrst karls'hɔrst
Karlskoga *schwed.* kɑ:rlˌsku:ga
Karlskrona *schwed.* kɑ:rlsˌkru:na
Kạrlsruhe 'karlsru:ə
Kạrlstad *schwed.* 'kɑ:rlstɑ:d
Kạrlstadt 'karlʃtat
Kạrlstein 'karlʃtain
Kạrlštejn *tschech.* 'karlʃtɛjn
Karlswạlde karls'valdə
Kạrma 'karma
Karmamạrga karma'marga
Kạrman[n] 'karman
Kármán *ung.* 'ka:rma:n
Karmanien kar'ma:ni̯ən
Kạrmansbo *schwed.* ˌkarmansbu:
Kạrmasin 'karmazi:n
Kạrmel 'karml̩
Karmẹlenberg kar'me:lənbɛrk
Karmelit[er] karme'li:t[ɐ]
Kạrmen 'karmən, **...mina** ...mina
Karmesin karme'zi:n
Karmin kar'mi:n
Karminativum karmina'ti:vʊm, **...va** ...va
karmosieren karmo'zi:rən
Kạrmøy *norw.* ˌkarmœi̯
Kạrn karn
Karnabrụnn karna'brʊn
Kạrnak 'karnak
Karnallit karna'li:t, *auch:* ...lɪt

Karnap 'karnap
Karnatik kar'na:tık
Karnation karna'tsi̯o:n
Karnauba... kar'nau̯ba...
Karneades kar'ne:adɛs
Karnebeek *niederl.* 'karnəbe:k
Karneol karne'o:l
Karner 'karnɐ
Karneval 'karnəval
Karnevalist karnəva'lıst
Karnickel kar'nıkl̩
Karnies kar'ni:s, **-e** ...i:zə
Karnifikation karnifika'tsi̯o:n
Karnisch 'karnıʃ
Karnische kar'ni:ʃə
Karnitschigg kar'nıtʃık
karnivor karni'vo:ɐ̯
Karnivore karni'vo:rə
Karnobat *bulgar.* karno'bat
Karnöffel kar'nœfl̩
Kärnten 'kɛrntn̩
Kärnt[e]ner 'kɛrnt[ə]nɐ
kärntnerisch 'kɛrntnərıʃ
Karnüffel kar'nʏfl̩
Karnute kar'nu:tə
Karo 'ka:ro
Karobe ka'ro:bə
Karol *poln.* 'karɔl
Karola ka'ro:la, 'ka:rola
Karoline[n] karo'li:nə[n]
Karolinger 'ka:rolıŋɐ
karolingisch 'ka:rolıŋıʃ
karolinisch karo'li:nıʃ
Karolus 'ka:rolʊs, ka'ro:lʊs
Károly[i] *ung.* 'ka:roj[i]
Karosse ka'rɔsə
Karosserie karɔsə'ri:, **-n** ...i:ən
Karossier karɔ'si̯e:
karossieren karɔ'si:rən
Karotide karo'ti:də
Karotin karo'ti:n
Karotinoide karotino'i:də
Karotis ka'ro:tıs, **...tiden** karo'ti:dn̩
Karotte ka'rɔtə
Karottieren karɔ'ti:rən
Karow 'ka:ro
Karp *russ.* karp
Karpacz 'karpatʃ
Karpat[h]en kar'pa:tn̩
Karpathos 'karpatɔs, *neugr.* 'karpaθɔs
karpatisch kar'pa:tıʃ
Karpaty *poln., russ.* kar'patɨ
Karpáty *slowak.* 'karpa:ti
Karpe[les] 'karpə[ləs]
Karpell kar'pɛl
Karpellum kar'pɛlʊm, **...lla** ...la
Karpenko-Kary, Karpenko-Karyj *russ.* kar'pjɛnkɐ'karɨj
Karpenterbremse 'karpəntɐbrɛmzə
Karpetaner karpe'ta:nɐ
Kärpf kɛrpf
Karpfanger 'karpfaŋɐ
Karpfen 'karpfn̩
Karpfham 'karpfham
Karpinsk[i], Karpinsk[ij] *russ.* kar'pinsk[ij]
Karpiński *poln.* kar'pii̯ski
Karpogon karpo'go:n
Karpokrates kar'po:kratɛs
Karpolith karpo'li:t, *auch:* ...lıt
Karpologie karpolo'gi:
Karpophor karpo'fo:ɐ̯
Karpow, Karpov *russ.* 'karpɐf
Karr *fr.* ka:r
Karrag[h]een kara'ge:n
Karrara ka'ra:ra
karrarisch ka'ra:rıʃ
Kärrchen 'kɛrçən
Karre 'karə
Karree ka're:
karren, K... 'karən
Karrer 'karɐ
Karrete ka're:tə
Karrette ka'rɛtə
Karrhä 'karɛ
Karriere ka'ri̯e:rə, ...'ri̯ɛ:rə
Karrierist kari̯e'rıst
Karriol[e] ka'ri̯o:l[ə]
karriolen ka'ri̯o:lən
Kärrner 'kɛrnɐ
Karru ka'ru:
Kars *türk.* kars
Karsamstag ka:ɐ̯'zamsta:k
Karsawin[a], Karsavin[a] *russ.* kar'savin[ɐ]
Karsch karʃ
Karschi, Karši *russ.* kar'ʃɨ
Karschin 'karʃın
Karschowski, Kăršovski *bulgar.* kər'ʃɔfski
Karsen 'karzn̩, *niederl.* 'karsə
Karst[a] 'karst[a]
Karstadt 'ka:ɐ̯ʃtat
Karstädt 'ka:ɐ̯ʃtɛt
Kärstchen 'kɛrstçən
Karsten 'karstn̩
Karsthans 'karsthans
Karstula *finn.* 'karstula
Kartaly *russ.* kɐrta'lɨ
Kartätsche kar'tɛ:tʃə
kartätschen kar'tɛ:tʃn̩
Kartaune kar'tau̯nə
Kartause kar'tau̯zə
Kartäuser kar'tɔyzɐ
Kartawidjaja *indon.* kartawi'dʒaja
Kärtchen 'kɛrtçən
Karte 'kartə
Kartei kar'tai̯
Kartell kar'tɛl
kartellieren kartɛ'li:rən
karten 'kartn̩
kartesianisch, K... karte'zi̯a:nıʃ
Kartesianismus kartezi̯a'nısmʊs
kartesisch, K... kar'te:zıʃ
Karthager kar'ta:gɐ
Karthaginienser kartagi'ni̯ɛnzɐ
karthagisch kar'ta:gıʃ
Karthago kar'ta:go
Karthamin karta'mi:n
Karthaus kar'tau̯s, '– –
kartieren kar'ti:rən
kartilaginös kartilagi'nø:s, **-e** ...ø:zə
Karting 'kartıŋ
Kartoffel kar'tɔfl̩
Kartogramm karto'gram
Kartograph karto'gra:f
Kartographie kartogra'fi:
kartographieren kartogra'fi:rən
Kartomantie kartoman'ti:
Kartometer karto'me:tɐ
Kartometrie kartome'tri:
kartometrisch karto'me:trıʃ
Karton kar'tɔŋ, *auch:* kar'tõ:, kar'to:n; **des -s** kar'tɔŋs, *auch:* kar'tõ:s, kar'to:ns; **die -s** kar'tɔŋs, *auch:* kar'tõ:s, **die -e** kar'to:nə
Kartonage karto'na:ʒə
kartonieren karto'ni:rən
Kartothek karto'te:k
Kartusche kar'tʊʃə
Kartuzy *poln.* kar'tuzɨ
Kartzitz 'kartsıts
Karube ka'ru:bə
Karun *pers.* ka'ru:n
Karunkel ka'rʊŋkl̩
Karunki *finn.* 'karuŋki
Karussell karʊ'sɛl
Karviná *tschech.* 'karvina:
Karwe 'karvə
Karwendel kar'vɛndl̩
Karwin 'karvi:n
Karwoche 'ka:ɐ̯vɔxə
Karyatide kary̆a'ti:də
Karyogamie kary̆oga'mi:, **-n** ...i:ən
Karyokinese kary̆oki'ne:zə
karyokinetisch kary̆oki'ne:tıʃ
Karyologie kary̆olo'gi:
karyophag kary̆o'fa:k, **-e** ...a:gə
Karyoplasma kary̆o'plasma
Karyopse ka'ry̆ɔpsə
Karyschew, Karyšev *russ.* 'karɨʃəf
Karzer 'kartsɐ
Karzig 'kartsıç
Karzin kar'tsi:n
karzinogen kartsino'ge:n
Karzinoid kartsino'i:t, **-e** ...i:də
Karzinologie kartsinolo'gi:
Karzinom kartsi'no:m
karzinomatös kartsinoma'tø:s, **-e** ...ø:zə
Karzinose kartsi'no:zə
Kas *niederl.* kas
Kasach, Kazah *russ.* ka'zax
Kasache ka'zaxə
kasachisch ka'zaxıʃ
Kasachskaja SSR, Kazahskaja SSR *russ.* ka'zaxskɐjɐ ɛs-ɛs'ɛr
Kasachstan, Kazahstan *russ.* kɐzax'stan
Kasack 'ka:zak
Kasaï ka'sai̯, *fr.* kasa'i

Kasak ka'zak
Kasakewitsch, Kazakevič *russ.* kɐza'kjevitʃ
Kasakow, Kazakov *russ.* kɐza'kɔf
Kasalinsk, Kazalinsk *russ.* kɐza'linsk
[1]**Kasan, Kazan'** ka'za:n, *russ.* ka'zanj
[2]**Kasan, Kazan** *bulgar.* ka'zan
Kasandschik, Kazandžik *russ.* kɐzan'dʒɨk
Kasanlak, Kazanlăk *bulgar.* kazan'lək
Kasanlik vgl. Kasanlak
Kasanski, Kazanskij *russ.* ka'zanskij
Kasatin, Kazatin *russ.* ka'zatin
Kasatkin vgl. Kassatkin
Kasatschok kaza'tʃɔk
Kasavubu kasa'vu:bu, *fr.* kasavu'bu
Kasba 'kasba, **Ksabi** 'ksa:bi
Kasbegi, Kazbegi *russ.* kaz'bjegi
Kasbek, Kazbek *russ.* kaz'bjɛk
Kas-Berg 'ka:sbɛrk
Käsch kɛʃ
Kasch[a] 'kaʃ[a]
Kaschan 'kaʃan, *pers.* kɑ'ʃɑ:n
Kaschani *pers.* kɑʃɑ'ni:
Kaschau[er] 'kaʃau̯[ɐ]
Kaschelott kaʃə'lɔt
Kaschemme ka'ʃɛmə
kaschen 'kaʃn̩
Käschen 'kɛ:sçən
Käscher 'kɛʃɐ
Kaschgar kaʃ'ga:ɐ̯
kaschieren ka'ʃi:rən
Kaschin *russ.* 'kaʃɨn
Kaschira, Kašira *russ.* ka'ʃɨrɐ
Kaschiri kaʃi'ri:
Kaschkadarja, Kaškadar'ja *russ.* kɐʃkɐdarj'ja
Kaschkan *pers.* kæʃ'kɑ:n
Kaschkarow, Kaškarov *russ.* kaʃ'karɐf
Kaschmar *pers.* kɑʃ'mær
Kaschmir 'kaʃmi:ɐ̯
Kaschmiri kaʃ'mi:ri
Kaschnitz 'kaʃnɪts
Kascholong kaʃo'lɔŋ
Kaschperow, Kašperov *russ.* 'kaʃpɪrɐf
Kaschta 'kaʃta
Kaschube ka'ʃu:bə
Kaschubei kaʃu'bai̯
Kaschurpapier ka'ʃu:ɐ̯papi:ɐ̯
Kasdim kas'di:m
Käse 'kɛ:zə
Kasein kaze'i:n
Kasekow 'ka:zəko
Kasel 'ka:zl̩
Kasematte kazə'matə
kasemattieren kazəma'ti:rən
käsen 'kɛ:zn̩, **käs!** kɛ:s, **käst** kɛ:st
Kaser 'ka:zɐ
Käser 'kɛ:zɐ
Käserei kɛ:zə'rai̯
Kaserne ka'zɛrnə
kasernieren kazɛr'ni:rən
Kaserun *pers.* kɑze'ru:n
käsig 'kɛ:zɪç, **-e** ...ɪgə
Kasi-Magomed, Kazi-Magomed *russ.* ka'zimɐga'mjɛt
[1]**Kasimir** 'ka:zimi:ɐ̯
[2]**Kasimir, Kazimir** *russ.* kɐzi'mir
Kasin, Kazin *russ.* 'kazin
Kasino ka'zi:no
Kašira vgl. Kaschira
Kasimov vgl. Kassimow
Kaškadar'ja vgl. Kaschkadarja
Kaskade kas'ka:də
Kaskadeur kasak'dø:ɐ̯
Kaskantyú *ung.* 'kɔskɔntju:
Kaskarillrinde kaska'rɪlrɪndə
Kaškarov vgl. Kaschkarow
Kaskel 'kaskl̩
Kaskett kas'kɛt
Kaskinen *finn.* 'kɑskinɛn
Kasko 'kasko
Käsmark[t] 'kɛ:smark[t]
Kasos 'ka:zɔs, *neugr.* 'kasɔs
Kaspar 'kaspar
Kašpar *tschech.* 'kaʃpar
Kasper 'kaspɐ, *poln.* ...pɛr
Käsper 'kɛspɐ
Kašperk *tschech.* 'kaʃpɛrk
Kasperl[e] 'kaspɐl[ə]
kaspern 'kaspɐn
käspern 'kɛspɐn
Kašperov vgl. Kaschperow
Kašperské Hory *tschech.* 'kaʃpɛrskɛ: 'hɔri
Kaspičan vgl. Kaspitschan
Kaspier 'kaspi̯ɐ
kaspisch 'kaspɪʃ
Kaspisee 'kaspize:
Kaspisk, Kaspijsk *russ.* kas'pijsk
Kaspiskoje More, Kaspijskoe - *russ.* kas'pijskɐjɐ 'mɔrɪ
Kaspitschan, Kaspičan *bulgar.* 'kaspitʃan
Kasplja *russ.* 'kaspljɐ
Kasprowicz *poln.* kas'prɔvitʃ
Kasprzycki *poln.* kasp'ʃɨtski
Kasr-Saïd *fr.* kasrsa'id
[1]**Kassa** 'kasa
[2]**Kassa** (Name) *ung.* 'kɔʃʃɔ
Kassák *ung.* 'kɔʃʃa:k
Kassala 'kasala
Kassander ka'sandɐ
Kassandra ka'sandra, *neugr.* kasa'nðra
Kassation kasa'tsi̯o:n
Kassatkin, Kasatkin *russ.* ka'satkin
kassatorisch kasa'to:rɪʃ
Kassawa ka'sa:va
Kässbohrer 'kɛsbo:rɐ
Kasse 'kasə
Kassel 'kasl̩
Kasselaner kasə'la:nɐ
Kasseler 'kasəlɐ
Kasserolle kasə'rɔlə
Kassette ka'sɛtə
kassettieren kasɛ'ti:rən
Kassia 'kasi̯a, **...ien** ...i̯ən
Kassiber ka'si:bɐ
kassibern ka'si:bɐn, **kassibre** ka'si:brə
Kasside ka'si:də
Kassie 'kasi̯ə
Kassier ka'si:ɐ̯
kassieren ka'si:rən
Kassierer ka'si:rɐ
Kassimow, Kasimov *russ.* ka'simɐf
Kassinett kasi'nɛt
kassinisch ka'si:nɪʃ
Kassiodor kasi̯o'do:ɐ̯
Kassiopeia kasi̯o'pai̯a
Kassiopeium kasi̯o'pai̯ʊm
Kassite ka'si:tə
Kassiteriden kasite'ri:dn̩
Kassiterit kasite'ri:t, *auch:* ...rɪt
Kassius 'kasi̯ʊs
Kaßler 'kaslɐ
Kassner 'kasnɐ
Kassube ka'su:bə
Kastagnette kastan'jɛtə
Kastalia kas'ta:li̯a
kastalisch kas'ta:lɪʃ
Kastalski, Kastal'skij *russ.* kas'taljskij
Kastamonu *türk.* kɑs'tɑmɔnu, '_ _ _ _
Kastanie kas'ta:ni̯ə
Kastav *serbokr.* 'kastav
Kästchen 'kɛstçən
Kaste 'kastə
Kasteelbrakel *niederl.* kɑste:l'bra:kəl
kasteien kas'tai̯ən
Kastejew, Kasteev *russ.* kas'tjejɪf
Kastel kas'tɛl
Kaštel Gomilica *serbokr.* ˌkaʃtɛl ˌgɔmilitsa
Kastelic *slowen.* kas'te:lits
Kaštel Kambelovac *serbokr.* ˌkaʃtɛl ˌkambɛlɔvats
Kastell kas'tɛl
Kastellan kastɛ'la:n
Kastellanei kastɛla'nai̯
Kastellaun kastɛ'lau̯n
Kaštel Lukšić *serbokr.* ˌkaʃtɛl 'lukʃitɕ
kästeln 'kɛstl̩n
Kaštel Novi *serbokr.* ˌkaʃtɛl 'nɔvi:
Kaštel Štafilić *serbokr.* ˌkaʃtɛl ʃtaˌfili:tɕ
Kaštel Stari *serbokr.* ˌkaʃtɛl 'sta:ri:
Kaštel Sućurac *serbokr.* ˌkaʃtɛl ˌsutɕurats
Kasten 'kastn̩, **Kästen** 'kɛstn̩
Kastenspeiser 'kastn̩ʃpai̯zɐ

Kạsterlee *niederl.* 'kɑstərle:
Kastigatiọn kastiga'tsi̯o:n
Kastigạtor kasti'ga:tɔr, **-en** ...ga'to:rən
kastigieren kasti'gi:rən
Kastịlien kas'ti:li̯ən
Kastịlier kas'ti:li̯ɐ
kastịlisch kas'ti:lɪʃ
Kastịze kas'ti:tsə
Kạstl 'kastl̩
Kạstner 'kastnɐ, *fr.* kast'nɛ:r
Kästner 'kɛstnɐ
Kạstor 'kastɔr
Kastorịa *neugr.* kastɔ'ria
Kastrạt kas'tra:t
Kastratiọn kastra'tsi̯o:n
kastrieren kas'tri:rən
Kastriọt[a] *alban.* kastri'ot[a]
Kạstron 'kastrɔn
Kạstrup *dän.* 'kasdrob
kasuạl ka'zu̯a:l
Kasuạlien ka'zu̯a:li̯ən
Kasualịsmus kazu̯a'lɪsmʊs
Kasuạr ka'zu̯a:ɐ̯
Kasuarịna kazu̯a'ri:na
Kasuarịne kazu̯a'ri:nə
kasuẹll ka'zu̯ɛl
Kasuịst[ik] ka'zu̯ɪst[ɪk]
Kạsus 'ka:zʊs, **die** – 'ka:zu:s
Kaswịn *pers.* qæz'vi:n
Kasym, Kazym *russ.* ka'zɨm
Kasyr, Kazyr *russ.* ka'zɨr
Kạt *niederl.* kɑt
katabạtisch kata'ba:tɪʃ
Katabolịsmus katabo'lɪsmʊs
Katabọthron kata'bo:trɔn
Katachrẹse kata'çre:zə
Katachresis ka'ta:çrezɪs, ...taç...; **...sen** ...ta'çre:zn̩
katachrẹstisch kata'çrɛstɪʃ
Katadyn... kata'dy:n...
Katafạlk kata'falk
Katạisk, Katajsk *russ.* ka'tajsk
Katạjew, Kataev *russ.* ka'tajɪf
Katakạna kata'ka:na
Katakaustik kata'kau̯stɪk
katakaustisch kata'kau̯stɪʃ
Kataklase kata'kla:zə
Kataklas... kata'kla:s...
kataklạstisch kata'klastɪʃ
Kataklysmus kata'klʏsmʊs
Katakọmbe kata'kɔmbə
Katakụstik kata'kʊstɪk
Katalạne kata'la:nə
katalạnisch kata'la:nɪʃ
Katalạse kata'la:zə
katalaunisch kata'lau̯nɪʃ
Katalẹkten kata'lɛktn̩
katalẹktisch kata'lɛktɪʃ
Katalepsie katalɛ'psi:, **-n** ...i:ən
katalẹptisch kata'lɛptɪʃ
Katalẹxe kata'lɛksə
Katạlexis ka'ta:lɛksɪs, **...xen** ...ta'lɛksn̩
Katạlinić *serbokr.* ka,talinitɕ
Katalọg kata'lo:k, **-e** ...o:gə
katalogisieren katalogi'zi:rən
Katalọnien kata'lo:ni̯ən
Katalọnier kata'lo:ni̯ɐ
katalọnisch kata'lo:nɪʃ
Katạlpa ka'talpa
Katạlpe ka'talpə
Katalysạtor kataly'za:tɔr, **-en** ...za'to:rən
Katalyse kata'ly:zə
katalysieren kataly'zi:rən
katalytisch kata'ly:tɪʃ
Katalytofen kata'ly:t|o:fn̩
Katamarạn katama'ra:n
Katamẹnien kata'me:ni̯ən
Katamnẹse katam'ne:zə
Katạne ka'ta:nə
Katạnga ka'taŋga, *fr.* katɑ̃'ga, *russ.* 'katɐngɐ
Katangẹse kataŋ'ge:zə
katangẹsisch kataŋ'ge:zɪʃ
katạngisch ka'taŋgɪʃ
Katạnia ka'ta:ni̯a
Kataphasie katafa'zi:
Kataphorẹse katafo're:zə
Kataphrạkt kara'frakt
Kataplasie katapla'zi:, **-n** ...i:ən
Kataplạsma kata'plasma
kataplẹktisch kata'plɛktɪʃ
Kataplexie kataplɛ'ksi:, **-n** ...i:ən
Katapụlt kata'pʊlt
katapultieren katapʊl'ti:rən
Katar 'ka:tar, *auch:* 'katar
Katarạkt[a] kata'rakt[a]
Katạrer ka'ta:rɐ
Katarịna *schwed.* kata,ri:na
katạrisch ka'ta:rɪʃ
Katạrrh ka'tar
katarrhạlisch kata'ra:lɪʃ
Katarzyna *poln.* kata'ʒɨna
Katastạse kata'sta:zə
Katạstasis ka'tastazɪs, **...stasen** ...'sta:zn̩
Katạster ka'tastɐ
Katastrạl... kata'stra:l...
katastrieren katas'tri:rən
katastrophạl katastro'fa:l
Katastrọphe katas'tro:fə
Katasyllogịsmus katazʏlo'gɪsmʊs
Katathermomẹter katatɛrmo'me:tɐ
katathym kata'ty:m
Katatonie katato'ni:, **-n** ...i:ən
Katatọniker kata'to:nikɐ
katatọnisch kata'to:nɪʃ
Katavọthron kata'vo:trɔn
Kätchen 'kɛ:tçən
Kạte *dt., niederl.* 'ka:tə
Käte 'kɛ:tə
Katechẹse katɛ'çe:zə
Katechẹt[ik] katɛ'çe:t[ɪk]
Katechisatiọn katɛçiza'tsi̯o:n
katechisieren katɛçi'zi:rən
Katechịsmus katɛ'çɪsmʊs
Katechịst katɛ'çɪst
Kạtechu 'katɛçu
Katechumenạt katɛçume'na:t
Katechumene katɛçu'me:nə; *katholisch:* katɛ'çu:menə
kategoriạl katego'ri̯a:l
Kategorie katego'ri:, **-n** ...i:ən
kategorisch kate'go:rɪʃ
kategorisieren kategori'zi:rən
Kạten 'ka:tn̩
Katẹne ka'te:nə
Kạter 'ka:tɐ, *engl.* 'keɪtə
Katerịna *russ.* kɐtɪ'rinɐ
Kạteřina *tschech.* 'katɛrʒina
katexochẹn kat|ɛksɔ'xe:n
Kạtgut 'katgʊt, *engl.* 'kætgʌt
Kathai ka'tai̯
Katharer 'ka:tarɐ, *auch:* 'kat...
Kathareuusa kata'rɔy̯uza, *neugr.* kaθa'rɛvusa
Katharịna kata'ri:na, *engl.* kæθə'ri:nə
Katharịne kata'ri:nə, *engl.* 'kæθərɪn
Katharọbie kata'ro:bi̯ə
Kạtharsis 'ka:tarzɪs, *auch:* ka'tarzɪs
kathạrtisch ka'tartɪʃ
Käthchen 'kɛ:tçən
Kạthe 'ka:tə
Käthe 'kɛ:tə
Kathẹder ka'te:dɐ
Kathedrạl... kate'dra:l...
Kathedrạle kate'dra:lə
Kathepsịn katɛ'psi:n
Kạther 'ka:tɐ
Katherine *engl.* 'kæθərɪn
Kathẹte ka'te:tə
Kathẹter ka'te:tɐ
katheterisieren kateteri'zi:rən
kathẹtern ka'te:tɐn
Kathetomẹter kateto'me:tɐ
Kathie *engl.* 'kæθɪ
Kathịnka ka'tɪŋka
Kathleen *engl.* 'kæθli:n
Kathọde ka'to:də
kathọdisch ka'to:dɪʃ
Kathodophọn katodo'fo:n
Katholịk kato'li:k
Katholikọs katoli'kɔs
kathọlisch ka'to:lɪʃ
katholisieren katoli'zi:rən
Katholizịsmus katoli'tsɪsmʊs
Katholizität katolitsi'tɛ:t
Kathrein ka'trai̯n
Kathreiner Ⓦ ka'trai̯nɐ
Kathrịn[e] ka'tri:n[ə]
Kathryn *engl.* 'kæθrɪn
Kạti 'ka:ti, *ung.* 'kɔti
Katie *engl.* 'keɪtɪ
Katif ka'ti:f
Katilịna kati'li:na
katilinarisch katili'na:rɪʃ
Katịnka ka'tɪŋka, *ung.* 'kɔtiŋkɔ
Kạtion 'kati̯o:n, ...i̯ɔn; **-en** ka'ti̯o:nən
Kạtja 'katja, *russ.* 'katjɐ
Katkọw, Katkov *russ.* kat'kɔf
Kạtla *isl.* 'kahtla
Katmai *engl.* 'kætmaɪ
Katmandu kat'mandu, katman'du:
Kätner 'kɛ:tnɐ

Kạto 'ka:to

Kató *ung.* 'kɔto:

Katọde ka'to:də

katọdisch ka'to:dɪʃ

katogẹn kato'ge:n

katohalịn katoha'li:n

Katona *ung.* 'kɔtonɔ

katọnisch ka'to:nɪʃ

Katoomba *engl.* kə'tu:mbə

Katọptrik ka'tɔptrɪk

katọptrisch ka'tɔptrɪʃ

katothẹrm kato'tɛrm

Katowịce *poln.* katɔ'vitsɛ

Kạtr 'katɐ

Katrịn ka'tri:n

Katrine *engl.* 'kætrɪn

Katrinehọlm *schwed.* katrinə'hɔlm

Katschạlow, Kačalov *russ.* ka'tʃalɐf

Katschạri ka'tʃa:ri

Kạtschberg 'katʃbɛrk

kạtschen 'katʃn̩

kạ̈tschen 'kɛtʃn̩

Katschenọwski, Kačenovskij *russ.* kɐtʃɪ'nɔfskij

Katschenrẹuth katʃn̩'rɔyt

Kạtscher 'katʃɐ

Kạ̈tscher 'kɛtʃɐ

Katschịn ka'tʃi:n

Kạtsina 'katsina

Kattakurgạn *russ.* kɐttɐkur'gan

Kạttanker 'kat|aŋkɐ

Kạtte 'katə

Kạttegat 'katəgat, *dän.* 'kadəgad

Kạttegatt *schwed.* 'katəgat

kạtten 'katn̩

Kạttenau 'katənau̯

Kạttenbusch 'katn̩bʊʃ

Kattendijke *niederl.* kɑtən'dɛi̯kə

Katthammarsvịk *schwed.* kathamars'vi:k

Kạttilstad *schwed.* ˌtçɛtilstɑ:d

Kạttowitz 'katovɪts

Kạttnigg 'katnɪk

Kạttrin 'katri:n

Kattụn ka'tu:n

kattụnen ka'tu:nən

Kạttwald 'katvalt

Katty *engl.* 'kætɪ

Katuạr *russ.* kɐtu'ar

Katụll ka'tʊl

Katụn, Katun' *russ.* ka'tunj

Kạtušev, Katuschew *russ.* 'katuʃəf

Kạtwijk [aan Zẹe] *niederl.* 'kɑtwɛi̯k [a:n 'ze:]

Katỵn, Katyn' *russ.* ka'tɨnj

Kạty Wrocłạwskie *poln.* 'kɔntɨ vrɔ'tsu̯afskjɛ

Kạtz[bach] 'kats[bax]

kạtzbalgen 'katsbalgn̩

Katzbalgerẹi katsbalgə'rai̯

kạtzbuckeln 'katsbʊkl̩n

Kạ̈tzchen 'kɛtsçən

Kạtze 'katsə

Katzenẹlnbogen katsn̩'|ɛlnbo:gn̩

Kạtzenloch 'katsn̩lɔx

Kạtzenstein 'katsn̩ʃtai̯n

Kạtzentrogel 'katsn̩tro:gl̩

Kạtzer 'katsɐ

Katzhụ̈tte kats'hʏtə

Kạtzweiler 'katsvai̯lɐ

Kạtzwendel 'katsvɛndl̩

Kauại *engl.* kɑ:ʊ'aɪ

Kaub kau̯p

kaudạl kau̯'da:l

kaudern 'kau̯dɐn, **...dre** ...drə

kauderwelsch, K... 'kau̯dɐvɛlʃ

kauderwelschen 'kau̯dɐvɛlʃn̩

kaudịnisch kau̯'di:nɪʃ

Kaue 'kau̯ə

kauen, K... 'kau̯ən

kauern 'kau̯ɐn

Kauf kau̯f

Kaufbẹuren kau̯f'bɔyrən

kaufen 'kau̯fn̩

Käufer 'kɔyfɐ

Kaufertsberg 'kau̯fɐtsbɛrk

Kauffahrtẹischiff kau̯ffa:ɐ̯'tai̯ʃɪf

Kauffmann 'kau̯fman

Kauffung 'kau̯fʊŋ

Kaufman 'kau̯fman, *engl.* 'kɔ:fmən

Kaufungen 'kau̯fʊŋən

Kaukamm 'kau̯kam

Kaukạsien kau̯'ka:zi̯ən

Kaukạsier kau̯'ka:zi̯ɐ

kaukạsisch kau̯'ka:zɪʃ

Kaukasịst[ik] kau̯ka'zɪst[ɪk]

Kaukasus 'kau̯kazʊs

Kaukauna *engl.* kɔ:'kɔ:nə

Kauket ka'u:kɛt

Kaulbach 'kau̯lbax

Kaulbarsch 'kau̯lba:ɐ̯ʃ

Kaule 'kau̯lə

kauliflọr kau̯li'flo:ɐ̯

Kauliflorie kau̯liflo'ri:

Kạuliranta *finn.* 'kɑu̯lirɑntɑ

Kaulọm kau̯'lo:m

Kaulquappe 'kau̯lkvapə

Kaulun 'kau̯lʊn

kaum kau̯m

Kaumazịt kau̯ma'tsi:t, *auch:* ...tsɪt

Kaun kau̯n

Kaunas 'kau̯nas, *russ.* 'kaunɐs

Kaụnda ka'ʊnda, *engl.* kɑ:'ʊndə

Kaunitz 'kau̯nɪts

Kaunsertal 'kau̯nzɐta:l

Kaupelẹi kau̯pə'lai̯

kaupeln 'kau̯pl̩n

Kauper[t] 'kau̯pɐ[t]

Kauri 'kau̯ri

kausạl kau̯'za:l

Kausalgie kau̯zal'gi:, **-n** ...i:ən

Kausalitạ̈t kau̯zali'tɛ:t

kausativ, K... 'kau̯zati:f, *auch:* ‒‒'‒; **-e** ...i:və

Kausatịvum kau̯za'ti:vʊm, **...va** ...va

Kausch[e] 'kau̯ʃ[ə]

kausịeren kau̯'zi:rən

kaustifizịeren kau̯stifi'tsi:rən

Kaustik 'kau̯stɪk

Kaustikum 'kau̯stikʊm, **...ka** ...ka

kaustisch 'kau̯stɪʃ

Kaustobiolith kau̯stobio'li:t, *auch:* ...lɪt

Kautẹl kau̯'te:l

Kauter 'kau̯tɐ

Kauterisatiọn kau̯teriza'tsi̯o:n

kauterisịeren kau̯teri'zi:rən

Kautẹrium kau̯'te:ri̯ʊm, **...ien** ...i̯ən

Kautiọn kau̯'tsi̯o:n

Käutner 'kɔytnɐ

Kautsch kau̯tʃ

kautschịeren kau̯'tʃi:rən

Kautschuk 'kau̯tʃʊk

kautschutịeren kau̯tʃu'ti:rən

Kautsky 'kau̯tski

Kautzsch kau̯tʃ

Kauz kau̯ts, **Käuze** 'kɔytsə

Käuzchen 'kɔytsçən

Káva *ung.* 'ka:vɔ

Kavạjë *alban.* ka'vajə

Kavạl ka'val

Kavạla *neugr.* ka'vala

Kavalier kava'li:ɐ̯

Kavalkạde kaval'ka:də

Kavallerie kavalə'ri:, *auch:* '‒‒‒‒; **-n** ...i:ən

Kavallerist kavalə'rɪst, *auch:* '‒‒‒‒

Kavallẹtt kava'lɛt

Kavanagh *engl.* 'kævənə

Kavarna vgl. Kawarna

Kavatịne kava'ti:nə

Kavelin vgl. Kawelin

Kạveling 'ka:vəlɪŋ

Kạvelsdorf 'ka:vl̩sdɔrf

Kavẹnt ka'vɛnt

Kaverin vgl. Kawerin

Kavẹrne ka'vɛrnə

kavernikọl kavɛrni'ko:l

Kavernọm kavɛr'no:m

kavernọ̈s kavɛr'nø:s, **-e** ...ø:zə

Kạvetschein 'ka:vɛtʃai̯n

Kạviar 'ka:vi̯ar

kavieren ka'vi:rən

Kavitạ̈t kavi'tɛ:t

Kavitatiọn kavita'tsi̯o:n

Kavkaz vgl. Kawkas

Kävlinge *schwed.* ˌtçɛ:vliŋə

Kạvya 'ka:vi̯a

Kạwa 'ka:va

Kawạrna, Kavarna *bulgar.* ka'varna

Kawasạki kava'za:ki

Kawạß ka'vas, **Kawạssen** ka'vasn̩

Kawạsse ka'vasə

Kawẹlin, Kavelin *russ.* ka'vjelin

Kạwerau 'ka:vərau̯

Kawẹrin, Kaverin *russ.* ka'vjerin

Kạwi 'ka:vi

Kawkas, Kavkaz *russ.* kaf'kas
Kay kai, *engl.* keı
Kaya *fr.* ka'ja
Kaye *engl.* keı
Kayenne ka'jɛn
Kayes *engl.* keız
Kayna 'kaina
Kayser 'kaizɐ
Kayseri *türk.* 'kaisɛri
Kayßler, ...ssler 'kaislɐ
Kayster ka'ʏstɐ
Kaystros ka'ʏstrɔs
Kaz *türk.* kaz
Kazah vgl. Kasach
Kazahskaja SSR vgl. Kasachskaja SSR
Kazahstan vgl. Kasachstan
Kazakevič vgl. Kasakewitsch
Kazakov vgl. Kasakow
Kazalinsk vgl. Kasalinsk
Kazan *engl.* kə'zɑ:n
Kazan vgl. Kasan
Kazan' vgl. Kasan
Kazandžik vgl. Kasandschik
Kazanlăk vgl. Kasanlak
Kazanskij vgl. Kasanski
Kazantzakes, ...kis *neugr.* kazan'dzakis
Kazár *ung.* 'kɔza:r
Kazarow, Kacarov *bulgar.* ka'tsarof
Kazatin vgl. Kasatin
Kazbegi vgl. Kasbegi
Kazbek vgl. Kasbek
Kazike ka'tsi:kə
Kazikwe *engl.* kə'zıkweı
Kazi-Magomed vgl. Kasi-Magomed
Kazimierz *poln.* ka'zimjɛʃ
Kazimierza Wielka *poln.* kazi'mjɛʒa 'vjɛlka
Kazimierz Dolny *poln.* ka'zimjɛʒ 'dɔlnɨ
[1]**Kazimir** *tschech.* 'kazimir
[2]**Kazimir** vgl. Kasimir
Kazin vgl. Kasin
Kazincbarcika *ung.* 'kɔzindzbɔrtsikɔ
Kazinczy *ung.* 'kɔzintsi
Kázmér *ung.* 'ka:zme:r
Kazoo *engl.* kə'zu:
Kazym vgl. Kasym
Kazyr vgl. Kasyr
Kbely *tschech.* 'gbɛli
Kcynia *poln.* 'ktsɨnja
Kdyně *tschech.* 'gdinjɛ
Kea 'ke:a, *neugr.* 'kɛa
Keable *engl.* ki:bl
Kean[e] *engl.* ki:n
Keansburg *engl.* 'ki:nzbə:g
Kearney, ...ny *engl.* 'kə:nı, 'kɑ:nı
Kearsley *engl.* 'kıəzlı
Keate *engl.* ki:t
Keating[e] *engl.* 'ki:tıŋ
Keaton *engl.* ki:tn
Keats *engl.* ki:ts
Kebab ke'ba:p
Keble *engl.* ki:bl
kebbeln 'kɛbl̩n, **...ble** ...blə
Kebnekajse *schwed.* ˌkɛbnəkaisə, --'--
Kebse 'ke:psə
Kebsweib 'ke:psvaip
Kebumen *indon.* kə'bumən
Kecal *tschech.* 'kɛtsal
Kecel *ung.* 'kɛtsɛl
keck kɛk
Keck *dt., engl.* kɛk
Keckeis 'kɛkais
keckern 'kɛkɐn
Kecskemét *ung.* 'kɛtʃkɛme:t
Kedah 'ke:da
Kedar 'ke:dar
Keder 'ke:dɐ
Kedesch 'ke:dɛʃ
Kediri *indon.* kə'diri
Kedleston *engl.* 'kɛdlstən
Kedron 'ke:drɔn
Kedrosia ke'dro:zi̯a
Kędzierzyn *poln.* kɛn'dʒɛʒɨn
Keefe *engl.* ki:f
Keele[r] *engl.* 'ki:l[ə]
Keeley *engl.* 'ki:lı
Keeling *engl.* 'ki:lıŋ
Keen[e] *engl.* ki:n
Keep ke:p
Keeper 'ki:pɐ
Keep-smiling 'ki:p'smailıŋ
[1]**Kees** (Gletscher) ke:s, **-e** 'ke:zə
[2]**Kees** (Name) *dt., niederl.* ke:s
Keesom *niederl.* 'ke:sɔm
Keewatin *engl.* ki:'weıtın, ki:'wɑ:tın
Kefallinia *neugr.* kɛfali'nia
Kefauver *engl.* 'ki:fɔ:və
Kefe 'ke:fə
Kefermarkt 'ke:fɐmarkt
Kefir 'ke:fır
Keflavík 'ke:flavi:k, *isl.* 'kjɛblavi:k
Kegan *engl.* 'ki:gən
Kegel 'ke:gl̩
keg[e]lig 'ke:g[ə]lıç, **-e** ...ıgə
kegeln 'ke:gl̩n, **kegle** 'ke:glə
Kegler 'ke:glɐ
Kégresse *fr.* ke'grɛs
Kehdingen 'ke:dıŋən
Kehl[chen] 'ke:l[çən]
Kehle 'ke:lə
kehlen 'ke:lən
Kehlenalp ke:lən'|alp
kehlig 'ke:lıç, **-e** ...ıgə
Kehr[aus] 'ke:ɐ̯[|aus]
Kehre 'ke:rə
kehren 'ke:rən
Kehrer 'ke:rɐ
Kehricht 'ke:rıçt
Kehrig 'ke:rıç
Kehrigk 'ke:rık
kehrt! ke:ɐ̯t
Kehrum 'ke:ɐ̯|ʊm
Kehrwieder ke:ɐ̯'vi:dɐ
Keib kaip, **-en** 'kaibn̩
Keibel 'kaibl̩
Keicobad 'kaikobat
keifen 'kaifn̩
Keifer 'kaifɐ, *engl.* 'kaıfə
Keiferei kaifə'rai
Keifisch 'kaifıʃ
Keighley *engl.* 'ki:θlı
Keightley *engl.* 'ki:tlı
Keil[berth] 'kail[bɛrt]
keilen 'kailən
Keilerei kailə'rai
Keilhack 'kailhak
Keill *engl.* ki:l
Keim kaim
keimen 'kaimən
kein kain
keinerlei 'kainɐ'lai
keinerseits 'kainɐ'zaits
keinesfalls 'kainəs'fals
keineswegs 'kainəs've:ks
keinmal 'kainma:l
Keir [Hardie] *engl.* 'kıə ['hɑ:dı]
Keiser 'kaizɐ
Keistut 'kaistʊt
Keita *fr.* kɛi'ta
Keitel 'kaitl̩
Keitele *finn.* 'kɛitɛlɛ
Keith kait, *engl.* ki:θ
Keitum 'kaitʊm
Kékes *ung.* 'ke:kɛʃ
Kekkonen *finn.* 'kɛkkɔnɛn
Kekrops 'ke:krɔps
Keks ke:ks
Kekule 'ke:kule
Kelantan *indon.* kə'lantan
Kelat ke'la:t, *pers.* kæ'lɑ:t
Kelberg 'kɛlbɛrk
Kelbra 'kɛlbra
Kelch kɛlç
Kelder[mans] *niederl.* 'kɛldər[mɑns]
Keldysch, Keldyš *russ.* 'kjɛldɨʃ
Kelebia *ung.* 'kɛlɛbiɔ
Kelek 'kɛlɛk
Kelemen *ung.* kɛlɛmɛn
Kelemér *ung.* 'kɛlɛme:r
Kéler *ung.* 'ke:lɛr
Kéleshalom *ung.* 'ke:lɛʃhɔlom
Keleti pályaudvar *ung.* 'kɛlɛti 'pa:jɔudvɔr
Keleviz *ung.* 'kɛlɛvi:z
Kelhead *engl.* 'kɛlhɛd
Kelheim 'ke:lhaim
Kelik 'kɛlık
Kelim 'ke:lım
Kelk *niederl.* kɛlk
Kelkheim 'kɛlkhaim
Kelkit *türk.* 'kɛlkit
Kell *dt., engl.* kɛl
Kelland *engl.* 'kɛlənd
Kellar *engl.* 'kɛlə
Kelle 'kɛlə
Kellek 'kɛlɛk
Kellen 'kɛlən, *niederl.* 'kɛlə
Keller 'kɛlɐ, *engl.* 'kɛlə
Kellerei kɛlə'rai
Kellermann 'kɛlɐman, *fr.* kɛlɛr'man
Kellerthaler 'kɛlɐta:lɐ

Kellerwald 'kɛlɐvalt
Kellerwand 'kɛlɐvant
Kelley *engl.* 'kɛlɪ
Kellgren *schwed.* ˌtçɛlgre:n
Kellinghusen kɛlɪŋ'hu:zn̩
Kellion 'kɛli̯ɔn, **Kellien** 'kɛli̯ən
Kellmünz kɛl'mʏnts
Kellner 'kɛlnɐ
kellnern 'kɛlnɐn
Kellogg *engl.* 'kɛlɔg
Kelly *engl.* 'kɛlɪ
Keloid kelo'i:t, -e ...i:də
Keloidose keloi'do:zə
Kelotomie keloto'mi:, -n ...i:ən
Kelowna *engl.* kɪ'loʊnə
Kelpen *niederl.* 'kɛlpə
Kelsen 'kɛlzn̩
Kelsey *engl.* 'kɛlsɪ
Kelso *engl.* 'kɛlsoʊ
Kelsos 'kɛlzɔs
Kelsterbach 'kɛlstɐbax
Kelt[e] 'kɛlt[ə]
Kelter 'kɛltɐ
keltern 'kɛltɐn
Keltiberer kɛlti'be:rɐ
Keltie *engl.* 'kɛltɪ
keltisch 'kɛltɪʃ
Keltist[ik] kɛl'tɪst[ɪk]
Keltologe kɛlto'lo:gə
Keltologie kɛltolo'gi:
keltologisch kɛlto'lo:gɪʃ
keltoromanisch kɛltoro'ma:nɪʃ
Kelvey *engl.* 'kɛlvɪ
Kelvin *engl.* 'kɛlvɪn
Kem, Kem' *russ.* kjemj
Kemal *türk.* kɛ'mɑl
Kemalismus kema'lɪsmʊs
Kemalist kema'lɪst
Kemantsche ke'mantʃə
Kematen 'kɛmatn̩
Kemberg 'kɛmbɛrk
Kemble *engl.* kɛmbl
Kembs kɛmps, *fr.* kɛmbs
Kemčik vgl. Kemtschik
Kemenate keme'na:tə
Kemence *ung.* 'kɛmɛntsɛ
Kemeneshőgyész *ung.* 'kɛmɛnɛʃhø:dje:s
Kemény *ung.* 'kɛme:nj
Kémény *ung.* 'ke:me:nj
Kemerowo, Kemerovo *russ.* 'kjemɪrɐvɐ
Kémes *ung.* 'ke:mɛʃ
Kemeyz *engl.* 'kɛmɪz
Kemi[joki] *finn.* 'kɛmi[jɔki]
Kemlitz 'kɛmlɪts
Kemmel[berg] *niederl.* 'kɛməl[bɛrx]
Kemmerer *engl.* 'kɛmərə
Kemmern 'kɛmɐn
Kemnath 'kɛmna:t
Kemnitz 'kɛmnɪts
Kemp *dt., fr., niederl.* kɛmp
Kempa 'kɛmpa
Kempelen 'kɛmpələn
Kempe *dt., niederl.* 'kɛmpə
Kempen 'kɛmpn̩, *niederl.* 'kɛmpə
Kempenaer *niederl.* 'kɛmpəna:r
Kempeneer *niederl.* 'kɛmpəne:r
Kempenfelt 'kɛmpn̩fɛlt, *engl.* 'kɛmpənfɛlt
Kempenich 'kɛmpənɪç
Kempf[f] kɛmpf
Kempis 'kɛmpɪs
Kempner 'kɛmpnɐ
Kempsey *engl.* 'kɛmpsɪ
Kempston *engl.* 'kɛmpstən
Kempten 'kɛmptn̩
Kempter 'kɛmptɐ
Kemtschik, Kemčik *russ.* 'kjɛmtʃik
[1]**Ken** (Bezirk) kɛn
[2]**Ken** (Name) *engl.* kɛn
Kena 'ke:na
Kenai *engl.* 'ki:naɪ
Kendal[l] *engl.* kɛndl
Kendallville *engl.* 'kɛndlvɪl
Kendari *indon.* kən'dari
Kenderes *ung.* 'kɛndɛrɛʃ
Kendergyár *ung.* 'kɛndɛrdja:r
Kendo 'kɛndo
Kendrick *engl.* 'kɛndrɪk
Kenelm *engl.* 'kɛnɛlm
Kengyel *ung.* 'kɛndjɛl
Kenia 'ke:ni̯a
Kenianer ke'ni̯a:nɐ
kenianisch ke'ni̯a:nɪʃ
Kenilworth *engl.* 'kɛnɪlwə:θ
Kenisiter keni'zi:tɐ
Keniter ke'ni:tɐ
Kénitra *fr.* keni'tra
Kenmore *engl.* 'kɛnmɔ:
Kenn[an] *engl.* 'kɛn[ən]
Kennebec *engl.* 'kɛnɪbɛk
Kennedy *engl.* 'kɛnɪdɪ
Kennel 'kɛnl̩
Kennelly *engl.* 'kɛnlɪ
Kennemerland *niederl.* 'kɛnəmərlɑnt
kennen 'kɛnən
Kenner 'kɛnɐ, *engl.* 'kɛnə
Kennet *engl.* 'kɛnɪt
Kenneth *engl.* 'kɛnɪθ
Kennett *engl.* 'kɛnɪt
Kennewick *engl.* 'kɛnəwɪk
Kenney *engl.* 'kɛnɪ
Kennicott *engl.* 'kɛnɪkət
Kenning 'kɛnɪŋ, -ar 'kɛnɪŋgar
Kennington *engl.* 'kɛnɪŋtən
kenntlich 'kɛntlɪç
Kenntnis 'kɛntnɪs, -se ...ɪsə
Kenny *engl.* 'kɛnɪ
kennzeichnen 'kɛntsaiçnən
Keno 'ke:no
Kenogami *engl.* kənoʊ'gɑ:mɪ
Kenora *engl.* kə'nɔ:rə
Kenosha *engl.* kə'noʊʃə
Kenosis 'ke:nozɪs
Kenotaph keno'ta:f
Kenotaphion keno'ta:fi̯ɔn, ...ien ...i̯ən
Kenotaphium keno'ta:fi̯ʊm, ...ien ...i̯ən
Kenotiker ke'no:tikɐ
Kenrick *engl.* 'kɛnrɪk
Kensett *engl.* 'kɛnsɪt
Kensington *engl.* 'kɛnzɪŋtən
Kent *engl.* kɛnt
Kentaur kɛn'tauɐ
kentern 'kɛntɐn
Kenton *engl.* 'kɛntən
Kentucky *engl.* kɛn'tʌkɪ
Kentum... 'kɛntʊm...
Kentville *engl.* 'kɛntvɪl
Kenville *engl.* 'kɛnvɪl
Kenworthy *engl.* 'kɛnwə:ðɪ
Kenya *engl.* 'kɛnjə, 'ki:njə
Kenyatta kɛn'jata, *engl.* kɛn'jætə
Kenyeri *ung.* 'kɛnjɛri
Kenyon *engl.* 'kɛnjən
Kenz kɛnts
Keokuk *engl.* 'ki:əkʌk
Keos 'ke:ɔs
Kephalalgie kefalal'gi:, -n ...i:ən
Kephalhämatom kefalhɛma'to:m
Kephallenia kefa'le:ni̯a
Kephalogramm kefalo'gram
Kephalometrie kefalome'tri:
Kephalon[ia] kefa'lo:n[i̯a]
Kephalonie kefalo'ni:
Kephalopode kefalo'po:də
Kephalotomie kefaloto'mi:
Kephalozele kefalo'tse:lə
Kephas 'ke:fas
Kepheus 'ke:fɔys
Kephisia kefi'zi̯a:, *neugr.* kifi'sja
Kephisodot kefizo'do:t
Kephisos ke'fi:zɔs
Kephissos ke'fɪsɔs
Kepler 'kɛplɐ
Kepno *poln.* 'kɛmpnɔ
Keppel 'kɛpl̩, *engl., niederl.* 'kɛpəl
keppeln 'kɛpln̩
Keppler 'kɛplɐ
Ker *engl.* kɑ:, kɛə, kə:
Kerabau kera'bau
Kerak 'ke:rak
Kerala 'ke:rala, *engl.* 'kɛrələ
Keramik ke'ra:mɪk
keramisch ke'ra:mɪʃ
Kerasond kera'zɔnt
Keratin kera'ti:n
Keratitis kera'ti:tɪs, **...itiden** ...ti'ti:dn̩
Keratoglobus kerato'glo:bʊs
Keratokonus kerato'ko:nʊs
Keratom kera'to:m
Keratomalazie keratomala'tsi:, -n ...i:ən
Keratophyr kerato'fy:ɐ
Keratoplastik kerato'plastɪk
Keratose kera'to:zə
Keratoskop kerato'sko:p
Kerava *finn.* 'kɛrɑvɑ
Kerbe 'kɛrbə
Kerbel 'kɛrbl̩
Kerbela 'kɛrbela
kerben 'kɛrbn̩, **kerb!** kɛrp, **kerbt** kɛrpt

Kẹrberos 'kɛrbɛrɔs
Kerč, vgl. Kertsch
Kẹrckhoff 'kɛrkhɔf
Kẹrckhoven *niederl.* 'kɛrkho:və
Kẹrdon 'kɛrdɔn
Kẹrecsend *ung.* 'kɛrɛtʃɛnd
Kẹrekegyháza *ung.* 'kɛrɛkɛtjha:zɔ
Kẹrekes *ung.* 'kɛrɛkɛʃ
Kerektasie kerɛkta'zi:
Kẹren 'ke:rən
Kẹrenski, Kerenskij *russ.* 'kjerınskij
Kẹrényi *ung.* 'kɛre:nji
Kẹrepes *ung.* 'kɛrɛpɛʃ
Kẹres *russ.* 'kjerıs
Kẹrf kɛrf
Kerguelen kɛr'ge:lən
Kerguélẹn *fr.* kɛrge'lɛn
Kerguélen-Trémarẹc *fr.* kɛrgelɛntrema'rɛk
Kerịnthos ke'rıntɔs
Kerịntji *indon.* kə'rıntʃi
Kẹrka 'kɛrka
Kẹrkaszentkirály *ung.* 'kɛrkɔsɛntkira:j
Kẹrker 'kɛrkɐ
Kẹrkhove *niederl.* 'kɛrkho:və
Kẹrkom *niederl.* 'kɛrkɔm
Kẹrkops 'kɛrkɔps, **...open** kɛr'ko:pn̩
Kerkọvius kɛr'ko:vi̯ʊs
Kẹrkrade *niederl.* 'kɛrkra:də
Kẹrkwijk *niederl.* 'kɛrkwɛi̯k
Kẹrkwitz 'kɛrkvıts
Kẹrkyra 'kɛrkyra, *auch:* kɛr'ky:ra, *neugr.* 'kɛrkira
Kẹrl kɛrl
Kẹrle *niederl.* 'kɛrlə
Kẹrll kɛrl
Kẹrma 'kɛrma
Kermadec *engl.* kə:'mædɛk
Kẹrmaier 'kɛrmai̯ɐ
Kerman *pers.* kɛr'mɑ:n
Kermanschah *pers.* kɛrmɑn'ʃɑ:h
Kermanschahan *pers.* kɛrmɑnʃɑ'hɑ:n
Kẹrmes... 'kɛrməs...
Kermit *engl.* 'kə:mıt
Kẹrn *dt.*, *niederl.* kɛrn, *engl.* kə:n
kẹrndeutsch 'kɛrn'dɔytʃ
kẹrnen 'kɛrnən
Kẹrner 'kɛrnɐ
kẹrngesụnd 'kɛrngə'zʊnt
kẹrnig 'kɛrnıç, **-e** ...ıgə
Kẹrnsdorfer Höhe 'kɛrnsdɔrfɐ 'hø:ə
Kẹrnstock 'kɛrnʃtɔk
Keroplạstik kero'plastık
Kerosin kero'zi:n
Kẹrouac *engl.* 'kɛru:æk
Kérouạlle *fr.* ke'rwal
Kẹrpen 'kɛrpn̩
Kẹrr kɛr, *engl.* kɑ:, kɛə, kə:
Kẹrria 'kɛri̯a
Kẹrricx *niederl.* 'kɛrıks
Kẹrrie 'kɛri̯ə
Kerrville *engl.* 'kə:vıl
Kẹrry *engl.* 'kɛrı
Kersaint *fr.* kɛr'sɛ̃
Kersantit kɛrzan'ti:t, *auch:* ...tıt
Kẹrschenez, Keržẹnec *russ.* 'kjɛrʒənıts
Kẹrschensteiner 'kɛrʃn̩ʃtai̯nɐ
Kẹrschenzew, Keržẹncev *russ.* 'kjɛrʒəntsıf
Kẹrsey *engl.* 'kə:zı
Kersnik *slowen.* kərs'ni:k
Kẹrsten 'kɛrstn̩
Kẹrstin 'kɛrsti:n
Kẹrsting 'kɛrstıŋ
Kerteminde *dän.* kɛrdə'menə
Kẹrtsch, Kerč, *russ.* kjertʃ
Kerub 'ke:rʊp
Kerulen 'ke:rulɛn
Kerullarios kerʊ'la:ri̯ɔs
Kẹrvenheim 'kɛrvn̩hai̯m
Kẹrvyn de Lẹttenhove *niederl.* 'kɛrvɛi̯n də 'lɛtənho:və
Kẹrwe 'kɛrvə
Kerygma 'ke:rʏgma
kerygmạtisch kerʏ'gma:tıʃ
Kerykeion ke'ry:kai̯ɔn, **...eia** ...ai̯a
Kẹrze 'kɛrtsə
Kerzẹll kɛr'tsɛl
Keržencev vgl. Kerschenzew
Keržẹnec vgl. Kerschenez
kẹrzengerade 'kɛrtsn̩gə'ra:də
Kẹs ke:s, *niederl.* kɛs
Kesarevo vgl. Kessarewo
Kẹsch[an] 'kɛʃ[an]
Keschefrud *pers.* kæʃæf'ru:d
Kẹscher 'kɛʃɐ
Kẹski-Suomi *finn.* 'kɛskisu̯ɔmi
Késmárk *ung.* 'ke:ʃma:rk
kẹß kɛs, **kẹsser** 'kɛsɐ
Kẹssarewo, Kesarevo *bulgar.* 'kɛsarɛvo
Kẹssel 'kɛsl̩, *niederl.* 'kɛsəl, *fr.* kɛ'sɛl, *engl.* kɛsl
Kẹsseling 'kɛsəlıŋ
Kẹssel-Lo *niederl.* 'kɛsəl'lo:
Kẹsselring 'kɛsl̩rıŋ
Kẹssels *niederl.* 'kɛsəls
Kẹsser 'kɛsɐ
Kẹssler 'kɛslɐ, *fr.* kɛ'slɛ:r
Keßlerlọch kɛslɐ'lɔx
Kẹsten[berg] 'kɛstn̩[bɛrk]
Kẹster *engl.* 'kɛstə
Kẹsteren *niederl.* 'kɛstərə
Kesteven *engl.* kɛs'ti:vən
Kẹstner 'kɛstnɐ
Kẹszeg *ung.* 'kɛsɛg
Kẹszőhidegkút *ung.* 'kɛsø:hidɛkku:t
Kẹszthely *ung.* 'kɛsthɛj
[1]**Kẹt** *niederl.* kɛt
[2]**Kẹt, Ket'** *russ.* kjetj
Ketạpang *indon.* kə'tapaŋ
Kẹtcham *engl.* 'kɛtʃəm
Kẹtchikan *engl.* 'kɛtʃıkæn
Kẹtchum *engl.* 'kɛtʃəm
Ketchup 'kɛtʃap, *engl.* 'kɛtʃəp
Kete 'ke:tə
Kétegyháza *ung.* 'ke:tɛtjha:zɔ
Kẹtel *niederl.* 'ke:təl
Ketẹlbey *engl.* kı'tɛlbı
Keteldiep *niederl.* 'ke:təldi:p
Kéthly *ung.* 'ke:tli
Ketlịnskaja *russ.* kıt'linskɐjɐ
Ketogruppe 'ke:togrʊpə
Keton ke'to:n
Ketose ke'to:zə
Kétpó *ung.* 'ke:tpo:
Kẹtrzyn *poln.* 'kɛntʃɨn
Kẹtrzyński *poln.* kɛnt'ʃɨi̯ski
Kẹtsch kɛtʃ
kẹtschen 'kɛtʃn̩
Kẹtschendorf 'kɛtʃn̩dɔrf
Kẹtschua 'kɛtʃu̯a
Kẹttbaum 'kɛtbau̯m
Kẹtte[ler] 'kɛtə[lɐ]
kẹtteln 'kɛtl̩n
kẹtten 'kɛtn̩
Kẹttering *engl.* 'kɛtərıŋ
Kẹtting *niederl.* 'kɛtıŋ, *dän.* 'kɛdeŋ
Kẹttler 'kɛtlɐ
Kẹttunen *finn.* 'kɛttunɛn
Kẹttwig 'kɛtvıç
Ketubim ketu'bi:m
Kétújfalu *ung.* 'ke:tu:jfɔlu
Kẹty *russ.* 'kjɛtɨ
Kéty *ung.* ke:tj
Kẹty *poln.* 'kɛntɨ
Kẹtzer 'kɛtsɐ
Ketzerei kɛtsə'rai̯
Ketzin kɛ'tsi:n
keuchen 'kɔyçn̩
Keudell 'kɔydl̩
Keuka *engl.* 'kju:kə
Keula 'kɔyla
Keule 'kɔylə
Keun kɔyn
Keuper 'kɔypɐ
Keurvels *niederl.* 'kø:rvəls
keusch kɔyʃ
Keusche 'kɔyʃə
Keuschlamm 'kɔyʃlam
Keuschler 'kɔyʃlɐ
Keussler 'kɔyslɐ
Keutgen 'kɔytgn̩
Kẹvelaer 'ke:vəla:ɐ̯
Kẹvin *engl.* 'kɛvın
Kew *engl.* kju:
Kewanee *engl.* kı'wɔnı
Keweenaw *engl.* 'ki:wınɔ:
Kẹxholm *schwed.* ˌkɛkshɔlm
Key *engl.* ki:, *niederl.*, *schwed.* kɛi̯
Keyes *engl.* ki:z, kaız
Kẹynes *engl.* keınz
Kẹynsham *engl.* 'keınʃəm
Keyport *engl.* 'ki:pɔ:t
Keyser 'kaizɐ, *engl.* 'kaızə, *niederl.* 'kɛi̯zər, *fr.* kaj'zɛ:r
Keyserling 'kai̯zɐlıŋ
Keyßer 'kaisɐ
Key Wẹst *engl.* 'ki: 'wɛst
Kẹzal 'kɛtsal

Kẹžmarok *slowak.* 'kɛʒmarɔk
Khaiber 'kai̯bɐ
Khạki 'ka:ki
Khạn ka:n
Khanạt ka'na:t
Khạnpur 'ka:npʊr
Karthwẹlier kart've:li̯ɐ
Khartum 'kartʊm, kar'tu:m
Khạsi 'ka:zi
Khatchaturiạn *russ.* xɐtʃɐtu'rjan
Khedive ke'di:və
Khẹtschua 'kɛtʃu̯a
Khẹvenhüller 'ke:fn̩hʏlɐ, 'ke:v...
Khịpu 'kɪpu
Khlẹsl 'kle:zl̩
Khmẹr kme:ɐ̯
Khnọpff *niederl., fr.* knɔpf
Khọi 'ko:i
Khọin 'ko:ɪn
Khoisanide koiza'ni:də
Khọnd kɔnt
Khotạn ko'ta:n
Khuen *ung.* ku:n
Khyber *engl.* 'kaɪbə
Kiai 'ki:ai̯
Kiạng ki̯aŋ
Kiạngsi 'ki̯aŋzi
Kiạngsu 'ki̯aŋzu
Kịantajärvi *finn.* 'kiɑntɑjærvi
Kiaulẹhn ki̯au̯'le:n
Kiautschou ki̯au̯'tʃau̯, '−−
kịbbeln 'kɪbl̩n, **kịbble** 'kɪblə
Kịbble *engl.* kɪbl
Kibbụz kɪ'bu:ts, **-im** kɪbu'tsi:m
Kibbụznik kɪ'bu:tsnɪk
Kiberer 'ki:bərɐ
Kịberzy, Kibercy *russ.* 'kibɪrtsɨ
Kibịtka ki'bɪtka
Kibịtke ki'bɪtkə
Kịbla 'kɪbla
Kibo 'ki:bo
Kịčevo *serbokr.* 'kitʃɛvɔ
Kịchererbse 'kɪçɐ|ɛrpsə
kịchern 'kɪçɐn
Kịck[elhahn] 'kɪk[l̩ha:n]
kịcken 'kɪkn̩
Kịcker 'kɪkɐ
Kick-ọff kɪk'|ɔf
kịcksen 'kɪksn̩
Kịckxia 'kɪksi̯a, **...ien** ...i̯ən
Kicman' vgl. Kizman
Kičmenga vgl. Kitschmenga
Kịd[d] *engl.* kɪd
Kịdde *dän.* 'kiðə
Kịdder *engl.* 'kɪdə
Kịdderminster *engl.* 'kɪdəmɪnstə
Kiddụsch kɪ'dʊʃ, **-im** ...'ʃi:m
Kiderlen 'ki:dɐlən
kịdnappen 'kɪtnɛpn̩
Kịdnapper 'kɪtnɛpɐ
Kịdnapping 'kɪtnɛpɪŋ
Kidron 'ki:drɔn
Kịdsgrove *engl.* 'kɪdzgroʊv
Kịdul *indon.* 'kidʊl
Kidwẹlly *engl.* kɪd'wɛlɪ
Kiebig 'ki:bɪç, **-e** ...ɪgə
Kiebitz 'ki:bɪts
kiebitzen 'ki:bɪtsn̩
Kiedrich 'ki:drɪç
kiefeln 'ki:fl̩n
Kiefenfuß 'ki:fn̩fu:s
Kiefer 'ki:fɐ
kiefern 'ki:fɐn
Kiefersfẹlden ki:fɐs'fɛldn̩
Kieke[busch] 'ki:kə[bʊʃ]
kieken 'ki:kn̩
Kieker 'ki:kɐ
Kiekindiewelt 'ki:k|ɪndi:,vɛlt
Kiel ki:l
Kiẹlce *poln.* 'kjɛltsɛ
Kieldrecht *niederl.* 'ki:ldrɛxt
kielen 'ki:lən
Kieler 'ki:lɐ
Kielhorn 'ki:lhɔrn
Kiẹlland *norw.* 'çɛlan
Kielmeyer 'ki:lmai̯ɐ
kielọben ki:l'|o:bn̩
Kieme 'ki:mə
Kien[böck] 'ki:n[bœk]
kienig 'ki:nɪç, **-e** ...ɪgə
Kiental 'ki:nta:l
Kienzl 'ki:ntsl̩
Kienzle 'ki:ntslə
Kiepe 'ki:pə
Kiepert 'ki:pɐt
Kiepụra *poln.* kjɛ'pura
Kieran *engl.* 'kɪərən
Kieritzsch 'ki:rɪtʃ
Kierkegaard 'kɪrkəgart, *dän.* 'kirgəgɔ:'r
Kierspe 'ki:ɐ̯spə
Kiersy-sur-Oise *fr.* kjɛrzisyr'rwa:z
Kies ki:s, **Kieses** 'ki:zəs
Kiesel[gur] 'ki:zl̩[gu:ɐ̯]
kieseln 'ki:zl̩n, **kiesle** 'ki:zlə
kiesen 'ki:zn̩, **kies!** ki:s, **kiest** ki:st
Kiesen 'ki:zn̩
Kieserit kizə'ri:t, *auch:* ...rɪt
Kieserịtzky kizə'rɪtski
Kiesewetter 'ki:zəvɛtɐ
kiesig 'ki:zɪç, **-e** ...ɪgə
Kiesinger 'ki:zɪŋɐ
Kieta *engl.* ki:'eɪtə
Kiętrz *poln.* kjɛtʃ
Kietz ki:ts
Kiev vgl. Kijew
Kiew 'ki:ɛf
Kiez ki:ts
Kịff kɪf
kịffen 'kɪfn̩
Kịffin *engl.* 'kɪfɪn
Kigạli ki'ga:li, *fr.* kiga'li
Kiịk-Kobạ *russ.* ki'ikka'ba
Kiil ki:l
Kiiminki *finn.* 'ki:miŋki
Kija *russ.* 'kijɐ
Kijew, Kiev *russ.* 'kijɪf
kikeriki!, K... kikəri'ki:
Kịkinda *serbokr.* ,kiki:nda
Kikụmon ki'ku:mɔn
Kikụyu ki'ku:ju
Kil *schwed.* tçi:l
Kilauẹa kilau̯'e:a, *engl.* ki:laʊ'eɪɑ:
Kịlbi 'kɪlbi, **...benen** 'kɪlbənən
Kịlchberg 'kɪlçbɛrk
Kildare kɪl'dɛ:ɐ̯, *engl.* kɪl'dɛə
Kịlgore *engl.* 'kɪlgɔ:
Kịlham *engl.* 'kɪləm
Kilian 'ki:li̯a:n, *engl.* 'kɪlɪən
Kilijạ *russ.* kili'ja
Kilịkien ki'li:ki̯ən
Kịlim 'ki:lɪm
Kịlimán *ung.* 'kilima:n
Kilimandschạro kiliman'dʒa:ro
Kilịński *poln.* ki'lii̯ski
Kilius 'ki:li̯ʊs
Kịljan *isl.* 'kjɪljan
Kilkẹnny *engl.* kɪl'kɛnɪ
Kilkịs *neugr.* kil'kis
Kịll kɪl
Killạrney *engl.* kɪ'lɑ:nɪ
Killebẹrg *schwed.* tçilə'bærj
Killeen *engl.* kɪ'li:n
kịllekịlle 'kɪlə'kɪlə
kịllen 'kɪlən
Kịller 'kɪlɐ
Kịllian 'kɪli̯a:n, *engl.* 'kɪlɪən
Kịlligrew *engl.* 'kɪlɪgru:
Kịllinger 'kɪlɪŋɐ
Kịll van Kull *engl.* 'kɪl væn 'kʌl
Kịlly 'kɪlɪ, *fr.* ki'li
Kilmạrnock *engl.* kɪl'mɑ:nək
Kịlmer *engl.* 'kɪlmə
Kilmẹs, Kil'mez' *russ.* kilj'mezj
Kịln kɪln
Kilo 'ki:lo
Kiloampẹre kilo|am'pe:ɐ̯, ...'pɛ:ɐ̯
Kilogrạmm kilo'gram
Kilogrạph kilo'gra:f
Kilohẹrtz kilo'hɛrts
Kilokalorie kilokalo'ri:
Kiloliter kilo'li:tɐ
Kilomẹter kilo'me:tɐ
kilometrieren kilome'tri:rən
kilomẹtrisch kilo'me:trɪʃ
Kilopọnd kilo'pɔnt
Kilovọlt kilo'vɔlt
Kilovoltampẹre kilovɔlt|am'pe:ɐ̯, ...'pɛ:ɐ̯
Kilowạtt kilo'vat
Kilowạttstunde kilo'vatʃtʊndə
Kilpatrick *engl.* kɪl'pætrɪk
Kịlpi[nen] *finn.* 'kilpi[nɛn]
Kịlpisjärvi *finn.* 'kilpisjærvi
Kilsyth *engl.* kɪl'saɪθ
Kịlt[gang] 'kɪlt[gaŋ]
Kilung 'ki:lʊŋ
Kịlvo *schwed.* 'kilvo:
Kilwịnning *engl.* kɪl'wɪnɪŋ
Kịlyos *türk.* 'kiljɔs
Kịm *engl.* kɪm, *russ.* kim
Kịmball *engl.* kɪmbl
Kịmber 'kɪmbɐ
Kịmberley[s] *engl.* 'kɪmbəlɪ[z]
Kimberlit kɪmbɛr'li:t, *auch:* ...lɪt
Kimbolton kɪm'boʊltən

Kịmbrough *engl.* 'kɪmbroʊ
Kịmchi 'kɪmçi
Kim Il-Sung *korean.* kim il sʌŋ
Kịmm[e] 'kɪm[ə]
Kịmmei 'kɪme
Kịmmel *engl.* 'kɪməl
Kịmmeridge *engl.* 'kɪmərɪdʒ
Kimmẹrier kɪ'me:ri̯ɐ
kimmẹrisch kɪ'me:rɪʃ
Kịmolos *neugr.* 'kimɔlɔs
Ki̲mon 'ki:mɔn
Kimono ki'mo:no, *auch:* 'ki:mono, 'kɪm...
Kịmowsk, Kimovsk *russ.* 'kimɐfsk
Kịmpton *engl.* 'kɪmptən
Kimtschak *korean.* kimtʃhɛk
K'ịn kɪn
Kinabạlu *indon.* kina'balu
Kinä̲de ki'nɛ:də
Kinästhesi̲e kinɛste'zi:
Kinästhẹtik kinɛs'te:tɪk
kinästhẹtisch kinɛs'te:tɪʃ
Ki̲nau 'ki:nau̯
Kincạrdine[shire] *engl.* kɪn'kɑ:dɪn[ʃɪə]
Kịnck *norw.* çiŋk
Kịnd kɪnt, **Kịndes** 'kɪndəs
Kinda kanạl *schwed.* tçindaka'nɑ:l
Kịndchen 'kɪntçən
Kịndelbier 'kɪndl̩bi:ɐ̯
Kindelbrück kɪndl̩'brʏk, '– – –
Kịnder 'kɪndɐ
Kinderbeu̲ren kɪndɐ'bɔyrən
Kindere̲i kɪndə'rai̯
kịnderle̲icht 'kɪndɐ'lai̯çt
kịnderlieb 'kɪndɐli:p
Kịndermann 'kɪndɐman
Kịndeskind 'kɪndəskɪnt
Kindiạ *fr.* kin'dja
Kịnding 'kɪndɪŋ
kịndisch 'kɪndɪʃ
Kịndlein 'kɪntlai̯n
Kịndler 'kɪntlɐ, *engl.* 'kɪndlə
kịndlich 'kɪntlɪç
Kịndskopf 'kɪntskɔpf
Kịndu 'kɪndu, *fr.* kin'du
Kinealy *engl.* kɪ'ni:lɪ
Ki̲neböck 'ki:nəbœk
Kinẹl, Kinel' *russ.* ki'njelj
Kinemạtik kine'ma:tɪk
Kinemạtiker kine'ma:tikɐ
kinemạtisch kine'ma:tɪʃ
Kinematogrạph kinemato'gra:f
Kinematographi̲e kinematogra'fi:
Kinẹschma, Kinešma *russ.* 'kinɪʃmɐ
Kinesiạtrik kine'zi̯a:trɪk
Kinesiotherapi̲e kinezi̯otera'pi:
Kinẹtik ki'ne:tɪk
kinẹtisch ki'ne:tɪʃ
Kinetit kine'ti:t, *auch:* ...tɪt
Kinetographi̲e kinetogra'fi:
Kinetopho̲n kineto'fo:n
Kineto̲se kine'to:zə
Kinetosko̲p kineto'sko:p

[1]Kịng (Musikinstrument) kɪŋ
[2]Kịng (Name) *engl.* kɪŋ
Kịnga 'kɪŋga
Kịngdom *engl.* 'kɪŋdəm
Kịngdon *engl.* 'kɪŋdən
Kịngissepp, Kingisepp *russ.* 'kingisɛp
Kịnglake *engl.* 'kɪŋleɪk
Kịngo *dän.* 'keŋgo
Kịngsburgh *engl.* 'kɪŋzbərə
Kịng's County *engl.* 'kɪŋz 'kaʊntɪ
Kịngsford *engl.* 'kɪŋzfəd
Kịngsize *engl.* 'kɪŋsaɪz
Kịngsley *engl.* 'kɪŋzlɪ
Kịng's Lynn *engl.* 'kɪŋz 'lɪn
Kịngsmill *engl.* 'kɪŋzmɪl
Kịngsport *engl.* 'kɪŋzpɔ:t
Kịngsto[w]n *engl.* 'kɪŋstən
Kịngsville *engl.* 'kɪŋzvɪl
Kịngswood *engl.* 'kɪŋzwʊd
Kingwịlliamstown, King Wịlliams Town, King Wịlliam's Town *engl.* kɪŋ'wɪljəmztaʊn
Kịnk kɪŋk
Kinkaid *engl.* kɪn'keɪd
Kịnkel 'kɪŋkl̩
Kịnker *niederl.* 'kɪŋkər
Kịnkerlitzchen 'kɪŋkɐlɪtsçən
Kịnley *engl.* 'kɪnlɪ
Kịnloch *engl.* 'kɪnlɔk
Kịnn kɪn
Kinnaird *engl.* kɪ'nɛəd
Kinnekụlle *schwed.* tçinə,kʊlə
Kinnemạlma *schwed.* tçinə,malma
Kịnney *engl.* 'kɪnɪ
Kịnnicut[t] *engl.* 'kɪnɪkət
Kinnịer *engl.* kɪ'nɪə
Ki̲no 'ki:no
Kino̲nglas Ⓦⓩ ki'no:ngla:s
Kinrọss *engl.* kɪn'rɔs
Kinrọssshire *engl.* kɪn'rɔsʃɪə
Kịnsey *engl.* 'kɪnzɪ
Kinshạsa kɪn'ʃa:za, *fr.* kinʃa'sa
Kịnsky 'kɪnski
Kịnston *engl.* 'kɪnstən
Kịntner *engl.* 'kɪntnə
Ki̲ntopp 'ki:ntɔp, **...töppe** ...tœpə
Kinto̲re *engl.* kɪn'tɔ:
Kintyre *engl.* kɪn'taɪə
Kịnzie *engl.* 'kɪnzɪ
Kịnzig 'kɪntsɪç
Kinzigit kɪntsi'gi:t, *auch:* ...gɪt
Kioni̲tis ki̯o'ni:tɪs, **...iti̲den** ki̯oni'ti:dn̩
Kiọnka 'ki̯ɔŋka
Kiosk 'ki:ɔsk, ki̯ɔsk
Kio̲to 'ki̯o:to
Kịpf[el] 'kɪpf[l̩]
Kịpling *engl.* 'kɪplɪŋ
Kịpnis 'kɪpnɪs, *russ.* kip'nis
Kịpp[e] 'kɪp[ə]
kịppelig 'kɪpəlɪç, **-e** ...ɪgə
kịppeln 'kɪpl̩n
kịppen 'kɪpn̩

Kịppenberg 'kɪpn̩bɛrk
Kịppenheim 'kɪpn̩hai̯m
Kịpper 'kɪpɐ
kịpplig 'kɪplɪç, **-e** ...ɪgə
Kiprẹnski, Kiprenskij *russ.* ki'prjɛnskij
Kịps kɪps
Kịr *russ.* kir
Kiräly *ung.* 'kira:j
Kịrbe 'kɪrbə
Kịrberg 'kɪrbɛrk
Kịrby[e] *engl.* 'kə:bɪ
Kirchạhorn kɪrç'|a:hɔrn
Kịrchardt 'kɪrçart
Kirchbạggendorf kɪrç'bagn̩dɔrf
Kịrchderne 'kɪrçdɛrnə
Kirchdịtmold kɪrç'dɪtmɔlt
Kịrche 'kɪrçə
Kirchẹhrenbach kɪrç'|e:rənbax
Kịrcheisen 'kɪrç|ai̯zn̩
Kirchenkịrnberg kɪrçn̩'kɪrnbɛrk
Kirchenlạmitz kɪrçn̩'la:mɪts
Kirchenthụmbach kɪrçn̩'tʊmbax
Kịrcher 'kɪrçɐ
Kịrchhain 'kɪrçhai̯n
Kirchhe̲ilingen kɪrç'hai̯lɪŋən
Kịrchheim 'kɪrçhai̯m
Kirchheimbo̲landen kɪrçhai̯m'bo:landn̩
Kirchhẹllen kɪrç'hɛlən
Kirchhẹrten kɪrç'hɛrtn̩
Kịrchhoff 'kɪrçhɔf
Kirchhụndem kɪrç'hʊndəm
Kirch-Jẹsar kɪrç'je:zar
Kirchlẹngern kɪrç'lɛŋɐn
Kịrchle Spitz 'kɪrçləʃpɪts
Kirchle̲us kɪrç'lɔys
kịrchlich 'kɪrçlɪç
Kịrchmann 'kɪrçman
Kirchmöser kɪrç'mø:zɐ
Kịrchschlag 'kɪrçʃla:k
Kirchse̲eon kɪrç'ze:ɔn
Kirchstụ̈ck kɪrç'ʃtʏk
Kirchweyhe 'kɪrçvai̯ə, –'––
Kịrchzarten 'kɪrçtsa:ɐ̯tn̩
Kịrdorf 'kɪrdɔrf
Kirejẹwski, Kireevskij *russ.* kirɪ'jɛfskij
Kịrenga *russ.* 'kirɪngɐ
Kirẹnsk *russ.* ki'rjɛnsk
Kirgi̲se kɪr'gi:zə
Kirgịsija, Kirgizija *russ.* kir'gizijɐ
kirgi̲sisch kɪr'gi:zɪʃ
Kirgịsskaja SSR, Kirgizskaja SSR *russ.* kir'gisskɐja ɛs-ɛs'ɛr
Kịrik *russ.* 'kirik
Kịril *bulgar.* 'kiril
Kirilẹnko *russ.* kiri'ljɛnkɐ
Kirịll *russ.* ki'ril
Kirịllow, Kirillov *russ.* ki'rilɐf
[1]Kirịlow, Kirilov *russ.* ki'rilɐf
[2]Kịrilow, [2]Kirilov *bulgar.* 'kirilof
Ki̲rin 'ki:rɪn
Kịrk *engl.* kə:k, *dän.* kirg

Kirkburton *engl.* kəːkˈbəːtn
Kirkby in Ashfield *engl.* ˈkəːbɪ ɪn ˈæʃfiːld
Kirkcaldy *engl.* kəːˈkɔːdɪ
Kirkcọnnell *engl.* kəːˈkɔnl
Kirkcụdbright[shire] *engl.* kəːˈkuːbrɪ[ʃɪə]
[1]**Kịrke** (Zauberin) ˈkɪrkə, *B* ...ke
[2]**Kirke** (Name) *engl.* kəːk
Kịrkeby *dän.* ˈkirgəbyːˀ
Kịrkel ˈkɪrkl̩
Kịrkenes *norweg.* ˌçirkəneːs
Kirkham *engl.* ˈkəːkəm
Kirkintịlloch *engl.* kəːkɪnˈtɪlɔk
Kịrkjubæjarklaustur *isl.* ˈkjɪrkjʏbaijarklœy̆stʏr
Kịrkjuból *isl.* ˈkjɪrkjʏbou̯l
Kịrkkoniemi *finn.* ˈkirkkɔnie̯mi
Kirkland *engl.* ˈkəːklənd
Kırklạreli *türk.* kɨrkˈlɑrɛˌli
Kirkman *engl.* ˈkəːkmən
Kirkpatrick *engl.* kəːkˈpætrɪk
Kirksville *engl.* ˈkəːksvɪl
Kirkụk kɪrˈkuːk
Kirkup *engl.* ˈkəːkəp
Kirkwall *engl.* ˈkəːkwɔːl
Kirkwood *engl.* ˈkəːkwʊd
Kirmạn kɪrˈmaːn, *pers.* kerˈmɑːn
Kịrmes ˈkɪrmɛs, ˈkɪrməs; **Kịrmessen** ˈkɪrmɛsn̩
Kịrn[ach] ˈkɪrn[ax]
Kịrnberger ˈkɪrnbɛrgɐ
kịrnen ˈkɪrnən
Kịrow, Kirov *russ.* ˈkirɐf
Kirowabạd, Kirovabad *russ.* kirɐvaˈbat
Kirowakạn, Kirovakan *russ.* kirɐvaˈkan
Kirowgrạd, Kirovgrad *russ.* kiravˈgrat
Kirowogrạd, Kirovograd *russ.* kirɐvaˈgrat
Kịrowsk, Kirovsk *russ.* ˈkirɐfsk
Kirpitschọw, Kirpičev *russ.* kirpiˈtʃɔf
kịrre[n] ˈkɪrə[n]
Kịrrlach ˈkɪrlax
Kirsạnow, Kirsanov *russ.* kirˈsanɐf
Kịrsch kɪrʃ
Kirschạtsch, Kiržač *russ.* kirˈʒatʃ
Kịrschbaum ˈkɪrʃbaum
Kirschbe̲e̲rfurth kɪrʃˈbeːɐ̯fʊrt
Kịrsche ˈkɪrʃə
Kirschọn, Kiršon *russ.* kirˈʃɔn
kịrschrot ˈkɪrʃroːt
Kịrschweng ˈkɪrʃvɛŋ
Kırşehir *türk.* ˈkɨrʃɛˌhir
Kịrsten ˈkɪrstn̩, *dän.* ˈkersdən, *norw.* ˈçirstən
Kirstịne *dän.* kirsˈdiːˀnə
Kịrtag ˈkɪrtaːk
Kirtland *engl.* ˈkəːtland
Kirtley *engl.* ˈkəːtlɪ
Kiruna *schwed.* ˈkiːrʉna

Kirwan *engl.* ˈkəːwən
Kiržač vgl. Kirschatsch
Kịs *ung.* kiʃ
Kịsalföld *ung.* ˈkiʃɔlføld
Kịsbajom *ung.* ˈkiʒbɔjom
Kịsbér *ung.* ˈkiʒbeːr
Kịsch kɪʃ
Kịschi ˈkɪʃi
Kischinjọw, Kišinev *russ.* kiʃɨˈnjɔf
Kịsel, Kizel *russ.* ˈkizɪl
Kiselev vgl. Kisseljow
Kiselevsk vgl. Kisselewsk
Kisẹljak *serbokr.* kiˌsɛlja:k
Kịsfalud[y] *ung.* ˈkiʃfɔlud[i]
Kishọn kiˈʃɔn
Kisịr, Kizir *russ.* kiˈzir
Kịskőrös *ung.* ˈkiʃkøːrøʃ
Kịskorpád *ung.* ˈkiʃkorpaːd
Kịskundorozsma *ung.* ˈkiʃkundoroʒmɔ
Kiskunfélegyháza *ung.* ˈkiʃkunfeːlɛtjhaːzɔ
Kịskunhalas *ung.* ˈkiʃkunhɔlɔʃ
Kịskunlacháza *ung.* ˈkiʃkunlɔtshaːzɔ
Kịskunság *ung.* ˈkiʃkunʃaːg
Kịsláng *ung.* ˈkiʃlaːŋg
Kisljạr, Kizljar *russ.* kizˈljar
Kịslőd *ung.* ˈkiʃløːd
Kislowọdsk, Kislovodsk *russ.* kislaˈvɔtsk
Kịsmaros *ung.* ˈkiʃmɔroʃ
Kịsmet ˈkɪsmɛt
Kịspest *ung.* ˈkiʃpɛst
Kịß kɪs
Kịss *ung.* kiʃ
Kịssam *engl.* ˈkɪsəm
Kịssárrét *ung.* ˈkiʃʃaːrreːt
Kịßchen ˈkɪsçən
Kisseljọw[sk], Kiselev[sk] *russ.* kisɪˈljɔf[sk]
Kịssen ˈkɪsn̩
Kissidougou *fr.* kisiduˈgu
Kịssingen ˈkɪsɪŋən
Kịssinger ˈkɪsɪŋɐ; *engl.* ˈkɪsɪndʒə
Kißlegg kɪsˈlɛk, ˈ-‒
Kịßling, Kịssling ˈkɪslɪŋ
Kịsszékely *ung.* ˈkisseːkɛj
Kịstarcsa *ung.* ˈkiʃtɔrtʃɔ
Kịste ˈkɪstə
Kịstelek *ung.* ˈkiʃtɛlɛk
Kịsten ˈkɪstn̩
Kịsterenye *ung.* ˈkiʃtɛrɛnjɛ
Kistjakọwski, Kistjakovskij *russ.* kistɪˈkɔfskij
Kịstormás *ung.* ˈkiʃtormaːʃ
Kisuahe̲li kizu̯aˈheːli
Kịsújszállás *ung.* ˈkiʃuːjsaːllaːʃ
Kịsunyom *ung.* ˈkiʃunjom
Kịsvárda *ung.* ˈkiʃvaːrdɔ
Kịswa ˈkɪsva
Kiswahịli kɪsvaˈhiːli
Kisyl-Arwạt, Kizyl-Arvat *russ.* kiˈzɨlarˈvat
Kịszombor *ung.* ˈkizzombor
Kịt *engl.* kɪt

Kitạ *fr.* kiˈta
Kịtajaur *schwed.* ˈkitajau̯r
Kitạmi kiˈtaːmi
Kịtchell *engl.* kɪtʃl
Kịtchener *engl.* ˈkɪtʃɪnə
Kịtchin *engl.* ˈkɪtʃɪn
Kịthara ˈkiːtara, **Kitharen** kiˈtaːrən
Kitharịstik kitaˈrɪstɪk
Kitharö̲de kitaˈrøːdə
Kitharodi̲e̲ kitaroˈdiː
Kithä̲ron kiˈtɛːrɔn
Kịtion ˈkiːti̯ɔn
Kitọi, Kitoj *russ.* kiˈtɔj
Kịtsch kɪtʃ
kịtschen ˈkɪtʃn̩
kịtschig ˈkɪtʃɪç, -e ...ɪgə
Kịtschmenga, Kičmenga *russ.* ˈkitʃmɪngɐ
Kịtson *engl.* kɪtsn
Kịtt *dt., engl.* kɪt
Kittanning *engl.* kɪˈtænɪŋ
Kittatịnny Mountain *engl.* kɪtəˈtɪnɪ ˈmaʊntɪn
Kịttchen ˈkɪtçən
Kịttel ˈkɪtl̩
kịtten ˈkɪtn̩
Kịttery *engl.* ˈkɪtərɪ
Kịttfuchs ˈkɪtfʊks
Kịttilä *finn.* ˈkittilæ
Kịttinen *finn.* ˈkittinɛn
Kịttnerhorn ˈkɪtnɐhɔrn
Kịtto *engl.* ˈkɪtoʊ
Kịttredge *engl.* ˈkɪtrɪdʒ
Kịttsee ˈkɪtzeː
Kịtty *engl.* ˈkɪtɪ
Kịtz kɪt͜s
Kịtzbühel ˈkɪt͜sbyːəl
Kịtzbühler ˈkɪt͜sbyːlɐ
Kịtze ˈkɪt͜sə
Kịtzel ˈkɪt͜sl̩
kịtzelig ˈkɪt͜səlɪç, -e ...ɪgə
kịtzeln ˈkɪt͜sl̩n
Kịtzerstein ˈkɪt͜sɐʃta͜in
Kịtzingen ˈkɪt͜sɪŋən
Kịtzinger ˈkɪt͜sɪŋɐ
kịtzlig ˈkɪt͜slɪç, -e ...ɪgə
Kịtzsteinhorn ˈkɪt͜sʃta͜inhɔrn
Kiuschu ˈki̯uːʃu
Kịvalo *finn.* ˈkivɑlɔ
Kịvi[järvi] *finn.* ˈkivi[jærvi]
Kịvik *schwed.* ˈtçiːvik
Kivšenko vgl. Kiwschenko
Kịvu ˈkiːvu, *fr.* kiˈvu
Kịwai ˈkiːva͜i
Kịwi ˈkiːvi
Kiwschẹnko, Kivšenko *russ.* kifˈʃɛnkɐ
Kịwu ˈkiːvu
Kizel vgl. Kisel
Kızılırmak *türk.* kɨˈzɨlɨrˌmɑk
Kizir vgl. Kisir
Kizljar vgl. Kisljar
Kịzman, Kicman' *russ.* ˈkitsmɐnj
Kizyl-Arvat vgl. Kisyl-Arwat
Kjạchta, Kjahta *russ.* ˈkjaxtɐ
Kjær *norw.* çæːr

Kjẹld *dän.* kɛlˀ
Kjellén *schwed.* tçɛˈleːn
Kjẹllgren *schwed.* ˌtçɛlgreːn
Kjọ̈kkenmöddinger ˈkjœkn̩mœdɪnɐ
Kjósarsýsla *isl.* ˈkjoʊ̯sarsisla
Kjuchelbẹker, Kjuhelʼbeker *russ.* kjuxɪlˈbjekɪr
Kjuị (Komponist) *russ.* kjuˈi
Kjuljạwkow, Kjuljavkov *bulgar.* kjuˈljafkof
Kjustendịl *bulgar.* kjustɐnˈdil
Klaas *dt., niederl.* klaːs
Klaatsch klaːtʃ
klabạstern klaˈbastɐn
Klạbat *indon.* ˈklabat
Klabautermann klaˈbau̯tɐman
Klạbbeek *niederl.* ˈklɑbeːk
Klạberjaß ˈklabɐjas
Klạbrias ˈklabrias
Klabụnd klaˈbʊnt
klạck!, Klạck klak
klạcken ˈklakn̩
klạckern ˈklakɐn
klạcks! klaks
Klạdde ˈkladə
kladderadatsch, K... kladəraˈdaːtʃ, *auch:* ...datʃ
Klạdno *tschech.* ˈkladnɔ
Kladọdie klaˈdoːdi̯ə
Kladọnie klaˈdoːni̯ə
Klạdovo *serbokr.* ˈkladɔvɔ
Klạdow ˈklaːdo
Kladozẹre kladoˈtseːrə
Klạduša *serbokr.* ˌkladuʃa
Klạfeld ˈklaːfɛlt
klạff!, Klạff klaf
klạffen ˈklafn̩
klạ̈ffen ˈklɛfn̩
Klạfter ˈklaftɐ
klạftern ˈklaftɐn
klagbar ˈklaːkbaːɐ̯
Klage ˈklaːgə
klagen ˈklaːgn̩, **klag!** klaːk, **klagt** klaːkt
Klagenfurt ˈklaːgn̩fʊrt
klägerisch ˈklɛːgərɪʃ
Klages ˈklaːgəs
kläglich ˈklɛːklɪç
klaglos ˈklaːkloːs
Klaipeda ˈklai̯peda, *russ.* ˈklajpɪdɐ
Klaistow ˈklai̯sto
Klai klai̯
Klamath *engl.* ˈklæməθ
Klamauk klaˈmau̯k
klạmm, K... klam
Klạmmer ˈklamɐ
klạmmern ˈklamɐn
klạmmheimlich ˈklamˈhai̯mlɪç
Klamọtte klaˈmɔtə
Klạmpe ˈklampə
Klạmpenborg *dän.* ˈklambənbɔrˀ
Klạmpfe ˈklampfə
klamüsern klaˈmyːzɐn, **klamüsre** klaˈmyːzrə
Klan klaːn
klandestin klandɛsˈtiːn
Klạndorf ˈklandɔrf
klạng klaŋ
Klạng klaŋ, **Klạ̈nge** ˈklɛŋə
klạ̈nge ˈklɛŋə
klạnglich ˈklaŋlɪç
Klannin klaˈniːn
Klạpf klapf, **Klạ̈pfe** ˈklɛpfə
Klạpka *ung.* ˈklɔpkɔ
klạpp! klap
Klạppe ˈklapə
klạppen ˈklapn̩
Klạpper ˈklapɐ, *engl.* ˈklæpə
Klạpperbein ˈklapɐbai̯n
klạpperdụ̈rr ˈklapɐˈdʏr
klạpp[e]rig ˈklap[ə]rɪç, **-e** ...ɪgə
klạppern ˈklapɐn
Klạproth ˈklaproːt
klạps!, Klạps klaps
Klạ̈pschen ˈklɛpsçən
klạpsen ˈklapsn̩
Klạpsia ˈklapsi̯a
klar klaːɐ̯
Klara ˈklaːra
Klärchen ˈklɛːɐ̯çən
Klardorf ˈklaːɐ̯dɔrf
Kläre ˈklɛːrə
klären ˈklɛːrən
Klarenbach ˈklaːrənbax
Klarẹtt klaˈrɛt
klarieren klaˈriːrən
Klarin[a] klaˈriːn[a]
Klarinẹtte klariˈnɛtə
Klarinettịst klarinɛˈtɪst
Klarịssa klaˈrɪsa
Klarịsse klaˈrɪsə
Klarịssin klaˈrɪsɪn
Klas klaːs, *schwed.* klɑːs
Klasdorf ˈklaːsdɔrf
Klasing ˈklaːzɪŋ
Klaß... ˈklas...
Klạsse ˈklasə
Klassement klasəˈmãː
klassieren klaˈsiːrən
Klassifikation klasifikaˈtsi̯oːn
Klassifikator klasifiˈkaːtɔr, **-en** ...kaˈtoːrən
klassifizieren klasifiˈtsiːrən
Klạssik ˈklasɪk
Klạssiker ˈklasikɐ
klạssisch ˈklasɪʃ
Klassizịsmus klasiˈtsɪsmʊs
klassizịstisch klasiˈtsɪstɪʃ
Klassizität klasitsiˈtɛːt
...klạ̈ßler ...ˌklɛslɐ
Klášterec *tschech.* ˈklaːʃtɛrɛts
Klastẹrsky klasˈtɛrski
Klášterský *tschech.* ˈklaːʃtɛrskiː
klạstisch ˈklastɪʃ
Klaten *indon.* ˈklatən
Klater ˈklaːtɐ
klat[e]rig ˈklaːt[ə]rɪç, **-e** ...ɪgə
Klạtovy *tschech.* ˈklatɔvi
klạtsch!, K... klatʃ
Klạtsche ˈklatʃə
klạtschen ˈklatʃn̩
klạtsch[e]naß ˈklatʃ[ə]ˈnas
Klatscherei klatʃəˈrai̯
klạtschig ˈklatʃɪç, **-e** ...ɪgə
Klạtt[au] ˈklat[au̯]
Klau klau̯
klauben ˈklau̯bn̩, **klaub!** klau̯p, **klaubt** klau̯pt
Klauberei klau̯bəˈrai̯
Kläuchen ˈklɔy̯çən
Klaudia ˈklau̯di̯a
Klaudine klau̯ˈdiːnə
Klaue ˈklau̯ə
klauen ˈklau̯ən
Klauer ˈklau̯ɐ
...klauig (z.B. scharfklauig) ...ˌklau̯ɪç, **-e** ...ɪgə
Klaun klau̯n
Klaus klau̯s, **Kläuse** ˈklɔy̯zə
Kläuschen ˈklɔy̯sçən
Klause ˈklau̯zə
Klausel ˈklau̯zl̩
Klausen ˈklau̯zn̩
Klausenburg ˈklau̯zn̩bʊrk
Klauser ˈklau̯zɐ
Klaushagen klau̯sˈhaːgn̩
Klausilie klau̯ˈziːli̯ə
Klausner ˈklau̯snɐ
Klaustal-Zẹllerfeld ˈklau̯staːlˈtsɛlɐfɛlt
Klaustrophilie klau̯strofiˈliː
Klaustrophobie klau̯strofoˈbiː
Klausur klau̯ˈzuːɐ̯
Klauwell ˈklau̯vɛl
Klaviatur klavi̯aˈtuːɐ̯
Klavichọrd klaviˈkɔrt, **-e** ...rdə
Klavicitherium klavitsiˈteːri̯ʊm, **...ien** ...i̯ən
Klavier klaˈviːɐ̯
klavieren klaˈviːrən
klavierịstisch klaviˈrɪstɪʃ
Klavikel klaˈviːkl̩
Klavikula klaˈviːkula, **...lä** ...lɛ
klavikular klavikuˈlaːɐ̯
Klavizịmbel klaviˈtsɪmbl̩
Klaw *engl.* klɔː
Klazienaveen *niederl.* klaːziːnaːˈveːn
Klazomenä klaˈtsoːmenɛ
Kleạnthes kleˈantɛs
Kleạrch[os] kleˈarç[ɔs]
Klebe ˈkleːbə
Klebelsberg ˈkleːbl̩sbɛrk
Klébelsberg *ung.* ˈkleːbɛlzbɛrg
kleben ˈkleːbn̩, **kleb!** kleːp, **klebt** kleːpt
Kléber *fr.* kleˈbɛːr
klebrig ˈkleːbrɪç, **-e** ...ɪgə
Klebs kleːps
Kleck vgl. Klezk
klẹcken ˈklɛkn̩
klẹckern ˈklɛkɐn
Klẹcki *poln.* ˈklɛtski
Kłẹcko *poln.* ˈku̯ɛtskɔ
Klẹcks klɛks
klẹcksen ˈklɛksn̩
Kleckserei klɛksəˈrai̯
klẹcksig ˈklɛksɪç, **-e** ...ɪgə
Klecksographie klɛksograˈfiː, **-n** ...iːən

Klęczew *poln.* 'klɛtʃɛf
Kledasche kle'da:ʃə
Kledering 'kle:dərɪŋ
Klee kle:
Kleffens *niederl.* 'klɛfəns
Klei klai̯
kleiben 'klai̯bn̩, **kleib**! klai̯p, **kleibt** klai̯pt
Kleiber 'klai̯bɐ
Kleid klai̯t, **-es** 'klai̯dəs
Kleidchen 'klai̯tçən
kleiden 'klai̯dn̩, **kleid**! klai̯t
Kleie 'klai̯ə
Kleifarvatn *isl.* 'klɛi̯varvahtn
kleiig 'klai̯ɪç, **-e** ...ɪɡə
klein klai̯n
Klein klai̯n, *engl.* klaɪn, *ung.* 'kla:in
kleinasiatisch klai̯n|a'zi̯a:tɪʃ
Kleinasien klai̯n'|a:zi̯ən
Kleinauheim klai̯n'|au̯hai̯m
Kleinblittersdorf klai̯n'blɪtɐsdɔrf
Kleinbodungen klai̯n'bo:dʊŋən
Kleindembach klai̯n'dɛmbax
Kleine Brogel *niederl.* 'klɛi̯nə 'bro:xəl
Kleinfurra klai̯n'fʊra
Kleingartach klai̯n'gartax
Kleinglödnitz klai̯n'glø:dnɪts
Kleinhüningen klai̯n'hy:nɪŋən
Kleinigkeit 'klai̯nɪçkai̯t
Kleinklötz klai̯n'klœts
Kleinkordshagen klai̯nkɔrts'ha:gn̩
Kleinkreutz klai̯n'krɔy̯ts
kleinlich 'klai̯nlɪç
Kleinlüben klai̯n'ly:b
Klein Machnow klai̯n'maxno
Klein Meiselfeld klai̯n'mai̯zl̩fɛlt
Kleinmölsen klai̯n'mœlzn̩
Kleinmunz klai̯n'mʊnts
kleinmütig 'klai̯nmy:tɪç, **-e** ...ɪɡə
Kleinod 'klai̯no:t, **-e** 'klai̯no:də, **Kleinodien** klai̯'no:di̯ən
Kleinostheim klai̯n'|ɔsthai̯m
Kleinottweiler klai̯n'|ɔtvai̯lɐ
Kleinow 'klai̯no
Kleinpest 'klai̯npɛst
Kleinpolen 'klai̯npo:lən
Kleinquart 'klai̯nkvart
Kleinrosseln klai̯n'rɔsl̩n
Kleinrössen klai̯n'rœsn̩
Kleinschirma klai̯n'ʃɪrma
Kleinschloppen klai̯n'ʃlɔpn̩
Kleinschmalkalden klai̯nʃmal'kaldn̩
Klein Smid, von *engl.* vɔn 'klaɪnsmɪd
Kleinschmidt 'klai̯nʃmɪt
Kleinstaaterei klai̯nʃta:tə'rai̯
Kleinsteinbach klai̯n'ʃtai̯nbax
Kleinsthaus 'klai̯nsthau̯s
Kleinwallstadt klai̯n'valʃtat
Kleinwaltersdorf klai̯n'waltɐsdɔrf
Kleinwanzleben klai̯n'vantsle:bn̩
Kleinwarnow klai̯n'varno
Kleinwelka klai̯n'vɛlka
kleinwinzig 'klai̯n'vɪntsɪç
Kleinwusterwitz klai̯n'vʊstɐvɪts, ...vu:s...
Kleinzell klai̯n'tsɛl
Kleio 'klai̯o
Kleist[er] 'klai̯st[ɐ]
kleisterig 'klai̯stərɪç, **-e** ...ɪɡə
kleistern 'klai̯stɐn
Kleisthenes 'klai̯stenɛs
kleistogam klai̯sto'ga:m
Kleistogamie klai̯stoga'mi:
kleistrig 'klai̯strɪç, **-e** ...ɪɡə
Klematis 'kle:matɪs, *auch:* kle'ma:tɪs
Klemens 'kle:məns, *poln., slowak.* 'klɛmɛns
Klement *tschech.* 'klɛmɛnt
Klementia kle'mɛntsi̯a
Klementine klemɛn'ti:nə
Klemetti *finn.* 'klɛmɛtti
Klemm[e] 'klɛm[ə]
klemmen 'klɛmən
Klemperer 'klɛmpərɐ
klempern 'klɛmpɐn
Klempner 'klɛmpnɐ
Klempnerei klɛmpnə'rai̯
klempnern 'klɛmpnɐn
Klemskerke *niederl.* 'klɛmskɛrkə
Klenau *dän.* 'kle:nau̯
Klencke 'klɛŋkə
Klenganstalt 'klɛŋ|anʃtalt
Klengel 'klɛŋl̩
klengen, K... 'klɛŋən
Klenovnik *serbokr.* ˌklɛnɔ:vni:k
Klentsch klɛntʃ
Klenze 'klɛntsə
Kleobis 'kle:obɪs
Kleobulos kleo'bu:lɔs
Kleomenes kle'o:menɛs
Kleon 'kle:ɔn
Kleopatra kle'o:patra
Kleophas 'kle:ofas
Klephte 'klɛftə
Klepper 'klɛpɐ
Klepsydra 'klɛpsydra, **...ydren** klɛ'psy:drən
Kleptomane klɛpto'ma:nə
Kleptomanie klɛptoma'ni:
kleptomanisch klɛpto'ma:nɪʃ
Kleptophobie klɛptofo'bi:
Kleptow 'klɛpto
klerikal kleri'ka:l
Klerikalismus klerika'lɪsmʊs
klerikalistisch klerika'lɪstɪʃ
Kleriker 'kle:rikɐ
Klerisei kleri'zai̯
Klerk *niederl.* klɛrk
Klerus 'kle:rʊs
Klesel, Klesl 'kle:zl̩
Klette 'klɛtə
Klettenberg 'klɛtn̩bɛrk
Kletterei klɛtə'rai̯
klettern 'klɛtɐn
Klettgau 'klɛtgau̯
Klettstedt 'klɛtʃtɛt
Kletus 'kle:tʊs
Kletzke 'klɛtskə
Kletzki 'klɛtski
Kletzmayer, Kletzmayr 'klɛtsmai̯ɐ
Kleukens 'klɔy̯kn̩s
Kleutgen 'klɔy̯tgn̩
Kleve 'kle:və
Klever 'kle:vɐ
klevisch 'kle:vɪʃ
Klevner 'kle:vnɐ
Klewenalp kle:vn̩'|alp
Kley klai̯
Klezk, Kleck *russ.* kljɛtsk
Klíč *tschech.* kli:tʃ
Klick klɪk
Klička *tschech.* 'klitʃka
klicken 'klɪkn̩
Klicker 'klɪkɐ
klickern 'klɪkɐn
Klicpera *tschech.* 'klitspɛra
klieben 'kli:bn̩, **klieb**! kli:p, **kliebt** kli:pt
Kliefoth 'kli:fo:t
Kliegl 'kli:gl̩
Klien kli:n
Klient kli'ɛnt
Klientel[e] kliɛn'te:l[ə]
klieren 'kli:rən
Kliestow 'kli:sto
Klietz kli:ts
Kliff klɪf
kliff, klaff! 'klɪf 'klaf
Klikspaan *niederl.* 'klɪkspa:n
Klim *russ.* klim
Klima 'kli:ma, **Klimate** kli'ma:tə
klimakterisch klimak'te:rɪʃ
Klimakterium klimak'te:ri̯ʊm
klimatisch kli'ma:tɪʃ
klimatisieren klimati'zi:rən
Klimatographie klimatogra'fi:
Klimatologie klimatolo'gi:
Klimax 'kli:maks
Klimberger 'klɪmbɛrgɐ
Klimbim klɪm'bɪm
Kliment *bulgar.* 'klimɛnt
Klimenti, Klimentij *russ.* kli'mjentij
Klimkovice *tschech.* 'klimkɔvitsɛ
Klimme 'klɪmə
klimmen 'klɪmən
Klimmen *niederl.* 'klɪmə
Klimow, Klimov *russ.* 'klimɐf
Klimowitschi, Klimoviči *russ.* 'klimɐvitʃi
Klimowsk, Klimovsk *russ.* 'klimɐfsk
Klimperei klɪmpə'rai̯
klimpern 'klɪmpɐn
Klimsch klɪmʃ
Klimt klɪmt
Klin *russ.* klin
Klinck *engl.* klɪŋk
Klinckowstroem 'klɪŋkoʃtrø:m

Klincy vgl. Klinzy
Klindworth 'klıntwɔrt
kling!, Kling klıŋ
Klinge 'klıŋə
Klingel 'klıŋl̩
klingeln 'klıŋl̩n
Klingemann 'klıŋəman
klingen, K... 'klıŋən
Klingenberg 'klıŋənbɛrk
Klingenmünster klıŋən'mʏnstɐ
Klingenstein 'klıŋənʃtai̯n
Klinger 'klıŋɐ
kling, klang! 'klıŋ 'klaŋ
Klingklang 'klıŋklaŋ
Klingler 'klıŋlɐ
klingling! klıŋ'lıŋ
Klingnau 'klıŋnau̯
Klingsohr 'klıŋzo:ɐ̯
Klingsor 'klıŋzɔr, ...zo:ɐ̯; *fr.* klɛ̃'sɔ:r
Klingspor 'klıŋʃpo:ɐ̯
Klinik 'kli:nık
Kliniker 'kli:nikɐ
Klinikum 'kli:nikʊm, **...ka** ...ka
klinisch 'kli:nıʃ
Klink[e] 'klıŋk[ə]
klinken 'klıŋkn̩
Klinker 'klıŋkɐ
Klinkhardt 'klıŋkhart
Klinochlor klino'klo:ɐ̯
Klinograph klino'gra:f
Klinokephalie klinokefa'li:, **-n** ...i:ən
Klinometer klino'me:tɐ
Klinomobil klinomo'bi:l
klinorhombisch klino'rɔmbıʃ
Klinostat klino'sta:t
Klintehamn *schwed.* klintə'hamn
Klinzy, Klincy *russ.* klin'tsɨ
Klio 'kli:o
Kliphausen 'klıphau̯zn̩
klipp!, Klipp klıp
Klippan *schwed.* ˌklipan
Klippe 'klıpə
Klipper 'klıpɐ
Klippitz-Törl 'klıpıtstø:ɐ̯l
klipp, klapp! 'klıp 'klap
Klippschliefer 'klıp-ʃli:fɐ
Klips klıps
Klipstein 'klıp-ʃtai̯n
klirren 'klırən
Klis *serbokr.* klis
Klischee kli'ʃe:
klischieren kli'ʃi:rən
Klischnigg 'klıʃnık
Klischograph kliʃo'gra:f
Klissura, Klisura *bulgar.* kli'sura
Klistier klıs'ti:ɐ̯
klistieren klıs'ti:rən
Klitander kli'tandɐ
Klitarch kli'tarç
Klitgaard *dän.* 'klidgɔ:'r
Klitmøller *dän.* 'klidmølər
Klitomachus kli'to:maxʊs
Klitoris 'kli:torıs, **...orides** kli'to:ride:s
klitsch!, Klitsch klıtʃ
Klitsche 'klıtʃə
klitschen 'klıtʃn̩
klitsch[e]naß 'klıtʃ[ə]'nas
klitschig 'klıtʃıç, **-e** ...ıgə
klitsch, klatsch 'klıtʃ 'klatʃ
Klitschmar 'klıtʃmar
klittern 'klıtɐn
klitzeklein 'klıtsə'klai̯n
Klitzschen 'klıtʃn̩
Klivie 'kli:vi̯ə
Klix klıks
Kljasma, Kljaz'ma *russ.* 'kljazjmɐ
Ključ *serbokr.* klju:tʃ
Kljujew, Kljuev *russ.* 'kljujıf
Kljutschewskaja Sopka, Ključevskaja - *russ.* kljutʃıf'skajɐ 'sɔpkɐ
Kljutschewki, Ključevskij *russ.* klju'tʃɛfskij
KLM ka:|ɛl'|ɛm
Klo klo:
Kloake klo'a:kə
klob klo:p
Klobasse 'klo:basə
Klobassi 'klo:basi
klöbe 'klø:bə
Kloben 'klo:bn̩
Klöben 'klø:bn̩
klobig 'klo:bıç, **-e** ...ıgə
Kłobuck *poln.* 'ku̯ɔbutsk
Klöch klœç
Klöckner 'klœknɐ
Klockow 'klɔko
Kłodawa *poln.* ku̯ɔ'dava
Klodnitz 'klo:dnıts, 'klɔd...
Klodt *russ.* klɔt
Kłodzko *poln.* 'ku̯ɔtskɔ
Kloepfer 'klœpfɐ
Kloetinge *niederl.* 'klu:tıŋə
Klofatsch 'klo:fatʃ
klomm klɔm
klömme 'klœmə
Klompé *niederl.* klɔm'pe:
Klon klo:n
Klondike *engl.* 'klɔndaık
klönen 'klø:nən
klonisch 'klo:nıʃ
Klonowic *poln.* klɔ'nɔvits
Klöntal 'klø:nta:l
Klonus 'klo:nʊs, **-se** ...ʊsə
Kloos *niederl.* klo:s
Kloosterburen *niederl.* klo:stər'by:rə
Kloosterman *niederl.* 'klo:stərmɑn
Kloosterzande *niederl.* klo:stər'zɑndə
Kloot klo:t
Klöpfel 'klœpfl̩
klopfen 'klɔpfn̩
Klöpfer 'klœpfɐ
Klopp[e] 'klɔp[ə]
Klöppel 'klœpl̩
Klöppelei klœpə'lai̯
klöppeln 'klœpl̩n
Klops klɔps
Klopsch *dt., engl.* klɔpʃ
Klopstock 'klɔp-ʃtɔk
klopstock[i]sch, K... 'klɔp-ʃtɔk[ı]ʃ
Klose 'klo:zə
Klosett klo'zɛt
Klosowski klo'zɔfski
Kloß klo:s, **Klöße** 'klø:sə
Klößchen 'klø:sçən
Kloster 'klo:stɐ, **Klöster** 'klø:stɐ
Klosterbeuren klo:stɐ'bɔyrən
Klosterbuch 'klo:stɐbu:x
Klösterchen 'klø:stɐçən
Klosterfelde klo:stɐ'fɛldə
Klostergrab 'klo:stɐgra:p
Klosterheide klo:stɐ'hai̯də
Klosterlausnitz klo:stɐ'lau̯snıts
Klösterle 'klø:stɐlə
Klösterli 'klø:stɐli
klösterlich 'klø:stɐlıç
Klostermann 'klo:stɐman
Klostermansfeld klo:stɐ'mansfɛlt
Klosterneuburg klo:stɐ'nɔybʊrk
Klosters 'klo:stɐs
Klostertal 'klo:stɐta:l
Kloten 'klo:tn̩
Klöten 'klø:tn̩
Kloth klɔt
Klothilde klo'tıldə
Klotho 'klo:to
Klothoide kloto'i:də
Klotz klɔts, **Klötze** 'klœtsə
Klötzchen 'klœtsçən
Klötze 'klœtsə
klotzen 'klɔtsn̩
klotzig 'klɔtsıç, **-e** ...ıgə
Klotzsche 'klɔtʃə
Klub klʊb
Klüber 'kly:bɐ
Kluchori, Kluhori *russ.* klu'xɔri
kluck!, Kluck klʊk
kluckern 'klʊkɐn
Kluckhohn 'klʊkho:n
Kluczbork *poln.* 'kludʒbɔrk
Kluft klʊft, **Klüfte** 'klʏftə
Klüftchen 'klʏftçən
klüftig 'klʏftıç, **-e** ...ıgə
klug klu:k, **kluge** 'klu:gə, **klüger** 'kly:gɐ
Kluge 'klu:gə
Klügelei kly:gə'lai̯
klügeln 'kly:gl̩n, **klügle** 'kly:glə
klüger vgl. klug
Klughardt 'klu:khart
Klugheit 'klu:khai̯t
Klügler 'kly:glɐ
klüglich 'kly:klıç
Kluhori vgl. Kluchori
Kluis kly:s
Kluit *niederl.* klœi̯t
Klumker 'klʊmkɐ
Klump[atsch] 'klʊmp[atʃ]
Klümpchen 'klʏmpçən
klumpen, K... 'klʊmpn̩
klümp[e]rig 'klʏmp[ə]rıç, **-e** ...ıgə

klumpig 'klʊmpɪç, **-e** ...ɪgə
Klundert *niederl.* 'klʏndərt
Klüngel 'klʏŋl̩
Kluniazenser kluni̯a'tsɛnzɐ
kluniazensisch kluni̯a'tsɛnzɪʃ
Klunker 'klʊŋkɐ
klunk[e]rig 'klʊŋk[ə]rɪç, **-e** ...ɪgə
Klungkung *indon.* 'klʊŋkʊŋ
Klunse 'klʊnzə
Kluppe 'klʊpə
Klüppelberg 'klʏpl̩bɛrk
Klus klu:s, **-en** 'klu:zn̩
Klüse 'kly:zə
Klusil klu'zi:l
Klüsserath 'klʏsəra:t
Klute 'klu:tə
Klüten 'kly:tn̩
Kluterthöhle 'klu:tɐthø:lə
Klutmark *schwed.* ˌklʉ:tmark
Klütz[er] 'klʏts[ɐ]
Klüver 'kly:vɐ
Kluyskens *niederl.* 'klœi̯skəns
Klyčkov vgl. Klytschkow
Klysma 'klʏsma
Klysopompe klyzo'pɔmpə
Klystron 'klʏstrɔn, **-e** ...'tro:nə
Klytämestra klytɛ'mɛstra
Klytämnestra klytɛm'nɛstra
Klytia 'kly:tsi̯a
Klytschkow, Klyčkov *russ.* klɨtʃ'kɔf
Kment[t] kmɛnt
Knab kna:p
knabbern 'knabɐn, **knabbre** 'knabrə
Knäbchen 'knɛ:pçən
Knabe 'kna:bə
knack!, Knack knak
Knäckebrot 'knɛkəbro:t
knacken 'knakn̩
knacks!, Knacks knaks
knacksen 'knaksn̩
Knaffl 'knafl̩
Knagge 'knagə
Knaggen 'knagn̩
Knäkente 'knɛ:k|ɛntə
Knall knal
knallen 'knalən
knallig 'knalɪç, **-e** ...ɪgə
knallrot 'knal'ro:t
knapp knap
Knapp knap, *engl.* næp
Knappe 'knapə
knappern 'knapɐn
Knappertsbusch 'knapɐtsbʊʃ
Knappsack 'knapzak
Knappschaft 'knap-ʃaft
knaps! knaps
Knapsack 'knapzak
knapsen 'knapsn̩
Knäred *schwed.* 'knɛ:rɛd
Knaresborough *engl.* 'nɛəzbərə
Knarre 'knarə
knarren 'knarən
Knast[er] 'knast[ɐ]
knastern 'knastɐn
Knatchbull-Hugessen *engl.* 'nætʃbʊl'hju:ʤɪsn
knattern 'knatɐn
Knäuel 'knɔyəl
knäueln 'knɔyəln
Knauf knauf, **Knäufe** 'knɔyfə
Knäufchen 'knɔyfçən
Knaul knaul
Knäulchen 'knɔylçən
knäulen 'knɔylən
Knaulnaundorf knaul'naundɔrf
Knaupelei knaupə'lai
knaup[e]lig 'knaup[ə]lɪç, **-e** ...ɪgə
knaupeln 'knaupl̩n
Knaur 'knauɐ
Knaus knaus
Knauser 'knauzɐ
Knauserei knauzə'rai
knaus[e]rig 'knauz[ə]rɪç, **-e** ...ɪgə
knausern 'knauzɐn, **knausre** 'knauzrə
Knaut[h] knaut
Knautie 'knautsi̯ə, *auch:* 'knauti̯ə
knautschen 'knautʃn̩
knautschig 'knautʃɪç, **-e** ...ɪgə
Knebel 'kne:bl̩
knebeln 'kne:bl̩n, **kneble** 'kne:blə
Knebelsee 'kne:bl̩ze:
Knecht knɛçt
knechten 'knɛçtn̩
Knechtsand 'knɛçtzant
Kneese 'kne:zə
Knef kne:f
Kneif knaif
kneifen 'knaifn̩
Kneifer 'knaifɐ
Kneip[e] 'knaip[ə]
kneipen 'knaipn̩
Kneiperei knaipə'rai
Kneiphof 'knaipho:f
Kneipier knai'pi̯e:
Kneipp Ⓦ knaip
kneippen 'knaipn̩
Kneller 'knɛlɐ, *engl.* 'nɛlə
Kneppelhout *niederl.* 'knɛpəlhɔut
Knescha, Kneža *bulgar.* 'knɛʒa
Knesebeck 'kne:zəbɛk
Knesselare *niederl.* 'knɛsəla:rə
Knesset[h] 'knɛsɛt
kneten 'kne:tn̩
Kneußl 'knɔysl̩
Kneuttingen 'knɔytɪŋən
Kneža vgl. Knescha
Kniaźnin *poln.* 'knjaznin
Knibbs *engl.* nɪbz
Knick knɪk
knicken 'knɪkn̩
Knicker 'knɪkɐ
[1]**Knickerbocker** 'knɪkɐbɔkɐ, *engl.* 'nɪkəbɔkə
[2]**Knickerbocker** (Name) *engl.* 'nɪkəbɔkə
Knickerei knɪkə'rai
knick[e]rig 'knɪk[ə]rɪç, **-e** ...ɪgə
knickern 'knɪkɐn
knicks! Knicks knɪks
knicksen 'knɪksn̩
Knidos 'kni:dɔs
Knie kni:, **Knies** kni:s; [die] **Knie** 'kni:ə, *auch:* kni:; **Knien** 'kni:ən, *auch:* kni:n
Kniebis 'kni:bɪs
kniend 'kni:ənt, **-e** 'kni:əndə
knien kni:n, *auch:* 'kni:ən; [ich] **knie, knie**! 'kni:ə, kni:; **kniest** kni:st, *auch:* 'kni:əst; **kniet** kni:t; **kniet**! kni:t, *auch:* 'kni:ət; **kniete** 'kni:tə; **kniend** 'kni:ənt, **kniende** 'kni:əndə; **gekniet** gə'kni:t
Kniep kni:p
Knieriem 'kni:ri:m
Knies kni:s
knietief 'kni:ti:f
knietschen 'kni:tʃn̩
kniff, Kniff knɪf
Kniffelei knɪfə'lai
kniff[e]lig 'knɪf[ə]lɪç, **-e** ...ɪgə
kniffen 'knɪfn̩
kniffig 'knɪfɪç, **-e** ...ɪgə
Knigge 'knɪgə
Knight *engl.* naɪt
Knightsbridge *engl.* 'naɪtsbrɪʤ
Knights of Labour *engl.* 'naɪts əv 'leɪbə
Knijpe *niederl.* 'knɛi̯pə
Knilch knɪlç
knille 'knɪlə
Kniller 'knɪlɐ
Knin *serbokr.* kni:n
Knippelsbro *dän.* 'knebəlsbro:'
Knipper 'knɪpɐ, *russ.* 'knipɪr
Knipperdolling knɪpɐ'dɔlɪŋ, *auch:* '– – – –
Kniprode knɪp'ro:də
knips!, Knips knɪps
knipsen 'knɪpsn̩
knips, knaps! 'knɪps 'knaps
Knirps (auch: Ⓦ) knɪrps
knirpsig 'knɪrpsɪç, **-e** ...ɪgə
knirschen 'knɪrʃn̩
Knislinge *schwed.* ˌknisliŋə
knistern 'knɪstɐn
knitschen 'kni:tʃn̩
Knittel[feld] 'knɪtl̩[fɛlt]
knitt[e]rig 'knɪt[ə]rɪç, **-e** ...ɪgə
knittern 'knɪtɐn
Knittlingen 'knɪtlɪŋən
Knivsbjerg *dän.* 'kniusbjɛr'
Kniveskerodden *norw.* ˌkni:vʃærɔdən
Knjaschewo, Knjaževo *bulgar.* 'knjaʒɛvo
Knjaschnin, Knjažnin *russ.* knɪʒ'nin
Knjaževac *serbokr.* ˌknja:ʒɛvats
Knobel 'kno:bl̩
knobeln 'kno:bl̩n, **knoble** 'kno:blə
Knobelsdorff 'kno:bl̩sdɔrf
Knob Lake *engl.* 'nɔb 'leɪk

Knọblauch ˈkno:plau̯x, ˈkno:blau̯x; ˈknɔplau̯x, ˈknɔblau̯x
Knọblock *engl.* ˈnɔblɔk
Knọ̈chel[chen] ˈknœçl̩[çən]
Knọchen ˈknɔxn̩
knọ̈ch[e]rig ˈknœç[ə]rɪç, **-e** ...ɪgə
knọ̈chern ˈknœçɐn
knọchig ˈknɔxɪç, **-e** ...ɪgə
Knọck *fr.* knɔk
knockdown, K... nɔkˈdau̯n, *engl.* ˈ–ˈ–
knockout, K... nɔkˈ|au̯t, *engl.* ˈnɔkaʊt
Knö̱del ˈknø:dl̩
Kno̱eringen ˈknø:rɪŋən
Knọkke *niederl.* ˈknɔkə
Knọ̈llchen ˈknœlçən
Knọlle[n] ˈknɔlə[n]
Knọller ˈknɔlɐ
Knọ̈ller ˈknœlɐ
Knolles *engl.* noʊlz
knọllig ˈknɔlɪç, **-e** ...ɪgə
Knollys *engl.* noʊlz
Kno̱nau ˈkno:nau̯
Kno̱odt kno:t
Kno̱op kno:p
[1]**Knọpf** knɔpf, **Knọ̈pfe** ˈknœpfə
[2]**Knọpf** (Name) knɔpf, *engl.* knʌpf
Knọ̈pfchen ˈknœpfçən
knọ̈pfen ˈknœpfn̩
Knọ̈pfli ˈknœpfli
Knọpper ˈknɔpɐ
knọrke ˈknɔrkə
Knọrpel ˈknɔrpl̩
knọrp[e]lig ˈknɔrp[ə]lɪç, **-e** ...ɪgə
Knọrr Ⓦⓩ knɔr
Knọrren ˈknɔrən
knọrrig ˈknɔrɪç, **-e** ...ɪgə
Knọrz knɔrts
knọrzen ˈknɔrtsn̩
knọrzig ˈknɔrtsɪç, **-e** ...ɪgə
Kno̱sos ˈkno:zɔs
Knọ̈spchen ˈknœspçən
Knọspe ˈknɔspə
knọspig ˈknɔspɪç, **-e** ...ɪgə
Knọssos ˈknɔsɔs
Knö̱tchen ˈknø:tçən
Kno̱te ˈkno:tə
knö̱teln ˈknø:tl̩n
kno̱ten, K... ˈkno:tn̩
Knö̱terich ˈknø:tərɪç
kno̱tig ˈkno:tɪç, **-e** ...ɪgə
Knọtt knɔt, *engl.* nɔt
Knọtten... ˈknɔtn̩...
Knọttingley *engl.* ˈnɔtɪŋlɪ
Knọwer *engl.* ˈnoʊə
Know-how *engl.* ˈnoʊhaʊ
Knọwland *engl.* ˈnoʊlənd
Knọwles *engl.* noʊlz
Knọwlton *engl.* noʊltn
Knọx[ville] *engl.* ˈnɔks[vɪl]
Knụbbe ˈknʊbə
Knụbben ˈknʊbn̩
Knubel *engl.* nu:bl
Knụd *dän.* knuðˀ
Knụtsen ˈknu:tsn̩, *engl.* nu:dsn, *dän.* ˈknusən

Knudshọved *dän.* knuðsˈho:[ə]ð
Knụff knʊf, **Knụ̈ffe** ˈknʏfə
knụffen ˈknʊfn̩
Knụ̈lch knʏlç
knụ̈ll[e] ˈknʏl[ə]
knụ̈llen ˈknʏlən
Knụ̈ller ˈknʏlɐ
knụ̈pfen ˈknʏpfn̩
Knụ̈ppel ˈknʏpl̩
Knụ̈ppelausdemsack knʏpl̩ˈ|au̯sde:mzak, ––––ˈ–
knụ̈ppeldịck ˈknʏpl̩ˈdɪk
knụppern ˈknʊpɐn
Knurów *poln.* ˈknuruf
knụrren ˈknʊrən
knụrrig ˈknʊrɪç, **-e** ...ɪgə
knü̱selig ˈkny:zəlɪç, **-e** ...ɪgə
Knụsperchen ˈknʊspɐçən
knụsp[e]rig ˈknʊsp[ə]rɪç, **-e** ...ɪgə
knụspern ˈknʊspɐn
Knu̱st knu:st, **Knü̱ste** ˈkny:stə
Knu̱t knu:t, *schwed.* knʉ:t
Knutange *fr.* knyˈtã:ʒ
Knu̱te ˈknu:tə
knu̱ten ˈknu:tn̩
knu̱tschen ˈknu:tʃn̩
knu̱tschig ˈknu:tʃɪç, **-e** ...ɪgə
Knutsford *engl.* ˈnʌtsfəd
Knụ̈ttel[vers] ˈknʏtl̩[fɛrs]
Knútur *isl.* ˈknu:tʏr
Knu̱tzen ˈknu:tsn̩
Knyphausen ˈknɪphau̯zn̩
Knyszyn *poln.* ˈknɨʃɨn
Knyvet[t] *engl.* ˈnɪvɪt
k. o., K. o. ka:ˈ|o:
Koadju̱tor ko|atˈju:tɔr, **-en** ...juˈto:rən
Koagula̱t ko|aguˈla:t
Koagulatio̱n ko|agulaˈtsi̯o:n
koaguli̱eren ko|aguˈli:rən
Koa̱la koˈa:la
koali̱eren ko|aˈli:rən
koalisi̱eren ko|aliˈzi:rən
Koalitio̱n ko|aliˈtsi̯o:n
koäta̱n, K... ko|ɛˈta:n
koaxia̱l ko|aˈksi̯a:l
Koazerva̱t ko|atsɛrˈva:t
Ko̱bald, Ko̱balt ˈko:balt
Kobalti̱n kobalˈti:n
Kőbánya *ung.* ˈkø:ba:njɔ
Kobbelbu̱de kɔbl̩ˈbu:də
Kọbbermøllen *dän.* ˈkɔu̯ˀərmølən
Ko̱be ˈko:bə
Ko̱bell ˈko:bl̩
Ko̱belt ˈko:bl̩t
Ko̱ben ˈko:bn̩
Kö̱ben ˈkø:bn̩
København *dän.* købənˈhau̯ˀn
Ko̱ber ˈko:bɐ
Ko̱berger ˈko:bɛrgɐ
Kö̱berle ˈkø:bɐlə
Ko̱berstein ˈko:bɐʃtai̯n
Ko̱bert ˈko:bɐt
Kọbilić *serbokr.* ˌkɔbilitɕ
Købke *dän.* ˈkœbgə
Ko̱blenz ˈko:blɛnts

ko̱blenzisch ˈko:blɛntsɪʃ
Ko̱blet ˈko:blɛt
Ko̱bold ˈko:bɔlt, **-e** ...ldə
Kobọlz koˈbɔlts
kobọlzen koˈbɔltsn̩
[1]**Ko̱bra** (Brillenschlange) ˈko:bra
[2]**Kọbra** (Fluß) *russ.* ˈkɔbrɐ
Kọbrin *russ.* ˈkɔbrin
Kọbsa ˈkɔpsa
Kobụlten koˈbʊltn̩
Ko̱burg ˈko:bʊrk
Ko̱burger ˈko:bʊrgɐ
Kobylęty *russ.* kɐbɨˈljɛtɨ
Kobylin *poln.* kɔˈbɨlin
Kobyljạnskaja *russ.* kɐbɨˈljanskɐjɐ
Kọča *serbokr.* ˌkɔ:tʃa
Kocạbaş *türk.* kɔˈdʒabaʃ
Kocạeli *türk.* kɔˈdʒaɛˌli
Kočerga vgl. Kotscherga
Kočetov vgl. Kotschetow
Koce̱var koˈtse:var
Koče̱vje *slowen.* kɔˈtʃe:vjɛ
[1]**Kọch** kɔx, **Kọ̈che** ˈkœçə
[2]**Kọch** (Name) *dt., niederl.* kɔx; *dän.* kɔg; *schwed., fr.* kɔk; *engl.* koʊk
Kochanọwski *poln.* kɔxaˈnɔfski
Kochạński *poln.* kɔˈxai̯ski
Kọchel ˈkɔxl̩
Kọ̈chel ˈkœçl̩
Kọchem ˈkɔxm̩
kọchen, K... ˈkɔxn̩
Kọcher ˈkɔxɐ
Kọ̈cher ˈkœçɐ
Kọchie ˈkɔxi̯ə
Kọ̈chin ˈkœçɪn
Kọ̈chly ˈkœçli
Kọchma, Kohma *russ.* ˈkɔxmɐ
Kọčić *serbokr.* ˈkɔtʃitɕ
Kocjubinskij vgl. Kozjubinski
Kọck *schwed., niederl., fr.* kɔk, *poln.* kɔtsk
Kọcke ˈkɔkə
Kọckpit ˈkɔkpɪt
Kọčov *tschech.* ˈkɔtʃɔf
Kọcsola *ung.* ˈkɔtʃolɔ
Kọczian ˈkɔtsi̯a:n
Kọczirz ˈkɔtʃɪrts
Ko̱da ˈko:da
Ko̱dak Ⓦⓩ ˈko:dak, *engl.* ˈkoʊdæk
Kọdály *ung.* ˈkoda:j
kọdd[e]rig ˈkɔd[ə]rɪç, **-e** ...ɪgə
[1]**Ko̱de** ko:t, *auch:* ˈko:də; *fr.* kɔd, *engl.* koʊd
[2]**Kode** (Name) *schwed.* ˌku:də
Kode̱in kodeˈi:n
Kö̱der ˈkø:dɐ
kö̱dern ˈkø:dɐn, **kö̱dre** ˈkø:drə
Ko̱dex ˈko:dɛks, **Ko̱dizes** ˈko:ditse:s
Kodiak *engl.* ˈkoʊdɪæk
kodi̱eren koˈdi:rən
Kodifikatio̱n kodifikaˈtsi̯o:n
kodifizi̱eren kodifiˈtsi:rən
Kö̱ditz ˈkø:dɪts

Kodizill kodi'tsıl
Kodöl 'kɔt|ø:l
Kodros 'ko:drɔs
Koechlin, Kœ... 'kœçli:n, *fr.* kɛʃ'lɛ̃
Koecke *niederl.* 'ku:kə
Koeckert 'kø:kɐt
Koedijk *niederl.* 'ku:dɛi̯k
Koedukation ko|eduka'tsi̯o:n
Koeffizient ko|ɛfi'tsi̯ɛnt
Koekelare *niederl.* 'ku:kəla:rə
Koekelberg *niederl.* 'ku:kəlbɛrx
Koekkoek *niederl.* 'ku:ku:k
Koelman *niederl.* 'ku:lmɑn
Koen[en] *niederl.* 'ku:n[ə]
Koenig 'kø:nɪç, *fr.* kœ'nig, kø...
Koenraad *niederl.* 'ku:nra:t
Koenzym ko|ɛn'tsy:m, 'ko:|ɛ...
Koeppen 'kœpn̩
Koerbecke 'kœrbəkə
Koerber 'kœrbɐ
Koerd *niederl.* ku:rt
Koersel *niederl.* 'ku:rsəl
Koert *niederl.* ku:rt
koerzibel ko|ɛr'tsi:bl̩, **...ble** ...blə
Koerzitivkraft ko|ɛrtsi'ti:fkraft
Koesfeld 'ko:sfɛlt
Koestler 'kœstlɐ
Koetschau 'kœtʃau
Koetsier *niederl.* ku:'tsi:r
Koewacht *niederl.* 'ku:wɑxt
Koexistenz ko|ɛksɪs'tɛnts, *auch:* 'ko:|...
koexistieren ko|ɛksɪs'ti:rən
Kofel 'ko:fl̩
Kofen 'ko:fn̩
Koffein kɔfe'i:n
Koffeinismus kɔfei'nɪsmʊs
Koffer 'kɔfɐ
Köfferchen 'kœfɐçən
Koffinnagel 'kɔfɪnna:gl̩
Köflach 'kø:flax
Kofler 'ko:flɐ
Kog ko:k, **Köge** 'kø:gə
Kogălniceanu *rumän.* kogəlni'tʃ̑eanu
Kogan *russ.* 'kɔgɐn
Køge *dän.* 'kø:ɣə
Kogel 'ko:gl̩
Kögel 'kø:gl̩
Kogge 'kɔgə
Kognak 'kɔnjak
Kognat kɔ'gna:t
Kognation kɔgna'tsi̯o:n
Kognition kɔgni'tsi̯o:n
kognitiv kɔgni'ti:f, **-e** ...i:və
Kognomen kɔ'gno:mən, **...mina** ...mina
Kogo 'ko:go
Kogon 'ko:gɔn
Kohabitation kohabita'tsi̯o:n
kohabitieren kohabi'ti:rən
Kohibition kohibi'tsi̯o:n
kohärent kohɛ'rɛnt
Kohärenz kohɛ'rɛnts
Kohärer ko'hɛ:rɐ
kohärieren kohɛ'ri:rən
Kohäsion kohɛ'zi̯o:n
kohäsiv kohɛ'zi:f, **-e** ...i:və
Koheleth ko'he:lɛt
kohibieren kohi'bi:rən
Kohinoor, Koh-i-noor Ⓦ, **Kohinur** kohi'nu:ɐ̯
Kohistan 'ko:hɪsta:n, ...tan
Kohl ko:l
Köhl kø:l
Kohlbrügge *niederl.* 'ko:lbrʏxə
Köhlchen 'kø:lçən
Kohle 'ko:lə
kohlen 'ko:lən
Kohler 'ko:lɐ
Köhler 'kø:lɐ
Kohlgrub ko:l'gru:p
Kohlhaas 'ko:lha:s
Kohlhammer 'ko:lhamɐ
Kohlhase 'ko:lha:zə
Kohlow 'ko:lo
Kohlrabe 'ko:lra:bə
kohlrabenschwarz 'ko:l'ra:bn̩'ʃvarts
Kohlrabi ko:l'ra:bi
Kohlrausch 'ko:lrauʃ
Kohlscheid 'ko:lʃait
Kohlschütter 'ko:lʃʏtɐ
kohlschwarz 'ko:l'ʃvarts
Kohma vgl. Kochma
Kohn ko:n, *engl.* koʊn
Kohortation kohɔrta'tsi̯o:n
kohortativ kohɔrta'ti:f, **-e** ...i:və
Kohorte ko'hɔrtə
Kohout *tschech.* 'kɔhoʊ̯t
Kohoutek 'kɔhutɛk, *tschech.* 'kɔhoʊ̯tɛk
Koht *norw.* ku:t
Koimesis 'kɔymezɪs
Koimeterien kɔyme'te:ri̯ən
Koine kɔy'ne:
Koinon kɔy'nɔn
Koinstruktion ko|ɪnstrʊk'tsi̯o:n
koinzident ko|ɪntsi'dɛnt
Koinzidenz ko|ɪntsi'dɛnts
koinzidieren ko|ɪntsi'di:rən
Koitere *finn.* 'kɔi̯tɛrɛ
koitieren koi'ti:rən
Koitus 'ko:itʊs
Koivisto *finn.* 'kɔi̯vistɔ
Köja *schwed.* ˌtçœja
Koje 'ko:jə
Kojetein 'kɔjətain
Kojetín *tschech.* 'kɔjɛtji:n
Kojote ko'jo:tə
Koka 'ko:ka
Kóka *ung.* 'ko:kɔ
Kokain koka'i:n
Kokainismus kokai'nɪsmʊs
Kokalari *alban.* koka'lari
Kokand *russ.* ka'kant
Kokarde ko'kardə
Kokčetav vgl. Koktschetaw
Kokel 'ko:kl̩
Kokemäenjoki *finn.* 'kɔkɛmæɛnjɔki
Kokemäki *finn.* 'kɔkɛmæki
koken 'ko:kn̩
Koker 'ko:kɐ
Kokerei ko:kə'rai̯
kokett ko'kɛt
Kokette ko'kɛtə
Koketterie kokɛtə'ri:, **-n** ...i:ən
kokettieren kokɛ'ti:rən
Kokille ko'kɪlə
Kokke 'kɔkə
Kokkelskörner 'kɔkl̩skœrnɐ
Kökkenmöddinger 'kœkn̩mœdɪŋɐ
Kokko[la] *finn.* 'kɔkkɔ[lɑ]
Kokkolith kɔko'li:t, *auch:* ...lɪt
Kokkosphäre kɔko'sfɛ:rə
Kokkus 'kɔkʊs
Kokolores koko'lo:rɛs
Kokomo *engl.* 'koʊkəmoʊ
Kokon ko'kõ:
Kokonselkä *finn.* 'kɔkɔnsɛlkæ
Kokorew, Kokorev *russ.* 'kɔkɐrɪf
Kokorinow, Kokorinov *russ.* ka'kɔrinɐf
Kokos... 'ko:kɔs...
Kokoschka ko'kɔʃka, 'kɔkɔʃka
Kokosette koko'zɛt
Kokotte ko'kɔtə
Koks ko:ks
Kok-Saghys kɔksa'gʏs
Kokschaga, Kokšaga *russ.* kak'ʃagɐ
Kokschenga, Kokšen'ga *russ.* 'kɔkʃənjgɐ
koksen 'ko:ksn̩
Koksijde *niederl.* 'kɔksɛi̯də
Koksoak *engl.* 'kɔksoʊæk
Kokstad *afr.* 'kɔkstat
Koksu vgl. Koxu
Koktschetaw, Kokčetav *russ.* kɐktʃɪ'taf
Kokytos ko'ky:tɔs
Kokzidie kɔk'tsi:di̯ə
Kokzidiose kɔktsi'di̯o:zə
Kokzionelle kɔktsi̯o'nɛlə
[1]**Kola** Ⓦ (Kolanuß) 'ko:la
[2]**Kola** (Halbinsel) 'ko:la, *russ.* 'kɔlɐ
[3]**Kola** vgl. Kolon
Kołakowski *poln.* kɔu̯a'kɔfski
Kolar *serbokr.* ˌkɔla:r
Kolár *tschech.* 'kɔla:r
Kolář *tschech.* 'kɔla:rʃ
Kolari *finn.* 'kɔlɑri
Kolarow, Kolarov *bulgar.* ko'larof
Kolarowgrad, Kolarovgrad *bulgar.* ko'larovgrat
Kolas *russ.* 'kɔlɐs
Kolatsche ko'latʃə
Kolatur kola'tu:ɐ̯
Kolb kɔlp
Kölbchen 'kœlpçən
Kolbe 'kɔlbə
Kolben 'kɔlbn̩
Kolbenheyer 'kɔlbn̩haiɐ
Kolberg *dt., poln.* 'kɔlbɛrk
Kolbergermünde kɔlbɛrgɐ'mʏndə

Kolbermoor kɔlbɐˈmoːɐ̯
kolbig ˈkɔlbɪç, **-e** ...ɪɡə
Kolbitzow ˈkɔlbɪt͜so
Kolbuszowa *poln.* kɔlbuˈʃɔva
Kolčak vgl. Koltschak
Kolchis ˈkɔlçɪs
Kolchizin kɔlçiˈt͜siːn
Kolchos ˈkɔlçɔs, **-en** ...ˈçoːzn̩
Kolchose kɔlˈçoːzə
Kol'co vgl. Kolzo
Kol'cov vgl. Kolzow
Kölcsey *ung.* ˈkøltʃɛi
Kol'čugino vgl. Koltschugino
Kold *dän.* kɔlˀ
Kolda *fr.* kɔlˈda
Kölderer ˈkœldərɐ
koldern ˈkɔldɐn, **...dre** ...drə
Koldewey ˈkɔldəvai̯
Kolding *dän.* ˈkɔleŋ
Koleda ˈkɔleda
Kölen *schwed.* ˈt͜çøːlən
Koleoptere koleɔpˈteːrə
Koleopterologe koleɔpteroˈloːɡə
Koleopterologie koleɔpteroloˈɡiː
Koleoptile koleɔpˈtiːlə
Koleoptose koleɔpˈtoːzə
Koleorrhiza koleɔˈriːt͜sa
Kölesd *ung.* ˈkølɛʒd
Kolešovice *tschech.* ˈkɔlɛʃɔvit͜sɛ
Kolgujew, Kolguev *russ.* kalˈɡujɪf
Kolhörster ˈkoːlhœrstɐ
Kolibakterien kolibakˈteːri̯ən
Kolibri ˈkoːlibri
kolieren koˈliːrən
Kolik ˈkoːlɪk, *auch:* koˈliːk
Kolin koˈliːn, ˈkoliːn
Kolín *tschech.* ˈkoliːn
Kolind *dän.* ˈkoːlin
Kolinski koˈlɪnski
Kolitis koˈliːtɪs, **...itiden** koliˈtiːdn̩
Koliurie koli̯uˈriː
Kolk kɔlk
Kolkothar kɔlkoˈtaːɐ̯
Kolkow ˈkɔlko
Kolkwitz ˈkɔlkvɪt͜s
Kolla ˈkɔla
kollabeszieren kɔlabɛsˈt͜siːrən
kollabieren kɔlaˈbiːrən
Kollaborateur kɔlaboraˈtøːɐ̯
Kollaboration kɔlaboraˈt͜si̯oːn
Kollaborator kɔlaboˈraːtɔr, **-en** ...raˈtoːrən
Kollaboratur kɔlaboraˈtuːɐ̯
kollaborieren kɔlaboˈriːrən
Kollage kɔˈlaːʒə
Kollagen kɔlaˈɡeːn
Kollagenose kɔlageˈnoːzə
Kollaps kɔˈlaps, *auch:* ˈ– –
Kollapsus kɔˈlapsʊs
Kollár *slowak.* ˈkɔlaːr
Kollargol kɔlarˈɡoːl
Kołłątaj *poln.* kɔu̯ˈu̯ɔntaj
kollateral kɔlateˈraːl
Kollath ˈkɔlat
Kollation kɔlaˈt͜si̯oːn
kollationieren kɔlat͜si̯oˈniːrən
Kollator kɔˈlaːtɔr, **-en** kɔlaˈtoːrən
Kollatur kɔlaˈtuːɐ̯
Kollaudation kɔlau̯daˈt͜si̯oːn
kollaudieren kɔlau̯ˈdiːrən
Kolle ˈkɔlə
Kölleda ˈkœleda
Kolleg kɔlˈeːk, **-ien** kɔˈleːɡi̯ən
Kollege kɔˈleːɡə
kollegial kɔleˈɡi̯aːl
Kollegialität kɔleɡi̯aliˈtɛːt
Kollegiat kɔleˈɡi̯aːt
Kollegium kɔˈleːɡi̯ʊm, **...ien** ...i̯ən
Kollektaneen kɔlɛkˈtaːneən, *auch:* ...taˈneːən
Kollekte kɔˈlɛktə
Kollekteur kɔlɛkˈtøːɐ̯
Kollektion kɔlɛkˈt͜si̯oːn
kollektiv, K... kɔlɛkˈtiːf, **-e** ...iːvə
Kollektiva vgl. Kollektivum
kollektivieren kɔlɛktiˈviːrən
Kollektivismus kɔlɛktiˈvɪsmʊs
Kollektivist kɔlɛktiˈvɪst
Kollektivum kɔlɛkˈtiːvʊm, **...va** ...va
Kollektor kɔˈlɛktɔr, **-en** ...ˈtoːrən
Kollektur kɔlɛkˈtuːɐ̯
Kollembole kɔlɛmˈboːlə
Kollenchym kɔlɛnˈçyːm
Koller ˈkɔlɐ
Köller[bach] ˈkœlɐ[bax]
kollerig ˈkɔlərɪç, **-e** ...ɪɡə
kollern ˈkɔlɐn
Kolleschowitz kɔˈlɛʃovɪt͜s
Kolletere kɔleˈteːrə
Kollett kɔˈlɛt
Kolli vgl. Kollo
Kollias *neugr.* ˈkɔljas
kollidieren kɔliˈdiːrən
Kollidine kɔliˈdiːnə
Kollier kɔˈli̯eː
Kölliken ˈkœlɪkn̩
Kölliker ˈkœlɪkɐ
Kollimation kɔlimaˈt͜si̯oːn
Kollimator kɔliˈmaːtɔr, **-en** ...maˈtoːrən
Kollin kɔˈliːn
kollinear, K... kɔlineˈaːɐ̯
Kollineation kɔlineaˈt͜si̯oːn
Kollision kɔliˈzi̯oːn
Kollmann ˈkɔlman
Kollmünz kɔlˈmʏnt͜s
Kollnau ˈkɔlnau̯
Kölln kœln
[1]**Kollo** (Warenballen) ˈkɔlo, **Kolli** ˈkɔli
[2]**Kollo** (Name) ˈkɔlo
Kollodium kɔˈloːdi̯ʊm
kolloid, K... kɔloˈiːt **-e** ...iːdə
kolloidal kɔloiˈdaːl
Kollokation kɔlokaˈt͜si̯oːn
Kollonema kɔloˈneːma, **-ta** -ta
Kollonitsch ˈkɔlonɪtʃ
Kollontai, Kollontaj *russ.* kɐllanˈtaj
Kolloquium kɔˈloːkvi̯ʊm, **...ien** ...i̯ən
Kollotypie kɔlotyˈpiː
kollrig ˈkɔlrɪç, **-e** ...ɪɡə
kolludieren kɔluˈdiːrən
Kollum *niederl.* ˈkɔləm
Kollumerland *niederl.* ˈkɔləmərlɑnt
Kollumkarzinom ˈkɔlʊmkart͜sinoːm
Kollusion kɔluˈzi̯oːn
Kollwitz ˈkɔlvɪt͜s
Kolm[an] ˈkɔlm[an]
Kolmar ˈkɔlmar
Kolmården *schwed.* ˌkoːlmoːrdən
Kolmarer ˈkɔlmarɐ
kolmarisch ˈkɔlmarɪʃ
Kolmatage kɔlmaˈtaːʒə
kolmatieren kɔlmaˈtiːrən
Komation kɔlmaˈt͜si̯oːn
Kolmogorow, Kolmogorov *russ.* kɐlmaˈɡɔrɐf
Kolm-Saigurn kɔlmzai̯ˈɡʊrn
Köln[er] ˈkœln[ɐ]
Kol nidre ˈkoːl niˈdreː
kölnisch ˈkœlnɪʃ
Kölnischwasser ˈkœlnɪʃvasɐ, *auch:* – –ˈ– –
Kolno *poln.* ˈkɔlnɔ
Kolo ˈkoːlo
Koło *poln.* ˈkɔu̯ɔ
Kolobom koloˈboːm
Kołobrzeg *poln.* kɔˈu̯ɔbʒɛk
Koločep *serbokr.* ˈkɔlɔtʃɛp
Kolokasie koloˈkaːzi̯ə
Kolokolnik koloˈkɔlnɪk
Kologriw, Kologriv *russ.* kɐlaˈɡrif
Kolokotronis *neugr.* kɔlɔkɔˈtrɔnis
Kololo koˈloːlo
Koloman ˈkoːloman, *auch:* ˈkɔl...
Kolombine kolɔmˈbiːnə
Kolombowurzel koˈlɔmbovʊrt͜sl̩
Kolometrie kolomeˈtriː
Kolomna *russ.* kaˈlɔmnɐ
Kolomyja *russ.* kɐlaˈmɨjɐ
Kolon ˈkoːlɔn, **Kola** ˈkoːla
Kolonat koloˈnaːt
Kolone koˈloːnə
Kolonel koloˈnɛl
kolonial koloˈni̯aːl
Kolonialismus koloni̯aˈlɪsmʊs
Kolonialist koloni̯aˈlɪst
Kolonie koloˈniː, **-n** ...iːən
Kolonisation kolonizaˈt͜si̯oːn
Kolonisator koloniˈzaːtɔr **-en** ...zaˈtoːrən
kolonisatorisch kolonizaˈtoːrɪʃ
kolonisieren koloniˈziːrən
Kolonist koloˈnɪst
Kolonnade kolɔˈnaːdə
Kolonne koˈlɔnə

Kolọnos ko'lo:nɔs
Kolophọn[ium] kolo'fo:n[i̯ʊm]
Koloptọse kolɔp'to:zə
Koloquịnte kolo'kvɪntə
Kọlor 'ko:lɔr
Kolorạdokäfer kolo'ra:dokɛ:fɐ
Koloratụr kolora'tu:ɐ̯
kolori̱e̱ren kolo'ri:rən
Kolorimẹter kolori'me:tɐ
Kolorimetri̱e̱ kolorime'tri:
kolorimẹtrisch kolori'me:trɪʃ
Kolorịsmus kolo'rɪsmʊs
Kolorịst kolo'rɪst
Kolorit kolo'ri:t, *auch:* ...rɪt
Kolọß ko'lɔs, **Kolọsse** ko'lɔsə
Kolọssä ko'lɔsɛ
Kolọssai ko'lɔsai̯
kolossạl kolɔ'sa:l
Kolọsser ko'lɔsɐ
Kolossẹum kolɔ'se:ʊm
Kolostomi̱e̱ kolosto'mi:
Kolostrạl... kolɔs'tra:l...
Kolọstrum ko'lɔstrʊm
Kolotomi̱e̱ koloto'mi:
Kọlowrat 'ko:lovrat
Kọlozs[vár] *ung.* 'koloʒ[va:r]
Kọlp, Kolp' *russ.* kɔlpj
Kọlpa *slowen.* 'ko:lpa
Kọlpak 'kɔlpak
Kolpạschewo, Kolpaševo *russ.* kal'paʃəvɐ
Kölpi̱n kœl'pi:n
Kọlping 'kɔlpɪŋ
Kọlpino *russ.* 'kɔlpinɐ
Kölpi̱nsee kœl'pi:nze:
Kolpi̱tis kɔl'pi:tɪs **...iti̱den** ...pi'ti:dn̩
Kolpokle̱i̱sis kɔlpo'klai̯zɪs
Kolportạge kɔlpɔr'ta:ʒə
Kolporteur kɔlpɔr'tø:ɐ̯
kolporti̱e̱ren kɔlpɔr'ti:rən
Kọlpos 'kɔlpɔs
Kolposkọp kɔlpo'sko:p
Kolposkopi̱e̱ kɔlposko'pi:
Kolpozẹle kɔlpo'tse:lə
Kölreuter 'kø:lrɔytɐ
Kölsa 'kœlza
Kölsch kœlʃ
kölschen 'kœlʃn̩
Kọlsebro *schwed.* ˌkɔlsəbru:
Kọlsva *schwed.* ˌko:lsva
Kọlter 'kɔltɐ
Költsch kœltʃ
Koltschạk, Kolčak *russ.* kal'tʃak
Koltschụgino, Kol'čugino *russ.* kalj'tʃuginɐ
Kolụbara *serbokr.* kɔˌlubara
Kolumbạn[us] kolʊm'ba:n[ʊs]
Kolumbạrium kolʊm'ba:ri̯ʊm, **...ien** ...i̯ən
Kolụmbia... ko'lʊmbi̯a...
Kolụmbien ko'lʊmbi̯ən
Kolụmbier ko'lʊmbi̯ɐ
Kolumbi̱ne kolʊm'bi:nə
Kolumbit kolʊm'bi:t, *auch:* ...bɪt
Kolụmbus ko'lʊmbʊs

Kolumẹlla kolu'mɛla
Kolụmne ko'lʊmnə
Kolumnịst kolʊm'nɪst
Kolụszki *poln.* kɔ'luʃki
Kọlwa, Kolva *russ.* 'kɔlvɐ
Kölwel 'kœlvl̩
Kolwezị *frz.* kɔlwe'zi
Kolymạ *russ.* kɐlɨ'ma
Kọlzenburg 'kɔltsn̩bʊrk
Kolzọ, Kol'co *russ.* kalj'tsɔ
Kolzọw, Kol'cov *russ.* kalj'tsɔf
Kölzow 'kœltso
Kọm *bulgar.* kɔm
Köm kø:m
Kọma 'ko:ma, **-ta** -ta
Kọmádi *ung.* 'koma:di
Komạnder ko'mandɐ
Komandọrskije Ostrowạ, Komandorskie Ostrova *russ.* kɐman'dɔrskiji astra'va
Komạntsche ko'mantʃə
Kọmárno *slowak.* 'kɔma:rnɔ
Kọmárom *ung.* 'koma:rom
Kọmárov *tschech.* 'kɔma:rɔf
Komarọw, Komarov *russ.* kɐma'rɔf
komatö̱s koma'tø:s, **-e** ...ø:zə
Kombattạnt kɔmba'tant
Kọmbi 'kɔmbi
Kombinạt kɔmbi'na:t
[1]**Kombinatiọn** kɔmbina'tsi̯o:n
[2]**Kombinatiọn** (Anzug) kɔmbina'tsi̯o:n, *selten engl.* kɔmbɪ'neɪʃən
Kombinatọrik kɔmbina'to:rɪk
kombinatọrisch kɔmbina'to:rɪʃ
Kombine kɔm'bai̯n
kombini̱e̱ren kɔmbi'ni:rən
Kọmburg 'kɔmbʊrk
Kombü̱se kɔm'by:zə
kombusti̱bel kɔmbʊs'ti:bl̩, **...ble** ...blə
Kombustibi̱lien kɔmbʊsti'bi:li̯ən
Kọmedo 'ko:medo, **-nen** kome'do:nən
Kọmen *niederl.* 'ko:mə
Kọmenský *tschech.* 'kɔmɛnski:
komesti̱bel komɛs'ti:bl̩, **...ble** ...blə
Komestibi̱lien komɛsti'bi:li̯ən
Komẹt ko'me:t
Kömetẹrion køme'te:ri̯ɔn, **...ien** ...i̯ən
Komfort kɔm'fo:ɐ̯, *auch:* ...'fɔrt; *fr.* kõ'fɔ:r
komfortạbel kɔmfɔr'ta:bl̩, **...ble** ...blə
Kọmi 'ko:mi, *russ.* 'kɔmi
Kọmi ASSR *russ.* 'kɔmi aɛs-ɛs'ɛr
Kọmik 'ko:mɪk
Kọmiker 'ko:mikɐ
Kominfọrm komɪn'fɔrm
Komintẹrn komɪn'tɛrn
kọmisch 'ko:mɪʃ
Komissarschẹwskaja, Komissarževskaja *russ.* kɐmisar'ʒɛfskɐjɐ

Komitạdschi komi'tadʒi
Komitạt komi'ta:t
Komite̱e̱ komi'te:
Komi̱tien ko'mi:tsi̯ən
Kọmiža *serbokr.* ˌkɔmiʒa
Kọmló *ung.* 'komlo:
Kömlő[d] *ung.* 'kømlø:[d]
Kọmma 'kɔma, **-ta** -ta
Kommagẹne kɔma'ge:ne
Kommandạnt kɔman'dant
Kommandantụr kɔmandan'tu:ɐ̯
Kommandeur kɔman'dø:ɐ̯
kommandi̱e̱ren kɔman'di:rən
Kommanditä̱r kɔmandi'tɛ:ɐ̯
Kommandi̱te kɔman'di:tə
Kommandi̱tgesellschaft kɔman'di:tgəzɛlʃaft
Kommanditịst kɔmandi'tɪst
Kommạndo kɔ'mando
Kommassatiọn kɔmasa'tsi̯o:n
kommassi̱e̱ren kɔma'si:rən
Kommemoratiọn kɔmemora'tsi̯o:n
kommemori̱e̱ren kɔmemo'ri:rən
kọmmen 'kɔmən
Kommẹnde kɔ'mɛndə
kommensạl kɔmɛn'za:l
Kommensalịsmus kɔmɛnza'lɪsmʊs
kommensurạbel kɔmɛnzu'ra:bl̩, **...ble** ...blə
Kommensurabilitä̱t kɔmɛnzurabili'tɛ:t
Komment kɔ'mã:
Kommentạr kɔmɛn'ta:ɐ̯
Kommentatiọn kɔmɛnta'tsi̯o:n
Kommentạtor kɔmɛn'ta:tɔr, **-en** ...ta'to:rən
kommenti̱e̱ren kɔmɛn'ti:rən
Kọmmerell 'kɔmərɛl
Kommẹrs kɔ'mɛrs, **-e** ...rzə
kommersi̱e̱ren kɔmɛr'zi:rən
Kommẹrz kɔ'mɛrts
kommerzialisi̱e̱ren kɔmɛrtsi̯ali'zi:rən
Kommerziạlrat kɔmɛr'tsi̯a:lra:t
kommerziẹll kɔmɛr'tsi̯ɛl
Kommẹrzienrat kɔ'mɛrtsi̯ənra:t
Kommigratorịsmus kɔmigrato'rɪsmʊs
Kommilitọne kɔmili'to:nə
Kommi̱s kɔ'mi:, **des -** kɔ'mi:[s], **die -** kɔ'mi:s
Kommịß kɔ'mɪs, **...mịsses** kɔ'mɪsəs
Kommissạr kɔmɪ'sa:ɐ̯
Kommissä̱r kɔmɪ'sɛ:ɐ̯
Kommissariạt kɔmɪsa'ri̯a:t
kommissạrisch kɔmɪ'sa:rɪʃ
Kommissiọn kɔmɪ'si̯o:n
Kommissionä̱r kɔmɪsi̯o'nɛ:ɐ̯
Kommissi̱vdelikt kɔmɪ'si:fdelɪkt
Kommissọrium kɔmɪ'so:ri̯ʊm, **...ien** ...i̯ən
Kommittẹnt kɔmɪ'tɛnt
kommitti̱e̱ren kɔmɪ'ti:rən

Kommittiv kɔmɪ'ti:f, **-e** ...i:və
kommod kɔ'mo:t, **-e** ...o:də
Kommode kɔ'mo:də
Kommodität kɔmodi'tɛ:t
Kommodore kɔmo'do:rə
Kommos 'kɔmɔs, **Kommoi** 'kɔmɔy
Kommotion kɔmo'tsi̯o:n
kommun kɔ'mu:n
kommunal kɔmu'na:l
kommunalisieren kɔmunali'zi:rən
Kommunarde kɔmu'nardə
Kommunarsk *russ.* kɐmu'narsk
Kommune kɔ'mu:nə
Kommunikant kɔmuni'kant
Kommunikation kɔmunika'tsi̯o:n
kommunikativ kɔmunika'ti:f, **-e** ...i:və
Kommunion kɔmu'ni̯o:n
Kommuniqué kɔmyni'ke:; kɔmu...
Kommunismus kɔmu'nɪsmʊs
Kommunist kɔmu'nɪst
kommunistisch kɔmu'nɪstɪʃ
Kommunität kɔmuni'tɛ:t
kommunizieren kɔmuni'tsi:rən
kommutabel kɔmu'ta:bl̩, **...ble** ...blə
Kommutation kɔmuta'tsi̯o:n
kommutativ kɔmuta'ti:f, **-e** ...i:və
Kommutator kɔmu'ta:tɔr, **-en** ...ta'to:rən
kommutieren kɔmu'ti:rən
Komnene kɔm'ne:nə
Komnenos kɔm'ne:nɔs
Komödiant komø'di̯ant
Komödie ko'mø:di̯ə
Komodo *indones.* ko'modo
Kom Ombo 'ko:m 'ɔmbo
Komoren ko'mo:rən
Komorn ko'mɔrn, 'ko:mɔrn
Komorowski *poln.* kɔmɔ'rɔfski
Komotau 'kɔmotau̯, 'ko:m...
Komotini *neugr.* kɔmɔti'ni
Kompagnie kɔmpa'ni:, **-n** ...i:ən
Kompagnon kɔmpan'jõ:, 'kɔmpanjõ
kompakt kɔm'pakt
Kompaktat kɔmpak'ta:t
Kompaktion kɔmpak'tsi̯o:n
Kompanie kɔmpa'ni:, **-n** ...i:ən
komparabel kɔmpa'ra:bl̩, **...ble** ...blə
Komparabilität kɔmparabili'tɛ:t
Komparation kɔmpara'tsi̯o:n
Komparatist[ik] kɔmpara'tɪst[ɪk]
komparativ, K... 'kɔmparati:f, *auch:* ---'-; **-e** ...i:və
Komparator kɔmpa'ra:tɔr, **-en** ...ra'to:rən
Komparent kɔmpa'rɛnt
Komparenz kɔmpa'rɛnts
komparieren kɔmpa'ri:rən
Komparition kɔmpari'tsi̯o:n
Komparse kɔm'parzə
Komparserie kɔmparzə'ri:, **-n** ...i:ən
Kompartiment kɔmparti'mɛnt
Kompaß 'kɔmpas, **Kompasse** 'kɔmpasə
kompatibel kɔmpa'ti:bl̩, **...ble** ...blə
Kompatibilität kɔmpatibili'tɛ:t
Kompatriot kɔmpatri'o:t
Kompatronat kɔmpatro'na:t
kompendiarisch kɔmpɛn'di̯a:rɪʃ
kompendiös kɔmpɛn'di̯ø:s, **-e** ...ø:zə
Kompendium kɔm'pɛndi̯ʊm, **...ien** ...i̯ən
Kompensation kɔmpɛnza'tsi̯o:n
Kompensator kɔmpɛn'za:tɔr, **-en** ...za'to:rən
kompensatorisch kɔmpɛnza'to:rɪʃ
kompensieren kɔmpɛn'zi:rən
Kompert 'kɔmpɐt
kompetent, K... kɔmpe'tɛnt
Kompetenz kɔmpe'tɛnts
kompetieren kɔmpe'ti:rən
Kompilation kɔmpila'tsi̯o:n
Kompilator kɔmpi'la:tɔr, **-en** ...la'to:rən
kompilieren kɔmpi'li:rən
Komplanation kɔmplana'tsi̯o:n
Komplement kɔmple'mɛnt
komplementär, K... kɔmplemɛn'tɛ:ɐ̯
Komplementarität kɔmplemɛntari'tɛ:t
komplementieren kɔmplemɛn'ti:rən
[1]**Komplet** (Abendgebet) kɔm'ple:t
[2]**Komplet** (Kleid) kõ'ple:, kɔm'ple:
komplettiv kɔmple'ti:f, **-e** ...i:və
Kompletorium kɔmple'to:ri̯ʊm, **...ien** ...i̯ən
komplett kɔm'plɛt
komplettieren kɔmplɛ'ti:rən
komplex, K... kɔm'plɛks
Komplexion kɔmplɛ'ksi̯o:n
Komplexität kɔmplɛksi'tɛ:t
Komplice kɔm'pli:tsə, *auch:* ...i:sə
Komplikation kɔmplika'tsi̯o:n
Kompliment kɔmpli'mɛnt
komplimentieren kɔmplimɛn'ti:rən
Komplize kɔm'pli:tsə
komplizieren kɔmpli'tsi:rən
Komplott kɔm'plɔt
komplottieren kɔmplɔ'ti:rən
Kömpöc *ung.* 'kømpøts
Kompolt *ung.* 'kompolt
Komponente kɔmpo'nɛntə
komponieren kɔmpo'ni:rən
Komponist kɔmpo'nɪst
Komposita vgl. Kompositum
Komposite kɔmpo'zi:tə
Compositeur kɔmpozi'tø:ɐ̯
Komposition kɔmpozi'tsi̯o:n
kompositionell kɔmpozitsi̯o'nɛl
kompositorisch kɔmpozi'to:rɪʃ
Kompositum kɔm'po:zitʊm, **...ta** ...ta
kompossibel kɔmpɔ'si:bl̩, **...ble** ...blə
Kompossibilität kɔmpɔsibili'tɛ:t
Kompost kɔm'pɔst
kompostieren kɔmpɔs'ti:rən
Kompott kɔm'pɔt
Kompound... kɔm'pau̯nt..., *auch:* '--...; *engl.* 'kɔmpau̯nd...
Komprador kɔmpra'do:ɐ̯
komprehensibel kɔmprehɛn'zi:bl̩, **...ble** ...blə
Komprehension kɔmprehɛn'zi̯o:n
kompreß kɔm'prɛs, **-esse** ...ɛsə
Kompresse kɔm'prɛsə
kompressibel kɔmprɛ'si:bl̩, **...ble** ...blə
Kompressibilität kɔmprɛsibili'tɛ:t
Kompression kɔm'prɛ'si̯o:n
Kompressor kɔm'prɛsɔr, **-en** ...'so:rən
Kompressorium kɔmprɛ'so:ri̯ʊm, **...ien** ...i̯ən
Komprette Ⓦⓩ kɔm'prɛtə
komprimieren kɔmpri'mi:rən
Kompromiß kɔmpro'mɪs, **...isse** ...ɪsə
kompromittieren kɔmpromɪ'ti:rən
komptabel kɔmp'ta:bl̩, **...ble** ...blə
Komptabilität kɔmptabili'tɛ:t
Komptant... kõ'tã:...
Kompulsation kɔmpʊlza'tsi̯o:n
Kompulsion kɔmpʊl'zi̯o:n
kompulsiv kɔmpʊl'zi:f, **-e** ...i:və
Kompulsorium kɔmpʊl'zo:ri̯ʊm, **...ien** ...i̯ən
Komputation kɔmputa'tsi̯o:n
Komputer kɔm'pju:tɐ
Komroff *engl.* 'kɔmrɔf
Komsomol kɔmzo'mɔl, *russ.* kɐmsa'mɔl
Komsomolsk[aja], Komsomol'sk[aja] *russ.* kɐmsa'mɔljsk[ɐjɐ]
Komsomolze kɔmzo'mɔltsə
Komteß kõ'tɛs, *auch:* kɔm'tɛs; **...essen** ...ɛsn̩
Komtesse kõ'tɛsə, *auch:* kɔm'tɛsə
Komtur kɔm'tu:ɐ̯
Komturei kɔmtu'rai̯
Konak ko'nak
Konakowo, Konakovo *russ.* kɐna'kɔvɐ
Konakry 'kɔnakri
Konarski *poln.* kɔ'narski

Konat ko'na:t
Konautor 'kɔn|au̯tɔr, **-en** ...to:rən
Konavli *serbokr.* ˌkɔna:vli
konaxial kɔn|a'ksi̯a:l
Koncha 'kɔnça
Konche 'kɔnçə
konchieren kɔn'çi:rən
Konchifere kɔnçi'fe:rə
konchiform kɔnçi'fɔrm
Konchoide kɔnço'i:də
Konchologe kɔnço'lo:gə
Konchologie kɔnçolo'gi:
Konchoskop kɔnço'sko:p
Konchylie kɔn'çy:li̯ə
Konchyliologe kɔnçyli̯o'lo:gə
Konchyliologie kɔnçyli̯olo'gi:
konchyliologisch kɔnçyli̯o'lo:gɪʃ
konchologisch kɔnço'lo:gɪʃ
[1]**Konda** (Nebenfluß des Irtysch) *russ.* kan'da
[2]**Konda** (Nebenfluß des Witim) *russ.* 'kɔndɐ
Konde 'kɔndə
Kondemnation kɔndɛmna't͜si̯o:n
kondemnieren kɔndɛm'ni:rən
Kondensanz kɔndɛn'zant͜s
Kondensat kɔndɛn'za:t
Kondensation kɔndɛnza't͜si̯o:n
Kondensator kɔndɛn'za:tɔr, **-en** ...za'to:rən
kondensieren kɔndɛn'zi:rən
Kondensmilch kɔn'dɛnsmɪlç
Kondensor kɔn'dɛnzɔr, **-en** ...'zo:rən
Kondiktion kɔndɪk't͜si̯o:n
konditern kɔn'di:tɐn
Kondition kɔndi't͜si̯o:n
konditional, K... kɔndit͜si̯o'na:l
Konditionalis kɔndit͜si̯o'na:lɪs, **...les** ...le:s
Konditionalismus kɔndit͜si̯ona'lɪsmʊs
konditionieren kɔndit͜si̯o'ni:rən
Konditionismus kɔndit͜si̯o'nɪsmʊs
Konditor kɔn'di:tɔr, **-en** ...di'to:rən
Konditorei kɔndito'rai̯
Kondolenz kɔndo'lɛnt͜s
kondolieren kɔndo'li:rən
Kondom kɔn'do:m
Kondominat kɔndomi'na:t
Kondominium kɔndo'mi:ni̯ʊm, **...ien** ...i̯ən
Kondor 'kɔndɔr
Kondorfa *ung.* 'kondorfɔ
Kondoros *ung.* 'kondoroʃ
Kondottiere kɔndɔ'ti̯e:rə, **...ri** ...ri
Kondraschin, Kondrašin *russ.* kan'draʃɨn
Kondratenko *russ.* kɐndra'tjɛnkɐ
Kondrati, Kondratij *russ.* kan'dratij
Kondratjew, Kondrat'ev *russ.* kan'dratjɪf
Kondratowicz *poln.* kɔndra'tɔvitʃ
Köndringen 'kœndrɪŋən
Kondrowo, Kondrovo *russ.* 'kɔndrɐvɐ
Konduite kɔn'dui̯:tə, *auch:* kõ'dɥi:tə; *fr.* kõ'dɥit
Kondukt kɔn'dʊkt
Konduktanz kɔndʊk'tant͜s
Kondukteur kɔndʊk'tø:ɐ̯
Konduktivität kɔndʊktivi'tɛ:t
Konduktometrie kɔndʊktome'tri:
konduktometrisch kɔndʊkto'me:trɪʃ
Konduktor kɔn'dʊktɔr, **-en** ...'to:rən
Konduktus kɔn'dʊktʊs
Kondurango kɔndu'raŋgo
Kondwiramurs kɔnt'vi:ramu:ɐ̯s
Kondylom kɔndy'lo:m
Kondylus 'kɔndylʊs, **Kondylen** kɔn'dy:lən
Kondyles, ...lis *neugr.* kɔn'ðilis
Konenkow, Konenkov *russ.* ka'njɛnkɐf
Konert 'ko:nɐt
Koneski *mak.* 'kɔnɛski
Konetzni ko'nɛtsni
Konew, Konev 'kɔnjɛf, *russ.* 'kɔnɪf
Konewka ko'nɛfka
Konfabulation kɔnfabula't͜si̯o:n
konfabulieren kɔnfabu'li:rən
Konfekt kɔn'fɛkt
Konfektion kɔnfɛk't͜si̯o:n
Konfektionär kɔnfɛkt͜si̯o'nɛ:ɐ̯
Konfektioneuse kɔnfɛkt͜si̯o'nø:zə
konfektionieren kɔnfɛkt͜si̯o'ni:rən
Konfeld 'kɔnfɛlt
Konferenz kɔnfe'rɛnt͜s
konferieren kɔnfe'ri:rən
Konfession kɔnfɛ'si̯o:n
Konfessionalismus kɔnfɛsi̯ona'lɪsmʊs
konfessionalistisch kɔnfɛsi̯ona'lɪstɪʃ
konfessionell kɔnfɛsi̯o'nɛl
Konfetti kɔn'fɛti
Konfident kɔnfi'dɛnt
konfidentiell kɔnfidɛn't͜si̯ɛl
Konfidenz kɔnfi'dɛnt͜s
Konfiguration kɔnfigura't͜si̯o:n
konfigurieren kɔnfigu'ri:rən
Konfination kɔnfina't͜si̯o:n
konfinieren kɔnfi'ni:rən
Konfinität kɔnfini'tɛ:t
Konfinium kɔn'fi:ni̯ʊm, **...ien** ...i̯ən
Konfirmand kɔnfɪr'mant, **-en** ...dn̩
Konfirmation kɔnfɪrma't͜si̯o:n
konfirmieren kɔnfɪr'mi:rən
Konfiserie kõfizə'ri:, **-n** ...i:ən
Konfiseur kõfi'zø:ɐ̯
Konfiskat kɔnfɪs'ka:t
Konfiskation kɔnfɪska't͜si̯o:n
konfiszieren kɔnfɪs't͜si:rən
Konfitent kɔnfi'tɛnt
Konfitüre kɔnfi'ty:rə
konfligieren kɔnfli'gi:rən
Konflikt kɔn'flɪkt
Konfluenz kɔnflu'ɛnt͜s
konfluieren kɔnflu'i:rən
Konflux kɔn'flʊks
Konföderation kɔnfødera't͜si̯o:n
konföderieren kɔnføde'ri:rən
konfokal kɔnfo'ka:l
konform kɔn'fɔrm
konformieren kɔnfɔr'mi:rən
Konformismus kɔnfɔr'mɪsmʊs
Konformist kɔnfɔr'mɪst
Konformität kɔnfɔrmi'tɛ:t
Konfrater kɔn'fra:tɐ, **...tres** ...tre:s
Konfraternität kɔnfratɛrni'tɛ:t
Konfrontation kɔnfrɔnta't͜si̯o:n
konfrontativ kɔnfrɔnta'ti:f, **-e** ...i:və
konfrontieren kɔnfrɔn'ti:rən
konfundieren kɔnfʊn'di:rən
konfus kɔn'fu:s, **-e** ...u:zə
Konfusion kɔnfu'zi̯o:n
Konfutation kɔnfuta't͜si̯o:n
Konfutse kɔn'fu:t͜sə
Konfuzianer kɔnfu't͜si̯a:nɐ
konfuzianisch, K... kɔnfu't͜si̯a:nɪʃ
Konfuzianismus kɔnfut͜si̯a'nɪsmʊs
konfuzianistisch kɔnfut͜si̯a'nɪstɪʃ
Konfuzius kɔn'fu:t͜si̯ʊs
Kong kɔŋ
Konga *Kronob. schwed.* ˌkuŋa
Kongeå *dän.* 'kɔŋəɔ:'
Köngen 'kœŋən
kongenial kɔnge'ni̯a:l, *auch:* kɔŋ...
Kongenialität kɔngeni̯ali'tɛ:t, *auch:* kɔŋ...
kongenital kɔngeni'ta:l, *auch:* kɔŋ...
Kongens have *dän.* 'kɔŋəns 'ha:və
Kongens nytorv *dän.* 'kɔŋəns 'nytɔr[v]
Kongestion kɔngɛs'ti̯o:n, *auch:* kɔŋ...
kongestiv kɔngɛs'ti:f, *auch:* kɔŋ...; **-e** ...i:və
Konglomerat kɔnglome'ra:t, *auch:* kɔŋ...
Konglutinat kɔngluti'na:t, *auch:* kɔŋ...
Konglutination kɔnglutina't͜si̯o:n, *auch:* kɔŋ...
konglutinieren kɔngluti'ni:rən, *auch:* kɔŋ...
Kongo 'kɔŋgo
Kongolese kɔŋgo'le:zə
kongolesisch kɔŋgo'le:zɪʃ

Kọngorot 'kɔŋgoro:t
Kongregatio̲n kɔngrega't͜si̯o:n, *auch:* kɔŋ...
Kongregationali̲st kɔngregat͜si̯ona'lɪst, *auch:* kɔŋ...
Kongregationi̲st kɔngregat͜si̯o'nɪst, *auch:* kɔŋ...
Kongrẹß kɔn'grɛs, *auch:* kɔŋ..., **...ẹsse** ...ɛsə
Kọngrua 'kɔŋgrua, *auch:* kɔŋ...
kongruẹnt kɔngru'ɛnt, *auch:* kɔŋ...
Kongruẹnz kɔngru'ɛnt͜s, *auch:* kɔŋ...
kongrui̲eren kɔngru'i:rən, *auch:* kɔŋ...
Kọngsberg *norw.* 'kɔŋsbær[g]
Kongsbergit kɔŋsbɛr'gi:t, *auch:* ...gɪt
Kọngsvinger *norw.* 'kɔŋsviŋər
Konia̲re ko'ni̯a:rə
Kọnice *tschech.* 'kɔnjitsɛ
Koni̲die ko'ni:di̯ə
Koniẹcpol *poln.* kɔ'njɛtspɔl
Konife̲re koni'fe:rə
Kö̲nig 'kø:nɪç, **-e** ...ɪgə
Königero̲de kø:nɪgə'ro:də
Königgrätz kø:nɪç'grɛ:t͜s, '---
Kö̲nigin[hof] 'kø:nɪgɪn[ho:f]
Königinmụtter 'kø:nɪgɪn'mʊtɐ
Kö̲niginwịtwe 'kø:nɪgɪn'vɪtvə
kö̲niglich 'kø:nɪklɪç
Kö̲nigreich 'kø:nɪkrai̯ç
Kö̲nigsaal 'kø:nɪçza:l
Kö̲nigs-Au 'kø:nɪçz|au̯
Kö̲nigsberg 'kø:nɪçsbɛrk
Kö̲nigsberger 'kø:nɪçsbɛrgɐ
Königsbrọnn kø:nɪçs'brɔn
Königsbrụ̈ck kø:nɪçs'brʏk
Königsbrụnn kø:nɪçs'brʊn
Kö̲nigsee 'kø:nɪçze:
Kö̲nigsborn 'kø:nɪçsbɔrn
Kö̲nigsegg 'kø:nɪçs|ɛk
Kö̲nigsfeld 'kø:nɪçsfɛlt
Kö̲nigsfelden 'kø:nɪçsfɛldn̩
Kö̲nigshof 'kø:nɪçsho:f
Königsho̲fen kø:nɪçs'ho:fn̩
Kö̲nigshütte 'kø:nɪçshʏtə
Königslụtter kø:nɪçs'lʊtɐ
Kö̲nigsmark 'kø:nɪçsmark, *schwed.* 'kø:nigsmark
Kö̲nigssee 'kø:nɪçsze:
Kö̲nigsspitze 'kø:nɪçsʃpɪt͜sə
Kö̲nigsstadt 'kø:nɪçsʃtat
Kö̲nigsstadtl 'kø:nɪçsʃtatl̩
Kö̲nigsstuhl 'kø:nɪçsʃtu:l
Kö̲nigstein 'kø:nɪçʃtai̯n
Kö̲nigstuhl 'kø:nɪçʃtu:l
Kö̲nigswald 'kø:nɪçsvalt
Königswalde kø:nɪçs'valdə, '----
Kö̲nigswart 'kø:nɪçsvart
Königswi̲esen kø:nɪçs'vi:zn̩
Königswịnter kø:nɪçs'vɪntɐ
Königs Wusterha̲usen kø:nɪçsvʊstɐ'hau̯zn̩
Kö̲nigtum 'kø:nɪçtu:m
Koni̲jn koni'i:n
Konijnenburg *niederl.* ko:'nɛi̯nənbʏrx
Kọnikow 'ko:nɪko
Koni̲ma... ko'ni:ma...
Konimẹter koni'me:tɐ
Kọnin *poln.* 'kɔnin
Kọninck *niederl.* 'ko:nɪŋk
Kọning *niederl.* 'ko:nɪŋ
Kọninklijke Luchtvaart Maatschappij *niederl.* 'ko:nəŋkləkə 'lʏxtfa:rt ma:tsxɑ'pɛi̯
Konio̲se ko'ni̯o:zə
kọnisch 'ko:nɪʃ
Konịspol *alban.* ko'nispol
Kọnitsa *neugr.* 'kɔnitsa
Kọnitz 'ko:nɪt͜s
Kö̲niz 'kø:nɪt͜s
Konja̲re kɔn'ja:rə
Konjektaneen kɔnjɛk'ta:neən, ...ta'ne:ən
Konjektu̲r kɔnjɛk'tu:ɐ̯
konjektura̲l kɔnjɛktu'ra:l
Kọnjew 'kɔnjɛf, *russ.* 'kɔnɪf
Kọnjic *serbokr.* 'kɔnji:ts
konjizi̲eren kɔnji't͜si:rən
Kọnjović *serbokr.* 'kɔ:njɔvitɕ
Kọnjščina *serbokr.* 'kɔnʃtʃina
konjuga̲l kɔnju'ga:l
Konjuga̲te kɔnju'ga:tə
Konjugatio̲n kɔnjuga't͜si̯o:n
konjugi̲eren kɔnju'gi:rən
Kọnjuh *serbokr.* 'kɔnju:h
Konjunktio̲n kɔnjʊŋk't͜si̯o:n
konjunktiona̲l kɔnjʊŋkt͜si̯o'na:l
konjunktiv, K... 'kɔnjʊŋkti:f, *auch:* ...'ti:f; **-e** ...i:və
Konjunkti̲va kɔnjʊŋk'ti:va
konjunktivisch 'kɔnjʊŋkti:vɪʃ, *auch:* ---'--
Konjunktivi̲tis kɔnjʊŋkti'vi:tɪs, **...iti̲den** ...vi'ti:dn̩
Konjunktu̲r kɔnjʊŋk'tu:ɐ̯
konjunkturẹll kɔnjʊŋktu'rɛl
Konjurạnt kɔnju'rant
Konjuratio̲n kɔnjura't͜si̯o:n
konka̲v kɔn'ka:f, *auch:* kɔŋ...; **-e** ...a:və
Konkavitä̲t kɔnkavi'tɛ:t, *auch:* kɔŋ...
Kọnken 'kɔŋkn̩
Konkla̲ve kɔn'kla:və, *auch:* kɔŋ...
konkludẹnt kɔnklu'dɛnt, *auch:* kɔŋ...
konkludi̲eren kɔnklu'di:rən, *auch:* kɔŋ...
Konklusio̲n kɔnklu'zi̯o:n, *auch:* kɔŋ...
konklusi̲v kɔnklu'zi:f, *auch:* kɔŋ...; **-e** ...i:və
konkomitạnt kɔnkomi'tant, *auch:* kɔŋ...
Konkomitạnz kɔnkomi'tant͜s, *auch:* kɔŋ...
konkordạnt kɔnkɔr'dant, *auch:* kɔŋ...
Konkordạnz kɔnkɔr'dant͜s, *auch:* kɔŋ...
Konkorda̲t kɔnkɔr'da:t, *auch:* kɔŋ...
Konkọrdia kɔn'kɔrdi̯a, *auch:* kɔŋ...
Konkọrdienformel kɔn'kɔrdi̯ənfɔrml̩, *auch:* kɔŋ...
Konkremẹnt kɔnkre'mɛnt, *auch:* kɔŋ...
Konkreszẹnz kɔnkrɛs't͜sɛnt͜s, *auch:* kɔŋ...
konkre̲t kɔn'kre:t, *auch:* kɔŋ...
Konkretio̲n kɔnkre't͜si̯o:n, *auch:* kɔŋ...
konkretisi̲eren kɔnkreti'zi:rən, *auch:* kɔŋ...
Konkre̲tum kɔn'kre:tʊm, *auch:* kɔŋ...; **...ta** ...ta
Konkubina̲t kɔnkubi'na:t, *auch:* kɔŋ...
Konkubi̲ne kɔnku'bi:nə, *auch:* kɔŋ...
Konkupiszẹnz kɔnkupɪs't͜sɛnt͜s, *auch:* kɔŋ...
Konkurrẹnt kɔnkʊ'rɛnt, *auch:* kɔŋ...
Konkurrẹnz kɔnkʊ'rɛnt͜s, *auch:* kɔŋ...
konkurrenzi̲eren kɔnkʊrɛn't͜si:rən, *auch:* kɔŋ...
konkurri̲eren kɔnkʊ'ri:rən, *auch:* kɔŋ...
Konkụrs kɔn'kʊrs, *auch:* kɔŋ...; **-e** ...rzə
Kọ̈nn kœn
konnata̲l kɔna'ta:l
Konnekti̲v kɔnɛk'ti:f, **-e** ...i:və
kọ̈nnen 'kœnən
Kọ̈nnern 'kœnɐn
Konnersreuth kɔnɐs'rɔyt, '---
Konneta̲bel kɔne'ta:bl̩
Konnẹx kɔ'nɛks
Konnexio̲n kɔnɛ'ksi̯o:n
Konnexitä̲t kɔnɛksi'tɛ:t
Kọnni 'kɔni
konnivẹnt kɔni'vɛnt
Konnivẹnz kɔni'vɛnt͜s
konnivi̲eren kɔni'vi:rən
Konnossemẹnt kɔnɔsə'mɛnt
kọnnte 'kɔntə
konnubia̲l kɔnu'bi̯a:l
Konnu̲bium kɔ'nu:bi̯ʊm, **...ien** ...i̯ən
Kọnny 'kɔni
Kono̲id kono'i:t, **-e** ...i:də
Kọnolfingen 'ko:nɔlfɪŋən
[1]**Kọnon** (gr. Name) 'ko:nɔn
[2]**Kọnon** *russ.* 'kɔnɐn
Konopnịcka *poln.* kɔnɔp'nitska
Kọnopiště *tschech.* 'kɔnɔpiʃtjɛ
Konosko̲p kono'sko:p
Kọnoscha, Konoša *russ.* 'kɔnɐʃɐ
Konotọp *russ.* kɐna'tɔp
Konow *norw.* ku'nu:v

Konowalow, Konovalov *russ.* kɐna'valɐf
Konquistador kɔŋkısta'do:ɐ̯, *auch:* ...kvı...
Konrad 'kɔnra:t, *poln.* 'kɔnrat
Konrád *tschech.* 'kɔnra:t
Konrade kɔn'ra:də
Konradin 'kɔnradi:n
Konradine kɔnra'di:nə
Konradiner kɔnra'di:nɐ
Konrads *engl.* 'kɔnrædz
Konradsreuth kɔnra:ts'rɔyt
Konrektor 'kɔnrɛktɔr, **-en** ...'to:rən, *auch:* '–––––
Konrektorin 'kɔnrɛk,to:rın, *auch:* kɔn'rɛktorın, kɔnrɛk'to:rın
Konsanguinität kɔnzaŋgu̯ini'tɛ:t
Konseil *fr.* kõ'sɛj
Konsekration kɔnzekra'tsi̯o:n
konsekrieren kɔnze'kri:rən
konsekutiv 'kɔnzekuti:f, *auch:* ...'ti:f; **-e** ...i:və
Konsens kɔn'zɛns, **-e** ...nzə
Konsensualkontrakt kɔnzɛn'zu̯a:lkɔntrakt
konsensuell kɔnzɛn'zu̯ɛl
konsentieren kɔnzɛn'ti:rən
konsequent kɔnze'kvɛnt
Konsequenz kɔnze'kvɛnts
Konservation kɔnzɛrva'tsi̯o:n
Konservatismus kɔnzɛrva'tısmʊs
konservativ kɔnzɛrva'ti:f, **-e** ...i:və
Konservative kɔnzɛrva'ti:və
Konservativismus kɔnzɛrvati'vısmʊs
Konservativität kɔnzɛrvativi'tɛ:t
Konservator kɔnzɛr'va:tɔr, **-en** ...va'to:rən
konservatorisch kɔnzɛrva'to:rıʃ
Konservatorist kɔnzɛrvato'rıst
Konservatorium kɔnzɛrva'to:ri̯ʊm, **...ien** ...i̯ən
Konserve kɔn'zɛrvə
konservieren kɔnzɛr'vi:rən
konsiderabel kɔnzide'ra:bl̩, **...ble** ...blə
Konsignant kɔnzı'gnant
Konsignatar kɔnzıgna'ta:ɐ̯
Konsignatär kɔnzıgna'tɛ:ɐ̯
Konsignation kɔnzıgna'tsi̯o:n
konsignieren kɔnzı'gni:rən
Konsiliarius kɔnzi'li̯a:ri̯ʊs, **...ii** ...ii
Konsilium kɔn'zi:li̯ʊm, **...ien** ...i̯ən
konsistent kɔnzıs'tɛnt
Konsistenz kɔnzıs'tɛnts
Konsistorialrat kɔnzısto'ri̯a:lra:t
Konsistorium kɔnzıs'to:ri̯ʊm, **...ien** ...i̯ən
Końskie *poln.* 'kɔĩ̯skjɛ
konskribieren kɔnskri'bi:rən
Konskription kɔnskrıp'tsi̯o:n
Konsol kɔn'zo:l, *auch:* 'kɔnzɔl
Konsolation kɔnzola'tsi̯o:n
Konsole kɔn'zo:lə
Konsolidation kɔnzolida'tsi̯o:n
konsolidieren kɔnzoli'di:rən
Konsommee kõsɔ'me:
konsonant, K... kɔnzo'nant
Konsonantismus kɔnzonan'tısmʊs
Konsonanz kɔnzo'nants
konsonierend kɔnzo'ni:rənt, **-e** ...ndə
Konsorten kɔn'zɔrtn̩
Konsortial... kɔnzɔr'tsi̯a:l...
Konsortium kɔn'zɔrtsi̯ʊm, **...ien** ...i̯ən
Konsoziation kɔnzotsi̯a'tsi̯o:n
Konspekt kɔn'spɛkt
konspergieren kɔnspɛr'gi:rən
Konspikuität kɔnspiku̯i'tɛ:t
Konspirant kɔnspi'rant
Konspiration kɔnspira'tsi̯o:n
konspirativ kɔnspira'ti:f, **-e** ...i:və
konspirieren kɔnspi'ri:rən
Konstabel kɔn'sta:bl̩
Konstabler kɔn'sta:blɐ
Konstans 'kɔnstans
konstant kɔn'stant
Konstantan kɔnstan'ta:n
Konstante kɔn'stantə
Konstantin 'kɔnstanti:n, *auch:* ––'–; *russ.* kɐnstan'tin, *ung.* 'konʃtontin, *tschech.* 'kɔnstanti:n, *bulgar.* konstan'tin
Konstantine kɔnstan'ti:nə
konstantinisch kɔnstan'ti:nıʃ
Konstantinopel kɔnstanti'no:pl̩
Konstantinop[e]ler kɔnstanti'no:p[ə]lɐ
Konstantinopolitaner kɔnstantinopoli'ta:nɐ
Konstantinovy Lázně *tschech.* 'kɔnstanti:nɔvi 'la:znjɛ
Konstantinow, Konstantinov *russ.* kɐnstan'tinɐf, *bulgar.* konstan'tinof
Konstantinowitsch, Konstantinovič *russ.* kɐnstan'tinɐvitʃ
Konstantinowka, Konstantinovka *russ.* kɐnstan'tinɐfkɐ
Konstantinowna, Konstantinovna *russ.* kɐnstan'tinɐvnɐ
[1]**Konstanz** (Stetigkeit) kɔn'stants
[2]**Konstanz** (Name) 'kɔnstants
Konstanza kɔn'stantsa
Konstanty *poln.* kɔn'stantɨ
Konstantynów Łódzki *poln.* kɔnstan'tɨnuf 'u̯utski
Konstanze kɔn'stantsə
konstatieren kɔnsta'ti:rən
Konstellation kɔnstɛla'tsi̯o:n
Konsternation kɔnstɛrna'tsi̯o:n
konsternieren kɔnstɛr'ni:rən
Konstipation kɔnstipa'tsi̯o:n
Konstituante kɔnsti'tu̯antə
Konstituente kɔnsti'tu̯ɛntə
konstituieren kɔnstitu'i:rən
Konstitut kɔnsti'tu:t
Konstitution kɔnstitu'tsi̯o:n
Konstitutionalismus kɔnstitutsi̯ona'lısmʊs
konstitutionell kɔnstitutsi̯o'nɛl
konstitutiv kɔnstitu'ti:f, **-e** ...i:və
Konstriktion kɔnstrık'tsi̯o:n
Konstriktor kɔn'strıktɔr, **-en** ...'to:rən
konstringieren kɔnstrıŋ'gi:rən
konstruieren kɔnstru'i:rən
Konstrukteur kɔnstrʊk'tø:ɐ̯
Konstruktion kɔnstrʊk'tsi̯o:n
konstruktiv kɔnstrʊk'ti:f, **-e** ...i:və
Konstruktivismus kɔnstrʊkti'vısmʊs
Konstruktivist kɔnstrʊkti'vıst
Konsubstantiation kɔnzʊp-stantsi̯a'tsi̯o:n
Konsul 'kɔnzʊl
Konsular... kɔnzu'la:ɐ̯...
konsularisch kɔnzu'la:rıʃ
Konsulat kɔnzu'la:t
Konsulent kɔnzu'lɛnt
Konsult kɔn'zʊlt
Konsultation kɔnzʊlta'tsi̯o:n
konsultativ kɔnzʊlta'ti:f, **-e** ...i:və
konsultieren kɔnzʊl'ti:rən
Konsultor kɔn'zʊltɔr, **-en** ...'to:rən
[1]**Konsum** (Verbrauch) kɔn'zu:m, *seltener:* '––
[2]**Konsum** (Laden) 'kɔnzu:m, ...zʊm; *auch:* kɔn'zu:m
Konsument kɔnzu'mɛnt
konsumieren kɔnzu'mi:rən
Konsumtibilien kɔnzʊmti'bi:li̯ən
Konsumtion kɔnzʊm'tsi̯o:n
Konszientialismus kɔnstsi̯ɛntsi̯a'lısmʊs
Kontagion kɔnta'gi̯o:n
kontagiös kɔnta'gi̯ø:s, **-e** ...'gi̯ø:zə
Kontagiosität kɔntagi̯ozi'tɛ:t
Kontagium kɔn'ta:gi̯ʊm, **...ien** ...i̯ən
Kontakion kɔn'ta:ki̯ɔn, **...ien** ...i̯ən
Kontakt[er] kɔn'takt[ɐ]
kontaktieren kɔntak'ti:rən
Kontamination kɔntamina'tsi̯o:n
kontaminieren kɔntami'ni:rən
kontant kɔn'tant
Kontanten kɔn'tantn̩
Kontcha *fr.* kɔn'tʃa
Kontemplation kɔntɛmpla'tsi̯o:n

kontemplativ kɔntɛmpla'ti:f, **-e** ...i:və

kontemporär kɔntɛmpo'rɛ:ɐ̯

Kontenance kõtə'nã:s

Kontenten kɔn'tɛntn̩

kontentieren kɔntɛn'ti:rən

Kontentiv... kɔntɛn'ti:f...

Konter 'kɔntɐ

Konteradmiral 'kɔntɐ|atmira:l

Konterbande 'kɔntɐbandə

Kontereskarpe 'kɔntɐ|ɛskarpə

Konterfei 'kɔntɐfai̯, *auch:* --'-

konterfeien kɔntɐ'fai̯ən, *auch:* '----

konterkarieren kɔntɐka'ri:rən

Kontermine 'kɔntɐmi:nə

konterminieren kɔntɐmi'ni:rən

kontern 'kɔntɐn

Konterrevolution 'kɔntɐrevolutsi̯o:n

konterrevolutionär 'kɔntɐrevolutsi̯onɛ:ɐ̯

Kontertanz 'kɔntɐtants

Kontesse kõ'tɛsə, *auch:* kɔn'tɛsə

kontestabel kɔntɛs'ta:bl̩, **...ble** ...blə

Kontestation kɔntɛsta'tsi̯o:n

kontestieren kɔntɛs'ti:rən

Kontext kɔn'tɛkst, *auch:* '--

kontextuell kɔntɛks'tu̯ɛl

Kontextur kɔntɛks'tu:ɐ̯

¹Konti 'kɔnti, *engl.* 'kɔntɪ

²Konti vgl. Konto

Kontich *niederl.* 'kɔntɪx

kontieren kɔn'ti:rən

Kontiguität kɔntigu̯i'tɛ:t

Kon-Tiki kɔn'ti:ki, ...tɪki

Kontinent kɔnti'nɛnt, *auch:* '---

kontinental kɔntinɛn'ta:l

Kontinentalität kɔntinɛntali'tɛ:t

Kontinenz kɔnti'nɛnts

kontingent, K... kɔntɪŋ'gɛnt

kontingentieren kɔntɪŋgɛn'ti:rən

Kontinuation kɔntinu̯a'tsi̯o:n

kontinuieren kɔntinu'i:rən

kontinuierlich kɔntinu'i:ɐ̯lɪç

Kontinuität kɔntinu̯i'tɛ:t

Kontinuo kɔn'ti:nu̯o

Kontinuum kɔn'ti:nuʊm, **...nua** ...nu̯a

Kontiomäki *finn.* 'kɔntiɔmæki

Konto 'kɔnto, **...ti** ...ti

Kontokorrent kɔntokɔ'rɛnt

Kontor kɔn'to:ɐ̯

Kontorist kɔnto'rɪst

Kontorniaten kɔntɔr'ni̯a:tn̩

Kontorsion kɔntɔr'zi̯o:n

Kontorsionist kɔntɔrzi̯o'nɪst

kontort kɔn'tɔrt

kontra, K... 'kɔntra

Kontrabaß 'kɔntrabas

Kontradiktion kɔntradɪk'tsi̯o:n

kontradiktorisch kɔntradɪk'to:rɪʃ

Kontrafagott 'kɔntrafagɔt

Kontrafaktur kɔntrafak'tu:ɐ̯

Kontragradient kɔntragra'di̯ɛnt

Kontrahage kɔntra'ha:ʒə

Kontrahent kɔntra'hɛnt

kontrahieren kɔntra'hi:rən

Kontraindikation kɔntra|ɪndika'tsi̯o:n

kontraindiziert kɔntra|ɪndi'tsi:ɐ̯t

kontrakt, K... kɔn'trakt

kontraktil kɔntrak'ti:l

Kontraktilität kɔntraktili'tɛ:t

Kontraktion kɔntrak'tsi̯o:n

Kontraktur kɔntrak'tu:ɐ̯

Kontraoktave 'kɔntra|ɔkta:və

Kontrapost kɔntra'pɔst

Kontrapunkt 'kɔntrapʊŋkt

kontrapunktierend kɔntrapʊŋk'ti:rənt, **-e** ...ndə

Kontrapunktik kɔntra'pʊŋktɪk

Kontrapunktiker kɔntra'pʊŋktikɐ

kontrapunktisch kɔntra'pʊŋktɪʃ

kontrapunktistisch kɔntrapʊŋk'tɪstɪʃ

konträr kɔn'trɛ:ɐ̯

Kontrarietät kɔntrari̯e'tɛ:t

Kontrariposte kɔntrari'pɔstə

kontrasignieren kɔntrazɪ'gni:rən

Kontrast kɔn'trast

kontrastieren kɔntras'ti:rən

kontrastiv kɔntras'ti:f, **-e** ...i:və

Kontravariant kɔntrava'ri̯ant

Kontravenient kɔntrave'ni̯ɛnt

kontravenieren kɔntrave'ni:rən

Kontravention kɔntravɛn'tsi̯o:n

Kontrazeption kɔntratsɛp'tsi̯o:n

kontrazeptiv kɔntratsɛp'ti:f, **-e** ...i:və

Kontrektationstrieb kɔntrɛkta'tsi̯o:nstri:p

Kontribuent kɔntri'bu̯ɛnt

kontribuieren kɔntribu'i:rən

Kontribution kɔntribu'tsi̯o:n

kontrieren kɔn'tri:rən

Kontrition kɔntri'tsi̯o:n

Kontrolle kɔn'trɔlə

Kontroller kɔn'trɔlɐ

Kontrolleur kɔntrɔ'lø:ɐ̯

Kontrollor kɔntrɔ'lo:ɐ̯

kontrollieren kɔntrɔ'li:rən

Kontroriposte kɔntrori'pɔstə

kontrovers kɔntro'vɛrs, **-e** ...rzə

Kontroverse kɔntro'vɛrzə

Kontumaz kɔntu'ma:ts

Kontumazialbescheid kɔntuma'tsi̯a:lbəʃai̯t

kontumazieren kɔntuma'tsi:rən

kontundieren kɔntʊn'di:rən

Kontur kɔn'tu:ɐ̯

konturieren kɔntu'ri:rən

Kontusch 'kɔntʊʃ

Kontusion kɔntu'zi̯o:n

Konus 'ko:nʊs, **-se** ...ʊsə

Konvaleszenz kɔnvalɛs'tsɛnts

konvaleszieren kɔnvalɛs'tsi:rən

Konvarietät kɔnvari̯e'tɛ:t

Konvektion kɔnvɛk'tsi̯o:n

konvektiv kɔnvɛk'ti:f, **-e** ...i:və

Konvektor kɔn'vɛktɔr, **-en** ...'to:rən

konvenabel kɔnve'na:bl̩, **...ble** ...blə

Konveniat kɔn've:ni̯at

Konvenienz kɔnve'ni̯ɛnts

konvenieren kɔnve'ni:rən

Konvent kɔn'vɛnt

Konventikel kɔnvɛn'ti:kl̩

Konvention kɔnvɛn'tsi̯o:n

konventional kɔnvɛntsi̯o'na:l

konventionalisieren kɔnvɛntsi̯onali'zi:rən

Konventionalismus kɔnvɛntsi̯ona'lɪsmʊs

konventionell kɔnvɛntsi̯o'nɛl

Konventuale kɔnvɛn'tu̯a:lə

konvergent kɔnvɛr'gɛnt

Konvergenz kɔnvɛr'gɛnts

konvergieren kɔnvɛr'gi:rən

Konversation kɔnvɛrza'tsi̯o:n

Konverse kɔn'vɛrzə

konversieren kɔnvɛr'zi:rən

Konversion kɔnvɛr'zi̯o:n

Konverter kɔn'vɛrtɐ

konvertibel kɔnvɛr'ti:bl̩, **...ble** ...blə

Konvertibilität kɔnvɛrtibili'tɛ:t

konvertieren kɔnvɛr'ti:rən

Konvertit kɔnvɛr'ti:t

konvex kɔn'vɛks

Konvikt kɔn'vɪkt

Konviktion kɔnvɪk'tsi̯o:n

Konviktuale kɔnvɪk'tu̯a:lə

konvinzieren kɔnvɪn'tsi:rən

Konvive kɔn'vi:və

Konvivium kɔn'vi:vi̯ʊm, **...ien** ...i̯ən

Konvoi 'kɔnvɔy, *auch:* -'-

Konvokation kɔnvoka'tsi̯o:n

Konvolut[e] kɔnvo'lu:t[ə]

Konvolvulazeen kɔnvɔlvula'tse:ən

Konvulsion kɔnvʊl'zi̯o:n

konvulsiv kɔnvʊl'zi:f, **-e** ...i:və

konvulsivisch kɔnvʊl'zi:vɪʃ

Konwitschny kɔn'vɪtʃni

Konya *türk.* 'kɔnja

Kónya *ung.* 'ko:njɔ

Konz kɔnts

konzedieren kɔntse'di:rən

Konzelebration kɔntselebra'tsi̯o:n

Konzentrat kɔntsɛn'tra:t

Konzentration kɔntsɛntra'tsi̯o:n

konzentrieren kɔntsɛn'tri:rən

konzentrisch kɔn'tsɛntrɪʃ

Konzentrizität kɔntsɛntritsi'tɛ:t

Konzept kɔn'tsɛpt

konzeptibel kɔntsɛp'ti:bl̩, **...ble** ...blə

Konzeption kɔntsɛp'tsi̯o:n
konzeptionell kɔntsɛptsi̯o'nɛl
Konzeptismus kɔntsɛp'tɪsmʊs
Konzeptualismus kɔntsɛptu̯a'lɪsmʊs
Konzern kɔn'tsɛrn
konzernieren kɔntsɛr'ni:rən
Konzert kɔn'tsɛrt
konzertant kɔntsɛr'tant
konzertieren kɔntsɛr'ti:rən
Konzertina kɔntsɛr'ti:na
Konzession kɔntsɛ'si̯o:n
Konzessionär kɔntsɛsi̯o'nɛ:ɐ̯
konzessionieren kɔntsɛsi̯o'ni:rən
konzessiv kɔntsɛ'si:f, **-e** ...i:və
Konzetti kɔn'tsɛti
Konzil kɔn'tsi:l
konziliant kɔntsi'li̯ant
Konzilianz kɔntsi'li̯ants
Konziliarismus kɔntsili̯a'rɪsmʊs
Konziliation kɔntsili̯a'tsi̯o:n
konzilieren kɔntsi'li:rən
konzinn kɔn'tsɪn
Konzinnität kɔntsɪni'tɛ:t
Konzipient kɔntsi'pi̯ɛnt
konzipieren kɔntsi'pi:rən
Konzipist kɔntsi'pɪst
konzis kɔn'tsi:s, **-e** ...i:zə
Koo *engl.* ku:, *niederl.* ko:
[1]**Koog** ko:k, **Köge** 'kø:gə
[2]**Koog** (Name) *niederl.* ko:x
Kooi, de *niederl.* də 'ko:i̯
Kookburn *engl.* 'kʊkbə:n
Kool *niederl.* ko:l
Koolau koo'la:u, *engl.* koʊə'lɑ:u:
Koolen *niederl.* 'ko:lə
Kooperation ko|opera'tsi̯o:n
kooperativ ko|opera'ti:f, **-e** ...i:və
Kooperator ko|ope'ra:tɔr, **-en** ...ra'to:rən
kooperieren ko|ope'ri:rən
Kooptation ko|ɔpta'tsi̯o:n
kooptieren ko|ɔp'ti:rən
Koordinate ko|ɔrdi'na:tə
Koordination ko|ɔrdina'tsi̯o:n
Koordinator ko|ɔrdi'na:tɔr, **-en** ...na'to:rən
koordinieren ko|ɔrdi'ni:rən
Koos *dt., niederl.* ko:s
Kootenay *engl.* 'ku:tneɪ
Kootwijk *niederl.* 'ko:twɛi̯k
Kop *türk.* kɔp
Kopa *fr.* kɔ'pa
Kopain 'kɔpai̯n
Kopais ko'pa:ɪs, *neugr.* kɔpa'is
Kopaivabalsam kopa'i:vabalzam
Kopal ko'pa:l
Kopaonik *serbokr.* ˌkɔpaɔni:k
Kopar *serbokr.* 'kɔpar
Kópasker *isl.* 'kou̯paskjɛ:r
Kópavogur *isl.* 'kou̯pavɔ:ɣʏr
Kopecký *tschech.* 'kɔpɛtski:
Kopeisk, Kopejsk *russ.* ka'pjejsk
Kopeke ko'pe:kə
Kopelaten kope'la:tn̩
Kopenhagen ko:pn̩'ha:gn̩
Kopenhag[e]ner ko:pn̩'ha:g[ə]nɐ
Köpenick[er] 'kø:pənɪk[ɐ]
Köpenickiade kø:pənɪ'ki̯a:də
Kopeognathen kopeo'gna:tn̩
Kopepode kope'po:də
Koper *slowen.* 'ko:pər
Köper 'kø:pɐ
Kopernik *poln.* kɔ'pɛrnik
kopernikanisch, K... kopɛrni'ka:nɪʃ
Kopernikus ko'pɛrnikʊs
Kopervik *norw.* ˌkɔpərvi:k
Kopetzky ko'pɛtski
Kopf kɔpf, **Köpfe** 'kœpfə
Köpfchen 'kœpfçən
Köpfel 'kœpfl̩
köpfeln 'kœpfl̩n
köpfen 'kœpfn̩
Kopfermann 'kɔpfɐman
...köpfig ...ˌkœpfɪç, **-e** ...ɪgə
...köpfisch ...ˌkœpfɪʃ
kopfüber kɔpf'|y:bɐ
kopfunter kɔpf'|ʊntɐ
Kophosis ko'fo:zɪs
Kophta 'kɔfta
kophtisch 'kɔftɪʃ
Kopialbuch ko'pi̯a:lbu:x
Kopialien ko'pi̯a:li̯ən
Kopiatur kopi̯a'tu:ɐ̯
Kopidlno 'kɔpɪdl̩no, *tschech.* 'kɔpidl̩nɔ
Kopie ko'pi:, **-n** ko'pi:ən
kopieren ko'pi:rən
Kopilot 'ko:pilo:t
Köping *schwed.* 'tçø:pɪŋ
Kopiopie kopi̯o'pi:
kopiös ko'pi̯ø:s, **-e** ...ø:zə
Kopisch 'ko:pɪʃ
Kopist ko'pɪst
Kopitar *slowen.* kɔ'pi:tar
Köpitz 'kø:pɪts
Koplik *engl.* 'kɔplɪk
Köpmannebro *schwed.* tçø:pmanə'bru:
Kopp kɔp
Koppány *ung.* 'koppa:nj
Kopparberg *schwed.* ˌkɔparbærj
Koppe 'kɔpə
Koppel 'kɔpl̩, *dän.* 'kɔbəl
koppeln 'kɔpl̩n
Koppelwieser 'kɔpl̩vi:zɐ
koppen 'kɔpn̩
Köppern[itz] 'kœpɐn[ɪts]
Koppernigk 'kɔpɐnɪk
Koppers 'kɔpɐs
koppheister kɔp'hai̯stɐ
Köpping 'kœpɪŋ
Köppler 'kœplɐ
Kopra 'ko:pra
Koprämie koprɛ'mi:
Kopreinitz ko'prai̯nɪts
Kopremesis ko'pre:mezɪs
Koprivna *serbokr.* ˌkɔpri:vna
Koprivnica *serbokr.* ˌkɔpri:vnitsa
Kopřivnice *tschech.* 'kɔprʃivɲitsɛ
Koprivnik *serbokr.* ˌkɔpri:vnik
Koprivschtiza, Koprivštica *bulgar.* ko'prifʃtitsa
Koproduktion 'ko:prodʊktsi̯o:n
Koproduzent 'ko:produtsɛnt
koproduzieren 'ko:produtsi:rən
koprogen kopro'ge:n
Koprolalie koprola'li:
Koprolith kopro'li:t, *auch:* ...lɪt
Koprom ko'pro:m
koprophag kopro'fa:k, **-e** ...a:gə
Koprophage kopro'fa:gə
Koprophagie koprofa'gi:
Koprostase kopro'sta:zə
Köprülü *türk.* 'kœpryly
Kops[tal] 'kɔps[tal]
Kopte 'kɔptə
koptisch 'kɔptɪʃ
Koptologie kɔptolo'gi:
Koptos 'kɔptɔs
Kopula 'ko:pula, **...lae** ...lɛ
Kopulation kopula'tsi̯o:n
kopulativ kopula'ti:f, **-e** ...i:və
Kopulativum kopula'ti:vʊm, **...va** ...va
kopulieren kopu'li:rən
Kopytschinzy, Kopyčincy *russ.* kɐpɨ'tʃintsɨ
kor ko:ɐ̯
Kora 'ko:ra
Korab *serbokr.* 'kɔra:b, *alban.* ko'rap
Korach 'ko:rax
Korah 'ko:ra
Korais *neugr.* kɔra'is
Korajac *serbokr.* kɔˌra:jats
Korakoid korako'i:t, **-e** ...i:də
Koralle ko'ralə
korallen ko'ralən
Korallin kora'li:n
korallogen koralo'ge:n
Koralow, Koralov *bulgar.* ko'ralof
Koralpe 'ko:ɐ̯|alpə
koram 'ko:ram
koramieren kora'mi:rən
Koramin kora'mi:n
Koran ko'ra:n, *auch:* 'ko:ra[:]n
Korana *serbokr.* ˌkɔrana
Korányi *ung.* 'kora:nji
koranzen ko'rantsn̩
Korb kɔrp, **Körbe** 'kœrbə
Korbach 'kɔrbax
Körbchen 'kœrpçən
Körbecke 'kœrbɛkə
Korbeek-Lo *niederl.* 'kɔrbe:k'lo:
Korber 'kɔrbɐ
Körber 'kœrbɐ
Korbetha kɔr'be:ta
Korbinian kɔrbi'ni̯a:n, *auch:* kɔr'bi:ni̯a:n

Korçë *alban.* 'kɔrtʃə
Korčula *serbokr.* 'kɔ:rtʃula
Korczak *poln.* 'kɔrtʃak
[1]**Kord** (Gewebe) kɔrt, **-es** 'kɔrdəs
[2]**Kord** (Name) kɔrt
Korda 'kɔrda, *engl.* 'kɔ:də, *ung.* 'kordɔ
Kordax 'kɔrdaks
Korde 'kɔrdə
Kordel 'kɔrdl̩
Kordelatsch 'kɔrdelatʃ
Kordelia kɔr'de:li̯a
Kordelie kɔr'de:li̯ə
kordial kɔr'di̯a:l
Kordialität kɔrdi̯ali'tɛ:t
kordieren kɔr'di:rən
Kordierit kɔrdi̯e'ri:t, *auch:* ...rɪt
Kordigast 'kɔrdigast
Kordillere[n] kɔrdɪl'je:rə[n]
Kordit kɔr'di:t, *auch:* ...dɪt
Kordofan kɔrdo'fa:n
Kordon kɔr'dõ:
Kordonett kɔrdo'nɛt
Korduan 'kɔrdu̯an
Kordula 'kɔrdula
Kore 'ko:rə
köre 'kø:rə
Korea ko're:a
Koreaner kore'a:nɐ
koreanisch kore'a:nɪʃ
Korec vgl. Korez
Koreferat 'ko:refera:t
Koreferent 'ko:referɛnt
koreferieren 'ko:referi:rən
Koreff 'ko:rɛf
Koregisseur 'ko:reʒɪsø:ɐ̯
Korela ko're:la
Koren *slowen.* kɔ're:n
kören 'kø:rən
Korenica *serbokr.* kɔˌrɛnitsa
Kořenov *tschech.* 'kɔrʒɛnɔf
Koreschtschenko, Koreščenko *russ.* ka'rjeʃtʃɪnkɐ
Korez, Korec *russ.* 'kɔrɪts
Korfantów *poln.* kɔr'fantuf
Korfanty *poln.* kɔr'fantɨ
Korff kɔrf
Korfiot kɔr'fi̯o:t
Korfu 'kɔrfu, *auch:* kɔr'fu:
Koriander ko'ri̯andɐ
Koriandoli ko'ri̯andoli
Korin 'ko:rɪn
Korinna ko'rɪna
Korinth ko'rɪnt
Korinthe ko'rɪntə
Korinther ko'rɪntɐ
Korinthia *neugr.* korin'θia
Korinthos 'ko:rɪntɔs, *neugr.* 'kɔrinθɔs
Koriolan kori̯o'la:n
Koritza 'kɔrɪtsa
Korjake kɔr'ja:kə
Kork kɔrk
korken, K... 'kɔrkn̩
Korkett kɔr'kɛt
Korkino *russ.* 'kɔrkinɐ
Korkment kɔrk'mɛnt
Korkodon *russ.* kɐrka'dɔn
Korkunow, Korkunov *russ.* kɐrku'nɔf
Korkyra kɔr'ky:ra
Korlén *schwed.* kɔr'le:n
Körlin kœr'li:n
Körmend[i] *ung.* 'kørmɛnd[i]
Kormophyt kɔrmo'fy:t
Kormoran kɔrmo'ra:n
Kormus 'kɔrmʊs
Korn kɔrn, **Körner** 'kœrnɐ
Kornak 'kɔrnak
Kornaros *neugr.* kɔr'narɔs
Kornat *serbokr.* 'kɔ:rnat
Kornauth 'kɔrnau̯t
Kornazeen kɔrna'tse:ən
Körnchen 'kœrnçən
Kornea 'kɔrnea
Korneitschuk, Kornejčuk *russ.* kɐrnɪj'tʃuk
Kornel[chen] kɔr'ne:l[çən]
Kornelia kɔr'ne:li̯a
Kornelie kɔr'ne:li̯ə
Kornelija *russ.* kar'njelijɐ
Kornelimünster kɔrne:li'mʏnstɐ, –'––––
Kornelius kɔr'ne:li̯ʊs
Kornelkirsche kɔr'ne:lkɪrʃə
Kornelle kɔr'nɛlə
Kornemann 'kɔrnəman
körnen 'kœrnən
Korner 'kɔrnɐ
Körner 'kœrnɐ
Kornerupin kɔrneru'pi:n
Kornett kɔr'nɛt
Korneuburg kɔr'nɔybʊrk
Kornfeld *dt., tschech.* 'kɔrnfɛlt
Korngold 'kɔrngɔlt, *engl.* 'kɔ:ngoʊld
Kornhäusel 'kɔrnhɔyzl̩
körnig 'kœrnɪç, **-e** ...ɪgə
Kórnik *poln.* 'kurnik
Kornil *russ.* kar'nil
Kornilow, Kornilov *russ.* kar'nilɐf
kornisch 'kɔrnɪʃ
Kornrade 'kɔrnra:də
Kornsjö *schwed.* 'ku:rnʃø:
Korntal 'kɔrnta:l
Kornutin kɔrnu'ti:n
Kornwerderzand *niederl.* kɔrnwɛrdər'zɑnt
Kornwestheim kɔrn'vɛsthai̯m
Környe *ung.* 'kørnjɛ
Korobkin *russ.* ka'rɔpkin
Korobow, Korobov *russ.* ka'rɔbɐf
Koroča vgl. Korotscha
Korodj, Korođ *serbokr.* 'kɔ:rɔdz
Köroğlu *türk.* 'kœrɔ:ˌlu
Korolenko *russ.* kɐra'ljɛnkɐ
Korolla ko'rɔla
Korollar korɔ'la:ɐ̯
Korollarium korɔ'la:ri̯ʊm, **...ien** ...i̯ən
Korolle ko'rɔlə
Koromandel koro'mandl̩
Korona ko'ro:na
Koronar... koro'na:ɐ̯...
Koroncó *ung.* 'korontso:
Koronea koro'ne:a
Koroneia koro'nai̯a, *neugr.* kɔ'rɔnja
Koronis ko'ro:nɪs, **...ides** ...nide:s
Koronograph korono'gra:f
Koronowo *poln.* kɔrɔ'nɔvɔ
Körösch 'kœrœʃ
Körös *ung.* 'kørøʃ
Korošec *slowen.* kɔ'ro:ʃəts
Kőrösi, ...sy *ung.* 'kø:røʃi
Köröslądány *ung.* 'kørøʃlɔda:nj
Köröstarcsa *ung.* 'kørøʃtɔrtʃɔ
Korosten, Korosten' *russ.* 'kɔrɐstɪnj
Korostyschew, Korostyšev *russ.* kɐras'tɨʃəf
Korotscha, Koroča *russ.* ka'rɔtʃɐ
Korottschenko, Korotčenko *russ.* ka'rɔttʃɪnkɐ
Korowin, Korovin *russ.* ka'rɔvin
Körper 'kœrpɐ
Korpora vgl. Korpus
Korporal[e] kɔrpo'ra:l[ə]
Korporation kɔrpora'tsi̯o:n
korporativ kɔrpora'ti:f, **-e** ...i:və
Korporativismus kɔrporati'vɪsmʊs
korporiert kɔrpo'ri:ɐ̯t
Körprich 'kœrprɪç
Korps ko:ɐ̯, **des –** ko:ɐ̯[s], **die –** ko:ɐ̯s
korpulent kɔrpu'lɛnt
Korpulenz kɔrpu'lɛnts
Korpus 'kɔrpʊs, **-se** ...ʊsə, **Korpora** 'kɔrpora
Korpus delikti 'kɔrpʊs de'lɪkti
Korpus juris 'kɔrpʊs 'ju:rɪs
Korpuskel kɔr'pʊskl̩
korpuskular kɔrpʊsku'la:ɐ̯
Korral kɔ'ra:l
Korrasion kɔra'zi̯o:n
Korreferat kɔrefe'ra:t, *auch:* '––––
Korreferent kɔrefe'rɛnt, *auch:* '––––
korreferieren kɔrefe'ri:rən
Korregidor kɔrɛxi'do:ɐ̯
korrekt kɔ'rɛkt
Korrektion kɔrɛk'tsi̯o:n
korrektionell kɔrɛktsi̯o'nɛl
korrektiv, K... kɔrɛk'ti:f, **-e** ...i:və
Korrektor kɔ'rɛktɔr, **-en** ...'to:rən
Korrektur kɔrɛk'tu:ɐ̯
korrelat, K... kɔre'la:t
Korrelation kɔrela'tsi̯o:n
korrelativ kɔrela'ti:f, **-e** ...i:və
Korrelativismus kɔrelati'vɪsmʊs

korrelieren kɔre'li:rən
Korrent kɔ'rɛnt
Korrenzig 'kɔrəntsɪç
korrepetieren kɔrepe'ti:rən
Korrepetition kɔrepeti'tsio:n
Korrepetitor kɔrepe'ti:tɔr, **-en** ...ti'to:rən
korrespektiv kɔrɛspɛk'ti:f, **-e** ...i:və
Korrespektivität kɔrɛspɛktivi'tɛ:t
Korrespondent kɔrɛspɔn'dɛnt
Korrespondenz kɔrɛspɔn'dɛnts
korrespondieren kɔrɛspɔn'di:rən
Korrianke ko'riaŋkə
Korridor 'kɔrido:ɐ̯
Korrigend kɔri'gɛnt **-en** ...ndn̩
Korrigenda kɔri'gɛnda
Korrigens 'kɔrigɛns; **...gentia** ...'gɛntsia, **...genzien** ...'gɛntsiən
korrigibel kɔri'gi:bl̩, **...ble** ...blə
korrigieren kɔri'gi:rən
Korrigum 'kɔrigʊm
Korrobori kɔ'ro:bori
Korrodenzien kɔro'dɛntsiən
Korrodi kɔ'ro:di
korrodieren kɔro'di:rən
Korror 'kɔrɔr, *engl.* 'kɔ:rɔ:
Korrosion kɔro'zio:n
korrosiv kɔro'zi:f, **-e** ...i:və
korrumpieren kɔrʊm'pi:rən
korrupt kɔ'rʊpt
Korruptel kɔrʊp'te:l
Korruption kɔrʊp'tsio:n
Korsage kɔr'za:ʒə
Korsak 'kɔrzak
[1]**Korsakow, Korsakov** (Personenname) *russ.* 'kɔrsɐkɐf
[2]**Korsakow, Korsakov** (Ort) *russ.* kar'sakɐf
Korsar kɔr'za:ɐ̯
Korschelt 'kɔrʃl̩t
Korschenbroich kɔrʃn̩'bro:x, '–––
Korse 'kɔrzə
Korselett kɔrzə'lɛt
Korsett kɔr'zɛt
Korsika 'kɔrzika
Korso 'kɔrzo
Korsør *dän.* kɔr'sø:'r
Korsuchin, Korzuhin *russ.* kar'zuxin
Korsun, Korsun' *russ.* 'kɔrsunj
Kort kɔrt
Kortege kɔr'te:ʒə, ...'tɛ:ʒə; *fr.* ...ɛ:ʒ
Kortenaer *niederl.* 'kɔrtəna:r
Kortenberg *niederl.* 'kɔrtənbɛrx
Kortex 'kɔrtɛks, **...tizes** ...titse:s
Kortfårs *schwed.* ˌkurtfɔrs
Kortgene *niederl.* kɔrt'xe:nə
kortikal kɔrti'ka:l
Kortikoid kɔrtiko'i:t, **-e** ...i:də
Kortikosteron kɔrtikoste'ro:n
Körting 'kœrtɪŋ
Kortison kɔrti'zo:n
Körtling 'kœrtlɪŋ
Kortner 'kɔrtnɐ
Körtnitz 'kœrtnɪts
Kortrijk *niederl.* 'kɔrtrɛi̯k
Kortscha 'kɔrtʃa
Kortum 'kɔrtʊm
Kortzfleisch 'kɔrtsflaiʃ
Korum 'ko:rʊm
Korund ko'rʊnt, **-e** ...ndə
Korunní *tschech.* 'kɔrunji:
Korvette kɔr'vɛtə
Korvey 'kɔrvai̯
Korwa 'kɔrva
Korybant kory'bant
Koryčany *tschech.* 'kɔritʃani
Korydalis ko'ry:dalɪs
korykisch ko'ry:kɪʃ
Koryophyllie koryofʏ'li:
Koryphäe kory'fɛ:ə
Koryza 'ko:rytsa
Korzeniowski *poln.* kɔʒɛ'njɔfski
Korzon *poln.* 'kɔʒɔn
Korzuhin vgl. Korsuchin
Korzybski *poln.* kɔ'ʒɨpski, *engl.* kɔ:'zɪbskɪ
Kos *dt., slowen.* ko:s, *neugr.* kɔs
[1]**Kosa** *serbokr.* ˌkɔsa
[2]**Kosa** vgl. [2]Kossa
Kósa *ung.* 'ko:ʃɔ
Kosak ko'zak
Kosch[ach] 'kɔʃ[ax]
Koschat 'kɔʃat
Koscheljow, Košelev *russ.* kɐʃə'ljɔf
Koschenille kɔʃə'nɪljə
koscher 'ko:ʃɐ
Koschewnikow, Koževnikov *russ.* ka'ʒɛvnikɐf
Kösching 'kœʃɪŋ
K.-o.-Schlag ka:'|o:ʃla:k
Koschmieder kɔʃ'mi:dɐ
Koschnick 'kɔʃnɪk
Koschucharow, Kožuharov *bulgar.* koʒu'xarof
Koschwa, Kožva *russ.* 'kɔʒvɐ
Koschwitz 'kɔʃvɪts
Kościan *poln.* 'kɔɕtɕan
Kościerzyna *poln.* kɔɕtɕɛ'ʒɨna
Kosciusko *engl.* kɔsɪ'ʌskoʊ
Kosciuszko kɔs'tsiʊʃko, kɔʃ'tʃʊʃko
Kościuszko *poln.* kɔɕ'tɕuʃkɔ
Kosd *ung.* koʒd
Köse *türk.* kœ'sɛ
Kosegarten 'ko:zəgartn̩
Kosel 'ko:zl̩
Kosekans 'ko:zekans
Kösel 'kø:zl̩
Košelev vgl. Koscheljow
Köselitz 'kø:zəlɪts
Koselsk, Kozel'sk *russ.* ka'zjeljsk
Koselski, Kozel'skij *russ.* ka'zjeljskij
kosen 'ko:zn̩, **kos!** ko:s, **kost** ko:st
Kösen 'kø:zn̩
Koser (Personenname) 'ko:zɐ
Koserow 'ko:zəro
Košetice *tschech.* 'kɔʃɛtjitsɛ
Košice *slowak.* 'kɔʃitsɛ
Kosima 'ko:zima
Kosinsky ko'zɪnski
Kosinus 'ko:zinʊs
Kosjerići *serbokr.* kɔˌsjɛritɕi
Koskenniemi *finn.* 'kɔskɛnniɛmi
Koskinen *finn.* 'kɔskinɛn
Koslar 'kɔslar
Köslin kœs'li:n
Kosloduj, Kozloduj *bulgar.* kozlo'duj
Koslow, Kozlov *russ.* kaz'lɔf
Koslowez, Kozlovec *bulgar.* 'kɔzlovɛts
Koslowski, Kozlovskij *russ.* kaz'lɔfskij
[1]**Kosma** (Vorname) *russ.* kas'ma
[2]**Kosma** (Fluß) *russ.* 'kɔsmɐ
[3]**Kosma, Kozma** *bulgar.* koz'ma
[4]**Kosma, Koz'ma** *russ.* kazj'ma
Kosmaj *serbokr.* ˌkɔsma:j
Kosmas 'kɔsmas
Kosmet *serbokr.* ˌkɔsmɛt
Kosmetik kɔs'me:tɪk
Kosmetikerin kɔs'me:tikərɪn
Kosmetikum kɔs'me:tikʊm, **...ka** ...ka
kosmetisch kɔs'me:tɪʃ
kosmisch 'kɔsmɪʃ
Kosmist kɔs'mɪst
Kosmobiologie kɔsmobiolo'gi:
Kosmodrom kɔsmo'dro:m
Kosmogonie kɔsmogo'ni:, **-n** ...i:ən
kosmogonisch kɔsmo'go:nɪʃ
Kosmograph kɔsmo'gra:f
Kosmographie kɔsmogra'fi:, **-n** ...i:ən
kosmographisch kɔsmo'gra:fɪʃ
Kosmologie kɔsmolo'gi:, **-n** ...i:ən
kosmologisch kɔsmo'lo:gɪʃ
Kosmonaut[ik] kɔsmo'naut[ɪk]
Kosmonos 'kɔsmonɔs
Kosmopolit kɔsmopo'li:t
Kosmopolitismus kɔsmopoli'tɪsmʊs
Kosmos 'kɔsmɔs
Kosmosophie kɔsmozo'fi:
Kosmostrade kɔsmo'stra:də
Kosmotheismus kɔsmote'ɪsmʊs
Kosmotron 'kɔsmotro:n
Kosoblüten 'ko:zobly:tn̩
Kosöng, Kosong *korean.* kɔsʌŋ
Kosor *serbokr.* 'kɔsɔr
Kosovo *serbokr.* 'kɔsɔvɔ
Kosovo polje *serbokr.* 'kɔsɔvɔ 'pɔljɛ
Kosovska Mitrovica *serbokr.* 'kɔsɔ:vska: 'mitrɔvitsa
[1]**Kossa** 'kɔsa

[2]**Kossạ, Kosa** *russ.* ka'sa
Kossäer kɔ'sɛ:ɐ
Kọssak *poln.* 'kɔsak
Kossakọwski *poln.* kɔsa'kɔfski
Kossat kɔ'sa:t
Kossäte kɔ'sɛ:tə
Kọßdorf 'kɔsdɔrf
Kọsse 'kɔsə
Kösseine kœ'sai̯nə
Kọssel 'kɔsl̩
Kọ̈ssen 'kœsn̩
Kossinna kɔ'sɪna, '– – –
Kọ̈ßlarn 'kœslarn
Kọssmann *niederl.* 'kɔsmɑn
Kọßmat 'kɔsmat
Kọssuth *ung.* 'koʃu:t
Kossygin, Kosygin kɔ'sy:gi:n, *russ.* ka'sɨgin
Kọst *dt., engl., tschech.* kɔst
Kosta *schwed.* ˌku:sta
kostal kɔs'ta:l
Kostarika kɔsta'ri:ka
kọstbar 'kɔstba:ɐ̯
Kostelanetz kɔste'la:nɛts
Kọstelec *tschech.* 'kɔstɛlɛts
kọsten, K... 'kɔstn̩
Kọ̈ster[nitz] 'kœstɐ[nɪts]
Kọstić *serbokr.* 'kɔstitɕ
Kọstja *russ.* 'kɔstjɐ
Kọstka *poln., slowak.* 'kɔstka
kọ̈stlich 'kœstlɪç
Kọ̈stlin 'kœstli:n
Kostomạrow, Kostomarov *russ.* kɐsta'marɐf
Kostọpulos *neugr.* kɔs'tɔpulɔs
Kostotomie kɔstoto'mi:
Kọstow, Kostov *bulgar.* 'kɔstof
Kọ̈stritz[er] 'kœstrɪts[ɐ]
Kostromạ *russ.* kɐstra'ma
Kostrọw, Kostrov *russ.* kas'trɔf
Kostrzęwski *poln.* kɔst'ʃɛfski
Kọstrzyn *poln.* 'kɔstʃɨn
kọstspielig 'kɔstʃpi:lɪç, -e ...ɪgə
Kostüm kɔs'ty:m
Kostümier kɔsty'mi̯e:
kostümieren kɔsty'mi:rən
Kostyljọw, Kostylev *russ.* kɐstɨ'ljɔf
Kọstytschew, Kostyčev *russ.* 'kɔstɨtʃɪf
Kọšutnjak *serbokr.* ˌkɔʃutnja:k
Kọswa, Kos'va *russ.* 'kɔzjvɐ
Kọswig 'kɔsvɪç
Kosygin vgl. Kossygin
Kosyręwski, Kozyrevskij *russ.* kɐzɨ'rjɛfskij
Koszạlin *poln.* kɔ'ʃalin
Kőszeg[i] *ung.* 'kø:sɛg[i]
Kọsztolányi *ung.* 'kostola:nji
Kọt ko:t
Kota-Bạru *indon.* kota'baru
Kọta Bhạru *indon.* 'kota 'baru
Kotamobạgu *indon.* kotamo'bagu
Kotangens 'ko:taŋgɛns
Kotarbịński *poln.* kɔtar'biĩski
Kotạri *serbokr.* kɔˌta:ri
Kotau ko'tau̯
Kotawarịngin *indon.* kotawa'riŋɪn
Kote 'ko:tə
Köte 'kø:tə
Kọ̈tegyán *ung.* 'køtɛdja:n
Kọtel *bulgar.* 'kɔtɛl
Kőtelek *ung.* 'kø:tɛlɛk
Kotelętt kotə'lɛt, kɔ'tlɛt
Kotęlnikow, Kotel'nikov *russ.* ka'tjeljnikɐf
Kotęlnitsch, Kotel'nič *russ.* ka'tjeljnitʃ
Kotęlny Ọstrow, Kotel'nyj Ostrov *russ.* ka'tjeljnɨj 'ɔstrɐf
Köter 'kø:tɐ
Kọtěra *tschech.* 'kɔtjɛra
Köterei kø:tə'rai̯
Koterie kotə'ri:, -n ...i:ən
Köth kø:t
Köthen 'kø:tn̩
Köthener 'kø:tənɐ
Kothụrn ko'tʊrn
kotieren ko'ti:rən
kotig 'ko:tɪç, -e ...ɪgə
Kọtikow, Kotikov *russ.* 'kɔtikɐf
Kotillon 'kɔtɪljõ, *auch:* kɔtɪl'jõ:
Kotịnga ko'tɪŋga
Kọtka *finn.* 'kɔtkɑ
Kọtlas *russ.* 'kɔtlɐs
Kọtlin *russ.* 'kɔtlin
Kotljaręwski, Kotljarevskij *russ.* kɐtlɪ'rjɛfskij
Kọ̈tlutangi *isl.* 'kœhtlʏtau̯ŋgjɪ
Kötner 'kø:tnɐ
Koto 'ko:to
Koton ko'tõ:
kotonisieren kotoni'zi:rən
Kotonou *fr.* kɔtɔ'nu
Kotor 'ko:tɔr, *serbokr.* ˌkɔtɔr
Kotorinde 'ko:tɔrɪndə
Kọtor Vạroš *serbokr.* ˌkɔtɔr 'va:rɔʃ
Kọtow, Kotov *russ.* 'kɔtɐf
Kotọwsk, Kotovsk *russ.* ka'tɔfsk
Kotsaß 'ko:tzas, **...assen** ...asn̩
Kotsasse 'ko:tzasə
Kọ̈tschach 'kœtʃax
Kọ̈tschau 'kœtʃau̯
Kotschergạ, Kočerga *russ.* kɐtʃɪr'ga
Kọtschetow, Kočetov *russ.* 'kɔtʃɪtɐf
Kotschi 'ko:tʃi
Kotschinchina kɔtʃɪn'çi:na
Kọttaun 'kɔtau̯n
Kọttbus 'kɔtbʊs, **-[s]er** ...ʊsɐ
Kọtten 'kɔtn̩
Kọtter 'kɔtɐ
Kọ̈tter 'kœtɐ
Kottingbrụnn kɔtɪŋ'brʊn
kọttisch 'kɔtɪʃ
Kọttmar 'kɔtmar
Kọttwitz 'kɔtvɪts
Kotụi, Kotuj *russ.* ka'tuj
Kotyle ko'ty:lə
Kotylędo koty'le:do
Kotyledone kotyle'do:nə
Kotylosaurier kotylo'zau̯ri̯ɐ
Kọtzde-Kọttenrodt 'kɔtsdə'kɔtn̩rɔt
Kọtze 'kɔtsə
Kọ̈tze 'kœtsə
Kọtzebue 'kɔtsəbu, *engl.* 'kɔtsɪbju:
kọtzen, K... 'kɔtsn̩
Kọtzenau 'kɔtsənau̯
kọtzengrob 'kɔtsn̩'gro:p
Kọ̈tzer 'kœtsɐ
kọtzerig 'kɔtsərɪç, -e ...ɪgə
Kọ̈tzing 'kœtsɪŋ
Kötzschenbroda kœtʃn̩'bro:da
Kọ̈tzschke 'kœtʃkə
Kọ̈tzting 'kœtstɪŋ
Koudekerke *niederl.* 'kou̯dəkɛrkə
Koudougou *fr.* kudu'gu
Kourighạ *fr.* kuri'ga
Kouřim *tschech.* 'kou̯rʒim
Kouroussạ *fr.* kuru'sa
Koussevitzky kusə'vɪtski, *engl.* ku:sə'vɪtskɪ
Koutialạ *fr.* kutja'la
Kouvola *finn.* 'kou̯vɔla
Kova vgl. [1,2]Kowa
Kọvačić *serbokr.* ˌkɔvatʃitɕ
Kọvács *ung.* 'kova:tʃ
Koval' vgl. [2]Kowal
Kovalev vgl. Kowaljow
Kovalevskaja vgl. Kowalewskaja
Kovalevskij vgl. [2]Kowalewski
Koval'skij vgl. [2]Kowalski
Kovariante kova'ri̯antə, 'ko:v...
Kọvařovic *tschech.* 'kɔvarʒɔvits
Kovel' vgl. Kowel
Kovịljača *serbokr.* kɔˌviljatʃa
Kovno vgl. Kowno
Kovrov vgl. Kowrow
Kovža vgl. Kowscha
[1]**Kọwa** 'ko:va
[2]**Kọwa, Kova** (Fluß bei Chabarowsk) *russ.* 'kɔvɐ
[3]**Kowạ, Kova** (Fluß bei Irkutsk) *russ.* ka'va
[1]**Kọwal** *poln.* 'kɔval
[2]**Kowạl Koval'** *russ.* ka'valj
Kowalęwo Pomọrskie *poln.* kɔva'lɛvɔ pɔ'mɔrskjɛ
Kowalęwskaja, Kovalevskaja *russ.* kɐva'ljɛfskɐjɐ
[1]**Kowalęwski** *poln.* kɔva'lɛfski
[2]**Kowalęwski, Kovalevskij** *russ.* kɐva'ljɛfskij
Kowaljọw, Kovalev *russ.* kɐva'ljɔf
Kowạlska *poln.* kɔ'valska
[1]**Kowạlski** *poln.* kɔ'valski
[2]**Kowạlski, Koval'skij** *russ.* ka'valjskij
Kowạrski *poln.* kɔ'varski
Kowạry *poln.* kɔ'varɨ
Koweit ko'vai̯t, 'ko:vai̯t
Kọwel, Kovel' *russ.* 'kɔvɪlj
Kowloon *engl.* kaʊ'lu:n

Kọwno, Kovno *russ.* 'kɔvnɐ
Kowrọw, Kovrov *russ.* kav'rɔf
Kọwscha, Kovža *russ.* 'kɔvʒɐ
Koxalgie kɔksal'gi:, **-n** ...i:ən
Koxitis kɔ'ksi:tɪs, **...itiden** ...si'ti:dn̩
Koxụ, Koksu *russ.* kak'su
Kọzarac (Ort) *serbokr.* 'kɔzarats
Kozel'sk vgl. Koselsk
Kozel'skij vgl. Koselski
Kọzéprigóc *ung.* 'køze:prigo:ts
Koževnikov vgl. Koschewnikow
Koziegłọwy *poln.* kɔzɛ'gu̯ɔvɨ
Kozienịce *poln.* kɔzɛ'nitsɛ
Kọzja ćụprija *serbokr.* 'kɔzja: ˌtɕuprija
Koziạk *slowen.* kɔz'ja:k
Kọzji Vrh *serbokr.* 'kɔzji: 'vr̩:h
Koziubịnski, Kocjubinskij *russ.* kɐtsju'binskij
Kọžlany *tschech.* 'kɔʒlani
Kọźle *poln.* 'kɔzlɛ
Kozloduj vgl. Koslodui
Kozlov vgl. Koslow
Kozlovec vgl. Koslowez
Kozlovskij vgl. Koslowski
Kozłọwska *poln.* kɔ'zu̯ɔfska
Koz[']ma vgl. Kosma
Kọźmian *poln.* 'kɔzmjan
Kọźmin *poln.* 'kɔzmin
Kọzolupy *tschech.* 'kɔzɔlupi
Kożụchów *poln.* kɔ'ʒuxuf
Kožuharov vgl. Koschucharow
Koža vgl. Koschwa
Kozyrevskij vgl. Kosyrewski
Kozytus ko'tsy:tʊs
Kpẹlle 'kpɛlə
Kraainem *niederl.* 'kra:i̯nəm
Kraatz kra:ts
Krạbbe 'krabə
Krabbelei krabə'lai̯
krạbbelig 'krabəlɪç, **-e** ...ɪgə
krạbbeln 'krabl̩n, **krạbble** 'krablə
krạbben 'krabn̩, **krạbb!** krap, **krạbbt** krapt
Krabbendijke *niederl.* krɑbən'dɛi̯kə
krạbblig 'krablɪç, **-e** ...ɪgə
Krạbë *alban.* 'krabə
Krabkọw, Krabkov *russ.* krap'kɔf
krạch! krax
Krạch krax, **Krạ̈che** 'krɛçə
krạchen, K... 'kraxn̩
Krạcherl 'kraxɐl
Krạchmandel 'kraxmandl̩
krạ̈chzen 'krɛçtsn̩
Krạcke 'krakə
krạcken 'krakn̩, *auch:* 'krɛkn̩
Krạ̈cker 'krɛkɐ
Kračkovskij vgl. Kratschkowski
Krạckow 'krako
Krạd kra:t
Kraemer 'krɛ:mɐ, *niederl.* 'kra:mər
Kraepelin 'krɛ:pəli:n
Kraetkegebirge 'krɛtkəgəbɪrgə
Kraevskij vgl. Krajewski
Krạfft kraft
krạft kraft
Krạft kraft, **Krạ̈fte** 'krɛftə
krạ̈ftig 'krɛftɪç, **-e** ...ɪgə
krạ̈ftigen 'krɛftɪgn̩, **kräftig!** 'krɛftɪç, **krạ̈ftigt** 'krɛftɪçt
krạ̈ftiglich 'krɛftɪklɪç
Krạg *norw.* kra:g, *dän.* kra:'ɣ
Krạge 'kra:gə
Krạ̈gelchen 'krɛ:gl̩çən
Krạgen 'kra:gn̩, **Krạ̈gen** 'krɛ:gn̩
Krạgenæs *dän.* 'kra:ɣənɛs
Krạgerø *norw.* ˌkra:gərø
Krạggenburg *niederl.* 'krɑxənbʏrx
Krạ̈glein 'krɛ:klai̯n
Krạgujevac *serbokr.* ˌkragujɛvats
Krạ̈hberg 'krɛ:bɛrk
Krạhe 'kra:ə
Krạ̈he 'krɛ:ə
krạ̈hen 'krɛ:ən
Krạhl kra:l
Krạ̈hl[e] 'krɛ:l[ə]
krạ̈hlen 'krɛ:lən
Krạhne 'kra:nə
Krạ̈hwinkel 'krɛ:vɪŋkl̩
Krähwinkelei krɛ:vɪŋkə'lai̯
Krạ̈hwinkler 'krɛ:vɪŋklɐ
Kraiburg 'krai̯bʊrk
Kraichgau 'krai̯çgau̯
Krailsheim 'krai̯lshai̯m
Krain[burg] 'krai̯n[bʊrk]
Krainer 'krai̯nɐ
Krajẹnka *poln.* kra'jɛŋka
Krajẹwski, Kraevskij *russ.* kra'jɛfskij
Krạinska *slowen.* 'kra:jnska
Krạk *poln.* krak
Krạkatau *indon.* 'krakatau̯
Krạkau 'kra:kau̯
Krạke 'kra:kə
Krakeel kra'ke:l
krakeelen kra'ke:lən
Krakelee krakə'le:
Krạkelfuß 'kra:kl̩fu:s
krạk[e]lig 'kra:k[ə]lɪç, **-e** ...ɪgə
krạkeln 'kra:kl̩n
Krakelụ̈re krakə'ly:rə
Krạkow 'kra:ko
Krạków *poln.* 'krakuf
Krakọwiak kra'kɔvi̯ak
Kråksmåla *schwed.* krɔksˌmo:la
Krạl kra:l
Krạlendijk *niederl.* 'kra:ləndɛi̯k
Krạlik 'kra:lɪk
Králíky *tschech.* 'kra:li:ki
Krạlingen *niederl.* 'kra:lɪŋə
Krạlj *slowen.* kra:lj
Krạljevac *serbokr.* ˌkra:ljɛvats
Krạljević Mạrko *serbokr.* ˌkra:ljɛvitɕ 'ma:rkɔ
Krạljevo *serbokr.* ˌkra:ljɛvɔ
Krạlle 'kralə
krạllen 'kralən
krạllig 'kralɪç, **-e** ...ɪgə
Krạlovice *tschech.* 'kralɔvitsɛ
Krạlup 'kralʊp
Krạlupy *tschech.* 'kralupi
Krạm kra:m
Krạmář *tschech.* 'krama:rʃ
Krạmarsch 'kramarʃ
Kramatọrsk *russ.* krɐma'tɔrsk
Krambạmbuli kram'bambuli
Krạ̈mchen 'krɛ:mçən
krạmen 'kra:mən
Krạmer 'kra:mɐ, *niederl.* 'kra:mər
Krạ̈mer 'krɛ:mɐ
Krämerei krɛ:mə'rai̯
Krạmers *niederl.* 'kra:mərs
Krạmfors *schwed.* ˌkrɑ:mfɔrs
Krạmmer *niederl.* 'krɑmər
Krạmmetsvogel 'kramətsfo:gl̩
Krạmp[e] 'kramp[ə]
krạmpen, K... 'krampn̩
Krạmpf krampf, **Krạ̈mpfe** 'krɛmpfə
krạmpfen 'krampfn̩
krạmpfig 'krampfɪç, **-e** ...ɪgə
Krạmpnitz 'krampnɪts
[1]**Krạmpus** (Muskelkrampf) 'krampʊs, **...pi** ...pi
[2]**Krạmpus** (Begleiter des St. Nikolaus) 'krampʊs, **-se** ...ʊsə
Krạmsach 'kramzax
Krạmske 'kramskə
Kramskọi, Kramskoj *russ.* kram'skɔj
Kramụri kra'mu:ri
Krạn kra:n, **Krạ̈ne** 'krɛ:nə
Krạnach 'kra:nax
Krạ̈nchen 'krɛ:nçən
Krạnenburg 'kra:nənbʊrk
Krạnewitt[er] 'kra:nəvɪt[ɐ]
krạ̈ngen 'krɛŋən
kraniạl kra'ni̯a:l
Krạnich[see] 'kra:nɪç[ze:]
Kranioklạst kranio'klast
Kraniologie kranio̯lo'gi:
kraniolọgisch kranio'lo:gɪʃ
Kraniomẹter kranio'me:tɐ
Kraniometrie kraniome'tri:, **-n** ...i:ən
Kranioneuralgie kranionɔyral'gi:
Kraniophor kranio'fo:ɐ̯
Kraniosklerọse kranioskle'ro:zə
Kraniostạt kranio'sta:t
Kraniostenọse kranioste'no:zə
Kraniostọse kraniɔs'to:zə
Kraniotạbes kranio'ta:bɛs
Kraniọten kra'nio:tn̩
Kraniotomie kranioto'mi:, **-n** ...i:ən
Krạnium 'kra:ni̯ʊm, **...ia** ...i̯a
Krạnjčević *serbokr.* 'kra:njtʃɛvitɕ
Krạnj[ec] *slowen.* 'kra:nj[əts]

krạnk kraŋk, **krạ̈nker** 'krɛŋkɐ
krạ̈nkeln 'krɛŋkl̩n
krạnken 'kraŋkn̩
krạ̈nken 'krɛŋkn̩
krạ̈nklich 'krɛŋklɪç
Krạnnhals 'kranhals
Krạntz krants
Krạnz krants, **Krạ̈nze** 'krɛntsə
Krạ̈nzchen 'krɛntsçən
Kränzlin krɛnts'li:n
Krạpf krapf
Krạ̈pfchen 'krɛpfçən
Krạ̈pfel 'krɛpfl̩
Krạpfen 'krapfn̩
Krapiwạ, Krapiva *russ.* krɐpi'va
Krapkowịce *poln.* krapkɔ'vitsɛ
Krạpp krap
Krạ̈ppel 'krɛpl̩
Krạpperupp *schwed.* 'krapərʊp
Krạppitz 'krapɪts
Krapụ̈le kra'py:lə
Krạs *serbokr.* kras
Krasavino vgl. Krassawino
Kraschenịnnikow, Krašeninnikov *russ.* krɐʃə'ninnikɐf
Krạse 'kra:zə
Krạ̈šić *serbokr.* 'kraʃitɕ
Krasịcki *poln.* kra'ɕitski
Krasịński *poln.* kra'ɕiɲski
Krạsis 'kra:zɪs
Krạsko *slowak.* 'kraskɔ
Krạslice *tschech.* 'kraslitsɛ
Krạnsnaja Poljạna *russ.* 'krasnɐjɐ pa'ljanɐ
Krạsnaja Swesdạ, Krasnaja Zvezda *russ.* 'krasnɐjɐ zvɪz'da
Krásná Lípa *tschech.* 'kra:sna: 'li:pa
Krạsnigg 'krasnɪk
Krạśnik *poln.* 'kraɕnik
Krasnoarmẹjsk, Krasnoarmejsk *russ.* krɐsnɐar'mjejsk
Krasnoarmẹjskoje, Krasnoarmejskoe *russ.* krɐsnɐar'mjejskɐjɐ
Krasnodạr *russ.* krɐsna'dar
Krasnodọn *russ.* krɐsna'dɔn
Krasnoe Selo vgl. Krasnoje Selo
Krasnogọrsk *russ.* krɐsna'gɔrsk
Krasnogrạd *russ.* krɐsna'grat
Krásnohorská *tschech.* 'kra:snɔhɔrska:
Krasnojạrsk *russ.* krɐsna'jarsk
Krạsnoje Selọ, Krasnoe Selo *russ.* 'krasnɐjɐ sɪ'lɔ
Krasnokạmsk *russ.* krɐsna'kamsk
Krasnosawọdsk, Krasnozavodsk *russ.* krɐsnɐza'vɔtsk
Krasnoslobọdsk *russ.* krɐsnɐsla'bɔtsk
Krasnosnạmensk, Krasnoznamensk *russ.* krɐsna'znamɪnsk
Krasnoturjịnsk, Krasnotur'insk *russ.* krɐsnɐturj'jinsk
Krasnoufịmsk *russ.* krɐsnɐu'fimsk
Krasnourạlsk, Krasnoural'sk *russ.* krɐsnɐu'raljsk
Krasnọw, Krasnov *russ.* kras'nɔf
Krasnowịschersk, Krasnovišersk *russ.* krɐsna'viʃərsk
Krasnowọdsk, Krasnovodsk *russ.* krɐsna'vɔtsk
Krasnozavodsk vgl. Krasnosawodsk
Krasnoznamensk vgl. Krasnosnamensk
Krạsny Chọlm, Krasnyj Holm *russ.* 'krasnɨj 'xɔlm
Krạsny Limạn, Krasnyj Liman *russ.* 'krasnɨj li'man
Krạsny Lụtsch, Krasnyj Luč *russ.* 'krasnɨj 'lutʃ
Krasnỵstaw *poln.* kras'nɨstaf
Krạsny Sulịn, Krasnyj Sulin *russ.* 'krasnɨj su'lin
Kraspedọte kraspe'do:tə
krạß kras, **krạsse** 'krasə
Krassạwino, Krasavino *russ.* kra'savinɐ
Krạssig 'krasɪç
Krassulazẹen krasula'tse:ən
Krạssus 'krasʊs
Krastew, Krăstev *bulgar.* 'krəstɛf
Kraszẹwski *poln.* kra'ʃɛfski
Kraszna *ung.* 'krɔsnɔ
Kratạegus kra'tɛ:gʊs
[1]**Krạter** (des Vulkans) 'kra:tɐ
[2]**Kratẹr** (Mischkrug) kra'te:ɐ̯
Krạtes 'kra:tɛs
kratikulịeren kratiku'li:rən
Kratịnos kra'ti:nɔs
Kratogẹn krato'ge:n
Krạton 'kra:tɔn
Kratschkọwski, Krackovskij *russ.* kratʃ'kɔfskij
Krạtylos 'kra:tylɔs
Krạtz[au] 'krats[au̯]
krạtzbürstig 'kratsbʏrstɪç, **-e** ...ɪgə
Krạ̈tzchen 'krɛtsçən
Krạtze 'kratsə
Krạ̈tze 'krɛtsə
krạtzen 'kratsn̩
Krạtzer 'kratsɐ
Krạ̈tzer 'krɛtsɐ
krạtzig 'kratsɪç, **-e** ...ɪgə
krạ̈tzig 'krɛtsɪç, **-e** ...ɪgə
krauchen 'krau̯xn̩
kraue[l]n 'krau̯ə[l]n
Kräuel 'krɔy̯əl
kraul, K... krau̯l
kraulen 'krau̯lən
Kraulshavn *dän.* 'krau̯lshau̯'n
Kraupa 'krau̯pa
Kraurọsis vụlvae krau̯'ro:zɪs 'vʊlvɛ
kraus kraus, **-e** 'krau̯zə
Kraus kraus, *tschech.* krau̯s
Krause 'krau̯zə
Krausebauden 'krau̯zəbau̯dn̩
kräuseln 'krɔy̯zl̩n, **Kräusle** 'krɔy̯zlə
krausen 'krau̯zn̩, **kraus!** krau̯s, **kraust** krau̯st
Kraushaar 'krau̯sha:ɐ̯, *engl.* 'kraʊshɑ:
kraushaarig 'krau̯sha:rɪç
Krauskopf 'krau̯skɔpf
krausköpfig 'krau̯skœpfɪç, **-e** ...ɪgə
Krauss krau̯s
Kraut krau̯t, **Kräuter** 'krɔy̯tɐ
Kräutchen 'krɔy̯tçən
krauten 'krau̯tn̩
krautig 'krau̯tɪç, **-e** ...ɪgə
Kräutlein Rührmichnichtan 'krɔy̯tlai̯n 'ry:ɐ̯mɪçnɪçt|an
Krautsch krau̯tʃ
Krạvaře *tschech.* 'kravarʒɛ
Kravčenko vgl. Krawtschenko
Krạvsko *tschech.* 'krafskɔ
Krawạll kra'val
Krawạtte kra'vatə
kraweelgebaut kra've:lgəbau̯t
Krạwtschenko, Kravčenko *russ.* 'kraftʃɪnkɐ
Krạxe 'kraksə
Kraxelei kraksə'lai̯
krạxeln 'kraksl̩n
Kray[er] 'krai̯[ɐ]
Krayon krɛ'jõ:
krayonnieren krɛjɔ'ni:rən
Krạ̈ze 'krɛ:tsə
Kreas 'kre:as
Kreatianịsmus kreatsi̯a'nɪsmʊs
Kreatịn krea'ti:n
Kreatiọn krea'tsi̯o:n
kreatịv krea'ti:f, **-e** ...i:və
Kreativitạ̈t kreativi'tɛ:t
Kreator kre'a:tɔr, **-en** krea'to:rən
Kreatụr krea'tu:ɐ̯
kreatụ̈rlich krea'ty:ɐ̯lɪç
Krẹbbers *niederl.* 'krɛbərs
Krẹbs kre:ps, *engl.* krɛbz
krẹbsen 'kre:psn̩
krebsrot 'kre:psro:t, '–'–
Krẹchting 'krɛçtɪn
Kredẹnz kre'dɛnts
kredẹnzen kre'dɛntsn̩
[1]**Kredit** (Vertrauen, Glaubwürdigkeit, Geldmittel) kre'di:t
[2]**Kredit** (Kontoseite mit Verbindlichkeiten) 'kre:dɪt
kreditieren kredi'ti:rən
Krẹditor 'kre:ditɔr, **-en** kredi'to:rən
Krẹdo 'kre:do
Kredulitạ̈t kreduli'tɛ:t
Krẹfeld 'kre:fɛlt, **-er** ...ldɐ
Krẹft krɛft
Krehbiel *engl.* 'kreɪbi:l
Krẹhl kre:l

Kreibitz 'kraibɪts
Kreidach 'kraidax
Kreide 'kraidə
kreidebleich 'kraidə'blaiç
kreiden 'kraidn̩, **kreid!** krait
kreideweiß 'kraidə'vais
kreidig 'kraidɪç, **-e** ...ɪgə
Kreidolf 'kraidɔlf
Kreiensen 'kraiənzn̩
kreieren kre'i:rən
Kreilmeier 'krailmaiɐ
Krein, Krejn *russ.* krjejn
Kreis krais, **-e** 'kraizə
Kreisau 'kraizau
Kreisch kraiʃ
kreischen 'kraiʃn̩
Kreischa 'kraiʃa
Kreisel 'kraizl̩
kreiseln 'kraizl̩n, **kreisle** 'kraizlə
kreisen 'kraizn̩, **kreis!** krais, **kreist** kraist
Kreisky 'kraiski
Kreisler 'kraislɐ, *engl.* 'kraɪslə
kreißen 'kraisn̩
Kreittmayr 'kraitmaiɐ
Krejčí *tschech.* 'krɛjtʃi:
Krejn vgl. Krein
Kreka *serbokr.* ˌkrɛ:ka
Krelage *niederl.* 'kre:la:xə
Kreling 'kre:lɪŋ
Krelj *slowen.* kre:lj
Krell[e] 'krɛl[ə]
Krem kre:m, *auch:* krɛ:m
Kremaster kre'mastɐ
Kremation krema'tsio:n
Krematorium krema'to:riʊm, **...ien** ...iən
Kremenez, Kremenec *russ.* 'krjemɪnɪts, krɪmɪ'njɛts
Kremennaja *russ.* krɪmɪn'najɐ
Krementschug, Kremenčug *russ.* krɪmɪn'tʃuk
Kremer 'kre:mɐ
kremieren kre'mi:rən
Kremikowzi, Kremikovci *bulgar.* krɛ'mikoftsi
Kreml, Kremlj 'kre:ml̩, *auch:* 'krɛml̩; *russ.* krjemlj
Kremlin-Bicêtre *fr.* krɛmlɛ̃bi'sɛtr
Kremmen 'krɛmən
Kremmin krɛ'mi:n
Kremnitz 'krɛmnɪts
Krempe 'krɛmpə
Krempel 'krɛmpl̩
krempeln 'krɛmpl̩n
krempen 'krɛmpn̩
Krems krɛms, **-er** 'krɛmzɐ
Kremsier krɛm'zi:ɐ̯
Kremsmünster krɛms'mʏnstɐ
Křemže *tschech.* 'krʃɛmʒɛ
Kren kre:n
Křenek 'krʃɛnɛk, *auch:* 'krɛnɛk
krenelieren krenə'li:rən
Krengel 'krɛŋl̩
krengeln 'krɛŋl̩n
krengen 'krɛŋən
Krenizyn, Krenicyn *russ.* krɪ'nitsɨn
Krensitz 'krɛnzɪts
Kreodonten kreo'dɔntn̩
Kreole kre'o:lə
[1]**Kreolin** kre'o:lɪn
[2]**Kreolin** ⓦ kreo'li:n
kreolisch kre'o:lɪʃ
Kreon 'kre:ɔn
Kreophage kreo'fa:gə
Kreosot kreo'zo:t
Kreosotal kreozo'ta:l
Krepeline krɛ'pli:n
Krepidoma kre'pi:doma
krepieren kre'pi:rən
Krepis kre'pɪs
Krepitation krepita'tsio:n
Krepon kre'põ:
Krepp krɛp
kreppen 'krɛpn̩
kreppig 'krɛpɪç, **-e** ...ɪgə
Krescendo krɛ'ʃɛndo, **...di** ...di
Kreševo *serbokr.* 'krɛʃɛvɔ
Kresilas 'kre:silas
Krešimir *serbokr.* ˌkrɛʃimi:r
Kresol kre'zo:l
kreß, K... krɛs
Kreßbronn krɛs'brɔn
Kresse 'krɛsə
Kreßling 'krɛslɪŋ
Kreszentia krɛs'tsɛntsia
Kreszenz krɛs'tsɛnts
Kreta 'kre:ta
kretazeisch kreta'tse:ɪʃ
kretazisch kre'ta:tsɪʃ
Kreter 'kre:tɐ
Krethi und Plethi 'kre:ti ʊnt 'ple:ti
Kretikus 'kre:tikʊs, **...ki** ...ki
Kretin kre'tɛ̃:
Kretine kre'ti:nə
Kretinismus kreti'nɪsmʊs
kretinoid kretino'i:t, **-e** ...i:də
kretisch 'kre:tɪʃ
Kreton kre'to:n
Kretonne kre'tɔn
Kretscham 'krɛtʃam
Kretschem 'krɛtʃm̩
Kretschmer 'krɛtʃmɐ
Krettnach 'krɛtnax
Krettnich 'krɛtnɪç
Kretzer 'krɛtsɐ
Kretzschmar 'krɛtʃmar
kreuchst krɔyçst
kreucht krɔyçt
Kreuder 'krɔydɐ
[1]**Kreuger** (Industrieller) *schwed.* 'kry:gər
[2]**Kreuger** (Maler) *schwed.* 'krø:gər
Kreusa kre'u:za
Kreußen 'krɔysn̩
Kreuth krɔyt
Kreutzberg 'krɔytsbɛrk
Kreutzer 'krɔytsɐ, *fr.* krød'zɛ:r
Kreuz krɔyts
kreuzbrav 'krɔyts'bra:f
Kreuzberg 'krɔytsbɛrk
Kreuzbruch 'krɔytsbrʊx
Kreuzburg 'krɔytsbʊrk
Kreuzebra krɔyts'|e:bra
Kreuzeck krɔyts'|ɛk, krɔy'tsɛk
kreuzen 'krɔytsn̩
Kreuzenstein 'krɔytsn̩ʃtain
Kreuzer 'krɔytsɐ
kreuzfidel 'krɔytsfi'de:l
kreuzigen 'krɔytsɪgn̩, **kreuzig!** ...ɪç, **kreuzigt** ...ɪçt
Kreuzkrug 'krɔytskru:k
kreuzlahm 'krɔytsla:m
Kreuzlingen 'krɔytslɪŋən
Kreuznach 'krɔytsnax
kreuzsaitig 'krɔytszaitɪç, **-e** ...ɪgə
Kreuzstraße 'krɔytsʃtra:sə
Kreuztal 'krɔytsta:l
Kreuzundquerfahrt 'krɔyts|ʊnt'kve:ɐ̯fa:ɐ̯t
kreuzunglücklich 'krɔyts'|ʊnglʏklɪç
Kreuzweg 'krɔytsve:k
Kreuzwertheim krɔyts've:ɐ̯thaim
Krevette kre'vɛtə
Krewitz 'kre:vɪts
Krey *engl.* kreɪ
Kreymborg *engl.* 'kreɪmbɔ:g
Kribbe 'krɪbə
kribb[e]lig 'krɪb[ə]lɪç, **-e** ...ɪgə
kribbeln 'krɪbl̩n, **kribble** 'krɪblə
Kribi *fr.* kri'bi
Kribskrabs 'krɪpskraps
Kričev vgl. Kritschew
Kricke[berg] 'krɪkə[bɛrk]
Krickel 'krɪkl̩
krickelig 'krɪkəlɪç, **-e** ...ɪgə
Krickelkrakel 'krɪkl̩krakl̩
krickeln 'krɪkl̩n
Krickelwild 'krɪkl̩vɪlt
Krickerhäu krɪkɐ'hɔy, '– – –
Kricket 'krɪkət
kricklig 'krɪklɪç, **-e** ...ɪgə
Krida 'kri:da
Kridar kri'da:ɐ̯
Kridatar krida'ta:ɐ̯
Kriebelmücke 'kri:bl̩mʏkə
Krieche 'kri:çə
kriechen 'kri:çn̩
Kriecherei kri:çə'rai
Krieck kri:k
Krieg kri:k, **-e** 'kri:gə
kriegen 'kri:gn̩, **krieg!** kri:k, **kriegt** 'kri:kt
Krieger[n] 'kri:gɐ[n]
Kriegfeld 'kri:kfɛlt
Krieglach 'kri:glax
Kriegsgewinnler 'kri:ksgəvɪnlɐ
Kriehuber 'kri:hu:bɐ
Kriekente 'kri:k|ɛntə
Kriemhild 'kri:mhɪlt
Kriemhilde kri:m'hɪldə
Krien kri:n
Kriens kri:ns, *auch:* 'kri:ɛns
Kriescht kri:ʃt
Krieselwind 'kri:zl̩vɪnt

Kriftel 'krɪftl̩
Krige *afr.* 'kri:xə
Krikente 'kri:k|ɛntə
Krikotomie krikoto'mi:, **-n** ...i:ən
Krill krɪl
Krim *dt., niederl.* krɪm, *fr.* krim
Krimgote 'krɪmgo:tə
Krimi 'kri:mi, 'krɪmi
kriminal, K... krimi'na:l
kriminalisieren kriminali'zi:rən
Kriminalist[ik] krimina'lɪst[ɪk]
Kriminalität kriminali'tɛ:t
kriminell krimi'nɛl
Kriminologie kriminolo'gi:
kriminologisch krimino'lo:gɪʃ
krimmeln 'krɪml̩n
Krimmer 'krɪmɐ
Krimmitschau 'krɪmɪtʃau̯
Krimml 'krɪml̩
Krimmler 'krɪmlɐ
krimpen 'krɪmpn̩
Krimpen *niederl.* 'krɪmpə
Krimpenerwaard *niederl.* krɪmpənər'wa:rt
Krimskrams 'krɪmskrams, **-es** ...mzəs
Krimstecher 'krɪmʃtɛçɐ
Kringel 'krɪŋl̩
kringelig 'krɪŋəlɪç, **-e** ...ɪgə
kringeln 'krɪŋl̩n
Krinkberg 'krɪŋkbɛrk
Krinoide krino'i:də
Krinoline krino'li:nə
Krinsdorf 'krɪnsdɔrf
Kripo 'kri:po, 'krɪpo
Krippe 'krɪpə
krippen 'krɪpn̩
Krips krɪps
Kris kri:s, **-es** 'kri:zəs
Krisa 'kri:za
krisch krɪʃ
Krischa 'krɪʃa
Krischen 'krɪʃn̩
Krischna 'krɪʃna
Krise 'kri:zə
kriseln 'kri:zl̩n, **krisle** 'kri:zlə
Krisis 'kri:zɪs
krispeln 'krɪspl̩n
Krispin[us] krɪs'pi:n[ʊs]
Krišpolje *serbokr.* ˌkriʃpɔljɛ
Krista 'krɪsta
Kristall krɪs'tal
Kriställchen krɪs'tɛlçən
kristallen krɪs'talən
kristallin[isch] krɪsta'li:n[ɪʃ]
Kristallisation krɪstaliza'tsi̯o:n
kristallisch krɪs'talɪʃ
kristallisieren krɪstali'zi:rən
Kristallit krɪsta'li:t, *auch:* ...lɪt
kristallklar krɪs'tal'kla:ɐ̯, –'––
Kristalloblastese krɪstaloblas'te:zə
Kristallographie krɪstalogra'fi:
kristallographisch krɪstalo'gra:fɪʃ
Kristalloid krɪstalo'i:t, **-e** ...i:də
Kristallomantie krɪstaloman'ti:
Kristen[sen] *dän.* 'kresdən[sən]
Kristian *dän.* 'kresdjan
Kristiania krɪs'ti̯a:ni̯a, *norw.* kristi'a:nia
Kristianopel *schwed.* kristia'nu:pəl
Kristiansand *norw.* kristian'san
Kristiansen *dän.* 'kresdja:'nsən
Kristianstad *schwed.* kri'ʃanstɑ:d
Kristiansund *norw.* kristian'sʉn
Kristina *dt., schwed.* kris'ti:na
Kristine krɪs'ti:nə, *dän.* kres'di:'nə
Kristineberg *schwed.* kristi:nə'bærj
Kristinehamn *schwed.* kristi:nə'hamn
Kristján *isl.* 'krɪstjau̯n
Kristmann 'krɪstman
Kristobalit krɪstoba'li:t, *auch:* ...lɪt
Kristoffer *dän.* kres'dɔfər
Kristoforidhi *alban.* kristofo'riði
Kristrup *dän.* 'kresdrob
Krísuvík *isl.* 'kri:sʏvi:k
Kriterium kri'te:ri̯ʊm, **...ien** ...i̯ən
Kritias 'kri:ti̯as
Kritik kri'ti:k
Kritikaster kriti'kastɐ
Kritiker 'kri:tikɐ
Kritikus 'kri:tikʊs, **-se** ...ʊsə
Kritios 'kri:ti̯ɔs
kritisch 'kri:tɪʃ
kritisieren kriti'zi:rən
Kritizismus kriti'tsɪsmʊs
Kritizist kriti'tsɪst
Kriton 'kri:tɔn
Kritschew, Kričev *russ.* 'kritʃɪf
Krittelei krɪtə'lai̯
Kritt[e]ler 'krɪt[ə]lɐ
kritt[e]lig 'krɪt[ə]lɪç, **-e** ...ɪgə
kritteln 'krɪtl̩n
Kritzelei krɪtsə'lai̯
kritz[e]lig 'krɪts[ə]lɪç, **-e** ...ɪgə
kritzeln 'krɪtsl̩n
Kritzendorf 'krɪtsn̩dɔrf
Kritzowburg 'krɪtsobʊrk
Kriva Palanka *serbokr.* 'kri:va: ˌpala:ŋka
Krivi Vir *serbokr.* 'kri:vi: 'vi:r
Kriwoi Rog, Krivoj Rog *russ.* kri'vɔj 'rɔk
Kriwonos, Krivonos *russ.* kriva'nɔs
Křižanov *tschech.* 'krʃiʒanɔf
Križevci *serbokr.* ˌkriʒɛ:ftsi
Krk *serbokr.* kr̩k
Krka *serbokr.* 'kr̩ka
Krkonoše *tschech.* 'kr̩kɔnɔʃɛ
Krleža *serbokr.* ˌkr̩lɛʒa
Krnjača *serbokr.* ˌkr̩njatʃa
Krnov *tschech.* 'kr̩nɔf
Kroate kro'a:tə
Kroatien kro'a:tsi̯ən
kroatisch kro'a:tɪʃ
Kroatzbeere kro'atsbe:rə
Kröben 'krø:bn̩
Krobia *poln.* 'krɔbja
kroch krɔx
kröche 'krœçə
Krochmal 'krɔxmal
Krocket 'krɔkət, *auch:* krɔ'kɛt
krockieren krɔ'ki:rən
Krøderen *norw.* 'krø:dərən
Kroeber 'krø:bɐ, *engl.* 'kroʊbə
Krog *norw.* kro:g
Kröger 'krø:gɐ
Krogh *dän.* krɔ:'ɣ
Krögis 'krø:gɪs
Krogmann 'kro:kman
Kroh kro:
Krohe *norw.* 'kru:ə
Krohn *schwed.* kru:n
Kroisos 'krɔyzɔs
Krojanke kro'jaŋkə
Krokant kro'kant
Krokette kro'kɛtə
Kroki kro'ki:
krokieren kro'ki:rən
Krokodil kroko'di:l
Krokoit kroko'i:t, *auch:* ...o'ɪt
Krokus 'kro:kʊs, **-se** ...ʊsə
Krokydolith krokydo'li:t, *auch:* ...lɪt
Krolewez, Krolevec *russ.* krɐlɪ'vjɛts
Królewska Huta *poln.* kru'lɛfska 'xuta
Kroll krɔl, *engl.* kroʊl
Krolle 'krɔlə
Kröllwitz 'krœlvɪts
Krolow 'kro:lo
Krölpa 'krœlpa
Kromau 'krɔmau̯
Kromayer 'kro:mai̯ɐ
Kroměříž *tschech.* 'krɔmjɛrʒi:ʃ
Kromlech 'krɔmlɛk, *auch:* 'kro:m...; ...lɛç
Krommenie *niederl.* krɔmə'ni:
Kromme Rijn *niederl.* 'krɔmə 'rɛi̯n
Kromo 'kro:mo
Kromphardt 'krɔmphart
Króna *isl.* 'kroṷna
Kronach[er] 'kro:nax[ɐ]
Kronasser 'kro:nasɐ
Kronau 'kro:nau̯
Kronberg 'kro:nbɛrk, *schwed.* ˌkru:nbærj
Kronborg *dän.* 'kro:nbɔr'
Krönchen 'krø:nçən
Krone 'kro:nə
Kronecker 'kro:nɛkɐ
krönen 'krø:nən
Kronenberg 'kro:nənbɛrk
Kroner 'kro:nɐ
Kröner 'krø:nɐ
Krones 'kro:nəs
Kronide kro'ni:də
Kronion kro'ni:ɔn
Kronoberg *schwed.* ˌkru:nubærj
Kronos 'kro:nɔs, 'krɔnɔs

krọnprinzeßlich ˈkroːnprɪntsɛslɪç
Krọnsbeere ˈkroːnsbeːrə
Kronschtạdt, Kronštadt *russ.* kranˈʃtat
Kronshạgen kroːnsˈhaːgn̩
Krọnstadt ˈkroːnʃtat
Krọnstädter ˈkroːnʃtɛ[ː]tɐ
Krọntaler ˈkroːntaːlɐ
Krónur *isl.* ˈkrou̯nʏr
Krọnweiler ˈkroːnvai̯lɐ
Kroo *engl.* kruː
Kroonstad *afr.* ˈkroːnstat
Krọp *niederl.* krɔp
Kröpelin krøpəˈliːn
Kröpel ˈkrøːpl̩
Krọpf krɔpf, **Krọ̈pfe** ˈkrœpfə
Krọ̈pfchen ˈkrœpfçən
krọ̈pfen ˈkrœpfn̩
krọpfig ˈkrɔpfɪç, **-e** ...ɪgə
krọ̈pfig ˈkrœpfɪç, **-e** ...ɪgə
Kropọtkin *russ.* kraˈpɔtkin
Krọppzeug ˈkrɔptsɔyk
Krọpstädt ˈkrɔp-ʃtɛt
krọ̈seln ˈkrøːzl̩n, **krọ̈sle** ˈkrøːzlə
Kröslin krœsˈliːn
Krośniewịce *poln.* krɔɕnjɛˈvitsɛ
Krọsno *poln.* ˈkrɔsnɔ
Krọsno Odrzańskie *poln.* ˈkrɔsnɔ ɔdˈʒai̯skjɛ
Krọ̈sos ˈkrøːzɔs
krọß krɔs, **krọsse** ˈkrɔsə
Krössin krœˈsiːn
Krọstitz ˈkrɔstɪts
Krọ̈sus ˈkrøːzʊs
Krotalin krotaˈliːn
Krọ̈te ˈkrøːtə
Krọton ˈkroːtɔn
Krotoschin ˈkroːtoʃiːn, ˈkrɔtɔʃɪn
Krotọszyn *poln.* krɔˈtɔʃɨn
Krọttenkopf ˈkrɔtn̩kɔpf
Krottenmühl krɔtn̩ˈmyːl
Krọttingen ˈkrɔtɪŋən
Krọ̈v krøːf
Krọ̈ver ˈkrøːvɐ
Krowọt kroˈvoːt
Kroyer ˈkrɔyɐ
Krøyer *dän.* ˈkrɔi̯ˀər
Krozetin krotseˈtiːn
Krozin kroˈtsiːn
Krọzingen ˈkrɔtsɪŋən
Krschischanọwski, Kržižanovskij *russ.* krʒɨʒaˈnɔfskij
Krstac *serbokr.* ˌkr̩staːts
Krstić *serbokr.* ˌkr̩stitɕ
Krụ kruː
Krụ̈ckau ˈkrʏkau̯
Krụcke ˈkrʊkə
Krụ̈cke ˈkrʏkə
Krụckenberg ˈkrʊkn̩bɛrk
Krụckow ˈkrʊko
krụd kruːt, **-e** ˈkruːdə
krụde ˈkruːdə
Krudelität krudeliˈtɛːt
Krụ̈den ˈkryːdn̩
Krụ̈dener ˈkryːdənɐ
Kruditạ̈t krudiˈtɛːt
Krúdy *ung.* ˈkruːdi
Krueger ˈkryːgɐ, *engl.* ˈkruːgə
Krụft krʊft
Krụg kruːk, **Krụ̈ge** ˈkryːgə
Krụ̈gel[chen] ˈkryːgl̩[çən]
Kruger *afr.* ˈkryːər
Krụ̈ger ˈkryːgɐ
Krugersdorp *afr.* ˈkryːərsdɔrp
Krụ̈glein ˈkryːklai̯n
Krugzẹll kruːkˈtsɛl
Kruibeke *niederl.* ˈkrœi̯beːkə
Kruif *engl.* kraɪf
Kruiningen *niederl.* ˈkrœi̯nɪŋə
Kruishoutem *niederl.* ˈkrœi̯shɔu̯təm
Krụjë *alban.* ˈkrujə
Krụke ˈkruːkə
Krukowięcki *poln.* krukɔˈvjɛtski
Krul *niederl.* krʏl
Krụll krʊl
Krụ̈ll krʏl
Kruls *niederl.* krʏls
Krụm *bulgar.* krum
Krụmau ˈkruːmau̯
Krụmbach[er] ˈkrʊmbax[ɐ]
Krụ̈mchen ˈkryːmçən
Krụme ˈkruːmə
Krụ̈mel ˈkryːml̩
krụ̈m[e]lig ˈkryːm[ə]lɪç, **-e** ...ɪgə
krụ̈meln ˈkyːml̩n
Krumhẹrmsdorf krʊmˈhɛrmsdɔrf
krụmm krʊm, **krụ̈mmer** ˈkrʏmɐ
Krụmmacher ˈkrʊmaxɐ
Krụ̈mmel ˈkrʏml̩
krụ̈mmen ˈkrʏmən
Krụmmenau ˈkrʊmənau̯
Krummenwẹrth krʊmənˈveːɐ̯t
Krụmmhübel ˈkrʊmhyːbl̩
Krụ̈mmling ˈkrʏmlɪŋ
Krụmowo, Krumovo *bulgar.* ˈkrumovo
krụmp[e]lig ˈkrʊmp[ə]lɪç, **-e** ...ɪgə
krụmpeln ˈkrʊmpl̩n
Krụmper ˈkrʊmpɐ
Krụ̈mper ˈkrʏmpɐ
Krụmpper ˈkrʊmpɐ
Krụpala ˈkruːpala
Krụpanj *serbokr.* ˈkruːpanj
Krụp[ič]ka *tschech.* ˈkrup[itʃ]ka
Krụpp krʊp
Kruppạde krʊˈpaːdə
Krụppe ˈkrʊpə
Krụ̈ppel ˈkrʏpl̩
krụ̈pp[e]lig ˈkrʏp[ə]lɪç, **-e** ...ɪgə
krụ̈ppeln ˈkrʏpl̩n
Krụppke ˈkrʊpkə
kruppọ̈s krʊˈpøːs, **-e** ...øːzə
Krụpskaja *russ.* ˈkrupskɐjɐ
krural kruˈraːl
Kruså *dän.* kru[ː]sˈɔːˀ
Krụsch krʊʃ
Krụščica *serbokr.* ˈkruʃtʃitsa
Krụse ˈkruːzə
Krušẹdol *serbokr.* kruˌʃɛdɔl
Krụ̈selwind ˈkryːzl̩vɪnt
Kruseman *niederl.* ˈkryːsəmɑn
Krusenschtẹrn, Kruzenštern *russ.* kruzɐnˈʃtɛrn
Krụsenstern ˈkruːznʃtɛrn
Krusenstjerna *schwed.* ˌkrʉːsənʃæːrna
Krụševac *serbokr.* ˈkruʃɛvats
Krụska ˈkrʊska
Krustạde krʊsˈtaːdə
Krustazee krʊstaˈtseːə
Krụ̈stchen ˈkrʏstçən
Krụste ˈkrʊstə
krụstig ˈkrʊstɪç, **-e** ...ɪgə
Kruszwịca *poln.* kruʃˈvitsa
Krụtch *engl.* kruːtʃ
Kruyder *niederl.* ˈkrœi̯dər
Kruzenštern vgl. Krusenschtern
Kruziạner kruˈtsi̯aːnɐ
Kruzifere krutsiˈfeːrə
Kruzifix krutsiˈfɪks, *auch:* ˈkruːtsifɪks
Kruzifịxus krutsiˈfɪksʊs
Kruzitürken krutsiˈtʏrkn̩
Kryästhesie kry|ɛsteˈziː
Krylbo *schwed.* ˈkryːlbuː
Krylẹnko *russ.* krɨˈljɛnkɐ
Krylọw, Krylov *russ.* krɨˈlɔf
Krylọwo, Krylovo *russ.* krɨˈlɔvɐ
Krym[ow], Krym[ov] *russ.* ˈkrɨm[ɐf]
Krymtschạke krʏmˈtʃaːkə
Krynịca *poln.* krɨˈnitsa
Kryolith kryoˈliːt, *auch:* ...lɪt
Kryoskọp kryoˈskoːp
Kryoskopie kryoskoˈpiː
Kryoturbation kryotʊrbaˈtsi̯oːn
Krỵpta ˈkrʏpta
Kryptästhesie krʏptɛsteˈziː
Kryptogame krʏptoˈgaːmə
kryptogen krʏptoˈgeːn
kryptogenẹtisch krʏptogeˈneːtɪʃ
Kryptogrạmm krʏptoˈgram
Kryptogrạph krʏptoˈgraːf
Kryptographie krʏptograˈfiː, **-n** ...iːən
Kryptokalvinịsten krʏptokalviˈnɪstn̩
kryptokristallin krʏptokristaˈliːn
kryptomer krʏptoˈmeːɐ̯
[1]**Kryptomerie** (Verborgenbleiben einer Erbanlage) krʏptomeˈriː
[2]**Kryptomerie** (jap. Zeder) krʏptoˈmeːri̯ə
Krypton ˈkrʏptɔn, *auch:* krʏpˈtoːn
Kryptonym krʏptoˈnyːm
kryptọrch krʏpˈtɔrç
Kryptorchịsmus krʏptɔrˈçɪsmʊs
Kryptoskọp krʏptoˈskoːp
Kryptoskopie krʏptoskoˈpiː
Kryptovulkanịsmus krʏptovʊlkaˈnɪsmʊs

Kryry *tschech.* 'kriri
Kryschizki, Kryžickij *russ.* krɨ'ʒɨtskij
Krzepice *poln.* kʃɛ'pitsɛ
Krzeszowice *poln.* kʃɛʃɔ'vitsɛ
Kržižanovskij vgl. Krschischanowski
Krzną *poln.* kʃna
Krzyszkowiak *poln.* kʃɨʃ'kɔvjak
Krzywicki *poln.* kʃɨ'vitski
Krzywiń *poln.* 'kʃɨviɲ
Krzyż *poln.* kʃɨʃ
Ksabi vgl. Kasba
Ksaver *serbokr.* 'ksa:vɛr
Ksawery *poln.* ksa'vɛrɨ
Kschatrija 'kʃatrija
Ksenija vgl. Xenija
Książ Wielkopolski *poln.* 'kɕɔ̃ʃ vjɛlkɔ'pɔlski
Ksour *fr.* ksu:r
Ksyl-Orda, Kzyl-Orda *russ.* gzɨlar'da
Ktenidium kte'ni:di̯ʊm, **...ien** ...i̯ən
ktenoid kteno'i:t, **-e** ...i:də
Ktenophore kteno'fo:rə
Ktesias 'kte:zi̯as
Ktesibios kte'zi:bi̯ɔs
Ktesiphon 'kte:zifɔn
Kualakapuas *indon.* kualaka'puas
Kuala Lipis *indon.* ku'ala 'lipɪs
Kuala Lumpur *indon.* ku'ala 'lʊmpʊr
Kuala Trengganu *indon.* ku'ala trəŋ'ganu
Kuango 'ku̯aŋgo
Küb ky:p
[1]**Kuba** (Insel) 'ku:ba
[2]**Kuba** (Ort in der UdSSR) *russ.* ku'ba
Kübach 'ky:bax
Kubala *poln.* ku'bala
Kubalonka *poln.* kuba'lɔŋka
Kuban, Kuban' *russ.* ku'banj
Kubaner ku'ba:nɐ
Kubango ku'baŋgo
kubanisch ku'ba:nɪʃ
Kubatur kuba'tu:ɐ̯
Kubba 'kʊba
Kübbung 'kʏbʊŋ
Kubebe ku'be:bə
Kübeck 'ky:bɛk
Kübekháza *ung.* 'kybɛkha:zɔ
Kübel 'ky:bl̩
Kubelik 'ku:belɪk
Kubelík *tschech.* 'kubɛli:k
kübeln 'ky:bl̩n, **...ble** ...blə
Kubena *russ.* 'kubɪnɐ
kubieren ku'bi:rən
Kubik... (z. B. Kubikmeter) ku'bi:k...
Kubilai 'ku:bilai̯
Kubin 'ku:bi:n, ku'bi:n
Kubín *tschech.* 'kubi:n
kubisch 'ku:bɪʃ
Kubismus ku'bɪsmʊs
Kubist ku'bɪst
kubital kubi'ta:l
Kubitschek 'ku:bitʃɛk, *bras.* kubi'tʃɛk[i]
Kubitzer Bodden 'ku:bɪtsɐ 'bɔdn̩
Kublai 'ku:blai̯
Kübler 'ky:blɐ
Kublitz 'ku:blɪts
Kubrick *engl.* 'kju:brɪk
Kubschütz 'ku:pʃʏts
Kubus 'ku:bʊs
Kuby 'ku:bi
Kuc vgl. Kuz
Kučaj *serbokr.* ,kutʃa:j
Kučerov vgl. Kutscherow
Kučevo *serbokr.* 'kutʃɛvɔ, 'ku:tʃ...
Kucharzewski *poln.* kuxa'ʒɛfski
Küche 'kʏçə
[1]**Küchelchen** (kleine Küche) 'kʏçl̩çən
[2]**Küchelchen** (kleiner Kuchen) 'ky:çl̩çən
kücheln 'ky:çl̩n
Kuchen 'ku:xn̩
Küchenmeister 'kʏçn̩mai̯stɐ
Kuching *indon.* 'kutʃɪŋ
Kuchl 'kʊxl̩
[1]**Küchlein** (kleine Küche) 'kʏçlai̯n
[2]**Küchlein** (Küken, kleiner Kuchen) 'ky:çlai̯n
Küchler 'kʏçlɐ
Kučište *serbokr.* 'kutʃiʃtɛ
kucken 'kʊkn̩
Kücken 'kʏkn̩
Kuckersit kʊkɛr'zi:t, *auch:* ...zɪt
Kuckuck 'kʊkʊk
Küçük *türk.* ky'tʃyk
Ku'damm 'ku:dam
Kuddelmuddel 'kʊdl̩mʊdl̩
Küddow 'kʏdo
Kudelkraut 'ku:dl̩krau̯t
Kuder 'ku:dɐ
Kudicke 'ku:dɪkə
Kudlich 'ku:dlɪç
Kudowa ku'do:va
Kudowa Zdrój *poln.* ku'dɔva 'zdruj
Kudrun 'ku:dru:n
Kudu 'ku:du
Kudymkar *russ.* ku'dɨmkɐr
Kuehl ky:l
Kues ku:s
Kuf[a] 'ku:f[a]
Kufe 'ku:fə
Küfer 'ky:fɐ
Küferei ky:fə'rai̯
Kuff kʊf
kufisch 'ku:fɪʃ
Kufra 'kʊfra
Kufstein 'kʊfʃtai̯n, *auch:* 'ku:f...
Kugel 'ku:gl̩
Kügelchen 'ky:gl̩çən
Kügelgen 'ky:gl̩gn̩
kugelig 'ku:gəlɪç, **-e** ...ɪgə
kugeln 'ku:gl̩n, **kugle** 'ku:glə
kugelrund 'ku:gl̩'rʊnt
Kugler 'ku:glɐ
kuglig 'ku:glɪç, **-e** ...ɪgə
Kuguar 'ku:gu̯ar
Kuh ku:, **Kühe** 'ky:ə
Kuhač *serbokr.* ,kuha:tʃ
Kuhbier 'ku:bi:ɐ̯
Kuhblank 'ku:blaŋk
Küher 'ky:ɐ
Kuhfelde ku:'fɛldə
Kuhhorn 'ku:hɔrn
Kuhistan 'ku:hɪsta:n, ...tan
Kuhl ku:l
kühl ky:l
Kuhländchen 'ku:lɛntçən
Kuhlau 'ku:lau̯
Kuhle 'ku:lə
Kühle 'ky:lə
Kühleborn 'ky:ləbɔrn
kühlen 'ky:lən
Kuhlenfeld 'ku:lənfɛlt
Kühlenhagen ky:lən'ha:gn̩
Kühler 'ky:lɐ
Kuhlmann 'ku:lman, *fr.* kyl'man
Kühlmann 'ky:lman
Kuhlo 'ku:lo
Kühlte 'ky:ltə
Kühlungsborn 'ky:lʊŋsbɔrn
Kuhmo *finn.* 'kuhmɔ
Kuhn ku:n
kühn, K... ky:n
Kuhnau 'ku:nau̯
Kühne 'ky:nə
Kühnel 'ky:nl̩
Kühnemann 'ky:nəman
Kühnham 'ky:nham
Kühnhausen ky:n'hau̯zn̩
Kühnheide ky:n'hai̯də
Kühren 'ky:rən
Kuhs ku:s
Kühtai, ...tei 'ky:tai̯
Kuibyschew, Kujbyšev *russ.* 'kujbɨʃəf
Kuindschi, Kuindži *russ.* ku'indʒɨ
Kuivaniemi *finn.* 'kui̯vɑni̯ɛmi
Kujawe ku'ja:və
Kujawiak ku'javi̯ak
Kujawien ku'ja:vi̯ən
Kujawy *poln.* ku'javɨ
Kujbyšev vgl. Kuibyschew
Kujon ku'jo:n
kujonieren kujo'ni:rən
k. u. k. 'ka:|ʊnt'ka:
Kuk ku:k
Kükelhaus 'ky:kl̩hau̯s
Küken[thal] 'ky:kn̩[ta:l]
Kukës *alban.* 'kukəs
Kukiel *poln.* 'kukjɛl
Ku-Klux-Klan kuklʊks'kla:n, *engl.* 'kju:klʌks'klæn
Kukolnik, Kukol'nik *russ.* 'kukɐljnik
Kukučín *slowak.* 'kukutʃi:n
Kukuljević *serbokr.* ku,ku:ljɛvitɕ

Kukulle ku'kʊlə
Kukumer ku'kʊmɐ
Kuku-nor 'ku:ku'no:ɐ̯
Kulak ku'lak
Kukurbitazeen kukʊrbita'ts̮e:ən
Kukuruz 'ku:kurʊts̮, *auch:* 'kʊk...
Kukus 'kʊkʊs
Kula *bulgar.* 'kula
Kulan ku'la:n
kulant ku'lant
Kulanz ku'lants̮
Külasse ky'lasə
Kuldeer kʊl'de:ɐ
Kuldscha 'kʊldʒa
Kule 'ku:lə
Kulebaki *russ.* kulɪ'baki
Kulenkampff 'ku:lənkampf̮
Kulen Vakuf *serbokr.* 'kulɛn ˌvakuf
Kuleschow, Kulešov *russ.* kulɪ'ʃɔf
Kuli 'ku:li
Kulibin *russ.* ku'libin
Kulič *serbokr.* ˌkulitʃ
Kulierware ku'li:ɐ̯va:rə
kulinarisch kuli'na:rɪʃ
Kulisch, Kuliš *russ.* ku'liʃ
Kulischer 'ku:lɪʃɐ
Kulisse ku'lɪsə
Kuljab *russ.* ku'ljap
Kuljavkov vgl. Kjuljawkow
Kulladal *schwed.* kʊla'dɑ:l
Kullak 'kʊlak
Kullen *schwed.* 'kʊlən, *dän.* 'kul'ən
kullern 'kʊlɐn
Kullnick 'kʊlnɪk
Küllstedt 'kʏlʃtɛt
Kulm kʊlm
Kulmbach[er] 'kʊlmbax[ɐ]
Kulmination kʊlmina'ts̮i̯o:n
kulminieren kʊlmi'ni:rən
Kulmsee 'kʊlmze:
Kuloi, Kuloj *russ.* ku'lɔj
Kulör ku'lø:ɐ̯
Kulp[a] 'kʊlp[a]
Külpe 'kʏlpə
Kulpmont *engl.* 'kʌlpmɔnt
Külsheim 'kʏlshai̯m
Kult kʊlt
Kültepe *türk.* 'kyltɛˌpɛ
Kulteranist kʊltera'nɪst
Kultismus kʊl'tɪsmʊs
Kultivator kʊlti'va:tɔr, **-en** ...va'to:rən
kultivieren kʊlti'vi:rən
Kultur kʊl'tu:ɐ̯
Kultural... kʊltu'ra:l...
kulturell kʊltu'rɛl
Kultus 'kʊltʊs
Kulunda *russ.* kulun'da
Külz kʏlts̮
Kum *pers.* qom
Kuma *russ.* ku'ma
Kumač vgl. Kumatsch
Kumamoto kuma'mo:to

Kumane ku'ma:nə
Kumanien ku'ma:ni̯ən
kumanisch ku'ma:nɪʃ
Kumanovo *mak.* ku'manɔvɔ
Kumara ku'ma:ra
Kumarin kuma'ri:n
Kumaron kuma'ro:n
Kumasi ku'ma:zi, *engl.* ku:'mæsɪ
Kumatsch, Kumač *russ.* ku'matʃ
kumbrisch 'kʊmbrɪʃ
Kumchon vgl. Kumtschön
Kumertau *russ.* kumɪr'tau
Kumičić *serbokr.* ˌkumitʃitɕ
Kumlien *schwed.* kʊm'li:n
Kumm[e] 'kʊm[ə]
Kümmel 'kʏml̩
Kummer 'kʊmɐ
Kümmerer 'kʏmərɐ
kümmerlich 'kʏmɐlɪç
kümmern 'kʏmɐn
Kümmernis 'kʏmɐnɪs, **-se** ...ɪsə
Kummerower See 'kʊmərɔɐ 'ze:
Kummet 'kʊmət
Kümo 'ky:mo
Kump kʊmp
Kumpan kʊm'pa:n
Kumpanei kʊmpa'nai̯
Kumpel 'kʊmpl̩
kümpeln 'kʏmpl̩n
Kumpen 'kʊmpn̩
Kumpf kʊmpf̮
Kumquat 'kʊmkvat
Kumran kʊm'ra:n
Kumrovec *serbokr.* 'kumrɔvɛts
Kum[s]t kʊm[s]t
Kumtschön, Kumchon *korean.* kɨmtʃhʌn
Kumüke ku'my:kə
Kumulation kumula'ts̮i̯o:n
kumulativ kumula'ti:f, **-e** ...i:və
kumulieren kumu'li:rən
Kumulonimbus kumulo'nɪmbʊs
Kumulus 'ku:mulʊs, **...li** ...li
Kumys, Kumyß 'ku:mʏs, *auch:* ku'mʏs; *russ.* ku'mɨs
Kun *ung.* ku:n
Kunágota *ung.* 'kuna:gotɔ
Kunama ku'na:ma
Kunar *serbokr.* 'kuna:r
Kunaschir, Kunašir *russ.* kuna'ʃɨr
Kunaxa ku'naksa, 'ku:naksa
Kunbaja *ung.* 'kumbɔjɔ
Kuncevo vgl. Kunzewo
Kuncewiczowa *poln.* kuntsɛvi'tʃɔva
Kunčice *tschech.* 'kuntʃitsɛ
Kunckel 'kʊŋkl̩
kund[bar] 'kʊnt[ba:ɐ̯]
kündbar 'kʏntba:ɐ̯
Kunda 'kʊnda, *russ.* 'kundɐ
Kunde 'kʊndə
Kundel 'kʊndl̩
künden 'kʏndn̩, **künd!** kʏnt

kundig 'kʊndɪç, **-e** ...ɪgə
kündigen 'kʏndɪgn̩, **kündig!** 'kʏndɪç, **kündigt** 'kʏndɪçt
Kundratice *tschech.* 'kundratjitsɛ
Kundri[e] 'kʊndri
Kundschaft 'kʊntʃaft
kundschaften 'kʊntʃaftn̩
Kundt kʊnt
Kundure kʊn'du:rə
Kunduriotis *neugr.* kundu'rjɔtis
kuneiform kunei'fɔrm
Kunene ku'ne:nə
Kunersdorf 'ku:nɐsdɔrf
Kunert 'ku:nɐt
Künette ky'nɛtə
Kunew, Kunev *bulgar.* 'kunɛf
künftig 'kʏnftɪç, **-e** ...ɪgə
künftighin 'kʏnftɪçhɪn
Küng kʏŋ
Kungälv *schwed.* ˌkʊŋɛlv
Kungelei kʊŋə'lai̯
kungeln 'kʊŋl̩n
Kungsbacka *schwed.* ˌkʊŋsbaka
Kungshatt *schwed.* kʊŋs'hat
Kungsholmen *schwed.* ˌkʊŋshɔlmən
Kungshult *schwed.* 'kʊŋshʊlt
Kungslena *schwed.* kʊŋsˌle:na
Kungsör *schwed.* kʊŋs'œ:r
Kungu Poti 'kʊŋgu 'po:ti
Kungur *russ.* kun'gur
Kunhegyes *ung.* 'kunhɛdjɛʃ
Kuni 'kʊni
Kunibert 'ku:nibɛrt
Kuniburg 'ku:nibʊrk
Kunigund 'ku:nigʊnt
Kunigunde kuni'gʊndə
Kuniščak *serbokr.* kuˌniʃtʃa:k
Künisch 'ky:nɪʃ
Kunizyn, Kunicyn *russ.* ku'nitsɨn
Kunja, Kun'ja *russ.* 'kunjɪɐ
Kunkel 'kʊŋkl̩
Künkel 'kʏŋkl̩
Kunktator kʊŋk'ta:tɔr, **-en** ...ta'to:rən
Kunlun 'kʊn'lʊn
Kunmadaras *ung.* 'kunmɔdɔrɔʃ
Kunming 'kʊnmɪŋ
Künneke 'kʏnəkə
Kunnerwitz 'kʊnɐvɪts̮
Kunni 'kʊni
Kuno[w] 'ku:no
Kunowice *poln.* kunɔ'vitsɛ
Kunowski, ...ky ku'nɔfski
Kunrau 'kʊnrau̯
Kunsan *korean.* kunsan
Kunschak 'kʊnʃak
Künßberg 'kʏnsbɛrk
Kunst kʊnst, **Künste** 'kʏnstə
Künstelei kʏnstə'lai̯
künsteln 'kʏnstl̩n
Kunstgewerbler 'kʊnstgəvɛrplɐ
Künstler 'kʏnstlɐ
künstlerisch 'kʏnstlərɪʃ
künstlich 'kʏnstlɪç

Kụnszentmárton *ung.* 'kunsɛntma:rton
Kụnszentmiklós *ung.* 'kunsɛntmiklo:ʃ
Kụnsziget *ung.* 'kunsigɛt
kụnterbunt, K... 'kʊntɐbʊnt
Kụnth kʊnt
Kunturiọtes *neugr.* kundu'rjɔtis
Kụntz[e] 'kʊnts[ə]
Kụnwald 'ku:nvalt
Kụnz kʊnts
Kụnžak *tschech.* 'kunʒak
Kụnze 'kʊntsə
Kụ̈nzelsau 'kʏntsl̩s|au̯
Kụnzewo, Kuncevo *russ.* 'kuntsəvɐ
Kụ̈nzle 'kʏntslə
Kuomintạng ku̯omɪn'taŋ
Kuọpio *finn.* 'ku̯ɔpiɔ
Kuọsakåbbå *schwed.* kʉ'o:sakɔbo:
Kụp *ung.* kup
Kupạl ku'pa:l
Kupạla *russ.* ku'palɐ
Kụpang *indon.* 'kupaŋ
Kupạwin[a], Kupavin[a] *russ.* ku'pavin[ɐ]
Kụ̈pe 'ky:pə
Kupẹe ku'pe:
Kupẹlle ku'pɛlə
kupelliẹren kupɛ'li:rən
Kụpelwieser 'kʊpl̩vi:zɐ
Kụ̈per 'ky:pɐ
Kupe[t]zky ku'pɛtski, 'kʊ...
Kụpfer 'kʊpfɐ
Kụpferberg 'kʊpfɐbɛrk
Kupferdrẹh kʊpfɐ'dre:
kụpferig 'kʊpf[ə]rɪç, -e ...ɪgə
Kụpfermühle 'kʊpfɐmy:lə
kụpfern 'kʊpfɐn
kụpfrig 'kʊpfrɪç, -e ...ɪgə
Kụpiainen *finn.* 'kupiɑi̯nɛn
Kupiditạ̈t kupidi'tɛ:t
Kupịdo ku'pi:do
kupiẹren ku'pi:rən
Kụpino *russ.* 'kupinɐ
Kụpjansk *russ.* 'kupɪnsk
Kụpka *tschech.* 'kupka
Kupọlofen ku'po:l|o:fn̩
Kupon ku'põ:
Kụppe 'kʊpə
Kụppel 'kʊpl̩
Kuppelẹi kʊpə'lai̯
kụppeln 'kʊpl̩n
kụppen 'kʊpn̩
Kụppenheim 'kʊpn̩hai̯m
Kụpper 'kʊpɐ
Kụ̈pper[s] 'kʏpɐ[s]
Kupreanof *engl.* ku:prɪ'ænɔf
Kuprẹin kupre'i:n
Kupressazẹen kuprɛsa'tse:ən
Kuprịjạn *russ.* kupri'jan
Kuprịn *russ.* ku'prin
Kuprịsmus ku'prɪsmʊs
Kụ̈ps kʏps
Kụpula 'ku:pula
Kupulifẹren kupuli'fe:rən
Kụr ku:ɐ̯
Kụ̈r ky:ɐ̯
[1]**Kụra** (Seelsorge) 'ku:ra
[2]**Kurạ** (Name) *russ.* ku'ra
kurạbel ku'ra:bl̩, **...ble** ...blə
Kurạkin *russ.* ku'rakin
Kurạnd ku'rant, **-en** ...ndn̩
Kurạnda ku'randa
kurạnt, K... ku'rant
Kurạre ku'ra:rə
Kurarịn kura'ri:n
Kụ̈raß 'ky:ras, **Kụ̈rasse** ...asə
Kürassiẹr kyra'si:ɐ̯
Kurạt ku'ra:t
Kuratẹl kura'te:l
Kurati vgl. Kuratus
Kuratiẹ kura'ti:, **-n** ...i:ən
kuratịv kura'ti:f, **-e** ...i:və
Kurạtor ku'ra:tɔr, **-en** kura'to:rən
Kuratọrium kura'to:ri̯ʊm, **...ien** ...i̯ən
Kurạtus ku'ra:tʊs, **...ti** ...ti
Kụrbas *russ.* 'kurbɐs
Kụrbel 'kʊrbl̩
kụrbeln 'kʊrbl̩n, **kụrble** 'kʊrblə
Kurbẹtte kʊr'bɛtə
kurbettiẹren kʊrbɛ'ti:rən
Kụ̈rbis 'kʏrbɪs, **Kụ̈rbisse** 'kʏrbɪsə
Kụrbski, Kurbskij *russ.* 'kurpskij
Kụrd *ung.* kurd
Kụrde 'kʊrdə
kụrdisch 'kʊrdɪʃ
Kụrdistan 'kʊrdɪsta:n, ...tan; *pers.* kordes'tɑ:n
Kụre 'ku:rə
Kurẹika, Kurejka *russ.* ku'rjejkɐ
kụren 'ku:rən
kụ̈ren 'ky:rən
Kụ̈renberg 'ky:rənbɛrk, **-er** ...rgɐ
Kurẹten ku're:tn̩
Kürettage kyrɛ'ta:ʒə
Kürẹtte ky'rɛtə
kürettiẹren kyrɛ'ti:rən
Kụrfürst 'ku:ɐ̯fʏrst
Kụrfürstendạmm 'ku:ɐ̯fʏrstn̩'dam
kụrfürstlich 'ku:ɐ̯fʏrstlɪç
[1]**Kurgạn** (Grab) kʊr'ga:n
[2]**Kurgạn** (Ort) *russ.* kur'gan
Kurhesse 'ku:ɐ̯hɛsə, *auch:* –'––
Kurhessen 'ku:ɐ̯hɛsn̩, *auch:* –'––
kurhessisch 'ku:ɐ̯hɛsɪʃ, *auch:* –'––
kuriạl ku'ri̯a:l
Kuriạlien ku'ri̯a:li̯ən
Kurialịsmus kuri̯a'lɪsmʊs
Kurialịst kuri̯a'lɪst
Kuriạtstimme ku'ri̯a:tʃtɪmə
Kụrie 'ku:ri̯ə
Kuriẹr ku'ri:ɐ̯
kuriẹren ku'ri:rən
Kụrikka *finn.* 'kurikkɑ
Kurịlen ku'ri:lən
Kurịlsk, Kuril'sk *russ.* ku'riljsk
Kụřim *tschech.* 'kurʒim
Kürịner ky'ri:nɐ
Kuringen *niederl.* 'ky:rɪŋə
kuriọs ku'ri̯o:s, **-e** ...o:zə
Kuriositạ̈t kuri̯ozi'tɛ:t
Kuriọsum ku'ri̯o:zʊm, **...sa** ...za
kụrisch 'ku:rɪʃ
Kụrkuma 'kʊrkuma, **...men** ...'ku:mən
Kurkumịn kʊrku'mi:n
Kụrl kʊrl
Kụrland 'ku:ɐ̯lant
Kụrmainz 'ku:ɐ̯mai̯nts, *auch:* –'–
Kụrmark 'ku:ɐ̯mark
Kụrmärker 'ku:ɐ̯mɛrkɐ
kụrmärkisch 'ku:ɐ̯mɛrkɪʃ
Kụ̈rnberger 'kʏrnbɛrgɐ
Kụrnik 'kʊrnɪk
Kuropạtkin *russ.* kura'patkin
Kụrort 'ku:ɐ̯|ɔrt
Kụros 'ku:rɔs
Kurọtschkin, Kuročkin *russ.* 'kurɐtʃkin
Kụrpe 'kʊrpə
Kurpfalz ku:ɐ̯'pfalts, *auch:* '––
Kurpfälzer ku:ɐ̯'pfɛltsɐ, *auch:* '–––
kurpfälzisch ku:ɐ̯'pfɛltsɪʃ, *auch:* '–––
kụrpfuschen 'ku:ɐ̯pfʊʃn̩
Kurpfuscherẹi ku:ɐ̯pfʊʃə'rai̯
Kurpịński *poln.* kur'pii̯ski
Kụrprinz 'ku:ɐ̯prɪnts
Kụrre 'kʊrə
Kurrendạner kʊrɛn'da:nɐ
Kurrẹnde kʊ'rɛndə
Kurrẹntschrift kʊ'rɛntʃrɪft
Kụrri 'kʊri
kụrrig 'kʊrɪç, **-e** ...ɪgə
Kurrịkulum kʊ'ri:kulʊm, **...la** ...la
Kụrs kʊrs, **-e** 'kʊrzə
Kụrsachsen 'ku:ɐ̯zaksn̩, *auch:* –'––
Kụ̈rsch[ner] 'kʏrʃ[nɐ]
Kürschnerẹi kʏrʃnə'rai̯
kursiẹren kʊr'zi:rən
Kursịst kʊr'zɪst
kursịv kʊr'zi:f, **-e** ...i:və
Kursịve kʊr'zi:və
Kụrsk *russ.* kursk
kursọrisch kʊr'zo:rɪʃ
Kuršụmlija *serbokr.* kur,ʃumlija
Kụrsus 'kʊrzʊs
Kụrt *dt., schwed.* kʊrt
Kurtạge kʊr'ta:ʒə
Kụrth kʊrt, *fr.* kyrt
Kurtịne kʊr'ti:nə
Kurtisạn[e] kʊrti'za:n[ə]
Kụ̈rtow 'kʏrto
Kurtrier ku:ɐ̯'tri:ɐ̯, *auch:* '––
kurtrierisch ku:ɐ̯'tri:rɪʃ, *auch:* '–––
Kurtschatọwium kʊrtʃa'to:vi̯ʊm

Kurtz kʊrt͜s
kurulisch ku'ru:lɪʃ
Kuruş ku'rʊʃ
Kuruze ku'ru:t͜sə
Kurvatur kʊrva'tu:ɐ̯
Kurve 'kʊrvə, 'kʊrfə
kurven 'kʊrvn̩, 'kʊrfn̩; **kurv!** kʊrf, **kurvt** kʊrft
kurvig 'kʊrvɪç, **-e** ...ɪgə
Kurvimeter kʊrvi'me:tɐ
Kurvimetrie kʊrvime'tri:
kurvimetrisch kʊrvi'me:trɪʃ
kurvisch 'kʊrvɪʃ
Kurwenal 'kʊrvənal
kurz kʊrt͜s, **kürzer** 'kʏrt͜sɐ
kurzärm[e]lig 'kʊrt͜s|ɛrm[ə]lɪç, **-e** ...ɪgə
kurzatmig 'kʊrt͜s|a:tmɪç, **-e** ...ɪgə
Kürze 'kʏrt͜sə
Kürzel 'kʏrt͜sl̩
kürzen 'kʏrt͜sn̩
kurzerhand 'kʊrt͜sɐ'hant
kurzfristig 'kʊrt͜sfrɪstɪç, **-e** ...ɪgə
kurzgeschwänzt 'kʊrt͜sgəʃvɛnt͜st
kurzhin 'kʊrt͜s'hɪn
kurzlebig 'kʊrt͜sle:bɪç, **-e** ...ɪgə
kürzlich 'kʏrt͜slɪç
kurzsichtig 'kʊrt͜szɪçtɪç, **-e** ...ɪgə
Kurzstreckler 'kʊrt͜sʃtrɛklɐ
kurzum kʊrt͜s'|ʊm, *auch:* '–'–
kurzweg kʊrt͜s'vɛk, *auch:* '–'–
kurzweilig 'kʊrt͜svai̯lɪç, **-e** ...ɪgə
Kusa vgl. Kussa
Kuşadası *türk.* 'kuʃadɑˌsɨ
Kusary vgl. Kussary
Kusbass, Kuzbass *russ.* kuz'bas
kusch! kʊʃ
Kusche 'kʊʃə
Kuschel 'kʊʃl̩
kuscheln 'kʊʃl̩n
kuschen 'kʊʃn̩
Kuschiro ku'ʃi:ro
Kuschite ku'ʃi:tə
Kuschka, Kuška *russ.* 'kuʃkɐ
Kuschwa, Kušva *russ.* 'kuʃvɐ
Kuschwarda kʊʃ'varda
Kusel 'ku:zl̩
Kusenberg 'ku:zn̩bɛrk
Kusine ku'zi:nə
Kuška vgl. Kuschka
Kuskokwim *engl.* 'kʌskoʊkwɪm
Kuskowo, Kuskovo *russ.* kus'kɔvɐ
Kuskus 'kʊskʊs
Kusma, Kuz'ma *russ.* kuzj'ma
Kusmanek 'kʊsmanɛk
Kusmin, Kuz'min *russ.* kuzj'min
Kusminitschna, Kuz'minična *russ.* kuzj'miniʃnɐ
Kusmitsch, Kuz'mič *russ.* kuzj'mɪtʃ
Küsnacht 'kʏsnaxt

Kusnezk, Kuzneck *russ.* kuz'njɛtsk
Kusnezker kʊs'nɛt͜skɐ
Kusnezow, Kuznecov *russ.* kuznɪ'tsɔf
Kuß kʊs, **Kusses** 'kʊsəs, **Küsse** 'kʏsə
Kussa, Kusa *russ.* ku'sa
Kussary, Kusary *russ.* kusa'rɨ
Küßchen 'kʏsçən
Kussel 'kʊsl̩
küssen 'kʏsn̩, **küßt** kʏst
Kusser 'kʊsɐ
küsserig 'kʏsərɪç, **-e** ...ɪgə
Kußmaul 'kʊsmau̯l
Küßnacht 'kʏsnaxt
Kussoblüten 'kʊsobly:tn̩
küßrig 'kʏsrɪç, **-e** ...ɪgə
Kustanai, Kustanaj *russ.* kusta'naj
Kustánszeg *ung.* 'kuʃta:nsɛg
Küste 'kʏstə
Küster 'kʏstɐ
Küsterei kʏstə'rai̯
Küstner 'kʏstnɐ
Kustode kʊs'to:də
Kustodia kʊs'to:di̯a, **...ien** ...i̯ən
Kustodie kʊsto'di:, **-n** ...i:ən
Kustodijew, Kustodiev kus'tɔdijɪf
Kustos 'kʊstɔs, **Kustoden** kʊs'to:dn̩
Küstrin kʏs'tri:n
Kušva vgl. Kuschwa
Kut ku:t
Kütahya *türk.* ky'tahjɑ
Kutaissi, Kutaisi *russ.* kuta'isi
kutan ku'ta:n
Kutaradja *indon.* kuta'radʒa
Kutas *ung.* 'kutɔʃ
Kutch *engl.* kʌtʃ
Kutë *alban.* 'kutə
Kutel-Amara kutela'ma:ra
Kutew, Kutev *bulgar.* 'kutɛf
Kutha 'ku:ta
Kutikula ku'ti:kula, **...len** kuti'ku:lən
Kutis 'ku:tɪs
Kutjevo *serbokr.* 'kutjɛ:vɔ
Kutjing *indon.* 'kutʃɪŋ
Kutná Hora *tschech.* 'kutna: 'hɔra
Kutno *poln.* 'kutnɔ
Kutrzeba *poln.* kut'ʃɛba
Kutsche 'kʊt͜ʃə
kutschen 'kʊt͜ʃn̩
Kutscher 'kʊt͜ʃɐ
Kutscherow, Kučerov *russ.* 'kutʃɪrɐf
kutschieren kʊ't͜ʃi:rən
Kutt[e] 'kʊt[ə]
Kuttel 'kʊtl̩
Kuttenberg 'kʊtn̩bɛrk
Kutter 'kʊtɐ
Kutusow, Kutuzov *russ.* ku'tuzɐf
Kützing 'kʏt͜sɪŋ

Kuurne *niederl.* 'ky:rnə
Kuusamo *finn.* 'ku:sɑmɔ
Kuusanskoski *finn.* 'ku:sɑŋkɔski
Kuusinen *finn.* 'ku:sinɛn
Kuusjärvi *finn.* 'ku:sjærvi
Küvelage kyvə'la:ʒə
küvelieren kyvə'li:rən
Kuvert ku've:ɐ̯, ...'vɛ:ɐ̯; *auch:* ...'vɛrt
kuvertieren kuvɛr'ti:rən
Kuvertüre kuvɛr'ty:rə
Küvette ky'vɛtə
kuvrieren ku'vri:rən
Kuwait ku'vai̯t, *auch:* 'ku:vai̯t
kuwaitisch ku'vai̯tɪʃ, *auch:* 'ku:v...
Kuweit ku'vai̯t, *auch:* 'ku:vai̯t
Kuwschinowo, Kuvšinovo *russ.* kuf'ʃɨnɐvɐ
Kux kʊks
Kuxhaven kʊks'ha:fn̩
Kuyle *niederl.* 'kœi̯lə
Kuyper[s] *niederl.* 'kœi̯pər[s]
Kuyten *niederl.* 'kœi̯tə
Kuytenbrouwer *niederl.* 'kœi̯tənbrɔu̯wər
Kuz, Kuc *russ.* kuts
Kuzbass vgl. Kusbass
Kuz'ma vgl. Kusma
Kuzmány *slowak.* 'kuzma:ni
Kuz'mič vgl. Kusmitsch
Kuz'min vgl. Kusmin
Kuz'minična vgl. Kusminitschna
Kuzneck vgl. Kusnezk
Kuznecov vgl. Kusnezow
Kvaløy *norw.* ˌkva:lœi̯
Kvænangen *norw.* ˌkve:naŋən
Kvänum *schwed.* ˌkvɛ:nʊm
Kvapil *tschech.* 'kvapil
Kvaran *isl.* 'kva:ran
Kværndrup *dän.* 'kvɛr'ndrob
Kvarner *serbokr.* ˌkvarnɛ:r
Kvarsebo *schwed.* ˌkvarsəbu:
Kvašnja vgl. Kwaschnja
Kvæsthusbroen *dän.* 'kvɛsthusbro:'ən
Kveder *slowen.* 'kve:dər
Kvibille *schwed.* ˌkvi:bilə
Kvidinge *schwed.* ˌkvi:diŋə
Kvikkjokk *schwed.* 'kvikjɔk
Kvilda *tschech.* 'kvilda
Kville *schwed.* ˌkvilə
Kvismaren *schwed.* ˌkvismarən
Kvistrum *schwed.* ˌkvistrʊm
Kvitka vgl. Kwitka
Kwa kva:
Kwaadmechelen *niederl.* 'kwa:tmɛxələ
Kwajalein *engl.* 'kwɔdʒəlɪn
Kwakiutl *engl.* kwɑ:kɪ'u:tl
Kwäne 'kvɛ:nə
Kwangdschu, Kwangju *korean.* kwaŋdʒu
Kwangsi 'kvaŋzi
Kwangtung 'kvaŋtʊŋ
Kwaschnja, Kvašnja *russ.* kvaʃ'nja

Kwạß kvas, **Kwạsses** 'kvasəs
Kweijang 'kvai̯jaŋ
Kweitschou 'kvai̯tʃau̯
Kwiatkọwski kvi̯at'kɔfski, *poln.* kfjat'kɔfski
Kwịdzyn *poln.* 'kfidzɨn
Kwịsa *poln.* 'kfisa
Kwịtka, Kvitka *russ.* 'kvitkɐ
Kyanisatiọn ky̆aniza'tsi̯o:n
kyanisieren ky̆ani'zi:rən
Ky *fr.* ki
Kyathos 'ky:atos
Kyau 'ky:au̯
Kyaxạres ky̆a'ksa:rɛs
Kybẹbe ky'be:bə, ...be
Kybele 'ky:bele, ky'be:lə, *B* ...le
Kyber 'ky:bɐ
Kybernẹtik kybɛr'ne:tɪk
Kybernẹtiker kybɛr'ne:tikɐ
kybernẹtisch kybɛr'ne:tɪʃ
Kyburg 'ki:bʊrk
Kyd *engl.* kɪd
Kydịppe ky'dɪpə
Kydọnia ky'do:ni̯a
Kyffhäuser 'kɪfhɔyzɐ
Kyjov *tschech.* 'kijɔf
Kyklạde ky'kla:də
Kykliker 'ky:klikɐ, *auch:* 'kʏk...
Kykloịde kyklo'i:də
Kyklọn ky'klo:n
Kyklọp ky'klo:p
Kyknos 'kʏknɔs
Kyle *engl.* kaɪl
Kylix 'ky:lɪks
Kyll kɪl
Kyllburg 'kɪlbʊrk
Kyllẹne ky'le:nə, *B* ...ne
Kylon 'ky:lɔn
Kyma 'ky:ma
Kymạtion ky'ma:ti̯ɔn, **...ien** ...i̯ən
Kyme 'ky:mə, *B* ...me
Kymijoki *finn.* 'kymijɔki
Kymogrạmm kymo'gram
Kymogrạph kymo'gra:f
Kymographie kymogra'fi:
kymographieren kymogra'fi:rən
Kymogrạphion kymo'gra:fi̯ɔn, **...ien** ...i̯ən
Kymoskọp kymo'sko:p
Kymre 'kʏmrə
kymrisch 'kʏmrɪʃ
Kynast 'ki:nast
Kyne *engl.* kaɪn
Kynegẹtik kyne'ge:tɪk
kynegẹtisch kyne'ge:tɪʃ
Kyniker 'ky:nikɐ
kynisch 'ky:nɪʃ
Kynịsmus ky'nɪsmʊs
Kynolọge kyno'lo:gə
Kynologie kynolo'gi:
Kynorexịa kynorɛ'ksi:a
Kynoskẹphalä kynɔs'ke:falɛ
Kynosụra kyno'zu:ra
Kynšperk *tschech.* 'kinʃpɛrk
Kynthos 'kʏntɔs
Kynurenin kynure'ni:n
Kynụria ky'nu:ri̯a
Kyot 'ky:o:t
Kyọto 'ki̯o:to
Kyparissịa kyparɪ'si:a
Kyphọse ky'fo:zə
Kypris 'ky:prɪs
Kypros 'ky:prɔs, *neugr.* 'kiprɔs
Kypselos 'kʏpselɔs
Kyrenaika kyre'na:ika, *auch:* kyre'nai̯ka
Kyrenaiker kyre'na:ikɐ, *auch:* kyre'nai̯kɐ
Kyrẹne ky're:nə, *B* ...ne
Kyriạle ky'ri̯a:lə
Kyrie eleison 'ky:ri̯ə e'lai̯zɔn, ...ri̯e –
Kyrieeleison ky:ri̯e|e'lai̯zɔn
Kyrieleis kyri̯e'lai̯s
Kyrịll ky'rɪl
kyrịllisch ky'rɪlɪʃ
Kyrịlliza ky'rɪlitsa
Kyrịllos ky'rɪlɔs
Kyrios 'ky:ri̯ɔs
Kyritz 'ky:rɪts
Kyrkesund *schwed.* ˌtçʏrkəsʊnd
Kyrle *engl.* kə:l
Kyrnos 'kʏrnɔs
Kyrönjoki *finn.* 'kyrœnjɔki
Kyros 'ky:rɔs
Kyschtym, Kyštym *russ.* kɨʃ'tɨm
Kysyl, Kyzyl *russ.* kɨ'zɨl
Kysyler ky'zy:lɐ
Kysyl-Kija, Kyzyl-Kija *russ.* kɨ'zɨlki'ja
Kysylkum, Kyzylkum *russ.* kɨzɨl'kum
Kythẹra ky'te:ra, *neugr.* 'kiθira
Kythnos 'kʏtnɔs
Kyzikẹner kytsi'ke:nɐ
Kyzikos 'ky:tsikɔs
KZ ka:'tsɛt
KZler ka:'tsɛtlɐ
Kzyl-Orda vgl. Ksyl-Orda

L

l, L *dt., engl., fr.* ɛl
Λ, λ 'lampda
Laa[ben] 'la:[bn̩]
Laaber 'la:bɐ
Laacher See 'la:xɐ 'ze:
Laage 'la:gə
Laagen *norw.* 'lo:gən
Laakirchen la:'kɪrçn̩
Laaland 'la:lant
Lääni *finn.* 'læ:ni
Laar la:ɐ̯
Laarne *niederl.* 'la:rnə
Laas la:s, **-er** 'la:zɐ
Laasphe 'la:sfə
Laatokka *finn.* 'lɑ:tɔkkɑ
Laatste Nieuws *niederl.* 'la:tstə 'ni:u̯s
Laatzen 'la:tsn̩
Lạb la:p, **-e** 'la:bə
Lạba *russ.* 'labɐ
Lạbach 'la:bax
Labadie *fr.* laba'di
Lạban[d] 'la:ban[t]
Labạrna la'barna
Labarrạque *fr.* laba'rak
La Bạrre *fr.* la'bɑ:r
Lạbarum 'la:barʊm
Labastịde *fr.* labas'tid
Labạt *fr.* la'ba
Lábatlan *ung.* 'la:bɔtlɔn
Labbé *fr.* la'be
Lạbbeck 'labɛk
lạbb[e]rig 'lab[ə]rɪç, **-e** ...ɪgə
lạbbern 'labɐn, **lạbbre** 'labrə
Lạbdakos 'lapdakɔs
¹Lạbe (Erquickung) 'la:bə
²Lạbe (Name) *tschech.* 'labɛ
Labé *fr.* la'be
Labédoyère *fr.* labedwa'jɛ:r
Łabędy *poln.* u̯a'bɛndɨ
Label 'le:bl̩, *engl.* leɪbl
lạben 'la:bn̩, **lạb!** la:p, **lạbt** la:pt
Lạbenwolf 'la:bn̩vɔlf
Lạbenz 'la:bɛnts
Lạbeo 'la:beo
Lạber 'la:bɐ
Laberdạn labɐ'da:n
Labẹrius la'be:ri̯ʊs
lạbern 'la:bɐn, **lạbre** 'la:brə
Laberthonnière *fr.* labɛrtɔ'njɛ:r
Lạbes 'la:bəs
labẹt la'be:t
Lạbetz 'la:bɛts
Labia vgl. Labium
labiạl, L... la'bi̯a:l
Labiạlis la'bi̯a:lɪs, **...les** ...le:s
labialisieren labi̯ali'zi:rən
Labiạte la'bi̯a:tə
Lạbiau 'la:bi̯au̯
Labịche *fr.* la'biʃ
Labien vgl. Labium
Labiẹnus la'bi̯e:nʊs
labịl la'bi:l
Labilität labili'tɛ:t
La Billardière *fr.* labijar'djɛ:r
Lạbinsk *russ.* 'labinsk
labioapikạl labi̯o|api'ka:l
labiodentạl, L... labi̯odɛn'ta:l
Labiodentạlis labi̯odɛn'ta:lɪs, **...les** ...le:s
labiovelạr, L... labi̯ove'la:ɐ̯
Łabiszyn *poln.* u̯a'biʃɨn
Labịtzky la'bɪtski
Lạbium 'la:bi̯ʊm; **Lạbien** 'la:bi̯ən, **Lạbia** 'la:bi̯a
Lạbkraut 'la:pkrau̯t
Lábod *ung.* 'la:bod
Laboe la'bø:
Laboer la'bø:ɐ
La Boétie *fr.* labɔe'si
Labọr la'bo:ɐ̯
Laborạnt labo'rant

Laboratorium labora'to:ri̯ʊm, **...ien** ...i̯ən
Laborde *fr.* la'bɔrd
laborieren labo'ri:rən
laboriös labo'ri̯ø:s, **-e** ...ø:zə
Labouchère *engl.* læbʊ'ʃɛə
Laboulaye *fr.* labu'lɛ
Labourd *fr.* la'bu:r
La Bourdonnais *fr.* laburdɔ'nɛ
Laboureur *fr.* labu'rœ:r
Labour Party *engl.* 'leɪbə 'pɑ:tɪ
Labourse *fr.* la'burs
Labra *span.* 'laβra
Labrador labra'do:ɐ̯, *engl.* 'læbrədɔ:
Labradorit labrado'ri:t, *auch:* ...rɪt
Labriola *it.* labri'ɔ:la
La Brosse *fr.* la'brɔs
Labrouste *fr.* la'brust
Labrum 'la:brʊm
Labrunie *fr.* labry'ni
La Bruyère *fr.* labry'jɛ:r
Labsal 'la:pza:l
labsalben 'la:pzalbn̩
Labskaus 'lapskau̯s
Labuan *indon.* la'buan, *engl.* lə'bu:ən
Labuhan *indon.* la'buhan
Labyrinth laby'rɪnt
Labyrinthitis labyrɪn'ti:tɪs, **...thitiden** ...ti'ti:dn̩
Labyrinthodon laby'rɪntodɔn, **-ten** ...'dɔntn̩
Laca 'lat͡sa
La Caille *fr.* la'kɑ:j
La Calprenède *fr.* lakalprə'nɛd
Lacandón *span.* lakan'dɔn
Laćarak *serbokr.* 'latɕarak
Lacaune *fr.* la'ko:n
Lacaze-Duthiers *fr.* lakɑzdy'tje
Laccadive *engl.* 'lækədɪv
Laccase la'ka:zə
Lacedonia *it.* latʃe'dɔ:ni̯a
Lacépède *fr.* lase'pɛd
Lacerda *port.* lɐ'sɛrdɐ, *bras.* la'sɛrda
Lacerna la't͡sɛrna
Lacerta la't͡sɛrta
Laces *it.* 'la:tʃes
Lacetband la'se:bant
La Chaise, La Chaize *fr.* la'ʃɛ:z
La Chalotais *fr.* laʃalɔ'tɛ
Lachambeaudie *fr.* laʃɑ̃bo'di
La Chapelle-aux-Saints *fr.* laʃapɛlo'sɛ̃
La Châteigneraie *fr.* laʃɑtɛɲ'rɛ
La Chaussée *fr.* laʃo'se
La Chaux-de-Fonds *fr.* laʃod'fɔ̃
Lache 'laxə
Lachelier *fr.* laʃə'lje
lächeln 'lɛçl̩n
lachen, L... 'laxn̩
lächerlich 'lɛçɐlɪç
Laches 'laxɛs
Lachesis 'laxezɪs
Lachine *engl.* lə'ʃi:n, *fr.* la'ʃin
Lachlan *engl.* 'læklən
Lachmann 'laxman
Lachmide lax'mi:də
Lachner 'laxnɐ
Lachs laks
Lächschen 'lɛksçən
Lachter 'laxtɐ
Lachute *engl.* lə'ʃu:t, *fr.* la'ʃyt
lacieren la'si:rən
Lačin vgl. Latschin
Lacinium la't͡si:ni̯ʊm
Lacis la'si:, **des** - la'si:[s], **die** - la'si:s
Lack lak
Lackalänga *schwed.* ˌlakalɛŋa
Lackawanna *engl.* lækə'wɔne
Lackel 'lakl̩
lacken 'lakn̩
lackieren la'ki:rən
Lackland *engl.* 'læklænd
Lackmus 'lakmʊs
Läckö *schwed.* ˌlɛkø:
Lac Léman *fr.* lakle'mɑ̃
Laclos *fr.* la'klo
Lacombe *fr.* la'kɔ̃:b
Lacome d'Estalenx *fr.* lakɔmdɛsta'lɛ̃:s
Lacon *engl.* 'leɪkən
La Condamine *fr.* lakɔ̃da'min
Laconia *engl.* lə'koʊnɪə
Lacordaire *fr.* lakɔr'dɛ:r
La Coruña *span.* lako'ruɲa
Lacoste *fr.* la'kɔst
la Cour *dän.* la'ku:r
Lacq *fr.* lak
Lacretelle *fr.* lakrə'tɛl
Lacrimae Christi 'la:krimɛ 'krɪsti
lacrimalis lakri'ma:lɪs
Lacrimosa lakri'mo:za
lacrimoso lakri'mo:zo
Lacroix *fr.* la'krwa
La Crosse *engl.* lə'krɔs
Lacrosse *fr.* la'krɔs
Lactam lak'ta:m
Lactantius lak'tant͡si̯ʊs
Lactanz lak'tant͡s
Lacus 'la:kʊs
Lacy 'lasi, 'la:si, *engl.* 'leɪsɪ
Lada *tschech.* 'lada
Ladakh *engl.* lə'dɑ:k
Ladanum 'la:danʊm
Ladánybene *ung.* 'lɔda:njbɛnɛ
Ladby *dän.* 'laðby:'
Lädchen 'lɛ:tçən
Ladd *engl.* læd
[1]**Lade** 'la:də
[2]**Lade** (kleinasiat. Insel) 'la:də, *B* ...de
Ladefoged *engl.* 'lædɪfoʊgɪd
Ladegast 'la:dəgast
Lądek Zdrój *poln.* 'lɔndɛk 'zdruj
laden 'la:dn̩, **lad!** la:t
Laden 'la:dn̩, **Läden** 'lɛ:dn̩
Ladenburg 'la:dn̩bʊrk
Ladenthin ladn̩'ti:n
Ladewig 'la:dəvɪç
lädieren lɛ'di:rən
Ladik 'ladɪk
Ladin[er] la'di:n[ɐ]
Ladino la'di:no
Ladir *rät.* la'di:r
Ladis[laus] 'la:dɪs[lau̯s]
Ladmirault *fr.* la[d]mi'ro
Ladner 'la:dnɐ
Ladoga 'la:doga, *russ.* 'ladɐgɐ
Ladon 'la:dɔn
Ladoschskoje Osero, Ladožskoe Ozero *russ.* 'ladɐʃskɐjɐ 'ɔzɪrɐ
Ladowitz 'la:dovɪt͡s
Ladronen la'dro:nən
lädt lɛ:t
Ladubergr *schwed.* ladʉ'bærj
Ladue *engl.* lə'dju:
Laduschkin, Laduškin *russ.* 'laduʃkin
Ladvenu *fr.* ladvə'ny
Lady 'le:di, *engl.* 'leɪdɪ
Ladybrand *engl.* 'leɪdɪbrænd
Ladykiller *engl.* 'leɪdɪkɪlə
ladylike *engl.* 'leɪdɪlaɪk
Ladysmith *engl.* 'leɪdɪsmɪθ
Laeken *niederl.* 'la:kə
Laelius 'lɛ:li̯ʊs
Laemmle 'lɛmlə
Laennec *fr.* laɛ'nɛk
Laer la:ɐ̯, *niederl.* la:r
Laermans *niederl.* 'la:rmɑns
Laerte *it.* la'ɛrte
Laertes la'ɛrtɛs
Laertios la'ɛrti̯ɔs
Laertius la'ɛrt͡si̯ʊs
Laet *niederl.* la:t
La Fare *fr.* la'fa:r
La Farge *engl.* lə'fɑ:ʒ
Lafargue *fr.* la'farg
Lafayette, La F... *fr.* lafa'jɛt, *engl.* lɑ:feɪ'ɛt, læfɪ'ɛt
Lafcadio *engl.* læf'kɑ:dɪoʊ
Lafenestre *fr.* laf'nɛtr
La Ferrassie *fr.* lafɛra'si
Laferrière *fr.* lafɛ'rjɛ:r
La Ferronnays *fr.* lafɛrɔ'nɛ
La Ferté-Saint-Nectaire *fr.* lafɛrtesɛ̃nɛk'tɛ:r
Lafette la'fɛtə
lafettieren lafɛ'ti:rən
Lafeu *fr.* la'fø
La Feuillade *fr.* lafœ'jad
Laffe 'lafə
Laffemas *fr.* laf'mɑ:s
Laffitte *fr.* la'fit
Laffrey *fr.* la'frɛ
Lafite *fr.* la'fit
La Fleur *fr.* la'flœ:r
Lafnitz 'lafnɪt͡s
La Follette *engl.* lə'fɔlɪt
La Fontaine *fr.* lafɔ̃'tɛn
La Force *fr.* la'fɔrs
Laforet *span.* lafo'rɛt
Laforgue *fr.* la'fɔrg
La Fosse *fr.* la'fo:s
Laframboise *fr.* lafrɑ̃'bwa:z

Lafrensen *schwed.* 'lafrənsən
La Fresnaye *fr.* lafrɛ'nɛ
LAFTA 'lafta
Lafuente *span.* la'fu̯ente
lag la:k
Lag *engl.* læg
Lagae *niederl.* la:'xa:
Lagaillarde *fr.* laga'jard
La Galissonnière *fr.* lagalisɔ'njɛ:r
Lagan *engl.* 'lægən
La Gandara *fr.* lagãda'ra
Lagarde *fr.* la'gard
Lagarfljót *isl.* 'la:ɣarfljɔu̯t
Lagarto *bras.* la'gartu
Lagasca *span.* la'ɣaska
Lagasch 'la:gaʃ
Lage 'la:gə
läge 'lɛ:gə
Lägel 'lɛ:gl̩
Lage Mierde *niederl.* 'la:xə 'mi:rdə
lagen 'la:gn̩
Lågen *norw.* 'lo:gən
Lagens *port.* 'laʒɐ̃i̯ʃ
Lager 'la:gɐ, **Läger** 'lɛ:gɐ
Lägerdorf 'lɛ:gɐdɔrf
Lagerist la:gə'rɪst
Lagerkvist *schwed.* ˌlɑ:gərkvist
Lagerlöf *schwed.* ˌlɑ:gərlø:v
lagern 'la:gɐn, **lagre** 'la:grə
Lägern 'lɛ:gɐn
Lagg lak, *schwed.* lag
Lagger 'lagɐ
Laghouat *fr.* la'gwat
Lagide la'gi:də
Lagneau *fr.* la'ɲo
Lagny *fr.* la'ɲi
Lago *it.* 'la:go
Lagoa *bras.* la'goa, *port.* lɐ'ɣoɐ
Lagoa dos Patos *bras.* la'goa dus 'patus
Lagoa Santa *bras.* la'goa 'sɐnta
Lagoa Vermelha *bras.* la'goa ver'meʎa
Lago Maggiore *it.* 'la:go mad'dʒo:re
Lagonegro *it.* lago'ne:gro
Lagophthalmus lagɔf'talmʊs
La Gorce *fr.* la'gɔrs
Lagos 'la:gɔs, *engl.* 'leɪgɔs, *port.* 'laɣuʃ
Lagosta *it.* 'la:gosta
Lagow 'la:go
La Grande *engl.* lə'grænd
La Grange *fr.* la'grã:ʒ, *engl.* lə'greɪndʒ
Lagrange *fr.* la'grã:ʒ
Lagrangia *it.* la'grandʒa
Lagrein la'grai̯n
Lagrenée *fr.* lagrə'ne
lagrimando lagri'mando
lagrimoso lagri'mo:zo
lagt la:kt
lägt lɛ:kt
Lagting *norw.* ˌla:gtiŋ
La Guardia *dt., it.* la'gu̯ardi̯a, *engl.* lə'gwɑ:dɪə, *span.* la'ɣu̯arði̯a
Laguerre *fr.* la'gɛ:r
La Guiche *fr.* la'giʃ
Laguna *span.* la'ɣuna, *bras.* la'guna, *engl.* lə'gu:nə
Laguna de Gallocanta *span.* la'ɣuna ðe ɣaʎo'kanta
Lagunas *span.* la'ɣunas
Lagunas de Ruidera *span.* la'ɣunaz ðɛ rru̯i'ðera
Lagune la'gu:nə
Lagunilla[s] *span.* laɣu'niʎa[s]
La Habra *engl.* lə'hɑ:brə
Lahaina la'hai̯na, *engl.* lə'haɪnə
Lahar 'la:har
La Harpe *fr.* la'arp
Lahde 'la:də
Lahey *engl.* 'leɪhɪ
Lahidschan *pers.* lɑhi'dʒɑ:n
La Hire *fr.* la'i:r
lahm la:m
Lahm la:m, *engl.* lɑ:m
Lahmann 'la:man
Lähme 'lɛ:mə
lahmen 'la:mən
lähmen 'lɛ:mən
Lahmeyer 'la:mai̯ɐ
Lahn la:n
Lähn lɛ:n
Lahneck 'la:n|ɛk
lahnen 'la:nən
Lahnung 'la:nʊŋ
Laholm *schwed.* la'hɔlm
Lahor *fr.* la'ɔ:r
Lahore la'ho:ɐ̯, *engl.* lə'hɔ:
Lahr la:ɐ̯
Lahti *finn.* 'lɑhti
Lahu 'la:hu
Lahulpe *fr.* la'ylp
Lahun la'hu:n
Lai, -s *fr.* lɛ
Laib lai̯p, **-e** 'lai̯bə
Laibach 'lai̯bax
Laiblin 'lai̯bli:n
Laibung 'lai̯bʊŋ
Laich lai̯ç
laichen 'lai̯çn̩
Laichingen 'lai̯çɪŋən
Laidlaw *engl.* 'leɪdlɔ:
Laidler *engl.* 'leɪdlə
Laie 'lai̯ə
Laigle *fr.* lɛgl
Laignes *fr.* lɛɲ
Laika 'lai̯ka
Laila 'lai̯la
Laim lai̯m
Laimena *indon.* lai̯'mena
Laina 'lɛ:na
Lainberger 'lai̯nbɛrgɐ
Lainé *fr.* lɛ'ne
Laineck 'lai̯nɛk
Laín Entralgo *span.* la'in en'tralɣo
Lainette lɛ'nɛt
Laínez *span.* la'inɛθ
Laing *engl.* læŋ, leɪŋ
Lainsitz 'lai̯nzɪts
Lainz lai̯nts
Laios 'la:jɔs, 'lai̯ɔs
Laird *engl.* lɛəd
Lairesse *fr.* lɛ'rɛs
Lais 'la:ɪs
Laisant *fr.* lɛ'zã
laisieren lai'zi:rən
Laissac *fr.* lɛ'sak
Laisse, -s lɛ:s
Laisser-aller *fr.* lɛsea'le
Laisser-faire *fr.* lɛse'fɛ:r
Laisser-passer *fr.* lɛsepɑ'se
Laistner 'lai̯stnɐ
Laives *it.* 'la:i̯ves
Laizismus lai'tsɪsmʊs
laizistisch lai'tsɪstɪʃ
Lajard, La Jard *fr.* la'ʒa:r
Lajes *bras.* 'laʒis
Lajkovac *serbokr.* 'la:jkɔvats
La Jonquière *fr.* laʒõ'kjɛ:r
Lajos *ung.* 'lɔjoʃ
Lajoskomárom *ung.* 'lɔjoʃkoma:rom
Lajosmizse *ung.* 'lɔjoʃmiʒɛ
Lajt[h]a *ung.* 'lɔjtɔ
La Junta *engl.* lə'hʌntə
Lakagígar *isl.* 'la:kagji:ɣar
Lakai la'kai̯
Lakanal *fr.* laka'nal
[1]**Lake** (Brühe) 'la:kə
[2]**Lake** (Name) *engl.* leɪk
Lakedämon lake'dɛ:mɔn
Lakedämonier lakedɛ'mo:ni̯ɐ
lakedämonisch lakedɛ'mo:nɪʃ
Lake District *engl.* 'leɪk 'dɪstrɪkt
Lakediven lake'di:vn̩
Lakehurst *engl.* 'leɪkhə:st
Lakeland *engl.* 'leɪklænd
[1]**Laken** (Tuch; Volksstamm) 'la:kn̩
[2]**Laken** (Name) *niederl.* 'la:kə
Lakenheath *engl.* 'leɪkənhi:θ
Lake of the Woods *engl.* 'leɪk əv ðə 'wʊdz
Lake Placid *engl.* 'leɪk 'plæsɪd
Lake Success *engl.* 'leɪk sək'sɛs
Lakewood *engl.* 'leɪkwʊd
lakisch 'la:kɪʃ
Lakkadiven laka'di:vn̩
Lakkase la'ka:zə
Lakkolith lako'li:t, *auch:* ...lɪt
Lakme 'lakme
Lakmé *fr.* lak'me
Lakonien la'ko:ni̯ən
lakonisch la'ko:nɪʃ
Lakonismus lako'nɪsmʊs
Lakritz[e] la'krɪts[ə]
Lakschmi 'lakʃmi
Laksefjord *norw.* ˌlaksəfju:r
Lakselv *norw.* ˌlakselv
Laksevåg *norw.* ˌlaksəvo:g
Laktagogum lakta'go:gʊm, **...ga** ...ga
Laktalbumin laktalbu'mi:n
Laktam lak'ta:m

Laktạse lak'ta:zə
Laktạt lak'ta:t
Laktatiọn lakta'tsi̯o:n
Laktazidämie laktatsidɛ'mi:, **-n** ...i:ən
laktieren lak'ti:rən
Laktizịnien lakti'tsi:ni̯ən
Laktodensimẹter laktodɛnzi'me:tɐ
Laktoflavịn laktofla'vi:n
Laktoglobulịn laktoglobu'li:n
Laktomẹter lakto'me:tɐ
Laktọse lak'to:zə
Laktoskọp lakto'sko:p
Laktosurie laktozu'ri:, **-n** ...i:ən
laktotrọp lakto'tro:p
Lakụna la'ku:na, **...nae** ...nɛ
lakunạr laku'nɛ:ɐ̯
Lakụne la'ku:nə
lakụstrisch la'kʊstrɪʃ
lạlạ 'la'la
Lạlage 'la:lage
Lalaing *fr.* la'lɛ̃
La Lande, Lalande *fr.* la'lã:d
La Landẹlle *fr.* lalã'dɛl
Lalạnne *fr.* la'lan
Lalbenque *fr.* lal'bã:k
Lạle 'la:lə
Lalẹm la'le:m
Lalemant *fr.* lal'mã
Lạlenbuch 'la:lənbu:x
Lalẹtik la'le:tɪk
Lali *pers.* lɑ'li:
Lalín *span.* la'lin
La Línea *span.* la 'linea
Lạ̈lius 'lɛ:li̯ʊs
Lalla-Maghrnịa *fr.* lallamagr'nja
Lalla Rookh *engl.* 'lælə 'rʊk
L'Allemand *fr.* lal'mã
lạllen 'lalən
Lạllerstedt *schwed.* ˌlalərstɛt
Lạlling 'lalɪŋ
Lally *fr.* la'li
Lally-Tolendạl *fr.* lalitɔlã'dal
Lalọ *fr.* la'lo
La Loche *engl.* lə'loʊʃ
Lalopathie lalopa'ti:
Lalophobie lalofo'bi:
Lạlung 'la:lʊŋ
Lạm la:m
[1]**Lạma** (Tier; Priester) 'la:ma
[2]**Lama** (Name) *it.* 'la:ma, *russ.* 'lamɐ
Lạmachus 'la:maxʊs
Lamadrịd *span.* lama'ðrið
La Maire *fr.* la'mɛ:r
Lamaịsmus lama'ɪsmʊs
Lamaịst lama'ɪst
La Manche *fr.* la'mã:ʃ
Lamantịn laman'ti:n
La Mạr *span.* la'mar
Lamạr *engl.* lə'mɑ:
La Mạrche *fr.* la'marʃ
La Mạrck *dt.*, *fr.* la'mark
Lamạrck *fr.* la'mark
Lamarckịsmus lamar'kɪsmʊs
lamarckịstisch lamar'kɪstɪʃ
La Mạrmora *it.* la 'marmora
Lamarọsa *port.* lɐmɐ'rɔzɐ
Lamarque *fr.* la'mark, *engl.* lə'mɑ:k
Lamạrr *engl.* lə'mɑ:
Lamartịne *fr.* lamar'tin
Lạmas *span.* 'lamas
Lamạstre *fr.* la'mastr
Lạmb lamp, *engl.* læm
Lạmbach 'lambax
Lambaesis lam'bɛ:zɪs
Lambạlle *fr.* lã'bal
Lambarẹne lamba're:nə
Lambaréné *fr.* lãbare'ne
Lambayẹque *span.* lamba'jeke
Lạmbda 'lampda
Lambdazịsmus lampda'tsɪsmʊs
Lambeaux *fr.* lã'bo
Lambersạrt *fr.* lãbɛr'sa:r
Lạmbert 'lambɛrt, *engl.* 'læmbət, *fr.* lã'bɛ:r, *niederl.* 'lɑmbərt
Lambẹrta lam'bɛrta
Lambẹrti *it.* lam'bɛrti
Lambertịni *it.* lamber'ti:ni
Lambertụccio *it.* lamber'tuttʃo
Lambẹsc *fr.* lã'bɛsk
Lambèse *fr.* lã'bɛ:z
Lambeth *engl.* 'læmbəθ
Lambethwalk *engl.* 'læmbəθwɔ:k
Lambin *fr.* lã'bɛ̃, *russ.* lam'bin
Lambịnus lam'bi:nʊs
Lamblịasis lam'bli:azɪs
Lạmblien 'lambliən
Lambliọse lambli'o:zə
Lamboy *fr.* lã'bwa
Lạmbrecht 'lambrɛçt
Lambrequin lãbɐ'kɛ̃:, *auch:* lãbrə'kɛ̃:
Lambrẹtta Ⓦ lam'brɛta
Lambrie lam'bri:, **-n** ...i:ən
Lambrịs lã'bri:, **des -** ...ri:[s], **die -** ...ri:s
Lạmbro *it.* 'lambro
Lambruschịni *it.* lambrus'ki:ni
Lạmbsheim 'lampshai̯m
Lambskin *engl.* 'læmskɪn
Lambton *engl.* 'læmtən
lamé, L... la'me:
Lạmech 'la:mɛç
Lamẹgo, Lamêgo *port.* lɐ'meɣu
La Meilleraye *fr.* lamɛj'rɛ
lamellạr lamɛ'la:ɐ̯
Lamẹlle la'mɛlə
Lamellibranchiạta lamɛlibran'çi̯a:ta
lamellọ̈s lamɛ'lø:s, **-e** ...ø:zə
Lamennais, La M... *fr.* lam'nɛ
lamentạbel lamɛn'ta:bl̩, **...ble** ...blə
lamentạbile lamɛn'ta:bile
Lamentatiọn lamɛnta'tsi̯o:n
lamentieren lamɛn'ti:rən
Lamentin *fr.* lamã'tɛ̃
Lamẹnto la'mɛnto
lamentọso lamɛn'to:zo
La Mẹsa *engl.* lə'mɛsə
Lamesa *engl.* lə'mi:sə
Lamẹth *fr.* la'mɛt
Lamẹtta la'mɛta
La Mettrie, Lamettrie *fr.* lamɛ'tri
Lamị *fr.* la'mi
[1]**Lạmia** (Gespenst) 'la:mi̯a, **...ien** ...i̯ən
[2]**Lamịa** (Ort) *neugr.* la'mia
Lạmina 'la:mina, **...nae** ...nɛ
laminạl lami'na:l
laminạr lami'na:ɐ̯
Laminạria lami'na:ri̯a, **...ien** ...i̯ən
Laminektomie laminɛkto'mi:
laminieren lami'ni:rən
Lạmis *it.* 'la:mis
Lạmitsch 'la:mɪtʃ
Lạmium 'la:mi̯ʊm
[1]**Lạmm** lam, **Lạ̈mmer** 'lɛmɐ
[2]**Lạmm** (Name) *schwed.* lam
Lạmmasch 'lamaʃ
Lạ̈mmchen 'lɛmçən
Lạmmefjord *dän.* 'laməfjo:'r
lạmmen 'lamən
Lạmmer 'lamɐ
Lạ̈mmergeier 'lɛmɐgai̯ɐ
Lammermoor *engl.* 'læməmʊə, --'-
Lammermuir *engl.* 'læməmjʊə
Lạmmers 'lamɐs
lạmmfrọmm 'lam'frɔm
Lamoignon *fr.* lamwa'ɲõ
Lạmon 'la:mɔn, *engl.* 'læmən
Lamond *engl.* 'læmənd
Lamọne *it.* la'mo:ne
Lamọngan *indon.* la'moŋan
La Monnoye *fr.* lamɔ'nwa
Lạmont 'la:mɔnt, *engl.* lə'mɔnt, *fr.* la'mõ
Lamorạl lamo'ral
Lamoricière *fr.* lamɔri'sjɛ:r
Lamorinière *fr.* lamɔri'njɛ:r
Lamorịsse *fr.* lamɔ'ris
Lamormain *fr.* lamɔr'mɛ̃
Lämostenọse lɛmoste'no:zə
La Mothe-Houdancourt *fr.* lamɔtudã'ku:r
La Motte-Fouqué lamɔtfu'ke:
Lamotte-Houdạr *fr.* lamɔtu'da:r
La Motte-Piquẹt *fr.* lamɔtpi'kɛ
Lamourẹtte *fr.* lamu'rɛt
Lamoureux *fr.* lamu'rø
Lampadạrius lampa'da:ri̯ʊs; **...ien** ...i̯ən, **...rii** ...ii
Lampạden lam'pa:dn̩
Lampạdius lam'pa:di̯ʊs
Lampạs[sen] lam'pas[n̩]
Lạ̈mpchen 'lɛmpçən
Lạmpe 'lampə
Lampedụsa *it.* lampe'du:za
Lạmpel 'lampl̩
Lampérez *span.* lam'pereθ
Lamperie lampə'ri:, **-n** ...i:ən
Lạmpert 'lampɛrt
Lạmpertheim 'lampɛrthai̯m

Lampertswạlde lampɛrts'valdə
Lạmpi 'lampi
Lampion lam'pi̯õ:, ...'pi̯ɔŋ; *auch:* 'lampi̯ɔn
Lamplmühle lampl̩'my:lə
Lampman *engl.* 'læmpmən
Lạmpo *niederl.* 'lɑmpo:
Lạmprecht 'lamprɛçt
Lamprẹte lam'pre:tə
Lamprịdius lam'pri:di̯ʊs
Lamprophyr lampro'fy:ɐ̯
Lạmpros *neugr.* 'lambrɔs
Lạmpsakos 'lampsakɔs
Lampson *engl.* læmpsn
Lạmsdorf, Lamzdorf 'lamsdɔrf, *russ.* 'lamzdɐrf
Lạmsfeld 'lamsfɛlt
Lamson *engl.* læmsn
Lamsprịnge lam'ʃprɪŋə
Lamụte la'mu:tə
Lamy *fr.* la'mi
Lamzdorf vgl. Lamsdorf
Lặn lɛ:n
Lạna *it.* 'la:na
Lanại la'na:i, *engl.* lɑ:'nɑ:i:
Lạnaken *niederl.* 'la:na:kə
Lanamẹter lana'me:tɐ
Lanạo *span.* la'nao
Lanark *engl.* 'lænək, **-shire** -ʃɪə
Lançạde lã'sa:də
Lancashire *engl.* 'læŋkəʃɪə
Lancaster, - Sound *engl.* 'læŋkəstə, – 'saʊnd
Lạnce *engl.* lɑ:ns
Lancé lã'se:
Lạncelot 'lantsəlɔt, *fr.* lã'slo
Lancelot du Lạc *fr.* lãslody'lak
Lanceray *fr.* lã'srɛ
Lanchester *engl.* 'læntʃɪstə
Lạncia *it.* 'lantʃa
Lanciạni *it.* lan'tʃa:ni
Lanciạno *it.* lan'tʃa:no
Lanciẹr lã'si̯e:
lanciẹren lã'si:rən
Lancrẹt *fr.* lã'krɛ
Lancs *engl.* læŋks
Łạńcut *poln.* 'u̯ai̯ntsut
Lancy *fr.* lã'si, *engl.* 'lɑ:nsɪ
[1]**Lạnd** lant, **Lạndes** 'landəs, **Länder** 'lɛndɐ
[2]**Land** (Name) *engl.* lænd
landạb lant'|ap
Landais *fr.* lã'dɛ
Lạndau 'landau̯, *engl.* 'lændɔ:, *russ.* lan'dau
Lạndauer 'landau̯ɐ
landauf lant'|au̯f
Landaulẹtt lando'lɛt
landaus lant'|au̯s
Lạndberg *schwed.* ˌlandbærj
Lặndchen 'lɛntçən
Lặnde 'lɛndə
Lạndeck 'landɛk
landein[wärts] lant'|ai̯n[vɛrts]
Landẹlle lã'dɛl
Landells *engl.* lændlz
lạnden 'landn̩, **lạnd!** lant
Landen *engl.* 'lændən
lặnden 'lɛndn̩, **lặnd!** lɛnt
Lạndenberger 'landn̩bɛrgɐ
Lander *engl.* 'lændə
Länder vgl. Land
Länderẹien lɛndə'rai̯ən
Landerẹr *span.* lande'rɛr
Landerneau *fr.* lãdɛr'no
Landeron *fr.* lã'drõ
Lạndersdorfer 'landɐsdɔrfɐ
Landes *fr.* lã:d
Lạndeshut 'landəshu:t
Lạndeskrone 'landəskro:nə
Lạndesmann 'landəsman
Landey *engl.* 'lændɪ
Lạndfried 'lantfri:t
Lạndgraf 'lantgra:f
Lạndgrebe 'lantgre:bə
Lạndi *it.* 'landi
Landịni *it.* lan'di:ni
Landịno *it.* lan'di:no
Landis *engl.* 'lændɪs
Landívar *span.* lan'diβar
Lạndkern 'lantkɛrn
Lạndl 'landl̩
Lặndler 'lɛntlɐ
lặndlich 'lɛntlɪç
Lạndnáma *isl.* 'landnau̯ma
Lạndo 'lando
Landois *fr.* lã'dwa
Lạndolf 'landɔlf
Lạndolin 'landoli:n
Lạndolt 'landɔlt
Landon *engl.* 'lændən
Landor *engl.* 'lændɔ:
Landọwska *poln.* lan'dɔfska
Landowskị *fr.* lãdɔf'ski
Lạndquart 'lantkvart
Lạndquist *schwed.* ˌlandkvist
Landré *niederl.* lɑn'dre:
Landrecies *fr.* lãdrə'si
Lạndrich 'landrɪç
Landru *fr.* lã'dry
Landry *fr.* lã'dri
Lạndsberg 'lantsbɛrk
Lạndsberger 'lantsbɛrgɐ
Lạndschaft 'lantʃaft
Landseer *engl.* 'lænsɪə
Land's Ẹnd *engl.* 'lændz 'ɛnd
Lạndser 'lantsɐ
Lạndshut 'lantshu:t
Lạndskron 'lantskro:n
Landskrona *schwed.* lansˌkru:na
Lạndsmål 'lantsmo:l
Landsmeer *niederl.* lɑnts'me:r
Lạndsperg 'lantspɛrk
Lạndstad *norw.* 'lansta
Lạndsteiner 'lantʃtai̯nɐ, *engl.* 'lændstaɪnə
Lạndsting *dän.* 'lanstɛŋ'
Lạndstörzer 'lantʃtœrtsɐ
Lạndstraße 'lantʃtra:sə
Lạndstuhl 'lantʃtu:l
Lạndsweiler 'lantsvai̯lɐ
Lạnduin 'landui:n
Lạndus 'landʊs
lạndwärts 'lantvɛrts
Lạndwasser 'lantvasɐ
Lane *engl.* leɪn
Lanerọssi *it.* lane'rossi
Lanessan *fr.* lanɛ'sã
Lanester *fr.* lanɛs'tɛ:r
Lanẹtt *engl.* lə'nɛt
Lanfranc *engl.* 'lænfræŋk
Lanfrạnco *it.* lan'fraŋko
lạng laŋ, **lặnger** 'lɛŋɐ
Lạng laŋ, *engl.* læŋ
Lạngå *dän.* 'laŋɔ:'
Langanes *isl.* 'lau̯ŋganɛ:s
Lạngbehn 'laŋbe:n
Lạngbein 'laŋbai̯n
Langbeinit laŋbai̯'ni:t, *auch:* ...nɪt
Langbridge *engl.* 'læŋbrɪdʒ
Langdell *engl.* læŋdl
Langdon *engl.* 'læŋdən
Lạngdorp *niederl.* 'lɑŋdɔrp
lạnge 'laŋə
Lạnge *dt., norw., dän.* 'laŋə, *engl.* 'læŋɪ, *niederl.* 'lɑŋə
Lặnge 'lɛŋə
Langeạc *fr.* lã'ʒak
Langeais *fr.* lã'ʒɛ
Lạngeberg *afr.* 'laŋəbɛrx
Lạngebro *dän.* 'laŋəbro:'
Langebrück laŋə'brʏk, '– – –
Lạngeland *dän.* 'laŋəlan'
Langelịnie *dän.* laŋ'linjə
Lạngeln 'laŋl̩n
Lạngelsheim 'laŋl̩shai̯m
Lạngemarck 'laŋəmark
Lạngemark *niederl.* 'lɑŋəmɑrk
lạngen, L... 'laŋən
lặngen 'lɛŋən
Langenạrgen laŋən'|argn̩
Langenau 'laŋənau̯, –-'–
Lạngenbeck 'laŋənbɛk
Lạngenberg 'laŋənbɛrk
Langenbẹrnsdorf laŋən'bɛrnsdɔrf
Langenbielau laŋən'bi:lau̯
Langenbrücken 'laŋənbrʏkn̩
Lạngenburg 'laŋənbʊrk
Langendiebach laŋən'di:bax
Lạngendijk *niederl.* 'lɑŋəndɛi̯k
Lạngendonck *niederl.* 'lɑŋəndɔŋk
Langendreer laŋən'dre:ɐ̯
Langenẹlz laŋən'|ɛlts
Langenẹß laŋə'nɛs
Lạngenfeld 'laŋənfɛlt
Lặngenfeld 'lɛŋənfɛlt
Langengrạssau laŋən'grasau̯
Langenhạgen laŋən'ha:gn̩
Lạngenhain 'laŋənhai̯n
Langenhẹnnersdorf laŋən'hɛnɐsdɔrf
Lạngenhof 'laŋənho:f
Langenlẹbarn laŋən'le:barn
Langenleuba laŋən'lɔy̆ba
Lạngenlois 'laŋənlɔy̆s
Langenlọnsheim laŋən'lo:nshai̯m
Langennaundorf laŋən'nau̯ndɔrf
Langenöls laŋən'|œls, ...'|ø:ls

Langensạlza laŋən'zalt͜sa
Lạngenscheidt 'laŋənʃa͜it
Langenschwạlbach laŋən'ʃvalbax
Lạngensee 'laŋənze:
Langensẹlbold laŋən'zɛlbɔlt
Lạngenstein 'laŋənʃta͜in
Langenste̲i̲nbach laŋən'ʃta͜inbax
Lạngenthal 'laŋənta:l
Langenwạng laŋən'vaŋ
Langenwẹddingen laŋən'vɛdɪŋən
Langenwọlmsdorf laŋən'vɔlmsdɔrf
Langenzẹnn laŋən't͜sɛn
Langẹnzersdorf laŋ'|ɛnt͜sɐsdɔrf
Lange̲o̲o̲g laŋə'|o:k, -er ...o:gɐ
Lạnger 'laŋɐ, *tschech.* 'laŋgɛr
länger vgl. lang
Lạngerfeld 'laŋɐfɛlt
Lạngerhans 'laŋɐhans
Lạngerud *norw.* ˌlaŋərʉ:d
Langerwe̲he laŋɐ've:ə
Lạngesund *norw.* ˌlaŋəsʉn
Langẹtte laŋ'gɛtə
langetti̲e̲ren laŋgɛ'ti:rən
Langevin *fr.* lɑ̃ʒ'vɛ̃
Langeweile 'laŋəva͜ilə, *auch:* – –'– –
Lạngewiesche 'laŋəvi:ʃə
Langewi̲e̲sen laŋə'vi:zn̩
Langeze̲i̲t laŋə't͜sa͜it
Lạngfinger 'laŋfɪŋɐ
Lạngfus *poln.* 'laŋkfus
Lạnggässer 'laŋgɛsɐ
Langhạgen laŋ'ha:gn̩
Lạngham *engl.* 'læŋəm
Lạnghans 'laŋhans
lạnghẹr 'laŋ'he:ɐ̯
lạnghịn 'laŋ'hɪn
Lạnghoff 'laŋhɔf
Langholt *isl.* 'la͜uŋghɔlt
Langhorne *engl.* 'læŋhɔ:n
Langiẹwicz *poln.* laŋ'gjɛvit͜ʃ
Langini *it.* lan'dʒi:ni
Langisjór *isl.* 'la͜uŋgjɪsjo͜ur
Langjökull *isl.* 'la͜uŋgjœ:kʏdl
Lạngko 'laŋkŏ
Lạngkofel 'laŋko:fl̩
Langland *engl.* 'læŋlənd
Langle de Cary *fr.* lɑ̃glədka'ri
Langley *engl.* 'læŋlɪ
lạ̈nglich 'lɛŋlɪç
lạ̈nglichrụnd 'lɛŋlɪç'rʊnt
Langlois *fr.* lɑ̃'glwa
Lạngmann 'laŋman
Langmuir *engl.* 'læŋmjʊə
Lạngnau 'laŋna͜u
Lạngner 'laŋnɐ
Langobạrde laŋgo'bardə
langobạrdisch laŋgo'bardɪʃ
Langon *fr.* lɑ̃'gõ
Lạngøy *norw.* ˌlaŋœi̯
Langrẹo *span.* laŋ'greo
Langres *fr.* lɑ̃:gr
lạ̈ngs lɛŋs
Lạngsa *indon.* 'laŋsa
lạngsam 'laŋza:m
lạ̈ngsdeck[s] 'lɛŋsdɛk[s]
Långsele *schwed.* 'lɔŋsələ
Langson *fr.* lɑ̃g'sõ
lạ̈ngsschiffs 'lɛŋsʃɪfs
lạ̈ngsseits 'lɛŋsza͜it͜s
lạ̈ngst[ens] 'lɛŋst[n̩s]
Langston *engl.* 'læŋstən
Lạngstraat *niederl.* 'lɑŋstra:t
Lạngstreckler 'laŋʃtrɛklɐ
Langstroth *engl.* 'læŋstrɔθ
Langta̲u̲ferer laŋ'ta͜ufərɐ
Langtoft *engl.* 'læŋtɔft
Langton *engl.* læŋtən
Langtree, ...try *engl.* 'læŋtrɪ
Languạrd *rät.* laŋ'gu̯art
Languedọc *fr.* lɑ̃g'dɔk
languẹndo laŋ'gu̯ɛndo
Languẹt *fr.* lɑ̃'gɛ
languẹnte laŋ'gu̯ɛntə
Languẹttes lɑ̃'gɛt
Languidịc *fr.* lɑ̃gi'dik
lạnguido 'laŋgu̯ido
Langụste laŋ'gʊstə
Lạngweid 'laŋva͜it
Lạngweile 'laŋva͜ilə
lạngweilen 'laŋva͜ilən
lạngweilig 'laŋva͜ilɪç, -e ...ɪgə
Lạngwerth 'laŋve:ɐ̯t
lạngwierig 'laŋvi:rɪç, -e ...ɪgə
Langwi̲e̲s laŋ'vi:s
Laniẹl *fr.* la'njɛl
Lanịer *engl.* lə'nɪə
Lanigan 'lænɪgən
Lanín *span.* la'nin
Lanjarón *span.* laŋxa'rɔn
Lanjuinais *fr.* lɑ̃ʒɥi'nɛ
Lạnk[e] 'laŋk[ə]
Lạnken 'laŋkn̩
Lankester *engl.* 'læŋkɪstə
Lạnkow 'laŋko
Lạnkwitz 'laŋkvɪt͜s
Lanman *engl.* 'lænmən
Lạnnach 'lanax
Lanneau de Marey *fr.* lanodma'rɛ
Lannelongue *fr.* lan'lõ:g
Lannemezan *fr.* lanmə'zɑ̃
Lạnner 'lanɐ
Lạnnes *fr.* lan
Lannilịs *fr.* lani'lis
Lannion *fr.* la'njõ
Lannoy *fr.* la'nwa
Lanoli̲n lano'li:n
Lanomẹter lano'me:tɐ
La Noue, Lanoux *fr.* la'nu
Lanrezạc *fr.* lɑ̃r'zak
Lansbury *engl.* 'lænzbərɪ
Lansdale *engl.* 'lænzdeɪl
Lansdowne *engl.* 'lænzdaʊn
L'Anse *fr.* lɑ̃:s
Lanserẹ *russ.* lɐnsɛ'rɛ
Lansford *engl.* 'lænsfəd
Lansing *engl.* 'lænsɪŋ
Lạnsker Se̲e̲ 'lanskɐ 'ze:
Lạnškroun *tschech.* 'lanʃkrɔu̯n
Lanson *fr.* lɑ̃'sõ
Lanston *engl.* 'lænstən
Lansyẹr *fr.* lɑ̃'sje
Lant *engl.* lænt
Lantạna lan'ta:na
Lanthạn lan'ta:n
Lanthani̲d lanta'ni:t, -e ...i:də
Lanthanit lanta'ni:t, *auch:* ...nɪt
Lạntsch *rät.* lantʃ
Lạntschou 'lant͜ʃa͜u
Lạntwin 'lantvi:n
Lanụgo la'nu:go, **...gines** ...gine:s
Lanús *span.* la'nus
Lanusẹi *it.* lanu'zɛ:i
Lanụza *span.* la'nuθa
Lanvin *fr.* lɑ̃'vɛ̃
Lány *tschech.* 'la:ni
Lạnz lant͜s
Lạnza *it.* 'lantsa
Lanzarọte *span.* lanθa'rote
Lạ̈nzchen 'lɛnt͜sçən
Lạnze[lot] 'lant͜sə[lɔt]
Lanzẹtte lan't͜sɛtə
Lạnzi *it.* 'lantsi
lanzini̲e̲ren lant͜si'ni:rən
Lạnzo *it.* 'lantso
Lao 'la:o
Laodicẹa laodi't͜se:a
Laodicẹner laodi't͜se:nɐ
Laọkoon la'o:koɔn
Laọmedon la'o:medɔn
Laon *fr.* lɑ̃
Laonnais *fr.* la'nɛ
Laonnois *fr.* la'nwa
Laos 'la:ɔs
laọtisch la'o:tɪʃ
Laotse la'o:t͜sə, 'la͜ut͜sə
Lạpa *bras.* 'lapa
Lạpad *serbokr.* ˌla:pad
Lạpak 'lapak
La Palịce, Lapalịsse *fr.* lapa'lis
Laparoskọp laparo'sko:p
Laparoskopi̲e̲ laparosko'pi:, **-n** ...i:ən
Laparotomi̲e̲ laparoto'mi:, **-n** ...i:ən
Laparozẹle laparo't͜se:lə
Laparrạ *fr.* lapa'ra
La Patellière *fr.* lapatɛ'ljɛ:r
La Paz la'pas, la'pa:s; *span.* la'paθ, *engl.* lə'pɑ:s
Lapeer *engl.* lə'pɪə
La Pérouse *fr.* lape'ru:z
Laperrịne *fr.* lapɛ'rin
La Peyrère *fr.* lapɛ'rɛ:r
Lapịcque *fr.* la'pik
lapidạr lapi'da:ɐ̯
Lapidạ̈r lapi'dɛ:ɐ̯
Lapidạrium lapi'da:ri̯ʊm, **...ien** ...i̯ən
Lapides vgl. Lapis
Lạpidoth-Swạrth *niederl.* 'la:pi:dɔt'swɑrt
Lapịlli la'pɪli
Lapịne la'pi:nə
Lạpinmaa *finn.* 'lɑpimmɑ:
Lạpis 'la:pɪs, **...ides** ...ide:s
Lapislạzuli lapɪs'la:t͜suli

Lapi̲the la'pi:tə
Laplạce la'pla:s, *fr.* la'plas
laplạcisch, L... la'pla:sɪʃ
La Plạta la'pla:ta, *span.* la'plata
Lapointe *fr.* la'pwɛ̃:t
La Popelinière *fr.* lapɔpli'njɛ:r
La Pọrte *engl.* lə'pɔ:t
Lapouge *fr.* la'pu:ʒ
Lạpp lap
Lappa̲lie la'pa:li̯ə
Lapparent *fr.* lapa'rɑ̃
Lạ̈ppchen 'lɛpçən
Lạppe 'lapə
Lạppeenranta *finn.* 'lɑppe:nrɑntɑ
Lạppen[berg] 'lapn̩[bɛrk]
Lapperei̲ lapə'rai̯
Läpperei̲ lɛpə'rai̯
lạ̈ppern 'lɛpɐn
Lạppi *finn.* 'lɑppi
lạppig 'lapɪç, -e ...ɪgə
lạppisch 'lapɪʃ
lạ̈ppisch 'lɛpɪʃ
Lạppland 'laplant, *schwed.* ...nd, *norw.* 'laplan
Lạppländer 'laplɛndɐ
lạppländisch 'laplɛndɪʃ
Lạppo *finn.* 'lɑppɔ
Lạppwald 'lapvalt
Laprạde *fr.* la'prad
Lạpseki *türk.* 'lɑpsɛki
Lạpsi 'lapsi
Lạpsus 'lapsʊs, die – 'lapsu:s
Lạpsus ca̲lami, - lịnguae, - memo̲riae 'lapsʊs 'ka:lami, – 'lɪŋgu̯ɛ, – me'mo:ri̯ɛ; die – –, – –, – – 'lapsu:s –, – –, – –
Lạptau 'laptau̯
Lạptew, Laptev *russ.* 'laptɪf
Lapu̲ta la'pu:ta, *engl.* lə'pju:tə
Łạpy *poln.* 'u̯api
L'A̲quila *it.* 'la:ku̯ila
La̲r la:ɐ̯ *pers.* lɑ:r
La̲ra *span.* 'lara
Larạche *fr.* la'raʃ, *span.* la'ratʃe
La Ramée *fr.* lara'me
Laramie *engl.* 'lærəmɪ
lara̲misch la'ra:mɪʃ
Laranje̲iras *bras.* larẽ'ʒei̯ras
Larbaud *fr.* lar'bo
Lạ̈rbro *schwed.* ˌlæ:rbru:
Lạrche *fr.* larʃ
Lạ̈rche 'lɛrçə
Larche̲r *fr.* lar'ʃe
Lạrchmont *engl.* 'lɑ:tʃmɔnt
Lạrcom *engl.* 'lɑ:kəm
Larderẹllo *it.* larde'rɛllo
Lardizábal *span.* larði'θaβal
Lạrdner *engl.* 'lɑ:dnə
Lardy *fr.* lar'di
Laredo *engl.* lə'reɪdoʊ, *span.* la'reðo
[1]La̲ren (Geister) 'la:rən
[2]La̲ren (Name) *niederl.* 'la:rə
La Renaudie *fr.* larno'di
Larevellière-Lépeaux *fr.* larvɛljɛrle'po
La Reynie *fr.* larɛ'ni
largạndo lar'gando
lạrge *fr.* larʒ
Largeau *fr.* lar'ʒo
Largentière *fr.* larʒɑ̃'tjɛ:r
Largẹsse lar'ʒɛs
larghẹtto lar'gɛto
Larghẹtto lar'gɛto, ...ẹtti ...ɛti
Largillière *fr.* larʒi'ljɛ:r
lạrgo 'largo
[1]Lạrgo 'largo, ...ghi ...gi
[2]Lạrgo (Name) *span.* 'larɣo
lạrgo assa̲i 'largo a'sa:i
lạrgo di mọlto 'largo di 'mɔlto
lạrgo ma non trọppo 'largo ma nɔn 'trɔpo
Lạrgs *engl.* lɑ:gz
La̲ri *it.* 'la:ri
Lariboisière *fr.* laribwa'zjɛ:r
larifa̲ri! Larifa̲ri lari'fa:ri
Lạrin[a] *russ.* 'larin[ɐ]
Lari̲no *it.* la'ri:no
La̲rio *it.* 'la:ri̯o
Lariọnow, Larionov *russ.* lɐri'ɔnɐf
Lạrisa, Lạrissa *neugr.* 'larisa
Larista̲n *pers.* lɑres'tɑ:n
Lari̲ve, La Ri̲ve *fr.* la'ri:v
Larivey *fr.* lari'vɛ
La̲rix 'la:rɪks
Lạrksville *engl.* 'lɑ:ksvɪl
Lạ̈rm lɛrm
lạ̈rmen 'lɛrmən
Lạrmor *engl.* 'lɑ:mɔ:
larmoyạnt larmo̯a'jant
Larmoyạnz larmo̯a'jant͜s
Lạrnaka 'larnaka
Lạrne[d] *engl.* 'lɑ:n[ɪd]
La Rọche, Larọche *dt.*, *fr.* la'rɔʃ
La Rochefoucauld *fr.* larɔʃfu'ko
La Rochejaquelein *fr.* larɔʃʒa'klɛ̃
La Rochẹlle *fr.* larɔ'ʃɛl
Larochẹtte *fr.* larɔ'ʃɛt
La Rọcque *fr.* la'rɔk
Laromiguière *fr.* larɔmi'gjɛ:r
La̲ros 'la:rɔs
Larousse *fr.* la'rus
Lạrra *span.* 'larra
Larrañạga *span.* larra'ɲaɣa
Larrazábal *span.* larra'θaβal
Larrẹa *span.* la'rrɛa
Larrẹta *span.* la'rrɛta
Larrey *fr.* la'rɛ
L'Arronge *fr.* la'rõ:ʒ
Lạrry *engl.* 'lærɪ
Lạrs lars, *schwed.* lɑ:rs, *dän.* lars
Lạrsa[m] 'larza[m]
Lạrsen 'larzn̩, *norw.*, *dän.* 'larsən
Lạrsson *schwed.* 'lɑ:rsɔn
Lartẹt *fr.* lar'tɛ
Lạrtius 'lart͜si̯ʊs
L'art pour l'a̲rt *fr.* larpur'la:r
La Rue *fr.* la'ry
Laruns *fr.* la'rõ:s, ...rœ̃:s
larva̲l lar'va:l
Lạ̈rvchen 'lɛrfçən
Lạrve 'larfə
larvi̲eren lar'vi:rən
Lạrvik *norw.* ˌlarvi:k
Laryngạl larʏŋ'ga:l
Laryngạlis larʏŋ'ga:lɪs, ...les ...le:s
laryngea̲l larʏŋge'a:l
Laryngektomi̲e larʏŋgɛkto'mi:
Laryngen vgl. Larynx
Laryngi̲tis larʏŋ'gi:tɪs, ...iti̲den ...gi'ti:dn̩
Laryngolo̲ge larʏŋgo'lo:gə
Laryngologi̲e larʏŋgolo'gi:
Laryngosko̲p larʏŋgo'sko:p
Laryngoskopi̲e larʏŋgosko'pi:, -n ...i:ən
Laryngospạsmus larʏŋgo'spasmʊs
Laryngostenose larʏŋgoste'no:zə
Laryngostomi̲e larʏŋgosto'mi:, -n ...i:ən
Laryngotomi̲e larʏŋgoto'mi:, -n ...i:ən
Laryngoze̲le larʏŋgo't͜se:lə
La̲rynx 'la:rʏŋks, Lary̲ngen la'rʏŋən
Larz la:ɐ̯t͜s
la̲s la:s
La Sablière *fr.* lasabli'ɛ:r
La Sa̲le *fr.* la'sal
La Salle, Lasalle *fr.* la'sal, *engl.* lə'sæl
Lạsar, Lazar' *russ.* 'lazɐrj
Lạsarew, Lazarev *russ.* 'lazɐrɪf
Lạsarewitsch, Lazarevič *russ.* 'lazɐrɪvitʃ
Lạsarow, Lazarov *bulgar.* 'lazarof
Lasaulx la'so:, *fr.* la'so
Lạsca[ris] *it.* 'laska[ris]
Las Cạsas *span.* las 'kasas
Las Ca̲ses *fr.* las'kɑ:z
Lascaux *fr.* las'ko
Lascelles *engl.* 'læsəlz
lạsch laʃ
Lạsche 'laʃə
lạschen 'laʃn̩
Laschẹtschnikow, Lažečnikov *russ.* la'ʒetʃnikɐf
Lạ̈šćina *serbokr.* 'laʃtɕina
Lascy 'lasi, 'la:si
Lasdẹhnen las'de:nən
La̲se 'la:zə
lạ̈se 'lɛ:zə
La̲sel 'la:zl̩
la̲sen 'la:zn̩
La̲ser 'le:zɐ, *auch:* 'la:zɐ; *engl.* 'leɪzə
La̲serkraut 'la:zɐkrau̯t
Las Hẹras *span.* la'seras
lasi̲eren la'zi:rən
Łạsin *poln.* 'u̯aɕin

Läsion lɛ'zi̯o:n
Lask lask
Łask *poln.* u̯ask
Laskar 'laskar, **-en** las'ka:rən
Laskaris 'laskarıs, *neugr.* ...ris
Lasker 'laskɐ
Laski *engl.* 'læskı
Łaski *poln.* 'u̯aski
Laskowski, Laskovskij *russ.* las'kɔfskij
Læsø, *dän.* 'lɛsø:'
Lasos 'la:zɔs
Las Palmas *span.* las'palmas
La Spezia *it.* las'pɛttsi̯a
[1]laß! las
[2]laß (Schlaff) las, **lasser** 'lasɐ
Lassahn la'sa:n
Lassalle *dt., fr.* la'sal
Lassalleaner lasale'a:nɐ
Lassan la'sa:n
Laßberg 'lasbɛrk
Lasse 'lasə
Lassell *engl.* lə'sɛl
lassen 'lasn̩, **laß!** las
Lassen 'lasn̩, *engl.* læsn, *norw.* 'lasən
Lassentin lasn̩'ti:n
lässest 'lɛsəst
lässig 'lɛsıç, **-e** ...ıgə
Lassing 'lasıŋ
läßlich 'lɛslıç
[1]Lasso 'laso
[2]Lasso (Name) *it.* 'lasso, *span.* 'laso
Lasson 'lasɔn
läßt lɛst
Lassus 'lasʊs, *fr.* la'sys, *niederl.* 'lasʏs
Laßwitz 'lasvıts
last la:st
Last last, *engl.* lɑ:st, *niederl.* lɑst
Lastadie las'ta:di̯ə, *auch:* lasta'di:; **-n** ...'ta:di̯ən, *auch:* ...ta'di:ən
Lastarria *span.* las'tarri̯a
Lastau 'lastau̯
lasten 'lastn̩
Laster 'lastɐ
Lästerer 'lɛstərɐ
lästern 'lɛstɐn
Lastex 'lastɛks
lästig 'lɛstıç, **-e** ...ıgə
Lasting 'lastıŋ
Lastman *niederl.* 'lɑstmɑn
last, not least *engl.* 'lɑ:st nɔt 'li:st
Lastovo *serbokr.* 'lastɔvɔ
Lastra a Signa *it.* 'lastra as'siɲɲa
Lastrup 'lastrʊp
Lasur la'zu:ɐ̯
Lasurit lazu'ri:t, *auch:* ...rıt
Lasurski, Lazurskij *russ.* la'zurskij
Lasus 'la:zʊs
La Suze *fr.* la'sy:z
Las Vegas las 've:gas, *engl.* lɑ:s 'veıgəs
lasziv las'tsi:f, **-e** ...i:və
Laszivität lastsivi'tɛ:t
László[falva] *ung.* 'la:slo:[fɔlvɔ]
Latacunga *span.* lata'kuŋga
Latah 'la:ta
La Tailhède *fr.* lata'jɛd
La Taille *fr.* la'taj
Latakia lata'ki:a
Latanie la'ta:ni̯ə
Lätare lɛ'ta:rə
Latein[er] la'tai̯n[ɐ]
Latemar 'latemar
La Tène la'tɛ:n, *fr.* la'tɛn
latent la'tɛnt
Latenz la'tɛnts
lateral, L... late'ra:l
Lateran late'ra:n
Laterano *it.* late'ra:no
laterieren late'ri:rən
Laterit late'ri:t, *auch:* ...rıt
Laterna magica la'tɛrna 'ma:gika, **...nae ...cae** ...nɛ ...tsɛ
Laterne la'tɛrnə
Laterza *it.* la'tɛrtsa
Lateur *niederl.* la:'tø:r
Latex 'la:tɛks, **Latizes** 'la:titse:s
latexieren latɛ'ksi:rən
Latham *engl.* 'leıθəm
Lathbury *engl.* 'læθbərı
Lathraea la'trɛ:a
Lathrop *engl.* 'leıθrəp
Lathyrismus laty'rısmʊs
Lathyrus la'ty:rʊs
Latiano *it.* la'ti̯a:no
Latierbaum la'ti:ɐ̯bau̯m
Latifundium lati'fʊndi̯ʊm, **...ien** ...i̯ən
Latimer *engl.* 'lætımə
Latimeria lati'me:ri̯a
Latina *it.* la'ti:na
Latiner la'ti:nɐ
Latini *it.* la'ti:ni
latinisch la'ti:nıʃ
latinisieren latini'zi:rən
Latinismus lati'nısmʊs
Latinist lati'nıst
Latinität latini'tɛ:t
Latinum la'ti:nʊm
Latisana *it.* lati'za:na
Lätitia lɛ'ti:tsi̯a
Latitüde lati'ty:də
latitudinal latitudi'na:l
Latitudinarier latitudi'na:ri̯ɐ
Latium 'la:tsi̯ʊm
Latmos 'latmɔs
Latomien lato'mi:ən
Latona la'to:na
Latouche *fr.* la'tuʃ
La Touche-Tréville *fr.* latuʃtre'vil
La Tour, Latour *fr.* la'tu:r
La Tour du Pin *fr.* laturdy'pɛ̃
Latourette *engl.* lætʊə'rɛt
Latour-Maubourg *fr.* laturmo'bu:r
Látrabjarg *isl.* 'lau̯trabjarg
Látrar *isl.* 'lau̯trar
Latreille *fr.* la'trɛj
La Trémoille *fr.* latre'muj
Latrie la'tri:
Latrine la'tri:nə
Latro 'la:tro
Latrobe *engl.* lə'troʊb
Latronico *it.* la'trɔ:niko
[1]Latsch la:tʃ
[2]Latsch (Name) *rät.* latʃ
[1]Latsche (Schuh; schlaffer Mensch) 'la:tʃə
[2]Latsche (Baum) 'latʃə
latschen, L... 'la:tʃn̩
latschig 'la:tʃıç, **-e** ...ıgə
Latschin, Lačin *russ.* la'tʃin
Lattakia lata'ki:a
Latte 'latə
Lattich 'latıç
Lattimore *engl.* 'lætımɔ:
Lattorf 'latɔrf
Lattuada *it.* lattu'a:da
Latude *fr.* la'tyd
Latum 'la:tʊm
La Tuque *engl.* lə'tju:k, *fr.* la'tyk
Latus 'la:tʊs
Latwerge lat'vɛrgə
Latwija, Latvija *russ.* 'latvijɐ
Latwijskaja SSR, Latvijskaja SSR *russ.* lat'vijskɐjɐ ɛs-ɛs'ɛr
Latyschew, Latyšev *russ.* 'latɨʃəf
Latz lats, **Lätze** 'lɛtsə
Lätzchen 'lɛtsçən
Latzko 'latsko
lau lau̯
Lau *schwed.* lau̯
Laub lau̯p, **-es** 'lau̯bəs
Laubach 'lau̯bax
Lauban 'lau̯ban
Laubardemont *fr.* lobardə'mõ
Laube[gast] 'lau̯bə[gast]
Lauber[horn] 'lau̯bɐ[hɔrn]
Laubeuf *fr.* lo'bœf
laubig 'lau̯bıç, **-e** ...ıgə
Lauch[a] 'lau̯x[a]
Lauchensee 'lau̯xn̩ze:
Lauchert 'lau̯xɐt
Lauchhammer 'lau̯xhamɐ
Lauchheim 'lau̯xhai̯m
Lauchstädt 'lau̯xʃtɛt
Lauck[ner] 'lau̯k[nɐ]
Laud *engl.* lɔ:d
[1]Lauda (Lobgesang) 'lau̯da, **Laude** ...də
[2]Lauda (Stadt) 'lau̯da
laudabel lau̯'da:bl̩, **...ble** ...blə
Laudanum 'lau̯danʊm
Laudatio lau̯'da:tsi̯o, **-nes** lau̯da'tsi̯o:ne:s
Laudation lau̯da'tsi̯o:n
Laudator lau̯'da:tɔr, **-en** lau̯da'to:rən
[1]Laude 'lau̯də, **...di** ...di
[2]Laude vgl. [1]Lauda
Laudemium lau̯'de:mi̯ʊm, **...ien** ...i̯ən

Laudenheim 'laudn̩haim
Lauder[dale] *engl.* 'lɔ:də[deıl]
Laudes 'laude:s
Laudi 'laudi
laudieren lau'di:rən
Laudist lau'dıst
Laudon 'laudɔn
Laue[nburg] 'lauə[nbʊrk]
Lauene 'lauənə
Lauenstein 'lauənʃtain
Lauer 'lauɐ
Lauerer 'lauərɐ
lauern 'lauɐn
Lauesen *dän.* 'lauəsən
Lauf lauf, **Läufe** 'lɔyfə
Läufel 'lɔyfl̩
laufen, L... 'laufn̩
Laufen[burg] 'laufn̩[bʊrk]
Laufer 'laufɐ
Läufer 'lɔyfɐ
Lauferei laufə'rai
Lauff[en] 'lauf[n̩]
Lauffer 'laufɐ
läufig 'lɔyfıç, **-e** ...ıgə
läuft lɔyft
Laugar *isl.* 'lœÿɣar
Lauge 'laugə
laugen 'laugn̩ **laug!** lauk, **laugt** laukt
Läuger 'lɔygɐ
Laugerie Basse *fr.* loʒri'bɑ:s
Laughlin *engl.* 'lɔklın, 'lɔflın, 'lɑ:flın
Laughton *engl.* lɔ:tn
Lauheit 'lauhait
Lauigkeit 'lauıçkait
Lauingen 'lauıŋən
Laukhard 'laukhart
Laukischken lau'kıʃkn̩
laulich 'laulıç
Laulne *fr.* lo:n
Laum laum
Laumont *fr.* lo'mõ
Laun laun
Launay *fr.* lo'nɛ
Launce[lot] *engl.* 'lɑ:ns[lət]
Launceston (Tasmanien) *engl.* 'lɔ:nsəstən
[1]**Laune** 'launə
[2]**Laune** (Name) *fr.* lo:n
launig 'launıç, **-e** ...ıgə
launisch 'launıʃ
Laupen 'laupn̩
Laupheim 'lauphaim
Laur 'lauɐ
Laura 'laura, *engl.* 'lɔ:rə, *it.* 'la:ura, *span.* 'laura
Lauraguais *fr.* lɔra'gɛ
Laurahütte 'laurahʏtə
Laurana *it.* lau'ra:na
Laurance *engl.* 'lɔ:rəns
Laurat lau'ra:t
Laurazeen laura'tse:ən
Laurbjerg *dän.* 'lau[ə]rbjɛr'
Laureana di Borello *it.* laure'a:na di bo'rɛllo
Laureat laure'a:t
Laurel *engl.* 'lɔrəl
Lauremberg 'laurəmbɛrk
Laurencin *fr.* lɔrã'sɛ̃
Laurens *engl.* 'lɔ:rəns, *fr.* lɔ'rã:s
Laurensberg 'laurənsbɛrk
Laurent *fr.* lɔ'rã
Laurentia lau'rɛntsia
Laurentian Hills *engl.* lɔ:'rɛnʃıən 'hılz
Laurentide Hills *engl.* 'lɔ:rəntaıd 'hılz
Laurentie *fr.* lɔrã'ti
laurentisch lau'rɛntıʃ
Laurent[i]is *it.* lau'rɛnt[i]is
Laurentius lau'rɛntsiʊs, *schwed.* lau'r...
Laurenz[i]ana *it.* lauren'ts[i]a:na
Laurer 'laurɐ
lauretanisch laure'ta:nıʃ
Lauretta *it.* lau'retta
Lauri *finn.* 'lauri
Lauria *it.* lau'ri:a
Laurids *dän.* 'lauris
Laurie *engl.* 'lɔ:rı, 'lɔrı
Laurier *fr.* lɔ'rje, *engl.* 'lɔrıə
Laurière *fr.* lɔ'rjɛ:r
Laurin (Name) 'lauri:n
Laurinburg *engl.* 'lɔ:rınbə:g
Laurion 'laurıɔn, *neugr.* 'lavriɔn
Lauriston *fr.* lɔris'tõ, *engl.* 'lɔ:rıstən
Laurit lau'ri:t, *auch:* ...rıt
Lauritzen 'laurıtsn̩, –'—
Lauro *it.* 'la:uro
Laurus 'laurʊs, **-se** ...ʊsə
Laus laus, **Läuse** 'lɔyzə
Lausanne *fr.* lo'zan
Lausbüberei lausby:bə'rai
Lauscha 'lauʃa, **-er** ...aɐ
Lausche 'lauʃə
lauschen 'lauʃn̩
Läuschen 'lɔysçən
Läuschen un Rimels 'lɔyʃn̩ ʊn 'ri:ml̩s
Lauscher 'lauʃɐ
lauschig 'lauʃıç, **-e** ...ıgə
lausen 'lauzn̩, **laus!** laus, **laust** laust
Lauserei lauzə'rai
Lausick 'lauzık
lausig 'lauzıç, **-e** ...ıgə
Lausitz 'lauzits, **-er** ...tsɐ
lausitzisch 'lauzitsıʃ
Laussedat *fr.* los'da
Laußig 'lausıç
laut, [1]**L...** laut
[2]**Laut** (Name) *engl.* lɔ:t, *indon.* laut
Lauta 'lauta
Lautal lau'ta:l
Lautaret *fr.* lota'rɛ
Lautaro *span.* lau'taro
Laute 'lautə
lauten 'lautn̩
läuten 'lɔytn̩
Lautenist lautə'nıst
Lautensach 'lautn̩zax
Lautensack 'lautn̩zak
Lautenschläger 'lautn̩ʃlɛ:gɐ
lauter, L... 'lautɐ
Lauterbach 'lautɐbax
Lauterberg 'lautɐbɛrk
Lauterbrunnen 'lautɐbrʊnən
Lauterburg 'lautɐbʊrk
läutern 'lɔytɐn
Lauth laut
lauthals 'lauthals
lautieren lau'ti:rən
lautlich 'lautlıç
lautlos 'lautlo:s
Lautmalerei lautma:lə'rai
Lautréamont *fr.* lotrea'mõ
Lautrec *fr.* lo'trɛk
Lautzenhausen lautsn̩'hauzn̩
lauwarm 'lauvarm
Lauwe[rszee] *niederl.* 'lɔuwə[rsze:]
Lauzon *fr.* lo'zõ
Lauzun *fr.* lo'zœ̃
Lava 'la:va
Lava Beds National Monument *engl.* 'lɑ:və 'bɛdz 'næʃənəl 'mɔnjʊmənt
Lavabel la'va:bl̩
Lavabo la'va:bo
Lavaca *engl.* lə'vækə
Lavagna *it.* la'vaɲɲa
Laval *fr.*, *schwed.* la'val
La Valette, Lavalette *fr.* lava'lɛt
Lavalleja *span.* laβa'ʎexa
La Vallière *fr.* lava'ljɛ:r
Lavamünd lava'mʏnt
Lavant 'la[:]vant
Lavarack *engl.* 'lævəræk
Lavardin *fr.* lavar'dɛ̃
La Varende *fr.* lava'rã:d
[1]**Lavater** (Wäscher) la'va:tɐ
[2]**Lavater** (Name) 'la:va:tɐ
La Vauguyon *fr.* lavogɥi'jõ
Lavaur *fr.* la'vɔ:r
Lave *dän.* 'la:və
Lavedan *fr.* lav'dã
Lavelanet *fr.* lavla'nɛ
Laveleye *fr.* la'vlɛ
Lavelle *fr.* la'vɛl
Lavello *it.* la'vɛllo
Lavenaalp la'fe:na|alp
lavendel, L... la'vɛndl̩
Laveno *it.* la've:no
Laventie *fr.* lavã'ti
Laver *engl.* 'leıvə
Laveran *fr.* la'vrã
Laverde *span.* la'βerðe
La Vérendrye *fr.* laverã'dri
Lavertezzo *it.* laver'tettso
Lavery *engl.* 'leıvərı, 'læv...
Laves 'la:vəs
lavieren la'vi:rən
La Vieuville *fr.* lavjø'vil
Lavigerie *fr.* lavi'ʒri
Lavignac *fr.* lavi'ɲak
La Vigne *fr.* la'viɲ
Lavin *rät.* la'viɲ

Lavín *span.* la'βin
Lavington *engl.* 'lævɪŋtən
Lavịnia la'vi:ni̯a, *engl.* lə'vɪnɪə
Lavipẹdium lavi'pe:di̯ʊm, **...dia** ...di̯a
Lavịsse *fr.* la'vis
Lavočkin vgl. Lawotschkin
lävogyr lɛvo'gy:ɐ̯
Lavoir la'vo̯a:ɐ̯
Lavoisiẹr *fr.* lavwa'zje
Lavọr la'fo:ɐ̯
Lavọrgo *it.* la'vorgo
Lạvos *port.* 'lavuʃ
Lavr vgl. Lawr
Lavradịo *port.* lɐvrɐ'ðiu
Lạvras *bras.* 'lavras
Lavreince *fr.* la'vrɛ̃:s
Lavrenev vgl. Lawrenjow
Lavrent'ev vgl. Lawrentjew
Lavrent'evič vgl. Lawrentjewitsch
Lavrent'evna vgl. Lawrentjewna
Lavrentij vgl. Lawrenti
La Vrillière *fr.* lavri'ljɛ:r
Lavrov vgl. Lawrow
Lävulọse lɛvu'lo:zə
Lävulosurie lɛvulozu'ri:
Law[es] *engl.* lɔ:[z]
Lawine la'vi:nə
Lawless *engl.* 'lɔ:lɪs
Lawn-Tennis *engl.* 'lɔ:n'tɛnɪs
Lạwotschkin, Lavočkin *russ.* 'lavɐtʃkin
Lạwr, Lavr *russ.* lavr
Lạwra 'lavra
Lawrence *engl.* 'lɔrəns, 'lɔ:r...
Lawrenceburg *engl.* 'lɔ:rənsbə:g
Lawrenceville *engl.* 'lɔ:rənsvɪl
Lawrẹncium lo'rɛntsi̯ʊm
Lawrenjọw, Lavrenev *russ.* lɐvrɪ'njɔf
Lawrẹnti, Lavrentij *russ.* la'vrjentij
Lawrẹntjew, Lavrent'ev *russ.* la'vrjentjɪf
Lawrẹntjewitsch, Lavrent'evič *russ.* la'vrjentjɪvitʃ
Lawrẹntjewna, Lavrent'evna *russ.* la'vrjentjɪvnɐ
Lawrie *engl.* 'lɔ:rɪ
Lạwrion *neugr.* 'lavriɔn
Lawrọw, Lavrov *russ.* la'vrɔf
Lạwsken 'lafskn̩
Lawson *engl.* lɔ:sn
Lawton *engl.* lɔ:tn
Lạwu *indon.* 'lawu
Lạx laks
Lạxå *schwed.* ˌlakso:
Lạkans 'laksans; **...ạntia** la'ksantsi̯a, **...ạnzien** la'ksantsi̯ən
Laxatịv laksa'ti:f, **-e** ...i:və
Laxatịvum laksa'ti:vʊm, **...va** ...va
Lạxenburg 'laksn̩bʊrk
laxieren la'ksi:rən
Laxịsmus la'ksɪsmʊs
Lạxness *isl.* 'laxsnɛs
Laxou *fr.* lak'su
Lay lai̯, *fr.* lɛ
Layamon *engl.* 'laɪəmən
Layard *engl.* lɛəd
Layout 'le:|au̯t, –'–; *engl.* 'leɪaʊt, '–'–, –'–
Layouter 'le:|au̯tɐ, –'––
Layton *engl.* leɪtn
Lạzar *serbokr.* 'laza:r
Lạzăr *rumän.* 'lazər
Lazar' vgl. Lasar
Lazare *fr.* la'za:r
Lăzăreạnu *rumän.* ləzə'rea̯nu
Lazarẹtt latsa'rɛt
Lazarev vgl. Lasarew
Lạzarević *serbokr.* 'laza:rɛvitɕ
[1]**Lazarevič** vgl. Lasarewitsch
[2]**Lạzarevo** *serbokr.* 'laza:rɛvɔ
Lazarịllo de Tọrmes *span.* laθa'riʎo ðe 'tɔrmes
Lazarịst latsa'rɪst
Lạzaro *it.* 'laddzaro
Lázaro *span.* 'laθaro
Lazarov vgl. Lasarow
Lạzarus 'la:tsarʊs, *engl.* 'læzərəs
Lazear *engl.* lə'zɪə
Lažečnikov vgl. Laschetschnikow
Lazedä̤mon latse'dɛ:mɔn
Lazedämonier latsedɛ'mo:ni̯ɐ
lazedämọnisch latsedɛ'mo:nɪʃ
Lazeratiọn latsera'tsi̯o:n
lazerieren latse'ri:rən
Lazẹrte la'tsɛrtə
Lázi *ung.* 'la:zi
Lạzio *it.* 'lattsi̯o
Łazịska Górne *poln.* u̯a'ziska 'gurnɛ
Lạzius 'la:tsi̯ʊs
Lázně Bělohrad *tschech.* 'la:znjɛ 'bjɛlɔhrat
Lázně Kynžvart *tschech.* 'ka:znjɛ 'kinʒvart
Lazulith latsu'li:t, *auch:* ...lɪt
Lazurskij vgl. Lasurski
Lạzzari *it.* 'laddzari
Lạzzaro *it.* 'laddzaro
Lazzarọne latsa'ro:nə, **...ni** ...ni
Lẹa 'le:a, *engl.* li:
Leach *engl.* li:tʃ
Leacock *engl.* 'li:kɔk
Lead[e] *engl.* li:d
Leader 'li:dɐ, *engl.* 'li:də
Leadville *engl.* 'lɛdvɪl
Leaf *engl.* li:f
Leahy *engl.* 'leɪhɪ, 'li:ɪ
Leake[y] *engl.* 'li:k[ɪ]
Leạl *span.* le'al, *port.* li̯al
Leamington *engl.* 'lɛmɪŋtən *(England)*, 'li:mɪŋtən *(Kanada)*
Lean *engl.* li:n
Leạnder le'andɐ
Léandre *fr.* le'ã:dr
Leạndro *it., span.* le'andro
Leane, Lough *engl.* 'lɔk 'leɪn
Lẹányfalu *ung.* 'lɛa:njfɔlu
Lẹányvár *ung.* 'lɛa:njva:r
Leão *port.* li̯ɐ̃u̯
Lear li:ɐ̯, *engl.* lɪə
Learned *engl.* 'lɛnɪd
Leary *engl.* 'lɪərɪ
leasen 'li:zn̩, **leas!** li:s, **least** li:st
Leaside *engl.* 'li:saɪd
Leasing 'li:zɪŋ, *engl.* 'li:sɪŋ
Leatherhead *engl.* 'lɛðəhɛd
Leathes *engl.* li:ðz
Léaud *fr.* le'o
Léautaud *fr.* leo'to
Leavenworth *engl.* 'lɛvnwə:θ
Lẹba[ch] 'le:ba[x]
Łẹba *poln.* 'u̯ɛba
Lẹbanon *engl.* 'lɛbənən
Le Bạs *fr.* lə'bɑ
Lebbä̤us lɛ'bɛ:ʊs
Lẹbbeke *niederl.* 'lɛbe:kə
Lebbịn lɛ'bi:n
Lẹbby *engl.* 'lɛbɪ
Le Beau *fr.* lə'bo
Lẹbedew, Lebedev *russ.* 'ljebɪdɪf
Lebedịn *russ.* lɪbɪ'din
Lebedjạn, Lebedjan' *russ.* lɪbɪ'djanj
Lebehọch le:bə'ho:x
Le Bẹl, Lebẹl *fr.* lə'bɛl
lẹbelang 'le:bəlaŋ
lẹben 'le:bn̩, **lẹb!** le:p, **lẹbt!** le:pt
Lẹben 'le:bn̩
lebẹndig le'bɛndɪç, **-e** ...ɪgə
lẹbenslang 'le:bn̩slaŋ
lẹbenslänglich 'le:bn̩slɛŋlɪç
Lébény *ung.* 'le:be:nj
Lẹber[t] 'le:bɐ[t]
Lẹberecht 'le:bərɛçt
Léberon *fr.* le'brõ
Lebẹsgue *fr.* lə'bɛg
Lebeuf *fr.* lə'bœf
Lebewọhl le:bə'vo:l
lẹbhaft 'le:phaft
Lebien le'bi:n
Lẹbkuchen 'le:pku:xn̩
Lẹbküchler 'le:pky:çlɐ
Lebküchlerei le:pky:çlə'rai̯
Lẹbküchner 'le:pky:çnɐ
Lebküchnerei le:pky:çnə'rai̯
Leblanc, Le Blant *fr.* lə'blɑ̃
Le Blon, Le Blond, Leblond *fr.* lə'blõ
lẹblos 'le:plo:s
Lebœuf *fr.* lə'bœf
Lẹbold 'le:bɔlt
Le Bon, Lebon *fr.* lə'bõ
Lẹbork *poln.* 'lɛmbɔrk
Lebourg *fr.* lə'bu:r
Le Bourgẹt *fr.* ləbur'ʒɛ
Lẹbrecht 'le:brɛçt, 'le:prɛçt
Le Brẹt *fr.* lə'brɛt
Lebrija *span.* le'βrixa
Le Brun, Lebrun *fr.* lə'brœ̃
Lẹbtag 'le:pta:k
Leburton *fr.* ləbyr'tõ

Lebus le'bu:s, *auch:* 'le:bʊs
Lebusa le'bu:za
Lębzelt[en] 'le:pt͡sɛlt[n̩]
Lęc *poln.* lɛts
Le Cardonnel *fr.* ləkardɔ'nɛl
Leça *port.* 'lɛsɐ
Lecanuet *fr.* ləka'nɥɛ
Lecce *it.* 'lettʃe
Lecco *it.* 'lekko
Lech lɛç
Le Chatelier *fr.* ləʃatə'lje
Leche[nich] 'lɛçə[nɪç]
Lecher 'lɛçɐ
Lechfeld 'lɛçfɛlt
Lechhausen lɛç'hau̯zn̩
lechisch 'lɛçɪʃ
Lechler 'lɛçlɐ
Lechner 'lɛçnɐ
Lechoń *poln.* 'lɛxɔi̯n
Lechovice *tschech.* 'lɛxɔvitsɛ
Lecht[h]al[er] 'lɛçta:l[ɐ]
Lechter 'lɛçtɐ
lechzen 'lɛçtsn̩
Lečickij vgl. Letschizki
Lecithin let͡si'ti:n
leck, Leck lɛk
Leckage lɛ'ka:ʒə
Lecke 'lɛkə
lecken 'lɛkn̩
lecker 'lɛkɐ
Leckerei lɛkə'rai̯
Leckerli 'lɛkɐli
Lecky *engl.* 'lɛkɪ
Leckwar 'lɛkvar
Leclair *fr.* lə'klɛ:r
Leclanché *fr.* ləklã'ʃe
Le Clear *engl.* lə'klɪə
Le Clerc, Leclerc[q], Leclère *fr.* lə'klɛ:r
Le Clézio *fr.* ləkle'zjo
Lécluse *fr.* le'kly:z
Lecocq *fr.* lə'kɔk
Lecompton *engl.* lɪ'kɔmptən
Lecomte *fr.* lə'kõ:t
Le Conte *engl.* lɪ'kɔnt
Leconte de Lisle *fr.* ləkõtdə'lil
Le Coq *fr.* lə'kɔk
Lecoq de Boisbaudran *fr.* ləkɔkdəbwabo'drã
Le Corbusier *fr.* ləkɔrby'zje
Lecornu *fr.* ləkɔr'ny
Lecourbe *fr.* lə'kurb
Lecourt *fr.* lə'ku:r
Le Coutre *fr.* lə'kutr
Lecouvreur *fr.* ləku'vrœ:r
Le Creusot *fr.* ləkrø'zo
Lectisternium lɛktɪs'tɛrni̯ʊm, **...ien** ...i̯ən
lectori salutem! lɛk'to:ri za'lu:tɛm
Lecturer *engl.* 'lɛktʃərə
Łęczna *poln.* 'u̯ɛntʃna
Łęczyca *poln.* u̯ɛn'tʃɨtsa
Leda 'le:da
Le Daim, Le Dain *fr.* lə'dɛ̃
Le Dantec *fr.* ladã'tɛk
Lede[berg] *niederl.* 'le:də[bɛrx]
Ledebour 'le:dəbu:ɐ̯
Ledeburit ledəbu'ri:t, *auch:* ...rɪt
Ledeč *tschech.* 'lɛdɛtʃ
Ledeganck *niederl.* 'le:dəxɑŋk
Ledegem *niederl.* 'le:dəxəm
Leder 'le:dɐ
Lederer 'le:dərɐ
lederig 'le:dərɪç, **-e** ...ɪgə
ledern 'le:dɐn
Ledesma *span.* le'ðezma
ledig 'le:dɪç, **-e** ...ɪgə
lediglich 'le:dɪklɪç
Ledischiff 'le:diʃɪf
Ledóchowska *poln.* lɛdu'xɔfska
Ledochowski ledɔ'xɔfski
Ledóchowski *poln.* lɛdu'xɔfski
Ledoux *fr.* lə'du
ledrig 'le:drɪç, **-e** ...ɪgə
Ledro *it.* 'le:dro
Ledru *fr.* lə'dry
Ledru-Rollin *fr.* lədryrɔ'lɛ̃
Le Duc, Leduc *fr.* lə'dyk
Le Duc Tho ledʊk'to:
Ledwidge *engl.* 'lɛdwɪdʒ
Ledyczek *poln.* lɛn'dɨtʃɛk
Ledyard *engl.* 'lɛdjəd
[1]**Lee** le:
[2]**Lee** (Name) *engl.* li:
Leeb le:p
Leech *engl.* li:tʃ
Leeds *engl.* li:dz
Leefdaal *niederl.* 'le:vda:l
Leek *engl.* li:k
Leemputten *niederl.* 'le:mpʏtə
Leen le:n
Leende *niederl.* 'le:ndə
Leens *niederl.* le:ns
leer, Leer le:ɐ̯
Leerdam *niederl.* le:r'dɑm
Leere 'le:rə
leeren 'le:rən
Lees[burg] *engl.* 'li:z[bə:g]
Leeseite 'le:zai̯tə
Leeste 'le:stə
Leete *engl.* li:t
Leeuw *niederl.* le:u̯
Leeuwarden *niederl.* 'le:wɑrdə
Leeuwen *niederl.* 'le:wə
Leeuwenhoek *niederl.* 'le:wənhu:k
Leeward *engl.* 'li:wəd
leewärts 'le:vɛrts
Le Fanu *engl.* 'lɛfənju:
Lefébure *fr.* ləfe'by:r
Lefebvre, Lefévre *fr.* lə'fɛ:vr
Leffler *schwed.* 'lɛflər
Lefkas *neugr.* lɛf'kas
Le Flô *fr.* lə'flo
Leforest *fr.* ləfɔ'rɛ
le Fort lə'fo:ɐ̯
Lefort *fr.* lə'fɔ:r
Le Franc, Lefranc *fr.* lə'frã
Lefroy *engl.* lə'frɔɪ
Lefuel *fr.* lə'fɥɛl
Lefze 'lɛftsə
Lega *it.* 'le:ga
legal, L... le'ga:l
Legalisation legaliza'tsi̯o:n
legalisieren legali'zi:rən
legalistisch lega'lɪstɪʃ
Legalität legali'tɛ:t
Legal tender *engl.* 'li:gəl 'tɛndə
Legasthenie legaste'ni:, **-n** ...i:ən
Legastheniker legas'te:nikɐ
legasthenisch legas'te:nɪʃ
Legat le'ga:t
Lagatar lega'ta:ɐ̯
Legation lega'tsi̯o:n
legatissimo lega'tɪsimo
legato le'ga:to
Legato le'ga:to, **...ti** ...ti
Legau 'le:gau̯
Legazpi *span.* le'ɣaθpi
Legden 'lɛkdn̩
lege artis 'le:gə 'artɪs
Legel 'le:gl̩
legen 'le:gn̩, **leg!** le:k, **legt** le:kt
Legénd *ung.* 'lɛge:nd
Legenda aurea le'gɛnda 'au̯rea
legendar, L... legɛn'da:ɐ̯
legendär legɛn'dɛ:ɐ̯
legendarisch legɛn'da:rɪʃ
Legendarium legɛn'da:ri̯ʊm, **...ien** ...i̯ən
Legende le'gɛndə
Le Gendre, Legendre *fr.* lə'ʒã:dr
Legentil, Le G... *fr.* ləʒã'ti
Le Gentilhomme *fr.* ləʒãti'jɔm
leger le'ʒe:ɐ̯, le'ʒɛ:ɐ̯
Leger 'le:gɐ
Léger *fr.* le'ʒe
Leges vgl. Lex
Legföhre 'le:kfø:rə
Legge *engl.* lɛg
leggiadramente lɛdʒadra'mɛntə
leggiadro lɛ'dʒa:dro
leggiero lɛ'dʒe:ro
Legh *engl.* li:
Leghorn 'le:khɔrn
Legien le'gi:n
legieren le'gi:rən
Leginska *engl.* lɪ'gɪnskə
Legion le'gi̯o:n
Legionar legi̯o'na:ɐ̯
legionär, L... legi̯o'nɛ:ɐ̯
Légion d'honneur *fr.* leʒjõdɔ'nœ:r
Légion étrangère *fr.* leʒjõetrã'ʒɛ:r
Legionowo *poln.* lɛgjɔ'nɔvɔ
Legislation legɪsla'tsi̯o:n
legislativ legɪsla'ti:f, **-e** ...i:və
Legislative legɪsla'ti:və
legislatorisch legɪsla'to:rɪʃ
Legislatur legɪsla'tu:ɐ̯
Legismus le'gɪsmʊs
legitim legi'ti:m
Legitimation legitima'tsi̯o:n
legitimieren legiti'mi:rən
Legitimismus legiti'mɪsmʊs
Legitimist legiti'mɪst
Legitimität legitimi'tɛ:t
Legnago *it.* leɲ'ɲa:go
Legnano *it.* leɲ'ɲa:no

Legnica *poln.* lɛg'nitsa
Le Goffic *fr.* ləgɔ'fik
Legouis *fr.* lə'gwi
Legouvé *fr.* ləgu've
Legrain *fr.* lə'grɛ̃
Legrand *fr.* lə'grɑ̃
Legras *fr.* lə'grɑ
Legrenzi *it.* le'grɛntsi
Legros *fr.* lə'gro
Leguan le'gu̯a:n, *auch:* 'le:gu̯a:n
Léguevin *fr.* leg'vɛ̃
Leguía *span.* le'ɣia
Legumen le'gu:mən
Legumin legu'mi:n
Leguminose legumi'no:zə
Lehar, Lehár 'le:har, le'ha:ɐ̯, *ung.* 'lɛha:r
Le Hardy *fr.* ləar'di
Le Havre *fr.* lə'ɑ:vr
Lehde 'le:də
Lehe[l] 'le:ə[l]
Lehen[stein] 'le:ən[ʃtain]
Lehesten 'le:əstn̩
Lehi[gh] *engl.* 'li:haɪ
Lehighton *engl.* li:'haɪtn
Lehm le:m
[1]**Lehmann** 'le:man
[2]**Lehmann [Caves]** *engl.* 'leɪmən ['keɪvz]
Lehmbruck 'le:mbrʊk
Lehmen 'le:mən
Lehmer 'le:mɐ, *engl.* 'leɪmə
lehmig 'le:mɪç, **-e** ...ɪgə
Lehndorf 'le:ndɔrf
Lehne 'le:nə
lehnen 'le:nən
Lehnertz 'le:nɐts
Lehnin le'ni:n
Le Houx *fr.* lə'u
Lehr[d] le:ɐ̯[t]
Lehre 'le:rə
lehren 'le:rən
Lehrer 'le:rɐ
Lehrling 'le:ɐ̯lɪŋ
Lehrs le:ɐ̯s
Lehrte 'le:ɐ̯tə
Lehtonen *finn.* 'lɛhtɔnɛn
[1]**Lei** (Fels) lai
[2]**Lei** *rumän.* lei̯
[3]**Lei** vgl. [2]Leu
[1]**Leib** laip, **-es** 'laibəs
[2]**Leib** (Name) *engl.* leɪb
Leibchen 'laipçən
leibeigen 'laip|aign̩, *auch:* -'--
leiben 'laibn̩, **leib!** laip, **leibt** laipt
Leiber 'laibɐ
leibhaft 'laiphaft
leibhaftig laip'haftɪç, '---; **-e** ...ɪgə
Leibholz 'laiphɔlts
Leibl 'laibl̩
leiblich 'laiplɪç
Leibnitz, Leibniz 'laibnɪts
leibnizisch, L... 'laibnɪtsɪʃ
Leibowitz *fr.* lɛbɔ'vits
Leibsch laipʃ
Leib-Seele-Problem 'laip'ze:ləproble:m
Leibstadt 'laip-ʃtat
Leica Ⓦ 'laika
Leicester *engl.* 'lɛstə, **-shire** -ʃɪə
Leich[e] 'laiç[ə]
leichenblaß 'laiçn̩'blas
leichenfahl 'laiçn̩'fa:l
Leichhardt 'laiçhart, *engl.* 'laɪkhɑ:t
Leichlingen 'laiçlɪŋən
Leichnam 'laiçna:m
leicht, L... laiçt
Leichte 'laiçtə
Leichtentritt 'laiçtn̩trɪt
Leichter 'laiçtɐ
leichtern 'laiçtɐn
leichthin 'laiçt'hɪn
Leichtsinn 'laiçtzɪn
leichtsinnig 'laiçtzɪnɪç
leid lait
Leid lait, **-es** 'laidəs
leiden 'laidn̩, **leid!** lait
[1]**Leiden** (Krankheit) 'laidn̩
[2]**Leiden** (Stadt) 'laidn̩, *niederl.* 'lɛi̯də
Leidener 'laidənɐ
Leidenfrost 'laidn̩frɔst
Leidenschaft 'laidn̩ʃaft
leider, L... 'laidɐ
Leiderdorp *niederl.* lɛi̯dər'dɔrp
Leidesdorfer 'laidəsdɔrfɐ
leidig 'laidɪç, **-e** ...ɪgə
leidlich 'laitlɪç
Leidschendam *niederl.* lɛi̯tsən'dɑm
Leidy *engl.* 'laɪdɪ
Leie *niederl.* 'lɛi̯ə
Leier[bauden] 'laiɐ[baudn̩]
Leierei laiə'rai
leiern 'laiɐn
Leif laif, *norw.* lɛi̯f
Leifhelm 'laifhɛlm
Leifs *isl.* lɛi̯fs
Leifur *isl.* 'lɛi̯vʏr
[1]**Leigh** (Ortsname) *engl.* li:, laɪ
[2]**Leigh** (Personenname) *engl.* li:
Leigh-Mallory *engl.* 'li:'mælərɪ
Leighton [Buzzard] *engl.* 'leɪtn ['bʌzəd]
Leihe 'laiə
leihen 'laiən
Leih-Pacht-System 'lai'paxtzʏste:m
Leik laik
Leikanger *norw.* ˌlɛi̯kaŋər
Leikauf 'laikauf, **...käufe** ...kɔyfə
Leila 'laila, *engl.* 'li:lə
Leilach 'lailax
Leilak 'lailak
Leim laim
leimen, L... 'laimən
leimig 'laimɪç, **-e** ...ɪgə
Leimstruth 'laimʃtru:t
Leimuiden *niederl.* lɛi̯'mœi̯də
Lein[berger] 'lain[bɛrgɐ]
Leindel 'laindl̩
Leine 'lainə
Leinel 'lainl̩
leinen, L... 'lainən
Leinfelden lain'fɛldn̩
Leinhausen lain'hauzn̩
Leiningen 'lainɪŋən
Leino *finn.* 'lɛi̯nɔ
Leins lains
Leinsdorf 'lainsdɔrf, *engl.* 'lainsdɔ:f
Leinster *engl.* 'lɛnstə
Leip[a] 'laip[a]
Leipart 'laipart
Leipferdingen 'laipfɛdɪŋən
Leipheim 'laiphaim
Leipnik 'laipnɪk
leipogrammatisch laipogra'ma:tɪʃ
Leiprecht 'laiprɛçt
Leipzig 'laiptsɪç, **-er** ...ɪgɐ
Leiria *port.* lɐi̯'riɐ
Leiris *fr.* lɛ'ris
leis, Leis lais, **-e** 'laizə
Leisegang 'laizəgaŋ
Leisering 'laizərɪŋ
Leisetreterei laizətre:tə'rai
Leisewitz 'laizəvɪts
Leishman *engl.* 'li:ʃmən
Leishmania laiʃ'ma:ni̯a, **...ien** ...i̯ən
Leishmaniose laiʃma'ni̯o:zə
Leisler 'laislɐ, *engl.* 'laɪslə
Leisner 'laisnɐ
Leisnig 'laisnɪç
Leist[e] 'laist[ə]
leisten, L... 'laistn̩
Leistenwein 'laistn̩vain
Leistikow 'laistɪko
Leitartikler 'lait|arti:klɐ, *auch:* ...tɪk...
[1]**Leite** (Halde) 'laitə
[2]**Leite** (Name) *span.* 'lɛi̯te, *port.* 'lɐi̯tə, *bras.* 'lei̯ti
leiten 'laitn̩
Leiter 'laitɐ, *engl.* ...tə
Leitgeb 'laitge:p
Leitgeber 'laitge:bɐ
Leith *engl.* li:θ
Leitha 'laita
Leithaprodersdorf laita'pro:dɐsdɔrf
Leithäuser 'laithɔyzɐ
Leitheim 'laithaim
Leithen 'laitn̩
Leitkauf 'laitkauf, **...käufe** ...kɔyfə
Leitmaier 'laitmaiɐ
Leitmeritz 'laitmərɪts
Leitner 'laitnɐ, *engl.* 'laɪtnə
Leitomischl 'laitomɪʃl̩
Leitrim *engl.* 'li:trɪm
Leitz[kau] 'laits[kau]
Leitzmann 'laitsman
Leitzweiler 'laitsvailɐ
Leiva *span.* 'lɛi̯βa
Leiwen 'laivn̩

Leix *engl.* li:ʃ
Leixões *port.* lɐi̯'ʃõi̯ʃ
Le Jeune *fr.* lə'ʒœn
Lejeune *fr.* lə'ʒœn, *engl.* lə'ʒə:n
Leif *dän.* lai̯'f
Lei̲re *dän.* 'lai̯rə
[1]**Lẹk** (Münze) lɛk
[2]**Lẹk** (Fluß) *niederl.* lɛk
Lekain *fr.* lə'kɛ̃
Lẹkaj *alban.* 'lekai̯
Lekeu *fr.* lə'kø
Lẹkkerkerk *niederl.* 'lɛkərkɛrk
Lẹksand *schwed.* ˌle:ksand
Lektio̲n lɛk'tsi̯o:n
Lektiona̲r lɛktsi̯o'na:ɐ̯, **-ien** ...a:ri̯ən
Lektiona̲rium lɛktsi̯o'na:ri̯ʊm, **...ien** ...i̯ən
Lẹktor 'lɛktɔr, **-en** lɛk'to:rən
Lektora̲t lɛkto'ra:t
lektori̲eren lɛkto'ri:rən
Lekto̲rin lɛk'to:rɪn
Lektü̲re lɛk'ty:rə
Lekythion le'ky:ti̯ɔn, **...thia** ...ti̯a
Lẹkythos 'le:kytɔs, **...then** le'ky:tn̩
Leland *engl.* 'li:lənd
Lẹleger 'le:legɐ
Leleux *fr.* lə'lø
Lelẹwel *poln.* lɛ'lɛvɛl
Lelièvre *fr.* lə'ljɛ:vr
Lẹlio 'le:li̯o, *it.* 'lɛ:li̯o, *span.* 'leli̯o
Le Lọcle *fr.* lə'lɔkl
Le Lorrain, Lelorrain *fr.* ləlɔ'rɛ̃
Lely *engl.* 'li:lɪ, *niederl.* 'le:li:
Lẹlystad *niederl.* 'le:li:stɑt
Le Maire, Lemaire *fr.* lə'mɛ:r
Lemaire de Bẹlges *fr.* ləmɛrdə'bɛlʒ
Lemai[s]tre, Lemaître *fr.* lə'mɛtr
lema̲nisch le'ma:nɪʃ
Le Mans *fr.* lə'mã
Le Ma̲rs *engl.* lə'mɑ:z
Lẹmba[ch] 'lɛmba[x]
Lẹmbeck 'lɛmbɛk
Lẹmbeek *niederl.* 'lɛmbe:k
Lẹmberg 'lɛmbɛrk, **-er** ...rgɐ
Lẹmbork *poln.* 'lɛmbɔrk
Lẹmbourn *dän.* 'lɛmbɔrn
Lẹmele *niederl.* 'le:mələ
Lemẹni *it.* le'mɛ:ni
Le Merciẹr, Lemerciẹr *fr.* ləmɛr'sje
Lemẹrre *fr.* lə'mɛ:r
Lémery *fr.* lem'ri
Lemesọs *neugr.* lɛmɛ'sɔs
Lẹmgo 'lɛmgo
Lẹmisch 'le:mɪʃ
Lẹmke 'lɛmkə
Lẹmma 'lɛma, **-ta** 'lɛmata
lemmatisi̲eren lɛmati'zi:rən
Lẹmmens *niederl.* 'lɛməns
Lẹmmer 'lɛmɐ, *niederl.* 'lɛmər
Lẹmming 'lɛmɪŋ
Lemnazẹen lɛmna'tse:ən
Lemniska̲te lɛmnɪs'ka:tə
Lẹmnitz 'lɛmnɪts
Lẹmnius 'lɛmniʊs
Lẹmnos 'lɛmnɔs, *neugr.* 'limnɔs
Le Moine, Lemoine, Lemoinne *fr.* lə'mwan
Lẹmon *engl.* 'lɛmən
Le Monde *fr.* lə'mõ:d
Le Monniẹr, Lemonniẹr *fr.* ləmɔ'nje
Lemontey *fr.* ləmõ'tɛ
Lẹmos *span.* 'lemɔs
Lemọt *fr.* lə'mo
Lemoyne *fr.* lə'mwan
[1]**Lempi̲ra** (Münze) lɛm'pi:ra
[2]**Lempi̲ra** *span.* lɛm'pira
Lemprière *fr.* lãpri'ɛ:r, *engl.* lɛm'prɪə
Lẹmuel *engl.* 'lɛmjʊəl
Le Muẹt *fr.* lə'mɥɛ
Lemu̲r le'mu:ɐ̯
Lemu̲re le'mu:rə
Lemu̲ria le'mu:ri̯a
Lemvi̲g *dän.* lɛm'vi:'
Lẹna 'le:na, *engl.* 'li:nə, *russ.* 'ljɛnɐ
Lenä̲en le'nɛ:ən
Le Nain, Lenain *fr.* lə'nɛ̃
Lẹnard 'le:nart
Lénárd *ung.* 'le:na:rd
Lẹnárt *slowak.* 'lɛna:rt
Lenartọwicz *poln.* lɛnar'tɔvitʃ
Lẹnau 'le:nau̯
Lẹnbach 'le:nbax
Lẹnca *span.* 'leŋka
Lẹnchen 'le:nçən
Lenclọs *fr.* lã'klo
Lençóis *bras.* lẽ'sɔi̯s
Lẹnd lɛnt
Lẹnde 'lɛndə
Lẹndelede *niederl.* 'lɛndəle:də
Lendina̲ra *it.* lendi'na:ra
Lẹndringsen 'lɛndrɪŋzn̩
Lẹndvai, ...vay *ung.* 'lɛndvɔi
Lene 'le:nə
Lenel 'le:nl̩
Lenepveu *fr.* lən'vø
Lenéru *fr.* ləne'ry
Lenes vgl. Lenis
L'Enfant *fr.* lã'fã
Lẹng[ede] 'lɛŋ[ədə]
Lẹnge[n]feld 'lɛŋə[n]fɛlt
Lengẹr *russ.* lɪn'gjɛr
Lẹngerich 'lɛŋərɪç
Lẹngerke 'lɛŋɐkə
Lẹngfeld 'lɛŋfɛlt
Lẹngfurt 'lɛŋfʊrt
Lenggri̲es lɛŋ'gri:s
Lẹngua *span.* 'leŋgu̯a
Lẹngyel *ung.* 'lɛndjɛl
Lẹnhartz 'le:nharts
Lẹnhovda *schwed.* ˌle:nhɔvda
Lenicẹt (Wz) leni'tse:t
lẹniens 'le:ni̯ɛns
Leni̲erung le'ni:rʊŋ
Lẹnin 'le:ni:n, *russ.* 'ljenin
Leninabạd *russ.* lɪnina'bat
Leninakạn *russ.* lɪnina'kan
Lẹningrad 'le:ni:ngra:t, *russ.* lɪnin'grat
Lẹningrader 'le:ni:ngra:dɐ
Leninịsmus leni'nɪsmʊs
Leninịst leni'nɪst
Leninogọrsk *russ.* lɪnina'gɔrsk
Lẹninsk *russ.* 'ljeninsk
Lẹninsk-Kusnẹzki, Leninsk-Kuzneckij *russ.* 'ljeninskkuz'njɛtskij
Lẹnis 'le:nɪs, **Lẹnes** 'le:ne:s
lenisi̲eren leni'zi:rən
Lenitio̲n leni'tsi̯o:n
leniti̲v leni'ti:f, **-e** ...i:və
Leniti̲vum leni'ti:vʊm, **...va** ...va
Lẹnk lɛŋk
lẹnkbar 'lɛŋkba:ɐ̯
lẹnken 'lɛŋkn̩
Lẹnkerbeck 'lɛŋkɐbɛk
Lenkorạn, Lenkoran' *russ.* lɪnka'ranj
lẹnksam 'lɛŋkza:m
Lẹnnart *niederl.* 'lɛnɑrt
Lẹnne 'lɛnə
Lenné lɛ'ne:
Lẹnnep 'lɛnɛp, *niederl.* ...nəp
Lẹnngren *schwed.* 'lɛngre:n
Lẹnningsen 'lɛnɪŋzn̩
Lẹnnox *engl.* 'lɛnəks
Lẹno *it.* 'le:no
Lenoir *fr.* lə'nwa:r, *engl.* lə'nɔ:
Leno̲re le'no:rə
Lenormand *fr.* lənɔr'mã
Le Nọstre, Le Nôtre *fr.* lə'no:tr
Lẹnox *engl.* 'lɛnəks
Lens *fr.* lã:s
Lẹnsch lɛnʃ
Lẹnsing 'lɛnzɪŋ
Lẹnski, Lenskij *russ.* 'ljɛnskij
Lẹński *poln.* 'lɛĩ̯ski
Lẹnt *engl.* lɛnt
lentamẹnte lɛnta'mɛntə
lentạndo lɛn'tando
Lentạndo lɛn'tando, **...di** ...di
lentement *fr.* lãt'mã
Lẹnti *ung.* 'lɛnti
Lenti̲go lɛn'ti:go, **...gines** ...gine:s
lentikula̲r lɛntiku'la:ɐ̯
Lentikula̲riswolke lɛntiku'la:rɪsvɔlkə
Lẹnting 'lɛntɪŋ
Lenti̲ni *it.* len'ti:ni
Lentizẹlle lɛnti'tsɛlə
lẹnto 'lɛnto
Lẹnto 'lɛnto, **...ti** ...ti
lẹnto assa̲i 'lɛnto a'sa:i
lẹnto di mọlto 'lɛnto di 'mɔlto
Lentọwski, Lentovskij *russ.* lɪn'tɔfskij
Lẹntulus 'lɛntulʊs
lẹnz, L... lɛnts
Lẹnzburg 'lɛntsbʊrk
lẹnzen, L... 'lɛntsn̩
Lenzerhe̲ide lɛntsɐ'hai̯də
Lẹnzkirch 'lɛntskɪrç

Lẹo 'le:o, *it.* 'lɛ:o
Léọ *fr.* le'o
Lẹoba 'le:oba
Leọben le'o:bn̩
Leọbersdorf le'o:bɐsdɔrf
Lẹobschütz 'le:ɔpʃyts̑
Leọchares le'o:xarɛs
Leọdegar le'o:dəgar
Leodegạrde leodə'gardə
Leokạdie leo'ka:di̯ə
Leominster *engl.* 'lɛmstə
Lẹon 'le:ɔn, *russ.* lı'ɔn, *poln.* 'lɛɔn
Léọn le'o:n, *fr.* le'õ
León *span.* le'ɔn
Leonard *engl.* 'lɛnəd
Léonạrd *fr.* leɔ'na:r
Leonạrdo *it.* leo'nardo, *span.* leo'narðo
Leonạrdo da Vịnci leo'nardo da 'vıntʃi, *it.* – dav'vintʃi
Leonạto leo'na:to
Leonạtus leo'na:tʊs
Lẹonberg 'le:ɔnbɛrk
Leonbrọnn le:ɔn'brɔn
Leoncavạllo *it.* leoŋka'vallo
Léonce *fr.* le'õ:s
Lẹonding 'le:ɔndıŋ
Leọne *it.* le'o:ne
Leonẹllo *it.* leo'nɛllo
Leonẹssa *it.* leo'nessa
Leonẹtto *it.* leo'netto
Leonfẹlden le:ɔn'fɛldn̩
Leonfọrte *it.* leon'fɔrte
Leonhạrda leɔn'harda
Lẹonhard[t] 'le:ɔnhart
Leọni le'o:ni
Leonia *engl.* lı'oʊnıə
Leonid leo'ni:t, *auch:* 'le:oni:t; *russ.* lıa'nit
Leonịda *russ.* lıa'nidɐ
Leọnidas le'o:nidas
Leónidas *span.* le'oniðas
Léonịde *fr.* leɔ'nid
Leonịden leo'ni:dn̩
Leonịdow, Leonidov *russ.* lıa'nidɐf
Leonịdowitsch, Leonidovič *russ.* lıa'nidɐvitʃ
Leonịdowna, Leonidovna lıa'nidɐvnɐ
Leonie 'le:oni, *auch:* leo'ni:
Léonie *fr.* leɔ'ni
Leonịne leo'ni:nə
leonịnisch leo'ni:nıʃ
Leonịnus leo'ni:nʊs
leọnisch le'o:nıʃ
Leonor *engl.* 'li:ənɔ:, *span.* leo'nɔr
Leonọra leo'no:ra, *engl.* li:ə'nɔ:rə, *russ.* lıa'nɔrɐ
Leonọre leo'no:rə
Léonọre *fr.* leɔ'nɔ:r
Lẹonow, Leonov *russ.* lı'ɔnɐf
Lẹonowitsch, Leonovič *russ.* lı'ɔnɐvitʃ
Lẹonowna, Leonovna *russ.* lı'ɔnɐvnɐ
Leọnt *russ.* lı'ɔnt
Leọntes le'ɔntɛs
Leont'evič vgl. Leontjewitsch
Leont'evna vgl. Leontjewna
Leọnti, Leontij *russ.* lı'ɔntij
Leontịasis leɔn'ti:azıs, **...iạsen** ...'ti̯a:zn̩
Leọntica *it.* le'ɔntika
Leọntija *russ.* lı'ɔntijɐ
Leontin 'le:ɔnti:n, leɔn'ti:n
Leontịne leɔn'ti:nə
Leontịnus leɔn'ti:nʊs
Leọntius le'ɔntsi̯ʊs
Leọntjewitsch, Leont'evič *russ.* lı'ɔntjıvitʃ
Leọntjewna, Leont'evna *russ.* lı'ɔntjıvnɐ
Leontopọdium leɔnto'po:di̯ʊm
Leontọpolis leɔn'to:polıs
Leontọwitsch, Leontovič *russ.* lıan'tɔvitʃ
Leontyne *engl.* 'lıənti:n, ...taın
Leopạrd leo'part, **-en** ...rdn̩
Leopạrdi *it.* leo'pardi
Leopạrdo *it.* leo'pardo
Lẹopold 'le:opɔlt, *engl.* 'lıəpoʊld, *niederl.* 'le:o:pɔlt, *schwed.* 'le:opɔld, 'le:up...
Léopọld *fr.* leɔ'pɔl
Leopọlda leo'pɔlda
Lẹopoldau 'le:opɔldau̯
Leopoldịna leopɔl'di:na, *bras.* li̯opol'dina
Leopoldịne leopɔl'di:nə
Léopoldịne *fr.* leɔpɔl'din
Leopọldo *it., span.* leo'pɔldo
Lẹopoldsburg *niederl.* 'le:o:pɔldzbʏrx
Leopoldshạfen leopɔlts̑'ha:fn̩
Leopoldshạgen le:opɔlts̑'ha:gn̩
Leopoldshạll le:opɔlts̑'hal
Leopoldshöhe le:opɔlts̑'hø:ə
Lẹopoldstadt 'le:opɔltʃtat
Lẹopoldstal 'le:opɔltsta:l
Léopoldvịlle leopɔlt'vıl, ...vi:l; *fr.* leɔpɔl'vil
Lẹoš *tschech.* 'lɛɔʃ
Lẹostadt 'le:oʃtat
Leotạrd *engl.* lıə'tɑ:d
Leotỵchidas leo'ty:çidas
Leotỵchides leo'ty:çidɛs
Leọwigild le'o:vigılt
Lẹpanto *it.* 'lɛ:panto
Lepautre, Le Pautre *fr.* lə'po:tr
Lepẹcki *poln.* lɛ'pɛtski
L'Épée *fr.* le'pe
Lepehin vgl. Lepjochin
Lẹpel, Lepel' *russ.* 'ljepılj
Lepeletier de Saint-Fargeau *fr.* ləpɛltjedsɛ̃far'ʒo
Le Père, Lepère *fr.* lə'pɛ:r
Lepeschinskaja, Lepešinskaja *russ.* lıpı'ʃinskɐjɐ
Lepeschinski, Lepešinskij *russ.* lıpı'ʃinskij
Lepịc *fr.* lə'pik
Lépicié *fr.* lepi'sje
Lepidodendrazẹen lepidodɛndra'tse:ən
Lepidodẹndron lepido'dɛndrɔn
Lepidolith lepido'li:t, *auch:* ...lıt
Lepidomelạn lepidome'la:n
Lepidoptẹren lepidɔp'te:rən
Lepidopterolọge lepidɔptero'lo:gə
Lepidopterologịe lepidɔpterolo'gi:
Lepidọtus lepi'do:tʊs
Lẹpidus 'le:pidʊs
Lépịne *fr.* le'pin
Lepịni *it.* le'pi:ni
Lepjọchin, Lepehin *russ.* lı'pjɔxin
Le Play *fr.* lə'plɛ
Lẹpoglava *serbokr.* 'lɛpɔglava
lepontịnisch lepɔn'ti:nıʃ
Leporẹll lepo'rɛl
Leporẹllo lepo'rɛlo, *it.* lepo'rɛllo
Lẹppich 'lɛpıç
Leppien *fr.* lɛ'pjɛ̃
Lẹpra 'le:pra
Le Prince *fr.* lə'prɛ̃:s
Leprọm le'pro:m
leprọs le'pro:s, **-e** ...o:zə
leprös le'prø:s, **-e** ...ø:zə
Leprosọrium lepro'zo:ri̯ʊm, **...ien** ...i̯ən
Lẹpschi 'lɛpʃi
Lẹpsény *ung.* 'lɛpʃe:nj
Lẹpsius 'lɛpsi̯ʊs
Lẹpta vgl. Lepton
Lẹptis Mạgna 'lɛptıs 'magna
Leptokạrdier lɛpto'kardi̯ɐ
leptokephạl lɛptoke'fa:l
Leptokephalịe lɛptokefa'li:
Leptọlepis lɛp'to:lepıs
Leptọm lɛp'to:m
Leptomeningịtis lɛptomenıŋ'gi:tıs, **...itịden** ...gi'ti:dn̩
Leptomẹninx lɛpto'me:nıŋks
[1]**Leptọn** (Münze) lɛp'tɔn, **Leptạ** lɛp'ta
[2]**Lẹpton** (Elementarteilchen) 'lɛptɔn, **-en** ...'to:nən
Leptoprosopịe lɛptoprozo'pi:
leptosọm lɛpto'zo:m
Leptosọme lɛpto'zo:mə
Leptospịren lɛpto'spi:rən
Leptospirọsen lɛptospi'ro:zən
leptozephạl lɛptots̑e'fa:l
Leptozephalịe lɛptots̑efa'li:
Lẹptscha 'lɛptʃ̑a
Le Puy *fr.* lə'pɥi
Lequẹitio *span.* le'kɛi̯ti̯o
Lẹrberghe *niederl.* 'lɛrbɛrxə
Lẹrbs lɛrps
Lercạra *it.* ler'ka:ra
Lercạro *it.* ler'ka:ro
Lẹrch[e] 'lɛrç[ə]
Lẹrchenau 'lɛrçənau̯
Lẹrchenfeld 'lɛrçn̩fɛlt
Lerchụndi *span.* lɛr'tʃundi

Lẹrdo de Tejạda *span.* 'lɛrðo ðe tɛ'xaða
Lerebours *fr.* lər'bu:r
Lẹret 'le:rət
Lerịche *fr.* lə'riʃ
Lẹrici *it.* 'le:ritʃi
Lérida *span.* 'leriða
lerinisch le'ri:nɪʃ
Lérins *fr.* le'rɛ̃:s
Lẹrma *span.* 'lɛrma
Lẹrmontow, Lermontov 'lɛrmɔntɔf, *russ.* 'ljɛrmɐntɐf
Lermo̲o̲s lɛr'mo:s
lernä̲isch lɛr'nɛ:ɪʃ
lẹrnen 'lɛrnən
Lerner *engl.* 'lə:nə
Lẹrnet 'lɛrnət
Lẹros 'le:rɔs
Leroux, Le Roux *fr.* lə'ru
Le Roy, Leroy *fr.* lə'rwa
Lerroux *span.* lɛ'rrus
Lẹrsch lɛrʃ
Lẹrsner 'lɛrsnɐ
Lerwick *engl.* 'lə:wɪk
Lesa̲ge *fr.* lə'sa:ʒ
lẹsbar 'le:sba:ɐ̯
Lẹsbia 'lɛsbi̯a
Lẹsbier 'lɛsbi̯ɐ
lẹsbisch 'lɛsbɪʃ
Lẹsbos 'lɛsbɔs
Lesca̲r *fr.* lɛs'ka:r
Lescaut *fr.* lɛs'ko
Lẹšće *serbokr.* 'lɛ:ʃtɕɛ
Leschanọfsky lɛʃa'nɔfski
Leschenault *fr.* leʃ'no
Lẹsches 'lɛsçɛs
Leschetịtzki, ...ky lɛʃe'tɪt͜ski
Lescọt *fr.* lɛs'ko
Lescun *fr.* lɛs'kœ̃
Lesdiguières *fr.* ledi'gjɛ:r, lɛsd...
Lẹse 'le:zə
lẹsen 'le:zn̩
Le Sẹnne *fr.* lə'sɛn
Lẹser 'le:zɐ
Lesevič vgl. Lessewitsch
Les Eyzies *fr.* lezɛ'zi
Lẹsg[h]ier 'lɛsgi̯ɐ
lẹsg[h]isch 'lɛsgɪʃ
Lesgịnka lɛs'gɪŋka
Lẹsh *alban.* leʃ
Lẹsina (Apulien, Dalmatien) *it.* 'le:zina
Leski̲e̲n lɛs'ki:n
Lẹsko *poln.* 'lɛskɔ
Lẹskovac *serbokr.* ˌlɛskɔvats
Lẹskovar *serbokr.* ˌlɛskɔvar
Leskovịk *alban.* lesko'vik
Leskọw, Leskov lɛs'kɔf, *russ.* lɪs'kɔf
Lẹslau 'lɛsla͜u
Lẹsley, Lẹslie *engl.* 'lɛzlɪ, *USA* 'lɛslɪ
Lẹśmian *poln.* 'lɛɕmjan
Lẹsná *tschech.* 'lɛsna:
Lesneven *fr.* lɛsnə'vɛ̃
Leśnịca *poln.* lɛɕ'nitsa
Leśnięwski *poln.* lɛɕ'njɛfski
Lesogorsk vgl. Lessogorsk
Lesọrt *fr.* lə'sɔ:r
Lesọther le'zo:tɐ
lesọthisch le'zo:tɪʃ
Lesọtho le'zo:to
Lesozavodsk vgl. Lessosawodsk
Lespa̲rre *fr.* lɛs'pa:r
Lespinạsse *fr.* lɛspi'nas
Lẹssa *bras.* 'lɛsa
Lẹsse *fr.* lɛs
Lẹssen *niederl.* 'lɛsə
Lessẹps *fr.* lɛ'sɛps
Lẹsser Slave Lake *engl.* 'lɛsə 'sleɪv 'leɪk
Lessẹwitsch, Lesevič *russ.* lɪ'sjevitʃ
Lessịnes *fr.* lɛ'sin
Lẹssing 'lɛsɪŋ
lẹssingsch, L... 'lɛsɪŋʃ
Lessi̲ni *it.* les'si:ni
lessi̲nisch lɛ'si:nɪʃ
Lẹssius *niederl.* 'lɛsi:ʏs
Lẹssley *engl.* 'lɛslɪ
Lessogọrsk, Lesogorsk *russ.* lɪsa'gɔrsk
Lessosawọdsk, Lesozavodsk *russ.* lɪsɐza'vɔtsk
Lẹste 'lɛstə
Lẹster *engl.* 'lɛstə
lẹsto 'lɛsto
Lestọcq, L'Estọcq *fr.* lɛs'tɔk
Lẹston *engl.* 'lɛstən
L'Estrange *engl.* ləs'treɪndʒ
Lesueur, Le Sueur *fr.* lə'sɥœ:r
Lẹsum 'le:zʊm
Lesur *fr.* lə'sy:r
Leszczyński *poln.* lɛʃ'tʃɨi̯ski
Lẹszno *poln.* 'lɛʃnɔ
leta̲l le'ta:l
Letalitä̲t letali'tɛ:t
Letamẹndi *span.* leta'mendi
l'état c'est moi *fr.* letasɛ'mwa
Lẹtchworth *engl.* 'lɛtʃwə:θ
Le Telliẹr *fr.* lətɛ'lje
Lẹtenye *ung.* 'lɛtɛnjɛ
Lethargi̲e̲ letar'gi:
lethạrgisch le'targɪʃ
Lẹthbridge *engl.* 'lɛθbrɪdʒ
Lẹthe 'le:tə, *B* ...te
Lẹthington *engl.* 'lɛθɪŋtən
Letịcia *span.* le'tiθia
Lẹtiny *tschech.* 'lɛtjini
Letịzia *it.* le'tittsi̯a
Lẹtkés *ung.* 'lɛtke:ʃ
Lẹtkiss 'lɛtkɪs
Lẹtmathe 'lɛtma:tə
Lẹto 'le:to
Lẹtohrad *tschech.* 'lɛtɔhrat
Letourneur *fr.* lətur'nœ:r
Lẹtovice *tschech.* 'lɛtɔvitsɛ
Le Trocquẹr *fr.* lətrɔ'kɛ:r
lẹtschert 'le:tʃɐt
Letschịzki, Lečickij *russ.* lɪ'tʃitskij
Lẹtta 'lɛta
Lẹttau 'lɛta͜u
Lẹtte 'lɛtə
Lẹtten 'lɛtn̩
Lẹtter 'lɛtɐ
Letterkẹnny *engl.* lɛtə'kɛnɪ
Lẹtterman *engl.* 'lɛtəmən
Lettgạllen lɛt'galən
Lẹttice *engl.* 'lɛtɪs
lẹttig 'lɛtɪç, -e ...ɪgə
lẹttisch 'lɛtɪʃ
Lẹttland 'lɛtlant
Lẹttner 'lɛtnɐ
Lẹttow 'lɛto
Lettres de cachẹt *fr.* lɛtrədəka'ʃɛ
Lẹtts *engl.* lɛts
Lẹtzeburg 'lɛt͜səbʊrk
lẹtzen 'lɛt͜sn̩
Lẹtzi 'lɛt͜si
Lẹtzlingen 'lɛt͜slɪŋən
lẹtzt[ens] 'lɛt͜st[n̩s]
lẹtztere 'lɛt͜stərə
lẹtzthịn 'lɛt͜st'hɪn
lẹtzthịnnig 'lɛt͜st'hɪnɪç, -e ...ɪgə
lẹtztlich 'lɛt͜stlɪç
lẹtztmals 'lɛt͜stma:ls
lẹtztwillig 'lɛt͜stvɪlɪç
[1]**Le̲u̲** lɔ͜y
[2]**Lẹu** (Münze) *rumän.* leu̯, **Lẹi** lei̯
Le̲u̲be 'lɔ͜ybə
Le̲u̲ben 'lɔ͜ybn̩
Le̲u̲bingen 'lɔ͜ybɪŋən
Le̲u̲bnitz 'lɔ͜ybnɪt͜s
Le̲u̲bus 'lɔ͜ybʊs
Le̲u̲chte 'lɔ͜yçtə
le̲u̲chten 'lɔ͜yçtn̩
Le̲u̲chtenberg 'lɔ͜yçtn̩bɛrk, *fr.* løʃtɛ̃'bɛ:r
Le̲u̲chtenburg 'lɔ͜yçtn̩bʊrk
Le̲u̲ckart 'lɔ͜ykart
le̲u̲gnen 'lɔ͜ygnən
Le̲u̲k lɔ͜yk
Leukämi̲e̲ lɔ͜ykɛ'mi:, -n ...i:ən
leukä̲misch lɔ͜y'kɛ:mɪʃ
Leukanämi̲e̲ lɔ͜ykanɛ'mi:
Le̲u̲kas 'lɔ͜ykas, *neugr.* lɛf'kas
Leukerbad lɔ͜ykɐ'ba:t, '–––
Leukịpp[os] lɔ͜y'kɪp[ɔs]
Leukoba̲se lɔ͜yko'ba:zə
Leukoblạsten lɔ͜yko'blastn̩
leukodẹrm lɔ͜yko'dɛrm
Leukodẹrma lɔ͜yko'dɛrma
Leukodermi̲e̲ lɔ͜ykodɛr'mi:
Leukokerato̲se lɔ͜ykokera'to:zə
leukokra̲t lɔ͜yko'kra:t
Leukoly̲se lɔ͜yko'ly:zə
Leukolysi̲ne lɔ͜ykoly'zi:nə
Leuko̲m lɔ͜y'ko:m
Leukomato̲se lɔ͜ykoma'to:zə
Leukomelalgi̲e̲ lɔ͜ykomelal'gi:, -n ...i:ən
Leukonychi̲e̲ lɔ͜ykonʏ'çi:, -n ...i:ən
Leukopathi̲e̲ lɔ͜ykopa'ti:, -n ...i:ən
Leukopede̲se lɔ͜ykope'de:zə
Leukopeni̲e̲ lɔ͜ykope'ni:, -n ...i:ən
Leukophy̲r lɔ͜yko'fy:ɐ̯

Leukoplakie lɔykopla'ki:, **-n** ...i:ən
Leukoplast ® lɔyko'plast
Leukopoese lɔykopo'e:zə
leukopoetisch lɔykopo'e:tɪʃ
Leukorrhö, ...öe lɔykɔ'rø:, **...rrhöen** ...'rø:ən
leukorrhöisch lɔykɔ'rø:ɪʃ
Leukose lɔy'ko:zə
Leukothea lɔy'ko:tea, ...ko'te:a
Leukotomie lɔykoto'mi:, **-n** ...i:ən
Leukotoxin lɔykotɔ'ksi:n
Leukotrichie lɔykotrɪ'çi:
Leukotrichose lɔykotrɪ'ço:zə
Leukozyten lɔyko'tsy:tn̩
Leukozytolyse lɔykotsyto'ly:zə
Leukozytose lɔykotsy'to:zə
Leuktra 'lɔyktra
Leumann 'lɔyman
Leumund 'lɔymʊnt, **-es** ...ndəs
Leun[a] 'lɔyn[a]
Leupold 'lɔypɔlt
Leupolz 'lɔypɔlts
Leuschner 'lɔyʃnɐ, *engl.* 'lɔɪʃnə
Leusden *niederl.* 'lø:zdə
Leussow 'lɔyso
Leute 'lɔytə
Leutenberg 'lɔytn̩bɛrk
Leutensdorf 'lɔytn̩sdɔrf
Leutershausen 'lɔytɐshauzn̩, – –'– –
Leuthen 'lɔytn̩
Leuthner 'lɔytnɐ
Leuthold 'lɔythɔlt
Leutkirch 'lɔytkɪrç
Leutnant 'lɔytnant
Leutner 'lɔytnɐ, *engl.* 'lɔɪtnə
Leutpriester 'lɔytpri:stɐ
Leutschach 'lɔytʃax
Leutschau 'lɔytʃau
leutselig 'lɔytze:lɪç
Leutstetten lɔyt'ʃtɛtn̩
Leutwein 'lɔytvain
Leutze 'lɔytsə, *engl.* 'lɔɪtsɪ
Leutzsch lɔytʃ
Leuven[um] *niederl.* 'lø:və[nʏm]
Leuze *fr.* lø:z
Leuzendorf 'lɔytsn̩dɔrf
Leuzismus lɔy'tsɪsmʊs
Leuzit lɔy'tsi:t, *auch:* ...tsɪt
Leuzitoeder lɔytsito'|e:dɐ
Lev vgl. [3]Lew, Ljow
Léva *ung.* 'le:vɔ
Levade le'va:də
Levaillant *fr.* ləva'jã
Levallois *fr.* ləva'lwa
Levalloisien ləvaloa'zjɛ̃:
Levana le'va:na
Levanger *norw.* le'vaŋər
Levante le'vantə, *it.* ...te, *span.* le'βante
levantieren levan'ti:rən
Levantine levan'ti:nə
Levantiner levan'ti:nɐ
levantinisch levan'ti:nɪʃ
Levanto *it.* 'lɛ:vanto
Levanzo *it.* 'lɛ:vantso
Levasseur *fr.* ləva'sœ:r
Levator le'va:tɔr, **-en** leva'to:rən
Le Vau, Levau *fr.* lə'vo
Levedag 'le:vəda:k
Levee lə've:, *fr.* lə've
Levée en masse *fr.* ləveã'mas
Level *engl.* lɛvl
Levél *ung.* 'lɛve:l
Levelland *engl.* 'lɛvəllænd
Levellers *engl.* 'lɛvələz
Leven *engl.* 'li:vən
Levenhagen le:vn̩'ha:gn̩
Leventina *it.* leven'ti:na
[1]Lever (Morgenempfang) lə've:
[2]Lever (Name) *engl.* 'li:və
Leverett *engl.* 'lɛvərɪt
Leverhulme *engl.* 'li:vəhju:m
Leveridge *engl.* 'lɛvərɪdʒ
Leverkusen 'le:vɐku:zn̩
Levermore *engl.* 'lɛvəmɔ:
Levern 'le:vɐn
Le Verrier, Lev... *fr.* ləvɛ'rje
Levertin *schwed.* 'le:vərtin
Leveson-Gower *engl.* 'lu:sn'gɔ:
Leveste 'le:vəstə
Levetzow 'le:vətso
Levi 'le:vi, *engl.* 'li:vaɪ, *it.* 'lɛ:vi
Lévi *fr.* le'vi
Leviat[h]an le'vi̯a:tan *auch:* levi̯a'ta:n
Levice *tschech.* 'lɛvitsɛ
Levickij vgl. Lewizki
Levico *it.* 'lɛ:viko
Levide *schwed.* ˌle:vi:də
Levi della Vida *it.* 'lɛ:vi 'della 'vi:da
Levien le'vi:n
[1]Levin (Vorname) 'le:vi:n
[2]Levin (Familienname) 'le:vi:n, le'vi:n, *engl.* lə'vɪn
Leviratsehe levi'ra:ts|e:ə
Levis *engl.* 'li:vɪs
Lévis *fr.* le'vi[s]
Levit[a] le'vi:t[a]
Levitan vgl. Lewitan
Levitation levita'tsi̯o:n
Levitikus le'vi:tikʊs
levitisch le'vi:tɪʃ
Levitov vgl. Lewitow
Levkoje lɛf'ko:jə
Levski vgl. Lewski
Levskigrad vgl. Lewskigrad
Levstik *slowen.* 'le:u̯stik
Levuka le'vu:ka, *engl.* lə'vu:kə
Levy (Personenname) 'le:vi, *engl.* 'li:vɪ, 'lɛvɪ
Lévy *fr.* le'vi
Levý *tschech.* 'lɛvi:
Lévy-Bruhl *fr.* levi'bryl
[1]Lew (Münze) lɛf, **Lewa** 'lɛva
[2]Lew (Name) *poln.* lɛf
[3]Lew, Lev (Name) *russ.* ljɛf
Lewadia *neugr.* lɛ'vaðja
Lewald 'le:valt
Lewandowski *poln.* lɛvan'dɔfski
Lewedorp *niederl.* 'le:wədɔrp
Lewenz 'lɛvɛnts
Lewes *engl.* 'lu:ɪs
[1]Lewin (Vorname) 'le:vi:n
[2]Lewin (Familienname) 'le:vi:n, le'vi:n, *engl.* 'lju:ɪn
[3]Lewin (Ort) le'vi:n
Lewin Brzeski *poln.* 'lɛvim 'bʒɛski
Lewinsky le'vɪnski
Lewis[burg] *engl.* 'lu:ɪs[bə:g]
Lewisham *engl.* 'lu:ɪʃəm
Lewisohn 'le:vizo:n, *engl.* 'lu:ɪzən
Lewison *engl.* 'lu:ɪsn
Lewiston *engl.* 'lu:ɪstən
Lewistown *engl.* 'lu:ɪstaʊn
Lewis with Harris *engl.* 'lu:ɪs wɪð 'hærɪs
Lewitan, Levitan *russ.* lɪvi'tan
Lewitow, Levitov *russ.* lɪ'vitɐf
Lewitz 'le:vɪts
Lewizki, Levickij *russ.* lɪ'vitskij
Lewski, Levski *bulgar.* 'lɛfski
Lewskigrad, Levskigrad *bulgar.* 'lɛfskigrat
Lewy 'le:vi
Lex lɛks **Leges** 'le:ge:s
Lexem lɛ'kse:m
Lexematik lɛkse'ma:tɪk
Lexer 'lɛksɐ
lexigraphisch lɛksi'gra:fɪʃ
Lexik 'lɛksɪk
Lexika vgl. Lexikon
lexikal[isch] lɛksi'ka:l[ɪʃ]
Lexikograph lɛksiko'gra:f
Lexikographie lɛksikogra'fi:
Lexikologie lɛksikolo'gi:
lexikologisch lɛksiko'lo:gɪʃ
Lexikon 'lɛksikɔn, **...ka** ...ka
Lexington *engl.* 'lɛksɪŋtən
Lexis 'lɛksɪs
lexisch 'lɛksɪʃ
Lexmond *niederl.* lɛks'mɔnt
lex specialis derogat generali 'lɛks spe'tsi̯a:lɪs 'de:rogat genə'ra:li
Ley lai, *engl.* li:
Leybourn *engl.* 'li:bən
Leycester *engl.* 'lɛstə
Leyden 'laidn̩, *niederl.* 'lɛi̯də, *engl.* leɪdn
Leydig 'laidɪç
Leyen 'laiən
Leygues *fr.* lɛg
Leyh lai
Leykam 'laikam
Leyland *engl.* 'leɪlənd
Leys *niederl.* lɛi̯s
Leyser 'laizɐ
Leysin *fr.* le'zɛ̃
Leyster *niederl.* 'lɛi̯stər
Leyte 'laitə, *span.* 'lɛi̯te
Leyton *engl.* leɪtn
Leżajsk *poln.* 'lɛʒajsk
Lezhë *alban.* 'lɛʒə
Lézignan-Corbières *fr.* leziɲãkɔr'bjɛ:r

Lezithin letsi'ti:n
Lezo *span.* 'leθo
Lezoux *fr.* lə'zu
Lgow, L'gov *russ.* ljgɔf
Lhasa 'la:za
L'Herbier *fr.* lɛr'bje
Lhermitte *fr.* lɛr'mit
L'hombre 'lõ:bɐ, *fr.* lõ:br
Lhomond *fr.* lɔ'mõ
L'Hôpital, L'Hospital *fr.* lopi'tal, lɔ...
Lhota 'lo:ta
Lhotzky 'lɔtski
Li (Maß; Münze) li:
Lia 'li:a
Liaison liɛ'zõ:, *fr.* ljɛ'zõ
Liana 'li̯a:na, *russ.* li'anɐ
Liancourt *fr.* ljã'ku:r
Liane 'li̯a:nə
Liaoning 'li̯aunɪŋ
Liaotung 'li̯autʊŋ
Liaquat *engl.* lɪ'ɑ:kət
Liard *fr.* lja:r, *engl.* 'li:ɑ:d
Lias 'li:as
liassisch 'li̯asɪʃ
Liatris 'li̯a:trɪs
Libáň *tschech.* 'liba:nj
Libanese liba'ne:zə
libanesisch liba'ne:zɪʃ
Libanios li'ba:ni̯ɔs
Libanon 'li:banɔn
Libation liba'tsi̯o:n
Libau 'li:bau̯
Libavius li'ba:vi̯ʊs
Libb[e]y *engl.* 'lɪbɪ
Liběchov *tschech.* 'libjɛxɔf
Libedinski, Libedinskij *russ.* libɪ'dinskij
Libell[e] li'bɛl[ə]
libellieren libɛ'li:rən
Libellist libɛ'lɪst
Libelt *poln.* 'libɛlt
[1]**Liber** (Buch) 'li:bɐ, **Libri** 'li:bri
[2]**Liber** (Gott) 'li:bɐ
liberal libe'ra:l
Liberal *engl.* 'lɪbərəl
Liberale *it.* libe'ra:le
liberalisieren liberali'zi:rən
Liberalismus libera'lɪsmʊs
Liberalist libera'lɪst
Liberalität liberali'tɛ:t
Liberalium Artium Magister libe'ra:li̯ʊm 'artsi̯ʊm ma'gɪstɐ
Liberation libera'tsi̯o:n
Libération *fr.* liberɑ'sjõ
Liberator *engl.* 'lɪbəreɪtə
Libercourt *fr.* libɛr'ku:r
Liberec *tschech.* 'libɛrɛts
Liberia li'be:ri̯a, *engl.* laɪ'bɪərɪə, *span.* li'βeri̯a
Liberianer libe'ri̯a:nɐ
liberianisch libe'ri̯a:nɪʃ
Liberier li'be:ri̯ɐ
liberisch li'be:rɪʃ
Liberius li'be:ri̯ʊs
Libermann 'li:bɐman, *fr.* libɛr'man
Libero 'li:bero
Liber pontificalis 'li:bɐ pɔntifi'ka:lɪs
Libertad *span.* liβɛr'tað
Libertas li'bɛrtas
Libertät libɛr'tɛ:t
Liberté, Egalité, Fraternité *fr.* libɛr'te egali'te fratɛrni'te
libertin libɛr'ti:n
Libertin libɛr'tɛ̃:
Libertinage libɛrti'na:ʒə
Libertiner libɛr'ti:nɐ
Libertinismus libɛrti'nɪsmʊs
Liberty *engl.* 'lɪbətɪ
Liberty Ship 'lɪbətɪ 'ʃɪp
Libertyville *engl.* 'lɪbətɪvɪl
Liberum arbitrium 'li:berʊm ar'bi:tri̯ʊm
Libia *it.* 'li:bi̯a
Libice *tschech.* 'libitsɛ
Libidinist libidi'nɪst
libidinös libidi'nø:s, **-e** ...ø:zə
Libido li'bi:do, *auch:* 'li:bido
Libitina libi'ti:na
Liblar 'lɪplar, 'li:p...
Liblín *tschech.* 'libli:n
Liboch 'lɪbɔx
Libochovice *tschech.* 'libɔxɔvitsɛ
Libon 'li:bɔn
Liborius li'bo:ri̯ʊs
Libourne *fr.* li'burn
Libra 'li:bra
Libramont *fr.* libra'mõ
Librarius li'bra:ri̯ʊs, **...rii** ...rii
Library of Congress *engl.* 'laɪbrərɪ əv 'kɔŋgrɛs
Libration libra'tsi̯o:n
Librazhd *alban.* li'braʃt
Libre Belgique, La *fr.* lalibrəbɛl'ʒik
Libresso li'brɛso
librettisieren librɛti'zi:rən
Librettist librɛ'tɪst
Libretto li'brɛto, **...etti** ...ɛti
Libreville *fr.* librə'vil
[1]**Libri** (Name) *it.* 'li:bri
[2]**Libri** vgl. [1]Liber
Libuň *tschech.* 'libunj
Liburne li'bʊrnə
Liburner li'bʊrnɐ
Libuše *tschech.* 'libuʃɛ
Libussa li'bʊsa
Libyen 'li:by̆ən
Libyer 'li:by̆ɐ
libysch 'li:bʏʃ
Lič *serbokr.* litʃ
Licata *it.* li'ka:ta
licet 'li:tsɛt
Lich lɪç
Lichen 'li:çe:n, **-es** li'çe:ne:s
Lichenin liçe'ni:n
Lichenisation liçeniza'tsi̯o:n
lichenoid liçeno'i:t, **-e** ... i:də
Lichenologe liçeno'lo:gə
Lichenologie liçenolo'gi:
Lichfield *engl.* 'lɪtʃfi:ld
Lichkov *tschech.* 'lixkɔf
Lichnowsky lɪç'nɔfski
licht, L... lɪçt
lichtblau 'lɪçtblau̯
Lichte 'lɪçtə
Lichtel 'lɪçtl̩
lichten 'lɪçtn̩
Lichtenau 'lɪçtənau̯
Lichtenberg 'lɪçtn̩bɛrk
Lichtenberger 'lɪçtn̩bɛrgɐ, *fr.* liʃtɛ̃bɛr'ʒe
Lichtenburg *afr.* 'ləxtənbœrx
Lichtenfeld 'lɪçtn̩fɛlt
Lichtenfels 'lɪçtn̩fɛls
Lichtenhain[er] 'lɪçtn̩hain̯[ɐ]
Lichtenrade lɪçtn̩'ra:də
Lichtensteig 'lɪçtn̩ʃtai̯k
Lichtenstein 'lɪçtn̩ʃtai̯n
Lichtentanne lɪçtn̩'tanə, '----
Lichtenvoorde *niederl.* 'lɪxtənvo:rdə
Lichterchen 'lɪçtɐçən
Lichterfelde lɪçtɐ'fɛldə
lichterloh 'lɪçtɐ'lo:
Lichtmis, de *niederl.* də 'lɪxtmɪs
Lichtputze 'lɪçtpʊtsə
Lichtwark 'lɪçtvark
Lichtwer 'lɪçtvɐ
Lichwe 'lɪçvə
Licinier li'tsi:ni̯ɐ
Licinio *it.* li'tʃi:ni̯o
Licinius li'tsi:ni̯ʊs
Lick *engl.* lɪk
Licker 'lɪkɐ
Lic. theol. lɪtste'ɔl
Lid li:t, **-er** 'li:dɐ
Lida 'li:da
Lidda 'lɪda
Liddell *engl.* lɪdl, lɪ'dɛl
Liddi 'lɪdi
Liddon *engl.* lɪdn
Liddy 'lɪdi, *engl.* 'lɪdɪ
Liderung 'li:dərʊŋ
Lidi vgl. Lido
Lidia *it.* 'li:di̯a
Lidice *tschech.* 'lidjitsɛ
Lidija *russ.* 'lidijɐ
Lidin *russ.* 'lidin
Lidingö *schwed.* ˌli:diŋø:
Lidköping *schwed.* ˌli:dtçø:piŋ
Lidman *schwed.* 'li:dman
Lidner *schwed.* 'li:dnər
Lido 'li:do, **Lidi** 'li:di
Lidzbark [Warmiński] *poln.* 'lidzbark [var'mi̯ski]
Lidzbarski lɪts'barski
Lie *norw.* li:
lieb li:p, **-e** 'li:bə
Lieb li:p
Liébana *span.* 'li̯eβana
Liebau 'li:bau̯
liebäugeln 'li:p|ɔy̯gl̩n
Liebchen 'li:pçən
Liebden 'li:pdn̩
Liebe 'li:bə
Liebedienerei li:bədi:nə'rai̯
liebedienern 'li:bədi:nɐn
Liebegard 'li:bəgart
Liebelei li:bə'lai̯

liebeln 'li:bl̩n, **lieble** 'li:blə
Liebemühl li:bə'my:l, '– – –
lieben 'li:bn̩, **lieb!** li:p, **liebt** li:pt
Lieben 'li:bn̩
Liebenau 'li:bənau̯
Liebenburg 'li:bn̩bʊrk
Liebeneiner 'li:bənai̯nɐ
Liebenfelde li:bn̩'fɛldə
Liebenow 'li:bəno
Liebenstein 'li:bn̩ʃtai̯n
Liebenthal 'li:bn̩ta:l
Liebenwalde li:bn̩'valdə
Liebenwerda li:bn̩'vɛrda
Liebenzell li:bn̩'t͜sɛl
Lieber 'li:bɐ, *engl.* 'li:bə
Lieberkühn 'li:bɐky:n
Liebermann 'li:bɐman
Lieberose li:bə'ro:zə
Liebertwolkwitz li:bɐt'vɔlkvɪt͜s
Liebetraud 'li:bətrau̯t
Liebfrauenkirche li:p'frau̯ənkɪrçə
Liebfrauenmilch Ⓦⓩ li:p'frau̯ənmɪlç
Liebgard 'li:pgart
Liebhaber 'li:pha:bɐ
Liebhaberei li:pha:bə'rai̯
Liebhard 'li:phart
Liebich 'li:bɪç
Liebig (auch: Ⓦⓩ) 'li:bɪç
Liebisch 'li:bɪʃ
Liebknecht 'li:pknɛçt
liebkosen 'li:pko:zn̩, *auch:* –'– –; **liebkos!** ...o:s, **liebkost** ...o:st
lieblich 'li:plɪç
Liebling 'li:plɪŋ
lieblos, L... 'li:plo:s
Liebmann 'li:pman
Liebrich 'li:brɪç
Liebscher 'li:pʃɐ
Liebstadt[l] 'li:p-ʃtat[l̩]
Liebste 'li:pstə
Liebstedt 'li:p-ʃtɛt
Liebstöckel 'li:p-ʃtœkl̩
Liebtraud 'li:ptrau̯t
Liebwin 'li:pvi:n
Liechtenstein[er] 'lɪçtn̩ʃtai̯n[ɐ]
Lied li:t, **-es** 'li:dəs
Liedchen 'li:tçən
Liedekerke *niederl.* 'li:dəkɛrkə
Liederjan 'li:dɐja:n
liederlich 'li:dɐlɪç
Liedrian 'li:dria:n
Liedtke 'li:tkə
lief li:f
Lieferant lifə'rant
liefern 'li:fɐn
Liefmann 'li:fman
Liege 'li:gə
Liège *fr.* li̯ɛ:ʒ
liegen 'li:gn̩, **lieg!** li:k, **liegt** li:kt
Liegnitz 'li:gnɪt͜s
lieh li:
Liek li:k
Lieksa *finn.* 'li̯ɛksɑ
Liem[k]e 'li:m[k]ə
Lien 'li:ɛn, *auch:* li̯e:n
lienal li̯e'na:l
Liénart *fr.* li̯e'na:r
Liendel 'li:ndl̩
Lienden *niederl.* 'li:ndə
Lienen 'li:nən
Lienert 'li:nɐt
Lienet 'li:nət
Lienhard 'li:nhart
Lieni 'li:ni
Lienitis li̯e'ni:tɪs, **...itiden** ...ni'ti:dn̩
Lienterie li̯ɛnte'ri:
Lientsch li:nt͜ʃ
Lienz 'li:ɛnt͜s
Liepaja *russ.* li'ɛpɐjɐ
Liepe 'li:pə
Liepen 'li:pn̩
Liepmann 'li:pman
Lier li:ɐ̯, *niederl.* li:r
Lierne 'li̯ɛrnə
Lierre *fr.* li̯ɛ:r
Liert li:ɐ̯t
lies! li:s!
Liesborn 'li:sbɔrn
Liesch li:ʃ
Lieschen 'li:sçən
Lieschnegg 'li:ʃnɛk
Liese[gang] 'li:zə[gaŋ]
Liesel 'li:zl̩, *niederl.* 'li:səl
Lieselberg 'li:zl̩bɛrk
Lieselotte 'li:zəlɔtə, *auch:* ...'lɔtə
Lieser 'li:zɐ
liesest 'li:zəst
Lieshout *niederl.* 'li:shɔu̯t
Liesing 'li:zɪŋ
Liesl 'li:zl̩
ließen 'li:sn̩
Ließow 'li:so
Liestal 'li:sta:l
Lietsch li:t͜ʃ
Lie-tse 'li̯e:t͜sə
Liebwerda 'li:pvɛrda
Lietz[en] 'li:t͜s[n̩]
Lietzmann 'li:t͜sman
Lietzow 'li:t͜so
Lieue li̯ø:
Lieutenant *engl.* lɛf'tɛnənt
Lieven 'li:vn̩
Lievens *niederl.* 'li:vəns
Liévin *fr.* li̯e'vɛ̃
Liezen 'li:t͜sn̩
Lifar *fr.* li'fa:r
Life *engl.* laɪf
Life and Work *engl.* 'laɪf ənd 'wə:k
Liffey *engl.* 'lɪfɪ
Lift lɪft
liften 'lɪftn̩
Liftmaster *engl.* 'lɪftmɑ:stə
Lift-Van 'lɪftvɛn
Liga 'li:ga
Ligade li'ga:də
Ligament liga'mɛnt
Ligamentum liga'mɛntʊm, **...ta** ...ta
Ligan *engl.* 'lai̯gən
Ligarius li'ga:ri̯ʊs
ligato li'ga:to
Ligatur liga'tu:ɐ̯
Ligeti *ung.* 'ligɛti
Liggeringen 'lɪgərɪŋən
Liggett *engl.* 'lɪgɪt
Lightfoot *engl.* 'laɪtfʊt
Lightner *engl.* 'laɪtnə
Lightning *engl.* 'laɪtnɪŋ
ligieren li'gi:rən
Ligist li'gɪst
Lignano *it.* liŋ'ɲa:no
Ligne *fr.* liɲ
Lignière *fr.* li'ɲɛ:r
Lignikultur lɪgnikʊl'tu:ɐ̯
Lignin lɪ'gni:n
Lignit lɪ'gni:t, *auch:* ...nɪt
Lignose lɪ'gno:zə
Lignum 'lɪgnʊm
Ligny *fr.* li'ɲi
Ligonier *engl.* lɪgə'nɪə
Ligorio *it.* li'gɔ:ri̯o
Ligornetto *it.* ligor'netto
Ligozzi *it.* li'gɔttsi
Ligroin ligro'i:n
Ligula 'li:gula, **...lae** ...lɛ
Liguori *it.* li'gu̯ɔ:ri
Liguorianer ligu̯o'ri̯a:nɐ
Ligurer li'gu:rɐ, *auch:* 'li:gurɐ
Liguria *it.* li'gu:ri̯a
Ligurien li'gu:ri̯ən
ligurisch li'gu:rɪʃ
Liguster li'gʊstɐ
Lihou *engl.* 'li:hu:
Lihue li'hu:e, *engl.* li:'hu:eɪ
liieren li'i:rən
Liinahamari *finn.* 'li:nɑhɑmɑri
Lija *russ.* 'lijɐ
Lješće *serbokr.* 'lijɛʃtɕɛ
Lješnica *serbokr.* 'lijɛʃnitsa
Lika *serbokr.* ˌli:ka
Likino-Dulino, Likino-Dulevo *russ.* liki'nɔdu'ljɔvɐ
Likör li'kø:ɐ̯
Liktor 'lɪktɔr, **-en** ...'to:rən
Lil lɪl
lila, L... 'li:la
Lilak 'li:lak
Lilas *fr.* li'lɑ
Lilburne *engl.* 'lɪlbən
Lili 'lɪli, *fr.* li'li
Lilian 'li:li̯a:n, *engl.* 'lɪlɪən
Liliana *it.* li'li̯a:na
lilianisch li'li̯a:nɪʃ
Liliazeen lili̯a'tse:ən
Lilie 'li:li̯ə
Liliencron 'li:li̯ənkro:n
Lilienfein 'li:li̯ənfai̯n
Lilienfeld 'li:li̯ənfɛlt
Lilienstein 'li:li̯ənʃtai̯n
Lilienthal 'li:li̯ənta:l, *engl.* 'lɪlɪənθɔ:l
lilienweiß 'li:li̯ən'vai̯s
Liliew, Liliev *bulgar.* 'liliɛf
Liliom *ung.* 'liliom
Liliput 'li:lipʊt
Liliputaner lilipu'ta:nɐ

Lịlith 'li:lɪt
Lịlie 'li:ljə
Lịljefors *schwed.* ˌliljəfɔrs
Lịljekrans 'lɪljəkrans
Lịljequist *schwed.* ˌliljəkvist
Lịlla Ẹdet *schwed.* ˌlila 'e:dət
Lịlle *fr.* lil, *niederl.* 'lɪlə
Lịlle-Bælt *dän.* 'liləbɛl'd
Lịllebæltsbro *dän.* 'liləbɛl'sbro:'
Lillebọnne *fr.* lil'bɔn
Lịllehammer *norw.* ˌliləhamər
Lillẹrs *fr.* li'lɛ:r
Lịllesand *norw.* ˌliləsan
Lịllestrøm *norw.* ˌliləstrœm
Lịlli 'lɪli
Lịllie *engl.* 'lɪlɪ
Lịllo *engl.* 'lɪloʊ, *span.* 'liʎo
Lịlly 'lɪlɪ
Lịlo 'li:lo
Lịly 'lɪli, *engl.* 'lɪlɪ, *fr.* li'li
Lilybaịon lily'baiɔn
Lilybäum lily'bɛ:ʊm
Lịm *serbokr.* li:m
Lịma 'li:ma, *span.*, *bras.* 'lima, *port.* 'limɐ, *engl.* 'laɪmə
Limạgne *fr.* li'maɲ
Limakologi̲e limakolo'gi:
Limạl *niederl.* li:'mɑl
¹Limạn (Bucht) li'man
²Lịman (Name) 'li:man
Limanọwa *poln.* lima'nɔva
Limanọwski *poln.* lima'nɔfski
Limassọl lima'sɔ:l
Limạy *span.* li'mai̯
Lịmbach 'lɪmbax
Lịmberg 'lɪmbɛrk
Lịmbert *engl.* 'lɪmbət
Limbi vgl. Limbus
Limbiạte *it.* lim'bi̯a:te
Limbourg *fr.* lɛ̃'bu:r
Lịmbricht *niederl.* 'lɪmbrɪxt
Lịmburg 'lɪmbʊrk, *niederl.* 'lɪmbʏrx
Lịmburger 'lɪmbʊrgɐ
Limburgerhof 'lɪmbʊrgɐho:f, ‒‒‒'‒
Limburgit lɪmbʊr'gi:t, *auch:* ...gɪt
Lịmbus 'lɪmbʊs, **...bi** ...bi
Limehouse *engl.* 'laɪmhaʊs
Limẹira *bras.* li'mei̯ra
Lịmerick 'lɪmərɪk
lịmericken 'lɪmərɪkn̩
Lịmericks 'lɪmərɪks
Lịmes 'li:mɛs
Limẹtta li'mɛta
Lịmfjorden *dän.* 'li:mfjo:'rən
Lịmia *span.* 'limi̯a
limikọl limi'ko:l
Lịmingen *norw.* ˌli:miŋən
Lịmit 'lɪmɪt
Limitatiọn limita'tsi̯o:n
limitati̲v limita'ti:f, **-e** ...i:və
Limi̲te li'mi:tə
lịmited *engl.* 'lɪmɪtɪd
limiti̲eren limi'ti:rən
Lịmmat 'lɪmat
Lịmmen *niederl.* 'lɪmə
Lịmmritz 'lɪmrɪts
Limnimẹter lɪmni'me:tɐ
lịmnisch 'lɪmnɪʃ
Limnogrạph lɪmno'gra:f
Limnolọge lɪmno'lo:gə
Limnologi̲e lɪmnolo'gi:
limnolọgisch lɪmno'lo:gɪʃ
Limnoplạnkton lɪmno'plaŋktɔn
Limo 'lɪmo, *auch:* 'li:mo
Limoẹiro *bras.* li'mu̯ei̯ru
Limọges *fr.* li'mɔ:ʒ
Limón *span.* li'mɔn
Limonạde limo'na:də
¹Limọne (Frucht) li'mo:nə
²Limọne (Name) *it.* li'mo:nə
Limonit limo'ni:t, *auch:* ...nɪt
Limonẹn (chem. Substanz) limo'ne:n
limọs li'mo:s, **-e** ...o:zə
limös li'mø:s, **-e** ...ø:zə
Limosin *fr.* limo'zɛ̃
Limosịner limo'zi:nɐ
Limours *fr.* li'mu:r
Limousin *fr.* limu'zɛ̃
Limousi̲ne limu'zi:nə
Limoux *fr.* li'mu
Lịmpias *span.* 'limpi̯as
limpịd lɪm'pi:t, **-e** ...i:də
Limpọpo lɪm'po:po
Lịmpurg 'lɪmpʊrk, **-er** ...rgɐ
Lịmulus 'li:mulʊs
Lịna *dt.*, *it.* 'li:na, *russ.* 'linɐ
Liñán de Riạza *span.* li'ɲan dɛ 'rri̯aθa
Linạrd li'nart
Linạres *span.* li'nares
Linạrius li'na:ri̯ʊs
Linạte *it.* li'na:te
Lịnax 'li:naks
Lịnacre *engl.* 'lɪnəkə
Linazẹen lina'tse:ən
Lịnchen 'li:nçən
Lịncke 'lɪŋkə
Lịncoln *engl.* 'lɪŋkən, **-shire** -ʃɪə
Lịncoln Hẹights *engl.* 'lɪŋkən 'haɪts
Lịncolnton *engl.* 'lɪŋkəntən
Lịncs. *engl.* lɪŋks
Lincrụsta lɪn'krʊsta
lịnd lɪnt, **-e** 'lɪndə
Lịnd lɪnt, *engl.*, *schwed.* lind
Lịnda 'lɪnda, *engl.* 'lɪndə, *tschech.* 'linda
Lịndach 'lɪndax
Lịndau 'lɪndau̯
Lịndberg *schwed.* 'lindbærj, ˌ‒‒
Lịndbergh 'lɪntbɛrk, *engl.* 'lɪndbə:g
Lịndblad *schwed.* ˌlindblɑ:d
Lịndchen 'lɪntçən
Lịnde *dt.*, *niederl.* 'lɪndə, *schwed.* ˌlində
Lịndegren *schwed.* ˌlindəgre:n
Lịndemann 'lɪndəman, *norw.* 'lindəman
Lịndemayr 'lɪndəmai̯ɐ
Lịnden 'lɪndn̩, *engl.* 'lɪndən
Lịndenau 'lɪndənau̯
Lịndenberg 'lɪndn̩bɛrk
Lịndenfels 'lɪndn̩fɛls
Lịndenhayn 'lɪndn̩hai̯n
Lịndenhof 'lɪndn̩ho:f
Lịndenhorst 'lɪndn̩hɔrst
Lịndenhurst *engl.* 'lɪndənhə:st
Lịndenschmit 'lɪndn̩ʃmɪt
Lịndenthal 'lɪndn̩ta:l
Lịndequist 'lɪndəkvɪst
Lịnder 'lɪndɐ, *schwed.* 'lindər, *fr.* lɛ̃'dɛ:r
Lịnderhof 'lɪndɐho:f
lịndern 'lɪndɐn, **lịndre** 'lɪndrə
Linderọde lɪndə'ro:də
Lindesbẹrg *schwed.* lindəs'bærj
Lindesnẹs *norw.* lindəs'ne:s
Lindẹt *fr.* lɛ̃'dɛ
Lịndfors *schwed.* ˌlindfɔrs
Lịndhorst 'lɪnthɔrst
Lindi 'lɪndi
Lịndigkeit 'lɪndɪçkai̯t
Lịndisfarne *engl.* 'lɪndɪsfɑ:n
Lịndkvist *schwed.* ˌlindkvist
Lịndlar 'lɪntlar
Lịndley *engl.* 'lɪndlɪ
Lịndner 'lɪndnɐ
Lịndos 'lɪndɔs, *neugr.* 'linðɔs
Lịndow 'lɪndo
Lịndpaintner 'lɪntpai̯ntnɐ
Lịndrath 'lɪntra:t
Lịndsay *engl.* 'lɪndzɪ
Lịndscheid 'lɪntʃai̯t
Lịndsey *engl.* 'lɪndzɪ
Lịndstedt 'lɪntʃtɛt
Lịndström *schwed.* ˌlindstrœm
Lịndtberg 'lɪntbɛrk
Lindwọrsky lɪnt'vɔrski
Lịndwurm 'lɪntvʊrm
Lịne 'li:nə, *fr.* lin
Línea *span.* 'linea
Lineạl line'a:l
Lineamẹnt linea'mɛnt
lineạr line'a:ɐ̯
Linearität lineari'tɛ:t
Lineatụr linea'tu:ɐ
Line Islands *engl.* 'laɪn 'aɪləndz
Liner 'laɪnɐ, *engl.* 'laɪnə
Linẹtte li'nɛtə
Lịng *schwed.* liŋ
Lịnga[m] 'lɪŋga[m]
Lịngard *engl.* 'lɪŋgɑ:d
¹Lịnge (Name) *niederl.* 'lɪŋə
²Linge (Wäsche) *fr.* lɛ̃:ʒ
Lịngelbach *niederl.* 'lɪŋəlbɑx
Lịngen 'lɪŋən
Lingeri̲e lɛ̃ʒə'ri:, **-n** ...i:ən
Lịngg lɪŋk
Lịngga *indon.* 'lɪŋga
Lingiạde lɪŋ'gi̯a:də
Lịngner 'lɪŋnɐ
Lingọne lɪŋ'go:nə
Lịngua [frạnca] 'lɪŋgu̯a ['fraŋka]
Língua gerạl *bras.* 'liŋgu̯a ʒe'ral
Linguaglọssa *it.* liŋgu̯a'glɔssa

lingual, L... lɪŋ'gu̯a:l
Lingualis lɪŋ'gu̯a:lɪs, **...les** ...le:s
Linguaphone 'lɪŋgu̯afo:n, *engl.* 'lɪŋgwəfoʊn
Linguatuliden lɪŋgu̯atu'li:dn̩
Linguet *fr.* lɛ̃'gɛ
Linguetta *it.* liŋ'gu̯etta
Linguist[ik] lɪŋ'gu̯ɪst[ɪk]
Lingulella lɪŋgu'lɛla
Linhares *port.* li'ɲarɪʃ, *bras.* li'ɲaris
liniar li'ni̯a:ɐ̯
Linie 'li:ni̯ə
linieren li'ni:rən
liniieren lini'i:rən
Liniment lini'mɛnt
link lɪŋk
Link[e] 'lɪŋk[ə]
linkisch 'lɪŋkɪʃ
Linklater *engl.* 'lɪŋkleɪtə
Linköping *schwed.* ˌlintçø:piŋ
Linkrusta ⓦ lɪn'krʊsta
links lɪŋks
Linksaußen lɪŋks'|au̯sn̩
Linkser 'lɪŋksɐ
Linkshänder 'lɪŋkshɛndɐ
linkshändig 'lɪŋkshɛndɪç, **-e** ...ɪgə
linksher 'lɪŋks'he:ɐ̯
linksherum 'lɪŋkshɛ'rʊm
linkshin 'lɪŋks'hɪn
linksum! lɪŋks'|ʊm, *auch:* '–'–
Linley *engl.* 'lɪnlɪ
Linlithgow *engl.* lɪn'lɪθgoʊ, **-shire** -ʃɪə
Linna *finn.* 'linnɑ
Linnaeus lɪ'nɛ:ʊs
Linnankoski *finn.* 'linnɑnkɔski
Linne *niederl.* 'lɪnə
Linné 'lɪne, lɪ'ne:, *schwed.* li'ne:
Linnebach 'lɪnəbax
Linneit lɪne'i:t, *auch:* ...e'ɪt
Linnell *engl.* lɪ'nɛl
linnen, L... 'lɪnən
Linnert 'lɪnɐt
Linnich 'lɪnɪç
Linois *fr.* li'nwa
Linoleum li'no:leʊm
Linolschnitt li'no:lʃnɪt
Linon li'nõ:, *auch:* 'lɪnɔn
Linos 'li:nɔs
Linosa *it.* li'nɔ:sa
Linotype ⓦ 'lai̯notai̯p
Lin Piao lɪn'pi̯au̯
Lins *bras.* lĩs
Linschoten *niederl.* 'lɪnsxo:tə
Lins do Rêgo *bras.* 'lĩz du 'rregu
Linse 'lɪnzə
Linsell *schwed.* ˌlinsɛl
Linselles *fr.* lɛ̃'sɛl
Linsenhofen lɪnzn̩'ho:fn̩
Linsly *engl.* 'lɪnzlɪ
Linstow 'lɪnsto
Lint *niederl.* lɪnt
Linters 'lɪntɐs
Linth[al] 'lɪnt[a:l]
Lintorf 'lɪntɔrf
Linton *engl.* 'lɪntən
Linthwaite *engl.* 'lɪnθweɪt
Lintot *engl.* 'lɪntɔt
Linum 'li:nʊm
Linus 'li:nʊs, *engl.* 'laɪnəs
Linx lɪŋks
Lin Yu-tang lɪnju'taŋ
Linz[er] 'lɪnts[ɐ]
Linzgau 'lɪntsgau̯
Lioba 'li:oba
Lioderma li̯o'dɛrma
Lion *fr.* ljõ
Lionardo *it.* lio'nardo
Lionel *engl.* 'laɪənl
Lionello *it.* lio'nɛllo
Lionne *fr.* ljɔn
Lions *engl.* 'laɪənz
Liotard *fr.* ljɔ'ta:r
Liouville *fr.* lju'vil
Lipá *span.* li'pa
Lipämie lipɛ'mi:
lipämisch li'pɛ:mɪʃ
Lipari *it.* 'li:pari
liparisch li'pa:rɪʃ
Liparit lipa'ri:t, *auch:* ...rɪt
Lipase li'pa:zə
Lipazidämie lipatsidɛ'mi:
Lipazidurie lipatsidu'ri:
Lipchitz *fr.* lip'ʃits
Lípez *span.* 'lipɛθ
Lipezk, Lipeck *russ.* 'lipɪtsk
Lipiany *poln.* li'pjanɨ
Lipidose lipi'do:zə
Lipik *serbokr.* ˌlipi:k
Lipinski li'pɪnski
Lipiński *poln.* li'pĩi̯ski
Lipizza li'pɪtsa
Lipizzaner lipɪ'tsa:nɐ
Lipmann 'lɪpman
Lipník *tschech.* 'lipnji:k
Lipno *poln., tschech.* 'lipnɔ
Li Po li'po:
Lipót *ung.* 'lipo:t
Lipochrom lipo'kro:m
Lipodystrophie lipodʏstro'fi:, **-n** ...i:ən
lipoid, L... lipo'i:t, **-e** ...i:də
Lipoidose lipoi'do:zə
Lipolyse lipo'ly:zə
Lipom li'po:m
Lipoma li'po:ma, **-ta** -ta
Lipomatose lipoma'to:zə
Lipomatosis lipoma'to:zɪs
lipophil lipo'fi:l
Lipoplasten lipo'plastn̩
Lipova *rumän.* 'lipova
Lipowaner lipo'va:nɐ
Lipozele lipo'tse:lə
Lipp lɪp
Lippa[ch] 'lɪpa[x]
Lippborg 'lɪpbɔrk
Lippe 'lɪpə
Lippehne lɪ'pe:nə
Lipperheide 'lɪpɐhaidə
Lipperode lɪpə'ro:də
Lippert 'lɪpɐt
Lippertskirchen lɪpɐts'kɪrçn̩
Lippe-Seitenkanal lɪpə'zaitn̩kana:l
Lippi *it.* 'lippi
Lippia 'lɪpi̯a
Lippie 'lɪpi̯ə
Lippincott *engl.* 'lɪpɪnkət
Lippino *it.* lip'pi:no
lippisch 'lɪpɪʃ
Lippizza lɪ'pɪtsa
Lippl 'lɪpl̩
Lippmann 'lɪpman, *engl.* 'lɪpmən, *fr.* lip'man
Lippold 'lɪpɔlt
Lipps lɪps
Lippspringe lɪp'ʃprɪŋə
Lippstadt 'lɪp-ʃtat
Lips lɪps
Lipsanothek lɪpsano'te:k
Lipsi 'lɪpsi, *fr.* lip'si
Lipsia 'lɪpsi̯a
Lipsius 'lɪpsi̯ʊs, *niederl.* 'lɪpsi:ʏs
Lipsko *poln.* 'lipskɔ
Liptau[er] 'lɪptau̯[ɐ]
Lipton *engl.* 'lɪptən
Liptovský Mikuláš *slowak.* 'liptɔu̯ski: 'mikula:ʃ
Lipurie lipu'ri:
Liquefaktion likvefak'tsi̯o:n
Liqueszenz likvɛs'tsɛnts
liqueszieren likvɛs'tsi:rən
liquet 'li:kvɛt
liquid li'kvi:t, **-e** ...i:də
Liquida 'li:kvida; **...dä** ...dɛ, **Liquiden** li'kvi:dn̩
Liquidation likvida'tsi̯o:n
Liquidator likvi'da:tɔr, **-en** ...da'to:rən
liquide li'kvi:də
liquidieren likvi'di:rən
Liquidität likvidi'dɛ:t
Liquis 'li:kvɪs
Liquor 'li:kvɔr, **-en** li'kvo:rən
[1]**Lira** (Münzeinheit) 'li:ra, **Lire** 'li:rə
[2]**Lira** (Musikinstrument) 'li:ra, **Liren** 'li:rən
Lira da braccio 'li:ra da 'bratʃo
Lira da gamba 'li:ra da 'gamba
Lire vgl. [1]Lira
Liri *it.* 'li:ri
Liria *span.* 'liri̯a
lirico 'li:riko
Lisa *dt., it.* 'li:za
Lisala li'za:la, *fr.* lisa'la
Lišany *tschech.* 'liʃani
Lisardo *span.* li'sarðo
Lisbeth 'li:sbɛt, *auch:* 'lɪsbɛt
Lisboa lɪs'bo:a, *port.* liʒ'βoɐ, *bras.* liz'boa
Lisburn *engl.* 'lɪzbə:n
lisch! lɪʃ
Lischnewski lɪʃ'nɛfski
Lischnitz 'lɪʃnɪts
lischt, L... lɪʃt
Liscow 'lɪsko

Lise 'li:zə, *fr.* li:z, *dän.* 'li:sə
Liselotte 'li:zəlɔtə, *auch:* – –'– –
Liselund *dän.* lisə'lonʼ
Lisene li'ze:nə
Lisette li'zɛtə, *fr.* li'zɛt
Lisfranc *fr.* lis'frã
Lisičansk vgl. Lissitschansk
Lisiere li'zi̯e:rə, ...ɛ:rə
Lisieux *fr.* li'zjø
Lisinski *serbokr.* ˌlisi:nski:
Lisjanskij vgl. Lissjanski
Liski *russ.* 'liski
Liskun *russ.* lis'kun
Lisle *engl.* laɪl, li:l
Lisle-sur-Tarn *fr.* lilsyr'tarn
lismen 'lɪsmən
Lismore (Schottland, England) *engl.* lɪz'mɔ:
Lisola 'li:zola
Lišov *tschech.* 'liʃɔf
lispeln 'lɪspl̩n
Liss lɪs
Lissa 'lɪsa, *it.* 'lissa
Lissabon 'lɪsabɔn, *auch:* – –'–
Lissabonner 'lɪsabɔnɐ, *auch:* – –'– –
Lissajous *fr.* lisa'ʒu
Lissauer 'lɪsau̯ɐ
Lisse *dt., niederl.* 'lɪsə
Lisseuse lɪ'sø:zə
Lissi 'lɪsi
Lissitschansk, Lisičansk *russ.* lisi'tʃansk
Lissjanski, Lisjanskij *russ.* li'sjanskij
Lissone *it.* lis'so:ne
Lissy 'lɪsi, *engl.* 'lɪsɪ
List lɪst
Lista *span.* 'lista
Liste 'lɪstə
Listeman 'lɪstəman, *engl.* 'lɪstəmɑ:n
Lister 'lɪstɐ, *engl.* 'lɪstə
Listernohl 'lɪstɐno:l
l'istesso tempo lɪs'tɛso 'tɛmpo
listig 'lɪstɪç, **-e** ...ɪgə
Listland 'lɪstlant
Liston *engl.* 'lɪstən
Liszt lɪst, *ung.* list
Li Tai-po litai̯'po:
Litakowo, Litakovo *bulgar.* lita'kɔvo
Litanei lita'nai̯
Litauen 'li:tau̯ən, *auch:* 'lɪt...
Litauer 'li:tau̯ɐ, *auch:* 'lɪt...
litauisch 'li:tau̯ɪʃ, *auch:* 'lɪt...
Litchfield *engl.* 'lɪtʃfi:ld
Liter 'li:tɐ, *auch:* 'lɪtɐ
[1]**Litera** 'lɪtəra, **...rä** ...rɛ
[2]**Litera** (Name) *span.* li'tera
Literar... lɪtə'ra:ɐ̯...
literarisch lɪtə'ra:rɪʃ
literarisieren lɪtərari'zi:rən
Literarum Humaniorum Doctor lɪtə'ra:rʊm huma'ni̯o:rʊm 'dɔktɔr
Literat lɪtə'ra:t
Literatur lɪtəra'tu:ɐ̯
Literaturnaja Gaseta, - Gazeta *russ.* litɪra'turnɐjɐ ga'zjɛtɐ
Litewka li'tɛfka
Litfaßsäule 'lɪtfaszɔylə
Lith *niederl.* lɪt
Lithagogum lita'go:gʊm, **...ga** ...ga
Litherland *engl.* 'lɪðələnd
Lithgow *engl.* 'lɪθgoʊ
Lithiasis li'ti:azɪs, **...sen** li'ti̯a:zn̩
Lithicum 'li:tikʊm, **...ca** ...ka
Lithium 'li:ti̯ʊm
Litho 'li:to
lithogen lito'ge:n
Lithogenese litoge'ne:zə
Lithoglyphik lito'gly:fɪk
Lithoglyptik lito'glʏptɪk
Lithograph lito'gra:f
Lithographie litogra'fi:, **-n** ...i:ən
lithographieren litogra'fi:rən
Lithoklast lito'klast
Litholapaxie litolapa'ksi:
Lithologe lito'lo:gə
Lithologie litolo'gi:
lithologisch lito'lo:gɪʃ
Litholyse lito'ly:zə
Lithopädion lito'pɛ:di̯ɔn; **...ia** ...i̯a, **...ien** ...i̯ən
lithophag lito'fa:k, **-e** ...a:gə
Lithophanie litofa'ni:, **-n** ...i:ən
lithophil lito'fi:l
Lithophysen lito'fy:zn̩
Lithophyt lito'fy:t
Lithopone lito'po:nə
Lithosphäre lito'sfɛ:rə
Lithotom lito'to:m
Lithotomie litoto'mi:, **-n** ...i:ən
Lithotripsie litotrɪ'psi:, **-n** ...i:ən
Lithotripter lito'trɪptɐ
Lithurgik li'tʊrgɪk
Litigant liti'gant
Litigation litiga'tsi̯o:n
litigieren liti'gi:rən
Litispendenz lɪtɪspɛn'dɛnts
Lititz *engl.* 'lɪtɪts
Litke *russ.* 'litkɪ
Litolff *dt., engl.* 'li:tɔlf, *fr.* li'tɔlf
Litoměřice *tschech.* 'litɔmjɛrʒitsɛ
Litomyšl *tschech.* 'litɔmiʃl̩
litoral, L... lito'ra:l
Litorale lito'ra:lə
Litorina lito'ri:na
Litorinellenkalk litori'nɛlənkalk
Litotes li'to:tɛs
Litovel *tschech.* 'litɔvɛl
Litowskaja SSR, Litovskaja SSR *russ.* li'tɔfskɐjɐ ɛs-ɛs'ɛr
Litschau 'lɪtʃau̯
Litschipflaume 'lɪtʃipflau̯mə
litt, L... lɪt
Littau 'lɪtau̯
Littauer 'lɪtau̯ɐ, *engl.* ...aʊə
Littell *engl.* lɪ'tɛl
Littenweiler lɪtn̩'vai̯lɐ
Littfeld 'lɪtfɛlt
Littgen 'lɪtgn̩
Little *engl.* lɪtl
Littleborough *engl.* 'lɪtlbərə
Littlefield *engl.* 'lɪtlfi:ld
Little Ferry *engl.* 'lɪtl 'fɛrɪ
Littlehampton *engl.* 'lɪtlhæmptən
Little Rock *engl.* 'lɪtl 'rɔk
Littlesche Krankheit 'lɪtlʃə 'kraŋkhai̯t
Littleton *engl.* 'lɪtltən
Littlewood *engl.* 'lɪtlwʊd
Littmann 'lɪtman
Littoria *it.* lit'tɔ:ri̯a
Littré *fr.* li'tre
Littreitis lɪtre'i:tɪs, **...itiden** ...ei'ti:dn̩
Littrow 'lɪtro
Lituania li'tu̯a:ni̯a
Litui vgl. Lituus
Liturg li'tʊrk, **-en** ...rgn̩
Liturgie litʊr'gi:, **-n** ...i:ən
Liturgik li'tʊrgɪk
liturgisch li'tʊrgɪʃ
Lituus 'li:tuʊs, **Litui** 'li:tui
Litvak *engl.* 'lɪtvɑ:k
Litvínov *tschech.* 'litvi:nɔf
Litwa, Litva *russ.* lit'va
Litwinow, Litvinov *russ.* lit'vinɐf
Litze 'lɪtsə
Litzmann 'lɪtsman
Liu li̯u:
Liuba 'li:uba
Liudegast 'li:udəgast
Liudger 'li:ʊtgɛr
Liudolf[inger] 'li:udɔlf[ɪŋɐ]
Liudprand 'li:ʊtprant
Liu-Po li̯u'po:
Liu Shao-chi li̯uʃau̯'tʃi:
Liuthard 'li:ʊthart
Liutize li̯u'tɪtsə
Liutprand 'li:ʊtprant
Livadić *serbokr.* ˌlivaditɕ
Livadija vgl. Liwadija
Livarot *fr.* liva'ro
Live 'li:və
live lai̯f, *engl.* laɪv
Livenza *it.* li'vɛntsa
Liveright *engl.* 'lɪvraɪt
Livermore *engl.* 'lɪvəmɔ:
Liverpool 'lɪvɐpu:l, *engl.* 'lɪvəpu:l
Livia 'li:vi̯a
livid li'vi:t, **-e** ...i:də
Livigno *it.* li'viɲɲo
Livinental 'li:vinənta:l
Livingston[e] *engl.* 'lɪvɪŋstən
Livingstonit lɪvɪŋsto'ni:t, *auch:* ...nɪt
livisch 'li:vɪʃ
Livius 'li:vi̯ʊs
Livland 'li:flant
Livländer 'li:flɛndɐ
livländisch 'li:flɛndɪʃ

Livno *serbokr.* ˌli:vnɔ
Livny vgl. Liwny
Livonia li'vo:ni̯a
Livorneser livɔr'ne:zɐ
Livorno *it.* li'vorno
Livramento *bras.* livra'mentu
Livre 'li:vrɐ
Livree li'vre:, **...een** li'vre:ən
livriert li'vri:ɐ̯t
Livry-Gargan *fr.* livrigar'gã
Liwadija, Livadija *russ.* li'vadijɐ
Liwiec *poln.* 'livjɛts
Liwny, Livny *russ.* 'livnɨ
Lixhe *fr.* liks
Liz *engl.* lɪz
Liza *engl.* 'laɪzə
Lizard *engl.* 'lɪzəd
Lizardi *span.* li'θarði
Lizardo *span.* li'θarðo
Lizard Point *engl.* 'lɪzəd 'pɔɪnt
Lizent li'tsɛnt
Lizentiat litsɛn'tsi̯a:t
Lizenz li'tsɛnts
lizenzieren litsɛn'tsi:rən
Lizitant litsi'tant
Lizitation litsita'tsi̯o:n
lizitieren litsi'ti:rən
Lizzie *engl.* 'lɪzɪ, *fr.* li'zi
Lizzy 'lɪtsi
Ljache 'ljaxə
Ljachowitschi, Ljahoviči *russ.* 'ljaxɐvitʃi
Ljachowskie Ostrowa, Ljahovskie Ostrova *russ.* 'ljaxɐfskijɪ astra'va
Ljadow, Ljadov *russ.* 'ljadɐf
Ljapkin-Tjapkin *russ.* 'ljapkin'tjapkin
Ljapunow, Ljapunov *russ.* lɪpu'nɔf
Ljaschko, Ljaško *russ.* lɪʃ'kɔ
Ljaschtschenko, Ljaščenko *russ.* 'ljaʃtʃɪnkɐ
Ljaskowez, Ljaskovec *bulgar.* 'ljaskovɛts
Ljatoschinski, Ljatošinskij *russ.* lɪta'ʃɨnskij
Ljeskovac *serbokr.* ˌljɛskɔvats
Ljodahattr 'ljo:dahatɐ
Ljow, Lev *russ.* ljɔf
Ljuban, Ljuban' *russ.* lju'banj
Ljubarski, Ljubarskij *russ.* lju'barskij
Ljuben *bulgar.* 'ljubɛn
Ljuberzy, Ljubercy *russ.* 'ljubɪrtsɨ
Ljubić (erdkundl. Name) *serbokr.* ˌljubi:tɕ
Ljubija *serbokr.* ˌljubija
Ljubim *russ.* lju'bim
Ljubimez, Ljubimec *bulgar.* lju'bimɛts
Ljubimow, Ljubimov *russ.* lju'bimɐf
Ljubiša *serbokr.* ˌljubiʃa
Ljublino *russ.* ljubli'nɔ
Ljubljana *slowen.* lju'blja:na
Ljubljanica *slowen.* lju'blja:nitsa
Ljubomir *russ.* ljuba'mir, *serbokr.* 'ljubɔmi:r
Ljubomira *russ.* ljuba'mirɐ
Ljuboml, Ljuboml' *russ.* lju'bɔmlj
Ljubotin *russ.* ljuba'tin
Ljubow, Ljubov' *russ.* lju'bɔfj
Ljubuški *serbokr.* ˌljubuʃki:
Ljudinowo, Ljudinovo *russ.* lju'dinɐvɐ
Ljudkewitsch, Ljudkevič *russ.* ljut'kjevitʃ
Ljudmila *russ.* ljud'milɐ
Ljunga *schwed.* ˌjʊŋa
Ljungby *schwed.* ˌjʊŋby:
Ljungdahl *schwed.* ˌjʊŋdɑ:l
Ljungskile *schwed.* jʊŋsˌtɕi:lə
Ljupča *serbokr.* 'ljuptʃa
Ljusdal *schwed.* ˌjʉ:sdɑ:l
Lkw 'ɛlka:ve:, *auch:* ɛlka:'ve:
Llaima *span.* 'ʎai̯ma
Llandaff *engl.* 'lændəf
Llandudno *engl.* læn'dɪdnoʊ
Llanelly *engl.* læ'nɛθlɪ
Llanero lja'ne:ro
Llanes *span.* 'ʎanes
Llangollen *engl.* læn'gɔθlən
Llano Estacado *engl.* 'lɑ:noʊ ɛstə'kɑ:doʊ
Llanos 'lja:nɔs, *span.* 'ʎanɔs
Llanos de Urgel *span.* 'ʎanɔz ðe ur'xɛl
Llanquihue *span.* ʎaŋ'kiu̯e
Llay-Llay *span.* 'ʎai̯'ʎai̯
Llerena *span.* ʎe'rena
Llewellyn *engl.* lu:'ɛlɪn
Lleyn *engl.* laɪn
Llimona *span.* ʎi'mona
Llivia *span.* 'ʎiβi̯a
Llobera *span.* ʎo'βera, *kat.* ʎu'βɛrə
Llobet *span.* ʎo'βɛt
Llobregat *span.* ʎoβre'ɣat
Llorente *span.* ʎo'rente
Lloret *span.* ʎo'rɛt
Lloughor *engl.* 'lʊkə
Llovera *span.* ʎo'βera, *kat.* ʎu'βɛrə
Lloyd lɔyt, *engl.* lɔɪd
Lloyd Barrage *engl.* 'lɔɪd 'bærɑ:ʒ
Lloydia 'lɔydi̯a
Lloydie 'lɔydi̯ə
Llull *kat.* ʎuʎ
Llwchwr *engl.* 'lu:kʊə
Llywelyn *engl.* lə'wɛlɪn
Lnáře *tschech.* 'l̩na:rʒɛ
Lo *schwed.* lu:
[1]Loa (Vorspiel) 'lo:a
[2]Loa (Name) *span.* 'loa
Load *engl.* loʊd
Loanda *port.* 'lu̯ɐndɐ
Loango lo'aŋgo, *fr.* lɔã'go
Loano *it.* lo'a:no
Loarre *span.* lo'arrɛ
Loase lo'a:zə
[1]Lob lo:p, **-es** 'lo:bəs
[2]Lob (Tennis) lɔp, *engl.* lɔb
Lobačevskij vgl. Lobatschewski
Lobanow, Lobanov *russ.* la'banɐf
lobär lo'bɛ:ɐ̯
Lobato *port.* lu'βatu
Lobatschewski, Lobačevskij *russ.* lɐba'tʃɛfskij
Lobau lo'bau̯
Löbau 'lø:bau̯
Löbbe 'lœbə
lobben 'lɔbn̩, **lobb!** lɔp, **lobbt** lɔpt
Lobberich 'lɔbərɪç
Lobby 'lɔbi
Lobbying 'lɔbiɪŋ
Lobbyismus lɔbi'ɪsmʊs
Lobbyist lɔbi'ɪst
Löbche 'lø:pçə
Lobe 'lo:bə
Löbe 'lø:bə
Lobeck 'lo:bɛk
Lobeda 'lo:bəda
Löbegallen lø:bə'galən
Löbejün 'lø:bəjy:n, – –'–
Lobektomie lobɛkto'mi:, **-n** ...i:ən
Lobelie lo'be:li̯ə
Lobelin lobe'li:n
loben 'lo:bn̩, **lob!** lo:p, **lobt** lo:pt
Loben 'lo:bn̩
Löbenicht 'lø:bənɪçt
Lobenstein 'lo:bn̩ʃtai̯n
Łobez *poln.* 'u̯ɔbɛs
Lobhudelei lo:phu:də'lai̯
Lobhud[e]ler 'lo:phu:d[ə]lɐ
Lobi vgl. Lobus
Lobineau *fr.* lɔbi'no
Lobi 'lo:bi
Lobito *port.* lu'βitu
Lobkowicz, Lobkowitz 'lɔpkovɪts
löblich 'lø:plɪç
Löbnitz 'lø:bnɪts
Lobnor 'lɔp'nɔr
Lobo *span.* 'loβo, *port.* 'loβu, *bras.* 'lobu
Lobodowski *poln.* lɔbɔ'dɔfski
Lobos *span.* 'loβɔs, *bras.* 'lobus
Lobositz 'lo:bozɪts
Lobotomie loboto'mi:, **-n** ...i:ən
lobpreisen 'lo:pprai̯zn̩
Lobsien lɔ'psi:n
lobsingen 'lo:pzɪŋən
Lobstick Lake *engl.* 'lɔbstɪk 'leɪk
lobulär lobu'lɛ:ɐ̯
Loburg 'lo:bʊrk
Lobus 'lo:bʊs, **Lobi** 'lo:bi
Lobwasser 'lo:pvasɐ
Łobżenica *poln.* u̯ɔbʒɛ'nitsa
Locana *it.* lo'ka:na
Locanda lo'kanda
Locarner lo'karnɐ

Locarno *it.* lo'karno
Locatelli *it.* loka'tɛlli
Loccum 'lɔkʊm
[1]**Loch** lɔx, **Löcher** 'lœçɐ
[2]**Loch** *engl.* lɔk
Lochaber *engl.* lɔ'kɑ:bə
Locham[er] 'lɔxam[ɐ]
Lochau[er] 'lɔxau̯[ɐ]
Lochem *niederl.* 'lɔxəm
lochen 'lɔxn̩
Locher 'lɔxɐ
Löcherberg 'lœçɐbɛrk
löcherig 'lœçərɪç, **-e** ...ɪɡə
löchern 'lœçɐn
Loches *fr.* lɔʃ
Lochgelly *engl.* lɔk'ɡɛlɪ
Lochhausen lɔx'hauzn̩
Lochien 'lɔxi̯ən
Lochiometra lɔxi̯o'me:tra
Löchlein 'lœçlai̯n
Lochner 'lɔxnɐ
Lochovice *tschech.* 'lɔxɔvitsɛ
Lochow 'lɔxo
löchrig 'lœçrɪç, **-e** ...ɪɡə
Lochristi *niederl.* lo:'krɪsti:
Lochstädt 'lɔxʃtɛt
Lochwiza, Lohvica *russ.* 'lɔxvitsɐ
Lochy, Loch *engl.* 'lɔk 'lɔkɪ
Löckchen 'lœkçən
[1]**Locke** 'lɔkə
[2]**Locke** (Name) *engl.* lɔk
locken 'lɔkn̩
löcken 'lœkn̩
Lockenhaus 'lɔkn̩haus, --'-
locker 'lɔkɐ
Locker *engl.* 'lɔkə
lockern 'lɔkɐn
Lockhart *engl.* 'lɔkət, 'lɔkhɑ:t
Lock Haven *engl.* 'lɔk 'heɪvən
Lockheed *engl.* 'lɔkhi:d
lockig 'lɔkɪç, **-e** ...ɪɡə
Lockland *engl.* 'lɔklənd
Lockman *engl.* 'lɔkmən
Löcknitz 'lœknɪts
Lockout lɔk'|au̯t
Lockport *engl.* 'lɔkpɔ:t
Lockroy *fr.* lɔ'krwa
Lockstädt 'lɔk-ʃtɛt
Lockstedter Lager 'lɔk-ʃtɛtɐ 'la:ɡɐ
Lockweiler 'lɔkvai̯lɐ
Lockwitz 'lɔkvɪts
Lockwood *engl.* 'lɔkwʊd
Lockyer *engl.* 'lɔkɪə
Locle *fr.* lɔkl
Locmariaquer *fr.* lɔkmarja'kɛ:r
loco 'lo:ko
Loco *it.* 'lɔ:ko
loco citato 'lo:ko tsi'ta:to
loco laudato 'lo:ko lau̯'da:to
Locorotondo *it.* lokoro'tondo
loco sigilli 'lo:ko zi'ɡɪli
Locri *it.* 'lɔ:kri
Lócs *ung.* lo:tʃ
Locus communis 'lo:kʊs kɔ'mu:nɪs, **Loci ...nes** 'lo:tsi ...ne:s

Lodalskåpa *norw.* 'lu:da:lsko:pa
Lodano *it.* 'lɔ:dano
Lodde 'lɔdə
Loddel 'lɔdl̩
lodderig 'lɔdərɪç, **-e** ...ɪɡə
Lödderitz 'lœdərɪts
Lode 'lo:də
Lodelinsart *fr.* lɔdlɛ̃'sa:r
Loden 'lo:dn̩
Lodenau 'lo:dənau̯
Loder *niederl.* 'lo:dər
Löderburg 'lø:dɐbʊrk
lodern 'lo:dɐn, **lodre** 'lo:drə
Lodève *fr.* lɔ'dɛ:v
Lodewijk *niederl.* 'lo:dəwɛi̯k
Lodge *engl.* lɔdʒ
Lodgman 'lɔtʃman
Lodi *engl.* 'loʊdaɪ, *it.* 'lɔ:di
Lodiculae lo'di:kulɛ
Lodigiano *it.* lodi'dʒa:no
Lødingen *norw.* ˌlœdiŋən
Lodojska lodo'ɪska
Lodomerien lodo'me:ri̯ən
Lödöse *schwed.* ˌlø:dø:sə
Lodovico *it.* lodo'vi:ko
Lodrino *it.* lo'dri:no
Lodron 'lo:dro:n
Lodsch lɔtʃ
Lodscher 'lɔtʃɐ
Lodygin *russ.* la'dɨɡin
Łódź *poln.* u̯utɕ
Loeb lø:p, *engl.* leɪb, lɛb, loʊb
Loebell 'lø:bl̩, lø'bɛl
Loeben[stein] 'lø:bn̩[ʃtai̯n]
Loèche *fr.* lɔ'ɛʃ
Loèche-les-Bains *fr.* lɔɛʃle'bɛ̃
Loenen *niederl.* 'lu:nə
Loening 'lø:nɪŋ, *engl.* 'loʊnɪŋ
Loeper 'lø:pɐ
Loerke 'lœrkə
Loeschcke 'lœʃkə
Loew lø:f
Loewe 'lø:və
Loewi 'lø:vi
Loewy 'lø:vi
Lœwy *fr.* le'vi
Lofer 'lo:fɐ
Löffel 'lœfl̩
löffeln 'lœfl̩n
Löffler 'lœflɐ
Löfftz lœfts
Lofot *norw.* 'lu:fu:t
Lofoten 'lo:fotn̩, *auch:* lo'fo:tn̩; *norw.* 'lu:futən
Lofsdalen *schwed.* ˌlɔfsdɑ:lən
Löfstedt *schwed.* ˌlø:vstɛt
Loft lɔft
Lofthouse *engl.* 'lɔftəs
Loftus *engl.* 'lɔftəs
log lo:k
Log lɔk, **-e** 'lɔɡə
Loga 'lo:ɡa
Logan *engl.* 'loʊɡən
Loganiazeen loɡani̯a'tse:ən
Logansport *engl.* 'loʊɡənzpɔ:t
logaödisch loɡa'ø:dɪʃ
Logarithmand loɡarɪt'mant, **-en** ...ndn̩

logarithmieren loɡarɪt'mi:rən
logarithmisch loɡa'rɪtmɪʃ
Logarithmus loɡa'rɪtmʊs
Logasthenie loɡaste'ni:
Logau 'lo:ɡau̯
Logbuch 'lɔkbu:x
löge 'lø:ɡə
[1]**Loge** 'lo:ʒə
[2]**Loge** (Name) 'lo:ɡə
Logement loʒə'mã:
logen 'lo:ɡn̩
Loggast 'lɔkɡast
Logge 'lɔɡə
loggen 'lɔɡn̩, **logg!** lɔk, **loggt** lɔkt
Logger 'lɔɡɐ
Loggia 'lɔdʒa, **...ien** 'lɔdʒi̯ən
Logglas 'lɔkɡla:s
Loghem *niederl.* 'lɔxəm
Logie *engl.* 'loʊɡɪ
logieren lo'ʒi:rən
Logik 'lo:ɡɪk
Logiker 'lo:ɡikɐ
Logis lo'ʒi:, **des -** ...i:[s], **die -** ...i:s
logisch 'lo:ɡɪʃ
Logisma 'lo:ɡɪsma, **-ta** lo'ɡɪsmata
Logismus lo'ɡɪsmʊs
Logistik lo'ɡɪstɪk
Logistiker lo'ɡɪstikɐ
logistisch lo'ɡɪstɪʃ
Logizismus loɡi'tsɪsmʊs
Logizität loɡitsi'tɛ:t
Logograph loɡo'ɡra:f
Logogriph loɡo'ɡri:f
Logoi vgl. Logos
Logoklonie loɡoklo'ni:
Logokratie loɡokra'ti:
Logomachie loɡoma'xi:
Logoneurose loɡonɔy̯'ro:zə
Logopäde loɡo'pɛ:də
Logopädie loɡopɛ'di:
logopädisch loɡo'pɛ:dɪʃ
Logopathie loɡopa'ti:, **-n** ...i:ən
Logorrhö, ...öe loɡɔ'rø:, **...rrhöen** ...'rø:ən
Logos 'lɔɡɔs, 'lo:ɡɔs; **Logoi** 'lɔɡɔy̯, 'lo:ɡɔy̯
Logotherapie loɡotera'pi:
Logotype loɡo'ty:pə
logozentrisch loɡo'tsɛntrɪʃ
Logroño *span.* lo'ɣroɲo
Logrosán *span.* loɣro'san
Logroscino *it.* lo'ɡrɔʃʃino
logt lo:kt
lögt lø:kt
Løgumkloster *dän.* lø:ɡom'klɔsdər, lø:ɣo...
loh, Loh lo:
Lohals *dän.* 'lo:'hal's
Lohan 'lo:han
Lohausen 'lo:hau̯zn̩
Lohe 'lo:ə
Löhe 'lø:ə
lohen 'lo:ən
Lohengrin 'lo:əŋɡri:n
Lohenstein 'lo:ənʃtai̯n

Lohfelden 'lo:fɛldn̩, –'––
Lọhhof 'lo:ho:f
Lọhja *finn.* 'lɔhjɑ
Lọhjanselkä *finn.* 'lɔhjɑnsɛlkæ
Lọ̈hlein 'lø:lai̯n
Lọhmann 'lo:man
Lọhmar 'lo:mar
Lọhme[n] 'lo:mə[n]
Lọhmeyer 'lo:mai̯ɐ
[1]**Lọhn** lo:n, **Lọ̈hne** 'lø:nə
[2]**Lọhn** (Name) *rät.* lo:n
Lọ̈hnberg 'lø:nbɛrk
Lọ̈hndorff 'lø:ndɔrf
Lọhne 'lo:nə
Lọ̈hne 'lø:nə
lọhnen 'lo:nən
lọ̈hnen 'lø:nən
Lọhnsburg 'lo:nsbʊrk
Lọhnsfeld 'lo:nsfɛlt
Lọhr lo:ɐ̯
Lọ̈hr lø:ɐ̯
Lọhsdorf 'lo:sdɔrf
Lọ̈hsten 'lø:stn̩
Lohvica vgl. Lochwiza
Lọi 'lo:i
Loiạno *it.* lo'i̯a:no
Lọibl 'lɔybl̩
Lọimaa *finn.* 'lɔi̯mɑ:
Loing *fr.* lwɛ̃
Lọipe 'lɔypə
Loir *fr.* lwa:r
Loire lo̯a:ɐ̯, *fr.* lwa:r
Loirẹt *fr.* lwa'rɛ
Loir-et-Chẹr *fr.* lware'ʃɛ:r
Lọis lɔys
Lọisach 'lɔyzax
Loisẹl *fr.* lwa'zɛl
Lọisl 'lɔyzl̩
Loison-sous-Lens *fr.* lwazõsu'lã:s
Loisy *fr.* lwa'zi
Lọitsch lɔytʃ
Loitz lø:ts
Lọja *span.* 'lɔxa
Lo-Johansson *schwed.* lu:ˌju:ansɔn
Lọjt *dän.* lɔi̯d
Lọjang 'lo:jaŋ
Lọk lɔk
Loka *schwed.* ˌlu:ka
lokạl, L... lo'ka:l
Lokạlis lo'ka:lɪs, **...les** ...le:s
Lokalisatiọn lokaliza'tsi̯o:n
lokalisieren lokali'zi:rən
Lokalitạ̈t lokali'tɛ:t
Lokatạr loka'ta:ɐ̯
Lokatiọn loka'tsi̯o:n
Lokativ 'lo:kati:f, *auch:* ––'–; **-e** ...i:və
Lokạtor lo'ka:tɔr, **-en** loka'to:rən
Lọkeren *niederl.* 'lo:kərə
Lọket *tschech.* 'lɔkɛt
Lọki 'lo:ki
Łokiętek *poln.* u̯ɔ'kjɛtɛk
Løkken *dän.* 'løgən, *norw.* ˌlœkən
Lọkkum 'lɔkʊm
lọko 'lo:ko
Lokomobịle lokomo'bi:lə
Lokomotiọn lokomo'tsi̯o:n
Lokomotịve lokomo'ti:və, *auch:* ...fə
Lokomotịvführer lokomo'ti:ffy:rɐ
lokomotọrisch lokomo'to:rɪʃ
Lọ̈kösháza *ung.* 'løkøʃha:zɔ
Lọkoverkehr 'lo:kofɛɐ̯ke:ɐ̯
Lọkrer 'lo:krɐ
Lọkris 'lo:krɪs
Lọkrum *serbokr.* ˌlɔkrum
Lokrume *schwed.* ˌlu:krʊmə
Lọkstedt 'lɔk-ʃtɛt
Lọkus 'lo:kʊs, **-se** ...ʊsə
Lokutiọn loku'tsi̯o:n
Lọla 'lo:la, *span.* 'lola
Lọla Mọntez 'lo:la 'mɔntɛs
Lọlch lɔlç
Lolịta lo'li:ta
Lọlland *dän.* 'lɔlan'
Lọllar 'lɔlar
Lollạrde lɔ'lardə
Lollhạrde lɔl'hardə
Löllingit lœlɪŋ'gi:t, *auch:* ...gɪt
Lọllo 'lɔlo
Lollobrịgida *it.* lollo'bri:dʒida
[1]**Lọlo** (Volksstamm) 'lo:lo
[2]**Lolọ** (Vorname) lo'lo:
Lọm *bulgar.* lɔm
Lọma de Úbeda *span.* 'loma ðe 'uβeða
Lomạmi lo'ma:mi, *fr.* lɔma'mi
Loman *engl.* 'loʊmən
Lọmas de Zamọra *span.* 'lomaz ðe θa'mora
Lomax *engl.* 'loʊmæks
[1]**Lombard** (Kredit) 'lɔmbart, *auch:* –'–; **-e** ...rdə
[2]**Lọmbard** (Name) 'lɔmbart, *engl.* 'lɔmbəd, *fr.* lõ'ba:r, *niederl.* 'lɔmbɑrt
Lombạrde lɔm'bardə
Lombardei lɔmbar'dai̯
Lombạrdi *it.* lom'bardi
Lombardịa *it.* lombar'di:a
lombardieren lɔmbar'di:rən
lombạrdisch lɔm'bardɪʃ
Lombạrdo *it.* lom'bardo
Lombạrdus lɔm'bardʊs
Lọmber 'lɔmbɐ
Lọmbok *indon.* 'lɔmbɔk
Lọmbos *ung.* 'lomboʃ
Lombrọso *it.* lom'bro:so
Lọme 'lo:mə
Lomé *fr.* lɔ'me
Lomellịna *it.* lomel'li:na
Lomellịno *it.* lomel'li:no
Loménie de Briẹnne *fr.* lɔmenidbri'ɛn
Lomma *schwed.* ˌluma
Lọmmatzsch 'lɔmatʃ
Lọmme *fr.* lɔm
Lọmmel 'lɔml̩, *niederl.* 'lɔməl
Lọmniza, Lomnica *russ.* 'lɔmnitsɐ
Lọmnice *tschech.* 'lɔmnjitsɛ
Lọmnicki *serbokr.* ˌlɔmnitski:
Lọmnitz 'lɔmnɪts
Lom Nọl lɔm'nɔl
Lomond *engl.* 'loʊmənd
Lomonọssow, Lomonosov lomo'nɔsɔf, *russ.* lɐma'nɔsɐf
Lomont *fr.* lɔ'mõ
Lọmpenzucker 'lɔmpn̩tsʊkɐ
Lọms *tschech.* lɔms
Lọmse 'lɔmzə
Łọmża *poln.* 'u̯ɔmʒa
Lonạrdi *span.* lo'narði
Lonạto *it.* lo'na:to
Lọnderzeel *niederl.* 'lɔndərze:l
Lọndon 'lɔndɔn, *engl.* 'lʌndən
[1]**Londonderry** (Personenname) *engl.* 'lʌndəndərɪ
[2]**Londonderry** (erdk. Name) lʌndən'dɛrɪ, '–––
Lọndoner 'lɔndɔnɐ
Londrịna *bras.* lon'drina
Lọne 'lo:nə
Lọng *engl.* lɔŋ
Lọnga 'lɔŋga, **...gae** ...gɛ
Lọngacre *engl.* 'lɔŋeɪkə
Longạne lɔŋ'ga:nə
Longarọne *it.* loŋga'ro:ne
Lọngaville 'lɔŋgavi:l, *engl.* 'lɔŋgəvɪl
Longävitạ̈t lɔŋgɛvi'tɛ:t
Longbẹnton *engl.* lɔŋ'bɛntn
Lọng Brạnch *engl.* 'lɔŋ 'brɑ:ntʃ
Longchamp[s] *fr.* lõ'ʃã
Lọngdrink 'lɔŋdrɪŋk
Lọnge 'lõ:ʒə
Lọngerich 'lɔŋərɪç
Lọngfellow 'lɔŋfɛloʊ
Lọngford *engl.* 'lɔŋfəd
Longhẹna *it.* loŋ'ge:na
Lọnghi *it.* 'longi, 'lɔŋgi
longieren lõ'ʒi:rən
Longimetrie lɔŋgime'tri:
Lọngin *russ.* 'lɔngin
Longịnus lɔŋ'gi:nʊs
longitudinạl lɔŋgitudi'na:l
Longjumeau *fr.* lõʒy'mo
Lọngman *engl.* 'lɔŋmən
Lọngmont *engl.* 'lɔŋmɔnt
Longnon *fr.* lõ'ɲõ
Lọngo *it.* 'lɔŋgo, 'loŋgo
Longobạrde lɔŋgo'bardə
Longobạrdi *it.* loŋgo'bardi
Longobụcco *it.* loŋgo'bukko
Longomontạnus lɔŋgomɔn'ta:nʊs
Lọngs Peak *engl.* 'lɔŋz 'pi:k
Lọngseller *engl.* 'lɔŋsɛlə
Lọngstreet *engl.* 'lɔŋstri:t
Lọngsword *engl.* 'lɔŋsɔ:d
Lọngton *engl.* 'lɔŋtʌn
Longueuil *fr.* lõ'gœj
Longuevịlle *fr.* lõg'vil
Lọnguich 'lɔŋkvɪç
Lọngus 'lɔŋgʊs
Longuyon *fr.* lõgɥi'jõ
Lọngview *engl.* 'lɔŋvju:
Lọngworth *engl.* 'lɔŋwə:θ
Longwy *fr.* lõ'wi

Longyear *engl.* 'lɔŋjə:
Longyearbyen *norw.* 'lɔŋji:rby:ən
Loni 'lo:ni
Lonigo *it.* lo'ni:go
Löningen 'lø:nɪŋən
Lonitzer 'lo:nɪtsɐ
Lonjumeau *fr.* lõʒy'mo
Lonneker *niederl.* 'lɔnəkər
Lonnewitz 'lɔnəvɪts
Lonni 'lɔni
Lönnrot *schwed.* ˌlœnru:t
Löns lø:ns, lœns
Lonsbrough *engl.* 'lɔnzbrə
Lonsdale *engl.* 'lɔnzdeɪl
Lons-le-Saunier *fr.* lõlso'nje
Lónyai, Lónyay *ung.* 'lo:njɔi
Lonza 'lɔntsa
Loo *fr.* lo, *niederl.* lo:
Loofs lo:fs
Look *engl.* lʊk
Loomis *engl.* 'lu:mɪs
Loon [op Zand] *niederl.* 'lo:n [ɔp 'sɑnt]
Loony *engl.* 'lu:nɪ
Loop Head *engl.* 'lu:p 'hɛd
Loope 'lo:pə
Looping 'lu:pɪŋ
Loops lo:ps
Loos *dt., fr.* lo:s
Loosdrecht *niederl.* 'lo:zdrɛxt
Loosduinen *niederl.* lo:z'dœi̯nə
Loose 'lo:zə
Looß, Looss lo:s
Looy *niederl.* lo:i̯
Loozen *niederl.* 'lo:zə
Lopatin *russ.* la'patin
Lopatka *russ.* la'patkɐ
Lope *span.* 'lope
Lope de Rueda *span.* 'lope ðɛ 'rru̯ɛða
Lope de Vega 'lo:pe de: 've:ga, *span.* 'lope ðe 'βeɣa
Lopes *port.* 'lɔpɪʃ, *bras.* 'lɔpis
López *span.* 'lopɛθ
Lophiodon lo'fi:odɔn
lophodont lofo'dɔnt
Lopik *niederl.* 'lo:pɪk
Lop Nor 'lɔp 'nɔr
Lopud *serbokr.* ˌlɔpud
Loquazität lokvatsi'tɛ:t
Lora [del Río] *span.* 'lora [ðɛl 'rrio]
Lorain *engl.* lɔ:'reɪn
Lorbaß 'lɔrbas, **...basse** ...basə
Lorbeer 'lɔrbe:ɐ̯
Lorber 'lɔrbɐ
Loranthazeen loranta'tse:ən
Lorca *span.* 'lɔrka
Lorch[e] 'lɔrç[ə]
Lorchel 'lɔrçl̩
Lorchen 'lo:ɐ̯çən
Lörcher 'lœrçɐ
[1]**Lord** (Adelstitel) lɔrt
[2]**Lord** (Name) *engl.* lɔ:d
Lord-Kanzler 'lɔrt'kantslɐ
Lord-Mayor 'lɔrt'me:ɐ, *engl.* 'lɔ:d'mɛə
Lordose lɔr'do:zə
Lordosis lɔr'do:zɪs
lordotisch lɔr'do:tɪʃ
Lordship *engl.* 'lɔ:dʃɪp
Lore[dan] 'lo:rə[dan]
Lorelei, ...ley lo:rə'lai̯, *auch:* '–––
Loren lo're:n, *it.* 'lɔ:ren
Lorengar *span.* loreŋ'gar
Lorentz *niederl.* 'lo:rənts
Lorenz 'lo:rɛnts
Lorenzetti *it.* loren'tsetti
Lorenzini *it.* loren'tsi:ni
Lorenzino *it.* loren'tsi:no
Lorenzo *it.* lo'rɛntso
Loreo *it.* lo'rɛ:o
Loreto *it.* lo're:to, *span.* lo'reto
Loretta lo'rɛta, *it.* lo'retta
Lorette lo'rɛtə
Lorettohöhe lo'rɛtohø:ə
Lorgnette lɔrn'jɛtə
lorgnettieren lɔrnjɛ'ti:rən
Lorgnon lɔrn'jõ:
Lori 'lo:ri
Loria *it.* 'lɔ:ri̯a
Lorient *fr.* lɔ'rjã
Lorimer *engl.* 'lɔrɪmə
Lorin 'lo:ri:n, *engl.* 'lɔ:rɪn
Lőrinc[i] *ung.* 'lø:rints[i]
Loringhoven 'lo:rɪŋho:fn̩
Loriol *fr.* lɔ'rjɔl
Loriquet *fr.* lɔri'kɛ
Loris *russ.* la'ris
Loritta lo'rɪta
Lork[e] 'lɔrk[ə]
Lorm lɔrm
Lorme, L'Orme *fr.* lɔrm
Lormeuil *fr.* lɔr'mœj
Lormont *fr.* lɔr'mõ
Lorne *engl.* lɔ:n
Lornsen 'lɔrnzn̩
Lorokonto 'lo:rokɔnto
Lörrach 'lœrax
Lorrain *fr.* lɔ'rɛ̃
Lorraine *fr.* lɔ'rɛn
Lorre 'lɔrə, *engl.* 'lɔ:rɪ
Lorris *fr.* lɔ'ris
Lorsch lɔrʃ
Lorton *engl.* 'lɔ:tən
Lortz[ing] 'lɔrts[ɪŋ]
Lörzweiler 'lœrtsvailɐ
los, Los lo:s, **-e** 'lo:zə
Los Alamos *engl.* lɔs'æləmoʊs
Los Angeles lɔs 'ɛndʒələs; *engl.* lɔs'ændʒɪlɪs; ...ŋgɪ...; ...lɪz, ...li:z
losch lɔʃ
löschen 'lœʃn̩
Löscher 'lœʃɐ
Loschmidt 'lɔʃmɪt
Loschwitz 'lɔʃvɪts
lose 'lo:zə
Lose (schlaffes Tau) 'lo:zə
losen 'lo:zn̩, **los!** lo:s, **lost** lo:st
Losen, Lozen *bulgar.* 'lɔzɛn
lösen 'lø:zn̩, **lös!** lø:s, **löst** lø:st
Losenstein 'lo:zn̩ʃtain
Losentitz 'lo:zn̩tɪts
Loser[th] 'lo:zɐ[t]
Losey *engl.* 'lu:zɪ
Losheim 'lo:shaim
Loshult *schwed.* ˌlu:shʊlt
Łosice *poln.* u̯ɔ'ɕitsɛ
Lošinj *serbokr.* ˌlɔʃi:nj
Losinski, Lozinskij *russ.* la'zinskij
löslich 'lø:slɪç
Losonc *ung.* 'loʃonts
Losone *it.* lo'zo:ne
Losowaja, Lozovaja *russ.* lɐza'vajɐ
Los Ríos *span.* lɔr 'rriɔs
Los Rodeos *span.* lɔr rrɔ'ðeɔs
Löß lœs, *auch:* lø:s; **Lösse** 'lœse, **Löße** 'lø:sə
Lössau 'lœsau
Loßbruch 'lɔsbrʊx
Losser *niederl.* 'lɔsər
Lossiemouth *engl.* 'lɔsɪmaʊθ
lößig 'lø:sɪç, **-e** ...ɪgə
Lossing *engl.* 'lɔsɪŋ
Losski, Losskij *russ.* 'lɔsskij
Lößkindl 'lœskɪndl̩, *auch:* 'lø:s...
Lößnitz 'lø:snɪts
Lossow 'lɔso
Lost lɔst
Lostage 'lo:sta:gə
Lostallo *it.* los'tallo
lo stesso tempo lɔs'tɛso 'tɛmpo
Lost generation *engl.* 'lɔst dʒɛnə'reɪʃən
Losung 'lo:zʊŋ
Lösung 'lø:zʊŋ
Los-von-Rom-Bewegung 'lo:sfɔn'ro:mbəve:gʊŋ
Loswa, Loz'va *russ.* 'lɔzjvɐ
[1]**Lot** lo:t
[2]**Lot** (Name) lo:t, *fr., niederl., poln.* lɔt
Lota *span.* 'lota
Lotar 'lo:tar, *selten:* lo'ta:ɐ̯
Lotario *it.* lo'ta:ri̯o, *span.* lo'tari̯o
loten 'lo:tn̩
Löten 'lø:tn̩
Lot-et-Garonne *fr.* lɔtega'rɔn
Loth lo:t, *fr.* lɔt
Lothar 'lo:tar, *selten:* lo'ta:ɐ̯
Lotharingien lota'rɪŋgi̯ən
Lothario lo'ta:ri̯o
Lothian *engl.* 'loʊðjən
Lothringen 'lo:trɪŋən
Lothringer 'lo:trɪŋɐ
lothringisch 'lo:trɪŋɪʃ
Lothrop *engl.* 'loʊθrəp
Loti *fr.* lɔ'ti
Lotichius lo'ti:çi̯ʊs
Lotion lo'tsi̯o:n, *engl.* 'loʊʃən
Lotophage loto'fa:gə
Lotos 'lo:tɔs
lotrecht 'lo:trɛçt
Lötschberg 'lœtʃbɛrk
Lötschental 'lœtʃn̩ta:l
Lotse 'lo:tsə
lotsen 'lo:tsn̩

Löttårp *schwed.* 'lœtɔrp
Lottchen 'lɔtçən
Lotte 'lɔtə
Lottefors *schwed.* lɔtə'fɔrs
Lottengrün 'lɔtn̩gry:n
Lotterei lɔtə'rai̯
Lotterie lɔtə'ri:, **-n** ...i:ən
lotterig 'lɔtərɪç, **-e** ...ɪɡə
Lotteringhi *it.* lotte'riŋgi
Lotti 'lɔti, *it.* 'lɔtti
[1]**Lotto** 'lɔto
[2]**Lotto** (Name) *it.* 'lɔtto
lottrig 'lɔtrɪç, **-e** ...ɪɡə
Lotus 'lo:tʊs
Lotz[e] 'lɔts[ə]
Lötzen 'lø:tsn̩
Lotzer 'lɔtsɐ
Lou lu:, *fr.* lu
Loubet *fr.* lu'bɛ
Loučeň *tschech.* 'lɔu̯tʃɛnj
Loucheur *fr.* lu'ʃœ:r
Loudéac *fr.* lude'ak
Louderback *engl.* 'loʊdəbæk
Loudima *fr.* ludi'ma
Loudon 'laudɔn, *engl.* laʊdn
Loudun *fr.* lu'dœ̃
Loue *fr.* lu
Louga *fr.* lu'ga
Loughborough *engl.* 'lʌfbərə
Louhans *fr.* lu'ã
[1]**Louis** (Name) 'lu:i, *fr.* lwi, *engl.* lʊɪ[s], 'lu:ɪ[s]
[2]**Louis** (Zuhälter) 'lu:i, **des** – 'lu:i[:s], **die** – 'lu:is
Louisa *engl.* lu:'i:zə, *niederl.* lu:'i:za:
Louisbourg *engl.* 'lu:ɪsbə:g
Louisdor lui̯'do:ɐ̯
Louise 'lu̯i:zə, *fr.* lwi:z, *engl.* lu:'i:z, *niederl.* lu:'i:zə
Louisette lu̯i'zɛt, *fr.* lwi'zɛt
Louis-Gentil *fr.* lwiʒã'ti
Louisiade-Archipel lu̯i'zi̯a:də|arçipe:l
Louisiana lu̯i'zi̯a:na, *engl.* lʊɪzi'ænə
Louison *fr.* lwi'zõ
Louis-Philippe *fr.* lwifi'lip
Louis-quatorze *fr.* lwika'tɔrz
Louis-quinze *fr.* lwi'kɛ̃:z
Louis-treize *fr.* lwi'trɛ:z
[1]**Louisville** (Kentucky) *engl.* 'lʊɪvɪl
[2]**Louisville** (Mississippi) 'lʊɪsvɪl
Louïze *fr.* lwi:z
Loulé *port.* lo'lɛ
Lounsbury *engl.* 'laʊnzbərɪ
Louny *tschech.* 'lɔu̯ni
Loup *engl.* lu:p
Lourches *fr.* lurʃ
Lourdes *fr.* lurd
Loure lu:ɐ̯, **-n** 'lu:rən
Lourenço Marques *port.* lo'rẽsu 'markɪʃ
Loures *port.* 'loriʃ
Louriçal *port.* lori'sal
Lourmel *fr.* lur'mɛl
Louroux-Béconnais *fr.* lurubekɔ'nɛ
Lousã *port.* lo'zɐ̃
Louth *England engl.* laʊθ, *Irland engl.* laʊð
Louvain *fr.* lu'vɛ̃
Louvel *fr.* lu'vɛl
Louverture *fr.* luvɛr'ty:r
Louvière *fr.* lu'vjɛ:r
Louviers *fr.* lu'vje
Louvois *fr.* lu'vwa
Louvre *fr.* lu:vr
Louÿs *fr.* lwi[s]
Louw *afr.* lou̯
Lovasberény *ung.* 'lovɔʒbɛrɛ:nj
Lovászi *ung.* 'lova:si
Lovászpatona *ung.* 'lova:spɔtonɔ
Lovat' vgl. Lowat
Lövborg 'lœfbɔrk
Lovćen *serbokr.* 'lɔ:ftɕɛn
Love *engl.* lʌv, *schwed.* ˌlu:və
Loveč vgl. Lowetsch
Loveday *engl.* 'lʌvdeɪ
Lovejoy *engl.* 'lʌvdʒɔɪ
Lovel *engl.* 'lʌvəl
Lovelace *engl.* 'lʌvlɪs
Loveland *engl.* 'lʌvlənd
Loveling *niederl.* 'lo:vəlɪŋ
Lovell *engl.* 'lʌvəl
Lovene *schwed.* ˌlo:vənə
Lövenich 'lø:vənɪç
Lover *engl.* 'lʌvə
Loves Park *engl.* 'lʌvz 'pɑ:k
Lovett *engl.* 'lʌvɪt
Lovic vgl. Lowiz
Lovie *engl.* 'lʌvɪ
Loviisa *finn.* 'lɔvi:sɑ
Lovisa *schwed.* luˌvi:sa
Lövő *ung.* 'løvø:
Lovön *schwed.* ˌlu:vø:n
Lovosice *tschech.* 'lɔvɔsitsɛ
Lovrić *serbokr.* 'lɔ:vritɕ
Lövsta *schwed.* ˌlø:vsta
Low *engl.* loʊ
Löw lø:f
Lowat, Lovat' *russ.* 'lɔvɐtj
Low Church 'loʊ 'tʃə:tʃ
Lowden *engl.* laʊdn
Lowe *engl.* loʊ
Löwe 'lø:və
Lowell *engl.* 'loʊəl
Löwen[berg] 'lø:vn̩[bɛrk]
Löwenbruch 'lø:vn̩brʊx
Lowendal *fr.* lɔvɛ̃'dal
Löwendal 'lø:vn̩da:l
Löwenfeld 'lø:vn̩fɛlt
Löwenhagen lø:vn̩'ha:gn̩
Löwenherz 'lø:vn̩hɛrts
Löwenmaul 'lø:vn̩mau̯l
löwenstark 'lø:vn̩'ʃtark
Löwenklau, Löwenklav 'lø:vn̩klau̯
Löwenstein[er] 'lø:vn̩ʃtai̯n[ɐ]
Löwenthal 'lø:vn̩ta:l
Löwentinsee løvn̩'ti:nze:
Lower Hutt *engl.* 'loʊə 'hʌt
Lowes *engl.* loʊz
Lowestoft *engl.* 'loʊstɔft
Lowetsch, Loveč *bulgar.* lo'vɛtʃ
Łowicz *poln.* 'u̯ɔvitʃ
Lowie *engl.* 'loʊɪ
Löwin 'lø:vɪn
Löwith 'lø:vɪt
Lowitz 'lo:vɪts
Löwitz 'lø:vɪts
Lowiz, Lovic *russ.* 'lɔvits
Lowlands *engl.* 'loʊləndz
Löwmühle lø:f'my:lə
Lowndes *engl.* laʊndz
Lowry *engl.* 'laʊərɪ
Lowth *engl.* laʊθ
Lowther *engl.* 'laʊðə
Lowy *engl.* 'laʊɪ
Löwy 'lø:vi
loxodrom lɔkso'dro:m
Loxodrome lɔkso'dro:mə
loxogonal lɔksogo'na:l
Loxophthalmus lɔksɔf'talmʊs
loyal loa̯'ja:l
Loyalist loa̯ja'lɪst
Loyalität loa̯jali'tɛ:t
Loyalty Islands *engl.* 'lɔɪəltɪ 'aɪləndz
Loyd *engl.* lɔɪd
Loyola lo'jo:la, *span.* lo'jola
Loyson *fr.* lwa'zõ
Loza *tschech.* 'lɔza
Lozano *span.* lo'θano
Lozen vgl. Losen
Lozère *fr.* lɔ'zɛ:r
lozieren lo'tsi:rən
Lozinskij vgl. Losinski
Lozovaja vgl. Losowaja
Lozoya *span.* lo'θoja
Loz'va vgl. Loswa
Lu lu:
Lü *rät.* ly
Lualaba lu̯a'la:ba
Luanda *port.* 'lu̯ɐndɐ
Luang Prabang 'lu̯aŋ pra'baŋ
Luapula lu̯a'pu:la
Luarca *span.* 'lu̯arka
Luba 'lu:ba
Lubaantun *span.* luβa'antun
Lubac *fr.* ly'bak
Lubaczów *poln.* lu'batʃuf
Lubań *poln.* 'lubai̯n
Lübars ly'bars
Lubartów *poln.* lu'bartuf
Lubawa *poln.* lu'bava
Lubawka *poln.* lu'bafka
Lubbe *niederl.* 'lʏbə
Lübbecke 'lʏbəkə
Lubbeek *niederl.* 'lʏbe:k
Lubben 'lʊbn̩
Lübben 'lʏbn̩
Lübbenau lʏbə'nau̯
Lubberger 'lʊbɛrgɐ
Lubbers 'lʊbɐs
Lübbesee 'lʏbəze:
Lubbock *engl.* 'lʌbək
Lübchin lʏp'çi:n
Lübeck 'ly:bɛk
lübeckern 'ly:bɛkɐn
Lüben 'ly:bn̩
Lubenec *tschech.* 'lubɛnɛts
Lubentius lu'bɛntsi̯ʊs

Lubéron *fr.* lybeˈrõ
Lübesse lyˈbɛsə
Lubień Kująwski *poln.* ˈlubjɛi̯n kuˈjafski
Lubin *engl.* ˈluːbɪn, *poln.* ˈlubin
lübisch ˈlyːbɪʃ
Lubitsch ˈluːbɪtʃ, *engl.* ˈluːbɪtʃ
Lubjanka *russ.* luˈbjankɐ
Lübke ˈlʏpkə
Lübker ˈlʏpkɐ
Lublin *poln.* ˈlublin
Lubliner luˈbliːnɐ
Lubliniec *poln.* luˈblinjɛts
Lublinitz ˈluːblinɪts
Lubmin lʊpˈmiːn
Lubny *russ.* ˈlubnɨ
Lubolz ˈluːbɔlts
Lubomierz *poln.* luˈbɔmjɛʃ
Lubomirski *poln.* lubɔˈmirski
Luboń *poln.* ˈlubɔi̯n
Lubraniec *poln.* luˈbranjɛts
Lubsko *poln.* ˈlupskɔ
Lubst[orf] ˈlʊpst[ɔrf]
Lübtheen lʏpˈteːn
Lubuklinggau *indon.* lubʊkˈlɪŋgau̯
Lubumbashi lubʊmˈbaʃi, *fr.* lubumbaˈʃi
Luby *engl.* ˈluːbɪ, *tschech.* ˈlubi
Lübz lʏpts
Lübzin lʏpˈtsiːn
Luc *fr.* lyk
Luca *it.* ˈluːka, *rumän.* ˈluka
Lucä ˈluːtsɛ
Lucan *engl.* ˈluːkən
Lucania *it.* luˈkaːni̯a
Lucanus luˈkaːnʊs
Lucas ˈluːkas, *engl.* ˈluːkəs, *fr.* lyˈkɑ, *span.*, *bras.* ˈlukas, *port.* ˈlukɐʃ, *niederl.* ˈlyːkɑs
Lucca ˈlʊka, *it.* ˈlukka
Lucchesini *it.* lukkeˈziːni
Lucchino *it.* lukˈkiːno
Luce *engl.* luːs, *fr.* lys
Lucena *span.* luˈθena, *port.* luˈsenɐ
Lučenec *slowak.* ˈlutʃɛnjɛts
Lucentio luˈtʃɛntsi̯o
Lucera *it.* luˈtʃɛːra
Lucerna luˈtsɛrna, *it.* luˈtʃɛrna, *serbokr.* ˌlutsɛrna
Lucetta *it.* luˈtʃetta
Luch, Luh *russ.* lux
Luchaire *fr.* lyˈʃɛːr
Luchian *rumän.* luˈkjan
Luchon *fr.* lyˈʃõ
Lüchow ˈlyːço
Luchs[burg] ˈlʊks[bʊrk]
Lückschen ˈlʏksçən
luchsen ˈlʊksn̩
Lucht lʊxt
Luchterhand ˈlʊxtɐhant
Lucia ˈluːtsi̯a, *it.* luˈtʃiːa, *schwed.* lʉˈsiːa
Lucía *span.* luˈθia
Lucian luˈtsi̯aːn, *engl.* ˈluːʃən
Luciana luˈtsi̯aːna, *it.* luˈtʃaːna
Luciano *it.* luˈtʃaːno, *span.* luˈθi̯ano, *port.*, *bras.* luˈsi̯ɐnu, *engl.* luːˈsjɑːnoʊ
Lucianus luˈtsi̯aːnʊs
Lucić *serbokr.* ˈluːtsitɕ
Lučickij vgl. Lutschizki
Lucidarius lutsiˈdaːri̯ʊs
Lucidor *schwed.* ˈlʉːsidɔr
Lucie ˈluːtsi̯ə, *engl.* ˈluːsɪ, *fr.* lyˈsi
Lucien *engl.* ˈluːʃən, *fr.* lyˈsjɛ̃
Lucienne *fr.* lyˈsjɛn
Lucientes *span.* luˈθi̯entes
Lucieta luˈtʃi̯ɛta
Lucifer ˈluːtsifɛr
Luciferase lutsifeˈraːzə
Luciferin lutsifeˈriːn
Lucila *span.* luˈθila
Lucile *fr.* lyˈsil
Lucilio *it.* luˈtʃiːli̯o
Lucilius luˈtsiːli̯ʊs
Lucinde luˈtsɪndə
Lucio ˈluːtsi̯o, *it.* ˈluːtʃo
Lucius ˈluːtsi̯ʊs, *engl.* ˈluːsjəs
Luck vgl. Luzk
Luck[au] ˈlʊk[au̯]
Lückchen ˈlʏkçən
Lücke ˈlʏkə
Lückenbüßer ˈlʏkn̩byːsɐ
lückenlos ˈlʏkn̩loːs
Luckenwalde lʊkn̩ˈvaldə
Luckhardt ˈlʊkhart
luckig ˈlʊkɪç, -e ...ɪɡə
Luckner ˈlʊknɐ
Lucknow *engl.* ˈlʌknaʊ
Lucky Strike *engl.* ˈlʌkɪ ˈstraɪk
Lucmagn *rät.* lukˈmaɲ
Lucomagno *it.* lukoˈmaɲɲo
Luçon *fr.* lyˈsõ
Lucrecia *span.* luˈkreθi̯a
Lucretia luˈkreːtsi̯a
Lucretius luˈkreːtsi̯ʊs
Lucrezia luˈkreːtsi̯a, *it.* luˈkrɛttsi̯a
Lucullus luˈkʊlʊs
Lucy *engl.* ˈluːsɪ
lud luːt
Lud luːt, *engl.* lʌd
Ludd lʊt, *engl.* lʌd
Ludditen lʊˈdiːtn̩
Lude ˈluːdə
lüde, L... ˈlyːdə
Ludel ˈluːdl̩
luden, L... ˈluːdn̩
Ludendorff ˈluːdn̩dɔrf
Lüdenscheid ˈlyːdn̩ʃai̯t
Luder ˈluːdɐ
Lüder ˈlyːdɐ
Lüderitz ˈlyːdərɪts
ludern ˈluːdɐn, **ludre** ˈluːdrə
Lüderode lyːdəˈroːdə
Lüders ˈlyːdɐs
Ludger ˈluːtgɛr
Ludi vgl. Ludus
Lüdinghausen ˈlyːdɪŋhau̯zn̩
Ludington *engl.* ˈluːdɪŋtən
Lüdingworth ˈlyːdɪŋvɔrt
Luditz ˈluːdɪts
Ludlow *engl.* ˈlʌdloʊ
Ludmila *tschech.* ˈludmila
Ludmilla luːtˈmɪla
Ludo ˈluːdo
Ludolf[inger] ˈluːdɔlf[ɪŋɐ]
Ludolph ˈluːdɔlf
Ludovic *fr.* lydɔˈvik
Ludovica *it.* ludoˈviːka
Ludovico *it.* ludoˈviːko
Ludovicus ludoˈviːkʊs
Ludovinger ˈluːdovɪŋɐ
Ludovisi *it.* ludoˈviːzi
Ludowika ludoˈviːka
Ludus ˈluːdʊs, **Ludi** ˈluːdi
Ludvig *dän.* ˈluðˀvi
Ludvík *tschech.* ˈludviːk
Ludvika *schwed.* ˌlʉdviːka
Ludweiler-Warndt ˈlʊtvai̯lɐˈvarnt
Ludwich ˈluːtvɪç
Ludwig ˈluːtvɪç, *norw.* ˈluːdvig
Ludwiga luːtˈviːɡa
Ludwig-Moos luːtvɪçˈmoːs
Ludwigsburg ˈluːtvɪçsbʊrk
Ludwigsfelde luːtvɪçsˈfɛldə, ˈ– – – –
Ludwigshafen ˈluːtvɪçshaːfn̩
Ludwigslust luːtvɪçsˈlʊst
Ludwigsort luːtvɪçsˈ|ɔrt
Ludwigsstadt ˈluːtvɪçsʃtat
Ludwigsthal ˈluːtvɪçstaːl
Ludwik *poln.* ˈludvik
Lueg ˈluːɛk
Lueger ˈlu̯eːɡɐ, ˈluːɛɡɐ
Luening *engl.* ˈluːnɪŋ
Lüers lyːɐ̯s
Lues ˈluːɛs
luetisch ˈlu̯eːtɪʃ
Luffa ˈlʊfa
Lufft lʊft
Lufkin *engl.* ˈlʌfkɪn
Luft lʊft, **Lüfte** ˈlʏftə
lüften ˈlʏftn̩
luftig ˈlʊftɪç, -e ...ɪɡə
Luftikus ˈlʊftikʊs, -se ...ʊsə
Lug luːk, -es ˈluːɡəs
Luga *russ.* ˈluɡɐ
Luganer luˈɡaːnɐ
luganesisch luɡaˈneːzɪʃ
Lugano *it.* luˈɡaːno
Lugansk[i], Lugansk[ij] *russ.* luˈɡansk[ij]
Lugau ˈluːɡau̯
Lugaus ˈluːk|au̯s
Lügde ˈlʏkdə
Lugdunum lʊkˈduːnʊm
Lüge ˈlyːɡə
lugen ˈluːɡn̩, **lug!** luːk, **lugt** luːkt
lügen ˈlyːɡn̩, **lüg!** lyːk, **lügt** lyːkt
Lugger ˈlʊɡɐ
Lugier ˈluːɡi̯ɐ
Luginsland ˈluːk|ɪnslant
Lugné-Poe *fr.* lyneˈpo
Lügner ˈlyːɡnɐ
lügnerisch ˈlyːɡnərɪʃ
Lugnetz luˈɡnɛts

Lugo *dt., it.* 'lu:go, *span.* 'luɣo
Lugoj *rumän.* 'lugoʒ
Lugol *fr.* ly'gɔl
Lugones *span.* lu'ɣones
Lugosch 'lu:gɔʃ
Lugowskoi, Lugovskoj *russ.* lugafˈskɔj
Lugrin *fr.* ly'grɛ̃
lugubre lu'gu:brə
Lugubrität lugubri'tɛ:t
Luh *vgl.* Luch
Luhačovice *tschech.* 'luhatʃɔvitsɛ
Luhan *engl.* 'lu:hɑ:n
Luhe 'lu:ə
Luhmann 'lu:man
Lühr ly:ɐ̯
Luick 'lu:ɪk
Luigi *it.* lu'i:dʒi
Luigia *it.* lu'i:dʒa
Luik *niederl.* lœi̯k
Luiker 'lu:ikɐ
Luini *it.* lu'i:ni
Luino *it.* lu'i:no
Luis *span., bras.* lu̯is, *port.* lu̯iʃ
Luís *port.* lu̯iʃ, *bras.* lu̯is
[1]**Luisa** *it.* lu'i:za, *span.* 'lu̯isa, *port.* 'lu̯izɐ, *bras.* 'lu̯iza
[2]**Luisa, Luiza** *russ.* lu'izɐ
Luísa *port.* 'lu̯izɐ, *bras.* 'lu̯iza
luisch 'lu:ɪʃ
Luischen 'lu̯i:sçən
Luis de Haro lu'ɪs de: 'ha:ro, *span.* 'lu̯iz ðe 'aro
Luise 'lu̯i:zə, *schwed.* lu'i:s
Luisenbad 'lu̯i:zn̩ba:t
Luisenthal 'lu̯i:zn̩ta:l
Luisine lu̯i'zi:nə
Luitgar[d] 'lu:ɪtgar[d]
Luitger 'lu:ɪtgɛr
Luithard 'lu:ɪthart
Luitpold 'lu:ɪtpɔlt
Luitpoldhütte 'lu:ɪtpɔlthʏtə
Luitprand 'lu:ɪtprant
Luitwin 'lu:ɪtvi:n
Luiz *port.* lu̯iʃ, *bras.* lu̯is
Luiza vgl. [2]Luisa
Luján *span.* lu'xan
Lujo 'lu:jo
Luk lu:k
Luka *russ.* lu'ka, *tschech.* 'luka
Lukács *ung.* 'luka:tʃ
Lukan[ien] lu'ka:n[i̯ən]
Lukaris 'lu:karɪs
Lukarne lu'karnə
Lukas 'lu:kas
Lukáš *tschech.* 'luka:ʃ
Lukaschek 'lu:kaʃɛk
Łukasiewicz *poln.* u̯uka'ɕɛvitʃ
Łukasz *poln.* 'u̯ukaʃ
[1]**Luke** 'lu:kə
[2]**Luke** (Name) *engl.* lu:k
Lukeman *engl.* 'lu:kmən
Lukes 'lu:kəs
Luki, Lukij *russ.* lu'kij
Lukian lu'ki̯a:n
Lukič vgl. Lukitsch
Lukija *russ.* lu'kijɐ
Lukijan *serbokr.* lu,kija:n
Lukin *engl.* 'lu:kɪn, *russ.* lu'kin
Lukina *russ.* lu'kinɐ
Lukinitschna, Lukinična *russ.* lu'kiniʃnɐ
Lukitsch, Lukič *russ.* lu'kitʃ
Lukmanier lʊk'ma:ni̯ɐ
Lukojanow, Lukojanov *russ.* luka'janɐf
Łuków *poln.* 'u̯ukuf
Lukowit, Lukovit *bulgar.* 'lukovit
lukrativ lukra'ti:f, **-e** ...i:və
Lukretia, Lukrezia lu'kre:tsi̯a
Lukrez lu'kre:ts
lukrieren lu'kri:rən
Lukschy 'lʊkʃi
Luksor 'lʊksɔr
Lukubration lukubra'tsi̯o:n
lukulent luku'lɛnt
Lukull lu'kʊl
lukullisch lu'kʊlɪʃ
Lukullus lu'kʊlʊs, **-se** ...ʊsə
Lul lʊl
Lula *engl.* 'lu:lə
Lulatsch 'lu:la[:]tʃ
Luleå *schwed.* ,lu:ləo:
Luli 'lu:li
Lull *engl.* lʌl, *span.* lul
Lullaby *engl.* 'lʌləbaɪ
lullen 'lʊlən
Lulli *fr.* lyl'li
Lullu 'lʊlu
Lullus 'lʊlʊs
[1]**Lully** *fr.* lyl'li
[2]**Lully** (Schweiz) *fr.* ly'ji
Lulofs *niederl.* 'ly:lɔfs
Lulu 'lu:lu, lu'lu:
Lumachelle luma'ʃɛlə
Lumadjang *indon.* lu'madʒaŋ
Lumbago lʊm'ba:go
lumbal lʊm'ba:l
Lumbalgie lʊmbal'gi:, **-n** ...i:ən
lumbecken 'lʊmbɛkn̩
Lumberjack *engl.* 'lʌmbədʒæk
Lumberton *engl.* 'lʌmbətn
Lumbrein *rät.* lum'brai̯n
Lumen 'lu:mən, **Lumina** 'lu:mina
Lumen naturale 'lu:mən natu'ra:lə
Lumie 'lu:mi̯ə
Lumière *fr.* ly'mjɛ:r
Luminais *fr.* lymi'nɛ
Luminal Ⓦ lumi'na:l
Lumineszenz luminɛs'tsɛnts
lumineszieren luminɛs'tsi:rən
Lumineux lymi'nø:
Lumino *it.* lu'mi:no
Luminographie luminogra'fi:
Luminophor lumino'fo:ɐ̯
luminös lumi'nø:s, **-e** ...ø:zə
Lumme 'lʊmə
Lummel 'lʊml̩
Lümmel 'lʏml̩
Lümmelei lʏmə'lai̯
lümmeln 'lʏmln̩
Lummen *niederl.* 'lʏmə
Lummer 'lʊmɐ
lummerig 'lʊmərɪç, **-e** ...ɪgə
Lummis *engl.* 'lʌmɪs
Lump lʊmp
Lumpazius lʊm'pa:tsi̯ʊs, **-se** ...ʊsə
Lumpazivagabundus lʊm,pa:tsivaga'bʊndʊs; **-se** ...ʊsə, **...di** ...di
lumpen, L... 'lʊmpn̩
Lumperei lʊmpə'rai̯
lumpig 'lʊmpɪç, **-e** ...ɪgə
Lumumba lu'mʊmba, *fr.* lumum'ba
Luna *dt., it.* 'lu:na, *span.* 'luna, *russ.* lu'na
Lunačarskij vgl. Lunatscharski
Lunaček *serbokr.* ,lunatʃɛk
Lunardo *it.* lu'nardo
lunar lu'na:ɐ̯
Lunarium lu'na:ri̯ʊm, **...ien** ...i̯ən
lunarisch lu'na:rɪʃ
Lunatiker lu'na:tikɐ
Lunation luna'tsi̯o:n
lunatisch lu'na:tɪʃ
Lunatismus luna'tɪsmʊs
Lunatscharski, Lunačarskij *russ.* luna'tʃarskij
Lunc vgl. Lunz
Lunch lanʃ, lantʃ, *engl.* lʌntʃ
lunchen 'lanʃn̩, 'lantʃn̩
[1]**Lund** (Vogel) lʊnt, **-e** 'lʊndə
[2]**Lund** (Name) lʊnt, *schwed.* lʊnd, *dän.* lɔn'
Lunda 'lʊnda, *port.* 'lundɐ
Lundberg *schwed.* 'lʊndbærj, ,–
Lundbye *dän.* 'lonby:'
Lundegård *schwed.* ,lʊndəgo:rd
Lundell *schwed.* lʊn'dɛl
Lundenburg 'lʊndn̩bʊrk
Lundgren *schwed.* 'lʊndgre:n
Lundist lœ̃'dɪst
Lundkvist *schwed.* ,lʊndkvist
Lundmark *schwed.* ,lʊndmark
Lundsberg *schwed.* lʊn[d]s'bærj
Lundy [Isle] *engl.* 'lʌndɪ ['aɪl]
Lüneburg 'ly:nəbʊrk
Lüneburger 'ly:nəbʊrgɐ
Lunel *fr.* ly'nɛl
Lünen 'ly:nən
Lünern 'ly:nɐn
Lünette ly'nɛtə
Lunéville *fr.* lyne'vil
Lungau 'lʊŋau̯
Lunge 'lʊŋə
lungern, L... 'lʊŋɐn
lungo 'lʊŋgo
Lungschan 'lʊŋʃan
Luni *it.* 'lu:ni, *engl.* 'lu:nɪ
Lunigiana *it.* luni'dʒa:na
Lunik 'lu:nɪk
Lunin *russ.* 'lunin
Lunínez, Luninec *russ.* luni'njɛts
Lüning 'ly:nɪŋ

lunisolar lunizo'la:ɐ̯
Lunker 'lʊŋkɐ
Lunonaut luno'naʊ̯t
Lunovis lu'no:vɪs
Luns *niederl.* lʏns
Lunschania lun'ʒa:ni̯a
Lünse 'lʏnzə
Lunt *engl.* lʌnt
Lünt lʏnt
Lunte 'lʊntə
Lunteren *niederl.* 'lʏntərə
Lunula 'lu:nula; **...lae** ...lɛ, **...nulen** lu'nu:lən
lunular lunu'la:ɐ̯
[1]**Lunz** lʊnts
[2]**Lunz, Lunc** *russ.* lunts
Lunze 'lʊntsə
Lünzel 'lʏntsl̩
Lunze[nau] 'lʊntsə[naʊ̯]
Lupamid lupa'mi:t, **-e** ...i:də
Lupanar lupa'na:ɐ̯, lu'pa:nar
Lupe 'lu:pə
Lupeni *rumän.* lu'penj
Lupercal lu'pɛrkal
Luperci lu'pɛrtsi
Luperkalien lupɛr'ka:li̯ən
Lupescu *rumän.* lu'pesku
Lupf lʊpf
lupfen 'lʊpfn̩
lüpfen 'lʏpfn̩
Lupine lu'pi:nə
Lupinin lupi'ni:n
Lupino *it.* lu'pi:no
Lupinose lupi'no:zə
Lupitz 'lu:pɪts
Lupold 'lu:pɔlt
Lupolen (Wz) lupo'le:n
lupös lu'pø:s, **-e** ...ø:zə
Lupot *fr.* ly'po
Lupow lu:po
Luppa 'lʊpa
Luppe 'lʊpə
luppen 'lʊpn̩
Lüptitz 'lʏptɪts
Lupton *engl.* 'lʌptən
Lupulin lupu'li:n
Lupus 'lu:pʊs, **-se** ...ʊsə
Lupus in fabula 'lu:pʊs ɪn 'fa:bula
Luque *span.* 'luke
Luquillo *span.* lu'kiʎo
Lurago *it.* lu'ra:go
Lurçat *fr.* lyr'sa
Lurch lʊrç
[1]**Lure** (Instrument) 'lu:rə
[2]**Lure** (Name) *fr.* ly:r
Lurgan *engl.* 'lə:gən
Luria 'lu:ri̯a
Luristan *pers.* lores'tɑ:n
Lurlei 'lʊrlaɪ̯
Lürmann 'ly:ɐ̯man
Lusa, Luza *russ.* 'luzɐ
Lusaka lu'za:ka, *engl.* lu:'zɑ:kə
Lusatia lu'za:tsi̯a
Luschan (Familienname) 'lʊʃan
Lusche 'lʊʃə
[1]**Luschin** (Personenname) 'lʊʃi:n
[2]**Luschin, Lužin** *russ.* 'luʒɨn
Luschnitz 'lʊʃnɪts
Luscinius lʊs'tsi:ni̯ʊs
Lusen 'lu:zn̩
lusen 'lu:zn̩, **lus!** lu:s, **lust** lu:st
Luser 'lu:zɐ
Luserke lu'zɛrkə
Lüsewitz 'ly:zəvɪts
Lushnjë *alban.* 'luʃnjə
Lusíadas *port.* lu'ziɐðɐʃ
Lusiade lu'zi̯a:də
Lusiaden lu'zi̯a:dn̩
Lusici 'lu:zitsi
Lusignan *fr.* lyzi'ɲã
Lusin, Luzin *russ.* 'luzin
lusingando luzɪŋ'gando
Lusitaner luzi'ta:nɐ
Lusitania luzi'ta:ni̯a, *engl.* lu:zɪ'teɪnjə
Lusitanien luzi'ta:ni̯ən
Lusitanier luzi'ta:ni̯ɐ
lusitanisch luzi'ta:nɪʃ
Lusk *engl.* lʌsk
Luso *port.* 'luzu
Lussac *fr.* ly'sak
Lussan *fr.* ly'sã
Lüsse 'lʏsə
Lussino *it.* lus'si:no
Lüssow 'ly:so
Lust lʊst, **Lüste** 'lʏstə
Lustadt 'lʊʃtat
Lustbarkeit 'lʊstba:ɐ̯kaɪ̯t
Lüstchen 'lʏstçən
lüsten 'lʏstn̩
Lustenau 'lʊstənaʊ̯
Luster 'lʊstɐ
Lüster 'lʏstɐ
lüstern 'lʏstɐn
lustig 'lʊstɪç, **-e** ...ɪgə
Lüstling 'lʏstlɪŋ
Lustra vgl. Lustrum
Lustration lʊstra'tsi̯o:n
lustrativ lʊstra'ti:f, **-e** ...i:və
lustrieren lʊs'tri:rən
lüstrieren lʏs'tri:rən
Lustrum 'lʊstrʊm, **...ra** ...ra
lustwandeln 'lʊstvandl̩n
Lusus 'lu:zʊs
Lut *pers.* lu:t
Lüta 'ly:ta
Lutatius lu'ta:tsi̯ʊs
Lutèce *fr.* ly'tɛs
Lutein lute'i:n
Luteinom lutei'no:m
Luteolin luteo'li:n
Luteom lute'o:m
Lutet lu'te:t
Lutetia [Parisiorum] lu'te:tsi̯a [pari'zi̯o:rʊm]
Lutetium lu'te:tsi̯ʊm
Lutgardis lʊt'gardɪs
Lütgens 'lʏtgn̩s
Lüth ly:t
Luthardt 'lu:thart
Luthe 'lu:tə
Luther 'lʊtɐ, *engl.* 'lu:θə
Lutheraner lʊtə'ra:nɐ
lutheranisch lʊtə'ra:nɪʃ
lutherisch 'lʊtərɪʃ; *veralt.* lʊ'te:rɪʃ
Lutherisch 'lʊtərɪʃ
Luthersch 'lʊtɐʃ
Luti *it.* 'lu:ti
Luthuli lu:'tu:li, *engl.* lu:'θu:li
Lütjenburg 'lʏtjənbʊrk
Lütjens 'lʏtjəns
Luton *engl.* lu:tn
Lutsch lʊtʃ
Lutschaner lu'tʃa:nɐ
lutschen 'lʊtʃn̩
Lütschine 'lʏtʃinə
Lutschizki, Lučickij *russ.* lu'tʃitskij
lütt lʏt
Lutte 'lʊtə
Luttenberger 'lʊtn̩bɛrgɐ
Lutter 'lʊtɐ
Lütter 'lʏtɐ
Lutter am Barenberge 'lʊtɐ am 'ba:rənbɛrgə
Lüttgenziatz lʏtgn̩'tsi:ats
Lüttich 'lʏtɪç
Lüttjohann 'lʏtjohan
Lüttringhausen lʏtrɪŋ'haʊ̯zn̩
luttuoso lu'tu̯o:zo
Lutwin 'lu:tvi:n
Lutz lʊts
Lützel 'lʏtsl̩
Lützelburg 'lʏtsl̩bʊrk
Lützelburger 'lʏtsl̩bʊrgɐ
Lützelflüh 'lʏtsl̩fly:
Lützelsachsen 'lʏtsl̩zaksn̩
Lützen 'lʏtsn̩
Lutzerath 'lʊtsəra:t
Lützkampen 'lʏtskampn̩
Lütz[l]ow 'lʏts[l]o
Lützschena lʏ'tʃe:na
Luv lu:f
luven 'lu:vn̩, *auch:* 'lu:fn̩; **luv** lu:f, **luvt** lu:ft
Luvier 'lu:vi̯ɐ
luvisch 'lu:vɪʃ
luvwärts 'lu:fvɛrts
Lux lʊks
Luxair *fr.* lyk'sɛ:r
Luxation lʊksa'tsi̯o:n
Luxembourg *fr.* lyksã'bu:r
Luxemburg 'lʊksm̩bʊrk
Luxemburger 'lʊksm̩bʊrgɐ
luxemburgisch 'lʊksm̩bʊrgɪʃ
Luxeuil *fr.* lyk'sœj
Luxeuil-les-Bains *fr.* lyksœjle'bɛ̃
luxieren lʊ'ksi:rən
Luxmeter 'lʊksme:tɐ
Luxor 'lʊksɔr
luxurieren lʊksu'ri:rən
luxuriös lʊksu'ri̯ø:s, **-e** ...ø:zə
Luxus 'lʊksʊs
Luyken *niederl.* 'lœi̯kə
Luynes *fr.* lɥin
Luypaerts *niederl.* 'lœi̯pa:rts
Luz *port.* luʃ, *bras.* lus
Luza vgl. Lusa
Luzán *span.* lu'θan
Luzarches *fr.* ly'zarʃ

Luzech *fr.* ly'zɛʃ
Luzern[e] lu'tsɛrn[ə]
Luzia 'lu:tsi̯a
Luzian lu'tsi̯a:n
Lužianky *slowak.* 'luʒi̯aŋki
Lužické Hory *tschech.* 'luʒitskɛ: 'hɔri
luzid lu'tsi:t, **-e** ...i:də
Luzidität lutsidi'tɛ:t
Luzidol lutsi'do:l
Luzie 'lu:tsi̯ə
Luziensteig 'lu:tsi̯ənʃtai̯k
Luzifer 'lu:tsifɛr
Luziferin lutsife'ri:n
luziferisch lutsi'fe:rɪʃ
Luzimeter lutsi'me:tɐ
Luzin vgl. Lusin
Lužin vgl. Luschin
Luzinde lu'tsɪndə
Luzisteig 'lu:tsiʃtai̯k
Luzius 'lu:tsi̯ʊs
Luzk, Luck *russ.* lutsk
Lužnice *tschech.* 'luʒnjitsɛ
[1]**Luzon** (Ort) *fr.* ly'zõ
[2]**Luzon** (Insel) lu'sɔn, *span.* lu'θɔn
Luzón lu'sɔn, *span.* lu'θɔn
Luzula 'lu:tsula
Łużycka *poln.* u̯u'ʒɨtska
Luzzatti *it.* lut'tsatti
Luzzatto *it.* lut'tsatto
Lwow, L'vov lvɔf, *russ.* ljvɔf
Lwów *poln.* lvuf
Lwówek *poln.* 'lvuvɛk
Lwowitsch, L'vovič *russ.* 'ljvɔvitʃ
Lwowna, L'vovna *russ.* 'ljvɔvnɐ
Lyall[pur] *engl.* 'laɪəl[pʊə]
Lyautey *fr.* ljo'tɛ
Lybeck *schwed.* 'ly:bɛk
Lycaste ly'kastə, *B* ...te
Lychen 'ly:çn̩
Lychnis 'lʏçnɪs
Lychorida lʏ'ço:rida
Lyck lʏk
Lyckorna *schwed.* ˌlykurna
Lycksele *schwed.* 'lyksələ
Lycurgus ly'kʊrgʊs
Lydd *engl.* lɪd
Lydda 'lʏda
Lyddit lʏ'di:t, *auch:* ...dɪt
Lydekker *engl.* laɪ'dɛkə
Lydenburg *afr.* 'ləi̯dənbœrx
Lyder 'ly:dɐ
Lydgate *engl.* 'lɪdgeɪt
Lydia 'ly:di̯a, *engl.* 'lɪdɪə
Lydien 'ly:di̯ən
Lydier 'ly:di̯ɐ
lydisch 'ly:dɪʃ
Lydit ly'di:t, *auch:* ...dɪt
Lyell *engl.* 'laɪəl
Lyhne *dän.* 'ly:nə
Lykabettos lyka'bɛtɔs
Lykanthropie lykantro'pi:
Lykaon ly'ka:ɔn
Lykaonien lyka'o:ni̯ən
Lykäus ly'kɛ:ʊs
Lykeion 'ly:kai̯ɔn, ly'kai̯ɔn
Lykien 'ly:ki̯ən
Lykier 'ly:ki̯ɐ
Lykios 'ly:ki̯ɔs
lykisch 'ly:kɪʃ
Lykke 'lʏkə
Lykomanie lykoma'ni:
Lykophron 'ly:kofrɔn
Lykopodium lyko'po:di̯ʊm, **...ien** ...i̯ən
Lykopolis ly'ko:polɪs
Lykorexie lykorɛ'ksi:
Lykurg ly'kʊrk
lykurgisch, L... ly'kʊrgɪʃ
Lykurgos ly'kʊrgɔs
Lykus 'ly:kʊs
Lyly *engl.* 'lɪlɪ
Lyman *engl.* 'laɪmən
Lyme *engl.* laɪm
Lymington *engl.* 'lɪmɪŋtən
Lymm *engl.* lɪm
Lymphadenie lʏmfade'ni:, **-n** ...i:ən
Lymphadenitis lʏmfade'ni:tɪs, **...itiden** ...ni'ti:dn̩
Lymphadenom lʏmfade'no:m
Lymphadenose lʏmfade'no:zə
Lymphangiom lʏmfaŋ'gi̯o:m
Lymphangitis lʏmfaŋ'gi:tɪs, **...itiden** ...gi'ti:dn̩
lymphatisch lʏm'fa:tɪʃ
Lymphatismus lʏmfa'tɪsmʊs
Lymphdrüse 'lʏmfdry:zə
Lymphe 'lʏmfə
lymphogen lʏmfo'ge:n
Lymphogranulomatose lʏmfogranuloma'to:zə
lymphoid lʏmfo'i:t, **-e** ...i:də
Lymphoidozyten lʏmfoido'tsy:tn̩
Lymphom lʏm'fo:m
Lymphoma lʏm'fo:ma, **-ta** -ta
Lymphopenie lʏmfope'ni:
Lymphopoese lʏmfopo'e:zə
Lymphostase lʏmfo'sta:zə
Lymphozyt lʏmfo'tsy:t
Lymphozytose lʏmfotsy'to:zə
Łyna *poln.* 'u̯ɨna
Lynbrook *engl.* 'lɪnbrʊk
Lynceus 'lʏntsɔy̆s
Lynch[burg] *engl.* 'lɪntʃ[bə:g]
lynchen 'lʏnçn̩, *auch:* 'lɪnçn̩, 'lɪntʃn̩
Lynches *engl.* 'lɪntʃɪz
Lynd[hurst] *engl.* 'lɪnd[hə:st]
Lyndora *engl.* lɪn'dɔ:rə
Lyndsay *engl.* 'lɪndzɪ
Lyne *dän.* 'ly:nə
Lynedoch *engl.* 'lɪndɔk
Lyngby *dän.* 'løŋby:'
Lynge 'lʏŋə
Lyngenfjord *norw.* 'lʏŋənfju:r
Lynkeus 'lʏŋkɔy̆s
Lynmouth *engl.* 'lɪnməθ
Lynn *engl.* lɪn
Lynton *engl.* 'lɪntən
Lynwood *engl.* 'lɪnwʊd
Lynx lʏŋks
Lyochrome ly̆o'kro:mə
Lyoenzyme ly̆o|ɛn'tsy:mə
Lyon li̯õ:, *fr.* ljõ, *engl.* 'laɪən
Lyoner 'li̯o:nɐ
Lyoneser li̯o'ne:zɐ
lyonesisch li̯o'ne:zɪʃ
Lyonnais *fr.* ljɔ'nɛ
Lyons *engl.* 'laɪənz
lyophil ly̆o'fi:l
lyophob ly̆o'fo:p, **-e** ...o:bə
Lyot *fr.* ljo
Lypemanie lypema'ni:
Lyra 'ly:ra
Lyriden ly'ri:dn̩
Lyrik 'ly:rɪk
Lyriker 'ly:rikɐ
lyrisch 'ly:rɪʃ
lyrisieren lyri'zi:rən
Lyrismus ly'rɪsmʊs
[1]**Lys** (erdkundl. Name) li:s, *fr.* lis
[2]**Lys** (Maler) lɪs
Lysá *tschech.* 'lisa:
Łysa Góra *poln.* 'u̯ɨsa 'gura
Lysander ly'zandɐ
Lysandros ly'zandrɔs
Lyse 'ly:zə
Lysefjord *norw.* ˌly:səfju:r
Lysekil *schwed.* ˌly:sətçi:l
Lysenko vgl. [1, 2]Lyssenko
Lyserg... ly'zɛrk...
Lysias 'ly:zi̯as
lysigen lyzi'ge:n
Lysikrates ly'zi:kratɛs
Lysimachos ly'zi:maxɔs
Lysimachus ly'zi:maxʊs
Lysimeter lyzi'me:tɐ
Lysin ly'zi:n
Lysipp[os] ly'zɪp[ɔs]
Lysis 'ly:zɪs
Lysistrata ly'zɪstrata
Lysistrate ly'zɪstrate
Lysistratos ly'zɪstratɔs
Lyskamm 'li:skam
Lyskowo, Lyskovo *russ.* 'lɨskɐvɐ
Lys-les-Lannoy *fr.* lislela'nwa
Lysol Ⓦ ly'zo:l
Lysozym lyzo'tsy:m
Lyß li:s
Lyssa 'lʏsa
[1]**Lyssenko, Lysenko** (Biologe) *russ.* lɨ'sjɛnkɐ
[2]**Lyssenko, Lysenko** (Komponist) *russ.* 'lɨsɪnkɐ
Lyssophobie lysofo'bi:
Lysterfjord *norw.* ˌlystərfju:r
Lyswa, Lys'va *russ.* 'lɨsjvɐ
Lyte *engl.* laɪt
Lytham Saint Annes *engl.* 'lɪðəm snt'ænz
lytisch 'ly:tɪʃ
Lytkarino *russ.* lɨt'karinɐ
Lyttelton *engl.* 'lɪtltən
Lytton *engl.* lɪtn
lyzeal lytse'a:l
Lyzeum ly'tse:ʊm, **Lyzeen** ly'tse:ən
Lyzien 'ly:tsi̯ən
Lyzier 'ly:tsi̯ɐ
lyzisch 'ly:tsɪʃ

M

m, M *dt., engl., fr.* ɛm
μ, M my:
Ma̱ ma:
M. A. *engl.* 'ɛm'eɪ
Ma̱a̱g ma:k
Mäạnder mɛ'andɐ
mäạndern mɛ'andɐn, **mäạndre** mɛ'andrə
mäandri̱e̱ren mɛan'dri:rən
Ma̱a̱nen *niederl.* 'ma:nə
Maanselkä *finn.* 'mɑ:nsɛlkæ
Ma̱a̱r ma:ɐ̯
Maarhe̱e̱ze *niederl.* ma:r'he:zə
Ma̱a̱rianhamina *finn.* 'mɑ:riɑnhɑminɑ
Ma̱a̱rssen *niederl.* 'ma:rsə
Ma̱a̱rten[s] *niederl.* 'ma:rtən[s]
Maartensdijk *niederl.* ma:rtənz'dɛi̯k
Ma̱a̱s *dt., niederl.* ma:s
Maasbrạcht *niederl.* ma:z'brɑxt
Maasbre̱e̱ *niederl.* ma:z'bre:
Maasdri̱e̱l *niederl.* ma:z'dri:l
Maasẹik *niederl.* ma:s'ɛi̯k
Ma̱a̱sland *niederl.* 'ma:slɑnt
Maasni̱e̱l *niederl.* ma:s'ni:l
Ma̱a̱ß[en] 'ma:s[n̩]
Maassluis *niederl.* ma:s'slœi̯s
Ma̱a̱sstad *niederl.* 'ma:sstɑt
Maastrịcht ma:s'trɪçt, *niederl.* ma:'strɪxt
¹Ma̱a̱t[je] (Marine) 'ma:t[jə]
²Maa̱t (ägypt. Gott) ma'a:t
Ma̱a̱zel 'ma:zl̩, *engl.* mɑ:zl, *fr.* ma'zɛl
Mab *engl.* mæb
Mabel *engl.* 'meɪbəl
Mabie *engl.* 'meɪbɪ
Mabillon *fr.* mabi'jõ
Mabino̱gion mabi'no:gi̯ɔn
Mablethorpe *engl.* 'meɪblθɔ:p
Mably *fr.* ma'bli
Mabuse *fr.* ma'by:z
Mac *engl.* mæk
MacAdam *engl.* mə'kædəm
MacAdoo *engl.* mækə'du:
Macaé *bras.* maka'ɛ
Macaíba *bras.* maka'iba
MacAl[l]ister *engl.* mə'kælɪstə
MacAlpine *engl.* mə'kælpɪn
Macanạz *span.* maka'naθ
Maca̱o ma'ka:o
Mação *port.* mɐ'sɐ̃u̯
Macapá *bras.* maka'pa
Macará *span.* maka'ra
MacẠrthur *engl.* mə'kɑ:θə
Macạrtney *engl.* mə'kɑ:tnɪ
Macạu *port.* mɐ'kau̯
Macáu *bras.* ma'kau̯
Macaúbas *bras.* maka'ubas
Macaulay, MacAuley *engl.* mə'kɔ:lɪ
Macbẹth *engl.* mək'bɛθ
MacBride *engl.* mək'braɪd
MacCall *engl.* mə'kɔ:l
MacCallum *engl.* mə'kæləm
Maccalụba *it.* makka'lu:ba
maccaro̱nisch maka'ro:nɪʃ
MacCạrthy *engl.* mə'kɑ:θɪ
Mạcchi *it.* 'makki
Mạcchia 'maki̯a, **...ien** ...i̯ən
Macclesfield *engl.* 'mæklzfi:ld
MacClure *engl.* mə'klʊə
MacCracken *engl.* mə'krækən
MacCunn *engl.* mə'kʌn
Macdọnald *engl.* mək'dɔnəld
Macdọnell *engl.* mək'dɔnl
MacDowell *engl.* mək'daʊəl
Mace *engl.* meɪs
Macé *fr.* ma'se
Macedo *port.* mɐ'seðu, *bras.* ma'sedu, *it.* ma'tʃe:do
Macedo̱nius matse'do:ni̯ʊs
Macedọnski *rumän.* matʃe'donski
Maceió *bras.* mase'i̯ɔ
Macẹo *span.* ma'θeo
Ma̱cer 'ma:tsɐ
Macera̱ta *it.* matʃe'ra:ta
MacFạrlane *engl.* mək'fɑ:lɪn
MacFarren *engl.* mək'færən
MacGahan *engl.* mə'gæn
MacGịll *engl.* mə'gɪl
MacGowan *engl.* mə'gaʊən
MacGra̱th *engl.* mə'grɑ:
MacGrẹgor *engl.* mə'grɛgə
Mạch max
Mácha *tschech.* 'ma:xa
Machạchi *span.* ma'tʃatʃi
Machạdo *port.* mɐ'ʃaðu, *bras.* ma'ʃadu, *span.* ma'tʃaðo
Machạdo de Assịs *bras.* ma'ʃadu di a'sis
Machairodụs maxai̯ro'du:s
Machạjew, Mahaev *russ.* ma'xajɪf
Machạla *span.* ma'tʃala
Machạndel ma'xandl̩
Machạon ma'xa:ɔn
Mạchar *tschech.* 'maxar
Mạchatschek 'maxatʃɛk
Machatschkalạ, Mahačkala *russ.* mɐxɐtʃka'la
Mạchatý *tschech.* 'maxati:
Machault *fr.* ma'ʃo
Machault d'Arnouvịlle *fr.* maʃodarnu'vil
Machaut *fr.* ma'ʃo
Mạche 'maxə
Mạchek *tschech.* 'maxɛk
mạchen 'maxn̩
Machen *engl.* 'meɪtʃən
Machẹte ma'tʃe:tə
Machẹtik ma'xe:tɪk
Machias *engl.* mə'tʃaɪəs
Machiavẹll maki̯a'vɛl
Machiavẹlli maki̯a'vɛli, *it.* maki̯a'vɛlli
Machiavellịsmus maki̯avɛ'lɪsmʊs
Machiavellịst maki̯avɛ'lɪst
Machichạco *span.* matʃi'tʃako
Machịche ma'tʃɪtʃə
Machinatio̱n maxina'tsi̯o:n
Machịne *fr.* ma'ʃin
machini̱e̱ren maxi'ni:rən
Machịsmus ma'xɪsmʊs
Machlạta, Mahlata *bulgar.* max'lata
Mạchnow 'maxno
Mạcho *span.* 'matʃo
Machọrka ma'xɔrka
Machpela̱ maxpe'la:
Machso̱r max'zo:ɐ̯, **-i̱m** ...zo'ri:m
Mạcht maxt, **Mạ̈chte** 'mɛçtə
Machụca *span.* ma'tʃuka
machụlle ma'xʊlə
Mạchu Pịcchu *span.* 'matʃu 'piktʃu
Maciá *span.* ma'θi̯a
Macías *span.* ma'θias
Macieira *port.* mɐ'si̯ɐi̯rɐ
Mạciej *poln.* 'matɕɛj
Maciejọwski *poln.* matɕɛ'jɔfski
Maciẹl *span.* ma'θi̯ɛl
Măcịn *rumän.* mə'tʃin
Macintosh *engl.* 'mækɪntɔʃ
Macịp *span.* ma'θip
Mạcis 'matsɪs
Mạck mak, *engl.* mæk
Mackail *engl.* mə'keɪl
Mackay *engl.* mə'kaɪ, mə'keɪ
MacKaye *engl.* mə'kaɪ
Mackạyville *engl.* mə'kaɪvɪl
Mạcke 'makə
Mackẹben ma'ke:bn̩
Mạckenroth 'makn̩ro:t
Mạckensen 'makn̩zən
Mackẹnzie *engl.* mə'kɛnzɪ
Mạcker 'makɐ
Mackevič vgl. Mazkewitsch
Mackie *engl.* 'mækɪ
Mackiẹwicz *poln.* mats'kjɛvitʃ
Mackinac *engl.* 'mækɪnɔ:
Mackintosh *engl.* 'mækɪntɔʃ
mạcklich 'maklɪç
Macklin *engl.* 'mæklɪn
Mackọwsky ma'kɔfskɪ
Maclaren *engl.* mə'klærən
Maclaurin *engl.* mə'klɔ:rɪn
Maclay *engl.* mə'kleɪ
MacLean *engl.* mə'kleɪn
MacLeish *engl.* mə'kli:ʃ
Macleod *engl.* mə'klaʊd
Macleya mak'le:a, ...'lai̯a
Maclịse *engl.* mə'kli:z
Mac-Mahon *fr.* makma'õ
MacMịllan *engl.* mək'mɪlən
MacMọnnies *engl.* mək'mɔnɪz
MacMurrough *engl.* mək'mʌroʊ
Macnamạra *engl.* mæknə'mɑ:rə
MacNeice *engl.* mək'ni:s
MacNeil[l] *engl.* mək'ni:l

Macolin *fr.* makɔ'lɛ̃
Macomb *engl.* mə'koʊm
Macomẹr *it.* mako'mɛr
Macon *engl.* 'meɪkən
Mâcon *fr.* mɑ'kõ
Macorís *span.* mako'ris
Mac Orlan *fr.* makɔr'lã
MacPhail *engl.* mək'feɪl
Macpherson *engl.* mək'fə:sn
Macquarie, MaCquarrie *engl.* mə'kwɔrɪ
Mạcra *it.* 'ma:kra
Macready *engl.* mə'kri:dɪ
Macrịnus ma'kri:nʊs
Macrọbius ma'kro:bi̯ʊs
Macropẹdius makro'pe:di̯ʊs
Macugnạga *it.* makuɲ'ɲa:ga
Mạcula 'ma:kula
Mạčva *serbokr.* 'ma:tʃva
MacVeagh *engl.* mək'veɪ
Macy *engl.* 'meɪsɪ
Mád *ung.* ma:d
Madách *ung.* 'mɔda:tʃ
Madagascạr *fr.* madagas'ka:r
Madagạskar mada'gaskar
Madagạsse mada'gasə
madagạssisch mada'gasɪʃ
Madalẹna *port.* mɐðɐ'lenɐ
Madạm ma'dam
Madạmchen ma'damçən
Madạme ma'dam, **Mesdạmes** me'dam
Madang *engl.* mə'dæŋ
Madapolam madapo'la[:]m
Madạra ma'da:ra
Madaras *ung.* 'mɔdɔrɔʃ
Madariạga *span.* maða'ri̯aɣa
Madarọse mada'ro:zə
Madawaska *engl.* mædə'wɔskə
Mạ̈dchen 'mɛ:tçən
Maddalẹna *it.* madda'le:na
Maddalọni *it.* madda'lo:ni
Mạdden 'madn̩, *engl.* 'mædən
Maddox *engl.* 'mædəks
[1]**Mạde** 'ma:də
[2]**Mạde** (Name) *niederl.* 'ma:də
Madegạsse madə'gasə
made in Germany *engl.* 'meɪd ɪn 'dʒə:mənɪ
[1]**Madeira** (Wein) ma'de:ra, *auch:* ma'dai̯ra
[2]**Madeira** (Name) ma'de:ra, *port.* mɐ'ðei̯rɐ, *bras.* ma'dei̯ra, *span.* ma'ðei̯ra
Mạ̈del 'mɛ:dl̩
Mạ̈delegabel 'mɛ:dəlega:bl̩
Madeleine *fr.* ma'dlɛn
Madelin *fr.* ma'dlɛ̃
Madelon *fr.* ma'dlõ
Mạdelung 'ma:dəlʊŋ
Mademoisẹlle madəmo̯a'zɛl, *fr.* madmwa'zɛl; **Mesdemoisẹlles** medəmo̯a'zɛl, *fr.* medmwa'zɛl
Mạdenburg 'ma:dn̩bʊrk
Mạder 'ma:dɐ
[1]**Madẹra** (Wein) ma'de:ra
[2]**Madẹra** (Name) *span.* ma'ðera, *engl.* mə'dɛərə
Maderạnertal madə'ra:nɐta:l
Madẹrna *it.* ma'dɛrna
Madẹrno *it.* ma'dɛrno
Madẹro *span.* ma'ðero
Mạdersperger 'ma:dɐspɛrgɐ
Mạdesüß 'ma:dəzy:s
madeszẹnt madɛs'tsɛnt
Madge *engl.* mædʒ
Mạdhja Pradẹsch 'ma:dja pra'de:ʃ
Mạdi 'ma:di
Madianịter madi̯a'ni:tɐ
madidạnt madi'dant
Mạdie 'ma:di̯ə
mạdig 'ma:dɪç, **-e** ...ɪgə
Madison *engl.* 'mædɪsn
Madisonville *engl.* 'mædɪsnvɪl
Madiun *indon.* ma'diʊn
Madjạr ma'dja:ɐ̯
madjạrisch ma'dja:rɪʃ
madjarisiẹren madjari'zi:rən
Mạ̈dler 'mɛ:dlɐ
Madoc *engl.* 'mædək
Madocsa *ung.* 'mɔdotʃɔ
Madonịe *it.* mado'ni:e
Madọnna ma'dɔna, *it.* ma'dɔnna
Madọz *span.* ma'ðɔθ
[1]**Mạdras** (Stoff) 'madras
[2]**Madras** (Stadt) 'ma[:]dras, *engl.* mə'drɑ:s
Madrạzo *span.* ma'ðraθo
Mạdre de Diọs *span.* 'maðre ðe 'ði̯ɔs
Madrepọre madre'po:rə
Madrịd ma'drɪt, *span.* ma'ðrið
Madridẹjos *span.* maðri'ðɛxɔs
Madrịder ma'drɪdɐ
[1]**Madrigạl** madri'ga:l
[2]**Madrigạl** (Name) *span.* maðri'ɣal
madrigalẹsk madriga'lɛsk
Madrigalẹtto madriga'lɛto, **...ẹtti** ...ɛti
Madrigalịsmus madriga'lɪsmʊs
Madrigalịst[ik] madriga'lɪst[ɪk]
Madrigalọn madriga'lo:n
Madrịz *span.* ma'ðriθ
Madrọna *span.* ma'ðrona
Madrụga *span.* ma'ðruɣa
Madrụzzo *it.* ma'druttso
Mạds *dän.* mas
Madschụs ma'dʒu:s
Mạdsen *dän.* 'masən
Madụra *indon.* ma'dura
Madurẹira *bras.* madu'rei̯ra
Madụ̈see ma'dy:ze:
Mạdvig *dän.* 'mað'vi
Mae *engl.* meɪ
Maecẹnas mɛ'tse:nas
Maẹlla *span.* ma'eʎa
Maerlant *niederl.* 'ma:rlɑnt
Maertens *niederl.* 'ma:rtəns
Maes *niederl.* ma:s
Maestà maɛs'ta
Maesteg *engl.* maɪs'teɪg
maestọso maɛs'to:zo
Maestọso maɛs'to:zo, **...si** ...zi
Maestrạle maɛs'tra:lə
Maestrạzgo *span.* maes'traðɣo
Maẹstro ma'ɛstro, **...ri** ...ri
Maeterlinck 'ma:tɐlɪŋk; *fr.* mɛtɛr'lɛ̃:k
Maetzig 'mɛtsɪç
Mäeutik mɛ'ɔytɪk
mäeutisch mɛ'ɔytɪʃ
Maẹztu *span.* ma'ɛθtu
Mafại *it.* ma'fa:i
Mafeking *engl.* 'mæfɪkɪŋ
Maffẹi *it.* maf'fɛ:i
Mạffersdorf 'mafɐsdɔrf
Mạffia 'mafi̯a
Mạfia 'mafi̯a
Mafiọso ma'fi̯o:zo, **...si** ...zi
mạfisch 'mafɪʃ
Mạfra *port.* 'mafrɐ, *bras.* 'mafra
mag ma:k
Magạ *fr.* ma'ga
Magadạn *russ.* mɐga'dan
Magadịno *it.* maga'di:no
Magalhães *port.* mɐɣɐ'ʎɐ̃i̯ʃ, *bras.* maga'ʎɐ̃i̯s
Magallạnes *span.* maɣa'ʎanes
Magangué *span.* maɣaŋ'ge
Magarịños *span.* maɣa'riɲɔs
Magazịn[er] maga'tsi:n[ɐ]
Magazineur magatsi'nø:ɐ̯
magazinịeren magatsi'ni:rən
Mạgd ma:kt, **Mạ̈gde** 'mɛ:kdə
Mạgda[la] 'makda[la]
Magdalẹna makda'le:na, *span.* maɣða'lena
Magdalẹne[rin] makda'le:nə[rɪn]
Magdalénien makdale'ni̯ɛ̃:
Mạgdalis 'makdalɪs
Mägde vgl. Magd
Mạgdeborn 'makdəbɔrn
Mạgdeburg 'makdəbʊrk, **-er** ..rgɐ
Magdeburgerfọrth makdəbʊrgɐ'fɔrt
mạgdeburgisch 'makdəbʊrgɪʃ
Mạ̈gdelein 'mɛ:kdəlai̯n
Mạ̈gdesprung 'mɛ:kdəʃprʊŋ
Mạ̈gdlein 'mɛ:ktlai̯n
[1]**Mạge** (Verwandter) 'ma:gə
[2]**Mạge** (Name) *fr.* ma:ʒ
Magé *bras.* ma'ʒɛ
Magellan magɛ'la:n; *auch:* magɛl'ja:n, 'magɛljan
Magelọne magə'lo:nə
Mạgen 'ma:gn̩, **Mạ̈gen** 'mɛ:gn̩
Magendie *fr.* maʒɛ̃'di
Magẹnta *it.* ma'dʒɛnta
mạger 'ma:gɐ, **mạgre** 'ma:grə
Mạger 'ma:gɐ
Mạ̈gerkingen 'mɛ:gɐkɪŋən
mạgern 'ma:gɐn, **mạgre** 'ma:grə
Mạgerøy *norw.* ˌma:gərœi̯
Magẹthos ma'ge:tɔs
Mạggi Ⓦⓩ 'magi, *it.* 'maddʒi

Maggia *it.* 'maddʒa
Maggie *engl.* 'mægɪ
Maggini *it.* mad'dʒi:ni
Maggio Musicale *it.* 'maddʒo muzi'ka:le
maggiore, M... ma'dʒo:rə
Maggiorivoglio *it.* maddʒori'vɔʎʎo
Magglingen 'maglɪŋən
Maghreb 'magrɛp, *fr.* ma'grɛb
maghrebinisch magre'bi:nɪʃ
Magie ma'gi:
Magier 'ma:gi̯ɐ
Magiker 'ma:gikɐ
Mágina *span.* 'maxina
Maginald 'ma:ginalt
Maginn *engl.* mə'gɪn
Maginot *fr.* maʒi'no
Magione *it.* ma'dʒo:ne
magisch 'ma:gɪʃ
Magister Artium ma'gɪstɐ 'artsi̯ʊm
Magister pharmaciae ma'gɪstɐ farma'tsi:ɛ
magistral magɪs'tra:l
Magistrale magɪs'tra:lə
Magistrat magɪs'tra:t
Magistratur magɪstra'tu:ɐ̯
Maglemose *dän.* 'maɣləmo:sə
Maglern 'ma:glɐn
Magliabechi *it.* maʎʎa'be:ki
Magliano *it.* maʎ'ʎa:no
Maglie *it.* 'maʎʎe
Maglód *ung.* 'mɔglo:d
Magma 'magma
magmatisch ma'gma:tɪʃ
Magmatismus magma'tɪsmʊs
Magmatit magma'ti:t, *auch:* ...tɪt
magmatogen magmato'ge:n
Magn 'magn̩
Magna Charta 'magna 'karta
Magna Charta Island *engl.* 'mægnə 'kɑ:tə 'aɪlənd
magna cum laude 'magna kʊm 'laudə
Magnalium ma'gna:li̯ʊm
Magna Mater 'magna 'ma:tɐ
Magnan *fr.* ma'ɲã
Magnani *it.* maɲ'ɲa:ni
Magna peccatrix 'magna pɛ'ka:trɪks
Magnard *fr.* ma'ɲa:r
Magnasco *it.* maɲ'ɲasko
Magnat ma'gna:t
Magne *fr.* maɲ
Magnentius ma'gnɛntsi̯ʊs
Magnes 'magnɛs
Magnesia ma'gne:zi̯a
Magnesit magne'zi:t, *auch:* ...zɪt
Magnesium ma'gne:zi̯ʊm
Magnet ma'gne:t
magnetisch ma'gne:tɪʃ
Magnetiseur magneti'zø:ɐ̯
magnetisieren magneti'zi:rən
Magnetismus magne'tɪsmʊs
Magnetit magne'ti:t, *auch:* ...tɪt
Magnetograph magneto'gra:f
Magnetometer magneto'me:tɐ
Magneton 'magnetɔn
Magnetooptik magneto'|ɔptɪk
Magnetopath magneto'pa:t
Magnetopathie magnetopa'ti:
Magnetophon Ⓦ magneto'fo:n
Magnetostriktion magnetostrɪk'tsi̯o:n
Magnetron 'magnetro:n
Magni *it.* 'maɲɲi
Magnickij vgl. Magnizki
magnifik manji'fi:k
Magnifikat ma'gni:fikat
Magnifikus ma'gni:fikʊs, **...fizi** ...fitsi
Magnifizentissimus magnifitsɛn'tɪsimʊs, **...mi** ...mi
Magnifizenz magnifi'tsɛnts
Magnisia *neugr.* maɣni'sia
Magnitogorsk *russ.* mɐgnita'gɔrsk
Magnizki, Magnickij *russ.* mag'nitskij
Magnol *fr.* ma'ɲɔl
Magnolia *engl.* mæg'noʊlɪə
Magnolie ma'gno:li̯ə
Magnus 'magnʊs, *engl.* 'mægnəs, *dän.* 'maɣnus, *schwed.* 'maŋnʊs
Magnús *isl.* 'magnu:s
Magnússon *isl.* 'magnusɔn
Magny *fr.* ma'ɲi
Mago 'ma:go
Mágocs *ung.* 'ma:gotʃ
Magog 'ma:gɔk, *engl.* 'meɪgɔg
Magomajew, Magomaev *russ.* mɐga'majɪf
Magonide mago'ni:də
Magoon *engl.* mə'gu:n
Magot 'magɔt
Magra *it.* 'ma:gra
Magritte *fr.* ma'grit
Magruder *engl.* mə'gru:də
Magsaysay *span.* maɣsai̯'sai̯
Magstadt 'ma:k-ʃtat
Magula 'ma:gula
Măgura *rumän.* 'məgura
Magyar ma'dja:ɐ̯
Magyaratád *ung.* 'mɔdjɔrɔta:d
Magyarkeszi *ung.* 'mɔdjɔrkɛsi
Magyarmecske *ung.* 'mɔdjɔrmɛtʃkɛ
Magyar Népköztársaság *ung.* 'mɔdjɔr 'ne:pkøsta:rʃɔʃa:g
Magyarország *ung.* 'mɔdjɔrorsa:g
Magyaróvár *ung.* 'mɔdjɔro:va:r
Magyarpolány *ung.* 'mɔdjɔrpola:nj
Magyarszombatfa *ung.* 'mɔdjɔrsombɔtfɔ
mäh! mɛ:
Mahabharata maha'ba:rata
Mahačkala vgl. Machatschkala
Mahadewa maha'de:va
Mahadöh maha'dø:
Mahaev vgl. Machajew
Mahaffy *engl.* mə'hæfɪ
Mahagoni maha'go:ni
Mahagonny maha'gɔni
Mahakam *indon.* ma'hakam
Mahan *engl.* mə'hæn, mɑ:n
Mahanoy *engl.* 'mæhənɔɪ
Maharadscha maha'ra:dʒa
Maharani maha'ra:ni
Mahatma ma'ha:tma
Mahayana maha'ja:na
Mahd ma:t, **-en** 'ma:dn̩
Mähder 'mɛ:dɐ
Mahdi 'maxdi, *auch:* 'ma:di
Mahdist max'dɪst, *auch:* ma'dɪst
Mahé *fr.* ma'e, *engl.* mə'[h]eɪ
Mahen *tschech.* 'mahɛn
mähen 'mɛ:ən
Mahendra ma'hɛndra
Mäher 'mɛ:ɐ
Mahieu *fr.* ma'jø
Mah-Jongg ma'dʒɔŋ
Mahl ma:l, **Mähler** 'mɛ:lɐ
Mahlata vgl. Machlata
Mahlberg 'ma:lbɛrk
mahlen 'ma:lən
Mahler 'ma:lɐ
mählich 'mɛ:lɪç
Mahlis 'ma:lɪs
Mahljahre 'ma:lja:rə
Mahlmann 'ma:lman
Mahlow 'ma:lo
Mahlschatz 'ma:lʃats
Mahlstatt 'ma:lʃtat
Mahlstätte 'ma:lʃtɛtə
Mahlzeit 'ma:ltsait
Mahmud max'mu:t, *pers.* mæh'mu:d
Mähne 'mɛ:nə
mahnen 'ma:nən
mähnig 'mɛ:nɪç, **-e** ...ɪgə
Mahomed, Mahomet 'ma:homɛt
Mahon *engl.* mɑ:n, mə'hu:n, mə'hoʊn
Mahón *span.* ma'ɔn
Mahon[e]y *engl.* 'mɑ:ənɪ
Mahonie ma'ho:ni̯ə
Mahr ma:ɐ̯
Mahraun 'ma:raun
Mähre[n] 'mɛ:rə[n]
Mahrenholz 'ma:rənhɔlts
Mährer 'mɛ:rɐ
Mähring[er] 'mɛ:rɪŋ[ɐ]
mährisch 'mɛ:rɪʃ
Mährisch-Ostrau 'mɛ:rɪʃ'|ɔstrau
Mahseer 'ma:ze:ɐ̯
Mährte 'mɛ:ɐ̯tə
Mahut ma'hu:t
[1]**Mai** (Monat) mai
[2]**Mai** (Name) mai, *it.* 'ma:i
Maia 'maia, *port.* 'majɐ
Maiano *it.* ma'ja:no
Maid mait, **-en** 'maidn̩
Maiden[head] *engl.* 'meɪdn[hɛd]

Maidismus mai̯'dɪsmʊs, mai...
Maidstone *engl.* 'meɪdstən
Maidu 'mai̯du
Maie 'mai̯ə
Maiella *it.* ma'i̯ɛlla
maien, M... 'mai̯ən
Maienfeld 'mai̯ənfɛlt
Maiensäß 'mai̯ənzɛ:s, **-e** ...zɛ:sə
Maier 'mai̯ɐ
Maierhöfen 'mai̯ɐhø:fn̩
Maifeld 'mai̯fɛlt
Maigret *fr.* mɛ'grɛ
Maikammer 'mai̯kamɐ
Maika 'mai̯ka
Maike 'mai̯kə
Maikong 'mai̯kɔŋ
Maikop, Majkop *russ.* maj'kɔp
Maikow, Majkov *russ.* 'majkɐf
Mail *engl.* meɪl
Mailand 'mai̯lant
Mailänder 'mai̯lɛndɐ
mailändisch 'mai̯lɛndɪʃ
Mailáth *ung.* 'mɔila:t
Mailer *engl.* 'meɪlə
mailich 'mai̯lɪç
Maillard, Maillart *fr.* ma'ja:r
Maillebois *fr.* maj'bwa
Maillol *fr.* ma'jɔl
Maillot ma'jo:, *fr.* ma'jo
Mailly *fr.* ma'ji
Mailu 'mai̯lu
Maimon 'mai̯mɔn
Maimonides mai̯'mo:nidɛs
Main mai̯n, *engl.* meɪn
Maina 'mai̯na
Mainard *fr.* mɛ'na:r
Mainardi *it.* mai̯'nardi
Mainaschaff mai̯n'|aʃaf
Mainau 'mai̯nau̯
Mainbernheim mai̯n'bɛrnhai̯m
Mainburg 'mai̯nbʊrk
Maindron *fr.* mɛ̃'drõ
Maine *fr.* mɛn, *engl.* meɪn
Maine de Biran *fr.* mɛndəbi'rã
Maine-et-Loire *fr.* mɛne'lwa:r
Mainfranken 'mai̯nfraŋkn̩
Maingau 'mai̯ngau̯
Mainland *engl.* 'meɪnlənd
Mainleus mai̯n'lɔy̆s
Mainreuth mai̯n'rɔy̆t
Maintenon *fr.* mɛ̃t'nõ
Mainz[er] 'mai̯nts[ɐ]
mainzisch 'mai̯ntsɪʃ
Mainzweiler 'mai̯ntsvai̯lɐ
Maioli *it.* ma'i̯ɔ:li
Maiolus ma'jo:lʊs
Maior *rumän.* 'mai̯or
Maiorescu *rumän.* mai̯o'resku
Maiorianus majo'ri̯a:nʊs
Maipo *span.* 'mai̯po
Maipú *span.* mai̯'pu
Maiquetía *span.* mai̯ke'tia
Máiquez *span.* 'mai̯kɛθ
Mair 'mai̯ɐ
Maira *it.* 'ma:i̯ra
Maire mɛ:ɐ̯
Mairet *fr.* mɛ'rɛ
Mairie mɛ'ri:, **-n** ...i:ən

Maironis mai̯'ro:nɪs
Mais mai̯s, **-es** 'mai̯zəs
Maisach 'mai̯zax
Maisch[e] 'mai̯ʃ[ə]
maischen 'mai̯ʃn̩
Maishofen mai̯s'ho:fn̩
Maiski, Majskij *russ.* 'majskij
Maison *fr.* mɛ'zõ
Maison-Blanche *fr.* mɛ̃zõ'blã:ʃ
Maison-Carrée *fr.* mɛzõka're
Maisonneuve *fr.* mɛzõ'nœ:v
Maisons-Alfort *fr.* mɛzõal'fɔ:r
Maisons-Laffitte *fr.* mɛzõla'fit
Maisprach 'mai̯sprax
Maiß[au] 'mai̯s[au̯]
Maistre *fr.* mɛstr
Maisuru mai̯'zu:ru
Maitani *it.* mai̯'ta:ni
Maitland *engl.* 'meɪtlənd
Maître de plaisir, -s - - *fr.* mɛtrəplɛ'zi:r
Maitum *schwed.* 'mai̯tʊm
Maiuri *it.* ma'i̯u:ri
Maizena Ⓦ mai̯'tse:na
Mazière[s] *fr.* mɛ'zjɛ:r
Maja 'ma:ja, *russ.* 'majɐ
Maja desnuda *span.* 'maxa ðez'nuða
Majakowski, Majakovskij *russ.* mɐjɪ'kɔfskij
Majanthemum ma'jantemʊm
Maja vestida *span.* 'maxa βes'tiða
Majdan *serbokr.* ˌma:jdan
Majdanek *poln.* maj'danɛk
Majdanpek *serbokr.* ˌma:jdampɛk
Majella ma'jɛla
Majer 'mai̯ɐ
Majerová *tschech.* 'majɛrɔva:
Majestas Domini ma'jɛstas 'do:mini
Majestät majɛs'tɛ:t
majestätisch majɛs'tɛ:tɪʃ
majeur ma'ʒø:ɐ̯
Majkop vgl. Maikop
Majkov vgl. Maikow
Majolika ma'jo:lika
Majonäse majo'nɛ:zə
Majonica ma'jo:nika
Ma-Jongg ma'dʒɔŋ
[1]**Major** (Offizier) ma'jo:ɐ̯, *engl.* 'meɪdʒə
[2]**Major** (Familienname) 'ma:jɔr
Majoran majo'ra:n, *auch:* 'ma:joran
Majorat majo'ra:t
Majorca ma'jɔrka
Majordomus 'ma:jɔr'do:mʊs
majorenn majo'rɛn
Majorennität majorɛni'tɛ:t
Majorette *fr.* maʒɔ'rɛt
majorisieren majori'zi:rən
Majorist majo'rɪst
Majorität majori'tɛ:t
Majorz ma'jɔrts
Majosháza *ung.* 'mɔjosha:zɔ

Majskij vgl. Maiski
Majuba Hill *engl.* mə'dʒu:bə 'hɪl
Majunga *fr.* maʒœ̃'ga
Majuro ma'dʒu:ro, *engl.* mə'dʒʊəroʊ
Majuskel ma'jʊskl̩
makaber ma'ka:bɐ, **...bre** ...brə
Makád *ung.* 'mɔka:d
Makadam maka'dam
makadamisieren makadami'zi:rən
Makak 'ma:kak, ma'ka[:]k;
Makaken ma'ka[:]kn̩
Makalu ma'ka:lu
Makame ma'ka:mə
Makao ma'ka:o, ma'kau̯
Makar[enko] *russ.* ma'kar[ɪnkɐ]
Makari, Makarij *russ.* ma'karij
Makarios *neugr.* ma'karjɔs
Makarismus maka'rɪsmʊs
Makarius ma'ka:ri̯ʊs
Makariew, Makar'ev *russ.* ma'karjɪf
Makarow, Makarov *russ.* ma'karɐf
Makarowitsch, Makarovič ma'karɐvitʃ
Makarowna, Makarovna *russ.* ma'karɐvnɐ
Makarska *serbokr.* ˌmakarska:
Makart 'makart
Makasar, Makassar *indon.* ma'kasar
Makedonien make'do:ni̯ən
Makedonier make'do:ni̯ɐ
Makedonija *mak.* makɛ'dɔnija
makedonisch make'do:nɪʃ
Makejewka, Makeevka *russ.* ma'kjejɪfkɐ
Makel 'ma:kl̩
Mäkelei mɛ:kə'lai̯
makelig 'ma:kəlɪç, **-e** ...ɪgə
mäkelig 'mɛ:kəlɪç, **-e** ...ɪgə
makeln 'ma:kl̩n
mäkeln 'mɛ:kl̩n
Make-up me:k'|ap, *engl.* 'meɪkʌp
Maki 'ma:ki
Makimono maki'mo:no
Makkabäer maka'bɛ:ɐ
makkabäisch maka'bɛ:ɪʃ
Makkabi ma'ka:bi
Makkabiade maka'bi̯a:də
Makkalube maka'lu:bə
Makkaroni maka'ro:ni
makkaronisch maka'ro:nɪʃ
Makkinga *niederl.* 'makɪŋxa:
Makkum *niederl.* 'makəm
Maklakiewicz *poln.* makla'kjɛvitʃ
Makler 'ma:klɐ
Mäkler 'mɛ:klɐ
mäklig 'mɛ:klɪç, **-e** ...ɪgə
Maknassy *fr.* makna'si
Mako 'mako

Makó *ung.* 'mɔko:
Makololo mako'lo:lo
Makonde ma'kɔndə
Makoré mako're:
Makoua *fr.* ma'kwa
Maków Mazowiecki *poln.* 'makuf mazɔ'vjɛtski
Maków Podhalański *poln.* 'makuf pɔtxa'laĩ̯ski
¹Makowski *poln.* ma'kɔfski
²Makowski, Makovskij *russ.* ma'kɔfskij
Makramee makra'me:
Makrele ma'kre:lə
Makrobiose makro'bi̯o:zə
Makrobiotik makro'bi̯o:tɪk
Makrocheilie makroçai̯'li:
Makrocheirie makroçai̯'ri:
Makrodaktylie makrodakty'li:
Makroenzephalie makro|ɛnt͜sefa'li:
Makrogameten makroga'me:tn̩
Makroglossie makroglɔ'si:
makrokephal makroke'fa:l
Makrokephale makroke'fa:lə
Makroklima makro'kli:ma
makrokosmisch makro'kɔsmɪʃ, *auch:* 'ma:kro...
Makrokosmos makro'kɔsmɔs, *auch:* 'ma:kro...
Makrokosmus makro'kɔsmʊs, *auch:* 'ma:kro...
makrokristallin makrokrɪsta'li:n
Makromelie makrome'li:
Makromeren makro'me:rən
Makromolekül makromole'ky:l, *auch:* 'ma:kro...
makromolekular makromoleku'la:ɐ̯, *auch:* 'ma:kro...
Makrone ma'kro:nə
Makronesos *neugr.* ma'krɔnisɔs
Makronukleus makro'nu:kleʊs
Makrophagen makro'fa:gn̩
Makroplasie makropla'zi:
Makropode makro'po:də
Makropsie makrɔ'psi:
makroseismisch makro'zai̯smɪʃ
makroskopisch makro'sko:pɪʃ
Makrosmat makrɔs'ma:t
Makrosomie makrozo'mi:
Makrospore makro'spo:rə
Makrostoma makro'sto:ma
Makrostruktur 'ma:krostrʊktu:ɐ̯
Makrotheorie 'ma:kroteori:
Makrotie makro'ti:
makrozephal makrot͜se'fa:l
Makrozephale makrot͜se'fa:lə
Makrozephalie makrot͜sefa'li:
Makrozyten makro't͜sy:tn̩
Makrulie makru'li:
Maks *niederl.* mɑks
Maksim vgl. ²Maxim
Maksimir *serbokr.* 'maksimir
Maksimov vgl. ¹,²Maximow
Maksimovič vgl. ¹,²Maximowitsch
Maksimovna vgl. Maximowna
Maku *pers.* mɑ'ku:
Maku[b]la ma'ku:[b]la
Makulatur makula'tu:ɐ̯
makulieren maku'li:rən
Makuszyński *poln.* maku'ʃɨĩ̯ski
mal ma:l
Mal ma:l, **Mäler** 'mɛ:lɐ
Mala vgl. Malum
Malabar 'ma:labar, *auch:* 'malabar
Malacca *indon.* ma'laka
Malachias mala'xi:as
Malachit mala'xi:t, *auch:* ...xɪt
Malachow kurgan, Malahov kurgan *russ.* ma'laxɐf kur'gan
Małachowski *poln.* mau̯a'xɔfski
Malacky *slowak.* 'malatski
malad ma'la:t
malade ma'la:də
Malade[t]ta *span.* mala'ðeta
Malá Fatra *slowak.* 'mala: 'fatra
mala fide 'ma:la 'fi:də
Malaga 'ma[:]laga
Málaga 'ma[:]laga, *span.* 'malaɣa
Malagan mala'ga:n
Malagassy mala'gasi
Malagodi *it.* mala'gɔ:di
Malagón *span.* mala'ɣɔn
Malagueña mala'gɛnja
Malahov kurgan vgl. Malachow kurgan
Malaie ma'lai̯ə
malaiisch ma'lai̯ɪʃ
Malaio-Polynesier ma'lai̯opoly'ne:zi̯ɐ
Malaise ma'lɛ:zə
Malaita *engl.* mə'lɛɪtə
Malaja *indon.* ma'laja
Malaka *indon.* ma'laka
Malakases *neugr.* mala'kasis
Malakie mala'ki:, **-n** ...i:ən
Malakka ma'laka
Malakoff *fr.* mala'kɔf
Malakologe malako'lo:gə
Malakologie malakolo'gi:
malakologisch malako'lo:gɪʃ
Malakophile malako'fi:lə
Malakostrake malakɔs'tra:kə
Malakozoologie malakot͜soolo'gi:
Malakozoon malako't͜so:ɔn
Malalas ma'la:las
Malambo ma'lambo
Malamocco *it.* mala'mɔkko
Malá Morávka *tschech.* 'mala: 'mɔra:fka
Malamud *engl.* 'mæləməd, ...mʊd
Malan (Südafrika) *afr.* mə'lan
Malang *indon.* 'malaŋ
Malange *port.* mɐ'lẽʒɪ
Malaniuk 'ma:lani̯ʊk
Malanjuk *russ.* mɐla'njuk
Malans ma'lans
Malapane mala'pa:nə
Mała Panew *poln.* 'mau̯a 'panɛf
Malaparte *it.* mala'parte
mal-à-propos malapro'po:
Malaria ma'la:ri̯a
Malarialogie malari̯alo'gi:
Malartic *engl.* mɑ:lɑ:'ti:k, *fr.* malar'tik
Malaspina *engl.* mælə'spi:nə
Malatesta *it.* mala'tɛsta
Malaträsk *schwed.* ˌmɑ:lo:trɛsk
Malatya *türk.* mɑ'lɑtjɑ
Mala Vlaška *serbokr.* 'ma:la: 'vlaʃka:
Malawi ma'la:vi, *engl.* mə'lɑ:wi:
Malawier ma'la:vi̯ɐ
malawisch ma'la:vɪʃ
Malaxt 'ma:l|akst
Malaysia ma'lai̯zi̯a
Malaysier ma'lai̯zi̯ɐ
malaysisch ma'lai̯zɪʃ
Malazie mala't͜si:, **-n** ...i:ən
Malbarte 'ma:lbartə
Malberg 'ma:lbɛrk
Malbone *engl.* 'mɔ:lboʊn
Malbork *poln.* 'malbɔrk
Malbun mal'bu:n
Malcesine *it.* mal'tʃe:zine
Malcev vgl. Malzew
¹Malchen (Vorname) 'ma:lçən
²Malchen (Berg) 'malçn̩
Malchin mal'çi:n
Malching 'malçɪŋ
Malchow 'malço
Malchus 'malçʊs
Malcolm 'malkɔlm, *engl.* 'mælkəm
Małcużyński *poln.* mau̯tsu'ʒɨĩ̯ski
Malczewski *poln.* mal'tʃɛfski
Maldegem *niederl.* 'mɑldəxəm
Malden *engl.* 'mɔ:ldən
Maldive *engl.* 'mɔ:ldɪv
Maldon *engl.* 'mɔ:ldən
Maldonado *span.* maldo'naðo
Maldonatus maldo'na:tʊs
Maldybajew, Maldybaev *russ.* mɐldɨ'bajɪf
Male 'ma:lə
Mâle *fr.* mɑ:l
Malè *it.* ma'lɛ
Maleachi male'axi
Malebranche *fr.* mal'brã:ʃ
Małecki *poln.* ma'u̯ɛtski
maledeien male'dai̯ən
Malediktion maledɪk't͜si̯o:n
Malediven male'di:vn̩
maledizieren maledi't͜si:rən
Malefikant malefi'kant
Malefikus ma'le:fikʊs, **...izi** ...it͜si

Malefiz male'fi:ts
Malekit male'ki:t
Malekula male'ku:la, *engl.* mælı'ku:lə
malen 'ma:lən
Malen *schwed.* 'mɑ:lən
Malenkow, Malenkov *russ.* mɐlın'kɔf
Malente ma'lɛntə
Malepartus male'partʊs
Maler 'ma:lɐ
Mäler vgl. Mal
Måleråš *schwed.* mo:lər'o:s
Malerei ma:lə'rai
Malesche ma'lɛʃə
Malesherbes *fr.* mal'zɛrb
Mäleßkircher 'mɛləskɪrçɐ
Malestroit *fr.* male'trwa
Malet *fr.* ma'lɛ
Maléter *ung.* 'mɔle:tɛr
Malév *ung.* 'mɔle:v
Malfatti *it.* mal'fatti
Malfilâtre *fr.* malfi'lɑ:tr
Malgache *fr.* mal'gaʃ
Mälgåsen *schwed.* ˌmɛljo:sən
Malgersdorf 'malgɐsdɔrf
Malgobek *russ.* mɐlga'bjɛk
Malgrange *fr.* mal'grã:ʒ
Malhão *port.* mɐ'ʎɐ̃ṷ
Malherbe *fr.* ma'lɛrb
Malheur ma'lø:ɐ̯
malhonett malho'nɛt
Mali 'ma:li, *fr.* ma'li
Malibran *fr.* mali'brã
Malice ma'li:sə
maligne ma'lɪgnə
Malignität malɪgni'tɛ:t
Malik *russ.* 'malik, *indones.* 'malɪk
Malikit mali'ki:t
Målilla *schwed.* ˌmo:lila
Malin *engl.* 'mælɪn, *russ.* 'malin
Malín *tschech.* 'mali:n
malinconico malɪŋ'ko:niko
Malinconia malɪŋko'ni:a
Malines *fr.* ma'lin
[1]**Malinowski** *poln.* mali'nɔfski, *engl.* mælı'nɔvskı
[2]**Malinowski, Malinovskij** *russ.* mɐli'nɔfskij
Malipiero *it.* mali'pjɛ:ro
Malířová *tschech.* 'mali:rʒɔva:
malisch 'ma:lɪʃ
Maliszewski *poln.* mali'ʃɛfski
maliziös mali'tsjø:s, **-e** ...'tsjø:zə
Maljawin, Maljavin *russ.* ma'ljavin
Maljutin *russ.* ma'ljutin
Malki Lom *bulgar.* 'malki 'lɔm
Malkmus 'malkmʊs
malkontent malkɔn'tɛnt
Malko Tarnowo, Malko Tărnovo *bulgar.* 'malko 'tərnovo
mall, M... mal
Mallakastër *alban.* mała'kastər
Mal-Lara *span.* mal'lara
Mallarmé *fr.* malar'me
Malle *fr.* mal
Mallebern ma'le:bɐn
Malleczewen malə'tʃe:vn̩
mallen 'malən
malleolar maleo'la:ɐ̯
Mallersdorf 'malɐsdɔrf
Malles *it.* 'malles
Mallet *engl.* 'mælɪt, *fr.* ma'lɛ
Mallet du Pan *fr.* malɛdy'pã
Malleus 'maleʊs
Mallia 'malia
Mallicolo *engl.* mælı'koʊloʊ
Mallin ma'li:n
Mallnitz[er] 'malnɪts[ɐ]
Mallock *engl.* 'mælək
Mallorca ma'lɔrka, *auch:* ma'jɔrka; *span.* ma'ʎɔrka
Mallow *engl.* 'mæloʊ
Mallung 'malʊŋ
Malm *dt., schwed.* malm
Malmaison *fr.* malmɛ'zõ
Malmberg[et] *schwed.* ˌmalmbærj[ət]
Malmédy *fr.* malme'di
Malmesbury *engl.* 'mɑ:mzbərı
Malmignatte malmɪn'jatə
Malmköping *schwed.* ˌmalmtçø:piŋ
Malmö 'malmø, *schwed.* ˌmalmø:
Malmöhus (Schloß) *schwed.* malmø:'hʉ:s
Malmslätt *schwed.* 'malmslɛt
Malmström *schwed.* ˌmalmstrœm
Malmysch, Malmyž *russ.* mal'mɨʃ
malnehmen 'ma:lne:mən
Malo *fr.* ma'lo
Maloarchangelsk, Maloarhangel'sk *russ.* mɐlɐr'xangɪljsk
Malocchio ma'lɔkio, **...occhi** ...ɔki
Maloggia *it.* ma'lɔddʒa
Maloia *it.* ma'lɔ:ia
Maloja ma'lo:ja
Malojaroslawez, Malojaroslavec *russ.* mɐlɐjɪra'slavɪts
Malo-les-Bains *fr.* malole'bɛ̃
Malón de Chaide *span.* ma'lɔn de 'tʃaiðe
Malone *engl.* mə'loʊn
Malonsäure ma'lo:nzɔyrə
Małopolska *poln.* maṷɔ'pɔlska
Malory *engl.* 'mælərı
Malossol malɔ'sɔl
Malot *fr.* ma'lo
Malott *engl.* mə'lɔt
Malou *fr.* ma'lu
Malouel *fr.* ma'lwɛl
Malpartida *span.* malpar'tiða
Malpica de Bergantiños *span.* mal'pika ðe βɛrɣan'tiɲɔs
Malpighi *it.* mal'pi:gi
Malpighiazeen malpigia'tse:ən
Malplaquet *fr.* malpla'kɛ
malproper mal'prɔpɐ
Malraux *fr.* mal'ro
Malsburg 'ma:lsbʊrk
Malsch[ing] 'malʃ[ɪŋ]
Malschwitz 'malʃvɪts
Malše *tschech.* 'malʃɛ
Malsore mal'zo:rə
Malss, Malß mals
Malta *dt., it.* 'malta, *engl.* 'mɔ:ltə
Maltase mal'ta:zə
Maltby *engl.* 'mɔ:ltbı
Malte 'maltə, *dän.* 'maldə
Maltebrun, Malte Brun *fr.* maltə'brœ̃
Malten 'maltn̩
Malter 'maltɐ
Malterer 'maltərɐ
Malteser mal'te:zɐ
maltesisch mal'te:zɪʃ
Malthus 'maltʊs, *engl.* 'mælθəs
Malthusianismus maltuzia'nɪsmʊs
Malthusisch mal'tu:zɪʃ
Maltin mal'ti:n
Maltín *span.* mal'tin
Maltitz 'maltɪts
Maltose mal'to:zə
malträtieren maltrɛ'ti:rən
Malukow, Malukov *russ.* 'malukɐf
Maluku *indon.* ma'luku
Malum 'ma:lʊm, **Mala** 'ma:la
Malung *schwed.* ˌmɑ:lʊŋ
[1]**Malus** (Prämienzuschlag) 'ma:lʊs
[2]**Malus** (Name) *fr.* ma'lys
Malvaglia *it.* mal'vaʎʎa
Malvasier malva'zi:ɐ̯
Malve 'malvə
Malvern *engl.* 'mɔ:lvən
Malvestiti *it.* malves'ti:ti
Malvida mal'vi:da
Malvinas *span.* mal'βinas
Malvolio mal'vo:lio
Malwida mal'vi:da
Malwine[n] mal'vi:nə[n]
Malxe 'malksə
Malý *tschech.* 'mali:
Malygin *russ.* ma'lɨgin
Malyschew, Malyšev *russ.* 'malɨʃəf
Malyschkin, Malyškin *russ.* ma'lɨʃkin
Malyschko, Malyško *russ.* ma'lɨʃkɐ
Malz malts
Mälzel 'mɛltsl̩
malzen 'maltsn̩
Mälzer 'mɛltsɐ
Mälzerei mɛltsə'rai
Malzéville *fr.* malze'vil
Malzew, Malcev *russ.* 'maltsəf
[1]**Mama** ma'ma:, *auch:* 'mama
[2]**Mama** (Fluß) *russ.* 'mamɐ
Mamachen ma'ma:çən

Mamạia *rumän.* ma'ma̯ja
Mamanguạpe *bras.* mɐmɐŋ'gu̯api
Mamaroneck *engl.* mə'mærənɛk
Mạmba[ch] 'mamba[x]
Mamberạmo *niederl.* mɑmbə'ra:mo:
Mạmbo 'mambo
Mamẹdow, Mamedov *russ.* ma'mjɛdɐf
Mamelụck mamə'lʊk
Mamẹrs *fr.* ma'mɛ:r
Mamẹrtus ma'mɛrtʊs
Mạmi 'mami
Mamiạni *it.* ma'mi̯a:ni
Mamịlla ma'mɪla
Mamillạria mamɪ'la:ri̯a, **...ien** ...i̯ən
Mamịllius ma'mɪli̯ʊs
Mạmin-Sibiriạk *russ.* 'maminsibi'rjak
Mạmma 'mama, **Mạmmae** 'mamɛ
Mammạlia ma'ma:li̯a
Mammạtus ma'ma:tʊs
Mammillạria mamɪ'la:ri̯a, **...ien** ...i̯ən
Mạmmola *it.* 'mammola
Mạmmon 'mamɔn
Mạmmut 'mamʊt, *auch:* ...mu:t
Mamoré *span.* mamo're
Mamou *fr.* ma'mu
Mạmpe 'mampə
mạmpfen 'mampfn̩
Mamsẹll mam'zɛl
mạn man
Man *engl.* mæn, *niederl.* mɑn
MAN ɛm|a:'|ɛn
[1]Mạna (Manitu) 'ma:na
[2]Mana (Name) *russ.* 'manɐ, *fr.* ma'na
Manabí *span.* mama'βi
Manacọr *span.* mana'kɔr
Mänạde mɛ'na:də
Manạdo *indon.* ma'nado
Manạge *fr.* ma'na:ʒ
Management *engl.* 'mænɪdʒmənt
managen 'mɛnɪdʒn̩, **manag!** 'mɛnɪtʃ, **managt** 'mɛnɪtʃt
Manager 'mɛnɪdʒɐ
Manạgua *span.* ma'naɣu̯a
Manakarạ *fr.* manaka'ra
Manáos *bras.* mɐ'nau̯s
Manapouri *engl.* mænə'pʊərɪ
Manạsse ma'nasə
Manạstır *türk.* mɑ'nɑstɨr
Manatí *span.* mana'ti
Manạus *bras.* mɐ'nau̯s
Manạvgat Şelâlesi *türk.* mɑ'nɑvgɑt ʃɛ'la:lɛsi
mancạndo maŋ'kando
mạnch manç
Mạncha *span.* 'mantʃa
Manche *fr.* mã:ʃ
[1]Manchẹster (Stoff) man'ʃɛstɐ
[2]Manchester (Stadt) 'mɛntʃɛstɐ, *engl.* 'mæntʃɪstə
Manchestertum 'mɛntʃɛstɐtu:m
Mạnching 'mançɪŋ
mạnchmal 'mançma:l
Manchon mã'ʃõ:
Manciạno *it.* man'tʃa:no
Mancini *it.* man'tʃi:ni, *fr.* mãsi'ni
Mạnco *span.* 'maŋko
Mandäer man'dɛ:ɐ
mandạisch man'dɛ:ɪʃ
Mạndala 'mandala
Mandalay *engl.* mændə'leɪ
Mandạlmotiv man'da:lmoti:f
Mandạndane man'dandane
Mandạnt man'dant
Mandarịn[e] manda'ri:n[ə]
[1]Mandạt man'da:t
[2]Mandạt (Name) *fr.* mã'da
Mandatạr manda'ta:ɐ̯
mandatiẹren manda'ti:rən
Mandé *fr.* mã'de
Mạndel 'mandl̩
Mandelschtạm, Mandel'štam *russ.* mɐndɪlj'ʃtam
Mạndelstamm 'mandl̩ʃtam
Mạnder *niederl.* 'mɑndər
Mạnderfeld 'mandɐfɛlt
Mạnderl 'mandɐl
Mạnderscheid 'mandɐʃai̯t
Mandeure *fr.* mã'dœ:r
Mandeville *engl.* 'mændəvɪl
Mandịbeln man'di:bl̩n
mandibulạr mandibu'la:ɐ̯
Mandibulạre mandibu'la:rə
Mandịngo man'dɪŋgo
Mandiọka man'di̯o:ka
Mạndl 'mandl̩
Mandọla man'do:la
Mandolịne mando'li:nə
Mandolončẹllo mandolɔn'tʃɛlo, **...ẹlli** ...ɛli
Mandọra man'do:ra
Mạndorla 'mandɔrla, **...len** man'dɔrlən
Mạndra 'mandra
Mandrạgora man'dra:gora, **...ren** mandra'go:rən
Mandragọre mandra'go:rə
Mandrịll man'drɪl
Mandrin *fr.* mã'drɛ̃
Mandrịt man'dri:t
Mạndschu 'mandʒu, 'mantʃu
Mandschukuo man'dʒʊku̯o; mandʒu'ku:o, ...'ku̯o:; man'tʃʊku̯o, mantʃu'ku:o, mantʃu'ku̯o:
Mandschụre man'dʒu:rə, man'tʃu:rə
Mandschurei mandʒu'rai̯, mantʃu...
Mandschụria man'dʒu:ri̯a, man'tʃu:...
mandschụrisch man'dʒu:rɪʃ, man'tʃu:...
Mandụria *it.* man'du:ri̯a
Mandy *engl.* 'mændɪ
Manẹge ma'ne:ʒə
Mạnen 'ma:nən
Manén *span.* ma'nen
Manẹrbio *it.* ma'nɛrbi̯o
Mạnes 'ma:nəs
Mánes *tschech.* 'ma:nɛs
Mănẹscu *rumän.* mə'nesku
Manẹssisch ma'nɛsɪʃ
Manẹt *fr.* ma'nɛ
Mạnetho 'ma:neto
Mánfa *ung.* 'ma:nfɔ
Mạnfred 'manfre:t, *engl.* 'mænfrɛd, *fr.* mã'frɛd
Manfrẹda man'fre:da
Manfrẹdi *it.* man'fre:di
Manfredọnia *it.* manfre'dɔ:ni̯a
Mạnfried 'manfri:t
Mangạbe maŋ'ga:bə
Mangạlia *rumän.* maŋ'galia
Mangalore *engl.* 'mæŋgəlɔ:
Mangạn maŋ'ga:n
Manganit maŋga'ni:t, *auch:* ...nɪt
Mạngano *it.* 'maŋgano
Mangbẹtu maŋ'be:tu
Mạnge 'maŋə
Mạngel 'maŋl̩, **Mängel** 'mɛŋl̩
mạngeln 'maŋl̩n
mạngels 'maŋl̩s
mạngen 'maŋən
Mạnger 'maŋɐ
Mạngfall 'maŋfal
Mangin *fr.* mã'ʒɛ̃
Manglạrd *fr.* mã'gla:r
Mạngo 'maŋgo, **-nen** ...'go:nən
[1]Mạngold (Gemüse) 'maŋgɔlt, **-es** ...ldəs
[2]Mạngold (Name) 'maŋgɔlt
Mạngolding 'maŋgɔldɪŋ
Mạngoldt 'maŋgɔlt
Mangostạnbaum maŋgɔs'ta:nbau̯m
Mangotsfield *engl.* 'mæŋgətsfi:ld
Mangrọve maŋ'gro:və
Manguạlde *port.* mɐŋ'gu̯aldə
Mạngue *span.* 'maŋge
Mangụp *russ.* man'gup
Mangụste maŋ'gʊstə
Mangyschlạk, Mangyšlak *russ.* mɐngɨʃ'lak
Mạnhartsberg 'manhartsbɛrk
Manhattan *engl.* mæn'hætən
Manhịça *port.* mɐ'ɲisɐ
Manhuaçú *bras.* mɐɲu̯a'su
Mạni 'ma:ni, *pers.* mɑ'ni:
Maniạgo *it.* ma'ni̯a:go
maniakạlisch mani̯a'ka:lɪʃ
Manịca *port.* mɐ'nikɐ
Manichäer manɪ'çɛ:ɐ
Manichäịsmus manɪçɛ'ɪsmʊs
Manicoré *bras.* mɐniko'rɛ
Manie ma'ni:, **-n** ...i:ən
Manier ma'ni:ɐ̯
Maniẹra grẹca ma'ni̯e:ra 'gre:ka
manieriert mani'ri:ɐ̯t

Manierismus mani'rɪsmʊs
Manierist mani'rɪst
manierlich ma'ni:ɐlɪç
manifest, M... mani'fɛst
Manifestant manifɛs'tant
Manifestation manifɛsta'tsi̯o:n
manifestieren manifɛs'ti:rən
Manihiki *engl.* mænɪ'hi:kɪ
Manihot 'ma:nihɔt
Maniküre mani'ky:rə
maniküren mani'ky:rən
Manila ma'ni:la, *span.* ma'nila, *engl.* mə'nɪlə
Manille ma'nɪljə
Manin *it.* ma'nin
Maniok ma'ni̯ɔk
Manipel ma'ni:pl̩
Manipulant manipu'lant
Manipulation manipula'tsi̯o:n
manipulieren manipu'li:rən
Manipur *engl.* 'mɑ:nɪpʊə
Manis 'ma:nɪs
Manisa *türk.* 'mɑnisɑ
manisch 'ma:nɪʃ
Maniser, Manizer *russ.* 'manizɪr
Manises *span.* ma'nises
Manismus ma'nɪsmʊs
Manistee *engl.* mænɪs'ti:
Manistique *engl.* mænɪs'ti:k
Manitius ma'ni:tsi̯ʊs
Manitoba mani'to:ba, *engl.* mænɪ'toʊbə
Manitowoc *engl.* 'mænɪtəwɔk
Manitu 'ma:nitu
Maniu *rumän.* ma'niu̯
Manius 'ma:ni̯ʊs
Manizales *span.* mani'θales
Manizer vgl. Maniser
Manjón *span.* maŋ'xɔn
Manjoschu man'jo:ʃu
Mank maŋk
Mankal[l]a maŋ'kala
Manker 'maŋkɐ
mankieren maŋ'ki:rən
Mankiewicz *engl.* 'mæŋkəvɪts
Mankijew, Mankiev *russ.* man'kijɪf
Manko 'maŋko
Mańkowski *poln.* mai̯ŋ'kɔfski
Manley *engl.* 'mænlɪ
Manlius 'manliʊs
Manlleu *span.* man'ʎeu̯
Manly *engl.* 'mænlɪ
[1]**Mann** man, **Männer** 'mɛnɐ
[2]**Mann** (Name) man, *engl.* mæn
Manna 'mana
Mannane ma'na:nə
Mannar *engl.* mə'nɑ:
Männchen 'mɛnçən
Männe[dorf] 'mɛnə[dɔrf]
Mannequin manə'kɛ̃:, *auch:* 'manəkɛ̃
Mannerheim *schwed.* ˌmanərhei̯m
Manners *engl.* 'mænəz
Mannesmann Ⓦ 'manəsman
Mannheim[er] 'manhai̯m[ɐ]
Mannichsweide manɪçs'vai̯də
mannigfach 'manɪçfax
mannigfaltig 'manɪçfaltɪç
männiglich 'mɛnɪklɪç
Mannin *engl.* 'mænɪn
Manninen *finn.* 'mɑnninɛn
Manning *engl.* 'mænɪŋ
Mannit ma'ni:t, *auch:* ...nɪt
männlich 'mɛnlɪç
Männlichen 'mɛnlɪçn̩
Mannlicher 'manlɪçɐ
Mannon *engl.* 'mænən
Mannose ma'no:zə
Mannus 'manʊs
Mannweiler 'manvai̯lɐ
Manny *engl.* 'mænɪ
Mannyng *engl.* 'mænɪŋ
Manó *ung.* 'mɔno:
Manø *dän.* 'ma[:]nø:'
mano destra 'ma:no 'dɛstra
Manoel *port., bras.* mɐ'nu̯ɛl
Manokwari *indon.* manɔk'wari
Manolete *span.* mano'lete
Manolo *span.* ma'nolo
Manolow, Manolov *bulgar.* mano'lɔf
Manometer mano'me:tɐ
manometrisch mano'me:trɪʃ
Manon *fr.* ma'nõ
Manon Lescaut *fr.* manõlɛs'ko
Manono ma'no:no, *fr.* manɔ'no
Manor *engl.* 'mænə
mano sinistra 'ma:no zi'nɪstra
Manosque *fr.* ma'nɔsk
Manouvrier *fr.* manuvri'e
Manöver ma'nø:vɐ
manövrieren manø'vri:rən
Manpo *korean.* manphɔ
manque mã:k
Manresa *span.* man'rrɛsa
Manrico *it.* man'ri:ko
Manrique man'ri:kə, *span.* man'rrike
Mans, Le *fr.* lə'mã
Mansarde man'zardə
Månsarp *schwed.* ˌmɔnsarp
Mansart *fr.* mã'sa:r
Mansch manʃ
manschen 'manʃn̩
Manscherei manʃə'rai̯
Manschester man'ʃɛstɐ
Manschette man'ʃɛtə
Manschura, Manžura *russ.* man'ʒurɐ
Mansel *engl.* mænsl
Mansfeld 'mansfɛlt
Mansfield *engl.* 'mænsfi:ld
Manship *engl.* 'mænʃɪp
Mansholt *niederl.* 'mɑnshɔlt
Mansi *it.* 'mansi
Mansilla *span.* man'siʎa
Mansionarius manzi̯o'na:ri̯ʊs
Mansion House *engl.* 'mænʃənhaʊs
Mansle *fr.* mã:l
Manso 'manzo, *span.* 'manso
Manson *engl.* mænsn
Mansourah *fr.* mãsu'ra
Månsson *schwed.* 'mo:nsɔn, 'mɔn...
Manstein 'manʃtai̯n
Mansube man'zu:bə
Mansura man'zu:ra
Manta *dt., span.* 'manta
Manteau mã'to:
Mantegazza *it.* mante'gattsa
Mantegna *it.* man'teɲɲa
Manteigas *port.* mɐn'tɐi̯ɣɐʃ
Mantel 'mantl̩, **Mäntel** 'mɛntl̩
Mantell *engl.* mæn'tɛl
Mantelletta mantɛ'lɛta
Mantellone mantɛ'lo:nə
Mantes *fr.* mã:t
Mantes-la-Jolie *fr.* mãtlaʒɔ'li
Mantes-La-Ville *fr.* mãtla'vil
Manteuffel 'mantɔy̯fl̩
Mantey 'mantai̯
Mantik 'mantɪk
Mantille man'tɪljə, *auch:* ...tɪlə
Mantinea manti'ne:a
Mantineia manti'nai̯a
Mantinell manti'nɛl
Mantiqueira *bras.* mɐnti'kei̯ra
Mantisse man'tɪsə
Mantle *engl.* mæntl
Manto 'manto
Mantoux *fr.* mã'tu
Mantova *it.* 'mantova
Mantovani *it.* manto'va:ni
Mantra 'mantra
Mantrayana mantra'ja:na
Mäntsälä *finn.* 'mæntsælæ
Mantsch mantʃ
mantschen 'mantʃn̩
Mantscherei mantʃə'rai̯
Mänttä *finn.* 'mænttæ
Mantua 'mantu̯a
Mantuaner man'tu̯a:nɐ
mantuanisch man'tu̯a:nɪʃ
Manu 'ma:nu
Manua ma'nu:a, *engl.* mə'nu:ə
Manual[e] ma'nu̯a:l[ə]
manualiter ma'nu̯a:litɐ
Manubrium ma'nu:briʊm, **...ien** ...iən
Manuel 'ma:nu̯e:l, *auch:* ...nu̯ɛl; *engl.* 'mænjʊəl, *fr.* ma'nu̯ɛl, *span.* ma'nu̯ɛl, *port., bras.* mɐ'nu̯ɛl
Manuela ma'nu̯e:la
manuell ma'nu̯ɛl
Manufakt manu'fakt
Manufaktur manufak'tu:ɐ̯
manufakturieren manufaktu'ri:rən
Manufakturist manufaktu'rɪst
Manuil *russ.* mɐnu'il
Manuilski, Manuil'skij *russ.* mɐnu'iljskij
Manuldruck ma'nu:ldrʊk
manu propria 'ma:nu 'pro:pria
Manuskript manu'skrɪpt
manus manum lavat 'ma:nʊs 'ma:nʊm 'la:vat

Mạnus mọrtua 'ma:nʊs 'mɔrtu̯a
Manụtius ma'nu:tsi̯ʊs
Manụzio *it.* ma'nuttsi̯o
Manville *engl.* 'mænvɪl
Manx *engl.* mæŋks
Mány *ung.* ma:nj
Mạnytsch, Manyč *russ.* 'manɨtʃ
Mạnz mants
Manzanạres *span.* manθa'nares
Manzanịlla mantsa'nɪlja, *auch:* mansa...
[1]**Manzanịllo** (Pflanze) mantsa'nɪljo, *auch:* mansa...
[2]**Manzanịllo** (Name) *span.* manθa'niʎo
Manzẹll man'tsɛl
Manzinẹlla mantsi'nɛlja, *auch:* mansi...
Manzịni *it.* man'dzi:ni
Manzọni *it.* man'dzo:ni
Manzù *it.* man'dzu
Manžura vgl. Manschura
Mao 'ma:o, *fr.* ma'o
Maoịsmus mao'ɪsmʊs
Maoịst mao'ɪst
Mäọnien mɛ'o:ni̯ən
Maori 'mau̯ri, ma'o:ri, *engl.* 'maʊrɪ
Mao Tse-tụng mau̯tse'tʊŋ
Map *engl.* mæp
Mapai ma'pai̯
Mapạm ma'pam
Mạpes 'ma:pɛs
Maple[wood] *engl.* 'meɪpl[wʊd]
Mapọcho *span.* ma'potʃo
Mạppa 'mapa
Mạppe 'mapə
Mappeur ma'pø:ɐ̯
mappieren ma'pi:rən
Maquạm ma'ka:m
Maquẹt *fr.* ma'kɛ
Maquillạge maki'ja:ʒə
Maquis ma'ki:, **des -** ...ki:[s]
Maquisạrd maki'za:ɐ̯, **-en** ...'zardn̩
Mạr *niederl.* mɑr
Mär mɛ:ɐ̯
Mạra[bu] 'ma:ra[bu]
Marabụt mara'bu:t
Maracạibo *span.* mara'kai̯βo
Maracajụ *bras.* maraka'ʒu
Maracás *bras.* mara'kas
Maracạy *span.* mara'kai̯
Mạradas 'ma:radas
Maragạll *kat.* mərə'ɣaʎ
Maragogị *bras.* marago'ʒi
Maragogịpe *bras.* marago'ʒipi
Marạhrens ma'ra:rɛns
Márai *ung.* 'ma:rɔi
Marais *fr.* ma'rɛ, *afr.* mə'rɛ:
Marajó *bras.* mara'ʒɔ
Máramaros *ung.* 'ma:rɔmɔrɔʃ
Maramụreș *rumän.* mara'mureʃ
Maran *fr.* ma'rã
Marạne ma'ra:nə
Marạ̈ne ma'rɛ:nə
Maranguạpe *bras.* marɐŋ'gu̯api
Maranhão *bras.* marɐ'ɲɐ̃u̯
Marạno *it.* ma'ra:no
Marañón *span.* mara'ɲɔn
Marạnta ma'ranta
Marạnte ma'rantə
marạntisch ma'rantɪʃ
Marapanim *bras.* marapɐ'nĩ
Marão *port.* mɐ'rɐ̃u̯
Mạraş *türk.* 'mɑrɑʃ
Maraschịno maras'ki:no
Mărășești *rumän.* mərə'ʃeʃtj
Marạsmus ma'rasmʊs
marạstisch ma'rastɪʃ
Marạt *fr.* ma'ra
Maratẹa *it.* mara'tɛ:a
Marạthe ma'ra:tə
Marathon 'ma:ratɔn, *auch:* 'mar...
Marạtti *it.* ma'ratti
Maraú *bras.* mara'u
Maraunenhof ma'rau̯nənho:f
Mạrbach 'marbax
Mạrbäck *schwed.* ˌmarbɛk
Mạrbe 'marbə
Mạrbel 'marbl̩
Mạ̈rbel 'mɛrbl̩
Marbẹlla *span.* mar'βeʎa
Marbeuf *fr.* mar'bœf
Mạrble[head] *engl.* 'mɑ:bl[hɛd]
Mạrbod 'marbɔt
Marboré *fr.* marbɔ're, *span.* marβo're
Marbọt *fr.* mar'bo
Marburg 'ma:ɐ̯bʊrk *auch:* 'marbʊrk
Marburger 'ma:ɐ̯bʊrgɐ, *auch:* 'mar...
[1]**Mạrc** (Name) *dt.*, *fr.* mark, *engl.* mɑ:k
[2]**Mạrc, -s** ma:ɐ̯
Marcạ *fr.* mar'ka
Marcal[i] *ung.* 'mɔrtsɔl[i]
marcạndo mar'kando
Marcantọnio *it.* markan'tɔ:ni̯o
Marcarịa *it.* marka'ri:a
marcatịssimo marka'tɪsimo
marcạto mar'ka:to
Marceau *fr.* mar'so
Marcẹl *fr.* mar'sɛl
Marcelin *fr.* marsə'lɛ̃
Marcelịne *fr.* marsə'lin
Marcelịno *span.* marθe'lino
Marcẹlla mar'tsɛla
Marcẹlle *fr.* mar'sɛl
Marcellịna martsɛ'li:na, *it.* martʃel'li:na
Marcellịnus martsɛ'li:nʊs
Marcẹllo *it.* mar'tʃɛllo
Marcẹllus mar'tsɛlʊs
Marcẹlo *span.* mar'θelo
Marčevski vgl. Martschewski
[1]**Mạrch** (Grenze) març
[2]**Mạrch** (Name) març, *engl.* mɑ:tʃ, *kat.* mark
Marchairuz *fr.* marʃɛ'ry
Marchạl *fr.* mar'ʃal
Marchand *fr.* mar'ʃã
Marchangy *fr.* marʃã'ʒi
Mạrchbank[s] *engl.* 'mɑ:tʃbæŋk[s]
Mạrche *fr.* marʃ, *it.* 'marke
Marchẹgg mar'çɛk
Marche-les-Dạmes *fr.* marʃle'dam
Mạ̈rchen 'mɛ:ɐ̯çən
Marchẹna *span.* mar'tʃena
Marchẹsa mar'ke:za
Marchẹse mar'ke:zə
Marchẹsi *it.* mar'ke:zi
Marchẹtti *it.* mar'ketti
Marchẹttus mar'kɛtʊs
Marchẹtus mar'ke:tʊs
Mạrchfeld 'marçfɛlt
Mạrchi *it.* 'marki
Marchienne-au-Pont *fr.* marʃjɛno'pɔ̃
Marchin *fr.* mar'ʃɛ̃
Mạrching 'marçɪŋ
Mạr Chiquịta *span.* 'mar tʃi'kita
Marchlẹwski *poln.* marx'lɛfski
Mạrchmont *engl.* 'mɑ:tʃmənt
Marchtrẹnk març'trɛŋk
Mạrci 'martsi, *ung.* 'mɔrtsi
Mạrcia 'martʃa
Mạrcia fụnebre 'martʃa 'fu:nebre
Marciạl *span.* mar'θi̯al
marciạle mar'tʃa:lə
Marcianịse *it.* martʃa'ni:ze
Marciạno *engl.* mɑ:sɪ'ɑ:noʊ
Marciạnus mar'tsi̯a:nʊs
Marcillạt *fr.* marsi'ja
Marcinẹlle *fr.* marsi'nɛl
Mạrcion 'martsi̯ɔn
Marcionịt martsi̯o'ni:t
Mạrcius 'martsi̯ʊs
Mạrcks marks
Mạrco *it.* 'marko, *port.*, *bras.* 'marku
Marcolịni *it.* marko'li:ni
Marcọni *it.* mar'ko:ni
Mạrcos *span.* 'markɔs, *port.* 'markuʃ, *bras.* 'markus
Marcoule *fr.* mar'kul
Marcoussịs *fr.* marku'si
Marcovạldo *it.* marko'valdo
Mạrcus 'markʊs, *engl.* 'mɑ:kəs
Marcụse mar'ku:zə
Mạrcy *engl.* 'mɑ:sɪ
Mạr del Plạta *span.* 'mar ðɛl 'plata
Mạrden (Familienname) *engl.* mɑ:dn
Mạrder 'mardɐ
Mardiạn mar'di̯a:n
Mạrdin *türk.* 'mɑrdin
Mardochai mardɔ'xa:i, ...'xai̯
Mardọnios mar'do:ni̯ɔs
Mardrus *fr.* mar'dry
Mạrduk 'mardʊk
Mạre 'ma:rə, **Mạria** 'ma:ri̯a

Mạrea Nẹagră *rumän.* 'mare̯a 'ne̯agrə
Mạre nọstrum 'ma:rə 'nɔstrʊm
Maré *fr.* ma're
Mạ̈re 'mɛ:rə
Maréchạl *fr.* mare'ʃal
Marées ma're:
Mare̲i̲[ke] ma'rai̯[kə]
Mạrek 'ma:rɛk, *tschech., bulgar.* 'marɛk
Marẹlle ma'rɛlə
Marẹmme *it.* ma'remme
Marẹmmen ma'rɛmən
Mạren *dt., dän.* 'ma:rən
mạ̈ren 'mɛ:rən
Marẹnco *it.* ma'reŋko
Marẹnd ma'rɛnt, **-i** ...ndi
Marẹnda ma'rɛnda
marẹngo, [1]M... ma'rɛŋgo
[2]Marẹngo (Ort) *it.* ma'reŋgo
Mạrenholtz 'ma:rənhɔlts
Mạřenka *tschech.* 'marʒɛŋka
Marẹnzio *it.* ma'rɛntsi̯o
Mareogrạph mareo'gra:f
Marès *fr.* ma'rɛs
Marés *span.* ma'res
Mạresch 'ma:rɛʃ
Mạreshall 'mareʃal
Mạret 'ma:rət, *fr.* ma'rɛ
Marett *engl.* 'mærɪt
Marey *fr.* ma'rɛ
Mạrfa *russ.* 'marfɐ
Marfontaine *fr.* marfõ'tɛn
Mạrga 'marga
Mạrganez, Marganec *russ.* 'margɐnɪts
Margão *port.* mɐr'gɐ̃u̯
Margarẹlon marga're:lɔn
Mạrgaret *engl.* 'mɑ:gərɪt
Margarẹta marga're:ta
Margarẹte marga're:tə
Margarẹten marga're:tn̩
Margarẹtha *niederl.* mɑrxa:'re:ta:
Margarẹthen marga're:tn̩
Margarịda *port.* mɐrgɐ'riðɐ, *bras.* marga'rida
Margarịne marga'ri:nə
Margarit marga'ri:t, *auch:* ...rɪt
Margarita *engl.* mɑ:gə'ri:tə, *span.* marɣa'rita
Mạrgate *engl.* 'mɑ:gɪt
Mạrge 'marʒə
Margelạn *russ.* mɐrgɪ'lan
Margerịde *fr.* marʒə'rid
Margerie *fr.* marʒə'ri
Margerịte margə'ri:tə
Mạrgery *engl.* 'mɑ:dʒərɪ
Mạrggraf 'markgra:f
Mạrggraff 'markgraf
Marghẹra *it.* mar'gɛ:ra
Margherịta *it.* marge'ri:ta
Margiạna mar'gi̯a:na
marginạl margi'na:l
Marginạlie margi'na:li̯ə
Mạrgit 'margɪt, *ung.* 'mɔrgit
Margịtes mar'gi:tɛs
Margịtta mar'gɪta
Margọnin *poln.* mar'gɔnin
Mạrgot 'margɔt, 'margo; *fr.* mar'go, *engl.* 'mɑ:goʊ
Mạrgraten *niederl.* 'mɑrxra:tə
Mạrgret 'margre:t
Margrẹthe *dän.* mar'gre:'də
Margrẹte mar'gre:tə
Margri̲e̲t *niederl.* mɑr'xri:t
Mạrgrit 'margrɪt
Marguerịte mar'gri:t, *fr.* margə'rit, *engl.* mɑ:gə'ri:t
Marguerịtte *fr.* margə'rit
Mạrgules 'margulɛs
Marhe̲i̲neke mar'hai̯nəkə
Mạri 'ma:ri, *russ.* 'mari
Mạří *tschech.* 'marʒi:
[1]Marịa (Name) *dt., it.* ma'ri:a, *engl.* mə'raɪə, *niederl.* ma:'ri:a:, *port.* mɐ'riɐ, *bras.* ma'ria, *poln.* 'marja, *tschech.* 'marija
[2]Maria *vgl.* Mare
Mária *ung.* 'ma:riɔ
María *span.* ma'ria
Marịa Aegyptịaca ma'ri:a ɛgʏp'ti:aka
Mariabrụnn mari:a'brʊn
Maria-Ei̲nsiedeln mari:a'|ai̯nzi:dl̩n
Maria-Ẹnzersdorf mari:a'|ɛntsɐsdɔrf
Marịä ma'ri:ɛ
Mariạge ma'ri̯a:ʒə
Mạriager *dän.* 'maria:'ɣər
Mariahịlf mari:a'hɪlf
Mariä-Hịmmelfahrts-Fest mari:ɛ'hɪml̩fa:ɐ̯tsfɛst
Marịakerke *niederl.* ma:'ri:a:kɛrkə
Mariakịrchen mari:a'kɪrçn̩
Maria La̲a̲ch mari:a'la:x
Maria Lạngegg mari:a'laŋɛk
Marialith mari̯a'li:t, *auch:* ...lɪt
Mariạmne ma'ri̯amnə, *B* ...ne
Mariạmpol ma'ri̯ampɔl
Mạrian 'ma:ri̯an, *engl.* 'mɛərɪən, *russ.* mɐri'an
Mariạna ma'ri̯a:na, *span.* ma'ri̯ana, *bras.* ma'ri̯ɐna
Mariana Islands *engl.* mærɪ'ænə 'aɪləndz
Marianạo *span.* mari̯a'nao
Mariạne[n] ma'ri̯a:nə[n]
Maria Ne̲u̲stift mari:a'nɔy̯ʃtɪft
mariạnisch ma'ri̯a:nɪʃ
Marianịst mari̯a'nɪst
Mạriann 'ma:ri̯an
Marianna *engl.* mærɪ'ænə
Mariạnne ma'ri̯anə, *fr.* ma'rjan
Mariano *it.* ma'ri̯a:no, *span.* ma'ri̯ano, *fr.* marja'no
Mạrianské Lázně *tschech.* 'marjanskɛ: 'la:znjɛ
Mariạnus ma'ri̯a:nʊs
Mariapfạrr mari:a'pfar
Mariapọsching mari:a'pɔʃɪŋ
Maria-Sa̲a̲l mari:a'za:l
Mariasche̲i̲n mari:a'ʃai̯n
Marịasdorf ma'ri:asdɔrf
Mariaste̲i̲n mari:a'ʃtai̯n
Maria-Tạferl mari:a'ta:fɐl
maria-theresiạnisch mari:atere'zi̯a:nɪʃ
Mariatherẹsientaler mari:ate're:zi̯ənta:lɐ
Maria-Theresiọpel mari:atere'zi̯o:pl̩
Mariavịt mari̯a'vi:t
Maria-Wọ̈rth mari:a'vœrt
Mariazẹll mari:a'tsɛl
Mạribo *dän.* 'mar'ibo:'
Mạribor *slowen.* 'ma:ribɔr
[1]Marica *span.* ma'rika, *ung.* 'mɔritsɔ
[2]Marica vgl. [2]Mariza
Maricá *bras.* mari'ka
Maricourt *fr.* mari'ku:r
Mari̲e̲ ma'ri:, **-ns** ...i:əns; *fr.* ma'ri; *engl.* 'mɑ:rɪ, mə'ri:; *tschech.* 'mariɛ
Marie-Amélie *fr.* marjame'li
Marie-Antoinẹtte *fr.* marjãtwa'nɛt
Mari̲e̲chen ma'ri:çən
Marie de Médicịs *fr.* maridmedi'sis
Marie de l'Incarnation *fr.* maridlɛ̃karnɑ'sjõ
Mariefrẹd *schwed.* mariə'fre:d
Marie-Galante *fr.* mariga'lã:t
Mariehạmn *schwed.* mariə'hamn
Mari̲e̲ke ma'ri:kə
Marieli̲e̲s, ...li̲s mari'li:s
Mariẹlla ma'ri̯ɛla
Mariẹlle *fr.* ma'rjɛl
Marie-Loui̲se *fr.* mari'lwi:z
Marilui̲se mari'lu̯i:zə
Mari̲e̲nbad ma'ri:ənba:t
Marienbaum ma'ri:ənbau̯m, ---'-
Mari̲e̲nberg ma'ri:ənbɛrk, *niederl.* 'ma:ri:ənbɛrx
Marienbergha̲u̲sen mari:ənbɛrk'hau̯zn̩
Marienbọrn mari:ən'bɔrn
Mari̲e̲nburg ma'ri:ənbʊrk
Mari̲e̲ndorf ma'ri:əndɔrf
Marienfẹlde mari:ən'fɛldə
Marienhe̲i̲de mari:ən'hai̯də
Mari̲e̲nlyst *dän.* ma'ri:'ənløsd
Marienrạchdorf mari:ən'raxdɔrf
Mari̲e̲nstatt ma'ri:ənʃtat
Mari̲e̲nthal ma'ri:ənta:l
Marienwạlde mari:ən'valdə
Marienwẹrder mari:ən'vɛrdɐ
Mariero̲se mari'ro:zə
Mariestạd *schwed.* mariə'stɑ:d
Mariethere̲s marite're:s
Marie-Thérèse *fr.* marite'rɛ:z
Mariẹtta ma'ri̯ɛta, *it.* mari'etta, *engl.* mɛərɪ'ɛtə
Mariẹtte *fr.* ma'rjɛt

Marigliạno *it.* mariʎ'ʎa:no
Marignạc *fr.* mari'ɲak
Marignạne *fr.* mari'ɲan
Marignạno *it.* mariɲ'ɲa:no
Marigny *fr.* mari'ɲi
Marigold *engl.* 'mærɪɡoʊld
Marihuạna mari'hu̯a:na, *auch:* ...rɪxu̯...
Marihuẹla *span.* mari'u̯ela
Mariịnsk *russ.* mari'insk
Mariịnski Possạd, Mariinskij Posad *russ.* mari'inskij pa'sat
Marịja *russ.* ma'rijɐ
Marijke *niederl.* ma:'rɛi̯kə
Marijnen *niederl.* ma:'rɛi̯nə
Marijskaja ASSR vgl. Mariskaja ASSR
Marika ma'ri:ka, *auch:* 'ma:rika; *schwed.* ma'ri:ka *ung.* 'mɔrikɔ
Marilaun mari'lau̯n
Marilhạt *fr.* mari'ja
Marília *bras.* ma'rili̯a
Marillạc *fr.* mari'jak
Marịlle ma'rɪlə
Marily[n] *engl.* 'mærɪlɪ[n]
Marịmba ma'rɪmba
marịn ma'ri:n
Marin *fr.* ma'rɛ̃, *engl.* 'mɑ:rɪn
Marín *span.* ma'rin
Marịna *dt.*, *it.* ma'ri:na, *engl.* mə'ri:nə
Marinạde mari'na:də
Marịne ma'ri:nə
Marinẹlli *it.* mari'nɛlli
Marinẹo *it.* mari'nɛ:o
[1]Marịner (Matrose) ma'ri:nɐ
[2]Mariner (Raumsonde) *engl.* 'mærɪnə
Marinẹtti *it.* mari'netti
Marịnha Grạnde *port.* mɐ'riɲɐ 'ɣrɐndə
Marịni *it.* ma'ri:ni
marinịeren mari'ni:rən
Marinịsmus mari'nɪsmʊs
Marinịst mari'nɪst
Marin la Meslée *fr.* marɛ̃lamɛ'le
Marịno *it.* ma'ri:no
Marịño *span.* ma'riɲo
Marịnos ma'ri:nɔs
Marịnow, Marinov *bulgar.* ma'rinof
Marinụzzi *it.* mari'nuttsi
Mạrio *it.* 'ma:ri̯o
Mariolatrie mari̯ola'tri:
Mariolọge mari̯o'lo:ɡə
Mariologie mari̯olo'gi:
mariolọgisch mari̯o'lo:ɡɪʃ
Mạrion 'ma:ri̯ɔn, *engl.* 'mɛərɪən, 'mær..., *fr.* ma'rjõ
Marion de Lọrme *fr.* marjõ'dlɔrm
Marionẹtte mari̯o'nɛtə
Mariọtte *fr.* ma'rjɔt
Mariọttesches Gesẹtz ma'ri̯ɔtʃəs ɡə'zɛts
Mariọtti *it.* ma'ri̯ɔtti
Mariọtto *it.* ma'ri̯ɔtto
Mariquịta *span.* mari'kita
Mạris *niederl.* 'ma:rɪs
Marịsa *dt.*, *it.* ma'ri:za
Mariska *ung.* 'mɔriʃkɔ
Marịskaja ASSR, Marijskaja ASSR *russ.* ma'rijskɐjɐ aɛs-ɛs'ɛr
Marịsmas *span.* ma'rizmas
Marịst ma'rɪst
Mạrit 'ma:rɪt
Maritain *fr.* mari'tɛ̃
maritịm mari'ti:m
Maritọrnes *span.* mari'tɔrnes
Marịtza ma'rɪtsa
Marịtta ma'rɪta
Mariụpol, Mariupol' *russ.* mɐri'upɐlj
Mạrius 'ma:ri̯ʊs, *fr.* ma'rjys
Marivaux *fr.* mari'vo
[1]Mạriza (Gräfin) 'maritsa
[2]Marịza, [2]Marica *bulgar.* ma'ritsa
Mạrjan *serbokr.* 'marja:n
Mạ̈rjelensee 'mɛrjelənze:
Marjolin *fr.* marʒɔ'lɛ̃
Marjorie, ...ry *engl.* 'mɑ:dʒərɪ
[1]Mạrk mark
[2]Mạrk (Name) *dt.*, *russ.* mark, *engl.* mɑ:k, *niederl.* mɑrk
Márk *ung.* ma:rk
Mạrkab 'markap
Markakọl, Markakol' *russ.* mərka'kɔlj
markạnt mar'kant
Mạrk Antọn 'mark an'to:n
Markasit marka'zi:t, *auch:* ...zɪt
Mạrkau 'markau̯
Mạrk Aurẹl 'mark au̯'re:l
Mạrkby *engl.* 'mɑ:kbɪ
Mạrke 'markə
Mạrkelo *niederl.* 'mɑrkəlo:
Mạrken *niederl.* 'mɑrkə
Mạ̈rker 'mɛrkɐ
Mạrket *engl.* 'mɑ:kɪt
Mạrketa *tschech.* 'markɛta
Marketẹnder markə'tɛndɐ
Marketenderei markətɛndə'rai̯
Marketerie marketə'ri:, **-n** ...i:ən
Mạrketing 'markətɪŋ, *engl.* 'mɑ:kɪtɪŋ
Mạrkewitsch, Markevič 'markevɪtʃ, *russ.* mar'kjevitʃ
Mạrkgraf 'markɡra:f
Mạrkgräfler 'markɡrɛ:flɐ
mạrkgräflich 'markɡrɛ:flɪç
Markgrọ̈ningen mark'ɡrø:nɪŋən
Mạrkham *engl.* 'mɑ:kəm
Mạrkheim 'markhai̯m, *engl.* 'mɑ:khaɪm
markịeren mar'ki:rən
mạrkig 'markɪç, **-e** ...ɪɡə
Mạrkirch 'ma:ɐ̯kɪrç
mạ̈rkisch 'mɛrkɪʃ
Markịse mar'ki:zə
Mạrkka 'marka
Markkleeberg mark'kle:bɛrk
Mạrkknochen 'markknɔxn̩
Mạ̈rklin 'mɛrkli:n
Marklịssa mark'lɪsa
Mạrklo 'marklo
Markneukịrchen marknɔy̆'kɪrçn̩
Mạrko 'marko, *serbokr.* 'ma:rkɔ
Márkó *ung.* 'ma:rko:
Markobrunn 'markobrʊn, ‿‿'‿
Markobrụnner marko'brʊnɐ
Mạrkolf 'markɔlf
Mạrkolsheim 'markɔlshai̯m
Markomạnne marko'manə
Markọ̈r mar'kø:ɐ̯
Markorạs *neugr.* markɔ'ras
Mạrkos *neugr.* 'markɔs
Mạrkovac *serbokr.* 'ma:rkɔvats
Mạrković *serbokr.* ˌma:rkɔvitɕ, 'm...
Mạrkow, Markov *russ.* 'markɐf
Mạrkowitsch, Markovič *russ.* 'markɐvitʃ
Mạrkowna, Markovna *russ.* 'markɐvnɐ
Markọwnikow, Markovnikov *russ.* mar'kɔvnikɐf
Markọ Wowtschọk, – Vovčok *russ.* mar'kɔ vaf'tʃɔk
Mạrkranstädt 'markranʃtɛt
Markrọ̈hlitz mark'rø:lɪts
[1]Mạrks *engl.* mɑ:ks
[2]Marks vgl. [2]Marx
Mạrksburg 'marksbʊrk
Marksụhl mark'zu:l
Mạrkt markt, **Mạ̈rkte** 'mɛrktə
Marktbreit markt'brai̯t
mạrkten 'marktn̩
Markt Ẹrlbach markt'|ɛrlbax
Markt Grạfing markt'ɡra:fɪŋ
Marktheidenfeld markt'hai̯dn̩fɛlt
Mạrktl 'marktl̩
Markt-Leugast markt'lɔy̆ɡast
Marktleuthen markt'lɔy̆tn̩
Marktọberdorf markt'|o:bɐdɔrf
Marktọffingen markt'|ɔfɪŋən
Marktrẹdwitz markt'rɛdvɪts
Marktschọrgast markt'ʃɔrɡast
Markt Schwạben markt'ʃva:bn̩
Mạrkus 'markʊs
Markvịppach mark'fɪpax
Mạrkward[t], ...rt 'markvart
Mạrl marl
Marlạgne *fr.* mar'laɲ
Marlborough 'mo:lbəro; *engl.* 'mɔ:lbərə, *Massachusetts* 'mɑ:lbərə
[1]Mạrlen (Ort) 'marlən
[2]Marlẹn (Vorname) mar'le:n
Marlẹne mar'le:nə
Marles-les-Mịnes *fr.* marlələ'min

Marlesreuth marləs'rɔyt
Mạrlies 'marli:s
Mạrlin *engl.* 'mɑ:lɪn
Marlịnski, Marlinskij *russ.* mar'linskij
Marlishausen marlɪs'haụzn̩
Mạrlis 'marli:s
Mạrlit[t] 'marlɪt
Mạrlo 'marlo
Mạrlon *engl.* 'mɑ:lən
Mạrlow 'marlo, *engl.* 'mɑ:loʊ
Mạrlowe *engl.* 'mɑ:loʊ
Mạrly 'marli
Marly-le-Roi *fr.* marlilə'rwa
Marmagão *port.* mɐrmɐ'ɣɐ̃ụ
Marmande *fr.* mar'mã:d
Mạrmara *türk.* 'mɑrmɑrɑ
Mạrmarameer 'marmarame:ɐ̯
Marmạrika mar'ma:rika
Mạrmarosch 'marmarɔʃ
Mạrmel 'marml̩
Marmelạde marmə'la:də
mạrmeln 'marml̩n
Marmiẹr *fr.* mar'mje
Marmion *engl.* 'mɑ:mɪən, *fr.* mar'mjõ
Mármol *span.* 'marmɔl
Marmolạta *it.* marmo'la:ta
Marmolẹjo *span.* marmo'lɛxo
Marmont *fr.* mar'mõ
Marmontẹl *fr.* marmõ'tɛl
Mạrmor 'marmɔr
Marmora *it.* 'marmora, *engl.* 'mɑ:mərə
Mạrmorbro *dän.* 'mar'mɔrbro:'
marmorieren marmo'ri:rən
Mạrmorkirke *dän.* 'mar'mɔrkirgə
mạrmorn 'marmɔrn
Marmọtte mar'mɔt[ə], **-n** ...tn̩
Marmoutiẹr *fr.* marmu'tje
Mạrne 'marnə, *fr.* marn
Mạrner 'marnɐ
Marniạ *fr.* mar'nja
Mạrnitz 'marnɪts
Mạrnix *niederl.* 'mɑrnɪks
Mạro 'ma:ro
Marọc *fr.* ma'rɔk
Marocain maro'kɛ̃:
Marocchẹtti *it.* marok'ketti
marọd ma'ro:t, **-e** ...o:də
Marodeur maro'dø:ɐ̯
marodieren maro'di:rən
Maroilles *fr.* mar'wal
Marokkaner marɔ'ka:nɐ
marokkanisch marɔ'ka:nɪʃ
Marọkko ma'rɔko
Marọmme *fr.* ma'rɔm
[1]**Marọn** (Kastanienbraun) ma'ro:n
[2]**Maron** (Name) ma'ro:n, 'ma:rɔn
Marọne ma'ro:nə
[1]**Marọni** (Kastanien) ma'ro:ni
[2]**Maronị** (Fluß) *fr.* marɔ'ni
Maronịt maro'ni:t
Maroquin maro'kɛ̃:
Maros *ung.* 'mɔroʃ
Maros-Vásárhely *ung.* 'mɔroʃva:ʃa:rhɛj
Marọt *fr.* ma'ro
Marọto *span.* ma'roto
Marọtte ma'rɔtə
Marouạ *fr.* mar'wa
Marouzeau *fr.* maru'zo
Marowijne *niederl.* ma:ro:'wɛi̯nə
Marọzia *it.* ma'rɔttsi̯a
Mạrp[ingen] 'marp[ɪŋən]
Mạrple[s] *engl.* mɑ:pl[z]
Mạrpurg 'ma:ɐ̯pʊrk
Mạrquand *engl.* 'mɑ:kwənd
Marquartstein markvart'ʃtai̯n
Marquentẹrre *fr.* markã'tɛ:r
Marqués *span.* mar'kes
Marquẹsas mar'ke:zas
Mạrqueß 'markvɪs, *engl.* 'mɑ:kwɪs
Marquẹste *fr.* mar'kɛst
Marquẹt *fr.* mar'kɛ
Marqueterie marketə'ri:, **-n** ...i:ən
Marquẹtte *fr.* mar'kɛt, *engl.* mɑ:'kɛt
Marquette-lez-Lịlle *fr.* markɛtle'lil
Márquez *span.* 'markɛθ
Marquịna *span.* mar'kina
[1]**Marquis** mar'ki:, **des –** ...i:[s], **die –** ...i:s
[2]**Mạrquis** (Name) *engl.* 'mɑ:kwɪs
Marquisạt marki'za:t
Marquise mar'ki:zə
Marquises, Îles *fr.* ilmar'ki:z
Marquisẹtte marki'zɛt[ə], **-n** ...tn̩
Mạrr *russ.* mar
Marrạdi *it.* mar'ra:di
Marrakẹch *fr.* mara'kɛʃ
Marrakesch mara'kɛʃ, '–––
Marrạne ma'ra:nə
Marrạst *fr.* ma'rast
Marrịna *it.* mar'ri:na
Marriott *engl.* 'mærɪət
Marroquí *span.* marrɔ'ki
Marruẹcos *span.* ma'rru̯ekɔs
Marrukiner maru'ki:nɐ
Marryat *engl.* 'mærɪət
[1]**Mạrs** *dt.*, *fr.* mars
[2]**Mạrs** (seemänn.) mars, **-e** 'marzə
Marsạla mar'za:la, *it.* mar'sa:la
mạrsch! marʃ
[1]**Mạrsch** (Niederung) marʃ
[2]**Mạrsch** marʃ, **Mạ̈rsche** 'mɛrʃə
Marschạk, Maršak *russ.* mar'ʃak
Mạrschalk 'marʃalk
Mạrschall 'marʃal, **Mạrschälle** ...ʃɛlə
Mạrschau 'marʃau̯
marschieren mar'ʃi:rən
Mạrschner 'marʃnɐ
Marsciạno *it.* mar'ʃa:no
Marsdẹnia condurạngo mars'de:ni̯a kɔndu'raŋgo
Mạrsdiep *niederl.* 'mɑrzdi:p
Marseillaise marzɛ'jɛ:zə, marsɛ...; *fr.* marsɛ'jɛ:z
Marsẹille mar'zɛ:j, mar'sɛ:j; *fr.* mar'sɛj
Marsẹiller mar'zɛ:jɐ, mar'sɛ:jɐ
Marsẹlisborg *dän.* mar'se:lisbɔr'
Mạrsens van Schrieck *niederl.* 'mɑrsəns fɑn 'sxri:k
Mạrser 'marzɐ
Mạrsfeld 'marsfɛlt
Mạrsh *engl.* mɑ:ʃ
Mạrshal[l] 'marʃal, *engl.* 'mɑ:ʃəl
Mạrshalltown *engl.* 'mɑ:ʃəltaʊn
Mạrshfield *engl.* 'mɑ:ʃfi:ld
Marshit mar'ʃi:t, *auch:* ...ʃɪt
Mạrshman *engl.* 'mɑ:ʃmən
Mạrshscher Apparạt 'marʃʃɐ apa'ra:t
Marsịlia mar'zi:li̯a
Marsịlio *it.* mar'si:li̯o
Marsịlius mar'zi:li̯ʊs
Mars-la-Tour *fr.* marsla'tu:r
Mạrsman *niederl.* 'mɑrsmɑn
Mạ̈rsta *schwed.* ˌmæ:rsta
Mạrstal *dän.* 'marsdal
Mạrstall 'marʃtal, **...ställe** ...ʃtɛlə
Mạrston *engl.* 'mɑ:stən
Mạrstrand *dän.* 'marsdran', *schwed.* ˌmarstrand
Mạrsum *niederl.* 'mɑrsəm
Marsupiạlier marzu'pi̯a:li̯ɐ
Mạrsyas 'marzy̆as
Mạrta *dt.*, *it.*, *span.* 'marta, *russ.* 'martɐ
Martabạn marta'ba:n
Martainvịlle *fr.* martɛ̃'vil
Martapụra *indon.* marta'pura
Marteau *fr.* mar'to
Mạrtebo *schwed.* ˌmartəbu:
Martẹl *fr.* mar'tɛl, *engl.* mɑ:'tɛl
Martelange *fr.* martə'lã:ʒ
martelé, M... martə'le:
Martẹll mar'tɛl, *engl.* mɑ:'tɛl
martellạndo martɛ'lando
Martellange *fr.* martɛ'lã:ʒ
martellạto martɛ'la:to
Martellạto martɛ'la:to **...ti** ...ti
Martelli *it.* mar'tɛlli, *fr.* martɛl'li
Martẹllo *it.* mar'tɛllo
Mártély *ung.* 'ma:rte:j
Mạrten 'martn̩, *niederl.* 'mɑrtə
Martenọt *fr.* martə'no
Mạrtens 'martn̩s, *niederl.* 'mɑrtəns
Mạrtensen *dän.* 'mardənsən
Mạrter[l] 'martɐ[l]
mạrtern 'martɐn
Mạrtersteig 'martɐʃtai̯k
Mạrth ma:ɐ̯t

Martha 'marta, *engl.* 'mɑ:θə
Martha's Vineyard *engl.* 'mɑ:θəz 'vɪnjəd
Marthchen 'martçən
Marthe 'martə
Marti 'marti
Martí *span.* mar'ti
Martial[is] mar'tsi̯a:l[ɪs]
Martial d'Auvergne *fr.* marsjaldo'vɛrɲ
martialisch mar'tsi̯a:lɪʃ
Martianus mar'tsi̯a:nʊs
Martignac *fr.* marti'ɲak
Martigny *fr.* marti'ɲi
Martigues *fr.* mar'tig
Martin 'marti:n, *engl.* 'mɑ:tɪn, *fr.* mar'tɛ̃, *schwed.*, *slowak.* 'martin, *serbokr.* ˌmartin, *tschech.* 'martjin
Martín *span.* mar'tin
Martina *dt.*, *it.*, *rät.* mar'ti:na
Martinak 'martinak
Martin du Gard *fr.* martɛ̃dy'ga:r
Martine *fr.* mar'tin
Martineau *fr.* marti'no, *engl.* 'mɑ:tɪnoʊ
Martinelli *it.* marti'nɛlli
Martinengo *it.* marti'neŋgo
Martinet *fr.* marti'nɛ
Martinez *engl.* mɑ:'ti:nɪz
Martínez *span.* mar'tinɛθ
Martingal 'martɪŋgal, *auch:* ...gɛl
Martingale *engl.* 'mɑ:tɪŋgeɪl
Martinho *port.* mɐr'tiɲu, *bras.* mar'tiɲu
Martini *dt.*, *it.* mart'i:ni
Martinique *fr.* marti'nik
Martinist marti'nɪst
Martinitz 'martinɪts
Martinlamitz marti:n'la:mɪts
Martino *it.* mar'ti:no
Martinon *fr.* marti'nõ
Martinroda marti:n'ro:da
Martins *port.* mɐr'tĩʃ, *bras.* mar'tĩs
Martinsberg 'marti:nsbɛrk
Martinsburg *engl.* 'mɑ:tɪnzbə:g
Martins Ferry *engl.* 'mɑ:tɪnz 'fɛrɪ
Martinshöhe 'marti:nshø:ə
Martinson *schwed.* ˌmartinsɔn
Martinstein 'marti:nʃtain
Martinsville *engl.* 'mɑ:tɪnzvɪl
Martinswand 'marti:nsvant
Martinů *tschech.* 'martjinu:
Martinus mar'ti:nʊs, *niederl.* mar'ti:nʏs
Martinuzzi *it.* marti'nuttsi
Martit mar'ti:t, *auch:* ...tɪt
Martitz 'martɪts
Martius 'martsi̯ʊs
Martofte *dän.* 'martɔfdə
Márton *ung.* 'ma:rton
Martonne *fr.* mar'tɔn
Martonvásár *ung.* 'mɔrtonva:ʃa:r
Martorell *kat.* mərtu'reʎ
Martos *span.* 'martɔs, *russ.* 'martɐs
Martow, Martov *russ.* 'martɐf
Martowitsch, Martovič *russ.* mar'tɔvitʃ
Martres-de-Veyre *fr.* martrəd'vɛ:r
Martschewski, Marčevski *bulgar.* mar'tʃɛfski
Martucci *it.* mar'tuttʃi
Marty 'marti, *fr.* mar'ti
Martyn *engl.* 'mɑ:tɪn, *russ.* mar'tɨn
Martynow, Martynov *russ.* mar'tɨnɐf
Martyr[er] 'martyr[ɐ]
Märtyrer 'mɛrtyrɐ
Marty[re]rin 'mɛrty[rə]rɪn
Martyrium mar'ty:ri̯ʊm, **...ien** ...i̯ən
Martyrologium martyro'lo:gi̯ʊm, **...ien** ...i̯ən
Martzy 'martsi
Marulić *serbokr.* 'marulitɕ
Marullo *it.* ma'rullo
Marullus ma'rʊlʊs
Maruts 'marʊts
Marvão *port.* mɐr'vɐ̃u̯
Marvejols *fr.* marvə'ʒɔl
Marvel[l] *engl.* mɑ:vl
Marvin[e] *engl.* 'mɑ:vɪn
Marwitz 'marvɪts
Marwood *engl.* 'mɑ:wʊd
[1]**Marx** *dt.*, *tschech.* marks; *engl.* mɑ:ks
[2]**Marx, Marks** *russ.* marks
Marxgrün marks'gry:n
Marxismus mar'ksɪsmʊs
Marxist mar'ksɪst
marxistisch mar'ksɪstɪʃ
[1]**Mary** (Vorname) *engl.* 'mɛərɪ
[2]**Mary** (Ort) *russ.* ma'rɨ
Maryborough *engl.* 'mɛərɪbərə
Maryland *engl.* 'mɛərɪlænd, 'mɛrɪ...
Marylebone *engl.* 'mærələbən
Marymba ma'rɪmba
Maryport *engl.* 'mɛərɪpɔ:t
Mary[s]ville *engl.* 'mɛərɪ[z]vɪl
März mɛrts
Marzahn[a] mar'tsa:n[a]
Marzell[us] mar'tsɛl[ʊs]
Marzella mar'tsɛla
Marzelline martsɛ'li:nə
Marzendorfer 'mɛrtsn̩dɔrfɐ
Marzipan martsi'pa:n *auch:* '– – –
märzlich 'mɛrtslɪç
Marzo *it.* 'martso, *span.* 'marθo
Marzotto *it.* mar'dzɔtto
Mas *indon.* mas
Maša vgl. Mascha
Masaccio *it.* ma'zattʃo
Masada ma'za:da
Masai ma'sai̯, *auch:* '– –
Masan *korean.* masan
Masaniello *it.* maza'ni̯ɛllo
Masari-Scherif, Mazari-Šerif *russ.* ma'zariʃə'rif
Masaryk *tschech.* 'masarik
Más a Tierra *span.* 'mas a 'ti̯ɛrra
Masaya *span.* ma'saja
Mascagni mas'kanji, *it.* mas'kaɲɲi
Mascara *fr.* maska'ra
Mascareignes *fr.* maska'rɛɲ
Mascarenhas *port.* mɐʃkɐ'reɲɐʃ
Mascha, Maša 'maʃa, *russ.* 'maʃɐ
Maschallah! maʃa'la:
Maschansker ma'ʃanskɐ
Maschat 'maʃa:t
Masche 'maʃə
Maschek... 'maʃɛk...
maschig 'maʃɪç, **-e** ...ɪgə
Maschik... 'maʃɪk...
Maschine ma'ʃi:nə
maschinell maʃi'nɛl
Maschinerie maʃinə'ri:, **-n** ...i:ən
maschinieren maʃi'ni:rən
Maschinismus maʃi'nɪsmʊs
Maschinist maʃi'nɪst
Maschka, Maška *russ.* 'maʃkɐ
Maschkow, Maškov *russ.* maʃ'kɔf
Maschonaland ma'ʃo:nalant
Mascov 'masko
Masdak 'masdak
Mas-d'Azil *fr.* mɑsda'zil
Masdeu *span.* maz'ðeu̯
Masefield *engl.* 'meɪsfi:ld
Masella *it.* ma'zɛlla
Masen 'ma:zn̩
Masenderan *pers.* mɑzændæ'rɑ:n
Masepa, Mazepa ma'zɛpa, *russ.* ma'zjɛpɐ
[1]**Maser** 'ma:zɐ
[2]**Maser** (Physik) 'me:zɐ, *auch:* 'ma:zɐ; *engl.* 'meɪzə
Maserati *it.* maze'ra:ti
Masereel *niederl.* ma:sə're:l
maserig 'ma:zərɪç, **-e** ...ɪgə
masern 'ma:zɐn, **masre** 'ma:zrə
Masern 'ma:zɐn
Masescha ma'zɛʃa
Masetto *it.* ma'zetto
Masette ma'zɛtə
Masham *engl.* 'mæsəm
Mashie 'mɛʃi, *engl.* 'mæʃɪ
Masholder mas'hɔldɐ
Masina *it.* ma'zi:na
Masinissa mazi'nɪsa
Masip *span.* ma'sip
Maška vgl. Maschka
Maskarenen maska're:nən
Maskarill maska'rɪl
Maskaron maska'ro:n
Maskat 'maskat
Maske 'maskə
Maskelyne *engl.* 'mæskɪlɪn

Maskerạde maskə'ra:də

maskieren mas'ki:rən

Maskọki mas'ko:ki

Maskọttchen mas'kɔtçən

Maskọtte mas'kɔtə

Maškov vgl. Maschkow

maskulịn[isch] masku'li:n[ɪʃ]

Maskulinum masku'li:nʊm, *auch:* '– – – –; **...na** ...na

Mạslow, Maslov *russ.* 'maslɐf

Masmụ̈nster ma:s'mʏnstɐ

Masnedø *dän.* masnəð'ø:'

Mạso *it.* 'ma:zo

Mạsoch 'ma:zɔx

Masochịsmus mazɔ'xɪsmʊs

Masochịst mazɔ'xɪst

Masolịno *it.* mazo'li:no

Mason *engl.* meɪsn

Masọra ma'zo:ra

Masọwien ma'zo:vi̯ən

Maspérọ, *fr.* maspe'ro

Mạspes *it.* 'maspes

mạß, Mạß ma:s

[1]**Mạssa** (Herr) 'masa

[2]**Mạssa** (Name) *it.* 'massa

Massachụsetts *engl.* mæsə'tʃu:sɛts

Mass-action *engl.* 'mæs'ækʃən

Massạfra *it.* mas'sa:fra

Massạge ma'sa:ʒə

Massagẹte masa'ge:tə

Massạgno *it.* mas'saɲɲo

Massai ma'sai̯, *auch:* '– –

Massạker ma'sa:kɐ

massakrieren masa'kri:rən

Mạssa Marịttima *it.* 'massa ma'rittima

Massarẹna masa're:na

Massạry ma'sa:ri

Massạua ma'saua, *it.* mas'sa:u̯a

Mạ̈ßchen 'mɛ:sçən

Mạße 'ma:sə

Mạsse 'masə

Massé *fr.* ma'se

mạ̈ße 'mɛ:sə

Massẹbe ma'se:bə

Mạssel 'masl̩

mạßen, M... 'ma:sn̩

Mạssen 'masn̩

Massena *engl.* mə'si:nə

Masséna *fr.* mase'na

Massenẹt *fr.* mas'nɛ

Massénya *fr.* mase'nja

Massẹter ma'se:tɐ

Masseur ma'sø:ɐ̯

Masseuse ma'sø:zə

Massey *engl.* 'mæsɪ

mạßgeblich 'ma:sge:plɪç

Mạßholder, Mạssholder 'ma:shɔldɐ

massieren ma'si:rən

Massif centrạl *fr.* masifsã'tral

mạssig 'masɪç, **-e** ...ɪgə

mạ̈ßig 'mɛ:sɪç, **-e** ...ɪgə

mạ̈ßigen 'mɛ:sɪgn̩, **mạ̈ßig!** ...ɪç, **mạ̈ßigt** ...ɪçt

Massiglị *fr.* masi'gli

Massignon *fr.* masi'ɲõ

Mạssijs *niederl.* 'mɑsɛi̯s

Massịlia ma'si:li̯a

Massillon *fr.* masi'jõ, *engl.* 'mæslən

Mạssimo *it.* 'massimo

Massịn ma'si:n

Massịne *fr.* ma'sin

Mạssing 'masɪŋ

Massingberd *engl.* 'mæsɪŋbə:d

Massinger *engl.* 'mæsɪndʒə

Massingham *engl.* 'mæsɪŋəm

Massinịssa masi'nɪsa

Massịp *span.* ma'sip

massịv, M... ma'si:f, **-e** ...i:və

Massivitạ̈t masivi'tɛ:t

Mạßkrug 'ma:skru:k

Mạßlieb 'ma:sli:p, **-e** ...i:bə

Mạßliebchen 'ma:sli:pçən

Mạßmann 'masman

Mạßnahme 'ma:sna:mə

Massọlle ma'sɔlə

Masson *fr.* ma'sõ, *engl.* mæsn

Massọra ma'so:ra

Massorẹt maso're:t

Mạssow 'maso

Mass-reaction *engl.* 'mæsrɪ'ækʃən

Mạßstab 'ma:sʃta:p

mạßstäblich 'ma:sʃtɛ:plɪç

mạßt ma:st

mạ̈ßt mɛ:st

Massu[e] *fr.* ma'sy

Massy *fr.* ma'si

Mạssys *niederl.* 'mɑsɛi̯s

Mạst 'mast

Mạstaba 'mastaba, **...stạben** ...s'ta:bn̩

Mastalgie mastal'gi:

Mạstdarm 'mastdarm

mạ̈sten 'mɛstn̩

Mạster 'ma:stɐ

Mạsters *engl.* 'mɑ:stəz

Mạsterton *engl.* 'mɑ:stətən

Masthọlte mast'hɔltə

Mạstiff 'mastɪf

mạstig 'mastɪç, **-e** ...ɪgə

Mạstig 'mastɪç

Mastigophọren mastigo'fo:rən

Mạstik 'mastɪk

Mastikạtor masti'ka:tɔr, **-en** ...ka'to:rən

mastikatọrisch mastika'to:rɪʃ

Mastịtis mas'ti:tɪs, **...itịden** ...ti'ti:dn̩

Mạstix 'mastɪks

Mạstodon 'mastodɔn, **-ten** ...'dɔntn̩

Mastodynie mastody'ni:

mastoịd masto'i:t, **-e** ...i:də

Mastoidịtis mastoi'di:tɪs, **...itịden** ...di'ti:dn̩

Mastopathie mastopa'ti:

Mastoptọse mastɔp'to:zə

Mạstrius 'mastriʊs

Mastroiạnni *it.* mastro'i̯anni

Masturbatiọn masturba'tsi̯o:n

masturbatọrisch masturba'to:rɪʃ

masturbieren mastʊr'bi:rən

Masụccio *it.* ma'zuttʃo

Mas'ụd *pers.* mæs''u:d

Masụre[n] ma'zu:rə[n]

masụrisch ma'zu:rɪʃ

Masụrium ma'zu:ri̯ʊm

Masụrka ma'zʊrka

Mạsurow, Mazurov *russ.* 'mazurɐf

Masụt ma'zu:t

Maszęwo *poln.* ma'ʃɛvɔ

Mạt *alban.* mat

Mạta *port.* 'matɐ, *span., bras.* 'mata

Matabẹle mata'be:lə

Matachẹl *span.* mata'tʃɛl

Mạtačić *serbokr.* ˌmatatʃitɕ

Matạcos *span.* ma'takɔs

Matạdi ma'ta:di, *fr.* mata'di

Matadọr mata'do:ɐ̯

Matagạlpa *span.* mata'ɣalpa

Mạta Hạri 'mata 'ha:ri

Matạja ma'ta:ja

Matallạna de Tọrio *span.* mata'ʎana ðe 'tori̯o

Matạm *fr.* ma'tam

Matamạta mata'ma:ta

Matamọros *span.* mata'mɔrɔs

Matane *fr.* ma'tan, *engl.* mə'tæn

Matạnza[s] *span.* ma'tanθa[s]

Matão *bras.* ma'tẽṷ

Matapạn mata'pan

Mataporquẹra *span.* matapɔr'kera

Matạram *indon.* ma'taram

Matarẹ́ mata're:

Mataró *span.* mata'ro

Matarrạña *span.* mata'rraɲa

Matạvulj *serbokr.* maˌtavu:lj

Match mɛtʃ

Matched groups *engl.* 'mætʃt 'gru:ps

Mạte 'ma:tə

Máté *ung.* 'ma:te:

Matẹew, Mateev *bulgar.* ma'tɛɛf

Matehuạla *span.* mate'u̯ala

Matẹi *rumän.* ma'tei̯

Mạtěj *tschech.* 'matjɛj

Matẹjko *poln.* ma'tɛjkɔ

Matelassé matəla'se:

Matẹlica *it.* ma'te:lika

Matelọt[e] matə'lɔt

Matẹo *span.* ma'teo

Matẹos *span.* ma'teɔs

Mạter 'ma:tɐ

Matẹra *it.* ma'tɛ:ra

Materạno *it.* mate'ra:no

Mạterborn 'ma:tɐbɔrn

Mạter dolorọsa 'ma:tɐ dolo'ro:za

materiạl mate'ri̯a:l

Materiạl mate'ri̯a:l, **-ien** -i̯ən

Materialisatiọn materi̯aliza'tsi̯o:n

materialisieren materi̯ali'zi:rən

Materialịsmus materi̯a'lɪsmʊs

Materialịst materi̯a'lɪst
materialịstisch materi̯a'lɪstɪʃ
Materialitạ̈t materi̯ali'tɛ:t
Matẹrie ma'te:ri̯ə
materiẹll mate'ri̯ɛl
[1]**mạtern** (Matern machen) 'ma:tɐn
[2]**matẹrn** (mütterlich) ma'tɛrn
Matẹrn ma'tɛrn
maternisiẹrt matɛrni'zi:ɐ̯t
Maternitạ̈t matɛrni'tɛ:t
Matẹrnus ma'tɛrnʊs
Mátészalka *ung.* 'ma:te:sɔlkɔ
Mạtetee 'ma:tәte:
Mateur *fr.* ma'tœ:r
Matẹus *port.* mɐ'teu̯ʃ, *bras.* ma'teu̯s
Matẹusz *poln.* ma'tɛuʃ
Mathar ma'ta:ɐ̯, 'ma:tar
Mạthe 'matə
Mathematịk matema'ti:k
Mathemạtiker mate'ma:tikɐ
mathemạtisch mate'ma:tɪʃ
mathematisiẹren matemati'zi:rən
Mathematizịsmus matemati'tsɪsmʊs
Mather *engl.* 'meɪðə, 'mæðə
Mathẹsius ma'te:zi̯ʊs
Matheson *engl.* 'mæθɪsn
Mathew[s] *engl.* 'mæθju:[z], 'meɪθju:[z]
Mạthéy 'matai̯
Mathias *engl.* mə'θaɪəs
Mathieu *fr.* ma'tjø
Mathiẹz *fr.* ma'tje
Mathịlda *schwed.* ma,tilda
Mathịlde ma'tɪldə, *fr.* ma'tild
Mathịldis ma'tɪldɪs
Mạthis[en] 'matɪz[n̩]
Mathura *engl.* 'mæθʊrɑ:
Mathurin[s] *fr.* maty'rɛ̃
Mạthy 'mati
Matịas *port.* mɐ'tiɐʃ, *bras.* ma'tias
Matías *span.* ma'tias
Mạtica 'matitsa
Matignon *fr.* mati'ɲõ
Mạtija *serbokr.* ,matija
Matịlda *engl.* mə'tɪldə, *it.* ma'tilda, *schwed.* ma,tilda
Matịlde *span.* ma'tilde
Matin *fr.* ma'tɛ̃
Matinee mati'ne:, **-n** ...e:ən
Matịnski, Matinskij *russ.* ma'tinskij
Matịsse *fr.* ma'tis
Mạtius 'ma:tsi̯ʊs
Mạtja *alban.* 'matja
Mạtjeshering 'matjəshe:rɪŋ
Matkọwsky mat'kɔfski
Mạtlerjoch 'matlɐjɔx
Matlock[s] *engl.* 'mætlɔk[s]
Matlockit matlɔ'ki:t, *auch:* ...kɪt
Mạto *serbokr.* ,ma:tɔ
Matočkin Šar vgl. Matotschkin Schar
Mạto Grọsso *bras.* 'matu 'grosu
Mạtos *port.* 'matuʃ, *bras.* 'matus
Mạtoš *serbokr.* 'matɔʃ
Mạtos Fragọso *span.* 'matɔs fra'ɣoso
Matosịnhos *port.* mɐtu'ziɲuʃ
Matọso *bras.* ma'tozu
Mạtotschkin Schạr, Matočkin Šar *russ.* 'matɐtʃkin 'ʃar
Mạtouš *tschech.* 'matɔu̯ʃ
Mátra *ung.* 'ma:trɔ
Mátranovák *ung.* 'ma:trɔnova:k
Matrạtze ma'tratsə
Mạtrei 'matrai̯
Mạtres 'ma:tre:s
Mätrẹsse mɛ'trɛsə
matriarchạlisch matriar'ça:lɪʃ
Matriarchạt matriar'ça:t
Matricạria matri'ka:ri̯a
Matrịk[el] ma'tri:k[l̩]
matrikulạr..., M... matriku'la:ɐ̯
Matrilokalitạ̈t matrilokali'tɛ:t
matrimoniạl matrimo'ni̯a:l
matrimoniẹll matrimo'ni̯ɛl
matrisiẹren matri'zi:rən
Mạtrix 'ma:trɪks, **Matrịzes** ma'tri:tse:s
Matrịze ma'tri:tsə
Matrọne ma'tro:nə
Matronymikon matro'ny:mikɔn, **...ka** ...ka
Matrọse ma'tro:zə
Matrọssow, Matrosov *russ.* ma'trɔsɐf
mạtsch, M... matʃ
Mạtschang 'matʃaŋ
Mạtsche 'matʃə
mạtschen 'matʃn̩
mạtschig 'matʃɪç, **-e** ...ɪgə
mạtschkern 'matʃkɐn
Mạtsijs, ...sys *niederl.* 'mɑtsɛi̯s
Mạtsue 'matsu̯ə
Matsumọto matsu'mo:to
Matsuọka ma'tsu̯o:ka
mạtt, M... mat
Mattathịas mata'ti:as
Mattạ̈us ma'tɛ:ʊs
Mạtte 'matə
Mattẹi *it.* mat'tɛ:i
Mattẹo *it.* mat'tɛ:o
Matteọtti *it.* matte'ɔtti
Mạtterhorn 'matɐhɔrn
Mattẹrn ma'tɛrn
Mạttersburg 'matɐsbʊrk
Matteson *engl.* 'mætɪsn
Matteụcci *it.* matte'uttʃi
Matthạ̈i ma'tɛ:i
Matthạ̈us ma'tɛ:ʊs
Mạttheson 'matəzɔn
Matthew[s] *engl.* 'mæθju:[z]
Matthịas ma'ti:as, *niederl.* mɑ'ti:ɑs
Matthieu *fr.* ma'tjø
Mạtthisson 'matɪsɔn
Mạtthus 'matʊs
Mạtti *finn.* 'mɑtti
Mattịa *it.* mat'ti:a
Mattịaker ma'ti:akɐ
Mattịas ma'ti:as
mattiẹren ma'ti:rən
Mạttig 'matɪç
Mattighọfen matɪç'ho:fn̩
Mattịoli *it.* mat'ti̯ɔ:li
Mạttos *port.* 'matuʃ, *bras.* 'matus
Mattoir ma'to̯a:ɐ̯
Mattoon *engl.* mə'tu:n
Mattọso *bras.* ma'tozu
Mạttsee 'matze:
Matụpi *engl.* mə'tu:pɪ
Matụr ma'tu:ɐ̯
Matụra ma'tu:ra
Maturạnd matu'rant, **-en** ...ndn̩
Maturạnt matu'rant
Mature *engl.* mə'tjʊə
maturiẹren matu'ri:rən
Maturin *engl.* 'mætjʊrɪn
Maturín *span.* matu'rin
Matụritas praecox ma'tu:ritas 'prɛ:kɔks
Maturitạ̈t maturi'tɛ:t
Matụrum ma'tu:rʊm
Mạtúška *slowak.* 'matu:ʃka
Matuszẹwski *poln.* matu'ʃɛfski
Matụte *span.* ma'tute
Matutịn matu'ti:n
matutinạl matuti'na:l
Matwẹi, Matvej *russ.* mat'vjej
Matwẹjew, Matveev *russ.* mat'vjejɪf
Matwẹjewitsch, Matveevič *russ.* mat'vjejɪvitʃ
Matwẹjewna, Matveevna *russ.* mat'vjejɪvnɐ
Mátyás *ung.* 'ma:tja:ʃ
Matyi *ung.* 'mɔtji
Mạtz mats, **Mạ̈tze** 'mɛtsə
Mạ̈tzchen 'mɛtsçən
Mạtze 'matsə
Mạtzen 'matsn̩
Mạtzerath 'matsəra:t
Mạtzing 'matsɪŋ
Mạ̈tzner 'mɛtsnɐ
mau, Mau mau̯
Maubeuge *fr.* mo'bø:ʒ
Mauch maux
Mauclair, Mauclẹrc *fr.* mo'klɛ:r
Maucroix *fr.* mo'krwa
Maud[e] *engl.* mɔ:d
Maudervde mau̯də'ro:də
Maudling *engl.* 'mɔ:dlɪŋ
Maudrich 'mau̯drɪç
Maudslay *engl.* 'mɔ:dzlɪ
Maudụit *fr.* mo'dɥi
Mauer 'mau̯ɐ
Mauerẹi mau̯ə'rai̯
Mauerkirchen 'mau̯ɐkɪrçn̩
Mauermann 'mau̯ɐman
Mauermayer 'mau̯ɐmai̯ɐ
mauern 'mau̯ɐn
Mauersberger 'mau̯ɐsbɛrgɐ

Maugérard *fr.* moʒeˈraːr
Maugham *engl.* mɔːm
Maui ˈmaui, *engl.* ˈmaʊɪ
Mauke ˈmaukə
Maul maul, **Mäuler** ˈmɔylɐ
Maulaffe ˈmaul|afə
Maulbeere ˈmaulbeːrə
Maulbertsch ˈmaulbɛrtʃ
Maulbronn maulˈbrɔn
Maulburg ˈmaulbʊrk
Mäulchen ˈmɔylçən
Maule *span.* ˈmau̯le
maulen ˈmaulən
Mauléon *fr.* moleˈõ
Mäuler vgl. Maul
Maulesel ˈmaul|eːzl̩
Maull maul
Maulnier *fr.* moˈnje
Maulpertsch ˈmaulpɛrtʃ
Maultier ˈmaultiːɐ̯
Maulwurf ˈmaulvʊrf
Mau-Mau ˈmauˈmau
Maumee *engl.* mɔːˈmiː
Mauna Kea ˈmauna ˈkeːa, *engl.* ˈmaʊnɑː ˈkeɪɑː
Mauna Loa ˈmauna ˈloːa, *engl.* ˈmaʊnɑː ˈloʊɑː
Maunoury *fr.* monuˈri
Maunz maunts
maunzen ˈmauntsn̩
Maupas *fr.* moˈpɑ
Maupassant *fr.* mopɑˈsã
Maupeou *fr.* moˈpu
Maupertuis *fr.* mopɛrˈtɥi
Maura *span.* ˈmau̯ra, *engl.* ˈmɔːrə
Maurain *fr.* mɔˈrɛ̃
Maurandia mauˈrandi̯a
Mauraoult *fr.* mɔˈro
Maure ˈmaurə
Maure-de-Bretagne *fr.* mɔrdəbrəˈtaɲ
Maureen *engl.* ˈmɔːriːn, –ˈ–
Maurepas *fr.* mɔrˈpɑ, *engl.* mɔːrəˈpɑː
Maurer ˈmaurɐ, *engl.* ˈmaʊrə
Maurerei maurəˈrai
maurerisch ˈmaurərɪʃ
Maureske mauˈrɛskə
Mauretanien maureˈtaːni̯ən
Mauretanier maureˈtaːni̯ɐ
mauretanisch maureˈtaːnɪʃ
Mauriac *fr.* mɔˈrjak
Maurevert *fr.* mɔrˈvɛːr
Maurice moˈriːs, *fr.* mɔˈris, *engl.* ˈmɔrɪs
Mauricio *span.* mau̯ˈriθi̯o
Maurício *port., bras.* mau̯ˈrisi̯u
Mauricius mauˈriːtsi̯ʊs
Maurina ˈmaurina
Mauriner mauˈriːnɐ
maurisch ˈmaurɪʃ
Mauritanie *fr.* mɔritaˈni
Mauritia mauˈriːtsi̯a
Mauritier mauˈriːtsi̯ɐ
mauritisch mauˈriːtɪʃ
Mauritius mauˈriːtsi̯ʊs, *engl.* məˈrɪʃəs
Maurits *niederl.* ˈmɔu̯rɪts
Maurizio *it.* mau̯ˈrittsi̯o
Mauro *it.* ˈmaːu̯ro
Maurois *fr.* mɔˈrwa
Maurokordatos *neugr.* mavrɔkɔrˈðatɔs
Maurolache mauroˈlaxə
Maurras *fr.* mɔˈrɑːs
Maurs *fr.* mɔːr
Maursmünster mauɐsˈmʏnstɐ
Maurus ˈmaurʊs
Maury *fr.* mɔˈri
Maus maus, **Mäuse** ˈmɔyzə
Mauschel ˈmauʃl̩
Mauschelei mauʃəˈlai
mauscheln ˈmauʃl̩n
Mäuschen ˈmɔysçən
mäuschenstill ˈmɔysçənˈʃtɪl
Mäusel ˈmɔyzl̩
mauseln ˈmauzl̩n, **mausle** ˈmauzlə
mäuseln ˈmɔyzl̩n, **mäusle** ˈmɔyzlə
mausen ˈmauzn̩, **maus!** maus, **maust** maust
Mauser ® ˈmauzɐ
Mauserei mauzəˈrai
Mäuserich ˈmɔyzərɪç
mausern ˈmauzɐn, **mausre** ˈmauzrə
mausetot ˈmauzəˈtoːt
mausig ˈmauzɪç, **-e** ...ɪɡə
Mäusl ˈmɔyzl̩
Mäuslein ˈmɔyslain
Mausoleum mauzoˈleːʊm, **...een** ...eːən
Mausolos ˈmauzolɔs, mauˈzoːlɔs
maussade *fr.* moˈsad
Maut maut
Mauthausen mautˈhauzn̩
Mauthäusl mautˈhɔyzl̩
Mauthner, Mautner ˈmautnɐ
Mauvais sujet, - - s *fr.* mɔvɛsyˈʒɛ, mov...
mauve *fr.* moːv
Mauve *niederl.* ˈmɔu̯və
Mauvein moveˈiːn
mauzen ˈmautsn̩
Maverick *engl.* ˈmævərɪk
Mavor *engl.* ˈmeɪvə
Mavro *serbokr.* ˈmaːvrɔ
Mavrocordat *rumän.* mavrokorˈdat
Mawensi maˈvɛnzi
Mawra, Mavra *russ.* ˈmavrɐ
Mawson *engl.* mɔːsn
Max *dt., fr., tschech.* maks, *engl.* mæks, *niederl.* mɑks
Mäxchen ˈmɛksçən
Maxence *fr.* makˈsãːs
Maxentius maˈksɛntsi̯ʊs
Maxéville *fr.* makseˈvil
Maxhütte maksˈhʏtə
maxi ˈmaksi
Maxi... ˈmaksi...
Maxi[e] ˈmaksi
Maxilla maˈksɪla, **...llä** ...lɛ
Maxille maˈksɪlə
¹Maxim *engl.* ˈmæksɪm
²Maxim, Maksim *russ.* makˈsim
¹Maxima ˈmaksima, **...mae** ...mɛ
²Maxima vgl. Maximum
maximal maksiˈmaːl
¹Maxime (Grundsatz) maˈksiːmə
²Maxime (Name) *fr.* makˈsim
Maximian[us] maksiˈmi̯aːn[ʊs]
maximieren maksiˈmiːrən
Maximilian maksiˈmiːli̯aːn, *engl.* mæksɪˈmɪljən
Maximiliane maksimiˈli̯aːnə
Maximiliano *span.* maksimiˈli̯ano
Maximilien *fr.* maksimiˈljɛ̃
Maximin[us] maksiˈmiːn[ʊs]
Máximo *span.* ˈmaksimo
Maximos *dt., neugr.* ˈmaksimɔs
¹Maximow, ¹Maksimov *russ.* makˈsimɐf
²Maximow, ²Maksimov *bulgar.* ˈmaksimof
Maximowitsch, Maksimovič (Familienname) *russ.* mɐksiˈmɔvitʃ
²Maximowitsch, Maksimovič (Sohn des Maxim) *russ.* makˈsimɐvitʃ
Maximowna, Maksimovna *russ.* makˈsimɐvnɐ
Maximum ˈmaksimʊm, **...ma** ...ma
Maximus ˈmaksimʊs
Maxwell *engl.* ˈmækswəl
May mai, *engl.* meɪ
Maya ˈmaːja, *span.* ˈmaja
Mayagüez *span.* majaˈɣu̯eθ
Mayama *fr.* majaˈma
Mayapán *span.* majaˈpan
Mayarí *span.* majaˈri
Mayate *span.* maˈjate
Maybach ˈmaibax
Mayen ˈmaiən
Mayenne *fr.* maˈjɛn
Mayer ˈmaiɐ, *engl.* ˈmeɪə, *fr.* mɛˈjɛːr
Mayerhofer ˈmaiɐhoːfɐ
Mayerling ˈmaiɐlɪŋ
Mayet *fr.* maˈjɛ
Mayfair *engl.* ˈmeɪfɛə
Mayfield [Heights] *engl.* ˈmeɪfiːld [ˈhaɪts]
Mayflower *engl.* ˈmeɪflaʊə
Mayhew *engl.* ˈmeɪhjuː
Maynard *fr.* mɛˈnaːr, *engl.* ˈmeɪnəd
Maync mɛŋk
Mayne *engl.* meɪn
Mayno *span.* ˈmai̯no
Mayo ˈmaio, *engl.* ˈmeɪoʊ
Mayol *fr.* maˈjɔl
Mayón *span.* maˈjɔn
Mayonnaise majɔˈnɛːzə

Mayor 'me:ɐ, *engl.* mɛə
Mayọtte *fr.* ma'jɔt
Mayoumbạ *fr.* majum'ba
Mayr 'mai̯ɐ
Mayreder mai̯'re:dɐ, '– – –
Mayrhofen 'mai̯ɐho:fn̩
Mayrhofer 'mai̯ɐho:fɐ
Mayrisch 'mai̯rɪʃ
Maysville *engl.* 'meɪzvɪl
Maywood *engl.* 'meɪwud
Mazag[r]an *fr.* maza'g[r]ã
Mazamẹt *fr.* maza'mɛ
Mazạra del Vạllo *it.* mad'dza:ra del 'vallo
Mazarin *fr.* maza'rɛ̃
Mazari-Šerif vgl. Masari-Scherif
Mazarrón *span.* maθa'rrɔn
Mazạs *fr.* ma'zɑ:s
Mazatenạngo *span.* maθate'naŋgo
Mazatlán *span.* maθa'tlan
Mazdaịsmus masda'ɪsmʊs
Mazdaịst masda'ɪst
Mazdaznạn masdas'na:n
Mazedọnien matse'do:ni̯ən
Mazedọnier matse'do:ni̯ɐ
mazedọnisch matse'do:nɪʃ
Mazelịne *fr.* ma'zlin
Mäzẹn mɛ'tse:n
Mäzenạtentum mɛtse'na:tn̩tu:m
mäzenạtisch mɛtse'na:tɪʃ
Mazepa vgl. Masepa
Mazẹppa ma'tsɛpa
Mazerạt matse'ra:t
Mazeratiọn matsera'tsi̯o:n
mazerieren matse'ri:rən
Mazingarbe *fr.* mazɛ̃'garb
Mạzisblüte 'matsɪsbly:tə
Mazkẹwitsch, Mackevič *russ.* mats'kjevitʃ
Mạzo *span.* 'maθo
Mazọwsze *poln.* ma'zɔfʃɛ
Mažụranić *serbokr.* ma,ʒuranitɕ
Mazụrek maz'u:rɛk
Mazụrka ma'zʊrka
Mazurov vgl. Masurow
Mạzza 'matsa
Mazzarịno *it.* maddza'ri:no
Mazzarò *it.* maddza'rɔ
Mazzẹtti ma'tseti
Mazzini ma'tsi:ni, *it.* mat'tsi:ni
Mazzọcchi *it.* mat'tsɔkki
Mazzola *it.* mat'tsɔ:la
Mazzolini *it.* mattso'li:ni
Mazzoni *it.* mat'tso:ni
Mazzuoli *it.* mat'tsu̯ɔ:li
Mba *fr.* mba, *engl.* əm'bɑ:
Mbọwamb 'mbo:vamp
Mbọya *engl.* əm'bɔɪə
McAdam *engl.* mə'kædəm
McAdoo *engl.* mækə'du:
McAlister *engl.* mə'kælɪstə
McAllen *engl.* mə'kælɪn
M'Cạrthy *engl.* mə'kɑ:θɪ
McAuley *engl.* mə'kɔ:lɪ
McBride *engl.* mək'braɪd
McBurney *engl.* mək'bə:nɪ
McCabe *engl.* mə'keɪb
McCaffrey *engl.* mə'kæfrɪ
McCain *engl.* mə'keɪn
McCạrthy *engl.* mə'kɑ:θɪ
McCarthyịsmus məkarti'ɪsmʊs
McClẹllan[d] *engl.* mə'klɛlən[d]
McClịntock *engl.* mə'klɪntək
McClọskey *engl.* mə'klɔskɪ
McClọy *engl.* mə'klɔɪ
McClụer, McClure *engl.* mə'klʊə
McCọllum *engl.* mə'kɔləm
McComb *engl.* mə'ku:m
McCook *engl.* mə'kʊk
McCọrmack *engl.* mə'kɔ:mək
McCọrmick *engl.* mə'kɔ:mɪk
McCọsh *engl.* mə'kɔʃ
McCọy *engl.* mə'kɔɪ
McCrae *engl.* mə'kreɪ
McCrie *engl.* mə'kri:
McCullers *engl.* mə'kʌləz
McCulloch *engl.* mə'kʌlək
McCumber *engl.* mə'kʌmbə
McCurdy *engl.* mə'kə:dɪ
McCutcheon *engl.* mə'kʌtʃən
McDịarmid *engl.* mək'dɪəmɪd
McDọnald *engl.* mək'dɔnəld
McDougall *engl.* mək'du:gəl
McDowell *engl.* mək'daʊəl
McElroy *engl.* 'mækəlrɔɪ
Mcensk vgl. Mzensk
McEntee *engl.* 'mækənti:
McEvoy *engl.* 'mækəvɔɪ
McEwen *engl.* mə'kju:ən
McFee *engl.* mək'fi:
McG[h]ee *engl.* mə'gi:
McGịll[ivray] *engl.* mə'gɪl[ɪvreɪ]
McGịnley *engl.* mə'gɪnlɪ
McGlynn *engl.* mə'glɪn
McGrạth *engl.* mə'grɑ:[θ]
McGraw *engl.* mə'grɔ:
McGrẹgor *engl.* mə'grɛgə
McGroarty *engl.* mə'groʊətɪ
McGuffey *engl.* mə'gʌfɪ
McGuire *engl.* mə'gwaɪə
Mcheta vgl. Mzcheta
McIlwain *engl.* 'mækɪlweɪn
McIlwraith *engl.* 'mækɪlreɪθ
McIntosh *engl.* 'mækɪntɔʃ
McKean *engl.* mə'ki:n
McKeesport *engl.* mə'ki:zpɔ:t
McKees Rọcks *engl.* mə'ki:z 'rɔks
McKẹllar *engl.* mə'kɛlə
McKẹlway *engl.* mə'kɛlweɪ
McKẹndree *engl.* mə'kɛndrɪ
McKẹnna *engl.* mə'kɛnə
McKẹnnal *engl.* mə'kɛnl
McKẹnnan *engl.* mə'kɛnən
McKẹnney *engl.* mə'kɛnɪ
McKẹrrow *engl.* mə'kɛroʊ
McKịm *engl.* mə'kɪm
McKịnley *engl.* mə'kɪnlɪ
McKịnney *engl.* mə'kɪnɪ
McLaine *engl.* mə'kleɪn
McLaughlin *engl.* mə'klɔklɪn
McLaws *engl.* mə'klɔ:z
McLean *engl.* mə'kleɪn
McLẹnnan *engl.* mə'klɛnən
M'Clịntock *engl.* mə'klɪntək
McManus *engl.* mək'mænəs
McMạster *engl.* mək'mɑ:stə
McMịllan *engl.* mək'mɪlən
McMịnnville *engl.* mək'mɪnvɪl
McMurdo *engl.* mək'mə:doʊ
McNaghten *engl.* mək'nɔ:tn
McNair *engl.* mək'nɛə
McNạrney *engl.* mək'nɑ:nɪ
McNaughton *engl.* mək'nɔ:tn
McNeile, McNeill *engl.* mək'ni:l
McNutt *engl.* mək'nʌt
McPherson *engl.* mək'fə:sn
McQueen *engl.* mə'kwi:n
McReynolds *engl.* mə'krɛnldz
McVeagh, McVẹy *engl.* mək'veɪ
mẹa cụlpa 'me:a 'kʊlpa
Mead[e] *engl.* mi:d
Meadow[s] *engl.* 'mɛdoʊ[z]
Meadville *engl.* 'mi:dvɪl
Meagher *engl.* mɑ:
Mealhạda *port.* mi̯ɐ'ʎaðɐ
Meany *engl.* 'mi:nɪ
Mearim *bras.* mi̯a'rĩ
Mearns *engl.* mə:nz
Mears *engl.* mɪəz
Meath *engl.* mi:ð
Meatomie meato'mi:
Meạtus me'a:tʊs
Meaux *fr.* mo
Mebes 'me:bəs
Mečeslav vgl. Metscheslaw
Méchain *fr.* me'ʃɛ̃
Mechanicsburg *engl.* mɪ'kænɪksbə:g
Mechanicville *engl.* mɪ'kænɪkvɪl
Mechạnik me'ça:nɪk
Mechạniker me'ça:nikɐ
mechạnisch me'ça:nɪʃ
mechanisieren meçani'zi:rən
Mechanịsmus meça'nɪsmʊs
mechanịstisch meça'nɪstɪʃ
Mẹchelen *niederl.* 'mɛxələ
Mechelin *schwed.* mɛkə'li:n
Mẹcheln 'mɛçl̩n
Méchérịa *fr.* meʃe'rja
Mẹchern[ich] 'mɛçɐn[ɪç]
Mĕcholupy *tschech.* 'mjɛxɔlupi
Mechitarịst mɛçita'rɪst
Mẹchow 'mɛço
Mẹchtal 'mɛçta:l
Mẹchthild 'mɛçtɪlt
Mechthịlde mɛç'tɪldə
Měčín *tschech.* 'mjɛtʃi:n
Mẹckauer 'mɛkau̯ɐ
Mẹckel 'mɛkl̩
Meckenbeuren mɛkn̩'bɔyrən
Mẹckenem *niederl.* 'mɛkənəm
Mẹckerer 'mɛkərɐ
mẹckern 'mɛkɐn
Mẹcking 'mɛkɪŋ

Mẹcklenbeck ˈmɛklənbɛk
Mecklenburg ˈme:klənbʊrk, *auch:* ˈmɛk...
Mecklenburger ˈme:klənbʊrgɐ, *auch:* ˈmɛk...
mecklenburgisch ˈme:klənbʊrgɪʃ, *auch:* ˈmɛk...
Mečnikov vgl. Metschnikow
Mécs *ung.* me:tʃ
Mẹcsek *ung.* ˈmɛtʃɛk
Mẹcsér *ung.* ˈmɛtʃe:r
Mẹda *it.* ˈme:da
Medaille meˈdaljə
Medailleur medalˈjø:ɐ̯
medaillieren medalˈji:rən
Medaillon medalˈjõ:
Mẹdak *serbokr.* ˌmɛdak
Medamud medaˈmu:t
Mẹdan *indon.* ˈmedan
Medard meˈdart
Medardus meˈdardʊs
Mẹdas *span.* ˈmeðas
Medea meˈde:a, *it.* meˈdɛ:a
Médéa *fr.* medeˈa
Mẹdebach ˈme:dəbax
Mẹđeđa vgl. Medjedja
Medeglia *it.* meˈdeʎʎa
Mẹdek *tschech.* ˈmɛdɛk
Mẹdel *rät.* ˈme:dəl
Medellín *span.* meðeˈʎin
Mẹdelpad *schwed.* ˈme:dəlpɑ:d
Mẹdels[heim] ˈme:dl̩s[haim]
Mẹdemblik *niederl.* ˈme:dəmblɪk
Mẹden ˈme:dn̩
Mědĕnec *tschech.* ˈmnjɛdjɛnɛts
Mẹder[nach] ˈme:dɐ[nax]
Mẹdevi *schwed.* ˌme:dəvi:
Mẹdewitz ˈme:dəvɪts
Mẹdford *engl.* ˈmɛdfəd
Medgidia *rumän.* med-dʒiˈdia
Mẹdgyesegyháza *ung.* ˈmɛddjɛʃɛtjha:zɔ
Mẹdhurst *engl.* ˈmɛdhə:st
[1]**Mẹdia** ˈme:di̯a; **...iae** ˈme:di̯ɛ, **...ien** ...i̯ən
[2]**Mẹdia** (Rundfunk usw.) ˈme:di̯a, *engl.* ˈmi:dɪə
medial meˈdi̯a:l
median meˈdi̯a:n
Mediane meˈdi̯a:nə
Mediante meˈdi̯antə
Mediaş *rumän.* ˈmediaʃ, ––ˈ–
Mediasch ˈme:di̯aʃ, meˈdi̯aʃ
mediat meˈdi̯a:t
Mediateur medi̯aˈtø:ɐ̯
Mediation medi̯aˈtsi̯o:n
mediatisieren medi̯atiˈzi:rən
Mediator meˈdi̯a:tɔr, **-en** ...i̯aˈto:rən
mediatorisch medi̯aˈto:rɪʃ
mediäval medi̯ɛˈva:l
Mediäval (Schriftgattung) medi̯ɛˈva:l, *fachspr. auch:* medi̯əˈvɛl
Mediävist[ik] medi̯ɛˈvɪst[ɪk]
mẹdia vita in morte sumus ˈme:di̯a ˈvi:ta ɪn ˈmɔrtə ˈzu:mʊs
Mediceer mediˈtse:ɐ, *auch:* ...ˈtʃe:ɐ
mediceisch, M... mediˈtse:ɪʃ, *auch:* ...ˈtʃe:ɪʃ
Mẹdici ˈme:ditʃi, *it.* ˈmɛ:d...
Medicina *it.* mediˈtʃi:na
Mẹdicine Hat *engl.* ˈmɛdsɪn ˈhæt
Médicis *fr.* mediˈsis
[1]**Mẹdien** ˈme:di̯ən
[2]**Medien** vgl. [1]Media u. Medium
mediieren mediˈi:rən
Medikament medikaˈmɛnt
medikamentös medikamɛnˈtø:s, **-e** ...ø:zə
Medikaster mediˈkastɐ
Medikation medikaˈtsi̯o:n
Mẹdikus ˈme:dikʊs, **...izi** ...itsi
Medill *engl.* məˈdɪl
Međimurje vgl. Medjimurje
Medin *schwed.* məˈdi:n
Medina meˈdi:na, *engl. Ohio, New York* məˈdaɪnə; *span.* meˈðina, *ung.* ˈmɛdinɔ
Medinaceli *span.* meðinaˈθeli
Medina Sidonia *span.* meˈðina siˈðoni̯a
Médine *fr.* meˈdin
Medinet Habu meˈdi:nɛt ˈha:bu
Mẹdingen ˈme:dɪŋən
mẹdio, M... ˈme:di̯o
medioker meˈdi̯o:kɐ
Mediokrität medi̯okriˈtɛ:t
Mediolanum medi̯oˈla:nʊm
Mediothek medi̯oˈte:k
Mediozentrum medi̯oˈtsɛntrʊm
Medisance mediˈzã:sə
medisant mediˈzant
medisieren mediˈzi:rən
Meditation meditaˈtsi̯o:n
meditativ meditaˈti:f, **-e** ...i:və
mediterran mediteˈra:n
Méditerranée *fr.* meditɛraˈne
Mediterraneo *it.* mediterˈra:neo
Mediterráneo *span.* meðiteˈrraneo
meditieren mediˈti:rən
Mẹdium ˈme:di̯ʊm, **...ien** ...i̯ən
Mediumismus medi̯uˈmɪsmʊs
mediumistisch medi̯uˈmɪstɪʃ
Mẹdius ˈme:di̯ʊs
Medizi vgl. Medikus
Medizin mediˈtsi:n
Medizinalrat meditsiˈna:lra:t
Mediziner mediˈtsi:nɐ
medizinisch mediˈtsi:nɪʃ
Mẹdjedja, Mẹđeđa *serbokr.* ˌmɛdzɛdza
Medjerda *fr.* mɛdʒɛrˈda
Medjimurje, Međimurje *serbokr.* mɛˌdzimu:rjɛ
Mẹdjureč, Mẹđureč *serbokr.* ˈmɛdzurɛ:tʃ
Medjurečje, Međurečje *serbokr.* mɛˌdzurɛ:tʃjɛ
Mẹdjurič, Mẹđurič *serbokr.* ˈmɛdzuri:tʃ
Mẹdkowez, Medkovec *bulgar.* ˈmɛtkovɛts
Mẹdley *engl.* ˈmɛdlɪ
Mednogorsk *russ.* mɪdnaˈgɔrsk
Mẹdny Ostrow, Mednyj Ostrov *russ.* ˈmjɛdnɨj ˈɔstrɐf
Mẹdo *serbokr.* ˌmɛ:dɔ
Medoc meˈdɔk
Médoc *fr.* meˈdɔk
Medrano *span.* meˈðrano
Mẹdres[s]e ˈmɛdrɛsə
Mẹdschlis ˈmɛdʒlɪs
Mẹdtner ˈmɛtnɐ
Medulla meˈdʊla
medullär medʊˈlɛ:ɐ̯
Mẹđureč vgl. Medjureč
Međurečje vgl. Medjurečje
Mẹđurič vgl. Medjurič
Medusa meˈdu:za
Meduse meˈdu:zə
medusisch meˈdu:zɪʃ
Mẹdveđa vgl. Medvedja
Medvedev vgl. Medwedew
Mẹdvedgrad *serbokr.* ˌmɛdvɛdgra:d
Medvedica vgl. Medwediza
Mẹdvedja, Mẹdveđa *serbokr.* ˌmɛdvɛdza
Mẹdvednica *serbokr.* ˌmɛdvɛdnitsa
Medvež'egorsk vgl. Medweschjegorsk
Mẹdwall *engl.* ˈmɛdwɔ:l
Mẹdway *engl.* ˈmɛdweɪ
Medwedew, Medvedev *russ.* mɪdˈvjedɪf
Medwediza, Medvedica *russ.* mɪdˈvjeditsɐ
Medweschjegorsk, Medvež'egorsk *russ.* mɪdvɪʒɪˈgɔrsk
[1]**Medyn, Medyn'** (Stadt) *russ.* mɪˈdɨnj
[2]**Mẹdyn, Medyn'** (Komponist) *russ.* ˈmjɛdɨnj
Mee *engl.* mi:
Meeder ˈme:dɐ
Meegeren *niederl.* ˈme:xərə
Meek *engl.* mi:k
Meel *niederl.* me:l
Meer me:ɐ̯ *niederl.* me:r
Meerane meˈra:nə
Meerbeke *niederl.* ˈme:rbe:kə
Meerholz ˈme:ɐ̯hɔlts
Meerhout *niederl.* ˈme:rhɔu̯t
Meerle *niederl.* ˈme:rlə
Meerlo *niederl.* ˈme:rlo:
Meermann *niederl.* ˈme:rmɑn
Meersburg ˈme:ɐ̯sbʊrk, **-er** ...rgɐ
Meerssen *niederl.* ˈme:rsə
Meerut *engl.* ˈmɪərət
meerwärts ˈme:ɐ̯vɛrts
Mees *niederl.* me:s
Meesow ˈme:zo
Meester *niederl.* ˈme:stər

Meeting 'mi:tɪŋ
Meeuwen *niederl.* 'me:wə
Mefistofele *it.* mefis'tɔ:fele
mefitisch me'fi:tɪʃ
Mefodi, Mefodij *russ.* mɪ'fɔdij
Meg *engl.* mɛg
Megaceros me'ga:tserɔs
Megahertz mega'hɛrts, 'me:...
Megalaspis mega'laspɪs
Megalenzephalie megalɛntsefa'li:
Megalith mega'li:t, *auch:* ...lɪt
Megalithiker mega'li:tikɐ, *auch:* ...lɪt...
Megaloblast megalo'blast
Megalodon me'ga:lodɔn
Megalokephalie megalokefa'li:
megaloman megalo'm:an
Megalomanie megaloma'ni:, **-n** ...i:ən
Megalopolis mega'lo:polɪs, *engl.* mɛgə'lɔpəlɪs
Megalopsie megalɔ'psi:
Megalosaurus megalo'zau̯rʊs
Megalozephalie megalotsefa'li:
Megalozyte megalo'tsy:tə
Meganeura mega'nɔy̯ra
Meganthropus me'gantropʊs
Megantic *engl.* mə'gæntɪk
Megaohm mega'|o:m, 'me:...
Megaphon mega'fo:n
Megara 'me:gara, *neugr.* 'mɛɣara
Megäre me'gɛ:rə
Megariker me'ga:rikɐ
Megaron 'me:garɔn, **...ra** ...ra
Megasthenes me'gastenɛs
Megatherium mega'te:ri̯ʊm, **...ien** ...i̯ən
Megaureter mega|u're:tɐ
Megawatt mega'vat, 'me:...
Megen *niederl.* 'me:xə
Megenberg 'me:gn̩bɛrk
Megerle 'me:gɐlə
Megève *fr.* mə'ʒɛ:v, me...
Meggendorfer 'mɛgn̩dɔrfɐ
Meggy *engl.* 'mɛgɪ
Megiddo me'gɪdo
Megilloth megɪ'lo:t
Meglinger 'me:glɪŋɐ
Megohm me:k'|o:m, '––
Megrue *engl.* mə'gru:
Mehabad *pers.* meha'ba:d
Mehaigne *fr.* mə'ɛɲ, me'ɛɲ
Mehderitzsch 'me:dərɪtʃ
Mehemed 'me:hemɛt, mehe'mɛt
Meherrin *engl.* mə'hɛrɪn
Mehl[em] 'me:l[əm]
mehlig 'me:lɪç, **-e** ...ɪgə
Mehlis 'me:lɪs
Mehlsack 'me:lzak
Mehltau 'me:ltau̯
Mehlteuer 'me:ltɔy̯ɐ
Mehmed 'mɛçmɛt, –'–
Mehmet *alban.* 'mehmet
Mehnert 'me:nɐt
mehr me:ɐ̯
Mehrabad *pers.* mehra'ba:d
mehren 'me:rən
mehrere 'me:rərə
mehrerlei 'me:rɐ'lai̯
mehrfach 'me:ɐ̯fax
Mehri 'me:ri
Mehring 'me:rɪŋ
mehrmalig 'me:ɐ̯ma:lɪç, **-e** ...ɪgə
mehrmals 'me:ɐ̯ma:ls
Mehrum 'me:rʊm
Mehti me'ti:
Méhul *fr.* me'yl
Mehun-sur-Yèvre *fr.* məœ̃sy'rjɛ:vr
Mei, Mej *russ.* mjej
Meibom 'mai̯bo:m
Meid mai̯t
Meidan-i-Naftun *pers.* mei̯'da:nenæf'tu:n
meiden 'mai̯dn̩, **meid!** mai̯t
Meiderich 'mai̯dərɪç
Meidias 'mai̯di̯as
Meidling 'mai̯dlɪŋ
Meidner 'mai̯tnɐ
Meidschi 'me:dʒi
Meien[dorf] 'mai̯ən[dɔrf]
Meienreuß 'mai̯ənrɔy̯s
Meier 'mai̯ɐ, *engl.* 'maɪə, *bras.* 'mejer
Meierei mai̯ə'rai̯
Meighen *engl.* 'mi:ən
Meigs *engl.* mɛgz
Meije, La *fr.* la'mɛ:ʒ
Meijel *niederl.* 'mɛi̯əl
Meike 'mai̯kə
Meikle *engl.* mi:kl
Meil[e] 'mai̯l[ə]
Meilen 'mai̯lən
meilenlang 'mai̯lənlaŋ, *auch:* '–––'–
meilenweit 'mai̯lənvai̯t, *auch:* '–––'–
Meiler 'mai̯lɐ
Meilhac *fr.* mɛ'jak
Meili 'mai̯li
Meilingen 'mai̯lɪŋən
Meillet *fr.* mɛ'jɛ
mein mai̯n
Meina[ld] mai̯na[lt]
Meinardus mai̯'nardʊs
Meinbod 'mai̯nbɔt
Meinberg 'mai̯nbɛrk
Meinders 'mai̯ndɐs
Meindl 'mai̯ndl̩
meine 'mai̯nə
Meinecke 'mai̯nəkə
Meineid 'mai̯n|ai̯t
meineidig 'mai̯n|ai̯dɪç, **-e** ...ɪgə
Meineke 'mai̯nəkə
meinen 'mai̯nən
meiner, M... 'mai̯nɐ
meinerseits 'mai̯nɐ'zai̯ts
Meinersen 'mai̯nɐzn̩
Meinertz 'mai̯nɐts
Meinerzhagen mai̯nɐts'ha:gn̩
meinesgleichen 'mai̯nəs'glai̯çn̩
meinesteils 'mai̯nəs'tai̯ls
meinethalben 'mai̯nət'halbn̩
meinetwegen 'mai̯nət've:gn̩
meinetwillen 'mai̯nət'vɪlən
Meineweh 'mai̯nəve:
Meingre *fr.* mɛ̃:gr
Meinhard 'mai̯nhart
Meinharde mai̯n'hardə
Meinhild 'mai̯nhɪlt
Meinhilde mai̯n'hɪldə
Meinhof 'mai̯nho:f
Meinhold 'mai̯nhɔlt
Meinicke 'mai̯nɪkə
meinige 'mai̯nɪgə
Meiningen 'mai̯nɪŋən
Meininger 'mai̯nɪŋɐ
meiningisch 'mai̯nɪŋɪʃ
Meinl 'mai̯nl̩
Meinloh 'mai̯nlo:
Meino 'mai̯no
Meinolf 'mai̯nɔlf
Meinong 'mai̯nɔŋ
Meinrad 'mai̯nra:t
Meinrade mai̯n'ra:də
Meinulf 'mai̯nʊlf
Meinung 'mai̯nʊŋ
Meiose mai̯'o:zə
Meiosis mai̯'o:zɪs
[1]Meir (dt. Name) 'mai̯ɐ
[2]Meir (isr. Name) me'i:ɐ̯
Meiran 'mai̯ra:n
Meiringen 'mai̯rɪŋən
Meise 'mai̯zə
Meisenbach 'mai̯zn̩bax
Meisenheim 'mai̯zn̩hai̯m
Meiser 'mai̯zɐ
Meißel 'mai̯sl̩
Meißeler 'mai̯səlɐ
meißeln 'mai̯sl̩n
Meißen 'mai̯sn̩
Meißener 'mai̯sənɐ
meißenisch 'mai̯sənɪʃ
Meissinger 'mai̯sɪŋɐ
Meißler 'mai̯slɐ
Meißner 'mai̯snɐ
meißnisch 'mai̯snɪʃ
Meissonier *fr.* mɛsɔ'nje
meist[ens] 'mai̯st[n̩s]
Meister[mann] 'mai̯stɐ[man]
meistern 'mai̯stɐn
Meistersänger 'mai̯stɐzɛŋɐ
Meisterschwanden 'mai̯stɐʃvandn̩
Meistersinger 'mai̯stɐzɪŋɐ
Meit[ner] 'mai̯t[nɐ]
Meitzen 'mai̯tsn̩
Meiuros 'mai̯urɔs, **...roi** ...rɔy̯
Meiurus mai̯'u:rʊs, **...ri** ...ri
Mej vgl. Mei
Mejer 'mai̯ɐ
Mejía *span.* mɛ'xia
Mejicanos *span.* mɛxi'kanɔs
Méjico *span.* 'mɛxiko
Mejillones *span.* mɛxi'ʎones
Meka *russ.* mɪ'ka
Mekka 'mɛka
Meknès *fr.* mɛk'nɛs
Mekong 'me:kɔŋ, *auch:* me'kɔŋ
Mekran *pers.* me'kra:n

Mẹl mɛl
Mẹla 'me:la, *span.* 'mela
Mélạc *fr.* me'lak
Melaena me'lɛ:na
Melajukuna melaju'ku:na
Melakonit melako'ni:t, *auch:* ...nɪt
Melamin mela'mi:n
Melạmpus me'lampʊs
Melạmpyrum me'lampyrʊm
Melancholie melaŋko'li:, **-n** ...i:ən
Melancholiker melaŋ'ko:likɐ
melancholisch melaŋ'ko:lɪʃ
Melạnchthon me'lançtɔn
Melạnder me'landɐ
Melaneside melane'zi:də
Melanẹsien mela'ne:zi̯ən
Melanẹsier mela'ne:zi̯ɐ
melanẹsisch mela'ne:zɪʃ
Melange me'lã:ʒə
Melạnia me'la:ni̯a
Melanide mela'ni:də
Melanie me'la:ni̯ə; *auch:* mela'ni:, 'me:lani
Mélanie *fr.* mela'ni
Melanin mela'ni:n
Melanịsmus mela'nɪsmʊs
Melanit mela'ni:t, *auch:* ...nɪt
Melanodermie melanodɛr'mi:, **-n** ...i:ən
Melanoglossie melanoglɔ'si:, **-n** ...i:ən
melanokrat melano'kra:t
Melanom mela'no:m
Melanophoren melano'fo:rən
Melanose mela'no:zə
Melanterit melante'ri:t, *auch:* ...rɪt
Melanurie melanu'ri:, **-n** ...i:ən
Melaphyr mela'fy:ɐ̯
Mẹlas 'me:las
Melạsma me'lasma, **-ta** -ta
Melạsse me'lasə
Melastomazeen melastoma'tse:ən
Melayu *indon.* mə'laju
Mẹlba 'mɛlba, *engl.* 'mɛlbə
Mẹlber 'mɛlbɐ
Mẹlbourne 'mɛlbɐn, *engl.* 'mɛlbən
Mẹlcher 'mɛlçɐ
Mẹlchers 'mɛlçɐs, *engl.* 'mɛltʃəz
Mẹlchett *engl.* 'mɛltʃɪt
Mẹlchior 'mɛlçi̯ɔr, *fr.* mɛl'kjɔ:r, *dän.* 'mɛl'kiɔr
Melchiorit mɛlçi̯o'ri:t
Melchisedek mɛlçi'ze:dɛk, *auch:* mɛl'çi:zedɛk
Melchit mɛl'çi:t
Melchọr *span.* mɛl'tʃɔr
Mẹlchsee 'mɛlçze:
Mẹlcht[h]al 'mɛlçta:l
Mẹlchter 'mɛlçtɐ
Mẹlcombe Regis *engl.* 'mɛlkəm 'ri:dʒɪs
Mẹlde 'mɛldə
Mẹldert *niederl.* 'mɛldərt
Mẹldola *it.* 'mɛldola
Mẹldorf 'mɛldɔrf
Mẹle *it.* 'mɛ:le
Meleager mele'a:gɐ
Meleagrina melea'gri:na
Meleagros mele'a:grɔs
Mẹleda *it.* 'mɛ:leda
Melegnano *it.* melen'na:no
Melekẹss *russ.* mɪlɪ'kjɛs
Mẹlenci *serbokr.* 'mɛlɛ:ntsi
Meléndez *span.* me'lendɛθ
Mẹlenki *russ.* 'mjelɪnki
Melẹschin, Melešin *russ.* mɪ'ljɛʃɨn
Meletianer mele'tsi̯a:nɐ
Melẹtius me'le:tsi̯ʊs
Mẹlfi *it.* 'mɛlfi
Melgaço *port.* mɛl'gasu, *bras.* mel...
Melgunọw, Mel'gunov *russ.* mɪlgu'nɔf
Mẹli *it.* 'mɛ:li
Meliazeen meli̯a'tse:ən
Melibọcus, Melibọkus meli'bo:kʊs
Mẹlich *ung.* 'mɛliç
Mẹlichar 'mɛlɪçar
Mẹlick *niederl.* 'me:lɪk
Mélida *span.* 'meliða
Melide *it.* me'li:de
melieren me'li:rən
Méliès *fr.* me'ljɛs
Mẹlik 'me:lɪk
Melikẹrtes meli'kɛrtɛs
Melikjạn *russ.* mɪli'kjan
Mẹlikow, Melikov *russ.* 'mjelikɐf
Melilith meli'li:t, *auch:* ...lɪt
Melilla *fr.* meli'ja, *span.* me'liʎa
Melịlli *it.* me'lilli
Melilotus meli'lo:tʊs
Melin *schwed.* mə'li:n
Melina me'li:na
Melịnda me'lɪnda
Meline me'li:nə
Méline *fr.* me'lin
Mélingue *fr.* me'lɛ̃:g
Melinit meli'ni:t, *auch:* ...nɪt
Melioration meli̯ora'tsi̯o:n
meliorieren meli̯o'ri:rən
Melipilla *span.* meli'piʎa
Mẹlis 'me:lɪs
Mélisande *fr.* meli'zã:d
mẹlisch 'me:lɪʃ
Melịsma me'lɪsma
Melismatik melɪs'ma:tɪk
melismatisch melɪs'ma:tɪʃ
melịsmisch me'lɪsmɪʃ
Melịssa me'lɪsa
Melịsse me'lɪsə
Melissin melɪ'si:n
Melịssos me'lɪsɔs
Melịssus me'lɪsʊs
Melitene meli'te:nə, *B* ...ne
[1]**Mẹlito** (Apologet) 'me:lito
[2]**Melito** (Irpino, Napoli) *it.* me'li:to
Mẹlito di Pọrto Sạlvo *it.* 'mɛ:lito di 'pɔrto 'salvo
Melitọpol, Melitopol' *russ.* mɪli'tɔpɐlj
Melịtta me'lɪta
Mẹlius *ung.* 'me:lius
mẹlk, M... mɛlk
Mẹlkart 'mɛlkart
mẹlken 'mɛlkn̩
Melkerei mɛlkə'rai̯
Mẹlksham *engl.* 'mɛlksəm
Mẹll mɛl
Mẹlle *dt., niederl.* 'mɛlə
Mẹllefont 'mɛləfɔnt
Mẹllen[see] 'mɛlən[ze:]
Mellentin mɛlən'ti:n
Mellerọwicz mɛlə'ro:vɪts
Mẹllerup *dän.* 'mɛl'ərob
Mellin mɛ'li:n
Mellin de Saint-Gelais *fr.* mɛlɛ̃dsɛ̃'ʒlɛ
Mellit me'li:t, *auch:* ...lɪt
Mẹllo *port., bras.* 'mɛlu
Mẹllon *engl.* 'mɛlən
Mẹllösa *schwed.* ˌmɛlø:sa
Mẹllrichstadt 'mɛlrɪçʃtat
Mẹllum 'mɛlʊm
Mẹlnik 'mɛlnɪk, *bulgar.* 'mɛlnik
Mělník *tschech.* 'mjɛlnji:k
Mẹlnikow, Mel'nikov *russ.* 'mjeljnikɐf
Melnikowit mɛlniko'vi:t, *auch:* ...vɪt
Mẹlo *span.* 'melo, *port., bras.* 'mɛlu
Melọdica me'lo:dika
Melodie melo'di:, **-n** ...i:ən
Melọdik me'lo:dɪk
Melọdiker me'lo:dikɐ
Melọdion me'lo:di̯ɔn
melodiös melo'di̯ø:s, **-e** ...ø:zə
melọdisch me'lo:dɪʃ
Melodịst melo'dɪst
Melodram[a] melo'dra:m[a]
Melodramatik melodra'ma:tɪk
melodramatisch melodra'ma:tɪʃ
Melomane melo'ma:nə
Melomanie meloma'ni:
Melomimik melo'mi:mɪk
Melone me'lo:nə
Meloney *engl.* mə'loʊnɪ
Melonit melo'ni:t, *auch:* ...ɪt
Melophon melo'fo:n
Melopöie melopø'i:
[1]**Mẹlos** (Melodie) 'me:lɔs
[2]**Mẹlos** (Insel) 'me:lɔs, *neugr.* 'milɔs
Meloschise melo'sçi:zə
Melotypie meloty'pi:
Melọzzo *it.* me'lɔttso
Melpọmene mɛl'po:mene
Mẹlrakkasléttà *isl.* 'mɛlrahkasljɛhta
Mẹlrose *engl.* 'mɛlroʊz
Mẹls mɛls

Mẹlsbroek *niederl.* 'mɛlzbru:k
Mẹlsele *niederl.* 'mɛlse:lə
Mẹlsheimer 'mɛlshai̯mɐ
Mẹlsungen 'mɛlzʊŋən
Mẹltau 'me:ltau̯
Mẹltham *engl.* 'mɛlθəm
Mẹlton [Mọwbray] *engl.* 'mɛltən ['moʊbreɪ]
Mẹltzer 'mɛltsɐ
Melun *fr.* mə'lœ̃
Melusine melu'zi:nə
Melvil[le] *engl.* 'mɛlvɪl, *fr.* mɛl'vil
Mẹlvindale *engl.* 'mɛlvɪndeɪl
Mélykút *ung.* 'me:jku:t
Mẹlzenthin 'mɛltsn̩ti:n
Mẹlzi *it.* 'mɛltsi
Mẹm *schwed.* mɛm
Mẹmber of Parliament *engl.* 'mɛmbə əv 'pɑ:ləmənt
Membran[e] mɛm'bra:n[ə]
Membranophon mɛmbrano'fo:n
Mẹmbrum 'mɛmbrʊm, **...ra** ...ra
Mẹmbrum virile 'mɛmbrʊm vi'ri:lə
Mẹmel 'me:ml̩
Mẹmeler 'me:məlɐ
Memẹnto me'mɛnto
memẹnto mori! me'mɛnto 'mo:ri
Mẹmleben 'mɛmle:bn̩
Mẹmlinc *niederl.* 'mɛmlɪŋk
Mẹmling *niederl.* 'mɛmlɪŋ
Mẹmme 'mɛmə
mẹmmeln 'mɛml̩n
Mẹmmert 'mɛmɐt
Mẹmmi *it.* 'mɛmmi
Mẹmmingen 'mɛmɪŋən
Mẹmnon 'mɛmnɔn
Memoire[n] me'moa:rə[n]
Memorabilien memora'bi:li̯ən
Memorandum memo'randʊm, **...da** ...da
¹Memorial memo'ri̯a:l, **-ien** ...i̯ən
²Memorial (Sport) *engl.* mɪ'mɔ:rɪəl
memorieren memo'ri:rən
Mẹmphis *dt., engl.* 'mɛmfɪs
Mẹmphis Five *engl.* 'mɛmfɪs 'faɪv
Mẹna *span.* 'mena
Menächmen me'nɛçmən
Menado *indon.* mə'nado
Menage me'na:ʒə
Ménage *fr.* me'na:ʒ
Menagerie menaʒə'ri:, **-n** ...i:ən
Menaggio *it.* me'naddʒo
menagieren mena'ʒi:rən
Mẹnai *engl.* 'mɛnaɪ
Menaldumadeel *niederl.* me:nɑldʏma:'de:l
Mẹnam 'me:nam
Menander me'nandɐ
Menandros me'nandrɔs
Menant *fr.* mə'nã
Menäon me'nɛ:ɔn
Menarche me'narçə
Ménard *fr.* me'na:r
Mẹnas 'me:nas
Menasha *engl.* mə'næʃə
Menäum me'nɛ:ʊm
Mẹnčetić *serbokr.* 'mɛntʃɛtitɕ
Mẹncius 'mɛntsi̯ʊs
Mẹncke 'mɛŋkə
Mẹncken 'mɛŋkn̩, *engl.* 'mɛŋkɪn
Mendaña *span.* men'daɲa
¹Mẹnde (Familienname, Volk) 'mɛndə
²Mende (Ort) *fr.* mã:d
Mẹndel 'mɛndl̩
Mẹndele 'mɛndələ
Mendelejew, Mendeleev *russ.* mɪndɪ'ljejɪf
Mendelevium mɛnde'le:vi̯ʊm
Mendelismus mɛnde'lɪsmʊs
mẹndeln 'mɛndl̩n, **mẹndle** 'mɛndlə
Mẹndelsohn 'mɛndl̩zo:n
Mẹndelssohn-Bartholdy 'mɛndl̩szo:nbar'tɔldi
Mẹnden 'mɛndn̩
Mẹndenhall *engl.* 'mɛndənhɔ:l
Mẹnderes *türk.* 'mɛndɛrɛs
Mẹndes 'mɛndɛs, *port.* 'mendɪʃ
Mendès *fr.* mɛ̃'dɛs
Méndez *span.* 'mendeθ
Mendikant mɛndi'kant
Mẹndip *engl.* 'mɛndɪp
Mendizábal *span.* mendi'θaβal
Mẹndl 'mɛndl̩
Mẹndling 'mɛndlɪŋ
Mẹndo *span.* 'mendo
Mẹndola *it.* 'mɛndola
Mendonça *bras.* men'dõsa
Mendota *engl.* mɛn'doʊtə
Mendoza *span.* men'doθa
Mendrisio *it.* men'dri:zi̯o
Mendschil *pers.* mæn'dʒi:l
Menecrates me'ne:kratɛs
Meneely *engl.* mə'ni:lɪ
Meneghini *it.* mene'gi:ni
Menelaos mene'la:ɔs
Menelaus mene'la:ʊs
Menelik 'me:nelɪk, *auch:* 'mɛn...
Menen *niederl.* 'me:nə, *engl.* 'mɛnən
Menéndez *span.* me'nendeθ
Menenius me'ne:ni̯ʊs
Menẹptah me'nɛpta
Ménerville *fr.* menɛr'vil
Mẹnes 'me:nɛs
Menẹstheus me'nɛstɔy̯s
Menestrel menɛs'trɛl
Menetekel mene'te:kl̩
Menezes *port.* mə'nezɪʃ, *bras.* me'nezis
Mẹnfi *it.* 'mɛnfi
Mẹnge[de] 'mɛŋə[də]
Mẹngelberg 'mɛŋl̩bɛrk, *niederl.* ...rx
mẹngen, M... 'mɛŋən
Mẹngene *türk.* 'mɛngɛnɛ
Mẹnger 'mɛŋɐ
Mẹngerschied 'mɛŋɐʃi:t
Mẹngersgereuth 'mɛŋɐsgərɔy̯t
Menghin mɛŋ'gi:n
Mengkofen mɛŋ'ko:fn̩
Mẹngs mɛŋs
Mẹngsel 'mɛŋzl̩
Mẹng-tse 'mɛŋtsə
Menhaden mɛn'he:dn̩
Mẹnhir 'mɛnhɪr
Meni me'ni:
Ménière *fr.* me'njɛ:r
Menin *fr.* mə'nɛ̃
meningeal menɪŋge'a:l
Meningen vgl. Meninx
Meninges vgl. Meninx
Meningitis menɪŋ'gi:tɪs, **...itiden** ...gi'ti:dn̩
Meningoenzephalitis menɪŋgo|ɛntsefa'li:tɪs, **...itiden** ...li'ti:dn̩
Meningokokken menɪŋgo'kɔkn̩
Meningomyelitis menɪŋgomy̆e'li:tɪs, **...itiden** ...li'ti:dn̩
Meningozele menɪŋgo'tse:lə
Mẹninx 'me:nɪŋks; **...nges** me'nɪŋge:s, **...ngen** me'nɪŋən
Menipp me'nɪp
menippisch, M... me'nɪpɪʃ
Menippos me'nɪpɔs
Menippus me'nɪpʊs
Meniskenglas me'nɪskn̩gla:s
Meniskus me'nɪskʊs
Mẹnius 'me:ni̯ʊs
Mẹnjou 'mɛnʒu, *engl.* mɑ:n'ʒu:
Menkauhor mɛŋkau̯'ho:ɐ̯
Menkaure mɛŋkau̯'re:
Menkẹnke mɛŋ'kɛŋkə
Mẹnlo *engl.* 'mɛnloʊ
Mẹnn[ige] 'mɛn[ɪgə]
Mennighüffen mɛnɪç'hʏfn̩
mẹnnigrot 'mɛnɪçro:t
Mẹnno 'mɛno, *niederl.* 'mɛno:
Mennonit mɛno'ni:t
mẹno 'me:no
Menocal *span.* meno'kal
Menologien meno'lo:gi̯ən
Menominee *engl.* mə'nɔmɪnɪ
Menominie *engl.* mə'nɔmɪnɪ
Menomonie *engl.* mə'nɔmənɪ
Mẹnon *engl.* 'mɛnən
Menopause meno'pau̯zə
Menora meno'ra:
Menorca *span.* me'nɔrka
Menorrhagie menɔra'gi:, **-n** ...i:ən
Menorrhö, ...öe menɔ'rø:, **...rrhöen** ...'rø:ən
menorrhöisch menɔ'rø:ɪʃ
Menostase meno'sta:zə
Menotti *it.* me'nɔtti
Menou *fr.* mə'nu
Mẹnpes *engl.* 'mɛmpɪs
Mẹnsa 'mɛnza
Mẹnsa academica 'mɛnza aka'de:mika, **...sae ...cae** ...zɛ ...tsɛ

Mensalgut mɛnˈza:lgu:t

Mensch mɛnʃ

menschenmöglich ˈmɛnʃn̩ˈmø:klɪç

Menschenskind! ˈmɛnʃn̩skɪnt

Menschewik mɛnʃeˈvɪk, **-i** ...ki

Menschewismus mɛnʃeˈvɪsmʊs

Menschewist mɛnʃeˈvɪst

Menschikow, Menšikov *russ.* ˈmjɛnʃɨkɐf

Mensching ˈmɛnʃɪŋ

Menschinski, Menžinskij *russ.* mɪnˈʒɨnskij

menschlich ˈmɛnʃlɪç

Menschutkin, Menšutkin *russ.* mɪnˈʃutkin

Mensdorf[f] ˈmɛnsdɔrf

Mensel ˈmɛnzl̩

Menselinsk, Menzelinsk *russ.* mɪnzɪˈlɪnsk

mensendiecken ˈmɛnzn̩di:kn̩

Menses ˈmɛnze:s

Menšikov vgl. Menschikow

mensis currentis ˈmɛnzɪs kʊˈrɛntɪs

mens sana in corpore sano ˈmɛns ˈza:na ɪn ˈkɔrpɔrə ˈza:no

menstrual mɛnstruˈa:l

Menstruation mɛnstruaˈtsi̯o:n

menstruieren mɛnstruˈi:rən

Menstruum ˈmɛnstruʊm, **...rua** ...ua

mensual mɛnˈzu̯a:l

Mensul ˈmɛnzʊl

Mensur mɛnˈzu:ɐ̯

mensurabel mɛnzuˈra:bl̩, **...ble** ...blə

Mensurabilität mɛnzurabiliˈtɛ:t

mensural mɛnzuˈra:l

mensuriert mɛnzuˈri:ɐ̯t

Menšutkin vgl. Menschutkin

mental mɛnˈta:l

Mentalismus mɛntaˈlɪsmʊs

Mentalität mɛntaliˈtɛ:t

mente captus ˈmɛntə ˈkaptʊs

Mentelin ˈmɛntəli:n

Mentha ˈmɛnta

Menthol mɛnˈto:l

Ment[h]on *fr.* mãˈtõ

Mentone *it.* menˈto:ne

Mentor ˈmɛntɔr, **-en** ...ˈto:rən

Mentuhotep mɛntuˈho:tɛp

Mentzer ˈmɛntsɐ

Menü meˈny:

Menuett meˈnu̯ɛt

Menuhin ˈmɛnuhi:n, *auch:* mɛnuˈhi:n, *engl.* ˈmɛnjʊɪn, ˈmɛnʊɪn

Menz[el] ˈmɛnts[l̩]

Menzelen ˈmɛntsələn

Menzelinsk vgl. Menselinsk

Menzer ˈmɛntsɐ

Menzies *engl.* ˈmɛnzɪz

Menziken ˈmɛntsɪkn̩

Menzingen ˈmɛntsɪŋən

Menžinski vgl. Menschinski

Mephisto meˈfɪsto

Mephistopheles mefɪsˈto:felɛs

mephistophelisch mefɪstoˈfe:lɪʃ

Mephitis meˈfi:tɪs

Meppel *niederl.* ˈmɛpəl

Meppen ˈmɛpn̩

Mera *span.* ˈmera

Merak *indon.* məˈrak

Meran[er] meˈra:n[ɐ]

Meranien meˈra:ni̯ən

Merano *it.* meˈra:no

Merapi *indon.* məˈrapi

Merage *pers.* mærɑˈɢe

Merauke *indon.* məˈrau̯ke

Merbabu *indon.* mərˈbabu

Mercadante *it.* merkaˈdante

Mercadier *fr.* mɛrkaˈdje

Mercado mɛrˈka:do

Mercantour *fr.* mɛrkãˈtu:r

Mercati *it.* merˈka:ti

Mercato *it.* merˈka:to

Mercator mɛrˈka:tɔr

Mercé *span.* mɛrˈθe

Merced *engl.* məˈsɛd

Mercedal *span.* mɛrθeˈðal

Mercedario *span.* mɛrθeˈðari̯o

Mercedes mɛrˈtse:dɛs; *engl.* məˈsi:dɪz, *span.* mɛrˈθeðes

Mercer *engl.* ˈmə:sə

Mercerie mɛrsəˈri:, **-n** ...i:ən

Mercerisation mɛrtsərizaˈtsi̯o:n

mercerisieren mɛrtsəriˈzi:rən

Merchandising *engl.* ˈmə:tʃəndaɪzɪŋ

Merchant adventurers *engl.* ˈmə:tʃənt ədˈvɛntʃərəz

Merchant bankers *engl.* ˈmə:tʃənt ˈbæŋkəz

Merchtem *niederl.* ˈmɛrxtəm

Merchweiler ˈmɛrçvai̯lɐ

merci! mɛrˈsi:, *fr.* mɛrˈsi

Mercia ˈmɛrtsi̯a, *engl.* ˈmə:ʃjə

Mercié, Mercier *fr.* mɛrˈsje

Merck mɛrk

Mercœur *fr.* mɛrˈkœ:r

Mercure *fr.* mɛrˈky:r

Mercure de France *fr.* mɛrkyrdəˈfrã:s

Mercurio *span.* mɛrˈkuri̯o

Mercurius mɛrˈku:ri̯ʊs

Mercury *engl.* ˈmə:kjʊrɪ

Mercutio mɛrˈku:tsi̯o

Mercy mɛrˈsi:, *fr.* mɛrˈsi

Mercy d'Argenteau *fr.* mɛrsidarʒãˈto

Mer de Glace *fr.* mɛrdəˈglas

Méré *fr.* meˈre

Mereau meˈro:

Mereckov vgl. Merezkow

[1]**Meredith** (Schach) ˈmɛrədɪt

[2]**Meredith** (Name) *engl.* ˈmɛrədɪθ

Merelbeke *niederl.* ˈme:rəlbe:kə

Merenre merɛnˈre:

Mereruka mereˈru:ka

Meres *engl.* mɪəz

Mereschkowski, Merežkovskij *russ.* mɪrɪʃˈkɔfskij

Merete *dän.* meˈre:ˀdə

Merezkow, Mereckov *russ.* mɪrɪtsˈkɔf

Merg mɛrk

Mergel ˈmɛrgl̩

merg[e]lig ˈmɛrg[ə]lɪç, **-e** ...ɪgə

Mergenthaler ˈmɛrgn̩ta:lɐ

Mergentheim ˈmɛrgn̩thai̯m

Meriam *engl.* ˈmɛrɪəm

Merian ˈme:ri̯an

Merici *it.* meˈri:tʃi

Méricourt *fr.* meriˈku:r

Mérida *span.* ˈmeriða

Meride *it.* ˈmɛ:ride

Meriden *engl.* ˈmɛrɪdən

[1]**Meridian** meriˈdi̯a:n

[2]**Meridian** (Name) *engl.* məˈrɪdɪən

meridional meridi̯oˈna:l

Meridionalität meridi̯onaliˈtɛ:t

Merienre meri̯ɛnˈre:

Merigi *it.* meˈri:dʒi

Mérignac *fr.* meriˈɲak

Merikanto *finn.* ˈmɛrikantɔ

Merikare merikaˈre:

Merikarvia *finn.* ˈmɛrikarvia

Méril *fr.* meˈril

Meriluoto *finn.* ˈmɛriluo̯tɔ

Mérimée *fr.* meriˈme

Měřín *tschech.* ˈmjɛrʒi:n

Merina meˈri:na

Mering ˈme:rɪŋ

Meringe meˈrɪŋə

Meringel meˈrɪŋl̩

Merinide meriˈni:də

[1]**Merino** (Schaf) meˈri:no

[2]**Merino** (Name) *span.* meˈrino

Merionethshire *engl.* mɛrɪˈɔnɪθʃɪə

Merire meriˈre:

Meristem merɪsˈte:m

meristematisch merɪsteˈma:tɪʃ

meritieren meriˈti:rən

Meritiotes merɪtˈjo:tɛs

meritorisch meriˈto:rɪʃ

Meritum ˈme:ritʊm, **Meriten** meˈri:tn̩

Merivale *engl.* ˈmɛrɪveɪl

Merk mɛrk

Mérk *ung.* me:rk

merkantil[isch] mɛrkanˈti:l[ɪʃ]

Merkantilismus mɛrkantiˈlɪsmʊs

Merkantilist mɛrkantiˈlɪst

Merkatz ˈme:ɐ̯kats

Merkau ˈmɛrkau̯

Merkel ˈmɛrkl̩

merken ˈmɛrkn̩

Merker ˈmɛrkɐ

Merkle ˈmɛrklə

merklich ˈmɛrklɪç

Merklín *tschech.* ˈmɛrkli:n

Merkmal ˈmɛrkma:l

Merksem *niederl.* ˈmɛrksəm

Merkulo ˈmɛrkulo

Merkur mɛrˈku:ɐ̯

Merkuri, Merkurij *russ.* mɪrˈkurij

Merkurialismus mɛrkuri̯a'lɪsmʊs
Merkurow, Merkurov *russ.* mɪr'kurɐf
Merl mɛrl
Merlan mɛr'la:n
[1]**Merle** (Amsel) 'mɛrlə
[2]**Merle** (Name) *fr.* mɛrl, *engl.* mə:l
Merleau-Ponty *fr.* mɛrlopõ'ti
Merlebach *fr.* mɛrlə'bak
Merle d'Aubigné *fr.* mɛrlədobi'ɲe
Merlenbach 'mɛrlənbax
Merlin mɛr'li:n, *auch:* '− −; *fr.* mɛr'lɛ̃
Merlino *it.* mer'li:no
Merljakow, Merljakov *russ.* mɪrlɪ'kɔf
Mermoz *fr.* mɛr'mo:z
Mermnade mɛrm'na:də
Mernephtah mɛr'nɛfta
Mernye *ung.* 'mɛrnjɛ
Mérode *fr.* me'rɔd
Meroe 'me:roe
meroitisch mero'i:tɪʃ
Merope 'me:rope
Merowinger 'me:rovɪŋɐ
merowingisch 'me:rovɪŋɪʃ
Merozele mero'tse:lə
Merriam *engl.* 'mɛrɪəm
Merrick *engl.* 'mɛrɪk
Merrill *engl.* 'mɛrɪl
Merriman *engl.* 'mɛrɪmən
Merritt *engl.* 'mɛrɪt
Merry *engl.* 'mɛrɪ
Mersch mɛrʃ
Merschejewski, Merževskij *russ.* mɪrʒə'jɛfskij
Merseburg 'mɛrzəbʊrk, **-er** ...rgɐ
merseburgisch 'mɛrzəbʊrgɪʃ
Mers-el-Kébir *fr.* mɛrsɛlke'bi:r
Mersenne *fr.* mɛr'sɛn
Mersey *engl.* 'mə:zɪ
Mersin *türk.* 'mɛrsin
Mersmann 'mɛrsman
Merson *fr.* mɛr'sõ
Merten 'mɛrtn̩
Mertha 'mɛrta
Merthyr Tydfil *engl.* 'mə:θə 'tɪdvɪl
Mértola *port.* 'mɛrtulɐ
Merton 'mɛrtɔn, *engl.* mə:tn
Meru 'me:ru
Méru *fr.* me'ry
Merula 'me:rula, *niederl.* 'me:ry:la:
Merulo *it.* 'mɛ:rulo
Merunen me'ru:nən
Merveilleuse, -s *fr.* mɛrvɛ'jø:z
Merveilleux mɛrvɛ'jø:
Merville *fr.* mɛr'vil
Merw, Merv *russ.* mjɛrf
Merwanide mɛrva'ni:də
Merwede *niederl.* 'mɛrwe:də
Merwin *engl.* 'mə:wɪn
Merx[leben] 'mɛrks[le:bn̩]
Méry *fr.* me'ri
Meryon *fr.* me'rjõ
Merz[alben] 'mɛrts[|albn̩]
Merzbacher 'mɛrtsbaxɐ
Meržeevskij vgl. Merschejewski
Merzerisation mɛrtsəriza'tsi̯o:n
merzerisieren mɛrtsəri'zi:rən
Merzig 'mɛrtsɪç
Merzkirchen 'mɛrtskɪrçn̩
Merzwiese mɛrts'vi:zə
Mesa 'me:za, *engl.* 'meɪsə, *span.* 'mesa
Mesabi *engl.* mə'sɑ:bɪ
Mesagne *it.* me'zaɲɲe
Mesalliance meza'li̯ã:s, **-n** ...sn̩
Mesão Frio *port.* mə'zɐ̃ŭ 'friu
Mesaortitis mezaɔr'ti:tɪs, **...itiden** ...ti'ti:dn̩
Meščaninov vgl. Meschtschaninow
Mesch *niederl.* mɛs
meschant me'ʃant
Meschede 'mɛʃədə
Meschendörfer 'mɛʃn̩dœrfɐ
Meschhed *pers.* mæʃ'hæd
Meschkow, Meškov *russ.* mɪʃ'kɔf
Meschow, Mežov *russ.* mɪ'ʒɔf
Meschtschaninow, Meščaninov *russ.* mɪʃtʃɪ'ninɐf
Meschtschere mɛʃ'tʃe:rə
Meschtschowsk, Meščovsk *russ.* mɪ'ʃtʃɔfsk
meschugge me'ʃʊgə
Mescit *türk.* mɛs'dʒit
Mesdag *niederl.* 'mɛzdɑx
Mesdames vgl. Madame
Mesdemoiselles vgl. Mademoiselle
Mesdra, Mezdra *bulgar.* 'mɛzdra
Mesdsched-i-Suleiman *pers.* mæs'dʒedesolei̯'mɑ:n
Mesembrianthemum mezɛmbri'antemʊm
Mesen, Mezen' *russ.* mɪ'zjenj
Mesenchym mezɛn'çy:m
mesenchymal mezɛnçy'ma:l
mesenkephal mezɛnke'fa:l
Mesenkephalon mezɛn'ke:falɔn
Mesenterium mezɛn'te:ri̯ʊm
mesenzephal mezɛntse'fa:l
Mesenzephalitis mezɛntsefa'li:tɪs, **...itiden** ...li'ti:dn̩
Mesenzephalon mezɛn'tse:falɔn
Meseritz 'me:zərɪts
Meseta me'ze:ta, *span.* me'seta
Mesić (Ort) *serbokr.* ,mɛsitɕ
Meskalin mɛska'li:n
Meškov vgl. Meschkow
Mesmer 'mɛsmɐ
Mesmerismus mɛsmə'rɪsmʊs
Mesmes *fr.* mɛm
Mesner 'mɛsnɐ
Mesnerei mɛsnə'rai
Mesocco *it.* me'zɔkko
Mesoderm mezo'dɛrm
mesodermal mezodɛr'ma:l
Mesogastrium mezo'gastriʊm
Mesokarp mezo'karp
Mesokarpium mezo'karpi̯ʊm, **...ien** ...i̯ən
mesokephal mezoke'fa:l
Mesokephale mezoke'fa:lə
Mesokephalie mezokefa'li:
Mesoklima 'me:zokli:ma
Mesokolon mezo'ko:lɔn
Mesolcina *it.* mezol'tʃi:na
Mesolithikum mezo'li:tikʊm, *auch:* ...lɪt...
mesolithisch mezo'li:tɪʃ, *auch:* ...lɪt...
Mesolongion mezo'lɔŋgi̯ɔn
Mesometrium mezo'me:triʊm
Meson 'me:zɔn, **Mesonen** me'zo:nən
Mesonephros mezone'frɔs
Mesonero *span.* meso'nero
Mesophyll mezo'fʏl
Mesophyt mezo'fy:t
Mesophytikum mezo'fy:tikʊm
Mesopotamien mezopo'ta:mi̯ən
mesopotamisch mezopo'ta:mɪʃ
Mesosiderit mezozide'ri:t, *auch:* ...rɪt
Mesostenium mezo'ste:ni̯ʊm
Mesostichon me'zɔstɪçɔn, **...cha** ...ça
Mesotes me'zo:tɛs
Mesothorium mezo'to:ri̯ʊm
Mesotron 'me:zotrɔn, **-en** mezo'tro:nən
mesotyp mezo'ty:p
mesozephal mezotse'fa:l
Mesozephale mezotse'fa:lə
Mesozephalie mezotsefa'li:
Mesozoikum mezo'tso:ikʊm
mesozoisch mezo'tso:ɪʃ
Mesozone 'me:zotso:nə
Mesozoon mezo'tso:ɔn, **...oen** ...o:ən
Mespelbrunn mɛspl̩'brʊn
mesquin mɛs'kɛ̃:
Mesquinerie mɛskinə'ri:, **-n** ...i:ən
Mesquita *port.* mɪʃ'kitɐ
Mesrop mɛs'ro:p
Messa di voce 'mɛsa di 'vo:tʃə
Messager *fr.* mɛsa'ʒe
Messaggero *it.* messad'dʒɛ:ro
Messala mɛ'sa:la
Messalina mɛsa'li:na
Messaline mɛsa'li:nə
Messalla mɛ'sala
Messapien mɛ'sa:pi̯ən
messapisch mɛ'sa:pɪʃ
Messa voce 'mɛsa 'vo:tʃə
Messe 'mɛsə
Messel 'mɛsl̩
messen 'mɛsn̩, **meßt** mɛst
Messenger boy *engl.* 'mɛsɪndʒə 'bɔɪ
Messenhauser 'mɛsn̩hauzɐ

Messẹnien mɛˈseːni̯ən
messẹnisch mɛˈseːnɪʃ
Mẹsser ˈmɛsɐ
mẹsserschạrf ˈmɛsɐˈʃarf
Mẹsserschmidt, ...itt ˈmɛsɐʃmɪt
Messiạde mɛˈsi̯aːdə
Messiaen *fr.* mɛˈsjã
messiạnisch mɛˈsi̯aːnɪʃ
Messianịsmus mɛsi̯aˈnɪsmʊs
Messianịst mɛsi̯aˈnɪst
Messịas mɛˈsiːas
Messidọr mɛsiˈdoːɐ̯
Messiẹr *fr.* mɛˈsje
Messieurs vgl. Monsieur
Messịna mɛˈsiːna, *it.* mesˈsiːna
Mẹssing ˈmɛsɪŋ
mẹssingen ˈmɛsɪŋən
Mẹssius ˈmɛsi̯ʊs
Mẹssmer ˈmɛsmɐ, *fr.* mɛsˈmɛːr
Mẹßter ˈmɛstɐ
Mẹsta *bulgar.* ˈmɛsta
Mẹste ˈmɛstə
Městec Králové *tschech.* ˈmnjɛstɛts ˈkraːlɔvɛː
Mestịze mɛsˈtiːt͜sə
Mestlịn mɛsˈtliːn
mẹsto ˈmɛsto
Město Ạlbrechtice *tschech.* ˈmnjɛstɔ ˈalbrɛxtjitsɛ
Mẹstre *it.* ˈmɛstre
Mẹštrović *serbokr.* ˈmɛʃtrɔvitɕ
Mesusạ mezuˈzaː
Mẹsvres *fr.* mɛːvr
Mẹt meːt, *engl.* mɛt
Mẹta *dt.*, *it.* ˈmeːta, *span.* ˈmeta
Metablastẹse metablasˈteːzə
metabọl metaˈboːl
Metabolie metaboˈliː, **-n** ...iːən
metabọlisch metaˈboːlɪʃ
Metabolịsmus metaboˈlɪsmʊs
Metabolịten metaboˈliːtn̩
Metachronịsmus metakroˈnɪsmʊs
Mẹtadruck ˈmeːtadrʊk
Metagalạxis metagaˈlaksɪs
metagạm metaˈgaːm
Metagenẹse metageˈneːzə
metagenẹtisch metageˈneːtɪʃ
Metạgeschäft meˈtaːgəʃɛft
Metagnọm metaˈgnoːm
metakarpạl metakarˈpaːl
Metakritịk metakriˈtiːk
Metalẹpse metaˈlɛpsə
Metạlepsis meˈtaːlɛpsɪs, **...psen** metaˈlɛpsn̩
Metalịmnion metaˈlɪmniɔn, **...ien** ...iən
Metạll meˈtal
metạllen meˈtalən
Metallisatiọn metalizaˈt͜si̯oːn
metạllisch meˈtalɪʃ
métallisé metaliˈzeː
metallisiẹren metaliˈziːrən
Metallịsmus metaˈlɪsmʊs
Metallochromie metalokroˈmiː
Metallọge metaˈloːgə
Metallogie metaloˈgiː
Metallogrạph metaloˈgraːf
Metallographie metalograˈfiː
Metalloịd metaloˈiːt, **-e** ...iːdə
Metallophọn metaloˈfoːn
Metallụrg metaˈlʊrk, **-en** ...rgn̩
Metallụrge metaˈlʊrgə
Metallurgie metalʊrˈgiː
metallụrgisch metaˈlʊrgɪʃ
metamẹr metaˈmeːɐ̯
Metamẹren metaˈmeːrən
Metamerie metameˈriː
metamịkt metaˈmɪkt
metamọrph[isch] metaˈmɔrf[ɪʃ]
Metamorphịsmus metamɔrˈfɪsmʊs
Metamorphit metamɔrˈfiːt, *auch:* ...fɪt
Metamorphopsie metamɔrfɔˈpsiː
Metamorphọse metamɔrˈfoːzə
metamorphosiẹren metamɔrfoˈziːrən
Metanephrọs metaneˈfrɔs
metanoẹite metanoˈai̯tə
metanoẹtisch metanoˈeːtɪʃ
Metạnoia meˈtaːnɔy̆a
metaökonọmisch meta|økoˈnoːmɪʃ
Metaorganịsmus meta|ɔrgaˈnɪsmʊs
Metaphase metaˈfaːzə, ˈmeːt...
Metạpher meˈtafɐ
Metaphọrik metaˈfoːrɪk
metaphọrisch metaˈfoːrɪʃ
Metaphrạse metaˈfraːzə
Metaphrạst metaˈfrast
Metaphrạstes metaˈfrastɛs
Metaphyse metaˈfyːzə
Metaphysịk metafyˈziːk
Metaphysiker metaˈfyːzikɐ
metaphysisch metaˈfyːzɪʃ
Metaplasie metaplaˈziː
Metaplạsmus metaˈplasmʊs
metaplạstisch metaˈplastɪʃ
Metapọnt metaˈpɔnt
Metapọnto *it.* metaˈpɔnto
Metapsychik metaˈpsyːçɪk
metapsychisch metaˈpsyːçɪʃ
Metapsychologie metapsyçoloˈgiː
Mẹtasäure ˈmeːtazɔy̆rə
Metasequoia metazeˈkvoːja
Metasọm metaˈzoːm
metasomạtisch metazoˈmaːtɪʃ
Metasomatọse metazomaˈtoːzə
Metastạse metaˈstaːzə
metastasiẹren metastaˈziːrən
Metastạsio *it.* metasˈtaːzi̯o
metastạtisch metaˈstaːtɪʃ
Metatẹkt metaˈtɛkt
Metatẹxis metaˈtɛksɪs
Metathẹse metaˈteːzə
Metạthesis meˈtaːtezɪs, **...ẹsen** metaˈteːzn̩
Metatonie metatoˈniː, **-n** ...iːən
Metatropịsmus metatroˈpɪsmʊs
Metạuro *it.* meˈtaːu̯ro
Metaxạs *neugr.* mɛtaˈksas
metazẹntrisch metaˈt͜sɛntrɪʃ
Metazentrum metaˈt͜sɛntrʊm, ˈmeːt...
Metazọon metaˈt͜soːɔn
Mẹtcalf[e] *engl.* ˈmɛtkɑːf
Mẹtel ˈmeːtl̩
Mẹtelen ˈmeːtələn
Metẹlla meˈtɛla
Metẹllus meˈtɛlʊs
Metempsychọse metɛmpsyˈçoːzə
Meteọr meteˈoːɐ̯
Metẹora *neugr.* mɛˈtɛɔra
Meteor Bank *engl.* ˈmiːtjə ˈbæŋk
meteọrisch meteˈoːrɪʃ
Meteorịsmus meteoˈrɪsmʊs
Meteorit meteoˈriːt, *auch:* ...rɪt
Meteorogrạmm meteoroˈgram
Meteorogrạph meteoroˈgraːf
Meteorolọge meteoroˈloːgə
Meteorologie meteoroloˈgiː
meteorolọgisch meteoroˈloːgɪʃ
meteorotrọp meteoroˈtroːp
Meteorotropịsmus meteorotroˈpɪsmʊs
Mẹter ˈmeːtɐ
mẹterlang ˈmeːtɐlaŋ
Mẹtersekunde ˈmeːtɐzekʊndə
Métezeau *fr.* metˈzo
Mẹtge *kat.* ˈmeddʒə
Metgẹthen mɛtˈgeːtn̩
Methämoglobịn mɛthɛmogloˈbiːn
Methämoglobinämie mɛthɛmoglobinɛˈmiː
Methạn meˈtaːn
Methanọl metaˈnoːl
Mẹthexis ˈmeːtɛksɪs
Methịn meˈtiːn
Methionịn meti̯oˈniːn
Methọde meˈtoːdə
Methọdik meˈtoːdɪk
Methọdiker meˈtoːdikɐ
Methọdios meˈtoːdi̯ɔs
methọdisch meˈtoːdɪʃ
methodisiẹren metodiˈziːrən
Methodịsmus metoˈdɪsmʊs
Methodịst metoˈdɪst
Methọdius meˈtoːdi̯ʊs
Methodologie metodoloˈgiː, **-n** ...iːən
methodolọgisch metodoˈloːgɪʃ
Methọl meˈtoːl
Methomanie metomaˈniː
Methoxyl metɔˈksyːl
[1]**Methuen** (Stadt) *engl.* mɪˈθjʊɪn
[2]**Mẹthuen** (Personenname) *engl.* ˈmɛθjʊɪn
Methụsalah meˈtuːzala
Methụsalem meˈtuːzalɛm
Mẹthven *engl.* ˈmɛθvən
Methyl meˈtyːl
Methylamịn metylaˈmiːn
Methylẹn metyˈleːn
Metiẹr meˈti̯eː

Metis 'me:tıs
Metist me'tıst
Metković *serbokr.* 'mɛtkɔvitɕ
Metlika *serbokr.* ˌmɛtlika
Metodi, Metodij *bulgar.* mɛ'tɔdij
Metohija *serbokr.* mɛˌtɔhija
Metöke me'tø:kə
Metol Ⓦ me'to:l
Meton 'me:tɔn
Metonisch me'to:nıʃ
Metonomasie metonoma'zi:, **-n** ...i:ən
Metonymie metony'mi:, **-n** ...i:ən
metonymisch meto'ny:mıʃ
Metope me'to:pə
Metra vgl. Metrum
Metrik 'me:trık
Metriker 'me:trikɐ
metrisch 'me:trıʃ
Metritis me'tri:tıs, **...itiden** ...ri'ti:dn̩
Metro 'me:tro, *auch:* 'mɛtro
Metrodoros metro'do:rɔs
Metro-Goldwyn-Mayer *engl.* 'mɛtrou'gouldwın'meıə
Metrologie metrolo'gi:
metrologisch metro'lo:gıʃ
Metromanie metroma'ni:
Metronom metro'no:m
Metronymikon metro'ny:mikɔn, **...ka** ...ka
metronymisch metro'ny:mıʃ
Metroon me'tro:ɔn
Metropole metro'po:lə
[1]**Metropolis** me'tro:polıs, **...polen** ...ro'po:lən
[2]**Metropolis** (Name) *engl.* mı'trɔpəlıs
Metropolit metropo'li:t
metropolitan metropoli'ta:n
Metropolitan Museum, - Opera *engl.* mɛtrə'pɔlıtən mjʊ'zıəm, – 'ɔpərə
Metroptose metrɔp'to:zə
Metrorrhagie metrɔra'gi:, **-n** ...i:ən
Metroxylon me'trɔksylɔn
Metrum 'me:trʊm, **...ra** ...ra
Metschislaw, Mečislav *russ.* mıtʃı'slaf
Metschnikow, Mečnikov *russ.* 'mjetʃnikɐf
Metsu *niederl.* 'mɛtsy:
Mett[a] 'mɛt[a]
Mettage mɛ'ta:ʒə
Mettau 'mɛtau̯
Mette 'mɛtə, *dän.* 'mɛdə
Mettel 'mɛtl̩
Metten[heim] 'mɛtn̩[hai̯m]
Metternich 'mɛtɐnıç
Metteur mɛ'tø:ɐ̯
Mettingen 'mɛtıŋən
Mettlach 'mɛtlax
Mettmann 'mɛtman
Mettmenstetten 'mɛtmənʃtɛtn̩
Mettnau 'mɛtnau̯
Metuchen *engl.* mə'tʌtʃın
Metuschelach me'tu:ʃəlax
Metz mɛts, *fr.* mɛs
Metze 'mɛtsə
Metzelei mɛtsə'lai̯
metzeln 'mɛtsl̩n
Metzg mɛtsk
Metzge 'mɛtsgə
Metzger 'mɛtsgɐ
Metzgerei mɛtsgə'rai̯
Metzgete 'mɛtsgətə
Metzingen 'mɛtsıŋən
Metzler 'mɛtslɐ
Metzner 'mɛtsnɐ
Meublement møblə'mã:
meucheln 'mɔyçl̩n
meuchlerisch 'mɔyçlərıʃ
meuchlings 'mɔyçlıŋs
Meudon *fr.* mø'dõ
Meulebeke *niederl.* 'mø:ləbe:kə
Meulen *niederl.* 'mø:lə
Meumann 'mɔyman
Meung *fr.* mœ̃
Meunier *fr.* mø'nje
Meurer 'mɔyrɐ
Meuro 'mɔyro
Meurs *niederl.* mø:rs
Meurthe *fr.* mœrt
Meurthe-et-Moselle *fr.* mœrtemo'zɛl
Meuse *fr.* mø:z
Meusel[witz] 'mɔyzl̩[vıts]
Meusnier de la Place *fr.* mønjedla'plas
Meute 'mɔytə
Meuterei mɔytə'rai̯
meuterisch 'mɔytərıʃ
meutern 'mɔytɐn
Mevissen 'me:vısn̩
Mexborough *engl.* 'mɛksbərə
Mexicali *span.* mɛxi'kali
México *span.* 'mɛxiko
Mexikaner mɛksi'ka:nɐ
mexikanisch mɛksi'ka:nıʃ
Mexiko 'mɛksiko
Meydenbauer 'mai̯dn̩bauɐ
Meyenburg 'mai̯ənbʊrk
Meyendorff 'mai̯əndɔrf
Meyer 'mai̯ɐ, *fr.* mɛ'jɛ:r, *engl.* 'maıə
Meyerbeer 'mai̯ɐbe:ɐ̯, *fr.* mɛjɛr'bɛ:r
Meyerheim 'mai̯ɐhai̯m
Meyerhof 'mai̯ɐho:f
Meyerhold 'mai̯ɐhɔlt
Meyern 'mai̯ɐn
Meyers 'mai̯ɐs
Meynell *engl.* mɛnl
Meynen 'mai̯nən
Meyr 'mai̯ɐ
Meyrin *fr.* mɛ'rɛ̃
Meyrink 'mai̯rıŋk
Meysenbug 'mai̯zn̩bu:k
Meytens *niederl.* 'mɛi̯təns
Mezcalapa *span.* mɛθka'lapa
Mezdra vgl. Mesdra
Mèze *fr.* mɛ:z
Mezen' vgl. Mesen
Mézenc *fr.* me'zɛ̃:k
Mézeray *fr.* me'zrɛ
Mezger 'mɛtsgɐ
Mézières *fr.* me'zjɛ:r
Mezimĕstí *tschech.* 'mɛzimnjɛstji:
Mezőberény *ung.* 'mɛzø:bɛre:nj
Mezőcsát *ung.* 'mɛzø:tʃa:t
Mezőcsokonya *ung.* 'mɛzø:tʃokonjɔ
Mezőfalva *ung.* 'mɛzø:fɔlvɔ
Mezőföld *ung.* 'mɛzø:føld
Mezőhegyes *ung.* 'mɛzø:hɛdjɛʃ
Mezőkeresztes *ung.* 'mɛzø:kɛrɛstɛʃ
Mezőkomárom *ung.* 'mɛzø:koma:rom
Mezőkovácsháza *ung.* 'mɛzø:kova:tʃha:zɔ
Mezőkövesd *ung.* 'mɛzø:køvɛʒd
Mezőörs *ung.* 'mɛzø:ørʃ
Mezőszilas *ung.* 'mɛzø:silɔʃ
Mezőtúr *ung.* 'mɛzø:tu:r
Mežov vgl. Meschow
Mezzamajolika mɛtsama'jo:lika
Mezzanin mɛtsa'ni:n
mezza voce 'mɛtsa 'vo:tʃə
Mezzofanti *it.* meddzo'fanti
mezzoforte mɛtso'fɔrtə
Mezzoforte mɛtso'fɔrtə, **...ti** ...ti
Mezzogiorno mɛtso'dʒɔrno, *it.* meddzo'dʒorno
Mezzolombardo *it.* meddzolom'bardo
mezzopiano mɛtso'pi̯a:no
Mezzopiano mɛtso'pi̯a:no, **...ni** ...ni
Mezzosopran 'mɛtsozopra:n, *auch:* ––––
Mezzotinto mɛtso'tınto, **...ti** ...ti
Mg, MG ɛm'ge:
Mglin *russ.* mglin
M'Gregor *engl.* mə'grɛgə
Mgwimewi, Mgvimevi *russ.* mgvi'mjevi
Mi[a] 'mi:[a]
Miaja *span.* 'mi̯axa
Miajadas *span.* mi̯a'xaðas
Miami[sburg] *engl.* maı'æmı[zbə:g]
Mianeh *pers.* miɑ'ne
Miao mi̯au̯
miarolitisch mi̯aro'li:tıʃ, *auch:* ...lıt...
Miasma 'mi̯asma
miasmatisch mi̯as'ma:tıʃ
Miass *russ.* mi'as
Miasteczko Krajeńskie *poln.* mjas'tɛtʃkɔ kra'jɛi̯skjɛ
Miastko *poln.* 'mjastkɔ
miau! mi'au̯
miauen mi'au̯ən
Miaules *neugr.* mja'ulis
Micaela *span.* mika'ela

Mịcara *it.* 'mi:kara
mịch mɪç
Mịcha 'mɪça
Mịchael 'mɪçae:l, *auch:* ...ɛl; *engl.* maɪkl, *schwed.* ˌmi:kaɛl
Michaẹla mɪça'e:la
Michaẹli mɪça'e:li
Michaẹlis mɪça'e:lɪs
Michaëlis *dän.* mika'e:lis
Michaịl, Mihail *russ., bulgar.* mixa'il
Michạilow, Mihajlov *russ.* mi'xajlɐf, *bulgar.* mi'xajlof
Michạilowgrad, Mihajlovgrad *bulgar.* mi'xajlovgrat
Michạilowitsch, Mihajlovič *russ.* mi'xajlɐvitʃ
Michạilowka, Mihajlovka *russ.* mi'xajlɐfkɐ
Michạilowna, Mihajlovna *russ.* mi'xajlɐvnɐ
Michạilowski, Mihajlovski *bulgar.* mi'xajlofski
Michailọwski, Mihajlovskij *russ.* mixaj'lɔfskij
Mịchal *tschech.* 'mixal
Mịchał *poln.* 'mixau̯
Michalkọw, Mihalkov *russ.* mixal'kɔf
Michallon *fr.* miʃa'lõ
Mịchalovce *slowak.* 'mixalɔu̯tsɛ
Michałọwicz *poln.* mixa'u̯ɔvitʃ
Michałọwski *poln.* mixa'u̯ɔfski
Michạlski *poln.* mi'xalski
Michạltschew, Mihalčev *bulgar.* mi'xaltʃɛf
Michaud, Michaux *fr.* mi'ʃo
Micheelsen mɪ'çe:lzn̩
Mịchel 'mɪçl̩, *engl.* 'maɪkəl, *fr.* mi'ʃɛl
Michelạgniolo *it.* mike'laɲɲolo
Michelạngelo *it.* mike'landʒelo
Mịchelau 'mɪçəlau̯
Michẹle *it.* mi'kɛ:le
Michèle *fr.* mi'ʃɛl
Michelẹt *fr.* mi'ʃlɛ
Mịchelfeld 'mɪçl̩fɛlt
Michelhausen mɪçl̩'hau̯zn̩
Michẹli *it.* mi'kɛ:li
Michelin *fr.* mi'ʃlɛ̃
Michẹlis mɪ'çe:lɪs
Michẹlle *fr.* mi'ʃɛl
Michelọzzo *it.* mike'lɔttso
Mịchels 'mɪçl̩s
Mịchelsberger 'mɪçl̩sbɛrgɐ
Michelson *engl.* 'maɪkəlsn
Mịchelstadt 'mɪçl̩ʃtat
Mịchener *engl.* 'mɪtʃənə
Michẹtti *it.* mi'ketti
Michiel[s] *niederl.* mi:'xi:l[s]
Mịchigan *engl.* 'mɪʃɪgən
Michikamau *engl.* mɪʃɪkə'mɔ:
Michnẹwitsch, Mihnevič *russ.* mix'njevitʃ
Michoacán *span.* mitʃoa'kan
Michodière *fr.* miʃɔ'djɛ:r
Michon *fr.* mi'ʃõ
Mịchow, Mihov *bulgar.* 'mixof
Mịckleford 'mɪkl̩fɔrt
mịck[e]rig 'mɪk[ə]rɪç, -e ...ɪɡə
Mịckey Mouse *engl.* 'mɪkɪ 'maʊs
Mickiẹwicz *poln.* mits'kjɛvitʃ
Mịckle *engl.* mɪkl
Mịckrow 'mɪkro
Mịckymaus 'mɪkimau̯s
Micọque *fr.* mi'kɔk
Mịcu *rumän.* 'miku
Mičurin vgl. Mitschurin
Mičurinsk vgl. Mitschurinsk
Mịdas 'mi:das, *engl.* 'maɪdəs
Mịddelbeers *niederl.* 'mɪdəlbe:rs
Mịddelburg *engl.* 'mɪdlbə:g, *niederl.* 'mɪdəlbʏrx
Mịddelfart *dän.* 'mið'əlfar'd
Middelhạrnis *niederl.* mɪdəl'hɑrnɪs
Mịddelhauve 'mɪdl̩hau̯və
Mịddelkerke *niederl.* 'mɪdəlkɛrkə
Mịddelschulte 'mɪdl̩ʃʊltə
Mịddendorf 'mɪdn̩dɔrf
Mịddenmeer *niederl.* 'mɪdənbe:r
Mịdder 'mɪdɐ
Mịddleborough *engl.* 'mɪdlbərə
Mịddlebush *engl.* 'mɪdlbʊʃ
Mịddlesb[o]rough *engl.* 'mɪdlzbrə
Mịddlesex *engl.* 'mɪdlsɛks
Mịddleton *engl.* 'mɪdltən
Mịddletown *engl.* 'mɪdltaʊn
Mịddlewich *engl.* 'mɪdlwɪtʃ
Mịdgard 'mɪtgart
Mịdgley *engl.* 'mɪdʒlɪ
Midị *fr.* mi'di
midi (wadenlang) 'mi:di, 'mɪdi
Midian 'mi:di̯an
Midianịter midi̯a'ni:tɐ
Midinẹtte midi'nɛt, -n ...tn̩
Mịdland[s] *engl.* 'mɪdlənd[z]
Midlothian *engl.* mɪd'loʊðjən
Midou *fr.* mi'du
Midrạsch mi'dra:ʃ
Mịdshipman, ...men *engl.* 'mɪdʃɪpmən
Mịdsland *niederl.* 'mɪtslɑnt
Mịdway *engl.* 'mɪdweɪ
Mịdwest *engl.* 'mɪdwɛst
Midwọlda *niederl.* mɪt'wɔlda:
Mie mi:
Mięchów *poln.* 'mjɛxuf
Miechowịce *poln.* mjɛxɔ'vitsɛ
Mięchowitz 'mjɛxovɪts
Mieczysław *poln.* mjɛ'tʃɨsu̯af
mied mi:t
mieden 'mi:dn̩
Mieder 'mi:dɐ
Międzybórz *poln.* mjɛn'dzɨbuʃ
Międzychód *poln.* mjɛn'dzɨxut
Międzylęsie *poln.* mjɛndzɨ'lɛɕɛ
Międzyrzec [Podlạski] *poln.* mjɛn'dzɨʒɛts [pɔ'dlaski]
Międzyzdrọje *poln.* mjɛndzɨ'zdrɔjɛ
Mief mi:f
miefen 'mi:fn̩
Miegel 'mi:gl̩
Miehlen 'mi:lən
Mięjska Górka *poln.* 'mjɛjska 'gurka
Mieke 'mi:kə
Miel[e] 'mi:l[ə]
Mięlec *poln.* 'mjɛlɛts
Mielich 'mi:lɪç
Mielke 'mi:lkə
Mieminger 'mi:mɪŋɐ
Miene 'mi:nə
Mięrcurea Ciục *rumän.* 'mjerkure̯a 'tʃuk
Miere[ndorff] 'mi:rə[ndɔrf]
Mięres *span.* 'mi̯eres
Mieresch 'mi:rɛʃ
Mierevelt *niederl.* 'mi:rəvɛlt
Mieris *niederl.* 'mi:rɪs
Mierosłạwski *poln.* mjɛrɔ'su̯afski
Mierọszów *poln.* mjɛ'rɔʃuf
Miersdorf 'mi:ɐ̯sdɔrf
mies, M... mi:s, -e 'mi:zə
Miesbach 'mi:sbax
Miescher 'mi:ʃɐ
Miesepeter 'mi:zəpe:tɐ
miesepet[e]rig 'mi:zəpe:t[ə]rɪç, -e ...ɪɡə
Mieses 'mi:zəs
Miesmacherei mi:smaxə'rai̯
Miesmuschel 'mi:smʊʃl̩
Mießner 'mi:snɐ
Mięszko *poln.* 'mjɛʃkɔ
Mieszkowịce *poln.* mjɛʃkɔ'vitsɛ
Miete 'mi:tə
mieten 'mi:tn̩
Mietling 'mi:tlɪŋ
Mietzel 'mi:tsl̩
Miez[chen] 'mi:ts[çən]
Mieze 'mi:tsə
Mịfflin *engl.* 'mɪflɪn
MiG, MIG mɪk, *russ.* mik
Migạzzi mi'gatsi
Migẹnnes *fr.* mi'ʒɛn
Migjẹni *alban.* mi'gjeni
Migliorịni *it.* miʎʎo'ri:ni
Migmatit mɪgma'ti:t, *auch:* ...tɪt
Mignạrd *fr.* mi'ɲa:r
Mịgne *fr.* miɲ
Mignẹt *fr.* mi'ɲɛ
Mignon mɪn'jõ:, 'mɪnjõ; *fr.* mi'ɲõ
Mignonẹtte mɪnjo'nɛt
Mignọnne mɪn'jɔn
Migrạ̈ne mi'grɛ:nə
Migratiọn migra'tsi̯o:n
migratọrisch migra'to:rɪʃ
migrieren mi'gri:rən
Migros 'mi:gro
Miguẹl *span., port.* mi'ɣɛl, *bras.* mi'gɛl
Migula 'mi:gula
Mihạị *rumän.* mi'hai̯
[1]Mihail *serbokr.* miˌhail, *rumän.* miha'il

[2]**Mihail** vgl. Michail
Mihajlov vgl. Michailow
Mihajlovgrad vgl. Michailowgrad
[1]**Mihajlović** *serbokr.* mi,ha:jlɔvitɕ
[2]**Mihajlovič** vgl. Michailowitsch
Mihajlovka vgl. Michailowka
Mihajlovna vgl. Michailowna
Mihajlovski vgl. Michailowski
Mihajlovskij vgl. Michailowski
Mihalčev vgl. Michaltschew
Mihalkov vgl. Michalkow
Mihály[i] *ung.* 'miha:j[i]
Mihatović *serbokr.* mi,ha:tɔvitɕ, ,mi...
Mihla 'mi:la
Mihnevič vgl. Michnewitsch
Miholjac *serbokr.* mi,hɔ:ljats
Mihov vgl. Michow
Mihrab mɪ'xra:p
Mijares *span.* mi'xares
Mijas *span.* 'mixas
Mijasaki mija'za:ki
Mijatović *serbokr.* mi,ja:tɔvitɕ
Mijnheer mə'ne:ɐ̯
Mika 'mi:ka
Mikado mi'ka:do
Mikanie mi'ka:ni̯ə
Mike mai̯k, *engl.* maɪk, *ung.* 'mikɛ
Mikeleitis mike'lai̯tɪs
Mikeschin, Mikešin *russ.* mi'kjɛʃɨn
Mikkel *dän.* 'megəl
Mikkeli *finn.* 'mikkɛli
Mikkelsen *dän.* 'megəlsən
Miklas 'mɪklas
Miklós *ung.* 'miklo:ʃ
Miklošič *slowen.* 'miklɔʃitʃ
Miklosich 'mɪklozɪtʃ
Miklucho-Maklai, Mikluho-Maklaj *russ.* mik'luxɐmak'laj
Mikojan *russ.* mika'jan
Mikołaj *poln.* mi'kɔu̯aj
Mikołajczyk *poln.* mikɔ'u̯ajtʃɨk
Mikołajki *poln.* mikɔ'u̯ajki
Mikołów *poln.* mi'kɔu̯uf
Miko 'mi:ko
Mikon 'mi:kɔn
Mikonos *neugr.* 'mikɔnɔs
Mikrat mi'kra:t
Mikrenzephalie mikrɛntsefa'li:
Mikroanalyse mikro|ana'ly:zə
Mikrobe mi'kro:bə
mikrobiell mikro'bi̯ɛl
Mikrobiologe mikrobio'lo:gə
Mikrobiologie mikrobiolo'gi:
Mikrobion mi'kro:bi̯ɔn, **...ien** ...i̯ən
Mikroblasten mikro'blastn̩
Mikrocheilie mikroçai̯'li:
Mikrochemie mikroçe'mi:
Mikrofarad mikrofa'ra:t
Mikrofauna mikro'fau̯na
Mikrofilm 'mi:krofɪlm
Mikrogameten mikroga'me:tn̩
Mikrogenie mikroge'ni:
Mikrogramm mikro'gram
mikrokephal mikroke'fa:l
Mikrokephale mikroke'fa:lə
Mikrokephalie mikrokefa'li:
Mikroklima 'mi:krokli:ma
Mikroklimatologie mikroklimatolo'gi:
Mikrokokkus mikro'kɔkʊs
Mikrokopie mikroko'pi:, **-n** ...i:ən
mikrokopieren mikroko'pi:rən
mikrokosmisch mikro'kɔsmɪʃ, *auch:* 'mi:kro...
Mikrokosmos mikro'kɔsmɔs, *auch:* 'mi:kro...
Mikrokosmus mikro'kɔsmʊs, *auch:* 'mi:kro...
Mikrolepie mikro'le:pi̯ə
Mikrolith mɪkro'li:t, *auch:* ...lɪt
Mikrologe mikro'lo:gə
Mikrologie mikrolo'gi:
mikrologisch mikro'lo:gɪʃ
Mikromanie mikroma'ni:
Mikromanipulator mikromanipu'la:tɔr, **-en** ...la'to:rən
Mikromelie mikrome'li:
Mikromeren mikro'me:rən
Mikrometer mikro'me:tɐ
Mikron 'mi:krɔn
Mikronesien mikro'ne:zi̯ən
Mikronesier mikro'ne:zi̯ɐ
mikronesisch mikro'ne:zɪʃ
Mikronukleus mikro'nu:kleʊs, **...ei** ...ei
Mikroorganismen mikro|ɔrga'nɪsmən
Mikropaläobotanik mikropalɛobo'ta:nɪk
Mikropaläontologie mikropalɛɔntolo'gi:
Mikrophon mikro'fo:n; *auch:* 'mi:krofo:n
Mikrophotographie mikrofotogra'fi:
Mikrophotokopie mikrofotoko'pi:
Mikrophtalmus mikrɔf'talmʊs
Mikrophysik mikrofy'zi:k
Mikrophyten mikro'fy:tn̩
Mikropsie mikrɔ'psi:
Mikropyle mikro'py:lə
Mikroradiometer mikroradi̯o'me:tɐ
mikroseismisch mikro'zai̯smɪʃ
Mikroskop mikro'sko:p
Mikroskopie mikrosko'pi:
mikroskopieren mikrosko'pi:rən
Mikrosmat mikrɔs'ma:t
Mikrosomen mikro'zo:mən
Mikrosomie mikrozo'mi:
Mikrospore mikro'spo:rə
Mikrosporie mikrospo'ri:
Mikrostomie mikrosto'mi:
Mikrotasimeter mikrotazi'me:tɐ
Mikrotheorie mikroteo'ri:
Mikrotie mikro'ti:
Mikrotom mikro'to:m
Mikrozensus mikro'tsɛnzʊs
mikrozephal mikrotse'fa:l
Mikrozephale mikrotse'fa:lə
Mikrozephalie mikrotsefa'li:
Mikrozyte mikro'tsy:tə
Miksa *ung.* 'mikʃɔ
Mikstat *poln.* 'mikstat
Mikszáth *ung.* 'miksa:t
Miktion mɪk'tsi̯o:n
Mikuláš *tschech.* 'mikula:ʃ
Mikulczyce *poln.* mikul'tʃɨtsɛ
Mikulicz 'mi:kulɪtʃ
Mikulin *russ.* mi'kulin
Mikulinzy, Mikulincy *russ.* mi'kulintsɨ
Mikulov *tschech.* 'mikulɔf
Mikulovice *tschech.* 'mikulɔvitsɛ
Mikultschütz 'mi:kʊltʃʏts
Mila[da] 'mi:la[da]
Miladinov *mak.* mi'ladinɔf
Milagres *port.* mi'laɣrɪʃ, *bras.* mi'lagris
Milagro *span.* mi'laɣro
Milaković *serbokr.* ,milakɔvitɕ
[1]**Milan** (Vogel) 'mi:lan, *auch:* mi'la:n
[2]**Milan** (Name) *dt., it.* 'mi:lan, *serbokr.* ,milan
Milanés *span.* mila'nes
Milanese mila'ne:zə
Milanesi *it.* mila'ne:si
Milano *it.* mi'la:no
Milanówek *poln.* mila'nuvɛk
Milâs *türk.* 'mi:la:s
Milazzo *it.* mi'lattso
Milbank[e] *engl.* 'mɪlbæŋk
Milbe 'mɪlbə
Milbertshofen mɪlbɐts'ho:fn̩
milbig 'mɪlbɪç, **-e** ...ɪgə
Milburn *engl.* 'mɪlbən
Milch mɪlç
milchen 'mɪlçn̩
milchig 'mɪlçɪç, **-e** ...ɪgə
Milchner 'mɪlçnɐ
milchweiß 'mɪlç'vai̯s
Milcov *rumän.* 'milkov
mild mɪlt, **milde** 'mɪldə
Milda 'mɪlda
[1]**Milde** 'mɪldə
[2]**Milde** (Name) *dt., niederl.* 'mɪldə
Mildenburg 'mɪldn̩bʊrk
Mildenfurt 'mɪldn̩fʊrt
Mildensee 'mɪldn̩ze:
mildern 'mɪldɐn, **mildre** 'mɪldrə
Mildred *engl.* 'mɪldrɪd
Mildura *engl.* mɪl'djʊərə
[1]**Mile** (Vorname) 'mi:lə
[2]**Mile** (Meile) *engl.* maɪl
Milei 'mi:lai̯
Milena mi'le:na, *auch:* 'mi:lena

Mil en Sint-Hubert *niederl.* 'mɪl ɛn sɪnt'hy:bərt
Miles *engl.* maɪlz
Mileschau 'mɪlɛʃau
Miles gloriosus 'mi:lɛs glo'ri̯o:zʊs
Milesier mi'le:zi̯ɐ
Milet mi'le:t, *türk.* 'milɛt
Miletin 'mɪlɛti:n
Mileto *it.* mi'le:to
Miletos mi'le:tɔs
Milevsko *tschech.* 'milɛfskɔ
Milew, Milev *bulgar.* 'milɛf
Milford *engl.* 'mɪlfəd
Milhau[d] *fr.* mi'jo
Mili, Milij *russ.* 'milij
Miliana *fr.* milja'na
miliar mi'li̯a:ɐ̯
Miliaria mi'li̯a:ri̯a
Milíč *tschech.* 'mili:tʃ
Miličević *serbokr.* mi,li:tʃɛvitɕ
Miličín *tschech.* 'militʃi:n
Milicz 'mi:lɪtʃ, *poln.* 'militʃ
Milien 'mi:li̯ən
Milieu mi'li̯ø:, *fr.* mi'ljø
Milij vgl. Mili
Milín *tschech.* 'mili:n
Milis *it.* 'mi:lis
militant mili'tant
Militär mili'tɛ:ɐ̯
Militaria mili'ta:ri̯a
militärisch mili'tɛ:rɪʃ
militarisieren militari'zi:rən
Militarismus milita'rɪsmʊs
Militarist milita'rɪst
Military [Police] *engl.* 'mɪlɪtərɪ [pə'li:s]
Militello *it.* mili'tɛllo
Militsch 'mi:lɪtʃ
Miliz mi'li:ts
Milizionär militsi̯o'nɛ:ɐ̯
Miljačka *serbokr.* ,miljatʃka
Miljanov *serbokr.* ,miljanɔv
Miljukow, Miljukov *russ.* milju'kɔf
Miljutin *russ.* mil'jutin
milk! mɪlk
Milka *serbokr.* 'mi:lka
Milkau 'mɪlkau
Milke 'mɪlkə
Milkel 'mɪlkl̩
Milko 'mɪlko
Milkom mɪl'ko:m
Miłkowski *poln.* miu̯'kɔfski
Milk River *engl.* 'mɪlk 'rɪvə
milkt mɪlkt
Mill *engl., niederl.* mɪl
Milla *span.* 'miʎa
Millais *engl.* 'mɪleɪ
Millán *span.* mi'ʎan
Millar[d] *engl.* 'mɪlə[d]
Millardet *fr.* mijar'dɛ
Millás *span.* mi'ʎas
Millau *fr.* mi'jo
Millay *engl.* mɪ'leɪ
Millbrae *engl.* 'mɪlbreɪ
Millbury *engl.* 'mɪlbərɪ
[1]**Mille** (Tausend) 'mɪlə
[2]**Mille** (Name) *fr.* mil
Milledge[ville] *engl.* 'mɪlɪdʒ[vɪl]
Millefiori... mɪle'fi̯o:ri...
Mille-fleurs *fr.* mil'flœ:r
Mille Miglia *it.* 'mille 'miʎʎa
millenar mɪle'na:ɐ̯
Millenarismus mɪlena'rɪsmʊs
Millennium mɪ'lɛni̯ʊm, **...ien** ...i̯ən
Mille-points *fr.* mil'pwɛ̃
Miller 'mɪlɐ, *engl.* 'mɪlə
Millerand *fr.* mil'rã
Millerowo, Millerovo *russ.* 'milɪrɐvɐ
Milles *schwed.* 'miləs
Millet *fr.* mi'lɛ, mi'jɛ, *engl.* 'mɪlɪt
Millevaches *fr.* mil'vaʃ
Millevoye *fr.* mil'vwa
Milli 'mɪli
Milliampere mɪli|am'pe:ɐ̯, ...'pɛ:ɐ̯
Milliamperemeter mɪli|ampɛr'me:tɐ
Milliardär mɪli̯ar'dɛ:ɐ̯
Milliarde mɪ'li̯ardə
Millibar mɪli'ba:ɐ̯
Milligen *niederl.* 'mɪlɪxə
Milligramm mɪli'gram
Millikan *engl.* 'mɪlɪkən
Milliliter mɪli'li:tɐ
Millimeter mɪli'me:tɐ
Millin *engl.* 'mɪlɪn
Millingen *niederl.* 'mɪlɪŋə
Millinocket *engl.* mɪlɪ'nɔkɪt
Million mɪ'li̯o:n
Millionär mɪli̯o'nɛ:ɐ̯
Milliönchen mɪ'li̯ø:nçən
million[s]tel, M... mɪ'li̯o:n[s]tl̩
Millis *engl.* 'mɪlɪs
Millöcker 'mɪlœkɐ
Millor *engl.* 'mɪlə
Millowitsch 'mɪlovɪtʃ
Mills *engl.* mɪlz
Millstatt 'mɪlʃtat
Millstätter 'mɪlʃtɛtɐ
Millvale *engl.* 'mɪlveɪl
Millville *engl.* 'mɪlvɪl
Milly 'mɪli
Milman *engl.* 'mɪlmən
Milmore *engl.* 'mɪlmɔ:
Milne *engl.* mɪln
Milne-Edwards *fr.* milnɛ'dwars
Milne-Home *engl.* 'mɪln'hju:m
Milner *engl.* 'mɪlnə
Milnes *engl.* mɪl[n]z
Milngavie *engl.* mɪl'gaɪ
Milnrow *engl.* 'mɪl[n]roʊ
Milo *dt., it.* 'mi:lo
Milos *neugr.* 'milɔs
Miloš *serbokr.* 'milɔʃ
Miloslav *tschech.* 'milɔslaf
Miłosław *poln.* mi'u̯ɔsu̯af
Milosz *fr.* mi'lɔʃ
Miłosz *poln.* 'miu̯ɔʃ
Milotice *tschech.* 'milɔtjitsɛ
Milow 'mi:lo
Milreis mɪl'rais, *port.* mil'rrɛi̯ʃ, *bras.* ...i̯s
Milseburg 'mɪlzəbʊrk
Milspe 'mɪlspə
Milstein 'mɪlʃtain
Miltenberg 'mɪltn̩bɛrk
Miltiades mɪl'ti:adɛs
Miltitz, Miltiz 'mɪltɪts
Milton *engl.* 'mɪltən
Miltzow 'mɪltso
Milutin *serbokr.* mi,lutin
Milutinović *serbokr.* milu,ti:nɔvitɕ
Milwaukee *engl.* mɪl'wɔ:kɪ
Milz[au] 'mɪlts[au]
Milzener 'mɪltsənɐ
Mimbach 'mɪmbax
Mimbar 'mɪmbar
Mime 'mi:mə
mimen 'mi:mən
Mimese mi'me:zə
Mimesie mime'zi:, **-n** ...i:ən
Mimesis 'mi:mezɪs, **...sen** mi'me:zn̩
Mimetesit mimete'zi:t, *auch:* ...zɪt
mimetisch mi'me:tɪʃ
Mimi 'mi:mi, *fr.* mi'mi
Mimì *it.* mi'mi
Mimiamben mi'mi̯ambn̩
Mimico *engl.* 'mɪmɪkoʊ
Mimijamben mimi'jambn̩
Mimik 'mi:mɪk
Mimiker 'mi:mikɐ
Mimikry 'mɪmikri, *engl.* 'mɪmɪkrɪ
Mimir 'mi:mɪr
mimisch 'mi:mɪʃ
Mimmenhausen mɪmən'hauzn̩
Mimmi 'mɪmi, *it.* 'mimmi
Mimnermos mɪm'nɛrmɔs
Mimodram[a] mimo'dra:m[a]
Mimoň *tschech.* 'mimɔnj
Mimose mi'mo:zə
Mimoun *fr.* mi'mun
Mimulus 'mi:mulʊs
Mimus 'mi:mʊs
Mimusops mi'mu:zɔps
Min mi:n
Mina *dt., it.* 'mi:na, *span.* 'mina
minaccioso mina'tʃo:zo
Minäer mi'nɛ:ɐ
Minahasa *indon.* mina'hasa
Minajew, Minaev *russ.* mi'najɪf
Minamoto mina'mo:to
Minardi *it.* mi'nardi
Minarett mina'rɛt
Minas *span.* 'minas
Minas Gerais *bras.* 'minaʒ ʒe'rai̯s
Minateda *span.* mina'teða
Minaya *span.* mi'naja
Minc vgl. Minz
Minčeta *serbokr.* ,mintʃɛta
Minch *engl.* mɪntʃ
Mincha mɪn'ça:
Minchen 'mi:nçən
Mincio *it.* 'mintʃo
Mind mɪnt

Mindanao mında'na:o, *span.* minda'nao, *engl.* mındə'nɑ:oʊ
Mindel 'mındl̩
Mindelaltheim mındl̩'|althai̯m
Mindelheim 'mındl̩hai̯m
Mindelo *port.* min'delu
Minden 'mındn̩, *engl.* 'mındən
minder 'mındɐ
minderjährig 'mındɐjɛ:rıç
mindern 'mındɐn, **mindre** 'mındrə
mindestens 'mındəstn̩s
mindisch 'mındıʃ
Mindoro mın'do:ro, *span.* min'doro, *engl.* mın'dɔ:roʊ
Mindow, Mindov *bulgar.* 'mindof
Mindszent[y] *ung.* 'mintsɛnt[i]
Mine 'mi:nə
Minehead *engl.* 'maınhɛd
Mineo *it.* mi'nɛ:o
Mineral mine'ra:l, **-ien** -i̯ən
Mineralisation mineraliza'tsi̯o:n
Mineralisatoren mineraliza'to:rən
mineralisch mine'ra:lıʃ
mineralisieren minerali'zi:rən
Mineraloge minera'lo:gə
Mineralogie mineralo'gi:
mineralogisch minera'lo:gıʃ
Mineral Wells *engl.* 'mınərəl 'wɛlz
Minerbio *it.* mi'nɛrbi̯o
minerogen minero'ge:n
Minersville *engl.* 'maınəzvıl
Minerva mi'nɛrva
Minervino *it.* miner'vi:no
Minestra mi'nɛstra
Minette mi'nɛtə
mineur, M... mi'nø:ɐ̯
Minfeld 'mınfɛlt
Ming[er] 'mıŋ[ɐ]
Mingetschaur, Mingečaur *russ.* mingıtʃı'ur
Minghetti *it.* miŋ'getti
Mingolsheim 'mıŋɡɔlshai̯m
Mingrelien mıŋ'gre:li̯ən
Mingrelier mıŋ'gre:li̯ɐ
mingrelisch mıŋ'gre:lıʃ
Minho *port.* 'miɲu
mini 'mıni, *auch:* 'mi:ni
Mini... 'mıni..., *auch:* 'mi:...
Miniator mi'ni̯a:tɔr, **-en** ...i̯a'to:rən
Miniatur mini̯a'tu:ɐ̯
miniaturisieren mini̯aturi'zi:rən
Minich, Minih *russ.* 'minix
minieren mi'ni:rən
Minikini 'mıniki:ni, *auch:* 'mi:...
minim mi'ni:m
minimal, M... mini'ma:l
Minimax Ⓦⓩ 'mi:nimaks
Minimen 'mi:nimən
minimieren mini'mi:rən
Minimum 'mi:nimʊm, **...ma** ...ma
Minister mi'nıstɐ
Ministeriale minıste'ri̯a:lə
ministeriell minıste'ri̯ɛl
Ministerium minıs'te:ri̯ʊm, **...ien** ...i̯ən
Ministra *span.* mi'nistra
ministrabel minıs'tra:bl̩, **...ble** ...blə
Ministrant minıs'trant
ministrieren minıs'tri:rən
Minium 'mi:ni̯ʊm
Minjar, Min'jar *russ.* minj'jar
Mink[a] 'mıŋk[a]
Minkow, Minkov *bulgar.* 'miŋkof
Minkowski mıŋ'kɔfski
Minkus *russ.* 'minkus
Minna 'mına
Minne *dt., niederl.* 'mınə
Minneapolis mıne'a:polıs, *engl.* mını'æpəlıs
minnen 'mınən
Minnertsga *niederl.* 'mınərtsxa:
Minnesang 'mınəzaŋ
Minnesänger 'mınəzɛŋɐ
Minnesinger 'mınəzıŋɐ
Minnesota mıne'zo:ta, *engl.* mını'soʊtə
Minnewit 'mınəvıt, *engl., niederl.* 'mınəwıt
Minni 'mıni
Minnie *engl.* 'mını
minniglich 'mınıklıç
Mino *it.* 'mi:no
Miño *span.* 'miɲo
minoisch mi'no:ıʃ
minor, ¹M... 'mi:nɔr
²Minor (Name) 'mi:nɔr, *engl.* 'maınə
Minorat mino'ra:t
Minorca mi'nɔrka
minore, M... mi'no:rə
minorenn mino'rɛn
Minorennität minorɛni'tɛ:t
Minorist mino'rıst
Minorit mino'ri:t
Minorität minori'tɛ:t
Minorka mi'nɔrka
Minos 'mi:nɔs
¹Minot (Ort, USA) *engl.* 'mınət
²Minot (Nachname) *engl.* 'maınət
Minotaur mino'taʊ̯ɐ
Minotaurus mino'taʊ̯rʊs
Minsk mınsk, *russ.* minsk
Mińsk Mazowiecki *poln.* 'mii̯sk mazɔ'vjɛtski
Minstrel 'mınstrəl
Mint[ard] 'mınt[art]
Minto *engl.* 'mıntoʊ
Mintrop 'mıntrɔp
Minturno *it.* min'turno
Minucius mi'nu:tsi̯ʊs
Minuend mi'nu̯ɛnt, **-en** ...ndn̩
Minuetto mi'nu̯eto, **...tti** ...ti
Minuit *engl.* 'mınjʊıt, *fr.* mi'nɥi
Minulescu *rumän.* minu'lesku
minus, M... 'mi:nʊs
Minuskel mi'nʊskl̩
Minussinsk, Minusinsk *russ.* minu'sinsk
Minute mi'nu:tə
minutiös minu'tsi̯ø:s, **-e** ...ø:zə
minütlich mi'ny:tlıç
Minuzien mi'nu:tsi̯ən
minuziös minu'tsi̯ø:s, **-e** ...ø:zə
Minz, Minc *russ.* mints
Minze 'mıntsə
Mio. 'mi:o
Miollis *fr.* mjɔ'lis
Miomandre *fr.* mjɔ'mã:dr
Mionica *serbokr.* mi,ɔnitsa
Miošić *serbokr.* ,miɔʃitɕ
Miosis 'mi̯o:zıs
Miot de Melito *fr.* mjodmeli'to
Miotikum 'mi̯o:tikʊm, **...ka** ...ka
miotisch 'mi̯o:tıʃ
miozän, M... mi̯o'tsɛ:n
Mi-parti *fr.* mipar'ti
Mi-partitum mipar'ti:tʊm
Mipolam Ⓦⓩ mipo'la:m
Mique *fr.* mik
Miquel 'mi:kɛl
Miquelon *fr.* mi'klõ
mir mi:ɐ̯
¹Mir mi:ɐ̯, *russ.* mir
²Mir (Name) *span.* mir
¹Mira 'mi:ra
²Mira (Name) *span.* 'mira, *port.* 'mirɐ
Mirabeau *fr.* mira'bo
Mirabella mira'bɛla, *it.* mira'bɛlla
Mirabelle mira'bɛlə
mirabile dictu mi'ra:bilə 'dıktu
Mirabilien mira'bi:li̯ən
mirabilis, M... mi'ra:bilıs
Miracidium mira'tsi:di̯ʊm
Miraflores *span.* mira'flores
Mirage mi'ra:ʒə, *fr.* ...a:ʒ
Mirakel mi'ra:kl̩
Mirakosa mira'ko:za
mirakulös miraku'lø:s, **-e** ...ø:zə
Miramar mira'ma:ɐ̯, *it.* ...mar
Miramare *it.* mira'ma:re
Miramas *fr.* mira'mɑ:s
Miramichi *engl.* mırəmı'ʃi:
Miramón *span.* mira'mɔn
Miranda *dt., span., it.* mi'randa, *engl.* mı'rændə, *port.* mi'rɐndɐ, *bras.* mi'rɐnda
Mirande *fr.* mi'rã:d
Mirandola *it.* mi'randola
Mirano *it.* mi'ra:no
Mirbanöl mır'ba:n|ø:l
Mir-Baschir, Mir-Bašir *russ.* mirba'ʃɨr
Mirbeau *fr.* mir'bo
Mirbt mırpt
Mircea *rumän.* 'mirtʃea
Mirchand *pers.* mir'xɑ:nd

Mirdịte mɪr'di:tə
Mirdịtë *alban.* mir'ditə
Mi̱re 'mi:rə
Mirebeau *fr.* mir'bo
Mirecourt *fr.* mir'ku:r
Mirẹille *fr.* mi'rɛj
Mirẹlla mi'rɛla, *it.* mi'rɛlla
Mirepoix *fr.* mir'pwa
Mirfield *engl.* 'mə:fi:ld
Mịrgorod *russ.* 'mirgɐrɐt
Mịriam *engl.* 'mɪrɪəm
Mirim *span.* mi'rin, *bras.* mi'rĩ
Mịrjam 'mɪrjam
Mịrko 'mɪrko, *it.* 'mirko, *serbokr.* 'mi:rkɔ
Mịrl mɪrl
Mịrny, Mirnyj *russ.* 'mirnɨj
Miró *kat., span.* mi'ro
Miron *fr.* mi'rõ, *russ.* mi'rɔn
Mironẹscu *rumän.* miro'nesku
Mirọnow, Mironov *russ.* mi'rɔnɐf
[1]**Mi̱roslav** 'mi:rɔslaf, *tschech.* 'mirɔslaf
Mirosłąw, [2]**Miroslav** *russ.* mira'slaf
Mirosłąwiec *poln.* mirɔ'su̯avjɛts
Mịrotice *tschech.* 'mirɔtjitsɛ
Mịrovice *tschech.* 'mirɔvitsɛ
Mi̱row 'mi:ro
Mirsatschụl, Mirzačulj *russ.* mirza'tʃulj
Mịrsk *poln.* mirsk
Mịrza 'mɪrtsa, *pers.* mir'zɑ:
Mịrza Schạffy 'mɪrtsa 'ʃafi
Miša vgl. Mischa
Misandri̱e mizan'dri:
Misanthro̱p mizan'tro:p
Misanthropi̱e mizantro'pi:
misanthro̱pisch mizan'tro:pɪʃ
Mịsburg 'mɪsbʊrk
Miscellạnea mɪstsɛ'la:nea
Mịsch mɪʃ
Mịscha, Miša 'mɪʃa, *russ.* 'miʃɐ
Mịschabel 'mɪʃa:bl̩
mịschen 'mɪʃn̩
Mischere̱i mɪʃə'rai̯
Mịschke 'mɪʃkə
Mịschling 'mɪʃlɪŋ
Mịschmasch 'mɪʃmaʃ
Mịschna 'mɪʃna
Mịschnick 'mɪʃnɪk
Mischọr, Mishor *russ.* mis'xɔr
Mischpo̱che mɪʃ'po:xə
Mischpo̱ke mɪʃ'po:kə
Misdro̱y mɪs'drɔy̆
Mi̱se 'mi:zə
Mise en scène *fr.* mizã'sɛn
Mi̱sel 'mi:zl̩
Misẹno *it.* mi'zɛ:no
misera̱bel mizə'ra:bl̩, **...ble** ...blə
Miséra̱bles *fr.* mize'rabl
Mise̱re mi'ze:rə
Misere̱re mize're:rə
Mise̱reor mi'ze:reɔr
Misericọrdias Dọmini mizeri'kɔrdi̯as 'do:mini
Miserikọrdie mizeri'kɔrdi̯ə
Mi̱ses 'mi:zəs
Mishawaka *engl.* mɪʃə'wɔ:kə
Mishor vgl. Mischor
Misilmẹri *it.* mizil'mɛ:ri
Misiọnes *span.* mi'si̯ones
Mịske *ung.* 'miʃkɛ
Mịskolc *ung.* 'miʃkolts
Misoga̱m mizo'ga:m
Misogami̱e mizoga'mi:
Misogy̱n mizo'gy:n
Misogyni̱e mizogy'ni:
Misologi̱e mizolo'gi:
Misonneau *fr.* mizɔ'no
Misopädi̱e mizopɛ'di:
Misọx mi'zɔks
Mịspel 'mɪspl̩
Misra̱chi mɪs'ra:xi
mịß!, Mịß mɪs
Mịssa 'mɪsa, **Mịssae** 'mɪsɛ
mißạchten mɪs'|axtn̩
Mịßachtung 'mɪs|axtʊŋ
Missạglia *it.* mis'saʎʎa
Missa̱l[e] mɪ'sa:l[ə]
Mịssa lẹcta 'mɪsa 'lɛkta
Missa̱le Roma̱num mɪ'sa:lə ro'ma:nʊm
Missão Vẹlha *bras.* mi'sɐ̃u̯ 'vɛʎa
Mịssa pontifica̱lis 'mɪsa pɔntifi'ka:lɪs
mißa̱rtet mɪs'|a:ɐ̯tət
Mißa̱rtung mɪs'|a:ɐ̯tʊŋ
Mịssa solẹmnis 'mɪsa zo'lɛmnɪs
Mịßbegriff 'mɪsbəgrɪf
mịßbehagen, M... 'mɪsbəha:gn̩
Mịßbelieben 'mɪsbəli:bn̩
mịßbehaglich 'mɪsbəha:klɪç
mịßbeschaffen 'mɪsbəʃafn̩
mịßbilden 'mɪsbɪldn̩
mißbịlligen mɪs'bɪlɪgn̩
Mịßbilligung 'mɪsbɪlɪgʊŋ
Mịßbrauch 'mɪsbrau̯x
mißbra̱uchen mɪs'brau̯xn̩
mịßbräuchlich 'mɪsbrɔy̯çlɪç
mißde̱uten mɪs'dɔy̯tn̩
Mịßdeutung 'mɪsdɔy̯tʊŋ
mịssen 'mɪsn̩, **mịßt** mɪst
Mịßerfolg 'mɪs|ɛɐ̯fɔlk
Mịßernte 'mɪs|ɛrntə
Mịssetat 'mɪsəta:t
Mịssetäter 'mɪsətɛ:tɐ
mißfạllen mɪs'falən
Mịßfallen 'mɪsfalən
mịßfällig 'mɪsfɛlɪç
Mịßfarbe 'mɪsfarbə
mịßfarbig 'mɪsfarbɪç
Mịßform 'mɪsfɔrm
mịßförmig 'mɪsfœrmɪç, -e ...ɪgə
Mịßgeburt 'mɪsgəbu:ɐ̯t
mịßgelaunt 'mɪsgəlau̯nt
Mịßgeschick 'mɪsgəʃɪk
mịßgestalt, M... 'mɪsgəʃtalt
mịßgestalten 'mɪsgəʃtaltn̩
mịßgestimmt 'mɪsgəʃtɪmt
mißglụ̈cken mɪs'glʏkn̩
mißgọ̈nnen mɪs'gœnən
mịßgreifen 'mɪsgrai̯fn̩
Mịßgriff 'mɪsgrɪf
Mịßgunst 'mɪsgʊnst
mịßgünstig 'mɪsgʏnstɪç
mißhạndeln mɪs'handl̩n
Mißhạndlung mɪs'handlʊŋ
Mịßheirat 'mɪshai̯ra:t
mịßhellig 'mɪshɛlɪç, -e ...ɪgə
Mịssi domịnici 'mɪsi do'mi:nitsi
Mịssing lịnk *engl.* 'mɪsɪŋ 'lɪŋk
mịssingsch, M... 'mɪsɪŋʃ
Mịssio canọnica 'mɪsi̯o ka'no:nika
Missio̱n mɪ'si̯o:n, *engl.* 'mɪʃən
Missiona̱r mɪsi̯o'na:ɐ̯
Missionä̱r mɪsi̯o'nɛ:ɐ̯
missiona̱risch mɪsi̯o'na:rɪʃ
missioni̱eren mɪsi̯o'ni:rən
Mississịppi mɪsɪ'sɪpi, *engl.* ...pɪ
Missi̱v mɪ'si:f, -e ...i:və
Mịßjahr 'mɪsja:ɐ̯
Mịßklang 'mɪsklaŋ
Mịßkredit 'mɪskredi:t
mißlạng mɪs'laŋ
mißlạ̈nge mɪs'lɛŋə
Mißlare̱uth mɪsla'rɔy̯t
Mịßlaut 'mɪslau̯t
mißle̱iten mɪs'lai̯tn̩, **ich ha̱be mißle̱itet, mịßgeleitet** ɪç 'ha:bə mɪs'lai̯tət, 'mɪsgəlai̯tət
Mịßleitung 'mɪslai̯tʊŋ
mịßlich 'mɪslɪç
Mịßlichkeit 'mɪslɪçkai̯t
mịßliebig 'mɪsli:bɪç, -e ...ɪgə
mißlịngen, M... mɪs'lɪŋən
mißlụngen mɪs'lʊŋən
Mịßmut 'mɪsmu:t
mịßmutig 'mɪsmu:tɪç
Missolụngi *it.* misso'lundʒi
Missoula *engl.* mɪ'zu:lə
Missouri mɪ'su:ri, *engl.* mɪ'zʊərɪ
Mịßpickel 'mɪspɪkl̩
mißra̱ten mɪs'ra:tn̩
Mịßstand 'mɪsʃtant
Mịßstimmung 'mɪsʃtɪmʊŋ
mịßt mɪst
Mịßtat 'mɪsta:t
Mịßton 'mɪsto:n
mịßtönend 'mɪstø:nənt, -e ...ndə
mịßtönig 'mɪstø:nɪç, -e ...ɪgə
mißtra̱uen mɪs'trau̯ən
Mịßtrauen 'mɪstrau̯ən
mịßtrauisch 'mɪstrau̯ɪʃ
Mịßurteil 'mɪs|ʊrtai̯l
Mịßvergnügen 'mɪsfɛɐ̯gny:gn̩
mịßvergnügt 'mɪsfɛɐ̯gny:kt
Mịßverhältnis 'mɪsfɛɐ̯hɛltnɪs
Mịßverstand 'mɪsfɛɐ̯ʃtant
mịßverständlich 'mɪsfɛɐ̯ʃtɛntlɪç
Mịßverständnis 'mɪsfɛɐ̯ʃtɛntnɪs
mịßverstehen 'mɪsfɛɐ̯ʃte:ən
Mịßwachs 'mɪsvaks
mißwạchsen mɪs'vaksn̩
Mịßweisung 'mɪsvai̯zʊŋ

Mịßwirtschaft 'mɪsvɪrtʃaft
Mịßwuchs 'mɪsvu:ks
Mịst mɪst
Mistassịni *engl.* mɪstə'si:nɪ
Mistẹke mɪs'te:kə
Mịstel[bach] 'mɪstl̩[bax]
Mịstelgau 'mɪstl̩gau̯
Mistẹllen mɪs'tɛlən
mịsten 'mɪstn̩
Mịster 'mɪstɐ
Misterbiạnco *it.* mister'bi̯aŋko
misteriosamẹnte mɪsteri̯oza'mɛntə
misteriọso mɪste'ri̯o:zo
Mịsti *span.* 'misti
mịstig 'mɪstɪç, **-e** ...ɪgə
Mistinguẹtt *fr.* mistɛ̃'gɛt
Mịstorf 'mɪstɔrf
Mịstra 'mɪstra
[1]**Mistrạl** (Wind) mɪs'tra:l
[2]**Mistrạl** (Name) *fr.*, *span.* mis'tral
Mistrạs *neugr.* mis'tras
Mịstreß 'mɪstrɪs
Mistrẹtta *it.* mis'tretta
Misurạta *it.* mizu'ra:ta
misurạto mizu'ra:to
Miszellaneen mɪstsɛ'la:neən, *auch:* ...la'ne:ən
Miszẹllen mɪs'tsɛlən
mịt mɪt
Mitạnni mi'tani
mịtarbeiten 'mɪt|arbai̯tn̩
Mịtau 'mi:tau̯
mịtbringen 'mɪtbrɪŋən
Mịtbringsel 'mɪtbrɪŋzl̩
Mịtcham *engl.* 'mɪtʃəm
Mịtchel[l] *engl.* 'mɪtʃəl
Mịtchill *engl.* 'mɪtʃɪl
Mịtchison *engl.* 'mɪtʃɪsn
Mịtchum *engl.* 'mɪtʃəm
miteinạnder mɪt|ai̯'nandɐ
Mitẹlla mi'tɛla
Mịterbe 'mɪt|ɛrbə
mịtfahren 'mɪtfa:rən
Mịtfahrt 'mɪtfa:ɐ̯t
Mịtford *engl.* 'mɪtfəd
mitfọrtreißen mɪt'fɔrtrai̯sn̩
Mịtgift 'mɪtgɪft
Mịtglied 'mɪtgli:t
Mịthafte 'mɪthaftə
mithịn mɪt'hɪn
Mịthra[s] 'mi:tra[s]
Mithrạ̈um mi'trɛ:ʊm
Mithridạt[es] mitri'da:t[ɛs]
Mithridatịsmus mitrida'tɪsmʊs
Mitidiạ *fr.* mitid'ʒa
Mitigạntia miti'gantsi̯a
Mitigatiọn mitiga'tsi̯o:n
Mitilịni *neugr.* miti'lini
Mịtla *span.* 'mitla
Mịtlaut[er] 'mɪtlau̯t[ɐ]
Mịtleid 'mɪtlai̯t
Mịtleiden 'mɪtlai̯dn̩
mịtleidig 'mɪtlai̯dɪç
Mitlọsheim mɪt'lo:shai̯m
mitnịchten mɪt'nɪçtn̩
Mitochọndrien mito'xɔndriən, ...tɔ'x...
mitonnieren mitɔ'ni:rən
Mitọse mi'to:zə
mitọtisch mi'to:tɪʃ
Mitoumbạ *fr.* mitum'ba
Mịtow, Mitov *bulgar.* 'mitof
Mịtra 'mi:tra
Mịt Rahịna 'mi:t ra'hi:na
Mitrailleuse mitra[l]'jø:zə
mitrạl mi'tra:l
Mitrạnes mi'tra:nɛs
Mịtre *span.* 'mitre
mịtreisen 'mɪtrai̯zn̩
mịtreißen 'mɪtrai̯sn̩
Mịtrew, Mitrev *bulgar.* 'mitrɛf
Mitrọpa mi'tro:pa
Mitrọpoulos *neugr.* mi'trɔpulɔs
Mịtrov *serbokr.* 'mitrɔv
Mịtrović *serbokr.* 'mitrɔvitɕ
Mitry-Mory *fr.* mitrimɔ'ri
mitsạmmen mɪt'zamən
mitsạmt mɪt'zamt
Mịtscherlich 'mɪtʃɐlɪç
Mitschụrin, Mičurin *russ.*, *bulgar.* mi'tʃurin
Mitschụrinsk, Mičurinsk *russ.* mi'tʃurinsk
Mitsubịschi mɪtsu'bɪʃi
Mịtsui 'mɪtsui
Mitsunạga mɪtsu'na:ga
Mịttag 'mɪta:k, **-e** ...a:gə
mịttägig 'mɪtɛ:gɪç, **-e** ...ɪgə
mịttäglich 'mɪtɛ:klɪç
mịttagmahlen 'mɪta:kma:lən
mịttags 'mɪta:ks
Mịttagskogel 'mɪta:ksko:gl̩
Mịttasch 'mɪtaʃ
Mịtte 'mɪtə
mịtteilen 'mɪttai̯lən
Mịtteis 'mɪtai̯s
mịttel, M... 'mɪtl̩
Mịttelalter 'mɪtl̩|altɐ
mịttelalt[e]rig 'mɪtl̩|alt[ə]rɪç, **-e** ...ɪgə
mịttelalterlich 'mɪtl̩|altɐlɪç
Mịttelamẹrika 'mɪtl̩|a'me:rika
mịttelbar 'mɪtl̩ba:ɐ̯
Mịttelberg 'mɪtl̩bɛrk
Mittelbrụnn mɪtl̩'brʊn
Mịttelchen 'mɪtl̩çən
mịtteldeutsch 'mɪtl̩dɔyt͡ʃ
Mịtteldeutschland 'mɪtl̩dɔyt͡ʃlant
Mịtteleurọpa 'mɪtl̩|ɔy'ro:pa
mịtteleuropạ̈isch 'mɪtl̩|ɔyro'pɛ:ɪʃ
Mịttelfranken 'mɪtl̩fraŋkn̩
mịttelgroß 'mɪtl̩gro:s
mịttelhochdeutsch 'mɪtl̩ho:xdɔyt͡ʃ
Mịttelholzer 'mɪtl̩hɔltsɐ
Mịttelhufen 'mɪtl̩hu:fn̩
Mịttelland 'mɪtl̩lant
mịttelländisch 'mɪtl̩lɛndɪʃ
mịttellos 'mɪtl̩lo:s
Mịttelmeer 'mɪtl̩me:ɐ̯
mịttelmeerisch 'mɪtl̩me:rɪʃ
mịttels[te] 'mɪtl̩s[tə]
Mịttelstreckler 'mɪtl̩ʃtrɛklɐ
mịtten 'mɪtn̩
Mịtten *engl.* mɪtn
mittendrẹin mɪtn̩'drai̯n
mittendrịn mɪtn̩'drɪn
mittendrụnter mɪtn̩'drʊntɐ
mittendụrch mɪtn̩'dʊrç
mittenịnne mɪtn̩'|ɪnə
Mịttenteich 'mɪtn̩tai̯ç
Mịttenwald 'mɪtn̩valt
Mittenwạlde mɪtn̩'valdə
Mịtterding 'mɪtɐdɪŋ
Mịtterer 'mɪtərɐ
Mịtterfels 'mɪtɐfɛls
Mịtterhofer 'mɪtɐho:fɐ
Mịttermaier 'mɪtɐmai̯ɐ
Mịtternacht 'mɪtɐnaxt
mịtternächtig 'mɪtɐnɛçtɪç
mịtternachts 'mɪtɐnaxts
Mitterrand *fr.* mitɛ'rɑ̃
Mịttersill 'mɪtɐzɪl
Mịtterteich 'mɪtɐtai̯ç
Mịtterwurzer 'mɪtɐvʊrtsɐ
Mịttfasten 'mɪtfastn̩
Mịttler 'mɪtlɐ
mịttlere 'mɪtlərə
mịttlerwẹile 'mɪtlɐ'vai̯lə
mịttschiffs 'mɪtʃɪfs
Mịttsommer 'mɪtzɔmɐ
Mịttsommernachtstraum 'mɪtzɔmɐnaxts͵trau̯m
mịttsommers 'mɪtzɔmɐs
Mittwẹida mɪt'vai̯da
Mịttwinter 'mɪtvɪntɐ
mịttwinters 'mɪtvɪntɐs
Mịttwoch 'mɪtvɔx
mịttwochs 'mɪtvɔxs
Mitụmba mi'tʊmba
mitụnter mɪt'|ʊntɐ
Mịtwelt 'mɪtvɛlt
Mịtwitz 'mɪtvɪts
mịtwollen 'mɪtvɔlən
Mịtzenheim 'mɪtsn̩hai̯m
Mịtzi 'mɪtsi
Mitzịc *fr.* mi'tsik
Mịtzka 'mɪtska
Mịus *russ.* 'mius
Mịvart *engl.* 'maɪvət
Mịx *engl.* mɪks
Mịxed Grịll 'mɪkst 'grɪl
Mịxed Pịckles 'mɪkst 'pɪkl̩s
mịxen 'mɪksn̩
Mịxer 'mɪksɐ
mịxi 'mɪksi
Mịxnitz 'mɪksnɪts
Mixolỵdisch mɪkso'ly:dɪʃ
Mịxpickles 'mɪkspɪkl̩s
Mixtẹca *span.* mis'teka
Mixtẹke mɪks'te:kə
Mixtiọn mɪks'tsi̯o:n
Mịxtum compọsitum 'mɪkstʊm kɔm'po:zitʊm, **...ta ...ta** ...ta ...ta
Mixtụr mɪks'tu:ɐ̯
Mizẹll[e] mi'tsɛl[ə]
Mịzen *engl.* mɪzn
Mizịl *rumän.* mi'zil
Mịzpa 'mɪtspa
Miztẹke mɪts'te:kə

Mizzi 'mɪtsi
Mjaskowski, Mjaskovskij *russ.* mɪs'kɔfskij
Mjassojedow, Mjasoedov *russ.* mɪsa'jɛdɐf
Mjatlew, Mjatlev *russ.* 'mjatlɪf
Mjölby *schwed.* 'mjœlby:
Mjöllnir 'mjœlnɪr
Mjøsa *norw.* 'mjø:sa
Mladá Boleslav *tschech.* 'mlada: 'bɔlɛslaf
Mladen *serbokr.* ˌmladɛn
Mladenow, Mladenov *russ.* mla'djɛnɐf, *bulgar.* mla'dɛnof
Mladji, Mlađi *serbokr.* 'mladzi:
Mladotice *tschech* 'mladɔtjitsɛ
Mława *poln.* 'mu̯ava
Mlázovice *tschech.* 'mla:zɔvitsɛ
Mljet *serbokr.* mljɛt
Mlynář *tschech.* 'mlina:rʃ
Mna mna:
Mňačko *slowak.* 'mnjatʃkɔ
M'Neill *engl.* mək'ni:l
Mneme 'mne:mə
Mnemismus mne'mɪsmʊs
Mnemonik mne'mo:nɪk
Mnemoniker mne'mo:nikɐ
mnemonisch mne'mo:nɪʃ
Mnemosyne mnemo'zy:nə, *B* ...ne
Mnemotechnik mnemo'tɛçnɪk
Mnemotechniker mnemo'tɛçnikɐ
mnemotechnisch mnemo'tɛçnɪʃ
Mnesikles 'mne:ziklɛs
mnestisch 'mnɛstɪʃ
Mnevis 'mne:vɪs
Mnichovo Hradiště *tschech.* 'mnjixɔvɔ 'hradjiʃtjɛ
Mnischek, Mnišek *russ.* 'mniʃək
Mníšek *tschech.* 'mnji:ʃɛk
Mo *norw.* mu:
Moa[b] 'mo:a[p]
Moabit[er] moa'bi:t[ɐ]
Moar 'mo:ar
Mob mɔp
Möbel 'mø:bl̩
Moberg *schwed.* ˌmu:bærj
Moberly *engl.* 'moʊbəlɪ
mobil mo'bi:l
mobile, [1]M... 'mo:bilə
[2]Mobile (Name) *engl.* moʊ'bi:l
Mobiliar mobi'li̯a:ɐ̯
Mobilien mo'bi:li̯ən
Mobilisation mobiliza'tsi̯o:n
mobilisieren mobili'zi:rən
Mobilität mobili'tɛ:t
Möbius 'mø:bi̯ʊs
möblieren mø'bli:rən
Mobster 'mɔpstɐ
Mobutu mo'bu:tu, *fr.* mɔbu'tu
Moby Dick *engl.* 'moʊbɪ 'dɪk
Moca *span.* 'moka
Moçambique mosam'bɪk, ...bi:k; *port.* musɐm'bikə
Moçâmedes *port.* mu'sɐməðɪʃ
Močao *serbokr.* ˌmɔtʃao
Mocca 'mɔka
Moch *fr.* mɔk
Mocha 'mɔxa, *auch:* 'mɔka
Mochau 'mɔxau̯
Moche *span.* 'motʃe
Mochenwangen mɔxn̩'vaŋən
Mochi *it.* 'mɔ:ki
Mochica *span.* mo'tʃika
Mochnacki *poln.* mɔx'natski
Mochov *tschech.* 'mɔxɔf
mochte 'mɔxtə
möchte 'mœçtə
Möchtegern 'mœçtəgɛrn
Mockau 'mɔkau̯
Mockel *fr.* mɔ'kɛl
Möckeln *schwed.* ˌmœkəln
Möckern 'mœkɐn
Mockrehna mɔk're:na
Mocksville *engl.* 'mɔksvɪl
Mockturtlesuppe 'mɔktœrtl̩ˌzʊpə
Mocquereau *fr.* mɔ'kro
Moctezuma *span.* mɔkte'θuma
modal mo'da:l
Modalismus moda'lɪsmʊs
Modalität modali'tɛ:t
Modane *fr.* mɔ'dan
Modd mɔt
Modder 'mɔdɐ
modderig 'mɔdərɪç, **-e** ...ɪgə
Mode 'mo:də
Model 'mo:dl̩
Modell mo'dɛl
Modelleur modɛ'lø:ɐ̯
modellieren modɛ'li:rən
modellig mo'dɛlɪç, **-e** ...ɪgə
modeln 'mo:dl̩n, **modle** 'mo:dlə
Modena 'mo:dena, *it.* 'mɔ:d...
Modenaer 'mo:denaɐ
modenaisch 'mo:denaɪʃ
Moder 'mo:dɐ
Moderamen mode'ra:mən, **...mina** ...mina
Moderation modera'tsi̯o:n
moderato mode'ra:to
Moderato mode'ra:to, **...ti** ...ti
Moderator mode'ra:tɔr, **-en** ...ra'to:rən
moderieren mode'ri:rən
moderig 'mo:dərɪç, **-e** ...ɪgə
[1]modern mo'dɛrn
[2]modern 'mo:dɐn, **modre** 'mo:drə
Modern 'mo:dɐn
Moderne mo'dɛrnə
modernisieren modɛrni'zi:rən
Modernismus modɛr'nɪsmʊs
Modernist modɛr'nɪst
Modernität modɛrni'tɛ:t
Modern Jazz *engl.* 'mɔdən 'dʒæz
Modersohn 'mo:dɐzo:n
modest mo'dɛst
Modest mo'dɛst, *russ.* ma'dɛst
Modesta mo'dɛsta
Modesti *it.* mo'dɛsti
Modesto *engl.* mə'dɛstoʊ, *it.* mo'dɛsto
Modestow, Modestov *russ.* ma'djɛstɐf
Modestus mo'dɛstʊs
Modi vgl. Modus
Modica *it.* 'mɔ:dika
Modifikation modifika'tsi̯o:n
modifizieren modifi'tsi:rən
Modigliana *it.* modiʎ'ʎa:na
Modigliani *fr.* mɔdilja'ni, ...iglia'ni; *it.* modiʎ'ʎa:ni
modisch 'mo:dɪʃ
Modist mo'dɪst
Moditten mo'dɪtn̩
Mödl 'mø:dl̩
Modlin *engl.* 'mɔdlɪn, *poln.* 'mɔdlin
Mödling[er] 'mø:dlɪŋ[ɐ]
Modřany *tschech.* 'mɔdrʒani
Modřice *tschech.* 'mɔdrʒitsɛ
modrig 'mo:drɪç, **-e** ...ɪgə
Modrzewski *poln.* mɔd'ʒɛfski
Modschi 'mo:dʒi
Modugno *it.* mo'duɲɲo
Modul 'mo:dʊl
Modulation modula'tsi̯o:n
Modulator modu'la:tɔr, **-en** ...la'to:rən
modulatorisch modula'to:rɪʃ
modulieren modu'li:rən
Modus 'mo:dʊs, *auch:* 'mɔdʊs; **Modi** ...di
Modus procedendi 'mo:dʊs protse'dɛndi, *auch:* 'mɔdʊs –; **Modi -** ...di –
Modus vivendi 'mo:dʊs vi'vɛndi, *auch:* 'mɔdʊs; **Modi -** ...di –
Moe *norw.* mu:, *engl.* 'moʊɪ
Moede 'mø:də
Moellendorf 'mœləndɔrf
Moeller 'mœlɐ
Moellon mo̯a'lõ:
Möen 'mø:ən
Moens *niederl.* mu:ns
Moerbeke 'mœrbəkə, *niederl.* 'mu:rbe:kə
Moerdijk *niederl.* mu:r'dɛi̯k
Moergestel *niederl.* mu:r'xɛstəl
Moeris 'mø:rɪs
Moerkapelle *niederl.* mu:rka'pɛlə
Moerkerke[n] *niederl.* 'mu:rkɛrkə
Moers mø:ɐ̯s
Moerser 'mø:ɐ̯zɐ
Moerzeke *niederl.* 'mu:rze:kə
Moes *niederl.* mu:s
Moeschinger 'mœʃɪŋɐ
Moeschlin 'mœʃli:n
Moeskroen *niederl.* mu:s'kru:n
Moeyaert *niederl.* 'mu:ja:rt
Mofa 'mo:fa
Mofette mo'fɛtə
Moffat *engl.* 'mɔfət
Moffett *engl.* 'mɔfɪt
Moffo *it.* 'mɔffo
Mogadischu moga'dɪʃu
Mogadiscio *it.* moga'diʃʃo

Mogador moga'do:ɐ̯, *fr.* mɔga'dɔ:r, *span.* moɣa'ðɔr
Mogadouro *port.* muɣɐ'ðoru
Mogelei mo:gə'lai̯
Mögelin 'mø:gəli:n
mogeln 'mo:gl̩n, **mogle** 'mo:glə
Møgeltønder *dän.* 'mø:ɣəltœn'ər
mögen 'mø:gn̩, **mögt** mø:kt
Mogens *dän.* 'mɔ:ɣəns
Moggio *it.* 'mɔddʒo
Mogi das Cruzes *bras.* mo'ʒi das 'kruzis
Mogielnica *poln.* mɔgjɛl'nitsa
Mogigraphie mogigra'fi:, **-n** ...i:ən
Mogila *russ.* ma'gilɐ
Mogilalie mogila'li:
Mogiljow, Mogilew *russ.* mɐgi'ljɔf
Mogiljow-Podolski, Mogilev-Podol'skij *russ.* mɐgi'ljɔfpa'dɔljskij
Mogilno *poln.* mɔ'gilnɔ
Mogk mo:k
Mogler 'mo:glɐ
möglich 'mø:klɪç
Möglichkeit 'mø:klɪçkai̯t
möglichst 'mø:klɪçst
Mogontiacum mogɔn'ti:akʊm
Mogotscha, Mogoča *russ.* ma'gɔtʃɐ
Moguer *span.* mo'ɣɛr
Mogul 'mo:gʊl
Mogyoród *ung.* 'modjoro:d
Moha *ung.* 'mohɔ
Mohács *ung.* 'moha:tʃ
Mohácsisziget *ung.* 'moha:tʃisigɛt
Mohair mo'hɛ:ɐ̯
Mohammed 'mo:hamɛt
Mohammedaner mohame'da:nɐ
mohammedanisch mohame'da:nɪʃ
Mohammedanismus mohameda'nɪsmʊs
Mohär mo'hɛ:ɐ̯
Mohaupt 'mo:hau̯pt
Mohave *engl.* moʊ'hɑ:vɪ
Mohawk *engl.* 'moʊhɔ:k
Mohéli *fr.* mɔe'li
Mohelnice *tschech.* 'mɔɦɛlnjitsɛ
Mohendscho Daro mo'hɛndʒo 'da:ro
Mohikaner mohi'ka:nɐ
Mohl[berg] 'mo:l[bɛrk]
Mohler 'mo:lɐ, *engl.* 'moʊlə
Möhler 'mø:lɐ
Mohn mo:n, *norw.* mu:n
Möhne 'mø:nə
Mohnicke 'mo:nɪkə
Moho 'mo:ho
Moholm *schwed.* mu'hɔlm
Moholy *ung.* 'mohoj
Mohon *fr.* mɔ'õ
Mohorn 'mo:hɔrn
Mohr mo:ɐ̯
Möhre 'mø:rə
Mohren 'mo:rən
mohrenschwarz 'mo:rən'ʃvarts
Mohrin (Name) mo'ri:n
Möhring[en] 'mø:rɪŋ[ən]
Mohrungen 'mo:rʊŋən
Mohs mo:s
Mohun *engl.* mu:n
Moidentin mɔydn̩'ti:n
Moigno *fr.* mwa'ɲo
Moinești *rumän.* moi̯'neʃtj
[1]**Moira** (Schicksal) 'mɔyra
[2]**Moira** (Vorname) *engl.* 'mɔɪərə
Moiré moa're:
Moiren 'mɔyrən
moirieren moa'ri:rən
Moïse *fr.* mɔ'i:z
Moisés *span.* mɔi̯'ses, *port.* moi̯'zɛʃ, *bras.* moi̯'zɛs
Moissac *fr.* mwa'sak
Moissan *fr.* mwa'sã
Moissei, Moisej *russ.* mɐi'sjej
Moissejew, Moiseev *russ.* mɐi'sjejɪf
Moissi 'mɔysi
Moitin mɔy'ti:n
Moitte *fr.* mwat
Moivre *fr.* mwa:vr
Mojácar *span.* mɔ'xakar
Mojave *engl.* moʊ'hɑ:vɪ
Mojsisovics 'mɔyzizovɪtʃ
mokant mo'kant
Mokassin moka'si:n, *auch:* 'mɔk...
Moke 'mo:kə
Mokerie mokə'ri:, **-n** ...i:ən
Mokett mo'kɛt
mokieren mo'ki:rən
Mokka 'mɔka
Mokpo *korean.* mɔkphɔ
Mokrice *serbokr.* ˌmɔkritsɛ
Mokscha, Mokša *russ.* 'mɔkʃɐ
Moktar ould Daddah *fr.* mɔktarulda'da
[1]**Mol** (Maß) mo:l
[2]**Mol** (Name) *niederl.* mɔl
Mola *it.* 'mɔ:la, *span.* 'mola
Molalität molali'tɛ:t
molar, M... mo'la:ɐ̯
Molarität molari'tɛ:t
Molasse mo'lasə
Molau 'mo:lau̯
Molay *fr.* mɔ'lɛ
Molch mɔlç
Mold *engl.* moʊld
Moldau 'mɔldau̯
Moldautein mɔldau̯'tai̯n
Moldava *tschech.* 'mɔldava
Moldawa mɔl'da:va
Moldawija, Moldavija *russ.* mal'davijɐ
Moldawit mɔlda'vi:t, *auch:* ...vɪt
Moldawskaja SSR, Moldavskaja SSR *russ.* mal'dafskɐjɐ ɛs-ɛs'ɛr
Molde *norw.* ˌmɔldə
Moldenhauer 'mɔldn̩hau̯ɐ
Moldova *rumän.* mol'dova
Moldova Nouă *rumän.* mol'dova 'nou̯ə
Moldovița *rumän.* moldo'vitsa
Mole 'mo:lə
Molé *fr.* mɔ'le
Molekel mo'le:kl̩
Molektronik molɛk'tro:nɪk
Molekül mole'ky:l
molekular moleku'la:ɐ̯
Molenaer *niederl.* 'mo:ləna:r
Molenbeek *niederl.* 'mo:lənbe:k
Molène *fr.* mɔ'lɛn
Molenkopf 'mo:lənkɔpf
Moleschott 'mo:ləʃɔt
Moleskin 'mo:lskɪn, *engl.* 'moʊlskɪn
Molesmes *fr.* mɔ'lɛm
Moléson *fr.* mɔle'zõ
Molesten mo'lɛstn̩
molestieren molɛs'ti:rən
Molesworth *engl.* 'moʊlzwə:θ
Molette mo'lɛtə
Moley *engl.* 'moʊlɪ
Molfetta *it.* mol'fetta
Moli vgl. Molo
Molière mo'li̯ɛ:ɐ̯, *fr.* mɔ'ljɛ:r
molierisch, M... mo'li̯e:rɪʃ, ...ɛ:rɪʃ
Molijn *niederl.* mo:'lɛi̯n
Molin *schwed.* mu'li:n
Molina *span.* mo'lina
Molinaeus moli'nɛ:ʊs
Molinari *it.* moli'na:ri, *fr.* mɔlina'ri
Moline *engl.* moʊ'li:n
Molinet *fr.* mɔli'nɛ
Molinismus moli'nɪsmʊs
Molinos *span.* mo'linɔs
Molins de Rey *span.* mo'linz ðɛ 'rrɛi̯
Molisch 'mo:lɪʃ
Molise *it.* 'mo'li:ze
Moliterno *it.* moli'tɛrno
Molitor 'mo:litɔr, *fr.* mɔli'tɔ:r
molk mɔlk
Molke 'mɔlkə
mölke 'mœlkə
Molkenboer *niederl.* 'mɔlkənbu:r
Molkerei mɔlkə'rai̯
molkig 'mɔlkɪç, **-e** ...ɪgə
Molkom *schwed.* ˌmɔlkɔm
Möll mœl
Moll[a] 'mɔl[a]
Möllbrücke mœl'brʏkə
Molle 'mɔlə
Mölle *schwed.* ˌmœlə
Mölleå *dän.* 'møləɔ:'
Möllen 'mœlən
Möllenbeck 'mœlənbɛk
Mollendo *span.* mo'ʎendo
Möllendorf 'mœləndɔrf
Möllenhagen mœlən'ha:gn̩
Mollenhauer 'mɔlənhau̯ɐ

Mọller 'mɔlɐ
Mö̤ller 'mœlɐ, *dän.* 'mølʼər
Møller *dän.* 'mølʼər
mö̤llern 'mœlɐn
Mollẹt *fr.* mɔ'lɛ
Mö̤llhausen 'mœlhau̯zn̩
Mọlli 'mɔli
Mollien *fr.* mɔ'ljɛ̃
Molliẹr mɔ'li̯e:
mọllig 'mɔlɪç, **-e** ...ɪɡə
Mollịno mɔ'li:no
Mọllison 'mɔlizɔn, *engl.* 'mɔlɪsn
Mö̤lln mœln
Mollụscum mɔ'lʊskʊm
Mollụske mɔ'lʊskə
Mọllweide 'mɔlvai̯də
Mọllwitz 'mɔlvɪts
Mọlly 'mɔli, *engl.* 'mɔlɪ
Mọlnár *ung.* 'molna:r
Mö̤lnbacka *schwed.* ˌmœlnbaka
Mö̤lnbo *schwed.* 'mœlnbu:
Mö̤lndal *schwed.* 'mœlndɑ:l, ˌ—
Mọlnija *russ.* 'mɔlnijɐ
Mọlo 'mo:lo, **Mọli** 'mo:li
Moločansk vgl. Molotschansk
Mọloch 'mo:lɔx
Moločnoe vgl. Molotschnoje
Molodạja Gwạrdija, - Gvardija *russ.* mɐla'dajɐ 'gvardijɐ
Molodẹtschno, Molodečno *russ.* mɐla'djɛtʃnɐ
Molọga *russ.* ma'lɔɡɐ
Molokại molo'ka:i, *engl.* moʊlə'kɑ:ɪ
Molokạne molo'ka:nə
Molọsser mo'lɔsɐ
Molọssus mo'lɔsʊs, **...ssi** ...si
Mọlotow, Molotov 'mo:lotɔf, *russ.* 'mɔlɐtɐf
Molotschạnsk, Moločansk *russ.* mɐla'tʃansk
Molọtschnoje, Moločnoe *russ.* ma'lɔtʃnɐjɐ
Moloundou *fr.* mɔlun'du
Mọls *dän.* mɔl's
Mọlschleben 'mɔlʃle:bn̩
Mọlsheim 'mɔlshai̯m, *fr.* mɔl'sɛm
Mọltke 'mɔltkə, *dän.* 'mɔlgə
mọltkesch, M... 'mɔltkəʃ
mọlto 'mɔlto
Mọlton 'mɔltɔn
Moltoprẹn (Wz) mɔlto'pre:n
Molụkken mo'lʊkn̩
Mọlvik 'mɔlvi:k
Molybdạ̈n mɔlʏp'dɛ:n
Molybdänit mɔlʏpdɛ'ni:t, *auch:* ...nɪt
Molyneux *engl.* 'mɔlɪnju:[ks], 'mʌl...
Mọlza *it.* 'mɔltsa
Mombasa mɔm'basa, ...'ba:za
Mombẹllo *it.* mom'bɛllo
Mọmbert 'mɔmbɛrt
Mọmbrecht 'mɔmbrɛçt
Mombrịtius mɔm'bri:tsi̯ʊs
Mọmburg 'mɔmbʊrk
Momčil vgl. Momtschil
Momčilgrad vgl. Momtschilgrad
Momẹnt mo'mɛnt
momentạn momɛn'ta:n
Moment musicạl *fr.* mɔmãmyzi'kal, **-s ...caux** ...'ko
Momigliạno *it.* momiʎ'ʎa:no
Mọmmark *dän.* 'mɔmarɡ
Mọmme 'mɔmə
Mommehål *schwed.* mumə'ho:l
Mọmmsen 'mɔmzn̩
Mọmos 'mo:mɔs
Mö̤mpelgard 'mœmpl̩gart
Mọmper *niederl.* 'mɔmpər
Mompós *span.* mɔm'pɔs
Momtschịl, Momčil *bulgar.* mom'tʃil
Momtschịlgrad, Momčilgrad *bulgar.* mom'tʃilgrat
Mọn (Dichter; Volk in Birma) mon
Mö̤n *dän.* mø:'n
Mọna 'mo:na, *engl.* 'moʊnə, *span.* 'mona
Monạchow, Monahov *russ.* ma'naxɐf
Mọnaci *it.* 'mɔ:natʃi
Monaco 'mo:nako, *auch:* mo'nako; *fr.* mɔna'ko, *it.* 'mɔ:nako
Monạde mo'na:də
Monadịsmus mona'dɪsmʊs
Monạdnock *engl.* mə'nædnɔk
Monadologịe monadolo'gi:
Monạgas *span.* mo'naɣas
Mọnaghan *engl.* 'mɔnəhən
Monahov vgl. Monachow
Monako 'mo:nako, *auch:* mo'nako
Monạkow mo'nakɔf
Monaldẹschi *it.* monal'deski
Mọna Lịsa 'mo:na 'li:za
Monạrch mo'narç
Monarchiạner monar'çi̯a:nɐ
Monarchianịsmus monarçi̯a'nɪsmʊs
Monarchịa Sịcula monar'çi:a 'zi:kula
Monarchịe monar'çi:, **-n** ...i:ən
monạrchisch mo'narçɪʃ
Monarchịsmus monar'çɪsmʊs
Monarchịst monar'çɪst
Monarchomạche monarço'maxə
Monạrde mo'nardə
Monasterạce *it.* monaste'ra:tʃe
Monastẹrium monas'te:ri̯ʊm, **...ien** ...i̯ən
Mọnastir 'mɔnasti:ɐ̯, *fr.* mɔnas'ti:r
monạstisch mo'nastɪʃ
Mọnat 'mo:nat
mọnatelang 'mo:natəlaŋ
mọnatig 'mo:natɪç, **-e** ...ɪɡə
mọnatlich 'mo:natlɪç
monaurạl monau̯'ra:l
Monaxọnier mona'kso:ni̯ɐ
Monazit mona'tsi:t, *auch:* ...tsɪt
Monbijou *fr.* mõbi'ʒu
Monbọddo *engl.* mɔn'bɔdoʊ
Moncạda *span.* mɔŋ'kaða
Moncalịeri *it.* moŋka'li̯ɛ:ri
Moncạlvo *span.* mɔŋ'kalβo
Monção *port., bras.* mõ'sɐ̃u̯
Moncạyo *span.* mɔŋ'kajo
Monceau-sur-Sambre *fr.* mõsosyr'sã:br
Mončegorsk vgl. Montschegorsk
Moncey *fr.* mõ'sɛ
Mö̤nch[berg] 'mœnç[bɛrk]
Mönchenglạdbach mœnçn̩'glatbax
Mönchenholzhạusen mœnçn̩hɔlts'hau̯zn̩
Mö̤nchgut 'mœnçgu:t
Mönchhạgen mœnç'ha:gn̩
Monchịque *port.* mõ'ʃikə
mö̤nchisch 'mœnçɪʃ
Monck[ton] *engl.* 'mʌŋk[tən]
Monclọa *span.* mɔŋ'kloa
Moncrịeff *engl.* mən'kri:f
Moncrịf *fr.* mõ'krif
Moncton *engl.* 'mʌŋktən
[1]**Mọnd** mo:nt, **-e** 'mo:ndə
[2]**Mọnd** (Name) mɔnt, *engl.* mɔnd
Mondadọri *it.* monda'do:ri
Mondamịn (Wz) mɔnda'mi:n
mondạ̈n mɔn'dɛ:n
Mondarịz *span.* mɔnda'riθ
Mö̤ndchen 'mø:ntçən
Monde *fr.* mõ:d
Mọndecar 'mɔndekar
Mondẹgo *port.* mon'deɣu
Mondevịlle *fr.* mõd'vil
Mondim *port.* mon'dĩ
Mondịno *it.* mon'di:no
Mondoñẹdo *span.* mɔndo'ɲeðo
Mondonvịlle *fr.* mõdõ'vil
Mondọr *fr.* mõ'dɔ:r
[1]**Mọndorf** (Siegkreis) 'mo:ndɔrf
[2]**Mọndorf** (Luxemburg) 'mɔndɔrf
Mondovì *it.* mondo'vi
Mondragọne *it.* mondra'go:ne
Mọndriaan *niederl.* 'mɔndri:a:n
Mọndsee 'mo:ntze:
Mọne *dt., niederl.* 'mo:nə
Monegạsse mone'gasə
monegạssisch mone'gasɪʃ
Monẹgros *span.* mo'neɣrɔs
Monemwasịa *neugr.* mɔnɛmva'sia
Monergịsmus monɛr'gɪsmʊs
Monẹt *fr.* mɔ'nɛ
Monẹta mo'ne:ta
Monetạr... mone'ta:ɐ̯...
monetạ̈r mone'tɛ:ɐ̯
Monẹten mo'ne:tn̩

monetisi̲e̲ren moneti'zi:rən
Monfalco̱ne *it.* monfal'ko:ne
Monferra̱to *it.* monfer'ra:to
Monfọrte *fr.* mõ'fɔrt, *span.* mɔn'fɔrte
Monge *fr.* mõ:ʒ
Moningẹvro *it.* mondʒi'ne:vro
Mongi Sli̱m *fr.* mõʒi'slim
Mongó *span.* mɔŋ'go
Mongo̱le mɔŋ'go:lə
Mongole̲i̲ mɔŋgo'lai̯
mongoli̱d mɔŋgo'li:t, **-e** ...i:də
Mongoli̱de mɔŋgo'li:də
mongo̱lisch mɔŋ'go:lɪʃ
Mongolịsmus mɔŋgo'lɪsmʊs
Mongolịst[ik] mɔŋgo'lɪst[ɪk]
mongolo̱i̱d mɔŋgolo'i:t, **-e** ...i:də
Mongoloi̱de mɔŋgolo'i:də
Mo̱nheim 'mo:nhai̯m
Mo̱ni 'mo:ni
Mo̱nica 'mo:nika, *engl.* 'mɔnɪkə
Mönichkịrchen mœnɪç'kɪrçn̩
Monier *engl.* 'mʌnɪə, *fr.* mɔ'nje
moni̱e̱ren mo'ni:rən
Monierzange mo'ni:ɐ̯tsaŋə, *auch:* mo'ni̯e:...
Mo̱nika 'mo:nika
Moni̱lia mo'ni:li̯a
Moni̱que *fr.* mɔ'nik
Moni̱s *port.* mu'niʃ, *bras.* mo'nis
Monịsmus mo'nɪsmʊs
Monịst mo'nɪst
Monita vgl. Monitum
Moniteur moni'tø:ɐ̯, *fr.* mɔni'tœ:r
Mo̱nitor 'mo:nitɔr, **-en** moni'to:rən
Monito̱rium moni'to:ri̯ʊm, **...ien** ...i̯ən
Mo̱nitum 'mo:nitʊm, **...ta** ...ta
Moniụszko *poln.* mɔ'njuʃkɔ
Moni̱z *port.* mu'niʃ,, *bras.* mo'nis
Monk *engl.* mʌŋk
Mon Khme̱r 'mɔn 'kme:ɐ̯
Monkhouse *engl.* 'mʌŋkhaʊs
Mońki *poln.* 'mɔi̯ŋki
Monkswell *engl.* 'mʌŋkswəl
Monluc *fr.* mõ'lyk
Mọnmouth *engl.* 'mɔnməθ; **-shire** -ʃɪə
Mọnna Li̱sa *it.* 'mɔnna 'li:za
Monnervịlle *fr.* mɔnɛr'vil
Monnẹt *fr.* mɔ'nɛ
Monnie̱r *fr.* mɔ'nje
Mọnnika 'mɔnika
[1]**Monnikendạm** (Ort) *niederl.* mɔnɪkən'dɑm
[2]**Mọnnikendam** (Personenname) *niederl.* 'mɔnɪkəndɑm
Monnoye̱r *fr.* mɔnwa'je
Mono 'mo:no, *auch:* 'mɔno
Monocha̱sium mono'ça:zi̯ʊm, ...nɔ'xa...; **...ien** ...i̯ən
Monochlamyde̱en monoçlamy'de:ən, ...nɔxl...
Monochọrd mono'kɔrt, **-e** ...rdə
monochro̱m, M... mono'kro:m
Monochromasi̱e monokroma'zi:
Monochroma̱t monokro'ma:t
Monochroma̱tor monokro'ma:tɔr, **-en** ...ma'to:rən
Monochromi̱e monokro'mi:
monocolo̱r monoko'lo:ɐ̯
Monọd *fr.* mɔ'no
Monodẹlphier mono'dɛlfi̯ɐ
Monodi̱e mono'di:
Monọdik mo'no:dɪk
monọdisch mo'no:dɪʃ
Monodịstichon mono'dɪstɪçɔn
Monodra̱ma mono'dra:ma
Monodromi̱e monodro'mi:
Monofi̱l mono'fi:l
monoga̱m mono'ga:m
Monogami̱e monoga'mi:
monoge̱n mono'ge:n
Monogene̱se monoge'ne:zə
Monogoni̱e monogo'ni:
Monogrạmm mono'gram
Monogrammịst monogra'mɪst
Monographi̱e monogra'fi:, **-n** ...i:ən
monogra̱phisch mono'gra:fɪʃ
monohybri̱d monohy'bri:t, **-e** ...i:də
Monoideịsmus mono|ide'ɪsmʊs
Monọkel mo'nɔkl̩
Monokini 'mo:noki:ni, *auch:* 'mɔno...
monokli̱n mono'kli:n
Monokotyledo̱ne monokotyle'do:nə
Monokrati̱e monokra'ti:, **-n** ...i:ən
monokra̱tisch mono'kra:tɪʃ
monokula̱r monoku'la:ɐ̯
Monokultur 'mo:nokʊltu:ɐ̯, *auch:* 'mɔno...
monolatera̱l monolate'ra:l
Monolatri̱e monola'tri:
Monoli̱th mono'li:t, *auch:* ...lɪt
Monolo̱g mono'lo:k, **-e** ...o:gə
monolo̱gisch mono'lo:gɪʃ
monologisi̱e̱ren monologi'zi:rən
Monologịst mono'logɪst
Mono̱m mo'no:m
monoma̱n mono'ma:n
Monomani̱e monoma'ni:
monome̱r mono'me:ɐ̯
Monome̱re mono'me:rə
Monometallịsmus monometa'lɪsmʊs
Mono̱meter mo'no:metɐ
monomọrph mono'mɔrf
Monongahela *engl.* mənɔŋgə'hi:lə
Monono̱m mono'no:m
Mononukleo̱se mononukle'o:zə
monopha̱g mono'fa:k, **-e** ...a:gə
Monopha̱ge mono'fa:gə
Monophagi̱e monofa'gi:
Monophasi̱e monofa'zi:
Monophobi̱e monofo'bi:
Monophthalmi̱e monɔftal'mi:
Monophthọng mono'ftɔŋ
monophthongi̱e̱ren monoftɔŋ'gi:rən
monophthọngisch mono'ftɔŋɪʃ
monophthongisi̱e̱ren monoftɔŋgi'zi:rən
monophylẹtisch monofy'le:tɪʃ
Monophyli̱e monofy'li:
Monophyodọnten monofy̆o'dɔntn̩
Monophyodonti̱e monofy̆odɔn'ti:
Monophysi̱t monofy'zi:t
Monophysitịsmus monofyzi'tɪsmʊs
Monopla̱n mono'pla:n
Monoplegi̱e monople'gi:, **-n** ...i:ən
Monopodi̱e monopo'di:, **-n** ...i:ən
monopo̱disch mono'po:dɪʃ
Monopo̱dium mono'po:di̯ʊm
Monopo̱l mono'po:l
Monọpoli *it.* mo'nɔ:poli
monopolisi̱e̱ren monopoli'zi:rən
Monopolịst monopo'lɪst
Monọpoly mo'no:poli
Monopọsto mono'pɔsto
Monopsychịsmus monɔpsy'çɪsmʊs
Monọpteros mo'nɔpterɔs; **...ren** ...nɔ'pte:rən
Mọnor *ung.* 'monor
Monosachari̱d monozaxa'ri:t, **-e** ...i:də
Mono̱se mo'no:zə
Monosko̱p mono'sko:p
monostịchisch mono'stɪçɪʃ
monostichi̱tisch monostɪ'çi:tɪʃ
Monọstichon mo'nɔstɪçɔn, **...cha** ...ça
monosylla̱bisch monozʏ'la:bɪʃ
Monosyllabum mono'zʏlabum, **...ba** ...ba
monosyndẹtisch monozʏn'de:tɪʃ
Monosyndeton mono'zʏndetɔn, **...ta** ...ta
Monotheịsmus monote'ɪsmʊs
Monotheịst monote'ɪst
Monothele̱t monote'le:t
Monotheletịsmus monotele'tɪsmʊs
monoto̱n mono'to:n
Monotoni̱e monoto'ni:, **-n** ...i:ən
Monotonomẹter monotono'me:tɐ
Monotre̱men mono'tre:mən
monotro̱p mono'tro:p
Monotropi̱e monotro'pi:

Monotype Ⓦᶻ 'mo:notaịp, *auch:* 'mono...
Monotypie monoty'pi:, **-n** ...i:ən
monovalẹnt monova'lɛnt
Monóvar *span.* mo'noβar
Monoxyd 'mo:nɔksy:t, *auch:* 'mɔn...; *auch:* monɔ'ksy:t
Monözie monø'tsi:
monözisch mo'nø:tsɪʃ
Monozyten mono'tsy:tn̩
Monozytose monotsy'to:zə
Monpont *fr.* mõ'põ
Monpou *fr.* mõ'pu
Mọnreal 'mɔnreal
Monreale *it.* monre'a:le
Monro[e] mɔn'ro:, 'mɔnro; *engl.* mən'roʊ, 'mʌnroʊ
Monroeville *engl.* mən'roʊvɪl
Monrovia mɔn'ro:vi̯a, *engl.* mən'roʊvɪə
[1]**Mọns** (Berg) mɔns
[2]**Mons** (Stadt) *fr.* mõ:s
Monsalvatsch mɔnzal'vatʃ
Monsão *port.* mõ'sɐ̃u̯
Monsaraz *port.* mõsɐ'raʃ
Mọnschau 'mɔnʃau̯
Monschi *pers.* mon'ʃi:
Monseigneur mõsɛn'jø:ɐ̯
Monselet *fr.* mõ'slɛ
Monselice *it.* mon'se:litʃe
Mons-en-Barœul *fr.* mõsãba'rœl
Monserrat *span.* mɔnsɛ'rrat
Mọnsheim 'mo:nshaịm
Mönsheim 'mœnshaịm
Monsieur mə'si̯ø:, *fr.* mə'sjø; **Messieurs** mɛ'si̯ø:, *fr.* me'sjø
Monsignore mɔnzɪn'jo:rə, **...ri** ...ri
Monsigny *fr.* mõsi'ɲi
Mọns Jọvis 'mɔns 'jo:vɪs
Møns Klint *dän.* 'mø:'ns 'klen'd
Mọnster *niederl.* 'mɔnstər
Mọnster... 'mɔnstɐ...
Mọnstera 'mɔnstera, **...rae** ...rɛ
Mönsterås *schwed.* mœnstər'o:s
Monstra vgl. Monstrum
Monstranz mɔn'strants
Mọnstre... 'mɔnstrə...
Monstrelet *fr.* mõstrə'lɛ
monströs mɔn'strø:s, **-e** ...ø:zə
Monstrosität mɔnstrozi'tɛ:t
Mọnstrum 'mɔnstrʊm, **...ra** ...ra
Monsummano *it.* monsum'ma:no
Monsun mɔn'zu:n
Mont *engl.*, *niederl.* mɔnt, *fr.* mõ
Montabaur 'mɔntabaụɐ, *auch:* – – '– –
Mọntacute *engl.* 'mɔntəkju:t
Montafon mɔnta'fo:n
Mọntag 'mo:nta:k
Montage mɔn'ta:ʒə, *auch:* mõ't...
mọntägig 'mo:ntɛ:gɪç **-e** ...ɪgə
mọntäglich 'mo:ntɛ:klɪç
Montagna *it.* mon'taɲɲa
Montagnana *it.* montaɲ'ɲa:na
Montagnard mõtan'ja:r
Montagne Noire *fr.* mõtaɲ'nwa:r
Montagnola *it.* montaɲ'ɲɔ:la
mọntags 'mo:nta:ks
Mọntagu[e] *engl.* 'mɔntəgju:
Montaigne *fr.* mõ'tɛɲ
Montaigu[t] *fr.* mõtɛ'gy
Montalbano *it.* montal'ba:no
Montalcino *it.* montal'tʃi:no
Montale *it.* mon'ta:le
Montalegre *port.* montɐ'lɛɣrə
Montalembert *fr.* mõtalã'bɛ:r
Montalivet *fr.* mõtali'vɛ
Montalto *it.* mon'talto
Montalván *span.* mɔntal'βan
Montalvão *port.* montal'vɐ̃u̯
Montalvo *span.* mɔn'talβo
montan mɔn'ta:n
Montana mɔn'ta:na, *engl.* mɔn'tænə, *fr.* mõta'na
Montanaro *it.* monta'na:ro
Montánchez *span.* mɔn'tantʃeθ
Montand *fr.* mõ'tã
Montanelli *it.* monta'nɛlli
Montañés *span.* mɔnta'ɲes
Montanismus mɔnta'nɪsmʊs
Montanist mɔnta'nɪst
Montano *it.* mon'ta:no
Montanus mɔn'ta:nʊs, *niederl.* mɔn'ta:nʏs
Montargis *fr.* mõtar'ʒi
Montataire *fr.* mõta'tɛ:r
Montauban *fr.* mõto'bã
Montausier *fr.* mõto'zje
Montavon mɔnta'fo:n
Montbard *fr.* mõ'ba:r
Montbazon *fr.* mõba'zõ
Montbéliard *fr.* mõbe'lja:r
Montblanc mõ'blã:, *fr.* ...lã
Montbrison *fr.* mõbri'zõ
Montbrun *fr.* mõ'brœ̃
Montcalm *fr.* mõ'kalm
Montceau-les-Mines *fr.* mõsole'min
Mont Cenis mõse'ni:, *fr.* mõs'ni
Montchanin-les-Mines *fr.* mõʃanɛ̃le'min
Montchrestien *fr.* mõkre'tjɛ̃
Mont-de-Marsan *fr.* mõdma'rsã
Montdidier *fr.* mõdi'dje
Mont-d'Or, Mont-Dore *fr.* mõ'dɔ:r
Mọnte *it.* 'monte, *span.* 'mɔnte, *port.* 'montə, *bras.* 'monti, *niederl.* 'mɔntə
Mọnte Alegre *bras.* 'monti a'lɛgri
Mọnte Alto *bras.* 'monti 'altu
Montebello *it.* monte'bɛllo, *engl.* mɔntɪ'bɛloʊ
Montebelluna *it.* montebel'lu:na
Montecalvo *it.* monte'kalvo
Mọnte Carlo 'mɔntə 'karlo, *fr.* mõtekar'lo, ...'karl
Montecarlo *it.* monte'karlo
Mọnte Cassino 'mɔntə ka'si:no, *it.* montekas'si:no
Montecassino *it.* montekas'si:no
Montecatini *it.* monteka'ti:ni
Montecatino *it.* monteka'ti:no
Montecchi mɔn'tɛki, *it.* mon'tekki
Montecchio *it.* mon'tekki̯o
Montecitorio *it.* montetʃi'tɔ:ri̯o
Montecorvino *it.* montekor'vi:no
Montecristi *span.* mɔnte'kristi
Montecristo *it.* monte'kristo
Montecuccoli mɔnte'kʊkoli, *it.* monte'kukkoli
Montefalco *it.* monte'falko
Montefalcone *it.* montefal'ko:ne
Montefeltro *it.* monte'feltro
Montefiascone *it.* montefi̯as'ko:ne
Montefiore *it.* monte'fi̯o:re, *engl.* mɔntɪfɪ'ɔ:rɪ
Montefiorino *it.* montefi̯o'ri:no
Montegiorgio *it.* monte'dʒordʒo
Montegnée *fr.* mõt'ɲe
Montégut *fr.* mõte'gy
Monteil *fr.* mõ'tɛj
Monteiro *port.* mon'tɐi̯ru, *bras.* mon'tei̯ru
Montejo *span.* mɔn'tɛxo
Monteleone *it.* montele'o:ne
Montélimar *fr.* mõteli'ma:r
Montelius *schwed.* mɔn'te:liʊs
Montella *it.* mon'tɛlla
Montemaggiore Belsito *it.* montemad'dʒo:re bel'si:to
Montemagno *it.* monte'maɲɲo
Montemayor *span.* mɔntema'jɔr
Montemezzi *it.* monte'mɛddzi
Montemiletto *it.* montemi'letto
Montemolín *span.* mɔntemo'lin
Montemor o Novo *port.* montə'mɔr u 'novu
Monte-Moro-Paß mɔnte'mo:ropas
Montenegriner mɔntene'gri:nɐ
montenegrinisch mɔntene'gri:nɪʃ
Montenegro mɔnte'ne:gro, *bras.* monti'negru
Montépin *fr.* mõte'pɛ̃
Montepulciano *it.* montepul'tʃa:no
Monterde *span.* mɔn'tɛrðe
Montereale *it.* montere'a:le
Montereau-Faut-Yonne *fr.* mõtrofo'tjɔn
Monterey *engl.* mɔntɪ'reɪ
Mọnte Rosa 'mɔntə 'ro:za, *it.* 'monte 'rɔ:za

Montería *span.* mɔnteˈria
Montero *span.* mɔnˈtero
Monterone *it.* monteˈroːne
Monterotondo *it.* monteroˈtondo
Monterrey *span.* mɔntɛˈrrɛi̯
[1]**Montes** (Anleihen) ˈmɔntɛs
[2]**Montes** (Name) *span.* ˈmɔntes
Montesa *span.* mɔnˈtesa
Monte Sant'Angelo *it.* ˈmonte sanˈtandʒelo
Monte Santo *bras.* ˈmonti ˈsɐntu
Montesarchio *it.* monteˈsarki̯o
Montescaglioso *it.* monteskaʎˈʎoːso
Montes Claros *port.* ˈmontɪʃ ˈklaruʃ, *bras.* ˈmontis ˈklarus
Montes de Torozos *span.* ˈmɔntez ðe toˈroθɔs
Montesi *it.* monˈteːsi
Montesinos *span.* mɔnteˈsinɔs
Montes Obarenes *span.* ˈmɔntes oβaˈrenes
Montespan *fr.* mõtɛsˈpã
Montespertoli *it.* montesˈpɛrtoli
Montesquieu *fr.* mõtɛsˈkjø
Montesquiou *fr.* mõtɛsˈkju
Montessori *it.* montesˈsɔːri
Montet *fr.* mõˈtɛ
Monteur mɔnˈtøːɐ̯, *auch:* mõt...
Monteux *fr.* mõˈtø
Montevarchi *it.* monteˈvarki
Monteverde *it.* monteˈverde
Monteverdi *it.* monteˈverdi
Montevideo mɔntɛviˈdeːo, *span.* mɔnteβiˈðeo
Montez ˈmɔntɛs
Montezuma mɔnteˈtsuːma, mɔnteˈsuːma; *span.* mɔnteˈθuma
Montfaucon *fr.* mõfoˈkõ
Montfermeil *fr.* mõfɛrˈmɛj
Montferrat *fr.* mõfɛˈra
Montfleury *fr.* mõflœˈri
Montfoort *niederl.* ˈmɔntfoːrt
Montfort *dt., niederl.* ˈmɔntfɔrt, *fr.* mõˈfɔːr *engl.* ˈmɔntfət
Montgaillard *fr.* mõgaˈjaːr
Montfortaner mõfɔrˈtaːnɐ
Montgelas mõʒəˈla, *fr.* mõˈʒla
Montgenèvre *fr.* mõʒˈnɛːvr
Montgeron *fr.* mõˈʒrõ
Montgolfier *fr.* mõgɔlˈfje
Montgolfiere mõgɔlˈfi̯eːrə, ...ɛːrə
Montgomery *engl.* məntˈɡʌmərɪ, mɔn...; ...gɔm...; *fr.* mõgɔmˈri
Month mɔnt
Montherlant *fr.* mõtɛrˈlã
Monthey *fr.* mõˈtɛ
Montholon *fr.* mõtɔˈlõ
Monti *it.* ˈmonti
Monticelli *it.* montiˈtʃɛlli, *fr.* mõtisɛˈli
Monticellit mɔntitʃɛˈliːt, *auch:* ...lɪt
Montichiari *it.* montiˈki̯aːri
Montiel *span.* mɔnˈti̯ɛl
montieren mɔnˈtiːrən, *auch:* mõˈt...
Montiglio *it.* monˈtiʎʎo
Montignac *fr.* mõtiˈɲak
Montignies-le-Tilleul *fr.* mõtiɲiltiˈjœl
Montignies-sur-Sambre *fr.* mõtiɲisyrˈsãːbr
Montigny *fr.* mõtiˈɲi
Montijo *span.* mɔnˈtixo
Montilla *span.* mɔnˈtiʎa
Montini *it.* monˈtiːni
Montivilliers *fr.* mõtiviˈlje
Montjoie, Montjoye *fr.* mõˈʒwa
Montjuich *span.* mɔŋˈxu̯itʃ
Montlosier *fr.* mõloˈzje
Montluc *fr.* mõˈlyk
Montluçon *fr.* mõlyˈsõ
Montmagny *fr.* mõmaˈɲi
Montmartre *fr.* mõˈmartr
Montmaur *fr.* mõˈmɔːr
Montmollin *fr.* mõmɔˈlɛ̃
Montmorency *fr.* mõmɔrãˈsi, *engl.* mɔntməˈrɛnsɪ
Montmorillon *fr.* mõmɔriˈjõ
Montmorillonit mõmorijoˈniːt, *auch:* ...nɪt
Montorio *it.* monˈtɔːri̯o
Montoro *it.* monˈtɔːro, *span.* mɔnˈtoro
Montoyer *fr.* mõtwaˈje
Montpalau *span.* mɔmpaˈlau̯
Montparnasse *fr.* mõparˈnas, ...nɑːs
Mont Pelé *fr.* mõˈple
Montpelier *engl.* mɔntˈpiːljə
Montpellier *fr.* mõpəˈlje, mõpɛˈlje
Montpensier *fr.* mõpãˈsje
Mont Perdu *fr.* mõpɛrˈdy
Montreal mɔntreˈaːl, *engl.* mɔntrɪˈɔːl
Montréal *fr.* mõreˈal
Montreuil *fr.* mõˈtrœj
Montreuil-sous-Bois *fr.* mõtrœjsuˈbwa
Montreuil-sur-Mer *fr.* mõtrœjsyrˈmɛːr
Montreux *fr.* mõˈtrø
Montrose *engl.* mɔntˈroʊz
Montrouge *fr.* mõˈruːʒ
Monts *fr.* mõ
Mont-Saint-Aignan *fr.* mõsɛ̃tɛˈɲã
Mont-Saint-Amand *fr.* mõsɛ̃taˈmã
Mont-Saint-Michel *fr.* mõsɛ̃miˈʃɛl
Montsalwatsch mɔntzalˈvatʃ
Montschegorsk, Mončegorsk *russ.* mɐntʃɪˈgɔrsk
Monts des Maures *fr.* mõdeˈmɔːr
Monts du Forez *fr.* mõdyfɔˈrɛ
Montsech *span.* mɔnˈsɛtʃ
Montserrat *span.* mɔnsɛˈrrat, *engl.* ...sɛˈræt
Monts Faucilles *fr.* mõfoˈsij
Montsiá *span.* mɔnˈsi̯a
Mont-Soleil *fr.* mõsɔˈlɛj
Montsouris *fr.* mõsuˈri
Mont-sur-Marchienne *fr.* mõsyrmarˈʃjɛn
Montt *span.* mɔnt
Montúfar *span.* mɔnˈtufar
Montur mɔnˈtuːɐ̯
Monturiol *span.* mɔntuˈri̯ɔl
Monty *engl.* ˈmɔntɪ
Montyon *fr.* mõˈtjõ
Monument monuˈmɛnt
Monumenta Germaniae historica monuˈmɛnta gɛrˈmaːni̯ɛ hɪsˈtoːrika
monumental monumɛnˈtaːl
Monumentalität monumɛntaliˈtɛːt
Monument Valley *engl.* ˈmɔnjʊmənt ˈvælɪ
Monvel *fr.* mõˈvɛl
Monza *it.* ˈmontsa
Monzambano mɔntsamˈbaːno
Monzie *fr.* mõˈzi
Monzón *span.* mɔnˈθɔn
Moody *engl.* ˈmuːdɪ
Moog moːk
Mook *niederl.* moːk
Moon moːn, *engl.* muːn, *russ.* maˈɔn
Mooney, ...nie *engl.* ˈmuːnɪ
Moor moːɐ̯, *niederl.* moːr
moorbaden ˈmoːɐ̯baːdn̩
Moordorf ˈmoːɐ̯dɔrf
Moordrecht *niederl.* ˈmoːrdrɛxt
Moore *engl.* mʊə
Moorea *fr.* mureˈa
Mooresville *engl.* ˈmʊəzvɪl
Moorhead *engl.* ˈmʊəhɛd
moorig ˈmoːrɪç, -e ...ɪgə
Moorsele *niederl.* ˈmoːrseːlə
Moorslede *niederl.* ˈmoːrsleːdə
Moos moːs, -e ˈmoːzə
Moosbrugger ˈmoːsbrʊgɐ
Moosburg ˈmoːsbʊrk
Moose [Jaw] *engl.* ˈmuːs [ˈdʒɔː]
moosgrün ˈmoːsgryːn
Moosham ˈmoːsham
Mooshausen moːsˈhau̯zn̩
moosig ˈmoːzɪç, -e ...ɪgə
Mop mɔp
Moped ˈmoːpɛt, *auch:* ...peːt
Moppel ˈmɔpl̩
moppen ˈmɔpn̩
Mops mɔps, **Möpse** ˈmœpsə
Möpschen ˈmœpsçən
mopsen ˈmɔpsn̩
mopsig ˈmɔpsɪç, -e ...ɪgə
Mopsos ˈmɔpsɔs
Mopsu[h]estia mɔpsuˈ[h]ɛsti̯a
Mopti *fr.* mɔpˈti
Moquegua *span.* moˈkeɣu̯a
Moquette moˈkɛt

Mór *ung.* mo:r
[1]**Mọra** (Verzug) 'mo:ra
[2]**Mora** *span.* 'mora, *schwed.* ˌmu:ra
Mọrača *serbokr.* ˌmɔratʃa
Morạes *port.* mu'rai̯ʃ, *bras.* mo'rai̯s
Mọrąg *poln.* 'mɔrɔŋk
Morạgas *span.* mo'raɣas
Morạgues *span.* mo'raɣes
Mórágy *ung.* 'mo:ra:dj
Morạis *port.* mu'rai̯ʃ, *bras.* mo'rai̯s
[1]**Morạl** mo'ra:l
[2]**Morạl** (Name) *span.* mo'ral
Morạles *span.* mo'rales
Moralịn mora'li:n
Mọral insanity *engl.* 'mɔrəl ɪn'sænɪtɪ
morạlisch mo'ra:lɪʃ
moralisi̱eren morali'zi:rən
Moralịsmus mora'lɪsmʊs
Moralịst mora'lɪst
Moralitạ̈t morali'tɛ:t
Mọral Rearmament *engl.* 'mɔrəl 'ri:'ɑ:məmənt
Mọralt 'mo:ralt
Moran *engl.* 'mɔ:rən, mə'ræn
Morand *fr.* mɔ'rã
Morạne *fr.* mɔ'ran
Morạ̈ne mo'rɛ:nə
Morạno Cạlabro *it.* mo'ra:no 'ka:labro
Morant *engl.* mə'rænt
Morạnte *it.*, *span.* mo'rante
Mọrar *engl.* 'mɔ:rə
Morạst mo'rast, **Morạ̈ste** mo'rɛstə
Morạt *fr.* mɔ'ra
Morạta *it.* mo'ra:ta
Moratạlla *span.* mota'taʎa
Moratín *span.* mota'tin
Moratọrium mora'to:ri̯ʊm, ...**ien** ...i̯ən
Mọratz 'mo:rats
Mọ̈raus 'mø:rau̯s
Mọrava *slowak.*, *tschech.* 'mɔrava, *serbokr.* ˌmɔ...
Mọravany *tschech.* 'mɔravani
Morạvia *dt.*, *it.* mo'ra:vi̯a
Mọrávka *tschech.* 'mɔra:fka
Mọravská Třẹbová *tschech.* 'mɔrafska: 'trʃɛbɔva:
Mọravské Bụdějovice *tschech.* 'mɔrafskɛ: 'budjɛjɔvitsɛ
Mọravský [Bẹroun] *tschech.* 'mɔrafski: ['bɛrɔu̯n]
Mọravský Krụmlov *tschech.* 'mɔrafski: 'krumlɔf
Morạwski *poln.* mɔ'rafski
Morạwze mo'raftsə
Morạx *fr.* mɔ'raks
Moray *engl.* 'mʌrɪ; **-shire** -ʃɪə
Morazán *span.* mora'θan
Morazẹen mora'tse:ən
Mọrbach 'mɔrbax
Morbẹgno *it.* mor'beɲɲo
Morbi vgl. Morbus
morbịd mɔr'bi:t, **-e** ...i:də
Morbiditạ̈t mɔrbidi'tɛ:t
Morbihan *fr.* mɔrbi'ã
Morbịllen mɔr'bɪlən
Mọrbio *it.* 'mɔrbi̯o
morbiphọr mɔrbi'fo:ɐ̯
Mọ̈rbisch 'mœrbɪʃ
morbleu! *fr.* mɔr'blø
Morbositạ̈t mɔrbozi'tɛ:t
Mọrbus 'mɔrbʊs, **Mọrbi** 'mɔrbi
Mọrcar *engl.* 'mɔ:kɑ:
Morcellement mɔrsɛlə'mã:
Mọrchel 'mɔrçl̩
Mọrchenstern 'mɔrçn̩ʃtɛrn
Morcịnek *poln.* mɔr'tɕinɛk
Morcọne *it.* mor'ko:ne
Morcọte *it.* mor'kɔ:te
Mọrd mɔrt, **-e** 'mɔrdə
Mordạcq *fr.* mɔr'dak
Mọrdaunt *engl.* mɔ:dnt
Mọrdax 'mɔrdaks
Mordazitạ̈t mɔrdatsi'tɛ:t
Mọr de Fuẹntes *span.* 'mɔr ðe 'fu̯entes
mọrden 'mɔrdn̩, **mọrd!** mɔrt
Mọrden *engl.* mɔ:dn
Mordẹnt mɔr'dɛnt
Mọ̈rder 'mœrdɐ
mọ̈rderisch 'mœrdərɪʃ
mọ̈rderlich 'mœrdɐlɪç
mọrdio! 'mɔrdi̯o
Mọrdkin *russ.* 'mɔrtkin
Mordọwskaja ASSR, Mordovskaja ASSR *russ.* mar'dɔfskɐjɐ aɛs-ɛs'ɛr
Mordọwzew, Mordovcev *russ.* mar'dɔftsəf
Mọrdskẹrl 'mɔrts'kɛrl
Mọrdslạ̈rm 'mɔrts'lɛrm
mọrdsmäßig 'mɔrtsmɛ:sɪç
mọrdswẹnig 'mɔrts've:nɪç
Mọrdtmann 'mɔrtman
Mordwạ *russ.* mar'dva
Mordwi̱ne mɔrt'vi:nə
mordwi̱nisch mɔrt'vi:nɪʃ
Mordwịnow, Mordvinov *russ.* mar'dvinɐf
Mọrdy *poln.* 'mɔrdɨ
Mọre *engl.* mɔ:
Morẹa mo're:a
Moréạs *fr.* mɔre'ɑ:s
Moreau *fr.* mɔ'ro
Mọrecambe *engl.* 'mɔ:kəm
Moreelse *niederl.* mo:'re:lsə
mọre geomẹtrico 'mo:rə geo'me:triko
Mọrehead *engl.* 'mɔ:hɛd
Mọrehouse *engl.* 'mɔ:haʊs
Moreira *port.* mu'rɐi̯rɐ, *bras.* mo'rei̯ra
Morẹl *fr.* mɔ'rɛl
Mọreland *engl.* 'mɔ:lənd
Morẹlia *span.* mo'reli̯a
Morẹll *engl.* mə'rɛl
Morẹlla *span.* mo'reʎa
Morẹlle mo'rɛlə
Morellẹt *fr.* mɔr'lɛ
Morẹlli *it.* mo'rɛlli
Morelly *fr.* mɔrɛ'li
Morẹlos *span.* mo'relɔs
Morẹna *span.* mo'rena
morẹndo mo'rɛndo
Morẹndo mo'rɛndo, ...**di** ...di
Morẹni *rumän.* mo'renj
Moreno *span.* mo'reno, *engl.* mə'ri:noʊ, mə'reɪnoʊ
Morẹra *span.* mo'rera
Morerị *fr.* mɔre'ri
Mọres 'mo:re:s
Mọresby *engl.* 'mɔ:zbɪ
Morẹsca mo'rɛska
Morẹske mo'rɛskə
Moresnẹt *fr.* mɔrɛs'nɛ
Morẹt *fr.* mɔ'rɛ, *span.* mo'rɛt
Morẹto *span.* mo'reto
Mọreton *engl.* mɔ:tn
Morẹtti *it.* mo'retti
Morẹtto *it.* mo'retto
Mọrey *engl.* 'mɔ:rɪ
Morẹz *fr.* mɔ'rɛ:z
Mọrf mɔrf
Mọrford *engl.* 'mɔ:fəd
Morgạgni *it.* mor'gaɲɲi
Morgan *engl.* 'mɔ:gən, *fr.* mɔr'gã
morganạtisch mɔrga'na:tɪʃ
Morganịsmus mɔrga'nɪsmʊs
Mọrganton *engl.* 'mɔ:gəntən
Mọrgantown *engl.* 'mɔ:gəntaʊn
Morgarten 'mo:ɐ̯gartn̩, *auch:* 'mɔr...
mọrgen, M... 'mɔrgn̩
mọrgend 'mɔrgn̩t, **-e** ...n̩də
mọrgendlich 'mɔrgn̩tlɪç
Mọrgenland 'mɔrgn̩lant
mọrgenländisch 'mɔrgn̩lɛndɪʃ
mọrgens 'mɔrgn̩s
Mọrgenstern 'mɔrgn̩ʃtɛrn
Mọrgenthau 'mɔrgn̩tau̯, *engl.* 'mɔ:gənθɔ:
Mọrges *fr.* mɔrʒ
Mọrghen *it.* 'mɔrgen
mọrgig 'mɔrgɪç, **-e** ...ɪgə
Mọrgue 'mɔrgə, *fr.* mɔrg
Mọrgunblaðið *isl.* 'mɔrgʏnbla:ðɪð
Mọrhange *fr.* mɔ'rã:ʒ
Mọrhof 'mo:ɐ̯ho:f
Morịa mo'ri:a
moribụnd mori'bʊnt, **-e** ...ndə
Morịce *fr.* mɔ'ris
Morichạ *fr.* mɔri'ʃa
Móricz *ung.* 'mo:rits
Mọrier *engl.* 'mɔrɪeɪ
Morịgi *it.* mo'ri:dʒi
Mọ̈rike 'mø:rɪkə
Morịllo *span.* mo'riʎo
Morin *fr.* mɔ'rɛ̃
Morinẹll mori'nɛl
Morịnge mo'rɪŋə
Mọringen 'mo:rɪŋən
Mọringer 'mo:rɪŋɐ
Moriñigo *span.* mori'ɲiɣo
Moriọka mo'ri̯o:ka

Morion 'mo:ri̯ɔn
Moriori mo'ri̯o:ri
Möris 'mø:rɪs
Morisca mo'rɪska
Moriscos *span.* mo'riskɔs
Moriske mo'rɪskə
Morison *engl.* 'mɔrɪsn
Morisot *fr.* mɔri'zo
Moritat 'mo:rita:t
Moritherium mori'te:ri̯ʊm
morituri te salutant mori'tu:ri te: za'lu:tant
Moritz[berg] 'mo:rɪts[bɛrk]
Moritzburg 'mo:rɪtsbʊrk
Morjärv *schwed.* ˌmu:rjærv
Morken 'mɔrkn̩
Morkovice *tschech.* 'mɔrkɔvitsɛ
Morlacchi *it.* mor'lakki
Morlaix *fr.* mɔr'lɛ
Morlake mo:ɐ̯'la:kə
Morland *engl.* 'mɔ:lənd
Morlanwelz *fr.* mɔrlã'wɛ
Morley *engl.* 'mɔ:lɪ
Mörlheim 'mœrlhai̯m
Morlock 'mɔrlɔk
Mormone mɔr'mo:nə
Mormugão *port.* murmu'ɣɐ̃ṵ
Mornay *fr.* mɔr'nɛ
Mörne *schwed.* ˌmœ:rnə
Mornellregenpfeifer mɔr'nɛlˌre:gn̩pfai̯fɐ
Mörner *schwed.* 'mœ:rnər
Morning Telegraph *engl.* 'mɔ:nɪŋ 'tɛlɪgrɑ:f
Morny *fr.* mɔr'ni
Moro 'mo:ro, *it.* 'mɔ:ro
Morobbia *it.* mo'robbi̯a
Morobe mo'ro:bə, *engl.* mə'roʊbeɪ
Morogoro moro'go:ro
Morold 'mo:rɔlt
Morolf 'mo:rɔlf
Morolo *it.* mo'rɔ:lo
Morolt 'mo:rɔlt
Morón *span.* mo'rɔn
Morona *span.* mo'rona
Morone *it.* mo'ro:ne
Moroni *it.* mo'ro:ni
Moronobu moro'no:bu
moros mo'ro:s, **-e** ...o:zə
Morosität morozi'tɛ:t
Morosow, Morozov *bulgar.* mo'rɔzof, *russ.* ma'rɔzɐf
Morosowsk, Morozovsk *russ.* ma'rɔzɐfsk
Morot *fr.* mɔ'ro
Morotai *indon.* 'morotai̯
Morović *serbokr.* mɔˌrɔvitɕ
Morpeth *engl.* 'mɔ:pɛθ
Morph mɔrf
Morphallaxis mɔrfa'laksɪs
Morphe mɔr'fe:
Morphem mɔr'fe:m
Morphematik mɔrfe'ma:tɪk
morphematisch mɔrfe'ma:tɪʃ
Morpheus 'mɔrfɔy̯s
Morphin mɔr'fi:n
Morphinismus mɔrfi'nɪsmʊs
Morphinist mɔrfi'nɪst
Morphium 'mɔrfi̯ʊm
Morphogenese mɔrfoge'ne:zə
Morphogenesis mɔrfo'ge:nezɪs, *auch:* ...gɛn...; **...nesen** ...ge'ne:zn̩
morphogenetisch mɔrfoge'ne:tɪʃ
Morphogenie mɔrfoge'ni:, **-n** ...i:ən
Morphographie mɔrfogra'fi:
Morphologe mɔrfo'lo:gə
Morphologie mɔrfolo'gi:
morphologisch mɔrfo'lo:gɪʃ
Morphometrie mɔrfome'tri:, **-n** ...i:ən
morphometrisch mɔrfo'me:trɪʃ
Morphy *engl.* 'mɔ:fɪ
Morra 'mɔra
Morrill *engl.* 'mɔrɪl
Morrilton *engl.* 'mɔrɪltən
Morrinhos *bras.* mo'rriɲus
Morris[on] *engl.* 'mɔrɪs[n]
Morristown *engl.* 'mɔrɪstaʊn
Morrisville *engl.* 'mɔrɪsvɪl
Morrovalle *it.* morro'valle
Morrow *engl.* 'mɔroʊ
Mörrumsån *schwed.* ˌmœrʊmso:n
[1]**Mors** (Tod) mɔrs
[2]**Mors** (Name) *dän.* mɔrs
Morsang-sur-Orge *fr.* mɔrsãsy'rɔrʒ
Morsbach 'mɔrsbax
morsch mɔrʃ
Mörsch mœrʃ
Morschansk, Moršansk *russ.* mar'ʃansk
morschen 'mɔrʃn̩
Morscholz 'mɔrʃɔlts
Morschowez, Moržovec *russ.* mar'ʒɔvits
Mörsdorf 'mø:ɐ̯sdɔrf
Morse 'mɔrzə, *engl.* mɔ:s
Morselle mɔr'zɛlə
morsen 'mɔrzn̩, **mors!** mɔrs, **morst** mɔrst
Mörser 'mœrzɐ
mörsern 'mœrzɐn, **mörsre** 'mœrzrə
Mörsil *schwed.* ˌmœ:rsil
Morsztyn *poln.* 'mɔrʃtɨn
Mortadella mɔrta'dɛla
Mortagne *fr.* mɔr'taɲ
Mortágua *port.* mɔr'taɣu̯a
Mortaigne *fr.* mɔr'tɛɲ
Mortalität mɔrtali'tɛ:t
Mortara *it.* mor'ta:ra
Morteaux *fr.* mɔr'to
Mörtel 'mœrtl̩
Morten 'mɔrtn̩, *dän.* 'mɔrdən
Morteratsch mɔrtə'ratʃ
Mörth mœrt
Mortier *fr.* mɔr'tje
Mortifikation mɔrtifika'tsi̯o:n
mortifizieren mɔrtifi'tsi:rən
Mortillet *fr.* mɔrti'jɛ
Mortimer *engl.* 'mɔ:tɪmə
Morton *engl.* mɔ:tn
Mortsel *niederl.* 'mɔrtsəl
Moruccio *it.* mo'ruttʃo
Morula 'mo:rula
Morungen 'mo:rʊŋən
Morus 'mo:rʊs
Morvan *fr.* mɔr'vã
Moryń *poln.* 'mɔrɨi̯n
Moryson *engl.* 'mɔrɪsn
Moržovec vgl. Morschowez
Moša *serbokr.* 'mɔ:ʃa
Mosabit moza'bi:t
Mosaffaro'd-din *pers.* mozæffærod'di:n
Mosaik moza'i:k
mosaisch, M... mo'za:ɪʃ
Mosaismus moza'ɪsmʊs
Mosaist moza'ɪst
Mosal'sk vgl. Mossalsk
Mosambik mozam'bi:k
Mosander *schwed.* mu'sandər
Mosbach 'mo:sbax
Mosberg 'mo:sbɛrk
Mosbruch 'mo:sbrʊx
Mosby *engl.* 'mɔzbɪ
Mosca *it.* 'moska
Moscardó *span.* mɔskar'ðo
Mosch mo:ʃ
Moschaiski, Možajskij *russ.* ma'ʒajskij
Moschaw 'mɔʃaf, **-im** mɔʃa'vi:m
Moschee mɔ'ʃe:, **-n** ...e:ən
Moscheles 'mɔʃələs
moschen 'mo:ʃn̩
Möschen 'mø:sçən
Moscher (Volk in Kleinasien) 'mɔsçɐ
Moscherosch 'mɔʃərɔʃ
Moschga, Možga *russ.* maʒ'ga
Moschino, Mošino *bulgar.* 'mɔʃino
Moschion 'mɔsçi̯ɔn
Moschos 'mɔsçɔs
Moschus 'mɔʃʊs
Moschwig 'mɔʃvɪç
Mościcki *poln.* mɔɕ'tɕitski
Mościński *poln.* mɔɕ'tɕii̯ski
Moscón *span.* mɔs'kɔn
Moscoso *span.* mɔs'koso
Mosdok, Mozdok *russ.* maz'dɔk
Mose 'mo:zə
Möse 'mø:zə
Mosè *it.* mo'zɛ
Moseć *serbokr.* ˌmɔsɛtɕ
Mosel[beck] 'mo:zl̩[bɛk]
Moselaner mozə'la:nɐ
Mösele 'mø:zələ
Moseley *engl.* 'moʊzlɪ
Moselkern 'mo:zl̩kɛrn, – –'–
Mosella mo'zɛla
Mosellaner mozɛ'la:nɐ
Moselle *fr.* mo'zɛl
Moselly *fr.* mozɛ'li
Mosen[berg] 'mo:zn̩[bɛrk]
Mosenthal 'mo:zn̩ta:l

Moser 'mo:zɐ
Möser 'mø:zɐ
Moserboden mo:zɐ'bo:dn̩
Moses 'mo:zəs, ...zɛs; *engl.* 'moʊzɪs
Mosheim 'mo:shaim
Mösien 'mø:ziən
Mosigkau 'mo:zɪkau
Mosin vgl. Mossin
Mosina *poln.* mɔ'ɕina
Mošino vgl. Moschino
Mosis 'mo:zɪs
Mosjö mɔs'jø:
Moskau 'mɔskau
moskauisch 'mɔskauɪʃ
Moskito mɔs'ki:to
Moskowiter mɔsko'vi:tɐ
moskowitisch mɔsko'vi:tɪʃ
Moskwa, Moskva mɔs'kva, *russ.* mas'kva
Moskwitsch, Moskvič *russ.* mas'kvitʃ
Möslein 'mø:slain
Moslem 'mɔslɛm
mosleminisch mɔsle'mi:nɪʃ
moslemisch mɔs'le:mɪʃ
Mosler 'mo:slɐ, *engl.* 'moʊzlə
Mosley *engl.* 'mɔzlɪ, 'moʊzlɪ
Moslime mɔs'li:mə
Mosonmagyaróvár *ung.* 'moʃonmɔdjɔro:va:r
Mosonszentmiklós *ung.* 'moʃonsɛntmiklo:ʃ
Mosonszolnok *ung.* 'moʃonsolnok
Mospino *russ.* 'mɔspinɐ
Mosquera *span.* mɔs'kera
Mosquito *span.* mɔs'kito
Moss *engl., norw.* mɔs
Mossadegh *pers.* mosæd'deɣ
Mossalsk, Mosal'sk *russ.* ma'saljsk
Mossâmedes *port.* mu'sɐməðɪʃ
Mössbauer 'mœsbauɐ
Mosse 'mɔsə
Mösseberg *schwed.* mœsə'bærj
Mossel Bay *engl.* 'mɔsl 'beɪ
Mosselkreek *niederl.* 'mɔsəlkre:k
Mosses *fr.* mɔs
Mossi 'mɔsi
Mossin, Mosin *russ.* 'mɔsin
Mössingen 'mœsɪŋən
Mossley *engl.* 'mɔslɪ
mosso 'mɔso
Mosso *it.* 'mɔsso
Mossoró *bras.* moso'rɔ
Mossul 'mo:zʊl
Mossuril *port.* musu'ril
[1]**Most** mɔst
[2]**Most** (Name) *dt., serbokr., tschech.* mɔst
Mostaert *niederl.* 'mɔsta:rt
Mostaganem *fr.* mɔstaga'nɛm
Mostar 'mɔstar, *serbokr.* ˌmɔsta:r
Mostaufi *pers.* mostou'fi:
Mosteiro *port.* muʃ'tɐiru
mosten 'mɔstn̩
Mostert 'mɔstɐt
Mostiska *russ.* mas'tiskɐ
Mostiștea *rumän.* mos'tiʃtea
Móstoles *span.* 'mɔstoles
Mostrich 'mɔstrɪç
Mosul 'mo:zʊl
Mosyr, Mozyr' *russ.* 'mɔzɨrj
Moszkowski *poln.* mɔʃ'kɔfski
Mota *span.* 'mota
Motala *schwed.* ˌmu:tala
Motel 'mo:tl̩, *auch:* mo'tɛl
Motette mo'tɛtə
Motherwell *engl.* 'mʌðəwəl
Môtier[s] *fr.* mo'tje
Motilität motili'tɛ:t
Motion mo'tsio:n
Motionär motsio'nɛ:ɐ
Motion-Picture *engl.* 'moʊʃən'pɪktʃə
Motiv mo'ti:f, **-e** ...i:və
Motivation motiva'tsio:n
motivieren moti'vi:rən
Motivik mo'ti:vɪk
motivisch mo'ti:vɪʃ
Motley *engl.* 'mɔtlɪ
Moto 'mo:to
Moto-Cross moto'krɔs
Motodrom moto'dro:m
Moton *engl.* moʊtn
Motonobu moto'no:bu
Motor 'mo:tɔr, *auch:* mo'to:ɐ; **-en** mo'to:rən; **-e** mo'to:rə
Motorboot 'mo:tɔrbo:t, *auch:* mo'to:ɐ...
Motorik mo'to:rɪk
Motoriker mo'to:rikɐ
motorisch mo'to:rɪʃ
motorisieren motori'zi:rən
Motorrad 'mo:tɔrra:t, *auch:* mo'to:ɐ...
Motril *span.* mo'tril
Motru *rumän.* 'motru
Mott *engl.* mɔt
Motta *it.* 'mɔtta, *port.* 'mɔtɐ
[1]**Motte** 'mɔtə
[2]**Motte** (Name) *fr.* mɔt
motten 'mɔtn̩
Motteville *fr.* mɔt'vil
Mottl 'mɔtl̩
Mottlau 'mɔtlau
[1]**Motto** 'mɔto
[2]**Motto** (Name) *it.* 'mɔtto
Mottola *it.* 'mɔttola
Mottram *engl.* 'mɔtrəm
Motu 'mo:tu
Motuproprio motu'pro:prio
Motz[ko] 'mɔts[ko]
motzen 'mɔtsn̩
Mouche mʊʃ, *fr.* muʃ; **-n** 'mʊʃn̩
Moucheron *fr.* mu'ʃrõ
Mouches volantes *fr.* muʃvɔ'lã:t
Mouchez *fr.* mu'ʃe
Mouchy *fr.* mu'ʃi
Moudon *fr.* mu'dõ
mouillieren mu'ji:rən
Moulage mu'la:ʒə
Moulaï-Hasan *fr.* mulaja'sã
Moule *engl.* moʊl, mu:l, maʊl; *fr.* mul
Moulié *fr.* mu'lje
Moulin *fr.* mu'lɛ̃
Moulinage muli'na:ʒə
Mouliné muli'ne:
moulinieren muli'ni:rən
Moulin-Rouge *fr.* mulɛ̃'ru:ʒ
Moulins *fr.* mu'lɛ̃
Moulmein *engl.* maʊl'meɪn
Moult[on] *engl.* 'moʊlt[ən]
Moultrie *engl.* 'moʊltrɪ
Mound *engl.* maʊnd
Moundou *fr.* mun'du
Mounds[ville] *engl.* 'maʊndz[vɪl]
Mounet-Sully *fr.* munɛsyl'li
Mounier *fr.* mu'nje
Mount *engl.* maʊnt
Mountain [Ash] *engl.* 'maʊntɪn ['æʃ]
Mountains *engl.* 'maʊntɪnz
Mountbatten *engl.* maʊnt'bætn
Mount Healthy *engl.* 'maʊnt 'hɛlθɪ
Mount Kisco *engl.* 'maʊnt 'kɪskoʊ
[1]**Mount Rainier** (Stadt) *engl.* 'maʊnt 'reɪnə
[2]**Mount Rainier** (Berg) *engl.* 'maʊnt reɪ'nɪə
Moura *port.* 'morɐ
Mourão *port.* mo'rɐ̃u
Mourmelon *fr.* murmə'lõ
Mourne *engl.* mɔ:n
Mouscron *fr.* mu[s]'krõ
Mousinho *port.* mo'ziɲu
Mousseron mʊsə'rõ:
Mousseux mʊ'sø:
moussieren mʊ'si:rən
Moussoro *fr.* musɔ'ro
Moustérien mʊste'riɛ̃:
Moutier, Moûtiers *fr.* mu'tje
Mouton *fr.* mu'tõ
Mouton-Duvernet *fr.* mutõdyvɛr'nɛ
Mouvaux *fr.* mu'vo
Mouvement Républicain Populaire *fr.* muvmãrepyblikɛ̃pɔpy'lɛ:r
Movens 'mo:vɛns
Movie 'mu:vi
movieren mo'vi:rən
Movimento movi'mɛnto, **...ti** ...ti
Mowbrai, ...ray *engl.* 'moʊbreɪ
Möwchen 'mø:fçən
Möwe 'mø:və
Mow[r]er *engl.* 'maʊ[r]ə
Moxa 'mɔksa
Moxon *engl.* mɔksn
Moyá *span.* mo'ja
Moyano *span.* mo'jano
Moyenmoutier *fr.* mwajɛ̃mu'tje
Moyeuvre-Grande *fr.* mwajœvrə'grã:d

Moyniẹr *fr.* mwa'nje
Mọyne *engl.* mɔɪn
Mọynihan *engl.* 'mɔɪnjən
Moyobạmba *span.* mojo'βamba
Mọza *span.* 'moθa
Možajskij vgl. Moschaiski
Mozambique mozam'bɪk, ...'bi:k; *fr.* mozã'bik
Mozárabe *span.* mo'θaraβe
Mozaraber mo'tsa:rabɐ, *auch:* mo'tsar...
mozarạbisch motsa'ra:bɪʃ
Mọzart 'mo:tsart
Mozartẹum motsar'te:ʊm
mọzartisch, M... 'mo:tsartɪʃ
Mozdok vgl. Mosdok
Mozẹtta mo'tsɛta
Možga vgl. Moschga
Mozier *engl.* 'moʊʒə
Mọzley *engl.* 'mɔzlɪ
Mọ̈zs *ung.* møʒ
Mozyr' vgl. Mosyr
Mozzẹtta mɔ'tsɛta
MP *engl.* 'ɛm'pi:
Mr. *engl.* 'mɪstə
Mrągọwo *poln.* mrɔŋ'gɔvɔ
Mrkonjić Grạd *serbokr.* 'mr̩kɔnjitɕ 'gra:d
Mrkopalj *serbokr.* ˌmr̩kɔpalj
Mrọcza *poln.* 'mrɔtʃa
Mrọżek *poln.* 'mrɔʒɛk
MRP *fr.* ɛmɛr'pe
Mrs. *engl.* 'mɪsɪz
Mrštík *tschech.* 'mr̩ʃtji:k
Mšẹc *tschech.* mʃɛts
Mšẹné *tschech.* 'mʃɛnɛ:
Mšẹno *tschech.* 'mʃɛnɔ
Mstą *russ.* msta
Mstislạw, Mstislav *russ.* msti'slaf
Mstislạwl, Mstislavl' *russ.* msti'slavlj
Mstjọra, Mstera *russ.* 'mstjɔrɐ
Mszạna Dọlna *poln.* 'mʃana 'dɔlna
Mszczọnów *poln.* 'mʃtʃɔnuf
M'Taggart *engl.* mək'tægət
Muaraẹnim *indon.* muara'ɛnɪm
Mụba 'mu:ba
Mụčanj *serbokr.* 'mu:tʃanj
Mụch mʊx
Muchạchos, Rọque de los *span.* 'rrɔke ðe lɔz mu'tʃatʃɔs
Mụche 'mʊxə
Mụ̈cheln 'mʏçl̩n
Muches *fr.* myʃ
Mụchin, Muhin *russ.* 'muxin
Mụchitsch 'mu:xɪtʃ
Mụchow 'mʊxo
Muchtạr mʊx'ta:ɐ̯
Mụchu, Muhu *russ.* 'muxu
Mụcius 'mu:tsi̯ʊs
Mucilạgo mutsi'la:go
Mụck[e] 'mʊk[ə]
Mụ̈cke 'mʏkə
Mụckefuck 'mʊkəfʊk
mụcken 'mʊkn̩
Mụcker 'mʊkɐ
mụckerisch 'mʊkərɪʃ
Mụckermann 'mʊkɐman
Mụcki 'mʊki
Muckross *engl.* 'mʌkrɔs
Mụcks mʊks
mụcksen 'mʊksn̩
Mụckser 'mʊksɐ
mụcksmä̲uschenstịll 'mʊks'mɔy̆sçən'ʃtɪl
Mụcky 'mʊki
Mụcor 'mu:kɔr
Mụcsi *ung.* 'mutʃi
Mucụna mu'ku:na
Mucurị *bras.* muku'ri
Mụd mʊt
Mụda *span.* 'muða
Mụdau 'mu:dau̯
mụddig 'mʊdɪç, **-e** ...ɪɡə
mụ̈de 'my:də
Mudéjar *span.* mu'ðexar
Mudẹjar... mu'dɛxar...
Mụdersbach 'mu:dɐsbax
Mudge *engl.* mʌdʒ
Mudie *engl.* 'mju:dɪ
Mudịr mu'di:ɐ̯
Mudirịje mudi'ri:jə
Mụdra 'mu:dra
Mụdros *neugr.* 'muðrɔs
Mudrọw, Mudrov *russ.* mu'drɔf
Muẹla *span.* 'mu̯ela
Muehlenbẹckia my:lən'bɛki̯a
Müelich 'my:lɪç
Muench mʏnç
Mụ̈esli 'my:ɛsli
Muẹzzin mu'ɛtsi:n
Mụff[at] 'mʊf[at]
Mụ̈ffchen 'mʏfçən
Mụffe 'mʊfə
Mụffel 'mʊfl̩
mụffelig 'mʊfəlɪç, **-e** ...ɪɡə
mụffeln 'mʊfl̩n
mụ̈ffeln 'mʏfl̩n
mụffen 'mʊfn̩
mụffig 'mʊfɪç, **-e** ...ɪɡə
Muffins *engl.* 'mʌfɪnz
mụfflig 'mʊflɪç, **-e** ...ɪɡə
Mụ̈ffling 'mʏflɪŋ
Mụfflon 'mʊflɔn
Mụfti 'mʊfti
Mugạnskaja Stẹp, - Step' *russ.* mu'ganskɐjɐ 'stjepj
Mụge *port.* 'muʒɪ
mụgelig 'mu:gəlɪç, **-e** ...ɪɡə
Mugẹllo *it.* mu'dʒɛllo
Mụ̈geln 'my:gl̩n
Mụ̈gge 'mʏgə
Mụ̈ggelheim 'mʏgl̩hai̯m
Mụggensturm 'mʊgn̩ʃtʊrm
Mụggio *it.* 'muddʒo
Mụggleton *engl.* 'mʌgltən
Mụgia *span.* 'muxi̯a
Mugịca *span.* mu'xika
Mụğla *türk.* 'mu:la
Mụ̈glitz 'my:glɪts
mụh! mu:
Muhạmmad mu'hamat, *pers.* mohæm'mæd
Muhạmmed mu'hamɛt
Mụ̈he 'my:ə
mụhen 'mu:ən
mụ̈hen 'my:ən
Muhin vgl. Muchin
Mụ̈hl[acker] 'my:l[|akɐ]
Mụ̈hlbach[er] 'my:lbax[ɐ]
Mụ̈hlberg 'my:lbɛrk
Mụ̈hlberger 'my:lbɛrgɐ
Mụ̈hlbrecht 'my:lbrɛçt
Mụ̈hldorf 'my:ldɔrf
Mụ̈hle 'my:lə
Mụ̈hlenberg 'my:lənbɛrk, *engl.* 'mju:lənbə:g
Mụ̈hlen-Ẹichsen 'my:lən'|ai̯ksn̩
Mụ̈hlestein 'my:ləʃtai̯n
Mühlhausen *Thür.* 'my:lhau̯zn̩, *Ostpr.* –'—
Mühlhäuser *Thür.* 'my:lhɔy̆zɐ, *Ostpr.* –'—
Mụ̈hsam 'my:za:m
Mụ̈hlheim 'my:lhai̯m
Mụ̈hlig 'my:lɪç
Mụ̈hlmann 'my:lman
Mụ̈hlstetten 'my:lʃtɛtn̩
Mụ̈hltroff 'my:ltrɔf
Mụ̈hlviertel 'my:lfɪrtl̩
Mụ̈hmchen 'my:mçən
Mụhme 'mu:mə
Mụ̈hsal 'my:za:l
mụ̈hsam 'my:za:m
mụ̈hselig 'my:ze:lɪç, **-e** ...ɪɡə
Muhtạr *türk.* muh'tɑr
Muiden *niederl.* 'mœi̯də
Muiderbẹrg *niederl.* mœi̯dər'bɛrx
Muhu vgl. Muchu
Muiderslọt *niederl.* mœi̯dər'slɔt
Muir[head] *engl.* 'mjʊə[hɛd]
Muizen *niederl.* 'mœi̯zə
Mukạlla mu'kala
Mukạtschewo, Mukačevo *russ.* mu'katʃɪvɐ
Mụkden 'mʊkdn̩
Mukoịde muko'i:də
mukopurulẹnt mukopuru'lɛnt
mukọ̈s mu'kø:s, **-e** ...ø:zə
Mukọsa mu'ko:za
Mukozẹle muko'tse:lə
Mụla *span.* 'mula
Mulạtte mu'latə
Mulcahy *engl.* 'mʌlkæhɪ
Mulcaster *engl.* 'mʌlkæstə
Mụlda 'mʊlda
Mụlde 'mʊldə
Mụldenstein 'mʊldn̩ʃtai̯n
Mulder *niederl.* 'mʏldər
Mulẹgns *rät.* mu'lɛns
Mụ̈lfort 'my:lfɔrt
Mulgrave *engl.* 'mʌlgreɪv
Mulhacén *span.* mula'θen
Mulhall *engl.* 'mʌlhɔ:l
Mülhausen my:l'hau̯zn̩
Mụ̈lheim 'my:lhai̯m
Mulholland *engl.* 'mʌlhɔlənd
Mulhouse *fr.* my'lu:z
[1]**Mụli** 'mu:li
[2]**Muli** vgl. Mulus

Mulier Samaritana 'mu:li̯ɐ zamari'ta:na
Mulinee muli'ne:
mulinieren muli'ni:rən
[1]**Mull** mʊl
[2]**Mull** (Name) *engl.* mʌl
Müll mʏl
Mulla[h] 'mʊla
Mullatschag, ...ak 'mʊlatʃa:k
Müllenhoff 'mʏlənhɔf
Muller *engl.* 'mʌlə, *fr.* my'lɛ:r, *dän.* 'mulʼər, *niederl.* 'mʏlər, *indon.* 'mulər
Müller 'mʏlɐ
Müllerei mʏlə'rai̯
Mullet *engl.* 'mʌlɪt
Müllheim 'mʏlhai̯m
Mulligan *engl.* 'mʌlɪgən
Mullingar *engl.* mʌlɪŋ'gɑ:
Mullinger *engl.* 'mʌlɪndʒə
Mullit mʊ'li:t, *auch:* ...lɪt
Müllner 'mʏlnɐ
Müllrose mʏl'ro:zə, '– – –
Mulm mʊlm
mulmen 'mʊlmən
mulmig 'mʊlmɪç, **-e** ...ɪgə
Mulock *engl.* 'mju:lɔk
Mulready *engl.* mʌl'rɛdɪ
Mülsen 'mʏlzn̩
Multan *engl.* mʌl'tɑ:n
Multatuli mʊlta'tu:li, *niederl.* mʏlta:'ty:li:
Multifil mʊlti'fi:l
multilateral mʊltilate'ra:l
Multimedia mʊlti'me:di̯a
multimedial mʊltime'di̯a:l
Multimillionär mʊltimɪli̯o'nɛ:ɐ̯
multinational mʊltinatsi̯o'na:l
Multipara mʊl'ti:para, **...ren** ...ti'pa:rən
multipel mʊl'ti:pl̩
multiplex 'mʊltiplɛks
Multiplikand mʊltipli'kant, **-en** ...ndn̩
Multiplikation mʊltiplika'tsi̯o:n
multiplikativ mʊltiplika'ti:f, **-e** ...i:və
Multiplikativum mʊltiplika'ti:vʊm, **...va** ...va
Multiplikator mʊltipli'ka:tɔr, **-en** ...ka'to:rən
multiplizieren mʊltipli'tsi:rən
Multiplizität mʊltiplitsi'tɛ:t
Multiplum 'mʊltiplʊm, **...pla** ...pla
multivalent mʊltiva'lɛnt
Multivalenz mʊltiva'lɛnts
Multiversum mʊlti'vɛrzʊm
Multivibrator mʊltivi'bra:tɔr, **-en** ...bra'to:rən
Multizet 'mʊltitsɛt
Multscher 'mʊltʃɐ
multum, non multa 'mʊltʊm 'no:n 'mʊlta
Mulungu mu'lʊŋgu
Mulus 'mu:lʊs, **Muli** 'mu:li
Mülverstedt 'mʏlvɐʃtɛt
Mumelter 'mʊmɪ̩ltɐ
Mumford *engl.* 'mʌmfəd
Mumie 'mu:mi̯ə
Mumifikation mumifika'tsi̯o:n
mumifizieren mumifi'tsi:rən
Mümling 'mʏmlɪŋ
Mümliswil mʏmlɪs'vi:l
Mumm[e] 'mʊm[ə]
Mummel 'mʊml̩
Mümmelmann 'mʏml̩man
mummeln 'mʊmln̩
mümmeln 'mʏmln̩
Mummelsee 'mʊml̩ze:
mummen 'mʊmən
Mummenschanz 'mʊmənʃants
Mummerei mʊmə'rai̯
Mumpf mʊmpf
Mumpitz 'mʊmpɪts
Mumps mʊmps
Mun *engl.* mʌn, *fr.* mœ̃
Muna *indon.* 'muna
Munca *rumän.* 'muŋka
Munch *dän.* mɔŋ'g; *norw.* mʉŋk, muŋk
Münch mʏnç, *fr.* mynʃ
Münch[e]berg 'mʏnç[ə]bɛrk
München 'mʏnçn̩
Münchenbernsdorf mʏnçn̩'bɛrnsdɔrf
Münchengrätz 'mʏnçn̩grɛ:ts
Münchenreuth mʏnçn̩'rɔyt
Münchenstein 'mʏnçn̩ʃtai̯n
Münchham 'mʏnçham
Münchhausen 'mʏnçhau̯zn̩
Münchhauseniade mʏnçhau̯zə'ni̯a:də
Münchhausiade mʏnçhau̯'zi̯a:də
münchhausisch, M... 'mʏnçhau̯zɪʃ
Münchinger 'mʏnçɪŋɐ
Münchner 'mʏnçnɐ
Münchshöfen mʏnçs'hø:fn̩
Münchweiler 'mʏnçvai̯lɐ
Münchwies 'mʏnçvi:s
Münchwilen mʏnç'vi:lən
Muncie *engl.* 'mʌnsɪ
Muncker 'mʊŋkɐ
Mund mʊnt, **Münder** 'mʏndɐ, **Munde** 'mʊndə, **Münde** 'mʏndə
[1]**Munda** (Name) 'mʊnda
[2]**Munda** vgl. Mundum
mundan mʊn'da:n
Mundart 'mʊnt|a:ɐ̯t
Mundat 'mʊndat
Mundation mʊnda'tsi̯o:n
Munday *engl.* 'mʌndɪ
Mündchen 'mʏntçən
Mündel 'mʏndl̩
Mundelein *engl.* 'mʌndɪlaɪn
Mundella *engl.* mʌn'dɛlə
munden 'mʊndn̩, **mund!** mʊnt
münden 'mʏndn̩, **münd!** mʏnt
Münden 'mʏndn̩
Münder 'mʏndɐ
Munderkingen 'mʊndɐkɪŋən
mundieren mʊn'di:rən
mündig 'mʏndɪç, **-e** ...ɪgə
Mundium 'mʊndi̯ʊm; **...ien** ...i̯ən, **...ia** ...i̯a
mündlich 'mʏntlɪç
Mündling 'mʏndlɪŋ
Mundo *span.* 'mundo
Mundolingue mʊndo'lɪŋgu̯ə
Mundschaft 'mʊntʃaft
Mundt mʊnt
Mundum 'mʊndʊm, **...da** ...da
Mündung 'mʏndʊŋ
Mundus 'mʊndʊs
Mundus archetypus 'mʊndʊs arçe'ty:pʊs
Mundus intelligibilis 'mʊndʊs ɪntɛli'gi:bilɪs
Mundus sensibilis 'mʊndʊs zɛn'zi:bilɪs
mundus vult decipi 'mʊndʊs 'vʊlt 'de:tsipi
Mundy *engl.* 'mʌndɪ
Munford *engl.* 'mʌnfəd
Mung[g]enast 'mʊŋənast
[1]**Mungo** 'mʊŋgo
[2]**Mungo** (Name) *engl.* 'mʌŋgoʊ
Munhall *engl.* 'mʌnhɔ:l
[1]**Muni** (Asket) 'mu:ni
[2]**Muni** (Name) *engl.* 'mju:nɪ, *span.* 'muni
Munifizenz munifi'tsɛnts
Munin 'mu:nɪn
Munition muni'tsi̯o:n
munitionieren munitsi̯o'ni:rən
Muniz *bras.* mu'nis
munizipal munitsi'pa:l
munizipalisieren munitsipali'zi:rən
Munizipalität munitsipali'tɛ:t
Munizipium muni'tsi:pi̯ʊm, **...ien** ...i̯ən
Munk mʊŋk, *fr.* mœ̃:k, *dän.* mɔŋ'g, *poln.* muŋk
Munkács *ung.* 'muŋka:tʃ
Munkácsi, ...sy *ung.* 'muŋka:tʃi
Munkebjerg *dän.* 'mɔŋgəbjɛrʼ
Munkelei mʊŋkə'lai̯
munkeln 'mʊŋkl̩n
Münnerstadt 'mʏnɐʃtat
Münnich 'mʏnɪç, *ung.* 'myniç
Munnings *engl.* 'mʌnɪŋz
Muñoz *span.* mu'ɲoθ
Munro[e] *engl.* mʌn'roʊ, '– –
Munsan *korean.* munsan
Munsell *engl.* mʌn'sɛl
Munsey *engl.* 'mʌnzɪ
Münsingen 'mʏnzɪŋən
Munson *engl.* mʌnsn
Munster 'mʊnstɐ, *engl.* 'mʌnstə, *fr.* mœ̃s'tɛ:r
Münster 'mʏnstɐ
Münsteraner mʏnstə'ra:nɐ
Münsterberg 'mʏnstɐbɛrk
Munsterbilzen *niederl.* mʏnstər'bɪlzə
Münstereifel mʏnstɐ'|ai̯fl̩
Munstergeleen *niederl.* mʏnstərxə'le:n

Münsterland 'mynstɐlant
Münstermaifeld mynstɐ'maifɛlt
Münstermann 'mynstɐman
Munt mʊnt
Muntadas *span.* mun'taðas
Muntaner *kat.* muntə'ne
Muntau 'mʊntau
Muntenia *rumän.* mun'tenia
Muntenien mʊn'te:ni̯ən
munter 'mʊntɐ
Münter 'myntɐ
Munthe *schwed.* ˌmʊntə, *norw.* ˌmʉntə
Muntognas *rät.* mun'tɔnas
Muntok *indon.* 'mʊntɔk
Müntz *fr.* mynts
Münze 'myntsə
münzen 'myntsn̩
Münzenberg 'myntsn̩bɛrk
Munzer 'mʊntsɐ
Münzer 'myntsɐ
Münzinger 'myntsɪŋɐ
Munzur *türk.* 'munzur
Muonio *finn.* 'mu̯ɔniɔ, *schwed.* mʉ'o:nio:
Muottas Muragl *rät.* 'mu̯ɔtas mu'raʎ
Mupäd 'mu:pɛ:t
Mur mu:ɐ̯
Mura *serbokr.* ˌmu:ra, *ung.* 'murɔ
Murad *türk.* mu'rɑt
Muradeli *russ.* mura'deli
Muralt 'mu:ralt, mu'ralt
Muralto *it.* mu'ralto
Muräne mu'rɛ:nə
Murano *it.* mu'ra:no
Murasaki mura'za:ki
Muraschi, Muraši *russ.* mura'ʃɨ
Muraschko, Muraško *russ.* mu'raʃkɐ
Murat *fr.* my'ra, *türk.* mu'rɑt
Muratore *it.* mura'to:re
Muratori *it.* mura'to:ri
Murau 'mu:rau
Muravera *it.* mura'vɛ:ra
Murawjow, Murav'ev *russ.* muravj'jɔf
Murbach 'mu:ɐ̯bax, *fr.* myr'bak
mürbe, M... 'myrbə
Mürbigkeit 'myrbɪçkait
Murbruch 'mu:ɐ̯brʊx
Murça *port.* 'mursɐ
Murchison *engl.* 'mə:tʃɪsn, 'mə:kɪsn
Murcia *span.* 'murθi̯a
Murciélagos *span.* mur'θi̯elaɣɔs
Murdoch, ...ck *engl.* 'mə:dɔk
[1]**Mure** 'mu:rə
[2]**Mure** (Name) *engl.* mjʊə, *fr.* my:r
Mureaux *fr.* my'ro
Mureck 'mu:rɛk
muren 'mu:rən
Mureş *rumän.* 'mureʃ
Muret *fr.* my'rɛ
Muretus mu're:tʊs
Murexid murɛ'ksi:t, **-es** ...i:dəs
Murfree[sboro] *engl.* 'mə:frɪ[zbərə]
Murg mʊrk
Murgab *russ.* mur'gap
Murge *it.* 'murdʒe
Murger *fr.* myr'ʒɛ:r
Muri 'mu:ri
muriatisch mu'ri̯a:tɪʃ
Murici *bras.* muri'si
Muridae 'mu:ridɛ
Muriel *engl.* 'mjʊərɪəl
Murillo *span.* mu'riʎo
Muring 'mu:rɪŋ
Müritz 'my:rɪts
Murja *indon.* 'mʊrja
Murjek *schwed.* 'mʊrjɛk
Murks mʊrks
murksen 'mʊrksn̩
Murkybässe 'mʊrkibɛsə
Murmanküste 'mʊrmankʏstə
Murmansk *russ.* 'murmɐnsk
Murmel 'mʊrml̩
murmeln 'mʊrml̩n
Murmeltier 'mʊrml̩ti:ɐ̯
Murnaghan *engl.* 'mə:nəhæn
Murnau 'mʊrnau
Murner 'mʊrnɐ
Muro Lucano *it.* 'mu:ro lu'ka:no
Murom[ez], Murom[ec] *russ.* 'murɐm[ɪts]
Muros *span.* 'murɔs
Mürow 'my:ro
Murowana Goślina *poln.* murɔ'vana gɔɕ'lina
Murphy *engl.* 'mə:fɪ
Murr mʊr
Murray *engl.* 'mʌrɪ
murren 'mʊrən
Mürren 'myrən
Murrhardt 'mʊrhart
Murri *it.* 'murri
murrinisch mʊ'ri:nɪʃ
mürrisch 'myrɪʃ
Murrone *it.* mur'ro:ne
Murrumbidgee *engl.* mʌrəm'bɪdʒɪ
Murry *engl.* 'mʌrɪ
Mursawezki, Murzaveckij *russ.* murza'vjɛtskij
Mursch mʊrʃ
Murten 'mʊrtn̩
Murtosa *port.* mur'tɔzɐ
Mururoa muru'ro:a, *fr.* myryrɔ'a
Murviedro *span.* mur'βi̯eðro
Murville *fr.* myr'vil
Mürz myrts
Murzaveckij vgl. Mursawezki
Mürzsteg myrts'ʃte:k
Mürzzuschlag myrts'tsu:ʃla:k
Mus mu:s, **-e** 'mu:zə
Muş *türk.* muʃ
[1]**Musa** (Frucht) 'mu:za
[2]**Musa** (Name) *it.* 'mu:za, *türk.* 'musɑ
Musaget[es] muza'ge:t[ɛs]
Musaios mu'zaiɔs
Musala vgl. Mussala
Musatov vgl. Mussatow
Musäus mu'zɛ:ʊs
Musca 'mʊska
Muscatine *engl.* 'mʌskəti:n
Musch *niederl.* mʏs
Musche 'mʊʃə
Müschede 'mʏʃədə
Muschel 'mʊʃl̩
Müschelchen 'mʏʃl̩çən
muschelig 'mʊʃəlɪç, **-e** ...ɪgə
Muschg mʊʃk
Muschik 'mʊʃɪk, *auch:* –'–
Muschir mʊ'ʃi:ɐ̯
Müschir mʏ'ʃi:ɐ̯
Muschketow, Mušketov *russ.* muʃ'kjɛtɐf
Muschkote mʊʃ'ko:tə
Muschler 'mʊʃlɐ
muschlig 'mʊʃlɪç, **-e** ...ɪgə
Musci 'mʊstsi
Muscon mʊs'ko:n
Muse 'mu:zə
museal muze'a:l
Musel *span.* mu'sɛl
Muselman[n] 'mu:zl̩man
Muselmanen 'mu:zl̩ma:nən
Muselmanin 'mu:zl̩ma:nɪn
muselmanisch 'mu:zl̩ma:nɪʃ
Muselmännin 'mu:zl̩mɛnɪn
muselmännisch 'mu:zl̩mɛnɪʃ
Museologie muzeolo'gi:
Muset *fr.* my'zɛ
Musette my'zɛt, **-n** ...tn̩
Museum mu'ze:ʊm
Musgrave *engl.* 'mʌzgreɪv
Musgu 'mʊsgu
Mushet *engl.* 'mʌʃɪt
Musi *indon.* 'musi
Musica 'mu:zika
Musica antiqua 'mu:zika an'ti:kva
Musical 'mju:zikl̩
Musica mensurata 'mu:zika mɛnzu'ra:ta
Musica mundana 'mu:zika mʊn'da:na
Musica nova 'mu:zika 'no:va
Musica sacra 'mu:zika 'za:kra
Musica viva 'mu:zika 'vi:va
Musici, I *it.* i 'mu:zitʃi
Mušicki *serbokr.* mu,ʃitski:
musiert mu'zi:ɐ̯t
Musik mu'zi:k
Musikalien muzi'ka:li̯ən
musikalisch muzi'ka:lɪʃ
Musikalität muzikali'tɛ:t
Musikant muzi'kant
Musiker 'mu:zikɐ
Musikologe muziko'lo:gə
Musikologie muzikolo'gi:
musikologisch muziko'lo:gɪʃ
Musikomane muziko'ma:nə
Musikus 'mu:zikʊs, **...izi** ...itsi

Musil 'mu:zɪl
Musin *fr.* my'zɛ̃
Musique concrète *fr.* myzikkõ'krɛt
musivisch mu'zi:vɪʃ
musisch 'mu:zɪʃ
Musivarbeit mu'zi:f|arbai̯t
Musizi vgl. Musikus
musizieren muzi'tsi:rən
Muskarin muska'ri:n
Muskatbluet mʊs'ka:tbly:t
Muskat[e] mʊs'ka:t[ə]
Muskateller mʊska'tɛlɐ
Muskau 'mʊskau̯
Muskegon *engl.* mʌs'ki:gən
Muskel 'mʊskl̩
muskelig 'mʊskəlɪç, **-e** ...ɪgə
Muskete mʊs'ke:tə
Musketier mʊske'ti:ɐ̯
Mušketov vgl. Muschketow
Muskogee *engl.* mʌs'koʊgɪ
Muskovit mʊsko'vi:t, *auch:* ...vɪt
muskulär mʊsku'lɛ:ɐ̯
Muskulatur mʊskula'tu:ɐ̯
muskulös mʊsku'lø:s, **-e** ...ø:zə
Müsli 'my:sli
Muslim 'mʊslɪm
Muslime mʊs'li:mə
muslimisch mʊs'li:mɪʃ
Musorgskij vgl. Mussorgski
Mušov *tschech.* 'muʃɔf
Muspelheim 'mu:spl̩hai̯m
Muspilli 'mu:spɪli
muß, M... mʊs
Mussala, Musala *bulgar.* musa'la
Mussatow, Musatov *russ.* mu'satɐf
Mußbach 'mʊsbax, 'mu:s...
Mussche[r] *niederl.* 'mʏsə[r]
Muße 'mu:sə
Mussel *niederl.* 'mʏsəl
Musselburgh *engl.* 'mʌslbərə
Musselin mʊsə'li:n
musselinen mʊsə'li:nən
müssen 'mʏsn̩, **müßt** mʏst
Mousseron mʊsə'rõ:
Mussert *niederl.* 'mʏsərt
Musset *fr.* my'sɛ
müßig 'my:sɪç, **-e** ...ɪgə
Müßiggang 'my:sɪçgaŋ
Müßiggänger 'my:sɪçgɛŋɐ
müßiggängerisch 'my:sɪçgɛŋərɪʃ
Mussolini *it.* musso'li:ni
Mussomeli *it.* musso'mɛ:li
Mussorgski, Musorgskij mʊ'sɔrkski, 'mʊsɔrkski; *russ.* 'musɐrkskij
Mustafa 'mʊstafa, *türk.* mustɑ'fɑ
Müstair *rät.* myʃ'tai̯r
Mustapää *finn.* 'mustɑpæ:
Mustang 'mʊstaŋ
mußt[e] 'mʊst[ə]
müßte 'mʏstə
Musteil 'mʊstai̯l
Muster 'mʊstɐ
Mustèr *rät.* muʃ'tɛ:r
mustern 'mʊstɐn
Mustie 'mʊsti̯ə
Mustio 'mʊsti̯o
Musy *fr.* my'zi
Muszely 'mʊseli
Muszyna *poln.* mu'ʃɨna
Mut mu:t
muta 'mu:ta
Muta 'mu:ta, **...tä** ...tɛ
Mutabilität mutabili'tɛ:t
mutabel mu'ta:bl̩, **...ble** ...blə
Mutafow, Mutafov *bulgar.* mu'tafof
Mutaftschiew, Mutafčiev *bulgar.* mutaf'tʃiɛf
mutagen muta'ge:n
Mutakallimun mutakali'mu:n
Mutant mu'tant
Mutation muta'tsi̯o:n
mutatis mutandis mu'ta:ti:s mu'tandi:s
mutativ muta'ti:f, **-e** ...i:və
Mutator mu'ta:tɔr, **-en** muta'to:rən
Mutaziliten mutazi'li:tn̩
Mutazismus muta'tsɪsmʊs
Mütchen 'my:tçən
Mutějovice *tschech.* 'mutjɛjɔvitsɛ
muten 'mu:tn̩
Mutěnice *tschech.* 'mutjɛɲitsɛ
Muter 'mu:tɐ
Mutgeld 'mu:tgɛlt
Muth mu:t
Müthel 'my:tl̩
Muthesius mu'te:zi̯ʊs
Mutianus mu'tsi̯a:nʊs
mutieren mu'ti:rən
mutig 'mu:tɪç, **-e** ...ɪgə
Mutilation mutila'tsi̯o:n
mutilieren muti'li:rən
Mutis *span.* 'mutis
Mutismus mu'tɪsmʊs
Mutitas 'mu:titas
Mutität muti'tɛ:t
Mutius 'mu:tsi̯ʊs
mutmaßen 'mu:tma:sn̩
mutmaßlich 'mu:tma:slɪç
Mutoskop muto'sko:p
Mutschein 'mu:tʃai̯n
Mutschelle mu'tʃɛlə
Muttchen 'mʊtçən
Muttenz 'mʊtɛnts
Mutter 'mʊtɐ, **Mütter** 'mʏtɐ
Mutter Gottes, Muttergottes mʊtɐ'gɔtəs
mütterlich 'mʏtɐlɪç
mutterseelenallein 'mʊtɐ'ze:lən|a'lai̯n
Muttersmutter 'mʊtɐsmʊtɐ
Mutterstadt 'mʊtɐʃtat
Mutti 'mʊti
Muttrin mʊ'tri:n
mutual mu'tu̯a:l
Mutualismus mutu̯a'lɪsmʊs
Mutualität mutu̯ali'tɛ:t
mutuell mu'tu̯ɛl
Mutulus 'mu:tulʊs, **...li** ...li
Mutung 'mu:tʊŋ
Mutuum 'mu:tuʊm
Mutwille 'mu:tvɪlə
mutwillig 'mu:tvɪlɪç, **-e** ...ɪgə
Mutz mʊts
Mützchen 'mʏtsçən
Mütze 'mʏtsə
Mutzschen 'mʊtʃn̩
Muus *niederl.* my:s
Muwahhidun muvahi'du:n
Mužáková *tschech.* 'muʒa:kɔva:
Muzambinho *bras.* muzɐm'biɲu
Muziano *it.* mut'tsi̯a:no
Muzin mu'tsi:n
Muzio *it.* 'muttsi̯o
Muzo *span.* 'muθo
Muzzano *it.* mut'tsa:no
Muzzey *engl.* 'mʌzɪ
MWD ɛmve:'de:
Mwerusee 'mve:ruze:
My[a] 'my:[a]
Myalgie myal'gi:, **-n** ...i:ən
Myasthenie myaste'ni:, **-n** ...i:ən
Myatonie myato'ni:, **-n** ...i:ən
Myconius my'ko:ni̯ʊs
Mydas 'my:das
Mydorge *fr.* mi'dɔrʒ
Mydriasis my'dri:azɪs, **...iasen** ...ri'a:zn̩
Mydriatikum mydri'a:tikʊm, **...ka** ...ka
Myelasthenie myelaste'ni:, **-n** ...i:ən
Myelenzephalitis myelɛntsefa'li:tɪs
Myelin mye'li:n
Myelitis mye'li:tɪs, **...itiden** ...li'ti:dn̩
myelogen myelo'ge:n
Myelographie myelogra'fi:
myeloid myelo'i:t, **-e** ...i:də
myeloisch mye'lo:ɪʃ
Myelom mye'lo:m
Myelomalazie myelomala'tsi:, **-n** ...i:ən
Myelomatose myeloma'to:zə
Myelomeningitis myelomenɪŋ'gi:tɪs, **...itiden** ...gi'ti:dn̩
Myelopathie myelopa'ti:, **-n** ...i:ən
Myelose mye'lo:zə
Myer[s] *engl.* 'maɪə[z]
My fair Lady *engl.* 'maɪ 'fɛə 'leɪdɪ
Myggenæs *dän.* 'mygənɛs
Myiase myi'a:zə
Myiasis my'i:azɪs, **Myiasen** myi'a:zn̩
Myitis my'i:tɪs, **Myitiden** myi'ti:dn̩
Mykale 'my:kale
Mykenä my'ke:nɛ

Mykẹne my'ke:nə, *B* ...ne
mykẹnisch my'ke:nɪʃ
Mykerinos myke'ri:nɔs
Myketịsmus myke'tɪsmʊs
Mykoine myko'i:nə
Mykologe myko'lo:gə
Mykologie mykolo'gi:
mykologisch myko'lo:gɪʃ
Mykorrhiza mykɔ'ri:t͡sa
Mykose my'ko:zə
Mylä 'my:lɛ
Mylady mi'le:di, *engl.* mɪ'leɪdɪ
Mylau 'my:lau̯
Mylius 'my:li̯ʊs, *dän.* 'my:'lius
Mylonit mylo'ni:t, *auch:* ...nɪt
mylonitisieren myloniti'zi:rən
Mylọrd mi'lɔrt, *engl.* mɪ'lɔ:d
Mynheer mə'ne:ɐ̯
Mynyddịslwyn *engl.* mʌnɪð'ɪslʊɪn
Myoblạsten myo'blastn̩
Myochrom myo'kro:m
Myodynie myody'ni:, **-n** ...i:ən
Myofibrịlle myofi'brɪlə
Myogelose myoge'lo:zə
myogen myo'ge:n
Myoglobin myoglo'bi:n
Myokạrd myo'kart, **-es** ...rdəs
Myokardie myokar'di:, **-n** ...i:ən
Myokarditis myokar'di:tɪs, **...itiden** ...di'ti:dn̩
Myokạrdium myo'kardi̯ʊm
Myokardose myokar'do:zə
Myoklonie myoklo'ni:, **-n** ...i:ən
Myokymie myoky'mi:
Myologie myolo'gi:
Myom my'o:m
Myomere myo'me:rə
Myometrium myo'me:triʊm, **...ien** ...iən
myomọrph myo'mɔrf
myop, M... my'o:p
Myoparalyse myopara'ly:zə
Myopathie myopa'ti:, **-n** ...i:ən
myopathisch myo'pa:tɪʃ
Myopie myo'pi:
Myorrhẹxis myɔ'rɛksɪs
Myosin myo'zi:n
Myositis myo'zi:tɪs, **...itiden** ...zi'ti:dn̩
Myosklerose myoskle'ro:zə
Myosotis myo'zo:tɪs
Myospạsmus myo'spasmʊs
Myotomie myoto'mi:, **-n** ...i:ən
Myotonie myoto'ni:, **-n** ...i:ən
myotrop myo'tro:p
Myra 'my:ra, *engl.* 'maɪərə, *schwed.* ˌmy:ra
Mýrasýsla *isl.* 'mi:rasisla
Myrdal *schwed.* ˌmy:rdɑ:l
Mýrdalsjökull *isl.* 'mirdalsjœ:kʏdl
Myres *engl.* 'maɪəz
Myriade my'ri̯a:də
Myriagrạmm myri̯a'gram
Myriameter myri̯a'me:tɐ
Myriapode myri̯a'po:də
Myringektomie myrɪŋɛkto'mi:, **-n** ...i:ən
Myringitis myrɪŋ'gi:tɪs, **...itiden** ...gi'ti:dn̩
Myringotomie myrɪŋgoto'mi:, **-n** ...i:ən
Myrica my'ri:ka
Myrikazeen myrika't͡se:ən
Myriophyllum myri̯o'fʏlʊm
Myriopode myri̯o'po:də
Myriveles *neugr.* miri'vilis
Myrmẹkia mʏr'me:ki̯a
Myrtazeen mʏrta't͡se:ən
Myrmekochorie mʏrmekoko'ri:
Myrmekologe mʏrmeko'lo:gə
Myrmekologie mʏrmekolo'gi:
myrmekologisch mʏrmeko'lo:gɪʃ
Myrmekophilen mʏrmeko'fi:lən
Myrmekophilie mʏrmekofi'li:
Myrmekophyt mʏrmeko'fy:t
Myrmidone mʏrmi'do:nə
Myrna *engl.* 'mə:nə
Myrobalane myroba'la:nə
Myron 'my:rɔn, *engl.* 'maɪərən
Myronsäure my'ro:nzɔyrə
Myrrhe 'mʏrə
Myrte 'mʏrtə
Myrtle *engl.* mə:tl
Mysien 'my:zi̯ən
Myski *russ.* mɨs'ki
Myslbek *tschech.* 'mislbɛk
Myślenice *poln.* mɨɕlɛ'nitsɛ
Myślibórz *poln.* mɨɕ'libuʃ
Mysliveček *tschech.* 'mislivɛtʃɛk
Mysłowice *poln.* mɨsu̯ɔ'vitsɛ
Myslowitz 'mʏslovɪt͡s
Myson 'my:zɔn
Mysophobie myzofo'bi:
Mysore *engl.* maɪ'zɔ:
Mystagog mʏsta'go:k, **-en** ...o:gn̩
Mystagoge mʏsta'go:gə
Myste 'mʏstə
Mystère *fr.* mis'tɛ:r
Mysterien mʏs'te:ri̯ən
mysteriös mʏste'ri̯ø:s, **-e** ...ø:zə
Mysterium mʏs'te:ri̯ʊm, **...ien** ...i̯ən
Mystifax 'mʏstifaks
Mystifikation mʏstifika't͡si̯o:n
mystifizieren mʏstifi't͡si:rən
Mystik 'mʏstɪk
Mystiker 'mʏstikɐ
mystisch 'mʏstɪʃ
Mystizịsmus mʏsti't͡sɪsmʊs
mystizịstisch mʏsti't͡sɪstɪʃ
Myszków *poln.* 'miʃkuf
Mythe 'my:tə
Mythen (Berg) 'mi:tn̩
mythisch 'my:tɪʃ
Mythologie mytolo'gi:, **-n** ...i:ən
mythologisch myto'lo:gɪʃ
mythologisieren mytologi'zi:rən
Mythomanie mytoma'ni:
Mythos 'my:tɔs
Mythus 'my:tʊs
Mytilene myti'le:nə, *B* ...ne; *neugr.* miti'lini
Mytilus 'my:tilʊs
Mytịschtschi, Mytišči *russ.* mɨ'tiʃtʃi
Mýto *tschech.* 'mi:tɔ
Mývatn *isl.* 'mi:vahtn
Myxobakterien mʏksobak'te:ri̯ən
Myxödem mʏksø'de:m
myxödematös mʏksødema'tø:s, **-e** ...ø:zə
Myxom mʏ'kso:m
myxomatös mʏksoma'tø:s, **-e** ...ø:zə
Myxomatose mʏksoma'to:zə
Myxomyzet mʏksomy't͡se:t
Myxosarkom mʏksozar'ko:m
Myzel my't͡se:l
Myzelium my't͡se:li̯ʊm, **...ien** ...i̯ən
Myzeqe *alban.* myze'kje
Myzet my't͡se:t
Myzetịsmus myt͡se'tɪsmʊs
Myzetologie myt͡setolo'gi:
Mzạb *fr.* mzab
Mzchẹta, Mcheta *russ.* 'mtsxjɛtɐ
Mzẹnsk, Mcensk *russ.* mtsɛnsk

N

n, N *dt., fr., engl.* ɛn
ν, Ν ny:
[1]**nạ!** (naja!) na
[2]**nạ!** (=nein) na:
Naab[eck] 'na:p[|ɛk]
Naafkọpf na:f'kɔpf
Naaldwijk *niederl.* 'na:ltwɛi̯k
Naantali *finn.* 'nɑ:ntɑli
Naarden *niederl.* 'na:rdə
Naarn na:ɐ̯n
Naas *engl.* neɪs
Naassener na'se:nɐ
Nabarro *engl.* nə'bɑ:roʊ
Nabatäer naba'tɛ:ɐ
Nabbes *engl.* næbz
Nabburg 'na:pbʊrk
Nabe 'na:bə
Nabel 'na:bl̩
Näbelchen 'nɛ:bl̩çən
Nabeul *fr.* na'bœl
Nabholz 'na:phɔlt͡s
Nabi na'bi:
Nabl 'na:bl̩
Nablus 'na:blʊs
Nabob 'na:bɔp
Nabokov *engl.* nə'bɔ[:]kɔv; 'næbəkɔv, ...kɔf
Nabopolạssar nabopo'lasar

Nabor 'na:bɔr
Naboth 'na:bɔt
Nabucco *it.* na'bukko
Nabuchodonosor nabʊxo'do:nozɔr
Nabuco *bras.* na'buku
Nacaome *span.* naka'ome
nach na:x
nachäffen 'na:x|ɛfn̩
Nachäfferei na:x|ɛfə'rai̯
nachahmen 'na:x|a:mən
Nachbar 'naxba:ɐ̯
nachdem na:x'de:m
nachdenklich 'na:xdɛŋklɪç
nachdrücklich 'na:xdrʏklɪç
nacheinander na:x|ai̯'nandɐ
Nachen 'naxn̩
Nacherbe 'na:x|ɛrbə
Nachfahr 'na:xfa:ɐ̯
nachgerade 'na:xgə'ra:də
nachgiebig 'na:xgi:bɪç, -e ...ɪgə
nachhaltig 'na:xhaltɪç, -e ...ɪgə
Nachhauseweg na:x'hau̯zəve:k
nachher na:x'he:ɐ̯, *auch:* '--
nachherig na:x'he:rɪç, -e ...ɪgə
Nachhilfe 'na:xhɪlfə
Nachimow, Nahimov *russ.* na'ximɐf
Nachitschewan, Nahičevan' *russ.* nɐxitʃɪ'vanj
Nachitschewanskaja ASSR, Nahičevanskaja ASSR *russ.* nɐxitʃɪ'vanskɐjɐ aɛs-ɛs'ɛr
Nachkomme 'na:xkɔmə
Nachkömmling 'na:xkœmlɪŋ
Nachlaß 'na:xlas, **...lasses** ...lasəs, **...lässe** ...lɛsə
nachlässig 'na:xlɛsɪç, -e ...ɪgə
nachmalig 'na:xma:lɪç, -e ...ɪgə
nachmals 'na:xma:ls
Nachmanides nax'ma:nidɛs
Nachmittag 'na:xmɪta:k
nachmittägig 'na:xmɪtɛ:gɪç, -e ...ɪgə
Nachnahme 'na:xna:mə
Nachod 'na:xɔt
Náchod *tschech.* 'na:xɔt
Nachoder 'na:xodɐ
Nachodka, Nahodka *russ.* na'xɔtkɐ
Nachricht 'na:xrɪçt
Nachsicht 'na:xzɪçt
nachsichtig 'na:xzɪçtɪç, -e ...ɪgə
nächst nɛ:çst
Nächstbeste 'nɛ:çst'bɛstə
nächstdem nɛ:çst'de:m
Nächstebreck 'nɛ:çstəbrɛk
nächstens 'nɛ:çstn̩s
nächstfolgend 'nɛ:çstfɔlgn̩t, -e ...n̩də
nächsthöher 'nɛ:çst'hø:ɐ
nächstjährig 'nɛ:çstjɛ:rɪç
Nacht naxt, **Nächte** 'nɛçtə
Nachteil 'na:xtai̯l
nachteilig 'na:xtai̯lɪç, -e ...ɪgə
nächtelang 'nɛçtəlaŋ
nachten 'naxtn̩
nächtens 'nɛçtn̩s
nächtig 'nɛçtɪç, -e ...ɪgə
Nachtigal[l] 'naxtɪgal
nächtigen 'nɛçtɪgn̩, **nächtig!** ...ɪç, **nächtigt** ...ɪçt
nächtlich 'nɛçtlɪç
nächtlicherweile 'nɛçtlɪçɐ'vai̯lə
nachtmahlen 'naxtma:lən
Nachtrab 'na:xtra:p
Nachtrag 'na:xtra:k, **...trages** ...tra:gəs, **...träge** ...trɛ:gə
nachträglich 'na:xtrɛ:klɪç
nachts naxts
Nachtsheim 'naxtshai̯m
nachtsüber 'naxts|y:bɐ
Nachwährschaft 'na:xvɛ:ɐ̯ʃaft
Nachweis 'na:xvai̯s, -e ...vai̯zə
nachweislich 'na:çvai̯slɪç
Nachzügler 'na:xtsy:klɐ
Nación *span.* na'θi̯ɔn
Nackedei 'nakədai̯
Nackel 'nakl̩
Nacken 'nakn̩
nackend 'nakn̩t, -e ...n̩də
nackig 'nakɪç, -e ...ɪgə
nackt nakt
Nadar *fr.* na'da:r
Nádasd[y] *ung.* 'na:dɔʒd[i]
Nadaud *fr.* na'do
Nadel 'na:dl̩
Nädelchen 'nɛ:dl̩çən
nadeln 'na:dl̩n, **nadle** 'na:dlə
Naden *engl.* neɪdn
Nadeschda, Nadežda *russ.* na'djɛʒdɐ
Nadine na'di:nə, *fr.* na'din, *engl.* neɪ'di:n
Nadir na'di:ɐ̯, 'na:dɪr; *pers.* næ'di:r
Nadja *russ.* 'nadjɐ
Nadler 'na:dlɐ
Nadolny na'dɔlni
Nadorp 'na:dɔrp
Nadowessier nado'vɛsi̯ɐ
nadowessisch nado'vɛsɪʃ
Nadrauen na'drau̯ən
Nadschin, Najin *korean.* nadʒin
Nadson *russ.* 'natsɐn
Nádudvar *ung.* 'na:dudvɔr
Nadwornaja, Nadvornaja *russ.* na'dvɔrnɐjɐ
Naeff *niederl.* na:f
Naegele *engl.* 'neɪgələ
Naegelen *fr.* nɛ'ʒlɛn
Naegeli 'nɛ:gəli
Naeman nae'ma:n
Naemi 'na:emi
Naevus 'nɛ:vʊs, **Naevi** 'nɛ:vi
Näf nɛ:f
Näfels 'nɛ[:]fl̩s
Naftalan *russ.* nɐfta'lan
Naft-i-Safid *pers.* næftesæ'fi:d
Naga 'na:ga
Naga Hills *engl.* 'nɑ:gə 'hɪlz
Nagaika na'gai̯ka
Nagana na'ga:na
Nagano na'ga:no
Nagardschuna na'gardʒuna
Nagasaki naga'za:ki
Nagel 'na:gl̩, **Nägel** 'nɛ:gl̩
Nägelein 'nɛ:gəlai̯n
Nägeli 'nɛ:gəli
nageln 'na:gl̩n, **nagle** 'na:glə
nagelneu 'na:gl̩'nɔy̯
nagen 'na:gn̩, **nag!** na:k, **nagt** na:kt
Nagib na'gi:p
Nagibin *russ.* na'gibin
Nagl 'na:gl̩
Nägle 'nɛ:glə
Näglein 'nɛ:glai̯n
Nagler[n] 'na:glɐ[n]
Nagoja na'go:ja
Nagold 'na:gɔlt
Nagpur *engl.* 'nɑ:gpʊə
NAGRA 'na:gra
Nagualismus nagu̯a'lɪsmʊs
Nagy *ung.* nɔdj
Nagyalásony *ung.* 'nɔdjɔla:ʃonj
Nagyatád *ung.* 'nɔdjɔta:d
Nagybakónak *ung.* 'nɔdjbɔko:nɔk
Nagyberek *ung.* 'nɔdjbɛrɛk
Nagyberény *ung.* 'nɔdjbɛre:nj
Nagybörzsöny *ung.* 'nɔdjbørʒønj
Nagydém *ung.* 'nɔdjde:m
Nagydorog *ung.* 'nɔdjdorog
Nagyecsed *ung.* 'nɔdjɛtʃɛd
Nagyfaludy *ung.* 'nɔtjfɔludi
Nagyhalász *ung.* 'nɔtjhɔla:s
Nagyigmánd *ung.* 'nɔdjigma:nd
Nagyiván *ung.* 'nɔdjiva:n
Nagykálló *ung.* 'nɔtjka:llo:
Nagykanizsa *ung.* 'nɔtjkɔniʒɔ
Nagykapornak *ung.* 'nɔtjkɔpornɔk
Nagykáta *ung.* 'nɔtjka:tɔ
Nagykökényes *ung.* 'nɔtjkøke:njɛs
Nagykónyi *ung.* 'nɔtjko:nji
Nagykőrös *ung.* 'nɔtjkø:røʃ
Nagykorpád *ung.* 'nɔtjkorpa:d
Nagykörű *ung.* 'nɔtjkøry:
Nagykovácsi *ung.* 'nɔtjkova:tʃi
Nagykunság *ung.* 'nɔtjkunʃa:g
Nagylak *ung.* 'nɔdjlɔk
Nagylengyel *ung.* 'nɔdjlɛndjɛl
Nagyléta *ung.* 'nɔdjle:tɔ
Nagymágocs *ung.* 'nɔdjma:gotʃ
Nagynyárád *ung.* 'nɔdjnja:ra:d
Nagyoroszi *ung.* 'nɔdjorosi
Nagypeterd *ung.* 'nɔtjpɛtɛrd
Nagyrákos *ung.* 'nɔdjra:koʃ
Nagyréde *ung.* 'nɔdjre:dɛ
Nagyrév *ung.* 'nɔdjre:v
Nagysimonyi *ung.* 'nɔttʃimonji
Nagyszékely *ung.* 'nɔttse:kɛj
Nagyszénás *ung.* 'nɔttse:na:ʃ
Nagyszokoly *ung.* 'nɔttsokoj
nah na:, **näher** 'nɛ:ɐ
Naha 'na:ha
Nahanni *engl.* nə'hænɪ
Naharro *span.* na'arrɔ
Nahbollenbach na:'bɔlənbax

na̱he, N... 'na:ə
Nä̱he 'nɛ:ə
nahebe̱i 'na:ə'bai̯
nahehịn 'na:ə'hɪn
na̱hen 'na:ən
nä̱hen 'nɛ:ən
näher vgl. nah
Nähere̱i nɛ:ə'rai̯
nä̱hern 'nɛ:ɐn
nahezu̱ 'na:ə'tsu:
Nahičevan' vgl. Nachitschewan
Nahičevanskaja ASSR vgl. Nachitschewanskaja ASSR
Nahimov vgl. Nachimov
Na̱hl na:l
na̱hm, N... na:m
nä̱hme 'nɛ:mə
Na̱hmitz 'na:mɪts
Nahodka vgl. Nachodka
nä̱hren 'nɛ:rən
Na̱ht na:t, **Nä̱hte** 'nɛ:tə
Nạhua *span.* 'nau̯a
Nahuạtl *span.* na'u̯atl
Nahuẹl Huapí *span.* na'u̯el u̯a'pi
Nahuizạlco *span.* nau̯i'θalko
Na̱hum 'na:hʊm, *engl.* 'neɪəm
Na̱hur 'na:hʊr
Naidjo̱now, Najdenov *russ.* naj'djɔnɐf
Na̱ila 'nai̯la
Na̱im 'na:ɪm
Na̱in (Galiläa) 'na:ɪn
Nai̱r na'i:ɐ̯
Na̱iri 'na:iri
Nairn[e] *engl.* nɛən
Nairo̱bi nai̯'ro:bi, *engl.* naɪə'roʊbɪ
Naismith *engl.* 'neɪsmɪθ
Naịssus na'ɪsʊs
nai̱v na'i:f, **-e** ...'i:və
Naivạsha *engl.* naɪ'vɑ:ʃə
Nai̱ve na'i:və
Naivitä̱t naivi'tɛ:t
Nai̱vling na'i:flɪŋ
Naiwạscha nai̯'vaʃa
na jạ! na'ja
Na̱ja 'na:ja
Najạc *fr.* na'ʒak
Naja̱de na'ja:də
Najdenov vgl. Naidjonow
Nájera *span.* 'naxera
Najeri̱lla *span.* naxe'riʎa
Najin vgl. Nadschin
Nak *ung.* nɔk
Na̱kel 'na:kl̩
Na̱khon Ratschasi̱ma 'na:ko:n ratʃa'zi:ma
Nakkehoved *dän.* nagə'ho:[ə]ð
Nạkło *poln.* 'naku̯ɔ
Nä̱kna *schwed.* ˌnɛ:kna
Nakrit na'kri:t, *auch:* ...rɪt
Naksch-e-Rostam *pers.* næɣʃeros'tæm
Nạkskov *dän.* 'nagsgɔu̯'
Naktonggang *korean.* naktɔŋgaŋ
Na̱la 'na:la
Nalana̱ne nala'na:nə
Na̱lbach 'na:lbax
Nal'čik vgl. Naltschik
Nalịfka na'lɪfka
Na̱lješković *serbokr.* ˌnaljɛʃkɔvitɕ
Nałkọwska *poln.* nau̯'kɔfska
Nałkọwski *poln.* nau̯'kɔfski
Nalli̱no *it.* nal'li:no
Nalón *span.* na'lɔn
Nạltschik, Nal'čik *russ.* 'naljtʃik
Nạlžovské Họry *tschech.* 'nalʒɔfskɛ: 'hɔri
Na̱ma[land] 'na:ma[lant]
Namangạn *russ.* nɐman'gan
Nama̱s na'ma:s
Namatia̱nus nama'tsi̯a:nʊs
Nama̱z na'ma:s
Nạmborn 'nambɔrn
Nạmdal *norw.* ˌnamda:l
Nạ̈mdö *schwed.* ˌnɛmdø:
Na̱me 'na:mə
Nạmedy 'namədi
[1]**Na̱men** 'na:mən
[2]**Na̱men** (Ort) *niederl.* 'na:mə
Namen-Je̱su-Fest na:mən'je:zufɛst
na̱mens 'na:məns
na̱mentlich 'na:məntlɪç
Náměšť *tschech.* 'na:mnjɛʃtj
Nạ̈mforsen *schwed.* ˌnɛmfɔrsən
Na̱mib 'na:mɪp
nä̱mlich 'nɛ:mlɪç
Nampa *engl.* 'næmpə
Nampo *korean.* nampʰɔ
Nạmsen *norw.* 'namsən
Nạmsfjord *norw.* ˌnamsfju:r
Nạmslau 'namslau̯
Nạmsos *norw.* ˌnamsu:s
Namur *fr.* na'my:r
Namysłów *poln.* na'mɨsu̯uf
na, nạ! na'na
Nanaimo *engl.* næ'naɪmoʊ
Nanam *korean.* nanam
[1]**Nancy** (Ort) 'nã:si, *fr.* nã'si
[2]**Nancy** (Vorname) *engl.* 'nænsɪ
Nạnder 'nandɐ
Nạndi 'nandi
Nạndlstadt 'nandl̩ʃtat
Nạndo 'nando
Nándor *ung.* 'na:ndor
Nạndu 'nandu
Nạnga Pạrbat 'naŋga 'parbat
Nangis *fr.* nã'ʒi
Nä̱nie 'nɛ:ni̯ə
Nani̱ni *it.* na'ni:ni
Nani̱no *it.* na'ni:no
Nanịsmus na'nɪsmʊs
Nanjạc *fr.* nã'ʒak
Nạnking 'naŋkɪŋ
Nankịvell *engl.* næn'kɪvəl
Nạnna *dt., dän.* 'nana
Nạnne 'nanə
Nạnnerl 'nanɐl
Nannẹtte na'nɛtə
Nannho̱fen nan'ho:fn̩
Nạnni 'nani, *it.* 'nanni
Nannie *engl.* 'nænɪ
Nạnning 'nanɪŋ
Nạnno 'nano
Nannoplạnkton nano'plaŋktɔn
Nạnnstein 'nanʃtai̯n
nạnnte 'nantə
Nạnny 'nani
Nanofara̱d nanofa'ra:t
Nanon *fr.* na'nõ
Nanosomi̱e nanozo'mi:
Nạnschan 'nanʃan
Nạnsen 'nanzn̩, *dän.* 'nan'sən, *norw.* 'nansən
Nantẹrre *fr.* nã'tɛ:r
Nantes *fr.* nã:t
Nanteuil *fr.* nã'tœj
Nantiạt *fr.* nã'tja
Nanticoke *engl.* 'næntɪkoʊk
Nạntschang 'nantʃaŋ
Nantuạ *fr.* nã'tu̯a
Nantucket *engl.* næn'tʌkɪt
Nantwich *engl.* 'næntwɪtʃ
Nạntwin 'nantvi:n
Nantyglo *engl.* 'næntɪ'gloʊ
nanu̱! na'nu:
Nạnu *rumän.* 'nanu
Nạnzig 'nantsɪç
Na̱o *span.* 'nao
Naoge̱org nao'ge:ɔrk
Naomi *engl.* 'neɪəmɪ
Naọs na'ɔs
Napa *engl.* 'næpə
Nạpajedl 'napajɛdl̩
Nạpajedla *tschech.* 'napajɛdla
Na̱palm 'na:palm
Naperville *engl.* 'neɪpəvɪl
Nạpf napf, **Nạ̈pfe** 'nɛpfə
Nạ̈pfchen 'nɛpfçən
Nạphta[li] 'nafta[li]
Naphthali̱n nafta'li:n
Naphte̱ne naf'te:nə
Nạphthoesäure 'naftoezɔyrə
Naphtho̱l naf'to:l
Naphthy̱l naf'ty:l
Napier *engl.* 'neɪpɪə
Na̱po *span.* 'napo
Napo̱leon na'po:leɔn
Napoléon *fr.* napɔle'õ
Napoleondo̱r napoleɔn'do:ɐ̯
Napoleoni̱de napoleo'ni:də
napoleo̱nisch, N... napole'o:nɪʃ
Na̱poli *it.* 'na:poli
Napolitain napoli'tɛ̃:
Napolitaine napoli'tɛ:n
Napoule *fr.* na'pul
Nạppa 'napa
Naprạwnik, Napravnik *russ.* na'pravnik
Naquẹt *fr.* na'kɛ
Na̱ra 'na:ra
Narada *engl.* nə'rædə
Nárai *ung.* 'na:rɔi
Nạrbe 'narbə
nạrben 'narbn̩, **nạrb!** narp, **nạrbt** narpt
Narberth *engl.* 'nɑ:bəθ
nạrbig 'narbɪç, **-e** ...ɪgə

Narbọnne *fr.* nar'bɔn
Narbonne-Larạ *fr.* narbɔnla'ra
Nạrbrough *engl.* 'nɑ:brə
Narceịn nartse'i:n
Narciso *it.* nar'tʃi:zo, *span.* nar'θiso
Narcịsse *fr.* nar'sis
Narcịssus nar't͜sɪsʊs
Nạrde 'nardə
Nạrdi *it.* 'nardi
Nardịni *it.* nar'di:ni
Nạrdo *it.* 'nardo
Nardò *it.* nar'dɔ
Nardọne *span.* nar'ðone
Narẹnta *it.* na'rɛnta
Nạres 'na:rɛs, *engl.* nɛəz
Narẹschny, Narežnyj *russ.* na'rjɛʒnɨj
[1]**Nạrew** *poln.* 'narɛf
[2]**Nạrew, Narev** *russ.* 'narɪf
Nargile[h] nargi'le:, *auch:* nar'gi:lə
Narimạnow, Narimanov *russ.* nɐri'manɐf
Narinjạni, Narin'jani *russ.* nɐrinj'jani
Narịño *span.* na'riɲo
Narịste na'rɪstə
Narjạn-Mạr, Nar'jan-Mar *russ.* narj'jan'mar
Nạ̈rke *schwed.* 'nærkə
Narkoanalyse narko|ana'ly:zə
Narkolepsie narkolɛ'psi:, **-n** ...i:ən
Narkologie narkolo'gi:
Narkomạne narko'ma:nə
Narkomanie narkoma'ni:
Narkọse nar'ko:zə
Narkọtikum nark'o:tikʊm, **...ka** ...ka
Narkotịn narko'ti:n
narkọtisch nar'ko:tɪʃ
narkotisieren narkoti'zi:rən
Narkotịsmus narko'tɪsmʊs
Nạrmer 'narmɐ
Nạrni *it.* 'narni
Nạro *it.* 'na:ro
Narọdnaja [Wọlja], Narodnaja [Volja] *russ.* na'rɔdnɐjɐ 'vɔljɐ
Narọdna Mladẹsch, Narodna Mladež *bulgar.* na'rɔdna mla'dɛʃ
Narọdniki *dt.*, *russ.* na'rɔdniki
Nạro-Fomịnsk *russ.* 'narɐfa'minsk
Narọwa, Narova *russ.* na'rɔvɐ
Nærøy *norw.* ˌnæ:rœi̯
Nạrr[aboth] 'nar[abɔt]
Narratiọn nara't͜si̯o:n
narratịv nara'ti:f, **-e** ...i:və
Nạ̈rrchen 'nɛrçən
nạrren 'narən
Narretei narə'tai̯
nạ̈rrisch 'nɛrɪʃ
Nạrsdorf 'narsdɔrf
Nạrses 'narzɛs
Nạrthex 'nartɛks, **Nạrthizes** 'narti t͜se:s
Nạrtow, Nartov *russ.* 'nartɐf
Nærum *dän.* 'nɛ:rom
Naruszẹwicz *poln.* naru'ʃɛvitʃ
Narutọwicz *poln.* naru'tɔvitʃ
Narváez *span.* nar'βaɛθ
Nạrvik *norw.* ˌnarvi:k
Nạrwa, Narva 'narva, *russ.* 'narvɐ
Nạrwal 'narva:l, *auch:* 'narval
Narỵn *russ.* na'rɨn
Narzịß nar't͜sɪs
Narzịsse nar't͜sɪsə
Narzịßmus nar't͜sɪsmʊs
Narzịßt nar't͜sɪst
Nạ̈s *schwed.* nɛ:s
NẠSA 'na:za, *engl.* 'næsə, 'nɑ:sə
nasạl, N... na'za:l
nasalieren naza'li:rən
Nasạr, Nazar *russ.* na'zar
Nasạrre *span.* na'sarrɛ
Nasạt na'za:t
Năsăud *rumän.* nəsə'ud
Nạ̈sberg *schwed.* 'nɛ:sbærj
Nạsca *span.* 'naska
nạschen 'naʃn̩
Nạ̈schen 'nɛ:sçən
Nascẹntes *bras.* na'sentis
Nạ̈scher 'nɛʃɐ
Nascherei naʃə'rai̯
Näscherei nɛʃə'rai̯
Nascimẹnto *port.* nɐʃsi'mentu
Nạse[band] 'na:zə[bant]
Naseby *engl.* 'neɪzbɪ
nạ̈seln 'nɛ:zl̩n, **nạ̈sle** 'nɛ:zlə
nạseweis, N... 'na:zəvai̯s, **-e** ...ai̯zə
nạsführen 'na:sfy:rən
Nash[e] *engl.* næʃ
Nashua *engl.* 'næʃʊə
Nashville *engl.* 'næʃvɪl
Nạsielsk *poln.* 'naɕɛlsk
Nạ̈sijärvi *finn.* 'næsijærvi
Nasirạ̈er nazi'rɛ:ɐ
Nasir-i Chusrau nɑserexos'rou̯
Nasiro'd-Dịn *pers.* nɑserod'di:n
Nạ̈sling 'nɛ:slɪŋ
Nasmyth *engl.* 'neɪsmɪθ
Nạso *dt.*, *it.* 'na:zo
Nasobẹm nazo'be:m
Nason *engl.* neɪsn
Nasreddịn nasrɛ'di:n, *pers.* næsred'di:n, *türk.* nɑsrɛd'din
Nasrịde nas'ri:də
naß nas, **nạsse** 'nasə, **nạ̈sser** 'nɛsɐ
Nạssach 'nasax
Nạssau 'nasau̯, *engl.* 'næsɔ:, *niederl.* 'nɑsɔu̯
Nạssauer 'nasau̯ɐ
nạssauern 'nasau̯ɐn
nạssauisch 'nasau̯ɪʃ
Nạ̈sse 'nɛsə
nạ̈sseln 'nɛsl̩n, **nạ̈ßle** 'nɛslə
nạ̈ssen 'nɛsn̩, **nạ̈ßt** nɛst
Nassenbeuren nasn̩'bɔy̆rən
Nassenheide nasn̩'hai̯də
Nạsser 'nasɐ
nạ̈sser vgl. naß
Nassereith nasə'rai̯t
Nạßfeld 'nasfɛlt
Nạssig 'nasɪç
Nạ̈ssjö *schwed.* ˌnɛʃø:
nạ̈ßlich 'nɛslɪç
Nạssow 'naso
Naßrịde nas'ri:də
Nạssweiler 'nasvai̯lɐ
Nạst nast, *engl.* næst
Nạstätten 'naʃtɛtn̩
Nastie nas'ti:
Nạstja *russ.* 'nastjɐ
Nastụrtium nas'tʊrt͜si̯ʊm
Næstved *dän.* 'nɛsdveð
Nasutiọn *indon.* nasu'tiɔn
Naszály *ung.* 'nɔsa:j
naszierend nas't͜si:rənt, **-e** ...ndə
Naszitụrus nast͜si'tu:rʊs, **...ri** ...ri
Nat *engl.* næt, *fr.* nat
Nạtal 'na:tal, *engl.* nə'tæl, *bras.* na'tal
Natạles *span.* na'tales
Natạlia na'ta:li̯a
Natalịcium nata'li:t͜si̯ʊm, **...ien** ...i̯ən
Natạlie na'ta:li̯ə
Natạlija *russ.* na'talijɐ
Natạlis na'ta:lɪs
Natalitạ̈t natali'tɛ:t
Natạlja, Natal'ja *russ.* na'talʲjɐ
Natán *span.* na'tan
Nạtangen 'na:taŋən
Natạscha, Nataša *russ.* na'taʃɐ
Natchez *engl.* 'nætʃɪz
Natchitoches *engl.* 'nækɪtɔʃ
Nạtes 'na:te:s
Nạthan 'na:tan, *engl.* 'neɪθən
Nathạnael na'ta:nae:l, *auch:* ...aɛl, *engl.* nə'θænɪəl
Nathaniel *engl.* nə'θænjəl
Nạthansen *dän.* 'na:tan'sən
Nạthorst *schwed.* 'nɑ:thɔrst
Nathụsius na'tu:zi̯ʊs
Natick *engl.* 'neɪtɪk
[1]**Natiọn** na't͜si̯o:n
[2]**Nation** (Name) *engl.* 'neɪʃən
Nation Bẹlge *fr.* nɑsjõ'bɛlʒ
nationạl nat͜si̯o'na:l
National Broadcasting Corporation *engl.* 'næʃənəl 'brɔ:dkɑ:stɪŋ kɔ:pə'reɪʃən
Nationạle nat͜si̯o'na:lə
National Gallery *engl.* 'næʃənəl 'gælərɪ
nationalisieren nat͜si̯onali'zi:rən
Nationalịsmus nat͜si̯ona'lɪsmʊs
Nationalịst nat͜si̯ona'lɪst
Nationalitạ̈t nat͜si̯onali'tɛ:t
nationạlliberal nat͜si̯o'na:llibera:l
Nationạlsozialismus nat͜si̯o'na:lzot͜si̯alɪsmʊs
Nationạltidende *dän.* nasjo'na:'lti:ðənə

nativ na'ti:f, -e ...i:və
Native *engl.* 'neɪtɪv
Natividade *bras.* nativi'dadi
Nativismus nati'vismʊs
Nativist nati'vɪst
Nativität nativi'tɛ:t
NATO 'na:to, *engl.* 'neɪtoʊ
Natoire *fr.* na'twa:r
Natorp 'na:tɔrp
Natrium 'na:triʊm
Natrokalzit natrokal'tsi:t, *auch:* ...tsɪt
Natron 'na:trɔn
Natsume Soseki na'tsu:mə zo'ze:ki
Nattavara *schwed.* ˌnatavɑ:ra
Natté na'te:
Natter 'natɐ
Natternberg natɐn'bɛrk
Nattier *fr.* na'tje
Natuba *bras.* na'tuba
Natuna *indon.* na'tuna
Natur na'tu:ɐ̯
Natural... natu'ra:l...
Naturalien natu'ra:li̯ən
Naturalisation naturaliza'tsi̯o:n
naturalisieren naturali'zi:rən
Naturalismus natura'lɪsmʊs
Naturalist[ik] natura'lɪst[ɪk]
Natura naturans na'tu:ra na'tu:rans
Natura naturata na'tu:ra natu'ra:ta
naturell, N... natu'rɛl
Naturismus natu'rɪsmʊs
Naturist natu'rɪst
natürlich na'ty:ɐ̯lɪç
Naturno *it.* na'turno
Naturns na'tʊrns
Nau *fr.* no
Naua *span.* 'nau̯a
Nauarch nau̯'arç
Naucelle *fr.* no'sɛl
Nauclerus nau̯'kle:rʊs
Naudé *fr.* no'de
Nauders 'nau̯dɐs
Naudin *fr.* no'dɛ̃
Naue[n] 'nau̯ə[n]
'nauf nau̯f
Naugard 'nau̯gart
Naugatuck *engl.* 'nɔ:gətʌk
Nauheim 'nau̯hai̯m
Naukratis 'nau̯kratɪs
Naum *russ., bulgar.* na'um
Naumachie nau̯ma'xi:, -n ...i:ən
Naumann 'nau̯man
Naumburg 'nau̯mbʊrk
Naumow, Naumov *russ.* na'umɐf
Naundorf[f] 'nau̯ndɔrf
Naunet na'u:nɛt
Naunhof 'nau̯nho:f
Naunton *engl.* nɔ:ntn
Naunyn 'nau̯ni:n
Naupaktos nau̯'paktɔs, *neugr.* 'nafpaktɔs
Nauplion 'nau̯pliɔn, *neugr.* 'nafpliɔn
Naura na'u:ra
Nauru na'u:ru, *engl.* nɑ:'u:ru:
Nauruer na'u:ru̯ɐ
nauruisch na'u:ruɪʃ
'naus!, Naus nau̯s
Nausea nau̯'ze:a
Nausikaa nau̯'zi:kaa
Naute 'nau̯tə
Nautik 'nau̯tɪk
Nautiker 'nau̯tikɐ
Nautiloideen nau̯tiloi'de:ən
Nautilus 'nau̯tilʊs, -se ...ʊsə
nautisch 'nau̯tɪʃ
Nautzken 'nau̯tskn̩
Nava *span.* 'naβa
Navahermosa *span.* naβaɛr'mosa
Navaho 'na:vaho, *engl.* 'nævəhoʊ
Navajo *engl.* 'nævəhoʊ
Navalcarnero *span.* naβalkar'nero
Navalmoral[es] *span.* naβalmo'ral[es]
Navan *engl.* 'nævən
Navarino *it.* nava'ri:no, *span.* naβa'rino
Navarra na'vara, *span.* na'βarra
Navarre *fr.* na'va:r
Navarrese nava're:zə
navarresisch nava're:zɪʃ
Navarrete *span.* naβa'rrete
Navarro *span.* na'βarrɔ
Navasota *engl.* nævə'soʊtə
Navel *engl.* 'neɪvəl
Navesink *engl.* 'nævɪsɪŋk
Navetas *span.* na'βetas
Navez *fr.* na've
Navia *span.* 'naβi̯a
Navicert *engl.* 'nævɪsə:t
Navicula na'vi:kula **...lae** ...lɛ
Navigateur naviga'tø:ɐ̯
Navigation naviga'tsi̯o:n
Navigator navi'ga:tɔr, **-en** ...ga'to:rən
navigatorisch naviga'to:rɪʃ
navigieren navi'gi:rən
Navier *fr.* na'vje
Nävius 'nɛ:vi̯ʊs
Nawiąsky na'vi̯aski
Nawoloki, Navoloki *russ.* 'navɐlɐki
Naxalit naksa'li:t
naxisch 'naksɪʃ
Naxos *dt., neugr.* 'naksɔs
Nay nai̯
Nayarit *span.* naja'rit
Nayler *engl.* 'neɪlə
Nazar vgl. Nasar
Nazaräer natsa'rɛ:ɐ
Nazaré *port.* nɐzɐ'rɛ, *bras.* naza'rɛ
Nazarener natsa're:nɐ
Nazaret[h] 'na:tsarɛt
Nazi 'na:tsi
Nazismus na'tsɪsmʊs
nazistisch na'tsɪstɪʃ
Nazor *serbokr.* 'nazɔr
Nazoräer natso'rɛ:ɐ
Nb ɛn'be:
N. B. C. *engl.* 'ɛnbi:'si:
Ndebele nde'be:lə
n-dimensional 'ɛndimɛnzi̯ona:l
Ndjolé *fr.* ndʒɔ'le
'ne nə
ne! ne:
Neagh, Lough *engl.* 'lɔk 'neɪ
Neagle *engl.* ni:gl
Neal[e] *engl.* ni:l
Neander ne'andɐ
Neandertal[er] ne'andɐta:l[ɐ]
Neanthropinen neantro'pi:nən
Neapel ne'a:pl̩
Neap[e]ler ne'a:p[ə]lɐ
Neapolitaner neapoli'ta:nɐ
neapolitanisch neapoli'ta:nɪʃ
Nearing *engl.* 'nɪərɪŋ
nearktisch ne'arktɪʃ
Nearthrose near'tro:zə
Neath *engl.* ni:θ
nebbich 'nɛbɪç
Nebel[horn] 'ne:bl̩[hɔrn]
nebelig 'ne:bəlɪç, -e ...ɪgə
nebeln 'ne:bl̩n, **neble** 'ne:blə
neben 'ne:bn̩
nebenan ne:bn̩'|an
nebenbei ne:bn̩'bai̯
nebeneinander ne:bn̩|ai̯'nandɐ
nebeneinanderher ne:bn̩|ai̯nandɐ'he:ɐ̯
nebenher ne:bn̩'he:ɐ̯
nebenhin ne:bn̩'hɪn
nebensächlich 'ne:bn̩zɛçlɪç
Nebiim nebi'i:m
neblig 'ne:blɪç, -e ...ɪgə
Neblung 'ne:blʊŋ
Nebo 'ne:bo
Nebogatow, Nebogatov *russ.* nɪba'gatɐf
Nebra 'ne:bra
Nebraska ne'braska, *engl.* nɪ'bræskə
Nebrija *span.* ne'βrixa
Nebringen 'ne:brɪŋən
Nebrodi *it.* 'nɛ:brodi
nebrodisch ne'bro:dɪʃ
nebst ne:pst
Nebukadnezar nebukat'ne:tsar
Nebukadnezzar nebukat'nɛtsar
Nebular... nebu'la:ɐ̯...
nebulos nebu'lo:s, -e ...o:zə
nebulös nebu'lø:s, -e ...ø:zə
Nebužely *tschech.* 'nɛbuʒɛli
Nečaev vgl. Netschajew
Necessaire nesɛ'sɛ:ɐ̯
Nechanice *tschech.* 'nɛxanjitsɛ
Nechanitz 'nɛçanɪts
Nechbet 'nɛçbɛt
Nechlin nɛç'li:n
Necho 'nɛço, 'ne:ço
Neck[ar] 'nɛk[ar]
Neckarau 'nɛkar|au̯

Neckarbischofsheim nɛkarˈbɪʃɔfshaim
Neckarelz nɛkarˈ|ɛlts
Neckargemünd nɛkargəˈmʏnt
Neckargerach nɛkarˈge:rax
Neckarsteinach nɛkarˈʃtainax
Neckarsulm nɛkarˈzʊlm
Neckel ˈnɛkl̩
necken, N... ˈnɛkn̩
Neckenmarkt nɛkn̩ˈmarkt
Necker ˈnɛkɐ, *fr.* nɛˈkɛ:r
Neckerei nɛkəˈrai
Necking ˈnɛkɪŋ
neckisch ˈnɛkɪʃ
Necochea *span.* nekoˈtʃea
Nectria ˈnɛktria
Nečuj-Levickij vgl. Netschui-Lewizki
Neculce *rumän.* neˈkultʃe
Ned *engl.* nɛd
Nedbal *tschech.* ˈnɛdbal
Nedda *it.* ˈnɛdda
Neddemin nɛdəˈmi:n
Neder ˈne:dɐ
Nederbrakel *niederl.* ˈne:dərbra:kəl
Nederland *niederl.* ˈne:dərlɑnt
Nederlanden *niederl.* ˈne:dərlɑndə
Nederweert *niederl.* ˈne:dərwe:rt
Nedlitz ˈne:dlɪts
Nedogonow, Nedogonov *russ.* nɪdaˈgɔnɐf
Nedschd nɛtʃt
Nedschef *pers.* næˈdʒæf
Nedvědice *tschech.* ˈnɛdvjɛdjitsɛ
nee! ne:
Need *engl.* ni:d
Neede *niederl.* ˈne:də
Needham *engl.* ˈni:dəm
Needle[s] *engl.* ni:dl[z]
Neef[e] ˈne:f[ə]
Neefs *niederl.* ne:fs
Neel *fr.* nɛl
Ñeembucú *span.* ɲeembuˈku
Neenah *engl.* ˈni:nə
Neer ne:ɐ̯, *niederl.* ne:r
Neera *it.* neˈɛ:ra
Neer Andel *niederl.* ne:r ˈɑndəl
Neeroeteren *niederl.* ˈne:ru:tərə
Neerpelt *niederl.* ˈne:rpɛlt
Neers *niederl.* ne:rs
Neersen ˈne:ɐ̯zn̩
Neerwinden *niederl.* ˈne:rwɪndə
Neetzka ˈne:tska
Nef ne:f
Neferefre nefereˈfre:
Neferhotep nefɛrˈho:tɛp
Neferirkare nefɛrɪrkaˈre:
Neferkare nefɛrkaˈre:
Nefersahor nefɛrzaˈho:ɐ̯
Nefertem nefɛrˈte:m
Neff *dt., engl.* nɛf
Neffe ˈnɛfə
Neftalí *span.* nɛftaˈli
Neftebad *russ.* nɪftɪˈbat
Neftegorsk *russ.* nɪftɪˈgɔrsk
Negade neˈga:də
Negara *indon.* nəˈgara
Negast ˈne:gast
Negation negaˈtsi̯o:n
negativ, N... ˈne:gati:f, *auch:* negaˈti:f; **-e** ...i:və
Negativismus negatiˈvɪsmʊs
negativistisch negatiˈvɪstɪʃ
Negativität negativiˈtɛ:t
Negaunee *engl.* nəˈgɔ:nɪ
Negeb ˈne:gɛp, ˈnɛgɛp
neger, N... ˈne:gɐ
Negev ˈne:gɛf, ˈnɛgɛf
negieren neˈgi:rən
Neglektion neglɛkˈtsi̯o:n
Negligé negliˈʒe:
negligeant negliˈʒant
Negligence negliˈʒã:s, **-en** ...sn̩
negligente negliˈdʒɛntə
Negligenz negliˈgɛnts
negligieren negliˈʒi:rən
Negoiu *rumän.* neˈgoju
Negombo *engl.* nəˈgɔmboʊ
Negowski, Negovskij *russ.* nɪˈgɔfskij
negoziabel negoˈtsi̯a:bl̩, **...ble** ...blə
Negoziant negoˈtsi̯ant
Negoziation negotsi̯aˈtsi̯o:n
negoziieren negotsiˈi:rən
Negrais *engl.* nəˈgraɪs
Negrelli neˈgrɛli, *it.* ...ɛlli
Negri *it.* ˈne:gri
negrid neˈgri:t, **-e** ...i:də
Negride neˈgri:də
Négrier *fr.* negriˈe
Negrillen neˈgrɪlən
Negrito neˈgri:to
Négritude *fr.* negriˈtyd
Negro *span.* ˈneɣro, *bras.* ˈnegru
negroid negroˈi:t, **-e** ...i:də
Negroide negroˈi:də
Negros ˈne:grɔs, *span.* ˈneɣrɔs, *engl.* ˈneɪgroʊs
Negro Spiritual *engl.* ˈni:groʊ ˈspɪrɪtjʊəl
Negruzzi *rumän.* neˈgrutsi
Negus ˈne:gʊs, **-se** ...ʊsə
Nehajev *serbokr.* ˈnɛhajɛv
Nehalennia nehaˈlɛni̯a
Nehawend *pers.* næhɑˈvænd
Neheim ˈne:haim
Nehemia neheˈmi:a
Nehemiah *engl.* ni:ɪˈmaɪə
Nehemias neheˈmi:as
Neher ˈne:ɐ
nehmen ˈne:mən
Nehrlich ˈne:ɐ̯lɪç
Nehru ˈne:ru
Nehrung ˈne:rʊŋ
Neiba *span.* ˈnɛiβa
Neid naɪt, **-es** ˈnaidəs
Neida ˈnaida
neiden ˈnaidn̩, **naid!** nait
Neidenburg ˈnaidn̩bʊrk
Neidenfels ˈnaidn̩fɛls
Neidhard, ...rt ˈnaithart
neidisch ˈnaidɪʃ
neidlos ˈnaitlo:s
Neidnagel ˈnaitna:gl̩
Neige ˈnaigə
neigen ˈnaign̩, **neig!** naik, **neigt** naikt
Neila *span.* ˈnɛila
Neil[e], Neill *engl.* ni:l
Neilson *engl.* ni:lsn
nein, 'nein nain
Neipperg ˈnaipɛrk
Neiße, Neisse ˈnaisə
Neisser ˈnaisɐ
Neitersen ˈnaitɐzn̩
Neith nait
Neithard[t] ˈnaithart
Neithhotep naitˈho:tɛp
Neiva *span.* ˈnɛiβa
Neja *russ.* ˈnjejɐ
Nejdek *tschech.* ˈnɛjdɛk
Nekrassow, Nekrasov *russ.* nɪˈkrasɐf
Nekrassowskoje, Nekrasovskoe *russ.* nɪˈkrasɐfskɐjɐ
Nekrobiose nekroˈbi̯o:zə
Nekrohormon nekrohɔrˈmo:n
Nekrolog nekroˈlo:k, **-e** ...o:gə
Nekrologie nekroloˈgi:
Nekrologium nekroˈlo:gi̯ʊm, **...ien** ...i̯ən
Nekromanie nekromaˈni:, **-n** ...i:ən
Nekromant nekroˈmant
Nekromantie nekromanˈti:
Nekrophilie nekrofiˈli:, **-n** ...i:ən
Nekropole nekroˈpo:lə
Nekropolis neˈkro:polɪs, **...len** ...roˈpo:lən
Nekropsie nekrɔˈpsi:, **-n** ...i:ən
Nekrose neˈkro:zə
Nekroskopie nekroskoˈpi:, **-n** ...i:ən
nekrotisch neˈkro:tɪʃ
Nekrotomie nekrotoˈmi:
Neksø *dän.* ˈnɛgsø:ˀ
Nektanebos nɛktaneˈbo:s
Nektar ˈnɛktar
Nektarine nɛktaˈri:nə
Nektarinien nɛktaˈri:ni̯ən
nektarisch nɛkˈta:rɪʃ
Nektarium nɛkˈta:ri̯ʊm, **...ien** ...i̯ən
nektarn ˈnɛktarn
Nekton ˈnɛktɔn
nektonisch nɛkˈto:nɪʃ
Nekyia ˈne:kyja, **...yien** neˈky:jən
Nekymantie nekymanˈti:
Nelanane nelaˈna:nə
Nélaton *fr.* nelaˈtõ
Nelep ˈne:lɛp
Neleus ˈne:lɔys
Nelidow, Nelidov nɪˈlidɐf
Nelidowo, Nelidovo *russ.* nɪˈlidɐvɐ
Nélie *fr.* neˈli

Neljubin *russ.* nɪ'ljubin
Nelke 'nɛlkə
Nell *dt., engl.* nɛl
Nell-Breuning 'nɛl'brɔynɪŋ
Nellenburg 'nɛlənbʊrk
Nelli 'nɛli
Nellie *engl.* 'nɛlɪ
Nellingen 'nɛlɪŋən
Nellmersbach 'nɛlmɐsbax
Nelly 'nɛli, *engl.* 'nɛlɪ
[1]**Nelson** (Nackenhebel) 'nɛlzɔn
[2]**Nelson** (Name) 'nɛlzɔn, *engl.* nɛlsn
Nelspruit *afr.* 'nɛlsprœy̆t
Neman *russ.* 'njɛmɐn
Nemanja *serbokr.* ˌnɛmanja
Nemanjide neman'ji:də
Nemathelminthen nemathɛl'mɪntn̩
Nematode nema'to:də
Nematozid nemato'tsi:t, **-e** ...i:də
Němcová *tschech.* 'njɛmtsɔva:
Nemea ne'me:a, *neugr.* nɛ'mɛa
Němec *tschech.* 'njɛmɛts
nemeisch ne'me:ɪʃ
Nemescsó *ung.* 'nɛmɛʃtʃo:
Nemésio *port.* nə'mɛzi̯u
Nemesis 'ne:mezɪs
Nemesius ne'me:zi̯ʊs
Nemesnádudvar *ung.* 'nɛmɛʃna:dudvɔr
Nemeter 'ne:metɐ
Németh *ung.* 'ne:mɛt
Németkér *ung.* 'ne:mɛtke:r
Nemi *it.* 'nɛ:mi
Nemirow, Nemirov *bulgar.* nɛ'mirof
Nemirowitsch, Nemirovič *russ.* nɪmi'rɔvitʃ
Nemitz 'ne:mɪts
Nemmenich 'nɛmənɪç
Nemonien nemo'ni:n
Nemophila ne'mo:fila
Nemorino *it.* nemo'ri:no
Nemours *fr.* nə'mu:r
Nemrod 'nɛmrɔt
Nemrut dağı *türk.* nɛm'rut da:'ɨ
Nemsdorf 'nɛmsdɔrf
Nemuro ne'mu:ro
'nen nən
Nen *engl.* nɛn
Nenadović *serbokr.* nɛˌna:dɔvitɕ
Nendaz *fr.* nɛ̃'da
Nene *engl.* ni:n
Nenndorf 'nɛndɔrf
nennen 'nɛnən
Nennhausn nɛn'hau̯zn̩
Nenni *it.* 'nɛnni
Nennig 'nɛnɪç
Nennius 'nɛni̯ʊs
Nenze 'nɛntsə
Neodarwinismus neodarvi'nɪsmʊs
Néo-Destour *fr.* neɔdɛs'tu:r
Neodym neo'dy:m
Neoeuropa neo|ɔy'ro:pa
Neofaschismus neofa'ʃɪsmʊs
Neofaschist neofa'ʃɪst
Neofit *bulgar.* nɛ'ɔfit
Neogäa neo'gɛ:a
Neogen neo'ge:n
Neograder 'ne:ogra:dɐ
Neoimpressionismus neo|ɪmprɛsi̯o'nɪsmʊs
Neoklassizismus neoklasi'tsɪsmʊs
Neokolonialismus neokoloni̯a'lɪsmʊs
Neokom[ium] neo'ko:m[i̯ʊm]
Neolamarckismus neolamar'kɪsmʊs
Neoliberalismus neolibera'lɪsmʊs
Neolinguistik neolɪŋ'gu̯ɪstɪk
Neolithikum neo'li:tikʊm, *auch:* ...lɪt...
neolithisch neo'li:tɪʃ, *auch:* ...lɪt...
Neologe neo'lo:gə
Neologie neolo'gi:, **-n** ...i:ən
neologisch neo'lo:gɪʃ
Neologismus neolo'gɪsmʊs
Neomalthusianismus neomaltuzi̯a'nɪsmʊs
Neomortalität neomɔrtali'tɛ:t
Neomycin neomy'tsi:n
Neomyst neo'mʏst
Neomyzin neomy'tsi:n
Neon 'ne:ɔn
Neonazismus neona'tsɪsmʊs
Neonazist neona'tsɪst
Neophyt[ikum] neo'fy:t[ikʊm]
Neoplasma neo'plasma
Neopositivismus neopoziti'vɪsmʊs
Neopren neo'pre:n
Neoptolemos neɔp'to:lemɔs
Neosho *engl.* nɪ'oʊʃoʊ
Neoteben Ⓦ neote'be:n
Neotenie neote'ni:
Neoteriker neo'te:rikɐ
neoterisch neo'te:rɪʃ
Neoterpe neo'tɛrpə, *B* ...pe
Neotropis neo'tro:pɪs
neotropisch neo'tro:pɪʃ
Neottia ne'ɔti̯a
Neoverismus neove'rɪsmʊs
Neovitalismus neovita'lɪsmʊs
Neozoikum neo'tso:ikʊm
neozoisch neo'tso:ɪʃ
Nep, Nėp *russ.* nɛp
Nepal 'ne:pal, ne'pa:l
Nepaler ne'pa:lɐ
Nepalese nepa'le:zə
nepalesisch nepa'le:zɪʃ
Nepali ne'pa:li
nepalisch ne'pa:lɪʃ
Nepenthes ne'pɛntɛs
[1]**Neper** (Einheit) 'ne:pɐ
[2]**Neper** (Name) *engl.* 'neɪpə
Nephelin nefe'li:n
Nephelinit nefeli'ni:t, *auch:* ...nɪt
Nephelium ne'fe:li̯ʊm, **...ien** ...i̯ən
Nephelometer nefelo'me:tɐ
Nephelometrie nefelome'tri:
Nephelopsie nefelɔ'psi:
Nepherites nefe'ri:tɛs
nephisch 'ne:fɪʃ
Nephograph nefo'gra:f
Nephometer nefo'me:tɐ
Nephoskop nefo'sko:p
Nephralgie nefral'gi:, **-n** ...i:ən
Nephrektomie nefrɛkto'mi:, **-n** ...i:ən
Nephridium ne'fri:di̯ʊm, **...ien** ...i̯ən
Nephrit ne'fri:t, *auch:* ...rɪt
Nephritis ne'fri:tɪs, **...itiden** ...ri'ti:dn̩
nephrogen nefro'ge:n
Nephrolepis ne'fro:lepɪs
Nephrolithiasis nefroli'ti:azɪs, **...iasen** ...'ti̯a:zn̩
Nephrom ne'fro:m
Nephropathie nefropa'ti:, **-n** ...i:ən
Nephrophthisis nefro'fti:zɪs
Nephroptose nefrɔp'to:zə
Nephropyelitis nefropy̆e'li:tɪs, **...itiden** ...li'ti:dn̩
Nephrorrhagie nefrɔra'gi:, **-n** ...i:ən
Nephrose ne'fro:zə
Nephrosklerose nefroskle'ro:zə
Nephrostomie nefrosto'mi:, **-n** ...i:ən
Nephrotomie nefroto'mi:, **-n** ...i:ən
Nephthys 'nɛftʏs
Nepomuceno *span.* nepomu'θeno
Nepomuk 'ne:pomʊk, *tschech.* 'nɛpɔmuk
Nepos 'ne:pɔs
Nepote ne'po:tə
nepotisieren nepoti'zi:rən
Nepotismus nepo'tɪsmʊs
Nepp nɛp
neppen 'nɛpn̩
Népsport *ung.* 'ne:pʃport
Népstadion *ung.* 'ne:pʃtɔdion
Népszabadság *ung.* 'ne:psɔbɔttʃa:g
Népszava *ung.* 'ne:psɔvɔ
Neptun nɛp'tu:n
Neptunismus nɛptu'nɪsmʊs
Neptunist nɛptu'nɪst
Neptunium nɛp'tu:ni̯ʊm
Nera *it.* 'nɛ:ra, 'ne:ra; *rumän.* 'nera, *russ.* 'njɛrɐ
Nérac *fr.* ne'rak
Neratovice *tschech.* 'nɛratɔvitsɛ
Neratowitz 'nɛratovɪts
Nerchau 'nɛrçau̯
Nerčinsk vgl. Nertschinsk
Nerechta, Nerehta *russ.* 'njerɪxtɐ
Neredīza, Neredica *russ.* nɪ'rjeditsɐ

Nereide nere'i:də
Nereiden nere'i:tn̩
Neresheim 'ne:rəshai̯m
Neretva *serbokr.* ˌnɛrɛ[:]tva
Nereus 'ne:rɔy̆s
Nerežišće *serbokr.* nɛˌrɛʒiʃtɕɛ
Nerfling 'nɛrflɪŋ
Nergal 'nɛrgal
Neri *it.* 'nɛ:ri, 'ne:ri
Nering 'ne:rɪŋ
Nerissa ne'rɪsa
Neritide neri'ti:də
neritisch ne'ri:tɪʃ
Nerl, Nerl' *russ.* njɛrlj
Nerly 'nɛrli
Nernst nɛrnst
Nero 'ne:ro
Neroccio *it.* ne'rɔttʃo
Neroliöl 'ne:roli|ø:l
neronisch, N... ne'ro:nɪʃ
Nersingen 'nɛrzɪŋən
Nerthus 'nɛrtʊs
Nertschinsk, Nerčinsk *russ.* 'njertʃinsk
Neruda *span.* ne'ruða, *tschech.* 'nɛruda
Nerv nɛrf, **-en** 'nɛrfn̩
Nerva 'nɛrva, *span.* 'nɛrβa
nerval nɛr'va:l
Nerval *fr.* nɛr'val
Nervatur nɛrva'tu:ɐ̯
Nervi *it.* 'nɛrvi
Nervier 'nɛrvi̯ɐ
nervig 'nɛrvɪç, *auch:* 'nɛrfɪç; **-e** ...ɪgə
Nervinum nɛr'vi:nʊm, **...na** ...na
Nervión *span.* nɛr'βi̯ɔn
Nervo *span.* 'nɛrβo
nervös nɛr'vø:s, **-e** ...ø:zə
Nervosität nɛrvozi'tɛ:t
Nervus probandi 'nɛrvʊs pro'bandi
Nervus rerum 'nɛrvʊs 're:rʊm
Nerz nɛrts
Nes *niederl.* nɛs, *isl.* nɛ:s
Nesactium ne'zaktsi̯ʊm
Nesazio *it.* ne'zattsi̯o
Nesbit *engl.* 'nɛzbɪt
Nescafé ⓦ 'nɛskafe, ...fe:
Nesch nɛʃ
Neschi 'nɛski, 'nɛsçi
Neschin, Nežin *russ.* 'njɛʒin
Neschwitz 'nɛʃvɪts
Nesebăr vgl. Nessebar
Neskaupstaður *isl.* 'nɛ:skœy̆psta:ðʏr
Nesle *fr.* nɛl
Nesow 'ne:zo
Nesse 'nɛsə
Nessebar, Nesebăr *bulgar.* nɛ'sɛbər
Nessel 'nɛsl̩
Nesselrode nɛsl̩'ro:də, '----
Nesselwang 'nɛsl̩vaŋ
Nessi *it.* 'nɛssi
Nessler, Neßler 'nɛslɐ
Ness, Loch *engl.* 'lɔk 'nɛs
Nessos 'nɛsɔs
Nessus 'nɛsʊs
Nest nɛst
Neste *fr.* nɛst
Nestel 'nɛstl̩
nesteln 'nɛstl̩n
Nesterow, Nesterov *russ.* 'njestɪrɐf
Nesthäkchen 'nɛsthɛ:kçən
Nestle 'nɛstlə
Nestlé 'nɛstlə, *fr.* nɛs'tle
Nestling 'nɛstlɪŋ
Neston *engl.* 'nɛstən
Nestor 'nɛstɔr, *russ.* 'njɛstɐr
Nestorianer nɛsto'ri̯a:nɐ
Nestorianismus nɛstori̯a'nɪsmʊs
Nestorius nɛ'sto:ri̯ʊs
Nestroy 'nɛstrɔy̆
Neswisch, Nesviž *russ.* 'njesviʃ
Net *engl.* nɛt
Net[h]e *niederl.* 'ne:tə
Nèthe *fr.* nɛt
Nethersole *engl.* 'nɛðəsoʊl
Néthou *fr.* ne'tu
Netierikare nɛtjerika're:
Neto *bras.* 'nɛtu
Netolice *tschech.* 'nɛtɔlitsɛ
Netolitz 'nɛtolɪts
Netphen 'nɛtfn̩
Netschajew, Nečaev *russ.* nɪ'tʃajɪf
Netscher *niederl.* 'nɛtʃər
Netschui-Lewizki, Nečuj-Levickij *russ.* nɪ'tʃujlɪ'vitskij
Netsuke 'nɛts[u]ke
nett nɛt
Nettchen 'nɛtçən
Nette 'nɛtə
Nettelbeck 'nɛtl̩bɛk
Nettesheim 'nɛtəshai̯m
Netti 'nɛti
Nettigkeit 'nɛtɪçkai̯t
Nettleship *engl.* 'nɛtlʃɪp
Nettleton *engl.* 'nɛtltən
netto 'nɛto
Netto *bras.* 'nɛtu
netto à point 'nɛto a 'pɔɛ̃:
netto cassa 'nɛto 'kasa
Nettuno *it.* net'tu:no
Netty 'nɛti
Netz[e] 'nɛts[ə]
Netzekow 'nɛtsəko
netzen 'nɛtsn̩
Netzflügler 'nɛtsfly:glɐ
Netzschkau 'nɛtʃkau̯
neu nɔy̆
Neuaigen nɔy̆'|ai̯gn̩
Neualtheim nɔy̆'|althai̯m
Neu-Amsterdam nɔy̆|amstɐ'dam, -'---
Neuapostoliker 'nɔy̆|apɔsto:likɐ
neuartig 'nɔy̆|a:ɐ̯tɪç
Neubabelsberg nɔy̆'ba:bl̩sbɛrk
Neubacher 'nɔy̆baxɐ
neubacken 'nɔy̆bakn̩
Neubamberg nɔy̆'bambɛrk
Neubarnim nɔy̆'barnɪm
Neubau[er] 'nɔy̆bau̯[ɐ]
Neubeckum nɔy̆'bɛkʊm, '---
Neuber 'nɔy̆bɐ
Neuberg 'nɔy̆bɛrk
Neubertkow nɔy̆'bɛrtko
Neubeuern nɔy̆'bɔy̆ɐn
Neubiberg nɔy̆'bi:bɛrk
Neubidžow nɔy̆'bɪdʒɔf
Neubistritz nɔy̆'bɪstrɪts
Neubourg *fr.* nø'bu:r
Neubrandenburg nɔy̆'brandn̩bʊrk
Neubraunschweig nɔy̆'brau̯nʃvai̯k
Neubreisach nɔy̆'brai̯zax
Neubrück nɔy̆'brʏk
Neubrunn nɔy̆'brʊn
Neubukow nɔy̆'bu:ko
Neubulach nɔy̆'bu:lax
Neuburg 'nɔy̆bʊrk
Neuburger 'nɔy̆bʊrgɐ
Neuchâtel *fr.* nøʃɑ'tɛl
Neudamm nɔy̆'dam
Neude[c]k 'nɔy̆dɛk
Neu-Delhi nɔy̆'de:li
Neuderben nɔy̆'dɛrbn̩
neudeutsch 'nɔy̆dɔy̆tʃ
Neudietendorf nɔy̆'di:tn̩dɔrf
Neudingen 'nɔy̆dɪŋən
Neudorf 'nɔy̆dɔrf
Neudörf[f]er 'nɔy̆dœrfɐ
Neue 'nɔy̆ə
Neuenahr 'nɔy̆ən|a:ɐ̯
Neuenbeken nɔy̆ən'be:kn̩
Neuenburg 'nɔy̆ənbʊrk
Neuenbürg 'nɔy̆ənbʏrk
Neuenburger 'nɔy̆ənbʊrgɐ
Neuendettelsau nɔy̆ən'dɛtl̩s|au̯, ----'-
Neuendorf 'nɔy̆əndɔrf
Neuengeseke nɔy̆ən'ge:zəkə
Neuengland nɔy̆'|ɛŋlant
Neuenhagen nɔy̆ən'ha:gn̩
Neuenhammer nɔy̆ən'hamɐ
Neuenhaus 'nɔy̆ənhau̯s
Neuenheerse nɔy̆ən'he:ɐ̯zə
Neuenkirchen nɔy̆ən'kɪrçn̩
Neuenmarkt 'nɔy̆ənmarkt
Neuenmörbitz nɔy̆ən'mœrbɪts
Neuenrade nɔy̆ən'ra:də
Neuenreuth nɔy̆ən'rɔy̆t
Neuensalz 'nɔy̆ənzalts
Neuenstadt 'nɔy̆ənʃtat
Neuenstein 'nɔy̆ənʃtai̯n
Neuerburg 'nɔy̆ɐbʊrk
neuerdings 'nɔy̆ɐ'dɪŋs
Neuerer 'nɔy̆ərɐ
neuerlich 'nɔy̆ɐlɪç
neuern 'nɔy̆ɐn
Neuert 'nɔy̆ɐt
neuestens 'nɔy̆əstn̩s
Neufahrn 'nɔy̆fa:ɐ̯n
Neufahrwasser nɔy̆'fa:ɐ̯vasɐ
Neufchâteau *fr.* nøʃɑ'to
Neufelden nɔy̆'fɛldn̩
Neufert 'nɔy̆fɐt

Neuffen 'nɔyfn̩
Neuforweiler nɔy'fo:ɐ̯vailɐ
Neufrankreich nɔy'fraŋkraiç
Neufundland nɔy'fʊntlant
Neufundländer nɔy'fʊntlɛndɐ
Neufvilles *fr.* nø'vil
Neugablonz nɔy'ga:blɔnts
Neugarten 'nɔygartn̩
Neu-Gattendorf nɔy'gatn̩dɔrf
Neugedein 'nɔygədain
Neugersdorf nɔy'gɛrsdɔrf, ...ge:ɐ̯s...
neugeschaffen 'nɔygəʃafn̩
Neugier[de] 'nɔygi:ɐ̯[də]
neugierig 'nɔygi:rɪç
Neugotik 'nɔygo:tɪk
Neugranada nɔygra'na:da
Neuguinea nɔygi'ne:a
Neuhaldensleben nɔy'haldn̩sle:bn̩
Neu-Hamburg nɔy'hambʊrk
Neuhannover nɔyha'no:fɐ
Neuhardenberg nɔy'hardn̩bɛrk
Neuhaus 'nɔyhaus
Neuhäusel 'nɔyhɔyzl̩, -'--
[1]**Neuhausen** (Neckar) nɔy'hauzn̩
[2]**Neuhausen** (Schaffhausen) 'nɔyhauzn̩
Neuhäuser nɔy'hɔyzɐ
Neuhäusler 'nɔyhɔyslɐ
neuhebräisch 'nɔyhebrɛ:ɪʃ
Neuhegelianismus nɔyhe:gəlia'nɪsmʊs
Neuheit 'nɔyhait
neuhochdeutsch 'nɔyho:xdɔytʃ
Neuhof 'nɔyho:f
Neuhofen nɔy'ho:fn̩
Neuholland nɔy'hɔlant
Neuhumanismus 'nɔyhumanɪsmʊs
Neuhütten nɔy'hʏtn̩
Neuhuys *niederl.* 'nø:hœis
Neuigkeit 'nɔyɪçkait
Neuilly *fr.* nœ'ji
Neuilly-sur-Marne *fr.* nœjisyr'marn
Neuilly-sur-Seine *fr.* nœjisyr'sɛn
Neuirland nɔy'|ɪrlant
Neu-Isenburg nɔy'|i:zn̩bʊrk
Neujahr 'nɔyja:ɐ̯, *auch:* -'-
Neukaledonien nɔykale'do:ni̯ən
Neukalen nɔy'ka:lən
Neukaliß nɔy'kalɪs
Neukantianer nɔykan'ti̯a:nɐ
Neukantianismus nɔykanti̯a'nɪsmʊs
Neukastilien 'nɔykas'ti:li̯ən
Neukieritzsch nɔy'ki:rɪtʃ
Neukirch 'nɔykɪrç
[1]**Neukirchen** (Chemnitz, Bonn) 'nɔykɪrçn̩
[2]**Neukirchen** (Rostock, Ziegenhain) nɔy'kɪrçn̩
Neuklassik 'nɔyklasɪk
Neukloster nɔy'klo:stɐ
Neukölln nɔy'kœln
Neukuhren nɔy'ku:rən
Neukünkendorf nɔy'kʏŋkn̩dɔrf
Neulauenburg nɔy'lauənbʊrk
Neulengbach nɔy'lɛŋbax
Neulewin nɔyle'vi:n
neulich 'nɔylɪç
Neuling 'nɔylɪŋ
Neulisternohl nɔy'lɪstɐno:l
Neumagen 'nɔyma:gn̩
Neumann 'nɔyman
Neumark[t] 'nɔymark[t]
Neumay[e]r 'nɔymaiɐ
Neume 'nɔymə
Neumecklenburg nɔy'me:klənbʊrk, ...mɛk...
Neumeister 'nɔymaistɐ
Neumexiko nɔy'mɛksiko
neumieren nɔy'mi:rən
Neumühle 'nɔymy:lə
Neumünster nɔy'mʏnstɐ
neun nɔyn
Neunauge 'nɔyn|augə
Neunburg 'nɔynbʊrk
Neundorf 'nɔyndɔrf
neuneckig 'nɔyn|ɛkɪç, **-e** ...ɪgə
neuneinhalb 'nɔyn|ain'halp
neunerlei 'nɔynɐ'lai
neunfach 'nɔynfax
neunhundert 'nɔyn'hʊndɐt
Neu-Niederland nɔy'ni:dɐlant
Neunkirch 'nɔynkɪrç
[1]**Neunkirchen** (Borna, Saarland) 'nɔynkɪrçn̩
[2]**Neunkirchen** (Erlangen, Wien) nɔyn'kɪrçn̩
neunmal 'nɔynma:l
neunmalig 'nɔynma:lɪç, **-e** ...ɪgə
neunmalklug 'nɔynma:lklu:k
neunmalweise 'nɔynma:lvaizə
neunt nɔynt
neuntausend 'nɔyn'tauzn̩t
neunte 'nɔyntə
neuntel, N... 'nɔyntl̩
neuntens 'nɔyntn̩s
Neuntöter 'nɔyntø:tɐ
neunundeinhalb 'nɔyn|ʊnt|ain'halp
neunundzwanzig 'nɔyn|ʊnt'tsvantsɪç
neunzehn 'nɔyntse:n
neunzig 'nɔyntsɪç
Neunziger 'nɔyntsɪgɐ
Neuorleans nɔy'|ɔrleã
Neu-Orsova nɔy'|ɔrʃova
Neuostheim nɔy'|ɔsthaim
Neuostpreußen nɔy'|ɔstprɔysn̩
Neuostra nɔy'|ɔstra
Neuötting nɔy'|œtɪŋ
Neupaka nɔy'paka
Neupert 'nɔypɐt
Neupest 'nɔypɛst
Neuphilologe 'nɔyfilolo:gə
Neuplatoniker 'nɔyplato:nikɐ
Neuplatonismus 'nɔyplatonɪsmʊs
Neupölla nɔy'pœla
Neupommern nɔy'pɔmɐn
Neuquén *span.* neu̯'ken
neural nɔy'ra:l
Neuralgie nɔyral'gi:, **-n** ...i:ən
Neuralgiker nɔy'ralgikɐ
neuralgisch nɔy'ralgɪʃ
Neurasthenie nɔyraste'ni:, **-n** ...i:ən
Neurastheniker nɔyras'te:nikɐ
neurasthenisch nɔyras'te:nɪʃ
Neurath 'nɔyra:t
Neureichenau nɔyraiçə'nau
Neureiter 'nɔyraitɐ
Neurektomie nɔyrɛkto'mi:
Neureut nɔy'rɔyt
Neureuther 'nɔyrɔytɐ
Neurexairese nɔyrɛksai're:zə, ...ɛks|ai...
Neuries 'nɔyri:s
Neurilem nɔyri'le:m
Neurilemm[a] nɔyri'lɛm[a]
Neurin nɔy'ri:n
Neurinom nɔyri'no:m
Neurit nɔy'ri:t, *auch:* ...rɪt
Neuritis nɔy'ri:tɪs, **...itiden** ...ri'ti:dn̩
neuritisch nɔy'ri:tɪʃ
Neuroblast nɔyro'blast
Neuroblastom nɔyroblas'to:m
Neurochirurgie nɔyroçirʊr'gi:
Neurode nɔy'ro:də
Neurodermatose nɔyrodɛrma'to:zə
Neurodermitis nɔyrodɛr'mi:tɪs, **...itiden** ...mi'ti:dn̩
Neuroepithel nɔyro|epi'te:l
Neurofibrille nɔyrofi'brɪlə
neurogen nɔyro'ge:n
Neuroglia nɔyro'gli:a
Neurohormon nɔyrohɔr'mo:n
Neurokranium nɔyro'kra:ni̯ʊm, **...ia** ...i̯a
Neurolemma nɔyro'lɛma
Neurologe nɔyro'lo:gə
Neurologie nɔyrolo'gi:
neurologisch nɔyro'lo:gɪʃ
Neurom nɔy'ro:m
Neuromantik 'nɔyromantɪk
Neuron 'nɔyrɔn, **-en** ...'ro:nən
Neuroparalyse nɔyropara'ly:zə
Neuropath nɔyro'pa:t
Neuropathie nɔyropa'ti:, **-n** ...i:ən
Neuropathologe nɔyropato'lo:gə
Neuropathologie nɔyropatolo'gi:
Neuroplegika nɔyro'ple:gika
neuropsychisch nɔyrɔ'psy:çɪʃ
Neuropteren nɔyrɔp'te:rən
Neuroretinitis nɔyroreti'ni:tɪs, **...itiden** ...ni'ti:dn̩
Neurose nɔy'ro:zə
Neurosekret nɔyroze'kre:t
Neurotiker nɔy'ro:tikɐ
Neurotisation nɔyrotiza'tsi̯o:n
neurotisch nɔy'ro:tɪʃ
Neurotomie nɔyroto'mi:, **-n** ...i:ən
Neurotonie nɔyroto'ni:, **-n** ...i:ən

Neurotoxikose nɔyrotɔksi'ko:zə
Neurotoxine nɔyrotɔ'ksi:nə
Neurotripsie nɔyrotrɪ'psi:, **-n** ...i:ən
neurotrop nɔyro'tro:p
Neurüdnitz nɔy'ry:dnɪts
Neuruppin[er] nɔyrʊ'pi:n[ɐ]
Neusalz 'nɔyzalts
Neusalza nɔy'zaltsa
Neu-Sandez nɔy'zandɛts
Neusatz 'nɔyzats
Neuschloß 'nɔyʃlɔs
Neuscholastik 'nɔyʃolastɪk
Neuschottland nɔy'ʃɔtlant
Neu-Schwabenland nɔy'ʃva:bn̩lant
Neuschwanstein nɔy'ʃva:nʃtain
Neu-Schweden nɔy'ʃve:dn̩
Neuseeland nɔy'ze:lant
Neuseeländer nɔy'ze:lɛndɐ
neuseeländisch nɔy'ze:lɛndɪʃ
Neusel 'nɔyzl̩
Neusiedl 'nɔyzi:dl̩
Neusiedler 'nɔyzi:dlɐ
Neusilber 'nɔyzɪlbɐ
Neusohl nɔy'zo:l
Neusorg 'nɔyzɔrk
Neuspanien nɔy'ʃpa:ni̯ən
Neusprachler 'nɔyʃpra:xlɐ
Neuß nɔys
Neustadt 'nɔyʃtat
Neustädtel 'nɔyʃtɛtl̩, -'--
Neustadtl 'nɔyʃtatl̩
neustens 'nɔystn̩s
Neustettin nɔyʃtɛ'ti:n
Neustift 'nɔyʃtɪft
Neuston 'nɔystɔn
Neustrelitz nɔy'ʃtre:lɪts
Neustrien 'nɔystriən
Neusüdwales 'nɔyzy:tve:ls
Neuteich 'nɔytaiç
Neutitschein 'nɔytɪtʃain
[1]**Neutra** (Name) 'nɔytra
[2]**Neutra** vgl. Neutrum
neutral, N... nɔy'tra:l
Neutralisation nɔytraliza'tsi̯o:n
neutralisieren nɔytrali'zi:rən
Neutralismus nɔytra'lɪsmʊs
Neutralist nɔytra'lɪst
Neutralität nɔytrali'tɛ:t
Neutrebbin nɔytrɛ'bi:n
Neutrino nɔy'tri:no
Neutron 'nɔytrɔn, **-en** nɔy'tro:nən
Neutrum 'nɔytrʊm, **...ra** ...ra
Neu-Ulm nɔy'|ʊlm
Neuves-Maisons *fr.* nœvmɛ'zõ
Neuveville *fr.* nœv'vil
Neuvic *fr.* nø'vik
Neuville *fr.* nø'vil
Neuwaldegg nɔy'valdɛk
Neuwarp nɔy'varp
Neuwasser 'nɔyvasɐ
Neuwedell nɔy've:dl̩
Neuweiler 'nɔyvailɐ
Neuwelt 'nɔyvɛlt
Neuwerk nɔy'vɛrk
Neuwied nɔy'vi:t
Neu-Wien nɔy'vi:n
neuwienerisch nɔy'vi:nərɪʃ
Neuwürschnitz nɔy'vʏrʃnɪts
Neu-Württemberg nɔy'vʏrtəmbɛrk
Neuyork nɔy'jɔrk
Neuyorker nɔy'jɔrkɐ
neuyorkisch nɔy'jɔrkɪʃ
Neuzauche nɔy'tsauxə
Neuzelle nɔy'tsɛlə
Neuzerre neusɛ're:
Neva vgl. Newa
Nevada ne'va:da, *engl.* nɛ'vɑ:də, *span.* ne'βaða
Nevado *span.* ne'βaðo
Neveklov *tschech.* 'nɛvɛklɔf
Nevel' vgl. Newel
Nevele *niederl.* 'ne:vələ
Nevel'sk vgl. Newelsk
Nevel'skoj vgl. Newelskoi
Nevermann 'ne:vɐman
Neverov vgl. Newerow
Nevers *fr.* nə'vɛ:r
[1]**Neveu** (Neffe) nə'vø:
[2]**Neveu** (Name) *fr.* nə'vø
Neveux *fr.* nə'vø
Neviano *it.* ne'vi̯a:no
Neviges 'ne:vɪgəs
Nevil *engl.* 'nɛvɪl
Nevill[e] *engl.* 'nɛvɪl
Nevils *engl.* 'nɛvɪlz
Nevinnomyssk vgl. Newinnomyssk
Nevin[s] *engl.* 'nɛvɪn[z]
Nevinson *engl.* 'nɛvɪnsn
[1]**Nevis** (Schottland) *engl.* 'nɛvɪs
[2]**Nevis** (Westindien) *engl.* 'ni:vɪs
Nev'jansk vgl. Newjansk
Nevrev vgl. Newrew
Nevşehir *türk.* 'nɛvʃɛ,hir
Nevskij vgl. Newski
New *engl.* nju:
Newa, Neva 'ne:va, *russ.* nɪ'va
Newa'i *pers.* nevɑ''i:
Newald 'ne:valt
Newall *engl.* 'nju:əl
Newark *engl.* 'nju:ək
New Bern *engl.* 'nju:bən
Newber[r]y *engl.* 'nju:bərɪ
Newbiggin *engl.* 'nju:bɪgɪn
Newbo[u]ld *engl.* 'nju:boʊld
Newbo[u]lt *engl.* 'nju:boʊlt
New Braunfels *engl.* 'nju: 'braʊnfəlz
Newburgh *engl.* 'nju:bə:g
Newburn *engl.* 'nju:bən
Newbury *engl.* 'nju:bərɪ
Newburyport *engl.* 'nju:bərɪpɔ:t, ---'-
New Caledonia *engl.* 'nju: kælɪ'doʊnjə
Newcastle *engl.* 'nju:kɑ:sl
Newcomb[e] *engl.* 'nju:kəm
Newcomen *engl.* 'nju:kʌmən
New Deal *engl.* 'nju: 'di:l
New Delhi *engl.* 'nju: 'dɛlɪ
Newdigate *engl.* 'nju:dɪgɪt
Newel, Nevel' *russ.* 'njevɪlj
Newell *engl.* 'nju:əl
Newelsk, Nevel'sk *russ.* nɪ'vjeljsk
Newelskoi, Nevel'skoj *russ.* nɪvɪljs'kɔj
Newerow, Neverov *russ.* nɪ'vjɛrɐf
Newfoundland *engl.* nju:fənd'lænd
Newgate *engl.* 'nju:gɪt
New Hampshire *engl.* nju:'hæmpʃə
New Haven, Newhaven *engl.* nju:'heɪvn
New Iberia *engl.* 'nju: aɪ'bɪərɪə
Newington *engl.* 'nju:ɪŋtən
Newinnomyssk, Nevinnomyssk *russ.* nɪvinna'mɨsk
Newjansk, Nev'jansk *russ.* nɪvj'jansk
New Jersey *engl.* nju:'dʒə:zɪ
Newland[s] *engl.* 'nju:lənd[z]
New Look *engl.* 'nju: 'lʊk
Newman *engl.* 'nju:mən
Newmarch *engl.* 'nju:mɑ:tʃ
Newmarket *engl.* 'nju:mɑ:kɪt
New Mexico *engl.* nju:'mɛksɪkoʊ
Newnan *engl.* 'nju:nən
Newnes *engl.* nju:nz
New Orleans *engl.* nju:'ɔ:lɪənz, nju:ɔ:'li:nz
Newport *engl.* 'nju:pɔ:t
Newquay *engl.* 'nju:'ki:
Newrew, Nevrev *russ.* 'njɛvrɪf
New Rochelle *engl.* 'nju: roʊ'ʃɛl
Newry *engl.* 'njʊərɪ
News [Chronicle] *engl.* 'nju:z ['krɔnɪkl]
Newski, Nevskij *russ.* 'njɛfskij
New Smyrna Beach *engl.* 'nju: 'smə:nə 'bi:tʃ
New South Wales *engl.* 'nju:saʊθ'weɪlz
Newsweek *engl.* 'nju:zwi:k
Newton 'nju:tn̩, *engl.* nju:tn
Newton-le-Willows *engl.* 'nju:tn lə 'wɪloʊz
Newtonsch 'nju:tn̩ʃ
Newtown *engl.* 'nju:taʊn
Newtownards *engl.* nju:tn'ɑ:dz
New Ulm *engl.* 'nju: 'ʌlm
New York *engl.* 'nju:'jɔ:k
New York City *engl.* 'nju: jɔ:k 'sɪtɪ
New Zealand nju:'zi:lənd
Nexø *dän.* 'nɛgsø:'
Nexus 'nɛksʊs
Ney nai, *fr.* nɛ
Nezamyslice *tschech.* 'nɛzamislitsɛ
Nezessität netsɛsi'tɛ:t
Nežin vgl. Neschin
Nézsa *ung.* 'ne:ʒɔ
Nezval *tschech.* 'nɛzval

Nẹzvěstice *tschech.* 'nɛzvjɛstjitsɛ
Ngạla 'ŋga:la
Ngạmi 'ŋga:mi
Ngaoundéré *fr.* ŋgaunde're
Ngaundẹre ŋgaun'de:rə
Ngọni 'ŋgo:ni
N'Guigmị *fr.* ŋgig'mi
Ngụni 'ŋgu:ni
Niagạra nia'ga:ra, *engl.* naɪ'ægərə
Niamey *fr.* nja'mɛ
Niạm-Niạm 'niam'niam
Niangạra niaŋ'ga:ra
Nịas *indon.* 'nias
Niaux *fr.* njo
Nịbe *dän.* 'ni:bə
nibeln 'ni:bl̩n, nible 'ni:blə
Nibelung[en] 'ni:bəlʊŋ[ən]
Nịblick 'nɪblɪk
Nicäa ni'tsɛ:a
nicäisch ni'tsɛ:ɪʃ
Nicạnder ni'kandɐ, *schwed.* ni'kandər
nicänisch ni'tsɛ:nɪʃ
Nicänum, Nicaenum ni'tsɛ:nʊm
Nicarạgua nika'ra:gua, *span.* nika'raɣua
Nicarạguaer nika'ra:guaɐ
nicaraguạnisch nikara'gua:nɪʃ
Nicạstro *it.* ni'kastro
Nicäum ni'tsɛ:ʊm
Niccodẹmi *it.* nikko'dɛ:mi
Niccoli *it.* 'nikkoli, nik'kɔ:li
Niccolịni *it.* nikko'li:ni
Niccolò *it.* nikko'lɔ
Nịce *fr.* nis
Nicẹta[s] ni'tse:ta[s]
Nicẹtius ni'tse:tsiʊs
Nịchel 'nɪçl̩
Nịchol[s] *engl.* 'nɪkəl[z]
Nịcholas *engl.* 'nɪkələs
Nịcholson *engl.* 'nɪkəlsn
nịcht nɪçt
Nịchtangriffspakt 'nɪçt|angrɪfs͵pakt
Nịchte 'nɪçtə
Nịcht-Ich 'nɪçt|ɪç
nịchtig 'nɪçtɪç, -e ...ɪgə
Nịchtkatholik 'nɪçtkatoli:k
nịchts nɪçts
nichtsdestowẹniger nɪçtsdɛsto've:nɪgɐ
Nịchtsnutz 'nɪçtsnʊts
nịchtsnutzig 'nɪçtsnʊtsɪç, -e ...ɪgə
Nịchtstuer 'nɪçtstu:ɐ
nịchtswürdig 'nɪçtsvʏrdɪç
Nịck *dt.*, *engl.* nɪk
Nịckel 'nɪkl̩
nịcken 'nɪkn̩
Nịckerchen 'nɪkɐçən
Nickẹrie *niederl.* nɪ'ke:ri:ə
Nịcki 'nɪki
Nịcklas 'nɪklas, *schwed.* 'niklas
Nịcklisch 'nɪklɪʃ
Nịckritz 'nɪkrɪts
Nịcobar *engl.* 'nɪkoʊbɑ:
Nịco 'ni:ko
[1]Nicol (Prisma) 'ni:kɔl
[2]Nicol (Name) *engl.* 'nɪkəl, *fr.* ni'kɔl
Nicọla *it.* ni'kɔ:la
Nịcolaas *niederl.* 'ni:ko:la:s
Nicoladọni nikola'do:ni
Nicolai niko'lai, 'nɪk...
Nịcolas *engl.* 'nɪkələs, *fr.* nikɔ'lɑ
Nicolás *span.* niko'las
Nicolaus 'ni:kolaus, 'nɪk...
Nicolay niko'lai, 'nɪk...; *engl.* nɪkə'leɪ
Nicọle *fr.* ni'kɔl
Nicolẹtta niko'lɛta, *it.* niko'letta
Nicolẹtte *fr.* nikɔ'lɛt
Nịcoll *engl.* 'nɪkəl
Nicọlle *fr.* ni'kɔl
Nicollẹt *fr.* nikɔ'lɛ
Nịcolls *engl.* 'nɪkəlz
Nicolò *it.* niko'lɔ
Nịcolson *engl.* 'nɪkəlsn
Nicosia niko'zi:a, *auch:* ni'ko:zia; *engl.* nɪkoʊ'si:ə, *it.* niko'zi:a
Nicọt *fr.* ni'ko
Nicọtera *it.* ni'kɔ:tera
Nicọya *span.* ni'koja
Nictherọy *bras.* nite'rɔi
Nicuẹsa *span.* ni'kuesa
Niculẹscu *rumän.* niku'lesku
Nịda 'ni:da, *poln.* 'nida, *engl.* 'naɪdə
Nidamentạl... nidamɛn'ta:l...
Nịdaros *norw.* ͵ni:daru:s
Nidatiọn nida'tsio:n
Nịdau 'ni:dau
Nịdda 'nɪda
Nịdden 'nɪdn̩
Nịdder 'nɪdɐ
Nịdeck 'ni:dɛk
Nịdeggen 'ni:dɛgn̩
Nịdel 'ni:dl̩
Nịdelv *norw.* ͵ni:dɛlv
Nịdwalden 'ni:tvaldn̩
Nịdwaldner 'ni:tvaldnɐ
Nịdže *serbokr.* 'nidʒɛ
Nidzịca *poln.* ni'dzitsa
nie ni:
Niebelschütz 'ni:bl̩ʃʏts
Niebergall 'ni:bɐgal
Nieberl[e] 'ni:bɐl[ə]
Niebuhr 'ni:bu:ɐ̯, *dän.* 'ni:bu:'r
Niebüll 'ni:bʏl
Niedạltdorf ni:t'|altdɔrf
nieden, N... 'ni:dn̩
Niedenstein 'ni:dn̩ʃtain
nieder 'ni:dɐ
Nieder 'ni:dɐ, *engl.* 'ni:də
Niederạltteich ni:dɐ'|altaiç
Niederạrnbach ni:dɐ'|arnbax
Niederaula ni:dɐ'|aula
Niederbạrnim ni:dɐ'barnɪm
Niederbayern 'ni:dɐbaiɐn
Niederbẹxbach ni:dɐ'bɛksbax
Niederbieber ni:dɐ'bi:bɐ
Niederbreisig ni:dɐ'braizɪç
Niederbrọnn ni:dɐ'brɔn
niederdeutsch 'ni:dɐdɔytʃ
Niederdeutschland 'ni:dɐdɔytʃlant
Niederdielfen ni:dɐ'di:lfn̩
Niederdọllendorf ni:dɐ'dɔləndɔrf
niedere 'ni:dərə
Niederẹmbt ni:dɐ'|ɛmpt
Niederẹmmel ni:dɐ'|ɛml̩
Niederfịnow ni:dɐ'fi:no
Niederfranke 'ni:dɐfraŋkə
Niederfrọhna ni:dɐ'fro:na
Niedergailbach ni:dɐ'gailbax
Niedergọ̈rsdorf ni:dɐ'gœrsdɔrf
Niedergrund 'ni:dɐgrʊnt
Niederhaßlau ni:dɐ'haslau
Niederhausen ni:dɐ'hauzn̩
Niederhäusern 'ni:dɐhɔyzɐn
Niederhofen 'ni:dɐho:fn̩
Niederhọrbach ni:dɐ'ho:ɐ̯bax
Niederkirchen 'ni:dɐkɪrçn̩
Niederkrạ̈nig ni:dɐ'krɛ:nɪç
Niederkrụ̈chten ni:dɐ'krʏçtn̩
Niederkunft 'ni:dɐkʊnft, ...künfte ...kʏnftə
Niederlạhnstein ni:dɐ'la:nʃtain
Niederlande 'ni:dɐlandə
Niederländer 'ni:dɐlɛndɐ
niederländisch 'ni:dɐlɛndɪʃ
Niederlandịn ni:dɐlan'di:n
Niederlassung 'ni:dɐlasʊŋ
Niederlausitz 'ni:dɐlauzɪts, *auch:* --'--
Niederle 'ni:dɐlə, *tschech.* 'ni:dɛrlɛ
Niederleis 'ni:dɐlais
Niederlindewiese ni:dɐlɪndə'vi:zə
Niederlịnxweiler ni:dɐ'lɪŋksvailɐ
Niederlọsheim ni:dɐ'lo:shaim
Niederlọ̈stern ni:dɐ'lø:stɐn
Niedermạrsberg ni:dɐ'marsbɛrk
Niedermẹndig ni:dɐ'mɛndɪç
Niedermeyer 'ni:dɐmaiɐ, *fr.* nidɛrmɛ'jɛ:r
Niedermụrach ni:dɐ'mu:rax
Niedernau 'ni:dɐnau
Niederndọdeleben ni:dɐn'do:dəle:bn̩
Niedernhạll ni:dɐn'hal
Niederọderwitz ni:dɐ'|o:dɐvɪts
Niederọrschel ni:dɐ'|ɔrʃl̩
Niederösterreich 'ni:dɐ|ø:stəraiç
Niederpọ̈llnitz ni:dɐ'pœlnɪts
Niederpọyritz ni:dɐ'pɔyrɪts
Niederprẹtzschendorf ni:dɐ'prɛtʃn̩dɔrf
Niederrạd (Ort) ni:dɐ'ra:t
Nieder-Rạmstadt ni:dɐ'ramʃtat
Niederreifenberg ni:dɐ'raifn̩bɛrk
Niederrhein 'ni:dɐrain

Niederrödern ni:dɐ'rø:dɐn
Niedersachse 'ni:dɐzaksə
Niedersachsen 'ni:dɐzaksn̩
niedersächsisch 'ni:dɐzɛksɪʃ
Niedersaubach ni:dɐ'zaubax
Niederschelden ni:dɐ'ʃɛldn̩
Niederschlesien 'ni:dɐʃle:zi̯ən
Niederschöna ni:dɐ'ʃø:na
Niederschöneweide ni:dɐʃø:nə'vaidə
Niederschönhausen ni:dɐʃø:n'hauzn̩
Niedersedlitz ni:dɐ'ze:dlɪts
Niedersee 'ni:dɐze:
Niederselters ni:dɐ'zɛltɐs
Niedersprockhövel ni:dɐʃprɔk'hø:fl̩
Niederstraß ni:dɐ'ʃtra:s
Niederstriegis ni:dɐ'ʃtri:gɪs
niedertourig 'ni:dɐtu:rɪç, **-e** ...ɪgə
Niedertracht 'ni:dɐtraxt
niederträchtig 'ni:dɐtrɛçtɪç
Niederung 'ni:dərʊŋ
Niederwald 'ni:dɐvalt
niederwärts 'ni:dɐvɛrts
Niederweis 'ni:dɐvais
Niederwiesa ni:dɐ'vi:za
Niederwillingen ni:dɐ'vɪlɪŋən
Niederwürschnitz ni:dɐ'vʏrʃnɪts
Niederwürzbach ni:dɐ'vʏrtsbax
Niederwutzen ni:dɐ'vʊtsn̩
Niederzier ni:dɐ'tsi:ɐ̯
Niederzwehren 'ni:dɐtsve:rən
niedlich 'ni:tlɪç
Niednagel 'ni:tna:gl̩
niedrig 'ni:drɪç **-e** ...ɪgə
Niedringhausen 'ni:drɪŋhauzn̩
Niedobczyce *poln.* njɛdɔp'tʃɪtsɛ
Niefern 'ni:fɐn
Niehans 'ni:hans
Niehaus 'ni:haus, *engl.* 'ni:haʊs
Niekisch 'ni:kɪʃ
Nieheim 'ni:haim
Niel *fr.* njɛl, *niederl.* ni:l
Niello 'ni̯ɛlo, **Nielli** 'ni̯ɛli
Niels ni:ls, *dän.* ne:ls
Nielsen 'ni:lzn̩, *dän.* 'nelsən
Niem ni:m
niemals 'ni:ma:ls
niemand 'ni:mant, **-es** ...ndəs
Niemandsland 'ni:mantslant
Niemann 'ni:man
Niemberg 'ni:mbɛrk
Niembsch ni:mpʃ
Niemcewicz *poln.* njɛm'tsɛvitʃ
Niemcza *poln.* 'njɛmtʃa
Niemegk 'ni:mɛk
Niemes 'ni:mɛs
Niemeyer 'ni:maiɐ
Niemodlin *poln.* njɛ'mɔdlin
Niemöller 'ni:mœlɐ
Nienberge ni:n'bɛrgə
Nienburg 'ni:nbʊrk
Nienhagen ni:n'ha:gn̩
Niep ni:p
Niepce *fr.* njɛps
Niepołomice *poln.* njɛpɔu̯ɔ'mitsɛ
Niere[nhof] 'ni:rə[nho:f]
Nieritz 'ni:rɪts
Nierow 'ni:ro
Niers ni:ɐ̯s
Nierstein 'ni:ɐ̯ʃtain
Nies ni:s
Nieschütz 'ni:ʃʏts
Niesel 'ni:zl̩
nieseln 'ni:zl̩n, **niesle** 'ni:zlə
niesen 'ni:zn̩, **nies!** ni:s, **niest** ni:st
Niesen 'ni:zn̩
Niesky 'ni:ski
Nießbrauch 'ni:sbraux
Nieswurz 'ni:svʊrts
Nieszawa *poln.* njɛ'ʃava
Niet[e] 'ni:t[ə]
nieten 'ni:tn̩
Niethammer 'ni:thamɐ
Nietleben 'ni:tle:bn̩
niet- und nagelfest 'ni:t|ʊnt'na:gl̩fest
Nietzsche 'ni:tʃə, *auch:* 'ni:tsʃə
Nieukerk 'nɔykɛrk
Nieuport *fr.* njø'pɔ:r
Nieuw-Amsterdam *niederl.* 'ni:wɑmstərdɑm
Nieuw-Beijerland *niederl.* ni:u̯'bɛi̯ərlɑnt
Nieuwe Maas *niederl.* 'ni:wə 'ma:s
Nieuwendijk *niederl.* ni:wən'dɛi̯k
Nieuwenhagen *niederl.* 'ni:wənha:xə
Nieuwer Amstel *niederl.* 'ni:wər 'ɑmstəl
Nieuwerkerk[en] *niederl.* 'ni:wərkɛrk[ə]
Nieuwe-Schans *niederl.* ni:wə'sxɑns
Nieuwe Tonge *niederl.* 'ni:wə 'tɔŋə
Nieuwe Waterweg *niederl.* 'ni:wə 'wa:tərwɛx
Nieuw-Helvoet *niederl.* ni:u̯'hɛlvu:t
Nieuwkerke[n] *niederl.* 'ni:u̯kɛrkə
Nieuwkoop *niederl.* 'ni:u̯ko:p
Nieuwland *niederl.* 'ni:u̯lɑnt
Nieuwleusen *niederl.* ni:u̯'lø:sə
Nieuw Namen *niederl.* ni:u̯ 'na:mə
Nieuw-Nickerie *niederl.* 'ni:u̯nɪ'ke:ri:ə
Nieuwpoort *niederl.* 'ni:u̯po:rt
Nieuwveen *niederl.* ni:u̯'ve:n
Nieuw Vennep *niederl.* ni:u̯ 'vɛnəp
Nievenheim 'ni:vn̩haim
Nievo *it.* 'ni̯ɛ:vo
Nièvre *fr.* njɛ:vr
Nife 'ni:fə, ...fe
Niflheim 'ni:fl̩haim, 'nɪfl̩haim
Niğde *türk.* 'ni:dɛ
Nigel *engl.* naɪdʒl
Nigellus ni'gɛlʊs
Niger 'ni:gɐ, *fr.* ni'ʒɛ:r
Nigeria ni'ge:ri̯a, *engl.* naɪ'dʒɪərɪə
Nigg nɪk
Nigger 'nɪgɐ
Nightingale *engl.* 'naɪtɪŋgeɪl
Niggli 'nɪgli
Nigrer 'ni:grɐ
nigrisch 'ni:grɪʃ
Nigritella nigri'tɛla
Nigritier ni'gri:tsi̯ɐ
Nigrosin nigro'zi:n
Nihilismus nihi'lɪsmʊs
Nihilist nihi'lɪst
Nihilitis nihi'li:tɪs
nihil obstat 'ni:hɪl 'ɔpstat
Niigata ni'ga:ta
Niihama ni'ha:ma
Niihau nii'ha:u, *engl.* ni:ɪ'hɑ:u:
Nijhoff *niederl.* 'nɛi̯hɔf
Nijinski, ...ky ni'ʒɪnski, *fr.* niʒin'ski
Nijkerk *niederl.* 'nɛi̯kɛrk
Nijlen *niederl.* 'nɛi̯lə
Nijmegen *niederl.* 'nɛi̯me:xə
Nijvel *niederl.* 'nɛi̯vəl
Nijverdal *niederl.* 'nɛi̯vərdɑl
Nikäa ni'kɛ:a, *neugr.* 'nikɛa
Nikaja ni'ka:ja
Nikander ni'kandɐ
Nikanor ni'ka:nɔr
Nikandrow, Nikandrov *russ.* ni'kandrɐf
Nikaragua nika'ra:gu̯a
Nikaraguaer nika'ra:gu̯aɐ
nikaraguanisch nikara'gu̯a:nɪʃ
[1]**Nike** (Göttin) 'ni:kə, *B* ...ke
[2]**Nike** (Name) *engl.* naɪk
Nikephoros ni'ke:forɔs
Nikepyrgos nike'pʏrgɔs
Niketas ni'ke:tas
Nikezić *serbokr.* ˌnikɛzitɕ
Nikias 'ni:ki̯as
Nikifor[ow], Nikifor[ov] *russ.* ni'kifɐr[ɐf]
Nikiphor niki'fo:ɐ̯
Nikisch 'nɪkɪʃ
Nikita *russ.* ni'kitɐ, *serbokr.* ˌnikita
Nikitin *russ.* ni'kitin
Nikititsch, Nikitič *russ.* ni'kititʃ
Nikitowitsch, Nikitovič *russ.* ni'kitɐvitʃ
Nikitowka, Nikitovka *russ.* ni'kitɐfkɐ
Nikitowna, Nikitovna *russ.* ni'kitɐvnɐ
Nikkanen *finn.* 'nikkɑnɛn
Nikko 'nɪko
Niklas 'ni:klas, 'nɪklas
Niklasdorf 'nɪklasdɔrf
Niklaus 'ni:klaus, 'nɪk...
Nikobaren niko'ba:rən
Nikodemus niko'de:mʊs

Nikol 'ni:kɔl
Nikola *serbokr.* ˌnikɔla
Nikolaas *niederl.* 'ni:ko:la:s
Nikolaev vgl. Nikolajew
Nikolaeva vgl. Nikolajewa
Nikolaevič vgl. Nikolajewitsch
Nikolaevna vgl. Nikolajewna
Nikolaevsk-na-Amure vgl. Nikolajewsk-na-Amure
[1]**Nikolai** niko'lai, 'nɪkolai
[2]**Nikolai, Nikolaj** *russ.* nika'laj
Nikolaiken niko'laikn̩
Nikolait nikola'i:t
Nikolajew, Nikolaev *russ.* nika'lajɪf
Nikolajewa, Nikolaeva *russ.* nika'lajɪvɐ
Nikolajewitsch, Nikolaevič *russ.* nika'lajɪvitʃ
Nikolajewna, Nikolaevna *russ.* nika'lajɪvnɐ
Nikolajewsk-na-Amure, Nikolaevsk-na-Amure *russ.* nika'lajɪfsknɐa'murɪ
Nikolassee 'ni:kolasze:, 'nɪk...; ––'–
Nikolaus 'ni:kolaus, *auch:* 'nɪk...
Nikolić *serbokr.* ˌnikɔlitɕ
Nikolo niko'lo:
Nikolow, Nikolov *bulgar.* ni'kɔlof
Nikolsburg 'nɪkɔlsbʊrk
Nikolsk[i], Nikol'sk[ij] *russ.* ni'kɔljsk[ij]
Nikomachos ni'ko:maxɔs
Nikomachisch niko'maxɪʃ
Nikomedes niko'me:dɛs
Nikomedia niko'me:dia
Nikon *russ.* 'nikɐn
[1]**Nikopol** *bulgar.* ni'kɔpol
[2]**Nikopol, Nikopol'** *russ.* 'nikɐpɐlj
Nikopolis ni'ko:pɔlɪs
Nikosia niko'zi:a, *auch:* ni'ko:zia
Nikosthenes ni'kɔstenɛs
Nikostratus ni'kɔstratʊs
Nikotin niko'ti:n
Nikotinismus nikoti'nɪsmʊs
Nikow, Nikov *bulgar.* 'nikof
Nikšić *serbokr.* 'nikʃitɕ
Niktation nɪkta'tsio:n
Niktitation nɪktita'tsio:n
Nikulin *russ.* ni'kulin
Nil ni:l, *russ.* nil
nil admirari 'ni:l atmi'ra:ri
Niles *engl.* naɪlz
Nilgau 'nɪlgau
Nilin *russ.* 'nilin
Nilo *bras.* 'nilu
Nilote ni'lo:tə
nilotisch 'nilo:tɪʃ
Nils nɪls, ni:ls; *schwed.* nils
Nils[s]on *schwed.* 'nilsɔn
Nilus 'ni:lʊs
Nilvange *fr.* nil'vã:ʒ
Nimbostratus nɪmbo'stra:tʊs
Nimbschen 'nɪmpʃn̩
Nimburg 'nɪmbʊrk
Nimbus 'nɪmbʊs, **-se** ...ʊsə
Nîmes *fr.* nim
Nimitz *engl.* 'nɪmɪts
nimm! nɪm
nimmer 'nɪmɐ
Nimmerleinstag 'nɪməlainsta:k
nimmermehr 'nɪmɐme:ɐ̯
Nimmermehrstag 'nɪmɐme:ɐ̯sˌta:k
nimmermüde 'nɪmɐ'my:də
Nimmersatt 'nɪmɐzat
Nimmerwiedersehen nɪmɐ'vi:dɐze:ən, '––ˌ––––
nimmt nɪmt
Nimptsch nɪmptʃ
Nimrod 'nɪmrɔt; **-e** ...o:də
Nimwegen 'nɪmve:gn̩
Nin *engl.* nɪn, *span.* nin, *serbokr.* ni:n
Nina *dt., it.* 'ni:na, *russ.* 'ninɐ
Ninette *fr.* ni'nɛt
Ninety-mile Beach *engl.* 'naɪntɪmaɪl 'mi:tʃ
Ningel 'nɪŋl̩
Ningpo 'nɪŋpo
Ninive 'ni:nive
Ninivit nini'vi:t
Nink nɪŋk
Nino *it.* 'ni:no
Ninoflex Ⓦz nino'flɛks
Ninon de Lenclos *fr.* ninõdlã'klo
Ninotschka, Ninočka *russ.* 'ninɐtʃkɐ
Ninove *niederl.* 'ni:no:və
Ninus 'ni:nʊs
Niob nio:p
Niobe 'ni:obe
Niobide nio'bi:də
Niobit nio'bi:t, *auch:* ...bɪt
Niobium 'nio:biʊm
Niobrara *engl.* naɪə'brɛrə
Nioro *fr.* njɔ'ro
Niort *fr.* njɔ:r
Nipe *span.* 'nipe
Niphablepsie nifablɛ'psi:
Nipigon *engl.* 'nɪpɪgɔn
Nipissing *engl.* 'nɪpɪsɪŋ
Nipkow 'nɪpko
Nipmerow 'nɪpməro
Nippel 'nɪpl̩
nippen 'nɪpn̩
Nipperdey 'nɪpɐdai
Nipperwiese nɪpɐ'vi:zə
[1]**Nippes** (Nippsachen) 'nɪpəs, nɪps, nɪp
[2]**Nippes** (Stadtteil von Köln) 'nɪpəs
Nippon 'nɪpɔn
Nippur nɪ'pu:ɐ̯
Niragongo nira'gɔŋgo
Nirenus ni're:nʊs
nirgend 'nɪrgn̩t
Nirgendland 'nɪrgn̩tlant
nirgends 'nɪrgn̩ts
nirgendsher 'nɪrgn̩tshe:ɐ̯
nirgendswo 'nɪrgn̩tsvo:
Nirosta Ⓦz ni'rɔsta
Nirwana nɪr'va:na
Nirwanas *neugr.* nir'vanas
Nis ni:s, *dän.* nes
Niš *serbokr.* ni:ʃ
Nisäa ni'zɛ:a
Nisami ni'za:mi, *pers.* nezɑ'mi:
Nisan ni'za:n
Nisard *fr.* ni'za:r
Nisbet[t] *engl.* 'nɪzbɪt
Niscemi *it.* niʃ'ʃɛ:mi
Nischabur *pers.* niʃɑ'bu:r
Nischapur *pers.* niʃɑ'pu:r
Nischawa, Nišava *bulgar.* ni'ʃava
Nischchen 'ni:ʃçən
Nische 'ni:ʃə
Nischel 'nɪʃl̩
Nischinski, Nižinskij ni'ʒɪnski, *russ.* ni'ʒɨnskij
Nischneudinsk, Nižneudinsk *russ.* niʒnɪ'udinsk
Nischni Baskuntschak, Nižnij Baskunčak *russ.* 'niʒnij bɐskun'tʃak
Nischnije Sergi, Nižnie – *russ.* 'niʒnijɪ sɪr'gi
Nischni Lomow, Nižnij Lomov *russ.* 'niʒnij la'mɔf
Nischni Nowgorod, Nižnij Novgorod 'nɪʃni 'nɔfgorɔt, *russ.* 'niʒnij 'nɔvgɐrɐt
Nischni Tagil, Nižnij – *russ.* 'niʒnij ta'gil
Nischnjaja Salda, Nižnjaja – *russ.* 'niʒnjɪjɐ sal'da
Nischwitz 'nɪʃvɪts
Nisida *it.* 'ni:zida
Nisko *poln.* 'nisko
Nispen *niederl.* 'nɪspə
Niß nɪs, **Nisse** 'nɪsə
Nissafors *schwed.* nisa'fɔrs
Nissan *engl.* nɪ'sɑ:n
Nisse 'nɪsə
Nissen 'nɪsn̩
nissig 'nɪsɪç, **-e** ...ɪgə
Nissl 'nɪsl̩
Nistelrode *niederl.* 'nɪstəlro:də
nisten 'nɪstn̩
Nister 'nɪstɐ
Nistru *rumän.* 'nistru
Nisus 'ni:zʊs
Nisus formativus 'ni:zʊs fɔrma'ti:vʊs
Nisus sexualis 'ni:zʊs zɛ'ksua:lɪs
Nisyros 'ni:zyrɔs, *neugr.* 'nisirɔs
Niterói *bras.* nite'rɔi
Nithard[t] 'ni:thart
Nitocris, Nitokris ni'to:krɪs
Niton 'ni:tɔn
Nitouche *fr.* ni'tuʃ
Nitra *slowak.* 'njitra
Nitrat ni'tra:t
Nitrid ni'tri:t, **-e** ...i:də

nitrieren ni'tri:rən
Nitrifikation nitrifika'tsi̯o:n
nitrifizieren nitrifi'tsi:rən
Nitril ni'tri:l
nitrisch 'ni:trɪʃ
Nitrit ni'tri:t, *auch:* ...rɪt
Nitro *engl.* 'naɪtroʊ
Nitrogelatine nitroʒela'ti:nə
Nitrogenium nitro'ge:ni̯ʊm
Nitroglyzerin nitroglytse'ri:n
Nitrogruppe 'ni:trogrʊpə
Nitropenta nitro'pɛnta
Nitrophosphat nitrofɔs'fa:t
nitros ni'tro:s, **-e** ...o:zə
Nitrose ni'tro:zə
Nitrozellulose nitrotsɛlu'lo:zə
Nitrum 'ni:trʊm
Nitsche 'nɪtʃə
nitscheln 'nɪtʃl̩n
nitschewo! nitʃe'vo:
Nittel 'nɪtl̩
Nittenau nɪtə'nau̯, '---
Nitti[s] *it.* 'nitti[s]
Nitzahn 'nɪtsa:n
Nitzow 'nɪtso
Nitzsch nɪtʃ, nɪtsʃ
Niue *engl.* nɪ'u:eɪ
Nivå *dän.* 'ni:vɔ:'
nival ni'va:l
Nivala *finn.* 'nivɑlɑ
Nivea ® ni've:a
Niveau ni'vo:
Nivelle *fr.* ni'vɛl
Nivellement nivɛlə'mã:
Nivelles *fr.* ni'vɛl
nivellieren nivɛ'li:rən
nivellitisch nivɛ'li:tɪʃ
Niven *engl.* 'nɪvən
Nivernais *fr.* nivɛr'nɛ
Nivometer nivo'me:tɐ
Nivose *fr.* ni'vo:z
Nix[e] 'nɪks[ə]
Nixdorf 'nɪksdɔrf
Nixon *engl.* nɪksn
Niza *port.* 'nizɐ
Nizäa ni'tsɛ:a
nizä[n]isch ni'tsɛ:[n]ɪʃ
Nizä[n]um ni'tsɛ:[n]ʊm
Nižinskij vgl. Nischinski
Nizip *türk.* ni'zip, 'nizip
Nízké Tatry *slowak.* 'nji:skɛ: 'tatri
Nižneudinsk vgl. Nischneudinsk
Nižnie Sergi vgl. Nischnije Sergi
Nižnij Baskunčak vgl. Nischni Baskuntschak
Nižnij Lomov vgl. Nischni Lomow
Nižnij Novgorod vgl. Nischni Nowgorod
Nižnij Tagil vgl. Nischni Tagil
Nižnjaja Salda vgl. Nischnjaja Salda
Nizolius ni'tso:li̯ʊs
Nizza 'nɪtsa, *it.* 'nittsa
Nizzaer 'nɪtsaɐ
nizzaisch 'nɪtsaɪʃ
Nizzoli *it.* nit'tsɔ:li
Njandoma *russ.* 'njandɐmɐ
Njarðvík *isl.* 'njarðvi:k
Njasepetrowsk, Njazepetrovsk *russ.* nɪzɪpɪ'trɔfsk
Njassa[land] 'njasa[lant]
Njegoš *serbokr.* 'njɛgɔʃ
Njemen 'njɛmən
Njurnberg *russ.* njurn'bjɛrk
Njurunda *schwed.* ˌnjʉ:runda
Nkrumah *engl.* əŋ'kru:mə
NKWD ɛnka:ve:'de:
NKWDist ɛnka:ve:'dɪst
Noach 'no:ax
noachisch no'a:xɪʃ
Noack 'no:ak
Noah 'no:a, **Noä** 'no:ɛ
Noah *engl.* 'noʊə
Noailles *fr.* nɔ'ɑ:j
nobel 'no:bl̩, **noble** 'no:blə
[1]**Nobel** *schwed.* nɔ'bɛl
[2]**Nobel** (Löwe) 'no:bl̩
Nobelgarde 'no:bl̩gardə
Nobelium no'be:li̯ʊm
Nobelpreis no'bɛlprai̯s
Nobeoka nobe'o:ka
Nobile *it.* 'nɔ:bile
Nobiles 'no:bile:s
[1]**Nobili** (Adlige) 'no:bili
[2]**Nobili** (Name) *it.* 'nɔ:bili
Nobilität nobili'tɛ:t
Nobilitation nobilita'tsi̯o:n
nobilitieren nobili'ti:rən
Nobility *engl.* noʊ'bɪlɪtɪ
Nobiskrug 'no:bɪskru:k
Noble *engl.* noʊbl
Noblesse no'blɛsə
noblesse oblige *fr.* nɔblɛsɔ'bli:ʒ
Noblesville *engl.* 'noʊblzvɪl
Nobre *port.* 'nɔbrə
Nobs nɔps
Noce *it.* 'no:tʃe
Nocera *it.* no'tʃɛ:ra
Noceto *it.* no'tʃe:to
noch nɔx
Nöchling 'nœçlɪŋ
nochmalig 'nɔxma:lɪç, **-e** ...ɪgə
nochmals 'nɔxma:ls
Nocht nɔxt
Noci *it.* 'no:tʃi
Nöck nœk
Nock[e] 'nɔk[ə]
Nockerl 'nɔkɐl
Noctambulismus nɔktambu'lɪsmʊs
Noctiluca nɔkti'lu:ka
Nocturne nɔk'tʏrn
Nødebo *dän.* 'nøðəbo:'
Nodier *fr.* nɔ'dje
nodös no'dø:s, **-e** ...ø:zə
Nodus 'no:dʊs, **Nodi** 'no:di
Noe 'no:ə, *B* 'no:e
Noé *fr.* nɔ'e, *span.* no'e
Noel *engl.* 'noʊəl
Noël *fr.* nɔ'ɛl
Noem no'e:m
Noema 'no:ema, **-ta** no'e:mata
Noematik noe'ma:tɪk
Noemi 'no:emi
Noémi *fr.* nɔe'mi
Noesis 'no:ezɪs
Noether 'nø:tɐ
Noetik no'e:tɪk
noetisch no'e:tɪʃ
Noetus no'e:tʊs
Nœux-les-Mines *fr.* nøle'min
Nofret 'no:frɛt
Nofretere nofre'te:rə
Nofretete nofre'te:tə
Nogaier no'gai̯ɐ
nogaiisch no'gai̯ɪʃ
Nogales *span.* no'ɣales, *engl.* noʊ'gælɪs
Nogara *it.* no'ga:ra
Nogaret *fr.* nɔga'rɛ
Nogat 'no:gat, *poln.* 'nɔgat
Nogent-en-Bassigny *fr.* nɔʒããbasi'ɲi
Nogent-le-Rotrou *fr.* nɔʒãlrɔ'tru
Nogent-sur-Marne *fr.* nɔʒãsyr'marn
Nogent-sur-Oise *fr.* nɔʒãsy'rwa:z
Nöggerath 'nœgəra:t
Noginsk *russ.* na'ginsk
Nógrád[marcai] *ung.* 'no:gra:d[mɔrtsɔi]
Noguchi no'gu:tʃi
Nogueira *port.* nu'ɣɐi̯rɐ
Noguera *span.* no'ɣera
Nogués *span.* no'ɣes
Nohfelden 'no:fɛldn̩
Nohl no:l
Nohn no:n
Nohra 'no:ra
Noicattaro *it.* noi̯'kattaro
noir noa:ɐ̯
Noir *fr.* nwa:r
Noirétable *fr.* nware'tabl
Noirmont *fr.* nwar'mõ
Noirmoutier *fr.* nwarmu'tje
no iron *engl.* 'noʊ 'aɪən
Noisy-le-Grand *fr.* nwazil'grã
Noisy-le-Sec *fr.* nwazil'sɛk
Noite *bras.* 'noi̯ti
Nokia *finn.* 'nɔkiɑ
Noktambulismus nɔktambu'lɪsmʊs
Nokturn[e] nɔk'tʊrn[ə], **Nokturnen** ...nən
Nola *it.* 'nɔ:la
Noland *engl.* 'noʊlənd
Nolasker no'laskɐ
Nolasque *fr.* nɔ'lask
Nolde 'nɔldə
Nöldeke 'nœldəkə
Nole *niederl.* 'no:lə
nölen 'nø:lən
nolens volens 'no:lɛns 'vo:lɛns
Nolhac *fr.* nɔ'lak
Noli *alban.* 'noli
Nolimetangere 'no:lime'taŋgerə
Nolina *span.* no'lina

Nolissement nolɪsə'mã:

Nọllekens *engl.* 'nɔlɪkənz

Nollẹt *fr.* nɔ'lɛ

Nọma 'no:ma

Nomạde no'ma:də

nomạdisch no'ma:dɪʃ

nomadisieren nomadi'zi:rən

Nom de guẹrre, -s – *fr.* nõd'gɛ:r

Nom de plume, -s – *fr.* nõd'plym

Nome *engl.* noʊm

Nọmen 'no:mən, **Nọmina** 'no:mina

Nọmen ạcti 'no:mən 'akti

Nọmen actiọnis 'no:mən ak'tsi̯o:nɪs

Nọmen agẹntis 'no:mən a'gɛntɪs

nọmen ẹst ọmen 'no:mən 'ɛst 'o:mən

Nọmen gentile 'no:mən gɛn'ti:lə

Nọmen instrumẹnti 'no:mən ɪnstru'mɛnti

Nomenklạtor nomɛn'kla:tɔr, **-en** ...la'to:rən

nomenklatorisch nomɛnkla'to:rɪʃ

Nomenklatur nomɛnkla'tu:ɐ̯

Nọmen lọci 'no:mən 'lo:tsi

Nọmen patiẹntis 'no:mən pa'tsi̯ɛntɪs

Nomen postverbạle 'no:mən pɔstvɛr'ba:lə

Nọmen prọprium 'no:mən 'pro:pri̯ʊm

Nọmen qualitạtis 'no:mən kvali'ta:tɪs

Nomina vgl. Nomen

nominạl nomi'na:l

Nominalịsmus nomina'lɪsmʊs

Nominalịst nomina'lɪst

nominạtim nomi'na:tɪm

Nominatiọn nomina'tsi̯o:n

Nominativ 'no:minati:f, *auch:* nomina'ti:f; **-e** ...i:və

nominẹll nomi'nɛl

nominieren nomi'ni:rən

Nomịsmus no'mɪsmʊs

Nọmmensen 'nɔmənzn̩

Nomogrạmm nomo'gram

Nomographie nomogra'fi:

nomogrạphisch nomo'gra:fɪʃ

Nomokratie nomokra'ti:, **-n** ...i:ən

Nọmos 'no:mɔs, **...oi** ...ɔy

Nomothesie nomote'zi:, **-n** ...i:ən

Nomothẹt nomo'te:t

Nompère *fr.* nõ'pɛ:r

Nọn no:n

Nonagẹsimus nona'ge:zimʊs

Nonagọn nona'go:n

Nonạntola *it.* no'nantola

Nonarime nona'ri:mə

Nonchalance nõʃa'lã:s

nonchalant nõʃa'lã:, **-e** ...lantə

Non-cooperation *engl.* 'nɔnkoʊˌɔpə'reɪʃən

Non-disjunction *engl.* 'nɔndɪs'dʒʌŋkʃən

Nọne 'no:nə

Nonẹll *span.* no'nɛl

Nonẹtt no'nɛt

Nọn-fịction *engl.* 'nɔn'fɪkʃən

nonfigurativ nɔnfigura'ti:f, no:n...; **-e** ...i:və

Non-food... *engl.* 'nɔn'fu:d...

Nọnius 'no:ni̯ʊs; **...ien** ...i̯ən, **-se** ...ʊsə

Nonkonformịsmus nɔnkɔnfɔr'mɪsmʊs, no:n...

Nonkonformịst nɔnkɔnfɔr'mɪst, no:n...

Nọno *it.* 'nɔ:no

nọn ọlet 'no:n 'o:lɛt

Nonparẹille nõpa'rɛ:j

Nonplusụltra nɔnplʊs'|ʊltra, no:n...

nọn pọssumus 'no:n 'pɔsumʊs

Nonproliferation *engl.* 'nɔnproʊlɪfə'reɪʃən

Nọnsberg 'nɔnsbɛrk

nọn schọlae, sẹd vitae dịscimus 'no:n 'sço:lɛ 'zɛt 'vi:tɛ 'dɪstsimʊs, – 'sko:lɛ – – –

Nọnsens 'nɔnzɛns, **-es** 'nɔnzɛnzəs

nonstop nɔn'ʃtɔp, nɔn'st...; '– –

nọn tạnto 'no:n 'tanto

Nontron *fr.* nõ'trõ

nọn trọppo 'no:n 'trɔpo

Nonusus nɔn'|u:zʊs; no:n..., '– – –

Nonvaleur nõva'lø:ɐ̯

nọn vitae, sẹd schọlae dịscimus 'no:n 'vi:tɛ 'zɛt 'sço:lɛ 'dɪstsimʊs, – – – 'sko:lɛ –

Noologie noolo'gi:

noolọgisch noo'lo:gɪʃ

Noologịsten noolo'gɪstn̩

Nooms *niederl.* no:ms

Noon[e] *engl.* nu:n

Noor no:ɐ̯

Noord-Bẹveland *niederl.* no:rd'be:vəlɑnt

Noord-Brạbant *niederl.* no:rd'bra:bɑnt

Noorden 'no:ɐ̯dn̩

Noorderwijk *niederl.* 'no:rdərwɛi̯k

Noord-Họlland *niederl.* no:rt'hɔlɑnt

Noordwijk *niederl.* 'no:rtwɛi̯k

Noordwijk aan Zee *niederl.* 'no:rtwɛi̯k a:n 'ze:

Noordwijkerhout *niederl.* no:rtwɛi̯kər'hɔu̯t

Noordwọlde *niederl.* no:rt'wɔldə

Noordzee *niederl.* 'no:rtse:, no:rt'se:

Noo[r]t *niederl.* no:[r]t

Nootka *engl.* 'nu:tkə

Nọppe 'nɔpə

nọppen 'nɔpən

Nọr no:ɐ̯

Nọra 'no:ra, *engl.* 'nɔ:rə, *schwed.* ˌnu:ra, *span.* 'nora

Nọrah *engl.* 'nɔ:rə

Norạnco *it.* no'raŋko

Noranda *engl.* nə'rændə

Noratlạs *fr.* nɔra'tlɑ:s

Norberg *schwed.* ˌnu:rbærj

Norbergit nɔrbɛr'gi:t, *auch:* ...gɪt

Nọrbert 'nɔrbɛrt, *engl.* 'nɔ:bət, *fr.* nɔr'bɛ:r

Nọrcia *it.* 'nɔrtʃa

Nọrd nɔrt, *fr.* nɔ:r, *it.* nɔrd; **-e** 'nɔrdə

Nordafrika 'nɔrt'|a:frika, *auch:* ...'|af...

Nọrdal *isl.* 'nɔrdal

Nordalbịngier nɔrt|al'bɪŋgi̯ɐ

Nọrdamẹrika 'nɔrt|a'me:rika

Nọrdatlạntikpakt 'nɔrt|at'lantɪkpakt

Nọrdau 'nɔrdau̯

Nordbọgge nɔrt'bœgə

Nọrdborg *dän.* 'norbɔr'

Nọrdbrabạnt 'nɔrtbra'bant

Nọrddakọta 'nɔrtda'ko:ta

Norddalsfjord *norw.* ˌnu:rda:lsfju:r

Nọrddeich 'nɔrtdai̯ç

nọrddeutsch 'nɔrtdɔy̯tʃ

Nọrddeutschland 'nɔrtdɔy̯tʃlant

Nörde 'nø:ɐ̯də

Nordẹlbingen nɔrt'|ɛlbɪŋən

Nọrden 'nɔrdn̩

Nọrdenberg *schwed.* ˌnu:rdənbærj

Nọrdenburg 'nɔrdn̩bʊrk

Nọrdenflycht *schwed.* ˌnu:rdənflykt

Nordenhạm nɔrdn̩'ham

Nọrdenskiöld, ...kjöld *schwed.* ˌnu:rdənʃœld

Nọrder 'nɔrdɐ

Norderdithmarschen nɔrdɐ'dɪtmarʃn̩, *auch:* ...di:t...

Nọrderelbe 'nɔrdɐ|ɛlbə

Nordernẹy nɔrdɐ'nai̯

Nọrderøer *dän.* 'nɔrdərø:'ər

Nọrderoog 'nɔrdɐ|o:k

Nọrdeurọpa 'nɔrt|ɔy'ro:pa

Nọrdfjord 'nɔrtfjɔrt

Nọrðfjörður *isl.* 'nɔrðfjœrðʏr

nọrdfriesisch 'nɔrt'fri:zɪʃ

Nọrdfriesland 'nɔrt'fri:slant

Nọrdfyn *dän.* 'nɔrfy:'n

Nọrdgau 'nɔrtgau̯

Nọrdgermane 'nɔrtgɛrma:nə

nọrdgermanisch 'nɔrtgɛrma:nɪʃ

Nọrdhalland *schwed.* ˌnu:rdhaland

Nọrdhausen 'nɔrthau̯zn̩

Nọrdhäuser 'nɔrthɔy̯zɐ

Nọrdheim 'nɔrthai̯m, *norw.* ˌnu:rhɛi̯m

Nọrdhoff 'nɔrthɔf, *engl.* 'nɔ:dhɔf

Nordhordaland *norw.* ˌnu:rhɔrdalan
Nordhorn 'nɔrthɔrn
Nordica *engl.* 'nɔ:dɪkə
Nordingrå *schwed.* ˌnu:rdiŋro:
Nordirland nɔrt'|ɪrlant
nordisch 'nɔrdɪʃ
Nordist[ik] nɔr'dɪst[ɪk]
Nordkap 'nɔrtkap, *norw.* ˌnu:rkap
Nordkaper 'nɔrtkapɐ
Nordkarolina 'nɔrtkaro'li:na
Nordkorea 'nɔrtko're:a
Nordküste 'nɔrtkʏstə
Nordkyn *norw.* ˌnu:rçy:n
Nordland 'nɔrtlant, *norw.* ˌnu:rlan
Nordländer 'nɔrtlɛndɐ
nordländisch 'nɔrtlɛndɪʃ
nördlich 'nœrtlɪç
Nördlingen 'nœrdlɪŋən
Nördlinger 'nœrdlɪŋɐ
Nordmark 'nɔrtmark
Nordnordost[en] nɔrtnɔrt'|ɔst[n̩]
Nordnordwest[en] nɔrtnɔrt'vɛst[n̩]
Nordosten nɔrt'|ɔstn̩
Nordostkap nɔrt'|ɔstkap
nordöstlich nɔrt'|œstlɪç
Nord-Ostsee-Kanal nɔrt'ɔstze:kana:l, '–'–––––
Nordostwind nɔrt'|ɔstvɪnt
Nordpol 'nɔrtpo:l
Nordpolargebiet 'nɔrtpola:ɡ̊gəbi:t
Nordraak *norw.* ˌnu:rro:k
Nordrhein-Westfalen 'nɔrtrainvɛst'fa:lən
Nordschleswig 'nɔrt'ʃle:svɪç
Nordsee 'nɔrtze:
Nordsjælland *dän.* 'norsjɛlan'
Nordsjø *norw.* ˌnu:rʃø
Nordsjön *schwed.* ˌnu:rdʃœn
Nordsøen *dän.* 'norsø:'ən
Nordstrand 'nɔrtʃtrant
Nordstrandischmoor nɔrtʃtrandɪʃ'mo:ɐ̯
Nordström *schwed.* ˌnu:rdstrœm
Nordsüdexpreß 'nɔrt'zy:t|ɛksprɛs
Nordtirol 'nɔrttiro:l
Nord-Trøndelag *norw.* ˌnu:rtrœndəla:g
Norður-Ísafjarðarsýsla *isl.* 'nɔrðʏri:safjarðarsisla
Norðurland *isl.* 'nɔrðʏrland
Nordur-Múlasýsla *isl.* 'nɔrðʏrmu:lasisla
Norður-Þingeyjarsýsla *isl.* 'nɔrðʏrθɪŋgɛj̯arsisla
Nordvik vgl. Nordwik
Nordwalde nɔrt'valdə
nordwärts 'nɔrtvɛrts
Nordwest[en] nɔrt'vɛst[n̩]
nordwestlich nɔrt'vɛstlɪç
Nordwik, Nordvik *russ.*

Nore *engl.* nɔ:
Noreen *schwed.* nu're:n; *engl.* nɔ:'ri:n, 'nɔ:ri:n
Noreia no'raja
Nörenberg 'nø:rənbɛrk
Norf nɔrf, *engl.* nɔ:f
Norfolk *engl.* 'nɔ:fək
Norge 'nɔrgə, *norw.* ˌnɔrgə
Nörgelei nœrgə'lai
nörgeln 'nœrgl̩n, **nörgle** 'nœrglə
Nörgler 'nœrglɐ
nörglig 'nœrglɪç, **-e** ...ɪgə
Noricum 'no:rikʊm
Noriker 'no:rikɐ
Norilsk, Noril'sk *russ.* na'riljsk
Norina *it.* no'ri:na
Norit no'ri:t, *auch:* ...rɪt
Norkitten nɔr'kɪtn̩
Norlin *engl.* 'nɔ:lɪn
Norm nɔrm
Norma *dt.*, *it.* 'nɔrma, *engl.* 'nɔ:mə
normal, [1]N... nɔr'ma:l
[2]Normal (Name) *engl.* 'nɔ:məl
Normale nɔr'ma:lə
Normalien nɔr'ma:li̯ən
normalisieren nɔrmali'zi:rən
Normalität nɔrmali'tɛ:t
Norman[by] *engl.* 'nɔ:mən[bɪ]
Normandie nɔrman'di:, *fr.* nɔrmɑ̃'di
Normann 'nɔrman, *norw.* ˌnu:rman
Normanne nɔr'manə
normannisch nɔr'manɪʃ
Normanton *engl.* 'nɔ:məntən
normativ nɔrma'ti:f, **-e** ...i:və
Normative nɔrma'ti:və
Normativismus nɔrmati'vɪsmʊs
normazid nɔrma'tsi:t, **-e** ...i:də
Normazidität nɔrmatsidi'tɛ:t
normen 'nɔrmən
normieren nɔr'mi:rən
normig 'nɔrmɪç, **-e** ...ɪgə
Normoblast nɔrmo'blast
normosom nɔrmo'zo:m
Normozyt nɔrmo'tsy:t
Norne 'nɔrnə
Norodom noro'dɔm
Noronha *port.* nu'roɲɐ, *bras.* no'roɲa
Norrahammar *schwed.* nɔraˌhamar
Norrala *schwed.* ˌnɔrɑ:la
Norraryd *schwed.* ˌnɔrary:d
Norrbotten *schwed.* ˌnɔrbɔtən
Nørrebro *dän.* 'nœrəbro:'
Nørregade *dän.* 'nœrəga:ðə
Nørremølle *dän.* 'nœrəmølə
Nörrenberg 'nœrənbɛrk
Nørreport *dän.* 'nœrəpo:'rd
Nørresundby *dän.* nœrə'sonby:'
Nørrevold *dän.* 'nœrəvɔl'
Norris[town] *engl.* 'nɔrɪs[taʊn]
Norrköping *schwed.* 'nɔrtçø:piŋ
Norrland *schwed.* 'nɔrland
Norrmalm *schwed.* nɔr'malm

Norrström *schwed.* nɔr'strœm
Norrtälje *schwed.* nɔrˌtɛljə
Nors *schwed.* no:rs
Norsälven *schwed.* ˌnu:rsɛlvən
Norsholm *schwed.* nurs'hɔlm
Norsjö *schwed.* 'nu:rʃø:
Norstad *engl.* 'nɔ:stæd
Norte *span.* 'nɔrte
North *engl.* nɔ:θ
Northallerton *engl.* nɔ:'θælətn
Northam *engl.* 'nɔ:ðəm
Northampton *engl.* nɔ:'θæmptən; **-shire** -ʃɪə
North Battleford *engl.* 'nɔ:θ 'bætlfəd
North Bend *engl.* 'nɔ:θ 'bɛnd
Northbridge *engl.* 'nɔ:θbrɪdʒ
Northbrook *engl.* 'nɔ:θbrʊk
North Carolina *engl.* nɔ:θkærə'laɪnə
Northcliffe *engl.* 'nɔ:θklɪf
Northcote *engl.* 'nɔ:θkət
North Dakota *engl.* nɔ:θdə'koʊtə
Northeast Vineland *engl.* 'nɔ:θi:st 'vaɪnlənd
Northeim 'nɔrthaim
Norther *engl.* 'nɔ:ðə
Northern Territory *engl.* 'nɔ:ðən 'tɛrɪtərɪ
Northfield *engl.* 'nɔ:θfi:ld
Northfleet *engl.* 'nɔ:θfli:t
North Olmsted *engl.* 'nɔ:θ 'ʌmstɛd
Northrop *engl.* 'nɔ:θrəp
Northumberland *engl.* nɔ:'θʌmbələnd
Northumbria *engl.* nɔ:'θʌmbrɪə
Northwich *engl.* 'nɔ:θwɪtʃ
Northwood *engl.* 'nɔ:θwʊd
Norton 'nɔrtən, *engl.* nɔ:tn
Norton Radstock *engl.* 'nɔ:tn 'rædstɔk
Nortorf 'nɔrtɔrf
Nörvenich 'nœrvənɪç
Norwalk *engl.* 'nɔ:wɔ:k
Norwegen 'nɔrve:gn̩
Norweger 'nɔrve:gɐ
norwegisch 'nɔrve:gɪʃ
[1]Norwich (England) *engl.* 'nɔ:rɪdʒ
[2]Norwich (USA) *engl.* 'nɔ:wɪtʃ
Norwid *poln.* 'nɔrvit
Norwood *engl.* 'nɔ:wʊd
Nörz nœrts
Nos *russ.* nɔs
Nosean noze'a:n
Nosema no'ze:ma
Noske 'nɔskə
Nösnerland 'nø:snɐlant
Nosographie nozogra'fi:
Nosologie nozolo'gi:
nosologisch nozo'lo:gɪʃ
Nosomanie nozoma'ni:
Nosophobie nozofo'bi:
Nossack 'nɔsak
Nossairier nɔ'sai̯ri̯ɐ
Nösse 'nœsə

Nößel 'nø:sl̩
Nossen 'nɔsn̩
Nosseni *it.* nos'sɛ:ni
Nossentin nɔsn̩'ti:n
Nossi-Bé *fr.* nɔsi'be
Nossin nɔ'si:n
Noßwitz 'nɔsvɪts
nostalgico nɔs'taldʒiko
Nostalgie nɔstal'gi:
nostalgisch nɔs'talgɪʃ
Nostitz 'nɔstɪts
Nostoc 'nɔstɔk
Nostradamus nɔstra'da:mʊs
Nostrifikation nɔstrifika'tsi̯o:n
nostrifizieren nɔstrifi'tsi:rən
Nostrokonto 'nɔstrokɔnto
Nøstvet *norw.* nœst'vɛt
Nösund *schwed.* ,nø:sʊnd
Noswendel nɔs'vɛndl̩
Noszlop *ung.* 'noslop
Not no:t, **Nöte** 'nø:tə
[1]**Nota** (Rechnung) 'no:ta
[2]**Nota** (Name) *it.* 'nɔ:ta
Notabeln no'ta:bl̩n
notabene, N... nota'be:nə
Notabilität notabili'tɛ:t
Notalgie notal'gi:
Nota puntata 'no:ta pʊn'ta:ta
Nota quadrata 'no:ta kva'dra:ta, **...tae ...tae** ...tɛ ...tɛ
Nota quadriquarta 'no:ta kvadri'kvarta, **...tae ...tae** ...tɛ ...tɛ
Notar no'ta:ɐ̯
Notaresco *it.* nota'resko
Notariat nota'ri̯a:t
notariell nota'ri̯ɛl
notarisch no'ta:rɪʃ
Nota Romana 'no:ta ro'ma:na, **...tae ...nae** ...tɛ ...nɛ
Notation nota'tsi̯o:n
Notburg 'no:tbʊrk
Notburga no:t'bʊrga
Notdurft 'no:tdʊrft
notdürftig 'no:tdʏrftɪç, **-e** ...ɪgə
Note 'no:tə
Nöte vgl. Not
Noteć *poln.* 'nɔtɛtɕ
Note sensible *fr.* nɔtsã'sibl
notfalls 'no:tfals
Noth no:t
Nothacksberger 'no:thaksbɛrgɐ
Nothnagel 'no:tna:gl̩
Notholaena noto'lɛ:na
Nothosaurier noto'zau̯ri̯ɐ
Nothosaurus noto'zau̯rʊs
Nothus 'no:tʊs
notieren no'ti:rən
Notifikation notifika'tsi̯o:n
notifizieren notifi'tsi:rən
nötig 'nø:tɪç, **-e** ...ɪgə
nötigen 'nø:tɪgn̩, **nötig!** 'nø:tɪç, **nötigt** 'nø:tɪçt
nötigenfalls 'nø:tɪgn̩'fals
Nőtincs *ung.* 'nø:tintʃ
Notio 'no:tsi̯o
Notiones communes no'tsi̯o:ne:s kɔ'mu:ne:s
notionieren notsi̯o'ni:rən
Notiz no'ti:ts
Notke 'no:tkə
Notker 'no:tkɐ
notlanden 'no:tlandn̩
Noto *it.* 'nɔ:to
Notodden *norw.* ,nu:tɔdən
Notogäa noto'gɛ:a
Notogäis noto'gɛ:ɪs
Notorietät notori̯e'tɛ:t
notorisch no'to:rɪʃ
Notre Dame *engl.* noʊtə'deɪm
Notre-Dame *fr.* nɔtrə'dam
Nötscher 'nœtʃɐ
Nott *engl.* nɔt
Nottebohm 'nɔtəbo:m
Nøtterøy *norw.* ,nœtərœi̯
Nottingham *engl.* 'nɔtɪŋəm, **-shire** -ʃɪə
Notting Hill *engl.* 'nɔtɪŋ 'hɪl
Nottleben 'nɔtle:bn̩
Notts. *engl.* nɔts
Nottuln 'nɔtʊln
Notturno nɔ'tʊrno, **...ni** ...ni
notwendig 'no:tvɛndɪç, *auch:* –'––; **-e** ...gə
Notwendigkeit 'no:tvɛndɪçkai̯t, *auch:* –'–––
Nouakchott *fr.* nwak'ʃɔt
Nougat 'nu:gat *fr.* nu'ga
Nouméa *fr.* nume'a
Noumenon no'u:menɔn
Nouupoort *afr.* 'nou̯po:rt
Nourse *engl.* nə:s
Nous nu:s
Nouschehr *pers.* nou̯'ʃæhr
Nouveauté nuvo'te:
Nouvelle *fr.* nu'vɛl
Nouvelle-Amsterdam *fr.* nuvɛlamstɛr'dam
Nouvelle-Calédonie *fr.* nuvɛlkaledɔ'ni
Nouvelles-Hébrides *fr.* nuvɛlze'brid
Nouvion *fr.* nu'vjõ
Nouzonville *fr.* nuzõ'vil
[1]**Nova** (Stern) 'no:va, **Novä** 'no:vɛ
[2]**Nova** (Name) *port.* 'nɔvɐ, *ung.* 'novɔ, *it.* 'nɔ:va
[3]**Nova** vgl. Novum
Nová Bystřice *tschech.* 'nɔva: 'bistrʃitsɛ
Novaes *port.* nu'vaiʃ
Novafeltria *it.* nova'feltri̯a
Nova Friburgo *bras.* 'nɔva fri'burgu
Novaggio *it.* no'vaddʒo
Nova Gorica *serbokr.* 'nɔva: ,gɔritsa
Nova Gradiška *serbokr.* 'nɔva: ,gradiʃka
Nova Iguaçu *bras.* 'nɔva igu̯a'su
Novaja Ladoga vgl. Nowaja Ladoga
Novaja Ljalja vgl. Nowaja Ljalja
Novaja Sibir' vgl. Nowaja Sibir
Novaja Zemlja vgl. Nowaja Semlja
Novak 'no:vak, *serbokr.* 'nɔvak, *engl.* 'noʊvæk
Novák *tschech.* 'nɔva:k
Nova Kapela *serbokr.* 'nɔva: ,kapɛla
Nováková *tschech.* 'nɔva:kɔva:
Nova Lima *bras.* 'nɔva 'lima
Novalis no'va:lɪs
Nova Lisboa *port.* 'nɔvɐ liʒ'βoɐ
Nová Paka *tschech.* 'nɔva: 'paka
Nova Pazova *serbokr.* 'nɔva: 'pazɔva
Novara *it.* no'va:ra
Novaro *it.* no'va:ro
Nová Role *tschech.* 'nɔva: 'rɔlɛ
Novás *span.* no'βas
Nova Scotia *engl.* 'noʊvə 'skoʊʃə
Novati *it.* no'va:ti
Novatian[er] nova'tsi̯a:n[ɐ]
Novation nova'tsi̯o:n
Novatoren nova'to:rən
Nova Varoš *serbokr.* 'nɔva: ,va:rɔʃ
Nova Ves *serbokr.* 'nɔva: 'vɛ:s
Nova Zagora vgl. Nowa Sagora
Novecento nove'tʃɛnto
Nové Hrady *tschech.* 'nɔvɛ: 'hradi
Novelda *span.* no'βelda
Novellara *it.* novel'la:ra
Novelle no'vɛlə
Novellette novɛ'lɛtə
Novelli *it.* no'vɛlli
novellieren novɛ'li:rən
Novellino *it.* novel'li:no
Novellist[ik] novɛ'lɪst[ɪk]
Novello *engl.* nə'vɛloʊ
November no'vɛmbɐ
Nové Mesto *slowak.* 'nɔvɛ: 'mɛstɔ
Nové Město *tschech.* 'nɔvɛ: 'mnjɛstɔ
Novendiale novɛn'di̯a:lə
Novene no've:nə
Noverre *fr.* nɔ'vɛ:r
Noves *fr.* nɔ:v
Nové Strašecí *tschech.* 'nɔvɛ: 'straʃɛtsi:
Nové Zámky *slowak.* 'nɔvɛ: 'za:mki
Novgorod vgl. Nowgorod
Novgorod-Severskij vgl. Nowgorod-Sewerski
Novi *serbokr.* 'nɔvi:
Novial no'vi̯a:l
Novi Grad *serbokr.* 'nɔvi: 'gra:d
Novigrad *serbokr.* 'nɔvigra:d

Novikov vgl. Nowikow
Novilatịn novila'ti:n
Nọvi Ligure *it.* 'nɔ:vi 'li:gure
Novilụnium novi'lu:ni̯ʊm, **...ien** ...i̯ən
Noviodụnum novi̯o'du:nʊm
Noviọmagus no'vi̯o:magʊs
[1]**Nọvi Pạzar** *serbokr.* 'nɔvi: ˌpaza:r
[2]**Novi Pazar** vgl. Nowi Pasar
Nọvi Sạd *serbokr.* 'nɔvi: 'sa:d
Nọvi Šẹher *serbokr.* 'nɔvi: 'ʃɛhɛr
Novitạ̈t novi'tɛ:t
Novịze no'vi:tsə
Noviziạt novi'tsi̯a:t
Novịzin no'vi:tsɪn
Novọa *span.* no'βoa
Novocaịn Ⓦⓩ novoka'i:n
Novočerkassk vgl. Nowotscherkassk
Novodevičij Monastyr' vgl. Nowodewitschi Monastyr
Novodvorskij vgl. Nowodworski
Novoe Vremja vgl. Nowoje Wremja
Novogeorgievsk vgl. Nowogeorgijewsk
Novograd-Volynskij vgl. Nowograd-Wolynski
Novogrudok vgl. Nowogrudok
Novohopersk vgl. Nowochopjorsk
Nọvo Hambụrgo *bras.* 'novu ɐm'burgu
Novoizborsk vgl. Nowoisborsk
Novokujbyševsk vgl. Nowokuibyschewsk
Novokuzneck vgl. Nowokusnezk
Nọvo Mẹsto *serbokr.* 'nɔvɔ: 'mɛstɔ
Novomoskovsk vgl. Nowomoskowsk
Nọvo Redọndo *port.* 'novu rrə'ðondu
Novorossijsk vgl. Noworossisk
Novoržev vgl. Noworschew
Novošahtinsk vgl. Nowoschachtinsk
Novoselica vgl. Nowosseliza
[1]**Nọvo Sẹlo** *serbokr.* 'nɔvɔ: ˌsɛlɔ
[2]**Novo Selo** vgl. Nowo Selo
Novosibirsk vgl. Nowossibirsk
Novosibirskie Ostrova vgl. Nowossibirskije Ostrowa
Novosil' vgl. Nowossil
Novosokol'niki vgl. Nowossokolniki
Novotná *tschech.* 'nɔvɔtna:
Nọvotný *tschech.* 'nɔvɔtni:
Novotroick vgl. Nowotroizk
Novoukrainka vgl. Nowoukrainka
Novouzensk vgl. Nowousensk
Novovil'nja vgl. Nowowilnja
Novozybkov vgl. Nowosybkow
Nọvska *serbokr.* 'nɔfska:
Nọvum 'no:vʊm, **Nọva** ...va
Nọvý Bọr *tschech.* 'nɔvi: 'bɔr
Nọvý Bydžov *tschech.* 'nɔvi: 'bidʒɔf
Nọvý Dvůr *tschech.* 'nɔvi: 'dvu:r
Nọvý Jịčín *tschech.* 'nɔvi: 'jitʃi:n
Novyj Oskol vgl. Nowy Oskol
Nọwa Hụta *poln.* 'nɔva 'xuta
Nọwaja Lạdoga, Novaja – *russ.* 'nɔvɐjɐ 'ladɐgɐ
Nọwaja Ljạlja, Novaja – *russ.* 'nɔvɐjɐ 'ljaljɐ
Nọwaja Sẹmlja, Novaja Zemlja 'no:vaja 'zɛmlja, *russ.* 'nɔvɐjɐ zɪm'lja
Nọwaja Sibịr, Novaja Sibir' *russ.* 'nɔvɐjɐ si'birj
Nọwak 'no:vak, *poln.* 'nɔvak
Nowakọwski *poln.* nɔva'kɔfski
Nowạlska no'valska
Nọwa Rụda *poln.* 'nɔva 'ruda
Nọwa Sagọra, Nova Zagora *bulgar.* 'nɔva za'gɔra
Nọwa Sól *poln.* 'nɔva 'sul
Nowawẹs nova've:s
Nọwe *poln.* 'nɔvɛ
Nọwell *engl.* 'noʊəl
Nọwe Miạsto Lubạwskie *poln.* 'nɔvɛ 'mjastɔ lu'bafskjɛ
Nọwe Wạrpno *poln.* 'nɔvɛ 'varpnɔ
Nọwgorod, Novgorod 'nɔfgorɔt, *russ.* 'nɔvgɐrɐt
Nọwgorod-Sẹwerski, Novgorod-Severskij *russ.* 'nɔvgɐrɐt'sjevɪrskij
[1]**Nowikọw, Novikov** (Aufklärer 1744–1818) *russ.* nɐvi'kɔf
[2]**Nọwikow, Novikov** (sonst) *russ.* 'nɔvikɐf
Nọwi Pasạr, Novi Pazar *bulgar.* 'nɔvi pa'zar
Nowochopjọrsk, Novohopersk *russ.* nɔvɐxa'pjɔrsk
Nowodẹwitschi Monastyr, Novodevičij Monastyr' *russ.* nɐva'djevitʃij mɐnas'tɨrj
Nowodwọrski, Novodvorskij *russ.* nɐva'dvɔrskij
Nowọgard *poln.* nɔ'vɔgart
Nowogeọrgijewsk, Novogeorgievsk *russ.* nɔvɐgɪ'ɔrgijɪfsk
Nowogrạd-Wolynski, Novograd-Volynskij *russ.* nɐva'gradva'lɨnskij
Nowọgród *poln.* nɔ'vɔgrut
Nowogrọdziec *poln.* nɔvɔ'grɔdzɛts
Nowogrụdok, Novogrudok *russ.* nɐva'grudɐk
Nọwoisbọrsk, Novoizborsk *russ.* nɔvɐiz'bɔrsk
Nọwoje Wrẹmja, Novoe Vremja *russ.* 'nɔvɐjɐ 'vrjemjɐ
Nowokuịbyschewsk, Novokujbyševsk nɐva'kujbɨʃəfsk
Nowokusnẹzk, Novokuzneck *russ.* nɔvɐkuz'njɛtsk
Nowomoskọwsk, Novomoskovsk *russ.* nɔvɐmas'kɔfsk
Noworossịjsk, Novorossijsk *russ.* nɐvɐra'sijsk
Noworschẹw, Novoržev *russ.* nɔva'rʒɛf
Nowoschạchtinsk, Novošahtinsk *russ.* nɔva'ʃaxtinsk
Nọwo Sẹlo, Novo Selo *bulgar.* 'nɔvo 'sɛlo
Nowossẹliza, Novoselica *russ.* nɐva'sjelitsɐ
Nowossibịrsk, Novosibirsk novɔsi'bɪrsk, *russ.* nɐvɐsi'birsk
Nowossibịrskije Ostrowạ, Novosibirskie Ostrova *russ.* nɐvɐsi'birskijɪ astra'va
Nowossịl, Novosil' *russ.* nɐva'silj
Nowossokọlniki, Novosokol'niki *russ.* nɔvɐsa'kɔljniki
Nowosỵbkow, Novozybkov *russ.* nɐva'zɨpkɐf
Nowotrọizk, Novotroick *russ.* nɔva'trɔitsk
Nowotscherkạssk, Novočerkassk *russ.* nɐvɐtʃɪr'kassk
Nowoukraịnka, Novoukrainka *russ.* nɔvɐukra'inkɐ
Nowousẹnsk, Novouzensk *russ.* nɔvɐu'zjɛnsk
Nowowiẹjski *poln.* nɔvɔ'vjɛjski
Nowowịlnja, Novovil'nja *russ.* nɔva'viljnjɐ
Nọwy Bytom *poln.* 'nɔvɨ 'bɨtɔm
Nọwy Dwór Gdạński *poln.* 'nɔvɨ 'dvur 'gdai̯ski
Nọwy Dwór Mazowiẹcki *poln.* 'nɔvɨ 'dvur mazɔ'vjɛtski
Nọwy Oskọl, Novyj Oskol *russ.* 'nɔvɨj as'kɔl
Nọwy Sạcz *poln.* 'nɔvɨ 'sɔntʃ
Nọwy Stạw *poln.* 'nɔvɨ 'staf
Nọwy Tạrg *poln.* 'nɔvɨ 'tark
Nọwy Tọmyśl *poln.* 'nɔvɨ 'tɔmɨɕl
Nọx[e] 'nɔks[ə]
Noxịne nɔ'ksi:nə
Nọya *span.* 'noja
Noyạden noa'ja:dn̩
Noyelle Godault *fr.* nwajɛlgɔ'do
Noyelles-sous-Lens *fr.* nwajɛlsu'lã:s
Noyẹrs *fr.* nwa'je
Nọyes *engl.* nɔɪz
Noyon *fr.* nwa'jõ
Nọzze di Figaro *it.* 'nɔttse di 'fi:garo

NSU Ⓦ ɛn|ɛs'|u:
n-te 'ɛntə
nu, Nu nu:
Nuance 'nỹã:sə
nuancieren nỹã'si:rən
Nuba 'nu:ba
Nubecula nu'be:kula, **...lae** ...lɛ
'nüber 'ny:bɐ
Nubien 'nu:bi̯ən
Nubier 'nu:bi̯ɐ
nubisch 'nu:bɪʃ
Ñuble *span.* 'nußle
Nubuk 'nʊbʊk
Nucci *it.* 'nuttʃi
Nucellus nu'ts̮ɛlʊs, **...lli** ...li
Nucet *rumän.* nu'tʃet
Nucha, Nuha *russ.* nu'xa
nüchtern, N... 'nʏçtɐn
Nucke 'nʊkə
Nücke 'nʏkə
nuckeln 'nʊkl̩n
Nuckles *engl.* nʌklz
Nuddel 'nʊdl̩
nuddeln 'nʊdl̩n
Nudel 'nu:dl̩
nudeln 'nu:dl̩n, **nudle** 'nu:dlə
Nudismus nu'dɪsmʊs
Nudist nu'dɪst
nudis verbis 'nu:di:s 'vɛrbi:s
Nudität nudi'tɛ:t
Nuenen *niederl.* 'ny:nə
Nueva Esparta *span.* 'nu̯eβa es'parta
Nueva Rosita *span.* 'nu̯eβa rrɔ'sita
Nuevo Laredo *span.* 'nu̯eβo la'reðo
Nufenen 'nu:fənən
Nuffield *engl.* 'nʌfi:ld
Nugat 'nu:gat, *fr.* nu'ga
Nugelli *it.* nu'dʒelli
Nugent *engl.* 'nju:dʒənt
Nugget 'nagɪt
Nuh *pers.* nu:h
Nuha vgl. Nucha
Nuits-Saint-Georges *fr.* nɥisɛ̃'ʒɔrʒ
Nuitter *fr.* nɥi'tɛ:r
nuklear nukle'a:ɐ̯
Nuklease nukle'a:zə
Nuklei vgl. Nukleus
Nuklein nukle'i:n
Nukleoid nukleo'i:t, **-e** ...i:də
Nukleole nukle'o:lə
Nukleolus nu'kle:olʊs; **...li** ...li, **...len** nukle'o:lən
Nukleon 'nu:kleɔn, **-en** nukle'o:nən
Nukleonik nukle'o:nɪk
Nukleoproteid nukleoprote'i:t, **-e** ...i:də
Nukleus 'nu:kleʊs, **...ei** ...ei
Nukualofa *engl.* nu:kʊə'loʊfə
Nukus *russ.* nu'kus
null, N... nʊl
Nüll, van der fan de:r 'nʏl
nulla poena sine lege 'nʊla 'pø:na 'zi:nə 'le:gə
Nullarbor Plain *engl.* nʌ'la:bə 'pleɪn
nullen 'nʊlən
Nullifikation nʊlifika'ts̮i̯o:n
nullifizieren nʊlifi'tsi:rən
Nullipara nʊ'li:para, **...ren** nʊli'pa:rən
Nullität nʊli'tɛ:t
Nullode nʊ'lo:də
Null ouvert nʊl|u've:ɐ̯, ...ɛ:ɐ̯
nullum crimen sine lege 'nʊlʊm 'kri:mən 'zi:nə 'le:gə
Numa 'nu:ma, *fr.* ny'ma
Numana nu'ma:na
Numansdorp *niederl.* 'ny:manzdɔrp
Numantia nu'mants̮i̯a
Numbat 'nʊmbat
Nümbrecht 'nʏmbrɛçt
Numea nu'me:a
Numeister 'nu:mai̯stɐ
Numen 'nu:mən
Numenius nu'me:ni̯ʊs
Numerale nume'ra:lə; **...lien** ...li̯ən, **...lia** ...li̯a
Numerator nume'ra:tɔr, **-en** ...ra'to:rən
Numeri 'nu:meri, *auch:* 'nʊm...
numerieren nume'ri:rən
numerisch nu'me:rɪʃ
Numero 'nu:mero, *auch:* 'nʊm...
Numerus 'nu:merʊs, *auch:* 'nʊm...; **...ri** ...ri
Numerus clausus 'nu:merʊs 'klau̯zʊs, *auch:* 'nʊm... –
Numerus currens 'nu:merʊs 'kʊrɛns, *auch:* 'nʊm... –
Numider nu'mi:dɐ, *auch:* 'nu:midɐ
Numidien nu'mi:di̯ən
Numidier nu'mi:di̯ɐ
numidisch nu'mi:dɪʃ
numinos numi'no:s, **-e** ...o:zə
Numinose numi'no:zə
Numismatik numɪs'ma:tɪk
Numismatiker numɪs'ma:tikɐ
numismatisch numɪs'ma:tɪʃ
Nummer 'nʊmɐ
nummerisch 'nʊmərɪʃ
nummern 'nʊmɐn
Nummulit nʊmu'li:t, *auch:* ...lɪt
nun, Nun nu:n
Nunatak 'nʊnatak, **-[e]r** ...kɐ
Nundinae 'nʊndinɛ
Nuneaton *engl.* nʌ'ni:tn
Nunes *port.* 'nunɪʃ, *bras.* 'nunis
Núñez *span.* 'nuɲɛθ
Nungesser *fr.* nœ̃ʒɛ'sɛ:r
Nunho *port., bras.* 'nuɲu
Nunkirchen 'nʊnkɪrçn̩
nunmehr 'nu:n'me:ɐ̯
nunmehrig 'nu:n'me:rɪç, **-e** ...ɪgə
Nunn *engl.* nʌn
Nuno *port., bras.* 'nunu
Nünschweiler 'nʏnʃvai̯lɐ
Nunsdorf 'nʊnsdɔrf
Nunspeet *niederl.* 'nʏnspe:t
'nunter 'nʊntɐ
Nuntiant nʊn'ts̮i̯ant
Nuntiat nʊn'ts̮i̯a:t
Nuntiation nʊnts̮i̯a'ts̮i̯o:n
Nuntiatur nʊnts̮i̯a'tu:ɐ̯
Nuntius 'nʊnts̮i̯ʊs, **...ien** ...i̯ən
Nuoro *it.* 'nu:oro
Nupe 'nu:pə
nuptial nʊp'ts̮i̯a:l
nur nu:ɐ̯
Nura *russ.* nu'ra
Nuragen, Nuraghen nu'ra:gn̩
Nürburg 'ny:ɐ̯bʊrk
Nureddin nurɛ'di:n
Nurejew, Nureev *russ.* nu'rjejɪf
Nuri 'nu:ri
Nuria *span.* 'nuri̯a
Nurmes *finn.* 'nurmɛs
Nurmi *finn.* 'nurmi
Nürnberg 'nʏrnbɛrk
Nürnberger 'nʏrnbɛrgɐ
Nuro'd-Din *pers.* nurod'di:n
Nurri *it.* 'nurri
Nürschan 'ny:ɐ̯ʃan
Nurse nø:ɐ̯s, nœrs; *engl.* nə:s; **-s** *engl.* 'nə:sɪz; **-n** 'nø:ɐ̯sn̩, 'nœrsn̩; ...zn̩
Nürtingen 'nʏrtɪŋən
Nurzec *poln.* 'nuʒɛts
Nus nu:s
Nusairier nu'zai̯ri̯ɐ
Nusa Tenggara *indon.* 'nusa təŋ'gara
Nusaybin *türk.* nu'sai̯bin
Nuschaba nu'ʃa:ba
nuscheln 'nʊʃl̩n
Nuschke 'nʊʃkə
Nusi 'nu:zi
Nušić *serbokr.* 'nuʃitɕ
Nusko 'nʊsko
Nuß nʊs, **Nüsse** 'nʏsə
Nüßchen 'nʏsçən
Nußdorf 'nʊsdɔrf
Nußloch 'nʊslɔx
Nüster 'ny:stɐ, *auch:* 'nʏstɐ
Nut nu:t
Nutation nuta'ts̮i̯o:n
Nute 'nu:tə
nuten 'nu:tn̩
Nuthe 'nu:tə
Nutley *engl.* 'nʌtlɪ
Nutramin nutra'mi:n
Nutria 'nu:tria
nutrieren nu'tri:rən
Nutriment nutri'mɛnt
Nutrition nutri'ts̮i̯o:n
nutritiv nutri'ti:f, **-e** ...i:və
Nutsche 'nu:tʃə
nutschen 'nu:tʃn̩
Nutt[all] *engl.* 'nʌt[ɔ:l]
Nutte 'nʊtə
Nutting *engl.* 'nʌtɪŋ
Nuttlar 'nʊtlar
nutz, N... nʊts
nütze 'nʏtsə

nụtzen, N... 'nʊtsn̩
nützen 'nʏtsn̩
nützlich 'nʏtslɪç
Nützling 'nʏtslɪŋ
Nụtznießer 'nʊtsni:sɐ
Nuvolạri *it.* nuvo'la:ri
Nụx nʊks
Nuy[ss]en *niederl.* 'nœi̯[s]ə
Nụz[z]i *it.* 'nuttsi
Nỵ ny:
Nyack *engl.* 'naɪæk
Nyáregyháza *ung.* 'nja:rɛtjha:zɔ
Nyársapát *ung.* 'nja:rʃɔpa:t
Nyasaland *engl.* 'njæsəlænd
Nỵberg *schwed.* ˌny:bærj
Nybọder *dän.* ny'bo:ðər
Nỵborg *dän.* 'nybɔr'
Nỵbro *schwed.* ˌny:bru:
Nỵdam 'ny:dam
Nye *engl.* naɪ
Nyékládháza *ung.* 'nje:kla:tha:zɔ
Nyerẹre nje're:rə, *engl.* njɛ'rɛrɪ
Nygaardsvold *norw.* 'ny:go:rsvɔl
Nỵgade *dän.* 'nyga:ðə
Nỵgren *schwed.* ˌny:gre:n
Nỵhavn *dän.* 'nyhau̯'n
Nyịrád *ung.* 'njira:d
Nyíradony *ung.* 'nji:rɔdonj
Nyírbátor *ung.* 'nji:rba:tor
Nyíreghyháza *ung.* 'nji:rɛtjha:zɔ
Nyírő *ung.* 'nji:rø:
Nyírség *ung.* 'nji:rʃe:g
Nỵkøbing *dän.* 'nykø:'beŋ
Nỵköping *schwed.* ˌny:tçø:piŋ
Nyktalgie nʏktal'gi:, **-n** ...i:ən
Nyktalopie nʏktalo'pi:
Nyktinastie nʏktinas'ti:
Nyktomẹter nʏkto'me:tɐ
Nyktophobie nʏktofo'bi:, **-n** ...i:ən
Nykturie nʏktu'ri:, **-n** ...i:ən
Nykvạrn *schwed.* ny:'kvɑ:rn
Nỵland *schwed.* 'ny:land
Nylon Ⓦ 'nai̯lɔn
Nylstroom *afr.* 'nəi̯lstro:m
Nymburk *tschech.* 'nimburk
Nymindegạb *dän.* nymenə'ga:'b
Nympha 'nʏmfa, **...phae** ...fɛ
Nymphäa nʏm'fɛ:a
Nymphäe nʏm'fɛ:ə
Nymphäum nʏm'fɛ:ʊm
Nymphe 'nʏmfə
Nymphenburg 'nʏmfn̩bʊrk
Nymphịtis nʏm'fi:tɪs, **...itiden** ...fi'ti:dn̩
nymphomạn nʏmfo'ma:n
Nymphomanie nʏmfoma'ni:
Nymwegen 'nɪmve:gn̩
Nynäshạmn *schwed.* ny:nɛ:s'hamn
Nynorsk 'ny:nɔrsk
Nyon[s] *fr.* njõ
Nýřany *tschech.* 'ni:rʒani
Nyrén *schwed.* ny're:n
Nỵrop *dän.* 'ny:'rob
Nýrsko *tschech.* 'ni:rskɔ
Nỵsa *poln.* 'nɨsa
Nỵssa 'nʏsa
Nỵstad *schwed.* ˌny:stɑ:d
Nystạgmus nʏs'tagmʊs
Nỵsted *dän.* 'nysdɛð
Nỵstroem *schwed.* ˌny:strœm
Nysụnd *schwed.* ny:'sʊnd
Nỵtwa, Nytva *russ.* 'nɨtvɐ
Nỵx nʏks
Nzérékoré *fr.* nzerekɔ're

O

o, O o:, *engl.* oʊ, *fr.* o
ω, *Ω* 'o:mega
ö, Ö ø:
Oadby *engl.* 'oʊdbɪ
Oạhu o'a:hu, *engl.* oʊ'ɑ:hu:
Oajạca *span.* oa'xaka
Oakdale *engl.* 'oʊkdeɪl
Oakeley *engl.* 'oʊklɪ
Oakengates *engl.* 'oʊkɪngeɪts
Oakes *engl.* oʊks
Oakey *engl.* 'oʊkɪ
Oakham *engl.* 'oʊkəm
Oakland *engl.* 'oʊklənd
Oak Lawn *engl.* 'oʊk 'lɔ:n
Oakley *engl.* 'oʊklɪ
Oakmont *engl.* 'oʊkmɔnt
Oak Pạrk *engl.* 'oʊk 'pɑ:k
Oak Rịdge *engl.* 'oʊk 'rɪdʒ
Oaks *engl.* oʊks
Oakville *engl.* 'oʊkvɪl
Oakwood *engl.* 'oʊkwʊd
Oamaru *engl.* 'ɔməru:
OAS o:'a:'|ɛs, *fr.* oɑ'ɛs
Oase o'a:zə
Oastler *engl.* 'oʊstlə
Oates *engl.* oʊts
Oaxạca *span.* oa'xaka
ọb ɔp
Ọb, Ob' ɔp, *russ.* ɔpj
Obacht 'o:baxt
Obạdja o'batja
Obaldịa *fr.* ɔbal'dja
Oban *engl.* 'oʊbən
Ọbbligo 'ɔbligo
Ọbdach 'ɔpdax
Obdạm *niederl.* ɔb'dɑm
obdiplostemon ɔpdiploste'mo:n
Obduktion ɔpdʊk'tsi̯o:n
Obduration ɔpdura'tsi̯o:n
obdurieren ɔpdu'ri:rən
Obduzẹnt ɔpdu'tsɛnt
obduzieren ɔpdu'tsi:rən
Obediẹnz obe'di̯ɛnts
O-beinig 'o:bainɪç, **-e** ...ɪgə
Obelịsk obe'lɪsk
oben 'o:bn̩
obenạn 'o:bn̩'|an
obenauf 'o:bn̩'|au̯f
obenaus 'o:bn̩'|au̯s
obendrauf 'o:bn̩'drau̯f
obendrein 'o:bn̩'drai̯n
obenerwähnt 'o:bn̩|ɛɐ̯vɛ:nt
obenhẹr 'o:bn̩'he:ɐ̯
obenherein 'o:bn̩hɛ'rai̯n
obenhịn 'o:bn̩'hɪn
obenhinaus 'o:bn̩hɪ'nau̯s
Oben-ohne... 'o:bn̩'|o:nə...
ober, O... 'o:bɐ
Oberạlppaß o:bɐ'|alppas
Oberạmmergau o:bɐ'|amɐgau̯
Oberạsbach o:bɐ'|asbax
Oberau obə'rau̯
Oberaudorf o:bɐ'|au̯dɔrf
Oberauerbach o:bɐ'|au̯ɐbax
Oberaußem o:bɐ'|au̯sm̩
Oberbạrnim o:bɐ'barnɪm
Oberbauerschaft o:bɐ'bau̯ɐʃaft
Oberbayern 'o:bɐbai̯ɐn
Oberbefehl 'o:bɐbəfe:l
Oberbẹhme o:bɐ'be:mə
oberbergisch 'o:bɐbɛrgɪʃ
Oberbẹttingen o:bɐ'bɛtɪŋən
Oberbilk 'o:bɐbɪlk
Oberbịllig o:bɐ'bɪlɪç
Oberbọbritzsch o:bɐ'bo:brɪtʃ
Oberbruch 'o:bɐbrʊx
Oberbürgermeister 'o:bɐ'bʏrgɐmai̯stɐ, *auch:* __'____
Obercạrsdorf o:bɐ'karsdɔrf
Obercọlmnitz o:bɐ'kɔlmnɪts
Obercụnnersdorf o:bɐ'kʊnɐsdɔrf
Oberdẹrdingen o:bɐ'dɛrdɪŋən
oberdeutsch 'o:bɐdɔʏtʃ
Oberdiendorf o:bɐ'di:ndɔrf
Oberdọllendorf o:bɐ'dɔləndɔrf
Oberdorf 'o:bɐdɔrf
Oberdọrla o:bɐ'dɔrla
Oberdrauburg 'o:bɐdrau̯bʊrk
obere, O... 'o:bərə
Oberẹhnheim o:bɐ'|e:nhai̯m
Obereichstätt o:bɐ'|ai̯çʃtɛt
Obereicht o:bɐ'|ai̯çt
Oberẹlchingen o:bɐ'|ɛlçɪŋən
Oberẹsch o:bɐ'|ɛʃ
oberfaul 'o:bɐfau̯l
Oberfläche 'o:bɐflɛçə
oberflächlich 'o:bɐflɛçlɪç
Oberflacht 'o:bɐflaxt
Oberföhring o:bɐ'fø:rɪŋ
Oberfranken 'o:bɐfraŋkn̩
Oberfrọhna o:bɐ'fro:na
Oberg 'o:bɛrk
obergärig 'o:bɐgɛ:rɪç, **-e** ...ɪgə
Obergẹbra o:bɐ'ge:bra
Oberglọgau o:bɐ'glo:gau̯
Obergräfenhain o:bɐ'grɛ:fn̩hai̯n
Obergries o:bɐ'gri:s
Obergrọmbach o:bɐ'grɔmbax
Obergünzburg o:bɐ'gʏntsbʊrk
Obergurgl 'o:bɐgʊrgl̩
Oberhạching o:bɐ'haxɪŋ
oberhalb 'o:bɐhalp
Oberhạlbstein o:bɐ'halp-ʃtai̯n
Oberhand 'o:bɐhant
Oberhauenstein 'o:bɐˌhau̯ənʃtai̯n

Oberhausen 'o:bɐhau̯zn̩
Oberhausen (Augsburg, Bruchsal) o:bɐ'hau̯zn̩
Oberhessen 'o:bɐhɛsn̩
Oberhilbersheim o:bɐ'hɪlbɐshai̯m
Oberhof (Suhl) o:bɐ'ho:f
Oberhofmeister 'o:bɐ'ho:fmai̯stɐ, *auch:* --'---
Oberhoheit 'o:bɐho:hai̯t
Oberholtzer 'o:bɐhɔltsɐ, *engl.* 'oʊbəhoʊltsə
Oberhummer 'o:bɐhʊmɐ
Oberin 'o:bərɪn
Oberitalien 'o:bɐ|ita:li̯ən
oberitalienisch 'o:bɐ|itali̯e:nɪʃ
Oberjoch 'o:bɐjɔx
Oberkail 'o:bɐkai̯l
Oberkampf 'o:bɐkampf, *fr.* ɔbɛr'kã:f
Oberkassel o:bɐ'kasl̩
Oberkaufungen o:bɐ'kau̯fʊŋən
Oberkirch[en] 'o:bɐkɪrç[n̩]
Oberkirchenrat 'o:bɐ'kɪrçn̩ra:t, *auch:* --'---
Oberkochen o:bɐ'kɔxn̩
Oberkofler 'o:bɐko:flɐ
Oberkommando 'o:bɐkɔmando
Oberkotzau o:bɐ'kɔtsau̯
Oberkrain[er] 'o:bɐkrai̯n[ɐ]
Oberkreisdirektor 'o:bɐ'krai̯sdirɛktɔr, *auch:* --'----
Oberlaa 'o:bɐla:
Oberlahnkreis 'o:bɐla:nkrai̯s
Oberlahnstein o:bɐ'la:nʃtai̯n
Oberland 'o:bɐlant
Oberländer 'o:bɐlɛndɐ, *engl.* 'oʊbəlændə
Oberlandesgericht 'o:bɐ'landəsgərɪçt, *auch:* --'----
oberlastig 'o:bɐlastɪç, -e ...ɪgə
Oberlausitz 'o:bɐlau̯zɪts, *auch:* --'--
Oberleuken o:bɐ'lɔy̯kn̩
Oberleutensdorf o:bɐ'lɔy̯tn̩sdɔrf
Oberleutnant 'o:bɐlɔy̯tnant
Oberlichtenau o:bɐ'lɪçtənau̯
Oberlimberg o:bɐ'lɪmbɛrk
Oberlin 'o:bɐli:n, *fr.* ɔbɛr'lɛ̃, *engl.* 'oʊbəlɪn
Oberlind o:bɐ'lɪnt
Oberlinxweiler o:bɐ'lɪŋksvai̯lɐ
Oberloiben 'o:bɐlɔy̯bn̩
Oberlöstern o:bɐ'lø:stɐn
Oberlungwitz o:bɐ'lʊŋvɪts
Obermaier 'o:bɐmai̯ɐ
Obermarsberg o:bɐ'marsbɛrk
Obermenzing o:bɐ'mɛntsɪŋ
Obermoschel o:bɐ'mɔʃl̩
Obernai *fr.* ɔbɛr'nɛ
Obernau 'o:bɐnau̯
Obernbeck 'o:bɐnbɛk
Obernberg 'o:bɐnbɛrk
Obernburg 'o:bɐnbʊrk
Oberndorf 'o:bɐndɔrf
Oberneuland o:bɐ'nɔy̯lant
Obernigk 'o:bɐnɪk
Obernkirchen o:bɐn'kɪrçn̩
Obernzell o:bɐn'tsɛl
Oberoderwitz o:bɐ'|o:dɐvɪts
Oberolm 'o:bɐ|ɔlm
Oberon 'o:bərɔn, *engl.* 'oʊbərən
Oberort 'o:bɐ|ɔrt
Oberösterreich 'o:bɐ|ø:stərai̯ç
Oberpax 'o:bɐpaks
Oberperl 'o:bɐpɛrl
Oberpfalz 'o:bɐpfalts
Oberpirk 'o:bɐpɪrk
Oberpleis o:bɐ'plai̯s, '---
Oberpöring o:bɐ'pø:rɪŋ
Oberpostdirektion 'o:bɐ'pɔstdirɛktsi̯o:n, *auch:* --'----
Oberpullendorf o:bɐ'pʊləndɔrf
Oberquembach o:bɐ'kvɛmbax
Oberrad (Ort) o:bɐ'ra:t
Ober-Ramstadt o:bɐ'ramʃtat
Oberregierungsrat 'o:bɐre'gi:rʊŋsra:t, *auch:* ---'---
Oberreichenbach o:bɐ'rai̯çn̩bax
Oberreitnau o:bɐ'rai̯tnau̯
Oberrhein 'o:bɐrai̯n
oberrheinisch 'o:bɐrai̯nɪʃ
Oberriexingen o:bɐ'ri:ksɪŋən
Oberrimsingen o:bɐ'rɪmzɪŋən
Oberrodach o:bɐ'ro:dax
Ober-Roden o:bɐ'ro:dn̩
Oberrotweil o:bɐ'rɔtvai̯l
Obers 'o:bɐs
Obersachsen 'o:bɐzaksn̩
Obersalzberg o:bɐ'zaltsbɛrk
Oberschleißheim o:bɐ'ʃlai̯shai̯m
Oberschlema o:bɐ'ʃle:ma
Oberschlesien 'o:bɐʃle:zi̯ən
oberschlesisch 'o:bɐʃle:zɪʃ
Oberschöneweide o:bɐʃø:nə'vai̯də
Oberschwaben 'o:bɐʃva:bn̩
Obersdorf 'o:bɐsdɔrf
Obersee 'o:bɐze:
Obersimonswald o:bɐ'zi:mɔnsvalt
oberst, O... 'o:bɐst
Oberstadtdirektor 'o:bɐ'ʃtatdirɛktɔr, *auch:* --'----
Oberstaufen o:bɐ'ʃtau̯fn̩
Oberstdorf 'o:bɐstdɔrf
oberste 'o:bɐstə
Oberstein 'o:bɐʃtai̯n
Oberstleutnant 'o:bɐst'lɔy̯tnant, *auch:* --'--
Oberstudienrat 'o:bɐ'ʃtu:di̯ənra:t, *auch:* --'---
Obertal 'o:bɐta:l
Obertauern 'o:bɐtau̯ɐn
Oberth 'o:bɛrt
Oberthal 'o:bɐta:l
Obertheres o:bɐ'te:rəs
Obertiefenbach o:bɐ'ti:fn̩bax
Obertilliach o:bɐ'tɪli̯ax
Obertrubach o:bɐ'tru:bax
Obertshausen o:bɐts'hau̯zn̩
Obertürkheim o:bɐ'tʏrkhai̯m
Oberursel o:bɐ'|ʊrzl̩
Obervellach 'o:bɐfɛlax, --'--
Oberviechtach o:bɐ'fi:çtax
Obervolta o:bɐ'vɔlta
Obervoltaer o:bɐ'vɔltaɐ̯
obervoltaisch o:bɐ'vɔltaɪʃ
Oberwart 'o:bɐvart
Oberweilersbach o:bɐ'vai̯lɐsbax
Oberwerschen o:bɐ'vɛrʃn̩
Oberwerth o:bɐ've:ɐ̯t
Oberwesel o:bɐ've:zl̩
Oberwiesen o:bɐ'vi:zn̩
Oberwiesenthal o:bɐ'vi:zn̩ta:l
Oberwinter o:bɐ'vɪntɐ
Oberwölz 'o:bɐvœlts
Oberwürzbach o:bɐ'vʏrtsbax
Oberzeiring 'o:bɐtsai̯rɪŋ
Ober Zögersdorf o:bɐ'tsø:gɐsdɔrf
Oberzwehren 'o:bɐtsve:rən
Obesitas o'be:zitas
Obesität obezi'tɛ:t
Obey *fr.* ɔ'bɛ
obgenannt 'ɔpgənant
obgleich ɔp'glai̯ç
Obhut 'ɔphu:t
Obi 'o:bi
Óbidos *port.* 'ɔβiðuʃ, *bras.* 'ɔbidus
obig 'o:bɪç, -e ...ɪgə
Obigau 'o:bigau̯
Obihiro obi'hi:ro
Obing 'o:bɪŋ
Objekt ɔp'jɛkt
Objektion ɔpjɛk'tsi̯o:n
objektiv, O... ɔpjɛk'ti:f, -e ...i:və
Objektivation ɔpjɛktiva'tsi̯o:n
Objektive ɔpjɛk'ti:və
objektivieren ɔpjɛkti'vi:rən
Objektivismus ɔpjɛkti'vɪsmʊs
Objektivist ɔpjɛkti'vɪst
Objektivität ɔpjɛktivi'tɛ:t
objizieren ɔpji'tsi:rən
obkonisch ɔp'ko:nɪʃ
Oblast, Oblast' 'ɔblast, *russ.* 'ɔblɐstj
Oblate o'bla:tə
Oblation obla'tsi̯o:n
obliegen 'ɔpli:gn̩, *auch:* -'--
Obliegenheit 'ɔpli:gn̩hai̯t
Obligado *span.* oβli'ɣaðo
obligat obli'ga:t
Obligation obliga'tsi̯o:n
Obligationär obligatsi̯o'nɛ:ɐ̯
obligatorisch obliga'to:rɪʃ
obligeant obli'ʒant
obligieren obli'gi:rən, ...i'ʒi:rən
Obligo 'o:bligo, 'ɔb...
oblique o'bli:k, *attributiv:* ...kvə; -s ...kvəs

Obliquität oblikvi'tɛ:t
Obliteration oblitera'tsi̯o:n, ɔpl...
obliterieren oblite'ri:rən, ɔpl...
Oblomow, Oblomov *russ.* ab'lɔmɐf
oblong ɔp'lɔŋ
Oblutschje, Obluč'e *russ.* ab'lutʃjɛ
Obmann 'ɔpman
Obninsk 'ɔbninsk
Obnorski, Obnorskij *russ.* ab'nɔrskij
Obock *fr.* ɔ'bɔk
Obödienz obø'di̯ɛnts
Oboe o'bo:ə
Oboe da caccia o'bo:ə da 'katʃa
Oboe d'amore o'bo:ə da'mo:rə
Oboe d'amour o'bo:ə da'mu:ɐ̯
Oboer o'bo:ɐ
Oboist obo'ɪst
Obojan, Obojan' *russ.* aba'janj
Obok *fr.* ɔ'bɔk
Obolenski, Obolenskij *russ.* aba'ljɛnskij
Obolus 'o:bolʊs, -se ...ʊsə
Oborin *russ.* a'bɔrin
Oborischte, Oborište *bulgar.* o'bɔriʃtɛ
Oborniki [Śląskie] *poln.* ɔbɔr'niki ['ɕlɔ̃skjɛ]
Obote o'bo:tə, *engl.* oʊ'boʊteɪ
Obotrit obo'tri:t
Oboussier *fr.* ɔbu'sje
Obra 'o:bra, *poln.* 'ɔbra
Obradović *serbokr.* ɔ,bra:dɔvitɕ
Obaldruck o'bra:ldrʊk
Obrasopissow, Obrazopisov *bulgar.* obrazo'pisof
Obraszow, Obrazcov *russ.* abras'tsɔf
Obratañ *tschech.* 'ɔbratanj
Obrecht *niederl.* 'o:brɛxt
Obregón *span.* oβre'ɣɔn
Obrenović *serbokr.* ɔ,brɛ:nɔvitɕ
Obreption ɔprɛp'tsi̯o:n
Obretenow, Obretenov *bulgar.* obrɛ'tɛnof
O'Brien *engl.* oʊ'braɪən
Obrigheim 'o:brɪçhaim
Obrighoven 'o:brɪçho:fn̩
Obrigkeit 'o:brɪçkait
[1]**Obrist** (Oberst) o'brɪst
[2]**Obrist** (Name) 'o:brɪst
Obrnice *tschech.* 'ɔbr̩njitsɛ
obruieren ɔpru'i:rən
Obrutschew, Obručev *russ.* 'ɔbrutʃɪf
O'Bryan *engl.* oʊ'braɪən
Obscha, Obša *russ.* 'ɔpʃɐ
obschon ɔp'ʃo:n
Obschtschi Syrt, Obščij - *russ.* 'ɔpʃtʃij 'sɨrt
Obsekration ɔpzekra'tsi̯o:n
obsekrieren ɔpze'kri:rən
obsequent ɔpze'kvɛnt
Obsequiale ɔpze'kvi̯a:lə, **...lien** ...li̯ən
Obsequien ɔp'ze:kvi̯ən
observabel ɔpzɛr'va:bl̩, **...ble** ...blə
Observant ɔpzɛr'vant
Observanz ɔpzɛr'vants
Observation ɔpzɛrva'tsi̯o:n
Observator ɔpzɛr'va:tɔr, **-en** ...va'to:rən
Observatorium ɔpzɛrva'to:ri̯ʊm
Observer *engl.* əb'zə:və
observieren ɔpzɛr'vi:rən
Obsession ɔpzɛ'si̯o:n
Obsidian ɔpzi'di̯a:n
obsiegen 'ɔpzi:gn̩, *auch:* –'––
Obsignation ɔpzɪgna'tsi̯o:n
obsignieren ɔpzɪ'gni:rən
obskur ɔps'ku:ɐ̯
Obskurant ɔpsku'rant
Obskurantismus ɔpskuran'tɪsmʊs
Obskurität ɔpskuri'tɛ:t
Obsoleszenz ɔpzolɛs'tsɛnts
obsoleszieren ɔpzolɛs'tsi:rən
obsolet ɔpzo'le:t
Obsor, Obzor *bulgar.* ob'zɔr
Obsorge 'ɔpzɔrgə
Obst o:pst
Obstakel ɔp'sta:kl̩
Obstetrik ɔp'ste:trɪk
Obstfelder *norw.* 'ɔpstfɛldər
obstinat ɔpsti'na:t
Obstination ɔpstina'tsi̯o:n
Obstipation ɔpstipa'tsi̯o:n
obstipieren ɔpsti'pi:rən
Öbstler 'ø:pstlɐ
obstruieren ɔpstru'i:rən
Obstruktion ɔpstrʊk'tsi̯o:n
obstruktiv ɔpstrʊk'ti:f, **-e** ...i:və
obszön ɔps'tsø:n
Obszönität ɔpstsøni'tɛ:t
Obturation ɔptura'tsi̯o:n
Obturator ɔptu'ra:tɔr, **-en** ...ra'to:rən
obturieren ɔptu'ri:rən
Óbuda *ung.* 'o:budɔ
obugrisch 'ɔp|u:grɪʃ
Obus 'o:bʊs, **-se** ...ʊsə
Obwa, Obva *russ.* 'ɔbvɐ
Obwalden 'ɔpvaldn̩
Obwaldner 'ɔpvaldnɐ
obwalten 'ɔpvaltn̩, *auch:* –'––
obwohl ɔp'vo:l
O'Byrne *engl.* oʊ'bə:n
Obzor vgl. Obsor
obzwar ɔp'tsva:ɐ̯
Oca *span.* 'oka
Ocagne *fr.* ɔ'kaɲ
Očakov vgl. Otschakow
Ocala *engl.* oʊ'kæle
O'Callaghan *engl.* oʊ'kæləhən
Ocampo *span.* o'kampo
Ocaña *span.* o'kaɲa
Ocantos *span.* o'kantɔs
O'Carolan *engl.* oʊ'kærələn
O'Casey *engl.* oʊ'keɪsɪ
Occam *engl.* 'ɔkəm
Occasion ɔka'zi̯o:n
Occhi 'ɔki
Occidental ɔktsidɛn'ta:l
Occleve *engl.* 'ɔkli:v
Ocean Island *engl.* 'oʊʃən 'aɪlənd
Oceanport *engl.* 'oʊʃənpɔ:t
Oceanside *engl.* 'oʊʃənsaɪd
Očer vgl. Otscher
och! ɔx
Ochą, Oha *russ.* a'xa
Ochab *poln.* 'ɔxap
Ochansk, Ohansk *russ.* a'xansk
Ochiltree *engl.* 'oʊkɪltri:
Ochino *it.* o'ki:no
Ochlokratie ɔxlokra'ti:, **-n** ...i:ən
ochlokratisch ɔxlo'kra:tɪʃ
Ochoa *span.* o'tʃoa
Ochotsk, Ohotsk *russ.* a'xɔtsk
ochotskisch ɔ'xɔtskɪʃ
Ochrana, Ohrana ɔx'ra:na, *russ.* ax'ranɐ
Ochrida 'ɔxrida
Ochronose ɔxro'no:zə
Ochs *dt.*, *engl.* ɔks
Och-Sattel 'ɔxzatl̩
Öchschen 'œksçən
Ochse 'ɔksə
ochsen 'ɔksn̩
Ochsenbein 'ɔksn̩bain
Ochsenfeld 'ɔksn̩fɛlt
Ochsenfurt 'ɔksn̩fʊrt
Ochsenhausen ɔksn̩'hauzn̩
Ochsenius ɔ'kse:ni̯ʊs
Ochsenkopf 'ɔksn̩kɔpf
ochsig 'ɔksɪç, **-e** ...ɪgə
Öchsle 'œkslə
Ochten *niederl.* 'ɔxtə
Ochtendung 'ɔxtn̩dʊŋ
Ochtrup 'ɔxtrʊp
Ochtum 'ɔxtʊm
Ocke *schwed.* ,ɔkə
Ockeghem *niederl.* 'ɔkəxəm
Ocker 'ɔkɐ
Ockfen 'ɔkfn̩
Ockham 'ɔkam, 'ɔkɛm, *engl.* 'ɔkəm
Ockhamismus ɔka'mɪsmʊs, ɔkɛ...
Ockley *engl.* 'ɔklɪ
O'Clery *engl.* oʊ'klɪərɪ
Ocmulgee *engl.* oʊk'mʌlgɪ
Ocna Mureş *rumän.* 'okna 'mureʃ
Ocnele Mari *rumän.* 'oknele 'marj
O'Connell *engl.* oʊ'kɔnl
O'Connor *engl.* oʊ'kɔnə
Oconomowoc *engl.* oʊ'kɔnəməwɔk
O'Conor *engl.* oʊ'kɔnə
Oconto *engl.* oʊ'kɔntoʊ
Ocotepeque *span.* okote'peke
Ocotlán *span.* oko'tlan
Ócsa *ung.* 'o:tʃɔ

Ọcsöd *ung.* 'øtʃød
Octạn[a] ɔk'ta:n[a]
Ọctans 'ɔktans
octạva ɔk'ta:va
Octave *engl.* 'ɔkteɪv, *fr.* ɔk'ta:v
Octạvia ɔk'ta:vi̯a
Octaviạn[us] ɔkta'vi̯a:n[ʊs]
Octạvie ɔk'ta:vi̯ə
Octạvio ɔk'ta:vi̯o, *span.* ɔk'taβi̯o
Octạvius ɔk'ta:vi̯ʊs
Octevịlle *fr.* ɔktə'vil
Octuọr ɔk'tŭo:ɐ̯
O'Curry *engl.* oʊ'kʌrɪ
öd ø:t, **ö̱de** 'ø:də
Ọd o:t, **-es** 'o:dəs
Ọda *dt., dän.* 'o:da
Ódáðahraun *isl.* 'ɔu̯dau̯ðahrœy̆n
Ọdal 'o:da:l
Odalịske oda'lɪskə
Ọdda norw. ˌɔda
Ọdder *dän.* 'ɔðər
Oddesund *dän.* ɔðə'sonˀ
Ọddfellow[s] *engl.* 'ɔdfɛloʊ[z]
Ọdds ɔt͜s, *engl.* ɔdz
Ọde 'o:də
ö̱de, Ö̱de 'ø:də
Ode̲i̲on o'dai̯ɔn, **Ode̲i̲a** o'dai̯a
Odelzha̲u̲sen o:dl̩t͜s'hau̯zn̩
Ọdem 'o:dəm
Ödẹm ø'de:m
ödematö̱s ødema'tø:s, **-e** ...ø:zə
Odemịra *port.* oðə'mirɐ
Ö̱denburg 'ø:dn̩bʊrk
Ọdendaalsrust *afr.* 'o:dəndɑ:lsrœs
Ọdenkirchen 'o:dn̩kɪrçn̩
Odensala *schwed.* ˌu:dənsɑ:la
Ọdense *dän.* 'o:ˀðənsə
Ọdenthal 'o:dn̩ta:l
Ọdenwald 'o:dn̩valt
Odẹon o'de:ɔn
Odéon *fr.* ɔde'õ
ọder, O... 'o:dɐ
Ọderberg 'o:dɐbɛrk
Ọderbruch 'o:dɐbrʊx, *auch:* ...bru:x
Ọdereck 'o:dɐ|ɛk
Ọderich 'o:dərɪç
Oderịco *it.* ode'ri:ko
Oderịgi *it.* ode'ri:dʒi
Oderịn o:də'ri:n
Ọdermennig 'o:dɐmɛnɪç, **-e** ...ɪgə
Odermụ̈nde o:dɐ'mʏndə
Ọder-Ne̲i̲ße-Linie 'o:dɐ'nai̯səli:ni̯ə
Ọder-Spre̲e̲-Kanal 'o:dɐ'ʃpre:kana:l
Ọderwitz 'o:dɐvɪt͜s
Odẹrzo *it.* o'dɛrtso
Odescạlchi *it.* odes'kalki
Odẹssa o'dɛsa, *russ.* a'di̯ɛsɐ, *engl.* oʊ'dɛsə
Odẹt *fr.* ɔ'dɛ
Odẹts *engl.* oʊ'dɛts
Odẹtte *fr.* ɔ'dɛt
Odẹum o'de:ʊm
Odeur o'dø:ɐ̯
Ọdham *engl.* 'ɔdəm
Odhner *schwed.* 'u:dnər
Odiẹl *span.* o'ði̯ɛl
Odịle *fr.* ɔ'dil
Odịlia o'di:li̯a
Odịlien[berg] o'di:li̯ən[bɛrk]
Ọdilo 'o:dilo
Ọdin 'o:dɪn
Odịne o'di:nə
Ö̱ding[en] 'ø:dɪŋ[ən]
Odịnga *engl.* oʊ'dɪŋgɑ:
odiö̱s o'di̯ø:s, **-e** ...ø:zə
odiọs o'di̯o:s, **-e** ...o:zə
ödipạl ødi'pa:l
Ö̱dipus 'ø:dipʊs
Ọdium 'o:di̯ʊm
Odivẹlas *port.* oði'vɛlɐʃ
Ö̱dland 'ø:tlant
Ọdo 'o:do, *engl.* 'oʊdoʊ
Odoạker odo'a:kɐ
Odoạrdo *it.* odo'ardo
Odobẹscu *rumän.* odo'besku
Odobẹşti *rumän.* odo'beʃtj
Odọjewski, Odoevskij *russ.* a'dɔjɪfskij
Odọl (Wz) o'do:l
Odolạnów *poln.* ɔdɔ'lanuf
Ọdomar 'o:domar
Odon *fr.* ɔ'dõ
Ö̱dön *ung.* 'ødøn
O'Donnell *engl.* oʊ'dɔnl, *span.* oðo'nɛl
O'Dọnovan *engl.* oʊ'dɔnəvən
Odontalgi̲e̲ odɔntal'gi:, **-n** ...i:ən
Odontoblạsten odɔnto'blastn̩
odontogẹn odɔnto'ge:n
Odontoglọssum odɔnto'glɔsʊm
Odontolọge odɔnto'lo:gə
Odontologi̲e̲ odɔntolo'gi:
Odontọm odɔn'to:m
Odontometri̲e̲ odɔntome'tri:
Odontornịthen odɔntɔr'ni:tn̩
Ọdor 'o:dɔr
Odorhẹi *rumän.* odor'xej̯
Ọdorich 'o:dorɪç
Odorico *it.* odo'ri:ko, *bras.* odo'riku
Odowạkar odo'va:kar
Odowạlsky odo'valski
O'Dowd *engl.* oʊ'daʊd
Ọdra *tschech.* 'ɔdra
Ọdrau 'ɔdrau̯
Odryse o'dry:zə
Odschịbwä o'd͡ʒɪbvɛ
Ọdsherred *dän.* 'ɔðshɛrˀəð
Ö̱dt ø:t
O'Duffy *engl.* oʊ'dʌfɪ
O'Dwyer *engl.* oʊ'dwaɪə
Odysse̲e̲ odʏ'se:, **-n** ...e:ən
odyssẹisch odʏ'se:ɪʃ
Odysseus o'dʏsɔy̆s
Ọdžaci *serbokr.* ˌɔdʒatsi
Odzalạ *fr.* ɔdza'la
Oebisfelde ø:bɪs'fɛldə
Oechsli 'œksli
Oedelem *niederl.* 'u:dələm
O̲e̲der 'ø:dɐ
Oederan 'ø:dəra:n, ––'–
OEEC o:|e:|e:'t͜se:
O̲e̲glin 'ø:gli:n
Oegstge̲e̲st *niederl.* u:[x]st'xe:st
O̲e̲hlenschläger 'ø:lənʃlɛ:gɐ, *dän.* 'ø:ˀlənslɛ:gər
O̲e̲hlkers 'ø:lkɐs
Oeiras *port.* 'u̯ɐi̯rɐʃ
Oekel *niederl.* 'u:kəl
Oelde 'œldə
Oelfken 'œlfkn̩
Oels ø:ls, œls
Oelschütz 'œlʃʏt͜s
Oelsnitz 'œlsnɪt͜s
Oelssner 'œlsnɐ
Oelwein *engl.* 'oʊlwaɪn
Oenothera øno'te:ra
Oer o:ɐ̯
Oerlikon 'œrliko:n
O̲e̲rsted 'ø:ɐ̯stɛt, ...ʃtɛt
Oertel 'œrtl̩
Oerter *engl.* 'ə:tə
Oesọphagus ø'zo:fagʊs, **...gi** ...gi
O̲e̲sede 'ø:zədə
O̲e̲ser 'ø:zɐ
O̲e̲streich 'ø:strai̯ç
Oestrich 'œstrɪç
O̲e̲tinger 'ø:tɪŋɐ
Oetker 'œtkɐ
Œuvre 'ø:vɐ, 'ø:vrə, *fr.* œ:vr; **-s** ...vɐ, ...vrə
Oevel *niederl.* 'u:vəl
O̲e̲ventrop 'ø:vn̩trɔp
Oeynhausen 'ø:nhau̯zn̩
Ọfanto *it.* 'ɔ:fanto
Ö̱fchen 'ø:fçən
Ọfen 'o:fn̩, **Ö̱fen** 'ø:fn̩
Ọfen[pest] 'o:fn̩[pɛst]
Ọff ɔf
Ọffa 'ɔfa, *engl.* 'ɔfə
Ọffaly *engl.* 'ɔfəlɪ
Off-Beat ɔf'bi:t
ọffen 'ɔfn̩
Ọffenbach 'ɔfn̩bax, *fr.* ɔfɛn'bak
offenbar 'ɔfn̩ba:ɐ̯, *auch:* ––'–
offenbạren ɔfn̩'ba:rən
Offenbạrung ɔfn̩'ba:rʊŋ
Ọffenburg 'ɔfn̩bʊrk
Ọffenhain 'ɔfn̩hai̯n
offenkundig 'ɔfn̩kʊndɪç, *auch:* ––'––
offensichtlich 'ɔfn̩zɪçtlɪç, *auch:* ––'––
offensịv ɔfɛn'zi:f, **-e** ...i:və
Offensịve ɔfɛn'zi:və
Ọffenthal 'ɔfn̩ta:l
ö̱ffentlich 'œfn̩tlɪç
Offerẹnt ɔfe'rɛnt
offerịeren ɔfe'ri:rən
Offẹrt[e] ɔ'fɛrt[ə]
Offertọrium ɔfɛr'to:ri̯ʊm, **...ien** ...i̯ən
[1]**Ọffice** (Büro) 'ɔfɪs; **-s** 'ɔfɪsɪs, *engl.* 'ɔfɪsɪz

²Ọffice, -s (Anrichteraum) 'ɔfɪs
Offi̱cium ɔ'fi:ts̯i̯ʊm, **...ia** ...i̯a
Offi̱cium divi̱num ɔ'fi:ts̯i̯ʊm di'vi:nʊm
Offi̱da *it.* of'fi:da
Offiziạl ɔfi'ts̯i̯a:l
Offizialạt ɔfits̯i̯a'la:t
Offiziạnt ɔfi'ts̯i̯ant
offiziẹll ɔfi'ts̯i̯ɛl
Offizi̱er ɔfi'ts̯i:ɐ̯
Offizi̱n ɔfi'ts̯i:n
offizinạl ɔfits̯i'na:l
offizinẹll ɔfits̯i'nɛl
offiziö̱s ɔfi'ts̯i̯ø:s, **-e** ...ø:zə
Offi̱zium ɔ'fi:ts̯i̯ʊm, **...ien** ...i̯ən
ọff lịmits! 'ɔf 'lɪmɪts
ọ̈ffnen 'œfnən
Ọffsetdruck 'ɔfsɛtdrʊk
Ọff-shore-Aufträge 'ɔfʃɔ:ɐ̯|au̯ftrɛ:gə
O̱fir 'o:fɪr
O'Flaherty *engl.* oʊ'flɛətɪ
ọft ɔft, **ọ̈fter** 'œftɐ
Ọfterdingen 'ɔftɐdɪŋən
ọ̈fters 'œftɐs
Ọftersheim 'ɔftɐshai̯m
ọftmalig 'ɔftma:lɪç, **-e** ...ɪgə
ọftmals 'ɔftma:ls
Ọftringen 'ɔftrɪŋən
O̱g o:k
Ogarjọw, Ogarev *russ.* aga'rjɔf
Ogbomosho *engl.* ɔgbə'moʊʃoʊ
Ọgden *engl.* 'ɔgdən
Ọgdensburg *engl.* 'ɔgdənzbə:g
Ogeechee *engl.* oʊ'gi:tʃɪ
O̱ger 'o:gɐ
Ọgg *engl.* ɔg
Ọggersheim 'ɔgɐshai̯m
Ọggio *it.* 'ɔddʒo
Oggio̱no *it.* od'dʒɔ:no
O̱gham 'o:gam
ogha̱misch o'ga:mɪʃ
O̱gier 'o:gi̯ɐ, *fr.* ɔ'ʒje
Ogilby *engl.* 'oʊglbɪ
Ogilvie *engl.* 'oʊglvɪ
Ogi̱no o'gi:no
Ogiński *poln.* ɔ'giĩski
ogiva̱l ogi'va:l, oʒi'va:l, *fr.* ɔʒi'val
Ogi̱ve *fr.* ɔ'ʒi:v
Ogi̱ven o'gi:vn̩, o'ʒi:vn̩
Oglesby *engl.* 'oʊglzbɪ
Oglethorpe *engl.* 'oʊglθɔ:p
Ọglio *it.* 'ɔʎʎo
Ọgmore *engl.* 'ɔgmɔ:
Ọgnew, Ognev *russ.* 'ɔgnɪf
Ognon *fr.* ɔ'ɲõ
Ogoki *engl.* oʊ'goʊkɪ
Ognojọk, Ogonek *russ.* aga'njɔk
Ogooué *fr.* ɔgɔ'we
Ogọsta *bulgar.* o'gɔsta
Ogo̱we o'go:və
O'Grady *engl.* oʊ'greɪdɪ
Ogrạschden, Ogražden *bulgar.* o'graʒdɛn
Ọgrizović *serbokr.* 'ɔgrizɔvitɕ
Ogu̱se o'gu:zə
Ogy̱ges o'gy:gɛs
Ogy̱gia o'gy:gi̯a
ogy̱gisch o'gy:gɪʃ
o̱h! o:
ohạ! o'ha
Oha vgl. Ocha
O'Hagan *engl.* oʊ'heɪgən
Ohansk vgl. Ochansk
O'Ha̱ra *engl.* oʊ'hɑ:rə
Ohau *engl.* 'oʊhaʊ
O̱heim[b] 'o:hai̯m[p]
O'Hịggins *engl.* oʊ'hɪgɪnz, *span.* o'iɣins
Ohio o'hai̯o, *engl.* oʊ'haɪoʊ
oh, là, là! ola'la
O̱hlau 'o:lau̯
O̱hldinn 'o:ldɪn
O̱hle 'o:lə
O̱hligs 'o:lɪçs, 'o:lɪks
Ohli̱n *schwed.* u'li:n
O̱hlsdorf 'o:lsdɔrf
O̱hm[acht] 'o:m[axt]
O̱hmberge 'o:mbɛrgə
o̱hmsch, O... o:mʃ
O̱hna 'o:na
o̱hne 'o:nə
ohnede̱m o:nə'de:m
ohnedi̱es o:nə'di:s
ohneeinạnder o:nə|ai̯'nandɐ
ohnegle̱ichen o:nə'glai̯çn̩
Ohnehạltflug o:nə'haltflu:k
ohnehịn o:nə'hɪn
Ohnẹt *fr.* ɔ'nɛ
O̱hnmacht 'o:nmaxt
o̱hnmächtig 'o:nmɛçtɪç, **-e** ...ɪgə
O̱hnsorg 'o:nzɔrk
oho̱! o'ho:
Ohotsk vgl. Ochotsk
O̱hr o:ɐ̯
Ö̱hr ø:ɐ̯
Ohrana vgl. Ochrana
Ö̱hrchen 'ø:ɐ̯çən
O̱hrdruf 'o:ɐ̯drʊf
O̱hre 'o:rə
Ọhře *tschech.* 'ɔhrʒɛ
ö̱hren 'ø:rən
Ọhrid *mak.* 'ɔhrit
Ọhridsko e̱zero *mak.* 'ɔhritskɔ 'ɛzɛro
Ö̱hringen 'ø:rɪŋən
Ohrịt, Liqen i *alban.* li'kjen i o'hrit
Ö̱hrling 'ø:ɐ̯lɪŋ
Ohssọn, d' *schwed.* do'sɔn
Oi̱dium o'i:di̯ʊm, **...ien** ...i̯ən
O̱i̱e 'ɔyə
Ọil Cịty *engl.* 'ɔɪl 'sɪtɪ
Ọildag *engl.* 'ɔɪldæg
Ọildale *engl.* 'ɔɪldeɪl
Oi̱leus o'i:lɔys
Oimjakọn, Ojmjakon *russ.* ajmɪ'kɔn
Oinocho̱e ɔyno'ço:ə, ...nɔx...
Oireachtas *engl.* 'ɛrəktɪs
Oiro̱te ɔy'ro:tə
Oirsbeek *niederl.* 'o:rzbe:k
Oirschot *niederl.* 'o:rsxɔt
Oisans *fr.* wa'zã
Oise *fr.* wa:z
Oissẹl *fr.* wa'sɛl
Oisterwijk *niederl.* 'o:stərwɛi̯k
Ọistrach, Ojstrah 'ɔystrax, *russ.* 'ɔjstrɐx
O̱ita 'o:ita
Oitu̱z *rumän.* oi̯'tuz
Ọja *span.* 'ɔxa
Ojaschi̱o oja'ʃi:o
oje̱[mine!] o'je:[mine]
oje̱rum! o'je:rʊm
Ojẹtti *it.* o'i̯ɛtti
Ojibway *engl.* oʊ'dʒɪbweɪ
Ojmjakon vgl. Oimjakon
Ojstrah vgl. Oistrach
Oju̱kwu *engl.* oʊ'dʒu:kwu:
Ọk *isl.* ɔ:k
O. K. o'ke:, *engl.* 'oʊ'keɪ
¹Oka̱ (Maß) o'ka:
²Okạ (Fluß) *russ.* a'ka
Okaja̱ma oka'ja:ma
Okanọgan *engl.* oʊkə'nɔgən
Ọkány *ung.* 'oka:nj
Oka̱pi o'ka:pi
Okari̱na oka'ri:na
Okawạngo oka'vaŋgo
okay, O... o'ke:, *engl.* 'oʊ'keɪ
Okeani̱de okea'ni:də
Oke̱anos o'ke:anɔs
Okeechobee *engl.* oʊkɪ'tʃoʊbɪ
O'Kee[f]fe *engl.* oʊ'ki:f
O̱keghem *niederl.* 'o:kəxəm
O'Kẹlly *engl.* oʊ'kɛlɪ
O̱ken 'o:kn̩
O̱ker 'o:kɐ
Okina̱wa oki'na:va
Ọkka 'ɔka
Okkasio̱n ɔka'zi̯o:n
Okkasionalịsmus ɔkazi̯ona'lɪsmʊs
Okkasionalịst ɔkazi̯ona'lɪst
okkasionẹll ɔkazi̯o'nɛl
Ọkki 'ɔki
okkludi̱eren ɔklu'di:rən
Okklusio̱n ɔklu'zi̯o:n
okklusi̱v, O... ɔklu'zi:f, **-e** ...i:və
okkụlt ɔ'kʊlt
Okkultịsmus ɔkʊl'tɪsmʊs
Okkultịst ɔkʊl'tɪst
Okkupạnt ɔku'pant
Okkupatio̱n ɔkupa'ts̯i̯o:n
Okkupati̱v ɔkupa'ti:f, **-e** ...i:və
okkupato̱risch ɔkupa'to:rɪʃ
okkupi̱eren ɔku'pi:rən
Oklaho̱ma okla'ho:ma *engl.* oʊklə'hoʊmə
Okmulgee *engl.* oʊk'mʌlgɪ
Okna *schwed.* ˌukna
Ọknos 'ɔknɔs
Ökolampa̱d økolam'pa:t
Ökolampa̱dius økolam'pa:di̯ʊs
Ökologi̱e økolo'gi:
ökolo̱gisch øko'lo:gɪʃ
Okọnek *poln.* ɔ'kɔnɛk
Ökono̱m øko'no:m
Ökonometri̱e økonome'tri:

ökonomẹtrisch økono'me:trɪʃ
Ökonọmik øko'no:mɪk
Ökonomie økono'mi:, **-n** ...i:ən
ökonọmisch øko'no:mɪʃ
Ökonomịsmus økono'mɪsmʊs
Ökonomịst økono'mɪst
Ökotọp øko'to:p
Ökotỵpus øko'ty:pʊs
Okrịlla ɔ'krɪla
Okrọschka o'krɔʃka
Ọkrug *russ.* 'ɔkruk
Ọksanen *finn.* 'ɔksanɛn
Ọksby *dän.* 'ɔgsby:'
Ọksevejen *dän.* 'ɔgsəvai̯'ən
Oktachọrd ɔkta'kɔrt, **-e** ...rdə
Oktaẹder ɔkta'|e:dɐ
oktaẹdrisch ɔkta'|e:drɪʃ
Oktagọn ɔkta'go:n
Oktạn[a] ɔk'ta:n[a]
Oktạnt ɔk'tant
Oktateuch ɔkta'tɔyç
Oktạv ɔk'ta:f, **-e** ...a:və
Oktạvia ɔk'ta:vi̯a
Oktaviạn[us] ɔkta'vi̯a:n[ʊs]
Oktạvie ɔk'ta:vi̯ə
Oktạvier ɔk'ta:vi̯ɐ
oktavieren ɔkta'vi:rən
Oktẹtt ɔk'tɛt
Oktịabrski, Oktjabrskij *russ.* ak'tjabrskij
Oktọber ɔk'to:bɐ
Oktobrịst ɔkto'brɪst
Oktọde ɔk'to:də
Oktodekagọn ɔktodeka'go:n
Oktodẹz ɔkto'de:ts
Oktogọn ɔkto'go:n
oktogonạl ɔktogo'na:l
Oktonạr ɔkto'na:ɐ̯
oktoploịd ɔktoplo'i:t, **-e** ...i:də
Oktopọde ɔkto'po:də
Ọktopus 'ɔktopʊs
Oktroi ɔk'tro̯a
oktroyieren ɔktro̯a'ji:rən
Oktỵl ɔk'ty:l
okulạr, O... oku'la:ɐ̯
Okulatiọn okula'tsi̯o:n
Ọkuli 'o:kuli
okulieren oku'li:rən
Okulịst oku'lɪst
Okụlowka, Okulovka *russ.* a'kulɐfkɐ
Ökumẹne øku'me:nə
ökumẹnisch øku'me:nɪʃ
Ökumenịsmus økume'nɪsmʊs
Ọkyo 'o:kjo
Okzident 'ɔktsidɛnt, *auch:* _ _'_
okzidentạl[isch] ɔktsidɛn'ta:l[ɪʃ]
okzipitạl ɔktsipi'ta:l
Ọ̈l ø:l
Olạdi o'la:di
Ọlaf *dt., dän.* 'o:laf, *norw.* ˌu:lav, ˌu:laf
Ólafsfjörður *isl.* 'ou̯lafsfjœrðʏr
Ólafsvík *isl.* 'ou̯lafsvi:k
Ólafur *isl.* 'ou̯la:vʏr
Ọlah 'o:la
Olạncho *span.* o'lantʃo
Ọland 'o:lant
Ọ̈land *schwed.* 'ø:land
Olathe *engl.* oʊ'leɪθɪ
Ọlav *dän.* 'o:lau̯
Olavịde *span.* ola'βiðe
Ọlavinlinna *finn.* 'ɔlavinlinna
Oława *poln.* ɔ'u̯ava
Olạya *span.* o'laja
Ọ̈lberg 'ø:lbɛrk
Ọlbernhau 'ɔlbɐnhau̯
Ọlbers[dorf] 'ɔlbɐs[dɔrf]
Ọlbersleben 'ɔlbɐsle:bn̩
Ọlbia *dt. it.* 'ɔlbi̯a
Ọ̈lbő *ung.* 'ølbø:
Ọlbracht *tschech.* 'ɔlbraxt
Ọlbrich[t] 'ɔlbrɪç[t]
Ọlching 'ɔlçɪŋ
Olchọn, Ol'hon *russ.* alj'xɔn
Ọlcott *engl.* 'ɔlkət
Oldburg *engl.* 'oʊldbərɪ
Ọldach 'ɔldax
Ọ̈ldag 'ø:ldɛk
Oldcastle *engl.* 'oʊldkɑ:sl
Ọlde 'ɔldə
Ọldebroek *niederl.* 'ɔldəbru:k
Ọldemarkt *niederl.* 'ɔldəmarkt
Ọlden 'ɔldn̩
Oldenbạrnevelt *niederl.* ɔldən'barnəvɛlt
Ọldenberg 'ɔldn̩bɛrk
Ọldenbourg 'ɔldn̩bʊrk
[1]**Ọldenburg** 'ɔldn̩bʊrk
[2]**Ọldenburg, Ol'denburg** 'ɔldn̩bʊrk, *russ.* aljdɪn'burk
Ọldenburger 'ɔldn̩bʊrgɐ
ọldenburgisch 'ɔldn̩bʊrgɪʃ
Ọldendorp 'ɔldn̩dɔrp
Ọldentrup 'ɔldn̩trʊp
Ọldenzaal *niederl.* 'ɔldənza:l
Ọldesloe[r] 'ɔldəslo:[ɐ]
Oldfield *engl.* 'oʊldfi:ld
Old Flẹtton *engl.* 'oʊld 'flɛtn
Old Fọrge *engl.* 'oʊld 'fɔ:dʒ
Oldham *engl.* 'oʊldəm
Ọldisleben 'ɔldɪsle:bn̩
Oldman *engl.* 'oʊldmən
Oldmixon *engl.* 'oʊldmɪksn
Oldred *engl.* 'oʊld 'rɛd
Ọldřich *tschech.* 'ɔldrʒix
Old Shatterhand *engl.* 'oʊld 'ʃætəhænd
Oldtimer *engl.* 'oʊldtaɪmə
Old Town *engl.* 'oʊld 'taʊn
Old Vịc *engl.* 'oʊld 'vɪk
Ọldwig 'ɔltvɪç
Oldys *engl.* oʊldz
Ọle *dt., dän.* 'o:lə
Olea vgl. **Oleum**
Olean *engl.* 'oʊlɪən
Oleạnder ole'andɐ
Oleạrius ole'a:ri̯ʊs
Oleạster ole'astɐ
Oleạt ole'a:t
Oleazẹen olea'tse:ən
Olęcko *poln.* ɔ'lɛtskɔ
Ọlef 'o:lɛf
Olefịn ole'fi:n
Ọleg 'o:lɛk, *russ.* a'ljɛk
Oleịn ole'i:n
Olekma vgl. Oljokma
Olekminsk vgl. Oljokminsk
Olẹkranon o'le:kranɔn
ọ̈len 'ø:lən
Ọlen *niederl.* 'o:lə
Olenjọk, Olenek *russ.* alɪ'njɔk
Ọlenka, Olen'ka *russ.* 'ɔlɪnjkɐ
Olẹnus o'le:nʊs
Oleodụkt oleo'dʊkt
Oleọm ole'o:m
Oleọsa ole'o:za
Oleosklerọm oleoskle'ro:m
Oleothọrax oleo'to:raks
Oléron *fr.* ɔle'rõ
Olẹsa *span.* o'lesa
Olẹscha, Oleša *russ.* a'ljɛʃɐ
Olesen Løkken *dän.* o:ləsən'løgən
Oleśnịca *poln.* ɔlɛɕ'nitsa
Olẹsno *poln.* ɔ'lɛsnɔ
Ọleum 'o:leʊm, **Ọlea** 'o:lea
Oleviạnus ole'vi̯a:nʊs
Olfactọrius ɔlfak'to:ri̯ʊs
Olfaktomẹter ɔlfakto'me:tɐ
Olfaktometrie ɔlfaktome'tri:
olfaktọrisch ɔlfak'to:rɪʃ
Olfaktọrium ɔlfak'to:ri̯ʊm, **...ien** ...i̯ən
Ọlf ɔlf
Ọlfers 'ɔlfɐs
Ọ̈lfusá *isl.* 'œlvʏsau̯
[1]**Ọlga** *dt., dän., it.* 'ɔlga, *engl.* 'ɔlgə, *fr.* ɔl'ga
[2]**Ọlga, Ol'ga** *russ.* 'ɔljgɐ
Olhão *port.* o'ʎɐ̃ũ̯
Ol'hon vgl. Olchon
Olibanum o'li:banʊm, oli'ba:nʊm
Olịd *span.* o'lið
Olié *fr.* ɔ'lje
Oliẹna *it.* o'li̯ɛ:na
Oliẹr *fr.* ɔ'lje
Olifant 'o:lifant, *auch:* oli'fant
Ọlifant Rịver *engl.* 'ɔlɪfənt 'rɪvə
ọ̈lig 'ø:lɪç, **-e** ...ɪgə
Oligakisurie oligakizu'ri:
Oligämie oligɛ'mi:
Oligạrch oli'garç
Oligarchie oligar'çi:, **-n** ...i:ən
Oligase oli'ga:zə
Oligochạ̈te oligo'çɛ:tə
Oligocholie oligoço'li:
Oligochromämie oligokromɛ'mi:
Oligodaktylie oligodakty'li:, **-n** ...i:ən
Oligodipsie oligodɪ'psi:
Oligodontie oligodɔn'ti:
Oligodynamie oligodyna'mi:
oligodynạmisch oligody'na:mɪʃ
Oligoglobulie oligoglobu'li:
Oligohydrämie oligohydrɛ'mi:
Oligoklạs oligo'kla:s, **-e** ...a:zə
Oligomenorrhọ̈, ...öe oligomenɔ'rø:
oligomẹr oligo'me:ɐ̯
oligophạg oligo'fa:k, **-e** ...a:gə

Oligophagi̲e̲ oligofa'gi:
Oligophreni̲e̲ oligofre'ni:, **-n** ...i:ən
Oligoplẹxe oligo'plɛksə
Oligopnọe oligo'pno:ə
Oligosiali̲e̲ oligozi̯a'li:
Oligospermi̲e̲ oligospɛr'mi:
Oligotrichi̲e̲ oligotrɪ'çi:
oligotrọph oligo'tro:f
Oligotrophi̲e̲ oligotro'fi:
oligozä̲n, O... oligo'tsɛ:n
Oligozythämi̲e̲ oligotsytɛ'mi:
Oliguri̲e̲ oligu'ri:
O̲lim 'o:lɪm
Olịmpi, Olimpij *russ.* a'limpij
Olịmpo *span.* o'limpo
Oli̲n *schwed.* u'li:n
Olịnda *bras.* o'linda
Olịndo *it.* o'lindo
Olịnto *it.* o'linto
Ọliphant *engl.* 'ɔlɪfənt
Olisi̲po oli'zi:po
Oli̲ta o'li:ta
oli̲v, O... o'li:f
Oli̲va (Name) *dt., it.* o'li:va, *span.* o'liβa
Olivạis *port.* oli'vaiʃ
Olivạl *port.* oli'val
Olivạres *span.* oli'βares
[1]**Oli̲ve** o'li:və
[2]**Olive** (Name) *fr.* ɔ'li:v, *engl.* 'ɔlɪv
Oli̲vecrona *schwed.* uˌli:vəkru:na
Oliveira *port.* oli'vei̯rɐ, *bras.* oli'vei̯ra
Olivẹnza *span.* oli'βenθa
O̲liver 'o:livɐ, *engl.* 'ɔlɪvə, *span.* oli'βɛr
Olivẹros *span.* oli'βeros
Olivẹt *fr.* ɔli'vɛ
Oliveta̲n[us] olive'ta:n[ʊs]
Olivẹtte oli'vɛtə
Olivẹtti *it.* oli'vetti
Oli̲vi o'li:vi
Oli̲via o'li:vi̯a, *engl.* ɔ'lɪvɪə
Olivie̲r oli'vi̯e:, *fr.* ɔli'vje, *engl.* ə'lɪvɪeɪ
Olivie̲ro *it.* oli'vi̯ɛ:ro
Olivi̲n oli'vi:n
Ọlja *russ.* 'ɔljɐ
Ọljelund *schwed.* ˌɔljəlʊnd
Oljọkma, Olekma *russ.* a'ljɔkmɐ
Oljọkminsk, Olekminsk *russ.* a'ljɔkminsk
Ọlkusz *poln.* 'ɔlkuʃ
Ọlla podri̲da 'ɔla po'dri:da, 'ɔlja –
ọlle Kamẹllen 'ɔlə ka'mɛlən
Ọllendorf 'ɔləndɔrf
Ọllenhauer 'ɔlənhau̯ɐ
Ollẹr *kat.* u'ʎe
Ọllerup *dän.* 'ɔl'ərob
Ọlli 'ɔli
Olliẹr *fr.* ɔ'lje
Ollioules *fr.* ɔ'ljul
Ọllivant *engl.* 'ɔlɪvənt
Olliviẹr *fr.* ɔli'vje
Ọlly 'ɔli
Ollon *fr.* ɔ'lõ
Ọlm ɔlm
ỌLMA 'ɔlma
Olmẹdo *span.* ɔ'lmeðo
Olmẹke ɔ'lme:kə
Ọlmi *it.* 'olmi
Olmịnski, Ol'minskij *russ.* alj'minskij
Ọlmsted *engl.* 'ɔmstɛd
Ọlmütz 'ɔlmʏts
Ọlney (USA) *engl.* 'ɔlnɪ
O̲lo 'o:lo
O̲lof *dt., niederl.* 'o:lɔf; *schwed.* ˌu:lɔf, ...ɔv, '– –
Ọlomouc *tschech.* 'ɔlɔmɔu̯ts
Olọnez, Olonec *russ.* a'lɔnɪts
Olonọs olo'nɔs
Olonzạc *fr.* ɔlõ'zak
Oloron *fr.* ɔlɔ'rõ
Olọt *span.* o'lɔt
Olov *schwed.* ˌu:lɔf, ...ɔv; '– –
Ọloví *tschech.* 'ɔlɔvi:
Ọlpe[rer] 'ɔlpə[rɐ]
Ọlpin *engl.* 'ɔlpɪn
Ọlrik *dän.* 'ɔl'reg
Ọlsa 'ɔlza
Ọlšany *tschech.* 'ɔlʃani
O̲lsbrücken 'o:lsbrʏkn̩
Ö̲lschläger 'ø:lʃlɛ:gɐ
Ọlshausen 'ɔlshau̯zn̩
Ö̤lsig 'œlzɪç
Olsson *schwed.* 'ulsɔn, ˌ– –
Ọlst *niederl.* ɔlst
Ọlsztyn *poln.* 'ɔlʃtɨn
Olsztỵnek *poln.* ɔl'ʃtɨnɛk
Ọlt *rumän.* olt
Ọlten 'ɔltn̩
Oltẹnia *rumän.* ol'tenia
Oltẹnien ɔl'te:ni̯ən
Oltẹnița *rumän.* ol'tenitsa
Oltẹț *rumän.* ol'tets
Ọltmanns 'ɔltmans
Ọltmans *niederl.* 'ɔltmɑns
O̲luf *dän.* 'o:lof
Ọlvenstedt 'ɔlvn̩ʃtɛt
Olvẹra *span.* ol'βera
Olỵmp o'lʏmp
Olỵmpia o'lʏmpi̯a, *engl.* oʊ'lɪmpɪə, *fr.* ɔlɛ̃'pja
Olympia̲de olʏm'pi̯a:də
Olỵmpias o'lʏmpi̯as
Olỵmpic Mountains *engl.* oʊ'lɪmpɪk 'maʊntɪnz
Olympie̲ion olʏm'pi̯ai̯ɔn
Olỵmpier o'lʏmpi̯ɐ
Olympio *fr.* ɔlɛ̃'pjo, *bras.* o'limpi̯o
Olympiodo̲ros olʏmpi̯o'do:rɔs
Olympioni̲ke olʏmpi̯o'ni:kə
olỵmpisch o'lʏmpɪʃ
Olỵmpos o'lʏmpɔs, 'o:lʏmpɔs *neugr.* 'ɔlimbɔs
Olỵnth[os] o'lʏnt[ɔs]
Ọlyphant *engl.* 'ɔlɪfənt
Ọlza *poln.* 'ɔlza
Ọm, Om' *russ.* ɔmj
O̲ma 'o:ma
Omagh *engl.* 'oʊmə
O̲magra 'o:magra
Omaha *engl.* 'oʊməhɔ:
O'Mahony *engl.* oʊ'mæhənɪ
Omaia̲de omai̯'ja:də
Omalgi̲e̲ omal'gi:, **-n** ...i:ən
O'Malley *engl.* oʊ'mælɪ
O̲mama 'o:mama
Oma̲n o'ma:n
O̲mar 'o:mar, *auch:* 'ɔmar; *pers.* o'mær
Omarthri̲tis omar'tri:tɪs, **...iti̲den** ...tri'ti:dn̩
Oma̲sus o'ma:zʊs
Ọmberg *schwed.* 'ɔmbærj
Ọmbos 'ɔmbɔs
Ombra̲ge õ'bra:ʒə
Ombré õ'bre:
Ombrogra̲ph ɔmbro'gra:f
Ombrome̲ter ɔmbro'me:tɐ
Ombro̲ne *it.* om'bro:ne
ombrophi̲l ɔmbro'fi:l
ombropho̲b ɔmbro'fo:p, **-e** ...'fo:bə
Ọmbudsmann 'ɔmbʊtsman
Omdurma̲n ɔmdʊr'ma:n
O'Meara *engl.* oʊ'mɑ:rə
O̲mega 'o:mega
Omẹgna *it.* o'meɲɲa
O̲meis 'o:mai̯s
Omelẹtt ɔm[ə]'lɛt
Omelẹtte ɔm[ə]'lɛt, **-n** ...tn̩
Omelette aux confitures *fr.* ɔmlɛtokõfi'ty:r
Omelette aux fines hẹrbes *fr.* ɔmlɛtofin'zɛrb
Omelette soufflée *fr.* ɔmlɛtsu'fle
O̲men 'o:mən, **O̲mina** 'o:mina
Omẹntum o'mɛntʊm
O̲mikron 'o:mikrɔn
ominö̲s omi'nø:s, **-e** ...ø:zə
Ọmiš *serbokr.* ˌɔmi:ʃ
Ọmišalj *serbokr.* 'ɔmiʃalj
Omịssa o'mɪsa
Omissio̲n omɪ'si̯o:n
Omissi̲vdelikt omɪ'si:fdelɪkt
omitti̲eren omɪ'ti:rən
Ọmko 'ɔmko
Ọmladina 'ɔmladina
Ommati̲dium ɔma'ti:di̯ʊm, **...ien** ...i̯ən
Ommatopho̲ren ɔmato'fo:rən
Ọmmeganck *niederl.* 'ɔməxɑŋk
Ọmmen *niederl.* 'ɔmə
Ọmmo 'ɔmo
ọmnia ad maio̲rem Dẹi glo̲riam 'ɔmnia at maj'o:rɛm 'de:i 'glo:ri̯am
Ọmnibus 'ɔmnibʊs, **-se** ...ʊsə
omnipotẹnt ɔmnipo'tɛnt
Omnipotẹnz ɔmnipo'tɛnts
Omnipräsẹnz ɔmniprɛ'zɛnts
Omnisziẹnz ɔmni'stsi̯ɛnts
Ọmnium 'ɔmniʊm, **...ien** ...i̯ən
omnivo̲r ɔmni'vo:ɐ̯
Omnivo̲re ɔmni'vo:rə
Omodẹo *it.* omo'dɛ:o

Omodynie omody'ni:, **-n** ...i:ən
Omolon *russ.* ama'lɔn
Omophagie omofa'gi:
Omophorion omo'fo:ri̯ɔn, **...ien** ...i̯ən
O'More *engl.* oʊ'mɔ:
Omphale 'ɔmfale; ɔm'fa:lə, *B* ...le
Omphalitis ɔmfa'li:tis, **...itiden** ...li'ti:dn̩
Omphalodes ɔmfa'lo:dɛs
Omphalos 'ɔmfalɔs
Omphaloskopie ɔmfalosko'pi:
Ompteda 'ɔmpteda
Omrah 'ɔmra
Omre *norw.* 'ɔmrə
Omri 'ɔmri
Omsk *russ.* ɔmsk
Omulew *poln.* ɔ'mulɛf
Omulewski, Omulevskij *russ.* amu'lʲɛfskij
Omurtag *bulgar.* omur'tak
Omuta o'mu:ta
[1]**On** (Heliopolis) o:n
[2]**On** (Fernsehen) ɔn
Oña *span.* 'oɲa
Onager 'o:nagɐ
Onan 'o:nan
Onanie ona'ni:
onanieren ona'ni:rən
Onanist ona'nɪst
Önanthol ønan'to:l
Oñar *span.* o'ɲar
Onassis *neugr.* ɔ'nasis
Oñate *span.* o'ɲate
Onatas o'na:tas
on call *engl.* ɔn 'kɔ:l
Onchozerkose ɔnçotsɛr'ko:zə
Oncidium ɔn'tsi:di̯ʊm
Oncken 'ɔŋkn̩
Ondeggiamento ɔndɛdʒa'mɛnto
ondeggiando ɔndɛ'dʒando
Ondes Martenot *fr.* õdmartə'no
Ondit õ'di:
Ondra 'ɔndra
Ondřej *tschech.* 'ɔndrʒɛj
Ondulation ɔndula'tsi̯o:n
Ondulé õdy'le:
ondulieren ɔndu'li:rən
O'Neal[e] *engl.* oʊ'ni:l
Oneco *engl.* ou'ni:kou
Onega o'ne:ga, *russ.* a'njɛgɐ
Onegin o'ne:gi:n, *russ.* a'njegin
Onehunga *engl.* oʊnə'hu:ŋə
Oneida *engl.* oʊ'naɪdə
O'Neil[l] *engl.* oʊ'ni:l
Oneirodynia onai̯rody'ni:a
Oneiromantie onai̯roman'ti:
Oneiros 'o:naɪrɔs
Oneonta *engl.* oʊnɪ'ɔntə
Onera vgl. Onus
onerieren one'ri:rən
oneros one'ro:s, **-e** ...o:zə
onerös one'rø:s, **-e** ...ø:zə
Onesimus o'ne:zimʊs
Onestep *engl.* 'wʌnstɛp
Öneus 'ø:nɔys
Onganía *span.* ɔŋga'nia
ongarese, ongharese ɔŋga're:zə
Ongaro *it.* 'oŋgaro
Oni *russ.* 'ɔni
Onias o'ni:as
Oniomanie oni̯oma'ni:
Onions *engl.* 'ʌnɪənz
Onís *span.* o'nis
Onkel 'ɔŋkl̩
Onkelos 'ɔŋkelɔs
Onkologe ɔŋko'lo:gə
Onkologie ɔŋkolo'gi:
onkologisch ɔŋko'lo:gɪʃ
Onkosphaera ɔŋko'sfɛ:ra
Onnes *niederl.* 'ɔnəs
Onno 'ɔno
Onnos 'ɔnɔs
Onobrychis o'no:brʏçɪs
Ónod *ung.* 'o:nod
Onogosystem o'no:gozʏste:m
Onoi, Onoj *russ.* a'nɔj
Önologe øno'lo:gə
Önologie ønolo'gi:
önologisch øno'lo:gɪʃ
Onomakritos ono'ma:kritɔs
Önomanie ønoma'ni:
Onomantie onoman'ti:
Önomaos ø'no:maɔs
Onomasiologie onomazi̯olo'gi:
onomasiologisch onomazi̯o'lo:gɪʃ
Onomastik ono'mastɪk
Onomastikon ono'mastikɔn, **...ka** ...ka
Onomatologie onomatolo'gi:
Onomatomanie onomatoma'ni:
Onomatopoesie onomatopoe'zi:
onomatopoetisch onomatopo'e:tɪʃ
onomatopöetisch onomatopø'e:tɪʃ
Onomatopöie onomatopø'i:, **-n** ...i:ən
Önometer øno'me:tɐ
Önone ø'no:nə, *B* ...ne
Önorm 'ø:nɔrm
Onorato *it.* ono'ra:to
Önotherazeen ønotera'tse:ən
On parle français *fr.* õparləfrã'sɛ
Onsala *schwed.* ˌunsɑ:la
Onsernone *it.* onser'no:ne
Onslow *engl.* 'ɔnzloʊ
Onstmettingen ɔnst'mɛtɪŋən
Onstwedde *niederl.* ɔnst'wɛdə
Ontario ɔn'ta:ri̯o, *engl.* ɔn'tɛərioʊ
Onteniente *span.* ɔnte'njente
on the rocks *engl.* ɔn ðə 'rɔks
ontisch 'ɔntɪʃ
Ontogenese ɔntoge'ne:zə
ontogenetisch ɔntoge'ne:tɪʃ
Ontogenie ɔntoge'ni:
ontogenisch ɔnto'ge:nɪʃ
Ontologe ɔnto'lo:gə
Ontologie ɔntolo'gi:
ontologisch ɔnto'lo:gɪʃ
Ontologismus ɔntolo'gɪsmʊs
Ontosophie ɔntozo'fi:
Onuphrio o'nu:frio
Onuris o'nu:rɪs
Onus 'o:nʊs, **Onera** 'o:nera
Onychatrophie onʏçatro'fi:
Onychie onʏ'çi:
Onychogrypose onʏçogry'po:zə
Onycholyse onʏço'ly:zə
Onychomadese onʏçoma'de:zə
Onychomykose onʏçomy'ko:zə
Onychophagie onʏçofa'gi:
Onychose onʏ'ço:zə
Onyx 'o:nʏks
Onze et demi *fr.* õzed'mi
Oogamie ooga'mi:
Oogenese ooge'ne:zə
oogenetisch ooge'ne:tɪʃ
Oogonium oo'go:ni̯ʊm, **...ien** ...i̯ən
Ooid oo'i:t, **-e** ...i:də
Ookinet ooki'ne:t
Oolemma oo'lɛma
Oolith oo'li:t, *auch:* ...lɪt
Oologie oolo'gi:
Oomyzeten oomy'tse:tn̩
Oophorektomie oofɔrɛkto'mi:
Oophoritis oofo'ri:tɪs, **...itiden** ...ri'ti:dn̩
oophorogen ooforo'ge:n
Oophoron o'o:forɔn
Ooplasma oo'plasma
Oordegem *niederl.* 'o:rdəxəm
Oorderen *niederl.* 'o:rdərə
Oort *niederl.* o:rt
Oos o:s
Oost *niederl.* o:st
Oostakker *niederl.* 'o:stɑkər
Oostburg *niederl.* 'o:zdbʏrx
Oostdongeradeel *niederl.* o:stdɔŋəra:'de:l
Oostduinkerke *niederl.* o:st'dœi̯nkɛrkə
Oosteeklo *niederl.* o:st'e:klo:
Oostelbeers *niederl.* 'o:stəlbe:rs
Oostende *niederl.* o:st'ɛndə
Oost- en West-Souburg *niederl.* 'o:st ɛn wɛst'su:bʏrx
Oosterbeek *niederl.* 'o:stərbe:k
Oosterhesselen *niederl.* o:stər'hɛsələ
Oosterhout *niederl.* 'o:stərhɔu̯t
Oosterpolder *niederl.* 'o:stərpɔldər
Oosterschelde *niederl.* o:stər'sxɛldə
Oosterwierum *niederl.* o:stər'wi:rəm
Oostkamp *niederl.* 'o:stkɑmp
Oostkapelle *niederl.* 'o:stkɑˌpɛlə
Oostmalle *niederl.* o:st'mɑlə
Oostnieuwkerke *niederl.* o:st'ni:u̯kɛrkə

Oostrozebeke *niederl.* o:st'ro:zəbe:kə
Ooststellingwerf *niederl.* o:ststɛlɪŋ'wɛrf
Oost-Vlaanderen *niederl.* o:st'fla:ndərə
Oostvoorne *niederl.* o:st'fo:rnə
Oostzaan *niederl.* o:st'sa:n
Oozephalie ootsefa'li:, **-n** ...i:ən
Oozoid ootso'i:t, **-e** ...i:də
Oozoyte oo'tsy:tə
Opa 'o:pa
opak o'pa:k
Opal o'pa:l
opalen o'pa:lən
Opalenica *poln.* ɔpalɛ'nitsa
Opaleszenz opalɛs'tsɛnts
opaleszieren opalɛs'tsi:rən
opalisieren opali'zi:rən
Opa-locka *engl.* oʊpə'lɔkə
Opanke o'paŋkə
Opapa 'o:papa
Oparin *russ.* a'parin
Opatija *serbokr.* ɔ,patija
Opatovice *tschech.* 'ɔpatɔvitsɛ
Opatów *poln.* ɔ'patuf
Opava *tschech.* 'ɔpava
Opazität opatsi'tɛ:t
Ope *schwed.* ,u:pə
OPEC 'o:pɛk, *engl.* 'oʊpɛk
Opekuschin, Opekušin *russ.* apɪ'kuʃɨn
Opel ⓦ 'o:pl̩
Open house *engl.* 'oʊpn 'haʊs
Opelika *engl.* oʊpə'laɪkə
Opelousas *engl.* ɔpə'lu:səs
Oper 'o:pɐ
[1]**Opera** 'o:pəra, **...re** ...re
[2]**Opera** vgl. Opus
Opéra *fr.* ɔpe'ra
operabel opə'ra:bl̩, **...ble** ...blə
Opera buffa 'o:pəra 'bʊfa, **...re ...ffe** ...re ...fe
Opéra comique, -s -s *fr.* ɔperakɔ'mik
Opera eroica 'o:pəra e'ro:ika, **...re ...che** ...re ...ke
Opera semiseria 'o:pəra zemi'ze:ri̯a, **...re ...rie** ...re ...ri̯e
Opera seria 'o:pəra 'ze:ri̯a, **...re ...rie** ...re ...ri̯e
Operateur opəra'tø:ɐ̯
Operation opəra'tsi̯o:n
Operationismus opəratsi̯o'nɪsmʊs
Operations-research *engl.* ɔpə'reɪʃənzrɪ'sə:tʃ
operativ opəra'ti:f, **-e** ...i:və
Operativismus opərati'vɪsmʊs
Operator opə'ra:tɔr, **-en** ...ra'to:rən
Operatorin opəra'to:rɪn
Operette opə'rɛtə
operieren opə'ri:rən
Operment opɛr'mɛnt
Opet 'o:pɛt
Opfer 'ɔpfɐ
opfern 'ɔpfɐn
Ophamilla ofa'mɪla
Ophelia o'fe:li̯a, *engl.* ɔ'fi:ljə
Ophikleide ofikle'i:də
Ophiolatrie ofi̯ola'tri:
Ophiopogon ofi̯o'po:gɔn
Ophir 'o:fɪr
Ophit o'fi:t
Ophiuchus o'fi̯u:xʊs
Ophiura o'fi̯u:ra
Ophiuroiden ofi̯uro'i:dn̩
Ophrys 'o:frʏs, o'fry:s
Ophthalmiatrie ɔftalmi̯a'tri:
Ophthalmiatrik ɔftal'mi̯a:trɪk
Ophthalmie ɔftal'mi:, **-n** ...i:ən
Ophthalmikum ɔf'talmikʊm, **...ka** ...ka
ophthalmisch ɔf'talmɪʃ
Ophthalmoblennorrhö, ...öe ɔftalmoblɛnɔ'rø:, **...rrhöen** ...'rø:ən
Ophthalmologe ɔftalmo'lo:gə
Ophthalmologie ɔftalmolo'gi:
ophthalmologisch ɔftalmo'lo:gɪʃ
Ophthalmophthisis ɔftalmo'fti:zɪs
Ophthalmoplegie ɔftalmople'gi:
Ophthalmoreaktion ɔftalmoreak'tsi̯o:n
Ophthalmoskop ɔftalmo'sko:p
Ophthalmoskopie ɔftalmosko'pi:
Ophüls 'ɔphʏls
Opiat o'pi̯a:t
Opie *engl.* 'oʊpɪ
Opimius o'pi:mi̯ʊs
Opinaka *engl.* oʊ'pɪnəkɔ:
Opinio communis o'pi:ni̯o kɔ'mu:nɪs
Opinion-leader *engl.* ə'pɪnjənli:də
Opis 'o:pɪs
Opisthobranchia opɪsto'branç i̯a
Opisthodomos opɪs'to:domɔs, **...moi** ...mɔy
Opisthogenie opɪstoge'ni:
Opisthognathie opɪstogna'ti:
Opisthograph opɪsto'gra:f
Opisthotonus opɪsto'to:nʊs
opisthozöl opɪsto'tsø:l
Opitz 'o:pɪts
Opium 'o:pi̯ʊm
Opladen 'ɔpla:dn̩
Oploo *niederl.* 'ɔplo:
Opočno *tschech.* 'ɔpɔtʃnɔ
Opoczno *poln.* ɔ'pɔtʃnɔ
Opodeldok opo'dɛldɔk
Opole [Lubelskie] *poln.* ɔ'pɔlɛ [lu'bɛlskjɛ]
Opopanax o'po:panaks, opo'pa:naks
Oporinus opo'ri:nʊs
Oporto o'pɔrto
Opossum o'pɔsʊm
Opotherapie opotera'pi:
Opotschno 'ɔpɔtʃno
Opp *engl.* ɔp
Oppa[ch] 'ɔpa[x]
Oppau 'ɔpau̯
Oppboga *schwed.* ,ɔpbo:ga
Oppel[n] 'ɔpl̩[n]
Oppem *niederl.* 'ɔpəm
Oppenau 'ɔpənau̯
Oppenheim 'ɔpn̩hai̯m, *engl.* 'ɔpənhaɪm
Oppenheimer 'ɔpn̩hai̯mɐ, *engl.* 'ɔpənhaɪmə
Oppenord[t] *fr.* ɔp'nɔ:r
Opper *engl.* 'ɔpə
Opperman *afr.* 'ɔpərman
Oppert 'ɔpɐt, *fr.* ɔ'pɛ:r
Oppido Mamertina *it.* 'ɔppido mamer'ti:na
Oppidum 'ɔpidʊm
Oppius 'ɔpi̯ʊs
Oppland *norw.* ,ɔplan
Oppler 'ɔplɐ
Oppolzer 'ɔpɔltsɐ
Opponent ɔpo'nɛnt
opponieren ɔpo'ni:rən
opportun ɔpɔr'tu:n
Opportunismus ɔpɔrtu'nɪsmʊs
Opportunist ɔpɔrtu'nɪst
Opportunität ɔpɔrtuni'tɛ:t
Opposition ɔpozi'tsi̯o:n
oppositionell ɔpozitsi̯o'nɛl
Oppression ɔprɛ'si̯o:n
oppressiv ɔprɛ'si:f, **-e** ...'si:və
opprimieren ɔpri'mi:rən
Opprobration ɔprobra'tsi̯o:n
Oppurg 'ɔpʊrk
Ops ɔps
Opsonine ɔpso'ni:nə
Opstal *niederl.* 'ɔpstɑl
Opsterland *niederl.* 'ɔpstərlɑnt
Optand *schwed.* ,uptand
Optant ɔp'tant
Optatianus ɔpta'tsi̯a:nʊs
optativ, O... 'ɔptati:f, *auch:* ...'ti:f; **-e** ...i:və
Optatus ɔp'ta:tʊs
Optic *engl.* 'ɔptɪk
Opticus 'ɔptikʊs
optieren ɔp'ti:rən
Optik 'ɔptɪk
Optiker 'ɔptikɐ
Optima vgl. Optimum
optima fide 'ɔptima 'fi:də
optima forma 'ɔptima 'fɔrma
optimal ɔpti'ma:l
Optimat ɔpti'ma:t
optime 'ɔptime
Optimeter ɔpti'me:tɐ
optimieren ɔpti'mi:rən
Optimismus ɔpti'mɪsmʊs
Optimist ɔpti'mɪst
Optimum 'ɔptimʊm, **...ima** ...ima
Option ɔp'tsi̯o:n
optisch 'ɔptɪʃ
Optometer ɔpto'me:tɐ
Optometrie ɔptome'tri:
opulent opu'lɛnt

Opulenz opu'lɛnts
Opuntie o'pʊntsi̯ə
Opus 'o:pʊs, **Opera** ...pəra
Opus alexandrinum 'o:pʊs alɛksan'dri:nʊm
Opus Dei 'o:pʊs 'de:i
Opusculum o'pʊskulʊm, **...la** ...la
Opus incertum 'o:pʊs ɪn'tsɛrtʊm
Opus operatum 'o:pʊs opə'ra:tʊm
Opus postumum 'o:pʊs 'pɔstumʊm
Opus reticulatum 'o:pʊs retiku'la:tʊm
Opus sectile 'o:pʊs 'zɛktilə
Opus spicatum 'o:pʊs spi'ka:tʊm
Opus tesselatum 'o:pʊs tɛse'la:tʊm
Opwijk *niederl.* 'ɔpwɛi̯k
Oquendo *span.* o'kendo
[1]**Ora** 'o:ra
[2]**Ora** vgl. [3]Os
Orade o'ra:də
Oradea *rumän.* o'radea̯
Oradour *fr.* ɔra'du:r
Öræfajökull *isl.* 'œ:rai̯vajœ:kʏdl
ora et labora! 'o:ra ɛt la'bo:ra
Orahovac *serbokr.* ˌɔrahɔvats
Orahovica *serbokr.* ˌɔrahɔvitsa
Oraison *fr.* ɔrɛ'zõ
Orakel o'ra:kl̩
orakeln o'ra:kl̩n
oral, O... o'ra:l
Oran o'ra:n, *fr.* ɔ'rã
orange, [1]O... o'rã:ʒə, *auch:* o'raŋʒə
[1]**Orange** (Name) *engl.* 'ɔrɪndʒ, *fr.* ɔ'rã:ʒ, *bras.* o'rẽʒi
Orangeade orã'ʒa:də
Orangeat orã'ʒa:t
Orangeburg *engl.* 'ɔrɪndʒbə:g
Orange Free State *engl.* 'ɔrɪndʒ 'fri: 'steɪt
Orange Pekoe *engl.* 'ɔrɪndʒ 'pi:koʊ
Orangerie orãʒə'ri:, **-n** ...i:ən
Orangeville *engl.* 'ɔrɪndʒvɪl
Orang-Utan 'o:raŋ'|u:tan
Oranie *fr.* ɔra'ni
Oranien[baum] o'ra:ni̯ən[bau̯m]
Oranienburg o'ra:ni̯ənbʊrk
Oranienstein o'ra:ni̯ənʃtai̯n
Oranier o'ra:ni̯ɐ
Oranje o'ranjə, *niederl.* o:'rɑnjə, *afr.* o:'ranjə
Oranjestad *niederl.* o:'rɑnjəstɑt
Orans 'o:rans, **...nten** o'rantn̩
Orant[e] o'rant[ə]
ora pro nobis 'o:ra pro: 'no:bɪs
Orăştie *rumän.* orəʃ'tie
Oraşul Stalin *rumän.* o'raʃul 'stalin
Oratio dominica o'ra:tsi̯o do'mi:nika
Oratio obliqua o'ra:tsi̯o o'bli:kva
Oratio recta o'ra:tsi̯o 'rɛkta
Orator o'ra:tɔr, **-en** ora'to:rən
Oratorianer orato'ri̯a:nɐ
oratorisch ora'to:rɪʃ
Oratorium ora'to:ri̯ʊm, **...ien** ...i̯ən
Oravița *rumän.* o'ravitsa
Orawitza o'ra:vɪtsa
Orazio *it.* o'rattsi̯o
Orb ɔrp, *fr.* ɔrb
Orbaneja *span.* ɔrβa'nɛxa
Orbassan ɔrba'sa:n
Orbe *fr.* ɔrb
Orbec *fr.* ɔr'bɛk
Orbegozo *span.* ɔrβe'ɣoθo
Orbeli *russ.* ar'bjeli
Orbetello *it.* orbe'tɛllo
Orbigny *fr.* ɔrbi'ɲi
orbikular ɔrbiku'la:ɐ̯
Orbini *it.* or'bi:ni
Orbis 'ɔrbɪs
Orbis pictus 'ɔrbɪs 'pɪktʊs
Orbis terrarum 'ɔrbɪs tɛ'ra:rʊm
Orbit 'ɔrbɪt
Orbita 'ɔrbita, **-e** ...tɛ
orbital ɔrbi'ta:l
Orbke 'ɔrpkə
Örbyhus *schwed.* œ:rby'hʉ:s
Orcagna *it.* or'kaɲɲa
Orchard[son] *engl.* 'ɔ:tʃəd[sn]
Orchester ɔr'kɛstɐ, *veraltend* ɔr'çɛ...
Orchestik ɔr'çɛstɪk
Orchestra ɔr'çɛstra, *engl.* 'ɔ:kɪstrə
orchestral ɔrkɛs'tra:l, *veraltend* ɔrçɛ...
Orchestration ɔrkɛstra'tsi̯o:n, *veraltend* ɔrçɛ...
orchestrieren ɔrkɛs'tri:rən, *veraltend* ɔrçɛ...
Orchestrion ɔr'çɛstriɔn, **...ien** ...i̯ən
Orchidaceae ɔrçi'da:tsɛɛ
Orchidazeen ɔrçida'tse:ən
Orchidee ɔrçi'de:ə
Orchies *fr.* ɔr'ʃi
Orchila *span.* ɔr'tʃila
Orchis 'ɔrçɪs
Orchitis ɔr'çi:tɪs, **...itiden** ɔrçi'ti:dn̩
Orchitomie ɔrçito'mi:, **-n** ...i:ən
Orchomenos ɔr'ço:menɔs
Orchon, Orhon ɔr'çɔn, *russ.* ar'xɔn
Orczy *ung.* 'ortsi, *engl.* 'ɔ:tsɪ
Ordal ɔr'da:l, **-ien** -i̯ən
Ordaz *span.* ɔr'ðaθ
Orden 'ɔrdn̩
Ordener *fr.* ɔrdə'nɛ:r
ordentlich 'ɔrdn̩tlɪç
Order 'ɔrdɐ
Ordericus ɔrde'ri:kʊs
ordern 'ɔrdɐn, **ordre** 'ɔrdrə
Ordesa *span.* ɔr'ðesa
ordinal..., O... ɔrdi'na:l
Ordinale ɔrdi'na:lə, **...lia** ...li̯a
ordinär ɔrdi'nɛ:ɐ̯
Ordinariat ɔrdina'ri̯a:t
ordinario ɔrdin'a:ri̯o
Ordinarium ɔrdi'na:ri̯ʊm, **...ien** ...i̯ən
Ordinarium missae ɔrdi'na:ri̯ʊm 'mɪsɛ
Ordinarius ɔrdi'na:ri̯ʊs, **...ien** ...i̯ən
Ordinate ɔrdi'na:tə
Ordination ɔrdina'tsi̯o:n
Ordines vgl. Ordo
Ordines maiores 'ɔrdine:s ma'jo:re:s
Ordines minores 'ɔrdine:s mi'no:re:s
Ording 'ɔrdɪŋ
ordinieren ɔrdi'ni:rən
ordnen 'ɔrdnən
Ordnung 'ɔrdnʊŋ
Ordo 'ɔrdo, **Ordines** 'ɔrdine:s
Ordo missae 'ɔrdo 'mɪsɛ
Ordoña *span.* ɔr'ðoɲa
Ordóñez *span.* ɔr'ðoɲɛθ
Ordonnanz ɔrdɔ'nants
Ordos 'ɔrdɔs
Or doublé *fr.* ɔrdu'ble
Ordovices ɔrdo'vi:tse:s
ordovizisch ɔrdo'vi:tsɪʃ
Ordovizium ɔrdo'vi:tsi̯ʊm
Ordre 'ɔrdɐ, *fr.* ɔrdr
Ordre du cœur *fr.* ɔrdrədy'kœ:r
Ordrup *dän.* 'ɔrdrob
Ordschonikidse, Ordžonikidze *russ.* ardʒɐni'kidzɪ
Ordu *türk.* 'ɔrdu
Orduña *span.* ɔr'ðuɲa
Öre 'ø:rə
Oreade ore'a:də
oreal ore'a:l
Oreas 'o:reas
Örebro *schwed.* œ:rə'bru:
Orechow, Orehov *russ.* a'rjɛxɐf
Orechowo-Sujewo, Orehovo-Zuevo *russ.* a'rjɛxɐvɐ'zujɪvɐ
Oregano o're:gano
Öregcsertő *ung.* 'ørɛktʃɛrtø:
Oregon 'o:regɔn, 'ɔr...; *engl.* 'ɔrɪgən
Öregrund *schwed.* œ:rə'grʊnd
Orehov vgl. Orechow
Orehoved *dän.* o:rə'ho:[ə]ð
Orehovo-Zuevo vgl. Orechowo-Sujewo
O'Reilly *engl.* oʊ'raɪlɪ
Orel 'o:rɛl; vgl. Orjol
O'Rell *engl.* oʊ'rɛl
Orell 'o:rɛl
Orellana *span.* ore'ʎana
Orelli o'rɛli
Orem *engl.* 'ɔ:rəm
oremus! o're:mʊs
Orenburg 'o:rənbʊrk
Orenda o'rɛnda
Orendel 'o:rɛndl̩

Orẹnse *span.* o'rense
O̲renstein 'o:rənʃta̯in
Oreopi̲thecus oreo'pi:tekʊs
Orẹsme *fr.* ɔ'rɛm
Orẹst o'rɛst
Orẹste *it.* o'rɛste, *fr.* ɔ'rɛst
Orẹstes o'rɛstɛs
Oresti̲e orɛs'ti:
Öresụnd *schwed.* œ:rə'sʊnd
Oreta̲ner ore'ta:nɐ
Ọrfe 'ɔrfə
Orfẹlin *serbokr.* ɔr,fɛli:n
Orfẹo *it.* or'fɛ:o
Ọrff ɔrf
Orfi̲la *span.* ɔr'fila
O̲rford *engl.* 'ɔ:fəd
Orga̲n ɔr'ga:n
Organa vgl. Organum
organa̲l ɔrga'na:l
Organdi̲n ɔrgan'di:n
Orgạndy ɔr'gandi
Organẹll[e] ɔrga'nɛl[ə]
Orga̲nik ɔr'ga:nɪk
Organisatio̲n ɔrganiza'tsi̯o:n
Organisa̲tor ɔrgani'za:tɔr, **-en** ...za'to:rən
organisato̲risch ɔrganiza'to:rɪʃ
orga̲nisch ɔr'ga:nɪʃ
organisi̲eren ɔrgani'zi:rən
organịsmisch ɔrga'nɪsmɪʃ
Organịsmus ɔrga'nɪsmʊs
Organịst ɔrga'nɪst
Organịstrum ɔrga'nɪstrʊm
organoge̲n ɔrgano'ge:n
Organogene̲se ɔrganoge'ne:zə
Organographi̲e ɔrganogra'fi:, **-n** ...i:ən
organogra̲phisch ɔrgano'gra:fɪʃ
organoi̲d ɔrgano'i:t, **-e** ...i:də
Organolo̲ge ɔrgano'lo:gə
Organologi̲e ɔrganolo'gi:
organolo̲gisch ɔrgano'lo:gɪʃ
Ọrganon 'ɔrganɔn
ọrgano ple̲no 'ɔrgano 'ple:no
Organoso̲l ɔrgano'zo:l
Organotherapi̲e ɔrganotera'pi:
organotro̲p ɔrgano'tro:p
Organozo̲on ɔrgano'tso:ɔn, **...zo̲en** ...tso:ən
Organsi̲n ɔrgan'zi:n
Organti̲n ɔrgan'ti:n
Ọrganum 'ɔrganʊm, **...na** ...na
Orgạnza ɔr'gantsa
Orgạsmus ɔr'gasmʊs
orgạstisch ɔr'gastɪʃ
Ọrgel 'ɔrgl̩
ọrgeln 'ɔrgl̩n, **ọrgle** 'ɔrglə
Orge̲torix ɔr'ge:torɪks
Orgiạsmus ɔr'gi̯asmʊs
Orgiạst ɔr'gi̯ast
orgiạstisch ɔr'gi̯astɪʃ
Ọrgie 'ɔrgi̯ə
Órgiva *span.* 'ɔrxiβa
Orgon *fr.* ɔr'gõ
Ọrgovány *ung.* 'orgova:nj
Örhalom *ung.* 'ø:rhɔlom
Orha̲n *türk.* ɔr'hɑn
Orhon vgl. Orchon
O̲ria *it.* 'ɔ:ri̯a
Oria̲ni *it.* o'ri̯a:ni
Oriba̲sius ori'ba:zi̯ʊs
Ori̲be *span.* o'riβe
Orient 'o:ri̯ɛnt, *auch:* o'ri̯ɛnt
Orienta̲le ori̯ɛn'ta:lə
Orienta̲lia ori̯ɛn'ta:li̯a
orientali̲d ori̯ɛnta'li:t, **-e** ...i:də
orienta̲lisch ori̯ɛn'ta:lɪʃ
Orinetalịst[ik] ori̯ɛnta'lɪst[ɪk]
Oriẹnte *span.* o'ri̯ente
orienti̲eren ori̯ɛn'ti:rən
Orifi̲cium ori'fi:tsi̯ʊm, **...cia** ...tsi̯a
Ori̲flamme 'o:riflamə
Ori̲gano o'ri:gano
Ori̲ganum o'ri:ganʊm
Ori̲genes o'ri:genɛs
origina̲l origi'na:l
Ori̲ginal Creole Jazz Band *engl.* ə'rɪdʒənəl 'kri:oʊl 'dʒæz 'bænd
Ori̲ginal Dịxieland Jazz Band *engl.* ə'rɪdʒənəl 'dɪksɪlænd 'dʒæz 'bænd
Origina̲lien origi'na:li̯ən
Originalitä̲t originali'tɛ:t
origine̲ar origi'nɛ:ɐ̯
originẹll origi'nɛl
Orihuẹla *span.* ori'u̯ela
Ori̲llas *span.* o'riʎas
Ori̲llia *engl.* ɔ:'rɪljə
Ö̲rindur 'ø:rɪndu:ɐ̯
Orino̲co *span.* ori'noko
Orino̲ko ori'no:ko
Orịnthia o'rɪnti̯a
Orio̲l *span.* o'ri̯ɔl
Orio̲lo *it.* ori'ɔ:lo
Ori̲on o'ri:ɔn
O'Riordan *engl.* oʊ'raɪədən
Orịssa *engl.* ɔ'rɪsə
Orista̲no *it.* oris'ta:no
Őriszentpéter *ung.* 'ø:risɛntpe:tɛr
Ọrivesi *finn.* 'ɔrivɛsi
Oriza̲ba *span.* ori'θaβa
Orjạchowo, Orjahovo *bulgar.* o'rjaxovo
Órjiva *span.* 'ɔrxiβa
Orjo̲l, Orel *russ.* a'rjɔl
[1]**Orka̲n** ɔr'ka:n
[2]**Ọrkan** (Name) *poln.* 'ɔrkan
Ọrkanger *norw.* ,ɔrkaŋər
Ọrke 'ɔrkə
Ọrkény *ung.* 'ørke:nj
O̲rkney[s] *engl.* 'ɔ:knɪ[z]
Ọrkus 'ɔrkʊs
Ọrla *dt., dän.* 'ɔrla
Orlamü̲nde ɔrla'mʏndə
Orlan *fr.* ɔr'lã
Orlạndo *it.* or'lando, *engl.* ɔ:'lændoʊ
Orlạndo furio̲so *it.* or'lando fu'ri̯o:so
Ọrlau 'ɔrlau̯
Orlea̲n ɔrle'a:n
Orléanais *fr.* ɔrlea'nɛ
Orlea̲ner ɔrle'a:nɐ
Orleanịst ɔrlea'nɪst
Orleans ɔrle'ã:, 'ɔrleã
Orléans *fr.* ɔrle'ã
Orléansvịlle *fr.* ɔrleã'vil
Orleka *schwed.* ,u:rle:ka
Ọrley *niederl.* 'ɔrlɛi̯
Ọrlik 'ɔrlɪk
Ọrlík *tschech.* 'ɔrli:k
Ọrlog 'ɔrlo:k, **-e** ...o:gə
Ọrlon Ⓦ 'ɔrlɔn
Ọrlová *tschech.* 'ɔrlɔva:
Orlọw, Orlov *russ.* ar'lɔf
Orlọwa, Orlova *russ.* ar'lɔvɐ
Orlọwski, Orlovskij ɔr'lɔfski, *russ.* ar'lɔfskij
Orłọwski *poln.* ɔr'u̯ɔfski
Ọrlowtraber 'ɔrlɔftra:bɐ
Orly *fr.* ɔr'li
O̲rm *engl.* ɔ:m, *dän.* o:'rm
O̲rmandy *engl.* 'ɔ:məndɪ
Ọrmándy *ung.* 'orma:ndi
Orme *engl.* ɔ:m, *fr.* ɔrm
Ormẹa *it.* or'mɛ:a
O̲rmerod *engl.* 'ɔ:mrɔd
Ọrmesheim 'ɔrməshaɪm
Ormesson *fr.* ɔrmɛ'sõ
Ormesson-sur-Ma̲rne *fr.* ɔrmɛsõsyr'marn
O̲rmin *engl.* 'ɔ:mɪn
O̲rmond[e] *engl.* 'ɔ:mənd
Ọrmont 'ɔrmɔnt
O̲rmsby *engl.* 'ɔ:mzbɪ
O̲rmskirk *engl.* 'ɔ:mzkə:k
Ormus vgl. Hormus
Ormuz vgl. Hormus
Ọrmuzd 'ɔrmʊtst, ...mʊst
Ornain *fr.* ɔr'nɛ̃
Ornamẹnt ɔrna'mɛnt
ornamenta̲l ɔrnamɛn'ta:l
ornamenti̲eren ɔrnamɛn'ti:rən
Ornamẹntik ɔrna'mɛntɪk
Orna̲no *fr.* ɔrna'no
Ornäs *schwed.* ,u:rnɛ:s
Orna̲t ɔr'na:t
Ornati̲v ɔrna'ti:f, **-e** ...i:və
Ọrne *fr.* ɔrn
Ornẹta *poln.* ɔr'nɛta
orni̲eren ɔr'ni:rən
Ọrnis 'ɔrnɪs
Ornithogami̲e ɔrnitoga'mi:
Ornitholo̲ge ɔrnito'lo:gə
Ornithologi̲e ɔrnitolo'gi:
ornitholo̲gisch ɔrnito'lo:gɪʃ
ornithophi̲l ɔrnito'fi:l
Ornithophili̲e ɔrnitofi'li:
Ornithorhynchus ɔrnito'rʏnçʊs
Ornitho̲se ɔrni'to:zə
Örnsköldsvi̲k *schwed.* œ:rnʃœlds'vi:k
Ọrnstein 'ɔrnʃta̯in
[1]**O̲ro** (Gott) 'o:ro
[2]**Ọro** *span.* 'oro
Oroba̲nche oro'bançə
oroge̲n, O... oro'ge:n
Orogene̲se oroge'ne:zə
orogene̲tisch oroge'ne:tɪʃ
Orogeni̲e oroge'ni:
Orognosi̲e orogno'zi:, **-n** ...i:ən

Orographie orogra'fi:, **-n** ...i:ən
orogrạphisch oro'gra:fɪʃ
Orohydrographie orohydrogra'fi:, **-n** ...i:ən
orohydrogrạphisch orohydro'gra:fɪʃ
Orologie orolo'gi:
Orometrie orome'tri:
oromẹtrisch oro'me:trɪʃ
Oron *fr.* ɔ'rõ
Oronạro oro'na:ro
Oron-la-Vịlle *fr.* ɔrõla'vil
Ọrono *engl.* 'ɔ:rənoʊ
Orọnt o'rɔnt
Oronte *fr.* ɔ'rõ:t
Orọntes o'rɔntɛs
Oropẹsa *span.* oro'pesa
Oroplạstik oro'plastɪk
oroplạstisch oro'plastɪʃ
Orosẹi *it.* oro'zɛ:i
Ọrosháza *ung.* 'oroʃha:zɔ
Orọsius o'ro:zi̯ʊs
Ọrosztony *ung.* 'orostonj
Orotạva *span.* oro'taβa
Ọroville *engl.* 'ɔ:rəvɪl
Orovịst oro'vɪst
Orọya *span.* o'roja
Orọzco *span.* o'rɔθko
Ọrpen *engl.* 'ɔ:pən
Orphẹon ɔr'fe:ɔn
Orphẹum ɔr'fe:ʊm, **...ẹen** ...e:ən
Ọrpheus 'ɔrfɔy̆s
Ọrphik 'ɔrfɪk
Ọrphika 'ɔrfika
Ọrphiker 'ɔrfikɐ
ọrphisch 'ɔrfɪʃ
Ọrpington *engl.* 'ɔ:pɪŋtən
Orplid ɔr'pli:t, *auch:* '--
Ọrr *engl.* ɔ:
Orrefọrs *schwed.* ɔrə'fɔrs
Orrẹgo *span.* ɔ'rrɛɣo
Ọrrell *engl.* 'ɔrəl
Orrẹnte *span.* ɔ'rrɛnte
Ọrrery *engl.* 'ɔrərɪ
Ọrrville *engl.* 'ɔ:vɪl
Orry *fr.* ɔ'ri
Ọrs *span.* ɔrs
Orsa *schwed.* ˌursa
Orsạra *it.* or'sa:ra
Orsạtapparat ɔr'za:t|apara:t
Orsay *fr.* ɔr'sɛ
Ọrscha, Orša *russ.* 'ɔrʃɐ
Ọrscholz 'ɔrʃɔlts
Ọrschowa 'ɔrʃova
Ọrschweier 'ɔrʃvai̯ɐ
Orsẹl *fr.* ɔr'sɛl
Orselịna *it.* orse'li:na
Orsenhausen ɔrzn̩'hau̯zn̩
Orsịna *it.* or'si:na
Orsịni *it.* or'si:ni
Orsịno *it.* or'si:no
Ọrsk *russ.* ɔrsk
Ørsø *dän.* 'ø:rsø:'
Orsọgna *it.* or'soɲɲa
Ọrşova *rumän.* 'orʃova
Ọrsoy 'ɔrzɔy̆
Ọrsted 'ø:ɐ̯stɛt, ...ʃtɛt; *dän.* 'œrsdɛð
Ørsted *dän.* 'œrsdɛð
Ọrszágh *ung.* 'orsa:g
Ọrt ɔrt, **Ọ̈rter** 'œrtɐ
Ọrta *it.* 'ɔrta, *port.* 'ɔrtɐ
Ọrta Nọva *it.* 'ɔrta 'nɔ:va
Ọ̈rtchen 'œrtçən
Ọrte *it.* 'ɔrte
Ortẹga y [Gassẹt] *span.* ɔr'teɣa [i ga'sɛt]
Ortegạl *span.* ɔrte'ɣal
Ọrteig *engl.* 'ɔ:tɛg
Ọ̈rtel 'œrtl̩
Ortẹlius ɔr'te:li̯ʊs
Ọrtelsburg 'ɔrtl̩sbʊrk
ọrten 'ɔrtn̩
Ọrtenau 'ɔrtənau̯
Ọrtenberg 'ɔrtn̩bɛrk
ọ̈rtern 'œrtɐn
Ọrth ɔrt
Orthẹz *fr.* ɔr'tɛ:z
Orthịa ɔr'ti:a
Ọrthikon 'ɔrtikɔn, **...ọne** ...'ko:nə
Orthochromasie ɔrtokroma'zi:
orthochromạtisch ɔrtokro'ma:tɪʃ
Orthodontie ɔrtodɔn'ti:
orthodọx ɔrto'dɔks
Orthodoxie ɔrtodɔ'ksi:
orthodrọm ɔrto'dro:m
Orthodrọme ɔrto'dro:mə
Orthoepie ɔrto|e'pi:
Orthoẹpik ɔrto'|e:pɪk
orthoẹpisch ɔrto'|e:pɪʃ
Orthogenẹse ɔrtoge'ne:zə
Orthognathie ɔrtogna'ti:
Orthogọn ɔrto'go:n
orthogonạl ɔrtogo'na:l
Orthographie ɔrtogra'fi:, **-n** ...i:ən
orthogrạphisch ɔrto'gra:fɪʃ
orthokephạl ɔrtoke'fa:l
Orthokephạle ɔrtoke'fa:lə
Orthokephalie ɔrtokefa'li:
Orthoklạs ɔrto'kla:s, **-e** ...a:zə
orthonym ɔrto'ny:m
Orthopạ̈de ɔrto'pɛ:də
Orthopädie ɔrtopɛ'di:
orthopạ̈disch ɔrto'pɛ:dɪʃ
Orthopädịst ɔrtopɛ'dɪst
orthopanchromạtisch ɔrtopankro'ma:tɪʃ
Orthopnọe ɔrto'pno:ə
Orthoptẹre ɔrtɔp'te:rə
Orthọpteron ɔr'tɔpterɔn, **...ptẹren** ɔrtɔp'te:rən
Orthoptịstin ɔrtɔp'tɪstɪn
Orthoskọp ɔrto'sko:p
Orthoskopie ɔrtosko'pi:
Orthọs lọgos ɔr'tɔs 'lɔgɔs
Orthostạse ɔrto'sta:zə
Orthostạten ɔrto'sta:tn̩
orthostạtisch ɔrto'sta:tɪʃ
Orthostigmạt ɔrtostɪ'gma:t
orthọtisch ɔr'to:tɪʃ
Orthotonie ɔrtoto'ni:
orthotonieren ɔrtoto'ni:rən
orthotrọp ɔrto'tro:p
Ọrthoverbindung 'ɔrtofɛɐ̯bɪndʊŋ
orthozephạl ɔrtotse'fa:l
Orthozephạle ɔrtotse'fa:lə
Orthozephalie ɔrtotsefa'li:
Orthozeras ɔr'to:tseras, **...ren** ...to'tse:rən
Ọrti *span.* 'ɔrti
Ortiguẹira *span.* ɔrti'ɣɛi̯ra
Ortisẹi *it.* orti'zɛ:i
Ortịz *span.* ɔr'tiθ, *fr.* ɔr'tis
Ọrtler 'ɔrtlɐ
Ọrtles *it.* 'ɔrtles
ọ̈rtlich 'œrtlɪç
Ọrtlieb 'ɔrtli:p
Ọrtner 'ɔrtnɐ
Ọrtnid, ...nit 'ɔrtni:t
[1]**Ortolạn** (Vogel) ɔrto'la:n
[2]**Ortolan** (Name) *fr.* ɔrtɔ'lã
Ortolị *fr.* ɔrtɔ'li
Ọrton *engl.* ɔ:tn
Ortọna *it.* or'to:na
Ortọ-Tokọi, Orto-Tokọi *russ.* ar'tota'kɔj
Ọrtrand 'ɔrtrant
Ọrtrud 'ɔrtru:t
Ọrtrun 'ɔrtru:n
Ọrtscheit 'ɔrtʃai̯t
Ọrtstein 'ɔrtʃtai̯n
Ọrtwin 'ɔrtvi:n
Ọ̈rtze 'œrtsə
Ọ̈rtzenhof 'œrtsn̩ho:f
Orulgạn *russ.* arul'gan
Orup *schwed.* 'u:rʊp
Orụro *span.* o'ruro
Orust *schwed.* ˌu:rʊst
Orviẹto ɔr'vi̯e:to, *it.* or'vi̯ɛ:to, or'vi̯e:to
Orvilliẹrs *fr.* ɔrvi'lje
Ọrwell *engl.* 'ɔ:wəl
Ory *fr.* ɔ'ri, *engl.* 'ɔ:rɪ
O'Ryan *engl.* oʊ'raɪən
Oryktogenẹse orʏktoge'ne:zə
Oryktogenie orʏktoge'ni:
Oryktognosie orʏktogno'zi:
Oryktographie orʏktogra'fi:
Orỵza o'ry:tsa
Orzeszkọwa *poln.* ɔʒɛʃ'kɔva
Ọrzyc *poln.* 'ɔʒɨts
Ọrzysz *poln.* 'ɔʒɨʃ
[1]**Os** o:'|ɛs
[2]**Ọs** o:s, **Ọser** 'o:zɐ
[3]**Ọs** (Mund) o:s, **Ọra** 'o:ra
[4]**Ọs** (Knochen) ɔs, **Ọssa** 'ɔsa
Oš vgl. Osch
Osa vgl. [2]Ossa
Osage *engl.* 'oʊseɪdʒ
Osạka o'za:ka
Osām vgl. Ossam
Osạmu o'za:mu
Osar vgl. [2]Os
Ösbẹke œs'be:kə
Ọsbert 'ɔsbɛrt
Ọsborn[e] *engl.* 'ɔzbən
Ọsbourne *engl.* 'ɔzbən
Ọsburg 'o:sbʊrk
Osby *schwed.* ˌu:sby:
Osbyhọlm *schwed.* u:sby'hɔlm

Ọscar *dt., schwed., it.* 'ɔskar, *engl.* 'ɔskə, *fr.* ɔs'ka:r
Oscẹdo ɔs't͡se:do
Osceola *engl.* ɔsɪ'oʊlə
Ọsch, Oš *russ.* ɔʃ
Ọschatz 'o:ʃat͡s
Ọschersleben 'ɔʃɐsle:bn̩
Ọ̈schinensee 'œʃinənze:
Ọschitz 'ɔʃɪt͡s
Oschmjạny Ošmjany *russ.* aʃ'mjanɨ
Oschnujẹh *pers.* oʃnu'i̯e
Ọsci 'ɔst͡si
Oscinẹlla ɔst͡si'nɛla
Ọsco *it.* 'ɔsko
Ọ̈se 'ø:zə
Oseberg *norw.* ˌu:səbærg
Osẹen *schwed.* u'se:n
Osẹira *span.* o'sɛi̯ra
Osẹja de Sajạmbre *span.* o'sɛxa ðe sa'xambre
Ọsek *serbokr.* 'ɔsɛ:k, *tschech.* 'ɔsɛk
Ọ̈sel 'ø:zl̩
Oser vgl. [2]Os
Osẹra *span.* o'sera
Ọserow, Ozerov *russ.* 'ɔzɪrɐf
Osẹrsk, Ozersk *russ.* a'zjɛrsk
Osetrovo vgl. Ossetrowo
Ọsgood *engl.* 'ɔzgʊd
O'Shaughnessy *engl.* oʊ'ʃɔ:nɪsɪ
Ọshawa *engl.* 'ɔʃəwə
O'Shea *engl.* oʊ'ʃeɪ
Ọshkosh *engl.* 'ɔʃkɔʃ
Oshọgbo *engl.* ə'ʃɔgboʊ
Ọ̈si *ung.* 'ø:ʃi
Osiạnder o'zi̯andɐ
Osięczna *poln.* ɔ'ɕɛt͡ʃna
Ọsijek *serbokr.* 'ɔsijɛk
Ọsilo *it.* 'ɔ:zilo
Ọsimo *it.* 'ɔ:zimo
Osin vgl. Ossin
Osinniki vgl. Ossinniki
Osịński *poln.* ɔ'ɕĩi̯ski
Osip vgl. Ossip
Osipenko vgl. Ossipenko
Osipov vgl. Ossipow
Osipovič vgl. [1,2]Ossipowitsch
Osipoviči vgl. Ossipowitschi
Osipovna vgl. Ossipowna
Osịris o'zi:rɪs
Ọsječenica *serbokr.* 'ɔsjɛt͡ʃɛnit͡sa
Osjọry, Ozery *russ.* a'zjorɨ
Oskaloosa *engl.* ɔskə'lu:sə
Ọskar *dt., schwed.* 'ɔskar, *engl.* 'ɔskə
Oskarfredriksbọrg *schwed.* ɔskarfre:driks'bɔrj
Oskarshạmn *schwed.* ɔskars'hamn
Ọsker 'ɔskɐ
ọskisch 'ɔskɪʃ
Ọ̈skjuvatn *isl.* 'œskjʏvahtn
Oskọl *russ.* as'kɔl
Oskulatiọn ɔskula't͡si̯o:n
oskulịeren ɔsku'li:rən
Ọslava[ny] *tschech.* 'ɔslava[ni]

Osler *engl.* 'oʊslə
Ọsli *ung.* 'oʃli
Ọ̈sling 'ø:slɪŋ
Ọslo 'ɔslo, *norw.* ˌuslu
Ọslofjord 'ɔslofjɔrt, *norw.* ˌuslufju:r
Ọsma *span.* 'ɔzma
Osman 'ɔsman, *auch:* ɔs'ma:n; *türk.* 'ɔsman
Osmạne ɔs'ma:nə
osmạnisch ɔs'ma:nɪʃ
Ọsmar 'ɔsmar
Osmẹña *span.* ɔz'meɲa
Ọsmer 'ɔsmɐ, *engl.* 'ɔzmə
Ọsmium 'ɔsmi̯ʊm
Ošmjany vgl. Oschmjany
Osmologie ɔsmolo'gi:
Osmond *fr.* ɔs'mõ
osmophịl ɔsmo'fi:l
osmophọr ɔsmo'fo:ɐ̯
Osmọse ɔs'mo:zə
Osmotherapie ɔsmotera'pi:
osmọtisch ɔs'mo:tɪʃ
Ọsmund 'ɔsmʊnt, *engl.* 'ɔzmənd
Osnabrụ̈ck ɔsna'brʏk
Ọsning 'ɔsnɪŋ
Ọ̈sno *poln.* 'oɕnɔ
Ọsoblaha *tschech.* 'ɔsɔblaha
Osọgna *it.* o'zɔɲɲa
Osogovska Planina vgl. Ossogowska Planina
Ösophagi vgl. Ösophagus
ösophạgisch øzo'fa:gɪʃ
Ösophagịsmus øzofa'gɪsmʊs
Ösophagịtis øzofa'gi:tɪs, **...itịden** ...gi'ti:dn̩
Ösophagoskọp øzofago'sko:p
Ösophagospạsmus øzofago'spasmʊs
Ösophagotomie øzofagoto'mi:, **-n** ...i:ən
Ösọphagus ø'zo:fagʊs, **...gi** ...gi
Osọrio *span.* o'sori̯o
Osọrkon o'zɔrkɔn
Osọrno *span.* o'sɔrno
Osphrạdium ɔs'fra:di̯ʊm, **...ien** ...i̯ən
Ospịna *span.* ɔs'pina
Ọspirin 'o:spiri:n
Ospịzio *it.* os'pittsi̯o
Ọsram Ⓦⓩ 'ɔsram
Ọss *niederl.* ɔs
[1]Ọssa (griech. Berg) 'ɔsa
[2]Ossạ, Osa (Name) *russ.* a'sa
[3]Ossa vgl. Os
Ọssam, Osăm *bulgar.* 'ɔsəm
Ossạnna ɔ'sana
Ossạrium ɔ'sa:ri̯ʊm, **...ien** ...i̯ən
Ossạt *fr.* ɔ'sa
Ossau *fr.* ɔ'so
Ọsse 'ɔsə
Ọssegg 'ɔsɛk
Ossẹin ɔse'i:n
Ọssel 'ɔsl̩
Ossendọwski *poln.* ɔsɛn'dɔfski

Ọssendrecht *niederl.* 'ɔsəndrɛxt
Ọsser 'ɔsɐ
Osservatọre Romạno *it.* osserva'to:re ro'ma:no
Ossẹte ɔ'se:tə
ossẹtisch ɔ'se:tɪʃ
Ossetrọwo, Osetrovo *russ.* asɪ'trɔvɐ
Ọssett *engl.* 'ɔsɪt
Ọssi 'ɔsi
ossịa ɔ'si:a
Ọssiach 'ɔsi̯ax
Ossian 'ɔsi̯an, *auch:* ɔ'si̯a:n; *engl.* 'ɔsɪən
Ossiannịlsson *schwed.* ɔsian'nilsɔn
Ossiętzky ɔ'si̯ɛt͡ski
Ossifikatiọn ɔsifika't͡si̯o:n
ossifizịeren ɔsifi't͡si:rən
Ọssin, Osin *russ.* 'ɔsin
Ọssining *engl.* 'ɔsɪnɪŋ
Ossịnniki, Osinniki *russ.* a'sinniki
Ọssip, Osip *russ.* 'ɔsip
Ossipẹnko, Osipenko *russ.* asi'pjɛnkɐ
Ọssipow, Osipov *russ.* 'ɔsipɐf
[1]Ossipọwitsch, [1]Osipovič (Familienname) *russ.* asi'pɔvit͡ʃ
[2]Ọssipowitsch, [2]Osipovič (Sohn des Ossip) *russ.* 'ɔsipɐvit͡ʃ
Ossipọwitschi, Osipoviči *russ.* asi'pɔvit͡ʃi
Ọssopowna, Osipovna *russ.* 'ɔsipɐvnɐ
Ossọgowska Planinạ, Osogovska Planina *bulgar.* o'sɔgofska plani'na
Ọssola *it.* 'ɔssola
Ossolinẹum ɔsoli'ne:ʊm
Ossolịński *poln.* ɔsɔ'lĩi̯ski
Ọssory *engl.* 'ɔsərɪ
Ossuạrium ɔ'su̯a:ri̯ʊm, **...ien** ...i̯ən
Ost ɔst, *deutlich* o:st
Ostạcia ɔs'ta:t͡si̯a
Ostạde *niederl.* ɔs'ta:də
Ostafrika 'ɔst'|a:frika, *auch:* ...'|af...
Ostạijen *niederl.* ɔs'ta:i̯ə
Ọstangeln 'ɔst|aŋl̩n
Ostạnglien ɔst'|aŋgli̯ən
Ọstara 'o:stara
Oštạrije *serbokr.* ɔʃˌtarijɛ
Ostariophysen ɔstari̯o'fy:zn̩
Ostạschkow, Ostaškov *russ.* as'taʃkɐf
ọstasiạtisch 'ɔst|a'zi̯a:tɪʃ
Ọstạsien 'ɔst'|a:zi̯ən
Ostạyen *niederl.* ɔs'ta:i̯ə
ọstbaltisch 'ɔstbaltɪʃ
Ọstberg *schwed.* ˌœstbærj
Ọst-Berlin 'ɔstbɛrli:n
Ostbevern ɔst'be:vɐn, '———
ọstdeutsch 'ɔstdɔyt͡ʃ
Ọstdeutschland 'ɔstdɔyt͡ʃlant
Ọste 'ɔstə

Ostealgie ɔsteal'gi:, **-n** ...i:ən
Ostelbien 'ɔst'|ɛlbi̯ən
Ostelbier 'ɔst'|ɛlbi̯ɐ
Ostellato *it.* ostel'la:to
osten 'ɔstn̩
Osten 'ɔstn̩, *deutlich* 'o:stn̩
Ostende ɔst'|ɛndə, *fr.* ɔs'tã:d
Ostendorf[er] 'ɔstn̩dɔrf[ɐ]
Ostenfelde ɔstn̩'fɛldə
Ostenland 'ɔstn̩lant
ostensibel ɔstɛn'zi:bl̩, **...ble** ...blə
ostensiv ɔstɛn'zi:f, **-e** ...i:və
Ostenso *engl.* 'ɔstənsoʊ
Ostensorium ɔstɛn'zo:ri̯ʊm, **...ien** ...i̯ən
Ostentation ɔstɛnta'tsi̯o:n
ostentativ ɔstɛnta'ti:f, **-e** ...i:və
ostentiös ɔstɛn'tsi̯ø:s, **-e** ...ø:zə
Osteoblast ɔsteo'blast
Osteoblastom ɔsteoblas'to:m
Osteodynie ɔsteody'ni:, **-n** ...i:ən
Osteoektomie ɔsteo|ɛkto'mi:, **-n** ...i:ən
Osteofibrom ɔsteofi'bro:m
osteogen ɔsteo'ge:n
Osteogenese ɔsteoge'ne:zə
Osteoid ɔsteo'i:t, **-e** ...i:də
Osteoklasie ɔsteokla'zi:
Osteoklast ɔsteo'klast
Osteokolle ɔsteo'kɔlə
Osteolepis ɔste'o:lepɪs
Osteologe ɔsteo'lo:gə
Osteologie ɔsteolo'gi:
osteologisch ɔsteo'lo:gɪʃ
Osteolyse ɔsteo'ly:zə
Osteom ɔste'o:m
osteomalakisch ɔsteoma'la:kɪʃ
Osteomalazie ɔsteomala'tsi:, **-n** ...i:ən
osteomalazisch ɔsteoma'la:tsɪʃ
Osteomyelitis ɔsteomy̆e'li:tɪs, **...itiden** ...li'ti:dn̩
Osteopathie ɔsteopa'ti:, **-n** ...i:ən
Osteophage ɔsteo'fa:gə
Osteoplastik ɔsteo'plastɪk
osteoplastisch ɔsteo'plastɪʃ
Osteoporose ɔsteopo'ro:zə
Osteopsathyrose ɔsteɔpsaty'ro:zə
Osteotomie ɔsteoto'mi:, **-n** ...i:ən
Oster 'o:stɐ
Osterath 'o:stəra:t
Österbotten *schwed.* ˌœstərbɔtən
Osterbrücken o:stɐ'brʏkn̩
Osterburg 'o:stɐbʊrk
Osterburken ɔstɐ'bʊrkn̩
Østerdal *norw.* ˌœstərda:l
Österfärnebo *schwed.* œstərˌfæ:rnəbu:
Osterfeld 'o:stɐfɛlt
Osterfeuerberg o:stɐ'fɔy̆ɐbɛrk
Östergötland *schwed.* ˌœstərjø:tland
Osterhofen o:stɐ'ho:fn̩
Osterholz 'o:stɐhɔlts
Osterhout *engl.* 'oʊstəhaʊt
Osteria ɔste'ri:a, **...ien** ...i:ən
Osterie ɔste'ri:, **-n** ...i:ən
Osterland 'o:stɐlant
Osterlich 'o:stɐlɪç
österlich 'ø:stɐlɪç
Österling *schwed.* ˌœstərlɪŋ
Osterluzei 'o:stɐlutsai̯, *auch:* ---'-
Östermalm *schwed.* œstər'malm
Ostermann 'o:stɐman
Ostermayr 'o:stɐmai̯ɐ
Ostermontag 'o:stɐ'mo:nta:k
Ostermundigen o:stɐ'mʊndɪgən
Ostern[burg] 'o:stɐn[bʊrk]
Østerø *dän.* 'øsdərø:'
Osterode ɔstə'ro:də
Österreich[er] 'ø:stəraiç[ɐ]
österreichisch 'ø:stəraiçɪʃ
Österreich-Ungarn 'ø:stəraiç'|ʊŋgarn
Östersjön *schwed.* ˌœstərʃœn
Österskär *schwed.* ˌœstərʃæ:r
Østersøen *dän.* 'øsdərsø:'ən
Ostersonntag 'o:stɐ'zɔnta:k
Osterstade 'o:stɐʃta:də
Östersund *schwed.* œstər'sʊnd
Ostertag 'o:stɐta:k
Östertälje *schwed.* œstərˌtɛljə
Osterwald 'o:stɐvalt
Osterwieck o:stɐ'vi:k
Osteuropa 'ɔst|ɔy̆'ro:pa
osteuropäisch 'ɔst|ɔy̆ro'pɛ:ɪʃ
Ostfale 'ɔst'fa:lə
Ostfinne 'ɔstfɪnə
Ostflandern 'ɔstflandɐn
Østfold *norw.* ˌœstfɔl
Ostfranken 'ɔstfraŋkn̩
ostfriesisch 'ɔst'fri:zɪʃ
Ostfriesland 'ɔst'fri:slant
Ostgermane 'ɔstgɛrma:nə
ostgermanisch 'ɔstgɛrma:nɪʃ
Ostgote 'ɔstgo:tə
Östhammar *schwed.* ˌœsthamar
Osthaus 'ɔsthaus
Ostheim 'ɔsthaim
Osthofen 'ɔstho:fn̩
Osthoff 'ɔsthɔf
Ostia *it.* 'ɔsti̯a
Ostiano *it.* os'ti̯a:no
Ostiarius ɔs'ti̯a:ri̯ʊs, **...ier** ...i̯ɐ
Ostiglia *it.* os'tiʎʎa
ostinat ɔsti'na:t
ostinato ɔsti'na:to
Ostinato ɔsti'na:to, **...ti** ...ti
Ostindien 'ɔst'|ɪndi̯ən
ostindisch 'ɔst'|ɪndɪʃ
ostisch 'ɔstɪʃ
Ostitis ɔs'ti:tɪs, **...titiden** ...ti'ti:dn̩
Ostium 'ɔsti̯ʊm, **...ien** ...i̯ən
Ostjake ɔs'tja:kə
Ostjordanland 'ɔst'jɔrdanlant
Ostland 'ɔstlant
Ostler 'ɔstlɐ
östlich 'œstlɪç
Ostmark 'ɔstmark
Ostnordost[en] ɔstnɔrt'|ɔst[n̩], *deutlich* o:stnɔrt'|o:st[n̩]
Ostotitlán *span.* ɔstotit'lan
Ostpreußen 'ɔstprɔy̆sn̩
ostpreußisch 'ɔstprɔy̆sɪʃ
Ostpriegnitz ɔst'pri:gnɪts
Ostrach 'ɔstrax
Östradiol œstra'di̯o:l
Ostrakismos ɔstrakɪs'mɔs
Ostrakode ɔstra'ko:də
Ostrakon 'ɔstrakɔn, **...ka** ...ka
Ostrau 'ɔstrau̯
Ostrava *tschech.* 'ɔstrava
Ostrazismus ɔstra'tsɪsmʊs
Ostrčil *tschech.* 'ɔstr̩tʃil
Ostrea 'ɔstrea
Ostrich 'ɔstrɪç
Östrich 'œstrɪç
Ostritz 'ɔstrɪts
Ostróda *poln.* ɔs'truda
Ostrog *russ.* as'trɔk
Östrogen œstro'ge:n
Ostrogoschsk, Ostrogožsk *russ.* astra'gɔʃsk
Ostrogradski, Ostrogradskij *russ.* astra'gratskij
Ostrogote ɔstro'go:tə
Ostrogski ɔs'trɔkski
Ostroh *tschech.* 'ɔstrɔx
Ostrołęka *poln.* ɔstrɔ'u̯ɛŋka
Ostrolenka ɔstro'lɛŋka
Ostrom 'ɔstro:m
Östromanie œstroma'ni:
Ostroměř *tschech.* 'ɔstrɔmjɛrʃ
oströmisch 'ɔstrø:mɪʃ
Östron œs'tro:n
Ostrong 'ɔstrɔŋ
Ostroróg *poln.* ɔs'trɔruk
Ostroumow, Ostroumov *russ.* astra'umɐf
[1]**Ostrov** *tschech.* 'ɔstrɔf, *slowak.* 'ɔstrɔu̯
Ostrovskij vgl. [2]Ostrowski
Ostrow, [2]**Ostrov** *russ.* 'ɔstrɐf
Ostrowiec Świętokrzyski *poln.* ɔs'trɔvjɛts ɕfjɛntɔ'kʃɨski
Ostrów Lubelski *poln.* 'ɔstruf lu'bɛlski
Ostrów Mazowiecka *poln.* 'ɔstruf mazɔ'vjɛtska
Ostrowo ɔs'tro:vo, *poln.* ɔs'trɔvɔ
[1]**Ostrowski** *dt., poln.* ɔs'trɔfski
[2]**Ostrowski, Ostrovskij** *russ.* as'trɔfskij
Ostrów Wielkopolski *poln.* 'ɔstruf vjɛlkɔ'pɔlski
Ostrožac *serbokr.* ɔsˌtrɔʒats
Östrus 'œstrʊs
Ostrzeszów *poln.* ɔst'ʃɛʃuf
Ostsee 'ɔstze:
Ostslawe 'ɔstsla:və
Ostsüdost[en] ɔstzy:t'|ɔst[n̩], *deutlich* o:stzy:t'|o:st[n̩]
Ostswine ɔst'svi:nə

Ostuncalco *span.* ɔstuŋ'kalko
Ostuni *it.* os'tu:ni
Ostwald 'ɔstvalt
ostwärts 'ɔstvɛrts
Ostzone 'ɔsttso:nə
O'Sullivan *engl.* oʊ'sʌlɪvən
Osuna *span.* o'suna
Oswald 'ɔsvalt, *engl.* 'ɔzwəld
Oswalda ɔs'valda
Oswaldtwistle *engl.* 'ɔzwəltwɪsl
Oswegatchie *engl.* ɔswɪ'gɑ:tʃɪ
Oswego *engl.* ɔs'wi:goʊ
Oswestry *engl.* 'ɔzwəstrɪ
Oświęcim *poln.* ɔɕ'fjɛntɕim
Oswin 'ɔsvi:n
Oswine ɔs'vi:nə
Oswy *engl.* 'ɔswɪ
Oszillation ɔstsɪla'tsi̯o:n
Oszillator ɔstsɪ'la:tɔr, **-en** ...la'to:rən
Oszillatoria ɔstsɪla'to:ri̯a, **...rien** ...i̯ən
oszillatorisch ɔstsɪla'to:rɪʃ
oszillieren ɔstsɪ'li:rən
Oszillogramm ɔstsɪlo'gram
Oszillograph ɔstsɪlo'gra:f
Osztopán *ung.* 'ostopa:n
Ota 'o:ta
Öta 'ø:ta
Otago *engl.* oʊ'tɑ:goʊ
Otagra 'o:tagra
Otakar 'o:takar
Otalgie otal'gi:, **-n** ...i:ən
Otaru o'ta:ru
Otava *tschech.* 'ɔtava
Otbert 'ɔtbɛrt
Otčenášek *tschech.* 'ɔtʃɛna:ʃɛk
Otello *it.* o'tɛllo
Otescu *rumän.* o'tesku
Otetschestwen Front, Otečestven Front *bulgar.* o'tɛtʃɛstvɛn 'frɔnt
Otfried 'ɔtfri:t
Othämatom ɔthɛma'to:m
Othe *fr.* ɔt
Othello o'tɛlo
Othem *schwed.* ˌu:thɛm
Othild 'ɔthɪlt
Othilde ɔt'hɪldə
Othmar 'ɔtmar
Othmayr 'ɔtmai̯ɐ
Otho 'o:to, *engl.* 'oʊθoʊ
Othrys 'o:trʏs
Otiater o'ti̯a:tɐ
Otiatrie oti̯a'tri:
otiatrisch o'ti̯a:trɪʃ
Ötigheim 'ø:tɪçhai̯m
Otis *engl.* 'oʊtɪs
Otitis o'ti:tɪs, **...itiden** oti'ti:dn̩
otitisch o'ti:tɪʃ
Otium [cum dignitate] 'o:tsi̯ʊm [kʊm dɪgni'ta:tə]
Ötker 'œtkɐ
Otley *engl.* 'ɔtlɪ
Otloh 'ɔtlo:
Otmar 'ɔtmar
Otmuchów *poln.* ɔt'muxuf
Otnit 'ɔtni:t
Otočac *serbokr.* ɔˌtɔtʃats
Otodynie otody'ni:, **-n** ...i:ən
otogen oto'ge:n
Otok[ar] *tschech.* 'ɔtɔk[ar]
Otolith oto'li:t, *auch:* ...lɪt
Otologe oto'lo:gə
Otologie otolo'gi:
otologisch oto'lo:gɪʃ
Otomíes *span.* oto'mies
Otón *span.* o'tɔn
Otophon oto'fo:n
Otorrhagie otɔra'gi:, **-n** ...i:ən
Otosklerose otoskle'ro:zə
otosklerotisch otoskle'ro:tɪʃ
Otoskop oto'sko:p
Otoskopie otosko'pi:
Otovalo *span.* o'to'βalo
Otozyon o'to:tsy̆ɔn
Otra *norw.* ˌutra
Otranto *it.* 'ɔ:tranto
Otremba o'trɛmba
Otricoli *it.* o'tri:koli
Otschakow, Očakov *russ.* a'tʃakɐf
Otscher, Očer *russ.* 'ɔtʃɪr
Ötscher 'œtʃɐ
Ott ɔt
Otta *norw.* ˌuta
Ottakring 'ɔtakrɪŋ
Ottar *norw.* ˌutar
Ottarp *schwed.* ˌutarp
ottava, O... ɔ'ta:va
ottava alta ɔ'ta:va 'alta
ottava bassa ɔ'ta:va 'basa
Ottaverime ɔta:ve'ri:mə
Ottaviani *it.* otta'vi̯a:ni
Ottaviano *it.* otta'vi̯a:no
Ottavino ɔta'vi:no, **...ni** ...ni
Ottawa 'ɔtava, *engl.* 'ɔtəwə
Otte[gebe] 'ɔtə[ge:bə]
Otten 'ɔtn̩
Ottenau 'ɔtənau̯
Ottenby *schwed.* ˌutənby:
Ottendorf[er] 'ɔtn̩dɔrf[ɐ]
Ottengrün ɔtn̩'gry:n
Ottenhofen ɔtn̩'ho:fn̩
Ottenschlag 'ɔtn̩ʃla:k
Ottensen 'ɔtn̩zən
Ottenthal 'ɔtn̩ta:l
Otter 'ɔtɐ
Otterbein 'ɔtɐbai̯n, *engl.* 'ɔtəbaɪn
Otterberg 'ɔtɐbɛrk
Otterfing 'ɔtɐfɪŋ
Otterlo[o] *niederl.* 'ɔtərlo:
Otterndorf 'ɔtɐndɔrf
Otter, Peaks of *engl.* 'pi:ks əv 'ɔtə
Ottersum *niederl.* 'ɔtərsʏm
Otterwisch 'ɔtɐvɪʃ
Ottheinrich ɔt'hai̯nrɪç
Otthermann ɔt'hɛrman
Otti 'ɔti
Ottilia ɔ'ti:li̯a
Ottilie ɔ'ti:li̯ə
Otting 'ɔtɪŋ
Öttingen 'œtɪŋən
Öttinger 'œtɪŋɐ
Ottleben 'ɔtle:bn̩
Ottmachau ɔtma'xau̯, '– – –
Ottmar 'ɔtmar
Ottmarsheim 'ɔtmarshai̯m
Ottnang 'ɔtnaŋ
Otto 'ɔto, *engl.* 'ɔtoʊ, *schwed.* 'ɔtu
Ottobeuren ɔto'bɔyrən
Ottogebe 'ɔtoge:bə
Ottokar 'ɔtokar
Ottoman[e] ɔto'ma:n[ə]
ottomanisch ɔto'ma:nɪʃ
Ottomar 'ɔtomar
Öttömös *ung.* 'øttømøʃ
Ottone ɔ'to:nə, *it.* ot'to:ne
ottonisch ɔ'to:nɪʃ
Ottorino *it.* otto'ri:no
Ottrelith ɔtre'li:t, *auch:* ...lɪt
Ottrott 'ɔtrɔt
Ottumwa *engl.* ə'tʌmwə
Ottweiler 'ɔtvai̯lɐ
Otumba *span.* o'tumba
Otway *engl.* 'ɔtweɪ
Otwinowski *poln.* ɔtfi'nɔfski
Otwock *poln.* 'ɔtfɔtsk
Ötz œts
Otzen[hausen] 'ɔtsn̩[hau̯zn̩]
Otzenrath 'ɔtsn̩ra:t
Otzing 'ɔtsɪŋ
Ötztal[er] 'œtsta:l[ɐ]
Otzweiler 'ɔtsvai̯lɐ
Ouachita *engl.* 'wɔʃɪtɔ:
Ouadaï *fr.* wada'i
Ouagadougou *fr.* wagadu'gu
Ouahigouya *fr.* waigu'ja
Ouanda Djalé *fr.* wandadʒa'le
Ouargla *fr.* war'gla
Oubangui *fr.* ubã'gi
Oubangui-Chari *fr.* ubãgiʃa'ri
Oubliętten ubli'ɛtn̩
Ouche *fr.* uʃ
Ouchy *fr.* u'ʃi
Oud *niederl.* ɔu̯t
Oud-Beijerland *niederl.* ɔu̯d'bɛi̯ərlɑnt
Ouddorp *niederl.* 'ɔu̯tdɔrp
Oudegem *niederl.* 'ɔu̯dəxəm
Oude IJsel (Fluß) *niederl.* 'ɔu̯də 'ɛi̯səl
Oudekerk *niederl.* 'ɔu̯dəkɛrk
Oude Maas *niederl.* 'ɔu̯də 'ma:s
Oudenaarde *niederl.* 'ɔu̯dəna:rdə
Oudenbosch *niederl.* 'ɔu̯dənbɔs, – –'–
Oudenburg *niederl.* 'ɔu̯dənbʏrx
Oud- en Nieuw-Gastel *niederl.* 'ɔu̯t ɛn ni:u̯'xɑstəl
Oude Pekela *niederl.* 'ɔu̯də 'pe:kəla:
Ouder-Amstel *niederl.* ɔu̯dər'ɑmstəl
Oudergem *niederl.* 'ɔu̯dərxəm
Oude Rijn *niederl.* 'ɔu̯də 'rɛi̯n
Oudewater *niederl.* 'ɔu̯dəwa:tər
Oudh *engl.* aʊd

Oudiné *fr.* udi'ne
Oudinọt *fr.* udi'no
Oudjdạ *fr.* udʒ'da
Oudon *fr.* u'dõ
Oudrid *span.* ou̯'ðrið
Oudry *fr.* u'dri
Ọudshoorn *niederl.* 'ɔu̯tsho:rn
Ọudtshoorn *afr.* 'ou̯tsho:rən
Oud-Turnhout *niederl.* ɔu̯t'tʏrnhɔu̯t
Ouẹd *fr.* wɛd
Oued-Foddạ *fr.* wɛdfɔd'da
Oued-Zẹm *fr.* wɛd'zɛm
Ouen *fr.* wɛ̃
Ouenzạ *fr.* wɛ̃'za
Ouessant *fr.* wɛ'sã
Ouessọ *fr.* wɛ'so
Ouest-Aviation *fr.* wɛstavjɑ'sjõ
où est la femme? *fr.* uɛla'fam
Ouezzạne *fr.* wɛ[d]'zan
Oufkir *fr.* uf'ki:r
Ougrée *fr.* u'gre
Ouida *engl.* 'wi:də
Ouidạh *fr.* wi'da
Ouistreham *fr.* wistrə'ã
Oujdạ *fr.* uʒ'da
Ọulainen *finn.* 'ɔu̯lai̯nɛn
Ọuld *engl.* oʊld
Oulẹd *fr.* u'lɛd
Ouled-Djellạl *fr.* ulɛddʒɛl'lal
Ouless *engl.* 'u:lɪs
Oullins *fr.* u'lɛ̃
Ọulu *finn.* 'ɔu̯lu
Ọunasjoki *finn.* 'ɔu̯nɑsjɔki
Ọunas Sẹlkä *finn.* 'ɔu̯nɑs 'sɛlkæ
Ounce au̯ns
Our *fr.* u:r
Ource *fr.* urs
Ourcq *fr.* urk
Ourém *port.* o'rɐ̃i̯, *bras.* o'rẽi̯
Ouricuri *bras.* oriku'ri
Ourique *port.* o'rikə
Ouro Fino *bras.* 'oru 'finu
Ouro Prẹto *bras.* 'oru 'pretu
Oursler *engl.* 'aʊzlə
Ourthe *fr.* urt
Ouse[ley] *engl.* 'u:z[lɪ]
[1]**Oust** (Fluß) *fr.* u
[2]**Oust** (Ort) *fr.* ust
out, Out au̯t
Outardes *fr.* u'tard, *engl.* u:'tɑ:d
Outcast 'au̯tka:st
Outcault *engl.* 'aʊtkɔ:lt
Ọuter *niederl.* 'ɔu̯tər
Ọutes *span.* 'ou̯tes
Outio 'u:tjo
Outlaw 'au̯tlo:, *engl.* 'aʊtlɔ:
Output 'au̯tpʊt
Outram *engl.* 'u:trəm
Outreau *fr.* u'tro
Outremont *fr.* utrə'mõ, *engl.* 'u:trəmɔnt
outrieren u'tri:rən
Outsider 'au̯tsaidɐ
Ọutukumpu *finn.* 'ɔu̯tukumpu
Ouvéạ *fr.* uve'a
Ouvertüre uver'ty:rə
Ouvèze *fr.* u'vɛ:z
Ouvrard *fr.* u'vra:r
Ouvrée u'vre:
Ọuwater *niederl.* 'ɔu̯wa:tər
Ova vgl. Ovum
Ovạda *it.* o'va:da
ovạl, O... o'va:l
Ovalbumin ovalbu'mi:n
Ovạlle *span.* o'βaʎe
Ovạmbo o'vambo
Ovạndo *span.* o'βando
[1]**Ovar** o'va:ɐ̯
[2]**Ovạr** (Name) *port.* o'var
ovariạl ova'ri̯a:l
Ovariektomie ovari̯ɛkto'mi:, **-n** ...i:ən
ovariẹll ova'ri̯ɛl
Ovariotomie ovari̯oto'mi:, **-n** ...i:ən
Ovarium o'va:ri̯ʊm, **...ien** ...i̯ən
Ovation ova'tsi̯o:n
Ọve *dän.* 'o:və
Ovečkin vgl. Owetschkin
Ọvens *niederl.* 'o:vəns
Ọverall *engl.* 'oʊvərɔ:l
Ọverath 'o:vəra:t
Ọverbeck 'o:vɐbɛk
Ọverberg 'o:vɐbɛrk
Overbury *engl.* 'oʊvəbərɪ
Overdrive *engl.* 'oʊvədraɪv
Ọverflakkee *niederl.* 'o:vərflɑke:
Overijsel *niederl.* o:vər'ɛi̯səl
Överkalix *schwed.* ˌø:vərkɑ:liks
Overkill *engl.* 'oʊvəkɪl
Overland *engl.* 'oʊvəlænd
Overloon *niederl.* 'o:vərlo:n, ——'—
Ọverpelt *niederl.* 'o:vərpɛlt
Overschie *niederl.* o:vər'sxi:
Överselö *schwed.* ˌø:vərse:lø:
Overstone *engl.* 'oʊvəstən
Övertorneå *schwed.* ˌø:vərto:rnəo:
Ovid o'vi:t
Ovidio *it.* o'vi:di̯o
ovidisch, O... o'vi:dɪʃ
Ovidius o'vi:di̯ʊs
Ovidụkt ovi'dʊkt
Oviẹdo *span.* o'βi̯eðo
Ovine o'vi:nə
Ovington *engl.* 'oʊvɪŋtən
ovipar ovi'pa:ɐ̯
Oviparie ovipa'ri:
Ovizid ovi'tsi:t, **-e** ...i:də
ovoid ovo'i:t, **-e** ...i:də
ovoidisch ovo'i:dɪʃ
Ovoplạsma ovo'plasma
ovovivipar ovovivi'pa:ɐ̯
Ovozyte ovo'tsy:tə
Ovruč vgl. Owrutsch
Ovsjanko-Kulikovskij vgl. Owsjanko-Kulikowski
Ovulation ovula'tsi̯o:n
Ọvulum 'o:vulʊm, **...la** ...la
Ọvum 'o:vʊm, **Ọva** 'o:va
Owain *engl.* 'oʊwɪn
Owạmbo o'vambo
Owatọnna *engl.* oʊwə'tɔnə
Owego *engl.* ə'wi:goʊ
Owen 'au̯ən
Ọwen[s] *engl.* 'oʊɪn[z]
Ọwensboro *engl.* 'oʊɪnzbərə
Owẹtschkin, Ovečkin *russ.* a'vjetʃkin
Owlglass *engl.* 'aʊlglɑ:s
Owọsso *engl.* ə'wɔsoʊ
Owrag o'vra:k, **...i** ...a:gi
Ọwrutsch, Ovruč *russ.* 'ɔvrutʃ
Owsjạnko-Kulikọwski, Ovsjanko-Kulikovskij *russ.* af'sjankɐkuli'kɔfskij
Owyhee *engl.* ə'waɪ[h]ɪ
Oxalat ɔksa'la:t
Ọxalis 'ɔksalɪs
Oxalit ɔksa'li:t, *auch:* **...lt**
Oxạlsäure ɔk'sa:lzɔyrə
Oxalurie ɔksalu'ri:
Oxazin ɔksa'tsi:n
Oxelösụnd *schwed.* uksəlø'sʊnd
Ọxenham *engl.* 'ɔksnəm
Oxenstierna *schwed.* ˌuksənʃæ:rna
Ọxer 'ɔksɐ
Ọxford 'ɔksfɔrt, *engl.* 'ɔksfəd; **-shire** -ʃɪə
Oxfordien ɔksfɔr'di̯ɛ̃:
Ọxhoft 'ɔkshɔft
Oxid ɔ'ksi:t, **-e** ...i:də
Oxie *schwed.* ˌuksiə
Oxime ɔ'ksi:mə
Ọxnam *engl.* 'ɔksnəm
Ọxnard *engl.* 'ɔksnɑ:d
Ọxon *engl.* 'ɔksən
Oxonian *engl.* ɔ'ksoʊnjən
Oxọnium ɔ'kso:ni̯ʊm
Ọxtail... *engl.* 'ɔksteɪl...
Ọxus 'ɔksʊs
Oxybiose ɔksy'bi̯o:zə
Oxyd ɔ'ksy:t, **-e** ...y:də
Oxydase ɔksy'da:zə
Oxydation ɔksyda'tsi̯o:n
oxydieren ɔksy'di:rən
Oxydimẹter ɔksydi'me:tɐ
Oxydimetrie ɔksydime'tri:
oxydisch ɔ'ksy:dɪʃ
Oxydoredukasen ɔksydoredu'ka:zən
Oxydul ɔksy'du:l
Ọxyessigsäure 'ɔksy|ɛsɪçzɔyrə
Oxygen[ium] ɔksy'ge:n[i̯ʊm]
Oxyhämoglobin ɔksyhɛmoglo'bi:n
Oxyliquit ɔksyli'kvi:t, *auch:* ...kvɪt
Oxymoron ɔ'ksy:morɔn, **...ra** ...ra
oxyphil ɔksy'fi:l
Oxypropion... ɔksypro'pi̯o:n...
Oxyrhynchos ɔksy'rʏnçɔs
Ọxysäure 'ɔksyzɔyrə
Oxytonon ɔ'ksy:tonɔn, **...na** ...na

Oxyure ɔksy'u:rə
Oxyuriasis ɔksyu'ri:azɪs, **...sen** ...'ri̯a:zn̩
Oy ɔy
Oyapok *fr.* ɔja'pɔk
Oybin ɔy'bi:n
Oyem *fr.* ɔ'jɛm
Oyens *niederl.* 'o:i̯əns
Oyo 'o:jo; *engl.* 'oʊjoʊ, ɔ:'jɔ:
Oyonnax *fr.* ɔjɔ'na[ks]
Oyster Bay *engl.* 'ɔɪstə 'beɪ
Oyuela *span.* o'ju̯ela
Ozalj *serbokr.* 'ɔzalj
Ozaena o'tsɛ:na
Ozalid ® otsa'li:t
Ozanam *fr.* ɔza'nam
Ozark[s] *engl.* 'oʊzɑ:k[s]
Ózd *ung.* o:zd
Ozean 'o:tsea:n, *auch:* otse'a:n
Ozeanarium otsea'na:ri̯ʊm, **...ien** ...i̯ən
Ozeanaut otsea'naut
Ozeanide otsea'ni:də
Ozeanien otse'a:ni̯ən
ozeanisch otse'a:nɪʃ
Ozeanist[ik] otsea'nɪst[ɪk]
Ozeanität otseani'tɛ:t
Ozeanograph otseano'gra:f
Ozeanographie otseanogra'fi:
Ozelle o'tsɛlə
Ozelot 'o:tselɔt, *auch:* 'ɔts...
Ozenfant *fr.* ozã'fã
Ozerov vgl. Oserow
Ozersk vgl. Osersk
Ozery vgl. Osjory
Ozias o'zi:as
Ozma *engl.* 'ɔzmə
Ozokerit otsoke'ri:t, *auch:* ...rɪt
Ozon o'tso:n
Ozonid otso'ni:t, **-e** ...i:də
ozonisieren otsoni'zi:rən
Ozora *ung.* 'ozorɔ
Ozorków *poln.* ɔ'zɔrkuf
Ozren *serbokr.* 'ɔzrɛn

P

p, P pe:, *engl.* pi:, *fr.* pe
π, Π pi:
Paal[tiens] *niederl.* 'pa:l[tjəns]
Paalzow 'pa:ltso
Päan pɛ'a:n
Paap *niederl.* pa:p
paar, P... pa:ɐ̯
paaren 'pa:rən
paarig 'pa:rɪç, **-e** ...ɪgə
Paarl *afr.* 'pɛ:rəl
Paarsteiner 'pa:ɐ̯ʃtainɐ
Paasche *norw.* ˌpo:skə
Paasikivi *finn.* 'pɑ:sikivi
Paatsjoki *finn.* 'pɑ:tsjɔki
Paavo *finn.* 'pɑ:vɔ
Pabes pa'be:s
Pabianice *poln.* pabja'nitsɛ
Pablo *span.* 'paβlo
Pablos *span.* 'paβlɔs
Pabst pa:pst
Paca *engl.* 'pækə
Pacaraima *bras.* paka'rai̯ma
Pacatuba *bras.* paka'tuba
Pacca *it.* 'pakka
Pacchioni *it.* pak'ki̯o:ni
Pace pe:s, *engl.* peɪs
Paceco *it.* pa'tʃɛ:ko
Pacelli *it.* pa'tʃɛlli
Pacer 'pe:sɐ, *engl.* 'peɪsə
Pacheco *span.* pa'tʃeko, *port.* pɐ'ʃeku
Pachelbel 'paxɛlbl̩, 'paxl̩bɛl; pa'xɛlbl̩
Pacher 'paxɐ
Pachino *it.* pa'ki:no
Pachom[ius] pa'xo:m[i̯ʊs]
Pacht paxt
pachten 'paxtn̩
Pächter 'pɛçtɐ
Pachuca *span.* pa'tʃuka
Pachulke pa'xʊlkə
Pachyakrie paxy|a'kri:, **-n** ...i:ən
Pachycheilie paxyçai̯'li:, **-n** ...i:ən
Pachydaktylie paxydakty'li:, **-n** ...i:ən
Pachydermen paxy'dɛrmən
Pachydermie paxydɛr'mi:, **-n** ...i:ən
Pachymeningitis paxymenɪŋ'gi:tɪs
Pachymeninx paxy'me:nɪŋks
Pachymeter paxy'me:tɐ
Pachyonychie paxy|ony'çi:, **-n** ...i:ən
Pachyzephalie paxytsefa'li:, **-n** ...i:ən
Pacific *engl.* pə'sɪfɪk
Pacificale patsifi'ka:lə
Pacini *it.* pa'tʃi:ni
Pacinotti *it.* patʃi'nɔtti
Pacioli *it.* pa'tʃɔ:li
Paciuoli *it.* pa'tʃu̯ɔ:li
[1]**Pack** pak, **Päcke** 'pɛkə
[2]**Pack** (Maß) *engl.* pæk
Package 'pɛkɪtʃ, *engl.* 'pækɪdʒ
Packalpe 'pak|alpə
Packard *engl.* 'pækəd
Päckchen 'pɛkçən
packen 'pakn̩
Packer 'pakɐ, *engl.* 'pækə
Packerei pakə'rai̯
Packet *engl.* 'pækɪt
Packfong 'pakfɔŋ
Packsattel 'pakzatl̩
Paco *span.* 'pako
Paço de Sousa *port.* 'pasu ðə 'sozɐ
Paços *port.* 'pasuʃ
Pacov *tschech.* 'patsɔf
Pacsa *ung.* 'pɔtʃɔ
Pacuvius pa'ku:vi̯ʊs
Paczków *poln.* 'patʃkuf
Pädagoge pɛda'go:gə
Pädagogik pɛda'go:gɪk
pädagogisch pɛda'go:gɪʃ
pädagogisieren pɛdagogi'zi:rən
Pädagogium pɛda'go:gi̯ʊm, **...ien** ...i̯ən
Padang *indon.* 'padaŋ
Pädatrophie pɛdatro'fi:
Padborg *dän.* 'paðbɔr'
Paddel 'padl̩
paddeln 'padl̩n, **paddle** 'padlə
Paddington *engl.* 'pædɪŋtən
[1]**Paddock** (Zaun) 'pɛdɔk
[2]**Paddock** (Name) *engl.* 'pædək
[1]**Paddy** (Reis) 'pɛdi
[2]**Paddy** (Name) *engl.* 'pædɪ
Padeloup *fr.* pa'dlu
Päderast pɛde'rast
Päderastie pɛderas'ti:
Paderborn pa:dɐ'bɔrn
Paderewski *poln.* padɛ'rɛfski
Pädiater pɛ'di̯a:tɐ
Pädiatrie pɛdi̯a'tri:
pädiatrisch pɛ'di̯a:trɪʃ
Padiham *engl.* 'pædɪəm
Padilla *span.* pa'ðiʎa
Padirac *fr.* padi'rak
Padischah padi'ʃa:
Pädodontie pɛdodɔn'ti:
Pädogenese pɛdoge'ne:zə
Pädogenesis pɛdo'ge:nezɪs, *auch:* ...gɛn...
pädogenetisch pɛdoge'ne:tɪʃ
Pädologe pɛdo'lo:gə
Pädologie pɛdolo'gi:
pädologisch pɛdo'lo:gɪʃ
Pädophilie pɛdofi'li:
Padova *it.* 'pa:dova
Padovani *it.* pado'va:ni
Padovanino *it.* padova'ni:no
Padre 'pa:drə, **Padri** 'pa:dri
Padrón *span.* pa'ðrɔn
Padrona pa'dro:na, **...ne** ...nə
Padrone pa'dro:nə, **...ni** ...ni
Padua 'pa:du̯a
Paduana pa'du̯a:na
Paduaner pa'du̯a:nɐ
paduanisch pa'du̯a:nɪʃ
Paducah *engl.* pə'dju:kə
Padul *span.* pa'ðul
Padula *it.* pa'du:la
Padus 'pa:dʊs
Paella pa'ɛlja
Paer *it.* 'pa:er
Paes *port.* pai̯ʃ
Paesana *it.* pae'za:na
Paesiello *it.* pae'zi̯ɛllo
Paestum 'pɛ:stʊm, 'pɛs...
Páez *span.* 'paɛθ
Pafel 'pa:fl̩
Pafese pa'fe:zə
paff! paf
paffen 'pafn̩
Pafos *neugr.* 'pafɔs
Pag *serbokr.* pa:g
Pagaie pa'gai̯ə
Paganalien paga'na:li̯ən
Pagani[ca] *it.* pa'ga:ni[ka]
Paganini paga'ni:ni

Paganismus paga'nısmus
Pagat pa'ga:t
pagatorisch paga'to:rıʃ
[1]**Page** 'pa:ʒə
[2]**Page** *engl.* peıdʒ
Pagel[kau] 'pa:gl̩[kau̯]
Pagenkopf (Ortsname) 'pa:gn̩kɔpf
Pagenstecher 'pa:gn̩ʃtɛçɐ
Pagerie paʒə'ri:, **-n** ...i:ən
Pagès *fr.* pa'ʒɛs
Paget *engl.* 'pædʒıt
Pagina 'pa:gina
paginieren pagi'ni:rən
Paglia *it.* 'paʎʎa
Pagliaricci *it.* paʎʎa'rittʃi
Pagnini *it.* paɲ'ɲi:ni
Pägnium 'pɛ:gniʊm, **...ia** ...ia
Pagnol *fr.* pa'ɲɔl
Pago *it.* 'pa:go
Pagode pa'go:də
Pago Pago *engl.* 'pɑ:ŋoʊ 'pɑ:ŋoʊ
Pagus 'pa:gʊs
pah! pa:
Pahang *indon.* 'pahaŋ
Pahlen 'pa:lən
Pählewi vgl. Pehlewi
Pahr pa:ɐ̯
Paideia pai̯'daia
Paideuma 'pai̯dɔyma
Paidibett ⓦ 'pai̯dibɛt
Paignion 'pai̯gniɔn, **Paignia** 'pai̯gnia
Paignton *engl.* 'peıntən
Päijänne *finn.* 'pæi̯jænnɛ
Paillard *fr.* pa'ja:r
paille 'pa:jə, *auch:* pai̯
Pailleron *fr.* paj'rõ
Paillette pai̯'jɛtə
Paimpol *fr.* pɛ̃'pɔl
[1]**Pain** pɛ̃:
[2]**Pain, Paine** *engl.* peın
Painesville *engl.* 'peınzvıl
Painlevé *fr.* pɛ̃l've
Painter *engl.* 'peıntə
Paionios pai̯'o:ni̯ɔs
Paipa *span.* 'pai̯pa
pair pɛ:ɐ̯
Pair pɛ:ɐ̯, *engl.* pɛə
Pairie pɛ'ri:, **-n** ...i:ən
Paish *engl.* peıʃ
Paisiello *it.* pai'zi̯ɛllo
Paisley *engl.* 'peızlı
[1]**Paissi, Paisi** *bulgar.* pa'isi
[2]**Paissi, Paisij** *russ.* pa'isij
Paita *span.* 'pai̯ta
Paiute *engl.* paı'ju:t
Paiva *port.* 'pai̯vɐ
Päivärintä *finn.* 'pæi̯værintæ
Pajala *schwed.* 'pajala
Pajares *span.* pa'xares
Pajatén *span.* paxa'ten
Pajęczno *poln.* pa'jɛntʃnɔ
Pajou *fr.* pa'ʒu
Pak pak
Paka 'pa:ka
Páka *ung.* 'pa:kɔ
Pakanbaru *indon.* pakam'baru
Pakenham *engl.* 'pæknəm
Paket pa'ke:t
paketieren pake'ti:rən
Pakington *engl.* 'pækıŋtən
Pakistan 'pa:kısta:n, ...tan
Pakistaner pakıs'ta:nɐ
Pakistani pakıs'ta:ni
pakistanisch pakıs'ta:nıʃ
Pakkala *finn.* 'pɑkkɑlɑ
Pako 'pako
Pakość *poln.* 'pakɔɕtɕ
Pakotille pako'tıljə
Pákozd *ung.* 'pa:kozd
Paks *ung.* pɔkʃ
Pakt pakt
paktieren pak'ti:rən
Paktum 'paktʊm
Pál *ung.* pa:l
Pål *schwed.* po:l
Pala *it.* 'pa:la
Paläanthropine palɛantro'pi:nə
Paläanthropologie palɛantropolo'gi:
paläarktisch palɛ'arktıʃ
Palacio *span.* pa'laθi̯o
Palacios *span.* pa'laθi̯ɔs
Palacký *tschech.* 'palatski:
Paladin pala'di:n, *auch:* '– – –
Paladino *it.* pala'di:no
Palafox *span.* pala'fɔks
Palagnedra *it.* palaɲ'ɲe:dra
Palagonia *it.* palago'ni:a
Palágyi *ung.* 'pɔla:dji
Palaimon pa'lai̯mɔn
Palais pa'lɛ:, **des -** ...ɛ:[s], **die -** ...ɛ:s
Palais de l'Élysee *fr.* palɛdleli'ze
Palaiseau *fr.* palɛ'zo
palaisch pa'la:ıʃ
Palamas *neugr.* pala'mas
Palamedes pala'me:dɛs, *niederl.* pa:la:'me:dɛs
Palamedesz *niederl.* pa:la:'me:dɛs
Palamós *span.* pala'mɔs
Palandöken *türk.* pɑlɑndœ'kɛn
Palanka *serbokr.* ˌpala:ŋka
Palankin palaŋ'ki:n
Paläoanthropologie paleo|antropolo'gi:
paläoarktisch paleo'|arktıʃ
Paläobiologie paleobiolo'gi:
Paläobotanik paleobo'ta:nık
Paläobotaniker paleobo'ta:nikɐ
paläobotanisch paleobo'ta:nıʃ
Paläogen paleo'ge:n
Paläogeographie paleogeogra'fi:
Paläograph paleo'gra:f
Paläographie paleogra'fi:
Paläohistologie paleohıstolo'gi:
Paläoklimatologie paleoklimatolo'gi:
paläokrystisch paleo'krʏstıʃ
Paläolithen paleo'li:tn̩, *auch:* ...lıtn̩
Paläolithiker paleo'li:tikɐ, *auch* ...lıt...
Paläolithikum paleo'li:tıkʊm, *auch:* ...lıt...
paläolithisch paleo'li:tıʃ, *auch:* ...lıtıʃ
Paläologe paleo'lo:gə
paläomagnetisch paleoma'gne:tıʃ
Paläontologe paleɔnto'lo:gə
Paläontologie paleɔntolo'gi:
paläontologisch paleɔnto'lo:gıʃ
Paläophytikum paleo'fy:tikʊm
Paläophytologie paleofytolo'gi:
Paläopsychologie paleɔpsyçolo'gi:
Paläotropis paleo'tro:pıs
Paläotype paleo'ty:pə
Paläozoikum paleo'tso:ikʊm
paläozoisch paleo'tso:ıʃ
Paläozoologie paleotsoolo'gi:
Palas 'palas, **-se** ...asə
Palast pa'last, **Paläste** pa'lɛstə
Palästina palɛ'sti:na
Palästinenser palɛsti'nɛnzɐ
palästinensisch palɛsti'nɛnzıʃ
palästinisch palɛ'sti:nıʃ
Palästra pa'lɛstra
Palata vgl. Palatum
palatal, P... pala'ta:l
Palatalis pala'ta:lıs, **...les** ...le:s
palatalisieren palatali'zi:rən
Palatin[a] pala'ti:n[a]
Palatinat palati'na:t
Palatine pala'ti:nə
palatinisch pala'ti:nıʃ
Palatino *it.* pala'ti:no
Palatinus pala'ti:nʊs
Palatka *engl.* pə'lætkə
Palatodynie palatody'ni:, **-n** ...i:ən
Palatoschisis palato'sçi:zıs
Palatschinke pala'tʃıŋkə
Palatum pa'la:tʊm, **...ta** ...ta
Palau 'pa:lau̯, *span.* pa'lau̯, *engl.* pɑ:'laʊ
Palaver pa'la:vɐ
palavern pa'la:vɐn, **palavre** pa'la:vrə
Palazzeschi *it.* palat'tseski
Palazzo pa'latso, **...azzi** ...atsi
Palazzolo *it.* palat'tsɔ:lo
Pale 'pa:lə
Palea 'pa:lea, **Paleen** pa'le:ən
Paleae 'pa:leɛ
Pale Ale *engl.* 'peıl 'eıl
Paleario *it.* pale'a:ri̯o
Paleček *tschech.* 'palɛtʃɛk
Paleen vgl. Palea
Palembang *indon.* pa'lɛmbaŋ
palen 'pa:lən
Palena *it.* pa'le:na
Palencia *span.* pa'lenθi̯a
Palenque *span.* pa'leŋke
Paléologue *fr.* paleɔ'lɔg

paleozän, P... paleo'tsɛ:n
palermisch pa'lɛrmɪʃ
Palermo *dt., it.* pa'lɛrmo
Palester *poln.* pa'lɛstɛr
Palestine (Ort in Texas) *engl.* 'pælɪsti:n
Palestrina palɛs'tri:na, *it.* pales...
Palestro *fr.* palɛs'tro
Paletot 'paləto
Palette pa'lɛtə
palettieren palɛ'ti:rən
Paley *engl.* 'peɪlɪ
Pálfa *ung.* 'pa:lfɔ
Palfau 'palfau
Pálffy *ung.* 'pa:lfi
Palfrey *engl.* 'pɔ:lfrɪ
Palgrave *engl.* 'pɔ:lgreɪv, 'pæl...
[1]**Pali** (Sprache) 'pa:li
[2]**Páli** (Name) *ung.* 'pa:li
Paliano *it.* pa'lia:no
Päligner pɛ'lɪgnɐ
Palikao *fr.* palika'o
Palilalie palila'li:
Palimnese palɪm'ne:zə
Palimpsest palɪm'psɛst
Palindrom palɪn'dro:m
palingen palɪn'ge:n
Palingenese palɪnge'ne:zə
Palingenesie palɪngene'zi:, **-n** ...i:ən
Palingenesis palɪn'ge:nezɪs, *auch:* ...gɛn...; **...sen** ...ge'ne:zn̩
palingenetisch palɪnge'ne:tɪʃ
Palinodie palino'di:, **-n** ...i:ən
Palisade pali'za:də
Palisades Park *engl.* 'pælɪseɪdz 'pɑ:k
Palisander pali'zandɐ
palisandern pali'zandɐn
palisieren pali'zi:rən
Palissot de Montenoy *fr.* palisodmõtə'nwa
Palissy *fr.* pali'si
Palitzsch 'pa:lɪtʃ
Palizzi *it.* pa'littsi
Palk *engl.* pɔ:lk
Palla[das] 'pala[das]
Paladianismus paladia'nɪsmʊs
Palladio *it.* pal'la:dio
Palladios pa'la:diɔs
[1]**Palladium** (Schutzbild) pa'la:diʊm, **...ien** ...iən
[2]**Palladium** (Element) pa'la:diʊm
Palladius pa'la:diʊs
Pallanza *it.* pal'lantsa
Pallas 'palas
Pallasch 'palaʃ
Pallasit pala'zi:t, *auch:* ...zɪt
Pallastunturi *finn.* 'pɑllɑstunturi
Pallat 'palat
Pallavicini *it.* pallavi'tʃi:ni
Pallavicino *it.* pallavi'tʃi:no
Pallawa[tsch] 'palava[vatʃ]
Palle *dän.* 'palə
Pallenberg 'palənbɛrk
Pallene pa'le:ne
Palleske pa'lɛskə
Palliata pa'lia:ta
palliativ, P... palia'ti:f, **-e** ...i:və
Palliativum palia'ti:vʊm, **...va** ...va
Pallice-Rochelle, La *fr.* lapalisrɔ'ʃɛl
Pallien 'paliən
Pallière *fr.* pa'ljɛ:r
Pallieter *niederl.* pɑ'li:tər
Pallikaren pali'ka:rən
Palliser *engl.* 'pælɪsə
Pallium 'paliʊm, **...ien** ...iən
Pall Mall *engl.* 'pɛl'mɛl, 'pæl'mæl
Pall-mall pɛl'mɛl, *engl.* '-'-
Pallograph palo'gra:f
Palloseura *finn.* 'pɑllɔsɛurɑ
Pallotti pa'lɔti, *it.* pal'lɔtti
Pallottiner palɔ'ti:nɐ
Palm palm
Palma *span., it., bras.* 'palma, *port.* 'palmɐ
Palmanova *it.* palma'nɔ:va
palmar pal'ma:ɐ̯
Palmar *span.* pal'mar
Palmares *span.* pal'mares, *bras.* ...ris
Palmarum pal'ma:rʊm
Palmas *dt., span., bras.* 'palmas, *engl.* 'pɑ:lməs
Palmatica pal'ma:tika
Palmatopteris palma'tɔpterɪs
Palm Beach *engl.* 'pɑ:m 'bi:tʃ
Palmblad *schwed.* ˌpalmblɑ:d
Palmeira[s] *bras.* pal'meira[s]
Palmeirim *port.* palmɐi'rĩ
Palmela *port.* pal'mɛlɐ
Palmella pal'mɛla
Palmén *schwed.* pal'me:n
Palmer 'palmɐ, *engl.* 'pɑ:mə
Palmerston *engl.* 'pɑ:məstən
Palmerton *engl.* 'pɑ:mətn
Palmette pal'mɛtə
Palmezzano *it.* palmed'dza:no
Palmi *it.* 'palmi
Palmieri *it.* pal'miɛ:ri
Palmin Ⓦ pal'mi:n
Palmira *span., bras.* pal'mira
Palmiro *it.* pal'mi:ro
Palmitat palmi'ta:t
Palmitin palmi'ti:n
Palmnicken palm'nɪkn̩, '---
Pálmonostora *ung.* 'pa:lmonoʃtorɔ
Palmotić *serbokr.* 'palmɔtitɕ
Palmsonntag palm'zɔnta:k, *auch:* '---
Palm Springs *engl.* 'pɑ:m 'sprɪŋz
Palmus 'palmʊs
Palmyra pal'my:ra, *engl.* pæl'maɪərə
palmyrisch pal'my:rɪʃ
Palo *it.* 'pa:lo
[1]**Palo Alto** (Kalifornien) *engl.* 'pæloʊ 'æltoʊ
[2]**Palo Alto** (Texas) *engl.* 'pɑ:loʊ 'ɑ:ltoʊ
Palolowurm pa'lo:lovʊrm
Paloma pa'lo:ma, *span.* pa'loma
Palomar *engl.* 'pæləmɑ:, *span.* palo'mar
Palopo *indon.* pa'lopo
Palos *span.* 'palɔs
Palotás *ung.* 'pɔlota:ʃ
Palouse *engl.* pə'lu:s
palpabel pal'pa:bl̩, **...ble** ...blə
Palpation palpa'tsio:n
palpatorisch palpa'to:rɪʃ
Palpe 'palpə
palpieren pal'pi:rən
Palpitation palpita'tsio:n
Palpiti 'palpiti
palpitieren palpi'ti:rən
Palt palt
Paltock *engl.* 'pɔ:ltək
Palù *it.* pa'lu
Palü pa'ly:, *rät.* pa'ly
Palucca pa'lʊka
Paludan *dän.* 'pal'udan
Paludina palu'di:na
Paluschke pa'lʊʃkə
Palynologie palynolo'gi:
Palzem 'paltsm̩
Pamekasan *indon.* pamə'kasan
Pamela pa'me:la, pa'mɛla; *engl.* 'pæmɪlə
Pamele pa'me:lə, pa'mɛlə
Pamfil *russ.* pam'fil
Pamfili *it.* pam'fi:li
Pamiers *fr.* pa'mje
Pamina pa'mi:na
Pamir 'pa:mi:ɐ̯, *auch:* pa'mi:ɐ̯
Pamlico *engl.* 'pæmlɪkoʊ
Pamp pamp
Pampa *dt., span.* 'pampa, *engl.* 'pæmpə
Pampas *span.* 'pampas
Pampe 'pampə
Pampelmuse 'pampl̩mu:zə, *auch:* --'--
Pamperletsch 'pampɐlɛtʃ
Pampero pam'pe:ro
Pampf pampf
Pamphili 'pamfili
Pamphilos 'pamfilɔs
Pamphilus 'pamfilʊs
Pamphlet pam'fle:t
Pamphletist pamfle'tɪst
Pamphyler pam'fy:lɐ
Pamphylien pam'fy:liən
pampig 'pampɪç, **-e** ...ɪgə
Pampilhosa *port.* pɐmpi'ʎɔzɐ
Pamplona *span.* pam'plona
Pampow 'pampo
Pampusche pam'pʊʃə
Pamuk *ung.* 'pɔmuk
Pamukkale *türk.* pɑ'mukkɑˌlɛ
[1]**Pan** (Gott; Faser [Ⓦ]) pa:n
[2]**Pan** (Herr) pan, **-i** 'pani
[3]**Pan** (Name) *engl.* pæn

Pana *engl.* 'peɪnə
Panaché pana'ʃe:
Panade pa'na:də
Panadés *span.* pana'ðes
panafrikanisch pan|afri'ka:nɪʃ
Panagia pana'gi:a, **...ien** ...i:ən
Panagiurischte, Panagjurište *bulgar.* pana'gjuriʃtɛ
Panainos 'pa:nai̯nɔs, 'pan...; pa'nai̯nɔs
Panait *rumän.* pana'it
Panaitios pa'nai̯ti̯ɔs
Panajew, Panaev *russ.* pa'najɪf
Panakea pana'ke:a
Panakeia pana'kai̯a
Pan Am *engl.* 'pænæm
[1]Panama (Gewebe) 'panama, 'pa:...
[2]Panama (Land, Stadt) 'panama, 'pa:...; pana'ma; *engl.* 'pænəmɑ:, ––'–
Panamá *span.* pana'ma
Panamaer 'panamaɐ̯, 'pa:...; pana'ma:ɐ̯
panamaisch pana'ma:ɪʃ
Panamakanal 'pa[:]namakana:l,
Panamene pana'me:nə
panamenisch pana'me:nɪʃ
Panamericana, Carretera *span.* karrɛ'tera panameri'kana
Panamerican Airways *engl.* 'pænə'mɛrɪkən 'ɛəweɪz
Panamerican Highway *engl.* 'pænə'mɛrɪkən 'haɪweɪ
Pan American World Airways System *engl.* 'pænə'mɛrɪkən 'wə:ld 'ɛəweɪz 'sɪstɪm
Panamerika pan|a'me:rika
Panamerikanismus pan|amerika'nɪsmʊs
Panamint Mountains *engl.* 'pænəmɪnt 'maʊntɪnz
panarabisch pan|a'ra:bɪʃ
Panarabismus pan|ara'bɪsmʊs
Panarea *it.* pana'rɛ:a
Panaritium pana'ri:tsi̯ʊm, **...ien** ...i̯ən
Panaro *it.* pa'na:ro
Panasch pa'naʃ
Panaschee pana'ʃe:
panaschieren pana'ʃi:rən
Panaschüre pana'ʃy:rə
Panathenäen pan|ate'nɛ:ən
Panathenaikos *neugr.* panaθinai'kɔs
panathenäisch pan|ate'nɛ:ɪʃ
Panax 'pa:naks
Panay *span.* pa'nai̯, *engl.* pɑ:'naɪ
Panazee pana'tse:[ə], **-n** ...'tse:ən
Panč vgl. Pantsch
Pančenko vgl. Pantschenko
Pančevo *serbokr.* 'pa:ntʃɛvɔ
Pancho *span.* 'pantʃo
panchromatisch pankro'ma:tɪʃ
Panciu *rumän.* 'pantʃu
Panckoucke *fr.* pã'kuk
Pancras 'pankras, *engl.* 'pæŋkrəs
Pancratium pan'kra:tsi̯ʊm
Pancratius pan'kra:tsi̯ʊs
Pancrazio pan'kra:tsi̯o, *it.* paŋ'krattsi̯o
Pánd *ung.* pa:nd
Panda 'panda
Pandaimonion pandai̯'mo:ni̯ɔn, **...ien** ...i̯ən
Pandämonium pandɛ'mo:ni̯ʊm, **...ien** ...i̯ən
Pandane pan'da:nə
Pandaros 'pandarɔs
Pandang 'pandaŋ
Pandekten pan'dɛktn̩
Pandektist pandɛk'tɪst
Pandemie pande'mi:, **-n** ...i:ən
pandemisch pan'de:mɪʃ
Panderma pan'dɛrma
Pandermit pandɛr'mi:t, *auch:* ...mɪt
Pandero pan'de:ro
Pandit 'pandɪt
Pandjang *indon.* 'pandʒaŋ
Pando *span.* 'pando
Pandolf 'pandɔlf
Pandolfo pan'dɔlfo
Pandora pan'do:ra
Pandorina pando'ri:na
Pandschab pan'dʒa:p, *auch:* 'pan...
Pandschabi pan'dʒa:bi
Pandulf, ...lph 'pandʊlf, –'–; *engl.* 'pændʌlf
Pandulpho pan'dʊlfo
Pandur pan'du:ɐ̯
Pandurović *serbokr.* pan͵du:rɔvitɕ
Pándy *ung.* 'pa:ndi
Paneel pa'ne:l
paneelieren pane'li:rən
Panegyriker pane'gy:rikɐ
Panegyrikos pane'gy:rikɔs, **...koi** ...kɔy̆
Panegyrikus pane'gy:rikʊs, **...ki** ...ki
panegyrisch pane'gy:rɪʃ
Panel 'pɛnl̩, *engl.* pænl
panem et circenses 'pa:nɛm ɛt tsɪr'tsɛnze:s
Panentheismus pan|ɛnte'ɪsmʊs
panentheistisch pan|ɛnte'ɪstɪʃ
Panelas *bras.* pɐ'nɛlas
Panerai *it.* pane'ra:i
Paneuropa pan|ɔy'ro:pa
Panfilm 'pa:nfɪlm
Pánfilo *span.* 'panfilo
Panfilow, Panfilov *russ.* pan'filɐf
Panfjorow, Panferov *russ.* pan'fjɔrɐf
Pangalos *neugr.* 'paŋgalɔs
Pangani paŋ'ga:ni
Pange lingua 'paŋge 'lɪŋgu̯a
Pangene pan'ge:nə
Pangenesis pan'ge:nezɪs, *auch:* ...gɛn...
Pangermanismus pangɛrma'nɪsmʊs
Pangim *port.* pẽ'ʒĩ
Pangkalpinang *indon.* paŋkal'pinaŋ
Pangrango *indon.* paŋ'raŋo
Pangwe 'paŋgvə
Panhagia panha'gi:a
Panhard *fr.* pã'a:r
Panhas 'panha:s, **-e** ...a:zə
Panhellenios panhɛ'le:ni̯ɔs
Panhellenismus panhɛle'nɪsmʊs
Pani vgl. [2]Pan
Panicum 'pa:nikʊm
[1]Panier (Banner, Hülle aus Ei und Bröseln) pa'ni:ɐ̯
[2]Panier (Kleid) pa'nje:
panieren pa'ni:rən
Panigale *it.* pani'ga:le
Panik 'pa:nɪk
Panin *russ.* 'panin
[1]Panini *it.* pa'ni:ni
[2]Panini (Sanskritgrammatiker) 'pa:nini
panisch 'pa:nɪʃ
Panislamismus pan|ɪsla'mɪsmʊs
Panix[er] pa'nɪks[ɐ]
Panizza pa'nɪtsa, *it.* pa'nittsa
Panizzi *it.* pa'nittsi, *engl.* pɑ:'ni:tsɪ
Panje 'panjə
Panjuschkin, Panjuškin *russ.* 'panjuʃkin
Pankarditis pankar'di:tɪs, **...itiden** ...di'ti:dn̩
Panke 'paŋkə
Pankhurst *engl.* 'pæŋkhə:st
Pankiewicz *poln.* paŋ'kjɛvitʃ
Pankok 'paŋkɔk
Pankow[er] 'paŋko[ɐ]
Pankrati, Pankratij *russ.* pan'kratij
Pankration pan'kra:ti̯ɔn
pankratisch pan'kra:tɪʃ
Pankratius pan'kra:tsi̯ʊs
Pankratowa, Pankratova *russ.* pan'kratɐvɐ
Pankraz pan'kra:ts
Pankreas 'pankreas, **...kreaten** ...kre'a:tn̩
Pankreatin pankrea'ti:n
Pankreatitis pankrea'ti:tɪs, **...itiden** ...ti'ti:dn̩
Panlogismus panlo'gɪsmʊs
Panmixie panmɪ'ksi:, **-n** ...i:ən
Panmundschöm, Panmunjom *korean.* phanmundʒʌm
Panmyelopathie panmy̆elopa'ti:
Panmyelophthise panmy̆elo'fti:zə
Pannartz 'panarts
[1]Panne 'panə
[2]Panne (Name) *niederl.* 'pɑnə, *fr.* pan
Panné pa'ne:

Pạnnekoek *niederl.* 'pɑnəku:k
Panneton *fr.* pan'tõ
Panniculus adipọsus pa'ni:kulʊs adi'po:zʊs
Pannikulitis paniku'li:tɪs, **...itiden** ...li'ti:dn̩
Pạnningen *niederl.* 'pɑnɪŋə
Pannisẹllus pani'zɛlʊs, **...lli** ...li
Pannonhalma *ung.* 'pɔnnonhɔlmɔ
Pannọnien pa'no:ni̯ən
pannọnisch pa'no:nɪʃ
Pannọnius pa'no:ni̯ʊs
Pạnnus 'panʊs
Pạnnwitz 'panvɪts
Pannychis panʏ'çɪs
Panọfsky pa'nɔfski
Pạnope 'pa:nope
Panophthalmie panɔftal'mi:, **-n** ...i:ən
Panọptikum pa'nɔptikʊm
panọptisch pa'nɔptɪʃ
Panorama pano'ra:ma
Panormita panɔr'mi:ta
Panọwa, Panova *russ.* pa'nɔvɐ
panpazifisch panpa'tsi:fɪʃ
Panphobie panfo'bi:, **-n** ...i:ən
Panplegie panple'gi:, **-n** ...i:ən
Panpsychismus panpsy'çɪsmʊs
Panroman panro'ma:n
Pạnsa 'panza
Pạnschan 'panʃan
pạnschen 'panʃn̩
Pạnschwitz 'panʃvɪts
Pạnsen 'panzn̩
Pansexualismus panzɛksu̯a'lɪsmʊs
Pansinusitis panzinu'zi:tɪs
Panslawismus pansla'vɪsmʊs
Panslawist pansla'vɪst
Pansophie panzo'fi:
pansophisch pan'zo:fɪʃ
Panspermie pansper'mi:
Pantagruel pan'ta:gruɛl, *fr.* pãtagry'ɛl
Pantaleon pan'ta:leɔn
Pantaleoni *it.* pantale'o:ni
[1]**Pạntalon** (Hackbrett, Name) 'pantalɔn
[2]**Pantalon** (Tanz) pãta'lõ:
Pantalone panta'lo:nə, **...ni** ...ni
Pantalons pãta'lõ:s pant...; 'pã:talõ:s, 'pantalõ:s
Pantano *span.* pan'tano
Pantanal panta'na:l, *bras.* pɐntɐ'nal
pạnta rhei 'panta 'rai̯
Panteg *engl.* pæn'teɪg
Pantelẹew, Panteleev *bulgar.* pantɛ'lɛɛf
Panteleimon, Panteleimon *russ.* pɐntɪlɪj'mɔn
Pantelẹjewitsch, Panteleevič *russ.* pɐntɪ'ljejɪvɪtʃ
Pantelismus pante'lɪsmʊs
Pạntelitz 'pantəlɪts
Pantelleria *it.* pantelle'ri:a
Pạnthalis 'pantalɪs
Pantheismus pante'ɪsmʊs
Pantheist pante'ɪst
Panthelismus pante'lɪsmʊs
Pạntheon 'panteɔn
Pạnther 'pantɐ
Panthino pan'ti:no
Panticosa *span.* panti'kosa
Pantin *fr.* pã'tɛ̃
Pantine pan'ti:nə
Pantọffel pan'tɔfl̩
Pantọ̈ffelchen pan'tœfl̩çən
Pantograph panto'gra:f
Pantographie pantogra'fi:, **-n** ...i:ən
Pantokrator panto'kra:tɔr
Pantolẹtte panto'lɛtə
Pantọja *span.* pan'tɔxa
Pantometer panto'me:tɐ
Pantomime panto'mi:mə
Pantomimik panto'mi:mɪk
pantomimisch panto'mi:mɪʃ
pantophag panto'fa:k, **-e** ...a:gə
Pantophagie pantofa'gi:
Pantophthalmie pantɔftal'mi:, **-n** ...i:ən
Pantopode panto'po:də
Pantothen... panto'te:n...
Pạntoun 'pantʊn
Pantragismus pantra'gɪsmʊs
Pantry 'pɛntri
Pạntsch, Panč *russ.* pantʃ
Pantschatạntra pantʃa'tantra
pạntschen 'pantʃn̩
Pạntschenko, Pančenko *russ.* 'pantʃɪnkɐ
Pạntschen-Lama 'pantʃn̩'la:ma
Pạntschowa 'pantʃova
Pạntun 'pantʊn
Panty 'pɛnti, **...ties** ...ti:s
Pánuco *span.* 'panuko
Panụfnik *poln.* pa'nufnik
Pänụltima pɛ'nʊltima, pɛn'|ʊ...; **...mä** ...mɛ
panụrgisch pa'nʊrgɪʃ
Panvini *it.* pan'vi:ni
Pạnzen 'pantsn̩
Pạnzer 'pantsɐ
pạnzern 'pantsɐn
Panzini *it.* pan'tsi:ni
Pão de Açúcar *bras.* 'pɐ̃ʊ̯ di a'sukar
Paola *it.* 'pa:ola
Paoli *it.* 'pa:oli
Paolo *it.* 'pa:olo
Päon 'pɛ:ɔn, pɛ'o:n; **-e** 'pɛ:ɔnə, pɛ'o:nə
Päone pɛ'o:nə
Päonie pɛ'o:ni̯ə
Päonius pɛ'o:ni̯ʊs
[1]**Papa** (Vater) pa'pa:, *auch:* 'papa
[2]**Pạpa** (Papst) 'pa:pa
Pápa *ung.* 'pa:pɔ
Papabili pa'pa:bili
Papachen pa'pa:çən
Papadiamantes *neugr.* papaðja'mandis
Papadọpulos *neugr.* papa'ðɔpulɔs
Papagạllo papa'galo, **...lli** ...li
Papagạyos papa'ga:jɔs
Papagei papa'gai̯
papageiisch papa'gai̯ɪʃ
Papagena papa'ge:na
Papageno papa'ge:no
Papạgos *neugr.* pa'paɣɔs
Papain papa'i:n
papal pa'pa:l
Papalismus papa'lɪsmʊs
papalistisch papa'lɪstɪʃ
Papandrẹu *neugr.* papan'ðrɛu
Papạntla *span.* pa'pantla
Papantoniu *neugr.* papandɔ'niu
Paparẹschi *it.* papa'reski
Papạs pa'pas
Pápasalamon *ung.* 'pa:pɔʃɔlɔmon
Papat pa'pa:t
Papaver pa'pa:vɐ
Papaverazeen papavera'tse:ən
Papaverin papave'ri:n
Papaye pa'pa:jə
Papchen 'papçən, *auch:* 'pa:pçən
Pape 'pa:pə, *engl.* peɪp
Pape-Carpantier *fr.* papkarpã'tje
Papeete pa'pe:tə
Papel 'pa:pl̩
Papen[burg] 'pa:pn̩[bʊrk]
Papendrecht *niederl.* 'pa:pəndrɛxt
Papenwasser 'pa:pn̩vasɐ
Papenzin papn̩'tsi:n
Paper[back] *engl.* 'peɪpə[bæk]
Papeterie papɛtə'ri:, **-n** ...i:ən
paphisch 'pa:fɪʃ
Paphlagonien pafla'go:ni̯ən
Paphos 'pa:fɔs, *neugr.* 'pafɔs
Papias pa'pi:as, 'pa:pi̯as
Papier pa'pi:ɐ̯
papieren pa'pi:rən
Papiermaché papi̯ema'ʃe:
Papilionazeen papili̯ona'tse:ən
Papilioniden papili̯o'ni:dn̩
Papịlla pa'pɪla, **...llae** ...lɛ
papillar papɪ'la:ɐ̯
Papịlle pa'pɪlə
Papillom papɪ'lo:m
Papillon papi'jõ:
Papillote papi'jo:tə
Papin *fr.* pa'pɛ̃
Papinscher Tọpf pa'pɛ̃:ʃɐ 'tɔpf, pa'pi:nʃɐ –
Papini *it.* pa'pi:ni
Papinianus papi'ni̯a:nʊs
Papinius pa'pi:ni̯ʊs
Pạpio 'pa:pi̯o
Papirọssa papi'rɔsa, **...ọssy** ...ɔsi
Papismus pa'pɪsmʊs
Papist pa'pɪst
Papkeszi *ung.* 'pɔpkɛsi
pạpp, P... pap
Pạppe 'papə

Pappel 'papl̩
pappeln 'papl̩n
päppeln 'pɛpl̩n
pappen 'papn̩
Pappenheim[er] 'papn̩hai̯m[ɐ]
Pappenstiel 'papn̩ʃti:l
papperlapapp! papɐla'pap
pappig 'papɪç, **-e** ...ɪgə
Pappmaché papma'ʃe:
[1]**Pappus** (Haarkrone) 'papʊs, **-se** ...ʊsə
[2]**Pappus** (Name) 'papʊs
Papremis pa'pre:mɪs
Paprika 'paprika, *auch:* 'pa:prika
Paprocki *poln.* pa'prɔtski
Paps paps
Papst pa:pst, **Päpste** 'pɛ:pstə
Päpstin 'pɛ:pstɪn
Päpstler 'pɛ:pstlɐ
päpstlich 'pɛ:pstlɪç
Papsttum 'pa:psttu:m
Papua 'pa:pu̯a, *auch:* pa'pu:a, *indon.* pa'pua
papuanisch pa'pu̯a:nɪʃ
Papula 'pa:pula, **...lae** ...lɛ
papulös papu'lø:s, **-e** ...ø:zə
Papyri vgl. Papyrus
Papyrin papy'ri:n
Papyrologe papyro'lo:gə
Papyrologie papyrolo'gi:
papyrologisch papyro'lo:gɪʃ
Papyrus pa'py:rʊs, **...ri** ...ri
Pâque *fr.* pɑ:k
Paquet *fr.* pa'kɛ
Paquetá *bras.* pake'ta
Paquita *span.* pa'kita
Paquito *span.* pa'kito
Pär *schwed.* pæ:r
Para (Münze) 'pa:ra
Pará *bras.* pa'ra
Parabase para'ba:zə
Parabel pa'ra:bl̩
Parabellum Ⓦ para'bɛlʊm
Parabiago *it.* para'bi̯a:go
Parabiont para'bi̯ɔnt
Parabiose para'bi̯o:zə
Parablepsie parablɛ'psi:, **-n** ...i:ən
parabolisch para'bo:lɪʃ
Paraboloid parabolo'i:t, **-e** ...i:də
Paracas *span.* pa'rakas
paracelsisch, P... para'tsɛlzɪʃ
Paracelsus para'tsɛlzʊs
Paraćin *serbokr.* 'paratɕi:n
Paracuru *bras.* paraku'ru
Paracutu *bras.* paraku'tu
Parád *ung.* 'pɔra:d
Parada *port.* pɐ'raðɐ
Parade pa'ra:də
Paradeis... para'dai̯s...
Paradeiser para'dai̯zɐ
Paradentitis paradɛn'ti:tɪs
Paradentose paradɛn'to:zə
paradieren para'di:rən
Paradies para'di:s, **-e** ...i:zə
paradiesisch para'di:zɪʃ
Paradigma para'dɪgma
paradigmatisch paradɪ'gma:tɪʃ
Paradiso *it.* para'di:zo
paradox, P... para'dɔks
paradoxal paradɔ'ksa:l
Paradoxie paradɔ'ksi:, **-n** ...i:ən
Paradoxon pa'ra:dɔksɔn, **...xa** ...ksa
Paraffin para'fi:n
paraffinieren parafi'ni:rən
paraffinisch para'fi:nɪʃ
Paragammazismus paragama'tsɪsmʊs
Paragenese parage'ne:zə
Paragenesis para'ge:nezɪs, *auch:* ...gɛn...
paragenetisch parage'ne:tɪʃ
Parageusie paragɔy'zi:
Paragitats... paragi'ta:ts...
Paragium pa'ra:gi̯ʊm, **...ien** ...i̯ən
Paragnosie paragno'zi:
Paragnost para'gnɔst
Paragould *engl.* 'pærəgu:ld
Paragramm para'gram
Paragrammatismus paragrama'tɪsmʊs
Paragraph para'gra:f
Paragraphie paragra'fi:
paragraphieren paragra'fi:rən
Paraguaçu *bras.* paragu̯a'su
Paraguai *bras.* para'gu̯ai̯
Paraguana *span.* para'ɣu̯ana
Paraguarí *span.* paraɣu̯a'ri
Paraguay para'gu̯a:i, *auch:* 'paragvai̯; *span.* para'ɣu̯ai̯
Paraguayer para'gu̯a:jɐ, *auch:* 'paragvai̯ɐ
paraguayisch para'gu̯a:jɪʃ, *auch:* 'paragvai̯ɪʃ
Parahidrose parahi'dro:zə
Parahotep para'ho:tɛp
Paraíba *bras.* para'iba
Paraibuna *bras.* parai'buna
Paraiyan pa'rai̯jan
Parakeratose parakera'to:zə
Parakinese paraki'ne:zə
Paraklase para'kla:zə
Paraklet para'kle:t
Parakonikon parakoni'kɔn, **...ka** ...'ka
Parakorolle parako'rɔlə
Parakusie paraku'zi:
Parakusis para'ku:zɪs
Paralalie parala'li:
Paralexie paralɛ'ksi:
Paralgesie paralge'zi:, **-n** ...i:ən
Paralgie paral'gi:, **-n** ...i:ən
Paralipomenon parali'po:menɔn, **...na** ...na
Paralipophobie paralipofo'bi:
Paralipse para'lɪpsə
paralisch pa'ra:lɪʃ
parallaktisch para'laktɪʃ
Parallaxe para'laksə
parallel para'le:l
Parallele para'le:lə
Parallelepiped para'le:l|epi,pe:t, **-e** ...e:də
Parallelepipedon paralele'pi:pedɔn, **...da** ...da, **...den** ...pi'pe:dn̩
parallelisieren paraleli'zi:rən
Parallelismus parale'lɪsmʊs
Parallelität paraleli'tɛ:t
Parallelo para'le:lo
Parallelogramm paralelo'gram
Paralogie paralo'gi:, **-n** ...i:ən
Paralogismus paralo'gɪsmʊs
Paralogistik paralo'gɪstɪk
Paralyse para'ly:zə
paralysieren paraly'zi:rən
Paralysis pa'ra:lyzɪs, **...sen** para'ly:zn̩
Paralytiker para'ly:tikɐ
paralytisch para'ly:tɪʃ
Paramaecium para'mɛ:tsi̯ʊm, **...ien** ...i̯ən
paramagnetisch parama'gne:tɪʃ
Paramagnetismus paramagne'tɪsmʊs
Paramaribo parama'ri:bo, *niederl.* pa:ra:'ma:ri:bo:
Paramé *fr.* para'me
Paramente para'mɛntə
Paramentik para'mɛntɪk
Paramera *span.* para'mera
Parameren para'me:rən
Parameter pa'ra:metɐ
parametran parame'tra:n
Parametritis parame'tri:tɪs
Parametrium para'me:triʊm
paramilitärisch 'pa:ramilitɛ:rɪʃ
Paramimie parami'mi:
Paramnesie paramne'zi:, **-n** ...i:ən
Paramo 'paramo
Paramount Pictures Corporation *engl.* 'pærəmaʊnt 'pɪktʃəz kɔ:pə'reɪʃən
Paramus *engl.* pə'ræməs
Paramythie paramy'ti:, **-n** ...i:ən
Paraná *span.* para'na, *port.* parɐ'na
Paranaguá *bras.* parɐna'gu̯a
Paranaíba *bras.* parɐna'iba
Paranapanema *bras.* parɐnapɐ'nema
Paränese parɛ'ne:zə
paränetisch parɛ'ne:tɪʃ
Parang 'pa:raŋ
Paranoia para'nɔya
paranoid parano'i:t, **-e** ...i:də
Paranoiker para'no:ikɐ
paranoisch para'no:ɪʃ
Paranoismus parano'ɪsmʊs
Paranomie parano'mi:, **-n** ...i:ən
paranormal paranɔr'ma:l
Paranthropus pa'rantropʊs, **...pi** ...pi
Paranuß 'pa:ranʊs
Parapett para'pɛt
Paraph pa'ra:f

Paraphasie parafa'zi:
Paraphe pa'ra:fə
Paraphernalien parafɛr'na:li̯ən
paraphieren para'fi:rən
Paraphimose parafi'mo:zə
Paraphonie parafo'ni:
Paraphoren para'fo:rən
Paraphrase para'fra:zə
Paraphrasie parafra'zi:
paraphrasieren parafra'zi:rən
Paraphrasis pa'ra:frazɪs, **...sen** para'fra:zn̩
Paraphrast para'frast
Paraphrenie parafre'ni:
Paraphrosyne parafro'zy:nə
Paraphyse para'fy:zə
Paraplasie parapla'zi:, **-n** ...i:ən
Paraplasma para'plasma
Paraplegie paraple'gi:, **-n** ...i:ən
Parapluie para'ply:
parapneumonisch parapnɔy'mo:nɪʃ
Parapodium para'po:di̯ʊm, **...ien** ...i̯ən
Paraproktitis paraprɔk'ti:tɪs, **...itiden** ...ti'ti:dn̩
Parapsis 'pa:rapsɪs
Parapsychologie parapsyçolo'gi:
parapsychologisch parapsyço'lo:gɪʃ
Pararthrie parar'tri:
Parasange para'zaŋə
Parasche pa'raʃə
Paraschos *neugr.* pa'rasxɔs
Parasigmatismus parazɪgma'tɪsmʊs
Parasit para'zi:t
parasitär parazi'tɛ:ɐ̯
parasitisch para'zi:tɪʃ
Parasitismus parazi'tɪsmʊs
Parasitologie parazitolo'gi:
parasitologisch parazito'lo:gɪʃ
Parasol para'zo:l
Paraspadie paraspa'di:, **-n** ...i:ən
Parästhesie parɛste'zi:, **-n** ...i:ən
Parastruma para'stru:ma
Parasympathikus parazʏm'pa:tikʊs
parasympathisch parazʏm'pa:tɪʃ
Parasynthetum para'zʏntetʊm, **...ta** ...ta
parat pa'ra:t
parataktisch para'taktɪʃ
Parataxe para'taksə
Parataxie parata'ksi:
Parataxis pa'ra:taksɪs, **...xen** para'taksn̩
Paratekt para'tɛkt
Parati *bras.* para'ti
paratonisch para'to:nɪʃ
Paratyphus 'pa:raty:fʊs
paratypisch para'ty:pɪʃ
Paravariation paravari̯a'tsi̯o:n
paravenös parave'nø:s, **-e** ...ø:zə
Paravent para'vã:
paravertebral paravɛrte'bra:l
par avion *fr.* para'vjõ
Paray *fr.* pa'rɛ
Paray-le-Monial *fr.* parɛlmɔ'njal
Paray-Vieille-Poste *fr.* parɛvjɛj'pɔst
Parazentese paratsɛn'te:zə
parazentrisch para'tsɛntrɪʃ
parbleu! par'blø:
Parc des Princes *fr.* parkde'prɛ̃:s
Parceria parse'ri:a, **...ien** ...i:ən
Parcerisa *span.* parθe'risa
Pärchen 'pɛ:ɐ̯çən
Parchim 'parçɪm
Parcours par'ku:ɐ̯, **des -** ...ɐ̯[s], **die -** ...ɐ̯s
Parczew *poln.* 'partʃɛf
Pard part, **-en** 'pardn̩
pardauz! par'dauts
Pardee *engl.* pɑ:'di:
Pardel 'pardl̩
Parder 'pardɐ
Pardessus *fr.* pardə'sy
par distance *fr.* pardis'tã:s
Pardo *span.* 'parðo, *bras.* 'pardu
Pardon par'dõ:
pardonabel pardo'na:bl̩, **...ble** ...blə
pardonieren pardo'ni:rən
Pardubice *tschech.* 'pardubitsɛ
Pardubitz 'pardubɪts
Pardun[e] par'du:n[ə]
Paré *fr.* pa're
Parechese parɛ'çe:zə
Parecis *bras.* pare'sis
Paredes *port.* pɐ'reðɪʃ
Parenchym parɛn'çy:m
parenchymatös parɛnçyma'tø:s, **-e** ...ø:zə
Parental... parɛn'ta:l...
Parentalien parɛn'ta:li̯ən
Parentation parɛnta'tsi̯o:n
Parentel parɛn'te:l
parenteral parɛnte'ra:l
Parenthese parɛn'te:zə
parenthetisch parɛn'te:tɪʃ
Parentis-en-Born *fr.* parãtisã'bɔrn
Parenzo *it.* pa'rɛntso
Parere pa're:rə
Parergasie par|ɛrga'zi:
Parergon par'|ɛrgɔn, **...ga** ...ga
Pares *engl.* pɛəz
Parese pa're:zə
Paresis 'pa:rezɪs, **...sen** pa're:zn̩
paretisch pa're:tɪʃ
Pareto *it.* pa're:to
Paretz 'pa:rɛts
par excellence *fr.* parɛksɛ'lã:s
par exemple *fr.* parɛg'zã:pl
Parey 'pa:rai̯
Parfaict *fr.* par'fɛ
par force *fr.* par'fɔrs
Parfum par'fœ̃:
Parfüm par'fy:m
Parfümerie parfymə'ri:, **-n** ...i:ən
Parfümeur parfy'mø:ɐ̯
parfümieren parfy'mi:rən
Parga *span.*, *neugr.* 'parɣa
Pargasit parga'zi:t, *auch:* ...zɪt
Parham *engl.* 'pærəm
Parhelium par'he:li̯ʊm
pari 'pa:ri
[1]**Paria** (Kaste) 'pa:ri̯a
[2]**Paria** (Name) *span.* 'pari̯a
Paricutín *span.* pariku'tin
Paridrose pari'dro:zə
parieren pa'ri:rən
parietal pari̯e'ta:l
Parifikation parifika'tsi̯o:n
Parima *span.* pa'rima
Parini *it.* pa'ri:ni
Parintins *bras.* parin'tĩs
[1]**Paris** pa'ri:s, *fr.* pa'ri
[2]**Paris** (Personenname) 'pa:rɪs, *engl.* 'pærɪs, *fr.* pa'ris
[3]**Paris** (Orte, USA) *engl.* 'pærɪs
[4]**Paris** (Einbeere) 'pa:rɪs
Pâris *fr.* pɑ'ris
parisch 'pa:rɪʃ
Paris-Duverney *fr.* paridyvɛr'nɛ
Pariser pa'ri:zɐ
Parish *engl.* 'pærɪʃ
Parisien Libéré *fr.* parizjɛ̃libe're
Parisienne pari'zi̯ɛn
Parisier pa'ri:zi̯ɐ
Parisis *fr.* pari'zi
parisisch pa'ri:zɪʃ
Parisismus pari'zɪsmʊs
Parison 'pa:rizɔn, **...sa** ...za
Paris-Presse *fr.* pari'prɛs
parisyllabisch parizy'la:bɪʃ
Parisyllabum pari'zylabʊm, **...ba** ...ba
Parität pari'tɛ:t
paritätisch pari'tɛ:tɪʃ
[1]**Park** park
[2]**Park** (Name) *engl.* pɑ:k
Parka 'parka
Park-and-ride... *engl.* 'pɑ:k ənd 'raɪd...
Parkano *finn.* 'parkɑnɔ
Parke *engl.* pɑ:k
parken 'parkn̩
Parkentin parkn̩'ti:n
Parker *engl.* 'pɑ:kə
Parkeriazeen parkeri̯a'tse:ən
parkerisieren parkeri'zi:rən
parkern 'parkɐn
Parkersburg *engl.* 'pɑ:kəzbə:g
Parkes *engl.* pɑ:ks
Parkett[e] par'kɛt[ə]
parkettieren parkɛ'ti:rən
Parkhurst *engl.* 'pɑ:khə:st
parkieren par'ki:rən

Pạrkin *engl.* 'pɑ:kɪn
Pạrkingmeter 'parkɪŋme:tɐ
Pạrkinson *engl.* 'pɑ:kɪnsn
Parkinsonịsmus parkɪnzo'nɪsmʊs
Pạrkman *engl.* 'pɑ:kmən
Parkogra̲ph parko'gra:f
Parkome̲ter parko'me:tɐ
Pạrkstein 'park-ʃtai̯n
Parlamẹnt parla'mɛnt
Parlamentä̲r parlamɛn'tɛ:ɐ̯
Parlamenta̲rier parlamɛn'ta:ri̯ɐ
parlamenta̲risch parlamɛn'ta:rɪʃ
parlamentarisi̲e̲ren parlamɛntari'zi:rən
Parlamentarịsmus parlamɛnta'rɪsmʊs
parlamenti̲e̲ren parlamɛn'ti:rən
parlạndo par'lando
Parlạndo par'lando, **...di** ...di
parlạnte par'lantə
Pạrler 'parlɐ
Pạrley *engl.* 'pɑ:lɪ
parli̲e̲ren par'li:rən
Pạrlow *engl.* 'pɑ:loʊ
Pạrma *dt.*, *it.* 'parma, *engl.* 'pɑ:mə
Pạrmaer 'parmaɐ
pạrmaisch 'parmaɪʃ
Parmä̲ne par'mɛ:nə
Parme̲lia par'me:li̯a, **...ien** ...i̯ən
Parme̲nides par'me:nidɛs
Parme̲nio par'me:ni̯o
Parme̲nion par'me:ni̯ɔn
Pạrmenter *engl.* 'pɑ:mɪntə
Parmentiẹr *fr.* parmã'tje
Parmesa̲n... parme'za:n...
Parmesa̲ner parme'za:nɐ
parmesa̲nisch parme'za:nɪʃ
Parmigiani̲no *it.* parmidʒa'ni:no
Pạrminter *engl.* 'pɑ:mɪntə
Pạrmly *engl.* 'pɑ:mlɪ
Pạrmoor *engl.* 'pɑ:mʊə
Parnaguá *bras.* parna'gu̯a
Parnaíba *bras.* parna'iba
Parnạß par'nas, **...ạsses** ...asəs
Parnạsse *fr.* par'nas
Parnạssia par'nasi̯a
Parnassiens *fr.* parna'sjɛ̃
parnạssisch par'nasɪʃ
Parnạssos par'nasɔs, *neugr.* parna'sɔs
Parnạssus par'nasʊs
Pạrndorf[er] 'parndɔrf[ɐ]
Parnell *engl.* pɑ:'nɛl, pɑ:nl
Pạrnes 'parnɛs
Pạrnon *dt.*, *neugr.* 'parnɔn
Parny *fr.* par'ni
parochia̲l parɔ'xi̯a:l
Parochi̲e̲ parɔ'xi:, **-n** ...i:ən
Pạrochus 'pa:rɔxʊs, **...chi** ...xi
Parodị *fr.* parɔ'di
Parodi̲e̲ paro'di:, **-n** ...i:ən
parodi̲e̲ren paro'di:rən
Parodịst[ik] paro'dɪst[ɪk]
Parodonti̲tis parodɔn'ti:tɪs
Parodonto̲se parodɔn'to:zə
Pạrodos 'pa:rodɔs
Paro̲le pa'ro:lə
Parole d'honneur *fr.* parɔldɔ'nœ:r
[1]**Pạroli** (beim Pharaospiel) 'pa:roli
[2]**Paro̲li** (Paroli bieten) pa'ro:li
Parömi̲akus parø'mi:akʊs, **...ki** ...ki
Parömi̲e̲ parø'mi:, **-n** ...i:ən
Parömiogra̲ph parømi̯o'gra:f
Parömiologi̲e̲ parømi̯olo'gi:
Paronomasi̲e̲ paronoma'zi:, **-n** ...i:ən
Paronychi̲e̲ paronʏ'çi:
Paronymi̲e̲ parony'mi:
Parony̲mik paro'ny:mɪk
parony̲misch paro'ny:mɪʃ
Paro̲nymon pa'ro:nymɔn; **...ma** ...ma, **...me** paro'ny:mə
Paro̲o̲l *niederl.* pa'ro:l
par ọrdre *fr.* pa'rɔrdr
Parorexi̲e̲ parorɛ'ksi:
Parorịtes *neugr.* parɔ'ritis
Pạros 'pa:rɔs, *neugr.* 'parɔs
Parosmi̲e̲ parɔs'mi:, **-n** ...i:ən
Parosphresi̲e̲ parɔsfre'zi:, **-n** ...i:ən
Paro̲tis pa'ro:tɪs, **...i̲den** paro'ti:dn̩
Paroti̲tis paro'ti:tɪs, **...iti̲den** ...ti'ti:dn̩
Parow *engl.* 'pæroʊ
paroxysma̲l parɔksʏs'ma:l
Paroxỵsmus parɔ'ksʏsmʊs
Paroxy̲tonon parɔ'ksy:tonɔn; **...tona** ...tona
Parpalló *span.* parpa'ʎo
Parpa̲n par'pa:n
par pistolẹt *fr.* parpistɔ'lɛ
par préférence *fr.* parprefe'rã:s
Pạrr par, *engl.* pɑ:
Parrain pa'rɛ̃:
Parrạl *span.* pa'rral
Parramatta *engl.* pærə'mætə
Parran *engl.* 'pærən
Pạrrega *niederl.* 'pɑrəxa:
par renommée *fr.* parrənɔ'me
Pạrres *span.* 'parrɛs
Parrha̲sius pa'ra:zi̯ʊs
Parrhesi̲e̲ pare'zi:
Parrici̲da pari'tsi:da
Parrington *engl.* 'pærɪŋtən
Parris *engl.* 'pærɪs
Parrish *engl.* 'pærɪʃ
Parrizi̲da pari'tsi:da
Parrocẹl *fr.* parɔ'sɛl
Parrott *engl.* 'pærət
Parry *engl.* 'pærɪ
Pạrsberg 'parsbɛrk
Pạrschnitz 'pa:ɐ̯ʃnɪts
Pạrse 'parzə
Parsẹc par'zɛk
Parse̲i̲er par'zai̯ɐ
Parsẹk par'zɛk
Parsẹnn par'zɛn
Parsẹta *poln.* par'sɛnta
Pạrseval 'parzəval
Pạrshall *engl.* 'pɑ:ʃəl
Pạrsi[fal] 'parzi[fal]
pạrsisch 'parzɪʃ
Parsịsmus par'zɪsmʊs
Pạrsnip *engl.* 'pɑ:snɪp
Pạrsons *engl.* pɑ:snz
Pạrs pro tọto 'pars pro: 'to:to
Pạrsteiner 'pa:ɐ̯ʃtai̯nɐ
Pạrt part
partagi̲e̲ren parta'ʒi:rən
Partạnna *it.* par'tanna
Pạrte 'partə
Parte̲i̲ par'tai̯
parte̲i̲isch par'tai̯ɪʃ
parte̲i̲lich par'tai̯lɪç
Partẹke par'te:kə
Partenkịrchen partn̩'kɪrçn̩
Pạrtenstein 'partn̩ʃtai̯n
partẹrre, P... par'tɛr
Pạrtes 'parte:s
Pạrthe 'partə
Parthenay *fr.* partə'nɛ
Parthẹnen par'te:nən
Parthẹnien par'te:ni̯ən
Parthẹnios par'te:ni̯ɔs
Parthenogenẹse partenoge'ne:zə
Parthenogenesis parteno'ge:nezɪs, *auch:* ...gɛn...
parthenogenẹtisch partenoge'ne:tɪʃ
Parthenokarpi̲e̲ partenokar'pi:
Pạrthenon 'partenɔn
Parthẹnope par'te:nope
parthenopẹisch parteno'pe:ɪʃ
Pạrther 'partɐ
Pạrthien 'parti̯ən
partia̲l par'tsi̯a:l
partia̲risch par'tsi̯a:rɪʃ
Partịcula pẹndens par'ti:kula 'pɛndɛns
Parti̲e̲ par'ti:, **-n** ...i:ən
partiẹll par'tsi̯ɛl
parti̲e̲ren par'ti:rən
Pạrtik 'partɪk
Parti̲kel par'ti:kl̩
partikula̲r, P... partiku'la:ɐ̯
partikulä̲r partiku'lɛ:ɐ̯
Partikularịsmus partikula'rɪsmʊs
Partikularịst partikula'rɪst
Partikuli̲e̲r partiku'li:ɐ̯
Partikülie̲r partiky'li̯e:
Pạrtille *schwed.* ˌpartilə
Partinico *it.* parti'ni:ko
Partisa̲n[e] parti'za:n[ə]
Parti̲ta par'ti:ta
Parti̲te par'ti:tə
Partitio̲n parti'tsi̯o:n
partiti̲v parti'ti:f, **-e** ...i:və
Partitu̲r parti'tu:ɐ̯
Partituropho̲n partituro'fo:n
Parti̲zan *serbokr.* parˌtiza:n
Partizi̲p parti'tsi:p, **-ien** ...pi̯ən
Partizipatio̲n partitsipa'tsi̯o:n

partizipial partitsi'pia:l
partizipieren partitsi'pi:rən
Partizipium parti'tsi:pium, **...ia** ...ia
Partizipium Perfekti parti'tsi:pium pɛr'fɛkti
Partizipium Präsentis parti'tsi:pium prɛ'zɛntɪs
Partizipium Präteriti parti'tsi:pium prɛ'te:riti
Partnach 'partnax
Partner 'partnɐ
Parton *engl.* pɑ:tn
partout par'tu:
Partridge *engl.* 'pɑ:trɪdʒ
Partsch partʃ
Partus 'partʊs
Party 'pa:ɐ̯ti, *engl.* 'pɑ:tɪ
Parulis pa'ru:lɪs
Parusie paru'zi:
Pârvan *rumän.* pɨr'van
Parvenü parve'ny:, ...və'ny:
Parwomai, Părvomaj *bulgar.* pərvo'maj
Påryd *schwed.* ˌpo:ry:d
Parzana par'tsa:na
Parze 'partsə
Parzelle par'tsɛlə
parzellieren partsɛ'li:rən
Parzival 'partsifal
Pas pa, **des -** pa[s], **die -**pas
Pasa *türk.* pɑ'ʃɑ
Pasadena *engl.* pæsə'di:nə
pasadenisch paza'de:nɪʃ
Pasagier pa'za:giɐ
Pasaje[e] *span.* pa'saxe[s]
Pasardschik, Pazardžik *bulgar.* 'pazardʒik
Pasargadä pa'zargadɛ
Pascagoula *engl.* pæskə'gu:lə
Pascal *fr.* pas'kal
Pașcani *rumän.* paʃ'kanj
Pascarella *it.* paska'rɛlla
Pasch paʃ, **Pasche** 'pɛʃə
Pascha 'paʃa
Paschal pa'ʃa:l, pas'ça:l
Paschalik 'paʃalɪk
Paschalis pa'ʃa:lɪs, *auch:* pas'ça:lɪs
Paschasius pas'ça:ziʊs
paschen, P... 'paʃn̩
Pascher 'paʃɐ
Pascherei paʃə'rai
Paschitsch 'paʃɪtʃ
Paschkewitsch, Paškevič *russ.* paʃ'kjevitʃ
Paschkis 'paʃkɪs
paschol! paʃ'ɔl
Pascin *fr.* pa'sɛ̃
Pasco *engl.* 'pæskoʊ, *span.* 'pasko
Pascoais *port.* pɐʃ'kuaiʃ
Pascoli *it.* 'paskoli
Pascua, Isla de *span.* 'izla ðe 'paskua
Pascual *span.* pas'kual
Pas de Calais *fr.* pɑdka'lɛ
Pas de deux *fr.* pɑd'dø
Pasdeloup *fr.* pɑ'dlu
Paseo pa'ze:o
Pasero *it.* pa'zɛ:ro
Pasewalk 'pa:zəvalk
Pašić *serbokr.* 'paʃitɕ
Pasiega *span.* pa'sieɣa
Pasigraphie pazigra'fi:, **-n** ...i:ən
Pasilalie pazila'li:
Pasilingua pazi'lɪŋgua
Pasilogie pazilo'gi:
Pasing 'pa:zɪŋ
Pasiphae pa'zi:fae
Pasiphilus pa'zi:filʊs
Påskallavik *schwed.* pɔskala'vi:k
Paškevič vgl. Paschkewitsch
Paskewitsch, Paskevič *russ.* pas'kjevitʃ
Pasłęk *poln.* 'pasuɛŋk
Pasłęka *poln.* pas'uɛŋka
[1]**Paso** (Zwischenspiel) 'pa:zo
[2]**Paso** (Name) *span.* 'paso
Paso doble 'pa:zo 'do:blə
Pasolini *it.* pazo'li:ni
Paspel 'paspl̩
paspelieren paspə'li:rən
paspeln 'paspl̩n
Pasquale *it.* pas'kua:lə
Pasquali *it.* pas'kua:li
Pasquier *fr.* pɑ'kje, pas'kje
Pasquill pas'kvɪl
Pasquillant paskvɪ'lant
Pasquinade paskvi'na:də
Pasquini *it.* pas'kui:ni
Pasquino *it.* pas'kui:no
Paß pas, **Passes** 'pasəs, **Pässe** 'pɛsə
Passa 'pasa
passabel pa'sa:bl̩, **...ble** ...blə
Passacaglia pasa'kalja, **...glien** ...ljən
Passacaille pasa'ka:jə
Passade pa'sa:də
Passage pa'sa:ʒə
Passagem *bras.* pa'saʒẽi̯
[1]**Passagier** (Fahrgast) pasa'ʒi:ɐ
[2]**Passagier** (Sekte) pa'sa:giɐ
Passaglia *it.* pas'saʎʎa
Passah 'pasa
Passaic *engl.* pə'seɪɪk
Passamaquoddy *engl.* pæsəmə'kwɔdɪ
Passameter pasa'me:tɐ
Passamezzo pasa'mɛtso, **...zzi** ...tsi
Passa Quatro *bras.* 'pasa 'kuatru
Passant pa'sant
Passarge pa'sargə
Passarowitz 'pasarovɪts, pa'sa:...
Passat pa'sa:t
Passau[er] 'pasau̯[ɐ]
Passavant pasa'vã:
passé pa'se:
[1]**Passe** 'pasə
[2]**Passe** (Name) *fr.* pɑ:s, *niederl.* 'pɑsə
Pässe vgl. Paß
Passeier pa'saiɐ
passen 'pasn̩, **paßt** past
Passepartout paspar'tu:
Passepied pas'pie:
Passepoil pas'poal
passepoilieren paspoa'li:rən
Passeport pas'po:ɐ
Passer 'pasɐ
Passerat *fr.* pɑ'sra
Passeur *fr.* pɑ'sœ:r
Passfield *engl.* 'pæsfi:ld
passieren pa'si:rən
Passiflora pasi'flo:ra
Passignano *it.* passiɲ'ɲa:no
passim 'pasɪm
Passimeter pasi'me:tɐ
Passion pa'sio:n
Passional pasio'na:l
Passionar pasio'na:ɐ
passionato pasio'na:to
Passionato pasio'na:to, **...ti** ...ti
passioniert pasio'ni:ɐt
Passionist pasio'nɪst
passiv, P... 'pasi:f, *auch:* pa'si:f; **-e** ...i:və
Passiva pa'si:va
Passiven pa'si:vn̩
passivieren pasi'vi:rən
passivisch pa'si:vɪʃ
Passivismus pasi'vɪsmʊs
Passivität pasivi'tɛ:t
Passivum pa'si:vʊm, **...va** ...va
Passo *it.* 'passo
Passo Fundo *bras.* 'pasu 'fundu
Passometer paso'me:tɐ
Passos *port.* 'pasuʃ, *bras.* 'pasus
Passos, Dos *engl.* 'dɔs'pæsoʊs
Passow 'paso
Passus 'pasʊs
Paßwang pas'vaŋ
paßwärts 'pasvɛrts
Passy *fr.* pa'si
Pasta 'pasta
Pasta asciutta 'pasta a'ʃʊta, **...te ...tte** ...tə ...tə
Pastaza *span.* pas'taθa
Paste 'pastə
Pastell pas'tɛl
[1]**Pasternak** (Pflanze) 'pastɛrnak
[2]**Pasternak** (Name) *russ.* pɐstɪr'nak, *poln.* pas'tɛrnak
Pasterze pas'tɛrtsə
Pastete pas'te:tə
Pasteur *fr.* pas'tœ:r
Pasteurisation pastøriza'tsio:n
pasteurisieren pastøri'zi:rən
Pasti *it.* 'pasti
Pasticcio pas'tɪtʃo, **...cci** ...'tɪtʃi
Pastiche pas'ti:ʃ
Pastille pa'stɪlə
Pastinak 'pastinak
Pastinake pasti'na:kə
Pastmilch 'pastmɪlç

Pasto *span.* 'pasto
[1]**Pastor** 'pastɔr, *auch:* pas'to:ɐ; **-en** ...'to:rən, **-e** ...'to:rə, **...töre** ...'tø:rə
[2]**Pastor** (Name) 'pastɔr, pas'to:ɐ; *span.* pas'tɔr, *engl.* 'pɑ:stə
pastoral, P... pasto'ra:l
Pastorale pasto'ra:lə
Pastoralien pasto'ra:li̯ən
Pastorat pasto'ra:t
Pastoration pastora'tsi̯o:n
Pastore *it.* pas'to:re
Pastorelle pasto'rɛlə
Pastor fido *it.* pas'tor 'fi:do
Pastorin pas'to:rɪn
Pastorius pas'to:ri̯ʊs
Pastor primarius 'pastɔr pri'ma:ri̯ʊs, **Pastores primarii** pas'to:re:s pri'ma:rii
pastos pas'to:s, **-e** ...o:zə
pastös pa'stø:s, **-e** ...ø:zə
Pastosität pastozi'tɛ:t
Pästum 'pɛ:stʊm, 'pɛs...
Pasubio *it.* pa'zu:bi̯o
Pásztó *ung.* 'pa:sto:
Pat *engl.* pæt
Patačić *serbokr.* 'patatʃitɕ
Patagonia *span.* pata'ɣoni̯a
Patagonien pata'go:ni̯ən
Patagonier pata'go:ni̯ɐ
patagonisch pata'go:nɪʃ
Patahölm *schwed.* pata'hɔlm
Patak[y] *ung.* 'pɔtɔk[i]
Patakos *neugr.* pata'kɔs
Pataria *it.* pata'ri:a
Patavinität patavini'tɛ:t
Patch *engl.* pætʃ
Patchen 'pa:tçən
Patchogue *engl.* pæ'tʃɔg
Patchwork *engl.* 'pætʃwə:k
Pate 'pa:tə
Pátek *tschech.* 'pa:tɛk
Patel *fr.* pa'tɛl
Patelin *fr.* pa'tlɛ̃
Patella pa'tɛla
Patellarreflex patɛ'la:ɐreflɛks
Patene pa'te:nə
patent, P... pa'tɛnt
patentieren patɛn'ti:rən
[1]**Pater** 'pa:tɐ, **Patres** 'patre:s
[2]**Pater** (Name) *engl.* 'peɪtə, *fr.* pa'tɛ:r
Pater ecstaticus 'pa:tɐ ɛk'sta:tikʊs
Paterfamilias 'pa:tɐfa'mi:li̯as
Paterna *span.* pa'tɛrna
Paternion pa'tɛrni̯ɔn
Paternität patɛrni'tɛ:t
Paternò *it.* pater'nɔ
Paternoster patɐ'nɔstɐ
Pater patriae 'pa:tɐ 'pa:triɛ
pater, peccavi 'pa:tɐ pɛ'ka:vi
Pater seraphicus 'pa:tɐ ze'ra:fikʊs
Paterson *engl.* 'pætəsn
Paterswalde pa:tɐs'valdə
Pâte sur pâte *fr.* pɑtsyr'pɑ:t
patetico pa'te:tiko
Patey *fr.* pa'tɛ
Pathé *fr.* pa'te
Pathelin *fr.* pa'tlɛ̃
Pathergie patɛr'gi:
Pathetik pa'te:tɪk
pathétique, P... *fr.* pate'tik
pathetisch pa'te:tɪʃ
pathisch 'pa:tɪʃ
pathogen pato'ge:n
Pathogenese patoge'ne:zə
pathogenetisch patoge'ne:tɪʃ
Pathogenität patogeni'tɛ:t
Pathognomik pato'gno:mɪk
pathognomonisch patogno'mo:nɪʃ
Pathognostik pato'gnɔstɪk
pathognostisch pato'gnɔstɪʃ
Pathographie patogra'fi:
Pathologe pato'lo:gə
Pathologie patolo'gi:
pathologisch pato'lo:gɪʃ
Pathophobie patofo'bi:
Pathophysiologie patofyzi̯olo'gi:
Pathopsychologie patɔpsyçolo'gi:
Pathos 'pa:tɔs
Pathyris pa'ty:rɪs
[1]**Patience** pa'si̯ã:s, **-n** ...sn̩
[2]**Patience** (Name) *engl.* 'peɪʃəns
Patiens 'pa:tsi̯ɛns
Patient pa'tsi̯ɛnt
[1]**Patin** 'pa:tɪn
[2]**Patin** (Name) *fr.* pa'tɛ̃
Patina 'pa:tina, **...nen** pa'ti:nən
Patine pa'ti:nə
Patinier *niederl.* pa:ti:'ni:r
patinieren pati'ni:rən
Patinir *niederl.* pa:ti:'ni:r
Patiño *span.* pa'tiɲo
Patio 'pa:ti̯o
Patisserie patɪsə'ri:, **-n** ...i:ən
Patissier patɪ'si̯e:
Pátka *ung.* 'pa:tkɔ
Patman *engl.* 'pætmən
Patmore *engl.* 'pætmɔ:
Patmos 'patmɔs
Patna 'patna, *engl.* 'pætnə
Patois pa'to̯a, **des -** ...a[s]
Patolitschew, Patolicev *russ.* pa'tɔlitʃɪf
Paton *engl.* peɪtn
Patos *span.* 'patɔs, *bras.* ...tus
Paträ *neugr.* 'patrɛ
Patras 'patras
Pătrășcanu *rumän.* pətrəʃ'kanu
Patreksfjord 'pa:trɛksfjɔrt
Patreksfjörður *isl.* 'pa:trɛxsfjœrðʏr
Patres vgl. Pater
Patri *it.* 'pa:tri, *engl.* 'pɑ:trɪ
Patria 'pa:tria
Patriarch patri'arç
Patriarchade patriar'ça:də
patriarchalisch patriar'ça:lɪʃ
Patriarchat patriar'ça:t
patriarchisch patri'arçɪʃ
Patricia pa'tri:tsi̯a, *engl.* pə'trɪʃə
Patrick 'pɛtrɪk, 'patrɪk, *engl.* 'pætrɪk
patrimonial patrimo'ni̯a:l
Patrimonium patri'mo:ni̯ʊm, **...ien** ...i̯ən
Patrimonium Petri patri'mo:ni̯ʊm 'pe:tri
Patriot patri'o:t
patriotisch patri'o:tɪʃ
Patriotismus patrio'tɪsmʊs
Patristik pa'trɪstɪk
Patristiker pa'trɪstikɐ
patristisch pa'trɪstɪʃ
Patrize pa'tri:tsə
Patrizia pa'tri:tsi̯a
Patriziat patri'tsi̯a:t
Patrizier pa'tri:tsi̯ɐ
patrizisch pa'tri:tsɪʃ
Patrizius pa'tri:tsi̯ʊs
Patrocínio *bras.* patro'sini̯u
Patroklos 'pa:troklɔs, pa'tro:klɔs
Patroklus pa'tro:klʊs, 'pa:troklʊs
Patrologe patro'lo:gə
Patrologie patrolo'gi:
patrologisch patro'lo:gɪʃ
[1]**Patron** (Schutzherr) pa'tro:n
[2]**Patron** (Modell) pa'trõ:
Patrona pa'tro:na, **...nä** ...nɛ
Patronanz patro'nants
Patronat patro'na:t
Patrone pa'tro:nə
patronieren patro'ni:rən
patronisieren patroni'zi:rən
Patronymikon patro'ny:mikɔn, **...ka** ...ka
Patronymikum patro'ny:mikʊm, **...ka** ...ka
patronymisch patro'ny:mɪʃ
Patrouille pa'trʊljə
patrouillieren patrʊl'ji:rən
Patrozinium patro'tsi:ni̯ʊm, **...ien** ...i̯ən
Patru *fr.* pa'try
patsch! P... patʃ
Patsche 'patʃə
patschen 'patʃn̩
patsch[e]naß 'patʃ[ə]'nas
Patscherkofel 'patʃɐko:fl̩
Patscherl 'patʃɐl
patschert 'patʃɐt
Patschkau 'patʃkau̯
Patschuli 'patʃuli
Patsy *engl.* 'pætsɪ
patt, P... pat
Pattada *it.* pat'ta:da
Patte 'patə
Pattee *engl.* pæ'ti:
Patten *engl.* pætn
Pattensen 'patn̩zən
Pattern 'pɛtɐn
Patterson *engl.* 'pætəsn
Patteson *engl.* 'pætɪsn
Patti *it.* 'patti

pattieren pa'ti:rən
Pattison *engl.* 'pætɪsn
Patton *engl.* pætn
Patty *engl.* 'pætɪ
Pâturages *fr.* pɑty'ra:ʒ
Pätus 'pɛ:tʊs
Patuxent *engl.* pə'tʌksnt
Paty *engl.* 'peɪtɪ
Páty *ung.* pa:tj
Patzak 'patsak
patzen 'patsn̩
Patzerei patsə'rai̯
patzig 'patsɪç, -e ...ɪgə
Patznaun pats'nau̯n
Pau *fr.* po
Paucal pau̯'ka:l
Paucapalea pau̯ka'pa:lea
Pau d'Alho *bras.* 'pau̯ 'daʎu
Paudiß 'paudɪs
Pauer 'pauɐ
Pauillac *fr.* po'jak
Paukant pau̯'kant
Pauke 'pau̯kə
pauken 'pau̯kn̩
[1]**Pauker** 'pau̯kɐ
[2]**Pauker** *rumän.* 'pau̯ker
Paukerei pau̯kə'rai̯
Paukist pau̯'kɪst
Paul pau̯l, *engl.* pɔ:l, *fr.* pɔl
Paúl *span.* pa'ul
Paula 'pau̯la
Paulaner pau̯'la:nɐ
Paul-Boncour *fr.* pɔlbõ'ku:r
Paul de la Croix *fr.* pɔldəla'krwa
Paulding *engl.* 'pɔ:ldɪŋ
Paule 'pau̯lə, *fr.* po:l
Pauler 'pau̯lɐ, *ung.* 'pɔulɛr
Paulet 'pau̯lɛt
Paulet[te] *fr.* po'lɛ[t]
Paulhan *fr.* po'lã
Pauli 'pau̯li
Paulina pau̯'li:na, *it.* pau̯'li:na, *span.* pau̯'lina
Paulin de Nole *fr.* polɛ̃d'nɔl
Pauline pau̯'li:nə; *engl.* pɔ:'li:n, '– –; *fr.* po'lin
Paulinenaue pau̯li:nən'|au̯ə
Pauliner pau̯'li:nɐ
Pauling *engl.* 'pɔ:lɪŋ
paulinisch, P... pau̯'li:nɪʃ
Paulinismus pau̯li'nɪsmʊs
Paulinus pau̯'li:nʊs
Pauliny *slowak.* 'pau̯lini
Paulinzella pau̯lɪn'tsɛla
Paulist pau̯'lɪst
Paulista *bras.* pau̯'lista
Paulitschke pau̯'lɪtʃkə
Paulizianer pau̯li'tsi̯a:nɐ
Paullo *it.* pa'ullo
Paullus 'pau̯lʊs
Paulo *port., bras.* 'pau̯lu
Paulo Afonso *bras.* 'pau̯lu a'fõsu
Paulowna pau̯'lɔvna
Paulownia pau̯'lɔvnia, **...ien** ...iən
Paulsboro *engl.* 'pɔ:lzbərə
Paulsen 'pau̯lzn̩
Paulssen 'pau̯lsn̩
Pauls Valley *engl.* 'pɔ:lz 'vælɪ
Paulus 'pau̯lʊs
Pauly 'pau̯li
Paumann 'pau̯man
Paumespiel 'po:mʃpi:l
Paumgartner 'pau̯mgartnɐ
Pauncefote *engl.* 'pɔ:nsfʊt
pauperieren pau̯pe'ri:rən
Pauperismus pau̯pe'rɪsmʊs
Paupertät pau̯pɛr'tɛ:t
Paupitzsch 'pau̯pɪtʃ
Paur 'pau̯ɐ
Paura 'pau̯ra
Pausa 'pau̯za
Pausania *it.* pau̯'za:ni̯a
Pausanias pau̯'za:ni̯as
Pausback 'pau̯sbak
pausbackig 'pau̯sbakɪç, -e ...ɪgə
pausbäckig 'pau̯sbɛkɪç, -e ...ɪgə
pauschal pau̯'ʃa:l
Pauschale pau̯'ʃa:lə, **...lien** ...li̯ən
pauschalieren pau̯ʃa'li:rən
Pauschalität pau̯ʃali'tɛ:t
Pausche 'pau̯ʃə
Päuschel 'pɔy̯ʃl̩
Pauscht pau̯ʃt
Pause 'pau̯zə
pausen 'pau̯zn̩, **paus**! pau̯s, **paust** pau̯st
Pausias 'pau̯zi̯as
pausieren pau̯'zi:rən
Pausin pau̯'zi:n
Paustowski, Paustovskij *russ.* pɐus'tɔfskij
Pautke 'pau̯tkə
Pauwels *niederl.* 'pɔu̯wəls
Pavane pa'va:nə
Pavao *serbokr.* 'pavao
[1]**Pavel** *tschech.* 'pavɛl
[2]**Pavel** vgl. Pawel
Pavelić *serbokr.* ˌpavɛlitɕ
[1]**Pavese** (Schild) pa've:zə
[2]**Pavese** (Name) *it.* pa've:se
Pavia *dt., it.* pa'vi:a
Pavía *span.* pa'via
Pavian 'pa:vi̯a:n
Pavičić *serbokr.* ˌpavitʃitɕ
Pavie *fr.* pa'vi
[1]**Pavillon** 'pavɪljõ, *auch:* pavɪl'jõ:, *fr.* pavi'jõ
[2]**Pavillon** (Name) *fr.* pavi'jõ
Pavillons-sous-Bois *fr.* pavijõsu'bwa
Pavla vgl. Pawla
Pavle *serbokr.* 'pa:vlɛ
Pavlenko vgl. Pawlenko
Pavlík *tschech.* 'pavli:k
Pavlikeni vgl. Pawlikeni
Pavlin vgl. Pawlin
Pavlina *tschech.* 'pavlina
Pavlinović *serbokr.* paˌvli:nɔvitɕ
Pavlodar vgl. Pawlodar
Pavlof *engl.* 'pævlɔ:f
Pavlov vgl. Pawlow
Pavlova vgl. Pawlowa
Pavlovič vgl. Pawlowitsch
Pavlovna vgl. Pawlowna
Pavlovo vgl. Pawlowo
Pavlovsk vgl. Pawlowsk
Pavlovskij vgl. Pawlowski
Pavlovskij Posad vgl. Pawlowski Possad
Pavo 'pa:vo
Pavón *span.* pa'βɔn
Pavonazzo pavo'natso
Pavor [nocturnus] 'pa:vɔr [nɔk'tʊrnʊs]
Pavullo nel Frignano *it.* pa'vullo nel friɲ'ɲa:no
Pavy *engl.* 'peɪvɪ
Pawel, Pavel *russ.* 'pavɪl, *bulgar.* 'pavɛl
Paweł *poln.* 'pavɛu̯
Pawelitsch 'pavelɪtʃ
Pawesin 'pɛ:vəzi:n
Pawhuska *engl.* pɔ:'hʌskə
Pawla, Pavla *russ.* 'pavlɐ
Pawlatsche pa'vla:tʃə
Pawlenko, Pavlenko *russ.* pa'vljɛnkɐ
Pawlikeni, Pavlikeni *bulgar.* pavli'kɛni
Pawlikowska *poln.* pavli'kɔfska
Pawlin, Pavlin *russ.* pa'vlin
Pawlodar, Pavlodar *russ.* pɐvla'dar
Pawlow, Pavlov *russ.* 'pavlɐf
Pawlowa, Pavlova *russ.* 'pavlɐvɐ
Pawlowitsch, Pavlovič *russ.* 'pavlɐvitʃ
Pawlowna, Pavlovna *russ.* 'pavlɐvnɐ
Pawlowo, Pavlovo *russ.* 'pavlɐvɐ
Pawlowsk, Pavlovsk *russ.* 'pavlɐfsk
Pawlowski, Pavlovskij *russ.* pa'vlɔfskij
Pawłowski *poln.* pa'vu̯ɔfski
Pawlowski Possad, Pavlovskij Posad *russ.* 'pavlɐfskij pa'sat
Pawnee *engl.* pɔ:'ni:
Pawtucket *engl.* pɔ:'tʌkɪt
Pax [Christi] 'paks ['krɪsti]
Paxos 'paksɔs, *neugr.* pa'ksɔs
Pax Romana 'paks ro'ma:na
Paxson *engl.* pæksn
Paxton *engl.* 'pækstən
Pax vobiscum! 'paks vo'bɪskʊm
Payachatas *span.* paja'tʃatas
Payé *fr.* pɛ'je
Payen *fr.* pa'jɛ̃
Payer[bach] 'paiɐ[bax]
Payerne *fr.* pa'jɛrn
Paying guest *engl.* 'peɪɪŋ 'gɛst
Payn[e] *engl.* peɪn
Payo *span.* 'pajo
Payot *fr.* pa'jo
Payr 'paiɐ

Payró *span.* pai̯'ro
Paysage intime *fr.* peizaʒɛ̃'tim
Paysandú *span.* pai̯san'du
Pays de Caux *fr.* peid'ko
Paz *span.* paθ
Pazardžik vgl. Pasardschik
Pazarište *serbokr.* pa,zari:ʃtɛ
Pazaurek 'patsaurɛk
Pazifik pa'tsi:fɪk, *auch:* 'pa:tsifɪk
Pazifikation patsifika'tsi̯o:n
pazifisch pa'tsi:fɪʃ
Pazifismus patsi'fɪsmʊs
Pazifist patsi'fɪst
pazifizieren patsifi'tsi:rən
Paziszent patsɪs'tsɛnt
paziszieren patsɪs'tsi:rən
Pázmánd *ung.* 'pa:zma:nd
Pázmány *ung.* 'pa:zma:nj
Paznaun pats'naun
Pazzi *it.* 'pattsi
Pea[body] *engl.* 'pi:[bɔdɪ]
Peace *engl.* pi:s
Peacham, ...hum *engl.* 'pi:tʃəm
Peacock *engl.* 'pi:kɔk
Peak[e] *engl.* pi:k
Peale *engl.* pi:l
Péan *fr.* pe'ã
Pearce *engl.* pɪəs
Pearl [Harbo[u]r] *engl.* 'pə:l ['hɑ:bə]
Peano *it.* pe'a:no
Pearse *engl.* pɪəs
Pearson *engl.* pɪəsn
Peary *engl.* 'pɪərɪ
Pease *engl.* pi:z
Peaslee *engl.* 'pi:zlɪ
Peattie *engl.* 'pi:tɪ
Peau d'ange *fr.* po'dã:ʒ
Pebrine pe'bri:nə
Peć *serbokr.* pɛ:tɕ
Peçanha *bras.* pe'sɐɲa
Pecannuß 'pe:kannʊs
Peccia *it.* 'pettʃa
Pe-Ce-Faser pe:'tse:fa:zɐ
Pécel *ung.* 'pe:tsɛl
Pečenga vgl. Petschenga
Peçevi *türk.* 'pɛtʃɛvi
Pech[all] 'pɛç[al]
Peche 'pɛçə
Pechel 'pɛçl
Pechelbronn pɛçl'brɔn
pechfinster 'pɛç'fɪnstɐ
Pechina *span.* pe'tʃina
pechschwarz 'pɛç'ʃvarts
Pechstein 'pɛçʃtai̯n
Pecht pɛçt
Pechuel 'pɛçu̯ɛl
Peck[ham] *engl.* 'pɛk[əm]
Pečky *tschech.* 'pɛtʃki
Pecock *engl.* 'pi:kɔk
Pecopteris pe'kɔpterɪs
Pecora *engl.* pɪ'kɔ:rə
Pečora vgl. Petschora
Pečory vgl. Petschory
Pecos *span.* 'pekɔs, *engl.* 'peɪkəs
Pecq *fr.* pɛk
Pecquet *fr.* pɛ'kɛ
Pécs[várad] *ung.* 'pe:tʃ[va:rɔd]
Peculium pe'ku:li̯ʊm
Pecunia pe'ku:ni̯a
Peda vgl. Pedum
Pedal pe'da:l
Pedaliazeen pedali̯a'tse:ən
pedant, P... pe'dant
Pedanterie pedantə'ri:, **-n** ...i:ən
pedantisch pe'dantɪʃ
Pedantismus pedan'tɪsmʊs
Peddenberg 'pɛdn̩bɛrk
Peddigrohr 'pɛdɪçro:ɐ̯
Pedell pe'dɛl
Peder *dän.* 'pe:ðər
Pedersen *dän.* 'pe:'ðərsən, *norw.* 'pɛdərsən
Pedest pe'dɛst
pedestrisch pe'dɛstrɪʃ
Pedichon pedɪ'ço:n
Pedigree 'pɛdigri
Pedikulose pediku'lo:zə
Pediküre pedi'ky:rə
pediküren pedi'ky:rən
Pediment pedi'mɛnt
Pedizellarie peditsɛ'la:ri̯ə
Pedograph pedo'gra:f
Pedologie pedolo'gi:
pedologisch pedo'lo:gɪʃ
Pedometer pedo'me:tɐ
Pedra Branca *bras.* 'pɛdra 'brɐŋka
Pedralbes *span.* pe'ðralβes
Pedreira[s] *bras.* pe'drei̯ra[s]
Pedrell *span.* pe'ðrɛl
Pedrigo pe'dri:go
Pedrinate *it.* pedri'na:te
Pedro 'pe:dro, *span.* 'peðro, *port.* 'peðru, *bras.* 'pedru
Pedroches *span.* pe'ðrotʃes
Pedrógão *port.* pə'ðrɔγɐ̃u̯
Pedum 'pe:dʊm, **...da** ...da
Pedum rectum 'pe:dʊm 'rɛktʊm
Peebles *engl.* pi:blz
Pee Dee *engl.* 'pi:di:
Peek[skill] *engl.* 'pi:k[skɪl]
Peel *niederl.* pe:l, *engl.* pi:l
Peele *engl.* pi:l
Peene 'pe:nə
Peenemünde pe:nə'mʏndə
[1]Peer (Adliger) pi:ɐ̯, *engl.* pɪə
[2]Peer (Name) pe:ɐ̯, *norw.*, *niederl.* pe:r
Peerage *engl.* 'pɪərɪdʒ
Peereß 'pi:rɛs, *engl.* 'pɪərɪs; **Peeresses** 'pi:rɛsɪs, *engl.* 'pɪərɪsɪz
Peerless-Band *engl.* 'pɪəlɪs 'bænd
Peest pe:st
Peeters *niederl.* 'pe:tərs
Peetzig 'pe:tsɪç
Peez pe:ts
Peffer *engl.* 'pɛfə
Peg *engl.* pɛg
Pegasos 'pe:gazɔs
Pegasus 'pe:gazʊs, *engl.* 'pɛgəsəs
Pegau 'pe:gau̯
Pegel 'pe:gl
Peggau 'pɛgau̯
Peggoty *engl.* 'pɛgətɪ
Peggy *engl.* 'pɛgɪ
Pegmatit pɛgma'ti:t, *auch:* ...tɪt
pegnesisch pɛ'gne:zɪʃ
Pegnitz 'pe:gnɪts
Pegow, Pegov *russ.* 'pjɛgɐf
Pegram *engl.* 'pi:grəm
Pegu 'pe:gu
Peguilhan *fr.* pegi'lã
Péguy *fr.* pe'gi
Pehameter peha'me:tɐ
Pehlewi 'pɛçlevi, *pers.* pæhlæ'vi:
Peier 'pai̯ɐ
Peierisch 'pai̯ərɪç
Peies 'pai̯əs
Peigneur pɛn'jø:ɐ̯
Peignoir pɛn'joa:ɐ̯
peilen 'pai̯lən
Pein[e] 'pai̯n[ə]
Peiner 'pai̯nɐ
peinigen 'pai̯nɪgn̩, **peinig!** 'pai̯nɪç, **peinigt** 'pai̯nɪçt
peinlich 'pai̯nlɪç
Peintre-graveur *fr.* pɛ̃trəgra'vœ:r
Peipussee 'pai̯pʊsze:
Peiraieus pai̯'rai̯ɔy̆s, *neugr.* pirɛ'ɛfs
Peirce *engl.* pɪəs, pə:s
Peiresc *fr.* pɛ'rɛsk
Peireskia pai̯'rɛski̯a, **...ien** ...i̯ən
Peire Vidal *fr.* pɛrvi'dal
Peirithoos pai̯'ri:toɔs
Peirse *engl.* pɪəs
Peisistratos pai̯'zɪstratɔs
Peiskretscham 'pai̯skrɛtʃam
Peißenberg 'pai̯sn̩bɛrk
Peisson *fr.* pɛ'sõ
Peitho pai̯'to:
Peiting 'pai̯tɪŋ
Peitsch[e] 'pai̯tʃ[ə]
peitschen 'pai̯tʃn̩
Peitz pai̯ts
Peixoto *port.* pɐi̯'ʃotu, *bras.* pei̯'ʃotu
Peixotto *engl.* peɪ'ʃoʊtoʊ
Peize *niederl.* 'pɛi̯zə
Pejoration pejora'tsi̯o:n
pejorativ pejora'ti:f, **-e** ...i:və
Pejorativum pejora'ti:vʊm, **...va** ...va
Pek *serbokr.* pɛ:k
Pekach 'pe:kax
Pekalongan *indon.* pəka'lɔŋan
Pekař *tschech.* 'pɛkarʃ
Pekari pe'ka:ri
Pekárna *tschech.* 'pɛka:rna
Pekarski, Pekarskij *russ.* pɪ'karskij
Pekela *niederl.* 'pe:kəla:

Pekẹsche pe'kɛʃə
Pekin *engl.* 'pi:kɪn
Pekinẹse peki'ne:zə
Pẹking 'pe:kɪŋ
Pekingẹse pekɪ'ŋe:zə
Pẹkka[nen] *finn.* 'pɛkkɑ[nɛn]
Pekoe *engl.* 'pi:koʊ
pektangiọ̈s pɛktaŋ'gi̯ø:s, -e ...ø:zə
Pektạse pɛk'ta:zə
Pẹkten... 'pɛktn̩...
Pektịn pɛk'ti:n
Pektinạse pɛkti'na:zə
pektorạl pɛkto'ra:l
Pektorạle pɛkto'ra:lə, **...lien** ...li̯ən
Pekuliạr... peku'li̯a:ɐ̯...
pekuniạ̈r pɛku'ni̯ɛ:ɐ̯
pekzieren pɛk'tsi:rən
Péladan *fr.* pela'dã
Pelạde pe'la:də
Peláez *span.* pe'laɛθ
Pelagẹja *russ.* pɪla'gjejɐ
Pelạgia pe'la:gi̯a
pelagiạl, P... pela'gi̯a:l
Pelagiạner pela'gi̯a:nɐ
Pelagianịsmus pelagi̯a'nɪsmʊs
Pelagịja *russ.* pɪla'gijɐ
pelạgisch pe'la:gɪʃ
Pelạgius pe'la:gi̯ʊs
Pelagọsa *it.* pela'gɔ:sa
Pelargọnie pelar'go:ni̯ə
Pelargọn... pelar'go:n...
Pelạsger pe'lasgɐ
pelạsgisch pe'lasgɪʃ
Pelavicịno *it.* pelavi'tʃi:no
Pelạyo *span.* pe'lajo
Pełczyce *poln.* pɛu̯'tʃɨtsɛ
Pélégrin *fr.* pele'grɛ̃
pêle-mêle, Pelemẹle *fr.* pɛl'mɛl
Pélerin de Maricourt *fr.* pɛlrɛ̃dmari'ku:r
Pelerịne pelə'ri:nə
Peletiẹr *fr.* pɛl'tje
Pẹleus 'pe:lɔy̆s
Pẹlham *engl.* 'pɛləm
Pẹlhřimov *tschech.* 'pɛlhrʒimɔf
Pelias 'pe:li̯as, pe'li:as
Pelịde pe'li:də
Pelikan (*auch:* Ⓦ) 'pe:lika:n, *auch:* peli'ka:n
Pelikanọl Ⓦ pelika'no:l
Pẹlion 'pe:li̯ɔn
Pélissiẹr *fr.* peli'sje
Pelit pe'li:t, ...lɪt
Pẹlješac *serbokr.* ˌpɛljɛʃats
Pẹlkosenniemi *finn.* 'pɛlkɔsɛnni̯ɛmi
Pẹlkum 'pɛlkʊm
Pẹll *engl.* pɛl
Pẹlla *dt., neugr.* 'pɛla, *it.* 'pɛlla
Pẹllagra 'pɛlagra
¹Pẹlle 'pɛlə
²Pẹlle (Name) *schwed.* ˌpɛlə
Pelléas *fr.* pɛlle'ɑ:s
Pellegrịni *it.* pelle'gri:ni
Pellegrịno *it.* pelle'gri:no
pẹllen 'pɛlən
Pẹllenz 'pɛlɛnts
Pellestrịna *it.* pelles'tri:na
Pelletiẹr *fr.* pɛl'tje
Pelletier Doisy *fr.* pɛltjedwa'zi
Pellicạnus pɛli'ka:nʊs
Pẹllico *it.* 'pɛlliko
Pellịkula pɛ'li:kula, **...lä** ...lɛ
Pelliọt *fr.* pɛ'ljo
Pellisson *fr.* pɛli'sõ
Pẹllo *finn.* 'pɛllɔ
Pellọte pɛ'lo:tə
pelluzịd pɛlu'tsi:t, -e ...də
Pelluziditạ̈t pɛlutsidi'tɛ:t
Pellwọrm pɛl'vɔrm
Pẹlly *engl.* 'pɛlɪ
Pelopeia pelo'pai̯a, pe'lo:pai̯a
Pelọpidas pe'lo:pidas
Pelopịde pelo'pi:də
Peloponnẹs pelopɔ'ne:s
peloponnẹsisch pelopɔ'ne:zɪʃ
Pẹlops 'pe:lɔps
Pelọrie pe'lo:ri̯ə
Peloritạni, Mọnti *it.* 'monti pelori'ta:ni
Pelọta pe'lɔta
Pelọtas *bras.* pe'lɔtas
Peloton pelo'tõ:, *fr.* pəlɔ'tõ
Pelọtte pe'lɔtə
Pelouze *fr.* pə'lu:z
Pelplịn pɛl'pli:n, *poln.* 'pɛlplin
Pẹlsdorf 'pɛlsdɔrf
Pẹlseide 'pe:lzai̯də
Peltạst pɛl'tast
Peltiẹr *fr.* pɛl'tje
Pẹltonen *finn.* 'pɛltɔnɛn
Pẹltsche 'pɛltʃə
Pelụschke pe'lʊʃkə
Pelụsium pe'lu:zi̯ʊm
Pelveoperitonịtis pɛlveoperito'ni:tɪs
Pẹlvis 'pɛlvɪs
Pelvoux *fr.* pɛl'vu
Pély *ung.* pe:j
Pẹlz pɛlts
pẹlzen 'pɛltsn̩
pẹlzig 'pɛltsɪç, -e ...ɪgə
Pemạlang *indon.* pə'malaŋ
Pemán *span.* pe'man
Pemb *engl.* pɛm
Pẹmba 'pɛmba
Pẹmbaur 'pɛmbauɐ
Pẹmberton *engl.* 'pɛmbətən
¹Pẹmbroke (England) *engl.* 'pɛmbrʊk
²Pembroke (USA) *engl.* 'pɛmbroʊk
Pẹmmikan 'pɛmika:n
Pemphigus 'pɛmfigʊs, *auch:* pɛm'fi:gʊs
Pẹna *port.* 'penɐ
Pẹña *span.* 'peɲa
Penacọva *port.* pənɐ'kɔvɐ
Penafiẹl *port.* pənɐ'fi̯ɛl
Peñafiẹl *span.* peɲa'fi̯ɛl
Peñaflọr *span.* peɲa'flɔr
Peñafọrte *span.* peɲa'fɔrte
Pẹña Lạbra *span.* 'peɲa 'laβra
Peñalạra *span.* peɲa'lara
Pẹnalty 'pɛnl̩ti
Penamacọr *port.* pənɐmɐ'kor
Pẹnang *indon.* 'penaŋ
Pẹña Priẹta *span.* 'peɲa 'pri̯eta
Peñarạnda de Braçamọnte *span.* peɲa'randa ðe βraka'monte
Peñarrọya *span.* peɲa'rrɔja
Penạrth *engl.* pɛ'nɑ:θ
Penạten pe'na:tn̩
Pẹña Ubịña *span.* 'peɲa u'βiɲa
Pẹña Viẹja *span.* 'peɲa 'βi̯ɛxa
Pẹnc *ung.* pɛnts
Pence vgl. Penny
Penchant pã'ʃã:
Pẹnck pɛŋk
PẸN-Club 'pɛnklʊp
Pẹncz pɛnts
Pendant pã'dã:
Pẹndel 'pɛndl̩
pẹndeln 'pɛndl̩n, **pẹndle** 'pɛndlə
Pendentịf pãdã'ti:f
Pendẹnz pɛn'dɛnts
Pẹnder *engl.* 'pɛndə
Penderẹcki *poln.* pɛndɛ'rɛtski
Pẹndl 'pɛndl̩
Pẹndlebury *engl.* 'pɛndlbərɪ
Pẹndleton *engl.* 'pɛndltən
Pendule pã'dy:lə
Pendüle pɛn'dy:lə
Penẹios pe'nai̯ɔs
Penẹlope pe'ne:lope
Penelopẹia penelo'pai̯a
Peneplain *engl.* 'pi:nɪpleɪn
Penes vgl. Penis
penesẹismisch pene'zai̯smɪʃ
penetrạbel pene'tra:bl̩, **...ble** ...blə
penetrạnt pene'trant
Penetrạnz pene'trants
Penetratiọn penetra'tsi̯o:n
penetrịeren pene'tri:rən
Penetromẹter penetro'me:tɐ
Penẹus pe'ne:ʊs
Pẹnew, Penev *bulgar.* 'pɛnɛf
Pẹnfield *engl.* 'pɛnfi:ld
Pẹnge *engl.* pɛndʒ
Pẹngö 'pɛŋgø
Pẹnha *port.* 'peɲɐ
Penhallow *engl.* pɛn'hæloʊ
Pẹnha Vẹrde *port.* 'peɲɐ 'verdə
penịbel pe'ni:bl̩, **...ble** ...blə
Penibilitạ̈t penibili'tɛ:t
Pénicaud *fr.* peni'ko
Penịche *port.* pə'niʃɪ
Penicillịn penitsɪ'li:n
Penicillinạse penitsɪli'na:zə
Penicịllium peni'tsɪli̯ʊm
Pẹnig 'pe:nɪç
Penịnsula pe'nɪnzula, pɛn'|ɪ...
peninsulạr penɪnzu'la:ɐ̯, pɛn|ɪ...
peninsulạrisch penɪnzu'la:rɪʃ, pɛn|ɪ...
Pẹnis 'pe:nɪs, **Pẹnes** 'pe:ne:s
Peñíscola *span.* pe'ɲiskola
Pẹnistone *engl.* 'pɛnɪstoʊn
Penitẹntes peni'tɛnte:s
Penizillịn penitsɪ'li:n
Pẹnki 'pɛŋki

Penkun pɛŋ'ku:n
Penmạrch *fr.* pɛn'mark
Pẹnn *engl.* pɛn
Pẹnna *bras.* 'pena
Pennạcchi *it.* pen'nakki
Pennal pɛ'na:l
Pennäler pɛ'nɛ:lɐ
Pennalismus pɛna'lɪsmʊs
Pẹnnant *engl.* 'pɛnənt
[1]**Pẹnne** 'pɛnə
[2]**Pẹnne** (Name) *it.* 'penne
Pẹnnefather *engl.* 'pɛnɪfɑ:ðə
Pẹnnell *engl.* pɛnl
pẹnnen 'pɛnən
Pennes-Mirabeau *fr.* pɛnmira'bo
Pẹnnethorne *engl.* 'pɛnɪθɔ:n
[1]**Pẹnni** (Münzeinheit) 'pɛni, **-ä** 'pɛni̯ɛ
[2]**Pẹnni** (Name) *it.* 'penni
Pennies vgl. Penny
Pẹnniman *engl.* 'pɛnɪmən
Pẹnnine Chain *engl.* 'pɛnaɪn 'tʃeɪn
penninisch pɛ'ni:nɪʃ
Pẹnns Grove *engl.* 'pɛnz 'groʊv
Pennsylvania *engl.* pɛnsɪl'veɪnjə
Pennsylvanien pɛnzɪl'va:ni̯ən
pennsylvanisch pɛnzɪl'va:nɪʃ
Pẹnny 'pɛni, **Pẹnnies** 'pɛni:s, **Pẹnce** pɛns
Pẹnn Yan *engl.* 'pɛn 'jæn
Pẹnnypacker *engl.* 'pɛnɪpækə
Pẹnnyweight *engl.* 'pɛnɪweɪt
Penobscot *engl.* pə'nɔbskɔt
Pẹnrhyn *engl.* 'pɛnrɪn
Pẹnrith *engl.* 'pɛnrɪθ
Pẹnrose (Personenname) *engl.* 'pɛnroʊz
Pẹnry *engl.* 'pɛnrɪ
[1]**Pẹnsa, Penza** *russ.* 'pjɛnzɐ
[2]**Pensa** vgl. Pensum
Pensacola *engl.* pɛnsə'koʊlə
Penschina, Penžina *russ.* pɪn'ʒɨnɐ
pensee, P... pã'se:
Pensées *fr.* pã'se
Pẹnshurst *engl.* 'pɛnzhə:st
pensieroso pɛnzi̯e'ro:zo
Pension pã'zi̯o:n, ...'si̯o:n; pɛn'zi̯o:n; *fr.* pã:sjõ; **-en** pã'zi̯o:nən, ...'si̯o:nən; pɛn'zi̯o:nən
Pensionär pãzi̯o'nɛ:ɐ̯, pãsi̯...; pɛnzi̯...
Pensionat pãzi̯o'na:t, pãsi̯...; pɛnzi̯...
pensionieren pãzi̯o'ni:rən, pãsi̯...; pɛnzi̯...
Pensionist pãzi̯o'nɪst, pãsi̯...; pɛnzi̯...
Pẹnsum 'pɛnzʊm, **...sa** ...za
Pentachord pɛnta'kɔrt, **-e** ...rdə
Pentade pɛn'ta:də
Pentadik pɛn'ta:dɪk
Pentaeder pɛnta'|e:dɐ
Pentaerythrit pɛnta|ery'tri:t, *auch:* ...rɪt
Pentaeteris pɛnta|e'te:rɪs
Pentaglotte pɛnta'glɔtə
[1]**Pentagon** (Fünfeck) pɛnta'go:n
[2]**Pẹntagon** (amerikan. Verteidigungsministerium) 'pɛntagɔn, *engl.* 'pɛntəgɔn
pentagonal pɛntago'na:l
Pentagonikositetraeder pɛnta'go:n|ikozitetra|e:dɐ
Pentagrạmm pɛnta'gram
Pentạlpha pɛn'talfa, pɛnt'|a...
pentamer pɛnta'me:ɐ
Pentameron pɛn'ta:merɔn
Pentamerone *it.* pentame'ro:ne
Pentameter pɛn'ta:metɐ
Pentan pɛn'ta:n
Pentanol pɛnta'no:l
Pẹntapla 'pɛntapla, **...aplen** pɛn'ta:plən
Pentapolis pɛn'ta:polɪs
Pentaprịsma pɛnta'prɪsma
Pentarchie pɛntar'çi:, **-n** ...i:ən
Pentastomiden pɛntasto'mi:dn̩
Pentạstylos pɛn'tastylɔs, **...ylen** ...'sty:lən
Pentateuch pɛnta'tɔyç
Pentathlon 'pɛntatlɔn, 'pɛnt|atlɔn; pɛnt'|a:tlɔn
Pentatonik pɛnta'to:nɪk
pentatonisch pɛnta'to:nɪʃ
pentazyklisch pɛnta'tsy:klɪʃ, *auch:* ...tsyk...
Pentekoste pɛntekɔs'te:
Pentelikon pɛn'te:likɔn
pentelisch pɛn'te:lɪʃ
Penten pɛn'te:n
Pentere pɛn'te:rə
Penthemimeres pɛntemime're:s
Penthesilea pɛntezi'le:a
Penthesileia pɛntezi'laia
Pẹntheus 'pɛntɔys
Penthièvre *fr.* pã'tjɛ:vr
Pẹnthouse *engl.* 'pɛnthaʊs, **-s** ...aʊzɪz
Penticton *engl.* pɛn'tɪktən
Pentimẹnti pɛnti'mɛnti
Pẹntland *engl.* 'pɛntlənd
Pentode pɛn'to:də
Pentose pɛn'to:zə
Pentosurie pɛntozu'ri:
Penumbra pe'nʊmbra, pɛn'|ʊ...
Penuria pe'nu:ri̯a
Penza vgl. 'Pensa
Penzance *engl.* pɛn'zæns
Pẹnz[berg] 'pɛnts[bɛrk]
Pénzesgyőr *ung.* 'pe:nzɛʒdjø:r
Pẹnzig 'pɛntsɪç
Penžina vgl. Penschina
Pẹnzing 'pɛntsɪŋ
Penzlin pɛnts'li:n
Pẹnzoldt 'pɛntsɔlt
Peon pe'o:n
Peón *span.* pe'ɔn
Peonage peo'na:ʒə, *engl.* 'pi:ənɪdʒ
People *engl.* pi:pl
Peoria, – Heights *engl.* pɪ'ɔ:rɪə, – 'haɪts
Pẹp pɛp
Pepe *span.* 'pepe, *it.* 'pe:pe
Pepel *russ.* 'pjepɪl
Peperin pepe'ri:n
Peperoni pepe'ro:ni
Pepi 'pe:pi
Pepiniere pepi'ni̯e:rə, ...'ni̯ɛ:rə
[1]**Pepita** (Stoff) pe'pi:ta
[2]**Pepita** (Name) *span.* pe'pita
Peplon 'pe:plɔn
Peplopause 'pe:plopau̯zə
Peplos 'pe:plɔs
Pepoli *it.* 'pe:poli
Pẹppe *it.* 'pɛppe
Pẹppenkum 'pɛpn̩kʊm
Pẹpper[ell] *engl.* 'pɛpə[rəl]
Pẹpping 'pɛpɪŋ
Pepsin pɛ'psi:n
Peptid pɛp'ti:t, **-e** ...i:də
Peptidase pɛpti'da:zə
Peptisation pɛptiza'tsi̯o:n
pẹptisch 'pɛptɪʃ
peptisieren pɛpti'zi:rən
Pepton pɛp'to:n
Peptonurie pɛptonu'ri:
Pepusch 'pe:pʊʃ, *engl.* 'peɪpʊʃ
Pepys *engl.* 'pɛpɪs, pi:ps, pɛps
Peqin *alban.* pe'kjin
pẹr pɛr
Per *schwed.* pæ:r, *dän.* pe:r
Pér *ung.* pe:r
Peräa pe'rɛ:a
per abusum pɛr ap'|u:zʊm
per ạccidens pɛr 'aktsidɛns
per acclamationem pɛr aklama'tsi̯o:nɛm
Perach 'pe:rax
Perak *indon.* 'perak
Peraldo pe'raldo
per ạnnum pɛr 'anʊm
per anum pɛr 'a:nʊm
per ạspera ad ạstra pɛr 'aspera at 'astra
Perast *serbokr.* ˌpɛrast
Perborat pɛrbo'ra:t
Perborsäure pɛr'bo:ɐ̯zɔyrə
Perbunan pɛrbu'na:n
per cạssa pɛr 'kasa
Perceval *engl.* 'pə:sɪvəl
Percey *engl.* 'pə:sɪ
Perche *fr.* pɛrʃ
Percheron pɛrʃə'rõ:
Perchlorat pɛrklo'ra:t
Perchlorsäure pɛr'klo:ɐ̯zɔyrə
Pẹrchten 'pɛrçtn̩
Pẹrchting 'pɛrçtɪŋ
Pẹrchtoldsdorf 'pɛrçtɔltsdɔrf
Percier *fr.* pɛr'sje
Percival *engl.* 'pə:sɪvəl
per cọnto pɛr 'kɔnto
Percy *engl.* 'pə:sɪ
perdẹndosi pɛr'dɛndozi
Perdido, Monte *span.* 'mɔnte pɛr'ðiðo
Perdịkkas pɛr'dɪkas

Perdita 'pɛrdita
Perdition pɛrdi'tsi̯o:n
perdu pɛr'dy:
pereant! 'pe:reant
pereat!, **Pereat** 'pe:reat
Pereda *span.* pe'reða
Peredwischniki, Peredvižniki pere'dvɪʃniki, *russ.* pɪrɪ'dviʒniki
Péréfixe *fr.* pere'fiks
Peregrina pere'gri:na
Peregrination peregrina'tsi̯o:n
Peregrinus pere'gri:nʊs
Pereira *engl.* pə'reɪərə, *span.* pe'rɛi̯ra
Pereira[s] *port.* pə'rɐi̯rɐ[ʃ], *bras.* pe'rei̯ra[s]
Péreire *fr.* pe'rɛ:r
Perejaslaw-Chmelnizki, Perejaslav-Hmel'nickij *russ.* pɪrɪ'jaslɐfxmɪlj'nitskij
Père Joseph *fr.* pɛrʒo'zɛf
Perekop *russ.* pɪrɪ'kɔp
Père-Lachaise *fr.* pɛrla'ʃɛ:z
Perelman *engl.* 'pə:lmən
Perem[p]tion perɛm[p]'tsi̯o:n
perem[p]torisch perɛm[p]'to:rɪʃ
perennierend perɛ'ni:rənt, **-e** ...ndə
perennis pe'rɛnɪs
Pereskia pe'rɛskia, **...ien** ...i̯ən
Pereslawl-Salesski, Pereslavl'-Zalesskij *russ.* pɪrɪ'slavljza'ljesskij
Peressyp 'pɛrɛsʏp
Pereswetow, Peresvetov *russ.* pɪrɪ'svjetɐf
Peretola *it.* pe're:tola
per exemplum pɛr ɛ'ksɛmplʊm
Pereyra *span.* pe'rɛi̯ra
Perez 'pe:rɛts
Pérez *span.* 'perɛθ
Perfall 'pɛrfal
per fas [et nefas] pɛr 'fa:s [ɛt 'ne:fas]
perfekt pɛr'fɛkt
Perfekt 'pɛrfɛkt, *auch:* –'–
Perfekta vgl. Perfektum
perfektibel pɛrfɛk'ti:bl̩, **...ble** ...blə
Perfektibilismus pɛrfɛktibi'lɪsmʊs
Perfektibilist pɛrfɛktibi'lɪst
Perfektibilität pɛrfɛktibili'tɛ:t
Perfektion pɛrfɛk'tsi̯o:n
perfektionieren pɛrfɛktsi̯o'ni:rən
Perfektionismus pɛrfɛktsi̯o'nɪsmʊs
Perfektionist pɛrfɛktsi̯o'nɪst
perfektisch pɛr'fɛktɪʃ
perfektiv 'pɛrfɛkti:f, *auch:* ––'–; **-e** ...i:və
perfektivieren pɛrfɛkti'vi:rən
perfektivisch pɛrfɛk'ti:vɪʃ
Perfektpartizip 'pɛrfɛktpartitsi:p
Perfektum pɛr'fɛktʊm, **...ta** ...ta
perfid pɛr'fi:t, **-e** ...i:də
Perfidie pɛrfi'di:, **-n** ...i:ən
Perfidität pɛrfidi'tɛ:t
perforat pɛrfo'ra:t
Perforation pɛrfora'tsi̯o:n
Perforator pɛrfo'ra:tɔr, **-en** ..ra'to:rən
perforieren pɛrfo'ri:rən
Performanz pɛrfɔr'mants
Perg pɛrk
Pergamen pɛrga'me:n
pergamenen pɛrga'me:nən
pergamenisch pɛrga'me:nɪʃ
Pergament pɛrga'mɛnt
pergamenten pɛrga'mɛntn̩
Pergamin pɛrga'mi:n
Pergamino *span.* pɛrɣa'mino
Pergamon 'pɛrgamɔn
Pergamum 'pɛrgamʊm
Pergamyn pɛrga'my:n
Pergaud *fr.* pɛr'go
Pergel 'pɛrgl̩
Pergine Valsugana *it.* 'pɛrdʒine valsu'ga:na
[1]**Pergola** (Laube) 'pɛrgola
[2]**Pergola** (Name) *it.* 'pɛrgola
Pergolese, ...esi *it.* pergo'le:se, ...e:si
perhorreszieren pɛrhɔrɛs'tsi:rən
[1]**Peri** (Fee) 'pe:ri
[2]**Peri** (Name) *it.* 'pɛ:ri, 'pe:ri
Péri *fr.* pe'ri
Periadenitis peri|ade'ni:tɪs, **...itiden** ...ni'ti:dn̩
Periander peri'|andɐ
Perianth peri'|ant
Perianthium peri'|anti̯ʊm, **...ien** ...i̯ən
Periarthritis peri|ar'tri:tɪs, **...itiden** ...tri'ti:dn̩
Periastron peri'|astrɔn
Periastrum peri'|astrʊm
Peribacaları *türk.* pɛ'ribadʒala,rɨ
Periblem peri'ble:m
Peribolos pe'ri:bolɔs, **...loi** ...lɔy
Perichondritis periçɔn'dri:tɪs, **...itiden** ...dri'ti:dn̩
Perichondrium peri'çɔndriʊm, **...ien** ...iən
Perichorese periço're:zə
Pericot *span.* peri'kɔt
periculum in mora pe'ri:kulʊm ɪn 'mo:ra
Periderm peri'dɛrm
Peridineen peridi'ne:ən
Peridot peri'do:t
Peridotit perido'ti:t, *auch:* ...tɪt
Periegese peri|e'ge:zə
Perieget peri|e'ge:t
Perienzephalitis peri|ɛntsefa'li:tɪs, **...itiden** ...li'ti:dn̩
Périer *fr.* pe'rje
perifokal perifo'ka:l
Perigastritis perigas'tri:tɪs, **...itiden** ...stri'ti:dn̩
Perigäum peri'gɛ:ʊm
periglazial perigla'tsi̯a:l
Pérignon *fr.* peri'ɲõ
Perigon peri'go:n
Perigonium peri'go:ni̯ʊm, **...ien** ...i̯ən
Périgord *fr.* peri'gɔ:r
Périgordien perigɔr'di̯ɛ̃:
Perigramm peri'gram
Périgueux *fr.* peri'gø
perigyn peri'gy:n
Perihel peri'he:l
Perihelium peri'he:li̯ʊm, **...ien** ...i̯ən
Perihepatitis perihepa'ti:tɪs, **...itiden** ...ti'ti:dn̩
Perikard peri'kart, **-e** ...rdə
Perikardektomie perikardɛkto'mi:
perikardial perikar'di̯a:l
Perikardiotomie perikardi̯oto'mi:
Perikarditis perikar'di:tɪs, **...itiden** ...di'ti:dn̩
Perikardium peri'kardi̯ʊm, **...ien** ...i̯ən
Perikarp peri'karp
Periklas peri'kla:s, **-e** ...a:zə
perikleisch, P... peri'kle:ɪʃ
Perikles 'pe:riklɛs
periklin, P... peri'kli:n
Periklinal... perikli'na:l...
periklitieren perikli'ti:rən
Perikope peri'ko:pə
Perikranium peri'kra:ni̯ʊm
perikulös periku'lø:s, **-e** ...ø:zə
Périllat *fr.* peri'ja
Perim *engl.* pə'rɪm
Perilun peri'lu:n
perimagmatisch perima'gma:tɪʃ
Perimeter peri'me:tɐ
perimetrieren perime'tri:rən
perimetrisch peri'me:trɪʃ
Perimetritis perime'tri:tɪs, **...itiden** ...ri'ti:dn̩
Perimetrium peri'me:triʊm
perinatal perina'ta:l
Perinephritis perine'fri:tɪs, **...itiden** ...fri'ti:dn̩
Perinet 'pɛrinɛt
Perineum peri'ne:ʊm
Perineuritis perinɔy'ri:tɪs, **...itiden** ...ri'ti:dn̩
Perineurium peri'nɔyri̯ʊm
Periode pe'ri̯o:də
Periodicum pe'ri̯o:dikʊm, **...ca** ...ka
Periodik pe'ri̯o:dɪk
Periodikum pe'ri̯o:dikʊm, **...ka** ...ka
periodisch pe'ri̯o:dɪʃ
periodisieren peri̯odi'zi:rən
Periodizität peri̯oditsi'tɛ:t
Periodogramm peri̯odo'gram
Periodologie peri̯odolo'gi:
Periodontitis peri|odɔn'ti:tɪs, **...itiden** ...ti'ti:dn̩

Periöke peri'|ø:kə
perioral peri|o'ra:l
Periorchitis peri|ɔr'çi:tɪs, **...itiden** ...çi'ti:dn̩
Periost peri'|ɔst
periostal peri|ɔs'ta:l
Periostitis peri|ɔs'ti:tɪs, **...itiden** ...sti'ti:dn̩
Peripatetiker peripa'te:tikɐ
peripatetisch peripa'te:tɪʃ
Peripatos pe'ri:patɔs, **...toi** ...tɔy
Periperi *bras.* peripe'ri
Peripetie peripe'ti:, **-n** ...i:ən
peripher peri'fe:ɐ̯
Peripherie perife'ri:, **-n** ...i:ən
peripherisch peri'fe:rɪʃ
Periphlebitis perifle'bi:tɪs, **...itiden** ...bi'ti:dn̩
Periphrase peri'fra:zə
periphrasieren perifra'zi:rən
periphrastisch peri'frastɪʃ
Periplasma peri'plasma
Peripleuritis periplɔy'ri:tɪs, **...itiden** ...ri'ti:dn̩
Periporitis peripo'ri:tɪs, **...itiden** ...ri'ti:dn̩
Periproktitis periprɔk'ti:tɪs, **...itiden** ...ti'ti:dn̩
Peripteraltempel perɪpte'ra:ltɛmpl̩
Peripteros pe'rɪpterɔs; **...ren** perɪp'te:rən
perirenal perire'na:l
Perisalpingitis perizalpɪŋ'gi:tɪs, **...itiden** ...gi'ti:dn̩
Periskop peri'sko:p
Perisperm peri'spɛrm
Perisplenitis perisple'ni:tɪs, **...itiden** ...ni'ti:dn̩
Perispomenon peri'spo:menɔn, **...na** ...na
Peristaltik peri'staltɪk
peristaltisch peri'staltɪʃ
Peristase peri'sta:zə
peristatisch peri'sta:tɪʃ
Peristerium peri'ste:ri̯ʊm **...ien** ...i̯ən
Peristom peri'sto:m
Peristyl peri'sty:l
Peristylium peri'sty:li̯ʊm, **...ien** ...i̯ən
Perithezium peri'te:tsi̯ʊm, **...ien** ...i̯ən
peritoneal peritone'a:l
Peritoneum perito'ne:ʊm
Peritonitis perito'ni:tis, **...itiden** ...ni'ti:dn̩
peritrich peri'trɪç
Peritta pe'rɪta
Perizykel peri'tsy:kl̩
Perjasica *serbokr.* pɛrˌjasitsa
Perjodat pɛrjo'da:t
Perjurant pɛrju'rant
Perjuration pɛrjura'tsi̯o:n
Perk *niederl.* pɛrk
Perkal pɛr'ka:l
Perkalin pɛrka'li:n
Perkam 'pɛrkam
Perkáta *ung.* 'pɛrka:tɔ
Perkeo pɛr'ke:o
Perkin[s] *engl.* 'pə:kɪn[z]
Perkolat pɛrko'la:t
Perkolation pɛrkola'tsi̯o:n
Perkolator pɛrko'la:tɔr, **-en** ...la'to:rən
perkolieren pɛrko'li:rən
Perkonig pɛr'ko:nɪç
Perkpolder *niederl.* 'pɛrkpɔldər
Perkunas pɛr'ku:nas
Perkussion pɛrkʊ'si̯o:n
perkussorisch pɛrkʊ'so:rɪʃ
perkutan pɛrku'ta:n
perkutieren pɛrku'ti:rən
perkutorisch pɛrku'to:rɪʃ
Perl[e] 'pɛrl[ə]
Perlé pɛr'le:
Perleberg 'pɛrləbɛrk
perlen 'pɛrlən
Perlesreut pɛrləs'rɔy̯t
Perley *engl.* 'pə:lɪ
perlig 'pɛrlɪç, **-e** ...ɪgə
Perlis *indon.* 'pɛrlɪs
Perlit pɛr'li:t, *auch:* ...lɪt
Perlmutt 'pɛrlmʊt
Perlmutter 'pɛrlmʊtɐ, –'––
perlmuttern 'pɛrlmʊtɐn, –'––
Perlon Ⓦ 'pɛrlɔn
Perlustration pɛrlʊstra'tsi̯o:n
perlustrieren pɛrlʊs'tri:rən
Perm, Perm' pɛrm, *russ.* pjermj
Permalloy pɛrma'lɔy, pɛrma'lo̯a
permanent pɛrma'nɛnt
Permanenz pɛrma'nɛnts
Permangan... pɛrmaŋ'ga:n...
Permanganat pɛrmaŋga'na:t
permeabel pɛrme'a:bl̩, **...ble** ...blə
Permeabilität pɛrmeabili'tɛ:t
Përmet *alban.* pər'met
Permier 'pɛrmi̯ɐ
per mille pɛr 'mɪlə
Permisch 'pɛrmɪʃ
Permiß pɛr'mɪs, **...misse** ...ɪsə
Permission pɛrmɪ'si̯o:n
Permit *engl.* 'pə:mɪt
permittieren pɛrmɪ'ti:rən
Permjake pɛr'mja:kə
Permokarbon 'pɛrmokar'bo:n
Permoser 'pɛrmo:zɐ
permutabel pɛrmu'ta:bl̩, **...ble** ...blə
Permutation pɛrmuta'tsi̯o:n
permutieren pɛrmu'ti:rən
Permutit pɛrmu'ti:t, *auch:* ...tɪt
Pernambuco pɛrnam'bu:ko, *bras.* pernɐm'buku
Pernambuk... pɛrnam'bu:k...
Pernambuko pɛrnam'bu:ko
pernasal pɛrna'za:l
Pernau 'pɛrnau̯
per nefas pɛr 'ne:fas
Pernegg pɛr'nɛk
Pernerstorfer 'pɛrnɐstɔrfɐ
Pernik *bulgar.* 'pɛrnik
Pernionen pɛr'ni̯o:nən
Perniosis pɛr'ni̯o:zɪs
Pernitz 'pɛrnɪts
perniziös pɛrni'tsi̯ø:s, **-e** ...ø:zə
Perno 'pɛrno
Pernod, ...not *fr.* pɛr'no
Pernstein 'pɛrnʃtai̯n
Pernter 'pɛrntɐ
Pérochon *fr.* pɛrɔ'ʃõ
Perón *span.* pe'rɔn
Peronella pero'nɛla
Peronismus pero'nɪsmʊs
Peronist pero'nɪst
Péronne[s] *fr.* pe'rɔn
Peronospora pero'nɔspora
peroral pɛr|o'ra:l
Peroration pɛr|ora'tsi̯o:n
perorieren pɛr|o'ri:rən
per os pɛr 'o:s
Perosi *it.* pe'ro:zi
Pérotin *fr.* perɔ'tɛ̃
Perotinus pero'ti:nʊs
Perow, Perov *russ.* pɪ'rɔf
Perowne *engl.* pə'roʊn
Perowo, Perovo *russ.* pɪ'rɔvɐ
Perowskit perɔf'ski:t, *auch:* ...kɪt
Peroxyd 'pɛr|ɔksy:t, ––'–; **-e** ...y:də
Peroxydase pɛr|ɔksy'da:zə
per pedes [apostolorum] pɛr 'pe:de:s [apɔsto'lo:rʊm]
Perpendikel pɛrpɛn'di:kl̩
perpendikular pɛrpɛndiku'la:ɐ̯
perpendikulär pɛrpɛndiku'lɛ:ɐ̯
perpetrieren pɛrpe'tri:rən
Perpetua pɛr'pe:tu̯a
perpetuell pɛrpe'tu̯ɛl
perpetuierlich pɛrpetu'i:ɐ̯lɪç
Perpetuum mobile pɛr'pe:tuʊm 'mo:bilə, **...tua mobilia** ...tu̯a mo'bi:li̯a
Perpignan *fr.* pɛrpi'ɲã
perplex pɛr'plɛks
Perplexität pɛrplɛksi'tɛ:t
per procura pɛr pro'ku:ra
Perrache *fr.* pɛ'raʃ
Perraud, Perrault *fr.* pɛ'ro
Perréal *fr.* pɛre'al
per rectum pɛr 'rɛktʊm
Perrégaux *fr.* pɛre'go
[1]Perret *fr.* pɛ'rɛ
[2]Perret, Perrett *engl.* 'pɛrɪt
Perreux-sur-Marne *fr.* pɛrøsyr'marn
Perrier *fr.* pɛ'rje
Perrin *fr.* pɛ'rɛ̃
Perrine *engl.* pə'raɪn
Perron pɛ'rõ:
Perron, du *fr.* dypɛ'rõ
Perrone *it.* per'ro:ne
Perronet *fr.* pɛrɔ'nɛ
Perronneau *fr.* pɛrɔ'no
Perros-Guirec *fr.* pɛrosgi'rɛk
Perrot *fr.* pɛ'ro, *engl.* 'pɛrət
Perrot d'Ablancourt *fr.* pɛrodablã'ku:r

Pẹrry[ville] *engl.* 'pɛrɪ[vɪl]
per sạldo pɛr 'zaldo
Persạnte pɛr'zantə
Persạnzig pɛr'zant͜sɪç
per sẹ pɛr 'ze:
Pẹrse *fr.* pɛrs
Pẹrsea 'pɛrzea
Perseiden pɛrze'i:dn̩
Perseit pɛrze'i:t, *auch:* ...e'ɪt
Perseität pɛrzei'tɛ:t
Persekution pɛrzeku't͜si̯o:n
Pẹrsenbeug 'pɛrzn̩bɔyk
Persẹnning pɛr'zɛnɪŋ
Persẹphone pɛr'ze:fone
Persẹpolis pɛr'ze:polɪs
Pẹrser 'pɛrzɐ
Pẹrseus 'pɛrzɔys
Perseverạnz pɛrzeve'rant͜s
Perseveration pɛrzevera't͜si̯o:n
perseverieren pɛrzeve'ri:rən
Pershing *engl.* 'pə:ʃɪŋ
Persianer pɛr'zi̯a:nɐ
Pẹrsien 'pɛrzi̯ən
Persiflage pɛrzi'fla:ʒə
persiflieren pɛrzi'fli:rən
Persigny *fr.* pɛrsi'ɲi
Pẹrsiko 'pɛrziko
Persil Ⓦ pɛr'zi:l
Persimone pɛrzi'mo:nə
Persipan pɛrzi'pa:n, '- - -
pẹrsisch 'pɛrzɪʃ
persistẹnt pɛrzɪs'tɛnt
Persistẹnz pɛrzɪs'tɛnt͜s
persistieren pɛrzɪs'ti:rən
Pẹrsius 'pɛrzi̯ʊs
persolvieren pɛrzɔl'vi:rən
Person pɛr'zo:n
Persona grata pɛr'zo:na 'gra:ta
Persona gratịssima pɛr'zo:na gra'tɪsima
Persona ingrata pɛr'zo:na ɪn'gra:ta
personal, P... pɛrzo'na:l
Personalien pɛrzo'na:li̯ən
Personalịsmus pɛrzona'lɪsmʊs
Personalịst pɛrzona'lɪst
Personalität pɛrzonali'tɛ:t
personaliter pɛrzo'na:litɐ
Persönchen pɛr'zø:nçən
personẹll pɛrzo'nɛl
Personico *it.* per'sɔ:niko
Personifikation pɛrzonifika't͜si̯o:n
personifizieren pɛrzonifi't͜si:rən
persönlich pɛr'zø:nlɪç
Personoide pɛrzono'i:də
perspektiv, P... pɛrspɛk'ti:f, -e ...i:və
Perspektive pɛrspɛk'ti:və
perspektivisch pɛrspɛk'ti:vɪʃ
Perspektivịsmus pɛrspɛkti'vɪsmʊs
Perspektivität pɛrspɛktivi'tɛ:t
Perspektograph pɛrspɛkto'gra:f
Perspikuität pɛrspikui̯'tɛ:t
Perspiration pɛrspira't͜si̯o:n
perspiratorisch pɛrspira'to:rɪʃ
Pẹrsson *schwed.* 'pæ:rsɔn
persuadieren pɛrzu̯a'di:rən
Persuasion pɛrzu̯a'zi̯o:n
Persulfat 'pɛrzʊlfa:t, - - '-
Perth *engl.* pə:θ; **-shire** -ʃɪə
Perth Amboy *engl.* 'pə:θ 'æmbɔɪ
Pẹrthes 'pɛrtɛs, *fr.* pɛrt
Perthit pɛr'ti:t, *auch:* ...tɪt
Perthus *fr.* pɛr'tys
Pẹrtile *it.* 'pɛrtile
Pertinạx *fr.* pɛrti'naks
Pẹrtinens 'pɛrtinɛns, **...nzien** ...'nɛnt͜si̯ən
Pertinẹnz pɛrti'nɛnt͜s
Pẹrtolice *tschech.* 'pɛrtɔlit͜sɛ
Pertosa *it.* per'to:za
Pertubation pɛrtuba't͜si̯o:n
Pertuis *fr.* pɛr'tu̯i
Perturbation pɛrtʊrba't͜si̯o:n
Pertụssis pɛr'tʊsɪs
Pẹrtz pɛrt͜s
Peru pe'ru:, *auch:* 'pe:ru; *engl.* pə'ru:
Perú *span.* pe'ru
Peruaner pe'ru̯a:nɐ
peruanisch pe'ru̯a:nɪʃ
Pẹruc *tschech.* 'pɛruts
Perụ̈cke pe'rʏkə
Perugia *it.* pe'ru:dʒa
Perugino *it.* peru'dʒi:no
per ụltimo pɛr 'ʊltimo
Perun *russ.* pɪ'run
Perusia pe'ru:zi̯a
Perušić (Ort) *serbokr.* pɛˌruʃitɕ
Pẹrutz 'pɛrʊt͜s
Péruwelz *fr.* pe'rwɛ
Peruzzi *it.* pe'ruttsi
pervẹrs pɛr'vɛrs, **-e** ...rzə
Perversion pɛrvɛr'zi̯o:n
Perversität pɛrvɛrzi'tɛ:t
pervertieren pɛrvɛr'ti:rən
Pervestigation pɛrvɛstiga't͜si̯o:n
Pervigilien pɛrvi'gi:li̯ən
Pervitin Ⓦ pɛrvi'ti:n
Pẹrwenitz 'pɛrvənɪt͜s
Perwomaisk[i], Pervomajsk[ij] *russ.* pɪrva'majsk[ij]
Perwuchin, Pervuchin *russ.* pɪr'vuxin
Perzẹnt pɛr't͜sɛnt
perzentuẹll pɛrt͜sɛn'tu̯ɛl
perzeptibel pɛrt͜sɛp'ti:bl̩, **...ble** ...blə
Perzeptibilität pɛrt͜sɛptibili'tɛ:t
Perzeption pɛrt͜sɛp't͜si̯o:n
Perzeptionalịsmus pɛrt͜sɛpt͜si̯ona'lɪsmʊs
perzeptorisch pɛrt͜sɛp'to:rɪʃ
Perzipiẹnt pɛrt͜si'pi̯ɛnt
perzipieren pɛrt͜si'pi:rən
Pẹsa *it.* 'pe:sa
Pesade pe'za:də
pesạnte, P... pe'zantə
Pẹsaro *it.* 'pe:zaro
Pescadores pɛska'do:rɛs
Pescara *it.* pes'ka:ra
Pẹsch[el] 'pɛʃ[l̩]
Peschenhagen pɛʃn̩'ha:gn̩
Pẹschici *it.* 'pɛskit͜ʃi
Peschiera *it.* pes'ki̯ɛ:ra
Pẹschkow, Peškov *russ.* 'pjɛʃkɐf
Pẹschtera, Peštera *bulgar.* 'pɛʃtɛra
Pẹscia *it.* 'pɛʃʃa
Pesel 'pe:zl̩
Pesellino *it.* pesel'li:no
pesen 'pe:zn̩, **pes!** pe:s, **pest** pe:st
Peseta pe'ze:ta
Peshkopi *alban.* pɛʃko'pi
Pẹske 'pɛskə
Peškov vgl. Peschkow
Pesne *fr.* pɛn
Peso 'pe:zo
Pesquidoux *fr.* pɛski'du
Pessạc *fr.* pɛ'sak
Pessar pɛ'sa:ɐ̯
Pessegueiro *port.* pəsə'ɣɐi̯ru
Pessimịsmus pɛsi'mɪsmʊs
Pessimịst pɛsi'mɪst
pessimịstisch pɛsi'mɪstɪʃ
Pẹssimum 'pɛsimʊm, **...ma** ...ma
Pessinus pɛsi'nu:s
Pessoa *port.* pə'soɐ, *bras.* pe'soa

[1]**Pẹst** (Seuche) pɛst
[2]**Pẹst** (Ort) pɛst, *ung.* pɛʃt
Pestalozzi pɛsta'lɔt͜si
Pestalozzianum pɛstalɔ't͜si̯a:nʊm
Peštera vgl. Peschtera
Pestilẹnz pɛsti'lɛnt͜s
pestilenzialisch pɛstilɛn't͜si̯a:lɪʃ
Pestizid pɛsti't͜si:t, **-e** ...i:də
Pestowo, Pestovo *russ.* pɪs'tɔvɐ
Pẹstszenterzsébet *ung.* 'pɛʃtsɛntɛrʒe:bɛt
Pẹstszentlőrinc *ung.* 'pɛʃtsɛntlø:rints
Pétain *fr.* pe'tɛ̃
petaloid petalo'i:t, **-e** ...i:də
Petaloidie petaloi'di:
Pẹtalum 'pe:talʊm, **Pẹtala** 'pe:tala, **Petalen** pe'ta:lən
Petaluma *engl.* pɛtə'lu:mə
Pétange *fr.* pe'tã:ʒ
[1]**Pẹtar** *serbokr.* 'pɛtar
[2]**Pẹtar, Petăr** *bulgar.* 'pɛtər
Petarde pe'tardə
Pẹtasos 'pe:tazɔs
Petavius pe'ta:vi̯ʊs
Pete *engl.* pi:t
Petechien pe'tɛçi̯ən
Pẹtel[kau] 'pe:tl̩[kau̯]
Petẹnt pe'tɛnt
Pẹter 'pe:tɐ, *schwed.* 'pe:tər, *engl.* 'pi:tə, *dän.* 'pe:'dər
Péter *ung.* 'pe:tɛr
Peterboro[ugh] *engl.* 'pi:təbərə
Peterburg *russ.* pɪtɪr'burk
Péterfy *ung.* 'pe:tɛrfi
Peterhead *engl.* pi:tə'hɛd

Peterhof 'pe:tɐho:f
Péteri *ung.* 'pe:tɛri
Peterich 'pe:tərɪç
Peterkau 'pe:tɐkau̯
Peterkin *engl.* 'pi:təkɪn
Peterle 'pe:tɐlə
Petermann 'pe:tɐman
Petermännchen 'pe:tɐmɛnçən
Peters 'pe:tɐs, *engl.* 'pi:təz
Petersberg 'pe:tɐsbɛrk
Petersburg 'pe:tɐsbʊrk, *engl.* 'pi:təzbə:g
Petersdorf 'pe:tɐsdɔrf
Petersen 'pe:tɐzn̩, *dän.* 'pe:ˀdərsən
Petersfels 'pe:tɐsfɛls
Petersfield *engl.* 'pi:təzfi:ld
Petershagen pe:tɐs'ha:gn̩
[1]**Petersham** (Australien) *engl.* 'pi:təʃəm
[2]**Petersham** (USA) *engl.* 'pi:təzhæm
Petershausen pe:tɐs'hau̯zn̩
Petersilie petɐ'zi:li̯ə
Peterson 'pe:tɐzɔn, *engl.* 'pi:təsn
Peterssen *norw.* 'pɛtərsən
Peterstal 'pe:tɐsta:l
Peterswaldau pe:tɐs'valdau̯
Peterswalde pe:tɐs'valdə
Pétervárad *ung.* 'pe:tɛrva:rɔd
Pétervására *ung.* 'pe:tɛrva:ʃa:rɔ
Peterwardein pe:tɐvar'dai̯n
Peterwitz 'pe:tɐvɪts
Petigru *engl.* 'pɛtɪgru:
Petilia Policastro *it.* pe'ti:li̯a poli'kastro
Petiolus pe'ti:olʊs, **...li** ...li
Pétion *fr.* pe'tjõ
Petipa *fr.* pəti'pa
[1]**Petit** (Schrift) pə'ti:
[2]**Petit** (Name) *fr.* pə'ti, *span.* pe'tit
Petita vgl. Petitum
Petite-Rosselle *fr.* pətitrɔ'sɛl
Petites Antilles *fr.* pətitzã'tij
Petite-Synthe *fr.* pətit'sɛ̃:t
Petitgrainöle pəti'grɛ̃:|ø:lə
Petition peti'tsi̯o:n
petitionieren petitsi̯o'ni:rən
Petition of Rights *engl.* pɪ'tɪʃən əv 'raɪts
Petitio principii pe'ti:tsi̯o prɪn'tsi:pii
Petit-maître, -s *fr.* pəti'mɛtr
Petit mal *fr.* pəti'mal
Petitor pe'ti:tɔr, **-en** peti'to:rən
Petitot *fr.* pəti'to
Petitpierre *fr.* pəti'pjɛ:r
Petit point *fr.* pəti'pwɛ̃
Petit-Quevilly *fr.* pətikevi'ji
Petits fours *fr.* pəti'fu:r
Petitum pe'ti:tʊm, **...ta** ...ta
Petko *bulgar.* 'pɛtko
Petković *serbokr.* 'pɛtkɔvitɕ
Petkow, Petkov *bulgar.* 'pɛtkof
Petkus 'pɛtkʊs
Petljura *russ.* pɪt'ljurɐ
Peto 'pi:to, *engl.* 'pi:toʊ, *span.* 'peto
Petőfi *ung.* 'pɛtø:fi
Petone *engl.* pɪ'toʊnɪ
Petong 'pe:tɔŋ
Petosiris peto'zi:rɪs
Petoskey *engl.* pɪ'tɔskɪ
[1]**Petr** *tschech.* 'pɛtr̩
[2]**Petr** vgl. Pjotr
Petra 'pe:tra
peträisch pe'trɛ:ɪʃ
Petralia Soprana, - Sottana *it.* petra'li:a so'pra:na, - sot'ta:na
Petrarca, Petrarka *dt., it.* pe'trarka
Petrarkismus petrar'kɪsmʊs
Petrarkist petrar'kɪst
Petraschewski, Petraševskij *russ.* pɪtra'ʃɛfskij
Petrassi *it.* pe'trassi
Petre *engl.* 'pi:tə
Petrefakt petre'fakt
Petrelë *alban.* pe'trelə
Petrella *it.* pe'trɛlla
Petrén *schwed.* pet're:n
Petrescu *rumän.* pe'tresku
Petrevci *serbokr.* ˌpɛtrɛ:ftsi
Petri *dt., schwed.* 'pe:tri, *it.* 'pɛ:tri
Petrič vgl. Petritsch
Petrie *engl.* 'pi:trɪ
Petrifikation petrifika'tsi̯o:n
petrifizieren petrifi'tsi:rən
Petrijevci *serbokr.* ˌpɛtrijɛftsi
Petřík *tschech.* 'pɛtr̝i:k
Petrikau 'pe:trɪkau̯
Petrikow, Petrikov *russ.* pɪtri'kɔf
Petrila *rumän.* pe'trila
Petrin 'pe:tri:n
Petrini *dt., it.* pe'tri:ni
petrinisch, P... pe'tri:nɪʃ
Petritsch, Petrič *bulgar.* 'pɛtritʃ
Petrobrusianer petrobru'zi̯a:nɐ
Petrocchi *it.* pe'trɔkki
Petrochemie petroçe'mi:
Petrodworez, Petrodvorec *russ.* pɪtrɐdva'rjɛts
Petrogenese petroge'ne:zə
petrogenetisch petroge'ne:tɪʃ
Petroglyphen petro'gly:fn̩
Petrograd *russ.* pɪtra'grat
Petrograph petro'gra:f
Petrographie petrogra'fi:
Petrokrepost, Petrokrepost' *russ.* pɪtra'krjɛpɐstj
Petrol pe'tro:l
Petroleum pe'tro:leʊm
Petroleur petro'lø:ɐ̯
Petroleuse petro'lø:zə
Petrolia *engl.* pɪ'troʊljə
Petrologie petrolo'gi:
Petrolul *rumän.* pe'trolul
Petronell[a] petro'nɛl[a]
Petronilla petro'nɪla
Petronius pe'tro:ni̯ʊs
Petropawlowsk, Petropavlovsk *russ.* pɪtra'pavlɐfsk
Petropawlowsk-Kamtschatski, Petropavlovsk-Kamčatskij *russ.* pɪtra'pavlɐfsk kam'tʃatskij
petrophil petro'fi:l
Petrópolis *bras.* pe'trɔpulis
Petrosawodsk, Petrozavodsk *russ.* pɪtrɐza'vɔtsk
Petroşeni *rumän.* petro'ʃenj
Petrov vgl. Petrow
Petrova vgl. Petrowa
Petrovac *serbokr.* ˌpɛtrɔvats
Petrovci *serbokr.* ˌpɛtrɔ:ftsi
Petrović *serbokr.* 'pɛtrɔvitɕ, ˌ---
Petrovič vgl. Petrowitsch
Petrovics *ung.* 'pɛtrovitʃ
Petrovna vgl. Petrowna
Petrovsk vgl. Petrowsk
Petrovskij vgl. Petrowski
Petrovsk-Zabajkalskij vgl. Petrowsk-Sabaikalski
Petrow, Petrov *russ.* pɪ'trɔf, *bulgar.* pɛ'trɔf
Petrowa, Petrova *russ.* pɪ'trɔvɐ
Petrowitsch, Petrovič *russ.* pɪ'trɔvitʃ
Petrowna, Petrovna *russ.* pɪ'trɔvnɐ
Petrowsk, Petrovsk *russ.* pɪ'trɔfsk
Petrowski, Petrovskij *russ.* pɪ'trɔfskij
Petrowsk-Sabaikalski Petrovsk-Zabajkal'skij *russ.* pɪ'trɔfskzɐbaj'kaljskij
Petrozavodsk vgl. Petrosawodsk
Petru *rumän.* 'petru
Petrucci *it.* pe'truttʃi
Petrus 'pe:trʊs, *niederl.* 'pe'trʏs
Petruschka, Petruška *russ.* pɪ'truʃkɐ
Petřvald *tschech.* 'pɛtr̝valt
Petsales *neugr.* pɛ'tsalis
Petsamo *finn.* 'pɛtsɑmɔ
Petsch pɛtʃ, pe:tʃ
Petschaft 'pɛtʃaft
Petschann 'pɛtʃan
Petschenege pɛtʃe'ne:gə
Petschenga, Pečenga *russ.* 'pjɛtʃɪngɐ
petschieren pɛ'tʃi:rən
Petschora, Pečora *russ.* pɪ'tʃɔrɐ
Petschory, Pečory *russ.* pɪ'tʃɔrɨ
Pett *engl.* pɛt
Pettau 'pɛtau̯
Pettenkofen 'pɛtn̩ko:fn̩
Pettenkofer 'pɛtn̩ko:fɐ
Petticoat 'pɛtiko:t, *engl.* 'pɛtɪkoʊt
Pettie *engl.* 'pɛtɪ
Pettigrew *engl.* 'pɛtɪgru:

Pẹtting[er] ˈpɛtɪŋ[ɐ]
pẹtto, Pẹtto ˈpɛto
Pẹtty *engl.* ˈpɛtɪ
Petuchọwo, Petuhovo *russ.* pɪtuˈxovɐ
Petula *engl.* pəˈtju:lə
Petulạnz petuˈlants
Petụnie peˈtu:ni̯ə
Pétur[sson] *isl.* ˈpjɛ:tʏr[sɔn]
Pẹtworth *engl.* ˈpɛtwə:θ
Pẹtyrek ˈpɛtirɛk
Pẹtz[e] ˈpɛts[ə]
pẹtzen ˈpɛtsn̩
Pẹtzholdt ˈpɛtshɔlt
Petzit pɛˈtsi:t, *auch:* ...tsɪt
Pẹtzold[t], ...lt ˈpɛtsɔlt
Pẹtzval ˈpɛtsval
peu à peu *fr.* pøaˈpø
Peucer ˈpɔʏtsɐ
Peucker[t] ˈpɔʏkɐ[t]
Peuerbach ˈpɔʏɐbax
Peugeọt *fr.* pøˈʒo
Peuple, Le *fr.* ləˈpœpl
Peutinger ˈpɔʏtɪŋɐ
Pẹvensey *engl.* ˈpɛvənzɪ
Peverạgno *it.* peveˈraɲɲo
Pewter ˈpju:tɐ
Pewzọw, Pevcov *russ.* pɪfˈtsɔf
pexieren pɛˈksi:rən
Peyer ˈpaɪ̯ɐ
Peyre *fr.* pɛ:r
Peyrefịtte *fr.* pɛrˈfit
Peyron[n]ẹt *fr.* pɛrɔˈnɛ
Peyrony *fr.* pɛrɔˈni
Peyrouton *fr.* pɛruˈtõ
Pẹza *span.* ˈpeθa
Pezẹlius peˈtse:li̯ʊs
Pézenạs *fr.* pezˈnɑ:s
Pfạd pfa:t, -e ˈpfa:də
Pfädchen ˈpfɛ:tçən
Pfäfers ˈpfɛ:fɐs
Pfạff pfaf
Pfạ̈ffchen ˈpfɛfçən
Pfạffe ˈpfafə
Pfạffenhain ˈpfafn̩hain
Pfaffenhausen pfafn̩ˈhauzn̩
Pfaffenhọfen pfafn̩ˈho:fn̩
Pfaffenreuth pfafn̩ˈrɔʏt
Pfạffensattel ˈpfafn̩zatl̩
Pfạffenstein ˈpfafn̩ʃtain
Pfạ̈ffikon ˈpfɛfiko:n
pfạ̈ffisch ˈpfɛfɪʃ
Pfaffrọda pfafˈro:da
Pfaffstạ̈tten pfafˈʃtɛtn̩
Pfahl pfa:l, **Pfähle** ˈpfɛ:lə
Pfählchen ˈpfɛ:lçən
pfählen ˈpfɛ:lən
Pfahler ˈpfa:lɐ
Pfạlz[burg] ˈpfalts[bʊrk]
Pfạlzel ˈpfaltsl̩
Pfạ̈lzer ˈpfɛltsɐ
pfạ̈lzisch ˈpfɛltsɪʃ
Pfạnd pfant, **-es** ...ndəs, **Pfạ̈nder** ˈpfɛndɐ
pfạ̈ndbar ˈpfɛntba:ɐ̯
pfạ̈nden ˈpfɛndn̩, **pfạ̈nd!** pfɛnt
Pfạ̈nder ˈpfɛndɐ
Pfạndl ˈpfandl̩
Pfạ̈nnchen ˈpfɛnçən
Pfạnne ˈpfanə
Pfạrre ˈpfarə
Pfarrei pfaˈrai
pfarreilich pfaˈrailɪç
Pfạrrer ˈpfarɐ
Pfarrkịrchen pfarˈkɪrçn̩
Pfạtter ˈpfatɐ
Pfau pfau
pfauchen ˈpfauxn̩
Pfaundler ˈpfaundlɐ
Pfẹddersheim ˈpfɛdɐshaim
Pfẹffel ˈpfɛfl̩
Pfẹffer[korn] ˈpfɛfɐ[kɔrn]
Pfẹfferling ˈpfɛfɐlɪŋ
Pfẹfferminz[e] ˈpfɛfɐmɪnts[ə], *auch:* – –ˈ–[–]
pfẹffern ˈpfɛfɐn
Pfefferọne pfɛfəˈro:nə, **...ni** ...ni
Pfeid pfait, **-en** ...dn̩
Pfeife ˈpfaifə
pfeifen ˈpfaifn̩
Pfeif[f]er ˈpfaifɐ
Pfeil[er] ˈpfail[ɐ]
pfeilschnell ˈpfailˈʃnɛl
pfẹlzen ˈpfɛltsn̩
Pfẹmfert ˈpfɛmfɐt
Pfẹnnig ˈpfɛnɪç, **-e** ...ɪgə
Pfẹrch pfɛrç
pfẹrchen ˈpfɛrçn̩
Pferd pfe:ɐ̯t, **-e** ...də
Pfẹrdmenges ˈpfe:ɐ̯tmɛŋəs
Pfẹrsmann ˈpfɛrsman
Pfẹtte ˈpfɛtə
pfịff, Pf... pfɪf
Pfịfferling ˈpfɪfɐlɪŋ
pfịffig ˈpfɪfɪç, **-e** ...ɪgə
Pfịffikus ˈpfɪfikʊs, **-se** ...ʊsə
Pfịngsten ˈpfɪŋstn̩
Pfịngstsọnntag ˈpfɪŋstˈzɔnta:k
Pfịnz[gau] ˈpfɪnts[gau]
Pfịnzig ˈpfɪntsɪç
Pfịrsich ˈpfɪrzɪç
Pfịster ˈpfɪstɐ
Pfịtscher ˈpfɪtʃɐ
Pfịtzner ˈpfɪtsnɐ
Pfịzer ˈpfɪtsɐ, *engl.* ˈfaɪzə
Pflạ̈nzchen ˈpflɛntsçən
Pflạnze ˈpflantsə
pflạnzen ˈpflantsn̩
Pflạ̈nzling ˈpflɛntslɪŋ
Pflạster ˈpflastɐ
Pflạ̈sterchen ˈpflɛstɐçən
pflạstern ˈpflastɐn
Pflạtsch[en] ˈpflatʃ[n̩]
pflạtschen ˈpflatʃn̩
Pfläumchen ˈpflɔʏmçən
Pflaume ˈpflaumə
pflaum[en]weich ˈpflaum[ən]ˈvaiç
Pflege ˈpfle:gə
pflegen ˈpfle:gn̩, **pfleg!** pfle:k, **pflegt** pfle:kt
pfleglich ˈpfle:klɪç
Pflegling ˈpfle:klɪŋ
pflegsam ˈpfle:kza:m
Pfleiderer ˈpflaidərɐ
Pflẹrschtal ˈpflɛrʃta:l
Pflịcht pflɪçt
pflịchtig ˈpflɪçtɪç, **-e** ...ɪgə
Pflimlin *fr.* pflimˈlɛ̃
Pflọck pflɔk, **Pflọ̈cke** ˈpflœkə
Pflọ̈ckchen ˈpflœkçən
pflọ̈cken ˈpflœkn̩
pflog pflo:k
pflöge ˈpflø:gə
pflogen ˈpflo:gn̩
pflogt pflo:kt
pflögt pflø:kt
Pflọtsch pflɔtʃ
Pflụ̈cke ˈpflʏkə
pflụ̈cken ˈpflʏkn̩
Pflug pflu:k, **-es** ˈpflu:gəs, **Pflüge** ˈpfly:gə
Pflüger ˈpfly:gɐ
Pflugk pflu:k
Pflügl ˈpfly:gl̩
Pflụmmern ˈpflʊmɐn
Pfọrdten ˈpfɔrtn̩
Pfọrr pfɔr
Pfọrta ˈpfɔrta
Pfọ̈rtchen ˈpfœrtçən
Pfọrte ˈpfɔrtə
Pfọ̈rten ˈpfœrtn̩
Pfọ̈rtner ˈpfœrtnɐ
Pfọrzen ˈpfɔrtsn̩
Pfọrzheim ˈpfɔrtshaim
Pfọ̈stchen ˈpfœstçən
Pfọste ˈpfɔstə
Pfọsten ˈpfɔstn̩
Pfötchen ˈpfø:tçən
Pfote ˈpfo:tə
Pfrauenberg ˈpfrauənbɛrk
Pfreimd pfraimt
Pfrẹntsch pfrɛntʃ
Pfriem pfri:m
Pfrịlle ˈpfrɪlə
Pfrọnten ˈpfrɔntn̩
Pfrọpf pfrɔpf
Pfrọ̈pfchen ˈpfrœpfçən
pfrọpfen, Pf... ˈpfrɔpfn̩
Pfrọ̈pfling ˈpfrœpflɪŋ
Pfrụ̈nde ˈpfrʏndə
Pfrụ̈ndner ˈpfrʏndnɐ
Pfuel ˈpfu:əl
Pfuhl pfu:l
Pfühl pfy:l
pfui!, Pfui pfʊɪ
Pfụllingen ˈpfʊlɪŋən
Pfụlmen ˈpfʊlmən
Pfụnd pfʊnt, **-e** ...ndə
Pfụ̈ndchen ˈpfʏntçən
pfụndig ˈpfʊndɪç, **-e** ...ɪgə
Pfụnds pfʊnts
Pfụngstadt ˈpfʊŋʃtat
Pfụ̈nz pfʏnts
Pfụsch pfʊʃ
pfụschen ˈpfʊʃn̩
Pfuscherei pfʊʃəˈrai
pfụtsch pfʊtʃ
Pfụ̈tzchen ˈpfʏtsçən
Pfụ̈tze ˈpfʏtsə
Pfyffer ˈpfi:fɐ
Pfyn pfi:n
Phäạke fɛˈa:kə

Phädon 'fɛ:dɔn
Phädra 'fɛ:dra
Phädros 'fɛ:drɔs
Phädrus fɛ:drʊs
Phaer *engl.* 'feɪə
Phaethon 'fa:etɔn
phaethonisch fae'to:nɪʃ
phaethontisch fae'tɔntɪʃ
Phage 'fa:gə
Phagedäna fage'dɛ:na
phagedänisch fage'dɛ:nɪʃ
Phagozyte fago'tsy:tə
phagozytieren fagotsy'ti:rən
Phagozytose fagotsy'to:zə
Phaidon 'faidɔn
Phaistos 'faistɔs
Phakosklerose fakoskle'ro:zə
Phalanstère *fr.* falã'stɛ:r
Phalanx 'fa:laŋks, **...ngen** fa'laŋən
Phalaris 'fa:larɪs
Phaleron 'fa:lerɔn
phallisch 'falɪʃ
Phallos 'falɔs, **...lloi** 'falɔy
Phallus 'falʊs, **...lli** 'fali
Phalsbourg *fr.* fals'bu:r
Phän fɛ:n
Phanagoreia fanago'raia
Phanerogame fanero'ga:mə
phaneromer fanero'me:ɐ
Phanerophyt fanero'fy:t
Phanerose fane'ro:zə
Phänologie fɛnolo'gi:
Phänomen fɛno'me:n
Phänomena vgl. Phänomenon
phänomenal fɛnome'na:l
Phänomenalismus fɛnomena'lɪsmʊs
phänomenalistisch fɛnomena'lɪstɪʃ
Phänomenologie fɛnomenolo'gi:
phänomenologisch fɛnomeno'lo:gɪʃ
Phänomenon fɛ'no:menɔn, **...ena** ...na
Phänotyp[us] fɛno'ty:p[ʊs]
Phantasie fanta'zi:, **-n** ...i:ən
phantasieren fanta'zi:rən
Phantasma fan'tasma
Phantasmagorie fantasmago'ri:, **-n** ...i:ən
phantasmagorisch fantasma'go:rɪʃ
Phantasos 'fantazɔs
Phantast[ik] fan'tast[ɪk]
Phantasterei fantastə'rai
phantastisch fan'tastɪʃ
Phantasus 'fantazʊs
Phantom fan'to:m, *engl.* 'fæntəm
Phanuel 'fa:nuɛl
Phäoderm fɛo'dɛrm
Phaon 'fa:ɔn
Phäophyzee fɛofy'tse:ə
[1]**Pharao** (König) 'fa:rao, **-nen** fara'o:nən
[2]**Pharao** (Spiel) 'fa:rao
pharaonisch fara'o:nɪʃ
Pharisäer fari'zɛ:ɐ
pharisäisch fari'zɛ:ɪʃ
Pharisäismus farizɛ'ɪsmʊs
Pharmacopoea Helvetica farmako'pø:a hɛl've:tika
Pharmaka vgl. Pharmakon
Pharmakodynamik farmakody'na:mɪk
Pharmakognosie farmakogno'zi:
pharmakognostisch famako'gnɔstɪʃ
Pharmakokinetik farmakoki'ne:tɪk
Pharmakologe farmako'lo:gə
Pharmakologie farmakolo'gi:
pharmakologisch farmako'lo:gɪʃ
Pharmakon 'farmakɔn, **...ka** ...ka
Pharmakopöe farmako'pø:, *selten:* ...'pø:ə; **-n** ...'pø:ən
Pharmakopsychologie farmakɔpsyçolo'gi:
Pharmazeut[ik] farma'tsɔyt[ɪk]
Pharmazeutikum farma'tsɔytikʊm, **...ka** ...ka
pharmazeutisch farma'tsɔytɪʃ
Pharmazie farma'tsi:
Pharnabazos farna'ba:tsɔs, far'na:batsɔs
Pharnakes far'na:kɛs
Pharo 'fa:ro
Pharos 'fa:rɔs
Pharr *engl.* fɑ:
Pharsalos 'farzalɔs, far'za:lɔs
Pharsalus far'za:lʊs
Pharus 'fa:rʊs, **-se** ...ʊsə
pharyngalisieren faryŋgali'zi:rən
Pharyngismus faryŋ'gɪsmʊs
Pharyngitis faryŋ'gi:tɪs, **...itiden** ...gi'ti:dn
Pharyngologie faryŋgolo'gi:
pharyngologisch faryŋgo'lo:gɪʃ
Pharyngoskop faryŋgo'sko:p
Pharyngoskopie faryŋgosko'pi:, **-n** ...i:ən
Pharyngospasmus paryŋgo'spasmʊs
Pharyngotomie faryŋgoto'mi:
Pharynx 'fa:rʏŋks, **Pharyngen** fa'rʏŋən
Phase 'fa:zə
Phasin fa'zi:n
phasisch 'fa:zɪʃ
Phazelie fa'tse:liə
Ph. D. *engl.* 'pi:eɪtʃ'di:
Phèdre *fr.* fɛdr
Pheidias fai'di:as
Phélippeaux *fr.* feli'po
Phellandren fɛlan'dre:n
Phellodendron fɛlo'dɛndrɔn
Phelloderm fɛlo'dɛrm
Phellogen fɛlo'ge:n
Phelloid fɛlo'i:t, **-e** ...i:də
Phelloplastik fɛlo'plastɪk
Phelonium fe'lo:niʊm, **...ien** ...iən
Phelps *engl.* fɛlps
Phélypeaux *fr.* feli'po
Phenacetin fenatse'ti:n
Phenakit fena'ki:t, *auch:* ...kɪt
Phenanthren fenan'tre:n
Phenetidin feneti'di:n
Phenetol fene'to:l
Phenix *engl.* 'fi:nɪks
Phenol fe'no:l
Phenoplaste feno'plastə
Phenothiazin fenotia'tsi:n
Phenyl fe'ny:l
Phenylen feny'le:n
Pherai 'fe:rai
Pherekrates fe're:kratɛs
Pherekydes fere'ky:dɛs
Phi fi:
Phiale 'fia:lə
Phidias 'fi:dias
phidiassisch, Ph... fi'diasɪʃ
Phila 'fi:lɛ
Philadelphia fila'dɛlfia, *engl.* fɪlə'dɛlfɪə
Philadelphier fila'dɛlfiɐ
philadelphisch fila'dɛlfɪʃ
Philaleth[es] fila'le:t[ɛs]
Philander fi'landɐ
Philane fi'la:nə
Philanthrop filan'tro:p
Philanthropie filantro'pi:
Philanthropin filantro'pi:n
Philanthropinismus filantropi'nɪsmʊs
Philanthropinist filantropi'nɪst
Philanthropinum filantro'pi:nʊm, **...na** ...na
philanthropisch filan'tro:pɪʃ
Philanthropismus filantro'pɪsmʊs
Philaret fila're:t
Philario fi'la:rio
Philatelie filate'li:
Philatelist filate'lɪst
Philby *engl.* 'fɪlbɪ
Philco *engl.* 'fɪlkoʊ
Philemon fi'le:mɔn
Phileros fi'le:rɔs
Philetärus file'tɛ:rʊs
Philetas fi'le:tas
Philharmonie fɪlharmo'ni:, fi:l...; **-n** ...i:ən
Philharmoniker fɪlhar'mo:nikɐ, fi:l...
philharmonisch fɪlhar'mo:nɪʃ, fi:l...
Philhellene fɪlhɛ'le:nə, fi:l...
Philhellenismus fɪlhɛle'nɪsmʊs, fi:l...
Philibert 'fi:libɛrt, *fr.* fili'bɛ:r
Philidor *fr.* fili'dɔ:r
Philine fi'li:nə
Philip 'fi:lɪp, *engl.* 'fɪlɪp, *fr.* fi'lip
Philipe *fr.* fi'lip
Philipon *fr.* fili'põ
Philipp 'fi:lɪp

Philippa fi'lɪpa; *engl.* 'fɪlɪpə, -'—
Philippe *fr.* fi'lip
Philippeville *fr.* filip'vil
[1]**Philippi** (antike Stadt; Personenname) fi'lɪpi
[2]**Philippi** (USA) *engl.* 'fɪlɪpɪ
Philippicus fi'lɪpikʊs
Philippide *rumän.* fili'pide
Philippika fi'lɪpika
Philippine filɪ'pi:nə, *niederl.* fi:l...
Philippinen filɪ'pi:nən
Philippines *engl.* 'fɪlɪpi:nz
philippinisch filɪ'pi:nɪʃ
philippisch fi'lɪpɪʃ
Philippone filɪ'po:nə
Philippopel filɪ'po:pl̩
Philippoteaux *fr.* filipɔ'to
Philipps *engl.* 'fɪlɪps
Philippsburg 'fi:lɪpsbʊrk
Philippsdorf 'fi:lɪpsdɔrf
Philippson 'fi:lɪpzɔn
Philippsreut fi:lɪps'rɔyt
Philippstein 'fi:lɪp-ʃtain
Philippus fi'lɪpʊs
Philips *dt., niederl.* 'fi:lɪps, *engl.* 'fɪlɪps
Philipse *engl.* 'fɪlɪps
Philister fi'lɪstɐ
Philisterei filɪstə'rai
Philisterium filɪs'te:ri̯ʊm
philiströs filɪs'trø:s, **-e** ...ø:zə
Phillimore *engl.* 'fɪlɪmɔ:
Phillip *engl.* 'fɪlɪp
Phillip[p]s *engl.* 'fɪlɪps
Phillipsburg *engl.* 'fɪlɪpsbə:g
Phillpotts *engl.* 'fɪlpɔts
Phillumenist fɪlume'nɪst
Philo 'fi:lo
Philodemos filo'de:mɔs
Philodendron filo'dɛndrɔn
Philogyn filo'gy:n
Philokalia filoka'li:a
Philoktet[es] filɔk'te:t[ɛs]
Philolaos filo'la:ɔs
Philologe filo'lo:gə
Philologie filolo'gi:
philologisch filo'lo:gɪʃ
Philomathie filoma'ti:
Philomela filo'me:la
Philomele filo'me:lə
Philomena filo'me:na
Philon 'fi:lɔn
Philopoimen filo'pɔymən
Philopömen filo'pø:mən
Philoponos fi'lo:ponɔs
Philosemit filoze'mi:t
Philosemitismus filozemi'tɪsmʊs
Philosoph filo'zo:f
Philosophaster filozo'fastɐ
Philosophem filozo'fe:m
Philosophia perennis, - prima filozo'fi:a pe'rɛnɪs, – 'pri:ma
Philosophie filozo'fi:, **-n** ...i:ən
philosophieren filozo'fi:rən
philosophisch filo'zo:fɪʃ
Philostrat filɔs'tra:t
Philostratus fi'lɔstratʊs
Philotas fi'lo:tas
Philotheos fi'lo:teɔs
Philotus fi'lo:tʊs
Philoxenie filɔkse'ni:
Philoxenos fi'lɔksenɔs
Philto 'fɪlto
Philtrum 'fɪltrʊm
Phimose fi'mo:zə
Phineus 'fi:nɔys
Phintias 'fɪnti̯as
Phiole 'fi̯o:lə
Phiops 'fi:ɔps
Phip[p]s *engl.* fɪps
Phiz *engl.* fɪz
Phlebektasie flebɛkta'zi:, **-n** ...i:ən
Phlebitis fle'bi:tɪs, **...itiden** ...bi'ti:dn̩
phlebogen flebo'ge:n
Phlebographie flebogra'fi:
Phlebolith flebo'li:t, *auch:* ...lɪt
Phlebologie flebolo'gi:
Phlegethon fle'ge:tɔn
Phlegma 'flɛgma
Phlegmasie flɛgma'zi:, **-n** ...i:ən
Phlegmatiker flɛ'gma:tikɐ
Phlegmatikus flɛ'gma:tikʊs, **-se** ...ʊsə
phlegmatisch flɛ'gma:tɪʃ
Phlegmone flɛ'gmo:nə
phlegräisch fle'grɛ:ɪʃ
Phleum 'fle:ʊm
Phloem flo'e:m
Phlogiston 'flo:gɪstɔn
phlogogen flogo'ge:n
Phlogosis flo'go:zɪs
Phlomis 'flo:mɪs
Phloroglucin floroglu'tsi:n
Phlox flɔks
Phloxin flɔ'ksi:n
Phlyaken fly'a:kn̩
Phlyktäne flʏk'tɛ:nə
Phöbe 'fø:bə, *B* ...be
Phobie fo'bi:, **-n** ...i:ən
Phobophobie fobofo'bi:, **-n** ...i:ən
Phobos 'fo:bɔs
Phöbos 'fø:bɔs
Phöbus 'fø:bʊs
Phocion 'fo:tsi̯ɔn
Phoenix[ville] *engl.* 'fi:nɪks[vɪl]
Phokäa fo'kɛ:a
Phokas 'fo:kas
Phokion 'fo:ki̯ɔn
Phokis 'fo:kɪs
Pholien *fr.* fɔ'ljɛ̃
Phoma 'fo:ma
Phon fo:n
Phonasthenie fonaste'ni:
Phonation fona'tsi̯o:n
phonatorisch fona'to:rɪʃ
Phonem fo'ne:m
Phonematik fone'ma:tɪk
phonematisch fone'ma:tɪʃ
Phonemik fo'ne:mɪk
phonemisch fo'ne:mɪʃ
phonemisieren fonemi'zi:rən
Phonendoskop fonɛndo'sko:p
Phonetik fo'ne:tɪk
Phonetiker fo'ne:tikɐ
phonetisch fo'ne:tɪʃ
Phonik 'fo:nɪk
Phöniker fø'ni:kɐ
Phönikien fø'ni:ki̯ən
phönikisch fø'ni:kɪʃ
phonisch 'fo:nɪʃ
Phonismen fo'nɪsmən
Phönix 'fø:nɪks
Phönizien fø'ni:tsi̯ən
Phönizier fø'ni:tsi̯ɐ
phönizisch fø'ni:tsɪʃ
Phonognomik fono'gno:mɪk
Phonogramm fono'gram
Phonograph fono'gra:f
Phonographie fonogra'fi:, **-n** ...i:ən
phonographisch fono'gra:fɪʃ
Phonokoffer 'fo:nokɔfɐ
Phonolith fono'li:t, *auch:* ...'lɪt
Phonologe fono'lo:gə
Phonologie fonolo'gi:
phonologisch fono'lo:gɪʃ
phonologisieren fonologi'zi:rən
Phonomanie fonoma'ni:
Phonometer fono'me:tɐ
Phonometrie fonome'tri:
phonometrisch fono'me:trɪʃ
Phonophobie fonofo'bi:
Phonothek fono'te:k
Phonotypistin fonoty'pɪstɪn
Phorkos 'fɔrkɔs
Phorkyas 'fɔrky̆as, **...aden** fɔr'ky̆a:dn̩
Phorkys 'fɔrkʏs
Phorminx 'fɔrmɪŋks, **...mingen** ...'mɪŋən
Phormium 'fɔrmi̯ʊm, **...ien** ...i̯ən
Phoron fo'ro:n
Phoronomie forono'mi:
Phosgen fɔs'ge:n
Phosphat fɔs'fa:t
Phosphatasen fɔsfa'ta:zn̩
Phosphatid fɔsfa'ti:t, **-e** ...'ti:də
phosphatieren fɔsfa'ti:rən
Phosphid fɔs'fi:t, **-e** ...i:də
Phosphin fɔs'fi:n
Phosphit fɔs'fi:t, *auch:* ...fɪt
Phosphor 'fɔsfɔr
Phosphore fɔs'fo:rə
Phosphoreszenz fɔsforɛs'tsɛnts
phosphoreszieren fɔsforɛs'tsi:rən
phosphorig 'fɔsforɪç, **-e** ...ɪgə
Phosphorismus fɔsfo'rɪsmʊs
Phosphorit fɔsfo'ri:t, *auch:* ...rɪt
Photios 'fo:ti̯ɔs
Photismen fo'tɪsmən
Photius 'fo:tsi̯ʊs
Photo 'fo:to
Photochemie fotoçe'mi:
Photochemigraph fotoçemi'gra:f

Photochemigraphie fotoçemigra'fi:
photochemisch foto'çe:mɪʃ
Photoelektrizität foto|elɛktritsi'tɛ:t
photogen foto'ge:n
Photogramm foto'gram
Photogrammetrie fotograme'tri:
photogrammetrisch fotogra'me:trɪʃ
Photograph foto'gra:f
Photographie fotogra'fi:, **-n** ...i:ən
photographieren fotogra'fi:rən
photographisch foto'gra:fɪʃ
Photokopie fotoko'pi:, **-n** ...i:ən
photokopieren fotoko'pi:rən
Photolithographie fotolitogra'fi:
Photolyse foto'ly:zə
Photomaton Ⓦ fotoma'to:n
Photome fo'to:mə
photomechanisch fotome'ça:nɪʃ
Photometer foto'me:tɐ
Photometrie fotome'tri:
photometrisch foto'me:trɪʃ
Photon 'fo:tɔn, fo'to:n, **...en** fo'to:nən
Photoperiodismus fotoperi̯o'dɪsmʊs
photophob foto'fo:p, **-e** ...o:bə
Photophobie fotofo'bi:
Photopsie fotɔ'psi:
Photosphäre foto'sfɛ:rə
Photosynthese fotozyn'te:zə
phototaktisch foto'taktɪʃ
Phototaxis foto'taksɪs
Photothek foto'te:k
Phototherapie fototera'pi:
Phototopographie fototopogra'fi:
Phototropismus fototro'pɪsmʊs
Photozinkographie fototsɪŋkogra'fi:
Phragmobasidiomyzet fragmobazidi̯omy'tse:t
Phraortes fra'ɔrtɛs
Phrase 'fra:zə
Phraseologie frazeolo'gi:, **-n** ...i:ən
phraseologisch frazeo'lo:gɪʃ
Phraseonym frazeo'ny:m
Phraseur fra'zø:ɐ̯
phrasieren fra'zi:rən
Phratrie fra'tri:, **-n** ...i:ən
phreatisch fre'a:tɪʃ
Phrenesie frene'zi:
phrenetisch fre'ne:tɪʃ
Phrenikus 'fre:nikʊs
Phrenitis fre'ni:tɪs, **...itiden** ...ni'ti:dn̩
Phrenokardie frenokar'di:, **-n** ...i:ən
Phrenolepsie frenolɛ'psi:, **-n** ...i:ən
Phrenologe freno'lo:gə
Phrenologie frenolo'gi:
phrenologisch freno'lo:gɪʃ
Phrenonym freno'ny:m
Phrenopathie frenopa'ti:
Phrix[os] 'frɪks[ɔs]
Phrixus 'frɪksʊs
Phrygana 'fry:gana
Phryganiden fryga'ni:dn̩
Phrygien 'fry:gi̯ən
phrygisch 'fry:gɪʃ
Phryne 'fry:nə, *B* ...ne
Phrynia 'fry:ni̯a
Phrynichos 'fry:nɪçɔs
Phryxus 'frʏksʊs
Phthalat fta'la:t
Phthalein ftale'i:n
Phthalsäure 'fta:lzɔyrə
Phthiotis 'fti̯o:tɪs
Phthiriasis fti'ri:azɪs, **...iasen** fti'ri̯a:zn̩
Phthise 'fti:zə
Phthiseophobie ftizeofo'bi:
Phthisiker 'fti:zikɐ
Phthisis 'fti:zɪs
phthisisch 'fti:zɪʃ
phthitisch 'fti:tɪʃ
Phyfe *engl.* faɪf
Phygoid... fygo'i:t...
Phykoden... fy'ko:dn...
Phykoerythrin fyko|ery'tri:n
Phykologie fykolo'gi:
Phykomyzeten fykomy'tse:tn̩
Phyla vgl. Phylum
Phylakterien fylak'te:ri̯ən
Phylax 'fy:laks
Phyle 'fy:lə
phyletisch fy'le:tɪʃ
Phyllis 'fylɪs, *engl.* 'fɪlɪs
Phyllit fʏ'li:t, *auch:* fʏ'lɪt
Phyllobiologie fylobiolo'gi:
Phyllochinon fyloçi'no:n
Phyllodium fʏ'lo:di̯ʊm, **...ien** ...i̯ən
Phyllokaktus fylo'kaktʊs
Phyllokladium fylo'kla:di̯ʊm, **...ien** ...i̯ən
Phyllophage fylo'fa:gə
Phyllopode fylo'po:də
Phyllotaxis fylɔ'taksɪs
Phylloxera fylɔ'kse:ra
Phylogenese fyloge'ne:zə
phylogenetisch fyloge'ne:tɪʃ
Phylogenie fyloge'ni:, **-n** ...i:ən
Phylogonie fylogo'ni:, **-n** ...i:ən
Phylum 'fy:lʊm, **Phyla** 'fy:la
Phyma 'fy:ma, **-ta** -ta
Physalis 'fy:zalɪs, **...len** fy'za:lən
Physiater fy'zi̯a:tɐ
Physharmonika fy:shar'mo:nika
Physiatrie fyzi̯a'tri:
Physic *engl.* 'fɪzɪk
Physik fy'zi:k
physikalisch fyzi'ka:lɪʃ
Physikat fyzi'ka:t
Physiker 'fy:zikɐ
Physikochemie fyzikoçe'mi:
physikochemisch fyziko'çe:mɪʃ
Physikotechniker fyziko'tɛçnikɐ
Physikotheologie fyzikoteolo'gi:
Physikum 'fy:zikʊm
Physikus 'fy:zikʊs, **-se** ...ʊsə
Physiogeographie fyzi̯ogeogra'fi:
Physiognom fyzi̯o'gno:m
Physiognomie fyzi̯ogno'mi:, **-n** ...i:ən
Physiognomik fyzi̯o'gno:mɪk
Physiognomiker fyzi̯o'gno:mikɐ
Physiographie fyzi̯ogra'fi:
physiographisch fyzi̯o'gra:fɪʃ
Physioklimatologie fyzi̯oklimatolo'gi:
Physiokrat fyzi̯o'kra:t
Physiokratie fyzi̯okra'ti:
Physiokratismus fyzi̯okra'tɪsmʊs
Physiologe fyzi̯o'lo:gə
Physiologie fyzi̯olo'gi:
physiologisch fyzi̯o'lo:gɪʃ
Physiologus fy'zi̯o:logʊs
Physionomie fyzi̯ono'mi:
Physiotherapeut fyzi̯otera'pɔyt
Physiotherapie fyzi̯otera'pi:
Physiotop fyzi̯o'to:p
Physis 'fy:zɪs
physisch 'fy:zɪʃ
Physometra fyzo'me:tra
Physostigmin fyzostɪ'gmi:n
Phyteuma fy'tɔyma
Phytin fy'ti:n
phytogen fyto'ge:n
Phytogeographie fytogeogra'fi:
Phytognosie fytogno'zi:, **-n** ...i:ən
Phytohormon fytohɔr'mo:n
Phytolithen fyto'li:tn̩, *auch:* ...lɪtn̩
Phytologie fytolo'gi:
Phytol fy'to:l
Phytomedizin fytomedi'tsi:n
Phytonose fyto'no:zə
Phytopaläontologie fytopalɛɔntolo'gi:
Phytopathologie fytopatolo'gi:
phytopathologisch fytopato'lo:gɪʃ
phytophag fyto'fa:k, **-e** ...'fa:gə
Phytophage fyto'fa:gə
Phytoplankton fyto'plaŋktɔn
Phytophthora fy'tɔftora
Phytotherapie fytotera'pi:
Phytotomie fytoto'mi:
Phytozoon fyto'tso:ɔn, **...zoen** ...tso:ən
Phywe 'fy:və
[1]**Pi** pi:
[2]**Pi** (Name *span.* pi
Pia 'pi:a
Piacentini *it.* pi̯atʃen'ti:ni
Piacenza *it.* pi̯a'tʃɛntsa
Piacere pi̯a'tʃe:rə

piacevole pi̯a'tʃe:vole
Piadena *it.* 'pi̯a:dena
Pia desideria 'pi:a dezi'de:ri̯a
Piaf *fr.* pjaf
Piaffe 'pi̯afə
piaffieren 'pi̯afi:rən
Pia fraus 'pi:a 'fraus
Piaget *fr.* pja'ʒɛ
Piaggio *it.* 'pi̯addʒo
Pia mater [spinalis] 'pi:a 'ma:tɐ [spi'na:lɪs]
Piana *it.* 'pi̯a:na
Pianchi 'pi̯ançi
Piancó *bras.* pi̯ɐŋ'kɔ
Pianella *it.* pi̯a'nɛlla
Pianezzo *it.* pi̯a'nettso
piangendo pi̯an'dʒɛndo
Pianino pi̯a'ni:no
pianissimo pi̯a'nɪsimo
Pianissimo pia'nɪsimo, **...mi** ...mi
pianissimo quanto possibile pi̯a'nɪsimo 'kvanto pɔ'si:bile
Pianist pi̯a'nɪst
piano 'pi̯a:no
Piano 'pi̯a:no, **...ni** ...ni
Pianoakkordeon pi̯ano|a'kɔrdeɔn
Pianochord pi̯ano'kɔrt, **-e** ...rdə
Pianoforte pi̯ano'fɔrtə
Pianola pi̯a'no:la
Pianosa *it.* pi̯a'no:sa
Pians pi̯ans
Piarist pi̯a'rɪst
Piaseczno *poln.* pja'sɛtʃnɔ
Piassava pi̯a'sa:va
Piast pi̯ast, *poln.* pjast
Piaster 'pi̯astɐ
Piastów *poln.* 'pjastuf
Piatis *schwed.* 'pi:atis
Piatkowski *poln.* pjat'kɔfski
Piatt *engl.* 'paɪət
Piatti 'pi̯ati, *it.* 'pi̯atti
Piauí *bras.* pi̯a'u̯i
Piave *it.* 'pi̯a:ve
[1]**Piazza** (Platz) 'pi̯atsa, **...zze** ...tsə
[2]**Piazza** (Name) *it.* 'pi̯attsa
Piazza Armerina *it.* 'pi̯attsa arme'ri:na
[1]**Piazzetta** (Platz) pi̯a'tsɛta
[2]**Piazzetta** (Name) *it.* pi̯at'tsetta
Piazzi *it.* 'pi̯attsi
Piazzogna *it.* pi̯at'tsoɲɲa
Pibrac *fr.* pi'brak
Pibroch 'pi:brɔx, *engl.* ...rɔk
Pica 'pi:ka
Picabia *fr.* pika'bja
Picador pika'do:ɐ̯, **-es** ...'do:rɛs
Pićan *serbokr.* 'pitɕan
Picard *fr.* pi'ka:r
Picardie *fr.* pikar'di
Picander pi'kandɐ
Picarde pi'kardə
Picaro 'pɪkaro
Picart *fr.* pi'ka:r
Picasso *span.* pi'kaso
Picayune *engl.* pɪkə'ju:n
Piccadilly *engl.* pɪkə'dɪlɪ
Piccalilli pɪka'lɪli, *engl.* 'pɪkəlɪlɪ
Piccard *fr.* pi'ka:r
Piccini *it.* pit'tʃi:ni
Picciolini pɪtʃo'li:ni
Piccioni *it.* pit'tʃo:ni
Piccolo 'pɪkolo, *it.* 'pikkolo
Piccolomini pɪko'lo:mini, *it.* pikko'lɔ:mini
Pic du Midi *fr.* pikdymi'di
Picea 'pi:tsea
Piceno *it.* pi'tʃɛ:no
Picenum pi'tse:nʊm
Pichegru *fr.* piʃ'gry
picheln 'pɪçl̩n
Pichelsdorf 'pɪçl̩sdɔrf
Pichelsteiner 'pɪçl̩ʃtainɐ
Pichelswerder pɪçl̩s'vɛ:ɐ̯dɐ
Picher 'pɪçɐ
Pichette *fr.* pi'ʃɛt
Pichincha *span.* pi'tʃintʃa
Pichl 'pɪçl̩
Pichler 'pɪçlɐ
Picht pɪçt
Pichu Pichu *span.* 'pitʃu 'pitʃu
Pick pɪk
Pickard *engl.* 'pɪkɑ:d
Picke 'pɪkə
Pickel 'pɪkl̩
pickelig 'pɪkəlɪç **-e** ...ɪgə
pickeln 'pɪkl̩n
picken 'pɪkn̩
Pickens *engl.* 'pɪkɪnz
Pickering *engl.* 'pɪkərɪŋ
Pickett *engl.* 'pɪkɪt
Pickford *engl.* 'pɪkfəd
Pickles 'pɪkl̩s
picklig 'pɪklɪç, **-e** ...ɪgə
Picknick 'pɪknɪk
Pickthall *engl.* 'pɪkθɔ:l
Pick-up pɪk'|ap, *engl.* 'pɪkʌp
Pickwick *engl.* 'pɪkwɪk
Pico *it.* 'pi:ko, *span.* 'piko, *port.*, *bras.* 'piku
picobello 'pi:ko'bɛlo
Picofarad pikofa'ra:t
Picos *bras.* 'pikus
Picot pi'ko:
Picotage piko'ta:ʒə
Picpus *fr.* pik'pys
Pictet *fr.* pik'tɛ
Picton *engl.* 'pɪktən
Pictor 'pɪktɔr
Pictorius pɪk'to:ri̯ʊs
Picture Post *engl.* 'pɪktʃə 'poʊst
Picus 'pi:kʊs
Pidal *span.* pi'ðal
Pidgeon *engl.* 'pɪdʒɪn
Pidgin 'pɪdʒɪn
Piding 'pi:dɪŋ
Pie pai, *fr.* pi
Piece pi̯e:s[ə], 'pi̯ɛ:s[ə]; **-n** ...sn̩
Pièce de résistance, -s - - *fr.* pjɛsdərezis'tã:s
Pièce touchée, pièce jouée *fr.* pjɛstu'ʃe pjɛs'ʒwe
Pieck pi:k
Piedade *bras.* pi̯e'dadi
Piedestal pi̯edɛs'ta:l
Piedimonte *it.* pi̯edi'monte
Piedmont *engl.* 'pi:dmənt
Piedra *span.* 'pi̯eðra
Piedras Negras *span.* 'pi̯eðraz 'neɣras
Piefke 'pi:fkə
Piek pi:k
Piekar 'pi̯ɛkar
Piekary *poln.* pjɛ'karɨ
Pieke 'pi:kə
piekfein 'pi:k'fain
Piel[ach] 'pi:l[ax]
Pielburg 'pi:lbʊrk
Pielenhofen pi:lən'ho:fn̩
Pielinen *finn.* 'pi̯ɛlinɛn
Piemont pi̯e'mɔnt
Piemonte *it.* pi̯e'monte
Piemontese pi̯emɔn'te:zə
piemontesisch pi̯emɔn'te:zɪʃ
piemontisch pi̯e'mɔntɪʃ
Pienemann *niederl.* 'pi:nəmɑn
pieno 'pi̯e:no
Pienza *it.* pi̯ɛntsa
piep! pi:p
piepen, P... 'pi:pn̩
Piepenburg 'pi:pn̩bʊrk
Pieper 'pi:pɐ
piepsen 'pi:psn̩
piepsig 'pi:psɪç, **-e** ...ɪgə
Pier pi:ɐ̯
Pierangeli *it.* pi̯e'randʒeli
Pierce *engl.* pɪəs
Pierer 'pi:rɐ
Pierfrancesco *it.* pi̯erfran'tʃesko
Pieri *it.* 'pi̯ɛ:ri
Pieriden pi̯e'ri:dn̩
Pierien 'pi̯e:ri̯ən
Pierino *it.* pi̯e'ri:no
pierisch 'pi̯e:rɪʃ
Pierleoni *it.* pi̯erle'o:ni
Pierlot *fr.* pjɛr'lo
Pierluigi *it.* pi̯erlu'i:dʒi
Piermarini *it.* pi̯erma'ri:ni
Pierné *fr.* pjɛr'ne
Piero *it.* 'pi̯ɛ:ro
Piérola *span.* 'pi̯erola
Pierpont *engl.* 'pɪəpɔnt
Pierre *fr.* pjɛ:r, *engl.* pɪə
Pierre-Bénite *fr.* pjɛrbe'nit
Pierre de Montreuil *fr.* pjɛrdəmõ'trœj
Pierrefitte-sur-Seine *fr.* pjɛrfitsyr'sɛn
Pierrelatte *fr.* pjɛr'lat
Pierre l'Ermite *fr.* pjɛrlɛr'mit
Pierrette pi̯ɛ'rɛtə
Pierrot pi̯e'ro:, *fr.* pjɛ'ro
Pierson *engl.* pɪərsn, *niederl.* 'pi:rsɔn
piesacken 'pi:zakn̩
Pieskow 'pi:sko
Piesporter 'pi:spɔrtɐ

Piešťany *slowak.* 'pi̯ɛʃtjani
Piesteritz 'pi:stərɪts
Piet *niederl.* pi:t
Pietà pi̯e'ta
Pietà *it.* pi̯e'ta
Pietersaari *finn.* 'pi̯ɛtɑrsɑ:ri
Pietät pi̯e'tɛ:t
Pieter *niederl.* 'pi:tər
Pietermaritzburg pi:tɐ'ma:rɪtsbʊrk, *engl.* pi:tə'mærɪtsbə:g, *afr.* pi:tərma'rətsbœrx
Pietersburg *afr.* 'pi:tərsbœrx
Pietersz *niederl.* 'pi:tərs
Pietismus pi̯e'tɪsmʊs
Pietist pi̯e'tɪst
pietoso pi̯e'to:zo
Pietra dura 'pi̯e:tra 'du:ra
Pietrangeli *it.* pi̯e'trandʒeli
Pietraperzia *it.* pi̯etra'pɛrtsi̯a
Pietrasanta *it.* pi̯etra'santa
Pietro *it.* 'pi̯ɛ:tro
Pietroasa *rumän.* pje'tro̯asa
Pietsch pi:tʃ
Piette *fr.* pjɛt
Pieve di Cadore *it.* 'pi̯ɛ:ve di ka'do:re
Piezochemie pi̯etsoçe'mi:
piezoelektrisch pi̯etso|e'lɛktrɪʃ
Piezoelektrizität pi̯etso|elɛktritsi'tɛ:t
Piezokontaktmetamorphose pi̯etsokɔn'taktmetamɔrfo:zə
Piezometer pi̯etso'me:tɐ
Pifferaro pɪfe'ra:ro, **...ri** ...ri
Piffero 'pɪfero, **...ri** ...ri
piff, paff! 'pɪf'paf
piff, paff, puff! 'pɪf'paf'pʊf
Pigage *fr.* pi'ga:ʒ
Pigalle *fr.* pi'gal
Piganiol *fr.* piga'njɔl
Pigault *fr.* pi'go
Pigeon *engl.* 'pɪdʒɪn
Piggott *engl.* 'pɪgət
Piglhein 'pi:gl̩hai̯n
Pigment pɪ'gmɛnt
Pigmentation pɪgmɛnta'tsi̯o:n
pigmentieren pɪgmɛn'ti:rən
Pignol[i]e pɪn'jo:l[i̯]ə
Pignon *fr.* pi'ɲõ
Pigott *engl.* 'pɪgət
Pigou *engl.* 'pɪgu:
Pijacke 'pi:jakə
Pijade *serbokr.* pi'ja:dɛ
Pijnacker *niederl.* 'pɛi̯nɑkər
Pijnaker *niederl.* 'pɛi̯na:kər
Pijper *niederl.* 'pɛi̯pər
Pik pi:k
Pikade pi'ka:də
Pikador pika'do:ɐ̯
Pikant pi'kant
Pikanterie pikantə'ri:, **-n** ...i:ən
Pikarde pi'kardə
Pikardie pikar'di:
pikardisch pi'kardɪʃ
pikaresk pika'rɛsk
pikarisch pi'ka:rɪʃ
[1]**Pike** (Spieß) 'pi:kə
[2]**Pike** (Name) *engl.* paɪk
Pikee pi'ke:
piken 'pi:kn̩
Pikenier pikə'ni:ɐ̯
Pikes Peak *engl.* 'paɪks 'pi:k
Pikett pi'kɛt
Pikeville *engl.* 'paɪkvɪl
pikieren pi'ki:rən
Pikkolo 'pɪkolo
Pikkolomini pɪko'lo:mini
Pikör pi'kø:ɐ̯
pikotieren piko'ti:rən
Pikrat pi'kra:t
Pikrinsäure pi'kri:nzɔyrə
Pikrit pi'kri:t, *auch:* ...rɪt
Pikropege pikro'pe:gə
Pikrotoxin pikrotɔ'ksi:n
piksen 'pi:ksn̩
Pikte 'pɪktə
Piktographie pɪktogra'fi:
Pikul 'pɪkʊl
Piła *poln.* 'pila
Piła *poln.* 'piu̯a
[1]**Pilar** (Pflock) pi'la:ɐ̯
[2]**Pilar** (Name) pi'la:ɐ̯ *span.*, *bras.* pi'lar
Pilaster pi'lastɐ
Pilâtre de Rozier *fr.* pilɑtrədro'zje
Pilatus pi'la:tʊs
Pilau pi'lau̯
Pilaw pi'laf
Pilchard 'pɪltʃɐt, *engl.* ...tʃəd
Pilcomayo *span.* pilko'majo
Pile *engl.* paɪl
Pilea 'pi:lea
Pileolus pi'le:olʊs; **...li** pi'le:oli, **...len** pile'o:lən
Piles *fr.* pil
Pileta *span.* pi'leta
Pilet-Golaz *fr.* pilɛgɔ'la
Pilger 'pɪlgɐ
pilgern 'pɪlgɐn, **pilgre** 'pɪlgrə
Pilgram 'pɪlgram
Pilgrim 'pɪlgrɪm
Pilica *poln.* pi'litsa
pilieren pi'li:rən
Pilis *ung.* 'piliʃ
Piliscsaba *ung.* 'piliʃtʃɔbɔ
Pilismarót *ung.* 'piliʃmɔro:t
Pilisvörösvár *ung.* 'piliʃvørøʃva:r
Pillat *rumän.* pi'lat
Pillau 'pɪlau̯
Pille 'pɪlə
Pillecijn *niederl.* pɪlə'sɛi̯n
Pilleus 'pɪleʊs
pillieren pɪ'li:rən
Pilling *engl.* 'pɪlɪŋ
Pillkallen pɪl'kalən
Pillkoppen pɪl'kɔpn̩, '– – –
Pillney 'pɪlnai̯
Pillnitz 'pɪlnɪts
Pillon *fr.* pi'jõ
Pillow 'pɪlo, *engl.* 'pɪloʊ
Pillsbury *engl.* 'pɪlzbərɪ
Pilmersreuth pɪlmɐs'rɔyt
Pilnikau 'pɪlnɪkau̯
Pilnjak, Pil'njak *russ.* pilj'njak
Pilokarpin pilokar'pi:n
Pilon *fr.* pi'lõ
Pilos *neugr.* 'pilɔs
Pilosis pi'lo:zɪs
Pilot pi'lo:t
Pilot Charts *engl.* 'paɪlət 'tʃɑ:ts
Pilote pi'lo:tə
pilotieren pilo'ti:rən
Piloty pi'lo:ti
Pilow 'pi:lo
Pilsen 'pɪlzn̩
Pils[e]ner 'pɪlz[ə]nɐ
Pilsting 'pɪlstɪŋ
Piłsudski *poln.* piu̯'sutski
Piltdown *engl.* 'pɪltdaʊn
Pilz pɪlts
pilzig 'pɪltsɪç, **-e** ...ɪgə
Pilzno *poln.* 'pilznɔ
Pimelose pime'lo:zə
Pimen *russ.* 'pimɪn
Pimenow, Pimenov *russ.* 'pimɪnɐf
Piment pi'mɛnt
Pimentel *port.* pimen'tɛl
Pimlico *engl.* 'pɪmlɪkoʊ
Pimmel 'pɪml̩
Pimonenko *russ.* pima'njɛnkɐ
pimpe 'pɪmpə
Pimpelei pɪmpə'lai̯
pimpelig pɪmpəlɪç, **-e** ...ɪgə
pimpeln 'pɪmpl̩n
pimpern 'pɪmpɐn
Pimpernell pɪmpɐ'nɛl
Pimpf pɪmpf
Pimpinelle pɪmpi'nɛlə
Pimpinelli pɪmpi'nɛli, *it.* pimpi'nɛlli
Pimpinone *it.* pimpi'no:ne
pimplig 'pɪmplɪç, **-e** ...ɪgə
Pimtsheide pɪmts'hai̯də
Pina *port.* 'pinɐ
Pinaigrier *fr.* pinɛgri'e
Pinakes vgl. Pinax
Pinakoid pinako'i:t, **-e** ...i:də
Pinakothek pinako'te:k
Pinang *indon.* 'pinaŋ
Pinar del Río *span.* pi'nar ðel 'rrio
Pinasse pi'nasə
Pinax 'pi:naks, **...akes** ...kɛs
Pinay *fr.* pi'nɛ
Pinazeen pina'tse:ən
Pincehely *ung.* 'pintsɛhɛj
Pincenez pɛ̃s'ne:, **des –** ...e:[s], **die –** ...e:s
Pinchback *engl.* 'pɪntʃbæk
Pinchbeck *engl.* 'pɪntʃbɛk
Pinche 'pɪntʃə
Pinchot *engl.* 'pɪnʃoʊ
Pincio *it.* 'pintʃo
Pinck pɪŋk
Pinckney *engl.* 'pɪŋknɪ
Pińczów *poln.* 'pii̯ntʃuf
Pindal *span.* pin'dal
Pindar 'pɪndar
pindarisch, P... pɪn'da:rɪʃ
Pindaros 'pɪndarɔs

Pindarus 'pɪndarʊs
Pindemonte *it.* pinde'monte
Pinder 'pɪndɐ
Pindos 'pɪndɔs
Pindus 'pɪndʊs
Pineapple *engl.* 'paɪnæpl
Pineau *fr.* pi'no
Pine Bluff *engl.* 'paɪn 'blʌf
Pineda *span.* pi'neða
Pinega *russ.* 'pinɪgɐ
Pinel *fr.* pi'nɛl
Pine Lawn *engl.* 'paɪn 'lɔ:n
Pinen pi'ne:n
Pinero *engl.* pɪ'nɪəroʊ
Pinerolo *it.* pine'rɔ:lo
Pinetum pi'ne:tʊm
Pineville *engl.* 'paɪnvɪl
Pinge 'pɪŋə
pingelig 'pɪŋəlɪç, -e ...ɪgə
Pingpong 'pɪŋpɔŋ
Pingsdorf 'pɪŋsdɔrf
Pinguin 'pɪŋgui:n, *selten* ––'–
Pinheiro *port.* pi'ɲɐiru, *bras.* pi'ɲeiru
Pinhel *port.* pi'ɲɛl
Pinho *port.* 'piɲu
Pini *it.* 'pi:ni
Pinie 'pi:ni̯ə
Pinilla *span.* pi'niʎa
Pining 'pi:nɪŋ
Pinjarra *engl.* pɪn'dʒærə
Piniole pi'ni̯o:lə
Pink pɪŋk
Pinka[feld] 'pɪŋka[fɛlt]
Pinkas 'pɪŋkas
Pinkcolour *engl.* 'pɪŋkkʌlə
Pinke 'pɪŋkə
Pinkel 'pɪŋkl̩
pinkeln 'pɪŋkl̩n
pinken 'pɪŋkn̩
Pinkepinke 'pɪŋkə'pɪŋkə
Pinkerton *engl.* 'pɪŋkətən
Pinkney *engl.* 'pɪŋknɪ
pink, pink! 'pɪŋk 'pɪŋk
Pinna 'pɪna
Pinnau 'pɪnau̯
Pinne[berg] 'pɪnə[bɛrk]
pinnen 'pɪnən
Pinnow 'pɪno
Pino *it.* 'pi:no
Pinocchio *it.* pi'nɔkki̯o
Pinole pi'no:lə
Pinos *span.* 'pinɔs
Pinscher 'pɪnʃɐ
Pinsel 'pɪnzl̩
Pinselei pɪnzə'lai̯
Pinseler 'pɪnzəlɐ
pinseln 'pɪnzl̩n, **pinsle** 'pɪnzlə
Pinsk pɪnsk, *russ.* pinsk
Pinski 'pɪnski, *engl.* 'pɪnskɪ
Pinsler 'pɪnzlɐ
Pint paint
Pinte 'pɪntə
Pinter *engl.* 'pɪntə
Pinto *span.* 'pinto, *port.* 'pintu
Pintsch pɪntʃ
Pinturicchio *it.* pintu'rikki̯o
Pin-up pɪn'|ap, *engl.* 'pɪnʌp
Pinus 'pi:nʊs
pinxit 'pɪŋksɪt
Pinza *it.* 'pintsa
Pinzette pɪn'tsɛtə
Pinzgau 'pɪntsgau̯
pinzieren pɪn'tsi:rən
Pinzón *span.* pin'θɔn
Pio *it.* 'pi:o
Pío *span.* 'pio
Piombi 'pi̯ɔmbi, *it.* 'pi̯ombi
Piombino *it.* pi̯om'bi:no
Piombo *it.* 'pi̯ombo
Pion pi̯õ:
Pioner[skaja] *russ.* pia'njɛr[skɐjɐ]
Pionerski, Pionerskij *russ.* pia'njɛrskij
Pionier pi̯o'ni:ɐ̯
Pionki *poln.* 'pjɔŋki
Piontek 'pi̯ɔntɛk
Piora *it.* 'pi̯ɔ:ra
Piorry *fr.* pjɔ'ri
Piotr *poln.* pjɔtr
Piotrków Trybunalski *poln.* 'pjɔtrkuf tribu'nalski
Piotrowski *poln.* pjɔ'trɔfski
Piove di Sacco *it.* 'pi̯ɔ:ve di 'sakko
Piovene *it.* pi̯o'vɛ:ne
Piozzi *engl.* 'pjɔ:tsɪ
Pipa 'pi:pa
[1]**Pipe** (Wasserhahn) 'pi:pə
[2]**Pipe** (Hohlmaß) paip̯
Pipeline 'paiplain
[1]**Piper** (Pflanze) 'pi:pɐ
[2]**Piper** (Name) 'pi:pɐ, *engl.* 'paɪpə
Piperazeen pipera'tse:ən
Piperin pipe'ri:n
Pipestone *engl.* 'paɪpstoʊn
Pipette pi'pɛtə
Pipi pi'pi:
Pipin pi'pi:n, *auch:* 'pɪpi:n
Pipkow, Pipkov *bulgar.* 'pipkof
Pippa 'pɪpa
Pippau 'pɪpau̯
Pippin pɪ'pi:n, *auch:* 'pɪpi:n
Pips pɪps
pipsig 'pɪpsɪç, -e ...ɪgə
Piqua *engl.* 'pɪkwə
Pique pi:k
Piqué pi'ke:
Piqueoiseau *fr.* pikwa'zo
Piqueur pi'kø:ɐ̯
Pirach 'pi:rax
Piracicaba *bras.* pirasi'kaba
Piracuruca *bras.* piraku'ruka
Piraí *bras.* pira'i
Pirajú *bras.* pira'ʒu
Pirajuí *bras.* pira'ʒu̯i
Pirandello *it.* piran'dɛllo
Piranesi *it.* pira'ne:si
Piranha pi'ranja
Piranhas *bras.* pi'rɐɲas
Pirassununga *bras.* pirasu'nunga
Pirat pi'ra:t
Pirata *it.* pi'ra:ta
Piraten *schwed.* pi'rɑ:tən
Piraterie piratə'ri:, -n ...i:ən
Pirath 'pi:ra:t
Piratini *bras.* pirati'ni
Piräus pi'rɛ:ʊs
Piraya pi'ra:ja
Pirchan 'pɪrçan
Pirckheimer 'pɪrkhaimɐ
Pirdop *bulgar.* 'pirdop
Pire *fr.* pi:r
Pirelli *it.* pi'rɛlli
Pirenne *fr.* pi'rɛn
Pires *port.* 'piriʃ, *bras.* 'piris
Pirgos *neugr.* 'pirɣɔs
Piricse *ung.* 'piritʃɛ
Pirie *engl.* 'pɪrɪ
Pirin *bulgar.* pi'rin
Pirineos *span.* piri'neɔs
Pirithous pi'ri:toʊs
Pirjatin *russ.* pi'rjatin
Pirk[a] 'pɪrk[a]
Pirke Aboth pɪr'ke: a'bo:t
Pirkheimer 'pɪrkhaimɐ
Pirmasens 'pɪrmazɛns
Pirmin[ius] pɪr'mi:n[i̯ʊs]
Pirna 'pɪrna
Piroge pi'ro:gə
Pirogge pi'rɔgə
Pirogow, Pirogov *russ.* pira'gɔf
Pirol pi'ro:l
Pirola 'pi:rola
Piron *fr.* pi'rõ
Piroplasmose piroplas'mo:zə
Pirouette pi'ru̯ɛtə
pirouettieren piru̯ɛ'ti:rən
Pirow 'pi:ro
Pirquet *fr.* pir'kɛ
Pirrie *engl.* 'pɪrɪ
Pirro *fr.* pi'ro
Pirsch pɪrʃ
pirschen 'pɪrʃn̩
Pirsson *engl.* pɪəsn
Pisa 'pi:za, *it.* 'pi:sa
Pisan *fr.* pi'zã
Pisanelli *it.* pisa'nɛlli
Pisanello *it.* pisa'nɛllo
Pisaner pi'za:nɐ
Pisang 'pi:zaŋ
Pisani *it.* pi'sa:ni, *fr.* piza'ni
Pisanio pi'za:ni̯o
pisanisch pi'za:nɪʃ
Pisano *it.* pi'sa:no
Pisarev vgl. Pissarew
Piscator pɪs'ka:tɔr
Pischel 'pɪʃl̩
Pisces 'pɪstse:s
Pischma, Pižma *russ.* 'piʒmɐ
Piscina pɪs'tsi:na
Pisciotta *it.* piʃ'ʃɔtta
Piseebau pi'ze:bau̯
Pisek 'pi:sɛk
Písek *tschech.* 'pi:sɛk
Pisemskij vgl. Pissemski
Pisendel pi'zɛndl̩
Pisidien pi'zi:di̯ən
Pisis *it.* 'pi:zis
Pisistratus pi'zɪstratʊs
Piso 'pi:zo

Pisọgne *it.* piˈzoɲɲe
Pịß pɪs, **Pịsse** ˈpɪsə
pịspern ˈpɪspɐn
Pịssa ˈpɪsa
Pịsarew, Pisarev *russ.* ˈpisɐrɪf
Pissarrọ *fr.* pisaˈro
Pịsse ˈpɪsə
Pịssek ˈpɪsɛk
Pịssemski, Pisemskij *russ.* ˈpisɪmskij
pịssen ˈpɪsn̩, **pịß!** pɪs
Pissoir pɪˈso̯aːɐ̯
Pistạzie pɪsˈtaːt͜si̯ə
Pịste ˈpɪstə
Pistịcci *it.* pisˈtittʃi
Pistịll pɪsˈtɪl
Pistọia pɪsˈtoːja, *it.* pisˈtoːi̯a
Pistọiaer pɪsˈtoːjaɐ
pistọiaisch pɪsˈtoːjaɪʃ
Pistọja pɪsˈtoːja, *it.* pisˈtoːi̯a
Pịstol ˈpɪstɔl, *engl.* pɪstl
Pistọl[e] pɪsˈtoːl[ə]
Piston pɪsˈtõː, *engl.* ˈpɪstən
Pịstor ˈpɪstɔr
Pistọrius pɪsˈtoːri̯ʊs
Pịstyan ˈpɪsti̯an
Pisuẹrga *span.* piˈsu̯ɛrɣa
Pịsz *poln.* piʃ
Pịta ˈpiːta
Pitavạl *fr.* pitaˈval
Pịtcairn[e] *engl.* ˈpɪtkɛən
Pịtcher *engl.* ˈpɪtʃə
Pịtchpine ˈpɪtʃpain
Pịtch-Shot ˈpɪtʃʃɔt
Pịteå *schwed.* ˌpiːtəoː
Pịte *schwed.* ˌpiːtə, ˈpiːtə
Pitẹști *rumän.* piˈteʃtʲ
Pịthecus ˈpiːtekʊs
Pithekạnthropus piteˈkantropʊs, **...pi** ...pi
pithekoịd pitekoˈiːt, **-e** ...iːdə
Pithiviẹrs *fr.* pitiˈvje
Pithọm piˈtoːm
Pithou *fr.* piˈtu
Pitichinạccio *it.* pitikiˈnattʃo
Pitigliạno *it.* pitiʎˈʎaːno
Pịtkäranta *finn.* ˈpitkærɑntɑ
Pịtkin *engl.* ˈpɪtkɪn
Pịtman *engl.* ˈpɪtmən
Pịtney *engl.* ˈpɪtnɪ
Piton de la Fournaise *fr.* pitõdlafurˈnɛːz
Piton des Neiges *fr.* pitõdeˈnɛːʒ
Pitọt *fr.* piˈto
Pitọtrohr piˈtoːroːɐ̯
pitoyạbel pito̯aˈjaːbl̩, **...ble** ...blə
Pitrạ *fr.* piˈtra
Pit Rịver *engl.* ˈpɪt ˈrɪvə
pịtsch[e]pạtsch[e]nạß ˈpɪtʃ[ə]ˈpatʃ[ə]ˈnas
Pịtschen ˈpɪtʃn̩
pịtsch, pạtsch! ˈpɪtʃ ˈpatʃ
Pịtt *engl.* pɪt
Pịttakos ˈpɪtakɔs
Pịttem *niederl.* ˈpɪtəm
Pịttenhart ˈpɪtn̩hart
Pịttermann ˈpɪtɐman
Pịtti *it.* ˈpitti
Pịtting ˈpɪtɪŋ
Pịttman *engl.* ˈpɪtmən
Pittọni *it.* pitˈtoːni
pittorẹsk pɪtoˈrɛsk
Pittọsporum pɪˈtɔsporʊm
Pịtts *engl.* pɪts
Pịttsburg[h] *engl.* ˈpɪtsbəːɡ
Pịttsfield *engl.* ˈpɪtsfiːld
Pịttston *engl.* ˈpɪtstən
Pituitrịn pitu̯iˈtriːn
Pityrịasis pityˈriːazɪs, **...ịasen** ...ˈri̯aːzn̩
Pityụsen pityˈuːzn̩
Pịtztal ˈpɪt͜staːl
più pi̯uː
Pịum cọrpus ˈpiːʊm ˈkɔrpʊs
Piụra *span.* ˈpi̯ura
Pịus ˈpiːʊs
Piụt pi̯uːt
[1]**Pịva** (Dudelsack) ˈpiːva
[2]**Pịva** (Name) *serbokr.* ˈpiva
Pivitsheịde piːvɪt͜sˈhai̯də
Pịvka *slowen.* ˈpiːu̯ka
Pivọt piˈvoː
Piwnịczna *poln.* pivˈnitʃna
Pịx pɪks
Pixérécourt *fr.* piksereˈkuːr
Pịz pɪts, *rät.* pit͜s
Pizạrro piˈt͜saro, *span.* piˈθarrɔ
Pịžma vgl. Pischma
Pịzza ˈpɪt͜sa
Pizzạrdo *it.* pitˈt͜sardo
Pizzerịa pɪt͜seˈriːa
Pizzẹtti *it.* pitˈt͜setti
Pịzzi *it.* ˈpittsi
pizzicạto pɪt͜siˈkaːto
Pizzikạto pɪt͜siˈkaːto, **...ti** ...ti
Pịzzo *it.* ˈpittso
Pjạna, P'jana *russ.* ˈpjjanɐ
Pjạndsch, Pjandž *russ.* pjantʃ
Pjạrnu *russ.* ˈpjarnu
Pjạssatschnik, Pjasačnik *bulgar.* ˈpjasatʃnik
Pjạssina, Pjasina *russ.* ˈpjasinɐ
Pjatakọw, Pjatakov *russ.* pɪtaˈkɔf
Pjatichạtki, Pjatihatki *russ.* pɪtiˈxatki
Pjatigọrsk *russ.* pɪtiˈɡɔrsk
Pjatigọrski, Pjatigorskij pjatiˈɡɔrski, *russ.* pɪtiˈɡɔrskij
Pjöngjang, Pyongyang *korean.* phjʌŋjaŋ
Pjọtr, Petr *russ.* pjɔtr
Pkw, PKW ˈpeːkaːveː, *auch:* – –ˈ–
Plạ *span.* pla
Plạaz plaːt͜s
Place *engl.* pleɪs
Placẹbo plaˈt͜seːbo
Placement plasəˈmãː
Plạcet ˈplaːt͜sɛt
plachạndern plaˈxandɐn, **...dre** ...drə
Plạche ˈplaxə
Placid *engl.* ˈplæsɪd
Placịdia plaˈt͜siːdi̯a
plạcido ˈplaːtʃido
Plạcidus ˈplaːt͜sidʊs
placiẹren plaˈt͜siːrən, *selten:* plaˈsiːrən
Plạcitum ˈplaːt͜sitʊm, **...ta** ...ta
plạcken ˈplakn̩
Plackerei plakəˈrai̯
pladauz! plaˈdau̯t͜s
plạddern ˈpladɐn, **plạddre** ˈpladrə
Plädeur plɛˈdøːɐ̯
plädiẹren plɛˈdiːrən
Plädoyẹr plɛdo̯aˈjeː
Plafond plaˈfõː
plagạl plaˈɡaːl
Plạge[fenn] ˈplaːɡə[fɛn]
plạgen ˈplaːɡn̩, **plạg!** plaːk, **plạgt** plaːkt
Plạgge ˈplaɡə
Plagiạr plaˈɡi̯aːɐ̯
Plagiạrius plaˈɡi̯aːri̯ʊs, **...rii** ...rii
Plagiạt plaˈɡi̯aːt
Plagiạtor plaˈɡi̯aːtɔr, **-en** ...i̯aˈtoːrən
plagiatọrisch plaɡi̯aˈtoːrɪʃ
Plagiẹder plaˈɡi̯eːdɐ
plagiiẹren plaɡiˈiːrən
plagiogeotrọp plaɡi̯oɡeoˈtroːp
Plagioklạs plaɡi̯oˈklaːs, **-e** ...aːzə
Plagiostọmen plaɡi̯oˈstoːmən
plagiotrọp plaɡi̯oˈtroːp
Plagiozephalie plaɡi̯ot͜sefaˈliː
Plạgwitz ˈplaːkvɪt͜s
Plaid pleːt, *engl.* pleɪd
Plaidt plai̯t
Plainfield *engl.* ˈpleɪnfiːld
Plainview *engl.* ˈpleɪnvjuː
Plakạt plaˈkaːt
plakatiẹren plakaˈtiːrən
plakatịv plakaˈtiːf, **-e** ...ˈtiːvə
Plake *engl.* pleɪk
Plakẹtte plaˈkɛtə
Plakodẹrmen plakoˈdɛrmən
Plakodọnt plakoˈdɔnt
Plakoịdschuppe plakoˈiːtʃʊpə
Plạmann ˈplaːman
plạn plaːn
Plạn plaːn, **Plạ̈ne** ˈplɛːnə
Plạná *tschech.* ˈplanaː
Planạrd *fr.* plaˈnaːr
Planạrie plaˈnaːri̯ə
Planche plãːʃ, **-n** ...ʃn̩
Planché *engl.* plænˈʃeɪ
Plạ̈nchen ˈplɛːnçən
Planchẹtte plãˈʃɛtə
Plạnck plaŋk
Plạne ˈplaːnə
Pläne vgl. Plan
Planẹgg plaˈnɛk
plạnen ˈplaːnən
Plạ̈ner ˈplɛːnɐ
Planerskoe vgl. Planjorskoje
Planẹt[a] plaˈneːt[a]
planetạr planeˈtaːɐ̯
planetạrisch planeˈtaːrɪʃ
Planetạrium planeˈtaːri̯ʊm, **...ien** ...i̯ən

Planetoid planeto'i:t, **-en** ...i:dn̩
Planica *slowen.* pla'ni:tsa
planieren pla'ni:rən
Planiglob plani'glo:p, **-en** ...o:bn̩
Planiglobium plani'glo:bi̯ʊm, **...ien** ...i̯ən
Planimeter plani'me:tɐ
Planimetrie planime'tri:
planimetrisch plani'me:trɪʃ
Planina *serbokr.* pla,nina
Planiol *fr.* pla'njɔl
Planisphäre plani'sfɛ:rə
Planitz 'pla:nɪts
Planjorskoje, Planerskoe *russ.* pla'njɔrskɐjɐ
Plank[e] 'plaŋk[ə]
Plänkelei plɛŋkə'lai̯
plänkeln 'plɛŋkl̩n
Planken 'plaŋkn̩
Plankenhammer plaŋkn̩'hamɐ
Plänkler 'plɛŋklɐ
Plankstadt 'plaŋk-ʃtat
Plankter plaŋk'te:ɐ̯
Plankton 'plaŋktɔn
planktonisch plaŋk'to:nɪʃ
Planktont plaŋk'tɔnt
plano 'pla:no
Planogameten planoga'me:tn̩
Planquette *fr.* plã'kɛt
planschen 'planʃn̩
Plansee 'pla:nze:
Plansker 'planskɐ
Plant *engl.* plɑ:nt
Planta 'planta
Plantage plan'ta:ʒə
Plantagenet *engl.* plæn'tædʒɪnɪt
Plantagenêt *fr.* plãtaʒ'nɛ
Plantago plan'ta:go
plantar plan'ta:ɐ̯
Plantation Songs *engl.* plæn'teɪʃən 'sɔŋz
Planté *fr.* plã'te
Plantijn *niederl.* plɑn'tɛi̯n
Plantin *fr.* plã'tɛ̃
Plantowolle 'plantovɔlə
Planudes pla'nu:dɛs
Planula 'pla:nula
Planum 'pla:nʊm
Plapperei plapə'rai̯
Plapp[e]rer 'plap[ə]rɐ
plapp[e]rig 'plap[ə]rɪç, **-e** ...ɪgə
Plaquemine *engl.* 'plækmɪn
plärren 'plɛrən
Pläsanterie plɛzantə'ri:, **-n** ...i:ən
Plasencia *span.* pla'senθi̯a
Pläsier plɛ'zi:ɐ̯
Plaskett *engl.* 'plæskɪt
Plasma 'plasma
plasmatisch plas'ma:tɪʃ
Plasmodesmen plasmo'dɛsmən
Plasmodiophora plasmo'di̯o:fora
Plasmodium plas'mo:di̯ʊm, **...ien** ...i̯ən
Plasmogonie plasmogo'ni:
Plasmolyse plasmo'ly:zə
Plasmon plas'mo:n
Plasom pla'zo:m
Plassenburg 'plasn̩bʊrk
[1]Plast (Stoff) plast
[2]Plast (Name) *russ.* plast
Plasteras *neugr.* plas'tiras
Plastics *engl.* 'plæstɪks
Plastiden plas'ti:dn̩
Plastifikator plastifi'ka:tɔr, **-en** ...ka'to:rən
plastifizieren plastifi'tsi:rən
Plastik 'plastɪk
Plastiker 'plastikɐ
Plastilin plasti'li:n
Plastilina plasti'li:na
Plastiras *neugr.* plas'tiras
plastisch 'plastɪʃ
Plastizität plastitsi'tɛ:t
Plastom plas'to:m
Plastopal plasto'pa:l
Plastron plas'trõ:
Plasy *tschech.* 'plasi
Plata *span.* 'plata
Plataä pla'tɛ:ɛ
Platäer pla'tɛ:ɐ
Platane pla'ta:nə
Platani *it.* 'pla:tani
Platanus 'pla:tanʊs
Plate 'pla:tə
Plateau pla'to:
Platen 'pla:tn̩
plateresk, P... plate'rɛsk
Plathe 'pla:tə
Plathelminten plathɛl'mɪntn̩
Platin 'pla:ti:n
Platina *it.* 'pla:tina
Platine pla'ti:nə
platinieren plati'ni:rən
Platinoid platino'i:t, **-e** ...i:də
Platitüde plati'ty:də
Plato 'pla:to
Platon 'pla:tɔn, *russ.* pla'tɔn
Platoniker pla'to:nikɐ
platonisch, P... pla'to:nɪʃ
Platonismus plato'nɪsmʊs
Platonow, Platonov *russ.* pla'tɔnɐf
Platonychie platony'çi:
Platow, Platov *russ.* 'platɐf
platsch! platʃ
platschen 'platʃn̩
plätschern 'plɛtʃɐn
platt plat
Platt plat, *engl.* plæt
Plättchen 'plɛtçən
plattdeutsch 'platdɔytʃ
[1]Platte 'platə
[2]Platte (Name) *engl.* plæt
Plätte 'plɛtə
Plattei pla'tai̯
plätten 'plɛtn̩
Plattensee[r] 'platn̩ze:[ɐ]
Platter 'platɐ
platterdings 'platɐ'dɪŋs
Plätterei plɛtə'rai̯
Platteville *engl.* 'plætvɪl
plattfüßig 'platfy:sɪç, **-e** ...ɪgə
plattieren pla'ti:rən
plattig 'platɪç, **-e** ...ɪgə
Plattler 'platlɐ
Plattling 'platlɪŋ
plattnasig 'platna:zɪç, **-e** ...
Plattsburg[h] *engl.* 'plætsbə:g
Platypodie platypo'di:
Platyrrhina platʏ'ri:na
Platyzephalie platytsefa'li:
Platz plats, **Plätze** 'plɛtsə
Plätzchen 'plɛtsçən
platzen 'platsn̩
Plau plau̯
Plauderei plau̯də'rai̯
Plaud[e]rer 'plau̯d[ə]rɐ
plaudern 'plau̯dɐn, **plaudre** 'plau̯drə
Plaue[n] 'plau̯ə[n]
plauensch 'plau̯ənʃ
Plauer 'plau̯ɐ
Plauerhagen plau̯ɐ'ha:gn̩
plauesch 'plau̯əʃ
plauisch 'plau̯ɪʃ
plauschen 'plau̯ʃn̩
plausibel plau̯'zi:bl̩, **...ble** ...blə
Plausibilität plau̯zibili'tɛ:t
Plaut[us] 'plau̯t[ʊs]
plauz! plau̯ts
Plauz[e] 'plau̯ts[ə]
plauzen 'plau̯tsn̩
Plave *slowen.* 'pla:vɛ
Plawsk, Plavsk *russ.* plafsk
[1]Playa (Ebene) 'pla:ja
[2]Playa (Name) *span.* 'plaja
Playa de Aro *span.* 'plaja ðe 'aro
Play-back *engl.* 'pleɪbæk
Playboy *engl.* 'pleɪbɔɪ
Playe 'pla:jə
Player *engl.* 'pleɪə
Player Rolls *engl.* 'pleɪə 'roʊlz
Playfair *engl.* 'pleɪfɛə
Plaza *span.* 'plaθa
Plaza Huincul *span.* 'plaθa u̯in'kul
Plazenta pla'tsɛnta
plazental platsɛn'ta:l
Plazentalier platsɛn'ta:li̯ɐ
plazentar platsɛn'ta:ɐ̯
Plazentation platsɛnta'tsi̯o:n
Plazentitis platsɛn'ti:tɪs, **...itiden** ...ti'ti:dn̩
Plazet 'pla:tsɛt
Plazidität platsidi'tɛ:t
plazieren pla'tsi:rən
Pleasant Island *engl.* 'plɛznt 'aɪlənd
Pleasantville *engl.* 'plɛzntvɪl
Pleban[us] ple'ba:n[ʊs]
Plebejer ple'be:jɐ
plebejisch ple'be:jɪʃ
Plebiszit plebɪs'tsi:t
plebiszitär plebɪstsi'tɛ:ɐ̯
Plebs plɛps, *auch:* ple:ps
Plech plɛç
Plechanow, Plehanov *russ.* plɪ'xanɐf
Plectogyne plɛkto'gy:nə

Pleetz ple:ts
Pléiade ple'ja:də, *fr.* ple'jad
Pléiades *fr.* ple'jad
Pleias plai̯'as
Pleier 'plai̯ɐ
Pleinair plɛ'nɛ:ɐ̯
Pleinairismus plɛnɛ'rɪsmʊs
Pleinairist plɛnɛ'rɪst
Pleinpouvoir plɛ̃pu'vo̯a:ɐ̯
Pleinting 'plai̯ntɪŋ
Pleiochasium plai̯o'ça:zi̯ʊm, ...ien ...i̯ən
Pleiske 'plai̯skə
Pleiße 'plai̯sə
Pleißing 'plai̯sɪŋ
Pleißnerland 'plai̯snɐlant
Pleistozän plai̯sto'tsɛ:n
pleite, P... 'plai̯tə
Plejade ple'ja:də
Plektenchym plɛktɛn'çy:m
Plektron 'plɛktrɔn, ...ra ...ra
Plektrum 'plɛktrʊm, ...ra ...ra
Plélo *fr.* ple'lo
Plempe 'plɛmpə
plempern 'plɛmpɐn
plemplem plɛm'plɛm
Plenar... ple'na:ɐ̯...
Plenarium ple'na:ri̯ʊm, ...ien ...i̯ən
plene 'ple:nə
Plener 'ple:nɐ
Plenilunium pleni'lu:ni̯ʊm
plenipotent plenipo'tɛnt
Plenipotenz plenipo'tɛnts
pleno organo 'ple:no 'ɔrgano
pleno titulo 'ple:no 'ti:tulo
Plente 'plɛntə
Plenter 'plɛntɐ
plentern 'plɛntɐn
Plenty *engl.* 'plɛntɪ
Plenum 'ple:nʊm
Pleochroismus pleokro'ɪsmʊs
pleomorph pleo'mɔrf
Pleonasmus pleo'nasmʊs
pleonastisch pleo'nastɪʃ
Pleonexie pleonɛ'ksi:
Plérin *fr.* ple'rɛ̃
Plerom ple'ro:m
Ples vgl. Pljos
Pleschtschejew, Pleščeev *russ.* plɪ'ʃtʃejɪf
Plesianthropus ple'zi̯antropʊs, ...pi ...pi
Plesiopie plezi̯o'pi:
Plesiosaurier plezi̯o'zau̯ri̯ɐ
Plesiosaurus plezi̯o'zau̯rʊs
Pleskau 'plɛskau̯
Pleß plɛs
Plessa 'plɛsa
Plessimeter plɛsi'me:tɐ
Plessis-Robinson *fr.* plɛsirɔbɛ̃'sõ
Plessis-Trévise *fr.* plɛsitre'vi:z
Plessisville *fr.* plɛsi'vil, *engl.* 'plɛsɪvɪl
Pleßner, Plessner 'plɛsnɐ
Plessur plɛ'su:ɐ̯
Plessys *fr.* plɛ'si
Pleszew *poln.* 'plɛʃɛf
Pleteršnik *slowen.* 'ple:tɛrʃnik
Plethi 'ple:ti
Plethon 'ple:tɔn
Plethora ple'to:ra
Plethysmograph pletʏsmo'gra:f
Pletnjow, Pletnev *russ.* plɪt'njɔf
Pletsch plɛtʃ
Plettenberg 'plɛtn̩bɛrk
Pleuel 'plɔyəl
Pleumeur-Bodou *fr.* plømœrbɔ'du
Pleura 'plɔyra
pleural plɔy'ra:l
Pleuralgie plɔyral'gi:, -n ...i:ən
Pleureuse plø'rø:zə
Pleuritis plɔy'ri:tɪs, ...itiden ...ri'ti:dn̩
Pleurodynie plɔyrody'ni:, -n ...i:ən
pleurokarp plɔyro'karp
Pleurolyse plɔyro'ly:zə
Pleuropneumonie plɔyropnɔymo'ni:, -n ...i:ən
Pleurorrhö, ...öe plɔyrɔ'rø:, ...rrhöen ...'rø:ən
Pleuston 'plɔystɔn
[1]Pleven *fr.* ple'vɛn
Plewen, [2]Pleven *bulgar.* 'plɛvɛn
plexiform plɛksi'fɔrm
Plexiglas ⓦ 'plɛksigla:s
Plexus 'plɛksʊs
Pleydenwurff 'plai̯dn̩vʊrf
Pleyel 'plai̯əl, *fr.* plɛ'jɛl
Pleyer 'plai̯ɐ
Pleystein plai̯'ʃtai̯n
Pli pli:
Plibischken pli'bɪʃkn̩
Plicht plɪçt
plieren 'pli:rən
plietsch pli:tʃ
Plietnitz 'pli:tnɪts
Plievier pli'vje:
pliieren pli'i:rən
Plimsoll *engl.* 'plɪmsəl
Plinius 'pli:ni̯ʊs
Plinse 'plɪnzə
plinsen 'plɪnzn̩, plins! plɪns, plinst plɪnst
Plinthe 'plɪntə
Pliny *engl.* 'plɪnɪ
Plinze 'plɪntsə
pliozän, P... plio'tsɛ:n
Plischke 'plɪʃkə
Plisnier *fr.* plis'nje
Plisee plɪ'se:
plissieren plɪ'si:rən
Plitvička Jezera *serbokr.* 'plitvitʃka: jɛ,zɛra
Plitwitzer Seen, ...cer – 'plɪtvɪtsɐ 'ze:ən
plitz, platz! 'plɪts'plats
Plješevica *serbokr.* ,pljɛʃɛvitsa
Pljevlja *serbokr.* 'pljɛvlja
Pljos, Ples *russ.* pljɔs
Ploča *serbokr.* 'plɔtʃa
Ploče *serbokr.* 'plɔtʃɛ
Plochingen 'plɔxɪŋən
Płock *poln.* pu̯ɔtsk
Plöckenpaß 'plœkn̩pas
Plöckenstein 'plœkn̩ʃtai̯n
Plockwurst 'plɔkvʊrst
Ploegsteert *niederl.* 'plu:xste:rt
Ploemeur *fr.* plø'mœ:r
Ploërmel *fr.* plɔɛr'mɛl
Ploeşti *rumän.* plo'i̯ɛʃtj
Ploetz plø:ts
Plogshagen plo:ks'ha:gn̩
Ploieşti *rumän.* plo'i̯ɛʃtj
Plombage plɔm'ba:ʒə
Plombe 'plɔmbə
plombieren plɔm'bi:rən
Plomer *engl.* 'plu:mə
Plon *fr.* plõ
Plön[e] 'plø:n[ə]
Ploni 'plo:ni
Płońsk *poln.* pu̯ɔi̯sk
Plotin[os] plo'ti:n[ɔs]
Plot plɔt
Płoty *poln.* 'pu̯ɔtɨ
Plotz plɔts, *engl.* plɔts
Plötz plø:ts
Plötze 'plœtsə
Plötzensee plœtsn̩'ze:
Plötzin plœ'tsi:n
plötzlich 'plœtslɪç
Ploučnice *tschech.* 'plou̯tʃnjitsɛ
Ploug *dän.* plɔu̯'
Plougastel-Daoulas *fr.* plugastɛldau'lɑ:s
Plouguerneau *fr.* plugɛr'no
Plowden *engl.* plau̯dn
Plowdiw, Plovdiv *bulgar.* 'plɔvdif
Plowmen *engl.* 'plaumən
Plozk plɔtsk
Plücker 'plʏkɐ
Plüderhausen ply:dɐ'hau̯zn̩
Pluderhose 'plu:dɐho:zə
pludern 'plu:dɐn, pludre 'plu:drə
Plum *engl.* plʌm
Plümacher 'ply:maxɐ
Plumb *engl.* plʌm
Plumbago plʊm'ba:go
Plumban plʊm'ba:n
Plumbat plʊm'ba:t
Plumbum 'plʊmbʊm
Plumeau ply'mo:
Plumer *engl.* 'plu:mə
Plumkett *engl.* 'plʌmkɪt
Plummer *engl.* 'plʌmə
plump plʊmp
Plumpe 'plʊmpə
plumpen 'plʊmpn̩
plumps!, Plumps plʊmps
plumpsen 'plʊmpsn̩
Plumptre *engl.* 'plʌmptrɪ
Plumpudding *engl.* 'plʌm'pʊdɪŋ
Plumula 'plu:mula, ...lae ...lɛ
Plunder 'plʊndɐ
Plünd[e]rer 'plʏnd[ə]rɐ
plündern 'plʏndɐn, plündre 'plʏndrə
Plunger *engl.* 'plʌndʒə

Plunket[t] *engl.* 'plʌŋkɪt
Plünnen 'plʏnən
Plünscher 'plʊnʃɐ
Plunze 'plʊntsə
Plunzen 'plʊntsn̩
plural plu'ra:l
Plural 'plu:ra:l, *auch:* plu'ra:l
Pluraletantum plurale'tantʊm, **Pluraliatantum** pluralịat...
Pluralis plu'ra:lɪs, **...les** ...le:s
pluralisch plu'ra:lɪʃ
Pluralisierung plurali'zi:rʊŋ
Pluralis majestatis, - modestiae plu'ra:lɪs majɛs'ta:tɪs, – mo'dɛstịɛ
Pluralismus plura'lɪsmʊs
pluralistisch plura'lɪstɪʃ
Pluralität plurali'tɛ:t
pluriform pluri'fɔrm
Luripara plu'ri:para, **...ren** ...ri'pa:rən
plus, P... plʊs
Plüsch ply:ʃ, plʏʃ
Plusquamperfekt 'plʊskvampɛrfɛkt, *auch:* – – –'–
Plusquamperfektum plʊskvampɛr'fɛktʊm, **...ta** ...ta
plustern 'plu:stɐn
Plutarch[os] plu'tarç[ɔs]
Pluteus 'plu:teʊs
Pluto 'plu:to
Plutokrat pluto'kra:t
Plutokratie plutokra'ti:, **-n** ...i:ən
[1]**Pluton** (Pluto) 'plu:tɔn
[2]**Pluton** (Gestein) plu'to:n
plutonisch plu'to:nɪʃ
Plutonismus pluto'nɪsmʊs
Plutonist pluto'nɪst
Plutonit pluto'ni:t, *auch:* ...nɪt
Plutonium plu'to:nịʊm
Plutos 'plu:tɔs
Plutzer 'plʊtsɐ
Pluviale plu'vịa:lə
Pluviograph pluvịo'gra:f
Pluviometer pluvịo'me:tɐ
Pluvionivometer pluvịonivo'me:tɐ
Pluviose *fr.* ply'vjo:z
Pluvius 'plu:vịʊs
Pluwig 'plu:vɪç
Plyler *engl.* 'plaɪlə
Plymley *engl.* 'plɪmlɪ
Plymouth *engl.* 'plɪməθ
Plymouth-Rocks *engl.* 'plɪməθ'rɔks
Plzeň *tschech.* 'pl̩zɛnj
Pneu[ma] 'pnɔy[ma]
Pneumatik pnɔy'ma:tɪk
Pneumatisation pnɔymatiza'tsịo:n
pneumatisch pnɔy'ma:tɪʃ
Pneumatochord pnɔymato'kɔrt, **-e** ...rdə
Pneumatologie pnɔymatolo'gi:
Pneumatolyse pnɔymato'ly:zə
pneumatolytisch pnɔymato'ly:tɪʃ
Pneumatometer pnɔymato'me:tɐ
Pneumatometrie pnɔymatome'tri:
Pneumatophor pnɔymato'fo:ɐ̯
Pneumatose pnɔyma'to:zə
Pneumatozele pnɔymato'tse:lə
Pneumaturie pnɔymatu'ri:
Pneumektomie pnɔymɛkto'mi:
Pneumoatmose pnɔymo|at'mo:zə
Pneumograph pnɔymo'gra:f
Pneumokokkus pnɔymo'kɔkʊs
Pneumokoniose pnɔymoko'nịo:zə
Pneumolith pnɔymo'li:t, *auch:* ...lɪt
Pneumolyse pnɔymo'ly:zə
Pneumonie pnɔymo'ni:, **-n** ...i:ən
pneumonisch pnɔy'mo:nɪʃ
Pneumonokoniose pnɔymonoko'nịo:zə
Pneumonose pnɔymo'no:zə
Pneumoperikard pnɔymoperi'kart, **-es** ...rdəs
Pneumopleuritis pnɔymoplɔy'ri:tɪs, **...itiden** ...ri'ti:dn̩
Pneumothorax pnɔymo'to:raks
Pneumotom pnɔymo'to:m
pneumotrop pnɔymo'tro:p
Pneumozele pnɔymo'tsel:ə
Pniewy *poln.* 'pnjɛvɨ
Pnigos 'pni:gɔs
Pnin *russ.* pnin
Pnompenh pnɔm'pɛn
Po po:, *it.* pɔ
Pobeda *russ.* pa'bjɛdɐ
Pobedonoszew, Pobedonoscev *russ.* pɐbɪda'nɔstsəf
Pöbel 'pø:bl̩
Pöbelant pø:bə'lant
Pöbelei pø:bə'lai̯
pöbeln 'pø:bl̩n, **pöble** 'pø:blə
Pobethen po'be:tn̩
Poběžovice *tschech.* 'pɔbjɛʒɔvitsɛ
Pobiedziska *poln.* pɔbjɛ'dziska
Poblet *span.* po'βlɛt
Pocatello *engl.* poʊkə'tɛloʊ
Poccetta pɔ'tʃɛta
Poccetti *it.* pot'tʃetti
Pocci 'pɔtʃi
Počep vgl. Potschep
Počerady *tschech.* 'pɔtʃɛradi
Poch pɔx
Pöch pœç
pochen 'pɔxn̩
Pochette pɔ'ʃɛtə
pochettino pokɛ'ti:no
pochetto po'kɛto
pochieren pɔ'ʃi:rən
Pöchlarn 'pœçlarn
Pochwistnewo, Pohvistnevo *russ.* 'pɔxvistnɪvɐ
Počitelj *serbokr.* ˌpɔtʃitɛlj
Pockau 'pɔkau̯
Pöckchen 'pœkçən
Pocke 'pɔkə
Pocketing 'pɔkətɪŋ
Pockholz 'pɔkhɔlts
pockig 'pɔkɪç, **-e** ...ɪgə
Pocking 'pɔkɪŋ
poco 'pɔko, 'po:ko
Pocock[e] *engl.* 'poʊkɔk
Poços de Caldas *bras.* 'pɔsuz di 'kaldas
Pod pɔt
Podagra 'po:dagra
podagrisch po'da:grɪʃ
Podagrist poda'grɪst
Podalgie podal'gi:, **-n** ...i:ən
Podbořany *tschech.* 'pɔdbɔrʒani
Pod Brdo *serbokr.* 'pɔdbr̩dɔ
Poddębice *poln.* pɔddɛm'bitsɛ
Poděbrad 'pɔdịɛbrat
Poděbrady *tschech.* 'pɔdjɛbradi
Podejuch 'po:dəjʊx
Podelwitz 'pø:dl̩vɪts
Podelzig po'dɛltsɪç
Podersam 'po:dɐza:m
Podest po'dɛst
Podestà, ...tà podɛs'ta
Podetium po'de:tsịʊm, **...ien** ...ịən
Podewils 'po:dəvɪls
Podex 'po:dɛks
Podgaizy, Podgaicy *russ.* pad'gajtsɨ
Podgora *serbokr.* 'pɔdgɔra
Podgorač *serbokr.* pɔdˌgɔra:tʃ
Podgorje *serbokr.* ˌpɔdgɔ:rjɛ
Podgorny, Podgornyj pɔt'gɔrni, *russ.* pad'gɔrnɨj
Podgradje, Podgrađe *serbokr.* ˌpɔdgra:dʑɛ
Podiebrad 'pɔdịɛbrat
Podium 'po:dịʊm, **...ien** ...ịən
Podkamennaja Tunguska *russ.* pat'kamɪnnɐjɐ tun'guskɐ
Podkumok *russ.* pat'kumɐk
Podlachien pɔt'laxịən
Podlasier pɔt'la:zịɐ
Podlesí *tschech.* 'pɔdlɛsi:
Podmokly *tschech.* 'pɔdmɔkli
Podmore *engl.* 'pɔdmɔ:
Podolien po'do:lịən
Podolsk, Podol'sk *russ.* pa'dɔljsk
Podometer podo'me:tɐ
Podophyllin podofʏ'li:n
Podor *fr.* pɔ'dɔ:r
Podotrochlitis podotrɔ'xli:tɪs
Podravska Slatina *serbokr.* 'pɔdra:fska: 'slatina
Podravske Sesvete *serbokr.* 'pɔdra:fskɛ: 'sɛsvɛtɛ
Podravski Podgajci *serbokr.* 'pɔdra:fski: 'pɔdga:jtsi
Podsol pɔ'tsɔl
Podsused *serbokr.* pɔtˌsu:sɛd

Poe *engl.* poʊ
Poel pø:l, *engl.* poʊl, *niederl.* pu:l
Poelaert *niederl.* 'pu:la:rt
Poelenburgh *niederl.* 'pu:lənbʏrx
Poell pœl
Poelzig 'pœltsɪç
Poem po'e:m
Poeschel 'pœʃl̩
Poesie poe'zi:, **-n** ...i:ən
Poésie engagée *fr.* pɔeziãga'ʒe
Poet po'e:t
Poeta laureatus po'e:ta laure'a:tʊs, **Poetae laureati** po'e:tɛ laure'a:ti
Poetaster poe'tastɐ
Poethen 'pø:tn̩
Poetik po'e:tɪk
poetisch po'e:tɪʃ
poetisieren poeti'zi:rən
Pofel 'po:fl̩
Pofese po'fe:zə
Pogačić *serbokr.* ˌpɔgatʃitɕ
Pogatsche po'ga:tʃə
Pogesanien poge'za:njən
Poggelow 'pɔgəlo
Poggendorf 'pɔgn̩dɔrf
Poggi *it.* 'pɔddʒi
Poggiardo *it.* pod'dʒardo
Poggibonsi *it.* poddʒi'bonsi
Poggio *it.* 'pɔddʒo
Poggiomarino *it.* poddʒoma'ri:no
Poggioreale *it.* poddʒore'a:lə
Pöggstall 'pœk-ʃtal
Pogodin *russ.* pa'gɔdin
Pogonat *bulgar.* pogo'nat
Pogorzela *poln.* pɔgɔ'ʒɛla
Pogradec *alban.* pogra'dets
Pogrom po'gro:m
Pogwisch 'pɔgvɪʃ
Pohang *korean.* phɔhaŋ
Pohjanlahti *finn.* 'pɔhjɑnlɑhti
Pohjanmaa *finn.* 'pɔhjɑmmɑ:
Pohl po:l
Pöhla 'pø:la
Pöhlberg 'pø:lbɛrk
Pohle 'po:lə
Pohlenz 'po:lɛnts
Pohlig 'po:lɪç
Pohlin *slowen.* pɔx'li:n
Pohlitz 'po:lɪts
Pöhlmann 'pø:lman
Pohlschneider 'po:lʃnaidɐ
Pohořelice *tschech.* 'pɔhɔrʒɛlitsɛ
Pohoří *tschech.* 'pɔhɔrʒi:
Pohvistnevo vgl. Pochwistnewo
Poiares *port.* po'jarɪʃ
poietisch pɔy'e:tɪʃ
Poikilodermie pɔykilodɛr'mi:
poikilotherm pɔkilo'tɛrm
Poikilozythämie pɔykilotsytɛ'mi:
Poikilozytose pɔykilotsy'to:zə
Poil pɔal
Poilu pɔa'ly:
Poincaré *fr.* pwɛ̃ka're
Poindexter *engl.* 'pɔɪndɛkstə
Poing 'po:ɪŋ
Poins[ett] *engl.* 'pɔɪns[ɛt]
Poinsettie pɔyn'zɛtjə
Poinsot *fr.* pwɛ̃'so
Point pɔɛ̃:
Point de Galle *engl.* 'pɔɪnt də 'gɑ:l
Point d'honneur *fr.* pwɛ̃dɔ'nœ:r
Pointe 'pɔɛ̃:tə
Pointe-à-Pitre *fr.* pwɛ̃ta'pitr
Pointe aux Trembles *fr.* pwɛ̃to'trã:bl
Pointe Claire *fr.* pwɛ̃t'klɛ:r
Pointe Noire *fr.* pwɛ̃t'nwa:r
Pointer 'pɔyntɐ
pointieren pɔɛ̃'ti:rən
pointillieren pɔɛ̃ti'ji:rən
Pointillismus pɔɛ̃ti'jɪsmʊs
Pointillist pɔɛ̃ti'jɪst
Pointis *fr.* pwɛ̃'ti
Pointlace *engl.* 'pɔɪntleɪs
Point Mugu *engl.* 'pɔɪnt mə'gu:
Poiré *fr.* pwa're
Poiret *fr.* pwa'rɛ
Poirino *it.* poi̯'ri:no
Poirot *fr.* pwa'ro
Poirson *fr.* pwar'sõ
Poirters *niederl.* 'po:rtərs
Poise 'pɔa:zə
Poiseuille *fr.* pwa'zœj
Poisson *fr.* pwa'sõ
Poissy *fr.* pwa'si
Poitevin *fr.* pwat'vɛ̃
Poitiers *fr.* pwa'tje
Poitou *fr.* pwa'tu
Pojan *alban.* po'jan
Pojarkow, Pojarkov *russ.* pa'jarkɐf
Pojatz 'po:jats
Pokal po'ka:l
Pokälchen po'kɛ:lçən
Pökel 'pø:kl̩
pökeln 'pø:kl̩n
Poker 'po:kɐ
Pöker 'pø:kɐ
Pokerface *engl.* 'poʊkəˌfeɪs
pokern 'po:kɐn
Pokka *finn.* 'pɔkkɑ
Pökling 'pø:klɪŋ
Pokorny po'kɔrni
Pokrowa na Nerli, Pokrova - - *russ.* pɐkra'va na 'njerli
Pokrowsk[i], Pokrovsk[ij] *russ.* pa'krɔfsk[ij]
pokulieren poku'li:rən
[1]**Pol** po:l
[2]**Pol** (Name) *niederl.*, *poln.* pɔl
Pola *it.* 'pɔ:la, *russ.* pa'la
Polabí *tschech.* 'pɔlabi:
Polabien po'la:bjən
polabisch po'la:bɪʃ
Polacca po'laka
Poláček *tschech.* 'pɔla:tʃɛk
Polack (Nachname) 'pɔlak
Polack[e] po'lak[ə]
Polackei pola'kai̯
Polacker po'lakɐ
Polak *poln.* 'pɔlak
Polák *tschech.* 'pɔla:k
Polane po'la:nə
Polangen po'laŋən
Polanica Zdrój *poln.* pɔla'nitsa 'zdruj
Polanów *poln.* pɔ'lanuf
Polanski po'lanski
Polány *ung.* 'pola:nj
polar po'la:ɐ̯
Polarimeter polari'me:tɐ
Polarimetrie polarime'tri:
polarimetrisch polari'me:trɪʃ
Polaris po'la:rɪs, *engl.* poʊ'læris, ...lɑ:rɪs
Polarisation polariza'tsi̯o:n
Polarisator polari'za:tɔr, **-en** ...za'to:rən
polarisieren polari'zi:rən
Polarität polari'tɛ:t
Polarograph polaro'gra:f
Polarographie polarogra'fi:, **-n** ...i:ən
Polaroid... polaro'i:t...
Polaun 'pɔlau̯n
Polch[ow] 'pɔlç[o]
Polcirkeln *schwed.* ˌpu:lsirkəln
Połczyn Zdrój *poln.* 'pɔu̯tʃɨn 'zdruj
Poldel, Poldl 'pɔldl̩
Polder 'pɔldɐ
Polderl 'pɔldɐl
Poldi 'pɔldi
[1]**Pole** 'po:lə
[2]**Pole** (Name) *engl.* poʊl, pu:l
Polei po'lai̯
Polemes *neugr.* pɔ'lɛmis
Polemik po'le:mɪk
Polemiker po'le:mikɐ
polemisch po'le:mɪʃ
polemisieren polemi'zi:rən
polen, P... 'po:lən
Polenta po'lɛnta
Polente po'lɛntə
Polentz, Polenz 'po:lɛnts
Poleschajew, Poležaev *russ.* pɐlɪ'ʒajɪf
Polesien po'le:zi̯ən
Polesine *it.* po'le:zine
Polessien po'lɛsi̯ən
Polewoi, Polivoj *russ.* pɐlɪ'vɔj
Polewskoi, Polevskoj *russ.* pɐlɪf'skɔj
Poležaev vgl. Poleschajew
Polgar 'pɔlgar
Polgár[di] *ung.* 'polga:r[di]
Polhem *schwed.* ˌpu:lhɛm
Poliander po'li̯andɐ
Policarpo *span.* poli'karpo
Policastro *it.* poli'kastro
[1]**Police** po'li:sə
[2]**Police** (Name) *poln.* pɔ'litsɛ
Polichinelle poliʃi'nɛl
Policinello politʃi'nɛlo, **...lli** ...li
Polička *tschech.* 'pɔlitʃka
Polidoro *it.* poli'dɔ:ro

Polienzephalitis poli|ɛntsefa'li:tɪs, **...itiden** ...li'ti:dn̩
Polier po'li:ɐ̯
polieren po'li:rən
Polignac *fr.* pɔli'ɲak
Polignano a Mare *it.* poliɲ'ɲa:no am'ma:re
Poligny *fr.* pɔli'ɲi
Polikarp[ow], Polikarp[ov] *russ.* pɐli'karp[ɐf]
Poliklinik 'po:likli:nɪk
poliklinisch 'po:likli:nɪʃ
Polio 'po:li̯o
Polioenzephalitis poli̯o|ɛntsefa'li:tɪs, **...itiden** ...li'ti:dn̩
Poliomyelitis poli̯omy̆e'li:tɪs, **...itiden** ...li'ti:dn̩
Poliosis po'li̯o:zɪs
Poli-Randaccio *it.* 'pɔ:liran'dattʃo
Polisit, Mal i *alban.* 'mal i po'lisit
Polissonnerie polɪsɔnə'ri:, **-n** ...i:ən
Polistena *it.* po'listena
Polit... po'lɪt...
Polites *neugr.* pɔ'litis
Politesse poli'tɛsə
Politi *it.* po'li:ti
politieren poli'ti:rən
Politik poli'ti:k
[1]Politika *serbokr.* pɔ,litika
[2]Politika vgl. Politikum
Politiken *dän.* poli'tigən
Politikaster politi'kastɐ
Politiker po'li:tikɐ
Politikum po'li:tikʊm, **...ka** ...ka
Politikus po'li:tikʊs, **-se** ...ʊsə
Politis *neugr.* pɔ'litis
politisch po'li:tɪʃ
politisieren politi'zi:rən
Politologe polito'lo:gə
Politologie politolo'gi:
Politruk poli'trʊk
Politur poli'tu:ɐ̯
Politz 'po:lɪts
Pölitz 'pø:lɪts
Politzer 'po:lɪtsɐ, 'pɔ...
Polívka *tschech.* 'pɔli:fka
Polivoj vgl. Polewoi
Polizei poli'tsai̯
polizeilich poli'tsai̯lɪç
Poliziano *it.* polit'tsi̯a:no
Polizist poli'tsɪst
Polizze po'lɪtsə
Polizzi Generosa *it.* po'littsi dʒene'ro:sa
Poljanow, Poljanov *bulgar.* po'ljanof
Poljanowgrad, Poljanovgrad *bulgar.* po'ljanovgrat
Poljanski, Poljanskij *russ.* pa'ljanskij
Polje 'pɔljə
Poljica *serbokr.* pɔ,lji:tsa
[1]Polk (Gruppe) pɔlk
[2]Polk (Name) *engl.* poʊk
Pölk pœlk
Polka 'pɔlka
polken 'pɔlkn̩
Poll *engl.* poʊl
Polla *it.* 'polla
Pölla 'pœla
Pollack 'pɔlak, *engl.* 'pɔlæk
Pollaiuolo *it.* pollai̯'u̯ɔ:lo
pollakanth pola'kant
Pollakisurie polakizu'ri:
Pollak[i]urie polak[i̯]u'ri:
Pollard *engl.* 'pɔləd
Pöllau 'pœlau̯
Pollauer 'pɔlau̯ɐ
[1]Pollen 'pɔlən
[2]Pollen (Name) *engl.* 'pɔlɪn
Pollensa *span.* po'ʎensa
Pollentia pɔ'lɛntsi̯a
Poller 'pɔlɐ
Polligkeit 'pɔlɪçkai̯t
Polling 'pɔlɪŋ
Pölling 'pœlɪŋ
Pollini *it.* pol'li:ni
Pollinium po'li:ni̯ʊm, **...ien** ...i̯ən
Pollino *it.* pol'li:no
Pollio 'pɔli̯o
Pollione *it.* pol'li̯o:ne
Pöllnitz 'pœlnɪts
Pollnow 'pɔlno
Pollo[c]k 'pɔlɔk, *engl.* 'pɔlək
Pollution pɔlu'tsi̯o:n
Pollux 'pɔlʊks
Polly *engl.* 'pɔlɪ
Polna 'pɔlna
Polná *tschech.* 'pɔlna:
polnisch 'pɔlnɪʃ
[1]Polo 'po:lo
[2]Polo (Name) 'po:lo, *it.* 'pɔ:lo, *span.* 'polo
Polock vgl. Polozk
Polockij vgl. Polozki
Pologi *russ.* pa'lɔgi
Polomet, Polomet' *russ.* 'pɔlɐmɪtj
Polonaise polo'nɛ:zə
Polonäse polo'nɛ:zə
Polonceau *fr.* pɔlõ'so
Polonceauträger pɔlõ'so:trɛ:gɐ
Polonia po'lo:ni̯a, *poln.* pɔ'lɔnja
Polonium po'lo:ni̯ʊm
Polonius po'lo:ni̯ʊs
polonisieren poloni'zi:rən
Polonnoje, Polonnoe *russ.* pa'lɔnnɐjɐ
Polonski, Polonskij *russ.* pa'lɔnskij
Pölöske *ung.* 'pøløʃkɛ
Polovinkin *russ.* pɐla'vinkin
Polowetzer 'pɔlovɛtsɐ
Polowzer 'pɔlɔftsɐ
Polowzy, Polovcy *russ.* 'pɔlɐftsɨ
Polozk, Polock *russ.* 'pɔlɐtsk
Polozki, Polockij *russ.* 'pɔlɐtskij
Pöls pœls
Polska [Rzeczpospolita Ludowa] *poln.* 'pɔlska [ʒɛtʃpɔs'pɔlita lu'dɔva]
Polster 'pɔlstɐ
polstern 'pɔlstɐn
Polsum 'pɔlzʊm
Polsunow, Polzunov *russ.* pɐlzu'nɔf
Polt pɔlt
Poltawa, Poltava pɔ'lta:va, *russ.* pal'tavɐ
Polte 'pɔltə
polt[e]rig 'pɔlt[ə]rɪç, **-e** ...ɪgə
poltern 'pɔltɐn
Poltron pɔl'trõ:
Poltrot de Méré *fr.* pɔltrodme're
Polubný *tschech.* 'pɔlubni:
Polyacryl... poly|a'kry:l...
Polyacrylat poly|akry'la:t
Polyaddition poly|adi'tsi̯o:n
Polyaddukt poly|a'dʊkt
Polyamid poly|a'mi:t, **-e** ...i:də
Polyämie poly|ɛ'mi:
Polyandrie poly|an'dri:
polyandrisch poly'|andrɪʃ
Polyarchie poly|ar'çi:, **-n** ...i:ən
Polyarthritis poly|ar'tri:tɪs, **...itiden** ...tri'ti:dn̩
Polyase poly'a:zə
Polyästhesie poly|ɛste'zi:
Polyäthylen poly|ɛty'le:n
Polyb po'ly:p
Polybios po'ly:bi̯ɔs
Polybius po'ly:bi̯ʊs
Polychäten poly'çɛ:tn̩
Polychord poly'kɔrt, **-e** ...rdə
polychrom poly'kro:m
Polychromie polykro'mi:, **-n** ...i:ən
polychromieren polykro'mi:rən
Polychromographie polykromogra'fi:
Polydaktylie polydakty'li:
Polydämonismus polydɛmo'nɪsmʊs
Polydeukes poly'dɔykɛs
Polydipsie polydɪ'psi:
Polydore *fr.* pɔli'dɔ:r
Polyeder poly'|e:dɐ
polyedrisch poly'|e:drɪʃ
Polymbryonie poly|ɛmbryo'ni:
Polyester poly'|ɛstɐ
Polyeuktos po'ly:ɔyktɔs, poly'...
Polygala po'ly:gala
Polygalaktie polygalak'ti:
polygam poly'ga:m
Polygamie polyga'mi:
Polygamist polyga'mɪst
polygen poly'ge:n
Polyglobulie polyglobu'li:
polyglott poly'glɔt
Polyglotte poly'glɔtə
Polygnot[os] pɔly'gno:t[ɔs]
Polygon poly'go:n
polygonal polygo'na:l

Polỵgonum po'ly:gonʊm
Polygrạph poly'gra:f
polygỵn poly'gy:n
Polygyni̲e̲ polygy'ni:
Polỵgyros po'ly:gyrɔs
Polyhalit polyha'li:t, *auch:* ...lɪt
Polyhịstor poly'hɪstɔr, **-en** ...'to:rən
polyhybrịd polyhy'bri:t, **-e** ...i:də
Polyhybrịde polyhy'bri:də
Polyhỵmnia poly'hʏmnia
Polyideịsmus poly|ide'ɪsmʊs
polykạrp, P... poly'karp
polykạrpisch 'poly'karpɪʃ
Polykladi̲e̲ polykla'di:
Polyklẹt poly'kle:t
Polykondensatiọn polykɔndɛnza'tsi̯o:n
Polykori̲e̲ polyko'ri:
Polỵkrates po'ly:kratɛs
Polylạs *neugr.* pɔli'las
Polymasti̲e̲ polymas'ti:
Polymathi̲e̲ polyma'ti:
Polymeli̲e̲ polyme'li:
Polymenorrhọ̈, ...öe polymenɔ'rø:, **...rrhọ̈en** ...'rø:ən
polymẹr, P... poly'me:ɐ̯
Polymeri̲e̲ polyme'ri:, **-n** ...i:ən
Polymerisạt polymeri'za:t
Polymerisatiọn polymeriza'tsi̯o:n
polymerisi̲e̲ren polymeri'zi:rən
polymetamọrph polymeta'mɔrf
Polymẹter poly'me:tɐ
Polymẹtis poly'me:tɪs
Polymetri̲e̲ polyme'tri:, **-n** ...i:ən
Polỵmnia po'lʏmnia
polymọrph poly'mɔrf
Polymorphi̲e̲ polymɔr'fi:
Polymorphịsmus polymɔr'fɪsmʊs
Polyneịkes poly'nai̯kɛs
Polynesịde polyne'zi:də
Polynẹsien poly'ne:zi̯ən
Polynẹsier poly'ne:zi̯ɐ
polynẹsisch poly'ne:zɪʃ
Polyneurịtis polynɔy'ri:tɪs, **...itịden** ...ri'ti:dn̩
Polynịces poly'ni:tsɛs
Polynọm poly'no:m
polynukleạr polynukle'a:ɐ̯
Polyopi̲e̲ poly|o'pi:
Polỵp po'ly:p
Polypeptịd polypɛp'ti:t, **-e** ...i:də
polyphạg poly'fa:k, **-e** ...a:gə
Polyphạge poly'fa:gə
Polyphagi̲e̲ polyfa'gi:
polyphạ̈n poly'fɛ:n
Polyphẹm poly'fe:m
Polyphemos po'ly:femɔs
polyphọn poly'fo:n
Polyphoni̲e̲ polyfo'ni:
Polyphọniker poly'fo:nikɐ
Polyphrasi̲e̲ polyfra'zi:
polyphylẹtisch polyfy'le:tɪʃ
Polyphyletịsmus polyfyle'tɪsmʊs
Polyphyli̲e̲ polyfy'li:
Polyphylli̲e̲ polyfʏ'li:
Polypioni̲e̲ polypi̯o'ni:
Polyplạst poly'plast
polyploịd polyplo'i:t, **-e** ...i:də
Polyploidi̲e̲ polyploi'di:
Polypnọe poly'pno:ə
Polypọdium poly'po:di̯ʊm, **...ien** ...i̯ən
polypoịd polypo'i:t, **-e** ...i:də
Polypọsis poly'po:zɪs
Polypragmasi̲e̲ polypragma'zi:
Polypragmosyne polypragmo'zy:nə
Polyptoton po'lʏptotɔn, **...ta** ...ta
Polỵptychon po'lʏptʏçɔn, **...cha** ...ça
Polyrhythmik poly'rʏtmɪk
polyrhythmisch poly'rʏtmɪʃ
Polysaccharịd polyzaxa'ri:t, **-e** ...i:də
polysemạntisch polyze'mantɪʃ
Polysemi̲e̲ polyze'mi:
Polysiali̲e̲ polyzi̯a'li:
Polyspermi̲e̲ polyspɛr'mi:
Polystyrọl polysty'ro:l
Polysyllabum poly'zʏlabʊm, **...ba** ...ba
Polysyllogịsmus polyzʏlo'gɪsmʊs
polysyndẹtisch polyzʏn'de:tɪʃ
Polysỵndeton poly'zʏndetɔn, **...ta** ...ta
polysynthẹtisch polyzʏn'te:tɪʃ
Polysynthetịsmus polyzʏnte'tɪsmʊs
Polytẹchniker poly'tɛçnikɐ
Polytẹchnikum poly'tɛçnikʊm, **...ka** ...ka
polytẹchnisch poly'tɛçnɪʃ
Polytheịsmus polyte'ɪsmʊs
Polytheịst polyte'ɪst
Polytheli̲e̲ polyte'li:
Polytomi̲e̲ polyto'mi:
polytonạl polyto'na:l
Polytonalitạ̈t polytonali'tɛ:t
Polytrichi̲e̲ polytrɪ'çi:
polytrọp poly'tro:p
Polytropịsmus polytro'pɪsmʊs
Polytỵpe poly'ty:pə
Polyurethạne poly|ure'ta:nə
Polyuri̲e̲ poly|u'ri:
polyvalẹnt polyva'lɛnt
Polyvinyl polyvi'ny:l
Polỵxena po'lʏksena
polyzyklisch poly'tsy:klɪʃ, *auch:* ...tsʏk...
Polyzythạ̈mi̲e̲ polytsytɛ'mi:
Pọlzen 'pɔltsn̩
Pọlzer 'pɔltsɐ
Pọ̈lzer 'pœltsɐ
Polzịn pɔl'tsi:n
Polzunov vgl. Polsunow
Pomạde po'ma:də
pomạdig po'ma:dɪç, **-e** ...ɪgə
pomadisi̲e̲ren pomadi'zi:rən
Pomạke po'ma:kə
Pomarạnce *it.* poma'rantʃe
Pomạre po'ma:rə
Pọmáz *ung.* 'poma:z
Pọmba *bras.* 'pomba
Pombạl *port., bras.* pom'bal
Pọmbo *span.* 'pɔmbo
Pọ̈mbsen 'pœmpsn̩
Pọmeisl 'po:mai̯zl̩
Pomerạnus pome'ra:nʊs
Pomerạnze pomə'rantsə
Pomerẹllen pomə'rɛlən
Pọmerene *engl.* 'pɔməri:n
Pomẹrium po'me:ri̯ʊm
Pọmeroy *engl.* 'pɔmərɔɪ
Pomesạnien pome'za:ni̯ən
Pọmfret *engl.* 'pʌmfrɪt
Pomigliạno d'Ạrco *it.* pomiʎ'ʎa:no 'darko
Pomjalọwski, Pomjalovskij *russ.* pɐmɪ'lɔfskij
Pọmmer 'pɔmɐ
Pommerẹllen pɔmə'rɛlən
pọmmerisch 'pɔmərɪʃ
Pọmmerland 'pɔmɐlant
Pọmmern 'pɔmɐn
pọmmersch 'pɔmɐʃ
Pommersfẹlden pɔmɐs'fɛldn̩
Pommes frịtes *fr.* pɔm'frit
Pọmmritz 'pɔmrɪts
Pomolọge pomo'lo:gə
Pomologi̲e̲ pomolo'gi:
pomolọgisch pomo'lo:gɪʃ
[1]**Pomọna** (Göttin) po'mo:na
[2]**Pomona** (Ortsname) *engl.* pə'moʊnə
Pomorạne pomo'ra:nə
Pomọrie *bulgar.* po'mɔriɛ
Pomọrze *poln.* pɔ'mɔʒɛ
Pọmp pɔmp
Pọmpadour 'pɔmpadu:ɐ̯, *fr.* põpa'du:r
Pompano Beach *engl.* pɔm'pɑ:noʊ 'bi:tʃ
Pompẹi *it.* pom'pɛ:i
Pompeius pɔm'pe:jʊs
Pompeiạner pɔmpe'ja:nɐ
pompeiạnisch pɔmpe'ja:nɪʃ
Pompeji pɔm'pe:ji
pompẹjisch pɔm'pe:jɪʃ
Pompẹjus pɔm'pe:jʊs
Pompelmuse 'pɔmpl̩mu:zə, *auch:* --'--
Pompẹo *span.* pɔm'peo
Pompey *fr.* põ'pɛ
Pompidou *fr.* põpi'du
Pompignan *fr.* põpi'ɲɑ̃
Pompilius pɔm'pi:li̯ʊs
Pompon põ'põ:, pɔm'põ:
Pomponạzzi *it.* pompo'nattsi
Pompọnius pɔm'po:ni̯ʊs
Pompọnne *fr.* põ'pɔn
pompọ̈s pɔm'pø:s, **-e** ...ø:zə
pompọso pɔm'po:zo
Pọmßen 'pɔmsn̩

Pomụchel po'mʊxl̩
Pö̤n pøːn
pön̤al pø'naːl
Pön̤ale pø'naːlə, **...lien** ...li̯ən
Pönalitä̤t pønali'tɛːt
Ponape 'poːnape, pona'peː; *engl.* 'poʊnəpeɪ
Ponạrth po'nart
Pọnca *engl.* 'pɔŋkə
Ponce *fr.* põːs, *engl.* 'poʊnseɪ, *span.* 'pɔnθe
ponceau, P... põ'soː
Pọnce de León *span.* 'pɔnθe ðe le'ɔn
Poncẹla *span.* pɔn'θela
Poncelẹt *fr.* põ'slɛ
Poncẹt *fr.* põ'sɛ
Poncẹtte põ'sɛtə
Ponchiẹlli *it.* poŋ'ki̯ɛlli
Pọncho 'pɔntʃo
poncieren põ'siːrən
[1]**Pọnd** (Maß) pɔnt
[2]**Pọnd** (Name) *engl.* pɔnd
ponderạbel pɔnde'raːbl̩, **...ble** ...blə
Ponderabilien pɔndera'biːli̯ən
Ponderation pɔndera'tsi̯oːn
Pondichéry *fr.* põdiʃe'ri
Pọndo 'pɔndo
Ponẹnte po'nɛntə
Ponferrạda *span.* pɔnfɛ'rraða
Pọngau 'pɔŋgau̯
Ponge *fr.* põːʒ
Pongé[e] põ'ʒeː
Pongiden pɔŋ'giːdn̩
Pọngs pɔŋs
Poniatọwski *poln.* pɔnja'tɔfski
Pọniec *poln.* 'pɔnjɛts
ponieren po'niːrən
Pönitentiar pønitɛn'tsi̯aːɐ̯
Pönitentiarie pønitɛntsi̯a'riː
Pönitẹnz pøni'tɛnts
Pọnitz 'poːnɪts
Pö̤nitz 'pøːnɪts
Ponọi, Ponoj *russ.* pa'nɔj
Pönologie pønolo'giː
Ponomarẹnko *russ.* pɐnɐma'rjɛnkɐ
[1]**Pọns** (lat. = Brücke) pɔns
[2]**Pons** (Name) *fr.* põːs, *engl.* pɔnz
Ponsạrd *fr.* põ'saːr
Ponsẹlle *engl.* pɔn'sɛl
Pœnsgen 'pœnsgn̩
Pọnsonby *engl.* 'pʌnsnbɪ
Ponson du Terrạil *fr.* põsõdytɛ'raj
Pọnt pɔnt
Pont-à-Cẹlles *fr.* põta'sɛl
Pọnta Delgạda *port.* 'pontɐ ðɛl'gaðɐ
Pọnta do Sọl *bras.* 'ponta du 'sɔl
Pọnta Grọssa *bras.* 'ponta 'grɔsa
Pont-à-Mousson *fr.* põtamu'sõ.
Pontạno *it.* pon'taːno
Pontạnus pɔn'taːnʊs
Pontarliẹr *fr.* põtar'lje
Pontassiẹve *it.* pontas'si̯ɛːve
Pont-Audemẹr *fr.* põtod'mɛːr
Pontault-Combault *fr.* põtokõ'bo
Pont-Avẹn *fr.* põta'vɛn
Pontchartrain *engl.* 'pɔntʃətreɪn, *fr.* põʃar'trɛ̃
Pontchâteau *fr.* põʃɑ'to
Pont du Gạrd *fr.* põdy'gaːr
[1]**Pọnte** (Schiff) 'pɔntə
[2]**Pọnte** (Name) *it.* 'ponte, *span.* 'pɔnte
Pontẹbba *it.* pon'tɛbba
Pontecọrvo *it.* ponte'kɔrvo
Pọnte Cremenạga *it.* 'ponte kreme'naːga
Pọnte de Bạrca *port.* 'pontə ðə 'βarkɐ
Pontedẹcimo *it.* ponte'dɛːtʃimo
Pontedẹra *it.* ponte'dɛːra
Pọnte do Lịma *port.* 'pontə ðu 'limɐ
Pọnte do Sọr *port.* 'pontə ðu 'sor
Pọntefract *engl.* 'pɔntɪfrækt
Pọnten 'pɔntn̩
Pọntes *bras.* 'pontis
Pọnte Trẹsa *it.* 'ponte 'trɛːza
Pontevẹdra *span.* pɔnte'βeðra
Pontevẹdro pɔnte'veːdro
Ponthiervịlle *fr.* põtje'vil
Ponthieu *fr.* põ'tjø
Pọnti *it.* 'ponti
Pọntiac *engl.* 'pɔntɪæk
Pontiạnak *indon.* pɔnti'anak
Ponticẹlli *it.* ponti'tʃɛlli
Ponticẹllo pɔnti'tʃɛlo, **...lli** ...li
Pontien põ'ti̯ɛ̃ː
Pọntifex [mạximus] 'pɔntifɛks ['maksimʊs], **...fizes [...mi]** ...'tiːfitseːs [...mi]
pontifikal pɔntifi'kaːl
Pontifikale pɔntifi'kaːlə, **...lien** ...li̯ən
Pontifikạt pɔntifi'kaːt
Pontifizes vgl. Pontifex
Pontigny *fr.* põti'ɲi
Pọntikos 'pɔntikɔs
pontinisch pɔn'tiːnɪʃ
pọntisch 'pɔntɪʃ
Pọntius 'pɔntsi̯ʊs, *engl.* 'pɔntjəs, *niederl.* 'pɔnsiːʏs
Pontivy *fr.* põti'vi
Pont-l'Abbé *fr.* põla'be
Pontmartin *fr.* põmar'tɛ̃
Pọnto 'pɔnto
Pontoise *fr.* põ'twaːz
Pọntok 'pɔntɔk
Ponton põ'tõː, pɔn'tõː, 'pɔntõ
Pontọppidan *dän.* pɔn'tɔbidan
Pontọrmo *it.* pon'tormo
Pọntos 'pɔntɔs
Pontrẹmoli *it.* pon'trɛːmoli
Pontresina pɔntre'ziːna, *it.* pon...
Pontrịagin *russ.* pan'trjagin
Pont-Sainte-Maxence *fr.* põsɛ̃tmak'sɑ̃ːs
Pont-Saint-Martin *fr.* põsɛ̃mar'tɛ̃
Ponts-de-Cé *fr.* põd'se
Pont-sur-Yọnne *fr.* põsy'rjɔn
Pọntus *dt., schwed.* 'pɔntʊs
Pont-Viau *fr.* põ'vjo
Pontypool *engl.* pɔnti'puːl
Pontyprịdd *engl.* pɔntɪ'priːð
Pony 'pɔni, *selten* 'poːni
Pọnza *it.* 'pontsa
Pool puːl
Poole *engl.* puːl
poolen 'puːlən
Poona *engl.* 'puːnə
Poop puːp
Poopó *span.* poo'po
Poor[e] *engl.* pʊə
Poorten *niederl.* 'poːrtə
Poorter *niederl.* 'poːrtər
Poot *niederl.* poːt
[1]**Pọp** pɔp
[2]**Pọp** (Name) *rumän.* pop
Popanz 'poːpants
Pop-art 'pɔp|aːɐ̯t
Popạsnaja *russ.* pa'pasnɐjɐ
Popayán *span.* popa'jan
Pọpcorn 'pɔpkɔrn
[1]**Pope** (Priester) 'poːpə
[2]**Pope** (Name) *engl.* poʊp
Popejoy *engl.* 'poʊpdʒɔɪ
Pọpel 'poːpl̩
popelig 'poːpəlɪç, **-e** ...ɪgə
[1]**Popelin** (Stoff) popə'liːn
[2]**Popelin** (Name) *fr.* pɔ'plɛ̃
Popeline popə'liːn
Popẹlken po'pɛlkn̩
popeln 'poːpl̩n
Pọperinge *niederl.* 'poːpərɪŋə
Pọpert 'poːpɐt
Popẹscu *rumän.* po'pesku
Pọpham *engl.* 'pɔpəm
Pọpiel *poln.* 'pɔpjɛl
Popilius po'piːli̯ʊs
Pọpitz 'poːpɪts
Pọplar, - Bluff *engl.* 'pɔplə, – 'blʌf
Poplạwski *poln.* pɔ'pu̯afski
poplig 'poːplɪç, **-e** ...ɪgə
Popọ po'poː
Popocatepẹtl popokate'pɛtl̩
Popocatépetl *span.* popoka'tepɛtl
Pọpoli *it.* 'pɔːpoli
Pọpolo d'Itạlia *it.* 'pɔːpolo di'taːli̯a
Pọpovača *serbokr.* ˌpɔpɔvatʃa
Pọpović *serbokr.* ˌpɔpɔvitɕ
Pọpovici *rumän.* 'popovitʃ
Popọw, Popov *russ.* pa'pɔf, *bulgar.* po'pɔf
Popọwa, Popova *bulgar.* po'pɔva, *russ.* pa'pɔvɐ
Popọwkin, Popovkin *russ.* pa'pɔfkin
Pọpowo, Popovo *bulgar.* 'pɔpovo
Pọpp pɔp
Poppä̤a pɔ'pɛːa

Poppe *dt., niederl.* 'pɔpə
Poppel *niederl.* 'pɔpəl
Poppelgrün 'pɔpl̩gry:n
Pöppelmann 'pœpl̩man
Poppelsdorf 'pɔpl̩sdɔrf
Popper 'pɔpɐ
Poppi *it.* 'pɔppi
poppig 'pɔpɪç, **-e** ...ɪgə
Poppo 'pɔpo
Poprad *slowak.* 'pɔprat
Popugajew, Popugaev *russ.* pɐpu'gajɪf
Populaire *fr.* pɔpy'lɛ:r
Popular popu'la:ɐ̯
populär popu'lɛ:ɐ̯
popularisieren populari'zi:rən
Popularität populari'tɛ:t
Population popula'tsi̯o:n
Populationistik populatsi̯o'nɪstɪk
Populescu popu'lɛsku
Populismus popu'lɪsmʊs
Populonia *it.* popu'lɔ:ni̯a
Poquelin *fr.* pɔ'klɛ̃
Porcellis *niederl.* pɔr'sɛlɪs
Porchester *engl.* 'pɔ:tʃɪstə
Porchow, Porhov *russ.* 'pɔrxɐf
Porcia 'pɔrtsi̯a
Porcupine *engl.* 'pɔ:kjʊpaɪn
Pordenone *it.* porde'no:ne
Pordoi *it.* por'dɔ:i
Pore 'po:rə
Poreč *serbokr.* ˌpɔrɛtʃ
Porenzephalie porɛntsefa'li:
Porfido 'pɔrfido
Porfiri, Porfirij *russ.* par'firij
Porfirio *span.* pɔr'firi̯o
Porfyrius pɔr'fy:ri̯ʊs
Porgy *engl.* 'pɔ:gɪ
Porhov vgl. Porchow
[1]**Pori** *finn.* 'pɔri
[2]**Pori** vgl. Porus
Pořícany *tschech.* 'pɔrʒi:tsani
porig 'po:rɪç, **-e** ...ɪgə
Poriomanie pori̯oma'ni:
Porisma po'rɪsma
Porjus *schwed.* 'pɔrjʊs
Pörkel[t] 'pœrkl̩[t]
Porkkala *finn.* 'pɔrkkɑlɑ
Pörkölt 'pœrkœlt
Porling 'po:ɐ̯lɪŋ
Pornic *fr.* pɔr'nik
Pornichet *fr.* pɔrni'ʃɛ
Porno 'pɔrno
Pornóapáti *ung.* 'porno:ɔpa:ti
Pornograph pɔrno'gra:f
Pornographie pɔrnogra'fi:, **-n** ...i:ən
pornophil pɔrno'fi:l
porodin poro'di:n
Porong *indon.* 'porɔŋ
Poros 'po:rɔs
porös po'rø:s, **-e** ...ø:zə
Porosität porozi'tɛ:t
Poroszló *ung.* 'poroslo:
Porphyr 'pɔrfy:ɐ̯; *auch:* ...'fy:ɐ̯
Porphyrie pɔrfy'ri:
Porphyrin pɔrfy'ri:n
Porphyrios pɔr'fy:ri̯ɔs
porphyrisch pɔr'fy:rɪʃ
Porphyrit pɔrfy'ri:t, *auch:* ...rɪt
Porphyroblasten pɔrfyro'blastn̩
Porphyrogenes *neugr.* pɔrfirɔ'jɛnis
Porphyroid pɔrfyro'i:t, **-e** ...i:də
Porpora *it.* 'porpora
Porre 'pɔrə
Porree 'pɔre
Porrentruy *fr.* pɔrɑ̃'trɥi
Porretanus pɔre'ta:nʊs
Porretta *it.* por'retta
Porridge 'pɔrɪtʃ, *engl.* 'pɔrɪdʒ
Porsangerfjord *norw.* pɔr'saŋərfju:r
Porsch[dorf] 'pɔrʃ[dɔrf]
Porsche 'pɔrʃə
Porsenna pɔr'zɛna
Porsgrunn *norw.* ˌpɔrsgrʉn
Porson *engl.* pɔ:sn
Porst pɔrst
Port pɔrt, *engl.* pɔ:t, *fr.* pɔ:r
Porta *dt., it.* 'pɔrta
Portable 'pɔrtəbl̩, *engl.* 'pɔ:təbl
Portadown *engl.* pɔ:tə'daʊn
Portaels *niederl.* pɔr'ta:ls
Portage pɔr'ta:ʒə
Portage [la Prairie] *engl.* 'pɔ:tɪdʒ [lə 'prɛərɪ]
Porta Hungarica 'pɔrta hʊŋ'ga:rika
portal, [1]P... pɔr'ta:l
[2]**Portal** *engl.* pɔ:tl, *fr.* pɔr'tal
Port Alberni *engl.* 'pɔ:t æl'bə:nɪ
Portalegre *port.* purtɐ'lɛɣrə
Portales *engl.* pɔ:'tælɪs, *span.* pɔr'tales
Portalis *fr.* pɔrta'lis
Portament pɔrta'mɛnt
Portamento pɔrta'mɛnto, **...ti** ...ti
Portaña *span.* pɔr'taɲa
Portando la voce pɔr'tando la 'vo:tʃə
Port Angeles *engl.* pɔ:t'ændʒələs
Porta Nigra 'pɔrta 'ni:gra
Port Antonio *engl.* 'pɔ:t æn'toʊnɪoʊ
Portarlington *engl.* pɔ:t'ɑlɪŋtən
Port Arthur 'pɔrt 'artʊr
Porta Sancta 'pɔrta 'zaŋkta
Portatile pɔr'ta:tilə, **...lien** ...ta'ti:li̯ən
Portativ pɔrta'ti:f, **-e** ...i:və
portato pɔr'ta:to
Portato pɔr'ta:to, **...ti** ...ti
Port-au-Prince *fr.* pɔrto'prɛ̃:s
Porta Westfalica 'pɔrta vɛst'fa:lika
Port-Bou *span.* pɔr'βoṷ
Port-Bouet *fr.* pɔr'bwɛ
Port Colborne *engl.* 'pɔ:t 'koʊlbən
Port-de-Bouc *fr.* pɔrdə'buk
Portechaise pɔrt[ə]'ʃɛ:zə
Portées pɔr'te:
Portefeuille pɔrt[ə]'fø:j
Portel *fr.* pɔr'tɛl, *port.* pur'tɛl, *bras.* por'tɛl
Portemonnaie pɔrtmɔ'ne:, *auch:* ...'nɛ:
Porten 'pɔrtn̩
Portepagen pɔrt'pa:ʒn̩
Portepee pɔrte'pe:
[1]**Porter** (Bier) 'pɔrtɐ
[2]**Porter** (Name) *engl.* 'pɔ:tə
Porterville *engl.* 'pɔ:təvɪl
Porteur pɔr'tø:ɐ̯
Portfolio pɔrt'fo:li̯o
Port-Francqui *fr.* pɔrfrɑ̃'ki
Port-Gentil *fr.* pɔrʒɑ̃'ti
Porthan *schwed.* pɔr'tɑ:n
Porthcawl *engl.* pɔ:θ'kɔ:l
Port Hedland *engl.* 'pɔ:t 'hɛdlənd
Porti vgl. Porto
Portici *it.* 'pɔrtitʃi
Portier pɔr'ti̯e:
Portiere pɔr'ti̯e:rə, ...'ti̯ɛ:rə
portieren pɔr'ti:rən
Portikus 'pɔrtikʊs
Portillo *span.* pɔr'tiʎo
Portillon *fr.* pɔrti'jõ
Portimão *port.* purti'mɐ̃ṷ
Portinari *it.* porti'na:ri
Portio 'pɔrtsi̯o
Portion pɔr'tsi̯o:n
portionieren pɔrtsi̯o'ni:rən
Portiunkula pɔr'tsi̯ʊŋkula
Port Jervis *engl.* 'pɔ:t 'dʒə:vɪs
Port Kembla *engl.* 'pɔ:t 'kɛmblə
Portland *engl.* 'pɔ:tlənd
Portlandzement 'pɔrtlanttsemɛnt
Port Lavaca *engl.* 'pɔ:t lə'vækə
Port Louis *engl.* 'pɔ:t 'lu:ɪ[s]
Port-Lyautey *fr.* pɔrljo'tɛ
Portmann 'pɔrtman
Port Neches *engl.* 'pɔ:t 'nɛtʃɪz
[1]**Porto** 'pɔrto, **Porti** 'pɔrti
[2]**Porto** (Name) *it.* 'pɔrto, *port.* 'portu
Pôrto Alegre *bras.* 'portu a'lɛgri
Porto Alexandre *port.* 'portu ɐlɪ'ʃɐndrə
Pôrto Calvo *bras.* 'portu 'kalvu
Portocarrero *span.* pɔrtoka'rrɛro
Pôrto de Pedras *bras.* 'portu di 'pɛdras
Porto Empedocle *it.* 'pɔrto em'pɛ:dokle
Pôrto Feliz *bras.* 'portu fe'lis
Portoferraio *it.* portofer'ra:i̯o
Pôrto Ferreira *bras.* 'portu fe'rrei̯ra
Portofino *it.* porto'fi:no
Port of Spain *engl.* 'pɔ:t əv 'speɪn

Porto Grande *port.* 'portu 'ɣrɐndə
Portographie pɔrtogra'fi:
Portogruaro *it.* portogru'a:ro
Portolan pɔrto'la:n
Portomaggiore *it.* portomad'dʒo:re
Porto-Novo *fr.* pɔrtonɔ'vo
Porto-Riche *fr.* pɔrto'riʃ
Porto Rico, Portoriko 'pɔrto 'ri:ko
Porto Santo *port.* 'portu 'sɐntu
Pôrto Seguro *bras.* 'portu se'guru
Porto-Vecchio *fr.* pɔrtovɛk'kjo
Portoviejo *span.* pɔrto'βi̯ɛxo
Portrait pɔr'trɛ:
Porträt pɔr'trɛ:, *auch:* ...'trɛ:t; **die -s** pɔr'trɛ:s, **-e** pɔr'trɛ:tə
porträtieren pɔrtrɛ'ti:rən
Porträtist pɔrtrɛ'tɪst
Port-Royal *fr.* pɔrrwa'jal
Port Royal des Champs *fr.* pɔrrwajalde'ʃã
Port Said 'pɔrt 'zait
Pörtschach 'pœrtʃax
Portsea *engl.* 'pɔ:tsɪ
Portslade by Sea *engl.* 'pɔ:tsleɪd baɪ 'si:
Portsmouth *engl.* 'pɔ:tsməθ
Portugal 'pɔrtugal, *port.* purtu'ɣal
Portugaleser pɔrtuga'le:zɐ
Portugalete *span.* pɔrtuɣa'lete
Portugiese pɔrtu'gi:zə
Portugieser pɔrtu'gi:zɐ
portugiesisch pɔrtu'gi:zɪʃ
Portuguesa *span.* pɔrtu'ɣesa
Portulak 'pɔrtulak
Portus 'pɔrtʊs
Port-Vendres *fr.* pɔr'vã:dr
Portwein 'pɔrtvain
Porus 'po:rʊs
Porvoo *finn.* 'pɔrvɔ:
Porz pɔrts
Porzellan pɔrtsɛ'la:n
porzellanen pɔrtsɛ'la:nən
Porzia 'pɔrtsi̯a
Porzig 'pɔrtsɪç
Posa 'po:za
Posada po'za:da
Posadas *span.* po'saðas
Posadnik po'zatnɪk *russ.* pa'sadnik
Posadowsky poza'dɔfski
Posament poza'mɛnt
Posamenterie pozamɛntə'ri:, **-n** ...i:ən
Posamentier pozamɛn'ti:ɐ
posamentieren pozamɛn'ti:rən
Posamentierer pozamɛn'ti:rɐ
Posaune po'zaunə
posaunen po'zaunən
Posaunist pozau'nɪst
Poschiavo *it.* pos'ki̯a:vo
Poschinger 'pɔʃɪŋɐ
Pose 'po:zə
Poseidon po'zaidɔn
Poseidonios pozai'do:ni̯ɔs
Posemuckel po:zə'mʊkl̩
Posemukel 'po:zəmʊkl̩
posen 'po:zn̩, **pos!** po:s, **post** po:st
Posen 'po:zn̩
posenisch 'po:zənɪʃ
posensch 'po:zn̩ʃ
Poseritz 'po:zərɪts
Poseur po'zø:ɐ
Posidonienschiefer pozi'do:ni̯ənʃi:fɐ
posieren po'zi:rən
Posilip pozi'lɪp
Posillipo *it.* po'zillipo
Pösing 'pø:zɪŋ
Positano *it.* pozi'ta:no
Position pozi'tsi̯o:n
positionell pozitsi̯o'nɛl
positionieren pozitsi̯o'ni:rən
positiv, P... 'po:ziti:f, *auch:* pozi'ti:f; **-e** ...i:və
Positivismus poziti'vɪsmʊs
Positivist poziti'vɪst
Positivum 'po:ziti:vʊm, **...va** ...va
posito 'po:zito
Positron 'po:zitro:n, **-en** pozi'tro:nən
Positur pozi'tu:ɐ
Poso *indon.* 'poso
Posoškov vgl. Possoschkow
Pospelow, Pospelov *russ.* pas'pjɛləf
Possart 'pɔsart
Possekel pɔ'se:kl̩
Posse 'pɔsə
Possen 'pɔsn̩
Possenhofen pɔsn̩'ho:fn̩
Possession pɔsɛ'si̯o:n
possesiv, P... 'pɔsɛsi:f, *auch:* ––'–; **-e** ...i:və
Possessivum pɔsɛ'si:vʊm, **...va** ...va
possessorisch pɔsɛ'so:rɪʃ
Possest 'pɔsɛst
Possevino *it.* posse'vi:no
possibel pɔ'si:bl̩, **...ble** ...blə
Possibilismus pɔsibi'lɪsmʊs
Possibilist pɔsibi'lɪst
Possibilität pɔsibili'tɛ:t
possierlich pɔ'si:ɐlɪç
Pößneck 'pœsnɛk
Possoschkow, Posoškov *russ.* pɐsaʃ'kɔf
Poßruck 'pɔsrʊk
[1]**Post** pɔst
[2]**Post** (Name) *dt., niederl., afr.* pɔst, *engl.* poʊst
postalisch pɔs'ta:lɪʃ
Postament pɔsta'mɛnt
Postawy, Postavy *russ.* pas'tavɨ
Pöstchen 'pœstçən
post Christum [natum] 'pɔst 'krɪstʊm ['na:tʊm]
postdatieren pɔstda'ti:rən
postdental pɔstdɛn'ta:l
Postel *fr.* pɔs'tɛl, *niederl.* 'pɔstəl
Postelberg 'pɔstl̩bɛrk
Postelwitz 'pɔstl̩vɪts
postembryonal pɔst|ɛmbryo'na:l
posten, P... 'pɔstn̩
Poster 'pɔstɐ, *engl.* 'poʊstə
poste restante 'pɔst rɛs'tã:t
Posteriora pɔste'ri̯o:ra
Posteriorität pɔsteri̯ori'tɛ:t
Posterität pɔsteri'tɛ:t
Postexistenz pɔst|ɛksɪs'tɛnts
post festum pɔst 'fɛstʊm
postglazial, P... pɔstgla'tsi̯a:l
Postglossator pɔstglɔ'sa:tɔr, **-en** ...sa'to:rən
Posthalterei pɔsthaltə'rai
Posthitis pɔs'ti:tɪs, **...itiden** ...ti'ti:dn̩
Posthius 'pɔsti̯ʊs
posthum pɔst'hu:m, pɔs'tu:m
posthypnotisch pɔsthʏp'no:tɪʃ
postieren pɔs'ti:rən
Postille pɔs'tɪlə
Postillion pɔstɪl'jo:n, *auch:* '–––
Postillon d'amour, -s - *fr.* pɔstijõda'mu:r
postkarbonisch pɔstkar'bo:nɪʃ
Postkommunion pɔstkɔmu'ni̯o:n
postkulmisch pɔst'kʊlmɪʃ
Postl 'pɔstl̩
Postludium pɔst'lu:di̯ʊm, **...ien** ...i̯ən
post meridiem pɔst me'ri:di̯ɛm
Postmolaren pɔstmo'la:rən
postmortal pɔstmɔr'ta:l
post mortem pɔst 'mɔrtɛm
Postmünster pɔst'mʏnstɐ
postnatal pɔstna'ta:l
Postnicken pɔst'nɪkn̩
postnumerando pɔstnume'rando
Postnumeration pɔstnumera'tsi̯o:n
Posto 'pɔsto
Postoli *alban.* pos'toli
postoperativ pɔst|opəra'ti:f, **-e** ...i:və
post partum pɔst 'partʊm
postpneumonisch pɔstpnɔy'mo:nɪʃ
postponieren pɔstpo'ni:rən
Postposition pɔstpozi'tsi̯o:n
Postprädikamente pɔstprɛdika'mɛntə
Postskript pɔst'skrɪpt
Postskriptum pɔst'skrɪptʊm, **...ta** ...ta
Postszenium pɔst'stse:ni̯ʊm, **...ien** ...i̯ən
posttektonisch pɔsttɛk'to:nɪʃ
posttertiär pɔsttɛr'tsi̯ɛ:ɐ
posttraumatisch pɔsttrau'ma:tɪʃ
Postulant pɔstu'lant

Postulạt pɔstuˈla:t
postuli̲e̲ren pɔstuˈli:rən
postụm pɔsˈtu:m
Postụmia *it.* posˈtu:mi̯a
Pọstumus ˈpɔstumʊs, **...mi** ...mi
Postụr pɔsˈtu:ɐ̯
post ụrbem cọnditam pɔst ˈʊrbɛm ˈkɔnditam
Postverbạle pɔstvɛrˈba:lə, **...lia** ...li̯a
¹Pọt (Marihuana) pɔt
²Pọt *fr.* po, *niederl.* pɔt
Potạge poˈta:ʒə
Potamiạena potaˈmi̯ɛ:na
potạmisch poˈta:mɪʃ
potamogẹn potamoˈge:n
Potamologi̲e̲ potamoloˈgi:
Potạp *russ.* paˈtap
Potạpenko *russ.* paˈtapɪnkɐ
Potạro *engl.* pəˈtɑ:roʊ
Potạssium poˈtasi̯ʊm
Potạtor poˈta:tɔr, **-en** ...taˈto:rən
Potatọrium potaˈto:ri̯ʊm
Potaufeu potoˈfø:
Pọtchefstroom *afr.* ˈpɔtʃɛfstro:m
Potebnjạ *russ.* pɐtɪbˈnja
Potẹchin, Potehin *russ.* paˈtjexin
¹Potẹmkin poˈtɛmki:n
²Potemkin vgl. Potjomkin
Potẹmpa poˈtɛmpa
potẹnt poˈtɛnt
Potentạt potɛnˈta:t
potentiạl, P... potɛnˈtsi̯a:l
Potentiạlis potɛnˈtsi̯a:lɪs, **...les** ...le:s
potentiẹll potɛnˈtsi̯ɛl
Potentịlla potɛnˈtɪla
Potentiomẹter potɛntsi̯oˈme:tɐ
potentiomẹtrisch potɛntsi̯oˈme:trɪʃ
Potẹnz poˈtɛnts
Potẹnza *it.* poˈtɛntsa
potenziẹll potɛnˈtsi̯ɛl
potenzi̲e̲ren potɛnˈtsi:rən
Poteri̲e̲ potəˈri:
Potẹrne poˈtɛrnə
Potẹstas poˈtɛstas
Pọtgieter *niederl.* ˈpɔtxi:tər
Potgietersrust *afr.* pɔtxi:tərsˈrœs
Pothẹa poˈte:a
Pothiẹr *fr.* pɔˈtje
Pothịnus poˈti:nʊs
Pọti *russ.* ˈpɔti
Pọtifar, ...phar ˈpo:tifar
Potjọmkin, Potemkin *russ.* paˈtjɔmkin
Potọcka *poln.* pɔˈtɔtska
Potọcki *poln.* pɔˈtɔtski
Potomac *engl.* pəˈtoʊmək
Potomani̲e̲ potomaˈni:
Potosí *span.* potoˈsi
Pọtpourri ˈpɔtpʊri
Pọtschappel ˈpo:tʃapl̩
Pọtschep, Počep *russ.* ˈpɔtʃɪp
Pọtsdam ˈpɔtsdam, *engl.* ...dæm
Pọtsdamer ˈpɔtsdamɐ
Pọtštát *tschech.* ˈpɔtʃta:t
¹Pọtt (Topf) pɔt, **Pọ̈tte** ˈpœtə
²Pọtt (Name) *dt.*, *engl.* pɔt
Pọttasche ˈpɔt|aʃə
Pọttenstein ˈpɔtn̩ʃtai̯n
Pọtter *niederl.* ˈpɔtər
Pọtteries *engl.* ˈpɔtərɪz
Pọtters Bạr *engl.* ˈpɔtəz ˈbɑ:
Pọttfisch ˈpɔtfɪʃ
Pọtthast ˈpɔthast
Pottiẹr *fr.* pɔˈtje
Pọttlot ˈpɔtlo:t
Pọ̈ttmes ˈpœtmɛs
Pọtto ˈpɔto
Pọttschach ˈpɔtʃax
Pọ̈ttsching ˈpœtʃɪŋ
Pọttstown *engl.* ˈpɔtstaʊn
Pọttsville *engl.* ˈpɔtsvɪl
Pọttwal ˈpɔtva:l
Pö̲tus ˈpø:tʊs
pọtz Blịtz! ˈpɔts ˈblɪts
Pọtzernheim ˈpɔtsɐnhai̯m
Pọ̈tzl ˈpœtsl̩
Pọ̈tzleinsdorf ˈpœtslai̯nsdɔrf
potzta̲u̲send! ˈpɔtsˈtau̯znt
Poudrẹtte puˈdrɛtə
Poughkeepsie *engl.* pəˈkɪpsɪ
Pouillẹt *fr.* puˈjɛ
Pouilly *fr.* puˈji
Poujạde *fr.* puˈʒad
Poujadịsmus puʒaˈdɪsmʊs
Poujadịst puʒaˈdɪst
Poulạille *fr.* puˈlɑ:j
Poulạrd puˈla:ɐ̯
Poulạrde puˈlardə
Poulbọt *fr.* pulˈbo
Poule pu:l, **-n** ˈpu:lən
Poulenc *fr.* puˈlɛ̃:k
¹Poulẹt (Huhn) puˈle:
²Poulẹt (Name) *fr.* puˈlɛ
Poulett *engl.* ˈpɔ:lɪt
Pọulsen *dän.* ˈpɔu̯lsən
Poulsson *engl.* paʊlsn
Pọultney *engl.* ˈpoʊltnɪ
Pọulton *engl.* ˈpoʊltən
Poulton-le-Fylde *engl.* ˈpu:ltn lə ˈfaɪ:ld
Pound (Pfund) pau̯nt
Pound[s] (Name) *engl.* paʊnd[z]
Poupạrt *fr.* puˈpa:r
pour acquịt *fr.* puraˈki
Pourbus *niederl.* ˈpu:rbʏs
Pourcẹl *fr.* purˈsɛl
pour féliciteṛ *fr.* purfelisiˈte
pour le mérite, Pour - - *fr.* purləmeˈrit
Pourparlẹr pʊrparˈle:
Pourquoi pas? (Name) *fr.* purkwaˈpɑ
Pourrạt *fr.* puˈra
Pourtalès *fr.* purtaˈlɛs
Pourtalẹt *fr.* purtaˈlɛ
Pọus *niederl.* pɔu̯s
Pouso Alẹgre *bras.* ˈpozu aˈlɛgri
Pouso Ạlto *bras.* ˈpozu ˈaltu
Poussạde puˈsa:də, pʊˈs...
Poussạge puˈsa:ʒə, pʊˈs...
poussé, poussẹz! puˈse:, pʊˈse:
poussi̲e̲ren puˈsi:rən, pʊˈs...
Poussin *fr.* puˈsɛ̃
Pouvillon *fr.* puviˈjõ
Povẹse poˈfe:zə
Povịglio *it.* poˈviʎʎo
Pọvl *dän.* pɔu̯l
Póvoa *port.* ˈpɔvu̯ɐ
Powạyen poˈvai̯ən
Powderly *engl.* ˈpaʊdəlɪ
Powder Rịver *engl.* ˈpaʊdə ˈrɪvə
Powell *engl.* ˈpoʊəl, ˈpaʊəl
pọwer ˈpo:vɐ, **pọwre** ˈpo:vrə
Power *engl.* ˈpaʊə
Power-Play *engl.* ˈpaʊəpleɪ
Powers *engl.* ˈpaʊəz
Powerslide *engl.* ˈpaʊəslaɪd
Pọwid[e]l ˈpɔvidl̩
Powis *engl.* ˈpoʊɪs, ˈpaʊɪs
Pọwlett *engl.* ˈpɔ:lɪt
Pownall *engl.* paʊnl
Powụnden poˈvʊndn̩
Pọwys *engl.* ˈpoʊɪs
Poyẹt *fr.* pwaˈjɛ
Pọynings *engl.* ˈpɔɪnɪŋz
Pọynter *engl.* ˈpɔɪntə
Pọynting *engl.* ˈpɔɪntɪŋ
Po̲y̲sdorf ˈpɔy̯sdɔrf
Pọžarevac *serbokr.* ˈpɔʒarɛvats
Pọžega *serbokr.* ˈpɔʒɛga
Pọžeski Brẹstovac *serbokr.* ˈpɔʒɛski: ˌbrɛstɔvats
Pọznań *poln.* ˈpɔznai̯n
Pozoblạnco *span.* poθoˈβlaŋko
Pọzsony *ung.* ˈpoʒonj
Pozzạllo *it.* potˈtsallo
Pọzzo *it.* ˈpɔttso
Pozzo di Borgọ *fr.* pɔdzodibɔrˈgo
Pozz[u]olạnerde pɔts[u̯]oˈla:n|e:ɐ̯də
Pozzuọli *it.* potˈtsu̯ɔ:li
Prä̲ prɛ
Präạmbel prɛˈambl̩
Präanimịsmus prɛ|aniˈmɪsmʊs
Präbendạr prɛbɛnˈda:ɐ̯
Präbendạrius prɛbɛnˈda:ri̯ʊs, **...ien** ...i̯ən
Präbẹnde prɛˈbɛndə
Prä̲bichl ˈprɛ:bɪçl̩
Prabụty *poln.* praˈbutɨ
Práce *tschech.* ˈpra:tsɛ
Prạchatice *tschech.* ˈpraxatjitsɛ
Prạchatitz ˈpraxatɪts
Prächelléen prɛʃɛleˈɛ̃:
Prạcher ˈpraxɐ
prạchern ˈpraxɐn
Prạchovice *tschech.* ˈpraxɔvitsɛ
Prạcht praxt
prạ̈chtig ˈprɛçtɪç, **-e** ...ɪgə
Prạ̈chting ˈprɛçtɪŋ
Prạcker ˈprakɐ

Präconinus prɛko'ni:nʊs
prädeistisch prɛde'ɪstɪʃ
Prades *fr.* prad
Pradesch pra'de:ʃ
Prädestination prɛdɛstina'tsi̯o:n
prädestinieren prɛdɛsti'ni:rən
Prädetermination prɛdetɛrmina'tsi̯o:n
prädeterminieren prɛdetɛrmi'ni:rən
Prädeterminismus prɛdetɛrmi'nɪsmʊs
Prädezessor prɛde'tsɛsɔr, **-en** ...'so:rən
Pradier *fr.* pra'dje
prädikabel prɛdi'ka:bl̩, **...ble** ...blə
Prädikabilien prɛdika'bi:li̯ən
Prädikamente prɛdika'mɛntə
Prädikant prɛdi'kant
Prädikat prɛdi'ka:t
pradikatieren prɛdika'ti:rən
Prädikation prɛdika'tsi̯o:n
prädikatisieren prɛdikati'zi:rən
prädikativ, P... prɛdika'ti:f, **-e** ...i:və
Prädikativum prɛdika'ti:vʊm, **...va** ...va
Prädilektion prɛdilɛk'tsi̯o:n
Pradilla *span.* pra'ðiʎa
prädisponieren prɛdɪspo'ni:rən
Prädisposition prɛdɪspozi'tsi̯o:n
prädizieren prɛdi'tsi:rən
Prado 'pra:do, *span.* 'praðo, *port.* 'praðu, *bras.* 'pradu
Prädomination prɛdomina'tsi̯o:n
prädominieren prɛdomi'ni:rən
Pradon *fr.* pra'dõ
Prados *bras.* 'pradus
Pradt *fr.* prat
Praeceptor Germaniae prɛ'tsɛptɔr gɛr'ma:ni̯ɛ
praecox 'prɛ:kɔks
Praed *engl.* preɪd
Präeminenz prɛ|emi'nɛnts
praemissis praemittendis prɛ'mɪsi:s prɛmi'tɛndi:s
praemisso titulo prɛ'mɪso 'ti:tulo
Praeneste prɛ'nɛstə, *B* ...te
Praest pra:st
Praetorius prɛ'to:ri̯ʊs
Präexistenz prɛ|ɛksɪs'tɛnts
Präexistenzianismus prɛ|ɛksɪstɛntsi̯a'nɪsmʊs
präexistieren prɛ|ɛksɪs'ti:rən
präfabriziert 'prɛ:fabritsi:ɐ̯t
Präfation prɛfa'tsi̯o:n
Präfekt prɛ'fɛkt
Präfektur prɛfɛk'tu:ɐ̯
Präferential... prɛferɛn'tsi̯a:l...
Präferenz prɛfe'rɛnts
präfigieren prɛfi'gi:rən
Präfiguration prɛfigura'tsi̯o:n
Präfix prɛ'fɪks, 'prɛ:fɪks
Präformation prɛfɔrma'tsi̯o:n
präformieren prɛfɔr'mi:rən
Präformist prɛfɔr'mɪst
Prag pra:k
Praga *it.* 'pra:ga, *poln.* 'praga
Prägarten 'prɛ:gartn̩
Präge 'prɛ:gə
Pragel 'pra:gl̩
prägen 'prɛ:gn̩, **präg!** prɛ:k, **prägt** prɛ:kt
Prager 'pra:gɐ
präglazial, P... prɛgla'tsi̯a:l
Pragmatik pra'gma:tɪk
Pragmatiker pra'gma:tikɐ
pragmatisch pra'gma:tɪʃ
pragmatisieren pragmati'zi:rən
Pragmatismus pragma'tɪsmʊs
Pragmatist pragma'tɪst
prägnant prɛ'gnant
Prägnanz prɛ'gnants
Prägravation prɛgrava'tsi̯o:n
prägravieren prɛgra'vi:rən
Praha *tschech.* 'praha
Prähistorie prɛhɪs'to:ri̯ə, *auch:* 'prɛ:...
prähistorisch prɛhɪs'to:rɪʃ, *auch:* 'prɛ:...
prahlen 'pra:lən
Prahlerei pra:lə'rai̯
Prahm pra:m
Prahova *rumän.* 'prahova
Prahovo *serbokr.* 'prahɔvɔ
Prahran *engl.* prɑ:'ræn
Praia *port.* 'prai̯ɐ
Prairial prɛ'ri̯al
Prairie du Chien *engl.* 'prɛərɪ də 'ʃi:n
Präjudiz prɛju'di:ts
präjudizial prɛjudi'tsi̯a:l
präjudiziell prɛjudi'tsi̯ɛl
präjudizieren prɛjudi'tsi:rən
präkambrisch prɛ'kambrɪʃ
Präkambrium prɛ'kambri̯ʊm
präkanzerös prɛkantse'rø:s, **-e** ...ø:zə
Präkanzerose prɛkantse'ro:zə
präkarbonisch prɛkar'bo:nɪʃ
Präkardial prɛkar'di̯a:l
Präkardialgie prɛkardi̯al'gi:, **-n** ...i:ən
präkarzinomatös prɛkartsinoma'tø:s, **-e** ...ø:zə
Präkaution prɛkau̯'tsi̯o:n
präkavieren prɛka'vi:rən
präkludieren prɛklu'di:rən
Präklusion prɛklu'zi̯o:n
präklusiv prɛklu'zi:f, **-e** ...i:və
präklusivisch prɛklu'zi:vɪʃ
Präkoma prɛ'ko:ma
Präkonisation prɛkoniza'tsi̯o:n
präkonisieren prɛkoni'zi:rən
präkordial prɛkɔr'di̯a:l
Prakrit 'pra:krɪt
praktifizieren praktifi'tsi:rən
Praktik 'praktɪk
praktikabel prakti'ka:bl̩, **...ble** ...blə
Praktikabilität praktikabili'tɛ:t
Praktikant prakti'kant
Praktiker 'praktikɐ
Praktikum 'praktikʊm, **...ka** ...ka
Praktikus 'praktikʊs, **-se** ...ʊsə
praktisch 'praktɪʃ
praktizieren prakti'tsi:rən
Praktizismus prakti'tsɪsmʊs
präkulmisch prɛ'kʊlmɪʃ
Prälat prɛ'la:t
Prälatur prɛla'tu:ɐ̯
Prälegat prɛle'ga:t
Präliminar... prɛlimi'na:ɐ̯...
Präliminare prɛlimi'na:rə, **...rien** ...ri̯ən
präliminieren prɛlimi'ni:rən
Praline pra'li:nə
Praliné, Pralinee prali'ne:
prall, P... pral
prallen 'pralən
prälogisch prɛ'lo:gɪʃ
Prälogismus prɛlo'gɪsmʊs
präludieren prɛlu'di:rən
Präludium prɛ'lu:di̯ʊm, **...ien** ...i̯ən
prämatur prɛma'tu:ɐ̯
Prämaturität prɛmaturi'tɛ:t
Prämeditation prɛmedita'tsi̯o:n
Prameny *tschech.* 'pramɛni
Prämie 'prɛ:mi̯ə
prämieren prɛ'mi:rən
prämiieren prɛmi'i:rən
Prämisse prɛ'mɪsə
Prämolaren prɛmo'la:rən
prämonitorisch prɛmoni'to:rɪʃ
Prämonstratenser prɛmɔnstra'tɛnzɐ
Prämorbidität prɛmɔrbidi'tɛ:t
Pramort pra'mɔrt
Prämortal prɛmɔr'ta:l
Pramsdorf 'pramsdɔrf
prämundan prɛmʊn'da:n
pränatal prɛna'ta:l
Prandauer 'prandau̯ɐ
Prandl 'prandl̩
Prandtauer 'prantau̯ɐ
Prandtl 'prantl̩
Prang *engl.* præŋ
prangen 'praŋən
Pranger 'praŋɐ
Prangins *fr.* prã'ʒɛ̃
Pranke 'praŋkə
Pränomen prɛ'no:mən, **...mina** ...mina
pränotieren prɛno'ti:rən
Prantl 'prantl̩
pränumerando prɛnume'rando
Pränumeration prɛnumera'tsi̯o:n
pränumerieren prɛnume'ri:rən
Pränuntiation prɛnʊntsi̯a'tsi̯o:n
Pranz prants
pranzen 'prantsn̩
Präokkupation prɛ|ɔkupa'tsi̯o:n
präokkupieren prɛ|ɔku'pi:rən
präoperativ prɛ|ɔpəra'ti:f, **-e** ...i:və

Präparand prɛpaˈrant, **-en** ...ndn̩
Präparat prɛpaˈra:t
Präparation prɛparaˈtsi̯o:n
präparativ prɛparaˈti:f, **-e** ...i:və
Präparator prɛpaˈra:tɔr, **-en** ...raˈto:rən
präparatorisch prɛparaˈto:rɪʃ
präparieren prɛpaˈri:rən
Präponderanz prɛpɔndeˈrants
präponderieren prɛpɔndeˈri:rən
präponieren prɛpoˈni:rən
Präpositi vgl. Präpositus
Präposition prɛpoziˈtsi̯o:n
präpositional prɛpozitsi̯oˈna:l
Präpositiv prɛpoziˈti:f, **-e** ...i:və
Präpositur prɛpoziˈtu:ɐ̯
Präpositus prɛˈpo:zitʊs, **...ti** ...ti
präpotent prɛpoˈtɛnt
Präpotenz prɛpoˈtɛnts
Präputium prɛˈpu:tsi̯ʊm, **...ien** ...i̯ən
Präraffaelit prɛrafaeˈli:t
Prärie prɛˈri:, **-n** ...i:ən
Prärogativ prɛrogaˈti:f, **-e** ...i:və
Prasad *engl.* prɑ:ˈsɑ:d
Präsapiens prɛˈza:pi̯ɛns
Prasem ˈpra:zm̩
Präsens ˈprɛ:zɛns, **...ntia** prɛˈzɛntsi̯a, **...nzien** prɛˈzɛntsi̯ən
präsent, P... prɛˈzɛnt
präsentabel prɛzɛnˈta:bl̩, **...ble** ...blə
Präsentant prɛzɛnˈtant
Präsentation prɛzɛntaˈtsi̯o:n
Präsentatum prɛzɛnˈta:tʊm, **...ta** ...ta
Präsentia vgl. Präsens
präsentieren prɛzɛnˈti:rən
präsentisch prɛˈzɛntɪʃ
Präsenz prɛˈzɛnts
Praseo ˈpra:zeo
Praseodym prazeoˈdy:m
Präsepe prɛˈze:pə, **...pien** ...pi̯ən
präservativ, P... prɛzɛrvaˈti:f, **-e** ...i:və
Präserve prɛˈzɛrvə
präservieren prɛzɛrˈvi:rən
Präses ˈprɛ:zɛs; **Präsides** ˈprɛ:zide:s, **Präsiden** prɛˈzi:dn̩
Präside prɛˈzi:də
Präsident prɛziˈdɛnt
Präsidial... prɛziˈdi̯a:l...
präsidieren prɛziˈdi:rən
Präsidium prɛˈzi:di̯ʊm, **...ien** ...i̯ən
präsilurisch prɛziˈlu:rɪʃ
Prášily *tschech.* ˈpra:ʃili
Prasiola praˈzi:ola
Präsklerose prɛskleˈro:zə
Praskowja, Praskov'ja *russ.* prasˈkɔvjjɐ
präskribieren prɛskriˈbi:rən
Präskription prɛskrɪpˈtsi̯o:n
präskriptiv prɛskrɪpˈti:f, **-e** ...i:və
Praslin *fr.* praˈlɛ̃
Praß pras, **Prasses** ˈprasəs
Prassede *it.* prasˈsɛ:de
prasseln ˈprasl̩n, **praßle** ˈpraslə
prassen ˈprasn̩, **praß!** pras, **praßt** prast
Prasserei prasəˈrai̯
prästabilieren prɛstabiˈli:rən
Prästandum prɛsˈtandʊm, **...da** ...da
Prästant prɛsˈtant
Prästanz prɛsˈtants
Prästation prɛstaˈtsi̯o:n
prästieren prɛsˈti:rən
präsumieren prɛzuˈmi:rən
Präsumption prɛzʊmpˈtsi̯o:n
Präsumtion prɛzʊmˈtsi̯o:n
präsumtiv prɛzʊmˈti:f, **-e** ...i:və
Prąszka *poln.* ˈprɔʃka
Prata *bras.* ˈprata
Pratau ˈpra:tau̯
prätektonisch prɛtɛkˈto:nɪʃ
Prätendent prɛtɛnˈdɛnt
prätendieren prɛtɛnˈdi:rən
Prätention prɛtɛnˈtsi̯o:n
prätentiös prɛtɛnˈtsi̯ø:s, **-e** ...ø:zə
Prater ˈpra:tɐ
präterieren prɛteˈri:rən
Präterita vgl. Präteritum
präterital prɛteriˈta:l
Präteritio prɛteˈri:tsi̯o, **-nen** ...riˈtsi̯o:nən
Präterition prɛteriˈtsi̯o:n
Präteritopräsens prɛteritoˈprɛ:zɛns, **...ntia** ...prɛˈzɛntsi̯a **...nzien** ...prɛˈzɛntsi̯ən
Präteritum prɛˈte:ritʊm, **...ta** ...ta
präterpropter ˈprɛ:tɐˈprɔptɐ
Prätext prɛˈtɛkst
Prati *it.* ˈpra:ti
Pratinas ˈpra:tinas
Prato *it.* ˈpra:to
Pratola Peligna *it.* ˈpra:tola peˈliɲɲa
Pratolini *it.* pratoˈli:ni
Pratomagno *it.* pratoˈmaɲɲo
Prätor ˈprɛ:tɔr, **-en** prɛˈto:rən
Prätorianer prɛtoˈri̯a:nɐ
prätorisch prɛˈto:rɪʃ
Prätorius prɛˈto:ri̯ʊs
Prats *span.* prats
Pratt *engl.* præt
Pratteln ˈpratl̩n
Prättigau ˈprɛtigau̯
Prätur prɛˈtu:ɐ̯
Pratze ˈpratsə
Prau[sitz] ˈprau̯[zɪts]
Prausnitz ˈprausnɪts
prävalent prɛvaˈlɛnt
Prävalenz prɛvaˈlɛnts
prävalieren prɛvaˈli:rən
Prävarikation prɛvarikaˈtsi̯o:n
[1]**Pravda** *tschech.* ˈpravda, *slowak.* ˈprau̯da
[2]**Pravda** vgl. Prawda
Pravdin vgl. Prawdin
Pravdinsk vgl. Prawdinsk
prävenieren prɛveˈni:rən
Prävenire prɛveˈni:rə
Prävention prɛvɛnˈtsi̯o:n
präventiv prɛvɛnˈti:f, **-e** ...i:və
Präverb prɛˈvɛrp, **-ien** ...rbi̯ən
präverbal prɛvɛrˈba:l
Prawda, Pravda *russ.* ˈpravdɐ
Prawdin, Pravdin *russ.* ˈpravdin
Prawdinsk, Pravdinsk *russ.* ˈpravdinsk
prawoslawisch pravoˈsla:vɪʃ
Praxeas ˈprakseas
Praxedis praˈkse:dɪs, *auch:* ˈpraksedɪs
Praxilla praˈksɪla
Praxis ˈpraksɪs
Praxiteles praˈksi:telɛs
Pray *engl.* preɪ
Präzedens prɛˈtse:dɛns, **...nzien** ...tseˈdɛntsi̯ən
Präzedenz prɛtseˈdɛnts
Präzentor prɛˈtsɛntɔr, **-en** ...ˈto:rən
Präzeptor prɛˈtsɛptɔr, **-en** ...ˈto:rən
präzessieren prɛtsɛˈsi:rən
Präzession prɛtsɛˈsi̯o:n
Präzipitat prɛtsipiˈta:t
Präzipitation prɛtsipitaˈtsi̯o:n
präzipitieren prɛtsipiˈti:rən
Präzipitin prɛtsipiˈti:n
Präzipuum prɛˈtsi:puʊm, **...pua** ...pu̯a
präzis prɛˈtsi:s, **-e** ...i:zə
präzisieren prɛtsiˈzi:rən
Präzision prɛtsiˈzi̯o:n
Prażmowski *poln.* praʒˈmɔfski
Prčanj *serbokr.* ˌpr̩tʃanj
Prčice *tschech.* ˈpr̩tʃitsɛ
Préault *fr.* preˈo
Preben *dän.* ˈpre:ˀbən
Prebichl ˈpre:bɪçl̩
Preble *engl.* prɛbl
Precancel *engl.* ˈpri:ˈkænsəl
Prechlau ˈprɛçlau̯
Prechtler ˈprɛçtlɐ
Précieuses *fr.* preˈsjø:z
Preciosa preˈtsi̯o:za
precipitando pretʃipiˈtando
Preczang ˈprɛtʃaŋ
Predappio *it.* preˈdappi̯o
Predeal *rumän.* preˈde̯al
Predella preˈdɛla
Predelle preˈdɛlə
predigen ˈpre:dɪgn̩, **predig!** ...ɪç, **predigt** ...ɪçt
Predigt ˈpre:dɪçt
Predil *it.* preˈdil
Preding ˈpre:dɪŋ
Predis *it.* ˈprɛ:dis
Predlitz ˈpre:dlɪts
Predmost ˈprɛtmɔst

Předmostí *tschech.* 'prʃɛdmɔstji:
Prednisolon prɛtnizo'lo:n
Predöhl pre'dø:l
Preece *engl.* pri:s
Preedy *engl.* 'pri:dɪ
Preemphasis pre'|ɛmfazɪs
Preetorius pre'to:ri̯ʊs
Preetz pre:ts
Preference prefe'rã:s, **-n** ...sn̩
Pregassona *it.* pregas'so:na
Pregel, Pregl 'pre:gl̩
Pregnan prɛ'gna:n
Pregnandiol prɛgnan'di̯o:l
Prehnit pre'ni:t, *auch:* ...nɪt
preien 'prai̯ən
Preil prai̯l
Prein[dl] 'prai̯n[dl̩]
Preis prai̯s, **-e** 'prai̯zə
Preiselbeere 'prai̯zl̩be:rə
preisen 'prai̯zn̩, **preis!** prai̯s, **preist** prai̯st
preisgeben 'prai̯sge:bn̩
preislich 'prai̯slɪç
Preistreiberei prai̯strai̯bə'rai̯
Préjean *fr.* pre'ʒã
prekär pre'kɛ:ɐ̯
Prekareihandel preka'rai̯handl̩
Prekarie pre'ka:ri̯ə
Prekarium pre'ka:ri̯ʊm, **...ien** ...i̯ən
Prel[i] 'pre:l[i]
Prêles *fr.* prɛl
Prell prɛl
prellen 'prɛlən
Prellenkirchen prɛlən'kɪrçn̩
Preller 'prɛlɐ
Prellerei prɛlə'rai̯
Prellwitz 'prɛlvɪts
Přelouč *tschech.* 'prʃɛlou̯tʃ
Prélude, -s *fr.* pre'lyd
Premeno *it.* pre'mɛ:no
Premier prə'mi̯e:, pre...
Premiere prə'mi̯e:rə, pre...; ...'mi̯ɛ:rə
Premier jus *fr.* prəmje'ʒy
Premierminister prə'mi̯e:minɪstɐ, pre...
Preminger 'pre:mɪŋɐ
Premnitz 'prɛmnɪts
Prémontré *fr.* premõ'tre
Premslin prɛms'li:n
Premuda *it.* pre'mu:da
Přemysl *tschech.* 'prʃɛmisl̩
Prence *engl.* prɛns
Prendergast *engl.* 'prɛndəgæst
Prenj *serbokr.* prɛ:nj
Prenonym preno'ny:m
Prentice, ...iss *engl.* 'prɛntɪs
Prenzlau 'prɛntslau̯
Preperception *engl.* 'pri:pə'sɛpʃən
Preradovic pre'ra:dovɪtʃ
Preradović *serbokr.* 'prɛradɔvitɕ
Prerau 'pre:rau̯
Přerov *tschech.* 'prʃɛrɔf
Prerow 'pre:ro
Pré-Saint-Didier *fr.* presɛ̃di'dje
Pré-Saint-Gervais *fr.* presɛ̃ʒɛr'vɛ
Presanella *it.* preza'nɛlla
Presber 'prɛsbɐ
Presbyakusis prɛsby|a'ku:zɪs
Presbyopie prɛsby|o'pi:
Presbyter 'prɛsbytɐ
presbyterial prɛsbyte'ri̯a:l
Presbyterianer prɛsbyte'ri̯a:nɐ
presbyterianisch prɛsbyte'ri̯a:nɪʃ
Presbyterium prɛsby'te:ri̯ʊm, **...ien** ...i̯ən
Preschau 'prɛʃau̯
preschen 'prɛʃn̩
Prescot[t] *engl.* 'prɛskət
Prese *it.* 'pre:se
Presenning pre'zɛnɪŋ
Prešeren *slowen.* prɛ'ʃe:rən
Presidente Hayes *span.* presi'ðente 'ajes
Presidente Vargas *bras.* prezi'denti 'vargas
Presidios *span.* pre'siðjɔs
Preslaw, Preslav *bulgar.* prɛ'slaf
Presle[s] *fr.* prɛl
Presley *engl.* 'prɛslɪ
Prešov *slowak.* 'prɛʃɔu̯
Prespasee 'prɛspaze:
[1]**Presque Isle** (Michigan) *engl.* prɛsk'i:l
[2]**Presque Isle** (Maine) *engl.* prɛsk'aɪl
preß prɛs
pressant prɛ'sant
Pressath 'prɛsat
Preßbaum 'prɛsbau̯m
Preßburg 'prɛsbʊrk
[1]**Presse** 'prɛsə
[2]**Presse** (Name) *fr.* prɛs
Presseck 'prɛsɛk
Pressel 'prɛsl̩
pressen 'prɛsn̩, **preß!** prɛs, **preßt** prɛst
Pressentiment prɛsãti'mã:
Presser *engl.* 'prɛsə
Presseur prɛ'sø:ɐ̯
pressieren prɛ'si:rən
Pressig 'prɛsɪç
Pression prɛ'si̯o:n
Pressler 'prɛslɐ
Preßling 'prɛslɪŋ
Pressuregroup *engl.* 'prɛʃəgru:p
Prestatyn *engl.* prɛs'tætɪn
Prestel 'prɛstl̩
Presti vgl. Presto
Přeštice *tschech.* 'prʃɛʃtjitsɛ
Prestidigitateur prɛstidiʒita'tø:ɐ̯
Prestige prɛs'ti:ʒə
prestissimo prɛs'tɪsimo
Prestissimo prɛs'tɪsimo, **...mi** ...mi
presto 'prɛsto
Presto 'prɛsto, **...ti** ...ti
Preston *engl.* 'prɛstən
Prestwich *engl.* 'prɛstwɪtʃ
Prestwick *engl.* 'prɛstwɪk
Preti *it.* 'prɛ:ti
pretial pre'tsi̯a:l
Pretiosen pre'tsi̯o:zn̩
Pretoria pre'to:ri̯a, *engl.* prɪ'tɔ:rɪə, *afr.* prə'to:rja
Preto, Rio *bras.* 'rriu 'pretu
Pretorius pre'to:ri̯ʊs
Prêtre *fr.* prɛtr
Prettin prɛ'ti:n
Pretyman *engl.* 'prɪtɪmən
Pretzfeld 'prɛtsfɛlt
Pretzsch pre:tʃ
Preuilly *fr.* prœ'ji
Preuschen 'prɔy̆ʃn̩
Preusker 'prɔy̆skɐ
Preuß, Preuss prɔy̆s
Preußag 'prɔy̆sak
Preuße 'prɔy̆sə
Preußen 'prɔy̆sn̩
preußisch 'prɔy̆sɪʃ
Preußlitz 'prɔy̆slɪts
Preußner 'prɔy̆snɐ
Prévert *fr.* pre'vɛ:r
Previtali *it.* previ'ta:li
Prevlaka *serbokr.* 'prɛvlaka
Prevorst 'pre:fɔrst
Prevost *engl.* 'prɛvou̯[st], prɛ'vou̯
Prévost *fr.* pre'vo
Prévost d'Exiles *fr.* prevodɛg'zil
Prévost-Paradol *fr.* prevopara'dɔl
Prew prɔy̆
Prewesa *neugr.* 'prɛvɛza
Prey[er] 'prai̯[ɐ]
Preysing-Lichtenegg-Moos 'prai̯zɪŋ'lɪçtənɛk'mo:s
Prez, Préz *fr.* pre
Prežihov *slowen.* 'pre:ʒixɔu̯
preziös pre'tsi̯ø:s, **-e** ...ø:zə
Preziosa pre'tsi̯o:za
Preziosen pre'tsi̯o:zn̩
Preziosität pretsi̯ozi'tɛ:t
Prezzolini *it.* prettso'li:ni
Priamel pri'a:ml̩
Priam[os] 'pri:am[ɔs]
Priamus 'pri:amʊs
Priangan *indon.* pri'aŋan
Priapea pria'pe:a
priapeisch pria'pe:ɪʃ
Priapeus pria'pe:ʊs, **...pei** ...pe:i
priapisch pri'a:pɪʃ
Priapismus pria'pɪsmʊs
Priapos pri'a:pɔs; 'pri:apɔs
Priapus pri'a:pʊs
Pribbernow 'prɪbɐno
Pribilla pri'bɪla
Pribilof Islands *engl.* 'prɪbɪləf 'aɪləndz
Pribislaw 'pri:bɪslaf
Priboj, [1]**Priboj** *russ.* pri'bɔj
[2]**Priboj** *serbokr.* ,pri:bɔ:j
Příbor *tschech.* 'prʃi:bɔr

Pri̱born 'pri:bɔrn
Pri̱bram 'pri:bram
Příbram *tschech.* 'prʃi:bram
Pri̱bylow, Pribylov *russ.* pribɨ'lɔf
Přibyslav *tschech.* 'prʃibislaf
Price *engl.* praɪs
Pri̱chard *engl.* 'prɪtʃəd
Pri̱cke 'prɪkə
Prickelei̱ prɪkə'lai̯
pri̱ck[e]llig 'prɪk[ə]lɪç, -e ...ɪgə
pri̱ckeln 'prɪkl̩n
pri̱cken 'prɪkn̩
Pride *engl.* praɪd
Pri̱deaux *engl.* 'prɪdoʊ
Pri̱ebus 'pri:bʊs
Pri̱eche 'pri:çə
Priego *span.* 'pri̯eɣo
Pri̱el pri:l
Pri̱em[en] 'pri:m[ən]
Pri̱en pri:n
Pri̱ene pri'e:nə, *B* ...ne
Pri̱erias pri'e:ri̯as
Pri̱eros 'pri:rɔs
pri̱es pri:s
pri̱esen, P... 'pri:zn̩
Pri̱eska *afr.* 'pri:ska
Pri̱eßnitz 'pri:snɪts
pri̱est pri:st
Pri̱ester 'pri:stɐ
Pri̱estewitz 'pri:stəvɪts
Pri̱estley *engl.* 'pri:stlɪ
Prieto *span.* 'pri̯eto
Prieur *fr.* pri'œ:r
Pri̱gnitz 'pri:gnɪts
Příhoda *tschech.* 'prʃi:hɔda
Prijedor *serbokr.* pri,jɛdɔr
Prijepolje *serbokr.* pri,jɛpɔljɛ
Pri̱lep *mak.* 'prilɛp
Pri̱llwitz 'prɪlvɪts
[1]**pri̱m, P...** pri:m
[2]**Prim** (Name) *span.* prim
pri̱ma, P... 'pri:ma
Primaballeri̱na primabale'ri:na
Primado̱nna prima'dɔna
Prima̱ge pri'ma:ʒə
Primalitä̱ten primali'tɛ:tn̩
Prima̱nen pri'ma:nən
Prima̱ner pri'ma:nɐ
Primano̱ta prima'no:ta
Prima̱r pri'ma:ɐ̯
primä̱r pri'mɛ:ɐ̯
Prima̱rius pri'ma:ri̯ʊs, ... en ...i̯ən
Pri̱mas 'pri:mas, -se ...asə
Prima̱t pri'ma:t
Primati̱ccio *it.* prima'tittʃo
Primaugu̱et *fr.* primo'gɛ
pri̱ma vi̱sta 'pri:ma 'vɪsta
Primavi̱stadiagnose prima'vɪstadiagno:zə
pri̱ma vo̱lta 'pri:ma 'vɔlta
[1]**Pri̱me** 'pri:mə
[2]**Prime** (Name) *engl.* praɪm
Pri̱mel 'pri:ml̩
Pri̱mi vgl. Primus
Primi inter pares vgl. Primus inter pares

Primi̱para pri'mi:para, ...ren ...mi'pa:rən
Pri̱mislaus 'pri:mɪslau̯s
primiti̱v primi'ti:f, -e ...ivə
Primiti̱ven primi'ti:vn̩
primitivisi̱eren primitivi'zi:rən
Primitivi̱smus primiti'vɪsmʊs
Primitivitä̱t primitivi'tɛ:t
Primiti̱vum primi'ti:vʊm, ...va ...va
Primi uomini vgl. Primo uomo
Primi̱z pri'mi:ts
Primizi̱ant primi'tsi̯ant
Primi̱zien pri'mi:tsi̯ən
Pri̱mkenau 'prɪmkənau̯
pri̱mo, [1]**P...** 'pri:mo
[2]**Pri̱mo** (Name) *span.* 'primo
Primogenitu̱r primogeni'tu:ɐ̯
Primogu̱et *fr.* primɔ'gɛ
Primorje *serbokr.* ,primɔ:rjɛ, ,pri:m...
Primo̱rsk *russ.* pri'mɔrsk
Primo̱rsko *bulgar.* pri'mɔrsko
Primo̱rsko-Achta̱rsk, Primorsko-Ahtarsk *russ.* pri'mɔrskɐax'tarsk
Pri̱mo uo̱mo 'pri:mo 'u̯ɔ:mo, **Pri̱mi uo̱mini** ...mi ...mini
Pri̱mrose *engl.* 'prɪmroʊz
Pri̱ms[tal] 'prɪms[ta:l]
Pri̱msweiler 'prɪmsvai̯lɐ
Pri̱mum mo̱bile 'pri:mʊm 'mo:bilə
Pri̱mus 'pri:mʊs; **Pri̱mi** 'pri:mi, -se ...ʊsə
Pri̱mus i̱nter pa̱res 'pri:mʊs 'ɪntɐ 'pa:re:s, **Pri̱mi - -** ...mi – –
Pri̱nce *engl.* prɪns
Pri̱nce of Wales *engl.* 'prɪns əv 'weɪlz
Pri̱nceton *engl.* 'prɪnstən
principa̱liter prɪntsi'pa:litɐ
Pri̱ncip *serbokr.* ,printsi:p
Pri̱ncipe *it.* 'printʃipe
Príncipe *port* 'prĩsipə
princi̱piis o̱bsta prɪn'tsi:pii:s 'ɔpsta
Princi̱pium [contradictio̱nis, exclu̱si te̱rtii, identita̱tis, ratio̱nis sufficie̱ntis] prɪn'tsi:pi̯ʊm [kɔntradɪk'tsi̯o:nɪs, ɛks'klu:zi 'tɛrtsii, idɛnti'ta:tɪs, ra'tsi̯o:nɪs zʊfi'tsi̯ɛntɪs]
Pri̱ng[le] *engl.* prɪŋ[gl]
Pri̱ngsheim 'prɪŋshai̯m
Pri̱nkipo 'prɪŋkipo
Pri̱ns *niederl.* prɪns
Pri̱ns Christians Sund *dän.* prens 'kresdjans 'son'
Pri̱nsenbeek *niederl.* 'prɪnsənbe:k
Pri̱nsep *engl.* 'prɪnsɛp
Pri̱nsterer 'prɪnstərɐ
Pri̱nt[e] 'prɪnt[ə]
Pri̱nted in Germany *engl.* 'prɪntɪd ɪn 'dʒə:mənɪ

Pri̱nters 'prɪntɐs
Pri̱nz prɪnts
Pri̱nz-A̱lbert-Land prɪnts'|albɐrtlant
Pri̱nzeps 'prɪntsɛps, ...zipes ...tsipe:s
Prinze̱ß prɪn'tsɛs, ...e̱ssen ...ɛsn̩
Prinze̱ssin prɪn'tsɛsɪn
Pri̱nzhorn 'prɪntshɔrn
Prinzi̱p prɪn'tsi:p, -ien ...pi̯ən
Prinzipa̱l prɪntsi'pa:l
prinzipa̱liter prɪntsi'pa:litɐ
Prinzipa̱t prɪntsi'pa:t
Prinzipes vgl. Prinzeps
prinzipie̱ll prɪntsi'pi̯ɛl
Pri̱nz-Thro̱nfolger 'prɪnts'tro:nfɔlgɐ
Pri̱on 'pri:ɔn
[1]**Pri̱or** 'pri:ɔr, -en pri'o:rən
[2]**Prior** (Name) *engl.* 'praɪə, *span.* pri'ɔr
Priora̱t prio'ra:t
Priora̱to *span.* pri̯o'rato
Priorin pri'o:rɪn, *auch:* 'pri:orɪn
Prioritä̱t priori'tɛ:t
Pri̱ort 'pri:ɔrt
Priosjo̱rsk, Priozersk *russ.* pria'zjɔrsk
Pri̱pet 'pri:pɛt
Pri̱pjat, Pri̱pjat' *russ.* 'pripɪtj
Pri̱pjet 'prɪpjɛt
Pri̱sca 'prɪska
Pri̱schen 'pri:sçən
Pri̱schwin, Prišvin *russ.* 'priʃvin
Prisci̱an[us] prɪs'tsi̯a:n[ʊs]
Prisci̱lla prɪs'tsɪla, *engl.* prɪ'sɪlə
Priscillia̱n prɪstsɪ'li̯a:n
Pri̱scus 'prɪskʊs
Pri̱se 'pri:zə
Prishtinë *alban.* priʃ'tinə
Pri̱sm *engl.* 'prɪzəm
Pri̱sma 'prɪsma
prisma̱tisch prɪs'ma:tɪʃ
Prismato̱id prɪsmato'i:t, -e ...i:də
prismatoi̱disch prɪsmato'i:dɪʃ
Prismo̱id prɪsmo'i:t, -e ...i:də
Prison pri'zõ:
Pri̱soner of war *engl.* 'prɪznə əv 'wɔ:
Prisonnier de gue̱rre, -s - - *fr.* prizɔnjed'gɛ:r
Prisse d'Ave̱snes *fr.* prisda'vɛn
Pri̱ština *serbokr.* 'pri:ʃtina
Prišvin vgl. Prischwin
Pri̱tchard *engl.* 'prɪtʃəd
Pri̱tchett *engl.* 'prɪtʃɪt
Pri̱toka *serbokr.* 'pritɔka
Pri̱tsche 'prɪtʃə
pri̱tschen 'prɪtʃn̩
Pri̱tstabel 'prɪtstabl̩
Pritze̱rbe prɪts'|ɛrbə
Pritzi̱er prɪ'tsi:ɐ̯
Pri̱tzwalk 'prɪtsvalk
Priva̱s *fr.* pri'vɑ
priva̱t pri'va:t

Privatier priva'ti̯e:
Privatiere priva'ti̯e:rə, ...'ti̯ɛ:rə
privatim pri'va:tɪm
Privation priva'tsi̯o:n
privatisieren privati'zi:rən
privatissime priva'tɪsime
Privatissimum priva'tɪsimʊm, **...ma** ...ma
Privatist priva'tɪst
privativ, P... priva'ti:f, **-e** ...i:və
Priverno *it.* pri'vɛrno
Privileg privi'le:k, **-ien** ...'le:gi̯ən
privilegieren privile'gi:rən
Privilegium privi'le:gi̯ʊm, **...ien** ...i̯ən
Privy council *engl.* 'prɪvɪ 'kaʊnsl
Priwolschsk, Privolžsk *russ.* pri'vɔlʃsk
Prix pri:, **des** – pri:[s], **die** – pri:s
Prittisch 'prɪtɪʃ
Prittwitz 'prɪtvɪts
Prizren *serbokr.* 'prizrɛn
Prizzi *it.* 'priddzi
Prjanischnikow, Prjanišnikov *russ.* 'prjaniʃnikɐf
pro, [1]Pro pro:
[2]Pro (Name) *span.* pro
pro anno pro: 'ano
Proanthesis pro|an'te:zɪs
Proärese pro|ɛ're:zə
Proba 'pro:ba
probabel pro'ba:bl̩, **...ble** ...blə
Probabilismus probabi'lɪsmʊs
Probabilität probabili'tɛ:t
Proband pro'bant, **-en** ...ndn̩
probat pro'ba:t
Probation proba'tsi̯o:n
Pröbchen 'prø:pçən
Probe 'pro:bə
pröbeln 'prø:bl̩n, **pröble** 'prø:blə
proben 'pro:bn̩, **prob!** pro:p, **probt** pro:pt
probieren pro'bi:rən
Probiont pro'bi̯ɔnt
Probität probi'tɛ:t
Problem pro'ble:m
Problematik proble'ma:tɪk
problematisch proble'ma:tɪʃ
Probolinggo *indon.* probo'lɪŋgo
Probstei pro:ps'tai̯
Probstheida pro:pst'haida
Probstzella pro:pst'tsɛla
Probus 'pro:bʊs
Procaccini *it.* prokat'tʃi:ni
Procedere pro'tse:dərə
pro centum pro: 'tsɛntʊm
Procęssus pro'tsɛsʊs
Procházka *tschech.* 'prɔxa:ska
Procheilie proçai̯'li:
Prochowice *poln.* prɔxɔ'vitsɛ
Procida *it.* 'prɔ:tʃida
Procksch prɔkʃ
Proclus 'pro:klʊs
Procopé *schwed.* prɔkɔ'pe:
pro copia pro: 'ko:pi̯a
Procopius pro'ko:pi̯ʊs
Procter, ...tor *engl.* 'prɔktə
Proculejus proku'le:jʊs
Prodekan 'pro:deka:n
Prod'homme *fr.* prɔ'dɔm
Prodigalität prodigali'tɛ:t
Prodigium pro'di:gi̯ʊm, **...ien** ...i̯ən
Prodikos 'pro:dikɔs
pro domo pro: 'do:mo
pro dosi pro: 'do:zi
Prodrom pro'dro:m
Prodromal... prodro'ma:l...
Prodromos 'pro:dromɔs
Prodromus 'pro:dromʊs, **...men** pro'dro:mən
Producer pro'dju:sɐ
Produkt pro'dʊkt
Produktion prodʊk'tsi̯o:n
produktiv prodʊk'ti:f, **-e** ...i:və
Produktivität prodʊktivi'tɛ:t
Produzent produ'tsɛnt
produzieren produ'tsi:rən
Proenzym pro|ɛn'tsy:m
profan pro'fa:n
Profanation profana'tsi̯o:n
profanieren profa'ni:rən
Profeß pro'fɛs, **...fesse** ...'fɛsə
Profession profɛ'si̯o:n
Professional profɛsi̯o'na:l; pro'fɛʃənəl; *engl.* prə'fɛʃənəl
professionalisieren profɛsi̯onali'zi:rən
Professionalismus profɛsi̯ona'lɪsmʊs
professionell profɛsi̯o'nɛl
professioniert profɛsi̯o'ni:ɐt
Professionist profɛsi̯o'nɪst
Professor pro'fɛsɔr, **-en** ...'so:rən
professoral profɛso'ra:l
Professorin profɛ'so:rɪn, *auch:* pro'fɛsorɪn
Professur profɛ'su:ɐ
Profi 'pro:fi
proficiat! pro'fi:tsi̯at
Profil pro'fi:l
profilieren profi'li:rən
Profilograph profilo'gra:f
Profit pro'fi:t
profitabel profi'ta:bl̩, **...ble** ...blə
Profiteur profi'tø:ɐ
profitieren profi'ti:rən
pro forma pro: 'fɔrma
Profos pro'fo:s, **-e** ...o:zə
Proft prɔft
Profumo *engl.* prə'fju:moʊ
profund pro'fʊnt, **-e** ...ndə
Profundal... profʊn'da:l...
profus pro'fu:s, **-e** ...u:zə
progam pro'ga:m
Progenese proge'ne:zə
Progenie proge'ni:
Progenitur progeni'tu:ɐ
Progeria proge'ri:a
Progerie proge'ri:
Progesteron progɛste'ro:n
Proglottid proglɔ'ti:t, **-en** ...i:dn̩
Prognath pro'gna:t
Prognathie progna'ti:
Prognose pro'gno:zə
Prognostik pro'gnɔstɪk
Prognostikon pro'gnɔstikɔn, **...ka** ...ka
Prognostikum pro'gnɔstikʊm, **...ka** ...ka
prognostisch pro'gnɔstɪʃ
prognostizieren prognɔsti'tsi:rən
Progonotaxis progono'taksɪs
Programm pro'gram
Programmatik progra'ma:tɪk
Programmatiker progra'ma:tikɐ
programmatisch progra'ma:tɪʃ
programmieren progra'mi:rən
progredient progre'di̯ɛnt
Progreso *span.* pro'ɣreso
Progreß pro'grɛs, **...gresse** ...ɛsə
Progression progrɛ'si̯o:n
Progressismus progrɛ'sɪsmʊs
Progressist progrɛ'sɪst
progressiv progrɛ'si:f, **-e** ...i:və
Progressive Jazz *engl.* prə'grɛsɪv 'dʒæz
Progressivist progrɛsi'vɪst
Progymnasium 'pro:gʏmna:zi̯ʊm, **...ien** ...i̯ən
Prohaska pro'haska, 'prɔhaska
prohibieren prohi'bi:rən
Prohibition prohibi'tsi̯o:n
Prohibitionist prohibitsi̯o'nɪst
prohibitiv, P... prohibi'ti:f, **-e** ...i:və
prohibitorisch prohibi'to:rɪʃ
Prohibitorium prohibi'to:ri̯ʊm, **...ien** ...i̯ən
Projekt pro'jɛkt
projektieren projɛk'ti:rən
Projektil projɛk'ti:l
Projektion projɛk'tsi̯o:n
projektiv projɛk'ti:f, **-e** ...i:və
Projektor pro'jɛktɔr, **-en** ...'to:rən
projizieren proji'tsi:rən
Prokatalepsis proka'ta:lɛpsɪs, **...lepsen** ...ta'lɛpsn̩
Prokeleusmatikus prokelɔy̆s'ma:tikʊs, **...ki** ...ki
Prokesch 'prɔkɛʃ
Proklamation proklama'tsi̯o:n
proklamieren prokla'mi:rən
Proklise pro'kli:zə
Proklisis 'pro:klizɪs, **...sen** pro'kli:zn̩
Proklitikon pro'kli:tikɔn, **...ka** ...ka
proklitisch pro'kli:tɪʃ
Proklos 'pro:klɔs
Prokne 'prɔknə, *B* ...ne
Prokof[f] 'pro:kɔf

Prokofi, Prokofij *russ.* pra'kɔfij
Prokofjew, Prokof'ev pro'kɔfjɛf, *russ.* pra'kɔfjɪf
Prokonsul pro'kɔnzʊl, 'pro:...
Prokonsulat prokɔnzu'la:t, 'pro:...
[1]**Prokop** (Böhmen) 'pro:kɔp
[2]**Prokop** (Antike) pro'ko:p
Prokopi, Prokopij *russ.* pra'kɔpij
Prokopios pro'ko:pi̯ɔs
Prokopius pro'ko:pi̯ʊs
Prokopjewsk, Prokop'evsk *russ.* pra'kɔpjɪfsk
Prokopowitsch, Prokopovič *russ.* prɐka'pɔvitʃ
Prokosch 'pro:kɔʃ, *engl.* 'proʊkɔʃ
Prokris 'pro:krɪs
Prokrustes pro'krʊstɛs
Proktalgie prɔktal'gi:, **-n** ...i:ən
Proktitis prɔk'ti:tɪs, **...itiden** ...ti'ti:dn̩
proktogen prɔkto'ge:n
Proktologe prɔkto'lo:gə
Proktologie prɔktolo'gi:
Proktoplastik prɔkto'plastɪk
Proktorrhagie prɔktɔra'gi:, **-n** ...i:ən
Proktospasmus prɔkto'spasmʊs
Proktostase prɔkto'sta:zə
Proktotomie prɔktoto'mi: **-n** ...i:ən
Proktozele prɔkto'tse:lə
Prokuplje *serbokr.* ˌprɔkupljɛ
Prokura pro'ku:ra
Prokuration prokura'tsi̯o:n
Prokurator proku'ra:tɔr, **-en** ...ra'to:rən
Prokurazien proku'ra:tsi̯ən, *auch:* ...ra'tsi:ən
Prokurist proku'rɪst
Prokuror pro'ku:rɔr, **-en** ...ku'ro:rən
Prokyon 'pro:ky̆ɔn
Prolaktin prolak'ti:n
Prolamine prola'mi:nə
Prolan pro'la:n
Prolaps[us] pro'laps[ʊs]
Prolegomenon prole'go:menɔn, **...ena** ...ena
Prolepse pro'lɛpsə
Prolepsis 'pro:lepsɪs, pro'lɛpsɪs; **...psen** pro'lɛpsn̩
proleptisch pro'lɛptɪʃ
Prolet pro'le:t
Proletariat proleta'ri̯a:t
Proletarier prole'ta:ri̯ɐ
proletarisch prole'ta:rɪʃ
proletarisieren proletari'zi:rən
Proletarsk *russ.* prɐlɪ'tarsk
[1]**Proliferation** prolifera'tsi̯o:n
[2]**Proliferation** (Weitergabe von Atomwaffen) *engl.* proʊlɪfə'reɪʃən
proliferativ prolifera'ti:f, **-e** ...i:və
proliferieren prolife'ri:rən
prolix pro'lɪks
pro loco pro: 'lo:ko
Prolog pro'lo:k, **-e** ...o:gə
Prolongation prolɔŋga'tsi̯o:n
Prolongement prolõʒə'mã:
prolongieren prolɔŋ'gi:rən
Proložac *serbokr.* ˌprɔlɔʒats
Promachos 'pro:maxɔs
pro memoria pro: me'mo:ri̯a
Promemoria prome'mo:ri̯a, **...ien** ...i̯ən
Promenade promə'na:də
promenieren promə'ni:rən
Promesse pro'mɛsə
Promessi Sposi *it.* pro'messi 'spɔ:zi
prometheisch prome'te:ɪʃ
Prometheus pro'me:tɔys
Promethium pro'me:ti̯ʊm
pro mille pro: 'mɪlə
Promille pro'mɪlə
prominent promi'nɛnt
Prominenz promi'nɛnts
promiscue pro'mɪskue
Promiskuität promɪskui̯'tɛ:t
promiskuitiv promɪskui̯'ti:f, **-e** ...i:və
Promission promɪ'si̯o:n
promissorisch promɪ'so:rɪʃ
Promissorium promɪ'so:ri̯ʊm, **...ien** ...i̯ən
Promittent promɪ'tɛnt
promittieren promɪ'ti:rən
Promoter pro'mo:tɐ, *engl.* prə'moʊtə
[1]**Promotion** promo'tsi̯o:n
[2]**Promotion** *engl.* prə'moʊʃən
Promotor pro'mo:tɔr, **-en** ...mo'to:rən
promovieren promo'vi:rən
prompt prɔmpt
Promptuarium prɔmp'tu̯a:ri̯ʊm, **...ien** ...i̯ən
Promulgation promʊlga'tsi̯o:n
promulgieren promʊl'gi:rən
Pronaos 'pro:naɔs, **...naoi** ...naɔy
Pronation prona'tsi̯o:n
pro nihilo pro: 'ni:hilo
Pronja *russ.* 'prɔnjɐ
Pronomen pro'no:mən, **...mina** ...mina
pronominal pronomi'na:l
Pronominale pronomi'na:lə; **...lia** ...li̯a, **...lien** ...li̯ən
prononcieren pronõ'si:rən
Pronsfeld 'prɔnsfɛlt
Pronuntius pro'nʊntsi̯ʊs, **...ien** ...i̯ən
Pronunziamento pronʊntsi̯a'mɛnto
Pronunziamiento pronʊntsi̯a'mi̯ɛnto
pronunziato pronʊn'tsi̯a:to
Prony *fr.* prɔ'ni
Prooimion pro'|ɔymi̯ɔn, **...ia** ...i̯a
Proömium pro'|ø:mi̯ʊm, **...ien** ...i̯ən
Propädeutik propɛ'dɔytɪk
propädeutisch propɛ'dɔytɪʃ
Propaganda propa'ganda
propagandieren propagan'di:rən
Propagandist propagan'dɪst
Propagation propaga'tsi̯o:n
propagieren propa'gi:rən
Propan pro'pa:n
Propanon propa'no:n
Proparoxytonon proparɔ'ksy:tonɔn, **...na** ...na
pro patria pro: 'pa:tria
Propeller pro'pɛlɐ
Propemptikon pro'pɛmptikɔn, **...ka** ...ka
Propen pro'pe:n
Propepsin propɛ'psi:n
proper 'prɔpɐ
Properdin propɛr'di:n
Properispomenon properi'spo:menɔn, **...na** ...na
Propertius pro'pɛrtsi̯ʊs
Properz pro'pɛrts
Prophase pro'fa:zə
Prophet pro'fe:t
Prophetie profe'ti:, **-n** ...i:ən
prophetisch pro'fe:tɪʃ
prophezeien profe'tsai̯ən
Prophilias pro'fi:li̯as
Prophylaktikum profy'laktikʊm, **...ka** ...ka
prophylaktisch profy'laktɪʃ
Prophylaxe profy'laksə
Prophylaxis profy'laksɪs
Propiol pro'pi̯o:l
Propion pro'pi̯o:n
Propolis 'pro:polɪs
Proponent propo'nɛnt
proponieren propo'ni:rən
Propontis pro'pɔntɪs
Proportio pro'pɔrtsi̯o
Proportion propɔr'tsi̯o:n
proportional propɔrtsi̯o'na:l
Proportionale propɔrtsi̯o'na:lə
Proportionalität propɔrtsi̯onali'tɛ:t
proportioniert propɔrtsi̯o'ni:ɐ̯t
Proporz pro'pɔrts
Propositio propo'zi:tsi̯o, **-nes** ...zi'tsi̯o:ne:s
Propositio maior, minor - propo'zi:tsi̯o 'ma:jɔr, – 'mi:nɔr
Proposition propozi'tsi̯o:n
Propositum pro'po:zitʊm, **...ta** ...ta
Proposta pro'pɔsta
Proprätor pro'prɛ:tɔr, **-en** proprɛ'to:rən
propre 'prɔpɐ
Propretät propɐ'tɛ:t
proprie 'pro:prie
Proprietär proprie'tɛ:ɐ̯
Proprietät proprie'tɛ:t
pro primo pro: 'pri:mo

proprio motu 'pro:prio 'mo:tu
Proprium 'pro:prium
Proprium de tempore 'pro:prium de: 'tɛmpore
Proprium sanctorum 'pro:prium zaŋk'to:rum
Propst pro:pst, **Pröpste** 'prø:pstə
Propstei pro:ps'tai
Propulsion propʊl'tsi̯o:n
propulsiv propʊl'zi:f, **-e** ...i:və
Propusk 'pro:pʊsk, 'prɔp..., pro'pʊsk
Propyläen propy'lɛ:ən
Propylen propy'le:n
Propylit propy'li:t, *auch:* ...lɪt
pro rata [parte, temporis] pro: 'ra:ta ['partə, 'tɛmporɪs]
Prorektor 'pro:rɛktɔr, '–'––; **-en** 'pro:rɛkto:rən, '––'––
Prorektorat 'pro:rɛktɔra:t, '–––'–
Prorogation proroga'tsi̯o:n
prorogativ proroga'ti:f, **-e** ...i:və
prorogieren proro'gi:rən
Prosa 'pro:za
Prosaiker pro'za:ikɐ
prosaisch pro'za:ɪʃ
Prosaist proza'ɪst
Proschwitz 'prɔʃvɪts
Prosektor 'pro:zɛktɔr, '–'––; **-en** 'pro:zɛkto:rən, '––'––
Prosektur prozɛk'tu:ɐ̯
Prosekution prozeku'tsi̯o:n
Prosekutiv prozeku'ti:f, **-e** ...i:və
Prosekutor proze'ku:tɔr, **-en** ...ku'to:rən
Proselyt proze'ly:t
Proseminar 'pro:zemina:ɐ̯
Prösen 'prø:zn̩
Prosenchym prozɛn'çy:m
prosenchymatisch prozɛnçy'ma:tɪʃ
Proserpina pro'zɛrpina
Prosigk 'pro:zɪk
Prosimetrum prozi'me:trum, **...tra** ...tra
prosit!, Prosit 'pro:zɪt
Prosito *it.* 'prɔ:zito
Proskau 'prɔskau̯
Proske 'prɔskə
Proskenion pro'ske:ni̯ɔn, **...ia** ...i̯a
proskribieren proskri'bi:rən
Proskription proskrɪp'tsi̯o:n
Proskurow, Proskurov *russ.* pras'kurɐf
Proskynese prɔsky'ne:zə
Proskynesis prɔs'ky:nezɪs, **...nesen** ...ky'ne:zn̩
Prosodem prozo'de:m
Prosodiakus prozo'di:akʊs, **...ki** ...ki
Prosodie prozo'di:, **-n** ...i:ən
Prosodik pro'zo:dɪk
Prosodion pro'zo:di̯ɔn, **...ia** ...i̯a
prosodisch pro'zo:dɪʃ
Prosodontie prozodɔn'ti:
Prosopalgie prozopal'gi:, **-n** ...i:ən
Prosopographie prozopogra'fi:, **-n** ...i:ən
Prosopolepsie prozopolɛ'psi:
Prosopoplegie prozopople'gi:
Prosopopöie prozopopø'i:, **-n** ...i:ən
Prosoposchisis prozopo'sçi:zɪs
Prospect *engl.* 'prɔspɛkt
Prospekt pro'spɛkt
prospektieren prospɛk'ti:rən
Prospektion prospɛk'tsi̯o:n
prospektiv prospɛk'ti:f, **-e** ...i:və
Prospektor pro'spɛktɔr, **-en** ...'to:rən
Prosper 'prɔspɐ, *fr.* prɔs'pɛ:r *engl.* 'prɔspə
prosperieren prospe'ri:rən
Prosperität prosperi'tɛ:t
Prospermie prospɛr'mi:, **-n** ...i:ən
Prospero 'prɔspero
prospizieren prospi'tsi:rən
Proßnitz 'prɔsnɪts
prost!, Prost pro:st
Prostata 'prɔstata
Prostatektomie prostatɛkto'mi:, **-n** ...i:ən
Prostatiker pro'sta:tikɐ
Prostatitis prosta'ti:tɪs, **...itiden** ...ti'ti:dn̩
Prostějov *tschech.* 'prɔstjɛjɔf
prosten 'pro:stn̩
Prösterchen 'prø:stɐçən
Prosternation prostɛrna'tsi̯o:n
prosternieren prostɛr'ni:rən
Prosthese prɔs'te:zə
Prosthesis 'prɔstezɪs, **...thesen** prɔs'te:zn̩
prosthetisch prɔs'te:tɪʃ
prostituieren prostitu'i:rən
Prostituierte prostitu'i:ɐ̯tə
Prostitution prostitu'tsi̯o:n
Prostken 'prɔstkn̩
Prostration prostra'tsi̯o:n
Prostylos 'prɔstylɔs, **...loi** ...lɔy
Prosyllogismus prozylo'gɪsmʊs
prosyllogistisch prozylo'gɪstɪʃ
Proszenium pro'stse:ni̯ʊm, **...ien** ...i̯ən
Prószków *poln.* 'pruʃkuf
Proszowice *poln.* prɔʃɔ'vitsɛ
Protagonist protago'nɪst
Protagoras pro'ta:goras
Protaktinium protak'ti:ni̯ʊm
Protamin prota'mi:n
Protandrie protan'dri:
protandrisch pro'tandrɪʃ
Protanopie protano'pi:
Protasis 'pro:tazɪs, **...tasen** pro'ta:zn̩
Protease prote'a:zə
Protegé prote'ʒe:
protegieren prote'ʒi:rən
Proteid prote'i:t, **-e** ...i:də
Protein prote'i:n
Proteinase protei'na:zə
proteisch pro'te:ɪʃ
Protektion protɛk'tsi̯o:n
Protektionismus protɛktsi̯o'nɪsmʊs
Protektionist protɛktsi̯o'nɪst
Protektor pro'tɛktɔr, **-en** ...'to:rən
Protektorat protɛkto'ra:t
pro tempore pro: 'tɛmpore
Proteolyse proteo'ly:zə
proteolytisch proteo'ly:tɪʃ
Proterandrie proteran'dri:
proterogyn protero'gy:n
Proterogynie proterogy'ni:
Proterozoikum protero'tso:ikʊm
Protesilaos protezi'la:ɔs
Protest pro'tɛst
Protestant protɛs'tant
protestantisch protɛs'tantɪʃ
Protestantismus protɛstan'tɪsmʊs
Protestation protɛsta'tsi̯o:n
protestieren protɛs'ti:rən
Proteus 'pro:tɔys
Protevangelium protevaŋ'ge:li̯ʊm
Prothallium pro'tali̯ʊm, **...ien** ...i̯ən
Prothero[e] *engl.* 'prɔðərou
Prothese pro'te:zə
Prothetik pro'te:tɪk
prothetisch pro'te:tɪʃ
Prothoe 'pro:toe
Prothrombin protrɔm'bi:n
Protist pro'tɪst
Protium 'pro:tsi̯ʊm
Protoevangelium proto|evaŋ'ge:li̯ʊm
protogen proto'ge:n
Protogin proto'gi:n
protogyn proto'gy:n
Protogynie protogy'ni
Protokokken proto'kɔkn̩
Protokoll proto'kɔl
Protokollant protokɔ'lant
protokollarisch protokɔ'la:rɪʃ
protokollieren protokɔ'li:rən
Proton 'pro:tɔn, **-en** pro'to:nən
Protonema proto'ne:ma
Protonotar protono'ta:ɐ̯
Proton Pseudos 'pro:tɔn 'psɔydɔs
Protopapadakes *neugr.* prɔtɔpapa'ðakis
Protophyte proto'fy:tə
Protophyton pro'to:fytɔn, **...ten** proto'fy:tn̩
Protoplasma proto'plasma
Protoplast proto'plast
Protos 'pro:tɔs
Prototyp 'pro:toty:p, proto'ty:p
prototypisch proto'ty:pɪʃ
Protovestiar protovɛs'ti̯a:ɐ̯

Protozoologe prototsoo'lo:gə
Protozoologie prototsoolo'gi:
Protozoon proto'tso:ɔn
protrahieren protra'hi:rən
Protraktion protrak'tsi̯o:n
Protreptik pro'trɛptɪk
protreptisch pro'trɛptɪʃ
Protrusion protru'zi̯o:n
Protti *it.* 'prɔtti
Protuberanz protube'rants
protypisch pro'ty:pɪʃ
Protypon 'pro:typɔn, **...pen** pro'ty:pn̩
Protypus pro'ty:pʊs
Protz[e] 'prɔts[ə]
Prötzel 'prœtsl̩
protzen 'prɔtsn̩
protzig 'prɔtsɪç, **-e** ...ɪgə
Proudhon *fr.* pru'dõ
Proust *fr.* prust
Proustit prʊs'ti:t, *auch:* ...tɪt
Prout[y] *engl.* 'praʊt[ɪ]
Provadija vgl. Prowadija
Provence *fr.* prɔ'vã:s
Provenceröl pro'vã:sɐ|ø:l
Provenienz prove'ni̯ɛnts
Provenzale provɛn'tsa:lə, *auch:* provɛn'sa:lə, provã'sa:lə
provenzalisch provɛn'tsa:lɪʃ, *auch:* provɛn'sa:lɪʃ, provã'sa:lɪʃ
Proverb pro'vɛrp, **-en** ...rbn̩
Proverbe, -s *fr.* prɔ'vɛrb
proverbial[isch] provɛr'bi̯a:l[ɪʃ]
proverbiell provɛr'bi̯ɛl
Proverbium pro'vɛrbi̯ʊm, **...ien** ...i̯ən
Proviant pro'vi̯ant
proviantieren provi̯an'ti:rən
Providence *engl.* 'prɔvɪdəns, *fr.* prɔvi'dã:s
Providencia *span.* proβi'ðenθi̯a
providentiell providɛn'tsi̯ɛl
Providenz provi'dɛnts
Province *fr.* prɔ'vɛ̃:s
Provins *fr.* prɔ'vɛ̃
Provinz pro'vɪnts
Provinzial[e] provɪn'tsi̯a:l[ə]
provinzialisieren provɪntsi̯ali'zi:rən
Provinzialismus provɪntsi̯a'lɪsmʊs
provinziell provɪn'tsi̯ɛl
Provinzler pro'vɪntslɐ
Provision provi'zi̯o:n
Provisor pro'vi:zɔr, **-en** provi'zo:rən
provisorisch provi'zo:rɪʃ
Provisorium provi'zo:ri̯ʊm, **...ien** ...i̯ən
[1]**Provo** 'pro:vo
[2]**Provo** (Ort) *engl.* 'proʊvoʊ
provokant provo'kant
Provokateur provoka'tø:ɐ̯
Provokation provoka'tsi̯o:n
provokativ provoka'ti:f, **-e** ...i:və
provokatorisch provoka'to:rɪʃ
Provoost *engl.* 'proʊvoʊst
Provost *fr.* prɔ'vo
provozieren provo'tsi:rən
Prowadija, Provadija *bulgar.* pro'vadija
Prowazek 'prɔvazɛk
Proxenie prɔkse'ni:
Proxima Centauri 'prɔksima tsɛn'tauri
proximal prɔksi'ma:l
proximo 'prɔksimo
Proximus 'prɔksimʊs
prozedieren protse'di:rən
Prozedur protse'du:ɐ̯
Prozent pro'tsɛnt
...prozentig (z. B. fünfprozentig) ...proˌtsɛntɪç, **-e** ...ɪgə
prozentisch pro'tsɛntɪʃ
prozentual protsɛn'tu̯a:l
prozentualiter protsɛn'tu̯a:litɐ
prozentuell protsɛn'tu̯ɛl
prozentuieren protsɛntu'i:rən
Prozeß pro'tsɛs, **...zesse** ...ɛsə
prozessieren protsɛ'si:rən
Prozession protsɛ'si̯o:n
Prozessualist protsɛsu̯a'lɪst
prozöl pro'tsø:l
Prschewalsk[i], Prževal'sk[ij] *russ.* prʒə'valjsk[ij]
Prudden *engl.* prʌdn
prüde 'pry:də
Prudelei pru:də'lai
prudelig 'pru:dəlɪç, **-e** ...ɪgə
prudeln 'pru:dl̩n, **prudle** 'pru:dlə
Prudencio *span.* pru'ðenθi̯o
Prudentia pru'dɛntsi̯a
Prudentius pru'dɛntsi̯ʊs
Prüderie pry:də'ri:, **-n** ...i:ən
Prudhoe *engl.* 'prʌdoʊ, prʌd'hoʊ
Prudhomme *fr.* pry'dɔm
Prud'hon *fr.* pry'dõ
prudlig 'pru:dlɪç, **-e** ...ɪgə
Prudnik *poln.* 'prudnik
prüfen 'pry:fn̩
Prüfening 'pry:fənɪŋ
Prüfer 'pry:fɐ
Prügel 'pry:gl̩
Prügelei pry:gə'lai
prügeln 'pry:gl̩n, **prügle** 'pry:glə
Prühlitz 'pry:lɪts
Prüm prʏm
Prünelle pry'nɛlə
Prunelles *fr.* pry'nɛl
Prunier *fr.* pry'nje
Prunières *fr.* pry'njɛ:r
Prunk prʊŋk
prunken 'prʊŋkn̩
Prunn prʊn
Pruntrut prʊn'tru:t
Prunus 'pru:nʊs
pruriginös prurigi'nø:s, **-e** ...ø:zə
Prurigo pru'ri:go
Pruritus pru'ri:tʊs
Prus *poln.* prus
Prusias 'pru:zi̯as
Pruschany, Pružany *russ.* pru'ʒanɨ
Pruße 'pru:sə
prusten 'pru:stn̩
Pruszcz Gdański *poln.* 'pruʃtʃ 'gdaĩski
Pruszków *poln.* 'pruʃkuf
Prut *russ., rumän.* prut
Pruta pru'ta:, **...tot** pru'to:t
Pruth pru:t
Prutkow, Prutkov *russ.* prut'kɔf
Prutt prʊt
Prutz prʊts
Prüwer 'pry:vɐ
Pružany vgl. Pruschany
Pruzze 'prʊtsə
Pryce *engl.* praɪs
Prynne *engl.* prɪn
Pryor *engl.* 'praɪə
Prytane pry'ta:nə
Prytaneion pryta'naiɔn
Prytaneum pryta'ne:ʊm, **...een** ...e:ən
Prząsnysz *poln.* 'pʃasnɨʃ
Przedbórz *poln.* 'pʃɛdbuʃ
Przedecz *poln.* 'pʃɛdɛtʃ
Przemków *poln.* 'pʃɛmkuf
Przemysl 'pʃɛmʏsl̩
Przemysł *poln.* 'pʃɛmɨsu̯
Przemyśl *poln.* 'pʃɛmɨɕl
Przemyslide pʃɛmʏs'li:də
Prževal'sk[ij] vgl. Prschewalsk[i]
Przeworsk *poln.* 'pʃɛvɔrsk
Przybyszewski *poln.* pʃɨbɨ'ʃɛfski
Przysucha *poln.* pʃɨ'suxa
Przywara pʃʏ'vara
Psaligraphie psaligra'fi:
psaligraphisch psali'gra:fɪʃ
Psalm psalm
Psalmist psal'mɪst
Psalmodie psalmo'di:, **-n** ...i:ən
psalmodieren psalmo'di:rən
psalmodisch psal'mo:dɪʃ
Psalter 'psaltɐ
Psalterium psal'te:ri̯ʊm, **...ien** ...i̯ən
Psametich 'psa:metɪç
Psammenitos psa'me:nitɔs
Psammetich 'psametɪç
Psammetichos psa'me:tɪçɔs
Psammis 'psamɪs
Psammit psa'mi:t, *auch:* ...mɪt
psammophil psamo'fi:l
Psammophyten psamo'fy:tn̩
Psammotherapie psamotera'pi:
Psammuthis psa'mu:tɪs
Pschawe 'pʃa:və
Pschorr pʃɔr
pscht! pʃt (mit silbischem [ʃ])
Psel vgl. Psjol
Psellismus psɛ'lɪsmʊs
Psellos 'psɛlɔs
Psephit pse'fi:t, *auch:* ...fɪt

Pseudandronym psɔydandro'ny:m
Pseudanthium psɔy'dantiu̯m, **...ien** ...i̯ən
Pseudarthrose psɔydar'tro:zə
Pseudepigraphen psɔydepi'gra:fn̩
pseudoisidorisch psɔydo|izi'do:rɪʃ
Pseudokrise psɔydo'kri:zə
Pseudologie psɔydolo'gi:, **-n** ...i:ən
Pseudolyssa psɔydo'lʏsa
Pseudomnesie psɔydɔmne'zi:
pseudomorph psɔydo'mɔrf
Pseudomorphose psɔydomɔr'fo:zə
pseudonym, P... psɔydo'ny:m
Pseudoorganismen psɔydo|ɔrga'nɪsmən
Pseudopodium psɔydo'po:di̯ʊm, **...ien** ...i̯ən
Pseudosäure 'psɔydozɔyrə
Psi psi:
Psichari *fr.* psika'ri
Psicharis *neugr.* psi'xaris
Psilomelan psilome'la:n
Psilose psi'lo:zə
Psilosis psi'lo:zɪs
Psittaci 'psɪtatsi
Psittakose psɪta'ko:zə
Psjol, Psel *russ.* psjɔl
Pskow, Pskov *russ.* pskɔf
Psoas 'pso:as
Psoriasis pso'ri:azɪs, **...iasen** ...'ri̯a:zn̩
pst! pst (mit silbischem [s])
Psunj *serbokr.* psu:nj
Psusennes psu'zɛnɛs
Psychagoge psyça'go:gə
Psychagogik psyça'go:gɪk
Psychalgie psyçal'gi:, **-n** ...i:ən
Psychanalyse psyçana'ly:zə
Psychares *neugr.* psi'xaris
Psychasthenie psyçaste'ni:
[1]**Psyche** (Seele) 'psy:çə
[2]**Psyche** (Name) 'psy:çə, *B* ...çe
psychedelisch psyçe'de:lɪʃ
Psychiater psy'çi̯a:tɐ
Psychiatrie psyçi̯a'tri:
psychiatrieren psyçi̯a'tri:rən
psychiatrisch psy'çi̯a:trɪʃ
Psychiker 'psy:çikɐ
psychisch 'psy:çɪʃ
Psychismus psy'çɪsmʊs
Psychoanalyse psyço|analy:zə
psychoanalysieren psyço|analy'zi:rən
Psychoanalytiker psyço|ana'ly:tikɐ
psychoanalytisch psyço|ana'ly:tɪʃ
Psychobiologie psyçobiolo'gi:
Psychodiagnostik psyçodia'gnɔstɪk
Psychodrama psyço'dra:ma
psychogen psyço'ge:n
Psychogenese psyçoge'ne:zə
Psychogenesis psyço'ge:nezɪs, *auch:* ...gɛn...; **nesen** ...ge'ne:zn̩
Psychogenie psyçoge'ni:
Psychoglossie psyçoglɔ'zi:
Psychognosie psyçogno'zi:
Psychognostik psyço'gnɔstɪk
Psychognostiker psyço'gnɔstikɐ
psychognostisch psyço'gnɔstɪʃ
Psychogramm psyço'gram
Psychograph psyço'gra:f
Psychographie psyçogra'fi:
Psychogymnastik psyçogʏm'nastɪk
Psychohygiene psyçohy'gi̯e:nə
psychoid psyço'i:t, **-e** ...i:də
Psychoid psyço'i:t, **-es** ...i:dəs
Psychokinese psyçoki'ne:zə
Psychologe psyço'lo:gə
Psychologie psyçolo'gi:
psychologisch psyço'lo:gɪʃ
psychologisieren psyçologi'zi:rən
Psychologismus psyçolo'gɪsmʊs
psychologistisch psyçolo'gɪstɪʃ
Psycholyse psyço'ly:zə
Psychomantie psyçoman'ti:
Psychometrie psyçome'tri:
psychometrisch psyço'me:trɪʃ
Psychomonismus psyçomo'nɪsmʊs
Psychomotilität psyçomotili'tɛ:t
Psychomotorik psyçomo'to:rɪk
psychomotorisch psyçomo'to:rɪʃ
Psychoneurose psyçonɔy'ro:zə
Psychopath psyço'pa:t
Psychopathie psyçopa'ti:
Psychopathologe psyçopato'lo:gə
Psychopathologie psyçopatolo'gi:
Psychopharmakon psyço'farmakɔn, **...ka** ...ka
Psychophysik psyçofy'zi:k
Psychophysiker psyço'fy:zikɐ
psychophysisch psyço'fy:zɪʃ
Psychoreflexe psyçore'flɛksə
Psychoreflexologie psyçoreflɛksolo'gi:
Psychose psy'ço:zə
Psychosomatik psyçozo'ma:tɪk
psychosomatisch psyçozo'ma:tɪʃ
Psychotechnik psyço'tɛçnɪk
Psychotherapeut[ik] psyçotera'pɔyt[ɪk]
Psychotherapie psyçotera'pi:
Psychotiker psy'ço:tikɐ
psychotisch psy'ço:tɪʃ
Psychovitalismus psyçovita'lɪsmʊs
Psychroalgie psyçro|al'gi:, psʏkr...; **-n** ...i:ən
Psychrometer psyçro'me:tɐ, psʏkr...
Psychrophyten psyçro'fy:tn̩, psʏkr...
Psyllen 'psʏlən
Pszczyna *poln.* 'pʃtʃɨna
Pszów *poln.* pʃuf
Ptah pta:
Ptahhotep pta'ho:tɛp
Ptarmikum 'ptarmikʊm, **...ka** ...ka
Ptarmus 'ptarmʊs
Pteranodon pte'ra:nodɔn, **...odonten** ...rano'dɔntn̩
Pteridophyten pterido'fy:tn̩
Pteridosperme pterido'spɛrmə
Pterine pte'ri:nə
Pterodaktylus ptero'daktylʊs, **...len** ...'ty:lən
Pteropode ptero'po:də
Pterosaurier ptero'zau̯ri̯ɐ
Pterygium pte'ry:gi̯ʊm, **...ia** ...i̯a
pterygot ptery'go:t
Ptisane pti'za:nə
Ptolemäer ptole'mɛ:ɐ
Ptolemais ptole'ma:ɪs, *neugr.* ptɔlɛma'is
ptolemäisch ptole'mɛ:ɪʃ
Ptolemäos ptole'mɛ:os
Ptolemäus ptole'mɛ:ʊs
Ptomain ptoma'i:n
Ptosis 'pto:zɪs
PTT *fr.* pete'te
Ptuj *slowen.* ptu:j
Ptyalin ptya'li:n
Ptyalismus ptya'lɪsmʊs
Pub pap, *engl.* pʌb
Pubeotomie pubeoto'mi:, **-n** ...i:ən
pubertär pubɛr'tɛ:ɐ̯
Pubertät pubɛr'tɛ:t
pubertieren pubɛr'ti:rən
Pubes 'pu:bɛs
pubeszent pubɛs'tsɛnt
Pubeszenz pubɛs'tsɛnts
publice 'pu:blitse
Publicity *engl.* pʌ'blɪsɪtɪ
Public Relations *engl.* 'pʌblɪk rɪ'leɪʃənz
Public Schools *engl.* 'pʌblɪk 'sku:lz
publik pu'bli:k
Publikandum publi'kandʊm, **...da** ...da
Publikation publika'tsi̯o:n
Publikum 'pu:blikʊm
Publilius pu'bli:li̯ʊs
publizieren publi'tsi:rən
Publizist[ik] publi'tsɪst[ɪk]
Publizität publitsi'tɛ:t
Puccini *it.* put'tʃi:ni
Pucelle *fr.* py'sɛl
Pučesk vgl. Putschesk
Puch[elt] 'pʊx[l̩t]
Puchmajer 'pʊxmai̯ɐ, *tschech.* 'puxmajɛr
Puchstein 'pʊxʃtai̯n
Puchta 'pʊxta
Pucić *serbokr.* 'putsitɕ

Pucioạsa *rumän.* pu'tʃo̯asa
[1]**Pụck** (Kobold, Scheibe) pʊk, *engl.* pʌk
[2]**Pụck** (Name) *poln.* putsk
Pụ̈ckler 'pʏklɐ
Pụd pu:t
Pụdagla 'pu:dagla
Pụdasjärvi *finn.* 'pudɑsjærvi
pụddeln 'pʊdl̩n, **pụddle** 'pʊdlə
Puddemịn pʊdə'mi:n
Pụdding 'pʊdɪŋ
Pụdel 'pu:dl̩
pụdeln 'pu:dl̩n, **pụdle** 'pu:dlə
pụdelnạß 'pu:dl̩'nas
Pudentiạna pudɛn'tsi̯a:na
Pụder 'pu:dɐ
pụderig 'pu:dərɪç, **-e** ...ɪgə
pụdern 'pu:dɐn, **pụdre** ...drə
Pụdlich 'pu:dlɪç
Pụdok *russ.* 'pudɐk
Pudọwkin, Pudovkin *russ.* pu'dɔfkin
pụdrig 'pu:drɪç, **-e** ...ɪgə
Pudsey *engl.* 'pʌdzɪ
Pụdu 'pu:du
Puẹbla *span.* 'pu̯eβla
Pueblịto *span.* pu̯e'βlito
Puẹblo 'pu̯e:blo, *engl.* pʊ'ɛbloʊ, *span.* 'pu̯eβlo
Pueblonuẹvo del Terrịble *span.* pu̯eβlo'nu̯eβo ðɛl tɛ'rriβle
Puẹch *fr.* pu̯ɛʃ
Puẹlche *span.* 'pu̯ɛltʃe
Puẹlla pụblica 'pu̯ɛla 'pu:blika
Puẹnte Genịl *span.* 'pu̯entɛ xe'nil
puerịl pu̯e'ri:l
Puerilịsmus pu̯eri'lɪsmʊs
Puerilitạ̈t pu̯erili'tɛ:t
Puẹrpera 'pu̯ɛrpera, **...rae** ...rɛ
puerperạl pu̯ɛrpe'ra:l
Puerpẹrium pu̯ɛr'pe:ri̯ʊm, **...ien** ...i̯ən
Puẹrto *span.* 'pu̯ɛrto
Puẹrto de la Crụz *span.* 'pu̯ɛrto ðe la 'kruθ
Puertollạno *span.* pu̯ɛrto'ʎano
Puertoricạner pu̯ɛrtori'ka:nɐ
Puẹrto Rịco 'pu̯ɛrto 'ri:ko, *span.* 'pu̯ɛrtɔ 'rriko, *engl.* 'pwə:toʊ 'ri:koʊ
Pueyrredón *span.* pu̯ɛi̯rrɛ'ðɔn
Pụfendorf 'pu:fn̩dɔrf
pụff!, Pụff pʊf
Pụ̈ffchen 'pʏfçən
Pụffe 'pʊfə
pụffen 'pʊfn̩
Pụffer 'pʊfɐ
pụffig 'pʊfɪç, **-e** ...ɪgə
Pugatschọw, Pugačev *russ.* puga'tʃɔf
Pugẹt *fr.* py'ʒɛ
Puget Sound *engl.* 'pju:dʒɪt 'saʊnd
Pugh[e] *engl.* pju:
Pugin *fr.* py'ʒɛ̃, *engl.* 'pju:dʒɪn
Pụglia *it.* 'puʎʎa
Pụglie *it.* puʎʎe
Pugnạni *it.* puɲ'ɲa:ni
pụh! pu:
Puịg *span.* pu̯ix, *kat.* putʃ
Puigcerdá *span.* pu̯ixθɛr'ða
Puig Mayọr *span.* pu̯iɣma'jɔr
Puisaye, Puisẹt *fr.* pɥi'zɛ
Puiseux *fr.* pɥi'zø
Pụjmanová *tschech.* 'pujmanɔva:
Pụkë *alban.* 'pukə
Pụl pu:l
Pụla *serbokr.* ˌpu:la
Pulaski *engl.* pə'læskɪ
Puławski *poln.* pu'u̯aski
Puławy *poln.* pu'u̯avɨ
Pụ̈lcher 'pʏlçɐ
Pulchẹria pʊl'çe:ri̯a, pʊl'ke:ri̯a
Pụlci *it.* 'pultʃi
Pulcinẹll pʊltʃi'nɛl
Pulcinẹlla pʊltʃi'nɛla, **...ẹlle** ...ɛlə
Pulegọn pule'go:n
pụlen 'pu:lən
Pụlfrich 'pʊlfrɪç
Pulgạr *span.* pul'ɣar
Pụlheim 'pʊlhai̯m
Pụlitzer 'pʊlɪtsɐ, *engl.* ...tsə
Pụlk[a] 'pʊlk[a]
Pụlkau 'pʊlkau̯
Pụlkkila *finn.* 'pulkkilɑ
Pụlkowo, Pulkovo *russ.* 'pulkɐvɐ
Pụllach 'pʊlax
Pụlle 'pʊlə
pụlen 'pʊlən
Pụlli 'pʊli
Pụlling 'pʊlɪŋ
Pụllman *engl.* 'pʊlmən
Pullọver pʊ'lo:vɐ, *auch:* pʊl'|o:...
Pullụnder pʊ'lʊndɐ, *auch:* pʊl'|ʊndɐ
Pully *fr.* py'ji
Pụlmo 'pʊlmo, **-nes** ...'mo:ne:s
pulmonạl pʊlmo'na:l
Pulmonie pʊlmo'ni:, **-n** ...i:ən
Pụlp pʊlp
Pụlpa 'pʊlpa, **Pụlpae** 'pʊlpɛ
Pụlpe 'pʊlpə
Pụ̈lpe 'pʏlpə
Pulpịtis pʊl'pi:tɪs, **...itịden** ...pi'ti:dn̩
pulpọ̈s pʊl'pø:s, **-e** ...ø:zə
Pụlque 'pʊlkə
Pụls pʊls, **-e** 'pʊlzə
Pulsạr pʊl'za:ɐ̯
Pulsatịlla pʊlza'tɪla
Pulsatiọn pʊlza'tsi̯o:n
Pulsạtor pʊl'za:tɔr, **-en** ...za'to:rən
Pụ̈lschen 'pʏlsçən
pụlsen 'pʊlzn̩, **pụls!** pʊls, **pụlst** pʊlst
pulsiẹren pʊl'zi:rən
Pulsiọn pʊl'zi̯o:n
Pụlsnitz 'pʊlsnɪts
Pulsomẹter pʊlzo'me:tɐ
Pụlt pʊlt
Pụ̈ltchen 'pʏltçən
Pulteney *engl.* 'pʌltnɪ
Pułtusk *poln.* 'puu̯tusk
Pụlver 'pʊlfɐ, *auch:* ...lvɐ
Pụ̈lverchen 'pʏlfɐçən, *auch:* 'pʏlvɐçən
pụlv[e]rig 'pʊlf[ə]rɪç, *auch:* ...lv[ə]rɪç; **-e** ...ɪgə
Pulverisạtor pʊlveri'za:tɔr, **-en** ...za'to:rən
pulverisiẹren pʊlveri'zi:rən
Pụma 'pu:ma
Pumarẹjo *span.* puma'rɛxo
Pụmmel[chen] 'pʊml̩[çən]
pụmm[e]lig 'pʊm[ə]lɪç, **-e** ...ɪgə
Pụmp[e] 'pʊmp[ə]
Pumpẹlly *engl.* pʌm'pɛlɪ
pụmpen 'pʊmpn̩
pụmpern 'pʊmpɐn
Pụmpernickel 'pʊmpɐnɪkl̩
Pụmphose 'pʊmpho:zə
Pumps pœmps
Pụna 'pu:na, *engl.* 'pu:nə, *span.* 'puna
Punalụaehe puna'lu:a|e:ə
Punch pantʃ, *engl.* pʌntʃ
Puncher 'pantʃɐ
Punchingball 'pantʃɪnbal
Pụnctum [pụncti, sạliens] 'pʊŋktʊm ['pʊŋkti, 'za:li̯ɛns]
Pụ̈nder 'pʏndɐ
Pụ̈nderich 'pʏndərɪç
Pụnier 'pu:ni̯ɐ
pụnisch 'pu:nɪʃ
Punjạb *engl.* pʌn'dʒɑ:b
Pụnkaharju *finn.* 'puŋkɑhɑrju
Pụnkt pʊŋkt
Punktạl... pʊŋk'ta:l...
Punktạt pʊŋk'ta:t
Punktatiọn pʊŋkta'tsi̯o:n
Punktatọren pʊŋkta'to:rən
Pụ̈nktchen 'pʏŋktçən
pụnkten 'pʊŋktn̩
punktiẹren pʊŋk'ti:rən
Punktiọn pʊŋk'tsi̯o:n
pụ̈nktlich 'pʏŋktlɪç
pụnkto 'pʊŋkto
Punktualitạ̈t pʊŋktu̯ali'tɛ:t
punktuẹll pʊŋk'tu̯ɛl
Pụnktum 'pʊŋktʊm
Punktụr pʊŋk'tu:ɐ̯
Punnett *engl.* 'pʌnɪt
Pụno *span.* 'puno
Pụnsch pʊnʃ
Pụ̈nschchen 'pʏnʃçən
[1]**Pụnt** (Boot) pant
[2]**Pụnt** (Name) pʊnt
Pụnta Arẹnas *span.* 'punta a'renas
pụnta d'ạrco 'pʊnta 'darko
Pụnta del Ẹste *span.* 'punta ðe 'leste
Puntarẹnas *span.* punta'renas
Pụntila 'pʊntila
Puntraschịgna *rät.* puntra'ʃiɲa
Punxsutawney *engl.* pʌŋksə'tɔ:nɪ
Pụnze 'pʊntsə

pụnzen ˈpʊntsn̩
punzieren pʊnˈtsi:rən
Pụp[e] ˈpu:p[ə]
pụpen ˈpu:pn̩
pupillar pupɪˈla:ɐ̯
pupillarisch pupɪˈla:rɪʃ
Pupịlle puˈpɪlə
Pupin *engl.* pju:ˈpi:n, *serbokr.* ˈpupin
pupinisieren pupiniˈzi:rən
Pupinspule puˈpi:nʃpu:lə
pupipar pupiˈpa:ɐ̯
Pupipara puˈpi:para
Pụ̈ppchen ˈpʏpçən
Pụppe ˈpʊpə
Pụpper ˈpʊpɐ
pụppern ˈpʊpɐn
Pups pu:ps
pupsen ˈpu:psn̩
pur pu:ɐ̯
Pur *russ.* pur
Puracé *span.* puraˈθe
Purana puˈra:na
Purari puˈra:ri, *engl.* pu:ˈrɑ:rɪ
Pụrbach ˈpu:ɐ̯bax
Pụ̈rbach ˈpy:ɐ̯bax
Purbeck *engl.* ˈpə:bɛk
Purcell *engl.* pə:sl
Purchas *engl.* ˈpə:tʃəs
Purdue *engl.* pə:ˈdju:
Püree pyˈre:
Purga pʊrˈga:, **...gi** ...gi:
Pụrgans ˈpʊrgans; **...anzien** ...ˈgantsi̯ən, **...antia** ...ˈgantsi̯a
Purganz pʊrˈgants
Purgation pʊrgaˈtsi̯o:n
purgativ, P... pʊrgaˈti:f, **-e** ...i:və
Purgatorio *it.* purgaˈtɔ:ri̯o
Purgatorium pʊrgaˈto:ri̯ʊm
Pụ̈rgg pʏrk
Purgi vgl. Purga
purgieren pʊrˈgi:rən
Pụrgstal ˈpʊrk-ʃtal
pürieren pyˈri:rən
Purifikation purifikaˈtsi̯o:n
Purifikatorium purifikaˈto:ri̯ʊm
purifizieren purifiˈtsi:rən
Purim puˈri:m, *auch:* ˈpu:rɪm
Purin puˈri:n
Purischkewitsch, Puriškevič *russ.* puriʃˈkjevitʃ
Purịsmus puˈrɪsmʊs
Purịst puˈrɪst
Puritaner puriˈta:nɐ
Puritani *it.* puriˈta:ni
puritanisch puriˈta:nɪʃ
Puritanịsmus puritaˈnɪsmʊs
Puritat puriˈtɛ:t
Pụrkarec *tschech.* ˈpurkarɛts
Pụrkersdorf ˈpʊrkɐsdɔrf
Pụrkinje ˈpʊrkɪnjə
Pụrkyně *tschech.* ˈpurkinjɛ
Purley *engl.* ˈpə:lɪ
Purmerẹnd *niederl.* pʏrmərˈɛnt
Purnẹll *engl.* pə:ˈnɛl
Purohita puˈro:hita
Pụrpur ˈpʊrpʊr
Pụrpura ˈpʊrpura, **...rae** ...rɛ
pụrpurn ˈpʊrpʊrn
Pụrrmann ˈpʊrman
Pụrschwitz ˈpʊrʃvɪts
Pursh *engl.* pə:ʃ
Pụ̈rstinger ˈpʏrstɪŋɐ
Pụrtscheller ˈpʊrtʃɛlɐ
purulẹnt puruˈlɛnt
Purulẹnz puruˈlɛnts
Puruleszẹnz purulɛsˈtsɛnts
Purus *bras.* puˈrus
Purús *span.* puˈrus
Pụruvesi *finn.* ˈpuruvɛsi
Purver *engl.* ˈpə:və
Purves *engl.* ˈpə:vɪs
Purvey *engl.* ˈpə:vɪ
Purwakarta *indon.* pʊrwaˈkarta
Purwokerto *indon.* pʊrwokərˈto
Pụrzel ˈpʊrtsl̩
Pụ̈rzel ˈpʏrtsl̩
pụrzeln ˈpʊrtsl̩n
Pusan *korean.* pusan
Pușcariu *rumän.* puʃˈkarju
Pụschel ˈpʊʃl̩
Pụ̈schel ˈpʏʃl̩
Pụschkin, Puškin ˈpʊʃki:n, *russ.* ˈpuʃkin
Pụschkino, Puškino *russ.* ˈpuʃkinɐ
Puschlav pʊʃˈla:f
Pụschmann ˈpʊʃman
Pusey *engl.* ˈpju:zɪ
Pụshball *engl.* ˈpʊʃbɔ:l
pụshen ˈpʊʃn̩
Pụsher ˈpʊʃɐ
Pụ̈spökhatvan *ung.* ˈpyʃpøkhɔtvɔn
Pụ̈spökladány *ung.* ˈpyʃpøklɔda:nj
Pụsselchen ˈpʊsl̩çən
pụsselig ˈpʊsəlɪç, **-e** ...ɪgə
pụsseln ˈpʊsl̩n
Pụßta ˈpʊsta
Puste ˈpu:stə
Pụstel ˈpʊstl̩
pusten ˈpu:stn̩
Püster ˈpy:stɐ
Püsterich ˈpy:stərɪç
Pụstertal ˈpʊstɐta:l
Pụstet ˈpʊstɛt
Pụstkuchen ˈpʊstku:xn̩
Pustoschka, Pustoška *russ.* pusˈtɔʃkɐ
pustulös pʊstuˈlø:s, **-e** ...ø:zə
Pụsztacsalád *ung.* ˈpustɔtʃɔla:d
Pụsztaszabolcs *ung.* ˈpustɔsɔboltʃ
Pụsztaszer *ung.* ˈpustɔsɛr
Pụsztavacs *ung.* ˈpustɔvɔtʃ
putativ putaˈti:f, **-e** ...i:və
Pụtbus ˈpʊtbʊs
Pụtbus[s]er ˈpʊtbʊsɐ
Pute ˈpu:tə
Puteaux *fr.* pyˈto
Puteoli puˈte:oli
Puter ˈpu:tɐ
Püterich ˈpy:tərɪç
puterrot ˈpu:tɐˈro:t
Puthahn ˈpu:tha:n
Putignano *it.* putiɲˈɲa:no
Putiwl, Putivl' *russ.* puˈtivlj
Pụtlitz ˈpʊtlɪts
Pụtna *rumän.* ˈputna
Pụtnak *ung.* ˈputnɔk
Pụtnam *engl.* ˈpʌtnəm
Putney *engl.* ˈpʌtnɪ
Putnik *serbokr.* ˈpu:tni:k
pụt, pụt! ˈpʊt ˈpʊt
Putpụt pʊtˈpʊt
Putrament *poln.* puˈtramɛnt
Putrefaktion putrefakˈtsi̯o:n
Putreszẹnz putrɛsˈtsɛnts
putreszieren putrɛsˈtsi:rən
putrid puˈtri:t, **-e** ...i:də
Pụtsch[all] ˈpʊtʃ[al]
pụtschen ˈpʊtʃn̩
pụ̈tscherig ˈpʏtʃərɪç, **-e** ...ɪgə
pụ̈tschern ˈpʏtʃɐn
Pụtschesk, Pučesk *russ.* ˈputʃɪsk
Putschịst pʊˈtʃɪst
Pụ̈tt pʏt
[1]**Pụtte** ˈpʊtə
[2]**Pụtte** (Name) *niederl.* ˈpʏtə
Pụtten *niederl.* ˈpʏtə
Pụttenham *engl.* ˈpʌtnəm
Pụtter ˈpʊtɐ
Pụ̈tter ˈpʏtɐ
Pụttgarden ˈpʊtgardn̩, –ˈ––
Putti vgl. Putto
Pụttkamer ˈpʊtkamɐ
Pụ̈ttlingen ˈpʏtlɪŋən
Pụ̈ttner ˈpʏtnɐ
Pụtto ˈpʊto, **Pụtti** ˈpʊti
Putumaio *bras.* putuˈmaju
Putumayo *span.* putuˈmajo
Pụtz pʊts
Pụ̈tz[e] ˈpʏts[ə]
pụtzen ˈpʊtsn̩
Putzerei pʊtsəˈrai̯
pụtzig ˈpʊtsɪç, **-e** ...ɪgə
Pụtzig ˈpʊtsɪç
Pụtziger ˈpʊtsɪgɐ
Pụtzkau ˈpʊtskau̯
Puulavesi *finn.* ˈpu:lɑvɛsi
Puurs *niederl.* py:rs
Puvis de Chavannes *fr.* pyvisdəʃaˈvan, ...idʃ...
Puy *fr.* pɥi
Puyallup *engl.* pju:ˈæləp
Puy de Dôme *fr.* pɥidˈdo:m
Puy de Sancy *fr.* pɥidsɑ̃ˈsi
Puymorens *fr.* pɥimɔˈrɛ̃:s
Puys, Chaîne de *fr.* ʃɛndəˈpɥi
Puységur *fr.* pɥiseˈgy:r
puzzeln ˈpazl̩n, ˈpasl̩n
Puzzle ˈpazl̩, ˈpasl̩; *engl.* pʌzl
Puzzolan pʊtsoˈla:n
Pyämie pyɛˈmi:, **-n** ...i:ən
Pyarthrose pyarˈtro:zə
Pydna ˈpʏdna, ˈpʏtna
Pye *engl.* paɪ
Pyelektasie pyĕlɛktaˈzi:

Pyeli̱tis pÿe'li:tɪs, **...iti̱den** ...li'ti:dn̩
Pyelogrạmm pÿelo'gram
Pyelographi̱e pÿelogra'fi:
Pyelonephri̱tis pÿelone'fri:tɪs, **...iti̱den** ...fri'ti:dn̩
Pyelotomi̱e pÿeloto'mi:
Pyelozysti̱tis pÿelot͜sʏs'ti:tɪs, **...iti̱den** ...ti'ti:dn̩
Pygi̱st py'gɪst
Pygmä̱e pʏ'gmɛ:ə
pygmä̱isch pʏ'gmɛ:ɪʃ
Pygma̱lion pʏ'gma:li̯ɔn
pygmoi̱d pʏgmo'i:t, **-e** ...i:də
Pỵhäselkä *finn.* 'pyhæsɛlkæ
Pỵhätunturi *finn.* 'pyhætunturi
Pỵhra 'py:ra, 'pi:ra
Pỵhrn py:ɐ̯n, pʏrn, pɪrn
Pyja̱ma py'd͜ʒa:ma, py'ʒa:ma, pi'd͜ʒa:ma, pi'ʒa:ma, py'ja:ma
Pyke *engl.* paɪk
Pykni̱die pʏk'ni:di̯ə
Pỵkniker 'pʏknikɐ
pỵknisch 'pʏknɪʃ
Pyknome̱ter pʏkno'me:tɐ
pykno̱tisch pʏk'no:tɪʃ
Pylades 'py:ladɛs
Pylae 'py:lɛ
Pyle *engl.* paɪl
Pylephlebi̱tis pylefle'bi:tɪs, **...iti̱den** ...bi'ti:dn̩
Pylo̱n[e] py'lo:n[ə]
Pylo̱rus py'lo:rʊs
Pylos 'py:lɔs, *neugr.* 'pilɔs
Pym *engl.* pɪm
Pynaker *niederl.* 'pɛi̯na:kər
Pynas *niederl.* 'pɛi̯nɑs
Pynchon *engl.* 'pɪntʃən
Pyne *engl.* paɪn
Pynson *engl.* pɪnsn
Pyodermi̱e pyodɛr'mi:, **-n** ...i:ən
pyoge̱n pyo'ge:n
Pyokọkken pyo'kɔkn̩
Pyome̱tra pyo'me:tra
Pyonephro̱se pyone'fro:zə
Pyongyang vgl. Pjongjang
Pyorrhö̱, ...öe pyɔ'rø:, **...rrhö̱en** ...'rø:ən
pyorrho̱isch pyɔ'ro:ɪʃ
Pyotho̱rax pyo'to:raks
Pypin *russ.* 'pɨpin
Pyra 'py:ra
Pyrạme *fr.* pi'ram
pyramida̱l pyra'mi:da:l
Pyrami̱de pyra'mi:də
Pyramus 'py:ramʊs
Pyranome̱ter pyrano'me:tɐ
Pyrawarth 'pi:ravart
Pyrazo̱l pyra't͜so:l
Pyre̱n py're:n
Pyrenä̱en pyre'nɛ:ən
pyrenä̱isch pyre'nɛ:ɪʃ
Pyrénées *fr.* pire'ne
Pyrenoi̱d pyreno'i:t, **-e** ...i:də
Pyrethrum 'py:retrʊm, **...ra** ...ra
Pyre̱tikum py're:tikʊm, **...ka** ...ka
pyre̱tisch py're:tɪʃ
Pyrexi̱e pyrɛ'ksi:, **-n** ...i:ən
Pyrgeome̱ter pʏrgeo'me:tɐ
Pyrgozephali̱e pʏrgot͜sefa'li:, **-n** ...i:ən
Pyrheliome̱ter py:ɐ̯heli̯o'me:tɐ
Pyridi̱n pyri'di:n
Pyriphle̱gethon pyri'fle:getɔn
Pyrit py'ri:t, *auch:* ...rɪt
Pyritz 'py:rɪt͜s
Pỵrker 'pʏrkɐ
Pyrmont pʏr'mɔnt, '––; pɪr'mɔnt, '––
pyroelẹktrisch pyro|e'lɛktrɪʃ
Pyroelektrizitä̱t pyro|elɛktrit͜si'tɛ:t
Pyrogallo̱l pyroga'lo:l
Pyrogạllussäure pyro'galʊszɔyrə
pyroge̱n pyro'ge:n
Pyroge̱ne pyro'ge:nə
Pyrolusit pyrolu'zi:t, *auch:* ...zɪt
Pyrolỵse pyro'ly:zə
Pyroma̱ne pyro'ma:nə
Pyromani̱e pyroma'ni:
Pyromanti̱e pyroman'ti:
Pyrome̱ter pyro'me:tɐ
Pyrometri̱e pyrome'tri:
Pyromorphit pyromɔr'fi:t, *auch:* ...fɪt
Pyro̱n py'ro:n
Pyro̱p py'ro:p
Pỵropapier 'py:ropapi:ɐ̯
Pyrophobi̱e pyrofo'bi:
pyropho̱r, P... pyro'fo:ɐ̯
Pyrọpto py'rɔpto
Pyro̱sis py'ro:zis
Pyrosphä̱re pyro'sfɛ:rə
Pyrotẹchnik pyro'tɛçnɪk
Pyroxe̱ne pyrɔ'kse:nə
Pyroxenit pyrɔkse'ni:t, *uach:* ...nɪt
Pỵrrha 'pʏra
Pyrrhịche pʏ'rɪçə
Pyrrhịchius pʏ'rɪçi̯ʊs, **...chii** ...çii
Pỵrrho 'pʏro
Pỵrrhon 'pʏrɔn
Pyrrhonịsmus pʏro'nɪsmʊs
Pỵrrhos 'pʏrɔs
Pỵrrhus 'pʏrʊs
Pyrro̱l py'ro:l
Pyrzỵce *poln.* pɨ'ʒɨtsɛ
Pyschmạ, Pyšma *russ.* pɨʃ'ma
Pyskowịce *poln.* pɨskɔ'vitsɛ
Pytạlowo, Pytalovo *russ.* pɨ'taləvə
Pythagoras py'ta:goras
Pythagorä̱er pytago'rɛ:ɐ
Pythagore̱er pytago're:ɐ
pythagore̱isch, P... pytago're:ɪʃ
Pytheas 'py:teas
Pỵthia 'py:ti̯a, **...ien** ...i̯ən
pỵthisch 'py:tɪʃ
Python 'py:tɔn, **-en** py'to:nən
Pyuri̱e pyu'ri:
Pỵxis 'pʏksɪs, **Pyxi̱den** py'ksi:dn̩, **Pỵxides** 'pʏkside:s
Pyzdry *poln.* 'pɨzdrɨ

Q

q, Q ku:, *engl.* kju:, *fr.* ky
Qafëzẹzi *alban.* kjafə'zezi
Qạtar 'katar
Qati̱f ka'ti:f
q-te 'ku:tə
quạ kva:
Quạbbe 'kvabə
quạbb[e]lig 'kvab[ə]lɪç, **-e** ...ɪgə
quạbbeln 'kvabl̩n, **quạbble** ...blə
quạbbig 'kvabɪç, **-e** ...ɪgə
Quackelei̱ kvakə'lai̯
Quạck[e]ler 'kvak[ə]lɐ
quạckeln 'kvakl̩n
Quạckenburg 'kvakn̩bʊrk
Quạcksalber 'kvakzalbɐ
Quacksalberei̱ kvakzalbə'rai̯
quạcksalberisch 'kvakzalbərɪʃ
quạcksalbern 'kvakzalbɐn, **quạcksalbre** ...brə
Quad *engl.* kwɔd
Quạddel 'kvadl̩
Qua̱de 'kva:də
Qua̱der 'kva:dɐ
qua̱dern 'kva:dɐn, **qua̱dre** ...drə
Quạdflieg 'kvatfli:k
Quadrage̱se kvadra'ge:zə
Quadrage̱sima kvadra'ge:zima
Quadra̱l kva'dra:l
Quadrạngel kva'draŋəl
quadrangulä̱r kvadraŋgu'lɛ:ɐ̯
Quadrạnt kva'drant
Quadra̱t (Viereck) kva'dra:t
Quạdrath (Name) 'kvatra:t
Quadra̱ta kva'dra:ta
quadrä̱teln kva'drɛ:tl̩n
quadra̱tisch kva'dra:tɪʃ
Quadratu̱r kvadra'tu:ɐ̯
Quạdri *it.* 'ku̯a:dri
Quadri̱duum kva'dri:duʊm, **...duen** ...du̯ən
Quadrienna̱le kvadriɛ'na:lə
Quadriẹnnium kvadri'ɛni̯ʊm, **...ien** ...i̯ən
quadri̱eren kva'dri:rən
Quadri̱ga kva'dri:ga
Quadrịlle kva'drɪljə, *auch:* ka...
Quadrillé kadri'je:
Quadrillio̱n kvadrɪ'li̯o:n
Quadrino̱m kvadri'no:m
Quadrire̱me kvadri're:mə
Quadri̱vium kva'dri:vi̯ʊm
Quadrophoni̱e kvadrofo'ni:
quadropho̱nisch kvadro'fo:nɪʃ
Quạdros *bras.* 'ku̯adrus
Quadruma̱ne kvadru'ma:nə
Quadrupe̱de kvadru'pe:də
Quadru̱pel kva'dru:pl̩
Quạdt kva:t
Quaestio 'kvɛ[:]sti̯o, **-nes** kvɛs'ti̯o:ne:s

Quaestio facti 'kvɛ[:]sti̯o 'fakti, **-nes -** kvɛs'ti̯o:ne:s –
Quaestio juris 'kvɛ[:]sti̯o 'ju:rɪs, **-nes -** kvɛs'ti̯o:ne:s –
Quagga 'kvaga
Quaglio *it.* 'ku̯aʎʎo
Quai kɛ:, ke:
Quai d'Orsay *fr.* kedɔr'sɛ
Quain *engl.* kweɪn
quak! kva:k
Quäke 'kvɛ:kə
Quakelchen 'kva:kl̩çən
quakeln 'kva:kl̩n
quaken 'kva:kn̩
quäken 'kvɛ:kn̩
Quakenbrück kva:kn̩'brʏk
Quäker 'kvɛ:kɐ
Quakertown *engl.* 'kweɪkətaʊn
Qual[burg] 'kva:l[bʊrk]
quälen 'kvɛ:lən
Quälerei kvɛ:lə'rai̯
Qualifikation kvalifika'tsi̯o:n
qualifizieren kvalifi'tsi:rən
Qualisch 'kva:lɪʃ
Qualität kvali'tɛ:t
qualitativ kvalita'ti:f, **-e** ...i:və
Qualle 'kvalə
quallig 'kvalɪç, **-e** ...ɪgə
Qualm kvalm
qualmen 'kvalmən
qualmig 'kvalmɪç **-e** ...ɪgə
Qualster 'kvalstɐ
qualst[e]rig 'kvalst[ə]rɪç, **-e** ...ɪgə
qualstern 'kvalstɐn
Qualtinger 'kvaltɪŋɐ
Quandary *engl.* 'kwɔndərɪ
Quäne 'kwɛ:nə
Quant kvant
Quanta vgl. Quantum
quanteln 'kvantl̩n
Quantico *engl.* 'kwɔntɪkoʊ
Quantifikation kvantifika'tsi̯o:n
quantifizieren kvantifi'tsi:rən
Quantität kvanti'tɛ:t
quantitativ kvantita'ti:f, **-e** ...i:və
Quantité négligeable *fr.* kãtitenegli'ʒabl
quantitieren kvanti'ti:rən
Quantock *engl.* 'kwɔntək
Quantrill *engl.* 'kwɔntrɪl
Quantum 'kvantʊm, **...ta** ...ta
quantum satis, - vis 'kvantʊm 'za:tɪs, – 'vi:s
Quantz kvants
Quappe 'kvapə
Qu'Appelle *engl.* kə'pɛl
Quaraí *bras.* ku̯ara'i
Quarantäne karan'tɛ:nə, *selten* karã'tɛ:nə
Quaregnon *fr.* kar'nõ
Quargel 'kvargl̩
Quaritch *engl.* 'kwɔrɪtʃ
[1]**Quark** (Käse) kvark
[2]**Quark** (Elementarteilchen) *engl.* kwɔ:k
quarkig 'kvarkɪç, **-e** ...ɪgə
Quarles *engl.* kwɔ:lz
Quarnaro *it.* ku̯ar'na:ro
Quarnero *it.* ku̯ar'nɛ:ro
Quarre 'kvarə
quarren 'kvarən
Quarry *engl.* 'kwɔrɪ
Quart[a] 'kvart[a]
Quartal kvar'ta:l
quartaliter kvar'ta:litɐ
Quartana kvar'ta:na
Quartaner kvar'ta:nɐ
Quartant kvar'tant
quartär, Q... kvar'tɛ:ɐ̯
Quarte 'kvartə
Quartel 'kvartl̩
Quarter *engl.* 'kwɔ:tə
Quarterdeck 'kvartɐdɛk
Quarteron kvartə'ro:n
Quartett kvar'tɛt
Quartier kvar'ti:ɐ̯
quartieren kvar'ti:rən
Quartier latin *fr.* kartjela'tɛ̃
Quarto 'kvarto
Quartole kvar'to:lə
Quarton *fr.* kar'tõ
Quartsextakkord kvart'zɛkst|akɔrt
Quartu Sant'Elena *it.* 'ku̯artu san'tɛ:lena
Quarz kva:ɐ̯ts
quarzig 'kva:ɐ̯tsɪç, **-e** ...ɪgə
Quarzit kvar'tsi:t, *auch:* ...tsɪt
Quas kva:s, **-e** 'kva:zə
Quasar kva'za:ɐ̯
quasen 'kva:zn̩, **quas!** kva:s, **quast** kva:st
quasi 'kva:zi
Quasimodo kvazi'mo:do, kva'zi:modo; *fr.* kazimɔ'do, *it.* ku̯a'zi:modo
Quasimodogeniti kvazimodo'ge:niti
quasioptisch 'kva:zi'|ɔptɪʃ
Quasselei kvasə'lai̯
quasseln 'kvasl̩n, **quaßle** 'kvaslə
Quassie 'kvasi̯ə
Quast kvast, *niederl.* kwɑst
Quästchen 'kvɛstçən
Quaste 'kvastə
Quästion kvɛs'ti̯o:n
quästioniert kvɛsti̯o'ni:ɐ̯t
Quästor 'kvɛ[:]stɔr, **-en** kvɛs'to:rən
Quästur kvɛs'tu:ɐ̯
Quatember kva'tɛmbɐ
quaternär kvatɛr'nɛ:ɐ̯
Quaterne kva'tɛrnə
Quaternio kva'tɛrni̯o, **-nen** ...'ni̯o:nən
Quaternion kvatɛr'ni̯o:n
Quatrain ka'trɛ̃:
Quatre-Bras *fr.* katrə'bra
Quatrefages de Bréau *fr.* katrəfaʒdəbre'o
Quatremère *fr.* katrə'mɛ:r
Quatremère de Quincy *fr.* katrəmɛrdəkɛ̃'si
Quatriduum kva'tri:duʊm
quatsch!, Quatsch kvatʃ
quatschen 'kvatʃn̩
Quatscherei kvatʃə'rai̯
quatschnaß 'kvatʃ'nas
Quattrocentist kvatrotʃɛn'tɪst
Quattrocento kvatro'tʃɛnto
Quatuor 'kvatu̯ɔr
Quay *engl.* kweɪ, *niederl.* kwa:i̯
Quayle *engl.* kweɪl
Quebec *engl.* kwɪ'bɛk
Quebeck kve'bɛk
Québeck *fr.* ke'bɛk
Quebracho ke'bratʃo
Quechua 'kɛtʃu̯a
queck kvɛk
Quecke 'kvɛkə
queckig 'kvɛkɪç, **-e** ...ɪgə
Quecksilber 'kvɛkzɪlbɐ
quecksilb[e]rig 'kvɛkzɪlb[ə]rɪç, **-e** ...ɪgə
Quedlinburg 'kve:dlɪnbʊrk
Quednau 'kve:dnau̯
Queen Annes *engl.* 'kwi:n 'ænz
Queens *engl.* kwi:nz
Queensberry, Queensbury *engl.* 'kwi:nzbərɪ
Queenscliff *engl.* 'kwi:nzklɪf
Queensland *engl.* 'kwi:nzlənd
Queenston *engl.* 'kwi:nztən
Queenstown *engl.* 'kwi:nztaʊn
Queich kvai̯ç
Queidersbach 'kvai̯dɐsbax
Queimadas *bras.* kei̯'madas
Queipo de Llano *span.* 'kɛi̯po ðe 'ʎano
Queiroz *port.* kɐi̯'rɔʃ, *bras.* kei̯'rɔs
Queis kvai̯s
Quelch *engl.* kwɛltʃ
Quélen *fr.* ke'lɛ̃
Quelimane *port.* kəli'mɐnə
Quell[e] 'kvɛl[ə]
quellen 'kvɛlən
quellig 'kvɛlɪç, **-e** ...ɪgə
Quellijn *niederl.* kwɛ'lɛi̯n
Quellinus *niederl.* kwɛ'li:nʏs
Quelpart 'kvɛlpart
Quélus *fr.* ke'lys
Queluz *port.* kɛ'luʃ
Quemoy ke'mɔy̯
Quempas 'kvɛmpas
Quendel 'kvɛndl̩
Queneau *fr.* kə'no
queng[e]lig 'kvɛŋ[ə]lɪç, **-e** ...ɪgə
quengeln 'kvɛŋl̩n
Quengler 'kvɛŋlɐ
Quenstedt 'kvɛnʃtɛt
Quent kvɛnt
Quental *port.* ken'tal
Quentchen 'kvɛntçən
Quentell 'kvɛntl̩
Quentin *fr.* kã'tɛ̃
quer kve:ɐ̯
Quérard *fr.* ke'ra:r
Quercia *it.* 'ku̯ertʃa
Quercy *fr.* kɛr'si
Querder 'kvɛrdɐ

querdụrch kve:ɐ̯'dʊrç
Quẹre 'kve:rə
Querẹle kve're:lə
quẹren 'kve:rən
Querétaro *span.* ke'retaro
querfeldẹin kve:ɐ̯fɛlt'|a͜in
Quẹrfurt 'kve:ɐ̯fʊrt
Quẹrido *niederl.* 'kwe:ri:do:
Querịni *it.* ku̯e'ri:ni
quẹrköpfig 'kve:ɐ̯kœpfɪç, **-e** ...ɪgə
Quẹrnheim 'kvɛrnha͜im
Querọl *kat.* kə'rɔl
quẹrschiffs 'kve:ɐ̯ʃɪfs
Quertreibere̲i̲ kve:ɐ̯tra͜ibə'ra͜i
querü̦ber kve:ɐ̯'|y:bɐ
Querulạnt kveru'lant
Querulatiọn kverula't͜si̯o:n
querulie̲ren kveru'li:rən
Quervain *fr.* kɛr'vɛ̃
quervọr kve:ɐ̯'fo:ɐ̯
Querzetịn kvɛrt͜se'ti:n
Querzit kvɛr't͜si:t, *auch:* ...t͜sɪt
Querzitrọn kvɛrt͜si'tro:n
Quesạda *span.* ke'saða
Quesạl ke'zal
Quẹse 'kve:zə
quẹsen 'kve:zn̩, **quẹs** kve:s, **quẹst** kve:st
Quesnay *fr.* kɛ'nɛ
Quesnẹl *fr.* kɛ'nɛl
Quesnoy *fr.* kɛ'nwa
Quételẹt *fr.* ke'tlɛ
Quẹtico *engl.* 'kwɛtɪkoʊ
Quẹtsche 'kvɛt͜ʃə
quẹtschen 'kvɛt͜ʃn̩
Quetzạl kɛ't͜sal
Quétzalcoatl *span.* 'ketsalkoatl
Queue kø:
Queuille *fr.* kœj
Quevẹdo *span.* ke'βeðo
Quezaltenạngo *span.* keθalte'naŋgo
Quezón *span.* ke'θɔn
Quịbble *engl.* kwɪbl
Quibdó *span.* kiβ'ðo
Quiberon *fr.* ki'brõ
Quiché *span.* ki'tʃe
Quicherạt *fr.* ki'ʃra
Quichọtte *fr.* ki'ʃɔt
quịck kvɪk
Quịck *engl.* kwɪk
Quịckborn 'kvɪkbɔrn
Quịckstep 'kvɪk-stɛp
Quịco *span.* 'kiko
Quịdam 'kvi:dam
Quịdde 'kvɪdə
Quịdditas 'kvɪditas
Quidditạ̈t kvɪdi'tɛ:t
Quidọrt *fr.* ki'dɔ:r
Quidproquọ kvɪtpro'kvo:
quie̲k! kvi:k
quie̲k[s]en 'kvi:k[s]n̩
Quie̲rschied 'kvi:ɐ̯ʃi:t
Quieszẹnz kviɛs't͜sɛnt͜s
quieszie̲ren kviɛs't͜si:rən
Quietịsmus kvie'tɪsmʊs
Quietịst kvie'tɪst
Quietịv kvie'ti:f, **-e** ...i:və
Quietịvum kvie'ti:vʊm, **...va** ...va
quiẹto kvi'e:to
quie̲tschen 'kvi:t͜ʃn̩
Quiévrain *fr.* kje'vrɛ̃
Quiévrechain *fr.* kjevrə'ʃɛ̃
Quijọte ki'xo:tə, *span.* ki'xote
quịll! kvɪl
Quillacọllo *span.* kiʎa'koʎo
Quillạja kvɪ'la:ja
quịllen 'kvɪlən
Quịller-Couch *engl.* 'kwɪlə'ku:tʃ
Quillọta *span.* ki'ʎota
quịllt kvɪlt
Quịlmes *span.* 'kilmes
Quịlter *engl.* 'kwɪltə
Quịmby *engl.* 'kwɪmbɪ
Quimpẹr *fr.* kɛ̃'pɛ:r
Quimperlé *fr.* kɛ̃pɛr'le
Quịn *engl.* kwɪn
Quinạr kvi'na:ɐ̯
Quinạria kvi'na:ri̯a
Quinault *fr.* ki'no, *engl.* kwɪnlt
Quịncey *engl.* 'kwɪnsɪ
Quịncke 'kvɪŋkə
Quịnctius 'kvɪŋkt͜si̯ʊs
Quịncunx 'kvɪŋkʊŋks
Quịncy *engl.* 'kwɪnsɪ
Quindío *span.* kin'dio
Quịndt kvɪnt
Quịnebaug *engl.* 'kwɪnɪbɔ:g
Quinẹt *fr.* ki'nɛ
quinkelie̲ren kvɪŋkə'li:rən
Quịnn kvɪn, *engl.* kwɪn
Quiñọnes *span.* ki'ɲones
Quinquagẹsima kvɪŋkva'ge:zima
Quinquennạl... kvɪŋkvɛ'na:l...
Quinquẹnnium kvɪŋ'kvɛni̯ʊm, **...ien** ...i̯ən
Quinquilliọn kvɪŋkvɪ'li̯o:n
Quinquin *fr.* kɛ̃'kɛ̃
Quịnt[a] 'kvɪnt[a]
Quintạl kvɪn'ta:l, *fr.* kɛ̃'tal, *span., port., bras.* kin'tal
[1]**Quintạna** (Fieber) kvɪn'ta:na
[2]**Quintạna** (Name) *span.* kin'tana
Quintạner kvɪn'ta:nɐ
Quintanịlha *port.* kintɐ'niʎɐ
Quintạr kvɪn'ta:ɐ̯
Quịntard *engl.* 'kwɪntɑ:d
Quịnte 'kvɪntə
Quintẹla *port.* kin'tɛlɐ
Quịnten 'kvɪntn̩, *niederl.* 'kwɪntə
Quintẹrne kvɪn'tɛrnə
Quintẹrnio kvɪn'tɛrni̯o, **-nen** ...'ni̯o:nən
Quintẹro *span.* kin'tero
Quinterọn kvɪntə'ro:n
Quịntessenz 'kvɪntɛsɛnt͜s
Quintẹtt kvɪn'tɛt
quintie̲ren kvɪn'ti:rən
Quintiliạn[us] kvɪnti'li̯a:n[ʊs]
Quintịlius kvɪn'ti:li̯ʊs
Quintịlla kɪn'tɪlja
Quintilliọn kvɪntɪ'li̯o:n
Quintịn kvɪn'ti:n, *fr.* kɛ̃'tɛ̃
Quịnto *it.* 'ku̯into
Quintọle kvɪn'to:lə
Quintsẹxtakkord kvɪnt'zɛkst|akɔrt
Quịntuor 'kvɪntu̯ɔr
quintụpel kvɪn'tu:pl̩
Quịntus 'kvɪntʊs
Quinzạno *it.* ku̯in'tsa:no
Quipapá *bras.* kipa'pa
Quipạr *span.* ki'par
Quịppu 'kɪpu
Quiproquọ kvipro'kvo:
Quịpu 'kvɪpu
Quiriguá *span.* kiri'ɣu̯a
Quirịn kvi'ri:n
Quirinạl kviri'na:l
Quirinạle *it.* ku̯iri'na:le
Quịring 'kvi:rɪŋ
Quirịni *it.* ku̯i'ri:ni
Quirịno *span.* ki'rino
Quirịnus kvi'ri:nʊs
Quirịte kvi'ri:tə
Quịrl kvɪrl
quịrlen 'kvɪrlən
quịrlig 'kvɪrlɪç, **-e** ...ɪgə
Quirọga *span.* ki'roɣa
Quirós *span.* ki'rɔs, *port.* ki'rɔʃ
Quisisạna kvizi'za:na
Quịsling 'kvɪslɪŋ, *norw.* 'kvisliŋ
Quisquili̲en kvɪs'kvi:li̯ən
Quịta *port.* 'kitɐ
Quịtman *engl.* 'kwɪtmən
Quịto 'ki:to, *span.* 'kito
quịtt kvɪt
Quịtte 'kvɪtə
quịttengẹlb 'kvɪtn̩gɛlp
quittie̲ren kvɪ'ti:rən
Quịttung 'kvɪtʊŋ
Quịtzöbel 'kvɪtsø:bl̩
Quịtzow 'kvɪtso
Quivịve ki'vi:f, *fr.* ki'vi:v
qui vivrạ, verrạ *fr.* kivi'vra vɛ'ra
Quixadá *bras.* kiʃa'da
Quixeramobim *bras.* kiʃerɐmo'bĩ
Quịz kvɪs
quịzzen 'kvɪsn̩, **quịzz!** kvɪs, **quịzzt** kvɪst
Qụkës *alban.* 'kjukəs
Qumrạn kʊm'ra:n
quọd ẹrat demonstrạndum 'kvɔt 'e:rat demɔn'strandʊm
Quọdlibet 'kvɔtlibɛt
quọd lịcet Jọvi, nọn lịcet bọvi 'kvɔt 'li:t͜sɛt 'jo:vi 'no:n 'li:t͜sɛt 'bo:vi
quọll kvɔl
quọ̈lle 'kvœlə
quọrren 'kvɔrən
Quọrum 'kvo:rʊm
quọs ẹgo! 'kvo:s 'e:go
Quotatiọn kvota't͜si̯o:n
Quọte 'kvo:tə
quotidiạn kvoti'di̯a:n

Quotidiạna kvoti'di̯a:na
Quotiẹnt kvo'tsi̯ɛnt
quotiẹren kvo'ti:rən
quotisiẹren kvoti'zi:rən
quoụsque tạndem! kvo'ʊskvə 'tamdɛm
quọ vạdis 'kvo:'va:dis
Qytẹt[i] Stạlin *alban.* kjy'tet[i] 'stalin

R

r, R ɛr, *engl.* ɑ:, *fr.* ɛ:r
ϱ, *P* ro:
(r + 1)-te ɛrplʊs'|ai̯ntə
Rạ (Gott) ra:
Raab ra:p
Raabe 'ra:bə
Raabs ra:ps
Raahe *finn.* 'rɑ:hɛ
Raalte *niederl.* 'ra:ltə
Raamsdonk *niederl.* 'ra:mzdɔŋk
Raape 'ra:pə
Raasay *engl.* 'rɑ:zeɪ
Rạb *serbokr.* rab
Rạba *poln.* 'raba
Rába[füzes] *ung.* 'ra:bɔ[fyzɛʃ]
Rábahidvég *ung.* 'ra:bɔhidve:g
Rábaköz *ung.* 'ra:bɔkøz
Rabạn[us] ra'ba:n[ʊs]
Rabat ra'ba:t, *auch:* ra'bat; *fr.* ra'ba
Rabạtt[e] ra'bat[ə]
rabattiẹren raba'ti:rən
Rabạtz ra'bats
Rabau ra'bau̯
Rabaud *fr.* ra'bo
Rabauke ra'bau̯kə
Rabaul ra'bau̯l, *engl.* rə'baʊl
Rabaut-Saint-Étiẹnne *fr.* rabosɛ̃te'tjɛn
Rabbạn ra'ba:n
Rạbbi 'rabi, **-nen** ra'bi:nən
Rabbinạt rabi'na:t
Rabbiner ra'bi:nɐ
rabbinisch ra'bi:nɪʃ
Rạ̈bchen 'rɛ:pçən
Rạbe 'ra:bə
Rạ̈bel 'rɛ:bl̩
Rạbel 'ra:bl̩
Rabelais *fr.* ra'blɛ
Rabẹllo *bras.* rra'belu
Rạbenalt 'ra:bn̩|alt
Rạbenau 'ra:bənau̯
Rạbener 'ra:bənɐ
Rạbenstein 'ra:bn̩ʃtai̯n
rạbenschwạrz 'ra:bn̩'ʃvarts
Rạbi 'ra:bi, *engl.* 'reɪbɪ
Rạbí *tschech.* 'rabi:
rabiạt ra'bi̯a:t
Rábida *span.* 'rraβiða
Rạbies 'ra:bi̯ɛs
Rạ̈bild *dän.* 'rɛ:bil
Rabin *engl.* 'reɪbɪn
Rabindranạth rabɪndra'na:t
Rabinọwitsch, Rabinovič *russ.* rɐbi'nɔvitʃ
Rạbitzwand 'ra:bɪtsvant
Rabiụs ra'bi̯u:s
Råbjerg Mịle *dän.* 'rɔbjɛr' 'mi:lə
Rạbka *poln.* 'rapka
Rạbl 'ra:bl̩
Rạbner 'ra:bnɐ
Raboldshausen ra:bɔlts'hau̯zn̩
Rabọtnitschesko Dẹlo, Rabotničesko Delo *bulgar.* ra'bɔtnitʃɛsko 'dɛlo
Rabulas ra'bu:las
Rabulisterei rabulɪstə'rai̯
Rabulịst[ik] rabu'lɪst[ɪk]
Rabuse ra'bu:zə
Rabutin *fr.* raby'tɛ̃
Raby *engl.* 'reɪbɪ
Rạča *serbokr.* ˌratʃa
Rácalmás *ung.* 'ra:tsɔlma:ʃ
Racalmuto *it.* rakal'mu:to
Racan *fr.* ra'kã
Raccoon *engl.* rə'ku:n
Racconigi *it.* rakko'ni:dʒi
Race *engl.* reɪs
Rạche 'raxə
Rạchel 'raxl̩, *fr.* ra'ʃɛl
Rachẹle *it.* ra'kɛ:le
Rạchen 'raxn̩
rạ̈chen 'rɛçn̩
Rạchfahl 'raxfa:l
Rachịlde *fr.* ra'ʃild
Rachịtis ra'xi:tɪs
rachịtisch ra'xi:tɪʃ
Rachmạninow, Rahmaninov rax'ma:ninɔf, *russ.* rax'maninɐf
Rachmạnow, Rahmanov *russ.* rax'manɐf
Rachmạnowa, Rahmanova rax'ma:nova, *russ.* rax'manɐvɐ
Rạchow, Rahov *russ.* 'raxɐf
Rạciąż *poln.* 'ratɕɔ̃ʃ
Racịbórz *poln.* ra'tɕibuʃ
Racine ra'si:n, *fr.* ra'sin, *engl.* rə'si:n
Racing *fr.* ra'siŋ, re'siŋ
Racing Club *fr.* rasiŋ'klœb, res...
Rạck[e] 'rak[ə]
Rạcker 'rakɐ
Rackerei rakə'rai̯
Ráckeresztúr *ung.* 'ra:tskɛrɛstu:r
rạckern 'rakɐn
Racket 'rɛkət, ra'kɛt; *engl.* 'rækɪt
Rackẹtt ra'kɛt
Ráckeve *ung.* 'ra:tskɛvɛ
Rackham *engl.* 'rækəm
Rạčki *serbokr.* 'ratʃki:, 'ra:tʃki:
Rạckith 'rakɪt
Rạckwitz 'rakvɪts
Raclẹtte 'raklɛt, ra'klɛt
Rácz *ung.* ra:ts
Raczyński ra'tʃynski
Rạd ra:t, **-es** 'ra:dəs, **Rạ̈der** 'rɛ:dɐ
Rád *ung.* ra:d
Rạda *span.* 'rraða, *russ.* 'radɐ
Rạda, de *alban.* də'rada
Rạdagais 'ra:dagai̯s
Radamẹs *it.* rada'mɛs
Radar ra'da:ɐ̯, *auch:* 'ra:da:ɐ̯
Radau[ne] ra'dau̯[nə]
Rădăuți *rumän.* rədə'utsj
Radbẹrtus rat'bɛrtʊs
Rạdbod 'ra:tbɔt
Rạdbruch 'ra:tbrʊx
Rạdbusa 'ratbuza
Rạdbuza *tschech.* 'radbuza
Rạ̈dchen 'rɛ:tçən
Radcliffe, Radclyffe *engl.* 'rædklɪf
Rạdde 'radə
Raddọppio ra'dɔpi̯o
Rạde[berg] 'ra:də[bɛrk]
Radebeul ra:də'bɔy̯l, '– – –
rạdebrechen 'ra:dəbrɛçn̩
Rạdeburg 'ra:dəbʊrk
Radẹchow, Radehov *russ.* ra'djɛxɐf
Radẹcki ra'dɛtski
Rạdegast 'ra:dəgast
Rạdegund 'ra:dəgʊnt
Radegụnde ra:də'gʊndə
Radegụndis ra:də'gʊndɪs
Radehov vgl. Radechow
Rạdek 'ra:dɛk, *russ.* 'radɪk
Rạdel 'ra:dl̩
Rạ̈del 'rɛ:dl̩
rạdeln 'ra:dl̩n, **rạdle** 'ra:dlə
rạ̈deln 'rɛ:dl̩n, **rạ̈dle** 'rɛ:dlə
Rạ̈delsführer 'rɛ:dl̩sfy:rɐ
Rạdemacher 'ra:dəmaxɐ
Rạdenthein 'ra:dn̩tai̯n
Rạ̈der 'rɛ:dɐ
rạ̈dern 'rɛ:dɐn, **rạ̈dre** 'rɛ:drə
Rạdes 'ra:dəs
Radẹtzky ra'dɛtski
Radevormwạld ra:dəvo:ɐ̯m'valt
[1]Rạdew *poln.* 'radɛf
[2]Rạdew, Radev *bulgar.* 'radɛf
Rạdewijns *niederl.* 'ra:dəwɛi̯ns
Rạdewski, Radevski *bulgar.* 'radɛfski
Radford *engl.* 'rædfəd
Radhakrịshnan *engl.* rɑ:da'krɪʃnən
Rạdhošť *tschech.* 'rathɔʃtj
Rạdi 'ra:di
radiạl ra'di̯a:l
Radialitạ̈t radi̯ali'tɛ:t
Radiạnt ra'di̯ant
radiạ̈r ra'di̯ɛ:ɐ̯
Radiästhesiẹ radi̯ɛste'zi:
radiästhẹtisch radi̯ɛs'te:tɪʃ
Radiạt ra'di̯a:t
Radiatiọn radi̯a'tsi̯o:n
Radiạtor ra'di̯a:tor, **-en** radi̯a'to:rən
Rạdibor 'ra:dibo:ɐ̯

Radić *serbokr.* ˌraditɕ
Radicena *it.* radiˈtʃeːna
Radičević *serbokr.* raˌdiːtʃɛvitɕ
Radien ˈraːdi̯ən
radieren raˈdiːrən
Radieschen raˈdiːsçən
Radiguet *fr.* radiˈgɛ
radikal, R... radiˈkaːl
Radikalinski radikaˈlɪnski
radikalisieren radikaliˈziːrən
Radikalismus radikaˈlɪsmʊs
Radikand radiˈkant, **-en** ...ndn̩
Radikula raˈdiːkula
Radinger ˈraːdɪŋɐ
Radio ˈraːdi̯o
radioaktiv radi̯o|akˈtiːf, **-e** ...iːvə
Radioaktivität radi̯o|aktiviˈtɛːt
Radioastronomie radi̯o|astronoˈmiː
Radiobiologe radi̯obioˈloːgə
Radiochemie radi̯oçeˈmiː
Radioelement radi̯o|eleˈmɛnt
Radiogen radi̯oˈgeːn
Radiogoniometer radi̯ogoni̯oˈmeːtɐ
Radiogoniometrie radi̯ogoni̯omeˈtriː
Radiogramm radi̯oˈgram
Radiographie radi̯ograˈfiː
Radioindikator radi̯o|ɪndiˈkaːtɔr
Radiolarie radi̯oˈlaːri̯ə
Radiologe radi̯oˈloːgə
Radiologie radi̯oloˈgiː
radiologisch radi̯oˈloːgɪʃ
Radiometer radi̯oˈmeːtɐ
Radiophonie radi̯ofoˈniː
Radioskopie radi̯oskoˈpiː
Radiotelegraphie radi̯otelegraˈfiː
Radiotelephonie radi̯otelefoˈniː
Radiotherapie radi̯oteraˈpiː
Radiothorium radi̯oˈtoːri̯ʊm
Radis ˈraːdɪs
Radischtschew, Radiščev *russ.* raˈdiʃtʃɪf
[1]**Radium** ˈraːdi̯ʊm
[2]**Radium** (Ort) *engl.* ˈreɪdjəm
[1]**Radius** ˈraːdi̯ʊs, **...ien** ...i̯ən
[2]**Radius** (Name) *it.* ˈraːdjus
Radix ˈraːdɪks, **...izes** raˈdiːt̮seːs
radizieren radiˈt̮siːrən
Radja Ampat *indon.* ˈradʒa ˈampat
Radjabasa *indon.* radʒaˈbasa
Ra-djedef raˈdjeːdɛf
Radkersburg ˈratkɐsbʊrk
Radków *poln.* ˈratkuf
Radler ˈraːdlɐ
Radlin *poln.* ˈradlin
Radlkofer ˈraːdl̩koːfɐ
Radloff ˈraːtlɔf
Radlow, Radlov *russ.* ˈradlɐf
Radmeritz ˈraːtmərɪt̮s
Radnice *tschech.* ˈradnjitsɛ
Rädnitz ˈrɛdnɪt̮s
Radnor[shire] *engl.* ˈrædnə[ʃɪə]
Radnóti *ung.* ˈrɔdnoːti
Rádó *ung.* ˈraːdoː
Radoje *serbokr.* ˌradɔjɛ
Radolfzell raːdɔlfˈt̮sɛl
Radolf ˈraːdɔlf
[1]**Radom** (Traglufthalle) raˈdoːm
[2]**Radom** (Name) *poln.* ˈradɔm
Radome *engl.* ˈreɪdoʊm
Radomir *russ.* rɐdaˈmir, *bulgar.* radoˈmir
Radomka *poln.* raˈdɔmka
Radomno *poln.* raˈdɔmnɔ
Radomsko *poln.* raˈdɔmskɔ
Radomyschl, Radomyšl' *russ.* rɐdaˈmɨʃlj
Radomyśl *poln.* raˈdɔmɨɕl
Radomyšl *tschech.* ˈradɔmiʃl̩
Radon ˈraːdɔn, *auch:* raˈdoːn
Radoslav *tschech.* ˈradɔslaf
Radoslawow, Radoslavov *bulgar.* radoˈslavof
Radotage radoˈtaːʒə
Radoteur radoˈtøːɐ̯
radotieren radoˈtiːrən
Radotín *tschech.* ˈradɔtjiːn
Radow, Radov *russ.* ˈradɐf
Radowitz ˈraːdovɪt̮s
Radownitz raˈdɔvnɪt̮s
Radscha ˈraːdʒa, *auch:* ˈradʒa
Radschpute rat̮ʃˈpuːtə
Radstadt ˈraːtʃtat
Radstädter ˈraːtʃtɛ[ː]tɐ
Radu *rumän.* ˈradu
Raduč *serbokr.* ˌraduːtʃ
Radüe raˈdyː
Radula ˈraːdula, **...lae** ...lɛ
Rădulescu *rumän.* rəduˈlesku
Radulf, ...lph ˈraːdʊlf
Rådvad *dän.* ˈrɔ[ð]vað
Radymno *poln.* raˈdɨmnɔ
Radzięjów *poln.* raˈdʑɛjuf
Radzionkau raˈt̮si̯ɔŋkau̯
Radzionków *poln.* raˈdʑɔŋkuf
Radziwill ˈratsivɪl
Radziwiłł *poln.* raˈdʑiviu̯
Radziwiłłowie *poln.* radʑiviu̯ˈu̯ɔvjɛ
Radziwiłłówna *poln.* radʑiviu̯ˈu̯uvna
Radzymin *poln.* raˈdzɨmin
Radzyń Chełmiński *poln.* ˈradzɨi̯n xɛu̯ˈmi̯ski
Radzyń Podlaski *poln.* ˈradzɨi̯n pɔˈdlaski
Rae[burn] *engl.* ˈreɪ[bəːn]
Raeder ˈrɛːdɐ
Raeren ˈraːrən, *niederl.* ˈraːrə
Raesfeld ˈraːsfɛlt
Raetia ˈrɛːt̮si̯a
Raevskij vgl. Rajewski
Raf *engl.* ræf, *it.* raf
R. A. F. *engl.* ˈɑːreɪˈɛf
Rafael ˈraːfaeːl, *auch:* ...aɛl; *span., bras.* rrafaˈɛl, *port.* rrɐfɐˈɛl
Rafaï *fr.* rafaˈi
Raff raf
Raffadali *it.* raffaˈdaːli
Raffael ˈrafaeːl, *auch:* ...aɛl
Raffaele *it.* raffaˈɛːle
raffaelisch, R... rafaˈeːlɪʃ
Raffaëlli *fr.* rafaɛˈli
Raffaellino *it.* raffaelˈliːno
Raffaello *it.* raffaˈɛllo
Raffel ˈrafl̩
raffeln ˈrafl̩n
raffen ˈrafn̩
Raffet *fr.* raˈfɛ
Raffi raˈfiː
Raffiabast ˈrafi̯abast
raffig ˈrafɪç, **-e** ...ɪgə
Raffinade rafiˈnaːdə
Raffinage rafiˈnaːʒə
Raffination rafinaˈt̮si̯oːn
Raffinement rafinəˈmãː
Raffinerie rafinəˈriː, **-n** ...iːən
Raffinesse rafiˈnɛsə
Raffineur rafiˈnøːɐ̯
raffinieren rafiˈniːrən
Raffinose rafiˈnoːzə
Raffke ˈrafkə
Raffles *engl.* ræflz
Raft raːft
Raga ˈraːga
Ragä ˈraːgɛ
Ragaz raˈgat̮s
Rage ˈraːʒə
Rågeleje *dän.* rɔːɣəˈlai̯ə
Rägelin ˈrɛːgəliːn
ragen ˈraːgn̩, **rag!** raːk, **ragt** raːkt
Rageneau *fr.* ragˈno
Rages ˈraːgɛs
Ragewitz ˈraːgəvɪt̮s
Raggi *it.* ˈraddʒi
Ragione raˈd͡ʒoːnə
Raglan ˈragla[ː]n, ˈrɛglən; *engl.* ˈræglən
Ragna ˈragna, *dän.* ˈraɣna
Ragnar ˈragnar, *schwed.* ˈraŋnar
Ragnarök ˈragnarœk
Ragnhild *schwed.* ˈraŋnhild, *dän.* ˈraɣnhil
Ragnit ˈraːgnɪt
Ragout raˈguː
Ragoût fin, -s -s *fr.* raguˈfɛ̃
Ragtime *engl.* ˈrægtaɪm
Raguhn raˈguːn
Ragunda *schwed.* ˌrɑːgʊnda
Ragusa *it.* raˈguːza
Ragwurz ˈraːkvʊrt̮s
Rahab ˈraːhap
Rahbeck *dän.* ˈraːˀbɛg
Rahden ˈraːdn̩
Rah[e] ˈraː[ə]
Rahel ˈraːɛl
Rahewin ˈraːəviːn
Rahl[fs] raːl[fs]
Rahlstedt ˈraːlʃtɛt
Rahm raːm
Rähm rɛːm
Rahmaninov vgl. Rachmaninow

Rahmanov vgl. Rachmanow
Rahmanova *vgl.* Rachmanowa
Rähmchen 'rɛ:mçən
Rahmede 'ra:mədə
rahmen, R... 'ra:mən
rahmig 'ra:mɪç, **-e** ...ɪgə
Rahn[e] 'ra:n[ə]
Rahner 'ra:nɐ
Rähnitz 'rɛ:nɪts
Rahnsdorf 'ra:nsdɔrf
Rahotep ra'ho:tɛp
Rahov vgl. Rachow
Rahova *rumän.* 'rahova
Rahway *engl.* 'rɔ:weɪ
RAI *it.* 'ra:i
Raiatéa raja'te:a, *fr.* rajate'a
Raid re:t, *engl.* reɪd
Raiffeisen 'raif|aizn̩
Raigras 'raigra:s
Raikes *engl.* reɪks
Raillerie rajə'ri:, **-n** ...i:ən
raillieren ra'ji:rən
Raimann 'raiman
Raimar 'raimar
Raimbaut *fr.* rɛ̃'bo
Raimo 'raimo
Raimond *fr.* rɛ'mõ
Raimonda rai'mɔnda
Raimondi *it.* rai'mondi
Raimondo *it.* rai'mondo
Raimu *fr.* rɛ'my
Raimund 'raimʊnt
Raimunde rai'mʊndə
Raimundo *span.* rai'mundo
Rain[ald] 'rain[alt]
Rainaldi *it.* rai'naldi
Rainalter 'rainaltɐ
Raincy *fr.* rɛ̃'si
Raine *engl.* reɪn
rainen 'rainən
Rainer 'rainɐ
Raines *engl.* reɪnz
Rainey *engl.* 'reɪnɪ
Rainier *fr.* rɛ'nje
Rainier, Mount *engl.* 'maʊnt reɪ'nɪə
Rainolds *engl.* rɛnldz
Rainow, Rajnov *bulgar.* 'rajnof
Rainrod 'rainro:t
Rains[ford] *engl.* 'reɪnz[fəd]
Rainy *engl.* 'reɪnɪ
Raisa vgl. Raissa
Raiser 'raizɐ
Raismes *fr.* rɛm
Raison rɛ'zõ:
raisonabel rɛzo'na:bl̩, **...ble** ...blə
Raisoneur rɛzo'nø:ɐ̯
raisonieren rɛzo'ni:rən
Raisonnement rɛzɔnə'mã:
Raissa, Raisa *russ.* ra'isɐ
Raisting 'raistɪŋ
Raitenau 'raitənau
Raith *engl.* reɪθ
Raitschew, Rajčev *bulgar.* 'rajtʃɛf
Raitschichinsk, Rajčihinsk *russ.* raj'tʃixinsk
Raize 'raitsə
Rajah (Untertan) 'ra:ja
Rajajoki *finn.* 'rɑjɑjɔki
Rajasthan *engl.* rɑ:dʒəs'tɑ:n
Rajčev vgl. Raitschew
Rajčihinsk vgl. Raitschichinsk
Rajevo Selo *serbokr.* ˌrajɛvɔ ˌsɛlɔ
Rajewski, Raevskij *russ.* ra'jɛfskij
Rajgród *poln.* 'rajgrut
Rajhrad *tschech.* 'rajhrat
Rajić *serbokr.* ˌra:jitɕ
Rajk[a] *ung.* 'rɔjk[ɔ]
Rajnov vgl. Rainow
rajolen ra'jo:lən
Rakahanga raka'haŋga, *engl.* rɑ:kə'hɑ:ŋə
Rakamaz *ung.* 'rɔkɔmɔz
Rake 'ra:kə
Rakel 'ra:kl̩
räkeln 'rɛ:kl̩n
Rakete ra'ke:tə
Rakett ra'kɛt
Rakić *serbokr.* ˌra:kitɕ
Rakka 'raka
Rakkestad *norw.* ˌrakəsta
Rákóczi *ung.* 'ra:ko:tsi
Rákóczi[új]falva *ung.* 'ra:ko:tsi[u:j]fɔlvɔ
Rakoniewice *poln.* rakɔnjɛ'vitsɛ
Rakonitz 'rakonɪts
Rákosi *ung.* 'ra:koʃi
Rákospalota *ung.* 'ra:koʃpɔlotɔ
Rakovac *serbokr.* 'rakɔvats
Rakovica *serbokr.* 'rakɔvitsa
Rakovnická Plošina *tschech.* 'rakɔvnjitska: 'plɔʃina
Rakovník *tschech.* 'rakɔvnji:k
Rakow 'ra:ko
Rakowski, Rakovski *bulgar.* ra'kɔfski
Ráksi *ung.* 'ra:kʃi
Rale[i]gh *engl.* 'rɔ:lɪ
Ralf ralf, *dän.* ral'f
Ralik *engl.* 'rɑ:lɪk
Ralle 'ralə
rallentando ralɛn'tando
Ralliement rali'mã:
rallieren rali'i:rən
Rallye 'rali, *auch:* 'rɛli
Ralph ralf, *engl.* reɪf, rælf
Ralston *engl.* 'rɔ:lstən
Rama 'ra:ma
Ramacca *it.* ra'makka
Ramadan rama'da:n
Ramadier *fr.* rama'dje
Ramagé rama'ʒe:
Ramajana ra'ma:jana
Ramakrischna rama'krɪʃna
Ramalho *port., bras.* rrɐ'maʎu
Ramallets *span.* rrama'ʎɛts
Ramallo *span.* rra'maʎo
Raman[n] 'ra:man
Ramasan rama'za:n
ramassieren rama'si:rən
Ramasuri rama'zu:ri
Rambach 'rambax
Rambaud *fr.* rã'bo
Ramberg 'rambɛrk
Rambert 'rambɛrt
Rambervillers *fr.* rãbɛrvi'le
Rambin ram'bi:n
Rambla *span.* 'rrambla
Rambler *engl.* 'ræmblə
Rambouillet *fr.* rãbu'jɛ
Rambouilletschaf rãbu'je:ʃa:f
Ramboux *fr.* rã'bu
Rambur ram'bu:ɐ̯
Rambures *fr.* rã'by:r
Rambuteau *fr.* rãby'to
Ramdala *schwed.* ˌramdɑ:la
Rameau *fr.* ra'mo
Ramée *fr.* ra'me
Ramée, de la *engl.* dɛlərə'meɪ
Ramek 'ra:mɛk
Ramel *fr.* ra'mɛl
Ramelsloh[er] 'ra:ml̩slo:[ɐ]
Ramerberg 'ra:mɐbɛrk
Ramesseum ramɛ'se:ʊm
Ramesside ramɛ'si:də
Rami vgl. ¹Ramus
Ramie ra'mi:, **-n** ...i:ən
Ramifikation ramifika'tsio:n
ramifizieren ramifi'tsi:rən
Ramin ra'mi:n
Ramiro *span.* rra'miro, *port., bras.* rrɐ'miru
Ramla 'ramla
Ramle 'ramlə
Ramler 'ramlɐ
Ramlösa *schwed.* ˌramlø:sa
Ramm ram
rammdösig 'ramdø:zɪç, **-e** ...ɪgə
Ramme 'ramə
Rammel 'raml̩
Rammelei ramə'lai
Rammelfangen 'raml̩faŋən
rammeln 'raml̩n
Rammelsberg 'raml̩sbɛrk
rammen 'ramən
Rammenau 'ramənau
Rammingen 'ramɪŋən
Rammler 'ramlɐ
Ramnäs *schwed.* ˌramnɛ:s
Ramolino *it.* ramo'li:no
Ramon *fr.* ra'mõ
Ramón *span.* rra'mɔn
Ramona ra'mo:na
Ramond de Carbonnières *fr.* ramõdkarbɔ'njɛ:r
Ramondie ra'mɔndiə
Ramos *span.* 'rramɔs, *port.* 'rrɐmuʃ, *bras.* 'rrɐmus
Ramovš *slowen.* ra'mo:uʃ
Rampal *fr.* rã'pal
Rampe 'rampə
Ramphis 'ramfɪs
Rampitz 'rampɪts
Rampolla *it.* ram'polla
ramponieren rampo'ni:rən
Rampur *engl.* 'rɑ:mpʊə
Ramsar *pers.* rɑm'sær
Ramsau ram'zaʊ, '– –
Ramsauer 'ramzauɐ

Ramsay *engl.* 'ræmzɪ
Ramsbottom *engl.* 'ræmzbɔtəm
Rạmsch ramʃ
Rạ̈mschchen 'rɛmʃçən
rạmschen 'ramʃn̩
Rạmscher 'ramʃɐ
Rạmschied 'ramʃi:t
Ramsden *engl.* 'ræmzdən
Rạmsel *niederl.* 'rɑmsəl
Rạmsele *schwed.* 'ramsələ
Rạmses 'ramzɛs
Ramsey *engl.* 'ræmzɪ
Ramsgate *engl.* 'ræmzgɪt
Rạ̈mshyttan *schwed.* ˌrɛmshytan
Rạmsjö *schwed.* ˌramʃø:
Rạmsla 'ramsla
Rạmstadt 'ramʃtat
Rạmstein 'ramʃtai̯n
Rạmu *engl.* 'rɑ:mu:
[1]**Rạmus** (Zweig) 'ra:mʊs, **Rạmi** 'ra:mi
[2]**Rạmus** (Name) 'ra:mʊs, *fr.* ra'mys
Ramụsio *it.* ra'mu:zi̯o
Ramuz *fr.* ra'my
Rạmvik *schwed.* ˌrɑ:mvi:k
'**rạn** ran
Rạn ra:n
Rạna *norw.* 'ra:na
Rañadọiro *span.* rraɲa'ðɔi̯ro
Rạnafjord *norw.* 'ra:nafju:r
Rạñas *span.* 'rraɲas
Ranc *fr.* rɑ̃:k
Rancạgua *span.* rraŋ'kaɣu̯a
Rance *fr.* rɑ̃:s, *engl.* rɑ:ns
Rancé *fr.* rɑ̃'se
Ranch rɛntʃ, *auch:* ra:ntʃ
Rancher 'rɛntʃɐ *auch:* 'ra:ntʃɐ
Rancheri̤a rantʃe'ri:a
Ranchẹro ran'tʃe:ro
Rạncho 'rantʃo
Rạnco *span.* 'rraŋko
[1]**Rạnd** rant, **Rạndes** 'randəs, **Rạ̈nder** 'rɛndɐ
[2]**Rand** (Name) *engl.* rænd
Randạ (Schweiz) ran'da:
Randạl ran'da:l
randali̤eren randa'li:rən
Randall *engl.* rændl
Randạzzo *it.* ran'dattso
Rạ̈ndchen 'rɛntçən
Rạnde 'randə
rạ̈ndeln 'rɛndl̩n, **rạ̈ndle** ...dlə
Rạnden 'randn̩
Rạndenborgh 'randn̩bɔrk
Ränder vgl. Rand
Rạnderath 'randəra:t
rạ̈ndern 'rɛndɐn, **rạ̈ndre** ...drə
Rạnders *dän.* 'ranɐrs
Rạndfontẹin *afr.* 'rantfɔntəi̯n
Rạndkløve *dän.* 'ranklø:və
Rạndo 'rando
Rạndolf 'randɔlf
Randolph *engl.* 'rændɔlf
Random *engl.* 'rændəm
randomisi̤eren randomi'zi:rən
Randon *fr.* rɑ̃'dõ
Rạndow 'rando
Rạndsfjord *norw.* 'ransfju:r
Rạndulf 'randʊlf
Randwick *engl.* 'rændwɪk
Råneå *schwed.* ˌro:nəo:
Råne *schwed.* ˌro:nə
Ranelagh *engl.* 'rænɪlə
Ranẹwskaja, Ranevskaja *russ.* ra'njɛfskəjɐ
Ranẹwski, Ranevskij *russ.* ra'njɛfskij
Rạnfjord *norw.* 'ranfju:r
Rạnft ranft, **Rạ̈nfte** 'rɛnftə
rạng raŋ
Rạng raŋ, **Rạ̈nge** 'rɛŋə
Rangabes *neugr.* raŋga'vis
Rạngárvallasýsla *isl.* 'rau̯ŋgau̯rvadlasisla
Rạngau 'ra:ŋgau̯
rạ̈nge 'rɛŋə
[1]**Rạnge** 'raŋə
[2]**Range** (Name) *engl.* reɪndʒ
Ränge vgl. Rang
Rangẹl *port.* rrɐ̃'ʒɛl
rạngeln 'raŋl̩n
Rạngendingen 'raŋəndɪŋən
Ranger[s] *engl.* 'reɪndʒə[z]
rangi̤eren rɑ̃'ʒi:rən
Rangọni *it.* raŋ'go:ni
Rangoon *engl.* ræŋ'gu:n
Rạngsdorf 'raŋsdɔrf
Rạngström *schwed.* ˌraŋstrœm
Rangụn raŋ'gu:n
Ranieri *it.* ra'ni̯ɛ:ri
Rạnis 'ra:nɪs
Rạnjina *serbokr.* ˌranjina
rạnk raŋk
[1]**Rạnk** raŋk, **Rạ̈nke** 'rɛŋkə
[2]**Rank** (Name) *engl.* ræŋk
Rạnke 'raŋkə
Rạ̈nke 'rɛŋkə
rạnken, R... 'raŋkn̩
Rankẹtt raŋ'kɛt
Rạnkhyttan *schwed.* ˌraŋkhytan
rạnkig 'raŋkɪç, **-e** ...ɪgə
Rankin[e] *engl.* 'ræŋkɪn
Rạnkl 'raŋkl̩
Rạnković *serbokr.* 'ra:ŋkɔvitɕ
Rankụne raŋ'ky:nə
Rạnkweil 'raŋkvai̯l
rạnn, R... ran
rạ̈nne 'rɛnə
Rannoch *engl.* 'rænək
rạnnte 'rantə
Ransạrt *fr.* rɑ̃'sa:r
Rạnsäter *schwed.* ˌransɛtər
Ransom[e] *engl.* 'rænsəm
Rạnsta *schwed.* ˌrɑ:nsta
Rạnstadt 'ranʃtat
Rantauprạpat *indon.* rantau̯'prapat
Rantoul *engl.* ræn'tu:l
Rạntzau 'rantsau̯
Rạnua *finn.* 'rɑnuɑ
Ranụccio *it.* ra'nuttʃo
Rạnula 'ra:nula, **...lae** ...lɛ
Ranụnkel ra'nʊŋkl̩
Ranunkulazẹen ranʊŋkula'tse:ən
Ranvięr *fr.* rɑ̃'vje
Rạ̈nzchen 'rɛntsçən
Ranz des vạches *fr.* rɑ̃de'vaʃ
Rạ̈nzel 'rɛntsl̩
rạnzen, R... 'rantsn̩
rạnzig 'rantsɪç, **-e** ...ɪgə
Ranziọn ran'tsi̯o:n
ranzioni̤eren rantsi̯o'ni:rən
Raon-l'Étạpe *fr.* raõle'tap
Raoul ra'u:l, *fr.* ra'ul
Raoult *fr.* ra'ul
Raoux *fr.* ra'u
Rạpa 'ra:pa, *fr.* ra'pa
Rapạcki *poln.* ra'patski
Rạpakiwi 'rapakivi
Rapạllo ra'palo, *it.* ra'pallo
Rạpa Nụi *span.* 'rrapa 'nui̯
Rạpfen 'rapfn̩
Rạphael 'ra:fae:l, *auch:* ...aɛl
Raphaẹla rafa'e:la
Raphe 'ra:fə, 'rafə
Raphia 'ra:fi̯a, 'rafi̯a; **...ien** ...i̯ən
Raphịden ra'fi:dn̩
rapịd ra'pi:t, **-e** ...i:də
rapidamẹnte rapida'mɛntə
Rapid Cịty *engl.* 'ræpɪd 'sɪtɪ
rapịde ra'pi:də
Rapiditạ̈t rapidi'tɛ:t
rapido 'ra:pido
Rapi̤er ra'pi:ɐ̯
rapi̤eren ra'pi:rən
Rapịlli ra'pɪli
Rapin *fr.* ra'pɛ̃
Rápita *span.* 'rrapita
Rạ̈pitz 'rɛ:pɪts
Rạpoport 'rapopɔrt
Rapp *dt., fr.* rap, *engl.* ræp
Rappahannuk *engl.* ræpə'hænək
Rạppbode 'rapbo:də
Rạppe 'rapə
Rạppel 'rapl̩
rạppelig 'rapəlɪç, **-e** ...ɪgə
rạppelköpfisch 'rapl̩kœpfɪʃ
Rappẹll ra'pɛl
rạppeln 'rapl̩n
Rạppen 'rapn̩
Rạppenau 'rapənau̯
Rạppenstein 'rapn̩ʃtai̯n
Rapperswịl rapɐs'vi:l
Rạppertsburg 'rapɐtsbʊrk
rạpplig 'raplɪç, **-e** ...ɪgə
Rạppo 'rapo
Rạppoltstein 'rapɔltʃtai̯n
Rapp ltswei̤ler rapɔlts'vai̯lɐ
Rạppomacher 'rapomaxɐ
Rạppoport 'rapopɔrt, *engl.* 'ræpəpɔ:t
Rappọrt ra'pɔrt
rapporti̤eren rapɔr'ti:rən
Rappọttenstein ra'pɔtn̩ʃtai̯n
Rapprochement raprɔʃə'mɑ̃:
Rạppweiler 'rapvai̯lɐ
rạps!, Rạps raps
rạpschen 'rapʃn̩

rạpsen 'rapsn̩
Rạptus 'raptʊs, **-se** ...ʊsə
Rapụ̈nzchen ra'pʏnt͜sçən
Rapụnze ra'pʊnt͜sə
Rapụnzel ra'pʊnt͜sl̩
Rapu̱se ra'pu:zə
Raquel *span.* rra'kɛl, *engl.* rækl
ra̱r ra:ɐ̯
Ra̱ra a̱vis 'ra:ra 'a:vis
Rarefikatio̱n rarefika't͜si̯o:n
rarefizi̱eren rarefi't͜si:rən
Raritan *engl.* 'rærɪtən
Raritä̱t rari'tɛ:t
Ra̱ron 'ra:rɔn
Rarotọnga raro'tɔŋga, *engl.* rɛərə'tɔŋgə
Ra̱s ra:s
Rạša *serbokr.* 'raʃa
Rasali̱oth raza'li̯o:t
rasạnt ra'zant
Rasạnz ra'zant͜s
rạsch, R... raʃ
Rạschau 'raʃau̯
Rạschdorff 'raʃdɔrf
Ra̱scheid 'ra:ʃai̯t
Rạschelmaschine 'raʃl̩maʃi:nə
rạscheln 'raʃl̩n
Rạscher 'raʃɐ
Rạschheit 'raʃhai̯t
Raschi̱d ra'ʃi:t
Raschido'd-di̱n *pers.* ræʃidod'di:n
Rạschig 'raʃɪç
Rạschke 'raʃkə
Rascoe *engl.* 'ræskoʊ
Rasdạn, Razdan *russ.* raz'dan
ra̱sen 'ra:zn̩, **ra̱s!** ra:s, **ra̱st** ra:st
Ra̱sen 'ra:zn̩
Rasẹnna ra'zɛna
Ra̱ser 'ra:zɐ
Raserei̱ ra:zə'rai̯
Raseur ra'zø:ɐ̯
Ra̱sgrad, Razgrad *bulgar.* 'razgrat
Rash *engl.* ræʃ
Rạshomon 'raʃomɔn
rasi̱eren ra'zi:rən
ra̱sig 'ra:zɪç, **-e** ...ɪgə
Ra̱sin, Razin *russ.* 'razin
Ra̱singer 'ra:zɪŋɐ
Rạsk *dän.* rasg
Rạška *serbokr.* 'raʃka
Raskọl ras'kɔl
Raskọlnik ras'kɔlnɪk, **-i** ...ki
Raskọlnikow, Raskol'nikov *russ.* ras'kɔlʲnikɐf
Raslọg, Razlog *bulgar.* raz'lɔk
Rạsmus 'rasmʊs, *dän.* ...mus
Rạsmussen *dän.* 'rasmusən
Räson rɛ'zõ:
räsona̱bel rɛzo'na:bl̩, **...ble** ...blə
Räsoneur rɛzo'nø:ɐ̯
räsoni̱eren rɛzo'ni:rən
Räsonnement rɛzɔnə'mã:
Rạspa 'raspa
Raspa̱il *fr.* ras'paj
Rạspe 'raspə
Rạspel 'raspl̩
rạspeln 'raspl̩n
Rasputin 'rasputi:n, *auch:* ras'pu:ti:n; *russ.* ras'putin
ra̱ß ra:s
rä̱ß, Rä̱ß rɛ:s
Rạsse 'rasə
Rạssel 'rasl̩
Rasselei̱ rasə'lai̯
rạsseln 'rasl̩n
Rassemblement du Peuple Français *fr.* rasãbləmãdypœpləfrã'sɛ
rạssig 'rasɪç, **-e** ...ɪgə
rạssisch 'rasɪʃ
Rassịsmus ra'sɪsmʊs
Rassịst ra'sɪst
Rạsso[w] 'raso
Rạst rast
Rạstatt 'raʃtat, 'rastat
Ra̱stede 'ra:ste:də
Rạstel 'rastl̩
Rastẹll *engl.* ræs'tɛl
Rastẹlli *it.* ras'tɛlli
Rastẹlo *port.* rrɐʃ'telu
rạsten 'rastn̩
Råsten *schwed.* ˌro:ste:n
Rạstenberg 'rastn̩bɛrk
Rạstenburg 'rastn̩bʊrk
Rạster 'rastɐ
rạstern 'rastɐn
Rạstow 'rasto
Rastra̱l ras'tra:l
Rastrẹlli *it.* ras'trɛlli
rastri̱eren ras'tri:rən
Rasumọwski, Razumovskij *russ.* rɐzu'mɔfskij
Rasu̱r ra'zu:ɐ̯
Rạszien 'rast͜si̯ən
Rạszków *poln.* 'raʃkuf
Ra̱t ra:t, **Rä̱te** 'rɛ:tə
rä̱t, Rä̱t rɛ:t
Ratafi̱a rata'fi:a
Rạtaje *tschech.* 'ratajɛ
Ra̱tak 'ra:tak, *engl.* 'rɑ:tɑ:k
Ratạnhia... ra'tani̯a...
Ra̱tbert 'ra:tbɛrt
Ratbẹrta ra:t'bɛrta
Ra̱tbo[l]d 'ra:tbɔ[l]t
Ra̱tburg 'ra:tbʊrk
Ratcliff[e], Ratclyffe *engl.* 'rætklɪf
Ra̱te 'ra:tə
Rä̱te vgl. Rat
Rateau *fr.* ra'to
Ra̱tekau 'ra:təkau̯
ra̱ten 'ra:tn̩
Rä̱ter 'rɛ:tɐ
Ra̱tes *port.* 'rratɪʃ
Ra̱tfried 'ra:tfri:t
Ra̱tgeb 'ra:tge:p
Ra̱th[ard] 'ra:t[hart]
Rathbone *engl.* 'ræθboʊn
Ra̱thebur 'ra:təbu:ɐ̯
Ra̱theim 'ra:thai̯m
Ra̱then 'ra:tn̩
Ra̱thenau 'ra:tənau̯
Ra̱thenow 'ra:təno
Ra̱thild 'ra:thɪlt
Rạthjens 'ratjəns
Rạthke 'ratkə
Rathlin *engl.* 'ræθlɪn
Ra̱thold 'ra:thɔlt
Rathrạmnus ra'tramnʊs
Rathsdạmnitz ra:t͜s'damnɪt͜s
Ra̱thskirchen 'ra:t͜skɪrçn̩
Ra̱thstock 'ra:tʃtɔk
Ra̱tibor 'ra:tibɔr
Rä̱tien 'rɛ:t͜si̯ən
Ratifikatio̱n ratifika't͜si̯o:n
ratifizi̱eren ratifi't͜si:rən
Rä̱tikon 'rɛ:tikɔn
Ratiné rati'ne:
Ra̱tingen 'ra:tɪŋən
ratini̱eren rati'ni:rən
Ra̱tio 'ra:t͜si̯o
Ratio̱n ra't͜si̯o:n
rationa̱l rat͜si̯o'na:l
Rationalisa̱tor rat͜si̯onali'za:tɔr, **-en** ...za'to:rən
rationalisi̱eren rat͜si̯onali'zi:rən
Rationalịsmus rat͜si̯ona'lɪsmʊs
Rationalịst rat͜si̯ona'lɪst
Rationalitä̱t rat͜si̯onali'tɛ:t
rationẹll rat͜si̯o'nɛl
rationi̱eren rat͜si̯o'ni:rən
Ratisbo̱na ratɪs'bo:na
Ratisbọnne *fr.* ratis'bɔn
rä̱tisch 'rɛ:tɪʃ
Rạtke 'ratkə
rä̱tlich 'rɛ:tlɪç
Ra̱tmund 'ra:tmʊnt
Raton *engl.* ræ'tu:n, '––; rə'toʊn
Rato̱nkuchen ra'to:nku:xn̩
Ratonneau *fr.* ratɔ'no
Rätoroma̱ne rɛtoro'ma:nə
rätoroma̱nisch rɛtoro'ma:nɪʃ
Ra̱tpert 'ra:tpɛrt
Ratrạmnus ra'tramnʊs
ra̱tsam 'ra:tza:m
rạtsch! ratʃ
Ra̱tsche 'ra:tʃə
Rä̱tsche 'rɛ:tʃə
ra̱tschen 'ra:tʃn̩
rä̱tschen 'rɛ:tʃn̩
Ra̱tschlag 'ra:tʃla:k
ra̱tschlagen 'ra:tʃla:gn̩, **...ag!** ...a:k, **...agt** ...a:kt
Rä̱tsel 'rɛ:t͜sl̩
rä̱tseln 'rɛ:t͜sl̩n
Ratsey *engl.* 'rætsɪ
Ratsho̱f (Königsberg) ra:t͜s'ho:f
Rattạzzi *it.* rat'tattsi
Rạtte 'ratə
Rạtten[berg] 'ratn̩[bɛrk]
Rạ̈tter 'rɛtɐ
rạttern 'ratɐn
rạ̈ttern 'rɛtɐn
Rạtti *it.* 'ratti
Rattigan *engl.* 'rætɪgən
Rạttler 'ratlɐ
Rạ̈ttvik *schwed.* ˌrɛtvi:k
Rạttwitz 'ratvɪt͜s
Rạtz[e] 'rat͜s[ə]

Ratzebuhr 'ratsəbu:ɐ̯
Ratzeburg 'ratsəbʊrk
ratzekahl 'ratsə'ka:l
Ratzel 'ratsl̩
Rätzel 'rɛtsl̩
ratzen 'ratsn̩
Ratzenried ratsn̩'ri:t
Ratzka 'ratska
Rau rau
Raub raup, **-es** 'raubəs
rauben 'raubn̩, **raub!** raup, **raubt** raupt
Rauber 'raubɐ
Räuber 'rɔybɐ
Räuberei rɔybə'rai
Raubling 'raublɪŋ
Rauch[eisen] 'raux[|aizn̩]
rauchen 'rauxn̩
räucherig 'rɔyçərɪç, **-e** ...ɪgə
räuchern 'rɔyçɐn
rauchig 'rauçɪç, **-e** ...ɪgə
Rauchmüller 'rauxmʏlɐ
Räude 'rɔydə
räudig 'rɔydɪç, **-e** ...ɪgə
Raudnitz 'raudnɪts
Raudten 'rautn̩
Rauenberg 'rauənbɛrk
Rauensche Berge 'rauənʃə 'bɛrgə
Rauenthal 'rauənta:l
'rauf rauf
Raufarhöfn *isl.* 'rœy̆varhœbn
Raufbold 'raufbɔlt, **-e** ...ldə
Raufe 'raufə
raufen 'raufn̩
Rauferei raufə'rai
Raugraf 'raugra:f
rauh rau
Rauheit 'rauhait
rauhen 'rauən
Rauherei rauə'rai
Rauhigkeit 'rauɪçkait
Rauke 'raukə
Raúl *span.* rra'ul
Raule 'raulə
raum raum
Raum raum, **Räume** 'rɔymə
Rauma *norw.* ˌrœy̆ma, *finn.* 'rɑumɑ
räumen 'rɔymən
Raumer 'raumɐ
räumlich 'rɔymlɪç
Räumte 'rɔymtə
raunen 'raunən
Raunheim 'raunhaim
Raunitz 'raunɪts
raunzen 'rauntsn̩
Raunzerei rauntsə'rai
Raupach 'raupax
Räupchen 'rɔypçən
Raupe 'raupə
raupen 'raupn̩
raupig 'raupɪç, **-e** ...ɪgə
Rauriker 'raurikɐ
Rauris 'raurɪs
Raus *schwed.* raus
'raus raus
Rausch rauʃ
Räuschchen 'rɔyʃçən
Rauschebart 'rauʃəba:ɐ̯t
rauschen, R... 'rauʃn̩
Rauscher 'rauʃɐ
Rauschning 'rauʃnɪŋ
räuspern 'rɔyspɐn
Raute 'rautə
Rautgund 'rautgʊnt
Rautendelein rau'tɛndəlain
Rauwolf 'rauvɔlf
Rauwolfia rau'vɔlfi̯a
Rauxel 'rauksl̩
Ravachol *fr.* rava'ʃɔl
Ravag 'ravak
ravagieren rava'ʒi:rən
Ravaillac *fr.* rava'jak
Ravaisson-Mollien *fr.* ravɛsõmɔ'ljɛ̃
Ravanica *serbokr.* raˌvanitsa
Ravanusa *it.* rava'nu:za
Rava-Russkaja vgl. Rawa-Russkaja
Ravecchia *it.* ra'vɛkki̯a
Ravel *fr.* ra'vɛl
Ravelin ravə'lɛ̃:
Ravello *it.* ra'vɛllo
Ravelsbach 'ra:vl̩sbax
Raven *engl.* reɪvn
Ravenna ra'vɛna, *it.* ra'venna, *engl.* rə'vɛnə
Ravensberg 'ra:vn̩sbɛrk
Ravensberger 'ra:vn̩sbɛrgɐ
ravensbergisch 'ra:vn̩sbɛrgɪʃ
Ravensbrück ra:vn̩s'brʏk
Ravensburg 'ra:vn̩sbʊrk, *auch:* 'ra:f...
Ravenscroft *engl.* 'reɪvnzkrɔft
Ravenstein *niederl.* 'ra:vənstɛin
Ravenswood *engl.* 'reɪvnzwʊd
Ravesteijn, ...steyn *niederl.* 'ra:vəstɛin
Ravioli ra'vi̯o:li
Ravoir *fr.* ra'vwa:r
ravvivando ravi'vando
Rawalpindi raval'pɪndi, *engl.* rɔ:l'pɪndɪ
Rawa Mazowiecka *poln.* 'rava mazɔ'vjɛtska
Rawa-Russkaja, Rava-Russkaja *russ.* 'ravɐ'ruskɐjɐ
Rawdon *engl.* rɔ:dn
Rawicz *poln.* 'ravitʃ
Rawil ra'vi:l
Rawitsch 'ra:vɪtʃ
Rawlings *engl.* 'rɔ:lɪŋz
Rawlins *engl.* 'rɔ:lɪnz
Rawlinson *engl.* 'rɔ:lɪnsn
Rawmarsh *engl.* 'rɔ:mɑ:ʃ
Rawnsley *engl.* 'rɔ:nzlɪ
Rawson *engl.* rɔ:sn, *span.* 'rrausɔn
Rawsthorne *engl.* 'rɔ:sθɔ:n
Rawtenstall *engl.* 'rɔ:tnstɔ:l
Rawyl ra'vi:l
Rax raks
Raxalpe 'raks|alpə
Ray[burn] *engl.* 'reɪ[bən]
Rayé rɛ'je:
Raygras 'raigra:s
Rayleigh *engl.* 'reɪlɪ
Raymond 'raimɔnt, *engl.* 'reɪmənd, *fr.* rɛ'mõ
Raymondville *engl.* 'reɪməndvɪl
Raymund 'raimʊnt
Raynal *fr.* rɛ'nal
Raynaud *fr.* rɛ'no
Rayne[r] *engl.* 'reɪn[ə]
Raynes *engl.* reɪnz
Raynouard *fr.* rɛ'nwa:r
Rayon rɛ'jõ:
rayonieren rɛjo'ni:rən
Rayski 'raiski
Razdan vgl. Rasdan
Razelm *rumän.* ra'zelm
razemisch ra'tse:mɪʃ
razemos ratse'mo:s, **-e** ...o:zə
razemös ratse'mø:s, **-e** ...ø:zə
Razgrad vgl. Rasgrad
Ražice *tschech.* 'raʒitsɛ
Razin vgl. Rasin
Razlog vgl. Raslog
Razová *tschech.* 'razɔva:
Razumovskij vgl. Rasumowski
Rázus *slowak.* 'ra:zus
Razzia 'ratsi̯a, **...ien** ...i̯ən
R. C. A. *engl.* 'ɑ:si:'eɪ
[1]Re (Gott; Kartenspiel; Musik) re:
[2]Re (Name) *it.* re
Ré *fr.* re
Rea 're:a
Read[e] *engl.* ri:d
Reader 'ri:dɐ
Reader's Digest *engl.* 'ri:dəz 'daɪdʒɛst
Reading *engl.* 'rɛdɪŋ
Reagan *engl.* 'ri:gən
Reagens re'a:gɛns, re'|a:...; **...nzien** rea'gɛntsi̯ən
Reagenz rea'gɛnts, **-ien** ...tsi̯ən
reagieren rea'gi:rən
Reakt re'akt
Reaktanz reak'tants
Reaktion reak'tsi̯o:n
reaktionär, R... reaktsi̯o'nɛ:ɐ̯
reaktiv, R... reak'ti:f, **-e** ...i:və
reaktivieren reakti'vi:rən, re|a...
Reaktivität reaktivi'tɛ:t
Reaktor re'aktɔr, **-en** ...'to:rən
real re'a:l
[1]Real (Münze) re'a:l, *span.* rrɛ'al, *port.*, *bras.* rri̯al; **Reis** rais, *port.* rrɐiʃ, *bras.* rreis
[2]Real (Name) re'a:l, *span.* rrɛ'al, *port.* rri̯al
Réal *fr.* re'al
Realgar real'ga:ɐ̯
Realengo *bras.* rri̯a'leŋgu
Realien re'a:li̯ən
Realisation realiza'tsi̯o:n
Realisator reali'za:tɔr, **-en** ...za'to:rən
realisieren reali'zi:rən
Realismus rea'lɪsmʊs

Realịst[ik] rea'lɪst[ɪk]
realịstisch rea'lɪstɪʃ
Realität reali'tɛ:t
reạliter re'a:litɐ
Reạl Madrịd *span.* rrɛ'al ma'ðrið
Reạlta *rät.* re'alta
Reanimatiọn re|anima'tsi̯o:n
rearmieren re|ar'mi:rən
Reassekurạnz re|aseku'rants
reassumieren re|asu'mi:rən
Reassumptiọn re|asʊmp'tsi̯o:n
Reat re'a:t
Reaumur 're:omy:ɐ̯
Réaumur *fr.* reo'my:r
Rebab re'ba:p
Rẹbbach 'rɛbax
Rẹbbe[s] 'rɛbə[s]
Rebberg 're:pbɛrk
Rebchen 're:pçən
Rebe 're:bə
Rebẹc rə'bɛk
Rebẹcca *engl.* rɪ'bɛkə
Rebẹcque *fr.* rə'bɛk
Rebẹkka re'bɛka
Rebẹll re'bɛl
rebellieren rebɛ'li:rən
Rebelliọn rebɛ'li̯o:n
rebẹllisch re'bɛlɪʃ
rebeln 're:bl̩n, **reble** 're:blə
Rebelo *port.* rrə'βelu
Reber 're:bɐ, *fr.* rə'bɛ:r
Rebhendl 're:phɛndl̩
Rebhu[h]n 'rɛphu:n
Rebikow, Rebikov *russ.* 'rjebikɐf
Ré, Île de *fr.* ildə're
Reblaus 're:plau̯s
Rebling 're:plɪŋ
Rebmann 're:pman
Rebollẹdo *span.* rrɛβo'ʎeðo
Reboul *fr.* rə'bul
Rebound ri'bau̯nt
Reboux *fr.* rə'bu
Rebreanu *rumän.* re'bre̯anu
Rebrọff re'brɔf
Rebụll *span.* rrɛ'βul
Rebus 're:bʊs, **-se** ...ʊsə
rebus sic stantibus 're:bʊs 'zi:k 'stantibʊs
Récamier *fr.* reka'mje
Recanati *it.* reka'na:ti
Receiver ri'si:vɐ
recenter paratum re'tsɛntɐ pa'ra:tʊm
Receptaculum retsɛp'ta:kulʊm
Rẹcha 'rɛça
Rechabit rɛça'bi:t
Rechaud re'ʃo:
Rẹchberg 'rɛçbɛrk
Rechberghausen rɛçbɛrk'hau̯zn̩, '----
rẹchen, R... 'rɛçn̩
Rẹchenberg 'rɛçn̩bɛrk
Rechenei rɛçə'nai̯
Recherche re'ʃɛrʃə, *auch:* rə...; *fr.* rə'ʃɛrʃ; **-n** ...ʃn̩
Rechercheur reʃɛr'ʃø:ɐ̯, *auch:* rə...
recherchieren reʃɛr'ʃi:rən, *auch:* rə...
Rechlin rɛç'li:n
Rechmire rɛç'mi:rə
Rechnei rɛç'nai̯
rẹchnen 'rɛçnən
Rechnerei rɛçnə'rai̯
rẹcht, R... rɛçt
Rẹchte 'rɛçtə
rẹchten 'rɛçtn̩
rẹchterseits 'rɛçtɐ'zai̯ts
rẹchtfertigen 'rɛçtfɛrtɪgn̩
Rechthaberei rɛçtha:bə'rai̯
rẹchthaberisch 'rɛçtha:bərɪʃ
rẹchtlich 'rɛçtlɪç
rẹchts rɛçts
Rechtsaußen rɛçts'|au̯sn̩
rẹchtschaffen 'rɛçtʃafn̩
rẹchtschreiblich 'rɛçtʃrai̯plɪç
Rẹchtser 'rɛçtsɐ
Rẹchtshänder 'rɛçtshɛndɐ
rẹchtshändig 'rɛçtshɛndɪç, **-e** ...ɪgə
rẹchtsher 'rɛçtshe:ɐ̯
rẹchtsherum 'rɛçtshɛrʊm
rẹchtshin 'rɛçtshɪn
rẹchtsrheinisch 'rɛçtsrai̯nɪʃ
rẹchtsseitig 'rɛçtszai̯tɪç, **-e** ...ɪgə
rechtsụm! rɛçts'|ʊm
Rečica vgl. Retschiza
Recife *bras.* rre'sifi
recipe! 're:tsipe
recitạndo retʃi'tando
Recitativo accompagnato retʃita'ti:vo akɔmpan'ja:to, **...vi ...ti** ...vi ...ti
Rẹck[ahn] 'rɛk[a:n]
Rẹcke 'rɛkə
rẹcken 'rɛkn̩
Rẹckenfeld 'rɛkn̩fɛlt
Recklinghausen rɛklɪŋ'hau̯zn̩
Rẹcknagel 'rɛkna:gl̩
Rẹcknitz 'rɛknɪts
Rẹckow 'rɛko
Reclam 're:klam
Reclus *fr.* rə'kly
Recoaro *it.* reko'a:ro
recommandé rəkɔmã'de:
Reconquista rekɔn'kɪsta, *auch:* rekɔŋ...; *span.* rrekɔŋ'kista
Recorder re'kɔrdɐ
Rẹcsk *ung.* rɛtʃk
rẹcte 'rɛktə
Rẹctor magnificentịssimus 'rɛktɔr magnifitsɛn'tɪsimʊs, **-es ...mi** rɛk'to:re:s ...mi
Rẹctor magnificus 'rɛktɔr ma'gni:fikʊs, **-es ...ci** rɛk'to:re:s ...itsi
Rẹcz *poln.* rɛtʃ
Reda 're:da
Redakteur redak'tø:ɐ̯
Redaktiọn redak'tsi̯o:n
redaktionẹll redaktsi̯o'nɛl
Redạktor re'daktɔr, **-en** ...'to:rən
Redaktrice redak'tri:sə
Redange *fr.* rə'dã:ʒ
Rẹd Bank *engl.* 'rɛd 'bæŋk
Rẹdbrook *engl.* 'rɛdbrʊk
Rẹdcar *engl.* 'rɛdkɑ:
Rẹdcliffe *engl.* 'rɛdklɪf
Rẹd Deer *engl.* 'rɛd 'dɪə
Rẹdder 'rɛdɐ
Rẹdding *engl.* 'rɛdɪŋ
Rẹdditch *engl.* 'rɛdɪtʃ
Redditiọn rɛdi'tsi̯o:n
Rede 're:də
Réde *ung.* 're:dɛ
Redefin 're:dəfi:n
Redegọnda rede'gɔnda
Redekin re:də'ki:n
Redẹm[p]tio re'dɛm[p]tsi̯o
Redemptorịst redɛmpto'rɪst
reden 're:dn̩, **red!** re:t
Reden 're:dn̩
Redenção *bras.* rredẽ'sẽu̯
Rederei re:də'rai̯
Rederijkers *niederl.* 're:dərɛi̯kərs
Rederitz 're:dərɪts
Redern 're:dɐn
Rẹdfern *engl.* 'rɛdfə:n
Rẹdfield *engl.* 'rɛdfi:ld
Rẹdgrave *engl.* 'rɛdgreɪv
Rẹdgum... *engl.* 'rɛdgʌm...
redhibieren re:thi'bi:rən, rɛthi...
Redhibitiọn re:thibi'tsi̯o:n, rɛthi...
redhibitorisch re:thibi'to:rɪʃ, rɛthi...
Rẹdi *it.* 'rɛ:di
Rédics *ung.* 're:ditʃ
redigieren redi'gi:rən
redimieren redi'mi:rən
Reding[en] 're:dɪŋ[ən]
Redingote redɛ̃'gɔt, *auch:* rəd...; **-n** ...tn̩
Redintegratiọn re:t|ɪntegra'tsi̯o:n, rɛt|ɪn...
Redisfeder (Wz) 're:dɪsfe:dɐ
Rediskọnt redɪs'kɔnt
rediskontieren redɪskɔn'ti:rən
Redistributiọn redɪstribu'tsi̯o:n
redivivus redi'vi:vʊs
Rẹdlands *engl.* 'rɛdləndz
redlich, R... 're:tlɪç
Rẹd Lion *engl.* 'rɛd 'laɪən
Rẹdman *engl.* 'rɛdmən
Rẹdmond *engl.* 'rɛdmənd
Redner 're:dnɐ
Rednitz 're:dnɪts
Rẹd Oak *engl.* 'rɛd 'oʊk
Redọl *port.* rrə'ðɔl
[1]**Redon** (Wz) 're:dɔn
[2]**Redon** (Name) *fr.* rə'dõ
Redọnda *engl.* rɪ'dɔndə
Redondẹla *span.* rreðɔn'dela
Redondịlla redɔn'dɪla, ...'dɪlja; **...llen** ...lən, **-s** ...li̯as
Redọndo *port.* rrə'dondu
Redọndo Beach *engl.* rɪ'dɔndoʊ 'bi:tʃ
Redọpp re'dɔp
Redoute re'du:tə, *auch:* rə...

Redouté *fr.* rədu'te
Redọxsystem re'dɔkszyste:m
Rẹdpath *engl.* 'rɛdpa:θ
Redressement redrɛsə'mã:
redressi̱eren redrɛ'si:rən
Rẹd Rịver [of the Nọrth] *engl.* 'rɛd 'rɪvə [əv ðe 'nɔ:θ]
Rẹdruth *engl.* 'rɛdru:θ
rẹdselig 're:tze:lɪç
Rẹdslob 're:tslo:p
Rẹdstone *engl.* 'rɛdstoʊn
Rẹdtenbacher 'rɛtn̩baxɐ
redubli̱eren redu'bli:rən
Redui̱t re'dy̆i:, *fr.* re'dɥi
Redukta̱se redʊk'ta:zə
Reduktio̱n redʊk'tsi̯o:n
Redụktor re'dʊktɔr, **-en** ...'to:rən
redundạnt redʊn'dant
Redundạnz redʊn'dants
Reduplikatio̱n reduplika'tsi̯o:n
reduplizi̱eren redupli'tsi:rən
reduzi̱bel redu'tsi:bl̩, **...ble** ...blə
reduzi̱eren redu'tsi:rən
Rẹdvers *engl.* 'rɛdvəz
Rẹdwitz 'rɛdvɪts
Rẹdwood *engl.* 'rɛdwʊd
Rée re:
Reed *engl.* ri:d
Re̱ede 're:də
[1]**Re̱eder** 're:dɐ
[2]**Reeder** (Name) *engl.* 'ri:də
Reedere̱i re:də'rai̯
Reedy *engl.* 'ri:dɪ
Reel[er] 'ri:l[ɐ]
reẹll re'ɛl
Reellitä̱t reɛli'tɛ:t
Ree, Lough *engl.* 'lɔk 'ri:
Re̱elsen 're:lzn̩
Re̱emtsma 're:mtsma
Reengagement re|ãgaʒə'mã:
reengagi̱eren re|ãga'ʒi:rən
Re̱ep[erbahn] 're:p[ɐba:n]
Re̱es re:s, *engl.* ri:s
Reese *engl.* ri:s
Re̱et re:t
Re̱etz re:ts
Re̱euwich *niederl.* 're:wɪx
Reeve[s] *engl.* ri:v[z]
Reexpọrt re|ɛks'pɔrt
Reexportatio̱n re|ɛkspɔrta'tsi̯o:n
RE̱FA 're:fa
Refait rə'fɛ:, *fr.* rə'fɛ
Refạktie re'faktsi̯ə
refakti̱eren refak'ti:rən
Refekto̱rium refɛk'to:ri̯ʊm, **...ien** ...i̯ən
Refera̱t refe'ra:t
Referee refə'ri:
Referenda̱r referɛn'da:ɐ̯
Referendaria̱t referɛnda'ri̯a:t
Referẹndum refe'rɛndʊm, **...da** ...da
Referẹnt refe'rɛnt
Referẹnz refe'rɛnts
referi̱eren refe'ri:rən
Rẹff rɛf
rẹffen 'rɛfn̩
Refinanzi̱erung refinan'tsi:rʊŋ
Reflatio̱n refla'tsi̯o:n
reflationä̱r reflatsi̯o'nɛ:ɐ̯
Reflektạnt reflɛk'tant
reflekti̱eren reflɛk'ti:rən
Reflẹktor re'flɛktɔr, **-en** ...'to:rən
reflekto̱risch reflɛk'to:rɪʃ
Reflẹx re'flɛks
Reflexio̱n reflɛ'ksi̯o:n
reflexi̱v, R... reflɛ'ksi:f, **-e** ...i:və
Reflexivitä̱t reflɛksivi'tɛ:t
Reflexi̱vum reflɛ'ksi:vʊm, **...va** ...va
Reflexolo̱ge reflɛkso'lo:gə
Reflexologi̱e reflɛksolo'gi:
Reflụx re'flʊks
Refọrm re'fɔrm
Reforma̱tio in pe̱ius refɔr'ma:tsi̯o ɪn 'pe:jʊs, **-nes - -** ...ma'tsi̯o:ne:s – –
Reformatio̱n refɔrma'tsi̯o:n
Reforma̱tor refɔr'ma:tɔr, **-en** ...ma'to:rən
reformato̱risch refɔrma'to:rɪʃ
Reformạtski, Reformatskij *russ.* rɪfar'matskij
Refọrmer re'fɔrmɐ
refọrmerisch re'fɔrmərɪʃ
reformi̱eren refɔr'mi:rən
reformi̱ert refɔr'mi:ɐ̯t
Reformịsmus refɔr'mɪsmʊs
Reformịst refɔr'mɪst
Refọsco re'fɔsko
refraichi̱eren refrɛ'ʃi:rən
Refrain rə'frɛ̃:, *auch:* re...
refraktä̱r refrak'tɛ:ɐ̯
Refraktio̱n refrak'tsi̯o:n
Refraktome̱ter refrakto'me:tɐ
Refraktometri̱e refraktome'tri:
refraktome̱trisch refrakto'me:trɪʃ
Refrạktor re'fraktɔr, **-en** ...'to:rən
Refrakturi̱erung refraktu'ri:rʊŋ
Refrigerạnzien refrige'rantsi̯ən
Refrigeratio̱n refrigera'tsi̯o:n
Refrigera̱tor refrige'ra:tɔr, **-en** ...ra'to:rən
Rẹftele *schwed.* ˌrɛftələ
Refugia̱l... refu'gi̯a:l...
Refugié refy'ʒi̯e:
Refu̱gium re'fu:gi̯ʊm, **...ien** ...i̯ən
refundi̱eren refʊn'di:rən
Refus, Refüs rə'fy:, re...; **des -** ...y:[s], **die -** ...y:s
refüsi̱eren rəfy'zi:rən, re...
Refusio̱n refu'zi̯o:n
Refutatio̱n refuta'tsi̯o:n
[1]**Rẹg** (Wüste) rɛk
[2]**Rẹg** (Name) *engl.* rɛdʒ
Re̱ga 're:ga
rega̱l, R... re'ga:l
Regalbu̱to *it.* regal'bu:to
Rega̱le re'ga:lə, **...lien** ...li̯ən
regali̱eren rega'li:rən
Regalitä̱t regali'tɛ:t
Regamey *fr.* rəga'mɛ
Re̱gan 're:gan, *engl.* 'ri:gən
Rega̱r *russ.* rɪ'gar
Regạtta re'gata
re̱ge 're:gə
Re̱gel 're:gl̩
Regelatio̱n regela'tsi̯o:n
Regeldetri̱ re:gl̩de'tri:
re̱geln 're:gl̩n, **re̱gle** 're:glə
re̱gelrecht 're:gl̩rɛçt
Re̱gelung 're:gəlʊŋ
re̱gen 're:gn̩, **re̱g!** re:k, **re̱gt** re:kt
Re̱gen 're:gn̩
Régence re'ʒã:s
Re̱gener 're:gənɐ
Regeneração *bras.* rreʒenera'sɐ̃ŭ
Regenera̱t regene'ra:t
Regeneratio̱n regenera'tsi̯o:n
regenerati̱v regenera'ti:f, **-e** ...i:və
Regenera̱tor regene'ra:tɔr, **-en** ...ra'to:rən
regenerato̱risch regenera'to:rɪʃ
regeneri̱eren regene'ri:rən
Re̱gens 're:gɛns; **Regẹnten** re'gɛntn̩, **Regẹntes** re'gɛnte:s
Re̱gensburg 're:gn̩sbʊrk
Re̱gensburger 're:gn̩sbʊrgɐ
Re̱gens cho̱ri 're:gɛns 'ko:ri, **Regẹntes -** re'gɛnte:s –
Regenscho̱ri re:gɛns'ko:ri
Regẹnsen *dän.* re'gɛn'sən
Regensta̱uf re:gn̩'ʃtau̯f
Regẹnt re'gɛnt
Regentes vgl. Regens
Regentes chori vgl. Regens chori
Regenthi̱n regn̩'ti:n
Regent's Pạrk *engl.* 'ri:dʒənts 'pɑ:k
Regenwạlde re:gn̩'valdə
Re̱ger 're:gɐ
Re̱ges vgl. Rex
Regẹsten re'gɛstn̩
Reggạne *fr.* rɛ'gan
Rẹgge *niederl.* 'rɛxə
Rẹggio *it.* 'rɛddʒo
Rẹghin *rumän.* 'regin
Regi̱e re'ʒi:, **-n** ...i:ən
regi̱eren re'gi:rən
Regierere̱i regi:rə'rai̯
Regi̱erung re'gi:rʊŋ
Regi̱me re'ʒi:m, **die -** ...mə
Regimẹnt regi'mɛnt
Regi̱na re'gi:na, *engl.* rɪ'dʒaɪnə
Regi̱na coe̱li re'gi:na 'tsø:li
regi̱na re̱git colo̱rem re'gi:na 're:gɪt ko'lo:rɛm
Re̱ginald 're:ginalt, *engl.* 'rɛdʒɪnld
Regi̱ne re'gi:nə
Régịne *fr.* re'ʒin

Regino 're:gino
Reginum re'gi:nʊm
Regio 're:gi̯o, **-nes** re'gi̯o:ne:s
Régio *bras.* 'rrɛʒi̯u
Regiomontanus regi̯omɔn'ta:nʊs
Region re'gi̯o:n
regional regi̯o'na:l
Regionalismus regi̯ona'lɪsmʊs
Regionalist regi̯ona'lɪst
regionär regi̯o'nɛ:ɐ̯
Regis 're:gɪs, *engl.* 'ri:dʒɪs
Régis *fr.* re'ʒis
Regisseur reʒɪ'sø:ɐ̯
Register re'gɪstɐ
registered *engl.* 'rɛdʒɪstəd
Registrande regɪs'trandə
Registrator regɪs'tra:tɔr, **-en** ...stra'to:rən
Registratur regɪstra'tu:ɐ̯
registrieren regɪs'tri:rən
Reglage re'gla:ʒə
Reglement reglə'mã:
reglementarisch reglemɛn'ta:rɪʃ
reglementieren reglemɛn'ti:rən
Regler 're:glɐ
Reglette re'glɛtə
Regling 're:glɪŋ
reglos 're:klo:s
Reglung 're:glʊŋ
Regnar *dän.* 'rai̯'nər
Regnard, ...rt *fr.* rə'ɲa:r
Regnaud, ...ult *fr.* rə'ɲo
regnen 're:gnən
Regner *dän.* 'rai̯'nər
Régnier *fr.* re'ɲe
Régnier-Desmarais *fr.* reɲedema'rɛ
Regnitz 're:gnɪts
Rego *port.* 'rreɣu, *bras.* 'rregu
Regredient regre'di̯ɛnt
regredieren regre'di:rən
Regreß re'grɛs, **Regresse** ...ɛsə
Regressat regrɛ'sa:t
Regression regrɛ'si̯o:n
regressiv regrɛ'si:f, **-e** ...i:və
regsam 're:kza:m
Régua *port.* 'rrɛɣu̯ɐ
Regula 're:gula
Regula falsi 're:gula 'falzi
Regula fidei 're:gula 'fi:dei, **...lae** - ...lɛ –
Regular regu'la:ɐ̯
regulär regu'lɛ:ɐ̯
Regularität regulari'tɛ:t
Regulation regula'tsi̯o:n
regulativ, R... regula'ti:f, **-e** ...i:və
Regulator regu'la:tɔr, **-en** ...la'to:rən
regulieren regu'li:rən
regulinisch regu'li:nɪʃ
Regulus 're:gulʊs; **...li** ...li, **-se** ...ʊsə
Regumatorp *schwed.* ˌre:gɵmatɔrp
Reh re:
Rehabeam re'ha:beam
Rehabilitand rehabili'tant, **-en** ...dn̩
Rehabilitation rehabilita'tsi̯o:n
rehabilitieren rehabili'ti:rən
Rehan *engl.* 'ri:ən, 'reɪən
Rehau 're:au̯
Rehaut rə'o:
Rehbenitz 're:bənɪts
Rehberg 're:bɛrk
Rehborn 're:bɔrn
Rehburg 're:bʊrk
Rehe 're:ə
Reh[e]feld 're:[ə]fɛlt
Rehfisch 're:fɪʃ
Rehfues 're:fu:s
rehig 're:ɪç, **-e** ...ɪgə
Rehling[en] 're:lɪŋ[ən]
Rehm[e] 're:m[ə]
Rehmke 're:mkə
Rehn[a] 're:n[a]
[1]**Rehoboth** (USA) *engl.* rɪ'hoʊbəθ
[2]**Rehoboth** (Afrika) 're:obɔt, *engl.* 'reɪhəboʊθ
Rehon *fr.* rə'ɔ̃
Řehoř *tschech.* 'rʒɛhɔrʃ
Rehorngebirge 're:hɔrngəbɪrgə
Rehsen 're:zn̩
Reibach 'rai̯bax
Reibe 'rai̯bə
reiben 'rai̯bn̩, **reib!** rai̯p, **reibt** rai̯pt
Reiberei rai̯bə'rai̯
reich, R... rai̯ç
Reicha 'rai̯ça
Reichard[t] 'rai̯çart
Reiche 'rai̯çə
Reichelsheim 'rai̯çl̩shai̯m
reichen 'rai̯çn̩
Reichenau 'rai̯çənau̯
Reichenbach 'rai̯çn̩bax
Reichenberg 'rai̯çn̩bɛrk
Reichenfels 'rai̯çn̩fɛls
Reichenhain 'rai̯çn̩hai̯n
Reichenhall rai̯çn̩'hal
Reichenow 'rai̯çəno
Reichensperger 'rai̯çn̩spɛrgɐ
Reichenstein 'rai̯çn̩ʃtai̯n
Reichenvater 'rai̯çn̩fa:tɐ
Reichersbeuern rai̯çɐs'bɔy̯ɐn
Reichert 'rai̯çɐt
Reichertshausen rai̯çɐts'hau̯zn̩
reichhaltig 'rai̯çhaltɪç, **-e** ...ɪgə
Reichle 'rai̯çlə
reichlich 'rai̯çlɪç
Reicholzheim 'rai̯çɔltshai̯m
Reichraming rai̯ç'ramɪŋ
Reichskammergericht rai̯çs'kamɐgərɪçt
Reichstadt 'rai̯çʃtat
Reichstein 'rai̯çʃtai̯n
reichsunmittelbar 'rai̯çs'|ʊnmɪtl̩ba:ɐ̯
Reichtum 'rai̯çtu:m, **...tümer** ...ty:mɐ
Reichweiler 'rai̯çvai̯lɐ
Reichwein 'rai̯çvai̯n
Reicke 'rai̯kə
Reid *engl.* ri:d
Reideburg 'rai̯dəbʊrk
Reiderland 'rai̯dɐlant
Reidling 'rai̯dlɪŋ
Reidsville *engl.* 'ri:dzvɪl
reif, R... rai̯f
Reife 'rai̯fə
reifen, R... 'rai̯fn̩
Reifenberg 'rai̯fn̩bɛrk
Reiffenstein 'rai̯fn̩ʃtai̯n
Reifland 'rai̯flant
reiflich 'rai̯flɪç
Reifträger 'rai̯ftrɛ:gɐ
Reigate *engl.* 'raɪgɪt
reigen, R... 'rai̯gn̩
Reihe 'rai̯ə
reihen, R... 'rai̯ən
Reiher 'rai̯ɐ
reihum rai̯'|ʊm
Reil rai̯l
Reille *fr.* rɛj
Reilly *engl.* 'raɪlɪ
Reim rai̯m
Reimann 'rai̯man
Reimannswalde rai̯mans'valdə
Reimar 'rai̯mar
Reimarus rai̯'ma:rʊs
Reimbald 'rai̯mbalt
Reimbert 'rai̯mbɛrt
Reimbold 'rai̯mbɔlt
Reimbrecht 'rai̯mbrɛçt
reimen 'rai̯mən
Reimer 'rai̯mɐ
Reimerei rai̯mə'rai̯
Reimo 'rai̯mo
Reimplantation re|ɪmplanta'tsi̯o:n
Reimport re|ɪm'pɔrt
Reimportation re|ɪmpɔrta'tsi̯o:n
Reims rai̯ms, *fr.* rɛ̃:s
Reimser 'rai̯mzɐ
Reimund 'rai̯mʊnt
Reimunde rai̯'mʊndə
rein, Rein, 'rein rai̯n
Reinach 'rai̯nax, *fr.* rɛ'nak
Reinacher 'rai̯naxɐ
Reinald 'rai̯nalt
Reinbald 'rai̯nbalt
Reinbek 'rai̯nbe:k
Reinberg 'rai̯nbɛrk
Reinbert 'rai̯nbɛrt
Reinbold 'rai̯nbɔlt
Reinbot 'rai̯nbɔt
Reindell 'rai̯ndl̩
[1]**Reine** 'rai̯nə
[2]**Reine** (Name) *fr.* rɛn
Reinecke 'rai̯nəkə
Reineclaude rɛ:nə'klo:də
Reineke 'rai̯nəkə
Reiner 'rai̯nɐ
Reinero rai̯'ne:ro
Reiners 'rai̯nɐs
Reinert 'rai̯nɐt, *engl.* 'raɪnət
Reinerz 'rai̯nɐts
Reinette rɛ'nɛtə
reineweg 'rai̯nə'vɛk
Reinfall 'rai̯nfal

Reinfektion re|ɪnfɛkˈt͜si̯oːn
Reinfeld ˈrai̯nfɛlt
Reinfried ˈrai̯nfriːt
Reinfriede rai̯nˈfriːdə
Reingard ˈrai̯ngart
Reinhard ˈrai̯nhart
Reinhardsbrunn rai̯nhart͜sˈbrʊn
Reinhardswald ˈrai̯nhart͜svalt
Reinhardt ˈrai̯nhart
Reinhart ˈrai̯nhart, *engl.* ˈraɪnhɑːt
Reinhausen rai̯nˈhau̯zn̩
Reinheim ˈrai̯nhai̯m
Reinheit ˈrai̯nhai̯t
Reinhild ˈrai̯nhɪlt
Reinhilde rai̯nˈhɪldə
Reinhildis rai̯nˈhɪldɪs
Reinhold ˈrai̯nhɔlt
Reinick[endorf] ˈrai̯nɪk[n̩dɔrf]
reinigen ˈrai̯nɪɡn̩, **reinig!** ...ɪç **reinigt** ...ɪçt
Reining[er] ˈrai̯nɪŋ[ɐ]
Reinkarnation re|ɪnkarnaˈt͜si̯oːn
Reinke ˈrai̯nkə
Reinken[s] ˈrai̯nkn̩[s]
Reinkum *niederl.* ˈrɛi̯ŋkəm
Reinmar ˈrai̯nmar
Reinold ˈrai̯nɔlt
Reinolf ˈrai̯nɔlf
Reinosa *span.* rrɛi̯ˈnosa
Reinprecht ˈrai̯nprɛçt
Reinsberg ˈrai̯nsbɛrk
Reinsch rai̯nʃ, *engl.* raɪnʃ
Reinschiff (Schiffsreinigung) rai̯nˈʃɪf
Reinsdorf ˈrai̯nsdɔrf
Reinsfeld ˈrai̯nsfɛlt
Reinstedt ˈrai̯nʃtɛt
Reinulf ˈrai̯nʊlf
Reinwald ˈrai̯nvalt
reinweg ˈrai̯nˈvɛk
Reipoltskirchen ˈrai̯pɔlt͜skɪrçn̩
[1]**Reis** rai̯s, **-es** ˈrai̯zəs
[2]**Reis** vgl. Real
Reisach ˈrai̯zax
Reischach ˈrai̯ʃax
Reischeck ˈrai̯ʃɛk
Reise ˈrai̯zə
reisen ˈrai̯zn̩, **reis!** rai̯s, **reist** rai̯st
Reiserei rai̯zəˈrai̯
reisern ˈrai̯zɐn, **...sre** ...zrə
reisig ˈrai̯zɪç, **-e** ...ɪɡə
Reisig ˈrai̯zɪç
Reisige ˈrai̯zɪɡə
Reisiger ˈrai̯zɪɡɐ
Reiske ˈrai̯skə
Reislauf ˈrai̯slau̯f
Reisner, Rejsner ˈrai̯snɐ, *russ.* ˈrjejsnɪr
Reiss *norw.* rɛi̯s
Reißaus rai̯sˈ|au̯s
reißen ˈrai̯sn̩
Reissenberger ˈrai̯sn̩bɛrɡɐ
Reissig ˈrai̯sɪç, *span.* ˈrrɛi̯six
Reissing ˈrai̯sɪŋ
Reiste ˈrai̯stə
reisten ˈrai̯stn̩
Reistenhausen rai̯stn̩ˈhau̯zn̩
Reit rai̯t
reiten ˈrai̯tn̩
Reiter ˈrai̯tɐ
Reiterei rai̯təˈrai̯
reiteretur re|iteˈreːtʊr
Reith rai̯t, *engl.* riːθ
Reitmeir ˈrai̯tmai̯ɐ
Reitscheid ˈrai̯tʃai̯t
Reitwein ˈrai̯tvai̯n
Reitzel ˈrai̯t͜sl̩
Reitzenhain ˈrai̯t͜sn̩hai̯n
Reitzenstein ˈrai̯t͜sn̩ʃtai̯n
Reiz rai̯t͜s
reizbar ˈrai̯t͜sbaːɐ̯
reizen ˈrai̯t͜sn̩
Reizenstein ˈrai̯t͜sn̩ʃtai̯n
Reizianum rai̯ˈt͜si̯aːnʊm, **...na** ...na
Reizker ˈrai̯t͜skɐ
Rej *poln.* rɛj
Réjane *fr.* reˈʒan
Rejcha *tschech.* ˈrɛjxa
Rejektion rejɛkˈt͜si̯oːn
Rejektorium rejɛkˈtoːri̯ʊm, **...ien** ...i̯ən
Reji ˈreːji
rejizieren rejiˈt͜siːrən
Rejmyra *schwed.* ˌrɛjmyːra
Réjouissance reʒu̯iˈsãːs, **-n** ...sn̩
Rejsner vgl. Reisner
Reka *serbokr.* ˌrɛːka
Rekaleszenz rekalɛsˈt͜sɛnt͜s
Rekapitulation rekapitulaˈt͜si̯oːn
rekapitulieren rekapituˈliːrən
Rekarne *schwed.* ˌreːkarnə
Rekawinkel rɛkaˈvɪŋkl̩
Rekel ˈreːkl̩
Rekelei reːkəˈlai̯
rekeln ˈreːkl̩n
Rekem *niederl.* ˈreːkəm
Rekentin rekn̩ˈtiːn
Rekkared ˈrɛkarɛt
Reklamant[e] reklaˈmant[ə]
Reklamation reklamaˈt͜si̯oːn
Reklame reˈklaːmə
reklamieren reklaˈmiːrən
Reklination reklinaˈt͜si̯oːn
Reklusen reˈkluːzn̩
Rekognition rekɔɡniˈt͜si̯oːn
rekognoszieren rekɔɡnɔsˈt͜siːrən
Rekommandation rekɔmandaˈt͜si̯oːn
rekommandieren rekɔmanˈdiːrən
Rekomparation rekɔmparaˈt͜si̯oːn
Rekompens rekɔmˈpɛns, **-en** ...nzn̩
Rekompensation rekɔmpɛnzaˈt͜si̯oːn
rekompensieren rekɔmpɛnˈziːrən
Rekomposition rekɔmpoziˈt͜si̯oːn
Rekonstitution rekɔnstituˈt͜si̯oːn
rekonstruieren rekɔnstruˈiːrən
rekonstruktabel rekɔnstrʊkˈtaːbl̩, **...ble** ...blə
Rekonstruktion rekɔnstrʊkˈt͜si̯oːn
rekonvaleszent, R... rekɔnvalɛsˈt͜sɛnt
Rekonvaleszenz rekɔnvalɛsˈt͜sɛnt͜s
rekonvaleszieren rekɔnvalɛsˈt͜siːrən
Rekonziliation rekɔnt͜sili̯aˈt͜si̯oːn
Rekord reˈkɔrt, **-e** ...rdə
Rekorder reˈkɔrdɐ
Rekordler reˈkɔrtlɐ
Rekreation rekreaˈt͜si̯oːn
Rekreditiv rekrediˈtiːf, **-e** ...iːvə
rekreieren rekreˈiːrən
Rekrimination rekriminaˈt͜si̯oːn
rekriminieren rekrimiˈniːrən
Rekrudeszenz rekrudɛsˈt͜sɛnt͜s
Rekrut reˈkruːt
rekrutieren rekruˈtiːrən
Rekta vgl. Rektum
Rektaklausel ˈrɛktaklau̯zl̩
rektal rɛkˈtaːl
Rektalgie rɛktalˈɡiː, **-n** ...iːən
Rektangel rɛkˈtaŋl̩
rektangulär rɛktaŋɡuˈlɛːɐ̯
Rektaszension rɛktast͜sɛnˈzi̯oːn
rekte ˈrɛktə
Rektifikat rɛktifiˈkaːt
Rektifikation rɛktifikaˈt͜si̯oːn
rektifizieren rɛktifiˈt͜siːrən
Rektion rɛkˈt͜si̯oːn
Rekto ˈrɛkto
Rektor ˈrɛktɔr, **-en** ...ˈtoːrən
Rektorat rɛktoˈraːt
Rektorin rɛkˈtoːrɪn, *auch:* ˈrɛktorɪn
Rektoskop rɛktoˈskoːp
Rektoskopie rɛktoskoˈpiː, **-n** ...iːən
Rektozele rɛktoˈt͜seːlə
Rektum ˈrɛktʊm, **Rekta** ˈrɛkta
Rekuperation rekuperaˈt͜si̯oːn
Rekuperator rekupeˈraːtɔr, **-en** ...raˈtoːrən
Rekurrens... reˈkʊrɛns...
rekurrent rekʊˈrɛnt
rekurrieren rekʊˈriːrən
Rekurs reˈkʊrs, **-e** ...rzə
Rekursions... rekʊrˈzi̯oːns...
rekursiv rekʊrˈziːf, **-e** ...iːvə
Rekusation rekuzaˈt͜si̯oːn
Relais rəˈlɛː, **des** – rəˈlɛː[s], **die** - rəˈlɛːs
Relaps reˈlaps
Relation relaˈt͜si̯oːn
relational relat͜si̯oˈnaːl
relativ, R... relaˈtiːf, **-e** ...iːvə
relativieren relatiˈviːrən
Relativismus relatiˈvɪsmʊs
Relativist relatiˈvɪst
Relativität relativiˈtɛːt
Relativum relaˈtiːvʊm, **...va** ...va

Relaxans re'laksans; **...nzien** ...'ksantsi̯ən, **...ntia** ...'ksantsi̯a
Relaxation relaksa'tsi̯o:n
Release ri'li:s, **-s** ...sɪs
Relegation relega'tsi̯o:n
relegieren rele'gi:rən
relevant rele'vant
Relevanz rele'vants
Relevation releva'tsi̯o:n
Relief re'li̯ɛf
Religio re'li:gi̯o, **-nes** reli'gi̯o:ne:s
Religion reli'gi̯o:n
religiös reli'gi̯ø:s, **-e** ...ø:zə
Religiosen reli'gi̯o:zn̩
Religiosität religi̯ozi'tɛ:t
religioso reli'dʒo:zo
relikt, R... re'lɪkt
Relikten re'lɪktn̩
Reling 're:lɪŋ
Reliquiar reli'kvi̯a:ɐ̯
Reliquie re'li:kvi̯ə
Relizane *fr.* rəli'zan
Reljković *serbokr.* ˌrɛ:ljkɔvitɕ
Rellingen 'rɛlɪŋən
Rellinghausen rɛlɪŋ'hauzn̩
Relistab 'rɛlʃta:p
Relly *engl.* 'rɛlɪ
Reluxation relʊksa'tsi̯o:n
Rém *ung.* re:m
Remagen 're:ma:gn̩
Remak 're:mak
remanent rema'nɛnt
Remanenz rema'nɛnts
remarkabel remar'ka:bl̩, **...ble** ...blə
Remarque rə'mark
Remarquedrucke rə'markdrʊkə, re'm...
Remasuri rema'zu:ri
Rembert 'rɛmbɛrt
Rembours rã'bu:ɐ̯, **des** – ...ɐ̯[s], **die** – ...ɐ̯s
remboursieren rãbʊr'zi:rən
Rembrandt 'rɛmbrant, *niederl.* 'rɛmbrɑnt
remedieren reme'di:rən
Remedios *span.* rrɛ'meðiɔs
Remédios *bras.* rrɛ'mɛdi̯us
Remedium re'me:di̯ʊm; **...ien** ...i̯ən, **...ia** ...i̯a
Remedur reme'du:ɐ̯
Reményi *ung.* 'rɛme:nji
Remerschen re'mɛrʃn̩
Remesow, Remezov *russ.* 'rjemɪzɔf
Remi *fr.* rə'mi, re'mi
Remich 're:mɪç
Remigio *it.* re'mi:dʒo, *span.* rrɛ'mixi̯o
Remigius re'mi:gi̯ʊs
Remigrant remi'grant
remilitarisieren remilitari'zi:rən
Remington *engl.* 'rɛmɪŋtən
Reminiszenz reminɪs'tsɛnts
Reminiszere remi'nɪstsərə
Remiremont *fr.* rəmir'mõ
remis rə'mi:
Remis rə'mi:; **des** – rə'mi:[s]; **die** – rə'mi:s; **-en** ...i:zn̩
Remise rə'mi:zə
Remisier rəmi'zi̯e:
remisieren rəmi'zi:rən
Remisow, Remizov *russ.* 'rjemizɐf
Remission remɪ'si̯o:n
Remittende remɪ'tɛndə
Remittent remɪ'tɛnt
remittieren remɪ'ti:rən
Remizov vgl. Remisow
Remlingrade rɛmlɪŋ'ra:də
Remmesweiler 'rɛməsvai̯lɐ
Remmidemmi 'rɛmi'dɛmi
remonetisieren remoneti'zi:rən
Remonstranten remɔn'strantn̩
Remonstration remɔnstra'tsi̯o:n
remonstrieren remɔns'tri:rən
remontant remɔn'tant, *auch:* remõ'tant
Remonte re'mɔntə, *auch:* re'mõ:tə
remontieren remɔn'ti:rən, *auch:* remõ'ti:rən
Remontoiruhr remõ'to̯a:ɐ̯|u:ɐ̯
Remorqueur remɔr'kø:ɐ̯
remorquieren remɔr'ki:rən
Remotion remo'tsi̯o:n
remotiv remo'ti:f, **-e** ...i:və
Remouchamps *fr.* rəmu'ʃã
Remoulade remu'la:də
removieren remo'vi:rən
Rempelei rɛmpə'lai̯
rempeln 'rɛmpl̩n
Remplaçant rãpla'sã:
remplacieren rãpla'si:rən
Rempter 'rɛmptɐ
Rems rɛms
Remscheid 'rɛmʃai̯t
Remse 'rɛmzə
Remsen *engl.* rɛmsn
Remter 'rɛmtɐ
Remuneration remunera'tsi̯o:n
remunerieren remune'ri:rən
Remus 're:mʊs
Rémusat *fr.* remy'za
[1]**Ren** (Tier) rɛn, re:n; **des Rens** rɛns, re:ns; **die Rens** rɛns, **die Rene** 're:nə
[2]**Ren** (Niere) re:n
Renaissance rənɛ'sã:s, **-n** ...sn̩
Renaix *fr.* rə'nɛ
renal re'na:l
Renan *fr.* rə'nã
Renard *fr.* rə'na:r
Renata *dt.*, *it.* re'na:ta
Renate re'na:tə
Renato *it.* re'na:to
Renatus re'na:tʊs
Renau *fr.* rə'no
Renaudin *fr.* rəno'dɛ̃
Renaudot *fr.* rəno'do
Renault *fr.* rə'no
Rench[en] 'rɛnç[n̩]
Rencontre rã'kõ:tɐ
Rendall *engl.* rɛndl
Rendant rɛn'dant
Rendantur rɛndan'tu:ɐ̯
Rendel *engl.* rɛndl
Rendement rãdə'mã:
Rendezvous rãde'vu:, *auch:* 'rã:devu; **des** - ...'vu:[s], *auch:* 'ra:devu, ...vu:s; **die** - ...'vu:s, *auch:* 'rã:devu:s
Rendite rɛn'di:tə
Rendl 'rɛndl̩
Rendsburg 'rɛntsbʊrk
Rendtorff 'rɛntɔrf
Rendzina rɛn'tsi:na
René[e] *fr.* rə'ne
Renegat rene'ga:t
Reneklode re:nə'klo:də, rɛ:nə...
Renens *fr.* rə'nã
Renenutet rene'nu:tɛt
Renesse *niederl.* rə'nɛsə
Renette re'nɛtə
Renforcé rãfɔr'se:
Renfrew *engl.* 'rɛnfru:
Rengen 'rɛŋən
Reni 're:ni, *it.* 'rɛ:ni, *russ.* 'rjeni
renitent reni'tɛnt
Renitenz reni'tɛnts
Renke 'rɛŋkə
renken 'rɛŋkn̩
Renker 'rɛŋkɐ
Renkontre rã'kõ:tɐ
Renkum *niederl.* 'rɛŋkəm
Renn rɛn
Renne[ker] *engl.* 'rɛnɪ[kə]
Rennell *engl.* rɛnl
rennen, R... 'rɛnən
Rennenkampf 'rɛnənkampf, *russ.* rɪnɪn'kampf
Rennequin *fr.* rɛn'kɛ̃
Renner 'rɛnɐ
Rennerei rɛnə'rai̯
Rennerod 'rɛnəro:t
Rennert 'rɛnɐt
Rennertshofen rɛnɐts'ho:fn̩
Rennes *fr.* rɛn
Rennewart 'rɛnəvart
Rennie *engl.* 'rɛnɪ
Rennin rɛ'ni:n
Renningen 'rɛnɪŋən
Rennsteig 'rɛnʃtai̯k
Rennstieg 'rɛnʃti:k
Renntier 'rɛnti:ɐ̯
Reno *engl.* 'ri:noʊ, *it.* 'rɛ:no
Renographie renogra'fi:
Renoir *fr.* rə'nwa:r
Renommage renɔ'ma:ʒə
Renommee renɔ'me:
renommieren renɔ'mi:rən
Renommist renɔ'mɪst
Renommisterei renɔmɪstə'rai̯
Renon *it.* re'non
Renonce rə'nõ:s[ə], *auch:* re...; **-n** ...sn̩
renoncieren rənõ'si:rən, *auch:* re...
Renouf *engl.* rɪ'nu:f

Renouvịer *fr.* rənu'vje
Renouvin *fr.* rənu'vɛ̃
Renovatio̲n renova'tsi̯o:n
renovi̲e̲ren reno'vi:rən
Renseignement rãsɛnjə'mã:
Rẹnsi *it.* 'rɛnsi
Rẹnsselaer *engl.* 'rɛnslə
Renswọude *niederl.* rɛns'wɔu̯də
renta̲bel rɛn'ta:bl̩, **...ble** ...blə
Rentabilitä̲t rɛntabili'tɛ:t
Rẹnte 'rɛntə
Rente̲i rɛn'tai̯
Rentería *span.* rrɛnte'ria
[1]**Rentier** (Ren) 'rɛnti:ɐ̯; 're:n...
[2]**Rentịer** (Rentner) rɛn'ti̯e:
Rentịere rɛn'ti̯e:rə, ...ɛ:rə
renti̲e̲ren rɛn'ti:rən
rentoili̲e̲ren rãto̯a'li:rən
Rẹnton *engl.* rɛntn
Rentrant rã'trã:
Rẹntrisch 'rɛntrɪʃ
Rẹntsch rɛntʃ
Renumeratio̲n renumera'tsi̯o:n
renumeri̲e̲ren renume'ri:rən
Renuntiatio̲n renʊntsi̯a'tsi̯o:n
Renunziatio̲n renʊntsi̯a'tsi̯o:n
renunzi̲e̲ren renʊn'tsi:rən
renversi̲e̲ren rãvɛr'zi:rən
Renvoi rã'vo̯a
Rẹnwick *engl.* 'rɛnwɪk
Rẹnzow 'rɛntso
Reokkupatio̲n re|ɔkupa'tsi̯o:n
reokkupi̲e̲ren re|ɔku'pi:rən
Reorganisatio̲n re|ɔrganiza'tsi̯o:n
Reorganisa̲tor re|ɔrgani'za:tɔr, **-en** ...za'to:rən
reorganisi̲e̲ren re|ɔrgani'zi:rən
Repạnse re'panzə
repara̲bel repa'ra:bl̩, **...ble** ...blə
Reparateur repara'tø:ɐ̯
Reparatio̲n repara'tsi̯o:n
Reparatu̲r repara'tu:ɐ̯
repari̲e̲ren repa'ri:rən
reparti̲e̲ren repar'ti:rən
Repartitio̲n reparti'tsi̯o:n
Repassa̲ge repa'sa:ʒə
repassi̲e̲ren repa'si:rən
Repatrịant repatri'ant
repatrii̲e̲ren repatri'i:rən
Répce[lak] *ung.* 're:ptsɛ[lɔk]
Répceszemere *ung.* 're:ptsɛsɛmɛrɛ
Reperkussio̲n repɛrkʊ'si̯o:n
Reportoire repɛr'to̯a:ɐ̯
Reperto̲rium repɛr'to:ri̯ʊm, **...ien** ...i̯ən
repeta̲tur repe'ta:tʊr
Repetẹnt repe'tɛnt
repeti̲e̲ren repe'ti:rən
Repetitio̲n repeti'tsi̯o:n
Repeti̲tor repe'ti:tɔr, **-en** ...ti'to:rən
Repetito̲rium repeti'to:ri̯ʊm, **...ien** ...i̯ən
Rẹpgau 'rɛpgau̯
Rẹpgow 'rɛpgo

Rẹpin *russ.* 'rjepin
Rẹpington *engl.* 'rɛpɪŋtən
Rẹpino *russ.* 'rjepinɐ
Rẹpkow 'rɛpko
Replantatio̲n replanta'tsi̯o:n
Repli̲k re'pli:k
replizi̲e̲ren repli'tsi:rən
reponi̲bel repo'ni:bl̩ **...ble** ...blə
reponi̲e̲ren repo'ni:rən
Repọrt re'pɔrt
Reporta̲ge repɔr'ta:ʒə
Repọrter re'pɔrtɐ
Repositio̲n repozi'tsi̯o:n
Reposito̲rium repozi'to:ri̯ʊm, **...ien** ...i̯ən
Repoussoir repʊ'so̯a:ɐ̯, rəp...
Rẹppe 'rɛpə
Rẹppen 'rɛpn̩
Rẹpplier *engl.* 'rɛplɪə
Reppli̲n rɛ'pli:n
repräsenta̲bel reprɛzɛn'ta:bl̩, **...ble** ...blə
Repräsentạnt reprɛzɛn'tant
Repräsentạnz reprɛzɛn'tants
Repräsentatio̲n reprɛzɛnta'tsi̯o:n
repräsentati̲v reprɛzɛnta'ti:f, **-e** ...i:və
repräsenti̲e̲ren reprɛzɛn'ti:rən
Repressa̲lie reprɛ'sa:li̯ə, **-n** ...i̯ən
Repressio̲n reprɛ'si̯o:n
repressi̲v reprɛ'si:f, **-e** ...i:və
Reprimạnde repri'mandə
Reprịnt re'prɪnt, *engl.* 'ri:'prɪnt
Repri̲se re'pri:zə
Repristinatio̲n reprɪstina'tsi̯o:n
Reprivatisi̲e̲rung reprivati'zi:rʊŋ
Reprobatio̲n reproba'tsi̯o:n
reprobi̲e̲ren repro'bi:rən
Reproduktio̲n reprodʊk'tsi̯o:n
reprodukti̲v reprodʊk'ti:f, **-e** ...i:və
reproduzi̲e̲ren reprodu'tsi:rən
Reprographi̲e̲ reprogra'fi:, **-n** ...i:ən
Rẹps[old] 'rɛps[ɔlt]
Repti̲l rɛp'ti:l, **-ien** ...li̯ən
Republic *engl.* rɪ'pʌblɪk
República *port.* rrə'publikɐ
República Dominicạna *span.* rrɛ'puβlika ðomini'kana
Repụblica Socialịstă Românịa *rumän.* re'publika sotʃia'listə romɨ'nia
Republi̲k repu'bli:k
Republika̲ner republi'ka:nɐ
republika̲nisch republi'ka:nɪʃ
Republikanịsmus republika'nɪsmʊs
Republịka Popullọre e Shqipërịsë *alban.* repu'blika popu'łore e ʃkjipə'risə
République française *fr.* repyblikfrã'sɛ:z
Repudiatio̲n repudi̯a'tsi̯o:n
Repugnạnz repʊ'gnants

Repụls re'pʊls, **-e** ...lzə
Repulse Bay *engl.* rɪ'pʌls 'beɪ
Repulsio̲n repʊl'zi̯o:n
repulsi̲v repʊl'zi:f, **-e** ...i:və
Repụnze re'pʊntsə
repunzi̲e̲ren repʊn'tsi:rən
Reputatio̲n reputa'tsi̯o:n
reputi̲e̲rlich repu'ti:ɐ̯lɪç
Requẹna *span.* rrɛ'kena
Requeséns *span.* rrɛke'sens
Requeté reke'te:
Re̲quiem 're:kvi̯ɛm, **...quien** ...kvi̯ən
Requier *engl.* rɪ'kjeɪ
requiẹscat in pạce! re'kvi̯ɛskat ɪn 'pa:tsə
Requirẹnt rekvi'rɛnt
requiri̲e̲ren rekvi'ri:rən
Requisi̲t rekvi'zi:t
Requisiteur rekvizi'tø:ɐ̯
Requisitio̲n rekvizi'tsi̯o:n
Re̲rik 're:rɪk
Re̲rum nova̲rum 're:rʊm no'va:rʊm
Re̲s re:s
Resa̲ *pers.* re'zɑ:
Resa̲fa re'za:fa
Resaiẹh *pers.* rezɑi'i̯e
Rẹsava *serbokr.* ˌrɛsava
rẹsch rɛʃ
Rẹsch, Rež *russ.* rjɛʃ
Re̲scheid 're:ʃai̯t
Rẹschen 'rɛʃn̩
Reschenscheidẹck rɛʃn̩ʃai̯'dɛk
Rẹscheph 'rɛʃɛf
Reschẹtnikow, Rešetnikov *russ.* rɪ'ʃetnikɐf
Rẹschitza 'rɛʃɪtsa
Rẹscht *pers.* ræʃt
Re̲s co̲gitans 're:s 'ko:gitans
Research *engl.* rɪ'sə:tʃ
Rese̲da re'ze:da
Rese̲de re'ze:də
Resektio̲n rezɛk'tsi̯o:n
Re̲sele *schwed.* 're:sələ
Resẹnde *port.* rrɛ'zendə, *bras.* rre'zendi
Rese̲ne re'ze:nə
resequẹnt reze'kvɛnt
Reserpi̲n rezɛr'pi:n
Reserva̲ge rezɛr'va:ʒə
Reserva̲t rezɛr'va:t
Reserva̲tio menta̲lis rezɛr'va:tsi̯o mɛn'ta:lɪs, **-nes ...les** ...va'tsi̯o:ne:s ...le:s
Reservatio̲n rezɛrva'tsi̯o:n
Resẹrve re'zɛrvə
reservi̲e̲ren rezɛr'vi:rən
Reservịst rezɛr'vɪst
Reservoir rezɛr'vo̯a:ɐ̯
Rešetnikov vgl. Reschetnikow
Re̲s extẹnsa 're:s ɛks'tɛnza
resezi̲e̲ren reze'tsi:rən
Reshẹvsky *engl.* rɪ'ʃɛfskɪ
Re̲si 're:zi
Re̲sia *it.* 'rɛ:zi̯a
Residẹnt rezi'dɛnt
Residẹnz rezi'dɛnts

residieren rezi'di:rən
residual rezi'dua:l
Residuat rezi'dua:t
Residuum re'zi:duʊm, **...uen** ...uən
Resignant rezɪ'gnant
Resignation rezɪgna'tsi̯o:n
resignativ rezɪgna'ti:f, **-e** ...i:və
resignieren rezɪ'gni:rən
[1]**Resina** (Harz) re'zi:na
[2]**Resina** (Ort) *it.* re'zi:na
Resinat rezi'na:t
Resipiszenz rezipɪs'tsɛnts
Résistance *fr.* rezis'tã:s
Resistencia *span.* rrɛsis'tenθi̯a
resistent rezɪs'tɛnt
Resistenz rezɪs'tɛnts
Resistenza *it.* resis'tɛntsa
resistieren rezɪs'ti:rən
resistiv rezɪs'ti:f, **-e** ...i:və
Resistivität rezɪstivi'tɛ:t
Reşit *türk.* rɛ'ʃit
Reşiţa *rumän.* 'reʃitsa
Resko *poln.* 'rɛskɔ
reskribieren reskri'bi:rən
Reskript re'skrɪpt
Resnais *fr.* rɛ'nɛ
Resnik *engl.* 'rɛsnɪk
resolut rezo'lu:t
Resolute *engl.* 'rɛzəlu:t
Resolution rezolu'tsi̯o:n
Resolution Island *engl.* rɛzə'lu:ʃən 'aɪlənd
Resolvente rezɔl'vɛntə
resolvieren rezɔl'vi:rən
Resonanz rezo'nants
Resonator rezo'na:tɔr, **-en** ...na'to:rən
resonatorisch rezona'to:rɪʃ
resonieren rezo'ni:rən
Resopal ® rezo'pa:l
Resorbentia rezɔr'bɛntsi̯a
resorbieren rezɔr'bi:rən
Resorption rezɔrp'tsi̯o:n
Resozialisierung rezotsi̯ali'zi:rʊŋ
Respekt re'spɛkt, rɛs'pɛkt
respektabel respɛk'ta:bl̩, rɛs...; **...ble** ...blə
Respektabilität respɛktabili'tɛt, rɛs...
respektieren respɛk'ti:rən, rɛs...
respektiv respɛk'ti:f, rɛs...; **-e** ...i:və
respektive (beziehungsweise) respɛk'ti:və, rɛs...
Respighi *it.* res'pi:gi
respirabel respi'ra:bl̩, rɛs...; **...ble** ...blə
Respiration respira'tsi̯o:n, rɛs...
Respirator respi'ra:tɔr, rɛs...; **-en** ...ra'to:rən
respiratorisch respira'to:rɪʃ, rɛs...
respirieren respi'ri:rən, rɛs...
Respirotag re'spi:rota:k
Respit rɛs'pɪt
Respizient respi'tsi̯ɛnt, rɛs...
respizieren respi'tsi:rən, rɛs...
respondieren respɔn'di:rən, rɛs...
responsabel respɔn'za:bl̩, rɛs...; **...ble** ...blə
Responsion respɔn'zi̯o:n, rɛs...
Responsoriale respɔnzo'ri̯a:lə, rɛs...; **...lien** ...li̯ən
Responsorium respɔn'zo:ri̯ʊm, rɛs...; **...ien** ...i̯ən
Ressaix *fr.* rə'sɛ
Ressel 'rɛsl̩
Ressentiment rɛsãti'mã:; rə...
Ressort rɛ'so:ɐ̯
ressortieren rɛsɔr'ti:rən
Ressource rɛ'sʊrsə
Rest rɛst
restalinisieren restalini'zi:rən
Restant rɛs'tant
Restaurant rɛsto'rã:
Restaurateur rɛstora'tø:ɐ̯
[1]**Restauration** (Gaststätte) rɛstora'tsi̯o:n
[2]**Restauration** (Wiederherstellung) restau̯ra'tsi̯o:n, rɛs...
restaurativ restau̯ra'ti:f, rɛs...; **-e** ...i:və
Restaurator restau̯'ra:tɔr, rɛs...; **-en** ...ra'to:rən
restaurieren restau̯'ri:rən, rɛs...
restez! *fr.* rɛs'te
restieren rɛs'ti:rən
Restif de la Bretonne *fr.* rɛstifdəlabrə'tɔn, reti...
Restigouche *engl.* 'rɛstɪgu:ʃ
restituieren restitu'i:rən, rɛs...
Restitutio ad integrum, - in - resti'tu:tsi̯o at 'ɪntegrʊm, – ɪn –; rɛs... – –
Restitution restitu'tsi̯o:n, rɛs...
Restout *fr.* rɛs'tu
Restrictio mentalis re'strɪktsi̯o mɛn'ta:lɪs, rɛs't...-; **-nes ...les** ...'tsi̯o:ne:s ...le:s
Restriktion restrɪk'tsi̯o:n, rɛs...
restriktiv restrɪk'ti:f, rɛs...; **-e** ...i:və
restringieren restrɪŋ'gi:rən, rɛs...
Resultante rezʊl'tantə
Resultat rezʊl'ta:t
resultativ rezʊlta'ti:f, **-e** ...i:və
resultieren rezʊl'ti:rən
Resümee rezy'me:
resümieren rezy'mi:rən
Resupination rezupina'tsi̯o:n
Resurrection Bay *engl.* rɛzə'rɛkʃən 'beɪ
Resurrektion rezʊrɛk'tsi̯o:n
Reszel *poln.* 'rɛʃɛl
reszindieren rɛstsɪn'di:rən, rɛs...
reszissibel rɛstsɪ'si:bl̩, rɛs...; **...ble** ...blə
Reszissibilität rɛstsɪsibili'tɛ:t, rɛs...
Reszission rɛstsɪ'si̯o:n, rɛs...
Rësznek *ung.* 'rɛsnɛk
Ret re:t
Retabel re'ta:bl̩
retablieren reta'bli:rən
Retablissement retablɪsə'mã:
Retake *engl.* 'ri:teɪk
Retalhuleu *span.* rrɛtalu'leu̯
Retaliation retali̯a'tsi̯o:n
Retard rə'ta:ɐ̯
Retardat retar'da:t
Retardation retarda'tsi̯o:n
retardieren retar'di:rən
Retcliffe 'rɛtklɪf
Retention retɛn'tsi̯o:n
Retezat *rumän.* rete'zat
Retford *engl.* 'rɛtfəd
Rethberg 'rɛtbɛrk, *engl.* 'rɛθbə:g
Rethel 're:tl̩, *fr.* rə'tɛl
Rethondes *fr.* rə'tõ:d
Rethra 're:tra
Rethymnon *neugr.* 'rɛθimnɔn
Reticella reti'tʃɛla
Retikül reti'ky:l
retikular retiku'la:ɐ̯
retikulär retiku'lɛ:ɐ̯
retikuliert retiku'li:ɐ̯t
Retikulom retiku'lo:m
Retikulose retiku'lo:zə
Retikulum re'ti:kulʊm, **...la** ...la
Retina 're:tina, **...nae** ...nɛ
Retinitis reti'ni:tɪs, **...itiden** ...ni'ti:dn̩
Retinoblastom retinoblas'to:m
Retinoskopie retinosko'pi:
Retirade reti'ra:də
retirieren reti'ri:rən
Retorsion retɔr'zi̯o:n
Retorte re'tɔrtə
retour re'tu:ɐ̯
Retoure re'tu:rə
retournieren retʊr'ni:rən
Retraite rə'trɛ:tə
Retrakt re'trakt
Retraktion retrak'tsi̯o:n
Retranchement rətrãʃə'mã:
Retransfusion retransfu'zi̯o:n
Retribution retribu'tsi̯o:n
retrobulbär retrobʊl'bɛ:ɐ̯
retrodatieren retroda'ti:rən
retroflex retro'flɛks
retroflexieren retroflɛ'ksi:rən
Retroflexion retroflɛ'ksi̯o:n
retrograd retro'gra:t, **-e** ...a:də
retrolental retrolɛn'ta:l
retronasal retrona'za:l
retroperitoneal retroperitone'a:l
retropharyngeal retrofarʏŋge'a:l
retrospektiv retrospɛk'ti:f, **-e** ...i:və
retrosternal retrostɛr'na:l
Retroversion retrovɛr'zi̯o:n
retrovertieren retrovɛr'ti:rən
retrozedieren retrotse'di:rən

Retrozession retrotsɛ'sjo:n
Rétság *ung.* 're:ttʃa:g
Retschiza, Rečica *russ.* 'rjetʃitsɐ
Retschow 'rɛtʃo
Retté *fr.* rɛ'te
retten 'rɛtn̩
Rettenbach[er] 'rɛtn̩bax[ɐ]
Rettenberg 'rɛtn̩bɛrk
Rettich 'rɛtɪç
Return ri'tø:ɐ̯n, ri'tœrn, *engl.* rɪ'tə:n
Retusche re'tʊʃə
Retuscheur retʊ'ʃø:ɐ̯
retuschieren retʊ'ʃi:rən
Retz rɛts, *fr.* rɛ, rɛs
Retzius *schwed.* 'rɛtsiʊs
Retzow 'rɛtso
Reubell *fr.* rø'bɛl
Reuben *engl.* 'ru:bɪn
Reuchlin 'rɔyçli:n
Reudnitz 'rɔydnɪts
Reue 'rɔyə
reuen 'rɔyən
Reuenthal 'rɔyənta:l
reuig 'rɔyɪç, **-e** ...ɪgə
Reuleaux rø'lo:
Reumont rø'mõ:
reumütig 'rɔymy:tɪç, **-e** ...ɪgə
reunieren re|y'ni:rən
[1]**Reunion** (Wiedervereinigung) re|u'nio:n
[2]**Reunion** (Gesellschaftsball) re|y'niõ:
Réunion (Insel) *fr.* rey'njõ
Reus *span.* rrɛus
Reusch rɔyʃ
Reuse 'rɔyzə
Reusel *niederl.* 'rø:səl
Reusner 'rɔysnɐ
Reuß rɔys
Reuss rɔys, *fr.* rø:s
Reußen 'rɔysn̩
reüssieren re|y'si:rən
reußisch 'rɔysɪʃ
Reut[e] 'rɔyt[ə]
reuten 'rɔytn̩
Reuter 'rɔytɐ, *engl.* 'rɔɪtə
Reuth rɔyt
Reuther 'rɔytɐ, *engl.* 'ru:θə
Reutlingen 'rɔytlɪŋən
Reutow, Reutov *russ.* rɪ'utɐf
Reutte 'rɔytə
Reutter 'rɔytɐ
Reuver *niederl.* 'rø:vər
Reuwich 'rɔyvɪç
Révai *ung.* 're:vɔi
Revakzination revaktsina'tsio:n
revakzinieren revaktsi'ni:rən
Reval 're:val
revalidieren revali'di:rən
revalieren reva'li:rən
revalorisieren revalori'zi:rən
Revalvation revalva'tsio:n
revalvieren reval'vi:rən
Revanche re'vã:ʃ[ə], **-n** ...ʃn̩
revanchieren revã'ʃi:rən
Revanchismus revã'ʃɪsmʊs
Revanchist revã'ʃɪst
Revda vgl. Rewda
Réveil *fr.* re'vɛj
Reveille re'vɛ[:]jə, ...vɛljə
Revel *fr.* rə'vɛl
Revelation revela'tsio:n
Revello *it.* re'vɛllo
Revelstoke *engl.* 'rɛvlstoʊk
Reventlow 're:vn̩tlo, *dän.* 're:'vəndlɔu̯
Revenue rəvə'ny:, **-n** ...'ny:ən
re vera 're: 've:ra
Reverdin *fr.* rəvɛr'dɛ̃
Reverdy *fr.* rəvɛr'di
Revere *engl.* rɪ'vɪə, *it.* 're:vere
Reverend *engl.* 'rɛvərənd
Reverendissimus reverɛn'dɪsimʊs
Reverendus [Pater] reve'rɛndʊs ['pa:tɐ]
Reverenz reve'rɛnts
Reverie rɛvə'ri:, *auch:* re...; **-n** ...i:ən
[1]**Revers** (Umschlag, Aufschlag) re've:ɐ̯, re'vɛ:ɐ̯; rə'v...; **des -** ...ɐ̯[s], **die -** ...ɐ̯s
[2]**Revers** (Rückseite einer Münze) re'vɛrs; re've:ɐ̯, re'vɛ:ɐ̯; rə'vɛ:ɐ̯; **-e[s]** re'vɛrzə[s]; **des -** re've:ɐ̯[s], re'vɛ:ɐ̯[s]; rə'v...; **die -** re've:ɐ̯s, re'vɛ:ɐ̯s; rə'v...
[3]**Revers** (Erklärung, Verpflichtungsschein) re'vɛrs, **-e[s]** re'vɛrzə[s]
Reversale revɛr'za:lə, **...lien** ...li̯ən
reversibel revɛr'zi:bl̩, **...ble** ...blə
Reversibilität revɛrzibili'tɛ:t
Reversible revɛr'zi:bl̩
reversieren revɛr'zi:rən
Reversing *engl.* rɪ'və:sɪŋ
Reversion revɛr'zio:n
Reves *engl.* ri:vz
Révész *ung.* 're:ve:s
Revident revi'dɛnt
revidieren revi'di:rən
Revier re'vi:ɐ̯
revieren re'vi::rən
Review ri'vju:
Revillagigedo *span.* rrɛβiʎaxi'xeðo
Réville *fr.* re'vil
Revin *fr.* rə'vɛ̃
Revindikation revɪndika'tsio:n
revindizieren revɪndi'tsi:rən
Revirement revirə'mã:, revɪr'mã:; *fr.* rəvir'mã
revisibel revi'zi:bl̩, **...ble** ...blə
Revisibilität revizibili'tɛ:t
Revision revi'zio:n
Revisionismus revizio'nɪsmʊs
Revisionist revizio'nɪst
Revisor re'vi:zɔr, **-en** revi'zo:rən
revitalisieren revitali'zi:rən
Revius *niederl.* 're:vi:ʏs
Řevnice *tschech.* 'rʒɛvnjitsɛ
Revokation revoka'tsio:n
Revokatorium revoka'to:ri̯ʊm, **...ien** ...i̯ən
Revoke *engl.* rɪ'voʊk
Revolte re'vɔltə
revoltieren revɔl'ti:rən
Revolution revolu'tsio:n
revolutionär revolutsio'nɛ:ɐ̯
revolutionieren revolutsio'ni:rən
Revoluzzer revo'lʊtsɐ
Revolver re'vɔlvɐ
revolvieren revɔl'vi:rən
revozieren revo'tsi:rən
Revue rə'vy:,; **-n** ...y:ən
Rewach 'rɛvax
Rewbell *fr.* rø'bɛl
Rewda, Revda *russ.* 'rjɛvdɐ
[1]**Rex** (lat. = König) rɛks, **Reges** 're:ge:s
[2]**Rex** (Name) *dt., engl.* rɛks
Rexingen 'rɛksɪŋən
Rexroth 'rɛksro:t
Rey *fr.* rɛ, *span.* rrɛi̯, *poln.* rɛj
Reybaud *fr.* rɛ'bo
Reybold *engl.* 'raɪboʊld
Reyðarfjörður *isl.* 'rɛi̯ðarfjœrðʏr
Reyer *fr.* rɛ'jɛ:r
Reyes *span.* 'rrɛjes
Reyher 'raiɐ
Reykhólar *isl.* 'rɛi̯khoʊ̯lar
Reykjanes *isl.* 'rɛi̯kjanɛ:s
Reykjavik 'raikjavi:k, ...vɪk
Reykjavík *isl.* 'rɛi̯kjavi:k
Reyles *span.* 'rrɛi̯les
Reymont *poln.* 'rɛjmɔnt
Reynaldo rai'naldo, *fr.* rɛnal'do
Reynaud *fr.* rɛ'no
Reynold[s] *engl.* rɛnld[z]
Reyon rɛ'jõ:
Rež vgl. Resch
Reza *pers.* re'zɑ:
Rezat 're:tsat, 'rɛtsat
Rez-de-chaussée redəʃo'se:
Rezé *fr.* rə'ze
Rezensent retsɛn'zɛnt
rezensieren retsɛn'zi:rən
Rezension retsɛn'zio:n
rezent re'tsɛnt
Rezepisse retse'pɪsə
Rezept re'tsɛpt
Rezeptakulum retsɛp'ta:kulʊm, **...la** ...la
rezeptibel retsɛp'ti:bl̩, **...ble** ...blə
Rezeptibilität retsɛptibili'tɛ:t
rezeptieren retsɛp'ti:rən
Rezeption retsɛp'tsio:n
rezeptiv retsɛp'ti:f, **-e** ...i:və
Rezeptivität retsɛptivi'tɛ:t
Rezeptor re'tsɛptɔr, **-en** ...'to:rən
rezeptorisch retsɛp'to:rɪʃ
Rezeptur retsɛp'tu:ɐ̯

Rezeß re'tsɛs, **Rezesse** ...ɛsə
Rezession retsɛ'si̯o:n
rezessiv retsɛ'si:f, **-e** ...'i:və
Rezi *ung.* 'rɛzi
Rezia 're:tsi̯a
rezidiv, R... retsi'di:f, **-e** ...i:və
rezidivieren retsidi'vi:rən
Rezipient retsi'pi̯ɛnt
rezipieren retsi'pi:rən
reziprok retsi'pro:k
Reziprozität retsiprotsi'tɛ:t
rezitando retsi'tando
Rezitation retsita'tsi̯o:n
Rezitativ retsita'ti:f, **-e** ...i:və
rezitativisch retsita'ti:vɪʃ
Rezitator retsi'ta:tɔr, **-en** ...ta'to:rən
rezitatorisch retsita'to:rɪʃ
rezitieren retsi'ti:rən
Řezníček 'rɛsnitʃɛk
Rezzonico *it.* ret'tsɔ:niko
Rezzori rɛ'tso:ri
Rhabanus ra'ba:nʊs
Rhabarber ra'barbɐ
rhabdoidisch rapdo'i:dɪʃ
Rhabdom rap'do:m
Rhabdomantie rapdoman'ti:
Rhachis 'raxɪs
Rhadamanthys rada'mantʏs
Rhagä 'ra:gɛ
Rhagade ra'ga:də
Rhages 'ra:gɛs
Rhamnes 'ramnɛs
Rhamnit 'ramnɪt
Rhamnus 'ramnʊs
Rhampsinit rampsi'ni:t, '———
Rhaphiden ra'fi:dn̩
Rhapsode ra'pso:də, rap'z...
Rhapsodie rapso'di:, rapzo...; **-n** ...i:ən
Rhapsodik ra'pso:dɪk, rap'zo:...
rhapsodisch ra'pso:dɪʃ, rap'zo:...
Rhapsody in Blue *engl.* 'ræpsədɪ ɪn 'blu:
Rhät rɛ:t
Rhäzüns rɛ'tsʏns
Rhau[nen] 'rau̯[nən]
Rhaw rau̯
Rhe[d]a 're:[d]a
Rhe[d]e 're:[d]ə
Rheden *niederl.* 're:də
Rhee *engl.* ri:
Rhegion 're:gi̯ɔn
Rhegium 're:gi̯ʊm
Rhegius 're:gi̯ʊs
Rheiderland 'raidɐlant
Rhein rai̯n
rheinab[wärts] rai̯n'|ap[vɛrts]
Rheinau 'rai̯nau̯
rheinauf[wärts] rai̯n'|au̯fvɛrts
Rheinbaben 'rai̯nba:bn̩
Rheinbach 'rai̯nbax
Rheinberg 'rai̯nbɛrk
Rheinberger 'rai̯nbɛrgɐ
Rheinböllen rai̯n'bœlən
Rheinbrohl rai̯n'bro:l
Rheindahlen rai̯n'da:lən
Rheine 'rai̯nə
Rheineck 'rai̯nɛk
Rheinfelden 'rai̯nfɛldn̩
Rheinfels 'rai̯nfɛls
Rheinfranken 'rai̯nfraŋkn̩
Rheingau 'rai̯ngau̯
Rheinhausen rai̯n'hau̯zn̩
Rheinhessen 'rai̯nhɛsn̩
rheinisch 'rai̯nɪʃ
Rheinkamp 'rai̯nkamp
Rheinland 'rai̯nlant
Rheinlande 'rai̯nlandə
Rheinländer 'rai̯nlɛndɐ
rheinländisch 'rai̯nlɛndɪʃ
Rheinland-Pfalz 'rai̯nlant'pfalts
Rheinpfalz 'rai̯npfalts
Rheinprovinz 'rai̯nprovɪnts
Rheinsberg 'rai̯nsbɛrk
Rhein-Seitenkanal rai̯n'zai̯tn̩kana:l
Rheinstein 'rai̯nʃtai̯n
Rheinwaldhorn 'rai̯nvalthɔrn
Rheinweiler 'rai̯nvai̯lɐ
Rheinzabern 'rai̯ntsa:bɐn
Rhema 're:ma, **-ta** -ta
rhenanisch re'na:nɪʃ
Rhenanus re'na:nʊs
Rhenchospasmus rɛnço'spasmʊs
Rhene[n] *niederl.* 're:nə
Rhenium 're:ni̯ʊm
Rhens rɛns, re:ns
Rhense 'rɛnzə
Rhenus 're:nʊs
Rheokrene reo'kre:nə
Rheologie reolo'gi:
Rheometer reo'me:tɐ
rheophil reo'fi:l
Rheostat reo'sta:t
Rheotaxis reo'taksɪs
Rheotropismus reotro'pɪsmʊs
Rhesa 're:za
Rhesos 're:zɔs
Rhesus 're:zʊs
Rhetikus 're:tikʊs
Rhetor 're:tɔr, **-en** re'to:rən
Rhetorik re'to:rɪk
Rhetoriker re'to:rikɐ
rhetorisch re'to:rɪʃ
Rheum 're:ʊm
Rheuma 'rɔy̯ma
Rheumarthritis rɔy̯mar'tri:tɪs, **...itiden** ...tri'ti:dn̩
Rheumatiker rɔy̯'ma:tikɐ
rheumatisch rɔy̯'ma:tɪʃ
Rheumatismus rɔy̯ma'tɪsmʊs
Rheumatologe rɔy̯mato'lo:gə
Rhexis 'rɛksɪs
Rheydt rai̯t
Rhianos 'ri̯a:nɔs
Rhin ri:n, *fr.* rɛ̃
Rhinalgie rinal'gi:, **-n** ...i:ən
Rhinallergose rinalɛr'go:zə
Rhine[lander] *engl.* 'raɪn[ləndə]
Rhinitis ri'ni:tɪs, **...itiden** rini'ti:dn̩
Rhinns *engl.* rɪnz
Rhinoblennorrhö, ...öe rinoblɛnɔ'rø:, **...rrhöen** ...'rø:ən
rhinogen rino'ge:n
Rhinolalie rinola'li:
Rhinologe rino'lo:gə
Rhinologie rinolo'gi:
Rhinophonie rinofo'ni:
Rhinophym rino'fy:m
Rhinoplastik rino'plastɪk
Rhinorrhagie rinɔra'gi:, **-n** ...i:ən
Rhinosklerom rinoskle'ro:m
Rhinoskop rino'sko:p
Rhinoskopie rinosko'pi:
Rhinow 'ri:no
Rhinozeros ri'no:tserɔs, **-se** ...ɔsə
Rhisnes *fr.* rin
rhizoid ritso'i:t, **-e** ...i:də
Rhizoid ritso'i:t, **-en** ...i:dn̩
Rhizom ri'tso:m
Rhizophore ritso'fo:rə
Rhizophyt ritso'fy:t
Rhizopode ritso'po:də
Rhizopodium ritso'po:di̯ʊm, **...ien** ...i̯ən
Rhizosphäre ritso'sfɛ:rə
[1]**Rho** (Buchstabe) ro:
[2]**Rho, Rhò** (Name) *it.* rɔ
Rhöadalen røa'da:lən
Rhodamine roda'mi:nə
Rhodan ro'da:n
Rhodanid roda'ni:t, **-e** ...i:də
Rhodanus 'ro:danʊs
Rhode Island *engl.* roʊ'daɪlənd
Rhodeländer 'ro:dəlɛndɐ
Rhoden *engl.* roʊdn
Rhodes *engl.* roʊdz
Rhodesia *engl.* roʊ'di:zjə
Rhodesien ro'de:zi̯ən
rhodesisch ro'de:zɪʃ
rhodinieren rodi'ni:rən
Rhodium 'ro:di̯ʊm
Rhodobryum rodo'bry:ʊm
Rhododendron rodo'dɛndrɔn
Rhodokanakis rodoka'nakɪs
Rhodope 'ro:dope, *neugr.* rɔ'ðɔpi
Rhodopen ro'do:pn̩
Rhodophyzeen rodofy'tse:ən
Rhodos 'ro:dɔs, 'rɔdɔs; *neugr.* 'rɔðɔs
Rhodt ro:t
Rhodus 'ro:dʊs
Rhoikos 'rɔy̯kɔs
rhombisch 'rɔmbɪʃ
Rhomboeder rɔmbo'|e:dɐ
rhomboid, R... rɔmbo'i:t, **-e** ...i:də
Rhombus 'rɔmbʊs
Rhön rø:n
Rhonchus 'rɔnçʊs
Rhondda *engl.* 'rɔndə
Rhone 'ro:nə
Rhône *fr.* ro:n
Rhoon *niederl.* ro:n

rhopalisch ro'pa:lɪʃ
Rhopographie ropogra'fi:
Rhotazismus rota'ts̮ɪsmʊs
Rhumbler 'rʊmblɐ
Rhume 'ru:mə
Rhus ru:s
Rhyl *engl.* rɪl
Rhymney *engl.* 'rʌmnɪ
Rhyn ri:n
Rhynchote rʏn'ço:tə
Rhynern 'ri:nɐn
Rhyolith ry̆o'li:t, *auch:* ...lɪt
Rhypia 'ry:pi̯a
Rhys *engl.* ri:s
Rhythmik 'rʏtmɪk
Rhythmiker 'rʏtmikɐ
rhythmisch 'rʏtmɪʃ
rhythmisieren rʏtmi'zi:rən
Rhythmus 'rʏtmʊs
Rhytidektomie rytidɛkto'mi:
Ria 'ri:a
Riachão *bras.* rri̯a'ʃɐ̃ṷ
Riacho *bras.* 'rri̯aʃu
Riad ri̯a:t
Ría de Camariñas *span.* 'rria ðe kama'riɲas
Rial ri̯a:l
Rialto *it.* ri'alto
Riaño *span.* 'rri̯aɲo
Rias, RIAS 'ri:as
Riau *indon.* 'riaṷ
Riaza *span.* 'rri̯aθa
Riba *span.* 'rriβa
Riba de Ave *port.* 'rriβɐ 'ðavə
Ribadeneyra *span.* rriβaðe'nɛi̯ra
Ribadeo *span.* rriβa'ðeo
Ribadesella *span.* rriβaðe'seʎa
Ribagorza *span.* rriβa'ɣɔrθa
Ribagorzana *span.* rriβaɣɔr'θana
Ribalta *span.* rri'βalta
Ribar *serbokr.* ˌriba:r
Ribatejo *port.* rriβɐ'tɐʒu
Ribattuta riba'tu:ta
ribbeln 'rɪbl̩n, **ribble** 'rɪblə
Ribbentrop 'rɪbn̩trɔp
Ribble *engl.* rɪbl
Ribbon Falls *engl.* 'rɪbən 'fɔ:lz
Ribe *dän.* 'ri:bə
Ribeauvillé *fr.* ribovi'le
Ribeira *port.* rri'βɐi̯rɐ, *bras.* rri'bei̯ra
Ribeirão *port.* rriβɐi̯'rɐ̃ṷ, *bras.* rribei̯'rɐ̃ṷ
Ribeiro *port.* rri'βɐi̯ru, *bras.* rri'bei̯ru
Ribel 'ri:bl̩
Ribera *it.* ri'bɛ:ra, *span.* rri'βera
Ribes 'ri:bɛs
Ribisel 'ri:bi:zl̩
Ribnitz 'rɪbnɪts̮
Riboflavin ribofla'vi:n
Ribose ri'bo:zə
Ribot *fr.* ri'bo
Ricamarie *fr.* rikama'ri
Ricambio ri'kambi̯o
Říčany *tschech.* 'rʒi:tʃani
Ricard *fr.* ri'ka:r
Ricarda ri'karda
Ricardo *engl.* rɪ'kɑ:doʊ, *span.* rri'karðo, *port., bras.* rri'kardu
Ricardos *span.* rri'karðɔs
Riccarda *it.* rik'karda
Riccardo *it.* rik'kardo
Riccarton *engl.* 'rɪkətn
Riccaut de la Marlinière *fr.* rikodlamarli'njɛ:r
Ricci *it.* 'rittʃi
Riccia *it.* 'rittʃa
Riccio *it.* 'rittʃo
Riccioli *it.* rit'tʃɔ:li
Riccione *it.* rit'tʃo:ne
Riccoboni *it.* rikko'bo:ni
Riccobono *it.* rikko'bɔ:no
Rice *engl.* raɪs, ri:s
Ricercar ritʃɛr'ka:ɐ̯
ricercare, R... ritʃɛr'ka:rə
Ricercata ritʃɛr'ka:ta
Rich *engl.* rɪtʃ
Richard 'rɪçart, *engl.* 'rɪtʃəd, *fr.* ri'ʃa:r, *schwed.* 'rikard
Richarda rɪ'çarda
Richards *engl.* 'rɪtʃədz
Richardson *engl.* 'rɪtʃədsn
Richelet *fr.* ri'ʃlɛ
Richelieu 'rɪʃəli̯ø, rɪʃə'li̯ø:, *fr.* riʃə'ljø
Richelsdorf 'rɪçl̩sdɔrf
Richemont *fr.* riʃ'mõ
Richenza rɪ'çɛntsa
Richepin *fr.* riʃ'pɛ̃
Richer *fr.* ri'ʃe
Richet *fr.* ri'ʃɛ
Richfield *engl.* 'rɪtʃfi:ld
Richild 'ri:çɪlt
Richhild 'ri:çhɪlt
Richhilde ri:ç'hɪldə
Richier *fr.* ri'ʃje
Richilde ri'çɪldə
Richini *it.* ri'ki:ni
Richland *engl.* 'rɪtʃlənd
Richlind 'ri:çlɪnt
Richlinde ri:ç'lɪndə
Richman *engl.* 'rɪtʃmən
Richmar 'rɪçmar
Richmond [Heights] *engl.* 'rɪtʃmənd ['haɪts]
Richnow 'rɪçno
Richte 'rɪçtə
richten 'rɪçtn̩
Richtenberg 'rɪçtn̩bɛrk
[1]**Richter** 'rɪçtɐ
[2]**Richter, Rihter** *russ.* 'rixtɪr
Richterich 'rɪçtərɪç
Richterswil rɪçtɐs'vi:l
Richthofen 'rɪçtho:fn̩
richtig 'rɪçtɪç, **-e** ...ɪgə
Richtung 'rɪçtʊŋ
Richweiler 'rɪçvai̯lɐ
Richwood *engl.* 'rɪtʃwʊd
Ricimer 'ri:ts̮imɛr
Rick rɪk
Rickard *engl.* 'rɪkɑ:d
Ricke 'rɪkə
Rickelt 'rɪkl̩t
Ricken 'rɪkn̩
Rickenbacker *engl.* 'rɪkənbækə
Ricker[t] 'rɪkɐ[t]
Rickett[s] *engl.* 'rɪkɪt[s]
Rickettsien rɪ'kɛts̮i̯ən
Rickettsiose rɪkɛ'ts̮i̯o:zə
Ricklin 'rɪkli:n
Rickman[sworth] *engl.* 'rɪkmən[zwə:θ]
Rickmer 'rɪkmɐ
Ricksta 'rɪksta
Rictus *fr.* rik'tys
Ricordi *it.* ri'kɔrdi
Riddarholmen *schwed.* ˌridarhɔlmən
Riddell *engl.* rɪdl
Ridder *engl.* 'rɪdə, *niederl.* ...ər
Riddle *engl.* rɪdl
Rideamus ride'a:mʊs
Rider *engl.* 'raɪdə
Ridge *engl.* rɪdʒ
Ridgefield *engl.* 'rɪdʒfi:ld
Ridgewood *engl.* 'rɪdʒwʊd
Ridgway *engl.* 'rɪdʒweɪ
ridikül, R... ridi'ky:l
Riding *engl.* 'raɪdɪŋ
Ridinger 'ri:dɪŋɐ
Ridley *engl.* 'rɪdlɪ
Ridnaun rɪt'naun
Ridpath *engl.* 'rɪdpɑ:θ
Ridzard 'rɪts̮art
rieb ri:p
Riebeck 'ri:bɛk
Riebeeck *niederl.* 'ri:be:k
rieben 'ri:bn̩
riebt ri:pt
riechen 'ri:çn̩
Riecher 'ri:çɐ
Ried ri:t, **-es** 'ri:dəs
Riede 'ri:də
Riedel 'ri:dl̩
Riedenburg 'ri:dn̩bʊrk
Rieder[berg] 'ri:dɐ[bɛrk]
Riedinger 'ri:dɪŋɐ
Riedisheim 'ri:dɪshai̯m, *fr.* ridi'sɛm
Riedler 'ri:dlɐ
Riedlingen 'ri:tlɪŋən
rief ri:f
Riefe 'ri:fə
riefeln 'ri:fl̩n
riefig 'ri:fɪç, **-e** ...ɪgə
Riege 'ri:gə
Riegel 'ri:gl̩
riegeln 'ri:gl̩n, **riegle** 'ri:glə
Riegelsberg 'ri:gl̩sbɛrk
Rieger 'ri:gɐ, *tschech.* ...gɛr
Riegl 'ri:gl̩
Riego *span.* 'rri̯eɣo
Riehen 'ri:ən
Riehl ri:l
Riel *engl.* ri̯ɛl
Rielasingen 'ri:lazɪŋən
Riem[ann] 'ri:m[an]
Riemen[schneider] 'ri:mn̩[ʃnai̯dɐ]

Riemer[schmid] 'ri:mɐ[ʃmɪt]
Riemkasten 'ri:mkastn̩
Riems ri:ms
Riemst *niederl.* ri:mst
rien ne va plus *fr.* rjɛ̃nva'ply
Rienz ri̯ɛnts
Rienzi 'ri̯ɛntsi
Rienzo *it.* 'ri̯ɛntso
Riepenhausen 'ri:pn̩hauzn̩
Ries ri:s, **-e** 'ri:zə
Riesa 'ri:za
Rieschweiler 'ri:ʃvailɐ
Riese 'ri:zə
Riesel 'ri:zl̩
rieseln 'ri:zl̩n, **riesle** 'ri:zlə
Riesenbeck 'ri:zn̩bɛk
Riesener 'ri:zənɐ, *fr.* riz'nɛ:r
Riesengebirge 'ri:zn̩gəbɪrgə
riesengroß 'ri:zn̩'gro:s
Riesi *it.* 'ri̯ɛ:zi
riesig 'ri:zɪç, **-e** ...ɪgə
riesisch 'ri:zɪʃ
Riesling 'ri:slɪŋ
Riessersee 'rɪsɐze:
Riester 'ri:stɐ
riet, [1]R... ri:t
[2]Riet (Fluß) *afr.* ri:t
Rietberg 'ri:tbɛrk
Rietenburg 'ri:tn̩bʊrk
Rieth ri:t
Rieti *it.* 'ri̯ɛ:ti
Rietsch[el] 'ri:tʃ[l̩]
Rietz ri:ts
Riezler[n] 'ri:tslɐ[n]
Rif ri:f
Riff[el] 'rɪf[l̩]
riffeln 'rɪfl̩n
Riffler 'rɪflɐ
Rifiot ri'fi̯o:t
Rifstangi *isl.* 'rɪfstauŋgɪ
Riga 'ri:ga, *russ.* 'rigɐ
Rigaer 'ri:gaɐ
rigaisch 'ri:gaɪʃ
Rigaud *fr.* ri'go
Rigaudon rigo'dõ:
Rigault *fr.* ri'go
Rigdon *engl.* 'rɪgdən
Rigel 'ri:gl̩
Rigg rɪk, *engl.* rɪg
riggen 'rɪgn̩, **rigg!** rɪk, **riggt** rɪkt
Riggenbach 'rɪgn̩bax
Rigger 'rɪgɐ
Riggs *engl.* rɪgz
Riggung 'rɪgʊŋ
Righeit 'rɪkhait
Righi *it.* 'ri:gi
Rightmire *engl.* 'raɪtmaɪə
right or wrong, my country! *engl.* 'raɪt ɔ: 'rɔŋ, 'maɪ 'kʌntrɪ
Rigi 'ri:gi
rigid ri'gi:t, **-e** ...i:də
Rigidität rigidi'tɛ:t
Riglasreuth ri:glas'rɔyt
Rigler *engl.* 'rɪglə
Rigmor *dän.* 'ri:[ɣ]mɔr
Rigny *fr.* ri'ɲi
Rigole ri'go:lə
rigolen ri'go:lən
Rigoletto rigo'lɛto, *it.* ...letto
Rigor 'ri:gɔr
Rigorismus rigo'rɪsmʊs
Rigorist rigo'rɪst
rigoros rigo'ro:s, **-e** ...o:zə
Rigorosität rigorozi'tɛ:t
rigoroso rigo'ro:zo
Rigorosum rigo'ro:zʊm, **...sa** ...za
Rigsdag *dän.* 'rigsda:'ɣ
Rigweda rɪk've:da
Rihter vgl. Richter
Riihimäki *finn.* 'ri:himæki
Rijal ri'ja:l
Rijck *niederl.* rɛi̯k
Rijeka *serbokr.* ri͵jɛka
Rijkevorsel *niederl.* 'rɛi̯kəvɔrsəl
Rijn[sburg] *niederl.* 'rɛi̯n[zbʏrx]
Rijp *niederl.* rɛi̯p
Rijsbergen *niederl.* 'rɛi̯zbɛrxə
Rijsen[burg] *niederl.* 'rɛi̯zə[nbʏrx]
Rijsoord *niederl.* 'rɛi̯so:rt
Rijssel *niederl.* 'rɛi̯səl
Rijssen *niederl.* 'rɛi̯sə
Rijswij[c]k 'raisvaik, *niederl.* 'rɛi̯swɛi̯k
Rikambio ri'kambi̯o, **...ien** ...i̯ən
Rik *niederl.* rɪk
Rikard *dän.* 'rikard
Rikchen 'ri:kçən
Rike 'ri:kə
Rikli 'ri:kli
Riklef 'rɪklɛf
Rikors... ri'kɔrs...
rikoschettieren rikɔʃɛ'ti:rən
Rikoschett rikɔ'ʃɛt
Rikscha 'rɪkʃa
Riksgränsen *schwed.* ͵ri:ksgrɛnsən
Riksmål 'ri:ksmo:l
Rila *bulgar.* 'rila
rilasciando rila'ʃando
Rilchingen 'rɪlçɪŋən
Riley *engl.* 'raılı
Rilke 'rɪlkə
Rillaar *niederl.* 'rɪla:r
Rille 'rɪlə
rillen 'rɪlən
rillig 'rɪlɪç, **-e** ...ɪgə
Rilski [Manastir] *bulgar.* 'rilski [manas'tir]
Rimaszombat *ung.* 'rimɔsombɔt
Rimavská Sobota *slowak.* 'rjimau̯ska: 'sɔbota
Rimbach 'rɪmbax
Rimbaud *fr.* rɛ̃'bo
Rimbert 'rɪmbɛrt
Rimbo *schwed.* 'rimbu:
Rimessa ri'mɛsa
Rimesse ri'mɛsə
Rimini *it.* 'ri:mini
Rimlingen 'rɪmlɪŋən
Rimlockröhre 'rɪmlɔkrø:rə
Rimmer *engl.* 'rɪmə
Rîmnic *rumän.* 'rɨmnik
Rîmnicu Sărat *rumän.* 'rɨmniku sə'rat
Rîmnicu Vîlcea *rumän.* 'rɨmniku 'vɨltʃe̯a
Rimouski *engl.* rɪ'mu:skɪ
Rimpar 'rɪmpar
Rimpau 'rɪmpau̯
Rimschweiler 'rɪmʃvailɐ
Rimsingen 'rɪmzɪŋən
Rimski-Korsakow, Rimskij-Korsakov 'rɪmski'kɔrzakɔf, *russ.* 'rimskij'kɔrsɐkɐf
Rimsting 'rɪmstɪŋ
Rinaldi *it.* ri'naldi
Rinaldini *it.* rinal'di:ni
Rinaldo *it.* ri'naldo
Rinascimento rinaʃi'mɛnto
Rinchnach 'rɪnçnax
Rinckart 'rɪŋkart
Rinco *span.* 'rriŋko
Rind rɪnt, **-es** 'rɪndəs
Rinde 'rɪndə
rinderig 'rɪndərɪç, **-e** ...ɪgə
rindern 'rɪndɐn, **rindre** 'rɪndrə
rindig 'rɪndɪç, **-e** ...ɪgə
Rinehart *engl.* 'raɪnha:t
rinforzando rɪnfɔr'tsando
Rinforzando rɪnfɔr'tsando, **...di** ...di
rinforzato rɪnfɔr'tsa:to
Rinforzato rɪnfɔr'tsa:to, **...ti** ...ti
ring, R... rɪŋ
Ringe *dän.* 'reŋə
Ringeis 'rɪŋ|ais
Ringel 'rɪŋl̩
ringelig 'rɪŋəlɪç, **-e** ...ɪgə
ringeln 'rɪŋl̩n
Ringelnatz 'rɪŋl̩nats
ringen 'rɪŋən
Ringenberg 'rɪŋənbɛrk
Ringenwalde rɪŋən'valdə
Ringerike *norw.* ͵riŋəri:kə
Ringgau 'rɪŋgau̯
Ringkøbing *dän.* 'reŋkø:'beŋ
Ringleben 'rɪŋle:bn̩
ringlig 'rɪŋlɪç, **-e** ...ɪgə
Ringlotte rɪŋ'glɔtə
Ringmann 'rɪŋman
rings rɪŋs
ringsherum 'rɪŋshɛ'rʊm
Ringsted *dän.* 'reŋsdɛð
ringsum 'rɪŋs'|ʊm
ringsumher 'rɪŋs|ʊm'he:ɐ̯
Ringwaldt 'rɪŋvalt
Rinieri *it.* ri'ni̯ɛ:ri
Rinkerode rɪŋkə'ro:də
Rinne 'rɪnə
rinnen 'rɪnən
Rinns *engl.* rɪnz
Rinnsal 'rɪnza:l
Rinnthal 'rɪnta:l
Rinser 'rɪnzɐ
Rintelen 'rɪntələn
Rinteln 'rɪntl̩n
Rinuccini *it.* rinut'tʃi:ni

Rio 'ri:o, *bras.* 'rriu
Riobamba *span.* rrio'βamba
Rio Bonito *bras.* 'rriu bo'nitu
Rio Branco *bras.* 'rriu 'brɐŋku
Río Branco *span.* 'rrio 'βraŋko
Rio Claro *bras.* 'rriu 'klaru
Rio das Pedras *bras.* 'rriu das 'pɛdras
Rio de Janeiro 'ri:o de: ʒa'ne:ro, *bras.* 'rriu di ʒɐ'nei̯ru
Rio de Oro 'ri:o de 'o:ro
Río de Oro *span.* 'rrio ðe 'oro
Rio Formoso *bras.* 'rriu for'mozu
Rio Grande *engl.* 'ri:oʊ 'grændɪ
Río Grande *span.* 'rrio 'ɣrande
Rio Grande do Norte *bras.* 'rriu 'grɐndi do 'nɔrti
Rio Grande do Sul *bras.* 'rriu 'grɐndi du 'sul
Rioja *span.* 'rri̯oxa
Riom *fr.* rjõ, *rät.* ri̯ɔm
Rio Maior *port.* 'rriu mɐ'i̯ɔr
Rio Marina *it.* 'ri:o ma'ri:na
Rion *russ.* ri'ɔn
Rio Negro *bras.* 'rriu 'negru
Rionero in Vulture *it.* rio'ne:ro in 'vulture
Rio Novo *bras.* 'rriu 'novu
Rio Pardo *bras.* 'rriu 'pardu
Rio Preto *bras.* 'rriu 'pretu
Riordan *engl.* rɪədn
Riorges *fr.* rjɔrʒ
Ríos *span.* 'rriɔs
Rioseco *span.* rrio'seko
Río Tinto *span.* 'rrio 'tinto
Rio Verde *bras.* 'rriu 'verdi
Ripač *serbokr.* 'ripatʃ
Ripatransone *it.* ripatran'so:ne
Ripdorf 'rɪpdɔrf
Ripert *fr.* ri'pɛ:r
Riphahn 'rɪpha:n
Ripien ri'pi̯e:n
Ripienist ripi̯e'nɪst
ripieno ri'pi̯e:no
Ripieno ri'pi̯e:no **...ni** ...ni
Ripley *engl.* 'rɪplɪ
Ripman *engl.* 'rɪpmən
Ripoll *span.* rri'pɔl
Ripon *engl.* 'rɪpən
Riposto *it.* ri'posto
Rippchen 'rɪpçən
Rippe 'rɪpə
rippeln 'rɪpl̩n
rippen 'rɪpn̩
Ripperda *niederl.* 'rɪpərda:
Rippler 'rɪplɐ
Rippoldsau 'rɪpɔlts|aʊ
Rippon[den] *engl.* 'rɪpən[dən]
Ripresa d'attacco ri'pre:za da'tako
rips!, Rips rɪps
Ripuarien ri'pu̯a:ri̯ən
ripuarisch ri'pu̯a:rɪʃ
Rip van Winkle *engl.* 'rɪpvæn'wɪŋkl

Riquet *fr.* ri'kɛ
rirarutsch! 'ri:'ra:'rʊtʃ
Risa *pers* re'zɑ:
Risaieh *pers.* rezɑi'i̯e
Risalioth riza'li̯o:t
Risalit riza'li:t
Risan *serbokr.* 'risan
Risca *engl.* 'rɪskə
rischeln 'rɪʃl̩n
Rischenau 'rɪʃənau̯
Rishton *engl.* 'rɪʃtən
Risiko 'ri:ziko
Risi-Pisi, Risipisi rizi'pi:zi
riskant rɪs'kant
riskieren rɪs'ki:rən
Riskontro rɪs'kɔntro
Rîşnov *rumän.* 'riʃnov
risoluto rizo'lu:to
Risør *norw.* ˌri:sø:r
Risorgimento rizɔrdʒi'mɛnto
Risotto ri'zɔto
Rispe 'rɪspə
Rispetto rɪs'pɛto, **...tti** ...ti
rispig 'rɪspɪç, **-e** ...ɪgə
Risposta rɪs'pɔsta
riß rɪs
Riß rɪs, **Risse** 'rɪsə
Riss rɪs
rissen 'rɪsn̩
Rissen[thal] 'rɪsn̩[ta:l]
rissig 'rɪsɪç, **-e** ...ɪgə
Risskov *dän.* 'ri:'ssgɔu̯'
rissolé rɪso'le:
Rissole rɪ'so:lə
Rissolette rɪso'lɛtə
rißt, [1]Rist rɪst
[2]Rist (Name) rɪst, *fr.* rist
Riste 'rɪstə
Ristić *serbokr.* ˌri:stitɕ
Ristiina *finn.* 'risti:nɑ
Ristori *it.* ris'tɔ:ri
ristornieren rɪstɔr'ni:rən
Ristorno rɪs'tɔrno
risvegliando rɪsvɛl'jando
risvegliato rɪsvɛl'ja:to
[1]Rita (Recht) 'ri:ta
[2]Rita (Name) 'ri:ta, *engl.* 'ri:tə, *fr.* ri'ta, *span.*, *bras.* 'rrita, *port.* 'rritɐ
ritardando ritar'dando
Ritardando ritar'dando, **...di** ...di
Ritchie, Ritchey *engl.* 'rɪtʃɪ
rite 'ri:tə
ritenuto rite'nu:to
Ritenuto rite'nu:to, **...ti** ...ti
Rites de passage *fr.* ritdəpɑ'sa:ʒ
Ritomsee 'ri:tɔmze:
ritornando al tempo ritɔr'nando al 'tɛmpo
ritornare al segno ritɔr'na:rə al 'zɛnjo
Ritornell ritɔr'nɛl
Ritratte ri'tratə
ritsch! rɪtʃ
Ritschan 'ri:tʃan
Ritschard 'rɪtʃart

Ritschenhausen rɪtʃn̩'hau̯zn̩
Ritscher[t] 'rɪtʃɐ[t]
Ritschl 'rɪtʃl̩
Ritson *engl.* rɪtsn
ritt, Ritt rɪt
Rittberger 'rɪtbɛrgɐ
Rittelmeyer 'rɪtl̩mai̯ɐ
Ritten 'rɪtn̩
Rittenhouse *engl.* 'rɪtnhaʊs
Ritter 'rɪtɐ, *engl.* ...tə
Ritterhude rɪtɐ'hu:də
Rittershausen 'rɪtɐrshau̯zn̩
rittlings 'rɪtlɪŋs
Rittner 'rɪtnɐ
Ritual ri'tu̯a:l, **-ien** ...li̯ən
Rituale Romanum ri'tu̯a:lə ro'ma:nʊm
Ritualismus ritu̯a'lɪsmʊs
Ritualist ritu̯a'lɪst
rituell ri'tu̯ɛl
Ritus 'ri:tʊs
Ritz[e] 'rɪts[ə]
Ritzebüttel 'rɪtsəbʏtl̩
Ritzel 'rɪtsl̩
ritzen, R... 'rɪtsn̩
Ritzleben 'rɪtsle:bn̩
Riukiu 'ri̯u:ki̯u
Riva *it.* 'ri:va, *span.* 'rriβa
Rivadavia *span.* rriβa'ðaβia
Rivale ri'va:lə
rivalisieren rivali'zi:rən
Rivalität rivali'tɛ:t
Rivarol *fr.* riva'rɔl
Rivarolo Canavese *it.* riva'rɔ:lo kana've:se
Rivas *span.* 'rriβas
Riva San Vitale *it.* 'ri:va san vi'ta:le
Rive-de-Gier *fr.* rivdə'ʒje
Rivel[s] *span.* rri'βɛl[s]
River *engl.* 'rɪvə
Rivera *span.* rri'βera
Riverboatshuffle *engl.* 'rɪvəboʊtˌʃʌfl
Riverdale *engl.* 'rɪvədeɪl
River Edge *engl.* 'rɪvə 'ɛdʒ
Rivergaro *it.* river'ga:ro
Riverina *engl.* rɪvə'raɪnə
River Oaks *engl.* 'rɪvə 'oʊks
River Rouge *engl.* 'rɪvə 'ru:ʒ
Rivers *engl.* 'rɪvəz
Riverside *engl.* 'rɪvəsaɪd
riverso ri'vɛrzo
Rives *engl.* ri:vz
Rivesaltes *fr.* riv'zalt
Rivet *fr.* ri'vɛ
Rivier *fr.* ri'vje
Riviera ri'vi̯e:ra, *it.* ri'vi̯ɛ:ra
Riviere *engl.* rɪvɪ'ɛə, '———
Rivière *fr.* ri'vjɛ:r
Rivière du Loup *fr.* rivjɛrdy'lu
Rivière-Pilote *fr.* rivjɛrpi'lɔt
Rivington *engl.* 'rɪvɪŋtən
Rivoli *it.* 'ri:voli
Rix *engl.* rɪks
Rixdorf 'rɪksdɔrf
Rixensart *fr.* riksã'sa:r
Rixhöft 'rɪkshœft

Rixta 'rɪksta
Rival ri'ja:l
Riza *pers.* re'zɑ:, *türk.* ri'zɑ
Rizal *span.* rri'θal, *engl.* rɪ'zɑ:l
Rize *türk.* 'rizɛ
Rizi *span.* 'rriθi
Rizin ri'tsi:n
Rizinus 'ri:tsinʊs, **-se** ...ʊsə
Rizza *it.* 'rittsa
Rizz[i]o *it.* 'ritts[i]o
Rjasan, Rjazanj *russ.* rɪ'zanj
Rjaschsk, Riažsk *russ.* rjaʃsk
Rjukan *norw.* ˌr[j]u:kan
Rjurik *russ.* 'rjurik
Roa *span.* 'rrɔa
Roach *engl.* roʊtʃ
Roadster 'ro:tstɐ, *engl.* 'roʊdstə
Roanne *fr.* rwan
Roanoke, - Rapids *engl.* 'roʊənoʊk, – 'ræpɪdz
Roastbeef 'ro:stbi:f
Roatán *span.* rrɔa'tan
Roatta *it.* ro'atta
Robakidse *russ.* rɐba'kidzɪ
Rob[b] *engl.* rɔb
Robbe 'rɔbə
Robbe-Grillet *fr.* rɔbgri'jɛ
robben 'rɔbn̩, **robb!** rɔp, **robbt** rɔpt
Robber 'rɔbɐ
Robbers *niederl.* 'rɔbərs
Robbia *it.* 'rɔbbia
Robbins *engl.* 'rɔbɪnz
Robbinsdale *engl.* 'rɔbɪnzdeɪl
Robbio *it.* 'rɔbbio
Robby *engl.* 'rɔbɪ
Robe 'ro:bə
Röbel 'rø:bl̩
Roberonde robə'rõ:də
Robert 'ro:bɛrt, *engl.* 'rɔbət, *fr.* rɔ'bɛ:r, *niederl.* 'ro:bərt
Roberta *dt., it.* ro'bɛrta, *engl.* roʊ'bə:tə
Roberti *it.* ro'bɛrti
Robertine robɛr'ti:nə
Roberto *it.* ro'bɛrto, *span.* rrɔ'βɛrto, *port.* rru'βɛrtu, *bras.* rro'bɛrtu
Roberts[on] *engl.* 'rɔbəts[n]
Roberval *fr.* rɔbɛr'val
Robeson *engl.* roʊbsn
Robespierre *fr.* rɔbɛs'pjɛ:r
Robin *engl.* 'rɔbɪn, *fr.* rɔ'bɛ̃, *schwed.* 'ro:bin
Robineau *fr.* rɔbi'no
Robinie ro'bi:niə
Robins *engl.* 'rɔbɪnz
Robinson 'ro:bɪnzɔn, *engl.* 'rɔbɪnsn
Robinsonade robɪnzo'na:də
Robla *span.* 'rrɔβla
Robledo *span.* rrɔ'βleðo
Robles *span.* 'rrɔβles
Roblès *fr.* rɔ'blɛs
Röbling 'rø:blɪŋ
Röblingen 'rø:blɪŋən
Roborans 'ro:borans; **...nzien** robo'rantsi̯ən, **...ntia** robo'rantsi̯a
roborierend robo'ri:rənt, **-e** ...ndə
Robot 'rɔbɔt
roboten 'rɔbɔtn̩, *auch:* ro'bɔtn̩
Roboter 'rɔbɔtɐ, *auch:* ro'bɔtɐ
Robson *engl.* rɔbsn
Robstown *engl.* 'rɔbztaʊn
Roburit robu'ri:t, *auch:* ...rɪt
robust ro'bʊst
robusto ro'bʊsto
Roby *engl.* 'roʊbɪ
Roč *serbokr.* rɔtʃ
Roca *span., bras.* 'rrɔka, *port.* 'rrɔkɐ
Rocaille ro'ka:j
Rocamadour *fr.* rɔkama'du:r
Rocca *it.* 'rɔkka
Roccadaspide *it.* rokka'daspide
Roccamonfina *it.* rokkamon'fi:na
Roccasecca *it.* rokka'sekka
Roccastrada *it.* rokka'stra:da
Roccella Ionica *it.* rot'tʃɛlla 'i̯ɔ:nika
Rocchetta *it.* rok'ketta
Rocco *it.* 'rɔkko
roch, Roch rɔx
Rocha *span.* 'rrɔtʃa, *port.* 'rrɔʃɐ, *bras.* 'rrɔʃa
Rochade rɔ'xa:də, *auch:* rɔ'ʃa:də
Rochambeau *fr.* rɔʃɑ̃'bo
Rochau 'rɔxau̯
Rochdale *engl.* 'rɔtʃdeɪl
Roche *engl.* roʊtʃ, roʊʃ, rɔʃ, *fr.* rɔʃ
röche 'rœçə
Roche-au-Moine *fr.* rɔʃo'mwan
Rochechouart *fr.* rɔʃə'ʃwa:r
Rochefort *fr.* rɔʃ'fɔ:r
Rochefoucauld *fr.* rɔʃfu'ko
Roche-la-Molière *fr.* rɔʃlamɔ'ljɛ:r
Rochelle *fr.* rɔ'ʃɛl, *engl.* roʊ'ʃɛl
röcheln 'rœçl̩n
Rochelz 'rɔxl̩ts
Rochen 'rɔxn̩
Rocher de bronze, -s - - rɔ'ʃe: də 'brõ:s, *fr.* rɔʃed'brõ:z
Rochereau *fr.* rɔ'ʃro
Rocher-Noir *fr.* rɔʃe'nwa:r
Rochers-de-Naye *fr.* rɔʃed'nɛ
Rochester *engl.* 'rɔtʃɪstə
Roche-sur-Yon *fr.* rɔʃsy'rjõ
Rochett rɔ'ʃɛt
rochieren rɔ'xi:rən, *auch:* rɔ'ʃi:rən
Röchling 'rœçlɪŋ
Rochlitz 'rɔxlɪts
Rochow 'rɔxo
Rochus 'rɔxʊs
Rochussen *niederl.* 'rɔxʏsə
Rocinante *span.* rrɔθi'nante
Rock rɔk, **Röcke** 'rœkə
Rockanje *niederl.* rɔ'kɑnjə
Rock and Roll 'rɔk ɛnt 'rɔl, 'rɔkn̩'rɔl; – ɛnt 'ro:l, ...n̩'ro:l
Röckchen 'rœkçən
Rockefeller 'rɔkəfɛlɐ, *engl.* 'rɔkɪfɛlə
Rockelor rɔkə'lo:ɐ̯
rocken 'rɔkn̩
Rocken[bolle] 'rɔkn̩[bɔlə]
Rockenhausen 'rɔkn̩hau̯zn̩, __'__
Rocker 'rɔkɐ
Rock [Falls] *engl.* 'rɔk ['fɔ:lz]
Rockford *engl.* 'rɔkfəd
Rockhampton *engl.* rɔk'hæmptən
Rock Hill *engl.* 'rɔk 'hɪl
Rockhill *engl.* 'rɔkhɪl
Rockies *engl.* 'rɔkɪz
Rockingham *engl.* 'rɔkɪŋəm
Rock Island *engl.* 'rɔk 'aɪlənd
Rockland *engl.* 'rɔklənd
Rock' n' Roll 'rɔkn̩'rɔl, ...ro:l; *engl.* 'rɔkn'roʊl
Rocks rɔks
Rock Springs *engl.* 'rɔk 'sprɪŋz
Rockville *engl.* 'rɔkvɪl
Rockwell *engl.* 'rɔkwəl
Rocky Mount[ains] *engl.* 'rɔkɪ 'maʊnt[ɪnz]
Ročov *tschech.* 'rɔtʃɔf
Rocuant *span.* rrɔ'ku̯ant
Rod ro:t, *engl., fr.* rɔd
Roda 'ro:da, *span.* 'rrɔða
Rodach 'ro:dax
Rodakowski *poln.* rɔda'kɔfski
Rodalben 'ro:t|albn̩
Rodalquilar *span.* rrɔðalki'lar
Roda Roda 'ro:da 'ro:da
Rodaun ro'dau̯n
Rodbertus ro:t'bɛrtʊs
Rødby *dän.* 'røðby:'
Rodd *engl.* rɔd
Rødding *dän.* 'røðeŋ
Rode 'ro:də, *dän.* 'roðə
Rodegang 'ro:dəgaŋ
Rodehild 'ro:dəhɪld
Rødekro *dän.* 'rø:ðəkro:', __'__
Rodel 'ro:dl̩
Rodella *it.* ro'dɛlla
Rodelind 'ro:dəlɪnt
rodeln 'ro:dl̩n, **rodle** 'ro:dlə
roden 'ro:dn̩, **rod!** ro:t
Roden 'ro:dn̩, *niederl.* 'ro:də
Rodeña ro'dɛnja
Rodenbach 'ro:dn̩bax, *niederl.* 'ro:dənbɑx
Rodenberg 'ro:dn̩bɛrk
Rodenkirchen ro:dn̩'kɪrçn̩
rodens 'ro:dɛns
Rodenstock 'ro:dn̩ʃtɔk
Rodentia ro'dɛntsi̯a
Rodentiose rodɛn'tsi̯o:zə
Rodenwaldt 'ro:dn̩valt
Rodeo ro'de:o
Röder 'rø:dɐ
Röderau 'rø:dərau̯
Roderich 'ro:dərɪç
Roderigo rode'ri:go

Rọ̈des 'rø:dəs
Rọdewald 'ro:dəvalt
Rọdewisch 'ro:dəvɪʃ
Rodẹz *fr.* rɔ'dɛs, ...dɛ:z
Rọdgers *engl.* 'rɔdʒəz
Rọdheim 'ro:thai̯m
Rọdi *it.* 'rɔ:di
Rodịl *span.* rrɔ'ðil
Rodin *fr.* rɔ'dɛ̃
Rọding 'ro:dɪŋ
Rodiọn[ow], Rodion[ov] *russ.* rɐdi'ɔn[ɐf]
Rødkærsbrọ *dän.* rœðkɛrs'bro:'
Rọdler 'ro:dlɐ
Rọdman *engl.* 'rɔdmən
Rọdna *rumän.* 'rodna
Rọdney *engl.* 'rɔdnɪ
Rodnikị *russ.* rɐdni'ki
Rodó *span.* rrɔ'ðo
Rodọlfo *it.* ro'dɔlfo, *span.* rrɔ'ðɔlfo
Rodọlphe *fr.* rɔ'dɔlf
Rodomọnte *it.* rodo'monte
Rodomontạde rodomɔn'ta:də
Rodonkuchen ro'dõ:ku:xn̩
Rodọpi *bulgar.* ro'dɔpi
Rødovre *dän.* 'røðɔu̯rə
Rodrịgo ro'dri:go, *span.* rrɔ'ðriɣo, *port.* rru'ðriɣu, *bras.* rro'drigu
Rodrịgues *port.* rru'ðriɣɪʃ, *bras.* rro'drigis
Rodrịguez *engl.* roʊ'dri:gɪs
Rodríguez *span.* rrɔ'ðriɣeθ
Rodsjạnko, Rodzjanko *russ.* rad'zjankɐ
Rodzịnski ro'dzɪnski, *engl.* rə'dʒɪnskɪ
Roe[buck] *engl.* 'roʊ[bʌk]
Roebling 'rø:blɪŋ
Roeder[stein] 'rø:dɐ[ʃtai̯n]
Roelandt *niederl.* 'ru:lɑnt
Roelants *niederl.* 'ru:lɑnts
Roẹlas *span.* rrɔ'elas
Roelof[s] *niederl.* 'ru:lɔf[s]
Roels *niederl.* ru:ls
Roemhelt 'rø:mɛlt
Rö̤ena *schwed.* ˌrø:əna
Roentgen 'rœntgn̩
Roer *niederl.* ru:r
Roermọnd *niederl.* ru:r'mɔnt
Roeselare *niederl.* 'ru:səla:rə
Roethe 'rø:tə
Roey *niederl.* ru:i̯
Rofạngruppe ro'fa:ngrʊpə
Rọgač *serbokr.* ˌrɔga:tʃ
Rogačev vgl. Rogatschow
Rogạsen ro'ga:zn̩
Rogä̤sen ro'gɛ:zn̩
Rogạte ro'ga:tə
Rọgatica *serbokr.* ˌrɔgatitsa
Rogạtin *russ.* ra'gatin
Rogatiọn roga'tsi̯o:n
Rogatschọw, Rogačev *russ.* rɐga'tʃɔf
Rọgen 'ro:gn̩
Rọgener 'ro:gənɐ
Rọger 'ro:gɐ, *fr.* rɔ'ʒe, *engl.* 'rɔdʒə
Rogẹrio *span.* rrɔ'xeri̯o
Rogẹro ro'dʒe:ro
Rọgers *engl.* 'rɔdʒəz
Rogẹrus ro'ge:rʊs
Roget *engl.* 'rɔʒeɪ; 'roʊʒeɪ, –'–
Rọgge 'rɔgə
Rọggel *niederl.* 'rɔxəl
Rö̤ggelchen 'rœgl̩çən
Rọggen[bach] 'rɔgn̩[bax]
Rọggenthal 'rɔgn̩ta:l
Rọggeveen *niederl.* 'rɔxəve:n
Rọggow 'rɔgo
Rọggwil 'rɔkvi:l
Rogier *niederl.* ro:'xi:r
Rö̤gle *schwed.* 'rø:glə
Rogliạno *it.* roʎ'ʎa:no
Rọgner 'ro:gnɐ
Rö̤gnitz 'rœgnɪts
Rogọwski ro'gɔfskɪ
Rogọźno *poln.* rɔ'gɔznɔ
Rogue Rịver *engl.* 'roʊg 'rɪvə
Rọgzow 'rɔkt͜so
rọh, Rọh ro:
Rohan *fr.* rɔ'ã
Rọhde 'ro:də
Rhọden 'ro:dn̩
Rọheit 'ro:hai̯t
Rọhköstler 'ro:kœstlɐ
Rọhlfs ro:lfs
Rọhling 'ro:lɪŋ
Rö̤hlingen 'rø:lɪŋən
Röhlingshausen rø:lɪŋs'hau̯zn̩
Rö̤hm rø:m
Rohmer *engl.* 'roʊmə
Rọhr ro:ɐ̯
Rọhracher 'ro:raxɐ
Rọhrbach 'ro:ɐ̯bax
Rohrbrụnn ro:ɐ̯'brʊn
Rọhrdommel 'ro:ɐ̯dɔml̩
Rö̤hre 'rø:rə
rö̤hren 'rø:rən
Rọhrenfeld 'ro:rənfɛlt
Rohrenfẹls ro:rən'fɛls
Rö̤hricht 'rø:rɪçt
rö̤hrig 'rø:rɪç, -e ...ɪgə
Rö̤hrling 'rø:ɐ̯lɪŋ
Röhrmoos rø:ɐ̯'mo:s
Rö̤hrnbach 'rø:ɐ̯nbax
Roịdes, Roịdis *neugr.* rɔ'iðis
Roi d'Ys *fr.* rwa'dis
Rọig *kat.* rrɔtʃ
Roi l'a dịt, Le *fr.* lərwala'di
Roisdorf 'ro:sdɔrf
Roissy *fr.* rwa'si
Roitzsch rɔyt͜ʃ
Rọjas *span.* 'rrɔxas
Rö̤k *schwed.* rø:k
Rokambọle rokam'bo:lə
Rọkan *indon.* 'rokan
Rokitạnsky roki'tanski
Rokịtno *russ.* ra'kitnɐ
Rokịtnosümpfe ro'kɪtnozʏmpfə
Rọkittnitz 'rɔkɪtnɪts
Rọkitzan 'rɔkɪtsan
Rö̤kk rœk, *ung.* røk
Rokoko 'rɔkoko, *auch:* ro'kɔko
Rokossọwski, Rokossovskij *russ.* rɐka'sɔfskij
Rọkotow, Rokotov *russ.* 'rɔkɐtɐf
Rọkycany *tschech.* 'rɔkitsani
Rọkytnice *tschech.* 'rɔkitnjitsɛ
Rọland 'ro:lant, *engl.* 'roʊlənd, *fr.* rɔ'lã:; *niederl.* 'ro:lɑnt
Rolạnde ro'landə
Rolạndo *span.* rrɔ'lando
Rolandsẹck ro:lant͜s'|ɛk
Rolão *port.* rru'lɐ̃ṷ
Rọld *dän.* rɔl'
Røldal *norw.* 'rœlda:l
Roldán *span.* rrɔl'dan
Rọlde *niederl.* 'rɔldə
Rọlf rɔlf, *engl.* rɔlf, roʊf, *dän.* rɔl'f
Rọlfe *engl.* rɔlf, roʊf
Rọlfzen 'rɔlftsn̩
Rọll *fr.* rɔl
Rọlla *engl.* 'rɔlə
Rolland *fr.* rɔ'lã
Rö̤llchen 'rœlçən
[1]**Rọlle** 'rɔlə
[2]**Rolle** (Name) *engl.* roʊl, *fr.* rɔl, *it.* 'rɔlle
Rọlleiflex ⓦ 'rɔlai̯flɛks
rọllen 'rɔlən
Rọllenhagen 'rɔlənha:gn̩
Rọller 'rɔlɐ
Rolleston *engl.* 'roʊlstən
Rọllett 'rɔlɛt
Rolliẹr *fr.* rɔ'lje
Rollin *fr.* rɔ'lɛ̃
Rö̤llingsen 'rœlɪŋzn̩
Rọllins *engl.* 'rɔlɪnz
Rọllmops 'rɔlmɔps, **...möpse** ...mœpsə
Rọllo 'rɔlo, *auch:* rɔ'lo:
Rọllock *engl.* 'rɔlək
Rollon *fr.* rɔ'lõ
Rolls *engl.* roʊlz
Rolls-Rọyce ⓦ rɔls'rɔys, *engl.* 'roʊlz'rɔɪs
Rọloff 'ro:lɔf
Rølvaag *norw.* ˌrœlvo:g
Rọm ro:m
Rö̤m rø:m
Rọma *it.* 'ro:ma, *schwed.* ˌru:ma
Romadur 'rɔmadu:ɐ̯, *auch:* roma'du:ɐ̯
Romạgna ro'manja, *it.* ro'maɲɲa
Romagnọsi *it.* romaɲ'ɲo:si
Romaike, ...kị *neugr.* rɔmai'ki
Romainmôtiẹr *fr.* rɔmɛ̃mo'tje
Romain[s] *fr.* rɔ'mɛ̃
Romainvịlle *fr.* rɔmɛ̃'vil
Romạko ro'ma:ko
[1]**Romạn** (Prosaerzählung) ro'ma:n
[2]**Rọman** (Name) 'ro:man, *schwed.* 'ru:man, *russ.* ra'man, *bulgar.* 'rɔman, *rumän.* 'roman
Romạna ro'ma:na
Romancẹro roman'se:ro, *span.* rrɔman'θero

Romancier romã'sje:
Romane ro'ma:nə
Romanelli *it.* roma'nɛlli
Romanes *engl.* roʊ'mɑ:nɪz
Romanesca roma'nɛska
Romania ro'ma:ni̯a
România *rumän.* romɨ'nia
Romanik ro'ma:nɪk
Romanino *it.* roma'ni:no
romanisch ro'ma:nɪʃ
romanisieren romani'zi:rən
Romanismus roma'nɪsmʊs
Romanist[ik] roma'nɪst[ɪk]
Romano *it.* ro'ma:no
Romanones *span.* rroma'nones
Romanos ro'ma:nɔs, roma'nɔs; *span.* rrɔ'manɔs
Romanow, Romanov ro'ma:nɔf, *russ.* ra'manɐf
Romanowitsch, Romanovič *russ.* ra'manɐvitʃ
Romanowna, Romanovna *russ.* ra'manɐvnɐ
Romanshorn 'ro:manshɔrn
Romanski *bulgar.* 'rɔmanski
Romans-sur-Isère *fr.* rɔmãsyri'zɛ:r
Romantik ro'mantɪk
Romantiker ro'mantikɐ
romantisch ro'mantɪʃ
romantisieren romanti'zi:rən
romantsch, R... ro'mantʃ
Romanus ro'ma:nʊs
Romanze ro'mantsə
Romanzero roman'tse:ro
Romaschow, Romašov *russ.* rɐma'ʃɔf
Rombach 'rɔmbax, *fr.* rɔm'bak
Rombaksbotn *norw.* 'rɔmbaksbɔtn
Romberg 'rɔmbɛrk, *engl.* 'rɔmbə:g
Rombouts *niederl.* 'rɔmbɔu̯ts
Rome *engl.* roʊm
Romea *span.* rrɔ'mea
Romé de Lisle *fr.* rɔme'dlil
Romein *niederl.* ro:'mɛi̯n
Romeit rome'i:t, *auch:* ...e'ɪt
Romeo 'ro:meo, *engl.* 'roʊmɪoʊ, *it.* ro'mɛ:o
Römer 'rø:mɐ
Rømer *dän.* 'rø:'mər
Romerike *norw.* ˌru:məri:kə
Romero *span.* rrɔ'mero
Römershagen rø:mɐs'ha:gən
Römerstadt 'rø:mɐʃtat
Rometta *it.* ro'metta
Romford *engl.* 'rʌmfəd
Romhány *ung.* 'romha:nj
Römhild 'rø:mhɪlt
Romi 'ro:mi
Romilly *engl.* 'rɔmɪlɪ
Romilly-sur-Seine *fr.* rɔmijisyr'sɛn
Rominte ro'mɪntə
Rominten ro'mɪntn̩
römisch 'rø:mɪʃ
Romme *fr.* rɔm, *schwed.* ˌrumə
Rommé rɔ'me:, *auch:* 'rɔme
Rommel 'rɔml̩
Rommerskirchen 'rɔmɐskɪrçn̩
Romney *engl.* 'rɔmnɪ
Romny *russ.* ram'nɨ
Rømø *dän.* 'rœmø:'
Romolo *it.* 'ro:molo, 'rɔ:m...
Romont *fr.* rɔ'mõ
Romontsch ro'mɔntʃ
Romorantin *fr.* rɔmɔrã'tɛ̃
Romsdal *norw.* 'rumsda:l
Romsdalsfjord *norw.* 'rumsda:lsfju:r
Romsey *engl.* 'rʌmzɪ
Romuald 'ro:mu̯alt
Romualdiner romu̯al'di:nɐ
Romualdo *it.* romu'aldo
Rómulo *span.* 'rrɔmulo
Romulus 'ro:mulʊs
Romy 'ro:mi
Rona 'ro:na
Rónai *ung.* 'ro:nɔ[i]
Ronald 'ro:nalt, *engl.* rɔnld
Ronaldsay *engl.* 'rɔnldzɪ
Ronaldshay *engl.* 'rɔnldʃeɪ
Roncalli *it.* roŋ'kalli
Roncesvalles 'rõ:səval, *span.* rrɔnθez'βaʎes
Roncevaux *fr.* rõs'vo
Ronchamp *fr.* rõ'ʃã
Ronchi dei Legionari *it.* 'roŋki dei̯ ledʒo'na:ri
Ronchin *fr.* rõ'ʃɛ̃
Ronchus 'rɔnçʊs
Ronciglione *it.* rontʃiʎ'ʎo:ne
Ronco[le] *it.* 'roŋko[le]
Roncq *fr.* rõ:k
Ronda *span.* 'rrɔnda
Rondane *norw.* ˌrɔndanə
Rondate rɔn'da:tə
Ronde 'rɔndə, 'rõ:də
Rønde *dän.* 'rœndə
Rondelet *fr.* rõ'dlɛ
Rondell rɔn'dɛl
Rondo 'rɔndo
Rondorf 'rɔndɔrf
Roney *engl.* 'roʊnɪ
Ronge 'rɔŋə
Ronkalische Felder rɔŋ'ka:lɪʃə 'fɛldɐ
Rönne 'rœnə
Rønne *dän.* 'rœnə
Rönneån *schwed.* ˌrœnəo:n
Ronneburg 'rɔnəbʊrk
Ronneby *schwed.* ˌrɔnəby:
Ronnenberg 'rɔnənbɛrk
Ronnie *engl.* 'rɔnɪ
Ronniger 'rɔnɪgɐ
Ronny *engl.* 'rɔnɪ
Ronquillo *span.* rrɔŋ'kiʎo
Ronsard *fr.* rõ'sa:r
Ronsdorf 'rɔnsdɔrf
Ronse *niederl.* 'rɔnsə
Ronsperg 'rɔnspɛrk
röntgen 'rœntgn̩, **röntg!** rœntk, **röntgt** rœntkt
Röntgen 'rœntgn̩
röntgenisieren rœntgeni'zi:rən
Röntgenogramm rœntgeno'gram
Röntgenographie rœntgeno'gra:fi:
röntgenographisch rœntgeno'gra:fɪʃ
Röntgenologe rœntgeno'lo:gə
Röntgenologie rœntgenolo'gi:
röntgenologisch rœntgeno'lo:gɪʃ
röntgenometrisch rœntgeno'me:trɪʃ
Röntgenoskopie rœntgenosko'pi:, **-n** ...i:ən
Roo *span.* 'rɔo
Rood *engl.* ru:d
Roof ro:f
Rooij *niederl.* ro:i̯
Rooke *engl.* rʊk
Roompot *niederl.* 'ro:mpɔt
Roon ro:n
Roos ro:s
Roosbeek *niederl.* 'ro:zbe:k
Roosendaal *niederl.* 'ro:sənda:l
Rooses *niederl.* 'ro:səs
Roosevelt 'ro:zəvɛlt, *engl.* 'roʊzvɛlt
Root[es] *engl.* ru:t[s]
Roothaan *niederl.* 'ro:tha:n
Roothaert *niederl.* 'ro:tha:rt
Ropczyce *poln.* rɔp'tʃɨtsɛ
Roper *engl.* 'roʊpə
Ropes *engl.* roʊps
Rops *fr.* rɔps
Roque *span.* 'rrɔke
Roquebrune-Cap-Martin *fr.* rɔkbrynka̱pmar'tɛ̃
Roquefort *fr.* rɔk'fɔ:r
Roquelaure *fr.* rɔ'klɔ:r
Roques *fr.* rɔk
Roquette rɔ'kɛt
Roraima *span.* rrɔ'rai̯ma
Rorate ro'ra:te
Rørdam *dän.* 'rœrdam'
Rore *niederl.* 'ro:rə
rören 'rø:rən
Rörig 'rø:rɪç
Rororo roro'ro:
Røros *norw.* ˌrø:ro:s
Rorschach 'ro:ɐ̯ʃax, 'rɔrʃax
Rörstrand *schwed.* rœ:r'strand
Rørvig *dän.* 'rœ:rvi:'
rosa, [1]R... 'ro:za
[2]Rosa (Name) 'ro:za, *engl.* 'roʊzə, *fr.* ro'za, *it.* 'rɔ:za, *span.* 'rrɔsa
[3]Rosa, Roza *russ.* 'rɔzɐ
Rösa 'rø:za
Rosabella roza'bɛla
Rosalba *it.* ro'zalba
Rosal[es] *span.* rrɔ'sal[es]
Rosalia ro'za:li̯a
Rosalía *span.* rrɔsa'lia
Rosalie ro'za:li̯ə, *engl.* 'rɔzəlɪ, 'roʊzəlɪ, *fr.* roza'li
Rosalind *engl.* 'rɔzəlɪnd
Rosalinde roza'lɪndə
Rošalj vgl. Roschal

Rosaline roza'li:nə
Rosalva ro'zalva
Rosamund 'ro:zamʊnt
Rosamunde roza'mʊndə
Rosanilin rozani'li:n
Rosario *span.* rrɔ'sari̯o
Rosário *bras.* rro'zari̯u
Rosarium ro'za:ri̯ʊm, **...ien** ...i̯ən
Rosarno *it.* ro'zarno
Rosas *span.* 'rrɔsas
Rosaura *it.* ro'za:u̯ra, *span.* rrɔ'sau̯ra
Rosay *fr.* ro'zɛ
Rosazea ro'za:tsea
Rosazeen roza'tse:ən
Rosbaud 'rɔsbau̯t
Roscelin *fr.* rɔ'slɛ̃
rösch rø:ʃ
Roschal, Rošalj *russ.* ra'ʃalj
Roschana ro'ʃa:na
Roschberg 'rɔʃbɛrk
Roschdestwenski, Roždestvenskij *russ.* raʒ'djestvɪnskij
Rösche 'rø:ʃe, 'rœʃə
Röschen 'rø:sçən
Roscher 'rɔʃɐ
Rosch ha-Schanah 'ro:ʃ haʃa'na:
Roschsee 'rɔʃze:
Roscius 'rɔstsi̯ʊs
Roscoe *engl.* 'rɔskoʊ
Roscoff *fr.* rɔs'kɔf
Roscommon *engl.* rɔs'kɔmən
Ros de Olano *span.* 'rrɔz ðe o'lano
[1]Rose 'ro:zə
[2]Rose (Name) 'ro:zə, *engl.* roʊz, *fr.* ro:z
rosé, R... ro'ze:
Roseau *engl.* roʊ'zoʊ
Rosebery *engl.* 'roʊzbərɪ
Roseburg *engl.* 'roʊzbə:g
Rosecrans *engl.* 'roʊzkræns
Roseg *rät.* ro'zetʃ
Rosegg ro'zɛk
Rosegger 'ro:zɛgɐ, *auch:* ro'zɛgɐ, 'rɔsɛgɐ
Rosel 'ro:zl̩
Rösel 'rø:zl̩
Roselius ro'ze:li̯ʊs
Rosemarie 'ro:zəmari:, ---'-
Rosemary *engl.* 'roʊzmərɪ
Rosemeyer 'ro:zəmai̯ɐ
Rosen 'ro:zn̩, *fr.* ro'zɛn, *schwed.* 'ru:sən
Rosenau 'ro:zənau̯, --'-
Rosenbach 'ro:zn̩bax
Rosenberg 'ro:zn̩bɛrk, *engl.* 'roʊznbə:g
Rosenblut 'ro:zn̩blu:t
Rosenborg *dän.* 'ro:sənbɔr'
Rosenburg 'ro:zn̩bʊrk
Rosendaël *fr.* rozɛn'dal
Rosenegg 'ro:zənɛk
Rosenfeld 'ro:zn̩fɛlt, *engl.* 'roʊznfɛld
Rosengarten 'ro:zn̩gartn̩
Rosenheim 'ro:zn̩hai̯m
Rosenkopf 'ro:zn̩kɔpf
Rosenkranz 'ro:zn̩krants
Rosenkreutzer 'ro:zn̩krɔy̯tsɐ
Rosenlauigletscher ro:zn̩'lau̯iglɛtʃɐ
Rosenmontag ro:zn̩'mo:nta:k, '----
Rosenmüller 'ro:zn̩mʏlɐ
Rosenobel 'ro:zəno:bl̩, *auch:* ro:zə'no:bl̩
Rosenow 'ro:zəno
Rosenplüt 'ro:zn̩ply:t
Rosenstock 'ro:zn̩ʃtɔk
Rosental 'ro:zn̩ta:l
Rosenthal 'ro:zn̩ta:l, *fr.* rozɛn'tal
Rosenwald 'ro:zn̩valt, *engl.* 'roʊznwɔ:ld
Rosenzweig 'ro:zn̩tsvai̯k
Roseola ro'ze:ola, **...len** roze'o:lən
Roseole roze'o:lə
Roseto degli Abruzzi *it.* ro'ze:to 'deʎʎa'bruttsi
Rosetta *it.* ro'zetta
[1]Rosette (Verzierung) ro'zɛtə
[2]Rosette (Stadt) ro'zɛt[ə]
Rosetti *rumän.* ro'seti
Roseville *engl.* 'roʊzvɪl
Rosewall *engl.* 'roʊzwɔ:l
Rosi 'ro:zi, *it.* 'rɔ:zi
Rosica vgl. Rossiza
Rosice *tschech.* 'rɔsitsɛ
rosig 'ro:zɪç, **-e** ...ɪgə
Rosignano *it.* rozin'ɲa:no
Rosina *it.* ro'zi:na
Rosinante rozi'nantə
[1]Rosine ro'zi:nə
[2]Rosine (Name) ro'zi:nə, *fr.* ro'zin
Roşiori de Vede *rumän.* ro'ʃjorj de 'vede
Rosita ro'zi:ta, *span.* rrɔ'sita
Rositten ro'zɪtn̩
Rositz 'ro:zɪts
Roskilde *dän.* 'rɔskilə
Roskow 'rɔsko
Rosl 'ro:zl̩
Roslagen *schwed.* ˌru:slɑ:gən
Röslau 'rø:slau̯
Roslawl, Roslavl' *russ.* 'rɔslɐvlj
Röslein 'rø:slai̯n
Roslev *dän.* 'rɔsleu̯
Roslin *schwed.* rus'li:n
Rosmalen *niederl.* rɔs'ma:lə
Rosmarin 'ro:smari:n, *auch:* --'-
Rosmini *it.* roz'mi:ni
Røsnæs *dän.* 'røsnɛs
Rosny *fr.* ro'ni
Rosny-sous-Bois *fr.* ronisu'bwa
Rosolini *it.* rozo'li:ni
Rosolio ro'zo:li̯o
Rosport 'rɔspɔrt
Rösrath 'rø:sra:t
[1]Roß rɔs; **Rosse** 'rɔsə, **Rösser** 'rœsɐ
[2]Ross (Name) *dt., engl.* rɔs
[3]Roß (Wabe) ro:s
Rossano *it.* ros'sa:no
Roßbach, Rossbach 'rɔsbax
Roßberg 'rɔsbɛrk
Rossby *schwed.* 'rɔsby:
Rößchen 'rœsçən
Ross Dependency *engl.* 'rɔs dɪ'pɛndənsɪ
Roßdorf 'rɔsdɔrf
Roße 'ro:sə
Rosse *engl.* rɔs
Rossé *fr.* rɔ'se
Rössel 'rœsl̩
Rosselli *it.* ros'sɛlli
Rossellini *it.* rossel'li:ni
Rossellino *it.* rossel'li:no
rossen 'rɔsn̩, **roßt** rɔst
Rösser vgl. Roß
Rossetti *engl.* rɔ'sɛtɪ, *it.* ros'setti
Rossi *it.* 'rossi, *engl.* 'rɔsɪ, *fr.* rɔ'si
rossig 'rɔsɪç, **-e** ...ɪgə
Rössing 'rœsɪŋ
Rossini rɔ'si:ni, *it.* ros'si:ni
Rossio *port.* rru'siu
Rossiskaja Sowetskaja Federatiwnaja Sozialistitscheskaja Respublika, Rossijskaja Sovetskaja Federativnaja Socialističeskaja Respublika *russ.* ra'sijskɐjɐ sa'vjɛtskɐjɐ fɪdɪra'tivnɐjɐ sɐtsɨɐlis'titʃɪskɐjɐ rɪs'publikɐ
Rossitten rɔ'sɪtn̩
Rossiza, Rosica *bulgar.* ro'sitsa
Rößl 'rœsl̩
Roßla 'rɔsla
Roßlau 'rɔslau̯
Roßleben 'rɔsle:bn̩
Rößlein 'rœslai̯n
Rößler 'rœslɐ
Roßnow 'rɔsno
Rosso *it.* 'rosso
Ross on Wye *engl.* 'rɔs ɔn 'waɪ
Rossore *it.* ros'so:re
Rossow 'rɔso
Ross-shire *engl.* 'rɔsʃɪə
Roßtal 'rɔsta:l
Rösstegen *schwed.* 'rœste:gən
Roßtrappe 'rɔstrapə
Rossum *niederl.* 'rɔsəm
Roßwein 'rɔsvai̯n
Rost rɔst
Røst *norw.* rœst
Rostand *fr.* rɔs'tã
Röstånga *schwed.* 'rø:stɔŋa
Röste 'rø:stə, *auch:* 'rœstə
Rostellum rɔs'tɛlʊm, **...lla** ...la
rosten 'rɔstn̩
rösten 'rø:stn̩, *auch:* 'rœstn̩
Rösterei rø:stə'rai̯, *auch:* rœs...
rostig 'rɔstɪç, **-e** ...ɪgə
Rostin rɔs'ti:n
Rostock 'rɔstɔk
Rostoptschin, Rostopčin *russ.* rɐstap'tʃin

Rostọvtzeff *engl.* rɔs'tɔ:ftsəf
Rostọw, Rostov *russ.* ras'tɔf
Rostọw-na-Donụ, Rostov-na-Donu *russ.* ras'tɔvnɐda'nu
Rostọwski, Rostovskij *russ.* ras'tɔfskij
Rostọwzew, Rostovcev *russ.* ras'tɔftsəf
Rọstra 'rɔstra
Rostropọwitsch, Rostropovič *russ.* rɐstra'pɔvitʃ
Rọstrum 'rɔstrʊm
Rọsvænge *dän.* 'rɔsvɛŋə
Rọswell *engl.* 'rɔzwəl
Rọsweyde *niederl.* 'rɔswɛi̯də
Rọswith 'ro:svɪt
Roswịtha rɔs'vi:ta
Rosyth *engl.* rɔ'saɪθ
Rö̩szke *ung.* 'røskɛ
rọt ro:t, **rö̩ter** 'rø:tɐ
Rọt ro:t
Rö̩t rø:t
Rọta 'ro:ta, *engl.* 'roʊtə, *span.* 'rrɔta
Rọtang 'ro:taŋ
Rotaprịnt ® rota'prɪnt
Rotạrier ro'ta:ri̯ɐ
rotạrisch ro'ta:rɪʃ
Rọta Romạna 'ro:ta ro'ma:na
Rọtary [Clụb] 'ro:tari ['klʊp], *engl.* 'roʊtərɪ ['klʌb]
Rotatiọn rota'tsi̯o:n
Rotatọrien rota'to:ri̯ən
Rọtbart 'ro:tba:ɐ̯t
Rotch *engl.* roʊtʃ
Rö̩te 'rø:tə
Rote-Kreuz-Schwester ro:tə'krɔy̯tsʃvɛstɐ
Rö̩tel[n] 'rø:tl̩[n]
rö̩ten 'rø:tn̩
Rö̩tenberg 'rø:tn̩bɛrk
Rotenbọden ro:tn̩'bo:dn̩
Rọtenburg 'ro:tn̩bʊrk
Rọtenfels 'ro:tn̩fɛls
Rotentụrmpaß ro:tn̩'tʊrmpas
röter vgl. rot
Rö̩tgen 'rœtgn̩
Rọth[a] 'ro:t[a]
Rö̩tha 'rø:ta
Rọthaargebirge 'ro:tha:ɐ̯gəbɪrgə
Rọthacker 'ro:thakɐ
Rọthari 'ro:tari
Rọthaus 'ro:thau̯s
Rọthe 'ro:tə
Rothehụ̈tte ro:tə'hʏtə
Rö̩thelstein 'rø:tl̩ʃtai̯n
Rọthemühl 'ro:təmy:l
Rö̩thenbach 'rø:tn̩bax
Rọthenberg 'ro:tn̩bɛrk
Rọthenberger 'ro:tn̩bɛrgɐ
Rọthenburg 'ro:tn̩bʊrk
Rothendịtmold ro:tn̩'dɪtmɔlt
Rothenfẹlde ro:tn̩'fɛldə
Rọthenfels 'ro:tn̩fɛls
Rothenkịrchen ro:tn̩'kɪrçn̩
Rọthenstadt 'ro:tn̩ʃtat
Rothenụffeln ro:tn̩'|ʊfl̩n
Rọther 'ro:tɐ, *engl.* 'rɔðə
Rọtherham *engl.* 'rɔðərəm
Rọthermel *engl.* 'rɔðəmɛl
Rọthermere *engl.* 'roðəmɪə
Rọthesay *engl.* 'rɔθsɪ
Rọthfels 'ro:tfɛls
Rothflịeß ro:t'fli:s
Rothkreụz ro:t'krɔy̯ts
Rọthmann 'ro:tman
Rọthmüller 'ro:tmʏlɐ
Rọthorn 'ro:thɔrn
Rọthschild 'ro:tʃɪlt, *fr.* rɔt'ʃild, *engl.* 'rɔθtʃaɪld
Rọthselberg 'ro:tze:lbɛrk
Rọthwell *engl.* 'rɔθwəl
Rọti *indon.* 'roti
rotịeren ro'ti:rən
Rotkreụzschwester ro:t'krɔy̯tsʃvɛstɐ
rö̩tlich 'rø:tlɪç
Rö̩tling 'rø:tlɪŋ
rọtnasig 'ro:tna:zɪç, -e ...ɪgə
Rotondẹlla *it.* roton'dɛlla
Rotọndo, Mọnte *it.* 'monte ro'tondo
Rọtor 'ro:tɔr, -en ro'to:rən
Rotorụa *engl.* roʊtə'ru:ə
Rọtraud, ...ut 'ro:trau̯t
Rotrou *fr.* rɔ'tru
Rọtselaar *niederl.* 'rɔtsəla:r
Rọtspon 'ro:tʃpo:n
Rọtstock 'ro:tʃtɔk
Rọtt[a] 'rɔt[a]
Rọttach 'rɔtax
Rọtte 'rɔtə
Rọtteck 'rɔtɛk
Rö̩tteln 'rœtl̩n
rọtten, R... 'rɔtn̩
rö̩tten 'rœtn̩
Rottenbụch rɔtn̩'bu:x
Rọttenburg 'rɔtn̩bʊrk
Rọttenhammer 'rɔtn̩hamɐ
Rọttenmann 'rɔtn̩man
Rotterdam rɔtɐ'dam, *auch:* '‒‒‒; *niederl.* rɔtər'dɑm
Rotterdamer rɔtɐ'damɐ, *auch:* 'rɔt...
Rö̩ttger 'rœtgɐ
Rọttleben 'rɔtle:bn̩
Rọttmann 'rɔtman
Rọttmayer, ...ayr 'rɔtmai̯ɐ
Rọttmersleben 'rɔtmɐsle:bn̩
Rottneros *schwed.* rɔtnər'u:s
Rọttum *niederl.* 'rɔtəm
Rottumerọog *niederl.* rɔtəmər'o:x
Rọttweil 'rɔtvai̯l
Rọtulus 'ro:tulʊs, **...li** ...li
Rotụma ro'tu:ma, *engl.* rə'tu:mə
Rotụnda ro'tʊnda
Rotụnde ro'tʊndə
Rotụ̈re ro'ty:rə
Rotürịer roty'ri̯e:
Rotwạlde ro:t'valdə
rọtwangig 'ro:tvaŋɪç, -e ...ɪgə
Rọtwasser 'ro:tvasɐ
Rọtweiß 'ro:tvai̯s
rọtwelsch, R... 'ro:tvɛlʃ
Roty *fr.* rɔ'ti
Rọtz rɔts
Rö̩tz rœts
rọtzen 'rɔtsn̩
rọtzig 'rɔtsɪç, -e ...ɪgə
Rouault *fr.* rwo
Roubaix *fr.* ru'bɛ
Rouchẹr *fr.* ru'ʃe
Rọudnice *tschech.* 'rɔu̯dnjitsɛ
Roué ru̯e:
Rouẹlle *fr.* rwɛl
Rouen ru̯ã:, *fr.* rwã
Rouẹrgue *fr.* rwɛrg
Rouffạch *fr.* ru'fak
rouge, R... *fr.* ru:ʒ
Rouge et noir *fr.* ruʒe'nwa:r
Rougemont *fr.* ruʒ'mõ
Rougẹt *fr.* ru'ʒɛ
Rouget de Lịsle *fr.* ruʒɛ'dlil
Rouhẹr *fr.* ru'ɛ:r
Roulạde ru'la:də
Rouleau ru'lo:
Roulẹrs *fr.* ru'lɛrs
Roulẹtt ru'lɛt
Roulẹtte ru'lɛt[ə], **-n** ...tn̩
roulịeren ru'li:rən
Roumanịlle *fr.* ruma'nij
Roundhead *engl.* 'raʊndhɛd
Round-table-... *engl.* 'raʊnd'teɪbl...
Rourke *engl.* rɔ:k
Rous *engl.* raʊs
Rousseau ru'so:, *fr.* ru'so
Roussẹl *fr.* ru'sɛl
Rousselọt *fr.* ru'slo
Roussẹt *fr.* ru'sɛ
Roussillon *fr.* rusi'jõ
Roussin *fr.* ru'sɛ̃
Roussy *fr.* ru'si
Rout rau̯t
Route 'ru:tə
Routh *engl.* raʊθ
Routịne ru'ti:nə
Routinịer ruti'ni̯e:
routinịert ruti'ni:ɐ̯t
Routledge *engl.* 'raʊtlɪdʒ
Rouvịer *fr.* ru'vje
Rouvray *fr.* ru'vrɛ
Rouvroy *fr.* ru'vrwa
Roux ru:, *fr.* ru
Roux-Spịtz *fr.* rus'pits
Rouyn *fr.* rwɛ̃, *engl.* 'ru:ɪn
Rọvaniemi *finn.* 'rɔvɑnie̯mi
Rovạto *it.* ro'va:to
Rọve, Canal du *fr.* kanaldy'rɔ:v
Roven'ki vgl. Rowenki
Rọvere *it.* 'ro:vere
Roverẹdo *it.* rove're:do
Rovère, La *fr.* larɔ'vɛ:r
Roverẹto *it.* rove're:to
Rovẹro *span.* rrɔ'βero
Rövershagen rø:vɐs'ha:gn̩
Rovịgo *it.* ro'vi:go
Rovno vgl. Rowno
Rovụma ro'vu:ma

Rowan *engl.* 'roʊən
Rowdy 'raudi
Rowe 'ro:və, *engl.* roʊ
Rowell *engl.* 'raʊəl, 'roʊəl
Rowena ro've:na, *engl.* roʊ'i:nə
Rowenki, Roven'ki *russ.* rɐvinj'ki
Rowland[son] *engl.* 'roʊlənd[sn]
Rowley [Regis] *engl.* 'roʊlɪ ['ri:dʒɪs]
Rowno, Rovno *russ.* 'rɔvnɐ
Rowntree *engl.* 'raʊntri:
Rowohlt 'ro:vɔlt
Rowson *engl.* raʊsn
Rowton *engl.* raʊtn, rɔ:tn
Rowuma ro'vu:ma
Roxane rɔ'ksa:nə, *B* ...ne
Roxburgh[e] *engl.* 'rɔksbərə
Roxel 'rɔksḷ
Roxen *schwed.* 'rɔksən
Roxey *engl.* 'rɔksɪ
Roxolane rɔkso'la:nə
Roy *engl.* rɔɪ, *fr.* rwa
royal roa'ja:l
Royal *engl.* 'rɔɪəl
Royal Air Force *engl.* 'rɔɪəl 'ɛəfɔ:s
Royalismus roaja'lɪsmʊs
Royalist roaja'lɪst
Royall *engl.* 'rɔɪəl
Royal Oak *engl.* 'rɔɪəl 'oʊk
Royalty *engl.* 'rɔɪəltɪ
Royan *fr.* rwa'jã
Royat *fr.* rwa'ja
Royce *engl.* rɔɪs
Roycroft *engl.* 'rɔɪkrɔft
Royd[en] *engl.* 'rɔɪd[ən]
Roye *fr.* rwa
Royer-Collard *fr.* rwajekɔ'la:r
Royle *engl.* rɔɪl
Royston *engl.* 'rɔɪstən
Royton *engl.* rɔɪtn
Roza vgl. [3]Rosa
Rożan *poln.* 'ruʒan
Rožďalovice *tschech.* 'rɔʒdjalɔvitsɛ
Roždestvenskij vgl. Roschdestwenski
Rozeanu *rumän.* ro'zeanu
Rozenburg *niederl.* 'ro:zənbyrx
Rožmberk *tschech.* 'rɔʒmbɛrk
Rožmitál *tschech.* 'rɔʒmita:l
Rožňava *slowak.* 'rɔʒnjava
Rózsaszentmárton *ung.* 'ro:ʒɔsɛntma:rton
Rozsnyó *ung.* 'roʒnjo:
Roztoky *tschech.* 'rɔstɔki
Rozvadov *tschech.* 'rɔzvadɔf
Rozwądów *poln.* rɔz'vaduf
Rozwadowski *poln.* rɔzva'dɔfski
Rschew, Ržev *russ.* rʒɛf
RSFSR *russ.* ɛr-ɛs-ɛf-ɛs'ɛr
Rshem *alban.* rʃem
Rtanj *serbokr.* 'r̩:tanj
Rtischtschewo, Rtiščevo *russ.* 'rtiʃtʃivɐ
Ruanda 'ruanda, *fr.* rwan'da
Ruanda-Urundi 'ruanda u'rundi, *fr.* rwandaurun'di
Ruapehu *engl.* ru:ə'peɪhu:
Ruba'i ruba'i:, *pers.* robɑ''i:
rubato ru'ba:to
Rubato ru'ba:to, **...ti** ...ti
Rubatscher 'ru:batʃɐ
rubbelig 'rʊbəlɪç, **-e** ...ɪgə
rubbeln 'rʊbḷn, **rubble** 'rʊblə
Rubber 'rabɐ, *engl.* 'rʌbə
Rübchen 'ry:pçən
Rubcovsk vgl. Rubzowsk
Rübe 'ry:bə
Rubebe ru'be:bə
Rubel 'ru:bḷ
Rübeland 'ry:bəlant
Ruben 'ru:bṇ
Rubén *span.* rru'βen
Rübenau 'ry:bənau
Rubenide rube'ni:də
Rubenow 'ru:bəno
Rubens 'ru:bṇs, *niederl.* 'ry:bəns
Rubeolae ru'be:olɛ
'rüber 'ry:bɐ
Ruberoid ⓦ rubə'rɔyt
Rubeš *tschech.* 'rubɛʃ
Rubeschnoje, Rubežnoe *russ.* ru'bjɛʒnɐjɐ
Rübezahl 'ry:bətsa:l
Rubianus ru'bia:nʊs
Rubidium ru'bi:diʊm
Rubielos *span.* rru'βjelɔs
Rubikon 'ru:bikɔn
Rubin ru'bi:n
Rubinschtein, Rubinštejn *russ.* rubin'ʃtjejn
Rubinstein 'ru:bɪnʃtain, *engl.* 'ru:bɪnstaɪn
Rubio *span.* 'rruβio
Rubió *kat.* rru'βio
Rubizell rubi'tsɛl
Rubljof, Rublev *russ.* ru'bljɔf
Rubner 'ru:pnɐ
Rubor 'ru:bɔr
Rubra vgl. Rubrum
Rubrik ru'bri:k
Rubrikator rubri'ka:tɔr, **-en** ...ka'to:rən
rubrizieren rubri'tsi:rən
Rubrum 'ru:brʊm, **Rubra** 'ru:bra
Rübsamen 'ry:pza:mən
Rübsen 'ry:psṇ
Ruby *engl.* 'ru:bɪ
Rubzowsk, Rubcovsk *russ.* rup'tsɔfsk
Rucellai *it.* rutʃel'la:i
Ruch ru:x, rʊx; **Rüche** 'ry:çə, 'rʏçə
Ruchadlo 'rʊxadlo
ruchbar 'ru:xba:ɐ̯
Ruchgras 'rʊxgra:s
ruchlos 'ru:xlo:s
ruck!, Ruck rʊk
Rück rʏk
rückbezüglich 'rʏkbətsy:klɪç
Rückbleibsel 'rʏkblaipsḷ
rucken 'rʊkṇ
rücken, R... 'rʏkṇ
Rückenberg 'rʏkṇbɛrk
Rückeroth 'rʏkəro:t
Ruckers *niederl.* 'rʏkərs
Rückert 'rʏkɐt
rückfragen 'rʏkfra:gṇ
Rückgabe 'rʏkga:bə
Rückgrat 'rʏkgra:t
Rückholz 'rʏkhɔlts
rückläufig 'rʏklɔyfɪç
rücklings 'rʏklɪŋs
Rucksack 'rʊkzak
rückseitig 'rʏkzaitɪç
rückseits 'rʏkzaits
rucksen 'rʊksṇ
Rücksicht 'rʏkzɪçt
rückständig 'rʏk-ʃtɛndɪç
Ruckstull *engl.* 'rʌkstʌl
rückwärtig 'rʏkvɛrtɪç, **-e** ...ɪgə
rückwärts 'rʏkvɛrts
Rückweiler 'rʏkvailɐ
Rucphen *niederl.* 'rʏkfə
rüd ry:t, **-e** 'ry:də
Rud *dän.* ru:'ð
Ruda *schwed.* ˌrʉ:da, *poln.* 'ruda
Rudanski, Rudanskij *russ.* ru'danskij
Rudau 'ru:dau
Rudbeck *schwed.* ˌrʉ:dbɛk
Rudbeckie ru:t'bɛkiə
Rudd *engl.* rʌd
Ruddervoorde *niederl.* 'rʏdərvo:rdə
Ruddiman *engl.* 'rʌdɪmən
Rude *fr.* ryd
rüde, Rüde 'ry:də
Rüdeger 'ry:dəgɛr
Rudel[sburg] 'ru:dḷ[sbʊrk]
Ruden 'ru:dṇ
Rudenko *russ.* ru'djɛnkɐ
Rudenz 'ru:dɛnts
Rudé Právo *tschech.* 'rudɛ: 'pra:vɔ
Ruder 'ru:dɐ
Rudera 'ru:dera
Ruderal... rude'ra:l...
rudern 'ru:dɐn, **rudre** 'ru:drə
Rüdersdorf 'ry:dɐsdɔrf
Rüdesheim[er] 'ry:dəshaim[ɐ]
Rudge *engl.* rʌdʒ
Rudi 'ru:di
Rüdiger 'ry:digɐ; ...gɛr
Rudigier 'ru:digi:ɐ̯
Rudiment rudi'mɛnt
rudimentär rudimɛn'tɛ:ɐ̯
Rudisten ru'dɪstṇ
Rudität rudi'tɛ:t
Rudki *russ.* 'rutki
Rudmose *engl.* 'rʌdmoʊz
Rudná *tschech.* 'rudna:
Rudnew, Rudnev *russ.* 'rudnɪf
Rudnicki *poln.* rud'nitski
Rudnik *poln.* 'rudnik
Rüdnitz 'ry:dnɪts
Rudnja *russ.* 'rudnjɐ

Rudolf *dt.*, *engl.* 'ru:dɔlf, *tschech.* 'rudɔlf, *niederl.* 'ry:dɔlf, *schwed.* 'rʉ:dɔlf
Rudolfa ru'dɔlfa
Rudolfine rudɔl'fi:nə
Rudolfinisch rudɔl'fi:nɪʃ
Rudolfswert 'ru:dɔlfsve:ɐ̯t
Rudolph *engl.* 'ru:dɔlf
Rudolstadt 'ru:dɔlʃtat
Rudorff 'ru:dɔrf
Rudow 'ru:do
Rudrer 'ru:drɐ
Rudyard *engl.* 'rʌdjəd
Rueda 'ru̯e:da, *span.* 'rru̯eða
Ruederer 'ru:ɛdərɐ
Rueff *fr.* rɥɛf
Rüegg 'ry:ɛk
Rueil *fr.* rɥɛj
Ruelas *span.* 'rru̯elas
Ruelle *fr.* rɥɛl
Rueras *rät.* 'ru̯e:ras
Ruf[ach] 'ru:f[ax]
Rufe 'ru:fə
Rüfe 'ry:fə
rufen 'ru:fn̩
Rüffel 'rʏfl̩
rüffeln 'rʏfl̩n
Ruffin *engl.* 'rʌfɪn
Ruffini *it.* ruf'fi:ni
Rufinus ru'fi:nʊs
Ruffo *it.* 'ruffo
Rufidschi ru'fi:dʒi
Rufio 'ru:fi̯o
Rufisque *fr.* ry'fisk
Rufus 'ru:fʊs
Rugantino rugan'ti:no
[1]**Rugby** (Spiel) 'rakbi, *engl.* 'rʌgbɪ
[2]**Rugby** (Name) *engl.* 'rʌgbɪ
Ruge 'ru:gə
Rüge 'ry:gə
Rugeley *engl.* 'ru:dʒlɪ
rügen 'ry:gn̩, **rüg**! ry:k, **rügt** ry:kt
Rügen 'ry:gn̩
Rugendas 'ru:gn̩das
Rügenwalde ry:gn̩'valdə
Ruger *engl.* 'ru:gə
Rugge 'rʊgə
Rüggeberg 'rʏgəbɛrk
Ruggell rʊ'gɛl
Ruggeri *it.* rud'dʒɛ:ri
Ruggero *it.* rud'dʒɛ:ro
Ruggles *engl.* rʌglz
Rugier 'ru:gi̯ɐ
rügisch 'ry:gɪʃ
Ruhe 'ru:ə
ruhen 'ru:ən
Ruheständler 'ru:əʃtɛntlɐ
ruhig 'ru:ɪç, **-e** ...ɪgə
Ruhla[nd] 'ru:la[nt]
Ruhm ru:m
Rühmann 'ry:man
Ruhmannsfelden ru:mans'fɛldn̩
rühmen 'ry:mən
Ruhmkorff 'ru:mkɔrf, *fr.* rym'kɔrf
ruhmredig 'ru:mre:dɪç, **-e** ...ɪgə
Ruhner Berge 'ru:nɐ 'bɛrgə
Ruhnow 'ru:no
Ruhpolding 'ru:pɔldɪŋ
Ruhr[berg] 'ru:ɐ̯[bɛrk]
Rührei 'ry:ɐ̯|ai̯
rühren 'ry:rən
rührig 'ry:rɪç, **-e** ...ɪgə
Rührmichnichtan 'ry:ɐ̯mɪçnɪçt|an
Ruhrort 'ru:ɐ̯|ɔrt
Ruidera *span.* rru̯i'ðera
Ruien *niederl.* 'rœi̯jə
Ruin ru'i:n
Ruinart *fr.* rɥi'na:r
Ruine ru'i:nə
Ruinen *niederl.* 'rœi̯nə
Ruinerwold *niederl.* rœi̯nər'wɔlt
ruinieren rui'ni:rən
ruinös rui'nø:s, **-e** ...ø:zə
Ruisbroek *niederl.* 'rœi̯zbru:k
Ruisdael *niederl.* 'rœi̯zda:l
Ruiselede *niederl.* 'rœi̯səle:də
Ruislip *engl.* 'raɪslɪp
Ruiz *span.* rru̯iθ
Rukkabah 'rʊkaba
Rukwasee 'rʊkvaze:
Rul ru:l
Ruländer 'ru:lɛndɐ
Rulle 'rʊlə
Rullianus rʊ'li̯a:nʊs
Rulman 'ru:lman
Rülps rʏlps, **-e** 'rʏlpsə
rülpsen 'rʏlpsn̩
Rülzheim 'rʏltsha̯im
'rum, [1]**Rum** rʊm
[2]**Rum** (Name) *engl.* rʌm, *ung.* rum
Rumäne ru'mɛ:nə
Rumänien ru'mɛ:ni̯ən
rumänisch ru'mɛ:nɪʃ
Rumba 'rʊmba
Rumbeck 'rʊmbɛk
Rumbeke *niederl.* 'rʏmbe:kə
Rumbenkarte 'rʊmbn̩kartə
Rumbold 'rʊmbɔlt, *engl.* 'rʌmboʊld
Rumburg 'rʊmbʊrk
Rumburk *tschech.* 'rumburk
Rumelange *fr.* rym'lã:ʒ
Rumelien ru'me:li̯ən
Rumelija *bulgar.* ru'mɛlija
Rümelin 'ry:məli:n
Rümelingen 'ry:məlɪŋən
Rumeln 'ru:mln̩
Rumford 'rʊmfɔrt, *engl.* 'rʌmfəd
Rumi *pers.* ru'mi:
Rumia *poln.* 'rumja
Rumilly *fr.* rymi'ji
Rumination rumina'tsi̯o:n
ruminieren rumi'ni:rən
Rumjanzew, Rumjancev *russ.* ru'mjantsəf
Ruml *engl.* ruml
Rummel[hardt] 'rʊml̩[hart]
Rummelsburg 'rʊml̩sbʊrk
Rummy 'rœmi, *engl.* 'rʌmɪ
Rumohr 'ru:mo:ɐ̯
Rumold 'ru:mɔlt
[1]**Rumor** (Lärm) ru'mo:ɐ̯
[2]**Rumor** (Name) *it.* ru'mor
rumoren ru'mo:rən
Rumpel 'rʊmpl̩
rumpelig 'rʊmpəlɪç, **-e** ...ɪgə
rumpeln 'rʊmpl̩n
Rumpelstilzchen 'rʊmpl̩ʃtɪltsçən
Rumpf rʊmpf, **Rümpfe** 'rʏmpfə
rümpfen 'rʏmpfən
Rumpler 'rʊmplɐ
rumplig 'rʊmplɪç, **-e** ...ɪgə
Rumpsteak 'rʊmp-ste:k
rums! rʊms
Rumsey *engl.* 'rʌmzɪ
Rumst *niederl.* rʏmst
Run ran, *engl.* rʌn
Runau 'ru:na̯u
Runciman *engl.* 'rʌnsɪmən
Runcorn *engl.* 'rʌŋkɔ:n
rund, R... rʊnt, **-e** 'rʊndə
Runda 'rʊnda
Runde 'rʊndə
Rundell rʊn'dɛl
runden 'rʊndn̩, **rund**! rʊnt
ründen 'rʏndn̩, **ründ**! rʏnt
Ründeroth 'rʏndəro:t
Rundetårn *dän.* 'rɔnətɔ:'rn
Rundfunk 'rʊntfʊŋk
rundheraus 'rʊnthɛ'ra̯us
rundherum 'rʊnthɛ'rʊm
rundlich 'rʊntlɪç
Rundling 'rʊntlɪŋ
Rundstedt 'rʊntʃtɛt
rundum 'rʊnt'|ʊm
rundumher 'rʊnt|ʊm'he:ɐ̯
rundweg 'rʊnt'vɛk
Rune 'ru:nə
Runeberg *schwed.* ˌrʉ:nəbærj
Rung *dän.* rɔŋ'
Runge 'rʊŋə
Rungholt 'rʊŋhɔlt
Rungsted *dän.* 'rɔŋsdɛð
Runhild 'ru:nhɪlt
runisch 'ru:nɪʃ
Runius *schwed.* 'rʉ:niʊs
Runkel[rübe] 'rʊŋkl̩[ry:bə]
Runkelstein 'rʊŋkl̩ʃtai̯n
Runkle *engl.* rʌŋkl
runksen 'rʊŋksn̩
Runnymede *engl.* 'rʌnɪmi:d
Runologe runo'lo:gə
Runologie runolo'gi:
Runs rʊns, **-e** 'rʊnzə
Runse 'rʊnzə
Runsten *schwed.* ˌrʊnste:n
'runter 'rʊntɐ
Rünthe 'rʏntə
Runyon *engl.* 'rʌnjən
Runzel 'rʊntsl̩
runz[e]lig 'rʊnts[ə]lɪç, **-e** ...ɪgə
runzeln 'rʊntsl̩n
Ruodi 'ru:ɔdi
Ruodlieb 'ru:ɔtli:p
Ruolz *fr.* rɥɔls
Ruotger 'ru:ɔtgɛr, ...gɐ
Rupea *rumän.* 'rupe̯a

Rupel *niederl.* 'ry:pəl
Rüpel 'ry:pl̩
Rüpelei ry:pə'lai̯
Rupelien rype'li̯ɛ̃:
Rupelmonde *niederl.* ry:pəl'mɔndə
Rupert 'ru:pɛrt, *engl.* 'ru:pət
Ruperta ru'pɛrta
Rupertiwinkel ru'pɛrtivɪŋkl̩
Rupertus ru'pɛrtʊs
rupfen, R... 'rʊpfn̩
Rupff rʊpf
Rupia 'ru:pi̯a, **...ien** ...i̯ən
Rupiah 'ru:pi̯a
Rupie 'ru:pi̯ə
Rupperswil rʊpɐs'vi:l
ruppig 'rʊpɪç, **-e** ...ɪgə
Ruppin rʊ'pi:n
Ruppisch 'rʊpɪʃ
Rupprecht 'rʊprɛçt
Ruprecht 'ru:prɛçt
Rupsch rʊpʃ
Ruptur rʊp'tu:ɐ̯
Rur ru:ɐ̯
rural ru'ra:l
Rurik 'ru:rɪk
Rus, Rus' *russ.* rusj
Rusa, Ruza *russ.* 'ruzɐ
Rusajewka, Ruzaevka *russ.* ru'zajɪfkɐ
Rusalka ru'zalka, *tschech.* 'rusalka
Rusby *engl.* 'rʌzbɪ
Rusch rʊʃ
Rüsche 'ry:ʃə
Ruschel 'rʊʃl̩
ruscheln 'rʊʃl̩n
Ruschendorf 'rʊʃn̩dɔrf
Rusconi *it.* rus'ko:ni
Ruse vgl. Russe
Rush[den] *engl.* 'rʌʃ[dən]
Rush-hour *engl.* 'rʌʃ-aʊə
Rushmore *engl.* 'rʌʃmɔ:
Rushville *engl.* 'rʌʃvɪl
Rushworth *engl.* 'rʌʃwə:θ
Rusiñol *kat., span.* rrusi'ɲɔl
Rusk *engl.* rʌsk
Ruska 'rʊska
Ruskin *engl.* 'rʌskɪn
Ruslan[a] *russ.* rus'lan[ɐ]
Rusokastro vgl. Russokastro
Ruspoli *it.* 'ruspoli
Ruß ru:s, **-es** 'ru:səs
Russalka rʊ'salka
Russbach 'rʊsbax
[1]**Russe** 'rʊsə
[2]**Russe, Ruse** *bulgar.* 'rusɛ
Rüssel 'rʏsl̩
rüsselig 'rʏsəlɪç, **-e** ...ɪgə
Russel[l] *engl.* rʌsl
Russellville *engl.* 'rʌslvɪl
Rüsselsheim 'rʏsl̩shai̯m
rußen 'ru:sn̩
Rußhütte 'ru:shʏtə
Russi *it.* 'russi
Russia 'rʊsi̯a
rußig 'ru:sɪç, **-e** ...ɪgə
russisch 'rʊsɪʃ

Rußland 'rʊslant
rüßlig 'rʏslɪç, **-e** ...ɪgə
Russo *it.* 'russo, *rumän.* 'ruso
Russokastro, Rusokastro *bulgar.* ruso'kastro
Russolo *it.* 'russolo
Rust[an] 'rʊst[an]
Rustawi, Rustavi *russ.* rus'tavi
Rüste 'rʏstə
Rüstem *türk.* rys'tɛm
rüsten 'rʏstn̩
Rustenburg *engl.* 'rʌstənbə:g
Rüster 'ry:stɐ
rüstern 'ry:stɐn
rüstig 'rʏstɪç, **-e** ...ɪgə
Rustigello *it.* rusti'dʒɛllo
rustik rʊs'ti:k
Rustika 'rʊstika
rustikal rʊsti'ka:l
Rustikation rʊstika'ts̮i̯o:n
Rustikus 'rʊstikʊs; **-se** ...ʊsə, **...izi** ...itsi
Rustizität rʊstitsi'tɛ:t
Ruston *engl.* 'rʌstən
Rustow 'rʊsto
Rüstow 'rʏsto
Rüstringen 'rʏstrɪŋən
Rustschuk 'rʊstʃʊk
Rüstung 'rʏstʊŋ
Rusty *engl.* 'rʌstɪ
[1]**Rute** 'ru:tə
[2]**Rute** (Name) *span.* 'rrute
Rutebeuf *fr.* ryt'bœf
Rutgers *engl.* 'rʌtgəz
Ruth ru:t, *engl.* ru:θ
Ruthard 'ru:thart
Rüthen 'ry:tn̩
Ruthene ru'te:nə
ruthenisch ru'te:nɪʃ
Ruthenium ru'te:ni̯ʊm
Rutherford, ...furd *engl.* 'rʌðəfəd
Rutherfordium razɐ'fɔrdi̯ʊm
Rutherglen *engl.* 'rʌðəglɛn
Ruthild 'ru:thɪlt
Ruthilde ru:t'hɪldə
Ruths ru:ts
Ruthven *engl.* 'ru:θvən, 'rɪvən
Rüti 'ry:ti
Rutigliano *it.* rutiʎ'ʎa:no
Rutil ru'ti:l
Rutilismus ruti'lɪsmʊs
Rütimeyer 'ry:timai̯ɐ
Rutin[e] ru'ti:n[ə]
Rutkowski, Rutkovskij *russ.* rut'kɔfskij
Rutland *engl.* 'rʌtlənd
Rutledge *engl.* 'rʌtlɪdʒ
Rütli 'ry:tli
rutsch!, Rutsch rʊtʃ
Rutsche 'rʊtʃə
rutschen 'rʊtʃn̩
rutschig 'rʊtʃɪç, **-e** ...ɪgə
Rutte 'rʊtə
rütteln 'rʏtl̩n
Rutten *niederl.* 'rʏtə
Rütten[scheid] 'rʏtn̩[ʃai̯t]
Rutter *engl.* 'rʌtə

Rüttstroh 'rʏtʃtro:
Rutuler 'ru:tulɐ
Rutz rʊts
Rützow 'rʏtso
Ruurlo *niederl.* 'ry:rlo:
Ruusbroec *niederl.* 'ry:zbru:k
Ruvigliana *it.* ruviʎ'ʎa:na
Ruvo *it.* 'ru:vo
Ruwenzori ruvɛn'zo:ri
Ruwer 'ru:vɐ
Ruy *span.* rrui̯
Ruyra *kat.* 'rrui̯rə
Ruys *niederl.* rœi̯s
Ruysbroeck *niederl.* 'rœi̯zbru:k
Ruysch *niederl.* rœi̯s
Ruysdael *niederl.* 'rœi̯zda:l
Ruysum 'rɔyzʊm
Ruyter *niederl.* 'rœi̯tər
Ruz *span.* rruθ
Ruza vgl. Rusa
Ruzaevka vgl. Rusajewka
Ružička 'ru:ʒɪtʃka
Ružomberok *slowak.* 'ruʒɔmbɛrɔk
Ruzyně *tschech.* 'ruzinjɛ
Ruzzante *it.* rud'dzante
Rwanda 'ru̯anda
Ryan *engl.* 'raɪən
Rybak *russ.* rɨ'bak
Rybakow, Rybakov *russ.* rɨba'kɔf
Rybinsk *russ.* 'rɨbinsk
Rybnik *poln.* 'rɨbnik
Rybník *tschech.* 'ribnji:k
Rybniza, Rybnica *russ.* 'rɨbnitsɐ
Rychner 'ri:çnɐ
Rychnov *tschech.* 'rixnɔf
Rychwał *poln.* 'rɨxfau̯
Ryckaert *niederl.* 'rɛi̯ka:rt
Rydal *schwed.* ry'dɑ:l
Rydberg *schwed.* ˌry:dbærj
Ryde[r] *engl.* 'raɪd[ə]
Rydułtowy *poln.* rɨduu̯'tɔvɨ
Rydz *poln.* rɨts
Rydzyna *poln.* rɨ'dzɨna
Rye[rson] *engl.* 'raɪ[əsn]
Ryfylke *norw.* 'ry:fylkə
Rygård *dän.* r̃y'gɔ:'r
Ryki[n] *poln.* 'rɨki[n]
Rykow, Rykov *russ.* 'rɨkɐf
Ryland[s] *engl.* 'raɪlənd[z]
Rylejew, Ryleev *russ.* rɨ'ljejɪf
Ryley *engl.* 'raɪlɪ
Rylsk[i], Ryl'sk[ij] *russ.* 'rɨljskij
Rymanów *poln.* rɨ'manuf
Rymanowicz *poln.* rɨma'nɔvitʃ
Rýmařov *tschech.* 'ri:marʒɔf
Rymer *engl.* 'raɪmə
Ryn *niederl.* rɛi̯n, *poln.* rɨn
Rynda *russ.* 'rɨndɐ
Rysanek 'ri:zanɛk, 'ry:...
Ryskind *engl.* 'rɪskɪnd
Rysselberghe *niederl.* 'rɛi̯səlbɛrxə
Rysy *poln.* 'rɨsɨ
Ryti *finn.* 'ryti
Ryton *engl.* raɪtn

Rytterknægten *dän.* 'rydərknɛgdən
Rzępin *poln.* 'ʒɛpin
Rzeszów *poln.* 'ʒɛʃuf
Rżev vgl. Rschew
Rzewuski *poln.* ʒɛ'vuski

S

s, S *dt., engl., fr.* ɛs
σ, ς, Σ 'zɪgma
Sá *port., bras.* sa
SA ɛs'|a:
Saab Ⓦ za:p
Saadi 'za:di, *pers.* sæ''di:
Saal za:l, **Säle** 'zɛ:lə
Saalach 'za:lax
Saalburg 'za:lbʊrk
Saale 'za:lə
Saalfeld 'za:lfɛlt
Saalfelden za:l'fɛldn̩
Saalhoff 'za:lhɔf
Saane[n] 'za:nə[n]
Saanenmöser za:nən'mø:zɐ
Saar za:ɐ̯
Saarbrücken za:ɐ̯'brʏkn̩
Saarburg 'za:ɐ̯bʊrk
Saarfels 'za:ɐ̯fɛls
Saargemünd za:ɐ̯gə'mʏnt
Saarhölzbach za:ɐ̯'hœltsbax
Saari[nen] *finn.* 'sɑ:ri[nɛn]
Saariselkä *finn.* 'sɑ:risɛlkæ
Saarland 'za:ɐ̯lant
saarländisch 'za:ɐ̯lɛndɪʃ
Saarlouis za:ɐ̯'lʊi, **-er** ...ʊiɐ
Saarmund 'za:ɐ̯mʊnt
Saarow 'za:ro
Saarpfalz 'za:ɐ̯pfalts
Saarwellingen za:ɐ̯'vɛlɪŋən
Saas Fee za:s'fe:
Saastal 'za:sta:l
Saat za:t
Saatzig 'za:tsɪç
Saavedra *span.* saa'βeðra
Saaz[er] 'za:ts[ɐ]
Sab za:p, *pers.* zɑ:b
Saba 'za:ba, *it.* 'sa:ba
Sababurg 'za:babʊrk
Šabac *serbokr.* 'ʃabats
Sabadell *span.* saβa'ðɛl
Sabadill[e] zaba'dɪl[ə]
Sabäer za'bɛ:ɐ
Sabäismus zabɛ'ɪsmʊs
Sabalan *pers.* sæbæ'lɑ:n
Sabanalarga *span.* saβana'larɣa
Sabang *indon.* 'sabaŋ
Sabaoth 'za:baɔt
Sabará *bras.* saba'ra
Sabas 'za:bas
Sabata *it.* 'sa:bata
Sabatai zaba'tai̯
Sabatier *fr.* saba'tje
Sabatini *it.* saba'ti:ni, *engl.* sæbə'ti:nɪ
Sabaudia *it.* sa'ba:u̯di̯a
Sabazios za'ba:tsi̯ɔs
Sabbat 'zabat
Sabbatai zaba'tai̯
Sabbatarier zaba'ta:ri̯ɐ
Sabbatini *it.* sabba'ti:ni
Sabbatist zaba'tɪst
Sabbe *niederl.* 'sɑbə
Sabbel 'zabl̩
sabbeln 'zabl̩n, **sabble** 'zablə
Sabber 'zabɐ
sabbern 'zabɐn, **sabbre** 'zabrə
Säbel 'zɛ:bl̩
säbeln 'zɛ:bl̩n, **säble** 'zɛ:blə
Sabeller za'bɛlɐ
Sabellicus za'bɛlikʊs
Sabena za'be:na, *fr.* sabe'na
Sabin *engl.* 'seɪbɪn, 'sæbɪn
Sabina za'bi:na, *it.* sa..., *tschech.* 'sabina
Sabiñánigo *span.* saβi'ɲaniɣo
Sabinas *span.* sa'βinas
[1]**Sabine** (Personenname) za'bi:nə, *engl.* 'sæbaɪn, ...bɪn
[2]**Sabine** (erdk. Name) *engl.* sə'bi:n
Sabiner za'bi:nɐ
Sabinianus zabi'ni̯a:nʊs
sabinisch za'bi:nɪʃ
Sabinismus zabi'nɪsmʊs
Sabinus za'bi:nʊs
Sabiona *it.* sa'bi̯o:na
Säbisch 'zɛ:bɪʃ
Sable *engl.* seɪbl
Sablé *fr.* sɑ'ble
Sablé-sur-Sarthe *fr.* sɑblesyr'sart
Sabor *port.* sɐ'βor
Sabotage zabo'ta:ʒə
Saboteur zabo'tø:ɐ̯
sabotieren zabo'ti:rən
Sabranie, Săbranie *bulgar.* sə'braniɛ
Sabrat, Zabrat *russ.* za'brat
Sabratha 'za:brata
Sabre *engl.* 'seɪbə
Sabrina za'bri:na
Sabrosa *port.* sɐ'βrɔza
Sabuco *span.* sa'βuko
Sabugal *port.* sɐβu'ɣal
Sabugosa *port.* sɐβu'ɣɔzɐ
Sabul *pers.* zɑ'bol
Sabunde *span.* sa'βunde
Saburow, Saburov *russ.* sa'burɐf
Sæby *dän.* 'sɛ:by:'
Sacaba *span.* sa'kaβa
Sacanell *span.* saka'nɛl
Sacavém *port.* sɐkɐ'vɐ̃i̯
Saccharase zaxa'ra:zə
Saccharat zaxa'ra:t
Saccharimeter zaxari'me:tɐ
Saccharimetrie zaxarime'tri:
Saccharin zaxa'ri:n
Saccharomyzeten zaxaromy'tse:tn̩
Saccharose zaxa'ro:zə
Saccharum 'zaxarʊm, **...ra** ...ra
Sacchetti *it.* sak'ketti
Sacchi *it.* 'sakki
Sacchini *it.* sak'ki:ni
Saccopastore *it.* sakkopas'to:re
Săcele *rumän.* sə'tʃele
sacerdotal zatsɛrdo'ta:l
Sachalin, Sahalin zaxa'li:n, *russ.* sɐxa'lin
Sachar, Zahar *russ.* za'xar
Sacharase zaxa'ra:zə
Sacharat zaxa'rat
Sachari, Zaharij *russ.* za'xarij
Sachariew, Zahariev *bulgar.* za'xariɛf
Sacharija, Zaharija *russ.* za'xarijɐ
Sacharimeter zaxari'me:tɐ
Sacharimetrie zaxarime'tri:
Sacharin zaxa'ri:n
Sacharja za'xarja
Sacharjewitsch, Zahar'evič *russ.* za'xarjɪvitʃ
Sacharjewna, Zahar'evna *russ.* za'xarjɪvnɐ
Sacharomyzeten zaxaromy'tse:tn̩
Sacharose zaxa'ro:zə
Sacharow, Saharov (Physiker) *russ.* 'saxɐrɐf
Sacharow, Zaharov *russ.* za'xarɐf
Sacharum 'zaxarʊm, **...ra** ...ra
Sachau 'zaxau̯
Sache 'zaxə
Sächelchen 'zɛçl̩çən
Sacher 'zaxɐ
Sacheverell *engl.* sə'ʃɛvərəl
sachlich 'zaxlɪç
sächlich 'zɛçlɪç
Sachmet 'zaxmɛt
Sachrang 'zaxraŋ
Sachs[a] 'zaks[a]
Sachse 'zaksə
Sachseln 'zaksl̩n
sächseln 'zɛksl̩n
Sachsen 'zaksn̩
Sachsenberg 'zaksn̩bɛrk
Sachsenburg 'zaksn̩bʊrk
Sachsenhausen zaksn̩'hau̯zn̩
Sachsenheim 'zaksn̩hai̯m
Sachsenkam 'zaksn̩kam
Sachsenwald 'zaksn̩valt
sächsisch 'zɛksɪʃ
Sachso 'zakso
sacht zaxt
sachtchen 'zaxtçən
sachte 'zaxtə
Šachty vgl. Schachty
Saci *fr.* sa'si
Sacile *it.* sa'tʃi:le
Šack vgl. Schazk
Sack zak, **Säcke** 'zɛkə
Sacka 'zaka
Säckel 'zɛkl̩
säckeln 'zɛkl̩n
sacken 'zakn̩
säcken 'zɛkn̩
sackerlot! zakɐ'lo:t

sackermẹnt! zakɐ'mɛnt
sạckgrob 'zak'gro:p
Säckingen 'zɛkɪŋən
Sạckmann 'zakman
Sackville *engl.* 'sækvɪl
Saclay *fr.* sa'klɛ
Saco *engl.* 'sɔ:koʊ
Saconnẹx *fr.* sakɔ'nɛ
Sạcra conversaziọne 'za:kra kɔnvɛrza'tsi̯o:nə
Sacramẹnto *engl.* sækrə'mɛntoʊ, *bras.* sakrɐ'mentu
Sacré-Cœur *fr.* sakre'kœ:r
Sacrifịcium intellẹctus zakri'fi:tsi̯ʊm ɪntɛ'lɛktʊs
Sạcro Bọsco 'za:kro 'bɔsko
Sạcro egoịsmo 'za:kro ego'ɪsmo
Sạcrow 'za:kro
Sacy *fr.* sa'si
Sá da Bandeira *port.* 'sa ðɐ βɐn'dɐi̯rɐ
Sạdang *indon.* 'sadaŋ
Sadạt za'da:t
Saddleworth *engl.* 'sædlwə:θ
Sadduzäer zadu'tsɛ:ɐ
Sạde *fr.* sad
Sạdebaum 'za:dəbau̯m
Sạdeler *niederl.* 'sa:dələr
Sá de Mirạnda *port.* 'sa ðə mi'rɐndɐ
Sạdhu 'za:du
Sadị *fr.* sa'di
Sạ'di 'za:di, *pers.* sæ''di:
Sạdira 'za:dira
Sadịsmus za'dɪsmʊs
Sadịst za'dɪst
Sadle[i]r *engl.* 'sædlə
Sạdko 'zatko, *russ.* sat'kɔ
Sạdnig 'zatnɪç
Sạdo *port.* 'saðu
Sadolẹto *it.* sado'le:to
Sadomasochịsmus zadomazɔ'xɪsmʊs
sadomasochịstisch zadomazɔ'xɪstɪʃ
Sadọn *russ.* sa'dɔn
Sadọnsk, Zadonsk *russ.* za'dɔnsk
Sạdová *tschech.* 'sadɔva:
Sadoveạnu *rumän.* sado'vẹanu
Sadowa 'zadova, za'do:va
Sadọwski, Sadovskij *russ.* sa'dɔfskij
Šadrinsk vgl. Schadrinsk
Sạdská *tschech.* 'satska:
Sä̤dvajaure *schwed.* 'sɛdvajau̯rə
sä̤en 'zɛ:ən
Saenredam *niederl.* 'sa:nrədɑm
Sáenz *span.* 'saenθ
Sä̤er 'zɛ:ɐ
Saerbeck 'za:ɐ̯bɛk
Saeul zɔy̆l
safaịtisch zafa'i:tɪʃ
Safạri za'fa:ri
Šạfařík *tschech.* 'ʃafarʒi:k
safatẹnisch zafa'te:nɪʃ
Safawịde zafa'wi:də
Safe ze:f, *engl.* seɪf
Sạfed 'za:fɛt
Saffarịde zafa'ri:də
Saffẹll *engl.* sə'fɛl
Sạffi 'zafi
Sạffian 'zafi̯an, ...i̯a:n
Sä̤ffle *schwed.* ˌsɛflə
Safford *engl.* 'sæfəd
Saffron Walden *engl.* 'sæfrən 'wɔ:ldən
Safị *fr.* sa'fi
Safid-Kụh *pers.* sæfid'ku:h
Sạfien 'za:fi̯ən
Saflọr za'flo:ɐ̯
Safọnow, Safonov *russ.* sa'fɔnɐf
Sạfran 'zafran, ...ra:n
Šafranovo vgl. Schafranowo
Sạft zaft, **Sä̤fte** 'zɛftə
sạftig 'zaftɪç, **-e** ...ɪgə
Sạftleven *niederl.* 'sɑftle:və
Saga 'za[:]ga
Sạgan 'za:gan, *fr.* sa'gã
Sagån *schwed.* ˌsɑ:go:n
Sagạrra *kat.* sə'ɣarrə
Sagạsta *span.* sa'ɣasta
Sagazitä̤t zagatsi'tɛ:t
[1]**Sạge** 'za:gə
[2]**Sage** (Name) *engl.* seɪdʒ
Sä̤ge 'zɛ:gə
sạgen 'za:gn̩, **sạg**! za:k, **sạgt** za:kt
sä̤gen 'zɛ:gn̩, **sä̤g**! zɛ:k, **sä̤gt** zɛ:kt
Sạger 'za:gɐ
Sä̤ger 'zɛ:gɐ
Sägerei zɛ:gə'rai̯
Sạgeritz 'za:gərɪts
Sághegy *ung.* 'ʃa:khɛdj
Saginaw *engl.* 'sægɪnɔ:
Šaginjan vgl. Schaginjan
Sagịs, Sagiz *russ.* sa'gis
sagittạl zagɪ'ta:l
Sạgo 'za:go
Šagonar vgl. Schagonar
Sagọrsk, Zagorsk *russ.* za'gɔrsk
Sagọskin, Zagoskin *russ.* za'gɔskin
Sạgra *span.* 'saɣra
Sagrạdarinde za'gra:darɪndə
Sagrẹra *span.* sa'ɣrera
Sạgres *port.* 'saɣrɪʃ
Sagrọs *pers.* zɑg'ros
Sạgua *span.* 'saɣu̯a
Saguẹrzucker za'gu̯e:ɐ̯tsʊkɐ
Sagum 'za:gʊm, 'zagʊm; **...ga** ...ga
Sagụnt za'gʊnt
Sagụnto *span.* sa'ɣunto
Ságvár *ung.* 'ʃa:gva:r
sạh za:
Sahagún *span.* saa'ɣun
Sahalin vgl. Sachalin
Sahand *pers.* sæ'hænd
Sahara za'ha:ra, *auch:* 'za:hara, *fr.* saa'ra
Sahạra Occidentạl *span.* sa'ara ɔkθiden'tal
sä̤he 'zɛ:ə
Sahịa *rumän.* sa'çia
Sạhib 'za:hɪp
Sạhl[i] 'za:l[i]
Sạhm za:m
Šahmatov vgl. Schachmatow
Sạhne 'za:nə
sạhnen 'za:nən
sạhnig 'za:nɪç, **-e** ...ɪgə
Šahovskoj vgl. Schachowskoi
Šahrizjabz vgl. Schachrisjabs
Šahun'ja vgl. Schachunja
Sahurẹ zahu're:
Saibling 'zai̯plɪŋ
Saịd *türk.* sɑ'it
Saida 'zai̯da
Saïdạ *fr.* sai'da
Saidenbach 'zai̯dn̩bax
Saiga 'zai̯ga
Saignelégiẹr *fr.* sɛɲle'ʒje
Saigon 'zai̯gɔn, *auch:* –'–
Saïgon *fr.* sai'gõ
Saiko 'zai̯ko
Sailer 'zai̯lɐ
Saillant *fr.* sa'jã
Sạimaa *finn.* 'sɑi̯mɑ:
Sainẹte zai̯'nɛtə
Saint-Acheul *fr.* sɛ̃ta'ʃœl
Saint-Affrịque *fr.* sɛ̃ta'frik
Saint Albans *engl.* snt'ɔ:lbənz
Saint-Amand *fr.* sɛ̃ta'mã
Saint-Amand-les-Eaux *fr.* sɛ̃tamãle'zo
Saint-Amand-Mont-Rond *fr.* sɛ̃tamãmõ'rõ
Saint-Amant *fr.* sɛ̃ta'mã
Saint-Amour *fr.* sɛ̃ta'mu:r
Saint-André *fr.* sɛ̃tã'dre
Saint Andrews *engl.* snt'ændru:z
Saint-Arnaud *fr.* sɛ̃tar'no
Saint-Aubin *fr.* sɛ̃to'bɛ̃
Saint Augustine *engl.* snt'ɔ:gəsti:n
Saint Austell *engl.* snt'ɔ:stl
Saint-Avọld *fr.* sɛ̃ta'vɔl
Saint-Barthélemy *fr.* sɛ̃bartel'mi
Saint Bernard *engl.* snt'bə:nəd
Saint-Blaise *fr.* sɛ̃'blɛ:z
Saint Bọniface *engl.* snt'bɔnɪfeɪs
Saint-Brévin-les-Pins *fr.* sɛ̃brevɛ̃le'pɛ̃
Saint-Brieuc *fr.* sɛ̃bri'ø
Saint Catharines *engl.* snt'kæθərɪnz
Saint-Chamond *fr.* sɛ̃ʃa'mõ
Saint Chrịstopher *engl.* snt'krɪstəfə
Saint Clair *engl.* snt'klɛə
Saint Clair Shọres *engl.* snt'klɛə 'ʃɔ:z
Saint-Claude *fr.* sɛ̃'klo:d
Saint Cloud (USA) *engl.* snt'klaʊd

Saint-Cloud *fr.* sɛ̃'klu
Saint Crọix *engl.* snt'krɔɪ
Saint-Cyr *fr.* sɛ̃'si:r
Saint-Cyr-l'Ecọle *fr.* sɛ̃sirle'kɔl
Saint David's *engl.* snt'deɪvɪdz
Saint-Denịs *fr.* sɛ̃d'ni
Saint-Denis-du-Sịg *fr.* sɛ̃dnidy'sig
Saint-Dié *fr.* sɛ̃'dje
Saint-Dizịer *fr.* sɛ̃di'zje
Sainte-Adrẹsse *fr.* sɛ̃ta'drɛs
Sainte-Agathe-des-Monts *fr.* sɛ̃tagatde'mõ
Sainte-Anne *fr.* sɛ̃'tɑ:n
Sainte-Aulaire *fr.* sɛ̃to'lɛ:r
Sainte-Beuve *fr.* sɛ̃t'bœ:v
Sainte-Claire-Devịlle *fr.* sɛ̃tklɛrdə'vil
Sainte-Croix *fr.* sɛ̃t'krwa
Sainte-Foy *fr.* sɛ̃t'fwa
Sainte-Geneviève-des-Bois *fr.* sɛ̃tʒənvjɛvde'bwa
Saint Elias *engl.* sntɪ'laɪəs
Saint-Éloy-les-Mịnes *fr.* sɛ̃telwale'min
Sainte-Lucie *fr.* sɛ̃tly'si
Sainte-Marie *fr.* sɛ̃tma'ri
Sainte-Mạrthe *fr.* sɛ̃t'mart
Sainte-Odịle *fr.* sɛ̃tɔ'dil
Sainte-Palaye *fr.* sɛ̃tpa'lɛ
Saintes *fr.* sɛ̃:t
Sainte-Savịne *fr.* sɛ̃tsa'vin
Sainte-Sévère-sur-Indre *fr.* sɛ̃tsevɛrsy'rɛ̃:dr
Saintes-Maries-de-la-Mẹr *fr.* sɛ̃tmaridla'mɛ:r
Saint-Esprịt *fr.* sɛ̃tɛs'pri
Saint-Estèphe *fr.* sɛ̃tɛs'tɛf
Sainte-Suzạnne *fr.* sɛ̃tsy'zan
Sainte-Thérèse *fr.* sɛ̃tte'rɛ:z
Saint-Étiẹnne *fr.* sɛ̃te'tjɛn
Saint-Étienne-du-Rouvray *fr.* sɛ̃tetjɛndyru'vrɛ
Saint-Eugène *fr.* sɛ̃tø'ʒɛn
Saint-Évremond *fr.* sɛ̃tevrə'mõ
Saint-Exupéry *fr.* sɛ̃tɛgzype'ri
Saint-Flour *fr.* sɛ̃'flu:r
Saint-Fons *fr.* sɛ̃'fõ
Saint Frạncis *engl.* snt'frɑ:nsɪs
Saint-François *fr.* sɛ̃frɑ̃'swa
Saint-Gaudens *fr.* sɛ̃go'dɛ̃:s
Saint-Gelais *fr.* sɛ̃'ʒlɛ
Saint-Genest-Lẹrpt *fr.* sɛ̃ʒnɛ'lɛrpt
Saint-Genis-Lavạl *fr.* sɛ̃ʒnila'val
Saint Geọrge *engl.* snt'dʒɔ:dʒ
Saint-Geọrges *fr.* sɛ̃'ʒɔrʒ
Saint-Georges de Bouhéliẹr *fr.* sɛ̃ʒɔrʒdəbue'lje
Saint-Germain *fr.* sɛ̃ʒɛr'mɛ̃
Saint-Germain-des-Prés *fr.* sɛ̃ʒɛrmɛ̃de'pre
Saint-Germain-en-Laye *fr.* sɛ̃ʒɛrmɛ̃ɑ̃'lɛ
Saint-Ghislain *fr.* sɛ̃gi'lɛ̃
Saint-Gịlles *fr.* sɛ̃'ʒil
Saint-Gilloise *fr.* sɛ̃ʒi'lwa:z
Saint-Gingọlph *fr.* sɛ̃ʒɛ̃'gɔlf
Saint-Girons *fr.* sɛ̃ʒi'rõ
Saint-Gobain *fr.* sɛ̃gɔ'bɛ̃
Saint-Gratien *fr.* sɛ̃gra'sjɛ̃
Saint Helena (Insel) *engl.* sɛntɪ'li:nə
Saint Hẹlens *engl.* snt'hɛlɪnz
Saint Hẹlier *engl.* snt'hɛljə
Saint-Héliẹr *fr.* sɛ̃te'lje
Saint-Herblain *fr.* sɛ̃tɛr'blɛ̃
Saint-Hilaire *fr.* sɛ̃ti'lɛ:r
Saint-Hubẹrt *fr.* sɛ̃ty'bɛ:r
Saint Hyacinthe *fr.* sɛ̃tja'sɛ̃:t, *engl.* snt'haɪəsɪnθ
Saint-Imiẹr *fr.* sɛ̃ti'mje
Saint Ives *engl.* snt'aɪvz
Saint-Jean *fr.* sɛ̃'ʒɑ̃
Saint-Jean-d'Angély *fr.* sɛ̃ʒɑ̃dɑ̃ʒe'li
Saint-Jean-de-Luz *fr.* sɛ̃ʒɑ̃'dly:z
Saint-Jean-de-Mauriẹnne *fr.* sɛ̃ʒɑ̃dmɔ'rjɛn
Saint-Jérôme *fr.* sɛ̃ʒe'ro:m
Saint Jọhn *engl.* snt'dʒɔn
Saint-John Pẹrse *fr.* sɛ̃dʒɔn'pɛrs
Saint Jọhns, - Jọhn's *engl.* snt'dʒɔnz
Saint Jọhnsbury *engl.* snt'dʒɔnzbərɪ
Saint Joseph *engl.* snt'dʒoʊzɪf
Saint-Josẹph *fr.* sɛ̃ʒo'zɛf
Saint-Jọsse *fr.* sɛ̃'ʒɔs
Saint-Just *fr.* sɛ̃'ʒyst
Saint Kịlda *engl.* snt'kɪldə
Saint Kịtts *engl.* snt'kɪts
Saint Lambert *engl.* snt'læmbət
Saint-Lambẹrt *fr.* sɛ̃lɑ̃'bɛ:r
Saint Laurent, Saint-Laurent *fr.* sɛ̃lɔ'rɑ̃
Saint Lawrence *engl.* snt'lɔrəns
Saint-Léonard-de-Noblạt *fr.* sɛ̃leɔnardənɔ'bla
Saint-Leu *fr.* sɛ̃'lø
Saint-Lô *fr.* sɛ̃'lo
Saint Louis *engl.* snt'lʊɪs
Saint-Louịs *fr.* sɛ̃'lwi
Saint Lụcia *engl.* snt'lu:ʃə
Saint-Maixent-l'Écọle *fr.* sɛ̃mɛksɑ̃le'kɔl
Saint-Malọ *fr.* sɛ̃mɑ'lo
Saint-Mandé *fr.* sɛ̃mɑ̃'de
Saint-Mạrc *fr.* sɛ̃'mark
Saint-Marcẹt *fr.* sɛ̃mar'sɛ
Saint-Marc Girardin *fr.* sɛ̃marʒirar'dɛ̃
Saint Mạrtin *engl.* snt'mɑ:tɪn
Saint-Martin *fr.* sɛ̃mar'tɛ̃
Saint-Martin-d'Hères *fr.* sɛ̃martɛ̃'dɛ:r
Saint Mạrtinville *engl.* snt'mɑ:tɪnvɪl
Saint Marylebone *engl.* snt'mærələbən
Saint Mary[s] *engl.* snt'mɛərɪ[z]
Saint-Maur-des-Fossés *fr.* sɛ̃mɔrdefo'se
Saint Maurice *engl.* snt'mɔrɪs
Saint-Maurịce *fr.* sɛ̃mɔ'ris
Saint-Mạx *fr.* sɛ̃'maks
Saint-Médard-en-Jạlles *fr.* sɛ̃medarɑ̃'ʒal
Saint Michẹl, Saint-Michẹl *fr.* sɛ̃mi'ʃɛl
Saint-Mihiẹl *fr.* sɛ̃mi'jɛl, sɛ̃'mjɛl
Saint-Nazaire *fr.* sɛ̃na'zɛ:r
Saint-Nicolạs *fr.* sɛ̃nikɔ'lɑ
Saint-Omẹr *fr.* sɛ̃tɔ'mɛ:r
Saintonge *fr.* sɛ̃'tõ:ʒ
Saint-Ouen (Paris) *fr.* sɛ̃'twɛ̃
Saint-Ouen-l'Aumône *fr.* sɛ̃twɑ̃lo'mo:n
Saint Pancras *engl.* snt'pæŋkrəs
Saint-Paul *fr.* sɛ̃'pɔl
Saint Paul['s] *engl.* snt'pɔ:l[z]
Saint Peters[burg] *engl.* snt'pi:təz[bə:g]
Saint-Piẹrre *fr.* sɛ̃'pjɛ:r
Saint-Pọl *fr.* sɛ̃'pɔl
Saint-Pol-sur-Ternoise *fr.* sɛ̃pɔlsyrtɛr'nwa:z
Saint-Priest *fr.* sɛ̃'pri[st]
Saint-Privạt *fr.* sɛ̃pri'va
Saint-Quentin *fr.* sɛ̃kɑ̃'tɛ̃
Saintrạilles *fr.* sɛ̃'trɑ:j
Saint-Raphaël *fr.* sɛ̃rafa'ɛl
Saint-Réạl *fr.* sɛ̃re'al
Saint-Rémy-de-Provence *fr.* sɛ̃remidprɔ'vɑ̃:s
Saint-Saëns *fr.* sɛ̃'sɑ̃:s
Saintsbury *engl.* 'seɪntsbərɪ
Saint-Sébastien-sur-Loire *fr.* sɛ̃sebastjɛ̃syr'lwa:r
Saint-Servais *fr.* sɛ̃sɛr'vɛ
Saint-Servan-sur-Mẹr *fr.* sɛ̃sɛrvɑ̃syr'mɛ:r
Saint-Simon *fr.* sɛ̃si'mõ
Saint-Simonịsmus zɛ̃simo'nɪsmʊs
Saint-Simonịst zɛ̃simo'nɪst
Saint-Sorlin *fr.* sɛ̃sɔr'lɛ̃
Saint-Sulpịce *fr.* sɛ̃syl'pis
Saint Thọmas *engl.* snt'tɔməs
Saint-Trond *fr.* sɛ̃'trõ
Saint-Tropẹz *fr.* sɛ̃trɔ'pe
Saint-Valliẹr *fr.* sɛ̃va'lje
Saint-Véran *fr.* sɛ̃ve'rɑ̃
Saint-Victọr *fr.* sɛ̃vik'tɔ:r
Saint Vịncent *engl.* snt'vɪnsənt
Saint-Vincent *fr.* sɛ̃vɛ̃'sɑ̃
Saint-Yrieix-la-Pẹrche *fr.* sɛ̃tirjela'pɛrʃ
Saipan 'zai̯pan *engl.* saɪ'pɑ:n
Sais 'za:ɪs
Saison zɛ'zõ:, *auch:* zɛ'zɔŋ; *fr.* sɛ'zõ; **-en** zɛ'zo:nən
saisonạl zɛzo'na:l
Saison mọrte *fr.* sɛzõ'mɔrt
Saissạn, Zajsan *russ.* zaj'san
[1]**Saite** 'zaitə
[2]**Saite** (Mitgl. einer ägypt. Dynastie) za'i:tə

Sajzew, Zajcev *russ.* 'zajtsəf
Sajama *span.* sa'xama
Sajane za'ja:nə
Sajanow, Sajanov *russ.* sa'janɐf
Sajarks, Zajarsk *russ.* za'jarsk
Sajnovics *ung.* 'ʃɔjnovitʃ
Sajó[püspöki] *ung.* 'ʃɔjo:[pyʃpøki]
Sajószentpéter *ung.* 'ʃɔjo:sɛntpe:tɛr
Sajószöged *ung.* 'ʃɔjo:søgɛd
Sak, Zak *russ.* zak
Sakalave zaka'la:və
Sakarya *türk.* sɑ'kɑrjɑ
Sakata za'ka:ta
Sakcinski *serbokr.* sak'tsinski:
Sake 'za:kə
Saki 'za:ki, *russ.* 'saki, *engl.* 'sɑ:kɪ
sakisch 'za:kɪʃ
sakkadiert zaka'di:ɐ̯t
Sakkara za'ka:ra
Sakko 'zako
Sakmara *russ.* sak'marɐ
sakra! 'zakra
sakral za'kra:l
Sakrament zakra'mɛnt
sakramental zakramɛn'ta:l
Sakramentalien zakramɛn'ta:li̯ən
Sakramentar zakramɛn'ta:ɐ̯
Sakramentierer zakramɛn'ti:rɐ
Sakrarium za'kra:ri̯ʊm, **...ien** ...i̯ən
sakrieren za'kri:rən
Sakrifizium zakri'fi:tsi̯ʊm, **...ien** ...i̯ən
Sakrileg zakri'le:k, **-e** ...'le:gə
sakrilegisch zakri'le:gɪʃ
Sakrilegium zakri'le:gi̯ʊm, **...ien** ...i̯ən
sakrisch 'zakrɪʃ
Sakristan zakrɪs'ta:n
Sakristei zakrɪs'tai̯
Sakro 'zakro
Sakrodynie zakrody'ni:
sakrosankt zakro'zaŋkt
Sakse *dän.* 'sagsə
Sakskøbing *dän.* 'sagskø:'beŋ
Saksonskaja vgl. Saxonskaja
säkular zɛku'la:ɐ̯
Säkularisation zɛkulariza'tsi̯o:n
säkularisieren zɛkulari'zi:rən
Sakulin *russ.* sa'kulin
Säkulum 'zɛ:kulʊm, **...la** ...la
Sakuntala za'kʊntala
Sakuski za'kʊski
Sal *russ.* sal
Sala *engl.* 'sælə, *schwed.* ˌsɑ:la
Salaamkrämpfe za'la:mkrɛmpfə
Sala Consilina *it.* 'sa:la konsi'li:na
Salach 'za:lax
Salacrou *fr.* sala'kru
Saladillo *span.* sala'ðiʎo
Saladin 'za:ladi:n
Salado *span.* sa'laðo
Salam za'la:m
Salamanca zala'maŋka, *span.* sa..., *engl.* sælə'mæŋkə
Salamander zala'mandɐ
Salami za'la:mi
Salaminier zala'mi:ni̯ɐ
Salamis 'za:lamɪs
Salammbô *fr.* salam'bo
Salamon *ung.* 'ʃɔlɔmon
Salan *fr.* sa'lã
Salån *schwed.* ˌsɑ:lo:n
Salandra *it.* sa'landra
Salangane zalaŋ'ga:nə
Salar za'la:ɐ̯
Salär za'lɛ:ɐ̯
salarieren zala'ri:rən
Salarino zala'ri:no
Salas *span.* 'salas
Salat za'la:t
Šalata *serbokr.* ʃaˌla:ta
Salatiere zala'ti̯e:rə, ...'ti̯ɛ:rə
Salavarrieta *span.* salaβa'rri̯eta
Salaverría *span.* salaβɛ'rria
Salaverry *span.* sala'βɛrri
Salazar *port.* sɐlɐ'zar, *span.* sala'θar
Salazie *fr.* sala'zi
Salazität zalatsi'tɛ:t
Salbach 'za:lbax
Salbader zal'ba:dɐ
Salbaderei zalba:də'rai̯
salbadern zal'ba:dɐn, **salbadre** ...drə
Salband 'za:lbant, **-es** ...ndəs, **...bänder** ...bɛndɐ
Salbe 'zalbə
Salbei 'zalbai̯, *auch:* –'–
salben 'zalbn̩, **salb!** zalp, **salbt** zalpt
salbig 'zalbɪç, **-e** ...ɪgə
Salbke 'zalpkə
Salbling 'zalplɪŋ
Sälchen 'zɛ:lçən
Salchow 'zalço
Šalda *tschech.* 'ʃalda
Saldanha *port.* sal'dɐnɐ, *bras.* ...na
Saldías *span.* sal'dias
saldieren zal'di:rən
Saldo 'zaldo, **...di** ...di
Sale *engl.* seɪl, *it.* 'sa:le
Salé *fr.* sa'le
Säle vgl. Saal
Salechard, Salehard *russ.* sɐli'xart
Salem 'za:lɛm, *engl.* 'seɪləm
Salemi *it.* sa'lɛ:mi
Salep 'za:lɛp
Saleph 'za:lɛf
Salerio za'le:ri̯o, *it.* sa'lɛ:ri̯o
Salerno *it.* sa'lɛrno
Sales *fr.* sal
Saleschtschiki, Zaleščiki *russ.* za'lʲeʃtʃiki
Salesianer zale'zi̯a:nɐ
Saleske za'lɛskə
Salesl 'za:le:zl̩
Sales-manager *engl.* 'seɪlzˌmænɪdʒə
Salesmanship *engl.* 'seɪlzmənʃɪp
Sales-promoter *engl.* 'seɪlzprəˌmoʊtə
Sales-promotion *engl.* 'seɪlzprəˌmoʊʃən
Salett[e]l za'lɛtl̩
Salève *fr.* sa'lɛ:v
Salford (Lancashire) *engl.* 'sɔ:lfəd
Salgado *bras.* sal'gadu
Salgharide zalga'ri:də
Salgir *russ.* sal'gir
Salgótarján *ung.* 'ʃɔlgo:tɔrja:n
Salgueiro *bras.* sal'gei̯ru
Salicetti *fr.* salisɛ'ti
Salicin zali'tsi:n
Salicyl... zali'tsy:l...
Salier 'za:li̯ɐ
Salieri *it.* sa'li̯ɛ:ri
Salies-de-Béarn *fr.* salidbe'arn
Salimbene *it.* salim'bɛ:ne
Salimbeni *it.* salim'bɛ:ni
Salin za'li:n, *schwed.* sa'li:n
Salina *engl.* sə'laɪnə, *it.* sa'li:na, *span.* sa'lina
Salinas *engl.* sə'li:nəs, *bras.*, *span.* sa'linas, *port.* sɐ'linɐʃ
Salinator zali'na:tɔr
[1]**Saline** za'li:nə
[2]**Saline** (USA) *engl.* sə'li:n
Salinger 'za:lɪŋɐ, *engl.* 'sælɪndʒə
Salis 'za:lɪs
Salisbury *engl.* 'sɔ:lzbərɪ
salisch 'za:lɪʃ
Salish *engl.* 'seɪlɪʃ
Salivation zaliva'tsi̯o:n
Salizin zali'tsi:n
Salizylat zalitsy'la:t
Salizyl... zali'tsy:l...
Saljany, Sal'jany *russ.* salʲ'janɨ
Šaljapin vgl. Schaljapin
Salk zalk, *engl.* sɔ:lk
Salkante 'za:lkantə
Salla 'zala
Sallaumines *fr.* salo'min
Salle, de la *fr.* dəla'sal
Saller 'zalɐ
Salles-du-Gardon *fr.* saldygar'dõ
Sallet 'zalɛt
Sallie *engl.* 'sælɪ
Salling *dän.* 'saleŋ
Sallust[ius] za'lʊst[i̯ʊs]
Sallwürk 'zalvʏrk
Sally 'zali, *engl.* 'sælɪ
Salm[an] 'zalm[an]
Salmanassar zalma'nasar
Salmantizenser zalmanti'tsɛnzɐ
Salmasius zal'ma:zi̯ʊs
Salmerón *span.* salme'rɔn
Salmhofer 'zalmho:fɐ
Salmi 'zalmi
Salmiak zal'mi̯ak, *auch:* '––

Salminen *finn.* 'sɑlminɛn
Salmler 'zalmlɐ
Salmo *engl.* 'sælmoʊ
Salmon *engl.* 'sæmən
Salmonellen zalmo'nɛlən
Salmonellose zalmonɛ'lo:zə
Salmoniden zalmo'ni:dn̩
Salmünster 'za:lmʏnstɐ, –'– –
Salmrohr zalm'ro:ɐ̯
Salò *it.* sa'lɔ
Salome 'za:lome, *auch:* za'lo:mə; *engl.* sə'loʊmɪ
Salomo 'za:lomo
Salomon 'za:lomɔn, *schwed.* ˌsɑ:lɔmɔn, *fr.* salɔ'mõ
Salomón *span.* salo'mɔn
Salomonen zalo'mo:nən
salomonisch, S... zalo'mo:nɪʃ
Salomons *niederl.* 'sa:lo:mɔns
Salomvár *ung.* 'ʃɔlomva:r
Salon za'lõ:, *auch:* za'lɔŋ, za'lo:n; *fr.* sa'lõ
Salona za'lo:na
Saloniki zalo'ni:ki
Salonik[i]er zalo'ni:k[i̯]ɐ
Salonta *rumän.* sa'lonta
Saloon *engl.* sə'lu:n
Salop *engl.* 'sæləp
salopp za'lɔp
Salor *span.* sa'lɔr
Salorno *it.* sa'lorno
Salórzano *span.* sa'lɔrθano
Salouf *rät.* sa'lɔu̯f
Salpausselkä *finn.* 'sɑlpɑusselkæ
Salpen 'zalpn̩
Salpeter zal'pe:tɐ
salpet[e]rig zal'pe:t[ə]rɪç, **-e** ...ɪɡə
Salpeterung zal'pe:tərʊŋ
Salpêtrière *fr.* salpɛtri'ɛ:r
Salpikon 'zalpikɔn
Salpingitis zalpɪŋ'gi:tɪs, **...itiden** ...gi'ti:dn̩
Salpinx 'zalpɪŋks, **Salpingen** zal'pɪŋən
Salse 'zalzə
Salsk, Sal'sk *russ.* saljsk
Salso *it.* 'salso
Salt *engl.* sɔ:lt
[1]Salta (Spiel) 'zalta
[2]Salta (Name) *span.* 'salta
Saltarello zalta'rɛlo **...elli** ...ɛli
Saltash *engl.* 'sɔ:ltæʃ, –'–
saltato zal'ta:to
Saltato zal'ta:to, **...ti** ...ti
saltatorisch zalta'to:rɪʃ
Saltburn and Marske by the Sea *engl.* 'sɔ:ltbə:n ənd 'mɑ:sk baɪ ðə 'si:
Saltcoats *engl.* 'sɔ:ltkoʊts
Salten 'zaltn̩, *norw.* 'saltən
Salter *engl.* 'sɔ:ltə
Saltfjord *norw.* ˌsaltfju:r
Saltholm *dän.* 'saldhɔl'm
Saltillo *span.* sal'tiʎo
Salt Lake City *engl.* 'sɔ:lt ˌleɪk 'sɪtɪ
[1]Salto 'zalto, **...ti** ...ti
[2]Salto (Name) *span.* 'salto, *port.*, *bras.* 'saltu
Salto del Ángel *span.* 'salto ðe 'laŋxɛl
Salto mortale 'zalto mɔr'ta:lə, **...ti ...li** ...ti ...li
Salton Sea *engl.* 'sɔ:ltn 'si:
Saltonstall *engl.* 'sɔ:ltnstɔ:l
Saltowo, Saltovo *russ.* 'saltɐvɐ
Saltsjöbaden *schwed.* ˌsaltʃø:bɑ:dən
Saltstraumen *norw.* ˌsaltstrœy̆mən
Saltus 'zaltʊs, *engl.* 'sɔ:ltəs
Saltykow, Saltykov *russ.* sɐltɨ'kɔf
Salubrität zalubri'tɛ:t
Salud *span.* sa'luð
Saluen za'lu̯e:n, 'za:lu̯e:n
Salurn za'lʊrn
Salus 'za:lʊs
Salut za'lu:t
Salutati *it.* salu'ta:ti
salutieren zalu'ti:rən
Salutismus zalu'tɪsmʊs
Salutist zalu'tɪst
Saluzzo *it.* sa'luttso
Salvá *span.* sal'βa
Salvador zalva'do:ɐ̯, *span.* salβa'ðɔr, *fr.* salva'dɔ:r, *port.* salvɐ'ðor, *bras.* salva'dor, *engl.* 'sælvədɔ:
Salvadorianer zalvado'ri̯a:nɐ
salvadorianisch zalvado'ri̯a:nɪʃ
Salvarsan ⓌⓏ zalvar'za:n
Salvatierra *span.* salβa'ti̯ɛrra
Salvation zalva'tsi̯o:n
Salvation Army *engl.* sæl'veɪʃən 'ɑ:mɪ
Salvator zal'va:tɔr
Salvatore *it.* salva'to:re
Salvatorianer zalvato'ri̯a:nɐ
Salvatorium zalva'to:ri̯ʊm, **...ien** ...i̯ən
salva venia 'zalva 've:ni̯a
Salvayre *fr.* sal'vɛ:r
salve! 'zalve
Salve 'zalvə
Salvi *it.* 'salvi
Salvia 'zalvi̯a
Salvianus zal'vi̯a:nʊs
Salviati *it.* sal'vi̯a:ti
salvieren zal'vi:rən
Salvisberg 'zalvɪsbɛrk
salvis omissis 'zalvi:s o'mɪsi:s
salvo errore 'zalvo ɛ'ro:rə
salvo errore calculi 'zalvo ɛ'ro:rə 'kalkuli
salvo errore et omissione 'zalvo ɛ'ro:rə ɛt om'si̯o:nə
salvo iure 'zalvo 'ju:rə
salvo titulo 'zalvo 'ti:tulo
Salween *engl.* 'sælwi:n
Salweide 'za:lvai̯də
Sály *ung.* ʃa:j
Salygin, Zalygin *russ.* za'lɨgin
Salz zalts
Salza[ch] 'zaltsa[x]
Salzbrunn 'zaltsbrʊn
Salzburg 'zaltsbʊrk
Salzdetfurth zalts'dɛtfʊrt
salzen 'zaltsn̩
Salzfurt 'zaltsfʊrt
Salzgitter zalts'gɪtɐ
Salzhaff 'zaltshaf
Salzhausen zalts'hau̯zn̩
salzig 'zaltsɪç, **-e** ...ɪɡə
Salzig 'zaltsɪç
Salzillo *span.* sal'θiʎo
Salzkammergut 'zaltskamɐˌgu:t
Salzkotten zalts'kɔtn̩
Salzmann 'zaltsman
Salzmünde zalts'mʏndə
Salzschlirf zalts'ʃlɪrf
Salzuflen zalts'|ʊflən
Salzungen 'zaltsʊŋən
Salzwedel 'zaltsve:dl̩
Sam za:m *engl.* sæm
Šamac *serbokr.* 'ʃamats
Samaden za'ma:dn̩
Samael 'za:mae:l, *auch:* ...aɛl
Samain *fr.* sa'mɛ̃
Samanide zama'ni:də
Samanlı *türk.* sɑ'mɑnlɨ
Sämann 'zɛ:man
Sámano *span.* 'samano
Samar *span.* sa'mar
Samara *russ.* sa'marɐ
Samaria zama'ri:a, za'ma:ri̯a
Samarin *russ.* sa'marin
Samarinda *indon.* sama'rɪnda
Samaritaner zamari'ta:nɐ
samaritanisch zamari'ta:nɪʃ
Samariter zama'ri:tɐ
Samarium za'ma:ri̯ʊm
Samarkand zamar'kant, *russ.* sɐmar'kant, *pers.* sæmær'qænd
Samarra za'mara
Samarski, Samarskij *russ.* sa'marskij
Samarskit zamars'ki:t, *auch:* ...kɪt
Samassi *it.* sa'massi
Samba[s] 'zamba[s]
Sambar 'zambar
Samberger 'zambɛrgɐ
Sambesi zam'be:zi
Sambia 'zambi̯a
Sambiase *it.* sam'bi̯a:ze
Sambier 'zambi̯ɐ
Sambin *fr.* sã'bɛ̃
sambisch 'zambɪʃ
Sambor *russ.* 'sambɐr
Sambourne *engl.* 'sæmbən
Sambre *fr.* sã:br
Samchok vgl. Samtschök
Same 'za:mə
Sameas 'za:meas
Samedan *rät.* sa'me:dən
Samen 'za:mən
Samerberg 'za:mɐbɛrk
Sämerei zɛ:mə'rai̯
Samhitas 'zamhitas

Šamhor *vgl.* Schamchor
Sạmiel 'za:mi̯e:l, *auch:* ...i̯ɛl
sạ̈mig 'zɛ:mɪç, **-e** ...ɪgə
Samịnatal za'mi:nata:l
sạmisch 'za:mɪʃ
sạ̈misch 'zɛ:mɪʃ
Samisdạt, Samizdat zamɪs'dat, *russ.* sɐmiz'dat
Samjạtin, Zamjatin *russ.* za'mjatin
Sạmland 'za:mlant
Sạmländer 'za:mlɛndər
sạmländisch 'za:mlɛndɪʃ
Sạ̈mling 'zɛ:mlɪŋ
Sammạrco *it.* sam'marko
Sammartịni *it.* sammar'ti:ni
sạmmeln 'zamḷn
Sammelsụrium zamḷ'zu:ri̯ʊm, **...ien** ...i̯ən
Sạmmet 'zamət
Samnạun zam'nau̯n
Samnịte zam'ni:tə
Samnịter zam'ni:tɐ
Sạmnium 'zamniʊm
Sạmo 'za:mo
Samọa za'mo:a, *engl.* sə'moʊə
Samoạner zamo'a:nɐ
samoạnisch zamo'a:nɪʃ
Sạmobor *serbokr.* 'samɔbɔr
Samogịtien zamo'gi:tsi̯ən
Samọilow, Samojlov *russ.* sa'mɔjlɐf
Samoilọwitsch, Samojlovič *russ.* sɐmaj'lɔvitʃ
Samojẹde zamo'je:də
Sạmokow, Samokov *bulgar.* 'samokof
Sạmos 'za:mɔs, *neugr.* 'samɔs, *engl.* 'seɪmɔs
Samọsir *indon.* sa'mosɪr
Samothrạke zamo'tra:kə, *neugr.* samɔ'θraki
Samotụły *poln.* samɔ'tuu̯ɨ
Samowạr zamo'va:ɐ̯
Sampạio *port., bras.* sɐm'pai̯u
Sạmpan 'zampan
Sampẹr *span.* sam'pɛr
Sạmple 'zampḷ, *engl.* sɑ:mpl
Sạmpler 'zamplɐ, *engl.* 'sɑ:mplə
Sampson *engl.* 'sæmpsən
Samsạra zam'za:ra
Sạmsø *dän.* 'samsø:'
Sạmson 'zamzɔn, *engl.* sæmsn, *fr.* sã'sõ
Samsón *span.* sam'sɔn
Samsọnow, Samsonov *russ.* sam'sɔnɐf
Sạmstag 'zamsta:k
Sạmsun *türk.* 'sɑmsun
sạmt, Sạmt zamt
sạmten 'zamtn̩
sạmtig 'zamtɪç, **-e** ...ɪgə
sạ̈mtlich 'zɛmtlɪç
Samtschök, Samchok *korean.* samtʃhʌk
Sạmuel 'za:mu̯e:l, *auch:* ...mu̯ɛl; *fr.* sa'mu̯ɛl, *engl.* 'sæmjʊəl, *schwed.* ˌsɑ:mʉɛl, *span.* sa'mu̯ɛl, *port., bras.* sɐ'mu̯ɛl
Samuels *engl.* 'sæmjʊəlz
Samuelson *engl.* 'sæmjʊəlsn
Samuịl *russ.* sɐmu'il, *bulgar.* sam...
Samuịlowitsch, Samuilovič *russ.* sɐmu'ilɐvitʃ
Samum 'za:mʊm, za'mu:m
Sạ̈mund 'zɛ:mʊnt
Samụr *russ.* sa'mur
Samurạ̣i zamu'rai̯
Sạn *poln.* san
Sana 'za:na, za'na:
sanạbel za'na:bḷ, **...ble** ...blə
Sanạbria *span.* sa'naβri̯a
San Agustín *span.* sanaɣus'tin
Sanaịn *russ.* sɐna'in
San Andrés *span.* sanan'dres
San Angelo *engl.* sæn'ændʒəloʊ
San Ansẹlmo *engl.* sænən'sɛlmoʊ
San Antonio *engl.* sænən'toʊnɪoʊ, *span.* sanan'toni̯o
Sanary-sur-Mẹr *fr.* sanarisyr'mɛ:r
Sanatọrium zana'to:ri̯ʊm, **...ien** ...i̯ən
San Bartolomé *span.* sambartolo'me
San Bartolomẹo in Gạldo *it.* sambartolo'mɛ:o iŋ'galdo
San Benedẹtto *it.* sambene'detto
San Benịto *engl.* sænbə'ni:toʊ
San Bernardịno *it.* sambernar'di:no, *engl.* 'sænbə:nə'di:noʊ
San Bernạrdo *span.* sambɛr'narðo
San Bonifạcio *it.* samboni'fa:tʃo
San Bonifạcio de Ibagué *span.* samboni'faθi̯o ðe iβa'ɣe
Sanborn *engl.* 'sænbən
San Brụno *engl.* sæn'bru:noʊ
Sancạk *türk.* sɑn'dʒɑk
San Carlos *span.* saŋ'karlɔs, *engl.* sæn'kɑ:ləs
San Catạldo *it.* saŋka'taldo
Sancha *port.* 'sẽʃɐ
Sanches *port.* 'sẽʃɪʃ
Sánchez *span.* 'santʃeθ
Sancho *span.* 'santʃo, *port., bras.* 'sẽʃu
Sạncho Pạnza 'zantʃo 'panza, *span.* 'santʃo 'panθa
San Clemẹnte *span.* saŋkle'mente, *engl.* sænklɪ'mɛntɪ
San Cristobal *engl.* sænkrɪs'toʊbl
San Cristóbal *span.* saŋkris'toβal
Sancroft *engl.* 'sænkrɔft
Sạncta 'zaŋkta, **...tae** ...tɛ
Sạncta Sẹdes 'zaŋkta 'ze:dɛs
sạncta simplịcitas! 'zaŋkta zɪm'pli:tsitas
Sancti *vgl.* Sanctus
Sạnctis *it.* 'saŋktis
Sạncti Spịritus *span.* 'saŋkti 'spiritus
Sanctịssimum zaŋk'tɪsimʊm
Sạnctitas 'zaŋktitas
Sạnctum Offịcium 'zaŋktʊm ɔ'fi:tsi̯ʊm
Sạnctus 'zaŋktʊs, **...ti** ...ti
Sancy *fr.* sã'si
[1]**Sạnd** zant, **-e** 'zandə
[2]**Sạnd** (Name) zant, *fr.* sã:d
Sandạle zan'da:lə
Sandalẹtte zanda'lɛtə
Sandạnski *bulgar.* san'danski
Sạndar *norw.* ˌsandar
Sạndau 'zandau̯
Sanday *engl.* 'sændeɪ
Sạndbach 'zantbax, *engl.* 'sændbætʃ
Sạndbeck 'zantbɛk
Sạndberger 'zantbɛrgɐ
Sandburg *engl.* 'sændbə:g
Sandby *engl.* 'sændbɪ
Sạnde 'zandə
Sandeau *fr.* sã'do
Sạndebeck 'zandəbɛk
Sạndefjord *norw.* ˌsanəfju:r
Sạndelholz 'zandḷhɔlts
Sạndeman 'zandəman, *engl.* 'sændɪmən
Sạndemose *dän.* 'sanəmo:sə
Sạnder 'zandɐ, *engl.* 'sɑ:ndə
Sạnders *engl.* 'sɑ:ndəz
Sạndersleben 'zandɐsle:bn̩
Sạnderson *engl.* 'sɑ:ndəsn
Sạndez 'zandɛts
Sandfield *engl.* 'sændfi:ld
Sạndgren *schwed.* ˌsandgre:n
Sandham *engl.* 'sændəm
Sandhạusen zant'hauzn̩
Sạndhi 'zandi
Sandhurst *engl.* 'sændhə:st
Sandịa *engl.* sæn'di:ə
Sandie *engl.* 'sændɪ
San Diego *span.* san'di̯eɣo, *engl.* sændi:'eɪgoʊ
sạndig 'zandɪç, **-e** ...ɪgə
Sandịno *span.* san'dino
Sạndler *schwed.* 'sandlər
Sạndnes *norw.* ˌsanəs
Sandọmierz *poln.* san'dɔmjɛʃ
Šạndor *serbokr.* 'ʃa:ndɔr
Sándor[falva] *ung.* 'ʃa:ndor[fɔlvɔ]
Sandovạl *span.* sando'βal
Sạndow 'zando
Sandown *engl.* 'sændaʊn
Sandọz *fr.* sã'do
Sạndr 'zandɐ
Sạndra 'zandra
Sạndrart 'zandrart
Sandrịna zan'dri:na
Sandringham *engl.* 'sændrɪŋəm

Sandro 'zandro
Sandrock 'zandrɔk
Sands *engl.* sændz
Sandschak zan'dʒak
Sandschan *pers.* zæn'dʒɑ:n
Sand Springs *engl.* 'sænd 'sprɪŋz
sandte 'zantə
Sandur *isl.* 'sandʏr
Sandusky *engl.* sən'dʌskɪ
Sandvig *dän.* 'sanvi:ˀ
Sandviken *schwed.* ˌsandvi:kən
Sandweiler 'zantvai̯lɐ
[1]**Sandwich** (Brötchen) 'zɛntvɪtʃ, **die -es** ...tʃɪs
[2]**Sandwich** (Name) *engl.* 'sænwɪtʃ
Sandy *engl.* 'sændɪ
Sandys *engl.* sændz
Sandžak *serbokr.* ˌsandʒak
San Esteban *span.* sanes'teβan
Sanetsch za'nɛtʃ
San Feliú *span.* sanfe'li̯u
San Fernando *span.* sanfɛr'nando
Sanfor Ⓦᴢ 'zanfɔr
Sanford *engl.* 'sænfəd
Sanförde zan'fø:ɐ̯də
sanforisieren zanfori'zi:rən
San Francisco zanfran'tsɪsko, *engl.* sænfrən'sɪskoʊ, *span.* sanfran'θisko
San Fratello *it.* sanfra'tɛllo
sanft zanft
Sänfte 'zɛnftə
sänftigen 'zɛnftɪgn̩, **sänftig!** 'zɛnftɪç, **sänftigt** 'zɛnftɪçt
sänftiglich 'zɛnftɪklɪç
Sanfuentes *span.* san'fu̯entes
sang zaŋ
Sang zaŋ, **Sänge** 'zɛŋə
Sanga *fr.* sã'ga
San Gabriel *engl.* sæn'geɪbrɪəl
Sangallo *it.* saŋ'gallo
Sangarius zaŋ'ga:ri̯ʊs
sangbar 'zaŋba:ɐ̯
sänge 'zɛŋə
Sänge vgl. Sang
Sanger *engl.* 'sæŋ[g]ə
Sänger 'zɛŋɐ
Sangerhausen zaŋɐ'hau̯zn̩
Sang-froid *fr.* sã'frwa
Sangihe *indon.* sa'ŋihe
San Gil *span.* saŋ'xil
San Gimignano *it.* sandʒimiɲ'ɲa:no
San Ginesio *it.* sandʒi'nɛ:zi̯o
San Giovanni [in Persiceto] *it.* sandʒo'vanni [impersi'tʃe:to]
San Giovanni Valdarno *it.* sandʒo'vanni val'darno
San Gorgonio *engl.* sæŋgɔ:'goʊnɪoʊ
Sangre de Cristo Mountains *engl.* 'sæŋgrɪ dɪ 'krɪstoʊ 'maʊntɪnz
Sangro *it.* 'saŋgro
Sangster *engl.* 'sæŋstə

Sangüesa *span.* saŋ'gu̯esa
Sanguinaires, Îles *fr.* ilsãgi'nɛ:r
Sanguiniker zaŋ'gu̯i:nikɐ
sanguinisch zaŋ'gu̯i:nɪʃ
sanguinolent zaŋgu̯ino'lɛnt
Sanhedrin zanhe'dri:n
Sanherib 'zanherɪp
Sani (Sanitäter) 'zani
Sanidin zani'di:n
sanieren za'ni:rən
sanitär zani'tɛ:ɐ̯
sanitarisch zani'ta:rɪʃ
Sanität[er] zani'tɛ:t[ɐ]
Sanitz 'za:nɪts
San Jose *engl.* sæn[h]oʊ'zeɪ
San José *span.* saŋxo'se
San Juan *span.* saŋ'xu̯an, *engl.* sæn'wɔn
Sanjurjo *span.* saŋ'xurxo
sank zaŋk
Sanka 'zaŋka
sänke 'zɛŋkə
Sankey *engl.* 'sæŋkɪ
Sankra 'zaŋkra
Sankt Andrä zaŋkt an'drɛ:
Sankt Andreas[berg] zaŋkt an'dre:as[bɛrk]
Sankt Anton zaŋkt 'anto:n
Sankt Arnual zaŋkt 'arnu̯al
Sankt Bartholomä (Bayern) zaŋkt bartolo'mɛ:
Sankt Bernhard zaŋkt 'bɛrnhart
Sankt Berhardin zaŋkt bɛrnhar'di:n
Sankt Blasien zaŋkt 'bla:zi̯ən
Sankt Egyden zaŋkt e'gi:dn̩
Sankt Gallen zaŋkt 'galən
Sankt Gall[en]er zaŋkt 'gal[ən]ɐ
Sankt Gallenkirch zaŋkt galən'kɪrç
sanktgallisch zaŋkt'galɪʃ
Sankt Gangolf zaŋkt 'gaŋgɔlf
Sankt Georgen zaŋkt ge'ɔrgn̩
Sankt Goar zaŋt go'a:ɐ̯
Sankt Goarshausen zaŋkt goa:ɐ̯s'hau̯zn̩
Sankt Hubert (Krefeld) zaŋkt hu'bɛrt
Sankti vgl. Sanktus
Sankt Ilgen zaŋkt 'ɪlgn̩
Sankt Ingbert zaŋkt 'ɪŋbɛrt
Sanktion zaŋk'tsi̯o:n
sanktionieren zaŋk'tsi̯o'ni:rən
Sanktissimum zaŋk'tɪsimʊm
Sankt Johann zaŋkt jo'han
Sankt Julian zaŋkt 'ju:li̯a:n
Sankt Kanzian zaŋkt 'kantsi̯a:n
Sankt Katharinen zaŋkt kata'ri:nən
Sankt Leon[hard] zaŋkt 'le:ɔn[hart]
Sankt Lorenzen zaŋkt lo'rɛntsn̩
Sankt-Lorenz-Strom zaŋkt'lo:rɛntsʃtro:m

Sankt Mang zaŋkt 'maŋ
Sankt Marein zaŋkt ma'rai̯n
Sankt Märgen zaŋkt 'mɛrgn̩
Sankt-Michaelis-Tag zaŋktmɪça'e:lɪsta:k
Sankt Moritz zaŋkt 'mo:rɪts, *auch:* zaŋkt mo'rɪts
Sankt Nikola zaŋkt 'nɪkola
Sankt-Nimmerleins-Tag zaŋkt'nɪmɐlai̯nsta:k
Sankt Ottilien zaŋkt ɔ'ti:li̯ən
Sankt Pankraz zaŋkt 'paŋkrats
Sankt Pölten zaŋkt 'pœltn̩
Sankt Tönis zaŋkt 'tø:nɪs
Sanktuarium zaŋk'tu̯a:ri̯ʊm, **...ien** ...i̯ən
Sanktus 'zaŋktʊs, **...ti** ...ti
Sankt Valentin zaŋkt 'va:lənti:n
Sankt Vith zaŋkt 'fi:t
San Leandro *engl.* sænlɪ'ændroʊ
San Lorenzo *it.* sanlo'rɛntso, *span.* ...renθo, *engl.* sænlə'rɛnzoʊ
Sanlúcar *span.* san'lukar
San Luis *span.* san'lu̯is
Sanluri *it.* san'lu:ri
San Marco in Lamis *it.* sam'marko in 'la:mis
San Marcos *engl.* sæn'mɑ:kəs, *span.* san'markɔs
Sanmarinese zanmari'ne:zə
sanmarinesisch zanmari'ne:zɪʃ
San Marino zan ma'ri:no, *it.* samma'ri:no, *engl.* sænmə'ri:noʊ
San Martin *span.* sanmar'tin
San Mateo *engl.* sænmə'teɪoʊ
San Michele *it.* sammi'kɛ:le
Sanmicheli *it.* sammi'kɛ:li
San Miguel [de Ibarra] *span.* sanmi'ɣɛl [de i'βarra]
San Miniato *it.* sammi'ni̯a:to
sann zan
Sann[a] 'zan[a]
Sannazaro *it.* sannad'dza:ro
Sannchen 'zançən
sänne 'zɛnə
Sanne 'zanə
Sannicandro Garganico *it.* sanni'kando gar'ga:niko
San Nicolaas *niederl.* sɑn'nɪko:la:s
San Nicolás *span.* sanniko'las
Sanno *it.* 'sanno, *schwed.* 'sanu
Sannois *fr.* sa'nwa
Sanntaler 'zanta:lɐ
Sanok *poln.* 'sanɔk
San Pablo *engl.* sæn'pæbloʊ, *span.* sam'paβlo
San Pedro *engl.* sæn'pi:droʊ, *span.* sam'peðro
San Pietro *it.* sam'pi̯ɛ:tro
San Rafael *span.* sanrrafa'ɛl, *engl.* sænrə'fɛl
Sanraku zan'ra:ku

San Rẹmo, Sanrẹmo *it.* san'rɛ:mo
San Salvadọr zan zalva'do:ɐ̯, *span.* sansalβa'ðɔr, *engl.* sæn'sælvədɔ:
Sansão *port.*, *bras.* sɐ̃'sɐ̃u̯
San Saturnịno *span.* sansatur'nino
San Savịno *it.* sansa'vi:no
sans cérémonie *fr.* sãseremɔ'ni
Sansculọtte sãsky'lɔt[ə], **-n** ...tn̩
San Sebastián *span.* sanseβas'ti̯an
Sansepọlcro *it.* sanse'polkro
San Severịno [Mạrche] *it.* sanseve'ri:no ['marke]
Sansevịeria zanze'vi̯e:ri̯a
sans façon *fr.* sãfa'sõ
sans gêne *fr.* sã'ʒɛn
Sansibar 'zanziba:ɐ̯, *auch:* --'-
Sạnsibarer 'zanziba:rɐ, *auch:* --'--
sansibarisch 'zanziba:rɪʃ, *auch:* --'--
Sạnskrit 'zanskrɪt
sanskrịtisch zans'kri:tɪʃ
Sanskritịst[ik] zanskri'tɪst[ɪk]
Sanson *fr.* sã'sõ
Sansọne *it.* san'so:ne
Sansovịno *it.* sanso'vi:no
sans phrạse *fr.* sã'frɑ:z
Sanssouci 'zã:susi, zãsu'si:; *fr.* sãsu'si
Santa Ana *span.* 'santa 'ana, *engl.* 'sæntə 'ænə, *bras.* sɐn'tɐna
Sạnta Ạnna *span.* 'santa 'ana
Santa Barbara *engl.* 'sæntə 'bɑ:bərə
Sạnta Bárbara *bras.* 'sɐnta 'barbara
Sạnta Brạnca *bras.* 'sɐnta 'brɐŋka
Santa Catalịna *engl.* 'sæntə kæt'li:nə
Sạnta Catarịna *port.* 'sɐntɐ kɐtɐ'rinɐ, *bras.* 'sɐnta kata'rina
Sạnta Cecịlia *it.* 'santa tʃe'tʃi:li̯a
Santacịlla *span.* santa'θiʎa
Santa Clara *engl.* 'sæntə 'klɛərə, *span.* 'santa 'klara, *port.* 'sɐnta 'klarɐ, *bras.* 'sɐnta 'klara
Santa Claus *engl.* sæntə'klɔ:z
Sạnta Colọma *span.* 'santa ko'loma
Sạnta Cọmba *span.* 'santa 'kɔmba
Sạnta conversaziọne 'zanta kɔnvɛrza'tsi̯o:nə
Santa Cruz *engl.* 'sæntə 'kru:z, *span.* 'santa 'kruθ, *port.* 'sɐntɐ 'kruʃ, *bras.* 'sɐnta 'krus
Sạnta Eulạlia *span.* 'santa eu̯'lali̯a
Santa Eulália *port.* 'sɐntɐ eu̯'laliɐ
Santa Fe *engl.* 'sæntə 'feɪ, *span.* 'santa 'fe
Sạnta Fé *bras.* 'sɐnta 'fɛ
Sạnta Filomẹna *bras.* 'sɐnta filo'mena
Sant'Ạgata *it.* san'ta:gata
Sạnta Isabẹl *span.* 'santa isa'βɛl, *bras.* 'sɐnta iza'bɛl
Sạnta Leopoldịna *bras.* 'sɐnta li̯opol'dina
Sạnta Lucịa *it.* 'santa lu'tʃi:a
Sạnta Lucía *span.* 'santa lu'θia
Sạnta Luzịa *port.* 'sɐntɐ lu'ziɐ, *bras.* 'sɐnta lu'zia
Sạnta Margarịta *span.* 'santa marɣa'rita
Sạnta Margherịta [Lịgure] *it.* 'santa marge'ri:ta ['li:gure]
Sạnta Marịa *it.* 'santa ma'ri:a, *port.* 'sɐntɐ mɐ'riɐ, *bras.* 'sɐnta ma'ria
Sạnta María *span.* 'santa ma'ria
Santamaría *span.* santama'ria
Sạnta Marịna *span.* 'santa ma'rina
Santa Mọnica *engl.* 'sæntə 'mɔnɪkə
Santạna *span.* san'tana
Santandẹr *span.* santan'dɛr
Sant'Ạngelo *it.* san'tandʒelo
Sant'Ạntimo *it.* san'tantimo
Sant'Antịoco *it.* santan'ti:oko
Santa Paula *engl.* 'sæntə 'pɔ:lə
Sạnta Quitéria *bras.* 'sɐnta ki'tɛri̯a
Santarcạngelo *it.* santar'kandʒelo
Santarém *port.* sɐntɐ'rɐ̃i̯, *bras.* sɐnta'rẽi̯
Sạnta Rịta *span.* 'santa 'rrita, *bras.* 'sɐnta –
Santa Rosa *engl.* 'sæntə 'roʊzə, *span.* 'santa 'rrɔsa, *bras.* 'sɐnta 'rrɔza
Sạntas Crẹus *span.* 'santas 'kreu̯s
Sạnta Tẹcla *span.* 'santa 'tekla
Sạnta Terẹsa *span.* 'santa te'resa, *bras.* 'sɐnta te'reza
Sạnta Vitória *bras.* 'sɐnta vi'tɔri̯a
Santayana *span.* santa'jana, *engl.* sæntɪ'ænə
Santee *engl.* sæn'ti:
Sạnte Marịa e Maddalẹna 'sante ma'ri:a emmadda'le:na
Sạnten *niederl.* 'sɑntə
Santẹramo *it.* san'tɛ:ramo
Santẹrre *fr.* sã'tɛ:r
Santestẹban *span.* santes'teβan
Sant'Eufẹmia Lamẹzia *it.* santeu̯'fɛ:mi̯a la'mɛttsi̯a
Santhià *it.* san'ti̯a
Sạnti *it.* 'santi
Santiạgo zan'ti̯a:go, *span.* san'ti̯aɣo, *engl.* sæntɪ'ɑ:goʊ
Šạntić *serbokr.* ˌʃa:ntitɕ
Sạntifaller 'zantifalɐ
Santillạna *span.* santi'ʎana
Santịni *it.* san'ti:ni
Santịno *it.* san'ti:no
Sạnti Pịetro e Pạolo 'santi 'pi̯ɛ:tro ep'pa:olo
Sạ̈ntis 'zɛntɪs
Sạntis, de *it.* de 'santis
Santistẹban *span.* santis'teβan
Sạnto Amạro *span.* 'santo a'maro, *bras.* 'sɐntu ɐ'maru
Sạnto André *port.*, *bras.* 'sɐntu ɐn'drɛ
Sạnto Ângelo *bras.* sɐntu 'ɐ̃ʒelu
Sạnto Antão *port.* 'sɐntu ɐn'tɐ̃u̯
Sạnto António *port.* 'sɐntu ɐn'tɔniu̯
Sạnto Antônio *bras.* 'sɐntu ɐn'toniu̯
Sạnto Domịngo 'zanto do'mɪŋgo, *span.* 'santo ðo'miŋgo
Santọña *span.* san'toɲa
Santonịn zanto'ni:n
Santorịn zanto'ri:n
Santorịno *it.* santo'ri:no
Sạntos 'zantɔs, *span.* 'santɔs, *port.* 'sɐntuʃ, *bras.* 'sɐntus
Sántos *ung.* 'ʃa:ntoʃ
Sạnto Spịrito *it.* 'santo 'spi:rito
Sạnto Stẹfano *it.* 'santo. 'ste:fano
Santuạrio *it.* santu'a:ri̯o
Santụrce *span.* san'turθe
Santụzza *it.* san'tuttsa
San Vicẹnte *span.* sambi'θente
Sanvignes-les-Mịnes *fr.* sãviɲle'min
San Vịto *it.* san'vi:to
Sạnz *span.* sanθ
Sạnzio *it.* 'santsi̯o
São Bartolomẹu *port.* sɐ̃u̯mbɐrtulu'meu̯, *bras.* sɐ̃u̯mbartolo'meu̯
São Bẹnto *bras.* sɐ̃u̯m'bentu
São Bernạrdo *bras.* sɐ̃u̯mber'nardu
São Boaventụra *port.* sɐ̃u̯mboɐven'turɐ
São Brás *port.* sɐ̃u̯m'braʃ, *bras.* sɐ̃u̯m'bras
São Cạrlos *bras.* sɐ̃u̯ŋ'karlus
São Domịngos *bras.* sɐ̃u̯ndo'miŋgus
São Fẹlix *bras.* sɐ̃u̯'fɛlis
São Francịsco *bras.* sɐ̃u̯frɐ̃'sisku
São Gabriẹl *bras.* sɐ̃u̯ŋga'bri̯ɛl
São Gonçạlo *bras.* sɐ̃u̯ŋgõ'salu
São João *port.*, *bras.* sɐ̃u̯'ʒu̯ɐ̃u̯
São João del Rẹi *bras.* sɐ̃u̯'ʒu̯ɐ̃u̯n del 'rrei̯
São Jọrge *port.* sɐ̃u̯'ʒɔrʒɪ
São José *bras.* sɐ̃u̯ʒo'zɛ
São Leopọldo *bras.* sɐ̃u̯li̯o'poldu

São Lourenço *bras.* sẽu̯lo'rẽsu
São Luís *bras.* sẽu̯'lu̯is
São Manuẹl *bras.* sẽu̯mɐ'nu̯ɛl
São Miguẹl *port.* sẽu̯mi'ɣɛl
Saône *fr.* so:n
São Nicolạu *bras.* sẽu̯niko'lau̯
São Pa̲u̲lo 'za:o 'pau̯lo, *bras.* sẽu̯m'pau̯lu
São Pẹdro *port.* sẽu̯m'peðru, *bras.* sẽu̯m'pedru
São Rọque *port.* sẽu̯'rrɔkə, *bras.* ...ki
São Salvadọr *bras.* sẽu̯salva'dor
São Sebastião *bras.* sẽu̯sebas'ti̯ẽu̯
Saosjọrny, Zaozernyj *russ.* zɐa'zjɔrnɨj
São Tiạgo *bras.* sẽu̯n'ti̯agu
São Tomé *port.* sẽu̯ntu'mɛ, *bras.* sẽu̯nto'mɛ
Saourạ *fr.* sau'ra
São Vicẹnte *port.* sẽu̯vi'sentə, *bras.* sẽu̯vi'senti
Sạpadnaja Dwinạ, Zapadnaja Dvina *russ.* 'zapɐdnəjɐ dvi'na
Šạpčanin *serbokr.* 'ʃaptʃanin
sạpere a̲u̲de 'za:pərə 'au̯də
Saphịr 'za:fɪr, ...fi:ɐ̯, *auch:* za'fi:ɐ̯
Sapiẹha *poln.* sa'pjɛxa
sapiẹnti sạt! za'pi̯ɛnti 'zat
Sapi̲n[e] za'pi:n[ə]
Sapịr *engl.* sə'pɪə
Saponạria zapo'na:ri̯a
Saponạro *it.* sapo'na:ro
Saponifikatiọn zaponofika'tsi̯o:n
Saponi̲n zapo'ni:n
Šaporin vgl. Schaporin
Saporọschje, Zaporož'e *russ.* zɐpa'rɔʒjɛ
Sapọschnikow, Sapožnikov *russ.* sa'pɔʒnikɐf
Šapošnikov vgl. Schaposchnikow
Sapotoxi̲n zapotɔ'ksi:n
Sạppanholz 'zapanhɔlts
Sạppe 'zapə
Sạppel 'zapl̩
Sappeme̲e̲r *niederl.* sɑpə'me:r
Sạpper 'zapɐ
sapperlọt! zapɐ'lo:t
sappermẹnt! zapɐ'mɛnt
Sappeur za'pø:ɐ̯
sạpphisch 'zapfɪʃ, *auch:* 'zafɪʃ
Sapphịsmus za'pfɪsmʊs, *auch:* za'fɪ...
Sạppho 'zapfo, *auch:* 'zafo
Sappọro za'po:ro
Saprämi̲e̲ zaprɛ'mi:
Sạpri *it.* 'sa:pri
saprịsti! za'prɪsti
Saprọbie za'pro:bi̯ə
Saprobiọnt zapro'bi̯ɔnt
saprọbisch za'pro:bɪʃ
saproge̲n zapro'ge:n
Saprokọll zapro'kɔl
Saprolẹgnia zapro'lɛgnia, **...ien** ...i̯ən
Saprope̲l zapro'pe:l
Sapropelit zaprope'li:t, *auch:* ...lɪt
Saprophạgen zapro'fa:gn̩
saprophi̲l zapro'fi:l
Saprophy̲t zapro'fy:t
Saprozo̲on zapro'tso:ɔn, **...o̲en** ...o:ən
Sapucaí *bras.* sapuka'i
Sapucạia *bras.* sapu'kai̯a
Sapulpa *engl.* sə'pʌlpə
Sa̲ra 'za:ra
Sarabạnda zara'banda
Sarabạnde zara'bandə
Saracẹni *it.* sara'tʃɛ:ni
Sarafa̲n zara'fa:n
Sạragat *it.* 'sa:ragat
Saragọssa zara'gɔsa
Sarah *engl.* 'sɛərə, *fr.* sa'ra
Sarạisk, Zarajsk *russ.* za'rajsk
Sarạiva *port.* sɐ'rai̯vɐ
Sarajẹvo zara'je:vo, *serbokr.* ˌsarajɛvɔ
Sarajẹwo zara'je:vo
Sarakatscha̲ne zaraka'tʃa:nə
Sa̲ran 'za:ran
Saranac *engl.* 'særənæk
Sáránd *ung.* 'ʃa:ra:nd
Sarạndë *alban.* sa'randə
Sarạnsk *russ.* sa'ransk
Sara̲pis za'ra:pɪs
Sarapuí *bras.* sara'pu̯i
Sarạpul *russ.* sa'rapul
Sarasạte *span.* sara'sate
Sa̲rasdorf 'za:rasdɔrf
Sa̲rasin 'za:razi:n, *fr.* sara'zɛ̃
Sarasota *engl.* særə'soʊtə
Sarạstro za'rastro
Šạratice *tschech.* 'ʃaratjitsɛ
Saratoga *engl.* særə'toʊgə
Sarạtow, Saratov *russ.* sa'ratɐf
Sarawak *engl.* sə'rɑ:wək, *indon.* sa'rawak
Sarạy *türk.* sɑ'rɑi̯
Saraze̲ne zara'tse:nə
saraze̲nisch zara'tse:nɪʃ
Sarazin *fr.* sara'zɛ̃
Sarbiẹwski *poln.* sar'bjɛfski
Sarcẹlles *fr.* sar'sɛl
Sarcey *fr.* sar'sɛ
Sä̲rchen 'zɛrçn̩
Sardá *span.* sar'ða
Sardanapa̲l zardana'pa:l
Sạrde 'zardə
Sardẹgna *it.* sar'deɲɲa
Sardẹlle zar'dɛlə
Sạrdes 'zardɛs
Sardi̲ne zar'di:nə
Sardi̲nien zar'di:ni̯ən
Sardi̲nier zar'di:ni̯ɐ
sardi̲nisch zar'di:nɪʃ
sạrdisch 'zardɪʃ
Sardoạl *port.* sɐr'du̯al
sardọnisch zar'do:nɪʃ
Sardọnyx zar'do:nʏks
Sardou *fr.* sar'du
Šạrengrad *serbokr.* ˌʃarɛŋgra:d
Sarenti̲no *it.* saren'ti:no
Sarẹpta za'rɛpta
Sarẹtt *engl.* sɑ:'rɛt
Sạrew, Zarev *bulgar.* 'zarɛf
Sarfạtti *it.* sar'fatti
[1]**Sạrg** zark, **Sạ̈rge** 'zɛrgə
[2]**Sạrg** (Name) *engl.* sɑ:g
Sargạns zar'gans
Sạrgant *engl.* 'sɑ:dʒənt
Sargạsso zar'gaso
Sạrgeant, ...gent *engl.* 'sɑ:dʒənt
Sạrgon 'zargɔn
[1]**Sa̲ri** 'za:ri
[2]**Sari̲** (Name) *pers.* sɑ'ri:
Sári *ung.* 'ʃa:ri
Sariwön, Sariwon *korean.* sariwʌn
Šar'ja vgl. Scharja
Sarjạ, Wostọka, Zarja Vostoka *russ.* za'rja vas'tɔkɐ
Sark *engl.* sɑ:k
Sarkad *ung.* 'ʃɔrkɔd
Sạrkar 'zarkar
Sarkạsmus zar'kasmʊs
sarkạstisch zar'kastɪʃ
Sạrkau 'zarkau̯
Sạrkia *finn.* 'sɑrkiɑ
Sạrkiker 'zarkikɐ
Sarko̲de zar'ko:də
sarkoi̲d zarko'i:t, **-e** ...i:də
Sarkolẹmma zarko'lɛma
Sarko̲m zar'ko:m
Sarko̲ma zar'ko:ma, **-ta** -ta
Sarkomato̲se zarkoma'to:zə
Sarkopha̲g zarko'fa:k, **-e** ...'fa:gə
Sarlạt *fr.* sar'la
Sa̲rleinsbach 'za:ɐ̯lai̯nsbax
Sarma̲t[e] zar'ma:t[ə]
Sarma̲tien zar'ma:tsi̯ən
Sarmẹnto *port.* sɐr'mentu
Sarmiẹnto *span.* sar'mi̯ento
Sạrmingstein 'zarmɪŋʃtai̯n
Sarmizegethu̲sa zarmitsege'tu:za
Sarna̲no *it.* sar'na:no
Sarna̲th zar'na:t
Sạrnen 'zarnən
Sạrnia *engl.* 'sɑ:nɪə
Sạrnico *it.* 'sarniko
Sạrno *it.* 'sarno
Sạrnoff *engl.* 'sɑ:nɔf
Sạrnow 'zarno
Sarnọwa *poln.* sar'nɔva
Sạrny *russ.* 'sarnɨ
Sạrntal 'zarnta:l
Sạrnthein 'zarntai̯n
Särö *schwed.* ˌsæ:rø:
Sa̲rong 'za:rɔŋ
saro̲nisch za'ro:nɪʃ
Sarọnno *it.* sa'rɔnno
Sárosd *ung.* 'ʃa:roʒd
Sárospatak *ung.* 'ʃa:roʃpɔtɔk
Sa̲ros 'za:rɔs
Šarov vgl. [1]Scharow
Sarọyan *engl.* sə'rɔɪən

Sarpedon zar'pe:dɔn
Sạrpi *it.* 'sarpi
Šar planina *serbokr.* 'ʃar pla,nina
Sạrpsborg *norw.* 'sarpsbɔr[g]
Sarrail *fr.* sa'raj
Sarrasani zara'za:ni
Sạrraß 'zaras, **...asse** ...asə
Sarraut *fr.* sa'ro
Sarraute *fr.* sa'ro:t
Sarrazin *fr.* sara'zɛ̃
Sạrre 'zarə, *fr.* sa:r
Sarrebourg *fr.* sar'bu:r
Sarreguemines *fr.* sargə'min
Sarrẹtte *fr.* sa'rɛt
Sarre-Union *fr.* sary'njõ
Sạrria *span.* 'sarri̯a
Sarrusophon zaruzo'fo:n
Sarsaparịlle zarzapa'rɪlə
Sarsenẹtt zarzə'nɛt
Sạrsfield *engl.* 'sɑ:sfi:ld
Sarstedt 'za:ɐ̯ʃtɛt
Sạrtain *engl.* sɑ:tn
Sạrte 'zartə
Sartène *fr.* sar'tɛn
Sạrthe *fr.* sart
Sạrti *it.* 'sarti
Sartine *fr.* sar'tin
Sạrto *it.* 'sarto
Sạrton *engl.* sɑ:tn
Sartorius zar'to:ri̯ʊs
Sartory zar'to:ri
Sạrtre *fr.* sartr
Sartrouvịlle *fr.* sartru'vil
Sarubin, Zarubin *russ.* za'rubin
Sarubino, Zarubino *russ.* za'rubinɐ
Sárvár *ung.* 'ʃa:rva:r
Saryssu, Sarysu *russ.* sarɨ'su
Sarzana *it.* sar'dza:na
Sarzine zar'tsi:nə
Sạs *niederl.* sɑs
SAS zas
sạsa! 'sasa
Sạsbach 'zasbax
Sạscha, Saša 'zaʃa, *russ.* 'saʃɐ
Sạschen 'zaʃn̩
Sásd *ung.* ʃa:ʒd
Sasebo za'ze:bo
säsieren zɛ'zi:rən
Saskatchewan *engl.* səs'kætʃɪwən
Saskatoon *engl.* sæskə'tu:n
Šaškevič vgl. Schaschkewitsch
Sạskia 'zaski̯a, *niederl.* 'sɑski:a:
Saslawl, Zaslavl' *russ.* za'slavlj
Sasonow, Sazonov *russ.* sa'zɔnɐf
Sasovo vgl. Sassowo
saß za:s
Saß zas, **Sạssen** 'zasn̩
Sạssafras 'zasafras
Sassafras Mountain *engl.* 'sæsəfræs 'maʊntɪn
Sassanide zasa'ni:də
sassanidisch zasa'ni:dɪʃ
Sassaparịlle zasapa'rɪlə
Sạssari *it.* 'sassari
Sạsse 'zasə
säße 'zɛ:sə
Sạssenbach 'zasn̩bax
Sạssenberg 'zasn̩bɛrk
Sạssendorf 'zasn̩dɔrf
Sạssenheim *niederl.* 'sɑsənhɛi̯m
Sassẹtta *it.* sas'setta
Saßmannshausen zasmans'hau̯zn̩
Saßnitz 'zasnɪts
Sạsso 'zaso, *it.* 'sasso
Sassoferrato *it.* sassofer'ra:to
Sassolin zaso'li:n
Sassoon *engl.* sə'su:n
Sạssowo, Sasovo *russ.* 'sasɐvɐ
Sassuolo *it.* sas'su̯ɔ:lo
Sastawna, Zastavna *russ.* zas'tavnɐ
Sạs van Gẹnt *niederl.* 'sɑs fɑn 'xɛnt
Sáta *ung.* 'ʃa:tɔ
Sạtakunta *finn.* 'sɑtɑkuntɑ
Satan 'za:tan
Satanas 'za:tanas, **...se** ...asə
Satang 'za:taŋ
satanisch za'ta:nɪʃ
Satanịsmus zata'nɪsmʊs
Sátão *port.* 'satɐ̃u̯
Satellit zatɛ'li:t
Satemsprachen 'za:tɛmʃpra:xn̩
Såtenäs *schwed.* ,so:tənɛ:s
Säter *schwed.* 'sɛ:tər
Saterland 'za:tɐlant
Sạthmar 'zantmar
Satie *fr.* sa'ti
Sätila *schwed.* ,sɛ:tila
Satin za'tɛ̃:, *fr.* sa'tɛ̃
Satinage zati'na:ʒə
Satinẹlla zati'nɛla
satinieren zati'ni:rən
Satire za'ti:rə
Satiriker za'ti:rikɐ
satirisch za'ti:rɪʃ
Satis 'za:tɪs
Satisfaktion zatɪsfak'tsi̯o:n
Sạtka *russ.* 'satkɐ
Sạtledsch 'zatlɛtʃ
Sato 'za:to
Sátoraljaújhely *ung.* 'ʃa:tɔrɔjjɔu:jhɛj
Satorformel 'za:tɔrfɔrml̩
Šatov *tschech.* 'ʃatɔf
Satow *engl.* 'sɑ:toʊ
Satrap za'tra:p
Satrapie zatra'pi:, **-n** ...i:ən
Sạtsuma 'zatsuma
sạtt zat
Sạttel 'zatl̩, **Sättel** 'zɛtl̩
sạtteln 'zatl̩n
Satterlee *engl.* 'sætəlɪ
sạttgrün 'zatgry:n
sättigen 'zɛtɪgn̩, **sättig!** ...ɪç, **sättigt** ...ɪçt
Sạttler 'zatlɐ
Sattlerei zatlə'rai̯
Sạttnitz 'zatnɪts
sạttsam 'zatza:m
Sạtu Mạre *rumän.* 'satu 'mare
Saturation zatura'tsi̯o:n
Saturday *engl.* 'sætədɪ
Saturei zatu'rai̯
saturieren zatu'ri:rən
Satụrn za'tʊrn
Saturnalien zatʊr'na:li̯ən
Satụrnier za'tʊrni̯ɐ
saturnin zatʊr'ni:n
Saturninus zatʊr'ni:nʊs
Saturnịsmus zatʊr'nɪsmʊs
Satụrnus za'tʊrnʊs
Satyr 'za:tʏr
Satyriasis zaty'ri:azɪs
Satyros 'za:tyrɔs
Sạtz zats, **Sätze** 'zɛtsə
Sätzchen 'zɛtsçən
Sạtzung 'zatsʊŋ
Satzvey zats'fai̯
Sau zau̯, **Säue** 'zɔy̯ə
Saualpe 'zau̯|alpə
sauber 'zau̯bɐ, **saubre** 'zau̯brə
säuberlich 'zɔy̯bɐlɪç
säubern 'zɔy̯bɐn, **säubre** 'zɔy̯brə
saublöd 'zau̯'blø:t
Sauce 'zo:sə
Saucier zo'si̯e:
Saucière zo'si̯e:rə, ...'si̯ɛ:rə
saucieren zo'si:rən
Saucischen zo'si:sçən
Saud zau̯t
Sauda *norw.* ,sœy̆da
Saudi-Arabien zau̯di|a'ra:bi̯ən
Säue vgl. Sau
sauen 'zau̯ən
sauer, S... 'zau̯ɐ
Sauerbruch 'zau̯ɐbrʊx
Sauerei zau̯ə'rai̯
Sauerhof 'zau̯ɐho:f
Sauerlach 'zau̯ɐlax
Sauerland[t] 'zau̯ɐlant
Sauerländer 'zau̯ɐlɛndɐ
sauerländisch 'zau̯ɐlɛndɪʃ
säuerlich 'zɔy̯ɐlɪç
Säuerling 'zɔy̯ɐlɪŋ
säuern 'zɔy̯ɐn
Sauerstoff 'zau̯ɐʃtɔf
sauersüß 'zau̯ɐzy:s, '––'–
sauertöpfisch 'zau̯ɐtœpfɪʃ
Saufaus 'zau̯f|au̯s
Saufbold 'zau̯fbɔlt, **-e** ...ldə
saufen 'zau̯fn̩
Sauferei zau̯fə'rai̯
Säufer 'zɔy̯fɐ
säuft zɔy̯ft
saugen 'zau̯gn̩, **saug!** zau̯k, **saugt** zau̯kt
säugen 'zɔy̯gn̩, **säug!** zɔy̯k, **säugt** zɔy̯kt
Säugling 'zɔy̯klɪŋ
saugrob 'zau̯'gro:p
Saugus *engl.* 'sɔ:gəs
säuisch 'zɔy̯ɪʃ
Sauk *engl.* sɔ:k
Saul zau̯l
Säulchen 'zɔy̯lçən
Saulcy *fr.* so'si

Säule 'zɔylə
Saulgau 'zaulgau
Saulin zau'li:n
Sault Sainte Marie *engl.* 'su:səntmə'ri:
Saulus 'zaulʊs
Saum zaum, **Säume** 'zɔymə
Saumaise *fr.* so'mɛ:z
säumen 'zɔymən
säumig 'zɔymɪç, **-e** ...ɪgə
Šaumjan vgl. Schaumjan
Säumnis 'zɔymnɪs, **-se** ...ɪsə
saumselig 'zaumze:lɪç, **-e** ...ɪgə
Saumur *fr.* so'my:r
Sauna 'zauna
Saunders *engl.* 'sɔ:ndəz, 'sɑ:n...
Saunderson *engl.* 'sɔ:ndəsn, 'sɑ:n...
Saurach 'zaurax
Säure 'zɔyrə
Sauregurkenzeit zaurə'gʊrkn̩tsait
Saurier 'zauriɐ
Saurin *fr.* sɔ'rɛ̃
Sauromaten zauro'ma:tn̩
Sauropsiden zaurɔ'psi:dn̩
Saus zaus, **-es** 'zauzəs
säuseln 'zɔyzl̩n, **säusle** 'zɔyzlə
sausen 'zauzn̩, **saus!** zaus, **saust** zaust
Säusler 'zɔyzlɐ
Saussure *fr.* so'sy:r
sauté zo'te:
Sauter 'zautɐ, *engl.* 'sɔ:tə
Sauternes *fr.* so'tɛrn
sautieren zo'ti:rən
Sautter 'zautɐ
Sauvage *fr.* so'va:ʒ
Sauvegarde zo:f'gart, *fr.* sov'gard; **-n** ...rdn̩
sauve qui peut! *fr.* sovki'pø
Sauveterre *fr.* sov'tɛ:r
Sauveur *fr.* so'vœ:r
sauwohl 'zau'vo:l
[1]**Sava** (Ortsname) *it.*, *slowen.* 'sa:va, *serbokr.* ˌsa:va
[2]**Sava** (Heiliger) *serbokr.* 'sava
Savage *engl.* 'sævɪdʒ
Savališchin, Zavališin *russ.* zɐva'liʃɨn
Savalou *fr.* sava'lu
Savannah *engl.* sə'vænə
Savanne za'vanə
Sävar *schwed.* ˌsɛ:var
[1]**Savarin** (Speise) zava'rɛ̃:
[2]**Savarin** (Name) *fr.* sava'rɛ̃
Savart *fr.* sa'va:r
Savary *fr.* sava'ri
Sävast *schwed.* ˌsɛ:vast
Savatan *fr.* sava'tɑ̃
Save 'za:və
Säveån *schwed.* ˌsɛ:vəo:n
Saverij vgl. Saweri
Saveerijs *niederl.* 'sa:vərɛis
Saverio *it.* sa'vɛ:rio
Saverne *fr.* sa'vɛrn
Savickij vgl. Sawizki
Savigliano *it.* saviʎ'ʎa:no
Savigny 'zavɪnji, *fr.* savi'ɲi
Savigny-sur-Orge *fr.* saviɲisy'rɔrʒ
Savile *engl.* 'sævɪl
Saviñao *span.* saβi'ɲao
Savinkov vgl. Sawinkow
Savits *ung.* 'ʃɔvitʃ
Savo *serbokr.* ˌsa:vɔ, *finn.* 'sɑvɔ
Savognin *rät.* savo'ɲin
Savoia *it.* sa'vɔ:ja
Savoie *fr.* sa'vwa
Savoir-faire *fr.* savwar'fɛ:r
Savoir-vivre *fr.* savwar'vi:vr
Savolaks *finn.* 'sɑvɔlɑks
Sávoly *ung.* 'ʃa:voj
Savona *it.* sa'vo:na
Savonarola zavona'ro:la, *it.* savona'rɔ:la
Savonlinna *finn.* 'sɑvɔnlinnɑ
Savoy *engl.* sə'vɔɪ
Savoyarde zavo'jardə
Savoyen za'vɔyən
Savoyer za'vɔyɐ
savoyisch za'vɔyɪʃ
Savrasov vgl. Sawrassow
Sävsjö *schwed.* ˌsɛ:vʃø:
Sawallisch za'valɪʃ
Sawatch *engl.* sə'wɔtʃ
Saweri, Saverij *russ.* sa'vjerij
Sawinkow, Savinkov *russ.* 'savɪnkɐf
Sawitri 'za:vitri
Sawitzki za'vɪtski
Sawizki, Savickij *russ.* sa'vitskij
Sawu *indon.* 'sawu
Sawrassow, Savrasov *russ.* sa'vrasɐf
Sawyer *engl.* 'sɔ:jə
Sax *fr.* saks
Saxe *engl.* sæks
Saxen 'zaksn̩
Saxifraga za'ksi:fraga, **...agen** ...ksi'fra:gn̩
Saxifragazeen zaksifraga'tse:ən
Saxl 'zaksl̩
Saxnot 'zaksno:t
Saxo Grammaticus 'zakso gra'matikʊs
Saxon *engl.* sæksn
Saxone za'kso:nə
saxonisch za'kso:nɪʃ
Saxonskaja, Saksonskaja *russ.* sak'sɔnskɐjɐ
Saxophon zakso'fo:n
Saxophonist zaksofo'nɪst
Saxton *engl.* 'sækstən
Say *engl.* seɪ, *fr.* sɛ
Saybrook *engl.* 'seɪbrʊk
Saybusch 'zaibʊʃ
Sayce *engl.* seɪs
Sayda 'zaida
Sayer[s] *engl.* 'seɪə[z]
Sayn zain
Saynète zɛ'nɛt, **-n** ...tn̩
Sayre[ville] *engl.* 'sɛə[vɪl]
Sazan *alban.* sa'zan
Sázava *tschech.* 'sa:zava
Sazawa 'za:zava
sazerdotal zatsɛrdo'ta:l
Sazerdotium zatsɛr'do:tsiʊm
Sazonov vgl. Sasonow
Sbarasch, Zbaraž *russ.* 'zbarɐʃ
SBB ɛsbe:'be:
Sbirre 'sbɪrə
Sbirsk *russ.* zbirsk
Sborow, Zborov *russ.* 'zbɔrɐf
Sbrutsch, Zbruč *russ.* zbrutʃ
Scacciati *it.* skat'tʃa:ti
Scaër *fr.* ska'ɛ:r
Scafati *it.* ska'fa:ti
Scafell *engl.* 'skɔ:'fɛl
Scala *dt.*, *it.* 'ska:la
Scalby *engl.* 'skɔ:lbɪ
Scalea *it.* ska'lɛ:a
Scaliger 'ska:ligɐr
Scaligero *it.* ska'li:dʒero
Scalza *it.* 'skaltsa
Scamozzi *it.* ska'mɔttsi
Scampi 'skampi
Scandiano *it.* skan'dia:no
Scandium 'skandiʊm
Scansano *it.* skan'sa:no
Scapa Flow 'ska:pa 'flo:, *engl.* 'skæpə 'floʊ
Scapin *fr.* ska'pɛ̃
Scapino *it.* ska'pi:no
Scaramouche, -s *fr.* skara'muʃ
Scaramuccio skara'mʊtʃo, *it.* ...muttʃo
Scaramuzza skara'mʊtsa, **...uzze** ...ʊtsə
Scarb[o]rough *engl.* 'skɑ:brə
Scareglia *it.* ska'reʎʎa
Scarlatti *it.* skar'latti
Scarlett *engl.* 'skɑ:lɪt
Scarpa *it.* 'skarpa
Scarpe *fr.* skarp
Scarpia *it.* 'skarpia
Scarpino *it.* skar'pi:no
Scarron *fr.* skɑ'rõ
Scarsdale *engl.* 'skɑ:zdeɪl
Scat *engl.* skæt
Scattering *engl.* 'skætərɪŋ
Sceaux *fr.* so
Ščedrin vgl. Schtschedrin
Ščekino vgl. Schtschokino
Scelba *it.* 'ʃɛlba
Ščelkovo vgl. Schtscholkowo
Scelle *fr.* sɛl
scemando ʃe'mando
Scenonym stseno'ny:m
Sceno-Test 'stse:notɛst
Ščerba vgl. Schtscherba
Ščerbakov vgl. Schtscherbakow
Ščerbina vgl. Schtscherbina
Scesaplana ʃeza'pla:na
Scève *fr.* sɛ:v
Schaaffhausen 'ʃa:fhauzn̩
Schaaksvitte ʃa:ks'vɪtə
Schaale 'ʃa:lə
Schaalsee 'ʃa:lze:
Schaan ʃa:n

Schaanwạld ʃa:n'valt
Schaarbeek *niederl.* 'sxa:rbe:k
Schạbako 'ʃa:bako
Schạbbes 'ʃabəs
Schạbe 'ʃa:bə
Schạ̈be 'ʃɛ:bə
schạben 'ʃa:bn̩, **schạb!** ʃa:p, **schạbt** ʃa:pt
Schaberei ʃa:bə'rai̯
Schạbernack 'ʃa:bɐnak
Schạbes 'ʃa:bəs
schạ̈big 'ʃɛ:bɪç, **-e** ...ɪgə
Schablọne ʃa'blo:nə
schablonieren ʃablo'ni:rən
schablonisieren ʃabloni'zi:rən
Schabọtte ʃa'bɔtə
Schabrạcke ʃa'brakə
Schabrụnke ʃa'brʊŋkə
Schạbsel 'ʃa:psl̩
Schạbziger 'ʃa:pt͜si:gɐ
Schạch[en] 'ʃax[n̩]
Schạ̈chental 'ʃɛçn̩ta:l
Schạcher 'ʃaxɐ
Schạ̈cher 'ʃɛçɐ
Schacherei ʃaxə'rai̯
schạchern 'ʃaxɐn
Schạchleitner 'ʃaxlai̯tnɐ
Schạchmatow, Šahmatov *russ.* 'ʃaxmɐtɐf
schạchmạtt 'ʃax'mat
Schachowskọi, Šahovskoj *russ.* ʃɐxaf'skɔj
Schachrisjạbs, Šahrizjabz *russ.* ʃɐxri'zjaps
Schạcht ʃaxt, **Schạ̈chte** 'ʃɛçtə
Schạchtel 'ʃaxtl̩
Schạ̈chtelchen 'ʃɛçtl̩çən
schạchteln 'ʃaxtl̩n
schạchten 'ʃaxtn̩
schạ̈chten 'ʃɛçtn̩
Schạchty, Šachty *russ.* 'ʃaxtɨ
Schachụnja, Šahun'ja *russ.* ʃa'xunjjɐ
Schạck[enthal] 'ʃak[n̩ta:l]
schade, Sch... 'ʃa:də
Schạ̈del 'ʃɛ:dl̩
Schạ̈delin 'ʃɛ:dəli:n
schạden 'ʃa:dn̩, **schạd!** ʃa:t
Schạden 'ʃa:dn̩, **Schạ̈den** 'ʃɛ:dn̩
Schạdewaldt 'ʃa:dəvalt
schạdhaft 'ʃa:thaft
schạ̈digen 'ʃɛ:dɪgn̩, **schạ̈dig!** ...ɪç, **schạ̈digt** ...ɪçt
schạ̈dlich 'ʃɛ:tlɪç
Schạ̈dling 'ʃɛ:tlɪŋ
schạdlos 'ʃa:tlo:s
Schạdow 'ʃa:do
Schạdrinsk, Šadrinsk *russ.* 'ʃadrinsk
Schadụf ʃa'du:f
Schaefer 'ʃɛ:fɐ
Schaeffer 'ʃɛ:fɐ, *fr.* ʃɛ'fɛ:r
Schaeffers 'ʃɛ:fɐs
Schaepman *niederl.* 'sxa:pmɑn
Schaerbeek *niederl.* 'sxa:rbe:k
Schaesberg *niederl.* 'sxa:zbɛrx
Schạf[berg] 'ʃa:f[bɛrk]
Schạ̈fchen 'ʃɛ:fçən
Schạ̈fer 'ʃɛ:fɐ
Schạ̈ferdiek 'ʃɛ:fɐdi:k
Schäferei ʃɛ:fə'rai̯
Schạff *dt., poln.* ʃaf
schạffen, Sch... 'ʃafn̩
Schạffer 'ʃafɐ
Schạ̈ffer 'ʃɛfɐ, *poln.* 'ʃɛfɛr
Schafferei ʃafə'rai̯
Schạffgotsch 'ʃafgɔtʃ
Schaffhausen ʃaf'hau̯zn̩
Schạ̈ffle 'ʃɛflə
Schạ̈ffler 'ʃɛflɐ
Schạffner 'ʃafnɐ
Schafhausen ʃa:f'hau̯zn̩
schạfig 'ʃa:fɪç, **-e** ...ɪgə
Schafiịt ʃafi'i:t
Schafọtt ʃa'fɔt
Schafrạnowo, Šafranovo *russ.* ʃaf'ranɐvɐ
Schạft ʃaft, **Schạ̈fte** 'ʃɛftə
Schạ̈ftchen 'ʃɛftçən
schạ̈ften 'ʃɛftn̩
Schạftlach 'ʃaftlax
Schạ̈ftlarn 'ʃɛftlarn
Schạgen *niederl.* 'sxa:xə
Schaginjạn, Šaginjan *russ.* ʃɐgi'njan
Schagonạr, Šagonar *russ.* ʃɐga'nar
Schạh ʃa:
Schahabạd *pers.* ʃɑha'bɑ:d
Schahdạd *pers.* ʃæh'dɑ:d
Schahị *pers.* ʃɑ'hi:
Schahindẹsch *pers.* ʃɑhin'deʒ
Schah-namẹ *pers.* ʃɑhnɑ'me
Schahpụr *pers.* ʃɑh'pu:r
Schahrisạ *pers.* ʃæhre'zɑ:
Schahrkọrd *pers.* ʃæhr'kord
Schahrụd *pers.* ʃɑh'ru:d
Schakal ʃa'ka:l, *auch:* 'ʃa:ka:l
Schakaré ʃaka're:
Schạke 'ʃa:kə
Schạ̈kel 'ʃɛ:kl̩
schạ̈keln 'ʃɛ:kl̩n
Schạ̈ker 'ʃɛ:kɐ
Schäkerei ʃɛ:kə'rai̯
schạ̈kern 'ʃɛ:kɐn
Schạktarp 'ʃaktarp
Schạkuhuhn 'ʃa:kuhu:n
schạl, Schạl ʃa:l
Schạ̈l ʃɛ:l
Schalạnken ʃa'laŋkn̩
Schalạnter ʃa'lantɐ
Schalauen ʃa'lau̯ən
Schạlbrett 'ʃa:lbrɛt
Schạ̈lchen 'ʃɛ:lçən
Schạlcken *niederl.* 'sxɑlkə
Schạlding 'ʃaldɪŋ
Schạle 'ʃa:lə
schạ̈len 'ʃɛ:lən
Schaljạpin, Šaljapin *russ.* ʃa'ljapin
Schạlk ʃalk, **Schạ̈lke** 'ʃɛlkə
Schạlke 'ʃalkə
Schalkenmẹhren ʃalkn̩'me:rən
Schalksmühle ʃalks'my:lə
Schạll ʃal, **Schạ̈lle** 'ʃɛlə
Schạlla 'ʃala
schạllen 'ʃalən
Schạllstadt 'ʃalʃtat
Schạllück 'ʃalʏk
Schạlm ʃalm
Schalmei ʃal'mai̯
schạlmen 'ʃalmən
Schalọm ʃa'lo:m
Schalọtte ʃa'lɔtə
schạlt[en] 'ʃalt[n̩]
Schạlter 'ʃaltɐ
Schalụppe ʃa'lʊpə
Schạm ʃa:m
Schamạde ʃa'ma:də
Schạmadrossel 'ʃa:madrɔsl̩
Schamaiten ʃa'mai̯tn̩
Schamạne ʃa'ma:nə
Schamanịsmus ʃama'nɪsmʊs
Schạmbach 'ʃambax
Schạmbock 'ʃambɔk
Schamchọr, Šamhor *russ.* ʃam'xɔr
schạ̈men 'ʃɛ:mən
schamfilen ʃam'fi:lən
schạ̈mig 'ʃɛ:mɪç, **-e** ...ɪgə
Schamịl, Šamil' ʃa'mɪl, *russ.* ʃa'milj
Schạmmai 'ʃamai̯
Schạmmes 'ʃaməs
Schạmo 'ʃa:mo
Schamọtt[e] ʃa'mɔt[ə]
schampuen ʃam'pu:ən
Schampụn ʃam'pu:n
schampunieren ʃampu'ni:rən
Schạmpus 'ʃampʊs
schạmrot 'ʃa:mro:t
Schamso'd-dịn *pers.* ʃæmsod'di:n
Schạndau 'ʃandau̯
schạndbar 'ʃantba:ɐ̯
Schande 'ʃandə
Schạndeckel 'ʃandɛkl̩
Schạndeck 'ʃandɛk
schạ̈nden 'ʃɛndn̩, **schạ̈nd!** ʃɛnt
schạ̈ndlich 'ʃɛntlɪç
S-chạnf *rät.* ʃtʃamf
Schanfigg ʃan'fɪk
Schạng ʃaŋ
Schạnghai 'ʃaŋhai̯, *auch:* -'-
schanghaien ʃaŋ'hai̯ən, *auch:* '---
Schạni 'ʃa:ni
Schạnk ʃaŋk, **Schạ̈nke** 'ʃɛŋkə
Schạnker 'ʃaŋkɐ
Schạnkwirt 'ʃaŋkvɪrt
Schạnsi 'ʃanzi
Schạnstaat 'ʃa:nʃta:t
Schạntou 'ʃantau̯
Schạntung 'ʃantʊŋ
Schạnz[e] 'ʃant͜s[ə]
schạnzen 'ʃant͜sn̩
Schạper 'ʃa:pɐ
Schạpf[e] 'ʃap͜f[ə]
Schapọrin, Šaporin *russ.* ʃa'pɔrin
Schapọschnikow, Šapošnikov *russ.* 'ʃapɐʃnikɐf
Schạppe 'ʃapə
Schạppel 'ʃapl̩

Schaprode ʃap'ro:də
Schar ʃa:ɐ̯
Schär ʃɛ:ɐ̯
Scharade ʃa'ra:də
Scharafo'd-din *pers.* ʃæræfod'di:n
Schararaka ʃara'ra:ka
Schärbaum 'ʃɛ:ɐ̯baum
Scharbe 'ʃarbə
Scharbeutz ʃar'bɔyts
Scharbock 'ʃa:ɐ̯bɔk
Schärding 'ʃɛrdɪŋ
Schardt ʃart, *niederl.* sxɑrt
Schäre 'ʃɛ:rə
scharen 'ʃa:rən
schären 'ʃɛ:rən
Scharett ʃa'rɛt
scharf ʃarf, **schärfer** 'ʃɛrfɐ
Schärf[e] 'ʃɛrf[ə]
schärfen 'ʃɛrfn̩
Scharfenberg 'ʃarfn̩bɛrk
Scharfenstein 'ʃarfn̩ʃtain
schärfer vgl. scharf
Scharff ʃarf
Schari 'ʃa:ri
Scharia ʃa'ri:a
Scharja, Šar'ja *russ.* ʃarj'ja
Scharl ʃarl
S-charl *rät.* ʃtʃjarl
Scharlach 'ʃarlax
scharlachen 'ʃarlaxn̩
Scharlatan 'ʃarlatan
Scharlatanerie ʃarlatanə'ri:, **-n** ...i:ən
scharlenzen ʃar'lɛntsn̩
Scharm ʃarm
scharmant ʃar'mant
Scharmbeck 'ʃarmbɛk
scharmieren ʃar'mi:rən
Scharmützel ʃar'mʏtsl̩
scharmützeln ʃar'mʏtsl̩n
scharmutzieren ʃarmʊ'tsi:rən
Scharn[horst] 'ʃarn[hɔrst]
Scharnier ʃar'ni:ɐ̯
Scharnitz 'ʃarnɪts
Scharoun ʃa'ru:n
[1]**Scharow, Šarov** *russ.* 'ʃarɐf
[2]**Scharow, Žarov** *russ.* 'ʒarɐf
Schärpe 'ʃɛrpə
Scharpie ʃar'pi:
Scharre[lmann] 'ʃarə[lman]
scharren, Sch... 'ʃarən
scharrieren ʃa'ri:rən
Scharschmied 'ʃa:ɐ̯ʃmi:t
Scharstorf 'ʃarstɔrf
Scharte 'ʃartə
Scharteke ʃar'te:kə
Scharten *niederl.* 'sxɑrtə
schartig 'ʃartɪç, **-e** ...ɪgə
Scharwache 'ʃa:ɐ̯vaxə
Scharwasser 'ʃa:ɐ̯vasɐ
Scharwenka ʃar'vɛŋka
Scharwenzel ʃar'vɛntsl̩
scharwenzeln ʃar'vɛntsl̩n
Schaschka 'ʃaʃka
Schaschkewitsch, Šaškevič *russ.* ʃaʃ'kjevitʃ
Schaschlik 'ʃaʃlɪk
Schäßburg 'ʃɛsbʊrk
schassen 'ʃasn̩, **schaßt** ʃast
schassieren ʃa'si:rən
Schat *niederl.* sxɑt
Schatt el-Arab ʃatɛl'|arap
schatten, S... 'ʃatn̩
schattieren ʃa'ti:rən
schattig 'ʃatɪç, **-e** ...ɪgə
Schattwald 'ʃatvalt
Schatulle ʃa'tʊlə
Schatz ʃats, **Schätze** 'ʃɛtsə
Schätzchen ʃɛtsçən
schätzen 'ʃɛtsn̩
Schatzlar 'ʃatslar
Schau[b] ʃau[p]
Schaube 'ʃaubə
Schauder 'ʃaudɐ
schauderhaft 'ʃaudɐhaft
schaudern 'ʃaudɐn, **schaudre** 'ʃaudrə
Schaudinn 'ʃaudɪn
schauen 'ʃauən
Schauenburg 'ʃauənbʊrk
Schauenstein 'ʃauənʃtain
Schauer 'ʃauɐ
schauerlich 'ʃauɐlɪç
Schauermann 'ʃauɐman
schauern 'ʃauɐn
Schaufel 'ʃaufl̩
Schäufelein 'ʃɔyfəlain
schauf[e]lig 'ʃauf[ə]lɪç, **-e** ...ɪgə
schaufeln 'ʃaufl̩n
Schauinsland 'ʃau|ɪnslant
Schaukal 'ʃaukal
Schaukel 'ʃaukl̩
Schaukelei ʃaukə'lai
schauk[e]lig 'ʃauk[ə]lɪç, **-e** ...ɪgə
schaukeln 'ʃaukl̩n
Schaulen 'ʃaulən
Schaum ʃaum, **Schäume** 'ʃɔymə
Schaumann 'ʃauman
Schaumburg 'ʃaumbʊrk
schäumen 'ʃɔymən
schaumig 'ʃaumɪç, **-e** ...ɪgə
Schaumjan, Šaumjan *russ.* ʃɐu'mjan
Schaumschlägerei ʃaumʃlɛ:gə'rai
Schaunard *fr.* ʃo'na:r
schaurig 'ʃaurɪç, **-e** ...ɪgə
schaurig-schön 'ʃaurɪç'ʃø:n
Schauspiel[er] 'ʃauʃpi:l[ɐ]
schauspielerisch 'ʃauʃpi:lərɪʃ
schauspielern 'ʃauʃpi:lɐn
Schazk, Šack *russ.* ʃatsk
Schdanow, Ždanov *russ.* 'ʒdanɐf
Schdanowsk, Ždanovsk *russ.* 'ʒdanɐfsk
Schebecke ʃe'bɛkə
Schebekino, Šebekino *russ.* ʃə'bjekinɐ
Schebesta ʃe'bɛsta
Schech ʃe:ç, ʃɛç
Schechingen 'ʃɛçɪŋən
Schechter 'ʃɛçtɐ, *engl.* 'ʃɛktə
Scheck[e] 'ʃɛk[ə]
scheckig 'ʃɛkɪç, **-e** ...ɪgə
Scheda 'ʃɛda
Schedbau 'ʃɛtbau
Schede 'ʃe:də
Schedel 'ʃe:dl̩
Schedewitz 'ʃe:dəvɪts
Schedir 'ʃe:dɪr
Schedoni *it.* ske'do:ni
Schedula 'ʃe:dula, **...lae** ...lɛ
Schee[ben] 'ʃe:[bn̩]
scheel, Scheel ʃe:l
Scheele *schwed.* ˌʃe:lə
Scheemda *niederl.* 'sxe:mda:
Scheer[bart] 'ʃe:ɐ̯[ba:ɐ̯t]
Schef ʃɛf
Schefe 'ʃe:fə
Schefer 'ʃe:fɐ
Scheffel 'ʃɛfl̩
scheffeln 'ʃɛfl̩n
Scheffer 'ʃɛfɐ, *fr.* ʃɛ'fɛ:r, *niederl.* 'sxɛfər
Scheffler 'ʃɛflɐ
Schefold 'ʃɛfɔlt, 'ʃe:f...
Schéhadé *fr.* ʃea'de
Scheherazade ʃehera'za:də
Scheherezade ʃehere'za:də
Schehsewar *pers.* ʃæhsæ'vɑ:r
Scheibbs ʃaips
Scheibchen 'ʃaipçən
Scheibe 'ʃaibə
Scheibein 'ʃaibain
Scheibelreiter 'ʃaibl̩raitɐ
scheiben 'ʃaibn̩, **scheib!** ʃaip, **scheibt** ʃaipt
Scheibenberg 'ʃaibn̩bɛrk
scheibig 'ʃaibɪç, **-e** ...ɪgə
Scheibmühl 'ʃaipmy:l
Scheibner 'ʃaibnɐ
Scheich ʃaiç
Scheid ʃait
Scheide 'ʃaidə
[1]**Scheidegg** (Bayern) 'ʃaidɛk
[2]**Scheidegg** (Schweiz) ʃai'dɛk
Scheidemann 'ʃaidəman
scheiden 'ʃaidn̩, **scheid!** ʃait
Scheiden 'ʃaidn̩
Scheidingen 'ʃaidɪŋən
Scheidt ʃait
Scheifling 'ʃaiflɪŋ
Scheik ʃaik
Schein ʃain
scheinbar 'ʃainba:ɐ̯
scheinen 'ʃainən
Scheiner 'ʃainɐ
Scheinfeld 'ʃainfɛlt
scheinheilig 'ʃainhailɪç
Scheiße 'ʃaisə
scheißen 'ʃaisn̩
Scheit[el] 'ʃait[l̩]
scheiteln 'ʃaitl̩n
scheitern 'ʃaitɐn
Scheits ʃaits
Schekel 'ʃe:kl̩
Schelandre *fr.* ʃə'lã:dr
Schelch ʃɛlç
Schelde 'ʃɛldə, *niederl.* 'sxɛldə
Schelechow, Šelehov *russ.* 'ʃelɪxɐf

Schelepin, Šelepin *russ.* ʃə'ljepin
Scheler 'ʃe:lɐ
Schelesnaja Balka, Železnaja Balka *russ.* ʒə'ljɛznɐjɐ 'balkɐ
Schelesnodoroschny, Železnodorožnyj *russ.* ʒəlɪznɐda'rɔʒnɨj
Schelesnoje, Železnoe *russ.* ʒə'ljɛznɐjɐ
Schelf[e] 'ʃɛlf[ə]
schelfern 'ʃɛlfɐn
schelf[e]rig 'ʃɛlf[ə]rɪç, **-e** ...ɪgə
Schelfhout *niederl.* 'sxɛlfhɔu̯t
Schelgunow, Šelgunov *russ.* ʃəlgu'nɔf
Schell[ack] 'ʃɛl[ak]
[1]**Schelle** 'ʃɛlə
[2]**Schelle** (Name) 'ʃɛlə, *niederl.* 'sxɛlə
Schellebelle *niederl.* sxɛlə'bɛlə
schellen, Sch... 'ʃɛlən
Schellenberg 'ʃɛlənbɛrk
Schelling *dt., engl.* 'ʃɛlɪŋ
Schelm ʃɛlm
Schelmerei ʃɛlmə'rai̯
Schelmuffsky ʃɛl'mʊfski
Schelsky 'ʃɛlski
Schelte 'ʃɛltə
Scheltema *niederl.* 'sxɛltəma:
schelten 'ʃɛltn̩
Scheltopusik ʃɛlto'pu:zɪk
Schema 'ʃe:ma, **-ta** -ta
Schemacha, Šemaha *russ.* ʃəma'xa
Schemait ʃema'i:t
schematisieren ʃemati'zi:rən
Schematismus ʃema'tɪsmʊs
Schembart 'ʃɛmba:ɐ̯t, **...bärte** ...bɛ:ɐ̯tə
Schemel 'ʃe:ml̩
Schemen 'ʃe:mən
Schemnitz 'ʃɛmnɪts
Schemtschuschnikow, Žemčužnikov *russ.* ʒəm'tʃuʒnikɐf
Schenck ʃɛŋk
Schendel *niederl.* 'sxɛndəl
Schenectady *engl.* skɪ'nɛktədɪ
Scheng ʃɛŋ
Schenjang 'ʃɛnjaŋ
Schenk[e] 'ʃɛŋk[ə]
Schenkel 'ʃɛŋkl̩
schenken 'ʃɛŋkn̩
Schenkendorf 'ʃɛŋkn̩dɔrf
Schenker 'ʃɛŋkɐ
Schenkursk, Šenkursk *russ.* 'ʃɛnkursk
Schenschin, Šenšin *russ.* ʃən'ʃɨn
Schensi 'ʃɛnzi
Schenute ʃe'nu:tə
Scheol ʃe'o:l
Schepenupet ʃepe'nu:pɛt
Schepetowka, Šepetovka *russ.* ʃəpɪ'tɔfkɐ
Schepilow, Šepilov *russ.* ʃə'pilɐf

Scheppan 'ʃɛpan
scheppern 'ʃɛpɐn
Schepseska[e]f ʃɛpsɛs'ka:[ɛ]f
Scher ʃe:ɐ̯
Scherasmin 'ʃe:rasmɪn
Scherbe 'ʃɛrbə
Scherbel 'ʃɛrbl̩
scherbeln 'ʃɛrbl̩n, **...ble** ...blə
Scherben 'ʃɛrbn̩
Scherbett ʃɛr'bɛt
Scherchen 'ʃɛrçn̩
Schere 'ʃe:rə
scheren 'ʃe:rən
Scherenberg 'ʃe:rənbɛrk
Scherenk 'ʃe:rɛŋk
Scherer 'ʃe:rɐ
Schérer *fr.* ʃe'rɛ:r
Schererei ʃe:rə'rai̯
Scherflein 'ʃɛrflai̯n
Scherge 'ʃɛrgə
[1]**Scheria** (Insel) 'ʃe:ri̯a
[2]**Scheria** (islam. Gesetz) ʃe'ri:a
Scherif ʃe'ri:f
Scheriff 'ʃɛrɪf
Schering[er] 'ʃe:rɪŋ[ɐ]
Scherl ʃɛrl
Schermaus 'ʃe:ɐ̯mau̯s
Schermbeck 'ʃɛrmbɛk
Schermeisel ʃɛr'mai̯zl̩
Schermer[horn] *niederl.* 'sxɛrmər[hɔrn]
Schermützelsee ʃɛr'mʏtsl̩ze:
Schernken 'ʃɛrnkn̩
Scherpenheuvel *niederl.* 'sxɛrpənhø:vəl
Scherr[er] 'ʃɛr[ɐ]
Schertlin 'ʃɛrtli:n
Schervier ʃɛr'vi:ɐ
Scherwenzel ʃɛr'vɛntsl̩
scherwenzeln ʃɛr'vɛntsl̩n
Scherz ʃɛrts
scherzando skɛr'tsando
Scherzando skɛr'tsando, **...di** ...di
Scherzel 'ʃɛrtsl̩
scherzen 'ʃɛrtsn̩
Scherzer 'ʃɛrtsɐ
Scherzo 'skɛrtso, **...zi** ...tsi
scherzoso skɛr'tso:zo
Schesaplana ʃeza'pla:na
schesen 'ʃe:zn̩, **sches!** ʃe:s, **schest** ʃe:st
Scheschonk 'ʃɛʃɔŋk
Scheschuppe ʃe'ʃʊpə
scheu, Scheu ʃɔy
scheuchen 'ʃɔyçn̩
Scheuch[zer] 'ʃɔyç[tsɐ]
scheuen 'ʃɔyən
Scheuer 'ʃɔyɐ
Scheuermann *dän.* 'ʃɔj'ərman'
scheuern, S... 'ʃɔyɐn
Scheuernstuhl 'ʃɔyɐnʃtu:l
Scheune 'ʃɔynə
Scheuner 'ʃɔynɐ
Scheur *niederl.* sxø:r
Scheurer 'ʃɔyrɐ
Scheusal 'ʃɔyza:l
scheußlich 'ʃɔyslɪç

Scheven 'ʃe:vn̩
Scheveningen *niederl.* 'sxe:vənɪŋə
Schewtschenko, Ševčenko *russ.* ʃəf'tʃɛnkɐ
Schexna, Šeksna *russ.* ʃəks'na
Scheyern 'ʃai̯ɐn
Schi ʃi:, **-er** 'ʃi:ɐ
Schia 'ʃi:a
Schiaparelli *it.* ski̯apa'rɛlli
Schiavazzi *it.* ski̯a'vattsi
Schiavone *it.* ski̯a'vo:ne
Schibbeke 'ʃɪbəkə
Schibbike 'ʃɪbɪkə
Schibboleth ʃɪ'bo:lɛt
Schibin ʃi'bi:n
Schicchi *it.* 'skikki
Schichar, Žihar' *russ.* 'ʒɨxɐrj
Schichau 'ʃɪçau̯
Schicht ʃɪçt
schichten 'ʃɪçtn̩
schick ʃɪk
Schick *dt., engl.* ʃɪk
Schickele 'ʃɪkələ
schicken 'ʃɪkn̩
Schickhardt 'ʃɪkhart
Schicklgruber 'ʃɪkl̩gru:bɐ
schicklich 'ʃɪklɪç
Schicksal 'ʃɪkza:l
Schickse 'ʃɪksə
Schidatschow, Židačov *russ.* ʒɨ'datʃɐf
Schie *niederl.* sxi:
schieben 'ʃi:bn̩, **schieb!** ʃi:p, **schiebt** ʃi:pt
Schieber 'ʃi:bɐ
schiech ʃi:ç
schied ʃi:t
Schied ʃi:t, **-e** 'ʃi:də
Schiedam *niederl.* sxi:'dɑm
schieden 'ʃi:dn̩
Schieder[mair] 'ʃi:dɐ[mai̯ɐ]
schiedlich 'ʃi:tlɪç
Schiedlo 'ʃi:dlo
Schiedmayer 'ʃi:tmai̯ɐ
schiedsrichtern 'ʃi:tsrɪçtɐn
schief ʃi:f
Schiefbahn 'ʃi:fba:n
Schiefe 'ʃi:fə
Schiefer 'ʃi:fɐ
schief[e]rig 'ʃi:f[ə]rɪç, **-e** ...ɪgə
schiefern 'ʃi:fɐn
Schiegl 'ʃi:gl̩
Schiehallion *engl.* ʃɪ'hæljən
Schiele 'ʃi:lə
schielen 'ʃi:lən
Schiemann 'ʃi:man
schien ʃi:n
Schienbein 'ʃi:nbai̯n
Schiene 'ʃi:nə
schienen 'ʃi:nən
schier ʃi:ɐ̯
Schier vgl. Schi
schieren 'ʃi:rən
Schierke 'ʃi:ɐ̯kə
Schierling 'ʃi:ɐ̯lɪŋ
Schiermonnikoog *niederl.* sxi:rmɔnɪk'o:x

Schi̱erstein 'ʃi:ɐ̯ʃtai̯n
schi̱eßen 'ʃi:sn̩
Schießerei̱ ʃi:sə'rai̯
Schi̱estl 'ʃi:stl̩
Schi̱et ʃi:t
Schịff *dt., engl.* ʃɪf
Schịffahrt 'ʃɪffa:ɐ̯t
schịffbrüchig 'ʃɪfbrʏçɪç
schịffeln 'ʃɪfl̩n
schịffen 'ʃɪfn̩
Schịffer[stadt] 'ʃɪfɐ[ʃtat]
Schịffweiler 'ʃɪfvai̯lɐ
schịften 'ʃɪftn̩
Schigạlowo, Žigalovo *russ.* ʒɨ'galɐvɐ
Schigemịtsu ʃige'mɪtsu
Schi̱golch 'ʃi:gɔlç
Schiguli, Žiguli *russ.* ʒɨgu'li
Schiịsmus ʃi'ɪsmʊs
Schii̱t ʃi'i:t
Schịjndel *niederl.* 'sxɛi̯ndəl
Schika̱ne ʃi'ka:nə
Schikane̱der ʃika'ne:dɐ
Schikaneur ʃika'nø:ɐ̯
schikani̱eren ʃika'ni:rən
schikanö̱s ʃika'nø:s, **-e** ...ø:zə
Schi̱kjöring 'ʃi:jø:rɪŋ
Schiko̱ku ʃi'ko:ku
Schịlbach 'ʃɪlbax
Schịlberg *niederl.* 'sxɪlbɛrx
Schịlcher 'ʃɪlçɐ
Schịld ʃɪlt, **-e** 'ʃɪldə, **-er** 'ʃɪldɐ
Schịldau 'ʃɪldau̯
Schịlde 'ʃɪldə, *niederl.* 'sxɪldə
Schildere̱i ʃɪldə'rai̯
schịldern 'ʃɪldɐn, **schịldre** 'ʃɪldrə
Schịldesche 'ʃɪldəʃə
Schịldkröte 'ʃɪltkrø:tə
Schịldow 'ʃɪldo
Schịldt *schwed.* ʃɪlt
Schịlf ʃɪlf
schịlfen 'ʃɪlfn̩
schịlf[e]rig 'ʃɪlf[ə]rɪç, **-e** ...ɪgə
schịlfern 'ʃɪlfɐn
schịlfig 'ʃɪlfɪç **-e** ...ɪgə
Schịlka, Šilka *russ.* 'ʃɨlkɐ
Schịll ʃɪl
Schille̱hnen ʃɪ'le:nən
Schịllen 'ʃɪlən
Schịller 'ʃɪlɐ, *engl.* 'ʃɪlə
schịllerig 'ʃɪlərɪç, **-e** ...ɪgə
schịllern 'ʃɪlɐn
Schịlling[en] 'ʃɪlɪŋ[ən]
Schịllings 'ʃɪlɪŋs
Schịllingstedt 'ʃɪlɪŋʃtɛt
Schịlluk 'ʃɪlʊk
Schi̱loh 'ʃi:lo
schịlpen 'ʃɪlpn̩
schịlt! ʃɪlt
Schịltach 'ʃɪltax
Schịltberger 'ʃɪltbɛrgɐ
Schịlten 'ʃɪltn̩
Schịltigheim 'ʃɪltɪçhai̯m, *fr.* ʃilti'gɛm
Schimä̱re ʃi'mɛ:rə
schimä̱risch ʃi'mɛ:rɪʃ
Schimi̱zu ʃi'mi:tsu
[1]**Schịmmel** 'ʃɪml̩
[2]**Schịmmel** (Name) 'ʃɪml̩, *niederl.* 'sxɪməl
schịmmelig 'ʃɪməlɪç, **-e** ...ɪgə
Schịmmelmann 'ʃɪml̩man, *dän.* 'sjeməlman'
schịmmeln 'ʃɪml̩n
Schịmmelpenninck *niederl.* 'sxɪməlpɛnɪŋk
Schịmmelpfeng 'ʃɪml̩pfɛŋ
Schịmmelreiter 'ʃɪml̩rai̯tɐ
Schịmmer 'ʃɪmɐ
schịmmern 'ʃɪmɐn
schịmmlig 'ʃɪmlɪç, **-e** ...ɪgə
Schimonose̱ki ʃimono'ze:ki
Schimpạnse ʃɪm'panzə
schimpanso̱id ʃɪmpanzo'i:t, **-e** ...i:də
Schịmper 'ʃɪmpɐ
Schịmpf ʃɪmpf
schịmpfen 'ʃɪmpfn̩
Schimpfere̱i ʃɪmpfə'rai̯
schimpfi̱eren ʃɪm'pfi:rən
schịmpflich 'ʃɪmpflɪç
Schina̱kel ʃi'na:kl̩
Schịndel 'ʃɪndl̩
schịndeln 'ʃɪndl̩n, **schịndle** 'ʃɪndlə
schịnden 'ʃɪndn̩, **schịnd!** ʃɪnt
Schindere̱i ʃɪndə'rai̯
Schịnderhannes 'ʃɪndɐhanəs
Schịndewolf 'ʃɪndəvɔlf
Schịndler 'ʃɪndlɐ
Schịner 'ʃɪnɐ
Schịnkel 'ʃɪŋkl̩
Schịnken 'ʃɪŋkn̩
Schịnn[e] 'ʃɪn[ə]
Schịnnen *niederl.* 'sxɪnə
Schịnner 'ʃɪnɐ
Schịnnerer 'ʃɪnərɐ
Schịnto 'ʃɪnto
Schintoịsmus ʃɪnto'ɪsmʊs
Schịnveld *niederl.* 'sxɪnvɛlt
Schịnz[nach] 'ʃɪnts[nax]
Schi̱o *it.* 'ski:o
Schionatulạnder ʃi̯onatu'landɐ
Schi̱pa *it.* 'ski:pa
Schiphol *niederl.* sxɪp'hɔl, '--
Schịpka, Šipka *bulgar.* 'ʃipka
Schịpkau 'ʃɪpkau̯
Schipluiden *niederl.* sxɪp'lœi̯də
Schịppach 'ʃɪpax
Schịppe 'ʃɪpə
schịppen, S... 'ʃɪpn̩
Schịppenbeil 'ʃɪpn̩bai̯l
Schịpper 'ʃɪpɐ
Schịppers *engl.* 'ʃɪpəz
Schirabạd, Širabad *russ.* ʃɨra'bat
Schi̱rach 'ʃi:rax
Schi̱ras 'ʃi:ras, *pers.* ʃi'rɑ:z
Schịrdewan 'ʃɪrdəvan
Schi̱re 'ʃi:rə
Schi̱ri 'ʃi:ri
Schirgiswạlde ʃɪrgɪs'valdə
schịrken 'ʃɪrkn̩
Schịrm[acher] 'ʃɪrm[axɐ]
Schịrmeck 'ʃɪrmɛk, *fr.* ʃir'mɛk
schịrmen 'ʃɪrmən
Schịrmenitz 'ʃɪrmənɪts
Schịrmer 'ʃɪrmɐ
Schịrnding 'ʃɪrndɪŋ
Schirò *alban.* ʃi'ro
Schirọkko ʃi'rɔko
Schịrra 'ʃɪra; *engl.* ʃɪ'rɑ:, '--
schịrren, S... 'ʃɪrən
Schịrrmann 'ʃɪrman
Schịrwasee 'ʃɪrvaze:
Schirwindt ʃɪr'vɪnt, '--
Schischkin, Šiškin *russ.* 'ʃɨʃkin
Schischkọw, Šiškov *russ.* ʃɨʃ'kɔf
Schischmạn, Šišman *bulgar.* ʃiʃ'man
Schischmạnow, Šišmanov *bulgar.* ʃiʃ'manof
Schisdra, Žizdra *russ.* 'ʒɨzdrɐ
Schịsma 'ʃɪsma, *auch:* 'sçɪ...
Schismạtiker ʃɪs'ma:tikɐ, *auch:* sçɪ...
schismạtisch ʃɪs'ma:tɪʃ, *auch:* sçɪ...
schịß ʃɪs
Schịß ʃɪs, **Schịsses** 'ʃɪsəs
schịssen 'ʃɪsn̩
Schistoprosopi̱e ʃɪstoprozo'pi:, *auch:* sçɪ...
Schistoso̱ma ʃɪsto'zo:ma, *auch:* sçɪ...; **-ta** -ta
Schistosomịasis ʃɪstozo'mi:azɪs, *auch:* sçɪ...
Schitọmir, Žitomir *russ.* ʒɨ'tɔmir
Schi̱velbein 'ʃi:fl̩bai̯n
Schi̱wa ʃi:va
Schiwạgo, Živago *russ.* ʒɨ'vagɐ
Schịwkow, Živkov *bulgar.* 'ʒifkof
schizoge̱n ʃitso'ge:n, *auch:* sçi...
Schizogoni̱e ʃitsogo'ni:, *auch:* sçi...
schizo̱id ʃitso'i:t, *auch:* sçi...; **-e** ...i:də
Schizomyze̱t ʃitsomy'tse:t, *auch:* sçi...
Schizophasi̱e ʃitsofa'zi:, *auch:* sçi...
schizophre̱n ʃitso'fre:n, *auch:* sçi...
Schizophreni̱e ʃitsofre'ni:, *auch:* sçi...; **-n** ...i:ən
Schizophy̱ten ʃitso'fy:tn̩, *auch:* sçi...
Schizophyze̱en ʃitsofy'tse:ən, *auch:* sçi...
schizothy̱m ʃitso'ty:m, *auch:* sçi...
Schjẹlderup *norw.* 'ʃɛldərʉp
Schkeu̱ditz 'ʃkɔy̯dɪts
Schkipeta̱r ʃkipe'ta:ɐ̯
Schklọw, Šklov *russ.* ʃklɔf
Schklọwski, Šklovskij *russ.* 'ʃklɔfskij
Schkö̱len 'ʃkø:lən
Schkö̱na 'ʃkø:na

Schkọpau 'ʃko:pau̯
Schkuljọw, Škulev *russ.* ʃku'ljɔf
Schlabberei ʃlabə'rai̯
schlạbb[e]rig 'ʃlab[ə]rɪç, **-e** ...ɪgə
schlạbbern 'ʃlabɐn, **schlạbbre** 'ʃlabrə
Schlạcht[a] 'ʃlaxt[a]
schlạchten 'ʃlaxtn̩
Schlạchtensee 'ʃlaxtn̩ze:
Schlachterei ʃlaxtə'rai̯
Schlạchters 'ʃlaxtɐs
Schlạchtschitz 'ʃlaxtʃɪts
schlạck, Schlạck ʃlak
Schlạcke 'ʃlakə
schlạcken 'ʃlakn̩
Schlạckenwald 'ʃlakn̩valt
Schlạckenwert 'ʃlakn̩ve:ɐ̯t
schlạckern 'ʃlakɐn
schlạckig 'ʃlakɪç, **-e** ...ɪgə
Schlạden 'ʃla:dn̩
Schladming 'ʃla[:]tmɪŋ
Schlạf ʃla:f
Schläfchen 'ʃlɛ:fçən
Schläfe 'ʃlɛ:fə
schlạfen 'ʃla:fn̩
schläfern 'ʃlɛ:fɐn
schlạff ʃlaf
Schlafịttchen ʃla'fɪtçən
Schlafịttich ʃla'fɪtɪç
schläfrig 'ʃlɛ:frɪç, **-e** ...ɪgə
schläft ʃlɛ:ft
Schlạg ʃla:k, **-es** 'ʃla:gəs, **Schläge** 'ʃlɛ:gə
Schlagbrụgge ʃla:k'brʏgə
schlạgen 'ʃla:gn̩, **schlạg!** ʃla:k **schlạgt** ʃla:kt
Schlạgenthin 'ʃla:gn̩ti:n
Schlạger 'ʃla:gɐ
Schlägerei ʃlɛ:gə'rai̯
schlägern 'ʃlɛ:gɐn, **schlägre** 'ʃlɛ:grə
Schlạgeter 'ʃla:gətɐ
Schlạgintweit 'ʃla:k|ɪntvai̯t
Schlạgobers 'ʃla:k|o:bɐs
Schlạgsdorf 'ʃla:ksdɔrf
schlägt ʃlɛ:kt
Schlaitz ʃlai̯ts
Schlạks ʃla:ks
schlạksig 'ʃla:ksɪç, **-e** ...ɪgə
Schlamạstik ʃla'mastɪk
Schlamạssel ʃla'masl̩
Schlạmm ʃlam, **Schlạ̈mme** 'ʃlɛmə
schlạmmen 'ʃlamən
schlạ̈mmen 'ʃlɛmən
schlạmmig 'ʃlamɪç, **-e** ...ɪgə
schlampạmpen ʃlam'pampn̩
Schlạmpe 'ʃlampə
schlạmpen 'ʃlampn̩
Schlạmper 'ʃlampɐ
Schlamperei ʃlampə'rai̯
schlạmpert 'ʃlampɐt
schlạmpig 'ʃlampɪç, **-e** ...ɪgə
Schlạn ʃla:n
Schlạnd ʃlant
schlạng ʃlaŋ
Schlạnge 'ʃlaŋə
schlạ̈nge 'ʃlɛŋə
Schlạ̈ngelchen 'ʃlɛŋl̩çən
schlạ̈ng[e]lig 'ʃlɛŋ[ə]lɪç, **-e** ...ɪgə
schlạ̈ngeln 'ʃlɛŋl̩n
Schlạngen[bad] 'ʃlaŋən[ba:t]
Schlạ̈nglein 'ʃlɛŋlai̯n
schlạnk[weg] 'ʃlaŋk[vɛk]
Schlạns ʃlans
Schlạpfen 'ʃlapfn̩
schlạpp ʃlap
Schlạppe 'ʃlapə
schlạppen, Sch... 'ʃlapn̩
schlạppern 'ʃlapɐn
schlạppig 'ʃlapɪç, **-e** ...ɪgə
Schlappịner ʃla'pi:nɐ
Schlarạffe ʃla'rafə
Schlarạffia ʃla'rafi̯a
Schlạrfe 'ʃlarfə
Schlarịgna *rät.* ʃla'rɪɲa
Schlạrpfe 'ʃlarpfə
Schlạt ʃla:t
Schlạtt[er] 'ʃlat[ɐ]
schlau ʃlau̯
Schlaube 'ʃlau̯bə
Schlauberger 'ʃlau̯bɛrgɐ
Schlaubergerei ʃlau̯bɛrgə'rai̯
Schlauch ʃlau̯x, **Schläuche** 'ʃlɔy̯çə
schlauchen 'ʃlau̯xn̩
Schläuchlein 'ʃlɔy̯çlai̯n
Schlauder 'ʃlau̯dɐ
schlaudern 'ʃlau̯dɐn, **schlaudre** 'ʃlau̯drə
Schläue 'ʃlɔy̯ə
Schlaufe 'ʃlau̯fə
Schlauheit 'ʃlau̯hai̯t
Schlaun ʃlau̯n
Schlạwa 'ʃla:va
Schlạwe 'ʃla:və
Schlawịner ʃla'vi:nɐ
Schlẹbusch 'ʃle:bʊʃ
Schlẹching 'ʃlɛçɪŋ
schlẹcht ʃlɛçt
Schlẹchta 'ʃlɛçta
schlẹchterdịngs 'ʃlɛçtɐ'dɪŋs
schlẹchthịn 'ʃlɛçt'hɪn
schlẹchthịnnig 'ʃlɛçt'hɪnɪç, **-e** ...ɪgə
schlẹchtweg 'ʃlɛçtvɛk
Schlechtwẹtterflug ʃlɛçt'vɛtɐflu:k
Schlẹck ʃlɛk
schlẹcken 'ʃlɛkn̩
Schleckerei ʃlɛkə'rai̯
schlẹckern 'ʃlɛkɐn
Schlẹgel 'ʃle:gl̩
Schlẹgelberger 'ʃle:gl̩bɛrgɐ
Schlẹhdorn 'ʃle:dɔrn
Schlẹhe 'ʃle:ə
Schlei ʃlai̯
Schleich[e] 'ʃlai̯ç[ə]
schleichen 'ʃlai̯çn̩
Schleicher 'ʃlai̯çɐ
Schleicherei ʃlai̯çə'rai̯
Schleiden 'ʃlai̯dn̩
Schleie 'ʃlai̯ə
Schleier 'ʃlai̯ɐ
Schleiermacher 'ʃlai̯ɐmaxɐ
Schleife 'ʃlai̯fə
schleifen 'ʃlai̯fn̩
Schleiferei ʃlai̯fə'rai̯
Schleifsel 'ʃlai̯fsl̩
Schleim ʃlai̯m
schleimig 'ʃlai̯mɪç, **-e** ...ɪgə
Schleinitz 'ʃlai̯nɪts
Schleiße 'ʃlai̯sə
schleißen 'ʃlai̯sn̩
Schleißheim 'ʃlai̯shai̯m
Schleitheim 'ʃlai̯thai̯m
Schleiz[er] 'ʃlai̯ts[ɐ]
Schlemịhl ʃle'mi:l
schlẹmm, Sch... ʃlɛm
schlẹmmen 'ʃlɛmən
Schlẹmmer 'ʃlɛmɐ
Schlemmerei ʃlɛmə'rai̯
Schlẹmpe 'ʃlɛmpə
schlẹndern 'ʃlɛndɐn, **schlẹndre** 'ʃlɛndrə
Schlẹndrian 'ʃlɛndria:n
Schlẹnge 'ʃlɛŋə
Schlẹnker 'ʃlɛŋkɐ
schlẹnkern 'ʃlɛŋkɐn
Schlẹnther 'ʃlɛntɐ
schlẹnzen 'ʃlɛntsn̩
Schlẹppe 'ʃlɛpə
schlẹppen 'ʃlɛpn̩
Schlẹpper 'ʃlɛpɐ
Schlepperei ʃlɛpə'rai̯
Schlẹpzig 'ʃlɛptsɪç
Schlẹrn ʃlɛrn
Schlẹsien 'ʃle:zi̯ən
Schlẹsier 'ʃle:zi̯ɐ
Schlẹsinger 'ʃle:zɪŋɐ, *engl.* 'ʃlɛsɪndʒə
schlẹsisch 'ʃle:zɪʃ
Schlẹswig 'ʃle:svɪç
Schlẹswiger 'ʃle:svɪgɐ
Schlẹswig-Họlstein 'ʃle:svɪç'hɔlʃtai̯n
Schlẹswig-Họlsteiner 'ʃle:svɪç'hɔlʃtai̯nɐ
schlẹswig-họlsteinisch 'ʃle:svɪç'hɔlʃtai̯nɪʃ
schlẹswigisch 'ʃle:svɪgɪʃ
schlẹswigsch 'ʃle:svɪkʃ
Schlẹttau 'ʃlɛtau̯
Schlẹttstadt 'ʃlɛtʃtat
Schlẹttwein 'ʃlɛtvai̯n
Schlẹtz ʃlɛts
schlẹtzen 'ʃlɛtsn̩
Schleuder 'ʃlɔy̯dɐ
Schleuderei ʃlɔy̯də'rai̯
schleudern 'ʃlɔy̯dɐn, **schleudre** 'ʃlɔy̯drə
schleunig 'ʃlɔy̯nɪç, **-e** ...ɪgə
Schleuse 'ʃlɔy̯zə
schleusen 'ʃlɔy̯zn̩, **schleus!** ʃlɔy̯s, **schleust** ʃlɔy̯st
Schleusingen 'ʃlɔy̯zɪŋən
schleuß[t] ʃlɔy̯s[t]
Schley ʃlai̯, *engl.* slaɪ
schlịch ʃlɪç
Schlịch ʃlɪç, *engl.* ʃlɪk
schlịcht, S... ʃlɪçt
schlịchten 'ʃlɪçtn̩

Schlịchter 'ʃlɪçtɐ
Schlịck ʃlɪk
schlịcken 'ʃlɪkn̩
schlịck[e]rig 'ʃlɪk[ə]rɪç, **-e** ...ɪɡə
schlịckern 'ʃlɪkɐn
schlịckig 'ʃlɪkɪç, **-e** ...ɪɡə
Schli̱eben 'ʃli:bn̩
schli̱ef, Sch... ʃli:f
schli̱efen, S... 'ʃli:fn̩
Schli̱effen 'ʃli:fn̩
schli̱efig 'ʃli:fɪç, **-e** ...ɪɡə
Schli̱eker 'ʃli:kɐ
Schli̱emann 'ʃli:man
Schliengen 'ʃlɪŋən
Schli̱er[bach] 'ʃli:ɐ̯[bax]
Schli̱ere 'ʃli:rə
schli̱eren, S... 'ʃli:rən
schli̱erig 'ʃli:rɪç, **-e** ...ɪɡə
Schli̱ersee[r] 'ʃli:ɐ̯ze:[ɐ]
Schli̱eße 'ʃli:sə
schli̱eßen 'ʃli:sn̩
schli̱eßlich 'ʃli:slɪç
schlịff, S... ʃlɪf
schlịffig 'ʃlɪfɪç, **-e** ...ɪɡə
Schlịck ʃlɪk
schlịmm ʃlɪm
schlịmmstenfạlls 'ʃlɪmstn̩'fals
Schlịnge 'ʃlɪŋə
Schlịngel 'ʃlɪŋl̩
schlịngen 'ʃlɪŋən
schlịngern 'ʃlɪŋɐn
Schlịnk ʃlɪŋk
Schlịpf ʃlɪpf
Schlịpp[e] 'ʃlɪp[ə]
schlịppen 'ʃlɪpn̩
Schlịpper 'ʃlɪpɐ
Schlịps ʃlɪps
schlịß ʃlɪs
schlịssen 'ʃlɪsn̩
schlịßt ʃlɪst
Schlịttel 'ʃlɪtl̩
schlịtteln 'ʃlɪtl̩n
Schlịtten 'ʃlɪtn̩
schlịttern 'ʃlɪtɐn
Schlịttschuh 'ʃlɪtʃu:
Schlịtz ʃlɪts
schlịtzen 'ʃlɪtsn̩
schlịtzohrig 'ʃlɪts|o:rɪç, **-e** ...ɪɡə
Schlịz ʃlɪts
Schlọbin, Žlobin *russ.* 'ʒlɔbin
Schlobịtten ʃlo'bɪtn̩
Schlọchau 'ʃlɔxau̯
Schlögl 'ʃlø:gl̩
Schlöglmühl ʃlø:gl̩'my:l
schlo̱hwei̱ß 'ʃlo:'vai̯s
Schlönwitz 'ʃlø:nvɪts
Schlọppe 'ʃlɔpə
Schlọrre 'ʃlɔrə
schlọß (zu: schließen) ʃlɔs
Schlọß ʃlɔs, **Schlọsses** 'ʃlɔsəs, **Schlösser** 'ʃlœsɐ
Schlọßberg 'ʃlɔsbɛrk
Schlößchen 'ʃlœsçən
Schlo̱ße 'ʃlo:sə
schlösse 'ʃlœsə
schlọssen 'ʃlɔsn̩
schlo̱ßen 'ʃlo:sn̩
Schlọsser 'ʃlɔsɐ
Schlosserei̱ ʃlɔsə'rai̯
schlọssern 'ʃlɔsɐn, **schlọßre** 'ʃlɔsrə
schlọßt (zu: schließen) ʃlɔst
Schloßvịppach ʃlɔs'fɪpax
schlo̱ßwei̱ß 'ʃlo:s'vai̯s
Schlo̱t[heim] 'ʃlo:t[hai̯m]
Schlọtte 'ʃlɔtə
Schlọtten 'ʃlɔtn̩
schlọtt[e]rig 'ʃlɔt[ə]rɪç, **-e** ...ɪɡə
schlọttern 'ʃlɔtɐn
Schlọttwitz 'ʃlɔtvɪts
Schlö̱zer 'ʃlø:tsɐ
Schlụchsee 'ʃlʊxze:
Schlụcht ʃlʊxt
Schlụ̈cht[ern] 'ʃlʏçt[ɐn]
schlụchzen 'ʃlʊxtsn̩
Schlụchzer 'ʃlʊxtsɐ
Schlụck[auf] 'ʃlʊk[|au̯f]
Schlụ̈ckchen 'ʃlʏkçən
schlụcken 'ʃlʊkn̩
Schlụckenau 'ʃlʊkənau̯
schlu̱d[e]rig 'ʃlu:drɪç, **-e** ...ɪɡə
schlu̱dern 'ʃlu:dɐn, **schlu̱dre** 'ʃlu:drə
Schlụff ʃlʊf, **Schlụ̈ffe** 'ʃlʏfə
Schlụ̈ffel 'ʃlʏfl̩
Schlụft ʃlʊft, **Schlụ̈fte** 'ʃlʏftə
schlu̱g ʃlu:k
schlü̱ge 'ʃly:gə
schlu̱gen 'ʃlu:gn̩
schlu̱gt ʃlu:kt
schlü̱gt ʃly:kt
Schlụmberger 'ʃlʊmbɛrgɐ, *fr.* ʃlœ̃bɛr'ʒe
Schlụmmer 'ʃlʊmɐ
schlụmmern 'ʃlʊmɐn
Schlụmpe 'ʃlʊmpə
Schlụnd ʃlʊnt, **-es** 'ʃlʊndəs, **Schlụ̈nde** 'ʃlʏndə
Schlụnk ʃlʊŋk
Schlụnze 'ʃlʊntsə
schlụnzig 'ʃlʊntsɪç, **-e** ...ɪɡə
Schlu̱p ʃlu:p
Schlụpf ʃlʊpf, **Schlụ̈pfe** 'ʃlʏpfə
schlụ̈pfen 'ʃlʏpfn̩
Schlụ̈pfer 'ʃlʏpfɐ
schlụ̈pfrig 'ʃlʏpfrɪç, **-e** ...ɪɡə
Schlụppe 'ʃlʊpə
schlụrfen 'ʃlʊrfn̩
schlụ̈rfen 'ʃlʏrfn̩
Schlụrre 'ʃlʊrə
schlụrren 'ʃlʊrən
Schlụsnus 'ʃlʊsnʊs
Schlụß ʃlʊs, **Schlụsses** 'ʃlʊsəs, **Schlụ̈sse** 'ʃlʏsə
Schlụ̈ssel 'ʃlʏsl̩
Schlụ̈sselburg 'ʃlʏsl̩bʊrk
Schlụ̈sselchen 'ʃlʏsl̩çən
schlụ̈sseln 'ʃlʏsl̩n, **schlụ̈ßle** 'ʃlʏslə
schlụ̈ssig 'ʃlʏsɪç, **-e** ...ɪɡə
Schlü̱ter 'ʃly:tɐ
Schlụtte 'ʃlʊtə
Schma̱[ch] ʃma:[x]
schmạchten 'ʃmaxtn̩
Schmachtenhagen ʃmaxtn̩'ha:gn̩
schmạ̈chtig 'ʃmɛçtɪç, **-e** ...ɪɡə
Schmạck[e] 'ʃmak[ə]
Schmạdder 'ʃmadɐ
schmạddern 'ʃmadɐn, **schmạddre** 'ʃmadrə
Schmä̱h ʃmɛ:
schmä̱hen 'ʃmɛ:ən
schmä̱hlich 'ʃmɛ:lɪç
schma̱l ʃma:l, **schmä̱ler** 'ʃmɛ:lɐ
schmä̱len 'ʃmɛ:lən
Schma̱lenbach 'ʃma:lənbax
Schma̱ler 'ʃma:lɐ
schmäler vgl. schmal
schmä̱lern 'ʃmɛ:lɐn
Schma̱lhans 'ʃma:lhans; **-en** ...nzn̩, **...hänse** ...hɛnzə
Schmalkạlden ʃmal'kaldn̩
schmalkạldisch ʃmal'kaldɪʃ
Schmallenịngken ʃmalə'nɪŋkn̩
Schma̱lstich 'ʃma:lʃtɪç
Schmạlt[e] 'ʃmalt[ə]
schmạlten 'ʃmaltn̩
Schmạl[t]z ʃmalts
Schmạ̈lze 'ʃmɛltsə
schmạlzen 'ʃmaltsn̩
schmạ̈lzen 'ʃmɛltsn̩
schmạlzig 'ʃmaltsɪç, **-e** ...ɪɡə
Schmạlzler 'ʃmaltslɐ
Schmạnkerl 'ʃmaŋkɐl
Schmạnnewitz 'ʃmanəvɪts
Schmạnt ʃmant
Schmạrgendorf 'ʃmargn̩dɔrf
schmarọtzen ʃma'rɔtsn̩
Schmạrre[n] 'ʃmarə[n]
Schmạrse 'ʃmarzə
Schmạrsow 'ʃmarzo
Schmạsche 'ʃmaʃə
Schmạtz ʃmats
Schmạ̈tzchen 'ʃmɛtsçən
schmạtzen 'ʃmatsn̩
Schmạ̈tzer 'ʃmɛtsɐ
Schmau̱ch ʃmau̯x
schmau̱chen 'ʃmau̯xn̩
Schmau̱s ʃmau̯s, **-es** 'ʃmau̯zəs, **Schmäu̱se** 'ʃmɔy̯zə
Schmäu̱schen 'ʃmɔy̯sçən
schmau̱sen 'ʃmau̯zn̩, **schmau̱s!** ʃmau̯s, **schmau̱st** ʃmau̯st
Schmauserei̱ ʃmau̯zə'rai̯
Schmau̱ß ʃmau̯s
schmẹcken 'ʃmɛkn̩
Schmẹckwitz 'ʃmɛkvɪts
Schme̱des 'ʃme:dəs
Schmeichelei̱ ʃmai̯çə'lai̯
schmei̱cheln 'ʃmai̯çl̩n
Schmei̱chler 'ʃmai̯çlɐ
schmei̱digen 'ʃmai̯dɪgn̩, **schmei̱dig!** ...ɪç, **schmei̱digt** ...ɪçt
Schmei̱dler 'ʃmai̯dlɐ
Schmei̱en 'ʃmai̯ən
Schmei̱l ʃmai̯l
schmei̱ßen 'ʃmai̯sn̩
Schmei̱ßfliege 'ʃmai̯sfli:gə
Schme̱ling 'ʃme:lɪŋ
Schmeljọw, Šmelev *russ.* ʃmɪ'ljɔf
Schmẹller 'ʃmɛlɐ

Schmẹltzl 'ʃmɛlt͜sl̩
Schmẹlz[e] 'ʃmɛlt͜s[ə]
schmẹlzen 'ʃmɛlt͜sn̩
Schmelzere̲i̲ ʃmɛlt͜sə'ra͜i
Schmẹr ʃme:ɐ̯
Schmẹrgow 'ʃmɛrgo
Schmẹrika, Žmerika *russ.* 'ʒmjerikɐ
Schmẹrle[cke] 'ʃmɛrlə[kə]
Schmẹrling 'ʃmɛrlɪŋ
Schmẹrz ʃmɛrt͜s
schmẹrzen 'ʃmɛrt͜sn̩
schmẹrzlich 'ʃmɛrt͜slɪç
Schmẹtten 'ʃmɛtn̩
Schmẹtterling 'ʃmɛtɐlɪŋ
schmẹttern 'ʃmɛtɐn
Schmịcke 'ʃmɪkə
Schmid ʃmi:t, ʃmɪt
Schmi̲del 'ʃmi:dl̩
Schmidlin 'ʃmi:tli:n, 'ʃmɪt...
Schmịdt[bonn] 'ʃmɪt[bɔn]
Schmi̲e̲chen 'ʃmi:çn̩
Schmi̲e̲d ʃmi:t, -e 'ʃmi:də
Schmi̲e̲de[berg] 'ʃmi:də[bɛrk]
Schmi̲e̲defeld 'ʃmi:dəfɛlt
schmi̲e̲den 'ʃmi:dn̩, **schmi̲e̲d!** ʃmi:t
Schmi̲e̲der 'ʃmi:dɐ
Schmi̲e̲ge 'ʃmi:gə
schmi̲e̲gen 'ʃmi:gn̩, **schmi̲e̲g!** ʃmi:k
schmi̲e̲gsam 'ʃmi:kza:m
Schmi̲e̲le 'ʃmi:lə
Schmieralie ʃmi'ra:li̯ə
Schmi̲e̲re 'ʃmi:rə
schmi̲e̲ren 'ʃmi:rən
Schmi̲e̲rer 'ʃmi:rɐ
Schmierere̲i̲ ʃmi:rə'ra͜i
schmi̲e̲rig 'ʃmi:rɪç, -e ...ɪgə
schmịlz! ʃmɪlt͜s
schmịlzt ʃmɪlt͜st
Schmịnke 'ʃmɪŋkə
schmịnken 'ʃmɪŋkn̩
Schmịra 'ʃmi:ra
Schmịrgel 'ʃmɪrgl̩
schmịrgeln 'ʃmɪrgl̩n, **schmịrgle** 'ʃmɪrglə
schmịß ʃmɪs
Schmịß ʃmɪs, **Schmịsse** ...sə
schmịssen 'ʃmɪsn̩
schmịssig 'ʃmɪsɪç, -e ...ɪgə
schmịßt ʃmɪst
Schmịtson 'ʃmɪtzɔn
Schmịtt ʃmɪt, *fr.* ʃmit
Schmịttenhöhe 'ʃmɪtn̩hø:ə
Schmịtthenner 'ʃmɪthɛnɐ
Schmittoli̲ni ʃmɪto'li:ni
Schmịtz[e] 'ʃmɪt͜s[ə]
schmịtzen 'ʃmɪt͜sn̩
Schmọck ʃmɔk
Schmọ̈ckwitz 'ʃmœkvɪt͜s
Schmodịtten ʃmo'dɪtn̩
Schmọk ʃmo:k
Schmö̲ker 'ʃmø:kɐ
schmö̲kern 'ʃmø:kɐn
Schmö̲lau 'ʃmø:la͜u
Schmọlck ʃmɔlk
Schmọlde 'ʃmɔldə
Schmọ̈lders 'ʃmœldɐs
Schmọll[e] 'ʃmɔl[ə]
schmọllen 'ʃmɔlən
Schmọller 'ʃmɔlɐ
Schmọllis 'ʃmɔlɪs
Schmọ̈lln[itz] 'ʃmœln[ɪt͜s]
Schmolsi̲n ʃmɔl'zi:n
schmọlz ʃmɔlt͜s
schmọ̈lze 'ʃmœlt͜sə
Schmọnzes 'ʃmɔnt͜səs
schmo̲ren 'ʃmo:rən
schmọrgen 'ʃmɔrgn̩, **schmọrg!** ʃmɔrk, **schmọrgt** ʃmɔrkt
Schmọrkau 'ʃmɔrka͜u
Schmu̲ ʃmu:
schmụck, Sch... ʃmʊk
Schmụ̈cke 'ʃmʏkə
schmụ̈cken 'ʃmʏkn̩
Schmụddel 'ʃmʊdl̩
Schmuddele̲i̲ ʃmʊdə'la͜i
schmụdd[e]lig 'ʃmʊd[ə]lɪç, -e ...ɪgə
schmụddeln 'ʃmʊdl̩n, **schmụddle** 'ʃmʊdlə
Schmụggel 'ʃmʊgl̩
Schmuggele̲i̲ ʃmʊgə'la͜i
schmụggeln 'ʃmʊgl̩n, **schmụggle** 'ʃmʊglə
Schmụggler 'ʃmʊglɐ
Schmu̲l ʃmu:l
schmụnzeln 'ʃmʊnt͜sl̩n
schmụrgeln 'ʃmʊrgl̩n, **schmụrgle** 'ʃmʊrglə
Schmu̲s ʃmu:s, **-es** 'ʃmu:zəs
schmu̲sen 'ʃmu:zn̩, **schmu̲s!** ʃmu:s, **schmu̲st** ʃmu:st
Schmụtt ʃmʊt
Schmụtz ʃmʊt͜s
schmụtzen 'ʃmʊt͜sn̩
Schmụtzer 'ʃmʊt͜sɐ
schmụtzig 'ʃmʊt͜sɪç, -e ...ɪgə
Schna̲a̲se 'ʃna:zə
Schna̲bel 'ʃna:bl̩, **Schnä̲bel** 'ʃnɛ:bl̩
Schnäbele̲i̲ ʃnɛ:bə'la͜i
Schnä̲b[e]lein 'ʃnɛ:b[ə]la͜in
schnä̲beln 'ʃnɛ:bl̩n, **schnä̲ble** 'ʃnɛ:blə
Schnabelwa̲i̲d ʃna:bl̩'va͜it
schnabuli̲e̲ren ʃnabu'li:rən
Schnạck ʃnak
schnạckeln 'ʃnakl̩n
schnạcken 'ʃnakn̩
Schna̲dahüpfl 'ʃna:dahʏpfl̩
Schna̲derhüpferl 'ʃna:dɐhʏpfɐl
schna̲dern 'ʃna:dɐn, **schna̲dre** 'ʃna:drə
Schna̲i̲tsee 'ʃna͜itze:
Schna̲ke 'ʃna:kə
Schnạ̈llchen 'ʃnɛlçən
Schnạlle 'ʃnalə
schnạllen 'ʃnalən
Schnạlser Ta̲l 'ʃnalzɐ 'ta:l
Schnạlz ʃnalt͜s
schnạlzen 'ʃnalt͜sn̩
Schnä̲pel 'ʃnɛ:pl̩
schnạpp! ʃnap
schnạppen 'ʃnapn̩
Schnạ̈pper 'ʃnɛpɐ
schnạ̈ppern 'ʃnɛpɐn
Schnạpphahn 'ʃnapha:n
schnạps! ʃnaps
Schnạps ʃnaps, **Schnạ̈pse** 'ʃnɛpsə
Schnapsbrennere̲i̲ ʃnapsbrɛnə'ra͜i
Schnạ̈pschen 'ʃnɛpsçən
schnạpsen 'ʃnapsn̩
schnạrchen 'ʃnarçn̩
Schnạrre 'ʃnarə
schnạrren 'ʃnarən
Schnạrs ʃnars
Schna̲t[e] 'ʃna:t[ə]
Schnä̲tel 'ʃnɛ:tl̩
schnạtt[e]rig 'ʃnat[ə]rɪç, -e ...ɪgə
schnạttern 'ʃnatɐn
Schnạtz ʃnat͜s
schnạtzen 'ʃnat͜sn̩
Schna̲u̲ ʃna͜u
schna̲u̲ben 'ʃna͜ubn̩, **schna̲u̲b!** ʃna͜up, **schna̲u̲bt** ʃna͜upt
schnä̲u̲big 'ʃnɔ͜ybɪç, -e ...ɪgə
Schna̲u̲f ʃna͜uf
schna̲u̲fen 'ʃna͜ufn̩
Schna̲u̲ffer 'ʃna͜ufɐ
Schna̲u̲pe 'ʃna͜upə
Schnä̲u̲zchen 'ʃnɔ͜yt͜sçən
Schna̲u̲ze 'ʃna͜ut͜sə
schna̲u̲zen 'ʃna͜ut͜sən
Schna̲u̲zer 'ʃna͜ut͜sɐ
schna̲u̲zig 'ʃna͜ut͜sɪç, -e ...ɪgə
Schnẹck[e] 'ʃnɛk[ə]
Schnẹckerl 'ʃnɛkɐl
schnẹdderengtẹng 'ʃnɛdərɛn'tɛŋ
schnẹdderengtengtẹng! 'ʃnɛdərɛntɛn'tɛŋ
Schne̲e̲[alpe] 'ʃne:[|alpə]
Schne̲e̲ball 'ʃne:bal
schne̲e̲ballen 'ʃne:balən
Schne̲e̲berg 'ʃne:bɛrk
Schne̲e̲berger 'ʃne:bɛrgɐ
Schne̲e̲-Eifel 'ʃne:|a͜ifl̩
schne̲e̲ig 'ʃne:ɪç, -e ...ɪgə
Schne̲e̲kopf 'ʃne:kɔpf
Schne̲e̲koppe 'ʃne:kɔpə
schne̲e̲weiß 'ʃne:'va͜is
Schneewe̲i̲ßchen ʃne:'va͜isçən
Schneewịttchen ʃne:'vɪtçən
Schne̲gel 'ʃne:gl̩
Schne̲i̲d ʃna͜it, **-es** 'ʃna͜idəs
Schne̲i̲de[mühl] 'ʃna͜idə[my:l]
schne̲i̲den 'ʃna͜idn̩, **schne̲i̲d!** ʃna͜it
Schne̲i̲der 'ʃna͜idɐ, *fr.* ʃnɛ'dɛ:r
Schneidere̲i̲ ʃna͜idə'ra͜i
Schne̲i̲derfranken 'ʃna͜idɐfraŋkn̩
Schne̲i̲derha[h]n 'ʃna͜idɐha:n
schne̲i̲dern 'ʃna͜idɐn, **schne̲i̲dre** 'ʃna͜idrə
schne̲i̲dig 'ʃna͜idɪç, -e ...ɪgə
Schne̲i̲dler 'ʃna͜idlɐ
schne̲i̲en 'ʃna͜iən
Schne̲i̲fel 'ʃna͜ifl̩
Schne̲i̲schen 'ʃna͜isçən

Schneise ˈʃna͜izə
Schneitberger ˈʃna͜itbɛrɡɐ
schneiteln ˈʃna͜itl̩n
Schneiter ˈʃna͜itɐ, *fr.* ʃnɛˈtɛ:r
schnell, S... ʃnɛl
Schnelldorf[er] ˈʃnɛldɔrf[ɐ]
Schnelle ˈʃnɛlə
schnellen ˈʃnɛlən
Schneller ˈʃnɛlɐ
Schnepf[e] ˈʃnɛp͜f[ə]
Schneppe ˈʃnɛpə
Schnepper ˈʃnɛpɐ
schneppern ˈʃnɛpɐn
Schnerfer ˈʃnɛrfɐ
schnetzeln ˈʃnɛt͜sl̩n
Schneuß ʃnɔ͜ys
schneuzen ˈʃnɔ͜yt͜sn̩
Schneverdingen ˈʃne:vɐdɪŋən
schnicken ˈʃnɪkn̩
Schnickschnack ˈʃnɪkʃnak
schnieben ˈʃni:bn̩, **schnieb!** ʃni:p, **schniebt** ʃni:pt
schniefen ˈʃni:fn̩
schniegeln ˈʃni:ɡl̩n, **schniegle** ˈʃni:ɡlə
schnieke ˈʃni:kə
Schniepel ˈʃni:pl̩
Schniewind ˈʃni:vɪnt
Schnipfel ˈʃnɪp͜fl̩
schnipfeln ˈʃnɪp͜fl̩n
schnipp! ʃnɪp
Schnippchen ˈʃnɪpçən
Schnippel[chen] ˈʃnɪpl̩[çən]
schnippeln ˈʃnɪpl̩n
schnippen ˈʃnɪpn̩
schnippisch ˈʃnɪpɪʃ
Schnippschnappschnurr ˈʃnɪpˈʃnapˈʃnʊr
schnips! ʃnɪps
Schnipsel ˈʃnɪpsl̩
schnipseln ˈʃnɪpsl̩n
Schnitger ˈʃnɪtɡɐ
schnitt, S... ʃnɪt
Schnitte ˈʃnɪtə
schnittig ˈʃnɪtɪç, **-e** ...ɪɡə
Schnittlauch ˈʃnɪtla͜ux
Schnitz[el] ˈʃnɪt͜s[l̩]
Schnitzelei ʃnɪt͜səˈla͜i
schnitzeln ˈʃnɪt͜sl̩n
schnitzen ˈʃnɪt͜sn̩
Schnitzer ˈʃnɪt͜sɐ
Schnitzerei ʃnɪt͜səˈra͜i
Schnitzler ˈʃnɪt͜slɐ
schnob ʃno:p
schnöbe ˈʃnø:bə
schnoben ˈʃno:bn̩
schnobern ˈʃno:bɐn, **schnobre** ˈʃno:brə
schnobt ʃno:pt
schnöbt ʃnø:pt
schnöd ʃnø:t, **-e** ˈʃnø:də
schnodd[e]rig ˈʃnɔd[ə]rɪç, **-e** ...ɪɡə
schnöden ˈʃnø:dn̩, **schnöd!** ʃnø:t
schnofeln ˈʃno:fl̩n
Schnoor ʃno:ɐ̯
Schnorchel ˈʃnɔrçl̩
Schnörchel ˈʃnœrçl̩
schnorcheln ˈʃnɔrçl̩n
Schnörkel ˈʃnœrkl̩
Schnörkelei ʃnœrkəˈla͜i
schnörk[e]lig ˈʃnœrk[ə]lɪç, **-e** ...ɪɡə
schnörkeln ˈʃnœrkl̩n
Schnorr ʃnɔr
schnorren ˈʃnɔrən
Schnösel ˈʃnø:zl̩
schnöselig ˈʃnø:zəlɪç
Schnucke ˈʃnʊkə
Schnuckelchen ˈʃnʊkl̩çən
schnuckern ˈʃnʊkɐn
Schnucki ˈʃnʊki
schnudd[e]lig ˈʃnʊd[ə]lɪç, **-e** ...ɪɡə
Schnüffelei ʃnʏfəˈla͜i
schnüffeln ˈʃnʏfl̩n
Schnüffis ˈʃnʏfɪs
schnullen ˈʃnʊlən
Schnuller ˈʃnʊlɐ
Schnulze ˈʃnʊlt͜sə
schnupfen, Sch... ˈʃnʊp͜fn̩
schnuppe, Sch... ˈʃnʊpə
schnuppern ˈʃnʊpɐn
Schnur ʃnu:ɐ̯, **Schnüre** ˈʃny:rə
Schnürchen ˈʃny:ɐ̯çən
schnüren ˈʃny:rən
schnurgerade ˈʃnu:ɐ̯ɡəˈra:də
Schnurrant ʃnʊˈrant
Schnurrbart ˈʃnʊrba:ɐ̯t
schnurrbärtig ˈʃnʊrbɛ:ɐ̯tɪç
Schnurre ˈʃnʊrə
schnurren ˈʃnʊrən
schnurrig ˈʃnʊrɪç, **-e** ...ɪɡə
Schnurrpfeiferei ʃnʊrp͜fa͜ifəˈra͜i
schnurstracks ˈʃnu:ɐ̯ˈʃtraks
Schnütchen ˈʃny:tçən
Schnute ˈʃnu:tə
Schnütgen ˈʃnʏtɡn̩
Schnyder ˈʃni:dɐ
Scho[a] ˈʃo:[a]
schob ʃo:p
schöbe ˈʃø:bə
schoben ˈʃo:bn̩
Schober ˈʃo:bɐ
schobern ˈʃo:bɐn, **schobre** ˈʃo:brə
schöbern ˈʃø:bɐn, **schöbre** ˈʃø:brə
Schobert ˈʃo:bɐt, *fr.* ʃɔˈbɛ:r
schobt ʃo:pt
schöbt ʃø:pt
Schoch[en] ˈʃɔx[n̩]
Schock ʃɔk
schockant ʃɔˈkant
Schockemöhle ˈʃɔkəmø:lə
schocken ˈʃɔkn̩
schockieren ʃɔˈki:rən
schocking ˈʃɔkɪŋ
Schöckl ˈʃœkl̩
Schockschwerenot! ˈʃɔk-ʃve:rəˈno:t
Schoden ˈʃo:dn̩
Schoeck ʃœk, *auch:* ʃø:k
Schœlcher ˈʃœlçɐ, *fr.* ʃɛlˈʃɛ:r
Schoeller ˈʃœlɐ
Schoeps ʃœps
Schoetensack ˈʃo:tn̩zak
Schof ʃo:f
schofel, S... ˈʃo:fl̩
schof[e]lig ˈʃo:f[ə]lɪç, **-e** ...ɪɡə
Schöffe ˈʃœfə
Schöffel ˈʃœfl̩
Schöff[l]er ˈʃœf[l]ɐ
Schofför ʃɔˈfø:ɐ̯
Schofield *engl.* ˈskoʊfi:ld
Schogun ˈʃo:ɡʊn
Schoiswohl ˈʃɔ͜ysvo:l
Schoitasch ˈʃɔ͜ytaʃ
Schokolade ʃokoˈla:də
schokoladen ʃokoˈla:dn̩, **...dne** ...dnə
Schola ˈsço:la, ˈsko:la; **...lae** ...lɛ
Schola cantorum ˈsço:la kanˈto:rʊm, ˈsko:la –; *fr.* skɔlakɑ̃tɔˈrɔm
Scholar ʃoˈla:ɐ̯
Scholarch ʃoˈlarç
Scholarchat ʃolarˈça:t
Scholastik ʃoˈlastɪk
Scholastika ʃoˈlastika, sç...
Scholastikat ʃolastiˈka:t
Scholastiker ʃoˈlastikɐ
Scholastikus ʃoˈlastikʊs, sç...
scholastisch ʃoˈlastɪʃ
Scholastizismus ʃolastiˈt͜sɪsmʊs
Scholderer ˈʃɔldərɐ
Scholem ˈʃo:lɛm
Scholes *engl.* ʃoʊlz
Scholiast ʃoˈli̯ast
Scholie ˈʃo:li̯ə
Scholion ˈʃo:li̯ɔn, **...ien** ...i̯ən
scholl, S... ʃɔl
Schöllang ˈʃœlaŋ
Scholle ˈʃɔlə
schölle ˈʃœlə
Schöllenen ˈʃœlənən
Schöllgen ˈʃœlɡn̩
schollig ˈʃɔlɪç, **-e** ...ɪɡə
Schöllkraut ˈʃœlkra͜ut
Schöllkrippen ˈʃœlkrɪpn̩, –ˈ––
Schöllnach ˈʃœlnax
Scholochow, Šolohov *russ.* ˈʃɔləxəf
Scholpin ʃɔlˈpi:n
schölte ˈʃœltə
Scholte[n] *niederl.* ˈsxɔltə
Scholtis ˈʃɔltɪs
Scholtisei ʃɔltiˈza͜i
Scholz[e] ˈʃɔlt͜s[ə]
Schomberg ˈʃɔmbɛrk, *engl.* ˈʃɔmbə:ɡ, *fr.* ʃɔmˈbɛrɡ, ...bɛ:r
Schömberg ˈʃœmbɛrk
Schomburgk ˈʃɔmbʊrk, *engl.* ˈʃɔmbə:k
Schomlauer ˈʃɔmla͜uɐ
schon ʃo:n
schön, S... ʃø:n
Schona[ch] ˈʃo:na[x]
Schonagon ʃoˈna:ɡɔn
Schönaich ˈʃø:na͜iç
Schönau[er] ˈʃø:na͜u[ɐ]
Schönbach ˈʃø:nbax

Schönbeck 'ʃø:nbɛk
Schọ̈nbein 'ʃø:nbai̯n
Schọ̈nberg 'ʃø:nbɛrk
Schọ̈nborn 'ʃø:nbɔrn
Schönbrụch ʃø:n'brʊx
Schönbrụnn ʃø:n'brʊn
Schọ̈nbühel 'ʃø:nby:əl
Schọ̈nburg 'ʃø:nbʊrk
Schọ̈nbusch 'ʃø:nbʊʃ
Schọndorf 'ʃo:ndɔrf
Schọ̈ndorf 'ʃø:ndɔrf
Schọ̈ne[beck] 'ʃø:nə[bɛk]
Schọ̈neberg 'ʃønəbɛrk
Schọ̈neck[en] 'ʃø:nɛk[n̩]
Schọ̈nefeld 'ʃø:nəfɛlt
Schöneiche ʃø:n'|ai̯çə
Schọ̈nemann 'ʃø:nəman
schọnen, S... 'ʃo:nən
schọ̈nen 'ʃø:nən
Schọ̈nenberg 'ʃø:nənbɛrk
Schönenwẹrd ʃø:nən'vɛrt
Schọner 'ʃo:nɐ
Schọ̈ner 'ʃø:nɐ
Schọ̈nerer 'ʃø:nərɐ
Schọ̈nermark 'ʃø:nɐmark
Schọ̈nerstadt 'ʃø:nɐʃtat
Schọneweg 'ʃo:nəve:k
Schöneweide ʃø:nə'vai̯də
Schönfärberei ʃø:nfɛrbə'rai̯
Schọ̈nfeld 'ʃø:nfɛlt
Schọ̈nfels 'ʃø:nfɛls
Schönfịcht ʃø:n'fɪçt
Schönfließ ʃø:n'fli:s, '--
Schọngau[er] 'ʃo:ngau̯[ɐ]
Schöngleina ʃø:n'glai̯na
Schönhagen ʃø:n'ha:gn̩
Schönhausen ʃø:n'hau̯zn̩
Schönheide ʃø:n'hai̯də
Schọ̈nhengst[gau] 'ʃø:nhɛŋst[gau̯]
Schọ̈nherr 'ʃø:nhɛr
Schọ̈nholthausen 'ʃø:nhɔlthau̯zn̩
Schọ̈ningen 'ʃø:nɪŋən
Schọ̈ningh 'ʃø:nɪŋ
Schọ̈nkopf 'ʃø:nkɔpf
Schọ̈nlank 'ʃø:nlaŋk
Schönlạnke ʃø:n'laŋkə
Schọ̈nleber 'ʃø:nle:bɐ
Schönlịnd ʃø:n'lɪnt
Schönlịnde ʃø:n'lɪndə
Schönred[n]erei ʃø:nre:d[n]ə'rai̯
schọ̈nrednerisch 'ʃø:nre:dnərɪʃ
schọnsam 'ʃo:nza:m
Schönsee ʃø:n'ze:, '--
Schọ̈ntal 'ʃø:nta:l
Schọ̈nthan 'ʃø:ntan
Schọ̈ntuer 'ʃø:ntu:ɐ
Schöntuerei ʃø:ntu:ə'rai̯
schọ̈ntuerisch 'ʃø:ntu:ərɪʃ
Schọ̈nwald 'ʃø:nvalt
Schönwạlde ʃø:n'valdə
Schọ̈nwiese 'ʃø:nvi:zə
Schoolcraft *engl.* 'sku:lkra:ft
Schoondijke *niederl.* 'sxo:ndɛi̯kə
Schoonebeek *niederl.* 'sxo:nəbe:k
Schoonhoven *niederl.* 'sxo:nho:və
Schoonlo *niederl.* 'sxo:nlo:
Schoonoord *niederl.* 'sxo:no:rt
Schoop ʃo:p
Schoor[e]l *niederl.* 'sxo:r[ə]l
Schọpenhauer 'ʃo:pn̩hau̯ɐ
Schopenhauerianer ʃo:pn̩hau̯ə'ri̯a:nɐ
Schọpf ʃɔpf, **Schọ̈pfe** 'ʃœpfə
Schọ̈pf ʃœpf
schọ̈pfen 'ʃœpfn̩
schọ̈pferisch 'ʃœpfərɪʃ
Schọpfheim 'ʃɔpfhai̯m
Schọ̈pfl 'ʃœpfl̩
Schọ̈pflin 'ʃœpfli:n
Schọpp ʃɔp
Schọ̈ppchen 'ʃœpçən
Schọppe 'ʃɔpə
schọ̈ppeln 'ʃœpl̩n
schọppen, Sch... 'ʃɔpn̩
Schọ̈ppenstedt 'ʃœpn̩ʃtɛt
Schọ̈ppingen 'ʃœpɪŋən
Schọppinitz 'ʃɔpinɪts
Schọ̈ppner 'ʃœpnɐ
Schọ̈ps ʃœps
Schọpsdorf 'ʃɔpsdɔrf
schọr, Sch... ʃo:ɐ̯
Schọra 'ʃo:ra
Schọre 'ʃo:rə
schọ̈re 'ʃø:rə
schọren 'ʃo:rən
Schọrf[heide] 'ʃɔrf[hai̯də]
schọrfig 'ʃɔrfɪç, **-e** ...ɪgə
Schọ̈rl ʃœrl
Schọrle 'ʃɔrlə
Schorlemọrle ʃɔrlə'mɔrlə
Schọrndorf 'ʃɔrndɔrf
Schọ̈rner 'ʃœrnɐ
Schọrnstein 'ʃɔrnʃtai̯n
Schọrr ʃɔr, *engl.* ʃɔ:
Schorrentin ʃɔrən'ti:n
Schọrsch ʃɔrʃ
Schọrtens 'ʃɔrtn̩s
Schọ̈rzingen 'ʃœrtsɪŋən
Schoschọne ʃo'ʃo:nə
Schọse 'ʃo:zə
schọß ʃɔs
[1]**Schọß** (Mitte des Leibes) ʃo:s, **Schọ̈ße** 'ʃø:sə
[2]**Schọß** (junger Trieb; veralt. für: Zoll, Steuer) ʃɔs, **Schọsse** 'ʃɔsə
[1]**Schọ̈ßchen** (zu: [1]Schọß) 'ʃø:sçən
[2]**Schọ̈ßchen** (zu: [2]Schọß) 'ʃœsçən
schọ̈sse 'ʃœsə
schọssen 'ʃɔsn̩
Schọ̈ßling 'ʃœslɪŋ
schọßt ʃɔst
Schostakọwitsch, Šostakovič ʃɔsta'ko:vɪtʃ, *russ.* ʃɐsta'kɔvitʃ
Schọt ʃo:t
Schọ̈tchen 'ʃø:tçən
Schọte 'ʃo:tə
Schọtel *niederl.* 'sxo:təl
Schọten *niederl.* 'sxo:tə
Schọ̈tmar 'ʃœtmar
Schọtt[e] 'ʃɔt[ə]
Schọttel 'ʃɔtl̩
Schottẹlius ʃɔ'te:li̯ʊs
Schọtten[loher] 'ʃɔtn̩[lo:ɐ]
Schọtter 'ʃɔtɐ
schọttern 'ʃɔtɐn
schọttisch 'ʃɔtɪʃ
Schọttky 'ʃɔtki
Schọttland 'ʃɔtlant
Schọttländer 'ʃɔtlɛndɐ
schọttländisch 'ʃɔtlɛndɪʃ
Schọttow 'ʃɔto
Schottwien ʃɔt'vi:n
Schọuler *engl.* 'sku:lə
Schọuten *niederl.* 'sxɔu̯tə
Schọuwen *niederl.* 'sxɔu̯wə
Schọwa 'ʃo:va
Schọwten, Žovten' *russ.* 'ʒɔftɪnj
Schøyen *norw.* 'skœi̯ən
Schpọla, Špola *russ.* 'ʃpɔlɐ
Schrạder 'ʃra:dɐ
schrạffen, S... 'ʃrafn̩
schraffieren ʃra'fi:rən
Schraffur ʃra'fu:ɐ̯
schrạ̈g ʃrɛ:k, **-e** 'ʃrɛ:gə
Schrạ̈ge 'ʃrɛ:gə
schrạgen 'ʃra:gn̩, **schrạg!** ʃra:k, **schrạgt** ʃra:kt
Schrạgen 'ʃra:gn̩
schrạ̈gen 'ʃrɛ:gn̩, **schrạ̈g!** ʃrɛ:k, **schrạ̈gt** ʃrɛ:kt
schrạ̈ghin 'ʃrɛ:khɪn
schrägüber ʃrɛ:k'|y:bɐ
schrạl ʃra:l
schrạlen 'ʃra:lən
schrạk ʃra:k
schrạ̈ke 'ʃrɛ:kə
Schrạm ʃra:m, **Schrạ̈me** 'ʃrɛ:mə
Schrạmberg 'ʃrambɛrk
schrạ̈men 'ʃrɛ:mən
Schrạmm[e] 'ʃram[ə]
Schrạmmel 'ʃraml̩
schrạmmen 'ʃramən
schrạmmig 'ʃramɪç, **-e** ...ɪgə
Schrạnk ʃraŋk, **Schrạ̈nke** 'ʃrɛŋkə
Schrạ̈nkchen 'ʃrɛŋkçən
Schrạnke 'ʃraŋkə
schrạ̈nken 'ʃrɛŋkn̩
Schrạnz[e] 'ʃrants[ə]
Schrạpe 'ʃra:pə
Schrạper 'ʃra:pɐ
Schrapnẹll ʃrap'nɛl
schrạppen 'ʃrapn̩
Schrạpsel 'ʃra:psl̩
Schrạt ʃra:t
Schrạ̈tel 'ʃrɛ:tl̩
Schrạ̈tlein 'ʃrɛ:tlai̯n
Schrạtt[e] 'ʃrat[ə]
Schräubchen 'ʃrɔy̯pçən
Schraube 'ʃrau̯bə
schrauben 'ʃrau̯bn̩, **schraub!** ʃrau̯p, **schraubt** ʃrau̯pt
Schraufen 'ʃrau̯fn̩
Schrẹber 'ʃre:bɐ

Schrebitz ˈʃreːbɪts
Schreck[e] ˈʃrɛk[ə]
schrecken, Sch... ˈʃrɛkn̩
Schreckenbach ˈʃrɛkn̩bax
schreckensbleich ˈʃrɛkn̩sˈblai̯ç
Schreckhorn ˈʃrɛkhɔrn
schrecklich ˈʃrɛklɪç
Schrecknis ˈʃrɛknɪs, **...se** ...nɪsə
Schredder ˈʃrɛdɐ
Schrei[be] ˈʃrai̯[bə]
schreiben ˈʃrai̯bn̩, **schreib!** ʃrai̯p, **schreibt** ʃrai̯pt
Schreiben ˈʃrai̯bn̩
Schreiber ˈʃrai̯bɐ
Schreiberei ʃrai̯bəˈrai̯
Schreiberhau ˈʃrai̯bɐˈhau̯
Schreiberling ˈʃrai̯bɐlɪŋ
schreien ˈʃrai̯ən
Schreierei ʃrai̯əˈrai̯
Schrein ʃrai̯n
Schreiner ˈʃrai̯nɐ, *engl.* ...nə
Schreinerei ʃrai̯nəˈrai̯
schreinern ˈʃrai̯nɐn
schreiten ˈʃrai̯tn̩
Schreker ˈʃreːkɐ
Schrempf ʃrɛmpf
Schrems ʃrɛms
Schrenck ʃrɛŋk
Schrenz ʃrɛnts
Schrepfer ˈʃrɛpfɐ
Schrey[er] ˈʃrai̯[ɐ]
Schreyvog[e]l ˈʃrai̯foːg[ə]l
Schrezheim ˈʃreːtshai̯m
Schri ʃriː
schrick!, Schrick ʃrɪk
schrickt ʃrɪkt
Schridde ˈʃrɪdə
schrie[b] ʃriː[p]
Schrieb ʃriːp, **-e** ˈʃriːbə
schrieben ˈʃriːbn̩
schriebt ʃriːpt
schrieen ˈʃriːən
schrieest ˈʃriːəst
schrieet ˈʃriːət
Schriek *niederl.* sxriːk
schrien ʃriːn
Schriesheim ˈʃriːshai̯m
schriest ʃriːst
schriet ʃriːt
Schrift ʃrɪft
Schriftgießerei ʃrɪftgiːsəˈrai̯
schriftlich ˈʃrɪftlɪç
Schriftsteller ˈʃrɪftʃtɛlɐ
schriftstellerisch ˈʃrɪftʃtɛlərɪʃ
schriftstellern ˈʃrɪftʃtɛlɐn
Schrifttum ˈʃrɪfttuːm
Schrijnen *niederl.* ˈsxrɛi̯nə
schrill[en] ˈʃrɪl[ən]
Schrimpf ʃrɪmpf
schrinken ˈʃrɪŋkn̩
schrinnen ˈʃrɪnən
Schrippe ˈʃrɪpə
schritt, S... ʃrɪt
Schrobenhausen ʃroːbn̩ˈhau̯zn̩
Schröcken ˈʃrœkn̩
Schröckh ʃrœk
Schroda ˈʃroːda
Schröder ˈʃrøːdɐ
Schrödinger ˈʃrøːdɪŋɐ
Schroeder ˈʃrøːdɐ
Schroedter ˈʃrøːtɐ
Schröer[s] ʃrøːɐ̯[s]
schroff ʃrɔf
Schroff[en] ˈʃrɔf[n̩]
Schröffer ˈʃrœfɐ
schroh ʃroː
Schroll ʃrɔl
Schrombehnen ʃrɔmˈbeːnən
Schroon *engl.* skruːn
schröpfen ˈʃrœpfn̩
Schropphobel ˈʃrɔphoːbl̩
Schrörs ʃrøːɐ̯s
Schrot ʃroːt
schroten ˈʃroːtn̩
Schröter ˈʃrøːtɐ
Schroth ʃroːt
Schrott ʃrɔt
schrotten ˈʃrɔtn̩
Schrötter ˈʃrœtɐ
schrubben ˈʃrʊbn̩, **schrubb!** ʃrʊp, **schrubbt** ʃrʊpt
Schrubber ˈʃrʊbɐ
Schrulle ˈʃrʊlə
schrullig ˈʃrʊlɪç, **-e** ...ɪgə
schrumm! ʃrʊm
schrummfidebumm! ˈʃrʊmfidəˈbʊm
schrump[e]lig ˈʃrʊmp[ə]lɪç, **-e** ...ɪgə
schrumpeln ˈʃrʊmpl̩n
schrumpfen ˈʃrʊmpfn̩
schrumpfig ˈʃrʊmpfɪç, **-e** ...ɪgə
Schrund ʃrʊnt, **-es** ˈʃrʊndəs, **Schründe** ˈʃrʏndə
Schrunde ˈʃrʊndə
schrundig ˈʃrʊndɪç, **-e** ...ɪgə
Schruns ʃrʊns
schruppen ˈʃrʊpn̩
Schtschedrin, Ščedrin *russ.* ʃtʃɪˈdrin
Schtscherba, Ščerba *russ.* ˈʃtʃɛrbɐ
Schtscherbakow, Ščerbakov *russ.* ʃtʃɪrbaˈkɔf
Schtscherbina, Ščerbina *russ.* ʃtʃɪrˈbinɐ
Schtschigry, Ščigry *russ.* ʃtʃiˈgrɨ
Schtschokino, Ščekino *russ.* ˈʃtʃɔkinɐ
Schtscholkowo, Ščelkovo *russ.* ˈʃtʃɔlkɐvɐ
Schtschorsk, Ščorsk *russ.* ʃtʃɔrsk
Schtschukin, Ščukin *russ.* ˈʃtʃukin
Schtschurowo, Ščurovo *russ.* ˈʃtʃurɐvɐ
Schtschussew, Ščusev *russ.* ˈʃtʃusɪf
Schtschutschinsk, Ščučinsk *russ.* ˈʃtʃutʃinsk
Schu ʃuː
Schub ʃuːp, **Schubes** ˈʃuːbəs, **Schübe** ˈʃyːbə
Schubart ˈʃuːbart
Schubbejack ˈʃʊbəjak
schubben ˈʃʊbn̩, **schubb!** ʃʊp, **schubbt** ʃʊpt
Schuber[t] ˈʃuːbɐ[t]
Schubertiade ʃuːbɐˈtḭaːdə
Schübling ˈʃyːplɪŋ
Schubring ˈʃuːbrɪŋ
Schubs ʃʊps
schubsen ˈʃʊpsn̩
Schuch[ardt] ˈʃʊx[art]
Schuchert ˈʃʊxɐt
Schuchhardt ˈʃʊxart
Schüchlin ˈʃyːçliːn
schüchtern ˈʃʏçtɐn
schuckeln ˈʃʊkl̩n
Schuckert ˈʃʊkɐt
Schücking ˈʃʏkɪŋ
Schudderump ˈʃʏdərʊmp
schuf ʃuːf
schüfe ˈʃyːfə
Schuft ʃʊft
schuften ˈʃʊftn̩
Schufterei ʃʊftəˈrai̯
schuftig ˈʃʊftɪç, **-e** ...ɪgə
Schuh ʃuː
Schühchen ˈʃyːçən
Schuhmacher ˈʃuːmaxɐ
Schuhmacherei ʃuːmaxəˈrai̯
Schuhplattler ˈʃuːplatlɐ
Schuhu ˈʃuːhu
Schuiski, Šujskij *russ.* ˈʃujskij
[1]**Schuja, Šuja** *russ.* ˈʃujɐ
[2]**Schuja, Žuja** *russ.* ˈʒujɐ
Schukostecker ˈʃuːkoʃtɛkɐ
Schukow, Žukov *russ.* ˈʒukɐf
Schukowka, Žukovka *russ.* ˈʒukɐfkɐ
Schukowski, Žukovskij *russ.* ʒuˈkɔfskij
Schul ʃuːl
Schulammit ˈʃuːlamɪt
Schulchan Aruch ʃʊlˈxaːn aˈruːx
Schuld ʃʊlt, **-en** ˈʃʊldn̩
schulden ˈʃʊldn̩, **schuld!** ʃʊlt
schuldig ˈʃʊldɪç, **-e** ...ɪgə
Schuldigkeit ˈʃʊldɪçkai̯t
schuldlos ˈʃʊltloːs
Schuldner ˈʃʊldnɐ
Schule ˈʃuːlə
Schüle ˈʃyːlə
schulen ˈʃuːlən
Schulenburg ˈʃuːlənbʊrk
Schuler ˈʃuːlɐ
Schüler ˈʃyːlɐ
Schulerloch ˈʃuːlɐlɔx
Schulhof ˈʃuːlhoːf
schulisch ˈʃuːlɪʃ
Schullern ˈʃʊlɐn
Schullerus ʃʊˈleːrʊs
schulmeistern ˈʃuːlmai̯stɐn
Schulp ʃʊlp
Schulpforta ʃuːlˈpfɔrta
Schuls ʃʊls
Schulte ˈʃʊltə
Schulten ˈʃʊltn̩
Schultens *niederl.* ˈsxʏltəns
Schulter ˈʃʊltɐ

schụltern 'ʃʊltɐn
Schụltheiß, ...eiss 'ʃʊltai̯s
Schụltheß 'ʃʊltɛs
Schụltz[e] 'ʃʊlt͡s[ə]
Schụlz[e] 'ʃʊlt͡s[ə]
Schụlzendorf 'ʃʊlt͡sn̩dɔrf
Schulzenhagen ʃʊlt͡sn̩'ha:gn̩
Schụmacher 'ʃu:maxɐ
Schụman 'ʃu:man, *engl.* ...mən, *fr.* ʃu'man
Schụmann 'ʃu:man, *fr.* ʃu'man
Schụmen, Šumen *bulgar.* 'ʃumɛn
Schụmerlja, Šumerlja *russ.* 'ʃumɪrljɐ
Schumịcha, Šumiha *russ.* ʃu'mixɐ
schụmmeln 'ʃʊml̩n
Schụmmer 'ʃʊmɐ
schụmm[e]rig 'ʃʊm[ə]rɪç, **-e** ...ɪgə
schụmmern 'ʃʊmɐn
schụmpern 'ʃʊmpɐn
Schụmpeter 'ʃʊmpe:tɐ
schụnd ʃʊnt
Schụnd ʃʊnt, **-es** 'ʃʊndəs
schụ̈nde 'ʃʏndə
schụnden 'ʃʊndn̩
schụnkeln 'ʃʊŋkl̩n
Schụnter 'ʃʊntɐ
Schụpbach 'ʃʊpax
Schụpf ʃʊp͡f
Schụ̈pf ʃʏp͡f
schụpfen, S... 'ʃʊp͡fn̩
Schụ̈pfheim 'ʃʏp͡fhai̯m
Schụpo 'ʃu:po
Schụpp ʃʊp
Schụppanzigh 'ʃʊpant͡sɪk
Schụppe 'ʃʊpə
Schụ̈ppel 'ʃʏpl̩
schụ̈ppeln 'ʃʏpl̩n
schụppen, S... 'ʃʊpn̩
schụ̈ppen, Sch... 'ʃʏpn̩
schụppig 'ʃʊpɪç, **-e** ...ɪgə
Schụps ʃʊps
schụpsen 'ʃʊpsn̩
Schụr ʃu:ɐ̯
Schurạwno, Žuravno *russ.* ʒu'ravnɐ
Schuré *fr.* ʃy're
Schụrek 'ʃu:rɛk
schụ̈ren 'ʃy:rən
Schụrf ʃʊrf
schụ̈rfen 'ʃʏrfn̩
Schụ̈rff ʃʏrf
Schụrgast 'ʃu:ɐ̯gast
schụ̈rgen 'ʃʏrgn̩, **schụ̈rg!** ʃʏrk, **schụ̈rgt** ʃʏrkt
Schụricht 'ʃu:rɪçt
Schurigel<u>ei</u> ʃu:ri:gə'lai̯
schụrigeln 'ʃu:ri:gl̩n, **schụrigle** ...glə
Schụrke 'ʃʊrkə
Schurker<u>ei</u> ʃʊrkə'rai̯
schụrkisch 'ʃʊrkɪʃ
Schụrman *engl.* 'ʃʊəmən
Schụ̈rmann 'ʃy:ɐ̯man
Schụ̈rr ʃʏr
Schụrr[e] 'ʃʊr[ə]
schụrren 'ʃʊrən
Schụrrmụrr 'ʃʊr'mʊr
Schụrwald 'ʃu:ɐ̯valt
Schụrz ʃʊrt͡s, *engl.* ʃʊəts
Schụ̈rze 'ʃʏrt͡sə
schụ̈rzen 'ʃʏrt͡sn̩
Schụsch *pers.* ʃu:ʃ
Schuschạ, Šuša *russ.* ʃu'ʃa
Schụschnigg 'ʃʊʃnɪk
Schuschtar *pers.* ʃuʃ'tær
Schụß ʃʊs, **Schụsses** 'ʃʊsəs, **Schụ̈sse** 'ʃʏsə
Schụssel 'ʃʊsl̩
Schụ̈ssel 'ʃʏsl̩
schụsselig 'ʃʊsəlɪç, **-e** ...ɪgə
Schụssen 'ʃʊsn̩
Schussenr<u>ie</u>d ʃʊsn̩'ri:t
Schụsser 'ʃʊsɐ
schụssern 'ʃʊsɐn, **schụßre** 'ʃʊsrə
Schụ̈ssler 'ʃʏslɐ
schụßlig 'ʃʊslɪç, **-e** ...ɪgə
Schụster 'ʃu:stɐ
Schuster<u>ei</u> ʃu:stə'rai̯
schụstern 'ʃu:stɐn
Schut *niederl.* sxʏt
Schụte 'ʃu:tə
Schụ̈tow 'ʃy:to
Schụtt ʃʊt
Schụ̈tt[e] 'ʃʏt[ə]
schụ̈tteln 'ʃʏtl̩n
schụ̈tten, Sch... 'ʃʏtn̩
schụ̈tter[n] 'ʃʏtɐ[n]
Schụtter 'ʃʊtɐ
Schụ̈ttorf 'ʃʏtɔrf
Schụ̈ttwa 'ʃʏtva
Schụtz ʃʊt͡s
Schụ̈tz[e] 'ʃʏt͡s[ə]
schụ̈tzen, Sch... 'ʃʏt͡sn̩
Schụ̈tzenberger 'ʃʏt͡sn̩bɛrgɐ, *fr.* ʃytzɛ̃bɛr'ʒe
schụtzimpfen 'ʃʊt͡s|ɪmp͡fn̩
Schụ̈tzling 'ʃʏt͡slɪŋ
Schuwạlow, Šuvalov *russ.* ʃu'valɐf
Schuyler *engl.* 'skaɪlə
Schuylkill *engl.* 'sku:lkɪl
Schuyt *niederl.* sxœi̯t
Schwạ ʃva:
Schw<u>aa</u>n ʃva:n
Schwạb ʃva:p, *engl.* ʃvɔb
Schwạbach[er] 'ʃva:bax[ɐ]
Schwabbel<u>ei</u> ʃvabə'lai̯
schwạbb[e]lig 'ʃvab[ə]lɪç, **-e** ...ɪgə
schwạbbeln 'ʃvabl̩n, **schwạbble** 'ʃvablə
schwạbbern 'ʃvabɐn, **schwạbbre** 'ʃvabrə
Schwạbe 'ʃva:bə
schwạ̈beln 'ʃvɛ:bl̩n, **schwạ̈ble** 'ʃvɛ:blə
Schwạbelweis 'ʃva:bl̩vai̯s
Schwạben[berg] 'ʃva:bn̩[bɛrk]
Schwạbing 'ʃva:bɪŋ
schwạ̈bisch 'ʃvɛ:bɪʃ
Schwạ̈bisch Gmụ̈nd 'ʃvɛ:bɪʃ'gmʏnt
Schwạ̈bisch-Hạll 'ʃvɛ:bɪʃ'hal
Schwạbitz 'ʃva:bɪt͡s
Schwabmünchen ʃva:p'mʏnçn̩
Schwạbsberg 'ʃva:psbɛrk
schwạch ʃvax, **schwạ̈cher** 'ʃvɛçɐ
Schwạ̈che 'ʃvɛçə
schwạ̈chen 'ʃvɛçn̩
Schwạchheit 'ʃvaxhai̯t
schwạchköpfig 'ʃvaxkœp͡fɪç, **-e** ...ɪgə
schwạ̈chlich 'ʃvɛçlɪç
Schwạ̈chling 'ʃvɛçlɪŋ
Schwachmạtikus ʃvax'ma:tikʊs, **-se** ...ʊsə
Schwạ̈chung 'ʃvɛçʊŋ
Schwạde 'ʃva:də
Schwạden 'ʃva:dn̩
schwạdern 'ʃva:dɐn, **schwạdre** 'ʃva:drə
Schwạdowitz 'ʃva:dovɪt͡s
Schwadrọn ʃva'dro:n
Schwadroneur ʃvadro'nø:ɐ̯
schwadron<u>ie</u>ren ʃvadro'ni:rən
Schwafel<u>ei</u> ʃva:fə'lai̯
schwạfeln 'ʃva:fl̩n
Schwägạlp ʃvɛ'galp
Schwạger 'ʃva:gɐ, **Schwạ̈ger** 'ʃvɛ:gɐ
Schwạ̈her 'ʃvɛ:ɐ
schw<u>ai</u>en 'ʃvai̯ən
Schwạige 'ʃvaɪgə
schw<u>ai</u>gen, Sch... 'ʃvai̯gn̩
Schw<u>ai</u>ger[n] 'ʃvai̯gɐ[n]
Schwạlbach 'ʃvalbax
Schwạ̈lbchen 'ʃvɛlpçən
Schwạlbe 'ʃvalbə
Schwạlch ʃvalç
Schwạlenberg 'ʃva:lənbɛrk
schwạlken 'ʃvalkn̩
Schwạll ʃval
Schwạlm ʃvalm
Schwạ̈lmer 'ʃvɛlmɐ
schwạmm ʃvam
Schwạmm ʃvam, **Schwạ̈mme** 'ʃvɛmə
schwạ̈mme 'ʃvɛmə
Schwạ̈mmchen 'ʃvɛmçən
schwạmmig 'ʃvamɪç, **-e** ...ɪgə
Schwạn ʃva:n, **Schwạ̈ne** 'ʃvɛ:nə
Schwạnberg 'ʃva:nbɛrk
Schwạ̈nchen 'ʃvɛ:nçən
schwạnd, S... ʃvant
Schwạnda 'ʃvanda
schwạ̈nde 'ʃvɛndə
schwạnden, Sch... 'ʃvandn̩
Schwạndorf 'ʃva:ndɔrf
Schwạnebeck 'ʃva:nəbɛk
schwạnen 'ʃva:nən
Schwanenkịrchen ʃva:nən'kɪrçn̩
Schwạnenstadt 'ʃva:nənʃtat
Schwanenwẹrder ʃva:nən'vɛrdɐ
schwạng, S... ʃvaŋ
Schwạngau 'ʃvaŋgau̯
schwạ̈nge 'ʃvɛŋə
schwạnger 'ʃvaŋɐ
schwạ̈ngern 'ʃvɛŋɐn
Schwạnhardt 'ʃva:nhart
Schwanh<u>ei</u>de ʃva:n'hai̯də

Schwạnheim ˈʃvaːnhai̯m
Schwanhild ˈʃvaːnhɪlt
Schwanhịlde ʃvaːnˈhɪldə
schwạnk ʃvaŋk
Schwạnk ʃvaŋk, **Schwạ̈nke** ˈʃvɛŋkə
schwạnken ˈʃvaŋkn̩
Schwạnn ʃvan
Schwạnsen ˈʃvanzn̩
Schwạnsfeld ˈʃvaːnsfɛlt
Schwạnthaler ˈʃvaːntaːlɐ
Schwạnz ʃvants, **Schwạ̈nze** ˈʃvɛntsə
Schwạ̈nzchen ˈʃvɛntsçən
schwạ̈nzeln ˈʃvɛntsl̩n
schwạ̈nzen ˈʃvɛntsn̩
schwạpp!, **Schwạpp** ʃvap
Schwạppach ˈʃvapax
schwạppen ˈʃvapn̩
schwạps!, **Schwạps** ʃvaps
schwạpsen ˈʃvapsn̩
Schwä̲r ʃvɛːɐ̯
Schwä̲re ˈʃvɛːrə
schwä̲ren, Sch... ˈʃvɛːrən
Schwạrm ʃvarm, **Schwạ̈rme** ˈʃvɛrmə
schwạ̈rmen ˈʃvɛrmən
Schwärmerei ʃvɛrməˈrai̯
Schwạrtau ˈʃvartau̯
Schwarte ˈʃvartə, ˈʃvaːɐ̯tə
schwarten ˈʃvartn̩, ˈʃvaːɐ̯tn̩
schwartig ˈʃvartɪç, ˈʃvaːɐ̯tɪç; **-e** ...ɪgə
Schwạrtow ˈʃvarto
Schwạrtz ʃvarts
Schwạrtze *niederl.* ˈswartsə
schwạrz ʃvarts, **schwạ̈rzer** ˈʃvɛrtsɐ
Schwạrz[a] ˈʃvarts[a]
Schwạrzach ˈʃvartsax
Schwạrzau ˈʃvartsau̯
Schwạrzawa ˈʃvartsava
Schwarzbubenland ˈʃvartsbuːbn̩lant, –ˈ–––
Schwạrzburg ˈʃvartsbʊrk
Schwạrze ˈʃvartsə
Schwạ̈rze ˈʃvɛrtsə
Schwarze-Meer-Flotte ʃvartsəˈmeːɐ̯flɔtə
schwạ̈rzen ˈʃvɛrtsn̩
Schwạrzenau ˈʃvartsənau̯
Schwạrzenbach ˈʃvartsn̩bax
Schwạrzenbek ˈʃvartsn̩beːk
Schwạrzenberg ˈʃvartsn̩bɛrk
Schwạrzenburg ˈʃvartsn̩bʊrk
Schwarzenẹrden ʃvartsn̩ˈ|eːɐ̯dn̩
Schwạrzenfeld ˈʃvartsn̩fɛlt
Schwạrzenfels ˈʃvartsn̩fɛls
Schwạrzenhammer ˈʃvartsn̩hamɐ
Schwạrzenholz ˈʃvartsn̩hɔlts
Schwạrzensee ˈʃvartsn̩zeː
schwärzer vgl. schwarz
Schwarzẹrden (Saar) ʃvartsˈ|eːɐ̯dn̩
Schwạrzkopf ˈʃvartskɔpf
Schwarzkọsteletz ʃvartsˈkɔstəlɛts
schwạ̈rzlich ˈʃvɛrtslɪç
Schwạrzmeerflotte ˈʃvartsmeːɐ̯flɔtə
Schwarzọrt ʃvartsˈ|ɔrt
Schwarzrheindorf ʃvartsˈrai̯ndɔrf
schwạrzrotgọld ˈʃvartsˈroːtˈgɔlt
Schwạrzschild ˈʃvartsʃɪlt
Schwạrzsee ˈʃvartszeː
Schwarzseherei ʃvartszeːəˈrai̯
Schwạrzwald ˈʃvartsvalt
Schwạrzwälder ˈʃvartsvɛldɐ
schwạrzwälderisch ˈʃvartsvɛldərɪʃ
Schwạrzwasser ˈʃvartsvasɐ
Schwạrzweiß ˈʃvartsvai̯s
Schwarzweißkunst ʃvartsˈvai̯skʊnst
schwạrzweißrot ˈʃvartsˈvai̯sˈroːt
Schwạstorf ˈʃvastɔrf
Schwatka *engl.* ˈʃwɔtkə
Schwạtz ʃvats
Schwạ̈tzchen ˈʃvɛtsçən
schwạtzen ˈʃvatsn̩
schwạ̈tzen ˈʃvɛtsn̩
Schwätzerei ʃvɛtsəˈrai̯
Schwaz ʃvaːts
Schwe̲be ˈʃveːbə
Schwe̲bel ˈʃveːbl̩
schwe̲ben ˈʃveːbn̩, **schwe̲b!** ʃveːp, **schwe̲bt** ʃveːpt
Schweberei ʃveːbərˈai̯
Schwẹchat ˈʃvɛçat
Schwẹchten ˈʃvɛçtn̩
Schwe̲de ˈʃveːdə
Schwe̲den ˈʃveːdn̩
schwe̲disch ˈʃveːdɪʃ
Schwe̲dler ˈʃveːdlɐ
Schwe̲dt ʃveːt
Schwe̲fe ˈʃveːfə
Schwe̲fel ˈʃveːfl̩
Schwe̲felberg ˈʃveːfl̩bɛrk
schwe̲f[e]lig ˈʃveːf[ə]lɪç, **-e** ...ɪgə
schwe̲feln ˈʃveːfl̩n
Schwefelwạsserstoff ʃveːfl̩ˈvasɐʃtɔf
Schwe̲gler ˈʃveːglɐ
Schweich[eln] ˈʃvai̯ç[l̩n]
Schweidler ˈʃvai̯dlɐ
Schweidnitz ˈʃvai̯dnɪts
Schweif ʃvai̯f
schweifen ˈʃvai̯fn̩
schweifwedeln ˈʃvai̯fveːdl̩n
schweigen ˈʃvai̯gn̩, **schweig!** ʃvai̯k, **schweigt** ʃvai̯kt
Schweigen ˈʃvai̯gn̩
Schweigger[s] ˈʃvai̯gɐ[s]
schweigsam ˈʃvai̯kzaːm
Schweikart ˈʃvai̯kart
Schwein[a] ˈʃvai̯n[a]
Schweinau ˈʃvai̯nau̯
Schweinerei ʃvai̯nəˈrai̯
schweinern ˈʃvai̯nɐn
Schweinert ˈʃvai̯nɐt
Schweinfurt[h] ˈʃvai̯nfʊrt
Schweinichen ˈʃvai̯nɪçn̩
Schweinigel ˈʃvai̯n|iːgl̩
schweinigeln ˈʃvai̯n|iːgl̩n, **...gle** ...glə
Schweinitz ˈʃvai̯nɪts
Schweinrich ˈʃvai̯nrɪç
Schweinschädl ˈʃvai̯nʃɛːdl̩
Schweiß ʃvai̯s
schweißen ˈʃvai̯sn̩
Schweitzer ˈʃvai̯tsɐ
Schweiz[er] ˈʃvai̯ts[ɐ]
schweizerdeutsch ˈʃvai̯tsɐdɔy̯tʃ
Schweizerhalle ˈʃvai̯tsɐhalə
schweizerisch ˈʃvai̯tsərɪʃ
Schweizerland ˈʃvai̯tsɐlant
Schweizertor ˈʃvai̯tsɐtoːɐ̯
Schweik ʃvai̯k, *tschech.* ʃvɛjk
Schwe̲la ˈʃveːla
Schwẹlchmalz ˈʃvɛlçmalts
schwe̲len ˈʃveːlən
Schwelerei ʃveːləˈrai̯
schwẹlgen ˈʃvɛlgn̩, **schwẹlg!** ʃvɛlk, **schwẹlgt** ʃvɛlkt
Schwelgerei ʃvɛlgəˈrai̯
Schwẹlle ˈʃvɛlə
schwẹllen ˈʃvɛlən
Schwẹllenbach ˈʃvɛlənbax, *engl.* ...bɑːk
Schwẹller ˈʃvɛlɐ
Schwẹlm ʃvɛlm
Schwẹmlingen ˈʃvɛmlɪŋən
Schwẹmme ˈʃvɛmə
schwẹmmen ˈʃvɛmən
Schwẹmsal ˈʃvɛmzaːl
Schwẹnckfeld ˈʃvɛŋkfɛlt
Schwẹnckfelder ˈʃvɛŋkfɛldɐ
Schwẹnd ʃvɛnt
Schwẹnda ˈʃvɛnda
Schwẹnde ˈʃvɛndə
schwẹnden ˈʃvɛndn̩, **schwẹnd!** ʃvɛnt
Schwẹndi ˈʃvɛndi
Schwendi-Kaltbad ʃvɛndikaltˈbaːt
Schwẹngel ˈʃvɛŋl̩
Schwe̲ninger ˈʃveːnɪŋɐ
Schwẹnke ˈʃvɛŋkə
schwẹnken ˈʃvɛŋkn̩
Schwẹnker ˈʃvɛŋkɐ
Schwẹnkfeld ˈʃvɛŋkfɛlt
Schwẹnningen ˈʃvɛnɪŋən
Schwentine ʃvɛnˈtiːnə
Schwẹpnitz ˈʃvɛpnɪts
Schweppenhausen ʃvɛpn̩ˈhau̯zn̩
Schwẹppermann ˈʃvɛpɐman
Schwẹppe[s] *engl.* ʃvɛp[s]
schwe̲r ʃveːɐ̯
Schwe̲re ˈʃveːrə
Schwe̲renot ˈʃveːrənoːt
Schwe̲renöter ˈʃveːrənøːtɐ
schwe̲rfällig ˈʃveːɐ̯fɛlɪç
Schwẹrfen ˈʃvɛrfn̩
Schweri̲n ʃveˈriːn
Schwe̲ring ˈʃveːrɪŋ
Schwerinshöhe ʃveriːnsˈhøːə
schwe̲rkrank ˈʃveːɐ̯kraŋk
schwe̲rlich ˈʃveːɐ̯lɪç
Schwe̲rmut ˈʃveːɐ̯muːt
schwe̲rmütig ˈʃveːɐ̯myːtɪç, **-e** ...ɪgə
Schwẹrnik, Švernik *russ.* ˈʃvjernik

Schwersted 'ʃve:ɐ̯ʃtɛt
Schwert ʃve:ɐ̯t
Schwerte 'ʃve:ɐ̯tə
Schwertel 'ʃve:ɐ̯tl̩
Schwertfeger 'ʃve:ɐ̯tfe:gɐ
Schweser 'ʃve:zɐ
Schwester 'ʃvɛstɐ
Schwetz[ingen] 'ʃvɛts[ɪŋən]
Schwibbogen 'ʃvɪpbo:gn̩
Schwieberdingen 'ʃvi:bɐdɪŋən
Schwiebus 'ʃvi:bʊs
Schwiebus[s]er 'ʃvi:bʊsɐ
schwiebus[s]isch 'ʃvi:bʊsɪʃ
schwieg ʃvi:k
Schwiegel 'ʃvi:gl̩
schwiegen 'ʃvi:gn̩
Schwiegereltern 'ʃvi:gɐ|ɛltɐn
schwiegt ʃvi:kt
Schwiele 'ʃvi:lə
schwielig 'ʃvi:lɪç, **-e** ...ɪgə
Schwieloch 'ʃvi:lɔx
Schwielowsee 'ʃvi:loze:
schwiemeln 'ʃvi:mln̩
Schwientochlowitz ʃvi̯ɛn'tɔxlovɪts
schwierig 'ʃvi:rɪç, **-e** ...ɪgə
Schwiesau 'ʃvi:zau̯
Schwietering 'ʃvi:tərɪŋ
schwill! ʃvɪl
schwillt ʃvɪlt
schwimmen 'ʃvɪmən
Schwimmer 'ʃvɪmɐ
Schwind ʃvɪnt
Schwindel 'ʃvɪndl̩
Schwindelei ʃvɪndə'lai
schwind[e]lig 'ʃvɪnd[ə]lɪç, **-e** ...ɪgə
schwindeln 'ʃvɪndln̩, **schwindle** 'ʃvɪndlə
schwinden 'ʃvɪndn̩, **schwind!** ʃvɪnt
Schwindler 'ʃvɪndlɐ
Schwindsucht 'ʃvɪntzʊxt
schwindsüchtig 'ʃvɪntzʏçtɪç
Schwinge 'ʃvɪŋə
Schwingel 'ʃvɪŋl̩
schwingen 'ʃvɪŋən
Schwinger 'ʃvɪŋɐ
Schwinget 'ʃvɪŋət
schwipp! ʃvɪp
schwippen 'ʃvɪpn̩
Schwippert 'ʃvɪpɐt
Schwippschwager 'ʃvɪp-ʃva:gɐ
schwipp, schwapp! 'ʃvɪp'ʃvap
Schwips ʃvɪps
schwirbeln 'ʃvɪrbl̩n, **...ble** ...blə
Schwirgallen ʃvɪr'galən
Schwirl ʃvɪrl
schwirren 'ʃvɪrən
Schwitters 'ʃvɪtɐs
Schwitze 'ʃvɪtsə
schwitzen 'ʃvɪtsn̩
Schwitzer 'ʃvɪtsɐ
schwitzig 'ʃvɪtsɪç, **-e** ...ɪgə
Schwob ʃvo:p, *fr.* ʃvɔb
Schwof ʃvo:f
schwofen 'ʃvo:fn̩
schwoien 'ʃvɔyən
schwojen 'ʃvo:jən
schwoll ʃvɔl
schwölle 'ʃvœlə
schwömme 'ʃvœmə
schwor ʃvo:ɐ̯
schwören 'ʃvø:rən
Schwörstadt 'ʃvø:ɐ̯ʃtat
schwul ʃvu:l
schwül ʃvy:l
Schwüle 'ʃvy:lə
Schwulibus 'ʃvu:libʊs
Schwulität ʃvuli'tɛ:t
Schwulst ʃvʊlst, **Schwülste** 'ʃvʏlstə
schwulstig 'ʃvʊlstɪç, **-e** ...ɪgə
schwülstig 'ʃvʏlstɪç, **-e** ...ɪgə
schwumm[e]rig 'ʃvʊm[ə]rɪç, **-e** ...ɪgə
Schwund ʃvʊnt, **-es** 'ʃvʊndəs
Schwung ʃvʊŋ, **Schwünge** 'ʃvʏŋə
schwupp!, Schwupp ʃvʊp
schwuppdiwupp! 'ʃvʊpdi'vʊp
schwups! Schwups ʃvʊps
schwur ʃvu:ɐ̯
Schwur ʃvu:ɐ̯, **Schwüre** 'ʃvy:rə
schwüre 'ʃvy:rə
Schwyz[er] 'ʃvi:ts[ɐ]
Schwyzerdütsch 'ʃvi:tsɐdy:tʃ
Schwyzertütsch 'ʃvi:tsɐty:tʃ
Schygulla ʃi'gʊla
Sciacca *it.* 'ʃakka
Scialoja *it.* ʃa'lɔ:ja
Sciarrone *it.* ʃar'ro:ne
Scicli *it.* 'ʃi:kli
Scidmore *engl.* 'sɪdmɔ:
Science-fiction *engl.* 'saɪənsfɪkʃən
Scientia 'stsi̯ɛntsi̯a
Scientismus stsi̯ɛn'tɪsmʊs
Ščigry vgl. Schtschigry
scilicet 'stsi:litsɛt
Scilla 'stsɪla, *it.* 'ʃilla
Scilly *engl.* 'sɪlɪ
Ścinawa *poln.* ɕtɕi'nava
Scînteia *rumän.* skɨn'teja
sciolto 'ʃɔlto
Scipio 'stsi:pio, **-nen** stsi'pi̯o:nən
Scipione *it.* ʃi'pjo:ne
Scirocco ʃi'rɔko
Scituate *engl.* 'sɪtʃʊeɪt
Sciutti *it.* 'ʃutti
Sckell skɛl
Scogan *engl.* 'skoʊgən
Scollard *engl.* 'skɔləd
Scone *engl.* skoʊn
Scooter *engl.* 'sku:tə
Scopes *engl.* skoʊps
Scordatura skɔrda'tu:ra
Scordia *it.* 'skɔrdja
Score *engl.* skɔ:
Scorel *niederl.* 'sxo:rəl
Scoresby *engl.* 'skɔ:zbɪ
Scoresbysund *dän.* sgɔ:rsby'sɔn'
Ščorsk vgl. Schtschorsk
Scot *engl.* skɔt
Scotch *engl.* skɔtʃ
Scotia 'sko:tsi̯a, *engl.* 'skoʊʃə
Scotismus sko'tɪsmʊs
Scotist sko'tɪst
Scotland [Yard] *engl.* 'skɔtlənd ['jɑ:d]
Scotsman *engl.* 'skɔtsmən
Scott *engl.* skɔt
Scottdale *engl.* 'skɔtdeɪl
Scotti *it.* 'skɔtti
Scotto *it.* 'skɔtto
Scottsbluff *engl.* 'skɔtsblʌf
Scottus 'skɔtʊs
Scotus 'sko:tʊs
Scout *engl.* skaʊt
Scranton *engl.* 'skræntən
Scraps skrɛps, *engl.* skræps
Scribe *fr.* skrib
Scribner *engl.* 'skrɪbnə
Scribonia skri'bo:ni̯a
Scrip skrɪp
Scripps *engl.* skrɪps
Script skrɪpt
Scripture *engl.* 'skrɪptʃə
Scrittura skrɪ'tu:ra
Scrivener *engl.* 'skrɪvnə
Scrogg *engl.* skrɔg
Scroop[e] *engl.* skru:p
Scrope *engl.* skroʊp
Scrub skrap, *engl.* skrʌb
Ščučinsk vgl. Schtschutschinsk
Scudder *engl.* 'skʌdə
Scudéry *fr.* skyde'ri
Scudo 'sku:do, **...di** ...di
Ščukin vgl. Schtschukin
Scullin *engl.* 'skʌlɪn
Sculms *rät.* ʃkulms
sculpsit 'skʊlpsɪt
Scultetus skʊl'te:tʊs
Scunthorpe *engl.* 'skʌnθɔ:p
Scuol *rät.* ʃkuo̯l
Ščurovo vgl. Schtschurowo
Ščusev vgl. Schtschussew
Scutari 'sku:tari
Scutellum sku'tɛlʊm, **...lla** ...la
Scylla 'stsʏla
Scythe 'stsy:tə
Sdolbunow, Zdolbunov *russ.* zdɐlbu'nɔf
Seabra *bras.* 'si̯abra
Seabury *engl.* 'si:bərɪ
Seaford *engl.* 'si:fəd
Seager *engl.* 'si:gə
Seaham *engl.* 'si:əm
Seal zi:l, *engl.* si:l
Sealab *engl.* 'si:læb
Seal River *engl.* 'si:l 'rɪvə
Sealsfield *engl.* 'si:lzfi:ld
Sealskin 'zi:lskɪn, *engl.* 'si:...
Sealyham *engl.* 'si:lɪəm
Seaman *engl.* 'si:mən
Sean *engl.* ʃɔ:n
Séance ze'ã:sə
Searcy *engl.* 'sɪəsɪ
Searle[s] *engl.* sə:l[z]
Sears *engl.* sɪəz
Seascale *engl.* 'si:skeɪl
Seashore *engl.* 'si:ʃɔ:

Seaside *engl.* 'si:saɪd
Season *engl.* si:zn
SEATO ze'a:to, *engl.* 'si:toʊ
Seaton *engl.* si:tn
Seattle *engl.* sɪ'ætl
Seawell *engl.* 'su:əl
Sebago *engl.* sɪ'beɪgoʊ
Sẹbald 'ze:balt
Sebạldus ze'baldʊs
Sebạstian ze'bastɪ̯an, *rumän.* sebas'tjan
Sebạstianberg ze'bastɪ̯anbɛrk
Sébastianị *fr.* sebastja'ni
Sebastiano *it.* sebas'tɪ̯a:no, *span.* seβas'tɪ̯ano
Sebastião *port.* səβɐʃ'tɪ̯ɐ̃ʊ̯, *bras.* sebas'tɪ̯ɐ̃ʊ̯
Sebạstopol ze'bastopɔl
Šebekino vgl. Schebekino
Sebeknefrurẹ zebɛknefru're:
Sebenịco *it.* sebe'ni:ko
Sẹbeş *rumän.* 'sebeʃ
Sẹbesch, Sebež *russ.* 'sjebɪʃ
Sẹbes Kọ̈rös *ung.* 'ʃɛbɛʃ 'kørøʃ
Sẹbestyén *ung.* 'ʃɛbɛʃtje:n
Sébillẹt *fr.* sebi'jɛ
Ṣebịnkarahisar *türk.* ʃɛ'binkaˌrahisar
Sẹbisch 'ze:bɪʃ
Sẹbnitz 'ze:bnɪts
Seborrhọ̈, ...öe zebɔ'rø:, **...rrhọ̈en** ...'rø:ən
Sebring *engl.* 'si:brɪŋ
Sebụ ze'bu:
Sẹbulon 'ze:bulɔn
SẸCAM 'ze:kam, *fr.* se'kam
Secaucus *engl.* sɪ'kɔ:kəs
Sẹcchi *it.* 'sekki
Sẹcchia *it.* 'sekkɪ̯a
sẹcco, S... 'zɛko
Sẹccombe *engl.* 'sɛkəm
Sečenov vgl. Setʃchenow
Secentịsmus zetʃɛn'tɪsmʊs
Secentịst zetʃɛn'tɪst
Secẹnto ze'tʃɛnto
Sẹch zɛç
Séchẹlles *fr.* se'ʃɛl
Sécheron *fr.* se'ʃrõ
sẹchs, S... zɛks
sẹchseinhạlb 'zɛks|aɪ̯n'halp
Sẹchser 'zɛksɐ
sẹchserlei 'zɛksɐ'laɪ̯
sẹchsfach 'zɛksfax
sẹchshụndert 'zɛks'hʊndɐt
Sẹchspaß 'zɛkspas, **...passe** ...pasə
sẹchst zɛkst
Sechstagerennen zɛks'ta:gərɛnən
sẹchstausent 'zɛks'taʊ̯zn̩t
sẹchste 'zɛkstə
sẹchstel, S... 'zɛkstl̩
sẹchstens 'zɛkstn̩s
sẹchsundeinhạlb 'zɛks|ʊnt|aɪ̯n'halp
Sẹchsundsẹchzig 'zɛks|ʊnt'zɛçtsɪç
sẹchsundzwạnzig 'zɛks|ʊnt'tsvantsɪç
Sẹchtem 'zɛçtəm
Sẹchter 'zɛçtɐ
Sechuạna *engl.* sɛ'tʃwɑ:nə
sẹchzehn 'zɛçtse:n
sẹchzig 'zɛçtsɪç
seckạnt zɛ'kant
Sẹckau 'zɛkaʊ̯
Sẹckel 'zɛkl̩
Sẹckendorff 'zɛkn̩dɔrf
Seclin *fr.* sə'klɛ̃
secọnda vọlta ze'kɔnda 'vɔlta
Secondị *engl.* sɛkən'di:
Sẹcond line *engl.* 'sɛkənd 'laɪn
secọndo ze'kɔndo
Secọndo ze'kɔndo, **...di** ...di
Secord *engl.* 'si:kɔ:d
Secrétan *fr.* səkre'tã
Secret Service *engl.* 'si:krɪt 'sə:vɪs
Sẹctio aurea 'zɛktsɪ̯o 'aʊ̯rea
Sẹctio caesạrea 'zɛktsɪ̯o tsɛ'za:rea
Sẹction *engl.* 'sɛkʃən
Século *port.* 'sɛkulu
Secụndus ze'kʊndʊs
Séd *ung.* ʃe:d
SED ɛs|e:'de:
Seda vgl. Sedum
Sedaine *fr.* sə'dɛn
Sedalia *engl.* sɪ'deɪlɪə
Sedan *fr.* sə'dã
Sédạr *fr.* se'da:r
Sedarim vgl. Seder
sedạt ze'da:t
sedatịv, S... zeda'ti:f, **-e** ...i:və
Sedatịvum zeda'ti:vʊm, **...va** ...va
Seddịn zɛ'di:n
Sẹddon *engl.* sɛdn
Sedekịas zede'ki:as
sedentạ̈r zedɛn'tɛ:ɐ̯
Sẹder 'ze:dɐ, **Sedarịm** zeda'ri:m
Sẹdes Apostọlica 'ze:dɛs apɔs'to:lika
Sedẹz ze'de:ts
Sẹdgley *engl.* 'sɛdʒlɪ
Sẹdgwick *engl.* 'sɛdʒwɪk
Sẹdia gestatọria 'ze:dɪ̯a dʒɛsta'to:rɪ̯a
Sẹdico *it.* 'se:diko
Sedịle ze'di:lə, **...lien** ...lɪ̯ən
Sẹdilo *it.* 'sɛ:dilo
Sedimẹnt zedi'mɛnt
sedimentạ̈r zedimɛn'tɛ:ɐ̯
Sedimentatiọn zedimɛnta'tsɪ̯o:n
sedimentịeren zedimɛn'ti:rən
Sedisvakạnz zedɪsva'kants
Seditiọn zedi'tsɪ̯o:n
seditiọ̈s zedi'tsɪ̯ø:s, **-e** ...ø:zə
Sẹdlacek 'zɛdlatʃɛk
Sẹdlak 'ze:dlak
Sẹdlčany *tschech.* 'sɛdl̩tʃani
Sẹdlec *tschech.* 'sɛdlɛts
Sẹdley *engl.* 'sɛdlɪ
Sẹdlitz 'ze:dlɪts
Sẹdlmayr 'ze:dl̩maɪ̯ɐ
Sedlnịtzky ze:dl̩'nɪtski
Sedọw, Sedov *russ.* sɪ'dɔf
Sedrụn *rät.* se'drun
Seduktiọn zedʊk'tsɪ̯o:n
Sedụlius ze'du:lɪ̯ʊs
Sẹdum 'ze:dʊm, **Sẹda** 'ze:da
seduzịeren zedu'tsi:rən
[1]**See** ze:, **-n** 'ze:ən
[2]**See** (Name) *engl.* si:
Sée *fr.* se
Seebach 'ze:bax
Seebeck 'ze:bɛk
Seeberg 'ze:bɛrk
Seebergen 'ze:bɛrgn̩
Seebọden ze:'bo:dn̩
Seebohm 'ze:bo:m, *engl.* 'si:boʊm
Seebrụck ze:'brʊk
Seebrügge 'ze:brʏgə
Seebuck 'ze:bʊk
Seebụckow ze:'bu:ko
Seeburg 'ze:bʊrk
[2]**Seeck[t]** ze:k[t]
Seed *engl.* si:d
Seedorff 'ze:dɔrf
Seedorf Pẹdersen *dän.* 'se:dɔrf 'pe:'ðərsən
Seefeld 'ze:fɛlt
Seefelder 'ze:fɛldɐ
Seefried 'ze:fri:t
Seeger 'ze:gɐ, *engl.* 'si:gə
Seehaus 'ze:haʊ̯s
Seehausen 'ze:haʊ̯zn̩, –'––
Seekatz 'ze:kats
Seekofel 'ze:ko:fl̩
Seeland 'ze:lant
Seelchen 'ze:lçən
Seele 'ze:lə
seelensgut 'ze:ləns'gu:t
seelenvergnügt 'ze:lənfɛɐ̯'gny:kt
Seeler 'ze:lɐ
Seeley *engl.* 'si:lɪ
Seelig 'ze:lɪç
Seeliger 'ze:lɪgɐ
Seelisberg 'ze:lɪsbɛrk
seelisch 'ze:lɪʃ
Seelow 'ze:lo
Seelsorger 'ze:lzɔrgɐ
seelsorgerisch 'ze:lzɔrgərɪʃ
seelsorglich 'ze:lzɔrklɪç
Seely[e] *engl.* 'si:lɪ
Seelze 'ze:ltsə
Seemann 'ze:man
seemännisch 'ze:mɛnɪʃ
Seenplatte 'ze:ənplatə
Seeon 'ze:ɔn
Seerhausen ze:ɐ̯'haʊ̯zn̩
Sées *fr.* se
Seesen 'ze:zn̩
Seeshaupt ze:s'haʊ̯pt
Seesken 'ze:skn̩
Seesker 'ze:skɐ
Seestadtl 'ze:ʃtatl̩
Seet[h]al 'ze:ta:l
Seewald 'ze:valt
seewärts 'ze:vɛrts
Seewen 'ze:vn̩

Seewi̲e̲sen ze:ˈvi:zn̩
Se̲e̲wis ˈze:vɪs
Se̲e̲z ze:ts
Séez *fr.* se
Sefẹris *neugr.* sɛˈfɛris
Sefewi̲de zefeˈvi:də
Sẹffern ˈzɛfɐn
Sẹffi ˈzɛfi
Sefri̲n zeˈfri:n
Ségalẹn *fr.* segaˈlɛn
Segantị̲ni *it.* seganˈti:ni
Segar *engl.* ˈsi:gɑ:
Sẹgeberg ˈze:gəbɛrk
Sẹgel ˈze:gl̩
sẹgeln ˈze:gl̩n, **sẹgle** ˈze:glə
Sẹgen ˈze:gn̩
Sẹger (auch: (Wz)) ˈze:gɐ
Sẹgescha, Segeža *russ.* ˈsjegɪʒɐ
Sẹgesser ˈze:gɛsə
Segẹst zeˈgɛst
Segẹsta zeˈgɛsta, *it.* seˈdʒɛsta
Segẹstes zeˈgɛstɛs
Sẹgesvár *ung.* ˈʃɛgɛʃva:r
Sẹgge ˈzɛgə
Sẹghers ˈze:gɐs, *niederl.* ˈse:xərs, *fr.* seˈgɛrs
Segimẹrus zegiˈme:rʊs
Segismụndo *span.* sexizˈmundo
Sẹgl *rät.* sɛʎ
Sẹgler ˈze:glɐ
Segmẹnt zɛˈgmɛnt
segmentạl zɛgmɛnˈta:l
segmentạ̈r zɛgmɛnˈtɛ:ɐ̯
segmenti̲e̲ren zɛgmɛnˈti:rən
Sẹgmon *schwed.* ˌse:gmu:n
Sẹgna *it.* ˈseɲɲa
sẹgnen ˈze:gnən
Sẹgner ˈze:gnɐ
Sẹgni *it.* ˈseɲɲi
Sẹgno ˈzɛnjo, **...ni** ˈzɛnji
Sẹgnung ˈze:gnʊŋ
Segond *fr.* səˈgõ
Segonzạc *fr.* səgõˈzak
Segọrbe *span.* seˈɣɔrβe
Ségou *fr.* seˈgu
Segọvia *span.* seˈɣoβi̯a
Segrais *fr.* səˈgrɛ
Sẹgre *span.* ˈseɣre
Segré *fr.* səˈgre
Segrè *it.* seˈgrɛ
Segregạt zegreˈga:t
[1]**Segregatiọn** (Biologie) zegregaˈtsi̯o:n
[2]**Segregatiọn** (Rassentrennung usw.) segregaˈtsi̯o:n, *engl.* sɛgrɪˈgeɪʃən
segregi̲e̲ren zegreˈgi:rən
sẹgue ˈze:gu̯ə
Seguidịlla zegiˈdɪlja
Séguiẹr *fr.* seˈgje
Seguin *engl.* səˈgi:n, *fr.* səˈgɛ̃
Segundẹra *span.* seɣunˈdera
Ségur *fr.* seˈgy:r
Segụra *span.* seˈɣura, *port.* səˈɣurɐ
Sehẹl zeˈhe:l
sẹhen ˈze:ən
Sẹher ˈze:ɐ
sẹherisch ˈze:ərɪʃ
Sẹhlem ˈze:ləm
Sẹhn[d]e ˈze:n[d]ə
sẹhnen ˈze:nən
sẹhnig ˈze:nɪç, **-e** ...ɪgə
sẹhnlich ˈze:nlɪç
Sẹhnsucht ˈze:nzʊxt
sẹhnsüchtig ˈze:nzʏçtɪç
sẹhr ˈze:ɐ̯
sẹhren ˈze:rən
se̲i̲, se̲i̲! zai̯
Se̲i̲ber ˈzai̯bɐ
se̲i̲bern ˈzai̯bɐn, **se̲i̲bre** ˈzai̯brə
Seicẹnto *it.* sei̯ˈtʃɛnto
Se̲i̲ch[e] ˈzai̯ç[ə]
se̲i̲chen ˈzai̯çn̩
Seiches *fr.* sɛʃ
se̲i̲cht zai̯çt
se̲i̲d zai̯t
Se̲i̲de ˈzai̯də
Se̲i̲del[bast] ˈzai̯dl̩[bast]
se̲i̲den ˈzai̯dn̩, **se̲i̲dne** ˈzai̯dnə
Se̲i̲denfaden ˈzai̯dn̩fa:dn̩
se̲i̲denwe̲i̲ch ˈzai̯dn̩ˈvai̯ç
se̲i̲dig ˈzai̯dɪç, **-e** ...ɪgə
Se̲i̲dl ˈzai̯dl̩
Se̲i̲dler ˈzai̯dlɐ
Se̲i̲dlitz ˈzai̯dlɪts
Se̲i̲dwitz ˈzai̯dvɪts
se̲i̲en ˈzai̯ən
se̲i̲end ˈzai̯ənt, **-e** ...ndə
se̲i̲est ˈzai̯əst
se̲i̲et ˈzai̯ət
Se̲i̲fe ˈzai̯fə
se̲i̲fen, S... ˈzai̯fn̩
Se̲i̲fer ˈzai̯fɐ
se̲i̲fern ˈzai̯fɐn
Se̲i̲fert ˈzai̯fɐt
Se̲i̲ferts ˈzai̯fɐts
Se̲i̲ffen ˈzai̯fn̩
Se̲i̲ffert ˈzai̯fɐt
Seifhẹnnersdorf zai̯fˈhɛnɐsdɔrf
se̲i̲fig ˈzai̯fɪç, **-e** ...ɪgə
Se̲i̲frid, ...ried ˈzai̯fri:t
Se̲i̲ge ˈzai̯gə
se̲i̲ger, S... ˈzai̯gɐ
se̲i̲gern ˈzai̯gɐn, **se̲i̲gre** ˈzai̯grə
Seigneley *fr.* sɛɲˈlɛ
Seignẹtte... zɛnˈjɛt...
Seigneur zɛnˈjø:ɐ̯, *fr.* sɛˈɲœ:r
Seigneuri̲e̲ zɛnjøˈri:, *fr.* sɛɲœˈri; **-n** ...i:ən
Seignobọs *fr.* sɛɲɔˈbɔs, ...bo:s
se̲i̲hen ˈzai̯ən
Se̲i̲l zai̯l
se̲i̲len ˈzai̯lən
Se̲i̲ler ˈzai̯lɐ
Sẹille *fr.* sɛj
Seillière *fr.* sɛˈjɛ:r
Se̲i̲m zai̯m
se̲i̲mig ˈzai̯mɪç, **-e** ...ɪgə
se̲i̲n, S... zai̯n
Sẹinäjoki *finn.* ˈsɛi̯næjɔki
se̲i̲ne ˈzai̯nə
Seine ˈzɛ:n[ə], *fr.* sɛn
Seine-et-Mạrne *fr.* sɛneˈmarn
Seine-et-Oise *fr.* sɛneˈwa:z
Seine-Inférieure *fr.* sɛnɛ̃feˈrjœ:r
se̲i̲nerse̲i̲ts ˈzai̯nɐˈzai̯ts
se̲i̲nerzeit ˈzai̯nɐtsai̯t
se̲i̲nesgle̲i̲chen ˈzai̯nəsˈglai̯çn̩
se̲i̲nethạlben ˈzai̯nətˈhalbn̩
se̲i̲netwẹgen ˈzai̯nətˈve:gn̩
se̲i̲netwịllen ˈzai̯nətˈvɪlən
Seingạlt *fr.* sɛ̃ˈgalt
se̲i̲nige ˈzai̯nɪgə
Sẹip *norw.* sɛi̯p
Se̲i̲pel ˈzai̯pl̩
Se̲i̲ser ˈzai̯zɐ
Se̲i̲sing ˈzai̯zɪŋ
Se̲i̲smik ˈzai̯smɪk
se̲i̲smisch ˈzai̯smɪʃ
Seismizitạ̈t zai̯smitsiˈtɛ:t
Seismogrạmm zai̯smoˈgram
Seismogrạph zai̯smoˈgra:f
Seismologi̲e̲ zai̯smoloˈgi:
seismolọgisch zai̯smoˈlo:gɪʃ
Seismomẹter zai̯smoˈme:tɐ
seismomẹtrisch zai̯smoˈme:trɪʃ
Seismonasti̲e̲ zai̯smonasˈti:
Se̲i̲smos ˈzai̯smɔs
Seismoskọp zai̯smoˈsko:p
se̲i̲st zai̯st
Seistạn *pers.* sisˈtɑ:n
se̲i̲t zai̯t
seitạb zai̯tˈ|ap
seitdẹm zai̯tˈde:m
Se̲i̲te ˈzai̯tə
se̲i̲tens ˈzai̯tn̩s
Se̲i̲terich ˈzai̯tərɪç
seithẹr zai̯tˈhe:ɐ̯
seithẹrig zai̯tˈhe:rɪç, **-e** ...ɪgə
se̲i̲tlich ˈzai̯tlɪç
se̲i̲tlings ˈzai̯tlɪŋs
Se̲i̲tschen ˈzai̯tʃn̩
se̲i̲twärts ˈzai̯tvɛrts
Se̲i̲tz zai̯ts
Se̲i̲ward ˈzai̯vart
Seixạl *port.* sɐi̯ˈʃal
Sẹja, Zeja *russ.* ˈzjejɐ
Sejạn zeˈja:n
Sejm zai̯m, *poln.* sɛjm
Sẹjny *poln.* ˈsɛjnɨ
Séjourné *fr.* seʒurˈne
Sejr *dän.* sai̯ˀr
Sejunktiọn zejʊŋkˈtsi̯o:n
Sẹkans ˈze:kans, **...nten** zeˈkantn̩
Sekạnte zeˈkantə
Sẹkel ˈze:kl̩
Sekenen-Rẹ zekenɛnˈre:
sekkạnt zɛˈkant
Sekkatụr zɛkaˈtu:ɐ̯
sekki̲e̲ren zɛˈki:rən
Sẹkkomalerei ˈzɛkoma:lərai̯
Sekọndeleutnant zeˈkɔndəlɔy̯tnant, zeˈkõ:də...
Sekọndhieb zeˈkɔnthi:p
Sékou Touré *fr.* sekutuˈre
sekrẹt, S... zeˈkre:t
Sekretạr zekreˈta:ɐ̯
Sekretạ̈r zekreˈtɛ:ɐ̯
Sekretariạt zekretaˈri̯a:t
Sekretari̲e̲ zekretaˈri:, **-n** ...i:ən
Sekretạrius zekreˈta:ri̯ʊs, **...rii** ...rii

sekretieren zekreˈtiːrən
Sekretion zekreˈtsi̯oːn
sekretorisch zekreˈtoːrɪʃ
Šeksna vgl. Schexna
Sẹkt[e] ˈzɛkt[ə]
Sektierer zɛkˈtiːrɐ
sektiererisch zɛkˈtiːrərɪʃ
Sektion zɛkˈtsi̯oːn
Sẹktor ˈzɛktɔr, **-en** ...ˈtoːrən
Sẹkulić *serbokr.* ˌsɛkulitɕ
Sekụnd zeˈkʊnt, **-en** ...ndn̩
sekụnda, S... zeˈkʊnda
Sekụndakkord zeˈkʊnt|akɔrt
Sekundaner zekʊnˈdaːnɐ
Sekundạnt zekʊnˈdant
Sekundạnz zekʊnˈdants
sekundär zekʊnˈdɛːɐ̯
Sekụnde zeˈkʊndə
sekundieren zekʊnˈdiːrən
Sekundiz zekʊnˈdiːts
sekụndlich zeˈkʊntlɪç
sekụ̈ndlich zeˈkʏntlɪç
Sekundogenitur zekʊndogeniˈtuːɐ̯
Sekurit ⓦ zekuˈriːt, *auch:* ...rɪt
Sekurität zekuriˈtɛːt
sela!, S... ˈzeːla, *auch:* zeˈlaː
Selạchier zeˈlaxi̯ɐ
seladon, S... ˈzeːladɔn; *auch:* ˈzɛl...; zelaˈdõː
Selaginẹlla zelagiˈnɛla, **...llae** ...lɛ
Selaginẹlle zelagiˈnɛlə
Selạjar *indon.* səˈlajar
Selam (Heil) zeˈlaːm, *auch:* ˈzeːlam
Selạngor *indon.* səˈlaŋɔr
sẹlb zɛlp, **-e** ˈzɛlbə
Sẹlb zɛlp
selbạnder zɛlpˈ|andɐ
selbdrịtt zɛlpˈdrɪt
sẹlber ˈzɛlbɐ
sẹlbig ˈzɛlbɪç, **-e** ...ɪgə
Sẹlbitz ˈzɛlbɪts
Sẹlbmann ˈzɛlpman
sẹlbst, S... zɛlpst
sẹlbständig ˈzɛlp-ʃtɛndɪç
sẹlbstisch ˈzɛlpstɪʃ
sẹlbstlos ˈzɛlpstloːs
Sẹlby *engl.* ˈsɛlbɪ
Sẹlca *serbokr.* ˌsɛːltsa
Sẹlce *serbokr.* ˌsɛːltsɛ
sẹlchen ˈzɛlçn̩
Selcherei zɛlçəˈrai̯
Sẹlchow ˈzɛlço
Sẹlcraig *engl.* ˈsɛlkreɪg
Sẹlden *engl.* ˈsɛldən
Sẹldes *engl.* ˈsɛldɪs
Seldschụke zɛlˈdʒʊkə
Sẹldte ˈzɛltə
Seldwyla zɛltˈviːla
Sẹle *it.* ˈsɛːle
Selegạt zeleˈgaːt
selegieren zeleˈgiːrən
Šelehov vgl. Schelechow
Selẹkta zeˈlɛkta
Selektạner zelɛkˈtaːnɐ
Selekteur zelɛkˈtøːɐ̯
selektieren zelɛkˈtiːrən
Selektion zelɛkˈtsi̯oːn
selektionieren zelɛktsi̯oˈniːrən
selektiv zelɛkˈtiːf, **-e** ...iːvə
Selektivität zelɛktiviˈtɛːt
Selẹn zeˈleːn
Selenạt zeleˈnaːt
Selẹne zeˈleːnə, *B* ...ne
Selengạ *russ.* sɪlɪnˈga
Selenicë *alban.* seleˈnitsə
Selenit zeleˈniːt, *auch:* ...nɪt
Selenodọlsk, Zelenodolʼsk *russ.* zɪlɪnaˈdɔljsk
Selenogọrsk, Zelenogorsk *russ.* zɪlɪnaˈgɔrsk
Selenogrạdsk, Zelenogradsk *russ.* zɪlɪnaˈgratsk
Selenographie zelenograˈfiː
Selenologie zelenoloˈgiː
selenologisch zelenoˈloːgɪʃ
Selẹnter zeˈlɛntɐ
Selentschụk, Zelenčuk *russ.* zɪlɪnˈtʃuk
Šelepin vgl. Schelepin
Sẹler ˈzeːlɐ
Sélestạt *fr.* selɛsˈta
Seleucus zeˈlɔykʊs
Seleukia zelɔyˈkiːa
Seleukide zelɔyˈkiːdə
Seleukos zeˈlɔykɔs
Seleuzide zelɔyˈtsiːdə
Selfaktor zɛlfˈ|aktɔr, zɛlfˈ|ɛktɐ; *auch:* ˈ–––
Selfgovernment ˈzɛlfˈgavɐnmənt, *engl.* sɛlfˈgʌvnmənt
Sẹlfkant ˈzɛlfkant
Sẹlfmandeman ˈzɛlfmeːtmɛn, *engl.* ˈsɛlfmeɪdˈmæn; **...men** ...mɛn
Sẹlfoss *isl.* ˈsɛlfɔs
Sẹlfridge *engl.* ˈsɛlfrɪdʒ
Sẹlgar ˈzɛlgar
Selghuride zɛlguˈriːdə
Šelgunov vgl. Schelgunow
sẹlig ˈzeːlɪç, **-e** ...ɪgə
Sẹligenfeld ˈzeːlɪgn̩fɛlt
Sẹligenstadt ˈzeːlɪgn̩ʃtat
Seligẹr (See) *russ.* sɪliˈgjɛr
Sẹligman ˈzeːlɪçman, *engl.* ˈsɛlɪgmən
Selịm *türk.* sɛˈlim
Sẹlincourt *engl.* ˈsɛlɪnkɔːt
Selinụnt zeliˈnʊnt
Selinụnte *it.* seliˈnunte
Selinus zeˈliːnʊs
Selịonyj Mys, Zelenyj Mys *russ.* zɪˈljɔnɨj ˈmɨs
Sẹlke ˈzɛlkə, *engl.* ˈsɛlkɪ
Sẹlket ˈzɛlkɛt
Sẹlkirk[s] *engl.* ˈsɛlkəːk[s]
Sẹlkirkshire *engl.* ˈsɛlkəːkʃɪə
Sẹlkis ˈzɛlkɪs
Selkụpe zɛlˈkuːpə
Sẹlla *it.* ˈsɛlla
Sẹllafield *engl.* ˈsɛləfiːld
Sẹllar *engl.* ˈsɛlə
Sẹlle[ny] ˈzɛlə[ni]
Sẹllerie ˈzɛləri, **-n** ...riːən
Sẹllers *engl.* ˈsɛləz
Sẹllheim ˈzɛlhai̯m
Sellịn zɛˈliːn
Sẹllnow ˈzɛlno
Sẹllye *ung.* ˈʃɛjjɛ
Sẹlm zɛlm
Sẹlma ˈzɛlma, *engl.* ˈsɛlmə, *schwed.* ˈsɛlma, ˌ––, *dän.* ˈsɛlma
Sẹlmar ˈzɛlmar
Sẹlmentsee ˈzɛlməntzeː
Selous *engl.* səˈluː
Sẹlsdon *engl.* ˈsɛlsdən
sẹlten ˈzɛltn̩
Sẹlters ˈzɛltɐs
Sẹltjarnarnes *isl.* ˈsɛltjadnarnɛːs
sẹltsam ˈzɛltzaːm
Selvạgens *port.* sɛlˈvaʒẽi̯ʃ
Sẹlvas ˈzɛlvas, *bras.* ˈsɛlvas, *span.* ˈsɛlβas
Sẹlwyn *engl.* ˈsɛlwɪn
Sẹlye ˈzɛljə
Sẹlznick *engl.* ˈsɛlznɪk
Sẹlzthal ˈzɛltstaːl
Sẹm zɛm, *norw.* sɛm
Šemaha vgl. Schemacha
Sẹman *alban.* ˈseman
Semănătọrul *rumän.* semənəˈtorul
Semạntik zeˈmantɪk
semạntisch zeˈmantɪʃ
Semaphor zemaˈfoːɐ̯
semaphorisch zemaˈfoːrɪʃ
Semạrang *indon.* səˈmaraŋ
Semasiologie zemazi̯oloˈgiː
semasiologisch zemazi̯oˈloːgɪʃ
Sematologie zematoloˈgiː
Sembịlan *indon.* səmˈbilan
Semblançay *fr.* sãblãˈsɛ
Sembranchẹr *fr.* sãbrãˈʃe
Semé *fr.* səˈme
Semedẹlsko Snạme, Zemedelsko Zname *bulgar.* zɛmɛˈdɛlsko ˈznamɛ
Semẹdo *port.* səˈmeðu
Semeiographie zemai̯ograˈfiː
Semeiọtik zemai̯ˈoːtɪk
Sẹmele ˈzeːmele
Semẹm zeˈmeːm
[1]**Sẹmen** ˈzeːmən, **Sẹmina** ˈzeːmina
[2]**Semen** vgl. Semjon
Semẹndria zeˈmɛndria
Semenov vgl. Semjonow
Semenova vgl. Semjonowa
Semenovič vgl. Semjonowitsch
Sementịna *it.* semenˈtiːna
Semẹru *indon.* səˈmeru
Semẹster zeˈmɛstɐ
semestral zemɛsˈtraːl
Semẹttschino, Zemetčino *russ.* zɪˈmjettʃinɐ
Semgale zɛmˈgaːlə
semiarid zemi|aˈriːt, **-e** ...iːdə
Semi-Bạntu zemiˈbantu
Semibrẹvis zemiˈbreːvɪs, **...ves** ...veːs

Semịchi *engl.* sə'mi:tʃɪ
Semidepọnens zemide'po:nɛns; **...ntia** ...po'nɛntsi̯a, **...nzien** ...po'nɛntsi̯ən
Semifinạle zemifi'na:lə
semihumịd zemihu'mi:t, **-e** ...i:də
Semikọlon zemi'ko:lɔn, **...la** ...la
Sẹmil 'zɛmi:l
semilunạr zemilu'na:ɐ̯
Sẹmily *tschech.* 'sɛmili
Semimịnima zemi'mi:nima, **...mae** ...mɛ
Semina vgl. Semen
Seminạr zemi'na:ɐ̯
Seminarịst zemina'rɪst
Sẹminole *engl.* 'sɛmɪnoʊl
Semiologịe zemi̯olo'gi:
Semiọtik ze'mi̯o:tɪk
semiọtisch ze'mi̯o:tɪʃ
Semipalạtinsk *russ.* sɪmipa'latinsk
Semipelagianịsmus zemipelagi̯a'nɪsmʊs
semipermeạbel zemipɛrme'a:bl̩, **...ble** ...blə
Semịramis ze'mi:ramɪs
Semirẹtschje, Semirečʼe *russ.* sɪmi'rjetʃjɛ
Semisẹria zemi'ze:ri̯a
Semịt ze'mi:t
semịtisch ze'mi:tɪʃ
Semitịst[ik] zemi'tɪst[ɪk]
Semitọnium zemi'to:ni̯ʊm; **...ia** ...i̯a, **...ien** ...i̯ən
Semivokạl zemivo'ka:l
Semjọn, Semen *russ.* sɪ'mjɔn
Semjọnow, Semenov *russ.* sɪ'mjɔnɐf
Semjọnowa, Semenova *russ.* sɪ'mjɔnɐvɐ
Semjọnowitsch, Semenovič *russ.* sɪ'mjɔnɐvitʃ
Sẹmler 'zɛmlɐ
Semlin 'zɛmli:n, –'–
Sẹmlow 'zɛmlo
Sẹmmel[weis] 'zɛml̩[vai̯s]
Sẹmmering 'zɛmərɪŋ
Sẹmmes *engl.* sɛmz
Semnạn *pers.* sem'nɑ:n
Semnọne zɛm'no:nə
Semois *fr.* sə'mwa
Sẹmon 'ze:mɔn, *engl.* 'si:mən
Semọnides ze'mo:nidɛs
Sẹmpach 'zɛmpax
Sẹmper 'zɛmpɐ
sẹmper ịdem 'zɛmpɐ 'i:dɛm
Semperit zɛmpe'ri:t, *auch:* ...rɪt
Sẹmpern 'zɛmpɐn
Sempervịvum zɛmpɛr'vi:vʊm, **...va** ...va
Sẹmpill *engl.* sɛmpl
Sempiọne *it.* sem'pi̯o:ne
Sẹmple *engl.* sɛmpl
sẹmplice 'zɛmplitʃe
sẹmpre 'zɛmprə
Semprọnian zɛm'pro:ni̯a:n
Semprọnius zɛm'pro:ni̯ʊs
Sẹmriach 'zɛmriax
Sẹmstwo 'zɛmstvo
Semuškin vgl. Sjomuschkin
Sẹn (Münze) zɛn
Sẹna *port.* 'senɐ
Sẹna Gạllica 'ze:na 'galika
Senạna ze'na:na
Senanayạke *engl.* sənɑ:nə'jɑ:kɪ
Sénancour *fr.* senã'ku:r
Senạr ze'na:ɐ̯
Senạt ze'na:t
Senạtor ze'na:tɔr, **-en** zena'to:rən
senatọrisch zena'to:rɪʃ
Senạtus Populụsque Romạnus ze'na:tʊs popu'lʊskvə ro'ma:nʊs
Sẹnckenberg 'zɛŋkn̩bɛrk
Sẹnckenbergisch 'zɛŋkn̩bɛrgɪʃ
Sẹndai 'zɛndai̯
sẹnden 'zɛndn̩, **sẹnd!** zɛnt
Sẹnden[horst] 'zɛndn̩[hɔrst]
[1]**Sẹndling** (Bote) 'zɛntlɪŋ
[2]**Sẹndling** (Ortsname) 'zɛndlɪŋ
Sendschạn *pers.* zæn'dʒɑ:n
Sẹneca 'ze:neka, *engl.* 'sɛnɪkə
Sénéchaussée *fr.* seneʃo'se
Sẹnefelder 'ze:nəfɛldɐ
Sẹnegal 'ze:negal
Sénégạl *fr.* sene'gal
Senegạmbien zene'gambi̯ən
Sẹnegawurzel 'ze:negavʊrtsl̩
Senenmụt zenɛn'mu:t
Sẹnesblätter 'ze:nəsblɛtɐ
Sẹneschall 'ze:nəʃal
Seneszẹnz zenɛs'tsɛnts
Sẹnf[l] 'zɛnf[l]
Sẹnftenberg 'zɛnftn̩bɛrk
Sẹnge 'zɛŋə
sẹngen 'zɛŋən
sẹng[e]rig 'zɛŋ[ə]rɪç, **-e** ...ɪgə
Senghọr *fr.* sã'gɔ:r, sɛ̃'...
Sẹngi 'zɛŋgi
Sẹngsengebirge 'zɛŋzŋ̩gəbɪrgə
Senhọr zɛn'jo:ɐ̯, **-es** zɛn'jo:rɛs
Senhọra zɛn'jo:ra
Senhorịta zɛnjo'ri:ta
Sẹni 'ze:ni, *it.* 'sɛ:ni
Sẹnice *tschech.* 'sɛnjitsɛ
Senigạllia *it.* seni'galli̯a
senịl ze'ni:l
Senilitạ̈t zenili'tɛ:t
sẹnior 'ze:ni̯ɔr
[1]**Sẹnior** 'ze:ni̯ɔr, **-en** ze'ni̯o:rən
[2]**Senior** (Name) *engl.* 'si:njə
Seniorạt zeni̯o'ra:t
Senịse *it.* se'ni:ze
Sẹnium 'ze:ni̯ʊm
Sẹnja *norw.* 'sɛnja
Senjạwin, Senjavin *russ.* sɪ'njavin
Sẹnke 'zɛŋkə
Sẹnkel 'zɛŋkl̩
sẹnken 'zɛŋkn̩
Sẹnkow, Zenʼkov *russ.* 'zjenjkɐf
sẹnkrecht 'zɛŋkrɛçt
Šenkursk vgl. Schenkursk
Sẹnlac *engl.* 'sɛnlæk
Senlịs *fr.* sã'lis
Sẹnn zɛn, *engl.* sɛn
Sẹnna 'zɛna
[1]**Sẹnne** 'zɛnə
[2]**Sennẹ** (Teppich) zɛ'ne:
[3]**Sẹnne** (Name) 'zɛnə, *fr.* sɛn
Sẹnnelager 'zɛnəla:gɐ
sẹnnen 'zɛnən
Sẹnner 'zɛnɐ
Sennerẹi zɛnə'rai̯
Sẹnnert 'zɛnɐt
Sẹnnesblätter 'zɛnəsblɛtɐ
Šẹnoa *serbokr.* ˌʃɛnoa
Senọn ze'no:n
Sénonais *fr.* senɔ'nɛ
Senọne ze'no:nə
senọnisch ze'no:nɪʃ
Señọr zɛn'jo:ɐ̯, **-es** zɛn'jo:rɛs
Señọra zɛn'jo:ra
Señorịta zɛnjo'ri:ta
Sens *fr.* sã:s
Sensạl zɛn'za:l
Sensalịe zɛnza'li:, **-n** ...i:ən
Sensarịe zɛnza'ri:, **-n** ...i:ən
Sensatiọn zɛnza'tsi̯o:n
sensationẹll zɛnzatsi̯o'nɛl
Sẹnsburg 'zɛnsbʊrk
Sẹnse 'zɛnzə
Sensée *fr.* sã'se
Sẹnsenschmidt 'zɛnzn̩ʃmɪt
sensịbel zɛn'zi:bl̩, **...ble** ...blə
Sensibilisạtor zɛnzibili'za:tɔr, **-en** ...za'to:rən
sensibilisịeren zɛnzibili'zi:rən
Sensibilitạ̈t zɛnzibili'tɛ:t
Šenšin vgl. Schenschin
sensitịv zɛnzi'ti:f, **-e** ...i:və
sensitivịeren zɛnziti'vi:rən
Sensitivitạ̈t zɛnzitivi'tɛ:t
Sensitomẹter zɛnzito'me:tɐ
Sensitometrịe zɛnzitome'tri:
sensitomẹtrisch zɛnzito'me:trɪʃ
Sensomobilitạ̈t zɛnzomobili'tɛ:t
Sẹnsor 'zɛnzɔr, **-en** ...'zo:rən
sensoriẹll zɛnzo'ri̯ɛl
Sensọrien zɛn'zo:ri̯ən
sensọrisch zɛn'zo:rɪʃ
Sensọrium zɛn'zo:ri̯ʊm
Sensualịsmus zɛnzu̯a'lɪsmʊs
Sensualịst zɛnzu̯a'lɪst
Sensualitạ̈t zɛnzu̯ali'tɛ:t
sensuẹll zɛn'zu̯ɛl
Sẹnsus commụnis 'zɛnzʊs kɔ'mu:nɪs
Sent *rät.* sɛnt
Sẹnta 'zɛnta, *serbokr.* 'sɛ:nta
Sẹnte 'zɛntə
sententiọ̈s zɛntɛn'tsi̯ø:s, **-e** ...ø:zə
Sentẹnz zɛn'tɛnts
sentenziọ̈s zɛntɛn'tsi̯ø:s, **-e** ...ø:zə
Sentiẹr *fr.* sã'tje
Sentiment zãti'mã:

sentimental zɛntimɛn'ta:l
Sentimentale zɛntimɛn'ta:lə
sentimentalisieren zɛntimɛntali'zi:rən
Sentimentalität zɛntimɛntali'tɛ:t
Sento Sé *bras.* 'sentu 'sɛ
Senussi ze'nʊsi, **...ssen** ...sn̩
senza sordino 'zɛntsa zɔr'di:no
senza tempo 'zɛntsa 'tɛmpo
Senzig 'zɛntsɪç
Senzke 'zɛntskə
Seo de Urgel *span.* 'seo ðe ur'xɛl
Seon 'ze:ɔn
Seoul ze'u:l, 'zè:ʊl, *korean.* sʌul
Sepalum 'ze:palʊm, **Sepalen** ze'pa:lən
Separandum zepa'randʊm, **...da** ...da
separat zepa'ra:t
Separata zepa'ra:ta
Separation zepara'tsi̯o:n
Separatismus zepara'tɪsmʊs
Separatist zepara'tɪst
Separativ zepara'ti:f, **-e** ...i:və
Separator zepa'ra:tɔr, **-en** ...ra'to:rən
Séparée zepa're:
separieren zepa'ri:rən
Šepetovka vgl. Schepetowka
Sephardim ze'fardɪm, *auch:* ...'di:m
sephardisch ze'fardɪʃ
sepia 'ze:pi̯a
Sepia 'ze:pi̯a, **Sepien** ...i̯ən
Sepie 'ze:pi̯ə
Sepik 'ze:pɪk, *engl.* 'sɛpɪk
Šepilov vgl. Schepilow
Sepino *it.* se'pi:no
Sępopol *poln.* sɛm'pɔpɔl
Sepoy 'zi:pɔy, *engl.* 'si:pɔɪ
Seppänen *finn.* 'sɛppænɛn
Sepp[elt] 'zɛp[l̩t]
Seppenrade zɛpn̩'ra:də
Sepphoris 'zɛpforɪs, *auch:* 'zɛfo...
Seppl 'zɛpl̩
Sepsis 'zɛpsɪs
Sept zɛpt
Septa vgl. Septum
Septakkord 'zɛpt|akɔrt
Septarie zɛp'ta:ri̯ə
Septe 'zɛptə
September zɛp'tɛmbɐ
Septenar zɛpte'na:ɐ̯
septennal zɛptɛ'na:l
Septennat zɛptɛ'na:t
septentrional zɛptɛntrio'na:l
Septett zɛp'tɛt
Septhämie zɛpthɛ'mi:, **-n** ...i:ən
Septikämie zɛptikɛ'mi:, **-n** ...i:ən
Septikhämie zɛptɪkhɛ'mi:, **-n** ...i:ən
Septikopyämie zɛptikopyɛ'mi:, **-n** ...i:ən
Septim zɛp'ti:m
Septimanien zɛpti'ma:ni̯ən
Septime zɛp'ti:mə
Septimer 'zɛptimɐ
Septimia zɛp'ti:mi̯a
Septimius zɛp'ti:mi̯ʊs
Septimole zɛpti'mo:lə
Septimus 'zɛptimʊs
septisch 'zɛptɪʃ
Sept-Îles *fr.* sɛ'til
septizid zɛpti'tsi:t, **-e** ...i:də
Septole zɛp'to:lə
Septuagesima zɛptu̯a'ge:zima, **...mä** ...mɛ
Septuaginta zɛptu̯a'gɪnta
Septum 'zɛptʊm, **...ta** ...ta
Septuor 'zɛptu̯ɔr
Sepulcrum ze'pʊlkrʊm, **...ra** ...ra
sepulkral zepʊl'kra:l
Sepúlveda *span.* se'pulβeða
Sequana 'ze:kvana
Sequaner 'ze:kvanɐ
Sequeira *port.* sə'kɐi̯rɐ
Sequens 'ze:kvɛns
sequentes ze'kvɛnte:s
Sequenz ze'kvɛnts
sequenzieren zekvɛn'tsi:rən
Sequester ze'kvɛstɐ
Sequestration zekvɛstra'tsi̯o:n
sequestrieren zekvɛs'tri:rən
Sequestrotomie zekvɛstroto'mi:
Sequoia National Park *engl.* sɪ'kwɔɪə 'næʃənəl 'pɑ:k
Sequoie ze'kvo:jə
Sera vgl. Serum
Sérac ze'rak, *fr.* se...
[1]**Serafim** (Lichtengel; *Mehrz.*) 'ze:rafi:m
[2]**Serafim** *russ.* sɪra'fim
Serafima *russ.* sɪra'fimɐ
Serafimovna, Serafimovna *russ.* sɪra'fimɐvnɐ
[1]**Serafimowitsch,** [1]**Serafimovič** (Familienname) *russ.* sɪrɐfi'mɔvitʃ
[2]**Serafimowitsch,** [2]**Serafimovič** (Sohn des Serafim) *russ.* sɪra'fimɐvitʃ
Serafin *it.* sera'fin
Serafini *it.* sera'fi:ni
Serai ze'rai̯
Serail ze'ra:j, ze'rai̯[l], *fr.* se'raj
Seraing *fr.* sə'rɛ̃
Seraju *indon.* sə'raju
Seram *indon.* 'seram
Serao *it.* se'ra:o
Serapeion zera'pai̯ɔn, **...eia** ...aɪa
Serapeum zera'pe:ʊm, **...peen** ...'pe:ən
Seraph 'ze:raf, **-im** ...i:m
Seraphim (Name) 'ze:rafi:m
Seraphimerorden *schwed.* sera,fi:mərɔ:rdən
Seraphine zera'fi:nə
Seraphinenorden zera'fi:nən|ɔrdn̩
seraphisch ze'ra:fɪʃ
Serapion ze'ra:pi̯ɔn, *russ.* sɪrɐpi'ɔn
Serapis ze'ra:pɪs
Saravezza *it.* sera'vettsa
Sarawak *indon.* sə'rawak
Serba 'zɛrba
Serbati *it.* ser'ba:ti
Serbe 'zɛrbə
serbeln 'zɛrbl̩n, **serble** 'zɛrblə
Serbien 'zɛrbi̯ən
serbisch 'zɛrbɪʃ
Serbokroate zɛrbokro'a:tə
serbokroatisch zɛrbokro'a:tɪʃ
Serchio *it.* 'sɛrki̯o
Sercq *fr.* sɛrk
Serdika *bulgar.* 'sɛrdika
Serdobsk *russ.* sɪr'dɔpsk
Seregélyes *ung.* 'ʃɛrɛge:jɛʃ
Seregno *it.* se'reɲɲo
Serein *fr.* sə'rɛ̃
Sérémange-Erzange *fr.* seremɑ̃ʒɛr'zɑ̃:ʒ
Serembe *alban.* se'rembe
seren ze're:n
Serena *span.* se'rena
Serenade zere'na:də
Serengeti *engl.* sɛrɛŋ'gɛti:
Serenissimus zere'nɪsimʊs, **...mi** ...mi
Serenität zereni'tɛ:t
Serényfalva *ung.* 'ʃɛre:njfɔlvɔ
Seres 'ze:rɛs
Sereth 'ze:rɛt
Sergatsch, Sergač *russ.* sɪr'gatʃ
[1]**Serge** (Stoff) zɛrʃ, 'zɛrʒə, *fr.* sɛrʒ; **-n** 'zɛrʒn̩
[2]**Serge** (Name) *fr.* sɛrʒ
[1]**Sergeant** zɛr'ʒant, *fr.* sɛr'ʒɑ̃, *engl.* 'sɑ:dʒənt; **-en** zɛr'ʒantn̩
[2]**Sergeant** (Name) *engl.* 'sɑ:dʒənt
Sergeev-Censkij vgl. Sergejew-Zenski
Sergei, Sergej *russ.* sɪr'gjej
Sergejew, Sergeev *russ.* sɪr'gjejɪf
Sergejewitsch, Sergeevič *russ.* sɪr'gjejɪvitʃ
Sergejewna, Sergeevna *russ.* sɪr'gjejɪvnɐ
Sergejew-Zenski, Sergeev-Censkij *russ.* sɪr'gjejɪf'tsɛnskij
Sergel *schwed.* 'særgəl
Sergi *it.* 'sɛrdʒi
Sergio *it.* 'sɛrdʒo
Sergiopolis zɛr'gi̯o:polɪs
Sergipe *bras.* ser'ʒipi
Sergius 'zɛrgi̯ʊs
Seria 'ze:ri̯a
Seriate *it.* se'ri̯a:te
Serie 'ze:ri̯ə
seriell ze'ri̯ɛl
Serifen ze'ri:fn̩
Serigraphie zerigra'fi:
Sering 'ze:rɪŋ
serio 'ze:ri̯o

Sẹrio *it.* 'sɛ:ri̯o
seriọ̈s ze'ri̯ø:s, **-e** ...ø:zə
Seriositạ̈t zeri̯ozi'tɛ:t
Seripạndo *it.* seri'pando
Sẹriphos 'ze:rifɔs
Serịr ze'ri:ɐ̯
Serizit zeri'tsi:t, *auch:* ...tsɪt
Serkenrọde zɛrkn̩'ro:də
Sẹrkin 'zɛrki:n
Sẹrlio *it.* 'sɛrli̯o
Sẹrlo 'zɛrlo
Sẹrmide *it.* 'sɛrmide
Sermọn zɛr'mo:n
Sẹrna *span.* 'sɛrna
Sẹrner *schwed.* 'sæ:rnər
Sernowọdsk, Sernovodsk *russ.* sɪrna'vɔtsk
Sẹrny Sawọd, Sernyj Zavod *russ.* 'sjɛrnɨj za'vɔt
Sẹrock *poln.* 'sɛrɔtsk
Serọcki *poln.* sɛ'rɔtski
Serodiagnọstik zerodia'gnɔstɪk
serofibrinọ̈s zerofibri'nø:s, **-e** ...ø:zə
Serolọge zero'lo:gə
Serologịe zerolo'gi:
serolọgisch zero'lo:gɪʃ
Serọnen ze'ro:nən
seropurulẹnt zeropuru'lɛnt
serọ̈s ze'rø:s, **-e** ...ø:zə
Serọsa ze'ro:za
Serosịtis zero'zi:tɪs, **...itịden** ...zi'ti:dn̩
Serotherapịe zerotera'pi:, **-n** ...i:ən
Serọw, Serov *russ.* sɪ'rɔf
Serozẹle zero'tse:lə
Sẹrpa *port.* 'sɛrpɐ
Sẹrpel 'zɛrpl̩
sẹrpens 'zɛrpɛns
Serpẹnt zɛr'pɛnt
Serpentịn[e] zɛrpɛn'ti:n[ə]
Serpentọne zɛrpɛn'to:nə
Serpiạno *it.* ser'pi̯a:no
serpiginọ̈s zɛrpigi'nø:s, **-e** ...ø:zə
Serpollẹt *fr.* sɛrpɔ'lɛ
Sẹrpuchow, Serpuhov *russ.* 'sjɛrpuxɐf
Sẹrpula 'zɛrpula
[1]**Sẹrra** (Gebirgskette) 'zɛra, *port.* 'sɛrrɐ, *bras.* 'sɛrra
[2]**Sẹrra** (Name) *port.* 'sɛrrɐ, *span.*, *bras.* 'sɛrra, *kat.* 'sɛrrə
Sẹrrä 'zɛrɛ, *neugr.* 'sɛrɛ
Serracapriọla *it.* serraka'pri̯ɔ:la
Sẹrra da Estrêla *port.* 'sɛrrɐ ðɐ ɪʃ'trelɐ
Serra das Divisões *bras.* 'sɛrra daz divi'zõi̯s
Serradẹlla zɛra'dɛla
Serradẹlle zɛra'dɛlə
Serradifạlco *it.* serradi'falko
Sẹrra do Mạr *bras.* 'sɛrra du 'mar
Sẹrra dos Aimorés *bras.* 'sɛrra duz ai̯mo'rɛs
Sẹrra dos Parecịs *bras.* 'sɛrra dus pare'sis
Sẹrra do Tombadọr *bras.* 'sɛrra du tomba'dor
Sẹrra Gerạl *bras.* 'sɛrra ʒe'ral
Serramạnna *it.* serra'manna
Sẹrra Nẹgra *bras.* 'sɛrra 'negra
Serranía *span.* sɛrra'nia
Serrạno *span.* sɛ'rrano
Serrarịa *bras.* serra'ria
Serrastrẹtta *it.* serras'tretta
Serravạlle *it.* serra'valle
Serré *fr.* sɛ're
Serre-Chevalier-Chantemẹrle *fr.* sɛrʃəvaljeʃɑ̃t'mɛrl
Sẹrrell *engl.* 'sɛrəl
Sẹrres *fr.* sɛ:r
Sẹrrig 'zɛrɪç
Serrọta *span.* sɛ'rrɔta
Sẹrsche 'zɛrʃə
Sertão *bras.* ser'tɐ̃u̯
Sertãozịnho *bras.* sertɐ̃u̯'ziɲu
Sertillanges *fr.* sɛrti'jɑ̃:ʒ
Sertọrius zɛr'to:ri̯ʊs
Sẹrtürner 'zɛrtʏrnɐ
Serubạbel zeru'ba:bl̩
Serụ̈le ze'ry:lə
Sẹrum 'ze:rʊm, **...ra** 'ze:ra
Sérusiẹr *fr.* sery'zje
Sẹrval 'zɛrval
Servan *fr.* sɛr'vɑ̃
Servandọni *it.* servan'do:ni
Servan-Schreibẹr *fr.* sɛrvɑ̃ʃrɛ'bɛ:r
Servạnte zɛr'vantə
Sẹrva padrọna *it.* 'sɛrva pa'dro:na
Servạsio *span.* sɛr'βasi̯o
Servạtius zɛr'va:tsi̯ʊs
Servạz zɛr'va:ts
Sẹrvela 'zɛrvəla
Servelạtwurst zɛrvə'la:tvʊrst
Serventẹse zɛrvɛn'te:zə
Serventois zɛrvɑ̃'to̯a, **des -** ...a[s], **die -** ...as
Servẹt *fr.* sɛr'vɛ, *span.* sɛr'βɛt
Servẹtte *fr.* sɛr'vɛt
Serviạnisch zɛr'vi̯a:nɪʃ
[1]**Servịce** (Tafelgeschirr) zɛr'vi:s; **des -** ...vi:s, **des -s** ...vi:səs; **die -** ...vi:s, ...vi:sə
[2]**Service** (Kundendienst) 'zø:ɐ̯vɪs, 'zœrvɪs, *engl.* 'sə:vɪs; **des -s** 'zø:ɐ̯vɪs[əs], 'zœr...; **die -s** 'zø:ɐ̯vɪs, 'zœr...; ...vɪsɪs
Servien *fr.* sɛr'vjɛ̃
servịeren zɛr'vi:rən
Serviẹtte zɛr'vi̯ɛtə
servịl zɛr'vi:l
Servịlia zɛr'vi:li̯a
Servilịsmus zɛrvi'lɪsmʊs
Servilitạ̈t zɛrvili'tɛ:t
Servịs zɛr'vi:s
Servịt[a] zɛr'vi:t[a]
Serviteụr zɛrvi'tø:ɐ̯
Servịtium zɛr'vi:tsi̯ʊm, **...ien** ...i̯ən
Servitụt zɛrvi'tu:t
Sẹrvius 'zɛrvi̯ʊs
Sẹrvo... 'zɛrvo...
Sẹrvus! 'zɛrvʊs
Sẹrvus servọrum Dẹi 'zɛrvʊs zɛr'vo:rʊm 'de:i
Sẹrwela 'zɛrvəla
Sẹsam 'ze:zam
Seschạt zɛ'ʃa:t
Seschẹllen ze'ʃɛlən
Sẹsel 'ze:zl̩
Sẹsenheim 'ze:zn̩hai̯m
Sẹsia *it.* 'sɛ:zi̯a
Sesịn[a] ze'zi:n[a]
Sesoọsis zezo'o:zɪs
Sesọstris ze'zɔstrɪs
Sẹssa Aurụnca *it.* 'sɛssa au̯'ruŋka
Sẹssel 'zɛsl̩
sessịl zɛ'si:l
Sessilitạ̈t zɛsili'tɛ:t
Sessiọn zɛ'si̯o:n, *engl.* 'sɛʃən
Sẹßlach 'zɛslax
Sestạo *span.* ses'tao
Sẹster 'zɛstɐ
Sestẹrz zɛs'tɛrts
Sestẹrzium zɛs'tɛrtsi̯ʊm, **...ien** ...i̯ən
Sestịne zɛs'ti:nə
Šẹstine *serbokr.* ˌʃɛstinɛ
Sẹsto *it.* 'sɛsto
Sẹstos 'zɛstɔs
Sẹstri *it.* 'sɛstrɪ
Sestriẹre *it.* sestri'ɛ:re
Sestorẹzk, Sestroreck *russ.* sɪstra'rjɛtsk
Sẹsvete *serbokr.* 'sɛsvɛtɛ
[1]**Sẹt** (Satz) zɛt, *engl.* sɛt
[2]**Sẹt** (Name) ze:t
Sẹta 'ze:ta
Sẹtälä *finn.* 'sɛtælæ
Sète *fr.* sɛt
Sẹte Lagọas *bras.* 'sɛti la'goas
Sẹte Pọntes *bras.* 'sɛti 'pontis
Sẹte Quẹdas *bras.* 'sɛti 'kɛdas
Sẹtesdal *norw.* ˌse:təsda:l
Sẹtestal 'ze:təsta:l
Sẹth ze:t, *engl.* sɛθ
Sẹthe 'ze:tə
Sethiạner ze'ti̯a:nɐ
Sethịt ze'ti:t
Sethnạcht zɛt'naxt
Sẹthos 'ze:tɔs
Sẹthus 'ze:tʊs
Sétịf *fr.* se'tif
Seton *engl.* si:tn
Sẹtschenow, Sečenov *russ.* 'sjetʃinɐf
Settecẹnto zɛte'tʃɛnto
Sẹtte Comụni *it.* 'sɛtte ko'mu:ni
Sẹttegast 'zɛtəgast
Settembrịni *it.* settem'bri:ni
Sẹtter 'zɛtɐ, *engl.* 'sɛtə
Sẹtterich 'zɛtərɪç
Settignano *it.* settiɲ'na:no
Sẹttimo Torinẹse *it.* 'sɛttimo tori'ne:se
Sẹttle[ment] *engl.* 'sɛtl[mənt]

Setúbal *port.* sə'tuβal
setzen 'zɛtsn̩
Setzer 'zɛtsɐ
Setzerei zɛtsə'rai̯
Setzling 'zɛtslɪŋ
Seuche 'zɔyçə
seufzen 'zɔyftsn̩
Seulbitz 'zɔylbɪts
Seulingswald 'zɔylɪŋsvalt
Seume 'zɔymə
Seurat *fr.* sœ'ra
Seuse 'zɔyzə
Sevan vgl. Sewan
Sevastopol' vgl. Sewastopol
Ševčenko vgl. Schewtschenko
Ševčík *tschech.* 'ʃɛftʃi:k
Sevelingen 'ze:vəlɪŋən
Seven Islands *engl.* 'sɛvn 'aɪləndz
Sevenoaks *engl.* 'sɛvnoʊks
Sevenum *niederl.* 'se:vənʏm
Sever *span.* se'vɛr, *port.* sə'vɛr
Séverac *fr.* se'vrak
Severcov vgl. Sewerzow
Severi *it.* se'vɛ:ri
Severin zeve'ri:n, *auch:* 'ze:veri:n
Séverin *fr.* se'vrɛ̃
Severing 'ze:vərɪŋ
Severini *it.* seve'ri:ni
Severinus zeve'ri:nʊs
Severität zeveri'tɛ:t
Severn *engl.* 'sɛvən
Severnaja Zemlja vgl. Sewernaja Semlja
Severodvinsk vgl. Sewerodwinsk
Severo-Kuril'sk vgl. Sewero-Kurilsk
Severolus zeve'ro:lʊs
Severo-Osetinskaja ASSR vgl. Sewero-Ossetinskaja ASSR
Severus ze've:rʊs
Sevier *engl.* sə'vɪə
Sévigné *fr.* sevi'ɲe
Sevilla ze'vɪlja, *span.* se'βiʎa
Sevlievo vgl. Sewliewo
Sevran *fr.* sə'vrã
Sèvre *fr.* sɛ:vr
Sèvre Nantaise *fr.* sɛvrənã'tɛ:z
Sèvre Niortaise *fr.* sɛvrənjɔr'tɛ:z
Sèvres *fr.* sɛ:vr
Sevsk vgl. Sewsk
Sewa 'ze:va
Sewall *engl.* 'sju:əl
Sewan, Sevan *russ.* sɪ'van
Seward *engl.* 'si:wəd, 'sju:əd
Sewastopol, Sevastopol' ze'vastopɔl, *russ.* sɪvas'tɔpɐlj
Sewell *engl.* 'sju:əl
Sewerien ze've:ri̯ən
Sewernaja Semlja, Severnaja Zemlja *russ.* 'sjevɪrnɐjɐ zɪm'lja
Sewerodwinsk, Severodvinsk *russ.* 'sjevɪrɐ'dvinsk
Sewero-Kurilsk, Severo-Kuril'sk *russ.* 'sjevɪrɐku'riljsk
Sewero-Ossetinskaja ASSR Severo-Osetinskaja – *russ.* 'sjevɪrɐsɪ'tinskɐjɐ aɛs-ɛs'ɛr
Sewerzow, Severcov *russ.* 'sjevɪrtsɐf
Sewickley *engl.* sə'wɪklɪ
Sewliewo, Sevlievo *bulgar.* sɛv'liɛvo
Sewsk, Sevsk *russ.* sjɛfsk
Sex zɛks, *engl.* sɛks
Sexagesima zɛksa'ge:zima
Sexagesimä zɛksa'ge:zimɛ
sexagesimal zɛksagezi'ma:l
Sexagon zɛksa'go:n
Sex-Appeal 'zɛks[|]əpi:l, *engl.* 'sɛksə,pi:l
Sexologe zɛkso'lo:gə
Sexologie zɛksolo'gi:
Sext[a] 'zɛkst[a]
Sextakkord 'zɛkst|akɔrt
Sextaner zɛks'ta:nɐ
Sextant zɛks'tant
Sexte[ner] 'zɛkstə[nɐ]
Sextett zɛks'tɛt
Sextillion zɛkstɪ'li̯o:n
Sextole zɛks'to:lə
Sextuor 'zɛkstu̯ɔr
Sextus 'zɛkstʊs
sexual zɛ'ksu̯a:l
sexualisieren zɛksu̯ali'zi:rən
Sexualität zɛksu̯ali'tɛ:t
sexuell zɛ'ksu̯ɛl
Sexus 'zɛksʊs
sexy 'zɛksi
Seybold 'zaibɔlt
Seybothenreuth zaibo:tn̩'rɔyt
Seybouse *fr.* sɛ'bu:z
Seychellen ze'ʃɛlən
Seychelle[s] *engl.* seɪ'ʃɛl[z]
Seyda 'zai̯da
Seydel 'zai̯dl̩
Seydewitz 'zai̯dəvɪts
Seyðisfjörður *isl.* 'sɛi̯ðɪsfjœrðʏr
Seydlitz 'zai̯dlɪts
Seyfer[t] 'zai̯fɐ[t]
Seyfried 'zai̯fri:t
Seyhan *türk.* 'sɛi̯hɑn
Seyler 'zai̯lɐ
Seymour *engl.* 'si:mɔ:, 'seɪmɔ:
Seyne-sur-Mer *fr.* sɛnsyr'mɛ:r
Seyssel *fr.* sɛ'sɛl
Seyß-Inquart 'zai̯s'|ɪnkvart
Seyweiler 'zai̯vai̯lɐ
Sežana *serbokr.* sɛ,ʒa:na
Sézanne *fr.* se'zan
sezernieren zetsɛr'ni:rən
Sezession zetsɛ'si̯o:n
Sezessionist zetsɛsi̯o'nɪst
sezieren ze'tsi:rən
Sezima *tschech.* 'sɛzima
Sezuan 'ze:tsu̯an
Sezze *it.* 'settse
Sfax *fr.* sfaks
Sfintu Gheorghe *rumän.* 'sfɨntu 'george
S-förmig 'ɛsfœrmɪç, -e ...ɪgə
Sforza *it.* 'sfɔrtsa
sforzando sfɔr'tsando
Sforzando sfɔr'tsando **...di** ...di
sforzato sfɔr'tsa:to
Sforzato sfɔr'tsa:to **...ti** ...ti
sfumato sfu'ma:to
Sgambati *it.* zgam'ba:ti
Sgraffiato sgra'fi̯a:to
Sgraffito sgra'fi:to, **...ti** ...ti
's Gravendeel *niederl.* sxra:vən'de:l
's Gravenhage *niederl.* sxra:vən'ha:xə
Shackleton *engl.* 'ʃækltən
Shadow *engl.* 'ʃædoʊ
Shadwell *engl.* 'ʃædwəl
Shafter *engl.* 'ʃɑ:ftə
Shaftesbury *engl.* 'ʃɑ:ftsbərɪ
Shag ʃɛk, *engl.* ʃæg
Shairp *engl.* ʃɛəp, ʃɑ:p
Shake ʃe:k, *engl.* ʃeɪk
Shakehands 'ʃe:khɛnts, *engl.* 'ʃeɪkhændz
Shaker 'ʃe:kɐ, *engl.* 'ʃeɪkə
Shaker Heights *engl.* 'ʃeɪkə 'haɪts
shakern 'ʃe:kɐn, *engl.-dt.* 'ʃeɪkɐn
Shakers *engl.* 'ʃeɪkəz
Shakespeare 'ʃe:kspi:ɐ, *engl.* 'ʃeɪkspɪə
shakespearisch, Sh... 'ʃe:kspi:rɪʃ
Shaler *engl.* 'ʃeɪlə
Shallow *engl.* 'ʃæloʊ
Shamokin *engl.* ʃə'moʊkɪn
Shampoo ʃɛm'pu:, ʃam'pu:; *engl.* ʃæm...
Shampoon ʃɛm'pu:n, ʃam'po:n, 'ʃampo:n
shampoonieren ʃɛmpu'ni:rən, ʃampo'n...
Shamrock *engl.* 'ʃæmrɔk
Shane *engl.* ʃeɪn, ʃɑ:n, ʃɔ:n
Shanghai 'ʃaŋhai̯, *auch:* –'–
shanghaien ʃaŋ'hai̯ən, *auch:* '–––
Shanklin *engl.* 'ʃæŋklɪn
Shanks *engl.* ʃæŋks
Shannon *engl.* 'ʃænən
Shan State 'ʃɑ:n 'steɪt
Shantung 'ʃantʊŋ
Shanty 'ʃɛnti, *auch:* 'ʃanti; *engl.* 'ʃæntɪ
Shantz *engl.* ʃɑ:nts
SHAPE *engl.* ʃeɪp
Shaping... 'ʃe:pɪŋ..., *engl.* 'ʃeɪpɪŋ...
Shapiro *engl.* ʃə'pɪəroʊ
Shapley *engl.* 'ʃæplɪ
Share ʃɛ:ɐ, *engl.* ʃɛə
Sharif 'ʃa:rɪf
Sharkey *engl.* 'ʃɑ:kɪ
Shark[s] Bay *engl.* 'ʃɑ:k[s] 'beɪ
Sharon *engl.* 'ʃɛərən
sharp ʃarp, *engl.* ʃɑ:p
Sharp[e] *engl.* ʃɑ:p
Sharpey *engl.* 'ʃɑ:pɪ
Sharples *engl.* ʃɑ:plz
Sharpsburg *engl.* 'ʃɑ:psbə:g

Shạrpsville *engl.* 'ʃɑ:psvɪl
Shạrswood *engl.* 'ʃɑ:zwʊd
Shasta *engl.* 'ʃæstə
Shạstri *engl.* 'ʃɑ:strɪ
Shattuck *engl.* 'ʃætək
Shaughnessy *engl.* 'ʃɔ:nəsɪ
Shavạno Peak *engl.* ʃə'vɑ:noʊ 'pi:k
Shaw *engl.* ʃɔ:
Shawcross *engl.* 'ʃɔ:krɔs
Shawịnigan Falls *engl.* ʃə'wɪnɪgən 'fɔ:lz
Shawl ʃa:l, *engl.* ʃɔ:l
Shawn *engl.* ʃɔ:n
Shawnee *engl.* ʃɔ:'ni:, '––
Shays *engl.* ʃeɪz
Shea[ffer] *engl.* 'ʃeɪ[fə]
Shean *engl.* ʃi:n
Shear[er] *engl.* 'ʃɪə[rə]
Shearman *engl.* 'ʃɪəmən
Shebọygan *engl.* ʃɪ'bɔɪgən
Shẹdd *engl.* ʃɛd
Shẹddach 'ʃɛtdax
Shẹdiac *engl.* 'ʃɛdɪæk
Shee[an] *engl.* 'ʃi:[ən]
Sheeler *engl.* 'ʃi:lə
Sheen *engl.* ʃi:n
Sheepshanks *engl.* 'ʃi:pʃæŋks
's Heerenbẹrg *niederl.* she:rən'bɛrx
s'Heerenhoek *niederl.* she:rən'hu:k
Sheerness *engl.* 'ʃɪə'nɛs
Shẹffield *engl.* 'ʃɛfi:ld
Shẹhu *alban.* 'ʃehu
Sheil[a] *engl.* 'ʃi:l[ə]
Shẹlburne *engl.* 'ʃɛlbən
Shẹlby[ville] *engl.* 'ʃɛlbɪ[vɪl]
Shẹldon *engl.* 'ʃɛldən
Shẹlf *engl.* ʃɛlf
Shẹlikof Strait *engl.* 'ʃɛlɪkɔf 'streɪt
Shẹll[ey] *engl.* 'ʃɛl[ɪ]
Shẹlton *engl.* ʃɛltn
Shẹmya *engl.* 'ʃɛmjə
Shenandoah *engl.* ʃɛnən'doʊə
Shenango *engl.* ʃɪ'næŋgoʊ
Shëngjẹrgj *alban.* ʃəŋ'gjerkj
Shëngjịn *alban.* ʃəŋ'gjin
Shẹnstone *engl.* 'ʃɛnstən
Shẹpard, Shẹpherd, Shẹppard *engl.* 'ʃɛpəd
Shẹpparton *engl.* 'ʃɛpətn
Shẹpshed *engl.* 'ʃɛpʃɛd
Shẹpstone *engl.* 'ʃɛpstən
Shẹpton Mallet *engl.* 'ʃɛptən 'mælɪt
Shẹraton *engl.* 'ʃɛrətn
Sherborne *engl.* 'ʃə:bən
Sherbrooke *engl.* 'ʃə:brʊk
Shẹridan *engl.* 'ʃɛrɪdn
Shẹriff 'ʃɛrɪf
Sherley *engl.* 'ʃə:lɪ
Shẹrlock Họlmes 'ʃɛrlɔk 'hɔlms, *engl.* 'ʃə:lɔk 'hoʊmz
Shẹrman 'ʃɛrman, *engl.* 'ʃə:mən
Shẹrpa 'ʃɛrpa
Shẹrriff *engl.* 'ʃɛrɪf
Shẹrrill *engl.* 'ʃɛrɪl
Shẹrrington engl. 'ʃɛrɪŋtən
Shẹrry *engl.* 'ʃɛrɪ
's Hertogenbọsch *niederl.* shɛrto:xən'bɔs
Sherwood *engl.* 'ʃə:wʊd
Shẹtland 'ʃɛtlant, *engl.* 'ʃɛtlənd
Sheyẹnne *engl.* ʃaɪ'ɛn
Shiawassee *engl.* ʃaɪə'wɔ:sɪ
Shiẹl *engl.* ʃi:l
Shiẹld[s] *engl.* ʃi:ld[z]
Shijạk *alban.* ʃi'jak
Shikịtei ʃi'ki:te
Shịlaber *engl.* 'ʃɪleɪbə
Shịldon *engl.* 'ʃɪldən
Shillela[g]h *engl.* ʃɪ'leɪlə
Shịlling 'ʃɪlɪŋ
Shịllington *engl.* 'ʃɪlɪŋtən
Shimer *engl.* 'ʃaɪmə
Shịmmy 'ʃɪmi, *engl.* 'ʃɪmɪ
Shịnn *engl.* ʃɪn
Shintoịsmus ʃɪnto'ɪsmʊs
Shịnwell *engl.* 'ʃɪnwəl
Shịpley *engl.* 'ʃɪplɪ
Shịpman *engl.* 'ʃɪpmən
Shịppen[sburg] *engl.* 'ʃɪpən[zbə:g]
Shịpstead *engl.* 'ʃɪpstɛd
Shịpton *engl.* 'ʃɪptən
Shire[r] *engl.* 'ʃaɪə[rə]
Shirlaw *engl.* 'ʃə:lɔ:
Shirley *engl.* 'ʃə:lɪ
Shirọka *alban.* ʃi'roka
Shịt ʃɪt
Shkọdër *alban.* 'ʃkodər
Shkọdra *alban.* 'ʃkodra
Shllạk *alban.* ʃłak
Shọck ʃɔk
shọcking 'ʃɔkɪŋ
Shọddy 'ʃɔdi
Shogun 'ʃo:gun
Shogunat ʃogu'na:t
Shọnts *engl.* ʃɔnts
Shook *engl.* ʃʊk
Shooting Star *engl.* 'ʃu:tɪŋ 'stɑ:
Shọp ʃɔp
Shọpping-Center *engl.* 'ʃɔpɪŋsɛntɐ
Shore[ditch] *engl.* 'ʃɔ:[dɪtʃ]
Shoreham by Sea *engl.* 'ʃɔ:rəm baɪ 'si:
Shorehärte 'ʃo:ɐ̯hɛrtə
Shorewood *engl.* 'ʃɔ:wʊd
Shorey *engl.* 'ʃɔ:rɪ
Short[er] *engl.* 'ʃɔ:t[ə]
Shorthorn... 'ʃo:ɐ̯thɔrn..., 'ʃɔrt...; *engl.* 'ʃɔ:thɔ:n
Shorthouse *engl.* 'ʃɔ:thaʊs
Shortland Island *engl.* 'ʃɔ:tlənd 'aɪlənd
Shorts ʃo:ɐ̯ts, ʃɔrts; *engl.* ʃɔ:ts
Short story *engl.* 'ʃɔ:t 'stɔ:rɪ
Short ton *engl.* 'ʃɔ:t 'tʌn
Shoshone *engl.* ʃoʊ'ʃoʊnɪ
Shọtwell *engl.* 'ʃɔtwəl
Shoup *engl.* ʃu:p
Shouting 'ʃaʊtɪŋ
Shovell *engl.* ʃʌvl
Show ʃo:, *engl.* ʃoʊ
Showbusineß *engl.* 'ʃoʊbɪznɪs
Showman *engl.* 'ʃoʊmən, **...men** ...mən
Showmaster *engl.* 'ʃoʊmɑ:stə
Shpạt *alban.* ʃpat
Shqipërị *alban.* ʃkjipə'ri
Shrady *engl.* 'ʃreɪdɪ
Shrapnel *engl.* ʃræpnl
Shrẹdder 'ʃrɛdɐ
Shreveport *engl.* 'ʃri:vpɔ:t
Shrewsbury *engl.* 'ʃroʊzbərɪ, 'ʃru:z...
Shrịmps ʃrɪmps
shrịnken 'ʃrɪŋkn̩
Shrịvenham *engl.* 'ʃrɪvənəm
Shrọpshire *engl.* 'ʃrɔpʃɪə
shrunken 'ʃrʊŋkn̩, 'ʃraŋkn̩
Shubrick *engl.* 'ʃu:brɪk
Shull *engl.* ʃʌl
Shumagin *engl.* 'ʃu:məgi:n
Shunderson *engl.* 'ʃʌndəsn
Shunt ʃant, *engl.* ʃʌnt
shunten 'ʃantn̩
Shurtleff *engl.* 'ʃə:tlɛf
Shuster *engl.* 'ʃu:stə
Shute *engl.* ʃu:t
Shuterịqi *alban.* ʃute'rikji
Shuttlethwaite *engl.* 'ʃʌtlθweɪt
Shylock *engl.* 'ʃaɪlɔk
Si (Ton h) zi:
Siak *indon.* 'siak
Sial 'zi:al
Sialadenitis zi̯alade'ni:tɪs, **...itiden** ...ni'ti:dn̩
sialisch 'zi̯a:lɪʃ
siallitisch zi̯a'li:tɪʃ
Sialolith zi̯alo'li:t, *auch:* ...lɪt
Sialorrhö, ...öe zi̯alɔ'rø:, **...rrhöen** ...'rø:ən
Siam zi:am
Siamese zi̯a'me:zə
siamesisch zi̯a'me:zɪʃ
Siamosen zi̯a'mo:zn̩
Sianów *poln.* 'ɕanuf
Siat *rät.* si̯at
Sibạjak *indon.* si'bajak
Sibari *it.* 'si:bari
Sịbbern *dän.* 'sibərn
Sibelius zi'be:li̯ʊs, *schwed.* si'be:liʊs
Šibenik *serbokr.* 'ʃibɛni:k
Siber 'zi:bɐ
Siberechts *niederl.* 'si:bərɛxts
Sibert *engl.* 'saɪbət
Siberut *indon.* si'berʊt
Sibich 'zi:bɪç
Sibilạnt zibi'lant
sibilieren zibi'li:rən
Sibillini *it.* sibil'li:ni
Sibir, Sibir' *russ.* si'birj
sibirid zibi'ri:t, **-e** ...i:də
Sibiride zibi'ri:də
Sibirien zi'bi:ri̯ən
Sibirier zi'bi:ri̯ɐ
sibirisch zi'bi:rɪʃ

Sibiu *rumän.* si'biu
Sibley *engl.* 'sɪblɪ
Sibo 'zi:bo
Sibod 'zi:bɔt
Sibolga *indon.* si'bɔlga
Sibot 'zi:bɔt
Sibour *fr.* si'bu:r
Sibratshofen zi:brats'ho:fn̩, '----
Sibthorp *engl.* 'sɪbθɔ:p
Sibyl *engl.* 'sɪbɪl
Sibylla zi'bʏla
[1]**Sibylle** (Wahrsagerin) zi'bʏlə
[2]**Sibylle** (Name) zi'bɪl[ə], *fr.* si'bil
Sibyllenort zi'bʏlən|ɔrt
Sibyllenstein zi'bʏlənʃtain
Sibyllinen zibʏ'li:nən
sibyllinisch zibʏ'li:nɪʃ
sic! zi:k
Sica, de *it.* de'si:ka
Sicard 'zɪkart, *fr.* si'ka:r
sic et non 'zi:k ɛt 'no:n
Sićevo *serbokr.* 'sitɕɛvo
sich zɪç
Sichardus zɪ'çardʊs
Sichausweinen zɪç'|ausvainən
Sichel 'zɪçl̩
sicheln 'zɪçl̩n
Sichem 'zɪçɛm
sicher 'zɪçɐ
sicherlich 'zɪçɐlɪç
sichern 'zɪçɐn
Sichler 'zɪçlɐ
Sicht zɪçt
sichtbar 'zɪçtba:ɐ̯
sichten 'zɪçtn̩
sichtig 'zɪçtɪç, **-e** ...ɪgə
sichtlich 'zɪçtlɪç
Sicilia *it.* si'tʃi:lia
Siciliano zitʃi'lia:no, **...ni** ...ni
Sicilienne zisi'liɛn, *fr.* sisi'ljɛn
Sicinius zi'tsi:niʊs
Sicke 'zɪkə
Sickel[s] 'zɪkl̩[s]
sicken 'zɪkn̩
sickern 'zɪkɐn
Sickert 'zɪkɐt, *engl.* 'sɪkət
Sickingen 'zɪkɪŋən
Sickinger 'zɪkɪŋɐ
Sickla *schwed.* ˌsikla
Sickles *engl.* sɪklz
sic transit gloria mundi! 'zi:k 'tranzɪt 'glo:ria 'mʊndi
Siculus 'zi:kulʊs
Sid *engl.* sɪd
Šid *serbokr.* ʃi:d
Sidarow, Zidarov *bulgar.* zi'darof
Sidcup *engl.* 'sɪdkəp
Siddal *engl.* sɪdl
Siddeley *engl.* 'sɪdəlɪ
Siddharta zi'darta
Siddons *engl.* sɪdnz
Siddur zɪ'du:ɐ̯
Side 'zi:də, *B* ...de
Sideboard 'zaitbo:ɐ̯t, *engl.* 'saɪdbɔ:d
sideral zide'ra:l
siderisch zi'de:rɪʃ
Siderit zide'ri:t, *auch:* ...rɪt
Siderno *it.* si'dɛrno
Siderographie ziderogra'fi: **-n** ...i:ən
Siderolith zidero'li:t, *auch:* ...lɪt
Siderologie ziderolo'gi:
Sideronym zidero'ny:m
Sideropenie ziderope'ni:
siderophil zidero'fi:l
Siderose zide'ro:zə
Siderosis zide'ro:zɪs
Sideroskop zidero'sko:p
Siderosphäre zidero'sfɛ:rə
Siders 'zi:dɐs
Sidgwick *engl.* 'sɪdʒwɪk
Sidi-Bel-Abbès *fr.* sidibɛla'bɛs
Sidirokastron *neugr.* siðirɔ'kastrɔn
Sidis *engl.* 'saɪdɪs
Sidmouth *engl.* 'sɪdməθ
Sidney *engl.* 'sɪdnɪ
Sidon 'zi:dɔn
Sidonia zi'do:nia, *span.* si'ðonia
Sidonie zi'do:niə
Sidonier zi'do:niɐ
sidonisch zi'do:nɪʃ
Sidonius zi'do:niʊs
Sidor *russ.* 'sidɐr
Sidra zi'dra:
Šidski Banovci *serbokr.* 'ʃi:tski: ˌba:nɔ:ftsi
sie zi:
Sieb zi:p, **-e** 'zi:bə
Siebeck 'zi:bɛk
[1]**sieben** (Zahl) 'zi:bn̩
[2]**sieben** 'zi:bn̩, **sieb!** zi:p, **siebt** zi:pt
Sieben 'zi:bn̩
Siebenbrunn zi:bn̩'brʊn
Siebenbürgen zi:bn̩'bʏrgn̩
Siebenbürger zi:bn̩'bʏrgɐ
siebenbürgisch zi:bn̩'bʏrgɪʃ
Siebeneck 'zi:bn̩|ɛk
siebeneckig 'zi:bn̩|ɛkɪç
siebeneinhalb 'zi:bn̩|ain'halp
Siebener 'zi:bənɐ
siebenerlei 'zi:bənɐ'lai
siebenfach 'zi:bn̩fax
Siebengebirge 'zi:bn̩gəbɪrgə
Siebenhirten zi:bn̩'hɪrtn̩
siebenhundert 'zi:bn̩'hʊndɐt
siebenjährig 'zi:bn̩jɛ:rɪç
Siebenlehn 'zi:bn̩le:n
siebenmal 'zi:bn̩ma:l
siebenmalig 'zi:bn̩ma:lɪç, **-e** ...ɪgə
Siebenmeilenstiefel zi:bn̩'mailənʃti:fl̩
Siebenmonatskind zi:bn̩'mo:natskɪnt
Siebensachen 'zi:bn̩'zaxn̩
Siebenschläfer 'zi:bn̩ʃlɛ:fɐ
Siebenstromland zi:bn̩'ʃtro:mlant
siebent 'zi:bn̩t
siebentausend 'zi:bn̩'tauznt
siebente 'zi:bn̩tə
siebentel, S... 'zi:bn̩tl̩
siebentens 'zi:bn̩təns
siebenundeinhalb 'zi:bn̩|ʊnt|ain'halp
siebenundsiebzig 'zi:bn̩|ʊnt'zi:ptsɪç
Siebert 'zi:bɐt
Siebitz 'zi:bɪts
Siebold 'zi:bɔlt
Siebs zi:ps
siebt[e] 'zi:pt[ə]
siebtel, S... 'zi:ptl̩
siebtens 'zi:ptn̩s
Sieburg 'zi:bʊrk
siebzehn 'zi:ptse:n
siebzig 'zi:ptsɪç
siech[en] 'zi:ç[n̩]
Siechling 'zi:çlɪŋ
Siede 'zi:də
siedeheiß 'zi:də'hais
siedeln 'zi:dl̩n, **siedle** 'zi:dlə
sieden 'zi:dn̩, **sied!** zi:t
Sieden[topf] 'zi:dn̩[tɔpf]
Siederei zi:də'rai
Siedkow 'zi:tko
Siedlce *poln.* 'ɕɛdltsɛ
Siedlęcki *poln.* ɕɛ'dlɛtski
Siedler 'zi:dlɐ
Sieg zi:k, **-e** 'zi:gə
Siegbahn *schwed.* 'si:gbɑ:n
Siegbert 'zi:kbɛrt
Siegburg 'zi:kbʊrk
Siegel 'zi:gl̩
siegeln 'zi:gl̩n, **siegle** 'zi:glə
siegen 'zi:gn̩, **sieg!** zi:k, **siegt** zi:kt
Siegen 'zi:gn̩
Siegerland 'zi:gɐlant
Siegerländer 'zi:gɐlɛndɐ
Siegertsbrunn zi:gɐts'brʊn
Siegfried 'zi:kfri:t, *fr.* sig'frid
Siegfriedswalde zi:kfri:ts'valdə
Sieghartskirchen zi:kharts'kɪrçn̩
Sieghard 'zi:khart
Siegher 'zi:khɛr
Sieghild 'zi:khɪlt
Sieglar 'zi:klar
Sieglind 'zi:klɪnt
Sieglinde zi:k'lɪndə
Sieglung 'zi:glʊŋ
Siegmar 'zi:kmar
Siegmund 'zi:kmʊnt
Siegrich 'zi:krɪç
Siegrune zi'gru:nə
Siegwald 'zi:kvalt
Siegward 'zi:kvart
Siegwurz 'zi:kvʊrts
sieh[e]! 'zi:[ə]
sieht zi:t
Siek[e] 'zi:k[ə]
Siel[e] 'zi:l[ə]
sielen, S... 'zi:lən
Sielhorst 'zi:lhɔrst
Siemens 'zi:məns, *engl.* 'si:mənz

Siemens-Martin-Ofen 'zi:məns'marti:n|o:fn̩
Siemensstadt 'zi:mənsʃtat
Siemerode zi:mə'ro:də
Siemianowice *poln.* ɕɛmjanɔ'vitsɛ
Siemiatycze *poln.* ɕɛmja'tɨtʃɛ
Siemieński *poln.* ɕɛ'mjɛi̯ski
Siemiradzki *poln.* ɕɛmi'ratski
siena 'zi̯e:na
Siena 'zi̯e:na, *it.* 'si̯ɛ:na
Sienese zi̯e'ne:zə
Sieneser zi̯e'ne:zɐ
Sieniawa *poln.* ɕɛ'njava
Sienkiewicz *poln.* ɕɛŋ'kjɛvitʃ
Siepi *it.* 'si̯ɛ:pi
Sieradz *poln.* 'ɕɛrats
Sieraków *poln.* ɕɛ'rakuf
Sierakowski *poln.* ɕɛra'kɔfski
Sierk zi:ɐ̯k
Siero *span.* 'si̯ero
Sieroszewski *poln.* ɕɛrɔ'ʃɛfski
Sierpc *poln.* ɕɛrpts
Sierra 'zi̯ɛra, *span.* 'si̯ɛrra
Sierra Leone 'zi̯ɛra le'o:nə, *engl.* 'sɪərəlɪ'oʊn
Sierra Madre 'zi̯ɛra 'ma:drə, *engl.* sɪ'ɛrə 'mædrɪ, *span.* 'si̯ɛrra 'maðre
Sierra Nevada 'zi̯ɛra ne'va:da, *engl.* sɪ'ɛrə nə'vædə, *span.* 'si̯ɛrra ne'βaða
Sierre *fr.* sjɛ:r
Siersburg 'zi:ɐ̯sbʊrk
Siesta 'zi̯ɛsta, *span.* 'si̯esta
Siethen 'zi:tn̩
Sietland 'zi:tlant
Sietow 'zi:to
Sieur zi̯ø:ɐ, *fr.* sjœ:r
Sieveking 'zi:vəkɪŋ, *engl.* 'si:vkɪŋ
Sievenich 'zi:vənɪç
Sievering 'zi:fərɪŋ
Sievers 'zi:vɐs, 'zi:f...
Sieversdorf 'zi:vɐsdɔrf
Sievershagen zi:vɐs'ha:gn̩
Sievershausen zi:vɐs'hau̯zn̩
Sievert, Siewerth 'zi:vɐt
Sieyès *fr.* sje'jɛs
siezen 'zi:tsn̩
Sif[ema] 'zi:f[ema]
Sifrède *fr.* si'frɛd
Sifton *engl.* 'sɪftən
Sig *fr.* sig
Sigambrer zi'gambrɐ
Sigasinski, Zigazinskij *russ.* ziga'zinskij
Sigbjørn *dän.* 'si[ɣ]bjœr'n
Sigebert 'zi:gəbɛrt, *fr.* siʒ'bɛ:r
Sigeher 'zi:gəhe:ɐ̯
[1]**Sigel** (Zeichen) 'zi:gl̩
[2]**Sigel** (Name) 'zi:gl̩, *engl.* 'si:dʒəl
Sigenot 'zi:gəno:t
Siger 'zi:gɐ
Sigerist 'zi:gərɪst
Sigerson *engl.* 'sɪgəsn
Sigfred *dän.* 'si[ɣ]frəd
Sigfrid 'zi:kfri:t
Sigfús *isl.* 'sɪxfu:s
Siggi *isl.* 'sɪgɪ
Siggingen 'zɪgɪŋən
Siggo 'zɪgo
Sighet *rumän.* 'siget
Sighişoara *rumän.* sigi'ʃo̯ara
Sightseeing *engl.* 'saɪtˌsi:ɪŋ
Sigi 'zɪgi, 'zi:gi
Sigill zi'gɪl
Sigillarie zigɪ'la:ri̯ə
sigillieren zigɪ'li:rən
Sigillum zi'gɪlʊm, **...lla** ...la
Sigisbert 'zi:gɪsbɛrt
Sigismund 'zi:gɪsmʊnt
Sigismundo *span.* sixiz'mundo
Sigl[e] 'zi:gl̩
Siglind 'zi:klɪnd
Siglufjörður *isl.* 'sɪɣlʏfjœrðʏr
Sigma 'zɪgma
Sigmaringen 'zi:kmarɪŋən
Sigmatismus zɪgma'tɪsmʊs
Sigmund 'zi:kmʊnt
Sigmundsherberg zi:kmʊnts'hɛrbɛrk
Signa vgl. Signum
Signac *fr.* si'ɲak
Signachi, Signahi *russ.* sig'naxi
Signal zɪ'gna:l
Signalement zɪgnalə'mã:
signalisieren zɪgnali'zi:rən
Signatar zɪgna'ta:ɐ̯
signatum zɪ'gna:tʊm
Signatur zɪgna'tu:ɐ̯
Signau 'zi:gnau̯
Signe *dän.* 'si:nə
Signet zɪ'gne:t, zɪ'gnɛt, zɪn'je; *fr.* si'ɲɛ,; **-e** zɪ'gne:tə, zɪ'gnɛtə, **die -s** zɪn'je:s
signieren zɪ'gni:rən
signifikant zɪgnifi'kant
Signifikanz zɪgnifi'kants
signifikativ zɪgnifika'ti:f, **-e** ...i:və
Signor zɪn'jo:ɐ̯, **-i** zɪn'jo:ri
Signora zɪn'jo:ra, **...re** ...rə
Signore zɪn'jo:rə, **...ri** ...ri
Signorelli *it.* siɲɲo'rɛlli
Signoret *fr.* siɲɔ'rɛ
Signoria zɪnjo'ri:a, **...ien** ...i:ən
Signorie zɪnjo'ri:, **-n** ...i:ən
Signorina zɪnjo'ri:na, **-e** zɪnjo'ri:nə, **-en** zɪnjo'ri:nən
Signorini *it.* siɲɲo'ri:ni
Signorino zɪnjo'ri:no, **...ni** ...ni
Signum 'zɪgnʊm, **...na** ...na
Sigonio *it.* si'gɔ:ni̯o
Sigourney *engl.* 'sɪgənɪ
Sigrid 'zi:grɪt, ...ri:t; *dän.* 'siɣrið, *norw.* ˌsigri, *schwed.* 'si:grid, ˌ– –
Sigríður *isl.* 'sɪɣri:ðʏr
Sigrist 'zi:grɪst, zi'grɪst
Sigriswil zigrɪs'vi:l
Sigrun 'zi:gru:n
Sigsbee *engl.* 'sɪgzbɪ
Sigsfeld 'zi:ksfɛlt
Sigtuna *schwed.* ˌsigtʉ:na
Sigüenza *span.* si'ɣu̯enθa
Siguiri *fr.* sigi'ri
Sigune zi'gu:nə
Sigurd 'zi:gʊrt, *schwed.* 'si:gʊrd, *dän.* 'sigord, *norw.* ˌsigʉr
Sigurðsson *isl.* 'sɪ:ɣʏrðsən
Sigurður *isl.* 'sɪ:ɣʏrðʏr
Sigurim *alban.* sigu'rim
Sigurjónsson *isl.* 'sɪ:ɣʏrjoʊ̯nsən
Sihanuk 'zi:hanʊk
Sigwart 'zi:kvart
Sihl zi:l
Siikajoki *finn* 'si:kɑjɔki
Siipainen *finn.* 'si:pɑi̯nɛn
Siirt *türk.* si'irt
Sijbekarspel *niederl.* sɛi̯bə'kɑrspəl
Sijsele *niederl.* 'sɛi̯sələ
Sík *ung.* ʃi:k
Šik *tschech.* ʃik
Sikaner zi'ka:nɐ
Sikasso *fr.* sika'so
Sikelianos *neugr.* sikɛlja'nɔs
Sikeston *engl.* 'saɪkstən
Sikh zi:k
Sikiang 'zi:ki̯aŋ
Sikkativ zɪka'ti:f, **-e** ...i:və
sikkativieren zɪkati'vi:rən
Sikkim 'zɪkɪm
sikkimesisch zɪki'me:zɪʃ
Siklós *ung.* 'ʃiklo:ʃ
Sikonda gyógyfürdő *ung.* 'ʃikondɔ 'djo:ɟfyrdø:
Sikorski *poln.* ɕi'kɔrski
Sikorsky *engl.* sɪ'kɔ:skɪ
Sikuler 'zi:kulɐ
Sikyon 'zi:kyɔn
Sil *span.* sil
Sila *it.* 'si:la
Silage zi'la:ʒə
Silan zi'la:n
Silandro *it.* si'landro
Silas 'zi:las, *engl.* 'saɪləs
Silbach 'zɪlbax
Silbe 'zɪlbə
Silber 'zɪlbɐ
Silberbach 'zɪlbɐbax
Silberberg 'zɪlbɐbɛrk
Silberhausen zɪlbɐ'hau̯zn̩
silberig 'zɪlbərɪç, **-e** ...ɪgə
Silberling 'zɪlbɐlɪŋ
Silbermann 'zɪlbɐman
silbern 'zɪlbɐn
silbisch 'zɪlbɪʃ
silbrig 'zɪlbrɪç, **-e** ...ɪgə
Silcher 'zɪlçɐ
Silchester *engl.* 'sɪltʃɪstə
Sild zɪlt, **-e** 'zɪldə
Silen[os] zi'le:n[ɔs]
Silentium zi'lɛntsi̯ʊm
Silent meeting *engl.* 'saɪlənt 'mi:tɪŋ
Silesius zi'le:zi̯ʊs
Silge 'zɪlgə
[1]**Silhouette** zi'lu̯ɛtə
[2]**Silhouette** (Name) *fr.* si'lwɛt
silhouettieren zilu̯ɛ'ti:rən

Silicạt zili'ka:t
Sili̱cium zi'li:tsi̯ʊm
sili̱eren zi'li:rən
Silifikatio̱n zilifika'tsi̯o:n
silifizi̱eren zilifi'tsi:rən
Silịfke *türk.* si'lifkɛ
Si̱likastein 'zi:likaʃtai̯n
Silikạt zili'ka:t
Siliko̱ne zili'ko:nə
Siliko̱se zili'ko:zə
Si̱linge 'zi:lɪŋə
Silịstra *bulgar.* si'listra
Si̱lius 'zi:li̯ʊs
Silịvri *türk.* si'livri
Sili̱zid zili'tsi:t, **-e** ...i:də
Sili̱zium zi'li:tsi̯ʊm
Sịlja 'zɪlja
Sịljan *schwed.* ˌsiljan
[1]**Sịlk** (Stoff) zɪlk
[2]**Sịlk** (Name) *engl.* sɪlk
Šilka vgl. Schilka
Sịlke 'zɪlkə
Silkeborg *dän.* 'selgəbɔr'
Sịlk-Screen 'zɪlk-skri:n
Sịlkworm *engl.* 'sɪlkwə:m
Sịll zɪl, *engl.* sɪl
Sịllabub *engl.* 'sɪləbʌb
Sịllanpää *finn.* 'sillɑmpæ:
Sillẹda *span.* si'ʎeða
Sillein zɪ'lai̯n, 'zɪ...
Sịllen[s] 'zɪlən[s]
Sillery *fr.* sij'ri, *engl.* 'sɪlərɪ
Sịllian 'zɪli̯an
Sịlliman *engl.* 'sɪlɪmən
Sillingswald 'zɪlɪŋsvalt
Sịllito[e] *engl.* 'sɪlɪtoʊ
Sillogrạph zɪlo'gra:f
Sịlls *engl.* sɪlz
Sịllybos 'zɪlybɔs, **...boi** ...bɔy
Si̱lo 'zi:lo
Silo̱ah zi'lo:a
Siloé *span.* silo'e
Silo̱ne *it.* si'lo:ne
Sịls zɪls
Sịlsden *engl.* 'sɪlzdən
Silụm zi'lʊm
Silumi̱n ⓦ zilu'mi:n
Silu̱r zi'lu:ɐ̯
Silu̱rer zi'lu:rɐ
silu̱risch zi'lu:rɪʃ
Sịlva 'zɪlva, *span.* 'silβa, *port.* 'silvɐ, *bras.* 'silva
Silvacạndida *it.* silva'kandida
Sịlvae 'zɪlvɛ
Silvain *fr.* sil'vɛ̃
Silva̱n zɪl'va:n
Silva̱na zɪl'va:na, *it.* sil'va:na
Silva̱ner zɪl'va:nɐ
Silva̱nus zɪl'va:nʊs
Silvapla̱na zɪlva'pla:na
Silveira *port.* sil'vɐi̯rɐ, *bras.* sil'vei̯ra
Sịlver[man] *engl.* 'sɪlvə[mən]
Silve̱rius zɪl've:ri̯ʊs
Sịlves *port.* 'silviʃ, *bras.* 'silvis
Silvẹster zɪl'vɛstɐ, *engl.* sɪl'vɛstə
Silvẹstre *fr.* sil'vɛstr, *span.* sil'βestre
Sịlvia 'zɪlvi̯a, *engl.* 'sɪlvɪə, *it.* 'silvi̯a
Si̱lvije *serbokr.* 'si:lvijɛ
Sịlvio 'zɪlvi̯o, *it.* 'silvi̯o
Sílvio *port.*, *bras.* 'silvi̯u
Silvrẹtta zɪl'vrɛta
Sịlwingen 'zɪlvɪŋən
Sịlz[en] 'zɪlts[n̩]
Sịm *engl.* sɪm
[1]**Si̱ma** (Sims, Kruste) 'zi:ma
[2]**Si̱ma** (Name) *serbokr.* ˌsi:ma
[3]**Simạ, Zima** *russ.* zi'ma
Šịmáček *tschech.* 'ʃima:tʃɛk
Simạncas *span.* si'maŋkas
Si̱mandl 'zi:mandl̩
Simão *port.*, *bras.* si'mɐ̃ũ̯
Simạrre zi'marə
simạtisch zi'ma:tɪʃ
Simatụpang *indon.* sima'tupaŋ
Simbạbwe zɪm'ba:bvə
Sịmbach 'zɪmbax
Simbịrsk *russ.* sim'birsk
Sịmca 'zɪmka, *fr.* sim'ka
Sịmcoe *engl.* 'sɪmkoʊ
Sime *engl.* saɪm
Simẹlur *indon.* si'melʊr
Simenon *fr.* sim'nõ
Si̱meon 'zi:meɔn, *russ.* simɪ'ɔn, *bulgar.* simɛ'ɔn
Siméon *fr.* sime'õ
Simẹria *rumän.* si'meria
Simẹto *it.* si'mɛ:to
Simferọpol, Simferopol' *russ.* simfɪ'rɔpɐlj
Sịmi *neugr.* 'simi
Si̱mia 'zi:mi̯a
Simiạne *fr.* si'mjan
Simila̱un zimi'lau̯n
si̱mile 'zi:mile
Si̱mili 'zi:mili
Simi̱lia simi̱libus [curạntur] zi'mi:li̯a zi'mi:libʊs [ku'rantʊr]
Simiọn *bulgar.* simi'ɔn
Simionạto *it.* simi̯o'na:to
si̱misch 'zi:mɪʃ
Sịmla 'zɪmla, *engl.* 'sɪmlə
Șimlẹu-Silvạniei *rumän.* ʃim'leusil'vaniei̯
Sịmme 'zɪmə
Sịmmel 'zɪml̩
Sịmmen 'zɪmən
Sịmmental[er] 'zɪmənta:l[ɐ]
Sịmmerath 'zɪməra:t
Sịmmer[berg] 'zɪmɐ[bɛrk]
Sịmmering 'zɪmərɪŋ
Sịmmern 'zɪmɐn
Sịmmersfeld 'zɪmɐsfɛlt
Sịmmias 'zɪmi̯as
Sịmmons *engl.* 'sɪmənz
Sịmms *engl.* sɪmz
Sịmnel *engl.* 'sɪmnəl
Sịmniza, Zimnica *bulgar.* 'zimnitsa
Simões *port.* si'mõiʃ, *bras.* si'mõi̯s
Si̱mon 'zi:mɔn, *engl.* 'saɪmən, *fr.* si'mõ, *schwed.* 'si:mɔn, *russ.* 'simɐn, *ung.* 'ʃimon
Simón *span.* si'mɔn
Šịmon *tschech.* 'ʃimɔn
Simond[s] *engl.* 'saɪmənd[z]
Simo̱ne zi'mo:nə, *fr.* si'mɔn, *it.* si'mo:ne
Simoneau *fr.* simɔ'no
Si̱moneit 'zi:monai̯t
Simonẹtta *it.* simo'netta
Simonẹtte zimo'nɛtə
Simo̱nides zi'mo:nidɛs
Simoni̱e zimo'ni:, **-n** ...i:ən
Simo̱nis zi'mo:nɪs, *fr.* simɔ'nis
simo̱nisch zi'mo:nɪʃ
simonịstisch zimo'nɪstɪʃ
Si̱monow, Simonov *russ.* 'simɐnɐf
Si̱mons 'zi:mɔns, *niederl.* 'si:..., *engl.* 'saɪmənz
Si̱monsfeld 'zi:mɔnsfɛlt
Simonstown *engl.* 'saɪmənztaʊn
Si̱monsz *niederl.* 'si:mɔns
Sịmontornya *ung.* 'ʃimontornjɔ
Sịmonyi *ung.* 'ʃimonji
Sịmpcox *engl.* 'sɪmpkɔks
sịmpel, S... 'zɪmpl̩
sịmpeln 'zɪmpl̩n
Sịmpelveld *niederl.* 'sɪmpəlvɛlt
Sịmperl 'zɪmpɐl
Sịmpkin[s] *engl.* 'sɪmpkɪn[z]
Simpla vgl. Simplum
Sịmplex 'zɪmplɛks, **...li̱zia** ...'li:tsi̯a
Simplicịssimus zɪmpli'tsɪsimʊs
simpli̱citer zɪm'pli:tsitɐ
Simpli̱cius zɪm'pli:tsi̯ʊs
Simplifikatio̱n zɪmplifika'tsi̯o:n
simplifizi̱eren zɪmplifi'tsi:rən
Simplizia vgl. Simplex
Simpliziạde zɪmpli'tsi̯a:də
Simplizịssimus zɪmpli'tsɪsimʊs
Simplizitä̱t zɪmplitsi'tɛ:t
Sịmplon 'zɪmplo:n
Sịmplum 'zɪmplʊm, **...la** ...la
Sịmpson *engl.* sɪmpsn
Simrisha̱mn *schwed.* simris'hamn
Sịmrock 'zɪmrɔk
[1]**Sịms** zɪms, **-e** 'zɪmzə
[2]**Sịms** (Name) *engl.* sɪmz
Sịmse 'zɪmzə
Sịmson 'zɪmzɔn, *engl.* sɪmsn
Sịmten 'zɪmtn̩
Simulạnt zimu'lant
Simulatio̱n zimula'tsi̯o:n
Simula̱tor zimu'la:tɔr, **-en** ...la'to:rən
simuli̱eren zimu'li:rən
simultạn zimʊl'ta:n
Simultan[e]itä̱t zimʊltan[e]i'tɛ:t
Simultạneum zimʊl'ta:neʊm
Šịmunović *serbokr.* 'ʃimu:nɔvitɕ
[1]**Si̱na** (dt. Vorname) 'zi:na
[2]**Sina, Zina** *russ.* 'zinɐ
Si̱nai 'zi:nai
Sinạia *rumän.* si'nai̯a
Sinạida, Zinaida *russ.* zina'idɐ

Sinạlco Ⓦ zi'nalko
Sinalọa *span.* sina'loa
Sinalụnga *it.* sina'luŋga
Sinạn *türk.* si'nɑn
Sinandschu, Sinanju *korean.* sinandʒu
Sinạnthropus zi'nantropʊs, **...pi** ...pi
Sinạpis zi'na:pɪs
Sinạtra *engl.* sɪ'nɑ:trə
Sịnau 'zi:nau̯
Ṣịncai *rumän.* 'ʃiŋkai̯
[1]**Sịnclair** (England) *engl.* 'sɪŋklɛə, 'sɪŋklə
[2]**Sinclair** (USA) *engl.* sɪŋ'klɛə
sịnd, S... zɪnt
Sịndaco 'zɪndako, **...ci** ...tʃi
Sindbad zɪnt'ba:t, '−−; *pers.* sendˈbɑ:d
Sịndelfingen 'zɪndl̩fɪŋən
Sịndfeld 'zɪntfɛlt
Sịndh zɪnt, *engl.* sɪnd
Sịndhi 'zɪndi
Sịnding *norw.* 'sindiŋ
Sịndorf 'zɪndɔrf
Sịndringen 'zɪndrɪŋən
sịne ạnno [et lọco] 'zi:nə 'ano [ɛt 'lo:ko]
sịne ịra et stụdio 'zi:nə 'i:ra ɛt 'stu:di̯o
Sinekụre zine'ku:rə
Sinẹlnikowo, Sinel'nikovo *russ.* sɪ'njelj̩nikɐvɐ
sịne lọco [et ạnno] 'zi:nə 'lo:ko [ɛt 'ano]
sịne ọbligo 'zi:nə 'o:bligo
sịne qua nọn 'zi:nə kva: 'no:n
Sịnes *port.* 'sinɪʃ
sịne tẹmpore 'zi:nə 'tɛmporə
Sinfães *port.* sĩ'fɐ̃iʃ
Sinfonịe zɪnfo'ni:, **-n** ...i:ən
Sinfoniẹtta zɪnfo'ni̯ɛta
Sinfọnik zɪn'fo:nɪk
Sinfọniker zɪn'fo:nikɐ
sinfọnisch zɪn'fo:nɪʃ
sịng! zɪŋ
Singapọre *engl.* sɪŋgə'pɔ:
Singapur 'zɪŋgapu:ɐ̯, *auch:* −−'−
Singapụra *indon.* siŋa'pura
Singarạdja *indon.* siŋa'radʒa
sịngen, S... 'zɪŋən
Sịngener 'zɪŋənɐ
Sịnger 'zɪŋɐ, *engl.* 'sɪŋə, 'sɪŋgə
Sịngh *engl.* sɪŋ
Singhalẹse zɪŋga'le:zə
singhalẹsisch zɪŋga'le:zɪʃ
Sịngkep *indon.* 'sɪŋkɛp
Sịngle *engl.* sɪŋgl
Sịngleton *engl.* 'sɪŋgltən
Singlin *fr.* sɛ̃'glɛ̃
Sịngmaster *engl.* 'sɪŋmɑ:stə
Sịngrün 'zɪŋgry:n
Sịngsang 'zɪŋzaŋ
Sịng Sing *engl.* 'sɪŋsɪŋ
Sing-Sịng zɪŋ'zɪŋ
Singular 'zɪŋgula:ɐ̯, *auch:* −−'−
singulạ̈r zɪŋgu'lɛ:ɐ̯
Singularetạntum zɪŋgula:rə'tantʊm, **Singulariatạntum** ...ri̯a't...
Singulạris zɪŋgu'la:rɪs, **...res** ...re:s
singulạrisch zɪŋgu'la:rɪʃ
Singularịsmus zɪŋgula'rɪsmʊs
Singularitạ̈t zɪŋgulari'tɛ:t
Sinibạldo *it.* sini'baldo
Sịnica 'zi:nika
sinịd zi'ni:t, **-e** ...i:də
Sinịde zi'ni:də
Sinigạglia *it.* sini'gaʎʎa
Sịning 'zi:nɪŋ
Siniscọla *it.* sinis'kɔ:la
sinịster zi'nɪstɐ
sinịstra mạno zi'nɪstra 'ma:no
Sinistrọse zinɪs'tro:zə
Sinjạwski, Sinjavskij *russ.* si'njafskij
Sịnjen 'zɪnjən
sịnken 'zɪŋkn̩
Sịnkinag 'zɪŋki̯aŋ
Sin-le-Nọble *fr.* sɛ̃l'nɔbl
Sịnn zɪn
Sịnnai *it.* 'sinnai
sịnnen 'zɪnən
Sinnet *engl.* 'sɪnɪt, sɪ'nɛt
Sịnn Fẹin *engl.* 'ʃɪn 'feɪn
Sịnni *it.* 'sinni
Sînnicolạu Mạrc *rumän.* sɨnniko'lau̯ 'mark
sinnịeren zɪ'ni:rən
sịnnig 'zɪnɪç, **-e** ...ɪgə
sịnnlich 'zɪnlɪç
sịnnlos 'zɪnlo:s
Sinolọge zino'lo:gə
Sinologịe zinolo'gi:
Sịnop *türk.* 'sinɔp
Sinọpe zi'no:pə, *B* ...pe
sịnotibẹtisch 'zi:noti'be:tɪʃ
Sinọwi, Zinovij *russ.* zi'nɔvij
Sinọwija, Zinovija *russ.* zi'nɔvijɐ
Sinọjew, Zinov'ev *russ.* zi'nɔvjɪf
Sịnsen 'zɪnzn̩
Sịnsheim 'zɪnshai̯m
Sịnspelt 'zɪnspɛlt
Sint-Ạgatha-Bẹrchem *niederl.* sɪnt'a:xa:ta:'bɛrxəm
Sint-Amạnds *niederl.* sɪnta:'mɑnts
Sint-Amạndsberg *niederl.* sɪnta:'mɑndzbɛrx
Sint-Andrịes *niederl.* sɪntɑn'dri:s
Sint-Ạnnaland *niederl.* sɪnt'ɑna:lɑnt
Sint-Denijs *niederl.* sɪntdə'nɛi̯s
sịntemạl[en] 'zɪntə'ma:l[ən]
Sịntenis 'zɪntənɪs
Sịnter 'zɪntɐ
sịntern 'zɪntɐn
Sint-Eustạtius *niederl.* sɪntø:s'ta:tsi:ʏs
Sịntfeld 'zɪntfɛlt
Sịntflut 'zɪntflu:t
Sint-Genẹsius-Rọde *niederl.* sɪntxe:'ne:si:ʏs'ro:də
Sint-Gịllis *niederl.* sɪnt'xɪlɪs
Sint-Gịllis-Waas *niederl.* sɪnt'xɪlɪs'wa:s
Sint-Jạn *niederl.* sɪnt'jɑn
Sint-Jans-Mọlenbeek *niederl.* sɪntjɑns'mo:lənbe:k
Sint-Joost-ten-Nọde *niederl.* sɪntjo:sttɛn'no:də
Sint-Jọris *niederl.* sɪnt'jo:rɪs
Sint-Katelijne-Wạver *niederl.* sɪntka:tə'lɛi̯nə'wa:vər
Sint-Kruis *niederl.* sɪnt'krœi̯s
Sint-Kwịntens-Lẹnnik *niederl.* sɪnt'kwɪntəns'lɛnɪk
Sint-Lạmbrechts-Wọluwe *niederl.* sɪnt'lɑmbrɛxts'wo:ly:wə
Sint-Lẹnaarts *niederl.* sɪnt'le:na:rts
Sint-Maarten *niederl.* sɪnt'ma:rtə
Sint-Maartensdijk *niederl.* sɪntma:rtənz'dɛi̯k
Sint-Michịels *niederl.* sɪntmi:'xi:ls
Sint-Michielsgẹstel *niederl.* sɪntmi:xi:ls'xɛstəl
Sint-Niklaas *niederl.* sɪntni:'kla:s
Sint-Oedenrode *niederl.* sɪnt'u:dənro:də
Sint-Phịlipsland *niederl.* sɪnt'fi:lɪpslɑnt
Sint-Pịeters-Lẹeuw *niederl.* sɪnt'pi:tərs'le:u̯
Sint-Pịeters-Wọluwe *niederl.* sɪnt'pi:tərs'wo:ly:wə
Sịntra *port.* 'sintrɐ
Sint-Truiden *niederl.* sɪnt'trœi̯də
Sinụhe zi'nu:he
Sinuidschu, Sinuiju *korean.* sinɨi̯dʒu
Sinuịtis zinu'i:tɪs, **...itịden** ...u̯i'ti:dn̩
sinuọ̈s zi'nu̯ø:s, **-e** ...ø:zə
Sịnus 'zi:nʊs, **-se** ...ʊsə
Sinusịtis zinu'zi:tɪs, **...itịden** ...zi'ti:dn̩
Sịnz[enich] 'zɪnts[ənɪç]
Sịnzheim[er] 'zɪntshai̯m[ɐ]
Sịnzig 'zɪntsɪç
Sió[agárd] *ung.* 'ʃio:[ɔga:rd]
Sịodmak 'zi:ɔtmak
Siófok *ung.* 'ʃio:fok
Sion *fr.* sjõ
Sioule *fr.* sjul
Sịoux 'zi:ʊks, *engl.* su:
Sioux Cịty, - Falls *engl.* 'su: 'sɪtɪ, − 'fɔ:lz
Sịphnos 'zɪfnɔs
Sịpho 'zi:fo, **-nen** zi'fo:nən
Sịphon 'zi:fõ
Siphonophọre zifono'fo:rə
Šịpka vgl. Schipka
Sịppe 'zɪpə

Sipplingen ˈzɪplɪŋən
Sipsey *engl.* ˈsɪpsɪ
Siptah ˈzɪpta
Sipura *indon.* siˈpura
Sipylos ˈzi:pylɔs
Siqueiros *span.* siˈkɛi̯rɔs
Sir zø:ɐ̯, *engl.* sə:
Sira *norw.* ˌsi:ra
Širabad vgl. Schirabad
Sirach ˈzi:rax
Siracusa *it.* siraˈku:za
Sirdal *norw.* ˌsi:rda:l
Sire zi:ɐ̯, *fr.* si:r
Sirene ziˈre:nə
Sirenput ziˈrɛnpʊt
Siret *rumän.* siˈret
Sirey *fr.* siˈrɛ
Sirgenstein ˈzɪrgn̩ʃtai̯n
Siri *it.* ˈsi:ri
Siricius ziˈri:tsi̯ʊs
Sirius ˈzi:ri̯ʊs
Sirkka *finn.* ˈsirkkɑ
Sirleto *it.* sirˈlɛ:to
Sirmien ˈzɪrmi̯ən
Sirmione *it.* sirˈmi̯o:ne
Sirmium ˈzɪrmi̯ʊm
Sirmond *fr.* sirˈmõ
Sirok *ung.* ˈʃirok
Široký *tschech.* ˈʃirɔki:
Sironi *it.* siˈro:ni
Siros *neugr.* ˈsirɔs
Sirrah ˈzɪra, *auch:* zɪˈra:
sirren ˈzɪrən
Sirtal ˈzi:ɐ̯ta:l
Sirup ˈzi:rʊp
Sirven *fr.* sirˈvɛ̃
Sirventes zɪrvɛnˈte:s
Sisak *serbokr.* ˌsi:sak
Sisal ˈzi:zal
Sisenna ziˈzɛna
Šiškin vgl. Schischkin
Šiško *serbokr.* ˈʃiʃkɔ
Šiškov vgl. Schischkow
Sisley *fr.* siˈslɛ
Šišman vgl. Schischman
Šišmanov vgl. Schischmanow
Sismondi *fr.* sismõˈdi
Sissach ˈzɪsax
Sissek ˈzɪsɛk
Sissy ˈzɪsi
Sistan *pers.* sisˈtɑ:n
Sisteron *fr.* sistəˈrõ
Sistiana *it.* sisˈti̯a:na
sistieren zɪsˈti:rən
Sistig ˈzɪstɪç
Sistina *it.* sisˈti:na
Sisto *it.* ˈsisto
Sistrum ˈzɪstrʊm
Sisyphos ˈzi:zyfɔs
Sisyphus ˈzi:zyfʊs
Sitar ziˈta:ɐ̯
Sitges *span.* ˈsitʃes
Sitieirgie zitiai̯rˈgi:, **-n** ...i:ən
Sit-in zɪtˈ|ɪn
Sitiomanie zitiomaˈni:, **-n** ...i:ən
Sitka *engl.* ˈsɪtkə
Sitnica *serbokr.* ˈsitnitsa
Sitophobie zitofoˈbi:, **-n** ...i:ən
Sitta[h] ˈzɪta
Sittard *niederl.* ˈsɪtɑrt
Sitte ˈzɪtə
Sitten[feld] ˈzɪtn̩[fɛlt]
Sitter ˈzɪtɐ, *niederl.* ˈsɪtər
Sitters[dorf] ˈzɪtɐs[dɔrf]
Sittewald ˈzɪtəvalt
Sittich ˈzɪtɪç
sittig ˈzɪtɪç, **-e** ...ɪgə
Sittingbourne *engl.* ˈsɪtɪŋbɔ:n
Sittling ˈzɪtlɪŋ
sittsam ˈzɪtza:m
Situation zitu̯aˈtsi̯o:n
situativ zitu̯aˈti:f, **-e** ...i:və
situiert zituˈi:ɐ̯t
Situla ˈzi:tula, **...len** ziˈtu:lən
Situs ˈzi:tʊs
sit venia verbo ˈzɪt ˈve:ni̯a ˈvɛrbo
Sitwell *engl.* ˈsɪtwəl
Sitz zɪts
sitzen ˈzɪtsn̩
Sitzenberg ˈzɪtsn̩bɛrk
Sitzerath ˈzɪtsəra:t
Siv *schwed.* si:v
Sivar *schwed.* ˈsi:var
Sıvas *türk.* ˈsɨvɑs
Sivaš vgl. Siwasch
Siviglia *it.* siˈviʎʎa
Sivle *norw.* ˈsivlə
Siw zi:f
Siwa[h] ˈzi:va
Siward *engl.* ˈsju:əd
Siwasch, Sivaš *russ.* siˈvaʃ
Siwertz *schwed.* ˈsi:vərts
Six! zɪks
Six Days *engl.* ˈsɪks ˈdeɪz
Six Madun zɪks maˈdu:n
Sixpence *engl.* ˈsɪkspəns
Sixt[a] ˈzɪkst[a]
Sixtina zɪksˈti:na
Sixtinisch zɪksˈti:nɪʃ
Sixtus ˈzɪkstʊs
Siziliane zitsiˈli̯a:nə
Sizilianer zitsiˈli̯a:nɐ
sizilianisch zitsiˈli̯a:nɪʃ
Sizilien ziˈtsi:li̯ən
Sizilienne zitsiˈli̯ɛn
Sizilier ziˈtsi:li̯ɐ
sizilisch ziˈtsi:lɪʃ
Sjælland *dän.* ˈsjɛlanˀ
Sjenica *serbokr.* ˌsjɛnitsa
Sjöberg *schwed.* ʃø:bærj
Sjöbo *schwed.* ˈʃø:bu:
Sjogerstad *schwed.* ˌʃu:gərstɑ:d
Sjögren *schwed.* ˌʃø:gre:n
Sjöman *schwed.* ˈʃø:man
Sjomuschkin, Semuškin *russ.* ˈsjɔmuʃkin
Sjonhem *schwed.* ˌʃu:nhɛm
Sjöstrand *schwed.* ˌʃø:strand
Sjöström *norw.* ˌʃø:strœm
Skabies ˈska:bi̯ɛs
skabiös skaˈbi̯ø:s, **-e** ...ø:zə
Skabiose skaˈbi̯o:zə
Skabitschewski, Skabičevskij *russ.* skɐbiˈtʃɛfskij
skabrös skaˈbrø:s, **-e** ...ø:zə
Skadenz skaˈdɛnts
Skaftá *isl.* ˈskaftau̯
Skagafjarðarsýsla *isl.* ˈska:ɣafjarðarsisla
Skagafjord ˈska:gafjɔrt
Skagafjörður *isl.* ˈska:ɣafjœrðʏr
Skagaheiði *isl.* ˈska:ɣahɛi̯ðɪ
Skagastølstindane *norw.* ˌska:gastø:lstindanə
Skagen *dän.* ˈsga:ˀɣən
Skagerack *schwed.* ˈskɑ:gərak
Skagerrak ˈska:gərak, *dän.* ˈsga:ɣərag, sgaɣəˈrag
Skagit *engl.* ˈskægɪt
Skagway *engl.* ˈskægweɪ
Skai Ⓦz skai̯
Skakavac *serbokr.* ˈskakavats
skål! sko:l
Skala ˈska:la
skalar, S... skaˈla:ɐ̯
Skalat *russ.* skaˈlat
Skalbmierz *poln.* ˈskalbmjɛʃ
Skalde ˈskaldə
Skälderviken *schwed.* ˌʃɛldərvi:kən
Skalenoeder skalenoˈ|e:dɐ
Skálholt *isl.* ˈskau̯lhɔlt
Skalice *tschech.* ˈskalitsɛ
Skalitz ˈskalɪts
Skalkotas *neugr.* skalˈkɔtas
Skallagrímsson *isl.* ˈskadlagrimsɔn
Skalp skalp
Skalpell skalˈpɛl
skalpieren skalˈpi:rən
Skals *dän.* sgals
Skalsko *tschech.* ˈskalskɔ
Skælskør *dän.* sgɛlˈsgø:ˀr
Skalweit ˈskalvai̯t
Skamander skaˈmandɐ
Skamlingsbanke *dän.* ˈsgamleŋsbaŋgə
Skampe ˈskampə
Skandal skanˈda:l
skandalieren skandaˈli:rən
skandalisieren skandaliˈzi:rən
skandalös skandaˈlø:s, **-e** ...ø:zə
Skanderbeg *alban.* ˈskandərbek
Skanderborg *dän.* ˈsganərbɔrˀ, ‒‒ˈ‒
skandieren skanˈdi:rən
Skandinave skandiˈna:və
Skandinavien skandiˈna:vi̯ən
Skandinavier skandiˈna:vi̯ɐ
skandinavisch skandiˈna:vɪʃ
Skandium ˈskandi̯ʊm
Skåne *schwed.* ˌsko:nə
Skaneateles *engl.* skænɪˈætləs
Skänninge *schwed.* ˈʃɛniŋə
Skanör *schwed.* skaˈnœ:r
Skansen *schwed.* ˈskansən
Skansion skanˈzi̯o:n
Skapolith skapoˈli:t, *auch:* ...lɪt
Skapulier skapuˈli:ɐ̯
Skara *schwed.* ˌskɑ:ra

Skarabä̱us skara'bɛ:ʊs, **...ä̱en** ...'bɛ:ən
Skạraborg *schwed.* ˌskɑ:rabɔrj
Skaramụz skara'mʊt͜s
Skærbæk *dän.* 'sgɛ:rbɛg
Skạrbek *poln.* 'skarbɛk
Skarbi̱na skar'bi:na
Skạ̈rfälten *schwed.* ˌʃæ:rfɛltən
Skạrga *poln.* 'skarga
Skạ̈rgården *schwed.* 'ʃærgo:rdən
Skarifikatio̱n skarifika't͜si̯o:n
skarifizi̱eren skarifi't͜si:rən
Skario̱l ska'ri̯o:l
Skạrn skarn
Skarszẹwy *poln.* skar'ʃɛvɨ
skarti̱eren skar'ti:rən
Skarỵszew *poln.* ska'rɨʃɛf
Skarżỵsko-Kamiẹnna *poln.* skar'ʒɨskɔka'mjɛnna
Skạt ska:t
skạten 'ska:tn̩
Skato̱l ska'to:l
Skatopha̱ge skato'fa:gə
Skatophagi̱e skatofa'gi:
Skatophili̱e skatofi'li:
Skạutrup *dän.* 'sgau̯'trob
Skawi̱na *poln.* ska'vina
Ska̱zon 'ska:t͜sɔn, **-ten** ska't͜sɔntn̩
Skeat[s] *engl.* ski:t[s]
Ske̱e *schwed.* ˌʃe:ə
Skeena *engl.* 'ski:nə
Skeet... 'ski:t...
Skegnẹss *engl.* skɛg'nɛs
Skẹiðarársandur *isl.* 'skjɛi̯ðarau̯rsandʏr
Skelẹt ske'lɛt
Skẹleton 'skɛlətn̩, ...letɔn
skeletoto̱pisch skeleto'to:pɪʃ
Skelẹtt ske'lɛt
skeletti̱eren skelɛ'ti:rən
Skellẹfte *schwed.* ʃɛ'lɛftə
Skellẹfteå *schwed.* ʃɛ'lɛftəo:
Skẹlmersdale *engl.* 'skɛlməzdeɪl
Skẹlton *engl.* skɛltn
[1]**Skene̱** (Szene) ske'ne:
[2]**Skene** (Name) *engl.* ski:n, *schwed.* ʃe:nə
Skenographi̱e skenogra'fi:
Skẹppsholmen *schwed.* ˌʃɛpsholmən
Skẹpsis 'skɛpsɪs
Skẹptiker 'skɛptikɐ
skẹptisch 'skɛptɪʃ
Skeptizịsmus skɛpti't͜sɪsmʊs
Skẹrlić *serbokr.* 'skɛrlitɕ
Skẹrn *dän.* sgɛr'n
Skẹtch skɛt͜ʃ
Skẹtchley *engl.* 'skɛtʃlɪ
Skẹtsch skɛt͜ʃ
[1]**Ski̱** ʃi:, **-er** 'ʃi:ɐ
[2]**Ski̱** (Name) *norw.* ʃi:
Skiagraphi̱e skiagra'fi:, **-n** ...i:ən
Skiame̱ter skia'me:tɐ
Skiaskopi̱e skiasko'pi:
Ski̱athos 'ski:atɔs, *neugr.* 'skiaθɔs
Ski̱en *norw.* ˌʃe:ən
Skierniewịce *poln.* skjɛrnjɛ'vitsɛ
Skịff skɪf
Ski̱funi 'ʃi:fʊni
Ski̱kjörning 'ʃi:jø:rɪŋ
Skịnk skɪŋk
Skịnner *engl.* 'skɪnə
Skinnskattebẹrg *schwed.* ʃinskatə'bærj
Skino̱id (Wz) skino'i:t, **-es** ...i:dəs
Skiọptikon ski'ɔptikɔn
Skịp skɪp
Skipeta̱r skipe'ta:ɐ̯
Skịpps *engl.* skɪps
Skịpsey *engl.* 'skɪpsɪ
Skịpton *engl.* 'skɪptən
Ski̱re 'ski:rə
Ski̱rina 'ski:rina
Ski̱ron 'ski:rɔn
Skịros *neugr.* 'skirɔs
Ski̱s ski:s
Skitạlez, Skitalec *russ.* ski'talɪts
Ski̱ve *dän.* 'sgi:və
Skịzze 'skɪt͜sə
skizzi̱eren skɪ't͜si:rən
Skjálfandafljót *isl.* 'skjau̯lvandafljou̯t
Skjálfandi *isl.* 'skjau̯lvandɪ
Skjẹggedalsfoss *norw.* ˌʃɛgəda:lsfɔs
Skjẹrn *dän.* sgɛr'n
Skjọldborg *dän.* 'sgjɔlbɔr'
Skladanọwsky sklada'nɔfski
Skla̱ve 'skla:və, *auch:* ...a:fə
Sklavere̱i skla:və'raɪ, *auch:* ...a:fə...
skla̱visch 'skla:vɪʃ, *auch:* ...a:fɪʃ
Skle̱ra 'skle:ra
Skleradeni̱tis sklerade'ni:tɪs, **...iti̱den** ...ni'ti:dn̩
Sklere̱ide sklere'i:də
Sklere̱m skle're:m
Sklerenchy̱m sklerɛn'çy:m
Skleri̱tis skle'ri:tɪs, **...iti̱den** ...ri'ti:dn̩
Sklerö̱dem sklerø'de:m
Sklerodermi̱e sklerodɛr'mi:
Sklero̱m skle'ro:m
Sklerome̱ter sklero'me:tɐ
Sklerophy̱llen sklero'fʏlən
Sklero̱se skle'ro:zə
Sklerosko̱p sklero'sko:p
sklero̱tisch skle'ro:tɪʃ
Sklero̱tium skle'ro:t͜si̯ʊm, **...ien** ...i̯ən
Skłodọwska *poln.* sku̯ɔ'dɔfska
Šklov vgl. Schklow
Šklovskij vgl. Schklowski
Skọbelew, Skobelev *russ.* 'skɔbɪlɪf
Skọczów *poln.* 'skɔtʃuf
Sko̱da 'sko:da
Škọda *tschech.* 'ʃkɔda
Skọdsborg *dän.* 'sgɔsbɔr'
Skógafoss *isl.* 'skou̯ɣafɔs
Skogekär Bạ̈rgbo *schwed.* ˌsku:gətçær 'bærjbu:
Skọki *poln.* 'skɔki
Skokie *engl.* 'skoʊkɪ
Skoklọster *schwed.* sku:'klɔstər
Skọ̈ld *schwed.* ʃœld
Skọle *russ.* 'skɔlɪ
Skọlex 'sko:lɛks, **...lizes** ...lit͜se:s
Skolịmów-Konstạncin *poln.* skɔ'limufkɔn'stantɕin
Sko̱lion 'sko:li̯ɔn, **...ien** ...i̯ən
Skolio̱se sko'li̯o:zə
Skolopẹnder skolo'pɛndɐ
skonti̱eren skɔn'ti:rən
Skọnto 'skɔnto
Skontratio̱n skɔntra't͜si̯o:n
skontri̱eren skɔn'tri:rən
Skọntro 'skɔntro
Skooter 'sku:tɐ
Skọp skɔp
Skọpas 'sko:pas
Skọpelos *neugr.* 'skɔpɛlɔs
Skopịn *russ.* ska'pin
Skọpje *mak.* 'skɔpjɛ
Skọplje *serbokr.* 'skɔpljɛ
Skọpus 'sko:pʊs
Skọpze 'skɔpt͜sə
Skorbu̱t skɔr'bu:t
Skórcz *poln.* skurt͜ʃ
Skordatu̱r skɔrda'tu:ɐ̯
skọren 'sko:rən
Skoropạdski, Skoropadskij *russ.* skɐra'patskij
Skørping *dän.* 'sgœrbeŋ
Skorpio̱n skɔr'pi̯o:n
Skọt[e] 'sko:t[ə]
Skotodini̱e skotodi'ni:
Skotọm sko'to:m
Skọukje *niederl.* 'skɔu̯kjə
Skọ̈vde *schwed.* ˌʃœvdə
Skọvgaard *dän.* 'sgɔu̯gɔr'
Skovshọved *dän.* sgɔu̯s'ho:[ə]ð
Skowhegan *engl.* skaʊ'hi:gən
Skowrọnnek sko'vrɔnɛk
Škra̱bec *slowen.* 'ʃkra:bəts
Skrạd *serbokr.* skrad
Skrạdin *serbokr.* ˌskradi:n
Skrä̱ling 'skrɛ:lɪŋ
Skrạm *norw.* skram
Skrạ̊msta *schwed.* ˌskrɔmsta
Skra̱per 'skre:pɐ, *engl.* 'skreɪpə
Škréta *tschech.* 'ʃkrɛ:ta
Skribẹnt skri'bɛnt
Skri̱bifax 'skri:bifaks
Skrine *engl.* skraɪn, skri:n
Skrịp[t] skrɪp[t]
Skrịptor 'skrɪptɔr, **-en** ...'to:rən
Skripto̱rium skrɪp'to:ri̯ʊm, **...ien** ...i̯ən
Skrịptum 'skrɪptʊm, **...ta** ...ta
Skriptu̱r skrɪp'tu:ɐ̯
Skrja̱bin *russ.* 'skrjabin
Skrlec *serbokr.* 'skr̩lets
Skro̱fel 'skro:fl̩
skrofulö̱s skrofu'lø:s, **-e** ...ø:zə

Skrofulose skrofu'lo:zə
Skrọmberga *schwed.* ˌskrɔmbærja
skrotal skro'ta:l
Skrotum 'skro:tʊm, **...ta** ...ta
Škrọup *tschech.* ʃkroʊ̯p
Skrubber 'skrabɐ
Skrupel 'skru:pl̩
Skrups skraps
skrupulös skrupu'lø:s, **-e** ...ø:zə
Skrutator skru'ta:tɔr, **-en** ...ta'to:rən
Skrutinium skru'ti:ni̯ʊm, **...ien** ...i̯ən
Skryje *tschech.* 'skrijɛ
Skudeneshavn *norw.* ˌskʉ:dəne:shavn
Skụld skʊlt
Škulev vgl. Schkuljow
Skụll skʊl
skụllen 'skʊlən
Skụller 'skʊlɐ
skulptieren skʊlp'ti:rən
Skulptur skʊlp'tu:ɐ̯
Skụltorp *schwed.* 'skʊltɔrp
Skụltuna *schwed.* ˌskʊltʉ:na
Skụnk skʊŋk
Skunk River *engl.* 'skʌŋk 'rɪvə
Skụpschtina 'skʊpʃtina
skurril skʊ'ri:l
Skurrilität skʊrili'tɛ:t
Skurusụnd *schwed.* skʉ:rʉ:'sʊnd
Skus sku:s
Sküs sky:s
Skutari 'sku:tari
Skụteč *tschech.* 'skutɛtʃ
Skụtsch skʊtʃ
Skutskär *schwed.* 'skʉ:tʃæ:r
Skwierzyna *poln.* skfjɛ'ʒɨna
Skwịra, Skvira *russ.* 'skvirɐ
Skye *engl.* skaɪ
Skylab *engl.* 'skaɪlæb
Skylax 'sky:laks
Skyline 'skai̯lai̯n
Skylight 'skai̯lai̯t
Skỵlla 'skʏla
Skỵmnos 'skʏmnɔs
Skyphos 'sky:fɔs, **...phoi** ...fɔy̯
Skyray *engl.* 'skaɪreɪ
Skyrocket *engl.* 'skaɪrɔkɪt
Skyros 'sky:rɔs, *neugr.* 'skirɔs
Skythe 'sky:tə
Skythien 'sky:ti̯ən
skythisch 'sky:tɪʃ
Skywarrior *engl.* 'skaɪwɔrɪə
Slạbčice *tschech.* 'slaptʃitsɛ
Slaby 'sla:bi
Slạbý *tschech.* 'slabi:
Slacks slɛks, *engl.* slæks
Sládek *tschech.* 'sla:dɛk
Sladen *engl.* sleɪdn
Sládkovič *slowak.* 'sla:tkɔvitʃ
Slagelse *dän.* 'sla:ɣəlsə
Slalom 'sla:lɔm
Slạmet *indon.* 'slamɛt
Slancy vgl. Slanzy
Slang *engl.* slæŋ
Slạngerup *dän.* 'slaŋərob
Slănic *rumän.* slə'nik
Slạnkamen *serbokr.* ˌslaŋkamɛ:n
Slánský *tschech.* 'sla:nski:
Slạný *tschech.* 'slani:
Slạnzy, Slancy *russ.* 'slantsɨ
Splapstick 'slɛp-stɪk, *engl.* 'slæpstɪk
Slạpy *tschech.* 'slapi
slargạndo slar'gando
Śląsk *poln.* ɕlɔ̃sk
Slạta, Zlata *russ.* 'zlatɐ
Slạtaper *it.* 'zla:taper
Slatạriza, Zlatarica *bulgar.* zla'taritsa
Slatạrow, Zlatarov *bulgar.* zla'tarof
Slatạrski, Zlatarski *bulgar.* zla'tarski
Slạte 'sla:tə
Slater *engl.* 'sleɪtə
Slạtin 'slatɪn
Slạtina *serbokr., rumän.* 'slatina
Slạtinice *tschech.* 'slatjinjitsɛ
Slaton *engl.* sleɪtn
Slạtopol, Zlatopol' *russ.* 'zlatɐpɐlj
Slatoụst, Zlatoust *russ.* zlɐta'ust
Slatowrạzki, Zlatovrackij *russ.* zlɐta'vratskij
Slauerhoff *niederl.* 'slɔu̯wərhɔf
Slạva *rumän.* 'slava
Slạvata *tschech.* 'slavata
Slave *engl.* sleɪv
Slavejkov vgl. Slaweikow
Slavgorod vgl. Slawgorod
Slạvici *rumän.* 'slavitʃ
Slavjansk vgl. Slawjansk
Slạvkov *tschech.* 'slafkɔf
Slạvkovský Lẹs *tschech.* 'slafkɔfski: 'lɛs
Slavona sla'vo:na
Slạvonice *tschech.* 'slavɔnjitsɛ
Slạvonija *serbokr.* ˌslavɔ:nija
Slạvonski Brọd *serbokr.* ˌslavɔ:nski: 'brɔ:d
Slạvonski Šạmac *serbokr.* ˌslavɔ:nski: 'ʃamats
Slavsk vgl. Slawsk
Slavuta vgl. Slawuta
Slawa! 'sla:va
Sława *poln.* 'su̯ava
Slawe 'sla:və
Slawẹikow, Slavejkov *bulgar.* sla'vɛjkof
Slạwgorod, Slavgorod *russ.* 'slavgɐrɐt
Slawine sla'vi:nə
slawisch 'sla:vɪʃ
slawisieren slavi'zi:rən
Slawịsmus sla'vɪsmʊs
Slawịst[ik] sla'vɪst[ɪk]
Slawjạnsk, Slavjansk *russ.* sla'vjansk
Sławków *poln.* 'su̯afkuf
Sławno *poln.* 'su̯avnɔ
Slawonien sla'vo:ni̯ən
Slawonier sla'vo:ni̯ɐ
slawonisch sla'vo:nɪʃ
Slawophile slavo'fi:lə
Slawsk, Slavsk *russ.* slafsk
Slawụta, Slavuta *russ.* sla'vutɐ
Sleaford *engl.* 'sli:fəd
Sleen *niederl.* sle:n
Sleeuwijk *niederl.* 'sle:u̯wɛi̯k
Sleeve *engl.* sli:v
Sleidanus slai̯'da:nʊs
Slẹidinge *niederl.* 'slɛi̯dɪŋə
Sleipnir 'slai̯pnɪr
Šlẹjhar *tschech.* 'ʃlɛjhar
slentạndo slɛn'tando
Slepzọw, Slepcov *russ.* slɪp'tsɔf
Ślęsin *poln.* 'ɕlɛɕin
Slẹsinger *engl.* 'slɛsɪndʒə
Slẹsvig *dän.* 'sle:'svi
Slevogt 'sle:fo:kt
Slẹzák *tschech.* 'slɛza:k
Slẹzak 'slɛzak
Slẹzská Ọstrava *tschech.* 'slɛska: 'ɔstrava
Slibowitz 'sli:bovɪts
Slice slai̯s
Slịck *engl.* slɪk
Slide[ll] *engl.* slaɪd[l]
Sliding-tackling *engl.* 'slaɪdɪŋ'tæklɪŋ
Sliedrecht *niederl.* 'sli:drɛxt
Sligo *engl.* 'slaɪgoʊ
Slịm *engl.* slɪm, *fr.* slim
Slịng slɪŋ
Slịngeland[t] *niederl.* 'slɪŋəlɑnt
Slịnk slɪŋk
Slịp slɪp
Slipher *engl.* 'slaɪfə
Slịpon 'slɪpɔn
Slịpper 'slɪpɐ
Slịwen, Sliven *bulgar.* 'slivɛn
Śliwiński *poln.* ɕli'vĩi̯ski
Slịwniza, Slivnica *bulgar.* 'slivnitsa
Sliwowitz 'sli:vovɪts
Sljẹme *serbokr.* 'sljɛmɛ
Sloan[e] *engl.* sloʊn
Slọbin, Zlobin *russ.* 'zlɔbin
Slobọdan *serbokr.* slɔˌbɔdan
Slobodskọi, Slobodskoj *russ.* slɐbat'skɔj
Slobozia *rumän.* slobo'zia
Slọchteren *niederl.* 'slɔxtərə
Slocum, ...combe *engl.* 'sloʊkəm
Slọdtz *fr.* slɔts
Slogan 'slo:gn̩, *engl.* 'sloʊgən
Sloka 'slo:ka
Sloman 'slo:man
Słomniki *poln.* su̯ɔm'niki
Slonịmski, Slonimskij *russ.* sla'nimskij
Słonịmski *poln.* su̯ɔ'nimski
Slọnin *russ.* 'slɔnin
Słoński *poln.* 'su̯ɔĩ̯ski
Sloop slu:p
Slọp (Tanz) slɔp

Slọsson *engl.* slɔsn
Slo̲ten *niederl.* 'slo:tə
Slọtsholmen *dän.* 'slɔdshɔl'mən
Slough *engl.* slaʊ
Slọup *tschech.* slɔu̯p
Slovẹnija *slowen.* slɔ've:nija
Slovẹnski *serbokr.* slɔˌvɛnski:
Slọvensko *slowak.* 'slɔvɛnskɔ
Slo̲w... 'slo:...; *engl.* 'sloʊ...
Słowạcki *poln.* su̯ɔ'vatski
Slowa̲ke slo'va:kə
Slowake̲i slova'kai̯
slowa̲kisch slo'va:kɪʃ
Slowe̲ne slo've:nə
Slowe̲nien slo've:ni̯ən
Slowe̲nier slo've:ni̯ɐ
slowe̲nisch slo've:nɪʃ
Slo̲wfox 'slo:fɔks, *engl.* 'sloʊfɔks
slowịnzisch slo'vɪntsɪʃ
Słubịce *poln.* su̯u'bitsɛ
Sluč' vgl. Slutsch
Sluck vgl. Sluzk
Sludẹrno *it.* zlu'dɛrno
Sluis *niederl.* slœi̯s
Šlụknov *tschech.* 'ʃluknɔf
Slum slam, *engl.* slʌm
Slump slamp, *engl.* slʌmp
Słụpca *poln.* 'su̯uptsa
Słụpsk *poln.* su̯upsk
Sluter *niederl.* 'sly:tər, *fr.* sly'tɛ:r
Slụtsch, Sluč' *russ.* slutʃ
Slụzk, Sluck *russ.* slutsk
Sly *engl.* slaɪ
Slỵnka, Zlynka *russ.* 'zlɨnkɐ
Småland *schwed.* 'smo:land
Smålandshavet *dän.* 'smɔlansha:'vəð
Small[ey] *engl.* 'smɔ:l[ɪ]
Smạllingerland *niederl.* 'smɑlɪŋərlɑnt
Smallwood *engl.* 'smɔ:lwʊd
Smạlte 'ʃmaltə
Smalti̲n smal'ti:n
Smaltit smal'ti:t, *auch:* ...tɪt
Smarạgd sma'rakt, **-e** ...'rakdə
smarạgden sma'rakdn̩, **...gdne** ...kdnə
smart sma:ɐ̯t, *auch:* smart; *engl.* smɑ:t
Smạrt[t] *engl.* smɑ:t
Smash *engl.* smæʃ
Smeaton *engl.* smi:tn
Smẹčno *tschech.* 'smɛtʃnɔ
Smědeč *tschech.* 'smjɛdɛtʃ
Smẹderevo *serbokr.* 'smɛdɛrɛvɔ
Smẹdley *engl.* 'smɛdlɪ
Smẹgma 'smɛgma
Smeinogọrsk, Zmeinogorsk *russ.* zmɪina'gɔrsk
Smẹkal 'smɛkal
Smela *russ.* 'smjɛlɐ
Šmelev vgl. Schmeljow
Smẹllie *engl.* 'smɛlɪ
Smẹnd smɛnt
Smẹrdis 'smɛrdɪs
Šmẹrmov *tschech.* 'ʃmɛrmɔf
Smẹt *niederl.* smɛt
Smẹtana *tschech.* 'smɛtana
Smẹthwick *engl.* 'smɛðɪk
Smibert *engl.* 'smaɪbət
Smíchov *tschech.* 'smi:xɔf
Smịchow 'smɪço
Smịdary *tschech.* 'smidari
Smịddy *engl.* 'smɪdɪ
Smịdt smɪt
Śmịgiel *poln.* 'ɕmigjɛl
Śmịgły *poln.* 'ɕmigu̯ɨ
Smịjew, Zmiev *russ.* 'zmijɪf
Smịlde *niederl.* 'smɪldə
Smiles *engl.* smaɪlz
Smillie, Smily *engl.* 'smaɪlɪ
Šmịlovský *tschech.* 'ʃmilɔfski:
Smirke *engl.* smə:k
Smịrnenski *bulgar.* 'smirnɛnski
Smirnọw, Smirnov *russ.* smir'nɔf
Smịt *niederl.* smɪt
Smịth *engl.* smɪθ
Smịthfield *engl.* 'smɪθfi:ld
Smịths Falls *engl.* 'smɪθs 'fɔ:lz
Smịthson *engl.* smɪθsn
Smithsonian Institution *engl.* smɪθ'soʊnɪən ɪnstɪ'tju:ʃən
Smịts *niederl.* smɪts
Smọg smɔk, *engl.* smɔg
Smö̲gen *schwed.* 'smø:gən
Smo̲karbeit 'smo:k|arbai̯t
smo̲ken 'smo:kn̩
Smokies *engl.* 'smoʊkɪz
Smo̲king 'smo:kɪŋ
Smoky Rịver, - Hịll *engl.* 'smoʊkɪ 'rɪvə, — 'hɪl
Smolẹnsk smo'lɛnsk, *russ.* sma'ljɛnsk
Smolẹński *poln.* smɔ'lɛĩ̯ski
Smọlik *poln.* 'smɔlik
Smoljạn *bulgar.* smo'ljan
Smọlka *poln.* 'smɔlka
Smọllett *engl.* 'smɔlɪt
Smọlny, Smol'nyj *russ.* 'smɔljnɨj
Smoot *engl.* smu:t
Smorgọn, Smorgon' *russ.* smar'gɔnj
smorzạndo smɔr'tsando
Smorzạndo smɔr'tsando, **...di** ...di
Smrkovský *tschech.* 'smr̩kɔfski:
Smụčiny *tschech.* 'smutʃini
Smụtje 'smʊtjə
Smụts smʊts, *afr.* smœts, *engl.* smʌts
Smỵrna 'smʏrna
Smỵrnaer 'smʏrnaɐ
smỵrnaisch 'smʏrnaɪʃ
Smyrnä̲us smʏr'nɛ:ʊs
Smyslọw, Smyslov *russ.* smɨs'lɔf
Smyth *engl.* smɪθ, smaɪθ, smaɪð
Smythe *engl.* smaɪð, smaɪθ
Snạckbar 'snɛkba:ɐ̯, *engl.* 'snækbɑ:
Snæfellsjökull *isl.* 'snai̯fɛlsjœ:kʏdl
Snæfellsnes *isl.* 'snai̯fɛlsnɛ:s
Snæfellsnessýsla *isl.* 'snai̯fɛlsnɛsisla
Snaith *engl.* sneɪθ
Snake Ịsland, - Rịver *engl.* 'sneɪk 'aɪlənd, — 'rɪvə
Snåsavatn *norw.* 'sno:savatn
Snạyers *niederl.* 'sna:i̯ərs
SNCF *fr.* ɛsɛnse'ɛf
Snee̲k *niederl.* sne:k
Sneewịttchen sne:'vɪtçən
Snekkersten *dän.* 'snɛgərsde:'n, snɛgər'sde:'n
Snẹll *dt., engl.* snɛl
Snẹllaert *niederl.* 'snɛla:rt
Snẹllen *niederl.* 'snɛlə
Snẹlling *engl.* 'snɛlɪŋ
Snẹllius *niederl.* 'snɛli:ʏs
Snẹllman *schwed.* 'snɛlman
Sneschnọje, Snežnoe *russ.* snɪʒ'nɔjɐ
Snežni̲k *slowen.* snɛʒ'ni:k
Śniadẹcki *poln.* ɕnja'dɛtski
Snider *engl.* 'snaɪdə
Snie̲ders *niederl.* 'sni:dərs
Snijders *niederl.* 'snɛi̯dərs
Sniạtyn *russ.* 'snjatɨn
Sniẹžnica *serbokr.* ˌsnjɛʒnitsa
Snọb snɔp, *engl.* snɔb
Snobiety sno'bai̯əti
Snobịsmus sno'bɪsmʊs
snobịstisch sno'bɪstɪʃ
Sno̲fru 'sno:fru
Sno̲ghøj *dän.* 'sno:ɣhɔi̯', 'sno:ɣ...
Snøhetta *norw.* ˌsnø:hɛta
Snọilsky *schwed.* 'snɔi̯lski
Snoqualmie *engl.* snoʊ'kwɔlmɪ
Snọrri *isl.* 'snɔrɪ
Snouck-Hurgrọnje *niederl.* 'snu:khʏr'xrɔni̯ə
Snọw *engl.* snoʊ
Snọwden, Snọwdon *engl.* snoʊdn
Snowdonia *engl.* snoʊ'doʊnjə
Snọwy Mountains, - Rịver *engl.* 'snoʊɪ 'maʊntɪnz, — 'rɪvə
Snyder *engl.* 'snaɪdə
Snyders *niederl.* 'snɛi̯dərs
so̲ zo:
Soames *engl.* soʊmz
Soane[s] *engl.* soʊn[z]
Soap Lake *engl.* 'soʊp 'leɪk
Soa̲res *port.* 'su̯arɪʃ, *bras.* 'su̯aris
soa̲ve zo'a:və
Soa̲ve *it.* so'a:ve
Soạzza *it.* so'attsa
sobạld zo'balt
Sö̲berle 'zø:bɐlə
So̲bernheim 'zo:bɐnhai̯m
Sọběslav *tschech.* 'sɔbjɛslaf
Sobiẹcin *poln.* sɔ'bjɛntɕin
Sobiẹski *poln.* sɔ'bjɛski
Sọbinka *russ.* 'sɔbinkɐ
Sobk-ho̲teps zɔpk'ho:tɛps

Sobol, Sobol' *russ.* 'sɔbɐlj
Sobolew, Sobolev *russ.* 'sɔbɔlɪf
Sobolęwski, Sobolevskij *russ.* sɐba'ljɛfskij
Sobotín *tschech.* 'sɔbɔtji:n
Sobotka *tschech.* 'sɔbɔtka
Sobótka *poln.* sɔ'butka
Sobral *port.* su'βral, *bras.* so'bral
Sobranje zo'branjə
Sobrarbe *span.* so'βrarβe
Sobreira Formosa *port.* so'βrɐirɐ fur'mɔzɐ
Sobrietät zobrie'tɛ:t
Soča *slowen.* 'so:tʃa
Soccer *engl.* 'sɔkə
Soccus 'zɔkʊs, **Socci** 'zɔktsi
Soch, Soh *russ.* sɔx
Sochaczew *poln.* sɔ'xatʃɛf
Sochaux *fr.* sɔ'ʃo
Soči vgl. Sotschi
Socialdemokraten *dän.* so'sja:'ldemokra:dən
Società *it.* sotʃe'ta
Societas Jesu, - Mariae, - Verbi Divini zo'tsi:etas 'je:zu, – ma'ri:ɛ, – 'vɛrbi di'vi:ni
Société *fr.* sɔsje'te
Société anonyme, -s -s *fr.* sɔsjeteanɔ'nim
Société, Îles de la *fr.* ildəlasɔsje'te
Society *engl.* sə'saɪətɪ
Socinus zo'tsi:nʊs
Socke 'zɔkə
Sockel 'zɔkl̩
Socken 'zɔkn̩
Socony *engl.* soʊ'koʊnɪ
Socorro *span.* so'korrɔ, *bras.* so'korru
Socotra zo'ko:tra, *engl.* sə'koʊtrə
Sod zo:t, **-e** 'zo:də
Soda 'zo:da
Sodale zo'da:lə
Sodalität zodali'tɛ:t
Sodalith zoda'li:t, *auch:* ...lɪt
Sodankylä *finn.* 'sɔdɑŋkylæ
sodann zo'dan
Sodargen zo'dargn̩
Sodbrennen 'zo:tbrɛnən
Soddy *engl.* 'sɔdɪ
Sode 'zo:də
Soden 'zo:dn̩
Söderberg *schwed.* ˌsø:dərbærj
Söderblom *schwed.* ˌsø:dərblum
Söderfors *schwed.* sø:dər'fɔrs
Södergran *schwed.* ˌsø:dərgrɑ:n
Söderhamn *schwed.* sø:dər'hamn
Söderhjelm *schwed.* ˌsø:dərjɛlm
Söderköping *schwed.* ˌsø:dərtçø:piŋ
Södermalm *schwed.* sø:dər'malm
Söderman *schwed.* ˌsø:dərman
Södermanland *schwed.* ˌsø:dərmanland
Södertälje *schwed.* sø:dərˌtɛljə
Södertörn *schwed.* sø:dər'tœ:rn
Södervärn *schwed.* sø:dər'væ:rn
Söding 'zø:dɪŋ
Sodium 'zo:diʊm
Sodom 'zo:dɔm
Sodoma *it.* 'sɔ:doma
Sodomie zodo'mi:, **-n** ...i:ən
Sodomit zodo'mi:t
soeben zo'|e:bn̩
Soekarno *indon.* su'karno
Soennecken 'zœnəkn̩
Soergel 'zœrgl̩
Soest zo:st, *niederl.* su:st
Soestdijk *niederl.* su:st'dɛi̯k
Soeste 'zo:stə
Soester 'zo:stɐ
Soesterberg *niederl.* su:stər'bɛrx
Sofa 'zo:fa
Sofala *port.* su'falɐ
sofern zo'fɛrn
soff zɔf
söffe 'zœfə
Söffel 'zœfl̩
Söffer 'zœfɐ
Soffici *it.* 'sɔffitʃi
Soffione zɔ'fi̯o:nə
Soffitte zɔ'fɪtə
[1]**Sofia** (Hptst. Bulgariens) 'zɔfi̯a, *auch:* 'zo:fi̯a
[2]**Sofia** (Vorname) *it.* so'fi:a, *port.* su'fiɐ
Sofiaer 'zɔfi̯aɐ, *auch:* 'zo:f...
Sofie zo'fi:[ə], *auch:* 'zɔfi
[1]**Sofija** (Hptst. Bulgariens) *bulgar.* 'sɔfija
[2]**Sofija** (Vorname) *russ.* sa'fijɐ
Sofiski Sobor, Sofijskij Sobor *russ.* sa'fijskij sa'bɔr
Sofja, Sof'ja *russ.* 'sɔfjjɐ
Söflingen 'zø:flɪŋən
Sofonisba *it.* sofo'nizba
sofort zo'fɔrt
sofortig zo'fɔrtɪç, **-e** ...ɪgə
Sofron *russ.* sa'frɔn
Sofronow, Sofronov *russ.* sa'frɔnɐf
Soft-Eis 'zɔft|ai̯s
soften 'zɔftn̩
Software 'zɔftvɛ:ɐ̯, *engl.* 'sɔftwɛə
sog zo:k
[1]**Sog** zo:k, **-e** 'zo:gə
[2]**Sog** (Name) *isl.* sɔ:ɣ
Sogamoso *span.* soɣa'moso
sogar zo'ga:ɐ̯
Sogde 'zɔkdə
Sogdiana zɔk'di̯a:na
sogdisch 'zɔkdɪʃ
söge 'zø:gə
sogen 'zo:gn̩
sogenannt 'zo:gənant
soggen 'zɔgn̩, **sogg!** zɔk, **soggt** zɔkt
sogleich zo'glai̯ç
Soglio *it.* 'sɔʎʎo
Sogn *norw.* sɔŋn
Sognefjord *norw.* ˌsɔŋnəfju:r
sogt zo:kt
sögt zø:kt
Söğüt *türk.* 'sœ:yt
Soh vgl. Soch
Sohland 'zo:lant
Sohl[e] 'zo:l[ə]
sohlen 'zo:lən
söhlig 'zø:lɪç, **-e** ...ɪgə
Sohm zo:m
Sohn zo:n, **Söhne** 'zø:nə
Söhnchen 'zø:nçən
Sohncke 'zo:nkə
Söhngen 'zø:ngn̩
Söhnker 'zø:nkɐ
Sohnrey 'zo:nrai̯
Soho *engl.* 'soʊhoʊ, –'–
sohr, S... zo:ɐ̯
Söhre[n] 'zø:rə[n]
soi-disant *fr.* swadi'zã
Soiernspitze 'zɔyɐnʃpɪtsə
soigniert zo̯an'ji:ɐ̯t
Soignies *fr.* swa'ɲi
Soir, Le *fr.* lə'swa:r
Soiree zo̯a're:
Soir Illustré, Le *fr.* ləswarillys'tre
Soissons *fr.* swa'sõ
Soisy *fr.* swa'zi
[1]**Soja** (Pflanze) 'zo:ja
[2]**Soja, Zoja** (Name) *russ.* 'zɔjɐ
Søjberg *dän.* 'sɔi̯bɛr'ɣ
Söjtör *ung.* 'ʃøjtør
Sojus, Sojuz 'zo:jʊs, *russ.* sa'jus
Sojus Sowetskich Sozialistitscheskich Respublik, Sojuz Sovetskih Socialističeskih Respublik *russ.* sa'jus sa'vjɛtskix sɐtsiɐlis'titʃɪskix rɪs'publik
Sok *russ.* sɔk
Sokal, Sokal' *russ.* sa'kalj
Soke of Peterborough *engl.* 'soʊk əv 'pi:təbərə
Soko *serbokr.* ˌsɔko:
Sokobanja *serbokr.* ˌsɔkɔbanja
Sokodé *fr.* sɔkɔ'de
[1]**Sokol** (Turnverband) 'zɔkɔl
[2]**Sokol** (Name) *russ.* 'sɔkɐl
Sokółka *poln.* sɔ'kuu̯ka
Sokoloff *engl.* 'soʊkəlɔ:f
[1]**Sokolov** *tschech.* 'sɔkɔlɔf
Sokolow, [2]**Sokolov** zoko'lɔf, *russ.* sɐka'lɔf
Sokołów Małopolski *poln.* sɔ'kɔu̯uf mau̯ɔ'pɔlski
Sokołów Podlaski *poln.* sɔ'kɔu̯uf pɔd'laski
Sokolowski, Sokolovskij *russ.* sɐka'lɔfskij
Sokołowski *poln.* sɔkɔ'u̯ɔfski
Sokoto 'zo:koto, *engl.* 'soʊkətoʊ
Sokotra zo'ko:tra, *engl.* sə'koʊtrə

Sọkrates 'zo:kratɛs
Sokrạtik zo'kra:tɪk
Sokrạtiker zo'kra:tikɐ
sokrạtisch, S... zo'kra:tɪʃ
Sọl zo:l
Solá *span.* so'la
Sola *norw.* ˌsu:la
sọla fịde 'zo:la 'fi:də
solạng[e] zo'laŋ[ə]
Solange *fr.* sɔ'lã:ʒ
Solanịn zola'ni:n
Solạnio zo'la:ni̯o
Solanịsmus zola'nɪsmʊs
Solạno *span.* so'lano
Solạnum zo'la:nʊm
solạr zo'la:ɐ̯
Solạri *it.* so'la:ri
Solạrio *it.* so'la:ri̯o
Solarisatiọn zolariza'tsi̯o:n
solạrisch zo'la:rɪʃ
Solạrium zo'la:ri̯ʊm, **...ien** ...i̯ən
Sọlawechsel 'zo:lavɛksl̩
Solbịst zɔl'bɪst
Sọlca *rumän.* 'solka
sọlch zɔlç
Sölch zœlç
sọlcherạrt 'zɔlçɐ'|a:ɐ̯t
sọlchergestạlt 'zɔlçɐgə'ʃtalt
sọlcherle̲i 'zɔlçɐ'lai̯
sọlchermạßen 'zɔlçɐ'ma:sn̩
Sol'cy vgl. Solzy
Sọld zɔlt, **-e** 'zɔldə
Soldanẹlle zɔlda'nɛlə
Soldạt zɔl'da:t
Soldatẹska zɔlda'tɛska
Soldạti *it.* sol'da:ti
Sọldau 'zɔldau̯
Sö̩lden 'zœldn̩
Soldi vgl. Soldo
Soldịn zɔl'di:n
Sö̩ldling 'zœltlɪŋ
Sö̩ldner 'zœldnɐ
Sọldo 'zɔldo, **Sọldi** 'zɔldi
Soldụno *it.* sol'du:no
Sọle 'zo:lə
Sọleb 'zo:lɛp
Sọlec Kujạwski *poln.* 'sɔlɛts ku'jafski
Soledạde *bras.* sole'dadi
Solẹil zo'lɛ:j, *fr.* sɔ'lɛj
solẹnn zo'lɛn
solennisi̲eren zolɛni'zi:rən
Solennitạ̈t zolɛni'tɛ:t
Solenọid zoleno'i:t, **-e** ...i:də
Solẹr *kat.* su'le, *span.* so'lɛr
Solẹsmes *fr.* sɔ'lɛm
Sọlf zɔlf
[1]**Solfatạra** (Dampf) zɔlfa'ta:ra
[2]**Solfatạra** (Name) *it.* solfa'ta:ra
Solfatạre zɔlfa'ta:rə
solfeggi̲eren zɔlfɛ'dʒi:rən
Solfẹggio zɔl'fɛdʒo, **...ien** ...dʒi̯ən
Solferịno *it.* solfe'ri:no
Sọlger 'zɔlgɐ
Soli vgl. Solo
Solịcitor *engl.* sə'lɪsɪtə
solịd zo'li:t, **-e** ...i:də
Solidạr... zoli'da:ɐ̯...
solidạrisch zoli'da:rɪʃ
solidarisi̲eren zolidari'zi:rən
Solidarịsmus zolida'rɪsmʊs
Solidaritạ̈t zolidari'tɛ:t
solịde zo'li:də
Sọli Dẹo 'zo:li 'de:o
sọli Dẹo glọria! 'zo:li 'de:o 'glo:ri̯a
Soliditạ̈t zolidi'tɛ:t
Sọlidus 'zo:lidʊs, **...di** ...di
solifluidạl zolifluí'da:l
Solifluktiọn zoliflʊk'tsi̯o:n
Soligạlitsch, Soligalič *russ.* sɐli'galitʃ
Solihull *engl.* soʊlɪ'hʌl
Solikạmsk *russ.* sɐli'kamsk
Sol-Ilẹzk, Sol'-Ileck *russ.* sɔlji'ljɛtsk
Soliloquịst zolilo'kvɪst
Soliloquium zoli'lo:kvi̯ʊm, **...ien** ...i̯ən
Sọliman 'zo:liman
Solimẹna *it.* soli'mɛ:na
Sọlin *serbokr.* ˌsɔli:n
Sọling[en] 'zo:lɪŋ[ən]
Solịnus zo'li:nʊs
Solipsịsmus zolɪ'psɪsmʊs
Solipsịst zolɪ'psɪst
Sọlis 'zo:lɪs
Solís *span.* so'lis
Solịst zo'lɪst
solitạ̈r, S... zoli'tɛ:ɐ̯
Solitạrio *span.* soli'tari̯o
Solitude *fr.* sɔli'tyd
Solitụ̈de zoli'ty:də
Sọlius 'zo:li̯ʊs
Sö̩lktal 'zœlkta:l
Sọll[a] 'zɔl[a]
Sö̩ll[e] 'zœl[ə]
Sọllebrunn *schwed.* ˌsɔləbrʊn
Sollẹfteå *schwed.* sɔ'lɛftəo:
sọllen 'zɔlən
Sollenau zɔlə'nau̯
Sóller *span.* 'soʎɛr
Sö̩ller 'zœlɐ
Søllerød *dän.* 'sølərø:'ð
Sollerön *schwed.* ˌsulərø:n
Sö̩llichau 'zœlɪçau̯
Sọlling 'zɔlɪŋ
Sö̩llingen 'zœlɪŋən
Sollizitạnt zɔlitsi'tant
Sollizitatiọn zɔlitsita'tsi̯o:n
Sollizitạtor zɔlitsi'ta:tɔr, **-en** ...ta'to:rən
sollizitiẹren zɔlitsi'ti:rən
Sọlln[itz] 'zɔln[ɪts]
Sollogụb *russ.* sɐla'gup
Sọllstedt 'zɔlʃtɛt
Sollụm zɔ'lu:m
Sọllux Ⓦⓩ 'zɔlʊks
Solmisatiọn zɔlmiza'tsi̯o:n
solmisi̲eren zɔlmi'zi:rən
Solmọna *it.* sol'mo:na
Sọlms zɔlms
Sọlna *schwed.* ˌso:lna
Sọlneß 'zo:lnɛs
Sọlnhofen 'zo:lnho:fn̩
Sọlnhofener 'zo:lnho:fənɐ
Sọlnice *tschech.* 'sɔlnjitsɛ
sọlo 'zo:lo
Sọlo 'zo:lo, **Sọli** 'zo:li
Solọfra *it.* so'lɔ:fra
Solọgne *fr.* sɔ'lɔɲ
Sologụb *russ.* sɐla'gup
Šolohov vgl. Scholochow
Sololá *span.* solo'la
Sọlomon *engl.* 'sɔləmən
Solomọs *neugr.* sɔlɔ'mɔs
Sọlon 'zo:lɔn
solọnisch, S... zo'lo:nɪʃ
Solopạca *it.* solo'pa:ka
Sọlør *norw.* ˌsu:lø:r
Solotarjọw, Zolotarev *russ.* zɐlɐta'rjɔf
Sọlothurn 'zo:lotʊrn
Solotọje, Zolotoe *russ.* zɐla'tɔjɐ
Solotonọscha, Zolotonoša *russ.* zɐlɐta'nɔʃɐ
Sọlotschew, Zoločev *russ.* 'zɔlɐtʃɪf
Solowjọw, Solov'ev *russ.* sɐlavj'jɔf
Solözịsmus zolø'tsɪsmʊs
Sọlper 'zɔlpɐ
Sọlpke 'zɔlpkə
Solschenịzyn, Solženicyn zɔlʒe'nɪtsi:n, *russ.* sɐlʒə'nitsɨn
Sọlski *poln.* 'sɔlski
Solsọna *span.* sɔl'sona
Sọlstein 'zo:lʃtai̯n
Solstitiạl... zɔlsti'tsi̯a:l...
Solstịtium zɔl'sti:tsi̯ʊm, **...ien** ...i̯ən
Solstịz zɔl'sti:ts
Sọlt *ung.* ʃolt
Sọltau 'zɔltau̯
Sọlti *ung.* 'ʃolti
Sọltvadkert *ung.* 'ʃoltvɔtkɛrt
Sọłtyk *poln.* 'sɔu̯tɨk
solụbel zo'lu:bl̩, **...ble** ...blə
Solụtio zo'lu:tsi̯o, **-nes** zolu'tsi̯o:ne:s
Solutiọn zolu'tsi̯o:n
Solutréen zolytre'ɛ̃:
Solutré-Pouilly *fr.* sɔlytrepu'ji
solvạbel zɔl'va:bl̩, **...ble** ...blə
Solvạt zɔl'va:t
Solvatatiọn zɔlvata'tsi̯o:n
Solvay *engl.* 'sɔlveɪ, *fr.* sɔl'vɛ
Sö̩lve *schwed.* ˌsœlvə
Sọlveig 'zo:lvai̯k
Sọlvens 'zɔlvɛns; **...nzien** ...'vɛntsi̯ən, **...ntia** ...'vɛntsi̯a
solvẹnt zɔl'vɛnt
Solvẹnz zɔl'vɛnts
Sölvesbọrg *schwed.* sœlvəs'bɔrj
Sølvgade *dän.* 'sølga:ðə
solvi̲eren zɔl'vi:rən
Sølvtorv *dän.* 'søltɔr'
Sọlway *engl.* 'sɔlweɪ
Solwytschegọdsk, Sol'vyčegodsk *russ.* sɐljvɨtʃɪ'gɔtsk

Sọlz zɔlts
Solženicyn vgl. Solschenizyn
Solzỵ, Sol'cy *russ.* salj'tsɨ
Sọm zo:m, *ung.* ʃom
Sọma 'zo:ma, **-ta** -ta
Somain *fr.* sɔ'mɛ̃
Somạli zo'ma:li, *engl.* soʊ'mɑ:lɪ
Somạlia zo'ma:li̯a, *it.* so'ma:li̯a
Somạliland zo'ma:lilant
somạtisch zo'ma:tɪʃ
somatogẹn zomato'ge:n
Somatologi̲e zomatolo'gi:
Somatometri̲e zomatome'tri:
Somatopsychologi̲e zomatɔpsyçolo'gi:
Somatoskopi̲e zomatosko'pi:
Somạzzo *it.* so'mattso
Sọmbart 'zɔmbart
Sọmbor *serbokr.* ˌsɔmbɔr
Sombrẹro zɔm'bre:ro
Sombreuil *fr.* sõ'brœj
Somẹo *it.* so'mɛ:o
Sọmer[en] *niederl.* 'so:mər[ə]
Somers *engl.* 'sʌməz
Somerset *engl.* 'sʌməsɪt, **-shire** -ʃɪə
Somersworth *engl.* 'sʌməzwə:θ
Somervell, Somerville *engl.* 'sʌməvɪl
Sọmeș *rumän.* 'someʃ
Somiẹdo *span.* so'mi̯eðo
somịt zo'mɪt
Sọmló *ung.* 'ʃomlo:
Sọmma *it.* 'somma
Sommatịno *it.* somma'ti:no
Sommatiọn zɔma'tsi̯o:n
Sọmme *fr.* sɔm
Sommelsdijk *niederl.* sɔməlz'dɛi̯k
Sommen *schwed.* ˌsumən
Sọmmer 'zɔmɐ
Sömmerda zœmɐda
Sọmmerein 'zɔmərai̯n
Sọmmerfeld 'zɔmɐfɛlt
Sömmering 'zœmərɪŋ
sömmern 'zœmɐn
Sọmmernacht 'zɔmɐnaxt
Sọmmernachtstraum 'zɔmɐnaxtsˌtrau̯m
Sọmmersell 'zɔmɐzɛl
Sọmmerspiret *dän.* 'sɔmərspi:'rəð
Sommersri̲ed zɔmɐs'ri:t
sọmmersüber 'zɔmɐs'|y:bɐ
sọmmertags 'zɔmɐta:ks
Sommitạ̈ten zɔmi'tɛ:tn̩
somnambụl zɔmnam'bu:l
Somnambụle zɔmnam'bu:lə
somnambuli̲eren zɔmnambu'li:rən
Somnambulịsmus zɔmnambu'lɪsmʊs
somnolẹnt zɔmno'lɛnt
Somnolẹnz zɔmno'lɛnts
Sọmodor *ung.* 'ʃomodor
Sọmogy *ung.* 'ʃomodj
Sọmogyapáti *ung.* 'ʃomodjɔpa:ti
Sọmogybabod *ung.* 'ʃomodjbɔbod
Sọmogyi *ung.* 'ʃomodji
Sọmogyszob *ung.* 'ʃomotjsob
Somontạno *span.* somɔn'tano
Sọmoskőújfalu *ung.* 'ʃomoʃkø:u:jfɔlu
Sọmowit, Somovit *bulgar.* 'sɔmovit
Somọza *span.* so'moθa
Somport *span.* sɔm'pɔr, *fr.* sõ'pɔr
Somvịx zɔm'fɪks
Son *engl.* sʌn, *niederl.* sɔn
sonạch zo'na:x
Sonagrạmm zona'gram
Sonạnt zo'nant
Sonạr zo'na:ɐ̯
Sonạta zo'na:ta, **...te** ...tə
Sonạta a trẹ zo'na:ta a 'tre:
Sonạta da cạmera zo'na:ta da 'ka:mera
Sonạta da chiẹsa zo'na:ta da 'ki̯e:za
[1]**Sonạte** zo'na:tə
[2]**Sonate** vgl. Sonata
Sonatịne zona'ti:nə
Soncebọz *fr.* sõs'bo
Soncịno *it.* son'tʃi:no
Sọnde 'zɔndə
Sọndel *niederl.* 'sɔndəl
sọnder[bar] 'zɔndɐ[ba:ɐ̯]
Sønderborg *dän.* 'sønərbɔr'
Sønderbro *dän.* 'sønərbro:'
Sọnderbund 'zɔndɐbʊnt
Sonderbündelei̲ zɔndɐbʏndə'lai̯
Sọnderbündler 'zɔndɐbʏntlɐ
Sọnderburg 'zɔndɐbʊrk
Søndergade *dän.* 'sønərga:ðə
sọndergleichen 'zɔndɐ'glai̯çn̩
Sọnderhausen 'zɔndɐhau̯zn̩
Sønderho *dän.* sønər'ho:'
Sønderjylland *dän.* 'sønərjylan'
sọnderlich 'zɔndɐlɪç
Sọnderling 'zɔndɐlɪŋ
Søndermarken *dän.* 'sønərmargən
[1]**sọndern** (Konjunktion) 'zɔndɐn
[2]**sọndern** (Verb) 'zɔndɐn, **sọndre** 'zɔndrə
Sọndernach 'zɔndɐnax
sọnders, S... 'zɔndɐs
Sọndershausen 'zɔndɐshau̯zn̩
sondi̲eren zɔn'di:rən
Sọndra 'zɔndra
Sọndrio *it.* 'sɔndrio
Sonẹtt zo'nɛt
Sọng zɔŋ, *engl.* sɔŋ
Söngdschin, Songjin *korean.* sʌndʒin
Song-Kọï *fr.* sõ'kɔj
Sọn Havadịs *türk.* 'sɔn hɑvɑ'dis
Sonịs *fr.* sɔ'nis
Sọnja 'zɔnja, *russ.* 'sɔnjɐ
Sö̤nke 'zø:nkə
Sonkiọl, Sonkel' *russ.* san'kjɔlj
Sọnnabend 'zɔn|a:bn̩t
Sonnạmbula *it.* son'nambula
Sọnne 'zɔnə
sönne 'zœnə
Sọnneberg 'zɔnəbɛrk
Sọnneborn 'zɔnəbɔrn, *engl.* 'sɔnɪbɔ:n
Sọnnele 'zɔnələ
Sọnnemann 'zɔnəman
sọnnen 'zɔnən
Sọnnen[burg] 'zɔnən[bʊrk]
Sọnnenfels 'zɔnənfɛls
sọnnenklạr 'zɔnən'kla:ɐ̯
Sọnnenschein 'zɔnənʃai̯n
Sọnnenthal 'zɔnənta:l
Sonnewạlde zɔnə'valdə
Sọnngard 'zɔngart
Sọnnhild 'zɔnhɪlt
sọnnig 'zɔnɪç, **-e** ...ɪgə
Sonnịn zɔ'ni:n
Sonninị *fr.* sɔnni'ni
Sonnịno *it.* son'ni:no
Sọnnleitner 'zɔnlai̯tnɐ
Sọnntag 'zɔnta:k
Sọnnwendfeier 'zɔnvɛntfai̯ɐ
Sọnny *engl.* 'sʌnɪ
Sonomẹter zonome:tɐ
sonọr, S... zo'no:ɐ̯
Sonora *engl.* soʊ'nɔ:rə, *span.* so'nora
Sonọre zo'no:rə
sonọrisch zo'no:rɪʃ
Sọnsbeck 'zo:nsbɛk
Sonsón *span.* sɔn'sɔn
Sonsonạte *span.* sɔnso'nate
sọnst zɔnst
sọnstig 'zɔnstɪç, **-e** ...ɪgə
Sọnstorp *schwed.* 'sɔnstɔrp
sọnstwie 'zɔnstvi:
sọnstwo 'zɔnstvo:
sọnstwohin 'zɔnstvohɪn
Sọntag 'zɔnta:k
Sọntheim 'zɔnthai̯m
Sonthọfen zɔnt'ho:fn̩
Sọntra 'zɔntra
Sonvịco *it.* son'vi:ko
So̲o̲den 'zo:dn̩
soọft zo'|ɔft
So̲o̲n[wald] 'zo:n[valt]
So̲o̲r zo:ɐ̯
Sọpdu 'zɔpdu
Sophịa zo'fi:a
Sophie zo'fi:[ə], 'zɔfi
Sophịenkirche zo'fi:ənkɪrçə
Sophịsma zo'fɪsma
Sophịsmus zo'fɪsmʊs
Sophịst zo'fɪst
Sophisterei̲ zofɪstə'rai̯
Sophịstik zo'fɪstɪk
sophokle̲isch, S... zofo'kle:ɪʃ
Sọphokles 'zo:foklɛs
Sophonịsbe zofo'nɪsbə, *B* ...be
Sọphron 'zo:frɔn
Sophrọnius zo'fro:ni̯ʊs
Sophrosyne zofro'zy:nə, *B* ...ne
Sophụlis *neugr.* sɔ'fulis
Sọphus 'zo:fʊs
Sọpoćani *serbokr.* 'sɔpɔtɕa:ni

Sọpor 'zo:pɔr
soporọ̈s zopo'rø:s, -e ...ø:zə
Sọpot *poln.* 'sɔpɔt
sọpra 'zo:pra
Sopran zo'pra:n
Sopranịst[in] zopra'nɪst[ɪn]
Soprapọrte zopra'pɔrtə
Sọpron *ung.* 'ʃopron
Sọpwith *engl.* 'sɔpwɪθ
Sọr *port.* sor
Sọra 'zo:ra, *it.* 'sɔ:ra
Sorạcte zo'raktə, *B* ...te
Soraja zo'ra:ja
Soranus zo'ra:nʊs
Sorapis *it.* sora'pis
Sorạta *span.* so'rata
Sorạtte *it.* so'ratte
Sọrau 'zo:rau̯
Soraya zo'ra:ja
[1]**Sọrbe** (Angehöriger eines westslaw. Volksstammes) 'zɔrbə
[2]**Sọrbe** (Name) *span.* 'sɔrβe
Sorbet 'zɔrbɛt, zɔr'be:; *fr.* sɔr'bɛ
Sorbẹtt zɔr'bɛt
sọrbisch 'zɔrbɪʃ
Sorbit zɔr'bi:t, *auch:* ...bɪt
Sorbon *fr.* sɔr'bõ
Sorbọnne *fr.* sɔr'bɔn
Sorbose zɔr'bo:zə
Sọrby *engl.* 'sɔ:bɪ
Sordẹllo *it.* sor'dɛllo
Sordine zɔr'di:nə
Sordino zɔr'di:no, **...ni** ...ni
sọrdo 'zɔrdo
Sordun zɔr'du:n
Sorẹdien zo're:di̯ən
Sọrek 'zo:rɛk
Sorẹl *fr.* sɔ'rɛl
Sören 'zø:rən
Søren *dän.* 'sø:rən
Sọrenbohm 'zo:rənbo:m
Sørensen *dän.* 'sœr'nsən, *norw.* 'sø:rənsən
Soresina *it.* sore'zi:na
Sorẹt *fr.* sɔ'rɛ
Sørfjord *norw.* ˌsø:rfju:r
Sọrge 'zɔrgə
sọrgen 'zɔrgn̩, **sọrg!** zɔrk, **sọrgt** zɔrkt
Sọrgenfri *dän.* 'sɔr'ɣənfri:'
Sọrgfalt 'zɔrkfalt
Sọrgho 'zɔrgo
Sọrghum 'zɔrgʊm
sọrglich 'zɔrklɪç
sọrglos 'zɔrklo:s
Sọrgono *it.* 'sɔrgono
sọrgsam 'zɔrkza:m
Sọrgues *fr.* sɔrg
Sori vgl. Sorus
Sọria *span.* 'sori̯a
Soriano *it.* so'ri̯a:no, *span.* so'ri̯ano, *port.* su'ri̯ɐnu
Sọrik Marạpi *indon.* 'sorɪk ma'rapi
Sọrin, Zorin *russ.* 'zɔrin
Sorites zo'ri:tɛs

Sọrmás *ung.* 'sorma:ʃ
Sörmland *schwed.* 'sœrmland
Sọro *dän.* 'so:rø:'
Sorocạba *bras.* soro'kaba
Soročinsk vgl. Sorotschinsk
Sorọki[n] *russ.* sa'rɔki[n]
Sorọlla *span.* so'roʎa
Sororat zoro'ra:t
Sorọtschinsk, Soročinsk *russ.* sa'rɔtʃinsk
Sørøy *norw.* ˌsø:rœi̯
Sọrpe 'zɔrpə
Sorption zɔrp'tsi̯o:n
Sorquitten zɔr'kvɪtn̩
Sorrẹnt zɔ'rɛnt
Sorrẹnto *it.* sor'rɛnto
Sọrsele *schwed.* 'sɔrsələ
Sọrski, Sorskij *russ.* 'sɔrskij
Sọrso *it.* 'sorso
Sọrtavala *finn.* 'sɔrtɑvɑlɑ
Sọrte 'zɔrtə
Sọrtes 'zɔrtɛs
sortieren zɔr'ti:rən
Sortilẹgium zɔrti'le:gi̯ʊm, **...ien** ...i̯ən
Sortimẹnt[a] zɔrti'mɛnt[ɐ]
Sortino *it.* sor'ti:no
Sortita zɔr'ti:ta
Sortland *norw.* ˌsurtlan
Sør-Trøndelag *norw.* ˌsø:rtrœndəla:g
Sọrus 'zo:rʊs, **Sọri** 'zo:ri
SOS ɛs|o:'|ɛs
Sọsa 'zo:za
Sọsch, Sož *russ.* sɔʃ
Sọschtschenko, Zoščenko *russ.* 'zɔʃtʃɪnkɐ
Sösdala *schwed.* ˌsø:sdɑ:la
Söse 'zø:zə
sosehr zo'ze:ɐ̯
Sóshartyán *ung.* 'ʃo:ʃhɔrtja:n
Sosias zo'zi:as, 'zo:zi̯as
Sosigenes zo'zi:genɛs
Sosnạ *russ.* sas'na
Sosnitza zɔs'nɪtsa
Sosnọwec, Sosnovec *russ.* sas'nɔvɪts
Sosnọwiec *poln.* sɔs'nɔvjɛts
Sọsnowitz 'zɔsnovɪts
sosọ zo'zo:
Sosọpol, Sozopol *bulgar.* so'zɔpol
sospirạndo zɔspi'rando
sospirạnte zɔspi'rantə
Sọße 'zo:sə
sọßen 'zo:sn̩
Sossianus zɔ'si̯a:nʊs
Söst zø:st
Šostakovič vgl. Schostakowitsch
sostenuto zɔste'nu:to
Sostenuto zɔste'nu:to, **...ti** ...ti
Sọstratos 'zɔstratɔs
Sọtades 'zo:tadɛs
Sotadẹus zota'de:ʊs, **...dei** ...'de:i
Sotẹlo *span.* so'telo
Sötenich 'zø:tənɪç

Soter zo'te:ɐ̯
Soteriologie zoteri̯olo'gi:
Sotheby *engl.* 'sʌðəbɪ
Sothern *engl.* 'sʌðən
Sọthis 'zo:tɪs
Sotie zo'ti:
Sọtkamo *finn.* 'sɔtkɑmɔ
Sọtnie 'zɔtni̯ə
Sọtnik *russ.* 'sɔ̀tnik
Sọto *span.* 'soto
Sotomayọr *span.* sotoma'jɔr
Sọtschi, Soči *russ.* 'sɔtʃi
sọtt, S... zɔt
sötte 'zœtə
Sottens *fr.* sɔ'tã
Sotteville *fr.* sɔt'vil
Sottie zɔ'ti:
Sottise zɔ'ti:zə
sọtto vọce 'zɔto 'vo:tʃə
Sọtzweiler 'zɔtsvai̯lɐ
Sou, -s zu:, *fr.* su
Soubeiran *fr.* subɛ'rã
Soubirous *fr.* subi'ru
Soubise *fr.* su'bi:z
Soubrẹtte zu'brɛtə
Souche 'zu:ʃə
Souchong 'zu:ʃɔŋ
Soucy *fr.* su'si
Soudan *fr.* su'dã
Soufflé zu'fle:
Souffleur zu'flø:ɐ̯
Souffleuse zu'flø:zə
soufflieren zu'fli:rən
Soufflọt *fr.* su'flo
Soufrière *fr.* sufri'ɛ:r
Souk-Ahras *fr.* suka'rɑ:s
Soul *engl.* soʊl
Söul 'zø:ʊl, zø'u:l, *korean.* sʌul
soulagieren zula'ʒi:rən
Soulary *fr.* sula'ri
Soulavie *fr.* sula'vi
Sọule *engl.* soʊl
Soulé *fr.* su'le, *engl.* su:'leɪ
Soulié *fr.* su'lje
Soulouque *fr.* su'luk
Soult *fr.* sult
Soumẹt *fr.* su'mɛ
Sound *engl.* saʊnd
sọundsọ 'zo:|ʊnt'zo:
sọundsovielte 'zo:|ʊntzo'fi:ltə
Soupault *fr.* su'po
Soupçon zʊ'psõ:
Souper zu'pe:
soupieren zu'pi:rən
Sour 'zauɐ, *engl.* 'saʊə
Sourdine zʊr'di:n[ə], **-n** ...'di:nən
Sourdis *fr.* sur'dis
Soure *port.* 'sorə, *bras.* 'sori
Souris *engl.* 'sʊərɪs, *fr.* su'ri
Sousa *engl.* 'su:zə, 'su:sə, *port.* 'sozɐ, *bras.* 'soza
Sousaphọn zuza'fo:n
Sous-le-vent, Îles *fr.* ilsul'vã
Sousse *fr.* sus
Soustẹlle *fr.* sus'tɛl
Soutạche zu'taʃə
soutachieren zuta'ʃi:rən

Soutane zu'ta:nə
Soutanelle zuta'nɛlə
Soutelo *port., bras.* so'telu
soutenieren zutə'ni:rən
Souterrain zutɛ'rɛ̃:, 'zu:tɛrɛ̃
Souterraine *fr.* sutɛ'rɛn
South[all] *engl.* 'saʊθ[ɔ:l]
Southampton *engl.* saʊθ'æmptən
South Bend *engl.* 'saʊθ 'bɛnd
Southborough *engl.* 'saʊθbərə
Southbridge *engl.* 'saʊθbrɪdʒ
Southcott *engl.* 'saʊθkət
South Downs *engl.* 'saʊθ 'daʊnz
Southend *engl.* 'saʊ'θɛnd
Southern Alps *engl.* 'sʌðən 'ælps
Southerne *engl.* 'sʌðən
Southern Indian Lake *engl.* 'sʌðən 'ɪndɪən 'leɪk
Southern Uplands *engl.* 'sʌðən 'ʌpləndz
South Euclid *engl.* 'saʊθ 'ju:klɪd
Southey *engl.* 'saʊðɪ, 'sʌðɪ
Southgate *engl.* 'saʊθgɪt
Southington *engl.* 'sʌðɪŋtən
Southon *engl.* 'saʊðən
Southport *engl.* 'saʊθpɔ:t
South River *engl.* 'saʊθ 'rɪvə
South Shields *engl.* 'saʊθ 'ʃi:ldz
Southwark *engl.* 'sʌðək, 'saʊθwək
Southwell *engl.* 'saʊθwəl
Southwick *engl.* 'saʊθwɪk
Southwold *engl.* 'saʊθwoʊld
Southworth *engl.* 'saʊθwə:θ
Soutien zu'tiɛ̃:
Soutine *fr.* su'tin
Souto *port., bras.* 'sotu
Souvenir zuvə'ni:ɐ̯
souverän, S... zuvə'rɛ:n
Souveränität zuvərɛni'tɛ:t
Souvestre *fr.* su'vɛstr
Souzay *fr.* su'zɛ
Souzel *port.* so'zɛl
Sova *tschech.* 'sɔva
Sovata *rumän.* so'vata
Sovereign 'zɔvrɪn
Sovetsk vgl. Sowetsk
Sovetskaja vgl. Sowetskaja
Sovetskaja Gavan' vgl. Sowetskaja Gawan
Sovetskij Sojuz vgl. Sowetski Sojus
soviel zo'fi:l
sovielmal zo'fi:lma:l
Sowchos 'zɔfxɔs, –'–; **-en** zɔf'xo:zn̩, ...'ço:zn̩
Sowchose zɔf'xo:zə, ...'ço:zə
soweit zo'vai̯t
sowenig zo've:nɪç
Sower[by] *engl.* 'saʊə[bɪ]
Sowetsk, Sovetsk *russ.* sa'vjɛtsk
Sowetskaja, Sovetskaja *russ.* sa'vjɛtskɐjɐ
Sowetskaja Gawan, Sovetskaja Gavan' *russ.* sa'vjɛtskɐjɐ 'gavɐnj
Sowetski Sojus, Sovetskij Sojuz *russ.* sa'vjɛtskij sa'jus
sowie zo'vi:
sowieso zovi'zo:
Sowiński *poln.* sɔ'vii̯ski
Sowjet zɔ'vjɛt, *auch:* 'zɔvjɛt
sowjetisch zɔ'vjɛtɪʃ; *auch:* ...e:tɪʃ
sowjetisieren zɔvjɛti'zi:rən, *auch:* zɔvje...
sowjetrussisch zɔ'vjɛtrʊsɪʃ, *auch:* '––––
Sowjetrußland zɔ'vjɛtrʊslant, *auch:* '––––
Sowjetunion zɔ'vjɛt|unio̯:n, *auch:* '––––
Sowjetzone zɔ'vjɛttso:nə, *auch:* '––––
sowohl zo'vo:l
Sowohl-Als-auch zo'vo:l|als'|au̯x
Soxhlet ⓦ 'zɔkslɛt
Soyka 'zɔy̯ka
Sož vgl. Sosch
Sozi 'zo:tsi
Sozia 'zo:tsi̯a
soziabel zo'tsi̯a:bl̩, **...ble** ...blə
Soziabilität zotsi̯abili'tɛ:t
sozial zo'tsi̯a:l
Sozialdemokrat zo'tsi̯a:ldemokra:t
Sozialdemokratie zo'tsi̯a:ldemokrati:
Sozialisation zotsi̯aliza'tsi̯o:n
sozialisieren zotsi̯ali'zi:rən
Sozialismus zotsi̯a'lɪsmʊs
Sozialist zotsi̯a'lɪst
sozialistisch zotsi̯a'lɪstɪʃ
Soziativ zotsi̯a'ti:f, **-e** ...i:və
Sozietät zotsi̯e'tɛ:t
soziieren zotsi'i:rən
Sozinianer zotsi'ni̯a:nɐ
Sozinianismus zotsini̯a'nɪsmʊs
Soziogramm zotsi̯o'gram
Soziographie zotsi̯ogra'fi:
Soziolekt zotsi̯o'lɛkt
Soziolinguistik zotsi̯olɪŋ'gu̯ɪstɪk
Soziologe zotsi̯o'lo:gə
Soziologie zotsi̯olo'gi:
soziologisch zotsi̯o'lo:gɪʃ
Soziologismus zotsi̯olo'gɪsmʊs
Soziometrie zotsi̯ome'tri:
soziometrisch zotsi̯o'me:trɪʃ
Sozius 'zo:tsi̯ʊs, **-se** ...ʊsə
Sozomenos zo'tso:menɔs
Sozopol vgl. Sosopol
sozusagen zo:tsu'za:gn̩, '––––
Spa *fr.* spa
Spaak *fr.* spak, *niederl.* spa:k
Spaarnwoude *niederl.* spa:rn'wɔu̯də
Spaatz ʃpa:ts, *engl.* spɑ:ts
Spaccaforno *it.* spakka'forno
Spachtel 'ʃpaxtl̩
spachteln 'ʃpaxtl̩n
Spada 'spa:da, 'ʃpa:da
Spadille spa'dɪljə, ʃpa'dɪlə
Spadix 'spa:dɪks, 'ʃp...
Spaeth *engl.* speɪθ
Spagat ʃpa'ga:t
Spaghetti ʃpa'gɛti
Spagirik spa'gi:rɪk, ʃp...
Spagiriker spa'gi:rikɐ, ʃp...
spagirisch spa'gi:rɪʃ, ʃp...
Spagnolett ʃpanjo'lɛt, sp...
spähen 'ʃpɛ:ən
Späher 'ʃpɛ:ɐ
Späherei ʃpɛ:ə'rai̯
Spahi 'spa:hi, 'ʃp...
Spahn ʃpa:n
Spaichingen 'ʃpai̯çɪŋən
Spakat ʃpa'ka:t
Spake 'ʃpa:kə
Spakenburg *niederl.* 'spa:kənbʏrx
Spal *it.* spal
Spalatin 'ʃpa:lati:n
Spalato *it.* 'spa:lato
Spalding 'ʃpaldɪŋ, *engl.* 'spɔ:ldɪŋ
Spalett ʃpa'lɛt, sp...
Spalier ʃpa'li:ɐ̯
Spallanzani *it.* spallan'tsa:ni
Spallino *it.* spal'li:no
Spalt ʃpalt
Spältchen 'ʃpɛltçən
Spalte 'ʃpaltə
Spalteholz 'ʃpaltəhɔlts
spalten 'ʃpaltn̩
spaltig 'ʃpaltɪç, **-e** ...ɪgə
Spamer 'ʃpa:mɐ
Span ʃpa:n, **Späne** 'ʃpɛ:nə
Spanbroek *niederl.* 'spɑnbru:k
Spänchen 'ʃpɛ:nçən
Spandau 'ʃpandau̯
Spandrille ʃpan'drɪlə
Spanferkel 'ʃpa:nfɛrkl̩
Spangdahlem ʃpaŋ'da:ləm
Spange 'ʃpaŋə
Spängelchen 'ʃpɛŋl̩çən
Spangenberg 'ʃpaŋənbɛrk, *engl.* 'spæŋənbə:g
Spaniel 'ʃpa:ni̯əl, 'spɛn...
Spanien 'ʃpa:ni̯ən
Spanier 'ʃpa:ni̯ɐ
Spaniol[e] ʃpa'ni̯o:l[ə]
spanisch 'ʃpa:nɪʃ
Spanischfliegenpflaster ʃpa:nɪʃ'fli:gn̩pflastɐ
spann, S... ʃpan
Spanne 'ʃpanə
spänne 'ʃpɛnə
spannen 'ʃpanən
Spannenburg *niederl.* 'spɑnənbʏrx
spannenlang 'ʃpanənlaŋ
...spännig (z. B. zweispännig) ...ʃpɛnɪç, **-e** ...ɪgə
Spant ʃpant
Sparafucile *it.* sparafu'tʃi:le
sparen 'ʃpa:rən
Spargel 'ʃpargl̩

Spargo *engl.* 'spɑ:goʊ
Spark ʃpark, *engl.* spɑ:k
Sparks *engl.* spɑ:ks
spärlich 'ʃpɛ:ɐ̯lɪç
Sparmannie ʃpar'mani̯ə, sp...
Sparneck 'ʃparnɛk
Sparre 'ʃparə
sparren 'ʃparən, 'sp...
Sparren 'ʃparən
Sparring 'ʃparɪŋ, 'sp...
Sparrows Point *engl.* 'spæroʊz 'pɔɪnt
sparsam 'ʃpa:ɐ̯za:m
Sparsee 'ʃpa:ɐ̯ze:
Spart ʃpart
Sparta 'ʃparta, 'spa...; *engl.* 'spɑ:tə, *türk.* 'spɑrtɑ
Spartak *russ.* spar'tak, *tschech.* 'spartak
Spartakiade ʃparta'ki̯a:də, sp...
Spartakide ʃparta'ki:də, sp...
Spartakist ʃparta'kɪst, sp...
Spartakus 'ʃpartakʊs, 'sp...
Spartanburg *engl.* 'spɑ:tnbə:g
Spartaner ʃpar'ta:nɐ, sp...
spartanisch ʃpar'ta:nɪʃ, sp...
Sparte 'ʃpartə
Sparterie ʃpartə'ri:
Spartiat ʃpar'ti̯a:t, sp...
spartieren ʃpar'ti:rən, sp...
Spartivento *it.* sparti'vɛnto
Spas-Klepiki *russ.* spasklɪpɪ'ki
spasmatisch ʃpas'ma:tɪʃ, sp...
spasmisch 'ʃpasmɪʃ, 'sp...
spasmodisch ʃpas'mo:dɪʃ, sp...
spasmogen ʃpasmo'ge:n, sp...
Spasmolytikum ʃpasmo'ly:tikʊm, sp...; **...ka** ...ka
spasmolytisch ʃpasmo'ly:tɪʃ, sp...
spasmophil ʃpasmo'fi:l, sp...
Spasmophilie ʃpasmofi'li:, sp...
Spasmus 'ʃpasmʊs, 'sp...
Spaß ʃpa:s, **Späße** 'ʃpɛ:sə
Späßchen 'ʃpɛ:sçən
spaßen 'ʃpa:sn̩
Spaßerei ʃpa:sə'rai̯
spaßig 'ʃpa:sɪç, **-e** ...ɪgə
Spassk-Rjasanski, Spassk-Rjazanskij *russ.* spaskrɪ'zanskij
Spastiker 'ʃpastikɐ, 'sp...
spastisch 'ʃpastɪʃ, 'sp...
Spat ʃpa:t
spät ʃpɛ:t
Spatel 'ʃpa:tl̩
Spaten 'ʃpa:tn̩
später 'ʃpɛ:tɐ
späterhin 'ʃpɛ:tɐ'hɪn
spätestens 'ʃpɛ:təstn̩s
Späth ʃpɛ:t
Spatha 'spa:ta, 'ʃp...
spatig 'ʃpa:tɪç, **-e** ...ɪgə
spatiieren ʃpatsi'i:rən, sp...
spationieren ʃpatsi̯o'ni:rən, sp...
spatiös ʃpa'tsi̯ø:s, sp...; **-e** ...ø:zə
Spatium 'ʃpa:tsi̯ʊm, 'sp...; **...ien** ...i̯ən
Spätling 'ʃpɛ:tlɪŋ
Spatz ʃpats
Spätzchen 'ʃpɛtsçən
Spätzle 'ʃpɛtslə
Spaulding *engl.* 'spɔ:ldɪŋ
Spaventa *it.* spa'vɛnta
spazieren ʃpa'tsi:rən
SPD ɛspe:'de:
Speaker 'spi:kɐ
Speaks *engl.* spi:ks
Spears *engl.* spɪəz
Specht ʃpɛçt
Species 'ʃpe:tsi̯ɛs, 'sp...; *Mehrz.* ...tsi̯e:s
Speck ʃpɛk
Speckbacher 'ʃpɛkbaxɐ
speckig 'ʃpɛkɪç, **-e** ...ɪgə
Speckmann 'ʃpɛkman
Speckter 'ʃpɛktɐ
Speculum 'ʃpe:kulʊm, 'sp...; **...la** ...la
Spedding *engl.* 'spɛdɪŋ
spedieren ʃpe'di:rən
Spediteur ʃpedi'tø:ɐ̯
Spedition ʃpedi'tsi̯o:n
Spee ʃpe:
Speech spi:tʃ, **des -es** 'spi:tʃəs, **die -es** 'spi:tʃɪs
Speed spi:t, *engl.* spi:d
Speedway *engl.* 'spi:dweɪ
[1]**Speer** ʃpe:ɐ̯
[2]**Speer** (Name) ʃpe:ɐ̯, *engl.* spɪə
Speght *engl.* speɪt
Speiche 'ʃpai̯çə
Speichel 'ʃpai̯çl̩
Speicher 'ʃpai̯çɐ, *engl.* 'spaɪkə
speichern 'ʃpai̯çɐn
Speidel 'ʃpai̯dl̩
speien 'ʃpai̯ən
Speigat[t] 'ʃpai̯gat
Speight *engl.* speɪt
Speik[ern] 'ʃpai̯k[ɐn]
Speil ʃpai̯l
speilen 'ʃpai̯lən
Speinshart 'ʃpai̯nshart
Speis ʃpai̯s, **-es** ...ai̯zəs
Speise 'ʃpai̯zə
speisen 'ʃpai̯zn̩, **speis!** ʃpai̯s, **speist** ʃpai̯st
Speiser 'ʃpai̯zɐ, *engl.* 'spaɪzə
speiübel 'ʃpai̯'|y:bl̩
Speke *engl.* spi:k
spektabel ʃpɛk'ta:bl̩, sp...; **...ble** ...blə
Spektabilität ʃpɛktabili'tɛ:t, sp...
[1]**Spektakel** ʃpɛk'ta:kl̩
[2]**Spektakel** (Schauspiel) ʃpɛk'ta:kl̩, sp...
spektakeln ʃpɛk'ta:kl̩n
spektakulär ʃpɛktaku'lɛ:ɐ̯, sp...
spektakulös ʃpɛktaku'lø:s, sp...; **-e** ...ø:zə
Spektakulum ʃpɛk'ta:kulʊm, sp...; **...la** ...la
Spektator ʃpɛk'ta:tɔr, sp...; **-en** ...ta'to:rən
Spektra vgl. Spektrum
spektral ʃpɛk'tra:l, sp...
Spektrograph ʃpɛktro'gra:f, sp...
Spektrographie ʃpɛktrogra'fi:, sp...; **-n** ...i:ən
Spektroheliograph ʃpɛktroheli̯o'gra:f, sp...
Spektrohelioskop ʃpɛktroheli̯o'sko:p, sp...
Spektrokomparator ʃpɛktrokɔmpa'ra:tɔr, sp...; **-en** ...ra'to:rən
Spektrometer ʃpɛktro'me:tɐ, sp...
Spektrophotometrie ʃpɛktrofotome'tri:, sp...
spektrophotometrisch ʃpɛktrofoto'me:trɪʃ, sp...
Spektroskop ʃpɛktro'sko:p, sp...
Spektroskopie ʃpɛktrosko'pi:, sp...
Spektroskopiker ʃpɛktro'sko:pikɐ, sp...
Spektrum 'ʃpɛktrʊm, 'sp...; **...ra** ...ra
Spekula vgl. Spekulum
Spekulant ʃpeku'lant
Spekulation ʃpekula'tsi̯o:n
Spekulatius ʃpeku'la:tsi̯ʊs
spekulativ ʃpekula'ti:f, **-e** ...i:və
spekulieren ʃpeku'li:rən
Spekulum 'ʃpe:kulʊm, 'sp...; **...la** ...la
Speläologe ʃpelɛo'lo:gə, sp...
Speläologie ʃpelɛolo'gi:, sp...
speläologisch ʃpelɛo'lo:gɪʃ, sp...
Spel[l]man *engl.* 'spɛlmən
Spelt ʃpɛlt
Spelunke ʃpe'lʊŋkə
Spelz[e] 'ʃpɛlts[ə]
spelzig 'ʃpɛltsɪç, **-e** ...ɪgə
Spemann 'ʃpe:man
Spenborough *engl.* 'spɛnbərə
Spence[r] *engl.* 'spɛns[ə]
spendabel ʃpɛn'da:bl̩, **...ble** ...blə
Spende 'ʃpɛndə
spenden 'ʃpɛndn̩, **spend!** ʃpɛnt
Spender 'ʃpɛndɐ, *engl.* 'spɛndə
spendieren ʃpɛn'di:rən
Spener 'ʃpe:nɐ
Spenge 'ʃpɛŋə
Spengler 'ʃpɛŋlɐ
Spenlove *engl.* 'spɛnlʌv
Spennymoor *engl.* 'spɛnɪmʊə
Spenser *engl.* 'spɛnsə
Spenshult *schwed.* ˌspɛnshʊlt
Spenzer 'ʃpɛntsɐ
Speos Artemidos 'spe:ɔs ar'te:midɔs
Speranski, Speranskij *russ.* spɪ'ranskij
Speratus spe'ra:tʊs

Sperber 'ʃpɛrbɐ
sperbern 'ʃpɛrbɐn, **sperbre** 'ʃpɛrbrə
Sperenberg 'ʃpe:rənbɛrk
Sperenzchen ʃpe'rɛntsçən
Sperenzien ʃpe'rɛntsi̯ən
Spergel 'ʃpɛrgl̩
Sperillen *norw.* spe'rilən
Sperl[ing] 'ʃpɛrl[ɪŋ]
Sperm... 'ʃpɛrm..., 'spɛrm...
Sperma 'ʃpɛrma, 'sp...; **-ta** -ta
Spermatide ʃpɛrma'ti:də, sp...
Spermatitis ʃpɛrma'ti:tɪs, sp...; **...itiden** ...ti'ti:dn̩
Spermatium ʃpɛr'ma:tsi̯ʊm, sp...; **...ien** ...i̯ən
spermatogen ʃpɛrmato'ge:n, sp...
Spermatogenese ʃpɛrmatoge'ne:zə, sp...
Spermatophore ʃpɛrmato'fo:rə, sp...
Spermatophyten ʃpɛrmato'fy:tn̩, sp...
Spermatorrhö, ...öe ʃpɛrmatɔ'rø:, sp...; **...rrhöen** ...'rø:ən
Spermatozoiden ʃpɛrmatotso'i:dn̩, sp...
Spermatozoon ʃpɛrmato'tso:ɔn, sp...; **...oen** ...o:ən
Spermazet ʃpɛrma'tse:t, sp...
Spermazeti ʃpɛrma'tse:ti, sp...
Spermin ʃpɛr'mi:n, sp...
Spermiogenese ʃpɛrmi̯oge'ne:zə, sp...
Spermium 'ʃpɛrmi̯ʊm, 'sp...; **...ien** ...i̯ən
Spermogonien ʃpɛrmo'go:ni̯ən, sp...
Sperontes spe'rɔntɛs
sperrangelweit 'ʃpɛr'|aŋl̩'vai̯t
Sperre 'ʃpɛrə
sperren 'ʃpɛrən
sperrig 'ʃpɛrɪç, **-e** ...ɪgə
sperrweit 'ʃpɛr'vai̯t
Sperry *engl.* 'spɛrɪ
Spervogel 'ʃpɛrfo:gl̩
Spesen 'ʃpe:zn̩
Spessart 'ʃpɛsart
Spethmann 'ʃpe:tman
spetten 'ʃpɛtn̩
Speusippos spɔy'zɪpɔs
Spewack *engl.* 'spi:wæk
Spey *engl.* speɪ
Speyer 'ʃpai̯ɐ, *engl.* 'spaɪə
Spezerei ʃpe:tsə'rai̯
Spezi 'ʃpe:tsi
Spezia *it.* 'spɛttsi̯a
spezial, S... ʃpe'tsi̯a:l
Spezialien ʃpe'tsi̯a:li̯ən
Spezialisation ʃpetsi̯aliza'tsi̯o:n
spezialisieren ʃpetsi̯ali'zi:rən
Spezialist ʃpetsi̯a'lɪst
Spezialität ʃpetsi̯ali'tɛ:t
speziell ʃpe'tsi̯ɛl
Spezies 'ʃpe:tsi̯ɛs, 'sp...; *Mehrz.* ...tsi̯e:s

Spezifikation ʃpetsifika'tsi̯o:n, sp...
Spezifikum ʃpe'tsi:fikʊm, sp...; **...ka** ...ka
spezifisch ʃpe'tsi:fɪʃ, sp...
Spezifität ʃpetsifi'tɛ:t, sp...
spezifizieren ʃpetsifi'tsi:rən, sp...
Spezimen 'ʃpe:tsimən, 'sp...; **...mina** ʃpe'tsi:mina, sp...
Sphagnum 'sfagnʊm
Sphalerit sfale'ri:t, *auch:* ...rɪt
Sphäre 'sfɛ:rə
Sphärik 'sfɛ:rɪk
sphärisch 'sfɛ:rɪʃ
Sphäroid sfɛro'i:t, **-e** ...i:də
sphäroidisch sfɛro'i:dɪʃ
Sphärolith sfɛro'li:t, *auch:* ...lɪt
Sphärologie sfɛrolo'gi:
Sphärometer sfɛro'me:tɐ
Sphärosiderit sfɛrozide'ri:t, *auch:* ...rɪt
Sphen sfe:n
Sphenoid sfeno'i:t, **-e** ...i:də
sphenoidal sfenoi'da:l
Sphenozephalie sfenotsefa'li:, **-n** ...i:ən
Sphinkter 'sfɪŋktɐ, **-e** ...'te:rə
Sphinx sfɪŋks, **Sphingen** 'sfɪŋən
Sphragistik sfra'gɪstɪk
sphragistisch sfra'gɪstɪʃ
Sphygmogramm sfʏgmo'gram
Sphygmograph sfʏgmo'gra:f
Sphygmomanometer sfʏgmomano'me:tɐ
Špičák *tschech.* 'ʃpitʃa:k
spiccato spɪ'ka:to
Spiccato spɪ'ka:to, **...ti** ...ti
Spich[erer] 'ʃpɪç[ərɐ]
Spichern 'ʃpɪçɐn
Spicilegium ʃpitsi'le:gi̯ʊm, sp...; **...ia** ...i̯a
Spick ʃpɪk
spicken 'ʃpɪkn̩
Spider 'ʃpai̯dɐ, 'sp...; *engl.* 'spaɪdə
spie ʃpi:
spieen 'ʃpi:ən
spieest 'ʃpi:əst
spieet 'ʃpi:ət
[1]**Spiegel** 'ʃpi:gl̩
[2]**Spiegel** (Name) 'ʃpi:gl̩, *engl.* 'spi:gəl
Spiegelau ʃpi:gə'lau̯
Spiegelberg 'ʃpi:gl̩bɛrk
spiegelblank 'ʃpi:gl̩'blaŋk
Spiegelfechterei ʃpi:gl̩fɛçtə'rai̯
spiegelglatt 'ʃpi:gl̩'glat
Spiegelhagen ʃpi:gl̩'ha:gn̩
spiegelig 'ʃpi:gəlɪç, **-e** ...ɪgə
spiegeln 'ʃpi:gl̩n, **spiegle** 'ʃpi:glə
Spieg[e]lung 'ʃpi:g[ə]lʊŋ
Spieghel *niederl.* 'spi:xəl
Spiegler 'ʃpi:glɐ
spieglig 'ʃpi:glɪç, **-e** ...ɪgə
Spieker 'ʃpi:kɐ
Spiekeroog 'ʃpi:kɐ|o:k

Spiel ʃpi:l
Spielberg 'ʃpi:lbɛrk
spielen 'ʃpi:lən
Spieler 'ʃpi:lɐ
Spielerei ʃpi:lə'rai̯
Spielfeld 'ʃpi:lfɛlt
Spielhagen 'ʃpi:lha:gn̩
Spielmann 'ʃpi:lman
spien ʃpi:n
Spier ʃpi:ɐ̯
Spiere 'ʃpi:rə
Spierling 'ʃpi:ɐ̯lɪŋ
Spiero 'ʃpi:ro
Spiesen 'ʃpi:zn̩
Spies, Spieß ʃpi:s
spießen 'ʃpi:sn̩
Spießer 'ʃpi:sɐ
spießig 'ʃpi:sɪç, **-e** ...ɪgə
spießt ʃpi:st
spiest ʃpi:st
spiet ʃpi:t
Spiethoff 'ʃpi:thɔf
Spiez ʃpi:ts
Spijkenisse *niederl.* spɛikə'nɪsə
Spika 'ʃpi:ka, 'sp...
[1]**Spike** 'ʃpi:kə
[2]**Spike** (für Rennschuhe, Autoreifen) ʃpai̯k, spai̯k
Spilimbergo *it.* spilim'bɛrgo
Spill ʃpɪl
Spillage ʃpɪ'la:ʒə, sp...
Spilling 'ʃpɪlɪŋ
Spillman 'ʃpɪlman, *engl.* 'spɪlmən
Spilosit ʃpilo'zi:t, *auch:* ...zɪt; sp...
Spin spɪn
[1]**Spina** (Stachel) 'ʃpi:na, 'sp...
[2]**Spina** (Name) *dt., it.* 'spi:na
spinal ʃpi'na:l, sp...
Spinalgie ʃpinal'gi:, sp...; **-n** ...i:ən
Spinaliom ʃpina'li̯o:m, sp...
Spinat ʃpi'na:t
Spinazzola *it.* spinat'tsɔ:la
Spind ʃpɪnt, **-e** 'ʃpɪndə
Spindel 'ʃpɪndl̩
spindeldürr 'ʃpɪndl̩'dʏr
Spinden *engl.* 'spɪndən
Spindler 'ʃpɪndlɐ
Spinell ʃpi'nɛl
Spinelli *it.* spi'nɛlli
Spinello *it.* spi'nɛllo
Spinelloccio *it.* spinel'lɔttʃo
Spinett ʃpi'nɛt
Spinetti *it.* spi'netti
Spingarn *engl.* 'spɪŋgɑ:n
Spinifex 'ʃpi:nifɛks, 'sp...
Spinne 'ʃpɪnə
spinnefeind 'ʃpɪnə'fai̯nt
spinnen 'ʃpɪnən
Spinner 'ʃpɪnɐ, *engl.* 'spɪnə
Spinnerei ʃpɪnə'rai̯
Spinola *it.* 'spi:nola
Spínola *port.* ɪʃ'pinulɐ, *span.* es'pinola
Spinor 'ʃpi:nɔr, 'sp...; **-en** ʃpi'no:rən, sp...

spinös ʃpiˈnø:s, sp...; **-e** ...ø:zə
Spinoza ʃpiˈno:tsa, spi...; *niederl.* spi:ˈno:za:
spinozaisch, S... ʃpiˈno:tsaıʃ, sp...
Spinozismus ʃpinoˈtsısmʊs, sp...
Spinozist ʃpinoˈtsıst, sp...
Spint ʃpınt
Spintherismus ʃpınteˈrısmʊs, sp...
spintisieren ʃpıntiˈzi:rən
Spion ʃpio:n
Spionage ʃpioˈna:ʒə
spionieren ʃpioˈni:rən
Spioniererei ʃpioni:rəˈrai
Spiräe ʃpiˈrɛ:ə, sp...
spiral ʃpiˈra:l
Spirale ʃpiˈra:lə
spiralig ʃpiˈra:lıç, **-e** ...ıgə
Spirans ˈʃpi:rans, ˈsp...; **Spiranten** ʃpiˈrantn̩, sp...
Spirant ʃpiˈrant, sp...
Spirdingsee ˈʃpırdıŋze:
Spire *fr.* spi:r
Spiridon *russ.* spiriˈdɔn
Spiridonow, Spiridonov *russ.* spiriˈdɔnɐf, *bulgar.* ...nof
Spiridow, Spiridov *russ.* spiˈridɐf
Spirifer ˈʃpi:rifɛr, ˈsp...; **-en** ʃpiriˈfe:rən, sp...
Spirille ʃpiˈrılə, sp...
spirillizid ʃpırıliˈtsi:t, sp...; **-e** ...i:də
Spirit ˈspırıt
Spiritismus ʃpiriˈtısmʊs, sp...
Spiritist ʃpiriˈtıst, sp...
Spirit of Saint Louis *engl.* ˈspırıt əv sntˈlu:ıs
spiritual, [1]S... ʃpiriˈtua:l, sp...
[2]Spiritual (Lied) *engl.* ˈspırıtjʊəl
Spirituale ʃpiriˈtua:lə, sp...
Spiritualien ʃpiriˈtua:liən, sp...
spiritualisieren ʃpiritualiˈzi:rən, sp...
Spiritualismus ʃpiritua'lısmʊs, sp...
Spiritualist ʃpirituaˈlıst, sp...
Spiritualität ʃpiritualiˈtɛ:t, sp...
spirituell ʃpiriˈtuɛl, sp...
spirituos ʃpiriˈtuo:s, sp...; **-e** ...o:zə
spirituös ʃpiriˈtuø:s, sp...; **-e** ...ø:zə
Spirituosen ʃpiriˈtuo:zn̩, sp...
spirituoso spiriˈtuo:zo
[1]Spiritus (Atem, Hauch, Geist) ˈspi:ritʊs, *Mehrz.* ...tu:s
[2]Spiritus (Weingeist) ˈʃpi:ritʊs, **-se** ...ʊsə
Spiritus asper, - familiaris, - lenis, - rector, - Sanctus ˈspi:ritʊs ˈaspɐ, – famiˈlia:rıs, – ˈle:nıs, – ˈrɛktɔr, – ˈzaŋktʊs
Spirochäte ʃpiroˈçɛ:tə, sp...
Spirogyra ʃpiroˈgy:ra, sp...
Spirometer ʃpiroˈme:tɐ, sp...
Spirometrie ʃpiromeˈtri:, sp...
Spirre ˈʃpırə
Spital ʃpiˈta:l, **...täler** ...ˈtɛ:lɐ
Spitalfields *engl.* ˈspıtlfi:ldz
Spitfire *engl.* ˈspıtfaıə
Spithead *engl.* ˈspıtˈhɛd
Spitta ˈʃpıta
Spittal ʃpıˈta:l
Spittel ˈʃpıtl̩
Spitt[e]ler ˈʃpıt[ə]lɐ
spitz, S... ʃpıts
Spitzbergen ˈʃpıtsbɛrgn̩
Spitzbube ˈʃpıtsbu:bə
spitzbübisch ˈʃpıtsby:bıʃ
Spitze ˈʃpıtsə
Spitzel ˈʃpıtsl̩
spitzeln ˈʃpıtsl̩n
spitzen ˈʃpıtsn̩
Spitzer ˈʃpıtsɐ
spitzfindig ˈʃpıtsfındıç
spitzig ˈʃpıtsıç, **-e** ...ıgə
Spitzweg ˈʃpıtsve:k
Spitzwegerich ˈʃpıtsve:gərıç, –ˈ– – –
Spivey *engl.* ˈspaıvı
splanchnisch ˈsplançnıʃ
Splanchnologie splançnoloˈgi:
Splawn *engl.* splɔ:n
Spleen ʃpli:n, *seltener:* sp...
spleenig ˈʃpli:nıç, *seltener:* ˈsp...; **-e** ...ıgə
Spleiße ˈʃplaisə
spleißen ˈʃplaisn̩
Splen sple:n, ʃple:n
splendid ʃplɛnˈdi:t, sp...; **-e** ...i:də
Splendid isolation *engl.* ˈsplɛndıd aısəˈleıʃən
Splendidität ʃplɛndidiˈtɛ:t, sp...
Splenektomie splenɛktoˈmi:, ʃp...
Splenitis spleˈni:tıs, ʃp...; **...itiden** ...niˈti:dn̩
splenogen splenoˈge:n, ʃp...
Splenohepatomegalie splenohepatomegaˈli:, ʃp...; **-n** ...i:ən
Splenom spleˈno:m, ʃp...
Splenomegalie splenomegaˈli:, ʃp...; **-n** ...i:ən
Splenotomie splenotoˈmi:, ʃp...; **-n** ...i:ən
Splint ʃplınt
spliß ʃplıs
Spliß ʃplıs, **Splisse** ˈʃplısə
splissen ˈʃplısn̩
splißt ʃplıst
Split *serbokr.* split
Splitt ʃplıt
splitten ˈsplıtn̩
Splitter ˈʃplıtɐ
splitterfasernackt ˈʃplıtɐˈfa:zɐˈnakt
splitt[e]rig ˈʃplıt[ə]rıç, **-e** ...ıgə
splittern ˈʃplıtɐn
splitternackt ˈʃplıtɐˈnakt
Splitting ˈʃplıtıŋ, ˈsp...
Spluga *it.* ˈsplu:ga
Splügen ˈʃply:gn̩
Spode *engl.* spoʊd
Spodium ˈʃpo:diʊm, ˈsp...
Spodsbjerg *dän.* ˈsbɔsbjɛrˀ
Spodumen ʃpoduˈme:n, sp...
Spoerl ʃpœrl
Spofford *engl.* ˈspɔfəd
Spohr ʃpo:ɐ̯
Spoiler ˈʃpɔylɐ
Spoils-system *engl.* ˈspɔılzsıstım
Spokane *engl.* spoʊˈkæn
Spökenkieker ˈʃpø:kn̩ki:kɐ
Spöl ʃpø:l
Špola vgl. Schpola
Spoleto *it.* spoˈle:to
Spoletta *it.* spoˈletta
Spoliant ʃpoˈliant, sp...
Spoliation ʃpoliaˈtsio:n, sp...
spoliieren ʃpoliˈi:rən, sp...
Spolium ˈʃpo:liʊm, ˈsp...; **...ien** ...iən
Spompanadeln ʃpɔmpaˈna:dl̩n
Sponde *fr.* spõ:d
spondeisch ʃpɔnˈde:ıʃ, sp...
Spondeus ʃpɔnˈde:ʊs, sp...; **...een** ...e:ən
Spondiakus ʃpɔnˈdi:akʊs, sp...; **...zi** ...tsi
Spondylarthritis ʃpɔndylarˈtri:tıs, sp...
Spondylitis ʃpɔndyˈli:tıs, sp...; **...itiden** ...liˈti:dn̩
Spondylose ʃpɔndyˈlo:zə, sp...
Spongia ˈʃpɔŋgia, ˈsp...; **...ien** ...iən
Spongin ʃpɔŋˈgi:n, sp...
Spongiologie ʃpɔŋgioloˈgi:, sp...
spongiös ʃpɔŋˈgiø:s, sp...; **-e** ...ø:zə
Spongiosa ʃpɔŋˈgio:za, sp...
Sponheim ˈʃpo:nhaim
Sponholz ˈʃpo:nhɔlts
spönne ˈʃpœnə
Sponsalien ʃpɔnˈza:liən, sp...
sponsieren ʃpɔnˈzi:rən, sp...
Sponsion ʃpɔnˈzio:n, sp...
Sponsor ˈʃpɔnzɐ, ˈsp...; *engl.* ˈspɔnsə
Sponsus ˈʃpɔnzʊs, ˈsp...; **...si** ...zi
spontan ʃpɔnˈta:n, sp...
Spontaneität ʃpɔntaneiˈtɛ:t, sp...
Spontini *it.* sponˈti:ni
Sponton ʃpɔnˈto:n, sp...; spõˈtõ:
Spoon spu:n, ʃpu:n
Spooner *engl.* ˈspu:nə
Spor ʃpo:ɐ̯
Spora ˈʃpo:ra
Sporade ʃpoˈra:də, sp...
sporadisch ʃpoˈra:dıʃ, sp...
Sporangium ʃpoˈraŋgiʊm, sp...; **...ien** ...iən
Sporck ʃpɔrk

sporco ˈʃpɔrko, ˈsp...
Spore ˈʃpoːrə
Spörgel ˈʃpœrgl̩
sporig ˈʃpoːrɪç, **-e** ...ɪɡə
Sporko ˈʃpɔrko, ˈsp...
Sporn ʃpɔrn, **Sporen** ˈʃpoːrən
spornen ˈʃpɔrnən
spornstreichs ˈʃpɔrnʃtrai̯çs
sporogen ʃporoˈgeːn, sp...
Sporogon ʃporoˈgoːn, sp...
Sporogonie ʃporogoˈniː, sp...
Sporophyll ʃporoˈfʏl, sp...
Sporophyt ʃporoˈfyːt, sp...
Sporotrichose ʃporotrɪˈçoːzə, sp...
Sporozoit ʃporot͜soˈiːt, sp...
Sporozoon ʃporoˈt͜soːɔn, sp...; **...oen** ...oːən
Sporozyste ʃporoˈt͜sʏstə, sp...
Sport[el] ˈʃpɔrt[l̩]
sporteln ˈʃpɔrtl̩n
Sportler ˈʃpɔrtlɐ
sportlich ˈʃpɔrtlɪç
Sposalizio spozaˈliːt͜si̯o, ʃp...
Spot spɔt, ʃpɔt
Spotiswood *engl.* ˈspɔtɪzwʊd
Spotlight ˈspɔtlai̯t, ˈʃp...
Spotswood *engl.* ˈspɔtswʊd
Spott ʃpɔt
spottbillig ˈʃpɔtˈbɪlɪç
Spöttelei ʃpœtəˈlai̯
spötteln ˈʃpœtl̩n
spotten ˈʃpɔtn̩
Spötter ˈʃpœtɐ
Spötterei ʃpœtəˈrai̯
spöttisch ˈʃpœtɪʃ
Spottiswood[e] *engl.* ˈspɔtɪzwʊd
Spøttrup *dän.* ˈsbøtrob
sprach ʃpraːx
Sprache ˈʃpraːxə
spräche ˈʃprɛːçə
...sprachig (z. B. fremdsprachig) ...ʃpraːxɪç, **-e** ...ɪɡə
Sprague *engl.* spreɪɡ
Sprakel ˈʃpraːkl̩
sprang ʃpraŋ
spränge ˈʃprɛŋə
Spranger ˈʃpraŋɐ, *niederl.* ˈsprɑŋər
Sprat[ly] *engl.* ˈspræt[lɪ]
Spratt *engl.* spræt
Spray ʃpreː, spreː; *engl.* spreɪ
sprayen ˈʃpreːən, ˈsp...; *engl.-dt.* ˈspreɪən
Spreader ˈʃprɛdɐ, ˈsprɛdɐ
Spreča *serbokr.* ˈsprɛt͜ʃa
sprechen ˈʃprɛçn̩
Spree-Athen ˈʃpreː|ateːn
Spreewald ˈʃpreːvalt
Spreewälder ˈʃpreːvɛldɐ
Spreewitz ˈʃpreːvɪt͜s
Sprehe ˈʃpreːə
Spreißel ˈʃprai̯sl̩
spreiten ˈʃprai̯tn̩
Spreize ˈʃprai̯t͜sə
spreizen ˈʃprai̯t͜sn̩
Spremberg ˈʃprɛmbɛrk
Sprendlingen ˈʃprɛndlɪŋən
Sprengel ˈʃprɛŋl̩
Sprengisandur *isl.* ˈspreiŋɡjɪsandʏr
sprenk[e]lig ˈʃprɛŋk[ə]lɪç, **-e** ...ɪɡə
sprenkeln ˈʃprɛŋkl̩n
sprenzen ˈʃprɛnt͜sn̩
Spreu ʃprɔy̯
spreuig ˈʃprɔy̯ɪç, **-e** ...ɪɡə
sprich! ʃprɪç
spricht ʃprɪçt
Sprichwort ˈʃprɪçvɔrt
Sprickmann ˈʃprɪkman
Spriegel ˈʃpriːɡl̩
Sprieße ˈʃpriːsə
Sprießel ˈʃpriːsl̩
sprießen ˈʃpriːsn̩
Spriet ʃpriːt
Sprigg *engl.* sprɪɡ
Spring *engl.* sprɪŋ
Springdale *engl.* ˈsprɪŋdeɪl
Springe ˈʃprɪŋə
springen, S... ˈʃprɪŋən
Springer ˈʃprɪŋɐ, *engl.* ˈsprɪŋə
Springfield *engl.* ˈsprɪŋfiːld
Springhill *engl.* ˈsprɪŋhɪl
Springinklee ˈʃprɪŋ|ɪnkleː
Springs *engl.* sprɪŋz
Springville *engl.* ˈsprɪŋvɪl
Sprinkler ˈʃprɪŋklɐ
Sprint ʃprɪnt
sprinten ˈʃprɪntn̩
Sprinter ˈʃprɪntɐ
Sprit ʃprɪt
spritig ˈʃprɪtɪç, **-e** ...ɪɡə
Spritze ˈʃprɪt͜sə
spritzen ˈʃprɪt͜sn̩
spritzig ˈʃprɪt͜sɪç, **-e** ...ɪɡə
Sprockhövel ʃprɔkˈhøːfl̩, ˈ–––
spröde, S... ˈʃprøːdə
Sprödigkeit ˈʃprøːdɪçkai̯t
Sproge *schwed.* ˌspruːɡə
Sprogø *dän.* ˈsbrɔ[ː]ɣøːˀ
sproß ʃprɔs
Sproß ʃprɔs, **Sprosse** ˈʃprɔsə
Sprößchen ˈʃprœsçən
Sprosse ˈʃprɔsə
sprösse ˈʃprœsə
sprossen ˈʃprɔsn̩
Sprosser ˈʃprɔsɐ
Sprößling ˈʃprœslɪŋ
sproßt ʃprɔst
Sprottau ˈʃprɔtau̯
Sprotte ˈʃprɔtə
Sproul *engl.* spraʊl
Spruance *engl.* ˈspruːəns
Spruce Knob *engl.* ˈspruːs ˈnɔb
Spruch ʃprʊx, **Sprüche** ˈʃprʏçə
Sprüchelchen ˈʃprʏçl̩çən
Sprudel ˈʃpruːdl̩
sprudeln ˈʃpruːdl̩n, **sprudle** ˈʃpruːdlə
sprühen ˈʃpryːən
Sprung ʃprʊŋ, **Sprünge** ˈʃprʏŋə
Spucke ˈʃpʊkə
spucken ˈʃpʊkn̩
Spühler ˈʃpyːlɐ
Spui *niederl.* spœi̯
Spuk ʃpuːk
spuken ˈʃpuːkn̩
Spukerei ʃpuːkəˈrai̯
Spülbeck ˈʃpyːlbɛk
Spule ˈʃpuːlə
Spüle ˈʃpyːlə
spulen ˈʃpuːlən
spülen ˈʃpyːlən
Spuler ˈʃpuːlɐ
Spülicht ˈʃpyːlɪçt
Spumante spuˈmantə, ʃp...
Spund ʃpʊnt, **- es** ˈʃpʊndəs, **Spünde** ˈʃpʏndə
Spunda ˈʃpʊnda
spunden ˈʃpʊndn̩, **spund!** ʃpʊnt
Spur ʃpuːɐ̯
spuren ˈʃpuːrən
spüren ˈʃpyːrən
Spürer ˈʃpyːrɐ
Spurgeon *engl.* ˈspəːdʒən
...spurig (z. B. schmalspurig) ...ʃpuːrɪç, **-e** ...ɪɡə
Spurius ˈspuːri̯ʊs
Spurr *engl.* spəː
Spurstow *engl.* ˈspəːstoʊ
Spurt ʃpʊrt
spurten ˈʃpʊrtn̩
sputen ˈʃpuːtn̩
Sputnik ˈʃpʊtnɪk, ˈsp...
Sputum ˈʃpuːtʊm, ˈsp...; **...ta** ...ta
Spy *engl.* spaɪ, *fr.* spi
Spychalski *poln.* spɨˈxalski
Spyri ˈʃpiːri
Squam *engl.* skwɔm
Squarcione *it.* sku̯arˈt͜ʃoːne
Square skvɛːɐ̯, *engl.* skwɛə
Squash skvɔʃ, *engl.* skwɔʃ
Squatter ˈskvɔtɐ, *engl.* ˈskwɔtə
Squaw skvoː, *engl.* skwɔː
Squaw Valley *engl.* ˈskwɔː ˈvælɪ
Squeak *engl.* skwiːk
Squenz skvɛnt͜s
Squibb *engl.* skwɪb
Squier *engl.* skwɛə
Squillace *it.* sku̯ilˈlaːt͜ʃe
Squinzano *it.* sku̯inˈt͜saːno
Squire ˈskvai̯ɐ, *engl.* ˈskwaɪə
Squirrel *engl.* ˈskwɪrəl
Šrámek *tschech.* ˈʃraːmɛk
Srbija *serbokr.* ˌsr̩bija
Srbik ˈzɪrbɪk
Srbobran *serbokr.* ˈsr̩bɔbraːn
Srdj, Srđ *serbokr.* sr̩dz
Srebrenica *serbokr.* ˈsrɛbrɛnit͜sa
Sredna Planina *bulgar.* ˈsrɛdna planiˈna
Srednekolymsk *russ.* srɪdnɪkaˈlɨmsk
Srem *serbokr.* srɛːm
Śrem *poln.* ɕrɛm
Sremac *serbokr.* ˌsrɛːmat͜s
Sremski Karlovci *serbokr.* ˈsrɛːmskiː ˈkaːrlɔːft͜si
Sretensk *russ.* ˈsrjetɪnsk
Sri Lanka ˈsriː ˈlaŋka

Srilanker sri'laŋkɐ
srilankisch sri'laŋkɪʃ
Srinagar *engl.* 'sri:nəgə
Środa *poln.* 'ɕrɔda
SSSR ɛs|ɛs|ɛs'|ɛr
st! st (mit silbischem [s])
s.t. ɛs'te:
Staab[s] ʃta:p[s]
Staackmann 'ʃta:kman
Staad ʃta:t
Staaken 'ʃta:kn̩
Staal de Launay *fr.* staldəlo'nɛ
Staat ʃta:t
Staatz ʃta:ts
Stab ʃta:p, **-es** 'ʃta:bəs, **Stäbe** 'ʃtɛ:bə
Stabat mater 'sta:bat 'ma:tɐ
Stäbchen 'ʃtɛ:pçən
Stabelle ʃta'bɛlə
stäbeln 'ʃtɛ:bl̩n, **stäble** 'ʃtɛ:blə
stabend 'ʃta:bn̩t, **-e** ...n̩də
Staberl[e] 'ʃta:bɐl[ə]
Stabiae 'sta:bi̯ɛ
stabil ʃta'bi:l, st...
[1]**Stabile** (Konstruktion) 'ʃta:bile, 'st...
[2]**Stabile** (Name) *it.* 'sta:bile
Stabilisation ʃtabiliza'tsi̯o:n, st...
Stabilisator ʃtabili'za:tɔr, st...; **-en** ...za'to:rən
stabilisieren ʃtabili'zi:rən, st...
Stabilität ʃtabili'tɛ:t, st...
Stabio *it.* 'sta:bi̯o
Stablack 'ʃtablak
Stäbli 'ʃtɛ:bli
Stabroek *niederl.* 'sta:bru:k
staccato sta'ka:to, ʃt...
Staccato sta'ka:to, ʃt...; **...ti** ...ti
Stacey *engl.* 'steɪsɪ
stach ʃta:x
Stachanow, Stahanov ʃta'xa:nɔf, *russ.* sta'xanɐf
stäche 'ʃtɛ:çə
Stachel 'ʃtaxl̩
Stachelberg 'ʃtaxl̩bɛrk
stachelig 'ʃtaxəlɪç, **-e** ...ɪgə
stacheln 'ʃtaxl̩n
Staches 'ʃtaxəs
Stachiewicz *poln.* sta'xjɛvitʃ
Stachlerkopf 'ʃtaxlɐkɔpf
stachlig 'ʃtaxlɪç, **-e** ...ɪgə
Stachus 'ʃtaxʊs
Stachy *tschech.* 'staxi
Stack ʃtak, *engl.* stæk
Stackelitz 'ʃtakəlɪts
Stacpoole *engl.* 'stækpu:l
Stacy *engl.* 'steɪsɪ
Staðastaður *isl.* 'sta:ðasta:ðʏr
Stade 'ʃta:də
Stadel 'ʃta:dl̩
Stadelhofen ʃta:dl̩'ho:fn̩, '– – – –
Stadelmann 'ʃta:dl̩man
Staden 'ʃta:dn̩, *niederl.* 'sta:də
Stade Reims *fr.* stad'rɛ̃:s
stadial ʃta'di̯a:l, st...
Stadialität ʃtadi̯ali'tɛ:t, st...
Stadion 'ʃta:di̯ɔn, **...ien** ...i̯ən
Stadium 'ʃta:di̯ʊm, **...ien** ...i̯ən
Stadl 'ʃta:dl̩
Stadlau ʃta'dlau̯
Stadler 'ʃta:dlɐ
Stadt ʃtat; **Städte** 'ʃtɛ:tə, *auch:* 'ʃtɛtə
Städtchen 'ʃtɛ:tçən, *auch:* 'ʃtɛt...
Stadtenger ʃtat'|ɛŋɐ
Städter 'ʃtɛ:tɐ, *auch:* 'ʃtɛtɐ
Stadthagen ʃtat'ha:gn̩
Stadtilm ʃtat'|ɪlm
städtisch 'ʃtɛ:tɪʃ, *auch:* 'ʃtɛtɪʃ
Stadtkyll ʃtat'kɪl
Stadtlohn 'ʃtatlo:n
Stadtoldendorf ʃtat'|ɔldn̩dɔrf
Stadtprozelten ʃtatpro'tsɛltn̩
Stadtroda ʃtat'ro:da
Stadtsteinach ʃtat'ʃtai̯nax
Staehelin 'ʃtɛ:əli:n
Staël *fr.* stal
Stäfa 'ʃtɛ:fa
Stafafell *isl.* 'sta:vafɛdl
Stafette ʃta'fɛtə
Staff *poln.* staf
Staffa *engl.* 'stæfə, *it.* 'staffa
Staffage ʃta'fa:ʒə
Staffel 'ʃtafl̩
Staffeldt *dän.* 'sdafɛl'd
Staffelde ʃta'fɛldə
Staffelei ʃtafə'lai̯
staffeln 'ʃtafl̩n
Staffelsee 'ʃtafl̩ze:
Staffelstein 'ʃtafl̩ʃtai̯n
staffieren ʃta'fi:rən
Stafford *engl.* 'stæfəd, **-shire** -ʃɪə
Stag ʃta:k, **-e** 'ʃta:gə
Stageira sta'gai̯ra
Stagflation ʃtakfla'tsi̯o:n, st...
Stagione sta'dʒo:nə
Stagira sta'gi:ra
Stagirit stagi'ri:t
Stagnation ʃtagna'tsi̯o:n, st...
Stagnelius *schwed.* staŋ'ne:liʊs
stagnieren ʃta'gni:rən, st...
Stagnone *it.* staɲ'ɲo:ne
Stagoskopie ʃtagosko'pi:, st...
Stahanov vgl. Stachanow
stahl ʃta:l
Stahl ʃta:l, **Stähle** 'ʃtɛ:lə
Stahlbrode ʃta:l'bro:də
Stahle 'ʃta:lə
stähle 'ʃtɛ:lə
stählern 'ʃtɛ:lɐn
Stählin 'ʃtɛ:li:n
stahn ʃta:n
Stahnsdorf 'ʃta:nsdɔrf
Stahr ʃta:ɐ̯
Staiger 'ʃtai̯gɐ
Staikow, Stajkov *bulgar.* 'stajkof
Stainach 'ʃtai̯nax
Stainer 'ʃtai̯nɐ, *engl.* 'steɪnə
Staines *engl.* steɪnz
Stainow, Stajnov *bulgar.* 'stajnof
Stains *fr.* stɛ̃
Stainz ʃtai̯nts
Stair *engl.* stɛə
Stajkov vgl. Staikow
Stajnov vgl. Stainow
stak ʃta:k
stäke 'ʃtɛ:kə
staken, S... 'ʃta:kn̩
Stakes ʃte:ks, st...; *engl.* steɪks
Staket[e] ʃta'ke:t[ə]
Stakkato ʃta'ka:to, sta...; **...ti** ...ti
staksen 'ʃta:ksn̩
Stalać *serbokr.* ˌstala:tɕ
Stalagmit ʃtala'gmi:t, *auch:* ...mɪt; st...
Stalaktit stalak'ti:t, *auch:* ...tɪt; ʃt...
Stalin 'sta:li:n, 'ʃt...; *russ.*, *rumän.*, *bulgar.* 'stalin
Stalinabad *russ.* stɐlina'bat
Stalingrad 'sta:li:ngra:t, 'ʃt...; *russ.* stɐlin'grat
Stalingrader 'sta:li:ngra:dɐ, 'ʃt...
Stalinjri *russ.* stɐli'niri
stalinisieren stalini'zi:rən, ʃt...
Stalinismus stali'nɪsmʊs, ʃt...
Stalinist stali'nɪst, ʃt...
Stalino *russ.* 'stalinɐ
Stalinogorsk *russ.* stɐlina'gɔrsk
Stalinsk *russ.* 'stalinsk
Stall ʃtal, **Ställe** 'ʃtɛlə
Ställchen 'ʃtɛlçən
stallen 'ʃtalən
Stallings *engl.* 'stɔ:lɪŋz
Stallupönen ʃtalu'pø:nən
Stallwang 'ʃtalvaŋ
Stalowa Wola *poln.* sta'lɔva 'vɔla
Stalpaert *niederl.* 'stɑlpa:rt
Staltach 'ʃtaltax
Stalybridge *engl.* 'steɪlɪbrɪdʒ
Stamati *rumän.* sta'mati
Stambach 'ʃtambax
Stamboliski, Stamboliiski *bulgar.* stambo'lijski
Stambolow, Stambolov *bulgar.* stambo'lɔf
Stambul 'ʃtambʊl, 'st...
Stambulčić *serbokr.* stamˌbultʃitɕ
Stamen 'ʃta:mən, 'st...; **Stamina** ...mina
Stamford *engl.* 'stæmfəd
Staminodium ʃtami'no:di̯ʊm, st...; **...ien** ...i̯ən
Stamitz 'ʃta:mɪts
Stamm ʃtam, **Stämme** 'ʃtɛmə
Stammel 'ʃtaml̩
stammeln, S... 'ʃtaml̩n
stammen 'ʃtamən
stammern 'ʃtamɐn
Stammfrüchtler 'ʃtamfrʏçtlɐ
Stammham 'ʃtamham
Stammheim 'ʃtamhai̯m
stämmig 'ʃtɛmɪç, **-e** ...ɪgə
Stammler 'ʃtamlɐ

Stamp *engl.* stæmp
Stạmpa *it.* 'stampa
Stạmperl 'ʃtampɐl
Stạmpfe 'ʃtamp͜fə
stạmpfen, S... 'ʃtamp͜fn̩
Stạmpfer 'ʃtamp͜fɐ
Stampiglie ʃtam'pɪljə, ...'pi:li̯ə
Stạms ʃtams
Stan *engl.* stæn
Stančev vgl. Stantschew
Stạncu *rumän.* 'staŋku
stạnd ʃtant
Stạnd ʃtant, -es 'ʃtandəs, Stände 'ʃtɛndə
[1]**Stạndard** 'ʃtandart, *auch:* 'st...; *engl.* 'stændəd
[2]**Standạrd** (Name) *fr.* stã'da:r
Standardisatiọn ʃtandardiza't͜si̯o:n, *auch:* st...
standardisi̲eren ʃtandardi'zi:rən, *auch:* st...
Standạrte ʃtan'dartə
Stặndchen 'ʃtɛntçən
Standdaarbuiten *niederl.* stɑntda:r'bœi̯tə
stặnde, S... 'ʃtɛndə
stạnden 'ʃtandn̩
Stạnder 'ʃtandɐ
Stặnder 'ʃtɛndɐ
Standerton *engl.* 'stændətn
Stạndhaftigkeit 'ʃtanthaftɪçkai̯t
stạndhalten 'ʃtanthaltn̩
stặndig 'ʃtɛndɪç, -e ...ɪgə
Standing Group *engl.* 'stændɪŋ 'gru:p
stặndisch 'ʃtɛndɪʃ
Standish *engl.* 'stændɪʃ
Standley *engl.* 'stændlɪ
Stạnew, Stanev *bulgar.* 'stanɛf
Stanfield *engl.* 'stænfi:ld
Stanford *engl.* 'stænfəd
Stạngalpe 'ʃtaŋ|alpə
Stångån *schwed.* ˌstɔŋo:n
Stạnge 'ʃtaŋə
Stặngelchen 'ʃtɛŋl̩çən
stặngeln 'ʃtɛŋl̩n
Stangerọde ʃtaŋə'ro:də
Stặnglein 'ʃtɛŋlai̯n
Stanhope *engl.* 'stænhoʊp
Stạnislau[s] 'ʃta:nɪslau̯[s]
[1]**Stạnislav** *tschech.* 'stanjislaf
Stạnislaw, [2]**Stanislav** 'ʃta:nɪslaf, *russ.* stɐni'slaf
Stanịsław *poln.* sta'nisu̯af
Stanisląwski, Stanislavskij *russ.* stɐni'slafskij
Stanisłąwski *poln.* stani'su̯afski
Stanịtzel ʃta'nɪt͜sl̩
stạnk, S... ʃtaŋk
stặnke 'ʃtɛŋkə
Stạnke Dimịtrow, Stanke Dimitrov *bulgar.* 'staŋkɛ di'mitrɔf
Stänkerei̲ ʃtɛŋkə'rai̯
Stặnk[er]er 'ʃtɛŋk[ər]ɐ
stặnkern 'ʃtɛŋkɐn
Stankẹvitsch, Stankevič *russ.* stan'kjevitʃ

Stạnko *bulgar.* 'staŋko
Stạňkov *tschech.* 'stanjkɔf
Stạnković *serbokr.* ˌsta:ŋkɔvitɕ
Stanley *engl.* 'stænlɪ
Stanleyville *fr.* stanlɛ'vil
Stanmore *engl.* 'stænmɔ:
Stannard *engl.* 'stænəd
Stannạt ʃta'na:t, st...
Stanni̲n ʃta'ni:n, st...
Stanniọl ʃta'ni̯o:l, st...
Stạnnum 'ʃtanʊm, 'st...
Stanowọi Chrebẹt, Stanovoj Hrebet *russ.* stɐna'vɔj xrɪ'bjɛt
Stạns ʃtans
Stạnser 'ʃtanzɐ
Stạnske 'ʃtanskə
Stansstạd ʃtans'ʃta:t
stạnte pẹde 'stantə 'pe:də
Stanthorpe *engl.* 'stænθɔ:p
Stanton *engl.* 'stɑ:ntən, 'stæn...
Stạntschew, Stančev *bulgar.* 'stantʃɛf
Stanyhurst *engl.* 'stænɪhə:st
Stạnz[ach] 'ʃtant͜s[ax]
Stạnze 'ʃtant͜sə
stạnzen 'ʃtant͜sn̩
Stạnzer 'ʃtant͜sɐ
Stạnzi 'ʃtant͜si
Staouéli̩ *fr.* stawe'li
Stạpel 'ʃta:pl̩
Stạpelholm 'ʃta:pl̩hɔlm
Stapẹlie ʃta'pe:li̯ə
stạpeln 'ʃta:pl̩n
Stạpfe 'ʃtap͜fə
stạpfen, S... 'ʃtap͜fn̩
Stạpfer 'ʃtap͜fɐ
Stạphorst *niederl.* 'stɑphɔrst
Staphy̲le ʃta'fy:lə, st...
Staphylini̲de ʃtafyli'ni:də, st...
Staphyli̲tis ʃtafy'li:tɪs, st...; **...iti̲den** ...li'ti:dn̩
Staphylodermi̲e ʃtafylodɛr'mi:, st...
Staphylokọkkus ʃtafylo'kɔkʊs, st...
Staphylolysi̲n ʃtafyloly'zi:n, st...
Staphylọma ʃtafy'lo:ma, st...; **...ta** -ta
Staphylomykọse ʃtafylomy'ko:zə, st...
Staple[s] *engl.* steɪpl[z]
Stapleton *engl.* 'steɪpltən
Stạppen *niederl.* 'stɑpə
Stạps ʃtaps
[1]**Stạr** (Vogel, Krankheit) ʃta:ɐ̯
[2]**Stạr** (Berühmtheit) ʃta:ɐ̯, sta:ɐ̯
[3]**Stạr** (Name) *engl.* stɑ:
Stặr ʃtɛ:ɐ̯
Stạrá Bọleslav *tschech.* 'stara: 'bɔlɛslaf
Starạce *it.* sta'ra:tʃe
Starachowịce *poln.* staraxɔ'vitsɛ
Stạra Fụžina *serbokr.* 'sta:ra: 'fuʒi:na:
Stạraja Rjasạn, - Rjazan' *russ.* 'starɐjɐ rɪ'zanj

Stạraja Rụssa *russ.* 'starɐjɐ 'rusɐ
Stạrá Pąka *tschech.* 'stara: 'paka
Stạra Pązova *serbokr.* 'sta:ra: 'pazɔva
Stara planina *serbokr.* 'sta:ra: plaˌnina, *bulgar.* 'stara plani'na
Stạra Rijẹka *serbokr.* 'sta:ra: riˌjɛka
Stạra Sagọra, Stara Zagora *bulgar.* 'stara za'gɔra
stạrb ʃtarp
stạrben 'ʃtarbn̩
stạrbt ʃtarpt
Stạrčević *serbokr.* 'startʃɛvitɕ
Stạrck ʃtark, *engl.* stɑ:k
Stạré Město *tschech.* 'starɛ: 'mnjɛstɔ
stặren 'ʃtɛ:rən
Stạré Sędlo *tschech.* 'starɛ: 'sɛdlɔ
Stạrez 'ʃta:rɛt͜s, 'st...; **Stạrzen** 'ʃtart͜sn̩, 'st...
Stạrfighter *engl.* 'stɑ:faɪtə
Stạrfire *engl.* 'stɑ:faɪə
Stạrgard 'ʃta:ɐ̯gart
Stạrgard Szczecịński *poln.* 'stargart ʃtʃɛ'tɕi̯ski
Stạrhemberg 'ʃta:rəmbɛrk
Starica vgl. Stariza
Starickij vgl. [1,2]Starizki
Stạrigrad *serbokr.* 'starigra:d
Stari̲ne ʃta'ri:nə, st...
Stạring *niederl.* 'sta:rɪŋ
Stạri Slạnkamen *serbokr.* 'sta:ri: ˌslaŋkamɛ:n
Stạri Trg *serbokr.* 'sta:ri: 'tr̩:g
Stạritz 'ʃta:rɪt͜s
Stạriza, Starica *russ.* 'staritsɐ
[1]**Stạrizki,** [1]**Starickij** (Fürst) *russ.* 'staritskij
[2]**Stari̲zki,** [2]**Starickij** (ukr. Dichter) *russ.* sta'ritskij
stạrk ʃtark, **stặrker** 'ʃtɛrkɐ
Stạrk ʃtark, *engl.* stɑ:k
Stặrke 'ʃtɛrkə
stặrken 'ʃtɛrkn̩
Stạrkenburg 'ʃtarkn̩bʊrk
stärker vgl. stark
Stạrkey, ...kie *engl.* 'stɑ:kɪ
Stạrkow 'ʃtarko
Stạrkstadt 'ʃtark-ʃtat
Stạrkville *engl.* 'stɑ:kvɪl
Stạrlet[t] 'ʃta:ɐ̯lɛt, 'st...
Stạrley *engl.* 'stɑ:lɪ
Stạrling *engl.* 'stɑ:lɪŋ
Stạrnberg 'ʃtarnbɛrk
Stạrnberger 'ʃtarnbɛrgɐ
Starobẹlsk, Starobel'sk *russ.* stɐra'bjɛljsk
Starodụb *russ.* stɐra'dup
Starọgard Gdański *poln.* sta'rɔgart 'gdai̯ski
Starokonstantịnow, Starokonstantinov *russ.* stɐrɐkɐnstan'tinɐf

Staro Sẹlo *serbokr.* 'sta:rɔ: ˌsɛlɔ
Stạrost 'ʃta:rɔst, 'st...
Starostei ʃtarɔs'tai̯, st...
Starowọlski *poln.* starɔ'vɔlski
stạrr ʃtar
Stạrr *engl.* stɑ:
Stạrre 'ʃtarə
stạrren 'ʃtarən
Starrett *engl.* 'stærɪt
stạrrköpfig 'ʃtarkœpf̮ɪç, -e ...ɪgə
Stạrrvitz 'ʃtarvɪts
Stars and Stripes *engl.* 'stɑ:z ənd 'straɪps
Stạrt ʃtart, *auch:* start
stạrten 'ʃtartn̩, *auch:* 'st...
Stạrter 'ʃtartɐ, *auch:* 'st...
Stạryje Dorọgi, Starye - *russ.* 'starɨjɪ da'rɔgi
Stạry Krym, Staryj - *russ.* 'starɨj 'krɨm
Stạry Oskọl, Staryj - *russ.* 'starɨj as'kɔl
Stạry Sącz *poln.* 'starɨ 'sɔntʃ
Stạry Sạmbor, Staryj — *russ.* 'starɨj 'sambɐr
Starzen vgl. Starez
Stạse 'ʃta:zə, 'st...
Stạšek *tschech.* 'staʃɛk
Stạsi 'ʃta:zi
Stasij vgl. Stassi
Stạsimon 'ʃta:zimɔn, 'st...; **...ma** ...ma
Stasimorphie ʃtazimɔr'fi:, st...; **-n** ...i:ən
Stạsis 'ʃta:zɪs, 'sta:zɪs; **Stạsen** 'ʃta:zn̩, 'st...
Stasov vgl. Stassow
Stạssen 'ʃtasn̩, *engl.* stɑ:sn, stæsn
Stạßfurt 'ʃtasfʊrt
Stạssi, Stasij *russ.* 'stasij
Stạssow, Stasov *russ.* 'stasɐf
Stąszów *poln.* 'staʃuf
Stạszic *poln.* 'staʃɨts
statạrisch ʃta'ta:rɪʃ, st...
State Depạrtment *engl.* 'steɪt dɪ'pɑ:tmənt
Statement *engl.* 'steɪtmənt
Staten Island *engl.* 'stætn 'aɪlənd
Statẹr ʃta:'te:ɐ̯, st...
Statesboro *engl.* 'steɪtsbərə
Statesville *engl.* 'steɪtsvɪl
Stathmogrạph ʃtatmo'gra:f, st...
statieren ʃta'ti:rən
Stätigkeit 'ʃtɛ:tɪçkai̯t
Stạtik 'ʃta:tɪk, 'st...
Statiọn ʃta'tsi̯o:n
stationär ʃtatsi̯o'nɛ:ɐ̯
stationieren ʃtatsi̯o'ni:rən
statiös ʃta'tsi̯ø:s, -e ...ø:zə
stạtisch 'ʃta:tɪʃ, 'st...
stätisch 'ʃtɛ:tɪʃ
Statịst ʃta'tɪst
Statisterie ʃtatɪstə'ri:, **-n** ...i:ən
Statịstik ʃta'tɪstɪk, *auch:* st...
Statịstiker ʃta'tɪstikɐ, *auch:* st...
statịstisch ʃta'tɪstɪʃ, *auch:* st...
Stạtius 'sta:tsi̯ʊs
Statịv ʃta'ti:f, **-e** ...i:və
Statler *engl.* 'stætlə
Statoblạst ʃtato'blast, st...
Statolith ʃtato'li:t, *auch:* ...lɪt; st...
Stạtor 'ʃta:tɔr, 'st...; **-en** ʃta'to:rən, st...
Statoskọp ʃtato'sko:p, st...
stạtt, S... ʃtat
Stätte 'ʃtɛtə
stạttfinden 'ʃtatfɪndn̩
Stạtthalter 'ʃtathaltɐ
Statthalterei ʃtathaltə'rai̯
Stạttler 'ʃtatlɐ
stạttlich 'ʃtatlɪç
statuạrisch ʃta'tu̯a:rɪʃ, st...
Stạtue 'ʃta:tu̯ə, 'st...
Statuẹtte ʃta'tu̯ɛtə, st...
statuieren ʃtatu'i:rən, st...
Statụr ʃta'tu:ɐ̯
Stạtus [- nascẹndi, - praesens, - quo, - quo ạnte] 'ʃta:tʊs, 'sta:tʊs [– nas'tsɛndi, – 'prɛ:zɛns, – kvo:, – kvo: 'antə]
Statụt ʃta'tu:t, st...
statutạrisch ʃtatu'ta:rɪʃ, st...
Statute Law *engl.* 'stætju:t,lɔ:
Stau ʃtau̯
Staub ʃtau̯p, **-es** 'ʃtau̯bəs, **Stäube** 'ʃtɔy̯bə
Stäubchen 'ʃtɔy̯pçən
stauben 'ʃtau̯bn̩, **staub!** ʃtau̯p, **staubt** ʃtau̯pt
stäuben 'ʃtɔy̯bn̩, **stäub!** ʃtɔy̯p, **stäubt** ʃtɔy̯pt
staubig 'ʃtau̯bɪç, **-e** ...ɪgə
Stäubling 'ʃtɔy̯plɪŋ
Stauche 'ʃtau̯xə
stauchen 'ʃtau̯xn̩
Stauchitz 'ʃtau̯xɪts
Staude 'ʃtau̯də
Staudenz 'ʃtau̯dɛnts
staudig 'ʃtau̯dɪç, **-e** ...ɪgə
Staudinger 'ʃtau̯dɪŋɐ
Stäudlin 'ʃtɔy̯dli:n
Staudt[e] 'ʃtau̯t[ə]
stauen 'ʃtau̯ən
Staufe 'ʃtau̯fə
Staufen 'ʃtau̯fn̩
Staufer 'ʃtau̯fɐ
Stauffacher 'ʃtau̯faxɐ
Stauffenberg 'ʃtau̯fn̩bɛrk
Stauffer 'ʃtau̯fɐ
Staughton *engl.* stɔ:tn
staunen, S... 'ʃtau̯nən
Stauning *dän.* 'sdau̯neŋ
[1]**Staunton** (Virginia) *engl.* 'stæntən
[2]**Staunton** (Personenname) *engl.* 'stɔ:ntən, 'stɑ:ntən
Staupe 'ʃtau̯pə
Staupitz 'ʃtau̯pɪts
Staurolith ʃtau̯ro'li:t, *auch:* ...lɪt; st...
Staurou *neugr.* 'stavru
Stavạnger *norw.* sta'vaŋər
Staveley *engl.* 'steɪvlɪ
Stavelọt *fr.* sta'vlo
Stạven 'ʃta:vn̩
Stavenhạgen (Ort) ʃta:vn̩'ha:gn̩
Stavenịsse *niederl.* sta:və'nɪsə
Stạveren *niederl.* 'sta:vərə
Stạvern *norw.* ˌsta:værn
Staviskị *fr.* stavis'ki
Stawịski *poln.* sta'viski
Stawịszyn *poln.* sta'viʃɨn
Stạwropol, Starvropol' *russ.* 'stavrɐpɐlj
St. Clair *engl.* 'sɪŋklɛə
Stead *engl.* stɛd, sti:d
Steak ʃte:k, ste:k
Steam[er] 'ʃti:m[ɐ], 'st...
Steapsin ʃtea'psi:n, st...
Stearạt ʃtea'ra:t, st...
Stearin ʃtea'ri:n, st...
Stearn[s] *engl.* stə:n[z]
Stearrhö, ...öe ʃtea'rø:, st...; **...rrhöen** ...'rø:ən
Steatit ʃtea'ti:t, *auch:* ...tɪt; st...
Steatọm ʃtea'to:m, st...
Steatopygie ʃteatopy'gi:, st...
Steatọse ʃtea'to:zə, st...
Steatozẹle ʃteato'tse:lə, st...
Stębark *poln.* 'stɛmbark
Stẹbbach 'ʃtɛbax
Stẹbbing *engl.* 'stɛbɪŋ
Stẹbbins *engl.* 'stɛbɪnz
Stẹben 'ʃte:bn̩
Stecchẹtti *it.* stek'ketti
Stẹch[au] 'ʃtɛç[au̯]
stẹchen 'ʃtɛçn̩
Stechlin ʃtɛç'li:n
Štěchovice *tschech.* 'ʃtjɛxɔvitsɛ
Stẹchow 'ʃtɛço
Štěchowitz 'ʃtjɛxovɪts
Stẹckborn 'ʃtɛkbɔrn
stẹcken, S... 'ʃtɛkn̩
Stẹckling 'ʃtɛklɪŋ
Stẹdingen 'ʃte:dɪŋən
Stẹdinger 'ʃte:dɪŋɐ
Stẹdman *engl.* 'stɛdmən
Steed *engl.* sti:d
Steeg ʃte:k
Steel *engl.* sti:l
Steele 'ʃte:lə, *engl.* sti:l
Steelton *engl.* sti:ltn
Steen *engl.* sti:n, *dän.* sde:'n, *niederl.* ste:n
Steenbergen *niederl.* 'ste:nbɛrxə
Steenbock *engl.* 'sti:nbɔk
Steenderen *niederl.* 'ste:ndərə
Steenokkerzeel *niederl.* 'ste:nɔkərze:l
Steenwij[c]k *niederl.* 'ste:nwɛi̯k
Steenwijkerwọld *niederl.* ste:nwɛi̯kər'wɔlt
Steenwinckel *niederl.* 'ste:nwɪŋkəl

Steeplechase 'sti:pl̩tʃe:s, 'ʃt...; *engl.* 'sti:pltʃeɪs; **-n** ...tʃe:sn̩
Steepler 'sti:plɐ, 'ʃt...
Steep Point *engl.* 'sti:p 'pɔɪnt
Steer *engl.* stɪə
Steevens *engl.* sti:vnz
Stefan 'ʃtɛfan, *russ.* stɪ'fan, *bulgar., poln.* 'stɛfan
Ştefan *rumän.* 'ʃtefan
Stefán *isl.* 'stɛ:fau̯n
Stefani *it.* 'ste:fani
Stefaniesee ʃtɛ'fa:nize:
Stefano *it.* 'ste:fano
Stefanović *serbokr.* stɛˌfa:nɔvitɕ
Stefanson *engl.* stɛfnsn
Stefánsson *isl.* 'stɛ:fau̯nsɔn
Steffani *it.* 'stɛffani
Steffeck 'ʃtɛfɛk
Steffen[s] 'ʃtɛfn̩[s]
Steffi 'ʃtɛfi
Steffisburg 'ʃtɛfɪsbʊrk
Steg ʃte:k, **-e** 'ʃte:gə
Steganographie ʃteganogra'fi:, st...
Stege *dän.* 'sde:ɣə
Stegeborg *schwed.* ste:gə'bɔrj
Stegelitz 'ʃte:gəlɪts
Stegemann 'ʃte:gəman
Stegenthumbach ʃte:gn̩'tʊmbax
Steger[s] 'ʃte:gɐ[s]
Steger[wald] 'ʃte:gɐ[valt]
Steglitz 'ʃte:glɪts
Stegmann 'ʃte:kman
Stegmüller 'ʃte:kmʏlɐ
Stegodon 'ʃte:godɔn, 'st...; **-ten** ʃtego'dɔntn̩, st...
Stegosaurier ʃtego'zau̯ri̯ɐ, st...
Stegozephale ʃtegotse'fa:lə, st...
Stegreif 'ʃte:krai̯f
Steguweit 'ʃte:guvai̯t
Stehag *schwed.* ˌste:hɑ:g
Stehaufmännchen 'ʃte:|au̯fˌmɛnçən
stehen 'ʃte:ən
stehlen 'ʃte:lən
Stehlík *tschech.* 'stɛhli:k
Stehr ʃte:ɐ̯
Ştei *rumän.* ʃtei̯
Steidle 'ʃtai̯dlə
Steierin 'ʃtai̯ərɪn
Steiermark 'ʃtai̯ɐmark
Steiermärker 'ʃtai̯ɐmɛrkɐ
steiermärkisch 'ʃtai̯ɐmɛrkɪʃ
steif ʃtai̯f
Steife 'ʃtai̯fə
steifen 'ʃtai̯fn̩
Steiff Ⓦⓩ ʃtai̯f
Steig ʃtai̯k, **-e** 'ʃtai̯gə
steigen 'ʃtai̯gn̩, **steig!** ʃtai̯k, **steigt** ʃtai̯kt
Steigentesch 'ʃtai̯gn̩tɛʃ
Steiger 'ʃtai̯gɐ, *engl.* 'staɪgə
steigern 'ʃtai̯gɐn, **steigre** 'ʃtai̯grə
Steigerwald 'ʃtai̯gɐvalt
Steigra 'ʃtai̯gra
steil ʃtai̯l
Steile 'ʃtai̯lə
steilen 'ʃtai̯lən
Stein[1] ʃtai̯n
Stein[2] (Name) ʃtai̯n, *niederl.* stɛi̯n, *engl.* staɪn
Steina 'ʃtai̯na
Steinach[er] 'ʃtai̯nax[ɐ]
Steinalben 'ʃtai̯n|albn̩
steinalt 'ʃtai̯n'|alt
Steinamanger ʃtai̯na'maŋɐ
Steinau 'ʃtai̯nau̯
Steinbach 'ʃtai̯nbax
Steinbeck 'ʃtai̯nbɛk, *engl.* 'staɪnbɛk
Steinberg 'ʃtai̯nbɛrk, *engl.* 'staɪnbə:g
Steinbüchel 'ʃtai̯nbʏçl̩
Steinburg 'ʃtai̯nbʊrk
Steindl 'ʃtai̯ndl̩
Steindorf[f] 'ʃtai̯ndɔrf
Steineberg 'ʃtai̯nəbɛrk
Steinen[berg] 'ʃtai̯nən[bɛrk]
Steinenbronn ʃtai̯nən'brɔn
Steiner 'ʃtai̯nɐ, *engl.* 'staɪnə
steinern 'ʃtai̯nɐn
Steinfeld 'ʃtai̯nfɛlt
Steinfort[h] 'ʃtai̯nfɔrt
Steinfurt[h] 'ʃtai̯nfʊrt
Steingaden ʃtai̯n'ga:dn̩
steinguten 'ʃtai̯ngu:tn̩
Steinhagen 'ʃtai̯nha:gn̩
Steinhäger Ⓦⓩ 'ʃtai̯nhɛ:gɐ
Steinhar[d]t 'ʃtai̯nhart, *engl.* 'staɪnhɑ:t
steinhart 'ʃtai̯n'hart
Steinhaus 'ʃtai̯nhau̯s
Steinhausen ʃtai̯n'hau̯zn̩
Steinheil 'ʃtai̯nhai̯l
Steinheim 'ʃtai̯nhai̯m
Steinhöfel 'ʃtai̯nhø:fl̩
Steinhoff 'ʃtai̯nhɔf
Steinhöring ʃtai̯n'hø:rɪŋ
Steinhöwel 'ʃtai̯nhø:vl̩
Steinhude 'ʃtai̯nhu:də
Steinhuder 'ʃtai̯nhu:dɐ
steinig 'ʃtai̯nɪç, **-e** ...ɪgə
steinigen 'ʃtai̯nɪgn̩, **steinig!** ...ɪç, **steinigt** ...ɪçt
Steinigt 'ʃtai̯nɪçt
Steinitz 'ʃtai̯nɪts, *engl.* 'staɪnɪts
Steinkjer *norw.* ˌstɛi̯nçæ:r
Steinl 'ʃtai̯nəl
Steinle 'ʃtai̯nlə
Steinlen 'ʃtai̯nlən, *fr.* stɛ̃'lɛn
Steinman 'ʃtai̯nman, *engl.* 'staɪnmən
Steinmar[k] 'ʃtai̯nmar[k]
Steinmetz 'ʃtai̯nmɛts, *engl.* 'staɪnmɛts, *niederl.* 'stɛi̯...
Steinpaß 'ʃtai̯npas
Steinpleis 'ʃtai̯nplai̯s
steinreich[1] (reich an Steinen) 'ʃtai̯nrai̯ç
steinreich[2] (sehr reich) 'ʃtai̯n'rai̯ç
Steinsburg 'ʃtai̯nsbʊrk
Steinschneider 'ʃtai̯nʃnai̯dɐ
Steinstraß 'ʃtai̯nʃtra:s
Steinstücken 'ʃtai̯nʃtʏkn̩
Steint[h]al 'ʃtai̯nta:l
Steinwald 'ʃtai̯nvalt
Steinway 'ʃtai̯nve, *engl.* 'staɪnweɪ
Steinweg 'ʃtai̯nve:k
Steinwenden ʃtai̯n'vɛndn̩
Steinwiesen ʃtai̯n'vi:zn̩
Steiper 'ʃtai̯pɐ
Steirer 'ʃtai̯rɐ
steirisch 'ʃtai̯rɪʃ
Steiß ʃtai̯s
Steißlingen 'ʃtai̯slɪŋən
Stekene *niederl.* 'ste:kənə
Stele 'ste:lə, 'ʃte:lə
Stella 'ʃtɛla, *engl.* 'stɛlə, *it.* 'stella, *fr.* stɛl'la
Stellage ʃtɛ'la:ʒə
stellar ʃtɛ'la:ɐ̯, st...
Stellaris ʃtɛ'la:rɪs, st...
Stellarton *engl.* 'stɛlətn
Stelldichein 'ʃtɛldɪç|ai̯n
Stelle 'ʃtɛlə
stellen 'ʃtɛlən
Stellenbosch *afr.* stɛləm'bɔs
Steller 'ʃtɛlɐ
...stellig (z. B. vierstellig) ...ʃtɛlɪç, **-e** ...ɪgə
Stellingen 'ʃtɛlɪŋən
St.-Elms-Feuer zaŋkt'|ɛlmsfɔy̯ɐ
Stelvio *it.* 'stelvi̯o, 'stɛlvi̯o
Stelze 'ʃtɛltsə
stelzen, S... 'ʃtɛltsn̩
Stelzhamer 'ʃtɛltshamɐ
Stemma 'ʃtɛma, 'st...; **-ta** -ta
Stemme 'ʃtɛmə
stemmen, S... 'ʃtɛmən
Stempel 'ʃtɛmpl̩
stempeln 'ʃtɛmpl̩n
Sten ʃte:n, *engl.* stɛn, *schwed.* ste:n, *dän.* sde:'n
Stendal 'ʃtɛnda:l
Stendel 'ʃtɛndl̩
Stenden 'ʃtɛndn̩
Stendhal *fr.* stɛ̃'dal
Stene *niederl.* 'ste:nə
Stenge 'ʃtɛŋə
Stengel 'ʃtɛŋl̩
...steng[e]lig (z. B. kurzsteng[e]lig) ...ʃtɛŋ[ə]lɪç, **-e** ...ɪgə
Stenlille *dän.* sde[:]n'lilə
Stenn[weiler] 'ʃtɛn[vai̯lɐ]
Steno 'ʃte:no
Stenodaktylo ʃteno'daktylo
Stenodaktylographie ʃtenodaktylogra'fi:
Stenodaktylographin ʃtenodaktylo'gra:fɪn
Stenogramm ʃteno'gram
Stenograph ʃteno'gra:f
Stenographie ʃtenogra'fi:, **-n** ...i:ən
stenographieren ʃtenogra'fi:rən
stenohalin ʃtenoha'li:n, st...

stenök ʃte'nø:k, st...
Stenokardie ʃtenokar'di:, st...; **-n** ...i:ən
Stenokorie ʃtenoko'ri:, st...
stenophag ʃteno'fa:k, st...; **-e** ...'fa:gə
Stenose ʃte'no:zə, st...
Stenosis ʃte'no:zɪs, st...
stenotherm ʃteno'tɛrm, st...
Stenothorax ʃteno'to:raks, st...
stenotop ʃteno'to:p, st...
Stenotypie ʃtenoty'pi:, **-n** ...i:ən
stenotypieren ʃtenoty'pi:rən
Stenotypist ʃtenoty'pɪst
stenoxybiont ʃtenɔksy'bi̯ɔnt, st...
Stensele *schwed.* 'ste:nsələ
Stenstu *schwed.* ˌste:nstʉ:
stentando stɛn'tando
stentato stɛn'ta:to
Stentor 'ʃtɛntɔr, 'st...
Stentsch ʃtɛntʃ
Stenton *engl.* 'stɛntən
Stenz ʃtɛnts
Step ʃtɛp, stɛp
Stepan *russ.* stɪ'pan, *serbokr.* 'stɛpa:n
Štěpán[ov] *tschech.* 'ʃtjɛpa:n[ɔf]
Stepanow, Stepanov *russ.* stɪ'panɐf
Stepanowitsch, Stepanovič *russ.* stɪ'panɐvitʃ
Stepanowna, Stepanovna *russ.* stɪ'panɐvnɐ
Stepenitz 'ʃte:pənɪts
Stephan 'ʃtɛfan
Stephani ʃte'fa:ni, 'ʃtɛfani
Stephanie ʃte'fa:ni̯ə, 'ʃtɛfani
Stephanit ʃtefa'ni:t, *auch:* ...nɪt
Stephano 'stɛfano
Stephanopulos *neugr.* stɛfa'nɔpulɔs
Stephanskirchen ʃtɛfans'kɪrçn̩
Stephanus 'ʃtɛfanʊs, 'st...
Stephen[s] *engl.* sti:vn[z]
Stephenson *engl.* sti:vnsn
Stephenville *engl.* 'sti:vnvɪl
Stepney *engl.* 'stɛpnɪ
Stepnitz 'ʃtɛpnɪts
Stepnjak *russ.* stɪp'njak
Stepnoi, Stepnoj *russ.* stɪp'nɔj
Stepp[e] 'ʃtɛp[ə]
¹steppen (tanzen) 'ʃtɛpn̩, 'st...
²steppen (nähen) 'ʃtɛpn̩
Stepper (Tänzer) 'ʃtɛpɐ, 'st...
Stepperei (zu: ²steppen) ʃtɛpə'rai̯
Steppke 'ʃtɛpkə
Stepun ʃte'pu:n
Ster ʃte:ɐ̯
sterben 'ʃtɛrbn̩
sterbenskrank 'ʃtɛrbn̩s'kraŋk
Sterbenswort 'ʃtɛrbn̩s'vɔrt
Sterbenswörtchen 'ʃtɛrbn̩s'vœrtçən
Sterbet 'ʃtɛrbət
Sterbfritz 'ʃtɛrpfrɪts
sterblich 'ʃtɛrplɪç
Sterculia ʃtɛr'ku:li̯a, st...
Stere *rumän.* 'stere
Stereo 'ʃte:reo, 'st...
Stereoagnosie ʃtereo|agno'zi:, st...
Stereoautograph ʃtereo|auto'gra:f, st...
Stereochemie ʃtereoçe'mi:, st...
stereochemisch ʃtereo'çe:mɪʃ, st...
Stereochromie ʃtereokro'mi:, st...; **-n** ...i:ən
Stereofilm 'ʃte:reofɪlm, 'st...
stereographisch ʃtereo'gra:fɪʃ, st...
Stereom ʃtere'o:m, st...
Stereometer ʃtereo'me:tɐ, st...
Stereometrie ʃtereome'tri:, st...
stereometrisch ʃtereo'me:trɪʃ, st...
Stereophonie ʃtereofo'ni:, st...
stereophon ʃtereo'fo:n, st...
Stereophotogrammetrie ʃtereofotograme'tri:, st...
stereophotogrammetrisch ʃtereofotogra'me:trɪʃ, st...
Stereophotographie ʃtereofotogra'fi:, st...
Stereoplanigraph ʃtereoplani'gra:f, st...
Stereoskop ʃtereo'sko:p, st...
Stereoskopie ʃtereosko'pi:, st...
Stereotomie ʃtereoto'mi:, st...
stereotyp ʃtereo'ty:p, st...
Stereotypeur ʃtereoty'pø:ɐ̯, st...
Stereotypie ʃtereoty'pi:, st...; **-n** ...i:ən
stereotypieren ʃtereoty'pi:rən, st...
Sterijin *serbokr.* 'stɛ:riji:n
steril ʃte'ri:l, st...
Sterilisation ʃteriliza'tsi̯o:n, st...
Sterilisator ʃterili'za:tɔr, st...; **-en** ...za'to:rən
sterilisieren ʃterili'zi:rən, st..
Sterilität ʃterili'tɛ:t, st...
Sterin ʃte'ri:n, st...
Sterke 'ʃtɛrkə
sterkoral ʃtɛrko'ra:l, st...
Sterkrade 'ʃtɛrkra:də
Sterlet[t] 'ʃtɛrlɛt
¹Sterling 'ʃtɛrlɪŋ, 'st...
²Sterling (Name) *engl.* 'stə:lɪŋ
¹Stern ʃtɛrn
²Stern (Name) ʃtɛrn, *engl.* stə:n, *fr.* stɛrn
sternal ʃtɛr'na:l, st...
Sternalgie ʃtɛrnal'gi:, st...; **-n** ...i:ən
Sternberg 'ʃtɛrnbɛrk, *engl.* 'stə:nbə:g
Sternberger 'ʃtɛrnbɛrgɐ
Šternberk *tschech.* 'ʃtɛrnbɛrk
Sterndeuterei ʃtɛrndɔytə'rai̯
Sterne 'ʃtɛrnə, *engl.* stə:n
Sternebeck 'ʃtɛrnəbɛk
Sternenfels 'ʃtɛrnənfɛls
sternenhell 'ʃtɛrnənhɛl
sternenwärts 'ʃtɛrnənvɛrts
Sterner 'ʃtɛrnɐ, *engl.* 'stə:nə
Sternfeld 'ʃtɛrnfɛlt
sternhagelvoll 'ʃtɛrn'ha:gl̩'fɔl
Sternheim 'ʃtɛrnhai̯m
Sternhold *engl.* 'stə:nhoʊld
sternklar 'ʃtɛrnkla:ɐ̯
Sternum 'ʃtɛrnʊm, 'st...
Steroid ʃtero'i:t, st...; **-e** ...i:də
Sterrebeek *niederl.* 'stɛrəbe:k
Sterrett *engl.* 'stɛrɪt
Stert ʃte:ɐ̯t
Stertor 'ʃtɛrtɔr, 'st...
stertorös ʃtɛrto'rø:s, st...; **-e** ...ø:zə
Sterz ʃtɛrts
Sterz[ing] 'ʃtɛrts[ɪŋ]
Stesichoros ste'zɪçorɔs
stet ʃte:t
Stete 'ʃte:tə
Stethaimer 'ʃtɛthai̯mər
Stethoskop ʃteto'sko:p, st...
Štětí *tschech.* 'ʃtjɛtji:
stetig 'ʃte:tɪç, **-e** ...ɪgə
stets ʃte:ts
stetsfort 'ʃte:tsfɔrt
Stetson *engl.* stɛtsn
Stetten[heim] 'ʃtɛtn̩[hai̯m]
Stetternich 'ʃtɛtɐnɪç
Stettheimer 'ʃtɛthai̯mɐ
Stettin[er] ʃtɛ'ti:n[ɐ]
Stettinius ʃtɛ'ti:ni̯ʊs, *engl.* stə'tɪnɪəs
Steuart *engl.* 'stju:ət
¹Steuben (Personenname) 'ʃtɔybn̩, *engl.* 'stju:bɪn
²Steuben (Ortsname) *engl.* stju:'bɛn
Steubenville *engl.* 'stju:bɪnvɪl
Steudten 'ʃtɔytn̩
Steuer 'ʃtɔyɐ
steuerbord, S... 'ʃtɔyɐbɔrt
Steurer 'ʃtɔyrɐ
Steutz ʃtɔyts
Stevan *serbokr.* 'stɛva:n
Steve *engl.* sti:v
¹Steven 'ʃte:vn̩
²Steven (Name) *engl.* sti:vn
Stevenage *engl.* 'sti:vnɪdʒ
Stevens *engl.* sti:vnz, *niederl.* 'ste:vəns
Stevenson *engl.* sti:vnsn
Stevens Point *engl.* 'sti:vnz 'pɔɪnt
Stevin *niederl.* stə'vi:n
Stevinus ste'vi:nʊs, ʃt...
¹Steward 'stju:ɐt, 'ʃt...
²Steward (Name) *engl.* stjʊəd
Stewardeß 'stju:ɐdɛs, 'ʃt...; *auch:* ––'–; **...dessen** 'stju:ɐdɛsn̩, 'ʃt...; ––'––
Stewardson *engl.* stjʊədsn
Stewart *engl.* stjʊət
Steyler 'ʃtailɐ
Steyn *afr.* stəi̯n
Steyr 'ʃtai̯ɐ

Sthenie ʃte'niː, st...
sthẹnisch 'ʃteːnɪʃ, 'st...
stibịtzen ʃti'bɪtsn̩
Stịbium 'ʃtiːbi̯ʊm, 'st...
stịch!, Stịch ʃtɪç
Stịchel 'ʃtɪçl̩
Stichelei ʃtɪçə'lai̯
stịcheln 'ʃtɪçl̩n
stịchfest 'ʃtɪçfɛst
stịchhaltig 'ʃtɪçhaltɪç, **-e** ...ɪɡə
stịchig 'ʃtɪçɪç, **-e** ...ɪɡə
stịchisch 'ʃtɪçɪʃ, 'st...
Stịchler 'ʃtɪçlɐ
Stịchling 'ʃtɪçlɪŋ
Stichomantie ʃtɪçoman'tiː, st...; **-n** ...iːən
Stichometrie ʃtɪçome'triː, st...
Stichomythie ʃtɪçomy'tiː, st...; **-n** ...iːən
stịcht ʃtɪçt
Stịchwort 'ʃtɪçvɔrt
Stịckelberger 'ʃtɪkl̩bɛrɡɐ
stịcken 'ʃtɪkn̩
Stickerei ʃtɪkə'rai̯
Stịckney *engl.* 'stɪknɪ
Stịckstoff 'ʃtɪk-ʃtɔf
stieben 'ʃtiːbn̩, **stieb!** ʃtiːp, **stiebt** ʃtiːpt
Stiebitz[see] 'ʃtiːbɪts[zeː]
Stiedry 'ʃtiːdri
Stief[el] 'ʃtiːf[l̩]
stiefeln 'ʃtiːfl̩n
Stiefern 'ʃtiːfɐn
Stiefographie ʃtifoɡra'fiː
stieg ʃtiːk
Stiege 'ʃtiːɡə
Stiegẹhnen ʃti'ɡeːnən
Stiegele 'ʃtiːɡələ
stiegen 'ʃtiːɡn̩
Stieglitz 'ʃtiːɡlɪts, *engl.* 'stiːɡlɪts
stiegt ʃtiːkt
stiehl!, S... ʃtiːl
stiehlt ʃtiːlt
stielen 'ʃtiːlən
Stiel[er] 'ʃtiːl[ɐ]
stiemen 'ʃtiːmən
Stiens *niederl.* stiːns
stier, S... ʃtiːɐ̯
stieren 'ʃtiːrən
stierig 'ʃtiːrɪç, **-e** ...ɪɡə
Stieringen 'ʃtiːrɪŋən
Stịerva *rät.* 'ʃtiə̯rva
Stiesel 'ʃtiːzl̩
sties[e]lig 'ʃtiːz[ə]lɪç, **-e** ...ɪɡə
stieß ʃtiːs
Stießel 'ʃtiːsl̩
stieß[e]lig 'ʃtiːs[ə]lɪç, **-e** ...ɪɡə
Stieve 'ʃtiːvə
Stifel 'ʃtiːfl̩
Stịft ʃtɪft
stịften 'ʃtɪftn̩
Stịfter 'ʃtɪftɐ
Stig *schwed.* stiːɡ, *dän.* sdiː[ɣ]
Stigand *engl.* 'stɪɡənd
Stigel 'ʃtiːɡl̩
Stigliano *it.* stiʎ'ʎaːno
Stiglmaier 'ʃtiːɡl̩mai̯ɐ
Stịgma 'ʃtɪɡma, 'st...; **-ta** -ta
Stigmarie ʃtɪ'ɡmaːri̯ə, st...
Stigmatisation ʃtɪɡmatiza'tsi̯oːn, st...
stigmatisieren ʃtɪɡmati'ziːrən, st...
Stigmonym ʃtɪɡmo'nyːm, st...
Stignani *it.* stiɲ'ɲaːni
Stijl *niederl.* stɛi̯l
Stijn *niederl.* stɛi̯n
Stika 'ʃtiːka
Stikine *engl.* stɪ'kiːn
Stịkker *niederl.* 'stɪkər
Stil ʃtiːl, stiːl
Stịlb ʃtɪlp, st...
Stile antico 'stiːlə an'tiːko
Stile concitato 'stiːlə kɔntʃi'taːto
Stile osservato 'stiːlə ɔsɛr'vaːto
Stile rappresentativo 'stiːlə raprezɛnta'tiːvo
Stile recitativo 'stiːlə retʃita'tiːvo
Stiles *engl.* staɪlz
Stilẹtt ʃti'lɛt, st...
Stịlfser Jọch 'ʃtɪlfsɐ 'jɔx
Stili vgl. Stilus
Stilicho 'stiːlɪço
stilisieren ʃtili'ziːrən, st...
Stilịst[ik] ʃti'lɪst[ɪk], st...
Stiljagi stɪl'jaːɡi
stịll ʃtɪl
Stịll ʃtɪl, *engl.* stɪl
Stịllach 'ʃtɪlax
stịlle, S... 'ʃtɪlə
Stillé *engl.* stɪ'leɪ
Stịlleben 'ʃtɪlleːbn̩
stịllen 'ʃtɪlən
Stịlling 'ʃtɪlɪŋ
Stịllingfleet *engl.* 'stɪlɪŋfliːt
Stịllman *engl.* 'stɪlmən
stịllschweigend 'ʃtɪlʃvai̯ɡn̩t, **-e** ...n̩də
Stịllson *engl.* stɪlsn
Stịllwater *engl.* 'stɪlwɔːtə
Stilo 'stiːlo
Stilpnosiderit ʃtɪlpnozide'riːt, *auch:* ...rɪt; st...
[1]**Stịlton** (Käse) stɪltn̩
[2]**Stịlton** (Name) *engl.* stɪltn
Stilus 'ʃtiːlʊs, 'st...; **...li** ...li
Stịlwell *engl.* 'stɪlwəl
stịmmen 'ʃtɪmən
Stịmmer 'ʃtɪmɐ
...stimmig (z. B. vierstimmig) ...ˌʃtɪmɪç, **-e** ...ɪɡə
Stịmpfach 'ʃtɪmpfax
Stịmson *engl.* stɪmsn
Stimulans 'ʃtiːmulans, 'st...; **...nzien** ʃtimu'lantsi̯ən, st...; **...ntia** ʃtimu'lantsi̯a, st...
Stimulation ʃtimula'tsi̯oːn, st...
stimulieren ʃtimu'liːrən, st...
Stimulus 'ʃtiːmulʊs, 'st...; **...li** ...li
Stina 'ʃtiːna
Stine 'ʃtiːnə
Stinkadores ʃtɪŋka'doːrɛs
stịnken 'ʃtɪŋkn̩
stinkfaul 'ʃtɪŋk'fau̯l
stịnkig 'ʃtɪŋkɪç, **-e** ...ɪɡə
Stịnnes 'ʃtɪnəs
Stịnt ʃtɪnt
Štịp *mak.* ʃtip
Stipel 'ʃtiːpl̩, 'st...
Stipendiat ʃtipɛn'di̯aːt
Stipendịst ʃtipɛn'dɪst
Stipẹndium ʃti'pɛndi̯ʊm, **...ien** ...i̯ən
Stịpp[e] 'ʃtɪp[ə]
stịppen 'ʃtɪpn̩
stịppig 'ʃtɪpɪç, **-e** ...ɪɡə
Stipulation ʃtipula'tsi̯oːn, st...
stipulieren ʃtipu'liːrən, st...
stịrb! ʃtɪrp
Ştirbẹi *rumän.* ʃtir'bei̯
stịrbt ʃtɪrpt
Stires *engl.* 'staɪəz
Stiring-Wendẹl *fr.* stiriŋvɛn'dɛl, stirɛ̃vɛ̃'dɛl
Stirling *engl.* 'stəːlɪŋ
Stịrn[e] 'ʃtɪrn[ə]
Stịrner 'ʃtɪrnɐ
Štity *tschech.* 'ʃtjiːti
Stjälpet *schwed.* 'ʃɛlpət
Stjärnfors *schwed.* ˌʃæːrnfɔrs
Stjärnhọv *schwed.* ʃærn'hoːv
Stjärnsụnd *schwed.* ʃærn'sʊnd
Stjernstedt *schwed.* ˌʃæːrnstɛt
St. John *Nachname engl.* 'sɪndʒən, *Ort engl.* snt'dʒɔn
St. Laurent *fr.* sɛ̃lɔ'rã
St. Leger *engl.* snt'lɛdʒə, 'sɛlɪndʒə
St. Leonards *engl.* snt'lɛnədz
Stoa 'ʃtoːa, 'st...
stob ʃtoːp
Stobaeus sto'bɛːʊs
Stọbbe 'ʃtɔbə
stöbe 'ʃtøːbə
stoben 'ʃtoːbn̩
Stober 'ʃtoːbɐ
Stöber 'ʃtøːbɐ
Stöberei ʃtøːbə'rai̯
stöbern 'ʃtøːbɐn, **stöbre** 'ʃtøːbrə
Stobrawa *poln.* stɔ'brava
Stobreč *serbokr.* ˌstɔbrɛtʃ
stobt ʃtoːpt
stöbt ʃtøːpt
Stobwasser 'ʃtoːpvasɐ
Stochastik ʃtɔ'xastɪk, st...
stochastisch ʃtɔ'xastɪʃ, st...
stọchern 'ʃtɔxɐn
Stöchiometrie ʃtøçi̯ome'triː, st...
stöchiometrisch ʃtøçi̯o'meːtrɪʃ, st...
[1]**Stọck** ʃtɔk, **Stọ̈cke** 'ʃtœkə
[2]**Stọck** (Warenvorrat) stɔk
[3]**Stọck** (Name) ʃtɔk, *fr.*, *engl.* stɔk
Stọckach 'ʃtɔkax
Stọckard *engl.* 'stɔkəd
Stọckau 'ʃtɔkau̯
stọckblịnd 'ʃtɔk'blɪnt

Stọckbridge *engl.* 'stɔkbrɪdʒ
Stọ̈ckchen 'ʃtœkçən
stọckdụmm 'ʃtɔk'dʊm
stọckdụnkel 'ʃtɔk'dʊŋkl̩
Stọ̈ckel 'ʃtœkl̩
stọ̈ckeln 'ʃtœkl̩n
stọcken 'ʃtɔkn̩
Stọ̈cker 'ʃtœkɐ
Stockerau ʃtɔkə'rau̯, '– – –
Stock Exchange *engl.* 'stɔkɪks,tʃeɪndʒ
stọckfịnster 'ʃtɔk'fɪnstɐ
Stọckhausen 'ʃtɔkhau̯zn̩
Stockholm 'ʃtɔkhɔlm, *auch:* –'–; *schwed.* ,stɔkhɔlm, ––
Stockholmer 'ʃtɔkhɔlmɐ, *auch:* –'––
Stọckholms-Tidningen *schwed.* ,stɔkhɔlmsti:dniŋən
Stọckhorn 'ʃtɔkhɔrn
stọckig 'ʃtɔkɪç, **-e** ...ɪɡə
...stöckig (z. B. vierstöckig) ...,ʃtœkɪç, **-e** ...ɪɡə
Stọckport *engl.* 'stɔkpɔ:t
Stọckstadt 'ʃtɔk-ʃtat
stọcktaub 'ʃtɔk'tau̯p
Stọckteich 'ʃtɔktai̯ç
Stọckton *engl.* 'stɔktən
Stọckum 'ʃtɔkʊm
Stọckwell *engl.* 'stɔkwəl
Stọczek *poln.* 'stɔtʃɛk
Stọd *tschech.* stɔt
Stọddard *engl.* 'stɔdəd
Stọddert *engl.* 'stɔdət
Stọdertal 'ʃto:dɐta:l
Stọdola *slowak.* 'stɔdɔla
Stọ̈dter 'ʃtœtɐ
Stoecker 'ʃtœkɐ
Stoessl 'ʃtœsl̩
Stọff[el] 'ʃtɔf[l̩]
stọffelig 'ʃtɔfəlɪç, **-e** ...ɪɡə
Stọffer 'ʃtɔfɐ, *engl.* 'stɔfə
Stofflẹt *fr.* stɔ'flɛ
stọfflich 'ʃtɔflɪç
stọfflig 'ʃtɔflɪç, **-e** ...ɪɡə
Stọ̈ger[mayer] 'ʃtø:ɡɐ[mai̯ɐ]
Stọgumber (Shaw) *engl.* 'stɔɡəmbə
stọ̈hle 'ʃtø:lə
stọ̈hnen 'ʃtø:nən
Stọica *rumän.* 'stoi̯ka
Stoichedọn stɔyçe'dɔn
Stọiker 'ʃto:ikɐ, 'st...
Stoịlow, Stoilov *bulgar.* sto'ilof
Stọin *bulgar.* 'stɔin
stọisch 'ʃto:ɪʃ, 'st...
Stoizịsmus ʃtoi'tsɪsmʊs, st...
Stojadịnović *serbokr.* stɔja,dinɔvitɕ
Stojan *serbokr.* ,stɔjan, *bulgar.* sto'jan
Stọjanka *serbokr.* ,stɔjaŋka
Stojạnow, Stojanov *bulgar.* sto'janof
Stojentịn ʃtojən'ti:n
Stoke [Poges] *engl.* 'stoʊk ['poʊdʒɪz]
Stokes *engl.* stoʊks
Stọkksnes *isl.* 'stɔxsnɛ:s
Stokọwski *poln.* stɔ'kɔfski, *engl.* stoʊ'kɔfskɪ
Stokọwsky ʃto'kɔfski, st...
Štọky *tschech.* 'ʃtɔki
Stọl *serbokr.* stɔ:l
Stọla 'ʃto:la, 'st...
Stọlac *serbokr.* ,stɔlats
Stọlberg 'ʃtɔlbɛrk
Stọlbzy, Stolbcy *russ.* 'stɔlptsɨ
Stọlgebühren 'ʃto:lɡəby:rən, 'st...
Stọlin *russ.* 'stɔlin
Stọll ʃtɔl, *engl.* stoʊl
Stọllberg 'ʃtɔlbɛrk
Stọlle[n] 'ʃtɔlə[n]
Stolọn ʃto'lo:n, st...
Stọlp[e] 'ʃtɔlp[ə]
Stọlpen 'ʃtɔlpn̩
Stọlpen, De *niederl.* də 'stɔlpə
Stọlper 'ʃtɔlpɐ
stọlp[e]rig 'ʃtɔlp[ə]rɪç, **-e** ...ɪɡə
stọlpern 'ʃtɔlpɐn
Stolpmụ̈nde ʃtɔlp'mʏndə
Stọltenberg 'ʃtɔltn̩bɛrk
Stoltenhạgen ʃtɔltn̩'ha:ɡn̩
Stọltze 'ʃtɔltsə
Stọltzer 'ʃtɔltsɐ
Stolỵpin *russ.* sta'lɨpin
stọlz, S... ʃtɔlts
Stọlze 'ʃtɔltsə
Stọ̈lzel 'ʃtœltsl̩
Stọlzenau 'ʃtɔltsənau̯
Stọlzenberg 'ʃtɔltsn̩bɛrk
Stọlzenburg 'ʃtɔltsn̩bʊrk
Stọlzenfels 'ʃtɔltsn̩fɛls
stolzieren ʃtɔl'tsi:rən
Stọma 'ʃto:ma, 'st...; **-ta** -ta
stomachạl ʃtoma'xa:l, st...
Stomạchikum ʃto'maxikʊm, st...; **...ka** ...ka
Stomakạze ʃtoma'ka:tsə, st...
Stomata vgl. Stoma
Stomatịtis ʃtoma'ti:tɪs, st...; **...itịden** ...ti'ti:dn̩
stomatogẹn ʃtomato'ge:n, st...
Stomatolọge ʃtomato'lo:ɡə, st...
Stomatologie ʃtomatolo'gi:, st...
stomatolọgisch ʃtomato'lo:ɡɪʃ, st...
Stọmmeln 'ʃtɔml̩n
Stọmp ʃtɔmp, stɔmp
Stone *engl.* stoʊn
Stoneham *engl.* 'stoʊnəm
Stonehaven *engl.* stoʊn'heɪvn
Stonehenge *engl.* 'stoʊn'hɛndʒ
Stoneman *engl.* 'stoʊnmən
Stones Rịver *engl.* 'stoʊnz 'rɪvə
Stoney *engl.* 'stoʊnɪ
Stọng *engl.* stɔŋ
Stonington *engl.* 'stoʊnɪŋtən
Stọnsdorfer Ⓦ 'ʃto:nsdɔrfɐ
Stooß ʃto:s
stọp! ʃtɔp, stɔp
Stopes *engl.* stoʊps
stọpfen, S... 'ʃtɔpfn̩
Stọph ʃto:f
stọpp!, Stọpp ʃtɔp
Stọppel 'ʃtɔpl̩
stọpp[e]lig 'ʃtɔp[ə]lɪç, **-e** ...ɪɡə
stọppeln 'ʃtɔpl̩n
stọppen 'ʃtɔpn̩
Stọ̈psel 'ʃtœpsl̩
stọ̈pseln 'ʃtœpsl̩n
Stọp-Time 'stɔptai̯m, 'ʃt...
Stọ̈r ʃtø:ɐ̯
Storå *dän.* 'sdo:rɔ:'
Stora Sjöfallet *schwed.* ,stu:ra ,ʃø:falət
Storavan *schwed.* ,stu:rɑ:van
Stọrax 'ʃto:raks, 'st...
Stọrbele 'ʃtɔrbələ
Stọrch ʃtɔrç, **Stọ̈rche** 'ʃtœrçə
Stọ̈rchelchen 'ʃtœrçl̩çən
stọrchen 'ʃtɔrçn̩
Stọrchio *it.* 'stɔrki̯o
Stọrd *norw.* sturd
[1]**Stọre** (Vorhang) ʃto:ɐ̯, sto:ɐ̯
[2]**Stọre** (Lager) sto:ɐ̯
Stọre-Bælt *dän.* 'sdo:rəbɛl'd
Stọre-Hẹddinge *dän.* sdo:rə'heðenə
stọ̈ren 'ʃtø:rən
Stọrer *engl.* 'stɔ:rə
Stọ̈rerei ʃtø:rə'raɪ
Stọrey *engl.* 'stɔ:rɪ
Stọrfjord *norw.* ,stu:rfju:r
Stọrfors *schwed.* ,stu:rfɔrs
Stọrk ʃtɔrk, *engl.* stɔ:k
Stọrkow 'ʃtɔrko
Stọrlien *schwed.* ,stu:rli:ən
Stọrm ʃtɔrm, *engl.* stɔ:m
Stọrmarn 'ʃtɔrmarn
Stọ̈rmer 'ʃtœrmɐ
Stọrmgade *dän.* 'sdɔrmga:ðə
Stọrmonth *engl.* 'stɔ:mʌnθ
Stornẹllo stɔr'nɛlo, **...lli** ...li
Stọrni *it.* 'stɔrni, *span.* ɛs'tɔrni
stornieren ʃtɔr'ni:rən, st...
Stọrno 'ʃtɔrno, 'st...; **...ni** ...ni
Stọrnoway *engl.* 'stɔ:nəweɪ
Stọrr ʃtɔr, *engl.* stɔ:
stọ̈rrig 'ʃtœrɪç, **-e** ...ɪɡə
stọ̈rrisch 'ʃtœrɪʃ
Stọ̈rring 'ʃtœrɪŋ
Stọrrow *engl.* 'stɔroʊ
Stọrrs *engl.* stɔ:z
Stọrstrømmen *dän.* 'sdo:rsdrœm'ən
Stọ̈rtebeker 'ʃtœrtəbe:kɐ
Stọrting 'ʃto:ɐ̯tɪŋ, 'st...
Stọruman *schwed.* ,stu:rʉ:man
Stọrvik *schwed.* ,stu:rvi:k
Story 'sto:ri, 'stɔri; *engl.* 'stɔ:rɪ
Stọrz[ingen] 'ʃtɔrts[ɪŋən]
Stọsch ʃtɔʃ
Stọsnau 'ʃto:snau̯
stọß! ʃto:s
Stọß ʃto:s, **Stọ̈ße** 'ʃtø:sə
Stọ̈ßchen 'ʃtø:sçən
Stọ̈ßel 'ʃtø:sl̩
stọßen 'ʃto:sn̩
stọ̈ßig 'ʃtø:sɪç, **-e** ...ɪɡə
stọ̈ßt ʃtø:st

Stoßtruppler 'ʃto:strʊplɐ
Stothard *engl.* 'stɔðəd
Stotinka sto'tɪŋka, ʃt...; **...ki** ...ki
Stötten 'ʃtœtn̩
Stötteritz 'ʃtœtərɪts
stottern 'ʃtɔtɐn
Stotz[en] 'ʃtɔts[n]
Stotzingen 'ʃtɔtsɪŋən
Stoughton *engl.* stɔ:tn, staʊtn
[1]**Stour** (Suffolk, Essex) *engl.* stʊə
[2]**Stour** (Hampshire) *engl.* 'staʊə, stʊə
[3]**Stour** (Kent) *engl.* 'staʊə
Stourbridge *engl.* 'staʊəbrɪdʒ
Stourport *engl.* 'staʊəpɔ:t
Stout *engl.* staʊt
Stovchen 'ʃto:fçən
Stove 'ʃto:və
Stow[e] *engl.* stoʊ
Stowell *engl.* 'stoʊəl
stowen 'ʃto:vn̩, **stow!** ʃto:f, **stowt** ʃto:ft
Stöwen 'ʃtø:vn̩
Stöwer 'ʃtø:vɐ
Stowmarket *engl.* 'stoʊmɑ:kɪt
Straach ʃtra:x
Strabane *engl.* strə'bæn
strabanzen ʃtra'bantsn̩
Strabismus ʃtra'bɪsmʊs, st...
Strabo 'stra:bo
Strabolgi *engl.* strə'boʊgɪ
Strabometer ʃtrabo'me:tɐ, st...
Strabometrie ʃtrabome'tri:, st.....
Strabon 'stra:bɔn
strabonisch, S... stra'bo:nɪʃ
Strabotomie ʃtraboto'mi:, st...; **-n** ...i:ən
Stracchino stra'ki:no
Stracciari *it.* strat'tʃa:ri
Strachan *engl.* strɔ:n
Strachey *engl.* 'streɪtʃɪ
Strachow, Strahov *russ.* 'straxɐf
Strachwitz 'ʃtraxvɪts
Stracimir vgl. Strazimir
Strack[e] 'ʃtrak[ə]
stracks ʃtraks
Strada *it.* 'stra:da, *rät.* 'ʃt...
Straddle 'strɛdl̩, 'ʃt...
Stradella *it.* stra'dɛlla
Stradivari *it.* stradi'va:ri
Stradivario *it.* stradi'va:ri̯o
Stradivarius stradi'va:ri̯ʊs, **...rii** ...rii
Stradow 'ʃtra:do
Straelen 'ʃtra:lən
Strafe 'ʃtra:fə
strafen 'ʃtra:fn̩
straff[en] 'ʃtraf[n̩]
Strafford *engl.* 'stræfəd
sträflich 'ʃtrɛ:flɪç
Sträfling 'ʃtrɛ:flɪŋ
Stragula ⓦ 'ʃtra:gʊla, 'st...
Strahimir *serbokr.* ˌstrahimi:r
Strahl ʃtra:l
strahlen 'ʃtra:lən
strählen 'ʃtrɛ:lən
strahlig 'ʃtra:lɪç, **-e** ...ɪgə
Strähn[e] 'ʃtrɛ:n[ə]
strähnig 'ʃtrɛ:nɪç, **e** ...ɪgə
Strahov vgl. Strachow
Straight *engl.* streɪt
Straits Settlements *engl.* 'streɪts 'sɛtlmənts
Strak ʃtrak
straken 'ʃtrakn̩
Strakonice *tschech.* 'strakɔnjitsɛ
Strakonitz 'ʃtrakonɪts
Stralau 'ʃtra:lau̯
Straldscha, Straldža *bulgar.* 'straldʒa
Stralsund 'ʃtra:lzʊnt, *auch:* –'–
Stralsunder 'ʃtra:lzʊndɐ, *auch:* –'– –
stralzieren ʃtral'tsi:rən, st...
Stralzio 'ʃtraltsi̯o, 'st...
Strambotto stram'bɔto, **...tti** ...ti
Stramin ʃtra'mi:n
stramm, S... ʃtram
strammen 'ʃtramən
strampeln 'ʃtrampl̩n
strampfen 'ʃtrampfn̩
Stranahan *engl.* 'strænəhæn
[1]**Strand** ʃtrant; **-e** 'ʃtrandə, **Strände** 'ʃtrɛndə
[2]**Strand** *engl.* strænd, *afr.* strant, *norw.* stran
Stranda *norw.* ˌstranda
Strandasýsla *isl.* 'strandasisla
stranden 'ʃtrandn̩, **strand!** ʃtrant
Strandscha, Strandža *bulgar.* 'strandʒa
Strandvejen *dän.* 'stranvai̯'ən
[1]**Strang** ʃtraŋ, **Stränge** 'ʃtrɛŋə
[2]**Strang** *engl.* stræŋ
Strange 'ʃtraŋə, *engl.* streɪndʒ
strängen 'ʃtrɛŋən
Strangford *engl.* 'stræŋfəd
Strängnäs *schwed.* ˌstrɛŋnɛ:s
Strängsered *schwed.* 'strɛŋsəre:d
Strangulation ʃtraŋgula'tsi̯o:n, st...
strangulieren ʃtraŋgu'li:rən, st...
Strangurie ʃtraŋgu'ri:, st...; **-n** ...i:ən
Strání *tschech.* 'stra:nji:
Straning 'ʃtra:nɪŋ
Stranitzky ʃtra'nɪtski
Stranraer *engl.* stræn'rɑ:ə
Stranski *bulgar.* 'stranski
Stransky 'ʃtranski, *engl.* 'strænskɪ
Straparola *it.* strapa'rɔ:la
Strapaze ʃtra'pa:tsə
strapazieren ʃtrapa'tsi:rən
strapaziös ʃtrapa'tsi̯ø:s, **-e** ...ø:zə
Strappatura strapa'tu:ra, ʃt...
Straps ʃtraps, st...; *engl.* stræps
Strasbourg *fr.* stras'bu:r
Strasburg 'ʃtra:sbʊrk
Strasburger 'ʃtra:sbʊrgɐ
Straschimirow, Strašimirov *bulgar.* straʃi'mirɔf
strasciando stra'ʃando
Strasen 'ʃtra:zn̩
Straškov *tschech.* 'straʃkɔf
Straß ʃtras
straßab ʃtra:s'|ap
straßauf ʃtra:s'|au̯f
[1]**Straßburg** 'ʃtra:sbʊrk
[2]**Straßburg** (Österr.) 'ʃtrasbʊrk
Straßburger 'ʃtra:sbʊrgɐ (zu: [1]Straßburg)
Sträßchen 'ʃtrɛ:sçən
Straße 'ʃtra:sə
Strassen 'ʃtra:sn̩
Strasser 'ʃtrasɐ
Straßkirchen ʃtra:s'kɪrçn̩
Straßnitz 'ʃtrasnɪts
Straßwalchen ʃtra:s'valçn̩
Stratagem ʃtrata'ge:m, st...
Statameter ʃtrata'me:tɐ, st...
Stratas *neugr.* 'stratas
Stratege ʃtra'te:gə, st...
Strategie ʃtrate'gi:, st...; **-n** ...i:ən
strategisch ʃtra'te:gɪʃ, st...
Stratemeyer 'ʃtra:təmai̯ɐ, *engl.* 'strætɪmaɪə
Stratford *engl.* 'strætfəd
Strathclyde *engl.* stræθ'klaɪd
Strathcona *engl.* stræθ'koʊnə
Strathmore *engl.* stræθ'mɔ:
Strathspey *engl.* stræθ'speɪ
Strati vgl. Stratus
Stratifikation ʃtratifika'tsi̯o:n, st...
stratifizieren ʃtratifi'tsi:rən, st...
Stratigraphie ʃtratigra'fi:, st...
stratigraphisch ʃtrati'gra:fɪʃ, st...
Strato 'stra:to
Stratokles 'stra:toklɛs
Stratokumulus ʃtrato'ku:mulʊs, st...; **...li** ...li
Straton 'stra:tɔn, *engl.* streɪtn
Stratosphäre ʃtrato'sfɛ:rə, st...
stratosphärisch ʃtrato'sfɛ:rɪʃ, st...
Stratton *engl.* strætn
Stratus 'ʃtra:tʊs, 'st...; **...ti** ...ti
Stratz ʃtra:ts
Straub ʃtrau̯p
Straube 'ʃtrau̯bə
sträuben 'ʃtrɔy̯bn̩, **sträub!** ʃtrɔy̯p, **sträubt** ʃtrɔy̯pt
Straubing[er] 'ʃtrau̯bɪŋ[ɐ]
Strauch ʃtrau̯x, **Sträucher** 'ʃtrɔy̯çɐ
Sträuchelchen 'ʃtrɔy̯çl̩çən
straucheln 'ʃtrau̯xl̩n
Strauchen 'ʃtrau̯xn̩
strauchig 'ʃtrau̯xɪç, **-e** ...ɪgə
Strauken 'ʃtrau̯kn̩

Straupitz ˈʃtraupɪts
Straus ʃtraus, *engl.* straʊs
Strausberg ˈʃtrausbɛrk
Strauß ʃtraus, **Sträuße** ˈʃtrɔysə
Strauss ʃtraus, *engl.* straʊs
Sträußchen ˈʃtrɔysçən
Straußenberg ˈʃtrausn̩bɛrk
Straußenburg ˈʃtrausn̩bʊrk
Straußfurt ˈʃtrausfʊrt
Strawinski, Stravinskij ʃtraˈvɪnski, st...; *russ.* straˈvinskij
Strawinsky ʃtraˈvɪnski, st...
Strawn *engl.* strɔːn
Stražilovo *serbokr.* ˌstraʒilɔvɔ
Strazimir, Stracimir *bulgar.* stratsiˈmir
Strážnice *tschech.* ˈstraːʒnjitsɛ
Strážný *tschech.* ˈstraːʒniː
Strazza ˈʃtratsa, ˈst...
Strazze ˈʃtratsə, ˈst...
Štrba *slowak.* ˈʃtr̩ba
Streator *engl.* ˈstriːtə
Streb ʃtreːp, **-e** ˈʃtreːbə
streben ˈʃtreːbn̩, **streb!** ʃtreːp, **strebt** ʃtreːpt
Streber ˈʃtreːbɐ
Streberei ʃtreːbəˈrai
Strebersdorf ˈʃtreːbɐsdɔrf
strebsam ˈʃtreːpzaːm
Strecke ˈʃtrɛkə
strecken ˈʃtrɛkn̩
Streckfuß ˈʃtrɛkfuːs
Streek ʃtreːk, *niederl.* streːk
Street[er] *engl.* ˈstriːt[ə]
Strehaia *rumän.* streˈhaja
Strehl[a] ˈʃtreːl[a]
Strehlen[au] ˈʃtreːlən[au]
Strehler ˈʃtreːlɐ
Strei *rumän.* strei
Streich[e] ˈʃtraiç[ə]
streicheln ˈʃtraiçl̩n
streichen ˈʃtraiçn̩
Streicher ˈʃtraiçɐ
Streicherei ʃtraiçəˈrai
Streif[e] ˈʃtraif[ə]
streifen ˈʃtraifn̩
Streiferei ʃtraifəˈrai
streifig ˈʃtraifɪç, **-e** ...ɪgə
Streifling ˈʃtraiflɪŋ
Streik ʃtraik
streiken ˈʃtraikn̩
Streit ʃtrait, *engl.* straɪt, streɪt
Streitau ˈʃtraitau
Streitberg ˈʃtraitbɛrk
streiten ˈʃtraitn̩
Streiter ˈʃtraitɐ
Streiterei ʃtraitəˈrai
streitig ˈʃtraitɪç, **-e** ...ɪgə
Strela ˈʃtreːla
Strel'cov vgl. Strelzow
Střelice *tschech.* ˈstrʃɛlitsɛ
Strelitz ˈʃtreːlɪts
Strelitze ʃtreˈlɪtsə
Strell[n] ʃtrɛl[n]
Strelow ˈʃtreːlo
Strelzow, Strel'cov *russ.* strɪljˈtsɔf

Stremma ˈʃtrɛma, ˈst...; **-ta** -ta
stremmen, S... ˈʃtrɛmən
streng, S... ʃtrɛŋ
Strengberg ˈʃtrɛŋbɛrk
Strenge[n] ˈʃtrɛŋə[n]
strengstens ˈʃtrɛŋstn̩s
Strenuität ʃtrenuiˈtɛːt, st...
Strenz[e] ˈʃtrɛnts[ə]
strenzen ˈʃtrɛntsn̩
strepitoso strepiˈtoːzo
Streptokokkus ʃtrɛptoˈkɔkʊs, st...
Streptomycin, ...zin ʃtrɛptomyˈtsiːn, st...
Streptotrichose ʃtrɛptotrɪˈçoːzə, st...
Strépy-Bracquegnies *fr.* strepibrakˈɲi
Stresa *it.* ˈstreːza
Stresemann ˈʃtreːzəman
Streß ʃtrɛs, st...; **Stresse** ˈʃtrɛsə, ˈst...
Stretch strɛtʃ, **des -es** ˈstrɛtʃəs, **die -es** ˈstrɛtʃɪs
Stretford *engl.* ˈstrɛtfəd
Stretta ˈstrɛta
stretto ˈstrɛto
Stretton *engl.* strɛtn
Streu[ben] ˈʃtrɔy[bn̩]
streu[n]en ˈʃtrɔy[n]ən
Streusel ˈʃtrɔyzl̩
Streuvels *niederl.* ˈstrøːvəls
Strevens *engl.* ˈstrɛvənz
Stria ˈʃtriːa, ˈst...; **Striae** ˈʃtriːɛ, ˈst...
Strib *dän.* sdriːˈb
Striberg *schwed.* ˈstriːbærj
Stribling *engl.* ˈstrɪblɪŋ
Stříbrná Skalice *tschech.* ˈstrʃiːbr̩naː ˈskalitsɛ
Stricerius ʃtriˈtseːriʊs, st...
strich, S... ʃtrɪç
Strichelchen ˈʃtrɪçl̩çən
stricheln ˈʃtrɪçl̩n
strichlieren ʃtrɪçˈliːrən
Strick ʃtrɪk
stricken ˈʃtrɪkn̩
Stricker ˈʃtrɪkɐ
Strickerei ʃtrɪkəˈrai
Strickland *engl.* ˈstrɪklənd
stricte ˈʃtrɪktə, ˈst...
strictissime ʃtrɪkˈtɪsime, st...
Stridor ˈʃtriːdɔr, ˈst...
Stridulation ʃtridulaˈtsioːn, st...
Striegau ˈʃtriːgau
Striegel ˈʃtriːgl̩
striegeln ˈʃtriːgl̩n, **striegle** ˈʃtriːglə
striemig ˈʃtriːmɪç, **-e** ...ɪgə
Striesen ˈʃtriːzn̩
Strießnig ˈʃtriːsnɪç
Striezel ˈʃtriːtsl̩
striezen ˈʃtriːtsn̩
Strigel ˈʃtriːgl̩
strigiliert ʃtrigiˈliːɐ̯t, st...
Strijbeek *niederl.* ˈstrɛibeːk
Strijen *niederl.* ˈstrɛiə

strikt[e] ˈʃtrɪkt[ə], ˈst...
Striktion ʃtrɪkˈtsioːn, st...
Striktur ʃtrɪkˈtuːɐ̯, st...
Střílky *tschech.* ˈstrʃiːlki
Strindberg ˈʃtrɪntbɛrk, *schwed.* ˌstrɪn[d]bærj
stringendo strɪnˈdʒɛndo
Stringendo strɪnˈdʒɛndo **...di** ...di
stringent ʃtrɪŋˈgɛnt, st...
Stringenz ʃtrɪŋˈgɛnts, st...
Stringer ˈʃtrɪŋɐ, *engl.* ˈstrɪŋə
stringieren ʃtrɪŋˈgiːrən, st...
Strip ʃtrɪp, strɪp
Strippe ˈʃtrɪpə
strippen ˈʃtrɪpn̩, ˈstrɪpn̩
Strippow ˈʃtrɪpo
Strips ʃtrɪps, st...
Strip-tease ˈʃtrɪptiːs, ˈst...
strisciando strɪˈʃando
Strisciando strɪˈʃando, **...di** ...di
Stritar *slowen.* ˈstriːtar
Stritch *engl.* strɪtʃ
stritt, S... ʃtrɪt
strittig ˈʃtrɪtɪç, **-e** ...ɪgə
Strittmatter ˈʃtrɪtmatɐ
Stritzko ˈʃtrɪtsko
Strizzi ˈʃtrɪtsi
Strjama *bulgar.* ˈstrjama
Strobel ˈʃtroːbl̩
strob[e]lig ˈʃtroːb[ə]lɪç, **-e** ...ɪgə
strobeln ˈʃtroːbl̩n, **stroble** ˈʃtroːblə
Ströbitz ˈʃtrøːbɪts
Strobl ˈʃtroːbl̩
Stroboskop ʃtroboˈskoːp, st...
Strode *engl.* stroʊd
Stroe *niederl.* struː
Stroessner ˈʃtrœsnɐ
Stroganow, Stroganov *russ.* ˈstrɔgənəf
Strøget *dän.* ˈsdrɔiˀəð
Stroh ʃtroː
Stroheim ˈʃtroːhaim
Strohgäu ˈʃtroːgɔy
strohig ˈʃtroːɪç, **-e** ...ɪgə
Strohkirchen ʃtroːˈkɪrçn̩
Strolch ʃtrɔlç
strolchen ˈʃtrɔlçn̩
Strom ʃtroːm, **Ströme** ˈʃtrøːmə
Stroma ˈʃtroːma, ˈst...
stromab ʃtroːmˈ|ap
stromabwärts ʃtroːmˈ|apvɛrts
stroman ʃtroːmˈ|an
Stromatik ʃtroˈmaːtɪk, st...
stromauf ʃtroːmˈ|auf
stromaufwärts ʃtroːmˈ|aufvɛrts
Strombeek *niederl.* ˈstrɔmbeːk
Stromberg ˈʃtroːmbɛrk
Stromboli *it.* ˈstromboli
Ströme vgl. Strom
strömen ˈʃtrøːmən
Stromer ˈʃtroːmɐ
stromern ˈʃtroːmɐn
Strömgren *schwed.* ˌstrœmgreːn
Strømø *dän.* ˈsdrœmøːˀ

Strömsholm *schwed.* strœms'hɔlm

Strömstad *schwed.* 'strœmstɑ:d

Strömsund *schwed.* ˌstrœmsʊnd

Strọng[bow] *engl.* 'strɔŋ[boʊ]

Strọngoli *it.* 'strɔŋgoli

Strọnsay *engl.* 'strɔnseɪ

Strontian *engl.* strɔn'ti:ən

Strontianit ʃtrɔntsi̯a'ni:t, *auch:* ...nɪt; st...

Strọntium 'ʃtrɔntsi̯ʊm, 'st...

Strophanthin ʃtrofan'ti:n, st...

Strophạnthus ʃtro'fantʊs, st...

Strophe 'ʃtro:fə

...strophig (z. B. dreistrophig) ...ˌʃtro:fɪç, **-e** ...ɪgə

Strophik 'ʃtro:fɪk, 'st...

strophisch 'ʃtro:fɪʃ

Strọpp[endorf] 'ʃtrɔp[n̩dɔrf]

Stroß ʃtro:s

Strọsse 'ʃtrɔsə

Strother *engl.* 'stroʊðə

strọtzen 'ʃtrɔt͡sn̩

Stroud[sburg] *engl.* 'straʊd[zbə:g]

Štrougal *tschech.* 'ʃtroʊgal

Stroupežnický *tschech.* 'stroʊpɛʒnjitski:

Stroux ʃtrʊks

Strọzzi *it.* 'strɔttsi

strub, S... ʃtru:p

strụbb[e]lig 'ʃtrʊb[ə]lɪç, **-e** ...ɪgə

Strụbbelkopf 'ʃtrʊbl̩kɔp͡f

Strụck ʃtrʊk, *engl.* strʌk

Strudel 'ʃtru:dl̩

strudeln 'ʃtru:dl̩n, **strudle** 'ʃtru:dlə

Struden 'ʃtru:dn̩

Strudengau 'ʃtru:dn̩gaʊ

Strudwick *engl.* 'strʌdwɪk

Struensee 'ʃtru:ənze:, *dän.* 'sdru:ənsə

Struer *dän.* 'sdru:ər

Struktur ʃtrʊk'tu:ɐ̯, st...

struktural ʃtrʊktu'ra:l, st...

Strukturalismus ʃtrʊktura'lɪsmʊs, st...

Strukturalist ʃtruktura'lɪst, st...

strukturẹll ʃtrʊktu'rɛl, st...

strukturieren ʃtrʊktu'ri:rən, st...

[1]**Struma** (Kropf) 'ʃtru:ma, 'st...

[2]**Struma** (Name) *bulgar.* 'struma

Strumektomie ʃtrumɛkto'mi:, st...; **-n** ...i:ən

Strumẹschniza, Strumešnica *bulgar.* stru'mɛʃnitsa

Strumica *mak.* 'strumitsa

Strumień *poln.* 'strumjɛɲ

Strumitis ʃtru'mi:tɪs, st...; **...itiden** ...mi'ti:dn̩

strumös ʃtru'mø:s, st...; **-e** ...ø:zə

Strümpell 'ʃtrʏmpl̩

Strụmpf ʃtrʊmp͡f, **Strümpfe** 'ʃtrʏmp͡fə

Strụngk ʃtrʊŋk

Strunino *russ.* 'struninɐ

Strụnk ʃtrʊŋk, **Strünke** 'ʃtrʏŋkə

Strụpfe 'ʃtrʊp͡fə

strụpfen 'ʃtrʊp͡fn̩

Strụpp[en] 'ʃtrʊp[n̩]

strụppig 'ʃtrʊpɪç, **-e** ...ɪgə

Strusa 'ʃtru:za, 'st...

Struth ʃtru:t

Struther[s] *engl.* 'strʌðə[z]

Strụtt *engl.* strʌt

[1]**Struve** 'ʃtru:və

Struwe, [2]**Struve** *russ.* 'struvɪ

Strụwwelkopf 'ʃtrʊvl̩kɔp͡f

Strụwwelpeter 'ʃtrʊvl̩pe:tɐ

Struycken *niederl.* 'strœi̯kə

Stry, Stryj *russ.* strɨj

Strychnin ʃtrʏç'ni:n, st...

Stryjkọwski *poln.* strɨj'kɔfski

Stryków *poln.* 'strɨkuf

Strype *engl.* straɪp

Strzęgom *poln.* 'stʃɛgɔm

Strzelce Krajeńskie *poln.* 'stʃɛltsɛ kra'jɛ̃skjɛ

Strzelce Opolskie *poln.* 'stʃɛltsɛ ɔ'pɔlskjɛ

Strzelin *poln.* 'stʃɛlin

Strzelno *poln.* 'stʃɛlnɔ

Strzemieszyce Wielkie *poln.* stʃɛmjɛ'ʃɨtsɛ 'vjɛlkjɛ

Strzygọwski ʃʏ'gɔfski, stʃʏ...

Strzyżów *poln.* 'stʃɨʒuf

Stuart 'ʃtu:art, 'st..., *engl.* stjʊət

Stubach 'ʃtu:bax

Stubaier 'ʃtu:bai̯ɐ

Stubaital 'ʃtu:bai̯ta:l

Stubalpe 'ʃtu:p|alpə

Stubbekøbing *dän.* 'sdubəkø:'beŋ

Stụbben 'ʃtʊbn̩

Stübben 'ʃtʏbn̩

Stụbbenkammer 'ʃtʊbn̩kamɐ

Stubb[e]ls *engl.* stʌbz

Stübchen 'ʃty:pçən

Stube 'ʃtu:bə

Stübe 'ʃty:bə

Stuben 'ʃtu:bn̩

Stubenhockerei ʃtu:bn̩hɔkə'rai̯

Stüber 'ʃty:bɐ

Stubičke Toplice *serbokr.* 'stubitʃkɛ: ˌtɔplitsɛ

Stubnick 'ʃtu:bnɪk

Stubsnase 'ʃtʊpsna:zə

[1]**Stuck** (Ornamentik) ʃtʊk

[2]**Stuck** (Name) ʃtʊk, *engl.* stʌk

Stück ʃtʏk

Stückelberg 'ʃtʏkl̩bɛrk

stückeln 'ʃtʏkl̩n

stücken 'ʃtʏkn̩

stucken, S... 'ʃtʊkn̩

Stuckenberg *dän.* 'sdugənbɛr'ʏ

stuckern 'ʃtʊkɐn

stuckieren ʃtʊ'ki:rən

Stücklen 'ʃtʏklən

Stucley *engl.* 'stju:klɪ

stud. ʃtu:t, ʃtʊt

Studebaker *engl.* 'stju:dəbeɪkə

Stüde[nitz] 'ʃty:də[nɪts]

Studénka *tschech.* 'studɛ:ŋka

Studẹnt ʃtu'dɛnt

Studẹntika ʃtu'dɛntika

Studẹnzen ʃtu'dɛnt͡sn̩

Studie 'ʃtu:di̯ə

studieren ʃtu'di:rən

Studiker 'ʃtu:dikɐ

Studio 'ʃtu:di̯o

Studiosus ʃtu'di̯o:zʊs, **...si** ...zi

Studium 'ʃtu:di̯ʊm, **...ien** ...i̯ən

Studium generale 'ʃtu:di̯ʊm genə'ra:lə, 'st... –

Stüdnitz 'ʃtʏdnɪt͡s

Study 'ʃtu:di

Stuer ʃty:ɐ̯

Stufata stu'fa:ta

Stufe 'ʃtu:fə

stufen 'ʃtu:fn̩

stufig 'ʃtu:fɪç, **-e** ...ɪgə

Stugsund *schwed.* ˌstʉ:gsʊnd

Stuhl ʃtu:l, **Stühle** 'ʃty:lə

Stuhlfauth 'ʃtu:lfau̯t

Stühlingen 'ʃty:lɪŋən

Stuhlweißenburg ʃtu:l'vai̯sn̩bʊrk

Stuhm[sdorf] 'ʃtu:m[sdɔrf]

Stuka 'ʃtu:ka, *auch:* 'ʃtʊka

Stukenbrock 'ʃtu:kn̩brɔk

Stukkateur ʃtʊka'tø:ɐ̯

Stukkatur ʃtʊka'tu:ɐ̯

Stüler 'ʃty:lɐ

Stụlle 'ʃtʊlə

Stụlpe 'ʃtʊlpə

Stülpe 'ʃtʏlpə

stülpen 'ʃtʏlpn̩

Stülpnagel 'ʃtʏlpna:gl̩

stụmm, S... ʃtʊm

Stụmmel 'ʃtʊml̩

Stụmmvoll 'ʃtʊmfɔl

Stụmp ʃtʊmp

Stümpchen 'ʃtʏmpçən

Stụmpe 'ʃtʊmpə

Stụmpen 'ʃtʊmpn̩

Stümper 'ʃtʏmpɐ

Stümperei ʃtʏmpə'rai̯

stümpern 'ʃtʏmpɐn

stụmpf ʃtʊmp͡f

Stụmpf ʃtʊmp͡f, **Stümpfe** 'ʃtʏmp͡fə

stụmpfen 'ʃtʊmp͡fn̩

Stündchen 'ʃtʏntçən

Stụnde 'ʃtʊndə

stünde 'ʃtʏndə

stụnden 'ʃtʊndn̩, **stụnd!** ʃtʊnt

...stündig (z. B. zweistündig) ...ˌʃtʏndɪç, **-e** ...ɪgə

Stundismus ʃtʊn'dɪsmʊs

Stundist ʃtʊn'dɪst

stündlich 'ʃtʏntlɪç

Stụnk ʃtʊŋk

Stuntman, ...men 'stantmən

Stupa 'ʃtu:pa, 'stu:pa

stupẹnd ʃtu'pɛnt, st...; **-e** ...ndə

Stụpf ʃtʊp͡f

stụpfeln 'ʃtʊp͡fl̩n

stụpfen 'ʃtʊp͡fn̩

Stupia *poln.* 'stupja
Stupica *serbokr.* ˌstupitsa
stupid ʃtu'pi:t, st...; **-e** ...i:də
Stupidität ʃtupidi'tɛ:t, st...
Stupino *russ.* 'stupinɐ
Stupnik *serbokr.* 'stu:pni:k
Stupor 'ʃtu:pɔr, 'st...
Stupp[ach] 'ʃtʊp[ax]
stuppen 'ʃtʊpn̩
stuprieren ʃtu'pri:rən, st...
Stuprum 'ʃtu:prʊm, 'st...; **...ra** ...ra
Stups ʃtʊps
stupsen 'ʃtʊpsn̩
stur ʃtu:ɐ̯
Štúr *slowak.* ʃtu:r
stürbe 'ʃtʏrbə
stürbt ʃtʏrpt
Sturdee *engl.* 'stə:dɪ
Sturdza *rumän.* 'sturdza
Sture *schwed.* ˌstʉ:rə
Sturgeon Bay, - Falls *engl.* 'stə:dʒən 'beɪ, – 'fɔ:lz
Sturgis *engl.* 'stə:dʒɪs
Stürgkh ʃtʏrk
Sturla *isl.* 'stʏrdla
Sturluson 'stʊrluzɔn, *isl.* 'stʏrdlʏsɔn
sturm ʃtʊrm
[1]**Sturm** ʃtʊrm, **Stürme** 'ʃtʏrmə
[2]**Sturm** (Name) ʃtʊrm, *fr.* styrm
stürmen 'ʃtʏrmən
Stürmer 'ʃtʏrmɐ
Stürmerei ʃtʏrmə'rai̯
Sturmi 'ʃtʊrmi
Sturmius 'ʃtʊrmi̯ʊs
Sturt *engl.* stə:t
Sturtevant *engl.* 'stə:tɪvənt
Sturz ʃtʊrts, **Stürze** 'ʃtʏrtsə
Sturzel 'ʃtʊrtsl̩
Stürzel 'ʃtʏrtsl̩
stürzen 'ʃtʏrtsn̩
Sturzo *it.* 'sturtso
Stuß ʃtʊs, **Stusses** 'ʃtʊsəs
Stute 'ʃtu:tə
Stuten 'ʃtu:tn̩
Stuterei ʃtu:tə'rai̯
Stutterheim *afr.* 'stœtərhəi̯m
Stuttgart[er] 'ʃtʊtgart[ɐ]
Stutz ʃtʊts
Stütz[e] 'ʃtʏts[ə]
stutzen, S... 'ʃtʊtsn̩
stützen 'ʃtʏtsn̩
Stutzer 'ʃtʊtsɐ
stutzig 'ʃtʊtsɪç, **-e** ...ɪgə
Stuyvesant 'ʃtɔyvəzant, *niederl.* 'stœi̯vəzɑnt
Stuzzi 'ʃtʊtsi
stygisch 'ʃty:gɪʃ, 'st...
Stykkishólmur *isl.* 'stɪhkjɪshou̯lmʏr
stylen 'stailən
Styli vgl. Stylus
Stylit ʃty'li:t, st...
Styling 'stailɪŋ
Stylist stai'lɪst
Stylobat ʃtylo'ba:t, st...
Stylographie ʃtylogra'fi:, st...
Stylolith ʃtylo'li:t, *auch:* ...lɪt; st...
Stylus 'ʃty:lʊs, 'st...; **Styli** ...li
Stymphaliden ʃtʏmfa'li:dn̩, st...
Stypsis 'ʃtʏpsɪs, 'st...
Styptikum 'ʃtʏptikʊm, 'st...; **...ka** ...ka
Styr, Styr' *russ.* stɨrj
Styrax 'ʃty:raks, 'st...
Styrol ʃty'ro:l, st...
Styron *engl.* 'staɪərən
Styropor Ⓦ ʃtyro'po:ɐ̯, st...
Styrsö *schwed.* ˌsty:rsø:
Styrum 'ʃti:rʊm
Styx ʃtʏks, st...
Suada 'zu̯a:da
Suade 'zu̯a:də
Suaheli zu̯a'he:li
Suard *fr.* sɥa:r
Suarès *fr.* sɥa'rɛs
Suárez *span.* 'su̯arɛθ
Suasorie zu̯a'zo:ri̯ə
suasorisch zu̯a'zo:rɪʃ
sua sponte 'zu:a 'spɔntə
suave 'zu̯a:və
Sub zʊp
subaerisch zʊp|a'e:rɪʃ
subakut zʊp|a'ku:t
subalpin[isch] zʊp|al'pi:n[ɪʃ]
subaltern zʊp|al'tɛrn
Subalternation zʊp|altɛrna'tsi̯o:n
subalternieren zʊp|altɛr'ni:rən
Subalternität zʊp|altɛrni'tɛ:t
Subandrio *indon.* suban'drio
subantarktisch zʊp|ant'|arktɪʃ
subapenninisch zʊp|apɛ'ni:nɪʃ
Subappennini *it.* subappen'ni:ni
subaqual zʊp|a'kva:l
subaquatisch zʊp|a'kva:tɪʃ
Subaräer zuba'rɛ:ɐ
subarktisch zʊp'|arktɪʃ
Subarrendator zʊp|arɛn'da:tɔr, **-en** ...da'to:rən
subarrendieren zʊp|arɛn'di:rən
Subatlantikum zʊp|at'lantikʊm
subatlantisch zʊp|at'lantɪʃ
Subazidität zʊp|atsidi'tɛ:t
Subboreal zʊpbore'a:l
subdermal zʊpdɛr'ma:l
Subdiakon 'zʊpdiako:n
Subdivision zʊpdivi'zi̯o:n
Subdominante zʊpdomi'nantə
subdural zʊpdu'ra:l
Suberin zube'ri:n
subfebril zʊpfe'bri:l
subfossil zʊpfɔ'si:l
subglazial zʊpgla'tsi̯a:l
subglottal zʊpglɔ'ta:l
sub hasta zʊp 'hasta
Subhastation zʊphasta'tsi̯o:n
subhastieren zʊphas'ti:rən
Subiaco *it.* su'bi̯a:ko
Šubic *slowen.* 'ʃu:bits
Subimago zʊp|i'ma:go, **...gines** ...gine:s
Subirachs *span.* suβi'raks
Subitanei zubi'ta:n|ai̯
subito 'zu:bito
Subjekt zʊp'jɛkt
Subjektion zʊpjɛk'tsi̯o:n
subjektiv zʊpjɛk'ti:f, **-e** ...i:və
Subjektivismus zʊpjɛkti'vɪsmʊs
Subjektivist zʊpjɛkti'vɪst
Subjektivität zʊpjɛktivi'tɛ:t
Subjunktiv 'zʊpjʊŋkti:f, *auch:* – –'–; **-e** ...i:və
subkonszient zʊpkɔns'tsi̯ɛnt
Subkontra... zʊp'kɔntra...
subkrustal zʊpkrʊs'ta:l
Subkultur 'zʊpkʊltu:ɐ̯
subkutan zʊpku'ta:n
Subligny *fr.* sybli'ɲi
sublim zu'bli:m
Sublimat zubli'ma:t
Sublimation zublima'tsi̯o:n
sublimieren zubli'mi:rən
Sublimität zublimi'tɛ:t
sublingual zʊplɪŋ'gu̯a:l
Sublokation zʊploka'tsi̯o:n
sublunarisch zʊplu'na:rɪʃ
Subluxation zʊplʊksa'tsi̯o:n
submarin zʊpma'ri:n
submental zʊpmɛn'ta:l
Submergenz zʊpmɛr'gɛnts
submers zʊp'mɛrs, **-e** ...rzə
Submersion zʊpmɛr'zi̯o:n
Submikronen zʊpmi'kro:nən
submikroskopisch zʊpmikro'sko:pɪʃ
Subministration zʊpmɪnɪstra'tsi̯o:n
subministrieren zʊpmɪnɪs'tri:rən
submiß zʊp'mɪs, **...isse** ...ɪsə
Submission zʊpmɪ'si̯o:n
Submittent zʊpmɪ'tɛnt
submittieren zʊpmɪ'ti:rən
submukös zʊpmu'kø:s, **-e** ...ø:zə
subnival zʊpni'va:l
Subnormale zʊpnɔr'ma:lə
Subordination zʊp|ɔrdina'tsi̯o:n
subordinieren zʊp|ɔrdi'ni:rən
Subotić *serbokr.* ˌsubɔtitɕ
Subotica *serbokr.* ˌsubɔtitsa
Subow, Zubov *russ.* 'zubɐf
subperiostal zʊpperi|ɔs'ta:l
subphrenisch zʊp'fre:nɪʃ
subpolar zʊppo'la:ɐ̯
Subreption zʊprɛp'tsi̯o:n
subrogieren zʊpro'gi:rən
sub rosa zʊp 'ro:za
Subrosion zʊpro'zi̯o:n
subsekutiv zʊpzeku'ti:f, **-e** ...i:və
subsequent zʊpze'kvɛnt
subsidiär zʊpzi'di̯ɛ:ɐ̯
subsidiarisch zʊpzi'di̯a:rɪʃ
Subsidiarismus zʊpzidi̯a'rɪsmʊs
Subsidium zʊp'zi:di̯ʊm, **...ien** ...i̯ən

sub sigịllo [confessiọnis] zʊp zi'gɪlo [kɔnfɛ'si̯o:nɪs]
Subsistẹnz zʊpzɪs'tɛnts
subsisti̲eren zʊpzɪs'ti:rən
Subskribẹnt zʊpskri'bɛnt
subskribi̲eren zʊpskri'bi:rən
Subskriptiọn zʊpskrɪp'tsi̯o:n
sub spẹcie aeternitạtis zʊp 'spe:tsi̯ə ɛtɛrni'ta:tɪs
Sụbspezies 'zʊp-spe:tsi̯ɛs
substantiạl zʊpstan'tsi̯a:l
Substantialịsmus zʊpstantsi̯a'lɪsmʊs
Substantialitạ̈t zʊpstantsi̯ali'tɛ:t
substantiẹll zʊpstan'tsi̯ɛl
substantii̲eren zʊpstantsi'i:rən
substantiv, S... 'zʊpstanti:f, *auch:* ‒‒'‒; **-e** ...i:və
substantivi̲eren zʊpstanti'vi:rən
substantivisch 'zʊpstanti:vɪʃ, *auch:* ‒‒'‒‒
Substantịvum zʊpstan'ti:vʊm, **...va** ...va
Substạnz zʊp'stants
Substituẹnt zʊpsti'tu̯ɛnt
substitui̲eren zʊpstitu'i:rən
Substitụt zʊpsti'tu:t
Substitutiọn zʊpstitu'tsi̯o:n
Substrạt zʊp'stra:t
subsumi̲eren zʊpzu'mi:rən
Subsumptiọn zʊpzʊmp'tsi̯o:n
subsumptịv zʊpzʊmp'ti:f, **-e** ...i:və
Subsumtiọn zʊpzʊm'tsi̯o:n
subsumtịv zʊpzʊm'ti:f, **-e** ...i:və
Subteen 'zapti:n, *engl.* 'sʌbti:n
subtemporạl zʊptɛmpo'ra:l
subtịl zʊp'ti:l
Subtilitạ̈t zʊptili'tɛ:t
Subtrahẹnd zʊptra'hɛnt, **-en** ...ndn̩
subtrahi̲eren zʊptra'hi:rən
Subtraktiọn zʊptrak'tsi̯o:n
subtraktịv zʊptrak'ti:f, **-e** ...i:və
Sụbtropen 'zʊptro:pn̩
subtropisch 'zʊptro:pɪʃ, *auch:* ‒'‒‒
subunguạl zʊp|ʊŋ'gu̯a:l
Subụra zu'bu:ra
Suburb *engl.* 'sʌbə:b
suburbikạrisch zʊp|ʊrbi'ka:rɪʃ
Subụrbium zʊp'|ʊrbi̯ʊm, **...ien** ...i̯ən
sub utrạque spẹcie zʊp u'tra:kvə 'spe:tsi̯ə
subveni̲eren zʊpve'ni:rən
Subventiọn zʊpvɛn'tsi̯o:n
subventioni̲eren zʊpvɛntsi̯o'ni:rən
Subversiọn zʊpvɛr'zi̯o:n
subversịv zʊpvɛr'zi:f, **-e** ...i:və
sub vọce zʊp 'vo:tsə
Sụbvulkan 'zʊpvʊlka:n
Subzịn zʊp'tsi:n
Subzọw, Zubcov *russ.* zup'tsɔf
Succạse zʊ'ka:zə
Succotash *engl.* 'sʌkətæʃ
Sụccus 'zʊkʊs
Suceạva *rumän.* su'tʃe̯ava
Sucevịța *rumän.* sutʃe'vitsa
Sụcha *poln.* 'suxa
Sụchań *poln.* 'suxai̯n
Suchạrd *fr.* sy'ʃa:r
Sụchdol *tschech.* 'suɣdɔl
sụchen 'zu:xn̩
Sụchensinn 'zu:xn̩zɪn
Sụchenwirt 'zu:xn̩vɪrt
Sucher̲ei zu:xə'rai̯
Suchẹt *fr.* sy'ʃɛ
Suchiẹr *fr.* sy'ʃje
Suchịnitschi, Suhiniči *russ.* su'xinitʃi
Suchitepéquez *span.* sutʃite'pekɛθ
Suchitọto *span.* sutʃi'toto
Suchọi Lọg, Suhoj Log *russ.* su'xɔj 'lɔk
Sụchoň *slowak.* 'suxɔnj
Sụchona, Suhona *russ.* 'suxɐnɐ
Sụchos 'zu:xɔs
Sụcht zʊxt, **Sụ̈chte** 'zʏçtə
Suchtelen *niederl.* 'sʏxtələ
Sụ̈chteln 'zʏçtl̩n
sụ̈chtig 'zʏçtɪç, **-e** ...ɪgə
Suchụmi, Suhumi *russ.* su'xumi
Sụ̈ckau 'zʏkau̯
sụckeln 'zʊkl̩n
Suckling *engl.* 'sʌklɪŋ
Sụckow 'zʊko, *engl.* 'su:koʊ
Sụcre *span.* 'sukre
Sụćurac *serbokr.* ˌsutɕurats
Sụćuraj *serbokr.* ˌsutɕuraj
Sụcus 'zu:kʊs
Sụcu-Sụcu 'zʊku'zʊku
Sucy *fr.* sy'si
¹Sụd zu:t, **-es** 'zu:dəs
²Sụd *it.* sud
Sụ̈d zy:t, **-e** 'zy:də
Sụda 'zu:da
Südafrika 'zy:t'|a:frika; *auch:* ...'|af...
sụ̈dafrikạnisch 'zy:t|afri'ka:nɪʃ
Sudạk *russ.* su'dak
Sudạmen zu'da:mən, **...mina** ...mina
Sudamérica *span.* suða'merika
Sụ̈damẹrika 'zy:t|a'me:rika
Sudan zu'da:n, *auch:* 'zu:dan
Sudạner zu'da:nɐ
Sudanẹse zuda'ne:zə
sudanẹsisch zuda'ne:zɪʃ
Sụ̈dạsien 'zy:t'|a:zi̯ən
Sudatiọn zuda'tsi̯o:n
Sudatọrium zuda'to:ri̯ʊm, **...ien** ...i̯ən
Sụdauer 'zu:dau̯ɐ
Sụ̈daustrạlien 'zy:t|aus'tra:li̯ən
Sụ̈dbạden 'zy:t'ba:dn̩
Sudburg *engl.* 'sʌdbə:g
Sudbury *engl.* 'sʌdbərɪ
Sụ̈ddakọta 'zy:tda'ko:ta
sụ̈ddeutsch 'zy:tdɔytʃ
Sụ̈ddeutschland 'zy:tdɔytʃlant
Sụde 'zu:də
Sudel̲ei zu:də'lai̯
Sụdeler 'zu:dəlɐ
sụdelig 'zu:dəlɪç, **-e** ...ɪgə
sụdeln 'zu:dl̩n, **sụdle** 'zu:dlə
Sụ̈den 'zy:dn̩
Süderdithmarschen zy:dɐ'dɪtmarʃ, *auch:* ...di:t...
Sụ̈derelbe 'zy:dɐ|ɛlbə
Sụdermann 'zu:dɐman
Suderọde zu:də'ro:də
Sụ̈deroog 'zy:dɐ|o:k
Sụderwick 'zu:dɐvɪk
Sud-Est Aviation *fr.* sydɛstavjɑ'sjõ
Sudẹten zu'de:tn̩
sudẹtisch zu'de:tɪʃ
Sụ̈deurọpa 'zy:t|ɔy'ro:pa:
Sụ̈dfall 'zy:tfal
Sụ̈dgeọrgien 'zy:tge'ɔrgi̯ən
Sụdhoff 'zu:thɔf
Sụ̈dhọlland 'zy:t'hɔlant
Sudịrman *indon.* su'dɪrman
Sụ̈ditạlien 'zy:t|i'ta:li̯ən
Sụ̈dkarolịna 'zy:tkaro'li:na
Sụ̈dkorẹa 'zy:tko're:a
Sụ̈dländer 'zy:tlɛndɐ
Sụ̈dlẹngern zy:t'lɛŋɐn
Sụdler 'zu:dlɐ
sụ̈dlich 'zy:tlɪç
sụdlig 'zu:dlɪç, **-e** ...ɪgə
Sụ̈dlohn 'zy:tlo:n
Sụ̈dnigẹria 'zy:tni'ge:ri̯a
Sụ̈dnọrdkanal zy:t'nɔrtkana:l
Sụdor 'zu:dɔr
Sudoratiọn zudora'tsi̯o:n
Sudorịferum zudo'ri:ferʊm, **...ra** ...ra
Sụ̈dọst zy:t'|ɔst
Sụ̈dostạsien zy:t|ɔst'|a:zi̯ən
Sụ̈dọsten zy:t'|ɔstn̩
sụ̈dọ̈stlich zy:t'|œstlɪç
Sụ̈dọstwind zy:t'|ɔstvɪnt
Sụ̈dpol 'zy:tpo:l
Sụdra 'zu:dra
Sudreau *fr.* sy'dro
Sụ̈dring 'zy:trɪŋ
Sụdscha, Sudža *russ.* 'sudʒɐ
Sụ̈dsee 'zy:tze:
Sụ̈dslawe 'zy:tsla:və
sụ̈dslawisch 'zy:tʃla:vɪʃ
Sụ̈dstaaten 'zy:tʃta:tn̩
Sụ̈dsüdọst[en] zy:tzy:t'|ɔst[n̩]
Sụ̈dsüdwẹst[en] zy:tzy:t'vɛst[n̩]
Sụ̈dtirol[er] 'zy:ttiro:l[ɐ]
sụ̈dtirolisch 'zy:ttiro:lɪʃ
Suðurland *isl.* 'sʏ:ðʏrland
Suður-Múlasýsla *isl.* 'sʏ:ðʏrmu:lasisla
Suður-Þingeyarsýsla *isl.* 'sʏ:ðʏrθiŋgei̯jarsisla
sụ̈dwärts 'zy:tvɛrts
Sụ̈dwẹstafrika zy:t'vɛst|a:frika, *auch:* ...|af...
Sụ̈dwẹst[en] zy:t'vɛst[n̩]
Sụ̈dwẹster zy:t'vɛstɐ
sụ̈dwẹstlich zy:t'vɛstlɪç
Sụ̈dwẹststaat zy:t'vɛstʃta:t

Sudža vgl. Sudscha
Sue *fr.* sy
Suebe 'zu̯e:bə, 'sve:bə
Sueca *span.* 'su̯eka
Sues[kanal] 'zu:ɛs[kana:l]
Suess, Sueß zy:s
Sueton[ius] zu̯e'to:n[i̯ʊs]
Sueve 'zu̯e:və, 'sve:və
Suez 'zu:ɛs, 'zu:ɛt͜s
Suff zʊf
Süffel 'zʏfl̩
suffeln 'zʊfl̩n
süffeln 'zʏfl̩n
sufficit 'zʊfit͜sɪt
süffig 'zʏfɪç, **-e** ...ɪɡə
suffigieren zʊfi'ɡi:rən
Suffimentum zʊfi'mɛntʊm, **...ta** ...ta
Süffisance zʏfi'zã:s
süffisant zʏfi'zant
Suffix zʊ'fɪks, 'zʊfɪks
suffizient zʊfi't͜si̯ɛnt
Suffizienz zʊfi't͜si̯ɛnt͜s
Süffling 'zʏflɪŋ
suffocato zʊfo'ka:to
Suffokation zʊfoka't͜si̯o:n
Suffolk *engl.* 'sʌfək
Suffragan zʊfra'ɡa:n
Suffragette zʊfra'ɡɛtə
Suffragium zʊ'fra:ɡi̯ʊm, **...ien** ...i̯ən
Suffren *fr.* sy'frɛn
Suffusion zʊfu'zi̯o:n
Sufi 'zu:fi
Sufian *pers.* sufi'ɑ:n
Sufismus zu'fɪsmʊs
Sufist zu'fɪst
Sugambrer zu'ɡambrɐ
Sugana *it.* su'ɡa:na
Sugar *engl.* 'ʃʊɡə
Sugden *engl.* 'sʌɡdən
Sugdidi, Zugdidi *russ.* zuɡ'didi
Suger 'zu:ɡɐ, *fr.* sy'ʒe
suggerieren zʊɡe'ri:rən
suggestibel zʊɡɛs'ti:bl̩, **...ble** ...blə
Suggestibilität zʊɡɛstibili'tɛ:t
Suggestion zʊɡɛs'ti̯o:n
suggestiv zʊɡɛs'ti:f, **-e** ...i:və
Suggestivität zʊɡɛstivi'tɛ:t
Sugillation zuɡɪla't͜si̯o:n
Sugres, Zugrės *russ.* zuɡ'rɛs
Suharto *indon.* su'harto
Suhiniči vgl. Suchinitschi
Suhl[e] 'zu:l[ə]
suhlen 'zu:lən
Sühne 'zy:nə
sühnen 'zy:nən
Suhoj Log vgl. Suchoi Log
Suhona vgl. Suchona
Suhr[kamp] 'zu:ɐ̯[kamp]
Suhumi vgl. Suchumi
Suicid zui't͜si:t, **-e** ...i:də
sui generis 'zu:i 'ɡe:nerɪs, *auch:* – 'ɡɛn...
Suir *engl.* ʃʊə
Suisse *fr.* sɥis
Suitbert 'zu:ɪtbɛrt, zu'i:t...
Suitcase *engl.* 'sju:tkeɪs
Suite 'svi:tə, *auch:* 'zu̯i:tə
Suitier svi'ti̯e:, *auch:* zu̯i...
Suizid zui't͜si:t, **-e** ...i:də
Šuja vgl. Schuja
Sujet zy'ʒe:, *fr.* sy'ʒɛ
Sujew, Zuev *russ.* 'zujɪf
Sujewka, Zuevka *russ.* 'zujɪfkɐ
Šujskij vgl. Schuiski
Suk zu:k, *tschech.* suk
Sukabumi *indon.* suka'bumi
Sukarno *indon.* su'karno
Sukijaki zuki'ja:ki
Sukkade zʊ'ka:də
Sukkertopen *dän.* 'soɡərtɔbən
Sukkoth zʊ'ko:t
Sukkubus 'zʊkubʊs, **...ben** zʊ'ku:bn̩
sukkulent zʊku'lɛnt
Sukkulente zʊku'lɛntə
Sukkulenz zʊku'lɛnt͜s
Sukkurs zʊ'kʊrs, **-e** ...rzə
Sukkursale zʊkʊr'za:lə
Sükösd *ung.* 'ʃykøʒd
Sukow 'zu:ko
Sukselainen *finn.* 'suksɛlɑi̯nɛn
Suktion zʊk't͜si̯o:n
Suktorien zʊk'to:ri̯ən
sukzedieren zʊkt͜se'di:rən
Sukzeß zʊk't͜sɛs, **...esse** ...'t͜sɛsə
Sukzession zʊkt͜sɛ'si̯o:n
sukzessiv zʊkt͜sɛ'si:f, **-e** ...i:və
Sukzessor zʊk't͜sɛsɔr, **-en** ...so:rən
Sukzinat zʊkt͜si'na:t
Sukzinit zʊkt͜si'ni:t, *auch:* ...nɪt
Sukzinyl... zʊkt͜si'ny:l...
Sul *port.* sul
[1]**Sula** (Vogel) 'zu:la
[2]**Sula** *russ.* su'la, *indon.* 'sula
Sulak *russ.* su'lak
[1]**Sulamith** (Vorname) 'zu:lamɪt, *auch:* zula'mi:t
[2]**Sulamith** (bibl. Name) 'zu:lamɪt
Sulau 'zu:lau̯
Sulawesi *indon.* sula'wesi
Suldental 'zʊldn̩ta:l
Sulechów *poln.* su'lɛxuf
Sulęcin *poln.* su'lɛnt͜ɕin su'lɛnt͜ɕin
Suleika zu'lai̯ka
Suleiman zulai̯'ma:n
Süleiman zylai̯'ma:n
Sulejów *poln.* su'lɛjuf
Süleyman *türk.* sylɛi̯'mɑn
Sulfat zʊl'fa:t
Sulfid zʊl'fi:t, **-e** ...i:də
Sulfit zʊl'fi:t, *auch:* ...fɪt
Sülfmeister 'zʏlfmai̯stɐ
Sulfonamid zʊlfona'mi:t, **-e** ...i:də
sulfonieren zʊlfo'ni:rən
Sulfur 'zʊlfʊr
sulfurieren zʊlfu'ri:rən
Sulików *poln.* su'likuf
Sulina *rumän.* su'lina
Sulingen 'zu:lɪŋən
Suliote zu'li̯o:tə
Sulitjelma *norw.* sʉlit'jɛlma
Suljukta *russ.* suljuk'ta
Sułkowski *poln.* suu̯'kɔfski
Sulky 'zʊlki, 'zalki, *engl.* 'sʌlkɪ
Süll zʏl
Sulla 'zʊla
sulla tastiera 'zʊla tas'ti̯e:ra
Süllberg 'zʏlbɛrk
Sullivan[t] *engl.* 'sʌlɪvən[t]
Sullo *it.* 'sullo
Sullus 'zʊlʊs
Sully *engl.* 'sʌlɪ, *fr.* syl'li
Sully Prudhomme *fr.* syllipry'dɔm
Sulmierzyce *poln.* sulmjɛ'ʒɨtsɛ
Sulmona *it.* sul'mo:na
Sułów *poln.* 'suu̯uf
Sulphur [Springs] *engl.* 'sʌlfə ['sprɪŋz]
Sulpice *fr.* syl'pis
Sulpicia zʊl'pi:t͜si̯a
Sulpicio *span.* sul'piθi̯o
Sulpicius zʊl'pi:t͜si̯ʊs
Sulpitius zʊl'pi:t͜si̯ʊs
Sulpiz zʊl'pi:t͜s
Sulpizianer zʊlpi't͜si̯a:nɐ
sul ponticello zʊl pɔnti't͜ʃɛlo
Sulsted *dän.* 'sulsdɛð
Sultan 'zʊlta:n
Sultanat zʊlta'na:t
Sultan dağları *türk.* sul'tɑn dɑ:lɑ'rɨ
Sultanin 'zʊltanɪn, *auch:* zʊl'ta:nɪn
Sultanine zʊlta'ni:nə
Sulte *fr.* sylt
Sulu *indon.* sulu
Sulz zʊlt͜s
Sülz zʏlt͜s
Sulza 'zʊlt͜sa
Sulzbach 'zʊlt͜sbax
Sulzberg 'zʊlt͜sbɛrk
Sulzberger *engl.* 'sʌlzbə:ɡə
Sulze 'zʊlt͜sə
Sülze 'zʏlt͜sə
sulzen 'zʊlt͜sn̩
sülzen 'zʏlt͜sn̩
Sulzer 'zʊlt͜sɐ
Sülzhayn 'zʏlt͜shai̯n
Sumac *span.* su'mak
Sumach 'zu:max
Šumadija *serbokr.* ʃu,madija
Sumak zu'mak
Sumapaz *span.* suma'paθ
Sumarokow, Sumarokov *russ.* suma'rɔkɐf
Sumatera *indon.* su'matra
Sumatra zu'ma:tra, 'zu:matra
Sumba *indon.* 'sʊmba
Sumbawa *indon.* sʊm'bawa
Šumen vgl. Schumen
Sumer 'zu:mɐ
Sumerer zu'me:rɐ
sumerisch zu'me:rɪʃ
Šumerlja vgl. Schumerlja
Sumgait *russ.* sumga'it
Šumiha vgl. Schumicha

Sụmiswald ˈzʊmɪsvalt
sụmm! zʊm
Sụmma ˈzʊma
sụmma cum la̲u̲de ˈzʊma kʊm ˈlau̯də
Summạnd zʊˈmant, **-en** ...ndn̩
summa̲risch zʊˈmaːrɪʃ
Summa̲rium zʊˈmaːri̯ʊm, **...ien** ...i̯ən
sụmma summa̲rum ˈzʊma zʊˈmaːrʊm
Summatio̲n zʊmaˈtsi̯oːn
summati̲v zʊmaˈtiːf, **-e** ...iːvə
Sụ̈mmchen ˈzʏmçən
Sụmme ˈzʊmə
sụmmen ˈzʊmən
Summepiskopa̲t zʊmepɪskoˈpaːt
Sụmmer ˈzʊmɐ
Summerall *engl.* ˈsʌmərɔːl
Sụ̈mmern ˈzʏmɐn
Summers *engl.* ˈsʌməz
Summerside *engl.* ˈsʌməsaɪd
Summerville *engl.* ˈsʌməvɪl
summi̲e̲ren zʊˈmiːrən
Summịst zʊˈmɪst
Summit *engl.* ˈsʌmɪt
sụmm, sụmm! ˈzʊm ˈzʊm
Sụmmum bo̲num ˈzʊmʊm ˈboːnʊm
sụmmum ju̲s sụmma inju̲ria ˈzʊmʊm ˈjuːs ˈzʊma ɪnˈjuːri̯a
Sụmmus Epịscopus ˈzʊmʊs eˈpɪskopʊs
Sumner *engl.* ˈsʌmnə
Sụmper ˈzʊmpɐ
Šụmperk *tschech.* ˈʃumpɛrk
Sụmpf zʊmpf, **Sụ̈mpfe** ˈzʏmpfə
sụmpfen ˈzʊmpfn̩
sụmpfig ˈzʊmpfɪç, **-e** ...ɪɡə
sumptuö̲s zʊmpˈtu̯øːs, **-e** ...øːzə
Sụms zʊms, **-es** ˈzʊmzəs
sụmsen ˈzʊmzn̩, **sụms!** zʊms, **sụmst** zʊmst
Sụmte ˈzʊmtə
Sumter *engl.* ˈsʌmtə
Sụmy *russ.* ˈsumɨ
Sun *engl.* sʌn
Sụna *russ.* ˈsunɐ
Suna̲y *türk.* suˈnɑi̯
Sunbury *engl.* ˈsʌnbərɪ
Sụnd zʊnt, **-e** ˈzʊndə
Sụnda *indon.* ˈsʊnda
Sụndainseln ˈzʊnda|ɪnzl̩n
Sundane̲se zʊndaˈneːzə
Sunday [Review] *engl.* ˈsʌndɪ [rɪˈvjuː]
Sundby *dän.* ˈsonbyːˀ
Sundbybe̲rg *schwed.* sʊndbyˈbærj
Sụ̈nde ˈzʏndə
Sụndečić *serbokr.* ˌsundɛtʃitɕ
Sunderland *engl.* ˈsʌndələnd
Sụndern ˈzʊndɐn
Sundet *dän.* ˈsonˀəð
Sundeved *dän.* ˈsonəveð
Sụ̈ndflut ˈzʏntfluːt
Sụndgau ˈzʊntɡau̯
sụ̈ndhaft ˈzʏnthaft
Sundha̲u̲sen zʊntˈhau̯zn̩
sụ̈ndig ˈzʏndɪç, **-e** ...ɪɡə
sụ̈ndigen ˈzʏndɪɡn̩, **sụ̈ndig!** ...ɪç, **sụ̈ndigt** ...ɪçt
sụ̈ndlos ˈzʏntloːs
Sundsvall *schwed.* ˌsʊndsval, sʊndsˈval
Suñe̲r *span.* suˈɲɛr
Sunflower *engl.* ˈsʌnflaʊə
Sụng zʊŋ
Sụnhild ˈzuːnhɪlt
Sunhịlde zuːnˈhɪldə
Sụnion ˈzuːni̯ɔn
Sunlight *engl.* ˈsʌnlaɪt
Sụnna ˈzʊna
Sụ̈nna ˈzʏna
Sunndals[fjord] *norw.* ˌsʉndaːls[fjuːr]
Sụnne *schwed.* ˌsʊnə
Sun News-Pictorial *engl.* ˈsʌn ˈnjuːz pɪkˈtɔrɪəl
Sunnfjord *norw.* ˌsʉnfjuːr
Sunni̲t zʊˈniːt
Sunnyvale *engl.* ˈsʌnɪveɪl
Sụnscha, Sunža *russ.* ˈsunʒɐ
Sunset Crater *engl.* ˈsʌnsɛt ˈkreɪtə
Sụntak *schwed.* ˌsʊntɑːk
Sụ̈ntel ˈzʏntl̩
Sun Valley *engl.* ˈsʌn ˈvælɪ
Sun Yat-sẹn zʊnjaˈtsɛn
Sunye̲r *span.* suˈɲɛr
Sunza vgl. Sunscha
Sụnzing ˈzʊntsɪŋ
Sụolahti *finn.* ˈsuo̯lɑhti
Sụomalaiset *finn.* ˈsuo̯mɑlɑi̯sɛt
Sụomenlahti *finn.* ˈsuo̯mɛnlɑhti
Sụomenmaa *finn.* ˈsuo̯mɛmmɑː
Sụomenselkä *finn.* ˈsuo̯mɛnsɛlkæ
Sụomen Sọsiaalidemokraatti *finn.* ˈsuo̯mɛn ˈsɔsiɑːlidɛmɔkrɑːtti
Suo̲mi ˈzu̯oːmi, *finn.* ˈsuo̯mi
Sụomussalmi *finn.* ˈsuo̯mussɑlmi
Sụonenjoki *finn.* ˈsuo̯nɛnjɔki
Sụonio *finn.* ˈsuo̯niɔ
Suo̲ra *it.* ˈsu̯ɔːra
Suọrva *schwed.* sʉˈɔrva
Suovetauri̲lia zu̯ovetau̯ˈriːli̯a
Su̲per ˈzuːpɐ
superarbitri̲e̲ren zupɐ|arbiˈtriːrən
Superarbi̲trium zupɐ|arˈbiːtri̯ʊm, **...ien** ...i̯ən
Superaziditä̲t zupɐ|atsidiˈtɛːt
supẹrb zuˈpɛrp, **-e** ...rbə
süpẹrb zyˈpɛrp, **-e** ...rbə
Superbagnères *fr.* sypɛrbaˈɲɛːr
Supẹrbus zuˈpɛrbʊs
Supererogatio̲n zupɐ|erogaˈtsi̯oːn
Superexli̲bris zupɐ|ɛksˈliːbriːs
su̲perfein ˈzuːpɐfai̯n
superfizia̲risch zupɐfiˈtsi̯aːrɪʃ
superfiziẹll zupɐfiˈtsi̯ɛl
Superfi̲zies zupɐˈfiːtsi̯ɛs, *Mehrz.* ...tsi̯eːs
Su̲perhet ˈzuːpɐhɛt
Superintendẹnt zupɐ|ɪntɛnˈdɛnt, *auch:* ˈzuːp...
Superintendentu̲r zupɐ|ɪntɛndɛnˈtuːɐ̯
Superinvolutio̲n zupɐ|ɪnvoluˈtsi̯oːn
[1]**Superio̲r** zuˈpeːri̯ɔr, **-en** zupeˈri̯oːrən
[2]**Superior** *engl.* sjʊˈpɪərɪə
Superioritä̲t zuperi̯oriˈtɛːt
Su̲perkargo ˈzuːpɐkarɡo
superkrusta̲l zupɐkrʊsˈtaːl
Su̲perlativ ˈzuːpɐlatiːf, *auch:* zupɐlaˈtiːf; **-e** ...iːvə
su̲perlativisch ˈzuːpɐlatiːvɪʃ, *auch:* zupɐlaˈtiːvɪʃ
Superlativịsmus zupɐlatiˈvɪsmʊs
Su̲permark[e]t ˈzuːpɐmark[ə]t
Supernaturalịsmus zupɐnaturaˈlɪsmʊs
supernaturalịstisch zupɐnaturaˈlɪstɪʃ
Superno̲va zupɐˈnoːva, **...vä** ...vɛ
Supernumera̲r zupɐnumeˈraːɐ̯
Supernumeria̲t zupɐnumeraˈri̯aːt
Supernumera̲rius zupɐnumeˈraːri̯ʊs, **...ien** ...i̯ən
Superpelli̲ceum zupɐpɛˈliːtseʊm, **...ce̲en** ...liˈtseːən
Superphospha̲t zupɐfɔsˈfaːt
superponi̲e̲rt zupɐpoˈniːɐ̯t
Superpositio̲n zupɐpoziˈtsi̯oːn
Superrevisio̲n zupɐreviˈzi̯oːn
Supersekretio̲n zupɐzekreˈtsi̯oːn
Superstitio̲n zupɐstiˈtsi̯oːn
superstitiö̲s zupɐstiˈtsi̯øːs, **-e** ...øːzə
Superstra̲t zupɐˈstraːt
Supervie̲lle *fr.* sypɛrˈvjɛl
Su̲phan *türk.* ˈsuphɑn
Supi̲n zuˈpiːn
Supi̲num zuˈpiːnʊm, **...na** ...na
Sụ̈ppchen ˈzʏpçən
Sụppe ˈzʊpə
Suppé zʊˈpeː, *auch:* ˈzʊpe
Suppeda̲neum zʊpeˈdaːneʊm, **...ne̲en** ...daˈneːən
[1]**Sụpper** (Abendessen) ˈzapɐ, *engl.* ˈsʌpə
[2]**Sụpper** (Name) ˈzʊpɐ
sụppig ˈzʊpɪç, **-e** ...ɪɡə
Sụppingen ˈzʊpɪŋən
Suppleạnt zʊpleˈant
Supplemẹnt zʊpleˈmɛnt
supplementä̲r zʊplemɛnˈtɛːɐ̯
Supplẹnt zʊˈplɛnt
Suppletio̲n zʊpleˈtsi̯oːn
Suppletivịsmus zʊpletiˈvɪsmʊs
suppleto̲risch zʊpleˈtoːrɪʃ
suppli̲e̲ren zʊˈpliːrən

Supplik zʊ'pli:k
Supplikant zʊpli'kant
Supplikation zʊplika'tsi̯o:n
Supplinburg 'zʊplınbʊrk
supplizieren zʊpli'tsi:rən
Supply *engl.* sə'plaı
supponieren zʊpo'ni:rən
Support zʊ'pɔrt
Supposition zʊpozi'tsi̯o:n
Suppositorium zʊpozi'to:ri̯ʊm, **...ien** ...i̯ən
Suppositum zʊ'po:zitʊm, **...ta** ...ta
Suppression zʊprɛ'si̯o:n
suppressiv zʊprɛ'si:f, **-e** ...i:və
supprimieren zʊpri'mi:rən
Suppuration zʊpura'tsi̯o:n
suppurativ zʊpura'ti:f, **-e** ...i:və
Supraexlibris zupra|ɛks'li:bri:s
suprakrustal zuprakrʊs'ta:l
Supraleiter 'zu:pralaitɐ
Supralibros zupra'li:bro:s
supranational zupranatsi̯o'na:l
Supranaturalismus zupranatura'lısmʊs
supranaturalistisch zupranatura'lıstıʃ
supraorbital zupra|ɔrbi'ta:l
Supraporte zupra'pɔrtə
suprarenal zuprare'na:l
Suprarenin Ⓦ zuprare'ni:n
Supraśl *poln.* 'supraɕl
suprasternal zuprastɛr'na:l
supravaginal zupravagi'na:l
Supremat zupre'ma:t
Suprematie zuprema'ti:, **-n** ...i:ən
Suprematismus zuprema'tısmʊs
Sura *russ.* su'ra
Surabaja *indon.* sura'baja
Surah zu'ra:
Surahammar *schwed.* sʉ:ra,hamar
Surakarta *indon.* sura'karta
Surasch, Surаž *russ.* 'surɐʃ
Surat zu'ra:t
Suraż *poln.* 'suraʃ
Surbiton *engl.* 'sə:bıtn
Surchandarja, Surhandar'ja *russ.* surxɐndarj'ja
Surcot *fr.* syr'ko
Surcouf *fr.* syr'kuf
Surcuolm *rät.* sur'ku̯ɔlm
Surditas 'zʊrditas
Surdomutitas zʊrdo'mu:titas
[1]**Sure** 'zu:rə
[2]**Sure** (Name) *fr.* sy:r
Sûre *fr.* sy:r
Sureda Arbelo *span.* su'reða ar'βelo
Surema zu're:ma
Surenen 'zu:rənən
Suresnes *fr.* sy'rɛn
Surfing 'zø:ɐ̯fıŋ, 'zœr...; *engl.* 'sə:fıŋ
Surfleisch 'zu:ɐ̯flaiʃ
Surfriding 'zø:ɐ̯fraidıŋ, 'zœr...; *engl.* 'sə:fraıdıŋ
Surhandar'ja vgl. Surchandarja
Suria *span.* 'suri̯a
Suriano *it.* su'ri̯a:no
Surikate zuri'ka:tə
Surikow, Surikov *russ.* 'surikɐf
Surinam zuri'nam
Suriname *niederl.* sy:ri:'na:mə
Süring 'zy:rıŋ
Surius 'zu:ri̯ʊs
Surkow, Surkov *russ.* sur'kɔf
Surmeir *rät.* zur'mei̯r
Surplus 'zø:ɐ̯pləs, 'zœr... *engl.* 'sə:pləs
Surra 'zʊra
Surre 'zʊrə
Surrealismus zʊrea'lısmʊs, *auch:* zʏr...
Surrealist zʊrea'lıst, *auch:* zʏr...
surren 'zʊrən
Surrey *engl.* 'sʌrı
Surrogat zʊro'ga:t
Surrogation zʊroga'tsi̯o:n
Sursee 'zu:ɐ̯ze:
Surses *rät.* zur'se:s
Sursk *russ.* sursk
sursum corda! 'zʊrzʊm 'kɔrda
Surt zʊrt
Surtaxe zʏr'taks, **-n** ...ksn̩
Surte *schwed.* ˌsʊrtə
Surtees *engl.* 'sə:ti:z
Sürth zʏrt
Surtout *fr.* syr'tu
Surtsey *isl.* 'sʏrtsɛi̯
Survey *engl.* 'sə:veı
Surveyor *engl.* sə'veıə
Survivals *engl.* sə'vaıvəlz
Surzyński *poln.* su'ʒɨi̯ski
Susa 'zu:za, *it.* 'su:za
Šuša vgl. Schuscha
Sušac *serbokr.* ˌsu:ʃats
Susak *serbokr.* ˌsu:sak
Susamyr vgl. Sussamyr
Susan *engl.* su:zn
Susana *span.* su'sana
Susanin vgl. Sussanin
Susanna zu'zana, *engl.* su:'zænə
Susannah *engl.* su:'zænə
Susanne zu'zanə
Susanville *engl.* 'su:znvıl
Susch *ladin.* su:ʃ
Suscha, Zuša *russ.* 'zuʃɐ
Suschen 'zu:sçən
Susdal, Suzdal' *russ.* 'suzdɐlj
Suse 'zu:zə
Süsel 'zy:zl̩
Susi 'zu:zi
Sušice *tschech.* 'suʃitsɛ
Susie *engl.* 'su:zı
Sušil *tschech.* 'suʃil
Susine zu'zi:nə
Suşiţa *rumän.* 'suʃitsa
Susitna *engl.* su:'sıtnə
Süskind 'zy:skınt
Suslik 'zʊslık
Suslow, Suslov, *russ.* 'suslɐf
Susman 'zu:sman
Suso 'zu:zo
suspekt zʊs'pɛkt
suspendieren zʊspɛn'di:rən
Suspension zʊspɛn'zi̯o:n
suspensiv zʊspɛn'zi:f, **-e** ...i:və
Suspensorium zʊspɛn'zo:ri̯ʊm, **...ien** ...i̯ən
Susquehanna *engl.* sʌskwı'hænə
süß, S... zy:s
Süss zy:s
Sussamyr, Susamyr *russ.* susa'mɨr
Sussanin, Susanin *russ.* su'sanin
Sussdorf 'zʊsdɔrf
Süße 'zy:sə
süßen, S... 'zy:sn̩
Süßenbrunn zy:sn̩'brʊn
Sussex *engl.* 'sʌsıks
Süßigkeit 'zy:sıçkai̯t
Süßkind 'zy:skınt
Süßmayr 'zy:smai̯ɐ
süß-sauer 'zy:s'zau̯ɐ
Sust[en] 'zʊst[n̩]
Susteren *niederl.* 'sʏstərə
Süsterhenn 'zʏstɐhɛn
Sustris *niederl.* 'sʏstrıs
Susy 'zu:zi
Susz *poln.* suʃ
suszeptibel zʊstsɛp'ti:bl̩, **...ble** ...blə
Suszeptibilität zʊstsɛptibili'tɛ:t
Suszeption zʊstsɛp'tsi̯o:n
suszipieren zʊstsi'pi:rən
Sutane zu'ta:nə
Sutanelle zuta'nɛlə
Sutasch zu'taʃ
Suter 'zu:tɐ
Sutera *it.* su'tɛ:ra
Sutermeister 'zu:tɐmai̯stɐ
Sutherland *engl.* 'sʌðələnd
Sutjeska *serbokr.* ˌsutjɛska
Sutra 'zu:tra
Sutri *it.* 'su:tri
Sutro *engl.* 'su:troʊ
Sutschou 'zu:tʃau̯
Sütschou 'zy:tʃau̯
Sutsos *neugr.* 'sutsɔs
Sutter 'zʊtɐ, *engl.* 'su:tə, *niederl.* 'sʏtər
Sütterlin 'zʏtɐli:n
Suttner 'zʊtnɐ
Süttő *ung* 'ʃyttø:
Sutton [Hoo] *engl.* 'sʌtn ['hu:]
Suttrop 'zʊtrɔp
Sutur zu'tu:ɐ̯
Suum cuique 'zu:ʊm ku'i:kvə, – 'ku:ikvə
Suursaari *finn.* 'su:rsɑ:ri
Suva 'zu:va, *engl.* 'su:və
Šuvalov vgl. Schuwalow
Süvern 'zy:vɐn
Suvorov vgl. Suworow
Suvretta *rät.* su'vrɛta
Suwałki *poln.* su'vau̯ki
Suwannee *engl.* sʊ'wɔ:nı

Suwön, Suwon *korean.* suwʌn
Suwọrow, Suvorov *russ.* su'vɔrɐf
Sụys 'zu:ɪs, *niederl.* sœi̯s
Suzanne *fr.* sy'zan, *engl.* su:'zæn
suzerä̲n, S... zutse'rɛ:n
Suzeränitä̲t zutserɛni'tɛ:t
Suzụki zu'tsu:ki
Suzzạra *it.* sud'dza:ra
Švạbinský *tschech.* 'ʃvabinski:
Svạlbard *norw.* ,sva:lbar[d]
Svạlöv *schwed.* ,svɑ:lø:v
Svạ̈ltorna *schwed.* ,svɛlturna
Svạneke *dän.* 'svan'əgə
Svạnstein *schwed.* 'svɑ:nstɛi̯n
Svạnte *schwed.* ,svantə
Svạppava[a]ra *schwed.* ,svapavɑ:ra
Svạrez 'sva:rɛts
Svạrtbäcken *schwed.* ,svartbɛkən
Svạtopluk *tschech.* 'svatɔpluk
Svạtoslav *tschech.* 'svatɔslaf
Svẹa *schwed.* ,sve:a
Sveabọrg *schwed.* sve:a'bɔrj
Svẹaland *schwed.* ,sve:aland
Svẹar *schwed.* ,sve:ar
Svẹdala *schwed.* ,sve:dɑ:la
Svẹdberg *schwed.* ,sve:dbærj
Svẹg *schwed.* sve:g
svegliạto svɛl'ja:to
Švẹhla *tschech.* 'ʃvɛhla
Svẹinbjörn *isl.* 'svɛi̯nbjœdn
Svẹinn *isl.* svɛi̯dn
Švẹjk *tschech.* ʃvɛjk
Svekofenni̲den svekofɛ'ni:dn̩
Svẹn *schwed.* svɛn, *dän.* svɛn'
Svẹnarum *schwed.* ,svɛ:narʊm
Svẹnd *dän.* svɛn'
Svẹndborg *dän.* 'svɛnbɔr'
Svẹndsen *norw.* 'svɛnsən
Svẹnska Dạgbladet *schwed.* ,svɛnska ,dɑ:gblɑ:dət
Svensksụnd *schwed.* svɛnsk'sʊnd
Svẹnsson *schwed., isl.* 'svɛnsɔn
Sverdlov vgl. Swerdlow
Sverdlovsk vgl. Swerdlowsk
Svẹrdrup *norw.* ,sværdrʉp
Svẹrige *schwed.* 'sværjə
Švernik vgl. Schwernik
Svẹtac *serbokr.* ,svɛ:tats
Svẹta Gọra *serbokr.* 'svɛ:ta: ,gɔra
Svẹta Lụcija *serbokr.* 'svɛ:ta: ,lutsija
Svẹta Mạrija *serbokr.* 'svɛ:ta ,marija
Svẹta Trọjica *serbokr.* 'svɛ:ta: 'trɔijtsa
Svẹtec *slowen.* 'sve:təts
Svẹti Ạndrija *serbokr.* 'svɛ:ti ,andrija
Svẹti Ạrhandjel, - Arhanđel *serbokr.* 'svɛ:ti: ,arha:ndzɛl
Svẹti Dạnijel *serbokr.* 'svɛ:ti: ,danijɛl
Svẹti Dụh *serbokr.* 'svɛ:ti: 'duh
Svẹti Ịlija *serbokr.* 'svɛ:ti: ,ilija
Svẹti Jạkob *serbokr.* 'svɛ:ti: 'jakɔb
Svẹti Jạkov *serbokr.* 'svɛ:ti: ,jakɔ:v
Svẹti Stjẹpan *serbokr.* 'svɛ:ti: 'stjɛpa:n
Světlá *tschech.* 'svjɛtla:
Svetlana vgl. Swetlana
Svetlogorsk vgl. Swetlogorsk
Svetlov vgl. Swetlow
Svetogorsk vgl. Swetogorsk
Svẹtolik *serbokr.* ,svɛtɔlik
Svetozar vgl. Swetosar
Svẹvo *it.* 'zvɛ:vo
Švịhov *tschech.* 'ʃvihɔf
Svijaga vgl. Swijaga
Svilengrad vgl. Swilengrad
Svinesund *schwed.* svi:nə'sʊnd, *norw.* ,svi:nsʉn
Svịnhufvud *schwed.* ,svi:nhʉ:vʉd
Svinninge *dän.* 'svenenə
Svir' vgl. Swir
Svisloč' vgl. Swislotsch
Svištov vgl. Swischtow
Svịtava *tschech.* 'svitava
Svịtávka *tschech.* 'svita:fka
Svịtavy *tschech.* 'svitavi
Svítkov *tschech.* 'svi:tkɔf
Svịzzera *it.* 'zvittsera
Svjatoj Nos vgl. Swjatoi Nos
Svjatopolk vgl. Swjatopolk
Svjatoslav vgl. Swjatoslaw
Svọboda *tschech.* 'svɔbɔda
Svobodnyi vgl. Swobodny
Svọbodová *tschech.* 'svɔbɔdɔva:
Svọlvær *norw.* ,svɔlvæ:r
Svọr *tschech.* svɔr
Svrạtka *tschech.* 'svratka
Swa̲a̲ntje 'sva:ntjə
Swadlincote *engl.* 'swɔdlɪnkoʊt
Swahịli sva'hi:li
Swain[s] *engl.* sweɪn[z]
Swainson *engl.* sweɪnsn
Swạkop 'svakɔp, *engl.* 'swɑ:kɔp
Swakopmụnd svakɔp'mʊnt
Swale *engl.* sweɪl
Swallow *engl.* 'swɔloʊ
Swạlme[n] *niederl.* 'swɑlmə
Swammerdạm *niederl.* swɑmər'dɑm
Swamps *engl.* swɔmps
Swampscott *engl.* 'swɔmpskət
Swan[age] *engl.* 'swɔn[ɪdʒ]
Swanboy 'svɔnbɔy̯
Swạne 'sva:nə
Swạnevelt *niederl.* 'swa:nəvɛlt
Swạnhild 'sva:nhɪlt
Swanhịlde sva:n'hɪldə
Swann *engl.* swɔn
Swanscombe *engl.* 'swɔnzkəm
Swansea *engl.* 'swɔnzɪ
Swanskin 'svɔnskɪn
Swanson *engl.* swɔnsn
Swạnte[wit] 'svantə[vɪt]
Swạntje 'svantjə
Swanwick *engl.* 'swɔnɪk
Swạpgeschäft 'svɔpgəʃɛft
Swarabhạkti svara'bakti
Swarọwsky sva'rɔfski
Swạrtka 'svartka
Swạrth *niederl.* swɑrt
Swạrzędz *poln.* 'sfaʒɛnts
Swasey *engl.* 'sweɪzɪ
Swạsiland 'sva:zilant
Swạstika 'svastika
Swạtopluk 'svatɔplʊk
Swatow *engl.* 'swɔtaʊ
Swayne *engl.* sweɪn
Swạziland *engl.* 'swɑ:zɪlænd
Sweater 'sve:tɐ
Swẹbe 'sve:bə
swẹbisch 'sve:bɪʃ
Swẹdenborg 'sve:dn̩bɔrk, *schwed.* ,sve:dənbɔrj
Swedenborgiạner sve:dn̩bɔr'gi̯a:nɐ
Swe̲e̲linck *niederl.* 'swe:lɪŋk
Sweeny *engl.* 'swi:nɪ
Sweet[water] *engl.* 'swi:t[wɔ:tə]
Swellendạm *afr.* svɛlən'dam
Swẹn svɛn
Swenịgorod, Zvenigorod *russ.* zvɪ'nigɐrɐt
Swenigorọdka, Zvenigorodka *russ.* zvɪniga'rɔtkɐ
Swerdlọw[sk], Sverdlov[sk] *russ.* svɪr'dlɔfsk
Swẹrt *niederl.* swɛrt
Swẹrtia 'svɛrtsi̯a, **...iae** ...i̯ɛ
Swete *engl.* swi:t
Swetlạna, Svetlana *russ.* svɪt'lanɐ
Swetlogọrsk, Svetlogorsk *russ.* svɪtla'gɔrsk
Swetlọw, Svetlov *russ.* svɪt'lɔf
Swetogọrsk, Svetogorsk *russ.* svɪta'gɔrsk
Swetosạr, Svetozar *russ.* svɪta'zar
Swẹttenham *engl.* 'swɛtnəm
Swe̲y̲nheim 'svai̯nhai̯m
Swịdbert 'svi:tbɛrt
Swidérien svide'ri̯ɛ̃:
Świdnịca *poln.* ɕfid'nitsa
Śwịdnik *poln.* 'ɕfidnik
Śwịdry *poln.* 'ɕfidrɨ
Śwịdwin *poln.* 'ɕfidvin
Świebodzịce *poln.* ɕfjɛbɔ'dzitsɛ
Świebọdzin *poln.* ɕfjɛ'bɔdzin
Święcie *poln.* 'ɕfjɛtɕɛ
Świerądów Zdrój *poln.* ɕfjɛ'raduf 'zdruj
Swi̲eten 'svi:tn̩
Świętochłowịce *poln.* ɕfjɛntɔxu̯ɔ'vitsɛ
Świętochọwski *poln.* ɕfjɛntɔ'xɔfski
Swịft svɪft, *engl.* swɪft
Swift Current *engl.* 'swɪft 'kʌrənt
Swijạga, Svijaga *russ.* svi'jagɐ
Swịlengrad, Svilengrad *bulgar.* 'svilɛŋgrat

Swimming-pool ˈsvɪmɪŋpu:l
Swinburne *engl.* ˈswɪnbə:n
Swindon *engl.* ˈswɪndən
Swine ˈsvi:nə
Swinegel ˈsvi:n|e:gl̩
Swinemünde svi:nəˈmʏndə
[1]**Swing** (Tanz) svɪŋ
[2]**Swing** (Name) *engl.* swɪŋ
swingen ˈsvɪŋən
Swingfox ˈsvɪŋfɔks
Swinnerton *engl.* ˈswɪnətn
Świnoujście *poln.* ɕfinɔˈujɕtɕɛ
Swinton *engl.* swɪntn
Swir, Svir' *russ.* svirj
Switschtow, Svištov *bulgar.* ˈsviʃtof
Swislotsch Svisloč' *russ.* ˈsvisləʈʃ
Swiss *engl.* swɪs
Swissair ˈsvɪsɛ:ɐ̯
Swissvale *engl.* ˈswɪsveɪl
Switzerland *engl.* ˈswɪtsələnd
Swjatoi Nos, Svjatoj Nos *russ.* svɪˈtɔj ˈnɔs
Swjatopolk, Svjatopolk *russ.* svɪtaˈpɔlk
Swjatoslaw, Svjatoslav *russ.* svɪtaˈslaf
Swoboda ˈsvɔboda
Swobodny, Svobodnyj *russ.* svaˈbɔdnɨj
Swope *engl.* swoʊp
Swoyersville *engl.* ˈswɔɪəzvɪl
Swynford *engl.* ˈswɪnfəd
Syagrius zyˈa:griʊs
Sybaris ˈzy:barɪs
Sybarit zybaˈri:t
Sybel ˈzy:bl̩
Syberberg ˈzy:bɐbɛrk
Sycamore *engl.* ˈsɪkəmɔ:
Syčevka vgl. Sytschowka
Syców *poln.* ˈsɨtsuf
Sydenham *engl.* ˈsɪdnəm
Sydenstricker *engl.* ˈsaɪdnstrɪkə
Sydfyn *dän.* ˈsyðfy:ˀn
Sydhalland *schwed.* ˌsy:dhaland
Sydjylland *dän.* ˈsyðjylanˀ
Sydlappland *schwed.* ˌsy:dlapland
Sydney [Mines] *engl.* ˈsɪdnɪ [ˈmaɪnz]
Sydow ˈzy:do
Sydsjælland *dän.* ˈsyðsjɛlanˀ
Sydsvenska Dagbladet *schwed.* ˌsy:dsvɛnska ˌdɑ:gblɑ:dət
Syene ˈzy̆e:nə, *B* ...ne
Syenit zy̆eˈni:t, *auch:* ...nɪt
Syfret *engl.* ˈsi:frɪt
Syke ˈzi:kə
Sykes *engl.* saɪks
Sykomore zykoˈmo:rə
Sykophant zykoˈfant
Sykose zyˈko:zə
Sykosis zyˈko:zɪs
Syktywkar, Syktyvkar *russ.* sɨktɨfˈkar
Sylacauga *engl.* sɪləˈkɔ:gə
Sylarna *schwed.* ˌsy:larna
Sylfaste *schwed.* ˌsylfastə
Sylfjället *schwed.* ˌsy:lfjɛlət
Syllabar zylaˈba:ɐ̯
Syllabarium zylaˈba:ri̯ʊm, **...ien** ...i̯ən
Syllabem zylaˈbe:m
syllabieren zylaˈbi:rən
syllabisch zʏˈla:bɪʃ
Syllabus ˈzylabʊs, **...bi** ...bi
Syllepse zʏˈlɛpsə
Syllepsis ˈzʏlɛpsɪs, **...epsen** zʏˈlɛpsn̩
sylleptisch zʏˈlɛptɪʃ
Syllogismus zyloˈgɪsmʊs
Syllogistik zyloˈgɪstɪk
Sylphe ˈzʏlfə
Sylphide zʏlˈfi:də
Sylt zʏlt
Sylva *rumän.* ˈsilva
Sylva vgl. Sylwa
Sylvanit zylvaˈni:t, *auch:* ...nɪt
Sylvensteinsee ˈzʏlvn̩ʃtaɪ̯nze:
Sylvester zʏlˈvɛstɐ, *engl.* sɪlˈvɛstə
Sylvia ˈzɪlvi̯a, ˈzʏlvi̯a; *engl.* ˈsɪlvɪə
Sylvin zʏlˈvi:n
Sylvinit zylviˈni:t, *auch:* ...nɪt
Sylvius ˈzɪlvi̯ʊs, ˈzʏlvi̯ʊs
Sylwa, Sylva *russ.* ˈsɨlvɐ
Symbiont zʏmˈbi̯ɔnt
Symbiose zʏmˈbi̯o:zə
symbiotisch zʏmˈbi̯o:tɪʃ
Symblepharon zʏmˈble:farɔn
Symbol zʏmˈbo:l
Symbola vgl. Symbolum
Symbolik zʏmˈbo:lɪk
symbolisch zʏmˈbo:lɪʃ
symbolisieren zʏmboliˈzi:rən
Symbolismus zʏmboˈlɪsmʊs
Symbolist zʏmboˈlɪst
Symbolum ˈzʏmbolʊm, **...la** ...la
Symbolum apostolicum ˈzʏmbolʊm apɔsˈto:likʊm
Syme ˈzy:mə, *B* ...me; *neugr.* ˈsimi, *engl.* saɪm
Symeon ˈzy:meɔn
Symington *engl.* ˈsaɪmɪŋtən
Symmachie zʏmaˈxi:, **-n** ...i:ən
Symmachus ˈzʏmaxʊs
Symmetrie zʏmeˈtri:, **-n** ...i:ən
symmetrisch zʏˈme:trɪʃ
Symond *engl.* ˈsaɪmənd
Symonds *engl.* ˈsaɪməndz, ˈsɪm...
Symons *engl.* ˈsaɪmənz, ˈsɪm...
Sympathektomie zʏmpatɛktoˈmi:, **-n** ...i:ən
sympathetisch zʏmpaˈte:tɪʃ
Sympathie zʏmpaˈti:, **-n** ...i:ən
Sympathikomimetikum zʏmpatikomiˈme:tikʊm, **...ka** ...ka
Sympathikotonie zʏmpatikotoˈni:
Sympathikotonikum zʏmpatikoˈto:nikʊm, **...ka** ...ka
Sympathikus zʏmˈpa:tikʊs
Sympathisant zʏmpatiˈzant
sympathisch zʏmˈpa:tɪʃ
sympathisieren zʏmpatiˈzi:rən
Sympatholytikum zʏmpatoˈly:tikʊm, **...ka** ...ka
Sympatol Ⓦⓩ zʏmpaˈto:l
Sympetalen zʏmpeˈta:lən
Sympher ˈzʏmfɐ
Symphonie zʏmfoˈni:, **-n** ...i:ən
Symphonik zʏmˈfo:nɪk
Symphoniker zʏmˈfo:nikɐ
symphonisch zʏmˈfo:nɪʃ
Symphony *engl.* ˈsɪmfənɪ
symphronistisch zʏmfroˈnɪstɪʃ
Symphyse zʏmˈfy:zə
symphytisch zʏmˈfy:tɪʃ
Symplegaden zʏmpleˈga:dn̩
Symploke zʏmploˈke:, **-n** zʏmˈplo:kn̩
Sympodium zʏmˈpo:di̯ʊm, **...ien** ...i̯ən
Symposion zʏmˈpo:zi̯ɔn, **...ien** ...i̯ən
Symposium zʏmˈpo:zi̯ʊm, **...ien** ...i̯ən
Symptom zʏmpˈto:m
Symptomatik zʏmptoˈma:tɪk
symptomatisch zʏmptoˈma:tɪʃ
Symptomatologie zʏmptomatoloˈgi:
symptomatologisch zʏmptomatoˈlo:gɪʃ
synagogal zynagoˈga:l
Synagoge zynaˈgo:gə
Synalgie zynalˈgi:, zʏn|a...; **-n** ...i:ən
Synallage zyˈnalage, zʏnˈ|a...; **-n** ...ˈla:gn̩
synallagmatisch zynalaˈgma:tɪʃ, zʏn|a...
Synalöphe zynaˈlø:fə, zʏn|a...
synandrisch zyˈnandrɪʃ, zʏn|...
Synandrium zyˈnandriʊm, zʏnˈ|a...; **...ien** ...iən
Synanthie zynanˈti:, zʏn|a...; **-n** ...i:ən
Synaphie zynaˈfi:, zʏn|a...; **-n** ...i:ən
synaphisch zyˈna:fɪʃ, zʏnˈ|a:...
Synapte zyˈnaptə, zʏnˈ|a...
Synärese zynɛˈre:zə, zʏn|ɛ...
Synäresis zyˈnɛ:rezɪs, zʏnˈ|ɛ:...; **...resen** zynɛˈre:zn̩, zʏn|ɛ...
Synarthrose zynarˈtro:zə, zʏnˈ|a...
Synästhesie zynɛsteˈzi:, zʏn|ɛ...; **-n** ...i:ən
synästhetisch zynɛsˈte:tɪʃ, zʏn|ɛ...
Synaxarion zynaˈksa:ri̯ɔn, zʏn|a...; **...ien** ...i̯ən
Synaxis ˈzy:naksɪs, ˈzʏn|a...; **...xen** zyˈnaksn̩, zʏnˈ|a...
synchron zʏnˈkro:n
Synchronie zʏnkroˈni:
Synchronisation zʏnkronizaˈtsi̯o:n

synchronisieren zynkroni'zi:rən
Synchronismus zynkro'nısmʊs
synchronistisch zynkro'nıstıʃ
Synchrotron 'zynkrotro:n
Syncopated music *engl.* 'sıŋkəpeıtıd 'mju:zık
Syndaktylie zyndakty'li:, **-n** ...i:ən
Synderesis zyn'de:rezıs
Syndesmologie zyndɛsmolo'gi:
Syndesmose zyndɛs'mo:zə
Syndetikon ⓌⓏ zyn'de:tikɔn
syndetisch zyn'de:tıʃ
Syndikalismus zyndika'lısmʊs
Syndikalist zyndika'lıst
Syndikat zyndi'ka:t
Syndikus 'zyndikʊs, **...dizi** ...ditsi
Syndrom zyn'dro:m
Synechie zynɛ'çi:, zyn|ɛ...; **-n** ...i:ən
Synechologie zynɛçolo'gi:, zyn|ɛ...
Synedrion zy'ne:driɔn, zyn'|e:...; **...ien** ...iən
Synedrium zy'ne:driʊm, zyn'|e:...; **...ien** ...iən
Synekdoche zy'nɛkdɔxe, zyn'|ɛ...; **-n** ...'dɔxn̩
synekdochisch zynɛk'dɔxıʃ, zyn|ɛ...
Synephebe zyne'fe:bə, zyn|e...
Synergeten zynɛr'ge:tn̩, zyn|ɛ...
synergetisch zynɛr'ge:tıʃ, zyn|ɛ...
Synergiden zynɛr'gi:dn̩, zyn|ɛ...
Synergie zynɛr'gi:, zyn|ɛ...
Synergismus zynɛr'gısmʊs, zyn|ɛ...
Synergisten zynɛr'gıstn̩, zyn|ɛ...
synergistisch zynɛr'gıstıʃ, zyn|ɛ...
Synesios zy'ne:zi̯ɔs
Synesis 'zy:nezıs, **...esen** zy'ne:zn̩
Syng[e] *engl.* sıŋ
syngenetisch zynge'ne:tıʃ
Syngman Rhee *engl.* 'sıŋ'mɑ:n 'ri:
Synizese zyni'tse:zə, zyn|i...
Synizesis zy'ni:tsezıs, zyn'|i:...; **...esen** zyni'tse:zn̩, zyn|i...
synkarp zyn'karp
Synkarpie zynkar'pi:
Synkatathesis zynka'ta:tezıs
Synkategorema zynkate'go:rema, **-ta** ...go're:mata
Synkinese zynki'ne:zə
synklinal zynkli'na:l
Synklinale zynkli'na:lə
Synkline zyn'kli:nə
[1]**Synkope** (Sprach-, Verslehre; Medizin) 'zynkope, **-n** ...'ko:pn̩
[2]**Synkope** (Musik) zyn'ko:pə
synkopieren zynko'pi:rən
synkopisch zyn'ko:pıʃ
Synkotylie zynkoty'li:
Synkretismus zynkre'tısmʊs
Synkretist zynkre'tıst
Synkrise zyn'kri:zə
Synkrisis 'zynkrizıs, **...krisen** ...'kri:zn̩
synkritisch zyn'kri:tıʃ
Synod zy'no:t, **-e** ...o:də
synodal zyno'da:l
Synodale zyno'da:lə
Synode zy'no:də
synodisch zy'no:dıʃ
Synökie zynø'ki:, zyn|ø...; **-n** ...i:ən
Synökologie zynøkolo'gi:, zyn|ø...
synonym, S... zyno'ny:m
Synonymie zynony'mi:
Synonymik zyno'ny:mık
Synophrys 'zy:nofrys, 'zyn|o...
Synopse zy'nɔpsə, zyn'|ɔ...
Synopsis 'zy:nɔpsıs, 'zyn|ɔ...; **...opsen** zy'nɔpsn̩, zyn'|ɔ...
Synoptik zy'nɔptık, zyn'|ɔ...
Synoptiker zy'nɔptikɐ, zyn'|ɔ...
synoptisch zy'nɔptıʃ, zyn'|ɔ...
synorogen zynoro'ge:n, zyn|o...
Synostose zynɔs'to:zə, zyn|ɔ...
Synovia zy'no:vi̯a
Synovitis zyno'vi:tıs, **...itiden** ...vi'ti:dn̩
Synözie zynø'tsi:, zyn|ø...; **-n** ...i:ən
synözisch zy'nø:tsıʃ, zyn'|ø:...
Synsemantikon zynze'mantikɔn, **...ka** ...ka
synsemantisch zynze'mantıʃ
Syntagma zyn'tagma
syntagmatisch zynta'gma:tıʃ
syntaktisch zyn'taktıʃ
Syntax 'zyntaks
Synteresis zyn'te:rezıs
Synthese zyn'te:zə
Synthesis 'zyntezıs, **...thesen** ...'te:zn̩
Synthesizer *engl.* 'sınθısaızə
Synthetics zyn'te:tıks
synthetisch zyn'te:tıʃ
synthetisieren zynteti'zi:rən
Syntheton 'zyntetɔn, **...ta** ...ta
Syntropie zyntro'pi:
Synurie zynu'ri:, zyn|u...
Synzytium zyn'tsy:tsi̯ʊm, **...ien** ...i̯ən
Syphax 'zy:faks
Syphilis 'zy:filıs
Syphilitiker zyfi'li:tikɐ
syphilitisch zyfi'li:tıʃ
Syphiloderma zyfilo'dɛrma, **-ta** -ta
Syphiloid zyfilo'i:t, **-e** ...i:də
Syphilom zyfi'lo:m
Syphilomanie zyfiloma'ni:
Syphilose zyfi'lo:zə
Syracuse *engl.* 'sırəkju:s
Syrakus zyra'ku:s
Syrakusaner zyraku'za:nɐ
Syrakuser zyra'ku:zɐ
syrakusisch zyra'ku:zıʃ
Syrau 'zy:rau̯
Syr-Darja, Šyr-Dar'ja *russ.* sɨdarj'ja
Syrer 'zy:rɐ
Syrien 'zy:ri̯ən
Syrier 'zy:ri̯ɐ
Syringe zy'rıŋə
Syringitis zyrıŋ'gi:tıs, **...itiden** ...gi'ti:dn̩
Syringomyelie zyrıŋgomy̆e'li:, **-n** ...i:ən
Syrinx 'zy:rıŋks, **Syringen** zy'rıŋən
syrisch 'zy:rıʃ
Syrjäne zyr'jɛ:nə
Syrjanka, Zyrjanka *russ.* zɨ'rjankɐ
Syrlin 'zyrli:n
Syrmien 'zyrmi̯ən
Syrologe zyro'lo:gə
Syrologie zyrolo'gi:
Syros 'zy:rɔs
Syrte 'zyrtə
Syrus 'zy:rʊs
Sysran, Syzran' *russ.* 'sɨzrɐnj
Syssola, Sysola *russ.* 'sɨsɐlɐ
systaltisch zys'taltıʃ
System zys'te:m
Systematik zyste'ma:tık
Systematiker zyste'ma:tikɐ
systematisch zyste'ma:tıʃ
systematisieren zystemati'zi:rən
Systole 'zystole, *auch:* ...'to:lə; **-n** ...'to:lən
systolisch zys'to:lıʃ
Sythen 'zy:tn̩
Sytschowka, Syčevka *russ.* sɨ'tʃɔfkɐ
Syzran' vgl. Sysran
Syzygie zytsy'gi:, **-n** ...i:ən
Syzygium zy'tsy:gi̯ʊm, **...ien** ...i̯ən
Szabadbattyán *ung.* 'sɔbɔdbɔttja:n
Szabadegyháza *ung.* 'sɔbɔdɛtjha:zɔ
Szabadhidvég *ung.* 'sɔbɔthidve:g
Szabadka *ung.* 'sɔbɔtkɔ
Szabados *ung.* 'sɔbɔdoʃ
Szabadszállás *ung.* 'sɔbɔttsa:lla:ʃ
Szabó 'sa:bo, *ung.* 'sɔbo:
Szabolcs *ung.* 'sɔboltʃ
Szada *ung.* 'sɔdɔ
Sządek *poln.* 'ʃadɛk
Szágy *ung.* sa:dj
Szakadát *ung.* 'sɔkɔda:t
Szakály *ung.* 'sɔka:j
Szakasits *ung.* 'sɔkɔʃitʃ
Szakmár *ung.* 'sɔkma:r
Szalafő *ung.* 'sɔlɔfø:

Szalánta *ung.* sɔla:ntɔ
Szálasi *ung.* 'sa:lɔʃi
Szalkszentmárton *ung.* 'sɔlksɛntma:rton
Szalonna *ung.* 'sɔlonnɔ
Szamọcin *poln.* ʃa'mɔtɕin
Szamos *ung.* 'sɔmoʃ
Szanda *ung.* 'sɔndɔ
Szaniąwski *poln.* ʃa'njafski
Szaniszló *ung.* 'sɔnislo:
Szank *ung.* sɔŋk
Szántód *ung.* 'sa:nto:d
Szany *ung.* sɔnj
Szár *ung.* sa:r
Szárföld *ung.* 'sa:rføld
Szarvas *ung.* 'sɔrvɔʃ
Szarvasgede *ung.* 'sɔrvɔʒɡɛdɛ
Szász[vár] *ung.* 'sa:s[va:r]
Szatmár *ung.* 'sɔtma:r
Szczạwno Zdrój *poln.* 'ʃtʃawnɔ 'zdruj
Szczebrzẹszyn *poln.* ʃtʃɛb'ʒɛʃɨn
Szczẹcin *poln.* 'ʃtʃɛtɕin
Szczecịnek *poln.* ʃtʃɛ'tɕinɛk
Szczekocịny *poln.* ʃtʃɛkɔ'tɕinɨ
Szczọdry *poln.* 'ʃtʃɔdrɨ
Szczụczyn *poln.* 'ʃtʃutʃɨn
Szczytno *poln.* 'ʃtʃɨtnɔ
Széchenyi *ung.* 'se:tʃe:nji
Széchy *ung.* 'se:tʃi
Szécsény *ung.* 'se:tʃe:nj
Szécsisziget *ung.* 'se:tʃisigɛt
Szẹdres *ung.* 'sɛdrɛʃ
Szẹged *ung.* 'sɛgɛd
Szegedin 'sɛgedi:n
Szẹghalom *ung.* 'sɛkhɔlom
Szẹgvár *ung.* 'sɛgva:r
Székely[föld] *ung.* 'se:kɛj[føld]
Székesfehérvár *ung.* 'se:kɛʃfɛhe:rva:r
Szẹkfű *ung.* 'sɛkfy:
Székkutas *ung.* 'se:kkutɔʃ
Szekler 'se:klɐ, 'sɛk...
Szẹkszárd *ung.* 'sɛksa:rd
Szẹll (George) *engl.* sɛl
Széll *ung.* se:ll
Szẹllő *ung.* 'sɛllø:
Szenar stse'na:ɐ̯
Szenarium stse'na:ri̯ʊm, **...ien** ...i̯ən
Szẹnd[e] *ung.* 'sɛnd[ɛ]
Szẹndrő *ung.* 'sɛndrø:
Szene 'stse:nə
Szenerie stsenə'ri:, **-n** ...i:ən
szenisch 'stse:nɪʃ
Szẹnta *ung.* 'sɛntɔ
Szẹntendre *ung.* 'sɛntɛndrɛ
Szẹntendrei-sziget *ung.* 'sɛntɛndrɛisigɛt
Szẹntes[sy] *ung.* 'sɛntɛʃ[i]
Szẹntgál *ung.* 'sɛndga:l
Szẹntgotthárd *ung.* 'sɛndgotha:rd
Szẹnt-Györgyi *ung.* 'sɛndjørdji
Szẹntistván *ung.* 'sɛntiʃtva:n
Szẹntlőrinc *ung.* 'sɛntlø:rints
Szẹntmártonkáta *ung.* 'sɛntma:rtoŋka:tɔ
Szẹntpéterfa *ung.* 'sɛntpe:tɛrfɔ
Szẹntpéterúr *ung.* 'sɛntpe:tɛru:r
Szẹnyér *ung.* 'sɛnje:r
Szẹpetnek *ung.* 'sɛpɛtnɛk
Szẹpter 'stsɛptɐ
Szẹrb *ung.* sɛrb
Szẹrecseny *ung.* 'sɛrɛtʃɛnj
Szẹrém *ung.* 'sɛre:m
Szẹrencs *ung.* 'sɛrɛntʃ
Szẹryng 'ʃe:rɪŋ, *poln.* 'ʃɛrɨŋk
Szẹtschuan 'zɛtʃu̯an
szientịfisch stsi̯ɛn'ti:fɪʃ
Szientifịsmus stsi̯ɛnti'fɪsmʊs
Szientịsmus stsi̯ɛn'tɪsmʊs
Szientịst stsi̯ɛn'tɪst
Szịget *ung.* 'sigɛt
Szịgetcsép *ung.* 'sigɛttʃe:p
Szịgeti *ung.* 'sigɛti
Szịgetköz *ung.* 'sigɛtkøz
Szịgetmonostor *ung.* 'sigɛtmonoʃtor
Szịgetvár *ung.* 'sigɛtva:r
Szịgligeti *ung.* 'sigligɛti
Szịhalom *ung.* 'sihɔlom
Szịkszó *ung.* 'sikso:
Szịl *ung.* sil
Szịlágyi *ung.* 'sila:dji
Szilágy-Somlyó *ung.* 'sila:ttʃomjo:
Szịlard *engl.* sɪ'lɑ:d
Szịlárd *ung.* 'sila:rd
Szịlasi *ung.* 'silɔʃi
Szịlla 'stsɪla
Szịnnyei *ung.* 'sinnjɛi
Szintillatiọn stsɪntɪla'tsi̯o:n
szintillieren stsɪntɪ'li:rən
Szintillomẹter stsɪntɪlo'me:tɐ
Szịrrhus 'stsɪrʊs
Szissiọn stsɪ'si̯o:n
Szissụr stsɪ'su:ɐ̯
Szlạchta *poln.* 'ʃlaxta
Szlichtyngọwa *poln.* ʃlixtɨn'gɔva
Szọb *ung.* sob
Sző̧d *ung.* sø:d
Szólád *ung.* 'so:la:d
Szold *engl.* zoʊld
Szọlnok *ung.* 'solnok
Szọmbathely *ung.* 'sombɔthɛj
Szọndi *ung.* 'sondi
Sző̧ny[i] *ung.* 'sø:nj[i]
Szopienịce *poln.* ʃɔpjɛ'nitsɛ
Szprotạwa *poln.* ʃprɔ'tava
Sztálinváros *ung.* 'sta:linva:roʃ
Sztụm *poln.* ʃtum
Szụbin *poln.* 'ʃubin
Szű̧csi *ung.* 'sy:tʃi
Szụjski *poln.* 'ʃujski
Szụlok *ung.* 'sulok
Szydłọwiec *poln.* ʃɨ'du̯ɔvjɛts
Szylla 'stsʏla
Szymạniak ʃʏ'mani̯ak
Szymạnọwski *poln.* ʃɨma'nɔfski
Szymon *poln.* 'ʃɨmɔn
Szymonọwic *poln.* ʃɨmɔ'nɔvits
Szythe 'stsy:tə
Szythien 'stsy:ti̯ən
szythisch 'stsy:tɪʃ

T

t, T te:, *engl.* ti:, *fr.* te
τ, *T* tau̯
ϑ, *Θ* 'te:ta
Taaffe 'ta:fə
[1]Tạb ta:p, *engl.* tæb; **-e** 'ta:bə
[2]Tab *ung.* tɔb
Tabagie taba'ʒi:, **-n** ...i:ən
Tabajd *ung.* 'tɔbɔjd
Tabak 'ta:bak, 'tabak, *auch:* ta'bak
Tabarcạ *fr.* tabar'ka
Tabarin *fr.* taba'rɛ̃
Tạbarz 'ta:barts
Tabạsco ta'basko, *span.* ta'βasko
Tabatiẹre taba'ti̯e:rə, ...'ti̯ɛ:rə
Tabb *engl.* tæb
Tabdi *ung.* 'tɔbdi
Tabẹa ta'be:a
tabellạrisch tabɛ'la:rɪʃ
tabellarisieren tabɛlari'zi:rən
Tabẹlle ta'bɛlə
tabellieren tabɛ'li:rən
Tạben 'ta:bn̩
[1]Tabẹrg *Jönköping schwed.* ta'bærj
[2]Tạberg *Värmland schwed.* 'tɑ:bærj
Tabernạkel tabɛr'na:kl̩
Tabẹrnas *span.* ta'βɛrnas
Tabẹrne ta'bɛrnə
Tabẹrnes de Valldịgna *span.* ta'βɛrnez ðe βal'diɣna
Tạbes 'ta:bɛs
Tabeszẹnz tabɛs'tsɛnts
Tabẹtiker ta'be:tikɐ
Tạbiker 'ta:bikɐ
tạbisch 'ta:bɪʃ
Tạblar 'tabla:ɐ̯
Tableau, Tableau! ta'blo:
Tableau économịque *fr.* tabloekɔnɔ'mik, **-x -s** tablozekɔnɔ'mik
Table Bay, - Mountain *engl.* 'teɪbl 'beɪ, – 'maʊntɪn
Table d'họte *fr.* tablə'do:t
Tablẹtt[e] ta'blɛt[ə]
tablettieren tablɛ'ti:rən
tablieren ta'bli:rən
Tablinum ta'bli:nʊm, **...na** ...na
Taboạda *span.* taβo'aða
Tabọga *span.* ta'βoɣa
Taboparalyse tabopara'ly:zə
Tabophobie tabofo'bi:
[1]Tạbor (Versammlung, Lager) 'ta:bɔr
[2]Tạbor (Name) *dt., dän.* 'ta:bɔr, *fr.* ta'bɔ:r
Tábor *tschech.* 'ta:bɔr
Tabọra ta'bo:ra
Táborfalva *ung.* 'ta:borfɔlvɔ

Taborit tabo'ri:t
Táborský *tschech.* 'ta:bɔrski:
Täbris 'tɛ:brɪs, tɛ'bri:s; *pers.* tæ'bri:z
tabu, T... ta'bu:, *auch:* 'ta:bu
tabuieren tabu'i:rən
tabuisieren tabui'zi:rən
Tabula gratulatoria 'ta:bula gratula'to:ria
Tabula rasa 'ta:bula 'ra:za
Tabulaten tabu'la:tn̩
Tabulator tabu'la:tɔr, **-en** ...la'to:rən
Tabulatur tabula'tu:ɐ̯
Tabulett tabu'lɛt
Tabun ta'bu:n
Tabunschtschik ta'bu:nʃtʃɪk
Taburett tabu'rɛt
Täby *schwed.* 'tɛ:by:
Tacaná *span.* taka'na
Tacca *it.* 'takka
tacet 'ta:tsɛt
Tachau 'taxau
Taché *fr.* ta'ʃe
Tacheles 'taxələs
Tacheometer taxeo'me:tɐ
Tacherting 'taxɐtɪŋ
Tachina ta'xi:na
Taching 'taxɪŋ
tachinieren taxi'ni:rən
Táchira *span.* 'tatʃira
Tachismus ta'ʃɪsmʊs
Tachist ta'ʃɪst
Tachistoskop taxɪsto'sko:p
Tacho 'taxo
Tachograph taxo'gra:f
Tachometer taxo'me:tɐ
Tachov *tschech.* 'taxɔf
Tachydromos *neugr.* taxi'ðrɔmɔs
Tachygraph taxy'gra:f
Tachygraphie taxygra'fi:, **-n** ...i:ən
Tachykardie taxykar'di:
Tachymeter taxy'me:tɐ
Tachymetrie taxyme'tri:
tachymetrisch taxy'me:trɪʃ
Tachypnoe taxy'pno:ə
tachyseismisch taxy'zaismɪʃ
taciteisch, T... tatsi'te:ɪʃ
Tacitus 'ta:tsitʊs
Tackling *engl.* 'tæklɪŋ
Tacks taks
Täcks tɛks
Tacna *span.* 'takna
Tacoma *engl.* tə'koʊmə
Tacora *span.* ta'kora
Tacuarembó *span.* takuarɛm'bo
Tacubaya *span.* taku'βaja
Taddäus ta'dɛ:ʊs
Taddei *it.* tad'dɛ:i
Taddeo *it.* tad'dɛ:o
Tadel 'ta:dl̩
Tadelei ta:də'laɪ
tadeln 'ta:dl̩n, **tadle** 'ta:dlə
Tadema *niederl.* 'ta:dəma:
Tådene *schwed.* ˌto:dənə
Tadeo *span.* ta'ðeo
Tadeusz *poln.* ta'dɛuʃ
Tadjourah *fr.* tadʒu'ra
Tadler 'ta:dlɐ
Tadschike ta'dʒi:kə
Tadschixkaja SSR, Tadžikskaja SSR *russ.* tad'ʒɨkskɐjɐ ɛs-ɛs'ɛr
Tadsch Mahal 'ta:tʃ ma'ha:l
Taedschön, Taejon *korean.* tɛdʒʌn
Taegu *korean.* tɛgu
Taehan *korean.* tɛhan
Taekwondo tɛ'kvɔndo
Tael tɛ:l, te:l
Tafalla *span.* ta'faʎa
Tafel 'ta:fl̩
Täfelchen 'tɛ:fl̩çən
Tafelfichte 'ta:fl̩fɪçtə
tafeln 'ta:fl̩n
täfeln 'tɛ:fl̩n
Täfer 'tɛ:fɐ
Taferl 'ta:fɐl
Tafers 'ta:fɐs
Täf[e]rung 'tɛ:f[ə]rʊŋ
Taffet 'tafət
Täflein 'tɛ:flain
[1]Taft (Gewebe) taft
[2]Taft (Name) *engl.* tæft, tɑ:ft
[1]Tag ta:k, **-e** 'ta:gə
[2]Tag (Anhängsel) *engl.* tæg
Tagale ta'ga:lə
Tagalog ta'ga:lɔk
Taganrog *russ.* tɐgan'rɔk
tagaus ta:k'|aus
Tage *schwed.* ˌtɑ:gə
tagein ta:k'|ain
Tagelöhner 'ta:gəlø:nɐ
tagelöhnern 'ta:gəlø:nɐn
tagen 'ta:gn̩, **tag!** ta:k, **tagt!** ta:kt
Tagetes ta'ge:tɛs
Taggard *engl.* 'tægəd
Tagger 'tagɐ
Taggia *it.* 'taddʒa
taghell 'ta:k'hɛl
...tägig (z. B. sechstägig) ...ˌtɛ:gɪç, **-e** ...ɪgə
Tagil *russ.* ta'gil
Tagle *span.* 'taɣlə
Tagliabue *it.* taʎʎa'bu:e
Tagliacozzo *it.* taʎʎa'kɔttso
Tagliamento *it.* taʎʎa'mento
Tagliata tal'ja:ta
Tagliatelle talja'tɛlə
Tagliati tal'ja:ti
Tagliavini *it.* taʎʎa'vi:ni
täglich 'tɛ:klɪç
Taglio di Po *it.* 'taʎʎo di 'pɔ
Taglioni *it.* taʎ'ʎo:ni
taglöhnern 'ta:klø:nɐn
Tagmem[ik] ta'gme:m[ɪk]
Tagore ta'go:ɐ̯, ta'go:rə; *engl.* tə'gɔ:
tags ta:ks
tagsüber 'ta:ks|y:bɐ
tagtäglich 'ta:k'tɛ:klɪç
Taguan 'ta:guan
Tagung 'ta:gʊŋ
Taharka ta'harka
Tahi *indon.* 'tahi
Tahiride tahi'ri:də
Tahiti ta'hi:ti, *fr.* tai'ti
Tahitófalu *ung.* 'tɔhito:fɔlu
Tahoua *fr.* ta'wa
Tahr ta:ɐ̯
Tai tai
Taibilla *span.* tai'βiʎa
Taifun tai'fu:n
Taiga 'taiga, *russ.* taj'ga
Taijüan 'taijy̆an
Taika 'taika
Tailfingen 'tailfɪŋən
Tailhade *fr.* ta'jad
Taille 'taljə
Taillebourg *fr.* taj'bu:r
Tailleur ta'jø:ɐ̯
taillieren ta'ji:rən
Tailor *engl.* 'teɪlə
Tailormade *engl.* 'teɪləmeɪd
Taimyr[a], Tajmyr[a] *russ.* taj'mɨr[ɐ]
Tain *fr.* tɛ̃
Tainan 'tainan
Tainaron 'tainarɔn
Taine tɛ:n, *fr.* tɛn
Tainter *engl.* 'teɪntə
Taipeh 'taipe, taɪ'pe:
Taiping 'taipɪŋ
Taipu *bras.* tai'pu
Taira 'taira
Tairow, Tairov *russ.* ta'irɐf
Taischet, Tajšet *russ.* taj'ʃɛt
Taischo 'taiʃo
Tait *engl.* teɪt
Taivalkoski *finn.* 'tɑivɑlkɔski
Taiwan 'taivan, tai'va[:]n
Tajmyr[a] vgl. Taimyr[a]
Tajo 'ta:xo, *span.* 'taxo
Tajšet vgl. Taischet
Tajumulco *span.* taxu'mulko
Takamahak takama'hak
Takamatsu taka'matsu
Take te:k, *engl.* teɪk
Takeda ta'ke:da
Takel 'ta:kl̩
Takelage takə'la:ʒə
takeln 'ta:kl̩n
Takelothis take'lo:tɪs
Tåkern *schwed.* 'to:kərn
Takin 'ta:kɪn
Takla-Makan 'ta:klama'ka:n
Takoma Park *engl.* tə'koʊmə 'pɑ:k
Täks tɛks
Taksimalaja *indon.* taksima'laja
Taksony *ung.* 'tɔkʃonj
Takt takt
Taktaharkány *ung.* 'tɔktɔhɔrka:nj
taktieren tak'ti:rən
Taktik 'taktɪk
Taktiker 'taktikɐ
taktil tak'ti:l
Taktionsproblem tak'tsio:nsproble:m

tạktisch 'taktɪʃ
Tạl ta:l, **Tä̲ler** 'tɛ:lɐ
Talalgi̲e talal'gi:, **-n** ...i:ən
Talạnder ta'landɐ
Tạlang *indon.* 'talaŋ
Talạr ta'la:ɐ̯
Talạs *russ.* ta'las
Talạud *indon.* ta'lau̯t
Talavẹra de la Rẹina *span.* tala'βera ðe la 'rrɛi̯na
Talayọts tala'jɔts
Tạlbot 'talbɔt, *engl.* 'tɔ:lbət, *fr.* tal'bo
Talbotypi̲e talboty'pi:
Tạlca *span.* 'talka
Talcahuạno *span.* talka'u̯ano
Tä̲lchen 'tɛ:lçən
Tạldom *russ.* 'taldɐm
Taldỵ-Kurgạn *russ.* tal'dɨkur'gan
Talence *fr.* ta'lã:s
Talẹnt ta'lɛnt
Talẹnti *it.* ta'lɛnti
talenti̲ert talɛn'ti:ɐ̯t
tạle quạle 'ta:lə 'kva:lə
Ta̲ler 'ta:lɐ
Tä̲ler vgl. Tal
Tạlew, Talev *bulgar.* 'talɛf
Talfourd *engl.* 'tælfəd
Tạlg talk, **-e** 'talgə
tạlgen 'talgn̩, **tạlg!** talk, **tạlgt** talkt
tạlgig 'talgɪç, **-e** ...ɪgə
Tạlhoff 'ta:lhɔf
Talica vgl. Taliza
Taliẹsin *engl.* tælɪ'ɛsɪn
Taliọn ta'li̯o:n
Ta̲lipes 'ta:lipe:s
Ta̲lisman 'ta:lɪsman
Tạliza, Talica *russ.* 'talitsɐ
Tạlje 'taljə
tạljen 'taljən
[1]**Tạlk** (Stoff) talk
[2]**Talk** (Gespräch) *engl.* tɔ:k
tạlkig 'talkɪç, **-e** ...ɪgə
Tạlkum 'talkʊm
talkumi̲eren talku'mi:rən
Talladega *engl.* tælə'di:gə
Tallahassee *engl.* tælə'hæsɪ
Tallahatchie *engl.* tælə'hætʃɪ
Tallapoosa *engl.* tælə'pu:sə
Tallạrd *fr.* ta'la:r
Tạ̈llberg *schwed.* ˌtɛlbærj
Tallemant des Réaux *fr.* talmãdere'o
Talleyrand *fr.* ta'lrã, talɛ'rã
Tạllgren *schwed.* ˌtalgre:n
Tallịchtenberg ta:l'lɪçtn̩bɛrk
Tallien *fr.* ta'ljɛ̃
Tạllin *russ.* 'tallin
Tạllinn 'talɪn
Tallis *engl.* 'tælɪs
Talli̲th ta'li:t
Tallmadge *engl.* 'tælmɪdʒ
Tallụlah *engl.* tə'lu:lə
Tallys *engl.* 'tælɪs
Talmạ *fr.* tal'ma
Talmage *engl.* 'tælmɪdʒ
tạlmi, T... 'talmi
tạlmin 'talmɪn
Tạlmud 'talmu:t, **-e** ...u:də
talmụdisch tal'mu:dɪʃ
Talmudịsmus talmu'dɪsmʊs
Talmudịst talmu'dɪst
Talnọje, Tal'noe *russ.* talj'nɔjɐ
Talon ta'lõ:
Taltạl *span.* tal'tal
Taltamạnu talta'ma:nu
Tạlvela *finn.* 'tɑlvɛlɑ
Tạlvio *finn.* 'tɑlviɔ
ta̲lwärts 'ta:lvɛrts
Talys *engl.* 'tælɪs
Talỵsch, Talyš *russ.* ta'lɨʃ
Tamạn *russ.* ta'man
Tamandaré *bras.* tɐmɐnda'rɛ
Tamanrassẹt *fr.* tamanra'sɛt
Tamạqua *engl.* tə'mɑ:kwə
Tamạra ta'ma:ra, *russ.* ta'marɐ
Tạmarak 'tamarak
Tamarịnde tama'rɪndə
Tamarịske tama'rɪskə
Tamarịte de Litẹra *span.* tama'rite ðe li'tera
Tạmaro (Berg) *it.* 'ta:maro
Tamás[i] *ung.* 'tɔma:ʃ[i]
Tamatạve *fr.* tama'ta:v
Tamaulịpas *span.* tamau̯'lipas
Tamạyo *span.* ta'majo
Tạmbach 'tambax
Tambacoundạ *fr.* tambakun'da
Tambaú *bras.* tɐmba'u
Tạmbour 'tambu:ɐ̯
Tambọw, Tambov *russ.* tam'bɔf
Tạmbre *span.* 'tambre
Tambrọni *it.* tam'bro:ni
Tạmbur 'tambu:ɐ̯
tamburi̲eren tambu'ri:rən
Tamburin tambu'ri:n, '– – –
Tamburịzza tambu'rɪtsa
Tâmega *port.* 'tɐməγɐ
Tạmerlan 'ta:mɐla:n
Tạmil 'ta:mɪl
Tami̲le ta'mi:lə
tami̲lisch ta'mi:lɪʃ
Tami̲na ta'mi:na
Tami̲nes *fr.* ta'min
Tami̲no ta'mi:no
Tami̲se *fr.* ta'mi:z
Tạmm *dt., russ.* tam
Tạmmann 'taman
Tammerfọrs *schwed.* tamər'fɔrs
Tạmmisaari *finn.* 'tɑmmisɑ:ri
Tạmmo 'tamo
Tamọra ta'mo:ra
Tạmp[en] 'tamp[n̩]
Tampa *engl.* 'tæmpə
Tamper *engl.* 'tæmpə
Tạmpere *finn.* 'tampɛrɛ
Tampi̲co tam'pi:ko, *span.* tam'piko
Tampi̲ko tam'pi:ko
Tampon 'tampɔn; *auch:* tam'po:n, tã'põ:
Tamponạde tampo'na:də
tamponi̲eren tampo'ni:rən
Tạmsweg 'tamsve:k
Tamtam tam'tam, *auch:* '– –
Tamụja *span.* ta'muxa
Tamụle ta'mu:lə
tamụlisch ta'mu:lɪʃ
Tamworth *engl.* 'tæmwə:θ
Ta̲na 'ta:na
Ta̲na[elv] *norw.* 'ta:na[ɛlv]
Ta̲nafjord *norw.* 'ta:nafju:r
Tanạga *engl.* tə'nɑ:gə
Ta̲nagra 'ta:nagra
Ta̲nais 'ta:naɪs
Tanạna *engl.* tə'nɑ:nə
Tananari̲ve *fr.* tanana'ri:v
Tananari̲vo tanana'ri:vo
Ta̲naro *it.* 'ta:naro
Tä̲naron 'tɛ:narɔn
Ta̲nasee 'ta:naze:
Tanbur 'tanbu:ɐ̯, –'–
Tancarvịlle *fr.* tãkar'vil
Tancre̲di *it.* taŋ'kre:di
Tạnd tant, **-es** 'tandəs
Tändelei̲ tɛndə'lai̯
tạ̈ndeln 'tɛndl̩n, **tạ̈ndle** ...dlə
Tạndem 'tandɛm
Tandịl *span.* tan'dil
Tạndjung *indon.* 'tandʒʊŋ
Tandjụngpịnang *indon.* tandʒʊŋ'pinaŋ
Tandjungprịok *indon.* tandʒʊŋ'priɔk
Tạndler 'tandlɐ
Tạndschur 'tandʒʊr
Tanẹjew, Taneev *russ.* ta'njejɪf
Tạnew, Tanev *bulgar.* 'tanɛf
Taney *engl.* 'tɔ:nɪ
Tạng taŋ
Tạnga 'taŋga
Tanganji̲ka taŋgan'ji:ka
Tanganyi̲ka *engl.* tæŋgə'nji:kə
Tanga̲re taŋ'ga:rə
Tạngens 'taŋgɛns
Tangẹnte taŋ'gɛntə
tangentia̲l taŋgɛn'tsi̯a:l
Tạnger 'taŋɐ, *auch:* 'tandʒɐ; *fr.* tã'ʒe
Tánger *span.* 'taŋxɛr
Tangerhụ̈tte taŋɐ'hʏtə
Tangermụ̈nde taŋɐ'mʏndə
tangi̲eren taŋ'gi:rən
Tạngl 'taŋl̩
Tạngo 'taŋgo
Tạngschan 'taŋʃan
Tangu̲te taŋ'gu:tə
Tanguy *fr.* tã'gi
Tạnia (Vorname) 'tani̯a
Tä̲nie 'tɛ:ni̯ə
Tanịmbar *indon.* ta'nɪmbar
Ta̲nis 'ta:nɪs
Tạnja 'tanja, *russ.* 'tanjɐ
Tạnjug *serbokr.* 'tanjug
Tạnk taŋk
Tạnka 'taŋka
tạnken 'taŋkn̩
Tạnker 'taŋkɐ
Tạnko[w] 'taŋko
Tạnkred 'taŋkre:t
Tạnn[a] 'tan[a]

Tannahill *engl.* 'tænəhɪl
Tannạt ta'na:t
Tạ̈nnchen 'tɛnçən
Tạnne 'tanə
Tạnnefors *schwed.* ˌtanəfɔrs
Tạnnenberg 'tanənbɛrk
Tạnnenbergsthal 'tanənbɛrksta:l
Tạnner 'tanɐ, *schwed.* 'tanər, *engl.* 'tænə
Tannersville *engl.* 'tænəzvɪl
Tạ̈nnesberg 'tɛnəsbɛrk
Tạnnfeld 'tanfɛlt
Tạ̈nnforsen *schwed.* ˌtɛnfɔrsən
Tannha̲usen tan'hauzn̩
Tạnnhäuser 'tanhɔyzɐ
tanni̲eren ta'ni:rən
Tanni̲n ta'ni:n
Tạnnowitz 'tanovɪts
Tannrọda tan'ro:da
Tạnnwald 'tanvalt
Tanout *fr.* ta'nut
Tạnrek 'tanrɛk
Tansania tan'za:ni̯a, tanza'ni:a
Tansa̲nier tan'za:ni̯ɐ
tansa̲nisch tan'za:nɪʃ
Tansanit tanza'ni:t, *auch:* ...nɪt
Tạnse 'tanzə
Tansịllo *it.* tan'sillo
Tạnta[l] 'tanta[l]
Tantalit tanta'li:t, *auch:* ...lɪt
Tạntalus 'tantalʊs
Tạnte[s] 'tantə[s]
Tantiẹme tã'ti̯ɛ:mə, ...'ti̯ɛ:mə
tant mieux *fr.* tã'mjø
tạnto 'tanto
Tạntow 'tanto
Tạntras 'tantras
tạntrisch 'tantrɪʃ
Tantrịsmus tan'trɪsmʊs
Tạnum *schwed.* ˌtanʊm
Tạnvald *tschech.* 'tanvalt
Tạnya 'tanja, *ung.* 'tɔnjɔ
Tạnz tants, **Tạ̈nze** 'tɛntsə
Tạ̈nzchen 'tɛntsçən
tạ̈nzeln 'tɛntsl̩n
tạnzen 'tantsn̩
Tạ̈nzer 'tɛntsɐ
Tao 'ta:o, tau̯
Taoịsmus tao'ɪsmʊs, tau̯...
Taoịst tao'ɪst, tau̯...
Taormịna *it.* taor'mi:na
Taos *engl.* taʊs
Tao-te-kịng taote'kɪŋ, tau̯...
Táp *ung.* ta:p
Tạpa 'tapa
Tapachụla *span.* tapa'tʃula
Tapajós *bras.* tapa'ʒɔs
Tape te:p, *engl.* teɪp
Tápé *ung.* 'ta:pe:
Tape̲inosis ta'pai̯nozɪs
Taperoá *bras.* tape'ru̯a
tạpern 'ta:pɐn
Tapẹt[e] ta'pe:t[ə]
tapezi̲eren tape'tsi:rən
Tapezi̲erer tape'tsi:rɐ
Tạpfe 'tapfə
Tạpfen 'tapfn̩
tạpfer 'tapfɐ
Taphephobi̲e tafefo'bi:
Tàpies *kat.* 'tapi̯əs
Tạpiau 'ta:pi̯au̯
Tapiọka ta'pi̯o:ka
Tápiósüly *ung.* 'ta:pio:ʃyj
Tápiószele *ung.* 'ta:pio:sɛlɛ
Tápiószentmárton *ung.* 'ta:pio:sɛntma:rton
Tạpir 'ta:pi:ɐ
Tapisseri̲e tapɪsə'ri:, **-n** ...i:ən
tạpp!, Tạpp tap
Tappan *engl.* 'tæpən
tạppen 'tapn̩
Tappernøje *dän.* tabər'nɔi̯ə
tạppig 'tapɪç, **-e** ...ɪgə
tạ̈ppisch 'tɛpɪʃ
Tappouni ta'pu:ni
tạpprig 'taprɪç, **-e** ...ɪgə
Tạps taps
tạpsen 'tapsn̩
tạpsig 'tapsɪç, **-e** ...ɪgə
Tapu̲rer ta'pu:rɐ
Taquạra *bras.* ta'ku̯ara
Taquarị *bras.* taku̯a'ri
[1]**Tạra** 'ta:ra
[2]**Tara** (Name) *engl.* 'tærə, *russ.* 'tarɐ
Tarạkan *indon.* ta'rakan
Tanrancón *span.* taraŋ'kɔn
Tarantạs taran'ta:s
Tarạntel ta'rantl̩
Tarantẹlla taran'tɛla
Tạranto *it.* 'ta:ranto
Tarany *ung.* 'tɔrɔnj
Tarapacá *span.* tarapa'ka
Tara̲r ta'ra:ɐ
Tara̲re *fr.* ta'ra:r
Ţạra Româneạscă *rumän.* 'tsara romɨ'ne̯askə
Tarạs, Taraz *russ.* ta'ras
Tarascon *fr.* taras'kõ
Tarạske ta'raskə
Tarạsp ta'rasp
Tarạssow, Tarasov *russ.* ta'rasɐf
Taraz vgl. Taras
Tarazọna *span.* tara'θona
Tarbagata̲i tarbaga'tai̯
Tårbæk *dän.* 'tɔ[:]rbɛg
Tạrbell *engl.* 'tɑ:bəl
Tạrbes *fr.* tarb
Tạrboro *engl.* 'tɑ:bərə
Tarbu̲sch tar'bu:ʃ
Tarcẹnto *it.* tar'tʃɛnto
tardạndo tar'dando
Tardạndo tar'dando, **...di** ...di
Tạrde *fr.* tard
Tardenois *fr.* tardə'nwa
Tardenoisien tardənoa'zi̯ɛ̃:
Tardiẹnta *span.* tar'ði̯enta
Tardieu *fr.* tar'djø
Tardi̲ni *it.* tar'di:ni
tardi̲v tar'di:f, **-e** ...i:və
tạrdo 'tardo
Tạ̈rendö *schwed.* 'tærəndø:
Tarẹnt ta'rɛnt
Tarentaise *fr.* tarã'tɛ:z
Tarenti̲ner tarɛn'ti:nɐ
tarenti̲nisch tarɛn'ti:nɪʃ
Tarẹntum *engl.* tə'rɛntəm
Tạrgi 'targi
Targọvischte, Tărgovište *bulgar.* tər'gɔviʃtɛ
Targu̲m tar'gu:m, **-i̲m** ...gu'mi:m
Tạrhan *türk.* 'tɑrhɑn
Tạrhonya 'tarhɔnja, *ung.* 'tɔrhonjɔ
tari̲eren ta'ri:rən
Tari̲f ta'ri:f
Tarịfa *span.* ta'rifa
tarifa̲risch tari'fa:rɪʃ
Tarifeur tari'fø:ɐ
tarifi̲eren tari'fi:rən
Tarịja *span.* ta'rixa
Tạrik 'ta:rɪk
Tarịm ta'rɪm
Tarján *ung.* 'tɔrja:n
Tạrkington *engl.* 'tɑ:kɪŋtən
Tạrlatan 'tarlatan
Tạrle *russ.* 'tarlɪ
Tạrl[e]ton *engl.* 'tɑ:ltən
Tạrm *dän.* tar'm
Tarn *engl.* tɑ:n, *fr.* tarn
[1]**Tạ̈rna** *Västerbotten schwed.* 'tæ:rna
[2]**Tạ̈rna** *Västmanland schwed.* ˌtæ:rna
Tarnalelesz *ung.* 'tɔrnɔlɛlɛs
Tarnaörs *ung.* 'tɔrnɔørʃ
tạrnen 'tarnən
Tarn-et-Garọnne *fr.* tarnega'rɔn
Tarnọbrzeg *poln.* tar'nɔbʒɛk
Tárnok *ung.* 'ta:rnok
Tarnọpol, Tarnopol' *russ.* tar'nɔpɐlj
Tạrnow 'tarno
Tạrnów *poln.* 'tarnuf
Tạrnowitz 'tarnovɪts
Tarnowo, Tărnovo *bulgar.* 'tərnovo
Tarnọwski *poln.* tar'nɔfski
Tarnọwskie Góry *poln.* tar'nɔfskjɛ 'gurɨ
[1]**Tạro** (Frucht) 'ta:ro
[2]**Tạro** (Name) *it.* 'ta:ro
Tarọck ta'rɔk
tarocki̲eren tarɔ'ki:rən
Tárogató *ung.* 'ta:rogɔto:
Tarọk ta'rɔk
Taroudant *fr.* taru'dã
Tarpa̲n tar'pa:n
Tarpaulin *engl.* tɑ:'pɔ:lɪn
Tarpe̲jischer Fẹls tar'pe:jɪʃɐ 'fɛls
Tarqui̲n tar'kvi:n
Tarqui̲nia *it.* tar'ku̯i:ni̯a
Tarqui̲nier tar'kvi:ni̯ɐ
Tarqui̲nius tar'kvi:ni̯ʊs
Tarr *engl.* tɑ:
Tarragọna tara'go:na, *span.* tarra'ɣona
Tarragonẹse tarago'ne:zə
Tarrant *engl.* 'tærənt

Tarrạsa *span.* ta'rrasa
Tạrrasch 'taraʃ
Tar Rịver *engl.* 'tɑ: 'rɪvə
Tarrytown *engl.* 'tærɪtaʊn
Tarsalgie tarzal'gi:, **-n** ...i:ən
Tarsektomie tarzɛkto'mi:
Tạrser 'tarzɐ
Tarsicius tar'zi:tsi̯ʊs
Tạrsis *russ.* 'tarsis
tạrsisch 'tarzɪʃ
Tarsitis tar'zi:tɪs, **...itiden** ...zi'ti:dn̩
Tạrski *poln.* 'tarski
Tạrsos 'tarzɔs
Tạrsta *schwed.* ˌtɑ:rsta
Tạrsus 'tarzʊs
Tartạglia *it.* tar'taʎʎa
Tạrtan 'tartan, *engl.* 'tɑ:tən
Tartane tar'ta:nə
Tartar tar'ta:ɐ̯
tartareisch tarta're:ɪʃ
Tartaretus tarta're:tʊs
Tartarin *fr.* tarta'rɛ̃
Tạrtaros 'tartarɔs
Tạrtarus 'tartarʊs
Tartelẹtte tartə'lɛtə
Tartẹssos tar'tɛsɔs
Tartini *it.* tar'ti:ni
Tartrat tar'tra:t
Tạrtsche 'tartʃə
Tạrtu *russ.* 'tartu
Tartüff tar'tʏf
Tartuffe *fr.* tar'tyf
Tạrvis 'tarvɪs
Tarvisio *it.* tar'vi:zi̯o
Tạrzan 'tartsa:n
Tạs, Taz *russ.* tas
Tạsa 'taza
Taschaus, Tašauz *russ.* tɐʃa'us
Tạ̈schchen 'tɛʃçən
Tạsche 'taʃə
Tạ̈schelkraut 'tɛʃl̩krau̯t
Tạschi-Lama 'taʃi'la:ma
Taschkẹnt, Taškent taʃ'kɛnt, *russ.* taʃ'kjɛnt
Taschkumyr, Taškumyr *russ.* tɐʃku'mɨr
Tạschner 'taʃnɐ
Tạ̈schner 'tɛʃnɐ
Tạsco *span.* 'tasko
Taseeva vgl. Tassejewa
Tåsinge *dän.* 'tɔ:seŋə
Tåsjö *schwed.* 'to:ʃø:
Task ta:sk
Taškent vgl. Taschkent
Taškumyr vgl. Taschkumyr
Tạsman 'tasman, *engl.* 'tæzmən, *niederl.* 'tɑsmɑn
Tasmạnia tas'ma:ni̯a, *engl.* tæz'meɪnjə
Tasmạnien tas'ma:ni̯ən
Tạss *ung.* taʃʃ
TẠSS tas, *russ.* tass
Tạssaert *niederl.* 'tɑsa:rt
Tạ̈ßchen 'tɛsçən
Tạsse 'tasə
Tassẹjewa, Taseeva *russ.* ta'sjejɪvɐ
Tassẹl *fr.* ta'sɛl
Tassigny *fr.* tasi'ɲi
Tạssilo 'tasilo
Tạsso 'taso, *it.* 'tasso
Tassoni *it.* tas'so:ni
Tastatur tasta'tu:ɐ̯
Tạste 'tastə
tạsten 'tastn̩
Tạster 'tastɐ
tạsto solo 'tasto 'zo:lo
Tåstrup *dän.* 'tɔsdrob
tạt, Tạt ta:t
Tát *ung.* ta:t
Tata[bánya] *ung.* 'tɔtɔ[ba:njɔ]
Tataháza *ung.* 'tɔtɔha:zɔ
Tatar ta'ta:ɐ̯
Tătărăscu *rumän.* tətə'rəsku
Tatarei tata'rai̯
Tatarien ta'ta:ri̯ən
Tatạrija *russ.* ta'tarijɐ
tatarisch ta'ta:rɪʃ
Tatạrsk *russ.* ta'tarsk
Tatạrskaja ASSR *russ.* ta'tarskɐjɐ aɛs-ɛs'ɛr
Tatárszentgyörgy *ung.* 'tɔta:rsɛndjørdj
tatauieren tatau̯'i:rən
täte 'tɛ:tə
Tate [Gallery] 'teɪt ['gælərɪ]
Täter 'tɛ:tɐ
Tatị *fr.* ta'ti
Tatian ta'tsi̯a:n
tätig 'tɛ:tɪç, **-e** ...ɪgə
tätigen 'tɛ:tɪgn̩, **tätig!** ...ɪç, **tätigt** ...ɪçt
Tatịschtschew, Tatiščev *russ.* ta'tiʃtʃɪf
Tatius 'ta:tsi̯ʊs
Tatiana, Tat'jana tat'ja:na, *russ.* tatj'janɐ
Tatler *engl.* 'tætlə
tätlich 'tɛ:tlɪç
Tatlock *engl.* 'tætlɔk
tätowieren tɛto'vi:rən
Tạtra 'tatra
Tạtry *slowak.* 'tatri, *poln.* 'tatrɨ
Tatsache 'ta:tzaxə
tatsächlich 'ta:tzɛçlɪç, *auch:* -'--
Tạ̈tsch tɛtʃ
Tạtsche 'tatʃə
tạ̈tscheln 'tɛtʃl̩n
tạtschen 'tatʃn̩
Tạtschkerl 'tatʃkɐl
Tạttedl 'tate:dl̩
Tạtterich 'tatərɪç
tạtt[e]rig 'tat[ə]rɪç, **-e** ...ɪgə
tạttern 'tatɐn
Tạttersall 'tatɐzal, *engl.* 'tætəsɔ:l
Tattnall *engl.* tætnl
Tattoo *engl.* tə'tu:
tạt twạm ạsi 'tat 'tvam 'azi
tatütata! ta'ty:ta'ta:
Tạ̈tzchen 'tɛtsçən
Tạtze 'tatsə
Tạtzelwurm 'tatsl̩vʊrm
Tau tau̯
taub tau̯p, **-e** 'tau̯bə
Täubchen 'tɔy̯pçən
Taube 'tau̯bə
Taubensuhl tau̯bn̩'zu:l
Tauber 'tau̯bɐ
Täuber 'tɔy̯bɐ
Tauberbịschofsheim tau̯bɐ'bɪʃɔfshai̯m
Tauberich 'tau̯bərɪç
Täuberich 'tɔy̯bərɪç
Taubes *engl.* 'taʊbɛz
Täubling 'tɔy̯plɪŋ
Taubnessel 'tau̯pnɛsl̩
Taucha 'tau̯xa
Tauche 'tau̯xə
tauchen 'tau̯xn̩
Tauchnitz 'tau̯xnɪts
tauen 'tau̯ən
Tauentzien 'tau̯əntsi:n
Tauer[n] 'tau̯ɐ[n]
Taufe 'tau̯fə
taufen 'tau̯fn̩
Täufer 'tɔy̯fɐ
Tauferertal 'tau̯fərɐta:l
Taufkịrchen tau̯f'kɪrçn̩
taugen 'tau̯gn̩, **taug!** tau̯k, **taugt** tau̯kt
Taugenichts 'tau̯gənɪçts
tauglich 'tau̯klɪç
Tauị, Tauj *russ.* ta'uj
tauig 'tau̯ɪç, **-e** ...ɪgə
Tauler 'tau̯lɐ
Taulu tau̯'lu:
Taumel 'tau̯ml̩
taum[e]lig 'tau̯m[ə]lɪç, **-e** ...ɪgə
taumeln 'tau̯mln̩
Taunay *bras.* to'nɛ
Taung[s] *engl.* taʊŋ[z]
Taunton *engl.* 'tɔ:ntən
Taunus 'tau̯nʊs
taupe to:p
Tauplitz 'tau̯plɪts
Taupo *engl.* 'taʊpoʊ
Taurẹllus tau̯'rɛlʊs
Taurianova *it.* tau̯ri̯a'nɔ:va
Taurien 'tau̯ri̯ən
Taurier 'tau̯ri̯ɐ
Tauris 'tau̯rɪs
Taurịsker tau̯'rɪskɐ
Taurobolium tau̯ro'bo:li̯ʊm, **...ien** ...i̯ən
Taurọggen tau̯'rɔgn̩, '---
Taurus 'tau̯rʊs
[1]**Taus** tau̯s
[2]**Taus, Tauz** *russ.* ta'us
Tausch[a] 'tau̯ʃ[a]
tauschen 'tau̯ʃn̩
täuschen 'tɔy̯ʃn̩
Tauscherei tau̯ʃə'rai̯
tauschieren tau̯'ʃi:rən
Täuschung 'tɔy̯ʃʊŋ
Tauschwitz 'tau̯ʃvɪts
Tạusen *dän.* 'tau̯'sən
tausend 'tau̯znt
Tausend 'tau̯znt, **-e** ...n̩də
tausendeins 'tau̯znt'|ai̯ns
Tausender 'tau̯zn̩dɐ
tausenderlei 'tau̯zn̩dɐ'lai̯

tausendfach 'tauzn̩tfax
Tausendfuß 'tauzn̩tfu:s
Tausendfüß[l]er 'tauzn̩tfy:s[l]ɐ
Tausendguldenkraut tauzn̩t'gʊldn̩kraut
Tausendgüldenkraut tauzn̩t'gʏldn̩kraut
tausendjährig 'tauzn̩tjɛ:rɪç, **-e** ...ɪgə
Tausendkünstler 'tauzn̩tkʏnstlɐ
tausendmal 'tauzn̩tma:l
tausendmalig 'tauzn̩tma:lɪç, **-e** ...ɪgə
tausendsackerment! tauzn̩tzakɐ'mɛnt
Tausendsasa 'tauzn̩tsasa
Tausendschön 'tauzn̩tʃø:n
tausendste 'tauzn̩tstə
tausendstel, T... 'tauzn̩tstl̩
tausendstens 'tauzn̩tstəns
tausendundeins 'tauzn̩t|ʊnt'|ains
Tausk tausk
Taussig *engl.* 'taʊsɪg
Tauste *span.* 'tauste
Taut taut
Tautazismus tauta'tsɪsmʊs
Tautenhayn 'tautn̩hain
Tautogramm tauto'gram
Tautologie tautolo'gi:, **-n** ...i:ən
tautologisch tauto'lo:gɪʃ
tautomer tauto'me:ɐ̯
Tautomerie tautome'ri:, **-n** ...i:ən
Tauz vgl. Taus
Tavannes *fr.* ta'van
Tavastland *schwed.* ˌtavastland
Tavaststjerna *schwed.* ˌtavastʃæ:rna
Tavčar *slowen.* 'ta:utʃar
Tavda vgl. Tawda
Tavel 'ta:vɛl
[1]**Taverne** ta'vɛrnə
[2]**Taverne** (Ort) *it.* ta'vɛrne
Taverner *engl.* 'tævənə
Tavernier *fr.* tavɛr'nje
Taverny *fr.* tavɛr'ni
Tavetsch ta'vɛtʃ
Taviani *it.* ta'via:ni
Tavira *port.* tɐ'virɐ
Tavistock *engl.* 'tævɪstɔk
Távora *port.* 'tavurɐ, *bras.* 'tavura
Taw *engl.* tɔ:
Tawda, Tavda *russ.* tav'da
Tawe 'ta:və
Tawney *engl.* 'tɔ:nɪ
Taxameter taksa'me:tɐ
Taxation taksa'tsio:n
Taxator ta'ksa:tɔr, **-en** ...ksa'to:rən
Taxco *span.* 'tasko
Taxe 'taksə
Taxi 'taksi
Taxidermie taksidɛr'mi:
Taxie ta'ksi:, **-n** ...i:ən
taxieren ta'ksi:rən
Taxila 'taksila
Taxis 'taksɪs
Taxodium ta'kso:diʊm, **...ien** ...iən
taxonom takso'no:m
Taxonomie taksono'mi:
Taxus 'taksʊs
Tay *engl.* teɪ
Taygetos ta'y:getɔs
Tayler, Taylor *engl.* 'teɪlə
Taylorcraft *engl.* 'teɪləkrɑ:ft
Taylorismus telo'rɪsmʊs
Taylorville *engl.* 'teɪləvɪl
Taz vgl. Tas
Taza *fr.* ta'za
Tazette ta'tsɛtə
Tázlár *ung.* 'ta:zla:r
Tazzelwurm 'tatsl̩vʊrm
Tbc te:be:'tse:
Tbilissi, Tbilisi *russ.* dbi'lisi
Tc te:'tse:
Tchad *fr.* tʃad
Tczew *poln.* ttʃɛf
Teach *engl.* ti:tʃ
Teach-in ti:tʃ'|ɪn
Teakholz 'ti:khɔlts
Team ti:m
Teamwork *engl.* 'ti:mwə:k
Teano *it.* te'a:no
Tea-room 'ti:ru:m
Teasdale *engl.* 'ti:zdeɪl
Teba *span.* 'teβa
Tebaldi *it.* te'baldi
Tebaldo *it.* te'baldo
Tebbo 'tɛbo
Teberda *russ.* tɪbɪr'da
Tébessa *fr.* tebɛ'sa
Tech *fr.* tɛʃ, tɛk
Techendorf 'tɛçn̩dɔrf
Techirghiol *rumän.* 'tekirgjol
Technetium tɛç'ne:tsiʊm
technifizieren tɛçnifi'tsi:rən
Technik 'tɛçnɪk
Techniker 'tɛçnikɐ
Technikolor tɛçniko'lo:ɐ̯
Technikum 'tɛçnikʊm, **...ka** ...ka
technisch 'tɛçnɪʃ
technisieren tɛçni'zi:rən
Technizismus tɛçni'tsɪsmʊs
Technokrat tɛçno'kra:t
Technokratie tɛçnokra'ti:
Technologe tɛçno'lo:gə
Technologie tɛçnolo'gi:
technologisch tɛçno'lo:gɪʃ
Technopägnion tɛçno'pɛ:gniɔn, **...ien** ...iən
Techtelmechtel tɛçtl̩'mɛçtl̩
Teck *dt., engl.* tɛk
Teckel 'tɛkl̩
Tecklenburg 'tɛklənbʊrk
Teckomatorp *schwed.* ˌtɛkɔmatɔrp
Tecla *it.* 'tɛ:kla, *span.* 'tekla
Tecuci *rumän.* te'kutʃ
Tecumseh 'te:kʊmze:, *engl.* tɪ'kʌmsɪ
Ted tɛt, *engl.* tɛd
Teda 'te:da
Tedder *engl.* 'tɛdə
Teddington *engl.* 'tɛdɪŋtən
Teddy 'tɛdi, *engl.* 'tɛdɪ
tedesca te'dɛska
Tedeschini *it.* tedes'ki:ni
Tedesco *it.* te'desko
Tedeum te'de:ʊm
[1]**Tedschen** *pers.* tæ'dʒæn
[2]**Tedschen, Tedžen** *russ.* tɛd'ʒɛn
Tee te:
TEE te:|e:'|e:
Teen *dt., engl.* ti:n
Teenager 'ti:ne:dʒɐ, *engl.* 'ti:neɪdʒə
Teer te:ɐ̯
teeren 'te:rən
teerig 'te:rɪç, **-e** ...ɪgə
Teersdijk *niederl.* 'te:rzdɛik
Tees *engl.* ti:z
Teeside *engl.* 'ti:saɪd
Teetz[leben] 'te:ts[le:bn̩]
Tef te:f
Tefé *bras.* te'fɛ
Teff tɛf
Tefilla tefɪ'la:
Tefillim tefɪ'li:m
Teflon Ⓦ tɛf'lo:n
Tefnachte tɛf'naxtə
Tefnut 'tɛfnʊt
Tegal *indon.* tə'gal
Tegea te'ge:a
Tegefors *schwed.* ˌte:gəfɔrs
Tegel 'te:gl̩
Tegelen *niederl.* 'te:xələ
Tegernau 'te:gɐnau
Tegernsee[r] 'te:gɐnze:[ɐ]
Tegetthoff 'te:gəthɔf
Teglio *it.* 'teʎʎo
Tegment tɛ'gmɛnt
Tegnér *schwed.* tɛŋ'ne:r
Tegucigalpa *span.* teɣuθi'ɣalpa
Teguise *span.* te'ɣise
Teheran 'te:həra:n, *auch:* tehə'ra:n; *pers.* teh'rɑ:n
Tehuacán *span.* teu̯a'kan
Tehuantepec *span.* teu̯ante'pɛk
Tehuelche *span.* te'u̯eltʃe
Teich[a] 'taiç[a]
Teichalpe 'taiç|alpə
Teichel 'taiçl̩
Teichman 'taiçman, *engl.* 'taɪtʃmən
Teichmann 'taiçman
Teichmüller 'taiçmʏlɐ
Teichopsie taiçɔ'psi:
Teichoskopie taiçosko'pi:
Teichwolframsdorf taiç'vɔlframsdɔrf
Teide *span.* 'tɛiðe
teig, T... taik, **-e** 'taigə
teigig 'taigɪç, **-e** ...ɪgə
Teignmouth *engl.* 'tɪnmʌθ
[1]**Teil** tail
[2]**Teil** (Name) *fr.* tɛj
teilen 'tailən
Teilhard de Chardin *fr.* tɛjardəʃar'dɛ̃

...teilig (z. B. zehnteilig) ...ˌtailɪç, **-e** ...ɪɡə
Teilnahme 'tai̯lna:mə
teilnehmen 'tai̯lne:mən
teilweise 'tai̯lvai̯zə
Tein te'i:n
Teinach 'tai̯nax
Teint tɛ̃:
Teiresias tai̯'re:zi̯as, ...re'zi:as
Teirlinck *niederl.* 'te:rlɪŋk
Teisserenc de Bort *fr.* tɛsrɑ̃d'bɔ:r
Teiste 'tai̯stə
Teitgen *fr.* tɛd'ʒɛn
Teixeira *port.* tɐi̯'ʃɐi̯rɐ, *bras.* tei̯'ʃei̯ra
Teja[s] 'te:ja[s]
Tejeda *span.* tɛ'xeða
Tejo *port.* 'tɐʒu
Tekirdağ *türk.* tɛ'kirdɑ:
tektieren tɛk'ti:rən
Tektit tɛk'ti:t, *auch:* ...tɪt
Tektogen tɛkto'ɡe:n
Tektogenese tɛktoɡe'ne:zə
Tektonik tɛk'to:nɪk
tektonisch tɛk'to:nɪʃ
Tektonosphäre tɛktono'sfɛ:rə
Tektur tɛk'tu:ɐ̯
Tela 'te:la
Télagh *fr.* te'laɡ
Telamon tela'mo:n
Telanthropus te'lantropʊs, **...pi** ...pi
Telaribühne te'la:riby:nə
Tel Aviv tɛl|a'vi:f
Telawi, Telavi *russ.* tɪ'lavi
Telbes, Tel'bes *russ.* tɪlj'bjɛs
Telchinen tɛl'çi:nən
Teldau 'tɛldau̯
Telde *span.* 'tɛlde
Teleangiektasie tele|aŋɡi̯ɛkta'zi:, **-n** ...i:ən
Telefon 'te:lefo:n; *auch:* tele'fo:n
Telefonat telefo'na:t
Telefonie telefo'ni:
telefonieren telefo'ni:rən
Telefonist telefo'nɪst
Telefoto 'te:ləfo:to
Telefunken (Wz) tele'fʊŋkn̩
telegen tele'ɡe:n
Telegin *russ.* tɪ'ljeɡin
Telegonie teleɡo'ni:
Telegonos te'le:ɡonɔs
Telegraaf *niederl.* te:lə'xra:f
Telegraf tele'ɡra:f
Telegrafie teleɡra'fi:
telegrafieren teleɡra'fi:rən
Telegrafist teleɡra'fɪst
Telegram *engl.* 'tɛlɪɡræm
Telegramm tele'ɡram
Telegraph tele'ɡra:f, *engl.* 'tɛlɪɡrɑ:f
Telegraphie teleɡra'fi:
telegraphieren teleɡra'fi:rən
Telegraphist teleɡra'fɪst
Telekes *ung.* 'tɛlɛkɛʃ
Teleki *ung.* 'tɛlɛki
Telekie te'le:ki̯ə
Telekinese teleki'ne:zə
Telekolleg 'te:ləkɔle:k
Telelabor 'te:ləlaˌbo:ɐ̯
Telemach 'te:lemax
Telemachos te'le:maxɔs
Telemann 'te:ləman
Telemark 'te:ləmark, *norw.* ˌte:...
Telemarken 'te:ləmarkn̩
Telemeter tele'me:tɐ
Telemetrie teleme'tri:
telemetrisch tele'me:trɪʃ
Teleobjektiv 'te:lə|ɔpjɛkti:f, **-e** ...i:və
Teleologie teleolo'ɡi:
teleologisch teleo'lo:ɡɪʃ
Teleophobie teleofo'bi:, **-n** ...i:ən
Teleorman *rumän.* teleor'man
Teleosis tele'o:zɪs
Telepath tele'pa:t
Telepathie telepa'ti:
Telephon 'te:lefo:n; *auch:* tele'fo:n
Telephonat telefo'na:t
Telephonie telefo'ni:
telephonieren telefo'ni:rən
Telephonist telefo'nɪst
Telephos 'te:lefɔs
Teleplasma tele'plasma
Teleschow, Telešov *russ.* 'tjelɪʃɐf
Telescope Peak *engl.* 'tɛlɪskoʊp 'pi:k
Telesilla tele'zɪla
Telesilleion tele'zɪlai̯ɔn, **...eia** ...ai̯a
Telesio *it.* te'lɛ:zi̯o
Teleskop tele'sko:p
Teleskopie telesko'pi:
Telešov vgl. Teleschow
Telesphorus te'lɛsforʊs
Telestichon te'lɛstɪçɔn, **...cha** ...ça
Teletype... 'te:lətaip...
Teleutosporen telɔyto'spo:rən
Television televi'zi̯o:n, *engl.* 'tɛlɪvɪʒən
Telex 'te:lɛks
Telezker See te'lɛtskɐ 'ze:
Telford *engl.* 'tɛlfəd
Telfs tɛlfs
Telgte 'tɛlktə
Telki *ung.* 'tɛlki
Tell *dt., engl.* tɛl
Tell Asmar 'tɛl 'asmar
Telle 'tɛlə
Tell el Amarna 'tɛl ɛl a'marna
Tellenbach 'tɛlənbax
Teller 'tɛlɐ, *engl.* 'tɛlə
tellern 'tɛlɐn
Telles *port.* 'tɛlɪʃ, *bras.* 'tɛlis
Téllez *span.* 'teʎɛθ
Tell Halaf 'tɛl ha'la:f
Tellier *fr.* tɛ'lje
Tello *span.* 'teʎo
Tell Obeid 'tɛl o'bai̯t
Tellskapelle 'tɛlskapɛlə
Tellur tɛ'lu:ɐ̯
tellurig tɛ'lu:rɪç, **-e** ...ɪɡə
tellurisch tɛ'lu:rɪʃ
Tellurit tɛlu'ri:t, *auch:* ...rɪt
Tellurium tɛ'lu:ri̯ʊm, **...ien** ...i̯ən
Tellus 'tɛlʊs
Telome te'lo:mə
Telonisnym telonɪs'ny:m
Telophase telo'fa:zə
Telos 'te:lɔs
telquel, tel quel tɛl'kɛl
Telschow 'tɛlʃo
Telson 'tɛlzɔn, **...sa** ...za
Telstar 'tɛlsta:ɐ̯, *engl.* 'tɛlstɑ:
Teltow[er] 'tɛlto[ɐ]
Teltsch tɛltʃ
Telugu 'te:luɡu, te'lu:ɡu
Telukbetung *indon.* təlʊkbə'tʊŋ
Tema con variazioni 'te:ma 'kɔn vari̯a'tsi̯o:ni
Tembe 'tɛmbə
Temco *engl.* 'tɛmkoʊ
Temenos 'te:menɔs, **...ne** ...ne
Temes *ung.* 'tɛmɛʃ
Temeschwar 'tɛmɛʃva:ɐ̯
Temesvár *ung.* 'tɛmɛʃva:r
Temeswar 'tɛmɛʃva:ɐ̯
Temir *russ.* tɪ'mir
Temirtau *russ.* tɪmir'tau
Témiscamingue *fr.* temiska'mɛ̃:ɡ
Temiskaming *engl.* tɪ'mɪskəmɪŋ
Temmels 'tɛml̩s
Temnikow, Temnikov *russ.* 'tjemnikɐf
Temp tɛmp
Tempe 'tɛmpə, *B* ...pe; *engl.* 'tɛmpɪ
Tempel 'tɛmpl̩
Tempelburg 'tɛmpl̩bʊrk
Tempelhof 'tɛmpl̩ho:f
tempeln 'tɛmpl̩n
Temper... 'tɛmpɐ...
Tempera 'tɛmpəra
Temperament tɛmpəra'mɛnt
Temperantium tɛmpə'rantsi̯ʊm, **...ia** ...i̯a
Temperatur tɛmpəra'tu:ɐ̯
Temperenz tɛmpə'rɛnts
temperieren tɛmpə'ri:rən
Temperley *span.* tɛmpɛr'lɛi̯, *engl.* 'tɛmpəlɪ
tempern 'tɛmpɐn
Tempest *engl.* 'tɛmpɪst
Tempesta *it.* tem'pɛsta
tempestoso tɛmpɛs'to:zo
Tempi vgl. Tempo
tempieren tɛm'pi:rən
Tempio *it.* 'tɛmpi̯o
Tempi passati 'tɛmpi pa'sa:ti
Temple *engl.* tɛmpl, *fr.* tɑ̃:pl
Templeise tɛm'plai̯zə
[1]**Templer** 'tɛmplɐ
[2]**Templer** (Name) *engl.* 'tɛmplə
Templeton *engl.* 'tɛmpltən

Tęmplewood *engl.* 'tɛmplwʊd
Templin tɛm'pli:n
tęmpo 'tɛmpo
Tęmpo 'tɛmpo, **...pi** ...pi
tęmpo di mąrcia, tęmpo giųsto, tęmpo primo 'tɛmpo di 'martʃa, 'tɛmpo 'dʒʊsto, 'tɛmpo 'pri:mo
Tempora vgl. Tempus
temporal tɛmpo'ra:l
Temporalien tɛmpo'ra:li̯ən
Temporalis tɛmpo'ra:lɪs, **...les** ...le:s
temporär tɛmpo'rɛ:ɐ̯
temporęll tɛmpo'rɛl
temporisieren tɛmpori'zi:rən
tęmpo rubato 'tɛmpo ru'ba:to
Temps *fr.* tã
Tęmpsky 'tɛmpski
Tęmpus 'tɛmpʊs, **...pora** ...pora
Temrjųk *russ.* tɪm'rjuk
Tęmse *niederl.* 'tɛmsə
Temųco *span.* te'muko
Temulęnz temu'lɛnts
Tęnafly *engl.* 'tɛnəflaɪ
Tenaille tə'na:jə, te'naljə
Tenąkel te'na:kl̩
Tenalgie tenal'gi:, **-n** ...i:ən
Tenazität tenatsi'tɛ:t
ten Bruggencate *niederl.* tɛn 'brʏxənka:tə
Tęnby *engl.* 'tɛnbɪ
Tęnch *engl.* tɛntʃ
Tencin *fr.* tã'sɛ̃
Tęnda *it.* 'tɛnda
Tende *fr.* tã:d
Tendęnz tɛn'dɛnts
tendenziell tɛndɛn'tsi̯ɛl
tendenziös tɛndɛn'tsi̯ø:s, **-e** ...ø:zə
Tęnder 'tɛndɐ
tendieren tɛn'di:rən
Tendinitis tɛndi'ni:tɪs,**...itiden** ...ni'ti:dn̩
Tendovaginitis tɛndovagi'ni:tɪs, **...itiden** ...ni'ti:dn̩
Tendre, -s 'tã:dɐ
Tendręsse tã'drɛs, **-n** ...sn̩
Tène, La *fr.* la'tɛn
Tęneber... 'te:nebɐ...
Tęnedos 'te:nedɔs
Tęnem 'te:nɛm
Tenęmet te'ne:mɛt
Tęner 'te:nɐ, *engl.* 'tɛnə
teneramęnte tenera'mɛntə
Tenerąni *it.* tene'ra:ni
Tenerįfe *span.* tene'rife
Tenerįffa tene'rɪfa
Ténès *fr.* te'nɛs
Tenęsmus te'nɛsmʊs
Tęngen 'tɛŋən
Tęngeri *ung.* 'tɛŋgɛri
Tęngler 'tɛŋlɐ
Tęngling 'tɛŋlɪŋ
ten Hǫff tɛn'hɔf
Tęnhult *schwed.* ˌte:nhʊlt
Teniers *niederl.* tə'ni:rs
Tęnison *engl.* 'tɛnɪsn
Tęnk *ung.* tɛŋk
Tenkodogo *fr.* tɛnkɔdɔ'go
Tęnkterer 'tɛŋktərɐ
Tęnn tɛn
Tęnnant *engl.* 'tɛnənt
Tęnne 'tɛnə
Tęnnengebirge 'tɛnəngəbɪrgə
Tęnnent *engl.* 'tɛnənt
Tennessee *engl.* tɛnɛ'si:, '–––
Tęnney *engl.* 'tɛnɪ
Tęnniel *engl.* 'tɛnjəl
Tęnnis 'tɛnɪs
Tęnno 'tɛno
Tęnnstedt 'tɛnʃtɛt
Tęnnyson *engl.* 'tɛnɪsn
Tenochtitlán *span.* tenotʃti'tlan
[1]**Tenor** (Männerstimme) te'no:ɐ̯, **Tenöre** te'nø:rə
[2]**Tęnor** (Wortlaut) 'te:nɔr
tenoral teno'ra:l
Tenǫrio *span.* te'norio
Tenorist teno'rɪst
Tęnos 'te:nɔs, *neugr.* 'tinɔs
Tenotom teno'to:m
Tenotomie tenoto'mi:
Tensid tɛn'zi:t, **-e** ...i:də
Tęnsing 'tɛnzɪŋ
Tension tɛn'zi̯o:n
Tęnsor 'tɛnzɔr, **-en** tɛn'zo:rən
Tentąkel tɛn'ta:kl̩
Tentakulit tɛntaku'li:t, *auch:* ...lɪt
Tentamen tɛn'ta:mən, **...mina** ...mina
tentieren tɛn'ti:rən
Tęnuis 'te:nu̯ɪs, **...ues** ...u̯e:s
tenuto te'nu:to
Tényő *ung.* 'te:njø:
Tenzone tɛn'tso:nə
Tęo 'te:o, *it.* 'tɛ:o
Tęobald 'te:obalt
Teocąlli teo'kali
Teoderich te'o:dərɪç
Teodor *russ.* tɪa'dɔr
Teodoro *span.* teo'ðoro
Teodulo *it.* teo'du:lo
Tęos 'te:ɔs
Teotihuacán *span.* teotiu̯a'kan
Tepąche te'patʃə
Tepąlen te'pa:lən
Tepanęke tepa'ne:kə
Tepelęnë *alban.* tepe'lenə
Tępelská Plǫšina *tschech.* 'tɛpɛlska: 'plɔʃina
Tępeş *rumän.* 'tsepeʃ
Tepexpán *span.* tepes'pan
Tephigrąmm tefi'gram
Tephillim tefɪ'li:m
Tephrit te'fri:t, *auch:* ...rɪt
Tepic *span.* te'pik
Tepidarium tepi'da:ri̯ʊm, **...ien** ...i̯ən
Tępl 'te:pl̩
Tęplá *tschech.* 'tɛpla:
Tęplice *tschech.* 'tɛplitsɛ
Teplitz 'tɛplɪts, 'te:plɪts
Tępp tɛp
tęppert 'tɛpɐt
Tęppich 'tɛpɪç
Tęques *span.* 'tekes
Ter *engl.* tɑ:, *span.* tɛr
Tęra *span.* 'tera
Tęramo *it.* 'tɛ:ramo
Teratologie teratolo'gi:
Teratom tera'to:m
Tęrbium 'tɛrbi̯ʊm
Terbǫrch, ...rg *niederl.* tɛr'bɔrx
Terbrugghen *niederl.* tɛr'brʏxə
Terceira *port.* tər'sei̯rɐ
Tercęro *span.* tɛr'θero
Terebinthe tere'bɪntə
Terebowlja, Terebovlja *russ.* tɪrɪ'bɔvljɐ
Terebratel tere'bra:tl̩
Tęrek 'te:rɛk, *russ.* 'tjerɪk
Tęrence *engl.* 'tɛrəns
Teręnti, Terentij *russ.* tɪ'rjentij
Terentiąnus terɛn'tsi̯a:nʊs
Terentius te'rɛntsi̯ʊs
Terény *ung.* 'tɛre:nj
Terenz te'rɛnts
[1]**Teresa** *engl.* tə'ri:zə, *span.* te'resa, *it.* te'rɛ:za, *port.* tə'rezɐ, *bras.* te'reza
[2]**Teręsa, Tereza** *russ.* tɪ'rjɛzɐ
Tereschkǫwa, Tereškova *russ.* tɪrɪʃ'kɔvɐ
Teresina *bras.* tere'zina
Tęreske *ung.* 'tɛrɛʃkɛ
Teresópolis *bras.* tere'zɔpulis
Terespol *poln.* tɛ'rɛspɔl
Tereza vgl. Teresa
Tęrezín *tschech.* 'tɛrɛzi:n
Terezina *bras.* tere'zina
Tergnier *fr.* tɛr'ɲe
Terhągen *niederl.* tɛr'ha:xə
Terhalle tɛr'halə
Ter Heide, Terheijden, Terheyden *niederl.* tɛr'hɛi̯də
Terhulpen *niederl.* tɛr'hʏlpə
Terhųne *engl.* tə:'hju:n
Tęrkel *dän.* 'tɛrgəl
Terlizzi *it.* ter'littsi
Tęrm tɛrm
Terman *engl.* 'tə:mən
[1]**Tęrme** 'tɛrmə
[2]**Tęrme** (Name) *it.* 'tɛrme
Termeno *it.* ter'mɛ:no
Tęrmer 'tɛrmɐ
Termęs, Termez *russ.* tɪr'mjɛs
Termier *fr.* tɛr'mje
Termin tɛr'mi:n
terminal tɛrmi'na:l
Terminal 'tø:ɐ̯minəl, 'tœr...; *engl.* 'tə:mɪnl
Terminanten tɛrmi'nantn̩
Termination tɛrmina'tsi̯o:n
Terminator tɛrmi'na:tɔr, **-en** ...na'to:rən
[1]**Tęrmini** *it.* 'tɛrmini
[2]**Termini** vgl. Terminus
terminieren tɛrmi'ni:rən
Terminillo *it.* termi'nillo
Terminismus tɛrmi'nɪsmʊs

Terminolọge tɛrmino'lo:gə
Terminologi̲e tɛrminolo'gi:, **-n** ...i:ən
terminolọgisch tɛrmino'lo:gɪʃ
Tẹrminus 'tɛrminʊs, **...ni** ...ni
Terminus ad quẹm 'tɛrminʊs at 'kvɛm
Tẹrminus ạnte quẹm 'tɛrminʊs 'antə 'kvɛm
Tẹrminus a̲ quo̲ 'tɛrminʊs 'a: 'kvo:
Tẹrminus ịnterminus 'tɛrminʊs 'ɪntɛrminʊs
Tẹrminus pọst quẹm 'tɛrminʊs 'pɔst 'kvɛm
Tẹrminus tẹchnicus 'tɛrminʊs 'tɛçnikʊs, **...ni ...ci** ...ni ...t͜si
Termi̲te tɛr'mi:tə
Termo̲len tɛr'mo:lən
Tẹrmoli *it.* 'tɛrmoli
Termo̲ne tɛr'mo:nə
Tẹrmunten *niederl.* 'tɛrmʏntə
ternä̲r tɛr'nɛ:ɐ̯
Ternạte *indon.* tər'nate
Ternaux *fr.* tɛr'no
Tẹrne 'tɛrnə
Terneuzen *niederl.* tɛr'nø:zə
Tẹrni *it.* 'tɛrni
Terni̲on tɛr'ni̯o:n
Tẹrnitz 'tɛrnɪt͜s
Tẹrno 'tɛrno
Ternova̲ner tɛrno'va:nɐ
Terọr *span.* te'rɔr
Tẹrp tɛrp
Terpạnder tɛr'pandɐ
Tẹrpandros 'tɛrpandrɔs
Terpe̲n tɛr'pe:n
Terpenti̲n tɛrpɛn'ti:n
Terpigo̲rew, Terpigorev *russ.* tɪrpi'gɔrɪf
Terpsi̲chore tɛr'psi:çore
[1]**Tẹrra** (lat. = Erde) 'tɛra
[2]**Tẹrra** (Name) *it.* 'tɛrra
Terraci̲na *it.* terra'tʃi:na
Terraci̲ni *it.* terra'tʃi:ni
Tẹrra di Sie̲na 'tɛra di 'zi̯e:na
Terrain tɛ'rɛ̃:
Tẹrra incọgnita 'tɛra ɪn'kɔgnita
Terrakọtta tɛra'kɔta
Terrakọtte tɛra'kɔtə
Terrạlba *it.* ter'ralba
Terrama̲re tɛra'ma:rə
Terramyci̲n Ⓦᶻ tɛramy't͜si:n
Terrano̲va *it.* terra'nɔ:va
Terra̲rium tɛ'ra:ri̯ʊm, **...ien** ...i̯ən
Tẹrra rọssa 'tɛra 'rɔsa
Tẹrra sigillạta 'tɛra zigɪ'la:ta
Terrạsse tɛ'rasə
terrassi̲eren tɛra'si:rən
Terray *fr.* tɛ'rɛ
Terrạzzo tɛ'rat͜so, **...zzi** ...t͜si
Terre Adélie *fr.* tɛrade'li
Terrebọnne *fr.* tɛr'bɔn
Tẹrre Haute *engl.* 'tɛrə 'hoʊt
Tẹrrell *engl.* 'tɛrəl
Terrenoire *fr.* tɛr'nwa:r
terrẹstrisch tɛ'rɛstrɪʃ
terri̲bel tɛ'ri:bl̩, **...ble** ...blə
Tẹrrick *engl.* 'tɛrɪk
Tẹrrier 'tɛri̯ɐ
terri̲gen tɛri'ge:n
Terri̲ne tɛ'ri:nə
Territẹt *fr.* tɛri'tɛ
Territi̲on tɛri't͜si̯o:n
territori̲al tɛrito'ri̯a:l
Territoriali̲tä̲t tɛritori̯ali'tɛ:t
Territo̲rium tɛri'to:ri̯ʊm, **...ien** ...i̯ən
Tẹrror 'tɛrɔr
terrorisi̲eren tɛrori'zi:rən
Terrorịsmus tɛro'rɪsmʊs
Terrorịst tɛro'rɪst
Tẹrrot *engl.* 'tɛrət
Tẹrry *engl.* 'tɛrɪ
Terschẹlling *niederl.* tɛr'sxɛlɪŋ
Terste̲egen tɛr'ste:gn̩
Tertẹr *russ.* tɪr'tjɛr
Tẹrtia 'tɛrt͜si̯a
Terti̲al tɛr't͜si̯a:l
terti̲an tɛr't͜si̯a:n
Terti̲ana tɛr't͜si̯a:na
Terti̲aner tɛr't͜si̯a:nɐ
tertiä̲r, T... tɛr't͜si̯ɛ:ɐ̯
Terti̲arier tɛr't͜si̯a:ri̯ɐ
Tẹrtie 'tɛrt͜si̯ə
Tẹrtium comparatio̲nis 'tɛrt͜si̯ʊm kɔmpara't͜si̯o:nɪs, **...ia** - 'tɛrt͜si̯a –
tẹrtium no̲n da̲tur 'tɛrt͜si̯ʊm 'no:n 'da:tʊr
Tẹrtius gau̲dens 'tɛrt͜si̯ʊs 'gaudɛns
Tẹrtre *fr.* tɛrtr
Tertsẹtes *neugr.* tɛr'tsɛtis
Tertulli̲an[us] tɛrtʊ'li̯a:n[ʊs]
Teruẹl *span.* te'ru̯ɛl
Tẹrvola *finn.* 'tɛrvɔlɑ
Tervuren *niederl.* tɛr'vy:rə
Tẹrwel, Tervel *bulgar.* 'tɛrvɛl
Terwọlde *niederl.* tɛr'wɔldə
Terylẹne tery'le:n, *engl.* 'tɛrɪli:n
Tẹrz tɛrt͜s
Terza̲ghi tɛr't͜sa:gi
Tẹrzel 'tɛrt͜sl̩
Terzero̲l tɛrt͜sə'ro:l
Terzero̲ne tɛrt͜sə'ro:nə
Terzẹtt tɛr't͜sɛt
Terzia̲r tɛr't͜si̯a:ɐ̯
Terzi̲ne tɛr't͜si:nə
Tẹrzka 'tɛrt͜ska
Tẹrzky 'tɛrt͜ski
Tẹrzo *it.* 'tɛrtso
Tés[a] *ung.* 'te:ʃ[ɔ]
Tẹsafilm Ⓦᶻ 'te:zafɪlm
Tẹschemacher 'tɛʃəmaxɐ
Tẹschen[dorf] 'tɛʃn̩[dɔrf]
Teschik-Tạsch, Tešik-Taš *russ.* tɪ'ʃɨk'taʃ
Tẹsching 'tɛʃɪŋ
Tẹschner 'tɛʃnɐ
Těšín *tschech.* 'tjɛʃi:n
Tẹsla *serbokr.* 'tɛsla, *engl.* 'tɛslə
Tẹslić *serbokr.* 'tɛslitɕ
Tẹsman 'tɛsman
Tẹss[a] *engl.* 'tɛs[ə]
Těsnohlídek *tschech.* 'tjɛsnɔhli:dɛk
Tẹß tɛs
Tessa̲r Ⓦᶻ tɛ'sa:ɐ̯
Tessé *fr.* tɛ'se
Tẹssel 'tɛsl̩
tessella̲risch tɛsɛ'la:rɪʃ
tesselli̲eren tɛsɛ'li:rən
Tẹssenow 'tɛsəno
tessera̲l tɛse'ra:l
Tesserẹte *it.* tesse're:te
Tessi̲n *dt., schwed.* tɛ'si:n
Tessito̲ri *it.* tessi'to:ri
Tẹst tɛst
Testạccio *it.* tes'tattʃo
Testamẹnt tɛsta'mɛnt
testamenta̲risch tɛstamɛn'ta:rɪʃ
Testa̲t tɛs'ta:t
Testa̲tor tɛs'ta:tɔr, **-en** ...ta'to:rən
Testaze̲e tɛsta't͜se:ə
Tẹste *fr.* tɛst
tẹsten 'tɛstn̩
[1]**Tẹsti** *it.* 'tɛsti
[2]**Testi** vgl. Testo
testi̲eren tɛs'ti:rən
Testifikatio̲n tɛstifika't͜si̯o:n
Testi̲kel tɛs'ti:kl̩
Testimo̲nium tɛsti'mo:ni̯ʊm, **...ien** ...i̯ən
Testimo̲nium paupertạtis tɛsti'mo:ni̯ʊm pau̯pɛr'ta:tɪs, **...ia** - ...i̯a –
Tẹsto 'tɛsto, **...ti** ...ti
Testo̲ri *it.* tes'to:ri
Testostero̲n tɛstoste'ro:n
Testour *fr.* tɛs'tu:r
Testu̲do tɛs'tu:do, **...dines** ...dine:s
Tét *ung.* te:t
Têt *fr.* tɛ
Tetani̲e teta'ni:, **-n** ...i:ən
tetanifọrm tetani'fɔrm
teta̲nisch te'ta:nɪʃ
Tetartoedri̲e tetarto|e'dri:
Tetanus 'te:tanʊs, 'tɛ...
Tẹte 'te:tə, 'tɛ:tə
têt-à-tête, T... tɛta'tɛ:t
Tẹtens 'te:tn̩s
Tẹterew, Teterev *russ.* 'tjetɪrɪf
Tetẹrnikow te'tɛrnikɔf
Tẹterow 'te:təro
Tẹtewen, Teteven *bulgar.* 'tɛtɛvɛn
Tẹthys 'te:tʏs
Tẹti 'te:ti
Tẹtje 'te:tjə
Tetjuchẹ, Tetjuhe *russ.* tɪtju'xjɛ
Tetjuschi, Tetjuši *russ.* tɪtju'ʃɨ
Tẹtka 'tɛtka
Tẹtmajer *poln.* 'tɛtmajɛr
Teton *engl.* 'ti:tən
Tétouan *fr.* te'twã
Tẹtovo *serbokr.* 'tɛtɔvɔ
Tẹtra 'te:tra

Tetrachlor... tetra'klo:ɐ̯...
Tetrachord tetra'kɔrt, **-e** ...rdə
Tetrade te'tra:de
Tetraeder tetra'|e:dɐ
Tetraedrit tetra|e'dri:t, *auch:* ...rɪt
Tetragon tetra'go:n
tetragonal tetrago'na:l
Tetragonopterus tetrago'nɔpterʊs, **...ri** ...ri
Tetragramm tetra'gram
Tetragrammaton tetra'gramatɔn, **...ta** ...ta
Tetrakishexaeder tetrakɪshɛksa'|e:dɐ
Tetraktys tetrak'ty:s
Tetralemma tetra'lɛma, **-ta** ...ta
Tetralin (Wz) tetra'li:n
Tetralogie tetralo'gi:, **-n** ...i:ən
tetramer tetra'me:ɐ̯
Tetrameter te'tra:metɐ
Tetramorph tetra'mɔrf
Tetrapanax te'tra:panaks
tetrapetalisch tetrape'ta:lɪʃ
Tetraplegie tetraple'gi:
Tetrapode tetra'po:də
Tetrapodie tetrapo'di:
Tetrarch te'trarç
Tetrarchie tetrar'çi:, **-n** ...i:ən
Tetrastichon te'trastɪçɔn, **...cha** ...ça
Tetrazzini *it.* tetrat'tsi:ni
Tetrode te'tro:də
Tetryl te'try:l
Tetschen 'te:tʃn̩
Tettenhall *engl.* 'tɛtnhɔ:l
Tettenweis 'tɛtn̩vai̯s
Tettnang 'tɛtnaŋ
Tetuán *span.* te'tu̯an
Tetz[el] 'tɛts[l̩]
Teublitz 'tɔyblɪts
Teubner 'tɔybnɐ
Teuchel 'tɔyçl̩
Teuchern 'tɔyçɐn
Teuchert 'tɔyçɐt
Teucrium 'tɔykriʊm
teuer 'tɔyɐ
Teufe 'tɔyfə
Teufel 'tɔyfl̩
Teufelei tɔyfə'lai̯
Teufelsmoor 'tɔyfl̩smo:ɐ̯
teufen, T... 'tɔyfn̩
teuflisch 'tɔyflɪʃ
Teuge *niederl.* 'tø:xə
Teukros 'tɔykrɔs
Teulada *it.* teu̯'la:da
Teunz tɔynts
Teup[l]itz 'tɔyp[l]ɪts
Teurnia te'ʊrni̯a
Teuschnitz 'tɔyʃnɪts
Teu[leben] 'tɔyt[le:bn̩]
Teutobod 'tɔytobɔt
Teutoburger Wald 'tɔytobʊrgɐ 'valt
Teutone tɔy'to:nə
Teutonia tɔy'to:ni̯a
teutonisch tɔy'to:nɪʃ
teutsch, T... tɔytʃ
Teutschenthal 'tɔytʃn̩ta:l
Tevere *it.* 'te:vere
Teves 'te:vəs
Tevfik *türk.* tɛv'fik
Teviot *engl.* 'ti:vjət
Tewkesbury *engl.* 'tju:ksbərɪ
Tews te:fs
Tews-Woos te:fs'vo:s
Tex tɛks
Texaco 'tɛksako, *engl.* 'tɛksəkoʊ
Texaner tɛ'ksa:nɐ
Texarkana *engl.* tɛksɑ:'kænə
Texas 'tɛksas, *engl.* 'tɛksəs
Téxcoco *span.* 'teskoko
Texel *niederl.* 'tɛsəl
Texoprint... tɛkso'prɪnt...
Text tɛkst
texten 'tɛkstn̩
Texter 'tɛkstɐ
textieren tɛks'ti:rən
textil tɛks'ti:l
Textilien tɛks'ti:li̯ən
Textor 'tɛkstɔr
Textur tɛks'tu:ɐ̯
texturieren tɛkstu'ri:rən
Teyde *span.* 'tɛi̯ðe
Tezett 'te:tsɛt, *auch:* te'tsɛt
T-förmig 'te:fœrmɪç, **-e** ...ɪgə
Th, TH te:'ha:
Thacher *engl.* 'θætʃə
Thackeray *engl.* 'θækərɪ
Thaddädl 'tadɛ:dl̩
Thaddäus ta'dɛ:ʊs
Thadden 'tadn̩
Thaer tɛ:ɐ̯
Thai tai̯
Thailand 'tai̯lant
Thailänder 'tai̯lɛndɐ
thailändisch 'tai̯lɛndɪʃ
Thailen 'tai̯lən
Thais 'ta:ɪs
Thaisa ta'i:za
Thal ta:l
Thalamus 'ta:lamʊs, **...mi** ...mi
thalossogen talaso'ge:n
Thalassographie talasogra'fi:
thalassokrat[isch] talaso'kra:t[ɪʃ]
Thalassometer talaso'me:tɐ
Thalatta! 'talata
Thalberg 'ta:lbɛrk
Thale 'ta:lə
Thaleischweiler ta:l'|ai̯ʃvai̯lɐ
Thales 'ta:lɛs
Thalexweiler ta:l'|ɛksvai̯lɐ
Thalfang 'ta:lfaŋ
Thalfingen 'ta:lfɪŋən
Thalgau 'ta:lgau̯
Thalham 'ta:lham
Thalheim 'ta:lhai̯m
Thalia ta'li:a
Thaliarch ta'li̯arç
Thalidomid talido'mi:t, **-es** ...i:dəs
Thalkirchdorf ta:l'kɪrçdɔrf
Thalkirchen ta:l'kɪrçn̩
Thallium 'tali̯ʊm
Thallophyt talo'fy:t
Thallus 'talʊs, **...lli** 'tali
Thallwitz 'talvɪts
Thälmann 'tɛ:lman
Thalwil ta:l'vi:l
Thalysia (Wz) ta'ly:zi̯a
Thames *engl.* tɛmz
Thamrin *indon.* 'tamrɪn
Thanatismus tana'tɪsmʊs
Thanatologie tanatolo'gi:
Thanatophobie tanatofo'bi:
Than ta:n
Thanatos 'ta:natɔs
Thane *engl.* θeɪn
Thanet *engl.* 'θænɪt
Thankmar 'taŋkmar
Thanksgiving *engl.* 'θæŋksgɪvɪŋ
Thann *dt., fr.* tan
Thannhausen tan'hau̯zn̩
Thaon *fr.* tã
Thapsakos 'tapsakɔs
Thapsus 'tapsʊs
Thar ta:ɐ̯
Tharandt 'ta:rant
Tharau 'ta:rau̯
Tharaud *fr.* ta'ro
Thargelien tar'ge:li̯ən
Tharsicius tar'zi:tsi̯ʊs
Thasos 'ta:zɔs, *neugr.* 'θasɔs
Thassilo 'tasilo
Thatcher *engl.* 'θætʃə
Thau *fr.* to
Thaulow *norw.* 'tœy̆lɔv
Thaumatologie tau̯matolo'gi:
Thaumaturg tau̯ma'tʊrk, **-en** ...rgn̩
Thaw *engl.* θɔ:
Thaxter *engl.* 'θækstə
Thaya 'ta:ja
Thayer *engl.* 'θeɪə, θɛə
Thayngen 'ta:ɪŋən
Thea 'te:a
Theater te'a:tɐ
Theatiner tea'ti:nɐ
Theatralik tea'tra:lɪk
theatralisch tea'tra:lɪʃ
Theatrum mundi te'a:trʊm 'mʊndi
Thebais te'ba:ɪs
Thebaner te'ba:nɐ
thebanisch te'ba:nɪʃ
Theben 'te:bn̩
Theda 'te:da
The Dalles *engl.* ðə 'dælz
Thé dansant, -s -s *fr.* tedã'sã
Thedinghausen 'te:dɪŋhau̯zn̩
Theeßen 'te:sn̩
Theiler 'tai̯lɐ, *engl.* 'θaɪlə
Thein te'i:n
Theiner 'tai̯nɐ
Theismus te'ɪsmʊs
Theiß[en] 'tai̯s[n̩]
Theist te'ɪst
Theistiner tai̯s'ti:nɐ
Theka 'te:ka
Theke 'te:kə
Thekla 'te:kla

Thelalgie telal'gi:, **-n** ...i:ən
Thelema 'te:lema, **-ta** te'le:mata
Thelematismus telema'tɪsmʊs
Thelematologie telematolo'gi:
thelematologisch telemato'lo:gɪʃ
Theley 'te:lai̯
Thelismus te'lɪsmʊs
thelistisch te'lɪstɪʃ
Thelitis te'li:tɪs, **...itiden** teli'ti:dn̩
Thelot 'te:lɔt
thelytokisch tely'to:kɪʃ
Thema 'te:ma, **-ta** ...ta
Themar 'te:mar
Thematik te'ma:tɪk
thematisch te'ma:tɪʃ
Thémines *fr.* te'min
Themis 'te:mɪs
Themistios te'mɪsti̯ɔs
Themistokles te'mɪstoklɛs
Themse 'tɛmzə
Thenar 'te:nar, **-e** te'na:rə
Thenard, Thénard *fr.* te'na:r
Theo 'te:o, *engl.* 'θi:oʊ, *niederl.* 'te:o:
Theobald 'te:obalt, *engl.* 'θɪəbɔ:ld
Theobroma teo'bro:ma
Theobromin teobro'mi:n
Theoda 'te:oda
Theodebert te'o:dəbɛrt
Theodelinde teode'lɪndə
Theodemar te'o:dəmar
Theoderich te'o:dərɪç
Theodizee teodi'tse:, **-n** ...e:ən
Theodolit teodo'li:t
Theodor 'te:odo:ɐ̯, *schwed.* ...dɔr
Theodora teo'do:ra
Theodorakis *neugr.* θεɔðɔ'rakis
Theodore teo'do:rə, *engl.* 'θɪədɔ:
Theodoret teodo're:t
Theodosia teo'do:zi̯a
Theodosianisch teodo'zi̯a:nɪʃ
Theodosius teo'do:zi̯ʊs
Theodotion teo'do:ti̯ɔn
Theodotus te'o:dotʊs
Theodul teo'du:l
Theodulf 'te:odʊlf
Theodulus teo'du:lʊs
Theognis 'te:ɔgnɪs, te'ɔgnɪs
Theognosie teogno'zi:
Theognosis teo'gno:zɪs
Theogonie teogo'ni:, **-n** ...i:ən
Theokathokles teo'ka:toklɛs
Theokrat teo'kra:t
Theokratie teokra'ti:, **-n** ...i:ən
Theokrit teo'kri:t
Theolatrie teola'tri:, **-n** ...i:ən
Theologe teo'lo:gə
Theologie teolo'gi:, **-n** ...i:ən
theologisch teo'lo:gɪʃ
theologisieren teologi'zi:rən
Theologumenon teolo'gu:menɔn, **...mena** ...mena
Theomanie teoma'ni:, **-n** ...i:ən
Theomantie teoman'ti:, **-n** ...i:ən
theomorph teo'mɔrf
theonom teo'no:m
Theonomie teono'mi:
Theophan teo'fa:n
Theophanes te'o:fanɛs
Theophanie teofa'ni:, **-n** ...i:ən
Theophano te'o:fano
Theophil 'te:ofi:l
Théophile *fr.* teɔ'fil
Theophilos te'o:filɔs
Theophilus te'o:filʊs
theophor teo'fo:ɐ̯
Theophrast[us] teo'frast[ʊs]
Theophyllin teofʏ'li:n
Theopneustie teopnɔy̯s'ti:
Theopomp[us] teo'pɔmp[ʊs]
Theorbe te'ɔrbə
Theorell *schwed.* teu'rɛl
Theorem teo're:m
Theoretiker teo're:tikɐ
theoretisch teo're:tɪʃ
theoretisieren teoreti'zi:rən
Theorie teo'ri:, **-n** ...i:ən
Theosoph teo'zo:f
Theosophie teozo'fi:, **-n** ...i:ən
Theotmalli 'te:ɔtmali
Theotokes, ...kis *neugr.* θεɔ'tɔkis
Theotokopulos teoto'ko:pulɔs, *neugr.* θεɔtɔ'kɔpulɔs
Theotokos te'o:tokɔs
Theoxenien teɔ'kse:ni̯ən
theozentrisch teo'tsɛntrɪʃ
Thera 'te:ra
Theramen tera'me:n
Theramenes te'ra:menɛs, tera'me:nɛs
Therapeut[ik] tera'pɔy̯t[ɪk]
Therapeutikum tera'pɔy̯tikʊm, **...ka** ...ka
therapeutisch tera'pɔy̯tɪʃ
Therapie tera'pi:, **-n** ...i:ən
Theres 'te:rɛs
Theresa *engl.* tə'ri:zə
Thereschen te're:sçən
Therese te're:zə
Thérèse *fr.* te'rɛ:z
Theresia te're:zi̯a
Theresianisch tere'zi̯a:nɪʃ
Theresienfeld te're:zi̯ənfɛlt
Theresienstadt te're:zi̯ənʃtat
Theriak 'te:ri̯ak
theriomorph teri̯o'mɔrf
theriophor teri̯o'fo:ɐ̯
Thérive *fr.* te'ri:v
Therkel *dän.* 'tɛrgəl
Therm[ä] 'tɛrm[ɛ]
thermaktin tɛrmak'ti:n
Thermal... tɛr'ma:l...
Thermanästhesie tɛrmanɛste'zi:, tɛrm|an|ɛ...
Therme[n] 'tɛrmə[n]
Thermi 'tɛrmi, *neugr.* 'θɛrmi
Thermidor tɛrmi'do:ɐ̯
Thermik 'tɛrmɪk
thermisch 'tɛrmɪʃ
Thermit (Wz) tɛr'mi:t, *auch:* ...mɪt
Thermobarograph tɛrmobaro'gra:f
Thermochemie tɛrmoçe'mi:
thermochemisch tɛrmo'çe:mɪʃ
Thermochromie tɛrmokro'mi:
Thermochrose tɛrmo'kro:zə
Thermodynamik tɛrmody'na:mɪk
thermodynamisch tɛrmody'na:mɪʃ
Thermoeffekt 'tɛrmo|ɛfɛkt
thermoelektrisch tɛrmo|e'lɛktrɪʃ
Thermoelektrizität tɛrmo|elɛktritsi'tɛ:t
Thermoelement tɛrmo|ele'mɛnt
Thermograph tɛrmo'gra:f
thermohalin tɛrmoha'li:n
Thermohygrograph tɛrmohygro'gra:f
Thermokaustik tɛrmo'kau̯stɪk
Thermokauter tɛrmo'kau̯tɐ
Thermokraft 'tɛrmokraft
thermolabil tɛrmola'bi:l
Thermolumineszenz tɛrmoluminɛs'tsɛnts
Thermolyse tɛrmo'ly:zə
Thermometamorphose tɛrmometamɔr'fo:zə
Thermometer tɛrmo'me:tɐ
Thermometrie tɛrmome'tri:, **-n** ...i:ən
thermometrisch tɛrmo'me:trɪʃ
Thermomorphosen tɛrmomɔr'fo:zn̩
thermonuklear tɛrmonukle'a:ɐ̯
thermooxydiert tɛrmo|ɔksy'di:ɐ̯t
thermophil tɛrmo'fi:l
Thermophilie tɛrmofi'li:
Thermophor tɛrmo'fo:ɐ̯
Thermoplast tɛrmo'plast
Thermopylae tɛr'mo:pylɛ
Thermopylen tɛrmo'py:lən
Thermosflasche (Wz) 'tɛrmɔsflaʃə
thermostabil tɛrmosta'bi:l
Thermostat tɛrmo'sta:t
Thermotherapie tɛrmotera'pi:, **-n** ...i:ən
Therophyt tero'fy:t
Théroulde *fr.* te'ruld
Thersites tɛr'zi:tɛs
thesaurieren tezau̯'ri:rən
Thesaurus te'zau̯rʊs, **...ri** ...ri
These 'te:zə
Theseion te'zai̯ɔn
Thesenvitz 'te:zn̩vɪts
Theseus 'te:zɔy̯s
Thesis 'te:zɪs, **Thesen** 'te:zn̩
Thesmophorien tɛsmo'fo:ri̯ən
Thespiae 'tɛspi̯ɛ
Thespis 'tɛspɪs
Thessalien tɛ'sa:li̯ən
Thessalier tɛ'sa:li̯ɐ
thessalisch tɛ'sa:lɪʃ

Thessalonich tɛsa'lo:nɪç
Thessalonicher tɛsa'lo:nɪçɐ
Thessalonike tɛsalo'ni:kə, *B* ...ke, *neugr.* θɛsalɔ'niki
Thessaloniki tɛsalo'ni:ki, *neugr.* θɛsalɔ'niki
thessalonisch tɛsa'lo:nɪʃ
Theta 'te:ta
Thetford Mines *engl.* 'θɛtfəd 'maɪnz
Thetik 'te:tɪk
Thetis 'te:tɪs
thetisch 'te:tɪʃ
Theudelinde tɔydə'lɪndə
Theuerdank 'tɔyɐdaŋk
Theuma 'tɔyma
Theun *niederl.* tø:n
Theurg te'ʊrk, **-en** ...rgn̩
Theurgie teʊr'gi:
Theuriet *fr.* tœ'rjɛ
Theux *fr.* tø
Thévenot *fr.* tev'no
Thewrewk *ung.* 'tørøk
Thiamin ti̯a'mi:n
Thiaminase ti̯ami'na:zə
Thiaumont *fr.* tjo'mõ
Thiazin... ti̯a'tsi:n...
Thibaud *fr.* ti'bo
Thibaudeau *fr.* tibo'do
Thibaudet *fr.* tibo'dɛ
Thibau[l]t *fr.* ti'bo
Thibodaux *engl.* tɪbə'doʊ
Thidrek 'ti:drɛk
Thiébault *fr.* tje'bo
Thiedemann 'ti:dəman
Thief River Falls *engl.* 'θi:f 'rɪvə 'fɔ:lz
Thiele 'ti:lə
Thielicke 'ti:lɪkə
Thiem[e] 'ti:m[ə]
Thiemo 'ti:mo
Thiene *it.* 'ti̯ɛ:ne
Thienemann 'ti:nəman
Thienen *niederl* 'ti:nə
Thiérache *fr.* tje'raʃ
Thierbach 'ti:ɐ̯bax
Thiergarten 'ti:ɐ̯gartn̩
Thierhaupten ti:ɐ̯'hau̯ptn̩
Thierry *fr.* tjɛ'ri
Thiers *fr.* tjɛ:r
Thiersch ti:ɐ̯ʃ
Thiersee 'ti:ɐ̯ze:
Thierstein 'ti:ɐ̯ʃtai̯n
Thiès *fr.* tjɛs
Thies ti:s
Thieß[en] 'ti:s[n̩]
Thiessow 'ti:so
Thietmar 'ti:tmar
Thieu *fr.* tjø
Thigmotaxis tɪgmo'taksɪs
Thil ti:l
Thilde 'tɪldə
Thilenius ti'le:ni̯ʊs
Thilo 'ti:lo
Thimig 'ti:mɪç
Thimme[ndorf] 'tɪmə[ndɔrf]
Thimonnier *fr.* timɔ'nje
Thing tɪŋ
Thinis 'ti:nɪs
Thinite ti'ni:tə
Thiokol Ⓦ tio'ko:l
Thional... tio'na:l...
Thionville *fr.* tjõ'vil
Thiophen tio'fe:n
Thioplast tio'plast
Thiosalz 'ti:ozalts
Thiosulfat tiozʊl'fa:t
Thiozyanat tiotsy̆a'na:t
Thirkell *engl.* 'θə:kəl
Thirlby *engl.* 'θə:lbɪ
Thirlwall *engl.* 'θə:lwɔ:l
Thisbe 'tɪsbə, *B* ...be
Thiselton *engl.* 'θɪsəltən
Thisted *dän.* 'tisdɛð
Thistilfjord 'tɪstɪlfjɔrt
Thistlewood *engl.* 'θɪslwʊd
thixotrop tɪkso'tro:p
Thixotropie tɪksotro'pi:
Thoas 'to:as
Thoburn *engl.* 'θoʊbə:n
Thode 'to:də
Thököly *ung.* 'tøkøli
Tholen *niederl.* 'to:lə
Tholey 'to:lai̯
Tholos 'to:lɔs, **...loi** ...lɔy
Tholuck 'to:lʊk
Thom *engl.* tɔm
Thoma 'to:ma
Thomaner to'ma:nɐ
Thoman[n] 'to:man
Thomas 'to:mas, *engl.* 'tɔməs, *fr.* tɔ'mɑ
Thomas a Kempis 'to:mas a: 'kɛmpi:s
Thomasin 'to:mazi:n
Thomasius to'ma:zi̯ʊs
Thomason *engl.* 'tɔməsn
Thomassin *fr.* tɔma'sɛ̃
Thomaston *engl.* 'tɔməstən
Thomasville *engl.* 'tɔməsvɪl
Thomismus to'mɪsmʊs
Thomist to'mɪst
Thomm[en] 'tɔm[ən]
Thompson[ville] *engl.* 'tɔmpsn[vɪl]
Thoms *engl.* tɔmz
Thomsen *dän.* 'tɔmsən
Thomson *engl.* 'tɔmsn
Thon to:n
Thonet 'tɔnɛt
Thonon-les-Bains *fr.* tɔnõle'bɛ̃
Thöny 'tø:ni
Thor to:ɐ̯
[1]**Thora** (Vorname) 'to:ra
[2]**Thora** (Bücher Mosis) to'ra:, *auch:* 'to:ra
Thor-Able *engl.* 'θɔ:r'eɪbl
Thorak 'to:rak
thorakal tora'ka:l
Thorakoplastik torako'plastɪk
Thorakoskop torako'sko:p
Thorakoskopie torakosko'pi:, **-n** ...i:ən
Thorakotomie torakoto'mi:, **-n** ...i:ən
Thorakozentese torakotsɛn'te:zə
Thorax 'to:raks
Thorbecke 'to:ɐ̯bɛkə
Thorbjörn 'to:ɐ̯bjœrn
Thoreau *engl.* 'θɔ:roʊ, θə'roʊ
Thorén *schwed.* tu're:n
Thoret *fr.* tɔ'rɛ
Thorez *fr.* tɔ'rɛ:z
Thorhild 'to:ɐ̯hɪlt
Thorid 'to:rɪt
Thorild *schwed.* 'tu:rɪld
Thorium 'to:ri̯ʊm
Thormaehlen tɔr'mɛ:lən
Thorn to:ɐ̯n, *niederl.* tɔrn
Thornaby *engl.* 'θɔ:nəbɪ
Thornapple *engl.* 'θɔ:næpl
Thornbury *engl.* 'θɔ:nbərɪ
Thorndike *engl.* 'θɔ:ndaɪk
Thorne *engl.* θɔ:n
Thorneycroft *engl.* 'θɔ:nɪkrɔft
Thornhill *engl.* 'θɔ:nhɪl
Thornton [Cleveleys] *engl.* 'θɔ:ntən ['kli:vlɪz]
Thornycroft *engl.* 'θɔ:nɪkrɔft
Thorold *engl.* 'θʌrəld
Thorolf 'to:rɔlf
Thoron to'ro:n, 'to:rɔn
Thorp[e] *engl.* θɔ:p
Thorsberg 'to:ɐ̯sbɛrk
Thorshavn *dän.* 'tɔ:'rshau̯'n
Thorsten 'tɔrstn̩
Thorvald *dän.* 'tɔ:rval'
Thorvaldsen *dän.* 'tɔrvalsən
Thorwald 'to:ɐ̯valt
Thorwaldsen 'to:ɐ̯valtsn̩
Thot to:t
Thou *fr.* tu
Thouars *fr.* twa:r
Thouet *fr.* twɛ
Thouret *fr.* tu'rɛ
Thousand Islands *engl.* 'θaʊzənd 'aɪləndz
Thraker 'tra:kɐ
Thrakien 'tra:ki̯ən
thrakisch 'tra:kɪʃ
Thrasolt 'tra:zɔlt
Thrasybul trazy'bu:l
Thrasybulos tra'zy:bulɔs, trazy'bu:lɔs
Thrax traks
Thrazien 'tra:tsi̯ən
Thrazier 'tra:tsi̯ɐ
thrazisch 'tra:tsɪʃ
Three Rivers *engl.* 'θri: 'rɪvəz
Threna 'tre:na
Threni 'tre:ni
Threnodie treno'di:, **-n** ...i:ən
Threnos 'tre:nɔs, **...noi** ...nɔy
Thriller *engl.* 'θrɪlə
Thrips trɪps
Throckmorton *engl.* θrɔk'mɔ:tn
Throgmorton *engl.* θrɔg'mɔ:tn
Thrombasthenie trɔmbaste'ni:
Thrombin trɔm'bi:n
Thromboarteriitis trɔmbo|arteri'i:tɪs, **...iitiden** ...rii'ti:dn̩
Thrombogen trɔmbo'ge:n
Thrombopenie trɔmbope'ni:

Thrombophlebi̱tis trɔmbofle'bi:tɪs, **...iti̱den** ...bi'ti:dn̩
Thrombo̱se trɔm'bo:zə
thrombo̱tisch trɔm'bo:tɪʃ
Thrombozy̱t trɔmbo'tsy:t
Thrombozyto̱se trɔmbotsy'to:zə
Thrọmbus 'trɔmbʊs
Thro̱n tro:n
thro̱nen 'tro:nən
Throop *engl.* θru:p
Thrym trʏm
thucydide̱isch, T... tutsydi'de:ɪʃ
Thucy̱dides tu'tsy:didɛs
Thụgga 'tʊga
Thu̱gut 'tu:gu:t
Thuịlle 'tu̯ɪlə
Thuin *fr.* tɥɛ̃
Thuịskomar 'tu̯ɪskomar
Thu̱ja 'tu:ja
Thu̱je 'tu:jə
thukydide̱isch, T... tukydi'de:ɪʃ
Thuky̱dides tu'ky:didɛs
Thulden *niederl.* 'tʏldə
Thu̱le *dt., dän.* 'tu:lə
Thuli̱n *schwed.* tʉ'li:n
Thu̱lium 'tu:li̯ʊm
Thu̱m tu:m
Thụmb tʊmp, *engl.* θʌm
Thume̱licus tu'me:likʊs
Thumesnịl *fr.* tyme'nil
Thu̱mitz 'tu:mɪts
Thü̱mmel 'tʏml̩
Thụmringen 'tʊmrɪŋən
Thu̱n[au] 'tu:n[au̯]
Thunder Bay *engl.* 'θʌndə 'beɪ
Thü̱nen 'ty:nən
Thu̱nfisch 'tu:nfɪʃ
Thü̱ngen 'tʏŋən
Thu̱now 'tu:no
Thu̱r tu:ɐ̯
Thurber *engl.* 'θə:bə
Thureau-Dangin *fr.* tyrodɑ̃'ʒɛ̃
Thu̱rgau 'tu:ɐ̯gau̯
Thu̱rii 'tu:rii
Thü̱ring[en] 'ty:rɪŋ[ən]
Thü̱ringer 'ty:rɪŋɐ
thü̱ringisch 'ty:rɪŋɪʃ
Thuringit turɪŋ'gi:t, *auch:* ...gɪt
Thu̱rio 'tu:ri̯o
Thü̱rkow 'tʏrko
Thurles *engl.* 'θə:lɪs
Thurloe, Thurlow *engl.* 'θə:loʊ
Thụrm tʊrm
Thurman *engl.* 'θə:mən
Thụrn[au] 'tʊrn[au̯]
Thụrneysen 'tʊrn|ai̯zn̩
Thụrneysser 'tʊrn|ai̯sɐ
Thụrn-Paß 'tʊrnpas
Thụrnwald 'tʊrnvalt
Thu̱rø *dän.* 'tu:rø:'
Thu̱row 'tu:ro
Thurọwen tu'rɔvn̩
Thurrock *engl.* 'θʌrək
Thursday Island *engl.* 'θə:zdɪ 'aɪlənd
Thurso *engl.* 'θə:soʊ
Thurstan, Thurston *engl.* 'θə:stən
Thu̱sis 'tu:zɪs
Thusnẹlda tʊs'nɛlda
Thusnẹlde tʊs'nɛldə
Thutmo̱sis tʊt'mo:zɪs
Thwaites *engl.* θweɪts
Thwịng *engl.* θwɪŋ
Thy̱ *dän.* ty:'
Thyborøn *dän.* tybo'rœn'
Thyẹstes 'ty̆ɛstɛs
Thỵlle 'tʏlə
Thy̱mian 'ty:mi̯a:n
Thymi̱tis ty'mi:tɪs, **...iti̱den** ...mi'ti:dn̩
thymoge̱n tymo'ge:n
Thymo̱l ty'mo:l
Thymo̱m ty'mo:m
Thymopa̱th tymo'pa:t
Thymopsyche tymɔ'psy:çə
Thy̱mus 'ty:mʊs
Thynne *engl.* θɪn
Thy̱ra *dän.* 'ty:ra
Thy̱ratron 'ty:ratro:n
Thyrä̱us ty'rɛ:ʊs
thyreoge̱n tyreo'ge:n
Thyreoi̱dea tyreo'i:dea
Thyreoidiktomi̱e tyreoidɛkto'mi:, **-n** ...i:ən
Thyreoidi̱tis tyreoi'di:tɪs, **...iti̱den** ...di'ti:dn̩
Thyreojodi̱n tyreojo'di:n
thyreopri̱v tyreo'pri:f, **-e** ...i:və
Thyreosta̱tikum tyreo'sta:tikʊm, **...ka** ...ka
Thyreotomi̱e tyreoto'mi:, **-n** ...i:ən
Thyreotoxiko̱se tyreotɔksi'ko:zə
thyreotọxisch tyreo'tɔksɪʃ
thyreotro̱p tyreo'tro:p
Thyrịstor ty'rɪstɔr, **-en** ...'to:rən
Thỵrnau 'tʏrnau̯
Thy̱row 'ty:ro
Thyroxi̱n tyrɔ'ksi:n
Thỵrsos 'tʏrzɔs, **...soi** ...zɔy̆
Thỵrsus 'tʏrzʊs, **...si** ...zi
Thỵssen 'tʏsn̩
Thysvịlle *fr.* tis'vil
Tiahuanạco *span.* ti̯au̯a'nako
Tia̱ra 'ti̯a:ra
Tiarẹt *fr.* tja'rɛt
Tías *span.* 'tias
Tibạldi *it.* ti'baldi
Tibatị *fr.* tiba'ti
Tịbbitts *engl.* 'tɪbɪts
Ti̱ber 'ti:bɐ
Tibe̱rias ti'be:ri̯as
Tibe̱rius ti'be:ri̯ʊs
Tibẹsti ti'bɛsti, *fr.* tibɛs'ti
Ti̱bet 'ti:bɛt, *auch:* ti'be:t
tibeta̱nisch tibe'ta:nɪʃ
Tibe̱ter ti'be:tɐ, *auch:* 'ti:bɛtɐ
tibe̱tisch ti'be:tɪʃ, *auch:* 'ti:bɛtɪʃ
tibe̱to-burma̱nisch ti'be:tobʊr'ma:nɪʃ
Ti̱bia 'ti:bi̯a, **Ti̱biae** ...i̯ɛ
Tibidạbo *span.* tiβi'ðaβo
Ti̱bor 'ti:bɔr, *ung.* 'tibor
Ti̱bro *schwed.* 'ti:bru:
Tibụll[us] ti'bʊl[ʊs]
Ti̱bur 'ti:bʊr
Tiburón *span.* tiβu'rɔn
Tịc tɪk
Tịchau 'tɪçau̯
Tịchborne *engl.* 'tɪtʃbɔ:n
Tichindeạl *rumän.* tsikin'de̯al
Tichomi̱row, Tihomirov *russ.* tixa'mirɐf
Tịchon[ow], Tihon[ov] *russ.* 'tixɐn[ɐf]
Tichorẹzk, Tihoreck *russ.* tixa'rjɛtsk
Tịchwin, Tihvin *russ.* 'tixvin
Tịchwinka, Tihvinka *russ.* 'tixvinkɐ
Tici̱no *it.* ti'tʃi:no
Tịck tɪk
Tịckell *engl.* 'tɪkəl
tịcken 'tɪkn̩
Tịcket 'tɪkət
Tịck-fever *engl.* 'tɪkfi:və
Tịcknor *engl.* 'tɪknə
tịcktạck! Tịcktạck 'tɪk'tak
Tico̱nius ti'ko:ni̯ʊs
Tidahọlm *schwed.* ti:da'hɔlm
Ti̱dan *schwed.* ˌti:dan
Ti̱de 'ti:də
Ti̱demand *norw.* ˌti:dəman
Tido̱re *indon.* ti'dore
Tịdworth *engl.* 'tɪdwə:θ
Ti̱e̱ck ti:k
Ti̱e̱de[mann] 'ti:də[man]
Ti̱e̱dge 'ti:tgə
Ti̱e̱do 'ti:do
ti̱e̱f, Ti̱e̱f ti:f
Ti̱e̱fe 'ti:fə
Tiefenbrọnn ti:fn̩'brɔn
Tiefenbrụnnen ti:fn̩'brʊnən
Ti̱e̱fenort 'ti:fn̩|ɔrt
Tiefenri̱e̱d ti:fn̩'ri:t
ti̱e̱fẹrnst 'ti:f'|ɛrnst
Ti̱e̱ffenbrucker 'ti:fn̩brʊkɐ
Ti̱e̱fland 'ti:flant
Ti̱e̱furt 'ti:fʊrt
Tiefwẹrder ti:f'vɛrdɐ
Ti̱e̱gel 'ti:gl̩
Ti̱e̱genhof 'ti:gn̩ho:f
Ti̱e̱kholz 'ti:khɔlts
Tiel *niederl.* ti:l
Ti̱e̱le *dt., niederl.* 'ti:lə
Ti̱e̱len 'ti:lən, *niederl.* 'ti:lə
Ti̱e̱lke 'ti:lkə
Tielt *niederl.* ti:lt
Ti̱e̱mann 'ti:man
Tienen *niederl.* 'ti:nə
Tiengen 'tɪŋən
Tiẹnschan 'ti̯ɛnʃan
Tiẹntsin 'ti̯ɛntsɪn
Tiẹpolo *it.* 'ti̯ɛ:polo
Ti̱e̱r ti:ɐ̯
Ti̱e̱rgarten 'ti:ɐ̯gartn̩
Ti̱e̱ringen 'ti:rɪŋən
ti̱e̱risch 'ti:rɪʃ
Tiẹrney *engl.* 'tɪənɪ

Tierp *schwed.* ˌti:ærp
Tierquälerei ti:ɐ̯kvɛ:lə'rai̯
Tierra caliente *span.* 'ti̯ɛrra ka'li̯ente
Tierra del Fuego *span.* 'ti̯ɛrra ðɛl 'fu̯eɣo
Tierra fría *span.* 'ti̯ɛrra 'fria
Tierra templada *span.* 'ti̯ɛrra tɛm'plaða
Tiers-état *fr.* ti̯ɛrze'ta
Tiessen 'ti:sn̩
Tiétar *span.* 'ti̯etar
Tietê *bras.* ti̯e'te
Tietjen 'ti:tjən
Tietz[e] 'ti:ts[ə]
Tiffany *engl.* 'tɪfənɪ
Tiffin *engl.* 'tɪfin
Tiflis 'tɪflɪs, 'ti:flɪs
Tifton *engl.* 'tɪftən
Tiger 'ti:gɐ
tigern 'ti:gɐn, **tigre** 'ti:grə
Tiger River *engl.* 'taɪgə 'rɪvə
Tigert *engl.* 'taɪgət
Tighe *engl.* taɪ
Tiglatpileser tiglatpi'le:zɐ
Tignes *fr.* tiɲ
Tigranes ti'gra:nɛs
Tigranokerta tigrano'kɛrta
[1]**Tigre** (Hispanoamerika) *span.* 'tiɣre
[2]**Tigre** (Äthiopien) ti'gre:, 'ti:grə
Tigriña, ...nja ti'grɪnja
Tigris 'ti:grɪs
tigroid tigro'i:t, **-e** ...i:də
Tiguriner tigu'ri:nɐ
Tihany *ung.* 'tihɔnj
Tihomirov vgl. Tichomirow
Tihon[ov] vgl. Tichon[ow]
Tihoreck vgl. Tichorezk
Tihvin vgl. Tichwin
Tihvinka vgl. Tichwinka
Tijarafe *span.* tixa'rafe
Tijuana *span.* ti'xu̯ana
Tijuca *bras.* ti'ʒuka
Tiki 'ti:ki
Tiksi vgl. Tixi
Tilburg *niederl.* 'tɪlbʏrx
Tilbury *engl.* 'tɪlbərɪ
Tilde 'tɪldə
Tilden *engl.* 'tɪldən
Tilford *engl.* 'tɪlfəd
tilgen 'tɪlgn̩, **tilg!** tɪlk, **tilgt** tɪlkt
Tilghman *engl.* 'tɪlmən
Tiliazeen tili̯a'tse:ən
Tilkerode tɪlkə'ro:də
Tilkowski tɪl'kɔfski
Till[a] 'tɪl[a]
Tilleda 'tɪləda
Tillemont *fr.* tij'mõ
Tiller 'tɪlɐ
Tilleur *fr.* ti'jœ:r
Tilley *engl.* 'tɪlɪ
Tillich 'tɪlɪç
Tillier *fr.* ti'lje
Tilli 'tɪli
Tillit tɪ'li:t, *auch:* ...lɪt
Tillmann[s] 'tɪlman[s]
Tillotson *engl.* 'tɪlətsn̩
Tillsonburg *engl.* 'tɪlsnbə:g
Tilly 'tɪli
Tilmann 'tɪlman
Tilney *engl.* 'tɪlnɪ
Tilo 'ti:lo
Tilsit[er] 'tɪlzɪt[ɐ]
Tilton *engl.* tɪltn
Tim tɪm
Timaios ti'mai̯ɔs
Timan *russ.* ti'man
Timandra ti'mandra
Timarchie timar'çi:, **-n** ...i:ən
Timäus ti'mɛ:ʊs
Timbale tɪm'ba:lə
Timbaúba *bras.* timba'uba
Timber 'tɪmbɐ
Timbre 'tɛ̃:bɐ, *fr.* tɛ̃:br
timbrieren tɛ̃'bri:rən
Timbuí *bras.* tim'bu̯i
Timbuktu tɪm'bʊktu
time is money *engl.* 'taɪm ɪz 'mʌnɪ
timen 'tai̯mən
Times *engl.* taɪmz
Time-sharing *engl.* 'taɪmʃɛərɪŋ
Timgad 'tɪmgat
timid ti'mi:t, **-e** ...i:də
Timidität timidi'tɛ:t
Timing 'tai̯mɪŋ
Timirjasew, Timirjazev *russ.* timi'rjazɪf
Timiş *rumän.* 'timiʃ
Timiskaming *engl.* tɪ'mɪskəmɪŋ
Timişoara *rumän.* timi'ʃo̯ara
Timmendorferstrand 'tɪməndɔrfɐʃtrant
Timmermans *niederl.* 'tɪmərmɑns
Timmins *engl.* 'tɪmɪnz
Timmo 'tɪmo
Timo 'ti:mo
Timofei Timofej *russ.* tima'fjej
Timofejew, Timofeev *russ.* tima'fjejɪf
Timofejewitsch, Timofeevič *russ.* tima'fjejɪvitʃ
Timofejewna, Timofeevna *russ.* tima'fjejɪvnɐ
Timok *serbokr.* ˌtimɔk, *bulgar.* 'timok
Timokratie timokra'ti:, **-n** ...i:ən
Timoleon ti'mo:leɔn
Timon 'ti:mɔn
timonisch, T... ti'mo:nɪʃ
Timor 'ti:mɔr, *indon.* 'timɔr, *port.* ti'mor
Timoschenko, Timošenko *russ.* tima'ʃɛnkɐ
Timotheegras timo'te:gra:s
Timotheos ti'mo:teɔs
Timotheus ti'mo:teʊs
Timothy *engl.* 'tɪməθɪ
Timothygras ti'mo:tigra:s, *auch:* 'ti:motig...
Timpani 'tɪmpani
Timpanogos *engl.* tɪmpə'noʊgəs
Timpton *russ.* timp'tɔn
Timrod *engl.* 'tɪmrɔd
Timur 'ti:mʊr
Timuride timu'ri:də
Timur-Leng 'ti:mʊr'lɛŋ
Tina *dt., it.* 'ti:na
Tinajo *span.* ti'naxo
Tinbergen *niederl.* 'tɪnbɛrxə
Tinchebray *fr.* tɛ̃ʃ'brɛ
Tinchen 'ti:nçən
Tinctoris *niederl.* tɪŋk'to:rɪs
Tindal[e] *engl.* tɪndl
Tine 'ti:nə
Tineo *span.* ti'neo
tingeln 'tɪŋl̩n
Tingeltangel 'tɪŋl̩taŋl̩
tingieren tɪŋ'gi:rən
Tingley *engl.* 'tɪŋlɪ
Þingvellir *isl.* 'θiŋvɛdlɪr
Tini 'ti:ni
Tinka 'tɪŋka
Tinker *engl.* 'tɪŋkə
Tinktion tɪŋk'tsi̯o:n
Tinktur tɪŋk'tu:ɐ̯
Tinnef 'tɪnɛf
Tinnye *ung.* 'tinnjɛ
Tino *dt., it.* 'ti:no, *fr.* ti'no
Tinos *neugr.* 'tinɔs
Tintagel *engl.* tɪn'tædʒəl
Tinte 'tɪntə
Tintern *engl.* 'tɪntən
tintig 'tɪntɪç, **-e** ...ɪgə
Tinto *span.* 'tinto
Tintometer tɪnto'me:tɐ
Tintoretto *it.* tinto'retto
Tinville *fr.* tɛ̃'vil
Tinwell *engl.* 'tɪnwəl
Tione *it.* 'ti̯o:ne
Tiorba 'ti̯ɔrba
Tip tɪp
Tipi 'ti:pi
tipp! tɪp
Tippecanoe *engl.* tɪpəkə'nu:
Tippel[chen] 'tɪpl̩[çən]
Tippelei tɪpə'lai̯
tippeln 'tɪpl̩n
Tippelsgrün 'tɪpl̩sgry:n
tippen, T... 'tɪpn̩
Tipperary *engl.* tɪpə'rɛərɪ
Tippett *engl.* 'tɪpɪt
Tipp-Kick 'tɪpkɪk
Tippse 'tɪpsə
tipp, tapp! 'tɪp 'tap
tipptopp 'tɪp'tɔp
Tippu-Tip 'tɪpu'tɪp
Tipster 'tɪpstɐ
Tiptoft *engl.* 'tɪptɔft
Tipton *engl.* 'tɪptən
Tiraboschi *it.* tira'bɔski
Tirade ti'ra:də
Tiradentes *bras.* tira'dentis
Tirailleur tira[l]'jø:ɐ̯
tiraillieren tira[l]'ji:rən
Tirajana *span.* tira'xana
Tirana ti'ra:na, *alban.* ti'rana
Tiranë *alban.* ti'ranə
Tirano *it.* ti'ra:no
Tiraqueau *fr.* tira'ko

Tiraspol, Tiraspol' *russ.* ti'raspɐlj
Tịraß 'ti:ras, **...sse** ...asə
tirassieren tira'si:rən
Tịre *türk.* 'tirɛ
Tiree *engl.* taɪ'ri:
Tirẹsias ti're:zi̯as
Tîrgọvịște *rumän.* tɨr'goviʃte
Tîrgu Jịu *rumän.* 'tɨrgu 'ʒiu̯
Tîrgu Mụreș *rumän.* 'tɨrgu 'mureʃ
Tîrgu Neạmț *rumän.* 'tɨrgu ne̯amts
Tîrgu Ọcna *rumän.* 'tɨrgu 'okna
Tîrgu Secuiẹsc *rumän.* 'tɨrgu seku'i̯esk
tirili!, Tirili tiri'li:
tirilieren tiri'li:rən
Tirlemont *fr.* tirlə'mõ
Tịrnau 'tɪrnau̯
Tîrnava *rumän.* 'tɨrnava
Tîrnăvẹni *rumän.* tɨrnə'venj
tirọ! ti'ro:
[1]**Tịro** (Rekrut, Anfänger) 'ti:ro, **...nen** ti'ro:nən
[2]**Tịro** (Name) 'ti:ro
Tirocinium tiro'tsi:ni̯ʊm
Tirọl[er] ti'ro:l[ɐ]
Tiroliẹnne tiro'li̯ɛn, **-n** ...nən
Tirọlo *it.* ti'rɔ:lo
tirọnisch, T... ti'ro:nɪʃ
Tiros *engl.* 'taɪərɔs
Tịrpitz 'tɪrpɪts
Tirrẹno *it.* tir'rɛ:no
Tirschenreuth tɪrʃn̩'rɔyt
Tịrschowitz 'tɪrʃovɪts
Tirschtiegel tɪrʃ'ti:gl̩, '- - -
Tịrso *span., it.* 'tirso
Tịrso de Molịna *span.* 'tirso ðe mo'lina
Tịryns 'ti:rʏns, *neugr.* 'tirins
Tirỵnther ti'rʏntɐ
tirỵnthisch ti'rʏntɪʃ
Tịsa *serbokr., rumän.* 'tisa
Tịsch tɪʃ
Tischbein 'tɪʃbai̯n
tịschen 'tɪʃn̩
Tischleindẹckdich tɪʃlai̯n'dɛkdɪç
Tịschler 'tɪʃlɐ
Tischlerei tɪʃlə'rai̯
tịschlern 'tɪʃlɐn
Tịschner 'tɪʃnɐ
Tịschnowitz 'tɪʃnovɪts
Tisẹlius *schwed.* ti'se:liʊs
Tisiphone ti'zi:fone
Tišnov *tschech.* 'tjiʃnɔf
Tịso *slowak.* 'tjisɔ
Tissandiẹr *fr.* tisã'dje
Tissaphẹrnes tɪsa'fɛrnɛs
Tisserand, ...nt *fr.* ti'srã
Tissọt *fr.* ti'so
Tịsted *dän.* 'tisdɛð
Tisvilde *dän.* tis'vilə, '- - -
Tịsza[bő] *ung.* 'tisɔ[bø:]
Tịszabura *ung.* 'tisɔburɔ
Tịszacsege *ung.* 'tisɔtʃɛgɛ
Tịszaderzs *ung.* 'tisɔdɛrʒ
Tịszaföldvár *ung.* 'tisɔføldva:r
Tịszafüred *ung.* 'tisɔfyrɛd
Tịszakécske *ung.* 'tisɔke:tʃkɛ
Tịszakürt *ung.* 'tisɔkyrt
Tịszalök *ung.* 'tisɔløk
Tịszaörs *ung.* 'tisɔørʃ
Tịszapüspöki *ung.* 'tisɔpyspøki
Tịszasziget *ung.* 'tisɔsigɛt
Tịszavasvári *ung.* 'tisɔvɔʃva:ri
Tịt *russ.* tit
Titạn[e] ti'ta:n[ə]
Titạnia ti'ta:ni̯a
Titạnic ti'ta:nɪk, *engl.* taɪ'tænɪk
Titanide tita'ni:də
titạnisch ti'ta:nɪʃ
Titanit tita'ni:t, *auch:* ...nɪt
Titanomachie titanoma'xi:
Tịtchener *engl.* 'tɪtʃnə
Tịtcomb *engl.* 'tɪtkəm
Tịtel 'ti:tl̩
Titelei ti:tə'lai̯
tịteln 'ti:tl̩n
Titelouze *fr.* ti'tlu:z
Tịter 'ti:tɐ
Tithọn ti'to:n
Tithonọs tito'nɔs
Tithọnus ti'to:nʊs
Titicạca *span.* titi'kaka
Titịnius ti'ti:ni̯ʊs
Tịtisee 'tɪtize:
Tịtlis 'ti:tlɪs
Titlonym titlo'ny:m
Tito *dt., it.* 'ti:to, *serbokr.* 'titɔ
Tịtograd *serbokr.* 'titɔgra:d
Titoịsmus tito'ɪsmʊs
Titoịst tito'ɪst
Titov vgl. Titow
Tịtovo Ụžice *serbokr.* 'titɔvɔ 'u:ʒitsɛ
Tịtov Vẹles *mak.* 'titɔf 'vɛlɛs
Titọw, Titov *russ.* ti'tɔf
Titratiọn titra'tsi̯o:n
Tịtre 'ti:tɐ
titrieren ti'tri:rən
Titrimetrie titrime'tri:
tịtschen 'tɪtʃn̩
Tịtta *it.* 'titta
Tịtte 'tɪtə
Tịtt[l]ing 'tɪt[l]ɪŋ
Tịttmoning 'tɪtmonɪŋ
Tịtu *rumän.* 'titu
Titulạr titu'la:ɐ̯
Titulatụr titula'tu:ɐ̯
Titulẹscu *rumän.* titu'lesku
titulieren titu'li:rən
titulo plẹno 'ti:tulo 'ple:no
Tịtulus 'ti:tulʊs, **...li** ...li
Tịturel 'ti:turɛl
Tịtus 'ti:tʊs
Titusville *engl.* 'taɪtəsvɪl
Tịtyos 'ti:tÿɔs
Tịu 'ti:u
Tịvadar *ung.* 'tivɔdɔr
Tịveden *schwed.* ˌti:ve:dən
Tịverton *engl.* 'tɪvətn
Tịvoli *dt., it.* 'ti:voli, *dän.* 'tivoli
Tixị, Tiksi *russ.* tik'si
Tizian 'ti:tsi̯a:n, *auch:* ti'tsi̯a:n
tizianisch, T... ti'tsi̯a:nɪʃ
Tiziạno *it.* tit'tsi̯a:no
Tizi Ouzou *fr.* tiziu'zu
tja! tja, *auch:* tja:
Tjäle 'tjɛ:lə
Tjạlf tjalf
Tjạlk tjalk
Tjạ̈llmo *schwed.* 'tçɛlmu:
Tjạppsåive *schwed.* 'tçapsɔi̯və
Tjạrd tjart
Tjạrk tjark
Tjepụ *indon.* tʃə'pu
Tjilạtjap *indon.* tʃi'latʃap
Tjịrebon *indon.* 'tʃirəbɔn
Tjörn *schwed.* tçœ:rn
Tjọst tjɔst
tjostieren tjɔs'ti:rən
Tjumẹn, Tjumen' *russ.* tju'menj
Tjust *schwed.* tçʉ:st
Tjụttschew, Tjutčev *russ.* 'tjuttʃɪf
Tkatschọw, Tkačev *russ.* tka'tʃɔf
Tkwartschẹli, Tkvarčeli *russ.* tkvar'tʃeli
Tlaxcạla *span.* tlas'kala
Tlaxcaltẹke tlaskal'te:kə
Tlemcẹn *fr.* tlɛm'sɛn
Tlụmatsch, Tlumač *russ.* 'tlumɐtʃ
Tmẹsis 'tme:zɪs
Tmutarakạn, Tmutarakan' *russ.* tmutɐra'kanj
Tóalmás *ung.* 'to:ɔlma:ʃ
Toast to:st
toasten 'to:stn̩
Tọba 'to:ba, *indon.* 'toba
Tobạgo to'ba:go, *engl.* tə'beɪgoʊ
Tọbak to:bak
Tobạldi *it.* to'baldi
Tobạr[ra] *span.* to'βar[ra]
Tọbel 'to:bl̩
Tọbelbad 'to:bl̩ba:t
tọben 'to:bn̩, **tọb!** to:p, **tọbt** to:pt
Tobias to'bi:as, *engl.* tə'baɪəs
Tobías *span.* to'βias
Tọbiáš *tschech.* 'tɔbia:ʃ
Tobie *engl.* 'toʊbɪ
Tobin *engl.* 'toʊbɪn
Tọbler 'to:blɐ
Tobọggan to'bɔgan
Tobọl[sk], Tobol['sk] *russ.* ta'bɔl[jsk]
Tobọso *span.* to'βoso
Tọbruk 'to:brʊk
Toby *engl.* 'toʊbɪ
Tocantins *bras.* tokã'tĩs
Toccạta tɔ'ka:ta
Toccoa *engl.* tə'koʊə
Tọce *it.* 'tɔ:tʃe
Tọch tɔx
Tochạrer tɔ'xa:rɐ
tochạrisch tɔ'xa:rɪʃ
Tọchter 'tɔxtɐ, **Tọ̈chter** 'tœçtɐ

Tọ̈chterchen 'tœçtɐçən
tockie̲ren tɔ'ki:rən
Tocopịlla *span.* toko'piʎa
Tocqué *fr.* tɔ'ke
Tocquevịlle *fr.* tɔk'vil
Tocụmen *span.* to'kumen
¹Tọd to:t, **-es** 'to:dəs
²Tọd (Name) *engl.* tɔd
tọdbạng 'to:t'baŋ
tọdblạß 'to:t'blas
tọdblei̲ch 'to:t'blai̯ç
Tọdd *engl.* tɔd
Tọddy 'tɔdi
tọdẹlend 'to:t'|e:lənt
tọdẹrnst 'to:t'|ɛrnst
Todẹschi *it.* to'deski
tọdfei̲nd 'to:t'fai̯nt
Tọdfeind 'to:tfai̯nt
Tọdhunter *engl.* 'tɔdhʌntə
Tọdi *it.* 'tɔ:di
Tọ̈di 'tø:di
tọdkrạnk 'to:t'kraŋk
tọ̈dlich 'tø:tlɪç
tọdmạtt 'to:t'mat
Tọdmorden *engl.* 'tɔdmədn
tọdmü̲de 'to:t'my:də
Tọdor *bulgar.* 'tɔdor
Tódor *ung.* 'to:dor
Tọdorow, Todorov *bulgar.* 'tɔdorof
tọtschịck 'to:t'ʃɪk
tọdsịcher 'to:t'zɪçɐ
Tọdt tɔt
Todtmoos 'tɔtmo:s, *auch:* –'–
Tọdtnau 'tɔtnau̯
Tọdos os Sạntos *bras.* 'toduz us 'sɐntus
tọdwụnd 'to:t'vʊnt
Toe-loop 'to:lu:p, *engl.* 'toʊlu:p
Tœpffer 'tœpfɐ, *fr.* tœp'fɛ:r
Toe̲pler 'tø:plɐ
Toẹris to'e:rɪs
Toẹsca *it.* to'eska
Tofạne *it.* to'fa:ne
Tófej *ung.* 'to:fɛj
Tọffee 'tɔfi; *auch:* tɔ'fe:, 'tɔfe
Tọffel 'tɔfl̩
Tọ̈ffel 'tœfl̩
tọ̈ff, tọ̈ff! 'tœf 'tœf
Tọ̈fftọ̈ff 'tœf'tœf
Tọft *engl.* tɔft
Tọfting 'tɔftɪŋ
Tọftlund *dän.* 'tɔfdlɔn'
Tọga 'to:ga
Togạl (Wz) to'ga:l
Togạta to'ga:ta
Tọggenburg 'tɔgn̩bʊrk
Tö̲ging 'tø:gɪŋ, 'tœgɪŋ
Toglịatti *it.* toʎ'ʎatti
Tọgo 'to:go, *fr.* tɔ'go, *engl.* 'toʊgoʊ
Tọgoer 'to:goɐ
tọgoisch 'to:goɪʃ
Togolẹse togo'le:zə
togolẹsisch togo'le:zɪʃ
Togutschịn, Togučin *russ.* tɐgu'tʃin
Tohuwabọhu to:huva'bo:hu
Tọijala *finn.* 'tɔi̯jala
Toile tọa:l, *fr.* twal
Toile à jour *fr.* twala'ʒu:r
Toile de soie *fr.* twaldə'swa
Toilẹtte tọa'lɛtə
Toirạs *fr.* twa'rɑ:s
Toise tọa:s, *fr.* twa:z; **-n** 'tọa:zn̩
tọi, tọi, tọi! 'tɔy 'tɔy 'tɔy
Tọitz tɔyts
Tọivonen *finn.* 'tɔi̯vonɛn
Tokadịlle toka'dɪljə
Tokạier to'kai̯ɐ
Tọkaj 'to:kai̯, *ung.* 'tokɔj
Tọkajer 'to:kai̯ɐ
Tọkat *türk.* 'tɔkɑt
Tokelạu toke'lau̯, *engl.* toʊkɪ'laʊ
Tọkio 'to:ki̯o
Tọkioer 'to:ki̯oɐ
Tokiọter to'ki̯o:tɐ
Tokkạta tɔ'ka:ta
tokkie̲ren tɔ'ki:rən
Tokmạk *russ.* tak'mak
Tọko 'to:ko
Tọkod *ung.* 'tokod
Tokogonie̲ tokogo'ni:, **-n** ...i:ən
Tö̲köl[i] *ung.* 'tøkøl[i]
Tokologie̲ tokolo'gi:
Tokugạwa toku'ga:va
Tokuschịma toku'ʃi:ma
Tọla 'to:la
Tọland *engl.* 'toʊlənd
Tolbụchin, Tolbuhin *russ.* tal'buxin, *bulgar.* tol...
Tọldbodvej *dän.* 'tɔldbo:'ðvai̯'
Tọldy *ung.* 'toldi
Tö̲le 'tø:lə
Toledạner tole'da:nɐ
Tolẹdo to'le:do, *span.* to'leðo, *engl.* tə'li:doʊ
Tolentino *it.* tolen'ti:no, *port.* tulen'tinu
tolerạbel tole'ra:bl̩, **...ble** ...blə
tolerạnt tole'rant
Tolerạnz tole'rants
tolerie̲ren tole'ri:rən
Tolẹtum to'le:tʊm
Tolẹtus to'le:tʊs
Tolịma *span.* to'lima
Tolitọli *indon.* toli'toli
Toljạtti, Tol'jatti *russ.* talj'jatti
Tọlk[emit] 'tɔlk[əmɪt]
Tolkmịcko *poln.* tɔl'kmitskɔ
tọll tɔl
Tọlle 'tɔlə
tọllen 'tɔlən
Tọllens *niederl.* 'tɔləns
Tollẹnse tɔ'lɛnzə
Tọllenstein 'tɔlənʃtai̯n
Tọller 'tɔlɐ
Tọlley *engl.* 'tɔlɪ
Tollitạ̈t tɔli'tɛ:t
tọllkühn 'tɔlky:n
Tølløse *dän.* 'tølø:sə
Tọlmács *ung.* 'tolma:tʃ
Tolmẹzzo *it.* tol'mɛddzo
Tọlna[i] *ung.* 'tolnɔ[i]
Tọlnau 'tɔlnau̯
Tọlo *indon.* 'tolo
Tolomẹi *it.* tolo'mɛ:i
Tolọsa to'lo:za, *span.* to'losa
tolosạnisch tolo'za:nɪʃ
Tolọx *span.* to'lɔks
Tọlpatsch 'tɔlpatʃ
tọlpatschig 'tɔlpatʃɪç, **-e** ...ɪgə
Tọ̈lpel 'tœlpl̩
Tölpelei̲ tœlpə'lai̯
tọ̈lpeln 'tœlpl̩n
tọ̈lpisch 'tœlpɪʃ
Tolstọi, Tolstoj tɔl'stɔy, *russ.* tal'stɔj
Tọ̈lt tœlt
Toltẹke tɔl'te:kə
Tolú *span.* to'lu
Tọlubalsam 'to:lubalzam
Tolụca *span.* to'luka
Toluidi̲n tolui̯'di:n
Toluọl to'lu̯o:l
Tọ̈lz tœlts
Tọm *engl.* tɔm
Tọma *it.* 'tɔ:ma
Tọmahawk 'tɔmaha:k, *auch:* ...ho:k
¹Tomạn (Münze) to'ma:n
²Tọman (Name) *tschech.* 'tɔman
Tomạr *port.* tu'mar
Tomarị *russ.* tɐma'ri
Tómas *isl.* 'tɔu̯ma:s
Tomás *span.* to'mas, *port.* tu'maʃ, *bras.* to'mas
Tọmáš *tschech.* 'tɔma:ʃ
Tọmášek *tschech.* 'tɔma:ʃɛk
Tomasi *fr.* tɔma'zi, *it.* to'ma:zi
Tomạso *it.* to'ma:zo
Tọmasz *poln.* 'tɔmaʃ
Tomaszẹwski *poln.* tɔma'ʃɛfski
Tomạszów Lubẹlski *poln.* tɔ'maʃuf lu'bɛlski
Tomạszów Mazowiẹcki *poln.* tɔ'maʃuf mazɔ'vjɛtski
Tomạte to'ma:tə
Tọmbak 'tɔmbak
tọmbaken 'tɔmbakn̩
Tombalbạye *fr.* tõbal'baj
Tombasịl tɔmba'zi:l
Tọmbaugh *engl.* 'tɔmbɔ:
Tombịgbee *engl.* tɔm'bɪgbɪ
Tọmbola 'tɔmbola
Tombouctou *fr.* tõbuk'tu
Tombs *engl.* tu:mz
Tomé *span.* to'me, *port.* tu'mɛ, *bras.* to'mɛ
Tọmek *tschech.* 'tɔmɛk
Tomelilla *schwed.* ˌtuməlila, ––'––
Tomellọso *span.* tome'ʎoso
Tomi vgl. Tomus
Tomịni *indon.* to'mini
Tọmkis *engl.* 'tɔmkɪs
Tọmlinson *engl.* 'tɔmlɪnsn
Tommarp *schwed.* ˌtumarp
Tommasẹo *it.* tomma'zɛ:o
Tommạso *it.* tom'ma:zo

Tommerup *dän.* 'tɔmərob
Tommy 'tɔmi, *engl.* 'tɔmɪ
Tomographie tomogra'fi:
Tomomanie tomoma'ni:
Tömörkény *ung.* 'tømørke:nj
Tomow, Tomov *bulgar.* 'tɔmof
Tompa *ung.* 'tompɔ
Tompkins *engl.* 'tɔmpkɪnz
Tomschik 'tɔmʃɪk
Tomsk *russ.* tɔmsk
Tomski, Tomskij *russ.* 'tɔmskij
Tomus 'to:mʊs, **...mi** ...mi
Ton to:n, **Töne** 'tø:nə
tonal to'na:l
Tonale *it.* to'na:le
Tonalität tonali'tɛ:t
Tonawanda *engl.* tɔnə'wɔndə
Tonbridge *engl.* 'tʌnbrɪdʒ
Tondela *port.* ton'dɛlɐ
Tønder *dän.* 'tøn'ər
Tondern 'tɔndɐn
Tondo 'tɔndo, **...di** ...di
Tondorf 'tɔndɔrf
Tone *engl.* toʊn
Töne vgl. Ton
Tonem to'ne:m
Tonemik to'ne:mɪk
tonen 'to:nən
tönen 'tø:nən
Toner *engl.* 'toʊnə
tönern 'tø:nɐn
Tonetik to'ne:tɪk
tonetisch to'ne:tɪʃ
Tonga (Insel) 'tɔŋga, *engl.* 'tɔŋə
Tongeren *niederl.* 'tɔŋərə
Tongerlo *niederl.* 'tɔŋərlo:
Tongern 'tɔŋɐn
Tongking 'tɔŋkɪŋ
Tongres *fr.* tõ:gr
Tongue River *engl.* 'tʌŋ 'rɪvə
Toni 'to:ni, *it.* 'tɔ:ni
Tonia 'to:ni̯a, *it.* 'tɔ:ni̯a
Tonic-Solfa *engl.* 'tɔnɪksɔl'fɑ:
tonig 'to:nɪç, **-e** ...ɪgə
Tonika 'to:nika
Tonika-Do 'to:nika'do:
Tonikum 'to:nikʊm, **...ka** ...ka
Tonio 'to:ni̯o, *it.* 'tɔ:ni̯o
Toniolo *it.* to'ni̯ɔ:lo
tonisch 'to:nɪʃ
Tönisheide tø:nɪs'hai̯də
tonisieren toni'zi:rən
Tonja 'tɔnja, *russ.* 'tɔnjɐ
Tonkabaum 'tɔŋkabau̯m
Tonkin *fr.* tõ'kɛ̃
Tonnage tɔ'na:ʒə
Tonnay-Charente *fr.* tɔnɛʃa'rã:t
Tönnchen 'tœnçən
Tonne 'tɔnə
Tønne *dän.* 'tœnə
Tonneau tɔ'no:
Tonneins *fr.* tɔ'nɛ̃:s
Tonnenheide tɔnən'hai̯də
Tonnerre *fr.* tɔ'nɛ:r
Tönnies 'tœni̯əs
Tönning 'tœnɪŋ
Tönnis 'tœnɪs
Tönnishäuschen tœnɪs'hɔysçən
Tonographie tonogra'fi:
Tonologie tonolo'gi:
Tonometer tono'me:tɐ
tonometrisch tono'me:trɪʃ
Tønsberg *norw.* 'tœnsbær[g]
tonsillar tɔnzɪ'la:ɐ̯
Tonsille tɔn'zɪlə
Tonsillektomie tɔnzɪlɛkto'mi:, **-n** ...i:ən
Tonsillitis tɔnzɪ'li:tɪs, **...itiden** ...li'ti:dn̩
Tonsillotom tɔnzɪlo'to:m
Tonsillotomie tɔnzɪloto'mi:
Tonson *engl.* tɔnsn
Tonstall *engl.* tʌnstl
Tonsur tɔn'zu:ɐ̯
tonsurieren tɔnzu'ri:rən
Tonus 'to:nʊs
Tony 'to:ni, *engl.* 'toʊnɪ
Tooele *engl.* tʊ'ɛlə
Tooke *engl.* tʊk
Toole *engl.* tu:l
Toombs *engl.* tu:mz
Toomer *engl.* 'tu:mə
Toorop *niederl.* 'to:rɔp
Toowoomba *engl.* tʊ'wʊmbə
Topalgie topal'gi:, **-n** ...i:ən
Topas to'pa:s, **-e** ...a:zə
topasieren topa'zi:rən
Topaze *fr.* tɔ'pɑ:z
Topazolith topat͜so'li:t, *auch:* ...lɪt
Töpchin tœp'çi:n
Topčider *serbokr.* ,tɔptʃidɛr
Tope 'to:pə
Topeka *engl.* tə'pi:kə
Topelius *schwed.* tɔ'pe:liʊs
Töpen 'tø:pn̩
Topete *span.* to'pete
Topf tɔpf, **Töpfe** 'tœpfə
Töpfchen 'tœpfçən
Töpfer 'tœpfɐ
Töpferei tœpfə'rai̯
töpfern 'tœpfɐn
topfit 'tɔp'fɪt
Topfstedt 'tɔpfʃtɛt
Tophus 'to:fʊs, **Tophi** 'to:fi
Tophus arthriticus 'to:fʊs ar'tri:tikʊs
Topik 'to:pɪk
Topika 'to:pika
Topinambur topinam'bu:ɐ̯
Topîrceanu *rumän.* topɨr'tʃeanu
topisch 'to:pɪʃ
Topki *russ.* tap'ki
Toplady *engl.* 'tɔpleɪdɪ
topless 'tɔplɛs, *engl.* 'tɔplɪs
Toplice *slowen.* tɔ'pli:tsɛ
Toplița *rumän.* 'toplitsa
Top-management *engl.* 'tɔp'mænɪdʒmənt
Topoalgie topo|al'gi:, **-n** ...i:ən
Topochromotherme topokromo'tɛrmə
topogen topo'ge:n
Topograph topo'gra:f
Topographie topogra'fi:, **-n** ...i:ən
Topoi vgl. Topos
Topolniza, Topolnica *bulgar.* to'pɔlnitsa
Topologie topolo'gi:
Topolowgrad, Topolovgrad *bulgar.* to'pɔlovgrat
Toponomastik topono'mastɪk
Topophobie topofo'bi:
Topos 'to:pɔs, 'tɔpɔs; **...oi** ...pɔy
topp!, Topp tɔp
toppen 'tɔpn̩
Toppenish *engl.* 'tɔpənɪʃ
Töpper 'tœpɐ
Topsøe *dän.* 'tɔbsø:'
Topusko *serbokr.* ,tɔpuskɔ:
Toque tɔk
Tor to:ɐ̯
Tora *dän.* 'to:ra
Torbay *engl.* 'tɔ:'beɪ
Torben *dän.* 'tɔr'bən
Torberg 'to:ɐ̯bɛrk
Torbjörn 'to:ɐ̯bjœrn, *schwed.* ,tu:rbjœ:rn
Torbjørn *dän.* 'torbjœr'n
Torcal *span.* tɔr'kal
Torcello *it.* tor'tʃɛllo
Torcy *fr.* tɔr'si
Tord tɔrt
Tordalk 'tɔrt|alk
Tordas *ung.* 'tordɔʃ
Tordenskjold *dän.* 'tɔrdənsgjɔl'
Tordesillas *span.* tɔrðe'siʎas
tordieren tɔr'di:rən
Toreador torea'do:ɐ̯
Tore 'to:rə
Torekov *schwed.* ,tu:rəkɔv
Torell *schwed.* tɔ'rɛl
Torelli *it.* to'rɛlli
Toreno *span.* to'reno
Torero to're:ro
Tores, Torez *russ.* ta'rɛs
Toreut[ik] to'rɔyt[ɪk]
Torf tɔrf
Torg *schwed.* tɔrj
Torgåsmon *schwed.* ,tɔrgo:smu:n
Torgau[er] 'tɔrgau̯[ɐ]
torgauisch 'tɔrgau̯ɪʃ
Torgelow 'tɔrgəlo
törggelen 'tœrgələn, **törggle** 'tœrglə
Torgny *schwed.* 'tɔrgny
Torgote tɔr'go:tə
Torhild 'to:ɐ̯hɪlt
Torhout *niederl.* 'tɔrhou̯t
Tori vgl. Torus
töricht 'tø:rɪçt
Tories 'tɔri:s, *engl.* 'tɔ:rɪz
Torino *it.* to'ri:no
torisch 'to:rɪʃ
torkeln 'tɔrkl̩n
Torkil[d] *dän.* 'tɔrkil
Torkret Ⓦⓩ tɔr'kre:t
torkretieren tɔrkre'ti:rən

Tọ̈rl tø:gl
Torlọnia *it.* tor'lɔ:ni̯a
Tormentịll tɔrmɛn'tɪl
Tọrmes *span.* 'tɔrmes
Tọrmod *dän.* 'tɔrmo:'ð
Tọrn *niederl.* tɔrn
Tornạdo tɔr'na:do
Tọrnau 'tɔrnau̯
Tọrneå *schwed.* ˌto:rnəo:
Tọrne *schwed.* ˌto:rnə
Tọrnesch 'tɔrnɛʃ
Tornetrạ̈sk *schwed.* to:rnə'trɛsk
Tọrney 'tɔrnai̯
Tọrnio *finn.* 'tɔrniɔ
Tornịster tɔr'nɪstɐ
Tọrno[w] 'tɔrno
Tọro 'to:ro, *span.* 'toro
Tọ̈rök *ung.* 'tørøk
Tọ̈rökbalint *ung.* 'tørøgbɔlint
Tọ̈rökszentmiklós *ung.* 'tørøksɛntmiklo:ʃ
Tọrolf 'to:rɔlf
Torọnto to'rɔnto, *engl.* tə'rɔntoʊ
Tọrony *ung.* 'toronj
Torọpez, Toropec *russ.* ta'rɔpɪts
Tọrp *norw.* tɔrp
Torọß to'rɔs, **...ssen** ...ɔsn̩
torpedịeren tɔrpe'di:rən
Torpẹdo tɔr'pe:do
torpịd tɔr'pi:t, **-e** ...i:də
Torpiditạ̈t tɔrpidi'tɛ:t
Tọrpoint *engl.* 'tɔ:pɔɪnt
Tọrpor 'tɔrpɔr
Torpshạmmar *schwed.* tɔrpsˌhamar
Torquạto tɔr'kva:to, *it.* tor'ku̯a:to
Torquạtus tɔr'kva:tʊs
Torquay *engl.* 'tɔ:'ki:
Torquemạda *span.* tɔrke'maða
Tọrques 'tɔrkvɛs
torquịeren tɔr'kvi:rən
Tọrr tɔr
Tọrrance *engl.* 'tɔrəns
Tọrras *span.* 'tɔrras
Tọrre *it.* 'torre, *span.* 'tɔrrɛ, *port.* 'torrə, *bras.* 'torri
Tọrre Annunziạta *it.* 'torre annun'tsi̯a:ta
Tọrre del Grẹco *it.* 'torre del 'grɛ:ko
Torredonjimẹno *span.* tɔrrɛðɔŋxi'meno
Torrelavẹga *span.* tɔrrɛla'βeɣa
Torremaggiọre *it.* torremad'dʒo:re
Tọrrence *engl.* 'tɔrəns
Tọrrens *engl.* 'tɔrənz
[1]**Torrẹnte** (Bach) tɔ'rɛntə
[2]**Torrẹnte** (Name) *span.* tɔ'rrɛnte
Torreón *span.* tɔrrɛ'ɔn
Tọrre Pẹllice *it.* 'torre 'pɛllitʃe
Tọrres 'tɔrɛs, *engl.* 'tɔ:rɪs, *span.* 'tɔrrɛs, *port.* 'torrɪʃ, *bras.* 'torris
Tọrres Vẹdras *port.* 'torrɪʒ 'vɛðrɐʃ
Torrevịeja *span.* tɔrrɛ'βi̯ɛxa
Tọrrey *engl.* 'tɔrɪ
Torriạni *it.* tor'ri̯a:ni
Torricẹlla *it.* torri'tʃɛlla
Torricẹlli tɔri'tʃɛli, *it.* torri'tʃɛlli
torricẹllisch, T... tɔri'tʃɛlɪʃ
Torrịglia *it.* tor'riʎʎa
Torrịjos *span.* tɔ'rrixɔs
Tọrrington *engl.* 'tɔrɪŋtən
Torrọx *span.* tɔ'rrɔks
Tọrsång *schwed.* ˌtɔrsɔŋ
Torsås *schwed.* ˌtu:rso:s
Torsby *schwed.* 'tu:rsby:
Torschọk, Toržok *russ.* tar'ʒɔk
Tọrshälla *schwed.* ˌtɔrshɛla
Torsiogrạph tɔrzi̯o'gra:f
Torsiọn tɔr'zi̯o:n
Tọrso 'tɔrzo
Tọrstein 'to:gʃtai̯n
Tọrsten 'tɔrstn̩, *dän.* 'tɔrsdən; *schwed.* 'tɔrstən, ˌ——
Tọrstenson *schwed.* ˌtɔrstənsɔn
Tọrt tɔrt
Tọ̈rtchen 'tœrtçən
Tọrte 'tɔrtə
Tọ̈rtel *ung.* 'tørtɛl
Tortelẹtt[e] tɔrtə'lɛt[ə]
Tortelịer *fr.* tɔrtə'lje
Tọ̈rten 'tœrtn̩
Tortikọllis tɔrti'kɔlɪs
Tọrtola 'tɔrtola
Tortolì *it.* torto'li
Tortọna *it.* tor'to:na
Tortorịci *it.* torto'ri:tʃi
Tortọsa *span.* tɔr'tosa
Tortụga *span.* tɔr'tuɣa
Tọrtuna *schwed.* ˌtɔrtʉ:na
Tọtnes *engl.* 'tɔtnɪs
Tọto 'to:to
Totò *it.* to'tɔ
Totonạke toto'na:kə
Totonicapán *span.* totonika'pan
Totowa *engl.* 'toʊtəwə
Tọttel *engl.* tɔtl
Tọtten[ham] *engl.* 'tɔtn[əm]
Tọttington *engl.* 'tɔtɪŋtən
Tottọri tɔ'to:ri
Tọtum 'to:tʊm, **Tọta** 'to:ta
Tótvázsony *ung.* 'to:tva:ʒonj
Touamotou *fr.* twamɔ'tu
Touạt *fr.* twat
Touch tatʃ
touchant tu'ʃã:, **-e** ...ʃantə
Touchẹt *fr.* tu'ʃɛ
Toucouleurs *fr.* tuku'lœ:r
Touggourt *fr.* tu'gurt
Toul *fr.* tul
Toulẹt *fr.* tu'lɛ
Toullịer *fr.* tu'lje
Toulon *fr.* tu'lõ
Toulouse *fr.* tu'lu:z
Toulouse-Lautrẹc *fr.* tuluzlo'trɛk
Toupẹt tu'pe:
toupịeren tu'pi:rən
Touques *fr.* tuk
[1]**Tour** tu:ɐ̯
[2]**Tour** (Name) *fr.* tu:r
Touraine *fr.* tu'rɛn
Tourạne *fr.* tu'ran
Tourcoing *fr.* tur'kwɛ̃
Tour de France, -s - - *fr.* turdə'frã:s
Tour-de-Peilz *fr.* turdə'pɛ
Tour de Suịsse, -s - - *fr.* turdə'sɥis
Tour d'horizon, -s - *fr.* turdɔri'zõ
Tour-du-Pin *fr.* turdy'pɛ̃
Touré *fr.* tu're
Tourgée *engl.* tʊə'ʒeɪ
Tourịsmus tu'rɪsmʊs
Tourịst[ik] tu'rɪst[ɪk]
Tourlavịlle *fr.* turla'vil
Tourmalẹt *fr.* turma'lɛ
Tournai *fr.* tur'nɛ
Tournant tʊr'nã:
Tourné tʊr'ne:
Tournedọs tʊrnə'do:, **des -** ...o:[s], **die -** ...o:s
Tournẹe tʊr'ne:, **-n** ...'ne:ən
Tournefọrt *fr.* turnə'fɔ:r
Tournemịne *fr.* turnə'min
Tournemịre *fr.* turnə'mi:r
Tourneur *engl.* 'tə:nə
tournịeren tʊr'ni:rən
Tourniquẹt tʊrni'ke:
Tournon *fr.* tur'nõ
Tournus *fr.* tur'ny
Tourny *fr.* tur'ni
Tortụr tɔr'tu:ɐ̯
Tọruń *poln.* 'tɔruị̂n
Torup *schwed.* 'tu:rʊp
Tọrus 'to:rʊs, **Tọri** 'to:ri
Tọrvald *dän.* 'tɔrval
Tọrved *schwed.* ˌtɔrve:d
Tọrvegade *dän.* 'tɔrvəga:ðə
Torviscọsa *it.* torvis'ko:sa
Tọ̈rwang 'tœrvaŋ
[1]**Tọry** (Konservativer) 'tɔri, *engl.* 'tɔ:rɪ
[2]**Tory** (Name) *fr.* tɔ'ri
torystisch to'rɪstɪʃ
Toržok vgl. Torschok
Tọrzym *poln.* 'tɔʒɨm
Tosa *it.* 'tɔ:za, *span.* 'tosa
Tọsca *it.* 'toska
Toscạna *it.* tos'ka:na
Toscanẹlla *it.* toska'nɛlla
Toscanịni *it.* toska'ni:ni
Tọschi 'to:ʃi
Tosẹfta to'zɛfta
Tosẹlli *it.* to'zɛlli
tọsen 'to:zn̩, **tọs!** to:s, **tọst** to:st
[1]**Tọsi** (Nachname) *it.* 'to:zi
[2]**Tọsi** (Ort) *it.* 'tɔ:zi
Tọsisch 'to:zɪʃ
Tọska 'tɔska
Toskạna tɔs'ka:na
Toskạner tɔs'ka:nɐ
toskạnisch tɔs'ka:nɪʃ
Tọson 'to:zɔn

Töß tø:s
Tọssa *span.* 'tosa
Tọst to:st
Tọsti *it.* 'tɔsti
tọsto 'tɔsto
Tószeg *ung.* 'to:sɛg
Tọszek *poln.* 'tɔʃɛk
tọt to:t
Tota vgl. Totum
totạl, T... to'ta:l
Totalisator totali'za:tɔr, **-en** ...za'to:rən
totalisi̱eren totali'zi:rən
totalitä̱r totali'tɛ:ɐ̯
Totalitarịsmus totalita'rɪsmʊs
Totalitä̱t totali'tɛ:t
totạliter to'ta:litɐ
Totạna *span.* to'tana
Tọte 'to:tə
Tọtem 'to:tɛm
Totemịsmus tote'mɪsmʊs
totemịstisch tote'mɪstɪʃ
Toten *norw.* 'tu:tən
tö̱ten 'tø:tn̩
to̱tenblạß 'to:tn̩'blas
to̱tenble̱ich 'to:tn̩'blai̯ç
to̱tenstịll 'to:tn̩'ʃtɪl
To̱tenstịlle 'to:tn̩'ʃtɪlə
Tóth *ung.* to:t
To̱ties-quo̱ties-Ablaß 'to:tsi̯ɛs'kvo:tsi̯ɛs|aplas
To̱tila 'to:tila
totipotẹnt totipo'tɛnt
To̱tis 'tɔtɪs
Tótkomlós *ung.* 'to:tkomlo:ʃ
To̱tma, Tot'ma *russ.* 'tɔtjmɐ
Touro̱pa tu'ro:pa
tour-retour tu:ɐ̯re'tu:ɐ̯
Tours *fr.* tu:r
Tourvịlle *fr.* tur'vil
To̱ušeň *tschech.* 'toṷʃɛnj
Toussain[t] *fr.* tu'sɛ̃
Toussenẹl *fr.* tus'nɛl
Tousseul *fr.* tu'sœl
Toussidé *fr.* tusi'de
Tout *engl.* taʊt
To̱užim *tschech.* 'toṷʒim
To̱vačov *tschech.* 'tɔvatʃɔf
To̱ve *dän.* 'to:və
Tovey *engl.* 'toʊvɪ, 'tʌvɪ
Tovo̱te to'vo:tə
Towa̱rischtsch to'va:rɪʃtʃ
Tower[s] *engl.* 'taʊə[z]
Towgarn 'to:garn
Towiański *poln.* tɔ'vjai̯ski
To̱wle *engl.* toʊl
Towne[s] *engl.* taʊn[z]
Townley *engl.* 'taʊnlɪ
Towns[h]end *engl.* 'taʊnzɛnd
Townsville *engl.* 'taʊnzvɪl
Towson *engl.* taʊsn
Towton *engl.* taʊtn
Towu̱ti *indon.* to'wuti
Toxalbumi̱n tɔksalbu'mi:n
Toxämi̱e tɔksɛ'mi:
Toxhämi̱e tɔkshɛ'mi:
Toxidermi̱e tɔksidɛr'mi:
Toxiferi̱n tɔksife'ri:n
toxige̱n tɔksi'ge:n
Toxika vgl. Toxikum
Toxikämi̱e tɔksikɛ'mi:
Toxikodẹndron tɔksiko'dɛndrɔn, **...dra** ...dra
Toxikolo̱ge tɔksiko'lo:gə
Toxikologi̱e tɔksikolo'gi:
toxikolo̱gisch tɔksiko'lo:gɪʃ
Toxiko̱se tɔksi'ko:zə
Tọxikum 'tɔksikʊm, **...ka** ...ka
Toxi̱n tɔ'ksi:n
Toxinämi̱e tɔksinɛ'mi:
tọxisch 'tɔksɪʃ
Toxizitä̱t tɔksitsi'tɛ:t
toxoge̱n tɔkso'ge:n
Toxoi̱d tɔkso'i:t, **-e** ...i:də
Toxo̱n tɔ'kso:n
Toxono̱se tɔkso'no:zə
Toxope̱us *niederl.* tɔkso:'pe:ʏs
Toxophobi̱e tɔksofo'bi:
Toxoplasmo̱se tɔksoplas'mo:zə
Toxoproteịn tɔksoprote'i:n
To̱y[nbee] *engl.* 'tɔɪ[nbɪ]
Tozeur *fr.* to'zœ:r
Tọzzi *it.* 'tɔttsi
Tra̱b tra:p, **-es** 'tra:bəs
Traba̱kel tra'ba:kl̩
Trabạnt tra'bant
Trabe̱kel tra'be:kl̩
tra̱ben 'tra:bn̩, **tra̱b!** tra:p, **tra̱bt** tra:pt
Tra̱ben 'tra:bn̩
Tra̱bert 'tra:bɐt, *engl.* 'treɪbət
Tra̱bitz 'tra:bɪts
Trabu̱cchi *it.* tra'bukki
Trabu̱ko tra'bu:ko
Tra̱bzon *türk.* 'trɑbzɔn
Tracer *engl.* 'treɪsə
Tracey *engl.* 'treɪsɪ
Trachea tra'xe:a, *auch:* 'traxea; **...e̱en** ...'xe:ən
trachea̱l traxe'a:l
Trache̱e tra'xe:ə
Trachei̱de traxe'i:də
Trachei̱tis traxe'i:tɪs, **...iti̱den** ...ei'ti:dn̩
Trạchenberg 'traxn̩bɛrk
Trạchenberge 'traxn̩bɛrgə
Tracheobronchi̱tis traxeobrɔn'çi:tɪs, **...iti̱den** ...çi'ti:dn̩
Tracheomalazi̱e traxeomala'tsi:
Tracheosko̱p traxeo'sko:p
Tracheoskopi̱e traxeosko'pi:, **-n** ...i:ən
Tracheosteno̱se traxeoste'no:zə
Tracheotomi̱e traxeoto'mi:, **-n** ...i:ən
tracheotomi̱eren traxeoto'mi:rən
Tracheoze̱le traxeo'tse:lə
Tracho̱m tra'xo:m
Trạchselwald 'traksl̩valt
Trạcht traxt
trạchten 'traxtn̩
trạ̈chtig 'trɛçtɪç, **-e** ...ɪgə
Trachy̱t tra'xy:t, *auch:* ...xʏt
Track trɛk, *engl.* træk
Trạctus 'traktʊs
Traci *engl.* 'treɪsɪ, *fr.* tra'si
Trada̱te *it.* tra'da:te
Trademark *engl.* 'treɪdmɑ:k
Tradescant *engl.* 'treɪdzkænt
Tradeskạntie tradɛs'kantsi̯ə
Trä̱det *schwed.* ˌtrɛ:dət
Trade-Union *engl.* 'treɪdju:njən
tradi̱eren tra'di:rən
Traditio̱n tradi'tsi̯o:n
Traditionalịsmus traditsi̯ona'lɪsmʊs
traditionalịstisch traditsi̯ona'lɪstɪʃ
traditionẹll traditsi̯o'nɛl
Traduktio̱n tradʊk'tsi̯o:n
Traduktiony̱m tradʊktsi̯o'ny:m
Traduzianịsmus tradutsi̯a'nɪsmʊs
Trạetta *it.* tra'etta
tra̱f tra:f
trä̱f trɛ:f
Trafạlgar tra'falgar, *engl.* trə'fælgə, *span.* trafal'ɣar
Trafari̱a *port.* trɐfɐ'riɐ
trä̱fe 'trɛ:fə
Trafịk tra'fɪk
Trafikạnt trafi'kant
Tra̱fo 'tra:fo
Trạft traft
trä̱g trɛ:k, **-e** 'trɛ:gə
Tragạnt tra'gant
Tragédie lyrịque, -s -s *fr.* traʒedili'rik
Tragela̱ph trage'la:f
tra̱gen 'tra:gn̩, **tra̱g!** tra:k, **tra̱gt** tra:kt
tragi̱eren tra'gi:rən
Tra̱gik 'tra:gɪk
Tra̱giker 'tra:gikɐ
Tragiko̱mik tragi'ko:mɪk, *auch:* 'tra:giko:mɪk
tragiko̱misch tragi'ko:mɪʃ, *auch:* 'tra:giko:mɪʃ
Tragikomö̱die tragiko'mø:di̯ə, *auch:* 'tra:gikomø:di̯ə
tra̱gisch 'tra:gɪʃ
Tragö̱de tra'gø:də
Tragö̱die tra'gø:di̯ə
trä̱gt trɛ:kt
Tragwei̱n trak'vai̯n
Traherne *engl.* trə'hə:n
Trai̱d... 'trai̯t...
Traiguén *span.* trai̯'ɣen
Trail[l] *engl.* treɪl
Traille 'tra:j[ə] 'traljə; **-n** 'tra:jən, 'traljən
Train trɛ̃:
Trainer 'trɛ:nɐ, 'tre:...
Trai̱ni *it.* tra'i:ni
traini̱eren trɛ'ni:rən, tre'n...
Training 'trɛ:nɪŋ, 'tre:n...
Traipu̱ *bras.* trai̯'pu
Trai̱sa 'trai̯za
Trai̱sen 'trai̯zn̩
Traiskịrchen trai̯s'kɪrçn̩
Traismau̱er trai̯s'mau̯ɐ

Trait *fr.* trɛ
Traité trɛ'te:
Tra̲itsching 'trai̯tʃɪŋ
Traja̲n[us] tra'ja:n[ʊs]
Traja̲now, Trajanov *bulgar.* tra'janof
Traje̱kt tra'jɛkt
Trajekto̲rien trajɛk'to:ri̯ən
Trakasseri̲e trakasə'ri:, **-n** ...i:ən
Trake̲hnen tra'ke:nən
Trake̲hner tra'ke:nɐ
Tra̲kl 'tra:kl̩
Trạkošćan *serbokr.* 'trakɔʃtɕan
Trạkt trakt
trakta̲bel trak'ta:bl̩, **...ble** ...blə
Traktamẹnt trakta'mɛnt
Traktạndum trak'tandʊm
Traktarianịsmus traktari̯a'nɪsmʊs
Trakta̲t trak'ta:t
Traktä̲tchen trak'tɛ:tçən
trakti̲eren trak'ti:rən
Traktio̲n trak'tsi̯o:n
Trạktor 'traktɔr, **-en** ...'to:rən
Traktori̲e trak'to:ri̯ə
Traktorịst trakto'rɪst
Traktu̲r trak'tu:ɐ̯
Trạktus 'traktʊs
Trạktrix 'traktrɪks, **...i̲zes** ...'tri:tse:s
Tralee *engl.* trə'li:
Trạlje 'traljə
Trall *engl.* trɔ:l
tralla̲! tra'la:
tralla[la]la! trala[la]'la:, '––[–]–
Trạlleborg 'trɛləbɔrk
Trạlleis 'tralai̯s
trạ̈llern 'trɛlɐn
Trạlles 'tralɛs
[1]**Trạm** (Balken) tra:m
[2]**Trạm** (Straßenbahn) tram
Tra̲me tra:m, *fr.* tram
Trä̲mel 'trɛ:ml̩
Tramelan *fr.* tram'lã
Tramelogö̲die tramelo'gø:di̯ə
Tra̲men 'tra:mən
Tramẹtte tra'mɛtə
Trami̲n[er] tra'mi:n[ɐ]
Trạmm tram
Trạmnitz 'tramnɪts
Tramonta̲na tramɔn'ta:na
Tramonta̲ne tramɔn'ta:nə
Tramp trɛmp, *auch:* tramp
Trạmp... (Trampschiff usw.) 'tramp...
Trạmpel 'trampl̩
trạmpeln 'trampl̩n
trampen 'trɛmpn̩, *auch:* 'tram...
Tramper 'trɛmpɐ
Trạmpke 'trampkə
Trampoli̲n[e] trampo'li:n[ə]
trạmpsen 'trampsn̩
Tramway 'tramve, *engl.* 'træmweɪ
[1]**Tra̲n** tra:n
[2]**Tran, Trăn** *bulgar.* trən
Tra̲nås *schwed.* ˌtrɑ:no:s
Trance 'trã:s[ə], *seltener:* tra:ns; **-n** ...sn̩
Tranche 'trã:ʃ[ə], **-n** 'trã:ʃn̩
Trancheur trã'ʃø:ɐ̯
tranchi̲eren trã'ʃi:rən
Trancọso *port.* trẽŋ'kozu
[1]**Trä̲ne** 'trɛ:nə
[2]**Trä̲ne** (Name) *schwed.* ˌtrɛ:nə
trä̲nen 'trɛ:nən
Tranẹnt *engl.* trə'nɛnt
Trångsụnd *schwed.* trɔŋ'sʊnd
Tra̲ni *it.* 'tra:ni
tra̲nig 'tra:nɪç, **-e** ...ɪgə
Tra̲nio 'tra:ni̯o
trạnk traŋk
Trạnk traŋk, **Trạ̈nke** 'trɛŋkə
Trạ̈nkchen 'trɛŋkçən
trạ̈nke, T... 'trɛŋkə
trạ̈nken 'trɛŋkn̩
Trạnovský *slowak.* 'tranɔu̯ski:
Tranquilizer *engl.* 'træŋkwɪlaɪzə
tranquillamẹnte traŋkvɪla'mɛntə
Tranquillitä̲t traŋkvɪli'tɛ:t
tranquịllo traŋ'kvɪlo
Tranquịllo traŋ'kvɪlo, **...lli** ...ɪli
Transaktio̲n trans|ak'tsi̯o:n
Transala̲i trans|a'lai̯
transalpi̲n[isch] trans|al'pi:n[ɪʃ]
Transamina̲se trans|ami'na:zə
transatlạntisch trans|at'lantɪʃ
Transbaika̲lien transbai̯'ka:li̯ən
transchi̲eren tran'ʃi:rən
Transcona *engl.* træns'koʊnə
Transdụktor trans'dʊktɔr, **-en** ...'to:rən
Transẹpt tran'zɛpt
transeụnt tranze'ʊnt
Trans-Euro̲p-Express trans|ɔy̯'ro:p|ɛksprɛs
Transfe̲r trans'fe:ɐ̯
transfera̲bel transfe'ra:bl̩, **...ble** ...blə
transferi̲eren transfe'ri:rən
Transfiguratio̲n transfigura'tsi̯o:n
transfini̲t transfi'ni:t
Transformatio̲n transfɔrma'tsi̯o:n
Transforma̲tor transfɔr'ma:tɔr, **-en** ...ma'to:rən
transformi̲eren transfɔr'mi:rən
Transformịsmus transfɔr'mɪsmʊs
transfundi̲eren transfʊn'di:rən
Transfusio̲n transfu'zi̯o:n
transgalạktisch transga'laktɪʃ
transgrediẹnt transgre'di̯ɛnt
transgredi̲eren transgre'di:rən
Transgressio̲n transgrɛ'si̯o:n
Transhimala̲ja transhi'ma:laja, *auch:* ...ma'la:ja
transhumạnt transhu'mant
Transhumạnz transhu'mants
transigi̲eren tranzi'gi:rən
Transilvạnia *rumän.* transil'vania
Transịstor tran'zɪstɔr, **-en** ...'to:rən
transistori̲eren tranzɪsto'ri:rən
transistorisi̲eren tranzɪstori'zi:rən
Transi̲t tran'zi:t; *auch:* tran'zɪt, 'tranzɪt
transiti̲eren tranzi'ti:rən
Transitio̲n tranzi'tsi̯o:n
transitiv, T... 'tranziti:f, *auch:* ––'–; **-e** ...i:və
transitivi̲eren tranziti'vi:rən
Transiti̲vum tranzi'ti:vʊm, **...va** ...va
transito̲risch tranzi'to:rɪʃ
Transito̲rium tranzi'to:ri̯ʊm, **...ien** ...i̯ən
Trạnsitron 'tranzitro:n
Transjorda̲nien transjɔr'da:ni̯ən
Transkauka̲sien transkau̯'ka:zi̯ən
transkauka̲sisch transkau̯'ka:zɪʃ
Transke̲i trans'kai̯, *engl.* træns'kaɪ, *afr.* trans'kəi̯
transkontinenta̲l transkɔntinɛn'ta:l
transkribi̲eren transkri'bi:rən
Transkriptio̲n transkrɪp'tsi̯o:n
transkuta̲n transku'ta:n
Translateur transla'tø:ɐ̯
Translatio̲n transla'tsi̯o:n
Translativ 'translati:f, *auch:* ––'–; **-e** ...i:və
Transla̲tor trans'la:tɔr, **-en** ...la'to:rən
translato̲risch transla'to:rɪʃ
Transleitha̲nien translai̯'ta:ni̯ən
Transliteratio̲n translɪtera'tsi̯o:n
transliteri̲eren translɪte'ri:rən
Translokatio̲n transloka'tsi̯o:n
translozi̲eren translo'tsi:rən
transluna̲risch translu'na:rɪʃ
transluzẹnt translu'tsɛnt
transluzi̲d translu'tsi:t, **-e** ...i:də
transmari̲n[isch] transma'ri:n[ɪʃ]
Transmissio̲n transmɪ'si̯o:n
transmitti̲eren transmɪ'ti:rən
transmonta̲n transmɔn'ta:n
Transmutatio̲n transmuta'tsi̯o:n
transobjekti̲v trans|ɔpjɛk'ti:f, **-e** ...i:və
Transozeandampfer trans'|o:tsea:ndampfɐ, *auch:* –––'–––
transozea̲nisch trans|otse'a:nɪʃ
transpada̲nisch transpa'da:nɪʃ
transparẹnt, T... transpa'rɛnt
Transparẹnz transpa'rɛnts
Transpiratio̲n transpira'tsi̯o:n
transpiri̲eren transpi'ri:rən
Transplanta̲t transplan'ta:t
Transplantatio̲n transplanta'tsi̯o:n

transplantieren transplan'ti:rən

transponieren transpo'ni:rən

Transport trans'pɔrt

transportabel transpɔr'ta:bl̩, **...ble** ...blə

Transportation transpɔrta'tsi̯o:n

Transporter trans'pɔrtɐ

Transporteur transpɔr'tø:ɐ̯

transportieren transpɔr'ti:rən

Transposition transpozi'tsi̯o:n

transsibirisch transzi'bi:rɪʃ

Transsilvanien transzɪl'va:ni̯ən

transsilvanisch transzɪl'va:nɪʃ

transsubjektiv transzʊpjɛk'ti:f, **-e** ...i:və

Transsubstantiation transzʊpstantsi̯a'tsi̯o:n

Transsudat transzu'da:t

Transsudation transzuda'tsi̯o:n

Transsylvanien transzʏl'va:ni̯ən

Transuran trans|u'ra:n

Transvaal trans'va:l, *engl.* 'trænzvɑ:l, *afr.* trans'fɑ:l

transversal transvɛr'za:l

Transversale transvɛr'za:lə

transvestieren transvɛs'ti:rən

Transvestismus transvɛs'tɪsmʊs

Transvestit transvɛs'ti:t

Transvestitismus transvɛsti'tɪsmʊs

transzendent transtsɛn'dɛnt

transzendental transtsɛndɛn'ta:l

Transzendentalien transtsɛndɛn'ta:li̯ən

Transzendentalismus transtsɛndɛnta'lɪsmʊs

Transzendenz transtsɛn'dɛnts

transzendieren transtsɛn'di:rən

Trantow 'tranto

Trap trap

Trapa 'tra:pa

Trapani *it.* 'tra:pani

Trapez tra'pe:ts

Trapezoeder trapetso'|e:dɐ

Trapezoid trapetso'i:t, **-e** ...i:də

Trapezunt trape'tsʊnt

trapp! Trapp trap

Trappe 'trapə

trappeln 'trapl̩n

Trapper[t] 'trapɐ[t]

Trappes *fr.* trap

Trappist tra'pɪst

Trappönen tra'pø:nən

Trappstadt 'trap-ʃtat

trapsen 'trapsn̩

trara!, Trara tra'ra:

Traralgon *engl.* trə'rælgən

Trarbach 'tra:ɐ̯bax

Trasacco *it.* tra'zakko

trascinando traʃi'nando

Trascinando traʃi'nando, **...di** ...di

Trasdorf 'tra:sdɔrf

Trasimenischer See trazi'me:nɪʃɐ 'ze:

Trask *engl.* træsk

Trás-os-Montes *port.* 'trazuʒ'montɪʃ

Trasparga *span.* tras'parɣa

Traß tras, **Trasse** 'trasə

Trassant tra'sant

Trassat tra'sa:t

Trasse 'trasə

Trassem 'trasm̩

Trassenheide trasn̩'haidə

trassieren tra'si:rən

Trastámara *span.* tras'tamara

Trastevere *it.* tras'te:vere

Trasteveriner trasteve'ri:nɐ

trat tra:t

trätabel trɛ'ta:bl̩, **...ble** ...blə

träte 'trɛ:tə

Träteur trɛ'tø:ɐ̯

trätieren trɛ'ti:rən

Tratsch tra:tʃ

tratschen 'tra:tʃn̩

trätschen 'trɛ:tʃn̩

Tratte 'tratə

Trattendorf 'tratn̩dɔrf

Trattore tra'to:rə, **...ri** ...ri

Trattoria trato'ri:a

Trattorie trato'ri:, **-n** ...i:ən

Tratzberg 'tratsbɛrk

Traù *it.* tra'u

Traub traup

Trauberg *russ.* 'traubɪrk

Träubchen 'trɔypçən

Traube 'traubə

traubig 'traubɪç, **-e** ...ɪgə

Traudchen 'trautçən

Traude 'traudə

Traudel 'traudl

trauen, T... 'trauən

Trauer 'trauɐ

trauern 'trauɐn

Trauf[e] 'trauf[ə]

träufeln 'trɔyfl̩n

Traugott 'traʊgɔt

Traum traum, **Träume** 'trɔymə

Trauma 'trauma, **-ta** ...ta

Traumaplast (Wz) trauma'plast

Traumatin trauma'ti:n

traumatisch trau'ma:tɪʃ

Traumatizin traumati'tsi:n

Traumatologie traumatolo'gi:

träumen 'trɔymən

Träumer 'trɔymɐ

Träumerei trɔymə'rai

traun!, Traun traun

Traunkirchen traun'kɪrçn̩

Traunreut traun'rɔyt

Traunsee 'traunze:

Traunstein 'traunʃtain

traurig 'traurɪç, **-e** ...ɪgə

Trausnitz 'trausnɪts

traut, T... traut

Trautchen 'trautçən

Traute[nau] 'trautə[nau]

Trautmann[sdorf] 'trautman[sdɔrf]

Trautonium (Wz) trau'to:ni̯ʊm

Trauttmannsdorf 'trautmansdɔrf

Trautwein 'trautvain

Trautwine *engl.* 'traʊtwaɪn

Trauung 'trauʊŋ

Travancore *engl.* trævən'kɔ:

Trave 'tra:və

Travée tra've:, **-n** ...e:ən

Travellerscheck 'trɛvəlɐʃɛk

Travemünde tra:və'mʏndə

Traven 'tra:vn̩

travers tra'vɛrs, **-e** ...rzə

[1]**Travers** (Gangart) tra've:ɐ̯, ...ɛ:ɐ̯; tra'vɛrs; **des -** ...ve:ɐ̯s, ...ɛ:ɐ̯s; ...vɛrs

[2]**Travers** *engl.* 'trævəz, *fr.* tra'vɛ:r

Traverse tra'vɛrzə

Traverse City *engl.* 'trævəs 'sɪtɪ

Traversetolo *it.* traver'se:tolo

traversieren travɛr'zi:rən

Travertin travɛr'ti:n

Travestie travɛs'ti:, **-n** ...i:ən

travestieren travɛs'ti:rən

Traviata *it.* travi'a:ta

Travis *engl.* 'trævɪs

Travnicek 'travnitʃɛk

Trávníček *tschech.* 'tra:vnji:tʃɛk

Travnik *serbokr.* 'tra:vni:k

Trawl tro:l, *engl.* trɔ:l

Trawler 'tro:lɐ, *engl.* 'trɔ:lə

Trax[el] 'traks[l̩]

Traz *fr.* trɑ

Trazegnies *fr.* traz'ɲi

Trbovlje *slowen.* tər'bo:vljɛ

Treasure Island *engl.* 'trɛʒə 'aɪlənd

Treasury *engl.* 'trɛʒərɪ

Treatment *engl.* 'tri:tmənt

Trebbia *it.* 'trebbi̯a

Trebbichau 'trɛbɪçau

Trebbin trɛ'bi:n

Třebechovice *tschech.* 'trʃɛbɛxɔvitsɛ

Trebel 'tre:bl̩

Treben 'tre:bn̩

Trebenow 'tre:bəno

Treber 'tre:bɐ

Třebětín *tschech.* 'trʃɛbjɛtji:n

Trebević *serbokr.* trɛˌbɛvitɕ

Trebgast 'tre:pgast

Trebia 'tre:bi̯a

Třebíč *tschech.* 'trʃɛbi:tʃ

Trebinje *serbokr.* ˌtrɛbinjɛ

Trebisch 'tre:bɪʃ

Trebišnjica *serbokr.* ˌtrɛbiʃnjitsa

Trebišov *slowak.* 'trɛbiʃɔu̯

Trebitsch 'tre:bɪtʃ

Trebitz 'tre:bɪts

Treblin tre'bli:n

Treblinka *poln.* trɛ'blinka

Trebnitz 'tre:bnɪts

Třeboň *tschech.* 'trʃɛbɔnj

Trebonius tre'bo:ni̯ʊs

Tréboul *fr.* tre'bul

Třebová *tschech.* 'trʃɛbɔva:

Třebovice *tschech.* 'trʃɛbɔvitsɛ

Trebsen 'trɛpsn̩

Trẹbur 'tre:bu:ɐ̯
Trẹbus 'tre:bʊs
Trecạte *it.* tre'ka:te
Treccạni *it.* trek'ka:ni
Trecentịst tretʃɛn'tɪst
Trecẹnto tre'tʃɛnto
Trechtingshausen trɛçtɪŋs'hau̯zn̩
Trẹck trɛk
trẹcken 'trɛkn̩
Tredegar *engl.* trɪ'di:gə
Trediakọwski, Trediakovskij *russ.* trɪdia'kɔfskij
Tree[ce] *engl.* tri:[s]
Treene 'tre:nə
Trẹff trɛf
trẹffen, T... 'trɛfn̩
Trẹffurt 'trɛfʊrt
Tréguiẹr *fr.* tre'gje
Treib trai̯p
Treibach 'trai̯bax
Treibel 'trai̯bl̩
treiben 'trai̯bn̩, **treib!** trai̯p, **treibt** trai̯pt
Treiber 'trai̯bɐ
Treiberei trai̯bə'rai̯
Treidel 'trai̯dl̩
Treidelei trai̯də'lai̯
Treid[e]ler 'trai̯d[ə]lɐ
treideln 'trai̯dl̩n, **treidle** 'trai̯dlə
treife 'trai̯fə
Treilhạrd *fr.* trɛ'ja:r
Treịlle 'trɛ:jə, *fr.* trɛj; **-n** 'trɛ:jən
Trẹinta y Trẹs *span.* 'trɛi̯nta i 'tres
Treis[bach] 'trai̯s[bax]
Treitschke 'trai̯tʃkə
Trekrọner *dän.* tre'kro:nər
Trelawny *engl.* trɪ'lɔ:nɪ
Trélazé *fr.* trela'ze
Trẹlleborg 'trɛləbɔrk, *schwed.* trɛlə'bɔrj
Trẹma 'tre:ma, **-ta** ...ta
Tremadock *engl.* trɪ'mædək
Trematọde trema'to:də
Trembẹcki *poln.* trɛm'bɛtski
Tremblay *fr.* trã'blɛ
tremblieren trã'bli:rən
Trẹmelo *niederl.* 'tre:məlo:
Tremembé *bras.* tremem'bɛ
Třẹmešná *tschech.* 'tr̝ɛmɛʃna:
Trẹmiti *it.* 'trɛ:miti
tremolạndo tremo'lando
tremolieren tremo'li:rən
Trẹmolo 'tre:molo, **...li** ...li
Trẹmor 'tre:mɔr, **-es** tre'mo:re:s
Třẹmošnice *tschech.* 'tr̝ɛmɔʃnjitsɛ
Trémouille *fr.* tre'muj
Trẹmp *span.* trɛmp
Trẹmse 'trɛmzə
Tremulạnt tremu'lant
tremulieren tremu'li:rən
Trẹnch[ard] *engl.* 'trɛntʃ[ɑ:d]
Trẹnchcoat 'trɛntʃko:t, *engl.* 'trɛntʃkoʊt
Trẹnčín *slowak.* 'trɛntʃi:n
Trẹnck trɛŋk
Trẹnd trɛnt, *engl.* trɛnd
Trẹndelenburg 'trɛndələnbʊrk
trẹndeln 'trɛndl̩n, **...dle** ...dlə
Trénẹt *fr.* tre'nɛ
Trenggạnu *indon.* trəŋ'ganu
Trenjọw, Trenev *russ.* trɪ'njɔf
Trẹnker 'trɛŋkɐ
trẹnnen 'trɛnən
Trẹnnfurt 'trɛnfʊrt
Trẹnse 'trɛnzə
Trẹnsum *schwed.* ˌtrɛnsʊm
Trẹnt *dt., engl.* trɛnt
Trente-et-quarante trãteka'rã:t
Trente-et-un trãte'œ̃:
Trentịno *it.* tren'ti:no
Trẹnto[la] *it.* 'trɛnto[la]
Trẹnton *engl.* trɛntn
Trẹntschin 'trɛntʃi:n
trẹnzen 'trɛntsn̩
Trepạn tre'pa:n
Trepanatiọn trepana'tsi̯o:n
Trẹpang 'tre:paŋ
trepanieren trepa'ni:rən
Trẹpča *serbokr.* 'trɛptʃa
Trephịne tre'fi:nə
Treplịn tre'pli:n
Tréport *fr.* tre'pɔ:r
treppạb trɛp'|ap
treppauf trɛp'|au̯f
Trẹppe 'trɛpə
Trẹppeln 'trɛpl̩n
Trẹptow 'tre:pto
Trepụzzi *it.* tre'puttsi
Trẹs Arrọyos *span.* 'tres a'rrɔjɔs
Trẹšcec *serbokr.* ˌtrɛʃtsɛts
Três Corações *bras.* 'tres kora'sõi̯s
Trẹscot *engl.* 'trɛskət
Trẹs Crụces *span.* 'tres 'kruθes
Trẹsen 'tre:zn̩
Trẹs Fọrcas *span.* 'tres 'fɔrkas
Trẹsić *serbokr.* ˌtrɛ:sitɕ
Trẹskavac *serbokr.* 'trɛskavats
Trẹskavica *serbokr.* 'trɛskavitsa
Trẹšnjevka *serbokr.* 'trɛʃnjɛ:fka
Tresor tre'zo:ɐ̯
Trẹspe 'trɛspə
Três Pọntas *bras.* 'tres 'pontas
Três Rịos *bras.* 'trez 'rrius
Trẹsse 'trɛsə
tressieren trɛ'si:rən
Třẹšť *tschech.* tr̝ɛʃtj
Trẹster 'trɛstɐ
très vịte *fr.* trɛ'vit
treten, T... 'tre:tn̩
Treter 'tre:tɐ
Treterei tre:tə'rai̯
Tretiakọw, Tret'jakov *russ.* trɪtjɪ'kɔf
treu, T... trɔy̯
Treuburg 'trɔy̯bʊrk
Treuchtlingen 'trɔy̯çtlɪŋən
Treue[n] 'trɔy̯ə[n]
Treuenbrietzen trɔy̯ən'bri:tsn̩
Treuga Dei 'trɔy̯ga 'de:i
Treuge 'trɔy̯gə
Trevelyan *engl.* trɪ'vɪljən
Trẹverer 'tre:vərɐ
Treves *engl.* tri:vz
Trevịglio *it.* tre'viʎʎo
Trevịra ⓦ tre'vi:ra
Trevirạnus trevi'ra:nʊs
Trẹvirer 'tre:virɐ
Trevisạner trevi'za:nɐ
Trevịso *it.* tre'vi:zo
Trẹvithick *engl.* 'trɛvɪθɪk
Trẹvor *engl.* 'trɛvə
Trévoux *fr.* tre'vu
Trẹvrizent 'trɛvritsɛnt
Treysa 'trai̯za
Trézẹl *fr.* tre'zɛl
Trezzịni *it.* tret'tsi:ni
Trhové Svịny *tschech.* 'tr̩hɔvɛ: 'svini
Triạde tri'a:də
Triạge tri'a:ʒə
Triakisdodekaẹder triakɪsdodeka'|e:dɐ
Triakisoktaẹder triakɪs|ɔkta'|e:dɐ
[1]**Trial** (Dreizahl) 'tri:a:l, tri'a:l
[2]**Trial** (Prüfung) 'trai̯əl
Trialịsmus tria'lɪsmʊs
trialịstisch tria'lɪstɪʃ
Triạna *span.* 'tri̯ana
Triangel 'tri:aŋl̩
Triạnglen *dän.* 'trian'lən
triangulär triaŋgu'lɛ:ɐ̯
Triangulatiọn triaŋgula'tsi̯o:n
triangulieren triaŋgu'li:rən
Trianon *fr.* tria'nõ
Triarchie triar'çi:, **-n** ...i:ən
Triarier tri'a:ri̯ɐ
Trias 'tri:as
triạssisch tri'asɪʃ
Tribạde tri'ba:də
Tribadie triba'di:
Triberg 'tri:bɛrk
Triboker 'tri:bokɐ
Tribolo *it.* 'tri:bolo
Tribolumineszẹnz tribolumines'tsɛnts
Tribomẹter tribo'me:tɐ
Tribonianus tribo'ni̯a:nʊs
Tribrachys 'tri:braxys
Tribsees tri:p'ze:s, '--
Tribulatiọn tribula'tsi̯o:n
tribulieren tribu'li:rən
Tribun tri'bu:n
Tribunạl tribu'na:l
Tribunạt tribu'na:t
Tribune *engl.* 'trɪbju:n, *fr.* tri'byn
Tribüne tri'by:nə
tribunizisch tribu'ni:tsɪʃ
Tribur 'tri:bu:ɐ̯
Tribus 'tri:bʊs, *Mehrzahl* ...bu:s
Tribut tri'bu:t
tributär tribu'tɛ:ɐ̯
Tricarico *it.* tri'ka:riko

Tricase *it.* tri'ka:se
Trichalgie triçal'gi:, **-n** ...i:ən
Trichiasis trɪ'çi:azɪs
Trichine trɪ'çi:nə
trichinös trɪçi'nø:s, **-e** ...ø:zə
Trichinose trɪçi'no:zə
Trichom trɪ'ço:m
Trichophytie trɪçofy'ti:, **-n** ...i:ən
Trichophytose trɪçofy'to:zə
Trichose trɪ'ço:zə
Trichosis trɪ'ço:zɪs
Trichosporie trɪçospo'ri:, **-n** ...i:ən
Trichotillomanie trɪçotɪloma'ni:, **-n** ...i:ən
Trichotomie trɪçoto'mi:, **-n** ...i:ən
trichotomisch trɪço'to:mɪʃ
Trichter 'trɪçtɐ
trichtern 'trɪçtɐn
Trichtingen 'trɪçtɪŋən
Trichuriasis trɪçu'ri:azɪs
Tricinium tri'tsi:ni̯ʊm; **...ia** ...i̯a, **...ien** ...i̯ən
Trick trɪk
tricksen 'trɪksn̩
Tricktrack 'trɪktrak
Trident tri'dɛnt
Tridentiner tridɛn'ti:nɐ
tridentinisch tridɛn'ti:nɪʃ
Tridentinum tridɛn'ti:nʊm
Triduum 'tri:duʊm, **...duen** ...du̯ən
trieb tri:p
Trieb tri:p, **-e** 'tri:bə
Triebel 'tri:bl̩
trieben, T... 'tri:bn̩
Triebes 'tri:bəs
triebt tri:pt
Trieder tri'|e:dɐ
triefen 'tri:fn̩
Trieglaff 'tri:glaf
Triel tri:l
triennal triɛ'na:l
Triennium tri'ɛni̯ʊm, **...ien** ...i̯ən
Trient[er] tri'ɛnt[ɐ]
Trienz tri:nts
Triepel 'tri:pl̩
Triepkendorf 'tri:pkn̩dɔrf
Trier tri:ɐ̯
Trierarchie trierar'çi:
Triere tri'e:rə
Trierer 'tri:rɐ
trierisch 'tri:rɪʃ
Triesenberg tri:zn̩'bɛrk
Triest tri'ɛst
Trieste *it.* tri'ɛste
Triester tri'ɛstɐ
Triestino *it.* tries'ti:no
Trieur tri'ø:ɐ̯
triezen 'tri:tsn̩
Trifail tri'fai̯l
Trifels 'tri:fɛls
triff! trɪf
trifft trɪft
Trifle 'trai̯fl̩
Trifolium tri'fo:li̯ʊm, **...ien** ...i̯ən
Trifon *russ.* 'trifɐn
Trifonow, Trifonov *russ.* 'trifɐnɐf
Triforium tri'fo:ri̯ʊm, **...ien** ...i̯ən
Trift trɪft
triften 'trɪftn̩
Triftern 'trɪftɐn
triftig 'trɪftɪç, **-e** ...ɪgə
Triga 'tri:ga
Trigeminus tri'ge:minʊs
Trigger 'trɪgɐ
Triggiano *it.* trid'dʒa:no
Triglav *slowen.* tri'glau̯, 'tri:glau̯
Triglaw 'tri:glaf
Triglitz 'tri:glɪts
Triglyph[e] tri'gly:f[ə]
Trignac *fr.* tri'ɲak
Trigno *it.* 'triɲɲo
Trigo *span.* 'triɣo
trigonal trigo'na:l
Trigonometer trigono'me:tɐ
Trigonometrie trigonome'tri:
trigonometrisch trigono'me:trɪʃ
Trikkala *neugr.* 'trikala
Triklinios tri'kli:ni̯ɔs
triklin[isch] tri'kli:n[ɪʃ]
Triklinium tri'kli:ni̯ʊm, **...ien** ...i̯ən
Trikoline triko'li:nə
Trikolon 'tri:kolɔn, **...la** ...la
trikolor 'tri:kolɔr
Trikolore triko'lo:rə
Trikompositum 'tri:kɔmpo:zitʊm, trikɔm'...; **...ta** ...ta
Trikot tri'ko:, *auch:* 'trɪko
Trikotage triko'ta:ʒə
Trikotine triko'ti:n
Trikuspidal... trikʊspi'da:l...
Trilemma tri'lɛma, **-ta** ...ta
trilinguisch tri'lɪŋgu̯ɪʃ
Trilithen tri'li:tn̩, *auch:* ...lɪtn̩
Triller 'trɪlɐ
Trillhaas 'trɪlha:s
Trillion trɪ'li̯o:n
Trilobit trilo'bi:t, *auch:* ...bɪt
Trilogie trilo'gi:, **-n** ...i:ən
Trilussa *it.* tri'lussa
Trilysin Ⓦᶻ trily'zi:n
Trim *engl.* trɪm
Trimalchio tri'malçi̯o
Trimaran trima'ra:n
Trimbach 'trɪmbax
Trimberg 'trɪmbɛrk
Trimble *engl.* trɪmbl
Trimester tri'mɛstɐ
Trimeter 'tri:metɐ
Trimm trɪm
trimmen 'trɪmən
Trimmer 'trɪmɐ
trimorph[isch] tri'mɔrf[ɪʃ]
Trimorphismus trimɔr'fɪsmʊs
Trimurti tri'mʊrti
Trin *rät.* trem
Trina 'tri:na
trinär tri'nɛ:ɐ̯
Trination trina'tsi̯o:n
Trincomalee *engl.* 'trɪŋkoʊmə'li:
Trinculo 'trɪŋkulo
Trindade *bras.* trin'dadi
[1]**Trine** 'tri:nə
[2]**Trine** (Name) 'tri:nə, *engl.* traɪn
Třinec *tschech.* 'trʃinɛts
Tring *engl.* trɪŋ
Tringles... 'trɛ̃:gl̩...
Trinidad 'trɪnidat, *engl.* 'trɪnɪdæd, *span.* trini'ðað
Trinitapoli *it.* trini'ta:poli
Trinitarier trini'ta:ri̯ɐ
Trinität trini'tɛ:t
Trinitatis trini'ta:tɪs
Trinité *fr.* trini'te
Trinitrophenol trinitrofe'no:l
Trinitrotoluol trinitroto'lu̯o:l
Trinity *engl.* 'trɪnɪtɪ
Trinius 'tri:ni̯ʊs
trinken 'trɪŋkn̩
Trino *it.* 'tri:no
Trinom tri'no:m
Trinummus tri'nʊmʊs
Trio 'tri:o
Triode tri'o:də
Triole tri'o:lə
Triolet *fr.* triɔ'lɛ
Triolett trio'lɛt
Triözie triø'tsi:
triözisch tri'ø:tsɪʃ
Trip trɪp
Tripartition triparti'tsi̯o:n
Tripel 'tri:pl̩
Triphthong trɪf'tɔŋ
Tripitaka tri'pi:taka
Tripla vgl. Triplum
Triplé tri'ple:
Triplett tri'plɛt
triplieren tri'pli:rən
Triplik tri'pli:k
Triplikat tripli'ka:t
Triplikation triplika'tsi̯o:n
Triplit tri'pli:t, *auch:* ...lɪt
Triplizität triplitsi'tɛ:t
triploid triplo'i:t, **-e** ...i:də
Triplum 'tri:plʊm, **...pla** ...pla
Tripmadam 'trɪpmadam
Tripoden vgl. Tripus
Tripodie tripo'di:, **-n** ...i:ən
Tripol'e vgl. Tripolje
Tripoli *it.* 'tri:poli
Tripolis 'tri:polɪs, *neugr.* 'tripɔlis
Tripolitania *it.* tripoli'ta:ni̯a
Tripolitanien tripoli'ta:ni̯ən
tripolitanisch tripoli'ta:nɪʃ
Tripolje, Tripol'e *russ.* tri'pɔljɛ
Tripotage tripo'ta:ʒə
Tripp[el] 'trɪp[l̩]
trippeln 'trɪpl̩n
Tripper 'trɪpɐ
Trippigleben 'trɪpɪçle:bn̩
Triptik 'trɪptɪk

Trịptis 'trɪptɪs
Triptọlemos trɪp'to:lemɔs
Trịptychon 'trɪptʏçɔn, **...cha** ...ça
Trịptyk 'trɪptʏk
Trịpura *engl.* 'trɪpʊrə
Trịpus 'tri:pu:s, **...pọden** tri'po:dn̩
Triquẹt *fr.* tri'kɛ
Trirẹme tri're:mə
Trisạnna tri'zana
Trịschen 'trɪʃn̩
Trisektiọn trizɛk'tsi̯o:n
Trishạgion trɪs'ha:gi̯ɔn, **...ien** ...i̯ən
Trismẹgistos trɪs'me:gɪstɔs
Trịsmus 'trɪsmʊs
Trịssino *it.* 'trissino
Trissotin *fr.* trisɔ'tɛ̃
trịst trɪst
Trịstan 'trɪstan, *fr.* tris'tã
Tristán *span.* tris'tan
Trịstan da Cụnha *engl.* 'trɪstən də 'ku:nə
Tristan L'Hermịte *fr.* tristãlɛr'mit
Tristẹsse trɪs'tɛs, **-n** ...sn̩
tristịch tri'stɪç
Tristichịasis tristɪ'çi:azɪs
Trịstichon 'trɪstɪçɔn
Trịstien 'trɪsti̯ən
Trịstram *engl.* 'trɪstrəm
Trisụl tri'zu:l
trisyllạbisch trizʏ'la:bɪʃ
Trisỵllabum tri'zʏlabʊm; **...ba** ...ba, **...ben** ...zʏ'la:bn̩
Tritagonịst tritago'nɪst
Tritanopi̲e tritano'pi:
Tritheịsmus trite'ɪsmʊs
Trithemimerẹs tritemime're:s
Trithẹmius tri'te:mi̯ʊs
Trith-Saint-Légẹr *fr.* trisɛ̃le'ʒe
Trịticum 'tri:tikʊm
Trịtium 'tri:tsi̯ʊm
[1]**Trịton** 'tri:tɔn, **-en** tri'to:nən
[2]**Trịton** (Name) 'tri:tɔn, *engl.* traɪtn
Trịtonus 'tri:tonʊs
trịtt!, Trịtt trɪt
Trịttau 'trɪtau̯
Trituratiọn tritura'tsi̯o:n
Triụmph tri'ʊmf
triumphạl triʊm'fa:l
Triumphạtor triʊm'fa:tɔr, **-en** ...fa'to:rən
triumphi̲eren triʊm'fi:rən
Triụmvir tri'ʊmvɪr
Triumvirạt triʊmvi'ra:t
Triunfo *bras.* 'tri̯ũfu
trivalẹnt triva'lɛnt
Trivandrum *engl.* trɪ'vændrəm
Trivẹnto *it.* tri'vɛnto
Trịvet *engl.* 'trɪvɪt
triviạl tri'vi̯a:l
Trivialitạ̈t trivi̯ali'tɛ:t
Trịvium 'tri:vi̯ʊm
Trivụlzio *it.* tri'vultsi̯o
Trịx[i] 'trɪks[i]

Trịzeps 'tri:tsɛps
Trjạwna, Trjavna *bulgar.* 'trjavna
Trnava *slowak.* 'tr̩nava
Trnka *tschech.* 'tr̩ŋka
Trnovany *tschech.* 'tr̩nɔvani
Trọas 'tro:as
Trọ̈b[n]itz 'trø:b[n]ɪts
Trobriand *engl.* 'troʊbrɪænd
Trocadẹro troka'de:ro, *span.* troka'ðero
Trocadérọ *fr.* trɔkade'ro
trochạ̈isch trɔ'xɛ:ɪʃ
Trochạ̈us trɔ'xɛ:ʊs
Trọchilus 'trɔxilʊs, **...len** ...'xi:lən
Trochit trɔ'xi:t, *auch:* ...xɪt
Trochọphora trɔ'xo:fora, **...ren** ...xo'fo:rən
Trochozephali̲e trɔxotsefa'li:
Trọchtelfingen 'trɔxtl̩fɪŋən
Trọchterfingen 'trɔxtɐfɪŋən
Trochu *fr.* trɔ'ʃy
Trọckau 'trɔkau̯
trọcken 'trɔkn̩
Trockij vgl. Trozki
trọcknen 'trɔknən
Troclẹt *fr.* trɔ'klɛ
Trọddel 'trɔdl̩
Trọ̈del 'trø:dl̩
Trödelei̲ trø:də'lai̯
trọ̈deln 'trø:dl̩n, **trọ̈dle** 'trø:dlə
Trọ̈dje *schwed.* ˌtrœ[d]ji̯ə
Trọ̈dler 'trø:dlɐ
Troels *dän.* 'tro:'əls
Troels-Lund *dän.* tro:əls'lon'
Troelstra *niederl.* 'tru:lstra:
Troeltsch trœltʃ
Trọer 'tro:ɐ
Trofạiach tro'fai̯ax
trọff trɔf
trọ̈ffe 'trœfə
Trofịm[ow], Trofim[ov] *russ.* tra'fim[ɐf]
trọg tro:k
Trọg tro:k, **Trọ̈ge** 'trø:gə
trọ̈ge 'trø:gə
trọgen, T... 'tro:gn̩
Trọger 'tro:gɐ
Trọgir *serbokr.* ˌtrɔgi:r
Troglodỵt troglo'dy:t
Trọgon 'tro:gɔn, **-ten** tro'gɔntn̩
trọgt tro:kt
trọ̈gt trø:kt
Trọgus 'tro:gʊs
Trọia *it.* 'trɔ:i̯a
Troicart trọa'ka:ɐ̯
Troick vgl. Troizk
Troi̲er 'trɔyɐ
Troika 'trɔyka, *auch:* 'tro:ika; *russ.* 'trɔjkɐ
Troikạrt trọa'ka:ɐ̯
Trọilos 'tro:ilɔs
Trọilus 'tro:ilʊs
Troịna *it.* tro'i:na
trọisch 'tro:ɪʃ
Trọisdorf 'tro:sdɔrf
Trois-Évêchés *fr.* trwɑzevɛ'ʃe

Trois-Frères *fr.* trwɑ'frɛ:r
Trois Mousquetaires *fr.* trwɑmuskə'tɛ:r
Trois-Rivières *fr.* trwɑri'vjɛ:r
Trois Viẹrges *fr.* trwɑ'vjɛrʒ
Trọizk, Troick *russ.* 'trɔitsk
Trọja 'tro:ja
Trọjan 'tro:jan, *bulgar.* tro'jan
Trojạner tro'ja:nɐ
trojạnisch tro'ja:nɪʃ
Trọjstvo *serbokr.* ˌtrɔ:jstvɔ
Trokạr tro'ka:ɐ̯
Trọ̈kes 'trø:kəs
troki̲eren tro'ki:rən
Trọland 'tro:lant, *engl.* 'troʊlənd
Troldhẹde *dän.* trɔl'he:ðə
trọ̈len 'trø:lən
Trọll trɔl
Trọ̈lladyngja *isl.* 'trœdladiŋgja
trọllen 'trɔlən
Trọlleybus 'trɔlibʊs
Trọllfjord *norw.* ˌtrɔlfju:r
Trọllhättan *schwed.* ˌtrɔlhɛtan
Trọllope *engl.* 'trɔləp
Trọlmen *schwed.* 'trɔlmən
Trọmba [marịna] 'trɔmba [ma'ri:na]
Trọmbe 'trɔmbə
Trombẹtti *it.* trom'betti
Trombidiọse trɔmbi'di̯o:zə
Trombikulọse trɔmbiku'lo:zə
Trombọne trɔm'bo:nə, **...ni** ...ni
Tromelin *fr.* trɔm'lɛ̃
Trọmm[el] 'trɔm[l̩]
Trommelei̲ trɔmə'lai̯
trọmmeln 'trɔml̩n
Trọmmsdorff 'trɔmsdɔrf
Trọmp *niederl.* trɔmp
Trọmpe 'trɔmpə
Trọmper Wi̲ek 'trɔmpɐ 'vi:k
Trompẹte trɔm'pe:tə
trompẹten trɔm'pe:tn̩
Trompeuse trõ'pø:zə
Trọmpia *it.* 'trompi̯a
Troms *norw.* trums
Trọmsø 'trɔmzø, *norw.* ˌtrumsø
Tronche *fr.* trõ:ʃ
Tronchẹt *fr.* trõ'ʃɛ
Trọndheim 'trɔnthai̯m, *norw.* ˌtrɔnhɛi̯m
Trondhjem *norw.* ˌtrɔnjɛm, ˌtrunjɛm
Tronson du Coudray *fr.* trõsõdyku'drɛ
Trọnto *it.* 'tronto
Troon *engl.* tru:n
Trọost *dt., niederl.* tro:st, *fr.* trɔst
Troostit tro:s'ti:t, *auch:* ...tɪt
Tropa̲eolum tro'pɛ:olʊm
Tropạrion tro'pa:ri̯ɔn, **...ien** ...i̯ən
Tropạrium tro'pa:ri̯ʊm, **...ien** ...i̯ən
Trọpe 'tro:pə
Tropẹa *it.* tro'pɛ:a

Tropen 'tro:pn̩
Tropf trɔpf, **Tröpfe** 'trœpfə
tropfbarflüssig 'trɔpfba:ɐ̯'flʏsɪç
Tröpfchen 'trœpfçən
tröpfeln 'trœpfl̩n
tropfen, T... 'trɔpfn̩
Trophäe tro'fɛ:ə
trophisch 'tro:fɪʃ
Trophobiose trofo'bi̯o:zə
Trophoblast trofo'blast
Trophoneurose trofonɔy'ro:zə
Trophophyll trofo'fʏl
Tropical 'trɔpɪkl̩
Tropika 'tro:pika
Tropikluft 'tro:pɪklʊft
Tropinin *russ.* tra'pinin
tropisch 'tro:pɪʃ
Tropismus tro'pɪsmʊs
Tropojë *alban.* tro'pojə
Tropopause tropo'pau̯zə, *auch:* 'tro:p...
Tropophyt tropo'fy:t
Troposphäre tropo'sfɛ:rə, *auch:* 'tro:p...
Tropotaxis tropo'taksɪs
Troppau 'trɔpau̯
troppo 'trɔpo
Tropus 'tro:pʊs
Trosa *schwed.* ˌtru:sa
troß!, T... trɔs, **Trosse** 'trɔsə
Trossachs *engl.* 'trɔsəks
Trosse 'trɔsə
Trossingen 'trɔsɪŋən
Trost[au] 'tro:st[au̯]
Trostberg 'tro:stbɛrk
trösten 'trø:stn̩
Trostjanez, Trostjanec *russ.* trɐstɪ'njɛts
Trotha 'tro:ta
Trötschel 'trœtʃl̩
trott!, [1]Trott trɔt
[2]Trott (Name) *engl.* trɔt
Trotte 'trɔtə
Trottel 'trɔtl̩
trotteln 'trɔtl̩n
trotten 'trɔtn̩
Trotter *engl.* 'trɔtə
Trotteur... trɔ'tø:ɐ̯..., *fr.* trɔ'tœ:r...
Trottinett 'trɔtinɛt
Trottoir trɔ'to̯a:ɐ̯
Trottorp *schwed.* ˌtrɔtɔrp
Trotuş *rumän.* 'trotuʃ
Trotyl tro'ty:l
trotz, T... trɔts
trotzdem 'trɔtsde:m, *auch:* '–'–
trotzen 'trɔtsn̩
Trotzendorff 'trɔtsn̩dɔrf
trotzig 'trɔtsɪç, **-e** ...ɪgə
Trotzki 'trɔtski
Trotzkismus trɔts'kɪsmʊs
Trotzkist trɔts'kɪst
Troubadour 'tru:badu:ɐ̯, *auch:* truba'du:ɐ̯
Troumouse *fr.* tru'mu:z
Troupier tru'pi̯e:
[1]Trousseau trʊ'so:
[2]Trousseau (Name) *fr.* tru'so
Trouton *engl.* traʊtn
Trouvaille tru'va:jə
Trouvère *fr.* tru'vɛ:r
Trouville-sur-Mer *fr.* truvilsyr'mɛ:r
Trovatore *it.* trova'to:re
Trowbridge *engl.* 'troʊbrɪdʒ
Troxler 'trɔkslɐ
Troy *engl.* trɔɪ, *fr.* trwa
Troyat *fr.* trwa'ja
Troyer 'trɔyɐ
Troyes troa, *fr.* trwa
Troygewicht 'trɔygəvɪçt
Troyon *fr.* trwa'jõ
Trozki, Trockij 'trɔtski, *russ.* 'trɔtskij
Tršće *serbokr.* 'tr̩:ʃtɕɛ
Tršnice *tschech.* 'tr̩ʃnjitsɛ
Trst *serbokr.* tr̩st
Trstenik *serbokr.* tr̩ˌstɛni:k
Trub tru:p, **-es** 'tru:bəs
trüb try:p, **-e** 'try:bə
Trubar *slowen.* 'tru:bar
Trübau 'try:bau̯
Trubčesk vgl. Trubtschesk
trübe, T... 'try:bə
Trubel 'tru:bl̩
trüben, T... 'try:bn̩, **trüb!** try:p, **trübt** try:pt
Trubezkoi, Trubeckoj *russ.* trubɪts'kɔj
Trubia *span.* 'truβi̯a
Trübner 'try:bnɐ, *engl.* 'tru:bnə
Trübnis 'try:pnɪs, **-se** ...ɪsə
Trübsal 'try:pza:l
Trubtschesk, Trubčesk *russ.* trup'tʃɛsk
Truchas Peak *engl.* 'tru:tʃəs 'pi:k
Truchseß 'trʊxzɛs, **...esse** ...ɛsə
Truchtlachting 'trʊxlaxtɪŋ
Trucial Oman *engl.* 'tru:sjəl oʊ'mɑ:n
Truck trak, *engl.* trʌk
Trud *russ., bulgar.* trut
Trudaine *fr.* try'dɛn
Trudbert 'tru:tbɛrt
Trudchen 'tru:tçən
Trude 'tru:də
Trudeau *engl.* 'tru:doʊ, *fr.* try'do
Trudel 'tru:dl̩
trudeln 'tru:dl̩n, **trudle** ...dlə
Trudering 'tru:dərɪŋ
Trudhild 'tru:thɪlt
Trudi 'tru:di
Trudpert 'tru:tpɛrt
Trudwin 'tru:tvi:n
Trudy 'tru:di, *engl.* 'tru:dɪ
True *engl.* tru:
Trueba *span.* 'tru̯eβa
Trueman *engl.* 'tru:mən
Truffaut *fr.* try'fo
Trüffel 'trʏfl̩
trüffeln 'trʏfl̩n
trug tru:k
Trug tru:k, **-es** 'tru:gəs
trüge 'try:gə
trugen 'tru:gn̩
trügen 'try:gn̩, **trüg!** try:k, **trügt** try:kt
trügerisch 'try:gərɪʃ
trugt tru:kt
trügt try:kt
Truhe 'tru:ə
Truiden *niederl.* 'trœi̯də
Trujillo *span.* tru'xiʎo
Truk trʊk, *engl.* trʌk
Trulben 'trʊlbn̩
Trullo 'trʊlo, **...lli** ...li
Trum trʊm
Truman *engl.* 'tru:mən
Trumbull *engl.* 'trʌmbəl
Trumeau try'mo:
Trumm trʊm
Trümmer 'trʏmɐ
Trump[p] trʊmp
Trumpf trʊmpf
trumpfen 'trʊmpfn̩
Trun *rät.* trun
Trundholm *dän.* 'trɔnhɔl'm
Trunk trʊŋk, **Trünke** 'trʏŋkə
Trünkchen 'trʏŋkçən
trunken 'trʊŋkn̩
Trunz trʊnts
Trupp trʊp
Trüppchen 'trʏpçən
Truppe 'trʊpə
Truro *engl.* 'trʊəroʊ
Trüsche 'trʏʃə, 'try:ʃə
Trusen 'tru:zn̩
Truskawez, Truskavec *russ.* trus'kavɪts
Trust trast, *seltener:* trʊst; *engl.* trʌst
Trustee tras'ti:
Truthahn 'tru:tha:n
Trutnov *tschech.* 'trutnɔf
Trütschler 'trʏtʃlɐ
Trutwin 'tru:tvi:n
Trutz trʊts
trutzen 'trʊtsn̩
trutzig 'trʊtsɪç, **-e** ...ɪgə
Truxtun *engl.* 'trʌkstən
Truyère *fr.* try'jɛ:r
Trybuna Ludu *poln.* trɨ'buna 'ludu
Tryggvason *norw.* 'trygvasɔn
Tryggve *norw., schwed.* ˌtrygvə
Tryon *engl.* 'traɪən
Trypanosoma trypano'zo:ma
Trypsin trʏ'psi:n
Tryptophan trʏpto'fa:n
Trzcianka *poln.* 'tʃtɕanka
Trzciel *poln.* tʃtɕɛl
Trzcińsko Zdrój *poln.* 'tʃtɕi̯ĩskɔ 'zdruj
Trzebiatów *poln.* tʃɛ'bjatuf
Trzebinia *poln.* tʃɛ'binja
Trzebnica *poln.* tʃɛb'nitsa
Trzemeszno *poln.* tʃɛ'mɛʃnɔ
Trzynietz 'tʃɪni̯ɛts
Tsaldares *neugr.* tsal'ðaris
Tsantsa 'tsantsa
Tsaratanana *fr.* tsaratana'na
Tsavo *engl.* 'tsɑ:voʊ

Tschaadạjew, Čaadaev *russ.* tʃɪa'dajɪf
Tschad t͜ʃat, t͜ʃa:t
Tschader 't͜ʃadɐ, 't͜ʃa:dɐ
Tschadạn, Čadan *russ.* tʃɪ'dan
tschadisch 't͜ʃadɪʃ, 't͜ʃa:dɪʃ
Tschadỵr t͜ʃa'dʏr
Tschagata̲i̲ t͜ʃaga'tai̯
Tschạgoda, Čagoda *russ.* 'tʃagɐdɐ
Tschaikọwski, Čajkovskij t͜ʃai̯'kɔfski, *russ.* tʃɪj'kɔfskij
Tschạja 'tʃa:ja
Tschạko 't͜ʃako
Tschakọwski, Čakovskij *russ.* tʃɪ'kɔfskij
Tschạkra 't͜ʃa:kra
Tschamạra t͜ʃa'mara
Tschamụt *rät.* tʃa'mut
Tschandragụpta t͜ʃandra'gʊpta
Tschạndu 't͜ʃandu
Tschạngscha 't͜ʃaŋʃa
Tschạngtschun 't͜ʃaŋt͜ʃʊn
Tschạnkiang 't͜ʃaŋki̯aŋ
Tschapạjewsk, Čapaevsk *russ.* tʃɪ'pajɪfsk
Tschạpka 't͜ʃapka
Tschaplịtskij t͜ʃa'plɪt͜ski
Tschaplỵgin, Čaplygin *russ.* tʃɪp'lɨgin
Tschạpperl 't͜ʃapɐl
Tschapỵgin, Čapygin *russ.* tʃɪ'pɨgin
Tschạrda[sch] 't͜ʃarda[ʃ]
Tschardschọu, Čardžou *russ.* tʃɪrd'ʒɔu
Tschạrka 't͜ʃarka
Tschạslau 't͜ʃaslau̯
Tschạssow Jạr, Časov – *russ.* 'tʃasɐf 'jar
tscha̲u̲!, Tscha̲u̲ t͜ʃau̯
Tschaụsch t͜ʃa'ʊʃ
Tschạussy, Čausy *russ.* 'tʃausɨ
Tschebarkụl, Čebarkul' *russ.* tʃɪbar'kulj
Tscheboxạry, Čeboksary *russ.* tʃɪbak'sarɨ
Tschebyschọw, Čebyšev *russ.* tʃɪbɨ'ʃɔf
Tschẹche 't͜ʃɛçə
Tschẹcherl 't͜ʃɛçɐl
tschẹchisch 't͜ʃɛçɪʃ
tschechisi̲e̲ren t͜ʃɛçi'zi:rən
Tschechoslowạke t͜ʃɛçoslo'va:kə
Tschechoslowake̲i̲ t͜ʃɛçoslova'kai̯
tschechoslowạkisch t͜ʃɛçoslo'va:kɪʃ
Tschẹchow, Čehov 't͜ʃɛxɔf, *russ.* 'tʃɛxɐf
Tschedschu-do, Cheju Do *korean.* tʃedʒudɔ
Tschejẹnne t͜ʃe'jɛn
Tschẹka 't͜ʃɛka
Tschekalịnski, Čekalinskij *russ.* tʃɪka'linskij
Tschẹkiang 't͜ʃe:ki̯aŋ
Tschẹkko 't͜ʃɛko
Tschelekẹn, Čeleken *russ.* tʃɪlɪ'kjɛn
Tscheljạbinsk, Čeljabinsk *russ.* tʃɪ'ljabinsk
Tscheljụskin, Čeljuskin *russ.* tʃɪ'ljuskin
Tschelkạr, Čelkar *russ.* tʃɪl'kar
Tschẹngtschou 't͜ʃɛŋt͜ʃau̯
Tschẹnstochau 't͜ʃɛnstɔxau̯
Tschepelạre, Čepelare *bulgar.* tʃɛpɛ'larɛ
Tschepzạ, Čepca *russ.* tʃɪp'tsa
Tschẹrdyn, Čerdyn' *russ.* 'tʃɛrdɨnj
Tscheremchọwo, Čeremhovo *russ.* tʃɪrɪm'xɔvɐ
Tscheremịsse t͜ʃere'mɪsə
Tscherepạnowo, Čerepanovo *russ.* tʃɪrɪ'panɐvɐ
Tscherepnịn, Čerepnin *russ.* tʃɪrɪp'nin
Tscherepowẹz, Čerepovec *russ.* tʃɪrɪpa'vjɛts
Tschẹrikow, Čerikov *russ.* 'tʃerikɐf
Tscherkẹsse t͜ʃɛr'kɛsə
tscherkẹssisch t͜ʃɛr'kɛsɪʃ
Tscherkẹssk, Čerkessk *russ.* tʃɪr'kjɛssk
Tscherkẹßka t͜ʃɛr'kɛska
Tschẹrmak 't͜ʃɛrmak
Tschernịgow, Černigov *russ.* tʃɪr'nigɐf
Tschernikọwsk, Černikovsk *russ.* tʃɪrni'kɔfsk
Tschẹrni Lọm, Černi Lom *bulgar.* 'tʃɛrni 'lɔm
Tschẹrning 't͜ʃɛrnɪŋ
Tschernjachọwsk, Černjahovsk *russ.* tʃɪrnɪ'xɔfsk
Tschernjachọwski, Černjahovskij *russ.* tʃɪrnɪ'xɔfskij
Tschernjạjew, Černjaev *russ.* tʃɪr'njajɪf
Tschernjakọwski, Černjakovskij *russ.* tʃɪrnɪ'kɔfskij
Tschernọbyl, Černobyl' *russ.* tʃɪr'nɔbɨlj
Tschernogọrsk, Černogorsk *russ.* tʃɪrna'gɔrsk
Tschernosem, ...sjọm t͜ʃɛrno'zi̯ɔm
Tschernọw, Černov *russ.* tʃɪr'nɔf
Tschernowzỵ, Černovcy *russ.* tʃɪrnaf'tsɨ
Tschernyschẹwski, Černyševskij *russ.* tʃɪrnɨ'ʃɛfskij
Tschernyschọw, Černyšev *russ.* tʃɪrnɨ'ʃɔf
Tscherokẹse t͜ʃero'ke:zə
Tscheroki̲ t͜ʃero'ki:
Tschẹrper 't͜ʃɛrpɐ
Tscherwẹnkow, Červenkov *bulgar.* tʃɛr'vɛŋkof
Tscherwọnez t͜ʃɛr'vo:nɛt͜s, **...ọnzen** ...nt͜sn̩
Tscherwonoarmẹjsk, Červonoarmejsk *russ.* tʃɪrvɐnɐar'mjejsk
Tscheslạw, Česlav *russ.* tʃɪ'slaf
Tschesnokọw, Česnokov *russ.* tʃɪsna'kɔf
Tschesnokọwka, Česnokovka *russ.* tʃɪsna'kɔfkɐ
Tschetschẹne t͜ʃe't͜ʃe:nə
Tschi̲ t͜ʃi:
Tschiangkaischẹk t͜ʃi̯aŋkai̯'ʃɛk
Tschiatụra, Čiatura *russ.* tʃɪa'turɐ
Tschibụk t͜ʃi'bʊk
Tschịchold 't͜ʃɪçɔlt
Tschịck t͜ʃɪk
Tschiẹrv *rät.* tʃjɛrf
Tschiftlịk t͜ʃɪft'lɪk
Tschigọrin, Čigorin *russ.* tʃi'gɔrin
Tschikọi, Čikoj *russ.* tʃi'kɔj
Tschikosch 't͜ʃi:ko:ʃ, *auch:* 't͜ʃɪko:ʃ
tschịlpen 't͜ʃɪlpn̩
Tschimbạj, Čimbaj *russ.* tʃim'baj
Tschimkẹnt, Čimkent *russ.* tʃim'kjɛnt
Tschịn t͜ʃɪn
Tschindschu, Chinju *korean.* tʃindʒu
Tschinẹllen t͜ʃi'nɛlən
tsching! t͜ʃɪŋ
Tschịnghai 't͜ʃɪŋhai̯
Tschịngis Chạn 't͜ʃɪŋgɪs 'ka:n
Tschinnampo, Chinnanpo *korean.* tʃinnamphɔ
Tschintụlow, Čintulov *bulgar.* tʃin'tulof
Tschịpew, Čipev *bulgar.* 'tʃipɛf
Tschippewä̲er t͜ʃɪpe'vɛ:ɐ
Tschịrch t͜ʃɪrç
Tschịrikow, Čirikov *russ.* 'tʃirikɐf
Tschịrnhaus 't͜ʃɪrnhaus
Tschirpạn, Čirpan *bulgar.* tʃir'pan
Tschirtschịk, Čirčik *russ.* tʃir'tʃik
Tschischẹwski, Čiževskij *russ.* tʃi'ʒɛfskij
Tschịsmen 't͜ʃɪsmən
Tschistjakọwo, Čistjakovo *russ.* tʃistɪ'kɔvɐ
Tschịstopol, Čistopol' *russ.* 'tʃistɐpɐlj
Tschitạ, Čita *russ.* tʃi'ta
Tschi̲traka 't͜ʃi:traka
Tschitschẹrin, Čičerin *russ.* tʃi'tʃerin
Tschkạlow, Čkalov *russ.* 'tʃkalɐf
Tschlịn *rät.* tʃlin
Tscho̲i̲balsan 't͜ʃɔybalzan
Tschọkta 't͜ʃɔkta
Tschọmbe 't͜ʃɔmbə, *fr.* tʃõ'be

Tschomolụngma tʃomo'lʊŋma
Tschọna, Čona *russ.* 'tʃɔnɐ
Tschöndschu, Chonju *korean.* tʃʌndʒu
Tschöngdschin, Chongjin *korean.* tʃhʌŋdʒin
Tschọrmos, Čermoz *russ.* 'tʃɔrmɐs
Tschörwön, Chorwon *korean.* tʃhʌrwʌn
Tschosen, Chosen *korean.* tʃɔsʌn
Tschou tʃau̯
Tschou En-lai tʃu|ɛn'lai̯
Tschụ, Ču *russ.* tʃu
Tschuạngtse 'tʃu̯aŋtsə
Tschụchloma, Čuhloma *russ.* 'tʃuxlɐmɐ
Tschụdi 'tʃu:di, *norw.* 'tʃʉ:di
Tschụdowo, Čudovo *russ.* 'tʃudɐvɐ
Tschu En-lai tʃu|ɛn'lai̯
Tschugụjew, Čuguev *russ.* tʃu'gujɪf
Tschugunọw, Čugunov *russ.* tʃugu'nɔf
Tschuikọw, Čujkov *russ.* tʃuj'kɔf
Tschụiskije Belkị, Čujskie – russ. 'tʃujskijɪ bɪl'ki
Tschụja, Čuja *russ.* 'tʃujɐ
Tschukọwski, Čukovskij *russ.* tʃu'kɔfskij
Tschụktsche 'tʃʊktʃə
Tschulkọw, Čulkov *russ.* tʃul'kɔf
Tschulỵm, Čulym *russ.* tʃu'lɨm
Tschulyschmạn, Čulyšman *russ.* tʃulɨʃ'man
Tschumạk tʃu'mak
Tschumandrịn, Čumandrin *russ.* tʃuman'drin
Tschụngking 'tʃʊŋkɪŋ
Tschụnja, Čunja *russ.* 'tʃunjɐ
Tschuntschön, Chunchon *korean.* tʃhuntʃhʌn
Tschuprọw, Čuprov *russ.* tʃu'prɔf
tschüs! tʃʏs, tʃy:s
Tschụsch tʃu:ʃ
Tschussowạja, Čusovaja *russ.* tʃusa'vajɐ
Tschussowọj, Čusovoj *russ.* tʃusa'vɔj
Tschụst, Čust *russ.* tʃust
Tschutẹh tʃu'te:
Tschuwạsche tʃu'vaʃə
Tschuwạschija, Čuvašija *russ.* tʃu'vaʃɨjɐ
tschuwạschisch tʃu'vaʃɪʃ
Tschuwạschskaja ASSR, Čuvašskaja ASSR *russ.* tʃu'vaʃskɐjɐ aɛs-ɛs'ɛr
Tsẹpo 'tse:po
Tsẹtsefliege 'tsɛtsefli:gə
Tsịn tsɪn
Tsịnan 'tsi:nan
Tsịng tsɪŋ
Tsịngtau 'tsɪŋtau̯
Tsirạne *fr.* tsi'ran
Tsịtsikar 'tsɪtsikar
Tsụga 'tsu:ga
Tsụnji 'tsʊnji
Tsushịma tsu'ʃi:ma
TỤ te:'|u:, *engl.* 'ti:'ju:
Tụa *span.* 'tua, *port.* 'tuɐ
Tuaillon ty̆a'jõ:
Tuam *engl.* 'tju:əm
Tuamọtu tu̯a'mo:tu
Tuapsẹ *russ.* tuap'sɛ
Tuareg 'tu̯a:rɛk, 'tu:arɛk, tu̯a'rɛk
Tub *engl.* tʌb
Tụba[l] 'tu:ba[l]
Tubbergen *niederl.* 'tʏbɛrxə
Tụ̈bbing 'tʏbɪŋ
Tụbe 'tu:bə
Tubẹrkel tu'bɛrkl̩
tuberkulạr tubɛrku'la:ɐ̯
Tuberkulịde tubɛrku'li:də
Tuberkulịn tubɛrku'li:n
Tuberkulọm tubɛrku'lo:m
tuberkulö̱s tubɛrku'lø:s, **-e** ...ø:zə
Tuberkulọse tubɛrku'lo:zə
Tuberkulö̱se tubɛrku'lø:zə
tuberọs tube'ro:s, **-e** ...o:zə
Tuberọse tube'ro:zə
Tubeuf *fr.* ty'bœf
Tụ̈bingen 'ty:bɪŋən
Tubịze *fr.* ty'bi:z
Tubman *engl.* 'tʌbmən
tubulạ̈r tubu'lɛ:ɐ̯
tubulö̱s tubu'lø:s, **-e** ...ø:zə
Tụbus 'tu:bʊs, **-se** ...ʊsə
TUC *engl.* 'ti:ju:'si:
Tucạno *bras.* tu'kɐnu
Tụcci *it.* 'tuttʃi
Tuc d'Audoubẹrt *fr.* tykdodu'bɛ:r
Tụch tu:x, **Tụ̈cher** 'ty:çɐ
Tuchatschẹwski, Tuhačevskij *russ.* tuxa'tʃɛfskij
Tụchel 'tʊxl̩
Tụ̈chelchen 'ty:çl̩çən
tụchen 'tu:xn̩
Tụchent 'tʊxn̩t
Tücher vgl. Tuch
Tuchọla *poln.* tu'xɔla
Tuchọlsky tʊ'xɔlski
Tụchów *poln.* 'tuxuf
tụ̈chtig 'tʏçtɪç, **-e** ...ɪgə
Tụcić *serbokr.* 'tutsitɕ
Tuckahoe *engl.* 'tʌkəhoʊ
Tụ̈cke 'tʏkə
Tucker *engl.* 'tʌkə
Tuckerman *engl.* 'tʌkəmən
tụckern 'tukɐn
tụ̈ckisch 'tʏkɪʃ
tụ̈ckschen 'tʏkʃn̩
tucktụck! tʊk'tʊk
Tucsọn *engl.* tu:'sɔn
Tucumán *span.* tuku'man
Tụcumcari *engl.* 'tu:kəmkɛərɪ
Tụczno *poln.* 'tutʃnɔ
Tudderen *niederl.* 'tʏdərə
Tụ̈ddern 'tʏdɐn
Tudẹ *pers.* tu'de
Tudẹla *span.* tu'ðela
tụ̈dern 'ty:dɐn, **tụ̈dre** 'ty:drə
Tụdor 'tu:dɔr, *engl.* 'tju:də, *rumän.* 'tudor
Tụe *dän.* 'tu:ə
Tuerei tu:ə'rai̯
Tụff tʊf
Tụ̈ffer 'tʏfɐ
Tüftelei tʏftə'lai̯
tụ̈ft[e]lig 'tʏft[ə]lɪç, **-e** ...ɪgə
tụ̈fteln 'tʏftl̩n
Tufting 'taftɪŋ
Tufts *engl.* tʌfts
Tugạn-Baranọwski, Tugan-Baranovskij *russ.* tu'ganbɐra'nɔfskij
Tụ̈gel 'ty:gl̩
Tugẹla *afr.* tu:'ge:la
Tụgend 'tu:gn̩t, **-en** ...n̩dən
Tụggurt 'tʊgʊrt
Tugwell *engl.* 'tʌgwəl
Tuhačevskij vgl. Tuchatschewski
Tụhr tu:ɐ̯
Tuilerịen tÿilə'ri:ən
Tuileries *fr.* tɥil'ri
Tuimasỵ, Tujmazy *russ.* tujma'zɨ
Tuinẹje *span.* tu̯i'nɛxe
Tuiserkạn *pers.* tui̯sær'kɑ:n
Tuịsko 'tu̯ɪsko
Tuịsmus 'tu̯ɪsmʊs
Tuịsto 'tu̯ɪsto
Tujmazy vgl. Tuimasy
Tụkan 'tu:kan, *auch:* tu'ka:n
Tukangbesị *indon.* tukaŋbə'si
Tuke *engl.* tju:k
Tukulọr tuku'lo:ɐ̯
Tụla 'tu:la, *russ.* 'tulɐ, *span.* 'tula
Tulane *engl.* tju:'leɪn
Tulangbạwang *indon.* tulaŋ'bawaŋ
Tularämie tularɛ'mi:
Tulare *engl.* tu:'lɛərɪ
Tulạsne *fr.* ty'lɑ:n
Tulcán *span.* tul'kan
Tụlcea *rumän.* 'tultʃea
Tul'čin vgl. Tultschin
Tuléạr *fr.* tyle'a:r
Tụlešice *tschech.* 'tulɛʃitsɛ
Tulifäntchen 'tu:lifɛntçən
Tulipạne tuli'pa:nə
Tulịszków *poln.* tu'liʃkuf
Tull *engl.* tʌl
Tụ̈ll tʏl
Tụlla 'tʊla
Tullahoma *engl.* tʌlə'hoʊmə
Tullamore *engl.* tʊlə'mɔ:
Tulle *fr.* tyl
Tụ̈lle 'tʏlə
Tullgarn *schwed.* 'tʊlgɑ:rn
Tụllia 'tʊli̯a
Tụllinge *schwed.* 'tʊliŋə
Tụ̈llingen 'tʏlɪŋən
Tụllio *it.* 'tulli̯o

Tụllius 'tʊli̯ʊs
Tụlln tʊln
Tulloch *engl.* 'tʌlək
Tulloss *engl.* 'tʌlɔs
Tụllus 'tʊlʊs
Tulọma *russ.* tu'lɔmɐ
Tụlowo, Tulovo *bulgar.* 'tulovo
Tulp *niederl.* tʏlp
Tụlpe 'tʊlpə
Tulsa *engl.* 'tʌlsə
Tultschịn, Tul'čin *russ.* tulj'tʃin
Tuluá *span.* tu'lu̯a
Tulụn *russ.* tu'lun
Tulunịde tulu'niːdə
Tumangang *korean.* tumaŋgaŋ
tụmb tʊmp, -e 'tʊmbə
[1]**Tụmba** 'tʊmba
[2]**Tụmba** (Name) *schwed.* ˌtʊmba
Tụmbes *span.* 'tumbes
Túmbez *span.* 'tumbɛθ
Tumẹgl *rät.* tu'meʎ
Tumeszẹnz tumɛs'tsɛnts
Tụmleberg *schwed.* ˌtʊmləbærj
Tụmler 'tʊmlɐ
Tumliạstgia *rät.* tum'ʎaʃtʃa
Tụmlirz 'tʊmlɪrts
tụmmeln 'tʊmln̩
Tụmmler 'tʊmlɐ
Tụ̈mmler 'tʏmlɐ
Tụmor 'tuːmɔr, -en tu'moːrən
Tụ̈mpel 'tʏmpl̩
Tumuli vgl. Tumulus
Tumụlt tu'mʊlt
Tumultuạnt tumʊl'tu̯ant
tumultuạrisch tumʊl'tu̯aːrɪʃ
tumultuieren tumʊltu'iːrən
tumultuọso tumʊl'tu̯oːzo
Tụmulus 'tuːmulʊs, ...li ...li
tụn tuːn
Tụn *dt., pers.* tuːn
Tunbridge *engl.* 'tʌnbrɪdʒ
Tụnceli *türk.* 'tundʒɛli
Tụ̈nche 'tʏnçə
tụ̈nchen 'tʏnçn̩
Tụnder 'tʊndɐ
Tụndra 'tʊndra
Tụndscha, Tundža *bulgar.* 'tundʒa
Tunẹll tu'nɛl
Tụner 'tjuːnɐ
Tunẹser tu'neːzɐ
Tunẹsien tu'neːzi̯ən
Tunẹsier tu'neːzi̯ɐ
tunẹsisch tu'neːzɪʃ
Tungạne tʊŋ'gaːnə
tungịd tʊŋ'giːt, -e ...iːdə
Tungịde tʊŋ'giːdə
Tụngrer 'tʊŋgrɐ
Tụngsen *schwed.* 'tʊŋsən
Tungụse tʊŋ'guːzə
Tungụska *russ.* tun'guskɐ
Tụnica 'tuːnika, ...cae ...tsɛ
Tụnichtgut 'tuːnɪçtguːt
Tụnika 'tuːnika
Tunikạten tuni'kaːtn̩
Tụnis 'tuːnɪs, *fr.* ty'nis
Tụniser 'tuːnizɐ
Tunisie *fr.* tyni'zi
tunịsisch tu'niːzɪʃ
Tunizẹlla tuni'tsɛla
Tụnja *span.* 'tuŋxa
Tụnke 'tʊŋkə
tụnken 'tʊŋkn̩
Tụnnel 'tʊnl̩
Tụ̈nnes 'tʏnəs
Tunney *engl.* 'tʌnɪ
Tụ̈nsdorf 'tʏnsdɔrf
Tunstall *engl.* tʌnstl
Tụnte 'tʊntə
Tuọlumne *engl.* tuː'ɔləmɪ
Tụomioja *finn.* 'tu̯omiɔja
Tụonela *finn.* 'tu̯ɔnɛla
Tuọtilo 'tu̯oːtilo
Túpac-Amạru *span.* 'tupaka'maru
Tupamạro tupa'maːro
Tupelo *engl.* 'tjuːpɪloʊ
Tupẹloholz tu'peːloholts
Tụpf tʊpf
Tụ̈pfchen 'tʏpfçən
Tụ̈pfel 'tʏpfl̩
tụ̈pf[e]lig 'tʏpf[ə]lɪç, -e ...ɪgə
tụ̈pfeln 'tʏpfl̩n
tụpfen, T... 'tʊpfn̩
Tupị tu'piː
Tupí *span.* tu'pi
Tupịza *span.* tu'piθa
Tụpolew, Tupolev *russ.* 'tupɐlɪf
Tupper *engl.* 'tʌpə
Tupungạto *span.* tupuŋ'gato
Tụpý *tschech.* 'tupiː
Tụr tuːɐ̯
Túr *ung.* tuːr
Tụ̈r tyːɐ̯
Tụra *dt., it.* 'tuːra, *russ.* tu'ra, *ung.* 'turɔ
Turạn tu'raːn, *russ.* tu'ran
Tụrandot 'tuːrandɔt, *it.* turan'dɔt
turanịd tura'niːt, -e ...iːdə
Turanịde tura'niːdə
Turạnier tu'raːni̯ɐ
turạnisch tu'raːnɪʃ
Tụras 'tuːras, -se ...asə
türaus tyːɐ̯'|au̯s
Tụrbae 'tʊrbɛ
Tụrban 'tʊrbaːn, ...ban
Turbat *pers.* tor'bæt
Turbạy *span.* tur'βai̯
Tụ̈rbe 'tʏrbə
Turbellạrie tʊrbɛ'laːri̯ə
Turberville *engl.* 'təːbəvɪl
Turbie *fr.* tyr'bi
turbinạl tʊrbi'naːl
Turbịne tʊr'biːnə
Tụrbogenerator 'tʊrbogeneraːtɔr
Tụrbo-Prọp... 'tʊrbo'prɔp...
turbulẹnt tʊrbu'lɛnt
Turbulẹnz tʊrbu'lɛnts
tụrca 'tʊrka
Turčaninova vgl. Turtschaninowa
Tụ̈rchen 'tyːɐ̯çən
Turck *engl.* təːk
Turckheim *fr.* tyr'kɛm
Tụrda *rumän.* 'turda
Tụre 'tuːrə, *schwed.* ˌtʉːrə
Tụ̈re 'tyːrə
türein tyːɐ̯'|ai̯n
Tụrek 'tuːrɛk, *poln.* 'turɛk
Turẹnne *fr.* ty'rɛn
Tụrf tʊrf
Turfạn tʊr'faːn
Turgạj, Turgaj *russ.* tur'gaj
Turgẹnew, Turgenev *russ.* tur'gjenɪf
Turgẹnjew tʊr'gɛnjɛf
Turgeszẹnz tʊrgɛs'tsɛnts
turgeszieren tʊrgɛs'tsiːrən
Tụrgor 'tʊrgɔr
Turgọt *fr.* tyr'go
Tụ̈rheim 'tyːɐ̯hai̯m
Tụri *it.* 'tuːri
Tụria *span.* 'turi̯a
Tụřice *tschech.* 'turʒitsɛ
Turịddu *it.* tu'riddu
Turịllen tu'rɪlən
Turịn tu'riːn
Turịna *span.* tu'rina
Turịnsk *russ.* tu'rinsk
Tụrnitz 'tʊrnɪts
Turiọne tu'ri̯oːnə
Tụ̈rje *ung.* 'tyrjɛ
Tụrkbaff 'tʊrkbaf
Tụ̈rk[e] 'tʏrk[ə]
Türkẹi tʏr'kai̯
Tụrkestan 'tʊrkɛstaːn, ...an; *russ.* turkɪs'tan
Túrkeve *ung.* 'tuːrkɛvɛ
Tụ̈rkheim 'tʏrkhai̯m
Türkịs tʏr'kiːs, -e ...iːzə
tụ̈rkisch 'tʏrkɪʃ
turkisieren tʊrki'ziːrən
Tụrkistan 'tʊrkɪstaːn, ...an
Türkiye Cumhuriyetị *türk.* 'tyrkijɛ dʒumhuːrijɛ'ti
Turkmẹne tʊrk'meːnə
Turkmẹnien tʊrk'meːni̯ən
turkmẹnisch tʊrk'meːnɪʃ
Tụrkmenistan tʊrk'meːnɪstaːn, ...tan; *russ.* turkmɪnis'tan
Turkmẹnskaja SSR *russ.* turk'mjɛnskɐjɐ ɛs-ɛs'ɛr
Turkolọge tʊrko'loːgə
Turkologie tʊrkolo'giː
Turksịb *russ.* turk'sip
Tụrksprache 'tʊrk-ʃpraːxə
Tụrku *finn.* 'turku
Tụ̈rlin 'tyːɐ̯liːn
Turlock *engl.* 'təːlɔk
Tụrm tʊrm, **Tụ̈rme** 'tʏrmə
Turmalịn tʊrma'liːn
Tụrmayr 'tʊrmai̯ɐ
Tụrmberg 'tʊrmbɛrk
Tụ̈rmchen 'tʏrmçən
tụ̈rmen 'tʏrmən
tụrmhoch 'tʊrmhoːx, *auch:* '–'–
Tụ̈rmitz 'tʏrmɪts
[1]**Turn** tøːɐ̯n, tœrn; *engl* təːn
[2]**Tụrn** (Name) tʊrn
Tụrnau 'tʊrnau̯
Turnbull *engl.* 'təːnbʊl

Turnèbe *fr.* tyr'nɛb
tụrnen, T... 'tʊrnən
[1]**Tụrner** 'tʊrnɐ
[2]**Turner** (Name) *engl.* 'tə:nə
Turnerei tʊrnə'rai̯
Turners Falls *engl.* 'tə:nəz 'fɔ:lz
Turnhout *niederl.* 'tʏrnhɔu̯t
Tụ̈rnich 'tʏrnɪç
Turnier tʊr'ni:ɐ̯
Tụrnov *tschech.* 'turnɔf
Turnpike *engl.* 'tə:npaɪk
Tụrnu Măgurẹle *rumän.* 'turnu məgu'rele
Turnụ̈re tʊr'ny:rə
Tụrnus 'tʊrnʊs, **-se** ...ʊsə
Tụrnu Severịn *rumän.* 'turnu seve'rin
Turọn tu'ro:n
Turpịn tʊr'pi:n, *engl.* 'tə:pɪn, *fr.* tyr'pɛ̃
Tụrpio 'tʊrpi̯o
Tụrrach 'tʊrax
Turró *span.* tu'rrɔ
Tụrski *poln.* 'turski
Tụrsky 'tʊrski
Turstin *engl.* 'tə:stɪn
tụrteln 'tʊrtl̩n
Tụrteltaube 'tʊrtl̩tau̯bə
Turtle Creek *engl.* 'tə:tl 'kri:k
Tụrtmann 'tʊrtman
Turton *engl.* tə:tn
Turtschaninowa, Turčaninova *russ.* turtʃɪ'ninɐvɐ
Turuchạn, Turuhan *russ.* turu'xan
Turuchạnsk, Turuhansk *russ.* turu'xansk
Turzịsmus tʊr'tsɪsmʊs
TuS tʊs, tu:s
Tuscaloosa *engl.* tʌskə'lu:sə
Tuscạnia *it.* tus'ka:ni̯a
Tuscarọra tʊska'ro:ra
Tụsch[e] 'tʊʃ[ə]
tụscheln 'tʊʃl̩n
tụschen 'tʊʃn̩
tuschieren tʊ'ʃi:rən
Tụschino, Tušino *russ.* 'tuʃɨnɐ
Tụschkau 'tʊʃkau̯
Tụsculum 'tʊskulʊm
Tuscumbia *engl.* tʌs'kʌmbɪə
Tusi *pers.* tu'si:
Tušino vgl. Tuschino
Tuskegee *engl.* tʌs'ki:gɪ
Tụskulum 'tʊskulʊm, **...la** ...la
Tusnẹlda tʊs'nɛlda
Tụssahseide 'tʊsazai̯də
Tussaud *fr.* ty'so, *engl.* 'tju:soʊ
Tusser *engl.* 'tʌsə
Tụssis 'tʊsɪs
Tụszien 'tʊstsi̯ən
Tụszyn *poln.* 'tuʃɨn
tụt! tu:t
Tutạjew, Tutaev *russ.* tu'tajɪf
Tụ̈tchen 'ty:tçən
Tụte 'tu:tə
Tụ̈te 'ty:tə
Tutẹl tu'te:l
tutelarisch tute'la:rɪʃ
tụten 'tu:tn̩
Tutenchamun tutɛn'ça:mʊn
Tuthill *engl.* 'tʌthɪl
Tụtilo 'tu:tilo
Tuti-namẹ *pers.* tutinɑ'me
Tutiorịsmus tutsi̯o'rɪsmʊs
Tụtor 'tu:tɔr, **-en** tu'to:rən
Tụtova *rumän.* 'tutova
Tụtrakan *bulgar.* 'tutrakan
tụtta la fọrza 'tʊta la 'fɔrtsa
Tụ̈ttelchen 'tʏtl̩çən
tụtte [le] cọrde 'tʊtə [le] 'kɔrdə
tụtti, T... 'tʊti
Tuttifrụtti tʊti'frʊti
Tụtting 'tʊtɪŋ
tụtti quạnti 'tʊti 'kvanti
Tuttịst tʊ'tɪst
Tuttle *engl.* tʌtl
Tụ̈ttleben 'tʏtle:bn̩
Tụttlingen 'tʊtlɪŋən
tụt, tụt! 'tu:t 'tu:t
Tutuịla tutu'i:la, *engl.* tu:tʊ'i:lɑ:
Tutwiler *engl.* 'tʌtwaɪlə
Tụ̈tz tʏts
Tụtzing 'tʊtsɪŋ
Tụ̈tzpatz 'tʏtspats
TỤ̈V tʏf
Tuwạ, Tuva *russ.* tu'va
Tụwim *poln.* 'tuvim
Tuwịner tu'vi:nɐ
Tuwịnskaja AỌ, Tuvinskaja - *russ.* tu'vinskɐjɐ a'ɔ
Tuxedo *engl.* tʌk'si:doʊ
Tụxen *dän.* 'tugsən
Tụxer 'tʊksɐ
Tụxpan *span.* 'tuspan
Tụxtla *span.* 'tustla
Túy *span.* tu̯i
Tụz gölụ̈ *türk.* 'tuz gœ'ly
Tụzigoot *engl.* 'tu:zɪgu:t
Tụzla *serbokr.* 'tuzla
Tvărdica vgl. Twardiza
Tvardovskij vgl. [2]Twardowski
Tværsted *dän.* 'tvɛ[:]rsdɛð
Tvẹdestrand *norw.* ˌtve:dəstran
Tver' vgl. Twer
Tverpca vgl. Twerpza
TWA *engl.* 'ti:'dʌblju:'eɪ
Twạchtman *engl.* 'twɑ:ktmən
Twaddẹll *engl.* twɔ'dɛl
Twain *engl.* tweɪn
Twardịza, Tvărdica *bulgar.* tvər'ditsa
Twardogóra *poln.* tfardɔ'gura
[1]**Twardọwski** *poln.* tfar'dɔfski
[2]**Twardọwski, Tvardovskij** *russ.* tvar'dɔfskij
Tweed tvi:t, *engl.* twi:d; **-e** ...də
Tweeddale *engl.* 'twi:ddeɪl
Tweedmouth *engl.* 'twi:dməθ
Tweedsmuir *engl.* 'twi:dzmjʊə
Twẹn tvɛn
Twẹng tvɛŋ
Twẹnte *niederl.* 'twɛntə
Twẹnter 'tvɛntɐ
Twẹr, Tver' *russ.* tvjerj
Twerzạ, Tverca *russ.* tvɪr'tsa
Twi tvi:
Twịchell *engl.* 'twɪtʃəl
Twịckenham *engl.* 'twɪknəm
Twiete 'tvi:tə
Twịgg[s] *engl.* twɪg[z]
Twịll tvɪl
Twịmberg 'tvɪmbɛrk
Twịn Falls *engl.* 'twɪn 'fɔ:lz
Twining *engl.* 'twaɪnɪŋ
Twịnset 'tvɪnsɛt
Twịss *engl.* twɪs
Twịst[e] 'tvɪst[ə]
Twịstringen 'tvɪstrɪŋən
Twịtcher *engl.* 'twɪtʃə
Two-beat *engl.* 'tu:'bi:t
Two Rịvers *engl.* 'tu: 'rɪvəz
Twostep 'tu:stɛp
Ty *dän.* ty:ˀ
Tyana 'ty:ana
Tyard *fr.* tja:r
Tybalt 'ti:balt
Tybee *engl.* 'taɪbɪ
Tyborøn *dän.* tybo'rœnˀ
Tyche 'ty:çə, *B* ...çe
Tychịsmus ty'çɪsmʊs
Tycho 'ty:ço
Tycho Brahe *dän.* tygo'bra:ə
Tychon 'ty:çɔn
Tychow 'ty:ço
Tychy *poln.* 'tɨxɨ
Tyčina vgl. Tytschina
Tycọnius ty'ko:ni̯ʊs
Tycoon *engl.* taɪ'ku:n
Tyczyn *poln.* 'tɨtʃɨn
Tydeus 'ty:dɔy̯s
Tye *engl.* taɪ
Tygart *engl.* 'taɪgət
Tyge *dän.* 'ty:ɣə
Tyl *tschech.* til
Tyldesley *engl.* 'tɪldzlɪ
Tyler *engl.* 'taɪlə
Tylọm ty'lo:m
Tylor *engl.* 'taɪlə
Tylọsis ty'lo:zɪs
Tympanal... tʏmpa'na:l...
Tympanie tʏmpa'ni:
Tympanịtis tʏmpa'ni:tɪs
Tympanon 'tʏmpanɔn, **...na** ...na
Tympanum 'tʏmpanʊm, **...na** ...na
Tynan *engl.* 'taɪnən
Tyndale, ...all *engl.* tɪndl
Tyndalleffekt 'tɪndl̩|ɛfɛkt
Tyndareos tʏn'da:reɔs
Tyndaris 'tʏndarɪs
Tyne *engl.* taɪn
Týnec *tschech.* 'ti:nɛts
Tynemouth *engl.* 'taɪnmaʊθ
Tyng *engl.* tɪŋ
Týniště *tschech.* 'ti:njiʃtjɛ
Tynjạnow, Tynjanov *russ.* tɨ'njanɐf
Tynnelsö *schwed.* ˌtynəlsø:
Tynset *norw.* ˌtynsɛt
Typ ty:p
Typạldos *neugr.* ti'palðɔs
Type 'ty:pə

tỵpen 'ty:pn̩
Typhlịtis ty'fli:tɪs, **...itịden** ...li'ti:dn̩
Typhlon 'ty:flɔn
Typhlotomie tyfloto'mi:, **-n** ...i:ən
Typhọeus ty'fo:ɔys
Typhoịd tyfo'i:t, **-e** ...i:də
Typhomanie tyfoma'ni:
[1]Typhọn (Schiffssirene) ty'fo:n
[2]Typhon (Wasserhose) 'ty:fɔn, **-e** ty'fo:nə
[3]Typhon (Name) 'ty:fo:n, ...fɔn
Typhoon *engl.* taɪ'fu:n
typhọ̈s ty'fø:s, **-e** ...ø:zə
Typhus 'ty:fʊs
Typik 'ty:pɪk
Typikọn typi'kɔn, **...kạ** ...ka
typisch 'ty:pɪʃ
typisieren typi'zi:rən
Typogenẹse typoge'ne:zə
Typogrạph typo'gra:f
Typographie typogra'fi:, **-n** ...i:ən
typogrạphisch typo'gra:fɪʃ
Typologie typolo'gi:, **-n** ...i:ən
typolọgisch typo'lo:gɪʃ
Typomẹter typo'me:tɐ
Typus 'ty:pʊs
Tyr ty:ɐ̯
Tyra 'ty:ra
Tyrạnn ty'ran
Tyrannei tyra'nai̯
Tyrạnnis ty'ranɪs
tyrạnnisch ty'ranɪʃ
tyrannisieren tyrani'zi:rən
Tyras 'ty:ras
Tyrau 'ty:rau̯
Tyre *engl.* 'taɪə
Tyrer 'ty:rɐ
Tyrier 'ty:ri̯ɐ
Tyrifjord *norw.* ˌty:rifju:r
tyrisch 'ty:rɪʃ
Tyrnau 'tʏrnau̯
Tyro 'ty:ro
Tyrọlia ti'ro:li̯a
Tyroliẹnne tiro'li̯ɛn
Tyrọm ty'ro:m
Tyrone *engl.* tɪ'roʊn
Tyros 'ty:rɔs
Tyrosin tyro'zi:n
Tyrọsis ty'ro:zɪs
Tyrrell *engl.* 'tɪrəl
Tyrrhẹner tʏ're:nɐ
tyrrhẹnisch tʏ're:nɪʃ
Tyrš *tschech.* tɪrʃ
tyrtạ̈isch, T... tʏr'tɛ:ɪʃ
Tyrtamos 'tʏrtamɔs
Tyrtạ̈us tʏr'tɛ:ʊs
Tyrus 'ty:rʊs
Tyrwhitt *engl.* 'tɪrɪt
Tyson *engl.* taɪsn
Tytler *engl.* 'taɪtlə
Tytschịna, Tyčina *russ.* tɨ'tʃinɐ
Tzarạ *rumän.* tsa'ra
Tzigạne *fr.* tsi'gan

U

u, U u:, *engl.* ju:, *fr.* y
ü, Ü y:
Uatumá *bras.* u̯atu'ma
Ubá *bras.* u'ba
Ubạch *span.* u'βatʃ
Übach 'y:bax
Ubạldo *it.* u'baldo
Ubạngi u'baŋgi
Ubạye *fr.* y'baj
Ụbbelohde 'ʊbəlo:də
Ubbergen *niederl.* 'ʏbɛrxə
Ubbiạli *it.* ub'bia:li
Ụbbo 'ʊbo
Úbeda *span.* 'uβeða
übel 'y:bl̩, **üble** 'y:blə
Übel 'y:bl̩
Übelhör 'y:bl̩hø:ɐ̯
übelnehmerisch 'y:bl̩ne:mərɪʃ
üben 'y:bn̩, **üb!** y:p, **übt** y:pt
über 'y:bɐ
Uberạba *bras.* ube'raba
überạll y:bɐ'|al
überallher y:bɐ|al'he:ɐ̯, *auch:* ––'–'–, ––'–––
überallhin y:bɐ|al'hɪn, *auch:* ––'–'–, ––'–––
überạltert y:bɐ'|altɐt
Überạlterung y:bɐ'|altərʊŋ
Überangebot 'y:bɐ|angəbo:t
überạnstrengen y:bɐ'|anʃtrɛŋən
überạntworten y:bɐ'|antvɔrtn̩
Überạntwortung y:bɐ'|antvɔrtʊŋ
überarbeiten 1. 'y:bɐ|arbai̯tn̩ 2. ––'–––
Überạrbeitung y:bɐ'|arbai̯tʊŋ
überaus 'y:bɐ|au̯s, *auch:* ––'–, '––'–
überbạcken y:bɐ'bakn̩
Überbau 'y:bɐbau̯
überbauen 1. 'y:bɐbau̯ən 2. ––'––
überbeanspruchen 'y:bɐbə|anʃprʊxn̩
Überbein 'y:bɐbai̯n
überbelegen 'y:bɐbəle:gn̩
überbelichten 'y:bɐbəlɪçtn̩
überbetonen 'y:bɐbəto:nən
überbewerten 'y:bɐbəve:ɐ̯tn̩
überbieten y:bɐ'bi:tn̩
überblạsen y:bɐ'bla:zn̩
Überbleibsel 'y:bɐblai̯psl̩
überblẹnden y:bɐ'blɛndn̩
Überblick 'y:bɐblɪk
überblịcken y:bɐ'blɪkn̩
überbọrden y:bɐ'bɔrdn̩, **überbọrd!** y:bɐ'bɔrt
Überborsäure 'y:bɐbo:ɐ̯zɔyrə
Überbrettl 'y:bɐbrɛtl̩
überbrịngen y:bɐ'brɪŋən
überbrụ̈cken y:bɐ'brʏkn̩
überbụ̈rden y:bɐ'bʏrdn̩, **überbụ̈rd!** y:bɐ'bʏrt

Überdach 'y:bɐdax
überdạchen y:bɐ'daxn̩
überdauern y:bɐ'dau̯ɐn
überdecken 1. 'y:bɐdɛkn̩ 2. ––'––
überdẹnken y:bɐ'dɛŋkn̩
überdies y:bɐ'di:s
Überdrang 'y:bɐdraŋ
überdrẹhen y:bɐ'dre:ən
Überdruck 'y:bɐdrʊk
Überdruß 'y:bɐdrʊs, **...usses** ...ʊsəs
überdrüssig 'y:bɐdrʏsɪç, **-e** ...ɪgə
überẹck y:bɐ'|ɛk
Übereifer 'y:bɐ|ai̯fɐ
übereignen y:bɐ'|ai̯gnən
übereilen y:bɐ'|ai̯lən
übereinạnder y:bɐ|ai̯'nandɐ
übereinkommen, Ü... y:bɐ'|ai̯nkɔmən
Übereinkunft y:bɐ'|ai̯nkʊnft, **...künfte** ...kʏnftə
übereinstimmen y:bɐ'|ai̯nʃtɪmən
übereintreffen y:bɐ'|ai̯ntrɛfn̩
überessen 1. 'y:bɐ|ɛsn̩ 2. ––'––
überfahren 1. 'y:bɐfa:rən 2. ––'––
Überfahrt 'y:bɐfa:ɐ̯t
Überfall 'y:bɐfal
überfallen 1. 'y:bɐfalən 2. ––'––
überfällig 'y:bɐfɛlɪç
überfein 'y:bɐfai̯n
überfịrnissen y:bɐ'fɪrnɪsn̩
Überfleiß 'y:bɐflai̯s
überfliegen 1. 'y:bɐfli:gn̩ 2. ––'––
überfließen 1. 'y:bɐfli:sn̩ 2. ––'––
überflügeln y:bɐ'fly:gl̩n, **...gle** ...glə
Überfluß 'y:bɐflʊs
überflüssig 'y:bɐflʏsɪç
überfluten 1. 'y:bɐflu:tn̩ 2. ––'––
Überflutung y:bɐ'flu:tʊŋ
überfọrdern y:bɐ'fɔrdɐn
überfragen y:bɐ'fra:gn̩
überfrẹmden y:bɐ'frɛmdn̩
überführen 1. 'y:bɐfy:rən 2. ––'––
Überführung y:bɐ'fy:rʊŋ
überfüllen y:bɐ'fʏlən
überfüttern y:bɐ'fʏtɐn
Übergabe 'y:bɐga:bə
Übergang 'y:bɐgaŋ
übergeben 1. 'y:bɐge:bn̩ 2. ––'––
Übergebühr 'y:bɐgəby:ɐ̯
übergehen 1. 'y:bɐge:ən 2. ––'––
übergenug 'y:bɐgənu:k
übergeordnet 'y:bɐgə|ɔrdnət
Übergewicht 'y:bɐgəvɪçt
übergießen 1. 'y:bɐgi:sn̩ 2. ––'––

Übergießung y:bɐˈgi:sʊŋ
übergipsen y:bɐˈgɪpsn̩
überglasen y:bɐˈgla:zn̩, **überglas!** ...gla:s, **überglast** ...gla:st
überglücklich ˈy:bɐglʏklɪç
übergolden y:bɐˈgɔldn̩, **übergold!** ...gɔlt
Übergossene Alm y:bɐˈgɔsənə ˈalm
übergreifen ˈy:bɐgra͜ifn̩
Übergriff ˈy:bɐgrɪf
übergroß ˈy:bɐgro:s
Überguß ˈy:bɐgʊs
überhaben ˈy:bɐha:bn̩
überhand y:bɐˈhant
überhandnehmen y:bɐˈhantne:mən
Überhang ˈy:bɐhaŋ
überhängen 1. ˈy:bɐhɛŋən 2. – –ˈ– –
überhasten y:bɐˈhastn̩
überhäufen y:bɐˈhɔ͜yfn̩
überhaupt y:bɐˈha͜upt
überheben 1. ˈy:bɐhe:bn̩ 2. – –ˈ– –
überheblich y:bɐˈhe:plɪç
überheizen y:bɐˈha͜itsn̩
Überherrn ˈy:bɐhɛrn
überhin y:bɐˈhɪn
überhitzen y:bɐˈhɪtsn̩
überhöhen y:bɐˈhø:ən
überholen 1. ˈy:bɐho:lən 2. – –ˈ– –
überhören y:bɐˈhø:rən
überirdisch ˈy:bɐ|ɪrdɪʃ
überjährig ˈy:bɐjɛ:rɪç
Überkingen ˈy:bɐkɪŋən
Überkleid ˈy:bɐkla͜it
überkleiden y:bɐˈkla͜idn̩
[1]**Überkleidung** (Überkleider) ˈy:bɐkla͜idʊŋ
[2]**Überkleidung** (Bedeckung) y:bɐˈkla͜idʊŋ
überklug ˈy:bɐklu:k
überkochen 1. ˈy:bɐkɔxn̩ 2. – –ˈ– –
überkommen y:bɐˈkɔmən
überkrusten y:bɐˈkrʊstn̩
überladen 1. ˈy:bɐla:dn̩ 2. – –ˈ– –
überlagern y:bɐˈla:gɐn
Überlandbahn ˈy:bɐlantba:n, – –ˈ– –
Uberlândia *bras.* uberˈlɐndi̯a
überlassen 1. ˈy:bɐlasn̩ 2. – –ˈ– –
überlasten y:bɐˈlastn̩
überlaufen 1. ˈy:bɐla͜ufn̩ 2. – –ˈ– –
Überläufer ˈy:bɐlɔ͜yfɐ
überlaut ˈy:bɐla͜ut
überleben y:bɐˈle:bn̩
Überlebende y:bɐˈle:bn̩də
überlebensgroß ˈy:bɐˌle:bn̩sgro:s
[1]**überlegen** (Verb) 1. ˈy:bɐle:gn̩ 2. – –ˈ– –
[2]**überlegen** (Adjektiv) y:bɐˈle:gn̩
überlegt y:bɐˈle:kt
Überlegung y:bɐˈle:gʊŋ
Überleistung ˈy:bɐla͜istʊŋ
überleiten ˈy:bɐla͜itn̩
überlesen y:bɐˈle:zn̩
überliefern y:bɐˈli:fɐn
Überlingen ˈy:bɐlɪŋən
überlisten y:bɐˈlɪstn̩
überm ˈy:bɐm
übermachen y:bɐˈmaxn̩
Übermacht ˈy:bɐmaxt
übermalen 1. ˈy:bɐma:lən 2. – –ˈ– –
Übermangansäure ˈy:bɐmaŋˌga:nzɔ͜yrə
übermannen y:bɐˈmanən
Übermaß ˈy:bɐma:s
übermäßig ˈy:bɐmɛ:sɪç
Übermensch ˈy:bɐmɛnʃ
übermenschlich ˈy:bɐmɛnʃlɪç
Übermikroskop ˈy:bɐmikrosko:p
übermitteln y:bɐˈmɪtl̩n
übermorgen ˈy:bɐmɔrgn̩
übermüden y:bɐˈmy:dn̩, **übermüd!** ...my:t
Übermut ˈy:bɐmu:t
übermütig ˈy:bɐmy:tɪç, -e ...ɪgə
übern ˈy:bɐn
übernachten y:bɐˈnaxtn̩
übernächtig ˈy:bɐnɛçtɪç
Überna[h]me ˈy:bɐna:mə
übernatürlich ˈy:bɐnaty:ɐ̯lɪç
übernehmen 1. ˈy:bɐne:mən 2. – –ˈ– –
Übernehmer y:bɐˈne:mɐ
überordnen ˈy:bɐ|ɔrdnən
überpflanzen y:bɐˈpflantsn̩
überprüfen y:bɐˈpry:fn̩
überquellen ˈy:bɐkvɛlən
überquer y:bɐˈkve:ɐ̯
überqueren y:bɐˈkve:rən
überragen 1. ˈy:bɐra:gn̩ 2. – –ˈ– –
überraschen y:bɐˈraʃn̩
überrechnen y:bɐˈrɛçnən
überreden y:bɐˈre:dn̩
überreich ˈy:bɐra͜iç
überreichen y:bɐˈra͜içn̩
überreif ˈy:bɐra͜if
überreiten y:bɐˈra͜itn̩
überreizen y:bɐˈra͜itsn̩
Überrest ˈy:bɐrɛst
überrieseln 1. ˈy:bɐri:zl̩n 2. – –ˈ– –
Überries[e]lung y:bɐˈri:z[ə]lʊŋ
Überrock ˈy:bɐrɔk
Überroth ˈy:bɐro:t
überrumpeln y:bɐˈrʊmpl̩n
überrunden y:bɐˈrʊndn̩
übers ˈy:bɐs
übersäen y:bɐˈzɛ:ən
übersatt ˈy:bɐzat
übersättigen y:bɐˈzɛtɪgn̩
überschätzen y:bɐˈʃɛtsn̩
Überschau ˈy:bɐʃa͜u
überschauen y:bɐˈʃa͜uən
überschäumen ˈy:bɐʃɔ͜ymən
überschießen 1. ˈy:bɐʃi:sn̩ 2. – –ˈ– –
überschlächtig ˈy:bɐʃlɛçtɪç, -e ...ɪgə
Überschlag ˈy:bɐʃla:k
überschlagen 1. ˈy:bɐʃla:gn̩ 2. – –ˈ– –
überschläglich ˈy:bɐʃlɛ:klɪç
überschließen ˈy:bɐʃli:sn̩
überschnappen ˈy:bɐʃnapn̩
überschneiden y:bɐˈʃna͜idn̩
überschneien y:bɐˈʃna͜iən
überschreiben y:bɐˈʃra͜ibn̩
überschreien y:bɐˈʃra͜iən
überschreiten y:bɐˈʃra͜itn̩
Überschrift ˈy:bɐʃrɪft
Überschuh ˈy:bɐʃu:
überschulden y:bɐˈʃʊldn̩
Überschuß ˈy:bɐʃʊs
überschüssig ˈy:bɐʃʏsɪç, -e ...ɪgə
überschütten 1. ˈy:bɐʃʏtn̩ 2. – –ˈ– –
Überschüttung y:bɐˈʃʏtʊŋ
Überschwang ˈy:bɐʃvaŋ
überschwappen ˈy:bɐʃvapn̩
überschwemmen y:bɐˈʃvɛmən
Überschwemmung y:bɐˈʃvɛmʊŋ
überschwenglich ˈy:bɐʃvɛŋlɪç
Überschwung ˈy:bɐʃvʊŋ
Übersee ˈy:bɐze:
überseeisch ˈy:bɐze:ɪʃ
Überseer ˈy:bɐze:ɐ
übersehbar y:bɐˈze:ba:ɐ̯
übersehen y:bɐˈze:ən
übersenden y:bɐˈzɛndn̩
übersetzen 1. ˈy:bɐzɛtsn̩ 2. – –ˈ– –
Übersicht ˈy:bɐzɪçt
übersichtlich ˈy:bɐzɪçtlɪç
übersiedeln 1. ˈy:bɐzi:dl̩n 2. – –ˈ– –
übersieden ˈy:bɐzi:dn̩
übersinnlich ˈy:bɐzɪnlɪç
übersonnt y:bɐˈzɔnt
überspannen y:bɐˈʃpanən
überspannt y:bɐˈʃpant
überspielen y:bɐˈʃpi:lən
überspitzen y:bɐˈʃpɪtsn̩
überspitzt y:bɐˈʃpɪtst
übersprenkeln y:bɐˈʃprɛŋkl̩n
überspringen 1. ˈy:bɐʃprɪŋən 2. – –ˈ– –
überstaatlich ˈy:bɐʃta:tlɪç
Überständer ˈy:bɐʃtɛndɐ
überständig ˈy:bɐʃtɛndɪç
überstehen 1. ˈy:bɐʃte:ən 2. – –ˈ– –
übersteigbar y:bɐˈʃta͜ikba:ɐ̯
übersteigen 1. ˈy:bɐʃta͜ign̩ 2. – –ˈ– –
übersteigern y:bɐˈʃta͜igɐn
Übersteigung y:bɐˈʃta͜igʊŋ
überstimmen y:bɐˈʃtɪmən
überströmen 1. ˈy:bɐʃtrø:mən 2. – –ˈ– –

Überstrumpf 'y:bɐʃtrʊmpf
überstudiert 'y:bɐʃtudi:ɐ̯t
Überstunde 'y:bɐʃtʊndə
überstürzen y:bɐ'ʃtʏrtsn̩
übertäuben y:bɐ'tɔybn̩
überteuern y:bɐ'tɔyɐn
Uberti[s] *it.* u'bɛrti[s]
Uberto *it.* u'bɛrto
übertölpeln y:bɐ'tœlpl̩n
Übertrag 'y:bɐtra:k, **-es** ...a:gəs, **...träge** ...trɛ:gə
übertragbar y:bɐ'tra:kba:ɐ̯
übertragen y:bɐ'tra:gn̩
Überträger y:bɐ'tra:gɐ
Überträger y:bɐ'trɛ:gɐ
Übertragung y:bɐ'tra:gʊŋ
übertrainiert 'y:bɐtrɛni:ɐ̯t, ...ren...
übertreffen y:bɐ'trɛfn̩
übertreiben y:bɐ'traibn̩
Übertreibung y:bɐ'traibʊŋ
übertreten 1. 'y:bɐtre:tn̩ 2. ‿‿'‿‿
Übertretung y:bɐ'tre:tʊŋ
Übertritt 'y:bɐtrɪt
übertrumpfen y:bɐ'trʊmpfn̩
übertun y:bɐ'tu:n
übertünchen y:bɐ'tʏnçn̩
überübermorgen 'y:bɐ,|y:bɐmɔrgn̩
überversichern 'y:bɐfɛɐ̯zɪçɐn
übervölkert y:bɐ'fœlkɐt
Übervölkerung y:bɐ'fœlkərʊŋ
übervoll 'y:bɐfɔl
übervorteilen y:bɐ'fɔrtailən
überwach 'y:bɐvax
überwachen y:bɐ'vaxn̩
überwallen 1. 'y:bɐvalən 2. ‿‿'‿‿
überwältigen y:bɐ'vɛltɪgn̩, **...ig!** ...ɪç, **...igt** ...ɪçt
überwälzen y:bɐ'vɛltsn̩
Überweg 'y:bɐve:k
überweisen y:bɐ'vaizn̩
überweißen y:bɐ'vaisn̩
überweltlich 'y:bɐvɛltlɪç
überwendlich y:bɐ'vɛntlɪç
überwendlings y:bɐ'vɛntlɪŋs
überwerfen 1. 'y:bɐvɛrfn̩ 2. ‿‿'‿‿
Überwerfung y:bɐ'vɛrfʊŋ
Überwert 'y:bɐve:ɐ̯t
überwerten y:bɐ've:ɐ̯tn̩
überwertig 'y:bɐve:ɐ̯tɪç, **-e** ...ɪgə
Überwertung y:bɐ've:ɐ̯tʊŋ
Überwesen 'y:bɐve:zn̩
überwiegen y:bɐ'vi:gn̩
überwiegend y:bɐ'vi:gn̩t, *auch:* '‿‿‿; **-e** ...n̩də
überwinden y:bɐ'vɪndn̩
überwintern y:bɐ'vɪntɐn
überwölben y:bɐ'vœlbn̩
überwuchern y:bɐ'vu:xɐn
Überwurf 'y:bɐvʊrf
Überzahl 'y:bɐtsa:l
überzählig 'y:bɐtsɛ:lɪç **-e** ...ɪgə
überzeichnen 1. 'y:bɐtsaiçnən 2. ‿‿'‿‿
Überzeichnung y:bɐ'tsaiçnʊn
überzeugen y:bɐ'tsɔygn̩
Überzeugung y:bɐ'tsɔygʊŋ
überziehen 1. 'y:bɐtsi:ən 2. ‿‿'‿‿
Überzieher 'y:bɐtsi:ɐ
Überzug 'y:bɐtsu:k
Überzwerch 'y:bɐtsvɛrç
ubi bene, ibi patria 'u:bi 'be:nə 'i:bi 'pa:tria
Ubier 'u:biɐ
Ubiquist ubi'kvɪst
ubiquitär ubikvi'tɛ:ɐ̯
Ubiquität ubikvi'tɛ:t
üblich 'y:plɪç
U-Boot 'u:bo:t
übrig 'y:brɪç, **-e** ...ɪgə
übrigens 'y:brɪgn̩s
Ubstadt 'ʊp-ʃtat
Übung 'y:bʊŋ
Ubyche u'bʏçə
Ucayali *span.* uka'jali
Uccello *it.* ut'tʃɛllo
Uccle *fr.* ykl
Ucha ʊ'xa
Uchatius ʊ'xa:tsiʊs
Ucht ʊxt
Uchta, Uhta *russ.* ux'ta
Uchtdorf 'ʊxtdɔrf
Uchte 'ʊxtə
Uchtelfangen 'ʊxtl̩faŋən
Üchtland 'ʏçtlant
Ucicki u'tsɪtski
Učka *serbokr.* 'utʃka
Uckange *fr.* y'kã:ʒ
Uckerath 'ʊkəra:t
Ückeritz 'ʏkərɪts
Uckermark 'ʊkɐmark
Uckermärker 'ʊkɐmɛrkɐ
uckermärkisch 'ʊkɐmɛrkɪʃ
Ückermünde ʏkɐ'mʏndə
Uckingen 'ʊkɪŋən
Uckro 'ʊkro
[1]**Uda** (Ort) *russ.* u'da
[2]**Uda** (Vorname) 'u:da
Udalbert 'u:dalbɛrt
Udall *engl.* 'ju:dəl
Udalrich 'u:dalrɪç
Udalricus udal'ri:kʊs
Uddevalla *schwed.* ˌʊdəvala
Ude 'u:də
Udel u'dɛl, *russ.* u'djɛl
Üdem 'y:dəm
Uden *niederl.* 'y:də
Udenhout *niederl.* y:dən'hɔut
Uder[wangen] 'u:dɐ[vaŋən]
Udestedt 'u:dəʃtɛt
Udet 'u:dɛt
Udine *it.* 'u:dine
Uditore udi'to:rə, **...ri** ...ri
Udmurte ʊt'mʊrtə
Udmurtija *russ.* ud'murtijɐ
udmurtisch ʊt'mʊrtɪʃ
Udmurtskaja ASSR *russ.* ud'murtskɐjɐ aɛs-ɛs'ɛr
Udo 'u:do
Udometer udo'me:tɐ
Udschary, Udžary *russ.* ud'ʒari
Udschijamada udʒija'ma:da
UdSSR u:de:|ɛs|ɛs'|ɛr
Udvar[i] *ung.* 'udvɔr[i]
Ueberweg 'y:bɐve:k
Uebigau 'y:bigau
Üechtland 'y:ɛçtlant
Uecker 'ʏkɐ
Ueckermünde ʏkɐ'mʏndə
Uedem 'y:dəm
Ueding 'y:dɪŋ
Uelzen 'ʏltsn̩
Uerdingen 'y:ɐ̯dɪŋən
Uetersen 'y:tɐzn̩
Üetliberg 'y:ɛtlibɛrk
Uetze 'ʏtsə
Uexküll 'ʏkskʏl
[1]**Ufa** Ⓦ 'u:fa
[2]**Ufa** (Name) *russ.* u'fa
Ufenau 'u:fənau
Ufer 'u:fɐ
uff! ʊf
Uffe *dän.* 'ufə
Uffeln 'ʊfl̩n
Uffenbach 'ʊfn̩bax
Uffenheim 'ʊfn̩haim
Uffing 'ʊfɪŋ
Uffizi *it.* uf'fittsi
Uffizien ʊ'fi:tsiən
Uffo 'ʊfo
Ufford *engl.* 'ʌfəd
Ufgau 'u:fgau
UFO, Ufo 'u:fo
Uganda u'ganda, *engl.* jʊ'gændə
Ugander u'gandɐ
ugandisch u'gandɪʃ
Ugarit uga'ri:t
Ugarte *span.* u'ɣarte
Ugarteche *span.* uɣar'tetʃe
Ugento *it.* u'dʒɛnto
Ugine *fr.* y'ʒin
Ugleuralsk, Ugleural'sk *russ.* ugltu'raljsk
Uglitsch, Uglič *russ.* 'uglitʃ
Ugo *it.* 'u:go
Ugod *ung.* 'ugod
Ugogo u'go:go
Ugolini *it.* ugo'li:ni
Ugra *russ.* u'gra
Ugrier 'u:griɐ
ugrisch 'u:grɪʃ
ugrofinnisch 'u:gro'fɪnɪʃ
Ugubaldus ugu'baldʊs
uh! u:
Uhde 'u:də
Uhehe u'he:he
Uher 'u:ɐ
Uherské Hradiště *tschech.* 'uhɛrskɛ: 'hradjiʃtjɛ
Uherský Brod *tschech.* 'uhɛrski: 'brɔt
Uhertype 'u:ɐtaip
Uhingen 'u:ɪŋən
Uhl[and] 'u:l[ant]
Uhlava *tschech.* 'u:hlava
Uhle 'u:lə
Uhlenbeck *niederl.* 'y:lənbɛk
Uhlendahl 'u:lənda:l

U̲hlenhorst ˈu:lənhɔrst
U̲hlenhuth ˈu:lənhu:t
U̲hlhorn ˈu:lhɔrn
U̲hlich, ...ig ˈu:lɪç
U̲hlingen ˈu:lɪŋən
Ụhlířské Jạnovice *tschech.* ˈuhli:rʃskɛ: ˈjanɔvitsɛ
U̲hlirz ˈu:lɪrts
U̲hlmann ˈu:lman
U̲hlstädt ˈu:lʃtɛt
U̲hr u:ɐ̯
Ü̲hrchen ˈy:ɐ̯çən
Uhrịch *fr.* yˈrik
Uhrichsville *engl.* ˈjʊərɪksvɪl
Ụhříněves *tschech.* ˈuhrʒi:njɛvɛs
Uhrmacherei̲ u:ɐ̯maxəˈrai̯
U̲hse ˈu:zə
Uhta vgl. Uchta
U̲hu ˈu:hu
Uigu̲re uiˈgu:rə
Uịl *russ.* uˈil
Uịnta *engl.* ju:ˈɪntə
Uist *engl.* ˈju:ɪst
Uitenhage *afr.* ˈœy̆tənhɑ:xə
Uitge̲e̲st *niederl.* œi̯tˈxe:st
Uitho̲o̲rn *niederl.* œi̯tˈho:rn
Uithuizen *niederl.* œi̯tˈhœi̯zə
Uithuizerme̲e̲den *niederl.* œi̯thœi̯zərˈme:də
Uitọto *span.* u̯iˈtoto
Ụjazd *poln.* ˈujast
Ujẹjski *poln.* uˈjɛjski
U̲jest ˈu:jɛst
Ú̲jfehértó *ung.* ˈu:jfɛhe:rto:
Ú̲jhartyán *ung.* ˈu:jhɔrtja:n
Ujiji *engl.* u:ˈdʒi:dʒi:
Ú̲jkígyós *ung.* ˈu:jki:djo:ʃ
Ú̲jpest *ung.* ˈu:jpɛʃt
Ú̲jrónafő *ung.* ˈu:jro:nɔfø:
Ụjście *poln.* ˈujɕtɕɛ
Ú̲jsolt *ung.* ˈu:jʃolt
Ú̲jszász *ung.* ˈu:jsa:s
Ú̲jszilvás *ung.* ˈu:jsilva:ʃ
Ú̲judvar *ung.* ˈu:judvɔr
Ú̲jvárfalva *ung.* ˈu:jva:rfɔlvɔ
Ú̲jvidék *ung.* ˈu:jvide:k
U̲kas ˈu:kas, **-se** ...asə
U̲kelei ˈu:kəlai̯
Ukiah *engl.* ju:ˈkaɪə
Ụkk *ung.* ukk
Ukkel *niederl.* ˈʏkəl
U̲kleisee ˈu:klai̯ze:
Ụkna *schwed.* ˌʊkna
Ukraine ukraˈi:nə, *auch:* uˈkrai̯nə
Ukrai̲ner ukraˈi:nɐ, *auch:* uˈkrai̯nɐ
ukrai̲nisch ukraˈi:nɪʃ, *auch:* uˈkrai̯nɪʃ
Ukraịnka *russ.* ukraˈinkɐ
Ukraịnskaja SSR *russ.* ukraˈinskɐjɐ ɛs-ɛsˈɛr
Ukulẹle ukuˈle:lə
UKW u:ka:ˈve:, *auch:* ˈ–––
U̲l u:l
Ula̲n uˈla:n
U̲lan Ba̲tor ˈu:lan ˈba:tɔr
Ulạnka uˈlaŋka
Ulạnów *poln.* uˈlanuf
Ulạnowa, Ulanova *russ.* uˈlanɐvɐ
Ulạn-Udẹ, Ulan-Udė *russ.* uˈlanuˈdɛ
Ulbạch *fr.* ylˈbak
Ụlbrich[t] ˈʊlbrɪç[t]
Ụlcus ˈʊlkʊs, **Ụlcera** ˈʊltsera
Ụldum *dän.* ˈul[d]ɔm
U̲le ˈu:lə
Ulefoss *norw.* ˌʉ:ləfɔs
Ulema̲ uleˈma:
U̲lenspiegel ˈu:lənʃpi:gl̩
Ụlf[en] ˈʊlf[n̩]
Ụlfborg *dän.* ˈulbɔrˀ
Ụlfert ˈʊlfɐt
Ụlfhard ˈʊlfhart
Ụlfilas ˈʊlfilas
Ụlfried ˈʊlfri:t
Ulft *niederl.* ʏlft
Uli ˈu:li, *auch:* ˈʊli
Uli̲tis uˈli:tɪs, **Uliti̲den** uliˈti:dn̩
U̲litz ˈu:lɪts
Ulịtzka uˈlɪtska
Ulịxes uˈlɪksɛs
Ulja̲na, Ul'jana *russ.* uljˈjanɐ
Ulja̲now, Ul'janov *russ.* uljˈjanɐf
Ulja̲nowa, Ul'janova *russ.* uljˈjanɐvɐ
Ulja̲nowsk, Ul'janovsk *russ.* uljˈjanɐfsk
Ụlk ʊlk
ụlken ˈʊlkn̩
Ulkerei̲ ʊlkəˈrai̯
ụlkig ˈʊlkɪç, **-e** ...ɪgə
Ụlkus ˈʊlkʊs, **Ụlzera** ˈʊltsera
Ụll ʊl
Ụlla ˈʊla, *dän.* ˈula, *span.* ˈuʎa
Ụllés *ung.* ˈylle:ʃ
Ụllmann ˈʊlman
Ullọa *span.* uˈʎoa
Ullsfjord *norw.* ˈʉlsfju:r
Ụllstein ˈʊlʃtai̯n
Ullswater *engl.* ˈʌlzwɔ:tə
Ụlm ʊlm
Ulmaze̲en ʊlmaˈtse:ən
Ụlme ˈʊlmə
Ụlmen ˈʊlmən
Ụlmer ˈʊlmɐ
Ụlna ˈʊlna, **Ụlnae** ˈʊlnɛ
ulna̲r ʊlˈna:ɐ̯
Ulna̲ris ʊlˈna:rɪs
Ulo̲sis uˈlo:zɪs
Ulo̲thrix uˈlo:trɪks
Ụlphilas ˈʊlfilas
Ulpia̲nus ʊlˈpi̯a:nʊs
Ulric *engl.* ˈʌlrɪk
Ulricehạmn *schwed.* ʊlri:səˈhamn
Ụlrich ˈʊlrɪç
Ụlrichsberg ˈʊlrɪçsbɛrk
Ụlrichstein ˈʊlrɪçʃtai̯n
Ulri̲ci ʊlˈri:tsi
Ụlrik *schwed.* ˈʊlrik
Ulri̲ka *schwed.* ʊlˌri:ka
Ulri̲ke ʊlˈri:kə
Ulriksda̲l *schwed.* ʊlriksˈdɑ:l
Ulrum *niederl.* ˈʏlrəm
Ụlster ˈʊlstɐ, *engl.* ˈʌlstə
Ụltental ˈʊltn̩ta:l
Ụltima ˈʊltima, **...mä** ...mɛ
Ụltima ra̲tio [re̲gum] ˈʊltima ˈra:tsi̯o [ˈre:gʊm]
ultimati̲v ʊltimaˈti:f, **-e** ...i:və
Ultima̲tum ʊltiˈma:tʊm
ụltimo, Ụ... ˈʊltimo
ụltra, Ụ... ˈʊltra
Ụltrafax ˈʊltrafaks
Ultraịsmo ʊltraˈɪsmo
ˈUltrakurzwellen ʊltraˈkʊrtsvɛlən, ˈ–––––
ultrami̲n, U... ʊltramaˈri:n
Ụltramikroskop ˈʊltramikrosko:p
ultramonta̲n ʊltramɔnˈta:n
Ultramonta̲ne ʊltramɔnˈta:nə
Ultramontanịsmus ʊltramɔntaˈnɪsmʊs
ultramunda̲n ʊltramʊnˈda:n
ụltra pọsse ne̲mo obliga̲tur ˈʊltra ˈpɔsə ˈne:mo obliˈga:tʊr
ụltrarot, U... ˈʊltraro:t
Ụltraschall ˈʊltraʃal
Ultraschalltherapie ˈʊltraʃalteraˌpi:, ––ˈ–––––
Ụltrastrahlung ˈʊltraʃtra:lʊŋ
ụltraviolett, Ụ... ˈʊltravi̯olɛt
Ulụdağ *türk.* uˈludɑ:
Ulụs *türk.* uˈlus
Ụlvåsa *schwed.* ˌʊlvo:sa
Ulvenhout *niederl.* ˈʏlvənhɔu̯t
Ulverston *engl.* ˈʌlvəstən
Ulỵß uˈlʏs
Ulỵsses uˈlʏsɛs, *engl.* jʊˈlɪsi:z
Ülzen ˈʏltsn̩
Ulzera vgl. Ulkus
Ulzeratio̲n ʊltseraˈtsi̯o:n
ulzeri̲eren ʊltseˈri:rən
ulzerö̲s ʊltseˈrø:s, **-e** ...ø:zə
Ụlzio *it.* ˈultsi̯o
ụm ʊm
[1]**Uman** *schwed.* ˌʉ:man
[2]**Ụman, Uman'** *russ.* ˈumɐnj
ụmändern ˈʊm|ɛndɐn
ụmarbeiten ˈʊm|arbai̯tn̩
umạrmen ʊmˈ|armən
Ụmbach ˈʊmbax
Ụmbaltörl ˈʊmbaltø:ɐ̯l
Ụmbau ˈʊmbau̯
umbauen 1. ˈʊmbau̯ən 2. –ˈ––
Umbellife̲ren ʊmbɛliˈfe:rən
Umbelliflo̲ren ʊmbɛliˈflo:rən
Ụmber ˈʊmbɐ
Umbẹrtide *it.* umˈbɛrtide
Umbẹrto *it.* umˈbɛrto
ụmbeschreiben ˈʊmbəʃrai̯bn̩
ụmbetten ˈʊmbɛtn̩
ụmbiegen ˈʊmbi:gn̩
ụmbilden ˈʊmbɪldn̩
Umbili̲cus ʊmbiˈli:kʊs, **...ci** ...tsi
umbinden 1. ˈʊmbɪndn̩ 2. –ˈ––
umblasen 1. ˈʊmbla:zn̩ 2. –ˈ––

Ụmblatt 'ʊmblat
ụmblättern 'ʊmblɛtɐn
ụmblicken 'ʊmblɪkn̩
umblühen ʊm'bly:ən
Ụmbra 'ʊmbra
Umbrail *rät.* ʊm'brai̯l
Umbral... ʊm'bra:l...
umbrechen 1. 'ʊmbrɛçn̩ 2. –'––
Ụmbriel 'ʊmbrie:l, *auch:* ...iɛl
Ụmbrien 'ʊmbriən
ụmbringen 'ʊmbrɪŋən
ụmbrisch 'ʊmbrɪʃ
Ụmbruch 'ʊmbrʊx, **Ụmbrüche** 'ʊmbrʏçə
ụmbuchen 'ʊmbu:xn̩
ụmdecken 'ʊmdɛkn̩
ụmdrehen 'ʊmdre:ən
Umdrehung ʊm'dre:ʊŋ, *auch:* '–––
umdrohen ʊm'dro:ən
Ụmdruck 'ʊmdrʊk
Ume *schwed.* ˌʉ:mə
Umeå *schwed.* ˌʉ:meo:
umeinander ʊm|ai̯'nandɐ
ụmerziehen 'ʊm|ɛɐ̯tsi:ən
umfächeln ʊm'fɛçl̩n
umfahren 1. 'ʊmfa:rən 2. –'––
Ụmfahrt 'ʊmfa:ɐ̯t
Umfahrung ʊm'fa:rʊŋ
ụmfallen 'ʊmfalən
Ụmfang 'ʊmfaŋ
umfangen ʊm'faŋən
ụmfänglich 'ʊmfɛŋlɪç
umfassen 1. 'ʊmfasn̩ 2. –'––
umfassend ʊm'fasn̩t, -e ...n̩də
Umfassung ʊm'fasʊŋ
umfliegen 1. 'ʊmfli:gn̩ 2. –'––
umfließen ʊm'fli:sn̩
umfloren ʊm'flo:rən
umfluten ʊm'flu:tn̩
ụmformen 'ʊmfɔrmən
Umfors *schwed.* ˌʉ:mfɔrs
Ụmfrage 'ʊmfra:gə
ụmfragen 'ʊmfra:gn̩
umfrieden ʊm'fri:dn̩, **umfried!** ʊm'fri:t
umfriedigen ʊm'fri:dɪgn̩ **...ig!** ...ɪç, **...igt** ...ɪçt
ụmfüllen 'ʊmfʏlən
Ụmgang 'ʊmgaŋ
ụmgänglich 'ʊmgɛŋlɪç
umgarnen ʊm'garnən
umgaukeln ʊm'gau̯kl̩n
umgeben 1. 'ʊmge:bn̩ 2. –'––
Umgebung ʊm'ge:bʊŋ
Ụmgegend 'ʊmge:gn̩t
umgehen 1. 'ʊmge:ən 2. –'––
ụmgehend 'ʊmge:ənt, -e ...ndə
Umgehung ʊm'ge:ʊŋ
ụmgekehrt 'ʊmgəke:ɐ̯t
ụmgeschaffen 'ʊmgəʃafn̩
ụmgestalten 'ʊmgəʃtaltn̩
umgießen 1. 'ʊmgi:sn̩ 2. –'––
umgittern ʊm'gɪtɐn
umglänzen ʊm'glɛntsn̩
umgolden ʊm'gɔldn̩, **umgold!** ʊm'gɔlt
ụmgraben 'ʊmgra:bn̩
Umgransele *schwed.* ˌʉ:mgrɑ:nsələ
umgrenzen ʊm'grɛntsn̩
ụmgruppieren 'ʊmgrʊpi:rən
umgürten 1. 'ʊmgʏrtn̩ 2. –'––
ụmhaben 'ʊmha:bn̩
umhacken 1. 'ʊmhakn̩ 2. –'––
umhalsen ʊm'halzn̩ **umhals!** ʊm'hals, **umhalst** ʊm'halst
Ụmhang 'ʊmhaŋ
umhängen 1. 'ʊmhɛŋən 2. –'––
umhauen 1. 'ʊmhau̯ən 2. –'––
umheben ʊm'he:bn̩
umher ʊm'he:ɐ̯
umherblicken ʊm'he:ɐ̯blɪkn̩
umhin ʊm'hɪn
umhinkönnen ʊm'hɪnkœnən
ụmhören 'ʊmhø:rən
umhüllen ʊm'hʏlən
Umiak 'u:mi̯ak
umjauchzen ʊm'jau̯xtsn̩
umjubeln ʊm'ju:bl̩n
Ụmkehr 'ʊmke:ɐ̯
ụmkehren 'ʊmke:rən
ụmkippen 'ʊmkɪpn̩
umklammern ʊm'klamɐn
ụmklappen 'ʊmklapn̩
umkleiden 1. 'ʊmklai̯dn̩ 2. –'––
ụmkommen 'ʊmkɔmən
umkränzen ʊm'krɛntsn̩
Ụmkreis 'ʊmkrai̯s
umkreisen ʊm'krai̯zn̩
ụmladen 'ʊmla:dn̩
Ụmlage 'ʊmla:gə
umlagern 1. 'ʊmla:gɐn 2. –'––
Ụmlauf 'ʊmlau̯f
umlaufen 1. 'ʊmlau̯fn̩ 2. –'––
Ụmlaut 'ʊmlau̯t
ụmlauten 'ʊmlau̯tn̩
umlegen 1. 'ʊmle:gn̩ 2. –'––
ụmleiten 'ʊmlai̯tn̩
ụmlenken 'ʊmlɛŋkn̩
umleuchten ʊm'lɔy̯çtn̩
ụmliegend 'ʊmli:gn̩t, -e ...ndə
Ụmma[nz] 'ʊma[nts]
ummauern ʊm'mau̯ɐn
Ụmmeln 'ʊml̩n
ụmmodeln 'ʊmmo:dl̩n
ụmmünzen 'ʊmmʏntsn̩
umnachten ʊm'naxtn̩
Umnak *engl.* 'u:mnæk
umnebeln ʊm'ne:bl̩n
umoristico umo'rɪstiko
umpacken 1. 'ʊmpakn̩ 2. –'––
umpflanzen 1. 'ʊmpflantsn̩ 2. –'––
umpflügen 1. 'ʊmpfly:gn̩ 2. –'––
Umpire *engl.* 'ʌmpaɪə
Umpqua *engl.* 'ʌmpkwə
ụmprägen 'ʊmprɛ:gn̩
ụmquartieren 'ʊmkvarti:rən
umrahmen 1. 'ʊmra:mən 2. –'––
Umrandung ʊm'randʊŋ
ụmrangieren 'ʊmrãʒi:rən
umranken ʊm'raŋkn̩
Umrathshausen ʊmra:ts'hau̯zn̩
ụmrechnen 'ʊmrɛçnən
umreisen 1. 'ʊmrai̯zn̩ 2. –'––
umreißen 1. 'ʊmrai̯sn̩ 2. –'––
umreiten 1. 'ʊmrai̯tn̩ 2. –'––
ụmrennen 'ʊmrɛnən
umringen ʊm'rɪŋən
Ụmriß 'ʊmrɪs
Ụmritt 'ʊmrɪt
ụmrühren 'ʊmry:rən
ụms ʊms
ụmsägen 'ʊmzɛ:gn̩
ụmsatteln 'ʊmzatl̩n
Ụmsatz 'ʊmzats
ụmschaffen 'ʊmʃafn̩
ụmschalten 'ʊmʃaltn̩
Umschalung ʊm'ʃa:lʊŋ
umschatten ʊm'ʃatn̩
Ụmschau 'ʊmʃau̯
ụmschauen 'ʊmʃau̯ən
ụmschichten 'ʊmʃɪçtn̩
ụmschichtig 'ʊmʃɪçtɪç, -e ...ɪgə
umschiffen 1. 'ʊmʃɪfn̩ 2. –'––
Ụmschlag 'ʊmʃla:k
umschlagen 1. 'ʊmʃla:gn̩ 2. –'––
umschleichen ʊm'ʃlai̯çn̩
umschließen ʊm'ʃli:sn̩
umschlingen 1. 'ʊmʃlɪŋən 2. –'––
ụmschmelzen 'ʊmʃmɛltsn̩
ụmschnallen 'ʊmʃnalən
umschreiben 1. 'ʊmʃrai̯bn̩ 2. –'––
Ụmschrift 'ʊmʃrɪft
ụmschulen 'ʊmʃu:lən
umschwärmen ʊm'ʃvɛrmən
umschweben ʊm'ʃve:bn̩
Ụmschweife 'ʊmʃvai̯fə
umschweifen ʊm'ʃvai̯fn̩
ụmschwenken 'ʊmʃvɛŋkn̩
ụmschwingen 'ʊmʃvɪŋən
Ụmschwung 'ʊmʃvʊŋ
umsegeln 1. 'ʊmze:gl̩n 2. –'––
ụmsehen, Ụ... 'ʊmze:ən
ụmsein 'ʊmzai̯n
ụmseitig 'ʊmzai̯tɪç, -e ...ɪgə
ụmsetzbar 'ʊmzɛtsba:ɐ̯
umsetzen 1. 'ʊmzɛtsn̩ 2. –'––
Ụmsichgreifen 'ʊmzɪçgrai̯fn̩
Ụmsicht 'ʊmzɪçt
ụmsiedeln 'ʊmzi:dl̩n
ụmsinken 'ʊmzɪŋkn̩
umsitzen ʊm'zɪtsn̩
umsonst ʊm'zɔnst
umsorgen ʊm'zɔrgn̩
umspannen 1. 'ʊmʃpanən 2. –'––
Ụmspanner 'ʊmʃpanɐ
umspielen ʊm'ʃpi:lən
umspinnen ʊm'ʃpɪnən
umspringen 1. 'ʊmʃprɪŋən 2. –'––
umspülen 1. 'ʊmʃpy:lən 2. –'––
Ụmstand 'ʊmʃtant
ụmständlich 'ʊmʃtɛntlɪç
umstechen 1. 'ʊmʃtɛçn̩ 2. –'––
umstecken 1. 'ʊmʃtɛkn̩ 2. –'––

umstẹhen ʊm'ʃte:ən
ụmstehend 'ʊmʃte:ənt, -e ...ndə
ụmsteigen 'ʊmʃtai̯gn̩
Ụmstellbahnhof 'ʊmʃtɛl,ba:nho:f
umstellen 1. 'ʊmʃtɛlən 2. –'––
umstempeln 1. 'ʊmʃtɛmpl̩n 2. –'––
ụmstimmen 'ʊmʃtɪmən
ụmstoßen 'ʊmʃto:sn̩
umstrạhlen ʊm'ʃtra:lən
umstricken 1. 'ʊmʃtrɪkn̩ 2. –'––
umstrịtten ʊm'ʃtrɪtn̩
umstrọ̈men ʊm'ʃtrø:mən
ụmstülpen 'ʊmʃtʏlpn̩
Ụmsturz 'ʊmʃtʊrts
ụmstürzen 'ʊmʃtʏrtsn̩
Ụmstürzler 'ʊmʃtʏrtslɐ
Umtạli *engl.* ʊm'tɑ:lɪ
Umtạta *engl.* ʊm'tɑ:tə
ụmtaufen 'ʊmtau̯fn̩
Ụmtausch 'ʊmtau̯ʃ
ụmtauschen 'ʊmtau̯ʃn̩
ụmtopfen 'ʊmtɔpfn̩
umtọsen ʊm'to:zn̩
ụmtreiben 'ʊmtrai̯bn̩
Ụmtrieb 'ʊmtri:p
Ụmtrunk 'ʊmtrʊŋk
ụmtun 'ʊmtu:n
umwạchsen ʊm'vaksn̩
ụmwälzen 'ʊmvɛltsn̩
umwandeln 1. 'ʊmvandl̩n 2. –'––
ụmwechseln 'ʊmvɛksl̩n
Ụmweg 'ʊmve:k
umwehen 1. 'ʊmve:ən 2. –'––
umwẹhren ʊm've:rən
Ụmwelt 'ʊmvɛlt
ụmwenden 'ʊmvɛndn̩
umwẹrben ʊm'vɛrbn̩
ụmwerfen 'ʊmvɛrfn̩
ụmwerten 'ʊmve:ɐ̯tn̩
umwickeln 1. 'ʊmvɪkl̩n 2. –'––
umwinden 1. 'ʊmvɪndn̩ 2. –'––
umwịttern ʊm'vɪtɐn
umwọgen ʊm'vo:gn̩
ụmwohnend 'ʊmvo:nənt, -e ...ndə
Ụmwohner 'ʊmvo:nɐ
umwọ̈lken ʊm'vœlkn̩
ụmwühlen 'ʊmvy:lən
umzäu̯nen ʊm'tsɔy̆nən
ụmzeichnen 'ʊmtsai̯çnən
umziehen 1. 'ʊmtsi:ən 2. –'––
umzịngeln ʊm'tsɪŋl̩n
Ụmzug 'ʊmtsu:k
umzụ̈ngeln ʊm'tsʏŋl̩n
UN u:'ɛn, *engl.* 'ju:'ɛn
Ụna 'u:na, *bras.* 'una
unabänderlich ʊn|ap'|ɛndɐlɪç, *auch:* '––––
unabdingbar ʊn|ap'dɪŋba:ɐ̯, *auch:* '––––
ụnabhängig 'ʊn|aphɛŋɪç
unabkömmlich ʊn|ap'kœmlɪç, *auch:* '––––
unablässig ʊn|ap'lɛsɪç, *auch:* '––––
unabläßlich ʊn|ap'lɛslɪç, *auch:* '––––
unablöslich ʊn|ap'lø:slɪç, *auch:* '––––
unabsehbar ʊn|ap'ze:ba:ɐ̯, *auch:* '––––
unabsetzbar ʊn|ap'zɛtsba:ɐ̯, *auch:* '––––
ụnabsichtlich 'ʊn|apzɪçtlɪç
unabweisbar ʊn|ap'vai̯sba:ɐ̯, *auch:* '––––
unabweislich ʊn|ap'vai̯slɪç, *auch:* '––––
unabwendbar ʊn|ap'vɛntba:ɐ̯, *auch:* '––––
ụnachtsam 'ʊn|axtza:m
ụna cọrda 'u:na 'kɔrda
ụnadlig 'ʊn|a:dlɪç
ụnähnlich 'ʊn|ɛ:nlɪç
Unalaska *engl.* u:nə'læskə, ʌn...
Unamụno *span.* una'muno
unanfechtbar ʊn|an'fɛçtba:ɐ̯, *auch:* '––––
ụnangebracht 'ʊn|angəbraxt
ụnangefochten 'ʊn|angəfɔxtn̩
ụnangemeldet 'ʊn|angəmɛldət
ụnangemessen 'ʊn|angəmɛsn̩
ụnangenehm 'ʊn|angəne:m
ụnangesehen 'ʊn|angəze:ən
unangreifbar ʊn|an'grai̯fba:ɐ̯, *auch:* '––––
unanịm una'ni:m
Unanimịsmus unani'mɪsmʊs
Unanimitạ̈t unani'mi'tɛ:t
unannehmbar ʊn|an'ne:mba:ɐ̯, *auch:* '––––
Ụnannehmlichkeit 'ʊn|anne:mlɪçkai̯t
ụnansehnlich 'ʊn|anze:nlɪç
ụnanständig 'ʊn|anʃtɛndɪç
ụnanstößig 'ʊn|anʃtø:sɪç
unantastbar ʊn|an'tastba:ɐ̯, *auch:* '––––
ụna poenitẹntium 'u:na pøni'tɛntsi̯ʊm
ụnappetitlich 'ʊn|apeti:tlɪç
Ụnart 'ʊn|a:ɐ̯t
ụnartig 'ʊn|a:ɐ̯tɪç
ụnartikuliert 'ʊn|artikuli:ɐ̯t
Ụnas 'u:nas
Ụna Sạncta 'u:na 'zaŋkta
ụnästhetisch 'ʊn|ɛste:tɪʃ
Ụnau 'u:naʊ
ụnaufdringlich 'ʊn|au̯fdrɪŋlɪç
ụnauffällig 'ʊn|au̯ffɛlɪç
unauffindbar ʊn|au̯f'fɪntba:ɐ̯, *auch:* '––––
ụnaufgefordert 'ʊn|au̯fgəfɔrdɐt
ụnaufgeklärt 'ʊn|au̯fgəklɛ:ɐ̯t
ụnaufgelöst 'ʊn|au̯fgəlø:st
ụnaufgeschlossen 'ʊn|au̯fgəʃlɔsn̩
ụnaufgeschnitten 'ʊn|au̯fgəʃnɪtn̩
unaufhaltbar ʊn|au̯f'haltba:ɐ̯, *auch:* '––––
unaufhaltsam ʊn|au̯f'haltza:m, *auch:* '––––
unaufhebbar ʊn|au̯f'he:pba:ɐ̯, *auch:* '––––
unaufhörlich ʊn|au̯f'hø:ɐ̯lɪç, *auch:* '––––
unauflösbar ʊn|au̯f'lø:sba:ɐ̯, *auch:* '––––
unauflöslich ʊn|au̯f'lø:slɪç, *auch:* '––––
ụnaufmerksam 'ʊn|au̯fmɛrkza:m
ụnaufrichtig 'ʊn|au̯frɪçtɪç
unaufschiebbar ʊn|au̯f'ʃi:pba:ɐ̯, *auch:* '––––
unausbleiblich ʊn|au̯s'blai̯plɪç, *auch:* '––––
unausdehnbar ʊn|au̯s'de:nba:ɐ̯, *auch:* '––––
unausführbar ʊn|au̯s'fy:ɐ̯ba:ɐ̯, *auch:* '––––
ụnausgeführt 'ʊn|au̯sgəfy:ɐ̯t
ụnausgefüllt 'ʊn|au̯sgəfʏlt
ụnausgeglichen 'ʊn|au̯sgəglɪçn̩
ụnausgesetzt 'ʊn|au̯sgəzɛtst
unauslöschlich ʊn|au̯s'lœʃlɪç, *auch:* '––––
unausrottbar ʊn|au̯s'rɔtba:ɐ̯, *auch:* '––––
unaussprechbar ʊn|au̯s'ʃprɛçba:ɐ̯, *auch:* '––––
unaussprechlich ʊn|au̯s'ʃprɛçlɪç, *auch:* '––––
unausstehlich ʊn|au̯s'ʃte:lɪç, *auch:* '––––
unaustilgbar ʊn|au̯s'tɪlkba:ɐ̯, *auch:* '––––
unausweichlich ʊn|au̯s'vai̯çlɪç, *auch:* '––––
Ụnband 'ʊnbant
ụnbändig 'ʊnbɛndɪç, -e ...ɪgə
ụnbar 'ʊnba:ɐ̯
ụnbarmherzig 'ʊnbarmhɛrtsɪç
ụnbeabsichtigt 'ʊnbə|apzɪçtɪçt
ụnbeachtet 'ʊnbə|axtət
ụnbeanstandet 'ʊnbə|anʃtandət
unbeantwortbar ʊnbə'antvɔrtba:ɐ̯, *auch:* '–––––
ụnbeantwortet 'ʊnbə|antvɔrtət
ụnbebaut 'ʊnbəbau̯t
ụnbedacht 'ʊnbədaxt
ụnbedachtsam 'ʊnbədaxtza:m
ụnbedacht[sam]erweise 'ʊnbədaxt[za:m]ɐ'vai̯zə
ụnbedenklich 'ʊnbədɛŋklɪç
ụnbedeutend 'ʊnbədɔy̆tn̩t
unbedingt 'ʊnbədɪŋt, *auch:* ––'–
ụnbeerdigt 'ʊnbə|e:ɐ̯dɪçt
unbefahrbar ʊnbə'fa:ɐ̯ba:ɐ̯, *auch:* '––––
ụnbefangen 'ʊnbəfaŋən
ụnbefleckt 'ʊnbəflɛkt
ụnbefriedigend 'ʊnbəfri:dɪgn̩t, -e ...ndə
ụnbefriedigt 'ʊnbəfri:dɪçt
ụnbefugt 'ʊnbəfu:kt
ụnbegabt 'ʊnbəga:pt

unbegreiflich ʊnbəˈgrai̯flɪç, *auch:* ˈ----
unbegrenzbar ʊnbəˈgrɛnt͜sba:ɐ̯, *auch:* ˈ----
unbegrenzt ˈʊnbəgrɛnt͜st, *auch:* --ˈ-
ụnbegründet ˈʊnbəgrʏndət
Ụnbehagen ˈʊnbəha:gn̩
ụnbehaglich ˈʊnbəha:klɪç
ụnbehaust ˈʊnbəhau̯st
unbehelligt ʊnbəˈhɛlɪçt, *auch:* ˈ----
ụnbehilflich ˈʊnbəhɪlflɪç
unbehindert ʊnbəˈhɪndɐt, *auch:* ˈ----
ụnbeholfen ˈʊnbəhɔlfn̩
unbeirrbar ʊnbəˈ|ɪrba:ɐ̯, *auch:* ˈ----
unbeirrt ʊnbəˈ|ɪrt, *auch:* ˈ---
ụnbekannt ˈʊnbəkant
unbekehrbar ʊnbəˈke:ɐ̯ba:ɐ̯, *auch:* ˈ----
unbekümmert ʊnbəˈkʏmɐt, *auch:* ˈ----
ụnbelastet ˈʊnbəlastət
unbelehrbar ʊnbəˈle:ɐ̯ba:ɐ̯, *auch:* ˈ----
ụnbeliebt ˈʊnbəli:pt
ụnbemannt ˈʊnbəmant
unbemerkbar ʊnbəˈmɛrkba:ɐ̯, *auch:* ˈ----
ụnbemerkt ˈʊnbəmɛrkt
ụnbemittelt ˈʊnbəmɪtl̩t
unbenommen ʊnbəˈnɔmən, *auch:* ˈ----
ụnbenutzt ˈʊnbənʊt͜st
ụnbequem ˈʊnbəkve:m
unberechenbar ʊnbəˈrɛçn̩ba:ɐ̯, *auch:* ˈ-----
ụnberechtigt ˈʊnbərɛçtɪçt
unberufen ʊnbəˈru:fn̩, *auch:* ˈ----
ụnberührt ˈʊnbəry:ɐ̯t
unbeschadet ʊnbəˈʃa:dət, *auch:* ˈ----
ụnbescheiden ˈʊnbəʃai̯dn̩
ụnbescholten ˈʊnbəʃɔltn̩
ụnbeschrankt ˈʊnbəʃraŋkt
unbeschränkt ʊnbəˈʃrɛŋkt, *auch:* ˈ---
unbeschreiblich ʊnbəˈʃrai̯plɪç, *auch:* ˈ----
ụnbeschwert ˈʊnbəʃve:ɐ̯t
ụnbeseelt ˈʊnbəze:lt
unbesehen ʊnbəˈze:ən, *auch:* ˈ----
unbesiegbar ʊnbəˈzi:kba:ɐ̯, *auch:* ˈ----
unbesieglich ʊnbəˈzi:klɪç, *auch:* ˈ----
ụnbesonnen ˈʊnbəzɔnən
unbesorgt ˈʊnbəzɔrkt, *auch:* --ˈ-
ụnbeständig ˈʊnbəʃtɛndɪç
unbestätigt ˈʊnbəʃtɛ:tɪçt, *auch:* --ˈ--
unbestechlich ʊnbəˈʃtɛçlɪç, *auch:* ˈ----
unbestellbar ʊnbəˈʃtɛlba:ɐ̯, *auch:* ˈ----
unbestimmbar ʊnbəˈʃtɪmba:ɐ̯, *auch:* ˈ----
ụnbestimmt ˈʊnbəʃtɪmt
unbestreitbar ʊnbəˈʃtrai̯tba:ɐ̯, *auch:* ˈ----
unbestritten ˈʊnbəʃtrɪtn̩, *auch:* --ˈ--
unbeteiligt ʊnbəˈtai̯lɪçt, *auch:* ˈ----
ụnbetont ˈʊnbəto:nt
unbeträchtlich ʊnbəˈtrɛçtlɪç, *auch:* ˈ----
unbeugbar ʊnˈbɔy̆kba:ɐ̯, *auch:* ˈ---
unbeugsam ʊnˈbɔy̆kza:m, *auch:* ˈ---
ụnbewacht ˈʊnbəvaxt
ụnbewaffnet ˈʊnbəvafnət
unbewältigt ˈʊnbəvɛltɪçt, *auch:* --ˈ--
unbeweglich ˈʊnbəve:klɪç, *auch:* --ˈ--
ụnbewegt ˈʊnbəve:kt
ụnbeweibt ˈʊnbəvai̯pt
unbeweisbar ʊnbəˈvai̯sba:ɐ̯, *auch:* ˈ----
ụnbewiesen ˈʊnbəvi:zn̩
unbewohnbar ʊnbəˈvo:nba:ɐ̯, *auch:* ˈ----
ụnbewußt ˈʊnbəvʊst
unbezahlbar ʊnbəˈt͜sa:lba:ɐ̯, *auch:* ˈ----
unbezähmbar ʊnbəˈt͜sɛ:mba:ɐ̯, *auch:* ˈ----
unbezweifelt ˈʊnbət͜svai̯fl̩t, *auch:* --ˈ--
unbezwingbar ʊnbəˈt͜svɪŋba:ɐ̯, *auch:* ˈ----
unbezwinglich ʊnbəˈt͜svɪŋlɪç, *auch:* ˈ----
Ụnbill ˈʊnbɪl
ụnbillig ˈʊnbɪlɪç
ụnblutig ˈʊnblu:tɪç
ụnbotmäßig ˈʊnbo:tmɛ:sɪç
ụnbrauchbar ˈʊnbrau̯xba:ɐ̯
Ụnchrist ˈʊnkrɪst
ụnchristlich ˈʊnkrɪstlɪç
Uncle Sam *engl.* ˈʌŋkl ˈsæm
Uncompahgre *engl.* ʌnkəmˈpɑ:grɪ
ụnd ʊnt
Ụndank ˈʊndaŋk
ụndankbar ˈʊndaŋkba:ɐ̯
ụndatiert ˈʊndati:ɐ̯t
Undatiọn ʊndaˈt͜si̯o:n
undefinierbar ʊndefiˈni:ɐ̯ba:ɐ̯, *auch:* ˈ-----
undeklinierbar ʊndekliˈni:ɐ̯ba:ɐ̯, *auch:* ˈ-----
Undén *schwed.* ʊnˈde:n
undẹnkbar ʊnˈdɛŋkba:ɐ̯
undẹnklich ʊnˈdɛŋklɪç
Underground *engl.* ˈʌndəgraʊnd
Underhill *engl.* ˈʌndəhɪl
Ụndersåker *schwed.* ˈʊndərso:kər
Understatement *engl.* ˈʌndəˈsteɪtmənt
Underwood *engl.* ˈʌndəwʊd
Underwriter *engl.* ˈʌndəraɪtə
ụndeutlich ˈʊndɔy̆tlɪç
ụndeutsch, Ụ... ˈʊndɔy̆tʃ
Undẹzime ʊnˈde:t͜simə
ụndicht ˈʊndɪçt
Undịne ʊnˈdi:nə
Ụnding ˈʊndɪŋ
ụndiszipliniert ˈʊndɪst͜sipliniːɐ̯t
Undogrạph ʊndoˈgra:f
Undset *norw.* ˌʉnsɛt
Undulatiọn ʊndulaˈt͜si̯o:n
Undulạtor ʊnduˈla:tɔr, **-en** ...laˈto:rən
undulatọrisch ʊndulaˈto:rɪʃ
ụnduldsam ˈʊndʊlt͜sa:m
unduliẹren ʊnduˈli:rən
undurchdringlich ʊndʊrçˈdrɪŋlɪç, *auch:* ˈ-----
undurchführbar ʊndʊrçˈfy:ɐ̯ba:ɐ̯, *auch:* ˈ-----
ụndurchlässig ˈʊndʊrçlɛsɪç
ụndurchsichtig ˈʊndʊrçzɪçtɪç
ụneben ˈʊn|e:bn̩
Uneča vgl. Unetscha
ụnecht ˈʊn|ɛçt
ụnedel ˈʊn|e:dl̩
ụnehelich ˈʊn|e:əlɪç
ụnehrenhaft ˈʊn|e:rənhaft
ụnehrerbietig ˈʊn|e:ɐ̯|ɛɐ̯bi:tɪç
ụnehrlich ˈʊn|e:ɐ̯lɪç
ụneigennützig ˈʊn|ai̯gn̩nʏt͜sɪç
ụneigentlich ˈʊn|ai̯gn̩tlɪç
uneinbringlich ʊn|ai̯nˈbrɪŋlɪç, *auch:* ˈ----
ụneingedenk ˈʊn|ai̯ngədɛŋk
uneingeschränkt ˈʊn|ai̯ngəʃrɛŋkt, *auch:* ---ˈ-
ụneingeweiht ˈʊn|ai̯ngəvai̯t
ụneinheitlich ˈʊn|ai̯nhai̯tlɪç
ụneinig ˈʊn|ai̯nɪç
uneinlösbar ʊn|ai̯nˈlø:sba:ɐ̯, *auch:* ˈ----
uneinnehmbar ʊn|ai̯nˈne:mba:ɐ̯, *auch:* ˈ----
ụneins ˈʊn|ai̯ns
ụnempfänglich ˈʊn|ɛmp͜fɛŋlɪç
ụnempfindlich ˈʊn|ɛmp͜fɪntlɪç
unẹndlich ʊnˈ|ɛntlɪç
unentbehrlich ʊn|ɛntˈbe:ɐ̯lɪç, *auch:* ˈ----
unentdeckt ˈʊn|ɛntdɛkt, *auch:* --ˈ-
unentgeltlich ʊn|ɛntˈgɛltlɪç, *auch:* ˈ----
ụnentmutigt ˈʊn|ɛntmu:tɪçt
unentrinnbar ʊn|ɛntˈrɪnba:ɐ̯, *auch:* ˈ----
ụnentschieden ˈʊn|ɛntʃi:dn̩
ụnentschlossen ˈʊn|ɛntʃlɔsn̩
unentschuldbar ʊn|ɛntˈʃʊltba:ɐ̯, *auch:* ˈ----
ụnentschuldigt ˈʊn|ɛntʃʊldɪçt

unentwegt ʊn|ɛnt'veːkt, *auch:* '‒‒‒
ụnentwickelt 'ʊn|ɛntvɪkl̩t
unentwirrbar ʊn|ɛnt'vɪrbaːɐ̯, *auch:* '‒‒‒‒
unentzifferbar ʊn|ɛnt'ts͜ɪfɐbaːɐ̯, *auch:* '‒‒‒‒‒
unentzündbar ʊn|ɛnt'ts͜yntbaːɐ̯, *auch:* '‒‒‒‒
unerachtet ʊn|ɛɐ̯'|axtət, *auch:* '‒‒‒‒
ụnerbaulich 'ʊn|ɛɐ̯bau̯lɪç
unerbittlich ʊn|ɛɐ̯'bɪtlɪç, *auch:* '‒‒‒‒
ụnerfahren 'ʊn|ɛɐ̯faːrən
unerfindlich ʊn|ɛɐ̯'fɪntlɪç, *auch:* '‒‒‒‒
unerforschlich ʊn|ɛɐ̯'fɔrʃlɪç, *auch:* '‒‒‒‒
ụnerfreulich 'ʊn|ɛɐ̯frɔ͜ylɪç
unerfüllbar ʊn|ɛɐ̯'fʏlbaːɐ̯, *auch:* '‒‒‒‒
ụnergiebig 'ʊn|ɛɐ̯giːbɪç
unergründbar ʊn|ɛɐ̯'grʏntbaːɐ̯, *auch:* '‒‒‒‒
unergründlich ʊn|ɛɐ̯'grʏntlɪç, *auch:* '‒‒‒‒
ụnerheblich 'ʊn|ɛɐ̯heːplɪç
[1]**ụnerhọ̈rt** (unglaublich) 'ʊn|ɛɐ̯'høːɐ̯t
[2]**ụnerhört** (nicht erhört) 'ʊn|ɛɐ̯høːɐ̯t
ụnerkannt 'ʊn|ɛɐ̯kant
unerkennbar ʊn|ɛɐ̯'kɛnbaːɐ̯, *auch:* '‒‒‒‒
unerklärbar ʊn|ɛɐ̯'klɛːɐ̯baːɐ̯, *auch:* '‒‒‒‒
unerklärlich ʊn|ɛɐ̯'klɛːɐ̯lɪç, *auch:* '‒‒‒‒
unerläßlich ʊn|ɛɐ̯'lɛslɪç, *auch:* '‒‒‒‒
ụnerlaubt 'ʊn|ɛɐ̯lau̯pt
ụnerledigt 'ʊn|ɛɐ̯leːdɪçt
unermeßlich ʊn|ɛɐ̯'mɛslɪç, *auch:* '‒‒‒‒
unermüdlich ʊn|ɛɐ̯'myːtlɪç, *auch:* '‒‒‒‒
ụnerörtert 'ʊn|ɛɐ̯|œrtɐt
ụnerquicklich 'ʊn|ɛɐ̯kvɪklɪç
unerreichbar ʊn|ɛɐ̯'rai̯çbaːɐ̯, *auch:* '‒‒‒‒
unersättlich ʊn|ɛɐ̯'zɛtlɪç, *auch:* '‒‒‒‒
ụnerschlossen 'ʊn|ɛɐ̯ʃlɔsn̩
unerschöpfbar ʊn|ɛɐ̯'ʃœp͜fbaːɐ̯, *auch:* '‒‒‒‒
unerschöpflich ʊn|ɛɐ̯'ʃœp͜flɪç, *auch:* '‒‒‒‒
ụnerschrocken 'ʊn|ɛɐ̯ʃrɔkn̩
unerschütterlich ʊn|ɛɐ̯'ʃʏtɐlɪç, *auch:* '‒‒‒‒
unerschwinglich ʊn|ɛɐ̯'ʃvɪŋlɪç, *auch:* '‒‒‒‒
unersetzbar ʊn|ɛɐ̯'zɛt͜sbaːɐ̯, *auch:* '‒‒‒‒
unersetzlich ʊn|ɛɐ̯'zɛt͜slɪç, *auch:* '‒‒‒‒
unersprießlich ʊn|ɛɐ̯'ʃpriːslɪç, *auch:* '‒‒‒‒
unerträglich ʊn|ɛɐ̯'trɛːklɪç, *auch:* '‒‒‒‒
ụnerwähnt 'ʊn|ɛɐ̯vɛːnt
unerwartet 'ʊn|ɛɐ̯vartət, *auch:* ‒‒'‒‒
unerweisbar ʊn|ɛɐ̯'vai̯sbaːɐ̯, *auch:* '‒‒‒‒
ụnerwidert 'ʊn|ɛɐ̯viːdɐt
ụnerwiesen 'ʊn|ɛɐ̯viːzn̩
ụnerwünscht 'ʊn|ɛɐ̯vʏnʃt
ụnerzogen 'ʊn|ɛɐ̯t͜soːgn̩
UNẸSCO u'nɛsko, *engl.* jʊ'nɛskoʊ
Únĕšov *tschech.* 'uːnjɛʃɔf
Unẹtscha, Uneča *russ.* u'njetʃɐ
ụnfähig 'ʊnfɛːɪç
ụnfair 'ʊnfɛːɐ̯
Ụnfall 'ʊnfal
unfaßbar ʊn'fasbaːɐ̯, *auch:* '‒‒‒
unfaßlich ʊn'faslɪç, *auch:* '‒‒‒
unfehlbar ʊn'feːlbaːɐ̯, *auch:* '‒‒‒
ụnfein 'ʊnfai̯n
ụnfern 'ʊnfɛrn
ụnfertig 'ʊnfɛrtɪç
Ụnflat 'ʊnflaːt
Unfläterei ʊnflɛːtə'rai̯
ụnflätig 'ʊnflɛːtɪç, **-e** ...ɪgə
unflektierbar ʊnflɛk'tiːɐ̯baːɐ̯, *auch:* '‒‒‒‒‒
Ụnform 'ʊnfɔrm
ụnförmig 'ʊnfœrmɪç, **-e** ...ɪgə
ụnförmlich 'ʊnfœrmlɪç
ụnfrankiert 'ʊnfraŋkiːɐ̯t
ụnfrei 'ʊnfrai̯
ụnfreiwillig 'ʊnfrai̯vɪlɪç
ụnfreundlich 'ʊnfrɔ͜yntlɪç
Ụnfrieden 'ʊnfriːdn̩
ụnfromm 'ʊnfrɔm
ụnfruchtbar 'ʊnfrʊxtbaːɐ̯
Ụnfug 'ʊnfuːk, **-es** ...uːgəs
ụnfügsam 'ʊnfyːkzaːm
ụnfundiert 'ʊnfʊndiːɐ̯t
ụngalant 'ʊngalant
ungangbar 'ʊnganbaːɐ̯, *auch:* ‒'‒‒
ụngar 'ʊngaːɐ̯
Ụngar 'ʊŋgar
Ungarẹtti *it.* uŋga'retti
ụngarisch, Ụ... 'ʊŋgarɪʃ
ụngarländisch 'ʊŋgarlɛndɪʃ
Ụngarn 'ʊŋgarn
Ụngarschitz 'ʊŋgarʃɪt͜s
ụngastlich 'ʊngastlɪç
Ungava *engl.* ʌŋ'gɑːvə
ungeachtet 'ʊngə|axtət, *auch:* ‒‒'‒‒
ungeahndet 'ʊngə|aːndət, *auch:* ‒‒'‒‒
ungeahnt 'ʊngə|aːnt, *auch:* ‒‒'‒
ụngebändigt 'ʊngəbɛndɪçt
ụngebärdig 'ʊngəbɛːɐ̯dɪç, **-e** ...ɪgə
ụngebeten 'ʊngəbeːtn̩
ụngebeugt 'ʊngəbɔ͜ykt
ụngebildet 'ʊngəbɪldət
ụngebräuchlich 'ʊngəbrɔ͜yçlɪç
ụngebrochen 'ʊngəbrɔxn̩
ungebührend 'ʊngəbyːrənt, *auch:* ‒‒'‒‒; **-e** ...ndə
ungebührlich 'ʊngəbyːɐ̯lɪç, *auch:* ‒‒'‒‒
ụngebunden 'ʊngəbʊndn̩
ụngedeckt 'ʊngədɛkt
Ụngedeih 'ʊngədai̯
ụngedient 'ʊngədiːnt
Ụngeduld 'ʊngədʊlt
ụngeduldig 'ʊngədʊldɪç
ụngeeignet 'ʊngə|ai̯gnət
ungefähr, U... 'ʊngəfɛːɐ̯, *auch:* ‒‒'‒
ungefährdet 'ʊngəfɛːɐ̯dət, *auch:* ‒‒'‒‒
ụngefährlich 'ʊngəfɛːɐ̯lɪç
ụngefällig 'ʊngəfɛlɪç
ụngefärbt 'ʊngəfɛrpt
ụngefrühstückt 'ʊngəfryːʃtʏkt
ụngefüge 'ʊngəfyːgə
ụngefügig 'ʊngəfyːgɪç
ụngegessen 'ʊngəgɛsn̩
ụngegliedert 'ʊngəgliːdɐt
ụngehalten 'ʊngəhaltn̩
ụngeheißen 'ʊngəhai̯sn̩
ụngehemmt 'ʊngəhɛmt
ungeheuer 'ʊngəhɔ͜yɐ, *auch:* ‒‒'‒‒
Ụngeheuer 'ʊngəhɔ͜yɐ
ungeheuerlich ʊngə'hɔ͜yɐlɪç, *auch:* '‒‒‒‒‒
ụngehindert 'ʊngəhɪndɐt
ungehobelt 'ʊngəhoːbl̩t, *auch:* ‒‒'‒‒
ụngehörig 'ʊngəhøːrɪç
ụngehorsam, Ụ... 'ʊngəhoːɐ̯zaːm
ụngeklärt 'ʊngəklɛːɐ̯t
ụngekocht 'ʊngəkɔxt
ụngekündigt 'ʊngəkʏndɪçt
ụngekünstelt 'ʊngəkʏnstl̩t
ụngekürzt 'ʊngəkʏrt͜st
ụngeladen 'ʊngəlaːdn̩
ụngeläutert 'ʊngəlɔ͜ytɐt
ụngelegen 'ʊngəleːgn̩
ụngelehrig 'ʊngəleːrɪç
ụngelehrt 'ʊngəleːɐ̯t
ụngelernt 'ʊngəlɛrnt
Ụngemach 'ʊngəmaːx
ụngemäß 'ʊngəmɛːs
ungemein 'ʊngəmai̯n, *auch:* ‒‒'‒
ungemessen 'ʊngəmɛsn̩, *auch:* ‒‒'‒‒
ụngemütlich 'ʊngəmyːtlɪç
ụngenannt 'ʊngənant
ụngenau 'ʊngənau̯
ungeniert 'ʊnʒeniːɐ̯t, *auch:* ‒‒'‒
ungenießbar 'ʊngəniːsbaːɐ̯, *auch:* ‒‒'‒‒
ụngenügend 'ʊngənyːgn̩t
ụngenutzt 'ʊngənʊt͜st
ụngenützt 'ʊngənʏt͜st
Ungẹny *russ.* un'gjenɨ
ụngeordnet 'ʊngə|ɔrdnət

ụngepflegt ˈʊngəpfle:kt
Ụnger ˈʊŋɐ
ụngerächt ˈʊngərɛçt
ụngerade ˈʊngəra:də
ụngeraten ˈʊngəra:tn̩
ụngerechnet ˈʊngərɛçnət
ụngerecht ˈʊngərɛçt
ụngerechtfertigt ˈʊngərɛçtfɛrtɪçt
ụngereimt ˈʊngəraimt
ụngern ˈʊngɛrn
Ụngern ˈʊŋɐn
ụngesagt ˈʊngəza:kt
ụngesalzen ˈʊngəzaltsn̩
ụngesättigt ˈʊngəzɛtɪçt
ụngesäuert ˈʊngəzɔyɐt
¹ungesäumt (ohne Verzug) ˈʊngəzɔymt, *auch:* --ˈ--
²ụngesäumt (ohne Saum) ˈʊngəzɔymt
ụngeschehen ˈʊngəʃe:ən
Ụngeschick ˈʊngəʃɪk
ụngeschicklich ˈʊngəʃɪklɪç
ụngeschickt ˈʊngəʃɪkt
ụngeschlacht ˈʊngəʃlaxt
ụngeschliffen ˈʊngəʃlɪfn̩
ụngeschmälert ˈʊngəʃmɛ:lɐt
ụngeschmeidig ˈʊngəʃmaidɪç
ụngeschminkt ˈʊngəʃmɪŋkt
ụngeschoren ˈʊngəʃo:rən
ụngeschrieben ˈʊngəʃri:bn̩
ụngesellig ˈʊngəzɛlɪç
ụngesetzlich ˈʊngəzɛtslɪç
ụngesittet ˈʊngəzɪtət
ụngestalt[et] ˈʊngəʃtalt[ət]
ụngestört ˈʊngəʃtø:ɐ̯t
ụngestraft ˈʊngəʃtra:ft
ụngestüm, U... ˈʊngəʃty:m
ụngesund ˈʊngəzʊnt
ụngeteilt ˈʊngətailt
ụngetreu ˈʊngətrɔy
Ụngetüm ˈʊngəty:m
ụngewandt ˈʊngəvant
ụngewaschen ˈʊngəvaʃn̩
ụngewiß ˈʊngəvɪs
Ụngewißheit ˈʊngəvɪshait
Ụngewitter ˈʊngəvɪtɐ
ụngewöhnlich ˈʊngəvø:nlɪç
ụngewohnt ˈʊngəvo:nt
ụngewollt ˈʊngəvɔlt
ụngezählt ˈʊngətsɛ:lt
ụngezähmt ˈʊngətsɛ:mt
Ụngeziefer ˈʊngətsi:fɐ
ụngeziemend ˈʊngətsi:mənt, **-e** ...ndə
ụngezogen ˈʊngətso:gn̩
ụngezwungen ˈʊngətsvʊŋən
Unggi *korean.* ʊŋgi
ungherẹse ʊŋgeˈre:zə
Ụnglauben ˈʊnglaubn̩
ụnglaubhaft ˈʊnglauphaft
ụngläubig ˈʊnglɔybɪç
unglaublich ʊnˈglauplɪç, *auch:* ˈ---
ụnglaubwürdig ˈʊnglaupvʏrdɪç
ụngleich, Ụ... ˈʊnglaiç
ụngleichförmig ˈʊnglaiçfœrmɪç
Ụngleichheit ˈʊnglaiçhait
ụngleichmäßig ˈʊnglaiçmɛ:sɪç
ụngleichstoffig ˈʊnglaiçʃtɔfɪç
Ụnglimpf ˈʊnglɪmpf
Ụnglück ˈʊnglʏk
ụnglücklich ˈʊnglʏklɪç
ụnglückselig ˈʊnglʏkze:lɪç
Ụnglücksfall ˈʊnglʏksˌfal
Ụngnad ˈʊngna:t
Ụngnade ˈʊngna:də
ụngnädig ˈʊngnɛ:dɪç
ụngrad ˈʊngra:t
Unguẹntum ʊŋˈgu̯ɛntʊm, **...ta** ...ta
Ungulạten ʊŋguˈla:tn̩
ụngültig ˈʊngʏltɪç
Ụngunst ˈʊngʊnst
ụngünstig ˈʊngʏnstɪç
ụngut ˈʊngu:t
Ụngvár *ung.* ˈuŋgva:r
unhaltbar ˈʊnhaltba:ɐ̯, *auch:* -ˈ--
ụnhaltig ˈʊnhaltɪç, **-e** ...ɪgə
ụnhandlich ˈʊnhantlɪç
ụnharmonisch ˈʊnharmo:nɪʃ
Ụnheil ˈʊnhail
unheilbar ˈʊnhailba:ɐ̯, *auch:* -ˈ--
unheilvoll ˈʊnhailfɔl
ụnheimisch ˈʊnhaimɪʃ
ụnheimlich ˈʊnhaimlɪç
ụnhöflich ˈʊnhø:flɪç
ụnhold ˈʊnhɔlt
Ụnhold ˈʊnhɔlt, **-es** ...ldəs
Ụnhošť *tschech.* ˈunhɔʃtj
uni, Uni (einfarbig) yˈni:
Ụni ˈʊni
União *bras.* uˈni̯ɐ̃u̯
UNICEF ˈu:nitsɛf, *engl.* ˈju:nɪsɛf
Ụničov *tschech.* ˈunjitʃɔf
Uniejów *poln.* uˈnjɛjuf
unieren uˈni:rən
Unieux *fr.* yˈnjø
Unifikation unifikaˈtsi̯o:n
unifizieren unifiˈtsi:rən
unifọrm uniˈfɔrm
Uniform uniˈfɔrm; ˈʊnifɔrm, ˈu:nifɔrm
uniformieren unifɔrˈmi:rən
uniformisieren unifɔrmiˈzi:rən
Uniformịsmus unifɔrˈmɪsmʊs
Uniformịst unifɔrˈmɪst
Uniformität unifɔrmiˈtɛ:t
Unikạt uniˈka:t
Unikum ˈu:nikʊm, **...ka** ...ka
unilaterạl unilateˈra:l
Unilever *engl.* ˈju:nɪli:və
unilokulär unilokuˈlɛ:ɐ̯
ụninteressant ˈʊn|ɪntərɛsant
ụninteressiert ˈʊn|ɪntərɛsi:ɐ̯t
Unio mystica ˈu:ni̯o ˈmʏstika
Uniọn uˈni̯o:n
Unión *span.* uˈni̯ɔn
Union [Cịty] *engl.* ˈju:njən [ˈsɪtɪ]
Union française *fr.* ynjõfrɑ̃ˈsɛ:z
Unionịst uni̯oˈnɪst
Union Jack *engl.* ˈju:njən ˈdʒæk
Union of South Africa *engl.* ˈju:njən əv ˈsaʊθ ˈæfrɪkə
Uniontown *engl.* ˈju:njəntaʊn
unipetạl unipeˈta:l
unipolạr unipoˈla:ɐ̯
unisọn uniˈzo:n
unisono uniˈzo:no, *auch:* uˈni:zono
Unisono uniˈzo:no, *auch:* uˈni:zono; **...ni** ...ni
Unit *engl.* ˈju:nɪt
Unità *it.* uniˈta
unitär uniˈtɛ:ɐ̯
Unitarier uniˈta:ri̯ɐ
unitarisch uniˈta:rɪʃ
Unitarịsmus unitaˈrɪsmʊs
Unitarịst unitaˈrɪst
Unität uniˈtɛ:t
United [Kịngdom] *engl.* jʊˈnaɪtɪd [ˈkɪŋdəm]
United Nations *engl.* jʊˈnaɪtɪd ˈneɪʃənz
United Prẹss *engl.* jʊˈnaɪtɪd ˈprɛs
United Prọvinces *engl.* jʊˈnaɪtɪd ˈprɔvɪnsɪz
United States [of Amẹrica] *engl.* jʊˈnaɪtɪd ˈsteɪts [əv əˈmɛrɪkə]
unitọnico uniˈto:niko
univalẹnt univaˈlɛnt
Univerbierung univɛrˈbi:rʊŋ
universạl univɛrˈza:l
¹Universạl (Sprache) univɛrˈza:l
²Universạl (Name) *span.* uniβɛrˈsal
Universalien univɛrˈza:li̯ən
Universalịsmus univɛrzaˈlɪsmʊs
Universalität univɛrzaliˈtɛ:t
universẹll univɛrˈzɛl
Universiade univɛrˈzi̯a:də
Universịsmus univɛrˈzɪsmʊs
universitär univɛrziˈtɛ:ɐ̯
Univẹrsitas litterarum uniˈvɛrzitas lɪteˈra:rʊm
Universität univɛrziˈtɛ:t
University [Cịty, Heights, Pạrk] *engl.* ju:nɪˈvə:sɪtɪ [ˈsɪtɪ, ˈhaɪts, ˈpɑ:k]
Univẹrsum uniˈvɛrzʊm
univọk uniˈvo:k
Univozität univotsiˈtɛ:t
ụnkanonisch ˈʊnkano:nɪʃ
Ụnke ˈʊŋkə
Ụnkel ˈʊŋkl̩
ụnken ˈʊŋkn̩
ụnkenntlich ˈʊnkɛntlɪç
Ụnkenntnis ˈʊnkɛntnɪs
ụnkeusch ˈʊnkɔyʃ
ụnkindlich ˈʊnkɪntlɪç
ụnklar ˈʊnkla:ɐ̯
ụnklug ˈʊnklu:k
unkontrollierbar ˈʊnkɔntrɔli:ɐ̯ba:ɐ̯, *auch:* ---ˈ--
Ụnkosten ˈʊnkɔstn̩

Unkraut 'ʊnkraut
Unktion ʊŋk'tsi̯o:n
unkultiviert 'ʊnkʊltivi:ɐ̯t
Unkultur 'ʊnkʊltu:ɐ̯
unkündbar 'ʊnkʏntba:ɐ̯, *auch:* -'--
unkundig 'ʊnkʊndɪç
unlängst 'ʊnlɛŋst
unlauter 'ʊnlautɐ
unleidlich 'ʊnla̯itlɪç
unlenksam 'ʊnlɛŋkza:m, *auch:* -'--
unleserlich 'ʊnle:zɐlɪç, *auch:* -'---
unleugbar 'ʊnlɔykba:ɐ̯, *auch:* -'--
unlieb 'ʊnli:p
unliebsam 'ʊnli:pza:m
unlimitiert 'ʊnlimiti:ɐ̯t
unlogisch 'ʊnlo:gɪʃ
unlösbar ʊn'lø:sba:ɐ̯, *auch:* '---
Unlust 'ʊnlʊst
unlustig 'ʊnlʊstɪç
unmanierlich 'ʊnmani:ɐ̯lɪç
unmännlich 'ʊnmɛnlɪç
Unmaß 'ʊnma:s
Unmasse 'ʊnmasə
unmaßgeblich 'ʊnma:sge:plɪç, *auch:* --'--
unmäßig 'ʊnmɛ:sɪç
Unmenge 'ʊnmɛŋə
Unmensch 'ʊnmɛnʃ
unmenschlich 'ʊnmɛnʃlɪç, *auch:* -'--
unmerklich ʊn'mɛrklɪç, *auch:* '---
unmißverständlich 'ʊnmɪsfɛɐ̯ʃtɛntlɪç, *auch:* ---'--
unmittelbar 'ʊnmɪtl̩ba:ɐ̯
unmöbliert 'ʊnmøbli:ɐ̯t
unmodern 'ʊnmodɛrn
unmodisch 'ʊnmo:dɪʃ
unmöglich 'ʊnmø:klɪç, *auch:* -'--
unmoralisch 'ʊnmora:lɪʃ
unmotiviert 'ʊnmotivi:ɐ̯t
unmündig 'ʊnmʏndɪç
unmusikalisch 'ʊnmuzika:lɪʃ
Unmut 'ʊnmu:t
unmutig 'ʊnmu:tɪç
Unna 'ʊna
unnachahmlich 'ʊnna:x|a:mlɪç, *auch:* --'--
unnachgiebig 'ʊnna:xgi:bɪç
unnachsichtig 'ʊnna:xzɪçtɪç
unnahbar ʊn'na:ba:ɐ̯, '---
Unnatur 'ʊnnatu:ɐ̯
unnatürlich 'ʊnnaty:ɐ̯lɪç
unnennbar ʊn'nɛnba:ɐ̯, *auch:* '---
Unno 'ʊno
unnormal 'ʊnnɔrma:l
unnötig 'ʊnnø:tɪç
unnütz[lich] 'ʊnnʏts[lɪç]
UNO 'u:no, *engl.* 'ju:noʊ
uno actu 'u:no 'aktu
Unold 'u:nɔlt
unordentlich 'ʊn|ɔrdn̩tlɪç
Unordnung 'ʊn|ɔrdnʊŋ
unorganisch 'ʊn|ɔrga:nɪʃ
unorthographisch 'ʊn|ɔrtogra:fɪʃ
unpaar 'ʊnpa:ɐ̯
unpaarig 'ʊnpa:rɪç
Unpaarhufer 'ʊnpa:ɐ̯ˌhu:fɐ
Unpaarzeher 'ʊnpa:ɐ̯ˌtse:ɐ
unparteiisch 'ʊnparta̯iɪʃ
unparteilich 'ʊnparta̯ilɪç
unpaß 'ʊnpas
unpassend 'ʊnpasn̩t, -e ...ndə
unpassierbar 'ʊnpasi:ɐ̯ba:ɐ̯, *auch:* --'--
unpäßlich 'ʊnpɛslɪç
unpersönlich 'ʊnpɛrzø:nlɪç
un pochettino ʊn pokɛ'ti:no
un poco ʊn 'pɔko, ʊn 'po:ko
unpoliert 'ʊnpoli:ɐ̯t
unpolitisch 'ʊnpoli:tɪʃ
unpraktisch 'ʊnpraktɪʃ
unproduktiv 'ʊnprodʊkti:f
unproportioniert 'ʊnpropɔrtsi̯oni:ɐ̯t
unpünktlich 'ʊnpʏŋktlɪç
unqualifizierbar 'ʊnkvalifitsi:ɐ̯ba:ɐ̯, *auch:* ----'--
Unquera *span.* uŋ'kera
unrasiert 'ʊnrazi:ɐ̯t
Unrast 'ʊnrast
Unrat 'ʊnra:t
unratsam 'ʊnra:tza:m
unrecht, U... 'ʊnrɛçt
unrechtmäßig 'ʊnrɛçtmɛ:sɪç
unredlich 'ʊnre:tlɪç
unreell 'ʊnreɛl
unregelmäßig 'ʊnre:gl̩mɛ:sɪç
unreif 'ʊnraif
unrein[lich] 'ʊnra̯in[lɪç]
unrentabel 'ʊnrɛnta:bl̩
unrettbar ʊn'rɛtba:ɐ̯, *auch:* '---
unrichtig 'ʊnrɪçtɪç
UNRRA 'ʊnra, *engl.* 'ʌnrɑ:
Unruh[e] 'ʊnru:[ə]
unruhig 'ʊnru:ɪç
unrühmlich 'ʊnry:mlɪç
Unruhstadt 'ʊnru:ʃtat
uns ʊns
unsachgemäß 'ʊnzaxgəmɛ:s
unsachlich 'ʊnzaxlɪç
unsagbar ʊn'za:kba:ɐ̯, *auch:* '---
unsäglich ʊn'zɛ:klɪç, *auch:* '---
unsanft 'ʊnzanft
unsauber 'ʊnza̯ubɐ
Unscha, Unža *russ.* 'unʒɐ
unschädlich 'ʊnʃɛ:tlɪç
unschätzbar ʊn'ʃɛtsba:ɐ̯, *auch:* '---
unscheinbar 'ʊnʃa̯inba:ɐ̯
unschicklich 'ʊnʃɪklɪç
Unschlitt 'ʊnʃlɪt
unschlüssig 'ʊnʃlʏsɪç
unschön 'ʊnʃø:n
Unschuld 'ʊnʃʊlt
unschuldig 'ʊnʃʊldɪç
unschwer 'ʊnʃve:ɐ̯
unselbständig 'ʊnzɛlp-ʃtɛndɪç
unselig 'ʊnze:lɪç
unser 'ʊnzɐ
unsere 'ʊnzərə
unsereiner 'ʊnzɐ|a̯inɐ
unsereins 'ʊnzɐ|a̯ins
unsererseits 'ʊnzərɐ'za̯its
unseresgleichen 'ʊnzərəs'gla̯içn̩
unseresteils 'ʊnzərəs'ta̯ils
unserige 'ʊnzərɪgə
Unsernherrn ʊnzɐn'hɛrn
unserseits 'ʊnzɐ'za̯its
unsersgleichen 'ʊnzɐs'gla̯içn̩
unserthalben 'ʊnzɐt'halbn̩
unsertwegen 'ʊnzɐt've:gn̩
unsertwillen 'ʊnzɐt'vɪlən
unsicher 'ʊnzɪçɐ
unsichtbar 'ʊnzɪçtba:ɐ̯
Unsinn 'ʊnzɪn
unsinnig 'ʊnzɪnɪç
Unsitte 'ʊnzɪtə
unsittlich 'ʊnzɪtlɪç
Unsöld 'ʊnzœlt
unsolide 'ʊnzoli:də
unsre 'ʊnzrə
unsrerseits 'ʊnzrɐ'za̯its
unsresgleichen 'ʊnzrəs'gla̯içn̩
unsresteils 'ʊnzrəs'ta̯ils
unsrige 'ʊnzrɪgə
Unst *engl.* ʌnst
unstarr 'ʊnʃtar
Unstäte 'ʊnʃtɛ:tə
unstatthaft 'ʊnʃtathaft
unsterblich 'ʊnʃtɛrplɪç, *auch:* -'--
Unstern 'ʊnʃtɛrn
unstet 'ʊnʃte:t
unstillbar ʊn'ʃtɪlba:ɐ̯, *auch:* '---
unstimmig 'ʊnʃtɪmɪç
unsträflich 'ʊnʃtrɛ:flɪç, *auch:* -'--
unstreitig 'ʊnʃtra̯itɪç, *auch:* -'--
Unstrut 'ʊnstru:t, 'ʊnʃtru:t
Unsumme 'ʊnzʊmə
unsymmetrisch 'ʊnzʏme:trɪʃ
unsympathisch 'ʊnzʏmpa:tɪʃ
unsystematisch 'ʊnzʏstema:tɪʃ
untad[e]lig 'ʊnta:d[ə]lɪç, *auch:* -'-[-]-
untalentiert 'ʊntalɛnti:ɐ̯t
Untat 'ʊnta:t
Untätelchen 'ʊntɛ:tl̩çən
untätig 'ʊntɛ:tɪç
untauglich 'ʊnta̯uklɪç
unteilbar ʊn'ta̯ilba:ɐ̯, *auch:* '---
unteilhaftig 'ʊnta̯ilhaftɪç
unten 'ʊntn̩
untenan 'ʊntn̩'|an
untenaus 'ʊntn̩'|a̯us
untenher 'ʊntn̩'he:ɐ̯
untenhin 'ʊntn̩'hɪn

ụnter, Ụ... 'ʊntɐ
Ụnterabteilung 'ʊntɐ|ap,tai̯lʊŋ
Unterạich ʊntɐ'|aiç
Ụnterarm 'ʊntɐ|arm
Ụnterbau 'ʊntɐbau̯
unterbạuen ʊntɐ'bau̯ən
Ụnterberg 'ʊntɐbɛrk
Ụnterbett 'ʊntɐbɛt
Ụnterbewußtsein 'ʊntɐbəvʊstzai̯n
unterbiẹten ʊntɐ'bi:tn̩
Ụnterbilanz 'ʊntɐbilants
unterbinden 1. 'ʊntɐbɪndn̩ 2. --'--
Unterbịndung ʊntɐ'bɪndʊŋ
unterblẹiben ʊntɐ'blai̯bn̩
unterbrẹchen ʊntɐ'brɛçn̩
unterbreiten 1. 'ʊntɐbrai̯tn̩ 2. --'--
ụnterbringen 'ʊntɐbrɪŋən
Ụnterbruch 'ʊntɐbrʊx, **...brüche** ...brʏçə
Ụnterbruck 'ʊntɐbrʊk
ụnterchlorig 'ʊntɐklo:rɪç
unterderhạnd ʊntɐde:ɐ̯'hant
unterdẹs[sen] ʊntɐ'dɛs[n̩]
Ụnterdruck 'ʊntɐdrʊk
unterdrụ̈cken ʊntɐ'drʏkn̩
ụnterducken 'ʊntɐdʊkn̩
ụnterdurchschnittlich 'ʊntɐdʊrçʃnɪtlɪç
ụntere 'ʊntərə
untereinạnder ʊntɐ|ai̯'nandɐ
Ụnterelsaß 'ʊntɐ|ɛlzas
ụnterentwickelt 'ʊntɐ|ɛntvɪkl̩t
ụnterernährt 'ʊntɐ|ɛɐ̯nɛ:ɐ̯t
Ụnterernährung 'ʊntɐ|ɛɐ̯nɛ:rʊŋ
unterfahren ʊntɐ'fa:rən
unterfạngen, U... ʊntɐ'faŋən
ụnterfassen 'ʊntɐfasn̩
unterfẹrtigen ʊntɐ'fɛrtɪgn̩
Unterfẹuerung ʊntɐ'fɔyərʊŋ
Ụnterfranken 'ʊntɐfraŋkn̩
unterführen ʊntɐ'fy:rən
Unterführung ʊntɐ'fy:rʊŋ
Ụntergang 'ʊntɐgaŋ
ụntergärig 'ʊntɐgɛ:rɪç, -e ...ɪgə
untergẹben ʊntɐ'ge:bn̩
ụntergehen 'ʊntɐge:ən
ụntergeordnet 'ʊntɐgə|ɔrdnət
Ụntergeschoß 'ʊntɐgəʃɔs
Ụntergestell 'ʊntɐgəʃtɛl
Ụntergewicht 'ʊntɐgəvɪçt
untergraben 1. 'ʊntɐgra:bn̩ 2. --'--
Ụntergrund 'ʊntɐgrʊnt
ụntergründig 'ʊntɐgrʏndɪç
Ụntergruppe 'ʊntɐgrʊpə
Unterhạching ʊntɐ'haxɪŋ
ụnterhalb 'ʊntɐhalp
Ụnterhalt 'ʊntɐhalt
unterhalten 1. 'ʊntɐhaltn̩ 2. --'--
unterhạltsam ʊntɐ'haltza:m
Unterhạltung ʊntɐ'haltʊŋ
unterhạndeln ʊntɐ'handl̩n
Ụnterhändler 'ʊntɐhɛndlɐ
Unterhạndlung ʊntɐ'handlʊŋ
Ụnterhaus 'ʊntɐhau̯s
Ụnterhemd 'ʊntɐhɛmt
unterhöhlen ʊntɐ'hø:lən
Ụnterholz 'ʊntɐhɔlts
Ụnterhose 'ʊntɐho:zə
ụnterirdisch 'ʊntɐ|ɪrdɪʃ
Ụnteritalien 'ʊntɐ|ita:li̯ən
Ụnterjacke 'ʊntɐjakə
unterjọchen ʊntɐ'jɔxn̩
unterkẹllern ʊntɐ'kɛlɐn
Ụnterkiefer 'ʊntɐki:fɐ
Ụnterkleid 'ʊntɐklai̯t
Ụnterkleidung 'ʊntɐklai̯dʊŋ
Ụnterkochen 'ʊntɐkɔxn̩
ụnterkommen, Ụ... 'ʊntɐkɔmən
unterkühlen ʊntɐ'ky:lən
Ụnterkunft 'ʊntɐkʊnft, **...künfte** ...kʏnftə
Ụnterlage 'ʊntɐla:gə
Ụnterlahnkreis 'ʊntɐla:nkrai̯s
Ụnterland 'ʊntɐlant
Ụnterländer 'ʊntɐlɛndɐ
ụnterländisch 'ʊntɐlɛndɪʃ
Ụnterlänge 'ʊntɐlɛŋə
Ụnterlaß 'ʊntɐlas
unterlạssen ʊntɐ'lasn̩
Unterlạssung ʊntɐ'lasʊŋ
Ụnterlauf 'ʊntɐlau̯f
unterlaufen 1. 'ʊntɐlau̯fn̩ 2. --'--
ụnterläufig 'ʊntɐlɔyfɪç
Unterlaufung ʊntɐ'lau̯fʊŋ
unterlegen (Verb) 'ʊntɐle:gn̩ 2. --'--
unterlẹgen (Adjektiv) ʊntɐ'le:gn̩
Ụnterleib[chen] 'ʊntɐlai̯p[çən]
Unterlẹinleitner ʊntɐ'lai̯nlai̯tnɐ
unterliegen 1. 'ʊntɐli:gn̩ 2. --'--
Ụnterloiben 'ʊntɐlɔybn̩
Ụnterloibl 'ʊntɐlɔybl̩
ụnterm 'ʊntɐm
untermalen ʊntɐ'ma:lən
Ụntermann 'ʊntɐman
untermạuern ʊntɐ'mau̯ɐn
ụntermeerisch 'ʊntɐme:rɪʃ
Ụntermensch 'ʊntɐmɛnʃ
Ụntermeyer 'ʊntɐmai̯ɐ, *engl.* 'ʌntəmaɪə
Ụntermhaus 'ʊntɐmhau̯s
Ụntermiete 'ʊntɐmi:tə
ụntermieten 'ʊntɐmi:tn̩
unterminiẹren ʊntɐmi'ni:rən
untermischen 1. 'ʊntɐmɪʃn̩ 2. --'--
ụntern 'ʊntɐn
Ụnternberg 'ʊntɐnbɛrk
unternehmen 1. 'ʊntɐne:mən 2. --'--
Unternẹhmen ʊntɐ'ne:mən
unternẹhmend ʊntɐ'ne:mənt, -e ...ndə
Unternẹhmer ʊntɐ'ne:mɐ
unternẹhmerisch ʊntɐ'ne:mərɪʃ
Unternẹhmung ʊntɐ'ne:mʊŋ
Ụnteroffizier 'ʊntɐ|ɔfitsi:ɐ̯
ụnterordnen 'ʊntɐ|ɔrdnən
Ụnteröwisheim 'ʊntɐ|ø:vɪshaɪm
Ụnterpfaffenhofen 'ʊntɐpfafn̩ho:fn̩
Ụnterpfand 'ʊntɐpfant
ụnterpflügen 'ʊntɐpfly:gn̩
Unterrạmmingen ʊntɐ'ramɪŋən
unterrẹden ʊntɐ're:dn̩
Ụnterricht 'ʊntɐrɪçt
unterrịchten ʊntɐ'rɪçtn̩
ụnterrichtlich 'ʊntɐrɪçtlɪç
Unterrịchtung ʊntɐ'rɪçtʊŋ
Ụnterrock 'ʊntɐrɔk
Unterrọdach ʊntɐ'ro:dax
ụnters 'ʊntɐs
Ụntersaat 'ʊntɐza:t
untersạgen ʊntɐ'za:gn̩
Ụntersatz 'ʊntɐzats
Ụnterberg 'ʊntɐbɛrk
unterschạ̈tzen ʊntɐ'ʃɛtsn̩
unterschẹiden ʊntɐ'ʃai̯dn̩
Ụnterschenkel 'ʊntɐʃɛŋkl̩
Ụnterschicht 'ʊntɐʃɪçt
unterschieben 1. 'ʊntɐʃi:bn̩ 2. --'--
Ụnterschied 'ʊntɐʃi:t, -es ...i:dəs
unterschiẹden ʊntɐ'ʃi:dn̩
ụnterschiedlich 'ʊntɐʃi:tlɪç
ụnterschlächtig 'ʊntɐʃlɛçtɪç, -e ...ɪgə
Ụnterschlag 'ʊntɐʃla:k
unterschlagen 1. 'ʊntɐʃla:gn̩ 2. --'--
Unterschlagung ʊntɐ'ʃla:gʊŋ
Ụnterschleif 'ʊntɐʃlai̯f
Unterschlẹißheim ʊntɐ'ʃlai̯shai̯m
Ụnterschlupf 'ʊntɐʃlʊpf
ụnterschlupfen 'ʊntɐʃlʊpfn̩
ụnterschlüpfen 'ʊntɐʃlʏpfn̩
unterschnẹiden ʊntɐ'ʃnai̯dn̩
unterschrẹiben ʊntɐ'ʃrai̯bn̩
unterschrẹiten ʊntɐ'ʃrai̯tn̩
Ụnterschrift 'ʊntɐʃrɪft
Ụnterschuß 'ʊntɐʃʊs
ụnterschweflig 'ʊntɐʃve:flɪç
Ụntersee 'ʊntɐze:
Ụnterseeboot 'ʊntɐze:,bo:t
ụnterseeisch 'ʊntɐze:ɪʃ
untersetzen 1. 'ʊntɐzɛtsn̩ 2. --'--
Ụntersetzer 'ʊntɐzɛtsɐ
untersẹtzt ʊntɐ'zɛtst
Untersiẹmau ʊntɐ'zi:mau̯
ụntersinken 'ʊntɐzɪŋkn̩
ụnterst 'ʊntɐst
Unterstaatssekretär ʊntɐ'ʃta:tszekretɛ:ɐ̯, '--,----
Ụnterstand 'ʊntɐʃtant
Ụnterständer 'ʊntɐʃtɛndɐ
ụnterständig 'ʊntɐʃtɛndɪç
ụnterste 'ʊntɐstə
unterstehen 1. 'ʊntɐʃte:ən 2. --'--
Ụnterstein 'ʊntɐʃtai̯n
Unterstẹinach ʊntɐ'ʃtai̯nax
unterstellen 1. 'ʊntɐʃtɛlən 2. --'--

unterstreichen ʊntɐ'ʃtra͜içn̩
unterstützen 1. 'ʊntɐʃtʏtsn̩ 2. --'--
untersuchen ʊntɐ'zu:xn̩
Untertagbau ʊntɐ'ta:kba͜u
untertags ʊntɐ'ta:ks
ụntertan, Ụ... 'ʊntɐta:n
ụntertänig 'ʊntɐtɛ:nɪç, **-e** ...ɪgə
ụntertauchen 'ʊntɐta͜uxn̩
Ụnterteil 'ʊntɐta͜il
unterteilen 1. 'ʊntɐta͜ilən 2. --'--
Ụnterton 'ʊntɐto:n
Untertriebel ʊntɐ'tri:bl̩
untertụnneln ʊntɐ'tʊnl̩n
Untertụrkheim ʊntɐ'tʏrkha͜im
Unterueckersee ʊntɐ'|ʏkɐze:
Unterụhldingen ʊntɐ'|ʊldɪŋən
Ụnterwaiz 'ʊntɐva͜its
Ụnterwalden 'ʊntɐvaldn̩
Ụnterwaldner 'ʊntɐvaldnɐ
unterwạndern ʊntɐ'vandɐn
ụnterwärts 'ʊntɐvɛrts
Ụnterwäsche 'ʊntɐvɛʃə
unterwạschen ʊntɐ'vaʃn̩
Ụnterwasser 'ʊntɐvasɐ
unterwẹgs ʊntɐ've:ks
unterweisen ʊntɐ'va͜izn̩
Unterwẹllenborn ʊntɐ'vɛlənbɔrn
Ụnterwelt 'ʊntɐvɛlt
ụnterweltlich 'ʊntɐvɛltlɪç
unterwẹrfen ʊntɐ'vɛrfn̩
ụnterwertig 'ʊntɐve:ɐ̯tɪç
Unterwesterwaldkreis ʊntɐvɛstɐ'valtkra͜is, --'----
unterwịnden ʊntɐ'vɪndn̩
Unter-Wịsternitz ʊntɐ'vɪstɐnɪts
Unterwọ̈ssen ʊntɐ'vœsn̩
unterwürfig ʊntɐ'vʏrfɪç, *auch:* '----; **-e** ...ɪgə
unterzeichnen ʊntɐ'tsa͜içnən
Unterzeichner ʊntɐ'tsa͜içnɐ
Unterzeichnete ʊntɐ'tsa͜içnətə
Ụnterzeug 'ʊntɐtsɔ͜yk
unterziehen 1. 'ʊntɐtsi:ən 2. --'--
ụntief 'ʊnti:f
Ụntiefe 'ʊnti:fə
Ụntier 'ʊnti:ɐ̯
untilgbar ʊn'tɪlkba:ɐ̯, *auch:* '---
Ụntingen 'ʊntɪŋən
untragbar ʊn'tra:kba:ɐ̯, *auch:* '---
untrennbar ʊn'trɛnba:ɐ̯, *auch:* '---
ụntreu 'ʊntrɔ͜y
untrinkbar ʊn'trɪŋkba:ɐ̯, *auch:* '---
untröstlich ʊn'trø:stlɪç, *auch:* '---
untrüglich ʊn'try:klɪç, *auch:* '---
Ụntugend 'ʊntu:gn̩t
ụntunlich 'ʊntu:nlɪç
unüberbrückbar ʊn|y:bɐ'brʏkba:ɐ̯, *auch:* '-----

ụnüberlegt 'ʊn|y:bɐle:kt
unübersehbar ʊn|y:bɐ'ze:ba:ɐ̯, *auch:* '-----
unübersetzbar ʊn|y:bɐ'zɛtsba:ɐ̯, *auch:* '-----
ụnübersichtlich 'ʊn|y:bɐzɪçtlɪç
unübertragbar ʊn|y:bɐ'tra:kba:ɐ̯, *auch:* '-----
unübertrefflich ʊn|y:bɐ'trɛflɪç, *auch:* '-----
unübertroffen ʊn|y:bɐ'trɔfn̩, *auch:* '-----
unüberwindlich ʊn|y:bɐ'vɪntlɪç, *auch:* '-----
unüberwunden 'ʊn|y:bɐvʊndn̩, *auch:* ---'--
ụnüblich 'ʊn|y:plɪç
[1]**unumgänglich** (unvermeidlich) ʊn|ʊm'gɛŋlɪç, *auch:* '----
[2]**ụnumgänglich** (ungesellig) 'ʊn|ʊmgɛŋlɪç
unumschränkt ʊn|ʊm'ʃrɛŋkt, *auch:* '---
unumstößlich ʊn|ʊm'ʃtø:slɪç, *auch:* '----
unumwunden 'ʊn|ʊmvʊndn̩, *auch:* --'--
ununterbrochen 'ʊn|ʊntɐbrɔxn̩, *auch:* ---'--
ụnus pro mụltis 'u:nʊs pro: 'mʊlti:s
unveränderlich ʊnfɛɐ̯'|ɛndɐlɪç, *auch:* '-----
unverändert 'ʊnfɛɐ̯|ɛndɐt, *auch:* --'--
unverantwortlich ʊnfɛɐ̯'|antvɔrtlɪç, *auch:* '-----
unveräußerlich ʊnfɛɐ̯'|ɔ͜ysɐlɪç, *auch:* '-----
unverbesserlich ʊnfɛɐ̯'bɛsɐlɪç, *auch:* '-----
ụnverbildet 'ʊnfɛɐ̯bɪldət
unverbindlich 'ʊnfɛɐ̯bɪntlɪç, *auch:* --'--
unverblümt ʊnfɛɐ̯'bly:mt, *auch:* '---
unverbrüchlich ʊnfɛɐ̯'brʏçlɪç, *auch:* '----
unverbürgt ʊnfɛɐ̯'bʏrkt, *auch:* '---
unverdaulich 'ʊnfɛɐ̯da͜ulɪç, *auch:* --'--
unverdaut 'ʊnfɛɐ̯da͜ut, *auch:* --'-
unverderblich 'ʊnfɛɐ̯dɛrplɪç, *auch:* --'--
unverdient 'ʊnfɛɐ̯di:nt, *auch:* --'-
ụnverdorben, Ụ... 'ʊnfɛɐ̯dɔrbn̩
unverdrossen 'ʊnfɛɐ̯drɔsn̩, *auch:* --'--
ụnverdünnt 'ʊnfɛɐ̯dʏnt
ụnverehelicht 'ʊnfɛɐ̯|e:əlɪçt
unvereinbar ʊnfɛɐ̯'|a͜inba:ɐ̯, *auch:* '----

unverfälscht 'ʊnfɛɐ̯fɛlʃt, *auch:* --'-
unverfänglich 'ʊnfɛɐ̯fɛŋlɪç, *auch:* --'--
unverfroren 'ʊnfɛɐ̯fro:rən, *auch:* --'--
unvergänglich 'ʊnfɛɐ̯gɛŋlɪç, *auch:* --'--
ụnvergessen 'ʊnfɛɐ̯gɛsn̩
unvergeßlich ʊnfɛɐ̯'gɛslɪç, *auch:* '----
unvergleichbar ʊnfɛɐ̯'gla͜içba:ɐ̯, *auch:* '----
unvergleichlich ʊnfɛɐ̯'gla͜içlɪç, *auch:* '----
unverhältnismäßig 'ʊnfɛɐ̯hɛltnɪsmɛ:sɪç, *auch:* --'----
ụnverheiratet 'ʊnfɛɐ̯ha͜ira:tət
unverhofft 'ʊnfɛɐ̯hɔft, *auch:* --'-
unverhohlen 'ʊnfɛɐ̯ho:lən, *auch:* --'--
unverkäuflich 'ʊnfɛɐ̯kɔ͜yflɪç, *auch:* --'--
unverkennbar ʊnfɛɐ̯'kɛnba:ɐ̯, *auch:* '----
unverletzlich ʊnfɛɐ̯'lɛtslɪç, *auch:* '----
ụnverletzt 'ʊnfɛɐ̯lɛtst
unverlierbar ʊnfɛɐ̯'li:ɐ̯ba:ɐ̯, *auch:* '----
unverlöschlich ʊnfɛɐ̯'lœʃlɪç, *auch:* '----
ụnvermählt 'ʊnfɛɐ̯mɛ:lt
unvermeidbar ʊnfɛɐ̯'ma͜itba:ɐ̯, *auch:* '----
unvermeidlich ʊnfɛɐ̯'ma͜itlɪç, *auch:* '----
ụnvermindert 'ʊnfɛɐ̯mɪndɐt
ụnvermittelt 'ʊnfɛɐ̯mɪtl̩t
Ụnvermögen 'ʊnfɛɐ̯mø:gn̩
ụnvermögend 'ʊnfɛɐ̯mø:gn̩t
ụnvermutet 'ʊnfɛɐ̯mu:tət
Ụnvernunft 'ʊnfɛɐ̯nʊnft
ụnvernünftig 'ʊnfɛɐ̯nʏnftɪç
ụnveröffentlicht 'ʊnfɛɐ̯|œfn̩tlɪçt
ụnverrichtet 'ʊnfɛɐ̯rɪçtət
unverrückbar ʊnfɛɐ̯'rʏkba:ɐ̯, *auch:* '----
ụnverschämt 'ʊnfɛɐ̯ʃɛ:mt
unverschuldet 'ʊnfɛɐ̯ʃʊldət, *auch:* --'--
unversehens 'ʊnfɛɐ̯ze:əns, *auch:* --'--
unversehrbar ʊnfɛɐ̯'ze:ɐ̯ba:ɐ̯, *auch:* '----
unversehrt 'ʊnfɛɐ̯ze:ɐ̯t, *auch:* --'-
unversiegbar ʊnfɛɐ̯'zi:kba:ɐ̯, *auch:* '----
unversieglich ʊnfɛɐ̯'zi:klɪç, *auch:* '----
unversöhnlich 'ʊnfɛɐ̯zø:nlɪç, *auch:* --'--
ụnversorgt 'ʊnfɛɐ̯zɔrkt
Ụnverstand 'ʊnfɛɐ̯ʃtant
ụnverstanden 'ʊnfɛɐ̯ʃtandn̩

unverständig 'ʊnfɛɐ̯ʃtɛndɪç
unverständlich 'ʊnfɛɐ̯ʃtɛntlɪç
unversucht 'ʊnfɛɐ̯zu:xt, *auch:* ––'–
unverträglich 'ʊnfɛɐ̯trɛ:klɪç, *auch:* ––'––
unverwandt 'ʊnfɛɐ̯vant
unverwechselbar ʊnfɛɐ̯'vɛksl̩ba:ɐ̯, *auch:* '–––––
unverwehrt 'ʊnfɛɐ̯ve:ɐ̯t, *auch:* ––'–
unverweilt 'ʊnfɛɐ̯vai̯lt, *auch:* ––'–
unverwertbar ʊnfɛɐ̯'ve:ɐ̯tba:ɐ̯, *auch:* '––––
unverweslich 'ʊnfɛɐ̯ve:slɪç, *auch:* ––'––
unverwischbar ʊnfɛɐ̯'vɪʃba:ɐ̯, *auch:* '––––
unverwundbar ʊnfɛɐ̯'vʊntba:ɐ̯, *auch:* '––––
unverwüstlich ʊnfɛɐ̯'vy:stlɪç, *auch:* '––––
unverzagt 'ʊnfɛɐ̯tsa:kt
unverzeihbar ʊnfɛɐ̯'tsai̯ba:ɐ̯, *auch:* '––––
unverzeihlich ʊnfɛɐ̯'tsai̯lɪç, *auch:* '––––
unverzinslich ʊnfɛɐ̯'tsɪnslɪç, *auch:* '––––
unverzollt 'ʊnfɛɐ̯tsɔlt
unverzüglich ʊnfɛɐ̯'tsy:klɪç, *auch:* '––––
unvollendet 'ʊnfɔl|ɛndət, ...lɛ...; *auch:* ––'––
unvollkommen 'ʊnfɔlkɔmən, *auch:* ––'––
unvollständig 'ʊnfɔlʃtɛndɪç, *auch:* ––'––
unvollzählig 'ʊnfɔltsɛ:lɪç
unvorbereitet 'ʊnfo:ɐ̯bərai̯tət
unvordenklich 'ʊnfo:ɐ̯dɛŋklɪç
unvoreingenommen 'ʊnfo:ɐ̯|ai̯ngənɔmən
unvorgreiflich ʊnfo:ɐ̯'grai̯flɪç, *auch:* '––––
unvorhergesehen 'ʊnfo:ɐ̯he:ɐ̯gəze:ən
unvorsätzlich 'ʊnfo:ɐ̯zɛtslɪç
unvorsichtig 'ʊnfo:ɐ̯zɪçtɪç
unvorstellbar ʊnfo:ɐ̯'ʃtɛlba:ɐ̯, *auch:* '––––
unvorteilhaft 'ʊnfɔrtai̯lhaft
unwägbar ʊn'vɛ:kba:ɐ̯, *auch:* '–––
unwahr 'ʊnva:ɐ̯
unwahrhaftig 'ʊnva:ɐ̯haftɪç
unwahrscheinlich 'ʊnva:ɐ̯ʃai̯nlɪç
unwandelbar ʊn'vandl̩ba:ɐ̯, *auch:* '––––
unwegsam 'ʊnve:kza:m
unweiblich 'ʊnvai̯plɪç
unweigerlich ʊn'vai̯gɐlɪç, *auch:* '––––
unweit 'ʊnvai̯t
unwert, U... 'ʊnve:ɐ̯t

Unwesen 'ʊnve:zn̩
unwesentlich 'ʊnve:zn̩tlɪç
Unwetter 'ʊnvɛtɐ
unwiderlegbar ʊnvi:dɐ'le:kba:ɐ̯, *auch:* '–––––
unwiderleglich ʊnvi:dɐ'le:klɪç, *auch:* '–––––
unwiderruflich ʊnvi:dɐ'ru:flɪç, *auch:* '–––––
unwidersprochen ʊnvi:dɐ'ʃprɔxn̩, *auch:* '–––––
unwiderstehlich ʊnvi:dɐ'ʃte:lɪç, *auch:* '–––––
unwiederbringlich ʊnvi:dɐ'brɪŋlɪç, *auch:* '–––––
Unwille[n] 'ʊnvɪlə[n]
unwillig 'ʊnvɪlɪç
unwillkürlich 'ʊnvɪlky:ɐ̯lɪç, *auch:* ––'––
Unwin *engl.* 'ʌnwɪn
unwirklich 'ʊnvɪrklɪç
unwirksam 'ʊnvɪrkza:m
unwirsch 'ʊnvɪrʃ
unwirtlich 'ʊnvɪrtlɪç
unwirtsam 'ʊnvɪrtza:m
unwirtschaftlich 'ʊnvɪrtʃaftlɪç
unwissend 'ʊnvɪsn̩t, **-e** ...n̩də
Unwissenheit 'ʊnvɪsn̩hai̯t
unwissenschaftlich 'ʊnvɪsn̩ʃaftlɪç
unwissentlich 'ʊnvɪsn̩tlɪç
unwohl 'ʊnvo:l
Unwohlsein 'ʊnvo:lzai̯n
unwürdig 'ʊnvʏrdɪç
Uny *ung.* u:nj
Ünye *türk.* 'ynjɛ
Unz ʊnts
Unža vgl. Unscha
Unzahl 'ʊntsa:l
unzahlbar ʊn'tsa:lba:ɐ̯, *auch:* '–––
unzählbar ʊn'tsɛ:lba:ɐ̯, *auch:* '–––
unzählig ʊn'tsɛ:lɪç, *auch:* '–––
unzart 'ʊntsa:ɐ̯t
Unze 'ʊntsə
Unzeit 'ʊntsai̯t
unzeitgemäß 'ʊntsai̯tgəmɛ:s
unzeitig 'ʊntsai̯tɪç
Unzelmann 'ʊntsl̩man
unzerbrechlich ʊntsɛɐ̯'brɛçlɪç, *auch:* '––––
unzerreißbar ʊntsɛɐ̯'rai̯sba:ɐ̯, *auch:* '––––
unzerstörbar ʊntsɛɐ̯'ʃtø:ɐ̯ba:ɐ̯, *auch:* '––––
unzertrennbar ʊntsɛɐ̯'trɛnba:ɐ̯, *auch:* '––––
unzertrennlich ʊntsɛɐ̯'trɛnlɪç, *auch:* '––––
Unziale ʊn'tsi̯a:lə
Unzicker 'ʊntsɪkɐ
unziemend 'ʊntsi:mənt, **-e** ...ndə
unziemlich 'ʊntsi:mlɪç

Unzucht 'ʊntsʊxt
unzüchtig 'ʊntsʏçtɪç
unzufrieden 'ʊntsufri:dn̩
Unzufriedenheit 'ʊntsufri:dn̩hai̯t
unzugänglich 'ʊntsu:gɛŋlɪç
unzulänglich 'ʊntsu:lɛŋlɪç
unzulässig 'ʊntsu:lɛsɪç
unzurechnungsfähig 'ʊntsu:rɛçnʊŋsfɛ:ɪç
unzureichend 'ʊntsu:rai̯çn̩t
unzusammenhängend 'ʊntsuzamənhɛŋənt, **-e** ...ndə
unzuständig 'ʊntsu:ʃtɛndɪç
unzuträglich 'ʊntsu:trɛ:klɪç
unzutreffend 'ʊntsu:trɛfn̩t, **-e** ...n̩də
unzuverlässig 'ʊntsu:fɛɐ̯lɛsɪç
unzweckmäßig 'ʊntsvɛkmɛ:sɪç
unzweideutig 'ʊntsvai̯dɔytɪç
unzweifelhaft 'ʊntsvai̯fl̩haft, *auch:* –'–––
UP *engl.* 'ju:'pi:
Upa *russ.* u'pa
Upahl u'pa:l
Upanischad u'pa:niʃat, **-en** upani'ʃa:dn̩
Upas 'u:pas
Updike *engl.* 'ʌpdaɪk
Upham *engl.* 'ʌpəm
Upholland *engl.* ʌp'hɔlənd
U.P.I. *engl.* 'ju:pi:'aɪ
Upington *engl.* 'ʌpɪŋtən
Upjohn *engl.* 'ʌpdʒɔn
Upland 'ʊplant, *engl.* 'ʌplənd
Uplands *engl.* 'ʌpləndz
Upolu u'po:lu, *engl.* u:'poʊlu:
Uppdal *norw.* 'ʉpda:l
Uppercut 'apɐkat, *engl.* 'ʌpəkʌt
Upper Nile *engl.* 'ʌpə 'naɪl
Upper Peninsula *engl.* 'ʌpə pɪ'nɪnsjʊlə
Upper ten *engl.* 'ʌpə 'tɛn
üppig 'ʏpɪç, **-e** ...ɪgə
Uppland *schwed.* 'ʊpland
Uppsala 'ʊpsala, *schwed.* ˌʊpsɑ:la
Upshur *engl.* 'ʌpʃə
Upson *engl.* 'ʌpsən
up to date *engl.* 'ʌp tə 'deɪt
Upton *engl.* 'ʌptən
Upuaut u'pu̯aut
Ur u:ɐ̯
Urabá *span.* ura'βa
Urach 'u:rax
Urahn[e] 'u:ɐ̯|a:n[ə]
Ural u'ra:l, *russ.* u'ral
uralaltaisch u'ra:l|al'ta:ɪʃ
Uralsk, Ural'sk *russ.* u'raljsk
uralt 'u:ɐ̯|alt
Urämie urɛ'mi:
urämisch u'rɛ:mɪʃ
Uran u'ra:n
Urania u'ra:ni̯a
Uranismus ura'nɪsmʊs
Uranist ura'nɪst
Uranium u'ra:ni̯ʊm

Uranium Cịty *engl.* jʊə'reɪnjəm 'sɪtɪ
Uranographie uranogra'fi:
Uranolatrie uranola'tri:
Uranologie uranolo'gi:
Uranometrie uranome'tri:
Ụranos 'u:ranɔs
Uranoskop urano'sko:p
Uranoskopie uranosko'pi:
Ụranus 'u:ranʊs
urartäisch urar'tɛ:ɪʃ
Urạrtu ur'artu
Urat u'ra:t
Urạ-Tjubẹ *russ.* u'ratju'bɛ
uraufführen 'u:ɐ̯|auffy:rən
Uräus u'rɛ:ʊs
Urbach 'u:ɐ̯bax
Urbain *fr.* yr'bɛ̃
urban ʊr'ba:n
Ụrban 'ʊrba:n, *engl.* 'ə:bən
Urbana *engl.* ə:'bænə
Urbania *it.* ur'ba:ni̯a
Urbanisation ʊrbaniza'tsi̯o:n
urbanisieren ʊrbani'zi:rən
Urbanịstik ʊrba'nɪstɪk
Urbanität ʊrbani'tɛ:t
Urbanịtzky ʊrba'nɪtski
Urbano *it.* ur'ba:no
Urbanus ʊr'ba:nʊs
urbar 'u:ɐ̯ba:ɐ̯
Urbar ʊr'ba:ɐ̯, *auch:* 'u:ɐ̯ba:ɐ̯
Urbarisierung u:ɐ̯bari'zi:rʊŋ
Urbarium ʊr'ba:ri̯ʊm, **...ien** ...i̯ən
Ụrbe[rach] 'ʊrbə[rax]
ụrbi et ọrbi 'ʊrbi ɛt 'ɔrbi
Urbịna *span.* ur'βina
Urbino *it.* ur'bi:no
Ụrbs aetẹrna 'ʊrps ɛ'tɛrna
Urchard *egnl.* 'ə:kəd
ụrchig 'ʊrçɪç, **-e** ...ɪgə
Ụrd ʊrt
Ụrda *span.* 'urða
Urdanẹta *span.* urða'neta
Ụrdu 'ʊrdu
Ure *engl.* jʊə
Urea 'u:rea
Urease ure'a:zə
Ureat ure'a:t
Urẹche *rumän.* u'reke
Uredosporen uredo'spo:rən
Ureid ure'i:t, **-e** ...i:də
ureigen 'u:ɐ̯'|aign̩
ureigentümlich 'u:ɐ̯'|aign̩ty:mlɪç
Ureltern 'u:ɐ̯|ɛltɐn
Urẹña *span.* u'rena
Urenkel 'u:ɐ̯|ɛŋkl̩
Ureomẹter ureo'me:tɐ
Urese u're:zə
Urẹter u're:tɐ, **-en** ure'te:rən
Ureterịtis urete'ri:tɪs, **...itiden** ...ri'ti:dn̩
Urethra u're:tra
urethral ure'tra:l
Urethralgie uretral'gi:, **-n** ...i:ən
Urethrịsmus ure'trɪsmʊs
Urethritis ure'tri:tɪs, **...itiden** ...ri'ti:dn̩
Urethrodynie uretrody'ni:, **-n** ...i:ən
Urethrorrhö, ...öe uretrɔ'rø:; **...rrhöen** ...'rø:ən
Urethroskop uretro'sko:p
Urethrotomie uretroto'mi:, **-n** ...i:ən
Urethrozele uretro'tse:lə
urẹtisch u're:tɪʃ
Urẹxweiler u:ɐ̯'|ɛksvailɐ
Urey *engl.* 'jʊərɪ
Ụrfa *türk.* 'urfɑ
Urfé *fr.* yr'fe
Urfehde 'u:ɐ̯fe:də
Urfeld 'u:ɐ̯fɛlt
Ụrft ʊrft
Ụrga 'ʊrga
Urgẹl *span.* ur'xɛl
urgemütlich 'u:ɐ̯gə'my:tlɪç
urgẹnt ʊr'gɛnt
Urgẹntsch, Urgenč *russ.* ur'gjentʃ
Urgẹnz ʊr'gɛnts
urgermanisch 'u:ɐ̯gɛrma:nɪʃ
Ụrgeschichte 'u:ɐ̯gəʃɪçtə
Urgeschichtler 'u:ɐ̯gəʃɪçtlɐ
urgieren ʊr'gi:rən
Urgroßeltern 'u:ɐ̯ˌgro:s|ɛltɐn
Urgroßmutter 'u:ɐ̯ˌgro:smʊtɐ
Urheber 'u:ɐ̯he:bɐ
Urhidrose u:ɐ̯hi'dro:zə
Ụrho *finn.* 'urhɔ
Ụri 'u:ri
Úri *ung.* 'u:ri
Uria u'ri:a
Uriage *fr.* y'rja:ʒ
Urian 'u:ri̯a:n
Urias u'ri:as
Uribụru *span.* uri'βuru
Uridrose uri'dro:zə
Uriel 'u:ri̯e:l, *auch:* ...i̯ɛl
urig 'u:rɪç, **-e** ...ɪgə
Urija u'ri:ja
Urikämie urikɛ'mi:
[1]**Urin** u'ri:n
[2]**Ụrin** (Name) *russ.* 'urin
urinal, U... uri'na:l
urinieren uri'ni:rən
urinös uri'nø:s, **-e** ...ø:zə
Uris *engl.* 'jʊərɪs
Urjụpinsk *russ.* u'rjupinsk
Urk *niederl.* ʏrk
urkomisch 'u:ɐ̯'ko:mɪʃ
Ụrkunde 'u:ɐ̯kʊndə
urkundlich 'u:ɐ̯kʊntlɪç
Urlạţi *rumän.* ur'latsj
Ụrlau 'ʊrlau̯
Urlaub 'u:ɐ̯laup, **-e** 'u:ɐ̯laubə
Urlịnde ʊr'lɪndə
Ụrmia[see] 'ʊrmi̯a[ze:]
Urmond *niederl.* 'ʏrmɔnt
Urmston *engl.* 'ə:mstən
Urnäsch 'u:ɐ̯nɛʃ
Ụrne 'ʊrnə
Ụrner 'ʊrnɐ
Urnerboden ʊrnɐ'bo:dn̩
ụrnerisch 'ʊrnərɪʃ
Urnịnde ʊr'nɪndə
Ụrning 'ʊrnɪŋ
ụrnisch 'ʊrnɪʃ
Urobilin urobi'li:n
Urobilinogen urobilino'ge:n
Urobilinurie urobilinu'ri:
Uroboros u'ro:borɔs
Urochesie uroçe'zi:
Urochrom uro'kro:m
Urodynie urody'ni:
urogenital urogeni'ta:l
Urohämatin urohɛma'ti:n
Urolalie urola'li:, **-n** ...i:ən
Urolith uro'li:t, *auch:* ...lɪt
Urolithiasis uroli'ti:azɪs
Urologe uro'lo:gə
Urologie urolo'gi:
Üröm *ung.* 'yrøm
Uromelanin uromela'ni:n
Uromẹter uro'me:tɐ
Uromyzeten uromy'tse:tn̩
Uropenie urope'ni:
Urophilie urofi'li:
Urophobie urofo'bi:
Uropolemie uropole'mi:
Ụroš *serbokr.* 'urɔʃ
Urosẹpsis uro'zɛpsɪs
Uroskopie urosko'pi:, **-n** ...i:ən
urplötzlich 'u:ɐ̯'plœtslɪç
Urquhart *engl.* 'ə:kət
Urquiza *span.* ur'kiθa
Urrạca *span.* u'rraka, *port.* ...kɐ
Urrụtia *span.* u'rruti̯a
Urry *engl.* 'ə:rɪ
Ursache 'u:ɐ̯zaxə
ursächlich 'u:ɐ̯zɛçlɪç
Ụrsberg 'ʊrsbɛrk
Urschụm, Uržum *russ.* ur'ʒum
Urschweiz 'u:ɐ̯ʃvaits
Ụrsel[mann] 'ʊrzl̩[man]
Ụrseren[tal] 'ʊrzərən[ta:l]
Ụrsfeld 'ʊrsfɛlt
Urshult *schwed.* 'ʉ:rshʊlt
Ursina ʊr'zi:na
Ursinus ʊr'zi:nʊs
Urspringen 'u:ɐ̯ʃprɪŋən
Ursprung 'u:ɐ̯ʃprʊŋ
ursprünglich 'u:ɐ̯ʃprʏŋlɪç, *auch:* –'––
Urständ 'u:ɐ̯ʃtɛnt
Ụrsula 'ʊrzula
Ursuline ʊrzu'li:nə
Ursulinerin ʊrzu'li:nərɪn
Ụrsus 'ʊrzʊs, *poln.* 'ursus
Ursviken *schwed.* ˌʉ:rsvi:kən
Urswick *engl.* 'ə:zwɪk
Ụrte 'ʊrtə
Ur-Teil 'u:ɐ̯tail
Ụrteil 'ʊrtail
ụrteilen 'ʊrtailən
ur-teilig 'u:ɐ̯tailɪç
Urtika ʊr'ti:ka, **...kae** ...kɛ
Urtikaria ʊrti'ka:ri̯a
urtümlich 'u:ɐ̯ty:mlɪç
Uruạpan *span.* u'ru̯apan
Urubu 'u:rubu

Uruch, Uruh *russ.* u'rux
Uruguai *bras.* uru'gu̯ai̯
Uruguaiana *bras.* urugu̯a'i̯ɐna
Uruguay uru'gu̯a:i, *auch:* 'ʊrʊgvai̯; *span.* uru'ɣu̯ai̯
Uruguayer uru'gu̯a:jɐ, *auch:* 'ʊrʊgvai̯ɐ
uruguayisch uru'gu̯a:jɪʃ, *auch:* 'ʊrʊgvai̯ɪʃ
Uruh vgl. Uruch
Uruk 'u:rʊk
Urumtschi u'rʊmtʃi
Urundi u'rʊndi, *fr.* urun'di
Ururahn 'u:ɐ̯,|u:ɐ̯|a:n
Urvater 'u:ɐ̯fa:tɐ
urverwandt 'u:ɐ̯fɛɐ̯vant
Urville *fr.* yr'vil
Urwald 'u:ɐ̯valt
Urweiler 'u:ɐ̯vai̯lɐ
Urwelt 'u:ɐ̯vɛlt
urwüchsig 'u:ɐ̯vy:ksɪç, **-e** ...ɪgə
Ury 'u:ri
Urziceni *rumän.* urzi'tʃenj
Urzidil 'ʊrt͡sidɪl
Ürzig 'ʏrt͡sɪç
Uržum vgl. Urschum
US u:'|ɛs, *engl.* 'ju:'ɛs
Usa vgl. Ussa
USA u:|ɛs'|a:, *engl.* 'ju:ɛs'eɪ
Uşak *türk.* 'uʃak
Ušakov vgl. Uschakow
Usambara uzam'ba:ra
US-amerikanisch u:'|ɛs|amerika:nɪʃ
Usance y'zã:s, **-n** ...sn̩
Usandizaga *span.* usandi'θaɣa
Usanz u'zant͡s
Usbeke ʊs'be:kə
usbekisch ʊs'be:kɪʃ
Usbekistan ʊs'be:kista:n, ...tan
Usbexkaja SSR, Uzbekskaja SSR *russ.* uz'bjɛkskɐjɐ ɛs-ɛs'ɛr
Uschak ʊ'ʃak
Uschakow, Ušakov *russ.* uʃa'kɔf
Uschebti ʊ'ʃɛpti
Uschgorod, Užgorod *russ.* 'uʒgɐrɐt
Usch[k]i 'ʊʃ[k]i
Usedom 'u:zədɔm
Useldange *fr.* yzɛl'dã:ʒ
Useldingen 'u:zl̩dɪŋən
Usen, Uzen' *russ.* u'zjɛnj
Usener 'u:zənɐ
User 'ju:zɐ, *engl.* 'ju:zə
Userkare uzɛrka're:
Usgen, Uzgen *russ.* uz'gjɛn
Usher *engl.* 'ʌʃə
Ushuaia *span.* u'su̯aja
Usie u'zi:, **-n** ...i:ən
Usiel 'u:zi̯e:l, *auch:* ...i̯ɛl
Usingen 'u:zɪŋən
Usinger 'u:zɪŋɐ
Usipeter u'zi:petɐ
Usk *engl.* ʌsk
Uskoke ʊs'kɔkə
Uskoković *serbokr.* ,uskɔkɔvitc
Üsküdar *türk.* 'yskydɑr
Uslar 'ʊslar
Uslowaja, Uzlovaja *russ.* uzla'vajɐ
Usman, Usman' *russ.* 'usmɐnj
Usnea barbata 'ʊsnea bar'ba:ta
Uso 'u:zo
Usol'e vgl. Ussolje
Uspallata *span.* uspa'ʎata
Uspenski, Uspenskij *russ.* us'pjɛnskij
Ussa, Usa *russ.* u'sa
Ussé *fr.* y'se
Ussel *fr.* y'sɛl
Usselo *niederl.* 'ʏsəlo:
Ussher *engl.* 'ʌʃə
Ussolje, Usol'e *russ.* u'sɔljɛ
USSR u:|ɛs|ɛs'|ɛr
Ussuri *russ.* ussu'ri, us'suri
Ussurisk, Ussurijsk *russ.* ussu'rijsk
Ustascha 'ʊstaʃa
Ustaw ʊs'taf
Úštěk *tschech.* 'u:ʃtjɛk
Uster 'ʊstɐ
Usteri 'ʊstəri
Ústí *tschech.* 'u:stji:
Ustica *it.* 'ustika
Ustilago ʊsti'la:go
Ustilug *russ.* usti'luk
Ustin *russ.* us'tin
[1]Ustinov *engl.* 'ju:stɪnɔf, 'u:s...
Ustinow, [2]Ustinov *russ.* us'tinɐf
Ustjuschna, Ustjužna *russ.* us'tjuʒnɐ
Ustka *poln.* 'ustka
Ust-Kamenogorsk, Ust'-Kamenogorsk *russ.* ustjkɐmɪna'gɔrsk
Ust-Kataw, Ust'-Katav *russ.* ustjka'taf
Ust-Ordynski, Ust'-Ordynskij *russ.* ustjar'dɨnskij
U-Strab 'u:ʃtra[:]p
Ustroń *poln.* 'ustrɔi̯n
Ustrzyki Dolne *poln.* ust'ʃɨki 'dɔlnɛ
Ust-Urt, Ust'-Urt *russ.* us'tjurt
usuell u'zu̯ɛl
Usukapion uzuka'pi̯o:n
Usulután *span.* usulu'tan
Usumacinta *span.* usuma'θinta
Usumbura uzʊm'bu:ra
Usunow, Uzunov *bulgar.* u'zunof
Usur u'zu:ɐ̯
Usurpation uzʊrpa't͡si̯o:n
Usurpator uzʊr'pa:tɔr, **-en** ...pa'to:rən
usurpatorisch uzʊrpa'to:rɪʃ
usurpieren uzʊr'pi:rən
Usus 'u:zʊs
Ususfruktus u:zʊs'frʊktʊs
ut ʊt, *fr.* yt
Uta (Name) 'u:ta
Utah 'ju:ta, *engl.* 'ju:tɑ:
Utamaro uta'ma:ro
Ute 'u:tə, *engl.* 'ju:t[ɪ]
Utensil utɛn'zi:l, **-ien** ...i̯ən
uterin ute'ri:n
Uterus 'u:terʊs, **...ri** ...ri
Úterý *tschech.* 'u:tɛri:
Utgard 'u:tgart
U Thant u'tant
Utica 'u:tika, *engl.* 'ju:tɪkə
utilisieren utili'zi:rən
Utilismus uti'lɪsmʊs
utilitär utili'tɛ:ɐ̯
Utilitarier utili'ta:ri̯ɐ
Utilitarismus utilita'rɪsmʊs
Utilitarist utilita'rɪst
Utilität utili'tɛ:t
ut infra 'ʊt 'ɪnfra
Utitz 'u:tɪt͡s
Utkin *russ.* 'utkin
Utlande 'u:tlandə
Uto 'u:to
Utö *schwed.* ,ʉ:tø:
Utopia u'to:pi̯a
Utopie uto'pi:, **-n** ...i:ən
Utopien u'to:pi̯ən
utopisch u'to:pɪʃ
Utopismus uto'pɪsmʊs
Utopist uto'pɪst
Utraquismus utra'kvɪsmʊs
Utraquist utra'kvɪst
Utrecht 'u:trɛçt, *niederl.* 'y:trɛxt
Utrechter 'u:trɛçtɐ
Utrera *span.* u'trera
Utricularia utriku'la:ri̯a
Utrillo u'trɪljo, *fr.* ytri'jo
Utrum 'u:trʊm, **...ra** ...ra
Utsira *norw.* ,ʉ:tsi:ra
Utsjoki *finn.* 'utsjɔki
Utsunomija utsuno'mi:ja
ut supra 'ʊt 'zu:pra
Utta 'ʊta
Uttar Pradesch 'ʊtar pra'de:ʃ
Uttersberg *schwed.* ʊtərs'bærj
Utting 'ʊtɪŋ
Üttingen 'ʏtɪŋən
Uttingeradeel *niederl.* ʏtɪŋəra:'de:l
Uttmann 'ʊtman
Uttoxeter *engl.* ju:'tɔksɪtə
Utweiler 'ʊtvai̯lɐ
Utz[erath] 'ʊt͡s[əra:t]
Uusikaarlepyy *finn.* 'u:sikɑ:rlɛpy:
Uusikaupunki *finn.* 'u:sikau̯puŋki
Uusikirkko *finn.* 'u:sikirkkɔ
Uusimaa *finn.* 'u:simɑ:
Uusi Suomi *finn.* 'u:si 'suo̯mi
Uvachromie uvakro'mi:
Uvagras 'u:vagra:s
Uvalde *engl.* ju:'vældɪ
Úvaly *tschech.* 'u:vali
Uvarov vgl. Uwarow
Uvea u've:a
Uviolglas ⓦ u'vi̯o:lgla:s
Uvula 'u:vula, **...lae** ...lɛ
uvular, U... uvu'la:ɐ̯
Uwarow, Uvarov *russ.* u'varɐf

Uwe 'u:və
Uxbridge *engl.* 'ʌksbrɪdʒ
Uxmal *span.* uz'mal
Uz u:ts
Uzbekskaja SSR vgl. Usbexkaja SSR
uzen 'u:tsn̩
Uzen' vgl. Usen
Uzendijke *niederl.* 'y:zəndɛi̯kə
Uzerei u:tsə'rai̯
Uzès *fr.* y'zɛs
Uzgen vgl. Usgen
Užgorod vgl. Uschgorod
Užice *serbokr.* 'uʒitsɛ
Uzlovaja vgl. Uslowaja
Uznach 'ʊtsnax
Uzunov vgl. Usunow
Uzwil 'ʊtsvi:l

V

v, V fau̯, *engl.* vi:, *fr.* ve
Vaal va:l, *engl.* vɑ:l, *afr.* fɑ:l
Vaals *niederl.* va:ls
Vaalserquartier 'va:lzɐkvarti:ɐ̯
Vaara *finn.* 'vɑ:rɑ
Vaasa *finn.* 'vɑ:sɑ
Vaassen *niederl.* 'va:sə
va banque *fr.* va'bã:k
Vác *ung.* va:ts
Vaca vgl. Waza
Văča vgl. Watscha
Vacallo *it.* va'kallo
Văcărescu *rumän.* vəkə'resku
vacat 'va:kat
Vácbottyán *ung.* 'va:dzbottja:n
Vaccarès *fr.* vaka'rɛs
Vaccination vaktsina'tsi̯o:n
Vaccine vak'tsi:nə
Vácduka *ung.* 'va:dzdukɔ
Vácegres *ung.* 'va:tsɛgrɛʃ
Vacha 'faxa
Váchartyán *ung.* 'va:tshɔrtja:n
Vachel *engl.* 'veɪtʃəl
Vacheleder 'vaʃle:dɐ
Vachendorf 'faxn̩dɔrf
Vachetten va'ʃɛtn̩
vacillando vatʃɪ'lando
Vaškovcy vgl. Waschkowzy
Václav *tschech.* 'va:tslaf
Vacquerie *fr.* va'kri
Vácrátót *ung.* 'va:tsra:to:t
Vad vgl. Wad
Vadé *fr.* va'de
Vademekum vade'me:kʊm
Vadianus va'di̯a:nʊs
Vadim *fr.* va'dim
Vadium 'va:di̯ʊm, **...ien** ...i̯ən
Vado *it.* 'va:do
vados va'do:s, **-e** ...o:zə
Vadsø *norw.* ˌvatsø
Vadstena *schwed.* ˌvɑ:dste:na, ˌvaste:na
Vaduz fa'dʊts, *auch:* va'du:ts
Vaen'ga vgl. Wajenga
vae victis! 'vɛ: 'vɪkti:s
vag va:k, **-e** 'va:gə
Vág *ung.* va:g
[1]Vaga *it.* 'va:ga
[2]Vaga vgl. Waga
Vagabondage vagabɔn'da:ʒə
Vagabund vaga'bʊnt, **-en** ...ndn̩
vagabundieren vagabʊn'di:rən
Vagans 'va:gans
Vagant va'gant
vage 'va:gə
vagieren va'gi:rən
Vagina va'gi:na
vaginal vagi'na:l
Vaginismus vagi'nɪsmʊs
Vaginitis vagi'ni:tɪs, **...itiden** ...ni'ti:dn̩
Vaginoskopie vaginosko'pi:, **-n** ...i:ən
Vagn *dän.* vaɣ'n
Vagos *port.* 'vaɣuʃ
Vagotomie vagoto'mi:, **-n** ...i:ən
Vagotonie vagoto'ni:
Vagotoniker vago'to:nikɐ
Vagotonikum vago'to:nikʊm, **...ka** ...ka
vagotrop vago'tro:p
Vagran vgl. Wagran
Vagus 'va:gʊs
Vah vgl. Wach
Váh *tschech., slowak.* va:x
Vahandar'ja vgl. Wachandarja
Vahr fa:ɐ̯
Vahruši vgl. Wachruschi
Vahš vgl. Wachsch
Vahtan[gov] vgl. Wachtan[gow]
Vaihingen 'fai̯ɪŋən
Vaihinger (Philosoph) 'fai̯ɪŋɐ, 'vai̯...
Vail *engl.* veɪl
Vailland, ...nt *fr.* va'jã
Vair *fr.* vɛ:r
Vaisaluokta *schwed.* 'vai̯saluɔkta
Vaishnava 'vai̯ʃnava
Vaison-la-Romaine *fr.* vɛzõlarɔ'mɛn
Vajanský *slowak.* 'vai̯anski:
Vajda *ung.* 'vɔjdɔ
Vajgač vgl. Waigatsch
Vajrayana vai̯ra'ja:na
Vajsenberg vgl. Waisenberg
Vajszló *ung.* 'vɔjslo:
Vajta *ung.* 'vɔjtɔ
vakant va'kant
Vakanz va'kants
Vakarel vgl. Wakarel
Vakat 'va:kat
Vakern *schwed.* ˌvɑ:kərn
Vakuf *serbokr.* ˌvakuf
Vakuole va'ku̯o:lə
Vakuum 'va:kuʊm, **Vakua** 'va:ku̯a
vakuumieren vakuu'mi:rən
Vakuummeter 'va:kuʊmme:tɐ
Vakzin vak'tsi:n
Vakzination vaktsina'tsi̯o:n
Vakzine vak'tsi:nə
vakzinieren vaktsi'ni:rən
Val (Grammenge) va:l
Vál *ung.* va:l
Vala *finn.* 'vɑlɑ
Valadon *fr.* vala'dõ
Valais *fr.* va'lɛ
Valand 'fa:lant, **-es** ...ndəs
Val-André *fr.* valã'dre
Valaoritis *neugr.* valaɔ'ritis
Valbella *rät.* val'bɛla
Valbert 'falbɛrt
Valbom *port.* val'bõ
Valborg *dän.* 'valbɔr'
Valbuena *span.* bal'βu̯ena
Valburg *niederl.* 'vɑlbʏrx
Valby *dän.* 'valby:'
Valchava *rät.* val'tʃja:va
Valckenaer *niederl.* 'vɑlkəna:r
Valckenborch, ...rgh *niederl.* 'vɑlkənbɔrx
Valcour 'valku:ɐ̯
Valdagno *it.* val'daɲɲo
Valdaj vgl. Waldai
Val-d'Ajol *fr.* valda'ʒɔl
Valdarno *it.* val'darno
Val-de-Grâce *fr.* valdə'grɑ:s
Valdeiglesias *span.* baldei'ɣlesi̯as
Val de Loire *fr.* valdə'lwa:r
Valdemar *dän.* 'valdəmar
Valdemarsvik *schwed.* valdəmars'vi:k
Valdepeñas *span.* balde'peɲas
Valderaduey *span.* baldera'ðu̯ei̯
Valdés *span.* bal'des
Val-d'Illiez *fr.* valdi'lje
Val-d'Isère *fr.* valdi'zɛ:r
Valdivia val'di:vi̯a, *span.* bal'diβi̯a
Valdivieso *span.* baldi'βi̯eso
Valdo 'valdo
Valdobbiadene *it.* valdob'bi̯a:dene
Val-d'Oise *fr.* val'dwa:z
Val d'Or *fr.* val'dɔ:r
Valdorf 'fa:ldɔrf
Valdosta *engl.* væl'dɔstə
Valdoviño *span.* baldo'βiɲo
vale! 'va:le
Vale *engl.* veɪl, *port.* 'valə
Valediktion valedɪk'tsi̯o:n
valedizieren valedi'tsi:rən
Valée *fr.* va'le
Valença *port.* vɐ'lẽsɐ, *bras.* va'lẽsa
Valençay *fr.* valã'sɛ
Valence *fr.* va'lã:s
Valencia va'lɛntsi̯a, *auch:* va'lɛnsi̯a; *span.* ba'lenθi̯a, *engl.* və'lɛnʃɪə
Valenciennes *fr.* valã'sjɛn
Vălęni de Munte *rumän.* və'lenj de 'munte
Valens 'va:lɛns

Valẹnte *it.* va'lɛnte
Valẹntia va'lɛntsi̯a, *it.* va'lɛntsi̯a, *engl.* və'lɛnʃɪə
Valentigney *fr.* valãti'ɲɛ
[1]**Vạlentin** (Name) 'va:lɛnti:n, *fr.* valã'tɛ̃
[2]**Vạlentin** (Komiker) 'falɛnti:n
[3]**Valentin** vgl. Walentin
Valentina vgl. Walentina
Valentine valɛn'ti:nə; *fr.* valã'tin, *engl.* 'væləntaɪn, ...tɪn
Valentini valɛn'ti:ni
Valentinian valɛnti'ni̯a:n
Valentino *it.* valen'ti:no
Valentinus valɛn'ti:nʊs
Valẹnz va'lɛnts
Valẹnza *it.* va'lɛntsa
Valenzuela *span.* balen'θu̯ela
Valẹpp fa'lɛp
Valẹra *span.* ba'lera
Valera, de *engl.* dəvə'lɛərə
Valeria va'le:ri̯a
[1]**Valerian** vale'ri̯a:n, *auch:* va'le:ri̯a:n
[2]**Valerian** vgl. Walerian
Valeriana vale'ri̯a:na
Valeriane vale'ri̯a:nə
Valerianus vale'ri̯a:nʊs
Valeriat vale'ri̯a:t
Valerie va'le:ri̯ə
Valérie *fr.* vale'ri
Valérien, Mont *fr.* mõvale'rjɛ̃
Valerij vgl. Waleri
Valerija vgl. Walerija
Valẹrio *it.* va'lɛ:ri̯o
Valerius va'le:ri̯ʊs, *niederl.* va:'le:ri:ʏs
Valer'jan vgl. Walerjan
Valéry *fr.* vale'ri
Valẹska va'lɛska
[1]**Valet** (Lebewohl) va'lɛt, va'le:t
[2]**Valẹt** (Bube im Kartenspiel) va'le:
valete va'le:tə
Valẹtta *it.* va'letta
valetieren vale'ti:rən
Valeur va'lø:ɐ̯
Vălev vgl. Walew
Valguarnẹra *it.* valgu̯ar'nɛ:ra
Vạli *türk.* 'va:li
Valiant *engl.* 'væljənt
valid va'li:t, **-e** ...i:də
Validation valida'tsi̯o:n
validieren vali'di:rən
Validität validi'tɛ:t
Valier va'li̯e:
valieren va'li:rən
Valin va'li:n
Vạlje *schwed.* ˌvaljə
Vạlkeakoski *finn.* 'vɑlkeakɔski
Vạlkenauer 'falkənau̯ɐ
Vạlkenburg *niederl.* 'vɑlkənbʏrx
Valkenswaard *niederl.* vɑlkəns'wa:rt
Val'ki vgl. Walki
Vạlla *it.* 'valla
Valladolid *span.* baʎaðo'lið
Vállaj *ung.* 'va:llɔj
Vallauris *fr.* valɔ'ris
Vạlle *it.* 'valle, *span.* 'baʎe
Vallẹcas *span.* ba'ʎekas
Vạlle del Cạuca *span.* 'baʎe ðɛl 'kau̯ka
Vallée *fr.* va'le
Vallehermoso *span.* baʎeɛr'moso
Vallejo *span.* ba'ʎɛxo, *engl.* və'leɪoʊ
Valle-Inclán *span.* 'baʎeiŋ'klan
Vạllendar 'faləndar
vallera! falə'ra:, va...
valleri, vallera! falə'ri:, falə'ra:, va... va...
Vallès *fr.* va'lɛs
Vallẹt *fr.* va'lɛ
Vallẹtta va'lɛta, *it.* val'letta, *engl.* və'lɛtə
Valley[field] *engl.* 'vælɪ[fi:ld]
Valley Stream *engl.* 'vælɪ 'stri:m
Vallfogọna *span.* balfo'ɣona
Vạllgren *schwed.* ˌvalgre:n
Vallisnẹri *it.* valliz'nɛ:ri
Vallisnẹria valɪs'ne:ri̯a, **...ien** ...i̯ən
Vạllø *dän.* 'valø:'
Vạllo dẹlla Lucạnia *it.* 'vallo 'della lu'ka:ni̯a
Vallois *fr.* va'lwa
Vallombrọsa *it.* vallom'bro:sa
Vallọne *it.* val'lo:ne
Vallọrbe *fr.* va'lɔrb
Vallọt *fr.* va'lo
Vallot[t]on *fr.* valɔ'tõ
Vạlls *span.* bals
Vallsẹca *span.* bal'seka
Valltọrta *span.* bal'tɔrta
Vallụga fa'lu:ga
Valmọre *fr.* val'mɔ:r
Valmy *fr.* val'mi
Valnẹra *span.* bal'nera
Valois *fr.* va'lwa
Valọna *it.* va'lo:na
Valọngo *port.* vɐ'loŋgu
Vạlor 'va:lɔr, **-en** va'lo:rən
Válor *span.* 'balɔr
Valorisation valoriza'tsi̯o:n
valorisieren valori'zi:rən
Valparaiser valpara'i:zɐ
Valparaiso valpara'i:zo, ...pa'raizo
Valparaíso *span.* balpara'iso
Valpạssos *port.* val'pasuʃ
Valpolicẹlla *it.* valpoli'tʃɛlla
Valpy *engl.* 'vælpɪ
Vạls (Schweiz) vals
Valsainte *fr.* val'sɛ̃:t
Val-Saint-Lambẹrt *fr.* valsɛ̃lã'bɛ:r
Valsạlva *it.* val'salva
Valsgärde *schwed.* vals,jæ:rdə
Val Sinẹstra *rät.* valsi'neʃtra
Vạlšov *tschech.* 'valʃɔf
Valtellina *it.* valtel'li:na
Vạltice *tschech.* 'valtjitsɛ
Valtrẹmola *it.* val'trɛ:mola
Valuev vgl. Walujew
Valuiki vgl. Waluiki
Valünaalp fa'ly:na|alp
Valuta va'lu:ta
valutieren valu'ti:rən
Valvassoren valva'so:rən
Valvation valva'tsi̯o:n
Valve *engl.* vælv
Valvẹrde *span.* bal'βɛrðe, *it.* val'verde
valvieren val'vi:rən
Vạmberk *tschech.* 'vambɛrk
Vámbéry *ung.* 'va:mbe:ri
Vạmdrup *dän.* 'vamdrob
Vámosmikola *ung.* 'va:moʃmikolɔ
Vámospércs *ung.* 'va:moʃpe:rtʃ
Vámosszabadi *ung.* 'va:mossɔbɔdi
Vamp vɛmp
Vampir 'vampi:ɐ̯, vam'pi:ɐ̯
Vampire *engl.* 'væmpaɪə
Vampirismus vampi'rɪsmʊs
Vạmpyr 'vampɪr
vạn van, fan, *niederl.* vɑn
Van *engl.* væn, *türk.* vɑn
Vanadat vana'da:t
Vanadin vana'di:n
Vanadinit vanadi'ni:t, *auch:* ...nɪt
Vanadium va'na:di̯ʊm
Vanbrugh *engl.* 'vænbrə
Van Buren *engl.* væn'bjʊərən
Vạnce *engl.* vɑ:ns
Vancouver vɛn'ku:vɐ, *engl.* væn'ku:və
Vạnčura *tschech.* 'vantʃura
Vanda vgl. Wanda
Vandale van'da:lə
Vandalia *engl.* væn'deɪlɪə
vandalisch van'da:lɪʃ
Vandalismus vanda'lɪsmʊs
Vandạmme *fr.* vã'dam
Vandegrift *engl.* 'vændəgrɪft
Vandenberg *engl.* 'vændənbə:g
Vạndenhoeck 'fandn̩hu:k
Vanderbẹke *niederl.* vɑndər'be:kə
Vanderbilt *engl.* 'vændəbɪlt
Vandercook *engl.* 'vændəkʊk
Vanderlyn *engl.* 'vændəlɪn
Van der Meersch *fr.* vãdɛr'mɛrʃ
Vandervẹlde *niederl.* vɑndər'vɛldə
Van Diemen *niederl.* vɑn'di:mə, *engl.* væn'di:mən
Van-Diemens-Land fan'di:mənslant
Van Dongẹn *fr.* vãdõ'gɛn
Van Dọren *engl.* væn'dɔ:rən
Van Drụten *engl.* væn'dru:tn
van Dyck fan 'daik, van —; *niederl.* vɑn 'dɛi̯k
Van Dyke *engl.* væn'daɪk

Vane *engl.* veɪn
Vạnen 'va:nən
Vạ̈nern *schwed.* ˌvɛ:nərn, '– –
Vänersbọrg *schwed.* vɛ:nərs'bɔrj
Vạ̈nersee 'vɛ:nɐze:
Vänersnạ̈s *schwed.* vɛ:nərs'nɛ:s
Vanẹssa va'nɛsa, *engl.* və'nɛsə
Vangiọne vaŋ'gi̯o:nə
Vạn gölụ̈ *türk.* 'vɑn gœ'ly
Vanguard *engl.* 'vængɑ:d
Vạňhal *tschech.* 'vanjhal
Van Hise *engl.* væn'haɪs
Van Họrne *engl.* væn'hɔ:n
vanịlle, V... va'nɪljə, va'nɪlə
Vanillịn vanɪ'li:n
Vanịni *it.* va'ni:ni
Vạnitas 'va:nitas
Vanja vgl. Wanja
Vạnkiva *schwed.* ˌvantçi:va
Van Lerbẹrghe *fr.* vanlɛr'bɛrg
Vanloo *fr.* vã'lo
Van Loon *engl.* væn'loʊn
Vạnløse *dän.* 'vanlø:sə
Van Name *engl.* væn'neɪm
Vạnne[s] *fr.* van
Vạnni *it.* vanni
Van Nostrand *engl.* væn'noʊstrənd
Vannụcci *it.* van'nuttʃi
Vanoise *fr.* va'nwa:z
Vanọni *it.* va'no:ni
Van Rẹnsselaer *engl.* væn'rɛnsələ
Vạnsbro *schwed.* 'vɑ:nsbru:
Vạnselow 'vanzəlo
Vạnsen 'fanzn̩
Vansịttart *engl.* væn'sɪtət
Van Slyke *engl.* væn'slaɪk
Vantọngerloo *niederl.* vɑn'tɔŋərlo:
Van Tyne *engl.* væn'taɪn
Vanụa Lạva, - Lẹvu va'nu:a 'la:va, – 'le:vu; *engl.* vɑ:'nu:ə 'lɑ:və, – 'lɛvu:
Van Vẹchten *engl.* væn'vɛktən
Vanves *fr.* vã:v
Vanvitẹlli *it.* vanvi'tɛlli
Van Wert *engl.* væn'wə:t
Vanyarc *ung.* 'vɔnjɔrts
Vạpaa Sạna *finn.* 'vɑpɑ: 'sɑnɑ
Vapcarov vgl. Wapzarow
Vápenná *tschech.* 'va:pɛna:
Vápenný Pọdol *tschech.* 'va:pɛni: 'pɔdɔl
Vapeurs va'pø:ɐ̯s
Vạplan *schwed.* ˌvɑ:plan
Vaporimẹter vapori'me:tɐ
Vaporisatiọn vaporiza'tsi̯o:n
vaporisi̱eren vapori'zi:rən
Vaquẹro va'ke:ro, *span.* ba'kero
Vạr *fr.* va:r
Vạra *schwed.* ˌvɑ:ra
Varạllo *it.* va'rallo
Vạralya 'va:ralja
Varạngerfjord *norw.* va'raŋərfju:r
Varạno *it.* va'ra:no
Varạždin *serbokr.* vaˌraʒdi:n
Varạzze *it.* va'rattse
Várbalog *ung.* 'va:rbɔlog
Vạrberg *schwed.* ˌvɑ:rbærj
Vạrchi *it.* 'varki
Várda *ung.* 'va:rdɔ
Vạrdar *mak.* 'vardar
Vạrde *dän.* 'vardə
Vạrdø *norw.* ˌvardø
Várdomb *ung.* 'va:rdomb
Varè *it.* va'rɛ
Vạrel 'fa:rəl
Varẹla *span.* ba'rela
Varende *fr.* va'rã:d
Varẹnius va're:ni̯ʊs
Varẹnne[s] *fr.* va'rɛn
Varẹse *it.* va're:se
Varèse *fr.* va'rɛ:z
[1]**Varg[h]a** *ung.* 'vɔrgɔ
[2]**Varga** vgl. Warga
Vạrgas *span.* 'barɣas, *bras.* 'vargas
Vargịnha *bras.* var'ʒiɲa
Vạria 'va:ri̯a
variạbel va'ri̯a:bl̩, **...ble** ...blə
Variabilitạ̈t vari̯abili'tɛ:t
Variạble va'ri̯a:blə
variạnt va'ri̯ant
Variạnte va'ri̯antə
Variạnz va'ri̯ants
variạtio delẹctat va'ri̯a:tsi̯o de'lɛktat
Variatiọn varia'tsi̯o:n
Variạtor va'ri̯a:tɔr, **-en** ...i̯a'to:rən
Varibọba *alban.* vari'boba
Varietạ̈t vari̯e'tɛ:t
Varieté vari̯e'te:
Varignon *fr.* vari'ɲõ
varii̱eren vari'i:rən
varikọ̈s vari'kø:s, **-e** ...ø:zə
Varikositạ̈t varikozi'tɛ:t
Varikozẹle variko'tse:lə
Varin *fr.* va'rɛ̃
Varinas 'va:rinas, va'ri:nas
Vạ̈ring *schwed.* ˌvæ:riŋ
Variọla va'ri:ola; **...lä** ...lɛ, **...len** va'ri̯o:lən
Variọle va'ri̯o:lə
Variomẹter vari̯o'me:tɐ
varịskisch va'rɪskɪʃ
varịstisch va'rɪstɪʃ
varịszisch va'rɪstsɪʃ
Variszit varɪs'tsi:t, *auch:* ...tsɪt
Varityper 'vɛritaɪ̯pɐ
Vạrius 'va:ri̯ʊs
Vạrix 'va:rɪks, **...izen** va'ri:tsn̩
Varịze va'ri:tsə
Varizẹlle vari'tsɛlə
Vạrkaus *finn.* 'vɑrkɑus
Varlaam vgl. Warlaam
Varlamov vgl. Warlamow
Vạrley *engl.* 'vɑ:lɪ
Vạ̈rmdö *schwed.* ˌværmdø:
Vạ̈rmland *schwed.* 'værmland
Vạ̈rmskog *schwed.* ˌværmsku:g
Vạ̈rnamo *schwed.* ˌvæ:rnamu:
Vạrnay 'varnai̯
Vạ̈rner *schwed.* 'væ:rnər
Vạrnhagen 'farnha:gn̩
Vạrnhem *schwed.* ˌvɑ:rnhɛm
Vạ̈rnlund *schwed.* ˌvæ:rnlʊnd
Vạrnsdorf *tschech.* 'varnzdɔrf
Varọna *span.* ba'rona
Várong *ung.* 'va:roŋg
Városföld *ung.* 'va:roʃføld
Városliget *ung.* 'va:roʃligɛt
Városlőd *ung.* 'va:roʃlø:d
Varotạri *ital.* varo'ta:ri
Várpalota *ung.* 'va:rpɔlotɔ
Vạrro 'varo
Varsád *ung.* 'vɔrʃa:d
Vạ̈rsås *schwed.* ˌvæ:rso:s
Vạrshult *schwed.* ˌvɑ:rshʊlt
Vạrsinais-Suomi *finn.* 'vɑrsinɑi̯ssuo̯mi
Varsoviẹnne varzo'vi̯ɛn, **-n** ...nən
Vạrrius 'vari̯ʊs
Vạrsseveld *niederl.* 'vɑrsəvɛlt
Vạrta (Wz) 'varta
Vạ̈rtan *schwed.* ˌværtan
Vạruna 'va:runa
Vạrus 'va:rʊs
Varvara vgl. Warwara
Vạrvažov *tschech.* 'varvaʒɔf
Vạrzi *it.* 'vartsi
Varzịn var'tsi:n, far'tsi:n
Varzuga vgl. Warsuga
Vas *ung.* vɔʃ
Vạsa *schwed.* ˌvɑ:sa
Vaša vgl. Wascha
Vasad *ung.* 'vɔʃɔd
Vasạll va'zal
Vasallitạ̈t vazali'tɛ:t
Vasạlteil va'za:ltai̯l
Vasạnzio *it.* va'santsi̯o
Vasarély *fr.* vazare'li
Vasạri *it.* va'za:ri
Vásárosnamény *ung.* 'va:ʃa:roʃnɔme:nj
Vasas *ung.* 'vɔʃɔʃ
Vaşcău *rumän.* vaʃ'kəu̯
Vạ̈schen 'vɛ:sçən
Vạschvitz 'vaʃvɪts
Vạsco da Gạma 'vasko da 'ga:ma, *port.* 'vaʃku ðɐ 'ɣɐmɐ, *bras.* 'vasku da 'gɐma
Vasconcẹl[l]os *port.* vɐʃkõ'sɛluʃ, *bras.* vaskõ'sɛlus
Vascongạdas *span.* baskɔŋ'gaðas
Vascuẹnce *span.* bas'ku̯enθe
Vạse 'va:zə
Vasektomi̱e vazɛkto'mi:, **-n** ...i:ən
Vaselịn[e] vaze'li:n[ə]
Vasenọl (Wz) vaze'no:l
Vasey *engl.* 'veɪzɪ
Vashon *engl.* 'væʃɔn
Vashosszúfalu *ung.* 'vɔʃhossu:fɔlu
Vasil vgl. Wassil
Vasil'čenko vgl. Wassiltschenko

Vasile *rumän.* va'sile
Vasileiades *neugr.* vasi'ljaðis
Vasilenko vgl. Wassilenko
Vasilev vgl. Wassilew
Vasil'ev vgl. Wassiljew
Vasil'evič vgl. Wassiljewitsch
Vasil'evka vgl. Wassiljewka
Vasil'evna vgl. Wassiljewna
Vasilevskij vgl. Wassilewski
Vasilij vgl. Wassili
Vasil'kov vgl. Wassilkow
Vasil'sursk vgl. Wassilsursk
Vasjugan vgl. Wassjugan
Vaška vgl. Waschka
Vaskivesi *finn.* 'vɑskivesi
vaskulär vasku'lɛ:ɐ̯
Vaskularisation vaskulariza'tsi̯o:n
vaskulös vasku'lø:s, **-e** ...ø:zə
Vaskút *ung.* 'vɔʃku:t
Vaslui *rumän.* vas'lui̯
Vasmer 'fasmɐ
Vasnecov vgl. Wasnezow
Vasodilatator vazodila'ta:tɔr, **-en** ...ta'to:rən
Vasokonstriktor vazokɔn'strɪktɔr, **-en** ...'to:rən
Vasoligatur vazoliga'tu:ɐ̯
Vasomotion vazomo'tsi̯o:n
Vasomotoren vazomo'to:rən
vasomotorisch vazomo'to:rɪʃ
Vasoneurose vazonɔy'ro:zə
Vasoplegie vazople'gi:, **-n** ...i:ən
Vasotomie vazoto'mi:, **-n** ...i:ən
Vassar *engl.* 'væsə
Vassé *fr.* va'se
Vasseur *fr.* va'sœ:r
Vassijaure *schwed.* 'vasijau̯rə
Vassouras *bras.* va'soras
vast vast
Vastation vasta'tsi̯o:n
Västerås *schwed.* vɛstər'o:s
Västerbotten *schwed.* ˌvɛstərbɔtən
Västerbrunn *schwed.* vɛstər'brʊn
Västerdalarna *schwed.* ˌvɛstərdɑ:larna
Västerfärnebo *schwed.* vɛstərˌfæ:rnəbu:
Västergötland *schwed.* ˌvɛstərjø:tland
Västernorrland *schwed.* ˌvɛstərnɔrland
Västervik *schwed.* ˌvɛstərvi:k
Västmanland *schwed.* 'vɛstmanland
Vasto *it.* 'vasto
Vaszar[y] *ung.* 'vɔsɔr[i]
Vát *ung.* va:t
Vatan *türk.* vɑ'tɑn
Vater 'fa:tɐ, **Väter** 'fɛ:tɐ
Väterchen 'fɛ:tɐçən
Vaterland 'fa:tɐlant
väterlich 'fɛ:tɐlɪç
Vatersbruder 'fa:tɐsbru:dɐ
Vaterunser 'fa:tɐ'|ʊnzɐ, *auch:* – –'– –
Väthen 'fɛ:tn̩
Vati 'fa:ti
Vaticana *it.* vati'ka:na
Vaticano *it.* vati'ka:no
Vatikan vati'ka:n
Vatikanum vati'ka:nʊm
Vatizinium vati'tsi:ni̯ʊm, **...ien** ...i̯ən
Vatnajökull *isl.* 'vahtnajœ:kʏdl
Vatneyri *isl.* 'vahtnɛi̯rɪ
Vatra Dornei *rumän.* 'vatra 'dornei̯
Vattel 'fatl̩
Vättern *schwed.* 'vɛtərn
Vättersee 'vɛtɐze:
Vatteville *fr.* vat'vil
Vättis 'fɛtɪs
Vatutin vgl. Watutin
Vatutino vgl. Watutino
Vauban *fr.* vo'bã
Vaublanc *fr.* vo'blã
Vaucanson *fr.* vokã'sõ
Vauclin *fr.* vo'klɛ̃
Vaucluse *fr.* vo'kly:z
Vaucouleurs *fr.* voku'lœ:r
Vaucresson *fr.* vokrɛ'sõ
Vaud *fr.* vo
Vaudémont *fr.* vode'mõ
Vaudeville vodə'vi:l, *fr.* vod'vil
Vau de Vire *fr.* vod'vi:r
Vaudoyer *fr.* vodwa'je
Vaudreuil *fr.* vo'drœj
Vaugelas *fr.* vo'ʒlɑ
Vaughan *engl.* vɔ:n
Vaugirard *fr.* voʒi'ra:r
Vaugoin *fr.* vo'gwɛ̃
Vaulabelle *fr.* vola'bɛl
Vaulx *fr.* vo
Vaumarcus *fr.* vomar'ky
Vauquelin de la Fresnaye *fr.* voklɛ̃dlafrɛ'nɛ
Vautier *fr.* vo'tje
Vautour *fr.* vo'tu:r
Vautrin *fr.* vo'trɛ̃
Vauvenargues *fr.* vov'narg
Vaux *engl.* vɔ:z, vɔks, vɔ:ks, voʊks, *fr.* vo
Vaux-devant-Damloup *fr.* vodvãdã'lu
Vauxhall *engl.* 'vɔks'hɔ:l
Vaux-le-Vicomte *fr.* volvi'kõ:t
Vava *bras.* 'vava
Vavau va'va:u, *engl.* vɑ:'vɑ:ʊ
Vavila vgl. Wawila
Vavilov vgl. Wawilow
Vaxholm *schwed.* ˌvaksholm
Växjö *schwed.* ˌvɛkʃø:
Vaz *port.* vaʃ, *bras.* vas, *rät.* vats
Vaz Ferreira *span.* 'baθ fɛ'rrɛi̯ra
vazieren va'tsi:rən
Vazov vgl. Wasow
Vazovgrad vgl. Wasowgrad
Vázquez *span.* 'baθkɛθ
Vazul *ung.* 'vɔzul
Vazuza vgl. Wasusa
VEBA 'fe:ba
Veberöd *schwed.* ˌve:bərø:d
Veblen *engl.* 'vɛblən
Vecchi *it.* 'vɛkki
Vecchietta *it.* vek'ki̯etta
Vecchio *it.* 'vɛkki̯o
Vecelli *it.* ve'tʃɛlli
Vecellio *it.* ve'tʃɛlli̯o
Večerni Novini vgl. Wetscherni Novini
Vechelde 'fɛçl̩də
Vecht *niederl.* vɛxt
Vechta 'fɛçta
Vechte 'fɛçtə
Vécs *ung.* ve:tʃ
Vecsés *ung.* 'vɛtʃe:ʃ
Veda 've:da
Vedbæk *dän.* 've:[ð]'bɛg
Veddel 'fɛdl̩
Vedder *engl.* 'vɛdə
Vedea *rumän.* 'vedea̯
Vedel *dän.* 've:'ðəl
Vedette ve'dɛtə
vedisch 've:dɪʃ
Vedova *it.* 've:dova
Védrines *fr.* ve'drin
Vedroša vgl. Wedroscha
Vedute ve'du:tə
[1]**Veen** fe:n
[2]**Veen** (Name) *niederl.* ve:n
Veendam *niederl.* ve:n'dɑm
Veenendaal *niederl.* 've:nənda:l
Veenhuizen *niederl.* 've:nhœi̯zə, –'– –
Veere *niederl.* 've:rə
Veerle *niederl.* 've:rlə
Vefik *türk.* vɛ'fik
Vefsnfjord *norw.* 'vɛfsənfju:r
Vega 've:ga, *span.* 'beɣa
Vegesack 'fe:gəzak
Vegetabilien vegeta'bi:li̯ən
vegetabil[isch] vegeta'bi:l[ɪʃ]
Vegetarianer vegeta'ri̯a:nɐ
Vegetarianismus vegetari̯a'nɪsmʊs
Vegetarier vege'ta:ri̯ɐ
vegetarisch vege'ta:rɪʃ
Vegetarismus vegeta'rɪsmʊs
Vegetation vegeta'tsi̯o:n
vegetativ vegeta'ti:f, **-e** ...i:və
vegetieren vege'ti:rən
Végh *ung.* ve:g
Veghe 'fe:gə
Veghel *niederl.* 've:xəl
Vegius 've:gi̯ʊs
Veglia *it.* 'veʎʎa
vehement vehe'mɛnt
Vehemenz vehe'mɛnts
Vehikel ve'hi:kl̩
Vehlefanz 'fe:ləfants
Veidt fait
Veiga *port.* 'vɐi̯ɣɐ, *bras.* 'vei̯ga
Veigelein 'faigəlain
Veigerl 'faigɐl
Veil fail
Veilbronn fail'brɔn
Veilchen 'failçən

Veit fait
Veitsch faitʃ
Veitshöchheim faitsˈhøːçhaim
Vejen *dän.* ˈvai̯ən
Vejẹr *span.* bɛˈxɛr
Vejers *dän.* ˈvai̯ərs
Vẹji ˈveːji
Vejle *dän.* ˈvai̯lə
Vẹjprty *tschech.* ˈvɛjpr̩ti
Vẹktor ˈvɛktɔr, **-en** ...ˈtoːrən
vektoriẹll vɛktoˈri̯ɛl
Vel' vgl. Wel
[1]**Vela** *it.* ˈveːla, *span.* ˈbela
[2]**Vela** vgl. Velum
Velamen veˈlaːmən
Vela palatina vgl. Velum palatinum
velar, V... veˈlaːɐ̯
Velarde *span.* beˈlarðe
velarisieren velariˈziːrən
Velasco *span.* beˈlasko
Velay *fr.* vəˈlɛ
Velazquez veˈlaskɛs
Velázquez *span.* beˈlaθkɛθ
Vẹlber[t] ˈfɛlbɐ[t]
Vẹlde ˈfɛldə, *niederl.* ˈvɛldə
Vẹldeke ˈfɛldəkə
Vẹlden ˈfɛldn̩, *niederl.* ˈvɛldə
Vẹldes ˈfɛldəs
Vẹldhoven *niederl.* ˈvɛlthoːvə
Vel'e vgl. Welje
Velẹbit *serbokr.* vɛˌlɛbit
Vẹlehrad *tschech.* ˈvɛlɛhrat
Vẹlen ˈfeːlən
Vẹlence[itó] *ung.* ˈvɛlɛntsɛ[itoː]
Vẹlencer ˈvɛlɛntsɐ
Vẹles *serbokr.* ˌvɛlɛs
Vẹlešín *tschech.* ˈvɛlɛʃiːn
Velẹta *span.* beˈleta
Velet'ma vgl. Weletma
Vẹlež *serbokr.* ˈvɛlɛːʒ
Vélez *span.* ˈbelɛθ
Vẹlgast ˈfɛlgast
Vel'gija vgl. Welgija
Vẹlhagen ˈfɛlhaːgn̩
Veli *türk.* vɛˈli
Veličkov vgl. Welitschkow
Vẹlika Kladuša *serbokr.* ˈvɛlikaː ˌkladuʃa
Velikaja vgl. Welikaja
Vẹlika Nẹdelja *serbokr.* ˈvɛlikaː ˌnɛdɛlja
Velikanović *serbokr.* vɛliˌkaːnɔvitɕ
Vẹlika planina *serbokr.* ˈvɛlikaː plaˌnina
Vẹlika Vlaška *serbokr.* ˈvɛlikaː ˈvlaʃkaː
Vẹliki Bečkẹrek *serbokr.* ˈvɛlikiː bɛtʃˌkɛrɛk
Vẹliki Djẹrdap, - Đẹrdap *serbokr.* ˈvɛlikiː ˌdzɛrdap
Velikie Luki vgl. Welikije Luki
Velikie Mosty vgl. Welikije Mosty
Velikij Bereznyj vgl. Weliki Beresny
Velikij Byčkov vgl. Weliki Bytschkow
Velikij Ustjug vgl. Weliki Ustjug
Vẹliko Brdo *serbokr.* ˈvɛlikɔː ˈbr̩dɔ
Velikoe vgl. Welikoje
Vẹliko Grạdište *serbokr.* ˈvɛlikɔː ˌgradiʃtɛ
Vẹliko Jẹzero *serbokr.* ˈvɛlikɔː ˈjɛzɛrɔ
Vẹliko Sẹlo *serbokr.* ˈvɛlikɔː ˌsɛlɔ
Vẹliko Sljẹme *serbokr.* ˈvɛlikɔː ˈsljɛmɛ
Velin veˈliːn, *auch:* veˈlɛ̃ː
Velingrad vgl. Welingrad
Velino *it.* veˈliːno
Velíž vgl. Welisch
Vẹljko *serbokr.* ˈvɛːljkɔ
Vẹlká [Bíteš] *tschech.* ˈvɛlkaː [ˈbiːtɛʃ]
Vẹlká Bystřice *tschech.* ˈvɛlkaː ˈbistrʃitsɛ
Vẹľká Fạtra *slowak.* ˈvɛljkaː ˈfatra
Vẹlké Březno *tschech.* ˈvɛlkɛː ˈbrʒɛznɔ
Vẹlké Lọsiny *tschech.* ˈvɛlkɛː ˈlɔsini
Vẹlké Mẹziříčí *tschech.* ˈvɛlkɛ ˈmɛzirʒiːtʃiː
Vẹlké Pạvlovice *tschech.* ˈvɛlkɛː ˈpavlɔvitsɛ
Vẹlké Pọpovice *tschech.* ˈvɛlkɛː ˈpɔpɔvitsɛ
Vẹllach ˈfɛlax
Vẹllberg ˈfɛlbɛrk
Velleität vɛleiˈtɛːt
Vellẹius veˈleːjʊs
Vellẹtri *it.* velˈleːtri
Vellin vɛˈliːn
Vellọso *port.* vəˈlozu
Vẹlm[ede] ˈfɛlm[ədə]
Vẹlmerstot ˈfɛlmɐstoːt
Vel'mo vgl. Welmo
Vẹlo ˈveːlo
veloce veˈloːtʃə
Velodrom veloˈdroːm
Velour vəˈluːɐ̯, *auch:* veˈluːɐ̯
Velours vəˈluːɐ̯, *auch:* veˈluːɐ̯; **des -, die -**...luːɐ̯s
Veloutine vəluˈtiːn
Velozipẹd velotsiˈpeːt, **-e** ...eːdə
Velozipedist velotsipeˈdɪst
Vẹlp *niederl.* vɛlp
Velpeau *fr.* vɛlˈpo
Vẹlpel ˈfɛlpl̩
Vẹlsen *niederl.* ˈvɛlsə
Vel'sk vgl. Welsk
Vẹlten ˈfɛltn̩
Veltlin vɛltˈliːn, *auch:* fɛ...
Vẹlum ˈveːlʊm, **Vẹla** ˈveːla
Vẹlum palatinum ˈveːlʊm palaˈtiːnʊm, **Vẹla ...na** ˈveːla ...na
Velutus veˈluːtʊs
Vẹluwe *niederl.* ˈveːlyːwə
Vẹlvary *tschech.* ˈvɛlvari
Vẹlvet ˈvɛlvət
Vẹmb *dän.* ˈvɛmˀ
Vẹmdalen *schwed.* ˌvɛmdɑːlən
Vẹn *schwed.* veːn
Venafro *it.* veˈnaːfro
Venaissin *fr.* vənɛˈsɛ̃
venal veˈnaːl
Venantius veˈnantsi̯ʊs
Venaria *it.* venaˈriːa
Venasca *it.* veˈnaska
Vẹnčac *serbokr.* ˌvɛntʃats
Vence *fr.* vãːs
Venceslás *span.* benθezˈlas
Vendee vãˈdeː
Vendée *fr.* vãˈde
Vendeer vãˈdeːɐ
Vẹndel *schwed.* ˈvɛndəl
Vendemiaire vãdeˈmi̯ɛːɐ̯
Vendẹtta vɛnˈdɛta
Vendin-le-Vieil *fr.* vãdɛ̃lˈvjɛj
Vendôme *fr.* vãˈdoːm
Vendômois *fr.* vãdoˈmwa
Vẹndsyssel *dän.* ˈvɛnsysəl
Vẹne ˈveːnə
Venecianov vgl. Wenezianow
Vẹneder ˈveːnedɐ
Venẹdig veˈneːdɪç
Venẹdiger veˈneːdɪɡɐ
Venedikt vgl. Wenedikt
Venefịcium veneˈfiːtsi̯ʊm, **...ia** ...i̯a
Venektasie venɛktaˈziː
venenös veneˈnøːs, **-e** ...øːzə
Venenum veˈneːnʊm, **...na** ...na
venerabel veneˈraːbl̩, **...ble** ...blə
Venerabile veneˈraːbile
venerabilis, V... veneˈraːbilɪs
Veneration veneraˈtsi̯oːn
venerieren veneˈriːrən
venerisch veˈneːrɪʃ
Venerologe veneroˈloːɡə
Venerologie veneroloˈɡiː
venerologisch veneroˈloːɡɪʃ
Vẹneter ˈveːnetɐ
Venẹtia veˈneːtsi̯a
Venẹtien veˈneːtsi̯ən
Vẹneto *it.* ˈvɛːneto
Vẹnetus ˈveːnetʊs
Venetvinov vgl. Wenetwinow
[1]**Venev** vgl. Wenjof
[2]**Venev** vgl. Wenew
Venẹzes *neugr.* vɛˈnɛzis
Venẹzia veˈneːtsi̯a, *it.* veˈnɛttsi̯a
Venezianer veneˈtsi̯aːnɐ
venezianisch veneˈtsi̯aːnɪʃ
Veneziano *it.* venetˈtsi̯aːno
Venezolaner venetsoˈlaːnɐ
venezolanisch venetsoˈlaːnɪʃ
Venezuela veneˈtsu̯eːla, *span.* beneˈθu̯ela
Venezueler veneˈtsu̯eːlɐ
venezuelisch veneˈtsu̯eːlɪʃ
Vẹnhuizen *niederl.* ˈvɛnhœi̯zə
Vẹnia legẹndi ˈveːni̯a leˈɡɛndi
Vẹnice *engl.* ˈvɛnɪs

Vẹni, creator spiritus! 'veːni kre'aːtɔr 'spiːritʊs
Vẹni, sạncte spiritus! 'veːni 'zaŋktə 'spiːritʊs
Vénissieux *fr.* veni'sjø
vẹni, vidi, vici 'veːni 'viːdi 'viːtsi
Venizẹlos *neugr.* vɛni'zɛlɔs
Vẹnlo *niederl.* 'vɛnloː
[1]**Vẹnn** fɛn
[2]**Vẹnn** (Name) fɛn, *engl.* vɛn
Vẹnnberg *schwed.* ˌvɛnbærj
Vẹnne *niederl.* 'vɛnə
Vẹnner 'fɛnɐ
Vennheide fɛn'ha͜idə
Vẹnning *engl.* 'vɛnɪŋ
Venø *dän.* 'veːnøːˀ, 'vɛnøːˀ
Vẹnom *engl.* 'vɛnəm
venös ve'nøːs, **-e** ...øːzə
Venosa *it.* ve'noːsa
Venọsta *it.* ve'nɔsta
Vẹnraij *niederl.* 'vɛnraːi̯
Vẹnt fɛnt
Vẹnta *span.* 'benta
Ventadour *fr.* vãta'duːr
Ventidius vɛn'tiːdi̯ʊs
Ventil vɛn'tiːl
Ventilabro vɛnti'laːbro
Ventilation vɛntila'tsi̯oːn
Ventilator vɛnti'laːtɔr, **-en** ...la'toːrən
ventilieren vɛnti'liːrən
Ventimiglia *it.* venti'miʎʎa
Vẹntnor *engl.* 'vɛntnə
Vẹnto 'vɛnto
Ventose, -s vã'toːs
Ventoux *fr.* vã'tu
ventral vɛn'traːl
ventre à tẹrre vãtra'tɛːɐ̯
Ventrikel vɛn'triːkl̩
ventrikular vɛntriku'laːɐ̯
Ventrikulus vɛn'triːkulʊs, **...li** ...li
Ventriloquist vɛntrilo'kvɪst
Vẹntschow 'vɛntʃo
Ventura *it.* ven'tuːra, *engl.* vɛn'tʊərə, *span.* ben'tura
Venturi *it.* ven'tuːri
Venus 'veːnʊs
Venusia ve'nuːzi̯a
Vẹnzmer 'fɛntsmɐ
Vép *ung.* veːp
Vẹprinac *serbokr.* 'vɛprinats
[1]**Vera** *dt., it.* 'veːra, *engl.* 'vɪərə, *span.* 'bera
[2]**Vera** vgl. Wera
Věra *tschech.* 'vjɛra
veraasen fɛɐ̯'|aːzn̩
verạbfolgen fɛɐ̯'|apfɔlgn̩
verạbreden fɛɐ̯'|apreːdn̩
verạbreichen fɛɐ̯'|apra͜içn̩
verạbsäumen fɛɐ̯'|apzɔ͜ymən
verạbscheuen fɛɐ̯'|ap-ʃɔ͜yən
verạbschieden fɛɐ̯'|ap-ʃiːdn̩, **...d!** ...iːt
verabsolutieren fɛɐ̯|apzolu'tiːrən
verạchten fɛɐ̯'|axtn̩
Verạ̈chter fɛɐ̯'|ɛçtɐ
verạ̈chtlich fɛɐ̯'|ɛçtlɪç
Veracini *it.* vera'tʃiːni
Veracruz vera'kruːs, *span.* bera'kruθ
Verạguas *span.* be'raɣu̯as
Verähnlichung fɛɐ̯'|ɛːnlɪçʊŋ
Verakruz vera'kruːs
verạlbern fɛɐ̯'|albɐn, **...bre** ...brə
verạllgemeinern fɛɐ̯'|algə'ma͜inɐn
Verạnda ve'randa
verạ̈nderlich fɛɐ̯'|ɛndɐlɪç
verạnlagen fɛɐ̯'|anlaːgn̩ **...g!** ...aːk, **...gt** ...aːkt
verạnlassen fɛɐ̯'|anlasn̩, **...aß!** ...as
verạnschaulichen fɛɐ̯'|anʃa͜ulɪçn̩
verạnschlagen fɛɐ̯'|anʃlaːgn̩, **...g!** ...aːk, **...gt** ...aːkt
verạnstalten fɛɐ̯'|anʃtaltn̩
verạntworten fɛɐ̯'|antvɔrtn̩
verạntwortlich fɛɐ̯'|antvɔrtlɪç
Verapaz *span.* bera'paθ
verạ̈ppeln fɛɐ̯'|ɛpl̩n
verạrbeiten fɛɐ̯'|arba͜itn̩
verạrgen fɛɐ̯'|argn̩, **verạrg!** fɛɐ̯'|ark, **verạrgt** fɛɐ̯'|arkt
verạ̈rgern fɛɐ̯'|ɛrgɐn
verạrmen fɛɐ̯'|armən
verarzten fɛɐ̯'|aːɐ̯tstn̩, *auch:* fɛɐ̯'|artstn̩
verạ̈steln fɛɐ̯'|ɛstl̩n
Veratrin vera'triːn
Verauktionierung fɛɐ̯|a͜uktsi̯o'niːrʊŋ
verausgaben fɛɐ̯'|a͜usgaːbn̩ **...b!** ...aːp, **...bt** ...aːpt
verauslagen fɛɐ̯'|a͜uslaːgn̩, **...g!** ...aːk, **...gt** ...aːkt
veräußerlichen fɛɐ̯'|ɔ͜ysɐlɪçn̩
veräußern fɛɐ̯'|ɔ͜ysɐn
Verazio ve'raːtsi̯o
Verazität veratsi'tɛːt
Vẹrb vɛrp, **-en** 'vɛrbn̩
Verba vgl. Verbum
verbal vɛr'baːl
Verbale vɛr'baːlə, **...lien** ...li̯ən
Verbalisierung vɛrbali'ziːrʊŋ
Verbalịsmus vɛrba'lɪsmʊs
Verbalịst vɛrba'lɪst
verbaliter vɛr'baːlitɐ
verbạllhornen fɛɐ̯'balhɔrnən
Verbạnd fɛɐ̯'bant
Verbania *it.* ver'baːni̯a
Verbano *it.* ver'baːno
Verbarrikadierung fɛɐ̯barika'diːrʊŋ
Verbạskum vɛr'baskʊm
verbauern fɛɐ̯'ba͜uɐn
Verbeeck fɛɐ̯'beːk
Verbene vɛr'beːnə
Verbicaro *it.* verbi'kaːro
vẹrbi causa 'vɛrbi 'ka͜uza
Verbiest *niederl.* vər'biːst
verbiestert fɛɐ̯'biːstɐt
Verbigeration vɛrbigera'tsi̯oːn
vẹrbi gratia 'vɛrbi 'graːtsi̯a
verbịldlichen fɛɐ̯'bɪltlɪçn̩
Verbilki vgl. Werbilki
verbịndlich fɛɐ̯'bɪntlɪç
verbịssen fɛɐ̯'bɪsn̩
verbịttert fɛɐ̯'bɪtɐt
verblạssen fɛɐ̯'blasn̩
Verbleib fɛɐ̯'bla͜ip, **-es** ...a͜ibəs
verbleichen fɛɐ̯'bla͜içn̩
verbleien fɛɐ̯'bla͜iən
verbleuen fɛɐ̯'blɔ͜yən
verblịchen fɛɐ̯'blɪçn̩
verblöden fɛɐ̯'bløːdn̩, **verblöd!** ...øːt
verblụ̈ffen fɛɐ̯'blʏfn̩
verblümt fɛɐ̯'blyːmt
Verbodmung fɛɐ̯'boːdmʊŋ
Verboeckhoven *niederl.* vər'buːkhoːvə
verbohrt fɛɐ̯'boːɐ̯t
verbọrgen fɛɐ̯'bɔrgn̩, **...rgne** ...gnə
verbos vɛr'boːs, **-e** ...oːzə
verbösern fɛɐ̯'bøːzɐn, **...sre** ...zrə
Verbosität vɛrbozi'tɛːt
verbotenus vɛr'boːtenʊs
verbrämen fɛɐ̯'brɛːmən
Verbrẹchen fɛɐ̯'brɛçn̩
verbreitern fɛɐ̯'bra͜itɐn
verbriefen fɛɐ̯'briːfn̩
verbrüdern fɛɐ̯'bryːdɐn, **...dre** ...drə
Verbruggen *niederl.* vər'brʏxə
Vẹrbum 'vɛrbʊm, **Vẹrba** 'vɛrba
Vẹrbum [abstrạctum, attributivum, finitum, ịnfinitum] 'vɛrbʊm [ap'straktʊm, atribu'tiːvʊm, fi'niːtʊm, 'ɪnfiniːtʊm]
Verbụnd fɛɐ̯'bʊnt
verbụ̈nden fɛɐ̯'bʏndn̩, **verbụ̈nd!** fɛɐ̯'bʏnt
Vẹrbunkos *ung.* 'vɛrbuŋkoʃ
Vercẹllä vɛr'tsɛlɛ
Vercẹlli *it.* ver'tʃɛlli
Vẹrchen 'fɛrçn̩
verchromen fɛɐ̯'kroːmən
Vercingetorix vɛrtsɪŋ'geːtorɪks
Vercors *fr.* vɛr'kɔːr
Verdạbbio *it.* ver'dabbi̯o
Verdạcht fɛɐ̯'daxt
verdạ̈chtig fɛɐ̯'dɛçtɪç, **-e** ...ɪgə
verdạ̈chtigen fɛɐ̯'dɛçtɪgn̩, **verdạ̈chtig!** ...ɪç, **verdạ̈chtigt** ...ɪçt
Verdaguer *kat.* bərðə'ɣe
verdạmmen fɛɐ̯'damən
Verdạmmnis fɛɐ̯'damnɪs
verdạrb fɛɐ̯'darp
verdạrben fɛɐ̯'darbn̩
verdạrbt fɛɐ̯'darpt
verdạttert fɛɐ̯'datɐt
verdauen fɛɐ̯'da͜uən
Vẹrde *port.* 'verdə
Verden 'feːɐ̯dn̩
Verdẹrb fɛɐ̯'dɛrp, **-es** ...rbəs
verdẹrben fɛɐ̯'dɛrbn̩, **...bt** ...rpt

Verdẹrben fɛɐ̯'dɛrbn̩
verdẹrblich fɛɐ̯'dɛrplɪç
Verdẹrbnis fɛɐ̯'dɛrpnɪs, **-se** ...ɪsə
verdẹrbt fɛɐ̯'dɛrpt
verdeutlichen fɛɐ̯'dɔy̯tlɪçn̩
verdeutschen fɛɐ̯'dɔy̯t͜ʃn̩
Vẹrdi 'vɛrdi, *it.* 'verdi
verdịcken fɛɐ̯'dɪkn̩
Verdienst fɛɐ̯'di:nst
verdienstlich fɛɐ̯'di:nstlɪç
verdient fɛɐ̯'di:nt
Verdigris *engl.* 'və:dɪgri:s
Verdịkt vɛr'dɪkt
Verdịng fɛɐ̯'dɪŋ
verdịngen fɛɐ̯'dɪŋən
verdịnglichen fɛɐ̯'dɪŋlɪçn̩
verdịrb! fɛɐ̯'dɪrp
verdịrbt fɛɐ̯'dɪrpt
Verdon *fr.* vɛr'dõ
verdọrben fɛɐ̯'dɔrbn̩, **verdọrbne** fɛɐ̯'dɔrbnə
verdọrren fɛɐ̯'dɔrən
verdreifachen fɛɐ̯'drai̯faxn̩
verdrießen fɛɐ̯'dri:sn̩
verdrießlich fɛɐ̯'dri:slɪç
verdrọß fɛɐ̯'drɔs
Vẹrdroß 'fɛrdrɔs
verdrọ̈sse fɛɐ̯'drœsə
verdrọssen fɛɐ̯'drɔsn̩, **verdrọßne** fɛɐ̯'drɔsnə
verdrọßt fɛɐ̯'drɔst
Verdrụß fɛɐ̯'drʊs **...ụsse** ...ʊsə
verdụmmen fɛɐ̯'dʊmən
verdụmpfen fɛɐ̯'dʊmp͜fn̩
Verdun *fr.* vɛr'dœ̃
verdụ̈nnen fɛɐ̯'dʏnən
verdụnsten fɛɐ̯'dʊnstn̩
verdụ̈nsten fɛɐ̯'dʏnstn̩
verdụ̈rbe fɛɐ̯'dʏrbə
verdụ̈rbt fɛɐ̯'dʏrpt
Verdure vɛr'dy:rə
verdụ̈stern fɛɐ̯'dy:stɐn
verdụtzt fɛɐ̯'dʊt͜st
Vere *engl.* vɪə
Vẹreb *ung.* 'vɛrɛb
veredeln fɛɐ̯'|e:dl̩n, **veredle** ...dlə
Vereeniging *afr.* fər'e:nəxəŋ
vereiden fɛɐ̯'|ai̯dn̩, **vereid!** ...ai̯t
vereidigen fɛɐ̯'|ai̯dɪgn̩, **vereidig!** ...ɪç, **vereidigt** ...ɪçt
Verein fɛɐ̯'|ai̯n
vereinbaren fɛɐ̯'|ai̯nba:rən
vereinen fɛɐ̯'|ai̯nən
vereinfachen fɛɐ̯'|ai̯nfaxn̩
vereinheitlichen fɛɐ̯'|ai̯nhai̯tlɪçn̩
vereinigen fɛɐ̯'|ai̯nɪgn̩
vereinnahmen fɛɐ̯'|ai̯nna:mən
vereinsamen fɛɐ̯'|ai̯nza:mən
vereint fɛɐ̯'|ai̯nt
vereinzeln fɛɐ̯'|ai̯nt͜sl̩n
vereisen fɛɐ̯'|ai̯zn̩, **vereis!** fɛr'|ai̯s, **vereist** fɛɐ̯'|ai̯st
vereiteln fɛɐ̯'|ai̯tl̩n
vereitern fɛɐ̯'|ai̯tɐn
Vẹreker *engl.* 'vɛrɪkə
verelenden fɛɐ̯'|e:lɛndn̩, **verelend!** ...lɛnt
Verena ve're:na
verẹngen fɛɐ̯'|ɛŋən
verẹngern fɛɐ̯'|ɛŋɐn
Vẹres *ung.* 'vɛrɛʃ
Veresaev vgl. Weressajew
Vereščagin vgl. Wereschtschagin
Vereščagino vgl. Wereschtschagino
Vẹresegyház *ung.* 'vɛrɛʃɛtjha:z
Vẹress *ung.* 'vɛrɛʃ
verẹstern fɛɐ̯'|ɛstɐn
verewigen fɛɐ̯'|e:vɪgn̩, **verewig!** ...ɪç, **verewigt** ...ɪçt
Verewigte fɛɐ̯'|e:vɪçtə
Verfahren fɛɐ̯'fa:rən
Verfạll fɛɐ̯'fal
verfạ̈nglich fɛɐ̯'fɛŋlɪç
Verfạsser fɛɐ̯'fasɐ
verfeinden fɛɐ̯'fai̯ndn̩, **verfeind!** ...fai̯nt
verfeinern fɛɐ̯'fai̯nɐn
verfemen fɛɐ̯'fe:mən
verfẹtten fɛɐ̯'fɛtn̩
verfịnstern fɛɐ̯'fɪnstɐn
verfịtzen fɛɐ̯'fɪt͜sn̩
verflạchen fɛɐ̯'flaxn̩
verflịxt fɛɐ̯'flɪkst
verflụ̈chtigen fɛɐ̯'flʏçtɪgn̩, **verflụ̈chtig!** ...ɪç, **verflụ̈chtigt** ...ɪçt
verflụ̈ssigen fɛɐ̯'flʏsɪgn̩, **verflụ̈ssig!** ...ɪç, **verflụ̈ssigt** ...ɪçt
Verfọlg fɛɐ̯'fɔlk, **-es** ...lgəs
Verfọlgte fɛɐ̯'fɔlktə
verfrạchten fɛɐ̯'fraxtn̩
verfrạnzen fɛɐ̯'frant͜sn̩
verfrẹmden fɛɐ̯'frɛmdn̩, **verfrẹmd!** ...mt
verfrühen fɛɐ̯'fry:ən
verführerisch fɛɐ̯'fy:rərɪʃ
Vẹrga *it.* 'verga
Vergabe fɛɐ̯'ga:bə
vergaben fɛɐ̯'ga:bn̩, **...b!** ...a:p, **...bt** ...a:pt
vergagt fɛɐ̯'gɛ[:]kt
vergạ̈llen fɛɐ̯'gɛlən
Vergạngenheit fɛɐ̯'gaŋənhai̯t
vergạ̈nglich fɛɐ̯'gɛŋlɪç
Vergani *it.* ver'ga:ni
Vergạra *span.* bɛr'ɣara
vergasen fɛɐ̯'ga:zn̩, **vergas!** fɛɐ̯'ga:s, **vergast** fɛɐ̯'ga:st
vergaß fɛɐ̯'ga:s
vergäße fɛɐ̯'gɛ:sə
vergaßt fɛɐ̯'ga:st
Vergato *it.* ver'ga:to
vergạttern fɛɐ̯'gatɐn
vergebens fɛɐ̯'ge:bn̩s
vergeblich fɛɐ̯'ge:plɪç
vergegenständlichen fɛɐ̯'ge:gn̩ʃtɛntlɪçn̩
vergegenwärtigen fɛɐ̯'ge:gn̩vɛrtɪgn̩, ‒ ‒ ‒'‒ ‒ ‒; **vergegenwärtig!** ...ɪç, **vergegenwärtigt** ...ɪçt
Vergehen fɛɐ̯'ge:ən
vergeilen fɛɐ̯'gai̯lən
vergeistigen fɛɐ̯'gai̯stɪgn̩, **vergeistig!** ...ɪç, **vergeistigt** ...ɪçt
Vergelẹtto *it.* verdʒe'letto
Vẹrgenhans 'fɛrgn̩hans
Vergẹnnes *fr.* vɛr'ʒɛn
Vergẹnt vɛr'gɛnt
Vergẹnz vɛr'gɛnt͜s
Vergẹrio *it.* ver'dʒɛ:ri̯o
vergesẹllschaften fɛɐ̯gə'zɛlʃaftn̩
vergẹssen fɛɐ̯'gɛsn̩, **vergẹßne** fɛɐ̯'gɛsnə
vergẹßlich fɛɐ̯'gɛslɪç
vergẹßt fɛɐ̯'gɛst
vergeuden fɛɐ̯'gɔy̯dn̩, **vergeud!** fɛɐ̯'gɔy̯t
vergewạltigen fɛɐ̯gə'valtɪgn̩, **vergewạltig!** ...ɪç, **vergewạltigt** ...ɪçt
vergewịssern fɛɐ̯gə'vɪsɐn, **vergewịßre** fɛɐ̯gə'vɪsrə
vergịften fɛɐ̯'gɪftn̩
Vergil vɛr'gi:l
vergịlben fɛɐ̯'gɪlbn̩, **vergịlb!** ...lp, **vergịlbt** ...lpt
Vergilius vɛr'gi:li̯ʊs
Vẹrgine *it.* 'verdʒine
vergịß! fɛɐ̯'gɪs
vergịssest fɛɐ̯'gɪsəst
Vergịßmeinnicht fɛɐ̯'gɪsmai̯nnɪçt
vergịßt fɛɐ̯'gɪst
vergịttern fɛɐ̯'gɪtɐn
verglasen fɛɐ̯'gla:zn̩, **verglas!** ...a:s, **verglast** ...a:st
Vergleich fɛɐ̯'glai̯ç
Vergniaud *fr.* vɛr'ɲo
vergnügen fɛɐ̯'gny:gn̩, **vergnüg!** ...y:k, **vergnügt** ...y:kt
Vergnügen fɛɐ̯'gny:gn̩
vergnüglich fɛɐ̯'gny:klɪç
vergnügt fɛɐ̯'gny:kt
vergọlden fɛɐ̯'gɔldn̩, **vergọld!** ...lt
vergọtten fɛɐ̯'gɔtn̩
vergọ̈ttern fɛɐ̯'gœtɐn
vergrämen fɛɐ̯'grɛ:mən
vergreisen fɛɐ̯'grai̯zn̩, **vergreis!** ...ai̯s, **vergreist** ...ai̯st
vergröbern fɛɐ̯'grø:bɐn, **vergröbre** ...brə
vergrößern fɛɐ̯'grø:sɐn
vergroßstädtern fɛɐ̯'gro:sʃtɛ:tɐn, *auch:* ...ʃtɛtɐn
vergụ̈lden fɛɐ̯'gʏldn̩, **vergụ̈ld!** ...lt
Vergụnst fɛɐ̯'gʊnst
vergụ̈nstigen fɛɐ̯'gʏnstɪgn̩, **vergụ̈nstig!** ...ɪç, **vergụ̈nstigt** ...ɪçt
vergüten fɛɐ̯'gy:tn̩
Verhạck fɛɐ̯'hak
Verhaegen *niederl.* vər'ha:xə
Verhaerẹn *fr.* vɛra'rɛn
verhạften fɛɐ̯'haftn̩
Verhạlten fɛɐ̯'haltn̩

Verhältnis fɛɐ̯'hɛltnɪs, **-se** ...ɪsə
Verhängnis fɛɐ̯'hɛŋnɪs, **-se** ...ɪsə
verhärmt fɛɐ̯'hɛrmt
verharschen fɛɐ̯'harʃn̩
Verhas *niederl.* vər'hɑs
verhaßt fɛɐ̯'hast
Verhau fɛɐ̯'hau̯
verheddern fɛɐ̯'hɛdɐn, **verheddre** ...drə
verheeren fɛɐ̯'he:rən
verheimlichen fɛɐ̯'haimlɪçn̩
verherrlichen fɛɐ̯'hɛrlɪçn̩
verhimmeln fɛɐ̯'hɪml̩n
Verhnedneprovsk vgl. Werchnedneprowsk
Verhnee vgl. Werchneje
Verhneural'sk vgl. Werchneuralsk
Verhnie Sergi vgl. Werchnije Sergi
Verhnij Ufalej vgl. Werchni Ufalei
Verhnij Nagol'čik vgl. Werchni Nagoltschik
Verhnjaja Pyšma vgl. Werchnjaja Pyschma
Verhnjaja Salda vgl. Werchnjaja Salda
Verhnjaja Troica vgl. Werchnjaja Troiza
Verhnjaja Tura vgl. Werchnjaja Tura
verhochdeutschen fɛɐ̯'ho:xdɔy̯tʃn̩
verhohlen fɛɐ̯'ho:lən
verhohnepipeln fɛɐ̯'ho:nəpi:pl̩n
Verhojansk vgl. Werchojansk
Verhör fɛɐ̯'hø:ɐ̯
Verhotur'e vgl. Werchoturje
Verhozim vgl. Werchosim
Verhulst *niederl.* vər'hʏlst
verhundertfachen fɛɐ̯'hʊndɐtfaxn̩
verhunzen fɛɐ̯'hʊntsn̩
verhurt fɛɐ̯'hu:ɐ̯t
verhüten fɛɐ̯'hy:tn̩
verhütten fɛɐ̯'hʏtn̩
verhutzeln fɛɐ̯'hʊtsl̩n
Verifikation verifika'tsi̯o:n
verifizieren verifi'tsi:rən
Verín *span.* be'rin
verinnerlichen fɛɐ̯'|ɪnɐlɪçn̩
Verismo ve'rɪsmo
Verismus ve'rɪsmʊs
Veríssimo *bras.* ve'risimu
Verist ve'rɪst
veritabel veri'ta:bl̩, **...ble** ...blə
Verités de fait *fr.* verited'fɛ
Verités de raison *fr.* veritedrɛ'zõ
verjähren fɛɐ̯'jɛ:rən
verjüngen fɛɐ̯'jʏŋən
verjuxen fɛɐ̯'jʊksn̩
Verkade *niederl.* vər'ka:də
verkadmen fɛɐ̯'katmən
verkalken fɛɐ̯'kalkn̩
verkapseln fɛɐ̯'kapsl̩n
verkarsten fɛɐ̯'karstn̩
verkäsen fɛɐ̯'kɛ:zn̩, **verkäs!** ...ɛ:s, **verkäst** ...ɛ:st
verkästeln fɛɐ̯'kɛstl̩n
Verkauf fɛɐ̯'kau̯f
Verkäufer fɛɐ̯'kɔy̯fɐ
Verkehr fɛɐ̯'ke:ɐ̯
verketzern fɛɐ̯'kɛtsɐn
verkieseln fɛɐ̯'ki:zl̩n, **verkiesle** ...zlə
verklammen fɛɐ̯'klamən
verklaren fɛɐ̯'kla:rən
verklauseln fɛɐ̯'klau̯zl̩n, **verklausle** ...zlə
verklausulieren fɛɐ̯klau̯zu'li:rən
verkleinern fɛɐ̯'klai̯nɐn
verklommen fɛɐ̯'klɔmən
verkloppen fɛɐ̯'klɔpn̩
verknappen fɛɐ̯'knapn̩
verknöchern fɛɐ̯'knœçɐn
verknorpeln fɛɐ̯'knɔrpl̩n
verknusen fɛɐ̯'knu:zn̩, **verknus!** ...u:s, **verknust** ...u:st
verkoken fɛɐ̯'ko:kn̩
Verkolje *niederl.* vər'kɔljə
verkorken fɛɐ̯'kɔrkn̩
verkorksen fɛɐ̯'kɔrksn̩
verkörnen fɛɐ̯'kœrnən
verkörpern fɛɐ̯'kœrpɐn
verköstigen fɛɐ̯'kœstɪgn̩, **verköstig!** ...ɪç, **verköstigt** ...ɪçt
verkraften fɛɐ̯'kraftn̩
verkröpfen fɛɐ̯'krœpfn̩
verkrümeln fɛɐ̯'kry:ml̩n
verkrüppeln fɛɐ̯'krʏpl̩n
verkupfern fɛɐ̯'kʊpfɐn
Verlag fɛɐ̯'la:k, **-es** ...a:gəs
Verlaine vɛr'lɛ:n, *fr.* vɛr'lɛn
Verlangen fɛɐ̯'laŋən
verlängern fɛɐ̯'lɛŋɐn
verlangsamen fɛɐ̯'laŋza:mən
verläppern fɛɐ̯'lɛpɐn
verlarven fɛɐ̯'larfn̩
Verlaß fɛɐ̯'las, **Verlasses** ...asəs
verläßlich fɛɐ̯'lɛslɪç
Verlat *niederl.* vər'lɑt
Verlaub fɛɐ̯'lau̯p
Verlauf fɛɐ̯'lau̯f
verlautbaren fɛɐ̯'lau̯tba:rən
verlebendigen fɛɐ̯le'bɛndɪgn̩, **verlebendig!** ...ɪç, **verlebendigt** ...ɪçt
verlegen fɛɐ̯'le:gn̩, **verlegne** ...gnə
Verleih fɛɐ̯'lai̯
verletzen fɛɐ̯'lɛtsn̩
verleumden fɛɐ̯'lɔy̯mdn̩, **verleumd!** ...mt
verleumderisch fɛɐ̯'lɔy̯mdərɪʃ
verlieren fɛɐ̯'li:rən
Verlies fɛɐ̯'li:s, **-e** ...i:zə
Verlöbnis fɛɐ̯'lø:pnɪs, **-se** ...ɪsə
verlogen fɛɐ̯'lo:gn̩
verlor fɛɐ̯'lo:ɐ̯
verlöre fɛɐ̯'lø:rə
verloren fɛɐ̯'lo:rən
verlottern fɛɐ̯'lɔtɐn
verludern fɛɐ̯'lu:dɐn, **verludre** ...drə
Verlust fɛɐ̯'lʊst
verlustieren fɛɐ̯lʊs'ti:rən
verlustig fɛɐ̯'lʊstɪç, **-e** ...ɪgə
Vermächtnis fɛɐ̯'mɛçtnɪs, **-se** ...ɪsə
vermählen fɛɐ̯'mɛ:lən
Vermala *fr.* vɛrma'la
vermaledeien fɛɐ̯male'dai̯ən
Vermandois *fr.* vɛrmã'dwa
vermannigfachen fɛɐ̯'manɪçfaxn̩
vermännlichen fɛɐ̯'mɛnlɪçn̩
vermasseln fɛɐ̯'masl̩n, **vermaßle** ...aslə
vermassen fɛɐ̯'masn̩, **vermaß!** fɛɐ̯'mas
Vermeer *niederl.* vər'me:r
vermeil, V... vɛr'mɛ:j
Vermeille vɛr'mɛ:jə
vermeintlich fɛɐ̯'mai̯ntlɪç
vermenschlichen fɛɐ̯'mɛnʃlɪçn̩
Vermerk fɛɐ̯'mɛrk
vermessen fɛɐ̯'mɛsn̩, **vermeßne** ...ɛsnə
Vermeulen *niederl.* vər'mø:lə
Vermey[l]en *niederl.* vər'mɛi̯[l]ə
Vermicelli vɛrmi'tʃɛli
vermiform vɛrmi'fɔrm
vermifug vɛrmi'fu:k, **-e** ...'fu:gə
Vermigli *it.* ver'miʎʎi
vermikular vɛrmiku'la:ɐ̯
Vermillon vɛrmi'jõ:
verminen fɛɐ̯'mi:nən
vermitteln fɛɐ̯'mɪtl̩n
vermizid vɛrmi'tsi:t, **-e** ...i:də
vermöbeln fɛɐ̯'mø:bl̩n, **vermöble** ...blə
vermöge fɛɐ̯'mø:gə
Vermögen fɛɐ̯'mø:gn̩
vermögend fɛɐ̯'mø:gn̩t, **-e** ...n̩də
Vermont vɛr'mɔnt, *engl.* və:'mɔnt
vermorschen fɛɐ̯'mɔrʃn̩
vermottet fɛɐ̯'mɔtət
vermummen fɛɐ̯'mʊmən
vermuren fɛɐ̯'mu:rən
vermuten fɛɐ̯'mu:tn̩
vernachlässigen fɛɐ̯'na:xlɛsɪgn̩, **vernachlässig!** ...ɪç, **vernachlässigt** ...ɪçt
Vernalisation vɛrnaliza'tsi̯o:n
vernalisieren vɛrnali'zi:rən
Vernardakes *neugr.* vɛrnar'ðakis
Vernation vɛrna'tsi̯o:n
Verne *fr.* vɛrn
Verneau *fr.* vɛr'no
vernehmlich fɛɐ̯'ne:mlɪç
verneinen fɛɐ̯'nai̯nən
Verner *dän.* 'vɛr'nər
Verneřice *tschech.* 'vɛrnɛrʒitsɛ
Vernet *fr.* vɛr'nɛ
Verneuil *fr.* vɛr'nœj
Verney *engl.* 'və:nɪ
vernichten fɛɐ̯'nɪçtn̩
vernickeln fɛɐ̯'nɪkl̩n
Vernier *fr.* vɛr'nje

Vernis mou *fr.* vɛrniˈmu
Vernissage vɛrnɪˈsaːʒə
Vernole *it.* ˈvɛrnole
Vernon *engl.* ˈvəːnən, *fr.* vɛrˈnõ
Vernunft fɛɐ̯ˈnʊnft
Vernünftelei fɛɐ̯nʏnftəˈlai̯
vernünfteln fɛɐ̯ˈnʏnftl̩n
vernünftig fɛɐ̯ˈnʏnftɪç, **-e** ...ɪgə
Vernünftler fɛɐ̯ˈnʏnftlɐ
vernuten fɛɐ̯ˈnuːtn̩
veröden fɛɐ̯ˈ|øːdn̩, **veröd!** ...øːt
veröffentlichen fɛɐ̯ˈ|œfn̩tlɪçn̩
Verolanuova *it.* verolaˈnu̯ɔːva
Veroli *it.* ˈvɛːroli
Verona *it.* veˈroːna, *engl.* vəˈroʊnə
Veronal Ⓦ veroˈnaːl
[1]**Veronese** (Bewohner von Verona) veroˈneːzə
[2]**Veronese** (Name) veroˈneːzə, *it.* ...eːse
Veroneser veroˈneːzɐ
veronesisch veroˈneːzɪʃ
Veronica veˈroːnika, *it.* veˈrɔːnika
Verónica *span.* beˈronika
Veronika veˈroːnika
Verpelét *ung.* ˈvɛrpɛleːt
verpesten fɛɐ̯ˈpɛstn̩
verpflichten fɛɐ̯ˈpflɪçtn̩
verpichen fɛɐ̯ˈpɪçn̩
verpimpeln fɛɐ̯ˈpɪmpl̩n
verplatten fɛɐ̯ˈplatn̩
verplempern fɛɐ̯ˈplɛmpɐn
verpönt fɛɐ̯ˈpøːnt
verproletarisieren fɛɐ̯proletariˈziːrən
verproviantieren fɛɐ̯provi̯anˈtiːrən
verpulvern fɛɐ̯ˈpʊlfɐn, *auch:* ...lvɐn; **verpulvre** ...lfrə, *auch:* ...lvrə
verpuppen fɛɐ̯ˈpʊpn̩
verquer fɛɐ̯ˈkveːɐ̯
verquicken fɛɐ̯ˈkvɪkn̩
verquollen fɛɐ̯ˈkvɔlən
Verrall *engl.* ˈvɛrɔːl
verrannt fɛɐ̯ˈrant
Verrat fɛɐ̯ˈraːt
Verräter fɛɐ̯ˈrɛːtɐ
Verräterei fɛɐ̯rɛːtəˈrai̯
verräterisch fɛɐ̯ˈrɛːtərɪʃ
verrecken fɛɐ̯ˈrɛkn̩
verrenken fɛɐ̯ˈrɛŋkn̩
Verres ˈvɛrɛs
Verri *it.* ˈvɛrri
Verrières *fr.* vɛˈrjɛːr
Verrill *engl.* ˈvɛrɪl
Verrillon veriˈjõː
Verrina vɛˈriːna
verringern fɛɐ̯ˈrɪŋɐn
Verrocchio *it.* verˈrɔkki̯o
verrohen fɛɐ̯ˈroːən
Verroterie cloisonnée *fr.* verɔtriklwazɔˈne
Verroterien verotəˈriːən
verrotten fɛɐ̯ˈrɔtn̩
Verruca *it.* verˈruːka
Verrucano veruˈkaːno
verrucht fɛɐ̯ˈruːxt
verrückt fɛɐ̯ˈrʏkt
Verrue *fr.* vɛˈry
verrukös veruˈkøːs, **-e** ...øːzə
Vers fɛrs, **-e** ˈfɛrzə
versachlichen fɛɐ̯ˈzaxlɪçn̩
Ver sacrum ˈveːɐ̯ ˈzaːkrʊm
Versailler vɛrˈzai̯ɐ
Versailles vɛrˈzai̯, *fr.* vɛrˈsɑːj, *engl.* vəˈseɪlz
Versal vɛrˈzaːl, **-ien** ...li̯ən
Versand fɛɐ̯ˈzant, **-es** ...ndəs
versanden fɛɐ̯ˈzandn̩, **versand!** ...nt
versatil vɛrzaˈtiːl
Versatilität vɛrzatiliˈtɛːt
versauen fɛɐ̯ˈzau̯ən
versauern fɛɐ̯ˈzau̯ɐn
Versäumnis fɛɐ̯ˈzɔymnɪs, **-se** ...ɪsə
Vers blancs *fr.* vɛrˈblã
Verschaeve *niederl.* vərˈsxaːvə
Verschaffelt fɛɐ̯ˈʃafl̩t, *niederl.* vərˈsxɑfəlt
verschalen fɛɐ̯ˈʃaːlən
verschämt fɛɐ̯ˈʃɛːmt
verschandeln fɛɐ̯ˈʃandl̩n, **verschandle** ...dlə
verschieden fɛɐ̯ˈʃiːdn̩, **verschiedne** ...dnə
verschiedentlich fɛɐ̯ˈʃiːdn̩tlɪç
verschilfen fɛɐ̯ˈʃɪlfn̩
verschlechtern fɛɐ̯ˈʃlɛçtɐn
verschleiern fɛɐ̯ˈʃlai̯ɐn
Verschleiß fɛɐ̯ˈʃlai̯s
verschlimmbessern fɛɐ̯ˈʃlɪmbɛsɐn, **...eßre** ...ɛsrə
verschlossen fɛɐ̯ˈʃlɔsn̩, **verschloßne** ...ɔsnə
verschlüsseln fɛɐ̯ˈʃlʏsl̩n, **verschlüßle** ...ʏslə
verschmitzt fɛɐ̯ˈʃmɪt͡st
verschnupft fɛɐ̯ˈʃnʊp͡ft
verschollen fɛɐ̯ˈʃɔlən
verschönern fɛɐ̯ˈʃøːnɐn
verschränken fɛɐ̯ˈʃrɛŋkn̩
verschrie[e]n fɛɐ̯ˈʃriː[ə]n
verschroben fɛɐ̯ˈʃroːbn̩, **verschrobne** ...bnə
verschroten fɛɐ̯ˈʃroːtn̩
verschrotten fɛɐ̯ˈʃrɔtn̩
verschüchtern fɛɐ̯ˈʃʏçtɐn
Verschuer fɛɐ̯ˈʃyːɐ̯
verschüttgehen fɛɐ̯ˈʃʏtgeːən
verschwägern fɛɐ̯ˈʃvɛːgɐn, **verschwägre** ...grə
verschwägert fɛɐ̯ˈʃvɛːgɐt
verschwenden fɛɐ̯ˈʃvɛndn̩, **verschwend!** ...nt
verschwenderisch fɛɐ̯ˈʃvɛndərɪʃ
verschwiegen fɛɐ̯ˈʃviːgn̩
verschwistert fɛɐ̯ˈʃvɪstɐt
Verscio *it.* ˈvɛrʃo
Vers commun, - -s *fr.* vɛrkɔˈmœ̃
Verse ˈfɛrzə
Verseg[hy] *ung.* ˈvɛrʃɛg[i]
Versehen fɛɐ̯ˈzeːən
versehentlich fɛɐ̯ˈzeːəntlɪç
versehren fɛɐ̯ˈzeːrən
verselbständigen fɛɐ̯ˈzɛlp-ʃtɛndɪgn̩, **verselbständig!** ...ɪç, **verselbständigt** ...ɪçt
versessen fɛɐ̯ˈzɛsn̩, **verseßne** ...ɛsnə
Versetto vɛrˈzɛto, **...tti** ...ti
verseuchen fɛɐ̯ˈzɔyçn̩
Vershofen ˈfɛrshoːfn̩
versiert vɛrˈziːɐ̯t
Versifex ˈvɛrzifɛks
Versifikation vɛrzifikaˈt͡si̯oːn
versifizieren vɛrzifiˈt͡siːrən
Versikel vɛrˈziːkl̩
versilbern fɛɐ̯ˈzɪlbɐn, **versilbre** ...brə
Versi liberi ˈvɛrzi ˈliːberi
versimpeln fɛɐ̯ˈzɪmpl̩n
versinnbilden fɛɐ̯ˈzɪnbɪldn̩
versinnbildlichen fɛɐ̯ˈzɪnbɪltlɪçn̩
versinnlichen fɛɐ̯ˈzɪnlɪçn̩
Version vɛrˈzi̯oːn
versippen fɛɐ̯ˈzɪpn̩
Versi sciolti ˈvɛrzi ˈʃɔlti
versklaven fɛɐ̯ˈsklaːvn̩, *auch:* ...aːfn̩; **versklav!** ...aːf, **versklavt** ...aːft
Vers libres *fr.* vɛrˈlibr
Versmold ˈfɛrsmɔlt
versnobt fɛɐ̯ˈsnɔpt
Verso ˈvɛrzo
versoffen fɛɐ̯ˈzɔfn̩
versöhnen fɛɐ̯ˈzøːnən
versöhnlich fɛɐ̯ˈzøːnlɪç
Versoix *fr.* vɛrˈswa
versonnen fɛɐ̯ˈzɔnən
versotten fɛɐ̯ˈzɔtn̩
verspäten fɛɐ̯ˈʃpɛːtn̩
verspillern fɛɐ̯ˈʃpɪlɐn
versponnen fɛɐ̯ˈʃpɔnən
Verspruch fɛɐ̯ˈʃprʊx
verstaatlichen fɛɐ̯ˈʃtaːtlɪçn̩
verstädtern fɛɐ̯ˈʃtɛːtɐn, *auch:* ...ˈʃtɛtɐn
verstadtlichen fɛɐ̯ˈʃtatlɪçn̩
Verstand fɛɐ̯ˈʃtant
verständig fɛɐ̯ˈʃtɛndɪç
verständigen fɛɐ̯ˈʃtɛndɪgn̩, **verständig!** ...ɪç, **verständigt** ...ɪçt
verständlich fɛɐ̯ˈʃtɛntlɪç
Verständnis fɛɐ̯ˈʃtɛntnɪs, **-se** ...ɪsə
verstatten fɛɐ̯ˈʃtatn̩
verstauchen fɛɐ̯ˈʃtau̯xn̩
Versteck fɛɐ̯ˈʃtɛk
Versteckenspielen fɛɐ̯ˈʃtɛkn̩ʃpiːlən
versteinern fɛɐ̯ˈʃtai̯nɐn
versteppen fɛɐ̯ˈʃtɛpn̩
verstiegen fɛɐ̯ˈʃtiːgn̩, **verstiegne** ...gnə
verstockt fɛɐ̯ˈʃtɔkt
verstohlen fɛɐ̯ˈʃtoːlən
verstorben fɛɐ̯ˈʃtɔrbn̩, **verstorbne** ...bnə

verstört fɛɐ̯ˈʃtøːɐ̯t
Verstoß fɛɐ̯ˈʃtoːs
Verstovskij vgl. Werstowski
Verstraete *niederl.* vərˈstraːtə
verstümmeln fɛɐ̯ˈʃtʏml̩n
verstummen fɛɐ̯ˈʃtʊmən
Versuch fɛɐ̯ˈzuːx
versumpfen fɛɐ̯ˈzʊmpfn̩
versunken fɛɐ̯ˈzʊŋkn̩
Versur vɛrˈzuːɐ̯
Versus memoriales ˈvɛrzuːs memoˈri̯aːleːs
Versus quadratus ˈvɛrzʊs kvaˈdraːtʊs, - **...ti** ...zuːs ...ti
Versus rapportati ˈvɛrzuːs rapɔrˈtaːti
Versus rhopalici ˈvɛrzuːs roˈpaːlit͜si
Vert *fr.* vɛːr
vertatur vɛrˈtaːtʊr
vertäuen fɛɐ̯ˈtɔyən
vertausendfachen fɛɐ̯ˈtau̯zn̩tfaxn̩
verte! ˈvɛrtə
vertebragen vɛrtebraˈgeːn
vertebral vɛrteˈbraːl
Vertebrat[en] vɛrteˈbraːt[n̩]
verteidigen fɛɐ̯ˈtai̯dɪgn̩, **verteidig!** ...ɪç, **verteidigt** ...ɪçt
Vértes[i] *ung.* ˈveːrtɛʃ[i]
verte, si placet! ˈvɛrtə ziː ˈplaːt͜sɛt
Vértesszőllős *ung.* ˈveːrtɛssøːlløːʃ
verteuern fɛɐ̯ˈtɔyɐn
verteufelt fɛɐ̯ˈtɔyfl̩t
Vertex ˈvɛrtɛks, **...tices** ...tit͜seːs
vertiefen fɛɐ̯ˈtiːfn̩
[1]**vertieren** (zum Tier werden) fɛɐ̯ˈtiːrən
[2]**vertieren** (umwenden, übersetzen) vɛrˈtiːrən
vertiginös vɛrtigiˈnøːs, **-e** ...øːzə
vertikal vɛrtiˈkaːl
Vertikale vɛrtiˈkaːlə
vertikalisieren vɛrtikaliˈziːrən
Vertikalismus vɛrtikaˈlɪsmʊs
Vertiko ˈvɛrtiko
Vertizillaten vɛrtit͜sɪˈlaːtn̩
vertonen fɛɐ̯ˈtoːnən
vertorfen fɛɐ̯ˈtɔrfn̩
Vertou *fr.* vɛrˈtu
vertrackt fɛɐ̯ˈtrakt
Vertrag fɛɐ̯ˈtraːk, **-es** ...traːgəs, **...träge** ...trɛːgə
vertraglich fɛɐ̯ˈtraːklɪç
verträglich fɛɐ̯ˈtrɛːklɪç
verträumt fɛɐ̯ˈtrɔymt
vertraut fɛɐ̯ˈtrau̯t
vertrusten fɛɐ̯ˈtrastn̩, *seltener* ...rʊs...
Vertue *engl.* ˈvəːtjuː
Vertumnalien vɛrtʊmˈnaːli̯ən
Vertumnus vɛrˈtʊmnʊs
verübeln fɛɐ̯ˈ|yːbl̩n, **verüble** ...blə
Verulam *engl.* ˈvɛrʊləm
verunedeln fɛɐ̯ˈ|ʊn|eːdl̩n, **verunedle** ...dlə
verunreinigen fɛɐ̯ˈ|ʊn|ai̯nɪgn̩
verunglimpfen fɛɐ̯ˈ|ʊnglɪmpfn̩
verunglücken fɛɐ̯ˈ|ʊnglʏkn̩
verunheiligen fɛɐ̯ˈ|ʊnhai̯lɪgn̩
verunreinigen fɛɐ̯ˈ|ʊnrai̯nɪgn̩
verunstalten fɛɐ̯ˈ|ʊnʃtaltn̩
veruntreuen fɛɐ̯ˈ|ʊntrɔyən
verunzieren fɛɐ̯ˈ|ʊnt͜siːrən
verursachen fɛɐ̯ˈ|uːɐ̯zaxn̩
Verus ˈveːrʊs
Verve ˈvɛrvə
vervielfachen fɛɐ̯ˈfiːlfaxn̩
vervielfältigen fɛɐ̯ˈfiːlfɛltɪgn̩, **vervielfältig!** ...ɪç, **vervielfältigt** ...ɪçt
vervierfachen fɛɐ̯ˈfiːɐ̯faxn̩
Verviers *fr.* vɛrˈvje
Vervins *fr.* vɛrˈvɛ̃
vervollkommnen fɛɐ̯ˈfɔlkɔmnən
vervollständigen fɛɐ̯ˈfɔlʃtɛndɪgn̩, **vervollständig!** ...ɪç, **vervollständigt** ...ɪçt
Vervoort fɛɐ̯ˈvoːɐ̯t
Verwahr fɛɐ̯ˈvaːɐ̯
verwahrlosen fɛɐ̯ˈvaːɐ̯loːzn̩, **verwahrlos!** ...oːs, **verwahrlost** ...oːst
Verwahrsam fɛɐ̯ˈvaːɐ̯zaːm
verwaisen fɛɐ̯ˈvai̯zn̩, **verwais!** ...ai̯s, **verwaist** ...ai̯st
Verwallgruppe fɛɐ̯ˈvalgrʊpə
verwandt fɛɐ̯ˈvant
verwanzt fɛɐ̯ˈvantst
verwegen fɛɐ̯ˈveːgn̩, **verwegne** fɛɐ̯ˈveːgnə
verweichlichen fɛɐ̯ˈvai̯çlɪçn̩
Verweis fɛɐ̯ˈvai̯s, **-e** ...ai̯zə
verweltlichen fɛɐ̯ˈvɛltlɪçn̩
verwerflich fɛɐ̯ˈvɛrflɪç
verwertbar fɛɐ̯ˈveːɐ̯tbaːɐ̯
verwesen fɛɐ̯ˈveːzn̩, **verwes!** ...eːs, **verwest** ...eːst
verweslich fɛɐ̯ˈveːslɪç
Verwey *niederl.* vərˈwɛi̯
Verweyen fɛɐ̯ˈvai̯ən
verwichen fɛɐ̯ˈvɪçn̩
verwirklichen fɛɐ̯ˈvɪrklɪçn̩
verwirren fɛɐ̯ˈvɪrən
verwitwet fɛɐ̯ˈvɪtvət
verwoben fɛɐ̯ˈvoːbn̩
Verwoerd *afr.* fərˈvuːrt
verwöhnen fɛɐ̯ˈvøːnən
verworfen fɛɐ̯ˈvɔrfn̩
Verworn fɛɐ̯ˈvɔrn
verworren fɛɐ̯ˈvɔrən
verwunden fɛɐ̯ˈvʊndn̩, **verwund!** fɛɐ̯ˈvʊnt
verwunschen fɛɐ̯ˈvʊnʃn̩
verwüsten fɛɐ̯ˈvyːstn̩
Very *engl.* ˈvɛrɪ
Verzagtheit fɛɐ̯ˈt͜saːkthai̯t
verzärteln fɛɐ̯ˈt͜sɛːɐ̯tl̩n
verzehnfachen fɛɐ̯ˈt͜seːnfaxn̩
Verzehr fɛɐ̯ˈt͜seːɐ̯
verzeihlich fɛɐ̯ˈt͜sai̯lɪç
verzetteln fɛɐ̯ˈt͜sɛtl̩n
Verzicht fɛɐ̯ˈt͜sɪçt
verzichten fɛɐ̯ˈt͜sɪçtn̩
verzinken fɛɐ̯ˈt͜sɪŋkn̩
verzinnen fɛɐ̯ˈt͜sɪnən
verzinsen fɛɐ̯ˈt͜sɪnzn̩, **verzins!** ...ns, **verzinst** ...nst
verzinslich fɛɐ̯ˈt͜sɪnslɪç
verzogen fɛɐ̯ˈt͜soːgn̩
verzückt fɛɐ̯ˈt͜sʏkt
verzweigen fɛɐ̯ˈt͜svai̯gn̩, **verzweig!** ...ai̯k, **verzweigt** ...ai̯kt
verzwickt fɛɐ̯ˈt͜svɪkt
Vesaas *norw.* ˈveːsoːs
Vesal[ius] veˈzaːl[i̯ʊs]
Vesdre *fr.* vɛsdr
Vése *ung.* ˈveːʃɛ
Ves'egonsk vgl. Wesjegonsk
Veselí *tschech.* ˈvɛseliː
Veselinović *serbokr.* vɛsɛˌliːnɔvitɕ
Veselovskij vgl. Wesselowski
Veselyj vgl. Wessjoly
Vesey *engl.* ˈviːzɪ
Vesica veˈziːka, **...cae** ...t͜sɛ
vesikal veziˈkaːl
Vesikans veˈziːkans; **...ntia** veziˈkant͜si̯a, **...nzien** veziˈkant͜si̯ən
Vesikatorium vezikaˈtoːri̯ʊm, **...ien** ...i̯ən
vesikulär vezikuˈlɛːɐ̯
vesikulos vezikuˈloːs, **-e** ...oːzə
Vésinet *fr.* veziˈnɛ
Vesle *fr.* vɛl
Vesoul *fr.* vəˈzul
Vespa Ⓦᶻ ˈvɛspa
Vespasian[us] vɛspaˈzi̯aːn[ʊs]
Vesper ˈfɛspɐ
vespern ˈfɛspɐn
Vespri Siciliani *it.* ˈvɛspri sitʃiˈli̯aːni
Vespucci vɛspʊt͜ʃi, *it.* vesˈputtʃi
Vesque vɛsk
Vessem *niederl.* ˈvɛsəm
Vesta ˈvɛsta
Vest-Agder *norw.* ˌvɛstagdər
Vestale *it.* vesˈtaːle
Vestalin vɛsˈtaːlɪn
Vestdijk *niederl.* ˈvɛstdɛi̯k
Veste ˈfɛstə
Vesterålen *norw.* ˈvɛstəroːlən
Vesterbro *dän.* ˈvɛsdərbroːˀ
Vestergade *dän.* ˈvɛsdərgaːðə
Vesterhavet *dän.* ˈvɛsdərhaːˀvəð
Vesterport *dän.* ˈvɛsdərpoːˀrd
Vestfirðir *isl.* ˈvɛstfɪrðɪr
Vestfjord ˈvɛstfjɔrt
Vestfold *norw.* ˌvɛstfɔl
Vestibül vɛstiˈbyːl
Vestibulum vɛsˈtiːbulʊm, **...la** ...la
Vestitur vɛstiˈtuːɐ̯

Vęstmannaeyjar *isl.* 'vɛstmanaɛi̯jar
Vęstur-Barðastrandarsýsla *isl.* 'vɛstʏrbarðastrandarsisla
Vęstur-Húnavatnssýsla *isl.* 'vɛstʏrhu:navasisla
Vęstur-Ísafjarðarsýsla *isl.* 'vɛstʏri:safjarðarsisla
Vęsturland *isl.* 'vɛstʏrland
Vęstur-Skaftafellssýsla *isl.* 'vɛstʏrskaftafɛlsisla
Vesụv ve'zu:f
Vesuviạn vezu'vi̯a:n
vesụvisch ve'zu:vɪʃ
Vęszkény *ung.* 'vɛske:nj
Vęszprém *ung.* 'vɛspre:m
Vęszprim 'vɛsprɪm
Vésztő *ung.* 've:stø:
Vętch *engl.* vɛtʃ
Vętera 've:tera
Veterạn vete'ra:n
Veterinär veteri'nɛ:ɐ̯
Vęth *niederl.* vɛt
Vetka vgl. Wetka
Vętlanda *schwed.* ˌve:tlanda
Vetluga vgl. Wetluga
Vetlužskij vgl. Wetluschski
Vęto 've:to
Vetorịn veto'ri:n
Vetrạlla *it.* ve'tralla
Vętranić *serbokr.* ˌvɛtranitɕ
Vetren vgl. Wetren
Vętschau 'fɛtʃau̯
Vęttel[schoß] 'fɛtl̩[ʃɔs]
Vętter 'fɛtɐ
Vętterliwirtschaft 'fɛtɐlivɪrtʃaft
Vettersfęlde fɛtɐs'fɛldə
Vettọre *it.* vet'to:re
Vetturịno vɛtu'ri:no, **...ni** ...ni
Vęttweiß 'fɛtvai̯s
Vętus Latịna 've:tʊs la'ti:na
Veuillọt *fr.* vœ'jo
Veulden *rät.* 'fɔi̯ldən
Veur[ne] *niederl.* 'vø:r[nə]
Vęverka *tschech.* 'vɛvɛrka
Vęverská Bítýška *tschech.* 'vɛvɛrska: 'bi:ti:ʃka
Vevey *fr.* və'vɛ
Vexatiọn veksa'tsi̯o:n
vexiẹren vɛ'ksi:rən
Vexịlla rẹgis vɛk'sɪla 're:gɪs
Vexịllum vɛ'ksɪlʊm, **...lla** ...la
Vexin *fr.* vɛk'sɛ̃
Vézelay *fr.* ve'zlɛ
Vézère *fr.* ve'zɛ:r
Veziẹr ve'zi:ɐ̯
Vežinov vgl. Weschinow
Vęzio *it.* 'vɛttsi̯o
Vęzseny *ung.* 'vɛʒɛnj
vezzọso vɛ'tso:zo
vịa 'vi:a
Vịa *dt.*, *it.* 'vi:a
Vịa Ạppia 'vi:a 'api̯a
Viadạna *it.* via'da:na
Viadụkt vi̯a'dʊkt
Vịa eminẹntiae 'vi:a emi'nɛntsi̯ɛ
vịa il sordịno 'vi:a ɪl zɔr'di:no
Vịala *schwed.* ˌvi:ɑ:la
Vialạr *fr.* vja'la:r
Vịa Mạla 'vi:a 'ma:la
Vịa modẹrna 'vi:a mo'dɛrna
Vịana *port.* 'vi̯ɐnɐ, *bras.* 'vi̯ɐna
Vịana do Castẹlo *port.* 'vi̯ɐnɐ ðu kɐʃ'tɛlu
Vịanden 'fi̯andn̩
Vịa negatiọnis 'vi:a nega'tsi̯o:nɪs
Vịanen *niederl.* vi:'a:nə
Vịanna *port.* 'vi̯ɐnɐ, *bras.* 'vi̯ɐna
Vianney *fr.* vja'nɛ
Viạr *span.* bi̯ar
Viạrda 'vi̯arda
Viardọt *fr.* vjar'do
Viarẹggio *it.* via'reddʒo
Viạța Românească *rumän.* vi'atsa romɨ'ni̯askə
Viạtikum 'vi̯a:tikʊm, **...ka** ...ka
Viau[d] *fr.* vjo
Vịbeke *dän.* 'vi:'bəgə
Viborg *dän.* 'vibɔr', *schwed.* 'vi:bɔrj
Vịbo Valẹntia *it.* 'vi:bo va'lɛntsi̯a
Vibrạnt vi'brant
Vibraphọn vibra'fo:n
Vibraphonịst vibrafo'nɪst
Vibratiọn vibra'tsi̯o:n
vibrạto vi'bra:to
Vibrạto vi'bra:to, **...ti** ...ti
Vibrạtor vi'bra:tɔr, **-en** ...ra'to:rən
vibriẹren vi'bri:rən
Vịbrio 'vi:brio, **-nen** vibri'o:nən
Vibrogrạmm vibro'gram
Vibrogrạph vibro'gra:f
Vịbromassage 'vi:bromasa:ʒə
Vibụrnum vi'bʊrnʊm
Vicạri vi'ka:ri
Vịcary *engl.* 'vɪkərɪ
Vicelịnus vitse'li:nʊs
Vicẹnte *span.* bi'θente, *port.* vi'sentə, *bras.* vi'senti
Vicentịni *it.* vitʃen'ti:ni
vicentịnisch vitʃɛn'ti:nɪʃ
Vicentịno *it.* vitʃen'ti:no
Vicẹnza *it.* vi'tʃɛntsa
vịce vẹrsa 'vi:tsə 'vɛrza
Vịch *span.* bik
Vichạda *span.* bi'tʃaða
Vichy *fr.* vi'ʃi
Vịcker[s] *engl.* 'vɪkə[z]
Vịcki 'vɪki
Vịcksburg *engl.* 'vɪksbə:g
Vịcky 'vɪki
Vịco *it.* 'vi:ko
Vicomte vi'kõ:t
Vicomtẹsse vikõ'tɛs, **-n** ...sn̩
Vicopisạno *it.* vikopi'sa:no
Viçọsa *bras.* vi'sɔza
Vicosoprạno *it.* vikoso'pra:no
Vịctor 'vɪktɔr, *engl.* 'vɪktə, *fr.* vik'tɔ:r
Vịctor *span.* 'biktɔr
Victor-Amédée *fr.* viktɔrame'de
Victọria vɪk'to:ri̯a, *engl.* vɪk'tɔ:rɪə, *fr.* viktɔ'rja, *rumän.* vik'toria, *span.* bik'tori̯a, *bras.* vi'tɔri̯a, *schwed.* vik'tu:ria
Victọria rẹgia vɪk'to:ri̯a 're:gi̯a
Victọriaville *engl.* vɪk'tɔ:rɪəvɪl
Victorịne vɪkto'ri:nə, *fr.* viktɔ'rin
Victorịnus vɪkto'ri:nʊs
Victọrius vɪk'to:ri̯ʊs
Vịctors *niederl.* 'vɪktɔrs
Vicuña vi'kʊnja, *span.* bi'kuɲa
Vịda *it.* 'vi:da, *serbokr.* ˌvi:da
Vịdå *dän.* 'viðɔ:'
Vidạgo *port.* vi'ðaɣu
Vịdaković *serbokr.* 'vidakɔvitɕ
Vidạl *fr.*, *bras.* vi'dal
Vidal de la Blạche *fr.* vidaldəla'blaʃ
Vidalia *engl.* vaɪ'deɪljə
vịde! 'vi:də
videạtur vide'a:tʊr
Vịdebæk *dän.* 'vi:ðəbɛg
Vịdeo... 'vi:deo...
vịdi, V... 'vi:di
Vịdicon 'vi:diko:n
Vidie *fr.* vi'di
vidiẹren vi'di:rən
Vịdikon 'vi:diko:n
Vidimatiọn vidima'tsi̯o:n
Vidimạtum vidi'ma:tʊm, **...ta** ...ta
vidimiẹren vidi'mi:rən
Vidin vgl. Widin
vịdit 'vi:dɪt
Vịdnava *tschech.* 'vidnava
Vidọcq *fr.* vi'dɔk
Vidọr *engl.* vɪ'dɔ:
Vịdöstern *schwed.* ˌvi:dœstərn
Vịdrić *serbokr.* 'vidritɕ
Viẹbig 'fi:bɪç
Viẹch[t] fi:ç[t]
Viẹchtach 'fi:çtax
Viẹdma *span.* 'bi̯eðma
Viẹh fi:
viẹhisch 'fi:ɪʃ
Viẹhoff 'fi:hɔf
Vieillevịlle *fr.* vjɛj'vil
Vieira *port.* 'vi̯ɐi̯rɐ, *bras.* 'vi̯ei̯ra
viẹl fi:l
Viẹlau 'fi:lau̯
Viel-Castẹl *fr.* vjɛlkas'tɛl
Viẹle *engl.* 'vi:lɪ
Viẹleck 'fi:l|ɛk
viẹleckig 'fi:l|ɛkɪç
Vielé-Griffin *fr.* vjelegri'fɛ̃
Viẹlehe 'fi:l|e:ə
viẹlenọrts 'fi:lən'|ɔrts
viẹlerlẹi 'fi:lɐ'lai̯
viẹlerörtert 'fi:l|ɛɐ̯|œrtɐt
viẹlerọrts 'fi:lɐ'|ɔrts
viẹlfach 'fi:lfax
Viẹlfalt 'fi:lfalt
viẹlfältig 'fi:lfɛltɪç, **-e** ...ɪgə

Vielfraß 'fi:lfra:s
Viel'gorskij vgl. Wijelgorski
Vielgötterei fi:lgœtə'rai
vielhundertmal fi:l'hʊndɐtma:l
[1]**Viella** (Instrument) 'viɛla
[2]**Viella** (Name) *span.* 'bieʎa
Vielle 'viɛlə
vielleicht fi'laiçt
Vielliebchen fi:l'li:pçən
Vielling 'fi:lɪŋ
vielmal 'fi:lma:l
vielmalig 'fi:lma:lɪç, **-e** ...ɪgə
vielmals 'fi:lma:ls
Vielmännerei fi:lmɛnə'rai
vielmehr fi:l'me:ɐ, *auch:* '--
vielsagend 'fi:lza:gnt, **-e** ...ndə
vielseitig 'fi:lzaitɪç, **-e** ...ɪgə
vieltausendmal fi:l'tauzntma:l
vieltausendstimmig fi:l'tauzntʃtɪmɪç, **-e** ...ɪgə
Vielweiberei fi:lvaibə'rai
Vien *fr.* vjɛ̃
Vienenburg 'fi:nənbʊrk
Vienna 'viɛna, *engl.* 'vjɛnə
Vienne *fr.* vjɛn
Vientiane *fr.* vjɛn'tjan
vier fi:ɐ
vierbeinig 'fi:ɐbainɪç, **-e** ...ɪgə
vierdimensional 'fi:ɐdimɛnziona:l
Viereck 'fi:ɐ|ɛk
viereckig 'fi:ɐ|ɛkɪç
viereinhalb 'fi:ɐ|ain'halp
vieren 'fi:rən
Vierer 'fi:rɐ
viererlei 'fi:rɐ'lai
vierfältig 'fi:ɐfɛltɪç, **-e** ...ɪgə
Vierfarbendruck fi:ɐ'farbndrʊk
Vierflach 'fi:ɐflax
Vierflächner 'fi:ɐflɛçnɐ
Vierfürst 'fi:ɐfʏrst
vierfüßig 'fi:ɐfy:sɪç, **-e** ...ɪgə
Vierfüß[l]er 'fi:ɐfy:s[l]ɐ
Vierhänder 'fi:ɐhɛndɐ
vierhändig 'fi:ɐhɛndɪç, **-e** ...ɪgə
vierhundert 'fi:ɐ'hʊndɐt
Vieritz 'fi:rɪts
Vierkandt; vierkant, V... 'fi:ɐkant
Vierlande fi:ɐ'landə
Vierling 'fi:ɐlɪŋ
Vierlingsbeek *niederl.* vi:rlɪŋz'be:k
Viermächtekonferenz fi:ɐ'mɛçtəkɔnferɛnts
viermal 'fi:ɐma:l
viermalig 'fi:ɐma:lɪç, **-e** ...ɪgə
Viernau 'fɪrnau
Vierne *fr.* vjɛrn
Viernheim 'fi:ɐnhaim
Vierpaß 'fi:ɐpas
Vierruderer 'fi:ɐru:dərɐ
vierschrötig 'fi:ɐʃrø:tɪç, **-e** ...ɪgə
Viersen 'fi:ɐzn
Viersitzer 'fi:ɐzɪtsɐ
viersitzig 'fi:ɐzɪtsɪç, **-e** ...ɪgə
Vierspänner 'fi:ɐʃpɛnɐ
Vierstahl 'fi:ɐʃta:l
viert fi:ɐt
viertausend 'fi:ɐ'tauznt
vierte 'fi:ɐtə
vierteilen 'fi:ɐtailən
vierteilig 'fi:ɐtailɪç, **-e** ...ɪgə
viertel, V... 'fɪrtl
Viertelgeviert 'fɪrtlgəfi:ɐt
Vierteljahr fɪrtl'ja:ɐ
Vierteljahrhundert fɪrtlja:ɐ'hʊndɐt
vierteljährig 'fɪrtljɛ:rɪç, *auch:* --'--
vierteljährlich 'fɪrtljɛ:ɐlɪç, *auch:* --'--
vierteln 'fɪrtln
Viertelpfund 'fɪrtlpfʊnt, *auch:* --'-
Viertelstunde fɪrtl'ʃtʊndə
viertelstündig 'fɪrtlʃtʏndɪç, *auch:* --'--; **-e** ...ɪgə
viertelstündlich 'fɪrtlʃtʏntlɪç, *auch:* --'--
Viertelswendung 'fɪrtlsvɛndʊŋ
viertens 'fi:ɐtns
viertletzt 'fi:ɐt'lɛtst
vierundeinhalb 'fi:ɐ|ʊnt|ain'halp
vierundzwanzig 'fi:ɐ|ʊnt'tsvantsɪç
Vierundzwanzigflach 'fi:ɐ|ʊnt'tsvantsɪçflax
Vierung 'fi:rʊŋ
Vierwaldstättersee fi:ɐ'valtʃtɛtɐ,ze:
vierzehn 'fɪrtse:n
Vierzehnheiligen fɪrtse:n'hailɪgn
Vierzeiler 'fi:ɐtsailɐ
vierzig 'fɪrtsɪç
Vierzon *fr.* vjɛr'zõ
Vierzylinder 'fi:ɐtsilɪndɐ, *auch:* ...tsyl...
Viesecke 'fi:zəkə
Vieselbach 'fi:zlbax
Vieser 'vi:zɐ
Vieste *it.* 'viɛste
Vietcong viɛt'kɔŋ
Viète *fr.* vjɛt
Vieth fi:t
Vietmin[h] viɛt'mɪn
Vietnam viɛt'nam, *auch:* '--
Vietnamese viɛtna'me:zə
vietnamesisch viɛtna'me:zɪʃ
vietnamisch viɛt'na:mɪʃ
Vietnamisierung viɛtnami'zi:rʊŋ
Viëtor 'fi:etɔr, 'vie:tɔr
Vietri *it.* 'viɛ:tri
Vietta 'viɛta
Vietz[en] 'fi:ts[n]
Vietzig 'fi:tsɪç
Vietzker See 'fi:tskɐ 'ze:
Vietznitz 'fi:tsnɪts
Vietzo 'fi:tso
Vieux-Condé *fr.* vjøkõ'de
Vieux Fort *engl.* vjə:'fɔ:
Vieux Saxe *fr.* vjø'saks
Vieuxtemps *fr.* vjø'tã
View *engl.* vju:
Vieweg 'fi:ve:k
Viez fi:ts
vif vi:f
Viga vgl. Wiga
Vigan *fr.* vi'gã
Viganello *it.* viga'nɛllo
Viganò *it.* viga'nɔ
Vigantol Ⓦ vigan'to:l
Vigarny *span.* bi'garni
Vigée *fr.* vi'ʒe
Vigeland *norw.* 'vi:gəlan
Viger *fr.* vi'ʒe
Vigevano *it.* vi'dʒɛ:vano
Vigfús *isl.* 'vɪxfu:s
Viggo *dän.* 'vigo
Vigia *bras.* vi'ʒia
Vigie Marocaine *fr.* viʒimarɔ'kɛn
[1]**Vigil** vi'gi:l, **-ien** -iən
[2]**Vigil** (Name) *span.* bi'xil
vigilant, V... vigi'lant
Vigilanz vigi'lants
Vigilia vi'gi:lia
Vigilie vi'gi:liə
vigilieren vigi'li:rən
Vigilius vi'gi:liʊs
Vigne 'vɪnjə
Vigneaud *engl.* 'vi:njoʊ
Vignemale *fr.* viɲ'mal
Vignette vɪn'jɛtə
Vignettierung vɪnjɛ'ti:rʊŋ
Vigneux *fr.* vi'ɲø
Vignola *it.* viɲ'ɲɔ:la
Vignon *fr.* vi'ɲõ
Vigny *fr.* vi'ɲi
Vigo *fr.* vi'go, *span.* 'biɣo
Vigogne vi'gɔnjə
Vigone *it.* vi'go:ne
Vigor 'vi:gɔr
Vigorelli *it.* vigo'rɛlli
vigorös vigo'rø:s, **-e** ...ø:zə
vigoroso vigo'ro:zo
Vigoureux vigu'rø:, **des** - ...'rø:[s]
Vihorlat *slowak.* 'vihɔrlat
Viipuri *finn.* 'vi:puri
Vijosë *alban.* vi'josə
Vik *norw.* vi:k
Vík *isl.* vi:k
Vikar vi'ka:ɐ
Vikarianten vika'riantn
Vikariat vika'ria:t
vikariieren vikari'i:rən
Vikelas *neugr.* vi'kɛlas
Viking *engl.* 'vaɪkɪŋ
Viklau *schwed.* ,vi:klau
Viksjö *schwed.* ,vikʃø:
Viksten *schwed.* ,vi:kste:n
[1]**Viktor** 'vɪktɔr, *ung.* 'viktor, *serbokr.* ,viktɔ:r
[2]**Viktor** vgl. Wiktor
Viktoria vɪk'to:ria
Viktorianisch vɪkto'ria:nɪʃ
Viktorin[e] vɪkto'ri:n[ə]
Viktorinus vɪkto'ri:nʊs
Viktorovič vgl. Wiktorowitsch
Viktorovna vgl. Wiktorowna

Vịktring 'fıktrıŋ
Viktuạlien vık'tu̯a:li̯ən
Vikụnja vi'kʊnja
Vịla *port.* 'vilɐ, *bras.* 'vila
Vilạcky vi'laki
Vịla de Frạdes *port.* 'vilɐ ðə 'fraðıʃ
Vịla do Bịspo *port.* 'vilɐ ðu 'βispu
Vịla do Cọnde *port.* 'vilɐ ðu 'kondə
Viladomạt *span.* bilaðo'mat
Vịla Flọr *port.* 'vilɐ 'flor
Vilaflọr *span.* bila'flɔr
Vịla Frạnca de Xịra *port.* 'vilɐ 'frɐŋkɐ ðə 'ʃirɐ
Vịlágos *ung.* 'vila:goʃ
Vilaine *fr.* vi'lɛn
Vịla-Lọbos *bras.* 'vila'lobus
Vịla Nọva *port.* 'vilɐ 'nɔvɐ, *bras.* 'vila 'nɔva
Vilanọva *span.* bila'noβa
Vịla Nọva de Gạia *port.* 'vilɐ 'nɔvɐ ðə 'ɣai̯ɐ
Vilạr *fr.* vi'la:r
Vịla Reạl *port.* 'vilɐ 'rri̯al
Vilạr Formọso *port.* vi'lar fur'mozu
Vịla Rịca *bras.* 'vila 'rrika
Vịla Vẹlha, - Vẹrde, - Viçọsa *port.* 'vilɐ 'vɛʎɐ, – 'verdə, – vi'sɔzɐ
Vilâyẹt *türk.* vila:'jɛt
Vịlbel 'fılbl̩
Vịldmose *dän.* 'vilmo:sə
Vildrạc *fr.* vil'drak
Viled' vgl. Wiled
Vilejka vgl. Wileika
Vịlém[ov] *tschech.* 'vilɛ:m[ɔf]
Vịlhar *slowen.* 'vi:lxar
Vịlhelm *schwed.* 'vilhɛlm
Vilhelmịna *schwed.* vilhɛl͵mi:na
Vilhẹna *port.* vi'ʎenɐ
Vịlich 'fi:lıç
Vilija vgl. Wilija
Viljuj vgl. Wiljui
Viljujsk vgl. Wiljuisk
Vilkovo vgl. Wilkowo
[1]**Vịlla** (Haus) 'vıla
[2]**Vịlla** (Name) *span.* 'biʎa, *it.* 'villa
Vịlla Ángela *span.* 'biʎa 'aŋxela
Villablịno *span.* biʎa'βlino
Villacañas *span.* biʎa'kaɲas
Villacarrịllo *span.* biʎaka'rriʎo
Vịllach 'fılax
Villacịdro *it.* villa'tʃi:dro
Villacoublay *fr.* vilaku'blɛ
Vịllads *dän.* 'vilas
Villaespẹsa *span.* biʎaes'pesa
Vịlla Federạl *span.* 'biʎa feðe'ral
Villafrạnca *span.* biʎa'fraŋka, *it.* villa...
Villagarcía *span.* biʎaɣar'θia
Villagómez *span.* biʎa'ɣomɛθ
Villaguạy *span.* biʎa'ɣu̯ai̯
Villahermọsa *span.* biʎaɛr'mosa
Villajoyọsa *span.* biʎaxo'josa
Villạlba *span.* bi'ʎalβa
Villalón *span.* biʎa'lɔn
Villamartín *span.* biʎamar'tin
Villamediạna *span.* biʎame'ði̯ana
Vịlla Nadọr *span.* 'biʎa na'ðɔr
Villanẹll[a] vıla'nɛl[a]
Villanẹlle vıla'nɛlə
Villạni *it.* vil'la:ni
Villanova *it.* villa'nɔ:va, *engl.* vılə'noʊvə
Villanovạnus vılano'va:nʊs
Villanuẹva *span.* biʎa'nu̯eβa
Vịllány *ung.* 'villa:nj
Vịlla Pạrk *engl.* 'vılə 'pɑ:k
Villapụtzu *it.* villa'puttsu
Villạrd *fr.* vi'la:r, *engl.* vı'lɑ:[d]
Villaret de Joyeuse *fr.* vilarɛdʒwa'jø:z
Vịllari *it.* 'villari
Villarọsa *it.* villa'rɔ:za
Villarreạl *span.* biʎarrɛ'al
Villarrịca *span.* biʎa'rrika
Villarroblẹdo *span.* biʎarrɔ'βleðo
Villarroẹl *span.* biʎarrɔ'ɛl
Villạrs *fr.* vi'la:r
Villạtte *fr.* vi'lat
Villavẹrde *span.* biʎa'βɛrðe
Villaviciọsa *span.* biʎaβi'θi̯osa
Vịlle 'vılə, *schwed.* ͵vilə
Villẹda *span.* bi'ʎeða
Ville-d'Avray *fr.* vilda'vrɛ
Villefranche *fr.* vil'frã:ʃ
Villẹgas *span.* bi'ʎeɣas
Villeggiatụr vılɛdʒa'tu:ɐ̯
Villehardouin *fr.* vilәar'dwɛ̃
Villejuịf *fr.* vil'ʒɥif
Villèle *fr.* vi'lɛl
Villem[a]in *fr.* vil'mɛ̃
Villemomble *fr.* vil'mõ:bl
Villẹna *span.* bi'ʎena
Villenave-d'Ornon *fr.* vilnɑvdɔr'nõ
Villeneuve *fr.* vil'nœ:v
Villeparisịs *fr.* vilpari'zis
Villepinte *fr.* vil'pɛ̃:t
Vịlle Platte *engl.* 'vi:l 'plæt
Villeroi *fr.* vilə'rwa
Villeroy *fr.* vilə'rwa
Villẹrs *fr.* vi'lɛ:r
Villers-Cotterêts *fr.* vilɛrkɔ'trɛ
Villerupt *fr.* vil'ry
Villẹtte *fr.* vi'lɛt
Villeurbạnne *fr.* vilœr'ban, vijœr'ban
Vịllgrater 'fılgra:tɐ
Vịlliers *engl.* 'vıl[j]əz
Villiers de l'Isle-Adam *fr.* viljedlilda'dã
Villiers-le-Bẹl *fr.* viljel'bɛl
Villiers-sur-Mạrne *fr.* viljesyr'marn
Vịllingen 'fılıŋən
Villoison *fr.* vilwa'zõ
Villon *fr.* vi'jõ
Villorẹsi *it.* villo're:si
villọ̈s vı'lø:s, **-e** ...ø:zə
Villuẹrcas *span.* bi'ʎu̯ɛrkas
Vịlm fılm
Vịlma 'vılma, *ung.* 'vilmɔ, *engl.* 'vılmə
Vịlmar 'fılma:ɐ̯
Vilmorin *fr.* vilmɔ'rɛ̃
Vịlmos *ung.* 'vilmoʃ
Vịlmsee 'fılmze:
Vịlnius 'vılnіʊs
Vịlonya *ung.* 'vilonjɔ
Vịls fıls
Vilsbịburg fıls'bi:bʊrk
Vilsẹck fıls'|ɛk
Vilshọfen fıls'ho:fn̩
Vịlshult *schwed.* 'vi:lshʊlt
Vil'va vgl. Wilwa
Vịlvoorde *niederl.* 'vılvo:rdə
Vimeiro *port.* vi'mɐi̯ru
Vimercạte *it.* vimer'ka:te
Vimiạnzo *span.* bi'mi̯anθo
Viminạl vimi'na:l
Viminạle *it.* vimi'na:le
Viminạlis vimi'na:lıs
Vimiọso *port.* vi'mi̯ozu
Vimmelskaftet *dän.* 'vem'əlsgafdəð
Vịmmerby *schwed.* ͵vimərby:
Vịmo *schwed.* ͵vi:mu:
Vịmperk *tschech.* 'vimpɛrk
Vịna 'vi:na
Vịña del Mạr *span.* 'biɲa ðɛl 'mar
Vinạdio *it.* vi'na:di̯o
Vinaigrẹtte vinɛ'grɛtə
Vinarọz *span.* bina'rɔθ
Vịnberg *schwed.* ͵vinbærj
Vịnce *ung.* 'vintsɛ
Vincẹnnes *fr.* vɛ̃'sɛn
Vincent *engl.* 'vınsənt, *fr.* vɛ̃'sã, *niederl.* vın'sɛnt
Vincent de Paul *fr.* vɛ̃sãd'pɔl
Vincẹntio vın'tʃɛntsi̯o
Vincẹntius vın'tsɛntsi̯ʊs
Vincẹnzo *it.* vin'tʃɛntso
Vịnci 'vıntʃi, *it.* 'vintʃi
Vịnckboons *niederl.* 'vıŋbo:ns
Vịncke 'fıŋkə
Vịnckeboons *niederl.* 'vıŋkəbo:ns
Vindẹliker vın'de:likɐ
Vindelịzier vınde'li:tsi̯ɐ
vindelịzisch vınde'li:tsıʃ
Vịndeln *schwed.* ͵vindəln
Vịndex 'vındɛks
Vindikạnt vındi'kant
Vindikatiọn vındika'tsi̯o:n
vindiziẹren vındi'tsi:rən
Vindobọna vındo'bo:na
Vindonịssa vındo'nısa
Vịnea 'vi:nea
Vineland *engl.* 'vaınlənd
Viner *engl.* 'vaınə
Vinẹt *fr.* vi'nɛ
Vinẹta vi'ne:ta

Vịneyard Sound *engl.* 'vɪnjəd 'saʊnd
Vịngåker *schwed.* ˌviŋo:kər
Vịngboons *niederl.* 'vɪŋbo:ns
Vingt-et-un vɛ̃te'œ̃:
Vingtun vɛ̃'tœ̃:
Vinidu̲r vini'du:ɐ̯
Viniẹgra *span.* bi'ni̯eɣra
Vịnje *norw.* ˌvinjə
Vinkeve̲e̲n *niederl.* vɪŋkə've:n
Vịnkovci *serbokr.* 'vi:ŋkɔ:ftsi
Vinkulatio̲n vɪŋkula'tsi̯o:n
vinkuli̲e̲ren vɪŋku'li:rən
Vịnland 'vi:nlant
Vịnnhorst 'fɪnhɔrst
Vinnica vgl. Winniza
Vịnnie *engl.* 'vɪnɪ
Vinniki vgl. Winniki
Vịnodol *serbokr.* 'vinɔdɔ:l
Vinogradov vgl. Winogradow
Vinoy *fr.* vi'nwa
Vịnsebeck 'fɪnzəbɛk
Vịnslöv *schwed.* 'vinslø:v
Vịnson *engl.* vɪnsn
Vịnter *dän.* 'ven'dər
Vintimịlle *fr.* vɛ̃ti'mij
Vịntler 'fɪntlɐ
Vịnton *engl.* vɪntn
Vịntrosa *schwed.* ˌvintru:sa
Vịntschgau 'fɪntʃgau̯
Vinyl... vi'ny:l...
Vịnzelberg 'fɪntsl̩bɛrk
Vinzẹntia vɪn'tsɛntsi̯a
Vinzenti̲ner vɪntsɛn'ti:nɐ
Vịnzenz 'vɪntsɛnts
Vịnzl 'vɪntsl̩
Vio̲, de de: 'vi:o
[1]**Vio̲la** (Veilchen) 'vi:ola, **Vio̲len** 'vi̯o:lən
[2]**Vio̲la** (Instrument) 'vi̯o:la
[3]**Viola** (Name) 'vi:ola, 'vi̯o:la, *it.* vi'ɔ:la, *engl.* 'vaɪələ
Violạda *span.* bi̯o'laða
Vio̲la da brạccio 'vi̯o:la da 'bratʃo, **Vio̲le - -** ...lə – –
Vio̲la da gạmba 'vi̯o:la da 'gamba, **Vio̲le - -** ...lə – –
Vio̲la d'amo̲re 'vi̯o:la da'mo:rə, **Vio̲le** – ...lə –
Violạnta vi̯o'lanta
Vio̲la pompo̲sa 'vi̯o:la pɔm'po:za, **Vio̲le ...se** ...lə ...zə
Violatio̲n vi̯ola'tsi̯o:n
Violaze̲e̲n vi̯ola'tse:ən
Vio̲le 'vi̯o:lə
Vio̲le d'amour, -s - *fr.* vjɔlda'mu:r
violẹnt vi̯o'lɛnt
Violẹnta vi̯o'lɛnta
violẹnto vi̯o'lɛnto
Violẹnz vi̯o'lɛnts
Violet *engl.* 'vaɪəlɪt
violẹtt, V... vi̯o'lɛt
Violẹtta vi̯o'lɛta, *it.* vio'letta
Violẹtte *fr.* vjɔ'lɛt
Violinata vi̯oli'na:ta
Violi̲ne vi̯o'li:nə
Violinịst vi̯oli'nɪst
Violi̲no [pịccolo, pri̲mo, secọndo] vi̯o'li:no ['pɪkolo, 'pri:mo, ze'kɔndo]
Viọlle *fr.* vjɔl
Viollet-le-Duc *fr.* vjɔlɛl'dyk
Violoncẹll vi̯olɔn'tʃɛl
Violoncellịst vi̯olɔntʃɛ'lɪst
Violoncẹllo vi̯olɔn'tʃɛlo, **...lli** ...ɛli
Violo̲ne vi̯o'lo:nə, **...ni** ...ni
Vionvịlle *fr.* vjõ'vil
Viọtti *it.* vi'ɔtti
VIP, V. I. P. *engl.* 'vi:aɪ'pi:
Vipa̲va *slowen.* vi'pa:va
Vi̲per 'vi:pɐ
Vipite̲no *it.* vipi'tɛ:no
Vịpperow 'vɪpəro
Vi̲ra *it.* 'vi:ra
Viraginitä̲t viragini'tɛ:t
Vira̲go vi'ra:go, **...gines** ...gine:s
Vịrchow 'fɪrço, 'vɪ...
Vi̲re *fr.* vi:r
Virelai, -s *fr.* vir'lɛ
Virement virə'mã:
Virẹt *fr.* vi'rɛ
Virgatio̲n vɪrga'tsi̯o:n
Virgi̲l vɪr'gi:l, *engl.* 'və:dʒɪl
Virgi̲lia vɪr'gi:li̯a
Virgina̲l vɪrgi'na:l
Virginalịst vɪrgina'lɪst
[1]**Virgi̲nia** (Vorname) vɪr'gi:ni̯a, *it.* vir'dʒi:ni̯a, *engl.* və'dʒɪnjə
[2]**Virgi̲nia** (Staat; Zigarre) vɪr'gi:ni̯a, *auch:* vɪr'dʒi:ni̯a; *engl.* və'dʒɪnjə
Virgi̲nier vɪr'gi:ni̯ɐ
virgi̲nisch vɪr'gi:nɪʃ
Virgin Islands *engl.* 'və:dʒɪn 'aɪləndz
Virginitä̲t vɪrgini'tɛ:t
Virgi̲nium vɪr'gi:ni̯ʊm
Virgi̲nius vɪr'gi:ni̯ʊs
Viria̲t[h]us vi'ri̯a:tʊs
vi̲ribus uni̲tis 'vi:ribʊs u'ni:ti:s
Virida̲rium viri'da:ri̯ʊm, **...ien** ...i̯ən
viri̲l vi'ri:l
Virilịsmus viri'lɪsmʊs
Virilitä̲t virili'tɛ:t
Vi̲risjön *schwed.* ˌvi:riʃœn
viri̲tim vi'ri:tɪm
Vi̲rje *serbokr.* 'vi:rjɛ
Viroflay *fr.* virɔ'flɛ
Viroin *fr.* vi'rwɛ̃
Virolo̲ge viro'lo:gə
Virologi̲e virolo'gi:
virolo̲gisch viro'lo:gɪʃ
Viro̲se vi'ro:zə
Virovitica *serbokr.* viˌrɔvititsa – –'– – –
Vịrrat *finn.* 'virrɑt
Vịrsbo *schwed.* 'virsbu:
Vịrserum *schwed.* ˌvirsərʊm
Virta vgl. Wirta
Vịrtanen *finn.* 'virtɑnɛn
virtua̲l vɪr'tu̯a:l
Virtualitä̲t vɪrtu̯ali'tɛ:t
virtuẹll vɪr'tu̯ɛl
virtuo̲s vɪr'tu̯o:s, **-e** ...o:zə
Virtuo̲se vɪr'tu̯o:zə
Virtuositä̲t vɪrtu̯ozi'tɛ:t
Virtuo̲so vɪr'tu̯o:zo
Vịrtus 'vɪrtʊs
Virués *span.* bi'ru̯es
virulẹnt viru'lɛnt
Virulẹnz viru'lɛnts
Vi̲rum *dän.* 'vi:rom
Viru̲num vi'ru:nʊm
Vi̲rus 'vi:rʊs
Viry *fr.* vi'ri
Vịs *serbokr.* vi:s
Visa vgl. Visum
Visa̲ge vi'za:ʒə
Visagịst viza'ʒɪst
Visalia *engl.* vɪ'seɪljə
vis-à-vịs viza'vi:
Visavịs viza'vi:, **des -** ...vi:[s], **die -** ...vi:s
Visa̲yas *span.* bi'sajas
Vịsbek 'fɪsbe:k
Vịsby *schwed.* 'vi:sby:
Viscạrdi vɪs'kardi, *it.* vis...
Vịscera 'vɪstsera
Vịscher 'fɪʃɐ
Viscọnte vɪs'kɔntə, **...ti** ...ti
Viscontẹssa vɪskɔn'tɛsa, **...sse** ...ɛsə
Visconti *it.* vis'konti, *fr.* viskõ'ti
Viscount 'vaɪkaʊnt
Viscountess 'vaɪkaʊntɪs, **-es** ...tɪsɪs
Visé[e] *fr.* vi'ze
Višegrad *serbokr.* 'viʃɛgra:d, viˌʃɛgrad
Vịsegrád *ung.* 'viʃɛgra:d
Višera vgl. Wischera
Visẹu *port., bras.* vi'zeu̯
Vịşeul de Sụs *rumän.* vi'ʃeul de 'sus
visi̲bel vi'zi:bl̩, **...ble** ...blə
Vịsible supply *engl.* 'vɪzəbl sə'plaɪ
Visi̲er vi'zi:ɐ̯
visi̲e̲ren vi'zi:rən
Visim vgl. Wissim
Vịs inẹrtiae 'vi:s i'nɛrtsi̯ɛ
Visingsö̲ *schwed.* vi:siŋs'ø:
Visio̲n vi'zi̯o:n
visionä̲r, V... vizi̯o'nɛ:ɐ̯
Visita̲tio vizi'ta:tsi̯o, **-nen** ...ta'tsi̯o:nən
Visitatio̲n vizita'tsi̯o:n
Visita̲tor vizi'ta:tɔr, **-en** ...ta'to:rən
Visi̲te vi'zi:tə
visiti̲e̲ren vizi'ti:rən
visko̲s vɪs'ko:s, **-e** ...o:zə
Visko̲se vɪs'ko:zə
Viskosime̲ter vɪskozi'me:tɐ
Viskosimetri̲e vɪskozime'tri:
Viskositä̲t vɪskozi'tɛ:t
Vịslanda *schwed.* ˌvislanda
Vịs ma̲jor 'vi:s 'ma:jɔr

Višnevskij vgl. Wischnewski
Visnum *schwed.* ˌvisnʊm
Viso *it.* ˈviːzo
Visočica *serbokr.* viˌsɔtʃitsa
Visoki Dečani *serbokr.* ˌvisɔkiː ˈdɛtʃaːni
Visoko [Brdo] *serbokr.* ˌvisɔkɔː [ˈbr̩dɔ]
Visonta *ung.* ˈviʃontɔ
Visp fɪsp
Vispertęrminen fɪspɐˈtɛrminən
Vissarion vgl. Wissarion
Vissarionovič vgl. Wissarionowitsch
Vissarionovna vgl. Wissarionowna
Viss[ch]er *niederl.* ˈvɪsər
Visser't Hooft *niederl.* vɪsərtˈhoːft
Vista ˈvɪsta
Vistra Ⓦᶻ ˈvɪstra
visuęll viˈzu̯ɛl
Visum ˈviːzʊm, **...sa** ˈviːza
Visz[ák] *ung.* ˈvis[aːk]
viszeral vɪst͜seˈraːl
Viszeroptose vɪst͜serɔpˈtoːzə
viszid vɪsˈtsiːt, **-e** ...iːdə
Vit vgl. Wit
Vít *tschech.* viːt
Vita ˈviːta. **Vitae** ˈviːtɛ
Vita activa, - communis, - contemplativa ˈviːta akˈtiːva, – kɔˈmuːnɪs, – kɔntɛmplaˈtiːva
vital viˈtaːl
Vitale *it.* viˈtaːle
Vitali *it.* viˈtaːli
Vitalian vitaˈli̯aːn
Vitalianer vitaˈli̯aːnɐ
Vitalienbrüder viˈtaːli̯ənbryːdɐ
Vitalij vgl. Witali
Vitalis viˈtaːlɪs
vitalisieren vitaliˈziːrən
Vitalismus vitaˈlɪsmʊs
Vitalist vitaˈlɪst
Vitalität vitaliˈtɛːt
Vitamin vitaˈmiːn
vitaminieren vitamiˈniːrən
vitaminisieren vitaminiˈziːrən
vitae, non scholae discimus ˈviːtɛ ˈnoːn ˈsço̞ːlɛ ˈdɪst͜simʊs, – – ˈskoːlɛ –
vite viːt, vɪt, *fr.* vit
Vitebsk vgl. Witebsk
Vitelli *it.* viˈtɛlli
Vitellia viˈtɛli̯a
Vitell[i]us viˈtɛl[i̯]ʊs
vitement vitəˈmãː, vɪtˈmãː
Viterbo *it.* viˈtɛrbo
Vitez *serbokr.* ˈvitɛːz
Vitéz *ung.* ˈviteːz
Vitezović *serbokr.* ˈvitɛːzɔvitɕ
Vithkuq *alban.* viθˈkukj
Viti *it.* ˈviːti
Vitia vgl. Vitium
Vitigudino *span.* bitiɣuˈðino
Viti [Levu] ˈviːti [ˈleːvu], *engl.* ˈviːtiː [ˈlɛvuː]
Vitiligo vitiˈliːgo

Vitim vgl. Witim
vitiös viˈt͜si̯øːs, **-e** ...øːzə
[1]**Vitis** (Rebe) ˈviːtɪs
[2]**Vitis** (Name) ˈfɪtɪs
Vitium ˈviːt͜si̯ʊm, **...ia** ...i̯a
Vitium cordis ˈviːt͜si̯ʊm ˈkɔrdɪs
Vítkov *tschech.* ˈviːtkɔf
Vito *it.* ˈviːto
Vitoria *span.* biˈtori̯a
Vitória *bras.* viˈtɔri̯a
Vitoša vgl. Witoscha
Vitra vgl. Vitrum
Vitrage viˈtraːʒə
Vitré *fr.* viˈtre
Vitrine viˈtriːnə
Vitriol vitriˈoːl
Vitrit viˈtriːt, *auch:* ...rɪt
Vitroide vitroˈiːdə
Vitrolles *fr.* viˈtrɔl
Vitrophyr vitroˈfyːɐ̯
Vitrum ˈviːtrʊm, **...ra** ...ra
Vitruv viˈtruːf
Vitruvius viˈtruːvi̯ʊs
Vitry ˈviːtri, *fr.* viˈtri
Vittangi *schwed.* ˈvitaŋi
Vitte ˈvɪtə
Vittel *fr.* viˈtɛl
Vittone *it.* vitˈtoːne
Vittore *it.* vitˈtoːre
Vittoria *it.* vitˈtɔːri̯a
Vittorini *it.* vittoˈriːni
Vittorino *it.* vittoˈriːno
Vittorio *it.* vitˈtɔːri̯o
Vittozzi *it.* vitˈtɔttsi
Vitus ˈviːtʊs
Vitzenburg ˈfɪt͜sn̩bʊrk
Vitzliputzli vɪt͜sliˈpʊt͜sli
Vitznau ˈfɪtsnau̯
Vitzt[h]um ˈfɪtstuːm
vivace, V... viˈvaːt͜ʃə
vivacetto vivaˈt͜ʃɛto
vivacissimo vivaˈt͜ʃɪsimo
Vivacissimo vivaˈt͜ʃɪsimo, **...mi** ...mi
Vivaldi *it.* viˈvaldi
vivant [sequentes]! ˈviːvant [zeˈkvɛnteːs]
Vivarais *fr.* vivaˈrɛ
Vivarini *it.* vivaˈriːni
Vivarium viˈvaːri̯ʊm, **...ien** ...i̯ən
vivat!, Vivat ˈviːvat
vivat, crescat, floreat! ˈviːvat ˈkrɛskat ˈfloːreat
vivat sequens! ˈviːvat ˈzeːkvɛns
Vivazität vivat͜siˈtɛːt
Viveca *schwed.* ˈviːveka
Vivero *span.* biˈβero
Vives *span.* ˈbiβes
Vivian *engl.* ˈvɪvɪən
Viviane viˈvi̯aːnə, *fr.* viˈvjan
Viviani *fr.* vivjaˈni, *it.* viˈvi̯aːni
Vivianit vivi̯aˈniːt, *auch:* ...nɪt
Vivien *fr.* viˈvjɛ̃, *engl.* ˈvɪvɪən
vivipar viviˈpaːɐ̯
Viviparie vivipaˈriː
Vivisektion vivizɛkˈt͜si̯oːn
vivisezieren viviz eˈt͜siːrən

Vivonne *fr.* viˈvɔn
Vizcaya *span.* biθˈkaja
Vize vgl. Wise
Vize... ˈfiːt͜sə..., *seltener:* ˈviːt͜sə...
Vizetelly *engl.* vɪzɪˈtɛlɪ
Vizeu *port., bras.* viˈzeu̯
Vizille *fr.* viˈzij
vizinal vit͜siˈnaːl
Vižnica vgl. Wischniza
Vizovice *tschech.* ˈvizɔvitsɛ
Vizslás *ung.* ˈviʒlaːʃ
Viztum ˈfɪtstuːm, *auch:* ˈviːts...
Vizzini *it.* vidˈdziːni
Vjačeslav vgl. Wjatscheslaw
Vjatka vgl. Wjatka
Vjazemskij vgl. Wjasemski
Vjaz'ma vgl. Wjasma
Vjazniki vgl. Wjasniki
Vjenceslav *serbokr.* ˈvjɛntsɛslav
Vlaanderen *niederl.* ˈvlaːndərə
Vlaardingen *niederl.* ˈvlaːrdɪŋə
Vlachos *neugr.* ˈvlaxɔs
Vlad *rumän.* vlad
Vladigerov vgl. Wladigerow
Vladikavkaz vgl. Wladikawkas
Vladimir vgl. [1,2]Wladimir
Vladimír *tschech.* ˈvladjimiːr
Vladimircov vgl. Wladimirzow
Vladimirescu *rumän.* vladimiˈresku
Vladimirovič vgl. Wladimirowitsch
Vladimirovka vgl. Wladimirowka
Vladimirovna vgl. Wladimirowna
Vladimirskij vgl. Wladimirski
Vladimir-Volynskij vgl. Wladimir-Wolynski
[1]**Vladislav** *tschech.* ˈvladjislaf
[2]**Vladislav** vgl. Wladislaw
Vladivostok vgl. Wladiwostok
Vlagtwedde *niederl.* vlɑxtˈwɛdə
Vlahinja *serbokr.* ˈvlahinja
Vlajkov vgl. Wlaikow
Vlahuţă *rumän.* vlaˈhutsə
Vlame ˈflaːmə
Vlamertinge *niederl.* ˈvlaːmərtɪŋə
Vlaminck *fr.* vlaˈmɛ̃ːk
Vlas vgl. Wlas
Vlašić *serbokr.* ˈvlaʃitɕ
Vlašim *tschech.* ˈvlaʃim
Vlaška *serbokr.* ˈvlaʃkaː
Vlaško Polje *serbokr.* ˈvlaʃkɔː ˈpɔljɛ
Vlasov vgl. Wlassow
Vlček *tschech.* ˈvl̩tʃɛk
Vledder *niederl.* ˈvlɛdər
Vleuten-De Meern *niederl.* ˈvløːtəndəˈmeːrn
Vlezenbeek *niederl.* ˈvleːzənbeːk
Vlie[ger] *niederl.* ˈvliː[xər]
Vlieland *niederl.* ˈvliːlɑnt
Vlies fliːs, **-e** ˈfliːzə

Vliet *niederl.* vli:t
Vlijmen *niederl.* 'vlɛi̯mə
Vlissingen 'flɪsɪŋən, *niederl.* 'vlɪsɪŋə
Vlkýš *tschech.* 'vl̩ki:ʃ
Vlodrop *niederl.* 'vlo:drɔp
Vlorë *alban.* 'vlorə
Vlotho 'flo:to
Vltava *tschech.* 'vl̩tava
Vluyn fly:n
Vnà *rät.* fna
Vnukovo vgl. Wnukowo
vocale vo'ka:lə
Voce 'vo:tʃə, **Voci** 'vo:tʃi
Voce alta, - bassa, - di testa, - pastosa, - spiccata 'vo:tʃə 'alta, – 'basa, – di 'tɛsta, – pas'to:za, – spɪ'ka:ta
Voces vgl. Vox
Voces aequales 'vo:tse:s ɛ'kva:le:s
Vöchting 'fœçtɪŋ
Voci vgl. Voce
Vocke 'fɔkə
Vöcklabruck fœkla'brʊk
Vöcklamarkt fœkla'markt
Vodák *tschech.* 'vɔda:k
Vodla vgl. Wodla
Vodňany *tschech.* 'vɔdnjani
Vodnik *slowen.* 'vo:dnik
Vodopić *serbokr.* vɔˌdɔpitɕ
Voerde 'fø:ɐ̯də
Voerendaal *niederl.* 'vu:rənda:l
Voes *niederl.* vu:s
Voet *niederl.* vu:t
Voetius vo'e:tsi̯ʊs
Vöge 'fø:gə
Vôge *fr.* vo:ʒ
[1]**Vogel** 'fo:gl̩, **Vögel** 'fø:gl̩
[2]**Vogel** (Name) 'fo:gl̩, *niederl.* 'vo:xəl
Vögelchen 'fø:gl̩çən
Vögelein 'fø:gəlai̯n
Vogeler 'fo:gəlɐ
Vogelhuber 'fo:gl̩hu:bɐ
vögeln 'fø:gl̩n, **vögle** 'fø:glə
Vogels 'fo:gl̩s
Vogelsang 'fo:gl̩zaŋ
Vogelsberg 'fo:gl̩sbɛrk
Vogel-Strauß-Politik fo:gl̩'ʃtrau̯spoliti:k
Vogelwaarde *niederl.* 'vo:xəlwa:rdə
Vogelweide 'fo:gl̩vai̯də
Vogesen vo'ge:zn̩
Vogh[i]era *it.* vo'g[i̯]ɛ:ra
Vogl 'fo:gl̩
Vöglein 'fø:glai̯n
Vogler 'fo:glɐ
Vögler 'fø:glɐ
Voglsang 'fo:gl̩zaŋ
Vogorno *it.* vo'gorno
[1]**Vogt** fo:kt, **Vögte** 'fø:ktə
[2]**Vogt** (Name) fo:kt, *norw.* fukt
Vogtei fo:k'tai̯
Vogtland 'fo:ktlant
Vogtländer 'fo:ktlɛndɐ
vogtländisch 'fo:ktlɛndɪʃ
Vogue vo:k, *fr.* vɔg
Vogüé *fr.* vɔ'gɥe
Vohenstrauß 'fo:ənʃtrau̯s
Vöhrenbach 'fø:rənbax
Vöhringen 'fø:rɪŋən
Vohwinkel 'fo:vɪŋkl̩
Voiculescu *rumän.* voi̯ku'lesku
Voigt[el] 'fo:kt[l̩]
Voigtländer ® 'fo:ktlɛndɐ
Voigtsberg 'fo:ktsbɛrk
Voigtsgrün 'fo:ktsgry:n
voilà *fr.* vwa'la
Voile vo̯a:l, *fr.* vwal
Voineşti *rumän.* voi̯'neʃtj
Voiron *fr.* vwa'rõ
Voisenon *fr.* vwaz'nõ
Voisin *fr.* vwa'zɛ̃
Voit[h] fɔyt
Voitsberg 'fɔytsbɛrk
Voitsdorf 'fɔytsdɔrf
Voiture *fr.* vwa'ty:r
Voix du Nord *fr.* vwady'nɔ:r
Voix mixte *fr.* vwa'mikst
Vojens *dän.* 'vɔi̯əns
Vojislav *serbokr.* ˌvɔjislav
Vojka *serbokr.* 'vɔ:jka
Vojnić *serbokr.* 'vɔjnitɕ
Vojnik *serbokr.* ˌvɔjni:k
Vojnikov vgl. Woinikow
Vojnović *serbokr.* ˌvɔjnɔvitɕ
Vojslavice *tschech.* 'vɔjslavitsɛ
Vojtěch *tschech.* 'vɔjtjɛx
Vojussa vo'jʊsa
Vojvodina *serbokr.* ˌvɔjvɔdina
Vokabel vo'ka:bl̩
Vokabular vokabu'la:ɐ̯
Vokabularium vokabu'la:ri̯ʊm, **...ien** ...i̯ən
vokal, V... vo'ka:l
Vokalisation vokaliza'tsi̯o:n
vokalisch vo'ka:lɪʃ
Vokalise voka'li:zə
vokalisieren vokali'zi:rən
Vokalismus voka'lɪsmʊs
Vokalist voka'lɪst
Vokation voka'tsi̯o:n
Vokativ 'vo:kati:f, voka'ti:f; **-e** ...i:və
Vokativus voka'ti:vʊs
Volant 'fo:lant, **-es** ...ndəs
Volant vo'lã:
Volapük vola'py:k
volar vo'la:ɐ̯
Volary *tschech.* 'vɔlari
Volata vo'la:ta, **...te** ...tə
Vol-au-vent, -s volo'vã:
Volbach 'fɔlbax
Volbert 'fɔlbɛrt
Volbrecht 'fɔlbrɛçt
Volcano vɔl'ka:no, *engl.* vɔl'keɪnoʊ
Volčansk vgl. Woltschansk
Volci 'vɔltsi
Volč'ja vgl. Woltschja
Volckmar 'fɔlkmar
Volen vgl. Wolen
Volendam *niederl.* vo:lən'dɑm
Volga vgl. Wolga
Volger 'fɔlgɐ
Volgin vgl. Wolgin
Volgograd vgl. Wolgograd
Volhard 'fɔlhart
Volhov vgl. Wolchow
Voliere vo'li̯e:rə, ...'li̯ɛ:rə
volitional volitsi̯o'na:l
Voliva *engl.* 'vɔlɪvə
[1]**Volk** fɔlk, **Völker** 'fœlkɐ
[2]**Volk** (Name) fɔlk, *engl.* voʊk, *niederl.* vɔlk
Volkach 'fɔlkax
Volkard 'fɔlkart
Volkbert 'fɔlkbɛrt
Volkberta fɔlk'bɛrta
Völkchen 'fœlkçən
Volke 'fɔlkə
Volkel *niederl.* 'vɔlkəl
Volkelt 'fɔlkl̩t
Volker 'fɔlkɐ
Völker vgl. Volk
Völkermarkt 'fœlkɐmarkt
Volkert 'fɔlkɐt
Volkhard 'fɔlkhart
Volkher 'fɔlkhɛr
Volkhild 'fɔlkhɪlt
Volkhilde fɔlk'hɪldə
völkisch 'fœlkɪʃ
Völklingen 'fœlklɪŋən
Volkmann 'fɔlkman
Volkmar[sdorf] 'fɔlkmar[sdɔrf]
Volkmarsen 'fɔlkmarzn̩
Volko 'fɔlko
Volkov vgl. Wolkow
Volkovysk vgl. Wolkowysk
Volkrad 'fɔlkra:t
Volksgazet *niederl.* 'vɔlksxa:ˌzɛt
Volkskrant *niederl.* 'vɔlkskrɑnt
Volkskundler 'fɔlkskʊntlɐ
volkskundlich 'fɔlkskʊntlɪç
Volkstum 'fɔlkstu:m
volkstümlich 'fɔlksty:mlɪç
Volkward, ...rt 'fɔlkvart
Volkwig 'fɔlkvɪç
Volkwin 'fɔlkvi:n
voll fɔl
Volland *fr.* vɔ'lã
vollauf 'fɔl|auf, *auch:* –'–
vollbringen fɔl'brɪŋən
vollenden fɔl'|ɛndn̩, fɔ'lɛ..., **vollend!** ...nt
vollends 'fɔlɛnts
Vollendung fɔl'|ɛndʊŋ, ...lɛ...
Vollenhove[n] *niederl.* 'vɔlənho:və
Völlerei fœlə'rai̯
volley 'vɔli
Volleyball 'vɔlibal
vollführen fɔl'fy:rən
vollgültig 'fɔlgʏltɪç
Vollhofer 'fɔlho:fɐ
völlig 'fœlɪç, **-e** ...ɪgə
volljährig 'fɔljɛ:rɪç
vollkommen fɔl'kɔmən, *auch:* '–––
Vollmacht 'fɔlmaxt
Vollmar 'fɔlmar

vollmast 'fɔlmast
Vollme 'fɔlmə
Vollmer 'fɔlmɐ
Vollmoeller 'fɔlmœlɐ
Vollon *fr.* vɔ'lõ
Vollrad 'fɔlra:t
Vollrathsruhe fɔlra:ts'ru:ə
vollständig 'fɔlʃtɛndɪç
vollstreckbar fɔl'ʃtrɛkba:ɐ̯
vollstrecken fɔl'ʃtrɛkn̩
vollwertig 'fɔlve:ɐ̯tɪç
vollzählig 'fɔltsɛ:lɪç, **-e** ...ɪgə
vollziehbar fɔl'tsi:ba:ɐ̯
vollziehen fɔl'tsi:ən
Vollzug fɔl'tsu:k
Volmar[stein] 'fɔlmar[ʃtain]
Volmer 'fɔlmɐ, *dän.* 'vɔlˀmər
Volney *fr.* vɔl'nɛ
Volnovaha vgl. Wolnowacha
Volodarsk-Volynskij vgl. Wolodarsk-Wolynski
Vologda vgl. Wologda
Volokolamsk vgl. Wolokolamsk
Volontär volɔn'tɛ:ɐ̯, *auch:* volõt...
Volontariat volɔnta'ri̯a:t, ...lõt...
volontieren volɔn'ti:rən, *auch:* volõt...
Volos *neugr.* 'vɔlɔs
Vološin vgl. Woloschin
Vološka vgl. Woloschka
Volosovo vgl. Wolossowo
Volotovo vgl. Wolotowo
Volovo vgl. Wolowo
Voložin vgl. Woloschin
Volpato *it.* vol'pa:to
Volpe *it.* volpe
Volpi *it.* 'volpi
Volpone *it.* vol'po:ne
Volsbach 'fɔlsbax
Völschow 'vœlʃo
Volsinii vɔl'zi:nii
Vol'sk vgl. Wolsk
Volsker 'vɔlskɐ
volskisch 'vɔlskɪʃ
Volstead *engl.* 'vɔlstɛd
Volt vɔlt
[1]**Volta** (Tanz) 'vɔlta
[2]**Volta** (Name) *dt., it.* 'vɔlta *engl.* 'vɔltə
Voltaire *fr.* vɔl'tɛ:r
Voltairianer vɔltɛ'ri̯a:nɐ
voltaisch, V... 'vɔltaɪʃ
Voltameter vɔlta'me:tɐ
Voltampere vɔlt|am'pe:ɐ̯, ...'pɛ:ɐ̯
Volte 'vɔltə
Volterra *it.* vol'tɛrra
voltieren vɔl'ti:rən
Voltige vɔl'ti:ʒə
Voltigeur vɔlti'ʒø:ɐ̯
voltigieren vɔlti'ʒi:rən
Voltimand 'vɔltimant
volti subito 'vɔlti 'zu:bito
Voltmeter 'vɔltme:tɐ
Voltri *it.* 'voltri

Volturara Irpina *it.* voltu'ra:ra ir'pi:na
Volturno *it.* vol'turno
Voltz[ia] 'fɔlts[i̯a]
volubel vo'lu:bl̩, **...ble** ..blə
Volubilis vo'lu:bilɪs
Volubilität volubili'tɛ:t
Volumen vo'lu:mən, **...mina** ...mina
Volumenometer volumeno'me:tɐ
Volumeter volu'me:tɐ
Volumetrie volume'tri:
Volumgewicht vo'lu:mgəviçt
voluminös volumi'nø:s, **-e** ...ø:zə
Volumnia vo'lʊmnia
Volumnius vo'lʊmniʊs
Voluntarismus volʊnta'rɪsmʊs
Voluntarist volʊnta'rɪst
voluntativ volʊnta'ti:f, **-e** ...i:və
Völuspa vølʊs'pa:
Volute vo'lu:tə
Volva 'vɔlva, **...vae** ...vɛ
Völva 'vœlva, **...vur** ...vʊr
volvieren vɔl'vi:rən
Volvo ⓦ 'vɔlvo
Volvox 'vɔlvɔks
Volvulus 'vɔlvulʊs, **...li** ...li
Volyn' vgl. Wolyn
Volyně *tschech.* 'vɔlinjɛ
Volz fɔlts
Völzberg 'fœltsbɛrk
Völzerbach 'fœltsɐbax
Volžsk vgl. Wolschsk
vom fɔm
Vomb *schwed.* vɔmb
Vombsjön *schwed.* ˌvɔmbʃœn
Vomhundertsatz fɔm'hʊndɐtzats
vomieren vo'mi:rən
Vomitio vo'mi:tsi̯o, **-nes** ...mi'tsi̯o:ne:s
Vomitiv vomi'ti:f, **-e** ...i:və
Vomitivum vomi'ti:vʊm, **...va** ...va
Vomitorium vomi'to:ri̯ʊm, **...ien** ...i̯ən
Vomitus 'vo:mitʊs
Vomtausendsatz fɔm'tauzn̩tzats
von fɔn
Vondel *niederl.* 'vɔndəl
Vondenhoff 'fɔndn̩hɔf
Von der Mühll 'fɔnde:ɐ̯myl
Vondrák *tschech.* 'vɔndra:k
voneinander fɔn|ai'nandɐ
Vonnoh *engl.* vɔ'noʊ
vonnöten fɔn'nø:tn̩
vonstatten fɔn'ʃtatn̩
Voorburg *niederl.* 'vo:rbʏrx
Voorde *niederl.* 'vo:rdə
Voorhout *niederl.* vo:r'hɔu̯t
Voorne *niederl.* 'vo:rnə
Voorschoten *niederl.* 'vo:rsxo:tə
Voorst *niederl.* vo:rst
Vop' vgl. Wop

Vopnafjord 'vɔpnafjɔrt
Vopnafjörður *isl.* 'vɔhpnafjœrðʏr
VOPO, Vopo 'fo:po
vor fo:ɐ̯
vorab fo:ɐ̯'|ap
Vorabend 'fo:ɐ̯|a:bn̩t
Voralpen 'fo:ɐ̯|alpn̩
voran fo'ran
vorangehen fo'range:ən
vorankommen fo'rankɔmən
Vorarlberg 'fo:ɐ̯|arlbɛrk, -'--
Vorarlberger 'fo:ɐ̯|arlbɛrgɐ, -'---
vorarlbergisch 'fo:ɐ̯|arlbɛrgɪʃ, -'---
Vorau 'fo:rau̯
vorauf for'au̯f
voraufgehen fo'rau̯fge:ən
voraus fo'rau̯s, *auch:* 'fo:rau̯s
Voraus fo'rau̯s
voraus..., Voraus... fo'rau̯s...
Vorausabteilung fo'rau̯s|apˌtai̯lʊŋ
vorausbedingen fo'rau̯sbədɪŋən
vorausbezahlen fo'rau̯sbətsa:lən
vorausgeben fo'rau̯sge:bn̩
vorausgehen fo'rau̯sge:ən
vorausshaben fo'rau̯sha:bn̩
Vorausnahme fo'rau̯sna:mə
Voraussage fo'rau̯sza:gə
voraussetzen fo'rau̯szɛtsn̩
Voraussicht fo'rau̯szɪçt
voraussichtlich fo'rau̯szɪçtlɪç
Vorraustruppe fo'rau̯strʊpə
vorauswissen fo'rau̯svɪsn̩
Vorazität voratsi'tɛ:t
Vorbach 'fo:ɐ̯bax
Vorbasse *dän.* 'vo:rbasə
Vorbeck 'fo:ɐ̯bɛk
Vorbau 'fo:ɐ̯bau̯
vorbedacht, V... 'fo:ɐ̯bədaxt
Vorbehalt 'fo:ɐ̯bəhalt
vorbei fɔr'bai̯, fo:ɐ̯'bai̯
vorbeigehen fɔr'bai̯ge:ən, fo:ɐ̯...
Vorbild 'fo:ɐ̯bɪlt
vordatieren 'fo:ɐ̯dati:rən
vordem fo:ɐ̯'de:m, *auch:* '--
Vorden *niederl.* 'vɔrdə
Vörden 'fø:ɐ̯dn̩
Vorderasien 'fɔrdɐ'|a:zi̯ən
vordere 'fɔrdərə
Vorderfischen fɔrdɐ'fɪʃn̩
Vorderhufen 'fɔrdɐhu:fn̩
vorderhand 'fɔrdɐhant, *auch:* 'fo:ɐ̯de:ɐ̯hant; --'-;-'--
Vorderhand 'fɔrdɐhant
Vorderindien 'fɔrdɐ|ɪndi̯ən
Vorderösterreich 'fɔrdɐ|ø:stəraiç
Vorderrhein 'fɔrdɐrain
vorderste 'fɔrdɐstə
Vorderteil 'fɔrdɐtail
Vordingborg *dän.* vɔrdeŋ'bɔrˀ
vordringlich 'fo:ɐ̯drɪŋlɪç
voreilig 'fo:ɐ̯|ailɪç

voreinạnder fo:ɐ̯|ai̯'nandɐ
vọreingenommen 'fo:ɐ̯|ai̯ngənɔmən
Vọremberg 'fo:rəmbɛrk
vọrenthalten 'fo:ɐ̯|ɛnthaltn̩
vọrerst 'fo:ɐ̯|e:ɐ̯st, *auch:* –'–
vọrerwähnt 'fo:ɐ̯|ɛɐ̯vɛ:nt
Vọretzsch 'fo:rɛtʃ
Vọrfahr[t] 'fo:ɐ̯fa:ɐ̯[t]
Vọrfall 'fo:ɐ̯fal
Vọrgang 'fo:ɐ̯gaŋ
Vọrgebirge 'fo:ɐ̯gəbɪrgə
vọrgeblich 'fo:ɐ̯ge:plɪç
Vọrgeschichte 'fo:ɐ̯gəʃɪçtə
Vọrgeschichtler 'fo:ɐ̯gəʃɪçtlɐ
vọrgestern 'fo:ɐ̯gɛstɐn
vọrhaben, V... 'fo:ɐ̯ha:bn̩
Vọrhalt[ung] 'fo:ɐ̯halt[ʊŋ]
Vọrhand 'fo:ɐ̯hant
vorhạnden fo:ɐ̯'handn̩
Vọrhang 'fo:ɐ̯haŋ
Vọrhelm 'fo:ɐ̯hɛlm
vorher fo:ɐ̯'he:ɐ̯, *auch:* '––
vorhẹr..., Vorhẹr... fo:ɐ̯'he:ɐ̯...
vorhẹrbestimmen fo:ɐ̯'he:ɐ̯bəʃtɪmən
vorhẹrgehen fo:ɐ̯'he:ɐ̯ge:ən
vorhẹrig fo:ɐ̯'he:rɪç, *auch:* '–––; **-e** ...ɪgə
Vorhẹrsage fo:ɐ̯'he:ɐ̯za:gə
vorhin fo:ɐ̯'hɪn, *auch:* '––
vọrhinein 'fo:ɐ̯hɪnai̯n
vọrig 'fo:rɪç, **-e** ...ɪgə
Vøringsfoss *norw.* ˌvø:rɪŋsfɔs
Vọrkehrung 'fo:ɐ̯ke:rʊŋ
Vọrkommnis 'fo:ɐ̯kɔmnɪs, **-se** ...ɪsə
vọrkragen 'fo:ɐ̯kra:gn̩, **krag vọr!** 'kra:k 'fo:ɐ̯, **vọrkragt** 'fo:ɐ̯kra:kt
Vọrkriegszeit 'fo:ɐ̯kri:ksˌtsai̯t
Vorkuta vgl. Workuta
Vọrland 'fo:ɐ̯lant
Vọrlande 'fo:ɐ̯landə
Vọrländer 'fo:ɐ̯lɛndɐ
vọrlängst 'fo:ɐ̯lɛŋst
vọrläufig 'fo:ɐ̯lɔyfɪç, **-e** ...ɪgə
vọrlaut 'fo:ɐ̯lau̯t
vọrletzte 'fo:ɐ̯lɛtstə
Vọrliebe 'fo:ɐ̯li:bə
vorlie̲b[nehmen] fo:ɐ̯'li:p[ne:mən]
vọrlings 'fo:ɐ̯lɪŋs
vọrm fo:ɐ̯m
Vọrma *norw.* ˌvɔrma
vọrmalig 'fo:ɐ̯ma:lɪç, **-e** ...ɪgə
vọrmals 'fo:ɐ̯ma:ls
vọrmärzlich 'fo:ɐ̯mɛrtslɪç
Vọrmittag 'fo:ɐ̯mɪta:k
vọrmittägig 'fo:ɐ̯mɪtɛ:gɪç, **-e** ...ɪgə
vọrmittäglich 'fo:ɐ̯mɪtɛ:klɪç
vọrmittags 'fo:ɐ̯mɪta:ks
Vọrmund 'fo:ɐ̯mʊnt; **-e** ...ndə, **...münder** ...mʏndɐ
Vọrmundschaft 'fo:ɐ̯mʊntʃaft
[1]**vọrn** (vorne) fɔrn
[2]**vọrn** (vor den) fo:ɐ̯n
Vọrna[h]me 'fo:ɐ̯na:mə
vornan fɔrn'|an, *auch:* '––
vọrne 'fɔrnə
vọrnehm[en] 'fo:ɐ̯ne:m[ən]
Vornehmtuere̲i fo:ɐ̯ne:mtu:ə'rai̯
vornherein 'fɔrnhɛrai̯n, *auch:* ––'–
vornhin 'fɔrnhɪn, *auch:* –'–
vornụ̈ber fɔrn'|y:bɐ
vornụ̈bergebeugt fɔrn'|y:bɐgəbɔyk̯t
vornweg 'fɔrnvɛk, *auch:* –'–
Vorob'ev vgl. Worobjof
Vorohta vgl. Worochta
Vorona vgl. Worona
Voroncov vgl. Woronzow
Voronẹț *rumän.* voro'nets
Voronež vgl. Woronesch
Voronin vgl. Woronin
Voron'ja vgl. Woronja
Voronov vgl. Woronow
Vọrort 'fo:ɐ̯|ɔrt
Vorošilov vgl. Woroschilow
Vorošilovgrad vgl. Woroschilowgrad
Vorošilovsk vgl. Woroschilowsk
Vörösmarty *ung.* 'vørøʃmɔrti
Vorotynskij vgl. Worotynski
Vọrpommern 'fo:ɐ̯pɔmɐn
Vọrposten 'fo:ɐ̯pɔstn̩
Vọrrat 'fo:ɐ̯ra:t, **Vọrräte** 'fo:ɐ̯rɛ:tə
vọrrätig 'fo:ɐ̯rɛ:tɪç, **-e** ...ɪgə
Vọrrë *alban.* 'vorrə
vọrs fo:ɐ̯s
Vọrsatz 'fo:ɐ̯zats
vọrsätzlich 'fo:ɐ̯zɛtslɪç
Vọrschlag 'fo:ɐ̯ʃla:k
Vọrschmack 'fo:ɐ̯ʃmak
vọrschuhen 'fo:ɐ̯ʃu:ən
Vọrschuß 'fo:ɐ̯ʃʊs
Vọrse *engl.* vɔ:s
Vọrsehung 'fo:ɐ̯ze:ʊŋ
Vorsfẹlde fɔrs'fɛldə
Vọrsicht 'fo:ɐ̯zɪçt
vọrsintflutlich 'fo:ɐ̯zɪntflu:tlɪç
Vọrsitz 'fo:ɐ̯zɪts
Vorskla vgl. Worskla
Vorsma vgl. Worsma
Vọrspann 'fo:ɐ̯ʃpan
Vọrst fɔrst, *niederl.* vɔ...
Vọrsteher 'fo:ɐ̯ʃte:ɐ
vọrstellig 'fo:ɐ̯ʃtɛlɪç, **-e** ...ɪgə
Vọrster *afr.* 'fɔrstər
Vọrsterman *niederl.* 'vɔrstərmɑn
Vọrstius 'fɔrsti̯ʊs
vọrsündflutlich 'fo:ɐ̯zʏntflu:tlɪç
Vọrteil 'fɔrtai̯l
Vọrtrag 'fo:ɐ̯tra:k, **-es** ...a:gəs, **Vọrträge** 'fo:ɐ̯trɛ:gə
vortrẹfflich fo:ɐ̯'trɛflɪç
Vortumnạlien vɔrtʊm'na:li̯ən
vorụ̈ber fo'ry:bɐ
Vọr- und Nachteil 'fo:ɐ̯|ʊnt'na:xtai̯l
Vorupør *dän.* vo[:]rob'ø:ˀr
Vọrurteil 'fo:ɐ̯|ʊrtai̯l
vọrvorgestern 'fo:ɐ̯ˌfo:ɐ̯gɛstɐn
vọrvorig 'fo:ɐ̯fo:rɪç
Vọrwand 'fo:ɐ̯vant, **-es** ...ndəs, **...wände** ...vɛndə
vorwärts 'fo:ɐ̯vɛrts, 'fɔr...
Vorwẹgnahme fo:ɐ̯'vɛkna:mə
vorwẹg[nehmen] fo:ɐ̯'vɛk[ne:mən]
Vọrweis 'fo:ɐ̯vai̯s, **-es** ...vai̯zəs
Vọrwitz 'fo:ɐ̯vɪts
Vọrzeit 'fo:ɐ̯tsai̯t
vorze̲iten fo:ɐ̯'tsai̯tn̩
vọrzeitig 'fo:ɐ̯tsai̯tɪç
vọrzeitlich 'fo:ɐ̯tsai̯tlɪç
Vọrzug 'fo:ɐ̯tsu:k
vorzüglich fo:ɐ̯'tsy:klɪç, *auch:* '–––
Vọs *niederl.* vɔs
Vọsges *fr.* vo:ʒ
Voshod vgl. Woschod
Voskopọjë *alban.* vosko'pojə
Voskresensk[ij] vgl. Woskressensk[i]
Vösla̲u fœs'lau̯
Vọss fɔs, *norw.* vɔs
Vọß fɔs
Vọsselaar *niederl.* 'vɔsəla:r
Vọssius 'fɔsi̯ʊs, *niederl.* 'vɔsi:ʏs
Vọsslap 'fɔslap
Vọßler 'fɔslɐ
Vostočnyj vgl. Wostotschny
Vostok[ov] vgl. Wostok[ow]
Vota vgl. Votum
Votạnt vo'tant
Votatiọn vota'tsi̯o:n
Vọtice *tschech.* 'vɔtjitsɛ
voti̲eren vo'ti:rən
Voti̲v vo'ti:f, **-e** ...i:və
Votkinsk vgl. Wotkinsk
Vọttem *niederl.* 'vɔtəm
Vọtum 'vo:tʊm, **...ta** 'vo:ta
Vouẹt *fr.* vwɛ
Vouga *port.* 'voɣɐ
Vougeọt *fr.* vu'ʒo
Vought *engl.* vɔ:t
Voullième vʊl'je:m
Voulte-sur-Rhône *fr.* vultsyr'ro:n
Voute 'vu:tə
Vouvray *fr.* vu'vrɛ
Vouzẹla *port.* vo'zɛlɐ
Vouziẹrs *fr.* vu'zje
Vọx vɔks, **Vọces** 'vo:tse:s
Vox acụta, - cẹlęstis, - humạna, - mẹdia 'vɔks a'ku:ta, – tse'lɛstɪs, – hu'ma:na, – 'me:di̯a
Vọx nịhili 'vɔks 'ni:hili
vọx pọpuli vọx Dẹi 'vɔks 'po:puli 'vɔks 'de:i
Vọx virginea 'vɔks vɪr'gi:nea
Voyageur vo̯aja'ʒø:ɐ̯
Voyeur vo̯a'jø:ɐ̯
Voyeurịsmus vo̯ajø'rɪsmʊs
Voyeuse vo̯a'jø:zə
Vọynich *engl.* 'vɔɪnɪtʃ

voyons! *fr.* vwa'jõ
Vọysey *engl.* 'vɔɪzɪ
Vožega vgl. Woschega
vozieren vo'tsi:rən
Voznesensk[ij] vgl. Wosnessensk[i]
Vraca vgl. Wraza
Vrąćevšnica *serbokr.* ˌvratɕɛ:fʃnitsa
Vrąňany *tschech.* 'vranjani
Vrąncx *niederl.* vrɑŋks
Vrąné *tschech.* 'vranɛ:
Vrangel' vgl. Wrangel
Vrąnje *serbokr.* 'vranjɛ
Vrąnjska Bąnja *serbokr.* 'vranjska: 'banja
Vrąnov *tschech.* 'vranɔf
Vrąnovice *tschech.* 'vranɔvitsɛ
Vrąpče *serbokr.* ˌvra:ptʃɛ
Vrąta *serbokr.* ˌvra:ta
Vrątimov *tschech.* 'vratjimɔf
Vrąz *slowen.* vra:z
Vráž *tschech.* vra:ʃ
Vrbas *serbokr.* 'vr̩ba:s
Vrbnik *serbokr.* 'vr̩:bni:k
Vrbno *tschech.* 'vr̩bnɔ
Vrchlabí *tschech.* 'vr̩xlabi:
Vrchlický *tschech.* 'vr̩xlitski:
Vrdnik *serbokr.* ˌvr̩dni:k
Vrdy *tschech.* 'vr̩di
Vrẹdeman *niederl.* 'vre:dəmɑn
Vrẹden 'fre:dn̩
Vreeswijk *niederl.* 'vre:swɛi̯k
Vrẹneli 'fre:nəli
Vrẹni 'fre:ni
Vrẹta Klọster *schwed.* ˌvre:ta 'klɔstər
Vrgorac *serbokr.* ˌvr̩gɔrats
Vrhovac *serbokr.* 'vr̩hɔvats
Vrhovine *serbokr.* ˌvr̩hɔvinɛ
Vries fri:s, *niederl.* vri:s
Vriesea 'fri:zea
Vriesland *niederl.* 'vri:slɑnt
Vriezenveen *niederl.* vri:zən've:n
Vrigny *fr.* vri'ɲi
Vrije Vọlk *niederl.* 'vrɛi̯ə 'vɔlk
Vrịng frɪŋ
Vrnjačka Bąnja *serbokr.* 'vr̩njatʃka: 'banja
Vrọni 'fro:ni, *auch:* 'vro:ni
Vroom *niederl.* vro:m
Vrpolje *serbokr.* ˌvr̩pɔljɛ
Vršac *serbokr.* 'vr̩ʃats
Vrubel' vgl. Wrubel
Vrụćica *serbokr.* ˌvrutɕitsa
Vryburg *afr.* 'frəi̯bœrx
Vryheid *afr.* 'frəi̯həi̯t
Všẹruby *tschech.* 'fʃɛrub
Všẹtaty *tschech.* 'fʃɛtati
Vsevolod vgl. Wsewolod
Vsevolodo-Vil'va vgl. Wsewolodo-Wilwa
Vučędol *serbokr.* vuˌtʃɛdɔl
Vucht *niederl.* vʏxt
Vụčitrn *serbokr.* ˌvutʃitr̩:n
Vụčjak *serbokr.* 'vutʃja:k
Vue-des-Ąlpes *fr.* vyde'zalp

Vught *niederl.* vʏxt
Vuile Gąt *niederl.* 'vœi̯lə 'xɑt
Vuillard *fr.* vɥi'ja:r
Vuillaume *fr.* vɥi'jo:m
Vuitry *fr.* vɥi'tri
Vụjić *serbokr.* ˌvu:jitɕ
Vụk *serbokr.* vu:k
Vụka (Fluß) *serbokr.* 'vuka
Vukąšin *serbokr.* vuˌkaʃin
Vukol vgl. Wukol
Vukọvar *serbokr.* vuˌkɔva:r
Vulcan *engl.* 'vʌlkən, *rumän.* vul'kan
Vulcano *it.* vul'ka:no
Vulcanus vʊl'ka:nʊs
Vụlci 'vʊltsi
vulgär vʊl'gɛ:ɐ̯
vulgarisieren vʊlgari'zi:rən
Vulgarität vʊlgari'tɛ:t
Vulgata vʊl'ga:ta
vulgivag vʊlgi'va:k, **-e** ...a:gə
Vulgivaga vʊl'gi:vaga
vụlgo 'vʊlgo
Vulkan vʊl'ka:n
Vulkanisat vʊlkani'za:t
Vulkanisation vʊlkaniza'tsi̯o:n
vulkanisch vʊl'ka:nɪʃ
Vulkaniseur vʊlkani'zø:ɐ̯
vulkanisieren vʊlkani'zi:rən
Vulkanismus vʊlka'nɪsmʊs
Vulkanit vʊlka'ni:t, *auch:* ...nɪt
Vulkanologie vʊlkanolo'gi:
vulkanologisch vʊlkano'lo:gɪʃ
Vulkazit vʊlka'tsi:t, *auch:* ...tsɪt
vulnerabel vʊlne'ra:bl̩, **...ble** ...blə
Vulnerabilität vʊlnerabili'tɛ:t
Vulpera *rät.* vul'pe:ra
Vulpian *fr.* vyl'pjã
Vụlpius 'vʊlpi̯ʊs
Vụlture *it.* 'vulture
Vụlva 'vʊlva
Vulvitis vʊl'vi:tɪs, **...itiden** ...vi'ti:dn̩
Vulvovaginitis vʊlvovagi'ni:tɪs, **...itiden** ...ni'ti:dn̩
Vuoksa vgl. Wuoxa
Vụoksi *finn.* 'vuo̯ksi
Vụorz *rät.* 'vuo̯rts
Vuoto 'vu̯o:to
Vụotso *finn.* 'vuo̯tsɔ
Vurnary vgl. Wurnary
Vutyrạs *neugr.* vuti'ras
Vvedenskij vgl. Wwedenski
VW fau̯'ve:, *auch:* '– –
Vyborg vgl. Wyborg
Vyčegda vgl. Wytschegda
Východné Bẹskydy *slowak.* 'vi:xɔdnɛ: 'bɛskidi
Vyksa vgl. Wyxa
Vym' vgl. Wym
Vyša vgl. Wyscha
Vyšehrad *tschech.* 'viʃɛhrat
Vyšgorod vgl. Wyschgorod
Vyšinskij vgl. Wyschinski
Výškov *tschech.* 'vi:ʃkɔf
Vyšnij Voločok vgl. Wyschni Wolotschok

Vysock vgl. Wyssozk
Vysokaja vgl. Wyssokaja
Vysoké Mýto *tschech.* 'visɔkɛ: 'mi:tɔ
Vysoké Tạtry *slowak.* 'visɔkɛ: 'tatri
Vysoké Vẹselí *tschech.* 'visɔkɛ: 'vɛsɛli:
Vysokoe vgl. Wyssokoje
Vysokovsk vgl. Wyssokowsk
Vyšší Brọd *tschech.* 'viʃi: 'brɔt
Vytautas 'vi:tau̯tas

W

w, W ve:, *engl.* 'dʌblju:, *fr.* dublə've
Waadt va[:]t
Waadtland 'va[:]tlant
Waadtländer 'va[:]tlɛndɐ
waadtländisch 'va[:]tlɛndɪʃ
Waag va:k
[1]**Waage** 'va:gə
[2]**Waage** (Name) *norw.* ˌvo:gə
Waagen 'va:gn̩
waagerecht 'va:gərɛçt
waagrecht 'va:krɛçt
Waal va:l, *niederl.* wa:l
Waalhaven *niederl.* 'wa:lha:və
Waalre *niederl.* 'wa:lrə
Waals *niederl.* wa:ls
Waalwijk *niederl.* 'wa:lwɛi̯k
Waardenburg *niederl.* 'wa:rdənbʏrx
Waarschoot *niederl.* 'wa:rsxo:t
Waase 'va:zə
Waasen 'va:zn̩
Waasland *niederl.* 'wa:slɑnt
Waasmunster *niederl.* 'wa:smʏnstər
Waasten *niederl.* 'wa:stə
Wabana *engl.* wɔ:'bænə
Wabash *engl.* 'wɔ:bæʃ
wąbb[e]lig 'vab[ə]lɪç, **-e** ...ɪgə
wąbbeln 'vabl̩n, **wąbble** ...blə
Wąbe 'va:bə
Wąber[lohe] 'va:bɐ[lo:ə]
wąbern 'va:bɐn, **wąbre** ...brə
Wąbrzęźno *poln.* vɔm'bʒɛznɔ
Waccamaw *engl.* 'wækəmɔ:
Wace *engl.* weɪs, *fr.* vas
wạch, [1]**Wạch** vax
[2]**Wạch, Vah** *russ.* vax
Wachandarją, Vahandar'ja *russ.* vɐxɐndarj'ja
Wachau va'xau̯
Wạche 'vaxə
wạchen 'vaxn̩
Wachenzẹll vaxn̩'tsɛl
Wachọlder va'xɔldɐ
Wạchruschi, Vahruši *russ.* 'vaxruʃɨ
Wạchs vaks
wạchsam 'vaxza:m
wạchsbleich 'vaks'blai̯ç

Wạchsch, Vahš *russ.* vaxʃ
wạchsen ˈvaksn̩
wạchseln ˈvaksl̩n
wạ̈chsern ˈvɛksɐn
wạ̈chst vɛkst
Wạchstedt ˈvaxʃtɛt
Wạchstum ˈvakstuːm
wạchswe̲ich ˈvaksˈvai̯ç
Wạcht vaxt
Wachtạn[gow], Vahtan[gov] *russ.* vaxˈtan[gɐf]
Wạ̈chte ˈvɛçtə
Wạchtebeke *niederl.* ˈwɑxtəbeːkə
Wạchtel ˈvaxtl̩
Wạchtendonk ˈvaxtn̩dɔŋk
Wạ̈chter ˈvɛçtɐ
Wạchwitz ˈvaxvɪt͡s
Wạcke ˈvakə
wạckelig ˈvakəlɪç, **-e** ...ɪgə
wạckeln ˈvakl̩n
Wạckenroder ˈvakn̩roːdɐ
wạcker ˈvakɐ
Wạcker[le] ˈvakɐ[lə]
Wạckernagel ˈvakɐnaːgl̩
wạcklig ˈvaklɪç, **-e** ...ɪgə
Wạcław *poln.* ˈvatsu̯af
Waco *engl.* ˈweɪkoʊ
[1]**Wạd** vad
[2]**Wạd, Vad** *russ.* vat
Wada̲i vaˈdai̯
Waddẹll *engl.* wɔˈdɛl
Wạdden[eilanden] *niederl.* ˈwɑdə[nɛi̯lɑndə]
Wạddenzee *niederl.* ˈwɑdənzeː
Wạddike ˈvadɪkə
Wadding *engl.* ˈwɔdɪŋ
Waddington *engl.* ˈwɔdɪŋtən, *fr.* vadɛ̃ˈtõ
Wạddinxveen *niederl.* ˈwɑdɪŋksfeːn
[1]**Wạde** ˈvaːdə
[2]**Wade** (Name) *engl.* weɪd
Wạ̈denswil ˈvɛːdn̩sviːl
Waderé vadeˈreː
Wạdern ˈvaːdɐn
Wạdersloh ˈvaːdɐsloː
Wạdgassen ˈvatgasn̩
Wạdi ˈvaːdi
Wạdi-Hạlfa ˈvaːdiˈhalfa
Wạdi-Natrụn ˈvaːdinaˈtruːn
Wạdi-Qumrạn ˈvaːdikʊmˈraːn
Wadrịll vaˈdrɪl
Wadsworth *engl.* ˈwɔdzwəːθ
Waechter ˈvɛçtɐ
Wael[rant] *niederl.* ˈwaːl[rɑnt]
Waentig ˈvɛntɪç
Waerden *niederl.* ˈwaːrdə
Waerland *schwed.* ˈvæːrland
Wa̲etzoldt ˈvɛːt͡sɔlt
Wạfd vaft
Wafer *engl.* ˈweɪfə
Wạffe ˈvafə
Wạffel ˈvafl̩
Wạffenstillstand ˈvafn̩ˌʃtɪlʃtant
wạffnen ˈvafnən
Wạga, Vaga *russ.* ˈvagɐ
Wagadụgu vagaˈduːgu
wạgehalsig ˈvaːgəhalzɪç, **-e** ...ɪgə
Wạ̈gelchen ˈvɛːgl̩çən
Wạgemann ˈvaːgəman
wạgen ˈvaːgn̩, **wạg!** vaːk, **wạgt** vaːkt
Wạgen ˈvaːgn̩
wạ̈gen ˈvɛːgn̩, **wạ̈g!** vɛːk, **wạ̈gt** vɛːkt
Wạgenaar *niederl.* ˈwaːxənaːr
Wạgenbauer ˈvaːgn̩bau̯ɐ
Wạgenberg *niederl.* ˈwaːxənbɛrx
Wạgener ˈvaːgənɐ
Wạgenfeld[t] ˈvaːgn̩fɛlt
Wạgeningen *niederl.* ˈwaːxənɪŋə
Wạgenseil ˈvaːgn̩zai̯l
Wagga Wagga *engl.* ˈwɔgə ˈwɔgə
Wạggerl ˈvagɐl
Waggon vaˈgõː, vaˈgɔŋ
wạghalsig ˈvaːkhalzɪç, **-e** ...ɪgə
Wạghäusel ˈvaːkhɔyzl̩
Wạging[er] ˈvaːgɪŋ[ɐ]
Wạ̈gital ˈvɛgitaːl
Wạgnall[s] *engl.* ˈwægnl̩[z]
Wạgner ˈvaːgnɐ, *engl.* ˈwægnə
Wạ̈gner *schwed.* ˈvɛːgnər
Wagneriạner vaːgnəˈri̯aːnɐ
Wạgnis ˈvaːknɪs, **-se** ...ɪsə
Wagon-Lịt vagõˈliː
Wạgram ˈvaːgram
Wagrạn, Vagran *russ.* vaˈgran
Wagre̲in vaˈgrai̯n
Wạgrien ˈvaːgri̯ən
Wạgrọwiec *poln.* vɔŋˈgrɔvjɛts
Wạgstadt ˈvaːk-ʃtat
Wahẹhe vaˈheːhe
Wahhabịt vahaˈbiːt
Wạhiawạ *engl.* ˈwɑːhɪəˈwɑː
Wạhl[berg] ˈvaːl[bɛrk]
Wạhle[n] ˈvaːlə[n]
wạ̈hlen ˈvɛːlən
wạ̈hlerisch ˈvɛːlərɪʃ
Wạhlern ˈvaːlɐn
Wạhlitz ˈvaːlɪt͡s
wạhllos ˈvaːlloːs
Wạhlscheid ˈvaːlʃai̯t
Wạhlschied ˈvaːlʃiːt
Wạhlstatt ˈvaːlʃtat
Wạhlstedt ˈvaːlʃtɛt
Wạhn vaːn
wạ̈hnen ˈvɛːnən
Wạhnfried ˈvaːnfriːt
Wạhnitz ˈvaːnɪt͡s
Wạhnschaffe ˈvaːnʃafə
Wạhnsinn ˈvaːnzɪn
Wạhnwitz ˈvaːnvɪt͡s
Wahpeton *engl.* ˈwɔːpətən
wạhr vaːɐ̯
wạhren, W... ˈvaːrən
wạ̈hren[d] ˈvɛːrən[t]
währenddẹm vɛːrəntˈdeːm
währenddẹs[sen] vɛːrəntˈdɛs[n̩]
Wạhrendorff *schwed.* ˌvɑːrəndɔrf
wạhrhaft ˈvaːɐ̯haft
wahrhạftig vaːɐ̯ˈhaftɪç, *auch:* ˈ‒‒‒; **-e** ...ɪgə
Wạhrheit ˈvaːɐ̯hai̯t
Wạ̈hring ˈvɛːrɪŋ
wạhrlich ˈvaːɐ̯lɪç
Wạhrmund ˈvaːɐ̯mʊnt
wạhrnehmen ˈvaːɐ̯neːmən
wạhrsagen ˈvaːɐ̯zaːgn̩
Wạhrsager ˈvaːɐ̯zaːgɐ
Wahrsagere̲i vaːɐ̯zaːgəˈrai̯
wạhrsagerisch ˈvaːɐ̯zaːgərɪʃ
Wạhrschau ˈvaːɐ̯ʃau̯
wạhrschauen ˈvaːɐ̯ʃau̯ən
wahrsche̲inlich vaːɐ̯ˈʃai̯nlɪç, *auch:* ˈ‒‒‒
Wạhrung ˈvaːrʊŋ
Wạ̈hrung ˈvɛːrʊŋ
Wạhrzeichen ˈvaːɐ̯t͡sai̯çn̩
Waialeạle vai̯aleˈaːlə, *engl.* waɪɑːleɪˈɑːleɪ
Wa̲iandot ˈvai̯andɔt
Wa̲ibel ˈvai̯bl̩
Wa̲iblingen ˈvai̯blɪŋən
Wa̲iblinger ˈvai̯blɪŋɐ
Wa̲ibstadt ˈvai̯p-ʃtat
Wa̲id vai̯t, **-e** ˈvai̯də
Waidha̲us vai̯tˈhau̯s
Waidhọfen vai̯tˈhoːfn̩
Waigạtsch, Vajgač *russ.* vajˈgatʃ
Waikạto *engl.* waɪˈkɑːtoʊ
Waikiki *engl.* waɪkɪˈkiː, ˈwɑːiːkiːkiː
Wailụku *engl.* waɪˈluːkuː
Wa̲in vai̯n, *engl.* weɪn
Wainwright *engl.* ˈweɪnraɪt
Waipạhu *engl.* waɪˈpɑːhuː
Wa̲ischenfeld ˈvai̯ʃn̩fɛlt
Wairajạna vai̯raˈjaːna
Wa̲ischnawa ˈvai̯ʃnava
Wa̲ise ˈvai̯zə
Wạisenberg, Vajsenberg *bulg.* ˈvajsɛmbɛrk
Wait[e] *engl.* weɪt
Waitwell *engl.* ˈweɪtwəl
Wa̲itz vai̯t͡s
Wa̲itz[en] ˈvai̯t͡s[n̩]
Wạjang ˈvaːjaŋ
Wạjda *poln.* ˈvajda
Wạjenga, Vaen'ga *russ.* ˈvajɪnjgɐ
Wakajạma vakaˈjaːma
Wakamạtsu vakaˈmatsu
Wakarẹl, Vakarel *bulgar.* vakaˈrɛl
Wakatịpu *engl.* wɑːkɑːˈtiːpuː
[1]**Wạke** (Eisloch) ˈvaːkə
[2]**Wake** (Name) *engl.* weɪk
Wakefield *engl.* ˈweɪkfiːld
Wakley *engl.* ˈwæklɪ
Wạksman ˈvaksman, *engl.* ˈwæksmən
Wạl[a] ˈvaːl[a]
Walạche vaˈlaxə
Walache̲i valaˈxai̯
walạchisch vaˈlaxɪʃ
Wạlahfrid ˈvaːlafriːt
Wạlb valp

Walbaum 'valbaum
Walberberg 'valbɐbɛrk
Walbert 'valbɛrt
Wałbrzych *poln.* 'vaubʒɨx
Walburg 'valbʊrk
Walburga val'bʊrga
Walburgskirchen valbʊrks'kɪrçn̩
Walch[a] 'valç[a]
Walchen[see] 'valçn̩[ze:]
Walcheren *niederl.* 'wɑlxərə
Walchia 'valçia
Walcker 'valkɐ
Walcott *engl.* 'wɔ:lkət
Wałcz *poln.* vautʃ
[1]Wald valt, -es 'valdəs, Wälder 'vɛldɐ
[2]Wald (Name) valt, *engl.* wɔ:ld
Waldai, Valdaj *russ.* val'daj
Waldalgesheim valt'|algəshaim
Waldangelloch valt'|aŋllɔx
Waldau 'valdau
waldaus valt'|aus
Waldbau[er] 'valtbau[ɐ]
Waldbillig valt'bɪlɪç
Waldböckelheim valt'bœkl̩haim
Waldbröl valt'brø:l
Waldbrunner 'valtbrʊnɐ
Waldburg 'valtbʊrk
Waldburga valt'bʊrga
Waldburger 'valtbʊrgɐ
Wäldchen 'vɛltçən
Walddrehna valt'dre:na
Walde[bert] 'valdə[bɛrt]
Waldeberta valdə'bɛrta
Waldeck[er] 'valdɛk[ɐ]
waldeckisch 'valdɛkɪʃ
Waldeck-Rousseau *fr.* valdɛkru'so
Waldegg val'dɛk, '––
Waldegrave *engl.* 'wɔ:l[də]greɪv
Waldegund 'valdəgʊnt
Waldegunde valdə'gʊndə
waldein valt'|ain
Waldemar *dt.*, *schwed.* 'valdəmar
Walden 'valdn̩, *engl.* 'wɔ:ldən
Waldenburg 'valdn̩bʊrk
Waldenser val'dɛnzɐ
Walderbach 'valdɐbax
Walderbeskopf valt'|ɛrbəskɔpf
Waldersee 'valdɐze:
Waldes 'valdɛs
Waldfischbach valt'fɪʃbax
Waldhausen 'valthauzn̩
Waldhäuser 'valthɔyzɐ
Waldheim 'valthaim
Waldhild 'valthɪlt
Waldhilde valt'hɪldə
Waldhof 'valtho:f
waldig 'valdɪç, -e ...ɪgə
Waldinger 'valdɪŋɐ
Waldis 'valdɪs
Waldkappel valt'kapl̩
Waldkirch 'valtkɪrç
Waldkirchen 'valtkɪrçn̩, –'––
Waldkraiburg valt'kraibʊrk
Waldleiningen valt'lainɪŋən
Waldmann 'valtman
Waldmeister 'valtmaistɐ
Waldmichelbach valt'mɪçl̩bax
Waldmohr valt'mo:ɐ̯
Waldmüller 'valtmʏlɐ
Waldmünchen valt'mʏnçn̩
Waldnaab 'valtna:p
Waldniel valt'ni:l
Waldo 'valdo, *engl.* 'wɔ:ldoʊ
Waldoff 'valdɔf
Waldorf 'valdɔrf, *engl.* 'wɔ:ldɔ:f
Waldow 'valdo
Waldrach 'valdrax
Waldsassen valt'zasn̩
Waldschrat 'valtʃra:t
Waldsee 'valtze:
Waldseedorf valt'ze:dɔrf
Waldseemüller 'valtze:mʏlɐ
Waldshut 'valtshu:t
Waldstädte 'valtʃtɛ:tə, *auch:* ..ʃtɛtə
Waldstatt 'valtʃtat, **...stätte** ...ʃtɛtə
Waldstein 'valtʃtain
Waldteufel 'valttɔyfl̩, *fr.* valtø'fɛl
Waldtraut 'valttraut
Waldus 'valdʊs
waldwärts 'valtvɛrts
Waldwimmersbach valt'vɪmɐsbax
Wale[nbuch] 'va:lə[nbu:x]
Walensee 'valənze:
Walenstadt 'valənʃtat
Walentin, Valentin *russ.* vəlɪn'tin
Walentina, Valentina *russ.* vəlɪn'tinɐ
Waleri, Valerij *russ.* va'ljerij
Walerian, Valerian *russ.* vəlɪri'an
Walerija, Valerija *russ.* va'ljerijɐ
Walerjan, Valer'jan *russ.* vəlɪrj'jan
Wales *engl.* weɪlz
Walew, Vălev *bulgar.* 'vəlɛf
Walewska *poln.* va'lɛfska
Walewski *poln.* va'lɛfski, *fr.* valɛv'ski
Waley *engl.* 'weɪlɪ
Walfang 'va:lfaŋ
Walfisch 'valfɪʃ
Walfrid 'valfri:t, *schwed.* 'vɑ:lfri:d
Walgau 'va:lgau
wälgern 'vɛlgɐn, wälgre 'vɛlgrə
Walhall 'valhal, –'–
Walhalla[straße] val'hala[ʃtra:sə]
Walhausen 'valhauzn̩
Walheim 'va:lhaim
[1]Wali (Statthalter) 'va:li
[2]Wali (Heiliger) va'li:
Walide vali'de:
Waliser va'li:zɐ
walisisch va'li:zɪʃ
Walk valk
[1]Walke (Maschine) 'valkə
[2]Walke (Name) 'valkə, *engl.* wɔ:k
walken 'valkn̩
Walkenried valkn̩'ri:t
Walkenstein 'valkn̩ʃtain
Walker 'valkɐ, *engl.* 'wɔ:kə
Walkhoff 'valkhɔf
Walki, Val'ki *russ.* 'valjki
Walkie-talkie *engl.* 'wɔ:kɪ'tɔ:kɪ
Walking-bass *engl.* 'wɔ:kɪŋbeɪs
Walkley *engl.* 'wɔ:klɪ
Walkocherei va:lkɔxə'rai
Walküre val'ky:rə, *auch:* 'val...
[1]Wall val, Wälle 'vɛlə
[2]Wall (Name) val, *engl.* wɔ:l
Wallaby *engl.* 'wɔləbɪ
Wallace[burg] *engl.* 'wɔlɪs[bə:g]
Wallach 'valax
Wallack *engl.* 'wɔlək
Wallas[ey] *engl.* 'wɔləs[ɪ]
Walla Walla *engl* 'wɔlə 'wɔlə
Wallbaum 'valbaum
Walldorf 'valdɔrf
Walldürn val'dʏrn
Walle 'valə
wallen, W... 'valən
Wallenberg *schwed.* ˌvalənbærj
Wallenborn 'valənbɔrn
Wallenbrück valən'brʏk
Wallenfels 'valənfɛls
Wallenrode valən'ro:də
Wallenstein 'valənʃtain
Wallentin 'valənti:n
Waller 'valɐ, *engl.* 'wɔlə
Wallerfangen 'valɐfaŋən
Wallerfing 'valɐfɪŋ
Wallern 'valɐn
Wallerstein 'valɐʃtain
wallfahren 'valfa:rən
Wallfahrt 'valfa:ɐ̯t
wallfahrten 'valfa:ɐ̯tn̩
Wallhalben val'halbn̩
Walli 'vali
Wallia 'valia
Wallin *schwed.* va'li:n
Wallingford *engl.* 'wɔlɪŋfəd
Wallington *engl.* 'wɔlɪŋtən
Wallis 'valɪs, *engl.* 'wɔlɪs, *fr.* wa'lis
Wallisch 'valɪʃ
Wallisellen 'valizɛlən
Walliser 'valizɐ
Wallitz 'valɪts
Wallmerod 'valməro:t
Wallner 'valnɐ
Wallnow 'valno
[1]Wallon (Wallone) *fr.* wa'lõ, va'lõ
[2]Wallon (Familienname) *fr.* va'lõ
Wallone va'lo:nə
Wallonie *fr.* walɔ'ni, va...
Wallonien va'lo:njən
wallonisch va'lo:nɪʃ
Wallot[h] 'valɔt

Wạllraf 'valraf
Wallsend *engl.* 'wɔ:lzɛnd
Wạllstadt 'valʃtat
Wall Street, Wallstreet *engl.* 'wɔ:l 'stri:t
Wạllwitz 'valvɪts
Wạlly 'vali
Wạlm valm
Walmer *afr.* 'valmər, *engl.* 'wɔ:lmə
Wạlnuß 'valnʊs
Walọne va'lo:nə
Wạlpershofen 'valpɐsho:fn̩
Walpertshọfen valpɐts'ho:fn̩
Walpertskịrchen valpɐts'kɪrçn̩
Walplatz 'va:lplats, 'val...
Walpole *engl.* 'wɔ:lpoʊl
Wạlporzheim 'valpɔrtshaim
Walpụrga val'pʊrga
Walpụrgis val'pʊrgɪs
Wạlram 'valram
Walrạs *fr.* val'ra
Wạlrat 'valra:t
Wạlroß 'valrɔs, **...osse** ...ɔsə
Walsall *engl.* 'wɔ:lsɔ:l
Wạlschap *niederl.* 'wɑlsxɑp
Walsenburg *engl.* 'wɔ:lsnbə:g
Wạlser[tal] 'valzɐ[ta:l]
Walsh[am] *engl.* 'wɔ:lʃ[əm]
Wạlsheim 'va:lshaim
Walsingham *engl.* 'wɔ:lsɪŋəm
Wạlsleben 'valsle:bn̩
Walsmụ̈hlen vals'my:lən
Walsrọde vals'ro:də
Walstatt 'va:lʃtat, 'val...; **...stätten** ...ʃtɛtn̩
Walston *engl.* 'wɔ:lstən
Walsum 'valzʊm, 'va:l...
Wạ̈lsunge 'vɛlzʊŋə
Walt *engl.* wɔ:lt
Wạltari *finn.* 'vɑltɑri
wạlten, W... 'valtn̩
Waltenhọfen valtn̩'ho:fn̩
Wạlter 'valtɐ, *engl.* 'wɔ:ltə, *fr.* val'tɛ:r
Wạ̈lterlin 'vɛltɐli:n
Walters *engl.* 'wɔ:ltəz
Wạlterschlag 'valtɐʃla:k
[1]**Waltershausen** (Ort) valtɐs'hauzn̩
[2]**Wạltershausen** (Personenname) 'valtɐshauzn̩
Wạltershofen 'valtɐsho:fn̩
[1]**Waltham** (England) *engl.* 'wɔ:ltəm, ...lθəm
[2]**Waltham** (USA) *engl.* 'wɔ:lθəm
Walthamstow *engl.* 'wɔ:lθəmstoʊ
Wạlthari[lied] 'valtari[li:t], *auch:* val'ta:...
Walthạrius val'ta:ri̯ʊs
Wạlther[sdorf] 'valtɐ[sdɔrf]
Wạlthilt 'valthɪlt
Walthịlde valt'hɪldə
Walton [-le-Dale] *engl.* 'wɔ:ltən [lə'deɪl]
Waltrạda valt'ra:da
Waltrạde valt'ra:də
Wạltraud, Wạltraut 'valtraut
Wạltrop 'valtrɔp
Wạltrud 'valtru:t
Wạltrun 'valtru:n
Waltrụne valt'ru:nə
Walụiki, Valuiki *russ.* va'lujki
Walụjew, Valuev *russ.* va'lujɪf
Walvater 'va:lfa:tɐ, 'val...
Walvis-Bay *engl.* 'wɔ:lvɪs 'beɪ
Wạlwein 'valvain
Walworth *engl.* 'wɔ:lwə:θ
Wạlze 'valtsə
Wạlzel 'valtsl̩
wạlzen 'valtsn̩
wạ̈lzen 'vɛltsn̩
Wạlzer 'valtsɐ
Wambrechies *fr.* vãbrə'ʃi
Wạmel *niederl.* 'wa:məl
Wạmme[n] 'vamə[n]
Wạmpe 'vampə
Wampum 'vampʊm, vam'pu:m; *engl.* 'wɔmpəm
Wạms vams, **-es** 'vamzəs, **Wạ̈mser** 'vɛmzɐ
Wạ̈mschen 'vɛmsçən
wạmsen 'vamzn̩, **wạms!** vams, **wạmst** vamst
Wanamaker *engl.* 'wɔnəmeɪkə
wạnd vant
Wạnd 'vant, **Wạ̈nde** 'vɛndə
[1]**Wạnda** *dt., poln.* 'vanda
[2]**Wạnda, Vanda** *russ.* 'vandɐ
Wandạle van'da:lə
wandạlisch van'da:lɪʃ
Wandalịsmus vanda'lɪsmʊs
wạ̈nde 'vɛndə
Wạndel 'vandl̩
wạndeln 'vandl̩n, **wạndle!** ...dlə
Wạndelwitz 'vandl̩vɪts
wạnden 'vandn̩
Wạnder 'vandɐ
Wạnderer 'vandərɐ
Wanderers *engl.* 'wɔndərəz
wạndern 'vandɐn, **wạndre** ...drə
Wạndersleben 'vandɐsle:bn̩
Wạnderung 'vandərʊŋ
Wạndler 'vandlɐ
Wạndlitz 'vantlɪts
Wạndlung 'vandlʊŋ
Wandre *fr.* wã:dr, vã:dr
Wạndsbecker Bọte 'vantsbɛkɐ 'bo:tə
Wạndsbek 'vantsbe:k
Wandsworth *engl.* 'wɔndzwəθ
wạndte 'vantə
Wạne 'va:nə
Wanfercée *fr.* wãfɛr'se, vã...
Wạnfried 'va:nfri:t
Wanganụi *engl.* wɔŋə'nʊɪ
Wangaratta *engl.* wæŋə'rætə
Wạng[e] 'vaŋ[ə]
Wạngel[s] 'vaŋl̩[s]
Wạngen[heim] 'vaŋən[haim]
Wangerin vaŋə'ri:n, '---
Wangeroog vaŋɐ'|o:k, *auch:* '---
Wangerooge vaŋɐ'|o:gə, *auch:* '----
Wangiọnen vaŋ'gi̯o:nən
Wạnja, Vanja *russ.* 'vanjɐ
Wạnk vaŋk
Wạnkel[mut] 'vaŋkl̩[mu:t]
wạnkelmütig 'vaŋkl̩my:tɪç, **-e** ...ɪgə
wạnken 'vaŋkn̩
Wankie *engl.* 'wɔŋkɪ
Wańkọwicz *poln.* vai̯n'kɔvitʃ
Wạnkum 'vaŋkʊm
wạnn van
Wạ̈nnchen 'vɛnçən
Wạnne 'vanə
wạnnen 'vanən
Wạnnsee 'vanze:
Wạnroij *niederl.* 'wɑnro:i̯
Wạnsdorf 'vansdɔrf
Wạnsen 'vanzn̩
Wạnsien 'vanzi̯ɛn
Wạnsleben 'vansle:bn̩
Wạnst vanst, **Wạ̈nste** 'vɛnstə
Wạ̈nstchen 'vɛnstçən
Wanstead *engl.* 'wɔnstɪd
Wạnt vant
Wantage *engl.* 'wɔntɪdʒ
Wantagh *engl.* 'wɔntɔ:
Wạntewitz 'vantəvɪts
[1]**Wạnze** 'vantsə
[2]**Wạnze** (Name) *niederl.* 'wɑnzə
Wạnzleben 'vantsle:bn̩
Wapakonẹta *engl.* wɔpəkə'nɛtə
Wapịti va'pi:ti
Wạppen 'vapn̩
Wạppers *niederl.* 'wɑpərs
Wạppes 'vapɛs
wạppnen 'vapnən
Wapzạrow, Vapcarov *bulgar.* vap'tsarof
wạr va:ɐ̯
Warạ̈ger va'rɛ:gɐ
Warạn va'ra:n
Wạranger 'va:raŋɐ
Wạrasdin 'varaʃdi:n, ...sdi:n
wạrb varp
Wạrbeck 'varbɛk, *engl.* 'wɔ:bɛk
wạrben 'varbn̩
Warbẹnde var'bɛndə
wạrbt varpt
Wạrburg 'va:ɐ̯bʊrk, *engl.* 'wɔ:bə:g, *schwed.* 'vɑ:rbʊrj
Warburton *engl.* 'wɔ:bətn
Wạrche *fr.* warʃ
Warcoing *fr.* war'kwɛ̃, va...
wạrd vart
Ward *engl.* wɔ:d
Wạrdar 'vardar
Warde *engl.* wɔ:d
Wardein var'dain
Wạrdenburg 'vardn̩bʊrk
wardieren var'di:rən
Wardụsia *neugr.* var'ðusja
wạ̈re 'vɛ:rə
[1]**Wạre** 'va:rə
[2]**Ware** (Name) *engl.* wɛə
Wạregem *niederl.* 'wa:rəxəm
Wareham *engl.* 'wɛərəm

Warẹmme *fr.* wa'rɛm, va...
wạren 'va:rən
wạ̈ren 'vɛ:rən
Wạren[dorf] 'va:rən[dɔrf]
Warẹniki va're:niki
Warens *fr.* va'rã
wạrf, W... varf
Wạrffum *niederl.* 'wɑrfəm
Warfield *engl.* 'wɔ:fi:ld
Wạrft varft
[1]**Wạrga** *niederl.* 'wɑrxa:
[2]**Wạrga, Varga** *russ.* 'vargɐ
Warham *engl.* 'wɔ:rəm
Warhol *engl.* 'wɔ:hoʊl
Warịn va'ri:n, *fr.* va'rɛ̃
Waring[ton] *engl.* 'wɛərɪŋ[tən]
Warịste va'rɪstə
Wạrka *poln.* 'varka
Warlaạm, Varlaam *russ.* vɐrla'am
Warlạmow, Varlamov *russ.* var'lamɐf
Warley *engl.* 'wɔ:lɪ
Warlingham *engl.* 'wɔ:lɪŋəm
Warlock *engl.* 'wɔ:lɔk
wạrm varm, **wạ̈rmer** 'vɛrmɐ
Warman *engl.* 'wɔ:mən
Wạrmbold 'varmbɔlt
Wạrmbrunn 'varmbrʊn
Wạ̈rme 'vɛrmə
wạ̈rmen 'vɛrmən
Warmenstẹinach varmən'ʃtai̯nax
wärmer vgl. warm
Warmerdam *engl.* 'wɔ:mədæm
Wạrming *dän.* 'varmeŋ
Warminster *engl.* 'wɔ:mɪnstə
Warmwạsserbereiter varm'vasɐbərai̯tɐ
Wạrna, Varna *dt., bulgar.* 'varna
Wạrnau 'varnau̯
Wạrncke 'varnkə
Wạrndt varnt
Wạrne 'varnə, *engl.* wɔ:n
Wạrneck 'varnɛk
Wạrnefried 'varnəfri:t
Warnemụ̈nde varnə'mʏndə
wạrnen 'varnən
Wạrner 'varnɐ, *engl.* 'wɔ:nə
Warnẹrius var'ne:ri̯ʊs
Wạrngau 'varngau̯
Warnicken var'nɪkn̩, '– – –
Wạrnitz 'varnɪts
Wạrnow 'varno
Wạrnsdorf 'varnsdɔrf
Wạrnsveld *niederl.* 'wɑrnsfɛlt
Warrant va'rant, 'vɔrənt, *engl.* 'wɔrənt
Warrego *engl.* 'wɔrɪgoʊ
Warren *engl.* 'wɔrɪn
Warrender *engl.* 'wɔrɪndə
Warrensburg *engl.* 'wɔrɪnzbə:g
Warrington *engl.* 'wɔrɪŋtən
Warrnambool *engl.* 'wɔ:nəmbu:l
Warsaw *engl.* 'wɔ:sɔ:
Wạrschau[er] 'varʃau̯[ɐ]
Wạrschow 'varʃo
Warsop *engl.* 'wɔ:səp
Warstein 'va:ɐ̯ʃtai̯n, 'var...
Warsụga, Varzuga *russ.* var'zugɐ
Warszạwa *poln.* var'ʃava
wạ̈rt vɛ:ɐ̯t
Wạrt vart
Wạrta *poln.* 'varta
Wạrtburg 'vartbʊrk
Wạrte 'vartə
Wạrtegg 'vartɛk
wạrten 'vartn̩
Wạrtenberg 'vartn̩bɛrk
Wạrtenburg 'vartn̩bʊrk
Wạrtenweiler 'vartn̩vai̯lɐ
Wạrth[a] 'vart[a]
Wạrthe 'vartə
Warton *engl.* wɔ:tn
warum va'rʊm
Wạrve 'varvə
Warwạra, Varvara *russ.* var'varɐ
Warwick *engl.* 'wɔrɪk
Warwit var'vi:t, *auch:* ...vɪt
Wạrza 'vartsa
Wạ̈rzchen 'vɛrtsçən
Wạrze 'vartsə
wạrzig 'vartsɪç, **-e** ...ɪgə
wạs vas
Wạsa 'va:za
Wasatch Range *engl.* 'wɔ:sætʃ 'reɪndʒ
Wạscha, Vaša *russ.* 'vaʃɐ
wạschen 'vaʃn̩
Wäschenbẹuren vɛʃn̩'bɔyrən
Wạ̈scher 'vɛʃɐ
Wäscherẹi vɛʃə'rai̯
Wạschka, Vaška *russ.* 'vaʃkɐ
Wạschkowzy, Vaškovcy *russ.* 'vaʃkɐftsɨ
wạ̈scht vɛʃt
Wasco *engl.* 'wɔskoʊ
Wạsen[bach] 'va:zn̩[bax]
Wạser[l] 'va:zɐ[l]
Wạsgau 'vasgau̯
Wạsgenwald 'vasgn̩valt
Wash *engl.* wɔʃ
Washburn[e] *engl.* 'wɔʃbən
wash and wear *engl.* 'wɔʃ ənd 'wɛə
Washington [Court House] *engl.* 'wɔʃɪŋtən ['kɔ:tˌhaʊs]
Washingtọnia vɔʃɪŋ'to:ni̯a, **...ien** ...i̯ən
Washita *engl.* 'wɔʃɪtɔ:
Wasielẹwski vazi'lɛfski
Wạsigenstein 'va:zɪgn̩ʃtain
Wasilẹwski *poln.* vaɕi'lɛfski
Wasịlków *poln.* va'ɕilkuf
Wạsmann 'vasman
Wạsmes *fr.* wam, vam
Wasnezọw, Vasnecov *russ.* vɐsnɪ'tsɔf
Wạsow, Vazov *bulgar.* 'vazof
Wạsowgrad, Vazovgrad *bulgar.* 'vazovgrat
Wạspik *niederl.* 'wɑspɪk
Wasquehạl *fr.* waskə'al
Wạssenaar *niederl.* 'wɑsəna:r
Wạssenach 'vasənax
Wạssenberg 'vasn̩bɛrk
Wạssenhove *niederl.* 'wɑsənho:və
Wạsser 'vasɐ, **Wạ̈sser** 'vɛsɐ
Wasserạlfingen vasɐ'|alfɪŋən
Wasserbịllig vasɐ'bɪlɪç
Wạsserburg 'vasɐbʊrk
Wạ̈sserchen 'vɛsɐçən
Wạsserfuhr 'vasɐfu:ɐ̯
wạ̈sserig 'vɛsərɪç, **-e** ...ɪgə
Wạsserkuppe 'vasɐkʊpə
Wạssermann 'vasɐman
wạssern 'vasɐn, **wạßre** 'vasrə
wạ̈ssern 'vɛsɐn, **wạ̈ßre** 'vɛsrə
Wạsserstoff 'vasɐʃtɔf
Wạssersuppen 'vasɐzʊpn̩
Wạssertrompeten 'vasɐtrɔmpe:tn̩
Wassertrụ̈dingen vasɐ'try:dɪŋən
Wạsserzieher 'vasɐtsi:ɐ
Wassịl, Vasil *bulgar.* va'sil
Wassilẹnko, Vasilenko *russ.* vɐsi'ljɛnkɐ
Wassịlew, Vasilev *bulgar.* va'silɛf
Wassilẹwski, Vasilevskij *russ.* vɐsi'ljɛfskij
Wassịli, Vasilij va'si:li, *russ.* va'silij
Wassịljew, Vasil'ev *russ.* va'siljɪf
Wassịljewitsch, Vasil'evič *urss.* va'siljɪvitʃ
Wassịljewka, Vasil'evka *russ.* va'siljɪfkɐ
Wassịljewna, Vasil'evna *russ.* va'siljɪvnɐ
Wassilkọw, Vasil'kov *russ.* vɐsilj'kɔf
Wassilsụrsk, Vasil'sursk *russ.* vɐsilj'sursk
Wassịltschenko, Vasil'čenko *russ.* va'siljtʃɪnkɐ
Wassjugạn, Vasjugan *russ.* vɐsju'gan
wạ̈ßrig 'vɛsrɪç, **-e** ...ɪgə
Wạstl 'vastl̩
Wạsungen 'va:zʊŋən
Wasụsa, Vazuza *russ.* va'zuzɐ
Wat *engl.* wɔt
Watanạbe vata'na:bə
Wạte 'va:tə
wạten 'va:tn̩
Wạtenstedt 'va:tn̩ʃtɛt
Waterbury *engl.* 'wɔ:təbərɪ
Waterford *engl.* 'wɔ:təfəd
Watergate *engl.* 'wɔ:təgeɪt
Waterhouse *engl.* 'wɔ:təhaʊs
Wạteringen *niederl.* 'wa:tərɪŋə
Wạterkant 'va:tɐkant
Waterland *engl.* 'wɔ:tələnd, *niederl.* 'wa:tərlɑnt
Wạterloo 'va:tɐlo, *fr.* vatɛr'lo, *niederl.* 'wa:tərlo:, *engl.* wɔ:tə'lu:, '– –'–, '– – –

Waterlow *engl.* 'wɔ:təloʊ
Wạtermaal-Bọsvoorde *niederl.* 'wa:tərma:l'bɔsfo:rdə
Waterman *engl.* 'wɔ:təmən
Waterproof *engl.* 'wɔ:təpru:f
Waters *engl.* 'wɔ:təz
Waterschẹi *niederl.* wa:tər'sxɛi̯
Waterton *engl.* 'wɔ:tətən
Watertown *engl.* 'wɔ:tətaʊn
Waterville *engl.* 'wɔ:təvɪl
Watervliet *engl.* 'wɔ:təvli:t
Watford *engl.* 'wɔtfəd
Wạthlingen 'va:tlɪŋən
Wath upon Dearne *engl.* 'wɔθ ə'pɒn 'də:n
Wathy *neugr.* va'θi
Watkin[s] *engl.* 'wɔtkɪn[z]
Watkinson *engl.* 'wɔtkɪnsn
Watling[s] *engl.* 'wɔtlɪŋ[z]
Watrous *engl.* 'wɔ:trəs
Watrụschki va'trʊʃki
Wạtsch va:tʃ
Wạtscha, Vǎča *bulgar.* 'vatʃa
Watsche 'va:tʃə, *auch:* 'vatʃə
watsch[e]lig 'va:tʃ[ə]lɪç, *auch:* 'vatʃ...; **-e** ...ɪɡə
watscheln 'va:tʃl̩n, *auch:* 'vatʃl̩n
watschen, W... 'va:tʃn̩, *auch:* 'vatʃn̩
Watson[ville] *engl.* 'wɔtsn[vɪl]
[1]**Watt** (Maßeinheit) vat
[2]**Wạtt** (Name) vat, *engl.* wɔt
Wạtte 'vatə
Watteau *fr.* va'to
Wattelịne vatə'li:nə
Wạtten[bach] 'vatn̩[bax]
Wạttenmeer 'vatn̩me:ɐ̯
Wạttens 'vatn̩s
Wạttenscheid 'vatn̩ʃai̯t
Watterson *engl.* 'wɔtəsn
wattieren va'ti:rən
Wattrelọs *fr.* vatrə'lo
Watts[-Dunton] *engl.* 'wɔts['dʌntən]
Wạttweiler 'vatvai̯lɐ
Wạttwil 'vatvi:l
Watụssi va'tʊsi
Watụtin[o], Vatutin[o] *russ.* va'tutinɐ
Wạtzlik 'vatslɪk
Wạtzmann 'vatsman
wau!, Wau vau̯
Waubach *niederl.* 'wɔu̯bɑx
Wauer 'vau̯ɐ
Waugh *engl.* wɔ:
Waukegan *engl.* wɔ:'ki:ɡən
Waukesha *engl.* 'wɔ:kɪʃɔ:
Waupun *engl.* wɔ:'pʌn
Wausau *engl.* 'wɔ:sɔ:
Wauters *niederl.* 'wɔu̯tərs
Wauwatosa *engl.* wɔ:wə'toʊsə
Wauwau 'vau̯vau̯, *auch:* –'–
Wavell *engl.* 'weɪvəl
Wavellit vevə'li:t, *auch:* ...lɪt
Wạver *niederl.* 'wa:vər
Waverley *engl.* 'weɪvəlɪ
Wạvre *fr.* wɑ:vr, vɑ:vr
Wạwel *poln.* 'vavɛl
Wawịla, Vavila *russ.* va'vilɐ
Wawịlow, Vavilov *russ.* va'vilɐf
Waxahachie *engl.* 'wɔ:ksəhætʃɪ
Wạxenstein 'vaksn̩ʃtai̯n
Wạxweiler 'vaksvai̯lɐ
Way *engl.* weɪ
Waycross *engl.* 'weɪkrɔs
Wayland *engl.* 'weɪlənd
Wayne *engl.* weɪn
Waynesboro *engl.* 'weɪnzbərə
Waynesburg *engl.* 'weɪnzbə:ɡ
Waynesville *engl.* 'weɪnzvɪl
Waynflete *engl.* 'weɪnfli:t
Wạza, Vaca *russ.* 'vatsɐ
Waziẹrs *fr.* va'zje
Wạżyk *poln.* 'vaʒɨk
WC ve:'tse:
Weald[en] 'vi:ld[ən]
Weale *engl.* wi:l
Weare *engl.* wɛə
Weatherford *engl.* 'wɛðəfəd
Weaver *engl.* 'wi:və
Wẹbb[e] *engl.* wɛb
wẹben 've:bn̩, **wẹb!** ve:p, **wẹbt** ve:pt
Wẹber 've:bɐ
Weberẹi ve:bə'rai̯
Weberịn (Ort) vebə'ri:n
Wẹbern 've:bɐn
Wẹbsky 'vɛpski
Wẹbster *engl.* 'wɛbstə
Websterit vɛpstə'ri:t, *auch:* ...rɪt
Wẹchsel[burg] 'vɛksl̩[bʊrk]
wẹchseln 'vɛksl̩n
Wechselreiterẹi vɛksl̩rai̯tə'rai̯
Wẹchßler 'vɛkslɐ
Wẹchtlin 'vɛçtli:n
Wẹck (auch: (Wz)) vɛk
Wẹcke 'vɛkə
wẹcken, W... 'vɛkn̩
Wẹcker[sdorf] 'vɛkɐ[sdɔrf]
Wẹckherlin 'vɛkɐli:n
Wẹckmann 'vɛkman
Wẹda 've:da
Wedạnta ve'danta
Wẹdda 'vɛda
Wẹdde *niederl.* 'wɛdə
Weddell *engl.* wə'dɛl, wɛdl
Wẹddell Sea *engl.* 'wɛdl 'si:
Wẹdderburn *engl.* 'wɛdəbə:n
Wẹddersleben 'vɛdɐsle:bn̩
Wẹddigen 'vɛdɪɡn̩
Wẹdding[en] 'vɛdɪŋ[ən]
Wẹddle *engl.* wɛdl
Wẹdekind 've:dəkɪnt
Wẹdel 've:dl̩
wẹdeln 've:dl̩n, **wẹdle** ...dlə
Wẹdelwitz 've:dl̩vɪts
Wẹdemeyer 've:dəmai̯ɐ, *engl.* 'wɛdəmaɪə
Wẹdenig 've:dənɪç
wẹder 've:dɐ
Wẹdern 've:dɐn
Wẹdgwood *engl.* 'wɛdʒwʊd
Wẹdis 've:dɪs
wẹdisch 've:dɪʃ
Wedịsmus ve'dɪsmʊs
Wẹdnesbury *engl.* 'wɛnzbərɪ
Wẹdnesday *engl.* 'wɛnzdɪ
Wẹdnesfield *engl.* 'wɛnsfi:ld
Wedrọ ve'dro:
Wedrọscha, Vedroša *russ.* vɪ'drɔʃɐ
Weed *engl.* wi:d
Weekend 'vi:k|ɛnt, *engl.* 'wi:k'ɛnd
Weekl[e]y *engl.* 'wi:klɪ
Weeks *engl.* wi:ks
Weelkes *engl.* wi:lks
Weems *engl.* wi:mz
Weende 've:ndə
Weener 've:nɐ
Weenix *niederl.* 'we:nɪks
Weerdinge *niederl.* 'we:rdɪŋə
Weerselo *niederl.* 'we:rsəlo:
Weert ve:ɐ̯t, *niederl.* we:rt
Weerta 've:ɐ̯ta
Weeske 've:skə
Weesow 've:zo
Weesp *niederl.* we:sp
Weeze 've:tsə
Wẹferlingen 've:fɐlɪŋən
Wẹft vɛft
wẹg vɛk
Wẹg ve:k, **-e** 've:ɡə
Wẹga 've:ɡa
wẹgarbeiten 'vɛk|arbai̯tn̩
Wẹgberg 've:kbɛrk
Wẹgeleben 've:ɡəle:bn̩
Wegẹlius *schwed.* ve'ɡe:liʊs
wẹgen 've:ɡn̩
Wẹgen[dorf] 've:ɡn̩[dɔrf]
Wẹgener 've:ɡənɐ
Wẹger 've:ɡɐ
Wẹgerer 've:ɡərɐ
Wẹgerich 've:ɡərɪç
wẹgern 've:ɡɐn, **wẹgre** 've:ɡrə
Wẹggen 'vɛɡn̩
Wẹggis 'vɛɡɪs
wẹghaben 'vɛkha:bn̩
Wẹgner 've:ɡnɐ
Węgorzẹwo *poln.* vɛŋɡɔ'ʒɛvɔ
Węgorzỵno *poln.* vɛŋɡɔ'ʒɨnɔ
Węgrów *poln.* 'vɛŋɡruf
wẹgsam 've:kza:m
Wẹgscheid 've:k-ʃai̯t
wẹgsetzen 'vɛkzɛtsn̩
wẹgwärts 've:kvɛrts
wẹh, Wẹh ve:
Wẹhberg 've:bɛrk
wẹhe, W... 've:ə
wẹhen, W... 've:ən
Wẹhingen 've:ɪŋən
wẹhklagen 've:kla:ɡn̩
[1]**Wẹhl** (Bucht) ve:l
[2]**Wẹhl** (Name) ve:l, *niederl.* we:l
Wẹhlau 've:lau̯
Wẹhle 've:lə
Wẹhlen[s] 've:lən[s]
Wẹhlheiden 've:lhai̯dn̩
Wẹhlte 've:ltə
Wẹhmut 've:mu:t
wẹhmütig 've:my:tɪç, **-e** ...ɪɡə

Wehn[e] 've:n[ə]

Wehnelt 've:nl̩t

Wehner[ts] 've:nɐ[ts]

Wehr ve:ɐ̯

Wehra 've:ra

Wehrden 've:ɐ̯dn̩

wehren, W... 've:rən

Wehrkirch 've:ɐ̯kɪrç

Wehrli 've:ɐ̯li

Weib vai̯p, **-er** 'vai̯bɐ

Weibchen 'vai̯pçən

Weibel 'vai̯bl̩

Weibertreu 'vai̯bɐtrɔy̯

weibisch 'vai̯bɪʃ

weiblich 'vai̯plɪç

Weibsen 'vai̯psn̩

weich vai̯ç

Weichbild 'vai̯çbɪlt

Weiche 'vai̯çə

weichen 'vai̯çn̩

Weichering 'vai̯çərɪŋ

Weichheit 'vai̯çhai̯t

weichlich 'vai̯çlɪç

Weichling 'vai̯çlɪŋ

Weichsel[baum] 'vai̯ksl̩[bau̯m]

Weickert 'vai̯kɐt

Weickmann 'vai̯kman

Weida[ch] 'vai̯da[x]

Weide 'vai̯də

Weidelgras 'vai̯dl̩gra:s

weiden 'vai̯dn̩, **weid!** vai̯t

Weiden 'vai̯dn̩

Weidenau 'vai̯dənau̯

Weidenhain 'vai̯dn̩hai̯n

Weidenreich 'vai̯dn̩rai̯ç

Weidensees 'vai̯dn̩ze:s

Weidenthal 'vai̯dn̩ta:l

Weiderich 'vai̯dərɪç

weidgerecht 'vai̯tgərɛçt

Weidicht 'vai̯dɪçt

Weiditz 'vai̯dɪts

weidlich 'vai̯tlɪç

Weidlingau vai̯tlɪŋ'|au̯

Weidmann 'vai̯tman

Weidner 'vai̯dnɐ

Weidwerk 'vai̯tvɛrk

Weierstraß 'vai̯ɐʃtra:s

Weierweiler 'vai̯ɐvai̯lɐ

Weife 'vai̯fə

weifen 'vai̯fn̩

Weigand 'vai̯gant, **-e** ...ndə

Weigel 'vai̯gl̩

Weigelie vai̯'ge:li̯ə

weigern 'vai̯gɐn, **weigre** 'vai̯grə

Weigert 'vai̯gɐt

Weigl 'vai̯gl̩

Weihai 'vai̯hai̯

Weih[e] 'vai̯[ə]

Weihel 'vai̯əl

weihen 'vai̯ən

Weihenstephan vai̯ən'ʃtɛfan

Weiher 'vai̯ɐ

Weihnacht 'vai̯naxt

weihnachten, W... 'vai̯naxtn̩

weihnachtlich 'vai̯naxtlɪç

Weiho 'vai̯ho

Weihrauch 'vai̯rau̯x

Weihtum 'vai̯tu:m

Weikertsheim 'vai̯kɐtshai̯m

Weikertschlag vai̯kɐt'ʃla:k

Weikhard 'vai̯khart

weil, W... vai̯l

weiland 'vai̯lant

Weilburg 'vai̯lbʊrk

Weile[n] 'vai̯lə[n]

Weiler[s] 'vai̯lɐ[s]

Weilerswist vai̯lɐs'vɪst

Weilheim 'vai̯lhai̯m

Weill vai̯l, *fr.* vɛj

Weimar[er] 'vai̯mar[ɐ]

weimarisch 'vai̯marɪʃ

Weimer 'vai̯mɐ

Weimutskiefer 'vai̯mu:tski:fɐ

Wein vai̯n

Weinberg 'vai̯nbɛrk

Weinberger 'vai̯nbɛrgɐ

Weinböhla vai̯n'bø:la

Weinbrenner 'vai̯nbrɛnɐ

Weinczierl 'vai̯ntsi:rəl

Weine 'vai̯nə

Weinel 'vai̯nl̩

weinen 'vai̯nən

Weiner[t] 'vai̯nɐ[t]

Weinfelden 'vai̯nfɛldn̩

Weinfelder 'vai̯nfɛldɐ

Weingarten 'vai̯ngartn̩

Weingartner 'vai̯ngartnɐ

Weingerl 'vai̯ngɛrl

Weinhandl 'vai̯nhandl̩

Weinheber 'vai̯nhe:bɐ

Weinheim 'vai̯nhai̯m

Weinhold 'vai̯nhɔlt

weinig 'vai̯nɪç, **-e** ...ɪgə

Weininger 'vai̯nɪŋɐ

Weinkauff 'vai̯nkau̯f

Weinmann 'vai̯nman

Weinolsheim 'vai̯nɔlshai̯m

Weinreich 'vai̯nrai̯ç

Weinrich 'vai̯nrɪç

Weinsberg 'vai̯nsbɛrk

Weinsberger 'vai̯nsbɛrgɐ

Weinstock 'vai̯nʃtɔk

Weinstraße 'vai̯nʃtra:sə

Weipert 'vai̯pɐt

Weir[ton] *engl.* wɪə[tn]

weis, W... vai̯s

Weisbach 'vai̯sbax

Weischedel 'vai̯ʃe:dl̩

Weischlitz 'vai̯ʃlɪts

weise, W... 'vai̯zə

Weisel 'vai̯zl̩

weisen 'vai̯zn̩, **weis!** vai̯s, **weist** vai̯st

Weisen 'vai̯zn̩

Weisenau 'vai̯zənau̯

Weisenborn 'vai̯zn̩bɔrn

Weisenheim 'vai̯zn̩hai̯m

Weiser 'vai̯zɐ

Weisgerber 'vai̯sgɛrbɐ

Weishaupt 'vai̯shau̯pt

Weisheit 'vai̯shai̯t

weislich 'vai̯slɪç

Weismain 'vai̯smai̯n

Weismann 'vai̯sman

Weismantel 'vai̯smantl̩

weiß, W... vai̯s

Weiss vai̯s, *fr.* va'is, vɛs

Weißbinder 'vai̯sbɪndɐ

Weiße 'vai̯sə

weißen, W... 'vai̯sn̩

Weißenberg 'vai̯sn̩bɛrk

Weißenborn 'vai̯sn̩bɔrn

Weißenbrunn vai̯sn̩'brʊn

Weißenburg 'vai̯sn̩bʊrk

Weißenburger 'vai̯sn̩bʊrgɐ

weißenburgisch 'vai̯sn̩bʊrgɪʃ

Weißenfels 'vai̯sn̩fɛls

Weißenhorn 'vai̯sn̩hɔrn

Weißenkirchen vai̯sn̩'kɪrçn̩

Weißen-See 'vai̯sn̩ze:

[1]**Weißensee** (Berlin) vai̯sn̩'ze:

[2]**Weißensee** (Erfurt, Kärnten) 'vai̯sn̩ze:

Weißenstadt 'vai̯sn̩ʃtat

Weißenstein 'vai̯sn̩ʃtai̯n

Weißenthurm 'vai̯sn̩tʊrm, --'-

Weißer, ...sser 'vai̯sɐ

Weißeritz 'vai̯sərɪts

Weißgerber 'vai̯sgɛrbɐ

Weißgerberei vai̯sgɛrbə'rai̯

weiß Gott! 'vai̯s 'gɔt

weißgrau 'vai̯s'grau̯

Weißkirchen (Böhmen, Ungarn) 'vai̯skɪrçn̩

Weißkirchlitz vai̯s'kɪrçlɪts

Weißkugel 'vai̯sku:gl̩

Weißlenreuth vai̯slən'rɔy̯t

weißlich 'vai̯slɪç

Weißling 'vai̯slɪŋ

Weißrusse 'vai̯srʊsə

Weißrußland 'vai̯srʊslant

Weißstein 'vai̯sʃtai̯n

Weißtannental 'vai̯stanənta:l

Weißwasser 'vai̯svasɐ

Weistritz 'vai̯strɪts

Weistum 'vai̯stu:m, **Weistümer** ...ty:mɐ

Weisweil[er] 'vai̯svai̯l[ɐ]

weit, W... vai̯t

weitab 'vai̯t'|ap

weitaus 'vai̯t'|au̯s

Weitbrecht 'vai̯tbrɛçt

Weite 'vai̯tə

weiten, W... 'vai̯tn̩

Weitenegg 'vai̯tn̩|ɛk

Weitenhagen vai̯tn̩'ha:gn̩

Weitensfeld 'vai̯tn̩sfɛlt

weiter 'vai̯tɐ

Weitergang 'vai̯tɐgaŋ

weiterhin 'vai̯tɐ'hɪn

Weitersfeld 'vai̯tɐsfɛlt

Weitersfelden vai̯tɐs'fɛldn̩

weither 'vai̯t'he:ɐ̯

weitherzig 'vai̯thɛrtsɪç

weithin 'vai̯t'hɪn

weithinaus 'vai̯thɪ'nau̯s

Weitin vai̯'ti:n

weitläufig 'vai̯tlɔy̯fɪç

Weitling[en] 'vai̯tlɪŋ[ən]

Weitmar 'vai̯tmar

weitmaschig 'vai̯tmaʃɪç, **-e** ...ɪgə

Weitra 'vai̯tra

Weitsch[e] 'vai̯tʃ[ə]

weitschichtig 'vaitʃɪçtɪç, -e ...ɪgə
weitschweifig 'vaitʃvaifɪç, -e ...ɪgə
Weitsicht 'vaitzɪçt
weitsichtig 'vaitzɪçtɪç, -e ...ɪgə
Weitz vaits
Weixdorf 'vaiksdɔrf
Weiz vaits
Weizacker 'vaits|akɐ
Weizen 'vaitsn̩
Weizmann 'vaitsman
Weizsäcker 'vaitszɛkɐ
Wejherowo *poln.* vɛjhɛ'rɔvɔ
Wẹkerle *ung.* 'vɛkɛrlɛ
Wekil ve'ki:l, **Wukela** vuke'la:
Wẹl, Vel' *russ.* vjelj
Wẹlby *engl.* 'wɛlbɪ
wẹlch vɛlç
Wẹlch *engl.* wɛltʃ
Wẹlchenberg 'vɛlçn̩bɛrk
Wẹlcker 'vɛlkɐ
Wẹld *engl.* wɛld
Wẹlda 'vɛlda
Wẹlde *engl.* wɛld
Wẹlden 'vɛldn̩
Wẹldon *engl.* 'wɛldən
Welẹnsky *engl.* wɪ'lɛnskɪ
Welẹtma, Velet'ma *russ.* vɪ'ljetjmɐ
Wẹlf vɛlf
Wẹlfare Island *engl.* 'wɛlfɛə 'aɪlənd
Wẹlfe 'vɛlfə
Wẹlfesholz 'vɛlfəshɔlts
Welgija, Vel'gija *russ.* vɪlj'gijɐ
Wẹlhaven *norw.* 'vɛlha:vən
Weli ve'li:
Welikaja, Velikaja *russ.* vɪ'likɐjɐ
Weliki Berẹsny, Velikij Bereznyj *russ.* vɪ'likij bɪ'rjɛznɨj
Weliki Bytschkọw, Velikij Byčkov *russ.* vɪ'likij bɨtʃ'kɔf
Welikije Lụki, Velikie Luki *russ.* vɪ'likijɪ 'luki
Welikije Mostỵ, Velikie Mosty *russ.* vɪ'likijɪ mas'tɨ
Weliki Ụstjug, Velikij Ustjug *russ.* vɪ'likij 'ustjuk
Welikoje, Velikoe *russ.* vɪ'likɐjɐ
Wẹlingrad, Velingrad *bulgar.* 'vɛlingrat
Wẹlisch, Veliž *russ.* 'vjeliʃ
Wẹlitsch 've:lɪtʃ
Welitschkow, Veličkov *bulgar.* vɛ'litʃkof
Wẹlje, Vel'e *russ.* 'vjeljɛ
wẹlk, W... vɛlk
Wẹlka 'vɛlka
wẹlken 'vɛlkn̩
Wẹlkenraedt *niederl.* 'wɛlkənra:t
Wẹlkom *afr.* 'vɛlkɔm
Wẹll vɛl, *niederl.* wɛl
Wẹlland *engl.* 'wɛlənd
Wellaune vɛ'launə
Wẹllbach 'vɛlbax
Wẹllcome *engl.* 'wɛlkəm
Wẹlle 'vɛlə
Wẹllek 'vɛlɛk
Wẹllekens *niederl.* 'wɛləkəns
wẹllen, W... 'vɛlən
Wẹllendingen 'vɛləndɪŋən
Wellerswạlde vɛlɐs'valdə
Wẹlles[ley] *engl.* 'wɛlz[lɪ]
Wẹllesweiler 'vɛləsvailɐ
Wẹllesz 'vɛlɛs
Wẹllhausen 'vɛlhauzn̩
Wẹllhorn 'vɛlhɔrn
Wẹllhotten 'vɛlhɔtn̩
wẹllig 'vɛlɪç, -e ...ɪgə
Welliné vɛli'ne:
Wẹllingborough *engl.* 'wɛlɪŋbərə
Wẹlling[en] 'vɛlɪŋ[ən]
Wẹllington 'vɛlɪŋtɔn, *engl.* 'wɛlɪŋtən
Wellingtọnia vɛlɪŋ'to:ni̯a, **...ien** ...i̯ən
Wẹllman *engl.* 'wɛlmən
Wẹllmich 'vɛlmɪç
Wẹllmitz 'vɛlmɪts
Wẹlls[burg] *engl.* 'wɛlz[bə:g]
Wẹllston *engl.* 'wɛlstən
Wẹllsville *engl.* 'wɛlzvɪl
Wẹlmlingen 'vɛlmlɪŋən
Welmọ, Vel'mo *russ.* vɪlj'mɔ
Wẹlpe 'vɛlpə
Wẹlper 'vɛlpɐ
Wẹls vɛls, **-e** 'vɛlzə
Wẹlsau 'vɛlzau
wẹlsch, W... vɛlʃ
Wẹlschbillig 'vɛlʃbɪlɪç
Wẹlsche 'vɛlʃə
wẹlschen, W... 'vɛlʃn̩
Wẹlscher 'vɛlʃɐ
Welscherei vɛlʃə'rai
Wẹlschingen 'vɛlʃɪŋən
Wẹlschland 'vɛlʃlant
Welschnọfen vɛlʃ'no:fn̩
Wẹlse 'vɛlzə
Wẹlser 'vɛlzɐ
Wẹlsh[pool] *engl.* 'wɛlʃ[pu:l]
Wẹlsh rabbit *engl.* 'wɛlʃ 'ræbɪt
Wẹlsh rarebit *engl.* 'wɛlʃ 'rɛəbɪt
Wẹlsk, Vel'sk *russ.* vjeljsk
Wẹlsunge 'vɛlzʊŋə
Wẹlt[e] 'vɛlt[ə]
wẹltberühmt 'vɛltbəry:mt
Wẹltenburg 'vɛltn̩bʊrk
Wẹlter 'vɛltɐ
Wẹlti 'vɛlti
wẹltlich 'vɛltlɪç
Wẹltrus 'vɛltrʊs
Wẹlty 'vɛlti, *engl.* 'wɛltɪ
Wẹlver 'vɛlvɐ
Wẹlwarn 'vɛlva:ɐ̯n
Wẹlwitsch 'vɛlvɪtʃ
Welwịtschie vɛl'vɪtʃi̯ə
Wẹlwyn *engl.* 'wɛlɪn
Wẹ́ly *fr.* ve'li
Wẹlzel 'vɛltsl̩
Wẹlzheim 'vɛltshaim
Wẹlzow 'vɛltso
wẹm ve:m
Wẹmbley *engl.* 'wɛmblɪ
Wẹmding 'vɛmdɪŋ
Wẹmeldinge *niederl.* 'we:məldɪŋə
Wẹmmel *niederl.* 'wɛməl
Wẹmmetsweiler 'vɛmətsvailɐ
Wemyss *engl.* wi:mz
wẹn ve:n
Wenatchee *engl.* wɪ'nætʃɪ
Wẹnau[er] 've:nau[ɐ]
Wẹnde 'vɛndə
Wẹndehals 'vɛndəhals
Wendehausen vɛndə'hauzn̩
Wendei vɛn'dai
Wẹndel[bert] 'vɛndl̩[bɛrt]
Wẹndelburg 'vɛndl̩bʊrk
Wẹndelgard 'vɛndl̩gart
Wẹndelin 'vɛndəli:n
Wẹndell *engl.* wɛndl
Wẹndelstein 'vɛndl̩ʃtain
Wẹndeltreppe 'vɛndl̩trɛpə
Wẹndemark 'vɛndəmark
wẹnden 'vɛndn̩, **wẹnd!** vɛnt
Wẹnden 'vɛndn̩
Wẹndi 'vɛndi
wẹndig 'vɛndɪç, -e ...ɪgə
wẹndisch 'vɛndɪʃ
Wẹndla 'vɛndla
Wẹndland 'vɛntlant
Wẹndler 'vɛndlɐ
Wẹndlingen 'vɛndlɪŋən
Wẹndryn 'vɛndri:n
Wẹndy 'vɛndi
Wenedịkt, Venedikt *russ.* vɪni'dikt
Wenetwịnow, Venetvinov *russ.* vɪnɪt'vinɐf
Wẹnew, Venev *bulgar.* 'vɛnɛf
Wenezianow, Venecianov *russ.* vɪnɪtsɨ'anɐf
Wẹng[en] 'vɛŋ[ən]
Wẹnger[n] 'vɛŋɐ[n]
Wengernạlp vɛŋɐn'|alp
Wengerohr vɛŋə'ro:ɐ̯, '– – –
Wẹnglein 'vɛŋlain
wẹnig 've:nɪç, **-e** ...ɪgə
Wẹniger 've:nɪgɐ
wẹnigstens 've:nɪçstn̩s
Wenjọf, Venev *russ.* vɪ'njɔf
Wẹnke 'vɛŋkə
Wẹnker 'vɛŋkɐ
Wẹnlock *engl.* 'wɛnlɔk
wẹnn vɛn
Wẹnnemar 'vɛnəmar
Wẹnnerberg *schwed.* ˌvɛnərbærj
Wẹnner-Gren *schwed.* 'vɛnər'gre:n
wenngleich vɛn'glaiç
Wẹnnigsen 'vɛnɪçsn̩
Wẹnningstedt 'vɛnɪŋʃtɛt
Wennọfer vɛ'no:fɐ
wẹnnschon 'vɛnʃo:n
Wẹnschow 'vɛnʃo
Wẹnsickendorf 'vɛnzɪkn̩dɔrf

Wẹnt *niederl.* wɛnt
Wẹnter 'vɛntɐ
Wẹntschou 'vɛntʃau̯
Wẹntworth *engl.* 'wɛntwə:θ
Wẹntzcke 'vɛntskə
Wẹnze 'vɛntsə
Wẹnzel 'vɛntsl̩
Wẹnzeslaus 'vɛntsəslau̯s
Wẹnzinger 'vɛntsɪŋɐ
Wẹnzl 'vɛntsl̩
Wẹspe 'vɛspə
wer ve:ɐ̯
Wẹra, Vera 've:ra, *russ.* 'vjɛrɐ
Wẹrbach 'vɛrbax
Werbellin vɛrbɛ'li:n
Wẹrbeln 'vɛrbl̩n
wẹrben 'vɛrbn̩, **wẹrbt** vɛrpt
wẹrberisch 'vɛrbərɪʃ
Wẹrbig 'vɛrbɪç
Werbịlki, Verbilki *russ.* vɪr'bilki
wẹrblich 'vɛrplɪç
Werchnedneprọwsk, Verchnedneprovsk *russ.* vjerxnɪdnɪ'prɔfsk
Wẹrchneje, Verchnee *russ.* 'vjerxnɪjɪ
Werchneurạlsk, Verhneural'sk *russ.* vjerxnɪu'raljsk
Wẹrchnije Sergi, Verhnie Sergi *russ.* 'vjerxnijɪ sɪr'gi
Wẹrchni Nagọltschik, Verhnij Nagol'čik *russ.* 'vjerxnij na'gɔljtʃik
Wẹrchni Ufalẹi, Verhnij Ufalej *russ.* 'vjerxnij ufa'ljej
Wẹrchnjaja Pyschmạ, Verhnjaja Pyšma *russ.* 'vjerxnijɐ pɨʃ'ma
Wẹrchnjaja Saldạ, Verhnjaja Salda *russ.* 'vjerxnijɐ sal'da
Wẹrchnjaja Trọiza, Verhnjaja Troica *russ.* 'vjerxnijɐ 'trɔitsɐ
Wẹrchnjaja Turạ, Verhnjaja - *russ.* 'vjerxnijɐ tu'ra
Werchojạnsk, Verhojansk *russ.* vɪrxa'jansk
Werchosịm, Verhozim *russ.* vɪrxa'zim
Werchotụrje, Verhotur'e *russ.* vɪrxa'turjɛ
Werchowịnze vɛrço'vɪntsə
Wẹrckmeister 'vɛrkmai̯stɐ
Werda 've:ɐ̯da, *auch:* ve:ɐ̯'da:
Wẹrdandi 'vɛrdandi
Wẹrdau 've:ɐ̯dau̯
wẹrden, W... 've:ɐ̯dn̩
Wẹrdenberg 'vɛrdn̩bɛrk
Wẹrdenfels 've:ɐ̯dn̩fɛls
Wẹrder 'vɛrdɐ
Werdọhl vɛr'do:l
Wẹrenfels 've:rənfɛls
Wereschtschạgin, Vereščagin *russ.* vɪrɪ'ʃtʃagin
Wereschtschạgino, Vereščagino *russ.* vɪrɪ'ʃtʃaginɐ
Weressạjew, Veresaev *russ.* vɪrɪ'sajɪf
Wẹrfel 'vɛrfl̩
wẹrfen, W... 'vɛrfn̩
Wẹrff *niederl.* wɛrf
Wẹrft vɛrft
Wẹrg vɛrk, **-es** 'vɛrgəs
Wẹrgeland *norw.* 'værgəlan
Wẹrgeld 've:ɐ̯gɛlt
wẹrgen 'vɛrgn̩, **wẹrgne** 'vɛrgnə
Wẹria *neugr.* 'vɛrja
Wẹrk vɛrk
Wẹrkel[tag] 'vɛrkl̩[ta:k]
wẹrken 'vɛrkn̩
Werkendạm *niederl.* wɛrkən'dɑm
wẹrktäglich 'vɛrktɛ:klɪç
wẹrktätig 'vɛrktɛ:tɪç
Wẹrl[a] 'vɛrl[a]
Wẹrlhof 'vɛrlho:f
Wẹrlsee 'vɛrlze:
Wẹrmelskirchen 'vɛrml̩skɪrçn̩
Wẹrmsdorf 'vɛrmsdɔrf
Wẹrmut 've:ɐ̯mu:t
Wẹrn[a] 'vɛrn[a]
Wẹrnau 'vɛrnau̯
Wẹrndl 'vɛrndl̩
Wẹrne 'vɛrnə
Wẹrneck 'vɛrnɛk
Wernegịtten vɛrnə'gɪtn̩
Wẹrner 'vɛrnɐ, *engl.* 'wə:nə, *schwed.* 'væ:rnər
Werneuchen vɛr'nɔyçn̩
Wẹrnfeld 'vɛrnfɛlt
Wẹrnfried 'vɛrnfri:t
Wẹrngard 'vɛrngart
Wẹrnhard 'vɛrnhart
Wẹrnher 'vɛrnhɛr
Wẹrnhild 'vɛrnhɪlt
Wernhịlde vɛrn'hɪldə
Wẹrnhout *niederl.* 'wɛrnhɔu̯t
Wẹrnicke 'vɛrnɪkə
Wernigerode vɛrnɪgə'ro:də
Wernigeröder vɛrnɪgə'rø:dɐ
Wẹrnigke 'vɛrnɪkə
Wẹrningsleben 'vɛrnɪŋsle:bn̩
Wẹrnle 'vɛrnlə
Wẹrno 'vɛrno
Wẹrnt[rop] 'vɛrnt[rɔp]
Wẹrnz vɛrnts
Wẹrra 'vɛra
Wẹrre 'vɛrə
Wẹrrenrath *engl.* 'wɛrənræθ
Wẹrries 'vɛri̯əs
Wẹrro 'vɛro
Wẹrschetz 'vɛrʃɛts
Wẹrschweiler 'vɛrʃvai̯lɐ
Wẹrse 'vɛrzə
Wẹrsen 'vɛrzn̩
Wẹrst vɛrst
Wẹrste 'vɛrstə
Wẹrsten 'vɛrstn̩
Werstọwski, Verstovskij *russ.* vɪr'stɔfskij
wert, W... ve:ɐ̯t
Wẹrta 've:ɐ̯ta
Wẹrtach 'vɛrtax
Wẹrth ve:ɐ̯t, *niederl.* vɛrt
Wẹrtheim[er] 've:ɐ̯thai̯m[ɐ]
Wẹrther 've:ɐ̯tɐ
Wẹrthes 'vɛrtəs
Wẹrthmann 've:ɐ̯tman
Wẹrtingen 'vɛrtɪŋən
Werumẹus Buning *niederl.* we:ry:'me:ys 'by:nɪŋ
Wẹrveke *niederl.* 'wɛrvəkə
Wẹrve 'vɛrvə, *niederl.* 'wɛrvə
Wẹrver 'vɛrvɐ
Wervershoof *niederl.* wɛrvərs'ho:f
Wẹrvik *niederl.* 'wɛrvɪk
Wẹrwolf 've:ɐ̯vɔlf
wẹs vɛs
Wẹschinow, Vežinov *bulgar.* 'vɛʒinof
Wẹschnitz 'vɛʃnɪts
Wẹscott *engl.* 'wɛskət
Wẹseke 've:zəkə
Wẹsel[berg] 've:zl̩[bɛrk]
wẹsen 've:zn̩, **wẹs!** ve:s, **wẹst** ve:st
Wẹsen[berg] 've:zn̩[bɛrk]
Wẹsendon[c]k 've:zn̩dɔŋk
wẹsentlich 've:zn̩tlɪç
Wẹser 've:zɐ
Wẹseritz 've:zərɪts
Wesermụnde ve:zɐ'mʏndə
weshalb vɛs'halp, *auch:* '--
Wesir ve'zi:ɐ̯
Wesirạt vezi'ra:t
Wesjegọnsk, Ves'egonsk *russ.* vɪsjɪ'gɔnsk
Wẹskamm 'vɛskam
Wẹsker *engl.* 'wɛskə
Wẹslaco *engl.* 'wɛsləkoʊ
Wẹsley *engl.* 'wɛzlɪ, 'vɛslɪ
Wesleyaner vɛsli'a:nɐ, ...le'ja:...
Wesọła *poln.* vɛ'sou̯a
Wẹspe 'vɛspə
Wẹspel 'vɛspl̩
Wẹssel 'vɛsl̩, *norw.* 'vɛsəl, *engl.* wɛsl
Wesselbụren vɛsl̩'bu:rən
Wẹsseling 'vɛsəlɪŋ
Wesselọwski, Veselovskij *russ.* vɪsɪ'lɔfskij
Wẹssely 'vɛsəli
Wẹssem *niederl.* 'wɛsəm
wẹssen, W... 'vɛsn̩
Wessén *schwed.* vɛ'se:n
Wẹssenberg 'vɛsn̩bɛrk
Wẹssenstedt 'vɛsn̩ʃtɛt
wessentwẹgen vɛsn̩t've:gn̩
Wẹssex *engl.* 'wɛsɪks
Wessjọly, Veselyj *russ.* vɪ'sjɔlɨj
Weßling 'vɛslɪŋ
Wessobrụnn[er] vɛso'brʊn[ɐ]
Wessọlla vɛ'sɔla
Wẹsson *engl.* wɛsn
Wẹssum 'vɛsʊm
[1]**Wẹst** vɛst
[2]**Wẹst** (Name) vɛst, *engl.* wɛst
Wẹst Allis *engl.* 'wɛst 'ælɪs
Wẹstarp 'vɛstarp
Wẹstaustralien 'vɛst|au̯s'tra:li̯ən
Wẹst Bẹnd *engl.* 'wɛst 'bɛnd

Wẹst-Berlin 'vɛstbɛrli:n
Wẹstberliner 'vɛstbɛrli:nɐ
Westbevern vɛst'be:vɐn, '–––
Wẹstborough *engl.* 'wɛstbərə
Wẹst Brịdgford *engl.* 'wɛst 'brɪdʒfəd
Wẹst Bromwich *engl.* 'wɛst 'brʌmɪdʒ
Wẹstbrook *engl.* 'wɛstbrʊk
Westbụ̈derich vɛst'by:dərɪç
Wẹstbury *engl.* 'wɛstbərɪ
West-coast-... *engl.* 'wɛst'koʊst...
Wẹstcott *engl.* 'wɛstkət
Wẹst Covịna *engl.* 'wɛst koʊ'vi:nə
wẹstdeutsch 'vɛstdɔytʃ
Wẹstdeutschland 'vɛstdɔytʃlant
Westdongeradeel *niederl.* wɛstdɔŋəra:'de:l
Wẹste 'vɛstə
Wẹsten 'vɛstn̩
Wẹstend 'vɛst|ɛnt, *engl.* 'wɛstɛnd
Wẹstende *niederl.* 'wɛstɛndə
Wẹsterbork *niederl.* 'wɛstərbɔrk
Wẹsterburg 'vɛstɐbʊrk
Westerẹnger vɛstɐ'|ɛŋɐ
Wẹsterham 'vɛstɐham
Westerhọlt vɛstɐ'hɔlt
Westerkappeln 'vɛstɐkapl̩n, ––'––
Wẹsterland 'vɛstɐlant
Wẹsterlinck *niederl.* 'wɛstərlɪŋk
Wẹsterlo *niederl.* 'wɛstərlo:
Wẹsterly *engl.* 'wɛstəlɪ
Wẹsterman 'vɛstɐman
Wẹstermann 'vɛstɐman, *fr.* vɛstɛr'man
Wẹstermarck *schwed.* ˌvɛstərmark
Wẹstern 'vɛstɐn
Wẹsterner 'vɛstɐnɐ
Wẹstern Sprịngs *engl.* 'wɛstən 'sprɪŋz
Wẹsterschelde *niederl.* 'wɛstərsxɛldə
Westerstẹde vɛstɐ'ʃte:də
Wẹstervoort *niederl.* 'wɛstərvo:rt
Wẹsterwald 'vɛstɐvalt
wẹsterwäldisch 'vɛstɐvɛldɪʃ
Westerwiehe vɛstɐ'vi:ə
Wẹsteurọpa 'vɛst|ɔy'ro:pa
wẹsteuropäisch 'vɛst|ɔyro'pɛ:ɪʃ
Wẹstfal 'vɛstfa:l
Westfạle[n] vɛst'fa:lə[n]
Westfạlia vɛst'fa:li̯a
westfạ̈lisch vɛst'fɛ:lɪʃ
Wẹstfield *engl.* 'wɛstfi:ld
Wẹstflandern 'vɛstflandɐn
Wẹst Frankfort *engl.* 'wɛst 'fræŋkfət
West-Friesland *niederl.* wɛst'fri:slɑnt
Wẹstgermane 'vɛstgɛrma:nə

Wẹstgote 'vɛstgo:tə
Wẹst Ham *engl.* 'wɛst 'hæm
Wẹst Hẹlena *engl.* 'wɛst 'hɛlɪnə
Wẹsthofen 'vɛstho:fn̩
Westhoughton *engl.* 'wɛst'hɔ:tn
Wẹstịndien 'vɛst'|ɪndi̯ən
Wẹst Ịndies *engl.* 'wɛst 'ɪndɪz
wẹstịndisch 'vɛst'|ɪndɪʃ
Wẹstinghouse *engl.* 'wɛstɪŋhaʊs
Wẹstinghousebremse Ⓦⓩ 'vɛstɪŋhausbrɛmzə
wẹstisch 'vɛstɪʃ
Wẹstkapelle *niederl.* 'wɛstkɑˌpɛlə
Westkịrchen vɛst'kɪrçn̩
Wẹstland *engl.* 'wɛstlənd, *niederl.* 'wɛstlɑnt
wẹstlerisch 'vɛstlərɪʃ
wẹstlich 'vɛstlɪç
Wẹstmacott *engl.* 'wɛstməkət
Wẹstman *schwed.* 'vɛstman
Wẹstmännerinseln 'vɛstmɛnɐˌ|ɪnzl̩n
Westmeath *engl.* wɛst'mi:ð
Wẹst Mịfflin *engl.* 'wɛst'mɪflɪn
Wẹstminster 'vɛstmɪnstɐ, *engl.* 'wɛstmɪnstə
Wẹstmorland *engl.* 'wɛstmələnd
Wẹstmount *engl.* 'wɛstmaʊnt
Westnordwẹst[en] vɛstnɔrt'vɛst[n̩]
Wẹston *engl.* 'wɛstən
Wẹston-super-Mare *engl.* 'wɛstən'sju:pə'mɛə
wẹstọ̈stlich 'vɛst'|œstlɪç
[1]**Westọver** (Kleidung) vɛst'|o:vɐ
[2]**Wẹstover** (Name) *engl.* 'wɛstoʊvə
Wẹstphal[en] 'vɛstfa:l[ən]
Wẹst Pọint *engl.* 'wɛst 'pɔɪnt
Wẹstport *engl.* 'wɛstpɔ:t
Wẹstpreußen 'vɛstprɔysn̩
Wẹst Quọddy Head *engl.* 'wɛst 'kwɔdɪ 'hɛd
Wẹstray *engl.* 'wɛstreɪ
Westrhauderfehn vɛst'raudɐfe:n
Wẹstrich 'vɛstrɪç
Wẹstrom 'vɛstro:m
wẹströmisch 'vɛstrø:mɪʃ
Wẹstrum 'vɛstrʊm
Wẹstrup 'vɛstrʊp
Wẹststellingwerf *niederl.* 'wɛststɛlɪŋwɛrf
Westsüdwẹst[en] vɛstzy:t'vɛst[n̩]
Wẹst View *engl.* 'wɛstvju:
Wẹstville *engl.* 'wɛstvɪl
West-Vlaanderen *niederl.* wɛst'fla:ndərə
wẹstwärts 'vɛstvɛrts
Westwego *engl.* wɛst'wi:goʊ
Wẹstwood *engl.* 'wɛstwʊd
Westzaan *niederl.* wɛst'sa:n
weswẹgen vɛs've:gn̩

Wẹt *niederl.* wɛt
Wẹthau 'vɛ:tau
Wẹtherell *engl.* 'wɛðərɪl
Wẹtka, Vetka *russ.* 'vjɛtkɐ
Wetlụga, Vetluga *russ.* vɪt'lugɐ
Wetlụschski, Vetlužskij *russ.* vɪt'luʃskij
Wẹtren, Vetren *bulgar.* 'vɛtrɛn
Wetschẹrni Novinị, Večerni Novini *bulgar.* vɛ'tʃɛrni novi'ni
Wẹtschhausen 'vɛtʃhauzn̩
wẹtt vɛt
Wẹttbewerb 'vɛtbəvɛrp
Wẹtte 'vɛtə
Wẹtteifer 'vɛt|aifɐ
wẹtten, W... 'vɛtn̩
Wẹtter 'vɛtɐ
Wẹtterau 'vɛtərau
Wẹtteren *niederl.* 'wɛtərə
Wẹtterhorn 'vɛtɐhɔrn
wẹtterkundlich 'vɛtɐkʊntlɪç
Wetterlé *fr.* vɛtɛr'le
wẹtterleuchten 'vɛtɐlɔyçtn̩
wẹttern, W... 'vɛtɐn
Wẹttersteingebirge 'vɛtɐʃtaingəbɪrgə
wẹtterwendisch 'vɛtɐvɛndɪʃ
Wettin[er] vɛ'ti:n[ɐ]
Wẹttingen 'vɛtɪŋən
wettinisch vɛ'ti:nɪʃ
wẹttmachen 'vɛtmaxn̩
Wẹttrennen 'vɛtrɛnən
Wẹttringen 'vɛtrɪŋən
Wẹttstein 'vɛtʃtain
wẹttstreiten 'vɛtʃtraitn̩
Wẹtz[e] 'vɛts[ə]
Wẹtzel[sberg] 'vɛtsl̩[sbɛrk]
wẹtzen, W... 'vɛtsn̩
Wẹtzikon 'vɛtsiko:n
Wẹtzlar 'vɛtslar
Wẹtzleinsdorf 'vɛtslainsdɔrf
Wẹtzstein 'vɛtsʃtain
Weule 'vɔylə
Wẹvelgem *niederl.* 'we:vəlxəm
Wevelinghọven ve:vəlɪŋ'ho:fn̩
Wẹwelsburg 've:vl̩sbʊrk
Wẹwer[s] 've:vɐ[s]
Wewoka *engl.* wɪ'woʊkə
Wẹxford *engl.* 'wɛksfəd
Wẹxley *engl.* 'wɛkslɪ
Weyarn 'vaiarn
Wẹybridge *engl.* 'weɪbrɪdʒ
Wẹybourne *engl.* 'weɪbən
Wẹyden *niederl.* 'wɛidə
Weyer[häuser] 'vaiɐ[hɔyzɐ]
Weyerhaeuser *engl.* 'waɪəhaʊzə
Wẹyerman *niederl.* 'wɛiərmɑn
Weygand *fr.* vɛ'gã
Weyhe 'vaiə
Weyher[s] 'vaiɐ[s]
Weyl vail
Wẹyman *engl.* 'weɪmən
Wẹymouth *engl.* 'weɪməθ
Weymouth[s]kiefer 'vaimu:tski:fɐ
Weyprecht 'vaiprɛçt
Weyr 'vaiɐ

Weyrauch 'vai̯rau̯x
Wẹzembeek-Ọppem *niederl.* 'we:zəmbe:k'ɔpəm
Wẹzep *niederl.* 'we:zəp
Whaley *engl.* 'weɪlɪ
Whalsay, ...sey *engl.* 'wɔ:lsɪ
Whangarẹi *engl.* wɑ:ŋɑ:'reɪ
Wharncliffe *engl.* 'wɔ:nklɪf
Wharton *engl.* wɔ:tn
Whately *engl.* 'weɪtlɪ
Whatmough *engl.* 'wɔtmoʊ
Wheatley *engl.* 'wi:tlɪ
Wheaton *engl.* wi:tn
Wheatstone *engl.* 'wi:tstən
Whedon *engl.* wi:dn
Wheeler *engl.* 'wi:lə
Wheeling *engl.* 'wi:lɪŋ
Wheelock *engl.* 'wi:lɔk
Wheelright *engl.* 'wi:lraɪt
Whẹtstone *engl.* 'wɛtstoʊn
Whewell *engl.* 'hju:əl
Whịbley *engl.* 'wɪblɪ
Whịchcote *engl.* 'wɪtʃkət
Whịckham *engl.* 'wɪkəm
Whịg vɪk, *engl.* wɪg
Whịpcord 'vɪpkɔrt, *engl.* 'wɪpkɔ:d
Whịpper 'vɪpɐ
Whịpple *engl.* wɪpl
Whịsky 'vɪski, *engl.* 'wɪskɪ
Whịst vɪst, *engl.* wɪst
Whịstler *engl.* 'wɪslə
Whịston *engl.* wɪstn
Whịt[aker] *engl.* 'wɪt[ɪkə]
Whịtbread *engl.* 'wɪtbrɛd
Whịtburn *engl.* 'wɪtbə:n
Whịtby *engl.* 'wɪtbɪ
Whịtchurch *engl.* 'wɪttʃə:tʃ
Whịtcomb *engl.* 'wɪtkəm
White[chapel] *engl.* 'waɪt[tʃæpəl]
Whitecoat *engl.* 'waɪtkoʊt
Whitefield *engl.* 'waɪtfi:ld
Whitefish Bay *engl.* 'waɪtfɪʃ 'beɪ
Whitehall *engl.* 'waɪt'hɔ:l
Whitehaven *engl.* 'waɪtheɪvn
Whitehead *engl.* 'waɪthɛd
Whitehill *engl.* 'waɪthɪl
Whitehorse *engl.* 'waɪthɔ:s
Whitehouse *engl.* 'waɪthaʊs
Whiteing *engl.* 'waɪtɪŋ
Whiteley *engl.* 'waɪtlɪ
Whitelocke *engl.* 'waɪtlɔk
Whiteman *engl.* 'waɪtmən
White Plains *engl.* 'waɪt 'pleɪnz
Whitewater *engl.* 'waɪtwɔ:tə
Whịtfield *engl.* 'wɪtfi:ld
Whịtgift *engl.* 'wɪtgɪft
Whịthals *engl.* wɪtlz
Whiting *engl.* 'waɪtɪŋ
Whịtley *engl.* 'wɪtlɪ
Whịtlock *engl.* 'wɪtlɔk
Whịtman *engl.* 'wɪtmən
Whịtmer *engl.* 'wɪtmə
Whịtney *engl.* 'wɪtnɪ
Whịtstable *engl.* 'wɪtstəbl
Whịttier *engl.* 'wɪtɪə
Whịttington *engl.* 'wɪtɪŋtən
Whịttle *engl.* wɪtl
Whịttlesea, ...ey *engl.* 'wɪtlsɪ
Whịttredge *engl.* 'wɪtrɪdʒ
Whịtworth *engl.* 'wɪtwə:θ
Whorf *engl.* wɔ:f
Who's who? *engl.* 'hu:z 'hu:
Whyalla *engl.* waɪ'ælə
Whyburn *engl.* 'waɪbən
Whyle *engl.* 'waɪlɪ
Whỵmper *engl.* 'wɪmpə
Whyte, Whytt *engl.* waɪt
Wiart 'vi:art
Wiązów *poln.* 'vjɔ̃zuf
Wibald 'vi:balt
Wịbbelt 'vɪbl̩t
Wibert 'vi:bɛrt
Wibẹrta vi'bɛrta
Wibke 'vi:pkə
Wibmer-Pẹdit 'vi:pmɐ'pe:dɪt
Wiborada vibo'ra:da
Wiborg 'vi:bɔrk
Wicẹlius vi'tse:li̯ʊs
wịch vɪç
Wichard 'vi:çart, 'vɪç...
Wichern 'vi:çɐn
Wichert 'vi:çɐt
Wịchita *engl.* 'wɪtʃɪtɔ:
Wichmann 'vi:çman
Wịchs[e] 'vɪks[ə]
wịchsen 'vɪksn̩
Wịchstadtl 'vɪçʃtatl̩
Wịcht[e] 'vɪçt[ə]
Wịchtelmännchen 'vɪçtl̩mɛnçən
wịchtig 'vɪçtɪç, **-e** ...ɪgə
Wịchtigtuer 'vɪçtɪçtu:ɐ
Wichtigtuerei vɪçtɪçtu:ə'rai̯
wịchtigtuerisch 'vɪçtɪçtu:ərɪʃ
Wịck[ard] *engl.* 'wɪk[əd]
Wịckbold 'vɪkbɔlt
Wịcke[de] 'vɪkə[də]
Wịckel 'vɪkl̩
wịckeln 'vɪkl̩n
Wịcker 'vɪkɐ
Wịckering 'vɪkərɪŋ
Wịckersdorf 'vɪkɐsdɔrf
Wịckersham *engl.* 'wɪkəʃəm
Wịckes 'vɪkəs
Wịckham *engl.* 'wɪkəm
Wịckhoff 'vɪkhɔf
Wịcki 'vɪki
Wịckler 'vɪklɐ
Wịckliffe *engl.* 'wɪklɪf
Wịcklow *engl.* 'wɪkloʊ
Wịcklung 'vɪklʊŋ
Wịckram 'vɪkram
Wịckrath 'vɪkra:t
Wicksẹll *schwed.* vik'sɛl
Wịclif *engl.* 'wɪklɪf
Widạl *fr.* vi'dal
Wịddemer *engl.* 'wɪdəmə
Wịdder[n] 'vɪdɐ[n]
Widén *schwed.* vi'de:n
Widener *engl.* 'waɪdnə
wider 'vi:dɐ
widerborstig 'vi:dɐbɔrstɪç
Widerchrist 'vi:dɐkrɪst
Widerdruck 'vi:dɐdrʊk
widereinander vi:dɐ|ai̯'nandɐ
widerfahren vi:dɐ'fa:rən
widerhaarig 'vi:dɐha:rɪç
Widerhaken 'vi:dɐha:kn̩
Widerhall 'vi:dɐhal
widerhallen 'vi:dɐhalən
Widerhalt 'vi:dɐhalt
widerhalten 'vi:dɐhaltn̩
Widerklage 'vi:dɐkla:gə
widerklagen 'vi:dɐkla:gn̩
widerklingen 'vi:dɐklɪŋən
Widerlager 'vi:dɐla:gɐ
widerlegen vi:dɐ'le:gn̩
Widerlegung vi:dɐ'le:gʊŋ
widerlich 'vi:dɐlɪç
widern 'vi:dɐn, **widre** 'vi:drə
widernatürlich 'vi:dɐnaty:ɐ̯lɪç
Widerpart 'vi:dɐpart
widerraten vi:dɐ'ra:tn̩
Widerrede 'vi:dɐre:də
widerreden vi:dɐ're:dn̩
Widerrist 'vi:dɐrɪst
Widerruf 'vi:dɐru:f
widerrufen vi:dɐ'ru:fn̩
widerruflich 'vi:dɐru:flɪç, *auch:* ‿‿'‿‿‿
Widerrufung vi:dɐ'ru:fʊŋ
Widersacher 'vi:dɐzaxɐ
widerschallen 'vi:dɐʃalən
Widerschein 'vi:dɐʃai̯n
widerscheinen 'vi:dɐʃai̯nən
widersẹtzen vi:dɐ'zɛtsn̩
widersẹtzlich vi:dɐ'zɛtslɪç
Widersinn 'vi:dɐzɪn
widerspenstig 'vi:dɐʃpɛnstɪç, **-e** ...ɪgə
widerspiegeln 'vi:dɐʃpi:gl̩n
Widerspiel 'vi:dɐʃpi:l
widersprẹchen vi:dɐ'ʃprɛçn̩
Widerspruch 'vi:dɐʃprʊx
widersprüchlich 'vi:dɐʃprʏçlɪç
Widerstand 'vi:dɐʃtant
widerstehen vi:dɐ'ʃte:ən
widerstrahlen 'vi:dɐʃtra:lən
widerstreben vi:dɐ'ʃtre:bn̩
Widerstreit 'vi:dɐʃtrai̯t
widerstreiten vi:dɐ'ʃtrai̯tn̩
Widerton 'vi:dɐto:n
widerwärtig 'vi:dɐvɛrtɪç, **-e** ...ɪgə
Widerwille 'vi:dɐvɪlə
Wịdin, Vidin *bulgar.* 'vidin
Widmann 'vi:tman
Wịdmark *engl.* 'wɪdmɑ:k
wịdmen 'vɪtmən
Widmịnnen vɪt'mɪnən
Wịdmung 'vɪtmʊŋ
Wịdnes *engl.* 'wɪdnɪs
Wido 'vi:do
Widor *fr.* vi'dɔ:r
widrig 'vi:drɪç, **-e** ...ɪgə
Widuchọwa *poln.* vidu'xɔva
Widukind 'vi:dukɪnt
Wịdum 'vɪdʊm
wie vi:
Wieacker 'vi:|akɐ
wiebeln 'vi:bl̩n, **wieble** ...blə
Wiebelskirchen 'vi:bl̩skɪrçn̩

Wiebke 'vi:pkə
Wieblingen 'vi:blɪŋən
Więcbork *poln.* 'vjɛndzbɔrk
Wiechert 'vi:çɐt
Wieck vi:k
Wied vi:t, *dän.* vi:'ð
Wiedau 'vi:dau̯
Wiede[hopf] 'vi:də[hɔpf]
Wiedemann 'vi:dəman
Wieden 'vi:dn̩
Wiedenbrück vi:dn̩'brʏk
wieder 'vi:dɐ
Wiederabdruck vi:dɐ'|apdrʊk
Wiederau 'vi:dərau̯
Wiederaufbau vi:dɐ'|au̯fbau̯
wiederaufbauen vi:dɐ'|au̯fbau̯ən
wiederaufheben vi:dɐ'|au̯fhe:bn̩
Wiederaufnahme vi:dɐ'|au̯fna:mə
wiederaufnehmen vi:dɐ'|au̯fne:mən
wiederaufrichten vi:dɐ'|au̯frɪçtn̩
wiederaufsuchen vi:dɐ'|au̯fzu:xn̩
wiederauftauchen vi:dɐ'|au̯ftau̯xn̩
wiederbekommen 'vi:dɐbəkɔmən
wiederbeleben 'vi:dɐbəle:bn̩
wiederbringen 'vi:dɐbrɪŋən
Wiederdruck 'vi:dɐdrʊk
wiedereinfallen vi:dɐ'|ai̯nfalən
wiedereinsetzen vi:dɐ'|ai̯nzɛtsn̩
Wiedereinsetzung vi:dɐ'|ai̯nzɛtsʊŋ
wiedererhalten 'vi:dɐ|ɛɐ̯haltn̩
wiedererkennen 'vi:dɐ|ɛɐ̯kɛnən
wiedererlangen 'vi:dɐ|ɛɐ̯laŋən
wiederersetzen 'vi:dɐ|ɛɐ̯zɛtsn̩
wiedererstatten 'vi:dɐ|ɛɐ̯ʃtatn̩
wiedererzählen 'vi:dɐ|ɛɐ̯tsɛ:lən
wiederfinden 'vi:dɐfɪndn̩
wiederfordern 'vi:dɐfɔrdɐn
Wiedergabe 'vi:dɐga:bə
wiedergeben 'vi:dɐge:bn̩
wiedergeboren 'vi:dɐgəbo:rən
Wiedergeburt 'vi:dɐgəbu:ɐ̯t
wiedergewinnen 'vi:dɐgəvɪnən
wiedergutmachen vi:dɐ'gu:tmaxn̩
wiederhaben 'vi:dɐha:bn̩
wiederherrichten vi:dɐ'he:ɐ̯rɪçtn̩
wiederherstellen vi:dɐ'he:ɐ̯ʃtɛlən
wiederholen 1. 'vi:dɐho:lən 2. – –'– –
Wiederholung (zu: wiederholen 2) vi:dɐ'ho:lʊŋ
Wiederhören 'vi:dɐhø:rən
Wiederinbesitznahme vi:dɐ|ɪnbə'zɪtsna:mə
Wiederitzsch 'vi:dərɪtʃ
wiederkäuen 'vi:dɐkɔyən
Wiederkäufer 'vi:dɐkɔyfɐ
Wiederkehr 'vi:dɐke:ɐ̯
wiederkehren 'vi:dɐke:rən
wiederkommen 'vi:dɐkɔmən
Wiederkunft 'vi:dɐkʊnft
Wiedernahme 'vi:dɐna:mə
wiedersehen, W... 'vi:dɐze:ən
Wiedersheim 'vi:dɐshai̯m
Wiedertaufe 'vi:dɐtau̯fə
Wiedertäufer 'vi:dɐtɔyfɐ
wiedertun 'vi:dɐtu:n
wiederum 'vi:dərʊm
wiedervereinigen 'vi:dɐfɛɐ̯|ai̯nɪgn̩
Wiedervereinigung 'vi:dɐfɛɐ̯|ai̯nɪgʊŋ
wiedervergelten 'vi:dɐfɛɐ̯gɛltn̩
Wiederverheiratung 'vi:dɐfɛɐ̯hai̯ra:tʊŋ
Wiedervorlage 'vi:dɐfo:ɐ̯la:gə
Wiederwahl 'vi:dɐva:l
wiederwählen 'vi:dɐvɛ:lən
Wiedewitte 'vi:dəvɪtə
Wiedewelt *dän.* 'vi:ðəvɛl'd
wiefeln 'vi:fl̩n
Wiefelstede 'vi:fl̩ʃte:də, – –'– –
wiefern vi'fɛrn
Wiegand 'vi:gant
Wiegbold 'vi:kbɔlt, -e ...ldə
Wiege 'vi:gə
wiegen 'vi:gn̩, **wieg!** vi:k, **wiegt** vi:kt
Wiegler 'vi:glɐ
Wiehe 'vi:ə
Wiehengebirge 'vi:əngəbɪrgə
wiehern 'vi:ɐn
Wiehl vi:l
Wiek vi:k
Wieland 'vi:lant
wielandisch, W... 'vi:landɪʃ
Wielands 'vi:lants
wielandsch, W... 'vi:lantʃ
Wielbark *poln.* 'vjɛlbark
Wieleń *poln.* 'vjɛlɛi̯n
Wielichowo *poln.* vjɛli'xɔvɔ
Wieliczka *poln.* vjɛ'litʃka
Wieluń *poln.* 'vjɛlui̯n
Wiemann 'vi:man
Wiembeck 'vi:mbɛk
Wiemeler 'vi:məlɐ
Wiemken 'vi:mkn̩
Wien[and] 'vi:n[ant]
Wienbarg 'vi:nbark
Wiener 'vi:nɐ, *engl.* 'wi:nə
wienerisch 'vi:nərɪʃ
wienern 'vi:nɐn
Wiener Neustadt 'vi:nɐ 'nɔyʃtat
Wienerstadt 'vi:nɐʃtat
Wienerwald 'vi:nɐvalt
Wieniawski *poln.* vjɛ'njafski
Wienken 'vi:nkn̩
Wiepe 'vi:pə
Wieprz *poln.* vjɛpʃ
Wierden *niederl.* 'wi:rdə
Wieringen *niederl.* 'wi:rɪŋə
Wieringermeer *niederl.* wi:rɪŋər'me:r
Wiernsheim 'vɪrnshai̯m
Wiertz *fr.* virts
Wieruszów *poln.* vjɛ'ruʃuf
Wierzbica *poln.* vjɛʒ'bitsa
Wierzyński *poln.* vjɛ'ʒɨ̃ski
wies vi:s
Wies vi:s, *niederl.* wi:s
Wiesau 'vi:zau̯
Wiesbach[horn] 'vi:sbax[hɔrn]
Wiesbaden 'vi:sba:dn̩
Wiesbad[e]ner 'vi:sba:d[ə]nɐ
wiesbadensch 'vi:sba:dn̩ʃ
wiesbadisch 'vi:sba:dɪʃ
Wiesbaum 'vi:sbau̯m
Wieschen 'vi:sçən
Wiescherhöfen 'vi:ʃɐhø:fn̩
Wiese 'vi:zə
Wiesel[burg] 'vi:zl̩[bʊrk]
wieseln 'vi:zl̩n, **wiesle** 'vi:zlə
wiesen, W... 'vi:zn̩
Wiesenau 'vi:zənau̯
Wiesenburg 'vi:zn̩bʊrk
Wiesent 'vi:zn̩t
Wiesent[h]al 'vi:zn̩ta:l
Wiesenthau 'vi:zn̩tau̯
Wiesentheid vi:zn̩t'hai̯t
Wieser 'vi:zɐ
Wiesloch 'vi:slɔx
Wiesmoor 'vi:smo:ɐ̯
Wiesner 'vi:znɐ
wieso vi'zo:
Wiessee 'vi:sze:
wiest vi:st
Wiete 'vi:tə
Wietze 'vi:tsə
wieviel vi'fi:l, *auch:* 'vi:fi:l
wievielerlei vi'vi:lɐ'lai̯, *auch:* 'vi:fi:lɐ'lai̯
wievielmal vi'fi:lma:l, *auch:* 'vi:fi:lma:l
wievielte vi'vi:ltə, *auch:* 'vi:fi:ltə
wieweit vi'vai̯t
wiewohl vi'vo:l
Wieżyca *poln.* vjɛ'ʒɨtsa
Wiga, Viga *russ.* 'vigɐ
Wigalois 'vi:galɔys
Wigamur 'vi:gamu:ɐ̯
Wigan *engl.* 'wɪgən
Wigand 'vi:gant
Wigbert 'vi:kbɛrt
Wigberta vi:k'bɛrta
Wigbrecht 'vi:kbrɛçt
Wigburg 'vi:kbʊrk
Wigburga vi:k'bʊrga
Wiggel vɪgl̩
Wiggensbach 'vɪgn̩sbax
Wigger[s] vɪgɐ[s]
Wiggin[s] *engl.* 'wɪgɪn[z]
Wigglesworth *engl.* 'wɪglzwə:θ
Wighard 'vi:khart
Wight, Isle of *engl.* 'aɪl əv 'wait
Wigman 'vi:gman
Wigmar 'vi:kmar
Wigmore *engl.* 'wɪgmɔ:
Wignand 'vi:knant
Wigner *engl.* 'wɪgnə
Wigny *fr.* vi'ɲi
Wigry *poln.* 'vigrɨ
Wigstadtl 'vi:k-ʃtatl̩
Wigston Magna *engl.* 'wɪgstən 'mægnə

Wịgtown *engl.* 'wɪgtən
Wịgwam 'vɪkvam
Wijchen *niederl.* 'wi:xə
Wijck *niederl.* wɛi̯k
Wijdenes *niederl.* 'wɛi̯dənɛs
Wijelgọrski, Viel'gorskij *russ.* vijɪlj'gɔrskij
Wijhe *niederl.* 'wɛi̯ə
Wijk [aan Zee] *niederl.* 'wɛi̯k [a:n 'ze:]
Wijmbritseradeel *niederl.* wɛi̯mbrɪtsəra:'de:l
Wijnants *niederl.* 'wɛi̯nɑnts
Wijnegem *niederl.* 'wɛi̯nəxəm
Wijster *niederl.* 'wɛi̯stər
Wịk[enhauser] 'vi:k[n̩hau̯zɐ]
Wịking[er] 'vi:kɪŋ[ɐ]
wịkingisch 'vi:kɪŋɪʃ
Wịklif 'vɪklɪf
Wiklifit vɪkli'fi:t
[1]**Wịktor** *poln.* 'viktɔr
[2]**Wịktor, Viktor** *russ.* 'viktɐr
Wịktorowitsch, Viktorovič *russ.* 'viktɐrɐvitʃ
Wịktorowna, Viktorovna *russ.* 'viktɐrɐvnɐ
Wil vi:l
Wilaja vi'la:ja
Wilajẹt vila'jɛt
Wilamowịce *poln.* vilamɔ'vitsɛ
Wilamowitz vila'mo:vɪts
Wịlberforce *engl.* 'wɪlbəfɔ:s
Wịlbert 'vɪlbɛrt
Wịlbrandt 'vɪlbrant
Wịlbur *engl.* 'wɪlbə
Wịlburg 'vɪlbʊrk
Wịlburgstetten 'vɪlbʊrk-ʃtɛtn̩
Wịlbye *engl.* 'wɪlbɪ
Wịlck[en] 'vɪlk[n̩]
Wịlckens 'vɪlkn̩s
Wịlcox *engl.* 'wɪlkɔks
Wịlczek 'vɪltʃɛk
wịld vɪlt, **-e** 'vɪldə
[1]**Wịld** vɪlt, **-es** 'vɪldəs
[2]**Wịld** (Name) vɪlt, *engl.* waɪld
Wịlda[ching] 'vɪlda[xɪŋ]
Wịldalpen 'vɪlt|alpn̩
Wịldau 'vɪldau̯
Wịldbad 'vɪltba:t
Wịldberg 'vɪltbɛrk
Wịldbret 'vɪltbrɛt
Wilddieberei vɪltdi:bə'rai̯
[1]**Wịlde** 'vɪldə
[2]**Wịlde** (Name) 'vɪldə, *engl.* waɪld
Wịldemann 'vɪldəman
Wịldenau 'vɪldənau̯, ––'–
Wịldenbruch 'vɪldn̩brʊx
Wildendụrnbach vɪldn̩'dʏrnbax
Wịldenfels 'vɪldn̩fɛls
Wildenrạnna vɪldn̩'rana
Wịldens *niederl.* 'wɪldəns
Wịldenschwert 'vɪldn̩ʃve:ɐ̯t
Wịldenstein 'vɪldn̩ʃtai̯n
Wịldenthal 'vɪldn̩ta:l
Wịldenvey *norw.* 'vildənvɛi̯
Wilder *engl.* 'waɪldə
Wịlderer 'vɪldərɐ
Wịldermuth 'vɪldɐmu:t
wịldern 'vɪldɐn, **wịldre** 'vɪldrə
Wịlderness *engl.* 'wɪldənɪs
Wịldervank *niederl.* 'wɪldərvɑŋk
Wildeshausen vɪldəs'hau̯zn̩
Wildetaube vɪldə'tau̯bə
Wịldfang 'vɪltfaŋ
wịldfrẹmd 'vɪlt'frɛmt
Wịldgans 'vɪltgans
Wildhaus vɪlt'haus
Wịldhorn 'vɪlthɔrn
Wilding *engl.* 'waɪldɪŋ
Wịldkirchli 'vɪltkɪrçli
Wịldling 'vɪltlɪŋ
Wildman *engl.* 'waɪldmən
Wịldnis 'vɪltnɪs, **-se** ...ɪsə
Wildọn[ie] vɪl'do:n[i̯ə]
Wildọnje vɪl'dɔnjə
Wịldpark 'vɪltpark
Wildpoldsried vɪltpɔlts'ri:t
wịldromạntisch 'vɪltro'mantɪʃ
Wịldschur 'vɪltʃu:ɐ̯
Wịldschütz 'vɪltʃʏts
Wịldshut 'vɪltshu:t
Wịldspitze 'vɪltʃpɪtsə
Wịldstrubel 'vɪltʃtru:bl̩
Wịldt vɪlt, *it.* vilt
Wịldungen 'vɪldʊŋən
Wildwẹst vɪlt'vɛst
Wildwood *engl.* 'waɪldwʊd
Wịled, Viled' *russ.* 'vilɪtj
Wilẹika, Vilejka *russ.* vi'ljejkɐ
Wiley *engl.* 'waɪlɪ
Wịlferdingen 'vɪlfɐdɪŋən
Wịlfingen 'vɪlfɪŋən
Wịlfleinsdorf 'vɪlflai̯nsdɔrf
Wịlfley *engl.* 'wɪlflɪ
Wịlfred *engl.* 'wɪlfrɪd, *fr.* vil'frɛd
Wịlfrid *engl.* 'wɪlfrɪd
Wịlfried 'vɪlfri:t
Wilfrieda vɪl'fri:da
Wilfriede vɪl'fri:də
Wịlgard 'vɪlgart
Wilgartswiesen vɪlgarts'vi:zn̩
Wịlge *afr.* 'vəlxə
Wịlgus *engl.* 'wɪlgəs
Wịlhelm 'vɪlhɛlm, *schwed.* 'vilhɛlm
Wilhẹlma vɪl'hɛlma
Wilhẹlmi vɪl'hɛlmi
Wilhelmina vɪlhɛl'mi:na, *niederl.* wɪlhɛl'mi:na:, *schwed.* vilhɛl'mi:na
Wilhelminadorp *niederl.* wɪlhɛl'mi:na:dɔrp
Wilhelmine vɪlhɛl'mi:nə
Wilhelminisch vɪlhɛl'mi:nɪʃ
Wịlhelmsburg 'vɪlhɛlmsbʊrk
Wịlhelmsen *norw.* 'vilhɛlmsən
Wịlhelmsfeld 'vɪlhɛlmsfɛlt
Wilhelmshagen vɪlhɛlms'ha:gn̩
Wilhelmshaven vɪlhɛlms'ha:fn̩
Wilhelmshöhe vɪlhɛlms'hø:ə
Wịlhelmson *schwed.* ˌvilhɛlmsən
Wilhelmsruh vɪlhɛlms'ru:
Wịlhelmstal 'vɪlhɛlmsta:l
Wịlhering 'vɪlherɪŋ
Wilia 'vi:li̯a
Wiligẹlmus vili'gɛlmʊs
Wịlija, Vilija *russ.* 'vilijɐ
Wilịui, Viljui *russ.* vi'ljuj
Wilịuisk, Viljuisk *russ.* vi'ljujsk
Wịlkau 'vɪlkau̯
Wịlke 'vɪlkə
Wịlken 'vɪlkn̩
Wịlkes *engl.* wɪlks
Wịlkes-Barre *engl.* 'wɪlksˌbærɪ
Wịlkie *engl.* 'wɪlkɪ
Wịlkins[burg] *engl.* 'wɪlkɪnz[bə:g]
Wịlkinson *engl.* 'wɪlkɪnsn
Wilkịschken vɪl'kɪʃkn̩
Wilkịzki vɪl'kɪtski
Wịlko 'vɪlko
Wịlkowo, Vilkovo *russ.* 'vilkɐvɐ
Wịlks *engl.* wɪlks
wịll vɪl
Wịll vɪl, *engl.* wɪl
Wịllaert[s] *niederl.* 'wɪla:rt[s]
Willamette *engl.* wɪ'læmɪt
Wịllamov 'vɪlamɔf
Wịllard *engl.* 'wɪləd
Wịllcocks, ...ox *engl.* 'wɪlkɔks
Wịlle 'vɪlə
Wịllebroek *niederl.* 'wɪləbru:k
Wịllegis 'vɪləgɪs
Wịllehalm 'vɪləhalm
Wịllem *niederl.* 'wɪləm
Wịllemer 'vɪləmɐ
Wịllems *niederl.* 'wɪləms
Wịllemstad *niederl.* 'wɪləmstɑt
wịllen, W... 'vɪlən
Wịllenberg 'vɪlənbɛrk
Wịllendorf 'vɪləndɔrf
Wịllenhall *engl.* 'wɪlənhɔ:l
wịllens 'vɪləns
wịllentlich 'vɪləntlɪç
Wịlleram 'vɪləram
Wịlles[den] *engl.* 'wɪlz[dən]
Wịllett *engl.* 'wɪlɪt
Willẹtte *fr.* vi'lɛt
Wịlley *engl.* 'wɪlɪ
willfahren vɪl'fa:rən, *auch:* '–––
willfährig 'vɪlfɛ:rɪç, *auch:* –'––; **-e** ...ɪgə
Wịlli 'vɪli
Wịlliam[s] *engl.* 'wɪljəm[z]
Wịlliamsburg *engl.* 'wɪljəmzbə:g
Wịlliamson *engl.* 'wɪljəmsn
Wịlliamsport *engl.* 'wɪljəmzpɔ:t
Wịlliamston *engl.* 'wɪljəmstən
Wịlliamstown *engl.* 'wɪljəmztaʊn
Wịllibald 'vɪlibalt
Wịllibert 'vɪlibɛrt
Wịllibrord 'vɪlibrɔrt
Wịllich 'vɪlɪç
Wịllie[s] *engl.* 'wɪlɪ[z]
wịllig 'vɪlɪç, **-e** ...ɪgə
Wịlligis 'vɪligɪs

Willimantic *engl.* wılı'mæntık
Wịlling[en] 'vılıŋ[ən]
Wịllingdon *engl.* 'wılıŋdən
Willingshausen vılıŋs'hau̯zn̩
Wịlliram 'vıliram
Wịllis *engl.* 'wılıs
Wịllisau 'vılizau̯
Wịlliston *engl.* 'wılıstən
Wịllkie *engl.* 'wılkı
Wịllkomm 'vılkɔm
willkọmmen, W... vıl'kɔmən
Wịllkür 'vılky:ɐ̯
wịllkürlich 'vılky:ɐ̯lıç
Wịllmann 'vılman
Wịllmar 'vılmar, *engl.* 'wılmɑ:
Wịllo 'vılo
Wịlloughby *engl.* 'wıləbı
Wịllow Run *engl.* 'wıloʊ 'rʌn
Wịllroider 'vılrɔy̯dɐ
Wịlls *engl.* wılz
Wịllsie *engl.* 'wılsı
Wịllson *engl.* wılsn
Wịllstätter 'vılʃtɛtɐ
Wịllwerath 'vılvəra:t
Wịlly 'vıli, *engl.* 'wılı
Wịllys *engl.* 'wılız
Wịlm vılm
Wịlma 'vılma, *engl.* 'wılmə
Wịlmanns 'vılmans
Wịlmar 'vılmar
Wịlmarth *engl.* 'wılmɑ:θ
Wịlmerding *engl.* 'wılmədıŋ
Wịlmersdorf 'vılmɐsdɔrf
Wilmẹtte *engl.* wıl'mɛt
Wịlmington *engl.* 'wılmıŋtən
Wịlmot[t] *engl.* 'wılmət
Wịlms vılms
Wịlmslow *engl.* 'wılmzloʊ
Wịlna 'vılna
Wịlnis *niederl.* 'wılnıs
Wịlomitz 'vılomıt͜s
Wịlpert 'vılpɐt
Wịlrijk *niederl.* 'wılrɛi̯k
Wịlsdruff 'vılsdrʊf
Wịlsede 'vılzədə
Wịlsickow 'vılzıko
Wịlsleben 'vılsle:bn̩
Wịlsnack 'vılsnak
Wịlson *engl.* wılsn
Wịlster[marsch] 'vılstɐ[marʃ]
Wịlt[h]en 'vıltn̩
Wịltingen 'vıltıŋən
Wịlton *engl.* 'wıltən
Wịltraud 'vıltrau̯t
Wịltrud 'vıltru:t
Wiltrụde vıl'tru:də
Wiltrụdis vıl'tru:dıs
Wịlts *engl.* wılts
Wịltshire *engl.* 'wıltʃıə
Wịltz vılts
Wịlwa, Vil'va *russ.* 'viljvɐ
Wịlze 'vılt͜sə
Wilzhọfen vılt͜s'ho:fn̩
Wịlzschhaus 'vılt͜ʃhau̯s
Wịm vım
Wịmbachtal 'vımbaxta:l
Wịmbledon *engl.* 'wımbldən
Wịmm[elburg] 'vım[l̩bʊrk]
wịmmeln 'vıml̩n
wịmmen 'vımən
Wịmmer 'vımɐ, *dän.* 'vem'ər
Wịmmera *engl.* 'wımərə
wịmmern, W... 'vımɐn
Wịmmis 'vımıs
Wịmpassing 'vımpasıŋ
Wịmpel 'vımpl̩
wịmpeln 'vımpl̩n
Wịmper 'vımpɐ
Wịmperg 'vımpɛrk, **-e** ...rgə
Wịmpfeling 'vımp͜fəlıŋ
Wịmpfen 'vımp͜fn̩
Wịmpffen 'vımp͜fn̩, *fr.* vimp'fɛn
Wịmpheling 'vımfəlıŋ
Wịmpina 'vımpina
Wịmpole *engl.* 'wımpoʊl
Wịmshurst *engl.* 'wımzhə:st
Wịnand 'vi:nant
Winant *engl.* 'waınənt
Wincẹnty *poln.* vin'tsɛntɨ
Wịnchell *engl.* 'wıntʃəl
Wịnchelsea *engl.* 'wıntʃəlsı
Wịnchendon *engl.* 'wıntʃəndən
Wịncheringen 'vınçərıŋən
Wịnchester *engl.* 'wıntʃıstə
Wịnck[elmann] 'vıŋk[l̩man]
Wịnckler 'vıŋklɐ
wịnd vınt
Wịnd vınt, **-e** 'vındə
Wịndau[s] 'vındau̯[s]
Wind-band *engl.* 'wındbænd
Wịndber *engl.* 'wındbə
Wịndbeutel 'vındbɔy̯tl̩
Windbeutelei vıntbɔy̯tə'lai̯
Wịnde[berg] 'vındə[bɛrk]
Wịndeby[er] 'vındəby:[ɐ]
Wịndei 'vınt|ai̯
Wịndel 'vındl̩
Wịndelband 'vındl̩bant
wịndeln 'vındl̩n, **wịndle** 'vındlə
Windelsbleiche vındl̩s'blai̯çə
wịndelweich 'vındl̩'vai̯ç
wịnden 'vındn̩, **wịnd!** vınt
Wịnden 'vındn̩
Wịndermere *engl.* 'wındəmıə
Wịndesheim 'vındəshai̯m, *niederl.* 'wındəshɛi̯m
Wịndgälle 'vıntgɛlə
Wịndgassen 'vıntgasn̩
Wịndham *engl.* 'wındəm
Wịndhoek 'vınthʊk, ...hu:k
Wịndhuk 'vınthʊk, ...hu:k
wịndig 'vındıç, **-e** ...ıgə
wịndisch, W... 'vındıʃ
Wịndische Bụ̈heln 'vındıʃə 'by:əln
Wịndischẹschenbach 'vındıʃ'|ɛʃn̩bax
Wịndischgạrsten 'vındıʃ'garstn̩
Windischgrätz 'vındıʃgrɛ:ts, '--'-
Wịndle *engl.* wındl
Wịndleite 'vıntlai̯tə
Windmacherei vıntmaxə'rai̯
Wịndom *engl.* 'wındəm
Wịndorf 'vındɔrf
Wịnd-Rịver *engl.* 'wınd'rıvə
Wịnds *engl.* wındz
Wịndsbraut 'vınt͜sbrau̯t
Wịndscheid 'vıntʃai̯t
Wịndsheim 'vınt͜shai̯m
Wịndsor 'vınt͜sɔr, *engl.* 'wınzə
Wịndspiel 'vıntʃpi:l
Wịndthorst 'vınthɔrst
Wịndward Islands *engl.* 'wındwəd 'aıləndz
wịndwärts 'vıntvɛrt͜s
Winebrenner *engl.* 'waınbrɛnə
Winemiller *engl.* 'waınmılə
Wịnfield *engl.* 'wınfi:ld
Wịnfred *engl.* 'wınfrıd
Wịnfri[e]d 'vınfri:t
Winfrieda vın'fri:da
Winfriede vın'fri:də
Wịng *engl.* wıŋ
Wịngate *engl.* 'wıŋgeıt
Wịngene *niederl.* 'wıŋənə
Wịngert 'vıŋɐt
Wịngfield *engl.* 'wıŋfi:ld
Wịngles *fr.* vɛ̃:gl
Wịngolf 'vıŋgɔlf
Wingolfit vıŋgɔl'fi:t
Wịngst vıŋst
Winhọ̈ring vın'hø:rıŋ
Wịnibert 'vi:nibɛrt
Wịnifred 'vi:nifre:t, *engl.* 'wınıfrıd
Wịnimar 'vi:nimar
Wịnisk *engl.* 'wınısk
Wịnk vıŋk
[1]**Wịnkel** 'vıŋkl̩
[2]**Wịnkel** (Name) 'vıŋkl̩, *niederl.* 'wıŋkəl
wịnkelig 'vıŋkəlıç, **-e** ...ıgə
Wịnkelried 'vıŋkl̩ri:t
wịnken 'vıŋkn̩
Wịnkl 'vıŋkl̩
Wịnklarn 'vıŋklarn
Wịnkler[n] 'vıŋklɐ[n]
wịnklig 'vıŋklıç, **-e** ...ıgə
Winnebago *engl.* wını'beıgoʊ
Wịnneburg 'vınəbʊrk
Wịnnekendonk 'vınəkn̩dɔŋk
Wịnnen[den] 'vınən[dn̩]
Wịnnent[h]al 'vınənta:l
Wịnner *engl.* 'wınə
Winnẹtka *engl.* wı'nɛtkə
Wịnnetou 'vınətu
Wịnnfield *engl.* 'wınfi:ld
Wịnnie *engl.* 'wını
Wịnnig 'vınıç
Wịnniki, Vinniki *russ.* 'vinniki
Wịnnimar 'vınimar
Wịnningen 'vınıŋən
Wịnnington *engl.* 'wınıŋtən
Wịnnipeg *engl.* 'wınıpɛg
Winnipegosis *engl.* wınıpɛ'goʊsıs
Winnipesaukee *engl.* wınıpə'sɔ:kı
Wịnniza, Vinnica *russ.* 'vinnitsɐ
Wịnnweiler 'vınvai̯lɐ
Winogrạdow, Vinogradov *russ.* vina'gradɐf

Winona *engl.* wɪˈnoʊnə
Winooski *engl.* wɪˈnu:skɪ
Winrich ˈvɪnrɪç
Winsbeke ˈvɪnsbe:kə
Winsch vɪnʃ
Winschoten *niederl.* ˈwɪnsxo:tə
Winselei vɪnzəˈlai
Wins[e]ller vɪnz[ə]lɐ
winseln ˈvɪnzl̩n, **winsle** ˈvɪnzlə
Winsen ˈvɪnzn̩
Winsford *engl.* ˈwɪnzfəd
Wińsko *poln.* ˈviĩskɔ
Winslow *engl.* ˈwɪnzloʊ
Winsor *engl.* ˈwɪnzə
Winssen *niederl.* ˈwɪnsə
Winstanley *engl.* ˈwɪnstənlɪ
Winsted *engl.* ˈwɪnstɪd
Winston *engl.* ˈwɪnstən
Winsum *niederl.* ˈwɪnsəm
[1]**Winter** ˈvɪntɐ
[2]**Winter** (Name) ˈvɪntɐ, *engl.* ˈwɪntə, *tschech.* ˈvɪntɛr
Winterberg ˈvɪntɐbɛrk
Winterfeld[t] ˈvɪntɐfɛlt
Wintergerst ˈvɪntɐgɛrst
Winterhalter ˈvɪntɐhaltɐ
Winterhude vɪntɐˈhu:də
Winteritz ˈvɪntərɪts
winterlang ˈvɪntɐlaŋ
winterlich ˈvɪntɐlɪç
Winterling[en] ˈvɪntɐlɪŋ[ən]
wintern ˈvɪntɐn
Winternitz ˈvɪntɐnɪts
winters ˈvɪntɐs
Winters *engl.* ˈwɪntəz
Wintersdorf ˈvɪntɐsdɔrf
Winterspelt (Ort) ˈvɪntɐspɛlt
Winterstein ˈvɪntɐʃtain
Winterstetten ˈvɪntɐʃtɛtn̩
wintersüber ˈvɪntɐs|y:bɐ
Winterswijk *niederl.* wɪntərsˈwɛik
Winterthur ˈvɪntɐtu:ɐ̯
Winthrop *engl.* ˈwɪnθrəp
Winthuis ˈvɪnthɔys
Winton *engl.* wɪntn
Wintour *engl.* ˈwɪntə
Wintrich ˈvɪntrɪç
Wintringham *engl.* ˈwɪntrɪŋəm
Wintrud ˈvɪntru:t
Wintrude vɪnˈtru:də
Winwood *engl.* ˈwɪnwʊd
Winz[e] ˈvɪnts[ə]
Winzenheim ˈvɪntsn̩haim
Winzer ˈvɪntsɐ
Winzig ˈvɪntsɪç
winzig ˈvɪntsɪç, **-e** ...ɪgə
Wipert ˈvi:pɛrt
Wipfel ˈvɪpfl̩
wipf[e]lig ˈvɪpf[ə]lɪç, **-e** ...ɪgə
Wipfing ˈvɪpfɪŋ
Wipo ˈvi:po
wipp! vɪp
Wippchen ˈvɪpçən
Wippe ˈvɪpə
wippen ˈvɪpn̩
Wipper ˈvɪpɐ
[1]**Wipperfürth** (Ort) vɪpɐˈfʏrt
[2]**Wipperfürth** (Personenname) ˈvɪpɐfʏrt
Wippra ˈvɪpra
Wipptal ˈvɪpta:l
Wiprecht ˈvi:prɛçt
wips! vɪps
wir vi:ɐ̯
wirb! vɪrp
Wirbel ˈvɪrbl̩
wirb[e]lig ˈvɪrb[ə]lɪç, **-e** ...ɪgə
wirbeln ˈvɪrbl̩n, **wirble** ˈvɪrblə
Wirbeln ˈvɪrbl̩n
wirbt vɪrpt
wird vɪrt
wirf! vɪrf
wirft vɪrft
Wirges ˈvɪrgəs
wirken ˈvɪrkn̩
Wirker ˈvɪrkɐ
wirklich ˈvɪrklɪç
wirksam ˈvɪrkza:m
Wirkung ˈvɪrkʊŋ
Wirnt vɪrnt
Wirpsza *poln.* ˈvirpʃa
wirr vɪr
Wirral *engl.* ˈwɪrəl
wirren, W... ˈvɪrən
Wirrnis ˈvɪrnɪs, **-e** ...ɪsə
Wirrsal ˈvɪrza:l
Wirrwarr ˈvɪrvar
Wirsberg ˈvɪrsbɛrk
wirsch vɪrʃ
Wirsén *schwed.* virˈse:n
Wirsing ˈvɪrzɪŋ
Wirsitz ˈvɪrzɪts
[1]**Wirt** vɪrt
[2]**Wirt** (Name) vɪrt, *engl.* wə:t
Wirta, Virta *russ.* virˈta
Wirtel ˈvɪrtl̩
wirt[e]lig ˈvɪrt[ə]lɪç, **-e** ...ɪgə
Wirth vɪrt
Wirtschaft ˈvɪrtʃaft
wirtschaften ˈvɪrtʃaftn̩
wirtschaftlich ˈvɪrtʃaftlɪç
Wirz vɪrts
Wisbar ˈvɪsba:ɐ̯
Wisbech *engl.* ˈwɪzbi:tʃ
Wisborg *schwed.* ˈvi:sbɔrj
Wisbuhr ˈvɪsbu:ɐ̯
Wisby ˈvɪsbi
Wisch[au] ˈvɪʃ[au]
Wische ˈvɪʃə
wischen ˈvɪʃn̩
Wischera, Višera *russ.* ˈviʃərɐ
[1]**Wischnewski** vɪʃˈnɛfski
[2]**Wischnewski, Višnevskij** *russ.* viʃˈnjɛfskij
Wischniza, Vižnica *russ.* ˈviʒnitsɐ
Wischnu ˈvɪʃnu
Wisconsin [Rapids] *engl.* wɪsˈkɔnsɪn [ˈræpɪdz]
[1]**Wise** *engl.* waɪz
[2]**Wise, Vize** *russ.* ˈvizɛ
Wiseman *engl.* ˈwaɪzmən
Wisemann ˈvi:zəman
Wisent ˈvi:zɛnt
Wishart *engl.* ˈwɪʃət
Wishaw *engl.* ˈwɪʃɔ:
Wisła *poln.* ˈvisu̯a
Wisler *engl.* ˈwɪslə
Wisłoka *poln.* visˈu̯ɔka
Wismar ˈvɪsmar
Wismut ˈvɪsmu:t
wismuten ˈvɪsmu:tn̩
wispeln ˈvɪspl̩n
Wisper ˈvɪspɐ
wispern ˈvɪspɐn
Wissarion, Vissarion *russ.* vissɐriˈɔn
Wissarionowitsch, Vissarionovič *russ.* vissɐriˈɔnɐvitʃ
Wissarionowna, Vissarionovna *russ.* vissɐriˈɔnɐvnɐ
Wißbegier[de] ˈvɪsbəgi:ɐ̯[də]
Wissekerke *niederl.* ˈwɪsəkɛrkə
Wissel[s] ˈvɪsl̩[s]
Wissembourg *fr.* visɑ̃ˈbu:r
wissen, W... ˈvɪsn̩
Wissenschaft ˈvɪsn̩ʃaft
wissenschaftlich ˈvɪsn̩ʃaftlɪç
wissentlich ˈvɪsn̩tlɪç
Wissim, Visim *russ.* viˈsim
Wissler *engl.* ˈwɪslə
Wissmann, Wiß... ˈvɪsman
Wissowa vɪˈso:va
wißt, wist! vɪst
Wistar ˈvɪstar, *engl.* ˈwɪstə
Wistaria vɪsˈta:ri̯a
Wister *engl.* ˈwɪstə
[1]**Wit** *niederl.* wɪt
[2]**Wit, Vit** *bulgar.* vit
Witali, Vitalij *russ.* viˈtalij
Witbank *afr.* ˈvətbaŋk
Witebsk, Vitebsk *russ.* ˈvitɪpsk
Witege ˈvi:tegə
Witelo ˈvi:təlo
Witfrau ˈvɪtfrau
Witgensdorf ˈvɪtgn̩sdɔrf
[1]**Witham** (Ort in Essex) *engl.* ˈwɪtəm
[2]**Witham** (Fluß, Personenname) ˈwɪðəm
Wither[ing] *engl.* ˈwɪðə[rɪŋ]
Withers *engl.* ˈwɪðəz
Witherspoon *engl.* ˈwɪðəspu:n
Withrow *engl.* ˈwɪðroʊ
Witib ˈvi:tɪp, **-e** ...ɪbə
Witigis ˈvi:tigɪs
Witim, Vitim *russ.* viˈtim
Witiza ˈvi:titsa
Witkiewicz *poln.* vitˈkjɛvitʃ
Witkowo *poln.* vitˈkɔvɔ
Witkowski *poln.* vitˈkɔfski
Witmann ˈvɪtman
Witney *engl.* ˈwɪtnɪ
Witnica *poln.* vitˈnitsa
Wito ˈvi:to
Witold ˈvi:tɔlt, *poln.* ˈvit...
Witos *poln.* ˈvitɔs
Witoscha, Vitoša *bulgar.* ˈvitoʃa
Witt vɪt, *niederl.* wɪt
Wittdün ˈvɪtdy:n
Witte ˈvɪtə, *niederl.* ˈwɪtə

Wittek 'vɪtɛk
Wittekind 'vɪtəkɪnt
Wittelsbach[er] 'vɪtl̩sbax[ɐ]
Wittelsheim 'vɪtl̩shai̯m
Wittem *niederl.* 'wɪtəm
Witten 'vɪtn̩
Wittenau vɪtə'nau̯
Wittenberg 'vɪtn̩bɛrk
Wittenberge vɪtn̩'bɛrgə
[1]**Wittenberger** (von Wittenberg) 'vɪtn̩bɛrgɐ
[2]**Wittenberger** (von Wittenberge) vɪtn̩'bɛrgɐ
Wittenburg 'vɪtn̩bʊrk
Wittenhagen vɪtn̩'ha:gn̩
Wittenheim 'vɪtn̩hai̯m
Wittensee 'vɪtn̩ze:
Wittenweiler 'vɪtn̩vai̯lɐ
wittern 'vɪtɐn
Witternigg 'vɪtɐnɪk
Witterode vɪtə'ro:də
Witterschlick 'vɪtɐʃlɪk
Wittgensdorf 'vɪtgn̩sdɔrf
Wittgenstein 'vɪtgn̩ʃtain
Wittib 'vɪtɪp, **-er** ...ɪbɐ
Wittibreuth vɪtɪp'rɔyt
Wittich, ...ig 'vɪtɪç
Wittichenau vɪtɪçə'nau̯
Wittingau 'vɪtɪŋau̯
Wittingen 'vɪtɪŋən
Wittingham *engl.* 'wɪtɪŋəm
Wittislingen 'vɪtɪslɪŋən
Wittlaer 'vɪtlar
Wittlage 'vɪtla:gə
Wittlich 'vɪtlɪç
Wittling[er] 'vɪtlɪŋ[ɐ]
Wittmaack 'vɪtma:k
Wittmann[sdorf] 'vɪtman[sdɔrf]
Wittmayer 'vɪtmai̯ɐ
Wittmund 'vɪtmʊnt
Wittow 'vɪto
Wittram 'vɪtram
Wittrisch 'vɪtrɪʃ
Wittstock 'vɪtʃtɔk
Witukind 'vi:tukɪnt
Witwatersrand *afr.* vətvɑ:tərs'rant
Witwe 'vɪtvə
Witwer 'vɪtvɐ
Witz vɪts
Witzbold 'vɪtsbɔlt, **-e** ...ldə
Witzel 'vɪtsl̩
Witzelei vɪtsə'lai̯
witzeln 'vɪtsl̩n
Witzenhausen vɪtsn̩'hau̯zn̩
Witzhelden vɪts'hɛldn̩
witzig 'vɪtsɪç, **-e** ...ɪgə
witzigen 'vɪtsɪgn̩, **witzig!** ...ɪç, **witzigt** ...ɪçt
Witzighausen vɪtsɪç'hau̯zn̩
Witzin vɪ'tsi:n
Witzleben 'vɪtsle:bn̩
Witzling 'vɪtslɪŋ
Witzmannsberg vɪtsmans'bɛrk
Witzmitz 'vɪtsmɪts
Witzwil vɪts'vi:l
Wizelin 'vɪtsəli:n
Wjasa 'vja:za
Wjasemski, Vjazemskij *russ.* 'vjazɪmskij
Wjasma, Vjaz'ma *russ.* 'vjazjmɐ
Wjasniki, Vjazniki *russ.* 'vjazniki
Wjatitsche vja'tɪtʃə
Wjatka, Vjatka *russ.* 'vjatkɐ
Wjatscheslaw, Vjačeslav *russ.* vɪtʃɪ'slaf
Wkra *poln.* fkra
Wlache 'vlaxə
wlachisch 'vlaxɪʃ
Wladigerow, Vladigerov *bulgar.* vladi'gɛrof
Wladika 'vla:dika
Wladikawkas, Vladikavkaz *russ.* vlɐdikaf'kas
Wladimir, Vladimir vla'di:mi:ɐ̯, *auch:* 'vla:dimi:ɐ̯; *russ.* vla'dimir, *bulgar.* vladi'mir
Wladimirowitsch, Vladimirovič *russ.* vla'dimirɐvitʃ
Wladimirowka, Vladimirovka *russ.* vla'dimirɐfkɐ
Wladimirowna, Vladimirovna *russ.* vla'dimirɐvnɐ
Wladimirski, Vladimirskij *russ.* vla'dimirskij
Wladimir-Wolynski, Vladimir-Volynskij *russ.* vla'dimirva'lɨnskij
Wladimirzow, Vladimircov *russ.* vla'dimirtsɐf
Wladislaus 'vla:dɪslau̯s
Wladislaw, Vladislav 'vla:dɪslaf, *russ.* vlɐdi'slaf
Wladiwostok, Vladivostok vladivɔs'tɔk, *auch:* vladi'vɔstɔk; *russ.* vlɐdivas'tɔk
Władysław *poln.* vu̯a'dɨisu̯af
Wlajkow, Vlajkov *bulgar.* 'vlajkof
Wlas, Vlas *russ.* vlas
Wlassak 'vlasak
Wlassow, Vlasov 'vlasɔf, *russ.* 'vlasɐf
Wlasta 'vlasta
Wlcek 'vɪltʃɛk
Wleń *poln.* vlɛi̯n
Włocławek *poln.* vu̯ɔ'tsu̯avɛk
Włodawa *poln.* vu̯ɔ'dava
Włoszczowa *poln.* vu̯ɔʃ'tʃɔva
Wnukowo, Vnukovo *russ.* 'vnukɐvɐ
wo vo:
woanders vo'|andɐs
woandershin vo'|andɐs'hɪn
wob vo:p
Wöbbel 'vœbl̩
Wöbbelin vœbə'li:n
wobbeln 'vɔbl̩n, **wobble** 'vɔblə
Wobbermin 'vɔbɐmi:n
Wobbler 'vɔblɐ
wöbe 'vø:bə
wobei vo'bai̯
woben 'vo:bn̩
wobt vo:pt
wöbt vø:pt
Woburn *engl.* 'woʊbən
Woche 'vɔxə
Wochein[er] vɔ'xai̯n[ɐ]
Wochenende 'vɔxn̩|ɛndə
Wochenendhaus 'vɔxn̩|ɛnt,hau̯s
Wochenendler 'vɔxn̩|ɛntlɐ
wochenlang 'vɔxn̩laŋ
wochentags 'vɔxn̩ta:ks
wöchentlich 'vœçn̩tlɪç
Wochern 'vɔxɐn
...wöchig (z. B. dreiwöchig) ...,vœçɪç, **-e** ...ɪgə
Wöchnerin 'vœçnərɪn
Wocken 'vɔkn̩
Wodan 'vo:dan
Wodehouse *engl.* 'wʊdhaʊs
Wodka 'vɔtka
Wodla, Vodla *russ.* 'vɔdlɐ
Wodrow *engl.* 'wʊdroʊ
wodurch vo'dʊrç
Wodzisław *poln.* vɔ'dʑisu̯af
Woedtke 'vo:tkə
Woellke 'vœlkə
Woensdrecht *niederl.* 'wu:nzdrɛxt
Woerden *niederl.* 'wu:rdə
Woermann 'vø:ɐ̯man
Woerner 'vœrnɐ
Woestijne *niederl.* wu:s'tɛi̯nə
Woëvre *fr.* vwa:vr
wofern vo'fɛrn
Woffington *engl.* 'wɔfɪŋtən
wofür vo'fy:ɐ̯
wog vo:k
wöge 'vø:gə
Woge 'vo:gə
wogegen vo'ge:gn̩
wogen 'vo:gn̩, **wog!** vo:k, **wogt** vo:kt
wogig 'vo:gɪç, **-e** ...ɪgə
Wognum *niederl.* 'wɔxnəm
wogt vo:kt
wögt vø:kt
Wogule vo'gu:lə
woher vo'he:ɐ̯
woherum vohɛ'rʊm
wohin vo'hɪn
wohinaus vohɪ'naus
wohingegen vohɪn'ge:gn̩
wohinter vo'hɪntɐ
wohl, W... vo:l
wohlachtbar 'vo:l|axtba:ɐ̯
wohlan vo'lan, *auch:* vo:l'|an
wohlanständig 'vo:l|anʃtɛndɪç
Wohlau 'vo:lau̯
wohlauf vo:l'|au̯f, vo'lau̯f
wohlbestallt 'vo:lbəʃtalt
Wohlbrück 'vo:lbrʏk
Wohld vo:lt
Wohleb 'vo:le:p
Wohlen 'vo:lən
Wöhler 'vø:lɐ
Wohlfahrt 'vo:lfa:ɐ̯t
wohlfeil 'vo:lfai̯l
Wohlgeboren 'vo:lgəbo:rən

Wohlgefallen 'vo:lgəfalən
wohlgemeint 'vo:lgəmaint
wohlgemerkt! 'vo:lgəmɛrkt, *auch:* '––'–
wohlgemut, Wohlgemuth 'vo:lgəmu:t
wohlgestalt[et] 'vo:lgəʃtalt[ət]
wohlgetan 'vo:lgəta:n
wohlig 'vo:lıç, **-e** ...ıgə
Wohltmann 'vo:ltman
wohltun 'vo:ltu:n
Wohlverleih 'vo:lfɛɐlai
wohlverstanden 'vo:lfɛɐʃtandn̩, *auch:* '––'––
wohlweise 'vo:lvaizə, *auch:* '–'––
wohlweislich 'vo:lvaislıç, *auch:* '–'––
wohlwollen, W... 'vo:lvɔlən
Wohmann 'vo:man
Wohmbrechts 'vɔmbrɛçts
wohnen 'vo:nən
wohnhaft 'vo:nhaft
wohnlich 'vo:nlıç
Wohsen 'vo:zn̩
Woilach 'vɔylax
Woinikow, Vojnikov *bulgar.* voj'nikof
Woiwod vɔy'vo:t, **-en** ...o:dn̩
Woiwode vɔy'vo:də
Woiwodschaft vɔy'vo:tʃaft
Wojwodina vɔy'vo:dina, vɔyvo'di:na
Woken 'vo:kn̩
Woking[ham] *engl.* 'woukıŋ[əm]
Wola *poln.* 'vɔla
Wolbeck 'vɔlbɛk
wölben 'vœlbn̩, **wölb!** vœlp, **wölbt** vœlpt
wölbig 'vœlbıç, **-e** ...ıgə
Wolbrom *poln.* 'vɔlbrɔm
Wolchow, Volhov *russ.* 'vɔlxɐf
Wolcot[t] *engl.* 'wɔlkət
Wołczyn *poln.* 'vɔutʃɨn
Woldegk 'vɔldɛk
Woldemar 'vɔldəmar
Woldenberg 'vɔldn̩bɛrk
Wolds *engl.* wouldz
Wolen, Volen *bulgar.* 'vɔlɛn
[1]**Wolf** vɔlf, **Wölfe** 'vœlfə
[2]**Wolf** (Name) vɔlf, *engl.* wʊlf
Wolfaartsdijk *niederl.* wɔlfa:rdz'dɛik
Wolfach 'vɔlfax
Wolfbergskogel 'vɔlfbɛrksko:gl̩
Wölfchen 'vœlfçən
Wolfdietrich vɔlf'di:trıç, *auch:* '–––
Wolfe *engl.* wʊlf
Wölfe vgl. [1]Wolf
Wolfegg vɔlf'|ɛk
Wolfen 'vɔlfn̩
wölfen 'vœlfn̩
Wolfenbüttel 'vɔlfn̩bʏtl̩, ––'––
Wolfenstein 'vɔlfn̩ʃtain
Wolfersweiler 'vɔlfɐsvailɐ
Wolfert *engl.* 'wʊlfət
Wolff *dt., it., fr.* vɔlf, *engl.* wʊlf, *niederl.* wɔlf
Wolffleben 'vɔlfle:bn̩
Wölfflin 'vœlfli:n
Wolfgang[see] 'vɔlfgaŋ[ze:]
Wolfger 'vɔlfgɛr
Wolfgund 'vɔlfgʊnt
Wolfgunde vɔlf'gʊndə
Wolfhagen vɔlf'ha:gn̩
Wolfhard, ...rt 'vɔlfhart
Wolfhelm 'vɔlfhɛlm
Wolfhild 'vɔlfhılt
Wolfhilde vɔlf'hıldə
Wölfin 'vœlfın
wölfisch 'vœlfıʃ
Wölfling 'vœlflıŋ
Wolfram 'vɔlfram
Wolframat vɔlfra'ma:t
Wolframit vɔlfra'mi:t, *auch:* ...mıt
Wolframs-Eschenbach vɔlframs'|ɛʃn̩bax
Wolfratshausen vɔlfra:ts'hauzn̩
Wolfrum 'vɔlfrʊm
Wolfsberg 'vɔlfsbɛrk
Wolfsburg 'vɔlfsbʊrk
Wolfschlugen vɔlf'ʃlu:gn̩
Wolfsgefährt 'vɔlfsgəfɛ:ɐt
Wolfshagen vɔlfs'ha:gn̩
Wolfshunger 'vɔlfs'hʊŋɐ
Wolfskehl 'vɔlfske:l
Wolfstein 'vɔlfʃtain
Wolftitz 'vɔlftıts
Wolftraud 'vɔlftraut
Wolftrud 'vɔlftru:t
Wolftrude vɔlf'tru:də
Wolfurt 'vɔlfʊrt
Wolga, Volga 'vɔlga, *russ.* 'vɔlgɐ
Wolgast 'vɔlgast
Wolgemut 'vo:lgəmu:t
Wolgin, Volgin *russ.* 'vɔlgin
Wolgograd, Volgograd 'vɔlgogra:t, *russ.* vɐlga'grat
Wolhynien vo'ly:njən
Wolin *poln.* 'vɔlin
Wölkchen 'vœlkçən
Wolke 'vɔlkə
wölken 'vœlkn̩
Wolken[burg] 'vɔlkn̩[bʊrk]
Wolkenkuckucksheim vɔlkn̩'kʊkʊkshaim
Wolkenstein 'vɔlkn̩ʃtain
Wolker 'vɔlkɐ, *tschech.* 'vɔlkɛr
Wolkersdorf 'vɔlkɐsdɔrf
wolkig 'vɔlkıç, **-e** ...ıgə
Wölkisch 'vœlkıʃ
Wolkow, Volkov *russ.* 'vɔlkɐf
Wokowysk, Volkovysk *russ.* vɐlka'vɨsk
Wolkramshausen 'vɔlkramshauzn̩
Wollaston *engl.* 'wʊləstən
Wollastonit vɔlasto'ni:t, *auch:* ...nit
Wolle 'vɔlə
wollen 'vɔlən
Wollerau 'vɔlərau
wollig 'vɔlıç, **-e** ...ıgə
Wollin vɔ'li:n
Wollmatingen 'vɔlmatıŋən
Wöllnau 'vœlnau
Wöllner 'vœlnɐ
Wollny 'vɔlni
Wollomombie *engl.* wʊlə'mɔmbı
Wollongong *engl.* 'wʊləngɔŋ
Wollseifen 'vɔlzaifn̩
Wollstein 'vɔlʃtain
Wöllstein 'vœlʃtain
Wollstonecraft *engl.* 'wʊlstənkrɑ:ft
Wollust 'vɔlʊst
wollüstig 'vɔlʏstıç, **-e** ...ıgə
Wollüstling 'vɔlʏstlıŋ
Wollweber 'vɔlve:bɐ
Wolmann 'vo:lman
Wolmirstedt 'vɔlmırʃtɛt
Wolmsdorf 'vɔlmsdɔrf
Wolnowacha, Volnovaha *russ.* vɐlna'vaxɐ
Wolodarsk-Wolynski, Volodarsk-Volynskij *russ.* vɐla'darskva'lɨnskij
Wologda, Vologda *russ.* 'vɔlɐgdɐ
Wolokolamsk, Volokolamsk *russ.* vɐlɐka'lamsk
Wołomin *poln.* vɔ'uɔmin
Wolos *neugr.* 'vɔlɔs
[1]**Woloschin, Vološin** *russ.* va'lɔʃɨn
[2]**Woloschin, Vološin** *russ.* va'lɔʒɨn
Woloschka, Vološka *russ.* 'vɔlɐʃkɐ
Wolossowo, Volosovo *russ.* 'vɔlɐsɐvɐ
Wolotowo, Volotovo *russ.* 'vɔlɐtɐvɐ
Wołów *poln.* 'vɔuuf
Wolowo, Volovo *russ.* va'lɔvɐ
Wolphaartsdijk *niederl.* wɔlfa:rdz'dɛik
Wols vɔls
Wolschsk, Volžsk *russ.* vɔlʃsk
Wolsegger 'vɔlzɛgɐ
Wolseley *engl.* 'wʊlzlı
Wolsey *engl.* 'wʊlzı
Wolsfeld 'vɔlsfɛlt
Wolsk, Vol'sk *russ.* vɔljsk
Wölsunge 'vœlzʊŋə
Wolsztyn *poln.* 'vɔlʃtɨn
Wolter[dingen] 'vɔltɐ[dıŋən]
Wolters[dorf] 'vɔltɐs[dɔrf]
Woltman[n] 'vɔltman
Woltschansk, Volčansk *russ.* val'tʃansk
Woltschja, Volč'ja *russ.* 'vɔltʃjɐ
Wolvega *niederl.* 'wɔlvəxa:
Wolverhampton *engl.* 'wʊlvəhæmptən
Wolverines *engl.* 'wʊlvəri:nz
Wolvertem *niederl.* 'wɔlvərtəm
Wolverton *engl.* 'wʊlvətn
Wolves *engl.* wʊlvz

Wọlwi *neugr.* ˈvɔlvi
Wolyn, Volyn' *russ.* vaˈlɨnj
Wolynien voˈlyːni̯ən
Wọlzendorff ˈvɔltsn̩dɔrf
Wọlznach ˈvɔltsnax
Wọlzogen ˈvɔltsoːgn̩
Wọmbat ˈvɔmbat
Wombwell *engl.* ˈwʊmwəl
Women's Lịb *engl.* ˈwɪmɪnz ˈlɪb
womịt voˈmɪt
Wọmmelgem *niederl.* ˈwɔməlxəm
Wọmmels *niederl.* ˈwɔməls
womöglich voˈmøːklɪç
Wọn vɔn
wonạch voˈnaːx
Wọndelgem *niederl.* ˈwɔndəlxəm
Wọndreb ˈvɔndrɛp
wonẹben voˈneːbn̩
Wọngrowitz ˈvɔŋgrovɪts
Wọnne ˈvɔnə
wọnnesam ˈvɔnəzaːm
wọnnig ˈvɔnɪç, **-e** ...ɪgə
wọnniglich ˈvɔnɪklɪç
Wonogịri *indon.* wonoˈgiri
Wonosạri *indon.* wonoˈsari
Wonosọbo *indon.* wonoˈsobo
Wönsan, Wonsan *korean.* wʌnsan
Wonsees vɔnˈzeːs
Wonseradeel *niederl.* wɔnsəraːˈdeːl
Wood[berry] *engl.* ˈwʊd[bərɪ]
Woodbridge *engl.* ˈwʊdbrɪdʒ
Woodburn *engl.* ˈwʊdbən
Woodbury *engl.* ˈwʊdbərɪ
Woodfall *engl.* ˈwʊdfɔːl
Woodford *engl.* ˈwʊdfəd
Woodhouse[lee] *engl.* ˈwʊdhaʊs[lɪ]
Woodhull *engl.* ˈwʊdhʌl
Woodin *engl.* wʊdn
Woodland *engl.* ˈwʊdlənd
Woodlark *engl.* ˈwʊdlɑːk
Wood-Ridge *engl.* ˈwʊdrɪdʒ
Woodring *engl.* ˈwʊdrɪŋ
Woodroffe *engl.* ˈwʊdrɔf
Woodrow *engl.* ˈwʊdroʊ
Woodruff *engl.* ˈwʊdrʌf
Woods *engl.* wʊdz
Woodstock *engl.* ˈwʊdstɔk
Woodville *engl.* ˈwʊdvɪl
Woodward *engl.* ˈwʊdwəd
Woodworth *engl.* ˈwʊdwəːθ
Wookey Hole *engl.* ˈwʊkɪ ˈhoʊl
Wool[dridge] *engl.* ˈwʊl[drɪdʒ]
Woolf *engl.* wʊlf
Woollcott *engl.* ˈwʊlkət
Woollett *engl.* ˈwʊlɪt
Woolley *engl.* ˈwʊlɪ
Woolman *engl.* ˈwʊlmən
Woolner *engl.* ˈwʊlnə
Woolsey *engl.* ˈwʊlsɪ, ...lzɪ
Woolson *engl.* wʊlsn
Woolston *engl.* ˈwʊlstən
Woolton *engl.* wʊltn
Woolwich *engl.* ˈwʊlɪdʒ
Woolworth *engl.* ˈwʊlwəːθ
Woomera *engl.* ˈwuːmərə
Woonsọcket *engl.* wuːnˈsɔkɪt
Woosmer ˈvoːsmɐ
Wooster *engl.* ˈwʊstə
Wootton *engl.* wʊtn
Wọp, Vop' *russ.* vɔpj
Wọpfner ˈvɔpfnɐ
worạn voˈran
worauf voˈrau̯f
woraus voˈrau̯s
Wọrb vɔrp
Wọrbis ˈvɔrbɪs
Worcester *engl.* ˈwʊstə; **-shire** ...ʃɪə
Worcestersoße ˈvʊstɐzoːsə
Worcs wəːks
Wọrde *engl.* wɔːd
Worden *engl.* wɔːdn
Wördern ˈvœrdɐn
Wordsworth *engl.* ˈwəːdzwəːθ
worein voˈrai̯n
wọrfeln ˈvɔrfl̩n
Wörgl ˈvœrgl̩
worịn voˈrɪn
Woringen ˈvoːrɪŋən
Wörishofen ˈvøːrɪshoːfn̩
Work[ington] *engl.* ˈwəːk[ɪŋtən]
Workman *engl.* ˈwəːkmən
Work-Songs *engl.* ˈwəːksɔŋz
Worksop *engl.* ˈwəːksɔp
Wọrkum *niederl.* ˈwɔrkəm
Workutạ, Vorkuta *russ.* vɐrkuˈta
Wörlitz ˈvœrlɪts
Wormạtia vɔrˈmaːtsi̯a
Wọrmditt ˈvɔrmdɪt
Wormeldange *fr.* vɔrmɛlˈdãːʒ
Wọrmeldingen ˈvɔrml̩dɪŋən
Wormeley *engl.* ˈwəːmlɪ
Wọrmer *niederl.* ˈwɔrmər
Wormermeer *niederl.* wɔrmərˈmeːr
Wormerveer *niederl.* wɔrmərˈveːr
Wörmlitz ˈvœrmlɪts
Wọrms vɔrms
Wọrmser ˈvɔrmzɐ
wọrmsisch ˈvɔrmzɪʃ
Wörnitz[stein] ˈvœrnɪts[ʃtai̯n]
Worobjọf, Vorob'ev *russ.* vɐrabjˈjɔf
Worọchta, Vorohta *russ.* vaˈrɔxtɐ
Worọna, Vorona *russ.* vaˈrɔnɐ
Worọnesch, Voronež *russ.* vaˈrɔnɪʃ
Worọnin, Voronin *russ.* vaˈrɔnin
Worọnja, Voron'ja *russ.* vaˈrɔnjiɐ
Wọronow, Voronov *russ.* ˈvɔrɐnɐf
Woronzọw, Voroncov *russ.* vɐranˈtsɔf
Woroschilow, Vorošilov *russ.* vɐrɐˈʃilɐf
Woroschilowgrạd, Vorošilovgrad *russ.* vɐrɐʃɨlawˈgrat
Woroschilowsk, Vorošilovsk *russ.* vɐraˈʃilɐfsk
Worotynski, Vorotynskij *russ.* vɐraˈtɨnskij
Worpswẹde vɔrpsˈveːdə
Wọrringen ˈvɔrɪŋən
Wọrringer ˈvɔrɪŋɐ
Wörrstadt ˈvœrʃtat
Worsborough *engl.* ˈwəːzbərə
Wörsdorf ˈvœrsdɔrf
Wọrskla, Vorskla *russ.* ˈvɔrsklɐ
Worsley *engl.* ˈwəːslɪ
Wọrsma, Vorsma *russ.* ˈvɔrsmɐ
Wọrt vɔrt, **Wörter** ˈvœrtɐ
Wört[chen] ˈvœrt[çən]
Wọrth vɔrt, *engl.* wəːθ
Wörth vœrt
Wörther See ˈvœrtɐ ˈzeː
Worthing[ton] *engl.* ˈwəːðɪŋ[tən]
Wörthsee ˈvœrtzeː
Wortklauberei vɔrtklau̯bəˈrai̯
Wortley *engl.* ˈwəːtlɪ
wörtlich ˈvœrtlɪç
wọrtwörtlich ˈvɔrtˈvœrtlɪç
worüber voˈryːbɐ
worụm voˈrʊm
worụnter voˈrʊntɐ
Wọschega, Vožega *russ.* ˈvɔʒəgɐ
Woschọd, Voshod *russ.* vasˈxɔt
woselbst voˈzɛlpst
Woskressẹnsk[i], Voskresensk[ij] *russ.* vɐskrɪˈsjɛnsk[ij]
Wosnessẹnsk[i], Voznesensk[ij] *russ.* vɐznɪˈsjɛnsk[ij]
Wöß vœs
Wössingen ˈvœsɪŋən
Wostọk[ow], Vostok[ov] *russ.* vasˈtɔk[ɐf]
Wostọtschny, Vostočnyj *russ.* vasˈtɔtʃnɨj
Wotan ˈvoːtan
Wotenick ˈvoːtənɪk
Wotjạke voˈtjaːkə
Wọtkinsk, Votkinsk *russ.* ˈvɔtkinsk
Wotruba ˈvɔtruba, ˈvoː...
Wọttawa ˈvɔtava
Wotton *engl.* wɔtn, wʊtn
Woubrugge *niederl.* wɔu̯ˈbrʏxə
Woudenberg *niederl.* ˈwɔu̯dənbɛrx
Wouk *engl.* woʊk
Wounded Knee *engl.* ˈwuːndɪd ˈniː
Wouter[s] *niederl.* ˈwɔu̯tər[s]
Wouw *niederl.* wɔu̯
Wouwerman[s] *niederl.* ˈwɔu̯wərmɑn[s]
wovọn voˈfɔn
wovor voˈfoːɐ̯
wowịder voˈviːdɐ

Woyrsch 'vɔyɐʃ
Woźniki *poln.* vɔz'niki
wozu vo'tsu:
wozwischen vo'tsvɪʃn̩
Woyzeck 'vɔytsɛk
Wozzeck 'vɔtsɛk
wrack, W... vrak
Wran vra:n
wrang vraŋ
wränge 'vrɛŋə
[1]**Wrangel** *schwed.* 'vraŋəl
[2]**Wrangel, Vrangel'** 'vraŋl̩, *russ.* 'vrangɪlj
Wrangell *engl.* 'ræŋgəl
Wrasen 'vra:zn̩
Wrath *engl.* rɔ:θ
Wratten *engl.* rætn
Wratzow 'vratsɔf
Wraxall *engl.* 'ræksɔ:l
Wray *engl.* reɪ
Wraza, Vraca *bulgar.* 'vratsa
Wrba 'vɪrba
Wrede 'vre:də, *schwed.* ˌvre:də
Wrekin *engl.* 'ri:kɪn
Wren[ch] *engl.* rɛn[tʃ]
Wreschen 'vrɛʃn̩
Wrexham *engl.* 'rɛksəm
wricken 'vrɪkn̩
Wriezen 'vri:tsn̩
wriggeln 'vrɪgl̩n, **wriggle** 'vrɪglə
wriggen 'vrɪgn̩, **wrigg!** vrɪk, **wriggt** vrɪkt
Wright *engl.* raɪt
Wrigley *engl.* 'rɪglɪ
wringen 'vrɪŋən
Wriothesley *engl.* 'raɪəθslɪ
Wrist vrɪst
Writ *engl.* rɪt
Wrobel 'vro:bl̩
Wróblewski *poln.* vru'blɛfski
Wrocław *poln.* 'vrɔtsu̯af
Wrong *engl.* rɔŋ
Wronke 'vrɔŋkə
Wronki *poln.* 'vrɔŋki
Wroński *poln.* 'vrɔĩski
Wroost vro:st
Wrottesley *engl.* 'rɔtslɪ
Wroxeter *engl.* 'rɔksɪtə
Wrubel, Vrubel' *russ.* 'vrubɪlj
Wruke 'vrʊkə, *auch:* 'vru:kə
Września *poln.* 'vʒɛɕnja
Wrzeszcz *poln.* vʒɛʃtʃ
Wscherau 'fʃɛrau̯
Wschowa *poln.* 'fsxɔva
Wsetin 'fsɛti:n
Wsewolod, Vsevolod *russ.* 'fsjɛvɐlɐt
Wsewolodo-Wilwa, Vsevolodo-Vil'va *russ.* 'fsjɛvɐlɐdɐ'viljvɐ
Wucher 'vu:xɐ
Wucherer 'vu:xərɐ
wucherisch 'vu:xərɪʃ
wuchern 'vu:xɐn
wuchs, W... vu:ks
wüchse 'vy:ksə
...wüchsig (z. B. urwüchsig) ...ˌvy:ksɪç, **-e** ...ɪgə
Wucht vʊxt
wuchten 'vʊxtn̩
wuchtig 'vʊxtɪç, **-e** ...ɪgə
Wüger 'vy:gɐ
Wuhan 'vu:han
wühlen 'vy:lən
Wühler 'vy:lɐ
Wühlerei vy:lə'rai̯
wühlerisch 'vy:lərɪʃ
Wuhlheide 'vu:lhai̯də
Wuhne 'vu:nə
Wuhr vu:ɐ̯
Wuhre 'vu:rə
Wührer 'vy:rɐ
Wuhsi vu'zi:
Wuhu vu'hu:
Wukela vgl. Wekil
Wukol, Vukol *russ.* vu'kɔl
Wülcker 'vʏlkɐ
Wulf[en] 'vʊlf[n̩]
Wulfenit vʊlfə'ni:t, *auch:* ...nɪt
Wulff vʊlf
Wulfhild 'vʊlfhɪlt
Wulfhilde vʊlf'hɪldə
Wulfila 'vʊlfila
Wulfram 'vʊlfram
Wülfrath 'vʏlfra:t
Wulfskuhl 'vʊlfsku:l
Wulfstan *engl.* 'wʊlfstən
Wülfte 'vʏlftə
Wulkau 'vʊlkau̯
Wülker 'vʏlkɐ
Wülknitz 'vʏlknɪts
Wulkow 'vʊlko
Wullenwever 'vʊlənve:vɐ
Wüllner 'vʏlnɐ
Wülpensand 'vʏlpn̩zant
Wulst vʊlst, **Wülste** 'vʏlstə
Wülstchen 'vʏlstçən
wulstig 'vʊlstɪç, **-e** ...ɪgə
Wülzburg 'vʏltsbʊrk
Wümme 'vʏmə
wummern 'vʊmɐn
wund vʊnt, **-e** 'vʊndə
Wunde 'vʊndə
Wunder 'vʊndɐ
wunderbar 'vʊndɐba:ɐ̯
wunderhold 'vʊndɐ'hɔlt
wunderlich, W... 'vʊndɐlɪç
wundermild 'vʊndɐ'mɪlt
wundern 'vʊndɐn, **wundre** ...drə
wundernehmen 'vʊndɐne:mən
wundersam 'vʊndɐza:m
wunderschön 'vʊndɐ'ʃø:n
Wundt vʊnt
Wune 'vu:nə
Wunibald 'vu:nibalt
Wunnenberg 'vʊnənbɛrk
Wünnenberg 'vʏnənbɛrk
Wunnibald 'vʊnibalt
Wunsch vʊnʃ, **Wünsche** 'vʏnʃə
Wünsch[elburg] 'vʏnʃ[l̩bʊrk]
Wünschelrute 'vʏnʃl̩ru:tə
wünschen 'vʏnʃn̩
Wünsdorf 'vy:nsdɔrf
Wunsiedel 'vʊnzi:dl̩
Wunstorf 'vʊnstɔrf
Wuotan 'vu:otan
Wuoxa, Vuoksa *russ.* 'vuɐksɐ
wuppdich!, Wuppdich 'vʊpdɪç
Wupper[tal] 'vʊpɐ[ta:l]
würbe 'vʏrbə
Würbenthal 'vʏrbn̩ta:l
würbt vʏrpt
Wurchow 'vʊrço
wurde 'vʊrdə
würde, W... 'vʏrdə
Wurdemann *engl.* 'wə:dɪmən
würdig 'vʏrdɪç, **-e** ...ɪgə
würdigen 'vʏrdɪgn̩, **würdig!** ...ɪç, **würdigt** ...ɪçt
Würding[en] 'vʏrdɪŋ[ən]
Würenlingen 'vy:rənlɪŋən
Wurf vʊrf, **Würfe** 'vʏrfə
Würfchen 'vʏrfçən
würfe 'vʏrfə
Würfel 'vʏrfl̩
würf[e]lig 'vʏrf[ə]lɪç, **-e** ...ɪgə
würfeln 'vʏrfl̩n
würgen 'vʏrgn̩, **würg!** vʏrk, **würgt** vʏrkt
Würger 'vʏrgɐ
würgerisch 'vʏrgərɪʃ
Würges 'vʏrgəs
Wurgwitz 'vʊrkvɪts
Wurlitz 'vʊrlɪts
Wurlitzer 'vʊrlɪtsɐ, *engl.* 'wə:lɪtsə
Wurm vʊrm, **Würmer** 'vʏrmɐ
Würm vʏrm
Wurmannsquick vʊrmans'kvɪk
Wurmb vʊrmp
Würmchen 'vʏrmçən
Würmelingen 'vʏrməlɪŋən
wurmen 'vʊrmən
Würmer vgl. Wurm
wurmig 'vʊrmɪç, **-e** ...ɪgə
Wurmlingen 'vʊrmlɪŋən
Würmsee 'vʏrmze:
Wurmser 'vʊrmzɐ
wurmstichig 'vʊrmʃtɪçɪç, **-e** ...ɪgə
Wurnary, Vurnary *russ.* vur'narɨ
Würnitz 'vʏrnɪts
Wurow 'vu:ro
Würrich 'vʏrɪç
Wurscht vʊrʃt
Würselen 'vʏrzələn
Wurst vʊrst, **Würste** 'vʏrstə
Würstchen 'vʏrstçən
Wurstelei vʊrstə'lai̯
wursteln 'vʊrstl̩n
wursten, W... 'vʊrstn̩
Wurster 'vʊrstɐ
wurstig 'vʊrstɪç, **-e** ...ɪgə
Wurt[e] 'vʊrt[ə]
Würtenberger 'vʏrtn̩bɛrgɐ
Würtingen 'vʏrtɪŋən
Württemberg 'vʏrtəmbɛrk
Württemberger 'vʏrtəmbɛrgɐ
württembergisch 'vʏrtəmbɛrgɪʃ
Wurtz *fr.* vyrts
Wurtzit vʊr'tsi:t, *auch:* ...tsɪt
Wurz[ach] 'vʊrts[ax]

Wurzbach[er] 'vʊrt͜sbax[ɐ]
Würzburg 'vʏrt͜sbʊrk
Würzburger 'vʏrt͜sbʊrgɐ
würzburgisch 'vʏrt͜sbʊrgɪʃ
Würze 'vʏrt͜sə
Wurzel 'vʊrt͜sl̩
Wurzelbauer 'vʊrt͜sl̩bau̯ɐ
Würzelchen 'vʏrt͜sl̩çən
wurzelig 'vʊrt͜səlɪç, **-e** ...ɪgə
wurzeln 'vʊrt͜sl̩n
Wurzen 'vʊrt͜sn̩
würzen 'vʏrt͜sn̩
würzig 'vʏrt͜sɪç, **-e** ...ɪgə
wurzlig 'vʊrt͜slɪç, **-e** ...ɪgə
Wurz[e]ner 'vʊrt͜s[ə]nɐ
wusch vu:ʃ
Wusche 'vu:ʃə
wüsche 'vy:ʃə
Wuschelhaar 'vʊʃl̩ha:ɐ̯
wuselig 'vu:zəlɪç, **-e** ...ɪgə
wuseln 'vu:zl̩n, **wusle** 'vu:zlə
Wusseken 'vʊsəkn̩
wußte 'vʊstə
wüßte 'vʏstə
[1]**Wust** (Schutt; Unrat; Familienname) vu:st
[2]**Wust** (Altmark) vʊst
[3]**WUST, Wust** (Warenumsatzsteuer) vʊst
wüst vy:st
Wüste 'vy:stə
Wüstegarten 'vy:stəgartn̩
Wüstegiersdorf vy:stə'gi:ɐ̯sdɔrf
wüsten 'vy:stn̩
Wüstenei vy:stə'nai̯
Wüstenfeld 'vy:stn̩fɛlt
Wüstenfelde vy:stn̩'fɛldə
Wüstenrot 'vy:stn̩ro:t
Wüstensachsen vy:stn̩'zaksn̩
Wüstenselbitz vy:stn̩'zɛlbɪt͜s
Wüstenstein 'vy:stn̩ʃtai̯n
Wüsten-Vahrnow vy:stn̩'va:ɐ̯no
Wusterhausen vʊstɐ'hau̯zn̩, '– – – –
Wustermark 'vʊstɐmark
Wüstemarke 'vy:stɐmarkə, 'vʏs...
Wusterwitz 'vu:stɐvɪt͜s, 'vʊs...
Wüstheuterode vy:sthɔytə'ro:də
Wüstling 'vy:stlɪŋ
Wustmann 'vu:stman
Wüstmark 'vy:stmark
Wustrow 'vʊstro
Wüstung 'vy:stʊŋ
Wustweiler 'vʊstvai̯lɐ
Wut[ach] 'vu:t[ax]
wüten 'vy:tn̩
Wüterich 'vy:tərɪç
Wutha 'vu:ta
Wuthenow 'vu:təno
Wuthering Heights *engl.* 'wʌðərɪŋ 'haɪts
wütig 'vy:tɪç, **-e** ...ɪgə
Wutike 'vu:tɪkə
wutsch! vʊt͜ʃ
Wutschang 'vu:t͜ʃaŋ
wutschen 'vʊt͜ʃn̩
Wutschou 'vu:t͜ʃau̯
Wutzchen 'vʊt͜sçən
Wutzkow 'vʊt͜sko
Wutzlhofen vʊt͜sl̩'ho:fn̩
Wuustwęzel *niederl.* wy:st'we:zəl
wuzeln 'vu:t͜sl̩n
Wwedenski, Vvedenskij *russ.* vvɪ'djɛnskij
Wyandot 'vai̯əndɔt
Wyandotte vai̯ən'dɔt[ə], *engl.* 'waɪəndɔt; **-n** ...tn̩
Wyant *engl.* 'waɪənt
Wyat[t] *engl.* 'waɪət
Wyatville *engl.* 'waɪətvɪl
Wybicki *poln.* vɨ'bitski
Wyborg, Vyborg 'vi:bɔrk, *russ.* 'vɨbɐrk
Wycherley *engl.* 'wɪtʃəlɪ
Wychuchol 'vʏxʊxɔl
Wyclif *engl.* 'wɪklɪf
Wycombe *engl.* 'wɪkəm
Wyczółkowski *poln.* vɨtʃuu̯'kɔfski
Wydeville *engl.* 'wɪdvɪl
Wydyz 'vi:dɪt͜s
Wye *engl.* waɪ
Wyeth *engl.* 'waɪɪθ
Wyhl[en] 'vi:l[n̩]
Wyk vi:k, *niederl.* wɛi̯k
Wykeham *engl.* 'wɪkəm
Wyld[e] *engl.* waɪld
Wyle 'vi:lə
Wyler 'vi:lɐ, *engl.* 'waɪlə
Wyl[l]ie *engl.* 'waɪlɪ
Wym, Vym' *russ.* vɨmj
Wyman *engl* 'waɪmən
Wymondham *engl.* 'wɪməndəm
Wynants *niederl.* 'wɛi̯nɑnts
Wynau 'vi:nau̯
Wyndham *engl.* 'wɪndəm
Wyneken 'vʏnəkn̩
Wynigen 'vi:nɪgn̩
Wynkyn *engl.* 'wɪŋkɪn
Wynn[e] *engl.* wɪn
Wynrich 'vi:nrɪç
Wyntoun *engl.* wɪntn
Wyoming vai̯'o:mɪŋ, *engl.* waɪ'oʊmɪŋ
Wyon *engl.* 'waɪən
Wyrsch vɪrʃ
Wyrzysk *poln.* 'vɨʒɨsk
Wyscha, Vyša *russ.* 'vɨʃɐ
Wyschgorod, Vyšgorod *russ.* 'vɨʒgɐrɐt
Wyschinski, Vyšinskij *russ.* vɨ'ʃinskij
Wyschni Wolotschok, Vyšnij Voločok *russ.* 'vɨʃnij vɐla'tʃɔk
Wyse *engl.* waɪz
Wyśmierzyce *poln.* vɨɕmjɛ'ʒɨtsɛ
Wysocki *poln.* vɨ'sɔtski
Wysoka *poln.* vɨ'sɔka
Wysokie Mazowieckie *poln.* vɨ'sɔkjɛ mazɔ'vjɛtskjɛ
Wyspiański *poln.* vɨs'pjai̯ski
Wyß vi:s
Wyssling 'vɪslɪŋ
Wyssokaja, Vysokaja *russ.* vɨ'sɔkɐjɐ
Wyssokoje, Vysokoe *russ.* vɨ'sɔkɐjɐ
Wyssokowsk, Vysokovsk *russ.* vɨ'sɔkɐfsk
Wyssozk, Vysock *russ.* vɨ'sɔtsk
Wyszków *poln.* 'vɨʃkuf
Wyszogród *poln.* vɨ'ʃɔgrut
Wyszyński *poln.* vɨ'ʃɨi̯ski
Wythe[ville] *engl.* 'wɪθ[vɪl]
Wytschegda, Vyčegda *russ.* 'vɨtʃɪgdɐ
Wyttenbach 'vɪtn̩bax
Wyxa, Vyksa *russ.* 'vɨksɐ

X

x, X ɪks, *engl.* ɛks, *fr.* iks
χ, X çi:
ξ, Ξ ksi:
Xaltocán *span.* xalto'kan
Xander 'ksandɐ
Xanten 'ksantn̩
Xanthalin ksanta'li:n
Xanthat ksan'ta:t
Xanthe 'ksantə, *B* ...te; *neugr.* 'ksanθi
Xanthelasma ksante'lasma, **-ta** ...ta
Xanthen ksan'te:n
Xanthi *neugr.* 'ksanθi
Xanthin ksan'ti:n
Xanthinurie ksantinu'ri:
[1]**Xanthippe** (zänkisches Weib) ksan'tɪpə
[2]**Xanthippe** (Name) ksan'tɪpə, *B* ...pe
xanthochrom ksanto'kro:m
Xanthochromie ksantokro'mi:
xanthoderm ksanto'dɛrm
Xanthodermie ksantodɛr'mi:
Xanthogen... ksanto'ge:n...
Xanthogenat ksantoge'na:t
Xanthom ksan'to:m
Xanthomatose ksantoma'to:zə
Xanthophyll ksanto'fʏl
Xanthophyllit ksantofʏ'li:t, *auch:* ...lɪt
Xanthopsie ksantɔ'psi:
Xanthorrhoea ksantɔ'rø:a
Xanthos 'ksantɔs
Xanthoxylum ksan'tɔksylʊm
Xátiva *span.* 'xatiβa
Xaver 'ksa:vɐ
Xaveria ksa've:ri̯a
Xaverius ksa've:ri̯ʊs
Xavier *span.* xa'βi̯ɛr, *port.* ʃɐ'vi̯ɛr, *bras.* ʃa'vi̯ɛr
X-Beine 'ɪksbai̯nə
x-beliebig ɪksbə'li:bɪç, '– –'– –
Xenakis *neugr.* ksɛ'nakis
Xenia 'kse:ni̯a, *engl.* 'zi:njə
Xenie 'kse:ni̯ə
Xenija, Ksenija *russ.* 'ksjenijɐ

Xẹnion 'kseːni̯ɔn, **...ien** ...i̯ən
Xẹnios 'kseːni̯ɔs
xenoblạstisch kseno'blastɪʃ
Xenodọchium kseno'dɔxi̯ʊm, **...ien** ...i̯ən
Xenogami̲e ksenoga'miː
Xenoglossi̲e ksenoglɔ'siː
Xenọkrates kse'noːkratɛs
Xenokrati̲e ksenokra'tiː, **-n** ...iːen
Xenolith kseno'liːt, *auch:* ...lɪt
Xenologi̲e ksenolo'giː
xenomọrph kseno'mɔrf
Xẹnon 'kseːnɔn
Xenọphanes kse'noːfanɛs
xenophi̲l kseno'fiːl
Xenophili̲e ksenofi'liː
xenophọb kseno'foːp, **-e** ...oːbə
Xenophobi̲e ksenofo'biː
Xẹnophon 'kseːnofɔn
xenophọntisch, X... kseno'fɔntɪʃ
Xenọpulos *neugr.* ksɛ'nɔpulɔs
Xenoti̲m kseno'tiːm
Xerạnthemum kse'rantemʊm, **...men** ...'teːmən
Xẹres 'çeːrɛs
Xérez *span.* 'xerɛθ
Xerodẹrma ksero'dɛrma, **-ta** ...ta
Xerodermi̲e kserodɛr'miː
Xerographi̲e kserogra'fiː, **-n** ...iːən
Xerokopi̲e kseroko'piː, **-n** ...iːən
xerokopi̲eren kseroko'piːrən
xeromọrph ksero'mɔrf
xerophi̲l ksero'fiːl
Xerophili̲e kserofi'liː
Xerophthalmi̲e kserɔftal'miː, **-n** ...iːən
Xerophthạlmus kserɔf'talmʊs
Xerophy̲t ksero'fyːt
Xero̲se kse'roːzə
Xerostomi̲e kserosto'miː, **-n** ...iːən
xerothẹrm ksero'tɛrm
xero̲tisch kse'roːtɪʃ
Xẹrxes 'ksɛrksɛs
x-fach 'ɪksfax
Xi̲ ksiː
Xime̲nes *span.* xi'menes
Ximénez *span.* xi'menɛθ
Xingu̲ *bras.* ʃiŋ'gu
Xisu̲thros ksi'zuːtrɔs
x-mal 'ɪksmaːl
Xo̲anon 'ksoːanɔn, **Xo̲ana** ...ana
Xochicạlco *span.* xotʃi'kalko
Xochimi̲lco *span.* xotʃi'milko, so...
Xo̲sa 'koːza, *engl.* 'kɔːsə
x-te 'ɪkstə
Xyla̲n ksy'laːn
Xyle̲m ksy'leːm
Xyleno̲l ksyle'noːl
Xylidi̲n ksyli'diːn
Xyli̲t ksy'liːt, *auch:* ...lɪt
Xylogra̲ph ksylo'graːf
Xylographi̲e ksylogra'fiː, **-n** ...iːən
Xylo̲l ksy'loːl
Xyloli̲th Ⓦ ksylo'liːt, ...lɪt
Xylome̲ter ksylo'meːtɐ
Xylopho̲n ksylo'foːn
Xylọrganum ksy'lɔrganʊm
Xỵstos 'ksʏstɔs
Xỵstus 'ksʏstʊs, **...ti** ...ti

Y

y *span.* i
y, Y 'ʏpsilɔn, *engl.* waɪ, *fr.* i'grɛk
υ, Y 'ʏpsilɔn
y-Achse 'ʏpsilɔn|aksə
Ya̲ *span.* ja
Yaci̲ne *fr.* ja'sin
Yadkin *engl.* 'jædkɪn
Ya̲giantenne 'jaːgi|antɛnə
Ya̲k jak
Ya̲ki 'jaːki
Yakima *engl.* 'jækɪmɔː
Yale *engl.* jeɪl
Yamaga̲ta jama'gaːta
Yamashi̲ta jama'ʃiːta
Ya̲men 'jaːmɛn
Yameogo̲ *fr.* jameɔ'go
Yampa *engl.* 'jæmpə
Yạmswurzel 'jamsvʊrtsl̩
Yanaon *fr.* jana'õ
Yancey *engl.* 'jænsɪ
Yạng jaŋ
Yani̲cki ja'nɪtski
Yank *engl.* jæŋk
Yankee 'jɛŋki, *engl.* 'jæŋkɪ
Yankeedoodle *engl.* 'jæŋkɪduːdl
Yankeetum 'jɛŋkituːm
Yankton *engl.* 'jæŋktən
Yaoundé *fr.* jaun'de
Ya̲p jap; *engl.* jɑːp, jæp
Ya̲qui *span.* 'jaki
Ya̲rd jaːɐ̯t
Yare *engl.* jɛə
Ya̲rmouth *engl.* 'jɑːməθ
Yarrell *engl.* 'jærəl
Yarrow *engl.* 'jæroʊ
Yaşar *türk.* jɑ'ʃɑr
Yate[s] *engl.* jeɪt[s]
Yathkyed *engl.* jæθ'kiːˈɛd
Yavarí *span.* jaβa'ri
Yawl joːl, *engl.* jɔːl
Yazi̲d *fr.* ja'zid
Yazoo *engl.* 'jæzuː
Ybbs ɪps
Yeadon *engl.* jeɪdn
Yeamans *engl.* 'jiːmənz
Yeardley *engl.* 'jɑːdlɪ
Yeat[e]s *engl.* jeɪts
Yébenes *span.* 'jeßenes
Yẹcla *span.* 'jekla
Yedio̲t Acharono̲th je'di̯oːt axaro'noːt
Yẹguas *span.* 'jeɣu̯as
Yehoodi *engl.* jɛ'huːdɪ
Yehu̲di je'huːdi
Yẹll[owknife] *engl.* 'jɛl[oʊnaɪf]
Yẹllowplush *engl.* 'jɛloʊplʌʃ
Yẹllowstone *engl.* 'jɛloʊstoʊn
Yẹn jɛn
Yeni̲ Gün *türk.* jɛ'ni 'gyn
Yeni̲sabah *türk.* jɛ'nisɑˌbɑh
Yeoman 'joːmən, **...men** ...mən
Yeomanry 'joːmənri
Yeovil *engl.* 'joʊvɪl
Yẹrba 'jɛrba
Yerba Buena *engl.* 'jəːbə 'bweɪnə
Yerkes *engl.* 'jəːkiːz
Yẹrres *fr.* jɛːr
Yerseke *niederl.* 'ɪːrsəkə
Yersin *fr.* jɛr'sɛ̃
Yeşi̲lırmak *türk.* jɛ'ʃilɨrˌmɑk
Yeşi̲lköy *türk.* jɛ'ʃilˌkœi̯
Yẹste *span.* 'jeste
Ye̲ti 'jeːti
Y̲ggdrasil 'ʏkdrazɪl
Yiewsley *engl.* 'juːzlɪ
Yıldız *türk.* 'jɨldɨz
Yi̲n jɪn
Y̲likitka *finn.* 'ylikitkɑ
Y. M. C. A., YMCA 'waɪɛmsiː'eɪ
Y̲mir 'yːmɪr
Y̲ngve *schwed.* ˌyŋvə
Yoakum *engl.* 'joʊkəm
Yo̲ga 'joːga
Yo̲ghurt 'joːgʊrt
Yo̲gi 'joːgi
Yo̲gin 'joːgɪn
Yohimbi̲n johɪm'biːn
Yọhn *engl.* jɔn
Yokọ *fr.* jɔ'ko
Yokoha̲ma joko'haːma
Yo̲la 'joːla
Yolạnthe jo'lantə
Yọldia 'jɔldi̯a
Yo̲ma 'joːma
Yo̲mud 'joːmʊt
Yonge *engl.* jʌŋ
Yo̲ni 'joːni
Yọnkers *engl.* 'jɔŋkəz
Yọnne *fr.* jɔn
Yọrck jɔrk
Yorick *engl.* 'jɔrɪk, *it.* 'i̯ɔːrik
Yọrk jɔrk, *engl.* jɔːk
Yọrke *engl.* jɔːk
Yọrkshire *engl.* 'jɔːkʃə
Yọrkto[w]n *engl.* 'jɔːktən
Yo̲ro *span.* 'joro
Yosẹmite *engl.* joʊ'sɛmɪtɪ
Youghal *engl.* jɔːl
Youghiogheny *engl.* jɔkə'geɪnɪ
Youlou *fr.* ju'lu
Youmans *engl.* 'juːmənz
Young [Bo̲ys] *engl.* 'jʌŋ ['bɔɪz]
Young Fẹllows *engl.* 'jʌŋ 'fɛloʊz
Younghusband *engl.* 'jʌŋhʌzbənd

Young Men's Christian Association 'jʌŋ 'mɛnz 'krɪstjən əsoʊsɪ'eɪʃən
Youngster *engl.* 'jʌŋstə
Youngstown *engl.* 'jʌŋztaʊn
Young Women's Christian Association 'jʌŋ 'wɪmɪnz 'krɪstjən əsoʊsɪ'eɪʃən
Yount *engl.* jʌnt
Yourcenar *fr.* jursə'na:r
Yousouf *fr.* ju'zuf
Yo-Yo jo'jo:
Yozgat *türk.* 'jɔzgɑt
Ypenburg *niederl.* 'i:pənbʏrx
Yperen *niederl.* 'i:pərə
Ypern 'y:pɐn, 'i:p..., 'aip...
Ypres *fr.* ipr
Ypselantes *neugr.* ipsi'landis
Ypsilanti ɪpsi'lanti, *engl.* ɪpsɪ'læntɪ
Ypsilon 'ʏpsilɔn
Yrjö *finn.* 'yrjœ
Ysat y'za:t
Ysaye *fr.* iza'i
Yselin 'i:zəli:n
Ysenburg 'i:zn̩bʊrk
Yser *fr.* i'zɛ:r
Ysop 'i:zɔp
Yssel *niederl.* 'ɛisəl
Ysselmeer *niederl.* ɛisəl'me:r
Yssingeaux *fr.* isɛ̃'ʒo
Ystad *schwed.* 'y:stɑ:d
y-te 'ʏpsilɔntə
Ytterbium ʏ'tɛrbi̯ʊm
Yttererden 'ʏtɐ|e:ɐ̯dn̩
Ytterhogdal *schwed.* ˌytərhu:gdɑ:l
Ytong Ⓦᶻ 'y:tɔŋ
Yttrium 'ʏtriʊm
Yttrofluorit ʏtrofluo'ri:t, *auch:* ...rɪt
Yuan 'ju:an
Yuba City *engl.* 'ju:bə 'sɪtɪ
Yucatán *span.* juka'tan
[1]**Yucca** (Pflanze) 'jʊka
[1]**Yucca** (Name) *engl.* 'jʌkə
Yukatan 'ju:katan
Yukawa ju'ka:va
Yukon *engl.* 'ju:kɔn
Yule *engl.* ju:l
Yuma *engl.* 'ju:mə
Yürük jy'rʏk
Yuscarán *span.* juska'ran
Yust *engl.* ju:st
Yuste *span.* 'juste
Yvelinnes *fr.* i'vlin
Yverdon *fr.* ivɛr'dõ
Yves *fr.* i:v
Yvetot *fr.* iv'to
Yvette *fr.* i'vɛt
Yvon *fr.* i'võ
Yvonne *fr.* i'vɔn
Yvré *fr.* i'vre
YWCA *engl.* 'waɪdʌblju:si:'eɪ
Yzeure *fr.* i'zœ:r

Z

z, Z tsɛt, *engl.*, *fr.* zɛd
ζ, Z 'tse:ta
Zaamslag *niederl.* 'za:mslɑx
Zaan *niederl.* za:n
Zaandam *niederl.* za:n'dɑm
Zaandijk *niederl.* 'za:ndɛi̯k
Zaandvoort *niederl.* 'za:ntfo:rt
Zaanstreek *niederl.* 'za:nstre:k
Zaatzke 'tsa:tskə
Zăbala *rumän.* zə'bala
Zabaleta *span.* θaβa'leta
Zabel[titz] 'tsa:bl̩[tɪts]
Zaberfeld 'tsa:bɐfɛlt
Zabergäu 'tsa:bɐgɔy
Zabern[er] 'tsa:bɐn[ɐ]
Ząbkowice *poln.* zɔmpkɔ'vitsɛ
Zabłocki *poln.* za'bu̯ɔtski
Zabłudów *poln.* za'bu̯uduf
Żabno *poln.* 'ʒabnɔ
Zabrat vgl. Sabrat
Zábřeh *tschech.* 'za:brʒɛx
Zabrze *poln.* 'zabʒɛ
Zacapa *span.* θa'kapa
Zacatecas *span.* θaka'tekas
Zacatecoluca *span.* θakateko'luka
Zaccagni *it.* dzak'kaɲɲi
Zaccagnini *it.* dzakkaɲ'ɲi:ni
Zaccaria *it.* dzakka'ri:a
Zacchi *it.* 'dzakki
Zacconi *it.* dzak'ko:ni
Zach tsax
Zachan tsa'xa:n
Zachariades *neugr.* zaxa'rjaðis
Zachariae tsaxa'ri:ɛ
Zachariah *engl.* zækə'raɪə
Zacharias tsaxa'ri:as
Zacharin tsaxa'ri:n
Zachary *engl.* 'zækərɪ
Zachäus tsa'xɛ:ʊs
Zacher 'tsaxɐ
Zachow 'tsaxo
Zachun tsa'xu:n
zack! tsak
Zäckchen 'tsɛkçən
Zacke 'tsakə
zacken, Z... 'tsakn̩
zackig 'tsakɪç, **-e** ...ɪgə
Zadar *serbokr.* 'zadar
Zaddik 'tsadɪk, **-im** tsadi'ki:m
Zadek 'zadɛk
Zadok tsa'do:k, *engl.* 'zeɪdɔk
Zadonsk vgl. Sadonsk
Zádorfalva *ung.* 'za:dorfɔlvɔ
Zadorra *span.* θa'ðorra
Zafra *span.* 'θafra
zag tsa:k, **-e** 'tsa:gə
Żagań *poln.* 'ʒagai̯n
Zagel 'tsa:gl̩
zagen 'tsa:gn̩, **zag!** tsa:k, **zagt** tsa:kt
zaghaft 'tsa:khaft
Zaghouan *fr.* za'gwã
Zagori *alban.* zago'ri
Zagorien za'go:ri̯ən
Zagorje *serbokr.* ˌzagɔ:rjɛ
Zagórów *poln.* za'guruf
Zagorsk vgl. Sagorsk
Zagórski *poln.* za'gurski
Zagoskin vgl. Sagoskin
Zagreb 'za:grɛp, *serbokr.* ˌza:grɛb
Zagreus tsa'grɔys
Žagubica *serbokr.* ˌʒagubitsa
Zagweri, Cagveri *russ.* tsag'vjeri
Zagyva *ung.* 'zɔdjvɔ
Zagyvaszántó *ung.* 'zɔdjvɔsa:nto:
zäh tsɛ:, **-e** 'tsɛ:ə
Zahhar vgl. Šachar
Zahar'evič vgl. Sacharjewitsch
Zahar'evna vgl. Sacharjewna
Zahariev vgl. Sachariew
Zaharij vgl. Sachari
Zaharija vgl. Sacharija
Zaharoff *engl.* zə'hɑ:rɔ:f
Zaharov vgl. Sacharow
Zäheit 'tsɛ:hai̯t
Zähigkeit 'tsɛ:ɪçkai̯t
Zahirit zahi'ri:t
Zahl tsa:l
zahlen 'tsa:lən
zählen 'tsɛ:lən
zahm tsa:m
zähmen 'tsɛ:mən
Zahn tsa:n, **Zähne** 'tsɛ:nə
Zahna 'tsa:na
Zähnchen 'tsɛ:nçən
zahnen 'tsa:nən
zähnen 'tsɛ:nən
zahnig 'tsa:nɪç, **-e** ...ɪgə
Zahnlücker 'tsa:nlʏkɐ
zahnlückig 'tsa:nlʏkɪç, **-e** ...ɪgə
Záhony *ung.* 'za:honj
Zähre 'tsɛ:rə
Zähringen 'tsɛ:rɪŋən
Zähringer 'tsɛ:rɪŋɐ
Zährte 'tsɛ:ɐ̯tə
Zahrtmann *dän.* 'sartman'
Zaidit zai'di:t
Zain[er] 'tsaɪn[ɐ]
Zainhammer 'tsai̯nhamɐ
Zainingen 'tsai̯nɪŋən
Zaire za'i:ɐ̯, *port.* 'zai̯rə
Zaïre *fr.* za'i:r
Zairer za'i:rɐ
zairisch za'i:rɪʃ
Zaisenhausen tsai̯zn̩'hau̯zn̩
Zaisser 'tsai̯sɐ
Zaitz tsai̯ts
Zaizendorf 'tsai̯tsn̩dɔrf
Zajarsk vgl. Sajarsk
Zajcev vgl. Saizew
Zaječar *serbokr.* 'zajɛtʃa:r
Zaječice *tschech.* 'zajɛtʃitsɛ
Zajsan vgl. Saissan
Zak vgl. Sak
Zákány[szék] *ung.* 'za:ka:nj[se:k]

Zaka̱t za'ka:t
Zạko-Çajụpi *alban.* 'zako'tʃajupi
Zákolany *tschech.* 'za:kɔlani
Zakopạne *poln.* zakɔ'panɛ
Zakrọczym *poln.* za'krɔtʃɨm
Zä̱kum 't͜sɛ:kʊm
Zakỵnthos t͜sa'kʏntɔs, *neugr.* 'zakinθɔs
Zala[apáti] *ung.* 'zɔlɔ[ɔpa:ti]
Zalabér *ung.* 'zɔlɔbe:r
Zalaegerszeg *ung.* 'zɔlɔɛgɛrsɛg
Zalahaláp *ung.* 'zɔlɔhɔla:p
Zalaidombság *ung.* 'zɔlɔidompʃa:g
Zalakoppány *ung.* 'zɔlɔkoppa:nj
Zalalövő *ung.* 'zɔlɔløvø:
Zalame̱a sala'me:a, *span.* θala'mea
Zalaszentgrót *ung.* 'zɔlɔsɛndgro:t
Zalaszentgyörgy *ung.* 'zɔlɔsɛndjørdj
Zalaszenti[st]ván *ung.* 'zɔlɔsɛnti[ʃt]va:n
Zalău *rumän.* za'ləu̯
Zalavár *ung.* 'zɔlɔva:r
Zaleščiki vgl. Saleschtschiki
Zalẹski *poln.* za'lɛski
Zaleukos t͜sa'lɔy̯kɔs 't͜sa:lɔy̯kɔs
Zalẹwo *poln.* za'lɛvɔ
Zalịnski *engl.* zə'lɪnskɪ
Zạllinger 't͜salɪŋɐ
Zaltbọmmel *niederl.* zɑld'bɔməl
Załụski *poln.* za'u̯uski
Záluží *tschech.* 'za:luʒi:
Zalygin vgl. Salygin
Za̱ma 't͜sa:ma
Zamacọis *span.* θama'kɔi̯s
Za̱mak Ⓦ 't͜sa:mak
Zạmba 'samba, *auch:* 't͜samba
Žạmberk *tschech.* 'ʒambɛrk
Zambezi *engl.* zæm'bi:zɪ
Zambia *engl.* 'zæmbɪə
Zạmblak, Camblak *bulgar.* 'tsamblak
Zạmbo 'sambo, *auch:* 't͜sambo, *span.* 'θambo
Zamboạnga *span.* θambo'aŋga
Zambrạno *span.* θam'brano
Zạmbrów *poln.* 'zambruf
Zambrọwski *poln.* zam'brɔfski
Zạmenhof *poln.* 'zamɛnxɔf
Zamfirẹscu *rumän.* zamfi'resku
Za̱mia 't͜sa:mi̯a, **...ien** ...i̯ən
Zamiẹrcie *poln.* za'mjɛrtɕɛ
Zamjạtin vgl. Samjatin
Zamọjski *poln.* za'mɔjski
Zámoly *ung.* 'za:moj
Zamọra *span.* θa'mora
Zạmość *poln.* 'zamɔɕtɕ
Zạmpa *it.* 'tsampa
Zampiẹri *it.* dzam'pi̯ɛ:ri
Zanardẹlli *it.* dzanar'dɛlli
Zạnchi *it.* 'tsaŋki, 'dz...
Zạndberg *niederl.* 'zɑndbɛrx
[1]**Zạnder** (Fisch) 't͜sandɐ
[2]**Zạnder** (Name) *schwed.* 'sandər
Zandona̱i *it.* dzando'na:i
Žạndov *tschech.* 'ʒandɔf
Zạndt t͜sant, *niederl.* zɑnt
Zạndvliet *niederl.* 'zɑntfli:t
Zạndvoort *niederl.* 'zɑntfo:rt
Zane *engl.* zeɪn
[1]**Zanẹlla** (Stoff) t͜sa'nɛla
[2]**Zanẹlla** (Name) *it.* dza'nɛlla
Zanesville *engl.* 'zeɪnzvɪl
Zạng[e] 't͜saŋ[ə]
Zạngel 't͜saŋl̩
Zạ̈ngelchen 't͜sɛŋl̩çən
Zạngger 't͜saŋɐ
Zangwill *engl.* 'zæŋgwɪl
Zạnk t͜saŋk
zạnken 't͜saŋkn̩
Zạ̈nker 't͜sɛŋkɐ
Zankere̱i t͜saŋkə'rai̯
Zänkere̱i t͜sɛŋkə'rai̯
zạ̈nkisch 't͜sɛŋkɪʃ
Zạnkle 't͜saŋklə, *B* ...le
Zänogene̱se t͜sɛnoge'ne:zə
Zänoge̱nesis t͜sɛno'ge:nezɪs, *auch:* ...gɛn...; **...ne̱sen** ...ge'ne:zn̩
zänogene̱tisch t͜sɛnoge'ne:tɪʃ
Zanọtti *it.* dza'nɔtti
Za̱now 't͜sa:no
Zänozo̱ikum t͜sɛno't͜so:ɪkʊm
zänozo̱isch t͜sɛno't͜so:ɪʃ
Zạnte *it.* 'dzante
Zantedẹschi *it.* dzante'deski
Zantedẹschia t͜sante'dɛski̯a, **...ien** ...i̯ən
Zạntoch 't͜santɔx
Zanuck *engl.* 'zænək
Zạnzalos 't͜santsalɔs
Zanziba̱r *engl.* zænzɪ'bɑ:
Zaozernyj vgl. Saosjorny
Zapadnaja Dvịna vgl. Sapadnaja Dwina
Západné Bẹskydy *slowak.* 'za:padnɛ: 'bɛskidi
Zapạta *span.* θa'pata
Zapatea̱do sapate'a:do, *auch:* t͜sa...
Zapatón *span.* θapa'tɔn
Zạpf t͜sapf
Zạ̈pfchen 't͜sɛpfçən
zạpfen, Z... 't͜sapfn̩
Zapọlska *poln.* za'pɔlska
Zápolya *ung.* 'za:pojɔ
zaponie̱ren t͜sapo'ni:rən
Zapo̱nlack t͜sa'po:nlak
Zaporož'e vgl. Saporoschje
Zapotẹca *span.* θapo'teka
Zapote̱ke t͜sapo'te:kə, sa...
Zápotocký *tschech.* 'za:pɔtɔtski:
Zạpp[e]ler 't͜sap[ə]lɐ
zạpp[e]lig 't͜sap[ə]lɪç, -e ...ɪgə
zạppeln 't͜sapl̩n
Za̱r t͜sa:ɐ̯
Za̱ra *it.* 'dza:ra
Zaragọza sara'gosa, *span.* θara'ɣoθa
Zaragüẹta *span.* θara'ɣu̯eta
Za̱rah 't͜sa:ra
Zarạjsk vgl. Saraisk
Zarạpkin, Carạpkin *russ.* tsa'rapkin
Zárate *span.* 'θarate
Zarathụstra t͜sara'tʊstra
Zarạuz *span.* θa'rau̯θ
Zaravẹcchia *it.* dzara'vɛkki̯a
Zạrboch 't͜sarbɔx
Zarcịllo *span.* θar'θiʎo
Zarẹmba *poln.* za'rɛmba
Za̱res 't͜sa:rɛs
Zarev vgl. Sarew
Zare̱witsch t͜sa're:vɪtʃ
Zarẹwna t͜sa'rɛvna
Zạrge 't͜sargə
Za̱rin 't͜sa:rɪn
Zarịsmus t͜sa'rɪsmʊs
zarịstisch t͜sa'rɪstɪʃ
Zarịza t͜sa'rɪtsa
Zarịzyn, Carịcyn *russ.* tsa'ritsɨn
Żạrki *poln.* 'ʒarki
Zarli̱no *it.* dzar'li:no
Zạrncke 't͜sarnkə
Zărnẹşti *rumän.* zər'neʃtj
Žarov vgl. Scharow
Za̱row 't͜sa:ro
Żạrów *poln.* 'ʒaruf
Zarrenti̱n t͜sarən'ti:n
Zạrskoje Selọ, Carskoe – *russ.* 'tsarskəjə sɪ'lɔ
za̱rt t͜sa:ɐ̯t
[1]**Zạ̈rte** (Fisch) 't͜sɛrtə
[2]**Zä̱rte** (Zartheit) 't͜sɛ:ɐ̯tə
Zärtele̱i t͜sɛ:ɐ̯tə'lai̯
zä̱rteln 't͜sɛ:ɐ̯tl̩n
Za̱rten 't͜sa:ɐ̯tn̩
zä̱rtlich 't͜sɛ:ɐ̯tlɪç
Zarubin vgl. Sarubin
Zarubino vgl. Sarubino
Zarụma *span.* θa'ruma
Żạry *poln.* 'ʒarɨ
Zarzue̱la sar'su̯e:la, *span.* θar'θu̯ela
Zạschwitz 't͜saʃvɪt͜s
Za̱sel 't͜sa:zl̩
Za̱ser 't͜sa:zɐ
Zasiẹki *poln.* za'ɕɛki
Zä̱sium 't͜sɛ:zi̯ʊm
Za̱sius 't͜sa:zi̯ʊs
Zaslavl' vgl. Saslawl
Zạspel 't͜saspl̩
Zastavna vgl. Sastawna
Zạster 't͜sastɐ
Zạstrow 't͜sastro
Zasulič vgl. Sassulitsch
Zäsu̱r t͜sɛ'zu:ɐ̯
Žạtec *tschech.* 'ʒatɛts
Zátopek *tschech.* 'za:tɔpɛk
Zạtor *poln.* 'zatɔr
za̱tschen 't͜sa:tʃn̩
zä̱tschen 't͜sɛ:tʃn̩
Zạtteltracht 't͜satl̩traxt
Zạtzikhoven 't͜sat͜sɪkho:fn̩
Za̱u̱ber 't͜sau̯bɐ
Zaubere̱i t͜sau̯bə'rai̯

Zaub[e]rer 'tsaub[ə]rɐ
zauberisch 'tsaubərɪʃ
zaubern 'tsaubɐn, **zaubre** ...brə
Zauch[e] 'tsaux[ə]
Zauchtel, ...tl 'tsauxtl̩
Zauchwitz 'tsauxvɪts
Zauderei tsaudə'rai
Zaud[e]rer 'tsaud[ə]rɐ
zaudern 'tsaudɐn, **zaudre** ...drə
Zaum tsaum, **Zäume** 'tsɔymə
Zäumchen 'tsɔymçən
zäumen 'tsɔymən
Zaun tsaun, **Zäune** 'tsɔynə
Zäunchen 'tsɔynçən
zäunen 'tsɔynən
Zauner 'tsaunɐ
Zaupser 'tsaupsɐ
zausen 'tsauzn̩, **zaus!** tsaus, **zaust** tsaust
Zaußwitz 'tsausvɪts
Zavališin vgl. Savalischin
Zavelstein 'tsa:fl̩ʃtain
Zavidovići *serbokr.* ˌzavidɔvitɕi
Zavřel *tschech.* 'zavrʒɛl
Zawądzki *poln.* za'vatski
Zawichost *poln.* za'vixɔst
Zawidów *poln.* za'viduf
Zawiercie *poln.* za'vjɛrtɕɛ
Zay *fr.* zɛ
Zäzilia tsɛ'tsi:li̯a
Zäzilie tsɛ'tsi:li̯ə
Zazou *fr.* za'zu
Zbaraž vgl. Sbarasch
Zbąszyń *poln.* 'zbɔ̃ʃɨ̃n
Zbąszynek *poln.* zbɔ̃'ʃɨnɛk
Zbigniew *poln.* 'zbiɡnjɛf
Zbiroh *tschech.* 'zbirɔx
Zborov vgl. Sborow
Zborovice *tschech.* 'zbɔrɔvitsɛ
Zborowski tsbo'rɔfski
Zbraslav *tschech.* 'zbraslaf
Zbraslavice *tschech.* 'zbraslavitsɛ
Zbruč vgl. Sbrutsch
Zbůch *tschech.* zbu:x
Zbylitowski *poln.* zbɨli'tɔfski
Zbýšov *tschech.* 'zbi:ʃɔf
Zchaltubo, Chaltubo *russ.* tsxal'tubɐ
Zchenis-Zkali, Chenis-Ckali *russ.* 'tsxjenis'tskali
Ždánice *tschech.* 'ʒda:njitsɛ
Ždanov vgl. Schdanow
Ždanovsk vgl. Schdanowsk
Žďár *tschech.* ʒdja:r
Zdarsky 'tsdarski
Zdeněk *tschech.* 'zdɛnjɛk
Zdenka 'sdɛŋka
Zdeňka *tschech.* 'zdɛnjka
Zdenko 'sdɛŋko
Zdice *tschech.* 'zdjitsɛ
Ždírec *tschech.* 'ʒdji:rɛts
Zdolbunov vgl. Sdolbunow
Zduńska Wola *poln.* 'zdui̯ska 'vɔla
Zduny *poln.* 'zdunɨ
[1]**Zea** (Mais) 'tse:a
[2]**Zea** (Name) *span.* 'θea
Zeaxanthin tseaksan'ti:n
Zebaoth 'tse:baɔt
Zebedäus tsebe'dɛ:ʊs
Zeben 'tse:bn̩
Zebra 'tse:bra
Žebrák *tschech.* 'ʒɛbra:k
Zebrano tse'bra:no
Zebrina tse'bri:na
Zebroid tsebro'i:t, **-e** ...i:də
Zebu 'tse:bu
Zecchi *it.* 'tsekki, 'dz...
Zech[e] 'tsɛç[ə]
zechen 'tsɛçn̩
Zecher 'tsɛçɐ
Zecherei tsɛçə'rai
Zechin[e] tsɛ'çi:n[ə]
Zechlin tsɛç'li:n
Zechow 'tsɛço
Zeck[e] 'tsɛk[ə]
zecken 'tsɛkn̩
Zeddam *niederl.* zɛ'dɑm
Zédé *fr.* ze'de
Zedekia tsede'ki:a
Zedent tse'dɛnt
Zeder 'tse:dɐ
zedieren tse'di:rən
Zedler 'tse:dlɐ
Zedlitz 'tse:dlɪts
Zedrat tse'dra:t
Zedrelaholz tse'dre:lahɔlts
Zeebrugge *niederl.* 'ze:brʏxə
Zeeland *niederl.* 'ze:lɑnt
Zeeman *niederl.* 'ze:mɑn
Zeemaneffekt 'ze:man'ɛfɛkt
Zeerust *afr.* 'se:rœs
Zeese 'tse:zə
Zeesen 'tse:zn̩
Zeeuwsch-Vlaanderen *niederl.* ze:u̯s'fla:ndərə
Zefanja tse'fanja
Zegadłowicz *poln.* zɛɡa'du̯ɔvitʃ
Zeh tse:
Zehden 'tse:dn̩
Zehdenick 'tse:dənɪk
Zehe 'tse:ə
Zehlau 'tse:lau
Zehlendorf 'tse:ləndɔrf
zehn, Z... tse:n
zehneinhalb 'tse:n|ain'halp
Zehner 'tse:nɐ
zehnerlei 'tse:nɐ'lai
zehnfach 'tse:nfax
zehnfältig 'tse:nfɛltɪç, **-e** ...ɪɡə
Zehnfingersystem tse:n'fɪŋɐzʏste:m
Zehnjahrfeier tse:n'ja:ɐ̯faiɐ
Zehnkampf 'tse:nkampf
zehnmal 'tse:nma:l
zehnmalig 'tse:nma:lɪç, **-e** ...ɪɡə
Zehnpfennigstück tse:n'pfɛnɪçʃtʏk
zehnt, Z... tse:nt
zehntausend 'tse:n'tauznt
zehnte, Z... 'tse:ntə
zehntel, Z... 'tse:ntl̩
zehnten[s] 'tse:ntn̩[s]
zehnundeinhalb 'tse:n|ʊnt|ain'halp
zehren, Z... 'tse:rən
Zehrer 'tse:rɐ
Zeichen 'tsaiçn̩
zeichnen 'tsaiçnən
Zeiden 'tsaidn̩
zeigen 'tsaiɡn̩, **zeig!** tsaik, **zeigt** tsaikt
Zeiger 'tsaiɡɐ
zeihen 'tsaiən
Zeil[e] 'tsail[ə]
...zeilig (z. B. sechszeilig) ...tsailɪç, **-e** ...ɪɡə
Zein tse'i:n
Zeine 'tsainə
Zeischa 'tsaiʃa
Zeiselmauer tsaizl̩'mauɐ
Zeisig 'tsaizɪç, **-e** ...ɪɡə
Zeiß, Zeiss Ⓦ tsais
Zeist *niederl.* zɛi̯st
zeit, Z... tsait
Zeitblom 'tsaitblo:m
Zeitgenosse 'tsaitɡənɔsə
zeitgenössisch 'tsaitɡənœsɪʃ
zeitig 'tsaitɪç, **-e** ...ɪɡə
zeitigen 'tsaitɪɡn̩, **zeitig!** ...ɪç, **zeitigt** ...ɪçt
Zeitlarn 'tsaitlarn
zeitlebens tsait'le:bn̩s
Zeitlose 'tsaitlo:zə
Zeitschrift 'tsaitʃrɪft
Zeitung 'tsaitʊŋ
zeitweilig 'tsaitvailɪç, **-e** ...ɪɡə
Zeitz[er] 'tsaits[ɐ]
Zeja vgl. Seja
Zela 'tse:la
Zelaya *span.* θe'laja
Zele *niederl.* 'ze:lə
Zelebrant tsele'brant
Zelebration tselebra'tsi̯o:n
Zelebret 'tse:lebrɛt
zelebrieren tsele'bri:rən
Zelebrität tselebri'tɛ:t
Żelechów *poln.* ʒɛ'lɛxuf
Zelená Hora *tschech.* 'zɛlɛna: 'hɔra
Zelenčuk vgl. Selentschuk
Zelenka tse'lɛŋka, *tschech.* 'zɛlɛŋka
Zelenodolsk vgl. Selenodolsk
Zelenogorsk vgl. Selenogorsk
Zelenogradsk vgl. Selenogradsk
Żeleński *poln.* ʒɛ'lɛi̯ski
Zelenyj Mys vgl. Seljonyj Mys
Zeletin *rumän.* zele'tin
Železnaja Balka vgl. Schelesnaja Balka
Železná Ruda *tschech.* 'ʒɛlɛzna: 'ruda
Železnice *tschech.* 'ʒɛlɛznjitsɛ
Železnik *serbokr.* ˌʒɛlɛzni:k
Železnodorožnyj vgl. Schelesnodoroschny
Železný Brod *tschech.* 'ʒɛlɛzni: 'brɔt
Zelge 'tsɛlɡə
Zelhem *niederl.* 'zɛlhəm
Želiv *tschech.* 'ʒɛlif

Zẹll[a] ˈt͜sɛl[a]
Zẹlla-Me̲hlis ˈt͜sɛlaˈmeːlɪs
Zẹlle ˈt͜sɛlə
Zẹller[feld] ˈt͜sɛlɐ[fɛlt]
Zẹllerrain ˈt͜sɛlɐrain
zẹllig ˈt͜sɛlɪç, **-e** ...ɪɡə
Zẹllik *niederl.* ˈzɛlɪk
[1]**Zelli̲t** (Kunststoff) t͜sɛˈliːt, *auch:* ...lɪt
[2]**Zelli̲t** (Barmherziger Bruder) t͜sɛˈliːt
Zellobio̲se t͜sɛloˈbi̯oːzə
Zelloidi̲n... t͜sɛloiˈdiːn...
Zello̲n t͜sɛˈloːn
Zẹllstoff ˈt͜sɛlʃtɔf
zellula̲r t͜sɛluˈlaːɐ̯
Zellula̲se t͜sɛluˈlaːzə
Zelluli̲tis t͜sɛluˈliːtɪs, **...liti̲den** ...liˈtiːdn̩
Zelluloid t͜sɛluˈlɔyt, ...loˈiːt; **-es** ...ˈlɔydəs, ...loˈiːdəs
Zellulo̲se t͜sɛluˈloːzə
zelosamẹnte t͜selozaˈmɛntə
zelo̲so t͜seˈloːzo
Zelo̲t t͜seˈloːt
Zelotịsmus t͜seloˈtɪsmʊs
Zẹlów *poln.* ˈzɛluf
Zẹlt[e] ˈt͜sɛlt[ə]
zẹlten, Z... ˈt͜sɛltn̩
Zẹlter ˈt͜sɛltɐ
Zẹltingen ˈt͜sɛltɪŋən
Zẹltli ˈt͜sɛltli
Zẹltweg ˈt͜sɛltveːk
Zẹlzate *niederl.* ˈzɛlzaːtə
Zẹlzer ˈt͜sɛlt͜sɐ
Zẹman *tschech.* ˈzɛman
Žemčužnikov vgl. Schemtschuschnikow
Zemedelsko Zname vgl. Semedelsko Sname
Zemẹnt t͜seˈmɛnt
Zementatio̲n t͜sementaˈt͜si̯oːn
zementi̲eren t͜semɛnˈtiːrən
Zementi̲t t͜semɛnˈtiːt, *auch:* ...tɪt
Zemetčino vgl. Semettschino
Zẹmpelburg ˈt͜sɛmpl̩bʊrk
Zẹmplén *ung.* ˈzɛmpleːn
Zẹmplénagárd *ung.* ˈzɛmpleːnɔɡaːrd
Zẹmpliner ˈt͜sɛmpliːnɐ
Zẹmp[ow] ˈt͜sɛmp[o]
Zẹmst *niederl.* zɛmst
Zẹmun *serbokr.* ˈzɛmuːn
Zẹn zɛn, *auch:* t͜sɛn
Zena̲le *it.* dzeˈnaːle
Zena̲na zeˈnaːna
Zenatẹllo *it.* dzenaˈtɛllo
Zẹncirli *türk.* ˈzɛnd͡ʒirli
Zẹnck t͜sɛŋk
Zendawẹsta t͜sɛndaˈvɛsta
Zẹnger ˈt͜sɛŋɐ, *engl.* ˈzɛŋə
Zẹnica *serbokr.* ˈzɛnit͜sa
Zeni̲t t͜seˈniːt
zenita̲l t͜seniˈtaːl
Zenith *engl.* ˈziːnɪθ
Zen'kov vgl. Senkow
Zẹnn t͜sɛn
Zẹnne *niederl.* ˈzɛnə
Zẹnneck ˈt͜sɛnɛk
Ze̲no ˈt͜seːno, *it.* ˈdzɛːno
Zeno̲bia t͜seˈnoːbi̯a
Zenodo̲t t͜senoˈdoːt
Zeno̲dotos t͜seˈnoːdotɔs
Zenogene̲se t͜senoɡeˈneːzə
zenogene̲tisch t͜senoɡeˈneːtɪʃ
Ze̲non ˈt͜seːnɔn
Zeno̲ne *it.* dzeˈnoːne
Zenota̲ph t͜senoˈtaːf
Zenota̲phion t͜senoˈtaːfi̯ɔn, **...ien** ...i̯ən
Zenota̲phium t͜senoˈtaːfi̯ʊm, **...ien** ...i̯ən
zensi̲eren t͜sɛnˈziːrən
Zẹnsor ˈt͜sɛnzɔr, **-en** ...ˈzoːrən
zenso̲risch t͜sɛnˈzoːrɪʃ
Zensu̲r t͜sɛnˈzuːɐ̯
zensuri̲eren t͜sɛnzuˈriːrən
Zẹnsus ˈt͜sɛnzʊs
Zẹnt t͜sɛnt
Zẹnta *ung.* ˈzɛntɔ
Zenta̲ur t͜sɛnˈtau̯ɐ
Zentena̲r t͜sɛnteˈnaːɐ̯
Zentena̲rium t͜sɛnteˈnaːri̯ʊm, **...ien** ...i̯ən
zẹntern ˈt͜sɛntɐn
zentesima̲l t͜sɛnteziˈmaːl
Zentifo̲lie t͜sɛntiˈfoːli̯ə
Zentigra̲d t͜sɛntiˈɡraːt
Zentigrạmm t͜sɛntiˈɡram
Zentili̲ter t͜sɛntiˈliːtɐ
Zentime̲ter t͜sɛntiˈmeːtɐ
Zẹnting ˈt͜sɛntɪŋ
Zẹntner ˈt͜sɛntnɐ
Zẹnto ˈt͜sɛnto, **-nen** ...ˈtoːnən
zentra̲l t͜sɛnˈtraːl
Zentra̲lasien t͜sɛnˈtraːl|aːzi̯ən
Zentra̲le t͜sɛnˈtraːlə
Zentralisatio̲n t͜sɛntralizaˈt͜si̯oːn
zentralisi̲eren t͜sɛntraliˈziːrən
Zentralịsmus t͜sɛntraˈlɪsmʊs
zentralịstisch t͜sɛntraˈlɪstɪʃ
Zentralitä̲t t͜sɛntraliˈtɛːt
zentri̲eren t͜sɛnˈtriːrən
zentrifuga̲l t͜sɛntrifuˈɡaːl
Zentrifu̲ge t͜sɛntriˈfuːɡə
zentrifugi̲eren t͜sɛntrifuˈɡiːrən
zentripeta̲l t͜sɛntripeˈtaːl
zẹntrisch ˈt͜sɛntrɪʃ
Zẹntriwinkel ˈt͜sɛntrivɪŋkl̩
Zentroso̲m t͜sɛntroˈzoːm
zentroverti̲ert t͜sɛntrovɛrˈtiːɐ̯t
Zẹntrum ˈt͜sɛntrʊm
Zentu̲rie t͜sɛnˈtuːri̯ə
Zentu̲rio t͜sɛnˈtuːri̯o, **-nen** ...tuˈri̯oːnən
Zenturio̲ne t͜sɛntuˈri̯oːnə
Zẹnz[i] ˈt͜sɛnt͜si
Zeoli̲th t͜seoˈliːt, *auch:* ...lɪt
Ze̲pernick ˈt͜seːpɐnɪk
Žẹpče *serbokr.* ˌʒɛpt͜ʃɛ
Zephalopo̲de t͜sefaloˈpoːdə
Zephạnja t͜seˈfanja
Zepha̲t t͜seˈfaːt
Ze̲phir ˈt͜seːfɪr
zephi̲risch t͜seˈfiːrɪʃ
Ze̲phyr ˈt͜seːfʏr
Zephyri̲n[us] t͜sefyˈriːn[ʊs]
zephy̲risch t͜seˈfyːrɪʃ
Ze̲phyros ˈt͜seːfyrɔs
Zẹppelin ˈt͜sɛpəliːn
Zẹpter ˈt͜sɛptɐ
Ze̲r t͜seːɐ̯
zerạckern t͜sɛɐ̯ˈ|akɐn
Zeraphani̲e t͜serafaˈniː, **-n** ...iːən
Zera̲t t͜seˈraːt
zerbei̲ßen t͜sɛɐ̯ˈbaisn̩
Zẹrberus ˈt͜sɛrbɛrʊs
Zerbinẹtta t͜sɛrbiˈnɛta
Zẹrbst[er] ˈt͜sɛrpst[ɐ]
Zerea̲lie t͜sereˈaːli̯ə, **-n** ...i̯ən
zerebella̲r t͜serebɛˈlaːɐ̯
Zerebẹllum t͜sereˈbɛlʊm, **...lla** ...bɛla
Zerebra vgl. Zerebrum
zerebra̲l t͜sereˈbraːl
Zerebralisatio̲n t͜serebralizaˈt͜si̯oːn
Zerebrosi̲d t͜serebroˈziːt, **-e** ...iːdə
zerebrospina̲l t͜serebrospiˈnaːl
Ze̲rebrum ˈt͜seːrebrʊm, **...ra** ...ra
Zeremonia̲le t͜seremoˈni̯aːlə, **...lien** ...li̯ən
Zeremonia̲r t͜seremoˈni̯aːɐ̯
Zeremoni̲e t͜seremoˈniː, *auch:* ...ˈmoːni̯ə; **-n** ...moˈniːən, *auch:* ...ˈmoːni̯ən
zeremoniẹll, Z... t͜seremoˈni̯ɛl
Zeremo̲nienmeister t͜sereˈmoːni̯ənmaistɐ
zeremoniö̲s t͜seremoˈni̯øːs, **-e** ...øːzə
Zeresi̲n t͜sereˈziːn
Zerevi̲s t͜sereˈviːs
Zẹrf t͜sɛrf
zerfa̲hren t͜sɛɐ̯ˈfaːrən
zerfle̲dern t͜sɛɐ̯ˈfleːdɐn, **...dre** ...drə
zerflei̲schen t͜sɛɐ̯ˈflaiʃn̩
zerge̲hen t͜sɛɐ̯ˈɡeːən
zergli̲edern t͜sɛɐ̯ˈɡliːdɐn, **...dre** ...drə
Zëri i Pọpullit *alban.* ˈzəri i ˈpopuɫit
Zeri̲n t͜seˈriːn
Zeri̲t t͜seˈriːt, *auch:* ...rɪt
Ze̲rium ˈt͜seːri̯ʊm
Zerka̲rie t͜sɛrˈkaːri̯ə
Zerkau̲len t͜sɛɐ̯ˈkau̯lən
Zerklae̲re t͜sɛɐ̯ˈklɛːrə
zerklei̲nern t͜sɛɐ̯ˈklainɐn
zerklụ̈ftet t͜sɛɐ̯ˈklʏftət
Zerknạll t͜sɛɐ̯ˈknal
Żẹrków *poln.* ˈʒɛrkuf
Zerli̲na t͜sɛrˈliːna
Zerli̲ne t͜sɛrˈliːnə
zerlọ̈chern t͜sɛɐ̯ˈlœçɐn
zermạlmen t͜sɛɐ̯ˈmalmən
Zermạtt t͜sɛɐ̯ˈmat
Zermattẹn *fr.* zɛrmaˈtɛn

zermụ̈rben tsɛɐ̯'mʏrbn̩, **zermụ̈rb**! ...rp, **zermụ̈rbt** ...rpt
Zernạtto tsɛr'nato
Zẹrnendorf 'tsɛrnəndɔrf
Zernẹz *rät.* tsɛr'nɛts
Zẹrnick 'tsɛrnɪk
zernieren tsɛr'ni:rən
Zẹrnike *niederl.* 'zɛrnɪkə
Zernin tsɛr'ni:n
Zẹrnitz 'tsɛrnɪts
Zero 'ze:ro
Zerograph tsero'gra:f
Zerographie tserogra'fi:, **-n** ...i:ən
Żerọmski *poln.* ʒɛ'rɔmski
Zerophanie tserofa'ni:, **-n** ...i:ən
Zeroplạstik tsero'plastɪk
Žerotín[a] *tschech.* 'ʒɛrɔtji:n[a]
Zerotin... tsero'ti:n...
zerplạtzen tsɛɐ̯'platsn̩
zerquẹtschen tsɛɐ̯'kvɛtʃn̩
zerrẹden tsɛɐ̯'re:dn̩
zẹrren 'tsɛrən
Zerrenthin tsɛrən'ti:n
zerrịssen tsɛɐ̯'rɪsn̩
zerrụ̈tten tsɛɐ̯'rʏtn̩
zerschẹllen tsɛɐ̯'ʃɛlən
zerspanen tsɛɐ̯'ʃpa:nən
zerspẹllen tsɛɐ̯'ʃpɛlən
zertalt tsɛɐ̯'ta:lt
Zertamen tsɛr'ta:mən, **...mina** ...'ta:mina
Zertifikat tsɛrtifi'ka:t
Zertifikation tsɛrtifika'tsi̯o:n
zertifizieren tsɛrtifi'tsi:rən
zertrẹnnen tsɛɐ̯'trɛnən
Zerussit tserʊ'si:t, *auch:* ...sɪt
Zervelatwurst tsɛrvə'la:tvʊrst, *auch:* zɛ...
zervikal tsɛrvi'ka:l
Zẹrvix 'tsɛrvɪks, **...ices** tsɛr'vi:tse:s
Zerwanismus tsɛrva'nɪsmʊs
Zerwụ̈rfnis tsɛɐ̯'vʏrfnɪs, **-se** ...ɪsə
zerzausen tsɛɐ̯'tsauzn̩
Zẹrzer 'tsɛrtsɐ
Zesarewitsch tseza're:vɪtʃ
Zesen 'tse:zn̩
Zessalien tsɛ'sa:li̯ən
Zessarewitsch, Cesarevič *russ.* tsə'sarɪvitʃ
zessibel tsɛ'si:bl̩, **...ble** ...blə
Zessibilität tsɛsibili'tɛ:t
zessieren tsɛ'si:rən
Zession tsɛ'si̯o:n
Zessionar tsɛsi̯o'na:ɐ̯
Zestoden tsɛs'to:dn̩
[1]**Zeta** (Buchstaben) 'tse:ta
[2]**Zẹta** (Name) *serbokr.* 'zɛta
Zetazeen tseta'tse:ən
Zetazismus tseta'tsɪsmʊs
Zetel[vitz] 'tse:tl̩[vɪts]
Zeter 'tse:tɐ
zetermordio!, Zetermordio tse:tɐ'mɔrdi̯o
zetern 'tse:tɐn

Zetetiker tse'te:tikɐ
Zetin tse'ti:n
Zẹtkin 'tsɛtki:n
Zẹtland *engl.* 'zɛtlənd
Zẹtt[el] 'tsɛt[l̩]
Zettelei tsɛtə'lai
zẹtteln 'tsɛtl̩n
Zẹtterström *schwed.* ˌsɛtərstrœm
Zẹttler 'tsɛtlɐ
Zẹttlitz 'tsɛtlɪts
Zetzinsee tsɛ'tsi:nze:
zeuch! tsɔyç
zeuch[s]t tsɔyç[s]t
Zeug tsɔyk, **-e** 'tsɔygə
zeugen 'tsɔygn̩, **zeug**! tsɔyk, **zeugt** tsɔykt
Zeugit tsɔy'gi:t
Zeugitana tsɔygi'ta:na
Zeugma 'tsɔygma, **-ta** ...ta
Zeugnis 'tsɔyknɪs, **-se** ...ɪsə
Zeulenroda tsɔylən'ro:da
Zeuner 'tsɔynɐ
Zeus, Zeuss tsɔys
Zeutern 'tsɔytɐn
Zeuthen 'tsɔytn̩
Zeuxis 'tsɔyksɪs
Zeven 'tse:vn̩
Zevenaar *niederl.* 'ze:vəna:r
Zevenbergen *niederl.* 'ze:vənbɛrxə
Zevenhoven *niederl.* 'ze:vənho:və
Zevenhuizen *niederl.* 'ze:vənhœi̯zə
Zevi tse'vi:
Zewitz 'tse:vɪts
Zeyer *tschech.* 'zɛjɛr, 'zajɛr
Zeynek 'tsainɛk
Zezenow 'tse:tsəno
Zêzere *port.* 'zezərə
Zezidie tse'tsi:di̯ə
Zezidiologie tsetsidi̯olo'gi:
Zgierz *poln.* zgjɛʃ
Zgorzelec *poln.* zgɔ'ʒɛlɛts
Zibębe tsi'be:bə
Zibeline tsibə'li:nə
Zibet 'tsi:bɛt
Zibo 'tsi:bo
Ziborium tsi'bo:ri̯ʊm, **...ien** ...i̯ən
Žica *serbokr.* 'ʒi:tsa, 'ʒitsa
Zịchardt 'tsɪçart
Zịchem *niederl.* 'zɪxəm
Zichorie tsɪ'ço:ri̯ə
Zịchow 'tsɪço
Zịchy zu Zịch und Vásonykeö *dt.-ung.* 'zitʃi tsu: 'zitʃ ʊnt 'va:ʃonjkø:
Zịck[e] 'tsɪk[ə]
Zịckel 'tsɪkl̩
zịckeln 'tsɪkl̩n
Zickhusen tsɪk'hu:zn̩
Zịckzack 'tsɪktsak
Zịcs *ung.* zitʃ
Židačov vgl. Schidatschow
Zidarov vgl. Sidarow
Zider 'tsi:dɐ

Zidikija tsidi'ki:ja
Zięb̩ice *poln.* zɛm'bitsɛ
Ziebingen 'tsi:bɪŋən
Ziebland 'tsi:plant
Ziege 'tsi:gə
Ziegel 'tsi:gl̩
Ziegelbrennerei tsi:gl̩brɛnə'rai
Ziegelei tsi:gə'lai
Ziegelhausen tsi:gl̩'hauzn̩
ziegeln 'tsi:gl̩n, **ziegle** 'tsi:glə
ziegelrot 'tsi:gl̩ro:t
Ziegenbalg 'tsi:gn̩balk
Ziegenbrücken 'tsi:gn̩brʏkn̩
Ziegenhain[er] 'tsi:gn̩hain[ɐ]
Ziegenhals 'tsi:gn̩hals
Ziegenort 'tsi:gn̩|ɔrt
Ziegenpeter 'tsi:gn̩pe:tɐ
Ziegenrück 'tsi:gn̩rʏk
Zieger 'tsi:gɐ
Ziegerbergkopf 'tsi:gɐbɛrkˌkɔpf
Ziegfeld *engl.* 'zi:gfɛld
Ziegler 'tsi:glɐ
ziehen, Z... 'tsi:ən
Ziehn tsi:n, *engl.* tsi:n
Ziehrer 'tsi:rɐ
Ziel tsi:l
zielen 'tsi:lən
Zielens 'tsi:ləns, *niederl.* 'zi:ləns
Zielẹnzig tsi'lɛntsɪç
Zieliński *poln.* zɛ'liɲski
Zielọna Góra *poln.* zɛ'lɔna 'gura
zielstrebig 'tsi:lʃtre:bɪç, **-e** ...ɪgə
Ziem tsi:m
ziemen 'tsi:mən
Ziemer 'tsi:mɐ
ziemlich 'tsi:mlɪç
Ziemssen tsi:msn̩
ziepen 'tsi:pn̩
Zier tsi:ɐ̯
Zierat 'tsi:ra:t
Zierde 'tsi:ɐ̯də
zieren 'tsi:rən
Ziererei tsi:rə'rai
Zierikzee *niederl.* zi:rɪk'se:
zierlich 'tsi:ɐ̯lɪç
Zięrotin 'ʒɛrɔti:n
Ziersdorf 'tsi:ɐ̯sdɔrf
Zierzow 'tsɪrtso
Ziẹsar 'tsje:zar
Ziesel 'tsi:zl̩
Ziesemer 'tsi:zəmɐ
Ziesenis 'tsi:zənɪs
Ziesluebbe tsi:s'lʏbə
Ziesmitz 'tsi:smɪts
Ziest tsi:st
Ziet[h]en 'tsi:tn̩
Zịffer 'tsɪfɐ
-zig tsɪç
Žigalovo vgl. Schigalowo
Zigarẹtte tsiga'rɛtə
Zigarịllo tsiga'rɪlo, *selten:* ...ljo
Zigạ̈rrchen tsi'gɛrçən
Zigạrre tsi'garə

Zigazinskij vgl. Sigasinski
Ziger 'tsi:gɐ
Zigeuner tsi'gɔynɐ
zigeunern tsi'gɔynɐn
zigfach 'tsɪçfax
Zigler 'tsi:glɐ
zigmal 'tsɪçma:l
Žiguli vgl. Schiguli
Žihar' vgl. Schichar
Zihl tsi:l
Zijlstra *niederl.* 'zɛi̯lstra:
Zijpe *niederl.* 'zɛi̯pə
Zikade tsi'ka:də
Zikkurat 'tsɪkura:t, -\-'-
Zilahy *ung.* 'zilɔhi
Zilcher 'tsɪlçɐ
Ziliacus *engl.* zɪlɪ'ɑ:kəs
ziliar tsi'li̯a:ɐ̯
Ziliate tsi'li̯a:tə
Zilie 'tsi:li̯ə
Žilina *slowak.* 'ʒilina
Zilizien tsi'li:tsi̯ən
zilizisch tsi'li:tsɪʃ
Zille 'tsɪlə
Ziller 'tsɪlɐ
Zillertal[er] 'tsɪlɐta:l[ɐ]
Zilli 'tsɪli
Zilliacus *schwed.* sili'akʊs
Zillich, ...ig 'tsɪlɪç
Zillis 'tsɪlɪs
Zillmer 'tsɪlmɐ
Zilly 'tsɪli
Zima vgl. ³Sima
Zimány *ung.* 'zima:nj
Zimarra tsi'mara
Zimbal 'tsɪmbal
Zimbel 'tsɪmbl̩
Zimber 'tsɪmbɐ
zimbrisch 'tsɪmbrɪʃ
Zimelie tsi'me:li̯ə
Zimelium tsi'me:li̯ʊm, **...ien** ...i̯ən
Ziment tsi'mɛnt
zimentieren tsimɛn'ti:rən
Zimier tsi'mi:ɐ̯
Zimljanski, Cimljanskij *russ.* tsɨm'ljanskij
Zimmer 'tsɪmɐ
Zimmerei tsɪmə'rai̯
...zimmerig (z. B. zweizimmerig) ...ˌtsɪmərɪç, **-e** ...ɪgə
Zimmerl 'tsɪmɐl
Zimmerman[n] 'tsɪmɐman
zimmern 'tsɪmɐn
Zimmern 'tsɪmɐn, *engl.* 'zɪmən
Zimmerwald 'tsɪmɐvalt
...zimmrig (z. B. zweizimmrig) ...ˌtsɪmrɪç, **-e** ...ɪgə
Zimnica vgl. Simniza
Zimnicea *rumän.* 'zimnitʃe̯a
zimolisch tsi'mo:lɪʃ
Zimolit tsimo'li:t, *auch:* ...lɪt
Zimorowic *poln.* zimɔ'rɔvits
zimperlich 'tsɪmpɐlɪç
zimpern 'tsɪmpɐn
Zimt tsɪmt
Zina vgl. Sina
Zinaida vgl. Sinaida
Zinal *fr.* zi'nal
Zincgref 'tsɪŋkgre:f
Zincirli *türk.* zin'dʒirli
Zinckenit tsɪŋkə'ni:t, *auch:* ...nɪt
Zincum 'tsɪŋkʊm
Zindeltaft 'tsɪndl̩taft
¹Zinder (Kohle) 'tsɪndɐ
²Zinder (Ort) *fr.* zɛ̃'dɛ:r
Zinellen tsi'nɛlən
Zineraria tsine'ra:ri̯a, **...ien** ...i̯ən
Zinerarie tsine'ra:ri̯ə, **-n** ...i̯ən
Zingarelli *it.* tsiŋga'rɛlli
Zingaresca tsɪŋga'rɛska
zingarese tsɪŋga're:zə
Zingel 'tsɪŋl̩
Zingst tsɪŋst
Zingulum 'tsɪŋgulʊm, **...la** ...la
Zink[e] 'tsɪŋk[ə]
zinken, Z... 'tsɪŋkn̩
Zinkenist tsɪŋkə'nɪst
Zinkgref 'tsɪŋkgre:f
zinkig 'tsɪŋkɪç, **-e** ...ɪgə
Zinkographie tsɪŋkogra'fi:, **-n** ...i:ən
Zinkotypie tsɪŋkoty'pi:, **-n** ...i:ən
Zinn[a] 'tsɪn[a]
Zinnamom tsɪna'mo:m
Zinne[mann] 'tsɪnə[man]
Zinner 'tsɪnɐ
zinnern 'tsɪnɐn
Zinnie 'tsɪni̯ə
Zinnik *niederl.* 'zɪnɪk
Zinnober tsɪ'no:bɐ
Zinnowitz 'tsɪnovɪts
Zinnwald 'tsɪnvalt
Zinnwaldit tsɪnval'di:t, *auch:* ...dɪt
Zino *fr.* zi'no
Zinov'ev vgl. Sinowjew
Zinovij vgl. Sinowi
Zinovija vgl. Sinowija
Zins tsɪns, **-es** ...nzəs
zinsen 'tsɪnzn̩, **zins!** tsɪns, **zinst** tsɪnst
Zinsen 'tsɪnzn̩
Zinsli 'tsɪnsli
Zinsser *engl.* 'zɪnsə
Zinten 'tsɪntn̩
Zintgraff 'tsɪntgraf
Zinzare tsɪn'tsa:rə
Zinzendorf 'tsɪntsn̩dɔrf
Zio 'tsi:o
Ziolkowski, Ciolkovskij *russ.* tsɨal'kɔfskij
Zion 'tsi:ɔn, *engl.* 'zaɪən
Zionismus tsi̯o'nɪsmʊs
Zionist tsi̯o'nɪst
Zionit tsi̯o'ni:t
Zipaquirá *span.* θipaki'ra
Zipernowsky *ung.* 'zipɛrnofski
Zipfel 'tsɪpfl̩
zipf[e]lig 'tsɪpf[ə]lɪç, **-e** ...ɪgə
Zipolle tsi'pɔlə
Zipp[e] 'tsɪp[ə]
Zipperlein 'tsɪpɐlai̯n
Zippnow 'tsɪpno
Zippora tsɪ'po:ra
Zippus 'tsɪpʊs
Zips[endorf] 'tsɪps[n̩dɔrf]
Zipser 'tsɪpsɐ
Zirbe 'tsɪrbə
Zirbel 'tsɪrbl̩
Zirbitzkogel 'tsɪrbɪtsko:gl̩
Zirc *ung.* zirts
Zirchow 'tsɪrço
Zirckwitz 'tsɪrkvɪts
Zirconium tsɪr'ko:ni̯ʊm
Ziria *neugr.* 'zirja
zirka 'tsɪrka
Zirkassien tsɪr'kasi̯ən
Zirkassier tsɪr'kasi̯ɐ
zirkassisch tsɪr'kasɪʃ
Zirkel 'tsɪrkl̩
zirkeln 'tsɪrkl̩n
zirkelrund 'tsɪrkl̩'rʊnt
Zirknitz 'tsɪrknɪts
Zirkon[ium] tsɪr'ko:n[i̯ʊm]
Zirkow 'tsɪrko
zirkular, Z... tsɪrku'la:ɐ̯
zirkulär tsɪrku'lɛ:ɐ̯
Zirkulation tsɪrkula'tsi̯o:n
zirkulieren tsɪrku'li:rən
Zirkumferenz tsɪrkʊmfe'rɛnts
zirkumflektieren tsɪrkʊmflɛk'ti:rən
Zirkumflex tsɪrkʊm'flɛks
Zirkummeridianhöhe tsɪrkʊmmeri'di̯a:nhø:ə
zirkumpazifisch tsɪrkʊmpa'tsi:fɪʃ
zirkumpolar tsɪrkʊmpo'la:ɐ̯
zirkumskript tsɪrkʊm'skrɪpt
Zirkumskription tsɪrkʊmskrɪp'tsi̯o:n
Zirkumstanz tsɪrkʊm'stants, **-ien** ...tsi̯ən
zirkumstanziell tsɪrkʊmstan'tsi̯ɛl
zirkumterrestrisch tsɪrkʊmtɛ'rɛstrɪʃ
zirkumvenieren tsɪrkʊmve'ni:rən
Zirkumvention tsɪrkʊmvɛn'tsi̯o:n
Zirkumzision tsɪrkʊmtsi'zi̯o:n
Zirkus 'tsɪrkʊs, **-se** ...ʊsə
Zirl tsɪrl
Zirm tsɪrm
Zirn[dorf] 'tsɪrn[dɔrf]
Zirpe 'tsɪrpə
zirpen 'tsɪrpn̩
Zirrhose tsɪ'ro:zə
zirrhotisch tsɪ'ro:tɪʃ
Zirrokumulus tsɪro'ku:mulʊs, **...li** ...li
Zirrostratus tsɪro'stra:tʊs
Zirrus 'tsɪrʊs
Zirtow 'tsɪrto
zirzensisch tsɪr'tsɛnzɪʃ
zisalpin[isch] tsɪs|al'pi:n[ɪʃ]
Zischelei tsɪʃə'lai̯
zischeln 'tsɪʃl̩n

zịschen ˈt͡sɪʃn̩
Zịschka ˈt͡sɪʃka
Ziseleur t͡sizeˈløːɐ̯
ziselieren t͡sizeˈliːrən
Ziselierer t͡sizeˈliːrɐ
Zịska ˈt͡sɪska
Ziskaukasien t͡sɪskau̯ˈkaːzi̯ən
Zisleithanien t͡sɪslai̯ˈtaːni̯ən
zisleithanisch t͡sɪslai̯ˈtaːnɪʃ
zispadanisch t͡sɪspaˈdaːnɪʃ
zisrhenanisch t͡sɪsreˈnaːnɪʃ
Zissalien t͡sɪˈsaːli̯ən
Zịssen ˈt͡sɪsn̩
Zịssi ˈt͡sɪsi
Zissoide t͡sɪsoˈiːdə
Zịsta ˈt͡sɪsta
Zịste ˈt͡sɪstə
Zistẹrne t͡sɪsˈtɛrnə
Zịstersdorf ˈt͡sɪstɐsdɔrf
Zisterziẹnser t͡sɪstɛrˈt͡si̯ɛnzɐ
Zịströschen ˈt͡sɪstrøːsçən
Zịstrose ˈt͡sɪstroːzə
Zita ˈt͡siːta
Zitadẹlle t͡sitaˈdɛlə
Zitat t͡siˈtaːt
Zitation t͡sitaˈt͡si̯oːn
Zítek *tschech.* ˈziːtɛk
Zịther ˈt͡sɪtɐ
zitieren t͡siˈtiːrən
Žitomir vgl. Schitomir
Zitrat t͡siˈtraːt
Zitrin t͡siˈtriːn
Zitronat t͡sitroˈnaːt
Zitrone t͡siˈtroːnə
Zitrụlle t͡siˈtrʊlə
Zitrusfrüchte ˈt͡siːtrʊsfrʏçtə
Zịttau ˈt͡sɪtau̯
zịtt[e]rig ˈt͡sɪt[ə]rɪç, **-e** ...ɪɡə
zịttern ˈt͡sɪtɐn
Zịtwer ˈt͡sɪtvɐ
Zịtz[e] ˈt͡sɪt͡s[ə]
Zịtzewitz ˈt͡sɪt͡səvɪt͡s
Ziu ˈt͡siːu
Živago vgl. Schiwago
zivil, Z... t͡siˈviːl
Zivilisation t͡sivilizaˈt͡si̯oːn
zivilisatorisch t͡sivilizaˈtoːrɪʃ
zivilisieren t͡siviliˈziːrən
Zivilịst t͡siviˈlɪst
Zivịsmus t͡siˈvɪsmʊs
Ziwịlsk, Civil'sk *russ.* t͡sɨˈviljsk
Živkov vgl. Schiwkow
Ziya Gök Alp *türk.* ˈzija ˈɡœk ˈalp
Žizdra vgl. Schisdra
Zizin *rumän.* ziˈzin
Žižka *tschech.* ˈʒɪʃka
Zlabings ˈt͡slaːbɪŋs
Zlata vgl. Slata
Zlatá Koruna *tschech.* ˈzlataː ˈkɔruna
Zlatarić *serbokr.* ˌzlataritɕ
Zlatarica vgl. Slatariza
Zlatarov vgl. Slatarow
Zlatarski vgl. Slatarski
Zlaté Hory *tschech.* ˈzlatɛː ˈhɔri
Zlatopol' vgl. Slatopol

Zlatoust vgl. Slatoust
Zlatovrackij vgl. Slatowrazki
Zlín *tschech.* zliːn
Zlobin vgl. Slobin
Žlobin vgl. Schlobin
Złocięniec *poln.* zu̯ɔˈt͡ɕɛnjɛt͡s
Złọczew *poln.* ˈzu̯ɔt͡ʃɛf
Zlọnice *tschech.* ˈzlɔnjit͡sɛ
Złotoryja *poln.* zu̯ɔtɔˈrɨja
Złotów *poln.* ˈzu̯ɔtuf
Zlọty ˈzlɔti, ˈslɔti
Złọty Stọk *poln.* ˈzu̯ɔtɨ ˈstɔk
Žlụtice *tschech.* ˈʒlutjit͡sɛ
Zlynka vgl. Slynka
Zmaj *serbokr.* zmaːj
Zmeinogorsk vgl. Smeinogorsk
Žmerika vgl. Schmerika
Zmiev vgl. Smijew
Żmigród *poln.* ˈʒmigrut
Zmụtt t͡smʊt
Zną, Cna *russ.* t͡sna
Znaim t͡snai̯m
Żnịn *poln.* ʒnin
Znọjmo *tschech.* ˈznɔjmɔ
Znüni ˈt͡snyːni
Zobel[titz] ˈt͡soːbl̩[tɪt͡s]
Zober ˈt͡soːbɐ
Zöbern ˈt͡søːbɐn
Zöbing[en] ˈt͡søːbɪŋ[ən]
Zöblitz ˈt͡søːblɪt͡s
Zọbten ˈt͡sɔptn̩
Zọcca *it.* ˈt͡sɔkka, ˈdz...
Zọche ˈt͡sɔxə
zọckeln ˈt͡sɔkl̩n
Zọcker ˈt͡sɔkɐ
Zöckler ˈt͡sœklɐ
Zodiakal... t͡sodi̯aˈkaːl...
Zodiakus t͡soˈdiːakʊs
Zoe ˈt͡soːə, *B* ˈt͡soːe; *engl.* ˈzoʊɪ
Zoelen *niederl.* ˈzuːlə
Zoelly ˈt͡sœli
Zoelmond *niederl.* ˈzuːlmɔnt
Zoetermeer *niederl.* zuːtərˈmeːr
Zöfchen ˈt͡søːfçən
Zofe ˈt͡soːfə
Zọff t͡sɔf
Zọffany *engl.* ˈzɔfənɪ
Zọfia *poln.* ˈzɔfja
Zofingen ˈt͡soːfɪŋən
Zọfka *serbokr.* ˈzɔfka
zog t͡soːk
Zọgbaum *engl.* ˈzɔɡbaːm
zöge ˈt͡søːɡə
zogen ˈt͡soːɡn̩
Zögerer ˈt͡søːɡərɐ
zögern ˈt͡søːɡɐn, **zögre** ...ɡrə
Zögling ˈt͡søːklɪŋ
zogt t͡soːkt
zögt t͡søːkt
Zogu *alban.* ˈzogu
Zohe ˈt͡soːə
Zoidiogamie t͡soidi̯oɡaˈmiː
Zoidiophilie t͡soidi̯ofiˈliː
Zoja vgl. Soja
Zökostomie t͡søkostoˈmiː
Zökotomie t͡søkotoˈmiː
Zökum ˈt͡søːkʊm
Zolą *fr.* zɔˈla

Zọlder *niederl.* ˈzɔldər
Zölenterat t͡sølɛnteˈraːt
Zölestin[e] t͡sølɛsˈtiːn[ə]
Zölestiner t͡sølɛsˈtiːnɐ
Zölestinus t͡sølɛsˈtiːnʊs
zölẹstisch t͡søˈlɛstɪʃ
Zoli *it.* ˈdzɔːli
Zölibat t͡søliˈbaːt
Żółkiẹwski *poln.* ʒuu̯ˈkjɛfski
Zọll t͡sɔl, **Zọ̈lle** ˈt͡sœlə
Zollbrụck t͡sɔlˈbrʏk
zọllen ˈt͡sɔlən
Zọller[n] ˈt͡sɔlɐ[n]
Zọllfeld ˈt͡sɔlfɛlt
Zọllhaus ˈt͡sɔlhaus
...zollig (z. B. vierzollig) ...ˌt͡sɔlɪç, **-e** ...ɪɡə
...zöllig (z. B. vierzöllig) ...ˌt͡sœlɪç, **-e** ...ɪɡə
Zọllikofer ˈt͡sɔlikoːfɐ
Zọllikon ˈt͡sɔlikoːn
Zọlling[er] ˈt͡sɔlɪŋ[ɐ]
Zọ̈llner ˈt͡sœlnɐ
Zoločev vgl. Solotschev
Zölom t͡søˈloːm
Zölostat t͡søloˈstaːt
Zolotarev vgl. Solotarjow
Zolotoe vgl. Solotoje
Zolotonoša vgl. Solotonoscha
Zọltán *ung.* ˈzoltaːn
Zọmba *ung.* ˈzɔmbɔ, *engl.* ˈzɔmbaː
Zọmbor *ung.* ˈzombor
Zọmergem *niederl.* ˈzoːmərxəm
Zömeterium t͡sømeˈteːri̯ʊm, **...ien** ...i̯ən
Zönakel t͡søˈnaːkl̩
zonal t͡soˈnaːl
zonar t͡soˈnaːɐ̯
Zone ˈt͡soːnə
Zọngo ˈzɔŋɡo, *fr.* zɔŋˈɡo
Zọnguldak *türk.* ˈzɔnɡuldak
Zọnhoven *niederl.* ˈzɔnhoːvə
Zönobit t͡sønoˈbiːt
Zönobium t͡søˈnoːbi̯ʊm, **...ien** ...i̯ən
Zönokarp t͡sønoˈkarp
Zons t͡sɔns, t͡soːns
Zoo t͡soː, *selten:* ˈt͡soːo
Zoochlorẹlle t͡sooklo'rɛlə
Zoochorie t͡sookoˈriː
zoogen t͡sooˈɡeːn
Zoogeographie t͡sooɡeoɡraˈfiː
zoogeographisch t͡sooɡeoˈɡraːfɪʃ
Zooglöen t͡sooˈɡløːən
Zoographie t͡sooɡraˈfiː, **-n** ...iːən
Zoolatrie t͡soolaˈtriː, **-n** ...iːən
Zoolith t͡sooˈliːt, *auch:* ...lɪt
Zoologe t͡sooˈloːɡə
Zoologie t͡sooloˈɡiː
zoologisch t͡sooˈloːɡɪʃ
Zoom zuːm
zoomen ˈzuːmən
Zoonose t͡soo'noːzə
Zoon politikon ˈt͡soːɔn politiˈkɔn

Zooparasit tsoopara'zi:t
zoophag tsoo'fa:k, **-e** ...a:gə
Zoophage tsoo'fa:gə
Zoophyt tsoo'fy:t
Zooplankton tsoo'plaŋktɔn
Zoospore tsoo'spo:rə
Zootomie tsooto'mi:
Zootoxin tsootɔ'ksi:n
Zoozmann 'tso:tsman
Zopf tsɔpf, **Zöpfe** 'tsœpfə
Zöpfchen 'tsœpfçən
zopfig 'tsɔpfıç, **-e** ...ıgə
Zophoros tso'fo:rɔs
Zophorus 'tso:forʊs, **...ren** tso'fo:rən
zoppo 'tsɔpo
Zoppot[er] 'tsɔpɔt[ɐ]
Zoranić *serbokr.* ˌzɔranitɕ
Zörbig 'tsœrbıç
Zores 'tso:rəs
Zorilla tso'rıla
Zorin vgl. Sorin
[1]**Zorn** tsɔrn
[2]**Zorn** (Name) tsɔrn, *schwed.* so:rn
Zorndorf 'tsɔrndɔrf
Zorneding 'tsɔrnədıŋ
zornig 'tsɔrnıç, **-e** ...ıgə
Zoroaster tsoro'astɐ
zoroastrisch, Z... tsoro'astrıʃ
Zorrilla *span.* θɔ'rriʎa
Zortzico sɔr'tsıko
Zorutti *it.* dzo'rutti
Żory *poln.* 'ʒɔrɨ
Zorzi *it.* 'dzɔrdzi
Zoščenko vgl. Soschtschenko
Zöschau 'tsœʃau
Zöschen 'tsœʃn̩
Zosimus 'tso:zimʊs
Zossen 'tsɔsn̩
Zoster 'tsɔstɐ, 'tso:stɐ, **-es** tsɔs'te:re:s
Zote 'tso:tə
zoten 'tso:tn̩
zotig 'tso:tıç, **-e** ...ıgə
Zotte 'tsɔtə
Zottegem *niederl.* 'zɔtəxəm
Zottel 'tsɔtl̩
zott[e]lig 'tsɔt[ə]lıç, **-e** ...ıgə
zotteln 'tsɔtl̩n
zottig 'tsɔtıç, **-e** ...ıgə
Zötus 'tsø:tʊs
Zotzenbach 'tsɔtsn̩bax
Zoutelande *niederl.* zɔu̯tə'landə
Zoutleeuw *niederl.* zɔu̯t'le:u̯
Žovten' vgl. Schowten
Zrenjanin *serbokr.* ˌzrɛnjanin
Zrinska gora *serbokr.* 'zri:nska: ˌgɔra
Zrinski *serbokr.* 'zri:nski:
Zriny (Th. Körner) 'tsri:ni
Zrínyi *ung.* 'zri:nji
Zruč *tschech.* zrutʃ
Zsadány *ung.* 'ʒɔda:nj
Zsámbék *ung.* 'ʒa:mbe:k
Zsámbok[i] *ung.* 'ʒa:mbok[i]
Zsana *ung.* 'ʒɔnɔ
Zschaitz tʃaits
Zscharnack 'tʃarnak
Zschepplin 'tʃɛpli:n
Zschirnstein 'tʃırnʃtain
Zschokke 'tʃɔkə
Zschölkau 'tʃœlkau
Zschopau 'tʃo:pau
Zschorlau 'tʃɔrlau
Zschornewitz 'tʃɔrnəvıts
Zschortau 'tʃɔrtau
Zsebeháza *ung.* 'ʒɛbɛha:zɔ
Zsiga *ung.* 'ʒigɔ
Zsigmond *ung.* 'ʒigmond
Zsigmondy 'ʃıgmɔndi, *ung.* 'ʒigmondi
Zsófia *ung.* 'ʒo:fiɔ
Zsolna *ung.* 'ʒolnɔ
Zsolnay 'ʃɔlnai, *ung.* 'ʒolnɔi
Zsombó *ung.* 'ʒombo:
Zsuzsanna *ung.* 'ʒuʒɔnnɔ
Zsuzsi *ung.* 'ʒuʒi
z-te 'tsɛtə
zu tsu:
zuackern 'tsu:|akɐn
zuallerallerletzt tsu'|alɐ'|alɐ'lɛtst
zuallererst tsu'|alɐ'|e:ɐ̯st
zuallerletzt tsu'|alɐ'lɛtst
zuäußerst tsu'|ɔysɐst
Zuave 'tsu̯a:və
Zuazo *span.* 'θu̯aθo
zuballern 'tsu:balɐn
Zubcov vgl. Subzow
Zubehör 'tsu:bəhø:ɐ̯
zubenannt 'tsu:bənant
Zuber 'tsu:bɐ
Zubettgehen tsu'bɛtge:ən
Zubiri *span.* θu'βiri
Züblin 'tsy:bli:n
Zubov vgl. Subow
Zuccalli *it.* tsuk'kalli
Zuccalmaglio tsʊkal'maljo
Zuccarelli *it.* tsukka'rɛlli
Zuccari *it.* 'tsukkari
Zuccato *it.* tsuk'ka:to
Zucchetto tsu'kɛto, **...tti** ...ti
Zucchi *it.* 'tsukki
Zuccoli *it.* 'tsukkoli
Züchen 'tsy:çn̩
Zuchering 'tsʊçərıŋ
Zucht tsʊxt
züchten 'tsʏçtn̩
züchtig 'tsʏçtıç, **-e** ...ıgə
züchtigen 'tsʏçtıgn̩, **züchtig!** ...ıç, **züchtigt** ...ıçt
zuck!, Zuck tsʊk
zuckeln 'tsʊkl̩n
zucken 'tsʊkn̩
zücken 'tsʏkn̩
Zucker 'tsʊkɐ
Zuckerhut 'tsʊkɐhu:t
Zuckerhütl 'tsʊkɐhy:tl̩
zuckerig 'tsʊkərıç, **-e** ...ıgə
Zuckerkand 'tsʊkɐkant, **-es** ...ndəs
Zuckerkandis 'tsʊkɐkandıs
Zuckerkandl 'tsʊkɐkandl̩
zuckern 'tsʊkɐn
Zuckers 'tsʊkɐs
zuckersüß 'tsʊkɐ'zy:s
Zuckmantel 'tsʊkmantl̩
Zuckmayer 'tsʊkmaiɐ
zuckrig 'tsʊkrıç, **-e** ...ıgə
Zudar 'tsu:dar
zudem tsu'de:m
zudringlich 'tsu:drıŋlıç
zueignen 'tsu:|aignən
zueinander tsu|ai'nandɐ
Zuera *span.* 'θu̯era
zuerst tsu'|e:ɐ̯st
Zuev vgl. Sujew
Zuevka vgl. Sujewka
Zufahrt 'tsu:fa:ɐ̯t
Zuflucht 'tsu:flʊxt
zufolge tsu'fɔlgə
Zufolo 'tsu:folo, **...li** ...li
zufrieden tsu'fri:dn̩
Zufuhr 'tsu:fu:ɐ̯
Zug tsu:k, **Züge** 'tsy:gə
Zugabe 'tsu:ga:bə
Zugang 'tsu:gaŋ
zugange tsu'gaŋə
zugänglich 'tsu:gɛŋlıç
Zugdidi vgl. Sugdidi
Züge vgl. Zug
zugedacht 'tsu:gədaxt
zugegen tsu'ge:gn̩
zugehen 'tsu:ge:ən
zugehörig 'tsu:gəhø:rıç
Zügel 'tsy:gl̩
zügeln 'tsy:gl̩n, **zügle** ...glə
Zügelung 'tsy:gəlʊŋ
Zuger 'tsu:gɐ
zugerisch 'tsu:gərıʃ
zugestanden 'tsu:gəʃtandn̩
Zugeständnis 'tsu:gəʃtɛntnıs
zugetan 'tsu:gəta:n
zugig 'tsu:gıç, **-e** ...ıgə
zügig 'tsy:gıç, **-e** ...ıgə
zugleich tsu'glaiç
Züglung 'tsy:glʊŋ
zugreifen 'tsu:graifn̩
Zugrès vgl. Sugres
zugrunde tsu'grʊndə
Zugspitze 'tsu:k-ʃpıtsə
zugunsten tsu'gʊnstn̩
zugute tsu'gu:tə
Zuhälter 'tsu:hɛltɐ
Zuhälterei tsu:hɛltə'rai
zuhanden tsu'handn̩
zuhauen 'tsu:hauən
zuhauf tsu'hauf
Zuhause tsu'hauzə
Zuhilfenahme tsu'hılfəna:mə
zuhinterst tsu'hıntɐst
Zühlsdorf 'tsy:lsdɔrf
zuhöchst tsu'hø:çst
zuhören 'tsu:hø:rən
Zuid-Beveland *niederl.* zœi̯d'be:vəlɑnt
Zuidbroek *niederl.* 'zœi̯dbru:k
Zuidersee 'zɔydɐze:
Zuiderzee *niederl.* zœi̯dər'ze:
Zuid-Holland *niederl.* zœi̯t'hɔlɑnt
Zuidhorn *niederl.* zœi̯t'hɔrn
Zuidland *niederl.* 'zœi̯tlɑnt

Zuidlaren *niederl.* zœit'la:rə
Zuid-Nederland *niederl.* zœit'ne:dərlɑnt
zuinnerst tsu'|ɪnɐst
Žuja vgl. Schuja
Zújar *span.* 'θuxar
zuknöpfen 'tsu:knœpfn̩
Zukost 'tsu:kɔst
Žukov vgl. Schukow
Žukovka vgl. Schukowka
Žukovskij vgl. Schukowski
Zukunft 'tsu:kʊnft
zukünftig 'tsu:kʏnftɪç
Zulage 'tsu:la:gə
zulande tsu'landə
zulangen 'tsu:laŋən
zulänglich 'tsu:lɛŋlɪç
zulassen 'tsu:lasn̩
zulässig 'tsu:lɛsɪç
Zulauf 'tsu:lauf
zuleid tsu'lait
zuleide tsu'laidə
zuletzt tsu'lɛtst
Zulia *span.* 'θulia
zuliebe tsu'li:bə
Züllchow 'tsʏlço
zullen 'tsʊlən
Züllichau 'tsʏlɪçau
Zuloaga *span.* θulo'aɣa
Zulp tsʊlp
Zülpich 'tsʏlpɪç
Zulte *niederl.* 'zʏltə
Zulu 'tsu:lu
Zülz tsʏlts
zum tsʊm
zumachen 'tsu:maxn̩
zumal tsu'ma:l
Zumárraga *span.* θu'marraɣa
Zumaya *span.* θu'maja
Zumbusch 'tsʊmbʊʃ
zumeist tsu'maist
zumindest tsu'mɪndəst
Zumst[e]eg 'tsʊmʃte:k
zumute tsu'mu:tə
zumuten 'tsu:mu:tn̩
zunächst tsu'nɛ:çst
zunähen 'tsu:nɛ:ən
Zuna[h]me 'tsu:na:mə
Zünd tsʏnt
Zündapp Ⓦⓩ 'tsʏndap
zünden 'tsʏndn̩, **zünd!** tsʏnt
Zunder 'tsʊndɐ
Zünder 'tsʏndɐ
Zunderdorp *niederl.* 'zʏndərdɔrp
Zundert *niederl.* 'zʏndərt
Zündorf 'tsʏndɔrf
zunehmen 'tsu:ne:mən
Zunft tsʊnft, **Zünfte** 'tsʏnftə
zünftig 'tsʏnftɪç, **-e** ...ɪgə
Zunge 'tsʊŋə
Züngelchen 'tsʏŋl̩çən
züngeln 'tsʏŋl̩n
Zünglein 'tsʏŋlain
zunichte tsu'nɪçtə
zunicken 'tsu:nɪkn̩
zuniederst tsu'ni:dɐst
Zúñiga *span.* 'θuɲiɣa
Zünsler 'tsʏnslɐ
Zuntz tsʊnts
zunutze tsu'nʊtsə
Zunz tsʊnts
Zunzunegui *span.* θunθu'neɣi
zuoberst tsu'|o:bɐst
zuordnen 'tsu:|ɔrdnən
Zuoz 'tsu:ɔts, *rät.* tsuɔts
[1]**Župan** (Beamter) 'ʒʊpan, **-e** ʒu'pa:nə
[2]**Župan** (Name) *serbokr.* ˌʒupa:n
Župančič *slowen.* ʒu'pa:ntʃitʃ
zupaß tsu'pas
zupasse tsu'pasə
zupfen 'tsʊpfn̩
Zupitza tsu'pɪtsa
zur tsu:ɐ̯, tsʊr
zuraten 'tsu:ra:tn̩
Žuravno vgl. Schurawno
Zurbarán *span.* θurβa'ran
Zurbriggen 'tsʊrbrɪgn̩
Zürcher 'tsʏrçɐ
Zurechnung 'tsu:rɛçnʊŋ
zurecht tsu'rɛçt
zurechtfinden tsu'rɛçtfɪndn̩
zureden, Z... 'tsu:re:dn̩
zureichen 'tsu:raiçn̩
Zurich *niederl.* 'zy:rɪx
Zürich[er] 'tsy:rɪç[ɐ]
zurichten 'tsu:rɪçtn̩
Zurichter 'tsu:rɪçtɐ
Zurichterei tsu:rɪçtə'rai
Zurita *span.* θu'rita
Zürn tsʏrn
zürnen 'tsʏrnən
Żuromin *poln.* ʒu'rɔmin
Zurow 'tsu:ro
zurren 'tsʊrən
Zurring 'tsʊrɪŋ
Zürs tsʏrs
zurück tsu'rʏk
Zurücknahme tsu'rʏkna:mə
Zuruf 'tsu:ru:f
Zurzach 'tsʊrtsax
Zuša vgl. Schuscha
Zusage 'tsu:za:gə
Zusam 'tsu:zam
zusammen tsu'zamən
Zusammenkunft tsu'zamənkʊnft, **...künfte** ...kʏnftə
zusamt tsu'zamt
Zusamzell tsu:zam'tsɛl
Zusanek 'tsu:zanɛk
Zusatz 'tsu:zats
zusätzlich 'tsu:zɛtslɪç
Züsch tsʏʃ
zuschanden tsu'ʃandn̩
zuschanzen 'tsu:ʃantsn̩
Züschen 'tsʏʃn̩
Zuschneid 'tsu:ʃnait
zuschulden tsu'ʃʊldn̩
Zuschuß 'tsu:ʃʊs
Zuse 'tsu:zə
Züsedom 'tsy:zədo:m
zusehends 'tsu:ze:ənts
zusenden 'tsu:zɛndn̩
Zusmarshausen tsʊsmars'hauzn̩
Züsow 'tsy:zo
Züssow 'tsʏso
Zustand 'tsu:ʃtant
zustande tsu'ʃtandə
zuständig 'tsu:ʃtɛndɪç
zuständlich 'tsu:ʃtɛntlɪç
zustatten tsu'ʃtatn̩
zustellen 'tsu:ʃtɛlən
zutage tsu'ta:gə
Zutaten 'tsu:ta:tn̩
zuteil tsu'tail
zuteilen 'tsu:tailən
Zutfen *niederl.* 'zʏtfə
zutiefst tsu'ti:fst
Zutphen *niederl.* 'zʏtfə
zutragen 'tsu:tra:gn̩
Zuträger 'tsu:trɛ:gɐ
Zuträgerei tsu:trɛ:gə'rai
zuträglich 'tsu:trɛ:klɪç
zutraulich 'tsu:traulɪç
Züttlingen 'tsʏtlɪŋən
zutu[n]lich 'tsu:tu:[n]lɪç
zuungunsten tsu'|ʊngʊnstn̩
zuunterst tsu'|ʊntɐst
zuverlässig 'tsu:fɛɐ̯lɛsɪç
Zuversicht 'tsu:fɛɐ̯zɪçt
zuversichtlich 'tsu:fɛɐ̯zɪçtlɪç
zuviel, Z... tsu'fi:l
zuvor tsu'fo:ɐ̯
zuvorderst tsu'fɔrdɐst
zuvörderst tsu'fœrdɐst
zuvorkommen tsu'fo:ɐ̯kɔmən
Zuvorkommenheit tsu'fo:ɐ̯kɔmənhait
zuvortun tsu'fo:ɐ̯tu:n
Zuwaage 'tsu:va:gə
Zuwachs 'tsu:vaks
zuwarten 'tsu:vartn̩
zuwege tsu've:gə
zuweilen tsu'vailən
zuweisen 'tsu:vaizn̩
zuwenig, Z... tsu've:nɪç
zuwerfen 'tsu:vɛrfn̩
zuwider tsu'vi:dɐ
zuwiderhandeln tsu'vi:dɐhandl̩n
Zuwuchs 'tsu:vu:ks
Zuylen *niederl.* 'zœilə
Zuzählung 'tsu:tsɛ:lʊŋ
zuzeiten tsu'tsaitn̩
zuzeln 'tsu:tsl̩n
zuziehen 'tsu:tsi:ən
Zuzorić *serbokr.* 'zuzɔritɕ
Zuzügler 'tsu:tsy:klɐ
zuzüglich 'tsu:tsy:klɪç
Zvečaj *serbokr.* 'zvɛtʃa:j
Zvečan *serbokr.* ˌzvɛtʃan
Zvenigorod vgl. Swenigorod
Zvenigorodka vgl. Swenigorodka
Zvezdan *serbokr.* ˌzvɛzdan
Zvolen *slowak.* 'zvɔlɛn
Zvornik *serbokr.* ˌzvɔrni:k
zwacken 'tsvakn̩
Zwanenburg *niederl.* 'zwa:nənbʏrx
zwang, Z... tsvaŋ

zwänge[n] ˈtsvɛŋə[n]
zwanzig, Z... ˈtsvantsɪç
zwanziger, Z... ˈtsvantsɪɡɐ
zwanzigerlei ˈtsvantsɪɡɐˈlai
zwanzigste ˈtsvantsɪçstə
zwanzigstel, Z... ˈtsvantsɪçstl̩
zwar tsva:ɐ̯
Zwart *niederl.* zwart
Zwarte Meer *niederl.* ˈzwartə ˈme:r
Zwarte Water *niederl.* ˈzwartə ˈwa:tər
zwatzelig ˈtsvatsəlɪç, **-e** ...ɪɡə
zwatzeln ˈtsvatsl̩n
Zweck[e] ˈtsvɛk[ə]
zwecken ˈtsvɛkn̩
zwecks tsvɛks
Zweeloo *niederl.* ˈzwe:lo:
zwei, Z... tsvai
Zweibrücken ˈtsvaibrʏkn̩
zweideutig ˈtsvaidɔytɪç, **-e** ...ɪɡə
zweieiig ˈtsvai|aiɪç, **-e** ...ɪɡə
zweieinhalb ˈtsvai|ainˈhalp
Zweier ˈtsvaiɐ
zweierlei ˈtsvaiɐˈlai
zweifach ˈtsvaifax
Zweifall ˈtsvaifal
Zweifamilienhaus tsvaifaˈmi:li̯ənhaus
Zweifarbendruck tsvaiˈfarbn̩drʊk
zweifarbig ˈtsvaifarbɪç
Zweifel ˈtsvaifl̩
zweifellos ˈtsvaifl̩lo:s
zweifeln ˈtsvaifl̩n
zweifelsohne tsvaifl̩sˈ|o:nə
Zweiflügler ˈtsvaifly:ɡlɐ
Zweig tsvaik, **-e** ...aiɡə
zweigestrichen ˈtsvaiɡəʃtrɪçn̩
zweigleisig ˈtsvaiɡlaizɪç, **-e** ...ɪɡə
Zweihänder ˈtsvaihɛndɐ
zweihändig ˈtsvaihɛndɪç, **-e** ...ɪɡə
zweihäusig ˈtsvaihɔyzɪç, **-e** ...ɪɡə
Zweiheit ˈtsvaihait
zweihundert ˈtsvaiˈhʊndɐt
Zweikammersystem tsvaiˈkamɐzʏste:m
Zweilunger ˈtsvailʊŋɐ
Zweilütschinen ˈtsvailʏtʃɪnən
zweimal ˈtsvaima:l
zweimalig ˈtsvaima:lɪç, **-e** ...ɪɡə
Zweimannboot ˈtsvaimanbo:t
Zweimaschinensystem tsvaimaˈʃi:nənzʏste:m
Zweimaster ˈtsvaimastɐ
zweireihig ˈtsvairaiɪç
zweisam ˈtsvaiza:m
zweischläfrig ˈtsvaiʃlɛ:frɪç
zweischneidig ˈtsvaiʃnaidɪç
Zweisimmen ˈtsvaizɪmən
Zweisitzer ˈtsvaizɪtsɐ
Zweispänner ˈtsvaiʃpɛnɐ
zweispännig ˈtsvaiʃpɛnɪç, **-e** ...ɪɡə
zweisprachig ˈtsvaiʃpra:xɪç, **-e** ...ɪɡə
zweistündig ˈtsvaiʃtʏndɪç, **-e** ...ɪɡə
zweistündlich ˈtsvaiʃtʏntlɪç
zweit tsvait
zweitausend ˈtsvaiˈtauzn̩t
Zweitdruck ˈtsvaitdrʊk
zweite ˈtsvaitə
zweiteilig ˈtsvaitailɪç, **-e** ...ɪɡə
zweitens ˈtsvaitn̩s
zweitletzt ˈtsvaitˈlɛtst
Zweitligist ˈtsvaitliɡɪst
Zweitourenmaschine tsvaiˈtu:rənmaʃi:nə
zweitourig ˈtsvaitu:rɪç, **-e** ...ɪɡə
zweiundeinhalb ˈtsvai|ʊnt|ainˈhalp
zweiundzwanzig ˈtsvai|ʊntˈtsvantsɪç
Zwenkau ˈtsvɛŋkau
Zwenke ˈtsvɛŋkə
zwerch tsvɛrç
Zwerchfell ˈtsvɛrçfɛl
Zwerenz ˈtsve:rɛnts
Zwerg tsvɛrk, **-e** ...rɡə
zwerghaft ˈtsvɛrkhaft
zwergig ˈtsvɛrɡɪç, **-e** ...ɪɡə
Zwetajewa, Cvetaeva *russ.* tsvɪˈtajɪvɐ
Zweter ˈtsve:tɐ
Zwetsch[g]e ˈtsvɛtʃ[ɡ]ə
Zwetschke ˈtsvɛtʃkə
Zwettl ˈtsvɛtl̩
Zwevegem *niederl.* ˈzwe:vəxəm
Zwevezele *niederl.* ˈzwe:vəze:lə
Zwi tsvi:
Zwick tsvɪk
Zwickau[er] ˈtsvɪkau[ɐ]
Zwickel ˈtsvɪkl̩
zwicken ˈtsvɪkn̩
Zwieback ˈtsvi:bak
Zwiebel ˈtsvi:bl̩
zwiebeln ˈtsvi:bl̩n, **zwieble** ...blə
Zwiedineck ˈtsvi:dinɛk
zwiefach ˈtsvi:fax
Zwiefalten tsvi:ˈfaltn̩
zwiefältig ˈtsvi:fɛltɪç, **-e** ...ɪɡə
Zwielicht ˈtsvi:lɪçt
Zwiesel ˈtsvi:zl̩
Zwiesel-Alm ˈtsvi:zl̩|alm
Zwieselau tsvi:zəˈlau
Zwieselstein ˈtsvi:zl̩ʃtain
Zwiespalt ˈtsvi:ʃpalt
zwiespältig ˈtsvi:ʃpɛltɪç, **-e** ...ɪɡə
Zwietracht ˈtsvi:traxt
zwieträchtig ˈtsvi:trɛçtɪç
Zwijnaarde *niederl.* ˈzwɛi̯na:rdə
Zwijndrecht *niederl.* ˈzwɛi̯ndrɛxt
Zwilch tsvɪlç
zwilchen ˈtsvɪlçn̩
Zwillich ˈtsvɪlɪç
zwillichen ˈtsvɪlɪçn̩
Zwilling ˈtsvɪlɪŋ
Zwinge ˈtsvɪŋə
zwingen, Z... ˈtsvɪŋən
Zwingenberg ˈtsvɪŋənbɛrk
Zwinger ˈtsvɪŋɐ
Zwingli ˈtsvɪŋli
Zwinglianer tsvɪŋˈli̯a:nɐ
zwinken ˈtsvɪŋkn̩
zwinkern ˈtsvɪŋkɐn
zwirbeln ˈtsvɪrbl̩n, **zwirble!** ...blə
Zwirn tsvɪrn
zwirnen ˈtsvɪrnən
Zwirner ˈtsvɪrnɐ
Zwirnerei tsvɪrnəˈrai
zwischen ˈtsvɪʃn̩
Zwischenahn ˈtsvɪʃn̩|a:n
zwischendrein tsvɪʃn̩ˈdrain
zwischendrin tsvɪʃn̩ˈdrɪn
zwischendurch tsvɪʃn̩ˈdʊrç
zwischenher tsvɪʃn̩ˈhe:ɐ̯
zwischenhin tsvɪʃn̩ˈhɪn
zwischenhinein tsvɪʃn̩hɪˈnain
zwischeninne tsvɪʃn̩ˈ|ɪnə
Zwischenwässern ˈtsvɪʃn̩vɛsɐn
Zwist tsvɪst
zwistig ˈtsvɪstɪç, **-e** ...ɪɡə
zwitschern ˈtsvɪtʃɐn
Zwittau ˈtsvɪtau
Zwitter ˈtsvɪtɐ
zwitt[e]rig ˈtsvɪt[ə]rɪç, **-e** ...ɪɡə
zwo tsvo:
Zwoleń *poln.* ˈzvɔlɛi̯n
zwölf, Z... tsvœlf
zwölfeinhalb ˈtsvœlf|ainˈhalp
zwölferlei ˈtsvœlfɐˈlai
Zwölferspitz ˈtsvœlfɐʃpɪts
zwölffach ˈtsvœlffax
Zwölffingerdarm tsvœlfˈfɪŋɐdarm
zwölfmal ˈtsvœlfma:l
zwölfmalig ˈtsvœlfma:lɪç, **-e** ...ɪɡə
Zwölfpfennigmarke tsvœlfˈpfɛnɪçmarkə
zwölft tsvœlft
Zwölftafelgesetze tsvœlfˈta:fl̩ɡəzɛtsə
zwölftausend ˈtsvœlfˈtauzn̩t
zwölfte ˈtsvœlftə
Zwölftel ˈtsvœlftl̩
Zwölften ˈtsvœlftn̩
zwölftens ˈtsvœlftn̩s
Zwölftonmusik ˈtsvœlfto:nmuˌzi:k
Zwolle *niederl.* ˈzwɔlə
Zwollerkerspel *niederl.* zwɔlərˈkɛrspəl
Zwönitz ˈtsvø:nɪts
Zwota ˈtsvo:ta
zwote ˈtsvo:tə
Zwotental ˈtsvo:tn̩ta:l
Zwötzen ˈtsvœtsn̩
Zyan tsy̆a:n
Zyanat tsy̆aˈna:t
Zyane ˈtsy̆a:nə
Zyanid tsy̆aˈni:t, **-e** ...i:də
Zyankali tsy̆a:nˈka:li
Zyanometer tsy̆anoˈme:tɐ
Zyanophyzee tsy̆anofyˈtse:ə
Zyanopsie tsy̆anɔˈpsi:
Zyanose tsy̆aˈno:zə

Zyanotypie tsy̆anoty'pi:, **-n** ...i:ən
Zyathus 'tsy:atʊs
Zycha 'tsy:ça
Żychlin *poln.* 'ʒɨxlin
Życie Warszawy *poln.* 'ʒɨtɕɛ var'ʃavɨ
Zygäne tsy'gɛ:nə
Zyganow, Cyganov *russ.* tsɨga'nɔf
Zygmunt *poln.* 'zɨgmunt
Zygoma tsy'go:ma, 'tsy:goma; **-ta** tsy'go:mata
zygomatisch tsygo'ma:tɪʃ
zygomorph tsygo'mɔrf
Zygos 'tsy:gɔs
Zygote tsy'go:tə
Zykadazeen tsykada'tse:ən
Zykadeen tsyka'de:ən
Zykas 'tsy:kas
Zyklade tsy'kla:də
zyklam tsy'kla:m
Zyklamen tsy'kla:mən
Zyklide tsy'kli:də
Zykliker 'tsy:klikɐ, *auch:* 'tsʏk...
zyklisch 'tsy:klɪʃ, *auch:* 'tsʏk...
Zyklitis tsy'kli:tɪs, **...itiden** ...li'ti:dn̩
Zyklogenese tsykloge'ne:zə
zykloid tsyklo'i:t, **-e** ...i:də
Zykloide tsyklo'i:də
Zyklometer tsyklo'me:tɐ
Zyklometrie tsyklome'tri:, **-n** ...i:ən
zyklometrisch tsyklo'me:trɪʃ
Zyklon (auch: Ⓦz) tsy'klo:n
Zyklone tsy'klo:nə
Zyklonopath tsyklono'pa:t
Zyklonose tsyklo'no:zə
Zyklop tsy'klo:p
Zyklophorie tsyklofo'ri:
Zyklopie tsyklo'pi:
Zyklorama tsyklo'ra:ma
Zyklostome tsyklo'sto:mə
zyklothym tsyklo'ty:m
Zyklothyme tsyklo'ty:mə
Zyklothymie tsykloty'mi:
Zyklotron 'tsy:klotro:n, *auch:* 'tsʏk...
zyklotronisch tsyklo'tro:nɪʃ
Zyklus 'tsy:klʊs, *auch:* 'tsʏklʊs
Zylinder tsi'lɪndɐ, *auch:* tsy'l...
...zylindrig (z. B. zweizylindrig) ...tsiˌlɪndrɪç, *auch:* ...tsyˌl...; **-e** ...ɪgə
zylindrisch tsi'lɪndrɪʃ, *auch:* tsy'...
Zylindrom tsylɪn'dro:m
Zyma 'tsy:ma, **-ta** ...ta
Zymase tsy'ma:zə
Zymbal 'tsymbal
Żymierski *poln.* ʒɨ'mjɛrski
zymisch 'tsy:mɪʃ
Zymogen tsymo'ge:n
Zymologie tsymolo'gi:
zymös tsy'mø:s, **-e** ...ø:zə
Zymotechnik tsymo'tɛçnɪk
zymotisch tsy'mo:tɪʃ
Zynegetik tsyne'ge:tɪk
zynegetisch tsyne'ge:tɪʃ
Zyniker 'tsy:nikɐ
zynisch 'tsy:nɪʃ
Zynismus tsy'nɪsmʊs
Zypergras 'tsy:pɐgra:s
Zypern 'tsy:pɐn
Zyprer 'tsy:prɐ
Zypresse tsy'prɛsə
zypressen tsy'prɛsn̩, **...eßne** ...ɛsnə
Zyprian[us] tsypri'a:n[ʊs]
Zypridinen... tsypri'di:nən...
Zyprier 'tsy:priɐ
Zypriot tsypri'o:t
zypriotisch tsypri'o:tɪʃ
zyprisch 'tsy:prɪʃ
Żyrardów *poln.* ʒɨ'rarduf
Zyriak 'tsy:rjak
Zyriakus tsy'ri:akʊs
zyrillisch tsy'rɪlɪʃ
Zyrjanka vgl. Syrjanka
Zystalgie tsystal'gi:, **-n** ...i:ən
Zyste 'tsʏstə
Zystein tsʏste'i:n
Zystektomie tsʏstɛkto'mi:, **-n** ...i:ən
Zystin tsʏs'ti:n
Zystis 'tsʏstɪs
zystisch 'tsʏstɪʃ
Zystitis tsʏs'ti:tɪs, **...itiden** ...ti'ti:dn̩
Zystizerkose tsʏstitsɛr'ko:zə
Zystizerkus tsysti'tsɛrkʊs
Zystopyelitis tsʏstopy̆e'li:tɪs, **...itiden** ...li'ti:dn̩
Zystoskop tsʏsto'sko:p
Zystoskopie tsʏstosko'pi:, **-n** ...i:ən
Zystospasmus tsʏsto'spasmʊs
Zystostomie tsʏstosto'mi:, **-n** ...i:ən
Zystotomie tsʏstoto'mi:, **-n** ...i:ən
Zystozele tsʏsto'tse:lə
Zythera tsy'te:ra
Zytisus 'tsy:tizʊs
Zytoblast tsyto'blast
Zytochrom tsyto'kro:m
Zytode tsy'to:də
Zytodiagnostik tsytodia'gnɔstɪk
zytogen tsyto'ge:n
Zytogenetik tsytoge'ne:tɪk
Zytologe tsyto'lo:gə
Zytologie tsytolo'gi:
zytologisch tsyto'lo:gɪʃ
Zytolyse tsyto'ly:zə
Zytoplasma tsyto'plasma
Zytoskopie tsytosko'pi:
Zytosom tsyto'zo:m
Zytosoma tsyto'zo:ma, **-ta** ...ta
Zytostatikum tsyto'sta:tikʊm, **...ka** ...ka
zytostatisch tsyto'sta:tɪʃ
Zytostom tsyto'sto:m
Zytostoma tsyto'sto:ma, **-ta** ...ta
Zytotoxin tsytotɔ'ksi:n
Żywiec *poln.* 'ʒɨvjɛts

Zeichen der Internationalen Lautschrift

In der ersten Spalte stehen die im Wörterverzeichnis verwendeten grundlegenden Zeichen der IPA, in der zweiten steht eine volkstümliche Erklärung oder Bezeichnung des Zeichens (vgl. auch S. 12, 13).

a	helles a
ɑ	dunkles a
ɐ	abgeschwächtes a
ʌ	abgeschwächtes dunkles a
b	b-Laut
β	nicht voll geschlossenes b
ç	Ich-Laut
ɕ	ßj-Laut
d	d-Laut
ð	stimmhafter englischer th-Laut
ð̞	stimmhafter spanischer th-Laut
e	geschlossenes e
ɛ	offenes e
ə	Murmellaut
f	f-Laut
g	g-Laut
ɣ	geriebenes g
h	h-Laut
i	geschlossenes i
ɪ	offenes i
ɨ	zwischen [i] und [u] ohne Lippenrundung
j	j-Laut
k	k-Laut
l	l-Laut
ɫ	dunkles l
ʎ	lj-Laut
m	m-Laut
n	n-Laut
ɲ	nj-Laut
ŋ	ng-Laut
o	geschlossenes o
ɔ	offenes o
ø	geschlossenes ö
œ	offenes ö
p	p-Laut
q	hinterer k-Laut
r	r-Laut
s	ß-Laut
ʃ	sch-Laut
t	t-Laut
θ	stimmloser englischer th-Laut
u	geschlossenes u
ʊ	offenes u
ʉ	zwischen ü und u
v	w-Laut
w	englischer w-Laut
x	Ach-Laut
y	geschlossenes ü
ʏ	offenes ü
ɥ	konsonantisches ü
z	s-Laut („weich“)
ʑ	sj-Laut („weich“)
ʒ	sch-Laut („weich“)

Sonstige Zeichen der Lautschrift

|	Stimmritzenverschlußlaut („Knacklaut“) im Deutschen, z. B. beạcht! [bə'|axt]; wird vor Vokal am Wortanfang weggelassen, z. B. Ạst [ast], eigentlich: [|ast].
'	Stimmritzenverschlußlaut in Fremdsprachen.
:	Längezeichen, bezeichnet Länge des unmittelbar davor stehenden Vokals, z. B. bạde ['ba:də].
˜	Zeichen für nasale Vokale, z. B. Fond [fõ:]
'	Hauptbetonung, steht unmittelbar vor der hauptbetonten Silbe, z. B. Ạffe ['afə], Apothẹke [apo'te:kə].

ˌ Nebenbetonung, steht unmittelbar vor der nebenbetonten Silbe, wird selten verwendet; z. B. Bạhnhofstraße ['ba:nho:fˌʃtra:sə]. Für Norwegisch, Schwedisch und Serbokroatisch vgl. S. 110, 113.

̩ Zeichen für silbischen Konsonanten, steht unmittelbar unter dem Konsonanten, z. B. Bụ̈ffel ['bʏfl̩].

̯ ̑ Halbkreis, untergesetzt oder übergesetzt, bezeichnet unsilbischen Vokal, z. B. Stụdie ['ʃtu:di̯ə].

͜ kennzeichnet im Deutschen die Affrikaten sowie die ei-, au- und eu-Diphthonge, z. B. Pụtz [pʊt͜s], we͜it [va͜it].

\- Bindestrich, bezeichnet Silbengrenze, z. B. Ạbstand ['ap-ʃtant].

Zeichen der Lautschrift für deutsche Aussprache

Die untenstehende Tabelle bringt Lautzeichen und Lautzeichenkombinationen, wie sie bei deutscher Aussprache im Wörterverzeichnis verwendet werden. In der ersten Spalte steht das Lautzeichen oder die Lautzeichenkombination, in der zweiten Spalte ein Beispiel dazu in Rechtschreibung, in der dritten Spalte das Beispiel in Lautschrift.

a	**hạt**	hat	ŋ	**lạng**	laŋ
a:	**Bạhn**	ba:n	o	**Morạl**	mo'ra:l
ɐ	**O̲ber**	'o:bɐ	o:	**Bo̲o̲t**	bo:t
ɐ̯	**U̲hr**	u:ɐ̯	o̯	**loyạl**	lo̯a'ja:l
ã	**Pense̲e̲**	pã'se:	õ	**Fondue**	fõ'dy:
ã:	**Gourmand**	gʊr'mã:	õ:	**Fond**	fõ:
a͜i	**we̲i̲t**	va͜it	ɔ	**Pọst**	pɔst
a͜u	**Ha̲u̲t**	ha͜ut	ø	**Ökonọm**	øko'no:m
b	**Bạll**	bal	ø:	**Ö̲l**	ø:l
ç	**ịch**	ɪç	œ	**gọ̈ttlich**	'gœtlɪç
d	**dạnn**	dan	œ̃	**Lundịst**	lœ̃'dɪst
d͜ʒ	**Gịn**	d͜ʒɪn	œ̃:	**Parfum**	par'fœ̃:
e	**Methạn**	me'ta:n	ɔ͜y	**He̲u̲**	hɔ͜y
e:	**Be̲e̲t**	be:t	p	**Pạkt**	pakt
ɛ	**hạ̈tte**	'hɛtə	p͜f	**Pfạhl**	p͜fa:l
ɛ:	**wạ̈hle**	'vɛ:lə	r	**Rạst**	rast
ɛ̃	**timbri̲e̲ren**	tɛ̃'bri:rən	s	**Hạst**	hast
ɛ̃:	**Timbre**	'tɛ̃:bɐ	ʃ	**schạl**	ʃa:l
ə	**hạlte**	'haltə	t	**Tạl**	ta:l
f	**Fạß**	fas	t͜s	**Zạhl**	t͜sa:l
g	**Gạst**	gast	t͜ʃ	**Mạtsch**	mat͜ʃ
h	**hạt**	hat	u	**kulạnt**	ku'lant
i	**vitạl**	vi'ta:l	u:	**Hụt**	hu:t
i:	**vi̲e̲l**	fi:l	u̯	**aktuẹll**	ak'tu̯ɛl
i̯	**Studie**	'ʃtu:di̯ə	ʊ	**Pụlt**	pʊlt
ɪ	**bịst**	bɪst	v	**wạs**	vas
j	**jạ**	ja:	x	**Bạch**	bax
k	**kạlt**	kalt	y	**Mykẹne**	my'ke:nə
l	**Lạst**	last	y:	**Rü̲be**	'ry:bə
l̩	**Nạbel**	'na:bl̩	y̆	**Etuị**	e'ty̆i:
m	**Mạst**	mast	ʏ	**fụ̈llt**	fʏlt
m̩	**großem**	'gro:sm̩	z	**Hạse**	'ha:zə
n	**Nạht**	na:t	ʒ	**Geni̲e̲**	ʒe'ni:
n̩	**bạden**	'ba:dn̩	|	**beạmtet**	bə'|amtət

Von diesen Zeichen und Zeichenkombinationen werden [ɐ̯ a͜i a͜u d͜ʒ n̩ ɔ͜y p͜f t͜s t͜ʃ |] nicht für fremdsprachliche Aussprache verwendet.

Zeichen der Lautschrift für fremdsprachliche Aussprache

Die untenstehende Tabelle bringt Lautzeichen, wie sie bei fremdsprachlicher Aussprache im Wörterverzeichnis erscheinen. In der ersten Spalte steht das Lautzeichen, in der zweiten Spalte ein Beispiel dazu in Rechtschreibung, in der dritten Spalte die sprachliche Zugehörigkeit und die Lautschrift des Beispiels.

ɑ	**Bạrnes**	*engl.* bɑ:nz	ɨ	**Gromỵko**	*russ.* gra'mɨkɐ
æ	**Bradley**	*engl.* 'brædlɪ	ƚ	**Devọll**	*alban.* de'voƚ
ʌ	**Hull**	*engl.* hʌl	ʎ	**Sevịlla**	*span.* se'βiʎa
β	**Habạna**	*span.* a'βana	ɲ	**Cognạc**	*fr.* kɔ'ɲak
ɕ	**Sięḍlce**	*poln.* 'ɕɛdltsɛ	q	**Kum**	*pers.* qom
ð	**Sutherland**	*engl.* 'sʌðələnd	θ	**Heath**	*engl.* hi:θ
ð̞	**Guzmán**	*span.* guð̞'man	ʑ	**Ziębịce**	*poln.* ʑɛm'bitsɛ
ɣ	**Tarragọna**	*span.* tarra'ɣona	’	**Lund**	*dän.* lon’

DUDEN-TASCHENBÜCHER

Herausgegeben vom Wissenschaftlichen Rat der Dudenredaktion:
Professor Dr. Günther Drosdowski · Dr. Rudolf Köster · Dr. Wolfgang Müller · Dr. Werner Scholze-Stubenrecht

Band 1: Komma, Punkt und alle anderen Satzzeichen
Sie finden in diesem Taschenbuch Antwort auf alle Fragen, die im Bereich der deutschen Zeichensetzung auftreten können. 165 Seiten.

Band 2: Wie sagt man noch?
Hier ist der Ratgeber, wenn Ihnen gerade das passende Wort nicht einfällt oder wenn Sie sich im Ausdruck nicht wiederholen wollen. 219 Seiten.

Band 3: Die Regeln der deutschen Rechtschreibung
Dieses Buch stellt die Regeln zum richtigen Schreiben der Wörter und Namen sowie die Regeln zum richtigen Gebrauch der Satzzeichen dar. 188 Seiten.

Band 4: Lexikon der Vornamen
Mehr als 3 000 weibliche und männliche Vornamen enthält dieses Taschenbuch. Sie erfahren, aus welcher Sprache ein Name stammt, was er bedeutet und welche Persönlichkeiten ihn getragen haben. 239 Seiten.

Band 5: Satz- und Korrekturanweisungen
Richtlinien für die Texterfassung. Mit ausführlicher Beispielsammlung. Dieses Taschenbuch enthält nicht nur die Vorschriften für den Schriftsatz und die üblichen Korrekturvorschriften, sondern auch Regeln für Spezialbereiche. 268 Seiten.

Band 6: Wann schreibt man groß, wann schreibt man klein?
In diesem Taschenbuch finden Sie in mehr als 7 500 Artikeln Antwort auf die Frage „groß oder klein?“. 252 Seiten.

Band 7: Wie schreibt man gutes Deutsch?
Eine Stilfibel. Der Band stellt die vielfältigen sprachlichen Möglichkeiten dar und zeigt, wie man seinen Stil verbessern kann. 163 Seiten.

Band 8: Wie sagt man in Österreich?
Das Buch bringt eine Fülle an Informationen über alle sprachlichen Eigenheiten, durch die sich die deutsche Sprache in Österreich von dem in Deutschland üblichen Sprachgebrauch unterscheidet. 252 Seiten.

Band 9: Wie gebraucht man Fremdwörter richtig?
Mit 4000 Stichwörtern und über 30000 Anwendungsbeispielen ist dieses Taschenbuch eine praktische Stilfibel des Fremdwortes. 368 Seiten.

Band 10: Wie sagt der Arzt?
Dieses Buch unterrichtet Sie in knapper Form darüber, was der Arzt mit diesem oder jenem Ausdruck meint. 176 Seiten.

Band 11: Wörterbuch der Abkürzungen
Berücksichtigt werden 36 000 Abkürzungen, Kurzformen und Zeichen aus allen Bereichen. 260 Seiten.

Band 13: mahlen oder malen?
Hier werden gleichklingende aber verschieden geschriebene Wörter in Gruppen dargestellt und erläutert. 191 Seiten.

Band 14: Fehlerfreies Deutsch
Viele Fragen zur Grammatik erübrigen sich, wenn man dieses Duden-Taschenbuch besitzt. Es macht grammatische Regeln verständlich und führt zum richtigen Sprachgebrauch. 204 Seiten.

Band 15: Wie sagt man anderswo?
Dieses Buch will allen jenen helfen, die mit den landschaftlichen Unterschieden in Wort- und Sprachgebrauch konfrontiert werden. 190 Seiten.

Band 17: Leicht verwechselbare Wörter
Der Band enthält Gruppen von Wörtern, die auf Grund ihrer lautlichen Ähnlichkeit leicht verwechselt werden. 334 Seiten.

Band 18: Wie schreibt man im Büro?
Es werden nützliche Ratschläge und Tips zur Erledigung der täglichen Büroarbeit gegeben. 176 Seiten.

Band 19: Wie diktiert man im Büro?
Alles Wesentliche über die Verfahren, Regeln und Techniken des Diktierens. 225 Seiten.

Band 20: Wie formuliert man im Büro?
Dieses Taschenbuch bietet Regeln, Empfehlungen und Übungstexte aus der Praxis. 282 Seiten.

Band 21: Wie verfaßt man wissenschaftliche Arbeiten?
Dieses Buch behandelt ausführlich und mit vielen praktischen Beispielen die formalen und organisatorischen Probleme des wissenschaftlichen Arbeitens. 208 Seiten.

DER KLEINE DUDEN

Deutsches Wörterbuch
Der Grundstock unseres Wortschatzes. Über 30 000 Wörter mit mehr als 100 000 Angaben zu Rechtschreibung, Silbentrennung, Aussprache und Grammatik. 445 Seiten.

Fremdwörterbuch
Ein zuverlässiger Helfer über die wichtigsten Fremdwörter des täglichen Gebrauchs. Rund 15 000 Fremdwörter mit mehr als 90 000 Angaben zur Bedeutung, Aussprache und Grammatik. 448 Seiten.

Bibliographisches Institut
Mannheim/Wien/Zürich

nasculino	**m**	masculine
Iárketing	**Marketing**	Marketing
Iatemáticas	**Mat, Math**	Mathematics
Iecánica	**Mec, Mech Eng**	Mechanical Engineering
Iedicina	**Med**	Medicine
Ietalurgia	**Metal, Metall**	Metallurgy
Ieteorología	**Meteo**	Meteorology
Iéxico	**Méx**	Mexico
nasculino y femenino	**mf**	masculine and feminine
nasculino, femenino	**m, f**	masculine, feminine
Iilitar	**Mil**	Military
Iinería	**Min**	Mining
Iitología	**Mit**	Mythology
nasculino plural	**mpl**	masculine plural
Iúsica	**Mús, Mus**	Music
Iitología	**Myth**	Mythology
ıombre, sustantivo	**n**	noun
Iáutica	**Náut, Naut**	Nautical
ıegativo	**neg**	negative
Iicaragua	**Nic**	Nicaragua
ísica nuclear	**Nucl Phys**	Nuclear Physics
bsoleto	**obs**	obsolete
Ocultismo	**Occult**	Occult
Ocio	**Ocio**	Leisure
Odontología	**Odont**	Dentistry
Óptica	**Ópt, Opt**	Optics
anamá	**Pan**	Panama
araguay	**Par**	Paraguay
articipio pasado	**past p**	past participle
eyorativo	**pej**	pejorative
erú	**Per**	Peru
enguaje periodístico	**period**	journalese
eriodismo	**Period**	Journalism
eyorativo	**pey**	pejorative
armacología	**Pharm**	Pharmacology
ilosofía	**Phil**	Philosophy
otografía	**Phot**	Photography
ísica	**Phys**	Physics
isiología	**Physiol**	Physiology
lural	**pl**	plural
ustantivo plural	**pl n**	plural noun
oético	**poet**	poetic
olítica	**Pol**	Politics
Correo	**Post**	Post
articipio pasado	**pp**	past participle
uerto Rico	**PR**	Puerto Rico
refijo	**pref**	prefix
reposición	**prep**	preposition
articipio presente	**pres p**	present participle
mprenta	**Print**	Printing
ronombre	**pron**	pronoun
ronombre demostrativo	**pron dem**	demonstrative pronoun
ronombre personal	**pron pers**	personal pronoun
ronombre relativo	**pron rel**	relative pronoun
sicología	**Psic, Psych**	Psychology
ndustria editorial	**Publ**	Publishing
Química	**Quím**	Chemistry
narca registrada	®	registered trade mark
Radio	**Rad**	Radio
errocarriles	**Rail**	Railways
República Dominicana	**RD**	Dominican Republic
ecíproco	**recípr**	reciprocal
eflexivo	**refl**	reflexive
Religión	**Relig**	Religion
Relaciones Laborales	**Rels Labs**	Labor Relations
Río de la Plata	**RPl**	River Plate area
inglés surafricano	**SAfr**	South African English
El Salvador	**Sal**	El Salvador
alguien	**sb**	somebody
inglés de Escocia	**Scot**	Scottish English
Servicios Sociales	**Servs Socs**	Social Administration
singular	**sing**	singular
argot	**sl**	slang
Servicios Sociales	**Soc Adm**	Social Administration
Sociología	**Sociol**	Sociology
Deporte	**Sport**	Sport
algo	**sth**	something
sufijo	**suf, suff**	suffix
Tauromaquia	**Taur**	Bullfighting
Fisco	**Tax**	Tax
también	**tb**	also
Teatro	**Teatr**	Theater
Tecnología	**Tec, Tech**	Technology
lenguaje técnico	**téc, tech**	technical language
Telecomunicaciones	**Telec**	Telecommunications
Textiles	**Tex**	Textiles
Teatro	**Theat**	Theater
Turismo	**Tourism**	Tourism
Transporte	**Transp**	Transport
Televisión	**TV**	Television
no numerable	**U**	uncountable
Unión Europea	**UE**	European Union
no numerable	**uncount**	uncountable
Uruguay	**Ur**	Uruguay
verbo	**v**	verb
verbo auxiliar	**v aux**	auxiliary verb
verbo	**vb**	verb
Venezuela	**Ven**	Venezuela
Veterinaria	**Vet, Vet Sci**	Veterinary Science
verbo intransitivo	**vi**	intransitive verb
Vídeo	**Vídeo, Video**	Video
verbo impersonal	**v impers**	impersonal verb
Vinicultura	**Vin**	Wine
verbo modal	**v mod**	modal verb
verbo pronominal	**v pron**	pronominal verb
verbo reflexivo	**v refl**	reflexive verb
verbo transitivo	**vt**	transitive verb
vulgar	**vulg**	vulgar
Zoología	**Zool**	Zoology

The Concise Oxford Spanish Dictionary

El Diccionario Oxford Esencial

El Diccionario Oxford Esencial

Español ⇢ Inglés
Inglés ⇢ Español

Dirección editorial
Carol Styles Carvajal · Jane Horwood

Tercera edición
Nicholas Rollin

The Concise Oxford Spanish Dictionary

Spanish → English
English → Spanish

Chief editors
Carol Styles Carvajal · Jane Horwood

Third edition, edited by
Nicholas Rollin

OXFORD
UNIVERSITY PRESS

Great Clarendon Street, Oxford OX2 6DP

Oxford University Press is a department of the University of Oxford.
It furthers the University's objective of excellence in research, scholarship,
and education by publishing worldwide in

Oxford New York

Auckland Bangkok Buenos Aires Cape Town Chennai
Dar es Salaam Delhi Hong Kong Istanbul Karachi Kolkata Kuala Lumpur
Madrid Melbourne Mexico City Mumbai Nairobi
São Paulo Shanghai Singapore Taipei Tokyo Toronto

with an associated company in Berlin

Oxford is a registered trade mark of Oxford University Press
in the UK and in certain other countries

Published in the United States
by Oxford University Press Inc., New York

First edition published 1996
Second edition published 1998
Third edition published 2004

British Library Cataloguing in Publication Data
Data available

Library of Congress Cataloging in Publication Data
Data available

ISBN 0-19-8609779 (UK and US English cover edition)
ISBN 0-19-8610270 (Latin American Spanish cover edition)
ISBN 0-19-8610238 (Spanish cover edition for Spain)

10 9 8 7 6 5 4 3 2 1

Typeset in Swift, Arial and Meta
by Interactive Sciences Ltd.
Printed in Great Britain by
Clays Ltd.

Preface
Prólogo

This new edition of the *Concise Oxford Spanish Dictionary* draws on the major revision of the highly acclaimed *Oxford Spanish Dictionary*, 2003. The principle sources for the updating of the Oxford Spanish dictionary range are the continuing research into language development carried out at Oxford University Press and the use of sophisticated electronic search techniques to identify new terminology appearing in Internet sources in both Spanish and English. These, together with valuable readers' comments and observations from around the world, have enabled the editors to update and enrich the text in many ways.

The design of the *Concise Oxford Spanish Dictionary* has been transformed by the use of color and a new visual presentation of the dictionary information, making the dictionary more accessible and easier to use. The new edition also sees the introduction of some popular features of the *Oxford Spanish Dictionary*. These include a correspondence section giving models for communicating by letter in a wide range of situations, and guidance on SMS messaging in Spanish and English. Notes on the life and culture of the Spanish and English-speaking countries of the world are listed alphabetically in the Spanish–English and English–Spanish sides of the dictionary respectively.

We are confident that these improvements will continue to make the *Concise Oxford Spanish Dictionary* an essential tool for all those who need an authoritative, concise, and up-to-date guide to Spanish and English.

The Editors

Para esta nueva edición del *Diccionario Oxford Esencial* se ha hecho uso de la edición completamente revisada del muy elogiado *Diccionario Oxford*, 2003. Las fuentes principales que se utilizan para actualizar toda la gama de diccionarios Oxford en español, son: la continua investigación del desarrollo del idioma que se lleva a cabo en Oxford University Press y el uso de técnicas electrónicas altamente desarrolladas para la identificación de la nueva terminología que aparece en Internet tanto en inglés como en español. Esto, conjuntamente con los valiosos comentarios y observaciones que se reciben de los lectores de todo el mundo, ha permitido a los editores actualizar y enriquecer el texto en muchos sentidos.

Se ha cambiado el diseño del *Diccionario Oxford Esencial* utilizando color y una nueva presentación visual de la información, lo que hace al diccionario más accesible y fácil de usar. La nueva edición también incluye algunas características de mucho éxito del *Diccionario Oxford*, como la sección de correspondencia que proporciona modelos para la comunicación por carta en una variedad de situaciones, y la guía para enviar mensajes SMS tanto en inglés como en español. Las notas sobre la vida y cultura de los países del mundo anglosajón e hispanohablante se incluyen alfabéticamente a través del texto del diccionario, en la sección español–inglés e inglés–español respectivamente.

Estamos seguros de que todas estas mejoras al texto seguirán haciendo del *Diccionario Oxford Esencial* una herramienta esencial para todos aquellos que requieran de una guía seria, concisa y actual en el empleo del español y del inglés.

Los Editores

List of contributors
Lista de colaboradores

Third edition/Tercera Edición

Chief Editor/Dirección editorial
Nicholas Rollin

First Edition/Primera Edición

Project direction/Dirección
Michael Clark

Chief Editors/Dirección editorial
Carol Styles Carvajal · Jane Horwood

Senior Editor/Editor
Michael Britton

Editors/Redactores
Ana Cristina Llompart
Haydn Kirnon
Malihe Forghani-Nowbari
Julie Watkins
Victoria Zaragoza
Sarah Gray
Ximena Castillo
Alison Sadler
Enrique González
Margaret Jull Costa
Dileri Borunda Johnston
Jeremy Munday
Carmen Fernández-Marsden
Bernadette Mohan
Stephanie Parker

Contents / Índice

Proprietary names

This dictionary includes some words which have, or are asserted to have, proprietary status as trade marks or otherwise. Their inclusion does not imply that they have acquired for legal purposes a non-proprietary or general significance, nor is any other judgment implied concerning their legal status. In cases where the editorial staff have some evidence that a word has proprietary status this is indicated in the entry for that word by the symbol ®, but no judgment concerning the legal status of such words is made or implied thereby.

Marcas registradas

Este diccionario incluye palabras que constituyen, o se afirma que constituyen, marcas registradas o nombres comerciales. Su inclusión no significa que a efectos legales hayan dejado de tener ese carácter, ni supone un pronunciamiento respecto de su situación legal. Cuando al editor le consta que una palabra es una marca registrada o un nombre comercial, esto se indica por medio del símbolo ®, lo que tampoco supone un pronunciamiento acerca de la situación legal de esa palabra.

Structure of a Spanish–English entry

1 Headword and Sense Divisions/Vocablo cabeza de artículo y sus distintas acepciones

Headword
Vocablo cabeza de artículo

abreviatura *f* abbreviation

All entries are listed in strict alphabetical order except for compounds
Todos los artículos aparecen en riguroso orden alfabético con la excepción de los sustantivos compuestos

abrigada *f*, **abrigadero** *m* shelter

Variant form of headword
Variante del vocablo cabeza de artículo

Words which, though spelled the same, have different parts of speech
Homógrafos con diferente función gramatical

abstemio[1] **-mia** *adj* teetotal
abstemio[2] **-mia** *m,f* teetotaler*

ACNUR /ak'nur/ *m* (= **Alto Comisionado de las Naciones Unidas para los Refugiados**) UNHCR

a. de C. (= **antes de Cristo**) BC, before Christ

Abbreviations and acronyms follow the same strict alphabetical order as other headwords
Las abreviaturas y las siglas siguen el mismo orden alfabético que los demás vocablos cabeza de artículo

Sense divisions. Letters are used for major divisions, numbers for subdivisions or lesser divisions. Roman numerals (I, II etc) are used for even broader divisions
Divisiones correspondientes a las distintas acepciones. Se utilizan letras para indicar las divisiones principales, números para las subdivisiones de éstas. Los números romanos indican divisiones semánticas aún más amplias

acusación *f*
A **1** (imputación) accusation **2** (Der) charge; **negó la ~** he denied the charges; **formular una ~ contra algn** to bring charges against sb
B (parte): **la ~** the prosecution

adelgazar [A4] *vt* ‹*caderas/cintura*› to reduce; ‹*kilos*› to lose
■ **adelgazar** *vi* to lose weight

afear [A1] *vt* **1** ‹*persona*› to make … look ugly; ‹*paisaje*› to spoil **2** ‹*conducta*› to criticize
■ **afearse** *v pron* to lose one's looks

A change of part of speech of a verb is marked by a box ■
Todo cambio de categoría gramatical dentro de un verbo se indica con el símbolo ■

Compounds appear under the headword which forms their first element. Where there are sense divisions, they appear at the end of the division to which they relate semantically
Los sustantivos compuestos aparecen bajo el vocablo cabeza de artículo que constituye su primer elemento. Cuando existen distintas acepciones aparecen al final de la división a la cual corresponden semánticamente

agente *mf*
A (Com, Fin) agent
(Compuestos)
- **agente artístico/de publicidad** artistic/advertising agent
- **agente de seguros** insurance broker
- **agente de viajes** travel agent

B (frml) (funcionario) employee
(Compuestos)
- **agente de policía** *or* (period) **del orden** police officer
- **agente de tráfico** *or* (Arg, Méx) **de tránsito** ≈ traffic policeman (*in US*), ≈ traffic warden (*in UK*)
- **agente secreto** secret agent

C **agente** *m* (Med, Tec, Ling) agent

Structure of a Spanish–English entry

agregado -da *mf*
A (de embajada) attaché
B (Educ) **1** (en Ur) *assistant head of department* **2** (en Esp) senior teacher *o* lecturer
(Compuesto) **agregado -da comercial/cultural** commercial/cultural attaché
C (Col) (arrendatario) sharecropper
D **agregado** *m* (añadido) addition

agujeta *f*
A (Méx) (de zapato) (shoe) lace
B **agujetas** *fpl* (Esp) stiffness; **tengo ~s en las piernas** my legs are stiff

Senses restricted to a particular form of a noun appear in a separate division
Las acepciones limitadas a una de las formas de un sustantivo aparecen bajo una división aparte

2 Grammatical information/Información gramatical

Part of Speech
Función gramatical

abadesa *f* abbess

abalear [A1] *vt* (Andes fam) to shoot

abrebotellas *m* (*pl* ~) bottle opener

Irregular plural form
Plurales irregulares

Every verb has a reference to the verb tables on p. 1473
Cada verbo se remite a la tabla de conjugaciones en la página 1473

absolver [E11] *vt* **1** (Relig) to absolve; **~ a algn DE algo** to absolve sb OF sth **2** (Der) ‹*acusado*› to acquit, find ... not guilty

aburrido[1] -da *adj*
A ‹*persona*› **1** [ESTAR] (sin entretenimiento) bored; **estoy muy ~** I'm bored stiff **2** [ESTAR] (harto) fed up; **~ DE algo** tired OF sth, fed up WITH sth; **~ DE + INF** tired of -ING
B [SER] ‹*película/persona*› boring; ‹*trabajo*› boring, tedious

The use of ser or estar with adjectives is marked when necessary
El uso de ser o estar con adjetivos se indica donde es necesario

The part of speech *f*‡ indicates a feminine noun that takes the masculine article in the singular
La función gramatical *f*‡ indica un sustantivo femenino usado con el artículo masculino en el singular

alba *f*‡
A (del día) dawn, daybreak; **al rayar** *or* **romper el ~** (liter) at the break of day (liter); **al** *or* **con el ~** at the crack of dawn
B (Relig) alb

aprestar [A1] *vt* **1** (preparar) to prepare **2** ‹*tela*› to size
■ **aprestarse** *v pron* (*refl*) (frml) **~se PARA algo** to prepare FOR sth; **~se A + INF** to prepare to + INF

Grammatical constructions in which the headword commonly occurs are indicated with the use of small capitals
Las construcciones gramaticales en las que suele aparecer el vocablo cabeza de artículo se destacan mediante versalitas

Syntactical information about the translation is given in parentheses after the translation
La información sintáctica relativa a la traducción aparece en paréntesis después de la traducción

aprovisionamiento *m* (acción) provisioning; (provisiones) supplies (*pl*), provisions (*pl*)

ausentista *adj* absentee (*before n*)

Structure of a Spanish–English entry

antojarse [A1] *v pron* (*en 3ª pers*)
A (apetecer) (+ *me/te/le etc*): **se me antojó una cerveza** I felt like (having) a beer; **de embarazada se me antojaban las uvas** when I was pregnant, I had a craving for grapes; **hace lo que se le antoja** he does as he pleases; **porque no se me antoja** because I don't feel like it

Spanish verbs (or senses of them) which are typically used with the indirect object pronouns me, te, le, nos, os and les
El indicador (+ me/te/le/ etc) señala las acepciones de los verbos españoles en las que éstos se emplean con los pronombres personales de objeto indirecto me, te, le, nos, os y les

Pronominal verbs are labeled to indicate whether they are reflexive (refl), reciprocal (recípr), emphatic (enf) or causative (caus)
Los verbos pronominales llevan indicadores que denotan su uso reflexivo (refl), recíproco (recípr), enfático (enf) o causativo (caus)

anudar [A1] *vt* ‹*cordón/corbata*› to tie
■ **anudarse** *v pron* (*refl*) ‹*corbata/pañuelo*› to tie; **con la camisa anudada a la cintura** with her shirt knotted at the waist

■ **anularse** *v pron* (*recípr*): **las dos fuerzas se anulan** the two forces cancel each other out

3 Labels/Indicadores

Sense indicators
Indicadores semánticos

cabezal *m*
A (de un torno) headstock
B 1 (almohada) bolster 2 (de sillón) headrest
C (AmL) (de cama) headboard/footboard
D (AmL) (terminal) terminal
E (Audio, Video) head

Field labels
Indicadores de campo semántico

cápsula *f*
A (Farm) capsule
B (Audio) cartridge
C (Espac) capsule

Regional labels
Indicadores de uso regional

carcacha *f* (Andes, Méx fam) (auto viejo) wreck (colloq), old heap (colloq); (otro aparato) contraption (colloq)

carcamal[1], (Méx, RPl) **carcamán -mana** *adj* (fam & pey) decrepit

Stylistic labels
Indicadores de estilo

cascarrabias[1] *adj inv* (fam) cantankerous, grumpy

casitas *fpl* (Chi fam & euf) (cuarto de baño) bathroom (euph)

casorio *m* (fam & hum): **están de ~** they're at a wedding (colloq)

Regional and stylistic labels of translations
Indicadores de uso regional y de estilo de la traducción

castañuela *f* castanet; ***como unas ~s*** as happy as a clam (AmE) *o* (BrE) a sandboy

cataplasma *f* poultice, cataplasm (tech)

4 Phrases/Ejemplos de uso

Examples (with a swung dash representing the headword)
Ejemplos (la tilde representa el vocablo cabeza de artículo)

desgaste *m* 1 (de ropa, suelas) wear; (de rocas) erosion, wearing away 2 (debilitamiento): **~ físico** debilitation; **indicios del ~ de la dictadura** signs that the dictatorship is weakening

Structure of a Spanish–English entry

Idioms
Modismos

desierto[2] *m* desert; ***predicar*** *or* ***clamar en el ~*** to preach in the wilderness

diablo[2] *m*
A (demonio) devil; **este niño es el mismo ~** this child is a real devil; ***como (el*** *or* ***un) ~*** like crazy *o* mad (colloq); ***del ~*** *or* ***de todos los ~s*** *or* ***de mil ~s*** (fam) devilish (colloq); **está de un humor de mil ~s** she's in a devil of a mood (colloq); ***donde el ~ perdió el poncho*** (AmS fam) (en un lugar — aislado) in the back of beyond; (— lejano) miles away (colloq); ***irse al ~*** (fam): **¡vete al ~!** go to hell! (colloq); ***mandar a algn al ~*** (fam) to tell sb to go to hell (colloq); ***mandar algo al ~*** (fam) to pack sth in (colloq); ***tener el ~ en el cuerpo*** to be a devil; ***el ~ las carga*** don't play with guns; ***más sabe el ~ por viejo que por ~*** there's no substitute for experience; ***más vale ~ conocido que ciento*** (Chi) *or* (Arg) ***santo por conocer*** better the devil you know than the devil you don't

Proverbs
Proverbios

Idioms and proverbs appear in bold italics after examples. They are entered at the article corresponding to the first noun in the idiom; where there is no noun, the idiom or proverb appears at the article for the first verb, adjective or adverb.

Los modismos y los proverbios aparecen en negritas redondas después de los ejemplos. Se encuentran en el artículo correspondiente al primer sustantivo del modismo o proverbio respectivo. Cuando el modismo o el proverbio no contiene un sustantivo, aparece en el artículo correspondiente a su primer verbo, adjetivo o adverbio

Ⓢ indicates the use of the headword in signs, notices, warnings, etc
El símbolo Ⓢ indica el uso del vocablo cabeza de artículo en letreros, anuncios, advertencias, etc

duelo *m*
A **1** (dolor) sorrow, grief; (luto) mourning; **estar de ~** to be in mourning; Ⓢ **cerrado por duelo** (AmL) closed owing to bereavement; **~ nacional** national mourning **2** (Esp frml): **el ~** (el cortejo) the cortege; (los deudos) the mourners (*pl*)

5 Translations/Traducciones

Translation
Traducción

ancestro *m* ancestor

andén *m*
A (en estación) platform
B (AmC, Col) (acera) sidewalk (AmE), pavement (BrE)

Regional translations
Traducciones de uso regional

basurero -ra *m,f*
A (persona) garbage collector (AmE), dustman (BrE)

Universally valid translation(s) followed by regional alternative(s)
Traducción universalmente válida seguida de alternativas regionales

batatazo *m* **1** (Andes fam) (golpe de suerte) stroke of luck **2** (Chi) (triunfo inesperado) shock *o* surprise win **3** (Col) (idea genial) stroke of genius, brainstorm (AmE), brainwave (BrE)

Words often used with the headword, shown to help select the correct translation for each context
Palabras que suelen acompañar al vocablo cabeza de artículo y que ayudan a elegir la traducción que corresponde a cada contexto

brusco -ca *adj* **1** ‹*movimiento/cambio*› abrupt, sudden; ‹*subida/descenso*› sharp, sudden, abrupt; **el ~ giro de los acontecimientos** the sudden turn of events **2** ‹*carácter/modales*› rough; ‹*tono/gesto*› brusque, abrupt

Nouns modified by an adjective
Sustantivos calificados por un adjetivo

comunitariamente *adv* ‹*vivir/trabajar*› communally; ‹*luchar*› as a community

Verbs or adjectives modified by an adverb
Verbos o adjetivos modificados por un adverbio

ejecutar [A1] *vt*
A ‹*condenado/reo*› to execute
B ‹*plan*› to implement, carry out; ‹*orden/trabajo*› to carry out; ‹*sentencia*› to execute, enforce; ‹*ejercicio/salto*› to perform; ‹*sinfonía/himno nacional*› to play, perform

Objects of a verb
Complementos de un verbo

emanar [A1] *vi* (frml) ~ DE **algo** ‹‹*radiación/olor/gas*›› to emanate FROM sth (frml), to come FROM sth; ‹‹*poder/decisión*›› to emanate *o* derive FROM sth (frml)
■ **emanar** *vt* to exude

Subjects of a verb appear in double angled parentheses
Los posibles sujetos de un verbo aparecen entre paréntesis angulares dobles

Where a general translation is not possible, contextualized examples are given, preceded by a colon
Cuando resulta imposible dar una traducción general se dan ejemplos contextualizados precedidos de dos puntos

escucha *f*
A (acción): **los servicios de ~ de la marina** the navy's monitoring services; **permanezcan a la ~** stay tuned
(Compuesto) **escucha telefónica** wire tap (AmE), phone tap (BrE)
B **escucha** *mf* 1 (Mil) scout 2 (AmL) (oyente) listener

A definition is provided where no equivalent exists in English
Se da una definición cuando no existe una palabra equivalente en inglés

españolada *f: movie, etc which presents a clichéd image of Spain*

Additional information to clarify a translation
Acotación que aclara el significado de una traducción

estoque *m* sword (*used for killing bull*)

The sign ≈ is used to indicate approximate equivalence
El símbolo ≈ indica un equivalente aproximado en la lengua de destino

fiscal[2] **-cala** *m,f,* **fiscal** *mf* ≈ district attorney (*in US*), ≈ public prosecutor (*in UK*)
(Compuesto) **Fiscal General del Estado** ≈ Attorney General (*in US*), ≈ Director of Public Prosecutions (*in UK*)

Expansion of an acronym or abbreviation
Expansión de una sigla o abreviatura

FSE *m* (**= Fondo Social Europeo**) ESF

6 Cross-references/Remisiones a otros artículos

An arrow directs the user to another entry with the same meaning or to where a compound or idiomatic expression is to be found
Se utiliza una flecha para remitir al usuario a una variante sinónima o a otro artículo donde aparece un compuesto o un modismo

aburridor -dora *adj* (AmL) ▸**aburrido**[1] **B**

adosado -da *adj* **~ A algo**: **estaba ~ a la pared** it was against the wall; **un invernadero ~ a la casa** a greenhouse built onto the house; ▸**casa**

'ver tb' directs the user to a headword where additional information is to be found
'ver tb' remite al usuario a otro artículo donde se hallará información complementaria

brujo[2] **-ja** (*m*) warlock; (*f*) witch; *ver tb* **bruja**

Estructura del artículo Inglés–Español

1 Vocablo cabeza de artículo, pronunciación y distintas acepciones/Headword, pronunciation, and sense divisions

Vocablo cabeza de artículo. Todos los artículos aparecen en riguroso orden alfabético, a excepción de los verbos con partícula. Los nombres compuestos aparecen agrupados en una sección
Headword. All entries are listed in strict alphabetical order, except for phrasal verbs. Two or more compounds are grouped together

baboon /bæ'bu:n || bə'bu:n/ *n* babuino *m*

baby: **~-blue** /'beɪbi'blu:/ *adj* (*pred* **~ blue**) azul celeste *or* claro *adj inv*, celeste (AmL); **~ boom** *n* boom *m* de la natalidad

babyish /'beɪbiɪʃ/ *adj* infantil

La transcripción fonética aparece inmediatamente después del vocablo cabeza de artículo respectivo [ver página xxi]
Pronunciation is shown immediately after the headword [see p. xxi]

Cuando la pronunciación británica difiere de la norteamericana, la variante británica aparece precedida por barras verticales
Vertical lines indicate British English pronunciation, always shown if different from the American pronunciation

backless /'bækləs || 'bæklɪs/ *adj* sin espalda

bait[1] /beɪt/ *n* [u] cebo *m*, carnada *f*; ***to rise to the ~*** picar*, morder* el anzuelo
bait[2] *vt*
A ‹*hook/trap*› cebar
B (persecute, torment) acosar

Homógrafos con diferente función gramatical
Words which, though spelled the same, have different parts of speech

Variante del vocablo cabeza de artículo
Variant form of a headword

bandanna, bandana /'bæn'dænə/ *n* pañuelo *m* (*de colores*)

B & B /'bi:ən'bi:/ *n* = **bed and breakfast**

Las abreviaturas y las siglas siguen el mismo orden alfabético que los demás vocablos cabeza de artículo
Abbreviations and acronyms follow the same strict alphabetical order as other headwords

Divisiones correspondientes a las distintas acepciones. Se utilizan letras para indicar las divisiones principales y números para las subdivisiones de éstas. Los números romanos indican divisiones semánticas aún más amplias
Sense divisions. Numbers are used for major divisions, letters for subdivisions or lesser divisions. Roman numerals [I, II etc] are used for broader divisions

beauty /'bju:ti/ *n* (*pl* **-ties**)
A 1 [u] (quality) belleza *f*, hermosura *f*; **~ *is in the eye of the beholder*** todo es según el color del cristal con que se mira; (*before n*) **~ contest** *o* (esp AmE) **pageant** concurso *m* de belleza; **~ queen** reina *f* de la belleza 2 [c] (advantage) (colloq): **the ~ of the plan is that ...** lo bueno del plan es que ...
B [c] 1 (woman) belleza *f*, beldad *f*; **B~ and the Beast** la Bella y la Bestia 2 (fine specimen) (colloq) preciosidad *f*, preciosura *f* (AmL), maravilla *f*

bend[1] /bend/ *n* 1 (in road, river) curva *f*; **to take a ~** tomar *or* (esp Esp) coger* una curva; ***to be round the ~*** (esp BrE colloq) estar* chiflado (fam); **I'm going round the ~** me estoy volviendo loco; **that noise is driving me round the ~** ese ruido me está volviendo loco 2 **bends** *pl* **the ~s** la enfermedad del buzo

Si el plural de un sustantivo tiene un significado especial, éste aparece bajo una división aparte
A plural form with a different meaning appears in a division of its own

(before n) señala el uso de un sustantivo con función adjetival
(before n) introduces uses of a noun as a modifier of other nouns

Bermuda /bər'mju:də || bə'mju:də/ *n* las (islas) Bermudas; (*before n*) **~ shorts** bermudas *fpl*; **the ~ Triangle** el triángulo de las Bermudas

blast[2] *vt*
A 1 (blow) ‹*rock*› volar*; **they used dynamite to ~ the safe open** usaron dinamita para volar *or* hacer saltar la caja fuerte 2 (shoot) (journ) acribillar 3 (attack) (journ) atacar*, arremeter contra
B (expressing annoyance) (esp BrE colloq): **~ it!** ¡maldición! (fam); **~ the exam!** ¡al diablo con el examen!

Phrasal verbs
- **blast off** [v ▸ adv] despegar*
- **blast out** [v ▸ prep ▸ o] ‹*message*› emitir a todo volumen; ‹*music*› tocar* a todo lo que da (fam)

Los verbos con partícula aparecen al final del artículo correspondiente, precedidos por el símbolo •
Phrasal verbs appear at the end of the root word entry and are marked by the symbol •

Todo cambio de categoría gramatical de un verbo se indica con el símbolo ■
A change of part of speech of a verb is marked by a box ■

blink[2] *vi* «*eye/person*» pestañear, parpadear; «*light*» parpadear; **if you ~, you'll miss it!** (colloq & hum) si te descuidas, te lo pierdes
■ **blink** *vt* ‹*eye*› guiñar, picar* (Col); **to ~ back tears** contener* las lágrimas

2 Información gramatical/Grammatical information

Función gramatical
Part of speech

abbot /'æbət/ *n* abad *m*

abbreviate /ə'bri:vieɪt/ *vt* abreviar

baby[3] *vt* **-bies, -bying, -bied** mimar, malcriar*

Inflexiones irregulares
Irregular inflections

baddie, baddy /'bædi/ *n* (*pl* **-dies**) (BrE colloq) malo, -la *m,f* (de la película) (fam)

El comparativo y el superlativo del adjetivo
Comparative and superlative forms of an adjective

baggy /'bægi/ *adj* **-gier, -giest** ancho, suelto, guango (Méx)

bass[1] *n*
A /beɪs/ (*pl* **~es**) (Mus) 1 [u c] (voice, singer) bajo *m* 2 [c] (double bass or bass guitar) (contra)bajo *m*; (*before n*) **~ player** (contra)bajo *mf*, (contra)bajista *mf* 3 [u] (Audio) graves *mpl*

Acepciones numerables [C] y no numerables [U] de un sustantivo
Countable [C] or uncountable [U] senses of a noun

Estructura del artículo Inglés–Español

Las construcciones gramaticales en las que suele aparecer el vocablo cabeza de artículo se destacan mediante versalitas
Grammatical constructions in which the headword commonly occurs are indicated with the use of small capitals

benefit² **-t-** *or* (AmE also) **-tt-** *vt* beneficiar
■ **benefit** *vi* beneficiarse; **to ~ FROM sth**: **he didn't ~ much from the experience** no sacó mucho (provecho) de la experiencia; **you will all ~ from the change** todos se van a beneficiar con el cambio

Fórmulas que demuestran el comportamiento sintáctico de cada verbo con partícula. Señalan las posibles combinaciones de verbo [v], adverbio [adv], preposición [prep] y complemento [o]
Syntactical pattern of phrasal verbs, showing the possible combinations of verb [v], adverb [adv], preposition [prep] and object [o]

• **block in** [v ▸ o ▸ adv, v ▸ adv ▸ o] (hem in) cerrarle* el paso a
• **block off** [v ▸ o ▸ adv, v ▸ adv ▸ o] ‹*street*› cortar
• **block out** [v ▸ o ▸ adv, v ▸ adv ▸ o] 1 (shut out) ‹*thought*› ahuyentar, borrar de la mente 2 (obstruct) ‹*light*› tapar
• **block up**
A [v ▸ o ▸ adv, v ▸ adv ▸ o] 1 (seal) ‹*entrance/window*› tapiar, cerrar* 2 (cause obstruction in) ‹*drain/sink*› atascar*, tapar (AmL); **my nose is ~ed up** tengo la nariz tapada
B [v ▸ adv] (become obstructed) atascarse*, taparse (AmL)

Un asterisco señala los verbos de conjugación irregular en la traducción al español
An asterisk indicates an irregular verb in the translation

bloom² *vi* «*plant/garden*» florecer*; «*flower*» abrirse*

3 Indicadores/Labels

Indicadores semánticos
Sense indicators

Indicadores de campo semántico
Field labels

Indicadores de uso regional
Regional labels

Indicadores de uso regional de la traducción
Regional labels of translation

Indicadores de estilo
Stylistic labels

Indicadores de estilo de la traducción
Stylistic labels of translation

banger /ˈbæŋər ‖ ˈbæŋə(r)/ *n* (BrE colloq) 1 (sausage) salchicha *f* 2 (firework) petardo *m* 3 (car) (*old* ~) cacharro *m* (fam)

blight¹ /blaɪt/ *n* [u] 1 (Agr, Hort) añublo *m*; (loosely) peste *f* 2 (curse) plaga *f*, cáncer *m*

bobby /ˈbɑːbi ‖ ˈbɒbi/ *n* (*pl* **-bies**) (BrE colloq) bobby *m* (*policía británico*)

bobbysoxer /ˈbɑːbi,sɑːksər ‖ ˈbɒbi,sɒksə(r)/ *n* (AmE colloq) quinceañera *f* (fam), calcetinera *f* (Chi)

bozo /ˈbəʊzəʊ/ *n* (*pl* **bozos**) (AmE sl & pej) sujeto *m* (pey)

brimstone /ˈbrɪmstəʊn/ *n* [u] (arch) azufre *m*; *see also* **fire¹ A1**

4 Ejemplos de uso/Phrases

Ejemplos (la tilde representa el vocablo cabeza de artículo)
Examples (with a swung dash representing the headword)

meaning /ˈmiːnɪŋ/ *n* [c u] (of word) significado *m*, acepción *f*; (of symbol, act) significado *m*; **literal/figurative ~** sentido *m* literal/figurado; **work? you don't know the ~ of the word** ¿trabajar? ¡tú no sabes qué significa trabajar!; **if you take** *o* **get my ~** si me entiendes

meat /miːt/ *n* 1 [u c] carne *f*; **cold** *o* **cooked ~s** fiambres *mpl*, carnes *fpl* frías (Méx); ***the ~ and potatoes*** (AmE) lo básico; ***one man's ~ is another man's poison*** lo que a uno cura a otro mata; (*before n*) ‹*product*› cárnico 2 [u] (substance) sustancia *f*, enjundia *f*

Los modismos y los proverbios aparecen en negritas cursivas después de los ejemplos. Se encuentran en el artículo correspondiente al primer sustantivo del modismo o proverbio respectivo. Cuando el modismo o el proverbio no contiene un sustantivo, aparece en el artículo correspondiente a su primer verbo, adjetivo o adverbio
Idioms and proverbs appear in bold italics after examples. They are entered at the article corresponding to the first noun in the idiom; where there is no noun, the idiom or proverb appears at the article for the first verb, adjective or adverb

El símbolo Ⓢ indica el uso del vocablo cabeza de artículo en letreros, anuncios, advertencias, etc
Ⓢ indicates the use of the headword in signs, notices, warnings, etc

menu /ˈmenjuː/ *n* 1 (in restaurant) carta *f*, menú *m* (esp AmL); Ⓢ **set menu** menú de la casa 2 (Comput) menú *m*

5 Traducciones/Translations

Traducción
Translation

amnesty /ˈæmnəsti/ *n* (*pl* **-ties**) amnistía *f*

automobile /ˈɔːtəməbiːl/ *n* (esp AmE) coche *m*, carro *m* (AmL exc CS), auto *m* (esp CS), automóvil *m* (frml); (*before n*) **~ industry** industria *f* automotriz *or* del automóvil

Traducción universalmente válida seguida de alternativas regionales
Universal Spanish translation followed by regional alternatives

Traducción de uso extendido excepto en las regiones que se especifican
Translation used in all areas except those specified

bean¹ /biːn/ *n*
A 1 (fresh, in pod) ▸**green bean** 2 (dried) frijol *m or* (Esp) alubia *f or* judía *f or* (CS) poroto *m or* (Ven) caraota *f*; ***to be full of ~s*** (colloq) estar* lleno de vida; ***to spill the ~s*** descubrir* el pastel, levantar la liebre *or* (RPl) la perdiz 3 (*coffee* ~) grano *m* (de café)

Palabras que suelen acompañar al vocablo cabeza de artículo y que ayudan a elegir la traducción que corresponde a cada contexto
Words often used with the headword, shown to help select the correct translation for each context

fake³ *vt* 1 (forge) ‹*document/signature*› falsificar*; ‹*results/evidence*› falsear, amañar 2 (AmE Sport) amagar* 3 (feign) ‹*illness/enthusiasm*› fingir*

Complementos de un verbo
Objects of a verb

gurgle¹ /ˈgɜːrgəl || ˈgɜːgəl/ *vi* ‹‹*water/brook*›› borbotar, gorgotear; ‹‹*baby*›› gorjear

Los posibles sujetos de un verbo aparecen entre paréntesis angulares dobles
Subjects of a verb appear in double angled brackets

grumbling /ˈgrʌmblɪŋ/ *adj* ‹*voice*› quejoso; ‹*person*› gruñón, refunfuñón

Sustantivos calificados por un adjetivo
Nouns modified by an adjective

handsomely /ˈhænsəmli/ *adv*
A ‹*illustrated/bound*› magníficamente
B ‹*contribute/reward*› con generosidad *or* esplendidez; ‹*profit*› enormemente
C (with skill) (AmE) ‹*perform*› hábilmente

Verbos o adjetivos modificados por un adverbio
Verbs or adjectives modified by an adverb

Estructura del artículo Inglés–Español

Cuando resulta imposible dar una traducción general se dan ejemplos contextualizados, precedidos de dos puntos
Where a general translation is not possible, contextualized examples are given, preceded by a colon

handle[2] *vt*
A 1 (touch): **please do not ~ the goods** se ruega no tocar la mercancía; Ⓢ **handle with care** frágil

hp (**= horsepower**) CV, HP

HQ *n* **= headquarters**

Expansión de una sigla o abreviatura
Expansion of an acronym or abbreviation

Se da una definición cuando no existe una palabra equivalente en español
A definition is provided where no equivalent exists in Spanish

impeachment /ɪm'piːtʃmənt/ *n*: *acusación formulada contra un alto cargo por delitos cometidos en el desempeño de sus funciones*

inch[1] /ɪntʃ/ *n* pulgada *f* (*2,54 centímetros*); **two ~es of rain** dos pulgadas *or* (fam) cuatro dedos de lluvia; **I was within an ~ of getting that job** estuve a un paso *or* en un tris de que me dieran el trabajo; **I've searched every ~ of the house** he buscado hasta en el último rincón de la casa; **he looked every ~ the English aristocrat** de pies a cabeza parecía el típico aristócrata inglés; **she wouldn't budge** *o* **give an ~** no cedió ni un ápice; ***give them an ~ and they'll take a mile*** les das la mano y te toman *or* (esp Esp) te cogen el brazo

Acotación que aclara el significado de una traducción
Additional information to clarify a translation

El símbolo ≈ indica un equivalente aproximado en la lengua de destino
The sign ≈ is used to indicate approximate equivalence

Indian: **~ file** *n* (BrE) **in ~ file** en fila india; **~ giver** *n* (AmE) *niño que regala algo y luego quiere que se lo devuelvan*; **~ ink**, **i~ ink** *n* [u] (esp BrE) ▸**India ink**; **~ Ocean** *n* **the ~ Ocean** el (Océano) Índico; **~ summer** *n* (in northern hemisphere) ≈ veranillo *m* de San Martín *or* de San Miguel; (in southern hemisphere) ≈ veranillo *m* de San Juan

6 Remisiones a otros artículos/Cross-references

Se utiliza una flecha para remitir al usuario a una variante sinónima o a otro artículo donde aparece un compuesto o un modismo
An arrow directs the user to another entry with the same meaning or to where a compound or idiomatic expression is to be found

inmost /'ɪnməʊst/ *adj* ▸**innermost**

lark /lɑːrk ‖ lɑːk/ *n*
A (Zool) alondra *f*; ***to be up*** *o* ***rise with the ~*** levantarse al cantar el gallo; ▸**happy A1**

July /dʒʊ'laɪ/ *n* julio *m*; *see also* **January**

'see also' remite al usuario a otro artículo donde se hallará información complementaria
'see also' directs the user to a headword where additional information is to be found

The pronunciation of Spanish

Symbols used in this dictionary

The pronunciation of Spanish words is directly represented by their written form and therefore phonetic transcriptions have only been supplied for loan words which retain their original spelling.

The phonetic symbols used in Spanish pronunciations given in the dictionary are listed below. Each symbol is followed by an example and a brief description of the sound, where possible by approximating it to an English sound. These approximations are intended only as a guide and should not be taken as strict phonetic equivalents.

1 Consonants and semi-vowels

Symbol	Example	Approximation
/b/	**boca** /ˈboka/ **vaso** /ˈbaso/	English *b* in *bin* but without the aspiration that follows it.
/β/	**cabo** /ˈkaβo/ **ave** /ˈaβe/	Very soft *b*, produced with the lips hardly meeting.
/d/	**dolor** /doˈlor/	English *d* in *den*. There is no aspiration.
/ð/	**cada** /ˈkaða/ **arde** /ˈarðe/	English *th* in *rather*.
/f/	**fino** /ˈfino/	English *f* in *feat*.
/g/	**gota** /ˈgota/	English *g* in *goat*.
/ɣ/	**pago** /ˈpaɣo/ **largo** /ˈlarɣo/	Very soft continuous sound, like /g/ but without the sudden release of air.
/ɹ/	**mayo** /ˈmaɹo/ **llave** /ˈɹaβe/	English *y* in *yet*. For regional variants see points 7 and 14 of **General Rules of Spanish Pronunciation** on page xx.
/j/	**tiene** /ˈtjene/	English *y* in *yet*.
/k/	**cama** /ˈkama/ **copa** /ˈkopa/ **cuna** /ˈkuna/ **que** /ke/ **quiso** /ˈkiso/ **kilo** /ˈkilo/	English *c* in *cap* but without the aspiration that follows it.
/l/	**lago** /ˈlaɣo/	English l in lid.
/m/	**mono** /ˈmono/	English *m* in *most*.
/n/	**no** /no/	English *n* in *nib*.
/ŋ/	**banco** /ˈbaŋko/	English *ng* in *song*.
/ɲ/	**año** /ˈaɲo/	Like *gn* in French *soigné*, similar to the *ni* in *onion*.
/p/	**peso** /ˈpeso/	English *p* in *spin*.
/r/	**aro** /ˈaro/ **árbol** /ˈarβol/	A single flap with a curved tongue against the palate.
/rr/	**rato** /ˈrrato/ **parra** /ˈparra/	A rolled 'r' as found in some Scottish accents.
/s/	**asa** /ˈasa/ **celo** /ˈselo/ } Latin-American Spanish **cinco** /ˈsiŋko/ **azote** /aˈsote/	English *s* in *stop*.
/θ/	**celo** /ˈθelo/ } European Spanish **cinco** /ˈθiŋko/ **azote** /aˈθote/	English *th* in *thin*.
/t/	**todo** /ˈtoðo/	English *t* in *step*.
/tʃ/	**chapa** /ˈtʃapa/	English *ch* in *church* but without the aspiration that follows it.
/w/	**cuatro** /ˈkwatro/	English *w*.
/x/	**jota** /ˈxota/ **general** /xeneˈral/ **gigante** /xiˈɣante/	*ch* in Scottish *loch* or German *auch*.
/z/	**desde** /ˈdezðe/	English *s* in *is*.

2 Vowels

The five Spanish vowels are uniformly pronounced throughout the Spanish-speaking world but none of them corresponds exactly to an English vowel.

Symbol	Example	Approximation
/a/	**casa** /ˈkasa/	Shorter than *a* in *father*.
/e/	**seco** /ˈseko/	English *e* in *pen*.
/i/	**fin** /fin/	Between English *ee* in *seen* and *i* in *sin*.
/o/	**oro** /ˈoro/	Shorter than English *o* in *rose*.
/u/	**uña** /ˈuɲa/	Between English *oo* in *boot* and *oo* in *foot*.

3 Diphthongs and triphthongs

These are combinations of the above vowels and the semi-vowels /j/ and /w/:

cuando /'kwando/
tiene /'tjene/
indio /'indjo/
fui /fwi/
actuáis /ak'twajs/

4 The stress mark

When phonetic transcriptions of Spanish headwords are given in the dictionary, the symbol ' precedes the syllable that carries the stress:

footing /'futin/

For information about where other words should be stressed, see section **2 Stress** on the next page.

General rules of Spanish pronunciation

1 Consonants

1 The letters *b* and *v* are pronounced in exactly the same way: /b/ when at the beginning of an utterance or after *m* or *n* (**barco** /'barko/, **vaca** /'baka/, **ambos** /'ambos/, **en vano** /em'bano/) and /β/ in all other contexts (**rabo** /'rraβo/, **ave** /'aβe/, **árbol** /'arβol/, **Elvira** /el'βira/).

2 *C* is pronounced /k/ when followed by a consonant other than *h* or by *a*, *o* or *u* (**acto** /'akto/, **casa** /'kasa/, **coma** /'koma/, **cupo** /'kupo/). When it is followed by *e* or *i*, it is pronounced /s/ in Latin America and parts of southern Spain and /θ/ in the rest of Spain (**cero** /'sero/, /'θero/; **cinco** /'siŋko/, /'θiŋko/).

3 *D* is pronounced /d/ when it occurs at the beginning of an utterance or after *n* or *l* (**digo** /'diɣo/, **anda** /'anda/, **el dueño** /el'dweɲo/) and /ð/ in all other contexts (**hada** /'aða/, **arde** /'arðe/, **los dados** /loz'ðaðos/). It is often not pronounced at all at the end of a word (**libertad** /liβer'ta(ð)/, **Madrid** /ma'ðri(ð)/).

4 *G* is pronounced /x/ when followed by *e* or *i* (**gitano** /xi'tano/, **auge** /'awxe/). When followed by *a, o, u, ue* or *ui* it is pronounced /g/ if at the beginning of an utterance or after *n* (**gato** /'gato/, **gula** /'gula/, **tango** /'taŋgo/, **guiso** /'giso/) and /ɣ/ in all other contexts (**hago** /'aɣo/, **trague** /'traɣe/, **alga** /'alɣa/, **águila** /'aɣila/). Note that the *u* is not pronounced in the combinations *gue* and *gui*, unless it is written with a diaeresis (**paragüero** /para'ɣwero/, **agüita** /a'ɣwita/).

5 *H* is mute in Spanish, (**huevo** /'weβo/, **almohada** /almo'aða/) except in the combination *ch*, which is pronounced /tʃ/ (**chico** /'tʃiko/, **leche** /'letʃe/).

6 *J* is always pronounced /x/ (**jamón** /xa'mon/, **jefe** /'xefe/).

7 The pronunciation of *ll* varies greatly throughout the Spanish-speaking world.
(*a*) It is pronounced rather like the *y* in English *yes* by the majority of speakers, who do not distinguish between the pronunciation of *ll* and that of *y* (e.g. between *haya* and *halla*). The sound is pronounced slightly more emphatically when at the beginning of an utterance.
(*b*) In some areas, particularly Bolivia, parts of Peru and Castile in Spain, the distinction between *ll* and *y* has been preserved. In these areas *ll* is pronounced with the tongue against the palate, the air escaping through narrow channels on either side. (The nearest sound in English would be that of *lli* in *million*).
(*c*) In the River Plate area *ll* is pronounced /ʒ/ (as in English *measure*), with some speakers using a sound which tends toward /ʃ/ (as in *shop*).
When phonetic transcriptions of Spanish headwords containing *ll* are given in the dictionary, the symbol /ɹ/ is used to represent the range of pronunciations described above.

8 *Ñ* is always pronounced /ɲ/.

9 *Q* is always followed by *ue* or *ui*. It is pronounced /k/, and the *u* is silent (**quema** /'kema/, **quiso** /'kiso/).

10 *R* is pronounced /r/ when it occurs between vowels or in syllable-final position (**aro** /'aro/, **horma** /'orma/, **barco** /'barko/, **cantar** /kan'tar/). It is pronounced /rr/ when in initial position (**rama** /'rrama/, **romper** /rrom'per/). The double consonant *rr* is always pronounced /rr/.

11 *S* is pronounced /s/ but it is aspirated in many dialects of Spanish when it occurs in syllable-final position (**hasta** /'ahta/, **los cuatro** /loh'kwatro/). In other dialects it is voiced when followed by a voiced consonant (**mismo** /'mɪzmo/, **los dos** /loz'ðos/).

12 *V* see 1 above.

13 *X* is pronounced /ks/, although there is a marked tendency to render it as /s/ before consonants, especially in less careful speech (**extra** /'ekstra/, /'estra/, or in some dialects /'ehtra/, see 11 above).
In some words derived from Nahuatl and other Indian languages it is pronounced /x/ (**México** /'mexiko/) and in others it is pronounced /s/ (**Xochimilco** /sotʃi'milko/).

14 (*a*) When followed by a vowel within the same syllable *y* is pronounced rather like the *y* in English *yes* (slightly more emphatically when at the beginning of an utterance). In the River Plate area it is pronounced /ʒ/ (as in English *measure*), with some speakers using a sound which tends toward /ʃ/ (as in *shop*).

When phonetic transcriptions of Spanish headwords containing *y* are given in the dictionary, the symbol /ɟ/ is used to represent both pronunciations described above.
(*b*) As the conjunction *y* and in syllable-final position, *y* is pronounced /i/.

15 *Z* is pronounced /s/ in Latin America and parts of southern Spain and /θ/ in the rest of Spain.

2 Stress

When no phonetic transcription is given for a Spanish headword, the following rules determine where it should be stressed:

1 If there is no written accent:
(*a*) a word is stressed on the penultimate syllable if it ends in a vowel, or in *n* or *s*:
arma /'arma/
mariposas /mari'posas/
ponen /'ponen/
(*b*) words which end in a consonant other than *n* or *s* are stressed on the last syllable:
cantar /kan'tar/
delantal /delan'tal/
libertad /liβer'ta(ð)/
maguey /ma'ɣei/
perdiz /per'dis/ (in Latin America)
/per'diθ/ (in Spain)

2 If a word is not stressed in accordance with the above rules, the written accent indicates the syllable where the emphasis is to be placed:
balcón /bal'kon/
salí /sa'li/
carácter /ka'rakter/
hágase /'aɣase/
It should be noted that unstressed vowels have the same quality as stressed vowels and are not noticeably weakened as they are in English. For example, there is no perceptible difference between any of the e's in *entenderé* or between the a's in *Panamá*.

3 Combinations of vowels

A combination of a strong vowel (*a*, *e* or *o*) and a weak vowel (*i* or *u*) or of two weak vowels forms a diphthong and is therefore pronounced as one syllable. The stress falls on the strong vowel if there is one. In a combination of two weak vowels, it falls on the second element:
cuando /'kwando/ (stressed on the /a/)
aula /'awla/ (stressed on the /a/)
viudo /'bjuðo/ (stressed on the /u/)

A combination of two strong vowels does not form a diphthong and the vowels retain their separate values. They count as two separate syllables for the purposes of applying the above rules on stress:
faena /fa'ena/ (stressed on the /e/)
polea /po'lea/ (stressed on the /e/)

La pronunciación del inglés

La transcripción fonética que sigue a cada palabra cabeza de artículo corresponde a la pronunciación norteamericana de uso más extendido en los Estados Unidos. Se ha incluido la pronunciación británica (precedida por el símbolo ||) únicamente en aquellos casos en que ésta difiere sustancialmente de la pronunciación norteamericana. Ejemplo:

address[1] /ˈædres ||əˈdres/
induce /ɪnˈduːs ||ɪnˈdjuːs/

Se reconoce la validez de muchas variantes regionales, tanto norteamericanas como británicas, pero éstas no se han incluido por razones de espacio.

Los símbolos empleados en las transcripciones son los del Alfabeto Fonético Internacional (AFI). Éstos se enumeran a continuación, seguidos de un ejemplo y una breve aproximación o descripción del sonido que representan. Estas descripciones no siguen criterios fonéticos estrictos.

1 Consonantes y semivocales

Símbolo	Ejemplo		Aproximación
/b/	**bat**	/bæt/	Sonido más explosivo que el de una *b* inicial española.
/d/	**dig**	/dɪg/	Sonido más explosivo que el de una *d* inicial española.
/dʒ/	**jam**	/dʒæm/	Como una *ch* pero más cercano al sonido inicial de *Giuseppe* en italiano.
/f/	**fit**	/fɪt/	Como la *f* española.
/g/	**good**	/gʊd/	Sonido más explosivo que el de una *g* inicial española.
/h/	**hat**	/hæt/	Sonido de aspiración más suave que la *j* española, articulado como si se estuviera intentando empañar un espejo con el aliento.
/hw/	**wheel**	/hwiːl/	Una /w/ con la aspiración de la /h/ (muchos hablantes no distinguen entre /hw/ y /w/ y pronuncian *whale* de la misma manera que *wail*).
/j/	**yes**	/jes/	Como la *y* española en *yema* y *yo* (excepto en el español rioplatense).
/k/	**cat**	/kæt/	Sonido más explosivo que el de una *c* española en *cama* o *acto*.
/l/	**lid**	/lɪd/	Como la *l* española.
/l̩/	**tidal**	/ˈtaɪdl̩/	*l* alargada y resonante.
/m/	**mat**	/mæt/	Como la *m* española.
/n/	**nib**	/nɪb/	Como la *n* española.
/n̩/	**threaten**	/ˈθretn̩/	*n* alargada y resonante.
/ŋ/	**sing**	/sɪŋ/	Como la *n* española en *banco* o *anca*.
/p/	**pet**	/pet/	Sonido más explosivo que el de una *p* española.
/r/	**rat**	/ræt/	Entre la *r* y la *rr* españolas, pronunciado con la punta de la lengua curvada hacia atrás y sin llegar a tocar el paladar.
/s/	**sip**	/sɪp/	Como la *s* española.
/ʃ/	**ship**	/ʃɪp/	Sonido similar al de la interjección *¡sh!*, utilizada para pedir silencio (ver también tʃ).
/t/	**tip**	/tɪp/	Sonido más explosivo que el de una *t* española.
/tʃ/	**chin**	/tʃɪn/	Como la *ch* española.
/θ/	**thin**	/θɪn/	Como la *c* o la *z* del español europeo en *cinco* o *zapato*.
/ð/	**the**	/ðə/	Sonido similar a una *d* intervocálica española como la de *cada* o *modo*.
/v/	**van**	/væn/	Sonido sonoro que se produce con los incisivos superiores sobre el labio inferior.

La pronunciación del inglés

Símbolo	Ejemplo		Aproximación
/w/	**win**	/wɪn/	Similar al sonido inicial de *huevo*.
/x/	**loch**	/lɑːx/	Como la *j* española.
/z/	**zip**	/zɪp/	s sonora (con zumbido), similar a la del español europeo en *desde*.
/ʒ/	**vision**	/ˈvɪʒən/	Sonido similar al de la *y* o la *ll* del español rioplatense en *yo* o *llave*, o al de la *j* francesa en *je* (ver también /dʒ/).

2 Vocales y diptongos

(El símbolo **ː** indica que la vocal precedente es larga)

Símbolo	Ejemplo		Aproximación
/ɑː/	**father**	/ˈfɑːðər/	Sonido más largo que el de una *a* española.
/æ/	**fat**	/fæt/	Sonido que se obtiene al pronunciar una *a* española con los labios en la posición de pronunciar la *e*.
/ʌ/	**cup**	/kʌp/	Sonido más breve que la *a* española y que se pronuncia en la parte posterior de la boca.
/e/	**met**	/met/	Sonido parecido a la *e* española en *mesa*.
/ə/	**ago**	/əˈgəʊ/	Sonido similar al de la *e* francesa en *je* (ver también /əʊ/).
/ɜː/	**fur**	/fɜːr/	Sonido que se obtiene al pronunciar una *e* española con los labios en la posición de pronunciar la *o*.
/ɪ/	**bit**	/bɪt/	Sonido más breve que el de la *i* española.
/iː/	**beat**	/biːt/	Sonido más largo que el de la *i* española.
/i/	**very**	/ˈveri/	Sonido similar al de la *i* española en *papi*.
/ɔː/	**paw**	/pɔː/	Sonido más largo que el de la *o* española.
/uː/	**boot**	/buːt/	Sonido más largo que el de una *u* española.
/ʊ/	**book**	/bʊk/	Sonido más breve que el de la *u* española.

Símbolo	Ejemplo		Aproximación
/aɪ/	**fine**	/faɪn/	Como *ai* en las palabras españolas *aire, baile*.
/aʊ/	**now**	/naʊ/	Como *au* en las palabras españolas *pausa, flauta*.
/eɪ/	**fate**	/feɪt/	Como *ei* en las palabras españolas *peine, aceite*.
/əʊ/	**goat**	/gəʊt/	Como una *o* pronunciada sin redondear demasiado los labios.
/ɔɪ/	**boil**	/bɔɪl/	Como *oy* en *voy, coypu*.
/uə/	**sexual**	/ˈsekʃuəl/	Como una *u* pronunciada sin redondear demasido los labios y seguida de una /ə/.

3 Símbolos adicionales utilizados en la transcripción de sonidos vocálicos británicos

Símbolo	Ejemplo		Aproximación
/ɒ/	**dog**	/dɒg/	Similar a una *o* española.
/eə/	**fair**	/feə(r)/	Como una *e* española seguida de /ə/.
/ɪə/	**near**	/nɪə(r)/	Como una *i* española seguida de /ə/.
/ʊə/	**tour**	/tʊə(r)/	Como una *u* española pronunciada sin redondear demasiado los labios y seguida de /ə/.

4 Acentuación

El símbolo ˈ precede a la sílaba sobre la cual recae el acento tónico primario:

ago /əˈgəʊ/
dinosaur /ˈdaɪnəsɔːr/

El símbolo ˌ precede a la sílaba sobre la cual recae el acento tónico secundario:

blackmailer /ˈblækˌmeɪlər/

A no ser que se indique lo contrario, las palabras cabeza de artículo y palabras compuestas que aparecen con dos acentos primarios se pronuncian con acento inicial secundario en inglés británico.

	Pronunciación norteamericana	Pronunciación británica
fundamental	/ˈfʌndəˈmentl̩/	/ˌfʌndəˈmentl̩/
high-pitched	/ˈhaɪˈpɪtʃt/	/ˌhaɪˈpɪtʃt/

Spanish–English dictionary
diccionario Español–Inglés

Aa

A, a *f* (*pl* **aes**) (*read as* /a/) *the letter* **A, a**

a *prep*

A **1** (indicando dirección) to; **voy a México/la tienda** I'm going to Mexico/to the shop; **voy a casa** I'm going home; **dobla a la derecha** turn right; **se cayó al río** she fell into the river; **al norte de Toledo** (to the) north of Toledo **2** (indicando posición) at; **estaban sentados a la mesa** they were sitting at the table; **a orillas del Ebro** on the banks of the Ebro; **se sentó al sol** he sat in the sun; **se sentó a mi derecha** he sat down on my right **3** (indicando distancia): **a diez kilómetros de aquí** ten kilometers from here

B **1** (señalando hora, momento, fecha) at; **a las ocho** at eight o'clock; **a los tres años de edad** at the age of three; **¿a qué hora vengo?** what time shall I come?; **a mediados de abril** in mid-April; **hoy estamos a 20** it's the 20th today; **al día siguiente** the next *o* following day; **a la mañana/noche** (RPl) in the morning/at night **2** **al + INF**: **se cayó al bajar del tren** she fell as she was getting off the train; **al enterarse de la noticia** when he learnt *o* on learning the news **3** (indicando distancia en el tiempo): **a escasos minutos de su llegada** (después) a few minutes after she arrived; (antes) a few minutes before she arrived; **de lunes a viernes** (from) Monday to Friday; **a los diez minutos del primer tiempo** ten minutes into the first half

C (en relaciones de proporción, equivalencia): **tres veces al día** three times a day; **sale a 100 pesos cada uno** it works out at 100 pesos each; **a 100 kilómetros por hora** (at) 100 kilometers per hour; **nos ganaron cinco a tres** they beat us five three *o* (AmE) five to three

D (indicando modo, medio, estilo): **a pie/a caballo** on foot/on horseback; **pollo al horno** roast chicken; **a crédito** on credit; **funciona a pilas** it runs on batteries; **a mano** by hand; **ilustraciones a todo color** full-color illustrations; **a rayas** striped

E **1** (introduciendo el complemento directo de persona): **¿viste a José?** did you see José?; **buscan al asesino** they are looking for the murderer; **no he leído a Freud** I haven't read (any) Freud; [*the personal* **a** *is only used when a specific person or persons are involved*: **necesita una secretaria** he needs a secretary] **2** (introduciendo el complemento indirecto): **le escribió una carta a su padre** he wrote a letter to his father, he wrote his father a letter; **dáselo/dáselos a ella** give it/them to her; **les enseña inglés a mis hijos** she teaches my children English; **le echó (la) llave a la puerta** she locked the door; **suave al tacto** soft to the touch **3** (indicando procedencia): **se lo compré a una gitana** I bought it from *o* (colloq) off a gipsy

F **1** (en complementos de finalidad) to; **fue a preguntar** he went to ask; **a que + SUBJ** to + INF; **los instó a que participaran** he urged them to take part; **voy a que me hagan un chequeo** I'm going to have a checkup **2** (fam) (para): **¿a qué tanto escándalo?** what's all the fuss about?; **¿a qué le fuiste a decir eso?** what did you go and tell him that for?

G (señalando una acción que ha de realizarse) **a + INF**: **los puntos a tratar** the points to be discussed; **una idea a tener en cuenta** an idea to bear in mind; **total a pagar** total payable

H **1** (en órdenes): **¡a la cama, niños!** off to bed, children!; **¡a callar!** shut up! (colloq) **2** (con valor condicional) **a + INF**: **a decir verdad** to tell you the truth; **a juzgar por lo que dices** judging from what you say **3** (indicando causa): **a petición del interesado** (frml) at the request of the interested party; **al + INF**: **al no saber idiomas está en desventaja** he's at a disadvantage, not speaking any languages **4** (expresando desafío): **¿a que no sabes qué?** you'll never guess what!; **tú no te atreverías — ¿a que sí?** you wouldn't dare — do you want to *o* a bet? (colloq); **¡a que no puedes!** bet you can't! (colloq)

AA.EE *mpl* = **Asuntos Exteriores**

ábaco *m* abacus

abad *m* abbot

abadesa *f* abbess

abadía *f* (monasterio) abbey; (dignidad) abbacy

abajeño -ña *adj* (Per) from the coastal area

abajo *adv*

A **1** (lugar, parte): **ahí/aquí ~** down there/down here; **en el estante de ~** (el siguiente) on the shelf below; (el último) on the bottom shelf; **la sábana de ~** the bottom sheet; **más ~** further down; **por ~** underneath; **Ⓢ ver el cuadro más abajo** see table below; **la parte de ~** the bottom (part); **~ llevaba un vestido** (esp AmL) underneath she was wearing a dress **2** (en un edificio) downstairs; **los vecinos de ~** the people downstairs **3** (en una escala, jerarquía): **del jefe para ~** from the boss down *o* downward(s); **de 20 años para ~** 20 or under; **de $1.000 para ~** $1,000 or less

(Compuesto) **abajo firmante** *mf*: **el ~ ~/los ~ ~s** the undersigned

B (expresando dirección, movimiento) down; **calle/escaleras ~** down the street/stairs; **tire hacia ~** pull down *o* downward(s)

C **abajo de** (AmL) under; **~ de la cama** under the bed; **no cuesta ~ de un millón** it costs at least a million

D (en interjecciones) down with; **¡~ la dictadura!** down with the dictatorship!

abalanzarse [A4] *v pron*: **se abalanzaron hacia las salidas** they rushed toward(s) the exits; **~ SOBRE algn/algo** to leap ON sb/sth

abalear [A1] *vt* (Andes fam) to shoot

abalorio *m* glass bead

abanderado -da *m,f* **1** (deportista, soldado) standard-bearer; (defensor) champion **2** (Méx) (Dep) linesman

abanderizarse [A4] *v pron* (Chi) to declare one's support

abandonado -da *adj*

A [ESTAR] (deshabitado) deserted

B [ESTAR] ‹*niño/perro/coche*› abandoned

C [ESTAR] (desatendido, descuidado) ‹*jardín/parque*› neglected; **nos tienes muy ~s** you've forgotten us; **tiene a su familia muy abandonada** he hardly spends any time with his family

abandonar [A1] *vt*

A **1** (frml) ‹*lugar*› to leave; **las tropas ~on el área** the troops pulled out of *o* left the area; **abandonó la reunión en señal de protesta** he walked out of the meeting in protest **2** ‹*familia/bebé*› to leave, abandon; ‹*marido/amante*› to leave; ‹*coche/barco*› to abandon; **~ a algn A algo** to abandon sb TO sth; **los abandonó a su suerte** he abandoned them to their fate

B «*fuerzas*» to desert; **la suerte me ha abandonado** my luck has run out; **nunca lo abandona el buen humor** his good humor never deserts him

C 1 ‹*actividad/propósito/esperanza*› to give up; **abandonó la lucha** he gave up the fight, he abandoned the struggle; **~ los estudios** to drop out of school/college 2 (Dep) ‹*carrera/partido*› to retire from, pull out of

■ **abandonar** *vi* (Dep) 1 (antes de la carrera, competición) to withdraw, pull out 2 (iniciada la carrera, competición) to retire, pull out; (en ajedrez) to resign; (en boxeo, lucha) to concede defeat

■ **abandonarse** *v pron*

A (entregarse) **~se A algo** ‹*a vicios/placeres*› to abandon oneself TO sth; **se abandonó al sueño** he succumbed to sleep

B (en el aspecto personal) to let oneself go

abandono *m*

A 1 (frml) (de un lugar): **hicieron ~ del recinto** they vacated the premises; **el capitán ordenó el ~ del barco** the captain gave the order to abandon ship 2 (de una persona) abandonment

(Compuesto) **abandono del hogar** desertion

B (Dep) (antes de la carrera, competición) withdrawal; (iniciada la carrera, competición) retirement; (en ajedrez) resignation

C (descuido, desatención) neglect; **estado de ~** state of neglect; **la dejó en el más completo ~** he left her utterly destitute

abanicar [A2] *vt/vi* to fan

■ **abanicarse** *v pron* to fan oneself

abanico *m*

A (utensilio) fan; **se desplegaron en ~** they fanned out; **puso las cartas en ~** he fanned out his cards

(Compuesto) **abanico de salida** (Inf) fan-out

B (gama) range; **~ salarial** *or* **de salarios** wage scale

abaratamiento *m* (de precios) reduction; **el ~ del petróleo** the fall *o* reduction in the price of oil

abaratar [A1] *vt* ‹*precios/costos*› to reduce; ‹*producto*› to make ... cheaper, reduce the price of

■ **abaratarse** *v pron* «*costos*» to drop, come down; «*producto*» to become cheaper, come down in price

abarca *f* sandal

abarcar [A2] *vt* 1 ‹*temas/materias*› to cover; ‹*superficie/territorio*› to span, cover; ‹*siglos/generaciones*› to span; **la conversación abarcó varios temas** the conversation ranged over many topics; **su reinado abarcó 8 décadas** her reign spanned 8 decades; **el libro abarca desde el siglo XVII hasta nuestros días** the book covers *o* spans from the 17th century to the present day; **desde allí se abarca toda la bahía** all the bay can be seen from there 2 (dar abasto con) ‹*trabajos/actividades*› to cope with; ***quien mucho abarca poco aprieta*** you shouldn't bite off more than you can chew 3 (con los brazos, la mano) to encircle; **abarcó la habitación con una mirada** he took in the whole room at a glance

abarrotado -da *adj* crammed, packed; **~ DE algo** ‹*de gente*› packed *o* crammed WITH sth

abarrotar [A1] *vt* ‹*sala/teatro*› to pack

abarrotería *f* (Méx) grocery store (AmE), grocer's (shop) (BrE)

abarrotero -ra *m,f* 1 (Chi, Méx) (tendero) storekeeper (AmE), shopkeeper (BrE) 2 (Méx pey) (inmigrante) ignorant (Spanish) immigrant

abarrotes *mpl* (AmC, Andes, Méx) (comestibles) groceries (*pl*); (tienda) grocery store (AmE), grocer's (shop) (BrE)

abastecedor -dora *m,f* supplier

abastecer [E3] *vt* to supply; **una zona bien abastecida de agua** an area with a plentiful water supply; **~ a algn DE algo** to supply sb WITH sth

■ **abastecerse** *v pron* **~se DE algo** (obtener) to obtain sth; (almacenar) to stock up WITH sth

abastecimiento *m* supply; **~ de agua** water supply

abasto *m* 1 (aprovisionamiento) supply; ***no dar ~***: **no dan ~ con el trabajo** they can't cope with all the work 2 (provisiones) *tb* **~s** *mpl* basic provisions (*pl*) (*esp foodstuffs*)

abatible *adj* ‹*respaldo*› reclining (*before n*); (hacia adelante) folding (*before n*); **mesa de alas ~s** drop-leaf table

abatido -da *adj* 1 [ESTAR] (deprimido, triste) depressed; **está muy ~ por su muerte** her death has left him very depressed 2 [ESTAR] (desanimado) downhearted, dispirited

abatimiento *m*

A (depresión) depression; (desánimo) despondency, dejection

B (destrucción) destruction

abatir [I1] *vt*

A (derribar) ‹*pájaro/avión*› to bring down; ‹*muro/edificio*› to knock down; ‹*árbol*› to fell; **fue abatido a tiros** he was gunned down

B (deprimir, entristecer): **la enfermedad lo abatió mucho** his illness made him feel very low; **no te dejes ~ por las preocupaciones** don't let your worries get you down

C ‹*asiento*› to recline

■ **abatirse** *v pron*

A (deprimirse) to get depressed

B (frml) **~se SOBRE algo/algn** «*pájaro/avión*» to swoop down ON sth/sb; «*desgracia*» to befall sth/sb (frml); **el caos se abatió sobre el país** the country was plunged into chaos

abdicación *f* abdication

abdicar [A2] *vi* 1 «*soberano*» to abdicate; **~ EN algn** to abdicate IN FAVOR OF sb 2 (frml) (renunciar) **~ DE algo** to abdicate sth (frml); **abdicó de sus derechos** she abdicated her rights

■ **abdicar** *vt* 1 ‹*trono/corona*› to give up, abdicate 2 (frml) ‹*creencias/ideales*› to renounce

abdomen *m* abdomen

abdominal[1] *adj* abdominal

abdominal[2] *m* sit-up

abecé *m*

A (abecedario) alphabet; **¿ya te sabes el ~?** do you know your ABCs (AmE) *o* (BrE) your ABC yet?

B (fundamento, base): **el ~ de algo** the basics of sth

abecedario *m* alphabet

abedul *m* birch

abeja *f* bee

(Compuesto) **abeja obrera/reina** worker/queen bee

abejorro *m* bumblebee

aberración *f* 1 (disparate, extravío) outrage; **robarle a un ciego es una ~** stealing from sb who's blind is outrageous; **es una ~ decir eso** that's an absurd thing to say 2 (Biol, Fís) aberration

aberrante *adj* ‹*conducta*› aberrant

abertura *f* (en general) opening; (agujero) hole; (rendija) gap; (corte, tajo) slit; **queda una ~ entre los dos postigos** there's a gap between the two shutters

abeto *m* fir, fir tree

(Compuestos)

- **abeto blanco** silver fir
- **abeto falso** *or* **rojo** spruce

abiertamente *adv* openly; **se mostró ~ hostil** he was openly hostile.

abierto[1] **-ta** *adj*

A 1 ‹*ventana/boca*› open; **está ~** it's open; **con los ojos muy ~s** with eyes wide open; **no dejes la botella abierta** don't leave the top off the bottle; **un sobre ~** an unsealed envelope; **la carta venía abierta** the letter was already open when it arrived; **los espacios ~s de la ciudad** the city's open spaces 2 [ESTAR] ‹*válvula*› open; **dejaste la llave ~** you left the faucet (AmE) *o* (BrE) tap running *o* on 3 (desabrochado) undone; **llevas la blusa abierta** your blouse is undone 4 ‹*herida*› open; ‹*madera/costura*› split

B ‹*comercio/museo*› open; **estar ~ al público** to be open to the public

C (Ling) ‹*vocal*› open

D 1 [SER] (espontáneo) open; **tiene un carácter muy ~** she has a very open nature 2 (receptivo) open-minded; **~ A algo** open TO sth; **es muy abierta al diálogo** she's very open to dialogue; **estoy ~ a toda sugerencia** I'm open to suggestions

E (manifiesto, directo) open

abierto[2] *m*

A (Dep) open (tournament)

B (Col) (claro) clearing

abigarrado -da *adj* (multicolor) multicolored*, rainbow-colored*; (mezclado, heterogéneo) motley

abismado -da *adj* 1 (absorto) engrossed, lost in thought; **miraban ~s tanta belleza** they were lost in contemplation of so much beauty 2 (sorprendido) amazed, astonished

abismal *adj* enormous, vast

abismante *adj* (Andes) ‹*valentía*› extraordinary; ‹*belleza*› breathtaking ‹*cifra/cantidad*› staggering

abismar [A1] *vt* (Andes) to amaze

■ **abismar** *vi* (Andes): **tiene un desparpajo que abisma** she has an incredible *o* extraordinary nerve (colloq)

abismo *m* abyss; **al borde del ~** on the edge of the abyss; **hay un profundo ~ entre ellos** there's a deep rift between them; **salvar el ~** to bridge the gulf

abjurar [A1] *vi* (frml) **~ DE algo** ‹*de la fé*› to abjure sth; **abjuró de su herejía** he recanted his heresy

ablandamiento *m* 1 (de cera, cuero, agua) softening 2 (de persona) softening 3 (CS) (Auto) running in

ablandar [A1] *vt* 1 ‹*cera/cuero*› to soften; ‹*carne*› to tenderize 2 ‹*persona*› to soften; ‹*corazón*› to melt 3 (CS) (Auto) to run … in

■ **ablandarse** *v pron* 1 «*cera/cuero*» to soften 2 «*persona*» to soften up; «*mirada*» to soften

ablativo *m* ablative

ablución *f* (frml) ablution (frml); **hacer sus abluciones** (frml *o* hum) to perform one's ablutions (frml *or* hum)

ablusado -da *adj* bloused, in the shape/style of a blouse

abnegación *f* self-denial, abnegation (frml); **con ~** selflessly

abnegado -da *adj* self-sacrificing, selfless

abocado -da *adj* 1 (encaminado) **~ A algo**: **un plan ~ al fracaso** a plan doomed to fail *o* to failure; **están ~s a un desastre** they are heading for disaster 2 (AmL frml) [ESTAR] (dedicado) **~ A algo**: ‹*a una campaña/causa*› devoted TO sth

abocarse *v pron* 1 (dirigirse) **~ HACIA algo** to head TOWARD(S) *o* FOR sth 2 (AmL frml) (dedicarse) **~ A algo** to address oneself TO sth; **hemos de abocarnos a esta tarea** we must address ourselves to this task (frml); **se encuentran abocados a la búsqueda de una solución** they are channeling their efforts into seeking a solution

abochornado -da *adj* 1 (avergonzado) embarrassed; **sonrió ~** he smiled uncomfortably 2 (Chi) (Meteo) muggy and overcast

abochornar [A1] *vt* to embarrass

■ **abochornarse** *v pron* 1 (avergonzarse) to feel embarrassed 2 (Chi) (Meteo) to become muggy and overcast

abofetear [A1] *vt* to slap

abogacía *f* law; **ejercer la ~** to practice law

abogado -da *m,f* (en general) lawyer, solicitor (*in UK*); (ante un tribunal superior) attorney (*in US*), barrister (*in UK*)

(Compuestos)

- **abogado -da criminalista** *m,f* criminal lawyer
- **abogado defensor -da defensora** *m,f* defense lawyer (AmE), defence counsel (BrE)
- **abogado del diablo** *m* devil's advocate
- **abogado -da de oficio** *m,f*: *lawyer provided under the legal aid scheme*, public defender (*in US*)

abogar [A3] *vi* (frml) **~ POR** *or* **EN FAVOR DE algn/algo** to defend sb/sth, to champion sb/sth

abolengo *m* ancestry; **de rancio ~** of noble ancestry *o* descent

abolición *f* abolition

abolicionismo *m* abolitionism

abolicionista *mf* abolitionist

abolir [I32] *vt* to abolish

abolladura *f* dent

abollar [A1] *vt* ‹*coche/cacerola*› to dent

■ **abollarse** *v pron* to get dented

abombado -da *adj*

A (AmL fam) (atontado) dopey (colloq), dozy (colloq)

B (AmS) (en mal estado) ‹*alimento*›: **esta carne está abombada** this meat has gone bad *o* (BrE) is off

C ‹*superficie*› convex; ‹*techo*› domed

abombarse [A1] *v pron* (AmS) to go bad, go off

abominable *adj* abominable

abominar [A1] *vt* to detest, abominate (frml)

■ **abominar** *vi* **~ DE algo/algn** (frml) to loathe sth/sb

abonado -da *m,f* (del teléfono, a revista) subscriber; (del gas) consumer, customer; (a espectáculo, transporte) season-ticket holder

abonar [A1] *vt*

A ‹*tierra/campo*› to fertilize

B 1 (frml) (pagar) ‹*cantidad/honorarios*› to pay; **¿cómo lo quiere ~?** how would you like to pay?; **el cheque se lo ~án en caja** you can cash the check at the cash desk 2 (depositar) to credit; **hemos abonado la cantidad en su cuenta** we have credited your account with the amount 3 (Andes, Méx) (dar a cuenta) to give … on account

C (avalar) ‹*hipótesis*› to lend weight to

■ **abonarse** *v pron* **~se A algo** ‹*a espectáculo*› to buy a season ticket FOR sth; ‹*a revista*› to subscribe TO sth

abono *m*

A (Agr) fertilizer

(Compuesto) **abono orgánico/químico** organic/chemical fertilizer

B (para espectáculos, transporte) season ticket; **sacar un ~** to buy *o* get a season ticket

C (frml) 1 (pago) payment 2 (en una cuenta) credit 3 (Andes, Méx) (cuota) installment•

abordaje *m* (Náut) (ataque) boarding

abordar [A1] *vt*

A 1 (encarar) ‹*problema*› to tackle, deal with; **el libro aborda temas difíciles** the book deals with *o* tackles difficult subjects 2 (plantear) ‹*tema/asunto*› to raise; **no se abordó el tema del presupuesto** the question of the budget was not raised

B ‹*persona*› to approach

C (Náut) 1 (chocar con) to collide with; (embestir) to ram 2 «*guardacostas/piratas*» to board

D (Méx) «*pasajero*» ‹*barco/avión*› to board; ‹*automóvil*› to get into

■ **abordar** *vi* (Méx) (subir a bordo) to board

aborigen¹ *adj* aboriginal, indigenous

aborigen² *mf* aborigine, aboriginal; **los aborígenes de Australia** (Australian) Aborigines

aborrascarse [A2] *v pron* to become stormy

aborrecer [E3] *vt*

A ‹*persona/actividad*› to detest, loathe

B ‹*crías*› to reject

aborrecible *adj* ‹*persona*› loathsome, detestable; ‹*objeto*› hideous

aborrecimiento *m* loathing

abortar [A1] *vi*

A (Med) (de forma espontánea) to have a miscarriage, miscarry, abort; (de forma provocada) to have an abortion, abort

B «*plan/conspiración*» to miscarry

■ **abortar** *vt* ‹*maniobra/aterrizaje*› to abort

abortero -ra *m,f* abortionist

abortista *mf* 1 (partidario) pro-abortionist, pro-choicer (AmE euph) 2 (ilegal) abortionist **~ clandestino** back-street abortionist

abortivo¹ -va *adj* 1 ‹*método*› abortion (*before n*) 2 ‹*droga*› abortion-inducing

abortivo² *m* abortion-inducing drug

aborto *m*

A (Med) (espontáneo) miscarriage; (provocado) abortion

(Compuesto) **aborto terapéutico** therapeutic abortion

B 1 (de plan) failure 2 (fam) (persona fea) dog (colloq)

abotagado -da *adj* ‹*cara*› swollen; ‹*cuerpo*› bloated

abotagarse [A3] *v pron* «*cara*» to swell up; «*cuerpo*» to become bloated

abotonadura *f*: **una chaqueta con ~ simple/doble** a single-breasted/double-breasted jacket; **un vestido con ~ atrás** a dress which buttons down the back

abotonar [A1] *vt* to button up, do up

■ **abotonarse** *v pron* ‹*chaqueta/camisa*› to button up, do up

abovedado -da *adj* vaulted

abr. (= **abril**) Apr

abra *f*‡ 1 (ensenada) cove, inlet 2 (RPl, Méx) (claro) clearing

abracadabra *m* abracadabra
abrasador -dora *adj* burning (*before n*)
abrasar [A1] *vt* **1** (quemar) to burn; **murieron abrasados** they were burned to death **2** «*bebida*» to scald, burn; «*comida*» to burn **3** (liter) «*pasión*» to consume (liter)
■ **abrasar** *vi* «*sol*» to burn, scorch
■ **abrasarse** *v pron* «*bosque*» to be burned (down); «*planta*» to get scorched; **nos abrasábamos bajo el sol** we were sweltering under the sun; **se abrasaba en deseo** (liter) he was aflame with desire (liter)
abrasivo -va *adj/m* abrasive
abrazadera *f* clamp; (redonda) hose clamp, hose clip (BrE)
abrazar [A4] *vt*
A **1** ‹*persona*› to hug; (con más sentimiento) to embrace; **abrázame fuerte** hold me tight **2** ‹*tronco/columna*› to encircle
B (liter) ‹*religión/causa*› to embrace
■ **abrazarse** *v pron* **1** (*recípr*) to hug each other; (con más sentimiento) to embrace each other **2** **~se A algn/algo** to hold on *o* cling TO sb/sth
abrazo *m* hug; (con más sentimiento) embrace; **me dio un ~** he gave me a hug, he hugged/embraced me; **dale un ~ de mi parte** give my love to her; **se fundieron en un cálido ~** (liter) they held each other in a warm embrace; **un ~, Miguel** (en cartas) best wishes, Miguel, regards, Miguel; (más íntimo) love, Miguel
abrebotellas *m* (*pl* ~) bottle opener
abrecartas *m* (*pl* ~) letter opener
abrelatas *m* (*pl* ~) can opener, tin opener (BrE)
abrevadero *m* (pila) (water) trough; (natural) watering hole
abrevar [A1] *vt* to water
abreviación *f* (acción) abbreviation; (texto) abridgment; (Ling) shortening
abreviar [A1] *vt* ‹*permanencia/visita*› to cut short; ‹*plazo*› to shorten; ‹*texto/artículo*› to abridge; ‹*palabra*› to abbreviate
■ **abreviar** *vi*: **abrevia, que se hace tarde** cut it short, it's getting late; **abreviando ...** in short ...
abreviatura *f* abbreviation
abridor[1] -dora *adj* (Dep) starting (*before n*)
abridor[2] *m* (de botellas) bottle opener; (de latas) can opener, tin opener (BrE)
abrigada *f*, **abrigadero** *m* shelter
abrigado -da *adj* **1** [ESTAR] ‹*lugar*› sheltered; **~ DE algo** sheltered *o* protected FROM sth **2** [ESTAR] ‹*persona*›: **¿estás bien ~ con esas mantas?** are you warm enough with those blankets?; **está demasiado ~** he has too many clothes on; **iba bien ~** he was wrapped up warm **3** [SER] (RPl, Ven) ‹*ropa*› warm
abrigador -dora *adj* [SER] (Andes, Méx) ‹*ropa*› warm
abrigar [A3] *vt*
A (con ropa) to wrap ... up warm; **el pañuelo me abriga el cuello** the scarf keeps my neck warm
B ‹*idea/esperanza*› to cherish; ‹*sospecha/duda*› to harbor*, entertain
■ **abrigar** *vi* «*ropa*» to be warm
■ **abrigarse** *v pron* (*refl*) to wrap up warm; **abrígate el pecho** keep your chest warm
abrigo *m*
A **1** (prenda) coat; **~ de invierno** winter coat **2** (calor que brinda la ropa): **necesita más ~** she needs to be wrapped up more warmly; **con una manta no tengo suficiente ~** I'm not warm enough with one blanket; **ropa de ~** warm clothes; **un raído vestido era todo su ~** (liter) all she was wearing was a threadbare dress
B (refugio, protección) shelter; ***al ~ de algo/algn***: **al ~ de los árboles** sheltered under the trees; **al ~ de la lumbre** by the fireside; **corrió al ~ de su madre** she ran to her mother for protection
abril *m* April; *para ejemplos ver* **enero**; **tenía quince ~es** (liter) she was a girl of fifteen summers (liter)
abrillantar [A1] *vt* to polish
abrir [I33] *vt*
A (en general) to open; ‹*paraguas*› to open, put up; ‹*mapa*› to open out, unfold; ‹*cortinas*› to open, draw back; ‹*persianas*› to raise, pull up; ‹*cremallera*› to undo
B ‹*llave/gas*› to turn on; ‹*válvula*› to open; ‹*cerradura*› to unlock
C **1** ‹*zanja/túnel*› to dig; ‹*agujero*› to make; **le abrió la cabeza de una pedrada** he hit her with a stone and gashed her head **2** ‹*absceso*› to open ... up; ‹*paciente*› (fam) to open ... up (colloq)
D **1** ‹*comercio/museo*› (para el quehacer diario) to open; (inaugurar) to open (up); **¿a qué hora abren la taquilla?** what time does the box office open?; **~ algo al público** to open sth to the public **2** ‹*carretera/aeropuerto*› to open; ‹*frontera*› to open (up) **3** (Com) to open up
E **1** (iniciar) ‹*cuenta bancaria*› to open; ‹*negocio*› to start, set up; ‹*suscripción*› to take out; ‹*caso*› to open; ‹*investigación*› to begin, set up; **el plazo para la presentación de solicitudes se ~á el 2 de junio** applications will be accepted from June 2; **no han abierto la matrícula aún** registration hasn't begun yet **2** ‹*acto/debate/baile*› to open **3** ‹*desfile/cortejo*› to head, lead **4** ‹*paréntesis/comillas*› to open **5** **~ fuego** to open fire
F ‹*apetito*› to whet
G ‹*perspectivas*› to open up; ‹*etapa*› to mark the beginning of; **el acuerdo abre un panorama desolador** the agreement points to a bleak future
H (hacer más receptivo): **le abrió la mente** it made her more open-minded; **~ algo A algo** to open sth up TO sth; **para ~ nuestro país a nuevas tendencias** to open our country up to new trends
■ **abrir** *vi*
A «*persona*» to open up; **¡abre! soy yo** open the door *o* open up! it's me
B «*puerta/cajón*» to open; **esta ventana no abre (bien)** this window doesn't open (properly)
C «*comercio/museo*» to open; **abre de nueve a tres** it opens from nine till three
D «*acto/ceremonia*» to open; (Jueg) to open
■ **abrir** *v impers* (fam) (Meteo): **parece que quiere ~** it looks as if it's going to clear up
■ **abrirse** *v pron*
A **1** «*puerta/ventana*» to open; **~se A algo** ‹*a jardín/corredor*› to open ONTO sth **2** «*flor/almeja*» to open; «*paracaídas*» to open
B **1** (*refl*) ‹*chaqueta/cremallera*› to undo **2** (rajarse) «*madera/costura*» to split; **se cayó y se abrió la cabeza** she fell and split her head open
C **1** (liter) (ofrecerse a la vista) to appear, unfold; **un espléndido panorama se abrió ante sus ojos** the most wonderful view unfolded before their eyes (liter) **2** «*porvenir*» to lie ahead; «*perspectivas*» to open up; **con este descubrimiento se abren nuevos horizontes** this discovery opens up new horizons
D «*período/era*» to begin; **con este tratado se abre una nueva etapa** this treaty marks *o* heralds a new era
E **1** (confiarse) **~se A algn** to open up TO sb **2** (hacerse más receptivo) **~se A algo** to open TO sth **3** (hacerse más accesible) **~se A algn/algo** to open up TO sb/sth; **China se ha abierto a los extranjeros** China has opened up to foreigners
F (AmL fam) (echarse atrás) to back out, get cold feet
abrochar [A1] *vt* **1** ‹*chaqueta/botón*› to fasten, do up; ‹*collar/cinturón de seguridad*› to fasten **2** (AmL) ‹*papeles*› to staple
■ **abrocharse** *v pron* ‹*chaqueta/botón*› to fasten, do up; ‹*collar*› to fasten; **S** **abróchense los cinturones de seguridad** fasten your seatbelts
abrojo *m* (Bot) burr
abrumador -dora *adj* **1** ‹*victoria/mayoría*› overwhelming **2** ‹*trabajo/tarea*› exhausting; ‹*responsabilidad/carga*› onerous, heavy
abrumar [A1] *vt* to overwhelm; **~ a algn CON algo** ‹*con problemas/quejas*› to wear sb out WITH sth; **la ~on con sus atenciones** she was overwhelmed by their kindness; **estar abrumado de trabajo** to be snowed under with work; **abrumado por las preocupaciones** weighed down with worry
abrupto -ta *adj* **1** ‹*camino/pendiente*› steep; ‹*terreno*› rough **2** ‹*tono*› abrupt **3** ‹*cambio/descenso*› abrupt, sudden
absceso *m* abscess
absentismo *m* (Esp) ▸**ausentismo**
absolución *f* **1** (Relig) absolution; **dar la ~** to give absolution **2** (Der) acquittal

absolutamente *adv* totally, absolutely; **no se ve ~ nada** you can't see a thing; **~ nadie** not a soul; **es ~ falso** it is utterly untrue; **¿estás segura? — absolutamente** are you sure? — absolutely *o* I'm positive

absolutismo *m* absolutism

absolutista *adj/mf* absolutist

absoluto -ta *adj*
A ‹*monarca/poder*› absolute
B 1 (total) total, absolute; complete; **en la ruina más absoluta** utterly destitute; **tengo la absoluta certeza** I am absolutely convinced 2 **en absoluto** (*loc adv*): **¿te gustó? — en ~** did you like it? — no, not at all; **no lo consentiré en ~** there is absolutely no way I will agree to it; **es un caso en ~ aislado** it is by no means an isolated case

absolutorio -ria *adj*: **un fallo ~** ≈ a verdict of not guilty

absolver [E11] *vt* 1 (Relig) to absolve; **~ a algn DE algo** to absolve sb OF sth 2 (Der) ‹*acusado*› to acquit, find … not guilty

absorbencia *f* absorbency

absorbente *adj*
A ‹*esponja/papel*› absorbent
B ‹*persona*› demanding; ‹*hobby/tarea*› time-consuming; ‹*profesión*› demanding

absorber [E1] *vt*
A 1 ‹*líquido/ruido/calor*› to absorb 2 ‹*tiempo*› to occupy, take up; ‹*recursos/energía*› to absorb; **una actividad que te absorbe totalmente** an activity that takes up all your time and energy
B ‹*empresa*› to take over

absorción *f*
A (de líquido, calor, ruido) absorption
B (Fin) takeover

absorto -ta *adj* engrossed, absorbed; **quedarse ~** to become engrossed in one's thoughts

abstemio[1] -mia *adj* teetotal

abstemio[2] -mia *m,f* teetotaler*

abstención *f* abstention

abstencionismo *m* abstentionism

abstencionista[1] *adj* pro-abstention (*before n*)

abstencionista[2] *mf* (que se abstiene) *person who abstains*; (que propugna la abstención) pro-abstentionist

abstenerse [E27] *v pron* 1 (en votación) to abstain 2 (frml) (no hacer): **en la duda lo mejor es ~** (fr hecha) if in doubt, don't; **~ DE + INF** to refrain FROM -ING 3 (privarse de) **~ DE algo**: **~ del alcohol** to avoid alcohol

abstinencia *f* abstinence

abstracción *f* (acción) abstraction; (idea abstracta) abstraction (frml), abstract idea; **hacer ~ de algo** ‹*de caso/factor*› to leave sth aside; ‹*del ruido*› to block … out

abstracto -ta *adj* abstract

abstraer [E23] *vt* to abstract
■ **abstraerse** *v pron* **~se DE algo** ‹*de pensamiento/preocupación*› to block out FROM sth

abstraído -da *adj*: **estar ~ en algo** to be absorbed in sth; **lo noté como ~** he seemed rather preoccupied

abstruso -sa *adj* abstruse

absuelto -ta *pp*: *see* **absolver**

absurdo[1] -da *adj* absurd, ridiculous; **es ~ que te comportes así** it's absurd of you to behave like this; **lo más ~ de todo es ...** the ridiculous thing about it all is …

absurdo[2] *m* (absurdez): **es un ~ que trates de ocultarlo** it's absurd (of you) to try to hide it

abuchear [A1] *vt* to boo

abucheo *m* booing; **fue recibido con un ~** he was booed when he came on

abuelito -ta (*m*) grandpa (colloq), granddad (colloq); (*f*) grandma (colloq), granny (colloq)

abuelo -la *m,f*
A (pariente) (*m*) grandfather; (*f*) grandmother; **mis ~s** my grandparents; **~ paterno/materno** paternal/maternal grandfather; ***como éramos pocos, parió la abuela*** (fam & hum) that is/was all we needed (colloq); ***¡cuéntaselo a tu abuela!*** (fam) pull the other one! (colloq); ***no tener abuela*** (Méx fam) (ser muy bueno) to be incredible; (ser muy malo) to be terrible; ***¡tu abuela!*** (fam): **¿los lavas tú? — sí, tu abuelita** will you wash them? — like hell I will! (colloq)
B (fam) (persona mayor) (*m*) old man, old guy (colloq); (*f*) old woman, old lady; **¡oiga ~!** hey, granddad! (colloq)

abulia *f* extreme apathy, abulia (tech)

abúlico -ca *adj* apathetic

abultado -da *adj* 1 ‹*ojos/vientre*› bulging; ‹*labios*› thick; ‹*cartera*› bulging 2 (abundante) ‹*deuda/suma*› enormous, huge; ‹*porción*› generous; **su abultada ficha personal** his extensive record; **una derrota abultada** (period) a crushing defeat 3 (exagerado) ‹*cifra/cantidad*› inflated

abultar [A1] *vi* 1 (formar un bulto) to make a bulge; **la pistola le abultaba debajo de la chaqueta** the gun made a bulge under his jacket 2 (ocupar lugar) to be bulky; **dóblalo bien para que no abulte** fold it neatly so that it lies flat
■ **abultar** *vt* ‹*cifras/resultados*› to inflate

abundancia *f*
A (gran cantidad) abundance; **la ~ de peces** the abundance of fish; **hay ~ de aves en la región** the area abounds in *o* with bird life; **hay comida en ~** there's an abundance of food; **aquí existen datos en ~** there's a wealth of information here; **darse en ~** to be plentiful
B (riqueza): **tiempos de ~** times of plenty; **viven en la ~** they're well-off; ***nadar en la ~*** to be rolling in money (colloq)

abundante *adj* 1 ‹*reservas/cosecha*› plentiful, abundant; **la pesca es ~** the fishing is good; **~ EN algo**: **aguas ~s en especies marinas** waters which abound in marine life; **un informe ~ en datos estadísticos** a report containing ample statistical data 2 (*en pl*) (numerosos) plenty of, abundant

abundar [A1] *vi*
A 1 (existir en gran número o cantidad) «*especie/mineral*» to be abundant; **aquí lo que abunda son los problemas** there's certainly no shortage of problems here 2 (tener mucho) **~ EN algo** to abound *o* be rich IN sth; **el país abunda en recursos naturales** the country abounds *o* is rich in natural resources
B (extenderse al hablar) **~ EN algo** to go into great detail ABOUT sth; **abundó en el tema** he talked about the subject at great length
C (en una opinión, creencia) (frml) **~ EN algo** to share sth; **los dos partidos abundan en esa opinión** both parties share that view; **abundo en la opinión de mi colega de que ...** I share my colleague's opinion that …

aburguesado -da *adj* bourgeois

aburguesamiento *m*: *adoption of bourgeois ways*

aburguesarse [A1] *v pron* to become bourgeois

aburrición *f* (Col, Méx) ▸ **aburrimiento**

aburrido[1] -da *adj*
A ‹*persona*› 1 [ESTAR] (sin entretenimiento) bored; **estoy muy ~** I'm bored stiff 2 [ESTAR] (harto) fed up; **~ DE algo** tired OF sth, fed up WITH sth; **~ DE + INF** tired of -ING
B [SER] ‹*película/persona*› boring; ‹*trabajo*› boring, tedious

aburrido[2] -da *m,f* bore

aburridor -dora *adj* (AmL) ▸ **aburrido[1] B**

aburrimiento *m* 1 (estado) boredom 2 (cosa aburrida): **¡qué ~!** what a bore!

aburrir [I1] *vt* to bore
■ **aburrirse** *v pron* 1 (por falta de entretenimiento) to get bored; **nunca me había aburrido tanto** I'd never been so bored 2 (hartarse) **~se DE algo/algn** to get tired OF *o* fed up WITH sth/sb; **~se DE + INF** to get tired OF -ING

abusado[1] -da *adj* (Méx fam) bright (colloq), smart; **es muy ~ para las ciencias** he's very hot on science (colloq); **(ponte) ~ con la bolsa** be careful with *o* watch your bag

abusado[2] *interj* (Méx fam) watch out!, look out!

abusador[1] -dora *adj* (aprovechado) ‹*comerciante*› opportunist; **¡qué ~ eres!** you really take advantage of the situation!; **no seas ~, ya ha trabajado diez horas** don't be so demanding, she's already done ten hours' work

abusador[2] -dora *m,f* (aprovechado): **estos comerciantes son unos ~es** these shopkeepers really take advantage; **es un ~ con sus padres** he takes advantage of his parents

abusar [A1] *vi*
A 1 (aprovecharse): **es muy hospitalaria pero no abuses**

a

she's very hospitable but don't take advantage of her; ~ **DE algo** ‹*de autoridad/posición*› to abuse sth; ‹*de hospitalidad/generosidad*› to abuse sth, take unfair advantage OF sth; **no quisiera ~ de su amabilidad** I don't want to impose (on you); ~ **DE algn** ‹*de padres/amigo*› to take advantage OF sb 2 (sexualmente) ~ **DE algn** to sexually abuse sb

B (usar en exceso): ~ **DE algo**: **abusa de tranquilizantes** he takes too many tranquilizers; **no se debe ~ del alcohol** alcohol should be drunk in moderation

abusivo -va *adj* ‹*precio/interés*› outrageous; **dos cláusulas francamente abusivas** two clauses which are blatantly unfair

abuso *m* 1 (uso excesivo) abuse; **el ~ en la bebida** alcohol abuse 2 (de hospitalidad, generosidad): **espero no lo considere un ~** I hope you don't think it an imposition 3 (injusticia) outrage; **prestarse a ~s** to lend itself to abuse

Compuestos
- **abuso de autoridad** *m* abuse of authority
- **abuso de confianza** *m* (Der) breach of trust *o* confidence; **¡qué ~ de ~!** (fam) what a nerve! (colloq)
- **abusos deshonestos** *mpl* indecent assault
- **abuso sexual infantil** *m* child abuse

abusón -sona *adj* (Esp, Méx fam) ▸**abusador**

abyección *f* 1 (acto abyecto) despicable act 2 (cualidad): **caer en la ~** to debase oneself

abyecto -ta *adj* ‹*persona/conducta*› contemptible, despicable; **un crimen ~** a heinous crime

a/c = a cuenta

acá *adv*

A (en el espacio) here; [*where the location is more precise and no comparison is involved European Spanish prefers* **aquí**] **¡ven ~!** come here!; **viven por ~** they live around *o* near here; **ya viene para ~** he's on his way over; **se vino hasta ~ caminando** he came here on foot; **~ y allá** here and there; **nos pasamos el día de ~ para allá** we spent the whole day going to and fro; **un poquito más ~** a little closer *o* nearer (to me)

B (en el tiempo): **del verano (para) ~ han pasado muchas cosas** a lot has happened since the summer; **¿de cuándo ~?** since when?

acabado¹ -da *adj* 1 [ESTAR] ‹*trabajo*› finished; **son todos productos muy bien ~s** they are all well-finished products 2 [ESTAR] ‹*persona*› finished

acabado² *m* finish

acabar [A1] *vi*

Sentido I 1 «*reunión/película*» to finish, end; «*persona*» to finish; «*novios*» to split up; **ya casi acabo** I've nearly finished; **¡acabáramos!** (fam) now I get it! (colloq) 2 (en un estado, situación) to end up; **¿cómo acabó lo de anoche?** how did things end up last night?; **acabó en la cárcel** he ended up in jail; (+ *compl*) **acabamos cansadísimos** by the end we were exhausted; **tanta historia para ~ en nada** all that fuss for nothing; **ese chico va a ~ mal** that boy will come to no good; **esto puede ~ mal** things could turn nasty *o* get ugly; **la película acabó bien** the movie had a happy ending; **~ + GER** *o* **~ POR + INF** to end up -ING; **~án aceptándolo** *o* **por aceptarlo** they'll end up accepting it; **acabé por convencerme de que ...** in the end I became convinced that ...; **~ DE algo** to end up AS sth; **acabó de camarero** he ended up (working) as a waiter 3 (rematar) **~ EN algo** to end IN sth; **la palabra acaba en vocal** the word ends in a vowel

Sentido II **acabar con** 1 **~ CON algo** (terminar) ‹*con libro/tarea*› to finish WITH sth; ‹*con bombones/bebidas*› to finish off sth; ‹*con salud/carrera*› to ruin sth; ‹*con sueldo/herencia*› to fritter AWAY sth; ‹*con abuso/problema*› to put an end TO sth; **estás acabando con mi paciencia** you're trying my patience 2 (fam) **~ CON algn** (pelearse) to finish WITH sb; (matar) to do away WITH sb (colloq); **este niño va a ~ conmigo** this child will be the death of me

Sentido III **acabar de** 1 (terminar) **~ DE + INF** to finish -ING; **cuando acabes de leerlo** when you've finished reading it; **para ~ de arreglarlo se puso a llover** to top *o* cap it all it started to rain 2 (para referirse a acción reciente) **~ DE + INF**: **acaba de salir** she's just gone out; **acababa de meterme en la cama cuando ...** I had just got into bed when ... 3 (llegar a) **~ DE + INF**: **no acabo de entenderlo** I just don't understand; **no acababa de gustarle/convencerla** she wasn't totally happy about it/totally convinced

■ **acabar** *vt*

A ‹*trabajo/libro*› to finish; ‹*curso/carrera*› to finish, complete

B (destrozar): **el esfuerzo lo acabó** he was exhausted by the effort; **la tragedia la acabó** the tragedy destroyed her

■ **acabarse** *v pron*

A (terminarse) «*provisiones/comida*» to run out; «*problema*» to be over; «*reunión/fiesta*» to end; **se nos acabó el café** we ran out of coffee; **se le ~on las fuerzas** he ran out of energy; **se me está acabando la paciencia** I'm running out of patience; **es un trabajo que no se acaba nunca** it's a never-ending *o* an endless task; **¡esto se acabó!** that's it!; ***y (san) se acabó*** (fam) and that's that

B 1 (liter) (morir): **se fue acabando poco a poco** her life's breath slowly ebbed away (liter) 2 (Méx) (quedar destrozado): **se acabó en ese trabajo** that job finished him off (colloq)

C (*enf*) (comer) to finish (up)

acabóse *m* (fam): **¡esto es el ~!** this is the end *o* limit! (colloq); **el ~ de feo** incredibly ugly; **como administrador es el ~** as an administrator he's a complete disaster; **la fiesta fue el ~** (fue muy mala) the party was terrible *o* the pits (colloq); (fue muy buena) the party was fantastic *o* incredible

acacia *f* acacia

academia *f* 1 (sociedad) academy 2 (Educ) school 3 (RPl) (mundo académico): **la ~** academia, the academic world

Compuestos
- **academia de conductores** *or* (AmL) **choferes** driving school
- **academia de idiomas** language school
- **academia militar** military academy

académico¹ -ca *adj* 1 ‹*estudios/año*› academic (*before n*) 2 ‹*sillón/normas*› Academy (*before n*) (*esp of the Royal Academy of the Spanish language*) 3 ‹*estilo/lenguaje*› academic

académico² -ca *m,f* academician

Compuesto **académico -ca de número** *m,f* permanent member (*esp of the Royal Academy of the Spanish language*)

acaecer [E3] *vi* (*en 3ª pers*) (frml) to occur (frml), take place

acalambrarse [A1] *v pron* to get (a) cramp

acallar [A1] *vt* ‹*voces/gritos*› to silence, to quiet (AmE), to quieten (BrE); ‹*rumor/clamor*› to quieten down; ‹*críticas/protestas*› to silence

acalorado -da *adj*

A [SER] ‹*discusión/riña*› heated

B [ESTAR] ‹*persona*› (enfadado) worked up; (con calor) hot

acaloramiento *m* heatedness, heat

acalorarse [A1] *v pron* (enfadarse) to get worked up; (sofocarse) to get hot

acampada *f* camp; **ir de ~** to go camping

acampanado -da *adj* ‹*falda/pantalones*› bell-bottomed (AmE), flared (BrE)

acampante *mf* camper

acampar [A1] *vi* to camp

acanalado -da *adj* ‹*columna*› fluted; ‹*techo/cartón*› corrugated

acanalar [A1] *vt* (rebajar) to groove, flute; (doblar) to corrugate

acantilado *m* cliff

acanto *m* acanthus

acantonar [A1] *vt* to station

acaparador¹ -dora *adj* (egoísta) selfish, greedy; (posesivo) possessive

acaparador² -dora *m,f* 1 (de productos) hoarder 2 (persona egoísta) selfish person

acaparamiento *m* hoarding, stockpiling

acaparar [A1] *vt* 1 ‹*productos/existencias*› to hoard, stockpile 2 ‹*interés/atención*› to capture; **el trabajo acapara todo su tiempo** work takes up all his time; **acaparó todas las miradas** all eyes were on her 3 (fam) (monopolizar) to hog (colloq)

a capella /a kaˈpela/ (*loc adv*) ‹*cantar*› a capella, unaccompanied

acápite *m* (AmL) (sección) section; (encabezamiento) heading; (párrafo) paragraph

acaramelado -da *adj* 1 ‹*pareja*›: **estaban ~s** they were hugging and kissing 2 ‹*voz*› sugary 3 (Coc) toffee-coated

acaramelar [A1] *vt* to coat … with caramel

acariciador -dora *adj* 1 ‹*voz/mirada*› tender 2 ‹*brisa*› (liter) caressing (*before n*) (liter)

acariciar [A1] *vt*
A 1 ‹*persona*› to caress; ‹*mejilla/pelo*› to stroke, caress; ‹*perro/gato*› to stroke 2 (liter) «*sol/brisa*» to caress (liter)
B ‹*idea/plan*› to nurture
■ **acariciarse** *v pron* (*refl*): **~se la barba** to stroke one's beard

ácaro *m* mite

acarraladura *f* (Per) run (AmE), ladder (BrE)

acarrear [A1] *vt* 1 ‹*problema*› to give rise to, lead to; **esto le acarreó problemas** this caused her problems 2 ‹*materiales/paquetes*› to carry 3 (Chi fam) ‹*persona*› to take 4 (Méx) (Pol): *to transport people to a political meeting or polling place*

acarreo *m* 1 (en vehículo) haulage, transport; (con esfuerzo físico) carrying 2 (Dep) carry

acartonado -da *adj* 1 ‹*piel*› wizened 2 ‹*estilo*› stilted; ‹*actuación*› wooden; ‹*modales*› stuffy, stilted; ‹*sociedad*› stultified

acartonarse *v pron* «*piel*» to become wizened

acaserarse [A1] *v pron* (Chi, Per fam) to become a regular customer

acaso *adv*
A (en preguntas): **¿~ no te lo dije?** I told you, didn't I?; **¿cómo lo sabes? ¿~ estabas allí?** how do you know? were you there or something?; **¿~ tengo yo la culpa?** is it *my* fault?; **¿~ no sabes que …?** don't you know that …?
B (*en locs*) **por si acaso** just in case; **por si ~ no te lo han dicho** (just) in case nobody's told you; **si acaso**: **si ~ me necesitaras** if you need me; **no fue tan horrible, si ~ un poco largo** it wasn't that bad, a bit long maybe *o* perhaps
C (liter) (quizás) **~ + SUBJ** maybe, perhaps; **~ sea cierto lo que dijo** maybe *o* perhaps what she said is true

acatamiento *m* (de orden) observance; **el ~ de las leyes** compliance with the laws

acatar [A1] *vt* ‹*leyes/orden*› to obey, comply with; **~ la voluntad de la mayoría** to comply with the wishes of the majority

acatarrado -da *adj*: **estar ~** to have a cold

acatarrar [A1] *vt* (Méx fam) to hassle (colloq)
■ **acatarrarse** *v pron* (resfriarse) to catch a cold

acaudalado -da *adj* wealthy, rich, affluent

acaudillar [A1] *vt* to lead

acceder [E1] *vi*
A **~ A algo** ‹*a lugar*› to gain access TO sth; ‹*a premio*› to be eligible FOR sth; ‹*a cargo*› obtain sth; **accedió al trono** he came *o* succeeded to the throne
B (ceder): **accedió a regañadientes** he agreed with great reluctance, he reluctantly gave in; **~ A algo** to agree TO sth, to accede TO sth (frml); **~ A + INF** to agree TO + INF; **accedió a contestar las preguntas** she agreed to answer the questions

accesibilidad *f* accessibility

accesible *adj* 1 ‹*lugar*› accessible; ‹*persona*› approachable; ‹*precio*› affordable; **~ a todos los bolsillos** within everyone's price range 2 ‹*novela/lenguaje*› accessible; ‹*explicación*› easily comprehensible

accésit *m* second prize, consolation prize

acceso *m*
A 1 (a un lugar) access; **rutas de ~** approach roads; **los ~s a la ciudad** roads into *o* approaches to the city; **es el único ~ al jardín** it's the only means of access to the garden 2 (a persona, documento) access 3 (Inf) access; **~ aleatorio/secuencial** random/sequential access
B 1 (a puesto, cargo) accession (frml); **desde su ~ al poder** since coming to *o* assuming power 2 (a curso) entrance; **pruebas de ~** entrance examinations; **curso de ~** preparatory course
(Compuesto) **acceso directo** direct entry
C (Med) attack; **~ de tos** coughing fit; **en un ~ de ira/celos** in a fit of rage/jealousy

accesorio¹ -ria *adj* incidental

accesorio² *m* accessory; **~s del vestir** accessories; **~s de baño** bathroom fittings

accidentado¹ -da *adj*
A 1 ‹*viaje*› eventful; ‹*historia*› turbulent; ‹*carrera/pasado*› checkered* (*before n*); ‹*vida*› troubled 2 ‹*terreno*› rough, rugged; ‹*costa*› broken
B ‹*persona*› hurt, injured

accidentado² -da *m,f*: **llevaron a los ~s al hospital** those injured *o* hurt in the accident were taken to hospital

accidental *adj* ‹*encuentro*› chance (*before n*), accidental; ‹*circunstancias*› coincidental

accidentalmente *adv* (sin querer) accidentally, unintentionally; (de casualidad) by chance

accidentarse [A1] *v pron* to have an accident

accidente *m*
A (percance) accident; **tuvo** *or* **sufrió un ~** he had an accident
(Compuestos)
- **accidente aéreo** plane crash, air accident (frml)
- **accidente de circulación/tráfico** traffic *o* road accident
- **accidente de trabajo** industrial accident

B (hecho fortuito) coincidence; **por ~** by chance *o* coincidence
C (del terreno) unevenness
(Compuesto) **accidente geográfico** geographical feature

acción *f*
A (acto, hecho) act; **hacer una buena ~** to do a good deed; **acciones dignas de elogio** praiseworthy acts *o* actions
(Compuesto) **acción de gracias** thanksgiving
B (actividad) action; **poner algo en ~** to put sth into action; **novela de ~** adventure story; **¡luces, cámara, ~!** lights, camera, action!
C (Mil) action; **entrar en ~** to go into action; **~ defensiva/ofensiva** defensive/offensive action; **muerto en ~** killed in action
D (influencia, efecto) action; **está bajo la ~ de un sedante** she is under sedation
E (Cin, Lit) (trama) action, plot
F (Der) action, lawsuit
G (Fin) share; **acciones** shares *o* stock; **emitir acciones** to issue shares *o* stock
(Compuesto) **acciones nominales/ordinarias** *fpl* registered/ordinary stock, registered/ordinary shares (*pl*)
H (Per) (de una rifa) ticket

accionar [A1] *vt* ‹*palanca*› to pull; ‹*mecanismo/dispositivo*› activate, trigger

accionista *mf* stockholder, shareholder

acebo *m* holly; (árbol) holly tree

acebuche *m* wild olive

acechar [A1] *vt* ‹*enemigo/presa*› to lie in wait for; **el peligro que nos acecha** the danger that lies ahead of us

acecho *m*: **al ~** lying in wait

acéfalo -la *adj* (sin cabeza) headless, acephalous (tech); (sin líder) leaderless

aceitar [A1] *vt* ‹*máquina/gozne*› to oil; ‹*molde*› to grease

aceite *m* oil; **~ lubricante** lubricating oil
(Compuestos)
- **aceite de colza/oliva/girasol** rapeseed/olive/sunflower oil
- **aceite solar** suntan oil
- **aceite de ricino** castor oil

aceitera *f* (Tec) oilcan; (Coc) cruet

aceitero -ra *adj* oil (*before n*)

aceitoso -sa *adj* oily

aceituna *f* olive; **~s rellenas/sin hueso** stuffed/pitted olives
(Compuesto) **aceituna negra/verde** black/green olive

aceitunado -da *adj* olive (*before n*), olive-colored*
aceitunero -ra *m,f* olive-picker
aceituno[1] -na *adj* olive, olive-colored*
aceituno[2] *m* (Bot) olive tree
aceleración *f* acceleration
acelerada *f* (esp AmL) burst of acceleration
acelerado -da *adj*
A ‹*curso*› intensive, crash (*before n*); **a paso ~** at a brisk pace
B (fam) ‹*persona*› nervous
acelerador *m* (Auto) accelerator; **pisar** *or* **apretar el ~** to put one's foot on *o* press the accelerator
acelerar [A1] *vt* **1** ‹*coche/motor*›: **aceleró el coche** (en marcha) he accelerated; (sin desplazarse) he revved the engine *o* car (up) **2** ‹*proceso/cambio*› to speed up; ‹*paso*› to quicken
■ **acelerar** *vi* **1** (Auto) to accelerate **2** (fam) (darse prisa) to hurry (up)
■ **acelerarse** *v pron* (AmL fam) to get overexcited, lose one's cool (colloq)
acelerón *m* burst of acceleration
acelgas *fpl* Swiss chard
acendrado -da *adj* (liter) ‹*cariño*› pure; ‹*honradez*› unblemished; ‹*vocación*› true
acendrar [A1] *vt* (liter) to refine
acento *m*
A **1** (Ling) accent; **el ~ recae en la última sílaba** the stress falls on the last syllable; **no lleva ~** it doesn't have an accent on it **2** (énfasis) emphasis
(Compuesto) **acento agudo/circunflejo/ortográfico** acute/circumflex/written accent
B **1** (dejo, pronunciación) accent; **tiene ~ francés** he has a French accent; **un ~ raro** a funny accent **2** (tono) tone; **de marcado ~ europeo** markedly European in tone
acentuación *f* accentuation
acentuado -da *adj* **1** ‹*palabra/sílaba*› accented **2** ‹*diferencia/cambio*› marked, distinct
acentuar [A18] *vt* **1** (Ling) (al hablar) to stress, accent; (al escribir) to accent **2** (intensificar, hacer resaltar) to accentuate, emphasize; **maquillaje que acentúa los ojos** make up which accentuates the eyes
■ **acentuarse** *v pron* to become accentuated
acepción *f* sense, meaning
aceptabilidad *f* acceptability
aceptable *adj* acceptable, passable
aceptación *f* **1** (éxito) success; **de gran ~ entre los jóvenes** very popular *o* successful with young people **2** (acción) acceptance
aceptar [A1] *vt* ‹*excusas/invitación/cargo*› to accept; ‹*términos/condiciones*› to agree to; **¿acepta a Luis como** *or* **por legítimo esposo?** (frml) do you take Luis to be your lawful wedded husband? (frml); **aceptan cheques** they take checks; ⊗ **no aceptamos devoluciones** no refunds; **~ + INF** to agree to + INF; **aceptó venir** she agreed to come; **no acepto que me digas eso** I won't have you saying that to me; **¿por qué aceptas que te trate así?** why do you allow her to treat you like that?
acequia *f* irrigation ditch *o* channel
acera *f* **1** (para peatones) sidewalk (AmE), pavement (BrE) **2** (lado de la calle): **viven en la misma ~** they live on the same side of the street; ***ser de la ~ de enfrente*** (fam) to be gay
acerado -da *adj* **1** ‹*navaja/hoja*› steel (*before n*) **2** ‹*cielo*› steely
acerar [A1] *vt* (recubrir) to coat … in steel; ‹*persona*› to toughen, harden
acerbidad *f* harshness, acerbity
acerbo -ba *adj* ‹*tono/crítica*› harsh, caustic; ‹*sabor*› sharp
acerca de *loc prep* about
acercamiento *m* (entre posturas, países) rapprochement; (entre personas): **ese incidente produjo un ~ entre ellos** that incident brought them closer together
acercar [A2] *vt*
A **1** (aproximar) to bring … closer *o* nearer; **~on la mesa a la puerta** they moved the table closer *o* nearer to the door; **acercó la silla a la mesa** she drew her chair up to the table; **acercó las manos al fuego** he held his hands closer to the fire; **¿puedes ~me ese libro?** can you pass *o* give me that book? **2** (unir) ‹*posturas/países*› to bring … closer; **su primer hijo los acercó mucho** their first child brought them much closer together
B (llevar): **me acercó a la parada** she gave me a ride (AmE) *o* (BrE) lift to the bus stop
■ **acercarse** *v pron*
A **1** (aproximarse) to approach, to get closer *o* nearer; **acércate más** (acercándose al hablante) come *o* get closer *o* nearer; (alejándose del hablante) go *o* get closer *o* nearer; **¡no te acerques!** keep away!; **~se A algo/algn** to approach sth/sb; **se le ~on dos policías** two policemen came up to *o* approached him **2** «*amigos/países*» to draw *o* come closer together **3** «*hora/momento*» to draw near, approach; **ahora que se acercan las Navidades** now that Christmas is coming **4** «*postura/ideas*» (asemejarse) **~se A algo** to lean *o* tend TOWARD(S) sth
B (ir, pasar): **acércate una tarde a tomar café** come around for coffee some afternoon; **me acerqué a la oficina a saludarlo** I dropped by his office to say hello
acerería, acería *f* steelworks (*sing or pl*)
acerero -ra *adj* steel (*before n*)
acerico *m* pincushion
acero *m* (Metal) steel; (arma) (liter) blade (liter)
(Compuesto) **acero inoxidable** stainless steel
acérrimo -ma *adj* ‹*partidario/defensor*› staunch; ‹*enemigo*› bitter
acertado -da *adj* ‹*comentario*› pertinent; ‹*solución/elección*› good; **no estuviste muy ~ en decirle eso** it wasn't very clever *o* smart of you to tell her that
acertante[1] *adj* winning (*before n*)
acertante[2] *mf* winner; **los máximos ~s** the big *o* major prize winners
acertar [A5] *vt* ‹*respuesta/resultado*› to get … right; **a ver si aciertas quién es** see if you can guess who it is
■ **acertar** *vi*
A **1** (dar, pegar): **~le A algo** to hit sth; **acertó en el medio** he hit it (right) in the middle; **tiró pero no le acertó** he shot at it but (he) missed **2** (atinar) to be right; **acertaste al no comprarlo** you did the right thing not buying it; **~ CON algo** ‹*con solución*› to hit ON sth; **acertaste con el regalo** your present was perfect; **no acerté con la casa** I couldn't find the house
B (lograr, atinar) **~ A + INF** to manage to + INF; **no acertó a decir palabra** she didn't manage to say a single word; **no acierto a comprenderlo** I just can't understand it
C (liter) (suceder casualmente) **~ A + INF** to happen to + INF; **acertó a pasar por allí** he happened to pass that way
acertijo *m* riddle, puzzle
acervo *m*: **el ~ cultural de su país** the cultural heritage of their country; **el ~ familiar** the family fortune
acetato *m* **1** (Tex) acetate rayon **2** (Quím) acetate **3** (period) (disco) acetate
acetileno *m* acetylene
acetona *f* (Quím) acetone; (quitaesmaltes) nail-polish remover
acezante *adj* puffing and panting, out of breath
acezar [A4] *vi* to puff and pant
achacar [A2] *vt*: **~le la culpa a algn** to lay *o* put the blame on sb; **le ~on la responsabilidad del accidente** he was held responsible for the accident
achacoso -sa *adj*: **un viejo ~** an old man suffering from all sorts of (minor) ailments; **estaba tan ~** he had so many aches and pains *o* so many ailments
achantar [A1] *vt* (fam) to intimidate
■ **achantarse** *v pron* (fam) to back down
achaparrado -da *adj* (fam) ‹*persona*› squat; ‹*árbol*› stunted
achaques *mpl* ailments (*pl*); **los ~s de la vejez** the ailments *o* the aches and pains of old age
acharolado -da *adj* lacquered; **de piel acharolada** with jet-black skin
achatar [A1] *vt* to flatten
achicar [A2] *vt*
A **1** ‹*chaqueta/vestido*› to take in **2** ‹*persona*› to intimidate, daunt; **nada lo achica** he's not daunted by anything

B ‹agua› to bail out
■ **achicarse** *v pron* 1 (de tamaño) to shrink 2 (amilanarse) to be intimidated, be daunted
achicharrante *adj* (fam) ‹sol› scorching; **ayer hizo un calor ~** it was scorching yesterday
achicharrar [A1] *vt* 1 (fam) (quemar) ‹*carne/comida*› (Coc) to burn ... to a cinder (colloq); «*sol*» ‹*planta*› to scorch; **hace un sol que achicharra** the sun is scorching hot 2 (Chi fam) (aplastar) to crush; (deformar) to buckle
■ **achicharrarse** *v pron* (fam) 1 «*persona*» to fry (colloq); «*planta*» to get scorched 2 (fam) «*carne/comida*» to be burned to a crisp (colloq)
achichincle, achichinque *mf* (Méx fam & pey) hanger-on (colloq & pej)
achicopalar [A1] *vt* (Col, Méx fam) to intimidate
■ **achicopalarse** *v pron* (Col, Méx fam) to feel intimidated
achicoria *f* chicory
(Compuesto) **achicoria roja** radicchio
achinado -da *adj* ‹*ojos*› slanting; ‹*cara*› oriental-looking
achiote *m* (AmL) annatto
achiquillado -da *adj* (Méx, RPl) childish
achís *interj* achoo!, atishoo! (BrE)
achispado -da *adj* (fam) tipsy (colloq)
achisparse [A1] *v pron* (fam) to get tipsy (colloq)
achoclonar [A1] *vt* (AmS fam) to group ... together
■ **achoclonarse** *v pron* (*refl*) (AmS fam) «*personas*» to crowd together; **se ~on a su alrededor** they crowded around him
achocolatado -da *adj* chocolate-brown
acholado -da *adj* (Andes) (mestizo) mestizo (*of mixed European and Amerindian ancestry*)
acholarse *v pron*
A (Andes) (hacerse cholo) to go native *o* local (*adopting* **cholo** *ways*)
B (Chi fam) (avergonzarse) to get embarrassed
achote *m* (AmL) annatto
achuchado -da *adj* 1 (Esp fam) (difícil) hard, tough 2 (RPl fam) ‹*persona*› feverish
achuchar [A1] *vt*: **nos achuchó los perros** he set the dogs on us
■ **achucharse** *v pron* (RPl fam) to get scared
achulado -da, achulapado -da *adj* (Esp) cocky
achunchar [A1] *vt* (Chi, Per fam) (turbar) to embarrass
■ **achuncharse** *v pron* (Chi, Per fam) (turbarse) to get embarrassed; (por algo reprensible) to feel ashamed
achuntar [A1] *vi*
A (Chi fam) (dar, pegar) **~le A/EN algo**: **lo tiró y le achuntó a la caja** he threw it and it landed right in the box; **tiró a la canasta pero no le achuntó** he shot at the basket but he missed (it)
B (Chi fam) (acertar); **~(le) A algo** to get sth right; **le achuntó al número premiado** she got the winning number; **le achuntaste con el regalo** your present was perfect
achurar [A1] *vt* (RPl fam) ‹*animal*› to gut; ‹*persona*› to kill
achuras *fpl* (RPl) offal
achús *interj* achoo!, atishoo! (BrE)
aciago -ga *adj* tragic; **aquel ~ día** that tragic *o* fateful day
aciano *m* cornflower
acíbar *m* (planta) aloe; (jugo) bitter aloes
acicalado -da *adj* dressed up
acicalarse [A1] *v pron* to dress up, get dressed up
acicate *m* 1 (estímulo) incentive; **el ~ de su existencia** his reason for living 2 (espuela) spur
acicatear [A1] *vt* to spur ... on
acidez *f* (Quím) acidity; (Med) (en el estómago) acidity; (en el esófago) heartburn
acidificar [A2] *vt* to acidify
■ **acidificarse** *v pron* to acidify
ácido¹ -da *adj* 1 ‹*sabor*› acid; ‹*fruta*› acid, tart, sharp; ‹*vino*› sharp 2 ‹*carácter/tono*› acid, caustic
ácido² *m* 1 (Quím) acid 2 (arg) (droga) acid (sl)
(Compuestos)
• **ácido acético/cítrico/nítrico** acetic/citric/nitric acid
• **ácido desoxirribonucleico** deoxyribonucleic acid, DNA
• **ácido ribonucleico** ribonucleic acid, RNA
acidular [A1] *vt* to acidulate, make ... taste sharp
acierta, aciertas, etc *see* **acertar**
acierto *m*
A (decisión correcta) good decision, good *o* wise move; **su mayor ~ fue ...** her best decision *o* move was ...
B (tino, habilidad) skill; **con gran ~** with great skill
C (respuesta correcta) correct answer
ácimo -ma *adj* ▸ **pan**
acinturado -da *adj* (Chi) ‹*persona*› with a slim waist; ‹*ropa*› tight-fitting
acitronar [A1] *vt* (Méx) to fry ... until golden brown
aclamación *f* acclaim; **por ~ popular** by popular acclaim; **salió al escenario entre las aclamaciones del público** she came on stage to great applause *o* acclaim from the audience
aclamar [A1] *vt* to acclaim, applaud
aclaración *f* explanation; **esto requiere una ~** this needs some explanation *o* clarification; **una ~ al margen** an explanation in the margin; **quisiera hacer una ~** I'd like to make one thing clear *o* I'd like to clarify one thing; **pedir aclaraciones** to ask for an explanation of *o* for clarification
aclarado *m* (Esp) rinse
aclarar [A1] *v impers* 1 (amanecer): **aclara temprano** it gets light early; **cuando nos levantamos estaba aclarando** dawn *o* day was breaking when we got up 2 (escampar) to clear up
■ **aclarar** *vi* 1 «*día*» (empezar) to break, dawn 2 «*tiempo/día*» (escampar) to clear up
■ **aclarar** *vt*
A (quitar color a) to lighten
B ‹*ideas*› to get ... straight; ‹*duda*› to clear up, clarify; **no pudo ~me nada sobre el tema** she couldn't throw any light on the subject; **quiero ~ que yo no sabía nada** I want to make it clear that I didn't know anything
C 1 ‹*salsa*› to thin 2 ‹*vegetación/bosque*› to clear
D (Esp) ‹*ropa/vajilla*› to rinse
■ **aclararse** *v pron*
A **~se la voz** to clear one's throat
B (Esp fam) 1 (entender) to understand; **sigo sin ~me** I still don't understand; **~se CON algo** to work sth out; **no me aclaro con esta máquina** I can't work out how to use this machine; ***a ver si nos aclaramos*** let's see if we can sort things out *o* get things straight 2 (decidirse) to make up one's mind
aclaratorio -ria *adj* explanatory
aclimatación *f* acclimatization
aclimatarse [A1] *v pron* to acclimatize, get *o* become acclimatized
acné *m or f* acne
ACNUR /ak'nur/ *m* (= **Alto Comisionado de las Naciones Unidas para los Refugiados**) UNHCR
acobardar [A1] *vt* ‹*persona*› to unnerve, intimidate
■ **acobardarse** *v pron* to lose one's nerve; **~se ANTE algo** to be daunted by sth; **~se ante el peligro** to lose one's nerve in the face of danger; **no se acobarda ante nada** nothing daunts her
acocote *m* (Méx) bottle gourd, calabash
acodar [A1] *vt* 1 ‹*tubería*› to bend ... into an elbow 2 (Agr) to layer
■ **acodarse** *v pron* **~se SOBRE algo** to lean (one's elbows) on sth; **estaba acodado sobre el mostrador** he was leaning on the counter
acogedor -dora *adj* 1 ‹*casa/habitación*› cozy*, welcoming; ‹*ambiente*› warm, friendly 2 ‹*persona/actitud*› friendly, warm
acoger [E6] *vt*
A ‹*huérfano/anciano*› to take in; ‹*refugiado*› to accept, admit; **nos acogió en su casa** he took us in; **que el Señor lo acoja en su seno** may the Lord receive his Spirit
B (+ *compl*) ‹*propuesta/persona*› to receive; **acogieron la noticia con satisfacción** the news was well received
■ **acogerse** *v pron* **~se A algo**: ‹*a la ley*› to have recourse TO sth; ‹*a un régimen*› to opt FOR sth; **me acogí a su protección** I turned to them for protection; **se acogió al**

a

derecho de asilo he claimed asylum; **~se a la jubilación anticipada** to take early retirement

acogida *f*
A (de persona) welcome; (de noticia, propuesta) reception; **tuvo una ~ favorable** it was favorably received *o* got a favorable reception
B (de huérfano) taking in; (de refugiado) acceptance

acogimiento familiar *m* fostering

acogotar [A1] *vt* 1 ‹*animal*› to kill (*with a blow to the back of the neck*); ‹*persona*› (fam): **si lo encuentro, lo acogoto** if I find him, I'll break his neck (colloq) 2 (CS fam) (estrangular) to choke (colloq) 3 (CS fam) (abrumar): **está acogotado de deudas/trabajo** he's up to his eyes in debt/work (colloq)

acojonar [A1] *vt* (Esp) 1 (fam) (asustar) to frighten the life out of (colloq) 2 (arg) (asombrar) to knock … dead (colloq)
■ **acojonarse** *v pron* (Esp fam) to get scared

acolchado¹ -da *adj* ‹*bata/tela*› quilted; ‹*pared*› padded

acolchado² *m* 1 (de puerta, pared) padding 2 (RPl) (colcha) eiderdown

acolchar [A1], **acolchonar** *vt* ‹*bata/tela*› to quilt; ‹*pared/puerta*› to pad

acolitar [A1] *vi* (Col) to serve (*as an altar boy*)
■ **acolitar** *vt* (Col fam) to cover for

acólito *m* 1 (Relig) (eclesiástico) server; (monaguillo) altar boy 2 (ayudante) helper

acomedido -da *adj* (Chi, Méx, Per) obliging, helpful; ***estar de ~ con algn*** (Méx fam & pey) to suck up to sb (colloq)

acomedirse [I14] *v pron* (Méx) to offer to help

acometer [E1] *vt*
A (atacar) to attack
B ‹*empresa/proyecto*› to undertake, tackle; ‹*reforma*› to undertake
C (asaltar) «*temor/deseo*» to take hold of; **me acometió el sueño** I was overcome by sleep; **me acometió la duda** I was assailed by doubt
■ **acometer** *vi* to attack; **~ CONTRA algo/algn** to attack sth/sb

acometida *f* attack

acomodadizo -za *adj* ▸**acomodaticio**

acomodado¹ -da *adj*
A ‹*familia/gente*› well-off, well-to-do; **de posición acomodada** well-off, well-to-do
B (CS, Méx fam) (que tiene palanca): **estar ~** to have contacts *o* connections

acomodado² -da *m,f* (CS, Méx fam): **está lleno de ~s** it's full of people who got their jobs by pulling strings

acomodador -dora (*m*) usher; (*f*) usherette

acomodar [A1] *vt*
A (adaptar, amoldar) to adapt; **no puedes ~ las reglas a tu antojo** you can't bend the rules just to suit you
B ‹*huésped*› to put … up
C 1 (AmL) (arreglar) to arrange; (poner) to put; **acomodó la cabeza en la almohada** he settled his head on the pillow 2 (fam) ‹*persona*› (en puesto): **su tío lo acomodó en su sección** his uncle fixed him up with a job in his department
■ **acomodarse** *v pron* 1 (ponerse cómodo) to make oneself comfortable; **se acomodó en el sillón** he settled himself (comfortably) in the armchair 2 (adaptarse, amoldarse) **~se A algo** to adapt TO sth 3 (AmL) (arreglarse) ‹*ropa/anteojos*› to adjust

acomodaticio -cia *adj* 1 ‹*persona/actitud*› easygoing; (pey) pliable (pej) 2 (pey) ‹*acuerdo/arreglo*› cozy* (pej)

acomodo *m* 1 (amiguismo) (AmL fam) string-pulling 2 (Esp) (trabajo) job (*obtained through string-pulling*)

acompañado -da *adj* accompanied; **bien/mal ~** in good/bad company; **~ DE algn** accompanied by sb; **aparece en la foto ~ de un amigo** he appears in the photo with a friend; **todos los platos vienen ~s de guarnición** all dishes are served with vegetables

acompañamiento *m* 1 (Mús) accompaniment; **canta sin ~** she sings unaccompanied 2 (Coc) accompaniment; **¿con qué ~ lo quiere?** what would you like it served with?

acompañante *mf* 1 (compañero): **los ~s por favor esperen aquí** would all those accompanying the children (*o* patients *etc*) please wait here?; **la actriz y su asiduo ~** the actress and her constant companion 2 (Mús) accompanist

acompañar [A1] *vt*
A 1 (a un lugar) to go with, accompany (frml); **lo acompañé al doctor** I went with him to the doctor; **acompáñalo hasta la puerta** see him to the door, see him out; **la acompañé a su casa** I walked her home; **¿me acompañas a hablar con él?** will you come with me to talk to him? 2 (hacer compañía) to keep … company; **lo acompañó la buena suerte** luck was with him; **el tiempo no nos acompañó** we didn't have very good weather 3 (en el dolor, la desgracia) **~ a algn EN algo**: **la/lo/los acompaño en el sentimiento** (fr hecha) my deepest sympathy; **la acompañó en su dolor** he comforted her in her grief 4 (Mús) to accompany
B ‹*comida*› to accompany, go with
C (frml) (adjuntar) to enclose; **debe ir acompañado de un certificado médico** it must be accompanied by a medical certificate
■ **acompañarse** *v pron* 1 (Mús) to accompany oneself 2 (*recípr*) to be company for each other

acompasado -da *adj* ‹*ritmo/paso*› measured, regular; ‹*movimiento*› rhythmic

acompasar [A1] *vt*: **~ el paso** to keep in step; **~ los movimientos a la música** to keep one's movements in time to the music

acomplejado¹ -da *adj*: **es muy ~** he's full of complexes; **está ~ por su gordura** he has a complex about being fat

acomplejado² -da *m,f*: **es un ~** he's a mass of complexes

acomplejante *adj* (AmL fam): **su eficiencia es ~** she's so efficient she makes you feel inferior

acomplejar [A1] *vt* to give … a complex
■ **acomplejarse** *v pron* to get a complex

aconcharse [A1] *v pron* (Chi) to clear

acondicionador *m*: *tb* **~ de pelo** (hair) conditioner
(Compuesto) **acondicionador de aire** air conditioner

acondicionamiento *m* fitting-out

acondicionar [A1] *vt*
A 1 ‹*vivienda/local*› to equip, fit out; **un hospital debidamente acondicionado** a properly-equipped hospital 2 (Col) ‹*carro*› to soup up
B ‹*pelo*› to condition

acongojado -da *adj* upset, distressed

acongojar [A1] *vt* (liter) to grieve (liter), to distress
■ **acongojarse** *v pron* (liter) to become distressed (liter)

aconsejable *adj* advisable

aconsejar [A1] *vt* to advise; **¿qué me aconsejas?** what do you suggest?; **has sido bien/mal aconsejado** you've been given good/bad advice; **necesito que alguien me aconseje** I need some advice; **le aconsejó reposo** he advised her to rest; **~le a algn + INF/QUE + SUBJ** to advise sb to + INF; **te aconsejo ir/que vayas** I advise you to go; **se aconseja utilizar cadenas** snowchains are advisable
■ **aconsejarse** *v pron* **~se (CON** *or* **DE algn)** to seek advice (FROM sb)

acontecer¹ [E3] *vi* (*en 3ª pers*) (frml) to take place, occur (frml); **los sucesos acontecidos ayer** the events which took place *o* occurred yesterday

acontecer² *m*: **el diario ~** everyday events *o* occurrences

acontecimiento *m* event; **una fiesta para celebrar el ~** a party to celebrate the occasion *o* event; **fue todo un ~** it was quite an event; **adelantarse** *or* **anticiparse a los ~s** to jump the gun

acopio *m*: **haciendo ~ de todas sus fuerzas** gathering all his strength; **hizo ~ de todo su valor** he mustered all his courage

acoplado *m* (CS) (remolque) trailer

acoplador *m* coupler
(Compuesto) **acoplador acústico** acoustic coupler

acoplamiento *m* 1 (de piezas) fitting together 2 (Elec) connection 3 (Ferr) coupling 4 (Espac) docking

acoplar [A1] *vt* 1 ‹*piezas*› to fit *o* put together 2 (Elec) to connect 3 (Ferr) to couple
■ **acoplarse** *v pron*

A 1 (adaptarse) to adapt 2 (CS) (a una huelga) to join; **hubo una excursión y se ~on** there was an excursion and they went along
B (Audio) to produce feedback
C (Aviac, Espac) to dock

acoquinar [A1] *vt* to intimidate, cow
■ **acoquinarse** *v pron* to be *o* feel intimidated *o* cowed

acorazado *m* battleship

acorazar [A4] *vt* (Mil) to armor-plate*; **cámara acorazada** strongroom
■ **acorazarse** *v pron* (defenderse) to protect oneself

acordar [A10] *vt*
A ‹*términos*› to agree; ‹*precio/fecha*› to agree (on)
B (esp AmL frml) ‹*premio*› to award
C (recordar) **~le a algn DE + INF/QUE + SUBJ** (Andes) to remind sb to + INF; **háganme ~ de llamarlo** (RPl) remind me to phone him
■ **acordarse** *v pron* to remember; **si mal no me acuerdo** if I remember right; **~se DE algn/algo** to remember sb/sth; **no quiero ni ~me** I don't even want to think about it; **~se DE + INF** (de una acción que hay/había que realizar) to remember to + INF; (de una acción que ya se realizó) to remember *o* recall -ING; **acuérdate de dárselo** remember *o* don't forget to give it to him; **se acordó de haberlo visto allí** she remembered *o* recalled seeing him there; **~se (DE) QUE ...** to remember THAT ...

acorde[1] *adj* 1 (en armonía): **tienen posturas ~s** they hold the same views; **estamos todos ~s** we are all agreed *o* in agreement; **colores ~s** colors that go *o* blend well together; **con un salario ~** with a salary to match; **~ CON** *or* **A algo** appropriate TO sth, in keeping WITH sth 2 ‹*sonidos*› harmonious

acorde[2] *m* chord; **a los ~s de un vals** to the strains of a waltz

acordeón *m*
A (Mús) accordion
B (Méx fam) (para un examen) crib

acordeonista *mf* accordionist

acordonado -da *adj* [ESTAR] ‹*lugar/calle*› cordoned off; **zapatos ~s** lace-up shoes

acordonar [A1] *vt* 1 ‹*lugar*› to cordon off 2 ‹*zapatos*› to lace (up)

acorralar [A1] *vt* 1 ‹*animal/fugitivo*› to corner; **se sentía acorralado por el pánico** he felt panic-stricken; **se sintió acorralado con la pregunta** he felt trapped by the question 2 ‹*ganado*› to round up

acortamiento *m* (de vestido, texto) shortening; (de distancia) reduction

acortar [A1] *vt* ‹*falda/vestido*› to shorten; ‹*texto/artículo*› to cut, shorten; ‹*vacaciones/permanencia*› to cut short; ‹*película/carrera*› to reduce the length of; **~ camino** to take a short cut
■ **acortarse** *v pron* to get shorter

acosar [A1] *vt* 1 ‹*persona*› to hound; **~ sexualmente a algn** to sexually harass sb; **acosados por el hambre** beset by hunger; **me ~on con preguntas** they plagued *o* bombarded me with questions 2 ‹*presa*› to hound, pursue relentlessly

acosijar [A1] *vt* (Méx) to badger, pester

acoso *m* 1 (de persona) hounding, harassment; **~ sexual** sexual harassment 2 (de presa) hounding, relentless pursuit

acostar [A10] *vt*
A ‹*persona*› to put ... to bed
B ‹*nave*› to moor
■ **acostar** *vi* (Náut) to moor
■ **acostarse** *v pron* 1 (irse a dormir) to go to bed; **es hora de ~se** it's time for bed; ***nunca te ~ás sin saber una cosa más*** you learn something new every day 2 (tenderse, tumbarse) to lie down; **~se boca abajo** to lie face down 3 (tener relaciones sexuales) to go to bed together, sleep together; **~se CON algn** to go to bed WITH sb, sleep WITH sb 4 (liter) «*sol*» to set

acostumbrado -da *adj* 1 (habituado): **está mal ~** he's got into bad habits; **~ A algo** used TO sth; **estoy ~ al frío** I'm used to the cold; **~ A + INF** used TO -ING; **estamos ~s a cenar temprano** we're used to having dinner early; **~ A QUE + SUBJ**: **está ~ a que le sirvan** he's used to being served; **no estoy ~ a que me traten así** I am not accustomed *o* used to being treated like that 2 (habitual) customary, usual

acostumbramiento *m* (CS): **puede producir ~** it can be habit-forming

acostumbrar [A1] *vt* **~ a algn A algo/+ INF** to get sb used TO sth/-ING
■ **acostumbrar** *vi*: **~ A + INF** to be accustomed TO -ING, be in the habit OF -ING; **acostumbraba a dar un paseo después de comer** I used to go for a walk after lunch, I was accustomed to *o* in the habit of going for a walk after lunch
■ **acostumbrarse** *v pron* **~se A algo/algn** to get used TO sth/sb; **~se A + INF** to get used TO -ING

acotación *f* (de texto) marginal note, annotation; (al hablar) comment; **hacer una ~** to make a comment

acotado *adj* ‹*terreno*› fenced, fenced-in; ‹*mapa/plano*› contour (*before n*)

acotamiento *m* (Méx) shoulder (AmE), hard shoulder (BrE)

acotar [A1] *vt* 1 ‹*terreno*› to fence in 2 ‹*texto*› to annotate; ‹*plano/mapa*› to mark the contour lines on

acre[1] *adj* ‹*olor*› acrid; ‹*humor/tono*› caustic; ‹*crítica*› harsh, biting

acre[2] *m* acre

acrecentamiento *m* growth, increase

acrecentar [A5] *vt* to increase
■ **acrecentarse** *v pron* to increase, grow

acrecer [E3] *vi* to accrue

acreditación *f* (acción) accreditation; (documento) credentials (*pl*)

acreditado -da *adj* 1 (de renombre) ‹*establecimiento/marca*› reputable, well-known 2 ‹*diplomático/periodista*› accredited; ‹*agente/representante*› authorized, official; **~ ante la Santa Sede** accredited to the Holy See

acreditar [A1] *vt*
A ‹*diplomático/periodista*› to accredit; ‹*representante*› to authorize
B (frml) 1 (probar, avalar) ‹*pago*› to prove; **este libro lo acredita como un gran pensador** this book confirms him as a great thinker; **una empresa acreditada como líder en su campo** a firm recognized as the leader in its field 2 (dar renombre): **con la calidad qué lo acredita** with the quality for which it's renowned
C (Fin) to credit
■ **acreditarse** *v pron* 1 ‹*victoria/logro*› to achieve 2 (lograr renombre) to get *o* gain a good reputation

acreditativo -va *adj* (frml) supporting (*before n*); **~ DE algo**: **los documentos ~s de la propiedad** the documents which certify ownership; **recibo ~ de pago** receipt (*that proves payment*)

acreedor[1] **-dora** *adj* **~ A algo** worthy *o* deserving OF sth; **se hizo ~ al primer premio** he won first prize

acreedor[2] **-dora** *m,f* creditor

acribillar [A1] *vt* 1 (llenar de agujeros): **lo ~on a balazos** they riddled him with bullets; **los mosquitos me han acribillado** I've been bitten all over by mosquitos 2 (asediar): **me ~on a preguntas** they fired a barrage of questions at me

acrílico[1] **-ca** *adj* acrylic

acrílico[2] *m* 1 (Tex, Art) acrylic 2 (plástico) acrylic 3 (AmL) (para techos) Plexiglas® (AmE), Perspex® (BrE)

acriminar [A1] *vt* 1 (Der) to incriminate 2 (fam) (comprometer) to get ... into trouble
■ **acriminarse** *v pron* 1 (Der) to incriminate oneself 2 (fam) (comprometerse) to get into trouble

acrimonia *f* bitterness, acrimony

acrimonioso -sa *adj* acrimonious

acriollarse [A1] *v pron* to go native

acrisolar [A1] *vt* 1 ‹*metal*› to refine 2 (liter) ‹*virtud/amor*› to purify

acristalar [A1] *vt* to glaze

acritud *f* (frml) asperity (frml), harshness

acrobacia *f* (arte) acrobatics; **hacer ~s** to perform acrobatics; **~s financieras** financial juggling
(Compuesto) **acrobacia aérea** aerobatics

acróbata *mf* acrobat

acrobático -ca *adj* acrobatic

acromático -ca *adj* achromatic

acrónimo *m* acronym

acta *f‡* 1 (de reunión) minutes (*pl*); **consta en (el) ~** it appears in the minutes; **levantar (el) ~** to take (the) minutes 2 (acuerdo) agreement, accord (frml) 3 (de exámenes) certificate

(Compuestos)
- **acta de defunción** (Col, Méx, Ven) entry in the register of deaths
- **acta de diputado** certificate of election
- **acta de matrimonio/nacimiento** (Méx) marriage/birth certificate
- **acta notarial** notarial deed

actitud *f* 1 (disposición) attitude; **su ~ lo hace parecer más joven** his attitude to life makes him seem younger (than his years); **adoptar una ~ firme (con algn)** to be firm (with sb); **¿cuál fue su ~?** what was his reaction? 2 (postura): **estaban todos en ~ de estudiar** they were all bent over their work; **pasaba horas en ~ pensativa** he would spend hours apparently deep in thought; **una ~ de amenaza** a threatening stance

activación *f* 1 (agilización): **la ~ de los procesos es una prioridad** speeding up proceedings is a priority; **medidas para la ~ de la economía** measures to stimulate *o* revitalize the economy 2 (de dispositivo) activation

activar [A1] *vt* 1 (agilizar) ‹*proceso/crecimiento*› to speed up; ‹*economía/producción*› to stimulate; ‹*circulación*› to stimulate; **~ las negociaciones** to give fresh impetus to the negotiations 2 (avivar): **una ráfaga activó las llamas** a gust of wind fanned the flames 3 (poner en funcionamiento) ‹*alarma*› to activate, trigger; ‹*dispositivo*› to activate; ‹*máquina*› to set … in motion

■ **activarse** *v pron* 1 «*alarma*» to go off; «*dispositivo*» to start working 2 (Méx) «*obreros/disidentes*» to take active steps

actividad *f* 1 (ocupación) activity; **~es extraescolares** extracurricular activities 2 (vida, movimiento) activity; **el lugar bullía de ~** the place was buzzing with activity; **un volcán en ~** an active volcano

activista *mf* activist

activo¹ -va *adj* 1 ‹*persona/población*› active; **tomar parte activa en algo** to take an active part in sth 2 (Ling) active 3 ‹*volcán*› active

activo² *m* 1 (bien, derecho) asset; **~s líquidos** liquid assets 2 (conjunto) assets (*pl*); **el ~ y el pasivo** the assets and liabilities

(Compuesto) **activo neto** net assets (*pl*), net worth

acto *m*

A 1 (acción) act 2 (*en locs*) **acto seguido** immediately after; **en el acto**: **murió en el ~** he died instantly; **lo despidieron en el ~** he was fired on the spot; **acudieron en el ~** they arrived immediately; Ⓢ **fotocopias en el acto** photocopies while you wait

(Compuestos)
- **acto bélico** *or* **de guerra** act of war
- **acto carnal** (frml) **el ~ ~** the sexual act (frml)
- **acto de presencia**: **hacer ~ de ~** to put in an appearance
- **acto de servicio**: **morir en ~ de ~** «*soldado*» to die on active service; «*policía/bombero*» to die in the course of one's duty
- **acto sexual** sexual act (frml); **durante el ~ ~** during sexual intercourse *o* the sexual act

B (ceremonia): **~ de clausura** closing ceremony; **los ~s conmemorativos de …** the celebrations to commemorate …; **~s oficiales** official functions

C (Teatr) act

actor *m* actor

(Compuesto) **actor de reparto** supporting actor

actriz *f* actress

(Compuesto) **actriz de reparto** supporting actress

actuación *f* 1 (acción) action; **la rápida ~ del médico lo salvó** the doctor's prompt action saved him 2 (Cin, Dep, Teatr) performance; **la ~ es pésima** the acting is appalling; **la brillante ~ del equipo** the team's brilliant performance 3 (conducta) conduct; **criticó la ~ de la policía** he criticized the conduct of the police 4 (recital, sesión) performance, concert

actual *adj* present, current; **el ~ campeón** the current *o* reigning champion; **en las circunstancias ~es** in the present circumstances; **en el Chile ~** in present-day Chile; **en el mundo ~** in the modern world, in today's world; **una moda ~** an up-to-the-minute style; **su carta del 20 del ~** (Corresp) your letter of the 20th of this month

actualidad *f* 1 (tiempo presente): **en la ~** currently, at present; **no se hace así en la ~** it's not done that way nowadays *o* today 2 (situación actual) current situation; **la ~ cubana** the current situation in Cuba; **con toda la ~ informativa** (period) with the latest news 3 (de tema, noticia) topicality; **las noticias de ~** today's (*o* this week's *etc*) news; **un tema de palpitante** *or* **candente ~** (period) a highly topical subject 4 **actualidades** *fpl* (Period) current affairs (*pl*)

actualización *f* updating; **curso de ~** refresher course

actualizar [A4] *vt* ‹*salarios/pensiones/legislación*› to bring … up to date; ‹*información/manual*› to update

actualmente *adv*: **era un lujo pero ~ es una necesidad** it used to be a luxury but nowadays it is a necessity; **se encuentra ~ en Suecia** she is currently in Sweden, she is in Sweden at present; **~ la situación es mucho más grave** the situation is now much more serious

actuar [A18] *vi* 1 «*persona*» (obrar) to act; **forma de ~** behavior* 2 «*medicamento*» to work, act; **dejar ~ a la naturaleza** let nature take its course 3 «*actor*» to act; «*torero*» to perform; **¿quién actúa en esa película?** who's in the movie? 4 (Der) to act

actuario -ria *m,f* 1 (en tribunal) clerk of the court 2 *tb* **~ de seguros** actuary

acualón *m* (Méx) aqualung

acuarela *f* watercolor*; **pintar a la ~** to paint in watercolor(s)

acuarelista *mf* watercolorist*

acuario *m* aquarium

Acuario¹ *m* (signo) Aquarius; **es (de) ~** he's an Aquarius *o* Aquarian

Acuario², acuario *mf* (persona) Aquarian, Aquarius

acuartelamiento *m*

A 1 (alojamiento) billeting, quartering 2 (en previsión de disturbios) confining to barracks

B (cuartel) barracks (*sing or pl*)

acuartelar [A1] *vt* 1 (alojar) to billet, quarter 2 (en previsión de disturbios) to confine … to barracks

■ **acuartelarse** *v pron* to withdraw to barracks

acuático -ca *adj* aquatic

acuatizaje *m*: *landing on water*

acuatizar [A4] *vi* to land on water

acuchillar [A1] *vt* 1 ‹*persona*› to stab 2 (pulir) to sand (down); (raspar) to scrape

acuciante *adj* ‹*necesidad/problema*› urgent, pressing; ‹*deseo*› burning (*before n*), ardent; **una sed/un hambre ~** a raging thirst/a gnawing hunger

acuciar [A1] *vt* 1 «*problema*» to plague, beset; **acuciado por el hambre** driven by hunger 2 «*persona*» to pester, hassle (colloq)

acuclillarse [A1] *v pron* to squat (down)

acudir [I1] *vi*

A (frml) (a lugar): **acudió a la hora prevista** she came *o* arrived at the arranged time; **nadie acudió en su ayuda** nobody came to his aid; **deberá ~ en ayunas** you should not eat anything before attending; **~ A algo** ‹*cita*› to turn up for sth; ‹*reunión*› to attend sth; **~ a las urnas** to go to the polls; **la policía acudió al lugar de los hechos** the police arrived at the scene (of the incident); **los recuerdos acuden a mi mente** (liter) memories come flooding back to me; **señorita Fernández, acuda al teléfono** telephone call for Miss Fernández

B (recurrir) **~ A algn** to turn TO sb; **no tenía a quien ~** he had nobody to turn to; **acudieron a un árbitro** they went to arbitration

acueducto *m* aqueduct

acuerdo *m*

A 1 (arreglo) agreement; **llegar a** *or* **alcanzar un ~** to reach an agreement; **de común ~** by mutual agreement **2** (pacto) agreement; **~ de paz** peace agreement *o* (frml) accord

B (*en locs*) **1** **de acuerdo**: **estar de ~** to agree; **ponerse de ~** to come to *o* reach an agreement; **estar de ~ EN algo** to agree ON something; **estamos de ~ en que ...** we all agree *o* we're all agreed that ...; **estar de ~ CON algn/algo** to agree WITH sb/sth; **no estoy de ~ con pagarle tanto** I don't think we should pay him so much; **¿mañana a las ocho? — de ~** (*indep*) tomorrow at eight? — OK *o* all right **2** **de acuerdo con** *or* **a** in accordance with

acuesta, acuestas, etc *see* **acostar**

acullá *adv* (arc) yonder (arch); **aquí, allá y ~** here, there and everywhere

acumulación *f* accumulation

acumulador *m* storage battery, accumulator (BrE)

(Compuesto) **acumulador de calor** storage heater

acumular [A1] *vt* ‹*riquezas/poder*› to accumulate; ‹*experiencia*› to gain

▪ **acumularse** *v pron* «*trabajo*» to pile up, mount up; «*intereses*» to accumulate; «*deudas*» to mount up; **se me ~on las deudas** my debts mounted (up); **se acumula mucho polvo aquí** a lot of dust accumulates here

acumulativo -va *adj* cumulative

acunar [A1] *vt* to rock

acuñación *f* (de monedas) minting; (de palabras, frases) coining

acuñar [A1] *vt* ‹*moneda*› to mint; ‹*frase/palabra*› to coin

acuoso -sa *adj* watery

acupuntura *f* acupuncture

acupunturista *mf* acupuncturist

acurrucarse [A2] *v pron* to curl up

acusación *f*

A **1** (imputación) accusation **2** (Der) charge; **negó la ~** he denied the charges; **formular una ~ contra algn** to bring charges against sb

B (parte): **la ~** the prosecution

acusado[1] -da *adj* **1** ‹*persona*›: **las personas acusadas de ...** the people accused of ... **2** ‹*tendencia*› marked, pronounced; ‹*semejanza/contraste*› marked, striking; **un ~ rasgo de su personalidad** a prominent feature of his personality; **un ~ sentido del humor/olfato** a sharp *o* an acute sense of humor/smell

acusado[2] -da *m,f*: **el ~** the accused, the defendant; **los ~s** the accused, the defendants

acusador[1] -dora *adj* accusing, accusatory (frml); **una mirada ~a** an accusing look

acusador[2] -dora *m,f* prosecuting attorney (AmE), prosecuting counsel (BrE)

acusar [A1] *vt*

A **1** (culpar) to accuse; **~ a algn DE algo** to accuse sb OF sth; **me acusan de haber mentido** they accuse me of lying **2** (Der) **~ a algn DE algo** to charge sb WITH sth; **está acusado de espionaje** he is charged with spying **3** (fam) (delatar) to tell on (colloq); **lo acusó a** *or* **con la maestra** she went to the teacher and told on him (colloq)

B **1** (mostrar, revelar) to show signs of **2** (advertir) to pick up, register; **acusa el menor movimiento** it picks up the slightest movement

C (reconocer): **~ recibo de algo** (Corresp) to acknowledge receipt of sth

▪ **acusarse** *v pron* (*refl*) **~se DE algo** to confess TO sth

acusativo *adj/m* accusative

acusatorio -ria *adj* accusatory

acuse de recibo *m* acknowledgment of receipt

acusetas *mf* (*pl* ~), **acusete -ta** *m,f* (fam) tattletale (AmE colloq), telltale (BrE colloq)

acústica *f* (ciencia) acoustics; (de local) acoustics (*pl*)

acústico -ca *adj* acoustic

adagio *m* (Mús) adagio; (máxima) adage, saying

adalid *m* champion

adamascado -da *adj* damask

adán *m*: **ir hecho un ~** to look a sight *o* mess (colloq)

adaptabilidad *f* adaptability

adaptable *adj* adaptable

adaptación *f* **1** (proceso) adaptation, adjustment; **capacidad de ~** ability to adapt **2** (cosa adaptada) adaptation; **la ~ cinematográfica** the screen version

adaptador *m* adaptor

adaptar [A1] *vt* ‹*cortinas/vestido*› to alter; ‹*habitación*› to convert; ‹*pieza/motor*› to adapt; (Inf) to convert; **adaptó la obra al** *or* **para el cine** he adapted the play for the screen

▪ **adaptarse** *v pron* to adapt; **~se A algo/+ INF** to adapt TO sth/-ING; **un coche que se adapta a cualquier terreno** a car which is well suited to any terrain

a. de C. (**= antes de Cristo**) BC, before Christ

adecentar [A1] *vt* ‹*habitación*› to tidy up

adecuación *f* adaptation

adecuado -da *adj* **1** (apropiado): **un vestido ~ para una boda** a suitable dress for a wedding; **la persona adecuada para el cargo** the right person for the job; **el momento ~** the right moment; **no disponemos de los medios ~s** we do not have adequate *o* the necessary resources **2** (aceptable) adequate

adecuar [A1] *or* [A18] *vt* **~ algo A algo** to adapt sth TO sth; **el sistema puede ~se a las necesidades de cada cliente** the system can be adapted to (meet) the needs of each client

▪ **adecuarse** *v pron* **~se A algo** to fit in WITH sth

adefesio *m* (cosa) eyesore; (persona): **es un ~** he's so ugly; **estar/ir hecho un ~** to look a sight *o* fright; **un ~ de sombrero** a hideous hat

adelantado[1] -da *adj*

A **1** (desarrollado) ‹*país*› advanced; **una filosofía muy adelantada para su época** a philosophy well ahead of its time **2** (aventajado): **está** *or* **va muy ~ en sus estudios** he is doing very well in his studies; **va ~ para su edad** he's advanced for his age

B (antes de tiempo) **1** ‹*cosecha*› early; **llegar ~** (Chi) to arrive early **2** ‹*reloj*› fast; **estar** *or* **ir ~** to be (running) fast

C (Com, Fin): **pago ~** payment in advance; **por ~** in advance; **pagar/cobrar por ~** to pay/be paid in advance

D (avanzado): **las obras están muy adelantadas** construction is already well underway; **llevo muy ~ el libro** I'm quite far into the book; **vamos bastante ~s** we're quite far ahead with it

E (Dep) (pase) forward

adelantado[2] *m* governor (*of a border province under Spanish colonial rule*)

adelantamiento *m* passing maneuver (AmE), overtaking manoeuvre (BrE)

adelantar [A1] *vt*

A **1** ‹*fecha/viaje*› to bring forward **2** ‹*pieza/ficha*› to move ... forward

B (pasar) **1** (Auto) to pass, overtake **2** ‹*corredor*› to overtake, pass

C **1** ‹*información*› to disclose; ‹*noticia*› to break; **te adelanto que no es ninguna maravilla** I warn you, it's nothing special; **les adelantamos la programación de mañana** here is a rundown of tomorrow's programs **2** ‹*dinero*›: **le adelantó una parte del sueldo** she gave him an advance on his salary; **la empresa te adelanta el dinero para comprarlo** the company lends you the money to buy it

D ‹*reloj*› to put ... forward

E ‹*balón*› to pass ... forward

F ‹*trabajo*› to get on with

G **1** (conseguir) to gain; **con llorar no adelantas nada** crying won't get you anywhere **2** (en una clasificación) ‹*puestos*› to go up, move up

▪ **adelantar** *vi*

A **1** (avanzar) to make progress **2** «*reloj*» to gain

B (Auto) to pass, overtake (BrE); Ⓢ **prohibido adelantar** no passing (AmE), no overtaking (BrE)

▪ **adelantarse** *v pron*

A **1** (avanzar) to move forward **2** (ir delante) to go ahead; **se adelantó para comprar las entradas** she went (on) ahead to buy the tickets

B (respecto de lo esperado) «*cosecha*» to be early; «*verano/frío*» to arrive early

C (anticiparse): **se adelantó a su época** he was ahead of his time; **~se a los acontecimientos** to jump the gun; (+ *me/te/le etc*) **yo iba a pagar, pero él se me adelantó** I was

a

going to pay, but he beat me to it; **alguien se me había adelantado** someone had beaten me to it

D «*reloj*» to gain

adelante *adv*

A (en el espacio) **1** (expresando dirección, movimiento) forward; **para/hacia ~** forward; **seguir ~** to go on; ***llevar algo ~*** to carry on with sth **2** (lugar, posición): **se sentó ~** (en coche) she sat in front; (en clase, cine) she sat at the front; **más ~ la calle se bifurca** further on, the road forks; ➔ **ver explicación más adelante** see explanation below; **la fila dos es muy ~** the second row is too near the front; **la parte de ~** the front; **tiene un bolsillo ~** (esp AmL) it has a pocket at the front

B (en el tiempo): **más ~** later; **trataremos ese tema más ~** we will deal with that subject later (on); **(de ahora) en ~** from now on; **de hoy en ~** as of *o* from today

C **adelante de** (*loc prep*) (AmL) **1** (en lugar anterior a) in front of; **~ de mí/ti/él** in front of me/you/him; **la colocó ~ de la mía** she put it in front of mine **2** (en presencia de) in front of

D **¡~!** (*como interj*) (autorizando la entrada) come in!; (ordenando marchar) forward!; (invitando a continuar) go on!, carry on!

adelanto *m*

A (avance) step forward; **supone un gran ~** it represents a great step forward; **los ~s de la ciencia** the advances of science

B (del sueldo) advance; (depósito) deposit

C (en el tiempo): **lleva un ~ de tres minutos con respecto a los otros corredores** he has a three minute lead over the rest of the field; **llegó con un poco de ~** he/she/it arrived slightly early

adelgazamiento *m* slimming

adelgazante *adj* weight-reducing (*before n*), slimming (*before n*) (BrE)

adelgazar [A4] *vt* ‹*caderas/cintura*› to reduce; ‹*kilos*› to lose

■ **adelgazar** *vi* to lose weight

ademán *m* **1** (expresión) expression; **con un ~ compungido** with a sad expression **2** (movimiento, gesto) gesture; **me hizo un ~ para que me callara** he motioned me to be quiet; **hacer ~ DE + INF** to make as if TO + INF; **hizo ~ de levantarse** he made as if to get up; **levantó los hombros en ~ de indiferencia** she shrugged indifferently **3** **ademanes** (*pl*): **sus ademanes dejan mucho que desear** his manners leave a lot to be desired

además *adv*

A : **estudia y ~ trabaja** she's working as well as studying; **~ ¿a mí qué me importa?** anyway, what do I care?; **y es que ~, la insultó** on top of everything else he insulted her; **señaló, ~, que su objetivo era ...** he indicated, furthermore *o* moreover, that his aim was to ... (frml)

B **además de** besides, apart from; **~ de eso, está la cuestión del dinero** apart from that there is the question of money; **~ de nuestro pedido anterior** in addition to our previous order; **~ de hacerte mal, engorda** besides *o* apart from *o* as well as being bad for you, it's also fattening; **~ de hacerlos, los diseña** he designs them as well as making them

adenoides *fpl* adenoids (*pl*)

adentrarse [A1] *v pron* **~ EN algo** ‹*en el mar/túnel*› to go deep INTO sth; ‹*en tema/materia*› to go INTO sth in more depth; **según nos adentrábamos en la selva** as we went deeper into the jungle

adentro *adv*

A **1** (expresando dirección, movimiento): **vamos para ~** let's go in *o* inside; **ven aquí ~** come in here; **mar ~** out to sea; **tierra ~** inland **2** (lugar, parte) inside; [*European Spanish prefers* **dentro** *in many of these examples*] **¡qué calor hace aquí ~!** it's so hot in here!; **¿comemos ~?** shall we eat indoors *o* inside?; **por ~** on the inside; **la parte de ~** the inside; ***ser bien*** *o* ***bueno de ~*** (Chi, Per fam) to be a good sort

B **adentro de** (AmL) in, inside; **~ del edificio** inside *o* in the building; **~ del zapato** in my (*o* his *etc*) shoe; **~ de los límites territoriales** inside *o* within our boundaries

adentros *mpl*: **dije para mis ~** I said to myself; **se rió para sus ~s** he chuckled to himself

adepto¹ -ta *adj*: **ser ~ A algo** ‹*a secta*› to be a follower OF sth; ‹*a partido*› to be a supporter OF sth; **un político ~ al monetarismo** a politicain who espouses monetarism

adepto² -ta *m,f* (de secta) follower; (de partido) supporter; **una idea que tiene muchos ~s** an idea which has a lot of supporters; **es una gran adepta de la disciplina** she is a great advocate of *o* believer in discipline

aderezar [A4] *vt* **1** ‹*guiso*› to season; ‹*ensalada*› to dress **2** ‹*pieles*› to cure

aderezo *m* **1** (de guiso) seasoning; (de ensalada) dressing **2** (de pieles) curing **3** (joyas) matching set of jewelry*

adeudar [A1] *vt* **1** (deber) to owe **2** (frml) ‹*cuenta*› to debit (frml); **hemos adeudado su cuenta en la suma de ...** we have debited your account with the sum of ...

adeudo *m* **1** (frml) (débito) debit (frml); **el ~ efectuado en su cuenta** the sum debited to *o* from your account **2** (Méx) (deuda) debt

adherencia *f* **1** (acción) adherence **2** (Auto) grip, roadholding **3** (Med) adhesion

adherente *adj* adhesive

adherir [I11] *vi* to stick, adhere (frml)

■ **adherir** *vt* to stick

■ **adherirse** *v pron* **1** (a superficie) to stick, adhere (frml); **~se A algo** to stick *o* adhere TO sth **2** (dar apoyo) **~se A algo** ‹*a propuesta/causa*› to give one's support TO sth; **quisiera ~me a lo expresado** I would like to express my support for what was said **3** (a movimiento, partido) to join; **~se A algo** to join sth

adhesión *f* **1** (a una superficie) adhesion **2** (apoyo) support; **muestras de ~** demonstration of support; **su ~ al proceso democrático** his support of *o* adherence to the democratic process **3** (a una organización) joining; (a un tratado) accession (frml); **con la ~ de Turquía a la organización** when Turkey joins (*o* joined *etc*) the organization **4** (contribución) donation

adhesivo¹ -va *adj* adhesive, sticky

adhesivo² *m* adhesive

adicción *f* addiction; **~ a la heroína** heroin addiction

adición *f* **1** (acción) addition; (parte añadida) addition **2** (Mat) addition **3** (RPl) (cuenta) check (AmE), bill (BrE)

adicional *adj* additional; **una cantidad ~** a supplement

adicionar [A1] *vt* (frml) to add

adicto¹ -ta *adj*

A (a la bebida, la droga) addicted; **~ A algo** addicted TO sth; **es ~ al juego** he is addicted to gambling

B ▸ **adepto¹**

adicto² -ta *m,f* addict; **los ~s a la cocaína** cocaine addicts

adiestrar [A1] *vt* ‹*animal/persona*› to train; **~ a algn EN algo** to train sb IN sth

adinerado -da *adj* wealthy, moneyed

adiós *m/interj* (al despedirse) goodbye, bye (colloq); (al pasar) hello; ▸ **decir²** *vt* **C2**

adiposidad *f* adiposity

adiposo -sa *adj* adipose

aditamento *m* (de aparato) accessory; (de informe) appendix

aditivo *m* additive

adivinación *f* (por conjeturas, al azar) guessing, guesswork; (por magia) prediction; **la ~ del futuro** fortune-telling

adivinanza *f* riddle; **jugar a las ~s** to play at guessing riddles

adivinar [A1] *vt* **1** (por conjeturas, al azar) to guess; **¿a que no adivinas quién?** you'll never guess who; **~le el pensamiento a algn** to read sb's mind **2** (por magia) to foretell, predict **3** (entrever): **el gesto dejó ~ sus sentimientos** the gesture suggested *o* betrayed his feelings

■ **adivinar** *vi* to guess

adivino -na *m,f* fortune-teller

adj. (Corresp) (= **adjunto**) enc.

adjetivar [A1] *vt* to use ... adjectivally *o* attributively

adjetivo¹ -va *adj* adjectival

adjetivo² *m* adjective

(Compuesto) **adjetivo calificativo/demostrativo/posesivo** qualifying/demonstrative/possessive adjective

adjudicación *f* **1** (de premio, contrato) awarding; (de viviendas) allocation **2** (en subasta) sale

adjudicar [A2] *vt* 1 ‹*premio/contrato*› to award; ‹*vivienda*› to allot, allocate 2 (en subasta): **le ~on la alfombra al anticuario** the carpet was sold to *o* went to the antique dealer; **¡adjudicado!** sold!
■ **adjudicarse** *v pron* (period) ‹*trofeo/premio*› to win; **nuestro equipo se adjudicó la victoria** our team won

adjuntar [A1] *vt* to enclose; **le adjunto una copia del contrato** I enclose *o* attach a copy of the contract

adjunto¹ -ta *adj* 1 ‹*director*› deputy (*before n*); **profesor ~** associate professor (AmE), senior lecturer (BrE) 2 ‹*lista/copia*› enclosed, attached

adjunto² *adv* enclosed; **~ les envío el recibo** please find enclosed the receipt

adjunto³ -ta *m,f* (en cargo): **~ a la cátedra de filosofía** associate philosophy professor (AmE), senior philosophy lecturer (BrE); el cargo de ~ del director the post of deputy director

adminículo *m* (frml) accessory

administración *f*
A (de empresa, organización) management, running; (de bienes) management, administration
B 1 (conjunto de personas) management 2 (oficina, departamento) administration 3 (Esp) (de lotería) *office or kiosk where lottery tickets are sold*
(Compuesto) **administración pública** civil service
C (Pol) administration
D (Med): **está desaconsejada la ~ de este fármaco durante el embarazo** the use of this drug during pregnancy is not advised; Ⓢ **administración por vía oral** to be taken orally

administrador -dora *m,f* (de empresa) manager, administrator; (de bienes) administrator; **es buen ~** (fam) he's good with money

administrar [A1] *vt* 1 ‹*empresa*› to manage, run; ‹*bienes*› to manage, administer (frml) 2 (frml) (dar) ‹*sacramentos/medicamento*› to give, administer (frml)
■ **administrarse** *v pron*: **debes aprender a ~te** you have to learn to budget; **~se bien/mal** to manage one's money well/badly

administrativo¹ -va *adj* administrative

administrativo² -va *m,f* administrative assistant (*o* officer *etc*); (con funciones más rutinarias) clerk

admirable *adj* admirable

admiración *f* 1 (respeto) admiration; **siento gran ~ por usted** I have great admiration for you; **es digno de ~** he's/it's admirable 2 (sorpresa) amazement

admirado -da *adj* 1 (reconocido) admired; **fue muy ~ en su época** he was much admired in his time 2 (sorprendido) amazed; **me quedé admirada** I was amazed

admirador -dora *m,f* 1 (de persona) admirer, fan 2 (hum) (pretendiente) admirer (hum)

admirar [A1] *vt* 1 (respetar) ‹*persona/cualidad*› to admire 2 (contemplar) to admire 3 (sorprender) to amaze; **me admira la tolerancia de esta gente** I'm amazed at the tolerance of these people
■ **admirarse** *v pron* **~se DE algo** to be amazed AT *o* ABOUT sth

admirativo -va *adj* admiring

admisibilidad *f* admissibility

admisible *adj* ‹*comportamiento*› admissible, acceptable; ‹*excusa*› acceptable

admisión *f* 1 (aceptación) admission; **examen** *or* **prueba de ~** entrance examination *o* test; Ⓢ **reservado el derecho de admisión** the management reserves the right to refuse admission 2 (de error) admission

admitir [I1] *vt*
A 1 (aceptar) to accept; **no lo admitieron en el colegio** he wasn't accepted by the school; Ⓢ **se admiten tarjetas de crédito** we take *o* accept credit cards 2 (permitir) to allow; Ⓢ **no se admiten perros** no dogs allowed; **admite varias interpretaciones** it allows of *o* admits of several different interpretations (frml); **eso no admite discusión** you can't argue with that; **el asunto no admite demora** the matter must be dealt with immediately
B (confesar, reconocer) to admit
C (dar cabida a) ‹‹*local*›› to hold; **el estadio admite 4.000 personas** the stadium holds 4,000 people

admonición *f* (frml) admonishment (frml); **recibir una ~** to be admonished (frml)

admonitorio -ria *adj* (frml) admonitory (frml)

ADN *m* (= **ácido desoxirribonucleico**) DNA

adobar [A1] *vt* 1 ‹*carne/pescado*› (condimentar) to marinade; (para conservar) to pickle; (para curar) to cure 2 ‹*pieles*› to tan

adobe *m* adobe; **una casa de ~** an adobe (house)

adobo *m* 1 (Coc) (condimento) marinade; (para conservar) pickle 2 (de pieles) tanning

adocenado -da *adj* (pey) run-of-the-mill (pej)

adoctrinamiento *m* indoctrination

adoctrinar [A1] *vt* to indoctrinate

adolecer [E3] *vi* (de enfermedad, defecto) **~ DE algo** to suffer FROM sth; **adolece de muchos errores** it contains many mistakes

adolescencia *f*: **un comportamiento típico de la ~** typical adolescent behavior; **durante su ~** (when he was) in his teens, in adolescence (frml)

adolescente¹ *adj* adolescent; **tiene dos hijos ~s** she has two teenage *o* adolescent children

adolescente² *mf* (en contextos no técnicos) teenager; (Med, Psic) adolescent

adolorido -da *adj* (esp AmL) ▸**dolorido**

adonde *adv* where; **el lugar ~ se dirigían** the place where *o* to which they were going; **la ciudad ~ habíamos llegado** the city we had arrived in; **~ *fueres haz lo que vieres*** when in Rome, do as the Romans do

adónde *adv* where

adondequiera *adv*: **~ QUE** wherever; **~ que vayas** wherever you go

Adonis Adonis; **no es ningún ~** he's no Adonis

adopción *f* adoption

adoptado -da *m,f* adopted child

adoptar [A1] *vt* 1 ‹*actitud/costumbre*› to adopt; ‹*decisión/medida/posición*› to take; **la decisión fue adoptada por unanimidad** the decision was unanimous 2 ‹*niño/nacionalidad*› to adopt

adoptivo -va *adj* 1 ‹*hijo*› adopted; ‹*padres*› adoptive; **lo declararon hijo ~ de la ciudad** he was given the freedom of the city 2 ‹*patria/país*› adopted

adoquín *m* 1 (de piedra) paving stone; (ovalado) cobblestone 2 (fam) (tonto) blockhead (colloq) 3 (Per) (helado) popsicle® (AmE), ice lolly (BrE)

adoquinado *m* paving

adoquinar [A1] *vt* to pave

adorable *adj* adorable

adoración *f* 1 (de persona) adoration; **siente ~ por su padre** she worships *o* adores her father; **una mirada de ~** an adoring look 2 (de deidad) adoration, worship

adorador -dora *m,f* (de deidad) worshipper

adorar [A1] *vt* 1 ‹*persona/cosa*› to adore 2 ‹*deidad*› to worship, adore

adormecedor -dora *adj* soporific; **tiene un efecto ~** it has a soporific effect *o* sends you to sleep

adormecer [E3] *vt* 1 ‹*persona*› to make … sleepy *o* drowsy; **adormece los sentidos** it numbs *o* dulls the senses 2 ‹*pierna/mano*› to numb
■ **adormecerse** *v pron* to fall asleep, doze off

adormecimiento *m* 1 (somnolencia) sleepiness, drowsiness 2 (de un miembro) numbness

adormidera *f* poppy

adormilarse [A1] *v pron* to doze; **estás adormilado** you're half asleep

adornar [A1] *vt* 1 ‹*habitación/sombrero/comida*› to decorate 2 ‹*relato/discurso*› to embellish 3 ‹‹*flores/banderas*›› to adorn
■ **adornarse** *v pron* (*refl*) ‹*cabeza/pelo*› to adorn; **se adornó los brazos con pulseras** she adorned her arms with bracelets

adorno *m* 1 (objeto) ornament; **los ~s de Navidad** the Christmas decorations 2 (decoración) adornment; **eso era su único ~** that was her only adornment; **una falda con ~ de pasamanería** a skirt trimmed with frills; **de ~** for decoration; **lo tenemos de ~** (hum) it's just for show

a

adosado -da *adj* ~ **A algo**: **estaba ~ a la pared** it was against the wall; **un invernadero ~ a la casa** a greenhouse built onto the house; ▸**casa**

adosar [A1] *vt* 1 ‹*armario/escritorio*› ~ **algo A algo** to put *o* place sth AGAINST sth 2 (Méx) ‹*documento*› to enclose, attach

adquiera, adquirió, etc *see* **adquirir**

adquirir [I13] *vt* to acquire, obtain; **adquiera su nuevo coche antes del día 30** purchase *o* buy your new car before the 30th; **adquirió renombre internacional** he attained *o* achieved international renown; **ha adquirido experiencia** he has gained experience; ~ **malas costumbres** to get into bad habits

adquisición *f* 1 (objeto, cosa) acquisition; **fue una buena ~** it was a good buy 2 (acción) acquisition; **es de reciente ~** it is a recent acquisition *o* purchase; **la ~ de la casa** the purchase of the house

adquisitivo -va *adj* purchasing

adrede *adv* on purpose, deliberately

adrenalina *f* adrenaline

Adriático *m*: **el (mar) ~** the Adriatic (Sea)

adscribir [I34] *vt* ~ **a algn A algo** to assign *o* attach sb TO sth; **los oficiales adscritos a la dirección** the officials attached to head office

■ **adscribirse** *v pron* to join, become a member of

adscrito -ta *pp ver* **adscribir**

aduana *f* customs; **libre de derechos de ~** duty free; **pasar por la ~** to go through customs

aduanero[1] **-ra** *adj* customs (*before n*)

aduanero[2] **-ra** *m,f* customs officer

aducir [I6] *vt* ‹*razones/argumentos*› to put forward, adduce (frml); ‹*pruebas*› to provide, furnish; **adujo no haber sido informado** he claimed that he had not been informed

adueñarse [A1] *v pron* 1 «*persona*» ~ **DE algo** to take over sth; **se adueñó de su corazón** she won his heart 2 (liter) «*miedo/pánico*» ~ **DE algn**: **el miedo/pánico se adueñó de ellos** they were seized by panic

adulación *f* flattery

adulador[1] **-dora** *adj* flattering, sycophantic

adulador[2] **-dora** *m,f* flatterer, sycophant

adular [A1] *vt* to flatter

adulón[1] **-lona** *adj* (fam) fawning

adulón[2] **-lona** *m,f* (fam) bootlicker (colloq)

adulteración *f* (de producto) adulteration; (de información) falsification

adulterar [A1] *vt* ‹*alimento/vino*› to adulterate; ‹*información*› to falsify

adulterio *m* adultery

adúltero[1] **-ra** *adj* adulterous

adúltero[2] **-ra** *m,f* adulterer

adultez *f* adulthood

adulto[1] **-ta** *adj* 1 ‹*persona/animal*› adult (*before n*) 2 ‹*reacción/opinión*› adult

adulto[2] **-ta** *m,f* adult

adustez *f* harshness

adusto -ta *adj* ‹*persona/expresión*› austere, severe; ‹*paisaje*› bleak, harsh

advenedizo[1] **-za** *adj* upstart (*before n*)

advenedizo[2] **-za** *m,f* social climber

advenimiento *m* advent; ~ **al trono** accession to the throne

adventicio -cia *adj* adventitious

adverbial *adj* adverbial

adverbio *m* adverb

adversario[1] **-ria** *adj* opposing (*before n*)

adversario[2] **-ria** *m,f* opponent, adversary

adversidad *f* 1 (hecho) adversity; **sufrió todo tipo de ~es** he suffered all sorts of setbacks *o* adversities 2 (situación): **en la ~** in adversity 3 (cualidad) harshness, severity

adverso -sa *adj* ‹*circunstancias/resultado*› adverse; **la suerte le fue adversa** (liter) fortune did not favor him (liter)

advertencia *f* warning; **que les sirva de ~** let it be a warning to them

advertir [I11] *vt* 1 (avisar) to warn; **¡te lo advierto!** I'm warning you!; **quedas/estás advertido** you've been warned; ~**le A algn DE algo** to warn sb ABOUT sth; **te advierto que no me sorprendió nada** I must say I wasn't at all surprised; ~**le A algn QUE + SUBJ**: **le advertí que tuviera cuidado** I warned him to be careful 2 (notar) to notice

adviento *m* Advent

advierta, advirtió, etc *see* **advertir**

adyacencias *fpl* (CS) vicinity

adyacente *adj* adjacent

aéreo -rea *adj* ‹*vista*› aerial; ‹*tráfico*› air (*before n*)

aerobic /e'roβik/ *m*, (Méx) **aerobics** *mpl* aerobics

aeróbico -ca *adj* aerobic

aerobismo *m* (CS) aerobics

aerobús *m* airbus

aeroclub *m* flying club

aerodeslizador *m*

A (Náut) hovercraft

B (Chi) (Dep) hang glider

aerodinámica *f* aerodynamics

aerodinámico -ca *adj* aerodynamic

aeródromo *m* aerodrome, airfield

aeroespacial *adj* aerospace (*before n*)

aerofumigación *f* crop-dusting

aerograma *m* aerogram, air (mail) letter

aerolínea *f* airline

aerolito *m* (meteorito) meteorite; (estrella fugaz) shooting star

aeromodelismo *m* model airplane making

aeromodelista *mf* model airplane enthusiast

aeromotor *m* aero-engine

aeromozo -za *m,f* (AmL) flight attendant

aeronáutica *f* 1 (ciencia) aeronautics 2 (RPl) (aviación militar) air force

aeronáutico -ca *adj* aeronautic, aeronautical

aeronaval *adj* air and sea (*before n*)

aeronave *f* 1 (globo dirigible) airship 2 (frml) (avión) airliner, aircraft

aeropirata *mf* hijacker, skyjacker (journ)

aeroplano *m* (ant) airplane, aeroplane (BrE)

aeropuerto *m* airport

aerosol *m* aerosol, spray can; **desodorante en ~** spray deodorant

aerostato, aeróstato *m* aerostat

aerotransportado -da *adj* airborne

aerotransportar [A1] *vt* to airlift

afabilidad *f* affability

afable *adj* affable

afamado -da *adj* famous

afán *m*

A 1 (anhelo) eagerness; **su ~ de aventuras** his thirst for adventure; ~ **DE + INF** eagerness TO + INF; **su ~ de agradar** their eagerness to please; **tiene ~ de aprender** she's eager to learn; **su ~ por alcanzar la fama** his desire to become famous 2 (empeño) effort; **pone mucho ~ en** he puts a lot (of effort) into

B (Col fam) (prisa) hurry

afanado -da *adj*

A [ESTAR] ‹*persona*› busy

B [ESTAR] (Col, Per fam) (con prisa) in a hurry

afanador -dora *m,f*

A (arg) (ladrón) thief

B (Méx) (limpiador) cleaner

afanar [A1] *vt*

A (arg) (robar) to pinch (colloq)

B (Col fam) 1 (apurar) to rush 2 (preocupar) to worry

C (Per fam) ‹*chica*› to hit on (AmE colloq), to try to get off with (BrE colloq)

■ **afanarse** *v pron*

A (esforzarse) to work, toil; ~**se EN *or* POR + INF** to strive TO + INF

B (*enf*) (arg) (robar) to pinch (colloq)

afano *m* (RPl arg) rip-off

afanoso -sa *adj* 1 ‹*búsqueda/tarea*› painstaking; ‹*empeño/dedicación*› unflagging 2 ‹*persona*› industrious

afasia *f* aphasia

afear [A1] *vt* 1 ‹*persona*› to make … look ugly; ‹*paisaje*› to spoil 2 ‹*conducta*› to criticize

■ **afearse** *v pron* to lose one's looks

afección *f* (frml) complaint; **una ~ cardíaca** a heart condition

afectación *f* affectation

afectado -da *adj* 1 ‹*gestos/acento*› affected 2 ‹*área/órgano*› affected; **está afectado de una grave enfermedad** (frml) he is suffering from a serious disease

afectar [A1] *vt*

A 1 (tener efecto en) to affect; **esto nos afecta a todos** this affects us all; **le afectó el cerebro** it affected her brain 2 (afligir) to affect (frml); **la noticia lo afectó mucho** the news upset him terribly

B (fingir) ‹*admiración/indiferencia*› to affect, feign

afectísimo -ma *adj* (Corresp) (frml): **suyo ~** yours truly

afectivo -va *adj* emotional

afecto[1] -ta *adj*

A 1 [SER] (simpatizante) **~ A algo** ‹*a ideas/un régimen*› sympathetic TO sth 2 [SER] (aficionado) **~ A algo** keen ON sth; **~ A + INF** given TO -ING

B (frml) (sujeto, ligado) **~ A algo**: **los empleados ~s a esa sucursal** those employed at that branch

C (frml) (afectado) **~ DE algo** afflicted WITH sth (frml)

afecto[2] *m* (cariño) affection; **tenerle ~ a** *or* **sentir ~ por algn** to be fond of sb; **tomarle ~ a algn** to grow fond of sb

afectuoso -sa *adj* ‹*persona*› affectionate; **recibe un ~ saludo** (Corresp) with warm *o* kind regards

afeitado *m* 1 (de la barba) shave 2 (Taur) shaving

afeitadora *f* shaver, electric razor

afeitar [A1] *vt* 1 ‹*persona/cabeza*› to shave; ‹*barba*› to shave off; ‹*crines/cola*› to trim 2 (Taur) ‹*cuernos*› to shave 3 (fam) (rozar) to scrape

■ **afeitarse** *v pron* (*refl*) to shave; **se afeitó la barba** he shaved off his beard

afeite *m* (ant *o* hum) make-up

afelpado -da *adj* velvety

afeminado -da *adj* effeminate

aferrar [A1] *vt* 1 (apretar con fuerza) to clutch; **llevaba al bebé aferrado contra su pecho** she was clutching the baby to her bosom 2 (con el ancla) to anchor

■ **aferrarse** *v pron*: **aférrate bien** hold (on) tight; **~se A algo/algn** to cling (ON) TO sth/sb

affidávit *m* (*pl* **~s**) affidavit

affmo. affma. (Corresp) (frml) = **afectísimo, -ma**

Afganistán *m* Afghanistan

afgano -na *adj/m,f* Afghan

afianzamiento *m* consolidation

afianzar [A4] *vt* ‹*posición/postura*› to consolidate; **afianzó un pie en la cornisa** he got a firm foothold on the ledge

■ **afianzarse** *v pron* «*prestigio/sistema*» to become consolidated; **se fue afianzando en esa convicción** he became more and more convinced of it

afiche *m* (esp AmL) poster

afición *f* 1 (inclinación, gusto) love, liking; **~ a la lectura/música** love of reading/music; **¿cuáles son tus aficiones?** what are your interests?; **escribe por ~** she writes as a hobby 2 (Dep, Taur): **la ~** the fans (*pl*); **agradecer a la ~** to thank one's supporters

aficionado[1] -da *adj* [SER] 1 (entusiasta) **~ A algo** fond OF *o* keen ON sth; **las personas aficionadas al teatro** keen theatergoers 2 (no profesional) amateur

aficionado[2] -da *m,f* 1 (entusiasta) enthusiast; **~ A algo**: **para los ~s al bricolaje** for do-it-yourself enthusiasts; **un ~ a la música** a music lover; **los ~s al tenis/fútbol** tennis/football fans; **los ~s a los toros** bullfighting aficionados 2 (no profesional) amateur

aficionar [A1] *vt* **~ a algn A algo** to get sb interested IN sth

■ **aficionarse** *v pron* **~se A algo** to become interested IN sth; **se aficionó a correr** he took up running

afiebrado -da *adj* [ESTAR] feverish

afilado -da *adj*

A 1 ‹*borde/cuchillo*› sharp 2 ‹*nariz*› pointed; ‹*rasgos*› sharp; ‹*dedos*› long; **de rostro ~** with a long, thin face

B (mordaz) ‹*lengua*› sharp; ‹*pluma*› biting

afilador -dora *m,f* 1 (persona) knife grinder 2 **afilador** *m* (utensilio) sharpener

afilalápices *m* (*pl* **~**) pencil sharpener

afilar [A1] *vt* ‹*navaja/cuchillo*› to sharpen, hone

afiliación *f* affiliation

afiliado -da *m,f* member

afiliar [A1] *vt* **~ a algn A algo** to make sb a member of sth

■ **afiliarse** *v pron* **~se A algo** «*persona*» ‹*a partido/sindicato*› to become a member OF sth, to join sth; ‹*a sistema*› to join sth; **los trabajadores afiliados al sindicato** workers who are affiliated to the union

afín *adj* ‹*temas/lenguas*› related; ‹*culturas/ideologías*› similar; **intereses afines** common interests; **~ A algo**: **ideas afines a las nuestras** ideas which have a lot in common with our own

afinación *f* tuning

afinador -dora *m,f* tuner

afinar [A1] *vt*

A 1 ‹*instrumento*› to tune 2 ‹*coche*› to tune up; ‹*motor*› to tune

B ‹*punta*› to sharpen

■ **afinarse** *v pron* to become thinner

afincarse [A2] *v pron* «*persona*» to settle; «*creencias/valores*» to become established

afinidad *f* (entre personas, caracteres) affinity; **no tengo ninguna ~ con él** I have nothing in common with him

afirmación *f* (declaración) statement, assertion; (respuesta positiva) affirmation

afirmar [A1] *vt*

A (aseverar) to state, declare, assert (frml); **no lo afirmó ni lo negó** she neither confirmed nor denied it

B ‹*escalera*› to steady

■ **afirmar** *vi*: **afirmó con la cabeza** he nodded

■ **afirmarse** *v pron* 1 (físicamente) to steady oneself; **~se EN algo/algn** to hold ON to sth/sb 2 (ratificarse, consolidarse): **se fue afirmando en su convicción** she was more and more convinced of it; **se afirmó en su posición/en lo que había dicho** she reaffirmed her stance/her previous statement

afirmativo -va *adj* ‹*respuesta/frase*› affirmative; **en caso ~** (frml) if that is the case (frml)

aflautado -da *adj* high-pitched, fluty

aflicción *f* (liter) grief, sorrow

afligido -da *adj* [ESTAR] upset; **su afligida viuda** his grief-stricken widow

afligir [I7] *vt* 1 (afectar) to afflict 2 (apenar) to upset

■ **afligirse** *v pron* to get upset

aflojar [A1] *vt*

A ‹*cinturón/tornillo*› to loosen; ‹*cuerda/riendas*› to slacken; ‹*presión/tensión*› to ease; ‹*marcha/paso*› to slow down

B (fam) ‹*dinero*› to hand over; **no aflojó ni un centavo** he didn't part with a cent

C (AmL) ‹*motor*› to run in

■ **aflojar** *vi*

A «*tormenta*» to ease off; «*fiebre/viento*» to drop; «*calor*» to let up; «*tensión/presión*» to ease off

B (ceder) to budge, give way; **no les aflojes** don't give in to them; **aflójale un poco al pobre chico** ease up on the poor boy a little

■ **aflojarse** *v pron*

A 1 (*refl*) ‹*cinturón*› to loosen 2 «*tornillo/tuerca*» to come *o* work loose

B (Méx) «*estómago*»: **se me aflojó el estómago** I got diarrhea

aflorar [A1] *vi* 1 «*filón/mineral*» to surface; «*agua*» to rise 2 «*sentimientos*» to come to the surface; «*tensiones*» to erupt

afluencia *f* 1 (de personas, dinero) influx; **contó con una gran ~ de público** it attracted large crowds 2 (de agua, sangre) flow

afluente *m* tributary, affluent

afluir [I20] *vi* 1 «*gente/público*» to flock; 2 «*agua/sangre*» to flow

aflujo *m* afflux
afonía *f* loss of voice, aphonia (tech)
afónico -ca *adj*: **estar/quedarse ~** to loose one's voice
aforar [A1] *vt* (valorar) to assess, value
aforismo *m* aphorism
aforo *m* capacity; **el estadio tiene un ~ de ...** the stadium has a capacity of *o* the stadium holds ...
afortunadamente *adv* fortunately, luckily
afortunado *adj* ‹*persona*› lucky, fortunate; ‹*encuentro/coincidencia*› happy, fortunate; **una elección poco afortunada** a rather unfortunate choice
afrancesado[1] -da *adj* 1 (pey) ‹*modas/costumbres*› Frenchified (pej) 2 (pey) (Hist) ‹*persona*›: *who supported the French during the Peninsular War*
afrancesado[2] -da *m,f* (pey) (Hist) *supporter of the French during the Peninsular War*
afrancesarse [A1] *v pron* (pey) to become Frenchified (pej)
afrecho *m* bran
afrenta *f* (frml) affront (frml), insult
afrentar [A1] *vt* (frml) to affront (frml), to insult
África *f‡*: *tb* **el ~** Africa
África del Sur *f‡* South Africa
africano -na *adj/m,f* African
afrikaans *m* Afrikaans
afrikaner *adj/mf* (*pl* **-ners**) Afrikaner
afro *adj inv* Afro
afrodisíaco[1] -ca *adj* aphrodisiac
afrodisíaco[2] *m* aphrodisiac
afrontar [A1] *vt* ‹*problema/responsabilidad*› to face up to; ‹*desafío/peligro*› to face
afrutado -da *adj* fruity
aftosa *f* foot-and-mouth disease
afuera *adv*
A 1 (expresando dirección, movimiento) outside; **ven aquí ~** come out here; **¡~!** get out of here! 2 (lugar, parte) outside; [*European Spanish prefers* **fuera** *in many of these examples*] **aquí ~ se está muy bien** it's really nice out here; **comimos ~** (en el jardín) we ate outside *o* outdoors; (en un restaurante) we ate out; **por ~ es rojo** it's red on the outside; **de** *o* **desde ~** from the outside; **los de ~** outsiders; **lavar para ~** to take in washing
B **afuera de** (AmL): **¿qué haces ~ de la cama?** what are you doing out of bed?; **~ del edificio** outside the building
afuerano -na *m,f* outsider
afueras *fpl*: **las ~** the outskirts; **un barrio de las ~s** an outlying district
afuerino -na *m,f* (Chi) outsider
agachar [A1] *vt* ‹*cabeza*› to lower
■ **agacharse** *v pron* 1 (ponerse en cuclillas) to crouch down; (inclinarse) to bend down; **tiró la piedra y me agaché** he threw the stone and I ducked 2 (AmL fam) (rebajarse) to eat humble pie *o* (AmE) crow (colloq)
agalla *f*
A (Zool) gill
B (Bot) gall, oak apple
C **agallas** *fpl* (fam) (valor) guts (*pl*) (colloq); **con ~s** gutsy (colloq); **hay que tener ~s** it takes guts (colloq)
agalludo -da *adj*
A (AmL fam) (valiente) gutsy (colloq)
B (Col fam) (codicioso) grasping
ágape *m* (frml *or* hum) banquet (*in sb's honor*)
agarrada *f* (fam) set-to (colloq), fight (colloq)
agarradera *f* 1 (en autobús, tren) strap, handgrip 2 (AmL) (de taza, olla) handle; (paño) pot holder; (guante) oven glove
agarrado[1] -da *adj* 1 [SER] (fam) (tacaño) tightfisted (colloq) 2 [ESTAR] (CS fam) (enamorado) in love; **está muy ~ de ella** he's crazy about her (colloq)
agarrado[2] -da *m,f* (fam) (tacaño) skinflint (colloq), tightwad (AmE colloq)
agarrado[3] *adv*: **bailar ~** to dance closely
agarrador *m* (paño) pot holder; (guante) oven glove
agarrar [A1] *vt*
A (sujetar) to grab, get hold of; **lo agarró de las solapas** he grabbed him by the lapels; **me agarró del brazo** (para apoyar) she took hold of my arm; (con violencia, rapidez) she grabbed me by the arm
B (esp AmL) ‹*objeto*› (tomar) to take; (atajar) to catch; **agarra un papel y toma nota** get a piece of paper and take this down; **te lo tiro ¡agárralo!** I'll throw it to you, catch!; ***no hay por dónde ~lo*** (fam) ‹*tema/asunto*› you can't make head nor tail of it (colloq); ‹*persona*› you don't know how to take him
C (AmL) (pescar, atrapar) to catch; **me agarró desprevenido** she caught me off guard; **si lo agarro, lo mato** if I get *o* lay my hands on him, I'll kill him; ***~la con algn*** (AmL fam) to take it out on sb
D (esp AmL) (adquirir) ‹*resfriado/pulmonía*› to catch; ‹*costumbre/vicio*› to pick up; ‹*ritmo*› to get into; ‹*velocidad*› to gather, pick up; (+ *me/te/le etc*) **~le cariño a algn** to grow fond of sb; **le agarró asco** he got sick of it; **le he agarrado odio** I've come to hate him
E (AmL) (entender) ‹*indirecta/chiste*› to get
■ **agarrar** *vi*
A (asir, sujetar) to take hold of, hold; **toma, agarra** here, hold this
B «*planta/injerto*» to take; «*tornillo*» to grip, catch; «*ruedas*» to grip; «*tinte*» to take
C (esp AmL) (ir): **~on por esa calle** they went up that street; **mañana agarramos para Medellín** we're off to Medellín tomorrow; **no sabe para dónde ~** he doesn't know which way to turn
D (esp AmL fam) **~ y ...**: **un buen día agarró y lo dejó todo** one fine day she upped and left everything; **así que agarré y presenté la renuncia** so I gave in my notice there and then
■ **agarrarse** *v pron*
A (asirse) to hold on; **agárrate bien** *or* **fuerte** hold on tight; **¿sabes a quién vi? ¡agárrate!** (fam) do you know who I saw? wait for it! (colloq); **~se A** *or* **DE algo** to hold on TO sth; **iban agarrados del brazo** they were walking along arm in arm; **se agarró de eso para no venir** he latched on to that as an excuse not to come; **se ha agarrado a esa esperanza** she's clinging to that hope
B (pillarse): **me agarré el dedo en el cajón** I caught my finger in the drawer
C (esp AmL) ‹*resfriado/pulmonía*› to catch; **~se una borrachera** to get drunk; **~se un disgusto** to get upset; **~se una rabieta** to get into a temper
D (AmL fam) (pelearse) to get into a fight; **se ~on a patadas** they started kicking each other; **por poco se agarran de los pelos** they almost came to blows; **~se CON algn** to have a set-to WITH sb (colloq); ***agarrársela(s) con algn*** (AmL fam) to take it out on sb (colloq)
agarre *m* (de neumático) grip; (de coche) roadholding
agarrón *m* 1 (en fútbol): **hubo ~ de Ramírez a García** Ramírez grabbed García's shirt *o* was holding García 2 (AmL fam) (discusión, pelea) set-to (colloq)
agarrotamiento *m* (de músculos) stiffness, tightness
agarrotar [A1] *vt* ‹*piernas/músculos*› to make ... stiff
■ **agarrotarse** *v pron* 1 «*manos/músculos*» to stiffen up; **tengo las manos agarrotadas** my hands are stiff 2 «*motor/máquina*» to seize up
agasajado -da *m,f* (frml) guest of honor
agasajar [A1] *vt* (frml) to fête (frml); **la ~on con una magnífica fiesta** a splendid party was given in her honor
agasajo *m* (frml) 1 (acción): **los ~s con motivo de su boda** the celebrations in honor of her wedding; **una cena en su ~** a dinner in her honor 2 (atención): **nos recibieron con todo tipo de ~s** they lavished attention on us
ágata *f‡* agate
agazaparse [A1] *v pron* «*animal*» to crouch; «*persona*» to crouch (down)
agencia *f* (oficina) office; (sucursal) branch

Compuestos

- **agencia de colocaciones** employment agency *o* bureau (*generally for domestic staff*)
- **agencia de contactos/publicidad** dating/advertising agency
- **agencia de prensa** *or* **de noticias** press *o* news agency
- **agencia de viajes** travel agent's, travel agency
- **agencia matrimonial** marriage bureau

agenciar [A1] *vt* (fam) (conseguir) to wangle (colloq)
■ **agenciarse** *v pron* 1 (fam) (robar) to swipe (colloq), to pinch (BrE colloq) 2 (fam) (conseguir) to get hold of; ***agenciárselas*** (fam): **se las agenció para que lo invitaran** he fixed it so that they invited him; **agénciatelas como puedas** you'll have to get by as best you can (colloq)

agenda *f* (libreta) appointment book (AmE), diary (BrE); (programa) agenda; **establecer una ~** to draw up an agenda
Compuestos
• **agenda de bolsillo** pocket diary
• **agenda de trabajo** engagement book

agente *mf*
A (Com, Fin) agent
Compuestos
• **agente artístico/de publicidad** artistic/advertising agent
• **agente de seguros** insurance broker
• **agente de viajes** travel agent
B (frml) (funcionario) employee
Compuestos
• **agente de policía** *or* (period) **del orden** police officer
• **agente de tráfico** *or* (Arg, Méx) **de tránsito** ≈ traffic policeman (*in US*), ≈ traffic warden (*in UK*)
• **agente secreto** secret agent
C **agente** *m* (Med, Tec, Ling) agent

agigantado -da *adj* ‹*proporciones/figura*› gigantic

agigantar [A1] *vt* 1 ‹*ritmo/rendimiento*› to increase ... considerably; **agigantados por su público** boosted by their supporters 2 (exagerar) to exaggerate
■ **agigantarse** *v pron* 1 «*rendimiento*» to increase considerably 2 «*problema*» to take on huge proportions

ágil *adj* ‹*persona/movimiento*› agile; ‹*estilo/programa*› lively

agilidad *f* (de persona) agility; (de estilo) liveliness

agilización *f* speeding up

agilizar [A4] *vt* ‹*gestiones/proceso*› to speed up; ‹*pensamiento*› to sharpen; ‹*ritmo/presentación*› to make ... livelier *o* more dynamic

agiotaje *m* speculation

agiotista *mf* 1 (ant) (cambista) moneychanger 2 (AmL) (usurero, especulador) shark (colloq)

agitación *f* 1 (Pol) agitation; **la ~ reinante** the prevailing state of unrest 2 (nerviosismo) agitation 3 (de calle, ciudad) bustle

agitado -da *adj* 1 ‹*mar*› rough, choppy 2 ‹*día/vida*› hectic, busy 3 (Pol): **una época agitada** a period of unrest 4 ‹*persona*› worked up, agitated

agitador -dora *m,f* (persona) agitator

agitanado -da *adj* gypsy-like

agitar [A1] *vt* 1 ‹*líquido/botella*› to shake; Ⓢ **agítese antes de usar** shake well before use 2 ‹*brazo/pañuelo*› to wave; ‹*alas*› to flap; **el viento agitaba las hojas** the leaves rustled in the wind 3 ‹*sociedad/país*› to cause unrest in
■ **agitarse** *v pron* 1 «*mar*» to get rough; «*barca*» to toss; «*toldo*» to flap 2 (inquietarse) to get worked up

aglomeración *f* 1 (de gente): **se produjo una ~ a la entrada** people crowded at the entrance; **para evitar las aglomeraciones** to avoid crowding; **las aglomeraciones urbanas** the built-up urban areas 2 (de tráfico) buildup

aglomerar [A1] *vt* to pile up
■ **aglomerarse** *v pron* to crowd (together)

aglutinación *f* agglutination

aglutinador -dora *adj* agglutinative, agglutinating (*before n*)

aglutinar [A1] *vt* ‹*grupos/organizaciones*› to draw together, bring together
■ **aglutinarse** *v pron* «*partidos/grupos*» to get together, to unite

agnosticismo *m* agnosticism

agnóstico -ca *adj/m,f* agnostic

ago. (= **agosto**) Aug, August

agobiado -da *adj* 1 (abrumado): **estar ~ de trabajo** to be snowed under with work; **estar ~ de deudas** to be overwhelmed with debts; **estaba agobiada con tantos problemas** she was weighed down by all those problems 2 (esp Esp) (angustiado): **estar ~** to be in a real state (colloq)

agobiante *adj*, **agobiador -dora** *adj* ‹*trabajo/día*› exhausting; ‹*calor*› stifling; **es una carga ~ para él** it's/he's/she's a terrible burden on him

agobiar [A1] *vt* (abrumar) «*problemas/responsabilidad*» to weigh *o* get ... down; «*calor*» to oppress, get ... down; **te agobia con tanta amabilidad** she smothers you with kindness; **este niño me agobia** this child is too much for me
■ **agobiarse** *v pron* (esp Esp fam) to get uptight (colloq)

agobio *m*: **una sensación de ~** a sense of oppression; **el ~ que produce el calor** the stifling sensation brought on by the heat; **el ~ de vivir en una gran ciudad** the pressure(s) of living in a big city

agolpamiento *m* (de gente) crowd; (de ideas, problemas) rush

agolparse [A1] *v pron* «*personas*» to crowd; **las ideas se me agolpaban en la cabeza** ideas crowded into my head

agonía *f* 1 (de moribundo) death throes (*pl*) 2 (sufrimiento) suffering

agónico -ca *adj* dying (*before n*); **estar en estado ~** to be dying; **estertores ~s** death rattle

agonizante *adj* ‹*persona*› dying (*before n*); ‹*imperio/régimen*› crumbling (*before n*); **la luz ~ del crepúsculo** (liter) the fading light of dusk

agonizar [A4] *vi* «*persona*» to be dying, be in the throes of death; «*imperio/régimen*» be in its death throes; «*luz*» (liter) to fade

agorafobia *f* agoraphobia

agorar [A12] *vt* to prophesy, predict

agorero -ra *adj* ominous; **ave agorera** bird of ill omen

agostar [A1] *vt* ‹*campos/plantas*› to parch
■ **agostarse** *v pron* to become parched; **su imaginación no se agosta** (liter) his imagination is inexhaustible

agosto *m* August; *para ejemplos ver* **enero**; ***hacer su ~*** to make a fortune, to make a killing (colloq)

agotado -da *adj* 1 [ESTAR] ‹*recursos*› exhausted; ‹*edición*› sold out; ‹*pila*› dead, flat; Ⓢ **agotadas todas las localidades** sold out 2 [ESTAR] ‹*persona*› exhausted

agotador -dora *adj* exhausting

agotamiento *m* 1 (cansancio) exhaustion 2 (de recursos, mina) exhaustion

agotar [A1] *vt* 1 ‹*recursos*› to exhaust, use up; ‹*pila*› to wear out, run down; ‹*mina/tierra*› to exhaust; **el público agotó la edición** the edition sold out; **agotó sus fuerzas** he used up all his strength; **~on todos los temas de conversación** they exhausted all topics of conversation 2 (cansar) ‹*persona*› to tire ... out, wear ... out
■ **agotarse** *v pron* 1 «*existencias/reservas*» to run out, be used up; «*pila*» to run down; «*mina/tierra*» to become exhausted; «*edición*» to sell out; **se me está agotando la paciencia** my patience is running out 2 «*persona*» to wear *o* tire oneself out

agraciado¹ -da *adj* 1 ‹*persona/figura*› attractive; **es muy poco ~** he's not very attractive 2 (frml) (en sorteo): **resultó ~ con el primer premio** he was the lucky winner of the first prize

agraciado² -da *m,f* winner, prizewinner

agradable *adj* ‹*persona*› pleasant, nice; ‹*carácter*› pleasant; ‹*día/velada*› enjoyable, nice; ‹*sensación/efecto*› pleasant, pleasing; ‹*sabor/olor*› pleasant, nice; **su secretaria es una persona muy ~** her secretary is a very agreeable person; **trata de ser más ~ con ellos** try to be (a bit) nicer to them; **pasamos un día muy ~** we had a very nice *o* enjoyable day; **~ a la vista** pleasing to the eye; **no fue un espectáculo ~** it wasn't a pretty sight

agradar [A1] *vi* (frml): **aquí su presencia siempre agrada** it's always a pleasure to see you here; (+ *me/te/le etc*) **¿le agrada éste, señora?** is this one to your liking, madam? (frml); **la idea no me agrada** the idea doesn't appeal to me; **nos agrada complacer a la gente** we enjoy making people happy; **le agrada verlo contento** it gives her pleasure to see him happy; **me ~ía mucho verlos allí** I would be very pleased to see you there
■ **agradar** *vt* to please

agradecer [E3] *vt* 1 (sentir gratitud por) ‹*ayuda/amabilidad*› to appreciate, to be grateful for; **~le algo A algn** to be grateful to sb for sth; **se lo agradezco de veras** I'm very grateful to you; **le ~ía (que) me llamara** (frml) I would appreciate it if you would call me (frml) 2 (dar las gracias por) to thank; **ni siquiera me lo agradeció** she didn't even thank me *o* say thank you; **¡y así es como me lo agradece!** and this is all the thanks I get!

agradecido -da *adj* ‹*persona*› grateful; **estar/quedar ~** to be grateful; **¡qué poco ~ eres!** you're so ungrateful!; **sonrió agradecida** she smiled gratefully

agradecimiento *m* gratitude; **con nuestro más sincero ~** with our most sincere thanks; **en ~ por todo lo que ha hecho** in appreciation of all you have done

agradezca, agradezcas, etc *see* **agradecer**

agrado *m* (frml): **no veo con ~ su relación con él** I'm not pleased about her relationship with him; **espero que sea de su ~** I hope this is to your liking; **con sumo ~** gladly; **tener el ~ de + INF** to have the pleasure of -ING; **tuve el ~ de verla** I had the pleasure of seeing her; **tengo el ~ de dirigirme a Ud. para informarle que ...** (Corresp) (frml) I'm pleased to inform you that ... (frml)

agrandar [A1] *vt* 1 ‹*casa*› to extend; ‹*agujero/pozo*› to make ... larger *o* bigger; ‹*fotocopia*› to enlarge, blow up; ‹*vestido*› to let out 2 (exagerar) to exaggerate

■ **agrandarse** *v pron* «*agujero/bulto*» to grow larger, get bigger; **el equipo se agrandó con el triunfo** the team grew in stature after the victory

agrario -ria *adj* ‹*sector/política*› agricultural (*before n*); ‹*sociedad*› agrarian

agrarismo *m* agrarian reform movement (*in Mexico*)

agrarista *mf* advocate of agrarian reform (*in Mexico*)

agravación *f*, **agravamiento** *m* worsening

agravante[1] *adj* aggravating

agravante[2] *f or m* (Der) aggravating factor *o* circumstance; **con la ~ de que estaba borracho** what makes it even worse is that he was drunk

agravar [A1] *vt* to make ... worse, aggravate

■ **agravarse** *v pron* «*problema/situación*» to become worse, worsen; «*enfermo*» to deteriorate, get worse

agraviar [A1] *vt* (frml) ‹*persona*› to offend, affront (frml); **se sintió agraviado** he felt offended *o* insulted; **eso agravia mi dignidad** that is an affront to my dignity

agravio *m* (frml) (ofensa) affront (frml), insult; **lo considero un ~ a mi persona** I take that as a personal insult

agredir [I32] *vt* (frml) to attack, assault; **lo agredió de palabra** she attacked him verbally

agregado -da *m,f*

A (de embajada) attaché

B (Educ) 1 (en Ur) *assistant head of department* 2 (en Esp) senior teacher *o* lecturer

(Compuesto) **agregado -da comercial/cultural** commercial/cultural attaché

C (Col) (arrendatario) sharecropper

D **agregado** *m* (añadido) addition

agregar [A3] *vt*

A (añadir) to add; **~ algo A algo** to add sth TO sth

B ‹*empleado*› **~ a algn A algo** to attach *o* appoint sb TO sth

■ **agregarse** *v pron* (*refl*) **~se A algo** to join sth

agremiarse [A1] *v pron* (AmL) to form a union

agresión *f* aggression; **una ~ brutal** a brutal attack; **se lo acusa de ~** (Der) he's charged with assault

(Compuesto) **agresión sexual** sexual assault

agresividad *f* aggressiveness

agresivo -va *adj* aggressive

agresor[1] **-sora** *adj* ‹*ejército*› attacking (*before n*); ‹*país*› aggressor (*before n*)

agresor[2] **-sora** *m,f* (país, ejército) aggressor; (persona) attacker, assailant (frml)

agreste *adj* ‹*terreno/camino*› rough; ‹*paisaje*› rugged; ‹*vegetación/animal*› wild

agriar [A1 *or* A17] *vt* ‹*leche/vino*› to sour; ‹*carácter/persona*› to make ... bitter

■ **agriarse** *v pron* «*leche/vino*» to turn *o* go sour; «*carácter/persona*» to become bitter *o* embittered

agrícola *adj* ‹*técnicas*› agricultural, farming (*before n*)

agricultor -tora *m,f* farmer

agricultura *f* agriculture

(Compuesto) **agricultura biológica** *or* **ecológica** *or* **orgánica** organic farming

agridulce *adj* bittersweet; (Coc) sweet-and-sour

agrietar [A1] *vt* ‹*tierra/pintura*› to crack; **labios agrietados** chapped lips

■ **agrietarse** *v pron* «*tierra/pared*» to crack; «*piel*» to chap, become chapped

agrimensor -sora *m,f* surveyor

agrimensura *f* surveying

agringado -da *adj* (AmL fam & pey) ‹*persona*› Americanized; ‹*acento/costumbres*› (norteamericanizado) Americanized; (extranjero) foreign

agringarse [A3] *v pron* (AmL fam & pey) (norteamericanizarse) to become Americanized; (extranjerizarse) to become like a **gringo**[2] **1**

agrio, agria *adj* 1 ‹*manzana*› sour, tart; ‹*naranja/limón*› sour, sharp; **este vino está ~/es muy ~** this wine has gone sour/is very vinegary 2 ‹*tono/persona*› sour, sharp; ‹*disputa*› bitter

agriparse [A1] *v pron* (Andes) to get the flu (AmE), to get flu (BrE); **está agripado** he has (the) flu

agro *m*: **el ~** the farming world

agroindustria *f* agribusiness (*agriculture and related industries*)

agronomía *f* agronomy

agrónomo[1] **-ma** *adj* agronomic

agrónomo[2] **-ma** *m,f* agronomist

agropecuario -ria *adj* ‹*producción*› agricultural and livestock; ‹*política*› agricultural, farming (*before n*)

agroturismo *m* rural tourism

agrumarse [A1] *v pron* to go lumpy

agrupación *f*

A (grupo) group; (asociación) association

(Compuesto) **agrupación coral** choral group, choir

B (acción) grouping (together)

agrupar [A1] *vt* 1 (formar grupos) to put ... into groups, to group; **agrupa esos libros por autores** group those books by author 2 (reunir) ‹*organizaciones/partidos*› to bring together

■ **agruparse** *v pron* 1 (formar un grupo) «*niños/policías*» to gather; «*partidos*» to come together 2 (dividirse en grupos) to get into groups

agua *f*‡

A water; **~ de lluvia/mar** rainwater/seawater; ***bailarle el ~ a algn*** (adularlo) (Esp fam) to suck up to sb (colloq); ***cambiarle el ~ a las aceitunas*** *or* ***al canario*** (fam & hum) to take *o* have a leak (colloq & hum); ***como ~ para chocolate*** (Méx fam) furious; ***estar con el ~ al cuello*** to be up to one's neck; ***estar más claro que el ~*** to be (patently) obvious; ***hacer ~*** «*embarcación*» to take in water; «*negocio/institución*» to founder; ***hacérsele ~ la boca a algn*** (AmL): **se me hizo ~ la boca** it made my mouth water; ***ha corrido*** *or* ***pasado mucha ~ bajo el puente*** a lot of water has flowed under the bridge since then; ***llevar el ~ a su molino*** to turn things to one's advantage; ***lo que por ~ viene, por ~ se va*** (Col) easy come, easy go; ***más claro, échale*** *or* ***echarle ~*** it's obvious; ***quedar en ~ de borrajas*** to come to nothing; ***ser ~ pasada*** to be a thing of the past; ***sin decir ~ va*** without so much as a by-your-leave; ***venirle a algn como ~ de mayo*** (Esp) to come just at the right moment; ***~ pasada no mueve molino*** it's no use crying over spilt milk; ***~ que no has de beber déjala correr*** if you're not interested, don't spoil things for me/for other people; ***nunca digas de esta ~ no beberé*** you never know when the same thing might happen to you

(Compuestos)

- **agua bendita** holy water
- **agua corriente/destilada** running/distilled water
- **agua de colonia** eau de cologne
- **agua de rosas** rosewater
- **agua dulce** fresh water; **un pescado de ~ ~** a freshwater fish
- **agua mineral** mineral water; **~ ~ con gas/sin gas** sparkling/still mineral water
- **agua oxigenada** peroxide, hydrogen peroxide (tech)
- **agua potable/salada** drinking/salt water

- **aguas negras** *fpl* sewage
- **agua tónica** *or* (Méx, Ven) **quina** tonic water

B (lluvia) rain

(Compuesto) **agua nieve** sleet

C (AmC, Andes) **1** (fam) (bebida gaseosa) soda (AmE), fizzy drink (BrE) **2** (infusión) herb tea (AmE), herbal tea (BrE); **~ de menta** mint tea

D **aguas** *fpl* **1** (de mar, río) waters (*pl*); ***estar** or **nadar entre dos ~s*** to sit on the fence; **los votantes que están entre dos ~s** the undecided voters; ***volver las ~s a su cauce***: **una vez que las ~s vuelvan a su cauce** once things settle down *o* return to normal **2** (de balneario, manantial) waters (*pl*); **tomar las ~s** to take the waters

(Compuestos)
- **aguas jurisdiccionales/territoriales** *fpl* territorial waters (*pl*)
- **aguas termales** *fpl* thermal waters (*pl*)

E **aguas** *fpl* (Fisiol) *tb* **~s amnióticas** amniotic fluid; **rompió ~s** her waters broke

(Compuestos)
- **aguas mayores** *fpl* (euf): **hacer ~ ~** to move one's bowels (euph)
- **aguas menores** *fpl* (euf): **hacer ~ ~** to pass water (euph)

F **aguas** *fpl* (vertientes) slope; **tejado a dos ~s** gable *o* apex *o* saddle roof

aguacate *m* (árbol) avocado; (fruto) avocado (pear)

aguacero *m* downpour

aguachento -ta *adj* (CS) ‹*sopa/bebida*› watery

aguachirle *f or m* (Esp fam) dishwater (colloq) (*watery drink or soup*)

aguada *f*

A (Art) (técnica) wash; (dibujo) wash drawing

B (bebedero) watering hole, spring

aguadilla *f* (Esp fam) ducking (colloq); **le hicieron una ~** they gave him a ducking

aguado -da *adj*

A ‹*leche/vino*› watered-down; ‹*sopa*› watery, thin; ‹*café*› weak; ‹*salsa*› thin

B (AmC, Méx fam) (aburrido) [ESTAR] ‹*fiesta/película*› boring, dull; [SER] ‹*persona*› boring, dull

aguafiestas *mf* (*pl* **~**) (fam) wet blanket (colloq), party pooper (AmE colloq)

aguafuerte *m* (grabado) etching

aguaitar [A1] *vt* (AmS fam) (espiar) to spy on; (vigilar) to keep an eye on

■ **aguaitar** *vi* (AmS fam) (espiar) to snoop (colloq); (mirar) to have a look

aguaje *m* drinking trough

aguamala *f* (Col, Méx, Ven) jellyfish

aguamanil *m* **1** (jarra) pitcher, jug; (palangana) basin, bowl; (mueble) washstand **2** (para la mesa) finger bowl

aguamar *m* jellyfish

aguamarina *f* aquamarine

aguanieve *f* sleet

aguantaderas *fpl* (fam): **tener ~** to be patient; **¡hay que tener ~s!** you need the patience of a saint! (colloq)

aguantador -dora *adj* (AmL)

A (fam) (resistente) ‹*tela/ropa*› hard-wearing; ‹*coche*› sturdy; ‹*zapatos*› hard-wearing, sturdy

B (fam) ‹*persona*› **1** (paciente, tolerante): **es muy ~** he puts up with a lot (colloq) **2** (del dolor, sufrimiento) tough (colloq)

aguantar [A1] *vt*

A ‹*dolor/sufrimiento*› to bear, endure; **aguanto bien el calor** I can take the heat; **tuvieron que ~ temperaturas altísimas** they had to endure extremely high temperatures; **no tengo por qué ~ esto** I don't have to put up with this; **su madre le aguanta todo** his mother lets him get away with murder; **aguantó su mirada un momento** he held her stare for a moment; **este calor no hay quien lo aguante** this heat is unbearable; **no sabes ~ una broma** you can't take a joke; **no los aguanto** I can't stand them; **no puedo ~ este dolor de muelas** this toothache's unbearable

B **1** ‹*peso/carga*› to support, bear; ‹*presión*› to withstand; **ella aguanta el doble que yo bebiendo** she can take twice as much drink as I can **2** (durar): **estas botas ~án otro invierno** these boots will last (me/you/him) another winter; **han aguantado el paso del tiempo** they have survived the passing of time

C (sostener) to hold; **aguántame los paquetes** hold (on to) the parcels for me

D (contener, reprimir) ‹*risa/lágrimas*› to hold back; **~ la respiración** to hold one's breath; **ya no aguanto las ganas de decírselo** I can't resist the temptation to tell him any longer

■ **aguantar** *vi*: **¡ya no aguanto más!** I can't take any more!; **con ese tren de vida no hay salud que aguante** that sort of lifestyle would be enough to destroy anyone's health; **¿puedes ~ hasta que lleguemos?** can you hang *o* hold on until we arrive?; **no creo que este clavo aguante** I don't think this nail will hold

■ **aguantarse** *v pron*

A (conformarse, resignarse): **me tendré que ~** I'll just have to put up with it; **si no le gusta, que se aguante** if he doesn't like it, he can lump it (colloq)

B (euf) (reprimirse, contenerse): **no me pude ~ y me puse a llorar** I couldn't contain myself and burst into tears; **aguántate un poquito que ya llegamos** just hold *o* hang on a minute, we'll soon be there; **no se aguanta las ganas de abrirlos** he can't resist opening them

C (AmL fam) (esperarse) to hang on (colloq)

aguante *m*

A (de un pueblo) powers of endurance; (paciencia) patience

B (resistencia física de una persona) stamina; **es una máquina de mucho ~** it is a very sturdy machine

aguar [A16] *vt* **1** ‹*leche/vino*› to water down **2** (fam) (estropear) to put a damper on (colloq)

■ **aguarse** *v pron* (fam) to be spoiled

aguardar [A1] *vt* ‹*persona*› to wait for; ‹*acontecimiento*› to await; **~ (A) QUE + SUBJ**: **aguardó (a) que le respondiera** she waited for him to reply

■ **aguardar** *vi* «*noticia/destino*» to await; **nos aguardan tiempos duros** hard times lie ahead of us; **les aguardaba una sorpresa** there was a surprise in store for them

aguardentoso -sa *adj*: ‹*aliento*› smelling *o* reeking of alcohol; ‹*voz*› drunken

aguardiente *m* eau-de-vie (*clear brandy distilled from fermented fruit juice*)

aguarrás *m* turpentine, turps (colloq)

aguate *m* (Méx) prickle

aguatero -ra *m,f* (CS, Per) water carrier

aguatinta *m* aquatint

aguaviva *f* (RPl) jellyfish

aguayo *m* (Bol) *multicolored cloth*

agudeza *f*

A **1** (de voz, sonido) high pitch **2** (de dolor — duradero) intensity; (— momentáneo) sharpness

B (perspicacia) sharpness; (de sentido, instinto) keenness, sharpness

C (comentario ingenioso) witty comment

agudización *f* (de sentidos) sharpening; (de sensación) heightening; (de crisis) worsening

agudizar [A4] *vt* ‹*sensación*› to heighten; ‹*crisis/conflicto*› make worse; ‹*instinto*› to heighten; ‹*sentido*› to sharpen

■ **agudizarse** *v pron* «*sensación*» to heighten; «*dolor*» to get worse; «*crisis*» to worsen; «*instinto*» to become heightened; «*sentido*» to become sharper; **se le ha agudizado el ingenio** he's become sharper

agudo -da *adj*

A **1** ‹*filo/punta*› sharp **2** ‹*ángulo*› acute

B **1** ‹*voz/sonido*› high-pitched; ‹*nota*› high **2** ‹*dolor*› (duradero) intense, acute; (momentáneo) sharp **3** ‹*crisis*› severe **4** ‹*aumento/descenso*› sharp

C **1** (perspicaz) ‹*persona*› quick-witted, sharp; ‹*comentario*› shrewd **2** (gracioso) ‹*comentario/persona*› witty **3** ‹*sentido/instinto*› sharp

D ‹*palabra*› stressed on the last syllable; ‹*acento*› acute

agudos *mpl* treble

agüero *m*: **ser de mal/buen ~** (presagio) to be a bad/good omen; (causa) to bring bad/good luck

aguerrido -da *adj* ‹*soldado*› (valiente) brave, valiant; (experimentado) battle-hardened

agüevado -da *adj* [ESTAR] (AmC fam) upset

aguijón *m* **1** (vara) goad **2** (Zool) sting; **sintió el ~ de los celos** (liter) he felt a sharp stab of jealousy (liter)

aguijonear [A1] *vt* 1 ‹*animal*› to goad 2 (apremiar) «*sospecha/incertidumbre*» to gnaw at; **lo aguijoneaba el remordimiento** he felt stabs of remorse

águila *f*‡ 1 (ave) eagle; ***ser un* ~** to be very sharp 2 (Méx) (de moneda) ≈ heads (*pl*); **¿~ o sol?** heads or tails?

Compuestos
- **águila blanca/real** white-headed/golden eagle
- **águila ratonera** buzzard

aguileña *f* columbine

aguileño -ña *adj* ‹*nariz*› aquiline

aguilera *f* aerie (AmE), eyrie (BrE)

aguilucho *m* 1 (cría de águila) eaglet 2 (AmL) (halcón) ornate hawk-eagle

aguinaldo *m*

A 1 (propina) *money given to postmen, caretakers, etc, around Christmas*, Christmas box (BrE) 2 (de un niño) pocket money 3 (paga extra) *extra month's salary paid at Christmas*, Christmas bonus (AmE)

B (Col, Ven) (canción) ≈ Christmas carol

agüita *f* (Chi) ▸**agua C2**

aguja *f* 1 (de coser, tejer) needle; (para inyecciones) needle; (de tocadiscos) stylus, needle; (de instrumento) needle; (de balanza) pointer, needle; **las ~s del reloj** the hands of the clock; ***buscar una ~ en un pajar*** to look for a needle in a haystack 2 (Inf) pin 3 (Arquit) spire, steeple

Compuestos
- **aguja de crochet** crochet hook
- **aguja de punto** *or* (AmL) **de tejer** knitting needle
- **aguja hipodérmica** hypodermic needle
- **aguja de bitácora** ship's compass

B **agujas** *fpl* (Ferr) switches (*pl*) (AmE), points (*pl*) (BrE)

agujereado -da *adj*: **está ~** it has holes in it; **está todo ~** it's full of *o* riddled with holes

agujerear [A1] *vt* (hacer agujeros en) to make holes in; (atravesar) to pierce

agujero *m* 1 (en prenda, pared) hole; **hacerse ~s en las orejas** to have one's ears pierced; **tiene más ~s que un colador** it's riddled with holes 2 (Fin) shortfall, hole; ***tapar* ~s** (fam) to pay off one's debts

Compuesto **agujero negro** black hole

agujeta *f*

A (Méx) (de zapato) (shoe) lace

B **agujetas** *fpl* (Esp)stiffness; **tengo ~s en las piernas** my legs are stiff

agustino -na, **agustiniano -na** *adj/m,f* Augustinian

aguzar [A4] *vt* to sharpen; **aguzó el oído** he pricked up his ears

ah *interj* 1 (expresando sorpresa, lástima, asentimiento) oh! 2 (Andes, Ven) ▸**eh 2,3**

ahí *adv*

A 1 (en el espacio) there; **~ está/viene** there he is/here he comes; **~ arriba/abajo** up/down there; **~ mismo** *or* (AmL) **nomás** *o* (Méx) **mero** right *o* just there 2 (*en locs*) **por ahí** somewhere; **debe estar como a 200 pesos — sí, por ~ anda** it must be about 200 pesos — yes, that's about right; **tendrá unos 35 años o por ~** he must be 35 or thereabouts; **ahí sí que** (AmL): **~ sí que me pillaste** you've really got me there! (colloq); **de ahí a que: de ~ a que venga es otra cosa** whether or not he actually comes is another matter

B 1 (refiriéndose a un lugar figurado): **~ está el truco** that's the secret; **de ~ a la drogadicción sólo hay un paso** from there it's just a short step to becoming a drug addict; **de ~ a decir que es excelente hay un buen trecho** there's a big difference between that and saying it's excellent; ***hasta ~ llego yo*** that's as far as I'm prepared to go 2 **de ahí** hence; **de ~ que** (+ *subj*); **de ~ que hayan fracasado** that is why they failed

C (en el tiempo) then; **de ~ en adelante** from then on; **~ es cuando...** that's when...; **~ mismo** there and then

D (AmL) (más o menos): **¿cómo sigue tu abuelo? — ~ anda** how's your grandfather getting on? — oh, so-so

ahijado -da

A (por bautizo) (*m*) godson; (*f*) goddaughter; **mis ~s** my godchildren

B (protegido) (*m*) protegé; (*f*) protegée

ahijar [A1] *vt* to adopt

ahijuna *interj* (RPl fam) damn it! (colloq)

ahínco *m* 1 (empeño): **con ~** diligently, hard 2 (resolución) determination

ahíto -ta *adj* (liter) sated (liter)

ahogado -da *adj*

A (en agua): **dos niños resultaron ~s** two children were drowned; **morir ~** (en agua) to drown; (asfixiarse) to suffocate; (atragantarse) to choke to death

B ‹*llanto/grito*› stifled; **una voz ahogada en llanto** a voice choked by sobs

C (Méx fam) (borracho) blind *o* rolling drunk (colloq)

ahogador *m* (Chi, Méx) (Auto) choke

ahogar [A3] *vt*

A 1 ‹*persona/animal*› (en agua) to drown; (asfixiar) to suffocate 2 ‹*motor*› to flood

B 1 ‹*palabras/voz*› to drown (out); ‹*llanto/grito*› to stifle 2 ‹*penas*› to drown 3 (en ajedrez): **~ el rey** to stalemate

■ **ahogarse** *v pron* 1 «*persona/animal*» (en agua) to drown; (asfixiarse) to suffocate; (atragantarse) to choke; **me ahogo con este humo** the smoke's making me choke 2 «*motor*» to flood

ahogo *m* breathlessness; **tiene ~s** he gets out of breath

ahondar [A1] *vi* to go into (greater) detail; **~ EN algo** ‹*en tema*› to look at sth in (greater) detail *o* in depth; ‹*en problema*› to examine sth in (greater) detail

■ **ahondar** *vt* ‹*pozo*› to make … deeper

ahora *adv*

A 1 (en el momento presente) now; **¡~ me lo dices!** now you tell me!; **la juventud de ~** young people today; **~ que lo pienso** now I come to think of it; **problemas hasta ~ insolubles** hitherto insoluble problems; **hasta ~** so far *o* up to now; **de ~ en adelante** *or* **desde ~** from now on; **por ~ va todo bien** everything's going all right so far; **por ~** for the time being 2 (inmediatamente, pronto): **~ mismo** right now *o* away; **~ te lo muestro** I'll show it to you in a minute *o* second *o* moment; **¡~ voy!** I'm coming!; **¡hasta ~!** (esp Esp) see you soon! 3 (hace un momento) a moment ago; **~ último** (Chi) recently

B 1 (*indep*) (con sentido adversativo): **ésta es mi sugerencia. A~, si tú tienes una idea mejor ...** that's my advice. Of course, if you have a better idea … 2 **ahora bien** (*indep*) however

ahorcado -da *m,f* 1 (persona) hanged person 2 **el ahorcado** *m* (Jueg) hangman

ahorcajarse [A1] *v pron* **~ EN algo** to sit astride sth

ahorcamiento *m* hanging

ahorcar [A2] *vt* to hang; **este cuello me ahorca** this collar's choking me

■ **ahorcarse** *v pron* (*refl*) to hang oneself

ahorita *adv* (esp AmL fam) 1 (en este momento) just *o* right now; **~ mismo** right now *o* away 2 (inmediatamente, pronto): **~ te lo doy** I'll give it to you in a second *o* moment *o* minute 3 (hace un momento) a moment ago

ahoritica *adv* (AmC, Col, Ven) ▸**ahorita**

ahorquillado -da *adj* forked

ahorrador[1] -dora *adj* thrifty; **no soy muy ~a** I'm not very good at saving (money)

ahorrador[2] -dora *m,f* saver, investor

ahorrante *mf* (Chi) saver, investor

ahorrar [A1] *vt*

A ‹*dinero/energía/agua*› to save; ‹*tiempo*› to save

B (evitar) ‹*molestia/viaje*› (+ *me/te/le etc*) to save, spare

■ **ahorrar** *vi* to save

■ **ahorrarse** *v pron* (*enf*) 1 ‹*dinero*› to save (oneself) 2 (evitarse) ‹*molestia/viaje*› to save oneself

ahorrativo -va *adj* thrifty

ahorrista *mf* (RPl) saver, investor

ahorro *m* 1 (acción) saving; **supone un gran ~ de tiempo** it saves a lot of time 2 **ahorros** *mpl* (cantidad) savings (*pl*)

ahuchar [A1] *vt* (Col) to urge on

ahuecar [A2] *vt*

A 1 ‹*tronco/calabaza*› to hollow out; ‹*mano*› to cup 2 ‹*almohadón*› to plump up; ‹*pelo*› to give volume to

B ‹*voz*› to deepen

ahuesarse [A1] *v pron* (Per fam) «*persona*» to get into a rut; **ese modelo se ha ahuesado en las tiendas** that model just hasn't sold

ahuizote *m* (Méx fam) scourge

ahumado *adj* 1 (Coc) smoked 2 ‹*cristal*› smoked; ‹*gafas*› tinted

ahumar [A23] *vt* 1 ‹*jamón/pescado*› to smoke 2 ‹*colmena*› to smoke out; ‹*habitación*› to fill ... with smoke 3 ‹*paredes/techo*› to blacken

■ **ahumarse** *v pron* 1 «*paredes/techo*» to become blackened 2 «*casa/habitación*» to fill with smoke

ahusado -da *adj* tapering

ahuyentar [A1] *vt* 1 (hacer huir) ‹*ladrón/animal*› to frighten off *or* away 2 (mantener a distancia) ‹*fiera/mosquitos*› to keep ... away 3 ‹*dudas*› to dispel; **~ los malos pensamientos** to banish evil thoughts from one's mind

aimará[1] *adj* Aymara

aimará[2] *mf* Aymara Indian

aimará

A large Indian ethnic group living on the harsh Titicaca plateau in the Andes in southern Peru and northern Bolivia, who speak Aymara. They were conquered by the Incas, then by the Spaniards. Inca influence remains in religious beliefs, folklore, food, and art. The Aymara are mostly farmers and keep herds of llamas

aindiado -da *adj* (AmL) Indian-like, Indian-looking

airado -da *adj* angry, irate; **—es injusto —protestó ~** it's not fair, he complained angrily

airar [A19] *vt* to anger

aire *m*

A air; **sintió que le faltaba el ~** she felt as if she was going to suffocate; **para que entre un poco de ~** to let some (fresh) air in; **salir a tomar el ~** to go outside for a breath of fresh air; **ponerles ~ a las ruedas** to put some air in the tires; **se elevó por los ~s** it rose up into the air; **al ~ libre** outdoors, in the open air; **un vestido con la espalda al ~** a backless dress; **deja la herida al ~** leave the wound uncovered; **disparar un tiro al ~** to fire a shot into the air; ***a mi/tu/su ~***: **ellos salen en grupo, yo prefiero ir a mi ~** they go out in a group, I prefer doing my own thing (colloq); ***cambiar*** *or* ***mudar de ~(s)***: **necesito cambiar de ~s** I need a change of scene *o* air; ***dejar a algn en el ~*** to leave sb in suspense; ***quedar en el ~***: **todo quedó en el ~** everything was left up in the air; **su futuro quedó en el ~** his future hung in the balance; ***saltar*** *or* ***volar por los ~s*** to explode, blow up; ***vivir del ~*** to live on air

Compuestos

- **aire acondicionado** air-conditioning; **con ~ ~** air-conditioned
- **aire comprimido** compressed air; **una escopeta de ~ ~** an air rifle

B (viento) wind; (corriente) draft (AmE), draught (BrE); **no corre nada de ~** there's not a breath of wind

C (Rad, TV): **estar en el ~** to be on the air; Ⓢ **en el aire** on air; ***salir al ~*** to go out

D 1 (aspecto) air; **tiene un ~ aristocrático** she has an aristocratic air; **un rostro con un ~ infantil** a face with a childish look to it; **sus composiciones tienen un ~ melancólico** her compositions have a melancholy feel to them; **esto tiene todo el ~ de tratarse de una broma** this looks for all the world like a joke; **la protesta tomó ~s de revuelta** the protest began to look like a revolt; ***darse ~s (de grandeza)*** to put on *o* give oneself airs 2 (parecido) resemblance; **le encuentro un ~ a Alberto** I think he looks (a little) like Alberto; **tienen un ~** they look a bit alike

Compuesto **aire de familia** family resemblance

E (Mús) tune; **~s populares** traditional tunes *o* airs

aireación *f* aeration

airear [A1] *vt* 1 (ventilar) to air 2 (hacer público) ‹*asunto*› to air; **una revista que airea las intimidades de los famosos** a magazine that publishes details about the private lives of famous people 3 ‹*masa/tierra*› to aerate

■ **airearse** *v pron* 1 «*persona*» to get some (fresh) air 2 «*manta/abrigo*» to air; **abre la ventana para que se airee el cuarto** open the window to let some air into the room

airoso -sa *adj* graceful; ***salir ~ de algo*** to acquit oneself well (in sth)

aislacionismo *m* isolationism

aislacionista *adj/mf* isolationist

aislado -da *adj*

A 1 (alejado) remote, isolated 2 (sin comunicación) cut off; **quedar ~** to be cut off; **se siente muy ~** he feels very isolated; **~ DE algo** cut off *o* isolated FROM sth; **vive ~ del mundo** he's cut himself off from the world 3 ‹*caso*› isolated

B (Elec) insulated

aislador -dora *adj* ▸ **aislante**[1]

aislamiento *m*

A (en general) isolation

B (Elec) insulation

Compuesto **aislamiento acústico** soundproofing

aislante[1] *adj* insulating, insulation (*before n*)

aislante[2] *m* insulator

aislar [A19] *vt*

A 1 (apartar, separar) ‹*enfermo*› to isolate, keep in isolation; ‹*preso*› to place ... in solitary confinement; ‹*virus*› to isolate; **sus amigos los han aislado** their friends have turned their backs on them 2 (dejar sin communicación) ‹*lugar*› to cut off

B (Elec) to insulate

■ **aislarse** *v pron* (*refl*) to cut oneself off

ajá *interj* (expresando — asentimiento) uh-huh; (— satisfacción) aha!

ajado -da *adj* ‹*ropa*› worn; ‹*manos*› wrinkly; ‹*piel*› wrinkled; **el sofá está muy ~** the sofa's very shabby; **las flores están ajadas** the flowers have wilted

ajamonarse [A1] *v pron* (fam) to get porky (colloq)

ajar [A1] *vt* (estropear) ‹*flor*› to wilt; **el tiempo había ajado la pintura** time had taken its toll on the paintwork; **esto aja las manos** this makes your hands wrinkly

■ **ajarse** *v pron* (estropearse) «*flor*» to wilt; **la chaqueta se había ajado** the jacket had become worn; **se le ~on las manos** his hands became rough

ajardinar [A1] *vt* to landscape; **zonas ajardinadas** areas of parks and gardens

ajedrecista *mf* chess player

ajedrez *m* (juego) chess; (tablero y fichas) chess set

ajenjo *m* (planta) wormwood, absinthe; (licor) absinthe

ajeno -na *adj*

A [SER] 1 (que no corresponde, pertenece): **mis ideales le son totalmente ~s** my ideals are completely alien to him; **aquel ambiente me era ~** that environment was alien *o* foreign to me; **un asunto que le era ~** a matter that was *o* had nothing to do with him; **~ A algo**: **por razones ajenas a nuestra voluntad** for reasons beyond our control; Ⓢ **prohibido el paso a toda persona ajena a la empresa** staff only; **intereses ~s a los de la empresa** interests not in accord with those of the company 2 (que pertenece, corresponde a otro): **una tarjeta de crédito ajena** someone else's credit card; **por el bien ~** for the good of others; **las desgracias ajenas** other people's misfortunes

B 1 [ESTAR] (ignorante) **~ A algo** unaware OF sth, oblivious TO sth 2 [ESTAR] (indiferente) **~ A algo**: **permaneció ~ a sus problemas** he remained indifferent to her problems 3 [SER] (no involucrado) **~ A algo**: **irregularidades a las que han sido ~s** irregularities in which they have not been involved

ajetreado -da *adj* hectic, busy

ajetreo *m* hustle and bustle; **un día de mucho ~** a hectic day

ají *m* 1 (chile) chili*; ***ponerse como un ~ (picante)*** (AmS fam) to get furious 2 (Andes) (salsa) chili* sauce 3 (RPl) (pimiento) pepper

ajiaco *m*: *spicy potato dish*

ajilimójili *m* (Esp) piquant sauce

ajillo *m*: **al ~** with garlic; **champiñones al ~** garlic mushrooms

ajo *m* (Coc) garlic; **un diente de ~** a clove of garlic; **esto tiene mucho ~** there's a lot of garlic in this; ***echar*** *or* ***soltar ~s (y cebollas)*** (AmL fam) to swear; ***estar (metido) en el ~*** (fam) to be involved

ajonjolí *m* sesame

ajotado -da *adj* (Méx fam) camp (colloq)

ajuar *m* (de novia) trousseau; (de bebé) layette

ajustado -da *adj*

A 1 (ceñido) tight; **este me queda muy ~** it's too tight (for me) 2 ‹*presupuesto*› tight

B (en correspondencia con) **~ A algo** in accordance WITH sth

ajustar [A1] *vt*

A 1 (apretar) to tighten (up) 2 (regular) to adjust; **~ la entrada de agua** to regulate the flow of water 3 ‹*retrovisor/asiento/cinturón de seguridad*› to adjust 4 (encajar) ‹*piezas*› to fit

B (en costura) to take in

C 1 ‹*gastos/horarios*› **~ algo A algo** to adapt sth TO sth 2 ‹*sueldo/jubilación*› to adjust; **les ajustan el sueldo con la inflación** their wages are adjusted in line with inflation

D ‹*precio/alquiler/sueldo*› to fix, set

E ‹*cuentas*› (sacar el resultado de) to balance; (saldar) to settle

■ **ajustar** *vi* to fit

■ **ajustarse** *v pron*

A (*refl*) ‹*cinturón de seguridad*› to adjust

B «*piezas*» to fit

C (ceñirse, atenerse) **~se A algo**: **su declaración no se ajusta a la verdad** his statement is not strictly true; **deberá ~se a estas condiciones** it will have to comply with these conditions; **una sentencia que no se ajusta a derecho** a legally flawed verdict

ajuste *m*

A 1 (apretamiento) tightening (up) 2 (regulación) adjustment

B (de gastos, horarios) readjustment; (de sueldos) adjustment

C (de precio) fixing; **sólo falta el ~ del precio** all that remains is to fix the price

(Compuesto) **ajuste de cuentas** settling of scores

ajusticiado -da *m,f* (*m*) executed man; (*f*) executed woman

ajusticiamiento *m* execution

ajusticiar [A1] *vt* to execute

al: *contraction of* **a** *and* **el**

ala[1] *f*‡

A (de ave, de avión) wing; ***ahuecar el ~*** (fam) to beat it (colloq); ***cobrar ~s*** to spread one's wings; ***cortarle las ~s a algn*** to clip sb's wings; ***darle ~s a algn***: **si le das ~s, luego no podrás controlarlo** if you let him have his own way, you won't be able to control him later; ***estar tocado del ~*** (fam) to be nutty *o* crazy (colloq)

(Compuesto) **ala delta** (deporte) hang gliding; (aparato) hang glider

B (de sombrero) brim

C 1 (de edificio) wing 2 (facción) wing 3 (flanco) flank, wing 4 (Dep) (posición) wing

ala[2] *mf* (jugador) wing, winger

(Compuestos)
- **ala abierta** wide receiver
- **ala cerrada** tight end

Alá Allah

alabanza *f* praise; **digno de ~** praiseworthy

alabar [A1] *vt* to praise; **¡alabado sea Dios!** praise the Lord; **siempre la está alabando** he's always singing her praises

alabarda *f* halberd

alabardero *m* (Mil) halberdier

alabastro *m* alabaster

alacena *f* larder

alacrán *m* scorpion

ALADI /a'laði/ *f* = **Asociación Latinoamericana de Integración**

alado -da *adj* 1 (con alas) winged 2 (liter) (veloz) swift

ALALC /a'lalk/ *f* (= **Asociación Latinoamericana de Libre Comercio**) LAFTA

alambicado -da *adj* ‹*lenguaje/estilo*› complicated; ‹*personaje*› complex

alambicar [A2] *vt*

A ‹*líquido*› to distill*

B ‹*estilo*› to complicate

alambique *m* still

alambrada *f* (valla) wire fence; (material) wire fencing

alambrado *m* (AmL) 1 (acción) fencing in/off 2 (valla) wire fence

alambrar [A1] *vt* to fence in/off

alambre *m*

A (hilo metálico) wire; **barreras de ~ electrificado** electrified *o* electric fences

(Compuestos)
- **alambre de púas** barbed wire, barbwire (AmE)
- **alambre de tierra** ground wire (AmE), earth wire (BrE)

B (Chi) (cable) cable

alambrera *f* (Col) wire screen

alambrista *mf* (en el circo) tightrope walker

alameda *f* (avenida) tree-lined avenue; (terreno con álamos) poplar grove

álamo *m* poplar

alano *mf* mastiff

alarde *m* show, display; **hacer ~ de fuerza/riqueza** to show off strength/wealth

alardear [A1] *vi* **~ DE algo** to boast ABOUT sth; **alardea de tener dinero** she boasts about being well-off

alargado -da *adj* ‹*forma*› elongated; ‹*hoja*› elongate

alargador *m* extension cord (AmE), extension lead (BrE)

alargamiento *m* (de cable) lengthening; (de período) extension

alargar [A3] *vt*

A 1 ‹*vestido/pantalón*› to let down, lengthen; ‹*manguera/cable*› to lengthen, extend; ‹*riendas/soga*› to let out; ‹*paso*› to lengthen 2 ‹*cuento/discurso*› to drag out; ‹*vacaciones/plazo*› to extend; **puede ~le la vida** it could prolong her life

B 1 (extender) ‹*mano/brazo*› to hold out 2 (alcanzar) **~le algo A algn** to hand *o* give *o* pass sth TO sb

■ **alargarse** *v pron* 1 «*cara/sombra*» to get longer; «*días*» to grow longer; «*reunión/fiesta*» to go on 2 (Méx) «*bola*» to go too far; **se alargó por la tercera base** it went past third base

alarido *m* (de miedo) shriek; (de dolor) scream; **daba ~s de miedo** she was shrieking with fear

alarma *f*

A (ante peligro) alarm; **sembró la ~ en** *or* **entre la población** it caused alarm among the population; **dar la voz de ~** to sound *o* raise the alarm

B (dispositivo) alarm; **el timbre de la ~** the alarm bell;

(Compuestos)
- **alarma amarilla/roja** red/yellow alert
- **alarma contra robos/incendios** burglar/fire alarm

alarmante *adj* alarming

alarmar [A1] *vt* to alarm

■ **alarmarse** *v pron* to be alarmed

alarmismo *m* alarmism

alarmista *adj/mf* alarmist

alazán -zana *adj/m,f* sorrel

alba *f*‡

A (del día) dawn, daybreak; **al rayar** *or* **romper el ~** (liter) at the break of day (liter); **al** *or* **con el ~** at the crack of dawn

B (Relig) alb

albacea *mf* executor

albacora *f* (atún) albacore; (pez espada) (Chi) swordfish

albahaca *f* basil

albanés[1] **-nesa** *adj/m,f* Albanian

albanés[2] *m* (idioma) Albanian

Albania *f* Albania

albañal *m* (Col) sewer, drain

albañil *m* (constructor) builder; (que coloca ladrillos) bricklayer

albañilería *f* 1 (profesión) building; (de colocar ladrillos) bricklaying 2 (obra) brickwork; **trabajo de ~** building work

albarán *m* delivery note

albarda *f* packsaddle

albaricoque *m* (Esp) apricot

albaricoquero *m* (Esp) apricot tree

albatros *m* (*pl* ~) albatross

albedrío *m* (free) will; **lo hizo a su ~** he did it of his own free will; **lo dejo a tu libre ~** I leave it entirely up to you

alberca *f* 1 (embalse) reservoir 2 (Méx) (piscina) swimming pool 3 (Col) (lavadero) sink (*for washing clothes*) 4 (Bol, Per) (comedero) trough

albergar [A3] *vt*
A ‹*personas*› to house, accommodate; ‹*biblioteca/exposición*› to house; **el hotel alberga a 2.000 turistas** the hotel accommodates 2,000 tourists; **el parque alberga una fauna muy variada** the park is home to many different species of wildlife
B (liter) ‹*duda/odio*› to harbor*; ‹*esperanzas*› to cherish
■ **albergarse** *v pron* 1 (hospedarse) to lodge 2 (refugiarse) to shelter, take refuge

albergue *m* 1 (alojamiento) lodging, accommodations (*pl*) (AmE); **darle ~ a algn** to take sb in 2 (hostal) hostel; (en la montaña) refuge, shelter; (para vagabundos, mendigos) shelter
(Compuesto) **albergue juvenil** *or* **de la juventud** youth hostel

alberguista *mf* youth hosteler*; **carné de ~ internacional** international youth hostel card

albino -na *adj/m,f* albino

albo -ba *adj* (liter) white

albóndiga *f* meatball

albor *m* 1 (comienzo): **los ~es de la civilización** the dawn of civilization (liter); **está en el ~ de la vida** she is in the springtime of her life 2 (liter) (alba) dawn; (blancura) whiteness

alborada *f* 1 (liter) (alba) dawn 2 (Lit, Mús) aubade

alborear [A1] *v impers* (liter): **alboreaba cuando salieron** day was breaking *o* (liter) dawning when they set off
■ **alborear** *vi* (liter) to dawn (liter); **alborea una nueva época** a new age is dawning

albornoz *m* bathrobe

alborotado -da *adj*
A 1 (nervioso) agitated; (animado, excitado) excited 2 (ruidoso) noisy, rowdy; (amotinado) riotous
B ‹*mar*› rough; ‹*pelo*› untidy, disheveled*
C (precipitado) hasty, rash

alborotador[1] **-dora** *adj* rowdy, noisy

alborotador[2] **-dora** *m,f* troublemaker

alborotar [A1] *vi* to make a racket
■ **alborotar** *vt* 1 (agitar) to agitate, get … agitated; (excitar) to get … excited 2 ‹*muchedumbre*› to stir up
■ **alborotarse** *v pron*
A 1 (agitarse) to get agitated *o* upset; (excitarse) to get excited 2 (amotinarse) to riot
B ‹‹*mar*›› to get rough

alboroto *m* 1 (agitación, nerviosismo) agitation; (excitación) excitement 2 (ruido) racket 3 (disturbio, jaleo) disturbance, commotion; (motín) riot

alborozado -da *adj* (liter) jubilant

alborozar [A4] *vt* (liter) to rejoice (liter); **la noticia alborozó a toda la familia** the whole family rejoiced at the news (liter)
■ **alborozarse** *v pron* to rejoice (liter)

alborozo *m* (liter) rejoicing (liter); **con ~** with joy

albricias *interj* (arc) (enhorabuena) congratulations!; (exclamación de júbilo) hooray!

álbum *m*
A (de fotos, sellos) album; (libro de historietas) comic book
B (disco) album

albúmina *f* albumin

albur *m*
A (liter) (azar) chance; (riesgo) risk
B (Méx) (doble sentido) double meaning; (juego de palabras) play on words, pun

albura *f* (liter) whiteness

alburero -ra *m,f* (Méx fam) *person fond of making puns or using double entendres*

alca *f‡* auk

alcachofa *f* 1 (Bot, Coc) artichoke 2 (de ducha) shower head; (de regadera) sprinkler (AmE), rose (BrE)

alcahuete -ta *m,f* 1 (ant) (mediador) procurer (arch) 2 (CS fam) (chismoso) gossip (colloq); (soplón) tattletale (AmE colloq), telltale (BrE colloq)

alcahuetear [A1] *vi* 1 (hacer de mediador) to act as a go-between 2 (CS fam) (chismear) to gossip (colloq)
■ **alcahuetear** *vt* 1 (fam) (delatar) to tell *o* snitch on (colloq) 2 (Andes fam) (tapar): **les alcahuetea las travesuras** he lets them get away with all kinds of things; **les alcahuetea las mentiras** she covers up for him when he lies

alcaide *m* (ant) (carcelero) jailer; (director) keeper (arch)

alcalde -desa *m,f*
A (Gob) mayor
B **alcaldesa** *f* (mujer del alcalde) mayoress

alcaldía *f* (cargo) mayoralty; (oficina) mayor's office; (ayuntamiento) city hall (AmE), town hall (BrE)

álcali *m* alkali

alcalino -na *adj* alkaline

alcaloide *m* (Quím) alkaloid; (cocaína) (period) cocaine

alcance *m*
A 1 (de persona) reach; Ⓢ **mantenga los medicamentos fuera del ~ de los niños** keep all medicines out of reach of children; **está fuera de mi ~** it is beyond my means 2 (de arma, emisora) range; **misiles de corto/largo ~** short-range/long-range missiles 3 (de ley, proyecto) scope; (de declaración, noticia) implications; **una política educativa de largo ~** a far-reaching education policy 4 (*en locs*) **al alcance de** within reach of; **poner la cultura al ~ de todos** to make culture accessible to everyone; **precios al ~ de su bolsillo** prices to suit your pocket; **un lujo que no está a mi ~** a luxury I can't afford; **tiene mucha ayuda a su ~** he has a lot of help at his disposal; **no está al ~ de su inteligencia** it's beyond their grasp; ***al ~ de la mano*** (literal) at hand; (fácil de conseguir) within reach; ***hacer un ~*** (Chi) to add/clarify sth
B (Fin) deficit

alcancía *f* (AmL) (de niño) piggy bank; (para colectas) collection box

alcanfor *m* camphor

alcantarilla *f* (cloaca) sewer; (sumidero) drain

alcantarillado *m* sewer system, drains (*pl*)

alcantarillar [A1] *vt* to lay sewers in

alcantarillero -ra *m,f* (CS) sewer worker

alcanzado -da *adj* (Col) short of money

alcanzar [A4] *vt*
A 1 ‹*persona*› (llegar a la altura de) to catch up with, to catch … up (BrE); (pillar, agarrar) to catch; **lo alcancé en la curva** I caught up with him on the bend; **¡a que no me alcanzas!** I bet you can't catch me! (colloq) 2 (en tarea, estatura) to catch up with
B (llegar a) ‹*lugar*› to reach, get to; ‹*temperatura/nivel/edad*› to reach; **a pesar del tráfico alcancé el avión** despite the traffic I managed to catch the plane; **casi no alcanzo el tren** I almost missed the train; **lo alcancé con un palo** I used a pole to get at it *o* reach it; **estos árboles alcanzan una gran altura** these trees can reach *o* grow to a great height; **alcanza una velocidad de …** it reaches a speed of …; **alcanza enormes distancias** it covers vast distances; **~ la mayoría de edad** to come of age
C (conseguir, obtener) ‹*objetivo/éxito*› to achieve; ‹*acuerdo*› to reach; **se pretende ~ los 100 millones de pesos** they are hoping to reach a target of 100 million pesos
D (acercar, pasar) **~le algo A algn** to pass sb sth, to pass sth TO sb; **¿me alcanzas el libro?** could you pass me the book?
E 1 ‹‹*bala/misil*›› to hit; **fue alcanzado por un misil** it was hit by a missile 2 (afectar) to affect; **la medida ha alcanzado a la clase trabajadora** the measure has affected the working classes
■ **alcanzar** *vi*
A (llegar): **está muy alto, no alcanzo** it's too high, I can't reach it; **hasta donde alcanzaba la vista** as far as the eye could see; **~ A + INF** to manage to + INF; **no alcanzó a terminar** she didn't manage to finish; **hasta donde alcanzo a ver** as far as I can see
B (ser suficiente) ‹‹*comida/provisones*›› to be enough; **el sueldo no le alcanza** he can't manage on his salary; **me ~á hasta final de mes** it will see me through to the end of the month; **con una limpiadita, alcanza** just a quick clean will do

alcaparra *f* caper

alcatraz *m* (Zool) gannet; (Bot) arum

alcaucil *m* (RPl) artichoke

alcazaba *f* citadel, castle

alcázar *m* 1 (fortaleza) fortress; (palacio) palace 2 (Náut) quarterdeck

alce *m* elk, moose

alcista *adj* ‹*tendencia*› upward; ‹*mercado*› bull (*before n*)

alcoba *f* bedroom, bedchamber (liter)

alcohol *m*

A (Quím) alcohol; (Farm) *tb* **~ de 90 (grados)** rubbing alcohol (AmE), surgical spirit (BrE)

(Compuestos)

- **alcohol desnaturalizado** *or* **de quemar** methyl alcohol (AmE), methylated spirits (BrE)
- **alcohol etílico/metílico** ethyl/methyl alcohol

B (bebida) alcohol, drink

alcoholemia *f*: **hacerle la prueba de la ~ a algn** to breathalyze sb; **tasa de ~** blood alcohol level, level of alcohol in the blood

alcohólico[1] -ca *adj* alcoholic; **bebida no alcohólica** nonalcoholic drink

alcohólico[2] -ca *m,f* alcoholic

alcoholímetro *m* Breathalyzer®, drunkometer (AmE)

alcoholismo *m* alcoholism

alcoholizado -da *adj* alcoholic **está totalmente ~** he has become an alcoholic

alcoholizarse [A4] *v pron* to become an alcoholic

alcornoque *m* 1 (árbol) cork oak 2 (fam) (persona) idiot

alcurnia *f* ancestry, lineage (liter); **de alta ~** of noble birth; **una familia de ~** an old family

alcuza *f* (Chi) cruet (stand)

aldaba *f* (llamador) doorknocker; (cerrojo) latch

aldea *f* small village, hamlet

aldeano[1] -na *adj* village (*before n*)

aldeano[2] -na *m,f* villager

aleación *f* alloy

alear [A1] *vt* to alloy

aleatorio -ria *adj* ‹*suceso/resultado*› fortuitous; ‹*muestreo*› random

aleatorizar [A4] *vt* to randomize

alebrestar [A1] *vt* 1 (Col) (poner nervioso) to startle 2 (Méx) ‹*emoción*› to awaken, arouse 3 (Ven fam) (animar) to get ... excited; (excesivamente) to get ... overexcited

■ **alebrestarse** *v pron* 1 (Col, Méx) (alterarse, agitarse) to get worked up, agitated 2 (Ven fam) (animarse) to get excited; (excesivamente) to get overexcited

aleccionador -dora *adj* ‹*palabras/discurso*› instructive; **fue una experiencia ~a** the experience taught me a lesson

aleccionar [A1] *vt* 1 (dar instrucciones) to instruct; **lo aleccionó sobre cómo comportarse** she instructed him how to behave 2 (sermonear) to lecture

aledaño -ña *adj* ‹*países/pueblos*› neighboring* (*before n*); **tierras aledañas al río** land bordering the river

aledaños *mpl*: **los ~ de la ciudad** the outskirts of the town; **vive en los ~ del castillo** she lives near the castle; **la capital y sus ~** the capital and its environs (frml)

alegación *f* declaration, statement

alegador *adj* (Andes fam) argumentative

alegar [A3] *vt* ‹*motivos/causas*› to cite; ‹*razones*› to put forward; ‹*ignorancia/defensa propia*› to plead; **~ inmunidad diplomática** to claim diplomatic immunity; **alegó que no lo sabía** she claimed not to know

■ **alegar** *vi* 1 (AmL) (discutir) to argue; **~ DE algo** to argue ABOUT sth; **~ CON algn** to argue *o* quarrel WITH sb 2 (AmL) (protestar) to complain; **alega por ~** he complains for the sake of it; **~ POR algo** to complain ABOUT sth

alegata *f* (Méx) argument

alegato *m* 1 (exposición) statement, declaration; **el discurso fue un ~ contra el racismo** the speech denounced racism; **un ~ a favor de algn/algo** a plea on behalf of sb/sth 2 (Der) (escrito) submission; (en primera instancia) (Méx) summing-up; (en segunda instancia) (Chi) speech (*in appeal court*) 3 (Andes) (discusión) argument

alegoría *f* allegory

alegórico -ca *adj* allegorical

alegrar [A1] *vt* 1 (hacer feliz) ‹*persona*› to make ... happy; **los nietos ~on su vejez** his grandchildren brought happiness to his old age; **me alegra saberlo** I'm glad *o* pleased to hear it 2 (animar) ‹*persona*› to cheer up; ‹*fiesta*› to liven up; **¡alegra esa cara!** cheer up!; **unas flores ~ían la habitación** some flowers would brighten up the room 3 (Taur) to excite

■ **alegrarse** *v pron* 1 (ponerse feliz, contento): **me alegro mucho por ti** I'm really happy for you; **se alegró muchísimo cuando lo vio** she was really happy when she saw him; **¡cuánto me alegro!** I'm so happy *o* pleased!; **está mucho mejor — me alegro** she's much better — I'm glad (to hear that); **~se CON algo** to be glad *o* pleased ABOUT sth; **se alegró mucho con la noticia** she was very pleased to hear the news; **~se DE + INF** to be pleased to + INF; **me alegro de verte** it's good *o* nice to see you; **¿no te alegras de haber venido?** aren't you glad *o* pleased you came?; **me alegro de que todo haya salido bien** I'm glad *o* pleased that everything went well 2 (animarse) to cheer up 3 (por el alcohol) to get tipsy (colloq)

alegre *adj* 1 ‹*persona/carácter*› happy, cheerful; ‹*color*› bright; ‹*fiesta/música*› lively; **su habitación es muy ~** her room is nice and bright; **es muy ~** she's very cheerful, she's a very happy girl; **se puso muy ~ con la noticia** the news made him very happy 2 [ESTAR] (por el alcohol) tipsy (colloq)

alegremente *adv* 1 (con alegría) cheerfully, happily 2 (con ligereza) blithely, gaily

alegría *f* (dicha, felicidad) happiness, joy; **¡qué ~ verte!** it's great to see you!; **qué ~ me das con esa noticia** that news has really made my day; **para gran ~ nuestra** to our great delight; **saltar de ~** to jump for joy

(Compuesto) **alegría de vivir** joie de vivre

alegrón *m* (fam) thrill (colloq)

alejado -da *adj* 1 ‹*lugar*› remote; **su casa está algo alejada** her house is a little out of the way *o* remote 2 (distanciado) ‹*persona*› **~ DE algo/algn: hace tiempo que está ~ de la política** he's been away from *o* out of politics for some time; **está ~ de su familia** he's estranged from his family

alejamiento *m* 1 (de lugar, cargo): **su ~ del cargo** his removal from the post; **un ~ temporal** a short absence 2 (entre personas — físico) separation; (— emocional) rift; **el ~ entre los dos se profundizó** the rift between them deepened

alejandrino *m* alexandrine

alejar [A1] *vt* 1 (poner lejos, más lejos) to move ... (further) away from; **~ algo/a algn DE algo/algn** to move sth/sb away from sth/sb; **aleja la ropa/al niño del fuego** move the clothes/child away from the fire 2 (distanciar) **~ a algn DE algn** to distance sb FROM sb; **aquella discusión lo alejó de su padre** that quarrel distanced him from his father 3 (ahuyenta) ‹*dudas/temores*› to dispel

■ **alejarse** *v pron* to move away; (caminando) to walk away; **~se DE algo/algn: ¡aléjate de allí!** get away from there!; **no se alejen demasiado** don't go too far; **el huracán se aleja de nuestra zona** the hurricane is moving away from our region; **nada hará que me aleje de ti** nothing will take me away from you; **~se del buen camino** to wander from the straight and narrow; **se alejó de sus padres** he drifted apart from his parents; **necesito ~me de todo** I need to get away from everything

alelado -da *adj* 1 (fascinado, absorto) spellbound, transfixed 2 (atontado) dazed 3 (fam) (sorprendido) speechless, amazed

alelar [A1] *vt* (dejar estupefacto) to overwhelm, stupefy; (dejar confuso) to bewilder

■ **alelarse** *v pron* (quedar estupefacto) to be overwhelmed, be stupefied; (quedar confuso) to be bewildered

alelí *m* wallflower

aleluya[1] *m* (Mús) hallelujah, alleluia

aleluya[2] *interj* hallelujah!

alemán[1] -mana *adj/m,f* German

alemán[2] *m* (idioma) German

Alemania *f* Germany

(Compuestos)

- **Alemania Occidental** *or* **Federal** (Hist) West Germany
- **Alemania Oriental** *or* **del Este** (Hist) East Germany

alentado -da *adj* (AmL fam) (con buena salud): **se ve de lo más ~** he looks a lot better

alentador -dora *adj* encouraging

alentar [A5] *vt* 1 (dar ánimo) to encourage; (con gritos, aplausos) to cheer ... on 2 ‹*esperanza/ilusión*› to cherish

■ **alentar** *vi* (liter) (respirar) to breathe

■ **alentarse** *v pron* (AmS fam) (mejorarse) to get better

alerce *m* larch

alergia *f* allergy; **le produce ~** she's allergic to it; **~s alimentarias** food allergies; **~ A algo** allergy TO sth; **tiene ~ a la penicilina** he's allergic to penicillin

alérgico -ca *adj* 1 [SER] ‹*persona*› allergic; **~ A algo** allergic TO sth 2 ‹*afección/reacción*› allergic

alero *m* 1 (de tejado) eaves (*pl*); ***estar en el ~*** to be up in the air 2 (Dep) winger 3 (Chi) (amparo) protection

alerón *m* aileron

alerta[1] *adj or adj inv* alert; **estar ~(s)** (tener cuidado) to be alert; (estar en guardia) to be on the alert; **mantener el ojo/el oído ~** to keep watch/keep one's ears open

alerta[2] *adv* on the alert

alerta[3] *f* alert; **dar la (voz de) ~** to raise the alarm; **poner a algn en ~** to alert sb; **en estado de ~** on alert

(Compuesto) **alerta roja** red alert

alertar [A1] *vt* **~ a algn DE algo** to alert sb TO sth; **nos alertó del peligro** he alerted us to the danger

aleta *f* 1 (de pez) fin; (de foca) flipper 2 (para natación) flipper 3 (de la nariz) wing 4 (de flecha) flight; (de hélice) blade 5 (Auto) quarter panel (AmE), wing (BrE)

aletargado -da *adj* lethargic, drowsy

aletargamiento *m* (apatía) lethargy; (somnolencia) drowsiness

aletargar [A3] *vt* ‹*persona*› to make ... feel lethargic *o* drowsy

■ **aletargarse** *v pron* to feel lethargic *o* drowsy

aletazo *m* 1 (de ave) flap (of the wing); **dando ~s** flapping *o* beating its wings 2 (de pez) movement of the fin

aletear [A1] *vi* «*pájaro/gallina*» to flap its wings; «*mariposa*» to flutter its wings

aleteo *m*: **el ~ de las palomas** the flapping of the pigeons' wings; **el ~ de las mariposas** the fluttering of butterflies' wings

alevín, alevino *m*

A (Zool) fry, young fish

B (principiante) beginner; (Dep) junior

alevosía *f* (traición) treachery; (premeditacion) premeditation, malice aforethought

alevoso -sa *adj* 1 (Der) premeditated 2 (Col fam) (arrogante) cocky (colloq)

alfa *f*‡ alpha

alfabéticamente *adv* alphabetically

alfabético -ca *adj* alphabetical

alfabetización *f* teaching of basic literacy; **campaña de ~** literacy campaign

alfabetizar [A4] *vt* 1 (Educ) to teach ... to read and write 2 ‹*sistema/fichero*› to put ... in alphabetical order, to alphabetize (frml)

alfabeto *m* alphabet; **en el ~ Morse** in Morse (code); **el ~ de los sordomudos** sign language

alfajor *m*: *type of candy or cake varying from region to region*

alfalfa *f* alfalfa, lucerne (BrE)

alfandoque *m* (Col, Per) caramel bar

alfanje *m* scimitar

alfaque *m* sandbank, sandbar

alfar *m* (taller) pottery; (arcilla) clay

alfarería *f* pottery

alfarero -ra *m,f* potter

alféizar *m* sill; **el ~ de la ventana** the windowsill

alfeñique *m* (fam) (persona) wimp (colloq)

alférez *m* second lieutenant

alfil *m* bishop

alfiler *m* (en costura) pin; (broche) brooch, pin; ***no caber ni un ~***: **no cabía ni un ~ en la sala** the hall was filled to bursting; ***prendido con ~es*** ‹*teoría*› shaky

(Compuestos)

- **alfiler de corbata** tiepin
- **alfiler de gancho** (CS, Ven) safety pin
- **alfiler de nodriza** (Col) safety pin

alfiletero *m* (estuche) needlecase; (almohadilla) pincushion

alfombra *f*

A (suelta) rug; (más grande) carpet; **~ de pie de cama** bedside rug

(Compuesto) **alfombra mágica** magic carpet

B (AmL) (de pared a pared) carpet

C ▸ **alfombrilla A**

alfombrado[1] **-da** *adj* carpeted; **estaba totalmente alfombrada** it was fully carpeted *o* had wall-to-wall carpeting throughout

alfombrado[2] *m* carpeting; **con un suntuoso ~** with luxurious carpeting

alfombrar [A1] *vt* to carpet

alfombrilla *f*

A (de coche) mat; (de baño) bath mat

B (Med) *type of measles*

alforja *f* (para caballerías) saddlebag; (sobre el hombro) knapsack

alga *f*‡ (en el mar) seaweed; (en agua dulce) weed, waterweed; (nombre genérico) alga

algarabía *f* (alboroto, regocijo) rejoicing, jubilation

algarada *f* brawl, commotion

algarroba *f* carob (bean)

algarrobo *m* carob (tree)

algazara *f* rejoicing, jubilation

álgebra *f*‡ algebra

algebraico -ca *adj* algebraic

álgido -da *adj*

A ‹*punto/momento*› culminating (*before n*), decisive

B ‹*clima*› icy; ‹*temperatura*› freezing

algo[1] *pron* 1 something; (en frases interrogativas, condicionales, etc) anything; (esperando respuesta afirmativa) something; **quiero decirte ~** I want to tell you something; **si llegara a pasarle ~** if anything happened to her; **¿quieres ~ de beber?** do you want something *o* anything to drink?; **por ~ será** there must be some *o* a reason; **le va a dar ~** he'll have a fit; **~ así** something like that; **~ es ~** it's better than nothing; **eso ya es ~** at least that's something; **sé ~ de francés** I know some French; **¿queda ~ de pan?** is there any bread left?; **hay ~ de cierto en eso** there's some truth in that 2 (en aproximaciones): **serán las once y ~** it must be some time after eleven; **pesa tres kilos y ~** it weighs three kilos and a bit; **es enfermera o ~ así** she's a nurse or something like that; **tendrá ~ así como 30 años** she must be about 30

algo[2] *adv* a little, slightly; **son ~ parecidos** they're somewhat similar; **¿te duele? — algo** does it hurt? — a little *o* a bit

algo[3] *m*

A 1 **un ~** (un no sé qué) something; **si no llega pronto me va a dar ~** if he doesn't turn up soon, I'll go mad; **tiene un ~ que me recuerda a su madre** she has something of her mother about her 2 (un poco): **hay un ~ de verdad en eso** there is some truth in that

B (Col) (merienda) mid-afternoon snack

algodón *m*

A (Bot) cotton; (tela) cotton

B (Farm) 1 (material) *tb* **~ hidrófilo** cotton (AmE), cotton wool (BrE) 2 (trozo) piece of cotton (AmE), piece of cotton wool (BrE); ***entre algodones***: **vivía/lo criaron entre algodones** he was pampered

(Compuestos)

- **algodón de azúcar** cotton candy (AmE), candy floss (BrE)
- **algodón en rama** raw cotton

algodonal, algodonar *m* cotton field

algodonero[1] **-ra** *adj* cotton (*before n*)

algodonero[2] **-ra** *m,f* 1 (agricultor) cotton planter *o* farmer; (vendedor) cotton dealer 2 **algodonero** *m* cotton plant

alguacil -cila *m,f*

A 1 (agente de autoridad) sheriff 2 (de tribunal de justicia) bailiff (AmE), constable (BrE) 3 (Taur) *person responsible for opening the bull pen at the beginning of a bullfight*

B **alguacil** *m* 1 (araña) jumping spider 2 (RPl) (libélula) dragonfly

alguien *pron* somebody, someone; (en frases interrogativas, condicionales, etc) anybody, anyone; (esperando respuesta afirmativa) somebody, someone; ~ **con experiencia** somebody *o* someone with experience; **¿ha llamado ~?** has anybody *o* anyone called?; **si ~ preguntara** if anybody *o* anyone should ask; **¿cómo llegaste? ¿te trajo ~?** how did you get here? did somebody *o* someone bring you?

algún *adj: apocopated form of* **alguno** *used before masculine singular nouns*

alguno¹ -na *adj*

A (*delante del n*) **1** (indicando uno indeterminado) some; **algún día** some *o* one day; **en algún lugar** somewhere **2** (*en frases interrogativas, condicionales, etc*) any; **¿tocas algún instrumento?** do you play any instruments?; **si tienes algún problema** if there's any problem, if you have any problems; **¿te dio algún recado para mí?** did she give you a message for me? **3** (indicando cantidad indeterminada): **esto tiene alguna importancia** this is of some importance; **hace ~s años** some years ago *o* a few years ago; **me quedan tres tazas y algún plato** I have three cups and one or two plates; **algún** *or* **alguno que otro/alguna que otra**: **escribió algún que otro artículo** he wrote one or two articles; **algún** *or* **~ que otro lujo** the odd luxury; **he ido alguna que otra vez** I've been once or twice; **alguna que otra vez vamos al cine** we go to the cinema now and then

B (*detrás del n*) (con valor negativo): **esto no lo afectará en modo ~** this won't affect it in the slightest *o* at all

alguno² -na *pron* **1** (cosa, persona indeterminada) one: **~ de nosotros** one of us; **siempre hay ~ que no está conforme** there's always someone who doesn't agree; **en alguna de esas revistas** in one of those magazines **2** (en frases interrogativas, condicionales, etc): **buscaba una guía ¿tiene alguna?** I was looking for a guide, do you have one *o* any?; **si tuviera ~** if I had one **3** (una cantidad indeterminada — de personas) some people; (— de cosas) some; **~s creen que fue así** some (people) believe that was the case; **he visto alguna** *or* **algunas** I've seen some

alhaja *f* **1** (joya) piece of jewelry*; **iba cargada de ~s** she was laden with jewelry **2** (persona) gem, treasure

alhajar [A1] *vt* **1** ‹*persona*› to adorn (*with jewels*) **2** (CS) ‹*casa*› to decorate

■ **alhajarse** *v pron* (*refl*) to deck oneself out with jewels

alhajero *m*, **alhajera** *f* (AmL) jewel case

alharaca *f*, (Col) **alharaco** *m* fuss; **hacer ~s** to make a fuss

alharaquiento -ta *adj* melodramatic

alhelí *m* wallflower

alheña *f* privet

alhucema *f* lavender

aliado¹ -da *adj* allied

aliado² -da *m,f* (Hist, Pol) ally; **los A~s** the Allies

aliancismo *m* pro-alliance *o* pro-coalition stance

aliancista *adj* pro-alliance, pro-coalition

alianza *f*

A (pacto, unión) alliance

(Compuestos)

- **Alianza Atlántica**: **la ~ ~** the Atlantic Alliance, NATO
- **alianza matrimonial** (frml) holy matrimony (frml)

B (anillo) wedding ring

aliar [A17] *vt* to ally

■ **aliarse** *v pron* to join forces; **~se CON algn** to form an alliance WITH sb, ally oneself WITH sb

alias¹ *adv* alias; **Juan Pérez, ~ 'el Rubio'** Juan Pérez alias 'el Rubio'

alias² *m* (*pl* ~) alias

alicaído -da *adj* low, down in the dumps (colloq)

alicatar [A1] *vt* (Esp) to tile

alicate *m*, **alicates** *mpl* (Tec) pliers (*pl*); (para uñas) nail clippers (*pl*); (para cutícula) cuticle clippers (*pl*)

aliciente *m* incentive; **no ven ~ en los estudios** they have no incentive to study; **volver a su pueblo no tiene ningún ~ para ella** going back to her village holds no attraction for her

alienación *f* (Der, Psic, Sociol) alienation

(Compuesto) **alienación mental** insanity

alienado¹ -da *adj* (Psic, Sociol) alienated

alienado² -da *m,f tb* **~ mental** mentally-ill person

alienador -dora, **alienante** *adj* alienating, dehumanizing

alienar [A1] *vt* (Der, Psic, Sociol) to alienate

alienígena *mf* alien

aliento *m*

A **1** (respiración, aire) breath; **sin ~** out of breath, breathless; **le faltaba el ~** he was out of breath *o* short of breath; **recuperar el ~** to get one's breath back **2** (aire espirado) breath; **mal ~** bad breath; **le huele el ~** his breath smells **3** (inspiración) inspiration; **cuentos de ~ gótico** tales with a Gothic flavor

B (ánimo, valor): **dar ~ a algn** to encourage sb; **aquello me dió ~ para seguir adelante** that gave me the strength to carry on

aligerar [A1] *vt* **1** ‹*carga*› to lighten; **lo hizo para ~ su conciencia** he did it to ease his conscience; **~ a algn DE algo** to relieve sb OF sth **2** (acelerar): **~ el paso** to quicken one's pace

■ **aligerarse** *v pron* **~se DE algo**: **se aligeró de la capa** he removed his cape; **~se de una carga** to get rid of a burden

alijo *m* (de contrabando) consignment; **un importante ~ de armas** a sizable arms cache; **un ~ de hachís** a consignment of hashish

alimaña *f* pest; **~s** vermin

alimentación *f*

A **1** (nutrición, comida) diet; **una ~ rica en proteínas** a protein-rich diet; **la ~ integral va ganando adeptos** health food *o* wholefood is growing in popularity **2** (acción): **atender a la ~ de la población** to provide food for the population; **pastos para la ~ de los animales** pastures for grazing the animals

B (de máquina, motor) fuel supply

alimentador *m* feeder

alimentar [A1] *vt*

A (nutrir) ‹*persona/animal*› to feed; **los alimentan con piensos** they are fed on pellets; **estas tierras ~on a mi familia** my family lived off this land

B ‹*ilusión/esperanza*› to nurture, cherish; ‹*ego*› to boost; **~ el odio entre dos países** to fuel the hatred between two countries

C ‹*máquina/motor*› to feed; ‹*caldera*› to stoke; **algodón para ~ la industria textil** cotton to supply the textile industry

■ **alimentar** *vi* to be nourishing

■ **alimentarse** *v pron* ‹*persona/animal*› to feed oneself; **no se alimenta bien** he doesn't eat right (AmE) *o* (BrE) properly; **~se CON** *or* **DE algo** to live ON sth

alimenticio -cia, **alimentario -ria** *adj* **1** ‹*industria*› food (*before n*); **productos ~s** foodstuffs; **hábitos ~s** eating habits **2** (nutritivo) ‹*valor*› nutritional; ‹*comida/plato*› nutritious, nourishing

alimento *m*

A (frml) (comida) food; **la leche es un ~ completo** milk is a complete food; **como ~ es pobre** it has little nutritional value

(Compuesto) **alimento chatarra** (Méx) junk food

B (valor nutritivo): **no tiene ~ ninguno** it has no nutritional value; **de mucho ~** very nutritious

alineación *f*

A (Dep) (de equipo) lineup; (de jugador) selection

B (Pol) alignment; **política de no ~** policy of nonalignment

C (Tec) alignment

D (puesta en fila) lining up

alineamiento *m* (Pol) alignment

alinear [A1] *vt*

A ‹*equipo/jugador*› to select, pick

B (poner en fila, línea) to line up

C (Tec) to align, line up

■ **alinearse** *v pron* **1** «*tropa*» to fall in; «*niños/presos*» to line up **2** (Pol, Rels Labs) **~se CON algo/algn** to align oneself WITH sth/sb; **países no alineados** nonaligned countries

aliñar [A1] *vt* ‹*ensalada*› to dress; ‹*carne/pescado*› to season

aliño *m* (para ensalada) dressing; (para otros alimentos) seasoning

alioli *m* (mayonesa) garlic mayonnaise; (salsa) garlic and olive oil vinaigrette

alirón *m/interj*: *soccer fans' victory chant*

alisar [A1] *vt* ‹*colcha/papel*› to smooth out; ‹*pared/superficie*› to smooth down

■ **alisarse** *v pron* (*refl*) 1 ‹*vestido/falda*› to smooth out 2 ‹*pelo*› (con la mano) to smooth down; (quitar los rizos) to straighten

alisios *mpl* trade winds

aliso *m* alder (tree)

alistamiento *m* (acción) enlistment, recruitment; (soldados alistados) call-up, draft (AmE)

alistarse [A1] *v pron* 1 (Mil) to enlist, join up; **~ en la marina/el ejército** to join the navy/the army 2 (AmL) (prepararse) to get ready

alita *f*
A (para nadar) water wing, armband
B (niña) Brownie

aliteración *f* alliteration

aliterar [A1] *vi* to alliterate

aliviadero *m* spillway, overflow channel

aliviar [A1] *vt*
A ‹*dolor*› to relieve, soothe; ‹*síntomas*› to relieve; ‹*tristeza/pena*› to alleviate; **esta medicina te ~á** this medicine will make you feel better
B (fam) (robar) **~le algo A algn** to relieve sb OF sth (hum), to lift sth FROM sb (colloq); **le ~on la cartera** someone relieved him of his wallet

■ **aliviarse** *v pron*
A 1 «*dolor*» to let up 2 «*persona*» to get better
B (Méx fam & euf) (parir): **¿cuándo te aliviaste?** when was the happy event? (colloq & euph)

alivio *m*
A (del dolor, síntoma) relief
B (de problema, preocupación) relief; **¡qué ~!** what a relief!; **sintió un gran ~** it was a great relief to him *o* he felt a great sense of relief

aljama *f* 1 (barrio — de moros) Moorish quarter; (— de judíos) Jewish quarter 2 (mezquita) mosque; (sinagoga) synagogue 3 (reunión) gathering (*of Moors or Jews*)

aljibe *m*
A (pozo) well; (depósito de agua) cistern, tank
B (Per) (cárcel) dungeon

aljófar *m* seed pearl; **~ de rocío** (liter) dewdrop

allá *adv*
A 1 (en el espacio): **ya vamos para ~** we're on our way (over); **~ en América** over in America; **esa silla está muy ~** that chair's a long way off *o* away; **lo pusiste muy ~** you've put it too far away; **¡~ voy!** here I come/go! 2 (*en locs*) **más allá** further away; **más allá de** (más lejos que) beyond; (aparte de) over and above; **más ~ del peligro que encierra** over and above the danger it entails; **~ *tú/él*** that's your/his lookout *o* problem (colloq); ***no estar muy ~*** (Esp fam): **no está muy ~** it's nothing to write home about (colloq)
B (en el tiempo): **~ por los años 40** back in the forties; **~ para enero** sometime in January

allanamiento *m* 1 (AmL) (con autorización judicial) raid; **orden de ~** search warrant 2 (Esp, Méx) (sin autorización judicial) breaking and entering

allanar [A1] *vt*
A 1 (AmL) «*autoridad/policía*» to raid 2 (Esp, Méx) «*delincuente*» to break into
B ‹*problemas*› to solve, resolve; ‹*obstáculo*› to remove, overcome; ‹*terreno*› to level out; ***~(le) el terreno a algn*** to smooth the way *o* path for sb

■ **allanarse** *v pron* **~se A algo** to agree TO sth, agree to accept sth

allegado[1] -da *adj* 1 (próximo) close; **fuentes allegadas a la presidencia** (period) sources close to the President; **mis amigos y parientes más ~s** my close family and friends 2 (Chi) (huésped): **está ~ en mi casa** he's staying with me

allegado[2] -da *m,f* 1 (amigo, pariente): **los ~s del difunto** those closest to the deceased; **un ~ de la familia** a close friend of the family 2 (Chi) (huésped): **tiene ~s en su casa** he has people staying with him; **vive de ~ en mi casa** I'm putting him up

allegar [A3] *vt* ‹*medios/recursos*› to gather together; ‹*datos*› to collect, gather

allegro /a'levro/ *m* allegro

allende *prep* (liter) beyond; **~ los mares** overseas

allí *adv*
A (en el espacio) there; **siéntate ~** sit there; **~ arriba/dentro** up/in there; **~ donde estés/vayas** wherever you are/go
B (en el tiempo): **~ es cuando empezaron los problemas** that's when the problems started

alma *f‡*
A (espíritu) soul; **tiene ~ de poeta** she has the soul of a poet; **tener ~ de niño** to be a child at heart; **~ mía** *or* **mi ~** (*como apelativo*) my love; ***clavársele en el ~ a algn***: **lo que me dijo se me clavó en el ~** I've never forgotten what he said; **lleva clavada en el ~ esa traición** he's never got(ten) over that betrayal; ***como (un) ~ en pena*** like a lost soul; ***con el ~ en un hilo*** worried to death; ***con toda el*** *or* ***mi/tu/su ~*** with all my/your/his/ heart; **lo odiaba con toda su ~** she hated him intensely; ***del ~***: **su amigo del ~** his bosom friend; ***de mi ~***: **¡hija de mi ~!** my darling!; ***en el ~***: **lo siento en el ~** I'm really *o* terribly sorry; **me duele** *or* **pesa en el ~** it hurts me deeply; **te lo agradezco en el ~** I can't tell you how grateful I am; ***hasta el ~*** (fam): **me dolió hasta el ~** it was excruciatingly painful; **se le vio hasta el ~** she bared her all (colloq); ***llegarle a algn al ~***: **aquellas palabras me llegaron al ~** (me conmovieron) I was deeply touched by those words; (me dolieron) I was deeply hurt by those words; ***me/le parte el ~*** it breaks my/his heart; ***no poder con su ~*** to be tired out; ***romperle el ~ a algn*** (fam) to beat the living daylights out of sb (colloq); ***romperse el ~*** (fam) to break one's neck (colloq); ***salir/ir como ~ que lleva el diablo*** to run like a bat out of hell; ***salirle a algn del ~***: **siento habérselo dicho pero me salió del ~** I'm sorry I said that, it just came out; **el suspiro le salió del ~** she sighed deeply; ***se me/le cayó*** *or* ***fue el ~ a los pies*** my/his heart sank; ***venderle el ~ al diablo*** to sell one's soul (to the Devil)
B 1 (persona) soul; **no hay un ~ por la calle** there isn't a soul on the streets; ***ni un ~ viviente*** not a living soul; ***ser ~s gemelas*** to be soul mates; ***ser un ~ bendita*** *or* ***de Dios*** to be a kind soul 2 (centro, fuerza vital): **el ~ de la fiesta** the life and soul of the party; **el ~ del movimiento nacionalista** the key figure in the nationalist movement
C (ánimo) feeling

almacén *m* 1 (depósito) warehouse 2 (CS) (de comestibles) grocery store (AmE), grocer's (shop) (BrE) 3 (AmC, Col, Ven) (de ropa, etc) store (AmE), shop (BrE) 4 (de mayorista) wholesaler's 5 **almacenes** *mpl* department store

almacenaje, almacenamiento *m* storage; **~ de datos** data storage, storage; **hicieron un buen ~ de provisiones** they built up a good stock of provisions

almacenar [A1] *vt* ‹*mercancías/datos*› to store; **tenían almacenadas enormes cantidades de armas** they had huge stockpiles of weapons

almacenero -ra *m,f* (CS) grocer

almacenista *mf* wholesaler

almácigo *m* (semillero) seedbed

almádena *f* sledgehammer

alma-máter *f‡* 1 (centro, fuerza vital) driving force; **el ~ del programa** the driving force behind the program 2 (universidad): **el ~** one's alma-mater

almanaque *m* (calendario — de escritorio) almanac, desk calendar; (— de pared) calendar

almeja *f* clam

almena *f* merlon; **~s** battlements

almendra *f*
A (fruta) almond
B (centro) kernel

almendrado -da *adj* almond-shaped; **de ojos ~s** almond-eyed

almendro *m* almond tree

almiar *m* haystack

almíbar *m* syrup

a

almibarado -da *adj* ‹*tono de voz*› sugary; ‹*palabras*› honeyed

almibarar [A1] *vt* ‹*fruta*› to preserve … in syrup; ‹*pastel*› to soak … in syrup

almidón *m* starch

almidonado -da *adj* (fam) ‹*persona*› (estirado) stuffy (colloq); (demasiado acicalado): **van siempre tan ~s** they are always dressed so neat and tidy

almidonar [A1] *vt* to starch

alminar *m* minaret

almirantazgo *m* (cargo) admiralship

almirante *m* admiral

almirez *m* mortar

almizcle *m* musk

almizclera *f* muskrat

almizclero *m* musk deer

almohada *f* pillow; ***consultarlo con la ~*** to sleep on it

almohadilla *f*

A (para alfileres) pincushion; (para entintar) ink pad; (para sellos) damper

B (para sentarse) cushion; (en béisbol) bag

almohadón *m* (cuadrado, redondo) cushion; (cilíndrico) bolster; (en la iglesia) kneeler

almoneda *f* (subasta) auction; (liquidación) clearance sale

almorranas *fpl* (fam) piles (*pl*)

almorzar [A11] *vi* 1 (a mediodía) to have lunch 2 (en algunas regiones) (a media mañana) to have a mid-morning snack

■ **almorzar** *vt* 1 (a mediodía) to have … for lunch 2 (en algunas regiones) (a media mañana) to have … mid-morning

almuecín, almuédano *m* muezzin

almuerza, almuerzas, etc *see* **almorzar**

almuerzo *m* 1 (a mediodía) lunch 2 (en algunas regiones) (a media mañana) mid-morning snack

aló *interj* (Andes, Ven) (al contestar el teléfono) hello?

alocado¹ -da *adj* (irresponsable, imprudente) crazy, wild; (irreflexivo, impetuoso) rash, impetuous; (despistado) scatterbrained

alocado² -da *m,f* (imprudente) crazy *o* reckless fool; (irreflexivo) rash fool; (despistado) scatterbrain

alocución *f* (frml) address (frml); **la ~ papal** the papal address

áloe, aloe *m* (planta) aloe; (sustancia) aloes

alojado -da *m,f* (Chi) guest; **pieza de ~s** guestroom

alojamiento *m* accommodations (*pl*) (AmE), accommodation (BrE); **nos dio ~** he put us up

alojar [A1] *vt*

A 1 (en hotel): **los hemos alojado en el hotel Plaza** we've booked them into the Plaza Hotel; **el hotel en el que estaban alojados** the hotel where they were staying 2 (en casa particular) to put … up

B (albergar) ‹*evacuados/refugiados*› to house; **la residencia aloja a 70 estudiantes** the hostel houses 70 students

■ **alojarse** *v pron* 1 (hospedarse) to stay 2 «*proyectil/bala*» to lodge

alón *m* wing

alondra *f* lark

alopecia *f* alopecia

alpaca *f*

A (Zool, Tex) alpaca; **lana de ~** alpaca (wool)

B (Metal) nickel silver, German silver

alpargata *f* espadrille

alpargatería *f* shoe store (*selling espadrilles*)

Alpes *mpl*: **los ~** the Alps

alpestre *adj* alpine

alpinismo *m* mountaineering, (mountain) climbing

alpinista *mf* mountaineer, (mountain) climber

alpino -na *adj* Alpine

alpiste *m*

A (semillas) birdseed

B (RPl fam) (bebida) booze (colloq)

alquería *f* (Esp) (granja) farm; (casa) farmhouse

alquilar [A1] *vt*

A (dar en alquiler) ‹*casa/local*› to rent (out), let; ‹*televisor*› to rent; ‹*coche/bicicleta*› to rent (out) (AmE), to hire out (BrE); **Ⓢ se alquilan esquís** skis for rent (AmE) *o* (BrE) hire

B (tomar en alquiler) ‹*casa/local/televisor*› to rent; ‹*coche/bicicleta/disfraz*› to rent (AmE), to hire (BrE)

alquiler *m* 1 (precio): **el ~ del apartamento** the rent on the apartment; **el ~ del televisor** the television rental 2 (acción de alquilar — una casa) renting, letting (BrE); (— un televisor) rental; (— un coche, disfraz) rental (AmE), hire (BrE); **se dedica al ~ de coches** he's in the car-rental (AmE) *o* (BrE) car-hire business; **contrato de ~** tenancy agreement; **tiene varios apartamentos de ~** she has several apartments that she rents out; **coches de ~** rental (AmE) *o* (BrE) hire cars

alquimia *f* alchemy

alquimista *mf* alchemist

alquitrán *m* tar

alquitranado *m* (acción) tarring; (superficie) tarmac

alquitranar [A1] *vt* to tar

alrededor *adv*

A (en torno) around; **a mi/tu/su ~** around me/you/him

B **alrededor de** (*loc prep*) (en torno a) around; (aproximadamente) around, about

alrededores *mpl* 1 (de ciudad — barrios periféricos, afueras) outskirts (*pl*); (— otras localidades): **Madrid y sus ~** Madrid and its surroundings 2 (de edificio, calle) surrounding area; **la policía está rastreando los ~** the police are combing the surrounding area; **en los ~ de la iglesia** in the area around the church

alsaciano -na *adj/m,f* Alsatian

alta *f*‡

A (Med) discharge; **dar el ~ a** *or* **dar de ~ a un enfermo** to discharge a patient

B 1 (Fisco, Servs Socs): **los dieron de ~ en la Seguridad Social** they registered them with Social Security 2 (Esp) (ingreso) membership; **causar ~ en el ejército** to enlist in the army; **hubo muchas ~s en noviembre** a lot of new members joined in November

altanería *f*

A (arrogancia) arrogance; **con ~** arrogantly

B (arc) (cetrería) falconry

altanero -ra *adj* arrogant, haughty

altar *m* altar; **la llevó al ~** he made her his wife

(Compuesto) **altar mayor** high altar

altavoz *m* (Audio) loudspeaker; (megáfono) megaphone

alterabilidad *f* (de material) instability; (de alimento, medicina) perishability; (de colorido) tendency to discolor* *o* fade

alterable *adj* volatile

alteración *f*

A 1 (de plan, texto) change, alteration 2 (de hechos, verdad) distortion

B (del orden, de la paz) disturbance; (agitación) agitation

(Compuesto) **alteración del orden público** breach of the peace

alterado -da *adj* [ESTAR] ‹*persona*› upset; **con la voz alterada por la emoción** in a voice shaking *o* faltering with emotion

alterar [A1] *vt*

A 1 ‹*plan/texto*› to change, alter 2 ‹*hechos/verdad*› to distort; **el sentido de mis palabras fue alterado** what I said was misinterpreted *o* misrepresented 3 ‹*alimento*› to make … go off, turn … bad; **la exposición al sol puede ~ el color** exposure to the sun can affect the color

B (perturbar) 1 ‹*paz*› to disturb; **~ el orden público** to cause a breach of the peace 2 ‹*persona*› to upset; **la noticia lo alteró visiblemente** he was visibly shaken by the news

■ **alterarse** *v pron*

A «*alimentos*» to go off, go bad

B «*pulso/respiración*» to become irregular; **con la emoción se le alteró la voz** her voice shook with emotion

C «*persona*» to get upset

altercado *m* argument; **tener un ~ con algn** to have an argument with sb

álter ego *m* alter ego

alternador *m* alternator

alternancia *f* alternation; **~ de cultivos** crop rotation

alternar [A1] *vt* ~ **algo con algo** to alternate sth WITH sth; **alternamos la gimnasia con el tenis** we alternate gymnastics with tennis; **alternan la cebada con la remolacha** they rotate crops of barley and beet
■ **alternar** *vi*
A (turnar, cambiar) to alternate; **alternaba entre la euforia y la depresión** he alternated between euphoria and depression; ~ **con algo** to alternate WITH sth; **los robles alternan con los olmos** oak trees alternate with elms
B «*persona*»: **alterna en círculos artísticos** he moves in artistic circles; ~ **con algn** to mix WITH sb
■ **alternarse** *v pron* to take turns

alternativa *f*
A (opción) alternative; **no tienes** ~ you have no choice *o* alternative; **la** ~ **es clara** the choice is clear
B (Taur) *ceremony in which a* **novillero** *becomes a fully-fledged bullfighter*; **tomar la** ~ to become a fully-fledged bullfighter
C **alternativas** *fpl*: **siguió con interés las** ~**s del campeonato** she followed the ups and downs of the championship with interest

alternativamente *adv* (con alternancia) alternately; (*indep*) alternatively

alternativo -va *adj* **1** ‹*medicina/prensa/música*› alternative **2** (en alternancia) in rotation; **cultivos** ~**s** crops in rotation

alterne *m* (Esp): **chica de** ~ hostess; **bar de** ~ hostess bar; **vive del** ~ she makes a living as a hostess

alterno -na *adj*
A ‹*ángulos/hojas*› alternate; **sólo trabaja (en) días** ~**s** she only works alternate days; ▸**corriente²D**
B (Col) **1** ‹*director*› acting (*before n*) **2** ‹*sala*›: **en la sala alterna del museo** in the museum annex

alteza *f*
A (liter) (de sentimientos, pensamientos) nobility, nobleness
B **Alteza** (tratamiento) Highness; **sí, (su) A**~ yes, your Highness; **su A**~ **real** His/Her/Your Royal Highness

altibajos *mpl* **1** (cambios bruscos) ups and downs (*pl*) **2** (del terreno) undulations (*pl*)

altillo *m* (desván) attic; (en habitación) (sleeping) loft

altilocuencia *f* grandiloquence

altilocuente *adj* grandiloquent

altímetro *m* altimeter

altiplanicie *f*, **altiplano** *m* high plateau, high plain; **el altiplano boliviano** the Bolivian altiplano

altiro *adv* (Chi fam) right away, immediately; ~ **vengo** I'll be right back

altísimo *m*: **el A**~ the Most High, the Almighty

altisonante *adj* highflown

altitud *f* altitude; **a 300m de** ~ **sobre el nivel del mar** 300m above sea level

altivez *f* (arrogancia) arrogance, haughtiness; (dignidad, orgullo) pride

altivo -va *adj* (arrogante) arrogant, haughty; (noble, orgulloso) proud

alto¹ -ta *adj*
A **1** [SER] ‹*persona/edificio/árbol*› tall; ‹*pared/montaña*› high; **zapatos de tacones** ~**s** *or* (AmS) **de taco** ~ high-heeled shoes; **una blusa de cuello** ~ a high-necked blouse **2** [ESTAR]: **¡qué** ~ **estás!** haven't you grown!; **está tan alta como yo** she's as tall as me now
B (indicando posición, nivel) **1** [SER] high; **los techos eran muy** ~**s** the rooms had very high ceilings; **un vestido de talle** ~ a high-waisted dress **2** [ESTAR]: **el río está muy** ~ the river is very high; **la marea está alta** it's high tide, the tide's in; **los pisos más** ~**s** the top floors; **salgan con los brazos en** ~ come out with your hands in the air; **eso dejó en** ~ **su buen nombre** (CS) that really boosted his reputation; **están con la moral bastante alta** they are in pretty high spirits; **mantener** ~ **el espíritu** to keep one's spirits up; **en lo** ~ **de la montaña/de un árbol** high up on the mountainside/in a tree; **en lo** ~ **del árbol** high up in the tree; ***por todo lo*** ~ in style; **una boda por todo lo** ~ a lavish wedding
C (en cantidad, calidad) high; **tiene la tensión** *or* **presión alta** she has high blood pressure; **productos de alta calidad** high-quality products; **embarazo de** ~ **riesgo** high-risk pregnancy; ***tirando por lo*** ~ at the most
D **1** [ESTAR] (en intensidad) ‹*volumen/televisión*› loud; **pon la radio más alta** turn the radio up **2** **en alto** *or* **en voz alta** aloud, out loud
E (delante del *n*) (en importancia, trascendencia) ‹*ejecutivo/funcionario*› high-ranking, top; **un militar de** ~ **rango** a high-ranking army officer; **conversaciones de** ~ **nivel** high-level talks
F (delante del *n*) ‹*ideales/opinión*› high; **un** ~ **sentido del deber** a strong sense of duty; **tiene un** ~ **concepto de ti** he thinks very highly of you
G (delante del *n*) **1** (Ling) high; **el** ~ **alemán** High German **2** (Geog) upper; **el A**~ **Paraná** the Upper Paraná

(Compuestos)
- **alta burguesía** *f* upper-middle classes (*pl*)
- **alta cocina** *f* haute cuisine
- **alta costura** *f* haute couture
- **alta Edad Media** *f* High Middle Ages (*pl*)
- **alta fidelidad** *f* high fidelity, hi-fi
- **alta mar** *f*: **en** ~ ~ on the high seas; **flota/pesca de** ~ ~ deep-sea fleet/fishing
- **altas esferas** *fpl* upper echelons (*pl*)
- **alta sociedad** *f* high society
- **altas presiones** *fpl* high pressure
- **alta tensión** *f* high tension *o* voltage
- **alto cargo** *m* (puesto) high-ranking position; (persona) high-ranking official
- **alto comisionado** *m* high commissioner
- **alto horno** *m* blast furnace
- **alto mando** *m* high-ranking officer

alto² *adv*
A ‹*volar/subir*› high
B ‹*hablar*› loud, loudly; **habla más** ~ speak up a little; ***pasar por*** ~ *ver* **pasar** *vt Sentido* **I F**

alto³ *interj* halt!; **¡**~ **(ahí)!** (Mil) halt!; (dicho por un policía) stop!, stay where you are!; **¡**~ **el fuego!** cease fire!
(Compuesto) **alto el fuego** *m* (Esp) (Mil) cease-fire

alto⁴ *m*
A **1** (altura) **de alto** high; **un muro de cuatro metros de** ~ a four-meter high wall; **tiene tres metros de** ~ it's three meters high **2** (en el terreno) high ground
B **1** (de edificio) top floor; **viven en un** ~ they live in a top floor apartment *o* (BrE) flat **2** **los altos** *mpl* (CS) (en casa) upstairs; **vivo en los** ~**s del taller** I live above the workshop
C **1** (parada, interrupción): **hacer un** ~ to stop **2** (Méx) (Auto): **pasarse el** ~ (un semáforo) to run the red light (AmE), to jump the lights (BrE); (un stop) to go through the stop sign
D (Chi fam) (de cosas) pile, heap

altoparlante *m* (AmL) ▸**altavoz**

altorrelieve *m* high relief

altozano *m*
A (Geog) hillock
B (Col) (de una iglesia) parvis

altruismo *m* altruism

altruista¹ *adj* altruistic

altruista² *mf* altruist

altura *f*
A (de persona, edificio, techo) height; **el muro tiene un metro de** ~ the wall is one meter high
B (indicando posición) height; **ponlos a la misma** ~ put them at the same height; **tiene una cicatriz a la** ~ **de la sien** he has a scar on his temple; **a la** ~ **de los ojos** at eye level; ***a la*** ~ ***del betún*** *or* (RPl) ***felpudo*** *or* (Chi) ***del unto*** (fam): **nos dejaste a la** ~ **del betún** you made us look really bad; **quedó a la** ~ **del betún** he looked really stupid; ***estar/ponerse a la*** ~ ***de algo/algn***: **para ponernos a la** ~ **de la competencia** to put ourselves on a par with our competitors; **estar a la** ~ **de las circunstancias** to rise to the occasion; **no está a la** ~ **de su predecesor** he doesn't match up to his predecessor; **no estuvo a la** ~ **de lo que esperaban** he didn't live up to their expectations
C **1** (Aviac, Geog) (altitud) altitude; **perder** ~ to lose height *o* (frml) altitude; **a 2.240 metros de** ~ at an altitude of 2,240 meters; **sobrepasar los 4.000 metros de** ~ to rise to (a height of) over 4,000 meters **2** **de altura** ‹*pesquero/flota*› deep-sea (*before n*); ‹*remolcador*› oceangoing (*before n*)
D (en sentido horizontal) **1** (en una calle): **¿a qué** ~ **de Serrano vive?** how far up Serrano do you live?; **cuando llegamos**

a a la ~ de la plaza when we reached the square 2 (latitud): en el Adriático, a la ~ de Florencia on the Adriatic, on the same latitude *o* (colloq) as far up/down as Florence

E (en sentido temporal) a estas/esas ~s: ¡a estas ~s me vienes con eso! you wait till now to bring this to me!; a estas ~s del año this late on in the year; a esas ~s ya había perdido las esperanzas by that stage he had already lost all hope; *a estas ~s del partido* (fam) by now, at this stage of the game (colloq)

F (Mús) pitch

G alturas *fpl* 1 (cimas) heights (*pl*) 2 (Relig): las ~s the highest

alturado -da *adj* (Per) calm

alubia *f* (haricot) bean

alucinación *f* hallucination

alucinado -da *adj* (fam): los dejó a todos ~s she left everybody stunned

alucinante *adj* 1 (Med) hallucinatory 2 (Esp, Méx fam) (increíble), amazing (colloq), mind-boggling (colloq)

alucinar [A1] *vi* «*enfermo/drogadicto*» to hallucinate

alucine *m* (Esp, Méx arg): ¡qué ~! far-out! (colloq); de ~ mind-boggling (colloq), amazing (colloq)

alucinógeno¹ -na *adj* hallucinogenic

alucinógeno² *m* hallucinogen

alud *m* (de nieve) avalanche; (de tierra) landslide, landslip

aludido -da *m,f*: el ~ se volvió al oír su nombre the person we were talking about turned around when he heard his name mentioned; la aludida bajó la cabeza the person in question lowered her head

aludir [I1] *vi* 1 (sin nombrar) ~ A algn/algo to refer TO sb/sth, allude TO sb/sth; se sintió aludido he thought we were referring to him; no se dio por aludido he didn't take the hint; no te des por aludido don't take it personally 2 (mencionar) ~ A algn/algo to refer TO sb/sth, mention sb/sth

alumbrado *m* lighting

(Compuestos)
- alumbrado eléctrico electric lighting
- alumbrado público street lighting

alumbramiento *m* (frml) birth

alumbrar [A1] *vt*

A (iluminar) to light, illuminate; está muy mal alumbrado it's very poorly lit; un cuarto alumbrado con velas a candlelit room; un foco alumbra el jardín a floodlight illuminates the garden

B (frml) (parir) to be delivered of (frml)

■ alumbrar *vi*

A «*sol*» to be bright; «*lámpara/bombilla*» to give off light

B (frml) (parir) to give birth

alumbre *m* alum

aluminio *m* aluminum (AmE), aluminium (BrE)

alumnado *m* (de colegio) students (*pl*) (AmE), pupils (*pl*) (BrE); (de universidad) students (*pl*)

alumno -na *m,f* (de colegio) pupil; (de universidad) student; antiguos ~s *or* ex-alumnos de la universidad ex-students *o* (AmE) alumni of the university

(Compuesto) alumno interno, -na interna *m,f* boarder

alunarse [A1] *v pron* (RPl fam) to sulk; está alunado he's sulking

alunizaje *m* moon landing

alunizar [A4] *vi* to land on the moon

alusión *f* allusion, reference; hacer ~ a algo to make an allusion to sth (frml); hizo ~ a tu ausencia he referred to your absence; no quiero hacer alusiones personales I don't want to point the finger at anyone

alusivo -va *adj* ~ A algo: unas palabras alusivas a ... a few words regarding ...; decorado con motivos ~s a la ocasión decorated in keeping with the occasion

aluvial *adj* alluvial

aluvión *m*

A (Geol) alluvium

B (gran cantidad) flood; un ~ de insultos a barrage of insults, a torrent of abuse

alveolar *adj* alveolar

alvéolo, alveolo *m* 1 (Anat) alveolus 2 (de panal) cell

alverjilla *f* (AmL) sweet pea

alza *f*‡

A (subida) rise; el ~ de los precios the rise in prices; jugar al ~ to speculate on a rising *o* bull market; en ~: precios en ~ rising prices; una escritora en ~ an up-and-coming writer; su reputación está en ~ he has a growing reputation

B (en los zapatos) raised insole

C (Arm) rear sight

alzacristales *m* (*pl* ~) (Esp): con ~ eléctrico with electric windows

alzada *f* 1 (de caballo) height 2 (Col) (Arquit) elevation

alzado¹ -da *adj*

A (Andes, Ven fam) (levantisco): la servidumbre anda medio alzada the servants have been rather uppity lately (colloq); un chiquillo ~ a cocky little brat (colloq)

B ‹*animal*› 1 [ESTAR] (CS fam) (en celo) in heat (AmE), on heat (BrE) 2 [SER] (Chi, Méx) (arisco, bravío) savage, vicious

C (Méx, Ven fam) (altivo) stuck-up (colloq)

alzado² *m*

A (Arquit) elevation

B alzados *mpl* (AmL): los ~s en armas the insurgents *o* rebels

alzamiento *m* uprising

alzaprima *f* 1 (palanca) lever, crowbar; (cuña) wedge 2 (Mús) bridge

alzar [A4] *vt*

A (levantar) to raise; alzó al niño para que viera el desfile she lifted the little boy up so he could see the parade; todos ~on sus pancartas they all held up their placards; saludaron con el puño alzado they gave the clenched fist salute; alzó la mirada she looked up; el bebé quiere que lo alcen (AmL) the baby wants to be picked up

B ‹*edificio/monumento*› to erect

C (Méx) (poner en orden) ‹*juguetes*› to pick up; ‹*cuarto/casa*› to clean (up)

■ alzarse *v pron*

A (sublevarse) to rise up; ~se en armas to take up arms

B (period) (llevarse) ~se CON algo: se alzó con los fondos del club he ran off with the club funds; se alzó con el título he carried off the title; ~se con la victoria to triumph

C (liter) «*edificio/montaña*»: el Aconcagua se alza majestuoso Aconcagua rises majestically; la torre se alza por encima de los tejados the tower soars *o* towers high above the rooftops

D (CS fam) «*animal*» to come into *o* (BrE) on heat

Alzheimer /als'aimer/, (Esp) /alθ'eimer/ *m* Alzheimer's disease

a.m. (= ante meridiem) am

ama *f*‡ 1 (de bebé) *tb* ~ de leche *or* de cría wet nurse 2 (de niño mayor) nanny; *ver tb* amo

(Compuesto) ama de casa/de llaves housewife/housekeeper

amabilidad *f* 1 (cualidad) kindness 2 (gesto): tuvo la ~ de invitarnos she was kind enough to invite us; ¿tendría la ~ de cerrar la puerta? would you be so kind as to close the door?; tenga la ~ de esperar aquí would you mind waiting here?

amable *adj* 1 ‹*persona/gesto*› kind; es muy ~ de su parte that's very kind of you; de trato ~ kindly; ¿sería tan ~ de ...? would you be so kind as to ...? 2 (AmS) ‹*rato/velada*› pleasant

amablemente *adv* 1 (con cordialidad): me saludó muy ~ he greeted me in a very friendly way 2 (con generosidad) kindly; muy ~ me cedió el asiento he very kindly gave me his seat

amado¹ -da *adj* dear, beloved

amado² -da *m,f* love, sweetheart

amadrinar [A1] *vt* ‹*niño*› to be godmother to; ‹*boda*› to act as madrina at; ‹*barco*› to launch, christen

amaestrador -dora *m,f* animal trainer

amaestramiento *m* training (*of animals*)

amaestrar [A1] *vt* ‹*animales*› to train

amagar [A3] *vi* 1 (amenazar): amagaba lluvia it looked like rain 2 (Dep) to fake, dummy (BrE); amagó hacia la izquierda he faked to the left

■ **amagar** *vt* (esbozar): **amagó un saludo** he made as if he was going to wave

amago *m*: **tuvo un ~ de infarto** he had a mild heart attack; **un ~ de revuelta** a threat of revolt; **hacer un ~** (Dep) to make a feint; **~ de ataque** (Mil) diversion, diversionary attack

amainar [A1] *vi* «*lluvia*» to ease up *o* off, abate; «*temporal/viento*» to die down, abate; «*pasión/enfado*» to abate

■ **amainar** *vt* ‹*velas*› to shorten

amalgama *f* amalgam

amalgamar [A1] *vt* (unir) to unite; (Quím) to amalgamate

amamantar [A1] *vt* to breastfeed

■ **amamantar** *vi* to breastfeed; **madres que amamantan** nursing mothers; **la cerda está amamantando** the sow is suckling her young

amancebado -da *adj* (ant): **están** *or* **viven ~s** they are living together

amancebarse [A1] *v pron* (ant) to start living together

amanecer[1] [E3] *v impers*: **¿a qué hora amanece?** what time does it get light?; **amanecía cuando partieron** dawn was breaking when they left

■ **amanecer** *vi* (+ *compl*) **1** «*persona*»: **amaneció con fiebre** he woke up with a temperature; **amanecieron bailando** they were still dancing at dawn **2** (aparecer por la mañana): **el día amaneció nublado** the day dawned cloudy; **todo amaneció cubierto de nieve** in the morning everything was covered in snow

■ **amanecerse** *v pron* (Chi, Méx) to stay up all night

amanecer[2] *m* **1** (salida del sol) dawn, daybreak; **al ~** at dawn *o* at daybreak **2** (liter) (comienzo) dawn

amanecido -da *adj* (Col, Ven fam): **el café se llenó de estudiantes ~s** the cafe filled up with students who had been up all night

amanerado -da *adj* (afectado) affected, mannered; (afeminado) (fam) mannered, camp (colloq)

amaneramiento *m* affectation

amanerarse [A1] *v pron* to become affected

amansar [A1] *vt* **1** ‹*caballo*› to break in; ‹*fiera*› to tame **2** (apaciguar) ‹*persona*› to calm ... down; ‹*ira*› to appease

■ **amansarse** *v pron* «*fiera*» to become tame; «*caballo*» to quiet (AmE) *o* (BrE) quieten down

amante[1] *adj*: **su ~ esposo** her loving husband; **es muy ~ de la buena mesa** he is very fond of good food

amante[2] *mf* lover

amanuense *mf* scribe, amanuensis (frml)

amañador -dora *adj* (Col) ‹*clima/conversación*› pleasant, agreeable; ‹*casa*› cozy*, homely

amañar [A1] *vt* (fam) ‹*elecciones*› to rig; ‹*partido/pelea*› to fix; ‹*carnet/documento*› to tamper with; ‹*informe*› to alter, doctor (pej); ‹*excusa/historia*› to dream *o* cook up, concoct

■ **amañarse** *v pron*

A *tb* **amañárselas** (ingeniarse) to manage; **se (las) amañó para llegar a fin de mes** she somehow managed to get by until the end of the month

B (Col, Ven) (acostumbrarse) to settle in

amaño *m* cunning *o* crafty trick

amapola *f* poppy

amar [A1] *vt* to love

■ **amarse** *v pron* (*recipr*) **1** (quererse) to love each other; **amaos los unos a los otros** love one another **2** (hacer el amor) to make love

amaraje *m* (Aviac) landing (*on water*); (Espac) splashdown

amaranto *m* amaranth

amarar [A1] *vi* (Aviac) to land (*on water*); (Espac) to splash down

amarga *f* (Col) beer

amargado[1] **-da** *adj* bitter, embittered

amargado[2] **-da** *m,f* bitter *o* embittered person

amargar [A3] *vt* ‹*ocasión*› to spoil; ‹*persona*› to make ... bitter; **eso me amargó la tarde** that soured *o* spoiled my evening

■ **amargarse** *v pron* to become bitter; **no te amargues la existencia** (fam) don't get all uptight about it; **te estás amargando pensando en eso** you're just upsetting yourself thinking about it

amargo[1] **-ga** *adj*

A **1** ‹*fruta/sabor*› bitter **2** (sin azúcar) unsweetened, without sugar

B ‹*experiencia/recuerdo*› bitter, painful; **me dejó un sabor ~** it left me with a bitter *o* nasty taste in my mouth

amargo[2] *m* (amargor) bitterness; (mate) maté without sugar; (licor) bitters

amargor *m* bitterness

amargura *f* bitterness; **con ~** bitterly

amariconado -da *adj* (fam) camp (colloq)

amarillento -ta *adj* yellowish

amarillismo *m* (Period) (pey) sensationalism, sensationalistic journalism

amarillista *adj* (Period) (pey): **prensa ~** sensationalist *o* yellow press

amarillo[1] **-lla** *adj*

A ‹*color/blusa*› yellow; **el semáforo estaba (en) ~** the light was yellow (AmE), the lights were (on) amber (BrE); **~ claro/fuerte** pale/bright yellow

B **1** ‹*piel*› (de raza oriental) yellow **2** ‹*piel/cara*› (por enfermedad) yellow, jaundiced

amarillo[2] *m* yellow; **el ~ combina con el azul** yellow goes with blue; **de un ~ intenso** (a) deep yellow

(Compuesto) **amarillo limón** **1** *m* lemon yellow **2** *adj inv* lemon-yellow

amarizaje *m* ▸ **amaraje**

amarizar [A4] *vi* ▸ **amarar**

amarra *f* mooring rope; **~s** moorings (*pl*); **echar (las) ~s** to moor; ***soltar (las) ~s*** (Náut) to cast off; (independizarse) to fly the nest; ***tener (buenas) ~s*** to have friends in high places

amarradero *m* **1** (poste) bollard; (argolla) mooring ring **2** (lugar) berth, slip (AmE)

amarrado -da *adj* (Col, Méx, Ven fam) stingy (colloq), tightfisted (colloq)

amarraje *m* wharfage

amarrar [A1] *vt* **1** ‹*embarcación*› to moor; ‹*animal/persona*› to tie up; **le ~on las manos** they tied his hands together; **~ algo/a algn A algo** to tie sth/sb TO sth **2** (AmL exc RPl) ‹*zapatos*› to tie; ‹*paquete*› to tie ... up

■ **amarrarse** *v pron* (AmL exc RPl) ‹*zapatos/cordones*› to tie up, do up; ‹*pelo*› to tie up; ***amarrársela*** (Col fam) to get tight (colloq)

amarre *m* (acción) mooring; (amarradero) berth, slip (AmE)

amarretas[1] *adj inv* (AmS fam) ▸ **amarrete**[1]

amarretas[2] *mf* (*pl* ~) (AmS fam) ▸ **amarrete**[2]

amarrete[1] **-ta** *adj* (AmS fam) stingy (colloq), tightfisted (colloq)

amarrete[2] **-ta** *m,f* (AmS fam) scrooge (colloq), skinflint (colloq)

amartelado -da *adj* (fam): **estaban muy ~s** they were cuddling *o* (colloq) canoodling

amartelarse [A1] *v pron* (fam) to cuddle, canoodle (colloq)

amasar [A1] *vt*

A ‹*pan*› to knead; ‹*yeso/argamasa*› to mix

B ‹*fortuna/riquezas*› to amass

amasijar [A1] *vt* (RPl arg) to beat ... to a pulp (colloq)

amasijo *m* jumble

amateur /ama'ter/ *adj/mf* (*pl* **-teurs**) amateur

amateurismo *m* amateurism

amatista *f* amethyst

amatorio -ria *adj* (liter *o* hum) ‹*poesía/carta*› love (*before n*); ‹*técnicas*› love-making (*before n*)

amazacotado -da *adj* ‹*azúcar*› lumpy; ‹*arroz*› sticky, stodgy

amazona *f* (Mit) Amazon; (Equ) horsewoman

Amazonas *m*: **el ~** the Amazon

amazónico -ca *adj* Amazonian, Amazon (*before n*)

ambages: **sin ~** (*loc adv*) ‹*hablar/decir*› without beating about the bush; **fue aceptado sin ~** it was accepted without hesitation

ámbar *m* **1** (piedra) amber **2** **(de) color ~** amber

ambición *f* ambition

ambicionar [A1] *vt* to aspire to; **sólo ambiciona llegar a la fama** her one ambition is to be famous

a

ambicioso -sa *adj*
A ‹*persona*› **1** (codicioso) ambitious, overambitious **2** (con empuje) enterprising, ambitious
B ‹*proyecto/plan*› ambitious
ambidextro[1] -tra *adj* ambidextrous
ambidextro[2] -tra *m,f* ambidextrous person
ambientación *f* **1** (de obra, película) atmosphere; **la ~ está muy lograda** they have captured the atmosphere very well; **la ~ musical corre a cargo de ...** incidental music is by ... **2** (de persona) adjustment
ambientador *m* air freshener
ambiental *adj* environmental
ambientalista *mf* environmentalist
ambientar [A1] *vt* **1** ‹*obra/película*› to set **2** ‹*fiesta/local*›: **para ~ el lugar** to give the place some atmosphere
■ **ambientarse** *v pron* to adjust, adapt
ambiente *m*
A **1** (entorno físico, social) environment; **la contaminación del ~** environmental pollution; **el ~ de diálogo** the atmosphere of dialogue; **se encuentra realmente en su ~** he's really in his element; **no me vendría nada mal cambiar de ~** I wouldn't mind a change of scene; **un ~ de camaradería/de fiesta** a friendly/festive atmosphere; **había una cierta tensión en el ~** there was a feeling of tension in the air; ***hacerle buen ~ a algn*** (Col) to put sb at their ease; ***hacerle mal ~ a algn*** (AmS) to make sb feel uncomfortable **2** (creado por la decoración, arquitectura) atmosphere; **un ~ acogedor** a welcoming *o* friendly atmosphere **3** (animación) life; **no había nada de ~ en la fiesta** the party was really dead, the party had no life
B (CS) (habitación) room
ambigüedad *f* ambiguity
ambiguo -gua *adj* ‹*palabras/respuesta*› ambiguous
ámbito *m* **1** (campo, círculo) sphere, field; **en el ~ de la política/la familia** within the sphere of politics/the family; **en el ~ literario** in literary circles **2** (alcance) scope, range; **el ~ (de aplicación) de la ley** the scope of the law; **fuera del ~ de su competencia** beyond the range of his competence; **una empresa de ~ nacional** a company with outlets/offices nationwide
ambivalencia *f* ambivalence
ambivalente *adj* ambivalent
ambo *m* (CS) (two-piece) suit
ambos[1] -bas *adj pl* both; **a ~ lados de la carretera** on both sides of the road
ambos[2] -bas *pron pl* both; **~ aceptaron la propuesta** they both accepted the proposal; **~ me gustan** I like both of them
ambrosía *f* (Mit, Bot, Zool) ambrosia
ambulancia *f* ambulance
ambulanciero -ra (*m*) ambulance man; (*f*) ambulance woman; **los ~s** the ambulance crew
ambulante *adj* traveling* (*before n*); **un grupo de teatro ~** a traveling *o* itinerant theater group; **biblioteca ~** bookmobile (AmE), mobile library (BrE); **es una enciclopedia ~** (hum) she's a walking encyclopedia (hum)
ambulatorio[1] -ria *adj* outpatient (*before n*)
ambulatorio[2] *m* (Esp) outpatients' department
ameba *f* amoeba
amedrentar [A1] *vt* to terrify
■ **amedrentarse** *v pron* to be *o* feel terrified; **no se amedrenta ante nada** nothing frightens her
amén *m* amen; **~ de ...** as well as ...; ***decir ~ a todo*** to agree to everything; ***en un decir ~*** in a flash *o* trice
amenaza *f* threat; **no me vengas con ~s** don't threaten me; **~ DE algo**: **~ de bomba/muerte** bomb/death threat; **respondieron con ~ de huelga** they responded by threatening to strike
amenazador -dora *adj*, **amenazante** *adj* threatening, menacing
amenazar [A4] *vt* **1** «*persona*» to threaten; **lo ~on de muerte** they threatened to kill him; **nos amenazó con llamar a la policía** he threatened to call the police **2** (dar indicios de): **el edificio amenaza derrumbarse** the building is in danger of collapsing; **esas nubes amenazan lluvia** those clouds look threatening
■ **amenazar** *vi* **1** «*persona*» **~ CON algo** to threaten sth; **amenazan con una nueva huelga** they are threatening a further strike; **~ CON + INF** to threaten to + INF **2** (dar indicios de) **~ CON + INF** to threaten to + INF; **el incendio amenazaba con extenderse** the fire threatened to spread
■ **amenazar** *v impers* (Meteo): **amenaza tormenta** there's a storm brewing; **amenaza lluvia** it's threatening to rain
amenidad *f*: **sus clases carecen de ~** his classes lack sparkle *o* interest
amenizar [A4] *vt* ‹*conversación/discurso*› to make ... more enjoyable; **la fiesta fue amenizada por un payaso** a clown provided the entertainment for the party
ameno -na *adj* pleasant, enjoyable; **pasamos una tarde muy amena** we spent a very pleasant *o* nice afternoon
América *f* (continente) America; **flora que sólo se da en ~** flora found only in America *o* in the Americas
(Compuestos)
• **América Central/del Norte/del Sur** Central/North/South America
• **América Latina** Latin America
americana *f* jacket; **~ cruzada** double-breasted jacket
americanismo *m* Americanism
americanizar [A4] *vt* to Americanize
■ **americanizarse** *v pron* to become Americanized
americano -na *adj/m,f* American
amerindio -dia *adj/m,f* American Indian, Amerindian
ameritado -da *adj* (AmL) meritorious (frml)
ameritar [A1] *vt* (AmL) to deserve
amerizaje *m* ▸**amaraje**
amerizar [A4] *vi* ▸**amarar**
ametralladora *f* machine gun
ametrallamiento *m* machine-gunning
ametrallar [A1] *vt* to machine-gun; **me ametralló a preguntas** he bombarded me with questions
amianto *m* asbestos
amiba *f* amoeba
amigable *adj* ‹*persona*› friendly; ‹*trato*› friendly, amicable; **un tono poco ~** a rather unfriendly manner
amigablemente *adv* amicably
amigarse [A3] *v pron* (fam) (reconciliarse) to make up
amígdalas *fpl* tonsils (*pl*)
amigdalitis *f* tonsillitis
amigo[1] -ga *adj*: **son/se hicieron muy ~s** they are/they became good friends; **hacerse ~ de algn** to become friends with sb; **es muy ~ mío** he's a close friend of mine; **un país ~** a friendly country; **un médico ~ me lo recetó** a doctor friend (of mine) prescribed it for me; **ser ~ DE algo**: **es muy ~ de contradecir** he's a great one for contradicting people (colloq); **no es amiga de fiestas** she's not keen on parties; **no soy muy ~ de la comida picante** I'm not terribly fond of spicy food
amigo[2] -ga *m,f* friend; **un ~ mío** a friend of mine; **somos íntimos ~s** we're very close friends; **su ~ del alma** her best friend, her bosom friend; **no son más que ~s** they're just good friends; **¡un momento, ~!** now, just a minute, pal *o* buddy (AmE) *o* (BrE) mate! (colloq); **los ~s de lo ajeno** (hum) thieves
amigote *m* (fam) crony (colloq & pej), buddy (AmE colloq), mate (BrE colloq)
amiguismo *m*: **todo funciona a base de ~ y enchufes** it all works through contacts and string-pulling; **en esta empresa hay mucho ~** there's a lot of 'jobs for the boys' in this company
amilanar [A1] *vt* to daunt
■ **amilanarse** *v pron* to be daunted; **no se ~on ante el peligro** they were undaunted by the danger
aminoácido *m* amino acid
aminorar [A1] *vt* to reduce
amistad *f* **1** (entre personas, países) friendship; **entabló** *or* **trabó** *or* **hizo ~ con ella** he struck up a friendship with her; **nos une una gran ~** there's a great bond of friendship between us; **rompimos la(s) ~(es)** we're not friends any more **2** **amistades** *fpl* (amigos) friends (*pl*)
amistarse [A1] *v pron* (Col, Ven fam) (reconciliarse) to make up

amistosamente *adv* amicably

amistoso -sa *adj* ‹*consejo/palmadita/charla*› friendly; ‹*partido*› friendly (*before n*)

amnesia *f* amnesia

amnésico -ca *adj/m,f* amnesiac

amnistía *f* amnesty

amnistiado¹ -da *adj*: **los guerrilleros ~s** the guerrillas pardoned under the amnesty

amnistiado² -da *m,f*: *person pardoned under an amnesty*

amnistiar [A17] *vt* ‹*persona*› to grant an amnesty to; ‹*delito*› to amnesty

amo, ama *m,f* (de animal, criado) (*m*) master; (*f*) mistress; **aquí el ~ soy yo** I give the orders around here; **son los ~s del pueblo** they own the whole village; ***hacerse el ~ del cotarro*** (Esp fam) to become leader of the pack; *ver tb* **ama**

amoblado *m* (CS) furniture

amoblar [A10] *vt* (CS) to furnish

amodorrar [A1] *vt* to make … feel drowsy *o* sleepy

■ **amodorrarse** *v pron* to feel sleepy *o* drowsy

amohinarse [A19] *v pron* to get in a sulk

amoldable *adj* adaptable

amoldar [A1] *vt* to adjust

■ **amoldarse** *v pron* to adapt; **~se a un trabajo/una situación** to adjust to a job/a situation; **estos zapatos todavía no se me han amoldado al pie** I haven't broken these shoes in yet

amonedado -da *adj* (AmC) rich, wealthy

amonedar [A1] *vt* to stamp

amonestación *f* (reprimenda) warning; (en fútbol) caution, booking

amonestar [A1] *vt*

A (reprender) to reprimand, admonish (frml); (en fútbol) to caution, book

B (Der, Relig) ‹*novios*› to publish the banns of

amoníaco¹ -ca *adj* ammoniac (*before n*), ammoniacal

amoníaco² *m* ammonia

amontillado *m* amontillado

amontonamiento *m* (fam) (de objetos) stack, pile

amontonar [A1] *vt* **1** (apilar) to pile up; **amontónalos ahí** pile them up *o* put them in a pile over there **2** (juntar) to accumulate

■ **amontonarse** *v pron* «*personas*» to gather *o* crowd together; «*objetos/trabajo*» to pile up

amor *m*

A **1** (sentimiento) love; **una historia de ~** a love story; **~ no correspondido** unrequited love; **~ a primera vista** love at first sight; **¿qué tal andas de ~es?** (fam) how's your love life? (colloq); **siente un gran ~ por ti** he loves you very much; **~ al prójimo/a la patria** love for one's neighbor/one's country; **un gran ~ a la vida/a los animales** a great love of life/animals; ***de mil ~es*** with (the greatest of) pleasure; ***por ~ al arte*** (fam) just for the fun of it; ***por (el) ~ de Dios*** (mendigando) for the love of God; (expresando irritación) for God's sake!; ***~ con ~ se paga*** one good turn deserves another **2** (el acto sexual): **el ~** lovemaking; **hacer el ~ a/con algn** to make love to/with sb **3** (persona, cosa amada) love; **el gran ~ de su vida** the great love of her life; **tu ~cito está al teléfono** (fam & hum) your beloved is on the telephone (hum); **~ mío** *or* **mi ~** my darling, my love **4** (esmero, dedicación): **hacer algo con ~** to do sth lovingly; **hay mucho ~ puesto en esto** a lot of love and care has gone into this

(Compuestos)

- **amor cortés/libre** courtly/free love
- **amor materno** *or* **maternal** maternal love
- **amor propio** pride, self-esteem

B (fam) (persona encantadora) darling (colloq), dear (colloq)

amoral *adj* amoral

amoralidad *f* amorality

amoratado -da *adj* (de frío) blue; (por un golpe) ‹*piernas/brazos*› bruised; **ojo ~** black eye

amordazar [A4] *vt* **1** (con mordaza) ‹*persona*› to gag; ‹*perro*› to muzzle **2** «*miedo/amenazas*» to silence

amorfo -fa *adj* **1** ‹*cuerpo/masa*› amorphous, shapeless **2** ‹*persona*› characterless, insipid

amorío *m* love affair; **fue un ~ sin importancia** it was just a brief affair *o* (colloq) fling

amoroso -sa *adj* **1** (AmL) ‹*persona/casa*› lovely **2** ‹*vida*› love (*before n*); **sus relaciones amorosas** his relationships

amortajar [A1] *vt* to shroud

amortiguación *f* **1** (de golpes) absorption, cushioning; **tiene mala ~** (Auto) the shock absorbers aren't very good **2** (de sonido) muffling; (de luz) dimming

amortiguador¹ -dora *adj* shock-absorbing (*before n*)

amortiguador² *m* shock absorber

amortiguar [A16] *vt* **1** ‹*golpe*› to cushion, absorb; ‹*sonido*› to muffle; ‹*luz*› to dim; ‹*color*› to tone down, soften **2** (liter) ‹*dolor*› to deaden; ‹*hambre*› to take the edge off

amortizable *adj* redeemable; **~s en tres años** redeemable in three years

amortización *f* (de inversión) recovery; (de préstamo) repayment; (de bonos, hipoteca) redemption

amortizar [A4] *vt* (Com, Fin) **1** ‹*compra*› to recoup the cost of **2** (recuperar) ‹*inversión*› to recoup, recover **3** (pagar) ‹*deuda*› to repay, amortize (frml); ‹*valores/hipoteca*› to redeem

amoscarse [A2] *v pron* (Esp fam) to get into a huff (colloq)

amotinado¹ -da *adj* ‹*soldado/ejército*› rebel (*before n*), insurgent (*before n*); ‹*pueblo/ciudadanos*› rebellious, insurgent (*before n*)

amotinado² -da *m,f* insurgent

amotinamiento *m* (de soldados, marineros) mutiny; (de civiles) uprising, insurrection

amotinar [A1] *vt* ‹*tropa*› to incite … to mutiny *o* rebellion; ‹*población/pueblo*› to incite … to rebellion

■ **amotinarse** *v pron* «*soldados/oficiales*» to mutiny, rebel; «*población civil*» to rise up

amparar [A1] *vt* **1** (proteger) to protect; **me ampara la constitución** I am protected by the constitution; **¡que Dios nos ampare!** may the Lord help us! **2** (ofrecer refugio) to shelter, give shelter to

■ **ampararse** *v pron* **1** **~se EN algo** ‹*en la ley*› to seek protection IN sth; **se amparó en su inmunidad diplomática** he used his diplomatic immunity to protect himself; **se negó a alistarse amparándose en la objeción de conciencia** he refused to enlist on the grounds of conscientious objection **2** (resguardarse) **~se DE** *or* **CONTRA algo** to shelter FROM sth

amparo *m* **1** (protección) protection; **están bajo mi ~** they're under my protection; **al ~ de la nueva ley** under the (protection of the) new law; **al ~ de la noche** under cover of (the) night *o* of darkness **2** (refugio) refuge; **su fe fue su ~** his faith was his refuge; **dar ~ A algn** to give sb refuge

ampe *interj* (Bol) how terrible!, how awful!

amperímetro *m* ammeter

amperio *m* amp, ampere (frml)

ampliación *f* **1** (de local, carretera) extension; (de negocio) expansion **2** (Com, Fin): **una ~ de capital/de plantilla** an increase in capital/in the number of staff **3** (de conocimientos, vocabulario) widening **4** (de plazo, período) extension **5** (Fot) enlargement

ampliadora *f* enlarger

ampliamente *adv* **1** (con holgura) easily **2** (extensamente) at (great) length

ampliar [A17] *vt* **1** ‹*local/carretera*› to extend; ‹*negocio*› to expand **2** ‹*capital/plantilla*› to increase **3** ‹*conocimientos/vocabulario*› to increase; ‹*explicación*› to expand (on); ‹*campo de acción*› to widen, broaden; **versión ampliada y corregida** expanded and corrected version; **para ~ sus estudios** to further her studies **4** ‹*plazo/período*› to extend **5** ‹*fotografía*› to enlarge, blow up

amplificación *f* amplification

amplificador *m* amplifier

amplificar [A2] *vt* to amplify

amplio -plia *adj* **1** ‹*calle/valle/margen*› wide; ‹*casa*› spacious; ‹*vestido/abrigo*› loose-fitting; **con una amplia sonrisa** with a broad smile **2** ‹*criterio/sentido*› broad; **por amplia mayoría** by a large majority; **una amplia gama**

de colores a wide range of colors; **el tema tuvo una amplia difusión** the issue received wide media coverage 3 ‹*garantías/programa*› comprehensive

amplitud *f* 1 (de calle, margen) width; (de casa) spaciousness; (de vestido) looseness 2 (de miras, criterios) range; (de facultades, garantías) extent; **la ~ de sus conocimientos** the breadth *o* depth of his knowledge 3 (Fís) amplitude

ampolla *f*
A (por quemadura, rozamiento) blister; **me salió una ~ en el pie** I have a blister on my foot
B (con medicamento) ampoule (frml), vial (AmE), phial (BrE)

ampollar [A1] *vt* to cause blisters on
■ **ampollarse** *v pron* to blister; **se me ~on los pies** I got blisters on my feet, my feet blistered

ampolleta *f* 1 (con medicamento) ▸**ampolla** B 2 (Elec) (Chi) light bulb; ***se me/le prendió la ~*** (Chi) I/he had a brainwave *o* a bright idea (colloq)

ampulosidad *f* pomposity, pompousness

ampuloso -sa *adj* pompous, bombastic

amputación *f* amputation

amputar [A1] *vt* ‹*brazo/pierna*› to amputate; ‹*texto*› to cut (out)

amueblar [A1] *vt* to furnish; **casa amueblada/sin ~** furnished/unfurnished house

amuleto *m* charm, amulet

amurallar [A1] *vt* to wall, build walls around

amurrarse [A1] *v pron* (Chi fam) ▸**alunarse**

anabólico, anabolizante *m* anabolic steroid

anacarado -da *adj* pearly, mother-of-pearl (*before n*)

anacardo *m* cashew (nut)

anaconda *f* anaconda

anacoreta *mf* anchorite

anacrónico -ca *adj* anachronistic

anacronismo *m* anachronism

ánade *mf* duck

(Compuesto) **ánade real** mallard

anafe, anafre *m* (Chi, Méx) portable stove

anagrama *m* anagram

anal *adj* anal

anales *mpl* annals (*pl*)

analfabetismo *m* illiteracy

analfabeto¹ -ta *adj* illiterate

analfabeto² -ta *m,f* 1 (que no sabe leer) illiterate (person) 2 (fam & pey) (ignorante) ignoramus (colloq & pej)

analgésico¹ -ca *adj* analgesic, painkilling (*before n*)

analgésico² *m* analgesic, painkiller

análisis *m* (*pl* ~) analysis; **hacerse un ~ de sangre** to have a blood test

analista *mf* analyst

analítico -ca *adj* analytic; **mente analítica** analytic *o* analytical mind

analizar [A4] *vt*
A (examinar) to analyze*, examine
B (Med, Quím) to analyze*
C (Ling) to parse
■ **analizarse** *v pron* to undergo *o* have analysis

analogía *f* analogy; **estableció una ~ entre ...** she drew an analogy between ...; **razonar por ~** to argue by *o* from analogy

analógico -ca *adj* analogical

análogo -ga *adj* analogous, similar

ananá *m* (*pl* **-nás**) (RPl) pineapple

anaquel *m* shelf

anaranjado -da *adj* orangish (AmE), orangey (BrE)

anarco *m* (fam) anarchist

anarquía *f* anarchy

anárquico -ca *adj* anarchic

anarquismo *m* anarchism

anarquista¹ *adj* anarchist (*before n*)

anarquista² *mf* anarchist

anarquizar [A4] *vt* to cause chaos *o* anarchy in

anatema *m* (Relig) anathema

anatematizar [A4], **anatemizar** [A4] *vt* (Relig) to anathematize; (condenar) to condemn
■ **anatematizar** *vi* to rail; **~ CONTRA algo** to rail AGAINST sth

anatomía *f* anatomy

anatómico -ca *adj* 1 (Anat) anatomical 2 ‹*asiento/respaldo*› anatomically designed

anca *f*‡ 1 (de animal) haunch; **llevar a algn en ~s** (AmL) to take sb on the crupper 2 **ancas** *fpl* (AmL fam) (de persona) behind (colloq), backside (colloq)

(Compuesto) **ancas de rana** *fpl* frogs' legs (*pl*)

ancestral *adj* ‹*costumbre*› ancient; ‹*temor*› primitive, ancient

ancestro *m* ancestor

ancho¹ -cha *adj*
A 1 ‹*camino/río/mueble*› wide; **a todo lo ~ de la carretera** right across the road; **a lo ~** breadthways *o* (BrE) widthways 2 ‹*manos/cara/espalda*› broad; **es ~ de espaldas** he's broad-shouldered 3 ‹*ropa*› loose-fitting, loose; **me queda ~ de cintura** it's too big around the waist for me
B (fam) (ufano, orgulloso) proud; **iba todo ~ del brazo de su hija** he was bursting with pride as he walked arm-in-arm with his daughter
C (cómodo, tranquilo): **allí estaremos más ~s** (Esp) we'll have more room there; **¡qué ~ me quedé después de decírselo!** (Esp) I felt really good after I'd told him; ***estar/sentirse/ponerse a sus anchas*** to be/feel/make oneself at home; ***quedarse tan ~*** (Esp fam) *ver* **pimpante**

ancho² *m* width; **¿cuánto tiene** *or* **mide de ~?** how wide is it?; **tiene** *or* **mide 6 metros de ~** it's 6 meters wide

(Compuesto) **ancho de vía** gauge

anchoa *f* anchovy

anchura *f* 1 (de camino, río, mueble) width 2 (de pared) thickness

anchuroso -sa *adj* (liter) ‹*llanura/mar*› wide, vast; ‹*salón*› spacious

ancianato *m* (Col, Ven) old people's home

ancianidad *f* old age

anciano¹ -na *adj* elderly; **la mujer más anciana del mundo** the oldest woman in the world

anciano² -na (*m*) elderly man; (*f*) elderly woman

ancla *f*‡ anchor; **echar el ~** *or* **las ~s** to drop anchor; **levar ~s** to weigh anchor

anclaje *m* (acción) anchorage; (impuesto) anchorage dues (*pl*)

anclar [A1] *vt* to anchor
■ **anclar** *vi* to anchor, drop anchor

áncora *f*‡
A (Náut) anchor
B (de reloj) escapement

andadas *fpl*: ***volver a las ~*** to go back to one's old ways

andadera *f* (Méx, Ven) 1 (con ruedas) baby walker 2 **andaderas** *fpl* (arnés) baby harness, reins (*pl*)

andado -da *adj*: **llevan mucho camino ~** they've covered a lot of ground; ***desandar lo ~*** to go back to square one

andador *m*
A 1 (con ruedas) baby walker 2 **andadores** *mpl* (arnés) baby harness, reins (*pl*)
B (para ancianos) Zimmer® frame

andadora *f* baby walker

andadura *f* 1 (viaje, recorrido) journey 2 (curso, trayectoria): **en su ~ profesional** in her professional career; **esta organización comenzó su ~ en el año 1970** this organization began its activity in 1970

Andalucía *f* Andalusia

andaluz -luza *adj/m,f* Andalusian

andamiaje *m* (Const) scaffolding

andamio *m*: *tb* **~s** scaffolding

andanada *f*
A (Arm, Mil) volley; (de insultos, palabrotas) stream, volley; **le soltó una ~ de insultos** she unleashed a stream of abuse at him
B (gradería) upper tier, bleachers (*pl*) (AmE)

andante *m* andante

andanzas *fpl* adventures (*pl*)

andar¹ [A24] *vi*

A 1 (esp Esp) (caminar) to walk; **la niña ya anda** the little girl's already walking; **¿has venido andando?** did you come on foot?, did you walk?; ***a poco ~*** (Chi) before long 2 (Col, CS, Ven) (ir) to go; **anda a comprar el periódico** go and buy the newspaper; ***andá a pasear*** (RPl fam) get lost! (colloq) 3 (AmL): **~ a caballo/en bicicleta** to ride (a horse/a bicycle)

B (marchar, funcionar) to work; **el coche anda de maravilla** the car's running *o* (BrE) going like a dream

C (+ *compl*) 1 (estar) to be; **¿cómo andas?** how are you?, how's it going? (colloq); **no anda bien de salud** he isn't well; **siempre anda con prisas** he's always in a hurry; **¿quién anda ahí?** who's there?; **anda en América** he's in America; **¿cómo andamos de tiempo?** how are we doing for time?; **~ + GER** to be -ING; **anda buscando pelea** he's out for *o* he's looking for a fight; **lo andan buscando** they are looking for him *o* (colloq) are after him; ***quien mal anda, mal acaba*** if you live like that, you're bound to come to a bad end 2 **~ CON algn** (juntarse) to mix WITH sb; (salir con) to go out WITH sb; ***dime con quién andas y te diré quién eres*** a man is known by the company he keeps

D (rondar) **~ POR algo**: **~á por los 60 (años)** he must be around *o* about 60

E **~ DETRÁS DE** *or* **TRAS algn/algo** (buscar, perseguir) to be AFTER sb/sth; **anda detrás de tu dinero** he's after your money; **andan tras la fama** they are looking for fame

F 1 **~ CON algo** (esp AmL fam) ‹*con revólver/dinero*› to carry sth; ‹*con traje/sombrero*› to wear sth; **no me gusta que andes con cuchillos** I don't like you playing with *o* messing around with knives 2 (revolver) **~ EN algo** to rummage *o* poke around IN sth

G (en exclamaciones) 1 (expresando sorpresa, incredulidad): **¡anda! ¡qué casualidad!** good heavens! what a coincidence!; **¡anda! ¡mira quién está aquí!** well, well! look who's here!; **¡anda ya! ¡eso es imposible!** go on! that's impossible! (colloq) 2 (expresando irritación, rechazo): **¡anda! ¡déjame en paz!** oh, leave me alone!; **¡anda! ¡se me ha vuelto a olvidar!** damn! I've forgotten it again! (colloq) 3 (instando a hacer algo): **préstamelo, anda** go on, lend it to me!; **ándale, no seas sacón** (Méx fam) go on, don't be chicken (colloq); **¡andando, que se hace tarde!** let's get a move on, it's getting late!

■ **andar** *vt*

A (caminar) to walk; **he andado muchos caminos** (liter) I have trodden many paths (liter)

B (AmC) (llevar): **no ando dinero** I don't have any money on me; **siempre ando shorts** I always go around in *o* wear shorts

■ **andarse** *v pron*

A **~se CON algo**: **ése no se anda con bromas** he's not one to joke; **ándate con cuidado** take care, be careful

B (*en imperativo*) (AmL) (irse): **ándate de aquí** get out of here; **ándate luego** get going *o* get a move on (colloq)

andar² *m*, **andares** *mpl* gait, walk; **de ~ pausado** with an unhurried gait; **tiene ~es de princesa** she has the bearing of a princess (frml)

andariego -ga *adj* fond of walking

andarivel *m*

A (cable) ferry cable; (pasamanos) handrail; (mecanismo) cableway

(Compuesto) **andarivel de salvamento** breeches buoy

B (AmS) (en una piscina — carril) lane; (— soga) lane divider

andas *fpl* portable platform (*used in religious processions*); ***llevar a algn en ~*** (CS) to carry sb on one's shoulders

ándele, ándale *interj*: *ver* **andar¹ G3**

andén *m*

A (en estación) platform

B (AmC, Col) (acera) sidewalk (AmE), pavement (BrE)

Andes *mpl*: **los ~** the Andes

andinismo *m* (AmL) mountaineering, mountain climbing, climbing

andinista *mf* (AmL) mountaineer, mountain climber, climber

andino -na *adj* Andean

andrajo *m* rag; **vestido de** *or* **con ~s** dressed in rags

andrajoso -sa *adj* ragged

andrógeno *m* androgen

androide *m* android

andropausia *f* male menopause

andurriales *mpl* (Esp fam) godforsaken place (colloq)

anduve, anduviste, etc *see* **andar**

anécdota *f* anecdote

anecdotario *m* collection of anecdotes

anecdótico -ca *adj* 1 ‹*relato*› anecdotal; **un personaje ~** a colorful character 2 ‹*interés/valor*› incidental

anegadizo -za *adj* prone to flooding

anegar [A3] *vt* 1 ‹*campo/local*› to flood; ‹*carburador*› to flood 2 (abrumar) to overwhelm

■ **anegarse** *v pron* «*campo/terreno*» to be flooded; **con los ojos anegados en lágrimas** (liter) with her/his eyes brimming with tears (liter)

anejo¹ -ja *adj* 1 (inherente): **lleva ~s ciertos gastos/riesgos** it entails certain expenses/risks; **el puesto lleva anejas grandes responsabilidades** the post carries with it a great deal of responsibility 2 ▸**anexo¹**

anejo² *m* ▸**anexo²**

anemia *f* anemia*

anémico¹ -ca *adj* anemic*

anémico² -ca *m,f* anemic person*; **los ~s** people who suffer from anemia

anemómetro *m* anemometer, wind gauge

anémona *f* anemone

(Compuesto) **anémona de mar** sea anemone

anestesia *f* (proceso) anesthesia*; (droga) anesthetic*; **bajo los efectos de la ~** under (the) anesthetic; **lo operaron con ~** he was operated on under (an) anesthetic; **sin ~** without an anesthetic

(Compuestos)

- **anestesia general/local** (proceso) general/local anesthesia*; (droga) general/local anesthetic*
- **anestesia peridural** epidural

anestesiar [A1] *vt* ‹*encía/dedo*› to anesthetize*; **me ~on** they gave me an anesthetic

anestésico¹ -ca *adj* anesthetic*

anestésico² *m* anesthetic*

anestesista *mf* anesthetist* (*sometimes not a fully-qualified doctor*)

anexar [A1] *vt*

A (esp AmL) ‹*territorios*› to annex

B ‹*cláusula*› to add, append (frml)

anexión *f* annexation

anexionar *vt* [A1], **anexionarse** [A1] *v pron* to annex

anexo¹ -xa *adj* 1 ‹*edificio/local*› joined, annexed 2 ‹*cláusula*› added, appended (frml); ‹*documento*› (en informe) attached; (en carta) enclosed

anexo² *m* 1 (edificio) annex* 2 (documento — en informe) appendix; (— en carta) enclosure; **S** **anexos** enc., enclosures 3 (Chi) (del teléfono) extension

anfeta *f* (fam) amphetamine; **~s** speed (colloq)

anfetamina *f* amphetamine

anfibio¹ -bia *adj* amphibious; **avión ~** seaplane

anfibio² *m* amphibian

anfiteatro *m* (Arquit) amphitheater*; (Geol) natural amphitheater*; (en la universidad) lecture hall

anfitrión -triona *m,f* (*m*) host; (*f*) hostess

ánfora *f*‡ 1 (cántaro) amphora 2 (Bol, Méx, Per) (urna) ballot box 3 (Méx) (botella pequeña) *tb* **anforita** flask

angarillas *fpl* (camilla) improvised stretcher; (Const) handbarrow; (de burro) panniers (*pl*)

angas (Andes, Méx fam): **por ~ o por mangas, nunca estás trabajando** for one reason or another, you're never working; **por ~ o por mangas tengo que salir** I have to go out whether I like it or not

ángel *m* 1 (Relig) angel; **que sueñes con los angelitos** sweet dreams; **pobre angelito** poor little darling; ▸**caer** 2 (encanto) charm; **tener ~** to be charming

a

(Compuestos)
- **ángel caído** fallen angel
- **ángel custodio** *or* **guardián** *or* **de la guarda** guardian angel

angélica *f* angelica
angelical *adj* angelic
angelito *m* (AmL) dead child; *ver tb* **ángel**
ángelus *m* angelus
angina *f*
A (Arg, Col, Ven) (de la garganta) *inflammation of the palate, tonsils and/or pharynx*
B *tb* ~ **de pecho** angina (pectoris)
anginas *fpl* **1** (Esp, Méx) (inflamación) throat infection **2** (Méx, Ven) (amígdalas) tonsils (*pl*)
angiograma *m* angiogram
anglicano -na *adj/m,f* Episcopalian (*in US and Scotland*), Anglican (*in UK*)
anglicismo *m* Anglicism
anglo¹ -gla *adj* Anglian
anglo² -gla *m,f* Angle
anglófilo¹ -la *adj* Anglophilic
anglófilo² -la *m,f* Anglophile
anglófobo¹ -ba *adj* Anglophobic
anglófobo² -ba *m,f* Anglophobe
anglófono -na *adj* anglophone (frml)
angloparlante *adj* English-speaking
anglosajón² -jona *adj/m,f* Anglo-Saxon
Angola *f* Angola
angoleño -leña *adj/m,f* Angolan
angora *f* angora
angorina *f* imitation angora
angostar [A1] *vt* (esp AmL) **1** ‹*carretera/canal*› to narrow **2** ‹*falda/pantalones*› to take ... in
■ **angostarse** *vpr* to narrow
angosto -ta *adj* ‹*calle/cama*› narrow; ‹*falda*› tight
angostura *f* **1** (cualidad) narrowness **2** (Geog, Náut) narrows (*pl*)
anguila *f* eel
angula *f* elver
angular *adj* angular
ángulo *m* (Mat) angle; (rincón, esquina) corner; (punto de vista) angle

(Compuestos)
- **ángulo agudo/obtuso/recto** acute/obtuse/right angle
- **ángulo muerto** blind spot

anguloso -sa *adj* angular
angurria *f* (CS) greed; **con** ~ greedily
angurriento¹ -ta *adj* greedy
angurriento² -ta *m,f* (fam) greedy pig (colloq)
angustia *f* **1** (congoja) anguish, distress; **gritos/mirada de** ~ anguished cries/look **2** (desasosiego) anxiety; **vive con la** ~ **de que...** she's constantly worried that... **3** (Psic) anxiety

(Compuesto) **angustia existencial** *or* **vital** angst, existential anxiety

angustiado -da *adj* **1** (acongojado) distressed **2** (preocupado) worried, anxious; **vive angustiada** she lives in a constant state of anxiety
angustiante *adj* ‹*experiencia*› distressing; **una situación económica** ~ a desperate situation financially
angustiar [A1] *vt* **1** (acongojar) to distress **2** (preocupar) to worry, make ... anxious
■ **angustiarse** *v pron* (acongojarse) to get distressed, get upset; (preocuparse) to get worried, become anxious
angustioso -sa *adj* ‹*situación*› distressing; ‹*mirada/grito*› anguished
anhelante *adj* (liter): **esperaba** ~ **su regreso** she longed *o* (liter) she yearned for his return; **una mirada** ~ a longing look; **con voz** ~ in a voice full of longing
anhelar [A1] *vt* (liter) ‹*fama/poder*› to yearn for, to long for; ~ **+ INF** to long to + INF, yearn to + INF; **anhelaba que su hijo fuera feliz** his greatest wish was for his son to be happy
anhelo *m* (liter) wish, desire; **sus ~s de paz** their yearning for peace (liter); **mi mayor** ~ my greatest wish
anhídrido *m* anhydride

(Compuesto) **anhídrido carbónico** carbon dioxide

anidar [A1] *vi* «*aves*» to nest; **el odio anidaba en su corazón** (liter) hatred dwelled in his heart (liter)
aniego *m* (Per) flood
anilla *f* **1** (de cortina, llavero) ring; (de puro) band; (de lata) ringpull; (de ave) ring **2** **anillas** *fpl* (Dep) rings (*pl*)
anillar [A1] *vt* ‹*ave*› to ring
anillo *m*
A (sortija) ring; ***caérsele los ~s a algn*** (Esp fam & iró): **se le caerían los ~s** that sort of thing would be beneath him; **no se te van a caer los ~s por hacer las camas** making the beds isn't going to kill you; ***como ~ al dedo*** (fam): **el dinero nos vino como ~ al dedo** the money was a real godsend; **te sienta como ~ al dedo** it suits/fits you perfectly

(Compuestos)
- **anillo de boda** wedding ring
- **anillo de compromiso** *or* **pedida** engagement ring

B **1** (aro, arandela) ring; (de columna) annulet; (en árbol) ring; (de gusano) ring **2** (Astron): **el** ~ *or* **los ~s de Saturno** Saturn's rings
ánima *f*‡ (liter) (alma) soul; **las ~s del Purgatorio** the souls in Purgatory
animación *f*
A (bullicio, actividad) activity; **había gran ~ en las calles** the streets were bustling with life *o* activity; **un bar con mucha** ~ a very lively bar; **se debatió con gran** ~ it was the subject of (a) lively debate
B (de una velada) entertainment
C (Cin) animation
animadamente *adv* ‹*charlar/debatir*› animatedly; **bailaron muy** ~ they danced gaily *o* merrily
animado -da *adj*
A **1** ‹*fiesta/ambiente*› lively; ‹*conversación/discusión*› lively, animated **2** (optimista, con ánimo) cheerful, in good spirits
B (impulsado) ~ **DE** *or* **POR algo** inspired *o* motivated BY sth
animador¹ -dora *adj* encouraging
animador² -dora *m,f*
A (de programa) (*m*) presenter, host; (*f*) presenter, hostess
B **animadora** *f* (de equipo) cheerleader
animadversión *f* antagonism, hostility; ~ **HACIA** *or* **POR algo/algn** hostility TOWARD(s) sth/sb; **siento ~ hacia él** I feel hostile *o* antagonistic toward(s) him
animal¹ *adj*
A ‹*instinto*› animal (*before n*); **grasas de origen** ~ animal fats
B **1** (fam) (estúpido) stupid; **¡no seas ~!** don't be so stupid! **2** (grosero) rude, uncouth
animal² *m*
A **1** (Zool) animal; ***comer como un ~*** (fam) to eat like a horse (colloq) **2** (persona con cierta característica): **no soy un ~ político** I'm not a political animal; **un ~ de costumbres** a creature of habit

(Compuestos)
- **animal doméstico** (de granja) domestic animal; (mascota) pet
- **animal salvaje** wild animal

B **animal** *mf* (fam) (persona violenta) brute, animal; (grosero) lout
animalada *f* (fam): **me contestó con una** ~ he gave me a real mouthful (colloq); **fue una ~ decírselo así** it was outrageous telling him like that (colloq)
animar [A1] *vt*
A **1** (alentar) to encourage; (levantar el espíritu) to cheer ... up; **tu visita lo animó mucho** your visit cheered him up a lot; ~ **a algn A + INF** *or* **A QUE + SUBJ** to encourage sb to + INF **2** ‹*fiesta/reunión*› to liven up; **los niños animan mucho la casa** the children really liven the house up; **el vino empezaba a ~los** the wine was beginning to liven them up **3** (con luces, colores) to brighten up
B ‹*programa*› to present, host; ‹*club/centro*› to organize entertainment in
C (impulsar) to inspire; **no nos anima el afán de lucro** we are not driven by any desire for profit
■ **animarse** *v pron* **1** (alegrarse, cobrar vida) «*fiesta/reunión*»

to liven up, warm up; ‹‹*persona*›› to liven up 2▸ (cobrar ánimos) to cheer up; **se animó mucho al vernos** she cheered up a lot when she saw us; **si me animo a salir te llamo** if I feel like going out, I'll call you 3▸ (atreverse) **~se A + INF**: **¿quién se anima a decírselo?** who's going to be brave enough to tell him?; **no me animo a saltar** I can't bring myself to jump; **al final me animé a confesárselo** I finally plucked up the courage to tell her

anímicamente *adv* emotionally

anímico -ca *adj*: **su estado ~** her state of mind; **variaciones anímicas** changes of mood

ánimo *m*

A 1▸ (espíritu): **no estoy con el ~ para bromas** I'm not in the mood for jokes; **tu visita le levantó el ~** your visit cheered her up; **con el ~ por el suelo** in very low spirits, feeling very down-hearted; **apaciguar** *or* **calmar los ~s** to calm everyone down; ***hacerse el ~ de hacer algo*** to bring oneself to do sth; **no me hago el ~ de estudiar** I can't bring myself to study; **tengo que ir, pero no me hago el ~** I have to go, but I don't feel up to it 2▸ (aliento, coraje) encouragement; **darle ~(s) a algn** (animar) to encourage sb; (con aplausos, gritos) to cheer sb on; **¡~, que ya falta poco para llegar!** come on! it's not far now!; **el equipo cobró ~** the team rallied; **no tengo ~(s) de** *or* **para nada** I don't feel up to anything; **¿te sientes con ~(s) para seguir?** do you feel up to going on?

B 1▸ (intención, propósito) intention; **con ~ de calmar las tensiones** with the aim *o* intention of easing tensions; **lo dije sin ~ de ofender** I meant no offense, no offense intended (colloq) 2▸ (mente, pensamiento) mind; **en el ~ del jurado** in the minds of the jury; **su recuerdo perdura en el ~ de todos** his memory lives on in everyone's hearts

animosidad *f* animosity, hostility; **~ CONTRA algn** animosity *o* hostility TOWARD(s) sb

animoso -sa *adj* spirited

aniñado -da *adj* 1▸ ‹*facciones*› childlike 2▸ (Chi fam) (valentón) cocky (colloq)

aniñarse [A1] *v pron* (Chi fam) to act tough

aniquilación *f* annihilation; **la ~ de algunas especies** the extinction of some species

aniquilador -dora *adj* destructive

aniquilamiento *m* annihilation

aniquilar [A1] *vt* ‹*enemigo/población*› to annihilate, wipe out; ‹*defensas/instalaciones*› to destroy

anís *m* 1▸ (Bot) (planta) anise; (semilla) aniseed 2▸ (licor) anisette; ***estar hecho un ~*** (Per fam) to be dressed (up) to the nines; ***llegar a los anises*** (Per fam) to show up *o* turn up (too) late

anisado *m* anisette

aniversario *m* anniversary; **~ de boda** wedding anniversary

ano *m* anus

anoche *adv* last night; **el periódico de ~** yesterday evening's newspaper

anochecer¹ [E3] *v impers* to get dark; **ya había anochecido** it was already dark

■ **anochecer** *vi* ‹‹*persona*››: **anochecimos camino a Puebla** when it got dark *o* when night fell we were on our way to Puebla

■ **anochecerse** *v pron* (Chi, Méx): **nos anochecimos estudiando** we stayed up studying till really late

anochecer² *m* nightfall; **al ~** at nightfall

anodino -na *adj* ‹*persona*› bland, insipid; ‹*película/comentario*› anodyne, bland

ánodo *m* anode

anomalía *f* anomaly

anómalo -la *adj* anomalous

anonadado -da *adj* dumbfounded, speechless

anonadar [A1] *vt*: **la noticia lo anonadó** he was dumbfounded by the news

anonimato *m* anonymity; **permanecer en el ~** to remain anonymous; **salir del ~** to rise from obscurity

anonimia *f* anonymity

anónimo¹ -ma *adj* anonymous

anónimo² *m* (carta) anonymous letter; (obra) anonymous work

anorak /ano'rak/ *m* parka (AmE), anorak (BrE)

anorexia *f* anorexia

(Compuesto) **anorexia nerviosa** anorexia nervosa

anoréxico -ca *adj/m,f* anorexic

anorexígeno *m* anorectic

anormal¹ *adj* abnormal

anormal² *mf* (fam) idiot

anormalidad *f* abnormality

anotación *f* 1▸ (nota) note 2▸ (AmL) (en fútbol) goal; (en fútbol americano) touchdown; (en básquetbol) point

anotador -dora *m,f* (AmL) (en fútbol) scorer, goalscorer; (en fútbol americano, básquetbol) scorer

anotar [A1] *vt*

A 1▸ (tomar nota de) ‹*dirección/nombre*› to make a note of 2▸ ‹*texto*› to annotate 3▸ (RPl) (en curso) to enroll•; (para excursión, actividad) to put … down

B (AmL) ‹*gol/tanto*› to score

■ **anotar** *vi* (AmL) to score

■ **anotarse** *v pron*

A (AmL) ‹*gol/tanto*› to score

B (RPl) (inscribirse) ▸**apuntarse A1**

anquilosado -da *adj* 1▸ ‹*articulación*› (atrofiado) ankylosed; (entumecido) stiff 2▸ ‹*ideas/economía*› stagnant

anquilosamiento *m* (atrofia) ankylosis; (entumecimiento) stiffness; (estancamiento) stagnation

anquilosarse [A1] *v pron* 1▸ ‹‹*miembro/articulación*›› (atrofiarse) to ankylose; (entumecerse) to get stiff 2▸ ‹‹*ideas/economía*›› to stagnate

anquilostoma *m* hookworm

ánsar *m* goose

ansia *f‡* 1▸ (avidez): **comer con ~** to eat eagerly; **desear algo con ~** to want sth desperately; **~ DE algo** ‹*de paz/libertad*› longing FOR sth, yearning FOR sth; **sus ~s de poder** her thirst *o* craving for power; **sentir ~ de hacer algo** to long *o* yearn to do sth 2▸ (Psic) anxiety 3▸ **ansias** *fpl* (Col, Ven fam) (náuseas) nausea

ansiar [A17] *vt* (liter) ‹*libertad/poder*› to long for, yearn for; **el tan ansiado reencuentro** the long-awaited reunion; **~ + INF** to long to + INF; **ansiaba que regresara** he longed *o* yearned for her to return

ansiedad *f* 1▸ (preocupación) anxiety; **con ~** anxiously 2▸ (Med, Psic) anxiety

ansiolítico *m* anxiolytic, tranquilizer•

ansiosamente *adv* (con preocupación) anxiously; (con deseo, entusiasmo) eagerly; **deseaba ~ que fuera niña** she desperately wanted a girl

ansioso -sa *adj* 1▸ (deseoso) eager; **estar ~ DE** *or* **POR + INF** to be eager to + INF; **está ~ por saberlo** he's eager *o* (colloq) dying to know; **estoy ~ de verlos** I can't wait to see them; **estoy ansiosa de que lleguen** I can't wait for them to come, I'm really looking forward to them arriving 2▸ [SER] (fam) (voraz) greedy

antagónico -ca *adj* conflicting

antagonismo *m* antagonism

antagonista¹ *adj* antagonistic

antagonista² *mf* antagonist

antagonizar [A4] *vt* to antagonize

antaño *adv* (liter) in days gone by; **las costumbres de ~** the customs *o* traditions of yesteryear (liter)

antártico -ca *adj* Antarctic

Antártida *f*: **la ~** Antarctica, the Antarctic

ante¹ *prep*

A 1▸ (frml) (delante de) before; **comparecer ~ el juez** to appear before the judge; **desfilaron ~ el rey** they marched past the king 2▸ (frente a): **~ la gravedad de la situación** in view of the seriousness of the situation; **~ la proximidad de las elecciones** with the elections so close; **iguales ~ la ley** equal in the eyes of the law; **nos hallamos ~ un problema** we are faced with a problem

B **ante todo** (primero) first and foremost; (sobre todo) above all; **se considera ~ todo madre** she thinks of herself as a mother above all else

ante² *m* 1▸ (Zool) (especie europea) elk; (especie norteamericana) moose 2▸ (cuero) suede

anteanoche *adv* the night before last

anteayer *adv* the day before yesterday

antebrazo *m* forearm

antecámara *f* anteroom

antecedente *m*

A 1 (precedente) precedent; **no hay ningún ~ de la enfermedad en mi familia** there's no history of the illness in my family; **una victoria así no tenía ~s** such a win was completely unprecedented 2 (causa) cause; **un problema con profundos ~s históricos** an issue which has deeply rooted historical causes; ***estar/poner a algn en ~s*** to be/to put sb in the picture

B (Fil, Ling) antecedent

C **antecedentes** *mpl* (historial) background, record

(Compuesto) **antecedentes penales** *or* **policiales** *mpl* (police *o* criminal) record; **sin ~ ~** without a criminal record

anteceder [E1] *vt* to precede, come before; **~ A algo** to come BEFORE sth, precede sth

■ **anteceder** *vi*: **el párrafo que antecede** the preceding paragraph

antecesor -sora *m,f* (predecesor) predecessor; (antepasado) ancestor

antecocina *f*: *room adjoining kitchen where dishes, cooking utensils, etc are kept*

antecomedor *m* (Méx) breakfast room

antedatar [A1] *vt* 1 ‹*documento/carta*› to backdate 2 (ser anterior a) to predate, antedate

antedicho¹ -cha *adj* (frml) aforesaid (frml), aforementioned (frml)

antedicho² -cha *m,f* (frml): **el ~** the aforementioned *o* aforesaid person (frml)

antediluviano -na *adj* (hum) ancient

antelación *f*: **con ~** ‹*reservar/pagar*› in advance; ‹*avisar/salir*› in plenty of time; **saqué la entrada con un mes de ~** I got the ticket one month in advance; **llegó con dos días de ~** she arrived two days early; **con ~ A algo** prior TO sth; **con ~ a su boda** prior to her wedding

antemano: **de ~** (*loc adv*) in advance; **agradeciendo de ~ su colaboración** (Corresp) thanking you in advance for your cooperation

antena *f*

A (de radio, televisión, coche) antenna (AmE), aerial (BrE); **el programa lleva ya cuatro años en ~** the program has been on the air for four years

(Compuestos)

- **antena colectiva** communal antenna *o* aerial
- **antena de radar** radar dish
- **antena direccional/emisora/receptora** directional/transmitting/receiving antenna *o* aerial
- **antena repetidora** relay mast

B (Zool) antenna; (Náut) lateen yard

antenoche *adv* (AmL) the night before last

anteojeras *fpl* blinders (*pl*) (AmE), blinkers (*pl*) (BrE); ***ver las cosas con ~*** (fam) to suffer from tunnel vision

anteojo *m* 1 (telescopio) telescope 2 **anteojos** *mpl* (esp AmL) ▸**gafas**

antepasado¹ -da *adj*: **el año ~** the year before last

antepasado² -da *m,f* ancestor, forebear (liter);

antepecho *m* (de puente, balcón) parapet; (de ventana) ledge

antepenúltimo¹ -ma *adj* (*delante del n*) third from last, antepenultimate (frml)

antepenúltimo² -ma *m,f*: **fue el ~ en la carrera** he came third from last on the race; **es el ~ en la lista** he's third from bottom on the list

anteponer [E22] *vt* **~ algo A algo** (poner delante) to put sth BEFORE *o* IN FRONT OF sth; (dar preferencia) to put sth BEFORE sth; **el artículo se antepone al sustantivo** the article goes in front of *o* before the noun; **antepone sus intereses a los de su familia** he puts his own interests before those of his family

antepresente *m* (Méx) present perfect

anteproyecto *m* draft

(Compuesto) **anteproyecto de ley** bill

anterior *adj*

A 1 (en el tiempo) previous; **el día ~** the previous day, the day before; **en épocas ~es** in earlier times; **~ A algo** prior TO sth; **sucesos ~es a la revolución** events prior to *o* preceding the revolution 2 (en un orden) previous, preceding; **~ A algo**: **el capítulo ~ a éste** the previous chapter

B (en el espacio) front (*before n*); **la parte ~** the front (part); **las patas ~es** the forelegs *o* front legs

anterioridad *f* (frml) anteriority (frml); **con ~** (antes) before *o* previously; (con antelación) beforehand *o* in advance; **con ~ a su llegada** before he arrived *o* prior to his arrival

anteriormente *adv* (frml) before, previously; **~ a que fuera abolido** prior to its being abolished

antes *adv*

A 1 (con anterioridad) before; **me lo deberías haber dicho ~** you should have told me before *o* earlier; **lo ~ posible** as soon as possible; **lo compré el día ~** I bought it the day before 2 (*en locs*) **antes de** before; **~ de las tres/del accidente** before three/before the accident; **~ de Jesucristo** before Christ, BC; **no van a llegar ~ de dos horas** they won't be here for two hours; **le daré la respuesta ~ de una semana** I will give you my reply within a week; **antes de anoche** the night before last; **antes de ayer** the day before yesterday; **~ DE + INF** before -ING; **llámame ~ de salir** call me before leaving *o* you leave; **antes (DE) QUE + SUBJ**: **~ (de) que me olvide** before I forget; **no se lo des ~ (de) que yo lo vea** don't give it to him until I've seen it; **~ (de) que tú nacieras** before you were born

B (en tiempos pasados) before, in the past; **~ salíamos más** we used to go out more before; **ya no es el mismo de ~** he's not the same person any more; **las casas de ~ eran más sólidas** in the past houses were more solidly built

C 1 (indicando orden, prioridad) first; **yo estaba ~** I was here first; **~ que** before; **el señor está ~ que yo** this gentleman is before me; **~ que nada** first of all; **mis hijos están ~ que tú** my children come before you 2 (indicando preferencia): **¡~ me muero!** I'd rather *o* sooner die!; **cualquier cosa ~ que eso** anything but that; **~ que verlos pasar hambre robaría** I'd steal rather than see them go hungry

D (en el espacio) before; **me bajo dos paradas ~** I get off two stops before

E 1 **antes bien** (liter) on the contrary 2 **antes no** (Chi, Méx fam): **~ no te apuñalaron** you were lucky you didn't get stabbed

antesala *f* 1 (Arquit) anteroom; **en la ~ de la muerte** (liter) on the threshold of death; ***hacer ~*** (frml) to wait (*to be received*) 2 (precursor) prelude; **fue ~ de un gran escándalo** it was the prelude to a great scandal

antevíspera *f* (frml): **(en) la ~** two days before *o* previously

antiabortista¹ *adj* antiabortion (*before n*)

antiabortista² *mf* antiabortionist

antiácido *m* antacid

antiadherente *adj* nonstick

antiaéreo -rea *adj* antiaircraft (*before n*)

antialérgico -ca *adj* antiallergenic

antiamericano -na *adj* anti-American

antiarrugas *adj inv* anti-wrinkle (*before n*)

antibalas *adj inv* bulletproof

antibiótico *m* antibiotic

anticaspa *adj inv* anti-dandruff, dandruff (*before n*)

antichoque *adj inv* ‹*reloj*› shockproof; ‹*parabrisas*› shatterproof

anticiclón *m* anticyclone

anticipación *f* (antelación): **con (mucha) ~** (well) in advance; **con un mes de ~** a month in advance

anticipadamente *adv*: **llegó ~** he arrived early; **agradeciéndole ~ su interés** (Corresp) thanking you in advance for your interest

anticipado -da *adj* ‹*pago*› advance (*before n*); ‹*elecciones*› early; **por ~** in advance

anticipar [A1] *vt* 1 ‹*viaje/elecciones*› to move up (AmE), to bring forward (BrE) 2 ‹*dinero/sueldo*› to advance 3 ‹*información*›: **¿nos podría ~ de qué se trata?** could you give us an idea of what it is about?; **te puedo ~ que ...** I can tell you that ... 4 (indicar): **esto anticipa un incremento de la población** because of this the population is expected to increase; **estas nubes anticipan tormenta** these clouds are a sign that a storm is coming

■ **anticiparse** *v pron* [1] «*verano/lluvias*» to be *o* come early [2] (adelantarse) **~se A algo**: **se anticipó a su tiempo** he was ahead of his time; **no nos anticipemos a los acontecimientos** let's not jump the gun; (+ *me/te/le etc*) **se nos ~on** they anticipated us (frml)

anticipo *m*
A [1] (del sueldo, dinero) advance; **me dio un ~** he gave me an advance [2] (pago inicial) down payment; **Ⓢ sin anticipo** no down payment
B (de noticia, suceso): **estas imágenes son un ~ de ...** these pictures give you an idea *o* a taste of ...; **nos ofreció un ~ de su colección de verano** he gave us a foretaste of his summer collection

anticlerical *adj* anticlerical
anticlímax *m* anticlimax
anticoagulante *adj/m* anticoagulant
anticomunista *adj/mf* anticommunist
anticoncepción *f* contraception, birth control
anticonceptivo¹ -va *adj* contraceptive (*before n*); **métodos ~s** methods of contraception
anticonceptivo² *m* contraceptive
(Compuestos)
• **anticonceptivo de barrera** barrier method of contraception
• **anticonceptivo oral** oral contraceptive

anticongelante *adj/m* antifreeze
anticonstitucional *adj* unconstitutional
anticorrosivo -va *adj* anticorrosive
anticristo *m*: **el ~** the Antichrist
anticuado¹ -da *adj* old-fashioned
anticuado² -da *m,f*: **eres un ~** you're so old-fashioned
anticuario -ria *m,f* [1] (persona) antique dealer [2] **anticuario** *m* (tienda) antique shop
anticucho *m* (Bol, Chi, Per) kebab
anticuerpo *m* antibody
antidemocrático -ca *adj* (poco democrático) undemocratic; (opuesto a la democracia) antidemocratic
antideportivo -va *adj* unsportsmanlike
antidepresivo *m* antidepressant
antideslizante *adj* ‹*superficie/suela*› nonslip; ‹*neumático/freno*› antiskid (*before n*)
antidisturbios¹ *adj inv* riot (*before n*)
antidisturbios² *mpl*: **los ~** the riot police *o* squad
antídoto *m* antidote
antidroga *adj inv* ‹*campaña*› antidrug; **brigada ~** drug squad
antier *adv* (AmL) the day before yesterday
antiespasmódico *m* antispasmodic
antiestático -ca *adj* antistatic
antiestético -ca *adj* unsightly
antifaz *m* mask
antifeminista *adj/mf* antifeminist
antifranquista¹ *adj* anti-Franco
antifranquista² *mf* opponent of Franco
antígeno *m* antigen
antigripal¹ *adj* ‹*vacuna*› flu (*before n*)
antigripal² *m* flu remedy
antigualla *f* (fam) piece of junk (colloq)
antiguamente *adv* in the past, in the old days
antigüedad *f* [1] (de monumento, objeto) age; **esas ruinas tienen varios siglos de ~** those ruins are several centuries old [2] (en el trabajo) seniority [3] **la Antigüedad** (Hist) antiquity [4] **antigüedades** *fpl* antiques (*pl*); **tienda de ~es** antique shop

antiguo -gua *adj*
A [1] (viejo) ‹*ciudad/libro*› old; ‹*ruinas/civilización*› ancient; ‹*mueble/lámpara*› antique, old; ‹*coche*› vintage, old; ‹*costumbre/tradición*› old [2] (veterano) old, long-standing; **uno de nuestros más ~s clientes** one of our oldest customers [3] (*en locs*) **a la antigua** in an old-fashioned way; ***chapado a la antigua*** old-fashioned; **de** *or* **desde antiguo** from time immemorial
B (*delante del n*) (de antes) old (*before n*), former (*before n*); **visité mi ~ colegio** I visited my old school; **la antigua capital del Brasil** the former capital of Brazil
C (anticuado) old-fashioned
(Compuestos)
• **antiguo régimen** *m* ancien régime
• **Antiguo Testamento** *m* Old Testament

antiguos *mpl*: **los ~** the ancients
antihéroe *m* antihero
antihigiénico -ca *adj* unhygienic
antihistamínico -ca *adj* antihistamine
antiimperialismo *m* anti-imperialism
antiincendios *adj inv* firefighting (*before n*)
antiinflacionario -ria, **antiinflacionista** *adj* anti-inflation (*before n*)
antiinflamatorio *m* anti-inflammatory
antillano -na *adj/m,f* West Indian
Antillas *fpl*: **las ~** the West Indies
(Compuesto) **Antillas Mayores/Menores** Greater/Lesser Antilles

antílope *m* antelope
antimanchas *adj inv* stain-resistant
antimateria *f* antimatter
antimilitarismo *m* antimilitarism
antimisil¹ *adj* antiballistic (*before n*)
antimisil² *m* antiballistic missile
antimonárquico¹ -ca *adj* antimonarchical, antimonarchist (*before n*)
antimonárquico² -ca *m,f* antimonarchist
antimonopolista *adj*, **antimonopolio** *adj inv* antitrust (*before n*)
antimotines *adj inv* (Col) riot (*before n*)
antinatural *adj* unnatural
antiniebla *adj inv* fog (*before n*)
antinomia *f* antinomy
antinuclear *adj* antinuclear
antioxidante *adj* (Quím) antioxidant (*before n*); ‹*pintura*› antirust (*before n*)
antiparasitario -ria *adj* antiparasitic
antiparras *fpl* (fam & hum) specs (*pl*) (colloq)
antipasto *m* (AmL) hors d'oeuvre
antipatía *f* dislike, antipathy; **tomarle ~ a algo/algn** to take a dislike to sth/sb
antipático¹ -ca *adj* [1] ‹*persona*› unpleasant; **¡qué tipo más ~!** what a horrible man!; **estuvo muy ~** he was very unfriendly [2] (fam) ‹*tarea*›: **esto de planchar es de lo más ~** ironing is such a drag (colloq)
antipático² -ca *m,f*: **es un ~** he's really unpleasant
antipatriótico -ca *adj* unpatriotic
antipedagógico -ca *adj* pedagogically unsound
antiperspirante *m* antiperspirant
antipirético *m* antipyretic, antifebrile
antípodas *fpl*: **las ~** the antipodes; ***estar en las ~ de algo*** to be diametrically opposed to sth
antipolilla *adj inv* antimoth (*before n*)
antiquísimo -ma *adj* ancient, very old
antirrábico -ca *adj* antirabies (*before n*)
antirracista *adj* antiracist
antirreflejos *adj inv* antiglare
antirreglamentario -ria *adj* (Dep): **una jugada antirreglamentaria** a foul; **estaba en posición antirreglamentaria** (period) he was offside
antirrevolucionario -ria *adj/m,f* antirevolutionary
antirrino *m* antirrhinum
antirrobo *m* antitheft device
antisemita¹ *adj* anti-Semitic
antisemita² *mf* anti-Semite
antisemítico -ca *adj* anti-Semitic
antiséptico *m* antiseptic
antisocial¹ *adj* antisocial
antisocial² *mf* (Andes period) delinquent
antisudoral *m* (CS) antiperspirant
antiterrorista *adj* antiterrorist (*before n*)
antítesis *f* (*pl* ~) antithesis

a

antitetánica *f* antitetanus *o* tetanus injection

antivariólica *f* antismallpox *o* smallpox vaccination

antojadizo -za *adj*: **es muy antojadiza** she wants everything she sees; **no seas tan ~** you can't have everything you see/want

antojarse [A1] *v pron (en 3ª pers)*
A (apetecer) (+ *me/te/le etc*): **se me antojó una cerveza** I felt like (having) a beer; **de embarazada se me antojaban las uvas** when I was pregnant, I had a craving for grapes; **hace lo que se le antoja** he does as he pleases; **porque no se me antoja** because I don't feel like it
B (liter) (parecer) (+ *me/te/le etc*): **el camino se me antojaba eterno** the road seemed never-ending to me

antojitos *mpl* (Méx) *typical Mexican snacks, usually bought at street stands*

antojo *m* **1** (capricho) whim; **tiene que hacerlo todo a su ~** she has to do everything her own way; **maneja al marido a su ~** she has her husband twisted around her little finger **2** (de embarazada) craving **3** (en la piel) birthmark

antología *f* anthology; ***de ~*** (muy bueno) excellent, fantastic (colloq); (muy malo) terrible

antológico -ca *adj* ‹*recopilación*› anthological; ‹*partido/discurso*› memorable, brilliant

antónimo *m* antonym

antonomasia *f* antonomasia; **por ~** par excellence

antorcha *f* torch

antracita *f* anthracite

ántrax *m* anthrax

antro *m* (local sórdido) dive (colloq); **~ de perdición** den of iniquity

antropofagia *f* cannibalism

antropófago¹ -ga *adj* cannibalistic

antropófago² -ga *m,f* cannibal

antropología *f* anthropology

antropológico -ca *adj* anthropological

antropólogo -ga *m,f* anthropologist

antropomórfico -ca *adj* anthropomorphic

anual *adj* **1** ‹*cuota/asamblea*› annual, yearly; ‹*interés/dividendo*› annual; **cinco mil pesos ~es** five thousand pesos a year **2** ‹*planta*› annual

anualidad *f* (inversión) annuity; (cuota anual) annual payment (*o* subscription *etc*)

anuario *m* yearbook

anudar [A1] *vt* ‹*cordón/corbata*› to tie
■ **anudarse** *v pron (refl)* ‹*corbata/pañuelo*› to tie; **con la camisa anudada a la cintura** with her shirt knotted at the waist

anuencia *f* (frml) consent, knowledge

anulación *f* (de contrato, viaje) cancellation; (de matrimonio) annulment; (de sentencia) quashing, overturning; **protestó la ~ del gol** he protested when the goal was disallowed

anular¹ *adj* ‹*forma*› ring-shaped

anular² [A1] *vt*
A **1** ‹*contrato/viaje*› to cancel; ‹*matrimonio*› to annul; ‹*fallo/sentencia*› to quash, overturn; ‹*resultado*› to declare … null and void; ‹*tanto/gol*› to disallow **2** ‹*cheque*› (destruir) to cancel; (dar orden de no pagar) to stop
B ‹*persona*› to destroy
■ **anularse** *v pron (recípr)*: **las dos fuerzas se anulan** the two forces cancel each other out

anular³ *m* ring finger

Anunciación *f*: **la ~** the Annunciation

anunciador -dora *m,f*, **anunciante** *mf* advertiser

anunciar [A1] *vt*
A **1** ‹*noticia/decisión*› to announce, make … public; ‹*lluvias/tormentas*› to forecast **2** (frml) ‹*persona*› to announce; **¿a quién tengo el gusto de ~?** whom do I have the pleasure of announcing? (frml)
B ‹‹*señal/indicio*›› to herald (frml), to announce; **esas nubes anuncian tormenta** those clouds presage a storm (liter)
C ‹*producto*› to advertise, promote
■ **anunciarse** *v pron* **1** (prometer ser) (+ *compl*): **el debate se anuncia interesante** the debate promises to be interesting; **el fin de semana se anuncia lluvioso** the weekend looks like being wet **2** *(refl)* (frml) ‹‹*persona*››: **sírvase ~se en recepción** (frml) kindly report to reception (frml); **se anunció dando un bocinazo** he announced his arrival by tooting the horn

anuncio *m*
A (de noticia) announcement; (presagio) sign, omen
B (Com, Marketing) (en periódico) advertisement, ad (colloq); (en televisión) commercial; **insertar un ~ en el periódico** to place *o* put an advertisement in the newspaper; ⓢ **prohibido fijar anuncios** bill stickers *o* posters will be prosecuted

(Compuesto) **anuncios clasificados** *or* **por palabras** *mpl* classified advertisements (*pl*), classified section

anverso *m* obverse

anzuelo *m* hook; **un ~ para atraer clientes** a gimmick to attract customers; ***morder*** *or* ***tragarse el ~*** to swallow *o* take the bait

añadidura: **por ~** (*loc adv*) in addition; **y el resto se os dará por ~** (Bib) and all these things shall be added unto you

añadir [I1] *vt* to add

añares *mpl* (RPl) ages (*pl*), years (*pl*); **hace ~ que no lo veo** I haven't seen him for ages

añejar [A1] *vt* to age, mature

añejo -ja *adj* ‹*vino/queso*› mature; ‹*costumbre*› old, ancient

añicos *mpl*: **tiró el florero y lo hizo ~** he knocked the vase over and smashed it to smithereens; **el parabrisas se hizo ~** the windshield shattered; **estoy hecho ~** I'm shattered (colloq)

añil *m* (Bot) indigo; (para lavar) blue, bluing

año *m*
A (período) year; **en el ~ 1492** in (the year) 1492; **los ~s 50** the 50s; **el ~ pasado/próximo** last/next year; **una vez al ~** once a year; **por ti no pasan los ~s** you don't seem to get any older; **los ~s no pasan en vano** the years take their toll; **hace ~s que no lo veo** I haven't seen him for *o* in years; ***el ~ del catapún*** *or* ***de la pera*** *or* ***de Maricastaña*** *or* ***de la nana*** (fam): **ese peinado es del ~ de la pera** that hairstyle went out with the ark (colloq), that hairstyle is really old-fashioned; **un disco del ~ de la pera** a record that's really ancient *o* that's years old; ***el ~ verde*** (RPl fam) that'll be the day (colloq); ***dentro de cien ~s todos calvos*** eat, drink and be merry (for tomorrow we die)
B (indicando edad): **soltero, de 30 ~s de edad** single, 30 years old *o* (frml) 30 years of age; **¿cuántos ~s tienes?** how old are you?; **tengo 14 ~s** I'm 14 (years old); **¿cuándo cumples (los) ~s?** when's your birthday?; **hoy cumple 29 ~s** she's 29 today; **ya debe de tener sus añitos** he must be getting on (a bit); **un hombre entrado en ~s** an elderly man; **en sus ~s mozos** in his youth; **a sus ~s y todavía sale a bailar** he still goes out dancing at his age; ***quitarse ~s***: **se quita ~s** she's older than she admits *o* says
C (curso) year; **¿qué ~ haces?** *or* **¿en qué ~ estás?** what year are you in?

(Compuestos)
- **año académico/escolar** academic/school year
- **año bisiesto/civil/sabático** leap/calendar/sabbatical year
- **año de gracia** year of grace
- **año fiscal** fiscal year (AmE), tax year (BrE)
- **año luz** light year
- **Año Nuevo** New Year; **¡Feliz A~ N~!** Happy New Year!; **A~ N~, vida nueva** make (*o* I'm making *etc*) a fresh start for the new year
- **año santo** Holy Year

añoranza *f* yearning; **~ DE** *or* **POR algo** yearning FOR sth; **siente ~ por su país** he yearns for his country

añorar [A1] *vt* ‹*patria/tranquilidad*› to yearn for; ‹*persona*› to miss

aorta *f* aorta

aovar [A1] *vi* to lay eggs

apa *interj* (Méx fam) wow!; **¡~ cochecito!** wow! what a car!

apabullante *adj* ‹*victoria/éxito*› resounding, overwhelming; ‹*rapidez/habilidad*› incredible, extraordinary; ‹*personalidad*› overpowering

apabullar [A1] *vt* (vencer) to overwhelm, crush; (dejar confuso) to overwhelm; **su generosidad me dejó apabullada** his generosity overwhelmed me

apacentar [A5] *vt* to graze, pasture

apache[1] *adj* Apache (*before n*)

apache[2] *mf* Apache

apacheta *f* shrine (*marked by a pile of stones*)

apachurrar [A1] *vt* (AmL fam) to squash

apacible *adj* ‹*carácter/persona*› calm, placid; ‹*vida*› quiet, peaceful; ‹*clima*› mild; ‹*mar*› calm; ‹*viento*› gentle

apaciguador -dora *adj* pacifying (*before n*)

apaciguar [A16] *vt* ‹*persona/ánimos*› to pacify; **a ver si tú puedes ~lo** see if you can pacify him *o* calm him down
▪ **apaciguarse** *v pron* «*persona*» to calm down; «*mar*» to become calm; «*temporal/viento*» to abate, die down

apadrinamiento *m* (de artista) sponsorship; (de político, idea) backing, support; (de barco) launch, christening

apadrinar [A1] *vt* **1** ‹*niño*› to be godfather/godparent to; ‹*boda*› to act as **padrino** at; ‹*artista/novillero*› to sponsor, be patron to; ‹*político/idea/candidatura*› to support, back; ‹*barco*› to launch, christen **2** (en duelo) to act as second to

apagado -da *adj*
A ‹*persona*› [SER] spiritless, lifeless; [ESTAR] subdued
B **1** ‹*sonido*› muffled; **con voz apagada** in a subdued voice **2** ‹*color*› muted, dull
C **1** (no encendido): **la luz está apagada** the light is off; **el horno está apagado** the oven is switched off; **con el motor ~** with the engine off **2** ‹*volcán*› extinct

apagar [A3] *vt*
A ‹*luz/televisión/motor*› to turn off, switch off; ‹*cigarrillo/fuego*› to put out, extinguish (frml); ‹*vela/cerilla*› to put out; (soplando) to blow out
B (liter) ‹*sed*› to quench; ‹*ira*› to appease (liter)
▪ **apagarse** *v pron*
A «*luz/fuego/vela*» to go out; **se ha apagado el brillo de sus ojos** (liter) the sparkle has gone out of her eyes
B (liter) «*ira*» to abate; «*pasión*» to fade; «*entusiasmo/fervor*» to wane

apagón *m* power cut, blackout

apaisado -da *adj* ‹*libro/tarjeta*› landscape (*before n*)

apalabrar [A1] *vt*: **lo había apalabrado pero no llegué a firmar nada** it was all arranged *o* fixed but I never actually signed anything; **ya tengo apalabrado a un albañil** (fam) I've already fixed up with a builder
▪ **apalabrarse** *v pron*: **se ~on para construirlo juntos** they came to an arrangement to build it together; **ya me he apalabrado** *or* **ya estoy apalabrado** I've already said I'll do it

Apalaches *mpl*: **los (montes) ~** the Appalachians

apalancamiento *m* leverage

apalancar [A2] *vt* **1** (para levantar) to jack up (AmE), to lever up (BrE) **2** (para abrir) to force open

apalear [A1] *vt* **1** ‹*persona, alfombra*› to beat; ‹*árbol*› to beat the branches of; **niños apaleados** battered children **2** ‹*arena/carbón*› to shovel

apanado *m* (Per fam) beating; **hacer ~ a algn** to give sb a beating, to beat sb up (colloq)

apanar [A1] *vt* (Andes) ▸**empanar**

apando *m* (Esp fam) punishment cell

apantallar [A1] *vt*
A (Méx) (impresionar) to impress
B (RPl) (abanicar) to fan

apañado -da *adj* **1** (Esp fam) ‹*persona*› resourceful; **¿te lo hiciste tú? ¡qué apañada!** did you make it yourself? aren't you smart *o* clever!; ***estar*** *or* ***ir*** **~** (fam & iró): **estás ~ si crees que puedes ganarle** if you think you can beat him, you've got another think coming! (colloq); **si tengo que esperar a que él acabe estoy ~** if I have to wait till he's finished I'm done for **2** (Esp fam) (arreglado) nice, neat

apañar [A1] *vt*
A (fam) ‹*elecciones*› to fix (colloq), to rig
B (AmS fam) (encubrir) to cover up for
▪ **apañarse** *v pron* (Esp fam) *tb* **apañárselas** to manage; **ya me (las) ~é** I'll manage, I'll be OK; **él se metió en el lío, ahora que se las apañe** he got himself into this mess, now he can get himself out of it

apaño *m* **1** (fam) (chanchullo) scam (colloq); **tiene que tener algún ~** he must be on the make (colloq) **2** (Esp fam) (arreglo): **le he hecho un ~** I've managed to patch it up (colloq)

apapachar [A1] *vt* (Méx fam) (abrazar) to cuddle; (acariciar) to stroke, caress

apapacho *m* (Méx fam) **1** (abrazo) cuddle; (caricia) caress **2** **apapachos** *mpl* (alabanzas) praise

aparador *m* **1** (mueble) sideboard **2** (AmL exc CS) (vitrina) store window (AmE), shop window (BrE)

aparato *m*
A **1** (máquina): **uno de esos ~s para hacer pasta** one of those pasta machines; **~s eléctricos** electrical appliances; **eso requiere ~s especiales** that requires special equipment **2** (de televisión) set; (de radio) receiver
B (para gimnasia) piece of apparatus; **los ~s** the apparatus, the equipment
C **1** (audífono) *tb* **~ auditivo** hearing aid **2** (Odont) *tb* **~s** braces (*pl*)
D (teléfono) telephone; **ponerse al ~** to come to the phone; **¡al ~!** speaking!
E (frml) (avión) aircraft
F (estructura, sistema) machine; **el ~ del partido** the party machine; **el ~ represivo** the machinery of repression
G (ceremonia) pomp
H (fam & euf) (pene) weenie (AmE colloq), willy (BrE colloq); (genitales masculinos) equipment (euph)

(Compuestos)
• **aparato circulatorio/digestivo/respiratorio** circulatory/digestive/respiratory system
• **aparato ortopédico** surgical appliance

aparatosamente *adv* ‹*caer/volcarse*› spectacularly; ‹*reírse*› in an exaggerated manner; **se vino ~ al suelo** she fell dramatically to the ground; **fueron detenidos ~ por la policía** the police arrested them in a great show of force

aparatoso -sa *adj* ‹*gesto*› flamboyant; ‹*sombrero*› showy, flamboyant; ‹*caída/accidente*› spectacular, dramatic

aparcamiento *m* (Esp) **1** (acción) parking **2** (lugar — en ciudad) parking lot (AmE), car park (BrE); (— en carretera) rest area *o* stop (AmE), lay-by (BrE)

(Compuesto) **aparcamiento disuasorio** (Esp) (para más vehículos) overflow parking lot (AmE) *o* car park (BrE); (que enlaza con transporte público) park-and-ride

aparcar [A2] *vt* (Esp) **1** ‹*vehículo*› to park **2** ‹*proyecto/idea*› to shelve, put … on ice
▪ **aparcar** *vi* (Esp) to park; ⊗ **prohibido aparcar** no parking

aparcería *f* sharecropping

aparcero -ra *m,f* sharecropper

apareamiento *m* (Zool) mating; (de cosas) matching

aparear [A1] *vt* ‹*animales*› to mate; ‹*objetos*› to match, pair up
▪ **aparearse** *v pron* to mate

aparecer [E3] *vi*
A **1** «*síntoma/mancha*» to appear **2** «*objeto perdido*» to turn up; **hizo ~ un ramo de flores** he produced a bouquet of flowers **3** (en documento) to appear; **mi nombre no aparece en la lista** my name doesn't appear on the list **4** «*revista*» to come out; «*libro*» to come out, be published
B «*persona*» **1** (fam) (llegar) to appear, turn up **2** (fam) (dejarse ver) to appear, show up (colloq); **no ha vuelto a ~ por aquí** he hasn't shown his face round here again **3** (en película, televisión) to appear
C (liter) (parecer) to seem
▪ **aparecerse** *v pron* **1** «*fantasma/aparición*» **~se A algn** to appear TO sb **2** (AmL fam) «*persona*» to turn up; **¡no te vuelvas a ~ por aquí!** don't you dare show your face round here again!

aparecido *m* (espectro) ghost

aparejado -da *adj*: **esto trae ~ cierto riesgo** this entails a certain amount of risk; **la pena lleva aparejada …** the punishment also includes *o* entails …

aparejador -dora *m,f* quantity surveyor

aparejar [A1] *vt* **1** ‹*embarcación*› to rig **2** ‹*caballos*› (para montar) to saddle; (a carro) to harness

a

aparejo *m*
A (de embarcación) rig; (de caballo) tack; (de pesca) tackle; (polea) block and tackle
B (Const) bond

aparentar [A1] *vt* 1 (fingir) ‹*indiferencia/interés*› to feign; **quiere ~ que no le importa** he's trying to make out he's not bothered about it 2 (parecer): **no aparentas la edad que tienes** you don't look your age; **aparenta ser el líder** he seems *o* appears to be the leader
■ **aparentar** *vi* 1 «*persona*» to show off; **sólo por ~** just for show 2 «*regalo/joya*» to look impressive; **aparenta más de lo que vale** it looks more expensive than it really is

aparente *adj*
A (que parece real) ‹*timidez/interés*› apparent (*before n*); **su amabilidad era sólo ~** his kindness was all show; **la ~ victoria se tornó en derrota** what had seemed like victory turned into defeat
B (obvio, palpable) apparent, obvious

aparición *f*
A (acción) appearance; **dos libros de reciente ~** two recently published books
B (fantasma) apparition

apariencia *f* appearance; **un hombre de ~ fuerte** a strong-looking man; **en ~ estaba sano** he appeared to be in good health; **a juzgar por las ~s** judging by appearances; **guardar** *or* **cubrir las ~s** to keep up appearances; **las ~s engañan** appearances can be deceptive

apartado¹ -da *adj* 1 ‹*zona/lugar*› isolated 2 ‹*persona*› **~ DE algo/algn**: **se mantuvo ~ de la vida pública** he stayed out of public life; **vive ~ de la familia** he has little to do with his family

apartado² *m*
A (Corresp) *tb* **~ de correos** *or* **~ postal** post office box, P.O. Box
B (de artículo, capítulo) section

apartamentero -ra *m,f* (Col) burglar

apartamento *m* 1 (AmL) (departamento) apartment 2 (Esp) (piso — pequeño) small apartment; (— frente al mar) apartment

apartamiento *m* (retiro) withdrawal

apartar [A1] *vt*
A 1 (alejar) to move away; **aparta la ropa del fuego** move the clothes away from the fire; **aparta eso de mi vista** get that out of my sight; **sus amigos lo ~on del buen camino** his friends led him astray; **apartó los ojos** *or* **la mirada** he averted his eyes 2 ‹*obstáculo*› to move, move … out of the way; **aparte ese coche** move that car (out of the way) 3 (frml) (de un cargo) to remove; **fue apartado del servicio activo** he was removed from active service 4 (separar) to separate; **si no los apartamos se van a matar** if we don't separate them they'll kill each other
B (guardar, reservar) to set aside; **aparté lo que me iba a llevar** I set aside what I was going to take; **aparta un poco de comida para él** put a bit of food aside for him
■ **apartarse** *v pron* (*refl*) 1 (despejar el camino) to stand aside; **¡apártense!** stand aside! 2 (alejarse, separarse) **~se DE algo/algn**: **el satélite se apartó de su trayectoria** the satellite strayed from its orbit; **apártate de ahí** get/come away from there; **no se aparta de su lado** he never leaves her side; **¡apártate de mi vista!** get out of my sight!; **se apartó bastante de su familia** she drifted away from her family; **nos estamos apartando del tema** we're going off the subject

aparte¹ *adv*
A (a un lado, por separado): **pon las verduras ~** put the vegetables to *o* on one side; **¿me lo podría envolver ~?** could you wrap it separately?; **lo llamó ~ y lo reprendió** she called him aside and reprimanded him; **dejando ~ la cuestión del dinero** leaving aside the question of money; **bromas ~** joking aside; **~ de** apart from; **~ de que no tiene experiencia …** apart from the fact that she has no experience …
B (además): **y ~ tiene una casa en el campo** and she has a house in the country as well; **y ~ yo no soy su criada** and anyway *o* besides I'm not his maid

aparte² *adj inv*: **esto merece un capítulo ~** this deserves a separate chapter; **es un caso ~** he's a special case

aparte³ *m* aside

apartheid /a'partej/ *m* apartheid

apartotel *m* apartment hotel (AmE), serviced flats (*pl*) (BrE)

apasionado¹ -da *adj* ‹*amor/persona*› passionate; ‹*discurso*› impassioned

apasionado² -da *m,f* enthusiast; **los ~s de la ópera** opera lovers

apasionamiento *m* passion; **con ~** passionately; **sin ningún ~** dispassionately

apasionante *adj* ‹*obra*› exciting, enthralling; ‹*tema*› fascinating

apasionar [A1] *vi*: **la música le apasiona** she has a passion for music; **no es un tema que me apasione** the subject doesn't exactly fascinate me
■ **apasionarse** *v pron* **~se POR algo**: **se apasiona por los toros** he's a tremendous bullfighting enthusiast; **se apasionó por la música** she developed a passionate interest in music

apatía *f* apathy

apático -ca *adj* apathetic

apátrida¹ *adj* 1 (sin patria) stateless 2 (RPl) (que no ama a su país) unpatriotic

apátrida² *mf* 1 (sin patria) stateless person 2 (RPl) (que no ama a su país) unpatriotic person

apdo. (= **apartado de Correos**) PO Box

apeadero *m* halt, unstaffed station

apearse [A1] *v pron* (frml) (bajarse) to get off, alight (frml); **~ DE algo** ‹*de un tren*› to alight FROM sth, get OFF sth; **se apeó del caballo** he got off the horse

apechugar [A3] *vi* (fam) to grin and bear it (colloq), to put up with it (colloq); **~ CON algo**: **~ con las consecuencias** to put up with *o* suffer the consequences; **tengo que ~ con todo el trabajo yo sola** I have to cope with all the work myself

apedrear [A1] *vt* 1 (tirar piedras a) to throw stones at 2 (matar a pedradas) to stone (to death)

apegado -da *adj* **ser/estar ~ A algo/algn** to be attached TO sth/sb

apegarse [A3] *v pron* **~ A algo** to grow *o* become attached TO sth; **~ A algn** to become attached TO sb

apego *m* **~ A algo/algn** attachment TO sth/sb; **el ~ a la familia** attachment to one's family; **me tiene mucho ~** she's very attached to me; **le tiene muy poco ~ al trabajo** she is not very committed to her work; **les tiene poco ~ a las cosas materiales** he attaches little importance *o* value to material things

apelable *adj* subject to appeal, appealable

apelación *f* appeal; **presentar** *or* **interponer una ~** to appeal, lodge an appeal

apelante *mf* appellant

apelar [A1] *vi* 1 (Der) to appeal; **~ ante el Tribunal Supremo** to appeal to the Supreme Court; **~ DE** *or* **CONTRA algo** to appeal AGAINST sth 2 (invocar, recurrir a) **~ A algo/algn** to appeal TO sth/sb; **apelé a su generosidad** I appealed to her generosity 3 (apodar) to call; **Pedro I, apelado el Cruel** Peter I, known as Peter the Cruel

apelativo *m* 1 (sobrenombre) name; **se le conoce por el ~ de …** he is known as … 2 (Ling) form of address; **un ~ cariñoso** a term of endearment

apellidarse [A1] *v pron*: **se apellida López** his surname is López

apellido *m* surname, last name (AmE); **~ de soltera/de casada** maiden/married name

apelmazado -da *adj* 1 ‹*arroz/pasta*› stodgy; **el arroz quedó ~** the rice all stuck together 2 ‹*bizcocho/pan*› heavy 3 ‹*pelo/lana*› matted; ‹*cojín*› lumpy

apelmazarse [A4] *v pron* 1 «*arroz/pasta*» to stick together 2 «*colchón/cojín*» to go lumpy; «*lana*» to get *o* become matted

apelotonar [A1] *vt* to roll … into a ball
■ **apelotonarse** *v pron* 1 «*gente*» to mass, crowd together; **íbamos todos apelotonados en el autobús** we were all packed together in the bus 2 «*almohada*» to go lumpy

apenar [A1] *vt* to sadden; **me apenó que se quedara solo** it saddened me that he was left on his own
■ **apenarse** *v pron*
A (entristecerse): **se sintió apenado por su muerte** he was

saddened by her death; **se apenó mucho cuando lo supo** he was very upset *o* sad when he learned of it
B (AmL exc CS) (sentir vergüenza) to be embarrassed

apenas¹ *adv* **1** (a duras penas) hardly; **~ podíamos oírlo** we could hardly *o* barely hear him; **hace ~ dos horas** only two hours ago; **sin ~ trámites** with a minimum of formalities **2** (no bien): **apenas había llegado cuando ...** no sooner had he arrived than ... **3** (Méx, Ven fam) (recién): **~ el lunes la podré ir a ver** I won't be able to go and see her until Monday

apenas² *conj* (esp AmL) (en cuanto) as soon as; **~ termines, me avisas** let me know as soon as you've finished

apendectomía *f* appendectomy

apendejarse [A1] *v pron* **1** (AmL exc CS fam) (volverse estúpido) to go soft in the head (colloq) **2** (Col fam) (ensimismarse): **se apendejaron mirando el cuadro** they became completely absorbed by the painting; **están como apendejados con la nieta** they are besotted with their granddaughter

apéndice *m*
A (del intestino) appendix; (de otro miembro) appendage; **lo operaron del ~** his appendix was removed
B (de texto, documento) appendix

apendicitis *f* appendicitis

apercibimiento *m* **1** (advertencia) warning **2** (sanción) disciplinary measure *o* sanction

apercibir [I1] *vt* **1** (advertir) **~ a algn DE algo** to warn sb OF sth **2** (Der) to order
■ **apercibirse** *v pron* **~se DE algo** to notice sth

apercollado -da *adj* (Col fam): **parejas apercolladas** couples necking *o* (AmE) making out (colloq)

apergaminado -da *adj* ‹*papel*› parchment-like; ‹*piel*› leathery; ‹*cara*› wizened

apergaminarse [A1] *v pron* «*piel*» to dry up, go leathery

aperitivo *m* **1** (bebida) aperitif; **nos invitaron a tomar el ~** they invited us for drinks before lunch (*o* dinner *etc*) **2** (comida) snack, appetizer

apero *m* **1** (utensilio) implement; **~s de labranza** farming implements (*o* tools *etc*); **~s de pesca** fishing tackle; **~s de caza** hunting gear **2** (AmL) (Equ) harness

apersonarse [A1] *v pron* **1** (comparecer) to appear **2** (Col) **~ DE algo** to take charge OF sth, take sth in hand **3** (RPl, Ven fam) (presentarse) to appear in person

apertura *f*
A **1** (de caja, sobre) opening; **S** **caja fuerte con apertura retardada** strongbox with time-delay mechanism **2** (de cuenta bancaria) opening; (de testamento) reading **3** (comienzo, inauguración) opening; **la sesión de ~** the opening session; **la ~ del plazo de matrícula** the opening date for registration; **la ~ del diálogo con la guerrilla** the commencement of talks with the guerrillas **4** (Fot) aperture **5** (en ajedrez) opening
B (actitud abierta) openness; (proceso) opening-up; **~ a nuevas ideas** this opening-up to new ideas

aperturismo *m* (policy of) openness

aperturista *adj* open, progressive

apesadumbrar [A1] *vt*: **no quería ~lo con sus problemas** she did not want to burden him with her problems; **la noticia lo ha apesadumbrado** the news has saddened *o* distressed him greatly

apestado -da *adj* **1** (con la peste): **gente apestada** plague victims **2** ‹*lugar*› **~ DE algo**: **~ de turistas** crawling *o* infested with tourists; **el barrio está ~ de propaganda política** the whole area is plastered with political posters **3** (AmS fam) (enfermo): **está apestada con la gripe** she has come down with the flu (AmE) *o* (BrE) with flu; **me pasé todo el invierno ~** I had the flu (*o* a cold *etc*) all winter; **esta planta está apestada** this plant has blight **4** (Méx fam) (con mala suerte): **estar ~** to be jinxed

apestar [A1] *vi* (fam) to stink (colloq); **~ A algo** to stink *o* reek OF sth (colloq)
■ **apestar** *vt* (fam) to stink out (colloq)
■ **apestarse** *v pron* (AmS fam) «*persona*» to catch (the) flu (*o* a cold *etc*); «*planta*» to become blighted

apestoso -sa *adj* (maloliente) stinking

apetecer [E3] *vi* (esp Esp): **me apetece un helado/pasear** I feel like an ice-cream/going for a walk; **¿qué te apetece cenar?** what do you feel like for dinner?; **haz lo que te apetezca** do whatever you like
■ **apetecer** *vt* to feel like; **nunca apeteció la fama** (liter) she never sought fame

apetecible *adj* ‹*manjar*› appetizing, mouthwatering; ‹*puesto*› desirable

apetencia *f* **~ DE algo**: **no tiene ~ de nada** nothing appeals to him, he doesn't feel like anything

apetito *m* **1** (ganas de comer) appetite; **no tengo ~** I don't feel *o* I'm not hungry; **tiene muy buen ~** he has a good appetite; **esta caminata me ha abierto el ~** this walk has given me an appetite; **se me ha ido** *or* **quitado el ~** I've lost my appetite **2** **apetitos** *mpl* (liter) (instintos) instincts (*pl*); **los ~s de la carne** the desires of the flesh (liter)

(Compuesto) **apetito sexual** sexual appetite

apetitoso -sa *adj* ‹*plato/manjar*› appetizing, mouthwatering

ápex *m* apex

apiadar [A1] *vt* to move ... to pity
■ **apiadarse** *v pron* **~se DE algn** to take pity ON sb

apiario *m* (AmL) apiary

ápice *m* **1** **(ni) un ~**: **no cedieron ni un ~** they didn't give an inch; **sin un ~ de malicia** without a hint of malice; **no mostró (ni) un ~ de interés** he didn't show the slightest bit of interest; **no tiene un ~ de tonta** she's certainly no fool **2** (de la lengua) tip, apex (tech); (de una pirámide) apex **3** (punto culminante) peak

apicultura *f* beekeeping, apiculture (tech)

apilar [A1] *vt* to pile up, put ... into a pile
■ **apilarse** *v pron* to pile up

apiñar [A1] *vt* to cram, pack
■ **apiñarse** *v pron* «*gente*» to crowd together; **un pueblo apiñado en torno a una iglesia** a village clustered *o* huddled around a church

apio *m* celery

apiolarse [A1] *v pron* (RPl fam) to wise up (colloq); **¿y recién te apiolás?** you mean to say you've only just caught on? (colloq)

apisonadora *f* road roller, steamroller

apisonar [A1] *vt* (con apisonadora) to roll, steamroll; (con pisón) to tamp

aplacar [A2] *vt* **1** ‹*ira*› to soothe; **para ~ a los dioses** to placate the gods; **ella supo ~ los ánimos** she was able to calm people down **2** ‹*sed*› to quench; ‹*hambre*› to satisfy; ‹*dolor*› to soothe
■ **aplacarse** *v pron* «*persona*» to calm down; «*furia*» to subside; «*tempestad*» to abate, die down

aplanacalles *mf* (*pl* **~**) (AmL fam) layabout, bum (AmE colloq)

aplanadora *f* (AmL) road roller, steamroller

aplanar [A1] *vt* (con niveladora) to level; (con apisonadora) to roll

aplanchado -da *adj* (Col fam) fed up (colloq), down (colloq)

aplastamiento *m*
A (de rebelión) crushing
B (CS fam) (del ánimo) lethargy

aplastante *adj* ‹*mayoría*› overwhelming; ‹*victoria/derrota*› overwhelming, crushing; ‹*lógica*› devastating

aplastar [A1] *vt*
A ‹*sombrero/caja*› to squash, crush; **~ los plátanos con un tenedor** mash the bananas with a fork
B **1** ‹*rebelión*› to crush, quash **2** ‹*rival*› to crush, overwhelm; (moralmente) to devastate
■ **aplastarse** *v pron* (Col, Méx, Per fam) (arrellanarse) to sprawl

aplaudir [I1] *vt* to applaud
■ **aplaudir** *vi* to applaud, clap

aplauso *m* **1** (ovación) applause; **los ~s duraron varios minutos** the applause went on for several minutes **2** (elogio) praise; **recibió el ~ de la crítica** it received critical acclaim; **su tenacidad es digna de ~** his tenacity is commendable *o* praiseworthy

a

aplazamiento *m* 1 (de reunión — antes de iniciarse) postponement; (— una vez iniciada) adjournment 2 (de pago) deferment

aplazar [A4] *vt*
A 1 ‹viaje› to postpone, put off 2 ‹juicio/reunión› (antes de iniciarse) to postpone; (una vez iniciado) to adjourn 3 ‹pago› to defer
B (RPl, Ven) ‹estudiante› to fail

aplazo *m* (RPl) fail

aplicable *adj* applicable

aplicación *f*
A 1 (frml) (de crema) application (frml); (de pintura, barniz) coat, application (frml) 2 (frml) (de sanción) imposition; (de técnica, método) application; (de plan, medida) implementation; **en este caso será de ~ el artículo 12** (frml) in this case article 12 shall apply (frml)
B (uso práctico) application, use
C (esfuerzo, dedicación) application; **~ A algo** application TO sth
D (Andes) (solicitud) application

aplicado -da *adj* ‹ciencias/tecnología› applied (*before n*); ‹estudiante› diligent, hard-working

aplicador *m* applicator

aplicar [A2] *vt*
A (frml) ‹pomada/maquillaje/barniz› to apply (frml)
B ‹sanción› to impose; ‹descuento› to allow; **se ~á todo el rigor de la ley** the full weight of the law will be brought to bear; **se le ~á la tarifa 4A** you will be charged at rate 4A; **el acuerdo se aplica a los afiliados al sindicato** the agreement applies to union members
C (frml) ‹método/sistema› to put into practice
■ **aplicar** *vi* (Col, Ven) to apply; **~ a un puesto/una beca** to apply for a job/a scholarship
■ **aplicarse** *v pron* to apply oneself

aplique, apliqué *m* 1 (lámpara) wall light 2 (adorno — en mueble) overlay; (— en prenda) appliqué

aplomado -da *adj* ‹persona› self-assured, composed

aplomarse [A1] *v pron* (cobrar aplomo) to gain confidence

aplomo *m* composure; **nunca pierde el ~** he never loses his composure

apocado -da *adj* 1 [SER] (de poco carácter) timid 2 [ESTAR] (deprimido) depressed, down (colloq)

apocalipsis *m* apocalypse; **el Libro del A~** Revelations

apocalíptico -ca *adj* apocalyptic

apocamiento *m* 1 (falta de carácter) timidity, lack of self-confidence 2 (depresión) depression

apocarse [A2] *v pron*: **se apocó** she lost all her self-confidence; **no se apoca ante** *or* **por nada** nothing intimidates *o* daunts him

apocopar [A1] *vt* to apocopate

apócope *f or m* (fenómeno) apocope; (vocablo) apocopated form

apócrifo -fa *adj* apocryphal

apodar [A1] *vt* to nickname, call; **lo apodan El Puma** they call him The Puma

apoderado -da *m,f* 1 (Der) proxy, representative; **nombré ~ a mi hermano** I gave my brother power of attorney 2 (de deportista) agent, manager

apoderar [A1] *vt* ‹persona› to authorize, grant power of attorney to
■ **apoderarse** *v pron* 1 «persona» **~ DE algo** ‹de ciudad/fortaleza› to seize sth, take sth; **se ~on de la planta baja** they seized *o* took over the ground floor; **se apoderó del control de la empresa** he took control of the company 2 (liter) «miedo» **~se DE algn** to seize sb; **la ira se apoderó de ella** she was seized with anger

apodo *m* nickname

apogeo *m* 1 (auge) height; (de civilización) height, zenith; **en el ~ de su carrera** at the peak *o* height of her career 2 (Astron) apogee

apolillado -da *adj* ‹ropa› moth-eaten; ‹madera› worm-eaten; ‹ideas› antiquated, fusty

apolilladura *f* moth hole

apolillar [A1] *vi* (RPl fam) to snooze (colloq)
■ **apolillarse** *v pron* «ropa» to get moth-eaten; «madera» to get infested with woodworm

apolíneo -nea *adj* 1 (Mit) Apollonian 2 (bello) handsome, Apollo-like

apolítico -ca *adj* apolitical

apologética *f* apologetics

apología *f* apologia (frml); **hizo ~ del terrorismo** he made a statement (*o* speech *etc*) justifying terrorism; **una ~ del difunto escritor** a eulogy for the dead writer

apologista *mf* apologist

apoltronarse [A1] *v pron* (en asiento) to settle oneself; **consiguió ese puesto y se apoltronó** he got that job and settled into an easy life

apoplejía *f* apoplexy; **ataque de ~** stroke

apoplético -ca *adj* apoplectic

aporrear [A1] *vt* ‹puerta/mesa› to bang *o* hammer on; (fam) ‹persona› to beat
■ **aporrearse** *v pron* (Andes fam) to take a tumble (colloq)

aportación *f* 1 (contribución) contribution; **su ~ al mundo de la música** her contribution to the world of music 2 (de socio) investment

aportar [A1] *vt* 1 (contribuir) ‹dinero/tiempo/idea› to contribute; **aporta calcio y vitaminas** it provides calcium and vitamins 2 «socio» to invest
■ **aportar** *vi* (RPl) (a la seguridad social) to pay contributions

aporte *m* 1 (esp AmL) ▸ **aportación** 2 (RPl) (a la seguridad social) social security contribution, ≈ National Insurance contribution (*in UK*)

aposentarse [A1] *v pron* 1 (arc) (alojarse) to lodge 2 (hum) (instalarse) to settle

aposento *m* (arc *o* hum) (habitación) chamber (dated); **me retiro a mis ~s** (hum) I'm going to retire (hum)

aposición *f* apposition; **en ~** in apposition

apósito *m* dressing

apostadero *m* station

apostar[1] [A10] *vt* to bet; **~ algo POR algo/algn** to bet sth ON sth/sb; **te apuesto una cerveza** I bet you a beer; **~ía cualquier cosa (a) que se ha olvidado** I bet you anything she's forgotten
■ **apostar** *vi*
A to bet; **~ a** *or* **en las carreras** to bet on the horses; **te apuesto (a) que gana** I bet (you) he wins
B (period) (por una opción) **~ POR algo**: **los delegados ~on por la renovación del partido** the delegates pledged their commitment to the modernization of the party; **diseñadores que apuestan por una línea romántica** designers who are going for the romantic look
■ **apostarse** *v pron* 1 (recípr): **se ~on una comida** they bet a meal on it 2 (enf) to bet; **¿qué te apuestas (a) que llega tarde?** I'll bet (you) he arrives late

apostar[2] [A1] *vt* ‹soldados/centinela› to station
■ **apostarse** *v pron* «policía/soldado» to position oneself, take up position; **dos policías apostados a la salida** two policemen positioned at the exit

apóstata *mf* apostate

apostatar [A1] *vi* to apostatize

a posteriori *loc adv* with hindsight; **un argumento ~ ~** (*loc adj*) an a posteriori argument

apostilla *f* comment, note

apostillar [A1] *vt* 1 ‹texto› to annotate 2 (agregar) to add

apóstol *m* 1 (Relig) apostle 2 **apóstol** *mf* (de idea) advocate, apostle (frml)

apostolado *m* (Relig) ministry, preaching; **la docencia es un verdadero ~** teaching is a true vocation

apostólico -ca *adj* apostolic

apóstrofo *m* apostrophe

apostura *f* (liter) (elegancia) elegance, gracefulness; (porte) bearing; **perdió toda su ~** he lost his fine looks

apoteósico -ca *adj* tremendous

apoteosis *f* 1 (exaltación) apotheosis; **cuando salió en escena aquello fue la ~** (fam) the audience went wild when she came on stage (colloq) 2 (Teatr) finale

apoyabrazos *m* (*pl* ~) armrest

apoyacabezas *m* (*pl* ~) headrest

apoyador -dora *m,f* linebacker

apoyalibros *m* (*pl* ~) bookend

apoyapiés *m* (*pl* ~) footrest

apoyar [A1] *vt*
A (hacer descansar) to rest; **apóyalo contra la pared** lean *o* rest it against the wall
B **1** (respaldar) ‹*propuesta/persona*› to back, support; **nadie la apoyó en su iniciativa** no one backed *o* supported her initiative **2** ‹*teoría*› to support, bear out
■ **apoyarse** *v pron*
A (para sostenerse, descansar) **~se EN algo** to lean ON sth; **camina apoyándose en un bastón** she walks using a cane for support; **se apoya mucho en su familia** he leans heavily on his family
B (basarse, fundarse) **~se EN algo** to be based ON sth; **¿en qué se apoya para hacer tal acusación?** what are you basing your accusation on?

apoyo *m* support; **contar con el ~ popular** to have the support of the people; **~ A algo** support FOR sth; **una campaña de ~ al desarme nuclear** a campaign in support of nuclear disarmament

apozarse [A4] *v pron* (Andes, CS) to collect, form a pool

apreciable *adj* ‹*cambio/mejoría*› appreciable, substantial; ‹*suma/cantidad*› considerable, substantial

apreciación *f*
A **1** (percepción, enfoque) interpretation; **es cuestión de ~** it is a matter of interpretation **2** (juicio) appraisal, assessment
B (aprecio, valoración) appreciation; **~ musical** musical appreciation
C (frml) (de moneda) appreciation (frml)

apreciado -da *adj* ‹*amigo*› valued; **su piel es muy apreciada** its fur is highly prized

apreciar [A1] *vt*
A ‹*persona*› to be fond of; **un amigo al que aprecio mucho** a very dear friend
B ‹*interés/ayuda/arte*› to appreciate; **sabe ~ la buena comida** she appreciates good food
C (percibir, observar) to see; **en la foto se aprecian unas manchas oscuras** some dark areas are visible in the picture; **para ~ la magnitud de los daños** in order to appreciate the extent of the damage
■ **apreciarse** *v pron* (frml) «*moneda*» to appreciate (frml)

apreciativo -va *adj* ‹*gesto/público*› appreciative; ‹*cálculo*›: **hacer un cálculo ~ de los daños** to appraise *o* estimate the damage; **cálculos ~s** estimates

aprecio *m* **1** (estima) esteem; **siente gran ~ por él** she holds him in great esteem; **goza del ~ de sus compañeros** she is highly regarded by her colleagues **2** (valoración) **~ DE algo** appreciation OF sth

aprehender [E1] *vt* (frml) ‹*delincuente*› to apprehend (frml); ‹*contrabando*› to seize; ‹*idea/concepto*› to grasp

aprehensión *f* (frml) (de delincuente) apprehension (frml); (de contrabando) seizure

apremiante *adj* ‹*necesidad*› pressing, urgent

apremiar [A1] *vt* (presionar): **me están apremiando para que lo termine** they are putting pressure on me to get it finished; **estamos apremiados de tiempo** we are pushed for *o* short of time; **lo ~on con preguntas** they badgered *o* harassed him with questions
■ **apremiar** *vi*: **el tiempo apremia** time is getting on *o* is pressing; **apremia una solución** a solution is urgently needed

apremio *m* **1** (urgencia) pressure **2** (mandamiento gubernativo) final demand; (procedimiento judicial) legal proceedings (*pl*); (mandamiento judicial) court order, liability order

aprender [E1] *vi* to learn
■ **aprender** *vt* ‹*lección/oficio*› to learn; **tienes que ~lo de memoria** you have to learn it (off) by heart; **~ algo DE alg\n/algo** to learn sth FROM sb/sth; **~ A + INF** to learn to + INF; **aprendió a leer** he learned to read
■ **aprenderse** *v pron* (*enf*): **se aprendió el papel en una tarde** she learned the part in an afternoon; **tienen que ~se la lección para mañana** you have to learn the lesson (by heart) for tomorrow

aprendiz -diza *m,f* apprentice, trainee; **es ~ de mecánico** he's an apprentice mechanic; ***ser ~ de todo y oficial de nada*** to be a jack of all trades and master of none

aprendizaje *m* **1** (proceso) learning; **el ~ de una lengua** learning a language **2** (período como aprendiz) apprenticeship, training period; **hacer el ~** to serve one's apprenticeship *o* one's training period

aprensión *f* **1** (preocupación, miedo) apprehension; **se lo dije con cierta ~** I told him somewhat apprehensively **2** (asco) squeamishness; **me da ~ ver sangre** I get squeamish at the sight of blood; **me da ~ beber de un vaso sucio** I don't like the idea of drinking out of a dirty glass

aprensivo -va *adj*: **es muy ~** he's such a worrier

apresador -dora *m,f* captor

apresar [A1] *vt* **1** ‹*nave*› to seize, arrest; ‹*delincuente*› to capture, catch **2** «*animal*» ‹*presa*› to capture, catch

aprestar [A1] *vt* **1** (preparar) to prepare **2** ‹*tela*› to size
■ **aprestarse** *v pron* (*refl*) (frml) **~se PARA algo** to prepare FOR sth; **~se A + INF** to prepare to + INF

apresto *m* size

apresuradamente *adv* **1** (con prisa) hurriedly; **salió ~** she rushed off *o* left in a hurry; **trabajan ~ para terminarlo** they are hurrying *o* rushing to get it finished **2** (precipitadamente) hastily

apresurado -da *adj* **1** ‹*despedida*› quick, hurried; ‹*visita*› rushed, hurried; **caminaba con paso ~** she walked quickly *o* at a brisk pace **2** ‹*decisión*› rushed, hasty; ‹*respuesta/comentario*› hasty

apresuramiento *m* hurry, haste

apresurar [A1] *vt* **1** (meter prisa a) to hurry **2** (acelerar) to speed up; **apresuré el paso** I quickened my pace **3** (precipitar) to hasten
■ **apresurarse** *v pron*: **apresúrate, que llegamos tarde** hurry up or we'll be late; **no nos apresuremos demasiado** let's not be hasty; **se ~on a desmentir la noticia** they were quick to deny the news; **se apresuró a defenderla** he hastened *o* rushed to her defense

apretado -da *adj*
A **1** (ajustado) tight; **esta falda me queda muy apretada** this skirt is too tight for me **2** (sin dinero): **andamos** *or* **estamos algo ~s** we're a little short of money (colloq) **3** (apretujado) cramped; **íbamos muy ~s** it was *o* we were very cramped
B ‹*calendario/programa*› tight; ‹*victoria*› narrow
C (fam) (tacaño) tight (colloq), tightfisted (colloq)
D (Ven fam) (estricto) strict

apretar [A5] *vt*
A **1** ‹*botón*› to press, push; ‹*acelerador*› to put one's foot on, press; ‹*gatillo*› to pull, squeeze **2** ‹*nudo/venda/tornillo*› to tighten; **apretó bien la tapa** he screwed the lid on tightly; **aprieta el puño** clench your fist; **apreté los dientes** I gritted my teeth **3** **~ el paso** *or* **la marcha** to quicken one's pace *o* step
B **1** (apretujar): **apretó al niño contra su pecho** he clasped *o* clutched the child to his breast; **me apretó el brazo con fuerza** he squeezed *o* gripped my arm firmly **2** (presionar) to put pressure on
■ **apretar** *vi*
A «*ropa/zapatos*» (+ *me/te/le etc*) to be too tight; **el vestido le aprieta** the dress is too tight for her
B (hacer presión) to press down (*o* in *etc*)
C (ser fuerte): **¡cómo aprieta el calor!** it's incredibly hot!; **cuando el hambre aprieta ...** when people are in the grip of hunger ...
D **1** (esforzarse) to make an effort **2** «*profesor/jefe*» to be demanding; ***~ a correr*** (fam) to break into a run
■ **apretarse** *v pron* to squeeze *o* squash together

apretón *m* **1** (abrazo) hug **2** (de gente) crush
(Compuesto) **apretón de manos** handshake; **se dieron un ~ de ~** they shook hands

apretujado -da *adj*: **tuvimos que comer todos ~s** we had to eat all squashed together round the table; **~ entre dos gordos** sandwiched *o* squashed between two fat men; **viven muy ~s en ese apartamento** they're very cramped in that apartment

apretujar [A1] *vt* (fam): **no me apretujes, que me haces daño** don't squeeze me so hard, you're hurting me; **me ~on mucho en el tren** I got squashed on the train
■ **apretujarse** *v pron* to squash *o* squeeze together

apretujón *m* **1** (agolpamiento) crush **2** (abrazo) hug

aprieta, aprietas, etc *see* **apretar**

aprieto *m* predicament; **estar/verse en un ~** to be/to find oneself in a predicament; **esto lo pone en un ~** this puts him in an awkward situation; **la saqué del ~** I got her out of it

a

a priori *loc adv* a priori (frml); **un argumento ~ ~** (*loc adj*) an a priori argument
apriorístico -ca *adj* a priori (*before n*)
aprisa *adv*▸**deprisa**
aprisco *m* fold, pen
aprisionar [A1] *vt* to trap; **se siente aprisionado** he feels trapped
aprobación *f* (de proyecto de ley, moción) passing; (de préstamo, acuerdo, plan) approval, endorsement; (de actuación, conducta de algn) approval; **cuentas con mi ~** you have my approval
aprobado *m* (Educ) pass
aprobar [A10] *vt*
A ‹*proyecto de ley/moción*› to pass; ‹*préstamo/acuerdo/plan*› to approve, sanction; ‹*actuación/conducta*› to approve of
B «*estudiante*» ‹*examen*› to pass; «*profesor*» ‹*estudiante*› to pass
■ **aprobar** *vi* «*estudiante*» to pass
aprobatorio -ria *adj* ‹*mirada*› approving (*before n*); **un gesto ~** a gesture of approval
aproblemar [A1] *vt* (Chi) to worry
■ **aproblemarse** *v pron* (Chi) to worry, get worried
aprontarse [A1] *v pron* (CS) (*refl*) to get ready; **se lo contaré a tu mamá y apróntate** (fam) I'll tell your mother and then you'll be for it (colloq)
apropiación *f* appropriation
(Compuesto) **apropiación indebida** misappropriation, embezzlement
apropiado -da *adj* suitable; **el discurso fue muy ~ a la ocasión** the speech was very fitting for the occasion; **este libro no es ~ para tu edad** this book is unsuitable for someone of your age; **¡podrías haber elegido un momento más ~!** you could have chosen a better *o* (frml) more appropriate time
apropiarse [A1] *v pron* **~ (DE) algo** to appropriate sth (frml); **es para todos, así que no te apropies de él** (fam) it's for everyone so don't keep it all to yourself; **te lo presto, pero no te lo apropies** (fam) I'll lend it to you, but don't get too attached to it
aprovechable *adj* usable
aprovechado¹ -da *adj*
A (oportunista) opportunistic; **no seas ~** don't take advantage (of the situation)
B ‹*estudiante*› hardworking
aprovechado² -da *m,f* opportunist; **es un ~ con sus padres** he takes advantage of his parents; **es un ~, viene aquí sólo a comer** he's a real scrounger, he just comes here for the food (colloq)
aprovechamiento *m* (utilización): **el ~ de los recursos naturales** the exploitation of natural resources; **para un mejor ~ del espacio** to make better use of the space
aprovechar [A1] *vt* **1** ‹*tiempo/espacio/talento*› to make the most of; **aprovecha tu juventud** make the most of your youth; **no aprovechan los recursos que tienen** they don't fully exploit the resources at their disposal; **dinero/tiempo bien aprovechado** money/time well spent; **es espacio mal aprovechado** it's a waste of space **2** ‹*oportunidad*› to take advantage of; **voy a ~ que hace buen tiempo para ...** I'm going to take advantage of the good weather to ...; **aprovecho la ocasión para decirles que ...** I would like to take this opportunity to tell you that ... **3** (usar) to use; **aproveché los restos para ...** I used the leftovers to ...; **éstas todavía se pueden ~** these can still be put to good use; **no tira nada, todo lo aprovecha** she doesn't throw anything away, she makes use of everything
■ **aprovechar** *vi*: **aproveché para venir a verte** I thought I'd take the opportunity to come and see you; **¡que aproveche!** enjoy your meal, bon appétit; **aprovechen ahora, que no tienen niños** make the most of it now, while you don't have children
■ **aprovecharse** *v pron* **1** (abusar) **~se DE algo/algn** to take advantage OF sth/sb, to exploit sth/sb **2** (abusar sexualmente) **~se DE algn** ‹*de una mujer*› to take advantage OF sb; ‹*de un niño*› to abuse sb
aprovisionador -dora *m,f* supplier
aprovisionamiento *m* (acción) provisioning; (provisiones) supplies (*pl*), provisions (*pl*)
aprovisionar [A1] *vt* ‹*buque/tropas*› to provision, to supply ... with provisions
■ **aprovisionarse** *v pron* **~se DE algo** to stock up WITH sth
aprox. (= **aproximadamente**) approx.
aproximación *f* **1** (Mat) approximation; **con una ~ del 99%** with 99% accuracy **2** (acercamiento): **la ~ de los dos países** the rapprochement between the two countries; **un intento de ~** an attempt to improve relations
aproximadamente *adv* around, about, approximately
aproximado -da *adj* ‹*cálculo/traducción/idea*› rough (*before n*); **hora aproximada de llegada** estimated time of arrival
aproximar [A1] *vt* **1** (acercar): **aproximó la mesa a la ventana** she moved (*o* brought *etc*) the table over to the window; **aproxima la silla** bring your chair closer **2** ‹*países*› to bring ... closer together
■ **aproximarse** *v pron* **1** (acercarse) «*fecha/persona/vehículo*» to approach; **se aproxima un frente frío** a cold front is approaching; **a medida que nos aproximábamos a la ciudad** as we approached *o* neared the town; **se aproximó a mí** she came up to me; **se aproximan malos tiempos** there are hard times ahead **2** **~se A algo** ‹*a la realidad/una cifra*› to come close TO sth; **el total se aproxima a los dos millones** the total comes close to two million
aproximativo -va *adj* approximate, rough
aprueba, apruebas, etc *see* **aprobar**
aptitud *f* flair; **tener ~ para los negocios/idiomas** to have a flair for business/languages; **carece de ~es para el ballet** she shows no talent for ballet
(Compuesto) **aptitud legal** legal competence
apto -ta *adj* **1** [SER] ‹*libro/película*› **~ PARA algn** suitable FOR sb; **no ~ para el consumo** not fit for consumption **2** ‹*persona*› **~ PARA algo** fit FOR sth; **~ para el servicio militar** fit for military service; **no es ~ para el cargo** he's not suitable *o* right for the job
apuesta¹ *f* bet; **le hice una ~** I had a bet with him
apuesta², **apuestas, etc** *see* **apostar**
apuesto -ta *adj* (liter) ‹*hombre/figura*› handsome
apunamiento *m* (AmS) altitude *o* mountain sickness
apunarse [A1] *v pron* (AmS) to get altitude *o* mountain sickness
apuntado -da *adj* pointed
apuntador -dora *m,f* prompter, prompt
apuntalamiento *m* (de edificio) shoring-up, bracing; (de cimientos) underpinning
apuntalar [A1] *vt* ‹*edificio/túnel*› to shore up, brace; ‹*cimientos*› to underpin; **los banqueros que ~on el régimen** the bankers who propped up the regime
apuntamiento *m* summary
apuntar [A1] *vt*
A **1** (tomar nota de) to make a note of, note down; **tengo que ~ tu dirección** I must make a note of your address; **apúntelo en mi cuenta** put it on my account **2** (para excursión, actividad) to put ... down; **apúntame para el sábado** put me down for Saturday
B (Teatr) to prompt; (Educ): **mi amiga me apuntaba las respuestas** (fam) my friend whispered the answers to me
C (señalar, indicar) to point at; **no la apuntes con el dedo** don't point (your finger) at her; **apuntó con el dedo dónde estaba el error** he pointed (his finger) to where the mistake was
D (afirmar) to point out; **apuntó la necesidad de un cambio** he pointed out the need for a change
■ **apuntar** *vi*
A **1** (con arma) to aim; **preparen ... apunten ... ¡fuego!** ready ... take aim ... fire!; **~ A algn/algo** to aim AT sb/sth; **le apuntó con una pistola** she pointed/aimed a gun at him **2** (indicar, señalar) to point; **la aguja apunta al** *or* **hacia el norte** the needle points north
B (anotar): **apunta: comprar limones, leche ...** make a note, you need to buy lemons, milk ...; **¿tienes lápiz? pues apunta** have you got a pencil? well, take *o* jot this down
C (Teatr) to prompt

D (liter) ⟨⟨*día*⟩⟩ to break; ⟨⟨*barba*⟩⟩ to appear, begin to show; ⟨⟨*flor/planta*⟩⟩ to sprout; **al ~ el alba** at the break of day (liter)

■ **apuntarse** *v pron*

A **1** (inscribirse) **~se A** *or* **EN algo** ⟨*a curso*⟩ to enroll* ON sth; ⟨*a clase*⟩ to sign up FOR sth; **me apunté para ir a la excursión** I put my name down for the outing; **vamos a la discoteca ¿te apuntas?** we're going to the disco, do you want to come (along)?; **me voy a tomar un café ¿quién se apunta?** I'm going out for a coffee, anyone want to join me? (colloq) **2** (obtener) ⟨*tanto*⟩ to score; ⟨*victoria*⟩ to chalk up, achieve; **se apuntó el gol de la victoria** he scored the winning goal

B (manifestarse) ⟨⟨*tendencia*⟩⟩ to become evident

apunte *m*

A **1** (nota) note **2** **apuntes** *mpl* (Educ) notes (*pl*); (texto preparado) handout; **tomar** *or* (CS) **sacar ~s** to take notes; ***no llevar a algn el*** *or* **de ~** (CS fam): **reclamé pero no me llevaron el** *or* **de ~** I complained but they didn't take a blind bit of notice (colloq)

B **1** (Art) sketch; (Lit) outline **2** (AmL) (Teatr, TV) sketch

C (Com) entry

apuñalar [A1] *vt* to stab; **~ a algn con la mirada** to look daggers at sb (colloq)

apuradamente *adv*

A (con dificultad) with difficulty

B (AmL) (con prisa) hurriedly; **trabajan ~ para terminarlo** they're rushing *o* hurrying to finish it

apurado -da *adj*

A (avergonzado) embarrassed

B (AmL) (con prisa) in a hurry; **andaba ~** he was in a hurry; **se casaron ~s** they got married because she got pregnant (colloq); ***a las apuradas*** (RPl): **lo hizo a las apuradas** she did it in a rush; **andar a las apuradas** to be in a rush

C **1** (en apuros): **se vio muy ~ para contestar las preguntas** he was hard put to answer the questions; **si te encuentras ~, dímelo** if you run into any difficulties, let me know **2** ⟨*situación*⟩ difficult

D **1** (de trabajo) overwhelmed with work **2** (de dinero): **anda ~ de dinero** he's short of money

E **1** ⟨*victoria*⟩ narrow **2** (Esp period) ⟨*afeitado*⟩ close, smooth

apurar [A1] *vt*

A ⟨*copa/botella*⟩: **apura esa botella que todavía queda aceite** there's still some oil left in that bottle, use it up; **apuró la cerveza y se fue** he finished (off) his beer and left

B (apremiar): **nos están apurando para que lo terminemos** they're pushing us to finish it; **no me apures** (AmL) don't hurry *o* rush me; **fue buena, si me apuran, excelente** it was good, if pressed, I'd say it was excellent

■ **apurar** *vi* (Chi) (+ *me/te/le etc*) (urgir): **no me apura** I'm not in a hurry for it; **le apura mucho la entrega** he needs it delivered very urgently

■ **apurarse** *v pron*

A (preocuparse) to worry

B (AmL) (darse prisa) to hurry; **¡apúrate!** hurry up!, get a move on! (colloq)

apuro *m*

A (vergüenza): **¡qué ~!** how embarrassing!; **me daba ~ pedirle dinero** I was too embarrassed to ask him for money

B (aprieto, dificultad): **se vio en ~s** he found himself in a predicament *o* a tight spot; **me sacó del ~** he got me out of it *o* off the hook; **me puso en un ~** she put me in a real predicament; **pasaron muchos ~s** they had an uphill struggle *o* they went through a lot

C (AmL) (prisa) rush; **esto tiene ~** this is urgent; ***casarse de ~*** (RPl): **se casó de ~** she had to get married (*because she was pregnant*); **se casaron de ~** they had a shotgun wedding

apurruñar [A1] *vt* (Ven fam) ⟨*persona*⟩ to squeeze

aquejado -da *adj* (frml) **~ DE algo** suffering FROM sth

aquejar [A1] *vt* (frml): **lo aqueja un fuerte dolor de espalda** he is suffering from severe back pain; **los problemas que nos aquejan** the problems which afflict us

aquel ,aquella *adj dem* (*pl* **aquellos, aquellas**) that; (*pl*) those; **en aquellos tiempos** in those days

aquél ,aquélla *pron dem* (*pl* **aquéllos, aquéllas**) [*According to the Real Academia Española the written accent may be omitted when there is no risk of confusion with the adjective*] **1** (refiriéndose a cosa) that one; (*pl*) those; **ése no, ~** not that one, the *o* that other one **2** (refiriéndose a persona): **... y de los dos sería ~ quien lo lograría** (liter) ...and of the two it was the former who was to be successful; **todo ~ que lo necesite** (frml) anyone *o* (frml) any person needing it; **el cuento de ~ que ...** the story about the man who ...

aquelarre *m* witches' sabbath

aquello *pron dem* (*neutro*) **¿qué es ~ que se ve allá?** what's that over there?; **~ que te dije el otro día** what I told you the other day

aquellos ,aquellas *adj dem*: *ver* **aquel**

aquéllos ,aquéllas *pron dem*: *ver* **aquél**

aquerenciarse [A1] *v pron* **~ A algo/algn** to become attached TO sth/sb

aquí *adv*

A (en el espacio) here; **está ~ dentro/arriba** it's in/up here; **la tienda de ~, de la esquina** the shop just here, on the corner; **~ Pepe, mi primo** this is my cousin Pepe; **¡tú por ~!** what are you doing here?; **no soy de ~** I'm not from these parts *o* from around here; **pase por ~** come this way; **viven por ~** they live around here; **dando vueltas de ~ para allá** going to and fro *o* from one place to another; **~ y ahora** right here and now; **he ~ el motivo del descontento** (liter) herein lies/lay the cause of their discontent (liter)

B (en el tiempo): **de ~ a 2015** from now until 2015; **de ~ en adelante** from now on; **de ~ a que termine van a pasar horas** it'll take me hours to finish

aquiescencia *f* (frml) acquiescence (frml)

aquietar [A1] *vt* (liter) ⟨*temores*⟩ to allay, ease; ⟨*conciencia*⟩ to ease; **~los ánimos de los manifestantes** to calm the demonstrators down

■ **aquietarse** *v pron* (liter) ⟨⟨*aguas*⟩⟩ to calm (liter), to become calm; **los ánimos se ~on** people calmed down

aquilatar [A1] *vt* ⟨*oro/piedra preciosa*⟩ to assay; **para ~ sus méritos** in order to assess her merits; **un hombre de aquilatada honradez** a man of proven honesty

ara¹ *f*‡ (altar) altar; (piedra consagrada) altar stone; **en ~s de** (frml): **en ~s de un mejor entendimiento entre...** in the interests of achieving better understanding between...; **en ~s de un futuro mejor** in order to secure a better future; **en ~s del progreso** in the name of progress

ara² *m* (Zool) macaw

árabe¹ *adj* **1** ⟨*país/plato*⟩ Arab; ⟨*escritura/manuscritos*⟩ Arabic; **una palabra de origen ~** a word of Arabic origin **2** (Hist) (de Arabia) Arabian; (de los moros) Moorish

árabe² *mf*

A **1** (de país árabe) Arab **2** (Hist) (de Arabia) Arabian; (moro) Moor

B **árabe** *m* (idioma) Arabic

arabesco¹ -ca *adj* arabesque

arabesco² *m* arabesque

Arabia Saudí, Arabia Saudita *f* Saudi Arabia

arabismo *m* Arabic expression

arabista *mf* Arabist

arácnido *m* arachnid

arada *f* (acción) plowing* (AmE), ploughing (BrE); (tierra) plowed land (AmE), ploughed land (BrE)

arado *m* plow* (AmE), plough (BrE); ***más bruto que un ~*** as dumb as an ox (AmE colloq), as thick as two short planks (BrE colloq)

aragonés -nesa *adj* Aragonese

arancel *m* (tarifa) tariff; (impuesto) duty; **~es de aduanas** customs duties

arancelario -ria *adj* ⟨*derecho/tarifa/barrera*⟩ customs (*before n*); **recibe protección arancelaria** it is protected by import duties *o* tariffs

arándano *m* bilberry, blueberry

arandela *f* washer

araña *f*

A (Zool) spider; ***ser picado de la ~*** (Chi fam) to be a flirt

B (lámpara) chandelier

arañar [A1] *vt* **1** ⟨*persona/cara*⟩ to scratch; ⟨*suelo/superficie*⟩ to scratch **2** (Esp fam) ⟨*nota/resultado*⟩ to manage to get; **~on un aumento del 3%** they managed to squeeze a 3% increase out of them

■ **arañar** *vi* 1 ‹‹*gato*›› to scratch 2 **arañando** *ger* (Ur fam) (con dificultad): **salvó el examen arañando** she just scraped through the exam

arañazo *m* scratch

arar [A1] *vt/vi* to plow (AmE), to plough (BrE)

araucano -na *adj/m,f* Araucanian

> araucano
> ▸ mapuche

arbitraje *m* 1 (en fútbol, boxeo) refereeing; (en tenis, béisbol) umpiring 2 (Der, Rels Labs) (acción) arbitration; (resolución) decision, judgment

arbitral *adj*: **el juicio ~** the arbitration; **el papel ~ que desempeñó** the mediating role that he played

arbitrar [A1] *vt*

A 1 (en fútbol, boxeo) to referee; (en tenis, béisbol) to umpire 2 ‹*conflicto/disputa*› to arbitrate (in)

B (frml) ‹*recursos*› to furnish (frml), to provide; ‹*medidas*› to introduce; ‹*solución*› to find

■ **arbitrar** *vi* (en fútbol, boxeo) to referee; (en tenis, béisbol) to umpire; (en conflicto) to arbitrate, act as arbitrator

arbitrariedad *f* 1 (cualidad) arbitrariness, arbitrary nature 2 (acción): **la ejecución del preso fue una ~** the execution of the prisoner was an arbitrary, unjust act

arbitrario -ria *adj* arbitrary

arbitrio *m* (frml): **se someterá al ~ del director** the decision will be taken by the director; **eso lo dejo a tu ~** I leave that to your discretion

(Compuesto) **arbitrio judicial** adjudication

árbitro -tra *m,f* 1 (en fútbol, boxeo) referee; (en tenis, béisbol) umpire; **los ~s de la moda** the arbiters of fashion 2 (en conflicto) arbitrator

árbol *m*

A (Bot) tree; **el ~ de la ciencia/vida** the tree of knowledge/life; ***quien a buen ~ se arrima buena sombra le cobija*** it's always useful to have friends in high places; ***los ~es no dejan ver el bosque*** you can't see the forest (AmE) *o* (BrE) wood for the trees

(Compuesto) **árbol de Navidad** *or* (Andes) **de Pascua** Christmas tree

B (Auto, Mec) shaft

(Compuesto) **árbol de levas** camshaft

C (diagrama) *tb* **diagrama de ~** tree (diagram)

(Compuesto) **árbol genealógico** family tree

arbolado¹ -da *adj*

A ‹*terreno*› wooded; **una calle arbolada** a tree-lined street

B ‹*mar*› rough, heavy

arbolado² *m* trees (*pl*)

arboladura *f* spars (*pl*)

arboleda *f* grove

arbóreo -rea *adj* 1 ‹*vegetación*›: **una zona de vegetación arbórea** a wooded area, an area of woodland 2 ‹*forma*› arboreal (frml), treelike

arborescente *adj* arborescent (liter)

arborícola *adj* arboreal, tree-dwelling (*before n*)

arboricultura *f* forestry, arboriculture (frml)

arbotante *m* flying buttress

arbusto *m* shrub, bush

arca *f*‡

A (cofre) chest

(Compuestos)

- **Arca de la Alianza** Ark of the Covenant
- **Arca de Noé el A~ de N~** Noah's Ark

B **arcas** *fpl* (de institución) coffers (*pl*)

arcabuz *m* harquebus

arcada *f*

A (Med): **tener ~s** to retch; **aquel olor me provocó ~s** that smell made me retch

B (Arquit) arcade; (de puente) arch

arcaico -ca *adj* archaic

arcaísmo *m* archaism

arcaizante *adj* archaic

arcángel *m* archangel

arcano¹ -na *adj* (liter) arcane (liter)

arcano² *m* (liter) mystery

arce *m* maple

arcediano *m* archdeacon

arcén *m* shoulder (AmE), hard shoulder (BrE)

archiconocido -da *adj* very well-known; **el ~ conjunto musical** the legendary group

archidiácono *m* archdeacon

archidiócesis *f* (*pl* ~) archdiocese

archiduque -quesa (*m*) archduke; (*f*) archduchess

archipiélago *m* archipelago

archisabido -da *adj* very well-known

archivador -dora *m,f*

A (persona) filing clerk

B **archivador** *m* (mueble) filing cabinet; (carpeta) ring binder, file

archivar [A1] *vt* ‹*documentos*› to file; ‹*investigación/asunto*› (por un tiempo) to shelve; (para siempre) to close the file on

archivero -ra *m,f*

A (persona) archivist

B **archivero** *m* (Méx) filing cabinet

archivo *m*

A (local) archive; (conjunto de documentos) *tb* **~s** archives (*pl*), archive; **los ~s de la policía** the police files *o* records

B (Inf) file

arcilla *f* clay; **~ de alfarería** potter's clay

arcilloso -sa *adj* clayey

arcipreste *m* archpriest

arco *m*

A (Arquit) arch

(Compuestos)

- **arco de herradura/de medio punto/ojival** horseshoe/semicircular/lancet arch
- **arco de triunfo** triumphal arch
- **arco iris** rainbow

B (AmL) (en fútbol) goal

C 1 (Anat) arch 2 (Mat) arc

D 1 (Arm, Dep) bow 2 (de violín) bow

E (Elec) arc

arcón *m* large chest

arder [E1] *vi*

A (quemarse) to burn; **ardía en deseos de verla** (liter) he burned with desire to see her (liter)

B (estar muy caliente) to be boiling (hot); **~ *en fiestas*: Zaragoza arde en fiestas** the festivities in Zaragoza are in full swing; ***estar que arde*** ‹‹*persona*›› to be fuming; **la cosa está que arde** things have reached boiling point

C (escocer) ‹*herida/ojos*› to sting, smart; **le ardían los hombros** her shoulders were burning; **me arde el estómago** I've got heartburn

ardid *m* trick, ruse

ardiente *adj* ‹*defensor*› ardent; ‹*deseo*› ardent, burning; ‹*amante*› passionate; **una ~ defensa de los derechos humanos** an impassioned defense of human rights

ardilla *f* squirrel

(Compuesto) **ardilla rayada** *or* **listada** chipmunk

ardor *m* 1 (fervor) ardor* (liter); **defendía su causa con ~** she defended her cause ardently; **trabaja con ~** he works with great zeal 2 (dolor) burning; (escozor) smarting; **~ de estómago** heartburn

ardoroso -sa *adj* ardent

arduo -dua *adj* arduous

área *f*‡ area

(Compuestos)

- **área chica** *or* **pequeña** goal area
- **área de castigo** penalty area
- **área de reposo** rest area, lay-by (BrE)
- **área de servicio** service area, services (*pl*)
- **área metropolitana** metropolitan area

arena *f*

A (Const, Geol) sand

(Compuesto) **arena movediza** quicksand

B 1 (palestra) arena; **en la ~ política** in the political arena 2 (Taur) ring

arenal *m* sandy area

arenga *f* harangue

arengar [A3] *vt* to harangue
arenilla *f* 1 (arena menuda) fine sand 2 (Med) *tb* **~s** gravel stones (*pl*)
arenisca *f* sandstorm
arenoso -sa *adj* ‹*playa/terreno*› sandy
arenque *m* herring; **~ ahumado** kipper
areola, aréola *f* areola
arepa *f*: *cornmeal roll*; **hay que garantizar la ~ al país** (Ven) the nation must be guaranteed its daily bread; ***ganarse la ~*** (Ven fam) to earn one's living
arequipe *m* (Col) ▸ **dulce de leche**
arete *m* (Col, Méx) earring
argamasa *f* mortar
Argel *m* Algiers
Argelia *f* Algeria
argelino -na *adj/m,f* Algerian
argentado -da, argénteo -tea *adj* (liter) silvery (liter)
Argentina *f*: *tb* **la ~** Argentina
argentino¹ -na *adj* ‹*gobierno/presidente*› Argentine (*before n*); ‹*escritor/música*› Argentinian
argentino² -na *m,f* Argentinian
argolla *f* 1 (aro) ring 2 (AmL) (anillo) ring; ***tener ~*** (AmC fam) to have contacts (colloq)
(Compuesto) **argolla de compromiso/de matrimonio** (AmL) engagement/wedding ring
argot *m* (*pl* **-gots**) slang
argucia *f* cunning argument
argüende *m* (Méx fam) 1 (habladuría) gossip 2 (fiesta) party
argüendero -ra *m,f* (Méx fam) gossip
argüir [I19] *vt* 1 ▸ **argumentar** 2 ‹‹*hechos/pruebas*›› to point to
■ **argüir** *vi* ‹‹*hechos/pruebas*››: **los hechos arguyen a mi favor** the facts support me; **no hay pruebas que arguyan en su contra** there is no evidence against him
argumentable *adj* arguable
argumentación *f* line of argument (frml)
argumentar [A1] *vt* to argue; **se podría ~ que ...** it could be argued that ...
argumento *m* 1 (razón) argument; **me dejó sin ~s** she demolished all my arguments 2 (Cin, Lit) plot, story line
aria *f*‡ aria
aridez *f* aridity, dryness
árido -da *adj* arid, dry
áridos *mpl* (Com) dry goods (*pl*); (Agr) grain
Aries¹ *m* (signo, constelación) Aries; **es (de) ~** she's an Aries *o* an Arian
Aries², aries *mf* (*pl* **~**) (persona) Aries, person born under (the sign of) Aries
ariete *m*
A (Arm, Hist) battering ram
B (period) (Dep) striker
ario -a *adj/m,f* Aryan
arisco -ca *adj* 1 [SER] (huraño) ‹*persona*› unfriendly, unsociable; ‹*animal*› unfriendly 2 [ESTAR] (Méx fam) (enojado) upset, angry
arista *f*
A (Mat) edge; (de viga) arris; (de bóveda) groin; (en montañismo) arête, ridge
B (Bot) beard
C **aristas** *fpl*: **las ~s propias de las tensiones socio-culturales** the thorny problems associated with sociocultural unrest; **los años han limado las ~s de su carácter** time has knocked the rough edges off him
aristocracia *f* aristocracy
aristócrata *mf* aristocrat
aristocrático -ca *adj* (noble) aristocratic; (fino) (pey) posh (pej)
aristotélico -ca *adj* Aristotelian
aritmética *f* arithmetic
aritmético -ca *adj* arithmetic
arlequín *m* harlequin
arma *f*‡
A 1 (Arm, Mil) weapon; **~ nuclear/convencional/biológica** nuclear/conventional/biological weapon; **tenencia ilícita de ~s** illegal possession of arms; **¡a las ~s!** to arms!; **rendir las ~s** to lay down one's arms; **tomar (las) ~s** to take up arms; ***de ~s tomar*** formidable, redoubtable (frml); ***ser un ~ de doble filo*** *or* ***de dos filos*** to be a double-edged sword 2 (instrumento, medio) weapon
(Compuestos)
• **arma blanca** *any sharp instrument used as a weapon*
• **arma de destrucción masiva** weapon of mass destruction
• **arma de fuego** firearm
• **arma reglamentaria** regulation firearm
B (cuerpo militar) arm; **el ~ de artillería/infantería** the artillery/infantry arm
armada *f* navy; **la A~ Invencible** the (Spanish) Armada
armadijo *m* trap, snare
armadillo *m* armadillo
armado -da *adj* ‹*lucha/persona*› armed; **~ DE** *or* **CON algo** armed WITH sth
armador -dora *m,f* shipowner
armadura *f*
A (Hist, Mil) armor*
B (Const) framework
armaduría *f* (Chi) assembly plant
armamentista *adj* arms (*before n*)
armamento *m* armaments (*pl*)
armar [A1] *vt*
A 1 (Mil) ‹*ciudadanos/país*› to arm, supply ... with arms 2 (equipar) ‹*embarcación*› to fit out, equip
B 1 ‹*estantería/reloj*› to assemble; ‹*tienda/carpa*› to pitch, put up 2 (AmL) ‹*rompecabezas*› to do, piece together 3 (Col, RPl) ‹*cigarro*› to roll 4 (dar cuerpo a) ‹*chaqueta/solapa*› to stiffen
C (fam) ‹*alboroto/ruido/lío*› to make; **~ jaleo** to kick up *o* make a racket (colloq); **~on un escándalo porque...** they caused a real scene *o* commotion because...; **~la** (fam): **no tengo ganas de ~la otra vez** I don't want to stir things up again (colloq); **¡buena la has armado!** you've really done it now! (colloq); **la que me armó porque llegué tarde** you should have seen the way he went on because I was late
■ **armarse** *v pron*
A 1 (Mil) to arm oneself 2 (proveerse) **~se DE algo** ‹*de utensilios/herramientas*› to arm oneself WITH sth; **tendrás que ~te de paciencia** you will have to be patient *o* (liter) arm yourself with patience; **tuvo que ~se de valor** he had to pluck up courage
B 1 (fam) ‹‹*lío/jaleo*››: **¡qué lío/jaleo se armó!** there was a real commotion, it was pandemonium; **se armó una discusión terrible** a terrible argument broke out 2 (fam) ‹‹*persona*›› ‹*lío*›: **me armé un lío** I got into a mess (colloq)
armario *m* 1 (para ropa — mueble) wardrobe; (— empotrado) closet (AmE), wardrobe (BrE) 2 (de cocina) cupboard; (de cuarto de baño) cabinet
(Compuestos)
• **armario de luna** *closet/wardrobe with mirrors on either sides of the doors*
• **armario empotrado** (para ropa) built-in closet (AmE), fitted wardrobe (BrE); (de cocina etc) fitted cupboard
armatoste *m* (fam) huge great thing (colloq)
armazón *m or f*
A (Const) skeleton; (de avión) airframe; (de barco, mueble) frame; (de gafas) frames (*pl*)
B (de obra literaria) framework, outline
armella *f* eyebolt
Armenia *f* Armenia
armenio¹ -nia *adj/m,f* Armenian
armenio² *m* (idioma) Armenian
armería *f* gunsmith's (shop)
armisticio *m* armistice
armonía *f* harmony; **en ~ con la naturaleza** in harmony with nature
armónica *f* harmonica, mouth organ
armónico¹ -ca *adj* 1 (Mús) harmonic 2 (armonioso) harmonious
armónico² *m* harmonic

a

armonio *m* harmonium

armonioso -sa *adj* harmonious

armonización *f* 1 (Mús) harmonization 2 (de estilos, colores) blending together; (de tendencias, opiniones) harmonization

armonizar [A4] *vt* 1 (Mús) to harmonize 2 ‹*tendencias/opiniones*› to reconcile, harmonize; ‹*diferencias*› to reconcile; ~ **algo CON algo** to harmonize sth WITH sth, bring sth into line WITH sth

■ **armonizar** *vi* «*estilos/colores*» to blend in, harmonize; ~ **CON algo** «*color/estilo*» to blend (in) WITH sth

ARN *m* (= **ácido ribonucleico**) RNA

arnés *m*

A (para niño) baby reins (*pl*); (Dep) harness; (arreos) harness

B (Hist, Mil) armor*

aro *m* 1 (Jueg) hoop; ***pasar*** *or* ***entrar por el*** ~ (en el circo) to jump through the hoop; (someterse) to toe the line 2 (pendiente) (Arg, Chi) earring; (en forma de aro) (Esp) hooped earring 3 (Ven) (anillo) wedding ring 4 (de servilleta) napkin ring

(Compuesto) **aro de émbolo** piston ring

aroma *m* (de flores) scent, perfume; (del café, de hierbas) aroma; (del vino) bouquet

aromaterapia *f* aromatherapy

aromático -ca *adj* aromatic

aromatizador *m* air freshener

aromatizar [A4] *vt* (Coc) to aromatize; ‹*ambiente/aire*› to scent, perfume

arpa *f*‡ harp

arpegio *m* arpeggio

arpía *f* (mujer perversa) dragon, harpy (liter); (Mit) harpy

arpillera *f* sacking, hessian, burlap (AmE)

arpista *mf* harpist

arpón *m* harpoon

(Compuesto) **arpón submarino** speargun

arponear [A1], **arponar** [A1] *vt* to harpoon

arponero -ra *m,f* harpooner

arqueado -da *adj* ‹*espalda*› curved; **tiene las piernas arqueadas** he's bowlegged

arquear [A1] *vt* ‹*espalda*› to arch; ‹*cejas*› to raise, arch; ‹*estante*› to bow, bend

■ **arquear** *vi* to retch

■ **arquearse** *v pron* «*estante*» to sag, bend; «*persona*» to arch one's back

arqueolítico -ca *adj* Stone Age (*before n*)

arqueología *f* archaeology

arqueológico -ca *adj* archaeological

arqueólogo -ga *m,f* archaeologist

arquería *f*

A (Arquit) series of arches

B (RPl) (Dep) archery

arquero *m*

A (Hist, Mil) archer

B (AmL) (en fútbol) goalkeeper

arquetípico -ca *adj* archetypal

arquetipo *m* archetype

arquitecto -ta *m,f* architect

(Compuesto) **arquitecto técnico -ta técnica** architect (*who has completed a 3 year course*)

arquitectónico -ca *adj* architectural

arquitectura *f* architecture

arrabal *m* poor quarter *o* area

arrabalero[1] **-ra** *adj* 1 (del arrabal) *from or relating to the poor areas of a city*; **quiere ocultar su origen** ~ he doesn't want people to know about his humble origins; **el lenguaje** ~ the language of the common people 2 (Esp) (ordinario) vulgar, common (pej)

arracada *f* pendant earring

arracimarse [A1] *v pron* to bunch together

arraigado -da *adj* ‹*costumbre*› deeply rooted, deep-rooted; ‹*vicio*› deeply entrenched; **no se siente** ~ **aquí** he doesn't feel that he really belongs here

arraigar [A3] *vi* «*costumbre*» to become rooted, take root; «*vicio*» to become entrenched; «*planta*» to take root

■ **arraigarse** *v pron* «*costumbres/ideas*» to take root; «*persona*» to settle

arraigo *m*: **de fuerte** ~ **popular** with strong popular support; **una entidad de** ~ a prestigious firm; **una tradición de mucho** ~ a deep-rooted tradition

arramblar [A1] *vi* ~ **CON algo** to make off WITH sth

arrancar [A2] *vt*

A ‹*hoja de papel*› to tear out; ‹*etiqueta*› to tear *o* rip off; ‹*botón*› to tear *o* pull off; ‹*planta*› to pull up; ‹*flor*› to pick; ‹*diente/pelo*› to pull out; ‹*esparadrapo*› to pull off; **hubo un forcejeo y le arrancó la pistola** there was a struggle and he wrenched the pistol away from her; **le arrancó el bolso** he snatched her bag

B ‹*confesión/declaración*› to extract; **no hay quien le arranque una palabra** no one can get a word out of him; **consiguió** ~**le una sonrisa** she managed to get a smile out of him

C ‹*motor/coche*› to start

■ **arrancar** *vi*

A 1 «*motor/vehículo*» to start; **el tren está a punto de** ~ the train is about to leave; **¡no arranques en segunda!** don't try and move off in second gear! 2 (moverse, decidirse) (fam) to get going; **no hay quien lo haga** ~ it's impossible to get him going 3 (empezar) ~ **A + INF** to start to + INF, to start -ING

B (provenir, proceder) 1 «*costumbre*» to originate; **esta tradición arranca del siglo XIV** this tradition dates from the 14th century; **de allí arrancan todas sus desgracias** that's where all his misfortunes stem from 2 «*carretera*» to start

C (Chi fam) (huir) to run off *o* away; ~ **DE algo/algn** to get away FROM sth/sb

■ **arrancarse** *v pron*

A (*refl*) ‹*pelo/diente*› to pull out; ‹*piel/botón*› to pull off

B (Taur) to charge

C (Chi fam) (huir) to run away; ~**se DE algo/algn** to run away FROM sth/sb

arranque *m*

A (Auto, Mec) starting mechanism; **el coche tiene problemas de** ~ I have problems starting it; ***ni para el*** ~ (Méx fam): **con un kilo no tenemos ni para el** ~ one kilo won't get us far (colloq)

B (de arco) base

C 1 (arrebato) fit; **un** ~ **de celos/ira** a fit of jealousy/rage; **un** ~ **de actividad/energía** a burst of activity/energy 2 (brío, energía) drive

arras *fpl* (Der) deposit, security

arrasar [A1] *vi*: **nuestro equipo volvió a** ~ our team swept to victory again; ~ **CON algo**: **la inundación arrasó con las cosechas** the flood devastated the crops; **las tropas** ~**on con la zona** the soldiers laid waste to the area; ~**on con toda la comida** they polished off all the food (colloq)

■ **arrasar** *vt* ‹*zona*› to devastate; ‹*edificio*› to destroy; **el sistema que fue arrasado por la revolución** the system that was swept away by the revolution

■ **arrasarse** *v pron*: **los ojos se le** ~**on en** *or* **de lágrimas** tears welled up in her eyes

arrastrado -da *adj* 1 ‹*vida*› wretched, miserable 2 ‹*persona*› (desgraciado) wretched

arrastrar [A1] *vt*

A 1 (por el suelo) to drag; **caminaba arrastrando los pies** she dragged her feet as she walked 2 ‹*remolque/caravana*› to tow 3 (llevar consigo): **el río arrastraba ramas** branches were being swept along by the river; **la corriente lo arrastraba mar adentro** the current was carrying him out to sea

B 1 ‹*problema/enfermedad*›: **arrastra esa tos desde el invierno** that cough of hers has been dragging on since the winter; ~**on esa deuda muchos años** they had that debt hanging over them for many years 2 (atraer) to draw; **está arrastrando mucho público** it is drawing big crowds; **se dejan** ~ **por la moda** they are slaves to fashion

C (en naipes) to draw

■ **arrastrar** *vi*

A «*mantel/cortina*» to trail along the ground

B (en naipes) to draw trumps (*o* spades *etc*)

■ **arrastrarse** *v pron*

A (por el suelo) «*persona*» to crawl; «*culebra*» to slither; **se**

arrastró hasta el teléfono she dragged herself *o* crawled to the telephone
B (humillarse) to grovel, crawl

arrastre *m* **1** (acción) dragging; ***estar para el* ~** (fam) to be done in (colloq) **2** (Náut) trawling; **la flota de ~** the trawlers **3** (CS fam) (atractivo) appeal; **ese chico tiene mucho ~** that guy's a real hit with the girls (colloq)

arrayán *m* myrtle

arre *interj* (a un caballo) gee up!, giddy up!

arreada *f* (RPl) round-up

arrear [A1] *vt*
A (fam) (pegar): **te voy a ~ un tortazo/puntapié** I'm going to smack you/kick you
B **1** ‹*ganado*› to drive, herd; ‹*caballerías*› to spur, urge on **2** (AmL fam) ‹*gente*› to chivy* (colloq), to hurry … along **3** (AmL fam) (llevar) **~ CON algo/algn** to cart sth/sb off (colloq)
■ **arrear** *vi*
A (fam) (pegar): **~le a algn** to smack sb
B **arreando** *ger* (rápido): **¡vamos arreando!** let's get moving! (colloq)

arrebatado -da *adj*
A **1** ‹*discurso*› impassioned; ‹*orador*› passionate; ‹*imaginación*› wild **2** (impetuoso) impulsive
B ‹*rostro/mejillas*› flushed; **un rojo ~** blood red

arrebatador -dora *adj* ‹*belleza*› breathtaking; ‹*sonrisa*› dazzling; ‹*mirada*› captivating

arrebatar [A1] *vt*
A (quitar) to snatch; **esa experiencia le arrebató la fe** this experience shattered her faith
B (embelesar) to enrapture, captivate
■ **arrebatarse** *v pron* «*persona*» to get annoyed, get worked up (colloq)

arrebato *m* **1** (arranque) fit; **un ~ de ira/pasión** a fit of anger/passion; **le dio un ~** he flew into a rage **2** (éxtasis) ecstasy, rapture

arrebol *m* **1** (liter) (en el cielo) crimson glow; (en las mejillas) rosy blush (liter) **2** **arreboles** *mpl* red *o* reddish clouds (*pl*)

arrebolar [A1] *vt* (liter) to turn … red *o* crimson
■ **arrebolarse** *v pron* (liter) to turn red *o* crimson

arrebujar [A1] *vt* (liter) ‹*ropa*› to crumple; ‹*niño*› to swathe (liter), to wrap up
■ **arrebujarse** *v pron* (liter) to wrap oneself up; (en la cama) to snuggle up

arrechar [A1] *vt*
A (AmL vulg) (excitar sexualmente) to turn … on (colloq)
B (AmL fam) (enojar) to bug (colloq); **me arrecha** it really bugs me, it really gets up my nose (colloq)
■ **arrecharse** *v pron*
A (AmL vulg) (sexualmente) «*persona*» to get horny (sl); «*animal*» to come in (AmE) *o* (BrE) on heat
B (AmL fam) (enfurecerse) to get furious

arrechera *f*
A (AmL vulg) (excitación sexual): **tenía una ~ impresionante** he was really horny (sl)
B (AmL fam) (enojo) bad temper; **le dio/cogió una ~ …** he had a fit! (colloq)

arrecho -cha *adj*
A **1** (AmL vulg) (sexualmente excitado) ‹*persona*› horny (sl), turned-on (colloq); ‹*animal*› in heat (AmE), on heat (BrE) **2** (Col, Ven fam) (valiente) gutsy (colloq)
B (AmL fam) (enojado) furious, mad (AmE colloq)
C **1** (Ven arg) (sensacional) great, fantastic **2** (Ven fam) (grande, intenso): **¡qué hambre/sed tan arrecha tengo!** I'm absolutely starving/parched (colloq); **tenía unas ganas arrechísimas de hacerlo** I had the most incredible urge to do it (colloq) **3** (AmC, Ven fam) (difícil) tough

arrechucho *m* **1** (fam) (indisposición): **me dio un ~** I had a funny turn (colloq) **2** (fam) (arranque) fit (colloq)

arreciar [A1] *vi* **1** «*tormenta*» to grow worse; «*viento*» to get stronger **2** «*críticas*» to become more intense *o* severe

arrecife *m* reef; **~ de coral** coral reef

arredrar [A1] *vt* **1** (intimidar) to intimidate **2** (hacer retroceder) to drive back
■ **arredrarse** *v pron* to be daunted; **sin ~se, dio un paso adelante** undaunted, she took a step forward

arreglado -da *adj*
A **1** (limpio, ordenado) tidy **2** (ataviado) smartly turned out, smart; **¿dónde vas tan arreglada?** where are you going all dressed up like that?; ***estar* ~** (fam): **está ~ si se cree que …** if he thinks that … he's got another think coming (colloq); **estamos ~s si perdemos el tren** if we miss the train we're in trouble
B (AmL fam) ‹*partido/elecciones*› fixed (colloq)

arreglar [A1] *vt*
A **1** ‹*aparato/reloj*› to mend, fix; ‹*ropa/zapatos*› to mend, repair; **tengo que ~ esta falda** I must get this skirt altered; **compró la casa muy barata, pero tiene que ~la** she bought the house very cheaply, but it needs a lot of work; **están arreglando la calle** they're repairing the road; **el dentista me está arreglando la boca** (fam) the dentist is fixing my teeth (colloq); **esto te ~á el estómago** (fam) this'll sort your stomach out (colloq) **2** (Chi fam) ‹*documento*› to doctor
B **1** ‹*casa/habitación*› to tidy (up), clean up **2** ‹*niño/pelo*›: **ve arreglando a los niños ¿quieres?** can you start getting the children ready?; **voy a ir que me arreglen el pelo** I'm going to have my hair done **3** (preparar, organizar): **tengo todo arreglado para el viaje** I've got everything ready for the trip; **un amigo me está arreglando todos los papeles** a friend is sorting out all the papers for me **4** (disponer) ‹*flores/muebles*› to arrange
C (solucionar) ‹*situación*› to sort out; ‹*asunto*› to settle, sort out; **ya está todo arreglado** it's all sorted out *o* settled now; **a ver si lo puedes ~ para que venga hoy** see if you can arrange for her to come today; **lo quiso ~ diciendo que …** she tried to put things right by saying that …
D (fam) (como amenaza): **ya te ~é yo a ti** I'll show you! (colloq)
■ **arreglarse** *v pron*
A (*refl*) (ataviarse): **tarda horas en ~se** she takes hours to get ready; **no te arregles tanto** you don't need to get so dressed up; **sabe ~se** she knows how to make herself look good
B ‹*pelo/manos*› **1** (*refl*) to do; **me tengo que ~ las manos** I have to do my nails (colloq) **2** (*caus*): **tengo que ir a ~me el pelo** I must go and have my hair done; **me estoy arreglando la boca** I'm getting my teeth fixed
C **1** (solucionarse) «*situación/asunto*» to get sorted out; **ya verás como todo se arregla** you'll see, everything will turn out all right **2** «*pareja*» (tras una riña) to make (it) up
D (fam) (amañarse): **ya me ~é para volver a casa** I'll make my own way home; **la casa es pequeña pero nos arreglamos** it's a small house, but we manage; **~se CON algo: nos tendremos que ~ con tu sueldo** we'll have to get by *o* manage on your wages; **se tendrán que ~ con lo que hay** they'll have to make do with what there is; ***arreglárselas*** (fam) to manage; **no sé cómo se las arreglan** I don't know how they manage; **arréglatelas como puedas** sort *o* work it out as best you can; **sabe arreglárselas solo** he can look after himself; **ya me las ~é para llegar** I'll find a way of getting there
E «*día/tiempo*» to get better, clear up

arreglista *mf* arranger

arreglo *m*
A **1** (reparación) repair; **con unos pequeños ~s quedará como nuevo** with a few minor repairs it'll be as good as new; **la casa necesita algunos ~s** the house needs some work done on it; ***tener* ~: este reloj no tiene ~** this watch is beyond repair; **esta chica no tiene ~** this girl's a hopeless case; **todo tiene ~** there's a solution to everything; **eso tiene fácil ~** that's easy enough to sort out **2** (de ropa) alteration **3** (Mús) *tb* **~ musical** musical arrangement

Compuestos
- **arreglo floral** flower arrangement
- **arreglo personal** personal appearance

B (acuerdo) arrangement, agreement; **los ~s que tenía con uno de los policías** the little arrangement he had with one of the policemen (colloq); **con ~ a** (frml) in accordance with
C (fam) (lío amoroso) affair

arrejuntarse [A1] *v pron* (fam) to shack up together (colloq)

a

arrellanarse [A1] *v pron* (en asiento, cargo) to settle; **estaba arrellanada en el sofá** she was sprawled on the sofa

arremangar [A3] *vt* ▸ **remangar**

arremeter [E1] *vi* (embestir) to charge; (atacar) to attack; **~ CONTRA algo/algn** (acometer) to charge AT sth/sb; (atacar, criticar) to attack sth/sb

arremetida *f* (embestida) charge; (ataque) attack, onslaught; **la ~ de las olas** the crashing *o* pounding of the waves

arremolinarse [A1] *v pron* «*agua/hojas*» to swirl; «*personas/animales*» to mill around

arrendador -dora (*m*) landlord, lessor (frml); (*f*) landlady, lessor (frml)

arrendajo *m* (europeo) jay; (americano) blue jay

arrendamiento *m* **1** (de casa) renting, letting; (de tierras, local) renting, leasing; **tomé el local en ~** I leased *o* rented the premises; **contrato de ~** lease **2** (de otra cosa — por el propietario) renting (out); (— por el que la recibe) renting **3** (precio — de casa, local) rent; (— de otra cosa) rental

(Compuesto) **arrendamiento financiero** *or* **con opción a compra** leasing

arrendar [A5] *vt*

A (Der) **1** (dar en arriendo) ‹*casa*› to rent, let; ‹*local/tierras*› to rent, lease **2** (tomar en arriendo) ‹*casa*› to rent; ‹*local/tierras*› to rent, lease **3** (contratar) ‹*servicios*› to hire

B (Andes) ‹*coche/máquinas*› (dar en arriendo) to rent; (tomar en arriendo) to hire, rent; Ⓢ **se arriendan coches** cars for rent (AmE), car hire (BrE)

arrendatario -ria *m,f* (de propiedad) lessee, tenant; (de contrata) contractor

arreo *m*

A (AmL) (Agr) (acción) driving; (recorrido) drive; (manada) herd, drove

B **arreos** *mpl* (Equ) tack

arrepentido¹ -da *adj* ‹*pecador*› repentant; **un terrorista ~** a reformed terrorist; **~ de lo que había hecho** sorry for *o* feeling remorse for what he had done; **estoy ~ de haberlo dicho** I regret having said it

arrepentido² -da *m,f* reformed terrorist

arrepentimiento *m* remorse, repentance; **su ~ era sincero** he was truly sorry

arrepentirse [I11] *v pron* **1** (lamentar) to be sorry; **~ DE algo** to regret sth; **no me arrepiento de nada** I have no regrets; **~ DE + INF** to regret -ING; **no te arrepentirás de comprarlo** you won't regret buying it **2** (cambiar de idea) to change one's mind

arrepienta, arrepintió, etc *see* **arrepentirse**

arrestar [A1] *vt* to arrest; **queda arrestado** you're under arrest

arresto *m*

A (Der, Mil) **1** (detención) arrest; **bajo ~** under arrest **2** (prisión) detention

(Compuestos)

- **arresto domiciliario** house arrest
- **arresto preventivo** preventive detention

B **arrestos** *mpl* (audacia) boldness, daring; **no tiene ~s para...** she's not daring *o* bold enough to...

arriar [A17] *vt* **1** ‹*bandera/vela*› to lower **2** ‹*cabo/cable*› (aflojar) to slacken off; (soltar) to let go, release

arriba *adv*

A **1** (lugar, parte): **está aquí ~** it's up there; **en el estante de ~** (el siguiente) on the shelf above; (el último) on the top shelf; **la sábana de ~** the top sheet; **ponlo un poco más ~** put it a little higher up; **como se dijo más ~** as stated above; **la parte de ~** the top (part); ***de ~*** (RPl fam) free; **vive de ~** he doesn't work for a living; ***de ~ abajo***: **me miró de ~ abajo** he looked me up and down; **limpiar la casa de ~ abajo** to clean the house from top to bottom; **me empapé de ~ abajo** I got soaked from head to toe; ***para tirar para ~*** (AmL fam): **tienen dinero para tirar para ~** they have money to burn (colloq); **hay hoteles para tirar para ~** there are hotels galore **2** (en edificio) upstairs; **los vecinos de ~** the people upstairs **3** (en escala, jerarquía) above; **órdenes de ~** orders from above; **los de ~ opinan que ...** the people at the top believe that ...; **las puntuaciones de 80 para ~** scores of 80 or over; **los Lakers 13 puntos ~** Lakers 13 points up *o* ahead

B (expresando dirección, movimiento): **corrió escaleras ~** he ran upstairs; **calle ~** up the street; **río ~** upstream; **miró hacia ~** he looked up; ***para ~ y para abajo*** (fam) to and fro, back and forth

C **arriba de**: **tiene ~ de 60 años** she's over 60; **con ~ de 50 alumnos** with more than 50 pupils; **~ del ropero** (AmL) on top of the wardrobe; **~ de la cocina está el baño** (AmL) the bathroom is above the kitchen

D (en interjecciones) **1** (expresando aprobación): **¡~ la democracia!** long live democracy! **2** (expresando estímulo) come on!; (llamando a levantarse) get up!

arribada *f* arrival (in port)

arribar [A1] *vi* **~ A algo** to arrive AT, come TO sth

arribismo *m* (ambición social) social ambition; (progreso, movimiento) social climbing

arribista¹ *adj* socially ambitious

arribista² *mf* arriviste, social climber

arribo *m* (liter) arrival

arriendo *m* (esp Andes) ▸ **arrendamiento**

arriero *m* mule driver *o* skinner

arriesgado -da *adj* ‹*acción/empresa*› risky, hazardous; ‹*persona*› brave, daring

arriesgar [A3] *vt* **1** ‹*vida/dinero*› to risk; ***quien nada arriesga nada gana*** nothing ventured, nothing gained **2** ‹*opinión*› to venture

■ **arriesgarse** *v pron*: **¿nos arriesgamos?** shall we risk it *o* take a chance?; **se arriesgan al fracaso** they run the risk of failing *o* of failure; **~se A + INF** to risk -ING; **te arriesgas a que te multen** you risk getting a fine

arrimar [A1] *vt*

A (acercar): **arrima la silla, estás muy lejos** bring your chair closer, you're too far away; **arrima una silla** pull up a chair; **arrimó la cama a** *or* **contra la pared** he pushed *o* moved the bed up against the wall

B (Méx fam) (pegar): **le arrimó una santa tranquiza** he gave him a real beating *o* thrashing (colloq); **me arrimó un codazo** he elbowed me

■ **arrimarse** *v pron*

A (*refl*) (acercarse): **arrímate al fuego** come (up) closer to the fire; **se arrimó a** *or* **contra la pared** he moved up against the wall; **bailaban muy arrimados** they were dancing very close; **~se A algn** to move closer TO sb; (buscando calor, abrigo) to snuggle up TO sb

B **1** (Méx, Ven fam) «*pareja*»: **están arrimados** they're living together **2** (Méx, Ven fam) (en casa de algn): **se ~on en mi casa** they came to live *o* stay with me, they dumped themselves on me (pey)

arrimo *m* protection; **al ~ de** thanks to, with the help of

arrinconado -da *adj* **1** (bloqueado) blocked in, boxed in **2** (acorralado, acosado) cornered **3** (arrumbado) lying around; **es demasiado valioso para tenerlo ~** it's too valuable to be left lying around

arrinconar [A1] *vt* **1** (poner en rincón) to put ... in a corner **2** (acosar, acorralar) to corner; **lo ~on contra una pared** they got him up against a wall **3** (marginar) to exclude **4** (arrumbar) to leave, dump (colloq)

■ **arrinconarse** *v pron* (fam) to cut oneself off

arriscado -da *adj*

A ‹*paisaje/terreno*› rugged, craggy

B (audaz) bold

arriscar *vi* (Col): **~ CON algo** to be up to sth; **ese caballo no arrisca con tanta carga** that horse isn't up to carrying a load like that

arritmia *f* arrhythmia

arroba *f*

A **1** (medida de peso) *unit of weight of between 11 and 16 kg (24-36 lbs) according to region* **2** (medida de capacidad) *unit of liquid measure of between 12 and 16 liters (US 25-34 pts, Brit. 21-28 pts) according to region*

B (en dirección electrónica) at, @

arrobar [A1] *vt* (liter) to entrance

■ **arrobarse** *v pron* to become entranced

arrobo *m* (liter) (éxtasis) bliss (liter), rapture (liter); (trance) trance

arrocero¹ -ra *adj* ‹*cultivo/producción*› rice (*before n*); ‹*región*› rice-growing (*before n*)

arrocero[2] **-ra** *m,f* rice grower

arrodillarse [A1] *v pron* to kneel (down); **estaba arrodillado** he was kneeling *o* on his knees

arrogancia *f* (soberbia) arrogance; **con ~** arrogantly

arrogante *adj* (soberbio) arrogant, haughty

arrogarse [A3] *v pron* (frml) to assume, arrogate (frml)

arrojadizo -za *adj*: **armas arrojadizas** throwing weapons

arrojado -da *adj* brave, daring

arrojar [A1] *vt*
A **1** (tirar) to throw; **arrojaban piedras contra la policía** the demonstrators hurled *o* threw stones at the police; **prohibido arrojar objetos a la vía** do not throw objects onto the track **2** ‹*lava*› to spew (out); ‹*humo*› to belch out; ‹*luz*› to shed **3** (liter) (expulsar) ‹*persona*› to cast out (liter)
B (frml) ‹*resultado/pruebas*› to produce; **la catástrofe arrojó 18 muertos** the disaster left 18 people dead; **el sondeo arroja un balance favorable a los Liberales** the poll gives the Liberals a favorable lead
C (vomitar) to vomit
■ **arrojar** *vi* to vomit
■ **arrojarse** *v pron* (*refl*) to throw oneself; **se ~on al agua** they threw themselves *o* jumped into the water; **~se SOBRE algo/algn** to throw oneself ONTO sth/sb; **el perro se arrojó sobre el intruso** the dog pounced on the intruder

arrojo *m* bravery, daring; **con ~** bravely

arrollado *m* (RPl) **1** (dulce) jelly roll (AmE), Swiss roll (BrE) **2** (de verduras) roulade
(Compuesto) **arrollado de chancho** (Chi) rolled pork

arrollador -dora *adj* **1** ‹*éxito*› overwhelming; ‹*victoria*› crushing, overwhelming; **una mayoría ~a** an overwhelming majority **2** ‹*fuerza/ataque*› devastating **3** ‹*personalidad/elocuencia*› overpowering

arrollar [A1] *vt*
A **1** «*vehículo*» to run over; «*muchedumbre/agua/viento*» to sweep *o* carry away **2** (derrotar, vencer) to crush, overwhelm
B ‹*papel/cable*› ▸ **enrollar A**

arropar [A1] *vt* **1** ‹*niño/enfermo*› (abrigar) to wrap … up; (en la cama) to tuck … in **2** (proteger) to protect
■ **arroparse** *v pron* (abrigarse) to wrap up warm; (en la cama) to pull the covers up

arrope *m* (de mosto) grape syrup; (de miel) honey syrup

arrorró *m* lullaby; **~ mi niño** hushaby baby

arrostrar [A1] *vt* ‹*peligros/penalidades*› to face up to, confront; ‹*consecuencias*› to face

arroyo *m* **1** (riachuelo) stream **2** (cuneta) gutter; ***poner*** *or* ***plantar a algn en el ~*** (fam) to kick sb out (colloq); ***sacar a algn del ~*** to drag sb up from the gutter **3** (AmC) (torrentera) gully **4** (Méx) (Auto) slow lane

arroyuelo *m* brook, small stream

arroz *m* rice
(Compuestos)
• **arroz a la cubana** *rice with fried egg, plantain and tomato sauce*
• **arroz blanco** (tipo de arroz) white rice; (arroz hervido) (plain) boiled rice
• **arroz con leche** rice pudding
• **arroz integral** brown rice

arrozal *m* ricefield, paddy

arruga *f* (en piel) wrinkle, line; (en tela, papel) crease

arrugado -da *adj* ‹*persona/manos/piel*› wrinkled; ‹*ropa*› wrinkled (AmE), creased (BrE); ‹*papel*› crumpled

arrugamiento *m* crumpling

arrugar [A3] *vt* ‹*piel*› to wrinkle; ‹*tela*› to wrinkle (AmE), to crease (BrE); «*papel*» to crumple; ‹*ceño*› to knit; ‹*nariz*› to wrinkle; ‹*cara*› to screw up; **arrugó el entrecejo** he frowned, he knitted his brow
■ **arrugarse** *v pron*
A **1** «*persona/piel*» to become wrinkled **2** (por acción del agua) «*piel/manos*» to shrivel up, go wrinkled **3** «*tela*» to wrinkle *o* get wrinkled (AmE), to crease *o* get creased (BrE); «*papel*» to crumple
B **1** (fam) (achicarse) to be daunted *o* frightened **2** (Chi fam) (inmutarse): **ni se arruga para mentir** he thinks nothing of lying; **le gritan y ni se arruga** they shout at him and he doesn't bat an eyelid (colloq)

arruinar [A1] *vt*
A (empobrecer) to ruin
B (estropear) ‹*vida/salud/reputación*› to ruin, wreck; ‹*proyecto/cosecha*› to ruin; ‹*velada/sorpresa*› to spoil, ruin
■ **arruinarse** *v pron*
A (empobrecerse): **se arruinó** he lost everything *o* he was ruined; **por invitarme a una copa no te vas a ~** (hum) buying me one drink isn't going to break you (hum)
B «*proyecto/cosecha*» to be ruined

arrullador -dora *adj* soothing, lulling

arrullar [A1] *vt* (cortejar) to whisper sweet nothings to; (adormecer) to lull … to sleep; **arrullado por el sonido del agua** lulled by the sound of the water
■ **arrullar** *vi* «*paloma*» to coo

arrullo *m* (de palomas) cooing; (para adormecer) lullaby

arrumaco *m* (fam) **1** (de enamorados) petting; **se hacían ~s** they were kissing and petting **2** (zalamería): **déjate de ~s** stop trying to sweet-talk me

arrumar *vt* (Náut) to stow
■ **arrumarse** *v pron* to cloud over

arrumbar [A1] *vt* ▸ **arrinconar 3, 4**
■ **arrumbar** *vi* to fix a course

arrume *m* (Col) pile, heap

arruncharse [A1] *v pron* (Col, Ven) to curl up; **estaban arrunchados, temblando de frío** they were huddled together, shivering with cold

arrurrú *m* (Andes) ▸ **arrorró**

arrurruz *m* arrowroot

arsenal *m* **1** (Mil) arsenal **2** (colección) armory*; **un ~ de datos** a mine of information **3** (Esp) (Náut) navy yard (AmE), naval dockyard (BrE)

arsenalero -ra *m,f* (Chi) nurse (AmE), theatre nurse (BrE)

arsénico *m* arsenic

arte (*gen m en el singular y f en el plural*)
A (Art) art; **el ~ medieval** medieval art; **las ~s** the arts; **el ~ por el ~** art for art's sake; **no trabajo por amor al ~** (hum) I'm not working for the good of my health (hum); ***(como) por ~ de magia*** as if by magic; ***no tener ~ ni parte***: **no tuve ~ ni parte en el asunto** I had nothing whatsoever to do with it
(Compuestos)
• **arte dramático** dramatic arts (*pl*)
• **arte poética** poetics (*pl*)
• **artes gráficas/plásticas** *fpl* graphic/plastic arts (*pl*)
• **artes marciales** *fpl* martial arts (*pl*)
• **artes menores** *fpl* crafts (*pl*)
• **artes y oficios** *fpl* arts and crafts (*pl*)
B **1** (habilidad, destreza): **el ~ de mentir** the art of lying; **tiene ~ para arreglar flores** she has a flair *o* gift for flower arranging **2** **artes** *fpl* (astucias, artimañas) trick; **empleé todas mis ~s para ...** I used every trick I could think of to ...; **usó todas sus ~s para seducirlo** she used (all) her feminine wiles to seduce him

artefacto *m* (instrumento) artefact; (dispositivo) device
(Compuestos)
• **artefactos de baño** *or* **sanitarios** *mpl* (CS) bathroom fixtures (*pl*), sanitary ware (frml)
• **artefactos eléctricos** *mpl* (CS) small electrical appliances (*pl*)

arteria *f* artery; **una importante ~ fluvial** a major artery for river transport

artería *f* artfulness

arterial *adj* arterial

arterioesclerosis, arteriosclerosis *f* arteriosclerosis (tech)

artero -ra *adj* artful, cunning

artesa *f* trough

artesanado *m* artisans (*pl*)

artesanal *adj*: **muebles de fabricación ~** handcrafted furniture; **quesos de fabricación ~** farmhouse cheeses; **productos ~es** handicrafts, craftwork; **una feria ~** a craft fair

artesanía *f* **1** (actividad): **fomentar la ~ tradicional** to encourage traditional crafts; **objetos de ~ popular** traditional craftwork *o* handicrafts **2** **artesanías** *fpl* (AmL)

a

a

(productos artesanos) handicrafts (*pl*), craftwork; **~s en barro/cuero** traditional earthenware/leather goods; **mercado de ~s** craft market

artesano¹ -na *adj* ▸ **artesanal**

artesano² -na (*m*) craftsman, artisan; (*f*) craftswoman, artisan

artesiano *adj* artesian

artesón *m* 1 (panel) coffer, caisson 2 (moldura) molding* 3 (techo) coffered ceiling

artesonado *m* (conjunto de artesones) coffering; (techo) coffered ceiling

ártico -ca *adj* Arctic

Ártico *m*: **el ~** (región) the Arctic; (océano) the Arctic Ocean

articulación *f*

A 1 (Anat, Mec) joint, articulation (tech) 2 (organización) organization, coordination

B (Ling) articulation

articulado -da *adj* articulated

articular¹ *adj* of/in the joint, articular (tech)

articular² [A1] *vt* 1 (Tec, Ling) to articulate 2 ‹*reglamento*› to formulate, draw up; ‹*ley*› to draft 3 (organizar, coordinar) to organize, coordinate

articulista *mf* feature writer, columnist

artículo *m*

A (Com): **~s del hogar** household goods; ⓢ **artículos para regalo** gifts; **rebajas en todos nuestros ~s** reductions on all items; **~s de punto** knitwear

(Compuestos)

- **artículo de primera necesidad** essential item, essential
- **artículos de consumo** *mpl* consumer goods (*pl*)
- **artículos de escritorio** *mpl* stationery
- **artículos de tocador** *mpl* toiletries (*pl*)

B 1 (escrito — en periódico, revista) article; (— en diccionario) entry, article 2 (de ley) article

(Compuestos)

- **artículo de fe** article of faith
- **artículo de fondo** editorial

C (Ling) article

(Compuestos)

- **artículo determinado** *or* **definido** definite article
- **artículo indeterminado** *or* **indefinido** indefinite article

artífice *mf* 1 (responsable, autor): **fue el ~ del secuestro** he planned the kidnapping; **el ~ de esta victoria** the architect of this victory 2 (artista) (*m*) craftsman, artisan; (*f*) craftswoman, artisan

artificial *adj* ‹*flor/satélite/sonrisa*› artificial; ‹*fibra*› man-made, artificial

artificiero -ra *m,f* (experto en explosivos) explosives expert; (experto en desactivarlos) bomb disposal expert

artificio *m* 1 (artimaña) trick, artful device; **una belleza sin ~s** a natural beauty 2 (afectación) affectation 3 (artilugio) device

artificioso -sa *adj* affected, contrived

artillería *f* artillery

(Compuesto) **artillería antiaérea/ligera/pesada** anti-aircraft/light/heavy artillery

artillero¹ -ra *adj* artillery (*before n*)

artillero² *m* (Mil) artilleryman; (Náut) gunner; (Dep) striker

artilugio *m* 1 (aparato) device, contraption 2 **artilugios** *mpl* (de oficio) equipment

artimaña *f* trick

artista *mf*

A (Arte) artist; **es una ~ cocinando** she's a real artist in the kitchen (colloq)

B (actor) actor; (actriz) actress; (cantante, músico) artist; **una ~ de cine** a movie star (AmE) *o* (BrE) film star

artístico -ca *adj* artistic

artrítico¹ -ca *adj* ‹*dolor*› arthritic; ‹*enfermo*› arthritis (*before n*)

artrítico² -ca *m,f* arthritis sufferer

artritis *f* arthritis

(Compuesto) **artritis reumatoide** rheumatoid arthritis

artrópodo *m* arthropod

artrosis *f* degenerative osteoarthritis

aruñar [A1] *vt/vi* (AmC, Col, Ven) ▸ **arañar**

arveja *f* 1 (AmL) (guisante) pea 2 (algarroba) vetch

arvejilla, arverjilla *f* (RPl) sweet pea

arzobispado *m* archbishopric

arzobispal *adj* ‹*sede/comisión*› archiepiscopal (frml); **el palacio ~** the archbishop's palace

arzobispo *m* archbishop

as *m* 1 (Jueg) ace; ***tener/guardar un ~ en la manga*** to have/keep an ace *o* a trick up one's sleeve 2 (fam) (campeón) ace (colloq); **un ~ del volante** an ace *o* a crack driver (colloq)

(Compuesto) **as de guía** bowline

asa *f*‡ (asidero) handle

asadera *f* (RPl) roasting pan *o* dish *o* tin

asadero *m* (Coc) griddle

asado¹ -da *adj*

A (en horno) roast (*before n*); (con espetón) spit-roast (*before n*); (a la parrilla) barbecued, grilled; **castañas asadas** roast chestnuts; **papas asadas** roast/baked potatoes

B (fam) (acalorado) roasting (colloq)

asado² *m* 1 (al horno) roast; **~ de cordero** roast lamb 2 (AmL) (a la parrilla) barbecued meat 3 (AmL) (reunión) barbecue

asador¹ *m* (espetón) spit; (aparato — de espetones) rotisserie; (— de parrilla) barbecue; (restaurante) grillroom, steakhouse

asador² -dora *m,f* (RPl) cook (*person who cooks the meat at a barbecue*)

asadura, asadurilla *f*: *tb* **~s** offal

asaetear [A1] *vt* 1 (disparar a) to shoot arrows at; (herir) to wound (*with an arrow*) 2 (acosar): **lo ~on a** *or* **con preguntas** they bombarded him with questions; **sus admiradoras lo asaeteaban** he was besieged by fans

asalariado¹ -da *adj* wage-earning (*before n*)

asalariado² -da *m,f* wage *o* salary earner

asaltante¹ *adj* attacking (*before n*)

asaltante² *mf* 1 (ladrón) robber; **los ~s del banco** the bank robbers 2 (atacante) attacker; **los ~s de la embajada** those who stormed the embassy

asaltar [A1] *vt* 1 (robar) ‹*banco/tienda*› to rob, hold up; ‹*persona*› to rob, mug 2 (tomar por asalto) ‹*ciudad/embajada*› to storm 3 (atacar) to attack, assault 4 (acosar) to accost, assail (frml); **lo ~on a preguntas** they bombarded him with questions 5 «*idea*» to strike; **me asaltó una duda** I was struck *o* seized by a sudden doubt

asalto *m*

A 1 (robo) holdup, robbery; **un ~ a mano armada** an armed robbery *o* raid 2 (ataque) attack, assault; **el ~ a** *or* **de la embajada** the storming of the embassy; **lo tomaron por ~** they took it by storm

B 1 (en boxeo) round 2 (en esgrima) bout

C 1 (RPl) (fiesta) potluck party *o* dinner 2 (AmC) (fiesta sorpresa) surprise party

asamblea *f* 1 (reunión) meeting; **celebrar una ~** to hold a meeting 2 (cuerpo) assembly; **constituirse en ~ permanente** to meet in permanent session

(Compuesto) **Asamblea Nacional** *or* (en Ur) **General**: **la ~ ~** Parliament, the National Assembly

asambleísta *mf* assembly member

asar [A1] *vt* (en horno) to roast; (a la parrilla) to grill; (con espetón) to spit-roast

■ **asarse** *v pron* 1 (Coc) ▸ **asar** *vt* 2 (fam) (de calor) to roast (colloq)

asaz *adv* (liter) (muy) very; (bastante) rather

asbesto *m* asbestos

ascendencia *f* 1 (origen, linaje) ancestry; **es de ~ francesa** he is of French descent; **de ~ noble** of noble ancestry; **su ~ humilde** her humble origins 2 (AmL) ▸ **ascendiente B**

ascendente¹ *adj* ‹*movimiento/tendencia*› upward; ‹*astro*› rising; **la marea ~** the flood *o* rising tide

ascendente² *m* ascendant; **es Capricornio con ~ Libra** she's Capricorn with Libra in the ascendant

ascender [E8] *vi*

A (frml) (subir, elevarse) «*temperatura/precios*» to rise; «*globo*»

to rise, ascend (frml); **ascendieron por la ladera oeste** they made their ascent by the west face
B (frml) (cifrarse) «*gastos/pérdidas*» ~ A **algo** to amount TO sth; **el número de muertos asciende a 48** the number of dead has reached 48
C «*empleado/oficial*» to be promoted; **ascendió rápidamente en su carrera** he advanced rapidly in his career; **ascendió a capitán** he was promoted to the rank of captain; ~ **a primera división** to go up to *o* be promoted to the first division; ~ **al trono** to ascend the throne
■ **ascender** *vt* ‹*empleado/oficial*› to promote

ascendiente *mf*
A (antepasado) ancestor
B ascendiente *m* (frml) (influencia) ~ SOBRE **algn** influence OVER sb

ascensión *f* ascent

Ascensión *f*: **la** ~ the Ascension; **la fiesta de la** ~ Ascension Day

ascenso *m* **1** (subida — de temperatura, precios) rise; (— a montaña) ascent; **una industria en** ~ a growing industry **2** (de empleado, equipo) promotion; (Mil) promotion

ascensor *m* elevator (AmE), lift (BrE)

ascensorista *mf* elevator operator (AmE), lift attendant (BrE)

asceta *mf* ascetic

ascética *f* asceticism

ascético -ca *adj* ascetic

ascetismo *m* asceticism

ASCII /'aski/ *m* ASCII

asco *m* **1** (repugnancia): **¡qué ~!** how revolting!, how disgusting!; **me dio** ~ it made me feel sick; **poner cara de** ~ to make *o* (BrE) pull a face; **tanta corrupción da** ~ all this corruption is sickening; **le tengo** ~ I really loathe him; ***hacerle ~s a algo*** (fam) to turn one's nose up at something; ***poner a algn del ~*** (Méx fam) to rip sb to shreds *o* pieces **2** (fam) (cosa repugnante, molesta): **la película es un** ~ the movie is disgusting; **tienen la casa que es un** ~ their house is like a pigsty; **el parque está hecho un** ~ the park is in a real state (colloq); **¡qué ~ de tiempo!** what foul *o* lousy weather!; **¡qué ~ de vida!** what a (rotten) life!

ascua *f*‡ ember; ***arrimar el ~ a su sardina*** (fam) to work things to one's own advantage; ***estar en*** *or* ***sobre ~s*** (fam) to be on tenterhooks; ***tener a algn en ~s*** (fam) to keep sb on tenterhooks

aseado -da *adj* (limpio) clean; (arreglado) neat, tidy

asear [A1] *vt* (limpiar) to clean; (arreglar) to clean … up, to straighten (AmE), to tidy … up (BrE)
■ **asearse** *v pron* (*refl*) (lavarse) to wash; (arreglarse) to clean (AmE) *o* (BrE) tidy oneself up

asechanza *f* trap

asediar [A1] *vt* **1** (Mil) ‹*ciudad*› to lay siege to, besiege; ‹*ejército*› to surround, besiege **2** (acosar) ‹*persona*› to besiege; **la ~on con preguntas** they besieged her with questions

asedio *m* **1** (Mil) siege, blockade **2** (acoso): **escapó del ~ de sus admiradoras** he escaped from the mob of fans that surrounded him; **el ~ de sus acreedores** the harassment from his creditors

asegurable *adj* insurable

asegurado¹ -da *adj* insured; **tengo el coche ~ a** *or* **contra todo riesgo** I have fully comprehensive insurance for the car; **está ~ a todo riesgo** it is fully insured

asegurado² -da *m,f* (persona que contrata el seguro) policyholder; (persona asegurada): **el ~/la asegurada** the insured

asegurador¹ -dora *adj* ‹*compañía*› insurance (*before n*)

asegurador² -dora *m,f* **1** (persona) insurer **2 aseguradora** *f* (compañía) insurance company

asegurar [A1] *vt*
A 1 (afirmar, prometer) to assure; **le aseguro que …** I assure you that …; **asegura no haberlo visto** she maintains that she did not see **2** (garantizar) ‹*funcionamiento/servicio*› to guarantee; **tendremos buen tiempo asegurado** we'll be guaranteed good weather
B (Com, Fin) ‹*persona/casa*› to insure; **aseguró el coche a** *or* **contra todo riesgo** she took out fully comprehensive insurance for *o* on the car
C 1 (sujetar, fijar) ‹*puerta/estante*› to secure; **lo ~on con una cuerda** they secured it with a rope; **aseguró bien el pie en la roca** she got a firm foothold in the rock **2** ‹*edificio/entrada*› to secure, make … secure
■ **asegurarse** *v pron*
A 1 (cerciorarse) to make sure; **asegúrate de que no falta nada** make sure there's nothing missing **2** (garantizarse, procurarse): **con ese gol se ~on el triunfo** by scoring that goal they guaranteed themselves victory
B (Com, Fin) to insure oneself

asemejar [A1] *vt* **1** (hacer parecido) to make … (look) like; **ese peinado la asemeja a su madre** that hairstyle makes her look like her mother **2** (comparar) to compare, liken
■ **asemejarse** *v pron* «*personas*» to be *o* look alike; «*objetos*» to be similar; **~se A algo/algn** to resemble sth/sb, look like sth/sb

asenso *m* (frml) approval, assent (frml)

asentaderas *fpl* (euf & fam) behind (euph)

asentado¹ -da *adj* **1** [ESTAR] (situado): **el pueblo está ~ a orillas de un río** the village lies on the banks of a river; **la oficina central está asentada en Nueva York** the headquarters is located in New York **2** [ESTAR] (establecido) ‹*creencia/tradición*› deep-rooted, deeply rooted; ‹*persona*› settled (in) **3** [SER] (esp AmL) (maduro, juicioso) mature

asentado² -da *m,f* (Chi) peasant farmer (*who works his/her own land*)

asentamiento *m* settlement

asentar [A5] *vt*
A ‹*campamento*› to set up; ‹*damnificados/refugiados*› to place
B 1 ‹*objeto*› to place carefully (*o* firmly *etc*); **asienta bien la escalera** make sure the ladder's steady **2** ‹*tierra*› to firm down **3** ‹*válvula*› to seat **4** ‹*costura/dobladillo*› to press **5** ‹*conocimientos/postura*› to consolidate
C (Com, Fin) to enter
D (frml) **1** ‹*pauta/principio/criterio*› to establish, lay down **2** (Esp, Méx) (afirmar) to affirm, state
■ **asentarse** *v pron*
A «*café/polvo/terreno*» to settle
B (estar situado) «*ciudad/edificio*» to be situated, be built
C 1 (establecerse) to settle **2** (esp AmL) (adquirir madurez) to settle down

asentimiento *m* approval, consent

asentir [I11] *vi* to agree, consent; **asintió con la cabeza** she nodded; ~ A **algo** to agree *o* consent TO sth

asentista *m* contractor, supplier

aseñorada *adj* (fam): **se viste de forma ~** she wears clothes that are too grown-up for her; **¡es tan ~!** she looks so ladylike!

aseo *m* **1** (limpieza) cleanliness; ~ **personal** personal cleanliness *o* hygiene **2** (Esp) (retrete) toilet; **S aseos** rest room (AmE), toilets (BrE)

aséptico -ca *adj* aseptic

asequible *adj* ‹*precio*› affordable, reasonable; ‹*meta*› attainable, achievable; ‹*proyecto*› feasible; ‹*persona*› approachable; ‹*obra/estilo*› accessible; **la educación debe ser ~ a todos** education should be accessible to all

aserción *f* assertion

aserradero *m* sawmill

aserrador -dora *m,f* sawyer

aserrar [A5] *vt* to saw

aserrín *m* (esp AmL) sawdust

aserrío *m* (Col, Ec) sawmill

aserruchar [A1] *vt* (Chi) to saw

aserto *m* assertion

asesinar [A1] *vt* to murder; (por razones políticas) to assassinate

asesinato *m* murder; (por razones políticas) assassination

asesino¹ -na *adj* ‹*instinto/odio*› murderous, homicidal; ‹*animal*› killer (*before n*); **el arma asesina** the murder weapon; **me lanzó una mirada asesina** (fam) he gave me a murderous look

asesino² **-na** *m,f* murderer; (por razones políticas) assassin

Compuestos
- **asesino -na a sueldo** *m,f* hired killer
- **asesino -na en serie** *m,f* serial killer

asesor¹ **-sora** *adj* ‹*consejo*› advisory; **ingeniero ~** consultant engineer

asesor² **-sora** *m,f* advisor*, consultant

Compuestos
- **asesora del hogar** *f* (Chi frml) maid
- **asesor -sora de imagen** *m,f* public relations consultant *o* advisor
- **asesor -sora fiscal** *m,f* tax consultant
- **asesor -sora militar** *m,f* military advisor*
- **asesor técnico -sora técnica** *m,f* technical consultant

asesoramiento *m* advice

asesorar [A1] *vt* to advise; **se hizo ~ por un abogado** she took legal advice

■ **asesorarse** *v pron* **~se CON** *or* **DE algn** to consult sb; **me asesoré con un abogado** I consulted a lawyer

asesoría *f* consultancy

Compuesto **asesoría fiscal/jurídica** tax/legal consultancy

asestar [A1] *vt*: **me asestó una puñalada/un puñetazo** he stabbed/punched me; **le asestó un duro golpe a su orgullo** it dealt a harsh blow to his pride

aseveración *f* assertion, statement

aseverar [A1] *vt* (frml) to assert, state

asexuado -da *adj* asexual

asexual *adj* asexual

asfaltado¹ **-da** *adj* asphalt (*before n*), asphalted

asfaltado² *m* (acción) asphalting; (pavimento) asphalt

asfaltar [A1] *vt* to asphalt

asfalto *m* asphalt

asfixia *f* 1 (Med) asphyxia; **muerte por ~** death by asphyxia *o* suffocation 2 (fam) (agobio) suffocation; **las ciudades me producen una sensación de ~** I find towns suffocating *o* stifling

asfixiante *adj* 1 ‹*gas/humo*› asphyxiating (*before n*) 2 (fam) ‹*calor*› suffocating, stifling 3 (fam) ‹*ambiente/relación*› oppressive, stifling

asfixiar [A1] *vt* 1 (ahogar) to asphyxiate, suffocate; **murió asfixiado** he died of asphyxiation *o* suffocation 2 (agobiar) to suffocate, stifle

■ **asfixiarse** *v pron* 1 (ahogarse) to be asphyxiated, suffocate; (por obstrucción de la tráquea) to choke to death; **tosía tanto que se asfixiaba** he was coughing so much that he couldn't get his breath; **aquí se asfixia uno** (fam) it's suffocating in here; **me asfixiaba de calor** (fam) I was suffocating in the heat 2 (fam) (agobiarse) to suffocate, feel stifled; **está asfixiado de trabajo** he's snowed under with work (colloq)

así¹ *adj inv* like that; **si es ~ te pido disculpas** if that's the case, I'm sorry; **yo soy ~** that's the way I am; **~ es la vida** (fr hecha) that's life; **es un tanto ~ de hojas** it's about *that* many pages; **esperamos horas ¿no es ~?** we waited for hours, didn't we?; **tan** *or* **tanto es ~ que ...** so much so that ...

así² *adv*

A (de este/ese modo): **no le hables ~ a tu padre** don't talk to your father like that; **¡~ cualquiera!** that's cheating! (colloq & hum); **¿~ me lo agradeces?** is this how you thank me?; **no te pongas ~** don't get so worked up; **~ me podré comprar lo que quiera** that way I'll be able to buy whatever I want; **~ me llaman** that's what people call me; **~ es** that's right; **¿está bien ~ o quieres más?** is that enough, or do you want some more?; **¿fue ~ cómo ocurrió?** is that how it happened?; **y ~ sucesivamente** and so on; **¿dimitió? — ~ como lo oyes** you mean he resigned? — believe it or not, yes

B **~ de + ADJ/ADV**: **¡~ de fácil!** it's as easy as that; **debe ser ~ de grueso** it must be about *this* thick; **¿~ de egoísta me crees?** do you think I'm that selfish?

C (expresando deseo): **~ se muera** I hope she drops dead!

D (*en locs*) **así así** (fam) so-so; **así como**: **~ como el mayor trabaja mucho, el pequeño es un vago** while *o* whereas the older boy works very hard, the younger one is really lazy; **por su módico precio ~ como por su calidad** both for its low price and its high quality; **sus familiares, ~ como sus amigos** his family as well as his friends; **así como así** just like that; **¡así me gusta!** (fr hecha) that's what I like to see!; **¿le dijiste que no? ¡~ me gusta!** you said no? good for you!; **así mismo** ▸ **asimismo**; **así nomás** (AmL) just like that; **hace los deberes ~ nomás** he dashes his homework off any which way (AmE) *o* (BrE) any old how; **así o asá** (fam): **puedes ponerlo ~ o asá** (fam) you can put it any way you like; **así pues** so; **así que** (por lo tanto) so; (en cuanto) as soon as; **¡~ que te casas!** so, you're getting married ...; **así sea** (Relig) amen; **así y todo** even so; **no así**: **se mostraron muy satisfechos. No ~ los Vives, que ...** they were very pleased, unlike the Vives, who ...; **o así**: **tendrá 30 años o ~** he must be about 30; **cien al mes o ~** around a hundred a month; **por así decirlo** so to speak

así³ *conj* (aunque) **~ + SUBJ**: **lo encontraré, ~ se esconda en el fin del mundo** I'll find him, no matter where he tries to hide; **no pagaré ~ me encarcelen** I won't pay even if they put me in prison

Asia *f*‡ Asia

Compuesto **Asia Menor** Asia Minor

asiático -ca *adj/m,f* Asian, Asiatic

asidero *m* 1 (asa) handle 2 (punto de sujeción) hand (hold) 3 (apoyo): **la religión se convirtió en su ~** religion became her support; **sin ~s en la realidad** with no grip on reality

asiduidad *f* (persistencia) assiduity; (regularidad) regularity

asiduo¹ **-dua** *adj* 1 (persistente) ‹*estudiante/lector*› assiduous; ‹*admirador*› devoted 2 (frecuente) ‹*cliente*› regular, frequent

asiduo² **-dua** *m,f* regular, habitué (frml); **~s de la ópera** regular operagoers

asiento *m*

A 1 (para sentarse) seat; **me cedió su ~** he gave up his seat to me; **~ delantero/trasero** front/back seat; **por favor, tome ~** (frml) please take a seat (frml); ***calentar el ~*** (fam): **no tuvo tiempo ni de calentar el ~** he was only here two minutes; **venía a clase sólo para calentar el ~** he only came to school to pass the time 2 (de bicicleta) saddle 3 (de silla) seat 4 (emplazamiento): **una organización con ~ en Roma** an organization based in Rome; **fue ~ de muchas culturas** it was the home *o* seat of many cultures 5 (base, estabilidad) base

Compuestos
- **asiento abatible** recliner (AmE), reclining seat (BrE)
- **asiento anatómico** (fully) adjustable seat
- **asiento expulsor** *or* **proyectable** *or* **de eyección** ejection (AmE) *o* (BrE) ejector seat

B (en contabilidad) entry

C (poso) sediment

D (de válvula) seat

E (Const) settling

asignación *f*

A 1 (de tarea, función) assignment; **la ~ del puesto a su sobrino** the appointment of his nephew to the post 2 (de fondos, renta) allocation, assignment

B (sueldo) wages (*pl*); (paga) allowance

Compuesto **asignación familiar** (CS) benefit (*payable for children and other dependants*)

C (AmC) (Educ) homework

asignar [A1] *vt* 1 (dar, adjudicar) ‹*renta/función/tarea*› to assign; ‹*valor*› to ascribe; ‹*fondos/parcela*› to allocate; **le ~on el papel de mediador** he was assigned the role of mediator; **me ~on la vacante** I was appointed to the post; **le ~on una beca** he was awarded a grant; **un hecho al que se asigna especial importancia** a fact to which special importance is attached 2 (destinar) ‹*persona*› to assign; **~ a algn A algo** to assign sb TO sth

asignatario -ria *m,f* (de herencia) heir; (de legado) legatee; (de bien) assignee

asignatura *f* subject

Compuesto **asignatura pendiente** (Educ) subject which one has to retake; (asunto sin resolver) unresolved matter

asilado -da *m,f* inmate

Compuesto **asilado político -da política** political refugee (*who has been granted asylum*)

asilar [A1] *vt* **1** (acoger) ‹*anciano/huérfano*› to take … into care; ‹*refugiado*› to grant … asylum **2** (internar) to put … in a home

■ **asilarse** *v pron* «*anciano/huérfano*» to take refuge; «*refugiado*» to seek asylum

asilo *m*

A (Servs Socs) home, institution; **un ~ para vagabundos** a shelter for down-and-outs

(Compuesto) **asilo de ancianos** *or* **de la tercera edad** old people's home

B (protección) refuge

(Compuesto) **asilo político** political asylum

asimetría *f* asymmetry

asimétrico -ca *adj* asymmetric

asimilable *adj* ‹*alimentos*› assimilable; **presentar la información de manera fácilmente ~** to present the information in a way that makes it easy to take in *o* to assimilate

asimilación *f* assimilation

asimilado -da *adj* (AmL) ‹*médico/sacerdote*› military (*before n*)

asimilar [A1] *vt*

A ‹*alimentos/ideas/cultura*› to assimilate

B (equiparar) **~ algo/a algn CON** *or* **A algo/algn** to put sth/sb on an equal footing WITH sth/sb

C (en boxeo) ‹*golpes*› to take, soak up (colloq)

asimismo *adv* **1** (también) also; **es ~ necesario crear empleo** it is also necessary to create jobs **2** (igualmente) likewise; **esto facilitará, ~, un aumento de la productividad** likewise, this will increase productivity

asintomático -ca *adj* asymptomatic

asir [I10] *vt* (liter) to seize, grasp; **~ a algn DE** *or* **POR algo**: **la asió de un brazo** he seized *o* grasped her arm

■ **asirse** *v pron* (liter) **~se DE** *or* **A algo**: **se asió a la cuerda** she grabbed (hold of) *o* seized the rope; **caminaban asidos de la mano** they walked hand in hand

asísmico -ca *adj* earthquake-resistant

asistencia *f*

A (presencia) attendance; **~ A algo** attendance AT sth

B (frml) (ayuda) assistance; **prestarle ~ a algn** to give sb assistance

(Compuestos)

- **asistencia en carretera** breakdown service
- **asistencia médica** (servicio) medical care; (atención médica) medical attention
- **asistencia pública** (en CS) municipal health service (*esp for emergencies*)
- **asistencia sanitaria** medical care
- **asistencia social** *university course/degree in social work*
- **asistencia técnica** after-sales service

C (Dep) assist

asistencial *adj* welfare (*before n*)

asistenta *f* (Esp) cleaning lady *o* woman

asistente¹ *adj*: **entre el público ~** among those present; **los delegados ~s a la asamblea** the delegates present at *o* attending the conference

asistente² *mf*

A **1** (ayudante) assistant **2** (Mil) batman

(Compuesto) **asistente social** social worker

B (frml) **los/las ~s** (a una reunión) those present; (a un espectáculo) the audience

asistido -da *adj* assisted

asistir [I1] *vi*

A **1** (a reunión, acto) **~ A algo** to attend sth, be present AT sth; **asistió a una sola clase** he only came/went to one class; **~ a misa** to go to *o* attend Mass **2** (frml) (presenciar) **~ A algo** to witness sth, be witness TO sth (frml)

B (Esp) (limpiar) to work as a cleaning lady *o* woman

■ **asistir** *vt* **1** (frml) (ayudar): **en el consulado lo ~án** you will receive assistance at the consulate (frml); **~ a los pobres** to care for the poor **2** (frml) (en un parto) to deliver

asma *f‡* asthma

asmático -ca *adj/m,f* asthmatic

asno¹ -na *adj* (fam) dumb (colloq)

asno² *m* (Zool) donkey; (tonto) (fam) dimwit (colloq); *para modismos ver* **burro²**

asociación *f* association; **en ~ con** in association *o* collaboration with; **derecho de ~** freedom of association *o* assembly; **~ de ideas** association of ideas; **~ cultural/deportiva** cultural/sports association; **una ~ sin ánimo** *or* **afán de lucro** a non-profit association (AmE), a non-profit-making association (BrE)

(Compuestos)

- **asociación de padres de alumnos** parents association
- **asociación de vecinos** residents association
- **asociación sindical** labor (AmE) *o* (BrE) trade union

asociado¹ -da *adj* associate (*before n*)

asociado² -da *m,f* (Com) associate; (de club, asociación) member

asocial *adj* asocial

asociar [A1] *vt* ‹*ideas/palabras*› to associate; **~ algo/a algn CON algo/algn**: **no logro ~la con nada** I can't place her; **asociaba aquel lugar con su niñez** he associated that place with his childhood

■ **asociarse** *v pron* **1** «*empresas/comerciantes*» to collaborate; **~se CON algn** to go into partnership WITH sb **2** «*hechos/factores*» to combine **3** (a grupo, club) **~se A algo** to become a member OF sth **4** (a idea, sentimiento) **~se A algo**: **nos asociamos al duelo nacional** we share in the nation's grief; **me asocio a lo expresado por mi colega** I agree with *o* (frml) concur with the views expressed by my colleague

asocio *m* (Col) association

asolador -dora *adj* devastating

asolar [A1 *or* A10] *vt* «*guerra/huracán/sequía*» to devastate; **un país asolado por el hambre** a country ravaged *o* devastated by hunger

asoleada *f* (Andes) (de una persona): **pegarse una ~** (fam) to sunbathe

asoleado -da *adj* sunny

asolear [A1] *vt* **1** (exponer al sol) ‹*ropa*› to hang … out in the sun; ‹*uvas*› to dry … in the sun **2** (Col fam) (derrotar) to thrash (colloq)

■ **asolearse** *v pron* (AmL) to sunbathe

asomado -da *adj* (Ven) nosy

asomar [A1] *vi* to show; **empiezan a ~ los primeros brotes** the first shoots begin to show *o* appear; **asomaba por entre las páginas** it was sticking out from between the pages; (+ *me/te/le etc*) **la combinación le asomaba por debajo de la falda** her slip was showing below her skirt; **ya le ha asomado el primer diente** he's just cut his first tooth; **le asomaba la cabeza por entre las sábanas** her head was sticking out from under the sheets; **una sonrisa le asomó a los labios** (liter) a smile flickered across her lips

■ **asomar** *vt* ‹*cabeza*›: **S** **no asomar la cabeza por la ventanilla** do not lean out of the window; **abrió la puerta y asomó la cabeza** she opened the door and stuck her head out/in

■ **asomarse** *v pron*: **S** **es peligroso asomarse** do not lean out of the window; **~se POR algo** to lean out OF sth; **~se A algo**: **asómate a la ventana a ver si vienen** have a look out (of the window) and see if they are coming; **cuando se asomó a la ventana le dispararon** when he appeared at the window they fired at him; **estaba asomada a la ventana** she was looking out of the window; **se habían asomado al balcón para ver el desfile** they had come out onto the balcony to watch the procession

asombrar [A1] *vt* to amaze, astonish; **me dejó asombrada** I was stunned *o* amazed; **me asombró su reacción** I was astonished *o* taken aback by his reaction

■ **asombrarse** *v pron* to be astonished *o* amazed; **~se DE/POR/CON algo**: **se asombró con los resultados** she was amazed *o* astonished at the results; **yo ya no me asombro por nada** nothing surprises me any more; **se asombró de que …** he was very surprised that …

asombro *m* astonishment; **miraba con ~ cómo caía la nieve** she watched the falling snow in wonderment; **no salía de su ~** he couldn't get over his surprise

asombroso -sa *adj* amazing, astonishing

asomo *m* (*gen en frases negativas*): **sin el menor ~ de duda** without a shadow of a doubt; **no tiene el más mínimo ~ de pudor/decencia** he doesn't have an ounce of shame/a shred of decency in him; **al primer ~ de violencia** at the first sign of violence; ***ni por*** **~: no es el mejor ¡ni por ~!** it isn't the best, not by a long shot (colloq); **no se parecen ni por ~** there isn't the slightest resemblance between them; **eso no se me ocurriría ni por ~** I wouldn't dream of it

asonada *f* 1 (intentona) attempted coup 2 (motín) violent protest

asonante *adj* assonant

asorocharse [A1] *v pron* 1 (Chi, Per) (por la altura) to get mountain *o* altitude sickness 2 (Chi) (por calor, vergüenza) to flush

aspa *f*‡ 1 (de molino) sail; (de ventilador) blade; (cruz) cross 2 (Arg) (asta) horn

aspaventero -ra *adj* excitable

aspaviento *m*: **deja de hacer ~s** stop getting in such a flap

aspecto *m*

A 1 (de persona, lugar) appearance; **un hombre de ~ distinguido** a distinguished-looking man; **le da ~ de intelectual** it makes him look rather intellectual *o* gives him an intellectual look; **¿qué ~ tiene?** what does he look like?; **esa herida tiene muy mal ~** that wound looks nasty 2 (de problema, asunto): **no me gusta el ~ que van tomando las cosas** I don't like the way things are going *o* looking

B (rasgo, faceta): **quisiera aclarar algunos ~s del asunto** there are a few aspects of the matter I'd like to get cleared up; **en ese ~ tienes razón** in that respect you're right

ásperamente *adv* harshly

aspereza *f*

A 1 (al tacto) roughness; (de terreno) roughness, unevenness 2 (de sabor) sharpness; (de voz, clima) harshness

B (parte áspera): **usar papel de lija para quitar las ~s** use sandpaper to remove any roughness; **un terreno lleno de ~s** a very uneven *o* rough piece of ground; ***limar*** **~s**: **el tiempo limó las ~s de su personalidad** time knocked the rough edges off her; **en un intento de limar ~s** in an attempt to iron out their differences

C (brusquedad) abruptness, surliness

asperjar [A1] *vt* (Agr) to spray; (Relig) to sprinkle … with holy water

áspero -ra *adj*

A 1 ‹*superficie/piel*› rough; **una tela áspera** a coarse material 2 ‹*terreno*› uneven, rough

B 1 ‹*sabor*› sharp 2 ‹*voz/sonido/clima*› harsh

C 1 (en el trato) abrupt, surly 2 ‹*discusión*› acrimonious

aspersión *f* 1 (Agr) spraying; **riego por ~** irrigation by sprinkler 2 (Relig) sprinkling of holy water

aspersor *m* sprinkler

áspid *m* asp

aspillera *f* loophole

aspiración *f*

A (deseo, ambición) aspiration

B (Fisiol) inhalation; (Ling) aspiration; (Mús) breath; (Tec) draft (AmE), draught (BrE)

aspiradora *f*, **aspirador** *m* 1 (electrodoméstico) vacuum cleaner; **pasé la ~ por la habitación** I vacuumed *o* (BrE) hoovered the bedroom 2 **aspirador** *m* (Med) aspirator

aspirante¹ *adj* 1 ‹*persona*› **~ A algo**: **los alumnos ~s a becas** students who wish to be awarded scholarships 2 ‹*bomba*› suction (*before n*)

aspirante² *mf* **~ A algo**: **las ~s al título** the contenders for the title; **ocho ~s al puesto de redactor** eight candidates *o* applicants for the post of editor

aspirar [A1] *vi*

A (desear, pretender) **~ A algo/+ INF** to aspire to sth/+ INF; **aspira a (ser) alcalde** he aspires to become mayor; **~ a la mano de una chica** to seek a girl's hand in marriage (frml)

B 1 «*aparato*» to suck; «*aspiradora*» to pick up 2 (Fisiol) to breathe in 3 (AmL) (pasar la aspiradora) to vacuum, hoover (BrE)

■ **aspirar** *vt* 1 «*aparato*» to suck up *o* in; «*aspiradora*» to pick up 2 (Fisiol) to inhale 3 (Ling) to aspirate

aspirina *f* aspirin

asqueante *adj* sickening, nauseating

asquear [A1] *vt* (dar asco a) to sicken; (aburrir, hartar): **está asqueado de todo** he's fed up with everything (colloq); **me asquea tanta corrupción** I find all this corruption sickening

asquerosamente *adv*: **nos trató ~** the way he treated us was disgusting; **~ atractivo/rico** (fam & hum) sickeningly attractive/disgustingly rich (colloq & hum)

asquerosidad *f*: **tiene la casa hecha una ~** his house is in an absolutely filthy state; **¡que ~ de comida!** what disgusting food!

asqueroso¹ -sa *adj*

A 1 ‹*libro/película*› disgusting, filthy 2 ‹*olor/comida/costumbre*› disgusting, revolting; **estaba ~ de sucio** it was absolutely filthy

B 1 (fam) (malo, egoísta) mean (colloq), horrible (BrE colloq) 2 (lascivo): **¡viejo ~!** you dirty old man!

asqueroso² -sa *m,f*

A (sucio): **eres un ~** you're disgusting

B (fam) (malo, egoísta) meany (colloq); **es un ~** he's such a meany

asquiento -ta *adj*

A (AmL) ▸ **asqueroso¹**

B (Chi fam) (delicado, aprensivo) squeamish

asta *f*‡ 1 (de bandera) flagpole; **con la bandera a media ~** with the flag at half-mast 2 (cuerno) horn; ***dejar a algn en las ~s del toro*** to leave sb in the lurch 3 (de lanza, flecha) shaft

astabandera *f* (Méx) flagpole

astado -da *adj* horned

áster *m* aster

asterisco *m* asterisk

asteroide *m* asteroid

astigmático -ca *adj* astigmatic

astigmatismo *m* astigmatism

astil *m* (de herramienta) handle; (de flecha, pluma) shaft; (de balanza) beam

astilla *f* 1 (fragmento) chip; **se me ha metido una ~ en el dedo** I have a splinter in my finger 2 **astillas** *fpl* (para el fuego) kindling

astillar [A1] *vt* to splinter

■ **astillarse** *v pron* «*madera/hueso*» to splinter; «*piedra*» to chip

astillero *m* shipyard

astracán *m* astrakhan

astral *adj* astral

astringente¹ *adj* ‹*loción*› astringent; ‹*alimento/medicamento*› binding (*before n*)

astringente² *m* astringent

astringir [I7] *vi* to bind

astro *m* (Astrol, Astron) heavenly body; (Espec) star

astrofísica *f* astrophysics

astrología *f* astrology

astrológico -ca *adj* astrological

astrólogo -ga *m,f* astrologist

astronauta *mf* astronaut

astronave *f* spaceship

astronomía *f* astronomy

astronómico -ca *adj* astronomical

astrónomo -ma *m,f* astronomer

astroso -sa *adj* shabby, down at heel

astucia *f* 1 (cualidad — de sagaz) astuteness, shrewdness; (— de taimado) (pey) craftiness, cunning; **la ~ del zorro** the slyness of a fox 2 (ardid) trick, ploy

asturiano -na *adj/mf* Asturian

> **asturiano**
> ▸ **bable**

astutamente *adv* (con sagacia) cleverly, astutely; (con malicia) (pey) craftily, cunningly

astuto -ta *adj* (sagaz) shrewd, astute; (pey) (taimado) crafty, cunning

asueto *m* time off; **tomarse un día de ~** to take a day off

asumir [I1] *vt*
A 1 ‹*cargo/tarea/responsabilidad*› to take on, assume (frml); **asumió el mando del regimiento** he assumed command of the regiment; **no estoy dispuesto a ~ ese riesgo** I am not prepared to take that risk 2 (adquirir) ‹*importancia/dimensiones*› to assume (frml); **la situación asumió una gravedad inusitada** the situation became unusually serious; **el incendio asumió grandes proporciones** it turned into a major fire 3 (adoptar) ‹*actitud*› to assume (liter); **asumió un aire de indiferencia** he assumed an air of indifference 4 (aceptar) to come to terms with; **ya tengo asumido el problema** I've come to terms with the problem now; **debe ~ las consecuencias de sus errores** he must accept the consequences of his mistakes
B (AmL) (suponer) to assume

asunceno¹ -na asunceño -ña *adj* of/from Asunción

asunceno² -na asunceño -ña *m,f* person from Asunción

asunción *f*
A 1 (de responsabilidad) taking on, assumption (frml); **desde su ~ del cargo** since he took on *o* (frml) assumed the post 2 (aceptación) acceptance; **esta ~ de valores occidentales** this adoption *o* acceptance of western values
B (Relig) **la Asunción** the Assumption

Asunción *f* (Geog) Asunción

asunto *m* 1 (cuestión, problema) matter; **un ~ muy delicado** a very delicate matter *o* issue; **se pelearon por el ~ de la herencia** they fell out over the inheritance; **está implicado en un ~ de drogas** he's mixed up in something to do with drugs; **~s de negocios** business matters; **no es ~ tuyo** it's none of your business; ***y ~ concluido***: **te he dicho que no y ~ concluido** I've said no and that's that; **te quedarás en casa y ~ concluido** you're staying at home and that's all there is to it 2 (pey) (relación amorosa) affair; **tuvo un asuntillo con la secretaria** he had a brief fling with his secretary 3 (CS fam) (razón, sentido): **¿a ~ de qué se lo dijiste?** what did you go and tell him for? (colloq), why on earth did you tell him? (colloq); **¿a ~ de qué voy a ir?** what on earth's the point of my going? (colloq)

asustadizo -za *adj* ‹*persona*› nervous, jumpy; ‹*animal*› skittish, easily frightened

asustado -da *adj* (atemorizado) frightened; (preocupado) worried; **los niños estaban muy ~s** the children were very frightened; **tiene algo del pulmón y está ~** he has something wrong with his lung and he's really worried

asustar [A1] *vt* to frighten; **me asustó cuando se puso tan serio** he gave me a fright when he went all serious; **nada lo asusta** he's not frightened *o* scared by anything
■ **asustarse** *v pron* to get frightened; **me asusté cuando vi que no estaba allí** I got a fright *o* I got worried when I saw he wasn't there; **no se asuste, no es nada grave** there's no need to worry *o* to be alarmed, it's nothing serious

atabal *m* kettledrum

atacador *m* tamper

atacante¹ *adj* (Chi, Ur fam) infuriating; **su machismo me resulta ~** his male chauvinism really gets on my nerves (colloq)

atacante² *mf* attacker, assailant (frml)

atacar [A2] *vt*
A ‹*país/enemigo/ideas*› to attack; **la atacó por la espalda** he attacked her from behind
B «*ácido/virus/enfermedad*» to attack; **ataca el sistema nervioso** it attacks the nervous system
C 1 (combatir) ‹*problema/enfermedad*› to attack 2 (acometer) ‹*tarea*› to tackle; ‹*pieza musical*› to launch into 3 (Ven fam) (cortejar) to go after
■ **atacar** *vi* to attack

ataché *m* (RPl) briefcase, attaché case

atacón -cona *m,f* (Ven fam) (persona) (*m*) woman-chaser; (*f*) man-chaser

atadijo *m* loose bundle

atado *m* 1 (de ropa) bundle 2 (CS) (de espinacas, zanahorias) bunch; ***ser un ~ de nervios*** (CS) to be a bundle of nerves 3 (RPl) (de cigarrillos) pack (AmE), packet (BrE)

ataduras *fpl* ties (pl); **romper las ~ familiares** to break the family ties

atafagar [A3] *vt* (Col fam) to hassle (colloq)

atafago, atafague *m* (Col fam): **hubo un ~ horrible en la oficina** things were really hectic in the office; **el ~ de manejar en Bogotá** the hassle of driving in Bogota (colloq)

atajada *f* (CS) save

atajador -dora (Méx) (*m*) ballboy; (*f*) ballgirl

atajar [A1] *vt*
A 1 (AmL) (agarrar) ‹*pelota*› to catch 2 (Esp) (interceptar) ‹*pase/pelota*› to intercept
B 1 ‹*golpe/puñetazo*› to parry, block 2 ‹*persona*› (agarrar) to stop, catch; (interrumpir, detener) to stop; **¡atájalo!** catch *o* stop him!
C ‹*enfermedad*› to keep … in check; ‹*incendio*› to contain, check the spread of; ‹*rumor*› to quell; **la manera de ~ este problema** the way to keep this problem under control *o* in check
■ **atajar** *vi*
A (por calle, camino): **~on por una callejuela** they took a short cut down an alley; **podemos ~ por el parque** we can cut across the park
B (Méx) (en tenis) to pick up the balls

atajo *m* short cut; **vamos por el ~** let's take the short cut; ***echar*** *or* ***salir por el ~*** to take the easy way out; ***ponerle ~ a algo*** (Chi) to put a stop to sth

atalaya *f*
A (torre) watchtower; (lugar) vantage point
B **atalaya** *mf* (persona) sentinel, lookout

atañer [E7] *vi* (*en 3ª pers*) to concern; **por lo que a mí atañe** as far as I'm concerned

atapuzarse [A4] *v pron* (Ven fam) to guzzle (down) (colloq); **~se DE algo** to stuff oneself WITH sth (colloq)

ataque *m*
A 1 (Dep, Mil) attack; **~ aéreo** air raid; **~ por sorpresa** surprise attack 2 (verbal) attack; **lanzó un duro ~ contra el gobierno** he launched a sharp *o* fierce attack on the government
B (acceso) fit; **un ~ de celos/ira** a fit of jealousy/rage; **si la ves te va a dar un ~ de risa** you'll die laughing if you see her (colloq)

Compuestos
- **ataque cardíaco** *or* **al corazón** heart attack
- **ataque de nervios**: **me dio un ~ de nervios** I got into a panic

atar [A1] *vt*
A 1 ‹*caja/planta*› to tie; **le até el pelo con una cinta** I tied her hair back with a ribbon; **con un pañuelo atado al cuello** with a scarf (tied) round his neck 2 ‹*persona/caballo*› to tie … up; ‹*cabra*› to tether; **lo ~on de pies y manos** they bound him hand and foot; *ver tb* **pie¹ A2**; **ató al perro a una farola** she tied the dog to a lamppost
B «*trabajo/hijos*» to tie … down; **no hay nada que me ate a esta ciudad** there's nothing to keep me in this town; ***~ corto a algn*** to keep sb on a tight rein
■ **atar** *vi* «*trabajo/hijos*»: **es un trabajo que ata mucho** it's a job that really ties you down; ***ni ata ni desata*** (es inútil) he's useless; (no tiene autoridad) he has no say *o* authority
■ **atarse** *v pron* (*refl*) ‹*zapatos/cordones*› to tie up, do up; ‹*pelo*› to tie up

atarantado -da *adj* 1 (Col, Méx, Per fam) (tonto) dopey (colloq) 2 (Col, Méx, Per fam) (por golpe) dazed, stunned 3 (Méx, Per fam) (confundido) in a spin, dazed 4 (Chi fam) (precipitado) harum-scarum (colloq)

atarantar [A1] *vt* (Col, Méx, Per fam): **con tantas preguntas me ~on** they made my head spin with all their questions; **el golpe lo atarantó** the blow left him dazed
■ **atarantarse** *v pron* 1 (Col, Méx, Per fam) (aturdirse, confundirse) to get flustered, get in a dither 2 (Chi fam) (precipitarse): **no te atarantes** don't rush into it (colloq)

atarazana *f* shipyard

atardecer¹ [E3] *v impers* to get dark

atardecer² *m* dusk; **al ~** at dusk; **un ~ de otoño** one autumn evening at dusk

atareado -da *adj* busy

atarraya *f* (Col) fishnet

atarugarse [A3] *v pron* (Méx fam) to get flustered (colloq)

atascadero *m*
A (de tráfico) bottleneck
B ▸**atolladero 2, 3**

atascar [A2] *vt*
A ‹*cañería*› to block
B (Méx) ‹*motor*› to stall
■ **atascarse** *v pron*
A 1 «*cañería/fregadero*» to block, get blocked 2 «*tráfico*» to get snarled up; **nos atascamos a la entrada de la ciudad** we got stuck in a traffic jam coming into the city 3 (fam) «*persona*» (al hablar) to dry up; (en examen) to get stuck; **estamos atascados con esto** we're bogged down *o* stuck on this point
B 1 «*mecanismo*» to jam, seize up; **la cerradura está atascada** the lock's jammed 2 (Méx) «*motor*» to stall

atasco *m* 1 (de tráfico) traffic jam; (en proceso) holdup, delay 2 (en tubería) blockage

ataúd *m* coffin

ataviar [A17] *vt* (liter) ~ **a algn** CON **algo** to attire sb IN sth (liter)
■ **ataviarse** *v pron* (liter) ~**se** CON **algo** to attire oneself IN sth (liter)

atávico -ca *adj* atavistic

atavío *m* (liter) attire (liter); **en ~s muy poco adecuados** very unsuitably attired (frml)

ateísmo *m* atheism

atembado -da *adj* (Col fam) dozy (colloq), dopey (colloq); (por un golpe) dazed

atemorizar [A4] *vt* (liter) ‹*persona*› to frighten, intimidate; ‹*barrio/población*› to terrorize
■ **atemorizarse** *v pron* (liter) to take fright (liter)

atemperar [A1] *vt* to temper

Atenas *f* Athens

atenazar [A4] *vt* (liter) to grip (liter); **el miedo los atenazaba** they were gripped by fear (liter)

atención¹ *f*
A 1 (concentración) attention; **quisiera dedicarle más ~ a esto** I'd like to give this more attention; **con ~** attentively; **pon ~ en lo que haces** concentrate on *o* pay attention to what you're doing; **presta ~ a esto** pay attention *o* listen carefully to this; **atraer la ~ del camarero** to attract *o* get the waiter's attention; **ser el centro de (la) ~** to be the center of attention 2 **llamar la ~: se viste así para llamar la ~** he dresses like that to attract attention (to himself); **una chica que llama la ~** a very striking girl; **lo dulce no me llama la ~** I'm not very fond of sweet things; **me llamó la ~ que estuviera sola** I was surprised she was alone; **llamarle la ~ a algn** (reprenderlo) to reprimand sb (frml), to give sb a talking to; (hacerle notar algo): **les llamé la ~ sobre ...** I drew their attention to ... 3 (en locs) **a la atención de** (Corresp) for the attention of; **en atención a algo** (frml) in view of sth
B 1 (servicio): **la ~ que recibimos en el consulado** the way we were treated *o* the treatment we received in the consulate; Ⓢ **horario de atención al público** (en banco) hours of business; (en oficina pública) opening hours; Ⓢ **departamento de atención al cliente** customer service department (AmE), customer services department (BrE) 2 (cortesía): **nos colmaron de atenciones** we were showered with attention *o* (BrE) attentions; **no tuvo ninguna ~ con ella a pesar de su hospitalidad** he didn't show the slightest appreciation despite her hospitality; **¡cúantas atenciones! estoy abrumado** how kind! I'm overwhelmed

atención² *interj* 1 (Mil) attention! 2 (para que se atienda): **¡~! están dando los resultados** listen! they're reading out the results; **¡~, por favor!** (your) attention, please! 3 (para avisar de peligro) look out!, watch out!; Ⓢ **¡atención!** danger!, warning!

atender [E8] *vi*
A 1 (prestar atención) to pay attention; ~ **A algo/algn** to pay attention TO sth/sb; **atiéndeme cuando te hablo** listen to me *o* pay attention when I'm talking to you 2 (cumplir con) ~ **A algo** ‹*a compromisos/gastos/obligaciones*› to meet sth; **no pudo ~ a sus deberes** he was unable to carry out his duties 3 (tener en cuenta, considerar) ~ **A algo: atendiendo a su estado de salud ...** given his state of health *o* bearing in mind his state of health ...; **atendiendo a sus instrucciones** in accordance with your instructions 4 (prestar un servicio): **el doctor no atiende los martes** the doctor does not see anyone on Tuesdays; **en esa tienda atienden muy mal** the service is very bad in that store
B **atender por** (frml) (responder): **atiende por (el nombre de) Sinda** she answers to the name of Sinda
■ **atender** *vt*
A 1 ‹*enfermo*›: **¿qué médico la atiende?** which doctor usually sees you?; **el médico que me atendió durante mi enfermedad** the doctor who treated me while I was sick; **los atendieron enseguida en el hospital** they were seen immediately at the hospital; **no tiene quien lo atienda** he has no one to look after him 2 ‹*cliente*› to attend to, see to; (en tienda) to serve; **¿la están atendiendo?** are you being served?; **el Sr Gil no lo puede ~ en este momento** I'm afraid Mr Gil can't see you *o* is unavailable at the moment 3 ‹*asunto*› to deal with; ‹*llamada*› to answer; ‹*demanda*› to meet
B ‹*consejo/advertencia*› to listen to, heed (frml)
■ **atenderse** *v pron* (AmL) ~**se** CON **algn: ¿con qué médico se atiende?** which doctor usually sees you?

atenerse [E27] *v pron* 1 (ajustarse, someterse) ~ **A algo: ~ a las reglas** to abide by *o* comply with the rules; **me atengo a las órdenes recibidas** I am obeying orders; **no sé a qué atenerme** I don't know what I should be doing; **~ a las consecuencias** to live with *o* abide by the consequences 2 (limitarse) ~ **A algo: si nos atenemos a lo que dijeron ellos ...** if we go by what they said ...; **aténgase a los hechos** confine yourself to the facts

atenido -da *m,f* (Col fam) impractical person

atentado *m* 1 (ataque): **un ~ terrorista** a terrorist attack; **un ~ contra el presidente** an assassination attempt on the president 2 (afrenta) ~ **A** *or* CONTRA **algo**: ‹*a honor/dignidad/moral*› affront TO sth

atentamente *adv* 1 ‹*escuchar/mirar*› attentively, carefully 2 (amablemente) thoughtfully, kindly; **lo saluda ~** (Corresp) sincerely (AmE), yours faithfully/sincerely (BrE)

atentar [A1] *vi* ~ CONTRA **algo: ~on contra su vida** they made an attempt on her life; **estás atentando contra tu salud** you're putting your health at risk; **~ contra la seguridad del Estado** to threaten national security

atento -ta *adj*
A 1 (que presta atención) ‹*alumno/público*› attentive; **estáte ~** pay attention; **estar ~ A algo** to pay attention TO sth 2 (alerta): **estáte ~ y avísame si viene alguien** stay alert and let me know if anyone comes; **estar ~ A algo** to be on the alert FOR sth; **¡~! ¡que te quemás!** (*como interj*) (RPl) watch out, you'll burn yourself!
B 1 (amable) ‹*esposo/anfitrión/camarero*› attentive; **ser ~ CON algn** to be kind TO sb; **en respuesta a su atenta carta** (Corresp) (frml) in reply to your kind letter 2 (cortés) courteous

atenuación *f* (moderación) toning down; (de responsabilidad) reduction

atenuante¹ *adj* extenuating

atenuante² *m or f* mitigating factor, extenuating circumstance

atenuar [A18] *vt* 1 (disminuir, moderar) ‹*luz*› to dim; ‹*color*› to tone down; **deberías ~ el tono de tus críticas** you should tone down your criticism 2 (Der) ‹*responsabilidad*› to reduce, lessen
■ **atenuarse** *v pron* «*dolor*» to ease; **su optimismo se ha visto últimamente atenuado** his optimism has been tempered of late

ateo¹ -atea *adj* atheistic

ateo² -atea *m,f* atheist

aterciopelado -da *adj* velvety

aterido -da *adj* frozen; **~ de frío** numb with cold, frozen stiff

aterrador -dora *adj* terrifying

aterrar [A1] *vt* ‹*persona*› to terrify; **le aterra la idea** she's terrified at the thought

aterrizaje *m* landing; **hacer un ~ forzoso** to make a forced *o* an emergency landing

aterrizar [A4] *vi* to land, touch down

aterrorizado -da *adj* terrified

aterrorizador -dora *adj* terrifying

aterrorizar [A4] *vt* to terrorize

atesoramiento *m* hoarding

atesorar [A1] *vt* ‹*dinero*› to amass

atestado¹ -da *adj* packed, crammed; ~ **DE algo** packed *o* crammed full OF sth; **seis cajas atestadas de libros** six boxes crammed *o* packed full of books; **el salón estaba ~ (de gente)** the hall was packed *o* crammed (with people)

atestado² *m* statement, attestation (frml); **hacer un ~** to make a statement

atestar *vt*
A [A5 *or* A1] (llenar) ‹*local/plaza*› to pack; ‹*caja/cajón*› ~ **algo DE algo** to pack WITH *o* full OF sth
B [A1] (Der) ‹*firma*› to witness
■ **atestar** *vi* [A1] (Der) to testify
■ **atestarse** *v pron* [A5 *or* A1] **~se DE algo** to stuff oneself WITH sth

atestiguar [A16] *vt* 1 (Der) to testify 2 (probar) to bear witness to; **los resultados atestiguan el esfuerzo realizado** the results bear witness to the amount of effort involved
■ **atestiguar** *vi* to testify

atezado -da *adj* (liter) bronzed

atiborrar [A1] *vt* ~ **algo/a algn DE algo** to stuff sth/sb WITH sth; **la habitación estaba atiborrada de libros** the room was stuffed *o* crammed full of books; **atiborrado de gente** packed *o* jam-packed with people
■ **atiborrarse** *v pron* **~se DE algo** to stuff oneself WITH sth, to stuff oneself full OF sth

ático *m* 1 (apartamento) top-floor apartment *o* (BrE) flat; (de lujo) penthouse; (de techo bajo) garret (AmE), attic flat (BrE) 2 (desván) attic, loft (BrE)

atienda, atiendas, etc *see* **atender**

atigrado -da *adj* ‹*gato*› tabby; ‹*pelaje*› striped

atildado -da *adj* (liter): **una mujer muy atildada** a woman of immaculate appearance (liter)

atinado -da *adj* ‹*respuesta/comentario*› pertinent, spot-on (colloq); ‹*decisión/medida*› sensible, wise; ‹*solución*› sensible; **no estuviste muy ~ al decirle eso** it wasn't very clever of you to tell her that

atinar [A1] *vi*: ~ **en el blanco** to hit the target; **¡atinaste!** you're dead right!; ~ **A + INF**: **no atino a enhebrar la aguja** I can't (seem to) get the needle threaded; **no atiné a decir nada** I couldn't say a word; **por suerte atinó a agarrarla de un brazo** luckily he managed to grab hold of her arm; ~ **CON algo** ‹*con solución/respuesta*› to hit ON *o* UPON sth, come up WITH sth; **atiné con la talla** I got the size right; **atinaste con el regalo** the gift you got him/her was perfect; **no atinaba con la calle** I couldn't find the street; **los médicos no atinan con el diagnóstico** the doctors can't work out what's wrong with her

atingencia *f*
A (AmL) (relación): **no tiene ~ con el tema** it has no bearing on *o* relevance to the subject
B (Per) (acotación) comment, observation (frml)

atípico -ca *adj* atypical

atiplado -da *adj* high-pitched

atirantar [A1] *vt* to tighten

atisbar [A1] *vt* 1 (vislumbrar): **~on a lo lejos unas casas** (liter) they sighted *o* (liter) discerned a few houses in the distance; **se atisban indicios de mejoría** (period) we are beginning to detect signs of improvement 2 (espiar) to spy on, watch; (mirar furtivamente) to peep at
■ **atisbar** *vi* (liter) to look out

atisbo *m*: **hay ~s de mejoría** there are signs of improvement; **una poesía con pequeños ~s de inspiración** poetry with occasional glimpses of inspiration

atiza *interj* golly! (dated), wow! (colloq)

atizador *m* poker

atizar [A4] *vt*
A ‹*fuego*› to poke; ‹*pasiones/discordia*› to stir up
B (fam) (pegar): **le atizó un bofetón/un puñetazo** she slapped/punched him
■ **atizar** *vi* (Méx arg) (fumar marihuana) to smoke pot *o* dope (colloq)
■ **atizarse** *v pron*
A (fam) «*comida*» to put away (colloq); «*cerveza/whisky*» to knock back (colloq)
B (Méx arg) (drogarse) to get stoned *o* wasted (sl)

Atlántico *m*: **el (océano) ~** the Atlantic (Ocean)

Atlántida *f*: **la ~** Atlantis

atlas *m* (*pl* ~) atlas

atleta *mf* athlete

atlético -ca *adj* 1 ‹*club/competición*› athletics (*before n*) 2 ‹*figura*› athletic

atletismo *m* athletics

atmósfera *f* atmosphere; ~ **cargada** stuffy atmosphere; **se respira una ~ de tensión** one feels an atmosphere of tension

atmosférico -ca *adj* atmospheric

atochamiento *m* (Chi) (de vehículos) traffic jam, tailback; (de mercaderías) backlog, build-up

atole *m* (Méx) hot corn *o* maize drink; ***darle ~ con el dedo a algn*** (Méx fam) to string sb along (colloq)

atolladero *m* 1 (lugar cenagoso) mire 2 (aglomeración): **la estación era un ~** the station was horribly congested; **la plaza era un ~ de coches** the square was jam-packed with cars 3 (aprieto, apuro) predicament, awkward situation

atollarse [A1] *v pron* to get bogged down *o* stuck

atolondrado¹ -da *adj* 1 [SER] (impetuoso) rash, impetuous; (despistado) scatterbrained 2 [ESTAR] (por golpe) dazed, stunned

atolondrado² -da *m,f* scatterbrain

atolondrar [A1] *vt* 1 (confundir) to fluster 2 «*golpe*» to daze, stun
■ **atolondrarse** *v pron* 1 (confundirse) to get flustered 2 (precipitarse): **no te atolondres** don't rush

atómico -ca *adj* atomic

atomizador *m* spray, atomizer

atomizar [A4] *vt* 1 (fragmentar) ‹*organización*› to fragment 2 (con atomizador) to spray

átomo *m* atom; ***ni un ~ de*** (fam): **no tiene ni un ~ de sensatez** he hasn't an ounce *o* an iota of sense

atonal *adj* atonal

atonía *f* lethargy, atony (tech)

atónito -ta *adj* astonished, amazed; **me quedé ~** I was astonished *o* (colloq) flabbergasted; **se quedó mirándola ~** he stared at her in amazement

átono -na *adj* atonic, unstressed

atontado -da *adj* (por golpe, asombro) stunned, dazed; (distraído): **contesta, que estás medio ~** answer me, you're in a daze; **está como ~** he's in a world of his own

atontamiento *m* daze

atontar [A1] *vt* «*golpe*» to stun, daze; **las pastillas me ~on** the pills made me feel groggy; **la televisión los atonta** television turns them into vegetables *o* zombies

atorar [A1] *vt*
A (esp AmL) ‹*cañería*› to block (up)
B (Méx) (sujetar): **atoramos la puerta con una silla** we jammed the door shut/open with a chair; **atóralo con este alambre** secure it with this bit of wire
C (Ven fam) (acosar) to go on at
■ **atorarse** *v pron* (esp AmL) 1 (atragantarse) to choke 2 «*cañería*» to get blocked; «*puerta/cajón*» to jam; (+ *me/te/le etc*): **se me atoró el cierre** my zipper got stuck; **se le atoró el chicle en la garganta** the chewing gum got stuck in her throat

atormentar [A1] *vt* 1 «*persona*» (físicamente) to torture; (mentalmente) to torment 2 «*dolor/celos*»: **este dolor me está atormentando** this pain is driving me crazy; **atormentado por los celos/el remordimiento** tormented by jealousy/guilt
■ **atormentarse** *v pron* (*refl*) to torment oneself

atornillar [A1] *vt* to screw on (*o* down *etc*); ~ **algo A algo** to screw sth TO sth

atorrante¹ *adj*
A (Andes, CS fam) (holgazán) lazy; (desaseado) scruffy
B (Bol, RPl fam) (sinvergüenza) crooked
C (Col, Per fam) (pesado, cargante): **no seas ~** don't be such a pain in the neck (colloq)

atorrante² *mf*
A (Andes, CS fam) 1 (vagabundo) tramp 2 (holgazán) good-for-nothing, layabout; (desaseado) slob (colloq)
B (Bol, RPl fam) (sinvergüenza): **es un ~** he's a bit of a crook (colloq); **a ver, ~, que te lavo esa cara** come on you little

terror, let's wash that face (colloq)
C (Col, Per fam) (pesado, cargante) pain in the neck (colloq)

atortolado -da *adj*
A (fam) ‹*enamorados*› lovey-dovey (colloq)
B (Col fam) (sorprendido) flabbergasted (colloq), amazed; (nervioso) in a state (colloq)

atortolar [A1] *vt* (Col fam) to amaze
■ **atortolarse** *v pron* (Col fam) to lose one's cool (colloq), to get in a state (colloq)

atosigar [A3] *vt* (importunar) to pester, hassle (colloq); (presionar) to pressure (AmE), to pressurize (BrE)

atrabancado -da *adj* (Méx fam) (precipitado) rash, reckless

atracada *f* (Per fam) ▸ **atracón**

atracadera *f* (Per fam) traffic jam

atracadero *m* mooring

atracador -dora *m,f* (de banco) bank robber, raider (journ); (de persona) mugger

atracar [A2] *vi* «*barco*» to dock, berth
■ **atracar** *vt*
A (asaltar) ‹*banco*› to hold up; ‹*persona*› to mug
B (Chi fam) (acercar, aproximar): **atrácalos más** shove them closer together (colloq); **atracó la silla a la pared** she put the chair against the wall
■ **atracarse** *v pron*
A (fam) **~se DE algo** ‹*de comida*› to stuff oneself WITH sth, gorge oneself ON sth
B (Per, Ven) (al hablar) to dry up
C (*refl*) (Chi fam) (aproximarse): **atrácate a mí** stick close to me; **se atracó al fuego** he drew near to the fire

atracción *f* attraction; **siente una gran ~ por ella** he feels strongly attracted to her; **París ejerce una ~ irresistible sobre él** Paris holds an irresistible attraction for him; **la ~ más concurrida** the most popular attraction; **las atracciones están en la playa** the funfair is on the beach

atraco *m* (a banco) robbery, raid (journ); (a persona) mugging; **¡qué precios, esto es un ~!** (fam) these prices are ridiculous, it's daylight robbery! (colloq)
(Compuesto) **atraco a mano armada** armed robbery

atracón *m* (fam): **se dio un ~ de paella** he stuffed himself with paella (colloq)

atractivo¹ -va *adj* attractive

atractivo² *m* charm, attractiveness; **tiene mucho ~** she's very charming; **el mayor ~ de la ciudad** the city's main attraction *o* appeal; **la oferta no tiene ningún ~ para mí** I don't find the offer at all attractive

atraer [E23] *vt* **1** (Fís) to attract **2** (traer, hacer venir) to attract; **un truco para ~ al público** a gimmick to attract the public; **la atrajo hacia sí** he drew her toward(s) him **3** (cautivar, gustar): **se siente atraído por ella** he feels attracted to her; **no me atrae la idea** the idea doesn't attract me *o* appeal to me; **no me atraen mucho las fiestas** I'm not very fond of parties **4** ‹*atención/miradas*› to attract
■ **atraerse** *v pron* **1** (ganarse) ‹*amistad*› to gain; ‹*interés*› to attract **2** (*recípr*) to attract (each other); **los polos opuestos se atraen** opposite poles attract

atragantarse [A1] *v pron* **1** (al tragar) to choke; **se le atragantó una espina** he choked on a fish bone **2** (fam) (caer antipático): **tengo esta asignatura atragantada** I can't stand this subject (colloq); **la mujer esa se me ha atragantado** I can't stomach that woman

atraiga, atrajo, etc *see* **atraer**

atrancar [A2] *vt* ‹*cañería*› to block (up); ‹*puerta/ventana*› to bar
■ **atrancarse** *v pron* **1** «*cañería*» to get blocked **2** (fam) «*persona*» (en tarea) to get stuck

atrapada *f* catch

atrapar [A1] *vt* ‹*conejo/ladrón*› to catch; **quedé atrapada en el ascensor** I was trapped in the elevator

atraque *m*
A (Náut) **1** (maniobra) docking **2** (muelle) berth, mooring
B (Chi fam) (besuqueo) necking (colloq), snogging (BrE colloq); **pegarse un ~** to have a necking session, to have a snog (BrE colloq)

atrás *adv*
A (en el espacio) **1** (expresando dirección) back; **muévelo para** *or* **hacia ~** move it back; **da un paso ~** take one step back **2** **¡~!** (*como interj*) get back! **3** (lugar, parte): **está allí ~** it's back there; **la parte de ~** the back; **me estaba quedando ~** I was getting left behind; **dejamos ~ la ciudad** we left the city behind us; **tiene los bolsillos ~** (esp AmL) the pockets are at the back; ***estar hasta ~*** (Méx fam) to be as high as a kite (colloq); ***saberse algo de ~ para adelante*** (CS fam) to know sth backwards
B (en el tiempo): **sucedió tres años ~** it happened three years ago; **había sucedido tres años ~** it had happened three years earlier *o* before
C **atrás de** (*loc prep*) (AmL) behind; **~ de mí/ti** behind me/you

atrasado -da *adj*
A **1** [ESTAR] ‹*reloj*› slow **2** (con respecto a lo esperado) **estar ~** to be behind; **está muy ~ en los estudios** he's really behind in his studies; **el proyecto está ~** the project is behind schedule; **está muy ~ para su edad** he's very backward for his age; **el tren llegó/salió ~** (AmL) the train arrived/left late; **apúrate que voy ~** (AmL) hurry up, I'm late
B (acumulado, pasado): **tengo mucho sueño ~** I have a lot of sleep to catch up on; **todas las cuotas atrasadas** all outstanding payments; **números ~s de la publicación** back numbers of the publication
C **1** (anticuado, desfasado) ‹*ideas/persona*› old-fashioned **2** ‹*país/pueblo*› backward

atrasar [A1] *vt* **1** ‹*reloj*› to put back; **~ los relojes una hora** to put the clocks back one hour **2** ‹*reunión/viaje*› to postpone, put back; **han atrasado la salida** the departure has been delayed
■ **atrasar** *vi* «*reloj*» to lose time; **atrasa un minuto cada hora** it loses a minute every hour
■ **atrasarse** *v pron*
A «*reloj*» to lose time; **se me ha atrasado 15 minutos** it's 15 minutes slow
B (en estudios, trabajo, pagos) to fall behind, get behind; **se ~on en el pago del alquiler** they fell behind *o* got into arrears with the rent
C «*país/industria*» to fall behind; **nos estamos atrasando respecto a nuestros competidores** we are falling behind our competitors
D (esp AmL) (llegar tarde) «*avión/tren*» to be late, be delayed; «*persona*» to be late; **me atrasé porque había mucho tráfico** I was delayed *o* held up by the traffic
E «*menstruación*» to be late

atraso *m*
A **1** (en desarrollo) backward state; (en ideas) backwardness **2** (esp AmL) (retraso) delay; **salió con unos minutos de ~** it left a few minutes late; **tenemos un ~ terrible con el trabajo** we have an awful backlog of work; **~ en el pago de las facturas** delay in payment of invoices
B **atrasos** *mpl* (deudas) arrears (*pl*)

atravesado -da *adj*
A (cruzado): **el piano estaba ~ en el pasillo** the piano was stuck (*o* placed *etc*) across the corridor; **un camión ~ en la carretera** a truck blocking the road; ***tener algo/a algn ~*** (fam): **lo tengo ~** I can't stand him (colloq); **tengo atravesada la física** I can't stand physics (colloq)
B **1** (AmL fam) (obstinado) bloody-minded; (malintencionado): **es muy ~** he's a real troublemaker **2** (Col, Ven fam) (agresivo) vicious, mean (colloq)

atravesar [A5] *vt*
A **1** ‹*río/frontera*› to cross; **la carretera atraviesa el pueblo** the road goes through the town; **atravesó el río a nado** she swam across the river **2** «*bala/espada*» to go through **3** ‹*crisis/período*› to go through
B (colocar) to put … across
■ **atravesarse** *v pron*: **se nos atravesó un camión** a truck crossed right in front of us; **¡no te vuelvas a ~ en mi camino!** don't (you) get in my way again!; **se me atravesó una espina en la garganta** I got a fish bone stuck in my throat

atraviesa, atraviesas, etc *see* **atravesar**

atrayente *adj* appealing

atreverse [E1] *v pron* to dare; **¡anda, atrévete!** go on then, I dare you (to); **~ CON algn**: **¿a que conmigo no te atreves?** I bet you wouldn't dare take me on; **~ CON algo**: **¿te atreves con esta tarea?** can you handle this task?; **¿te atreves con este filete?** can you manage this steak?; **~ A + INF**: **a que no te atreves a robar uno** I bet you wouldn't dare (to) steal one; **¿cómo te atreves a pegarle?** how dare you hit him?

atrevido[1] -da *adj* 1 (insolente) sassy (AmE colloq), cheeky (BrE colloq) 2 (osado) ‹*escote/persona*› daring; ‹*chiste*› risqué; **el ~ diseño del edificio** the bold *o* adventurous design of the building 3 (valiente) brave

atrevido[2] -da *m,f* 1 (insolente): **es un ~ y un maleducado** he is sassy (AmE) *o* (BrE) cheeky and bad-mannered 2 (valiente): **el mundo es de los ~s** fortune favors the brave

atrevimiento *m* nerve; **¡qué ~!** what nerve! (AmE), what a nerve! (BrE)

atribución *f* 1 (de hecho, delito) attribution 2 (de poderes): **la ~ de estas competencias a la comisión** the conferring of these powers on *o* the vesting of these powers in the committee 3 **atribuciones** *fpl* (poderes, funciones) powers (*pl*); **no está dentro de mis atribuciones** it is not within my powers

atribuible *adj* **~ A algo** attributable *o* ascribable TO sth

atribuir [I20] *vt* 1 **~ algo A algn/algo** to attribute *o* ascribe sth TO sb/sth; **le atribuyen algo que no dijo** they attribute words to him which he did not say, they put words in his mouth; **todo lo atribuye a su mala suerte** he blames everything on bad luck 2 ‹*funciones/poder*› to confer 3 ‹*cualidades/propiedades*› **~ algo A algn/algo**: **le atribuyen propiedades curativas** it is held *o* believed to have healing powers

■ **atribuirse** *v pron* (*refl*) 1 ‹*éxito/autoría*› to claim; **se atribuyeron la autoría del atentado** they claimed responsibility for the attack 2 ‹*poderes/responsabilidad*› to assume

atribulado -da *adj* (frml) ‹*persona*› afflicted (frml); ‹*expresión/mirada*› anguished (frml)

atribular [A1] *vt* to trouble

atributivo -va *adj* ‹*adjetivo*› (usado — con cópula) predicative; (— sin cópula) attributive; **verbo ~** copula, linking verb (AmE)

atributo *m*

A (cualidad) attribute, quality; (símbolo) insignia

B (Ling) predicate

atrición *f* attrition

atril *m* (para partituras) music stand; (para libros) lectern

atrinca *adj*(Ven fam) (difícil) difficult

atrincar [A2] *vt* (Chi fam) to push

atrincheramiento *m* entrenchment

atrincherar [A1] *vt* to entrench

■ **atrincherarse** *v pron* (Mil) to entrench oneself; (escudarse) **~se EN algo** to hide BEHIND sth

atrio *m* (patio interior) atrium; (de templo, palacio) portico, vestibule

atrocidad *f*

A (cualidad) barbarity; (acto) atrocity

B (uso hiperbólico): **¡qué ~!** how atrocious! *o* how awful!

atrofia *f* (de órgano, músculo) atrophy; (de facultad) degeneration

atrofiar [A1] *vt* to atrophy

■ **atrofiarse** *v pron* «*órgano/músculo*» to atrophy; «*facultad*» to degenerate

atronador -dora *adj* thunderous, deafening

atronar [A10] *vi* «*avión/cañones*» to thunder

atropelladamente *adv*: **hablaba ~** he was gabbling, his words came out in a jumble; **corrieron ~ hacia la salida** they bolted *o* rushed towards the exit

atropellado -da *adj*: **¡qué ~ eres!** you always do things in such a rush!

atropellar [A1] *vt* 1 «*coche/camión*» to knock ... down; (pasando por encima) to run ... over 2 ‹*libertades/derechos*› to violate, ride roughshod over; **no duda en ~ a quien sea para ...** she has no qualms about riding roughshod over people to ...

■ **atropellarse** *v pron* 1 (al hablar, actuar) to rush 2 (*recípr*) (empujarse): **salieron corriendo, atropellándose unos a otros** they came running out, pushing and shoving as they went

atropello *m* 1 (abuso) outrage; **esto es un ~** this is an outrage; **~ DE** *or* **A algo** violation OF sth 2 **atropellos** *mpl* (empujones) pushing and shoving; (prisas): **hazlo despacio y sin ~s** do it slowly, don't try to rush things

atroz *adj* (brutal, cruel) appalling; (uso hiperbólico) atrocious, awful; **un dolor de cabeza ~** an atrocious headache

atrozmente *adv* (con brutalidad) appallingly; (uso hiperbólico) atrociously, awfully

atte. (Corresp) (= **atentamente**): **lo saluda ~** sincerely yours (AmE), yours sincerely/faithfully (BrE)

attrezzista, atrezzista /atre'sista/ (*m*) propman; (*f*) propwoman

attrezzo, atrezzo /a'treso/ *m* props (*pl*)

atuendo *m* (frml) outfit

atufado -da *adj* (Méx, RPl fam) grouchy (colloq), grumpy

atufar [A1] *vt* (fam) to make ... stink (colloq)

atún *m* tuna (fish)

atunero[1] -ra *adj* tuna (*before n*)

atunero[2] *m* tuna (fishing) boat

aturdimiento *m* (perplejidad) bewilderment; (por golpe, noticia) daze

aturdir [I1] *vt* 1 «*música/ruido*»: **la música te aturdía** the music was deafening; **este ruido me aturde** I can't think straight with this noise 2 (dejar perplejo) to bewilder, confuse 3 «*golpe/noticia/suceso*» to stun, daze

■ **aturdirse** *v pron* (atolondrarse) to get confused *o* flustered; (por golpe, noticia) to be stunned *o* dazed

aturrullar [A1], **aturullar** [A1] *vt* (fam): **tanto trabajo me aturrulla** I'm getting in a state *o* all confused with all this work (colloq)

■ **aturrullarse** , **aturullarse** *v pron* (fam) to get in a state (colloq), to get confused

atusarse [A1] *v pron* ‹*pelo*› to smooth; ‹*vestido/falda*› to smooth down

audacia *f* (valor) courage, daring; (osadía) boldness, audacity

audaz *adj* (valiente) brave, courageous; (osado) daring, bold

audazmente *adv* (valientemente) bravely, courageously; (con osadía) boldly, daringly

audible *adj* audible

audición *f*

A (facultad de oír) hearing

B (prueba) audition; **le hicieron una ~** he was auditioned, he had an audition

C (RPl) (Rad) program*

audiencia *f*

A (cita) audience; **pedir/conceder ~** to seek/grant an audience

B (Der) 1 (tribunal) court 2 (sesión) hearing

(Compuestos)

• **audiencia nacional** (Esp) ≈ supreme court (*in US*), ≈ high court (*in UK*)

• **audiencia pública** public hearing

• **audiencia territorial** (Esp) ≈ police court (*in US*), ≈ magistrate's court (*in UK*)

C (espectadores, oyentes) audience; **un programa de mucha ~** a program with a large audience

audífono *m* 1 (para sordos) hearing aid, deaf-aid (BrE) 2 (de radio) earphone 3 **audífonos** *mpl* (AmL) headphones (*pl*)

audio *m* 1 (campo, área) audio 2 (CS) (Cin, TV) sound

audiometría *f* audiometry (frml)

audiovisual[1] *adj* audiovisual

audiovisual[2] *m* audiovisual presentation

auditar [A1] *vt* to audit

auditivo -va *adj* 1 ‹*nervio/conducto*› auditory 2 ‹*problemas*› hearing (*before n*), auditory (tech)

auditor -tora *m,f* 1 (persona) auditor 2 **auditora** *f* (empresa) auditors (*pl*), firm of auditors

auditoría *f* audit

auditorio *m* (público) audience; (sala) auditorium

auditorium *m* auditorium

auge *m* 1 (punto culminante) peak; **en el ~ de su carrera** at the peak *o* height of his career 2 (aumento): **la comida vegetariana está en ~** vegetarian food is on the increase; **el español está tomando un gran ~** Spanish is rapidly gaining in importance; **un período de ~ económico** a period of economic growth

augur *m* augur

a

augurar [A1] *vt* «*futuro*» to predict, foretell; **este silencio no augura nada bueno** this silence does not bode *o* (frml) augur well; **esos nubarrones auguran tormenta** those clouds herald *o* (liter) presage a storm

augurio *m* 1 (presagio): **sus ~s no se cumplieron** his predictions did not come true; **es un ~ de mala suerte** it's (a sign of) bad luck *o* a bad omen 2 (deseo): **con nuestros mejores ~s** with best wishes

augusto -ta *adj* (liter) august (liter)

aula *f*‡ 1 (en escuela) classroom; **el regreso a las ~s** the return to school 2 (en universidad) lecture (*o* seminar *etc*) room

(Compuesto) **aula magna** main lecture theater* *o* hall

aulaga *f* gorse

aullar [A23] *vi* «*lobo/viento*» to howl

aullido *m* howl; **los ~s del perro** the howling of the dog; **el ~ del viento** the howling of the wind

aumentar [A1] *vt* 1 ‹*precio/sueldo*› to increase, raise; ‹*producción/dosis*› ‹*cantidad/velocidad/tamaño*› to increase; ‹*producción/dosis*› to increase, step up; «*dolor/miedo/tensión*» to increase; **el microscopio aumenta la imagen** the microscope enlarges *o* magnifies the image 2 ‹*puntos*› (en tejido) to increase

■ **aumentar** *vi* «*temperatura/presión*» to rise; «*velocidad*» to increase; «*precio/producción/valor*» to increase, rise; **el niño aumentó 500 gramos** the child put on *o* gained 500 grams; **su popularidad ha aumentado** his popularity has grown; **~á el frío** it will become colder; **~ DE algo** ‹*de volumen/tamaño*› to increase IN sth; **aumentó de peso** he put on *o* gained weight

aumentativo¹ -va *adj* augmentative

aumentativo² *m* augmentative

aumento *m* 1 (incremento) rise, increase; **pedir un ~** to ask for a raise (AmE) *o* (BrE) rise; **las tarifas sufrirán un ligero ~** there will be a small increase *o* rise in fares; **~ DE algo**: **~ de peso** increase in weight; **~ de temperatura** rise in temperature; **~ de precio** price rise *o* increase; **~ de sueldo** salary increase, pay raise (AmE), pay rise (BrE) 2 (Ópt) magnification; **lentes con** *or* **de mucho ~** glasses with very strong lenses

aun *adv* even; **ni ~ trabajando 12 horas al día** (not) even if we worked 12 hours a day; **~ así, creo que...** even so, I think...; **y ~ así nos costó una fortuna** and even then it cost us a fortune

aún *adv*

A (todavía) 1 (en frases afirmativas o interrogativas) still; **¿~ estás aquí?** are you still here?; **eso ~ está por verse** that remains to be seen 2 (en frases negativas) yet; **~ no ha llamado** she hasn't called yet; **son las once y ~ no llega** it's eleven o'clock and she still hasn't arrived

B (en comparaciones) even

C (fám) (encima) still; **¿y ~ tuvo la frescura de...?** you mean she still had the nerve to...?

aunar [A23] *vt* ‹*ideas/esfuerzos*› to combine

■ **aunarse** *v pron* to unite, come together

aunque *conj*

A (refiriéndose a hechos) 1 (+ *indicativo*) although; **~ llegué tarde conseguí entradas** although *o* even though I got there late I managed to get tickets; **es simpático, ~ algo tímido** he's very likable, if somewhat shy 2 (respondiendo a una objeción) (+ *subjuntivo*): **es millonario, ~ no lo parezca** he's a millionaire though he may not look it; **~ no lo creas ...** believe it or not ...

B (refiriéndose a posibilidades, hipótesis) (+ *subjuntivo*) even if; **cómetelo, ~ no te guste** eat it, even if you don't like it; **dale ~ más no sea unos pesos** (RPl) at least give him a few pesos

aúpa *interj* (fam) (al levantar a un niño) up (you go/come)!; (para animar) come on!; ***de*** **~** (Esp fam) tremendous (colloq)

au pair /o'per/ *mf* (*pl* **-pairs**) au pair

aupar [A23] *vt* 1 (fam) ‹*niño*› to lift up 2 ‹*político*› to raise *o* bring ... to power

■ **auparse** *v pron*: **se aupó a una silla** she got up on a chair

aura *f*‡

A (halo) aura; **envuelto en un ~ de misterio** surrounded by an aura of mystery

B (liter) (brisa) gentle breeze

C (Zool) turkey buzzard

áureo -rea *adj* (liter) (de oro) gold; (dorado) golden

aureola *f* 1 (Relig) halo, aureole (liter) 2 (de gloria, fama) aura 3 (Astron) aureole, corona 4 (CS) (de mancha) ring

aurícula *f* auricle

auricular *m* 1 (del teléfono) receiver 2 **auriculares** *mpl* (Audio) headphones (*pl*), earphones (*pl*)

aurífero -ra *adj* gold-bearing, auriferous (frml)

auriga *m* charioteer

aurora *f* dawn; **la ~ de una nueva era** the dawning of a new age

(Compuesto) **aurora austral/boreal** aurora australis/borealis

auscultación *f* auscultation

auscultar [A1] *vt* to auscultate (tech); **el médico me auscultó** the doctor listened to my chest (with a stethoscope)

ausencia *f* 1 (de persona) absence; **durante mi ~** in *o* during my absence; **lo condenaron en su ~** he was sentenced in absentia *o* in his absence; ***brillar por su ~*** to be conspicuous by one's absence; **el orden brilla por su ~** there's a distinct lack of order 2 (no existencia) lack, absence 3 (frml) (inasistencia) absence; **tiene tres ~s** he has been absent three times

ausentarse [A1] *v pron* (frml) to go away; **se ausentó un mes de su domicilio** he was away from home for a month; **pidió permiso para ~ un momento** he asked to leave the room (*o* class *etc*)

ausente¹ *adj* [ESTAR] 1 (no presente) absent; **todos los alumnos ~s** all those pupils who are absent; **García — ausente** García — he's absent *o* away; **estaba ~ de su domicilio** (period) she was not at home; **~ con aviso** apology for absence 2 (distraído) ‹*persona*› distracted; ‹*mirada/expresión*› absent (*before n*); **estaba como ~** he looked rather distracted 3 (euf) (difunto): **nuestros hermanos ~s** our brothers who are no longer with us (euph)

ausente² *mf* 1 (persona que falta): **no está bien criticar a los ~s** it's not right to criticize people in their absence; **uno de los grandes ~s fue ...** one notable absentee was ... 2 (Der) missing person

ausentismo *m* absenteeism

(Compuestos)

- **ausentismo escolar** absenteeism, truancy
- **ausentismo laboral** absenteeism

ausentista *adj* absentee (*before n*)

auspiciador -dora *m,f* sponsor, backer

auspiciar [A1] *vt* 1 (patrocinar) ‹*exposición/función*› to back, sponsor 2 (propiciar, facilitar) to foster, promote

auspicio *m*

A (patrocinio, apoyo) sponsorship; **bajo el ~** *or* **los ~s de ...** under the auspices of ...

B **auspicios** *mpl* (indicios): **el viaje empezó con buenos ~s** the journey began auspiciously

auspicioso -sa *adj* auspicious, promising; **el futuro se presenta ~** the future looks bright *o* promising

austeridad *f* austerity

austero -ra *adj* ‹*vida/costumbres/estilo*› austere; **es ~ en el comer** he is frugal in his eating habits

austral *adj* southern

Australia *f* Australia

australiano -na *adj/m,f* Australian

Austria *f*‡ Austria

austriaco -ca austríaco -ca *adj/m,f* Austrian

austro-húngaro *adj* Austro-Hungarian

autarquía *f* autarky

autárquico -ca *adj* autarkic

autenticación *f* authentication

autenticar [A2] *vt* 1 ‹*firma/documento*› to authenticate 2 (RPl) ‹*fotocopia*› to attest

autenticidad *f* authenticity

auténtico -ca *adj* 1 ‹*cuadro*› genuine, authentic; ‹*perla/piel*› real; ‹*documento*› authentic 2 ‹*interés/cariño/persona*› genuine 3 ‹*pesadilla/catástrofe*› (*delante del n*) real (*before n*)

autentificación *f* authentication

autentificar [A2] *vt* to authenticate

autillo *m* tawny owl
autismo *m* autism
autista *adj* autistic
auto *m*
A (esp CS) (Auto) car, automobile (AmE)
(Compuestos)
- **autos de choque** *or* (CS) **autitos chocadores** *mpl* bumper cars, dodgems (*pl*) (BrE)
- **auto de carrera** (CS) racing car
- **auto sport** (CS) sports car

B (Der) (resolución) decision; (orden) order, writ
(Compuestos)
- **auto de comparecencia** subpoena, summons
- **auto de embargo** attachment order
- **auto de fe** auto-da-fé
- **auto de prisión** committal
- **auto de procesamiento** committal for trial

C **autos** *mpl* (documentación) proceedings (*pl*); **constar en ~s** to be stated on file; **el día/la fecha de ~s** the day/date of the offense
D (Lit, Teatr) play
(Compuestos)
- **auto de la pasión** passion play
- **auto sacramental** *17th century allegorical religious play*

autoabastecerse [E3] *v pron* to be self-sufficient; **~ DE** *or* **EN algo** to be self-sufficient IN sth
autoabastecimiento *m* self-sufficiency; **~ de petróleo** self-sufficiency in oil
autoadhesivo -va *adj* self-adhesive
autoalarma *f* car alarm
autobiografía *f* autobiography
autobiográfico -ca *adj* autobiographical
autobomba *m* (RPl) water tender, fire engine
autobús *m* bus; **~ de dos pisos** double-decker bus
(Compuestos)
- **autobús de línea** (inter-city) bus
- **autobús foráneo** (Méx) intercity bus

autocalificarse [A2] *v pron* to describe oneself
autocar *m* (Esp) bus, coach (BrE)
autocine *m* drive-in
autoclave *f or m* autoclave
autocontrol *m* self-control
autocracia *f* autocracy
autócrata *mf* autocrat
autocrático -ca *adj* autocratic
autocrítica *f* self-criticism
autocross *m* autocross
autóctono -na *adj* ‹*flora/fauna*› indigenous, native; **el elefante es ~ de la India** the elephant is indigenous *o* native to India
autodefensa *f* self-defence
autodefinirse [I1] *v pron* to define oneself
autodegradación *f* self-abasement
autodenominarse [A1] *v pron* to call oneself
autodestruirse [I20] *v pron* to self-destruct
autodeterminación *f* self-determination
autodidacta¹ *adj* ‹*método*› autodidactic; ‹*persona*› self-taught
autodidacta² *mf* self-taught person, autodidact (frml)
autodisciplina *f* self-discipline
autodisciplinarse [A1] *v pron* to discipline oneself
autodisparador *m* self-timer
autódromo *m* racetrack, circuit
autoedición *f* desktop publishing
autoempleo *m* self-employment
autoencendido *m* self-ignition
autoengaño *m* self-deception
auto-escuela, autoescuela *f* driving school
autoestima *f* self-esteem
autoestop *m* ▸ **autostop**
autoestopista *mf* hitchhiker
autoevaluación *f* self-assessment
autoferro *m* (Col) railcar
autofinanciarse [A1] *v pron* to finance oneself
autógeno -na *adj* autogenous
autogestión *f* self-management
autogobierno *m* self-government
autogol *m* own goal
autogolpe *m*: *coup organized by the government itself to allow it to take extra powers*
autografiar [A17] *vt* to autograph
autógrafo *m* autograph
autohipnosis *f* self-hypnosis
autoinculpación *f* self-incrimination
autolavado *m* car wash
automarginación *f* dropping-out
autómata *m* automaton
automaticidad *f* automatic nature
automático¹ -ca *adj* automatic; **es ~, se sienta a ver la tele y se queda dormido** (fam) it happens every time, he sits down in front of the TV and falls asleep
automático² *m* **1** (Fot) self-timer; (Elec) circuit breaker, trip switch **2** (cierre) snap fastener (AmE), press-stud (BrE)
automatismo *m* automatism
automatizado -da *adj* automated
automatizar [A4] *vt* to automate
automedicarse [A2] *v pron*: **se automedica con antibióticos** he takes antibiotics without a prescription
automercado *m* (AmC) supermarket
automoción *f* self-propulsion
automotor¹ -triz *or* **-tora** *adj* (frml) ‹*vehículo/industria*› motor (*before n*)
automotor² *m* (Ferr) railcar (*diesel or electric motor unit*)
automóvil¹ *adj* motor (*before n*)
automóvil² *m* car, automobile (AmE); **la industria del ~** the car *o* motor industry
(Compuesto) **automóvil club** automobile club
automovilismo *m* motoring
(Compuesto) **automovilismo deportivo** motor racing
automovilista *mf* motorist
automovilístico -ca *adj* ‹*carrera*› motor (*before n*); ‹*accidente*› car (*before n*)
autonomía *f*
A **1** (independencia) autonomy; **obran con ~** they act autonomously **2** (en Esp, comunidad autónoma) autonomous region; *see also* **Comunidad Autónoma**
B (Aviac, Náut) range

> **autonomía**
> ▸ **Comunidad Autónoma**

autonómico -ca *adj* **1** (independiente) autonomous **2** ‹*presidente/elecciones*› (en Esp) regional
autonomista *adj/mf* autonomist
autónomo¹ -ma *adj* **1** ‹*departamento/entidad*› autonomous **2** (Pol) (en Esp) ‹*región*› autonomous **3** ‹*trabajador*› self-employed; ‹*fotógrafo/periodista*› freelance
autónomo² -ma *m,f* (trabajador) self-employed worker *o* person; (fotógrafo, periodista) freelancer
autopista *f* expressway (AmE), motorway (BrE); **~ de peaje** *or* (Méx) **de cuota** turnpike (road) (AmE), toll motorway (BrE)
(Compuesto) **autopista de la información** (Inf): **la ~ de la ~** the information superhighway
autopsia *f* autopsy, post mortem; **hacerle la ~ a algn** to perform an autopsy *o* a post mortem on sb
autopullman *m*: *luxury, long-distance bus*
autor -tora *m,f* **1** (de libro, poema) author, writer; (de canción) writer; (de obra teatral) playwright **2** (de delito) perpetrator (frml); **el ~ del gol** the goalscorer; **el ~ intelectual del robo** (AmL) the brains *o* mastermind behind the robbery
autoría *f* **1** (de delito) responsibility; **se atribuyeron la ~ del atentado** (period) they claimed responsibility for the attack **2** (de libro, canción) authorship
autoridad *f*
A **1** (poder) authority; **no tengo ~ para hacerlo** I do not

a

have the authority to do it 2 (persona, institución): **la máxima ~ en el ministerio** the top official in the ministry; **se entregó a las ~es** she gave herself up to the authorities; **la ~ competente** the proper authority *o* authorities

(Compuesto) **autoridad moral** moral authority

B 1 (experto) authority; **una ~ en la materia** an authority on the subject 2 (competencia) authority; **habla con mucha ~** she speaks with great authority

C (Der): **el tratado tiene ~ de ley** the agreement is legally binding *o* has the power of law

autoritario -ria *adj* authoritarian

autoritarismo *m* authoritarianism

autorización *f* authorization (frml); **necesitan la ~ paterna** they need their parents' consent; **el tutor debe firmar la ~** the guardian must sign the consent form

autorizado -da *adj* ‹*fuente/portavoz*› official; ‹*distribuidor*› authorized, official; ‹*opinión*› expert (*before n*), authoritative

autorizar [A4] *vt* 1 ‹*manifestación/documento/firma*› to authorize; ‹*aumento/pago/obra*› to authorize, approve; **la película está autorizada para todos los públicos/para mayores de 18 años** the film has been authorized for general release/has been rated 18 and over 2 ‹*persona*› **~ a algn A** *or* **PARA + INF** to authorize sb to + INF; **eso no te autoriza a** *or* **para hablarme de ese modo** that doesn't give you the right to talk to me like that; **fue autorizado para negociar con ellos** he was given authority to negotiate with them

autorretrato *m* self-portrait

autoservicio *m* (tienda) supermarket; (restaurante) self-service restaurant, cafeteria

autostop, auto-stop /auto'(e)stop/ *m* hitchhiking; **hacer ~** to hitchhike; **me cogió en ~** (esp Esp) he gave me a lift *o* ride

autosuficiencia *f* 1 (Econ) self-sufficiency 2 (presunción) smugness

autosuficiente *adj* 1 (Econ) self-sufficient 2 (presumido) smug, self-satisfied

autosugestión *f* autosuggestion

autovagón *m* (Per) railcar

autovía *f* divided highway (AmE), dual carriageway (BrE)

auxiliar¹ *adj* 1 ‹*profesor*› assistant (*before n*); ‹*personal/elementos*› auxiliary (*before n*) 2 ‹*servicios*› auxiliary; **la tripulación ~ del avión** the cabin crew on the aircraft 3 (Tec) auxiliary 4 (Inf) peripheral

auxiliar² *mf*

A (persona) assistant

(Compuestos)

- **auxiliar administrativo/de laboratorio** administrative/laboratory assistant
- **auxiliar de vuelo** flight attendant

B **auxiliar** *f* (RPl) (Auto) spare tire*

auxiliar³ [A1] *vt* 1 (socorrer) to help 2 ‹*moribundo/herido*› to attend

auxilio *m* 1 (ayuda) help; **nos prestó ~** he helped us; **¡~!** help!; **acudieron en ~ de las víctimas** they went to the aid of the victims 2 (RPl) (grúa) recovery *o* breakdown truck

(Compuesto) **auxilio en carretera** breakdown *o* recovery service

a/v. = a vista

Av. *f* (= **Avenida**) Ave.

aval *m* (Com, Fin) guarantee; (respaldo) backing, support; (recomendación) reference

(Compuesto) **aval bancario** bank guarantee

avalancha *f* avalanche

avalar [A1] *vt* 1 (Com, Fin) ‹*documento*› to guarantee; ‹*persona/préstamo*› to guarantee, act as guarantor for 2 (respaldar): **avalado por la experiencia** backed up *o* borne out by experience; **estas críticas están avaladas por la mayoría** these criticisms are endorsed by the majority

avalista *mf* guarantor

avaluar [A18] *vt* (AmL) to value

avalúo *m* (AmL) valuation

avance *m*

A 1 (adelanto) advance; **un ~ en este campo** a step forward in this field; **hubo ~s significativos en las negociaciones** significant progress was made in the negotiations 2 (movimiento) advance; (Mil) advance; (Dep) move forward

B 1 (Esp) (Cin, TV) trailer; **un ~ de la programación del domingo** a preview of Sunday's programs 2 **avances** *mpl* (Méx) (Cin, TV) trailer

(Compuesto) **avance informativo** news summary

avante *adv* ahead; **~ a toda máquina** full speed *o* steam ahead

avanzada *f*

A (Mil) advance party

B **de avanzada** advanced

avanzadilla *f* (Esp) advance party

avanzado -da *adj* advanced; **de avanzada edad** of advanced years, advanced in years; **a horas tan avanzadas** at such a late hour

avanzar [A4] *vi* 1 «*persona/tráfico*» to advance, move forward; **~ hacia la democracia** to move *o* advance toward(s) democracy; **las tropas avanzan hacia la capital** the troops are advancing on the capital 2 «*ciencia/medicina*» to advance 3 «*cinta/rollo*» to wind on 4 «*persona*» (en los estudios, el trabajo) to make progress; «*negociaciones/proyecto*» to progress 5 «*tiempo*» to draw on

■ **avanzar** *vt* 1 (adelantarse) to move forward, advance; **~on unos pasos** they moved forward a few steps 2 (mover) to move … forward, advance; **avanzó un peón** he moved *o* pushed a pawn forward 3 ‹*propuesta*› to put forward

avaricia *f* avarice; ***la ~ rompe el saco*** if you're too greedy you end up with nothing

avaricioso¹ -sa avariento -ta *adj* greedy, avaricious

avaricioso² -sa avariento -ta *m,f* greedy *o* avaricious person

avaro¹ -ra *adj* miserly

avaro² -ra *m,f* miser

avasallador -dora avasallante *adj* 1 ‹*persona/actitud*› domineering, overbearing; **la fuerza ~a de las olas** the overwhelming force of the waves 2 ‹*triunfo*› resounding

avasallamiento *m* subjugation

avasallar [A1] *vt* 1 ‹*pueblo*› to subjugate 2 (fam) (apabullar): **no te dejes ~ por ellos** don't let them push you around (colloq)

■ **avasallar** *vi* (Esp) to be pushy

avatar *m* 1 (Relig) avatar 2 **avatares** *mpl* (altibajos) ups and downs (*pl*), vicissitudes (*pl*)

Avda. *f* (= **Avenida**) Ave.

ave *f‡* bird

(Compuestos)

- **ave de corral** fowl; **las ~s de corral** poultry
- **ave del paraíso** bird of paradise
- **ave de mal agüero** bird of ill omen
- **ave de paso** bird of passage
- **ave migratoria** migratory bird
- **ave negra** (Ur fam) trickster (colloq)
- **ave nocturna** (Zool) nocturnal bird; (persona) night owl *o* bird
- **ave rapaz** *or* **de rapiña** (Zool) bird of prey; (persona) shark
- **ave zancuda** wading bird, wader

AVE *m* (= **Alta Velocidad Española**) high-speed train

AVE – Alta Velocidad Española

A high-speed train service linking Madrid with Seville and Huelva via Cadiz, established in 1992 in time for the international exhibition Expo 92 in Seville. Lines under construction include: Madrid-Barcelona, with an extension to France and Barcelona-Valencia. An AVE service linking Madrid and Galicia is being planned

avechucho *m* (Col fam) (insecto) bug (colloq), creepy-crawly (colloq); (ave) bird; (otro animal) creature, critter (AmE colloq)

avecinarse [A1] *v pron* to approach

avecindarse [A1] *v pron* to settle
avefría *f* lapwing
avejentado -da *adj*: **la encontré muy avejentada** she looked much older; **un rostro ~** an old face
avejentar [A1] *vt* to age, make … look older
avellana *f* hazelnut
avellanedo *m* hazel wood
avellano *m* hazel
ave María *interj* (expresando sorpresa, disgusto) (fam) dear me! (colloq); **¡~ ~ Purísima!** (saludo) (ant) God bless this house; (en confesión) hail Mary, full of grace
Avemaría *f‡* (Relig) Hail Mary; (Mús) Ave Maria
avena *f* oats (*pl*)
avenencia *f* (acuerdo) agreement; (Com) deal
avenida *f* **1▸** (calle) avenue, boulevard **2▸** (de río) freshet, flood
avenido -da *adj*: **bien ~** well-matched; **una pareja mal avenida** they don't get on well as a couple
avenir [I31] *vt* (frml) to reconcile
■ **avenirse** *v pron* **1▸** (ponerse de acuerdo) **~se EN algo** to agree ON sth **2▸** (aceptar, acceder) **~se A algo**: **no se aviene a razones** he won't listen to reason; **se avinieron a negociar** they agreed to negotiate **3▸** (llevarse bien) **~se CON algn** to get on WITH sb
aventajado -da *adj* outstanding, excellent
aventajar [A1] *vt* (estar por delante de) to be ahead of; (adelantarse) to overtake, get ahead of
aventar [A5] *vt*
A **1▸** (Col, Méx, Per) ‹*pelota/piedra*› to throw; **le aventé un sopapo** (fam) I smacked *o* (BrE) thumped him (colloq) **2▸** (Méx) (empujar) to push
B ‹*fuego/lumbre*› to fan; ‹*grano*› to winnow
■ **aventarse** *v pron* **1▸** (Méx fam) (atreverse) to dare; **~se A + INF** to dare to + INF **2▸** (Méx fam) (lograr): **se ~on un partidazo** they produced *o* played a tremendous game **3▸** (*refl*) (Col, Méx) (arrojarse, tirarse) to throw oneself; **se aventó al agua** he dived into the water
aventón *m* (Méx) (fam) lift; **darle un ~ a algn** to give sb a lift *o* ride; **pedir ~** to hitch *o* thumb a lift *o* ride; **ir de ~** to go hitching
aventura *f* **1▸** (suceso extraordinario) adventure; **en busca de ~s** in search of adventure **2▸** (riesgo) venture; **se embarcaron en esta ~** they embarked on this venture **3▸** (relación amorosa — pasajera) fling; (— ilícita) affair
aventurado -da *adj* risky, hazardous
aventurar [A1] *vt* **1▸** ‹*opinión*› to venture, put forward; ‹*conjetura*› to hazard; **no podemos ~ cifras** we cannot speculate on the figures **2▸** ‹*dinero*› to risk, stake
■ **aventurarse** *v pron* to venture; **se aventuró por el desierto** she ventured into the desert; **~se A + INF**: **no me aventuré a hablarle** I didn't dare (to) speak to her; **me ~ía a decir que …** I would go so far as to say that …
aventurero¹ -ra *adj* adventurous
aventurero² -ra *m,f* adventurer
avergonzado -da *adj* **1▸** (por algo reprensible) ashamed; **~ POR *or* DE algo** ashamed OF sth **2▸** (en situación embarazosa) embarrassed
avergonzar [A13] *vt* **1▸** (por algo reprensible): **¿no te avergüenza salir así a la calle?** aren't you ashamed to go out looking like that? **2▸** (en situación embarazosa) to embarrass
■ **avergonzarse** *v pron* to be ashamed (of oneself); **~se DE algo** to be ashamed OF sth; **se avergonzó de haberle mentido** she was ashamed of herself for having lied to him
avergüenza, avergüenzas, etc *see* **avergonzar**
avería *f* (Auto, Mec) breakdown; **el coche sufrió una ~** the car broke down
averiado -da *adj* [ESTAR] ‹*coche/máquina*› broken down; **el ascensor/teléfono estaba ~** the elevator/telephone was out of order
averiarse [A17] *v pron* to break down
averiguación *f* inquiry; **hacer averiguaciones** to make inquiries
averiguar [A16] *vt* to find out; **averigua a qué hora sale el tren** find out *o* check what time the train leaves
■ **averiguar** *vi* (Méx) to quarrel, argue; ***averiguárselas*** (Méx): **me las ~é para conseguir el dinero** I'll manage to get the money somehow; ***averiguárselas con algn*** (Méx) to deal with sb
aversión *f* aversion; **siento ~ por ella** I loathe her, I have a real aversion to her
avestruz *m* ostrich
avezado -da *adj* ‹*combatiente/político*› seasoned; **un ~ delincuente** a hardened criminal
aviación *f* (civil) aviation; (Mil) air force
aviado -da *adj* (ant) (listo) ready
aviador -dora *m,f*
A (Aviac, Mil) pilot, aviator (dated)
B (Chi) (Agr, Min) backer
C (Méx) (empleado) *person who is paid a salary without actually doing any work*
aviar [A17] *vt*
A (ant) ‹*equipaje/caballo*› to prepare
B (AmL) (Agr, Min) to stake
■ **aviarse** *v pron* (*refl*) (ant) **1▸** (prepararse) to prepare oneself **2▸** (arreglárselas) to get by, manage
aviario¹ -ria *adj* bird (*before n*), avian (tech)
aviario² *m* collection of birds
avícola *adj* poultry (*before n*)
avicultor -tora *m,f* poultry farmer
avicultura *f* poultry farming
ávidamente *adv* avidly, eagerly
avidez *f* eagerness, avidity; **lee con ~** he reads avidly
ávido -da *adj* **~ DE algo** ‹*de noticias/aventuras*› eager FOR sth; ‹*de poder*› hungry FOR sth; **~ de sabiduría** thirsty for knowledge
aviejarse [A1] *v pron* to age
avieso -sa *adj* (frml *o* liter) ‹*persona*› malicious, wicked; ‹*intenciones*› wicked, evil
avinagrado -da *adj* ‹*vino*› vinegary; ‹*persona/carácter*› sour, bitter
avinagrar [A1] *vt* ‹*vino*› to make … taste vinegary; ‹*carácter*› to make … sour *o* bitter
■ **avinagrarse** *v pron* «*vino*» to turn *o* go vinegary; «*persona*» to become bitter *o* sour
avío *m*
A (utilidad): **me ha hecho mucho ~** it has been very useful, it has come in very handy (colloq)
B (fam) **los avíos** *mpl* (lo necesario) the gear (colloq)
(Compuesto) **avíos de pesca** *mpl* fishing tackle
C (AmL) (Agr, Min) loan, stake
avión *m*
A (Aviac) plane, aircraft (frml), airplane (AmE), aeroplane (BrE); **viajar en ~** to fly; **un ~ de reconocimiento** a spotter plane; Ⓢ **por avión** (Corresp) air mail
B (Méx) (Jueg) hopscotch
(Compuestos)
• **avión a chorro** *o* **a reacción** jet (plane)
• **avión cisterna** *o* **nodriza** tanker
• **avión de carga** freight plane, cargo plane
• **avión de combate/de pasajeros/militar** fighter/passenger/military plane
avionazo *m* (Méx) plane crash
avioncito *m* paper dart, paper airplane
avioneta *f* light aircraft
aviónica *f* avionics
avisado -da *adj* **1▸** [SER] (sagaz) informed; **el lector ~** the informed reader **2▸** [ESTAR] (advertido): **quedas *or* estás ~** you've been warned
avisar [A1] *vt* **1▸** (notificar): **¿por qué no me avisaste que venías?** why didn't you let me know you were coming?; **nos han avisado que…** they've notified us that… **2▸** (Esp, Méx) (llamar) to call; **~ al médico/a la policía** to call the doctor/the police **3▸** (advertir) to warn; **le ~on que venía la policía** they warned him that the police were coming
■ **avisar** *vi*: **llegó sin ~** she showed up without any prior warning *o* unexpectedly; **avísame cuando acabes** let me know when you've finished; **~ a algn DE algo** to let sb know ABOUT sth, inform sb OF sth
aviso *m*
A **1▸** (notificación) notice; Ⓢ **aviso al público** notice to the

public; **dio ~ a la policía** he notified *o* informed the police; **sin previo ~** without prior warning; **hasta nuevo ~** until further notice; **último ~ para los pasajeros ...** last call for passengers ... **2** (advertencia) warning; ***sobre* ~**: **estás sobre ~** you've been warned; **me puso sobre ~ de lo que ocurriría** he warned me what would happen **3** (Cin, Teatr) bell **4** (Taur) warning
B (AmL) (anuncio, cartel) advertisement, ad
(Compuestos)
- **aviso clasificado** *or* (Méx) **de ocasión** *or* **oportuno** classified advertisement
- **aviso fúnebre** death notice

avispa *f* wasp
avispado -da *adj* (fam) sharp, bright
avispar [A1] *vt* to make ... wise up (colloq)
■ **avisparse** *v pron* (espabilarse) to wise up (colloq)
avispero *m* **1** (nido) wasps' nest; **esa oficina es un ~** (RPl) that office is a madhouse (colloq); ***alborotar*** *or* ***revolver el* ~** to stir up a hornet's nest **2** (lío) mess **3** (Med) carbuncle
avispón *m* hornet
avistar [A1] *vt* to sight
avitaminosis *f* vitamin deficiency
avituallamiento *m* provisioning
avituallar [A1] *vt* to provision, supply ... with food
avivado -da *m,f* (CS fam) wise guy (colloq)
avivar [A1] *vt* ‹*fuego*› to get ... going; ‹*color*› to make ... brighter; ‹*pasión/deseo*› to arouse; ‹*dolor*› to intensify
■ **avivarse** *v pron* **1** «*fuego*» to revive, flare up; «*debate*» to come alive, liven up **2** (AmL fam) (despabilarse) to wise up (colloq)
avivato -ta *m,f* (AmS fam) wise guy (colloq)
avocastro *m* (Chi fam) ugly mug (colloq)
axial *adj* axial
axila *f* **1** (Anat) armpit, axilla (tech) **2** (Bot) axillary bud
axilar *adj* underarm (*before n*), axillary (tech)
axioma *m* axiom
axiomático -ca *adj* axiomatic
ay *interj* **1** (expresando — dolor) ow!, ouch!; (— susto, sobresalto) oh! **2** (expresando aflicción) oh dear!; **¡~ de mí!** (liter) woe is me! (liter) **3** (expresando amenaza): **¡~ del que se atreva!** woe betide anyone who tries it!
aya *f*‡ (ant) governess
ayatolah *m* ayatollah
ayer[1] *adv*
A (refiriéndose al día anterior) yesterday; **~ hizo un mes** a month ago yesterday; **~ por** *or* (esp AmL) **en** *or* (RPl) **a la mañana** yesterday morning; **~ tarde** (period) yesterday afternoon; **antes de ~** the day before yesterday; **de ~ acá** *or* **a hoy** overnight, since yesterday; **el periódico de ~** yesterday's paper; ***no nací* ~** I wasn't born yesterday
B (liter) (refiriéndose al pasado): **~ era un joven idealista** he was once a young idealist; **las modas de ~** the fashions of yesteryear *o* of years gone by
ayer[2] *m* past; **en un ~ muy lejano** (liter) a long, long time ago (liter)
ayte. (= **ayudante**) asst.
ayuda *f*
A (asistencia) help; **nadie fue** *or* **acudió en su ~** nobody went to his aid; **pedir ~** to ask for help; **~s para la inversión** incentives for investment; **organizaciones de ~ internacional** international aid agencies; **ha sido de gran ~** it has been a great help; **poca ~ no es estorbo** every little helps
(Compuesto) **ayuda de cámara** *m* valet
B (fam & euf) (enema) enema
ayudante *mf* assistant
(Compuestos)
- **ayudante de campo** aide-de-camp
- **ayudante de cátedra** assistant professor (AmE), (junior) lecturer (BrE)
- **ayudante de cocina** kitchen assistant
- **ayudante de dirección/producción** director's/production assistant
- **Ayudante Técnico Sanitario** (en Esp) Registered Nurse

ayudar [A1] *vt* to help; **~ al prójimo** to help one's neighbor; **¿te ayudo?** do you need any help?; **vino a ~me** she came to help me out; **~ a algn con algo** to help sb WITH sth; **~ a algn a + inf** to help sb (to) + INF; **ayúdame a poner la mesa** help me (to) set the table
■ **ayudar** *vi* to help; **¿puedo ~ en algo?** can *o* shall I give you a hand?, can I do anything to help?; **~ a** *or* **en misa** to serve at mass
■ **ayudarse** *v pron* to help oneself; **~se de** *or* **con algo**: **camina ayudándose de** *or* **con un bastón** he walks with the aid *o* help of a stick
ayunar [A1] *vi* to fast
ayunas: **en ~** (*loc adv*): **estoy en ~** I haven't eaten anything; **debe tomarse en ~** it should be taken on an empty stomach; ***estar/quedarse en* ~** (no entender) to be/to be left completely in the dark
ayuno *m* fast, fasting; **hacer ~** to fast
ayuntamiento *m* (corporación) town/city council; (edificio) town/city hall
(Compuesto) **ayuntamiento carnal** (ant) carnal knowledge (arch)
ayuntar [A1] *vt* (Col) (Agr) to yoke ... together
azabache *m* (Min) jet; **negro como el ~** jet black
azada *f* hoe
azadón *m* mattock
azafata *f*
A (en avión) flight attendant, air hostess; (en programa, concurso) hostess
(Compuestos)
- **azafata de congresos** conference hostess
- **azafata de tierra** ground stewardess

B (Per) (bandeja) tray
azafate *m* (AmS) tray
azafrán *m* saffron
azahar *m* (del naranjo) orange blossom; (del limonero) lemon blossom
azalea *f* azalea
azar *m* **1** (casualidad) chance; **dejar algo al ~** to trust sth to chance; **no es por ~ que ...** it's no chance *o* coincidence that ...; **quiso el ~ que coincidieran** fate decreed that they should meet; **al ~** at random **2** **azares** *mpl* (vicisitudes) ups and downs (*pl*), vicissitudes (*pl*)
azaroso -sa *adj* ‹*viaje*› hazardous; ‹*proyecto*› risky; ‹*vida*› eventful
Azerbaiyán, Azerbaiján *m* Azerbaijan, Azerbaidzhan
azerbaiyaní[1] *adj/mf* Azerbaijani, Azeri
azerbaiyaní[2] *m* (idioma) Azerbaijani
azogar [A3] *vt* to silver
azogue *m* mercury, quicksilver
azor *m* goshawk
azorado -da *adj* **1** (turbado) embarrassed **2** (Col, Méx, RPl) (asombrado) amazed, astonished
azorar [A1] *vt* **1** (turbar) to embarrass **2** (Col) (distraer) to distract
■ **azorarse** *v pron* to get embarrassed, be covered in confusion (liter)
azotador *m* (Méx) caterpillar
azotaina *f* (fam) spanking
azotar [A1] *vt*
A (con látigo) to whip, flog
B «*viento/mar*» to lash; **un temporal azota la ciudad** a storm is battering the town; **el hambre azotaba la zona** the region was in the grips of famine
C (Méx) ‹*puerta*› to slam; **Ⓢ favor de no azotar la puerta** please do not slam the door
azote *m*
A **1** (látigo) whip, lash; (latigazo) lash **2** (fam) (a un niño): **te voy a dar unos ~s** I'm going to spank you
B (del viento, mar): **los ~s de las olas** the lashing of the waves; **la ciudad sufre los ~s de los temporales** the city is lashed by storms
C (calamidad) scourge
azotea *f* terrace roof, flat roof; ***estar mal de la* ~** (fam) to be off one's rocker (colloq)
azteca *adj/mf* Aztec

Aztecas

A Náhuatl-speaking people of Central America who in the fourteenth century established a brilliant but tyrannical civilization in central and southern Mexico. The capital was Tenochtitlán, built on reclaimed marshland which became Mexico City. Renowned for their jewelry, the Aztecs were also skilled architects and used a writing system based on pictographs and hieroglyphs. The Aztec calendar followed a 52-year astronomical cycle. They worshipped the plumed serpent Quetzalcóatl and the war-god Huitzilopochtli, whom their priests appeased by human sacrifice. The Aztec empire collapsed in 1521 after defeat by the Spanish under Hernán Cortés and Pedro de Alvarado

azúcar *m or f* sugar; **~ de remolacha/caña** beet/cane sugar; **el nivel de ~ en la sangre** the blood-sugar level; **chicle sin ~** sugar-free gum

(Compuestos)
- **azúcar blanca** *or* **blanquilla** white sugar
- **azúcar en cubos** *or* **terrones** *or* (RPl) **pancitos** sugar lumps *o* cubes (*pl*)
- **azúcar glasé** *or* (Méx) **glas** *or* (Chi) **flor** *or* (Col) **en polvo** *or* (Bol, RPl) **impalpable** confectioners' sugar (AmE), icing sugar (BrE)
- **azúcar granulada** granulated sugar
- **azúcar lustre** castor* sugar
- **azúcar morena** brown sugar

azucarado -da *adj* ‹*zumo*› sweetened; ‹*miel*› crystallized; ‹*voz/sonrisa*› (pey) sugary (pej)

azucarar [A1] *vt* ‹*café/leche*› to add sugar to; ‹*fruta*› to sprinkle … with sugar

■ **azucararse** *v pron* to crystallize

azucarera *f* [1] (AmL) (recipiente) sugar bowl [2] (fábrica) sugar refinery

azucarero[1] -ra *adj* ‹*industria*› sugar (*before n*); ‹*zona*› sugar-producing (*before n*)

azucarero[2] *m* sugar bowl

azucena *f* Madonna lily, Annunciation lily

azuela *f* adz, adze (BrE)

azufre *m* sulfur*

azul[1] *adj* blue; **ojos ~ verdoso** greenish-blue eyes; **unas camisas ~ claro/oscuro** light/dark blue shirts

azul[2] *m* blue; **el ~ le sienta muy bien** blue looks good on you; **de un ~ intenso** deep blue

(Compuestos)
- **azul añil** (color) indigo blue; (para la ropa) bluing, blue
- **azul cielo** *or* **celeste** [1] *m* sky blue [2] *adj inv* sky-blue (*before n*)
- **azul cobalto** [1] *m* cobalt blue [2] *adj inv* cobalt-blue (*before n*)
- **azul eléctrico** [1] *m* electric blue [2] *adj inv* electric-blue (*before n*)
- **azul marino** [1] *m* navy blue [2] *adj inv* navy-blue (*before n*)

azulado -da *adj* bluish

azulejo *m* (glazed ceramic) tile

azulete *m* blue, bluing

azuloso -sa *adj* (AmL) bluish

azur *adj/m* azure

azurita *f* azurite

azuzar [A4] *vt* [1] ‹*perros*› to sic; **~le los perros a algn** to set the dogs on sb [2] ‹*persona*› to egg … on

Bb

B, b *f (read as /be ('larɣa)/) the letter* **B, b**

baba *f*
A 1 (de niño) dribble, drool (AmE) 2 (de adulto) saliva; ***caérsele a algn la ~ por** or **con algn*** to drool over sb 3 (de perro, caballo) slobber
B (de caracol) slime; (de cactus) sap

babear [A1] *vi*
A 1 «*persona*» to dribble, drool (AmE) 2 «*animal*» to slaver, slobber
B (Chi, Méx fam) (mirar con embeleso) ~ **POR algn** to drool OVER sb
■ **babearse** *v pron* (RPl) ▸**babear B**

babel *m* complete bedlam (colloq)

babero *m* bib

Babia *f*: **estar en ~** to have one's head in the clouds

bable *m*: *Asturian dialect*

> **bable**
>
> Or *asturiano, bable* is a variety of Castilian spoken in Asturias. It went into decline when the kingdom of Castile achieved political dominance and imposed Castilian on what became Spain. By the twentieth century it was confined to rural areas.
>
> With the revival of Spanish regional languages *bable* has seen a resurgence in use

babor *m* port; **virar a ~** to turn to port; **¡tierra a ~!** land to port!

babosa *f* slug; *ver tb* **baboso²**

babosada *f* (AmC, Col, Méx) drivel; **no digas ~s** don't talk drivel *o* nonsense; **se pelearon por una ~** they fought over some stupid little thing

babosear [A1] *vt* «*niño*» to dribble down *o* over; «*animal*» to slobber over
■ **babosear** *vi*
A (Col) (decir tonterías) to talk drivel
B (Méx fam) (distraerse) to daydream

baboseo *m* 1 (de niño) dribbling, drooling (AmE) 2 (de animal) slobbering, slavering

babosería *f* (Per fam): **era una ~** it was a load of drivel; **sólo dice ~s** he talks nothing but drivel

baboso¹ -sa *adj*
A (con babas) slimy
B (AmL fam) (estúpido) 1 ‹*persona*› dim (colloq) 2 ‹*libro/espectáculo*› ridiculous
C (CS fam & pey) (pegajoso) ‹*persona*› lovey-dovey (colloq & pej); **estar ~ CON** *or* **POR algn** to be besotted WITH sb

baboso² -sa *m,f* (AmL fam) (tonto) dimwit (colloq)

babucha *f* (zapatilla) slipper; ***llevar a algn a ~(s)*** (RPl fam) to give sb a shoulder ride

baca *f* roof-rack, luggage-rack

bacaladero¹ -ra *adj* cod (*before n*)

bacaladero² *m* cod trawler

bacalao *m* cod, codfish (AmE); **~ seco** salt cod

bacán¹ -cana *adj* 1 (RPl fam) (cómodo) cushy (colloq) 2 (Per fam) (estupendo) fantastic (colloq), great (colloq)

bacán² -cana *m,f* 1 (RPl fam) (ricachón) moneybags (colloq) 2 (Per fam & pey) (vanidoso) bighead (colloq)

bacanal *f* (juerga) wild party, orgy (colloq)

bacenilla *f* (Col, Ven) chamber pot

bache *m* 1 (Auto) pothole 2 (Aviac) air pocket 3 (mal momento) bad time *o* (BrE) patch

bachicha *mf* (CS fam) wop (colloq & pej)

bachiller *mf* 1 (de escuela secundaria) ≈ high school graduate (*in US*), ≈ school leaver with A levels (*in UK*) 2 (Per) (licenciado) university graduate

bachillerato *m* 1 (educación secundaria) *secondary education and the qualification obtained*, ≈ high school diploma (*in US*) 2 (Per) (licenciatura) bachelor's degree

bacilo *m* bacillus

bacinica *f* (AmL exc RPl) (fam) chamber pot, potty (colloq)

bacteria *f* bacterium; **~s** bacteria (*pl*)

bactericida *m* bactericide

bacteriología *f* bacteriology

báculo *m* 1 (bastón) walking stick 2 (liter) (apoyo) support

(Compuesto) **báculo pastoral** crosier

badajo *m* clapper

badana *f* 1 (piel) poor-quality leather (*usually used for lining*) 2 (Chi, Per) (franela) flannel

baden *m* (Chi) speed bump

badén *m* 1 (vado) ford 2 (depresión) dip

bádminton /'baðminton/ *m* badminton

badulaque *mf* (fam) (tonto) moron (colloq & pej)

baffle /'bafle/, **bafle** *m* (altavoz) speaker, loudspeaker

bagaje *m*: **~ cultural** (de persona) cultural knowledge; (de un pueblo) cultural heritage; **un ~ de conocimientos/experiencias** a wealth of knowledge/experience

bagatela *f* 1 (alhaja) trinket; (adorno) knickknack 2 (asunto sin importancia) triviality

bagre *m*
A (Coc, Zool) catfish
B (AmS fam & pey) (mujer fea) ugly hag (colloq & pej)

bagual -guala *m,f* (RPl)
A 1 (caballo) unbroken horse 2 **bagual** *m* (toro) wild bull
B **baguala** *f* (canción) *Argentinian folk song*

bah *interj* (expresando — desprecio) huh!, bah!; (— conformidad) oh well!

bahareque *m* (AmC, Col, Ven) adobe

bahía *f* bay

bailable *adj*: **música ~** music you can dance to

bailaor -laora *m,f* flamenco dancer

bailar [A1] *vi*
A (Mús) to dance; **salir a ~** to go out dancing; **la sacó a ~** he asked her to dance; ***¡que me quiten lo bailado!*** (fam) I'm going to enjoy myself while I can
B «*trompo/peonza*» to spin
C (fam) (estar flojo) (+ *me/te/le etc*): **tus zapatos me bailan** your shoes are miles too big for me (colloq)
D (Méx fam) **andar/quedar/estar bailando** «*dinero*» to be unaccounted for; «*asunto*» to be up in the air
■ **bailar** *vt*
A (Mús) to dance; **~ un tango** to (dance a) tango
B (Méx fam) (quitar, robar) to swipe (colloq), to pinch (BrE colloq)
■ **bailarse** *v pron* (Méx fam): **se los ~on en tres sets** they were thrashed in three sets

bailarín¹ -rina *adj* 1 ‹*persona*› fond of dancing 2 ‹*mono/perro*› dancing (*before n*)

bailarín² -rina *m,f* dancer
Compuestos
- **bailarín de ballet** *m* ballet dancer
- **bailarina de ballet** *f* ballerina, ballet dancer

baile *m*
A **1** (acción) dancing; **abrir el ~** to start the dancing **2** (arte, composición, fiesta) dance
Compuestos
- **baile de disfraces/máscaras** fancy-dress/masked ball
- **baile de San Vito** (Med): **el ~ de ~ ~** St Vitus's dance; **parece que tienes el ~ de ~ ~** (fam) you look like you've got ants in your pants

B (CS, Ven fam) (asunto): **yo no me meto en este ~** I'm not getting involved in this business; **ya que estamos en el ~ ...** while we're about it ...

bailongo *m* (AmL fam) dance

bailotear [A1] *vi* (fam & hum) to dance, bop (colloq)

bailoteo *m* **1** (fam & hum) (acción) dancing, bopping (colloq) **2** (Chi fam) (fiesta) party (*with dancing*), hop (dated)

baja *f*
A (descenso) fall, drop; **su popularidad está en ~** his popularity is waning *o* declining; **la ~ de las tasas de interés** the cut in interest rates; **a la ~**: **tendencia a la ~** downward trend; **los que juegan a la ~** those who are selling for a fall, the bears
B **1** (Esp) (Rels Labs) (permiso) sick leave; (certificado) medical certificate; **está (dado) de ~** he's off sick *o* on sick leave **2** (Dep): **el equipo tiene varias ~s** the team is missing several regulars **3** (Mil) (muerte) loss, casualty; **los rebeldes tuvieron trece ~s** the rebels lost thirteen men
Compuesto **baja por maternidad** (Esp) maternity leave
C **1** (en entidad): **ha habido varias ~s** (en clase) several students have dropped out *o* left; (en asociación) several members have left; **darse de ~** (en club) to cancel one's membership, leave; (en partido) to resign, leave; **lo dieron de ~ en el club por no pagar la cuota** they canceled his membership to the club for not paying his fees; **causó ~ en nuestra empresa** (Esp) he left our employment **2** (Mil) (cese) discharge; **dar de ~** to discharge; **pidió la ~ en el ejército** he applied to be discharged from the army **3** (en puesto): **el equipo lo dio de ~** the club cut him (AmE), the club released him (BrE); **lo dieron de ~ por invalidez** he was dismissed because of illness *o* on health grounds
Compuestos
- **baja incentivada** (Esp) voluntary redundancy (*with incentive payment*)
- **baja voluntaria** (Esp) voluntary redundancy

bajada *f*
A (acción) descent; **al atardecer emprendimos la ~** as evening fell we began the descent; **en la ~ me fallaron los frenos** my brakes failed on the way down; **la ~ de los tipos de interés** the cut in interest rates; **tuvo una ~ de tensión** his blood pressure dropped
Compuesto **bajada de bandera** minimum fare
B (camino): **la ~ a la playa es muy empinada** the path (*o* road *etc*) down to the beach is very steep

bajamar *f* low tide

bajar [A1] *vi*
A **1** «*ascensor/persona*» (alejándose) to go down; (acercándose) to come down; **yo bajo por la escalera** I'll take the stairs; **espérame, ya bajo** wait for me, I'll be right down; **¿bajas a la playa con nosotros?** are you coming (down) to the beach with us?; **~ A + INF** to go/come down to + INF; **bajé a despedirlos** I went down to see them out; **bajó a saludarnos** he came down to say hello **2** (apearse) **~ DE algo** ‹*de tren/avión*› to get off sth; ‹*de coche*› to get out OF sth; ‹*de caballo/bicicleta*› to get off sth **3** (Dep) «*equipo*» to go down
B **1** «*marea*» to go out **2** «*fiebre/tensión*» to go down, drop; «*hinchazón*» to go down; «*temperatura*» to fall, drop; **le ha bajado la fiebre** her fever *o* temperature has gone down **3** «*precio/valor*» to fall, drop; «*cotización*» to fall; «*calidad*» to deteriorate; «*popularidad*» to diminish; **~ de precio** to go down in price; **seguro que no baja de los dos millones** I bet it won't be *o* cost less than two million **4** «*menstruación*» to start

■ **bajar** *vt*
A ‹*escalera/cuesta*› to go down
B ‹*brazo/mano*› to put down, lower; **bajó la cabeza avergonzado** he bowed his head in shame
C (Inf) to download
D **1** **~ algo (DE algo)** ‹*de armario/estante*› to get sth down (FROM sth); ‹*del piso de arriba*› to bring/take down sth; **¿me bajas las llaves?** can you bring down my keys?; **hay que ~ estas botellas al sótano** we have to take these bottles down to the basement **2** **~ a algn DE algo** ‹*de mesa/caballo*› to get sb off sth
E **1** ‹*persiana/telón*› to lower; ‹*ventanilla*› to open **2** ‹*cremallera*› to undo
F ‹*precio*› to lower; ‹*fiebre*› to bring down; ‹*volumen*› to turn down; **baja la voz** lower your voice

■ **bajarse** *v pron*
A (apearse) **~se DE algo** ‹*de tren/autobús*› to get off sth; ‹*de coche*› to get out of sth; ‹*de caballo/bicicleta*› to get off sth; **¡bájate del muro!** get down off the wall!
B ‹*pantalones*› to take down; ‹*falda*› to pull down

bajativo *m* (CS) liqueur, digestif

bajel *m* (liter) ship

bajero -ra *adj* ‹*sábana*› bottom; **falda bajera** underskirt

bajetón -tona *adj* (Per fam) short

bajeza *f* **1** (acción) despicable act **2** (cualidad) baseness; **nunca creí que fuera capaz de tanta ~** I never thought her capable of being so vile

bajial *m* (Per) floodplain

bajío *m* **1** (zona poco profunda) shallows (*pl*); (banco de arena) sandbank **2** (AmL) (terreno bajo) low-lying area

bajista *mf* bass player, bassist

bajo¹ -ja *adj*
A [SER] ‹*persona*› short
B (indicando posición, nivel) **1** [SER] ‹*techo*› low; ‹*tierras*› low-lying **2** [ESTAR] ‹*lámpara/cuadro/nivel*› low; **la parte baja de la estantería** the lower shelves of the bookcase; **la marea está baja** the tide is out **3** (bajado): **tener las persianas bajas** to have the blinds down; **caminar con la mirada baja** to walk (along) with one's eyes on the ground
C **1** ‹*calificación/precio/número*› low; ‹*temperatura*› low; **una bebida baja en calorías** a low-calorie drink; **tiene la tensión** *or* **presión baja** he has low blood pressure; **artículos de baja calidad** poor-quality goods **2** ‹*volumen/luz*› low; **en voz baja** quietly, in a low voice; **pon la radio bajita** put the radio on quietly
D **estar ~ DE algo** (falto de): **están ~s de moral** their morale is low; **está ~ de defensas** his defenses are low
E (grave) ‹*tono/voz*› deep, low
F (vil) ‹*acción/instinto*› low, base; ***caer* ~**: **¡qué ~ has caído!** how could you stoop so low!
Compuestos
- **baja cuna** *f* humble origins (*pl*)
- **baja forma** *f*: **estoy en ~ ~** I'm in bad shape
- **baja frecuencia** *f* low frequency
- **bajas presiones** *fpl* low pressure
- **bajos fondos** *mpl* underworld
- **bajo vientre** *m*: **el ~ ~** the lower abdomen

bajo² *adv* **1** ‹*volar/pasar*› low **2** ‹*hablar/cantar*› softly, quietly; **¡habla más ~!** keep your voice down!

bajo³ *m*
A **1** (planta baja) first (AmE) *o* (BrE) ground floor **2** **los bajos** (CS) the first (AmE) *o* (BrE) ground floor
B **1** (de falda, vestido) hem **2** **bajos** *mpl* (Auto) underside
C (contrabajo) (double) bass

bajo⁴ *prep* **1** (debajo de) under; **~ techo** under cover, indoors; **tres grados ~ cero** three degrees below zero; **~ el cielo estrellado** (liter) beneath the starry sky (liter) **2** (expresando sujeción, dependencia) under; **~ juramento** under oath; **~ los efectos del alcohol** under the influence of alcohol; **~ el título ...** under the title ...

bajón *m* (fam) **1** (descenso fuerte) sharp drop *o* fall; **la Bolsa ha dado un ~** the Stock Exchange index has dropped *o* fallen sharply; **ha dado un ~ este semestre** he has gone downhill this semester **2** (de ánimo) depression; **en los últimos meses ha dado un ~** he's gone downhill in the last few months **3** (de salud): **dio un ~ tremendo la semana pasada** she took a turn for the worse last week

bajorrelieve *m* bas-relief

bajura *f* ▸**flota, pesca**

bakalao *m* (Esp fam) rave *o* club music; **la ruta del ~** clubbers' weekend trail of discos

bala *f*

A (Arm) (de pistola, rifle) bullet; (de cañón) cannon ball; **a prueba de ~s** bulletproof; **una ~ perdida** a stray bullet; ***como (una) ~*** ‹*salir/entrar*› like a shot (colloq); **pasar como (una) ~** to shoot past; ***echar ~*** (Méx) (disparar) to fire shots; (estar furioso): **no la nombres, se pone que echa ~** don't say her name or he'll go through the roof (colloq); ***llevar ~*** (Méx fam) to be in a hurry; ***no me/le entran ~s*** (Chi fam) I'm/he's as tough as old boots; ***ser como*** *or* ***una ~ para algo*** (Chi, Méx fam): **es como ~ para las matemáticas** she's a whizz at math (AmE) *o* maths (BrE); **es una ~ para el dominó** he's a tremendous domino player; ***ser un(a) ~ perdida*** to be a good-for-nothing

(Compuestos)

- **bala de fogueo** blank (round *o* cartridge)
- **bala de goma/plástico** rubber/plastic bullet

B (AmL) (Dep) shot; **lanzamiento de ~** shot put

balaca *f* (Col) **1** (Indum) hairband **2** (Dep) sweatband, headband

balacera *f* (AmL) shooting; **se armó una ~ entre policías y asaltantes** there was a shootout between the police and the bank raiders

balada *f* ballad

baladí *adj* petty, trivial

baladronada *f*: **dijo/soltó una ~ que no impresionó a nadie** his boasting *o* bragging didn't impress anybody

balalaica *f* balalaika

balance *m*

A **1** (resumen, valoración) assessment, evaluation; **hacer ~ DE algo** to take stock OF sth, to evaluate sth **2** (resultado) result, outcome; **un ~ positivo/negativo** a positive/negative result *o* outcome

B (Com, Fin) **1** (inventario) stocktaking **2** (cálculo, cómputo) balance **3** (documento) balance sheet; **cuadrar un ~** to balance (off) the accounts **4** (de cuenta) balance

balancear [A1] *vt*

A ‹*paquetes/carga*› to balance

B ‹*pierna/brazo*› to swing; ‹*barco*› to rock

■ **balancearse** *v pron* **1** «*árbol/ramas*» to sway; «*objeto colgante*» to swing **2** «*barco*» to rock; **¡deja de ~te en la silla!** stop rocking your chair!

balanceo *m* (de hamaca) swinging; (de árboles) swaying; (de barco) rocking

balancín *m*

A (mecedora) rocking chair; (de jardín) couch hammock; (de niños) seesaw, teeter-totter (AmE)

B (de acróbata) balancing pole

balandrismo *m* yachting, sailing

balandrista (*m*) yachtsman; (*f*) yachtswoman

balandro *m*, **balandra** *f* yacht, sloop

balanza *f* scales (*pl*); (de dos platillos) scales (*pl*), balance; ***inclinar la ~ a favor de algn*** to tip the balance in favor of sb; ***poner en la ~*** to weigh (AmE), to weigh up (BrE)

(Compuestos)

- **balanza comercial/de pagos** balance of trade/of payments
- **balanza de baño/de cocina** bathroom/kitchen scale (AmE) *o* (BrE) scales (*pl*)
- **balanza de precisión** precision balance, precision scales (*pl*)

balar [A1] *vi* to bleat, baa

balata *f* (Chi, Méx) brake lining

balaustrada *f* balustrade

balay *m* (Bol) (canasta) flat wicker basket

balazo *m* (Arm) (tiro) shot; (herida) bullet wound; **recibió un ~** he was shot; ***coser a algn a ~s*** to riddle sb with bullets

balboa *m* balboa (*Panamanian unit of currency*)

balbucear [A1] *vt*: **balbuceó unas palabras de agradecimiento** he stammered out a few words of thanks; **—yo no lo sabía —balbuceó** I didn't know, he stammered

■ **balbucear** *vi* «*adulto*» to mutter, mumble; «*bebé*» to babble

balbuceo *m* (de adulto) mumbling, muttering; (de bebé) babble; **los primeros ~s del niño** the child's first faltering words

balbuciente *adj* stammering (*before n*), stuttering (*before n*)

balbucir [I1] *vt* ▸**balbucear**

balcón *m* **1** (Arquit) balcony **2** (mirador) observation point **3** (Chi, Ven) (Teatr) circle

baldado¹ -da *adj* **1** (tullido) crippled **2** (Esp fam) (molido) shattered (colloq)

baldado² *m* (Col) bucketful; ***caer como un ~ de agua fría*** to come as a complete shock

baldaquín, baldaquino *m* baldachin, baldaquin

balde *m*

A (cubo) bucket, pail; ***caer como un ~ de agua fría*** to come as a complete shock

B (*en locs*) **de balde** ‹*trabajar*› for nothing, for free; ‹*viajar*› for nothing, (for) free; **en balde** in vain; **nos quejamos pero fue en ~** we complained but to no avail *o* in vain; **no en balde** no wonder

baldío¹ -día *adj* **1** (sin cultivar): **terreno ~** waste land **2** ‹*esfuerzo*› vain, useless

baldío² *m* **1** (terreno sin cultivar) area of waste land **2** (Bol, Méx, RPl) (solar) piece *o* plot of land, vacant lot (AmE)

baldosa *f* floor tile; **suelo de ~s** tiled floor

baldosín *m* tile

baleado -da *m,f* (AmL): **hay varios ~s** several people have been shot *o* have received gunshot wounds

balear [A1] *vt* (AmL) to shoot; **murió baleado** he was shot dead

baleo *m* ▸**balacera**

balero *m*

A (Méx, RPl) (juguete) *cup-and-ball toy*

B (Méx) (rodamiento) bearing

balido *m* bleat, baa

balín *m*

A (perdigón) pellet; (bala pequeña) shot

B (Méx) (rodamiento) bearing

balística *f* ballistics

balístico -ca *adj*

A (Arm, Mil) ballistic

B (Chi) (Dep) ‹*torneo*› shooting (*before n*)

baliza *f* (Náut) (boya) buoy; (señal fija) marker; (Aviac) beacon

ballena *f* (Zool) whale

(Compuesto) **ballena azul** blue whale

ballenato *m* whale calf

ballenero¹ -ra *adj* whaling (*before n*)

ballenero² -ra *m,f* **1** (persona) whaler **2** **ballenero** *m* (barco) whaleboat, whaler

ballesta *f* (Arm) crossbow

ballestero *m* crossbowman

ballet /ba'le/ *m* (*pl* **-llets**) (arte, representación) ballet; (agrupación) (corps de) ballet

balneario *m*

A (de baños medicinales) spa

B (en costa) **1** (establecimiento) private beach/club **2** (AmL) (pueblo, urbanización) seaside resort, (holiday) resort

balompié *m* soccer, football (BrE)

balón *m* **1** (Dep) ball; ***echar*** *or* ***tirar balones fuera*** to dodge the issue **2** (recipiente) cylinder

(Compuesto) **balón de oxígeno** oxygen cylinder; (fuerza que reanima) fillip, boost

balonazo *m*: **recibió un fuerte ~** he was hit hard by the ball

baloncesto *m* basketball

balonmano *m* handball

balonvolea *m* volleyball

balota *f* (Per) (para votar) ballot

balotar [A1] *vi* (Per) to vote

balsa *f*

A (embarcación) raft; **~ inflable/neumática** inflatable/rubber raft

(Compuesto) **balsa salvavidas** life raft

B (charca) pool (*where water is stored for irrigation purposes*); ***como una ~ de aceite*** as calm *o* smooth as a millpond

balsámico -ca *adj* soothing

bálsamo *m* 1 (Farm, Med) balsam, balm; **actuó como un ~ para su espíritu** it had a soothing effect on his spirit 2 (Chi) (para el pelo) conditioner

balsero -ra *m,f*
A (conductor de balsa) (*m*) boatman; (*f*) boatwoman
B (refugiado) boatperson; **los ~s** the boatpeople

> **balsero**
> A name for Cubans who try to enter the US by sailing to Florida in small boats and rafts

baluarte *m* (Arquit, Mil) bastion; **un ~ de los valores tradicionales** a bastion of traditional values; **el último ~ español en América** the last Spanish stronghold in America; **un ~ inexpugnable** an impregnable fortress

balurdo -da *adj* (AmC, Ven arg) ‹*ropa/fiesta*› uncool (sl), naff (BrE sl); ‹*película*› crummy (colloq), schlocky (AmE colloq), naff (BrE sl); ‹*persona*› uncool (sl)

bambalina *f* (Teatr) drop (curtain); ***entre ~s*** behind the scenes

bambolearse *v pron* «*persona/árbol/torre*» to sway; «*objeto colgante*» to swing; «*barco/tren*» to rock; «*avión/ascensor*» to lurch

bamboleo *m* (de árbol, torre) swaying; (de objeto colgante) swinging; (de barco, tren) rocking; (de avión, ascensor) lurching

bambú *m* (*pl* **-búes** *or* **-bús**) bamboo

banal *adj* banal

banalidad *f* banality

banana *f* (Per, RPl) banana

bananal, bananar *m* (AmL) banana plantation

bananero[1] -ra *adj* (AmL) banana (*before n*)

bananero[2] *m* (AmL) banana tree

banano *m* (árbol) banana tree; (fruta) (AmC, Col) banana

banca *f*
A **la ~** 1 (sector) banking; **trabaja en la ~** he's in banking 2 (bancos) the banks; **la nacionalización de la ~** the nationalization of the banks
B (Jueg) bank; **hacer saltar la ~** to break the bank; **tienes la ~** you're banker
C 1 (Col, Ven, Méx) (asiento) bench; (pupitre) desk 2 (AmL) (Dep) (asiento) bench; (jugadores) substitutes (*pl*)
D (RPl) (en parlamento) seat; ***tener ~*** (RPl fam) to have (a lot of) clout (colloq)

bancada *f*
A (superficie) worksurface; (Mec) bedplate
B (AmL) (Pol) 1 (nacional) delegation 2 (de partido): **la ~ socialista/conservadora** the socialists/conservatives

bancal *m* (terraza) terrace; (huerto) plot

bancar [A2] *vt* (RPl fam)
A ‹*problema/persona*› to put up with
B (costear) to pay for
■ **bancarse** *v pron* (*enf*) (RPl fam): **ese viaje no me lo banco más** I can't bear *o* stand that journey any more

bancario[1] -ria *adj* ‹*interés/préstamo*› bank (*before n*); ‹*sector*› banking (*before n*)

bancario[2] -ria *m,f* (CS) bank employee

bancarrota *f* bankruptcy; **en ~** bankrupt; **declararse en ~** to declare oneself bankrupt; **ir a la ~** to go bankrupt

banco *m*
A 1 (de parque) bench; (de iglesia) pew; (de barca) thwart; (pupitre) (Chi) desk 2 (de taller) workbench
(Compuesto) **banco de carpintero** workbench
B (Com, Fin) bank; (de órganos) bank; (de información) bank
(Compuestos)
- **banco central/de inversiones** central/investment bank
- **banco de datos** data base *o* bank
- **banco de esperma/sangre/órganos** sperm/blood/organs bank

C (de peces) shoal; (bajío) bar, bank
(Compuestos)
- **banco de arena** sandbank
- **banco de coral** coral reef
- **banco de niebla** fog bank
- **banco de nieve** snowdrift

banda *f*
A (en la cintura, cruzando el pecho) sash; (franja, lista) band; (para pelo) (Méx) hairband; (en brazo) armband
(Compuestos)
- **banda de frecuencias** frequency band
- **banda del ventilador** (Méx) fan belt
- **banda magnética** magnetic strip
- **banda salarial** salary band
- **banda sonora** (Cin) sound track
- **banda transportadora** (Méx) conveyor belt

B (de barco) side; (en billar) cushion; (en fútbol, rugby) touchline; **saque de ~** (en fútbol) throw-in; (en rugby) put-in; **lanzó el balón fuera de ~** he kicked the ball into touch *o* (AmE) out of bounds; ***cerrarse en ~*** to refuse to listen; ***irse en ~*** (CS fam): **el equipo se fue en ~** the team did terribly
C 1 (de delincuentes) gang; **~ armada** armed gang; **~ terrorista** terrorist group 2 (Mús) band

bandada *f* (de pájaros) flock; (de peces) shoal

bandazo *m*: ***dar ~s*** «*equipaje*» to move about; «*coche*» to swerve about

bandear [A1] *vt* (CS) ‹*río/lago*› to cross; ‹*cerco*› to get over

bandeja *f* 1 (para servir) tray; **~ de plata** silver salver; ***servirle*** *or* ***ponerle algo a algn en ~*** to hand sb sth on a platter (AmE) *o* (BrE) plate; **le sirvió el gol en ~** he set him up with an open goal 2 (de nevera, horno) tray 3 (en coche) rear shelf
(Compuesto) **bandeja de entrada/salida** in-tray/out-tray

bandejón *m* (Chi) (Auto) *tb* **~ central** median strip (AmE), central reservation (BrE)

bandera *f*
A 1 (de nación, club) flag; (de regimiento) colors* (*pl*); **izar la ~** to run up *o* raise the flag; **arriar la ~** to lower *o* strike the flag; **con la ~ a media asta** with the flag at half mast; **jurar (la) ~** to swear allegiance to the flag; ***lleno hasta la ~*** packed to the rafters 2 (para señales) flag, pennant; **el código** *or* **lenguaje de ~s** the flag code 3 (de taxi): **llevaba la ~ bajada** he didn't have the For Hire light on; **bajar la ~** to start the meter
(Compuestos)
- **bandera ajedrezada** *or* **a cuadros** checkered* flag
- **bandera blanca/roja** white/red flag
- **bandera negra** Jolly Roger

B (Inf) flag

banderazo *m* (Dep) (de salida) starting signal; (de llegada) checkered* flag

banderilla *f* (Taur) banderilla (*barbed dart stuck into the bull's neck*)

banderillear [A1] *vt*: *to stick the banderillas into the bull's neck*

banderillero *m* banderillero (*person who sticks the banderillas into the bull's neck*)

banderín *m* (de adorno) pennant; (del juez de línea) flag; (colgando en hilera) bunting; **banderines de colores** colored bunting

banderita *f* flag (*sold for charity*); **día de la ~** flag day

banderola *f* 1 (enseña) banderole 2 (RPl) (encima de puerta) transom; (en el techo) skylight

bandido -da *m,f* (delincuente) bandit; (granuja) crook; (pícaro) rascal

bando *m*
A (edicto) edict
B (facción) side, camp; **están en ~s contrarios** they're on opposing sides; ***ser del otro ~*** (fam) to be one of them (colloq & pej)

bandolera *f* (cinturón) Sam Browne (belt); (para cartuchos) bandolier; **en ~** slung across one's shoulder

bandolerismo *m* banditry

bandolero -ra *m,f* bandit

bandoneón *m*: *type of accordion*

bandurria *f*: *type of mandolin*

banjo /'bandʒo/ *m* banjo

banquero -ra *m,f* banker

banqueta *f* 1 (taburete) stool; (para los pies) footstool 2 (Méx) (acera) sidewalk (AmE), pavement (BrE)

b

banquete *m* banquet; **nos dio un verdadero ~** she laid on a real feast for us
(Compuesto) **banquete de bodas/de gala** wedding/gala reception
banquillo *m* 1 (Der): **el ~ (de los acusados)** the dock 2 (Dep) bench
banquina *f* (RPl) 1 (lado) verge; (en autopista) shoulder (AmE), hard shoulder (BrE) 2 (cuneta) ditch
bañadera *f* (Arg fam) (bañera) bath, bathtub
bañado *m* (Bol, RPl) area of marshland
bañador *m* (Esp) (de mujer) bathing suit (esp AmE), swimming costume (BrE); (de hombre) swimming trunks
bañar [A1] *vt*
A ‹*niño/enfermo*› to bath, give … a bath
B 1 ‹*pulsera/cubierto*› to plate; **~ algo EN algo** to plate sth WITH sth 2 **bañado EN algo** (en salsa/sangre) covered WITH sth; ‹*en sudor*› bathed *o* covered IN sth; ‹*en lágrimas*› bathed IN sth
C 1 (liter) «*mar/río*» to bathe (liter), wash (liter) 2 (liter) «*luz/sol*» to bathe (liter)
■ **bañarse** *v pron* (*refl*) 1 (en bañera) to have *o* take a bath, to bathe (AmE) 2 (en mar, río) to swim, bathe; **S prohibido bañarse** no bathing; ***mandar a algn a ~se*** (CS fam) to tell sb to get lost (colloq)
bañera *f* bath, bathtub
bañero -ra *m,f* (RPl) lifeguard
bañista *mf* bather
baño *m*
A (en bañera) bath; (en mar, río) swim; **¿nos damos un ~ en la piscina?** shall we go for a swim in the pool?
(Compuestos)
- **baño (de) María**: **calentar al ~ (de) ~** heat in a double boiler *o* (BrE) in a double saucepan
- **baño de sangre** bloodbath
- **baños públicos** *mpl* public baths (*pl*)
- **baño turco** Turkish bath

B 1 (cuarto de baño) bathroom 2 (bañera) bath 3 (esp AmL) (wáter) (en casa privada) bathroom (AmE), lavatory *o* toilet (BrE), loo (BrE colloq); (en edificio público) restroom (AmE), toilet (BrE); (— de señoras) ladies; (— de caballeros) men's room (AmE), gents (BrE)
(Compuesto) **baño público** (AmL) public toilet, public convenience (BrE frml)
C 1 (de metal) plating; **tiene un ~ de oro** it's gold-plated 2 (Coc) coating
baptista¹ *adj* Baptist (*before n*)
baptista² *mf* Baptist
baptisterio *m* baptistry
baquelita *f* Bakelite®
baqueta *f* 1 (Arm) ramrod 2 (Méx) (Mús) drumstick
baqueteado -da *adj*
A : **una mujer baqueteada por la vida** a woman who has taken a few knocks in her life; **estos zapatos están muy ~s** I've nearly worn these shoes out
B (en trabajo, negocio) experienced
baquiano¹ -na *adj* (RPl): **un jinete muy ~** a very skillful rider, an expert rider
baquiano² -na *m,f* (AmL) guide
báquiro *m* (Col, Ven) peccary
bar *m*
A (local) bar; (mueble) liquor cabinet (AmE), drinks cabinet (BrE)
B (Fís) bar
barahúnda *f* pandemonium; **se armó la ~** pandemonium *o* chaos broke out
baraja *f* deck *o* (BrE) pack (of cards); ***jugar con dos ~s*** to play a double game; ***o jugamos todos o se rompe la ~*** either we all do it or nobody does
barajar [A1] *vt*
A ‹*cartas*› to shuffle
B ‹*nombres/posibilidades*› to consider, look at; ‹*cifras*› to talk about, mention
C 1 (Col, Méx, Ven fam) (explicar) to explain; **barájamela más despacio** explain it *o* (colloq) give it to me more slowly 2 (Col fam) (enredar): **el nuevo jefe le barajó la vida** his new boss made life very complicated for him

baranda *f*
A (de balcón) rail; (de escalera) handrail, banister
B (en billar) cushion
barandilla *f* (Esp) (de balcón) rail; (de escalera) handrail
barata *f*
A (Chi) (cucaracha) cockroach
B (Méx) (liquidación) sale
baratija *f* (alhaja) trinket; (adorno) knickknack
barato¹ -ta *adj* 1 ‹*vestido/restaurante/viaje*› cheap, low-priced; ***lo ~ sale caro*** cheap things cost you more in the long run 2 ‹*periodismo*› cheap; ‹*música*› commercial 3 (como adv) ‹*costar/comprar*› **el coche nos costó muy ~** we got the car really cheap; **las compré baratísimas en una liquidación** I got them really cheap in a sale
barato² *adv* ‹*comer/vivir*› cheaply; **en esa tienda venden muy ~** prices are really low in that shop; **se compra más ~ en el mercado** you can get things cheaper in the market
baraúnda *f* ▸ **barahúnda**
barba *f*
A 1 (de quien se la afeita) stubble; **~ de dos días** two days' growth of stubble 2 (de quien se la deja) beard; **dejarse (la) ~** to grow a beard; **el de la ~** the one with the beard; ***con toda la ~***: **es un líder con toda la ~** he's a true *o* real leader; ***en sus (mismísimas) ~s*** (fam) right under his nose (colloq); ***hacerle la ~ a algn*** (Méx fam) to suck up to sb (colloq); ***por ~*** (fam) each; ***subírsele a algn a las ~s*** (fam) to get fresh (AmE) *o* (BrE) cheeky with sb (colloq); ***cuando las ~s de tu vecino veas pelar pon las tuyas a remojar*** you should learn from other people's mistakes 3 (mentón, barbilla) chin
B *tb* **barbas** *fpl* 1 (de raíz) beard 2 (de cabra) beard; (de pez) barbels (*pl*); (de ave) wattle
barbacoa *f* 1 (parrilla) barbecue; (carne) barbecued meat; **a la ~** barbecued 2 (Méx) *meat roasted in an oven dug in the earth*
barbado -da *adj* (liter): **un hombre ~** a bearded man, a man with a beard
barbaján -jana *m,f* (Méx) boor
barbaridad *f*
A (acto atroz) atrocity
B (disparate): **pagar tanto es una ~** it's madness to pay that much; **lo que hiciste es una ~** what you've done is outrageous; **es capaz de cualquier ~** he's quite capable of doing something really terrible *o* stupid; **¡qué ~!** good heavens!; **¡cómo puedes decir semejante ~!** how can you say such an outrageous (*o* stupid *etc*) thing!; **su examen estaba lleno de ~es** his exam paper was full of terrible mistakes; ***una ~*** (fam) ‹*comer*› like a horse; ‹*fumar*› like a chimney; **nos costó una ~** it cost us a fortune; **pesa una ~** it weighs a ton; **una ~ de algo** loads of sth
barbarie *f* (de tribu, pueblo) barbarism, savagery; (brutalidad) barbarity
barbarismo *m* (extranjerismo) loan word, borrowing; (solecismo) barbarism
bárbaro¹ -ra *adj*
A (Hist) barbarian
B 1 (imprudente): **no seas ~, no te tires de ahí** don't be an idiot *o* don't be so stupid, don't try jumping off there 2 (bruto): **el muy ~ la hizo llorar** the brute made her cry; **no seas ~, no se lo digas** don't be crass *o* cruel, don't tell him
C (fam) (como intensificador) ‹*casa/coche*› fantastic; **tengo un hambre bárbara** I'm starving
bárbaro² *adv* (fam): **lo pasamos ~** we had a fantastic time (colloq)
bárbaro³ -ra *m,f*
A (Hist) Barbarian
B (fam) (bruto) lout, thug; **esos ~s me la destrozaron** those louts ruined it; **esos ~s me rompieron los vidrios del coche** those vandals *o* thugs smashed my car windows; ***comer como un ~*** (fam) to eat like a horse
barbecho *m* 1 (estado): **dejar la tierra en ~** to leave the land fallow; ***estar en ~*** (CS) to be in preparation; **el proyecto está en ~** the project is in gestation *o* is taking shape 2 (campo) *field that is left fallow*
barbería *f* barber's (shop)
barbero¹ *m* barber

barbero² **-ra** *m,f* (Méx fam) toady
barbijo *m* (RPl) (cinta) chin strap; (mascarilla) surgical mask
barbilampiño *adj*: **un hombre ~** a man with a light beard; **es muy ~** he has a very light beard
barbilla *f* chin
barbitúrico¹ **-ca** *adj* barbituric
barbitúrico² *m* barbiturate
barbo *m* barbel
barbudo¹ **-da** *adj*: **un hombre ~** a bearded man, a man with a beard
barbudo² *m* bearded man, man with a beard
barca *f* boat
(Compuesto) **barca de remos** rowboat (AmE), rowing boat (BrE)
barcaza *f* (en canales, ríos) barge; (entre barco y tierra) lighter
(Compuesto) **barcaza de desembarco** landing craft
Barcelona *f* Barcelona
barchilón **-lona** *m,f* (Bol, Per fam) auxiliary nurse
barco¹ *adj inv* (Méx fam): **es una profesora muy ~** that teacher is a real soft touch
barco² *m* (Náut) boat; (grande) ship, vessel (frml); **un viaje en ~** a journey by sea (*o* river *etc*); **ir/viajar en ~** to go/travel by boat/ship; **abandonar el ~** to abandon ship; ***como ~ sin timón*** like a ship without a rudder, aimlessly
(Compuestos)
- **barco de carga/pasajeros** cargo/passenger ship/boat
- **barco de guerra** warship
- **barco de pesca** fishing boat
- **barco de vapor** steamboat, steamer
- **barco de vela** sailing boat, sailboat (AmE)
- **barco mercante** merchant ship

barda *f* (Méx) (de cemento) wall; (de madera) fence
bardo *m* bard
baremo *m* scale
bargueño *m* (escritorio) bureau; (aparador) sideboard
bario *m* barium
barítono **-na** *adj/m* baritone
barlovento *m* windward
barman /'barman/ *m* (*pl* **-mans**) barman, bartender (AmE)
barniz *m* [1] (para madera) varnish [2] (de cultura, educación) veneer
(Compuesto) **barniz de** *or* **para las uñas** nail varnish (esp BrE), nail polish (AmE)
barnizado *m* varnishing
barnizar [A4] *vt* to varnish
baro *m* (Méx fam) peso
barómetro *m* barometer
barón *m* (título nobiliario) baron; (de organización) influential member
baronesa *f* baroness
baronía *f* barony
barquero **-ra** (*m*) boatman; (*f*) boatwoman
barquilla *f* (de globo) basket, carriage; (Náut) log
barquillo *m* (galleta) wafer; (cono) ice-cream cone *o* (BrE) cornet
barra *f*
A [1] (de armario) rail; (para cortinas) rod, pole; (de bicicleta) crossbar [2] (de oro) bar; (de turrón, helado) block; (de jabón) bar; (de desodorante) stick; (de chocolate) bar; (de pan) (Esp, Méx) stick, French loaf
(Compuestos)
- **barra de cambios** (Col) gear shift (AmE), gear lever *o* stick (BrE)
- **barra de labios** lipstick
- **barra espaciadora** space bar

B [1] (banda, franja) bar; **las ~s y estrellas** the Stars and Stripes [2] (Mús) bar (line) [3] (signo de puntuación) oblique, slash
C (para ballet, gimnasia) bar; **ejercicios en la ~** bar exercises
(Compuestos)
- **barra de equilibrio** beam
- **barra fija** horizontal bar
- **barras asimétricas/paralelas** *fpl* asymmetric/parallel bars (*pl*)

D (de bar, cafetería) bar; **nos sentamos en la ~** we sat (down) at the bar
(Compuesto) **barra americana/libre** hostess/free bar
E (AmL fam) [1] (de hinchas, seguidores) supporters (*pl*); **¿qué gritan la(s) ~(s)?** what are the supporters shouting?; ***hacerle ~ a algn*** (Andes fam) to cheer sb on [2] (de amigos) gang (colloq)
(Compuesto) **barra de abogados** (Méx) bar
F (Geog) [1] (banco de arena) sandbank, bar [2] (CS) (desembocadura) mouth
barrabasada *f* (fam) prank; **hacer ~s** to play pranks
barraca *f*
A (puesto) stall; (caseta) booth
B (Mil) barrack hut
C (casa) adobe house (*typical of Valencia and Murcia*)
D (CS) (de materiales de construcción) builders merchant *o* yard
barracón *m* (Mil) barrack hut; (construcción rústica) hut, cabin
barranca *f* [1] (RPl) (pendiente, cuesta) hill, slope; **~ *abajo*** downhill [2] (barranco) gully; (más profundo) ravine
barranco *m* gully; (más profundo) ravine
barranquismo *m* canyoning
barredor **-dora** *m,f* (Per) road sweeper, street cleaner
barreminas *m* (*pl* ~) minesweeper
barrena *f* (punzón) gimlet; (taladro, perforadora) drill
barrenar [A1] *vt* (perforar) to drill; (volar) ‹*roca*› to blast
barrendero **-ra** *m,f* road sweeper, street cleaner
barreno *m* (barrena) drill; (para explosivo) shot hole
barreño *m* (Esp) washbowl (AmE), washing-up bowl (BrE)
barrer [E1] *vt*
A ‹*suelo/cocina*› to sweep
B [1] (arrastrar) to sweep away; **una ola lo barrió de la cubierta** a wave swept him off the deck [2] ‹*rival*› to thrash, trounce
C (Méx) (mirar) to look … up and down
■ **barrer** *vi*
A (con escoba) to sweep; **~ *para dentro*** (fam) to look after number one (colloq)
B (arrasar) to sweep the board; **barrieron en las últimas elecciones** they swept the board in the last election; **barrió en la primera etapa** he swept to victory on the first stage; **la tormenta barrió con todo** the storm swept everything away; **barrió con todos los premios** she walked off with all the prizes
■ **barrerse** *v pron* (Méx) [1] «*vehículo*» to skid [2] (en fútbol, béisbol) to slide
barrera *f* [1] barrier; **~ psicológica** psychological barrier; **ha superado la ~ del 10%** it has gone above the 10% mark [2] (Ferr) barrier, crossing gate [3] (Taur) (valla) barrier; (localidad) front row
(Compuestos)
- **barrera aduanera** *or* **arancelaria** customs barrier
- **barrera del sonido** sound barrier; **superar** *or* **romper la ~ del ~** to break the sound barrier
- **barrera de peaje** toll barrier
- **barrera generacional** generation gap
- **barrera idiomática** *or* **del idioma** language barrier

barriada *f* [1] (barrio) area, district (*often poor or working-class*) [2] (AmL) (barrio marginal) slum area, shantytown
barrial *m* (AmL) quagmire
barrica *f* barrel, cask
barricada *f* barricade
barrida *f*, **barrido** *m*
A [1] (con escoba) sweep; ***servir lo mismo para un barrido que para un fregado*** to be a jack of all trades [2] (Cin) wipe
B (en béisbol) slide
C (AmL) (redada) police raid
barriga *f*
A (fam) (vientre) belly (colloq), tummy (colloq); **dolor de ~** bellyache (colloq), tummy ache (colloq); **tiene mucha ~** she has quite a belly *o* tummy (colloq); **echar ~** to develop a paunch *o* (colloq) gut; ***rascarse*** *or* ***tocarse la ~*** (fam) to sit on one's backside *o* (AmE) butt (colloq)
B (de vasija) belly, rounded part

barrigón¹ -gona *adj* (fam): **se está volviendo barrigona** she's getting a bit of a belly *o* tummy (colloq); **un viejo ~** an old man with a paunch

barrigón² -gona *m,f* (fam): **es un ~** he's got a bit of a paunch *o* (colloq) gut; **es una barrigona** she's got a bit of a belly (colloq)

barrigudo -da *adj/m,f* (fam) ▸**barrigón¹,²**

barril *m* **1** (de metal) barrel, keg; (de madera) barrel, cask; ***ser un ~ sin fondo*** (AmC, Chi, Méx fam) to be a bottomless pit (colloq) **2** (de pólvora) powder keg; (de petróleo) barrel

barrilete *m*
A (de revólver) chamber
B (de carpintero) clamp, dog

barrio *m* (zona) neighborhood*; **la gente del ~** people in the neighborhood, local people; **el mercado del ~** the local market; **vive en un ~ de las afueras** she lives out in the suburbs

(Compuestos)
- **barrio alto** (Chi) smart neighborhood
- **barrio chino** (de chinos) Chinatown; (zona de prostitución) (Esp) red-light district
- **barrio de invasión** (Col) shanty town
- **barrio de tolerancia** (Andes) red-light district
- **barrio espontáneo** (AmC) shanty town
- **barrio obrero/residencial** working-class/residential neighborhood *o* area
- **barrio periférico** suburb
- **barrios bajos** *mpl* poor neighborhoods (*pl*)

barriobajero -ra *adj* (pey) common (pej)

barrista *mf* (AmL) (Dep) fan, supporter

barrizal *m* quagmire, muddy area

barro *m* **1** (lodo) mud; **traes los zapatos llenos de ~** your shoes are covered in mud; **arrastraron su buen nombre por el ~** they dragged his reputation through the mud **2** (Art) clay, earthenware (*before n*)

(Compuesto) **barro cocido/refractario** fired/refractory clay

barroco¹ -ca *adj* ‹*estilo*› baroque; (recargado) overelaborate

barroco² *m* **1** (estilo) baroque (style) **2** (período) Baroque period

barroquismo *m* (Arquit, Art, Lit, Mús) baroque style; (rebuscamiento) overelaborate language (*o* style *etc*)

barrote *m* (de celda, ventana) bar; (en carpintería) crosspiece

barruntar [A1] *vt* to suspect
■ **barruntarse** *v pron* (*enf*) to suspect

barrunto *m* (sospecha) suspicion

bartola *f*: ***echarse*** *or* ***tumbarse a la ~*** (fam) (acostarse) to hit the sack *o* hay (colloq); (estar sin trabajar) to laze about; ***hacer algo a la ~*** (CS fam) to do sth any old how (colloq)

bártulos *mpl* (fam) gear (colloq), stuff (colloq); ***liar los ~*** (fam) to pack one's bags *o* things

barullo *m*
A (alboroto) racket (colloq), ruckus (AmE)
B (desorden) muddle, mess; (confusión): **me armé un ~** I got all muddled up *o* (AmE) messed up (colloq)

basa *f* base

basalto *m* basalt

basamento *m* plinth

basar [A1] *vt* ‹*teoría/idea*› **~ algo EN algo** to base sth ON sth
■ **basarse** *v pron* **1** ‹‹*persona*›› **~se EN algo**: **¿en qué te basas para decir eso?** and what basis *o* grounds do you have for saying that?; **se basó en esos datos** he based his argument (*o* theory *etc*) on that information **2** ‹‹*teoría/creencia/idea/opinión*›› **~se EN algo** to be based ON sth

basca *f* (Esp arg) **1** (gente) people (*pl*) **2** (pandilla) gang

báscula *f* scales (*pl*); **~ de baño** bathroom scales

bascular [A1] *vi* **1** (oscilar) to swing **2** (levantarse) to tilt

base¹ *f*
A **1** (parte inferior) base **2** *tb* **~ de maquillaje** foundation
B **1** (fundamento): **tengo suficiente ~ para asegurar eso** I have sufficient grounds to claim that; **la ~ de una buena salud es una alimentación sana** the basis of good health is a balanced diet; **sentar las ~s de algo** to lay the foundations of sth; **un movimiento sin ~ popular** a movement without a popular power base; **tomar algo como ~** to take sth as a starting point; **sobre la ~ de estos datos** on the basis of this information **2** (componente principal): **la ~ de su alimentación es el arroz** their diet is based on rice; **la ~ de este perfume es el jazmín** this perfume has a jasmine base **3** (conocimientos básicos): **tiene una sólida ~ científica** he has a sound grounding in science; **llegó al curso sin ninguna ~** he didn't have the basics when he began the course

(Compuestos)
- **base de datos** database
- **base imponible** tax base (AmE), taxable income (BrE)

C (*en locs*) **a base de**: **a ~ de descansar se fue recuperando** by resting she gradually recovered; **un régimen a ~ de verdura** a vegetable-based diet; **vive a ~ de pastillas** he lives on pills; **de base** ‹*planteamiento/error*› fundamental, basic; ‹*militante*› rank-and-file (*before n*), ordinary (*before n*); ‹*movimiento*› grass-roots (*before n*); **en base a** (crit) on the basis of; ***a ~ de bien*** (Esp fam): **comimos a ~ de bien** we ate really well
D (centro de operaciones) base; **~ aérea/naval/militar** air/naval/military base

(Compuesto) **base de lanzamiento** launch site

E **las ~s** (Pol) the rank and file (*pl*)
F (Mat, Quím) base
G **bases** *fpl* (de concurso) rules (*pl*)
H **1** (en béisbol) base **2** **base** *mf* (en baloncesto) guard

base² *adj inv* **1** (básico, elemental) basic; ‹*documento/texto*› draft (*before n*) **2** ‹*campamento*› base (*before n*)

básica *f* (Esp) primary *o* elementary education

básico -ca *adj*
A **1** (fundamental, esencial) basic; **alimento ~** staple food **2** ‹*conocimientos/vocabulario*› basic; ‹*requisito*› essential, fundamental
B (Quím) basic

basílica *f* basilica

basilisco *m* (Mit) basilisk; ***estar hecho un ~*** (fam) to be seething (colloq); ***ponerse como un ~*** (fam) to hit the roof (colloq)

basket, básquet *m* basketball

básquetbol, basquetbol *m* (AmL) basketball

basquetbolista *mf* (AmL) basketball player

bastante¹ *adj*
A (suficiente) enough; **~s vasos/~ vino** enough glasses/wine
B (cantidad o número considerable) plenty of, quite a lot of; **había ~ gente** there were plenty of people

bastante² *pron*
A (suficiente) enough; **ya tenemos ~s** we already have enough; **ya he visto ~** I've seen enough
B (demasiado): **deja ~ que desear** it leaves rather a lot to be desired

bastante³ *adv*
A (suficientemente) enough; **no te has esforzado ~** you haven't tried hard enough
B (considerablemente) (*con verbos*) quite a lot; (*con adjetivos, adverbios*) quite; **le gusta bastante** she likes him quite a lot; **me pareció ~ aburrido/agradable** I thought he was rather boring/quite pleasant; **llegó ~ cansado** he was quite tired when he arrived; **es ~ fácil de curar** it's quite *o* fairly easy to cure

bastar [A1] *vi* to be enough; **¿basta con esto?** will this be enough?; **basta con marcar el 101** just dial 101; **baste con decir que ...** suffice it to say that ...; **¡basta ya!** that's enough!; **¡basta de tonterías!** that's enough nonsense!; (+ *me/te/le etc*): **me basta con tu palabra** your word is good enough for me; ***~ que ... para que ...***: **basta que digas sí para que él diga no** whatever you say he's bound to say the opposite; ***~ y sobrar*** to be more than enough; ***hasta decir basta*** (fam): **comimos hasta decir basta** we ate so much we were ready *o* fit to burst (colloq); **llovió hasta decir basta** it poured *o* bucketed down (colloq)
■ **bastarse** *v pron*: **ella sola se basta** she can manage on her own

bastardilla *f* italic type, italics (*pl*)

bastardo¹ -da *adj*
A (ilegítimo) illegitimate
B (innoble) base

bastardo[2] **-da** *m,f* bastard

bastidor *m*

A (Teatr) wing; ***entre ~es*** (Teatr) offstage, in the wings; (sin transcender al público) behind the scenes

B 1 (de ventana) frame 2 (de lienzo) stretcher 3 (para bordar) frame 4 (Esp) (Auto) chassis

bastión *m* bastion

basto[1] **-ta** *adj* coarse

basto[2] *m* 1 **bastos** *mpl* (palo) *one of the suits in a Spanish pack of cards* 2 (carta) *any card of the* **bastos** *suit*

bastón *m* (para caminar) walking stick, cane; (en desfiles) baton; (de esquí) ski stick *o* pole

(Compuesto) **bastón de mando** (ceremonial) staff

bastoncillo *m*

A (de algodón) cotton swab (AmE), cotton bud (BrE)

B (Anat) (retinal) rod

basura *f*

A 1 (recipiente) garbage *o* trash can (AmE), dustbin (BrE); **echar** *or* **tirar algo a la ~** to throw sth in the garbage *o* trash (can) *o* dustbin 2 (desechos) garbage (AmE), trash (AmE), rubbish (BrE); (en sitios públicos) litter; **sacar la ~** to take out the garbage *o* trash *o* rubbish; **la recogida de la ~** the garbage *o* rubbish *o* (frml) refuse collection; Ⓢ **prohibido arrojar basura(s)** no dumping

B (fam) (porquería) trash (AmE colloq), rubbish (BrE colloq); **la comida era una ~** the food was lousy (colloq)

basural *m* (AmL) ▸**basurero B1**

basurear [A1] *vt* (CS, Per fam) 1 (tratar mal): **~ a algn** to treat sb like dirt; **me basureaban por ser pobre** they used to give me a hard time because I was poor (colloq) 2 (Dep) (vencer) to thrash, trounce

basurero -ra *m,f*

A (persona) garbage collector (AmE), dustman (BrE)

B **basurero** *m* 1 (vertedero) garbage dump (AmE), rubbish dump *o* tip (BrE) 2 (Chi, Méx) (recipiente) trash can (AmE), dustbin (BrE)

basuriento -ta *adj* (CS fam) dirty, mucky (colloq)

bata *f* (para estar en casa) dressing gown, robe; (de médico) white coat; (de farmacéutico) lab coat; (de colegio) work coat (AmE), overall (BrE)

batacazo *m*

A (fam) (golpe) thump; **se pegó un ~** he fell over and banged his arm (*o* head *etc*)

B (RPl fam) (triunfo inesperado) shock *o* surprise win

bataclana *f* (CS) showgirl

batahola *f* (esp AmL fam) racket, din, ruckus (AmE)

batalla *f* 1 (lucha) battle; **librar ~** to do battle; **libraron una larga ~ contra el analfabetismo** they waged a long battle against illiteracy; **de ~** (fam) ‹*zapatos/abrigo*› everyday (*before n*); ***dar ~*** (Méx, Ven fam): **estos niños dan ~ todo el día** these kids don't let up for one minute (colloq); **un problema que le ha dado mucha ~** a problem which has caused her a lot of hassle (colloq); ***dar la ~*** to put up a fight 2 (interior) struggle, battle

(Compuestos)

- **batalla campal** pitched battle
- **batalla naval** (Náut) naval battle

batallar [A1] *vi* 1 (luchar) to battle; **~ CON algn** to battle WITH sb; **~ CON algo** to wrestle *o* struggle WITH sth; **todavía está batallando con el mismo problema** she's still wrestling with the same problem 2 (Mil) to fight

batallón *m* (Mil) battalion; (grupo numeroso) (fam) gang (colloq)

> **batasuna**
> The political wing of Eta

batasuno -na *m,f* (en Esp) (Pol) member *or* supporter of Batasuna

batata *f* sweet potato, yam

batatazo *m* 1 (Andes fam) (golpe de suerte) stroke of luck 2 (Chi) (triunfo inesperado) shock *o* surprise win 3 (Col) (idea genial) stroke of genius, brainstorm (AmE), brainwave (BrE)

batea *f*

A 1 (bandeja) tray; (para mariscos) bed 2 (barco) flat-bottomed boat

B (AmL) 1 (recipiente) shallow pan *o* tray (*for washing*) 2 (comedero) trough

bateador -dora *m,f* (en béisbol, softbol) batter; (en cricket) batsman

(Compuesto) **bateador designado -dora designada** *m,f* designated hitter

batear [A1] *vi* to bat

■ **batear** *vt* to hit

batería *f*

A (Auto) battery; **se me descargó la ~** my battery went dead (AmE) *o* (BrE) flat; ***aparcar*** *or* ***estacionar en ~*** to park front/rear to the curb (AmE), to park nose/tail to the kerb (BrE); ***(re)cargar las ~s*** (fam) to recharge one's batteries

B (Mús) drums (*pl*), drum kit

C (de artillería) battery

(Compuesto) **batería de cocina** *set of saucepans and kitchen utensils*

D **batería** *mf* drummer

baterista *mf* (AmL) drummer

batiburrillo *m* (fam) (de objetos) jumble; (de ideas) mishmash

batida *f*: **los cazadores dieron una ~** the hunters beat the area; **los detenidos durante la ~** those detained during the raid; **el ejército está haciendo una ~ en la zona** the army is combing *o* searching the area

batido[1] **-da** *adj* ‹*camino*› well-trodden, well-worn

batido[2] *m* (de leche) (milk) shake; (para panqueques) (AmL) batter

batidor -dora *m,f*

A (Mil) scout

B (en la caza) beater

C **batidor** *m* 1 (manual) whisk, beater; (eléctrico) mixer, blender 2 (peine) wide-toothed comb

D **batidora** *f* (máquina eléctrica) mixer, blender

batiente *m*

A (marco) jamb; (hoja) leaf, panel

B (en la costa) exposed place

batifondo *m* (RPl fam) uproar

batín *m* dressing gown

batir [I1] *vt*

A ‹*huevos*› to beat, whisk; ‹*crema/nata*› to whip; ‹*mantequilla*› to churn; **~ las claras a punto de nieve** beat *o* whisk the egg whites until stiff

B ‹*marca/récord*› to break; ‹*enemigo/rival*› to beat

C 1 ‹*ala*› to beat, flap 2 **~ palmas** to clap 3 ‹*metal*› to beat 4 (liter) «*viento/lluvia*» to beat against; «*olas/mar*» to beat *o* crash against 5 (Mil) ‹*muralla/posición*› to pound, batter

D ‹*lugar*› «*ejército/policía*» to comb, search; «*cazador*» to beat

■ **batir** *vi* «*viento/lluvia/mar*» **~ SOBRE/CONTRA algo** to beat ON/AGAINST sth

■ **batirse** *v pron*

A 1 (enfrentarse): **~se a** *or* **en duelo** to fight a duel 2 (Chi) ***batírselas*** to manage

B (Méx) (ensuciarse) to get dirty; **llegó batido de lodo** he was covered in mud when he arrived

batiscafo *m* bathyscaphe

batracio *m* batrachian

batuque *m* (RPl) racket, din; **meter ~** to make a racket *o* din

batuta *f* baton; ***llevar la ~*** (fam) to be the boss (colloq); ***tomar la ~*** (fam) to take charge

baúl *m* 1 (arca) chest 2 (de viaje) trunk 3 (Col, Ven, RPl) (del coche, carro) trunk (AmE), boot (BrE)

bausa *f* (Per fam): **estar de ~** to be off school (*o* work)

bautismal *adj* baptismal

bautismo *m* (de bebé) baptism, christening; (de adulto) baptism

(Compuesto) **bautismo de fuego** baptism of fire

bautizar [A4] *vt* 1 (Relig) ‹*bebé*› to baptize, christen; ‹*adulto*› to baptize; **la ~ron con el nombre de Ana** she was christened Ana 2 ‹*barco*› to name 3 (fam) (poner mote) to nickname

bautizo *m* 1 (Relig) (de bebé) christening, baptism; (de adulto) baptism; (fiesta) christening party 2 (de barco) naming, launching

bauxita *f* bauxite
baya *f* (Bot) berry
bayeta *f* [1] (para limpiar) cloth [2] (Bol, Col) (tela) baize
bayo -ya *adj* cream (*before n*), cream-colored*
bayoneta *f* [1] (Arm) bayonet; **calar las ~s** to fix bayonets [2] (Mec) bayonet
baza *f*
A (en naipes) trick; **hacer** *or* **ganar una ~** to win a trick; ***meter* ~** (fam) to butt in (colloq); **Pedro nunca deja meter ~ a nadie** Pedro never lets anybody get a word in edgewise (AmE) *o* (BrE) edgeways
B (recurso, arma): **parece la mejor ~ del equipo** he could prove to be the team's trump card; **jugaron su última ~** they played their last card
bazar *m*
A (mercado oriental) bazaar
B [1] (tienda) hardware store (*often selling a wide range of electrical goods and toys*) [2] (Col, Ven) (de caridad) fête, bazaar
bazo *m* spleen
bazofia *f* (fam) garbage (AmE colloq), rubbish (BrE colloq)
bazooka /ba'suka, ba'θuka/, **bazuca** *f* bazooka
be *f*: *name of the letter* **b**, *often called* **be larga** *or* **grande** *to distinguish it from* **v**
beatería *f* (pey) affected piety
beatificación *f* beatification
beatificar [A2] *vt* to beatify
beatífico -ca *adj* beatific
beatitud *f* beatitude
beato[1] **-ta** *adj* (Relig) blessed; (piadoso) pious; (santurrón) (pey) excessively devout
beato[2] **-ta** *m,f* [1] (Relig): **~ Roque González** the blessed Roque González [2] (piadoso) pious person; (pey) excessively devout person
bebe -ba *m,f* (RPl, Per) baby
bebé *m* baby
(Compuesto) **bebé probeta** test-tube baby
bebedera *f* (AmC, Méx fam) drinking spree
bebedero *m* (paraje) watering hole; (recipiente) trough; (para personas) (CS, Méx) drinking fountain
bebedizo *m* (bebida — mágica) magic potion, philter*; (— envenenada) poisoned drink; (— medicinal) potion
bebedor -dora *m,f* drinker; **un ~ empedernido** a hardened drinker; **es buen/mal ~** he can/can't hold his drink
beber[1] [E1] *vt* to drink; **¿quieres ~ algo?** do you want something to drink?; **bébelo a sorbos** sip it
■ **beber** *vi* to drink; **si bebes no conduzcas** don't drink and drive; **~ a la salud de algn** to drink sb's *o* (BrE) to sb's health; **~ POR algn** to drink TO sb, toast sb; **~ POR algo** to drink TO sth; **~ DE algo** to drink FROM sth
■ **beberse** *v pron* (*enf*) to drink up; **nos bebimos la botella entera** we drank the whole bottle
beber[2] *m* [1] : **el buen ~ y el buen comer** good food and drink [2] (acción) drinking
bebida *f* (líquido) drink, beverage (frml); (vicio) drink
bebido -da *adj* [ESTAR] (borracho) drunk; **llegó a casa ~** he came home drunk
beca *f* (ayuda económica) grant; (que se otorga por méritos) scholarship
becado -da *m,f* (AmL) ▸ **becario**
becar [A2] *vt* (dar ayuda económica) to give *o* (frml) award a grant to; (dar beca por méritos) to give *o* (frml) award a scholarship to
becario -ria *m,f* recipient of a grant; (por méritos) scholarship holder, scholar
becerrada *f* bullfight (*using young bulls*)
becerro -rra *m,f* (Agr, Taur) calf, young bull; (piel) calfskin
(Compuesto) **becerro de oro** golden calf
bechamel *f* white sauce
bedel *mf* ≈ porter
beduino -na *adj/m,f* bedouin
beee *interj* baa
begonia *f* begonia
beige, (Esp) **beis** /beʒ, beis/ *adj inv/m* beige; (más oscuro) fawn
béisbol, (Méx) **beisbol** *m* baseball
beldad *f* (liter) (mujer bella) beauty; (cualidad) beauty
belén *m*
A (nacimiento) nativity scene, crib, crèche (AmE)
B (lugar desordenado) mess; ***meterse en belenes*** (fam) to get into a jam *o* fix (colloq)
Belén *m* Bethlehem
belga *adj/mf* Belgian
Bélgica *f* Belgium
Belgrado *m* Belgrade
Belice *m* Belize
belicismo *m* warmongering
belicista *adj* militaristic
bélico -ca *adj* military; **preparativos ~s** preparations for war
belicosidad *f* aggressiveness
belicoso -sa *adj* [1] ‹*pueblo*› warlike, bellicose (liter) [2] ‹*persona/carácter*› bellicose, belligerent
beligerancia *f* belligerency
beligerante *adj* belligerent; **los países ~s** the belligerent *o* warring nations
bellaco -ca *m,f* (fam & hum) rogue (colloq & hum)
belladona /beja'ðona, bela'ðona/ *f* (planta) deadly nightshade, belladonna; (extracto) belladonna
belleza *f*
A (cualidad) beauty
B [1] (cosa bella): **este paisaje es una ~** this is beautiful countryside [2] (mujer bella) beauty
bellísimo -ma *adj* wonderful; *ver tb* **bello**
bello -lla *adj* ‹*mujer/paisaje/poema*› (liter) beautiful; **la Bella Durmiente (del Bosque)** (Lit) Sleeping Beauty; ***ser una bella persona*** to be a good person
(Compuestos)
• **bellas artes** *fpl* fine art, beaux-arts (*pl*)
• **bello sexo**: **el ~ ~** the fair sex
bellota *f* acorn
bemba *f* (AmL fam) thick lips (*pl*)
bembo *m* (AmL) thick lower lip
bembón -bona, **bembudo -da** *adj* (AmL fam) (de labios gruesos) thick-lipped
bemol[1] *adj* flat; **si ~** B flat
bemol[2] *m* (signo) flat (sign); (nota) flat; ***tener ~es*** (fam): **parece fácil pero tiene (sus) ~es** it looks easy but in fact it's quite tricky *o* quite difficult; **¡tiene ~s!** (Esp) this is too much!
benceno *m* benzene
bencina *f* [1] (Quím) benzine, petroleum ether [2] (Andes) (gasolina) gasoline (AmE), petrol (BrE)
bencinera *f* (Andes) filling station, gas station (AmE), petrol station (BrE)
bencinero[1] **-ra** *adj* (Andes) ‹*motor*› gasoline (AmE) (*before n*), petrol (BrE) (*before n*)
bencinero[2] **-ra** *m,f* (Andes) filling station attendant
bendecir [I25] *vt* to bless; **¡que Dios te bendiga!** God bless you!; **~ la mesa** to say grace; **bendigo la hora en que lo conocí** I bless the day that I met him
bendice, etc *see* **bendecir**
bendición *f* [1] (Relig) blessing, benediction; **nos dio** *or* (fam) **echó la ~** he gave us the blessing, he blessed us [2] (aprobación) blessing [3] (regalo divino) godsend
bendiga, bendijo, etc *see* **bendecir**
bendito[1] **-ta** *adj* [1] (Relig) blessed; **¡~ sea Dios!** (expresando contrariedad) good God *o* grief!; (expresando alivio) thank God! [2] ‹*agua/pan*› holy; (afortunado) lucky [3] (*delante del n*) (iró) (maldito) blessed (*before n*) (euph)
bendito[2] **-ta** *m,f* simple soul; ***dormir como un* ~** to sleep like a baby
benedictino -na *adj/m,f* Benedictine
benefactor -tora *m,f* benefactor
beneficencia *f* (caridad) charity; **asociación/obra de ~** charitable organization/work; **concierto de ~** charity *o* benefit concert
beneficiar [A1] *vt*
A (favorecer) to benefit, to be of benefit to; **esto beneficia a**

ambas partes this benefits both sides, this is of benefit to both sides; **salir beneficiados con algo** to be better off with sth; **verse beneficiado con algo** to benefit from sth
B ‹*efectos/créditos*› to sell … below par (AmE), to sell … off (BrE)
C ‹*res/cerdo*› (AmL) to dress; ‹*mineral*› (Chi) to extract
■ **beneficiarse** *v pron* (sacar provecho) to benefit; **~se CON/DE algo** to benefit FROM sth
beneficiario -ria *m,f* beneficiary; (de cheque) payee
beneficio *m*
A **1** (Com, Fin) profit; **producir** *or* **reportar ~s** to yeild *o* bring returns *o* profits; **margen de ~(s)** profit margin **2** (ventaja, bien) benefit; **no va a sacar gran ~ del asunto** he's not going to benefit much from this affair; **a ~ de** in aid of; **en ~ de todos** in the interests of everyone; **todo lo hace en ~ propio** everything he does is for his own gain *o* advantage
(Compuestos)
• **beneficio bruto** gross profit
• **beneficio líquido** *or* **neto** net profit
B **1** (AmL) (de animal) dressing **2** (AmC) (Agr) coffee processing plant **3** (Chi) (de mineral) extraction
beneficioso -sa *adj* beneficial
benéfico -ca *adj* ‹*influencia*› benign, beneficial; ‹*espectáculo*› charity (*before n*), benefit (*before n*)
benemérito -ta *adj* (frml) ‹*profesor/obra*› distinguished; ‹*institución*› estimable (frml)
beneplácito *m* approval; **con el ~ de su familia** with her/his parents' blessing *o* approval
benevolencia *f* (indulgencia) leniency, indulgence; (bondad) kindness, benevolence (frml)
benevolente, benévolo -la *adj* (indulgente) lenient, indulgent; (bondadoso) kind, benevolent (frml)
bengala *f* flare
benignidad *f* (del clima) mildness; (de tumor) benignancy
benigno -na *adj* ‹*clima/invierno*› mild; ‹*tumor*› benign
benjamín -mina *m,f* (*m*) youngest son, (*f*) youngest daughter
beodo[1] -da *adj* (frml *o* hum) inebriated (frml *or* hum)
beodo[2] -da *m,f* (frml *o* hum) drunkard, toper (liter *o* hum)
berberecho *m* cockle
berberisco -ca *adj/m,f* Berber
berbiquí *m* brace
berebere, bereber *adj/mf* Berber
berenjena *f* (Bot, Coc) eggplant (AmE), aubergine (BrE)
berenjenal *m* eggplant field (AmE), aubergine field (BrE); ***meterse en un ~*** (fam) to get oneself into a real mess *o* jam (colloq)
bergante *m* (fam) scoundrel (colloq), rogue (colloq)
bergantín *m* brigantine
berilo *m* beryl
Berlín *m* Berlin
berlina *f* berlin (carriage)
berlinés[1] -nesa *adj* of/from Berlin
berlinés[2] -nesa *m,f* Berliner
berma *f* (Andes) (de asfalto) shoulder (AmE), hard shoulder (BrE); (de tierra) verge
bermejo -ja *adj* (liter) red
bermellón *m* vermillion
bermudas *fpl or mpl* Bermuda shorts (*pl*)
Bermudas *fpl*: **las ~** Bermuda; **el triángulo de las ~** the Bermuda Triangle
Berna *f* Berne
berrear [A1] *vi* «*becerro/ciervo*» to bellow; «*niño*» (fam) to bawl
berrido *m* (de becerro, ciervo) bellow; (de niño) (fam): **deja de dar esos ~s** stop that bawling
berrinche *m* (fam) (rabieta) tantrum; **le dio un** *or* (Méx) **hizo un ~** he threw *o* had a tantrum; ***coger*** *or* ***llevarse un ~*** (Esp fam) to have a fit (colloq)
berro *m* watercress
berza *f* cabbage
berzal *m* cabbage patch

besamanos *m* (*pl* **~**) (recepción) royal audience; (saludo) hand-kissing
besamel, besamela *f* (Esp) white sauce, béchamel sauce (frml)
besar [A1] *vt* to kiss; **la besé en la mejilla** I kissed her on the cheek; **le besó la mano** he kissed her hand
■ **besarse** *v pron* (*recípr*) to kiss (each other)
beso *m* kiss; **le dio un ~ en la frente** she kissed him *o* gave him a kiss on the forehead; ***comerse a algn a ~s*** (fam): **cuando llegué casi me comieron a ~s** when I arrived they smothered me with kisses; ***el ~ de Judas*** the kiss of Judas
bestia[1] *adj*
A (fam) **1** (ignorante, estúpido): **es tan ~ que no distingue un Picasso de un Velázquez** he's so ignorant he can't tell a Picasso from a Velázquez; **¡no seas ~ que vas a chocar!** watch out, you're going to crash! **2** (grosero) rude; **no seas ~ ¿cómo le vas a decir eso?** don't be so crass, you can't say that to him! **3** (violento, brusco): **¡qué hombre más ~! ha vuelto a pegarle** what a brute *o* an animal! he's hit her again; ***a lo ~*** (fam): **comen a lo ~** they eat an incredible *o* a massive amount!; **conducen a lo ~** they drive like madmen (colloq)
B (fam) (expresando admiración, asombro) amazing (colloq); **¡qué ~! mira cuánto ha comido** this guy's incredible! look how much he's eaten
bestia[2] *f* beast; **~ salvaje** *or* **feroz** wild animal; **~ de carga** beast of burden; ***ser una mala ~*** (fam) to be a nasty piece of work (colloq)
(Compuesto) **bestia negra** bête noire
bestia[3] *mf* **1** (fam) (ignorante): **es un ~ que no sabe ni usar el cuchillo** he's so uncouth, he can't even hold his knife properly **2** (persona violenta) animal, brute
bestial *adj* (fam) (muy grande): **tengo un hambre ~** I'm starving; **tiene una capacidad ~ para el trabajo** she gets through an incredible amount of work
bestialidad *f* **1** (barbaridad): **es una ~ tratar así a un niño** it's disgusting *o* barbaric to treat a child like that; **comimos una ~** we ate a massive *o* an incredible amount **2** (cualidad) brutality
bestialismo *m* bestiality
bestiario *m* bestiary
best-seller /bes'seler/ *m* (*pl* **-llers**) best-seller
besucón[1] -cona *adj* (fam): **este niño es muy ~** this child's always kissing everybody
besucón[2] -cona *m,f* (fam): **su novio es un ~** her boyfriend is always kissing her
besugo *m* (Coc, Zool) red bream
besuquear [A1] *vt* (fam) to smother … with kisses
■ **besuquearse** *v pron* (*recípr*) (fam) to neck (colloq)
beta *f* (letra griega) beta
betabel *m* (Méx) beet, beetroot (BrE)
betún *m*
A (para calzado) shoe polish; **dales ~ a esos zapatos** give those shoes a polish
B (Tec) bitumen
(Compuesto) **betún de judea** asphalt
C (Chi, Méx) (Coc) icing, topping
biaba *f* (RPl fam) (paliza) beating; (derrota) hammering (colloq)
bianual *adj* biannual
biberón *m* baby's bottle, feeding bottle; **hay que darle el ~** I have to give the baby his bottle *o* feed
biblia *f* bible; **la B~** the Bible; ***la ~ en verso*** (fam): **se sabe la ~ en verso** he knows everything under the sun
bíblico -ca *adj* biblical
bibliófilo -la *m,f* bibliophile
bibliografía *f* (en libro, informe) bibliography; (para curso) booklist
bibliográfico -ca *adj* bibliographic
bibliorato *m* (RPl) lever arch file
biblioteca *f* **1** (institución, lugar) library; **~ pública/de consulta** public/reference library **2** (colección) book collection **3** (mueble) bookshelves (*pl*), bookcase
bibliotecario -ria *m,f* librarian
bicameral *adj* bicameral (frml); **sistema ~** two-chamber *o* (frml) bicameral system

bicampeón -peona *m,f* twice champion

bicarbonato *m* bicarbonate

(Compuesto) **bicarbonato de soda** *or* **de sodio** (Coc) bicarbonate of soda; (Quím) sodium bicarbonate

bicéfalo -la *adj* two-headed, bicephalous (tech)

bicentenario *m* bicentenary

bíceps *m* (*pl* ~) biceps

bicho *m*

A (fam) 1 (insecto) insect, bug (colloq), creepy-crawly (colloq) 2 (animal) animal, creature, critter (AmE colloq); **me picó** *or* (Esp) **ha picado un** ~ I've been bitten by something; **todo ~ viviente** everyone

B (fam) (persona maligna) nasty piece of work (colloq), mean son of a bitch (AmE sl); **me miró como si fuera un ~ raro** he looked at me as if I was some kind of weirdo (colloq)

bici *f* (fam) bike (colloq)

bicicleta *f* bicycle; **va en ~ al trabajo** she cycles to work; **¿no sabes montar** *or* (AmL) **andar en ~?** can't you ride a bicycle?; **salimos a pasear en ~** we went for a bicycle ride *o* (colloq) a bike ride *o* (AmE) a bike hike

(Compuestos)

- **bicicleta de carreras/montaña** racing/mountain bike
- **bicicleta fija** *or* **de ejercicio** exercise cycle *o* bike

bicimoto *m* (Méx) moped

bicoca *f*

A (fam) 1 (ganga): **era una ~** it was a real bargain *o* (AmE) steal (colloq) 2 (cosa fácil): **este trabajo es una ~** this is a cushy job

B (Chi) (de cura) skullcap

bicolor *adj* two-colored*

BID /bið/ *m* (= **Banco Interamericano de Desarrollo**) IDB

bidé, bidet /bi'ðe/ *m* bidet

bidimensional *adj* two-dimensional

bidireccional *adj* bidirectional

bidón *m* 1 (para gasolina, agua) can; (más grande) jerry can 2 (barril) barrel

biela *f* connecting rod

bien[1] *adj inv*

A [ESTAR] (sano) well; **no me siento** *or* **encuentro ~** I don't feel well; **¡tú no estás ~ de la cabeza!** you're not right in the head!

B [ESTAR] (fam) (refiriéndose al atractivo sexual) good-looking, attractive

C [ESTAR] (cómodo, agradable): **¿vas ~ ahí atrás?** are you all right in the back?; **se está ~ a la sombra** it's nice in the shade

D (agradable) ‹*oler/saber*›: **¡qué ~ huele!** it smells really good!; **este café sabe muy ~** this coffee tastes very good *o* nice

E [ESTAR]: **¿está ~ así, señorita?** is that all right, miss?; **saliste muy ~ en esta foto** you look really good in this photo; **ese cuadro no queda ~ ahí** that painting doesn't look right there; **podríamos ir mañana, si te parece ~** we could go tomorrow, if you like; **la casa está muy ~** the house is very nice; **¿lo has leído? está muy ~** have you read it? it's very good; **¡está ~! si no quieres hacerlo no lo hagas** all right *o* okay, then! don't do it if you don't want to; **¡qué ~ mañana es fiesta!** great! tomorrow's a holiday!; **no funciona — ¡pues qué ~!** (iró) it's not working — oh, great! (iro)

F [ESTAR] (correcto, adecuado) right; **está ~ que se premie la iniciativa** it's right and proper that initiative should be rewarded

G 1 (suficiente) **estar** *or* **andar ~ DE algo** to be all right FOR sth; **¿estamos ~ de aceite?** are we all right for oil?; **no ando ~ de tiempo** I'm a bit short of time 2 **ya está ~** that's enough; **ya está ~ de jugar, ahora a dormir** you've been playing long enough, now go to bed

H 1 (fam) (de buena posición social) ‹*familia/gente*› well-to-do; **un barrio ~** a well-to-do *o* (BrE) posh area 2 (RPl fam) ‹*gente/persona*› (honrado) respectable, decent

bien[2] *adv*

A (de manera satisfactoria) ‹*dormir/funcionar/cantar*› well; **no le fue ~ en Alemania** things didn't work out for her in Germany; ***quien ~ te quiere te hará llorar*** you have to be cruel to be kind

B (ventajosamente) well; **vendió el coche muy ~** she got a good price for the car

C (favorablemente): **pensar ~ de la gente** to think well of people; **hablar ~ de algn** to speak highly of sb

D 1 (a fondo, completamente) well, properly; **~ cocido** well *o* properly cooked; **¿cerraste ~?** did you lock the door properly?; **~ sabes que ...** you know perfectly well that ...; **~ se ve que está enamorado** it's obvious that he's in love 2 (con cuidado, atención) ‹*escuchar/mirar*› carefully

E (correctamente) well; **¡~ hecho/dicho!** well done/said!; **pórtate ~** behave yourself; **hiciste ~ en decírselo** you were right to tell him; **siéntate ~** sit properly

F (como intensificador) 1 (muy) very; **canta ~ mal** he sings really badly; **llegó ~ entrada la noche** she arrived very late at night; **¿estás ~ seguro?** are you positive?; **ser ~ de adentro** (Per fam) to be a good sort 2 (fácilmente) easily; **~ pudo suceder** it could well *o* easily have happened 3 (en recriminaciones, protestas): **~ podías haberlo ayudado** you *could o might* have helped him! 4 **bien que ...**: **~ que llama cuando necesita dinero** he soon calls when he needs money

G (*en locs*) **más bien**: **es más ~ delgada** she's quite slim; **no bien** as soon as; **si bien** although; ***estar a ~ con algn*** to be on good terms with sb; ***tener a ~ hacer algo*** (frml): **le rogamos tenga a ~ abonar esta suma** we would ask you to pay this sum (frml)

bien[3] *interj* 1 (como enlace): **~, sigamos adelante** right then *o* fine, let's continue; **~, ... ¿dónde estábamos?** right, ... where were we?; **pues ~, como te iba diciendo ...** so, as I was telling you ... 2 **¡bien!** (expresando aprobación) well done!; **no habrá clases hoy — ¡bieeeen!** there won't be any lessons today — yippee *o* hurrah!

bien[4] *conj*: **puede abonarse o ~ al contado o ~ en 12 cuotas mensuales** (frml) payment may be made either in cash or in twelve monthly installments

bien[5] *m*

A (Fil) good; **el ~ y el mal** good and evil; **hacer el ~** to do good deeds; ***haz ~ y no mires a quién*** do good to all alike; **un hombre de ~** a good man

B 1 (beneficio, bienestar) good; **es por tu ~** it's for your own good; **por el ~ de todos** for the good of all 2 **hacer bien** (+ *me/te/le etc*): **esto te hará ~** this will do you good; **sus palabras me hicieron mucho ~** what he said did me a lot of good

C (en calificaciones escolares) *grade of between 6 and 6.9 on a scale of 1-10*

D 1 (posesión): **le dejó todos sus ~es** she left him everything she owned; **mi ~ más preciado** my most precious possession 2 **bienes** *mpl* (Fin) assets (*pl*); **la orden afecta a todos sus ~es** the order applies to all his assets

(Compuestos)

- **bien de consumo** consumer article *o* item; **~es de ~** consumer goods
- **bien de equipo** capital item *o* asset; **~es de ~** capital goods *o* assets
- **bien ganancial** joint asset (*acquired during marriage*); **~es ~es** joint property, community property (AmE)
- **bien inmueble** immovable item *o* asset
- **bien mueble** movable item; **~es ~s** personal property, goods and chattels
- **bien raíz** immovable item *o* asset; **~es raíces** real estate, realty (AmE)

bienal *adj* biennial

bienaventurado -da *adj* blessed

bienaventuranzas *fpl* Beatitudes (*pl*)

bienestar *m* well-being, welfare; **estado de ~** social welfare state

(Compuestos)

- **Bienestar Familiar** (en Col) Welfare Service
- **bienestar social** social welfare

bienhablado -da *adj* well-spoken

bienhechor -chora *m,f* benefactor

bienintencionado -da *adj* well-meaning, well-intentioned

bienio *m* 1 (período) two-year period 2 (incremento) two-yearly increment

bien parecido -da *adj* (ant) well-favored* (dated), fine-looking

bienvenida *f* welcome; **darle la ~ a algn** to welcome sb; **un discurso de ~** a welcoming speech
bienvenido -da *adj* welcome; **ser ~** to be welcome
bies *m*: **al ~** on the cross
bifásico -ca *adj* two-phase
bife *m*
A (Bol, RPl) (Coc) steak
B (RPl fam) (bofetada) slap
bífido -da *adj* forked
bifocal *adj* bifocal
bifocales *mpl or fpl* bifocals (*pl*)
bifurcación *f* (en carretera) fork; (en la vía férrea) junction
bifurcarse [A2] *v pron* «*camino*» to fork, diverge (frml); «*vía férrea*» to diverge
bigamia *f* bigamy
bígamo¹ -ma *adj* bigamous
bígamo² -ma *m,f* bigamist
bigote *m*
A (de persona) *tb* **~s** mustache*
B (de gato, ratón) whisker
bigotón -tona *adj* (Méx) ▸**bigotudo**
bigotudo -da *adj* (fam): **un hombre ~** a man with a big mustache*
bigudí *m* (*pl* **-díes -dís**) curler, roller
bikini *m*, (AmL) *m or f* bikini
bilabial *adj/f* bilabial
bilateral *adj* bilateral
biliar *adj* biliary
bilingüe *adj* bilingual
bilingüismo *m* bilingualism
bilioso -sa *adj* bilious
bilis *f* **1** (Fisiol) bile; ***hacer* ~** (Méx fam) (enojarse) to get mad (colloq); (disgustarse): **hizo tal ~ que ...** he took it so badly that ... **2** (fam) (mal humor) bad mood, spleen; **no descargues tu ~ en mí** don't take it out on me (colloq)
billar *m* (con tres bolas) billiards; (con 16 bolas) pool; (con 22 bolas) snooker
billarista *mf* billiard player
billete *m*
A **1** (Fin) bill (esp AmE), note (BrE) **2** (Andes fam) (dinero) money, dough (colloq); **trabaja aquí por el puro ~** (Andes) she only works here for the money *o* dough; ***estar/andar cargado al* ~** (Chi fam) to be flush (colloq)
B **1** (de lotería, rifa) ticket **2** (Esp) (transporte) ticket; **reservar/sacar/pagar un ~** to book/get/pay for a ticket
Compuestos
- **billete de ida y vuelta** (Esp) round-trip ticket (AmE), return (ticket) (BrE)
- **billete sencillo** *or* **de ida** (Esp) one-way ticket, single (ticket) (BrE)

billetera *f*, **billetero** *m* wallet, billfold (AmE); (con monedero) change purse (AmE), purse (BrE)
billetero -ra *m,f* (Méx, Ven) lottery ticket vendor
billón *m* trillion (AmE), billion (BrE)
billonario -ria *m,f* billionaire
billullo *m* (Chi fam) money, cash
bimensual *adj* (dos veces al mes) twice-monthly, fortnightly (BrE)
bimestral *adj* **1** (cada dos meses) bimonthly **2** (que dura dos meses) two-month (*before n*)
bimestre *m* (period of) two months; (pago) bimonthly payment
bimotor *m* twin-engined aircraft
binario -ria *adj* binary
bingo *m* (juego) bingo; (sala) bingo hall
binocular *adj* binocular
binoculares *mpl* binoculars (*pl*)
binóculos *mpl* (Col, Ven) binoculars (*pl*)
binomio *m* (Mat) binomial; (period) (dúo) couple
biodegradable *adj* biodegradable
biofísica *f* biophysics
biogenética *f* genetic engineering
biografía *f* biography
biográfico -ca *adj* biographical
biógrafo -fa *m,f* biographer
biología *f* biology
biológico -ca *adj* (Biol) biological; ‹*verduras*› organic
biólogo -ga *m,f* biologist
biombo *m* folding screen
biomédico -ca *adj* biomedical
biopsia *f* biopsy
bioquímica *f* biochemistry
bioquímico¹ -ca *adj* biochemical
bioquímico² -ca *m,f* biochemist
biorritmo *m* biorhythm
biosfera, biósfera *f* biosphere
biosíntesis *f* biosynthesis
bioterrorismo *m* bioterrorism
biotopo *m* biotope
bióxido *m* dioxide
bip *m* pip, beep
bipartidismo *m* two-party system
bipartidista *adj* two-party (*before n*)
bipartito -ta *adj* bipartite
bípedo *m* biped
biplano *m* biplane
biplaza *m* two-seater
biquini *m* bikini
BIRD *m* /birð/ (= **Banco Internacional para la Reconstrucción y el Desarrollo**) IBRD
birlar [A1] *vt* (fam) to swipe (colloq), to pinch (BrE colloq); **me ~on el paraguas** I had my umbrella swiped *o* pinched
Birmania *f* Burma
birmano¹ -na *adj/m,f* Burmese; **los ~s** the Burmese
birmano² *m* (idioma) Burmese
birome *f* (RPl) ballpoint pen, Biro®
birreactor *m* twin-jet plane
birrete *m* **1** cap (*worn by lawyers, professors, etc*) **2** (birreta) biretta
birria *f*
A (fam) (cosa fea, inútil): **¡qué ~ de vestido!** what a horrible dress!; **sus poemas son una ~** his poems are garbage (AmE) *o* (BrE) rubbish (colloq)
B (Méx) (Coc) *goat's meat in chili sauce*
bis¹ *adj* (en direcciones): **vivo en el 18 ~ y no en el 18** ≈ I live at number 18A, not at number 18
bis² *m* encore
bisabuelo -la (*m*) great-grandfather; (*f*) great-grandmother; **mis ~s** my great-grandparents
bisagra *f* hinge
bisel *m* bevel, beveled* edge
biselar [A1] *vt* to bevel
bisexual *adj/mf* bisexual
bisexualidad *f* bisexuality
bisiesto *adj*: **1992 fue (año) ~** 1992 was a leap year
bisílabo -ba, **bisilábico -ca** *adj* two-syllable (*before n*)
bismuto *m* bismuth
bisne *m* (AmC fam) hustling (colloq), black marketeering
bisnieto -ta (*m*) great-grandson; (*f*) great-granddaughter; **mis ~s** my great-grandchildren
bisonte *m* bison
bisoñé *m* toupee, hairpiece
bisoño -ña *adj* inexperienced; **soldados ~s** raw recruits
bistec /bi'stek/ *m* (*pl* **-tecs**) steak, beefsteak
bisturí *m* scalpel
bisutería *f* costume *o* imitation jewelry*
bit *m* (Inf) bit
bivalvo -va *adj* bivalve
bividí, B.V.D.® /biβi'ði/ *m* (Per) undershirt (AmE), vest (BrE)
bizantino -na *adj* **1** (Hist) Byzantine **2** (insoluble): **una discusión bizantina** a protracted and pointless argument

b

bizarría *f* (liter) dash
bizarro -rra *adj* (liter) dashing
bizco[1] -ca *adj* cross-eyed
bizco[2] -ca *m,f* cross-eyed person
bizcochería *f* (Col) patisserie, cake shop
bizcocho *m* (pastel) sponge (cake); (galleta) sponge finger; (bollo) (Ur) bun
bizcochuelo *m* (CS) sponge (cake)
bizquear [A1] *vi* to be cross-eyed
bizquera *f* squint; **tiene una marcada ~** he has a pronounced squint; **no le noté la ~** I didn't notice that he was cross-eyed
blanca *f*
A (Mús) half note (AmE), minim (BrE)
B (en dominó) blank; (en ajedrez) white piece
(Compuesto) **blanca doble** double blank
C (Esp fam): **estar sin ~** to be broke (colloq)
Blancanieves Snow White
blanco[1] -ca *adj*
A 1 ‹*color/vestido/pelo*› white; **en ~: entregó el examen en ~** she handed in a blank exam (paper); **rellenar los espacios en ~** fill in the blanks; **voté en ~** I returned a blank ballot (AmE), I left my voting paper blank (BrE); ***quedarse en ~*** *or* ***quedársele a algn la mente en ~***: **me quedé en ~** *or* **se me quedó la mente en blanco** my mind went blank 2 (pálido) [SER] fair-skinned, pale-skinned; [ESTAR] white; **estoy muy ~** I'm very white *o* pale
B ‹*persona/raza*› white
blanco[2] -ca *m,f* white person
blanco[3] *m*
A (color) white; **en ~ y negro** black and white
(Compuesto) **blanco del ojo** white of the eye
B (Dep, Jueg) (objeto) target; (centro) bullseye; **tirar al ~** to shoot at the target; **fue el ~ de todas las miradas** everyone was looking at her; ***dar en el ~*** (literal) to hit the target; (acertar): **diste en el ~ con ese regalo** you were right on (AmE) *o* (BrE) spot-on with that present (colloq)
C (vino) white (wine)
blancura *f* whiteness
blancuzco -ca *adj* 1 ‹*camisa/pintura*› off-white, whitish 2 ‹*persona*› pale
blandengue[1] *adj* (fam) 1 ‹*mezcla*› soft, runny 2 ‹*persona*› soft
blandengue[2] *mf* (fam) (persona débil) softy (colloq)
blandir [I1] *vt* to brandish, wave
blando -da *adj*
A 1 ‹*carne*› tender; ‹*queso/mantequilla*› soft; **ponerse ~** to go soft 2 ‹*cama/almohada*› soft; **de carnes blandas** flabby 3 ‹*madera/metal*› soft; **un cepillo de cerdas blandas** a soft brush 4 ‹*agua*› soft
B ‹*carácter*› (débil) weak; (poco severo) soft
blandura *f*
A (de la carne) tenderness; (de cama, almohada) softness; (del agua) softness
B (falta de severidad) leniency; **trata a sus alumnos con demasiada ~** she's too lenient with/soft on her pupils
blanqueada *f*
A (de pared) (CS) whitewashing; (de dinero) laundering
B (Méx) (Dep) blank, shutout (AmE)
blanqueado *m* ▸**blanqueo A**
blanqueador *m* (para visillos) whitener; (lejía) (Col, Méx) bleach
blanquear [A1] *vt*
A 1 ‹*ropa*› to bleach; ‹*pared*› to whitewash 2 ‹*dinero*› to launder; ‹*objetos robados*› to fence
B (Dep) to blank, shut out (AmE)
blanquecino -na *adj* off-white, whitish
blanqueo *m*
A 1 (con lejía) bleaching; (de paredes) whitewashing 2 (de dinero) laundering
B (Ven) (Dep) blank, shutout
blanquiazul *adj* 1 ‹*agua*› white and blue 2 (Dep) (period) ‹*equipo/jugador*› whose colors are white and blue
blanquillo *m*
A (Chi, Per) (Bot) white peach
B (Méx fam) (huevo) egg (*with a white shell*)
blasfemar [A1] *vi* to blaspheme
blasfemia *f* blasphemy
blasfemo -ma *m,f* blasphemer
blasón *m* (escudo) coat of arms; (divisa) blazon
bledo *m* ▸**importar**
blindado -da *adj* ‹*coche*› armor-plated•, armored•; ‹*puerta*› reinforced
blindaje *m* armor• plating
blindar [A1] *vt* ‹*barco/coche*› to armor-plate•; ‹*puerta*› to reinforce
bloc *m* (*pl* **blocs**) (de papel) pad; **~ de notas** note *o* writing pad
blocar [A2] *vt* (Esp) (Dep) ‹*balón*› to stop; ‹*adversario*› to tackle; ‹*golpe*› to block
blof *m* (Col, Méx) bluff; ***ser puro ~*** (fam) to be all talk (colloq)
blofear [A1] *vi* (Col, Méx) 1 (en el juego) to bluff 2 (fam) (alardear) to show off
blonda *f*
A (encaje) (blond) lace
B (CS) (onda) scallop; (conjunto de ondas) scalloping
bloque *m*
A (de piedra, hormigón) block
B (edificio) block; (manzana de edificios) (esp Esp) block; **un ~ de departamentos** (AmL) *or* (Esp) **pisos** an apartment block, a block of flats (BrE)
C 1 (period) (de noticias) section 2 (Inf) block
D (fuerza política) bloc; **el ~ del Este** (Hist) the Eastern bloc; **en ~** (*loc adv*) en bloc, en masse
E (Auto) cylinder block
bloquear [A1] *vt*
A 1 ‹*camino/acceso*› to block; ‹*entrada/salida*› to block, obstruct; **estamos bloqueados por un camión** there's a truck blocking our way; **nos quedamos ~s a causa del temporal** we were cut off by the storm 2 (Mil) to blockade 3 ‹*proceso/iniciativa*› to block; **su negativa bloqueó las negociaciones** her refusal blocked negotiations 4 (Dep) to block
B 1 ‹*mecanismo*› to jam 2 (Auto) ‹*dirección*› to lock
C ‹*cuenta/fondos*› to freeze, block
■ **bloquearse** *v pron*
A «*mecanismo*» to jam; «*frenos*» to jam, lock on; «*ruedas*» to lock
B «*negociaciones*» to reach deadlock
bloqueo *m*
A (de ciudad) blockade, siege; (de puerto) blockade; (Dep) block
(Compuestos)
• **bloqueo mental** (fam) mental block (colloq); **tuve un ~ ~ en el examen** my mind went blank in the exam
• **bloqueo naval** naval blockade
B (de gestiones) deadlock
C (de mecanismo) jamming; (de las ruedas) locking
D (Com, Fin) freezing, blocking
blufear [A1] *vi* (CS) ▸**blofear**
bluff /bluf/ *m* (*pl* **bluffs**) 1 (Jueg) bluff 2 (fam) (fanfarronería): ***ser puro ~*** to be all talk (colloq)
blusa *f* blouse
blusón *m* loose shirt *o* blouse
blvar. *m* (= **bulevar**) Blvd (*in US*)
BM *m* = **Banco Mundial**
B° = **Banco**
boa[1] *f* (Zool) boa; ***comer como una ~*** (Per) to eat like a horse
boa[2] *m or f* (Indum) feather boa
boato *m* show, ostentation
bobada *f*: **deja de hacer ~s** stop being so stupid *o* silly; **deja de decir ~s** that's enough nonsense; **¡qué ~!** what a silly thing to say!
bobalicón -cona *m,f* (fam) fool, twit (colloq)
bobina *f* 1 (de hilo) reel 2 (de magnetofón) reel, spool 3 (Auto, Elec) coil; **~ del encendido** ignition coil
bobinado *m* winding
bobinar [A1] *vt* to wind
bobo[1] -ba *adj* (fam) silly

bobo² **-ba** *m,f* (fam) fool; **deja de hacer el ~** stop playing the fool, stop being so silly

boca *f*

A 1▸ (Anat, Zool) mouth; **tener la ~ seca/pastosa** to have a dry/furry mouth; **la ~ te huele a ajo** your breath smells of garlic; **tengo que ir a arreglarme la ~** I have to go and get my teeth seen to *o* fixed; **como no te calles te voy a partir la ~** if you don't shut up I'll smash your face in (colloq) 2▸ (*en locs*) **boca abajo/arriba** ‹*dormir/echarse*› on one's stomach/back; **puso los naipes ~ arriba** she laid the cards face up; **de boca de** from; **lo supimos de ~ de ella** we heard it (directly) from her; **uno no espera oír palabras así de ~ de un cura** you don't expect to hear such words from (the mouth of) a priest; **en boca de**: **la pregunta que anda en ~ de todos los niños** the question which is on every child's lips; **el escándalo andaba en ~ de todos** the scandal was common knowledge; **por boca de**: **la organización ha dejado claro por ~ de su secretario general ...** the organization has made it clear through its general secretary ...; **lo supe por ~ de su hermana** I heard it from his sister; ***abrir la ~*** to open one's mouth; **mejor es que no abra la ~** it's best if he keeps his mouth shut; ***andar/correr de ~ en ~***: **la noticia ya corría de ~ en ~** the news was spreading like wildfire; ***a pedir de ~*** just fine; **todo salió a pedir de ~** everything turned out just fine; ***callar(se) la ~*** to shut up; **en situaciones así más vale callarse la ~** in situations like that it's best to keep your mouth shut; ***cerrarle*** *or* ***taparle la ~ a algn*** to keep sb quiet, shut sb up (colloq); ***hablar por ~ de ganso*** to repeat other people's opinions (*o* ideas *etc*) parrot fashion; ***hacer*** *or* ***abrir ~*** (fam) to whet the *o* one's appetite; ***hacerle el ~ a ~ a algn*** to give sb the kiss of life; ***hacérsele la ~ agua a algn*** (Esp): **se le hacía la ~ agua mirando los pasteles** looking at the cakes made her mouth water; ***llenársele la ~ a algn con algo*** (fam): **se le llena la ~ con su apellido** she's always boasting about her surname; ***meterse en la ~ del lobo*** to take one's life in one's hands; ***no decir esta ~ es mía***: **no dijo esta ~ es mía** he didn't say a word; ***no tener qué llevarse a la ~***: **no tienen qué llevarse a la ~** they haven't got a penny to their name, they don't have a red cent to their name (AmE); ***(oscuro) como ~ de lobo*** pitch-black, pitch-dark; ***quedarse con la ~ abierta*** to be dumbfounded *o* (colloq) flabbergasted; ***quitarle algo a algn de la ~*** to take the words (right) out of sb's mouth; ***ser pura ~*** (Chi fam) to be all talk; ***tener una boquita de piñón*** (fam) to have a little mouth; ***en ~ cerrada no entran moscas*** if you keep your mouth shut, you won't put your foot in it (colloq); ***por la ~ muere el pez*** talking too much can be dangerous; ***quien*** *or* ***el que tiene ~ se equivoca*** (fam) to err is human 3▸ (persona): **tiene muchas ~s que alimentar** she has a lot of mouths to feed 4▸ (Vin) flavor*

B (de buzón) slot; (de túnel) mouth, entrance; (de puerto) entrance; (de vasija, botella) rim

(Compuestos)

- **boca de dragón** *or* (Ur) **sapo** snapdragon
- **boca de incendios** fire hydrant, fireplug (AmE)
- **boca del estómago** (fam) pit of the stomach
- **boca de metro** *or* (RPl) **subte** subway entrance (AmE), underground *o* tube station entrance (BrE)
- **boca de riego** hydrant

La Boca

A neighborhood on the Riachuelo River in Buenos Aires, near the mouth of the River Plate. It was the city's first port, where Genoese immigrants settled in the early twentieth century. Its brightly painted wooden houses with corrugated iron roofs make it a major tourist destination

bocacalle *f*: *entrance to a street*; **la primera ~ a la derecha** the first turning on the right

bocadillo *m*

A (Esp) (emparedado) roll

B (Col, Ven) (dulce) guava jelly

C (en comics) bubble, balloon

bocado *m*

A 1▸ (de comida) bite; **de un ~** in one bite; **estuve 24 horas sin probar ~** I went for 24 hours without a bite to eat 2▸ (comida ligera) snack

B (mordisco) (Esp): **le pegó un ~ en el brazo a su hermano** he sank his teeth into his brother's arm

C (Equ) bit

bocajarro: **a ~** (*loc adv*) 1▸ ‹*disparar*› at point-blank range 2▸ ‹*decir/preguntar*› point-blank

bocamanga *f* cuff

bocanada *f* (de humo, aliento) puff, mouthful; (ráfaga) gust, blast

bocatería *f* (Esp fam) sandwich bar, snack bar

bocatoma *f* (Andes) water inlet

bocazas *mf* (*pl* ~) (fam) big mouth (colloq)

boceto *m* (dibujo) sketch; (de proyecto) outline

bocha *f*

A (RPl fam) (cabeza) head, nut (colloq)

B **bochas** *fpl* (RPl) (Jueg) bowls

bochar [A1] *vt* 1▸ (RPl fam) ‹*sugerencia/propuesta*› to squash (colloq) 2▸ (RPl arg) (en examen) ‹*estudiante*› to fail, to flunk (AmE colloq); **me ~on en historia** I failed history, I flunked history (AmE colloq)

boche *m* (Andes) ▸**bochinche**

bochinche *m* (esp AmL fam) 1▸ (riña, pelea) fight, brawl 2▸ (barullo, alboroto) racket (colloq), ruckus (AmE colloq), row (BrE colloq); **los vecinos meten mucho ~** our neighbors are always making such a row *o* racket (colloq); **tanto ~ para nada** all that fuss about nothing (colloq) 3▸ (confusión, lío) muddle, mess (colloq)

bochinchear [A1] *vi* (AmL fam) to fight

bochinchero¹ **-ra** *adj* (AmL fam) rowdy

bochinchero² **-ra** *m,f* (AmL fam) brawler, troublemaker

bocho *m* (RPl fam) brainbox (colloq), brain (colloq)

bochorno *m*

A (calor) sultry *o* muggy weather

B (vergüenza) embarrassment; **¡qué ~!** how embarrassing!

bochornoso **-sa** *adj*

A ‹*tiempo*› sultry, muggy; ‹*calor*› sticky; **hacía un día ~** it was a close *o* muggy day

B ‹*espectáculo/situación*› embarrassing

bocina *f*

A (de coche) horn; (de fábrica) hooter, siren; (de faro) foghorn

B (AmL) (auricular) receiver

C (Méx) (Audio) loudspeaker

bocinazo *m* toot (on the horn); (más fuerte) blast *o* honk on the horn

bocio *m* goiter*

bocón¹ **-cona** *adj* 1▸ (Andes, Méx fam) (hablador) bigmouthed (colloq) 2▸ (Méx fam) (mentiroso) lying (*before n*)

bocón² **-cona** *m,f* 1▸ (Andes, Méx fam) (hablador) bigmouth (colloq); (chivato) squealer (colloq), grass (BrE colloq) 2▸ (Méx fam) (mentiroso) liar, fibber (colloq)

boda *f* wedding; **~s de oro/plata** (de matrimonio) golden/silver wedding anniversary; (de organización) golden/silver jubilee

bodega *f*

A 1▸ (Vin) (fábrica) winery; (almacén) wine cellar; (tienda) wine merchant's, wine shop 2▸ (taberna) bar 3▸ (en casa) cellar

B 1▸ (AmC, Per, Ven) (tienda de comestibles) grocery store (AmE), grocer's (BrE) 2▸ (Andes, Méx, Ven) (almacén) store, warehouse

C (Aviac, Náut) hold

bodegón *m* (Art) still life

bodeguero **-ra** *m,f*

A (Vin) (productor) wine-producer

B 1▸ (AmC, Per, Ven) (tendero) shopkeeper 2▸ (Andes, Méx, Ven) (de almacén) warehouseman

bodoque *mf*

A (fam) (tonto) dimwit (colloq)

B (Méx fam) (niño) kid (colloq)

bodrio *m* (fam): **es un ~** it is garbage (AmE) *o* (BrE) rubbish (colloq)

bóer *mf* (*pl* **bóers**) Boer

bofetada *f* 1▸ (en la cara) slap; **le di** *or* **pegué una ~** I slapped him (in the face) 2▸ (desaire) slap in the face

bofetón *m* slap

bofo **-fa** *adj* (Méx fam) flabby

boga *f*: **estar en ~** to be in fashion *o* in vogue, be in (colloq)

bogar [A3] *vi* (liter) to row
bogavante *m* (Esp) lobster
Bogotá *m* Bogotá
bogotano -na *adj* of/from Bogotá
bohemio¹ -mia *adj* 1 ‹vida/artista› bohemian 2 (de Bohemia) Bohemian
bohemio² -mia *m,f* bohemian
bohío *m* (AmC, Col, Ven) hut
boicot /boj'kot/ *m* (*pl* **-cots**) boycott; **organizar un ~ contra algo** to organize a boycott of sth
boicotear [A1] *vt* 1 ‹producto/empresa› to boycott; ‹reunión/clases› (no asistir a) to boycott 2 (impedir, dificultar) ‹reunión/clases› to disrupt
boina *f* beret
boite /bwat/ *f* night club
bol *m* bowl
bola *f*
A 1 (cuerpo redondo) ball; (de helado) scoop; **se hacen ~s con la masa** form the dough into balls; **máquina de escribir de ~** golf ball typewriter 2 (Dep) ball; (de petanca) boule; (canica) (Col, Per) marble; ***parar*** *or* ***poner ~s*** (Col fam) to pay attention, listen up (AmE colloq); ***tener la cabeza como una ~ de billar*** to be as bald as a cue ball (AmE) *o* (BrE) as bald as a coot (colloq) 3 **bolas** *fpl* (fam: en algunas regiones vulg) (testículos) balls (*pl*) (colloq *or* vulg); ***estar en ~s*** (fam *o* vulg) to be stark naked (colloq); ***estar hasta las ~s*** (vulg) to be pissed off (sl); ***hacerse ~s con algo*** (Méx) to get in a mess over sth; ***pillar a algn en ~s*** (fam *o* vulg) to catch sb with their pants (AmE) *o* (BrE) trousers down (colloq) 4 (fam) (músculo — del brazo) biceps; (— de la pantorrilla) calf muscle; **sacar ~** (Esp) to flex one's muscles

(Compuestos)
- **bola de cristal** crystal ball
- **bola de nieve** snowball
- **bola de partido/de set** match/set point
- **bolas criollas** *fpl* (Ven) *game similar to petanque*

B (fam) (mentira) lie, fib (colloq); **me metió una ~** he told me a fib; **contar/decir ~s** to fib (colloq), to tell fibs (colloq); **¡se tragó la ~!** she swallowed it! (colloq)
C (Andes, RPl fam) (atención): **no me dio ~** he didn't take the slightest bit of notice (colloq); **no me da ~** he's not interested in me
D (Méx fam) (montón): **una ~ de** loads of (colloq)
E (Méx) revolution, uprising (*esp the Mexican Revolution*); ***armarse la ~*** (Méx): **se armó la ~** all hell broke loose (colloq)
bolada *f* (RPl fam): **aprovechar la ~** to take advantage of the situation
bolchevique *adj/mf* Bolshevik
boleador -dora *m,f*
A (Méx) (lustrabotas) bootblack
B (en las pampas) *person who uses bolas to catch cattle*
boleadoras *fpl* bolas
bolear [A1] *vi* (Col) to knock up, knock a ball about
■ **bolear** *vt* (Méx) to polish, shine
bolera *f* bowling alley
bolero¹ *m*
A (Mús) bolero
B (Indum) bolero jacket/top
bolero² -ra *m,f* (Méx) bootblack
boleta *f* 1 (AmL) (en rifa) ticket 2 (CS) (de multa) ticket 3 (CS) (recibo) receipt 4 (Col) (entrada) ticket

(Compuestos)
- **boleta de calificaciones** (Méx) school report, report card (AmE)
- **boleta de depósito** (RPl) deposit slip (AmE), paying-in slip (BrE)
- **boleta electoral** (Méx, RPl) ballot paper

boletaje *m* (Méx, Per) tickets (*pl*)
boletería *f* (AmL) (de teatro, cine) box office; (de estación, estadio) ticket office
boletero -ra *m,f* 1 (Chi) (vendedor) ticket-seller 2 (Arg fam) (mentiroso) fibber (colloq)
boletín *m* bulletin, report; **~ informativo** *or* **de noticias** news bulletin
(Compuesto) **boletín de calificaciones** *or* **notas** school report, report card (AmE)

boleto *m*
A (de lotería, rifa) ticket; (de quinielas) coupon; (de tren, autobús) (AmL) ticket; (de cine, teatro, fútbol) (Chi, Méx) ticket; ***agarrar*** *or* ***sacar ~*** (Méx fam) to get into trouble; ***de ~*** (Méx fam): **vete de ~ por la leche** dash out and get some milk (colloq)

(Compuestos)
- **boleto de ida** (AmL) one-way ticket, single (ticket) (BrE)
- **boleto de ida y vuelta** (AmL) round trip (ticket) (AmE), return (ticket) (BrE)
- **boleto de viaje redondo** (Méx) round trip (ticket) (AmE), return (ticket) (BrE)

B (Méx fam) (asunto, problema): **no es ~ nuestro** it's not our concern; **eso es otro ~** that's another matter *o* that's different
boliche *m*
A 1 (en petanca) jack 2 (juguete) *cup-and-ball toy*
B 1 (Méx) (juego) bowling, ten pin bowling (BrE); (lugar) bowling alley 2 (Col) (bolo) tenpin
C (Bol, RPl) (taberna) bar
D (CS) (tienda pequeña) (fam) small store (AmE), small shop (BrE)
bólido *m* (Auto) racing car; ***salió/pasó como (un) ~*** he went out/shot by like greased lightning (colloq)
bolígrafo *m* ballpoint pen, Biro®
bolilla *f* 1 (Bol, RPl) (Educ) topic, subject 2 (RPl) (atención) ▸**bola C**
bolillo *m* 1 (en pasamanería) bobbin; **encaje de ~s** bobbin lace 2 (Col) (porra) truncheon 3 (Col) (Coc) rolling pin 4 (Méx) (pan) bread roll
bolita *f* 1 (en tejido) bobble; **se me hicieron ~s en el pullover** my sweater got all balled up (AmE) *o* (BrE) went all bobbly 2 (AmS) (Jueg) marble; **jugar a las ~s** to play marbles; ***echarse la ~*** (Méx) to pass the buck
bolívar *m* bolivar (*Venezuelan unit of currency*)
Bolivia *f* Bolivia
boliviano -na *adj/m,f* Bolivian
bollería *f* (tienda) bakery; (bollos) pastries (*pl*)
bollo *m* (Coc) (bread) roll, bun; ***ser un ~*** (RPl fam) to be a piece of cake (colloq)
bolo¹ -la *adj* (AmC fam) 1 (borracho) sloshed (colloq) 2 (roto): **el motor está ~** the engine's had it (colloq)
bolo² -la *m,f* (AmC fam) old soak (colloq)
bolo³ *m*
A 1 (palo) skittle, tenpin 2 **bolos** *mpl* (juego) bowling, tenpin bowling (BrE); **jugar a los ~s** to play skittles, to go bowling
B (Méx) 1 (monedas) coins (*thrown by godfather to children at christening*) 2 (recuerdo) *token given to people at christening*
bolsa *f*
A 1 (para llevar, guardar algo) bag; **~ de plástico/papel** plastic/paper bag; **~ de la compra** shopping bag; **~ de (la) basura** garbage bag (AmE), trash bag (AmE), rubbish bag (BrE), bin liner (BrE); **una ~ del supermercado** a grocery bag (AmE) *o* (BrE) carrier bag; **~ de deportes** sports bag; ***hacerse ~*** (CS) «*zapatos*» to get ruined; «*coche*» to get badly damaged 2 (envase) bag; **una ~ de patatas fritas** (Esp) a bag of chips (AmE), a packet *o* bag of crisps (BrE); ***a la ~*** (Chi) at someone else's expense 3 (Méx) (bolso) handbag, purse (AmE) 4 (dinero): **¡la ~ o la vida!** your money or your life!

(Compuestos)
- **bolsa de agua caliente** hot-water bottle
- **bolsa de dormir** (RPl) sleeping bag
- **bolsa del correo** (AmL) mailbag (AmE), postbag (BrE)

B 1 (de marsupial) pouch 2 (de los testículos) scrotum 3 (en la cara): **tiene ~s debajo de los ojos** she has bags under her eyes 4 (Méx) (bolsillo) pocket
C 1 (de aire, gas, agua) pocket 2 (zona, agrupación aislada) pocket; **~s de extranjeros ilegales** pockets *o* communities of illegal immigrants
D (Econ, Fin) *tb* **B~** stock exchange, stock market; **jugar a la ~** to play the market; **se cotizará en ~** it will be listed on the stock exchange; **sacar a ~** to float

(Compuestos)
- **bolsa de empleo** (Col) employment agency
- **bolsa de trabajo** *job vacancies*
- **bolsa de valores** stock exchange, stock market
- **bolsa negra** (Chi) black market

E (beca) grant; **~ de estudios/de viajes/para libros** study/travel/book grant

bolsear [A1] *vt* [1] (Méx fam) (robar): **me ~on en el camión** I had my pocket picked on the bus [2] (Chi fam) (gorronear) to scrounge (colloq); **~le algo a algn** to scrounge sth off *o* from sb

bolsillo *m* [1] (de pantalón, chaqueta) pocket; **el ~ interior de la chaqueta** the inside jacket pocket; **de ~** pocket (*before n*); **una calculadora/un diccionario de ~** a pocket calculator/dictionary; ***meterse a algn en el ~*** to get sb eating out of one's hand; **se metió a su jefe en el ~ en dos semanas** she had her boss eating out of her hand within two weeks; ***tener algo en el ~*** to have sth sewn up; ***tener a algn en el ~*** to have sb in one's pocket [2] (dinero, presupuesto) pocket; **de mi/su/tu ~** out of my/his/her/your own pocket; ***rascarse el ~*** (fam) to dip into one's pocket (colloq)

bolsiquear [A1] *vt* (Per fam): **lo ~on** he had his pocket picked

bolso *m* (de mujer) (Esp) handbag, purse (AmE)

(Compuestos)

- **bolso de mano** (de viaje) (overnight) bag; (de mujer) (Esp) handbag, purse (AmE)
- **bolso de viaje** (overnight) bag

bolsón *m*

A (de viaje) (RPl) (overnight) bag; (de deporte) (RPl) sports bag; (de colegial) (Chi) school bag, satchel

B (Andes) (Geol, Min) pocket

(Compuesto) **bolsón de aire** (Andes) air pocket

boludo¹ -da *adj* (Col, RPl, Ven arg *o* vulg) (imbécil): **es tan ~ que ni la sacó a bailar** he's such a jerk (colloq) *o* (vulg) prick he didn't even ask her to dance

boludo² -da *m,f* (Col, RPl, Ven vulg) asshole (vulg), dickhead (BrE vulg)

bomba *f*

A [1] (Arm, Mil) bomb; **lanzar/arrojar ~s** to drop bombs; **pusieron una ~ en el hotel** they planted a bomb in the hotel; ***caer como una ~***: **la noticia cayó como una ~** the news came as a bombshell; ***pasarlo ~*** (Esp fam) to have a great time *o* a ball (colloq); ***ser una ~*** (RPl fam) to be gorgeous (colloq) [2] (notición) big news [3] (en fútbol americano) bomb

(Compuestos)

- **bomba atómica/de cobalto/de neutrones** atom *o* atomic/cobalt/neutron bomb
- **bomba de tiempo** time bomb; **este asunto es una ~ de ~** this issue is a time bomb
- **bomba fétida** stink bomb
- **bomba H** *or* **de hidrógeno** hydrogen bomb, H-bomb
- **bomba incendiaria** incendiary bomb
- **bomba lacrimógena** tear gas canister
- **bomba lapa** car bomb

B (Tec) pump; (para insecticidas, pesticidas) spray

(Compuestos)

- **bomba de aire** pump
- **bomba de combustible/agua** fuel/water pump

C (de chicle) bubble; **hacer ~s** to blow bubbles

D (Andes, Ven) (gasolinera) gas station (AmE), petrol station (BrE)

E (Chi) (vehículo) fire engine, fire truck (AmE); (estación) fire station; (cuerpo) fire department (AmE), fire brigade (BrE)

F (Col) (en baloncesto) area

G (Per fam) (borrachera): **se pegó una ~** he got plastered (colloq)

bombacha *f* [1] (CS) (de gaucho) baggy trousers (*pl*) [2] (RPl) (de mujer) panties (*pl*), knickers (*pl*) (BrE)

bombachos *mpl* baggy trousers (*pl*) (*which come in at the ankle*)

bombardear [A1] *vt* [1] ‹*territorio/ciudad*› (desde avión) to bomb; (con artillería) to bombard, shell; **me ~on a preguntas** they bombarded me with questions [2] ‹*átomo*› to bombard; ‹*nubes*› to seed

bombardeo *m*

A [1] (desde aviones) bombing; (con artillería) bombardment, shelling; **sufrimos un intenso ~ publicitario** we were bombarded with *o* subjected to a barrage of advertising [2] (Fís) bombardment

B (Meteo) seeding

bombardero *m* bomber

bombazo *m*

A (Méx) (explosión) bomb explosion

B (fam) (noticia) bombshell

bombear [A1] *vt* to pump

bombero *mf*, **bombero -ra** *m,f*

A (de incendios) (*m*) firefighter, fireman; (*f*) firefighter; **llamar a los ~s** to call the fire department (AmE) *o* (BrE) brigade; **cuerpo de ~s** fire department (AmE) *o* (BrE) brigade

(Compuesto) **bombero torero** comic bullfighter

B (Ven) (de surtidor de gasolina) filling station attendant

bombilla *f*

A (Esp) (Elec) light bulb

B (para el mate) *tube through which mate tea is drunk*

bombillo *m* (AmC, Col, Ven) light bulb; ***se me/le encendió el ~*** (Ven fam) I/he had a great idea *o* a flash of inspiration

bombín *m*

A (Indum) derby (AmE), bowler hat (BrE)

B (para inflar) pump; **~ de pie** *or* **a pedal** foot *o* pedal pump

bombita *f* (RPl) (Elec) light bulb

bombo *m*

A (Mús) (instrumento) bass drum; (músico) bass drummer; **tengo la cabeza como un ~** my head's about to explode; ***con ~s y platillos*** *or* (Esp) ***a ~ y platillo*** with a great fanfare; ***darle ~ a algo***: **se le ha dado mucho ~ a la película** the movie's been given a lot of hype (colloq)

B (de sorteo) drum

bombón *m* [1] (confite) chocolate [2] (fam) (persona) stunner (colloq) [3] (Méx) (malvavisco) marshmallow

bombona *f* gas cylinder *o* canister

bombonera *f* candy box (AmE), sweet box (BrE)

bombonería *f* candy store (AmE), sweet shop (BrE)

bonachón¹ -chona *adj* (fam) (amable) good-natured, kind

bonachón² -chona *m,f* (fam) (persona amable) good-natured *o* kind person

bonaerense *adj*: *of/from the province of Buenos Aires*

bonanza *f* [1] (en el mar) fair weather [2] (prosperidad) prosperity

bonche *m*

A (AmC, Col fam) (riña) fight; (contienda) contest

B (Ven) (fiesta) party, rave-up (BrE sl); **ir de ~** to party (esp AmE fam)

bonchear [A1] *vi* (AmC, Col fam) to have a fight

bonchón -ona *m,f* (Ven fam) party animal (AmE), raver (BrE)

bondad *f* [1] (Fil) goodness; (afabilidad, generosidad) goodness, kindness; **¿tendría la ~ de cerrar la puerta?** (frml) would you mind closing the door?; **tengan la ~ de no fumar** (frml) kindly *o* please refrain from smoking (frml) [2] (del clima) mildness

bondadoso -sa *adj* kind, kindhearted, kindly

bonete *m* (Hist) hat, cap; (de graduado) mortarboard; (de eclesiástico) biretta

bongó, bongo *m* bongo

bonhomía *f* (frml) kindheartedness, good nature

boniato *m* sweet potato

bonificación *f* [1] (aumento, beneficio) bonus [2] (descuento) discount; **los pagos al contado llevan una ~ del 10%** there is a 10% discount for cash payments

bonificar [A2] *vt* (dar un descuento de) ‹*cantidad/porcentaje*› to give a discount of; **en las compras al por mayor, bonificamos el 6%** we give a 6% discount on wholesale purchases

bonito¹ -ta *adj*

A (hermoso) ‹*vestido/flor*› pretty, nice; ‹*mujer/niño*› pretty; ‹*canción/apartamento*› nice, lovely; **le quedaba muy ~** it really suited her; **¡la has hecho llorar! ¿te parece ~?** you've made her cry, I suppose you think that's clever!

B (*delante del n*) ‹*suma/cantidad*› nice, tidy (*before n*)

bonito² *adv* (CS) ‹*bailar/cantar*› nicely, well; **borda muy ~** she does lovely embroidery

bonito³ *m* tuna, bonito

bono *m*

A (vale) voucher; (Econ, Fin) bond

(Compuestos)

- **bono del Estado/Tesoro** Government/Treasury bond

b

• **bono de tesorería** debenture bond
B **bonos** *mpl* (Chi) (de político) prestige; (de actor) popularity
bonoloto *m* (en Esp) state-run lottery

> **bonoloto**
> A Spanish state lottery established in 1988. The others are the **Lotería Nacional** and the **Lotería Primitiva**. As with the *Lotería Primitiva* six numbers are marked on a ticket showing forty-nine numbers and win the main prize if all the numbers come up in the draw

bonsai *m* bonsai
boñiga *f* (cow) dung
boñigo *m* cowpat
boom /bum/ *m* boom; **el ~ de las computadoras** the computer boom
boomerang /bume'ran/ *m* (*pl* **-rangs**) boomerang; **la oferta se ha vuelto como un ~ contra ellos** the offer has boomeranged on them
boqueada *f* gasp; **dar la última ~** to breathe one's last
boquear [A1] *vi* (abrir la boca) to open one's mouth; (estar moribundo) to be at death's door
boquera *f* cold sore
boquerón *m* anchovy
boquete *m* hole; **abrieron** *or* **hicieron un ~ en la pared** they made a hole in the wall; **abrieron un ~ en el muro** (Mil) they made an opening in the wall
boquiabierto -ta *adj*: **su desfachatez me dejó ~** I was astonished at *o* by his nerve; **se quedó ~ al ver el paisaje** he gazed open-mouthed at the view
boquilla *f* (de instrumento musical) mouthpiece; (de pipa) stem; (para cigarrillos) cigarette holder; (para tomar mate) ▸ **bombilla B**; ***de ~***: **nos apoya, pero sólo de ~** he supports us but in name only
bórax *m* borax
borbollón *m* **1** ▸ **borbotón** **2** (AmS fam) (tumulto) commotion, confusion
Borbón *mf* Bourbon
borbónico -ca *adj* Bourbon (*before n*)
borbotar [A1], **borbotear** [A1] *vi* to bubble
borboteo *m* bubbling
borbotón: **a borbotones** ‹*hervir*› fiercely; ‹*salir*› «*sangre/agua*» to gush out; **hablaba a borbotones** the words came tumbling out
borda *f* gunwale, rail; ***echar*** *or* ***tirar algo por la ~*** to throw sth overboard; **no puedes tirar por la ~ tantos esfuerzos** you can't just waste all the effort you've put into it; ***irse por la ~*** «*planes/sueños*» to go out of the window
bordado¹ -da *adj* ‹*mantel/sábana*› embroidered; **~ a máquina** machine-embroidered; ***salir ~*** (Esp fam): **la traducción le salió bordada** he did an excellent translation
bordado² *m* embroidery
bordar [A1] *vt* **1** ‹*sábana/blusa*› to embroider; **lo bordó a mano** she embroidered it by hand **2** ‹*papel*› to play … brilliantly
borde *m* (de mesa, cama) edge; (de moneda, pieza, plato) edge, rim; (de taza, vaso) rim; (de andén, piscina) edge; **había un sauce al ~ del río** there was a willow tree on the river bank; **llenó el vaso hasta el ~** she filled the glass to the brim; **al ~ de algo** ‹*de la guerra/locura*› on the brink of sth; ‹*del caos/ruina*› on the verge of sth; **al ~ de la muerte** on the point of death; **al ~ de las lágrimas** on the verge of tears
bordear [A1] *vt* **1** (seguir el borde de) ‹*costa/isla*› to skirt, go around; **la carretera que bordea el lago** the road that goes along the edge of the lake; **navegar bordeando la costa** to hug the coast **2** (rodear, lindar con): **las barriadas pobres que bordean la ciudad** the poor districts on the outskirts of the city; **un camino bordeado de álamos** a road lined with poplars **3** ‹*peligro/fracaso*› to come close to **4** (acercarse a): **bordea los cincuenta** he's approaching *o* around fifty
bordillo *m* curb (AmE), kerb (BrE)
bordo *m*: **a ~** on board; **estar a ~** to be on board; **subir a ~** to go aboard *o* on board; **¡todos a ~!** all aboard!
boreal *adj* northern, boreal

Borgoña¹ *f* (Geog) Burgundy
Borgoña², **borgoña** *m* (Vin) Burgundy, burgundy
borla *f* (de gorro) pompom; (de cortina, birrete) tassel; (de polvera) powder puff
borlote *m* (Méx fam) row (colloq), ruckus (AmE colloq); **armar un ~** to kick up a row *o* create a ruckus
boro *m* boron
borra *f*
A (para relleno) flock; (de polvo) fluff; (Bot) down
B (sedimento — del café) dregs; (— del vino) lees (*pl*), sediment
borrachera *f*: **pegarse** *or* (Esp) **cogerse** *or* (esp AmL) **agarrarse una ~** to get drunk; **aquélla fue su última ~** that was the last time he got drunk
borrachín -china *m,f* (fam) (aficionado a la bebida): **es un ~** he likes his drink
borracho¹ -cha *adj* **1** [ESTAR] drunk; **~ de gloria/poder** drunk with glory/power **2** [SER]: **es muy ~** he is a drunkard *o* a heavy drinker
borracho² -cha *m,f* drunk; (habitual) drunkard, drunk
borrado *m* erasure
borrador *m*
A **1** (de redacción, carta) rough draft; (de contrato, proyecto) draft; (de dibujo) sketch; **lo hice en ~** I did a rough draft **2** (cuaderno) scratch pad (AmE), rough book (BrE)
B (para la pizarra) eraser (AmE), board rubber (BrE); (goma de borrar) (Col, Méx, Ven) eraser
borraja *f* borage
borrar [A1] *vt* **1** ‹*palabra/dibujo*› (con goma) to rub out, erase; (con líquido corrector) to white out, tippex out (BrE); (con esponja) to rub … off; ‹*pizarra*› to clean; ‹*huellas digitales*› to wipe off **2** ‹*cassette/disquete*› to erase, wipe; ‹*canción*› to erase; ‹*información/ficha*› to delete, erase **3** ‹*recuerdos/imagen*› to blot out **4** ‹*persona*› (de lista, club): **la ~on de la lista** they took her (name) off the list; **lo borramos del club porque nunca iba** we cancelled his club membership because he never went
■ **borrarse** *v pron*
A **1** «*inscripción/letrero*» to fade; **se borró con la lluvia** the rain washed it away *o* off **2** «*temores/dudas*» to disappear; «*imagen/recuerdo*» to fade; **se le borró la sonrisa** her smile vanished **3** «*persona*» (de club) to cancel one's membership, resign; (de clase) to drop out; (de lista) to cross one's name off a list
B (Méx, RPl arg) (irse) to split (colloq); **yo me borro** I'm taking off (AmE), I'm off (BrE colloq)
borrasca *f* **1** (área de bajas presiones) area of low pressure; **una fuerte ~** an area of very low pressure **2** (tormenta) squall
borrascoso -sa *adj* ‹*viento*› squally; ‹*tiempo*› stormy, squally
borrego -ga *m,f*
A (cordero) lamb; (oveja) sheep
B **borrego** *m* (Méx) (noticia falsa) false rumor*; **soltaron** *or* **lanzaron el ~ de que …** it was rumored that …
borreguil *adj* (pey) sheeplike (pej)
borrico -ca *m,f* **1** (animal) donkey **2** (fam) (persona tonta) dummy (colloq)
borrón *m* (mancha) inkblot; (mancha borroneada) smudge; ***~ y cuenta nueva*** let's make a fresh start
borronear [A1] *vt* to smudge
borroso -sa *adj* **1** ‹*foto/imagen*› blurred; ‹*inscripción*› worn; ‹*contorno*› indistinct, blurred **2** ‹*idea/recuerdo*› vague, hazy
boscaje *m* thicket
boscoso -sa *adj* wooded
bosque *m* wood; (más grande) forest, woods (*pl*); (terreno) woodland
(Compuesto) **bosque ecuatorial** *or* **pluvial** (equatorial) rainforest
bosquecillo *m* copse, coppice; (plantado) grove
bosquejar [A1] *vt* (Art) to sketch, make a sketch of; ‹*idea/proyecto*› to outline, sketch out
bosquejo *m* (Art) sketch; (de novela) outline; **presentó** *or* **hizo un ~ de sus planes** he outlined his plans, he gave a brief outline of his plans
bostezar [A4] *vi* to yawn
bostezo *m* yawn

bota *f*
A (calzado) boot; **~s de caña alta/de media caña** knee-high/calf-length boots; ***colgar las ~s*** to hang up one's boots; ***morir con las ~s puestas*** to die with one's boots on; ***ponerse las ~s*** (Esp fam): **como pagaba la compañía se pusieron las ~s** the company was paying so they really made pigs of themselves
(Compuestos)
- **botas camperas** *or* **tejanas** cowboy boots
- **botas de agua** *fpl* rubber boots (*pl*), wellingtons (*pl*) (BrE)
- **botas de esquiar** *or* **de esquí** *fpl* ski boots (*pl*)
- **botas de montar** *fpl* riding boots (*pl*)

B (para vino) *small wineskin*

botadero *m* (Andes) *tb* **~ de basura** garbage dump (AmE), rubbish dump *o* tip (BrE)

botado -da *adj*
A [ESTAR] (Andes, Ven fam) (barato) dirt cheap (colloq)
B (Andes, Ven fam) (fácil) dead easy (colloq); **el examen estaba ~** the exam was a cinch *o* a piece of cake

botadura *f* launching

botafumeiro *m* censer

botagorra *adj* (AmC fam) short-tempered, quick-tempered

botamanga *f* (CS) **1** (del pantalón) cuff (AmE), turn-up (BrE) **2** (de la manga) cuff

botana *f* (Méx) snack, appetizer; **de ~ te sirven caracoles** they give you snails as an appetizer *o* with your drink; ***agarrar a algn de ~*** (Méx fam) to make fun of sb

> **botana**
> In Central America and Mexico, a small portion of food, olives, peanuts etc, usually served with a drink at parties, bars, or social occasions

botánica *f* botany

botánico -ca *adj* botanical

botar [A1] *vt*
A ‹*barco*› to launch
B ‹*pelota*› to bounce
C **1** (AmL exc RPl fam) (echar — de lugar) to throw … out (colloq); (— de trabajo) to fire (colloq), to sack (BrE colloq); **la ~on del trabajo** she was fired *o* sacked, she got the sack (BrE colloq) **2** (AmL exc RPl) (desechar) to throw … out; **no lo botes al suelo** don't throw it on the ground; **bótalo a la basura** chuck *o* throw it out (colloq); **Ⓢ se prohíbe botar basura** no dumping *o* (BrE) tipping; **~ el dinero** to throw your money away **3** (Per fam) (vomitar) to bring up; **~ *el gato*** (Per arg) to throw up (colloq)
D (AmL exc RPl fam) (abandonar) ‹*novio/novia*› to chuck (colloq), to ditch (colloq); ‹*marido/esposa*› to leave; ***dejar botado a algn*** (fam) (en carrera) to leave sb miles behind; **el tren nos dejó botados** we missed the train
E (AmL exc RPl fam) (derribar) ‹*puerta/árbol*› to knock down; ‹*botella/taza*› to knock over; **no empujes que me botas** stop pushing, you're going to knock me over
F **1** (AmL exc RPl) (perder) ‹*aceite/gasolina*› to leak **2** (Col, Ven fam) (extraviar) ‹*llaves/lápiz*› to lose

■ **botar** *vi* (Esp) **1** «*pelota*» to bounce **2** «*persona*» to jump; **botaba de alegría** she was jumping for joy

■ **botarse** *v pron*
A (AmL exc CS fam) **1** (apresurarse) to rush; **no te botes, piénsatelo un poco** don't be too hasty *o* don't rush into anything, think it over **2** (arrojarse) to jump; **se botó de cabeza a la piscina** she dived into the pool; ***~se a algo*** (Chi fam): **se bota a duro** he likes to think of himself as a tough guy (colloq)
B (Col, Ven fam) «*leche*» to boil over

botaratas *mf* (*pl* **~**) (Col, Ven fam) spendthrift

botarate *mf* **1** (fam) (irresponsable) irresponsible fool **2** (AmL exc RPl) (derrochador) spendthrift

bote *m*
A (Náut) boat
(Compuestos)
- **bote de** *or* **a remos** rowboat (AmE), rowing boat (BrE)
- **bote salvavidas** lifeboat

B **1** (envase — de lata) (Esp) can, tin (BrE); (— de vidrio) jar; **un ~ de mermelada** a jar of jelly (AmE) *o* (BrE) jam; ***chupar del ~*** (Esp fam) to feather one's nest, line one's pocket; ***de ~ en ~*** packed **2** (recipiente — de lata) tin; (— de vidrio, plástico) storage jar; **el ~ de la basura** (Méx) the trash can (AmE), the rubbish bin (BrE) **3** (para gastos comunes, en juegos) kitty; (en bar, restaurante) box (*for tips*)
C (Méx arg) jail, slammer (sl)
D **1** (salto) jump; **dio** *or* **pegó un ~ de alegría** he jumped for joy; **se levantó de un ~** she leapt to her feet; ***a ~ pronto*** (Esp) off the top of one's head (colloq) **2** (de pelota) bounce; **dio dos ~s** it bounced twice **3** (Col) (vuelta, giro): **dar el ~** «*canoa*» to capsize; «*persona*» to (do a) somersault

botella *f* **1** (para vino, agua) bottle; **una ~ de litro** a liter* bottle; **una ~ de vino** (recipiente) a wine bottle; (con contenido) a bottle of wine; ***darle a la ~*** (fam) to hit the bottle **2** (de oxígeno, aire comprimido) cylinder

botellazo *m* blow with a bottle; **me pegó un ~** he hit me with a bottle

botellero *m*
A (para guardar botellas) bottle rack
B (CS) (trapero) ragman (AmE), rag-and-bone man (BrE)

botellín *m* small bottle of beer (*usually one-fifth of a liter*)

botica *f* (en algunas regiones ant) (farmacia) pharmacy

boticario -ria *m,f* (en algunas regiones ant) pharmacist, druggist (AmE), apothecary (arch)

botijo *m*: *drinking jug with spout*

botillería *f* (Chi) liquor store (AmE), off licence (BrE)

botín *m*
A (bota corta) ankle boot; (de bebé) bootee; (de futbolista) (CS) boot
B (de guerra) plunder, booty; (de ladrones) haul, loot

botiquín *m* **1** (armario — para medicinas) medicine chest *o* cabinet; (para colonias, jabón, etc) bathroom cabinet **2** (maletín) *tb* **~ de primeros auxilios** first-aid kit

botón *m*
A (Indum) button; **coser un ~** to sew on a button; ***como ~ de muestra*** (just) to give you an idea
(Compuesto) **botón de presión** (AmL) snap fastener (AmE), press stud (BrE)
B (de mecanismo) button; **dale al** *or* **aprieta el ~** press the button; **el ~ del volumen** the volume control
C (AmL) (insignia) badge, button (AmE)
D (de flor) bud

botones *mf* (*pl* **~**) (de hotel) bellboy; (de oficina) (*m*) office boy; (*f*) office girl

botulismo *m* botulism

bouquet /bu'ke/ *m* (*pl* **-quets**) **1** (del vino) bouquet **2** (ramillete) bouquet

boutique /bu'tik/ *f* boutique

bóveda *f*
A (Arquit) vault
(Compuestos)
- **bóveda celeste** (frml & liter): **la ~ ~** the vault *o* canopy of heaven (liter), the firmament
- **bóveda de arista/de cañón/de crucería** groin/barrel/ribbed vault
- **bóveda de seguridad** (AmL) bank vault

B (RPl) (sepulcro) tomb

bóvido *m* bovid; **los ~s** the bovidae

bovino -na *adj* bovine

bowling /'boulin/ *m* **1** (deporte) tenpins (AmE), tenpin bowling (BrE) **2** (lugar) bowling alley

box /boks/ *m* (*pl* **boxes**)
A **1** (en carreras de coches) pit; **entrar en ~es** to go/come into the pits **2** (Equ) stall; **los ~es de salida** the starting gate (AmE) *o* gates (BrE)
B (CS, Méx) (boxeo) boxing

boxeador -dora *m,f* boxer

boxear [A1] *vi* to box

boxeo *m* boxing

boya *f* (Náut) buoy; (en pesca) float

boyante *adj* **1** ‹*situación/economía*› buoyant **2** (Náut) high in the water

bozal *m* (de perro) muzzle; (de caballo) halter

bozo *m* down (*on upper lip*)

bracear [A1] *vi* **1** (agitar los brazos) to wave one's arms about **2** (al nadar): **intenta ~ más largo** try to make your strokes longer

b

bracero -ra *m,f* temporary farm worker

bragas *fpl* (Esp) (de mujer) panties (*pl*), knickers (*pl*) (BrE)

braguero *m* truss

bragueta *f* fly, flies (*pl*)

brahmán *m* Brahman, Brahmin

braille¹ /'brajle/ *adj* braille (*before n*)

braille² /'brajle/ *m* braille

bramante *m* twine, string

bramar [A1] *vi* 1 «*toro*» to bellow, roar; «*ciervo*» to bell, bellow; «*elefante*» to trumpet 2 (liter) «*viento*» to howl, roar; «*mar*» to roar

bramido *m* 1 (del toro) bellowing, roaring; (del ciervo) bellowing, bell; (del elefante) trumpeting; **dio un ~** it bellowed/trumpeted 2 (liter) (del viento, mar) roaring

branquia *f* gill

braquicéfalo -la *adj* brachycephalic

brasa *f* ember; **carne/pescado a la(s) ~(s)** charcoal-grilled meat/fish

brasero *m* (de carbón — para interiores) small brazier; (— para la intemperie) brazier; (eléctrico) electric heater

brasier *m* (Col, Méx, Ven) bra

Brasil *m*: *tb* **el ~** Brazil

brasileño -ña, (AmL) **brasilero -ra** *adj/m,f* Brazilian

bravata *f* (amenaza) threat; (fanfarronada) boast; **es otra más de sus ~s** it's just more of his big talk

bravío -vía *adj* ‹*toro*› fierce, wild; ‹*potro*› wild, unmanageable

bravo¹ -va *adj*

A 1 [SER] ‹*toro*› fierce; ‹*perro*› fierce; **toros ~s** fighting bulls; **sus toros son muy ~s** his bulls put up a good fight 2 [ESTAR] ‹*mar*› rough 3 [ESTAR] (AmL fam) (enojado) angry

B (liter) ‹*guerrero*› brave, valiant

C (RPl fam) ‹*situación*› tricky; ‹*examen*› tough, hard; **hoy los chicos están bravísimos** the children are being really difficult today

bravo² *interj* (expresando aprobación) well done!, good job! (AmE); (tras actuación) bravo!

bravucón¹ -cona *adj* (fam) bragging (*before n*); **son todos muy bravucones** they're all full of bluster

bravucón² -cona *m,f* (fam & pey) braggart

bravuconada *f* piece of bravado; **no son más que ~s** it's all just bravado

bravura *f* 1 (de toro) fighting spirit; (de perro) fierceness 2 (de persona) bravery; **con ~** bravely 3 (del mar) roughness

braza *f* (Esp)

A (en natación) breaststroke; **nadar a ~** to swim (the) breaststroke

B (medida) fathom

brazada *f* 1 (al nadar) stroke; **en dos ~s llegó a la orilla** with two strokes she reached the shore 2 (cantidad) armful

brazal *m* 1 (Dep, Indum) armband 2 (Geog) (brazo de río) channel; (en época de lluvias) (Col) flood stream

brazalete *m* 1 (pulsera — de una pieza) bangle, bracelet; (— de eslabones) bracelet 2 (de tela) armband; **~ negro/de gala** black/ceremonial armband

brazo *m*

A 1 (Anat) arm; (parte superior) upper arm; **llevaba una cesta al** *or* **colgada del ~** she had a basket on one arm; **caminaban del ~** they walked arm in arm; **llevaba al niño en ~s** he was carrying the child in his arms; ***con los ~s abiertos*** with open arms; ***cruzado de ~s*** *or* ***con los ~s cruzados*** (literal) with one's arms crossed; (sin hacer nada): **no te quedes ahí cruzado de ~s** don't just stand/sit there (doing nothing); ***dar el ~ a torcer***: **no dio el** *or* **su ~ a torcer** he didn't let them/her twist his arm; ***luchar a ~ partido*** to fight tooth and nail; ***ser el ~ derecho de algn*** to be sb's right-hand man/woman 2 (de caballo) foreleg

B (de sillón) arm; (de tocadiscos) arm; (de grúa) jib; (de río) branch, channel

(Compuestos)

- **brazo armado** military arm
- **brazo de gitano** jelly roll (AmE), swiss roll (BrE)
- **brazo de mar** inlet, sound

C **brazos** *mpl* (trabajadores) hands (*pl*)

brea *f* pitch, tar

brebaje *m* potion; **un ~ mágico** a magic potion

brecha *f* (en muro) breach, opening; (en la frente, cabeza) gash; **se hizo una ~ en la cabeza** he split his head open; **se ha abierto una profunda ~ entre el gobierno y el ejército** there is now a serious rift between the army and the government; ***abrir ~*** to break through, blaze a trail; ***estar en la ~*** to be in the thick of things; ***seguir en la ~*** to stand one's ground

(Compuesto) **brecha generacional** generation gap

brécol *m* broccoli

brega *f* 1 (lucha) struggle; ***andar a la ~*** to be hard at work 2 (trabajo) work

bregar [A3] *vi* (luchar) to struggle; (trabajar) to work hard

breke, breque *m* (AmC) brake

brete *m* 1 (fam) (situación difícil) jam (colloq), tight spot (colloq); **nos puso en un ~** he put us on the spot 2 (RPl) (para el ganado) chute

bretel *m* (CS) strap

bretón¹ -tona *adj/m,f* Breton

bretón² *m* (idioma) Breton

breva *f* (Bot) early fig, black fig

breve *adj*

A 1 (frml) (corto) ‹*discurso/vacaciones*› brief, short; ‹*distancia*› short; **tras un ~ almuerzo continuó la reunión** after a short break for lunch, the meeting continued; **dentro de ~s momentos** in a few moments; **sea usted ~, por favor** please be brief; **en ~** shortly, soon 2 ‹*sonido/vocal*› short

B (liter) ‹*cintura*› dainty, slender

brevedad *f* 1 (de discurso, texto) brevity 2 (frml) (prontitud): **con la mayor ~** *or* **a la ~ posible** as soon as possible *o* (frml) at your earliest convenience

brevemente *adv* briefly, concisely

brevete *m* (Per) driver's license (AmE), driving licence (BrE)

breviario *m* breviary

brezal *m* moor, heathland

brezo *m* heather, heath (AmE)

bribón -bona *m,f* (fam) rascal (colloq), scamp (colloq)

bricolaje, bricolage *m* do-it-yourself, DIY

brida *f* bridle

briega *f* (Col) hard work, struggle

brigada¹ *m* warrant officer

brigada² *f* (Mil) brigade; (de policía) squad

(Compuestos)

- **brigada de estupefacientes/de explosivos** drug/bomb squad
- **Brigada de Investigación Criminal** ≈ Federal Bureau of Investigation *o* FBI (*in US*), ≈ Criminal Investigation Department *o* CID (*in UK*)
- **brigada de salvamento** rescue team

brigadier *m* 1 (ant) (en el ejército) brigadier general (AmE), brigadier (BrE); (en la marina) rear admiral 2 (Arg) (en la fuerza aérea) brigadier general (AmE), air commodore (BrE)

brillante¹ *adj* 1 ‹*luz/estrella/color*› bright; ‹*zapatos/metal/pelo*› shiny; ‹*pintura*› gloss (*before n*); ‹*papel*› shiny, glossy; **el fregadero está ~ de limpio** the sink is sparkling clean; **una tela ~** material with a sheen 2 ‹*escritor/porvenir*› brilliant; **su abogado tuvo una actuación ~** his lawyer performed brilliantly

brillante² *m* 1 (diamante) diamond; **un anillo de ~s** a diamond ring 2 **brillantes** *mpl* (Arg) (polvo brillante) glitter

brillantez *f* brilliance

brillantina *f* (para el pelo) brilliantine; (polvo brillante) (Ven, Ur) glitter

brillar [A1] *vi* 1 «*sol/luz*» to shine; «*estrella*» to shine, sparkle; «*zapatos/suelo/metal*» to shine, gleam; «*diamante*» to sparkle; **le ~on los ojos de alegría** her eyes lit up with joy 2 (destacarse) «*persona*» to shine; **brilla por su astucia/inteligencia** she's particularly shrewd/intelligent

■ **brillar** *vt* (Col) to polish

brillo *m* 1 (de estrella) brightness, brilliance; (de zapatos, suelo, metal) shine; (de diamante) sparkle; (del pelo) shine; (de seda, satén) sheen; **darle ~ al suelo** to polish the floor; **¿quiere las fotos con ~?** do you want a gloss finish on the photos?; **dale un poco de ~** (TV) turn the brightness up a bit; **el ~ de sus ojos** the sparkle in his eyes 2 (esplendor, lucimiento) splendor*; **un discurso/una interpretación sin ~** a dull *o* an unexceptional speech/performance 3 (para labios) lip gloss; (para uñas) clear nail polish

brilloso -sa *adj* (AmL) shiny

brincar [A2] *vi* «*niño*» to jump up and down; «*cordero*» to gambol, skip around; «*liebre*» to hop

■ **brincar** *vt* (Méx) ‹*valla/obstáculo*› to jump

brinco *m* jump, leap, bound; **pegó** *or* **dio un ~ del susto** (fam) he jumped with fright

brindar [A1] *vi* to drink a toast; **~ POR algn/algo** to drink a toast TO sb/sth, to toast sb/sth

■ **brindar** *vt*

A (frml) (proporcionar) (+ *me/te/le etc*) to give, to afford (frml); **me brindó su apoyo** she gave *o* (frml) lent me her support; **me brindó una oportunidad única** it gave *o* afforded me a unique opportunity; **la confianza que me brindan** the trust they are placing in me

B ‹*toro*› to dedicate

■ **brindarse** *v pron* (frml) to volunteer; **~se A + INF** to offer to + INF, volunteer to + INF; **se brindó a acompañarme** he offered *o* volunteered to accompany me

brindis *m* (*pl* ~) toast; **hacer un ~ por algn** to drink a toast to sb

brinzar [A1] *v impers* (Ven) to drizzle

brío *m* 1 (ánimo, energía) spirit; **tocaron el primer movimiento con gran ~** they played the first movement with great gusto *o* verve; **luchó con ~** he fought with great spirit *o* determination 2 (de caballo) spirit

briosamente *adv* with spirit

brioso -sa *adj*

A (enérgico) ‹*persona*› energetic; ‹*caballo*› spirited

B ‹*andar/movimiento*› jaunty

brisa *f* breeze; **una ~ suave** a gentle breeze; **~ marina** sea breeze

británico¹ -ca *adj* British

británico² -ca *m,f* British person, Briton; **los ~s** the British, British people

brizna *f* (hebra) strand; (de hierba) blade; (llovizna) (Ven) drizzle

briznar [A1] *v impers* (Ven) to drizzle

broca *f* (drill) bit

brocado *m* brocade

brocal *m* curb, parapet

brocha *f* (de pintor) paintbrush, brush; (de afeitar) shaving brush; (en cosmética) blusher brush

broche *m* 1 (joya) brooch 2 (de collar, monedero) clasp; (para tender la ropa) (Arg) clothespin (AmE), clothes peg (BrE); (para el pelo) (Méx, Ur) barrette (AmE), hair slide (BrE) 3 (Arg) (grapa) staple

Compuestos

- **broche de oro** *or* **final** perfect end
- **broche de presión** (AmL) snap fastener (AmE), press stud (BrE)

brocheta *f* (aguja) brochette, skewer; (plato) kebab

brócoli *m* broccoli

broma *f* 1 (chiste) joke; **hacerle** *or* **gastarle una ~ a algn** to play a (practical) joke on sb; **déjate de ~s** stop kidding around (colloq); **no estoy para ~s** I'm not in the mood for jokes; **fuera de ~(s)** *or* **~s aparte** joking apart; **lo dije de** *or* **en ~** I was joking, I said it as a joke; **¿que yo se lo diga? ¿estás de ~?** me tell him? are you kidding? (colloq); ***ni en ~*** no way (colloq) 2 (fam & iró) (asunto) business (colloq); **la bromita nos costó un dineral** that little business *o* episode cost us a fortune

bromear [A1] *vi* to joke; **no es momento para ~** this is no time for jokes

bromista¹ *adj*: **es muy ~** he's always joking; **¡qué ~ eres!** you're such a joker

bromista² *mf* joker

bromuro *m* bromide

bronca *f* (fam)

A 1 (disputa, lío) row; **armar** *or* **montar una ~** to kick up a fuss (colloq), to create a ruckus (AmE colloq); **buscar ~** to look for trouble *o* a fight 2 (alboroto, bullicio) racket (colloq)

B (esp Esp) (regañina) scolding, telling off (colloq); **echarle la ~ a algn** to tell sb off

C (AmL fam) (rabia): **está con una ~** he's in a foul mood; **me da mucha ~** it really gets to *o* bugs me (colloq); **tenerle ~ a algn** to have it in for sb (colloq)

bronce *m* 1 (para estatuas, cañones) bronze; **una medalla de ~** a bronze medal 2 (para llamadores, placas) (AmL) brass

bronceado¹ -da *adj* tanned, suntanned

bronceado² *m* (de la piel) tan, suntan; (Metal) bronzing

bronceador¹ -dora *adj* suntan (*before n*)

bronceador² *m* suntan lotion

broncear [A1] *vt*

A «*piel*» to tan

B ‹*estatua/metal*› to bronze

■ **broncearse** *v pron* to get a tan *o* a suntan

bronco -ca *adj* 1 ‹*sonido*› harsh; ‹*voz*› gruff, rough, gravelly; ‹*tos*› rasping, harsh 2 ‹*terreno*› rugged, rough 3 ‹*caballo*› wild

bronconeumonía *f* bronchopneumonia

bronquio *m* bronchial tube

bronquítico -ca *adj* bronchitic

bronquitis *f* bronchitis

brotar [A1] *vi* 1 «*planta*» to sprout, come up; «*hoja*» to appear, sprout; «*flor*» to come out 2 «*manantial/río*» to rise; **le brotaba sangre de la herida** blood oozed from the wound; **las lágrimas que brotaban de sus ojos** the tears that began to flow from her eyes 3 «*duda/sentimiento*» to arise; «*rebelión/violencia*» to break out 4 «*sarampión/grano*» to appear

■ **brotarse** *v pron* (AmL) to come out in spots, break *o* come out in a rash (BrE)

brote *m* 1 (Bot) shoot; **echar ~s** to sprout, put out shoots 2 (de violencia, enfermedad) outbreak 3 (Col) (sarpullido) rash

broza *f* (maleza) undergrowth, scrub; (hojarasca) dead leaves

bruces: **de ~** (*loc adv*) face down; **se cayó de ~** he fell flat on his face

bruja *f*

A (mujer antipática) (fam) witch (colloq), old hag (colloq); *ver tb* **brujo²**

B (AmC, Col) (Zool) moth

brujería *f* witchcraft

brujo¹ -ja *adj* 1 ‹*ojos*› bewitching, beguiling; ‹*amor*› bewitching 2 (AmC, Méx fam) (sin dinero) broke (colloq)

brujo² -ja (*m*) warlock; (*f*) witch; *ver tb* **bruja**

brújula *f* compass

bruma *f* (marina) (sea) mist; (del alba) mist

brumoso -sa *adj* misty

bruñido -da *adj* burnished, polished

bruñir [I9] *vt* ‹*piedra*› to polish; ‹*metal*› to polish, burnish

brusco -ca *adj* 1 ‹*movimiento/cambio*› abrupt, sudden; ‹*subida/descenso*› sharp, sudden, abrupt; **el ~ giro de los acontecimientos** the sudden turn of events 2 ‹*carácter/modales*› rough; ‹*tono/gesto*› brusque, abrupt; ‹*respuesta*› curt, brusque; **no seas tan ~ que lo vas a romper** don't be so rough or you'll break it

Bruselas *f* Brussels

brusquedad *f* 1 (en el trato) roughness; **con ~** ‹*hablar/actuar*› abruptly 2 (de movimiento) abruptness, suddenness; **frenó con ~** he braked sharply

brutal *adj* ‹*crimen*› brutal; ‹*atentado*› savage

brutalidad *f* 1 (violencia) brutality, savageness 2 (acto, dicho): **¡qué ~, pegarle así a la pobre criatura!** what a brute, hitting the poor child like that!; **¡qué ~, preguntarle eso!** how insensitive can you get, asking him a question like that!

bruto¹ -ta *adj*

A ‹*persona*› 1 (ignorante) ignorant 2 (grosero) uncouth 3 (violento, brusco): **¡qué hombre más ~! ha vuelto a**

b

pegarle what a brute! *o* what an animal! he's hit her again
B ‹*peso/sueldo*› gross; **en ~** ‹*diamante*› uncut; ‹*mineral*› crude

bruto² -ta *m,f* **1** (ignorante) ignorant person; **¿cómo aprobaron a un ~ como él?** how could they pass someone as ignorant *o* as stupid as him? **2** (grosero): **es un ~** he's very rude **3** (persona violenta) brute, animal

Bs. As. = Buenos Aires

bubónico -ca *adj* bubonic

bucal *adj* ‹*lesión*› mouth (*before n*), buccal (tech); ‹*antiséptico/higiene*› oral (*before n*)

bucanero *m* buccaneer

buceador -dora *m,f* diver

bucear [A1] *vi* to swim underwater, to dive

buceo *m* underwater swimming, diving

buchaca *f* (Col) pocket

buche *m*
A **1** (de aves) crop **2** (de otros animales) maw **3** (fam) (de persona) belly (colloq); ***guardar*** *or* ***tener algo en el ~*** to keep sth under one's hat; ***sacarse algo del ~*** (Chi fam) to come out with sth
B (Med, Odont): **hacer ~s con algo** to rinse one's mouth out with sth
C (Méx fam) (boca) mouth; **cierre el ~** shut your mouth (colloq) *o* (sl) trap

bucle *m* **1** (en el pelo) ringlet; (en un cable, una cuerda) loop **2** (Inf) loop

bucólico -ca *adj* bucolic, pastoral

buda *m* **1** buddha **2** **Buda** (the) Buddha

budín *m* **1** (dulce) pudding; **~ de pan/manzana** bread/apple pudding **2** (salado) pie; **~ de pescado/carne** fish/meat pie
(Compuesto) **budín inglés** (RPl) fruitcake (AmE), fruit cake (BrE)

budismo *m* Buddhism

budista *adj/mf* Buddhist

buen *adj ver* **bueno**

buenamente *adv* **1** (sin demasiado esfuerzo): **trae lo que ~ puedas** bring whatever you can (manage); **ven si ~ puedes** come if you can (manage it) **2** (indicando buena voluntad): **yo hago lo que ~ puedo** I do what I can, I do the best I can; **cada uno da lo que ~ puede** everybody gives what they can *o* as much as they can

buenaventura *f* **1** (buena suerte) good fortune **2** (futuro): **me dijo/leyó la ~** she told my fortune

buenazo -za *m,f* (persona) kindhearted person; **el ~ de Pedro me llevó a casa** good old Pedro drove me home; **este perro es un ~** this dog's just a big softie (colloq)

buen mozo, -na moza *adj* ‹*hombre*› good-looking, handsome; ‹*mujer*› attractive, good-looking

buenmozura *f* (AmL) looks (*pl*), good looks (*pl*)

bueno¹ -na *adj* [**buen** *is used before masculine singular nouns*]
(Sentido I)
A **1** [SER] (de calidad) ‹*hotel/producto*› good; **tiene buena memoria** she has a good memory; **ropa buena** good-quality clothes; **hizo un buen trabajo** she did a good job; ***lo ~ si breve dos veces ~*** brevity is the soul of wit **2** (valioso) good; **¡qué buena idea!** what a good idea!; **~s consejos** good *o* useful advice **3** (válido, correcto) ‹*razón/excusa*› good; ***~ está lo ~ (pero no lo demasiado)*** (fam) you can have too much of a good thing
B **1** [SER] (competente) ‹*médico/alumno*› good; **ser ~ EN algo** to be good AT sth; **es muy buena en francés** she's very good at French; **ser ~ PARA algo**: **es muy buena para los negocios** she's got a very good head for business **2** ‹*padre/marido/amigo*› good **3** (eficaz, efectivo) ‹*remedio/método*› good; **es ~ para la gripe/los dolores de cabeza** it's good for the flu/headaches
C (favorable) ‹*oferta/suerte*› good; **buenas noticias** good news; **la novela tuvo muy buena(s) crítica(s)** the novel got very good reviews; **están en buena posición económica** they're comfortably off; ***en las buenas*** (CS) in the good times; ***estar de buenas*** (de buen humor) (fam) to be in a good mood; (afortunado) (Col fam) to be lucky; ***por las buenas*** willingly
D [SER] (conveniente) good; **no es buena hora para llamar** it's not a good time to phone; **sería ~ que hablaras con él** it would be a good idea if you spoke to him; **no es ~ comer tanto** it isn't good to eat so much
E (ingenioso, divertido) ‹*chiste/idea*› good, great (colloq); **lo ~ fue que ...** the funny thing was ...
F **1** (agradable) nice; **hace muy buen tiempo** the weather's lovely **2** (agradable al paladar — en general) **ser ~** to be good, be nice; (— de algo en particular) **estar ~** to be good, be nice; **el guacamole es buenísimo** guacamole is really good; **¡qué buena está la carne!** the meat is delicious **3** **¡qué ~!** (AmL) great!; **¡qué ~ que lo trajiste!** it's a good thing you brought it
G [ESTAR] (en buen estado): **esta leche no está buena** this milk is off *o* sour; **¿este pescado estará ~?** do you think this fish is all right?
H [ESTAR] (fam) (sexualmente atractivo): **está muy buena** she's gorgeous (colloq); **está buenísimo** he's really gorgeous *o* hunky (colloq)
I (saludable, sano) ‹*costumbre/alimentación*› good; **tiene muy buen semblante** she looks very well; ***~ y sano*** (Chi) (sin novedad) safe and sound; (sobrio) sober
A (en fórmulas, saludos) good; **¡~s días!** *or* (RPl) **¡buen día!** good morning; **¡buenas tardes!** (temprano) good afternoon; (más tarde) good evening; **¡buenas noches!** (al llegar) good evening; (al despedirse) good night; **dale las buenas noches a la abuela** say good night to Grandma; **¡buen viaje!** have a good trip!; **¡buen provecho!** enjoy your meal, bon appetit; ***de buenas a primeras*** (de repente) suddenly
(Sentido II) **1** [SER] (en sentido ético) good; **fueron muy ~s conmigo** they were very good to me **2** [SER] ‹*niño*› good; **sé ~** behave (yourself)
(Sentido III)
A (iró & fam): **¡estaría ~ que ahora dijera que no!** it'd be just great if he said no now! (iro & colloq); **¡en buena nos hemos metido!** this is a fine mess we've got(ten) ourselves into; ***de los ~s/de las buenas*** (fam): **nos echó un sermón de los ~s** she gave us a real dressing down (colloq)
B (*delante del n*) (uso enfático): **se llevó un buen susto** she got a terrible fright; **se metió en un buen lío** he got himself into a fine mess; **todavía nos falta un buen trecho** we still have a fair way to go; **una buena cantidad** a fair amount
C **un buen día** one day; **un buen día se va a cansar y ...** one day *o* one of these days she's going to get fed up and ...; **un buen día llegó y dijo ...** one (fine) day she came home and said ...
(Compuestos)
- **buena forma** *f* physical fitness; **está en muy ~ ~** she's very fit
- **buena mesa** *f*: **la ~ ~** good cooking
- **buena pieza** *f* (iró & fam): **¡~ ~ resultó ser Ernesto!** a fine one Ernesto turned out to be! (iro & colloq)

bueno² -na *m,f* **1** (hum *o* leng infantil) (en películas, cuentos) goody (colloq); **los ~s y los malos** the good guys and the bad guys (colloq) **2** (bonachón, buenazo): **el ~ de Juan/la buena de Pilar** good old Juan/Pilar

bueno³ *interj*
A **1** (expresando conformidad, asentimiento) OK (colloq), all right; **¿un café? — bueno** coffee? — OK *o* all right **2** (expresando duda, indecisión, escepticismo) well; **~ ... ¿qué quieres que te diga?** well ... what can I say? **3** (expresando resignación): **~, otra vez será** never mind, maybe next time
B **1** (expresando irritación): **~, se acabó ¡a la cama!** right, that's it, bed!; **pero, ~ ¿lo quiere o no?** well, do you want it or not?; **¡y ~! ¿qué querías que hiciera?** (RPl) well, what did you expect me to do? **2** (expresando sorpresa, desagrado) (well) really!; **¡~! esto era lo único que faltaba** (iró) oh, great! that's all we needed (iro)
C **1** (introduciendo o reanudando un tema) now then, right then; **~, ¿dónde estábamos?** now (then) *o* right (then), where were we? **2** (calificando lo expresado) well; **no es un lugar turístico, ~, no lo era** it isn't a tourist resort, well *o* at least, it didn't use to be
D (Méx) (al contestar el teléfono) **¡~!** hello

Buenos Aires *m* Buenos Aires

buey¹ *adj* (Méx fam) dumb (colloq)

buey² *m*
A (Agr, Zool) ox; ***hablar de ~es perdidos*** (RPl) to chat; ***entre***

~***es no hay cornadas*** (RPl) birds of a feather stick together
B (Méx fam) (idiota) idiot, imbecile (colloq)

búfalo¹ -la *adj* (AmC fam) great (colloq), fantastic (colloq)

búfalo² *m* buffalo

bufanda *f* scarf

bufar [A1] *vi* **1** «*toro/caballo*» to snort **2** (fam) «*persona*» to snort; **papá está que bufa** dad's hopping mad *o* fuming (colloq)

bufet /buˈfe/, **bufé** *m*
A **1** (Coc) buffet; ~ **frío** cold buffet **2** (restaurante) cafeteria
(Compuesto) **bufet libre** set price buffet
B (Andes) (aparador) sideboard

bufete *m* (Der) (despacho) lawyer's office; (negocio) legal practice, law firm

bufido *m* snort

bufo -fa *adj* ‹*espectáculo*› comedy (*before n*); ‹*actor*› comedy (*before n*), comic

bufón *m* (Hist) jester; (gracioso) (fam) clown (colloq)

bufonada *f* stupid joke; **se puso a hacer ~s** he started clowning around

buhardilla *f* **1** (desván) attic **2** (apartamento) attic apartment (AmE) *o* (BrE) room **3** (ventana) dormer window

búho *m* owl

buhonero *m* (ant) peddler*

buitre *m* (Zool) vulture; (persona avariciosa) vulture

bujía *f* **1** (Auto) spark plug **2** (AmC) (Elec) light bulb **3** (ant) (vela) candle

bula *f* (Relig) bull; ~ **papal** papal bull

bulbo *m* bulb

buldozer, bulldozer /bulˈðoser, bulˈðoθer/ *m* (*pl* **-zers**) bulldozer

bulevar *m* boulevard

Bulgaria *f* Bulgaria

búlgaro¹ -ra *adj/m,f* Bulgarian

búlgaro² *m* (idioma) Bulgarian

bulín *m*
A (RPl fam) **1** (de soltero) bachelor pad **2** (vivienda): **se compraron un bulincito** they bought a little place of their own (colloq) **3** (habitación) sanctum (colloq), den (colloq)
B (Per) (burdel) brothel

bulla *f* (ruido) racket (colloq), ruckus (AmE colloq); (actividad) bustle; **armar** *or* **hacer** *or* **meter** ~ to make a racket, to create a ruckus; ***quitado de*** ~ (Chi fam) mild-mannered

bullado -da *adj* (Chi) much talked-about

bullanguero -ra *adj* (fam) ‹*persona*› fun-loving; ‹*música/ambiente*› lively

bullaranga *f* (Col) racket

bullicio *m* **1** (ruido) racket, noise **2** (jaleo, actividad): **el ~ de la gran ciudad** the hustle and bustle of the city

bullicioso -sa *adj* ‹*calle/barrio*› busy, noisy; ‹*niño*› boisterous

bullir [I9] *vi*: **me bulle la sangre cuando oigo esas cosas** it makes my blood boil when I hear things like that; **las ideas bullían en su mente** his mind was bubbling (over) with ideas; **la calle bullía de gente** the street was teeming *o* swarming with people; **el lugar bullía de actividad** the place was a hive of activity

bulto *m*
A **1** (cuerpo, forma): **a lo lejos vi un ~ que se movía** I saw a shape moving in the distance; **se le notaba el ~ de la pistola debajo de la chaqueta** you could see the bulge *o* form of the gun under his jacket; ***escurrir el*** ~ (fam) (en el trabajo) to duck out; (en entrevista) to dodge the issue **2** (volumen) bulk; **cosas ligeras y de poco ~** light things that aren't too bulky; **errores de ~** glaring errors; ***a*** ~ (fam): **así, a ~, yo diría unas 500 personas** at a guess, I'd say about 500 people; ***hacer*** ~ to swell the numbers
B (Med) lump
C **1** (paquete, bolsa) piece of luggage; ~ **de mano** piece *o* item of hand baggage *o* luggage; **cargada de ~s** laden with packages (*o* bags *etc*) **2** (Col) (saco) sack; ***llevar del*** ~ (Col fam): **nos tocó llevar del ~** we got a raw deal; **¿cómo andas? — llevado del ~** how are you? — I'm having a bit of a rough time of it (colloq)

bumerán *m* boomerang

bungalow /bunɣaˈlo/ *m* (*pl* **-lows**) cabin, chalet

búnker /ˈbuŋker/ *m* (*pl* **-kers**)
A (fortificación) bunker; (refugio) shelter, bunker
B (en golf) bunker

buñuelo *m* fritter

buque *m* ship, vessel
(Compuestos)
- **buque cisterna** tanker
- **buque de guerra/insignia** warship/flagship
- **buque de pasaje** passenger liner
- **buque factoría** factory ship
- **buque mercante/nodriza** merchant/mother ship *o* vessel
- **buque portacontenedores** container ship

burbuja *f* (de gas, aire) bubble; **una bebida sin ~s** a still drink; **este vino tiene ~s** this wine is fizzy *o* bubbly

burbujeante *adj* bubbly, bubbling

burbujear [A1] *vi* **1** «*champán/agua mineral*» to fizz **2** (al hervir) to bubble

burdel *m* brothel

burdeos *adj inv* burgundy

Burdeos *m* (Geog, Vin) Bordeaux

burdo -da *adj* **1** ‹*persona/modales*› coarse **2** ‹*mentira*› blatant; ‹*imitación*› crude; **una burda calumnia** a base calumny (frml); **una burda excusa** a flimsy excuse, a cock-and-bull story **3** ‹*paño/tela*› rough, coarse

burgués¹ -guesa *adj* (Hist) bourgeois; (de clase media) middle-class; (pey) bourgeois (pej)

burgués² -guesa *m,f* **1** (Hist) member of the bourgeoisie, bourgeois; **los burgueses** the bourgeoisie **2** (persona de clase media) member of the middle class; (pey) bourgeois

burguesía *f* (Hist) bourgeoisie; (clase media) middle class, middle classes (*pl*); (pey) bourgeoisie

buril *m* burin, engraver's chisel

burla *f* **1** (mofa): **era objeto de las ~s de todos** he was the butt of everyone's jokes; **todos le hacen la ~** everyone makes fun of her *o* mocks her **2** (atropello): **esto es una ~ del reglamento** this makes a mockery of the regulations; **esta ley es una ~ a la opinión pública** this law flies in the face of public opinion

burladero *m*: *barrier behind which the bullfighter takes refuge*

burlar [A1] *vt* **1** ‹*medidas de seguridad*› to evade, get around; **~on la vigilancia de la policía** they slipped past the police **2** ‹*enemigo*› to outwit
■ **burlarse** *v pron* **~se DE algo/algn** to make fun OF sth/sb; **¡de mí no se burla nadie!** no-one makes fun of *me*!

burlesco -ca *adj* **1** ‹*género*› burlesque; ‹*espectáculo*› comic **2** ‹*tono*› mocking

burlete *m* draft* excluder

burlón -lona *adj* **1** (de mofa) ‹*actitud*› mocking; ‹*risa*› sardonic, derisive **2** (de broma) ‹*actitud*› joking, teasing

buró *m* **1** (escritorio) writing desk, bureau (BrE) **2** (Méx) (mesa de noche) bedside table
(Compuesto) **buró ejecutivo** *or* **político** executive, politburo

burocracia *f* administration, bureaucracy; (pey) bureaucracy (pej), red tape (pej)

burócrata *mf* **1** (pey) bureaucrat (pej) **2** (Méx) (funcionario) civil servant, official

burocrático -ca *adj* **1** (pey) ‹*trámite/proceso*› bureaucratic **2** (Méx) ‹*empleado/jerarquía*› government (*before n*), state (*before n*)

burra *f* (Chi fam) jalopy (AmE), old banger (BrE); *ver tb* **burro²**

burrada *f* (fam) (necedad, barbaridad): **deja de decir ~s** stop talking such nonsense *o* drivel; **me dieron ganas de contestarle una ~** I felt like saying something rude; **¿cómo pudiste hacer semejante ~?** how could you do such a stupid thing?

burrero -ra *m,f*
A (persona) (CS fam) horse racing fan
B (Chi arg) (que lleva droga) mule (arg)

burro¹ -rra *adj*
A **1** (fam) (ignorante) stupid, dumb (AmE colloq), thick (BrE

colloq) [2] (fam) (bruto, tosco) rough; **¡no seas ~, me has hecho daño!** careful, that hurt! [3] (fam) (obstinado, cabezón) pigheaded (colloq)

[B] (Col arg) (marihuanero): **son muy ~s** they are real dope fiends (colloq)

burro² -rra *m,f*

[A] (Zool) [1] (asno) (*m*) donkey; (*f*) female donkey, jenny; **me tienen de ~ de carga** I get landed with all the donkey work; ***apearse*** *or* ***bajarse del ~*** to back down; ***no ver tres en un ~*** (fam) to be as blind as a bat (colloq); ***trabajar como un ~*** to slog one's guts out; ***ver ~s negros*** (Chi fam) to be in agony, see stars (colloq); ***quien nace para ~ muere rebuznando*** a leopard never changes its spots [2] (CS fam) (caballo de carrera) racehorse

[B] (fam) [1] (ignorante) idiot [2] (bruto, tosco) oaf; **es un ~ trabajando** he can take any amount of work [3] (cabezón, obstinado) stubborn mule, obstinate pig (colloq); *ver tb* **burra**

burro³ *m* [1] (en carpintería) sawhorse; (en herrería) workbench [2] (Méx) (para planchar) ironing board [3] (Méx) (caballete) trestle

bursátil *adj* stock market *o* exchange (*before n*); **mercado ~** stock market *o* exchange

bus *m* (Auto, Transp) bus; (Inf) bus

(Compuesto) **bus de control/datos/direcciones** control/data/address bus

busca¹ *f* (búsqueda) search; **en ~ de algo** in search of sth; **salieron en su ~** they set out to look for him; **anda en ~ de marido** she's looking for a husband; **andar a la ~ de algo/algn** (Chi fam) to be after sth/sb (colloq)

busca² *m* (Esp fam) pager, beeper (AmE), bleeper (BrE)

buscabullas (*pl* ~) *mf* (Chi, Méx fam) troublemaker

buscador -dora *m,f*: **~ de oro** gold prospector; **~ de tesoros** treasure hunter

buscapleitos *mf* (*pl* ~) (fam) troublemaker

buscar [A2] *vt*

[A] (intentar encontrar) [1] ‹*persona/objeto*› to look for; ‹*fama/fortuna*› to seek; ‹*trabajo/apartamento/solución*› to look for, try to find; **no trates de ~ excusas** don't try to make excuses; **la policía lo está buscando** the police are looking for him, he's wanted by the police; Ⓢ **se busca** wanted; **te buscan en la portería** someone is asking for you at reception; **busca una manera más fácil de hacerlo** try and find an easier way of doing it [2] (en libro, lista) to look up; **busca el número en la guía** look up the number in the directory

[B] [1] (recoger) to collect, pick up; **vengo a ~ mis cosas** I've come to collect *o* pick up my things [2] (conseguir y traer) to get; **fue a ~ un médico/un taxi** he went to get a doctor/a taxi

[C] [1] (intentar conseguir): **una ley que busca la igualdad de los sexos** a law which aims to achieve sexual equality; **¿qué buscas con eso?** what are you trying to achieve by that?; **~ + INF** to try to + INF, set out to + INF; **el libro busca destruir ese mito** the book sets out *o* tries *o* attempts to explode that myth [2] (provocar) ‹*bronca/camorra*› to look for

■ **buscar** *vi* to look; **busca en el cajón** look *o* have a look in the drawer; **¿has buscado bien?** have you looked properly?; ***el que busca encuentra*** *or* ***busca y encontrarás*** seek and ye shall find

■ **buscarse** *v pron*

[A] (intentar encontrar) to look for; **debería ~se (a) alguien que le cuidara los niños** she should look for *o* find somebody to look after the children

[B] ‹*problemas*›: **no quiero ~me complicaciones/problemas** I don't want any trouble; **tú te lo has buscado** you've brought it on yourself, it serves you right; **se está buscando problemas** she's asking for trouble; ***buscár-sela(s)*** (fam): **te la estás buscando** you're asking for trouble, you're asking for it (colloq)

buscavidas *mf* (*pl* ~) (CS) go-getter (colloq)

buscón -cona *m,f*

[A] (ant) (rufián) rogue (dated), scoundrel (dated)

[B] **buscona** *f* (pey) (prostituta) whore (pej)

buseta *f* (Col, Ven) small bus

búsqueda *f* search; **~ DE algo/algn** search FOR sth/sb

busquillas *mf* (*pl* ~) (Chi, Per) go-getter (colloq)

busto *m* [1] (de mujer) bust; **¿cuánto mide de ~?** what size (bust) are you?, what's your bust size? [2] (Art) bust

butaca *f* [1] (con respaldo) (esp Esp) armchair; (sin respaldo) (esp AmL) stool [2] (en teatro, cine) seat; **~ de patio** (Esp) orchestra (AmE) *o* (BrE) stall seat

butano *m* butane (gas)

butifarra *f* [1] (embutido) *type of sausage* [2] (Per) (bocadillo) ham, lettuce and onion sandwich

buzo¹ *adj* (Méx fam) (astuto): **es bien ~** he's really on the ball (colloq); **ponte ~** keep on your toes

buzo² *m*

[A] (Náut) diver

[B] (Indum) [1] (Chi, Per) (para hacer ejercicio) track suit [2] (Col) (suéter de cuello alto) turtleneck sweater (AmE), polo-neck jumper (BrE) [3] (Arg, Col) (camiseta) sweatshirt [4] (Ur) (jersey) sweater, jumper (BrE)

buzo³ *interj* (Méx fam) [1] (para avisar) look out!, watch out! [2] (expresando enojo) watch it!

buzón *m* (en la calle) postbox, mailbox (AmE), letter-box (BrE); (en una casa) mailbox (AmE), letter-box (BrE); **echar una carta al** *or* **en el ~** to mail (AmE) *o* (BrE) post a letter; ***venderle un ~ a algn*** (RPl fam) to take sb for a ride (colloq)

Cc

C, c *f* (*read as* /se/ *or* (Esp) /θe/) *the letter* **C, c**

c/ (= **calle**) St, Rd

C *m* (= **centígrado** *or* **Celsius**) C, Centigrade, Celsius

cabal *adj* 1 ‹*noción/comprensión*›: **una noción ~ del problema** an exact idea of the problem; **5.000 pesos ~es** exactly 5,000 pesos 2 ‹*persona*› fine, upright

cábala *f* (Esp) 1 (Rel) cabala; (intriga) intrigue 2 **cábalas** *fpl*: **hacer ~s** to speculate

cabales *mpl*: **no está en sus ~** he's not in his right mind

cabalgadura *f* (liter) mount (liter)

cabalgar [A3] *vi* (liter) «*jinete*» to ride

cabalgata *f* (desfile) parade, cavalcade; **la ~ de los Reyes Magos** the Epiphany parade *o* procession

cabalístico -ca *adj* cabalistic

caballa *f* mackerel

caballada *f* (CS) ▸**animalada**

caballeresco -ca *adj* gentlemanly, gallant

caballería *f* 1 (Mil) cavalry 2 (caballo) horse; (montura) mount (liter)

(Compuestos)
- **caballería andante** (actividad) knight-errantry; (gente) knights errant (*pl*)
- **caballería ligera** light cavalry

caballeriza *f* 1 (edificio) stable 2 (caballos) stable, stables (*pl*)

caballerizo -za *m,f* groom

caballero *m*

A (frml) (hombre, señor) gentleman; **sección de ~s** men's department; **¿en qué puedo servirle, ~?** how can I help you, sir?; **damas y ~s** ladies and gentlemen; Ⓢ **caballeros** Men *o* Gentlemen *o* Gents

B (hombre cortés, recto) gentleman; **es todo un ~** he's a perfect gentleman

C (Hist) knight; **fue armado ~** he was knighted

(Compuesto) **caballero andante** knight errant

caballerosidad *f* chivalry

caballeroso -sa *adj* gentlemanly, gallant

caballete *m* 1 (de la nariz) bridge 2 (para mesa) trestle; (para lienzo, pizarra) easel; (de moto) kickstand; (del tejado) ridge

caballito *m* 1 (juguete — que se mece) rocking horse; (— con palo) hobbyhorse; ***hacerle ~ a algn*** to bounce sb up and down on one's knee; *ver tb* **caballo** 2 **caballitos** *mpl* (carrusel) carousel, merry-go-round

(Compuestos)
- **caballito del diablo** dragonfly
- **caballito de mar** sea horse

caballo[1] **-lla** *adj* (AmC fam) (estúpido) stupid

caballo[2] *m*

A (Equ, Zool) horse; **¿sabes montar** *or* (AmL) **andar a ~?** can you ride (a horse)?; **fueron a ~ hasta el pueblo** they rode to the village (on horseback); **dieron un paseo a ~** they went for a ride (on horseback); ***a ~ entre ...*** halfway between ...; ***como ~ desbocado***: **salieron de clase como ~s desbocados** they charged *o* tore out of the classroom; ***estar de a ~ en algo*** (Chi fam) to be an expert on sth; ***llevar a algn a ~*** to give sb a piggyback; ***a ~ regalado no se le miran los dientes*** don't look a gift horse in the mouth

(Compuestos)
- **caballo de batalla** (de persona): **el inglés es su ~ de batalla** English is his real bugbear *o* is a constant battle for him; (en discusión) controversial issue
- **caballo de carga** packhorse
- **caballo de carreras** *or* (CS) **carrera** racehorse
- **caballo de tiro** carthorse
- **caballo de Troya** Trojan horse

B (en ajedrez) knight; (en naipes) ≈ queen (*in a Spanish pack of cards*)

C (Auto, Fís, Mec) *tb* **~ de vapor** (metric) horsepower

(Compuesto) **caballo de fuerza** (British) horsepower

D (arg) (heroína) horse (sl)

E (Méx) (en gimnasia) horse

F (AmC fam) 1 (estúpido) idiot 2 (pantalón vaquero) jeans (*pl*)

caballuno -na *adj* ‹*facciones*› horsey

cabaña *f*

A (choza) cabin, shack

B (Agr) (RPl) (estancia) cattle-breeding ranch

C (Méx) (Dep) goal

cabaré, cabaret /kaβa're/ *m* (*pl* **-rets**) cabaret

cabaretera *f* cabaret dancer

cabás *m* (Esp) lunch box

cabe *prep* (arc) beside, next to

cabeceada *f* 1 (AmL) (al dormitar): **dar ~s** to nod off; **echarse una ~** to take *o* have a nap 2 (CS) (Dep) header

cabecear [A1] *vi* 1 «*persona*» to nod off 2 «*caballo*» to toss its head; «*barco*» to pitch

■ **cabecear** *vt* ‹*balón*› to head

cabecera *f*

A 1 (de la cama) headboard; **a la ~ del enfermo** at the patient's bedside; **había un crucifijo en la ~** there was a crucifix over the bed 2 (de una mesa) head, top 3 (de un río) headwaters (*pl*) 4 (de una manifestación) head, front

B (Adm, Pol) *tb* **~ de comarca** administrative center*

C (Esp) (de periódico) masthead, flag; (de página) head, top

cabecero *m* headboard

cabecilla *mf* ringleader

cabellera *f* 1 (melena) hair 2 (de un cometa) tail

cabello *m* hair; *para modismos ver* **pelo**

(Compuestos)
- **cabello de ángel** *m* (dulce) *sweet pumpkin filling*
- **cabellos de ángel** *mpl* (fideos) vermicelli

cabelludo -da *adj* hairy, furry

caber [E15] *vi*

A 1 (en un lugar) to fit; **esto aquí no cabe** this won't fit *o* go (in) here; **no cabemos los cuatro** there isn't room for all four of us; **~ EN algo: no cabe en la caja** it won't fit in the box; **en esta botella caben diez litros** this bottle holds ten liters; **¿cabe otro en el coche?** is there room for one more in the car?; ***no ~ en sí*: no cabía en sí de alegría** she was beside herself with joy 2 (pasar) to fit, go; **~ POR algo** to go THROUGH sth; **no cabe por la puerta** it won't go through the door 3 «*falda/zapatos*» (+ *me/te/le etc*) to fit; **estos pantalones ya no me caben** these trousers don't fit me any more

B (*en 3ª pers*) (frml) (ser posible): **cabe la posibilidad de que haya perdido el tren** he may have missed the train; **no cabe duda de que ...** there is no doubt that ...; **este es mejor, no cabe duda** this one is better, without a doubt;

sólo me cabe una solución: renunciar I have no option but to resign; **es, si cabe, aún mejor** it is even better, if such a thing is possible; ~ + INF: **cabe suponer que ha habido un error** it is possible that there has been a mistake; **cabría decir que ...** it could be said that ...; **una de las épocas más sangrientas que cabe imaginar** one of the bloodiest eras imaginable; **cabe esperar que ...** it is to be hoped that ...; **cabría cuestionarse si ...** we should ask ourselves whether ...; **cabe mencionar que ...** it is worth mentioning that ...; ***dentro de lo que cabe*** all things considered

C (frml) (corresponder) (+ *me/te/le etc*): **le cupo la satisfacción de ...** he had the satisfaction of ...; **el papel que le cupo en las negociaciones** the role she played in the negotiations

D (Mat): **2 entre 3 no cabe** 3 into 2 won't *o* doesn't go; **17 entre 5 cabe a 3 y sobran 2** 5 into 17 goes 3 times and 2 over

cabestrillo *m* sling; **llevaba el brazo en ~** he had his arm in a sling

cabestro *m* (buey) bullock (*used for leading fighting bulls into or out of the ring*)

cabeza *f*

A [1] (Anat) head; **me duele la ~** I've got a headache; **marcó de ~** he scored with a header; **un día vas a perder la ~** (fam & hum) you'd lose your head if it wasn't screwed on (colloq & hum); **de la ~ a los pies** from head to toe *o* foot; **pararse en la** *or* **de ~** (AmL) to do a headstand [2] (medida) head; **ganó por una ~** he won by a head; **le lleva** *or* **saca una ~ a su hermana** he's a head taller than his sister [3] (pelo) hair; **me lavé la ~** I washed my hair [4] (inteligencia): **tiene ~** he's bright, he has a good head on his shoulders; **usa la ~** use your head; **¡qué poca ~!** have you/has he no sense? [5] (mente): **¡que ~ la mía! se me había olvidado** what a memory! I had forgotten; **tenía la ~ en otra cosa** my mind was on other things; **tú estás mal de la ~** you're out of your mind; **se me ha ido de la ~** it's gone right out of my head; **se le ha metido en la ~ que ...** she's got it into her head that ...; **lo primero que me vino a la ~** the first thing that came into my head; **no se me pasó por la ~** it didn't cross my mind; ***andar*** *or* ***ir de ~*** (fam): **ando de ~ con tanto trabajo** I'm up to my eyeballs *o* eyes in work; **anda de ~ por ella** he's crazy about her; ***calentarle a algn la ~ con algo*** (fam) to fill sb's head with sth; ***calentarse la ~*** (fam) to get worked up (colloq); ***cortar ~s***: **en cuanto asumió el cargo entró a cortar ~s** as soon as she took up her post, heads started to roll; ***darse (con) la ~ contra la pared*** *ver* **cabezazo**; ***ir con la ~ (bien) alta*** to hold one's head high; ***írsele a algn la ~***: **se me va la ~** I feel dizzy; ***jugarse la ~*** (RPl fam): **va a llegar tarde, me juego la ~** you can bet your bottom dollar she'll be late (colloq); ***levantar ~*** (fam) (superar problemas) to get back on one's feet; ***levantar la ~***: **ha estado estudiando sin levantar la ~** she's had her head buried in her work; **¡si tu padre levantara la ~!** if your father was alive today ...!; ***meterse de ~ en algo*** (fam) to throw oneself into sth; ***no caberle a algn en la ~*** (fam): **no me cabe en la ~ que te guste** I just can't understand how you can like it; **¡en qué ~ cabe!** how could anyone be so stupid!; ***perder la ~***: **no perdamos la ~** let's not panic *o* lose our heads; **perdió la ~ por esa mujer** he lost his head over that woman; ***quebrarse la ~*** (Andes fam) to rack one's brains; ***quitarle a algn algo de la ~*** to get sth out of sb's head; ***quitarse algo de la ~*** ‹*idea*› to get sth out of one's head; ***romperse la ~*** (fam) ***(***preocuparse***)*** to rack one's brains; (lastimarse) to break one's neck (colloq); ***sentar (la) ~*** (fam) to settle down; ***subírsele a algn a la ~*** «*vino/éxito*» to go to one's head; ***tener la ~ sobre los hombros*** (fam) to have one's head screwed on tight (AmE colloq) *o* (BrE colloq) screwed on; ***tener la ~ llena de pájaros*** (fam) to have one's head in the clouds; ***tengo/tiene la ~ como un bombo*** (fam) (me/le duele) my/his/her head feels ready to burst (colloq); (estoy/está confundido) my/his/her head's spinning; ***traer*** *or* ***llevar a algn de ~*** (fam) to drive sb crazy (colloq); ***nadie escarmienta en ~ ajena*** people only learn from their own mistakes

(Compuestos)
- **cabeza de chorlito** *mf* (fam) scatterbrain (colloq)
- **cabeza de jabalí** headcheese (AmE), brawn (BrE)
- **cabeza de turco** *mf* scapegoat
- **cabeza dura** [1] *mf* (fam): **es un ~ ~** he's so stubborn *o* (colloq) pigheaded [2] *adj* pigheaded (colloq), stubborn
- **cabeza hueca** *mf* (fam) scatterbrain (colloq); airhead (colloq)
- **cabeza rapada** *mf* skinhead

B [1] (individuo): **por ~** each, a head [2] (de ganado) head; **50 ~s de ganado** 50 head of cattle

C (primer lugar, delantera): **a la** *or* **en ~**: **estamos a la ~ del sector** we are the leading company in this sector; **se colocaron a la ~ de los otros partidos** they took the lead over the other parties; **iban a la ~ de la manifestación** they were at the front *o* head of the demonstration; **el equipo va en ~ de la clasificación** the team is at the top of the division

(Compuestos)
- **cabeza de familia** *mf* head of the family
- **cabeza de la Iglesia** *m* head of the Church
- **cabeza de lista** *mf*: *candidate heading an electoral list*
- **cabeza de partido** *f*: *administrative center of a* **partido² E**
- **cabeza de puente** *f* bridgehead
- **cabeza de serie** *mf* seed; **derrotó a Guillén, ~ de ~ número cuatro** he beat Guillén, seeded number four

D [1] (de alfiler, clavo, fósforo) head [2] (de misil) warhead

(Compuestos)
- **cabeza atómica** atomic warhead
- **cabeza nuclear** nuclear warhead

E (Audio, Video) head

F (de plátanos) hand, bunch

(Compuesto) **cabeza de ajo** bulb of garlic

cabezada *f* [1] (movimiento) nod; **iba dormido, dando ~s** his head kept nodding in his sleep; ***dar*** *or* ***echar una ~*** (fam) to have a nap (colloq) [2] (Equ) headstall [3] (Náut) pitch; **dar ~s** to pitch up and down

cabezal *m*

A (de un torno) headstock

B [1] (almohada) bolster [2] (de sillón) headrest

C (AmL) (de cama) headboard/footboard

D (AmL) (terminal) terminal

E (Audio, Video) head

cabezazo *m*

A [1] (golpe): **se dio un ~ en el estante** he hit *o* banged his head on the shelf; **le di un ~** I headbutted him; ***darse (de) ~s contra la pared***: **podría darme ~s contra la pared** I feel like kicking myself (colloq) [2] (Dep) header; **marcó de un ~** he scored with a header

B (Col fam) (buena idea) brainwave

cabezón¹ -zona, **cabezota** *adj* [1] (fam) (terco) pigheaded (colloq) [2] (fam) (de cabeza grande): **¡qué ~ es!** what a big head he has! [3] ‹*vino*› heady

cabezón² -zona *m,f*, **cabezota** *mf* (fam): **¡eres un ~!** you're so pigheaded! (colloq)

cabezudo¹ -da *adj* (de cabeza grande): **es ~** he has a very large head

cabezudo² *m*: *carnival figure with a large head*

cabida *f*

A (capacidad de recipiente, estadio, teatro) capacity; **sólo hay ~ para diez pasajeros** there's only room *o* space for ten passengers; **el estadio puede dar ~ a casi 100.000 personas** the stadium can hold almost 100,000 people; **una publicación que da ~ a diversas tendencias** a publication that accommodates a range of opinions; **ese tipo de conducta no tiene ~ en la sociedad** there is no place for that kind of behavior in society

B (de un terreno) area

cabildo *m* [1] (Relig) chapter [2] (Hist) town council [3] (en Canarias) inter-island council

cabina *f*

A [1] (vestuario) cubicle, stall (AmE) [2] (de laboratorio de idiomas, estudio de radio) booth

(Compuestos)
- **cabina de prensa** press box
- **cabina de proyección** projection room
- **cabina telefónica** *or* **de teléfonos** telephone booth *o* (BrE) box

B [1] (de camión, grúa) cab [2] (Aviac) (para pilotos) ▸ **cabina de mando**; (para pasajeros) cabin

(Compuesto) **cabina de mando** (de avión grande) flight deck; (de avión pequeño) cockpit

cabinero -ra *m,f* (Col) flight attendant

cabizbajo -ja *adj*: **caminaba ~** he walked along, head bowed; **se lo veía ~** he looked downcast

cable *m*

A 1 (Elec, Telec) cable; ***cruzársele*** *or* (Méx) ***cuatrapeársele los ~s a algn*** (fam) to get mixed up 2 (para levantar, tirar) cable; ***echarle un ~ a algn*** (fam) to help sb out, give sb a hand

B (ant) (telegrama) cable, wire

cablegrama *m* (ant) cablegram (dated), cable

cablevisión *f* cable television

cabo *m*

A (Geog) cape

B 1 (Mil) corporal 2 (en remo) stroke

(Compuestos)

- **cabo de segunda** seaman (AmE), leading seaman (BrE)
- **cabo de primera** petty officer
- **cabo primero** corporal

C (extremo) end; (trozo pequeño) bit, piece; **han quedado muchos ~s sueltos** there are a lot of loose ends; **atar los ~s sueltos** to tie up the loose ends; **al ~ de** after; ***atar*** *or* ***unir ~s*** (fam) to put two and two together; ***de ~ a rabo*** (fam) from beginning to end; ***estar al ~ de algo*** to know all about sth; ***estar al ~ de la calle*** (Esp fam) to know the score (colloq); ***llevar a ~*** ‹*tarea/misión*› to carry out; **llevó a ~ un duro entrenamiento** he trained very hard; **lleva a ~ una excelente labor** he does an excellent job

cabotaje *m* (Náut) cabotage

cabra *f* goat; ***estar como*** *or* ***más loco que una ~*** (fam) to be completely nuts (colloq); *ver tb* **cabro²**

(Compuesto) **cabra montés** Spanish Ibex

cabrá, cabré, etc *see* **caber**

cabreado -da *adj* (fam) furious, livid (colloq), mad (colloq); **anda** *or* **está ~** (enojado) he's absolutely furious; (harto) (Chi) he's fed up

cabreante *adj* (fam) really annoying

cabrear [A1] *vt* 1 (fam) (enfadar) to make … mad (colloq), to piss … off (sl) 2 (Chi fam) (hartar) **~ + INF: me cabreó comer tanta palta** I got fed up with *o* sick of eating avocado all the time

■ **cabrearse** *v pron* 1 (fam) (enojarse) to get mad (colloq) 2 (Chi fam) (hartarse) **~se DE** *or* **CON algo/algn** to get fed up WITH sth/sb, get sick OF sth/sb

cabreo *m* (fam) 1 (enojo, irritación): **¡qué ~ tiene** *or* **lleva encima!** he's in a foul *o* a terrible mood! (colloq); **agarrarse un ~** to get mad (colloq), to hit the roof (colloq) 2 (Chi) (aburrimiento) boredom

cabrerizo -za *m,f* goatherd

cabrero¹ -ra *adj* (RPl fam) furious, mad (colloq)

cabrero² -ra *m,f* goatherd

cabría, etc *see* **caber**

cabrillas *fpl* (esp Esp) (olas) white horses *o* caps (*pl*); **hacer ~** to skim stones, to play ducks and drakes (BrE)

cabriola *f*: **hacer ~s** «*niño*» to caper *o* jump around; «*caballo*» to buck, prance around

cabriolé, cabriolet /kaβrjo'le/ *m* (*pl* **-lets**) (Auto) convertible, cabriolet

cabritas *fpl* (Chi) popcorn

cabritilla *f* kid, kidskin

cabrito *m*

A (Zool) kid

B (Esp fam & euf) (cabrón) swine (colloq); *ver tb* **cabro²**

cabro¹ -bra *adj* (Chi fam): **es muy ~ para eso** he's too young for that

cabro² -bra *m,f* (Chi fam) (niño) kid (colloq)

cabrón¹ -brona *adj* (Esp, Méx vulg): **el muy ~/la muy cabrona** the bastard *o* (AmE) son of a bitch (vulg)/the bitch (vulg)

cabrón² -brona *m,f*

A (Esp, Méx vulg) (*m*) bastard (vulg), son of a bitch (AmE vulg); (*f*) bitch (vulg)

B **cabrón** *m* 1 (vulg) (cornudo) cuckold 2 (Andes fam *o* vulg) (proxeneta) pimp, ponce (BrE)

cabronada *f* (fam) mean trick

cábula *m* (Méx fam) crook (colloq)

cabús *m* (Méx) caboose (AmE), guard's van (BrE)

cabuya *f* 1 (Bot) pita 2 pita fiber* 3 (cuerda) (Col, Ven) rope (*esp made from pita fiber*)

caca *f* 1 (fam *o* leng infantil) (excremento): **hacer ~** to go to the bathroom (AmE) *o* (BrE) toilet (euph), to do a poop (AmE) *o* (BrE) pooh (used to or by children); **hacerse ~** to mess oneself; **el niño se hizo ~** the baby dirtied his diaper (AmE) *o* (BrE) nappy (colloq); **~ de perro** dog mess; **¡no toques eso! ¡~!** don't touch that, it's dirty! 2 (fam) (porquería): **su último libro es una ~** his last book is trash *o* rubbish

cacahual *m* cocoa plantation

cacahuete, cacahuate *m* peanut, monkey nut; ***me, te, etc importa un (reverendo) ~*** (Méx fam) I, you, etc couldn't give a damn (colloq)

cacao *m*

A 1 (Coc) (polvo, bebida) cocoa 2 (Bot) (planta) cacao; (semillas) cocoa beans (*pl*) 3 (Esp) (para los labios) lipsalve

B (fam) (jaleo) ruckus (AmE), to-do (BrE); **¡qué ~ se armó!** all hell broke loose (colloq); ***tener un ~ mental*** (fam) to be all mixed up

cacaotal *m* cocoa plantation

cacarear [A1] *vi* 1 «*gallo*» to crow; «*gallina*» to cluck 2 (fam) (presumir) to brag

■ **cacarear** *vt* (fam) ‹*triunfo*› to crow about; **una victoria muy cacareada** a much-trumpeted victory

cacareo *m* 1 (de gallo) crowing; (de gallina) clucking 2 (fam) (fanfarroneo) bragging

cacarizo -za *adj* (Méx) pockmarked

cacatúa *f* (Zool) cockatoo; (vieja) (fam & pey) old bag (pej)

cacayaca *f* (Méx fam) insult

cacería *f* (de zorro, jabalí) hunt; (de conejo, perdiz) shoot; **salir** *or* **ir de ~** to go hunting (*o* shooting *etc*)

cacerola *f* saucepan, pan

cacerolazo *m*, **caceroleada** *f* demonstration (*where saucepans are banged as a sign of protest*)

cacha *f* (Esp arg) (muslo) thigh

cachacascán *f* (Chi) catch-as-catch-can

cachaco -ca *m,f* (Col, Ven fam) (bogotano) person from Bogotá

cachada *f*

A (AmL) (Taur) goring

B (RPl) (broma) joke; **hacerle una ~ a algn** to play a joke on sb

cachador -dora *m,f* (RPl) joker

cachalote *m* sperm whale

cachapa *f* (Ven) *corn-based pancake*

cachapera *f* (Ven vulg) dyke (colloq & pej)

cachar [A1] *vt* 1 (AmL fam) ‹*pelota*› to catch; ‹*persona*›: **la caché del brazo** I caught *o* grabbed her by the arm 2 (AmL fam) (sorprender, pillar) to catch 3 (RPl fam) (gastar una broma) to kid (colloq); **me estás cachando** you're kidding me 4 (Andes fam) (enterarse) to get (colloq); **no cachas ¿cierto?** you don't get it, do you? 5 (Chi fam) (mirar) to look at; **¡cacha las piernas de esa mina!** look at those legs! (colloq)

cacharpas *fpl* (RPl fam & hum) junk (colloq)

cacharrazo *m* ▸ **cachiporrazo**

cacharrería *f* (Col) hardware store, ironmonger's (BrE)

cacharriento -ta *adj* (Chi fam) ‹*vehículo*› old and slow

cacharro *m*

A (de cocina) pot

B (fam) (cachivache) thing; (coche viejo) jalopy (AmE), old banger (BrE colloq); (aparato) gadget

cachas¹ *adj inv* (Esp fam) strong, muscly (colloq)

cachas² *m* (Esp fam) he-man (colloq), hunk (colloq)

cachaza *f*

A (lentitud): **todo lo hace con esa ~** he does everything so slowly and deliberately; **¡vaya ~ que tienes!** you really take your time!

B (bebida) *type of rum*

C (Ven fam) (descaro) nerve (colloq)

caché /ka'tʃe, ka'ʃe/ *m* 1 (sello distintivo) prestige, cachet; **ropa de mucho ~** clothes with real cachet 2 (de un artista) fee

cachear [A1] *vt*
A (fam) (registrar) to frisk, search
B (AmL) (Taur) to gore

cachemir *m*, **cachemira** *f* cashmere

cacheo *m* (fam) frisking, search

cachet *m* ▸ **caché**

cachetada *f* (AmL) (en la cara) slap; **me/le cayó como una ~** (AmL fam) I/he was very put out *o* upset

cachete *m*
A (mejilla) (esp AmL) cheek; (nalga) (CS fam) cheek
B (esp Esp) ▸ **cachetada**

cachetear [A1] *vt* (AmL) to slap

cachetón -tona *adj* (Andes, Méx fam) (carrilludo) chubby-cheeked

cachetudo -da *adj* (RPl fam) chubby-cheeked

cachifo -fa *m,f* (jovenzuelo) (Col fam) kid (colloq); (criado) (Ven fam & pey) servant

cachimba *f* (pipa) pipe; **fumar en ~** to smoke a pipe

cachimbo *m* 1 (AmC fam) (montón): **un ~ de reales** tons of money 2 (AmL) (pipa) pipe

cachiporra[1] *adj* (Chi fam & pey) bigheaded (colloq)

cachiporra[2] *mf*
A (Chi fam) (engreído) bighead (colloq)
B **cachiporra** *f* (palo) billy club (AmE), truncheon (BrE)

cachiporrazo *m* (fam) (choque) crash; (golpe con la cachiporra) blow (*dealt with a billy club* (AmE) *o* (BrE) *truncheon*); **me di un ~** I banged my arm (*o* head *etc*)

cachirulo *m*
A (cosa) ▸ **cachivache**
B (Chi fam) (rizo) curl; (para rizar) curler, roller
C (Méx fam) (trampa): **me hizo ~** he cheated me; **metieron dos jugadores de ~** they fielded two players who weren't eligible

cachito *m*
A (Méx) (de una lotería) *one twentieth of a lottery ticket*; *ver tb* **cacho**
B (Ven) (Coc) croissant

cachivache *m* (fam) 1 (trasto inútil) piece of junk; **ese ~ no sirve para nada** that's just a useless piece of junk (colloq); **tiró todos los ~s que tenía** she threw out all her old junk (colloq) 2 (objeto insignificante): **con cuatro ~s puso una habitación preciosa** with just a few bits and pieces he made the room look really nice

cacho *m*
A 1 (fam) (pedazo) bit; **un cachito de queso** a little bit of cheese 2 (Esp fam) (*como adj inv*): **¡qué ~ chuleta!** that's some *o* one hell of a chop! (colloq); **¡~ bruto!** you great oaf! (colloq)
B 1 (AmS) (cuerno) horn; ***poner*** (Per) *or* (Ven) ***montar ~s a algn*** (fam) to be unfaithful to sb, cheat on sb (colloq); ***tener algo de un ~*** (Col fam): **ya lo tengo de un ~** I've nearly finished it 2 (Andes) (juego) poker dice; (cubilete) shaker 3 (Chi) (para beber) drinking horn
C (Ec) (escarabajo) beetle
D (Col, Ven arg) (cigarrillo de marihuana) joint (colloq)
E (Chi fam) (cosa inútil, molesta) nuisance
F (RPl) (de bananas) hand

cachondearse [A1] *v pron* (Esp fam) **~ DE algn/algo** to make fun OF sb/sth

cachondeo *m* (Esp fam): **tú estás de ~** you're joking; **se lo toma a ~** he treats it as a joke; **venga, menos ~** come on, less of this fooling around; **¿qué ~ es éste?** is this some kind of a joke? (colloq)

cachondo[1] -da *adj* (Esp)
A (fam) (divertido, gracioso): **es un tío muy ~** he's a real scream
B (fam) (caliente) horny (colloq)

cachondo[2] -da *m,f* (Esp fam): **es un ~ mental** he's a real scream

cachorro[1] -rra *adj* (Col arg) hopping mad (colloq); **ponerse ~** to go berserk

cachorro[2] -rra *m,f* (de perro) puppy, pup; (de león) cub

cachucha *f* (Col, Méx, Ven) (Indum) cap
(Compuesto) **cachucha militar** (fam) dictatorship

cachudo -da *adj*
A (Andes) ‹*toro*› long-horned
B (Chi fam) (desconfiado) suspicious

cachumbo *m* (Col) ringlet

cachurear [A1] *vi* (Chi fam) to rummage

cachureo *m* (Chi fam) 1 (acción) rummaging, rooting around 2 (cosas inservibles) junk (colloq); **está lleno de ~** it's full of junk

cacillo *m* (cacerola) small saucepan; (cucharón) ladle

cacique *m* (Hist) chief, cacique; (Pol) local political boss; (hombre poderoso) tyrant

caciquismo *m* 1 (Hist) chieftainship 2 (Pol) position as local political boss 3 (despotismo) tyranny (*by local political bosses*)

> **caciquismo**
>
> Pejorative term for rule by local bosses (*caciques*) in Latin America and Spain. The word *cacique*, of Caribbean origin, was used by the Spanish conquistadors to describe tribal chiefs or district governors in their colonies

cacle *m* (Méx fam) (zapato) shoe; (sandalia) sandal

caco *m* (fam) thief

cacofonía *f* cacophony

cacofónico -ca *adj* cacophonous

cactus (*pl* ~), **cacto** *m* cactus

cacumen *m* (fam) brains (*pl*), nous (colloq); **usa el ~** use your brain

cada *adj inv*
A 1 (con énfasis en el individuo o cosa particular) each; (con énfasis en la totalidad del conjunto) every; **los ganadores de ~ grupo pasan a la final** the winners from each group go on to the final; **hay un bar en ~ esquina** there's a bar on every corner; **~ día** every day, each day; **~ dos días** every other day, every two days; **¿~ cuánto viene?** how often does she come?; **~ uno** each; **hay cinco para ~ uno** there are five each; **volvimos a casa ~ uno por su lado** we each made our own way home; **cuestan $25 ~ uno** they cost $25 each; **~ uno** *or* **~ cual sabe qué es lo que más le conviene** everyone *o* each individual knows what's best for him or her 2 (delante de numeral) every; **~ cuatro kilómetros** every four kilometers; **siete de ~ diez** seven out of (every) ten
B 1 (indicando progresión): **~ vez más rápido** faster and faster; **la gente va ~ vez menos** people are going less and less; **lo hace ~ vez mejor** she's getting better all the time; **hace ~ día más calor** it's getting hotter every day *o* by the day 2 (fam) (con valor ponderativo): **¡ tienes ~ idea ...!** the things you come out with!

cadalso *m* (patíbulo) scaffold; (horca) gallows (*pl*)

cadáver *m* (de persona) corpse; (de animal) carcass; **ingresó ~** he was dead on arrival; **¡tendrás que pasar por encima de mi ~!** over my dead body!

cadavérico -ca *adj* cadaverous, ghastly

caddie, caddy /ˈkaði/ *mf* (*pl* **-dies**) caddy

cadena *f*
A 1 (de eslabones) chain; **una ~ de oro** a gold chain; **iban atados con ~s** they were chained up; **es necesario el uso de ~s** (Auto) (snow) chains should be used 2 (del wáter) chain; **tirar de la ~** to flush the toilet
(Compuestos)
- **cadena antirrobo** bicycle lock
- **cadena de seguridad** safety chain
- **cadena perpetua** life imprisonment; **fue condenado a ~ ~** he was sentenced to life imprisonment, he was given a life sentence

B 1 (de hechos, fenómenos) chain; **una larga ~ de atentados** a long series of attacks 2 (Geog) *tb* **~ montañosa** *or* **de montañas** mountain range, chain of mountains 3 (Inf) string
(Compuestos)
- **cadena alimentaria** *or* **alimenticia** food chain
- **cadena de fabricación** *or* **producción** production line
- **cadena de montaje** *or* (Chi, Méx) **de ensamblaje** assembly line

C (Com) chain; **una ~ de supermercados** a chain of supermarkets; **~ de radiodifusión** radio network

(Compuesto) **cadena de distribución** distribution chain

D (TV) channel

E (Audio) *tb* ~ **de sonido** stack system

cadencia *f* (ritmo) cadence, rhythm; (terminación de una frase musical) cadence

cadencioso -sa *adj* ‹*música*› rhythmic, rhythmical; ‹*voz/ritmo*› lilting

cadeneta *f* (labor) chain stitch; (de papel) paper chain

cadera *f* hip

cadete *m* (Mil, Náut) cadet

cadmio *m* cadmium

caducar [A2] *vi* **1** «*carné/pasaporte*» to expire; **el plazo caduca el 17 de noviembre** the closing date (for enrollment, etc) is November 17; **este vale está caducado** this voucher is no longer valid *o* is out of date **2** «*medicamento*» to expire (frml); **S caduca a los tres meses** use within three months; **este yogur está caducado** this yogurt is past its sell-by date/use-by date

caducidad *f*

A (Farm, Med) expiration (AmE), expiry (BrE)

B (de testamento, ley) expiry

caduco -ca *adj*

A ‹*hoja*› deciduous

B ‹*teoría/costumbres/valores*› outdated; ‹*belleza*› (liter) faded

caer [E16] *vi*

A (de una altura) to fall; (de posición vertical) to fall over; **caí mal** I fell badly *o* awkwardly; **cayó cuan largo era** he fell flat on his face; **el coche cayó por un precipicio** the car went over a cliff; **cayó muerto allí mismo** he dropped down dead on the spot; **se dejó ~ en el sillón/en sus brazos** she flopped into the armchair/fell into his arms; **se dejó ~ desde el borde del precipicio** he jumped off from the edge of the cliff; **el avión cayó en picada** *or* (Esp) **en picado** the plane nosedived; **cayó en el mar** it came down in the sea; ~ ***parado*** (AmL) (literal) to land on one's feet; (tener suerte) to fall *o* land on one's feet; ***dejar ~ algo*** ‹*objeto*› to drop; ‹*noticia*› to let drop *o* fall; ‹*indirecta*› to drop

B «*chaparrón/nevada*»: **cayó un chaparrón** it poured down; **cayó una fuerte nevada** it snowed heavily; **cayó una helada** there was a frost; **cayeron unas pocas gotas** there were a few drops of rain; **el rayo cayó cerca** the lightning struck nearby

C **1** «*cortinas/falda*» to hang; **el pelo le caía suelto hasta la cintura** her hair hung down to her waist **2** «*terreno*» to drop; ~ **en pendiente** to slope down

D **1** (incurrir) ~ **EN algo**: **no caigas en ese error** don't make that mistake; **cayó en la tentación de mirar** she succumbed to the temptation to look; **la obra por momentos cae en lo ridículo** at times the play lapses into the ridiculous; ~ ***muy bajo*** to stoop very low; **qué bajo has caído** you've really sunk low this time **2** (en engaño, timo): **todos caímos (en la trampa)** we all fell for it; ~ ***como angelitos*** (fam): **cayeron como chinos** *or* **angelitos** they swallowed it hook, line and sinker

E (fam) (entender, darse cuenta): **¡ah, ya caigo!** (ya entiendo) oh, now I get it! (colloq); (ya recuerdo) oh, now I remember; **no caigo** I can't think *o* I'm not sure what (*o* who *etc*) you mean; **no caí en que tú no tenías llave** I didn't realize *o* (fam) I didn't click that you didn't have keys

F (en un estado): ~ **en desuso** «*palabra*» to fall into disuse; «*costumbre*» to die out; ~ **en el olvido** to sink into oblivion; **caer enfermo** to fall ill; **cayó en cama** he took to his bed

G **1** «*gobierno/ciudad*» to fall; ~ **en poder de algn** to fall to sb **2** (perder el cargo) to lose one's job; **se hará una investigación, caiga quien caiga** an inquiry will be held, however many heads have to roll **3** «*soldado*» (morir) to fall, die; (ser apresado) to be caught

H **1** «*desgracia/maldición*» ~ **SOBRE algn** to befall sb (frml *or* liter); ***la que me (te, etc) ha caído encima*** (fam): **no sabes la que te ha caído encima** you don't know what's in store for you **2** **al caer la tarde/la noche** at sunset *o* dusk/nightfall; **antes de que caiga la noche** before it gets dark *o* before nightfall

I (fam) (tocar en suerte): **le cayó una pregunta muy difícil** he got a really difficult question; **le cayeron tres años (de cárcel)** he got three years (in jail); **el gordo cayó en Bilbao** the jackpot was won by someone in Bilbao

J (+ *compl*) **1** (sentar): **el pescado me cayó mal** the fish didn't agree with me; **le cayó muy mal que no la invitaran** she was very upset about not being invited **2** (en cuestiones de gusto): **tu primo me cae muy bien** I really like your cousin; **me cae de gordo** *or* **de mal ...** (fam) I can't stand him (colloq)

K **1** (fam) (presentarse) to show up, turn up (BrE); **de vez en cuando cae** *or* **se deja ~ por aquí** she drops by *o* in now and then; ***estar al ~***: **los invitados están al ~** the guests will be here any minute *o* moment (now) **2** (abalanzarse) ~ **SOBRE algn** to fall upon *o* on sb; ***~le encima a algn*** (fam) to pounce *o* leap on sb

L **1** (estar comprendido) ~ **DENTRO DE algo** to fall WITHIN sth; **cae dentro de nuestra jurisdicción** it comes under *o* falls within our jurisdiction; **cae dentro de sus obligaciones** that's one of her duties **2** «*cumpleaños/festividad*» to fall on; **el 20 cae en (un) domingo** the 20th falls on a Sunday *o* is a Sunday; **¿el 27 (en) qué día cae** *or* **en qué cae?** what day's the 27th? **3** (Esp fam) (estar situado) to be; **¿por dónde cae?** whereabouts is that?

M «*precios/temperatura*» to fall, drop

N (Ven) (aportar dinero) (fam) to chip in (colloq)

O (Ven fam) «*llamada*»: **la llamada no me cayó** I couldn't get through

■ **caerse** *v pron*

A **1** (de una altura) to fall; (de la posición vertical) to fall, to fall over; **te vas a ~** you'll fall; **me caí por las escaleras** I fell down the stairs; **~se del caballo/de la cama** to fall off one's horse/out of bed; **se cayó redondo** (fam) he collapsed in a heap; **está que se cae de cansancio** (fam) she's dead on her feet (colloq) **2** (+ *me/te/le etc*) **oiga, se le cayó un guante** excuse me, you dropped your glove; **se me cayó de las manos** it slipped out of my hands; **cuidado, no se te vaya a ~** be careful, don't drop it; **por poco se me cae el armario encima** the wardrobe nearly fell on top of me; **se me están cayendo las medias** my stockings are falling down; ***~se con algn*** (Col fam) to go down in sb's estimation; ***no tiene/tienen dónde ~se muerto/muertos*** (fam) he hasn't/they haven't got a penny to his/their name; ***se cae por su propio peso*** *or* ***de maduro*** it goes without saying

B (desprenderse) «*diente*» to fall out; «*hojas*» to fall off; «*botón*» to come off, fall off; **se le ha empezado a ~ el pelo** he's started to lose his hair; **la ropa se le caía a pedazos** her clothes were falling to pieces

café¹ *adj* (*gen inv*) **1** (marrón claro) ‹*color*› coffee (*before n*); ‹*vestido/zapato*› coffee-colored* **2** (AmC, Chi, Méx) (marrón) brown; **ojos ~(s)** brown eyes

café² *m*

A (cultivo, bebida) coffee; **me sirvió un ~** he gave me some *o* a cup of coffee, he gave me a coffee (BrE)

(Compuestos)

- **café americano** large black coffee
- **café cerrero** (Col) large strong black coffee
- **café con leche** regular coffee (AmE), white coffee (BrE)
- **café cortado** *coffee with a dash of milk*
- **café descafeinado** decaffeinated coffee
- **café en grano** coffee beans (*pl*)
- **café expreso** *or* (Esp) **solo** espresso
- **café instantáneo** *o* **soluble** instant coffee
- **café molido** ground coffee
- **café natural/torrefacto** light roast/high roast coffee
- **café negro** (AmL) *or* (Chi) **puro** *or* (Col) **tinto** black coffee

B (cafetería) café

(Compuestos)

- **café bar** café
- **café concert** *or* **concierto** café (*with live music*)
- **café teatro** ≈ dinner theatre (*in US*), ≈ pub theatre (*in UK*)

C **1** **(de) color ~** coffee-colored* **2** (AmC, Chi, Méx) (marrón) brown

D (RPl fam) (regañina) telling-off

cafeína *f* caffeine

cafetal *m* coffee plantation

cafetalero¹ -ra, **cafetalista** *adj* coffee (*before n*)

cafetalero² -ra *m,f*, **cafetalista** *mf* coffee grower

cafetera *f* **1** (para hacer café) coffee maker; (para servir café) coffeepot; ***estar como una ~*** (fam) to be off one's rocker *o*

C

head (colloq) 2▸ (fam) (coche viejo) old heap (colloq)

cafetería *f* (café) café; (en museo, fábrica) cafeteria

> **cafetería**
>
> In Spain, a place to have a coffee, other drinks, and pastries and cakes. *Cafeterías* are frequently combined with *bares* and are very similar. However, *cafeterías* are usually smarter, and serve a wider variety of dishes

C

cafetero[1] -ra *adj* ‹*industria/finca*› coffee (*before n*); ‹*país*› coffee-producing (*before n*), coffee-growing (*before n*); **ser muy ~** to be a real coffee addict

cafetero[2] -ra *m,f* coffee planter *o* grower

cafeto *m* coffee tree

cafiche, caficho *m* (AmL arg) pimp, ponce (BrE colloq)

caficultor -tora *m,f* (Col) coffee grower

cafre[1] *adj*
A (de África) Kaffir (*before n*)
B (ignorante) moronic (colloq & pej); (vándalo) **los muy ~s** the vandals *o* (AmE) hoodlums

cafre[2] *mf*
A (de África) Kaffir
B (ignorante) idiot, moron (colloq & pej); (vándalo) lout, punk (AmE)

caftán *m* caftan*

cagada *f*
A (vulg) (excremento) shit (sl); **~s de pájaro** bird shit (sl); ***quedar la ~*** (Chi vulg): **quedó la ~** the shit hit the fan (vulg)
B (vulg) 1▸ (porquería): **el disco es una ~** the record is crap (sl) 2▸ (desacierto) screwup (AmE sl), balls-up (BrE sl)

cagadera *f* (AmL vulg): **andaba con** *or* **tenía (una) ~** I had the trots (colloq) *o* (sl) the shits

cagado -da *adj*
A (vulg) ‹*calzoncillos/sábana*› dirty, shitty (colloq & hum)
B (vulg) 1▸ [SER] (miedoso, cobarde) gutless (colloq) 2▸ [ESTAR] (asustado) scared stiff (colloq), shit-scared (vulg)
C (CS vulg) (jodido): **estamos ~s** we're in deep trouble *o* (vulg) in deep shit
D (*delante del n*) (Col vulg) (uso enfático) goddamn (AmE sl), bloody (BrE sl)

cagalera *f* (Esp vulg) ▸**cagadera**

cagar [A3] *vi*
A (vulg) (defecar) to have a shit (vulg)
B (CS vulg) 1▸ (embromarse): **¡cagamos!** we've had it! (colloq) 2▸ (fracasar) «*plan/huelga*» to be a flop (colloq)

■ **cagar** *vt*
A (vulg) (arruinar) **~*la***: **ahora sí que la hemos cagado** now we've really screwed up (sl); (más grave) now we're really in the shit *o* up shit creek (sl)
B (vulg) ‹*persona*› 1▸ (RPl) (defraudar, engañar) to cheat, rip ... off 2▸ (CS) (vencer) to floor

■ **cagarse** *v pron* (vulg) (defecar) to shit oneself (vulg); **se estarán cagando de miedo** they'll be scared shitless (sl), they'll be shitting themselves (vulg); **~ *en algn/algo*** (vulg): **¡me cago en las autoridades!** screw the authorities! (sl); ***¡me cago en diez*** *or* ***en la mar!*** (fam *o* vulg) shit! (vulg), damn! (colloq); ***que te cagas*** (vulg): **hace un frío que te cagas** it's goddamn freezing (AmE sl), it's bloody freezing (BrE) (sl)

cagarruta *f* pellet; **~s de pájaro** bird droppings

cagón[1] -gona *adj* (fam *o* vulg) 1▸ (miedoso) wimpish (colloq), wet (colloq) 2▸ (Méx) (afortunado) lucky

cagón[2] -gona *m,f* (fam *o* vulg) 1▸ (bebé) *baby that keeps dirtying his/her diapers* 2▸ (miedoso) wimp (colloq) 3▸ (Méx) (afortunado) lucky devil (colloq)

caguama *m* (Méx) *measure of beer roughly equivalent to a liter*

caída *f*
A (accidente) fall; **sufrir una ~** «*persona*» to have a fall; **fue una mala ~** it was a nasty fall

(Compuesto) **caída libre** free fall

B (del cabello): **la ~ del cabello** hair loss
C (de tela, falda): **necesitas una tela con más ~** you need a heavier material; **tiene buena ~** it hangs well
D (de gobierno, de ciudad) fall; **la ~ del Imperio Romano** the fall *o* collapse of the Roman Empire
E (descenso) fall, drop; **la ~ del dólar** the fall in the dollar

(Compuesto) **caída de agua** waterfall

F **a la caída del sol** *or* **de la tarde** at sunset, at dusk
G (de terreno, de superficie) slope; (más pronunciada) drop

caído[1] -da *adj*
A 1▸ (en el suelo) fallen; **recogieron las manzanas caídas** they picked up the windfalls 2▸ ‹*pechos*› drooping, sagging; **tener los** *or* **ser de hombros ~s** to be round-shouldered; **tiene el útero ~** she has a prolapsed womb
B (en la guerra): **soldados ~s en combate** soldiers who fell in combat
C (Col) ‹*vivienda*› dilapidated, run-down

caído[2] *m*: **los ~s** the fallen

caiga, caigas, etc *see* **caer**

caimán *m*
A (Zool) caiman, cayman, alligator
B (Chi, Méx) (Tec) alligator wrench

Caín *m* Cain; ***pasar las de ~*** (fam) to go through hell (colloq)

caipiriña, caipirinha /kaipiˈriɲa/ *f*: *drink made with rum, sugar, lemon and ice*

Cairo *m*: **El ~** Cairo

caja *f*
A 1▸ (recipiente) box; **una ~ de fósforos** (con fósforos) a box of matches; (vacía) a matchbox; **una ~ de vino** a crate of wine 2▸ (de reloj) case, casing 3▸ (Mús) (de violín, guitarra) soundbox; (tambor) drum; ***echar*** *or* ***despedir a algn con ~s destempladas*** to send sb packing (colloq) 4▸ (fam) (ataúd) coffin

(Compuestos)
- **caja china** Chinese box
- **caja de cambios** *or* **velocidades** gearbox
- **caja de caudales** *or* (Chi) **de fondos** safe, strongbox
- **caja de embalaje** packing case
- **caja de empalmes** junction box
- **caja de fusibles** fuse box
- **caja de herramientas** toolbox
- **caja de la escalera** stairwell
- **caja de música** music box
- **caja de resonancia** (Mús) soundbox
- **caja de ritmos** drum machine
- **caja de seguridad** safe-deposit box, safety deposit box
- **caja de sorpresas** (juguete) jack-in-the-box; **eres una ~ de ~** you're full of surprises
- **caja fuerte** safe, strongbox
- **caja negra** black box, flight recorder
- **caja tonta** (fam) goggle box (colloq)
- **caja torácica** thoracic cavity

B (Com) 1▸ (lugar — en banco) window; (— en supermercado) checkout; (— en tienda, restaurante) cash desk, till; **sírvase pagar en** *or* **pasar por ~** pay at the cash desk *o* till 2▸ (máquina) till, cash register; **¿cuánto dinero ha ingresado en ~ hoy?** how much money have we/you taken today? 3▸ (dinero) cash; **hicimos una ~ de medio millón** we took half a million pesos (*o* euros *etc*); ***hacer (la) ~*** to cash up

(Compuestos)
- **caja de ahorros** savings bank
- **caja de pensiones** *or* **jubilaciones** (state) pension fund
- **caja registradora** cash register

C (Mil): **entrar en ~** to be drafted *o* called up
D (Impr) case
E (Arm) stock

cajero -ra *m,f* (en tienda) cashier; (en banco) teller, cashier; (en supermercado) check out operator

(Compuesto) **cajero automático** *or* **permanente** *m* cash dispenser, automated *or* automated teller machine (AmE)

cajeta *f* (Méx) caramel topping/filling

cajetilla *f* pack (AmE), packet (BrE)

cajetín *m*
A (sello) stamp (*with spaces for writing date, invoice number, etc*)
B (Elec) junction box

cajón *m*
A 1▸ (en un mueble) drawer; **el ~ de arriba/abajo** the top/bottom drawer; **~ *de sastre***: **este capítulo es un ~ de sastre** this chapter is a bit of a hodgepodge (AmE) *o* (BrE) a hotchpotch (colloq); **esa sección es el ~ de sastre del**

periódico that's the miscellaneous *o* oddments section of the newspaper; ***de* ~** (fam) ‹*respuesta/pregunta*› obvious; **eso es de ~** that's obvious **2▸** (caja grande) *tb* **~ de embalaje** crate; (para mudanzas) packing case; **~ de fruta** fruit box **3▸** (AmL) (ataúd) coffin, casket (AmE)

(Compuesto) **cajón de arena** sandpit, sandbox

B **1▸** (Méx) (en un estacionamiento) parking space **2▸** (Chi) (Geog) gulley, ravine

cajuela *f* (Méx) trunk (AmE), boot (BrE)

cajuelita *f* (Méx) glove compartment

cal *f* lime; **ahogar** *or* **apagar la ~** to slake lime; **pintado a la ~** (RPl) whitewashed; ***cerrar algo a ~ y canto*** to close sth firmly *o* tight; ***una de ~ y otra de arena*** (Esp) something nice followed by something less pleasant

(Compuestos)
- **cal apaguda** *or* **muerta** slaked lime
- **cal viva** quicklime, caustic lime

cala *f*

A (ensenada) cove

B (Náut) hold

calabacín *m*, (Méx) **calabacita** *f* zucchini (AmE), courgette (BrE)

calabaza *f* (Bot, Coc) (fruto — redondo) pumpkin; (— alargado) squash (AmE), marrow (BrE); ***dar* ~*s*** (fam) (a un pretendiente) to give ... the brush-off (colloq); (a un estudiante) to fail, flunk (AmE colloq)

calabobos *m* (fam) drizzle

calabozo *m* (en una comisaría, cárcel) cell; (en un cuartel) guardroom; (Hist) dungeon

calada *f* (Esp fam) (de cigarro) drag (sl), puff (colloq)

caladero *m* fishing ground

calado¹ -da *adj*

A (empapado) soaked

B ‹*jersey/tela*› openwork (*before n*)

calado² *m*

A (en costura) openwork

B **1▸** (de barco) draft; **un barco de gran/poco ~** a ship with a deep/shallow draft **2▸** (altura del agua) depth

calamar *m* squid; **~es a la romana** squid fried in batter

calambrazo *m* (fam) (espasmo) attack of cramp; (sacudida eléctrica) electric shock

calambre *m* **1▸** (espasmo) cramp; **me ha dado un ~ en el pie** I have a cramp (AmE) *o* (BrE) I've got cramp in my foot **2▸** (sacudida eléctrica) electric shock; **me dio un ~** I got *o* it gave me an electric shock

calamidad *f* **1▸** (desastre, desgracia) disaster, calamity; **¡las ~es que ha pasado!** the terrible things he's gone through! **2▸** (persona inútil) disaster (colloq)

calamina *f*

A **1▸** (Min) smithsonite **2▸** (Med) calamine

B (aleación) zinc alloy; (para techos) (Chi, Per) corrugated iron

calamita *f* lodestone

calamitoso -sa *adj* disastrous, calamitous

calandria *f* (Zool) calandra lark

calaña *f*: **los de tu ~ ...** your sort *o* kind ... (colloq); **un tipo de mala ~** a bad sort *o* lot (colloq)

calar [A1] *vt*

A «*líquido*» (empapar) to soak; (atravesar) to soak through

B **1▸** ‹*sandía*› to cut a piece out of (*in order to taste it*) **2▸** (fam) ‹*persona/intenciones*› to rumble (colloq), to suss ... out (BrE colloq); **te tenemos muy calado** we've got you sussed

C «*barco*» to draw

D ‹*bayoneta*› to fix

E (Esp) ‹*coche/motor*› to stall

■ **calar** *vi*

A «*moda*» (penetrar) to catch on; **estos cambios calan lentamente en la sociedad** these changes permeate society slowly; **los países donde ha calado esta religión** the countries where this religion has taken root; **aquellas palabras ~on hondo en él** those words made a deep impression on him

B «*zapatos/tienda de campaña*» to leak, let water in

■ **calarse** *v pron*

A (empaparse) to get soaked, get drenched; **me calé hasta los huesos** I got soaked to the skin

B (liter) ‹*sombrero/gorra*› to pull ... down

C (Esp) «*coche/motor*» to stall

calavera¹ *f*

A (Anat) skull

B (Méx) (Auto) taillight

calavera² *m* (fam) rake

calcado -da *adj* **1▸** [SER] (fam) **~ A algo/algn: es ~ a su madre** he's the spitting image of his mother (colloq); **esta canción es calcada a la que ganó el festival** this song's exactly the same as the one that won the festival **2▸** [ESTAR] (fam): **están ~s** one is a carbon copy of the other; **~ DE algo: está ~ del de Serra** it's a straight copy of Serra's

calcar [A2] *vt* **1▸** ‹*dibujo/mapa*› to trace **2▸** (plagiar) to copy

calcáreo -rea *adj* calcareous

calce *m* wedge; **poner un ~ a la mesa** to wedge something under the leg of the table, to wedge the table

calceta *f* (labor) knitting; **hacer ~** to knit

calcetín *m* sock

(Compuestos)
- **calcetines altos** *mpl* knee-length *o* long socks (*pl*)
- **calcetines cortos** *mpl* ankle *o* short socks (*pl*)

cálcico -ca *adj* calcic

calcificar [A2] *vi* to calcify

■ **calcificarse** *v pron* to calcify

calcinación *f* calcination

calcinar [A1] *vt* **1▸** (abrasar) «*fuego*» to burn; «*sol*» (liter) to scorch; **murieron calcinados** they burned *o* were burned to death; **cadáveres calcinados** charred bodies **2▸** (Quím) to calcine

calcio *m* calcium

calco *m* **1▸** (copia) exact replica; **es un ~ de su padre** he's the spitting image of his father **2▸** (Ling) calque, loan translation

calcomanía *f* transfer, decal (AmE)

calculador -dora *adj* calculating

calculadora *f* calculator

calcular [A1] *vt*

A **1▸** (Mat) ‹*precio/cantidad*› to calculate, work out; **calculando por lo bajo** at a conservative estimate; **calculé mal** I miscalculated **2▸** (considerar, conjeturar) to reckon; **yo le calculo unos sesenta años** I reckon *o* guess he's about sixty; **se calcula que asistieron más de cien personas** over a hundred people are estimated to have attended **3▸** (fam) (imaginar) to imagine; **calcula mi sorpresa** imagine how surprised I was; **debes estar contento — ¡calcula!** you must be pleased — you bet!

B (planear) to work out; **lo tenía todo calculado** he had it all worked out; **un gesto calculado** a calculated gesture

cálculo *m*

A (Mat) **1▸** (operación) calculation; **según mis ~s** according to my calculations; **hizo un ~ aproximado** she made a rough estimate **2▸** (disciplina) calculus

(Compuesto) **cálculo mental** mental arithmetic

B (plan, conjetura): **eso no entraba en mis ~s** I hadn't allowed for that in my plans *o* calculations; **le fallaron los ~s** things didn't work out as he had planned; **superó los ~s más optimistas** it exceeded even the most optimistic estimates; **fue un error de ~** I/he/they misjudged *o* miscalculated

C (Med) stone, calculus (tech)

(Compuestos)
- **cálculo biliar** gallstone, bilestone
- **cálculo renal** kidney stone

caldeado -da *adj* heated; **los ánimos están ~s** feelings are running high

caldear [A1] *vt* **1▸** ‹*habitación/local*› to heat, heat ... up **2▸** (enardecer): **el discurso caldeó los ánimos de los obreros** the speech inflamed the feelings of the workers; **esas palabras caldearon el ambiente** these words added fuel to the flames

■ **caldearse** *v pron* **1▸** «*habitación/local*» to warm up, heat up **2▸** (enardecerse): **se estaban empezando a ~ los ánimos** things were beginning to get heated; **se caldeó el ambiente** feelings started to run high

caldera *f*

A (industrial, de calefacción) boiler

C

B (caldero) caldron*, copper (BrE)
C (Geol) crater
calderero -ra *m,f* (Náut, Tec) boilermaker
caldereta *f* (de pescado) fish stew; (de cordero) lamb stew
calderilla *f* change, small *o* loose change
caldero *m* caldron*, copper (BrE)
calderón *m* (Mús) pause
caldo *m*
A (Coc) (para beber) clear soup; (con arroz, etc) soup; (para cocinar) stock; (salsa de asado, etc) juices (*pl*); **~ de pollo/verduras** chicken/vegetable stock; ***poner a algn a ~*** (Esp fam) to tell sb what you think of him/her (colloq)
(Compuesto) **caldo de cultivo** (Biol) culture medium; (ambiente propicio) breeding ground
B (Vin) wine
caldoso -sa *adj* ‹*arroz*› soggy; ‹*salsa*› runny, watery
calé¹ *adj* gypsy (*before n*)
calé² *mf* gypsy
calefacción *f* heating; **~ eléctrica** electric heating; **~ de** *or* **a gas** gas heating
(Compuesto) **calefacción central** central heating
calefactor *m* heater
calefón *m* (*pl* **-fones** *or* **-fóns**) (RPl) water heater, boiler
caleidoscopio *m* kaleidoscope
calendario *m* **1▸** (de pared, mesa) calendar; **~ de taco** tear-off calendar **2▸** (programa de actividades) schedule; **el ~ para el proyecto** the schedule *o* timetable for the project; **tiene un ~ de lo más apretado** she has a very tight schedule; **el ~ para las negociaciones** the agenda for the negotiations **3▸** (con días festivos de una actividad) calendar; **~ escolar/laboral** school/work calendar
calendas *fpl* calends (*pl*)
caléndula *f* pot marigold
calentadita *f* (Méx fam): **darle una ~ a algn** to rough sb up (colloq)
calentador *m* **1▸** (para agua) (water) heater; (estufa) heater **2▸ calentadores** *mpl* (Dep, Indum) legwarmers (*pl*)
(Compuesto) **calentador de aire/de inmersión** fan/immersion heater
calentamiento *m* **1▸** (Dep) warm-up; **ejercicios de ~** warm-up exercises **2▸** (Fís) warming
(Compuesto) **calentamiento global** *or* **del planeta** global warming
calentar [A5] *vt*
A **1▸** ‹*agua/comida*› to heat, heat up; ‹*habitación*› to heat; **~ algo al rojo** to make sth red-hot **2▸** (Dep): **~ los músculos** to warm up **3▸** ‹*motor/coche*› to warm up
B (fam) (zurrar) to give … a good hiding (colloq)
C (vulg) (excitar sexualmente) to turn … on (colloq)
D (AmL fam) (enojar) to make … mad (colloq); **lo que me calienta es …** what really makes me mad is … (colloq)
■ **calentar** *vi*: **¡cómo calienta hoy el sol!** the sun's really hot today!; **la estufa casi no calienta** the heater is hardly giving off any heat
■ **calentarse** *v pron*
A **1▸** «*horno/plancha*» to heat up; «*habitación*» to warm up, get warm **2▸** «*motor/coche*» (al arrancar) to warm up; (en exceso) to overheat
B (vulg) (excitarse sexualmente) to get turned on (colloq)
C «*debate*» to become heated; **los ánimos se ~on** tempers flared
D (AmL fam) (enfadarse) to get mad (colloq)
calentera *f* (Ven fam) ▸**calentura 3**
calentón -tona *m,f* (vulg) (en sentido sexual) horny devil (sl), randy devil (BrE colloq)
calentura *f* **1▸** (fiebre) temperature **2▸** (en la boca) cold sore **3▸** (RPl fam) (rabia): **se agarró una ~ bárbara** she had a fit *o* she was livid (colloq)
calenturiento -ta, **calenturoso -sa** *adj* feverish
calesa *f* calash
calesita *f* (Per, RPl) merry-go-round, carousel
caleta *f*
A (ensenada) cove, small bay
B (Col, Ven) (escondite) cache
caletear [A1] *vt* (Ven) to transport, move
caletearse *v pron* (Per fam) to strip, strip off (BrE)
caleto -ta *v pron* (Per fam) naked, nude; **nos bañamos ~s** we swam in the nude
caletrearse [A1] *v pron* (Ven arg) to learn … parrot fashion
calibrador *m* **1▸** (para medir) gauge, gage (AmE); **~ de mordazas** caliper* gauge **2▸** (de tubo, cilindro) borer
calibrar [A1] *vt* **1▸** ‹*arma/tubo*› to calibrate **2▸** ‹*consecuencias/situación*› to weigh up
calibre *m*
A **1▸** (de arma, proyectil) caliber*; **de grueso/pequeño ~** large-bore/small-bore; **de ~ 22** 22 caliber **2▸** (de tubo, conducto) caliber*; (de alambre) gauge
B (importancia) caliber*; **un artista de ese ~** an artist of that caliber; **de grueso ~** (AmL) ‹*error*› serious; **vocabulario de grueso ~** strong language
caliche *m* (Chi) caliche
calichera *f* (Chi) caliche deposit
calidad *f*
A (de producto, servicio) quality; **un artículo de primera ~** a top-quality product; **productos de mala** *or* **baja ~** poor-quality products; **es una obra de ~** it is a work of high quality
(Compuesto) **calidad de vida** quality of life
B (condición) status; **en ~ de** (frml) as; **asistió en ~ de observador** he attended as an observer; **en su ~ de presidente** in his capacity as president
calidez *f* (AmL) warmth
cálido -da *adj* **1▸** (Meteo) hot **2▸** ‹*acogida/bienvenida*› warm **3▸** ‹*color/tono*› warm
calidoscopio *m* kaleidoscope
calienta, etc *see* **calentar**
calientabiberones *m* (*pl* ~) bottle-warmer
calientabraguetas *f* (*pl* ~) (Méx, RPl vulg) pricktease (vulg)
calientahuevos *f* (*pl* ~) (Col, Ven vulg) pricktease (vulg)
calientapiernas *mpl* legwarmers (*pl*)
calientaplatos *m* (*pl* ~) plate warmer
calientapollas *f* (*pl* ~) (Esp vulg) pricktease (vulg)
caliente *adj*
A ‹*agua/comida/horno*› hot; **aquí estaremos más calentitas** we'll be warmer here; **comer ~** to have a hot meal; **~, ~** (Jueg) you're hot, getting hotter; **tomó la decisión en ~** she made the decision in the heat of the moment; ***agarrarle a algn en ~*** (Méx fam) to catch sb red-handed; ***pagar en ~ y de repente*** (Méx fam) to pay cash on the nail
B (fam) (excitado sexualmente) hot (colloq), horny (sl)
caliento *see* **calentar**
califa *m* caliph
califato *m* caliphate
calificación *f*
A (Educ) grade (AmE), mark (BrE)
B **1▸** (descripción) description **2▸** (de película) rating
calificado -da *adj* (esp AmL) ‹*mano de obra*› skilled; ‹*profesional*› qualified; **los más ~s** the most highly qualified; **~ PARA + INF** qualified to + INF
calificar [A2] *vt*
A (describir) **~ algo/a algn DE algo** to describe sth/sb AS sth
B (Educ) **1▸** ‹*examen*› to grade (AmE), to mark (BrE); ‹*alumno*› to give a grade (AmE) *o* (BrE) mark to **2▸** «*título/diploma*» **~ a algn PARA + INF** to qualify sb TO + INF
C (Ling) to qualify
calificativo *m*: **no encuentro ~s para describirlo** I can find no words to describe it; **se le aplicó el ~ de reaccionario** he was described as a reactionary; **sólo merece el ~ de …** the only way to describe it/him/her is …
California *f* California
californiano -na *adj/m,f* Californian
caligrafía *f* (arte) calligraphy; (de persona) writing, handwriting; **ejercicios de ~** handwriting exercises
calilla *f* (Chi fam) debt
calima, calina *f* (nube) cloud of dust (*from the Sahara*); (neblina) mist
calipso *m* (Mús) calypso
calistenia *f* calisthenics*

cáliz *m*
A (Relig) chalice; ***apurar el ~ de la amargura*** (liter) to drain the cup of sorrow (liter)
B (Bot) calyx

caliza *f* limestone

calizo -za *adj* ‹*tierra*› limy; **piedra caliza** limestone

callada *f*: **dio la ~ por respuesta** he didn't reply

calladamente *adv* (en secreto) secretly; (silenciosamente) silently; **se reía ~** she was laughing quietly

callado -da *adj* [ESTAR] quiet; **estuvo ~ durante toda la reunión** he didn't say a thing *o* he kept quiet throughout the whole meeting; **lo escucharon ~s** they listened to him in silence; ***para ~*** (Chi fam) ‹*contar*› in secret; ***tener algo ~*** *or* ***calladito*** **to keep sth quiet**

callampa *f* (Chi) **1** (hongo) mushroom; ***brotar*** *or* ***surgir como ~s*** (fam) to spring up everywhere **2** (vivienda) shanty (dwelling) **3** **callampas** *fpl* (poblaciones marginales) shantytown

callandito *adv* (fam) quietly; **~ ~, que duermen** shh *o* quiet, they're sleeping

callar [A1] *vi* to be quiet, shut up (colloq); **no pude hacerlo ~** I couldn't get him to be quiet; **hacer ~ a la oposición/prensa** to silence the opposition/the press; **ya tiene tres niños — ¡calla!** (fam) she has three children now — never! *o* she hasn't't! (colloq); ***quien calla otorga*** silence implies *o* gives consent
■ **callar** *vt* **1** ‹*secreto/información*› to keep … quiet **2** (AmL) ‹*persona*› to get … to be quiet, to shut … up (colloq)
■ **callarse** *v pron* **1** (guardar silencio) to be quiet; **¡cállate la boca!** (fam) shut your mouth! (sl); **cuando entró todos se ~on** when he walked in everyone went quiet *o* stopped talking; **la próxima vez no me ~é** next time I'll say something **2** (no decir) ‹*noticia*› to keep … quiet, keep … to oneself

calle *f*
A **1** (camino, vía) street; **esa ~ no tiene salida** that's a no through road, that street *o* road is a dead end **2** (en sentido más amplio): **hoy no he salido a la ~** I haven't been out today; **el libro saldrá a la ~ mañana** the book comes out tomorrow; **me encontré con él en la ~** I bumped into him in the street; **el hombre de la ~** the man in the street; **el lenguaje de la ~** colloquial language; **se crió en la ~** she grew up on the streets; **de ~: traje/vestido de ~** everyday suit/dress; ***aplanar ~s*** (AmL fam) to loaf around; ***echar a algn a la ~*** to throw sb out (on the street); ***echarse*** *or* ***salir a la ~*** to take to the streets; ***echar*** *or* ***tirar por la ~ de en medio*** to take the middle course; ***en la ~*** ‹*estar/quedar*› (en la ruina) penniless; (sin vivienda) homeless; (sin trabajo) out of work; ***hacer la ~*** (fam) to work the streets (colloq); ***llevarse a algn de ~*** (fam): **se las lleva a todas de ~** he has all the girls chasing after him (colloq); ***llevar*** *or* ***traer a algn por la ~ de la amargura*** (fam) to make sb's life a misery (colloq)

(Compuestos)
- **calle de dirección única** *or* **sentido único** one-way street
- **calle de una vía** (Col) one-way street
- **calle peatonal** pedestrian street
- **calle sin salida** *or* (Andes, Ven) **calle ciega** *or* (RPl) **cortada**

B (Esp) (en atletismo, natación) lane; (en golf) fairway

callejear [A1] *vi* to hang around the streets (colloq)

callejero[1] -ra *adj* **1** ‹*riña/venta/músico*› street (*before n*); ‹*perro*› stray (*before n*) **2** ‹*persona*›: **es muy ~** he goes out a lot

callejero[2] *m* (Esp) street map *o* plan

callejón *m* alley, narrow street

(Compuesto) **callejón sin salida** **1** (calle) dead end, blind alley **2** (situación desesperada): **el gobierno se encuentra en un ~ sin salida** the government can't see its way out of its present situation

callejuela *f* alley, narrow street

callicida *m* corn remover

callista *mf* chiropodist

callo *m*
A (en los dedos del pie) corn; (en la planta del pie, en las manos) callus; (en una fractura) callus; ***dar el ~*** (Esp fam) to slave away (colloq)
B (Esp pey) (persona fea): **es un ~** he's got a face like the back end of a bus
C **callos** *mpl* (Esp) (Coc) tripe

callosidad *f* callus

calma *f* calm; **con ~** calmly; **procura mantener la ~** try to keep calm; **tómatelo con ~** take it easy; **no hay que perder la ~** the thing is not to lose your cool; **la ~ ha vuelto a la ciudad** the city is calm again; **el mar está en ~** the sea is calm; **¡~, por favor!** (en situación peligrosa) please, keep calm! *o* don't panic!; (en discusión acalorada) calm down, please!; ***la ~ que precede a la tormenta*** the lull *o* calm before the storm

(Compuesto) **calma chicha** dead calm

calmante *m* (para dolores) painkiller; (para los nervios) tranquilizer

calmar [A1] *vt* **1** (tranquilizar) ‹*persona*› to calm … down; ‹*nervios*› to calm; **esto calmó los ánimos** this eased the tension **2** (aliviar) ‹*dolor*› to relieve, ease
■ **calmarse** *v pron* **1** «*persona*» to calm down; **ahora que los ánimos están más calmados** now that people have calmed down **2** «*mar*» to become calm

calmo -ma *adj* (esp AmL) calm

calmoso -sa *adj* (tranquilo) calm; (lento) slow

caló *m* gypsy slang

calor *m* [*Use of the feminine gender, although common in some areas, is generally considered to be archaic or non-standard*]
A (Fís) heat
B **1** (Meteo) heat; **con este ~ no puedo trabajar** I can't work in this heat; **hoy hace ~** it's hot today; **hacía un ~ agobiante** the heat was stifling *o* suffocating; **hace un ~cillo agradable** it's pleasantly warm **2** (sensación): **tener ~** to be hot; **pasamos un ~ horrible** it was terribly *o* unbearably hot; **entrar en ~** to get warm; **esta chaqueta me da mucho ~** I feel very hot in this jacket; **al ~ del fuego/de la lumbre** by the fireside
C (afecto) warmth; **un hogar falto de ~** a home lacking in warmth and affection
D **calores** *mpl* (de la menopausia) hot flashes (*pl*) (AmE), hot flushes (*pl*) (BrE)

caloría *f* calorie

calórico -ca *adj* caloric; **con bajo contenido ~** with a low calorie content

calorífero -ra *adj* heat-producing

calorífico -ca *adj* calorific

calostro *m* colostrum

calumnia *f* (oral) defamation, slander, calumny (frml); (escrita) libel; **levantaron ~s contra la institución** they spread slanderous rumors about the institution

calumniador -dora *adj* slanderous, defamatory

calumniar [A1] *vt* (por escrito) to libel; (oralmente) to slander

calumnioso -sa *adj* ‹*discurso/rumor*› defamatory, slanderous; ‹*escrito/libro*› defamatory, libelous

caluroso -sa *adj* **1** ‹*día/clima*› hot **2** ‹*acogida/aplauso*› warm; **recibe un ~ saludo** (Corresp) best wishes

calva *f* (cabeza sin pelo) bald head; (parte sin pelo) bald patch

calvario *m*
A **1** (Relig) Stations of the Cross (*pl*) **2** (fam) (sufrimiento, martirio): **es un ~** it is torture *o* hell
B **el Calvario** (Bib) Calvary

calvicie *f* baldness

calvinismo *m* Calvinism

calvinista *adj/mf* Calvinist

calvo[1] -va *adj* ‹*persona*› bald; **quedarse ~** to go bald

calvo[2] -va *m,f* bald person

calypso *m* ▸ **calipso**

calza *f*
A (cuña) chock
B (Col) (en una muela) filling
C **calzas** *fpl* (calzones) hose (*pl*), breeches (*pl*)

calzada *f* **1** (camino) road; **~s romanas** Roman roads **2** (de una calle) road; (de una autopista) side, carriageway

calzado[1] -da *adj*: **ir bien ~** to wear good shoes; **iba ~ con botas** he wore boots

calzado² *m* (frml) footwear (frml); **la industria del ∼** the shoe industry

calzador *m* shoehorn

calzar [A4] *vt*

A **1** ‹*persona*› (proveerla de calzado) to provide … with shoes; (ponerle los zapatos): **calza a los niños** put the children's shoes on **2** (llevar): **calzo (un) 39** I take (a) size 39, I'm a 39; **calzaba zapatillas de deporte** he was wearing training shoes

B ‹*rueda*› to chock, wedge a block under

C (Col) ‹*muela*› to fill

■ **calzarse** *v pron* (*refl*) **1** (ponerse los zapatos) to put one's shoes on **2** ‹*zapato*› to put on

calzo *m* chock

calzón *m*, **calzones** *mpl*

A **1** (antiguo) long underwear, long johns (*pl*) (colloq) **2** (AmS) (moderno) panties (*pl*), pants (*pl*) (BrE)

B **calzón** *m* (Esp) (para deporte) shorts (*pl*)

calzonazos *m* (*pl* ∼) (fam) (marido dominado) henpecked husband (colloq); (cobarde) wimp (colloq)

calzoncillos *mpl*, **calzoncillo** *m* underpants, shorts (*pl*) (AmE), pants (*pl*) (BrE)

(Compuesto) **calzoncillos largos** *mpl* long underwear, long johns (*pl*) (colloq)

calzoncitos *mpl* (Col) panties (*pl*), pants (*pl*) (BrE)

calzonudo¹ *adj* (AmL fam) (dominado por la mujer) henpecked; (débil) wimpish (colloq)

calzonudo² *m* (AmL) ▸**calzonazos**

cama *f* (para dormir) bed; **hacer** *or* (AmL) **tender la ∼** to make the bed; **estirar la ∼** to straighten the covers; **¡métete en la ∼!** get into bed!; **guardar ∼** to stay in bed; **está en ∼** she's in bed; ***caer en ∼*** to fall ill; ***estar de ∼*** (RPl fam) to be dead (colloq), to be knackered (BrE sl); ***irse a la ∼ con algn*** (fam) to go to bed with sb (colloq); ***llevarse a algn a la ∼*** (fam) to get sb into bed (colloq)

(Compuestos)
- **cama camarote** (AmL) bunk bed
- **cama de agua** water bed
- **cama doble** *or* **de matrimonio** *or* (AmL) **de dos plazas** double bed
- **cama individual** *or* (AmL) **de una plaza** single bed
- **cama elástica** trampoline
- **cama nido** trundle bed, truckle bed
- **cama redonda** group sex
- **camas gemelas** *fpl* twin beds (*pl*)
- **cama solar** sunbed
- **cama turca** (sin respaldo) divan (bed)

camada *f* (Zool) litter; (de ladrones, sinvergüenzas) (pey) gang

camafeo *m* cameo

camaleón *m* chameleon

camama *f* (fam) (mentira) lie; (burla) joke

camanchaca *f* (en el Atacama) thick fog

cámara *f*

A (arc) (aposento) chamber (frml)

(Compuestos)
- **cámara acorazada** *or* **blindada** strongroom, vault
- **cámara de combustión/compresión/descompresión** combustion/compression/decompression chamber
- **cámara de gas** gas chamber
- **cámara de oxígeno** oxygen tent
- **cámara frigorífica** cold store
- **cámara mortuoria** funeral chamber

B (Gob, Pol) house

(Compuestos)
- **cámara alta/baja** upper/lower house
- **Cámara de los Comunes/de los Lores** House of Commons/of Lords
- **Cámara de los Diputados** Chamber of Deputies
- **Cámara de Representantes** House of Representatives
- **Cámara de Senadores** Senate

C (Com, Fin) association

(Compuestos)
- **cámara agraria** *or* **agrícola** farmers' union
- **cámara de comercio** chamber of commerce

D (aparato) camera; **en** *or* (Esp) **a ∼ lenta** in slow motion

(Compuestos)
- **cámara de cine** film camera
- **cámara de televisión/video** *or* (Esp) **vídeo** television/video camera
- **cámara fotográfica** camera

E **cámara** *mf* (Esp) (camarógrafo) (*m*) cameraman; (*f*) camerawoman

F **1** (Fís, Mec) chamber **2** (de un arma) chamber

G (de un neumático) inner tube

camarada *mf* **1** (de un partido político) comrade; **el ∼ Nieves** Comrade Nieves **2** (de colegio) school friend; (de trabajo) colleague

camaradería *f* camaraderie, comradeship; **una comida de ∼** (CS) a reunion dinner, an alumni dinner (AmE)

camarero -ra *m,f*

A (esp Esp) (en bar, restaurante) (*m*) waiter; (*f*) waitress; (detrás de mostrador) (*m*) barman; (*f*) barmaid

B **1** (en un hotel) (*m*) bellboy; (*f*) maid **2** (Transp) (*m*) steward; (*f*) stewardess

camarilla *f* group; (pey) clique (pej); (de jefe, presidente) cronies (*pl*) (colloq & pej)

camarín *m* (CS) **1** (Teatr) dressing room **2** (en vestuarios) changing cubicle **3** **camarines** *mpl* (Chi) (Dep) changing rooms (*pl*), locker rooms (*pl*)

camarógrafo -fa (*m*) cameraman; (*f*) camerawoman

camarón *m* (crustáceo pequeño) shrimp; (— más grande) shrimp (AmE), prawn (BrE)

camarote *m* cabin

cambalache *m* **1** (fam) (trueque) swap (colloq); **hacer ∼s** to swap (colloq) **2** (RPl fam & pey) (tienda) thrift store (AmE), junk shop (BrE)

cambiable *adv* **1** (variable) changeable **2** ‹*bono/vale*› exchangeable

cambiante¹ *adj* ‹*tiempo*› changeable, unsettled; ‹*persona/carácter*› moody, temperamental

cambiante² *mf* moneychanger

cambiar [A1] *vt*

A **1** (alterar, modificar) ‹*horario/imagen/persona*› to change; **eso no cambia nada** that doesn't change anything **2** (de lugar, posición) **∼ algo/a algn DE algo**: **∼ los muebles de lugar** to move the furniture around; **nos van a ∼ de oficina** they're going to move us to another office; **cambié las flores de florero** I put the flowers in a different vase **3** (reemplazar) ‹*pieza/fecha/sábanas*› to change; **le cambió la pila al reloj** she changed the battery in the clock; **∼le el nombre a algo** to change the name of sth **4** ‹*niño/bebé*› to change

B (canjear) ‹*sellos/estampas*› to swap, to trade (esp AmE); ‹*compra*› to exchange, change; **si no le queda bien lo puede ∼** if it doesn't fit, you can exchange *o* change it; **∼ algo POR algo** ‹*sellos/estampas*› to swap *o* (esp AmE) trade sth FOR sth; ‹*compra*› to exchange *o* change sth FOR sth; **te cambio este libro por tu pluma** I'll swap you *o* trade this book for your pen; **∼le algo A algn**: **¿quieres que te cambie el lugar?** do you want me to swap *o* change places with you?

C (Fin) to change; **¿me puedes ∼ este billete?** can you change this bill (AmE) *o* (BrE) note for me?; **∼ algo A** *or* (Esp) **EN algo** to change sth INTO sth; **cambié 100 libras a** *or* (Esp) **en dólares** I changed 100 pounds into dollars

■ **cambiar** *vi*

A **1** «*ciudad/persona*» (alterarse) to change; **∼ para peor/mejor** to change for the worse/better; **está/lo noto muy cambiado** he's changed/he seems to have changed a lot; **así la cosa cambia** oh well, that's different; **le está cambiando la voz** his voice is breaking **2** (Auto) to change gear **3** (hacer transbordo) to change **4** (en transmisiones): **cambio** over; **cambio y corto** *or* **fuera** over and out

B **cambiar de** to change; **∼ de color** to change color; **∼ de idea** *or* **opinión** to change one's mind; **∼ de marcha** to change gear; **no cambies de tema** don't change the subject; **cambió de canal** he changed channel(s)

■ **cambiarse** *v pron* **1** (*refl*) (de ropa) to change, to get changed **2** (*refl*) ‹*camisa/nombre/peinado*› to change; **¿te cambiaste los calcetines?** did you change your socks? **3** **∼se POR algn** to change places WITH sb **4** (*recípr*) ‹*sellos/estampas*› to swap, to trade (esp AmE) **5** **cambiarse de** to change; **me cambié de sitio** I changed places;

~se de casa to move house; **cámbiate de camisa** change your shirt 6 (CS) (mudarse de casa) to move

cambiazo *m* (fam) change; **¡ qué ~ has dado!** how you've changed!; ***darle*** *or* ***hacerle el ~ a algn*** (Esp fam): **le habían dado el ~** they had switched it for a fake one

cambio *m*

A 1 (alteración, modificación) change; **~ DE algo** ‹*de planes/domicilio*› change OF sth; **un brusco ~ de temperatura** a sudden change in temperature; **un ~ de aires** *or* **ambiente** a change of scene; **una operación de ~ de sexo** a sex-change operation; ***a la primera de ~*** (fam) at the first opportunity 2 (Auto) gearshift (AmE), gear change (BrE); **meta el ~** (AmL) put it in gear; **un coche con cinco ~s** (AmL) a car with a five-speed gearbox

Compuestos

- **cambio de escena** scene change
- **cambio de guardia** change of guard
- **cambio de marchas** *o* **velocidades** (dispositivo) transmission (AmE), gearbox (BrE); (acción) gearshift (AmE), gear change (BrE)
- **cambio de marchas automático** automatic gearshift (AmE) *o* (BrE) gearbox
- **cambio de rasante** brow of a hill
- **cambio de vía** switch (AmE), points (*pl*) (BrE)

B 1 (canje) exchange; **saliste perdiendo con el ~** you lost out in the deal; **S no se admiten cambios** goods cannot be exchanged 2 (*en locs*) **a cambio (de)** in exchange (for), in return (for); **en cambio: a él le gusta a mí en ~ no** he likes it but I don't; **el autobús es agotador, en ~ el tren es muy agradable** the bus is exhausting; the train however *o* on the other hand is very pleasant

C 1 (Fin) (de moneda extranjera) exchange; **~ de divisas** foreign exchange; **¿a cómo está el ~?** what's the exchange rate?; **S cambio** bureau de change, change; **al ~ del día** at the current exchange rate; ▸**libre**[1] **A** 2 (diferencia) change; **me ha dado mal el ~** he's given me the wrong change 3 (dinero suelto) change; **¿tienes ~ de mil?** can you change a thousand pesos?; **necesito ~** I need some change

cambista *mf* moneychanger

cambur *m* (Ven) (fruta) banana

camelar [A1] *vt* (Esp fam) to sweet-talk (colloq); **~ a algn** PARA QUE + SUBJ to sweet-talk sb INTO + ING

camelia *f* camellia

camellear [A1] *vi* (arg) to push drugs

camello *m*

A (Zool) camel

B (Col fam) (trabajo) work; (empleo) job; (esfuerzo) hard work

C camello *mf* (arg) (traficante) pusher (sl), dealer (colloq)

camellón *m* (Méx) (en la calle) traffic island

camelo *m* (fam) (timo) con (colloq); (mentira) lie; **es puro ~** it's a pack of lies *o* (colloq) a load of bull; **esa noticia me huele a ~** that news sounds *o* smells fishy to me (colloq)

camembert *m* Camembert

camerino *m* 1 (Teatr) dressing room 2 **camerinos** *mpl* (Col) (Dep) changing rooms (*pl*)

camilla *f*

A (de lona) stretcher; (con ruedas) trolley, gurney (AmE); (en un consultorio) couch

B (Esp) (mesa) round table (*with a space for a heater beneath*)

camillero -ra *m,f* stretcher-bearer; **ahora vienen los ~s** now they are bringing the stretchers

caminador *m* (Col) babywalker

caminante *mf* (liter) traveler*

caminar [A1] *vi*

A 1 (andar) to walk; **le gusta ~ por el campo** he likes going for walks *o* (going) walking in the country; **salieron a ~** they went out for a walk; **podemos ir caminando** we can walk, we can go on foot; **el nene ya camina** the baby's walking now; **¡camina derecho!** stand up straight when you walk, don't slouch; **a ti te hace falta alguien que te haga ~ derecho** what you need is someone to keep you in line (colloq) 2 (hacia una meta, fin): **caminamos hacia una nueva era social** our society is moving into a new age; **~ hacia un futuro mejor** to head toward a better future

B (AmL) «*reloj/motor*» to work; «*asunto*» (fam): **el asunto va caminando** the matter is progressing, things are moving (colloq)

■ **caminar** *vt*

A ‹*distancia*› to walk; **caminamos dos kilómetros todos los días** we walk two kilometers every day

B (Col fam) ‹*persona*› to chase (colloq)

caminata *f* long walk; (en el campo) long walk, ramble, hike; **después de darme** *or* **pegarme semejante ~** after walking *o* (colloq) trekking all that way; **hay una buena ~ hasta allá** it's a fair walk *o* quite a trek (colloq)

camino *m*

A (de tierra) track; (sendero) path; (en general) road; **sigan por ese ~** continue along that path (*o* road *etc*); **están todos los ~s cortados** all the roads are blocked; ***abrir nuevos ~s*** to break new *o* fresh ground; ***allanar*** *or* ***preparar*** *or* ***abrir el ~*** to pave the way, prepare the ground; ***el ~ trillado*** the well-worn *o* well-trodden path; ***la vida no es un ~ de rosas*** life is no bed of roses; ***tener el ~ trillado***: **tenía el ~ trillado** he'd had the ground prepared for him; ***todos los ~s llevan*** *or* ***conducen a Roma*** all roads lead to Rome

Compuestos

- **Caminos, Canales y Puertos** civil engineering
- **camino vecinal** minor road (*built and maintained by local council*)

B 1 (ruta, dirección) way; **el ~ más corto** the shortest route *o* way; **saberse el ~** to know the way; **me salieron al ~** «*asaltantes*» they blocked my path *o* way; «*amigos/niños*» they came out to meet me; **éste es el mejor ~ a seguir** this is the best course to follow; **el ~ a la fama** the road *o* path to fame; **por ese ~ no vas a ninguna parte** you won't get anywhere that way *o* like that; **siguen ~s muy diferentes** they're taking very different paths; **se me fue por mal ~** *or* **por el otro ~** it went down the wrong way; ***abrir ~ a algo*** to clear the way for sth; ***abrirse ~*** to make one's way; **se abrió ~ entre la espesura** she made her way through the dense thickets; **abrirse ~ en la vida** to get on in life; ***buen/mal ~***: **este niño va por mal ~** *or* **lleva mal ~** this boy's heading for trouble; **ibas por** *or* **llevabas buen ~ pero te equivocaste** you were on the right track but you made a mistake; **las negociaciones van por** *or* **llevan muy buen ~** the negotiations are going extremely well; **llevar a algn por mal ~** to lead sb astray; ***cruzarse en el ~ de algn***: **superó todos los obstáculos que se le cruzaron en el ~** he overcame all the problems that arose; ***errar el ~*** to be in the wrong job *o* the wrong line of work; ***tirar por el ~ de en medio*** to take the middle path 2 (trayecto, viaje): **el ~ de regreso** the return journey; **se me hizo muy largo el ~** the journey seemed to take for ever; **lo debí perder en el ~ al trabajo** I must have lost it on my *o* on the way to work; **se pusieron en ~** they set off; **llevamos 300 kms/una hora de ~** we've done 300 kms/been traveling for an hour; **todavía estamos a** *o* **nos quedan dos horas de ~** we still have two hours to go; **paramos a mitad de ~** *or* **a medio ~** we stopped halfway; **cortar** *o* **acortar ~** to take a shortcut; **hizo todo el ~ a pie** he walked the whole way; **queda aún mucho ~ por recorrer** there's still a long way to go; ***a mitad de*** *or* ***a medio ~*** halfway through 3 (*en locs*) **camino de/a: me encontré con él ~ del** *or* **al mercado** I ran into him on the *o* on my way to the market; **ya vamos ~ del invierno** winter's on the way *o* on its way; ***llevar*** *or* ***ir ~ de algo***: **una tradición que va ~ de desaparecer** a tradition which looks set to disappear; **de camino** on the way to; **pilla de ~** it's on the way; **me queda de ~** I pass it on my way; **de camino a** on the way; **está de ~ a la estación** it is on the way to the station; **en el ~** *or* **de ~ al trabajo** on my/his/her way *o* the way to work; **en camino** on the way; **tiene un niño y otro en ~** she has one child and another on the way; **deben estar ya en ~** they must be on their way already; **por el camino** on the way

Compuesto **Camino de Santiago el ~ de ~** (Hist, Relig) the road to Santiago; (Astron) the Milky Way

Camino de Santiago

A pilgrimage route since the Middle Ages across northwestern Spain to Santiago de Compostela in Galicia. The city was founded at a place where a shepherd is said to have discovered the tomb of St James the Apostle, and its cathedral reputedly houses the saint's relics

camión *m*
A (de carga) truck, lorry (BrE); (contenido) truckload; ***estar como un ~*** (Esp fam) to be hot stuff (colloq)
Compuestos
• **camión articulado** semi (AmE), semitrailer (AmE), articulated lorry (BrE)
• **camión blindado** armored truck
• **camión celular** (Esp) patrol wagon (AmE), police van (BrE)
• **camión cisterna** tanker
• **camión de la basura** garbage truck (AmE), dustcart (BrE)
• **camión de mudanzas** moving van (AmE), removal van (BrE)
• **camión frigorífico** refrigerated truck
B (AmC, Méx) (autobús) bus

camionero -ra *m,f*
A truck driver, lorry driver (BrE)
B (AmC, Méx) (conductor de autobús) bus driver

camioneta *f*
A (furgoneta) van; (camión pequeño) light truck, pickup truck
B (AmL) (coche familiar) station wagon (AmE), estate car (BrE)

camión-grúa *m* (de un taller) wrecker (AmE), breakdown lorry (BrE); (de la policía) tow truck

camisa *f*
A (Indum) shirt; **en mangas de ~** in shirtsleeves; ***cambiar de ~*** to change sides; ***me jugué/se jugó hasta la ~*** I/he put my/his shirt on it; ***meterse en ~ de once varas*** (fam) to get oneself into a mess *o* jam (colloq); ***no me/le llegaba la ~ al cuerpo*** I/he/she was scared stiff; ***perder hasta la ~*** to lose one's shirt
Compuesto **camisa de fuerza** *f* straitjacket
B 1 (de un libro) jacket 2 (de un cilindro) sleeve; (de un horno) lining 3 (de una lámpara) mantle

camisería *f* shirtmaker's

camisero -ra *m,f* 1 (persona) shirtmaker 2 **camisero** *m* (vestido) shirtwaist (AmE), shirtwaister (BrE)

camiseta *f* 1 (prenda interior) undershirt (AmE), vest (BrE) 2 (prenda exterior) T-shirt; (de fútbol) shirt, jersey (AmE); (de atletismo — de manga corta) shirt, jersey (AmE); (— sin mangas) jersey (AmE), vest (BrE)

camisola *f* loose-fitting shirt

camisón *m* nightdress

camomila *f* camomile, chamomile

camorra *f* 1 (fam) (bronca, riña) fight; **armar ~** to start a fight; **buscar ~** to look for a fight (colloq) 2 **la Camorra** the Camorra, the Sicilian mafia

camorrero -ra *adj/mf* (Col, CS) ▸ **camorrista[1,2] 1**

camorrista[1] *adj* 1 (fam) (pendenciero): **no seas ~** stop being a troublemaker 2 (mafioso) *of the Camorra*

camorrista[2] *mf* 1 (fam) (pendenciero) troublemaker (colloq) 2 (mafioso) *member of the Camorra*

camote *m*
A (Bot) 1 (Andes, Méx) (batata) sweet potato; ***hacerse ~*** (Méx fam) to get mixed up, get in a muddle (colloq); ***poner a algn como ~*** (Méx fam); (reprenderlo) to give sb a telling off; ***ser un ~*** (Chi, Méx fam) to be a pain in the neck (colloq) 2 (Méx) (cualquier tubérculo o bulbo) tuber
B (Andes, Méx) (lío) mess (colloq), fix (colloq)
C (Andes, RPl fam) (con una persona) crush (colloq); **tener un ~ con algn** to have a crush on sb

camotiza *f* (Méx fam): ***ponerle*** *or* ***darle una ~ a algn*** to give sb a good telling-off (colloq)

campamento *m* camp; **nos fuimos a Bariloche de ~** we went camping in Bariloche; ***levantar ~*** (CS fam) to make tracks (colloq)
Compuesto **campamento de instrucción/de verano** training/summer camp

campana *f*
A 1 (de iglesia) bell, church bell; ***echar las ~s al*** *or* ***a vuelo*** (literal) to set the bells ringing; (anunciar jubilosamente): **aún es pronto para echar las ~s al vuelo** it's too soon to start shouting about it; **tampoco es como para echar las ~s al vuelo** it's not worth getting that excited about; ***me/te/lo salvó la ~*** saved by the bell; ***oír ~s y no saber dónde***: **ese tipo ha oído ~s y no sabe dónde** that guy is talking through his hat (colloq) 2 (en el colegio) bell; **tocar la ~** to ring the bell; **¿ya ha sonado la ~?** has the bell gone yet?
B 1 (de chimenea) hood; (de cocina) extractor hood 2 (para proteger alimentos) cover
Compuesto **campana de buzo** *or* **de inmersión** diving bell

campanada *f* 1 (de campana) chime, stroke; (de reloj) stroke; **el reloj dio las 12 ~s** the clock struck 12 2 (fam) (sorpresa): **la noticia fue una ~** the news came like a bolt from the blue (colloq); ***dar la ~*** to cause a stir

campanario *m* bell tower, belfry

campanazo *m* (AmL) ▸ **campanada**

campanero -ra *m,f* bell ringer

campanilla *f*
A (campana pequeña) small bell, hand bell; **de ~s** high-class, classy (colloq)
B (Anat) uvula
C (Bot) campanula, bellflower

campante *adj*: **se quedó tan ~** he didn't bat an eyelid; **nosotros muertos de miedo y él tan ~** we were scared stiff but he was as cool as a cucumber

campaña *f*
A (en una guerra) campaign
B (Col) (maniobras) maneuvers* (*pl*)
C (Marketing, Pol) campaign; **hacer una ~** to run *o* conduct a campaign
Compuestos
• **campaña de imagen** campaign to improve one's image
• **campaña denigratoria** *or* **de desprestigio** smear campaign
• **campaña electoral** electoral *o* election campaign
• **campaña publicitaria** advertising campaign

campar [A1] *vi* (Esp) (andar): **los niños campan a sus anchas por el jardín** children can be seen playing freely in the garden; ***~ por sus respetos*** to do exactly as one pleases

campear [A1] *vi*: **en los edificios ~on las banderas** flags could be seen flying from the buildings

campechano -na *adj* (sin complicaciones) straightforward; (bondadoso) good-natured

campeón[1] -peona *adj* champion (*before n*)

campeón[2] -peona *m,f* champion

campeonato *m* championship; **ganar/perder un ~** to win/lose a championship; **de ~** (Esp fam): **tengo una resaca de ~** I have a terrible hangover

cámper *f* (Chi, Méx) camper, camper van

campera *f* 1 (RPl) (chaqueta) jacket 2 **camperas** *fpl* (Esp) (botas) cowboy boots

campero[1] -ra *adj* ‹costumbres› rural; ‹estilo› country (*before n*)

campero[2] -ra *m,f*
A (AmL) (persona) farm worker
B **campero** *m* (Col) (Auto) jeep

campesinado *m* peasantry, peasants (*pl*)

campesino[1] -na *adj* ‹vida/costumbre› rural, country (*before n*); ‹modales/aspecto› peasant-like

campesino[2] -na *m,f* (persona del campo) country person; (con connotaciones de pobreza) peasant; **una campesina vestida de negro** a peasant woman dressed in black; **son ~s** they are country people *o* folk; **los obreros y los ~s** the manual workers and the agricultural workers

campestre *adj* ‹escena/vida› rural, country (*before n*); ‹casa/club› country (*before n*)

camping /'kampin/ *m* (*pl* **-pings**) 1 (actividad) camping; **irse de ~** to go camping 2 (lugar) campsite, campground (AmE)

campiña *f* countryside, landscape

campirano -na *mf* ▸ **campesino**

campista *mf* camper

campo *m*
A (zona no urbana) country; (paisaje) countryside; **viven en el ~** they live in the country; **la gente del ~** the country people; **el ~ se ve precioso** the countryside looks beautiful; **~ a través** *or* **a ~ traviesa** ‹cruzar/ir› cross-country
B 1 (zona agraria) land; (terreno) field; **trabajar el ~ de**

forma eficaz to work the land efficiently; **las faenas del ~** farm work; **los ~s de cebada** the field of barley **2** **de campo** field (*before n*); **investigaciones** *or* **observaciones de ~** a field study ▸**trabajo**

(Compuestos)
- **campo de aterrizaje** landing field
- **campo de batalla** battlefield
- **campo de vuelo** airfield
- **campo minado** *or* **de minas** minefield
- **campo petrolífero** oilfield

C (Dep) (de fútbol) field, pitch; (de golf) course; **perdieron en su ~** *or* **en ~ propio** they lost at home

(Compuestos)
- **campo a través** cross-country running
- **campo de juego** (en fútbol) field, pitch
- **campo de tiro** firing range

D (ámbito, área de acción) field; **esto no está dentro de mi ~ de acción** this does not fall within my area *o* field of responsibility; ***dejarle el ~ libre a algn*** to leave the field clear for sb

(Compuestos)
- **campo de fuego** field of fire
- **campo de pruebas** testing ground
- **campo magnético/de gravedad** magnetic/gravitational field
- **campo semántico** semantic field
- **campo visual** field of vision

E (campamento) camp; ***levantar el ~*** to make tracks (colloq)

(Compuestos)
- **campo de concentración/de refugiados** concentration/refugee camp
- **campo de trabajo** work camp, working vacation (AmE) *o* (BrE) holiday
- **campo de trabajos forzados** labor camp

F (Andes) (espacio, lugar): **hagan** *or* **abran ~** make room; **siempre le guardo ~** I always save her a place

G (Inf) field

camposanto *m* (liter) graveyard, cemetery

campus *m* (*pl* ~) campus

camuflado -da *adj* camouflaged

camuflaje *m* camouflage

camuflajear [A1] *vt* (AmL) ▸**camuflar**

camuflar [A1] *vt* ‹*tanques/contrabando*› to camouflage; ‹*intenciones*› to disguise

■ **camuflarse** *v pron* «*soldado*» to camouflage oneself; «*animal*» to be camouflaged

can *m* (perro) (liter *o* hum) hound (liter *or* hum), dog

cana *f*

A (pelo) gray* hair, white hair; **ya tiene ~s** she already has gray hairs *o* gray hair; ***echar una ~ al aire*** to let one's hair down; (colloq); ***respetar las ~s*** to respect one's elders; ***sacarle ~s verdes a algn*** to drive sb to an early grave

B (AmS arg) (cárcel) slammer (sl), nick (BrE colloq)

C **1** (RPl arg) (cuerpo de policía): **la ~** the cops (*pl*) (colloq) **2** (RPl arg) **cana** *mf* (agente) cop (colloq)

canaca *mf* (Chi, Per fam & pey) (chino) chink (sl & pej)

Canadá *m*: *tb* **el ~** Canada

canadiense *adj/mf* Canadian

canal¹ *m*

A (Náut) (cauce artificial) canal; (Agr, Ing) channel; **~ de desagüe** drain

(Compuestos)
- **Canal de la Mancha** English Channel
- **Canal de Panamá** Panama Canal
- **Canal de San Lorenzo** St Lawrence Seaway
- **Canal de Suez** Suez Canal

B **1** (Rad, Telec, TV) channel; **cambia de ~** change *o* switch channels **2** (medio) channel; **~es de distribución** distribution channels

canal² *f or m* (canalón) gutter; (ranura) groove

canalé *m* rib; **en ~** in rib

canalización *f* **1** (de un río) canalization **2** (de ideas, esfuerzos, fondos) channeling*

canalizar [A4] *vt* to channel

canalla *mf* **1** (fam) (bribón, granuja) swine (colloq) **2** **canalla** *f* (pey) (chusma): **la ~** the rabble *o* riffraff

canallada *f* (fam): **¡qué ~!** what a rotten *o* mean thing to do (colloq)

canalón *m* (Esp) gutter

canana *f* cartridge belt

canapé *m*

A (Coc) canapé

B (sofá) couch

canar [A1] *vi* (Col) ▸**encanecer**

Canarias *fpl*: *tb* **las (Islas) ~** the Canaries, the Canary Islands

canario¹ -ria *adj* of/from the Canary Islands

canario² -ria *m,f*

A **1** (de las Canarias) person from the Canary Islands **2** (Ur fam & pey) (pueblerino) country bumpkin (colloq), hick (AmE)

B **canario** *m* (Zool) canary

canasta *f*

A **1** (para la compra) basket **2** (AmL) (en rifa) hamper

(Compuesto) **canasta familiar** (AmL) family shopping basket (*used to calculate the retail price index*)

B (en baloncesto) basket; **meter** *or* **hacer** *or* **anotar una ~** to make *o* score a basket

C (Jueg) canasta

canastilla *f* layette

canasto *m* basket (*gen large and with a lid*)

canastos *interj* (fam) good heavens!

cancán *m* (baile) cancan; (Indum) frilly petticoat

cancel *m* (contrapuerta) inner door; (tabique) (Col, Méx) partition; (biombo) (Méx) folding screen

cancela *f* gate (*of wrought iron*)

cancelación *f*

A (suspensión) cancellation

B (liquidación) payment; **lograron la ~ de su deuda** they managed to pay off *o* settle their debt

cancelar [A1] *vt*

A ‹*reunión/viaje/pedido*› to cancel

B ‹*deuda*› to settle, pay off; ‹*cuenta*› to pay

cáncer *m* (Med) cancer; **tiene (un) ~ de pulmón/mama** she has lung/breast cancer

Cáncer¹ *m* (signo) Cancer; **es (de) ~** he's a Cancer *o* Cancerian

Cáncer², cáncer *mf* (persona) Cancerian, Cancer

cancerígeno¹ -na *adj* carcinogenic

cancerígeno² *m* carcinogen

canceroso -sa *adj* cancerous

cancha *f*

A **1** (Dep) (de baloncesto, frontón, squash, tenis) court; (de fútbol, rugby) (AmL) field, pitch; (de golf) (CS) course; (de polo) (AmL) field **2** (CS) (de esquí) slope **3** (Chi) (Aviac) *tb* **~ de aterrizaje** landing strip, runway

B (AmL fam) (desenvoltura): **un político con mucha ~** a politician with a great deal of experience, a seasoned politician

C (CS) (espacio) space, room; **¡abran ~!** make way!; ***darle ~ a algn*** (Col fam) to give sb an advantage; ***dejarle la ~ libre a algn*** (CS fam) to leave sb room to maneuver; (hacerse a un lado) to leave the way clear for sb; ***sentirse en su ~*** (CS fam) to be in one's element

canchero -ra *adj* (AmL fam) (experto) ‹*jugador*› skillful; **es muy ~ con las mujeres** he has a way with women (colloq)

canchita *f* (Per) popcorn

canciller *m* **1** (jefe de estado) chancellor **2** (AmS) (ministro) ≈ Secretary of State (*in US*), ≈ Foreign Secretary (*in UK*)

cancillería *f* **1** (de embajada) chancery, chancellery **2** (AmS) (ministerio) ≈ State Department (*in US*), ≈ Foreign Office (*in UK*)

canción *f* song; **ya estamos otra vez con la misma ~** here we go again! (colloq)

(Compuestos)
- **canción de cuna** lullaby
- **canción nacional** (Chi) national anthem

cancionero *m* (Mús) song book; (Lit) anthology (*of 15th/16th century verse*)

cancro *m* **1** (Med) cancer **2** (Bot) canker

candado *m* (cerradura) padlock; **está cerrada con ~** it is padlocked

C

candeal *m* (CS) (bebida) eggnog
candela *f* 1 (fuego) fire; **¿tienes ~?** (fam) have you got a light?; **no te acerques a la ~** don't go too near the fire; ***dar ~*** (AmL fam) to be annoying, be a nuisance; ***echar ~*** (Ven fam): **estaba que echaba ~** she was absolutely livid (colloq); ***jugar con ~*** (Col) to play with fire 2 (vela) candle
candelabro *m* candelabra
candelero *m* candlestick; ***estar en el ~*** to be in the limelight
candente *adj* 1 ‹*hierro*› red-hot 2 ‹*tema*› burning; ▸**actualidad**
candidato -ta *m,f* (aspirante) candidate; **~ a la presidencia** presidential candidate
candidatura *f* 1 (propuesta) candidacy, candidature; **presentó su ~ para el puesto** she put herself forward as a candidate for the post 2 (Esp) (lista) list of candidates
candidez *f* naivety
cándido -da *adj* naive
candil *m* oil lamp
candilejas *fpl* footlights (*pl*)
candombe *m*: *African-influenced dance*
candonga *f* (Col) dangly earring
candor *m* innocence, naivety
candorosamente *adv* innocently, naively
candoroso -sa *adj* innocent, naive
caneca *f* (Col) (papelera) wastebasket, waste-paper basket (BrE); (cubo de la basura) garbage *o* trash can (AmE), dustbin (BrE)
canela *f* 1 (Bot, Coc) cinnamon; ***ser ~ fina*** «*futbolista*» to be brilliant; «*vino/queso*» to be absolutely delicious; «*mujer*» to be outstandingly beautiful 2 (color) cinnamon; **(de) color ~** cinnamon-colored*
(Compuesto) **canela en polvo/en rama** ground/stick cinnamon
canelo, canelero *m* cinnamon tree
canelón *m*
A (Const) gutter
B **canelones** *mpl* canneloni
canesú *m* yoke
canevá *m* (RPl) canvas
cangilón *m* bucket
cangrejo *m* (de mar) crab; (de río) crayfish; ***ir para atrás como el ~*** to go from bad to worse; ***rojo como un ~*** (por el sol) as red as a lobster; (de vergüenza) as red as a beet (AmE), as red as a beetroot (BrE)
canguro *m*
A (Zool) kangaroo
B 1 (anorak) cagoule 2 (para llevar a un niño) sling
C (Esp) **canguro** *mf* (persona) babysitter; **hacer de ~** to babysit
caníbal[1] *adj* 1 (antropófago) cannibal (*before n*), man-eating 2 (Col fam) (bruto): **no sea ~** don't be so rough
caníbal[2] *mf* 1 (antropófago) cannibal 2 (Col fam) (bruto) savage, monster
canica *f* marble
caniche *mf* /ka'nitʃe, ka'niʃ/ poodle
canicie *f* grayness* (*of hair*)
canijo -ja *adj*
A (fam) (pequeño) tiny, puny (hum *or* pej)
B (Méx fam) (terco) stubborn, pig-headed (colloq)
C (Méx fam) (intenso) incredible (colloq); **el hambre era canija** I (*o* he *etc*) was ravenous (colloq)
canilla *f*
A (espinilla) shinbone
B (RPl) (grifo) faucet (AmE), tap (BrE); **cerrar la ~** to turn off the faucet *o* tap
C (bobina) bobbin
canillera *f* (AmL) shin pad, shinguard
canillita *mf* (Bol, CS) newspaper vendor *o* seller
canino[1] **-na** *adj* (Zool) canine, dog (*before n*); **tengo un hambre canina** (fam) I'm ravenous (colloq)
canino[2] *m* 1 (Odont) canine, canine tooth 2 (Zool) canine; **los ~s** the canines
canje *m* exchange
canjeable *adj* exchangeable; **este cupón es ~ por un regalo** this coupon can be exchanged for a gift
canjear [A1] *vt* 1 ‹*prisioneros/rehenes*› to exchange 2 (Fin) to exchange, trade
cannabis *m* (planta) hemp; (droga) cannabis
cano -na *adj* white; **un hombre de pelo ~** a man with gray/white hair
canoa *f* canoe
canódromo *m* greyhound stadium, dog track (colloq)
canon *m*
A (norma) rule, canon (frml)
B (Mús) canon
C (Econ, Fisco) levy, tax
canónico -ca *adj* canonical, canonic
canónigo *m* (Relig) canon
canonización *f* canonization
canonizar [A4] *vt* to canonize
canoso -sa *adj* ‹*persona*› gray-haired*, white-haired; ‹*pelo/barba*› gray*, white
canotier /kano'tje(r)/, **canotié** *m* boater, straw hat
cansadamente *adv* (con cansancio) wearily; (con pesadez) tiresomely
cansado -da *adj*
A 1 [ESTAR] (fatigado) tired; **tienes cara de ~** you look tired; **en un tono ~** in a weary tone of voice; **tengo los pies ~s** my feet are tired 2 [ESTAR] (aburrido, harto) **~ DE algo/+ INF** tired OF sth/-ING; **estoy ~ de decírtelo** I'm tired of telling you; ***a las cansadas*** (RPl) at long last
B [SER] ‹*viaje/trabajo*› tiring
cansador -dora *adj* (AmS) tiring
cansancio *m* tiredness; **me caigo** *or* **me muero de ~** I'm absolutely worn out *o* exhausted; ***hasta el ~***: **lo repitió hasta el ~** she repeated it over and over again
cansar [A1] *vt* 1 (fatigar) to tire, tire ... out, make ... tired; **le cansa la vista** it makes her eyes tired, it strains her eyes 2 (aburrir, hartar): **¿no te cansa oír siempre la misma música?** don't you get tired of listening to the same music all the time?
■ **cansar** *vi* 1 (fatigar) to be tiring; **un trabajo que cansa mentalmente** a job which is mentally tiring 2 (aburrir, hartar) to get tiresome
■ **cansarse** *v pron* 1 (fatigarse) to tire oneself out; **se le cansa la vista** her eyes get tired 2 (aburrirse, hartarse) to get bored; **~se DE algo/algn** to get tired OF sth/sb, get bored WITH sth/sb, **~se DE + INF** to get tired OF -ING
cansera *f* (RPl fam): **¡qué ~ tengo!** I'm dead beat
cansino -na *adj* weary
cantábrico -ca *adj* Cantabrian
Cantábrico *m*: **el (mar) ~** the Bay of Biscay
cantaleta *f* ▸**cantinela**
cantamañanas *mf* (*pl* ~) (Esp fam & pey): **es un ~** he's all talk and no action (colloq)
cantante[1] *adj* singing (*before n*)
cantante[2] *mf* singer
cantaor -ora *m,f* flamenco singer
cantar[1] [A1] *vt*
A 1 ‹*canción*› to sing; ***cantárselas claras a algn*** (fam): **se las canté claras** I gave it to her *o* told her straight (colloq) 2 (en béisbol) to call
B (liter) (ensalzar) to sing the praises of, extol the virtues of; **el tan cantado mar** the oft-praised sea (liter)
C (RPl fam) (pedirse): **canto la cama de arriba** bags I *o* bags the top bunk (colloq)
■ **cantar** *vi*
A 1 (Mús) to sing; **habla cantando** she has a singsong voice 2 «*pájaro*» to sing; «*gallo*» to crow; «*cigarra/grillo*» to chirp, chirrup
B 1 (fam) (confesar) to talk (colloq) 2 (Jueg) to declare 3 (anunciar, pregonar): **las cifras cantan** the figures speak for themselves
C (Esp fam) (apestar) to stink (colloq)
cantar[2] *m* poem (*gen set to music*); ***¡eso es otro ~!*** that's another matter, that's a different kettle of fish
(Compuesto) **cantar de gesta** chanson de geste
cántara *f* churn
cantarín -rina, (CS) **cantarino -na** *adj* ‹*voz/tono/risa*› singsong; ‹*fuente/aguas*› (liter) babbling; ‹*persona*›: **es muy**

cantarina she's always singing

cántaro *m* pitcher, jug; ***llover a ~s*** to pour with rain

cantata *f* cantata

cantautor -tora *m,f* singer-songwriter

cante *m*

A (Mús) Andalusian folk song; **~ flamenco** flamenco (singing); ***quedarse con el ~*** (fam) to see what is/was going on

(Compuesto) **cante jondo** *traditional style of flamenco singing*

B (Esp fam) (extravagancia): **dar el ~** (fam) to make an exhibition of oneself

cantegril *m* (Ur) shantytown

cantera *f*

A (de piedra) quarry

B (Esp) (de deportistas, profesionales) pool; **la ~ del club** the club's youth team

cantero *m* (RPl) flowerbed

cántico *m* canticle

cantidad[1] *adv* (esp Esp fam) ‹*comer*› a lot; **sabe ~** she/he knows a lot about everything; **me gustó el libro ~** I really liked the book

cantidad[2] *f* **1** (volumen) quantity **2** (suma de dinero) sum, amount **3** (número, volumen impresionante): **~ de** lots of; **una ~ de mosquitos impresionante** an incredible number of mosquitoes; **no te puedes imaginar la ~ de gente/de comida que había** you wouldn't believe how many people there were/how much food there was; **tiene amigos en ~** she has lots *o* loads of friends (colloq); **tenemos ~** *or* **~es** (fam) we have lots *o* tons (colloq); ***cualquier ~ de*** (AmS) lots of, loads of (colloq)

cantilena *f* ▸**cantinela**

cantimplora *f* water bottle, canteen

cantina *f*

A **1** (cafetería — en estación) buffet, cafeteria; (— en universidad) refectory; (— en fábrica) canteen; (— en cuartel) mess **2** (AmL exc RPl) (bar) bar **3** (RPl) (restaurante italiano) trattoria

B (Col) (para la leche) churn

cantinela *f*: **siempre la misma ~** always the same old story (*o* thing *etc*)

cantinflada *f* (fam) babble, gibberish

cantinflear [A1] *vi* (fam) to babble, talk gibberish

cantito *m* (AmL) lilt

canto *m*

A (Mús) (acción, arte) singing; (canción) chant

B (de pájaro) song; (del gallo) crowing; **se levantó con el ~ del gallo** she got up at first light *o* (liter) at cockcrow

(Compuesto) **canto de** *or* **del cisne** swan song

C (Lit) (canción) hymn; (división) canto

D (borde, filo) edge; **colocó el ladrillo de ~** he lay the brick on its side; ***faltar el ~ de un duro*** (Esp): **faltó el ~ de un duro para que se le cayera** she came very close to dropping it

E (Geol) *tb* **~ rodado** (roca) boulder; (guijarro) pebble; ***darse con un ~ en los dientes*** (fam) to think *o* count oneself lucky

cantón *m* (de Suiza) canton

cantonal *adj* cantonal

cantonés -nesa *adj* Cantonese

cantor[1] -tora *adj* singing (*before n*); **pájaro ~** songbird

cantor[2] -tora *m,f* (cantante) singer

cantoral *m* choir book

canturrear [A1] *vi* to sing softly to oneself

■ **canturrear** *vt* to sing … softly to oneself

canturreo *m*: **oía su ~** I could hear him singing to himself

canuto[1] -ta *adj* (Chi fam & pey) protestant; ***pasarlas canutas*** (Esp fam) to have a terrible time

canuto[2] *m*

A (tubo) document tube

B (Esp arg) (de hachís) joint (colloq)

caña *f*

A **1** (planta) reed **2** (tallo — del bambú) cane; (— del trigo) stalk; **muebles de ~** cane furniture; ***darle*** *or* ***meterle ~ a algo*** (fam): **hay que darle ~ a este trabajo** we'll have to get a move on with this job; **¡dale ~!** get a move on!; (conduciendo) step on it!; ***darle ~ a algn*** (criticarlo) to have a go at sb (colloq); (meter prisa) to hurry sb up *o* along (colloq); ***echar*** *or* ***hablar ~*** (Col fam) (mentir) to tell lies; (charlar) to chat

(Compuesto) **caña dulce** *or* **de azúcar** sugar cane

B (de pescar) rod

C (de la bota) leg; **botas de media ~** calf-length boots

D **1** (vaso): **una ~ (de cerveza)** (Esp) a small (glass of) beer; **una ~ de vino blanco** (Chi, Esp) a tall glass of white wine **2** (CS) (aguardiente) eau-de-vie (*made from sugar cane*)

E (de un hueso) shaft

cañabrava *f* (AmL) reed (*used in construction of houses*)

cañada *f* **1** (Geog) gully; (más profunda) ravine **2** (camino) cattle (*o* sheep *etc*) track **3** (AmL) (arroyo) stream

cañamazo *m* embroidery canvas

cáñamo *m* (planta) cannabis plant, hemp; (tela) canvas

cañaveral *m* (de juncos) reedbed; (de caña de azúcar) (Col) sugar-cane plantation

cañería *f* (tubo) pipe; (conjunto de tubos) piping, pipes (*pl*)

cañero[1] -ra *adj* (AmL) (Agr) sugarcane (*before n*)

cañero[2] -ra *m,f* (Agr) (propietario) sugar plantation owner; (trabajador) sugar plantation worker, cane cutter

cañizal *m* reedbed

caño *m* (conducto) pipe; (de una fuente) spout; (grifo) (Per) faucet (AmE), tap (BrE)

cañón *m*

A (Arm) (arma) cannon; (de una escopeta, pistola) barrel; ***ni a ~ rayado*** *or* ***ni a cañones*** (CS fam) no way (colloq); ***pasárselo ~*** (Esp fam) to have a great time *o* a ball (colloq)

(Compuestos)

- **cañón de agua** water cannon
- **cañón antiaéreo** anti-aircraft gun

B (valle) canyon; **el Gran C~ del Colorado** the Grand Canyon

C (de pluma) quill; (de la barba): **se le notan los cañoncitos de la barba** you can see the stubble on his chin

cañonazo *m*

A (Arm, Mil) cannonshot; **una salva de 21 ~s** a 21-gun salute

B (fam) (en fútbol) drive; (en béisbol) blast

cañonear [A1] *vt* **1** ‹*fortín/plaza*› to shell, bombard **2** (Méx) (encañonar) to point a gun at

cañoneo *m* shelling, bombardment

cañonera *f* gunboat

cañonero -ra *m,f* (AmL) (Dep) (fam) striker

caoba *f* **1** (árbol) mahogany tree; (madera) mahogany **2** **(de) color ~** mahogany

caobo *m* (AmL) mahogany tree

caolín *m* kaolin, china clay

caos *m* chaos; **será un verdadero ~** there'll be absolute chaos

caótico -ca *adj* chaotic; **la casa estaba en un estado ~** the house was in chaos

cap. *m* (= **capítulo**) ch., chapter

capa *f*

A **1** (revestimiento) layer; **una ~ de nieve** a layer *o* carpet *o* blanket of snow; **recubierto de una ~ de chocolate** covered in chocolate; **bajo esa ~ de amabilidad** beneath that friendly exterior, beneath that veneer of friendliness **2** (veta, estrato) layer; **dos ~s de verduras y una de pasta** two layers of vegetables and one of pasta; **papel higiénico de tres ~s** 3-ply toilet paper; **la ~ de ozono** the ozone layer; **lleva el pelo cortado en** *or* (Esp) **a ~s** she has layered hair **3** (de la población) sector; **las ~s altas/bajas de la sociedad** the upper/lower strata of society **4** (Geol) stratum

B **1** (Indum) cloak, cape; (para la lluvia) cape, rain cape; ***de ~ caída*** downcast, down (colloq); ***defender algo a ~ y espada*** to fight tooth and nail to defend sth; ***hacer de su ~ un sayo*** to make one's own decisions, do as one pleases **2** (Taur) cape

(Compuesto) **capa de agua** raincape

capacha *f* (Chi fam) slammer (sl), nick (BrE colloq)

capacho *m* (cesta) basket; ***llevar a algn a ~*** (Per) to carry sb on one's back

capacidad *f*

A **1** (competencia) ability; **una persona de gran ~** a person of great ability **2** (potencial) capacity; **~ DE algo** capacity

FOR sth: **su gran ~ de trabajo** her great capacity for work; **~ DE** *or* **PARA + INF** ability *o* capacity to + INF; **su ~ de entender** her ability to understand; **están en ~ de despachar más pasajeros** (Col) they have the capacity to handle more passengers **3** (Der) capacity

(Compuestos)
- **capacidad adquisitiva** purchasing power
- **capacidad de pago** creditworthiness
- **capacidad física** physical capacity

B (cupo) capacity; **la ~ del depósito es de unos 40 litros** the tank has a capacity of *o* holds about 40 liters; **el teatro tiene ~ para 8000 personas** the theatre has a capacity of *o* holds 8000 people

capacitación *f* training

capacitado -da *adj* **~ PARA algo/+ INF** qualified FOR sth/ to + INF

capacitador -dora *adj* (Chi) preparatory

capacitar [A1] *vt* **1** (formar) to prepare; **esa experiencia me capacitó para enfrentarme con el mundo** that experience prepared me to go out into the world **2** (profesionalmente) **~ a algn PARA algo** to qualify sb FOR sth; **~ a algn PARA + INF** to qualify *o* entitle sb to + INF

■ **capacitarse** *v pron* (formarse) to train; (obtener un título) to qualify, become qualified

capar [A1] *vt*
A (castrar) to castrate
B (Col fam) **~ clase** to play hooky (esp AmE colloq), to skive off (school) (BrE colloq)

caparazón *m or f* shell

capataz *mf*, **capataz -taza** *m,f* (*m*) foreman; (*f*) forewoman

capaz *adj*
A **1** (competente) capable, able **2** (Der) **~ PARA + INF** with the capacity to + INF
B (de una hazaña) capable; **lo creo muy ~** I think he's quite capable of it, I wouldn't put it past him; **~ DE algo** capable OF sth; **es ~ de grandes logros** he's capable of great things; **~ DE + INF**: **¿te sientes ~ de enfrentarte con ella?** do you feel able to face her *o* feel up to facing her?; **¿a qué no eres ~ de saltar esto?** I bet you can't jump over this; **es (muy) ~ de irse sin pagar** he's quite capable of leaving without paying
C (AmS fam) **~ que** (puede que, a lo mejor): **~ que llueve** it may rain; **~ que se olvidó** maybe *o* perhaps he forgot

capazo *m* (cesta) basket; (para un niño) portacrib® (AmE), carrycot (BrE)

capcioso -sa *adj* artful, cunning; **preguntas capciosas** trick questions

capea *f*: *amateur bullfight using young bulls*

capear [A1] *vt*
A (Taur) to make passes at (*with the cape*); **~ una crisis** to ride out *o* weather a crisis
B (Chi fam) ‹*trabajo*› to skip, to skive off (BrE colloq); **~ clase** to play hooky (esp AmE colloq), to skive off (school) (BrE colloq)

capellán *m* chaplain

Caperucita Roja Little Red Riding Hood

caperuza *f*
A (Indum) pointed hood
B (de un bolígrafo) top, cap
C (en cetrería) hood

capicúa¹ *adj* ‹*número*› palindromic (frml); **era un número ~** the number read the same both ways

capicúa² *m* palindromic number

capilar¹ *adj* **1** ‹*loción*› hair (*before n*) **2** ‹*vaso/tubo*› capillary (*before n*)

capilar² *m* capillary

capilla *f*
A (Relig) chapel; ***estar en ~*** to be on tenterhooks
(Compuesto) **capilla ardiente** funeral chapel
B (Impr) proof sheet, galley proof, galley

capirote *m* **1** (Indum) pointed hood; ***ser tonto de ~*** to be really dumb **2** (en cetrería) hood

capital¹ *adj* ‹*importancia*› cardinal, prime; ‹*influencia*› seminal (frml); ‹*obra*› key, seminal (frml); ‹*letra*› capital

capital² *m*
A (Com, Fin) capital
(Compuesto) **;capital fijo/social** fixed/share capital
B (recursos, riqueza) resources (*pl*)

capital³ *f* **1** (de país) capital; (de provincia) provincial capital, ≈ county seat (*in US*), ≈ county town (*in UK*); **Valencia ~** the city of Valencia **2** (centro) capital; **la ~ del vino** the wine capital

capitalino¹ -na *adj* (AmL): **es ~** he's from the capital; **las calles capitalinas** the streets of the capital

capitalino² -na *m,f* (AmL): inhabitant of the capital

capitalismo *m* capitalism

capitalista¹ *adj* capitalist (*before n*)

capitalista² *m,f* capitalist

capitalizar [A4] *vt*
A (Fin) **1** (incorporar al capital) ‹*ganancias*› to capitalize; ‹*intereses*› to reinvest **2** ‹*empresa*› to capitalize
B ‹*hecho/circunstancia*› to capitalize on

capitán¹ *m* **1** (del ejército) captain; (de la Fuerza Aérea) captain (AmE), flight lieutenant (BrE) **2** (Náut) (de transatlántico, carguero) captain, master; (de buque de pesca) skipper **3** (Aviac) captain

(Compuestos)
- **capitán de corbeta** lieutenant commander
- **capitán de fragata** lieutenant commander
- **capitán de navío** captain
- **capitán general** (del ejército) general of the Army (AmE), field marshal (BrE); (de la fuerza aérea) general of the Air Force (AmE), Marshal of the Royal Air Force (BrE)

capitán² -tana *m,f*
A (de equipo) captain
B **capitana** *f* (buque) flagship

capitana *f* flagship

capitanear [A1] *vt* ‹*soldados*› to command; ‹*transatlántico*› to captain; ‹*buque de pesca*› to skipper; ‹*expedición*› to lead; ‹*equipo*› to captain; ‹*banda*› to lead

capitanía *f* (cargo) captaincy; (edificio) headquarters

capitel *m* capital

capitolio *m* (acrópolis) acropolis; (edificio grande) large, majestic building; **el C~** the Capitol

capitonado -da *adj* (Col) padded

capitoste *m* (Esp fam & pey) (de una fábrica) big boss (colloq & hum); (de un partido) bigwig (colloq & pej)

capitulación *f* **1** (Mil) surrender, capitulation **2** **capitulaciones** *fpl* (Der) marriage contract

capitular [A1] *vi* to surrender, capitulate

capítulo *m* **1** (de libro) chapter; (de serie) episode; **eso es ~ aparte** that's another matter altogether **2** (Econ, Pol) (sector) area; **los fondos destinados al ~ de vivienda** funds earmarked for housing **3** (Relig) chapter; ***llamar a algn a ~*** to bring *o* call sb to account

capo -pa *m,f* (mandamás) boss, chief

capó *m* hood (AmE), bonnet (BrE)

capón¹ *adj* castrated

capón² *m*
A (gallo) capon
B (fam) (golpe) rap on the head

caporal *m* (Méx) foreman, charge hand (BrE)

capot /ka'po/ *m* hood (AmE), bonnet (BrE)

capota *f* (de automóvil) convertible top; (de cochecito de bebé) canopy, hood

capote *m*
A (capa) cloak; (de militar, torero) cape; ***echarle un ~ a algn*** (Esp fam) to give sb a hand (colloq)
B (Méx) (Auto) hood (AmE), bonnet (BrE)

capricho *m*
A (antojo) whim, caprice (liter); **le consienten todos los ~s** they indulge his every whim; **un ~ de la naturaleza** a quirk of nature; **los ~s de la moda** the caprices *o* whims of fashion; **se lo compró por puro ~** he bought it on a whim; **hace siempre su santo ~** (fam) she always does exactly what she wants; **a ~: los libros están colocados a ~** the books are arranged any which way (AmE) *o* (BrE) any old how; **entran y salen a ~** they come in and go out at will *o* as they please
B (Mús) capriccio

caprichoso¹ -sa *adj* **1** (inconstante) ‹*carácter/persona*› capricious; ‹*tiempo/moda*› changeable; **formas caprichosas** fanciful shapes **2** (difícil, exigente) fussy

caprichoso² -sa *m,f*: **es un ~** (es inconstante) he's always changing his mind; (es difícil, exigente) he's so fussy

Capricornio¹ *m* (signo, constelación) Capricorn; **es (de) ~** she's a Capricorn *o* Capricornean

Capricornio², capricornio *mf* (persona) Capricornean, Capricorn

cápsula *f*
A (Farm) capsule
B (Audio) cartridge
C (Espac) capsule

captación *f*
A (de recursos) raising; (de clientes) winning, gaining; (de miembros) recruitment
B (de aguas) collecting
C (Rad) picking up, reception

captar [A1] *vt*
A ‹*atención/interés*› to capture; ‹*clientes*› to win, gain; ‹*partidarios/empleados*› to attract, recruit
B ‹*sentido/matiz*› to grasp; ‹*significado/indirecta*› to get
C ‹*emisora/señal*› to pick up, receive
D ‹*aguas*› to collect, take in

captura *f* (de delincuente, enemigo, animal) capture; (de un alijo) seizure; (en pesca) catch

capturar [A1] *vt* ‹*delincuente, enemigo, animal*› to capture; ‹*alijo*› to seize, confiscate; ‹*peces*› to catch

capucha *f* hood

capuchino -na *m,f*
A (Relig) capuchin
B **capuchino** *m* (café) cappuccino

capuchón *m* (de pluma, bolígrafo) top, cap; (Indum) hood

capullo *m*
A (Bot) bud
B (Zool) cocoon

caput *adj* kaput

caqui *adj inv/m* khaki

cara *f*
A **1** (Anat) face; **las mismas ~s conocidas** the same old faces; **dímelo a la ~** say it to my face; **se le rió en la ~** she laughed in his face; **mírame a la ~** look at me; **no lo pienso mirar más a la ~** I don't ever want to set eyes on him again **2** (*en locs*) **cara a cara** face to face; **de cara**: **llevaban el viento de ~** they were running (*o* riding *etc*) into the wind; **el sol me da de ~** the sun is in my eyes; **de cara a**: **se puso de ~ a la pared** she turned to face the wall, she turned her face to the wall; **la campaña de ~ a las próximas elecciones** the campaign for the forthcoming elections; **las medidas a tomar (de) ~ a esta situación** the measures to take in view of *o* in the light of this situation; ***a ~ descubierta*** openly; ***cruzarle la ~ a algn*** to slap sb's face; ***dar*** *or* (Col) ***poner la ~***: **nunca da la ~** he never does his own dirty work; ***dar*** *or* ***sacar la ~ por algn*** to stand up for sb; ***echarle algo en ~ a algn*** to throw sth back in sb's face; ***echarle ~ a algo*** (Esp fam) to be bold; ***echarse algo a la cara*** (Esp fam): **es lo más antipático que te puedes echar/que me he echado a la ~** he's the most unpleasant person you could ever wish to meet/I've ever met (colloq); ***hacer ~ a algo*** to face (up to) sth; ***hacerle caritas a algn*** (Méx) to give sb the eye; ***me/le/nos volteó*** (AmL) *or* (Esp) ***volvió*** *or* (CS) ***dio vuelta la ~*** she turned her head away; ***partirle*** *or* ***romperle la ~ a algn*** (fam) to smash sb's face in (colloq); ***plantarle ~ a algn*** (resistir) to stand up to sb; ***por tu ~ bonita*** *or* (CS) ***tu linda ~***: **si crees que por tu ~ bonita vas a conseguirlo todo ...** if you think everything is just going to fall into your lap ...; ***se te/le debería caer la ~ de vergüenza*** you/he should be ashamed of yourself/himself; ***verse las ~s***: **ya nos veremos las ~s tú y yo** you haven't seen the last of me
B **1** (expresión): **no pongas esa ~ que no es para tanto** don't look like that, it's not that bad; **alegra esa ~** cheer up; **no pongas ~ de bueno** don't play *o* act the innocent; **puse ~ de circunstancias** I tried to look serious; **anda con ~ de pocos amigos** *or* (fam) **de vinagre** he has a sour look on his face; **poner ~ de perro** *or* **de sargento** (fam) to look fierce; **andaba con/puso ~ larga** (fam) he had/he pulled a long face; **puso mala ~** he pulled a face; **tiene ~ de cansado/de no haber dormido** he looks tired/as if he hasn't slept; **tienes mala ~** you don't look well **2** (aspecto) look; **¡qué buena ~ tiene la comida!** the food looks delicious!
C **1** (Mat) face **2** (de disco, papel) side; **salió ~** it came up heads; **~ o cruz** *or* (Arg) **ceca** *or* (Andes, Ven) **sello** heads or tails; **lo echaron a ~ o cruz** they tossed for it; ***la otra ~ de la moneda*** the other side of the coin **3** (de situación) face, side
D **1** (fam) (frescura, descaro) nerve (colloq), cheek (BrE colloq); **¡qué ~ (más dura) tienes!** you have some nerve!; **lo dijo con toda la ~ del mundo** he said it as cool as you like; **tiene más ~ que espalda** he has such a nerve! (colloq) **2** **cara** *mf*: *tb* **~ dura** (fam) (persona) sassy devil (AmE colloq), cheeky swine (BrE colloq)

carabela *f* caravel

carabina *f* **1** (Arm) carbine **2** (Esp fam) (acompañante); **ir/hacer de ~** to play gooseberry (colloq)

carabinero -ra *m,f*
A **1** (agente de policía) (*m*) police officer, policeman; (*f*) police officer, policewoman **2** (agente fronterizo) border guard **3** **carabineros** *mpl* (institución) police (force); (policía fronteriza) border police
B **carabinero** *m* (Coc, Zool) *large red prawn*

Caracas *m* Caracas

caracho *interj* (Col euf) shoot! (AmE euph), sugar! (BrE euph); **¡qué ~s!** what the heck! (colloq)

caracol *m*
A **1** (Zool) (de mar) winkle; (de tierra) snail **2** (AmL) (concha) conch
B (rizo) ringlet

caracola *f* conch

caracolada *f* snails (*pl*) (*cooked in sauce*)

caracolear [A1] *vi* (Equ) to caracole; «*camino/río*» (AmL) to twist, snake

caracoles *interj* (euf) gosh! (colloq & euph)

carácter *m* (*pl* **-racteres**)
A **1** (modo de ser, genio) character; **el ~ latino** the Latin character *o* temperament; **una persona de buen ~** a good-natured person; **un ~ abierto** an open nature; **tener mal ~** to have a (bad) temper **2** (firmeza) character; **tiene mucho/poco ~** she has a lot of/doesn't have much personality **3** (originalidad, estilo) character
B **1** (índole, naturaleza) nature; **una visita de ~ oficial/privado** a visit of an official/a private nature; **con ~ gratuito** free of charge; **con ~ retroactivo** retroactively; **heridas de ~ leve** (period) minor wounds; **le daba un ~ especial al cuadro** it lent the painting a special quality **2** (Biol) characteristic

(Compuesto) **carácter dominante/recesivo** dominant/recessive characteristic

C (Col, Méx) (personaje) character
D (Impr, Inf) character; **en caracteres de imprenta** in block letters; **escrito en caracteres cirílicos/góticos** written in the Cyrillic alphabet/Gothic script

(Compuesto) **carácter comodín** wildcard character

característica *f*
A (rasgo) feature, characteristic
B (Mat) characteristic
C (RPl) (Telec) exchange code

característico -ca *adj* characteristic

caracterización *f* **1** (descripción) description; **hizo una excelente ~ del acusado** she gave an excellent character sketch of the defendant **2** (Teatr) (por el actor) portrayal; (por el autor) characterization

caracterizar [A4] *vt*
A (distinguir, ser típico de) to characterize; **con la franqueza que lo caracteriza** with his characteristic frankness
B (describir) to portray, depict
C (Teatr) (encarnar) to play, portray

■ **caracterizarse** *v pron*: **~se POR algo** «*enfermedad/región/raza*» to be characterized BY sth; «*persona*» to be noted FOR sth; **el discurso se caracterizó por un tono del firmeza** the speech was notable for its frank tone

caradura¹ *adj* (fam) sassy (AmE colloq), cheeky (BrE colloq)

caradura² *mf*
A (fam) ▸ **cara D2**
B **caradura** *f* (fam) ▸ **cara D1**

carajal *m* (Méx): **un ~ de** (vulg) a hell of a lot of (colloq)

carajillo *m* (café) *coffee with brandy or similar*

carajito¹ -ta *adj* (Ven fam) young

carajito² -ta *m,f* (Ven fam) (niño) kid (colloq)

C

C

carajo[1] *m* 1 (uso expletivo) (vulg *o* fam): **no entiendo ni un ~** I don't understand a damn thing (colloq); **hace un frío del ~** it's goddamn (AmE) *o* (BrE) bloody freezing (sl) ; **¿que le pida yo disculpas? ¡un ~!** me apologize to him? like hell I will! (colloq); ***al ~***: **mis planes se han ido al ~** my plans have gone to pot (colloq); **la empresa se fue al ~** the company went bust (colloq); **¡vete al ~!** piss off! (vulg), fuck off! (vulg); **mandó todo al ~** he chucked it all in 2 (expresando sorpresa) (fam *o* vulg) jeez (AmE colloq), bloody hell (BrE sl) 3 (expresando enojo, mal humor) (fam *o* vulg): **¡vámonos ya, ~!** for heaven's sake, come on! (colloq); **ya te dije que no voy ¡qué ~!** I've already told you I'm not going, damn it! (colloq); **~ con el niño** that goddam (AmE) *or* (BrE) bloody kid! (sl); **¿qué/quién/dónde ~...?** what/who/where the hell...? (colloq); **¡que exámen ni que ~! tú te vienes conmigo** to hell with the exam (colloq) *o* (sl) screw the exam, you're coming with me!

carajo[2] **-ja** *m,f* (Ven arg) (muchacho) (*m*) guy (colloq); (*f*) girl (colloq)

caramanchel *m* (AmC fam) stall

caramba *interj* (expresando — sorpresa) good heavens!; (— disgusto) dammit! (colloq)

carámbano *m* icicle

carambola *f* 1 (en billar) carom (AmE), cannon (BrE) 2 (fam) (casualidad): **fue de ~** it was pure chance 3 (Méx) (choque múltiple) pileup

carameleo *m* (Col fam): **ya basta de ~** stop beating about the bush

caramelizar [A4] *vt* to coat ... in caramel

caramelo *m* 1 (golosina) candy (AmE), sweet (BrE); **un ~ de menta** a mint 2 (azúcar fundida) caramel 3 **(de) color ~** caramel-colored*, caramel

carantoña *f* caress; **deja de hacerme ~s** stop trying to butter me up (colloq)

caraota *f* (Ven) bean

carapacho *m* shell, carapace

carapálida *mf* (AmL) paleface

carapintada *adj/mf* (AmL) ▸ **golpista** [1,2]

caraqueño -ña *adj* of/from Caracas

carátula *f*

A 1 (página) title page 2 (de disco) jacket (AmE), sleeve (BrE); (de video) case

B (Méx) (de reloj) face, dial

C (máscara) mask

caravana *f*

A 1 (de tráfico — retención) backup (AmE) tailback (BrE); (— hilera) convoy; **había una gran ~ a la entrada de la ciudad** there was a huge backup (AmE) *o* (BrE) tailback on the approach to the city; **ir en ~** to drive in (a) convoy 2 (remolque) trailer (AmE), caravan (BrE)

B (Méx) (reverencia) bow; ***hacer ~ con sombrero ajeno*** (fam) to claim credit for sb else's achievements

caravaning /kara'βanın/ *m* (Esp) trailering (AmE), caravanning (BrE)

caray *interj* good heavens!

carbón *m*

A (Min) *tb* **~ mineral** *or* **de piedra** coal; ***negro como el ~*** as black as coal

B 1 *tb* **~ vegetal** *or* **de leña** charcoal 2 (Art) charcoal; **un retrato al ~** a portrait drawn in charcoal

carbonato *m* carbonate

carboncillo *m* charcoal; **dibujo al ~** charcoal drawing

carbonera *f* (habitación) coal cellar; (depósito) coal bunker; (mina) (Col) coalmine

carbonería *f* coalyard

carbonero[1] **-ra** *adj* coal (*before n*)

carbonero[2] *m* (vendedor) coal merchant; (barco) collier

carbónico -ca *adj* (Quím) carbonic

carbonífero -ra *adj* ‹*estrato*› carboniferous; ‹*producción/yacimiento*› coal (*before n*)

carbonilla *f* 1 (polvo de carbón) cinders (*pl*) 2 (RPl) (Art) charcoal

carbonizar [A4] *vt* to carbonize

■ **carbonizarse** *v pron* 1 «*edificio/muebles*» to be reduced to ashes; **los cuerpos carbonizados de las víctimas** the victims' charred remains; **el asado se me carbonizó** (fam) the roast got burned to a cinder 2 (Quím) to carbonize

carbono *m* carbon

carbonoso -sa *adj* carbonaceous

carbunclo, carbunco *m* anthrax

carburador *m* carburetor*

carburante *m* fuel

carburar [A1] *vi*

A «*motor*» to carburet

B (fam) (funcionar) «*electrodoméstico/coche*» to work; «*persona*» (Esp): **hoy no carburas ¿eh?** you're not with it today, are you?

■ **carburar** *vt* (Andes) ‹*motor*› to tune

carburo *m* carbide

carca[1] *adj* (fam) old-fashioned, fuddy-duddy (colloq)

carca[2] *mf* (fam) old fogey (colloq)

carcacha *f* (Andes, Méx fam) (auto viejo) wreck (colloq), old heap (colloq); (otro aparato) contraption (colloq)

carcaj *m* quiver

carcajada *f* guffaw; **soltar una ~** to burst out laughing; **reírse a ~s** to roar with laughter

carcajeante *adj* ‹*risa*› loud, guffawing (*before n*)

carcajearse [A1] *v pron* (fam) to roar with laughter

carcamal[1], (Méx, RPl) **carcamán -mana** *adj* (fam & pey) decrepit

carcamal[2], (Méx, RPl) **carcamán** *m* (fam & pey) (hombre) old crock (colloq & pej); (mujer) old hag (colloq & pej)

carcasa *f* 1 (armazón, estructura) frame; (de aparato) casing; **la ~ de un barco abandonado** the hulk of an abandoned ship 2 (esqueleto de animal) skeleton

cárcel *f* (prisión) prison, jail; **fue condenado a cinco años de ~** he was sentenced to five years imprisonment; **la metieron en la ~** she was put in prison

carcelario -ria *adj* prison (*before n*)

carcelero -ra *m,f* jailer

carcinoma *m* carcinoma

carcoma *f* 1 (Zool) woodworm 2 (preocupación, ansiedad) anxiety

carcomer [E1] *vt* 1 «*carcoma*» to eat away (at); **el marco está totalmente carcomido** the frame is completely worm-eaten 2 ‹*salud*› to undermine; **los celos/la envidia le carcomían** he was eaten up *o* consumed with jealousy/envy; **es una duda que me carcome** it is something that constantly preys on my mind; **un vicio que carcome las bases de nuestra sociedad** a vice which eats away at the fabric of our society

cardamomo *m* cardamom

cardar [A1] *vt* 1 ‹*lana*› to card; *ver tb* **lana** 2 ‹*pelo*› to backcomb, tease

■ **cardarse** *v pron* (*refl*) to backcomb

cardenal *m*

A (Relig) cardinal

B (fam) (moretón) bruise

cardenalicio -cia *adj* of/or relating to a cardinal

cardíaco[1], **cardiaco -ca** *adj* heart (*before n*), cardiac (tech)

cardíaco[2], **cardiaco -ca** *m,f* heart patient; **los ~s** heart patients, people with a heart condition; **es una película no apta para ~s** (hum) it's not a movie for the fainthearted

cárdigan *m* (*pl* **-gans**) cardigan

cardinal *adj* cardinal

cardiograma *m* cardiogram

cardiología *f* cardiology

cardiológico -ca *adj* cardiological

cardiólogo -ga *m,f* cardiologist

cardiovascular *adj* cardiovascular

cardo *m* (Bot) thistle

(Compuesto) **cardo borriquero** (Esp fam) cotton thistle; ***ser un ~ borriquero*** (ser antipático) to be a prickly character (colloq); (ser feo) to be as ugly as sin

carear [A1] *vt* to bring ... face to face

carecer [E3] *vi* (frml) **~ DE algo** to lack sth; **carece de interés** it is lacking in interest, it lacks interest; **carece de valor** it has no value, it is worthless; **sus palabras carecen de todo sentido** her words make no sense

carencia *f* 1 (escasez) lack, shortage; ~ **de recursos financieros** lack of financial resources 2 (Med) deficiency; ~ **de vitamina A** vitamin A deficiency

carente *adj* (frml): **una respuesta ~ de todo sentido** a completely nonsensical reply; **son lugares ~s de interés** they are places which are of no interest

careo *m* confrontation (*in court*)

carero¹ -ra *adj* (fam) ‹*comerciante*› pricey (colloq); **en esa tienda son muy ~s** that shop's very pricey

carero² -ra *m,f* rip-off artist (AmE colloq), rip-off merchant (BrE colloq)

carestía *f* 1 (costo elevado) high cost; **la ~ de la vida** the high cost of living 2 (escasez) dearth, scarcity; **un periodo de ~** a period of shortage

careta *f* mask; ***quitarle la ~ a algn*** to unmask sb

carey *m* (Zool) hawksbill turtle; (material) tortoiseshell

carga *f*

A 1 (Transp) (de barco) cargo; (de camión) load; (de tren) freight; Ⓢ **zona de carga y descarga** loading and unloading only 2 (peso) load; Ⓢ **carga máxima: ocho personas, 550 kilos** maximum load: eight people, 550 kilos; **no lleves tanta ~** don't carry such a heavy load

(Compuesto) **carga útil** payload

B 1 (de escopeta, cañón) charge; **una ~ explosiva** an explosive charge 2 (de bolígrafo, pluma) refill; **al encendedor se le está acabando la ~** the lighter is running out of fuel 3 (de lavadora) load 4 (de reactor) charge

(Compuesto) **carga de profundidad** depth charge

C (Elec) (de cuerpo) charge; (de circuito) load; **un discurso con una enorme ~ emocional** a highly emotional speech

D (responsabilidad) burden; **es una ~ para la familia** he is a burden to his family; **lleva una gran ~ sobre los hombros** he carries a great deal of responsibility on his shoulders

(Compuesto) **carga familiar** dependent relatives (*pl*)

E (Der, Fin) charge; **libre de ~s** not subject to any charges

(Compuesto) **carga impositiva** *or* **fiscal** *or* **tributaria** tax burden

F 1 (de tropas, policía) charge; **¡a la ~!** charge!; ***volver a la ~*** to return to the attack 2 (Dep) *tb* **~ defensiva** blitz

cargada *f*

A (RPl fam) practical joke

B (Pol) (en Méx) 1 (apoyo) *unconditional support for a political candidate* 2 (grupo): ***ir*** *or* ***irse a la ~*** (Méx) *to voice support for a candidate*

cargaderas *fpl* (Col) suspenders (*pl*) (AmE), braces (*pl*) (BrE)

cargadero *m* loading bay

cargado -da *adj*

A 1 (que lleva peso): **iba muy cargada** she was loaded down *o* laden (with parcels/shopping); **~ DE algo**: **vino ~ de regalos** he arrived loaded down with presents; **mujeres cargadas de hijos** women weighed down by children; **~ de deudas** heavily in debt; **un ciruelo ~ de fruta** a plum tree laden with fruit 2 ‹*ambiente/atmósfera*› (pesado, bochornoso) heavy, close; (con humo, olores desagradables) stuffy; (tenso) strained, tense; **una atmósfera cargada de humo/tensión** a very smoky/tense atmosphere 3 ‹*dados*› loaded 4 ‹*café*› strong; ‹*combinado*› strong, with plenty of rum (*or* gin, *etc*)

B **~ de hombros** *or* **de espaldas** with bowed shoulders

cargador -dora *m,f*

A 1 (de camiones) loader 2 (de barcos) (*m*) longshoreman (AmE), docker (BrE); (*f*) longshorewoman (AmE), docker (BrE) 3 (de aviones) baggage handler

B **cargador** *m* 1 (Arm) clip, magazine 2 (de pilas, baterías) battery charger

C **cargadores** *mpl* (Col) ▸ **cargaderas**

cargamento *m* 1 (de camión) load; (de barco, avión) cargo; **llegó el segundo ~** the second shipment arrived 2 (cantidad enorme) load; **compró un ~ de comida** he bought loads of food

cargante *adj* 1 (CS fam) (antipático) unpleasant, horrible (colloq) 2 (Esp fam) ▸ **cargoso**

cargar [A3] *vt*

A 1 ‹*barco/avión/camión*› to load 2 ‹*pistola/escopeta*› to load; ‹*pluma/encendedor*› to fill; ‹*cámara*› to load, put a film in; **cargué la estufa de leña** I filled the stove with wood; **no cargues tanto ese baúl** don't put so much into that trunk 3 (Elec) to charge

B 1 ‹*mercancías*› to load 2 ‹*combustible*› to fuel; **el avión hizo escala para ~ combustible** the plane stopped to refuel; **tengo que ~ nafta** (RPl) I have to fill up with gasoline (AmE) *o* (BrE) petrol 3 (Inf) to load

C 1 (de obligaciones) **~ a algn DE algo** to burden sb WITH sth 2 ‹*culpa*› (+ *me/te/le etc*): **me ~on la culpa** they put *o* laid the blame on me

D (llevar) 1 ‹*paquetes/bolsas*› to carry; ‹*niño*› (AmL) to carry 2 (AmL exc RPl) ‹*armas*› to carry 3 (Ven fam) (llevar puesto) to wear; (tener consigo): **cargo las llaves** I have the keys

E (a una cuenta) to charge; **me lo ~on en cuenta** *or* **lo ~on a mi cuenta** they charged it to my account

F 1 (Esp fam) «*profesor*» to fail, flunk (AmE colloq) 2 (Méx fam) (matar) to kill

■ **cargar** *vi*

A 1 (con un bulto) **~ CON algo** to carry sth 2 (con responsabilidad) **~ CON algo**: **tiene que ~ con todo el peso de la casa** she has to shoulder all the responsibility for the household; **acabó cargando con la culpa** he ended up taking the blame

B «*tropas/policía*» to charge; **~ CONTRA algn** to charge AT sb

C «*batería*» to charge

D (fam) (+ *me/te/le etc*) (fastidiar): **me cargan los fanfarrones** I can't stand show-offs

cargarse *v pron*

A 1 «*pilas/flash*» to charge; «*partícula*» to become charged 2 (de peso, obligaciones) **~se DE algo**: **no te cargues de equipaje** don't take too much luggage; **~se de responsabilidades** to take on a lot of responsibilities; **se cargó de deudas** he saddled himself with debts; **ya se ha cargado de hijos** she's had too many children

B 1 (fam) (matar) to kill 2 (Esp fam) (romper, estropear) ‹*motor*› to wreck; ‹*jarrón*› to smash; ***cargársela(s)*** (fam): **te la vas a ~** you'll be in trouble (colloq) 3 (*enf*) (Esp fam) (suspender) «*profesor*» to fail, flunk (AmE colloq)

cargazón *f* (fam) heaviness

cargo *m*

A (puesto) post, position (frml); **un ~ de mucha responsabilidad** a very responsible job *o* post

(Compuesto) **cargo público**: **tener un ~ ~** to hold public office; **los que ostentan ~s ~s** those who hold public office

B (responsabilidad, cuidado) 1 **a cargo de algn**: **los niños están a mi ~** the children are in my care *o* (frml) charge; **el negocio quedó a su ~** he was left in charge of the business; **dejé/puse las ventas a ~ de Luque** I left/put Luque in charge of sales; **tiene cuatro hijos a su ~** *or* (Col) **a ~** he has four children to support; **tiene a su ~ la división comercial** she is responsible for *o* in charge of the sales department 2 **al cargo de algo** in charge of sth 3 **correr a ~ de algn**: **los gastos corren a ~ de la empresa** expenses will be paid *o* met by the company; **la organización del concierto corre a mi ~** I'm responsible for organizing the concert 4 **hacerse ~ de algo** (hacerse responsable) ‹*de puesto/tarea*› to take charge of sth; ‹*de gastos*› to take care of sth; (comprender) (Esp) to undertand sth, to appreciate sth; **me hago ~ del problema** I appreciate the problem

(Compuesto) **cargo de conciencia**: **no tengo ningún ~ de ~** my conscience is clear; **me da/quedó un ~ de ~ horrible** I feel/felt terribly guilty

C (Com, Fin) charge; **sin ~ adicional** at no additional cost; **sin ~** free of charge; **con ~ a mi cuenta** to be debited against *o* charged to my account

D (Der) charge

E (Chi, Per) *date-and-time stamp for documents*

cargosear [A1] *vt* (CS, Per fam) to pester (colloq)

cargoso -sa *adj* (CS, Per fam) annoying; **no seas ~** don't be so annoying

cargue *m* (Col, Ven) loading; Ⓢ **zona de cargue y descargue** loading and unloading only

carguero¹ -ra *adj* cargo (*before n*)

carguero² *m* freighter, cargo ship *o* vessel

cariacontecido -da *adj* (fam) down in the mouth (colloq)

cariátide *f* caryatid

C

Caribe *m* 1 **el (mar) ~** the Caribbean (Sea) 2 (región): **el ~** the Caribbean
caribeño¹ -ña *adj* Caribbean
caribeño² -ña *m,f: person from the Caribbean region*
caribú *m* caribou
caricatura *f* (dibujo) caricature
caricaturesco -ca *adj*: **sus personajes son ~s** his characters are like caricatures; **tiene rasgos ~s** he has very exaggerated features
caricaturista *mf* caricaturist
caricaturización *f* caricature; **hacer una ~ de algo** to caricature sth
caricaturizar [A4] *vt* to caricature
caricia *f* caress; **le hizo una ~ al perro** she stroked the dog
caridad *f* charity; **vivía de la ~** she lived on charity; **¡qué falta de ~!** how uncharitable!; **por ~** for pity's sake
caries *f* (*pl* ~) 1 (proceso) tooth decay, caries (*pl*) (tech); **la ~ dental** tooth decay 2 (cavidad) cavity; **tengo tres ~** I have three cavities
carilla *f* side
carillón *m* (de campanas) carillon; (instrumento) glockenspiel
cariño *m* 1 (afecto) affection; **niños sedientos de ~** children starved of affection; **fue la única persona que me dio ~** she was the only person who showed me any affection; **le tengo mucho ~ a este anillo** I'm very fond of this ring; **siento muchísimo ~ por ella** I have a great affection *o* fondness for her, I am very fond of her; **te ha tomado mucho ~** he's become very fond of you; **trátame el coche con ~** take good care of my car; **~s por tu casa/a tu mujer** (AmL) (send my) love to your family/your wife; **~s, Beatriz** (en cartas) (AmL) love, Beatriz; ***como sea su ~*** (Chi fam) whatever you can spare 2 (caricia): **le hice un cariñito al niño** I gave the little boy a cuddle (*o* kiss *etc*); **la pareja se hacía ~** (AmL) the couple were having a little cuddle (*o* a hug and a kiss *etc*) 3 (como apelativo) dear, honey, love (BrE); **no llores ~** don't cry, dear
cariñoso -sa *adj* ‹*persona*› affectionate; ‹*bienvenida*› warm; **un ~ saludo de mi parte** regards
carioca *adj* of/from Rio de Janeiro
carisma *m* charisma
carismático -ca *adj* charismatic
caritativo -va *adj* charitable; **es muy ~** he's very generous; **una organización con fines ~s** a charitable organization
cariz *m*: **no me gusta el ~ que están tomando las cosas** I don't like the way things are going *o* developing; **la situación está tomando mal ~** the situation is beginning to look bad
carlinga *f* (Aviac) cockpit
carmelita *adj/mf* Carmelite
carmelito *m* (Col) brown
carmesí *adj inv* crimson
carmín¹ *adj inv* carmine
carmín² *m* (para labios) lipstick; (color) carmine
carminativo -va *adj* carminative
carnada *f* bait
carnal¹ *adj* ‹*amor/deseo*› carnal
carnal² *m* (Méx arg) buddy (AmE colloq), mate (BrE colloq)
carnaval *m* (Relig) Shrovetide; (fiesta) carnival; **deberías ir en C~** you should go at carnival time

> **Carnaval**
>
> The three days of festivities preceding Lent, characterized by costumes, masks, drinking, music, and dancing. Spain's most colorful carnival is in Santa Cruz, Tenerife, and Cadiz's carnival is also famous. In Spanish-speaking Latin America, the carnivals of Uruguay, Bolivia, and Venezuela are very well known

carnavalesco -ca *adj* carnival (*before n*)
carnaza *f* 1 (Coc) *low grade meat* 2 (carnada) bait
carne *f*
A 1 (de mamífero, ave) meat; (de pescado) flesh; ***echar*** *or* ***poner toda la ~ en el asador*** to put all one's eggs in one basket; ***no ser ni ~ ni pescado*** to be neither fish nor fowl 2 (de fruta) flesh

Compuestos
- **carne blanca** white meat
- **carne de cerdo** *or* (Chi, Per) **chancho** *or* (Ven) **cochino** pork
- **carne de cordero** lamb
- **carne de ternera** veal
- **carne de vaca** *or* (AmC, Col, Méx, Ven) **res** beef
- **carne de venado** venison
- **carne mechada** (con tocino) larded meat; (en hilachas) (Ven) shredded meat
- **carne molida** *or* (Esp, RPl) **picada** ground beef (AmE), mince (BrE)

B 1 (de una persona) flesh; **es ~ de mi ~** he's my flesh and blood; ***de ~ y hueso***: **¿crees que no sufro? yo también soy de ~ y hueso** do you think I don't suffer? I have feelings too; ***en ~ propia***: **lo he vivido/sufrido en ~ propia** I've been through it/suffered it myself; ***en ~ viva***: **tenía la herida en ~ viva** her wound was raw; ***en ~ y hueso*** in the flesh 2 **carnes** *fpl* (gordura): **de ~s abundantes** of ample proportions (euph); **de pocas ~s** skinny; ***echar ~s*** to put on *or* gain weight; ***entrado*** *or* ***metido en ~s*** fat 3 **(de) color ~** flesh-colored* 4 (Relig) (cuerpo) flesh; **la ~ es débil** the flesh is weak

Compuestos
- **carne de cañón** cannon fodder
- **carne de gallina** gooseflesh, goose pimples (*pl*); **sólo pensarlo me pone la ~ de ~** it gives me goose pimples just to think about it (colloq)

carné *m* identity card; **sacar/renovar el ~** to have one's identity (*o* membership *etc*) card issued/renewed

Compuestos
- **carné de conducir** driver's license (AmE), driving licence (BrE)
- **carné de estudiante** student card
- **carné de identidad** identity card
- **carné de socio** (de club, mutual) membership card; (de biblioteca) library card
- **carné escolar** (Chi) bus/train pass

> **carné de identidad**
>
> Identity card that all residents over a certain age in Spain and Latin America must carry at all times. Holders must quote their identity card number on most official forms. In Latin America the card is also known as the *cédula de identidad*, and in Spain as the *DNI* (*Documento Nacional de Identidad*)

carnear [A1] *vt* (CS) to slaughter
■ **carnear** *vi* (CS) to slaughter a cow (*o* lamb *etc*)
carnecería *f* butcher's shop (*o* stall *etc*)
cárneo -nea *adj* (CS) meat (*before n*)
carnero *m* ram
carnet /kar'ne/ *m* (*pl* **-nets**) ▸ **carné**
carnicería *f* 1 (tienda) butcher's shop (*o* stall *etc*) 2 (fam) (matanza, destrozo) slaughter
carnicero¹ -ra *adj* carnivorous
carnicero² -ra *m,f* 1 (vendedor) butcher 2 (fam & pey) (cirujano) butcher (colloq & pej)
cárnico -ca *adj* meat (*before n*)
carnitas *fpl* (Méx) pieces of barbecued pork (*pl*)
carnívoro¹ -ra *adj* carnivorous, meat-eating
carnívoro² *m* carnivore
carnoso -sa *adj* ‹*fruta*› fleshy; ‹*pollo*› meaty
caro¹ -ra *adj*
A 1 ‹*coche/entrada/ciudad*› expensive; **nos salió carísimo** it cost us a small fortune; **la vida está muy cara** everything costs so much *o* things are so expensive nowadays 2 (*como adv*): **pagarás ~ tu error** you'll pay dearly for your mistake; **esa actitud le costó caro** his attitude cost him dear; **venden sus tapices carísimos** they sell their tapestries at very high prices; **me costó muy ~** I had to pay a lot of money for it
B (liter) (querido) dear
caro² *adv* ‹*comprar/vender*›: **en esa tienda venden muy ~** they charge a lot in that store; *ver tb* **caro¹ A2**
carón -rona *adj* (AmL fam): **es muy carona** she has a very big face
carota *adj/mf* (Esp fam) ▸ **caradura¹,²**
carótida *f* (carotid) artery

carpa *f*
A **1** (de circo) big top; (para actuaciones) marquee **2** (AmL) (para acampar) tent
B (Zool) carp

carpeta *f* (para documentos, dibujos) folder; ***cerrar la ~*** to close the file; ***tener algo en ~*** to have sth under consideration

(Compuesto) **carpeta de anillos** *or* (Esp) **anillas** *or* (RPl) **ganchos** ring binder

carpetazo *m*: **dieron ~ al incidente** they closed the file on the incident; **han dado ~ al plan** they've shelved the project

carpintería *f* **1** (taller) carpenter's workshop, joiner's workshop; (actividad) carpentry, joinery **2** (de construcción, casa) woodwork

(Compuesto) **carpintería metálica** metalwork

carpintero -ra *m,f* carpenter, joiner

carraca *f*
A (matraca) rattle
B (fam) (trasto, cacharro) wreck (colloq))

carraspear [A1] *vi* to clear one's throat

carraspera *f*: **tener ~** to have a rough throat

carrasposo -sa *adj* **1** ‹*garganta*› rough **2** (Col) ‹*superficie*› rough

carrera *f*
A (Dep) (competición) race; **~ de caballos** horse race; **las ~s** the races; **la ~ de los 100 metros vallas** the 100 meters hurdles; **te echo** *or* (RPl) **te juego una ~** I'll race you

(Compuestos)
- **carrera armamentista** *or* **-tística** arms race
- **carrera contra reloj** (Dep) time trial; **una ~ ~ ~ para salvar el monumento** a race against time to save the monument
- **carrera de armamentos** arms race
- **carrera de fondo** long-distance race
- **carrera de obstáculos** steeplechase; (para niños) obstacle race
- **carrera de postas** *or* **de relevos** relay race
- **carrera de sacos** *or* (Col) **de costales** *or* (RPl) **de embolsados** *or* (Chi) **de ensacados** sack race
- **carrera espacial** space race

B **1** (fam) (corrida): **tendremos que echar una ~ si queremos alcanzar el tren** we'll have to run if we want to catch the train (colloq); **darse** *or* **pegarse una ~** to run as fast as one can; **me fui de una ~ a su casa** I tore *o* raced *o* rushed round to her house (colloq); ***a la(s) ~(s)***: **siempre anda a la(s) ~(s)** she's always in a hurry *o* rush; **hice la última parte a la(s) ~(s)** I really rushed through the last part **2** (Esp fam): **hacer la ~** to turn tricks (AmE sl), to be on the game (BrE sl)

C **1** (Educ) degree course; **seguir** *or* **hacer una ~ universitaria** to do a degree course, to study for a degree; **está haciendo la ~ de Derecho** he's doing a degree in law; **tiene la ~ de Física(s)** she has a degree in physics; **dejó la ~ a medias** he dropped out halfway through college (AmE) *o* (BrE) university; **les dieron (una) ~ a sus hijos** they put their children through college (AmE) *o* (BrE) university **2** (profesión, trayectoria) career; **es una mujer de ~** she's a career woman; **un diplomático/militar de ~** a career diplomat/officer; **hizo su ~ en el cuerpo diplomático** he pursued a career in the diplomatic corps; ***hacer ~*** to carve out a career; ***no poder hacer ~ de*** *or* ***con algn***: **no puedo hacer ~ de este hijo mío** I can't do a thing with this son of mine

(Compuesto) **carrera media/superior** *three-year/five-year university course*

D (recorrido) **1** (de taxi) ride, journey **2** (AmL) (en baloncesto): **hacer ~** to travel

(Compuesto) **carrera ascendente/descendente** upstroke/downstroke

E (en la media) run, ladder (BrE); (en el pelo) (Col, Ven) part (AmE), parting (BrE)
F (en nombres de calles) street

carrerear [A1] *vt* (Méx fam) to push (colloq)

carrerilla *f*: **se lo saben de ~** they know it (off) by heart; **me lo dijo de ~** he reeled it off parrot-fashion; ***coger ~*** (Esp) to take a run-up

carreta *f*
A (con toldo) wagon; (sin toldo) cart
B (CS fam) (persona lenta) slowpoke (AmE), slowcoach (BrE); (vehículo lento): **ese tren es una ~** that train is very slow
C (Col fam) **1** (cháchara): **¿cuál es la ~?** what are you talking about? **2** (mentira): **es pura ~** it's all lies

carretada *f* wagonload, cartload

carrete *m* (de hilo, cinta) spool, reel (BrE); (de película) roll of film, film; (de caña de pescar) reel; ***darle ~ a algn*** (fam) to engage sb in conversation

carretear [A1] *vi* (AmL) (Aviac) to taxi
■ **carretear** *vt* (Chi) (llevar en auto) to take (*by car*); **¿me podrías ~ hasta el centro?** can you give me a lift *o* take me to the centre?

carretela *f* (Chi) cart

carretera *f* road; **~ de acceso** access road; **la ~ de Burgos** the Burgos road; **fuimos por ~** we went by road

(Compuestos)
- **carretera comarcal** secondary road, ≈ B-road (*in UK*)
- **carretera de circunvalación** *or* (Col) **carretera circunvalar** bypass, beltway (AmE), ring road (BrE)
- **carretera de doble calzada** divided highway (AmE), dual carriageway (BrE)
- **carretera general** main road
- **carretera nacional** ≈ highway (*in US*), ≈ A-road (*in UK*)

carretero -ra *m,f* cart driver; ***fumar como un ~*** (fam) to smoke like a chimney

carretilla *f*
A (de mano) wheelbarrow; **de ~** (Esp) *ver* **carrerilla**; ***hacer la ~*** to do a wheelbarrow
B (CS) (quijada) jaw, jawbone

carricito -ta *m,f* (Ven fam) kiddie (colloq)

carricoche *m* covered wagon

carriel *m* (Col) *rawhide shoulder bag*

carril *m* **1** (Auto) (de tránsito) lane; **conducir por el ~ de la derecha** to drive on the right *o* the right-hand side of the road **2** (Ferr) rail **3** (AmL) (Dep) lane

(Compuestos)
- **carril bus** bus lane
- **carril de adelantamiento** overtaking lane, fast lane
- **carril de bicicletas** cycleway, cycle path

carril-bici *m* (Esp) cycle lane

carrilera *f* (Col) track

carrillo *m* cheek; ***comer a dos*** *or* ***cuatro ~s*** (fam) to stuff oneself (colloq)

carriola *f* (Méx) baby carriage (AmE), baby buggy (BrE)

carrito *m* **1** (para el equipaje) trolley; (en supermercado) shopping cart (AmE), trolley (BrE); (de la compra) shopping trolley *o* (AmE) cart **2** (mesita de servir) trolley **3** (fam) (para la venta ambulante) van

(Compuesto) **carrito chocón** (Méx) bumper car

carrizo *m*
A (Bot) giant reed
B (Ven fam) (nada): **no sabe un ~** he hasn't a clue (colloq); **¿qué hiciste ayer? — un ~** what did you do yesterday? — not a lot; ***del ~*** (Ven fam): **esta muchacha del ~** this darned girl; ***más ... que el ~*** (Ven fam): **es más sucia que el ~** she's so filthy! (colloq)

carro *m*
A **1** (carreta) cart; **un ~ de tierra** a cartload of earth; ***aguantar ~s y carretas*** to put up with anything; ***¡para el ~!*** (fam) cool it! (colloq), hold your horses! (colloq); ***subirse al ~*** to jump on the bandwagon **2** (AmL exc CS) (Auto) car, automobile (AmE) **3** (Chi, Méx) (vagón) coach, carriage (BrE) **4** (Hist) (romano) chariot

(Compuestos)
- **carro alegórico** (CS, Méx) float
- **carro bomba** (Col) car bomb
- **carro comedor/dormitorio** (Méx) dining/sleeping car
- **carro de bomberos** (Andes, Méx) fire engine, fire truck
- **carro de combate** tank
- **carro lanza-agua** (Chi) water cannon
- **carro libre** (Ven) cab, taxi
- **carro loco** (Chi, Col, Méx) bumper car
- **carro sport** (AmL exc CS) sports car

B (de máquina de escribir) carriage

carrocería *f* (de automóvil) bodywork

carromato *m* (carro cubierto) covered wagon

carroña *f* 1 (de animal muerto) carrion 2 (gente despreciable) riffraff (+ *sing or pl vb*)

carroñero -ra *m,f* scavenger

carroza *f*

A 1 (coche de caballos) carriage 2 (de carnaval) float 3 (Chi, Ur) (coche fúnebre) hearse

B carroza *mf* (Esp fam) (persona anticuada) old fogey (colloq)

carruaje *m* carriage; **S prohibido estacionar: paso de carruajes** no parking, access road

carrusel *m* 1 (para diapositivas) carousel, slide tray 2 **~ deportivo/de noticias** back-to-back sports/news program 3 (AmL) (para niños) merry-go-round, carousel (AmE)

C

carta *f*

A (Corresp) letter; **¿hay ~ para mí?** are there any letters for me?, is there any mail for me?; **echar una ~ al correo** to mail (esp AmE) *o* (esp BrE) post a letter; **~ de despido/renuncia** letter of dismissal/resignation; **~ de solicitud** letter of application

(Compuestos)
- **carta abierta** open letter
- **carta blanca** carte blanche
- **carta bomba** letter bomb
- **carta certificada** registered letter
- **carta de agradecimiento** thank-you letter
- **carta de amor** love letter
- **carta de ciudadanía** naturalization papers (*pl*)
- **carta de nacionalización** *or* **de naturaleza** naturalization papers (*pl*)
- **carta de pago** receipt, official receipt
- **carta de presentación** letter of introduction
- **carta de recomendación** reference, letter of recommendation
- **carta urgente** special-delivery letter
- **carta verde** green card

B (naipe) card; **jugar a las ~s** to play cards; **dar las ~s** to deal the cards; ***a ~ cabal***: **es honrado a ~ cabal** he's completely honest; **un caballero a ~ cabal** a perfect *o* real gentleman; ***echarle las ~s a algn*** to tell sb's fortune; ***jugar bien las ~s*** to play one's cards right; ***jugárselo todo a una ~*** to risk everything on one throw; ***no saber a qué ~ quedarse***: **no sé a qué ~ quedarme** I don't know what to think; ***poner las ~s boca arriba*** *or* ***sobre la mesa*** to put *o* lay one's cards on the table; ***tomar ~s en el asunto*** to intervene

(Compuesto) **cartas del Tarot** *fpl* Tarot cards (*pl*)

C (de organización) charter; (de país) constitution

(Compuesto) **Carta Magna** (Hist) Magna Carta; (constitución) (frml) constitution

D (en restaurante) menu; **comer a la ~** to eat à la carte

(Compuesto) **carta de vinos** wine list

E (ant) (mapa) map

(Compuestos)
- **carta astral** astral chart
- **carta de ajuste** test card
- **carta de navegación** chart
- **carta de vuelo** flight plan

cartabón *m* 1 (de dibujo) set square, triangle 2 (de zapatero) foot measure

cartapacio *m* folder

cartearse [A1] *v pron*: **nos carteamos durante años** we wrote to each other *o* corresponded for years; **~ con algn** to correspond WITH sb

cartel[1] *m* 1 (de publicidad, propaganda) poster; (letrero) sign; **lleva dos meses en ~** «*obra/película*» it has been on for two months 2 (fama): **de ~** ‹*cantante/actor*› famous; ‹*torero*› star (*before n*); **una corrida de mucho ~** a bullfight with some big names

(Compuesto) **cartel luminoso** neon sign

cartel[2], **cártel** *m* cartel

cartelera *f*

A 1 (Cin, Teatr) publicity board; **la película sigue en ~** the movie is still on *o* still showing,; **la obra estuvo en ~ durante cuatro años** the play ran for four years 2 (en el periódico) listings (*pl*); **~ de espectáculos** entertainment guide

B (AmL) (tablón de anuncios) bulletin board (AmE), notice board (BrE)

carteo *m* (esp AmL) correspondence

cárter *m* (del cigüeñal) crankcase, sump; (del embrague) housing

cartera *f*

A 1 (billetera) wallet, billfold (AmE) 2 (para documentos) document case, briefcase; (de colegial) satchel; (de cobrador) money bag; (de cartero) sack, bag 3 (AmS) (bolso de mujer) purse (AmE), handbag (BrE)

B (Com, Fin) portfolio; ***tener algo en ~*** to have sth in the pipeline

(Compuestos)
- **cartera de acciones** stock *o* share portfolio
- **cartera de pedidos** order book
- **cartera de valores** securities portfolio

C (period) (Pol) (cargo) portfolio (journ); (departamento) department

carterear [A1] *vt* (Chi): **me ~on en la micro** my handbag was picked on the bus

carterista *mf* pickpocket

cartero (*m*) mailman (AmE), postman (BrE); (*f*) mailwoman (AmE), postwoman (BrE)

cartesiano -na *adj/m,f* Cartesian

cartílago *m* cartilage

cartilla *f* (para aprender a leer) reader, primer; ***cantarle*** *or* ***leerle la ~ a algn*** to take sb to task

(Compuestos)
- **cartilla de ahorros** passbook, savings book
- **cartilla de racionamiento** ration book

cartografía *f* cartography

cartógrafo -fa *m,f* cartographer

cartomancia, cartomancía *f* fortune-telling, cartomancy

cartón *m*

A (material) cardboard

(Compuestos)
- **cartón ondulado** *or* **corrugado** corrugated cardboard
- **cartón piedra** (Esp) papier-mâché

B (de cigarrillos, leche) carton; (de huevos) tray

C (en bingo) card

cartoné *m*: **en ~** hardback

cartuchera *f*

A 1 (estuche — para cartuchos) cartridge clip; (— para pistola) holster 2 (cinturón — para cartuchos) cartridge belt; (— para pistola) gun belt

B 1 (RPl) (de escolar) pencil case 2 (Chi) (para los anteojos) glasses *o* spectacle case

cartucho *m*

A (Arm) cartridge; ***quemar el último ~*** to play one's last card

(Compuesto) **cartucho en blanco** blank cartridge

B (de estilográfica) cartridge

C (para monedas) roll

cartuja *f* charterhouse, monastery

cartulina *f* card

casa *f*

A 1 (vivienda) house; **está buscando ~** she's looking for somewhere to live; **casita del perro** kennel 2 (hogar) home; **a los 18 años se fue de ~** *or* (AmL) **de la ~** she left home at 18; **no está nunca en ~** *or* (AmL) **en la ~** he's never (at) home; **¿estarás en casa esta tarde?** will you be at home *o* in this afternoon?; **están en casa de Ana** they're (over) at Ana's (house); **¿por qué no pasas por ~** *or* (AmL) **por la ~?** why don't you drop in *o* by?; **está en su ~** make yourself at home; **lo invito a cenar a su ~ de usted** (Méx) please come over to dinner; **vivo en Lomas 38, su ~ de usted** (Méx) I live at number 38 Lomas, where you will always be most welcome; **no soy de la ~** I don't live here; **decidió poner ~ en Toledo** she decided to go and live in Toledo; **le ha puesto ~ a su querida** he's set his mistress up in a house (*o* an apartment *etc*); **los padres les ayudaron a poner la ~** their parents helped them to set up house; ***de*** *or* ***para andar por ~*** ‹*vestido*› for wearing around the house; ‹*definición/terminología*› crude, rough; ***se me/se le vino la ~ encima*** the bottom fell out of my/her world; ***como Pedro por su ~*** as if you/he/she owned the place (colloq); ***como una ~*** (fam): **una mentira como una ~** a whopping great lie (colloq), a whopper (colloq); ***echar** or **tirar la ~ por la ventana*** to push the boat out; ***empezar la ~ por el tejado*** to put the cart before the horse; ***en la ~ de la Guayaba*** (Méx fam) miles away (colloq); ***ser muy de su ~*** (hogareño) to be very homeloving; (hacendoso) to be very houseproud; ***en ~ del herrero, cuchillo de palo*** the shoemaker's son always goes barefoot; ***cada uno en su ~ y Dios en la de todos*** each to his own and God watching over everyone

B (Com) 1 (empresa) company, firm (BrE) 2 (bar, restaurante): **especialidad de la ~** house specialty (AmE), speciality of the house (BrE); **invita la ~** it's on the house; **es un obsequio de la ~** with the compliments of the management

C (dinastía) house; **la ~ de los Borbones** the House of Bourbon

D 1 (Dep): **perdieron en ~** they lost at home; **los de ~** the home team 2 (Jueg) home

(Compuestos)

- **casa adosada** semi-detached *o* terraced house
- **Casa Amarilla** (en CR, Ven) Presidential Palace
- **Casa Blanca** White House
- **casa central** head office, headquarters (*sing o pl*)
- **casa consistorial** town hall
- **casa cuartel** police station (*including living quarters*)
- **casa de cambio** bureau de change
- **casa de campo** country house
- **casa de citas** *hotel where rooms are rented by the hour*
- **casa de comidas** (Esp) restaurant (*serving economically priced meals*)
- **casa de discos** *or* **discográfica** record company
- **casa de estudios** (CS) (universidad) university, college; (facultad) faculty
- **Casa de Gobierno** (en algunos países) Presidential Palace
- **casa de huéspedes** boardinghouse
- **Casa de la Moneda** 1 (Fin) mint 2 (en Chi) Presidential Palace
- **casa de locos** (fam) madhouse (colloq)
- **casa de modas** fashion house
- **casa de muñecas** dollhouse (AmE), doll's house (BrE)
- **casa de orates** lunatic asylum
- **casa de putas** (vulg) whorehouse (vulg)
- **casa de reposo** *or* **salud** (CS) nursing home
- **casa de socorro** first-aid post
- **casa de tolerancia** (AmL) brothel
- **casa de vecinos** *or* (Méx) **de vecindad** tenement house
- **casa editorial** publishing house
- **casa habitación** (Chi) dwelling
- **casa piloto** *or* (Méx) **modelo** model home (AmE), show house (BrE)
- **Casa Real** Royal Household
- **casa refugio** refuge *o* hostel for battered women
- **casa rodante** (CS) trailer (AmE), caravan (BrE)
- **Casa Rosada** (en Arg) Presidential Palace
- **casa solariega** ancestral home

Casa Amarilla

The headquarters of the Venezuelan State Department in Caracas. Originally a colonial prison, it was made the presidential palace in the nineteenth century and was painted yellow, the color of the Liberal Party, hence the name.

Casa Amarilla is also the name of the presidential palace in San José, Costa Rica

Casa Rosada

The Argentinian president's official residence in the Plaza de Mayo in Buenos Aires. Its façade was painted pink as a sign of national unity by President Sarmiento in the nineteenth century, to symbolize the coming together of two opposing political factions, one of whose banners was red, the other white

casabe *m* (Col, Ven) cassava bread

casaca *f* (chaqueta) jacket; (Equ) riding jacket

casación *f* annulment, cassation (tech)

casadero -ra *adj* marriageable; **está en edad casadera** she is of marriageable age

casado[1] -da *adj* married; **está ~ con una japonesa** he's married to a Japanese woman

casado[2] -da (*m*) married man; (*f*) married woman; **los recién ~s** the newlyweds

casamentero[1] -ra *adj* (fam) matchmaking (*before n*)

casamentero[2] -ra *m,f* (fam) matchmaker

casamiento *m* (unión) marriage; (boda) wedding

casar [A1] *vt*

A 1 «*cura/juez*» to marry 2 «*padres*» to marry (off)

B (Der) ‹*sentencia*› to quash

■ **casar** *vi* 1 (encajar) «*dibujos*» to match up; «*piezas*» to fit together; «*cuentas*» to match, tally 2 (armonizar) «*colores/estilos*» to go together; **~ con algo** to go well WITH sth

■ **casarse** *v pron* to get married; **se casó con un abogado** she married a lawyer; **~se en segundas nupcias** to marry again, to remarry; ***no ~se con nadie*** to refuse to align oneself to any power (*o* ideology *etc*)

cascabel[1] *m* 1 (campanita) bell; ***poner el ~ al gato*** to stick one's neck out; ***ser alegre como un ~*** to be as happy as a clam (AmE) *o* (BrE) a sandboy 2 (Chi) (sonajero) rattle

cascabel[2] *f* (Zool) rattlesnake

cascabeleo *m* (sonido — de cascabeles) jingle, jingling; (— de motor, piezas) (AmL) rattle

cascada *f* (Geog) waterfall, cascade

cascado -da *adj* 1 ‹*voz*› hoarse 2 (Esp fam) ‹*persona*› worn-out; ‹*coche/radio*› broken-down

cascajo *m* (fam)

A (trasto viejo) wreck (colloq); **ando hecho un ~** I feel a complete wreck (colloq)

B (Col) (Const) piece of gravel

cascanueces *m* (*pl* ~) (a pair of) nutcrackers

cascar [A2] *vt*

A ‹*nuez/huevo*› to crack; ‹*taza*› to chip

B (fam) to knock … about; **su marido le casca** her husband knocks her about; **obedece o te casco** do as I tell you or I'll give you a clout

C (Esp fam) ‹*multa/pena*›: **me ~on una multa de 1.000 euros** I got a 1,000 euro fine; **le ~on 10 años de cárcel** he got 10 years; ***~la*** (fam) to peg out (colloq), to kick the bucket (colloq)

■ **cascar** *vi*

A (Esp fam) (charlar) to chat

B (Chi fam) (huir) to run away

■ **cascarse** *v pron* 1 «*huevo*» to crack; «*taza*» to chip 2 (pegarse) (*recípr*): **se ~on de lo lindo** they knocked the living daylights out of each other 3 (Esp fam) (estropearse) to break

cáscara *f* (de huevo, nuez) shell; (del queso) rind; (de naranja, limón) peel, rind; (de plátano, papa) skin; (de manzana) peel

cáscaras *interj* (fam) wow! (colloq)

cascarazo *m* (Col, RPl fam) thump (colloq)

cascarilla *f* (de cacao) roasted cacao husks (*pl*) (*used in infusions*); (de cereal, frutos secos) husk

cascarón *m* (de huevo, nuez) shell; **recién salido del ~** (fam) still wet behind the ears (colloq)

(Compuesto) **cascarón de nuez** cockleshell, flimsy vessel

cascarrabias[1] *adj inv* (fam) cantankerous, grumpy

cascarrabias[2] *mf* (*pl* ~) (fam) cantankerous *o* grumpy person; **es un viejo ~** he's a cantankerous old devil *o* sod (colloq)

cascarudo *m* (RPl) beetle

casco *m*

A (para la cabeza) helmet; ***calentarse los ~s*** (fam) to agonize, worry

(Compuestos)

- **casco azul** *mf* blue helmet (*member of the U.N. peacekeeping force*)
- **casco protector** (de obrero) safety helmet; (de motorista) crash helmet

B **cascos** *mpl* (Audio) headphones (*pl*)

C (Equ, Zool) hoof; ***ligera de ~s*** (coqueta) flight

D (Náut) hull

E (de ciudad) heart, central area; (de estancia) (RPl) farmhouse and surrounding buildings

(Compuestos)

- **casco antiguo** *or* **viejo** old quarter
- **casco urbano** urban area, built-up area

F **1**▸ (trozo — de metralla) piece of shrapnel; (— de vasija) fragment, shard **2**▸ (Col) (gajo) segment
G (Esp, Méx) (envase) bottle;

cascote *m* piece of rubble; **~s** rubble

caserío *m* (poblado) hamlet; (finca) farmhouse (Esp)

casero[1] -ra *adj* **1**▸ ‹*vino/flan*› homemade; ‹*reparación*› amateur; **remedio ~** home *o* household remedy **2**▸ ‹*trabajo*› domestic **3**▸ ‹*persona*› home-loving; **¡es tan ~!** he such a homelover *o* (AmE) homebody

casero[2] -ra *m,f*
A **1**▸ (propietario) (*m*) landlord; (*f*) landlady **2**▸ (cuidador) caretaker
B (Chi) (cliente) customer; (vendedor) storekeeper (AmE), stallholder

caserón *m* big, rambling house

caseta *f* **1**▸ (en la playa, de guardia etc) hut **2**▸ (en exposición) stand; (en fiestas populares) *building or marquee gen with music* **3**▸ (para perro) kennel **4**▸ (Ferr) gateman's box (AmE), crossing keeper's box (BrE) **5**▸ (en fútbol) dugout

casete *m or f* **1**▸ (cinta) cassette **2**▸ **casete** *m* (Esp) (grabador) cassette recorder/player

casetero *m* cassette box

cash-flow /'kasflou/ *m* cash flow

casi *adv*
A **1**▸ (cerca de) almost, nearly; **es ~ imposible** it's virtually *o* almost impossible; **~ me caigo** I nearly fell over **2**▸ (*delante del n*) (frml): **la ~ totalidad de la población** almost the entire population
B (en frases negativas): **~ no se le oía** you could hardly hear him; **~ nunca** hardly ever; **no nos queda ~ nada de pan** there's hardly any bread left; **¿pudiste dormir? — ~ nada** did you manage to sleep? — hardly at all; **¿200? ¡~ nada!** (iró) $200? is that all? (iro); **no había ~ nadie** there was hardly anyone; **~ no vengo** I almost didn't come
C (expresando una opinión tentativa): **yo ~ te diría que lo vendas** I'd be inclined to say, sell it; **~ sería mejor esperar** maybe it would be better to wait

casilla *f*
A (para cartas, llaves) pigeonhole
(Compuesto) **casilla postal** *or* **de correo** (CS, Per) post office box, P.O. Box
B (en ajedrez, crucigrama) square; (en formulario) box
C **1**▸ (de guardia, sereno) hut **2**▸ (de perro) kennel **3**▸ (Méx) (de votación) polling booth; ***sacar a algn de sus ~s*** to drive sb crazy; ***salirse de sus ~s*** to fly off the handle (colloq)

casillero *m* **1**▸ (mueble) set of pigeonholes; (compartimento) pigeonhole **2**▸ (CS) (en formulario) box **3**▸ (Ven) (buzón) mailbox (AmE), letterbox (BrE)

casino *m*
A (de juego) casino
B (club social) club

casis *m* blackcurrant

casitas *fpl* (Chi fam & euf) (cuarto de baño) bathroom (euph)

caso *m*
A (situación, coyuntura) case; **en esos ~s** in cases like that; **en último ~** if it comes to it, if the worst comes to the worst; **es un ~ límite** it is a borderline case; **en el mejor de los ~s** at (the very) best; **en el peor de los ~s te pondrán una multa** the worst they can do is fine you; **a veces se da el ~ de ...** from time to time it happens that ...; **si se diera el ~ de que tuvieras que quedarte ...** if you did have to stay ...; **para el ~ es igual** what difference does it make?; **ponte en mi ~** put yourself in my place; **lo que dijo no venía al ~** what she said had nothing to do with what we were talking about; **pongamos por ~ que ...** let's assume that ...
B (*en locs*) **el caso es que**: **el ~ es que están todos bien** the important *o* main thing is that everybody is all right; **el ~ es que no sé si ...** the thing is that I don't know whether ...; **en caso de**: Ⓢ **en caso de incendio rómpase el cristal** in case of fire break glass; **en ~ de que no pueda asistir ...** if you are unable to attend ...; **en caso contrario** otherwise; **en cualquier caso** in any case; **en tal caso** in such a (frml) *o* in that case; **en todo caso**: **no estará para mañana, en todo ~ para el jueves** it won't be done for tomorrow, maybe Thursday; **quizá venga, en todo ~ dijo que llamaría** she might come, in any case she said she'd ring; **llegado el caso** if it comes to it; **según el caso** as appropriate; ***no hay/hubo caso*** (AmL fam) it is no good *o* no use/it was no good *o* no use; ***no tiene ~*** it is absolutely pointless
C (Der, Med) case; **el ~ Solasa** Solasa affair *o* case; **el suyo es un ~ especial** his is a special case; ***ser un ~*** (fam): **es un ~** he's/she's something else (colloq); ***ser un ~ perdido*** (fam) to be a hopeless case (colloq)
(Compuesto) **caso fortuito** (en lo civil) act of God; **muerte por ~ ~** death by misadventure
D (atención): **hacerle ~ a algn** to pay attention to sb, take notice of sb; **maldito el ~ que me hace** she doesn't take the slightest notice of what I say; **hacer ~ DE algo** to pay attention TO sth; to take notice OF sth, **no hizo ~ de las señales de peligro** she took no notice of *o* paid no attention to the warning signs; **hacer ~ omiso de algo** to take no notice of sth, ignore sth
E (Ling) case

casona *f* big house

casorio *m* (fam & hum): **están de ~** they're at a wedding

caspa *f* dandruff

cáspita *interj* ▸ **caramba**

casposo -sa *adj* covered with dandruff

casquería *f* butcher's shop (*specializing in offal*)

casquete *m* skullcap
(Compuestos)
- **casquete glaciar** *or* **de hielo** icecap
- **casquete polar** polar icecap

casquillo *m* **1**▸ (de bala, cartucho) case **2**▸ (portalámparas) lampholder, bulbholder; (de bombilla): **~ de rosca/bayoneta** screw-in/bayonet fitting

casquivano -na *adj* flighty, loose (pej)

cassette *m or f* ▸ **casete**

casta *f* caste; **le viene de ~** it's in his blood; **de ~** ‹*toro*› thoroughbred; ‹*torero*› top-class

castaña *f*
A (fruto) chestnut; ***sacarle las ~s del fuego a algn*** to get sb out of trouble; ***¡toma ~!*** (Esp fam) (expresando — regodeo) so there! (colloq); (— sorpresa) wow! (colloq)
(Compuestos)
- **castaña de Indias** horse chestnut
- **castaña de Pará** (RPl) Brazil nut
- **castaña pilonga** dried chestnut

B (Esp fam) **1**▸ (borrachera): **cogió una ~** he got plastered (colloq) **2**▸ (golpe, choque) bump

castañazo *m* (fam) (puñetazo, tortazo) thump; (golpe, choque) bump

castañero -ra *m,f* chestnut seller

castañeta *f* (castañuela) castanet; (con los dedos) click

castañetear [A1] *vi* (+ *me/te/le etc*): **me castañetean los dientes** my teeth are chattering

castaño[1] -ña *adj* ‹*pelo*› chestnut; ‹*ojos*› brown

castaño[2] *m*
A (Bot) chestnut tree
(Compuesto) **castaño de Indias** horse chestnut
B (color) chestnut; ***pasarse de ~ oscuro*** (fam) «*comentario*» to be out of line (colloq); «*situación*» to be beyond a joke

castañuela *f* castanet; ***como unas ~s*** as happy as a clam (AmE) *o* (BrE) a sandboy

castellanizar [A4] *vt* to hispanicize

castellano[1] -na *adj* (de Castilla) Castilian; (español) Spanish

castellano[2] -na *m,f*
A (persona) Castilian
B **castellano** *m* (idioma — de Castilla) Castilian; (— español) Spanish

> **castellano**
>
> In Spain the term *castellano*, rather than *español*, refers to the Spanish language as opposed to Catalan, Basque etc. The choice of word has political overtones: *castellano* has separatist connotations and *español* is considered neutral. In Latin America *castellano* is another term for Spanish

casticismo *m*: *quality of being* **castizo**

castidad *f* chastity

castigar [A3] *vt*
A **1**▸ ‹*criminal*› to punish; **crímenes castigados con la**

pena de muerte crimes punishable by death; **fueron castigados con la pena máxima** they received the maximum sentence 2 ‹*niño*› (a quedarse en el colegio) to keep ... in detention; (a quedarse en casa) to keep ... in as a punishment, to ground (esp AmE colloq); **se quedó castigado por contestarle al profesor** he was kept in detention for answering the teacher back; **mi padre me ha castigado** my father's keeping me in, my father's grounded me; **lo ~on sin postre** as a punishment he was made to go without dessert

B «*crisis/enfermedad*» to affect; **la zona más castigada por la sequía** the area worst affected by the drought

castigo *m*

A (de un delincuente, estudiante, niño) punishment; **se les impondrán ~s severos** they will be severely punished; **levantar un ~** to lift a punishment

(Compuesto) **castigo corporal** corporal punishment

B (daño, perjuicio): **el ~ que recibió en el último asalto** the punishment he took in the last round; **el ~ que la crisis ha infligido a esta zona** the severe *o* terrible effects the crisis has had on this area

Castilla *f* Castile

castillo *m* castle; ***hacer*** *or* ***construir ~s en el aire*** to build castles in the air

(Compuestos)
- **castillo de arena** sandcastle
- **castillo de cartas** house of cards
- **castillo de fuego** *or* **de fuegos artificiales** firework display
- **castillo de popa/proa** aftercastle/forecastle

castizo -za *adj* 1 (puro, tradicional) ‹*estilo/costumbre*› traditional 2 (típicamente castellano): **un apellido muy ~** a very Spanish/Castilian surname; **un lenguaje muy ~** very pure Castilian/Spanish

casto -ta *adj* chaste

castor *m* beaver

castración *f* castration

castrado *m* castrato

castrar [A1] *vt* ‹*caballo*› to geld; ‹*toro/hombre*› to castrate; ‹*gato*› to neuter

castrense *adj* military, army (*before n*)

castro *m* fort

casual¹ *adj* chance (*before n*)

casual² *m*: **por un ~** (fam) by any chance

casualidad *f* chance; **de** *or* **por (pura) ~** by (sheer) chance; **pasé por ahí de ~** I happened to pass by there, I passed there by chance; **si por ~ la ves** if you happen to see her; **¡qué ~!** what a coincidence!; **da la ~ de que ...** as it happens *o* actually ...; **ni por ~**: **no se baña ni por ~** he wouldn't dream of having a bath; **no le doy a la bola ni por ~** I just can't hit the ball

casualmente *adv* as it happens

casuca *f* (pey) hovel (pej)

casucha *f* 1 (pey) (choza) hovel (pej) 2 (Chi) (de perro) kennel

casuística *f* casuistry

casulla *f* chasuble

cata *f* (Coc, Vin) tasting

(Compuesto) **cata ciega** blind tasting

cataclismo *m* natural disaster, cataclysm (frml)

catacumbas *fpl* catacombs (*pl*)

catador -dora *m,f* taster

catadura *f* 1 (Coc, Vin) tasting 2 (pey) (aspecto) look; **un tipo de muy mala ~** (fam) a very shady-looking guy (colloq)

catafalco *m* catafalque

catalán¹ -lana *adj/m,f* Catalan

catalán² *m* (idioma) Catalan

> **catalán**
>
> The language of Catalonia. Like Castilian, Catalan is a Romance language. Variants of it include **mallorquín** of the Balearic Islands and **valenciano** spoken in the autonomous region of Valencia.
> Banned under Franco, Catalan has enjoyed a ▸▸▸
>
> ▸▸▸ revival since Spain's return to democracy and now has around 11 million speakers. It is the medium of instruction in schools and universities and its use is widespread in business, the arts, and the media. Many books are published in Catalan. *See also* **lenguas cooficiales**

catalanismo *m* Catalan word/expression

catalejo *m* (ant) telescope, spyglass

catalepsia *f* catalepsy

cataléptico -ca *adj/m,f* cataleptic

catálisis *f* (*pl* ~) catalysis

catalítico -ca *adj* catalytic

catalizador¹ -dora *adj* catalytic; **fue un factor ~ de sus sentimientos** it was a catalyst for his feelings

catalizador² *m*

A (Quím) catalyst

B (Auto) catalytic converter

catalizar [A4] *vt* to catalyze

catalogable *adj* classifiable

catalogar [A3] *vt* 1 (en un catálogo) to catalog (AmE), to catalogue (BrE); (en una lista) to record, list 2 (considerar) to class; **el edificio está catalogado como de interés histórico** the building is classed as being of historical interest; **lo ~on de grotesco** they described it as grotesque

catálogo *m* (Art, Com) catalog (AmE), catalogue (BrE); **compra por ~** mail-order shopping

Cataluña *f* Catalonia

catamarán *m* catamaran

cataplasma *f* poultice, cataplasm (tech)

catapulta *f* catapult

(Compuesto) **catapulta de lanzamiento** catapult

catapultar [A1] *vt* to catapult

catar [A1] *vt* 1 ‹*vino*› to taste 2 (mirar) to look at

catarata *f*

A (Geog) waterfall; **las ~s del Iguazú** Iguaçú Falls

B (Med) cataract

catarriento -ta *adj* (Chi, Méx): **está ~** he has a cold

catarro *m* 1 (resfriado) cold; **pescarse** *or* (esp Esp) **coger un ~** to catch a cold 2 (inflamación) catarrh

catarsis *f* catharsis

catártico -ca *adj* cathartic

catastral *adj* cadastral

catastro *m* (censo) cadastre, land registry; (impuesto) property tax

catástrofe *f* catastrophe, disaster

catastrófico -ca *adj* catastrophic, disastrous

catastrofista *mf* doomwatcher, prophet of doom

catatónico -ca *adj* catatonic

catavinos *mf* (*pl* ~) (persona) wine taster

cate *m* (Esp) (suspenso) (arg) fail; (golpe) (fam) bang, knock

cateador -dora *m,f* (AmS) prospector

catear [A1] *vt*

A (Esp arg) (suspender) to fail

B 1 (Chi fam) (observar) to peep at; (mirar) to look at 2 (Chi) (Min) to prospect 3 (Méx) (registrar) ‹*persona*› to frisk; ‹*vivienda*› to search

catecismo *m* catechism

catecúmeno -na *m,f* catechumen

cátedra *f* (en universidad) professorship, chair; (en colegio) post of head of department; **dictar** *or* (AmL) **dar ~** to lecture; ***sentar ~*** to pontificate, sound off (colloq)

catedral *f* cathedral; ***como una ~*** (fam) huge, massive; **una mentira como una ~** a real whopper (colloq)

catedrático -ca *m,f* (de universidad) professor; (en colegio) head of department

categoría *f* 1 (clase, rango) category; **hotel de primera ~** first-class hotel; **~ profesional** professional standing; **tiene ~ de embajador** he has ambassadorial status 2 (calidad): **un actor de mucha ~** a distinguished actor; **una revista de mucha/poca ~** a first/second-rate magazine; **el hotel de más ~** the finest *o* best hotel; ***de ~***: **artistas de ~** fine *o* first-rate artists; **un producto de ~** a quality *o* prestige product; **gente de cierta ~** people of some standing **3** (Fil) category

(Compuestos)

- **categoría fiscal** tax bracket
- **categoría gramatical** part of speech

categórico -ca *adj* ‹*respuesta*› categorical: **afirmó en términos ~s que ...** he stated categorically that ...

categorización *f* categorization

categorizar [A4] *vt* to categorize

cateo *m* **1** (AmS) (Min) prospecting **2** (Chi fam) (acción de mirar): **su primera labor es de ~** her first job is to take a look round **3** (Chi, Méx) (cacheo) body search

catequesis *f: teaching of the catechism*

catequista *mf* catechist

catequización *f* catechization

catequizar [A4] *vt* to catechize

caterva *f*: **una ~ de imbéciles** a bunch of idiots (colloq)

catéter *m* catheter

cateto *m* (Mat) leg

catire¹ -ra *adj* (Ven) (de piel blanca) fair-skinned; (de pelo rubio) fair, fair-haired

catire² -ra *m,f* (Ven) (de piel blanca) fair-skinned person; (de pelo rubio) fair-haired person; **una catira a juro** a peroxide blonde (pej)

catita *f* (CS) budgerigar

catiusca *f* (Esp) wellington, rubber boot (AmE)

cátodo *m* cathode

catolicismo *m* Catholicism

católico¹ -ca *adj* **1** (Relig) Catholic; **es ~** he's a Catholic **2** (ortodoxo) orthodox; **este método no es muy ~ pero ...** this method is rather unorthodox but ...; ***no estar muy ~*** (fam) «*persona*» to feel out of sorts

católico² -ca *m,f* Catholic

catorce¹ *adj inv/pron* fourteen; *para ejemplos ver* **cinco**

catorce² *m* (number) fourteen

catre *m* **1** (cama — plegable) folding bed; (— de campaña) camp bed **2** (CS) (armazón) bedstead; ***caído del ~*** (CS fam) dumb (colloq)

catsup *m* ketchup, catsup (AmE)

caucásico -ca *adj* Caucasian

cauce *m* **1** (Geog) bed; **el río se salió de su ~** the river burst its banks; **desviaron el ~ del arroyo** they changed the course of the stream; **las aguas volvieron a su ~** the river returned to a safe level **2** (rumbo, vía): **desvió la conversación hacia otros ~s** he steered the conversation onto another tack; **abrir un ~ para el diálogo** to open the way for talks; **seguir los ~s establecidos** to go through the normal channels

cauchal *m* rubber plantation

cauchera *f* (Col) **1** (tirachinas) (fam) slingshot (AmE), catapult (BrE) **2** (Ven) (Auto) tire* fitter's

cauchero¹ -ra *adj* rubber (*before n*)

cauchero² -ra *m,f* rubber tapper *o* worker

caucho *m*

A (sustancia) rubber; (árbol) (Col) rubber tree

B (neumatico) (Ven) tire*; (gomita) (Col) rubber band

cauda *f* (Col, Méx) trail

caudal¹ *adj* caudal

caudal² *m* **1** (de un fluido) volume of flow; **el río tiene muy poco ~** the water level *o* the river is very low **2** (riqueza) fortune **3** (abundancia) wealth; **un inmenso ~ de conocimientos** an immense wealth of knowledge

caudaloso -sa *adj* ‹*río*› large

caudillaje *m* leadership

caudillo *m* (líder) leader; **el C~** (Hist) *General Franco*

causa *f*

A (motivo) cause; **la ~ de todas mis desgracias** the cause of *o* the reason for all my misfortunes; **aún no se conocen las ~s del accidente** the cause of the accident is still unknown; **sería ~ suficiente de divorcio** it would be adequate grounds for divorce; **se enfadó sin ~ alguna** she got annoyed for no good reason *o* for no reason at all; **una relación de causa-efecto** a cause and effect relationship; **a** *or* **por ~ de** because of

(Compuesto) **causa final/primera** final/first cause

B (ideal, fin) cause; **una ~ perdida** a lost cause; ***hacer ~ común con algn*** to make common cause with sb

C (Der) (pleito) lawsuit; (proceso) trial; **seguir una ~ contra algn** to try sb

(Compuestos)

- **causa civil** lawsuit
- **causa criminal** criminal proceedings (*pl*), trial

causal *adj* causal

causalidad *f* causality

causante¹ *adj*: **el virus ~ de la enfermedad** the virus responsible for *o* which causes the disease; **los factores ~s de la crisis** the factors which caused the crisis

causante² *mf*

A (causa) cause

B (Der) originator; (de una sucesión) decedent (AmE), deceased (BrE)

causar [A1] *vt* ‹*daños/problema/sufrimiento*› to cause; ‹*indignación*› to cause, arouse; ‹*alarma*› to cause, provoke; ‹*placer*› to give; **el incidente causó gran inquietud** the incident caused great unease; **me causó muy buena impresión** I was very impressed with her

cáustico -ca *adj/m* caustic

cautela *f* caution

cautelar *adj* ‹*acción*› preventative; ‹*medidas*› preventive

cauteloso -sa *adj* [SER] ‹*persona*› cautious

cauterizar [A4] *vt* to cauterize

cautivador -dora *adj* captivating

cautivar [A1] *vt* (atraer) to captivate

cautiverio *m*, **cautividad** *f* captivity

cautivo -va *adj m,f* captive

cauto -ta *adj* careful, cautious

cava¹ *f* cellar

cava² *m* cava (*sparkling wine*)

cavador -dora *m,f* digger

cavar [A1] *vt* **1** ‹*fosa/zanja*› to dig; ‹*pozo*› to sink **2** ‹*tierra/huerto*› to hoe; **~ *su propia fosa*** *or* ***tumba*** to dig one's own grave

caverna *f* cave, cavern

cavernícola¹ *adj* **1** (Hist) cave-dwelling; **hombre ~** caveman **2** (pey) (retrógrado) reactionary

cavernícola² *mf* **1** (Hist) cave dweller **2** (pey) (retrógrado) reactionary

cavernoso *adj* ‹*sonido/voz*› deep, booming

caviar *m* caviar

cavidad *f* cavity

cavilación *f*: **tras profundas cavilaciones** after much deliberation *o* consideration

cavilar [A1] *vi* to ponder, deliberate, think deeply; **después de mucho ~** after much thought *o* deliberation

cayado *m* (de pastor) crook; (de obispo) crosier

cayena *f* cayenne (pepper)

cayera, cayese, etc *see* **caer**

cayo *m* cay

caza¹ *f* **1** (para subsistir) hunting; (como deporte — caza mayor) hunting; (— caza menor) shooting; **ir de ~** to go hunting/shooting; ***a la ~ de algo/algn***: **andaba a la ~ de trabajo** I was job-hunting; **anda a la ~ de marido** she's out to find herself a husband (colloq); **salieron a la ~ del ladrón** they set off in pursuit of the thief; ***dar ~ a algn*** (perseguir) to pursue sb; (alcanzar) to catch sb **2** (animales) game

(Compuestos)

- **caza de brujas** witch-hunt
- **caza del tesoro** treasure hunt
- **caza furtiva** poaching
- **caza mayor** (acción) hunting, game hunting; (animales) big game
- **caza menor** (acción) shooting; (animales) small game
- **caza submarina** underwater fishing
- **caza y captura una operación para la ~ y ~ de los delincuentes** an operation to track down and capture the criminals

caza² *m* fighter

cazabombardero *m* fighter-bomber

cazador -dora *m,f*

A hunter

(Compuestos)

- **cazador -dora de cabezas** *m,f* headhunter
- **cazador de dotes** *m* dowry hunter

- **cazador -dora de fortunas** *m,f* fortune hunter
- **cazador -dora de pieles** *m,f* trapper
- **cazador furtivo -dora furtiva** *m,f* poacher

B **cazadora** *f* (Esp) (Indum) jacket

cazafortunas *f* (*pl* ~) (fam) gold digger (colloq)

cazamariposas *m* (*pl* ~) butterfly net

cazamoscas *m* (*pl* ~) flycatcher

cazar [A4] *vt*

A 1 (para subsistir) to hunt; (como deporte) (—caza mayor) to hunt; (— caza menor) to shoot 2 ‹*mariposas*› to catch

B (fam) 1 (conseguir, atrapar): **ha cazado un millonario/buen empleo** she's landed herself a millionaire/good job 2 (entender, oír) ‹*palabra/frase*› to catch; ‹*indirecta*› to take 3 (atrapar) to catch

■ **cazar** *vi* to hunt; (con fusil) to shoot; **salimos a ~** we went out hunting/shooting

cazarrecompensas *mf* (*pl* ~) bounty hunter

cazatalentos *mf* (*pl* ~) talent scout

cazo *m* (cacerola) small saucepan; (cucharón) ladle

cazoleta *f* 1 (cazuela pequeña) small saucepan 2 (de pipa) bowl

cazuela *f* casserole

(Compuesto) **cazuela de ave/vacuno** (Chi) *soup made with chicken/meat and vegetables*

cazurro¹ -rra *adj* (fam) (huraño) sullen, surly; (obstinado) stubborn, pig-headed (colloq)

cazurro² -rra *m,f* (fam) (huraño) sullen *o* surly person; (obstinado) stubborn

c.c. (= **centímetros cúbicos**) cc

c/c = **cuenta corriente**

CC¹ *f* (= **corriente continua**) DC

CC² *m*

A = **Cuerpo Consular**

B (Esp) (Auto) = **Código de la Circulación**

C (en Esp) (Pol) = **Comité Central**

CD *m*

A (= **cuerpo diplomático**) CD

B (= **compact disc**) CD

C.D. *m* = **Club Deportivo**

CDM *f* = **Confederación Deportiva Mexicana**

ce *f*: *name of the letter* **c**

CE *m* (= **Consejo de Europa**) Council of Europe

cebada *f* barley

cebado -da *adj* [ESTAR] (fam) gross, very fat

cebar [A1] *vt*

A ‹*animal*› to fatten ... up

B ‹*anzuelo/cepo*› to bait

C (CS) ‹*mate*› to prepare (*and serve*)

■ **cebarse** *v pron* 1 (ensañarse) **~se CON algn** to vent one's anger ON sb 2 (alimentarse) to feed; **el miedo se ceba en la ignorancia** fear feeds on ignorance

cebo *m* 1 (en pesca, caza) bait 2 (Arm) primer

cebolla *f* onion

cebolleta *f*, **cebollino** *m* 1 (con tallo verde) scallion (AmE), spring onion (BrE) 2 (hierba) chive

cebón¹ -bona *adj* fattened (*before n*)

cebón² *m* (pavo) fattened turkey; (cerdo) fattened pig

cebra *f* zebra

cebú *m* (*pl* **-bús** *or* **-búes**) zebu

ceca *f*: **de la ~ a la meca** from one place to another

cecear [A1] *vi* 1 (Ling) *to pronounce the Spanish* /s/ *as* [θ] 2 (como defecto) to lisp

ceceo *m* (Ling) *pronunciation of the Spanish* /s/ *as* [θ]; (como defecto) lisp

cecina *f* (carne seca) cured meat; (embutido de cerdo) (Chi) pork sausage

cedazo *m* sieve; **pasar por el ~** ‹*harina*› to sift; ‹*salsa*› to sieve

ceder [E1] *vt*

A 1 ‹*derecho*› to transfer, assign; ‹*territorio*› to cede; ‹*puesto/título*› (voluntariamente) to hand over; (obligatoriamente) to give up; **me cedió el asiento** he let me have his seat; ▸**palabra C2, paso A2** 2 ‹*balón/pelota*› to pass

B (prestar) ‹*jugador*› to loan; **me cedieron una casa en el pueblo** they gave *o* allowed me the use of a house in the village

■ **ceder** *vi*

A (cejar) to give way; **cedieron ante sus amenazas** they gave in to his threats; **no cedió ni un ápice** she didn't give *o* yield an inch; **~ EN algo** to give sth up; **~ A algo** to give in TO sth

B «*fiebre*» to go down; «*dolor*» to ease; «*tormenta*» to ease up; «*viento*» to drop

C 1 «*muro/puente/cuerda*» to give way 2 «*zapatos/muelles*» to give

cedilla *f* cedilla

cedro *m* cedar

cédula *f* (Fin) bond, warrant

(Compuesto) **cédula de identidad** identity card

cefalea *f* migraine, severe headache, cephalalgia (tech)

céfiro *m* (liter) zephyr (liter)

cegador -dora *adj* blinding

cegar [A7] *vt*

A 1 (deslumbrar) to blind 2 (ofuscar) to blind; **cegado por los celos** blinded by jealousy

B ‹*conducto/cañería*› to block

cegato -ta, cegatón -tona *adj* (fam) blind (colloq)

ceguera *f* blindness

CEI *f* (= **Comunidad de Estados Independientes**) CIS

ceja *f*

A (Anat) eyebrow; **arquear las ~s** to raise one's eyebrows; ***metérsele a algn entre ~ y ~*** (fam): **cuando se le mete algo entre ~ y ~ ...** when he gets an idea into his head ...; ***quemarse las ~s*** (fam) to burn the midnight oil; ***tener a algn entre ~ y ~*** (fam): **me tiene entre ~ y ~** she can't stand *o* bear me

B (Mús) capo

cejar [A1] *vi* to give up, cease (frml); **lucharon sin ~** they fought relentlessly; **~ EN algo** to cease IN *o* let up IN sth

cejijunto -ta *adj*: **es ~** his eyebrows meet in the middle

cejilla *f* capo

celada *f* 1 (trampa) trap 2 (de la armadura) helmet

celador -dora *m,f* 1 (en un museo, una biblioteca) security guard 2 (en la cárcel) (AmL) prison guard (AmE), prison warder (BrE) 3 (RPl) (Educ) monitor 4 (en un hospital) orderly, porter

celaje *m* (liter) cloudscape; ***como un ~*** (Chi) like lightning

celda *f* cell

(Compuesto) **celda de castigo** punishment cell

celdilla *f* cell

celebérrimo -ma *adj* (frml) extremely famous

celebración *f*

A (de éxito, festividad) celebration

B **celebraciones** *fpl* (festejos) celebrations (*pl*)

C 1 (frml) (de reunión, acto): **el mal tiempo impidió la ~ del concurso** bad weather prevented the contest from being held *o* taking place; **la ~ anual de este acto** the annual celebration of this ceremony (frml) 2 (Relig) celebration

celebrado -da *adj* celebrated, famous

celebrante¹ *adj* officiating (*before n*)

celebrante² *m* officiating priest, celebrant

celebrar [A1] *vt*

A 1 (festejar) ‹*éxito/cumpleaños/festividad*› to celebrate; **¡esto hay que ~lo!** this calls for a celebration! 2 (liter) ‹*belleza/valor/hazaña*› to celebrate (liter) 3 ‹*chiste/ocurrencia*› to laugh at

B (frml) (alegrarse) to be delighted at, be very pleased at; **lo celebro mucho** I'm absolutely delighted *o* really pleased; **celebro su éxito** I'm delighted to hear about your success

C 1 (frml) ‹*reunión/elecciones/juicio*› to hold; ‹*partido*› to play; **la reunión se celebró en Caracas** the meeting was held in Caracas 2 ‹*misa*› to say, celebrate; ‹*boda*› to perform, solemnize (frml) 3 (frml) ‹*acuerdo/pacto/contrato*› to sign

■ **celebrar** *vi* «*sacerdote*» to say *o* celebrate mass

célebre *adj* 1 (famoso) famous, celebrated 2 (Col) ‹*mujer*› elegant

celebridad *f* (fama) fame; (persona) celebrity

celeridad *f* swiftness, speed

C

celeste¹ *adj*
A (del cielo) heavenly, celestial
B ‹*ojos*› blue; ‹*pintura/vestido*› (claro) light *o* pale blue; (intenso) sky-blue
celeste² *m* (claro) light *o* pale blue; (intenso) sky-blue
celestial *adj* **1** (Relig) celestial **2** ‹*placer*› heavenly; **lo que me decía sonaba a música ~** his words were sweet music to my ears
celestina *f* (fam & hum) go-between
celibato *m* celibacy
célibe *adj/mf* celibate
celo *m*
A (esmero, fervor) zeal; **~ patriótico** patriotic zeal
B (Zool) **1** (de los machos) rut **2** (de las hembras) heat; **estar en ~** to be in season, to be in heat (AmE) *o* (BrE) on heat
C **celos** *mpl* jealousy; **sentir** *or* **tener ~s DE algn** to be jealous OF sb; **darle ~s a algn** to make sb jealous
D (Esp) (cinta adhesiva) Scotch® tape (AmE), Sellotape® (BrE)
celofán *m* cellophane
celosía *f* lattice, latticework
celoso -sa *adj*
A ‹*marido/novia*› jealous; **estar ~ DE algn** to be jealous OF sb
B (diligente, esmerado) conscientious, zealous
C (protector): **es muy celosa de sus crías** she's very protective of her young
celta¹ *adj* Celtic
celta² *mf*
A (persona) Celt
B **celta** *m* (Ling) Celtic
célula *f*
A (Biol) cell; (Elec) cell
(Compuestos)
- **célula fotoeléctrica** photoelectric cell
- **célula madre** *or* **primordial** *or* **troncal** stem cell

B (de una organización) cell; **una ~ terrorista** a terrorist cell
celular¹ *adj* cellular
celular² *m* **1** (AmL) (teléfono) mobile phone **2** (Esp) (furgoneta para presos), patrol wagon (AmE), police van (BrE)
celulitis *f* (gordura) cellulite; (inflamación) cellulitis
celuloide *m* (Cin) celluloid; **una estrella del ~** a star of the silver screen
celulosa *f* cellulose
cementar [A1] *vt* **1** (Metal) to case-harden **2** (AmL) ‹*patio/suelo*› to cement
cementerio *m* cemetery; (al lado de una iglesia) graveyard
(Compuesto) **cementerio de coches** salvage *o* wrecker's yard (AmE), scrapyard (BrE)
cemento *m*
A (Const) cement
(Compuesto) **cemento armado** reinforced concrete
B **1** (AmL) (pegamento) glue, adhesive **2** (Odont) cement
cena *f* dinner, supper; (en algunas regiones del Reino Unido) tea; (formal, fuera de casa) dinner; **¿qué hay de ~?** what's for dinner *o* supper?
(Compuestos)
- **cena de gala** banquet
- **cena de negocios/trabajo** business/working dinner

cenáculo *m* (Relig) cenacle; (círculo, reunión) circle
cenagal *m* (barrizal) bog, mire
cenagoso -sa *adj* boggy
cenar [A1] *vi* to have dinner *o* supper; (en algunas regiones del Reino Unido) to have tea; **nos han invitado a ~** they've invited us for *o* to dinner; **salimos a ~** we went out for dinner; **nos dieron muy bien de ~** they gave us a great meal, they fed us very well (colloq)
■ **cenar** *vt*: **sólo cenó una tortilla** he only had an omelet for dinner *o* supper
cencerro *m* cowbell; ***estar loco como un ~*** (fam) to be nuts *o* crackers (colloq)
cenefa *f* **1** (en ropa, sábanas) border **2** (en techos, muros) frieze
cenicero *m* ashtray
cenicienta *f* drudge; **la C~** Cinderella
ceniciento -ta *adj* ash-gray*, ashen
cenit *m* zenith
ceniza *f* **1** (residuo) ash; ***reducir algo a ~s*** to reduce something to ashes **2** **cenizas** *fpl* (restos mortales) ashes (*pl*)
cenizo *m* ***ser un ~*** (fam) to be a wet blanket (colloq)
cenotafio *m* cenotaph
censar [A1] *vt* to take a census of
censo *m*
A **1** (de población) census; **hacer un ~** to conduct a census **2** (Esp) *tb* **~ electoral** electoral roll *o* register
B (Der, Fin) charge; (sobre una finca) ground rent
censor -sora *m,f*
A **1** (Cin, Period) censor **2** (crítico) critic
B (Der, Fin) *tb* **~ de cuentas** auditor
(Compuesto) **censor jurado de cuentas** certified public accountant (AmE), chartered accountant (BrE)
censura *f* **1** (reprobación) censure (frml), condemnation **2** (de libros, películas) censorship
censurable *adj* reprehensible
censurador -dora *m,f* censor
censurar [A1] *vt* **1** (reprobar) to censure (frml), to condemn **2** ‹*libro/película*› to censor, ‹*escena/párrafo*› to cut
centauro *m* centaur
centavo *m* **1** (en AmL) *hundredth part of many currencies*; ***estar sin un ~*** to be penniless **2** (del dólar) cent
centella *f* (rayo) flash of lightning; (chispa) spark; ***como una ~*** like greased lightning
centelleante *adj* ‹*estrella*› twinkling; ‹*luz/joya*› sparkling; ‹*ojos*› blazing
centellear [A1] *vi* «*luz/joya*» to sparkle, «*estrella*» to twinkle
centelleo *m* (de estrellas) twinkling; (de luz) sparkling, twinkling; (de joya) sparkling, glittering
centena *f*: **una ~** a hundred; **unidades, decenas y ~s** units, tens and hundreds
centenar *m*: **un ~ de personas** a hundred people; **~es de cartas** hundreds of letters
centenario¹ -ria *adj* centenarian; **un árbol ~** a hundred-year-old tree
centenario² -ria *m,f* **1** (persona) centenarian **2** **centenario** *m* (aniversario) centenary, centennial (AmE)
centeno *m* rye
centésima *f* hundredth
centesimal *adj* centesimal
centésimo¹ -ma *adj/pron* **1** (ordinal) hundredth; *para ejemplos ver* **vigésimo** **2** (partitivo): **la centésima parte** a hundredth
centésimo² *m* **1** (Fin, Mat) (partitivo) hundredth **2** (moneda) *hundredth part of the Uruguayan peso and the Panamanian balboa*
centígrado -da *adj* centigrade, Celsius; **30 grados ~s** 30 degrees centigrade *o* Celsius
centigramo *m* centigram
centilitro *m* centiliter*
centímetro *m* centimeter*
céntimo *m*: *hundredth part of the euro, the former Spanish peseta, the Venezuelan bolivar and the Paraguayan guarani*; ***no tener un ~*** to be penniless *o* (colloq) broke; ***no vale ni un ~*** it's totally worthless
centinela *mf* (Mil) guard, sentry; (no militar) lookout; **estar de ~** (Mil) to be on sentry duty
centolla *f*, **centollo** *m* spider crab
centrado -da *adj* (equilibrado) stable, well-balanced; (en un trabajo, lugar) settled
central¹ *adj* central
central² *f* head office
(Compuestos)
- **central azucarera** (Per) sugar mill
- **central de correos** main post office
- **central telefónica** *or* **de teléfonos** telephone exchange
- **central hidroeléctrica/nuclear** hydroelectric/nuclear power station
- **central sindical** labor union (AmE), trade union (BrE)
- **central térmica** power station (*fueled by coal, oil or gas*)

centralismo *m* centralism
centralista *adj/mf* centralist
centralita *f* switchboard
centralización *f* centralization
centralizador -dora *adj* centralizing (*before n*)
centralizar [A4] *vt* to centralize
centrar [A1] *vt* 1 ‹*imagen*› to center* 2 (Dep) to center* 3 ‹*atención/investigación*› ~ **algo EN algo** to focus sth ON sth: **~on las conversaciones en el tema de ...** in their talks they focused on the issue of ...
■ **centrar** *vi* (Dep) to center*, cross
■ **centrarse** *v pron* **~se EN algo** «*investigación/atención*» to focus *o* center* ON sth; **hay que ~se más en este tema** we must focus in greater detail on this subject
céntrico -ca *adj* central; **un bar ~** a downtown bar (AmE), a bar in the centre of town (BrE)
centrifugado *m* spin
centrifugar [A3] *vt* ‹*ropa*› to spin; (Tec) to centrifuge
centrífugo -ga *adj* centrifugal
centrípeto -ta *adj* centripetal
centrista *adj/mf* centrist
centro¹ *m*
A 1 (Mat) center* 2 (área central) center*; **los países del ~ de Europa** the countries of Central Europe; **ir al ~ de la ciudad** to go downtown (AmE), to go into town *o* into the town centre (BrE); **S centro ciudad/urbano** downtown (AmE), city/town centre (BrE)
(Compuestos)
• **centro de gravedad** center* of gravity
• **centro del campo** midfield
• **centro de mesa** centerpiece*
B (foco) 1 (de atención) center*; **es el ~ de todos los comentarios** it is the main talking point; **fue el ~ de todas las miradas** all eyes were on him; **se convirtió en el ~ de interés** it became the focus of attention; **fue el ~ de atracción** she was the center of attention 2 (de actividades, servicios) center*; **un gran ~ cultural/industrial** a major cultural/industrial center; **un ~ turístico** an tourist resort *o* center
(Compuestos)
• **centro de interés turístico** center* of interest to tourists
• **centro de población/urbano** urban center*, population center*
• **centro nervioso** nerve center*
• **centro recreacional** (AmL) leisure center*
C (establecimiento, institución) center*; **el ~ anglo-peruano** the Anglo-Peruvian center;
(Compuestos)
• **centro cívico** civic center*
• **centro comercial** shopping mall (AmE), shopping centre (BrE)
• **centro de acogida para mujeres maltratadas** refuge for battered women
• **centro de estudios** private school
• **centro de internamiento** detention center*
• **centro de planificación familiar** family planning clinic
• **centro de trabajo** (frml) workplace (frml)
• **centro docente** (frml) educational establishment *o* de enseñanza (frml)
• **centro espacial** space center*
• **centro hospitalario** *or* **sanitario** (frml) hospital
• **centro penitenciario** (frml) prison, penitentiary (AmE)
D (Pol) center*
E (en fútbol) cross, center*
(Compuesto) **centro delantero*** center* forward
centro² *mf* (Dep) center*
Centroamérica *f* Central America
centroamericano -na *adj/m,f* Central American
centrocampista *mf* midfield player
centroeuropeo -pea *adj/m,f* Central European
céntuplo *m* centuple, centuplicate
centuria *f* century
centurión *m* centurion
ceñido -da *adj* tight; **me queda muy ~** it's very tight on me
ceñir [I15] *vt* 1 «*falda/vestido*»: **esa falda te ciñe demasiado** that skirt is too tight for you; **el vestido le ceñía el talle** the dress clung to *o* hugged her waist 2 (liter) ‹*corona*› to take, put on
■ **ceñirse** *v pron*
A (limitarse, atenerse) **~se A algo**: **~se al reglamento** to adhere to *o* (colloq) stick to the rules; **cíñase al tema** keep to the subject
B (liter) ‹*espada*› to gird on (liter); ‹*corona*› to take, put on
ceño *m*: **frunció** *or* **arrugó el ~** he frowned; **me miró con el ~ fruncido** she frowned at me
ceñudo -da *adj* frowning (*before n*)
cepa *f* (Bot) stump; (Vin) stock (*of a vine*); **es un español de pura ~** he's Spanish through and through
CEPAL /'sepal, 'θepal/ *f* = **Comisión Económica para América Latina**
cepillado *m* 1 (de ropa, de pelo, de dientes) brush, brushing 2 (de madera) planing
cepillar [A1] *vt*
A 1 ‹*ropa/dientes/pelo*› to brush 2 ‹*madera*› to plane
B (Col fam) (adular) to butter ... up (colloq)
■ **cepillarse** *v pron*
A (*refl*) ‹*ropa*› to brush; ‹*dientes*› to brush, clean
B (*enf*) (Esp) 1 (arg) (matar) to bump ... off (colloq) 2 (terminar) ‹*comida*› to polish off (colloq)
cepillo *m*
A (para ropa, zapatos, pelo) brush; (para suelo) scrubbing brush; **lleva el pelo cortado al ~** he has a crew cut; ***echarle ~ a algn*** (Col fam) to butter sb up (colloq)
(Compuesto) **cepillo de dientes/uñas** toothbrush/nailbrush
B (de carpintería) plane
C (en la iglesia) collection box (*o* plate *etc*)
cepo *m* (para animales) trap; (Auto) wheel clamp; (Hist) stocks (*pl*)
ceporro *m* 1 ***dormir como un ~*** (fam) to sleep like a log; ***estar como un ~*** to be very fat 2 (fam) (persona torpe) dimwit
cera *f* (para velas) wax; (para pisos, muebles) wax polish; (de abejas) beeswax; (de los oídos) wax; **le di ~ al suelo** I polished the floor
(Compuestos)
• **cera depilatoria** depilatory wax
• **cera virgen** pure wax
cerámica *f* (arte) ceramics, pottery; (pieza) piece of pottery
ceramista *mf* ceramicist, ceramist
cerbatana *f* (arma) blowpipe; (juguete) peashooter
cerca¹ *adv*
A 1 (en el espacio) near, close; **¿hay algún banco ~?** is there a bank nearby *o* close by?; **queda aquí cerquita** it's very near (here); **está por aquí ~** it's near here (somewhere); **~ DE algo/algn** near sth/sb; **viven ~ de Tampico/de casa** they live near Tampico/near us 2 **de cerca** close up, close to; **ver algo de ~** to see sth close up *o* close to; **no veo bien de ~** I'm longsighted; ***seguir algo de ~*** to follow sth closely
B (en el tiempo) close; **los exámenes ya están ~** the exams aren't far away now; **~ DE algo/+ INF** close TO sth/-ING; **serán ~ de las dos** it must be nearly 2 o'clock *o* getting on for 2
C (indicando aproximación) **~ de** almost, nearly; **~ de 1.000** almost *o* nearly 1,000
cerca² *f* (de alambre, madera) fence; (de piedra) wall
cercado *m*
A 1 (de alambre, madera) fence; (de piedra) wall 2 (terreno) enclosure
B (Per) (distrito) district
cercanía *f*
A (en el espacio) closeness, proximity; (en el tiempo) proximity, imminence
B cercanías *fpl*: **Madrid y sus ~s** Madrid and its environs, Madrid and the surrounding area; **tren de ~s** local *o* suburban train; **en las ~s del aeropuerto** in the vicinity of the airport, near the airport
cercano -na *adj*
A 1 (en el espacio) nearby, neighboring*; **~ A algo** near sth, close TO sth; **los pueblos ~s a Durango** the villages in

the vicinity of *o* close to *o* near Durango; **una suma cercana al millón** an amount close to *o* close on a million **2** (en el tiempo) close, near; **en fecha cercana** soon; **~ A algo** close TO sth; **se sentía ~ a su fin** he felt the end was near

(Compuesto) **Cercano Oriente** *m* Near East

B ‹*pariente/amigo*› close

C

cercar [A2] *vt* **1** ‹*campo/terreno*› to enclose, surround; (con valla) to fence in **2** ‹*persona*› to surround **3** (Mil) ‹*ciudad*› to besiege; ‹*enemigo*› to surround

cercenar [A1] *vt* (frml) (cortar — un miembro) to sever; (— el borde de) cut off; **un artículo cercenado por la censura** an article which had been cut by the censor

cerciorarse *v pron* **~ se DE algo** to make certain OF sth

cerco *m*

A (asedio) siege; **poner ~ a una plaza** to lay siege to a town; **levantar el ~** to raise the siege; **un ~ policial** a police cordon; **la rodeaba un ~ de admiradores** she was besieged by a group of admirers; **estrecharon el ~ en torno al grupo** they tightened the net around the group

B (de una mancha) ring

C **1** (borde, aro) rim **2** (Esp) (marco) frame

D (AmL) (valla) fence; (seto) hedge

cerda *f*

A **1** (animal) sow **2** (fam) (mujer — sucia) slob (colloq); (— despreciable) bitch (sl)

B (pelo) bristle

cerdada *f* (fam) dirty trick (colloq)

cerdo *m*

A (animal) pig, hog (AmE); ***comer como un ~*** (comer mucho) to stuff oneself (colloq)

B (carne) pork

C (fam) (hombre — sucio) slob (colloq); (— despreciable) bastard (sl), swine (colloq)

cereal *m* (planta, grano) cereal; (para desayunar) (AmL) cereal

cereales *mpl* (Esp) (para desayunar) cereal

cerebelo *m* cerebellum

cerebral *adj* ‹*actividad/tumor/derrame*› brain (*before n*); ‹*persona*› cerebral

cerebro *m* **1** (Anat) brain; ***estrujarse el ~*** (fam) to rack one's brains (colloq); ***lavarle el ~ a algn*** to brainwash sb **2** (persona) brains; **el ~ de la operación** the brains behind the operation; ***ser un ~*** *or* ***cerebrito*** (fam) to be brainy *o* a brain box (colloq)

ceremonia *f* ceremony; **no andemos con ~s** let's not stand on ceremony; **lo hizo todo sin ~** she did it all without any fuss (colloq); **se lo solté sin ~** I told him in plain language

ceremonial *adj/m* ceremonial

ceremonioso -sa *adj* ceremonious

cereza *f* (fruta) cherry; (del café) (AmC, Col, Ven) coffee bean

cerezo *m* cherry tree

cerilla *f*

A (esp Esp) (fósforo) match

B (de los oídos) wax

cerillo *m* (esp AmC, Méx) match

cerner [E8] *vt* (harina) to sift, sieve; (arena) to sieve

■ **cernerse** *v pron* **~se SOBRE algn/algo** «*ave*» to hover OVER sb/sth; «*peligro/amenaza*» to hang *o* hover OVER sb/sth

cernícalo *m*

A (Zool) kestrel

B (fam) (bruto) boor; (tonto) dimwit (colloq)

cernir [I12] *vt* ▸ **cerner**

cero *m* **1** (Fís, Mat) zero; (en números de teléfono) zero (AmE), oh (BrE); **tres grados bajo ~** three degrees below zero, minus three degrees; **a las ~ horas de hoy** at midnight last night; **~ coma cinco** zero point five; **empezar/partir de ~** to start from scratch; ***ser un ~ a la izquierda*** to be useless; (ser un don nadie) (Esp) to be a nobody **2** (en fútbol, rugby) zero (AmE), nil (BrE); (en tenis) love; **ganan por tres a ~** they're winning three-zero (AmE) *o* (BrE) three-nil; **ganaba 40 a ~** she was winning 40-love **3** (Educ) zero, nought (BrE); **me puso un ~ en física** he gave me zero *o* nought out of ten in physics

ceroso -sa *adj* ‹*sustancia*› waxy; ‹*cara/tez*› waxen (liter)

cerote *m* (AmC fam) (de excremento) turd (vulg)

cerquillo *m* (AmL) (flequillo) bangs (*pl*) (AmE), fringe (BrE)

cerrado -da *adj*

A **1** ‹*puerta/ventana/ojos/boca*› closed, shut; ‹*mejillones/almejas*› closed; ‹*sobre/carta*› sealed; ‹*puño*› clenched; ‹*cortinas*› drawn, closed; **estaba cerrado con llave** it was locked **2** ‹*válvula*› closed, shut off; ‹*grifo*› turned off

B ‹*tienda/restaurante/museo*› closed, shut; **S cerrado** closed; **S cerrado por defunción/reformas** closed owing to bereavement/for alterations

C **1** ‹*espacio/recinto*› enclosed **2** (cargado) ‹*ambiente*› stuffy **3** ‹*grupo*› closed **4** (Mat) ‹*serie/conjunto*› closed

D (Ling) ‹*vocal*› close, closed; ‹*acento/dialecto*› broad

E ‹*curva*› sharp

F (nublado) overcast; (refiriéndose a la noche): **ya era noche cerrada** it was already completely dark

G ‹*barba*› thick

H (enérgico): **una cerrada ovación** an ecstatic reception; **una cerrada descarga** a burst of gunfire

I **1** (poco receptivo, intransigente) set in one's ways; **estar ~ A algo**: **está ~ a todo cambio** his mind is closed to change; **el país ha estado ~ a influencias externas** the country has been shut off from outside influence **2** (poco comunicativo) uncommunicative **3** (fam) (torpe) dense (colloq), thick (colloq); **es muy ~ de mollera** he's very dense (colloq)

J (Esp) (Fin): **S apartamentos de lujo, precio cerrado** apartments, price guaranteed

cerradura *f* lock; **el ojo de la ~** the keyhole

cerrajería *f* locksmith's shop

cerrajero -ra *m,f* locksmith

cerrar [A5] *vt*

A **1** ‹*puerta/ventana*› to close, shut; ‹*ojos/boca*› to shut, close; **cierra la puerta con llave** lock the door **2** ‹*botella*› to put the top on/cork in; ‹*frasco*› to put the lid on; **un frasco herméticamente cerrado** an airtight container **3** ‹*paraguas/abanico/mano*› to close; ‹*libro*› to close, shut; ‹*puño*› to clench **4** ‹*cortinas*› to close, draw; ‹*persianas*› to lower, pull down; ‹*abrigo*› to fasten, button up; ‹*cremallera*› to do up

B ‹*grifo/agua/gas*› to turn off; ‹*válvula*› to close, shut off

C **1** ‹*fábrica/comercio/oficina*› (en el quehacer diario, por obras, vacaciones) to close; (definitivamente) to close (down) **2** ‹*aeropuerto/carretera/frontera*› to close; **cerrado al tráfico** closed to traffic

D ‹*cuenta bancaria*› to close; ‹*caso/juicio*› to close; ‹*acuerdo/negociación*› to finalize; **han cerrado el plazo de inscripción** enrollment has closed *o* finished

E **1** ‹*acto/debate*› to bring … to an end; ‹*jornada*› to end; **los acontecimientos que han cerrado el año** the events with which the year has ended **2** ‹*desfile/cortejo*› to bring up the rear of **3** ‹*circuito*› to close **4** ‹*paréntesis/comillas*› to close

■ **cerrar** *vi*

A (hablando de puerta, ventana): **cierra, que hace frío** close *o* shut the door (*o* window *etc*), it's cold; **¿cerraste con llave?** did you lock up?

B «*puerta/ventana/cajón*» to close, shut; «*grifo/llave de paso*» to turn off; «*abrigo/vestido*» to fasten, do up (BrE); **la ventana no cierra bien** the window doesn't close *o* shut properly

C «*comercio/oficina*» (en el quehacer diario, por obras, vacaciones) to close, shut; (definitivamente) to close (down); **S cerramos los lunes** we are closed on Mondays

D (Fin) «*dolar/peso*» to close

E (en dominó) to block; (en naipes) to go out

■ **cerrarse** *v pron*

A **1** «*puerta/ventana*» (+ *compl*) to shut, close; **la puerta se cerró sola/de golpe** the door closed by itself/slammed shut **2** «*ojos*» (+ *me/te/le etc*) to close; **se me cierran los ojos de cansancio** I'm so tired I can't keep my eyes open **3** «*flor/almeja*» to close up **4** «*herida*» to heal (up)

B (*refl*) ‹*abrigo*› to fasten, button up

C (terminar) «*acto/debate/libro*» to end, conclude; «*jornada/año*» to end

D (mostrarse reacio, intransigente): **se cerró y no quiso saber nada más** she closed her mind and refused to listen to any more about it; **se cerró en su actitud** he dug his heels in; **~se A algo**: **sería ~se a la evidencia** it would be turning our back on the evidence; **se cierran a todo**

cambio they're not open to change

cerrazón *m* (terquedad) stubbornness; (mentalidad poco flexible) blinkered attitude

cerril *adj* ‹*ganado*› wild; ‹*caballo*› wild, unbroken; ‹*persona*› uncouth, rough

cerro *m* (Geog) hill; ***irse por los ~s de Úbeda*** to go off at a tangent

cerrojazo *m*: **dar (el) ~ a algo** to put an end to sth

cerrojo *m* 1 (de puerta) bolt; **echar** *or* **correr el ~** to bolt the door 2 (de fusil) bolt 3 (Dep) defensive tactics (*pl*); **jugar al ~** to play defensively

certamen *m* competition, contest

certero -ra *adj* 1 ‹*tiro*› accurate; ‹*golpe*› well-aimed; **es un tirador ~** he's a crack shot 2 ‹*juicio*› sound; ‹*respuesta*› good

certeza, certidumbre *f* certainty; **tengo la ~ de que ...** I'm quite sure *o* certain that ...; **no lo sé con ~** I'm not sure, I don't know for sure

certificación *f* certification

certificado[1] -da *adj* ‹*paquete/carta*› registered; **mandé la carta certificada** I sent the letter by registered mail

certificado[2] *m* certificate

(Compuestos)
- **certificado de defunción/nacimiento** death/birth certificate
- **certificado de estudios** school-leaving certificate
- **certificado médico** medical certificate

certificar [A2] *vt* to certify

cerumen *m* cerumen (tech), earwax

cerval *adj*: **sentía un miedo ~** (liter) she was terrified

cervantino -na, **cervantesco -ca** *adj* of/relating to Cervantes, Cervantine

cervantista *mf* Cervantes scholar

cervatillo *m* fawn

cervecera *f* brewery

cervecería *f* bar (*gen selling a wide variety of beers*)

cervecero -ra *adj* ‹*industria*› brewing (*before n*), beer (*before n*)

cerveza *f* beer

(Compuestos)
- **cerveza tirada** *o* **de barril** draft beer (AmE), draught beer (BrE)
- **cerveza rubia/negra** lager/dark beer

cervical *adj* 1 ‹*músculo/vértebra*› neck (*before n*), cervical (tech) 2 (del útero) cervical

cérvido *m* cervid

cerviz *f* nape of the neck; ***bajar la ~*** to give in

cesación *f* ▸ **cese A**

cesante[1] *adj* 1 (frml *o* period) (en un cargo): **quedó ~** he lost his job; (por racionalización, reducción de personal) he was laid off, he was made redundant (esp BrE) 2 (Chi) (sin empleo) unemployed

cesante[2] *mf* 1 (frml *o* period) (en cargo) *person who has lost his or her job* 2 (Chi) (sin empleo) unemployed person

cesantía *f* (desempleo) (Chi) unemployment; (despido) (RPl frml) dismissal; (pago) (Col) severance pay

cesar [A1] *vi*

A (parar) to stop; **~ DE + INF** to stop -ING; **no cesó de interrumpirme** he continually interrupted me; **sin ~** incessantly; **trabajaron sin ~ durante 36 horas** they worked for 36 hours nonstop; **le contestó sin ~ de trabajar** she kept on working while she answered

B (frml *o* period) (dimitir): **cesó en su cargo** she left her post, she resigned

■ **cesar** *vt* (frml *o* period) (despedir) to dismiss

cesárea *f* cesarean* (section); **le tuvieron que hacer una ~** she had to have a cesarean

cese *m*

A (frml *o* period) (fin, interrupción) cessation (frml); **el ~ de las hostilidades** the cessation of hostilities; **el ~ de pagos** the suspension of payments; **~ de la actividad laboral** a stoppage of work

(Compuesto) **cese del fuego** (AmL) ceasefire

B (frml *o* period) 1 (despido) dismissal; **darle el ~ a algn** to dismiss sb 2 (renuncia) resignation

cesio *m* cesium*

cesión *f* (de derecho) assignment, cession (frml); (de territorio) transfer

(Compuestos)
- **cesión arrendamiento** leaseback
- **cesión de bienes** surrender *o* (frml) cession of goods

césped *m* 1 (planta) grass; (extensión) lawn, grass; ⓢ **prohibido pisar el césped** keep off the grass 2 (Dep) field, pitch (BrE); (en tenis) (AmL) grass

cesta *f*

A (recipiente) basket

(Compuestos)
- **cesta de la compra** (Esp) (canasta) shopping basket; (Econ) *average cost of a week's shopping*
- **cesta de Navidad** Christmas hamper
- **cesta punta** (deporte) pelota; (canasta) basket (*for playing pelota*)

B (esp AmL) (en baloncesto) basket

cestería *f* 1 (tienda) basketwork shop (*o* factory *etc*) 2 (artesanía) basketwork

cesto *m*

A (esp Esp) (recipiente) basket; **el ~ de la ropa sucia** the laundry basket

B (esp AmL) (en baloncesto) basket

cetáceo *m* cetacean

cetorrino *m* basking shark

cetrería *f* falconry

cetrino -na *adj* ‹*rostro/piel*› (de aspecto sano) olive; (de aspecto enfermizo) sallow

cetro *m* (del rey, emperador) scepter*; ***empuñar el ~*** to ascend the throne

cf. (= **confróntese**) cf

cg. (= **centigramo**) cg

Ch, ch *f* (*read as* /tʃe/ *or* /se 'atʃe/ *or* (Esp) /θe 'atʃe/) *combination traditionally considered as a separate letter in the Spanish alphabet*

chabacanada *f*, **chabacanería** *f* (cualidad) tackiness (colloq), vulgarity; (acto, dicho) **decir ~s** to be crude; **hacer eso fue una ~** what you did was in very bad taste

chabacano[1] -na *adj* ‹*ropa/decoración*› gaudy, tasteless; ‹*espectáculo/persona*› vulgar; ‹*chiste/cuento*› coarse, tasteless

chabacano[2] *m* (Méx) (árbol) apricot tree; (fruta) apricot

chabola *f* (Esp) (en los suburbios) shack, shanty dwelling; **~s** shanty town

chabolismo *m* (Esp): **el problema del ~** the shanty town problem

chacal *m* jackal

chácara *f* (Col) (monedero) change purse (AmE), purse (BrE)

chacarera *f*: *South American folk dance*

chacarero -ra *m,f* (CS, Per) farmer (*who works a* **chacra**)

chacha *f* (Esp fam) maid, housemaid

chachachá *m* cha-cha, cha-cha-cha

chachalaca *f* chachalaca (*type of guan*)

cháchara *f*

A (fam) (conversación) chatter; **se pasa la mañana de ~** she spends the whole morning chattering

B (Méx) (objeto de poca importancia) piece of junk: **un cajón lleno de ~s** a drawer's full of junk; ⓢ **compro cháchara(s) en general** general bric-a-brac bought

chacharear [A1] *vi* (fam) to chatter, to gab (AmE colloq), to natter (BrE colloq)

chacharero -ra *m,f*

A (fam) (parlanchín) chatterbox (colloq)

B (Méx) (de baratijas) junk dealer

chacho -cha *m,f* (Col fam) (persona importante) big shot (colloq); (en deporte, juego) champ (colloq), ace

Chaco *m*: *tb* **Gran ~** *region of scrub and swamp plains covering parts of Paraguay, Bolivia and Argentina*

chacolí *m*: *light, sharp wine*

chacota *f* (fam): **estar de ~** to be in a joking mood; ***tomar(se) algo a (la) ~*** to treat sth as a joke

chacotearse [A1] *v pron* (fam) **~ DE algo/algn** to make fun of sth/sb

C

chacotero -ra *adj* (fam): **es muy ~** he's very fond of a joke
chacra *f* (CS, Per) (granja) small farm; (casa) farmhouse
chacuaco *m* (Méx) 1 (chimenea) factory chimney; ***fumar como (un)*** ~ to smoke like a chimney 2 (horno) furnace
chafa *adj* (Méx fam) shoddy (colloq)
chafar [A1] *vt*
A (fam) 1 ‹*peinado*› to flatten; ‹*plátano/pulpa*› to mash; ‹*huevos*› to break; ‹*ajo*› to crush 2 ‹*vestido/falda*› to wrinkle (AmE), to crumple (BrE)
B (Esp fam) 1 (en conversación) to squash (colloq), to crush 2 (desilusionar) to disappoint 3 (estropear) ‹*plan/vacaciones*› to spoil, ruin
■ **chafarse** *v pron* to get squashed
chafear [A1] *vi* (Méx fam): **el restaurante ya chafeó** the restaurant has gone downhill (colloq); **mi coche anda chafeando** my car's giving out (colloq); **el sindicato ya chafeó** the union's gone to the dogs (colloq)
chafirete *m* (Méx fam): **ya manejas como todo un ~** you drive like a madman (colloq)
chaflán *m* (Tec) chamfer, beveled* edge; (esquina) corner; **el banco que hace ~** the bank on the corner
chagualo *m*, **chaguala** *f* (Col fam & hum) shoe
chaise longue /ʃes'loŋ/ *f or m* chaise longue
chal *m* shawl, wrap
chala *f* 1 (RPl) (Bot) corn husk 2 (Chi) (Indum) sandal
chalado¹ -da *adj* (fam) [ESTAR] crazy (colloq), nuts (colloq)
chalado² -da *m,f* nutter (colloq)
chalán *m* (Col) (jinete) skilled horseman
chalanear [A1] *vi* to bargain, haggle
chalaneo *m*
A (en negocios) shady deals (*pl*)
B (Col, Per) (Equ) (doma) horsebreaking; (adiestramiento) training; (exhibición) display of horsemanship
chale *interj* (Méx fam) you're kidding! (colloq)
chalé *m* ▸ **chalet**
chaleca *f* (Chi) cardigan
chaleco *m* (de traje) vest (AmE), waistcoat (BrE); (jersey sin mangas) sleeveless sweater; (acolchado) body warmer; (chaqueta de punto) (CS) cardigan; ***a*** ~ (Méx) no matter what
Compuestos
- **chaleco antibalas** bulletproof vest
- **chaleco de fuerza** straitjacket
- **chaleco salvavidas** lifejacket.
chalequear [A1] *vt* (Ven fam) ‹*negocio*› to muscle in on (colloq); ‹*idea*› to pinch; **me chalequeó el puesto** he did me out of my job (colloq)
chalet /tʃa'le/ *m* (*pl* **-lets**) (en urbanización) house; (en el campo) cottage; (en la montaña) chalet; (en la playa) villa
Compuesto **chalet adosado/independiente** (Esp) semi-detached/detached house
chalona *f* (Per) jerked mutton
chalote *m*, **chalota** *f* shallot, scallion (AmE)
chalupa *f*
A (barca) skiff; (canoa) (AmL) small canoe
B (Méx) (Coc) stuffed tortilla
chamaco -ca *m,f* (Méx fam) (niño, muchacho) kid (colloq), youngster (colloq); (novio) (*m*) boyfriend; (*f*) girlfriend
chamagoso -sa *adj* (Méx fam) dirty, filthy
chamal *m* woolen* tunic (*worn by Araucanian women*)
chamanto *m*: *short multicolored blanket worn by Chilean peasants*
chamarra *f* (chaqueta) jacket
chamba *f*
A (Méx, Per, Ven fam) (trabajo) work; (lugar) work; **una buena ~** a good job; **tengo mucha ~** I have a lot of work to do; **en la ~** at work
B (Col) 1 (zanja) ditch 2 (herida) wound, gash; **se abrió una ~ en la cabeza** he gashed his head
chambear [A1] *vi* (Méx, Per fam) to work; **entro a ~ a las 9** I start work at 9
chambelán *m* chamberlain
chambero -ra *m,f* (Andes) scavenger
chambón¹ -bona *adj* (AmL fam) clumsy, klutzy (AmE colloq)
chambón² -bona *m,f* (AmL fam) clumsy clot (colloq), klutz (AmE colloq)
chambonada *f* (AmL fam) botch (colloq), botched job (colloq)
chambonear [A1] *vi* (Andes fam) to do a botched job (colloq)
chamboneo *m* (Col fam) botched job (colloq)
chambra *f* (Méx) matinée coat, matinée jacket
chamín *m* (Ven fam) buddy (AmE colloq), mate (BrE colloq)
chamizo *m*
A 1 (leña quemada) charred log 2 (Col) (ramas secas) *tb* **~s** brushwood
B (choza) thatched hut
chamo¹ -ma *adj* (Ven fam) young
chamo² -ma *m,f*
A (Ven fam) (niño, muchacho) kid (colloq)
B (Ven arg) (amigo) buddy (AmE colloq), mate (BrE colloq); **muéstramelas, chama** come on, let's see them
champa *f*
A (Andes) (de hierba) piece of turf; (de pelo) (fam) tuft
B (AmC) (choza) hut
champán *m*, **champaña** *m or f* champagne
champanera *f* champagne bucket
champiñón, champignon *m* mushroom
champión ® *m* (RPl) sneaker (AmE), plimsoll (BrE)
champú *m* (*pl* **-pús** *or* **-púes**) shampoo
champurrado *m*
A (Méx) (Coc) *thick hot drink made with ground corn and chocolate*
B (Méx fam) (revoltijo) jumble
champurrear [A1] *vt* (CS) ▸ **chapurrear**
chamuchina *f* (AmS) 1 (fam) (chusma) rabble (colloq) 2 (fam) (alboroto) rumpus (colloq), ruckus (AmE colloq)
chamullar [A1] *vi* (Chi fam) 1 (contar patrañas) to tell stories 2 (hablar) to talk; (de manera confusa) to burble on
chamullo *m* (Chi fam) (mentira) cock and bull story (colloq); (acción ilícita) scam (colloq)
chamuscar [A2] *vt* to scorch, singe; **madera chamuscada** charred wood
■ **chamuscarse** *v pron*: **~se el pelo** to singe one's hair
chamusquina *f* singeing, scorching; **aquello me olía a ~** it sounded fishy to me
chamuyar [A1] *vi* (RPl fam) to chatter
■ **chamuyar** *vt* (RPl fam) to mutter
chan *m* (AmC) mountain guide
chancaca *f* 1 (Andes) (melaza) brown sugarloaf; ***ser*** ~ (Chi fam) to be a piece of cake (colloq) 2 (Per) (dulce de maíz) maize cake
chancacazo *m* (a una persona) (Andes fam) wallop (colloq); (contra algo) (Chi fam) bang
chancadora *f* (Chi) crusher, grinder
chancar [A2] *vt*
A (Andes) (triturar) to crush, grind
B (Chi fam) (pegar) to beat … up (colloq)
C (Per arg) (estudiar) to cram, to swot up on (BrE colloq)
chance *f or m* (AmL) (oportunidad) chance; **no hay ningún ~ de que se libre** he has no chance of escaping; **dar ~ a algn** to give sb the chance; **tiene pocas ~s de ganar** he doesn't have *o* stand much chance of winning
chancear [A1] *vi* (Col fam) to joke, kid around (colloq)
■ **chancearse** *v pron* **~se DE algn** to make fun OF sb
chancero -ra *adj* (Chi fam): **es muy ~** he's always joking
chanchada *f* (AmL fam) 1 (porquería, suciedad) mess; **deja de hacer ~s** stop making such a mess 2 (acción indigna) dirty trick (colloq); **hacerle una ~ a algn** to play a dirty trick on sb
chanchería *f* (AmL) pork butcher's shop
chanchero -ra *m,f* (AmL) (criador) pig farmer; (vendedor) pork butcher
chanchito¹ -ta *adj* (Chi fam): **lo pillaron ~** they caught him red-handed; **cayó ~ a la cama** he collapsed onto the bed
chanchito² *m* (fam)
A (Andes, CS) (Zool) woodlouse
B (CS) (alcancía) piggy bank

chancho¹ -cha *adj* (AmL fam) (sucio) filthy, gross (colloq); (miserable, ruin) mean

chancho² -cha *m,f*

A (AmL) (Zool) pig; ***gordo como un ~*** (CS fam) as fat as a pig (colloq); ***hacerse el ~ rengo*** (RPl fam) to act dumb (colloq); ***querer la chancha y los cinco reales*** *or* ***los veinte*** (RPl fam) to want to have one's cake and eat it (colloq); ***a cada ~ le llega su sábado*** (AmC) everyone gets their just deserts sooner or later; ***~ limpio nunca engorda*** (Bol, CS fam) a few germs never hurt anyone (colloq)

B (AmL fam) (persona sucia) dirty *o* filthy pig (colloq)

chancho³ *m*

A (Chi, Per) (Coc) *tb* **carne de ~** pork

B (Chi, Per vulg) (trasero) butt (AmE colloq), bum (BrE colloq)

chanchullero¹ -ra *adj* (fam) shady (colloq), crooked

chanchullero² -ra *m,f* (fam) crook (colloq)

chanchullo *m* (fam) racket (colloq), fiddle (BrE colloq)

chancla *f* (sandalia) flip-flop; (pantufla) (Col) slipper

chancleta *f*

A (sandalia) thong (AmE), flip-flop (BrE); (zapato viejo) (Chi fam) worn-out old shoe

B (Andes, CS fam) (niña) baby girl

C (Ven fam) (acelerador) accelerator

chancletear [A1] *vi* (CS fam) to slop around

chancletudo -da *adj* (CS, Ven fam & pey) common (pej)

chanclo *m* (de madera) clog; (de goma) galosh, overshoe

chancludo -da *adj* (Méx fam) scruffy, sloppy

chancón -cona *adj* (Per arg) hardworking

chancro *m* chancre

chancuco *m* (Col fam) swindle; **me hicieron ~** they swindled me

chándal *m* (*pl* **-dals**) (Esp) tracksuit

chanfaina *f* (fam) (Per) (lío) shambles (colloq)

chanfle *m* (AmL) spin; **darle ~ a la pelota** to put spin on the ball

chanfleado -da *adj* (AmL) ‹*tiro*› curving

changa *f* (RPl fam) odd job

changador *m* (RPl) porter

changarro *m* (Méx) small store

chango -ga *m,f* (Méx) monkey

changuito® *m* (Arg) (para las compras) shopping cart (AmE), shopping trolley (BrE); (para el bebé) stroller (AmE), pushchair (BrE)

chanquetes *mpl* whitebait (*pl*)

chanta¹ *adj* (RPl arg) (informal) unreliable; (mentiroso) deceitful

chanta² *mf* (RPl arg) (informal) unreliable person; (mentiroso) liar

chantaje *m* blackmail; **le hacen ~** he is being blackmailed

chantajear [A1] *vt* to blackmail

chantajista *mf* blackmailer

chantar [A1] *vt*

A **1** (Andes, CS fam) ‹*beso*› to plant; **le chantó un coscorrón** she whacked him on the head *o* gave him a whack on the head (colloq); **me chantó un pellizco** she pinched me; **le chantó el sombrero hasta las orejas** he jammed her hat firmly on her head **2** (Col, CS fam) ‹*trabajo/tarea*›: **siempre me chantan estos trabajos** I always get landed with these jobs (colloq)

B (Chi fam) ‹*persona*› to walk out on (colloq); ***dejar chantado a algn*** (Chi fam) to stand sb up (colloq)

■ **chantarse** *v pron*

A (Chi, Per fam) ‹*vestido*› to put on

B (Chi fam) **1** (quedarse) to instal• oneself **2** (detenerse) to stop dead **3** (dejar un vicio): **hace tiempo que se chantó** she quit *o* gave up some time ago; **no tomo más, me chanto por hoy** I'm not drinking any more, I've had enough for today

chantillí, chantilly /ʃantiˈʝi, tʃantiˈʝi/ *m*: *tb* **crema ~** (*f*) whipped cream, chantilly

chantre *m* precentor

chanza *f* derisive comment

chao *interj* (fam) bye (colloq), bye-bye (colloq)

chapa *f*

A **1** (plancha — de metal) sheet; (— de madera) panel; **techo de ~** corrugated iron roof **2** (lámina de madera) veneer **3** (carrocería) bodywork

B **1** (distintivo) badge; (de policía) shield (AmE), badge (BrE); (con el nombre) nameplate; (de perro) identification disc *o* tag **2** (RPl) (de matrícula) license plate (AmE), numberplate (BrE)

C (de botella) cap, top

D (AmL) (cerradura) lock

E **chapas** *fpl* (AmL fam) (en las mejillas): **le salieron ~s** (por vergüenza) her cheeks flushed (red); (por el aire fresco) her cheeks were red *o* rosy

F (AmC fam) (joya) earring; (dentadura postiza) false teeth (*pl*)

chapado -da *adj* ‹*metal*› plated; **un reloj ~ en oro** a gold-plated watch

chapapote *m* (Esp) oil (*on beach, coast*)

chapar [A1] *vt*

A ‹*mueble*› to veneer; ‹*reloj/pulsera*› to plate

B (Per fam) (agarrar, sorprender) to catch

■ **chapar** *vi* (Esp arg) (estudiar) to cram

chaparral *m* chaparral, thicket

chaparrastroso -sa *adj* (Méx fam) scruffy

chaparreras *fpl* (Méx) chaps (*pl*)

chaparro¹ -rra *adj* (AmL fam) short, squat; **quedarse ~** to stop growing

chaparro² -rra *m,f*

A (AmL fam) shorty (colloq), titch (colloq)

B **chaparro** *m* (arbusto) dwarf evergreen oak

chaparrón *m* (Meteo) downpour, cloudburst

chape *m* (Chi) (trenza) braid (AmE), plait (BrE); (pelo atado) bunch

chapeado -da *adj* (Col, Méx) flushed

chapeau /ʃaˈpo, tʃaˈpo/ *m* (fam *o* period): **la organización merece un ~** we should take our hats off to the organizers (journ); **¡~** bravo!, well done!

chapela *f* (Esp) beret

chapero *m* (Esp arg) ass peddler (AmE sl), rent boy (BrE colloq)

chaperón -rona *m,f* chaperon

chapetes *mpl* (Méx) ▸**chapa E**

chapiollo -lla *adj* (AmC fam) humble

chapista *mf* panel beater

chapitel *m* (de torre) spire; (de columna) capital

chapó *m* ▸**chapeau**

chapopote *m* (Méx) (alquitrán) tar; (asfalto) asphalt

chapotear [A1] *vi* (en agua) splash (around); (en barro) squelch (around)

chapoteo *m* (en agua) splashing; (en barro) squelching

chapucería *f* ▸**chapuza 1**

chapucero¹ -ra *adj* ‹*persona*› sloppy, slapdash; ‹*trabajo/reparación*› botched

chapucero² -ra *m,f*: **es un ~** his work is very slapdash

chapulín *m* (AmC, Méx) (Zool) locust

chapurrear [A1], **chapurrar** [A1] *vt* (fam): **~ el inglés** to speak broken *o* poor English

chapuza *f* **1** (fam) (trabajo mal hecho) botched job (colloq), botch (colloq); **me hizo una ~** he made a botch of the job (colloq) **2** (Esp fam) (trabajo ocasional) odd job **3** (Méx) (trampa) trick

chapuzas *mf* (*pl* **~**) (Esp) ▸**chapucero²**

chapuzón *m* dip; **darse un ~** to have a dip

chaquet (*pl* **-quets**), **chaqué** *m* morning coat

chaqueta *f*

A (Indum) jacket; ***cambiar de ~*** *or* (Chi) ***darse vuelta la ~*** (fam) to change sides

Compuestos

- **chaqueta americana** (Esp) blazer
- **chaqueta de punto** cardigan

B (Col) (Odont) crown

chaquete *m* (Esp) backgammon

chaquetero -ra *m,f*

A (Esp fam) (en política) turncoat, opportunist

B (Chi fam) (envidioso) envious person

chaquetilla *f* bolero

chaquetón *m* three-quarter length coat

charada *f* charade

charal *m* (Méx) *small lake fish*; ***como*** *or* ***hecho un ~*** as thin as a rake (colloq)

charamusca *f*
A (Méx) (Coc) candy twist
B (Méx fam) (mujer fea) ugly hag (colloq)

charanga *f* brass band; (militar) military band; **la España de ~ y pandereta** the Spain of bullfighters and flamenco dancers

charango *m* small five-stringed guitar

charape *m* (Méx): *fermented drink made from cactus juice and brown sugar*

charca *f* pond, pool

charco *m* **1** puddle, pool **2** **el ~** (fam) (océano Atlántico) the Atlantic, the Pond (colloq & hum)

charcutería *f* delicatessen, charcuterie (AmE)

charcutero -ra *m,f* pork butcher

charla *f* **1** (conversación) chat; **estábamos de ~** we were having a chat; **su ~ me aburre** his chatter bores me **2** (conferencia) talk

charlar [A1] *vi* to chat, talk

charlatán¹ -tana *adj* (fam) talkative

charlatán² -tana *m,f* (fam) **1** (parlanchín) chatterbox (colloq) **2** (vendedor deshonesto) dishonest hawker; (curandero deshonesto) charlatan

charlatanear [A1] *vi* to chatter away

charlatanería *f* **1** (locuacidad) talkativeness **2** (arte de vender) clever *o* cunning salesmanship; (palabras) patter

charlestón *m* charleston

charlotada *f* (Taur) comic bullfight

charlotear [A1] *vi* (fam) to chat

charloteo *m* (fam) chatting, chatter; **están de ~** they are chatting

charme /ʃarm/ *m* charm

charnel *m* (AmC) piece of shrapnel

charol *m*
A **1** (barniz) lacquer **2** (cuero) patent leather
B (Col, Per) (bandeja) tray

charola *f* (Bol, Méx, Per) tray

charquear [A1] *vt*
A (Bol, Chi) ‹*carne*› to jerk
B (Chi fam) ‹*persona*› to beat … up

charqui *m* (AmS) charqui, jerked beef

charrasquear [A1] *vt*
A (AmL) ‹*guitarra*› to strum
B ‹*persona*› to stab

charrería *f* (Méx) *the culture of horsemanship and rodeo riding*

charretera *f* epaulette

charro¹ -rra *adj*
A (fam) (de mal gusto) gaudy, garish
B (en Méx) ‹*tradiciones/música*› of/relating to the **charro²**

charro² -rra *m,f* (en Méx) (jinete) (*m*) horseman, cowboy; (*f*) horsewoman, cowgirl

> **charro, charra**
>
> A Mexican cowboy or cowgirl skilled in horsemanship. The traditional *charro* costume is very elaborate and trimmed with silver. A man's outfit consists of a high-crowned, wide-brimmed hat, tight trousers, a white shirt, waistcoat and short jacket. A woman's outfit is a similar but with a long, wide skirt. *Charros* originated *charrerías*, the culture associated with horse-riding and rodeo skills. They also take part in festivals known as *charreadas*

charrúa *adj/mf* (CS period) Uruguayan

chárter¹ *adj inv* charter (*before n*)

chárter² *m* charter (flight)

chascar [A2] *vt* ▸ **chasquear**

chascarrillo *m* (fam) joke, funny story

chas chas *m*
A (RPl leng infantil): **mamá te va a hacer ~ ~** Mommy's going to smack your bottom
B (Méx fam) (efectivo): **pagar al ~ ~** to pay cash

chasco *m*
A (decepción) disappointment, let-down (colloq); **me llevé un ~** I felt let down *o* disappointed
B (broma) joke

chascón -cona *adj* (Chi fam): **¡qué ~ estás!** your hair's a mess! (colloq)

chasis, chasís *m* (*pl* ~) (Auto) chassis; (Fot) plateholder

chasquear [A1] *vt* **1** ‹*lengua*› to click; ‹*dedos*› to click, snap **2** ‹*látigo*› to crack

chasqui *m* (Andes, RPl) courier, messenger

chasquido *m* **1** (de la lengua) click; (de los dedos) click, snap **2** (de látigo) crack; (de rama seca) crack, snap

chasquilla *f* (Chi) bangs (*pl*) (AmE), fringe (BrE)

chat *m* (Inf) chat room

chatarra¹ *adj inv* (Méx): **comida ~** junk food; **productos ~** cheap goods; **empresas ~** second-rate companies

chatarra² *f*
A (Metal) scrap (metal); **el coche es pura ~** the car is just a heap of scrap
B (fam) (calderilla) change, small *o* loose change

chatarrería *f* scrapyard

chatarrero -ra *m,f* scrap merchant

chatel -tela *m,f* (AmC fam) (*m*) little boy; (*f*) little girl

chateo *m* (Esp fam): **ir de ~** to go out for a few glasses of wine

chato¹ -ta *adj*
A **1** ‹*nariz*› snub (*before n*) **2** ‹*embarcación*› flat-bottomed **3** (Per fam) (bajo) short
B (AmS) ‹*nivel*› low; ‹*obra*› pedestrian; **un ambiente ~** an atmosphere lacking intellectual/artistic interest

chato² *m* (Esp) *tb* **~ de vino** glass of wine

chatura *f* (AmS) low intellectual/artistic level

chaucha *f*
A (RPl) (Bot, Coc) French bean
B (Chi fam): **estar sin una** *or* **sin ni ~** to be broke (colloq); ***caerle la ~ a algn*** (fam): **al final le cayó la ~** the penny finally dropped

chauchera *f* (Bol, Chi fam) change purse (AmE), purse (BrE)

chauvinismo /tʃoβiˈnismo/ *m* chauvinism

chauvinista¹ /tʃoβiˈnista/ *adj* chauvinistic

chauvinista² /tʃoβiˈnista/ *mf* chauvinist

chaval -vala *m,f* **1** (esp Esp fam) (niño) kid (colloq), youngster; ***estar hecho un ~*** (fam) to be as young as can be **2** (Esp fam) (como apelativo) kid (colloq)

chavalo -la *m,f* (AmC, Méx) ▸ **chaval**

chaveta *f* **1** (clavija) pin, cotter pin; ***estar mal de la ~*** (fam) to have a screw loose (colloq); ***perder la ~*** (fam) to go off one's rocker (colloq) **2** (Per fam) (navaja) switchblade (AmE), flick-knife (BrE)

chavo¹ -va *adj* (Méx fam) young

chavo² -va *m,f*
A **1** Méx (fam) (muchacho) guy (colloq); (muchacha) girl **2** (como apelativo) kid (colloq)

(Compuesto) **chavos banda** *mpl* (Méx) street gang

B **chavo** *m* (fam) (dinero): **estoy sin un ~** I'm broke (colloq)

chayote *m* (planta, fruto) chayote, mirliton; ***parir ~s*** (Méx fam) to have a terrible time of it

che¹ *interj* (RPl fam): **no te hagas el bobo, ~** come on, don't act the innocent; **¡qué frío hace, ~!** brrr, it's so cold!; **~, ¿qué hacemos?** look, what are we going to do?; **~, Marta, ¿qué tal?** hey Marta, how are you?; **¡pero ~! ¡cómo le dijiste eso!** for Heaven's sake! whatever made you tell him that?

che² *mf* (Chi fam) Argentinian

checada *f* **1** (Méx, Per) (comprobación) check; **hacer una ~ de algo** to check sth **2** (Méx) (Med) checkup

checar [A2] *vt* (Méx) **1** (revisar, mirar) to check; **me chequé la presión** (Med) I had my blood pressure checked; **¿por qué no vas a que te chequen?** why don't you go for a checkup?; **¡checa eso! ¡qué sombrero!** (fam) check that out! what a hat! (colloq) **2** (verificar) to check **3** (vigilar) to check up on **4** (marcar): **voy a ~ el boleto del estacionamiento** I'm going to get the parking ticket stamped; **tengo que ~ tarjeta a las 9** I have to clock in at nine o'clock

chécheres *mpl* (Col fam): **recoge tus ~** get your stuff together (colloq); **el cuarto de los ~** the junk room

checo¹ -ca *adj/m,f* Czech

checo² *m* (idioma) Czech

checoslovaco -ca *adj/m,f* (Hist) Czechoslovakian, Czechoslovak

Checoslovaquia *f* (Hist) Czechoslovakia

chef /ʃef, tʃef/ *m* chef

chele¹ -la *adj* (AmC) (de piel) light-skinned; (de pelo) blond-haired

chele² -la *m,f* (AmC) (de piel blanca) light-skinned person; (de pelo rubio) blond-haired person

cheli¹ *adj* slang (*before n*)

cheli² *m* (Ling) slang (*used in certain areas of Madrid*)

chelín *m* (moneda británica) (Hist) shilling; (moneda austríaca) schilling

chelista *mf* cellist

chelo *m* cello

chepa *f*

A (fam) (joroba) hump

B (Per fam) (tregua): **pedir ~** to beg ... to lay off

chepibe *m* (RPl fam & hum) errand boy

chépica *m* (Chi) turf

cheque *m* check (AmE), cheque (BrE); **me extendió un ~** she made out a check; **pagar con ~** to pay by check; **un ~ a nombre de ...** a check made out to ... *o* made payable to ...

(Compuestos)

- **cheque a fecha** (Chi) postdated check*
- **cheque al portador** bearer check*
- **cheque bancario** *or* **de gerencia** banker's draft
- **cheque cruzado/en blanco** crossed/blank check*
- **cheque de viaje** *or* **de viajero** traveler's check (AmE), traveller's cheque (BrE)
- **cheque nominativo** order check*; **un ~ ~ a favor de Don Juan Sánchez** a check made out to *o* made payable to Mr Juan Sánchez
- **cheque sin fondos** bad *o* (frml) dishonored* check*

chequeada *f* (Chi, Per fam) check

chequear [A1] *vt*

A 1▸ (revisar) to check; **~on los frenos** they checked the brakes 2▸ (verificar) to check; **~ la hora de salida** to check the departure time 3▸ (cotejar) **~ algo CON algo** to check sth AGAINST sth

B (AmL) ‹*equipaje*› to check in

■ **chequearse** *v pron* 1▸ (Col, Ven) (Aviac) to check in 2▸ (Ven) (Med) to have a checkup

chequeo *m* 1▸ (Med) checkup; (para entrar en el ejército, a trabajar) medical; **someterse a un ~ médico** to have a medical/a checkup; **les harán un ~** they will be given a medical/a check-up 2▸ (control, inspección) check; **rigurosos ~s de precios** rigorous price-checks; **mostradores de ~ de tiquetes** (Col) check-in desks

chequera *f* checkbook (AmE), chequebook (BrE)

cheve *f* (Méx fam) beer

chévere *adj* (AmL exc CS fam) great (colloq), fantastic (colloq); **¡qué ~!** that's great!

chibolo -la *m,f* (Per fam) kid (colloq)

chic¹ /ʃik, tʃik/ *adj inv* chic, fashionable

chic² /ʃik, tʃik/ *m* chic; **tiene ~** she's very chic

chica *f* (fam) maid; *ver tb* **chico**

(Compuestos)

- **chica de alterne** (Esp) hostess
- **chica de servicio** maid

chicanear [A1] *vi* (Andes, Méx): **deja de ~** cut out the tricks (colloq) (colloq)

chicanero -ra *adj* (Andes, Méx) tricky, crafty

chicano -na *adj/m,f* Chicano

> **Chicano**
>
> *Chicanos* are Mexican Americans, the descendants of Mexican immigrants living in the United States. For long looked down on by Americans of European descent, Chicano society has found a new pride in its origins and culture. There are numerous Chicano radio stations and cultural organizations in the United States and many universities and colleges now offer courses in Chicano Studies

chicha *f*

A (bebida alcohólica) *alcoholic drink made from fermented maize, also called* **chicha bruja**; ***ni ~ ni limonada*** (fam) neither one thing nor the other; ***sacarle la ~ a algn*** (Ven fam) to make sb work for his (*o* her *etc*) money; ***volver ~ a algn*** (fam) to beat sb to pulp

(Compuestos)

- **chicha andina** *alcoholic drink made with corn flour and pineapple juice*
- **chicha de manzana/uva** *alcoholic drink made from apple/grape juice*

B (bebida sin alcohol) *cold drink made with maize or fruit*

C (AmC vulg) (teta) tit (sl)

> **chicha**
>
> A Latin American drink, typically alcoholic, made of fermented maize. In some South American countries, *chicha* is drunk out of a bull's horn during **fiestas patrias**.
>
> In Peru, the term *lo chicha* is used to denote anything relating to ordinary life and the common people. It also refers to a mixture of *cumbia*, a fast music of Colombian origin, and *huayno*, Andean music

chícharo *m* (esp Méx) pea

chicharra *f* 1▸ (Zool) cicada 2▸ (timbre) buzzer 3▸ (monedero) wallet, billfold (AmE)

chicharrón *m*

A (Coc): **chicharrones** cracklings (*pl*) (AmE), pork scratchings (*pl*) (BrE); ***darle ~ a algo/algn*** (Méx fam) (eliminar) to get rid of sth/sb; ***tronar los chicharrones*** (Méx) to crack the whip

B (Ven fam) (rizo) curl

chiche¹ *adj* (AmC fam) dead easy (colloq); **me salió ~** it was dead easy *o* a pushover (colloq)

chiche² *m*

A (juguete) (CS fam) toy; (adorno) (Chi) trinket

B (AmC fam) (pecho) tit (sl)

chichero -ra *m,f* chicha seller

chichi *f* (Méx fam) (de mujer) tit (sl); (de animal) teat

chichicuilote *m* (Méx) sandpiper; ***piernas de ~*** long, thin legs

chichifear [A1] *vi* (Méx arg) to work as a prostitute, peddle ass (AmE vulg)

chichifo *m* (Méx arg) ass peddler (AmE sl), rent boy (BrE colloq)

chichigua *f* (Col fam) pittance (colloq)

chichiguatero -ra *m,f* (Col fam) skinflint (colloq), tightwad (AmE colloq)

chicho -cha *adj* (Méx fam) 1▸ (bonito) nice, neat (AmE colloq) 2▸ ‹*persona*›: **es muy chicha para los deportes** she's brilliant at sport (colloq)

chichón *m* swelling *o* bump on the head

chichona *adj* (AmC, Méx fam & hum) well-endowed, busty (colloq & hum)

chicle, chiclé *m* chewing gum

chiclero -ra *m,f*

A (Méx) (vendedor) street vendor (*selling chewing gum, candy, etc*)

B (AmC) (Agr) rubber tapper

chico¹ -ca *adj* (esp AmL) 1▸ (joven) ‹*persona*› young; **es muy ~ para salir solo** he's too young to go out on his own; **íbamos de ~s** *or* **cuando éramos ~s** we used to go there as children *o* (colloq) when we were small *o* little 2▸ (bajo) ‹*persona*› small; ***dejar ~ a algn*** (fam) to put sb to shame 3▸ (pequeño) small; **los pantalones le quedan ~s** the trousers are too small for him; **un pedacito chiquitito** a tiny piece

chico² -ca *m,f*

A 1▸ (niño) (*m*) boy; (*f*) girl; **unos ~s** (varones) some boys; (varones y hombras) some children 2▸ (hijo) (*m*) son, boy; (*f*) daughter, girl; **mis ~s van a ese colegio** my children go to that school 3▸ (joven) (*m*) guy (colloq), boy (colloq), bloke (BrE colloq); (*f*) girl; **vino con su ~** she came with her boyfriend 4▸ (empleado joven) (*m*) boy; (*f*) girl 5▸ (como apelativo): **¡~! ¿tú por aquí?** well, well! what brings *you* here?; **~, no seas tonto** come on, don't be so silly

(Compuesto) **chico de los recados** messenger boy

B **chico** *m* (AmL) (en billar) frame; (en bolos) game

chicoco -ca *m,f* (Chi fam) 1▸ (niño) kid (colloq) 2▸ (persona baja) shorty (colloq), titch (BrE colloq)

C

chicoria *f* chicory
chicotazo *m* (AmL) whipping; **les impuso la obediencia a ~s** he whipped them into obedience
chicote *m* (fam)
A (AmL) (látigo) whip; **darle ~ a algn** to give sb a whipping, to whip sb
B (Náut) (de un cabo) end
C (Col) (fam) (cigarrillo) cigarette, fag (BrE colloq); (colilla) butt
chicotear [A1] *vt* (AmL) to whip
chicuelo -la *m,f* little kid
chido -da *adj* (Méx fam) fantastic (colloq)
chifa *m* (Per fam) (restaurante) Chinese restaurant; (comida) Chinese (food)
chiffon /tʃi'fon/ *m* chiffon
chifla *f* whistling, catcalls (*pl*)
chiflado¹ -da *adj* (fam) crazy (colloq), mad (BrE colloq); **ese viejo está ~** that old guy's crazy, that old guy's a nutter (colloq); **estar ~ POR algo/algn** to be crazy *o* nuts *o* mad ABOUT sth/sb (colloq)
chiflado² -da *m,f* (fam) nutcase (colloq), nutter (colloq)
chifladura *f* (fam): **¡qué ~ la de este tipo!** this guy's completely nuts (colloq); **le ha dado esa ~** he's got that crazy idea into his head (colloq)
chiflamicas *m* (*pl* ~) (Col fam) bad musician
chiflar [A1] *vt* ‹*actor/cantante*› to whistle at (*as sign of disapproval*) ≈ to boo
■ **chiflar** *vi*
A (silbar) to whistle
B (fam) (gustar mucho): **le chiflan los coches** he's crazy *o* nuts *o* mad about cars (colloq)
■ **chiflarse** *v pron* (fam) **~se POR algo** to be crazy ABOUT sth (colloq); **se chifló por esa chica** he flipped his lid over that girl (colloq)
chiflón (RPl) **chiflete** *m* draft (AmE), draught (BrE)
chigüín -güina *m,f* (AmC fam) kid (colloq)
chihuahua *mf* chihuahua
chiíta, chiita *adj/mf* Shiite; **los ~s** the Shia
chilaba *f* djellaba
chilacayote *m* chilacayote (*type of gourd*)
chilango -ga *adj* (Méx) of/from Mexico City
chilaquiles *mpl* (Méx) *corn tortilla in tomato and chili sauce*
chilcano *m* (Per) pisco/cherry brandy with cola
chile *m*
A (AmC, Méx) (Bot, Coc) chili, hot pepper; ***andar a medios ~s*** (Méx fam) to be tipsy
(Compuesto) **chile con carne** chili con carne
B (AmC fam) (chiste) joke
Chile *m* Chile
chilear [A1] *vi* (AmC fam) to tell jokes
chilena *f* (AmL) (Dep) scissors kick
chileno -na *adj/m,f* Chilean
chilicote *m* (AmS) cricket
chilindrina *f* (Méx) sugar-coated bun
chilindrón *m* tomato and pepper sauce
chilla *f*
A (tabla) thin board; ***andar en la quinta ~*** (Méx fam) to be broke (colloq)
B (Chi) (Zool) fox
chillar [A1] *vi*
A «*pájaro*» to screech; «*cerdo*» to squeal; «*ratón*» to squeak
B **1** «*persona*» to shout, yell (colloq); (de dolor, miedo) to scream; **~le A algn** to yell *o* shout AT sb **2** «*bebé/niño*» (llorar) to scream
C (Col) «*colores*» to clash
chillido *m*
A (de ave) screech; (de cerdo) squeal; (de ratón) squeak
B (grito) shout, yell; (de dolor, miedo) scream, shriek; **dar** *o* **pegar ~s** *o* **un ~** (fam) to shout, to yell
chillón -llona *adj* (fam) **1** ‹*niño*›: **es muy ~** he never stops screaming (colloq) **2** ‹*voz*› shrill, piercing **3** ‹*color*› loud
chilote *m* (AmC) baby sweetcorn
chilpayate *m* (Méx fam) kid (colloq)
chiltoma *f* (AmC) sweet pepper
chimbear [A1] *vt* (Col fam) to con
chimbo -ba *adj* **1** (Col fam) (falsificado) ‹*perfume*› fake (*before n*); ‹*whisky/grabación*› bootleg (*before n*); **un cheque ~** a dud check (colloq) **2** (Ven arg) (malo) lousy (colloq)
chimbomba *f* (AmC) balloon
chimenea *f*
A **1** (de casa) chimney; (de barco) smokestack (AmE), funnel (BrE); (de locomotora, fábrica) smokestack (AmE), chimney (BrE); ***fumar como (una) ~*** (fam) to smoke like a chimney (colloq) **2** (de volcán) vent
B (hogar) fireplace, hearth
(Compuestos)
• **chimenea de aire/de ventilación** air/ventilation shaft
• **chimenea refrigeradora** cooling tower
chimento *m* (RPl fam) story
chimiscolear [A1] *vi* (Méx fam) to gossip
chimpancé *mf* chimpanzee
chimpún *m* (Per) football boot
chimuelo *adj* (Méx fam) toothless
china *f*
A **1** (piedra) pebble, small stone; ***me/te/le tocó la ~*** I/you/he got *o* drew the short straw **2** (Esp arg) (de hachís) lump
B (AmL) (en el folklore de algunos países) *wife or girlfriend of a* **gaucho** *or of a* **charro** *or of a* **huaso**
C (Esp) (porcelana) porcelain
D (Col) (abanico) fan
China *f*: *tb* **la ~** China; ***acá y en la ~*** (fam): **eso es así acá y en la ~** that's the way things work, not just here but all over the world; ***ni aquí*** *or* ***acá ni en la ~*** (fam) neither here nor anywhere
chinamo *m* (AmC fam) (en una feria) stall; (bar) small bar
chinampa *f* (Méx) (terreno) man-made island; (embarcación) riverboat
chinchar [A1] *vt* (fam) to pester (colloq)
■ **chincharse** *v pron* (fam): **para que te chinches: yo aprobé y tú no** I passed and you didn't, so there! (colloq)
chinche¹ *adj* **1** (fam) (pesado) irritating; (quisquilloso): **es muy ~** he's a real nit-picker **2** (Chi fam) (hediondo) smelly (colloq)
chinche² *f or m*
A (insecto) bedbug; ***caer*** *or* ***morir como ~s*** (fam) to drop like flies (colloq)
B (RPl fam) (mal humor) bad mood
chinche³ *mf* **1** (fam) (pesado) nuisance, pain in the neck (colloq) **2** (fam) (quisquilloso) nit-picker (colloq)
chinche⁴ *f* (AmC, Méx, RPl) (clavito) thumbtack (AmE), drawing pin (BrE)
chinche⁵ *m* (Andes) ▸**chinche⁴**
chincheta *f* (Esp) thumbtack (AmE), drawing pin (BrE)
chinchilla *f* chinchilla
chin-chin¹ *interj* (fam) cheers!
chin-chin² *adv* (Ven fam) in cash
chinchona *f* quinine
chinchorro *m* **1** (bote — de remos) rowboat (AmE), rowing boat (BrE); (— de motor) motorboat **2** (red) fishnet (AmE), fishing net (BrE) **3** (Col, Ven) (hamaca) hammock
chinchudo -da *adj* (Arg fam) grumpy
chinchulines *mpl* (Bol, RPl) chitterlings (*pl*)
chincol *m* (Chi) (pájaro) crown sparrow
chinear [A1] *vt* (AmC) ‹*niño*› to cradle … in one's arms
chinela *f* (pantufla) slipper; (chancla) (AmC) thong (AmE), flip-flop (BrE)
chinesco -ca *adj* Chinese; ▸**sombra A**
chinga *f* (Méx fam): **es una ~ mudarse de casa** moving house is a real pain (colloq); **la vida es una ~** life's a bitch (sl)
chingada *f* (Méx vulg): **está pa' la ~** he's/she's had it (colloq); **¡vete a la ~!** screw you! (vulg); **la casa estaba en la ~** the house was in the middle of nowhere (colloq); **¡hijo de la ~!** you son-of-a-bitch! (sl); **¡es una hija de la ~!** she's a low-down bitch! (sl); ***estar de la ~*** (Méx vulg) to be crap (sl)
chingadazo *m* (Méx fam): **¡qué ~ me di!** I gave myself a real bang on the head (colloq); **te voy a dar un ~** I'm going to thump you (colloq)

chingadera *f* (Méx vulg) trash (colloq), crap (sl); **son puras ~s** it's trash *o* crap; **ya no digas tanta ~** stop talking crap

chingado -da *adj* (Méx vulg): **¿de dónde ~s quieres que lo saque?** where the hell (colloq) *o* (vulg) the fuck do you expect me to get that from?; **¡chingada madre! te dije que no se lo dijeras!** fucking hell! I told you not to tell him! (vulg)

chingana *f* (Andes) dive (colloq)

chingar [A3] *vi*

A (esp Méx vulg) (copular) to screw (vulg), to fuck (vulg)

B (Méx vulg) (molestar): **te lo dijo para ~ nada más** he only said it to annoy you; **¡deja de ~!** stop being such a pain in the ass! (vulg); **¡no chingues!** you're kidding! (colloq)

■ **chingar** *vt*

A (AmL vulg) (en sentido sexual) to fuck (vulg), to screw (vulg); ▸**madre² A2**

B (Méx vulg) (jorobar) to screw (vulg); **si no lo haces te van a ~** if you don't do it, they'll screw you (vulg); **~*la*: ¡no la chingues! ya cerraron el banco** (Méx vulg) shit! the bank's already closed! (vulg); **¡la chingué!** (RPl fam) I really put my foot in it (colloq)

■ **chingarse** *v pron*

A (*enf*) (AmL vulg) (en sentido sexual) to fuck (vulg), to screw (vulg)

B (esp Méx vulg) (jorobarse): **creyó que ganaría pero se chingó** he thought he'd win but he got a shock; **se chingó el motor** the engine's had it (colloq); **estamos chingados** we're in deep shit *o* up shit creek

C (Méx vulg) (aguantarse): **si no te gusta, te chingas** if you don't like it, tough (colloq)

D (Méx vulg) 1▸ (castigar) to give … a hard time 2▸ (robar) to rip … off (colloq)

chingaste *m* (AmC) coffee grounds (*pl*)

chingo¹ -ga *adj* (AmC fam) (desnudo) stark naked (colloq)

chingo² *m* (Méx fam *o* vulg): **un ~ de** loads of (colloq); **me costó un ~** it cost me a bundle *o* packet (BrE) (colloq); **me gustó un ~** I loved it (colloq)

chingo³ -ga *m,f* (Ven fam) flat-nosed *o* snub-nosed person (*o* guy *etc*)

chingón¹ -gona *adj* (Méx vulg) ‹*partido/película*› fantastic (colloq); ‹*persona*› cool (sl)

chingón² -gona *m,f* (Méx vulg): **ser un ~ para algo** to be fucking good at sth (sl); **es una chingona bailando** she's a fucking good dancer (sl)

chingue *m*

A (Chi) 1▸ (Zool) skunk 2▸ (fam) (persona hedionda) smelly person

B (Col) (traje de baño — de hombre) swimming trunks (*pl*); (— de mujer) swimsuit

chinguear [A1] *vi/vt* (AmC) ▸**chingar**

chinguirito *m* (Méx): *alcoholic drink made from sugar cane*

chinita *f* (Chi) ladybug (AmE), ladybird (BrE)

chino¹ -na *adj*

A (de la China) Chinese; ***estar ~ de risa*** (Per fam) to be in stitches (colloq)

B (Méx) ‹*pelo*› curly

chino² -na *m,f*

A (de la China) (*m*) Chinese man; (*f*) Chinese woman; **los ~s** the Chinese, Chinese people; ***engañar a algn como a un ~*** to take sb for a ride; ▸**trabajar** *vi* **B**

B 1▸ (Arg, Per) (mestizo) mestizo, person of mixed Amerindian and European parentage 2▸ (Col fam) (joven) kid (colloq) 3▸ (Méx) (de pelo rizado) curly-haired person

chino³ *m*

A (idioma) Chinese; **es ~ *para mí*** *or* ***me suena a ~*** it's all Greek to me

B (fam) (de hachís) lump, piece

C (Méx) (pelo rizado) curly hair; (para rizar el pelo) curler, roller

D (Per fam) (tienda) convenience store, corner shop (BrE)

chip *m* (*pl* **chips**) 1▸ (Inf) chip; ***te/le falta un ~*** (Esp fam) you have/he has a screw loose (colloq) 2▸ (papa frita) potato chip (AmE), crisp (BrE) 3▸ (Arg) (pancito) bridge roll

chipe *m* (Chi fam): **~ *libre*** carte blanche

chipichipi *m* (Méx fam) (llovizna) drizzle

chipirón *m* small cuttlefish

chipocludo *adj* (Méx) fantastic (colloq), great (colloq)

chipote *m* (Méx fam) bump, lump

Chipre *f* Cyprus

chipriota *adj/mf* Cypriot

chiqueado¹ *adj* (Méx fam) spoilt

chiqueado² *m* (Méx fam) spoilt brat (colloq)

chiqueador -dora *m,f* (Méx fam) (persona) indulgent person

chiquear [A1] *vt* (Méx fam) to spoil

■ **chiquearse** *v pron* (Méx fam) to play hard to get (colloq)

chiquero *m* 1▸ (Taur) pen 2▸ (AmL) (pocilga) pigpen (AmE), pigsty (BrE)

chiquilicuatro *m* (fam) nobody (colloq)

chiquilín¹ -lina *adj* (AmL fam) (infantil) childish; **ser ~** to be childish, to act like a kid (colloq)

chiquilín² -lina *m,f* (fam) (persona infantil) (AmL) big kid (colloq); (niño) (Ur) kid (colloq)

chiquilinada *f* (RPl): **estoy harto de sus ~s** I'm tired of her childishness

chiquillada *f*: **se pelearon por una ~** they fought over something really silly; **déjate de ~s** stop being so childish

chiquillería *f* (fam) kids (*pl*) (colloq)

chiquillo¹ -lla *adj*: **no seas ~** don't be childish

chiquillo² -lla *m,f* kid (colloq)

chiquito¹ -ta, **chiquitito -ta** *adj* (esp AmL fam) small

chiquito² -ta *m,f* (esp AmL fam) (niño) (*m*) little boy; (*f*) little girl; ***no andarse con chiquitas*** (fam): **no se anduvo con chiquitas y se lo dijo** she certainly didn't beat about the bush and she told him (colloq)

chiquito³ *m* 1▸ (Esp) (de vino) small glass 2▸ (RPl fam) (pedacito) little bit (colloq)

chircal *m* (Col) brickworks

chiribita *f* 1▸ (chispa) spark; ***echar ~s*** (fam) to be livid (colloq) 2▸ **chiribitas** *fpl* (en la vista) spots in front of the eyes; **los ojos le hacían ~s** his eyes glowed

chiribitil *m* tiny room

chirigota *f* (fam) (broma) joke; **todo se lo toma a ~** he takes everything as a joke; **están siempre de ~** they're always kidding around (colloq)

chirimbolo *m* (fam) thingamajig (colloq)

chirimiri *m* fine drizzle

chirimoya *f* custard apple

chirimoyo *m* (Bot) custard apple tree

chiringuito *m* (Esp) stall, kiosk (*selling drinks and snacks*)

chiripa *f*

A (fam) (casualidad) fluke; **de** *or* **por ~** (fam) by sheer luck, by a fluke

B (Ven) 1▸ (insecto) cockroach 2▸ (palmera) palm

chiripá *m garment worn by gauchos over trousers*

chiripazo *m* (AmL fam) ▸**chiripa A**

chirla *f* (Coc, Zool) baby clam

chirle *adj* (RPl) watery, thin

chiro -ra *adj* (Méx fam) cool (sl)

chirona *f* (Esp fam) jail; **lo metieron en ~** they put him in the can (AmE colloq) *o* in the nick (BrE colloq)

chiros *mpl* (Col) rags (*pl*)

chiroso -sa *adj* (Col) ragged

chirriado -da *adj* (Col) decent (colloq), nice

chirriar [A17] *vi* «*puerta/gozne*» to squeak, creak; «*frenos/neumáticos*» to screech

chirrido *m* (de puerta) squeaking, creaking; (de frenos, neumáticos) screech, screeching

chirrión *m* (Méx) whip; **¡ay** *or* **ah ~!** (Méx) you're kidding! (colloq), you must be joking!

chirusa *f* (RPl fam) vulgar *o* common woman

chis, chist *interj* shush!, ssh!, hush!

chiscón *m* boxroom

chisme *m* 1▸ (chismorreo) piece of gossip; **~s** gossip, tittle-tattle (colloq); **no me vengas con ~s** don't come gossiping to me 2▸ (Esp, Méx fam) (trasto, cacharro) thing, thingamajig (colloq); **tiene su cuarto lleno de ~s** his room's full of junk *o* stuff (colloq)

chismear, chismorrear [A1] *vi* (fam) to gossip; **se juntan a ~** they get together for a gossip (colloq)

chismorreo *m* (fam) gossip, tittle-tattle (colloq)

C

C

chismoso¹ -sa *adj* gossipy (colloq); **es terriblemente ~** he's a terrible gossip

chismoso² -sa *m,f* gossip, scandalmonger (colloq)

chispa¹ *adj inv* (Esp fam) tipsy (colloq)

chispa² *f*

A 1 (del fuego) spark; ***está/están que echa/echan ~s*** (fam) he's/they're hopping mad (colloq) 2 (Auto, Elec) spark; **lo enchufé y empezaron a saltar ~s** I plugged it in and it started sparking *o* giving off sparks

B (fam) (pizca): **¿más vino? — una chispita** more wine? — just a drop; **no tiene ni ~ de inteligencia** he doesn't have an ounce of intelligence

C (gracia, ingenio) wit; **sus chistes tienen mucha ~** his jokes are very funny *o* witty

chisparse [A1] *v pron* (Méx) to come loose

chispazo *m* (Elec, Tec) spark

chispeante *adj* 1 ‹*leña/fuego*› crackling 2 (gracioso) ‹*lenguaje/personalidad*› witty; ‹*ingenio*› lively, sparkling 3 ‹*ojos*› (de alegría) sparkling; (de ira) flashing

chispear [A1] *vi* 1 «*leña*» to spark 2 (Elec) to spark, give off sparks

■ **chispear** *v impers* (fam) (lloviznar) to spit, spot

chispero *m* (AmC) (encendedor) (fam) lighter; (Auto) spark plug

chisporrotear [A1] *vi* «*leña/fuego*» to spark, crackle; «*aceite*» to spit, splutter; «*carne/pescado*» to sizzle

chisporroteo *m* (de leña, fuego) sparking, crackling; (de aceite) spitting, spluttering; (de la carne) sizzling

chistar [A1] *vi*: **¡y sin ~!** and not another word!; **no chistó** he didn't say a word; **soportó el dolor sin ~** he bore the pain without a word of complaint

chiste *m*

A (cuento gracioso) joke; **contar** *or* (Col) **echar un ~** to tell a joke; **¡suena a ~!** it's unbelievable!; **¡es de ~!** it's a joke! (colloq)

(Compuestos)

• **chiste colorado** (Bol, Méx) dirty joke

• **chiste picante** *or* **verde** dirty joke

B (Bol, CS, Méx) (broma) joke; **hacerle un ~ a algn** to play a joke *o* trick on sb; **me lo dijo en ~** he was joking; **el ~cito nos costó un dineral** the little business cost us a fortune; ***ni de ~*** (Méx fam) no way (colloq)

C (Col, Méx fam) (gracia): **el ~ está en** *or* **es hacerlo rápido** the idea *o* point is to do it quickly; **no le encuentro el ~ sin chile** (Méx) there's not much point without the chili; ***tener su ~*** (Méx) to be tricky

D chistes *mpl* (RPl) (historietas) comic strips (*pl*), funnies (*pl*) (AmE colloq)

chistera *f* top hat

chistoso¹ -sa *adj* funny, amusing

chistoso² -sa *m,f* comic, joker; ***hacerse el ~*** (hacerse el gracioso) (Andes) to act up, play the fool; (hacerse el loco) (Méx) to act dumb (colloq)

chita¹ *f*: ***a la ~ callando*** (Esp fam) (sin llamar la atención) on the quiet; (sin hacer ruido) quietly

chita² *interj* (Chi fam) (expresando — sorpresa, admiración) wow! (colloq); (— disgusto, preocupación) hell! (colloq); ***¡por la ~ (diego)!*** (Chi fam) damn it! (colloq)

chitón *interj* shush!, ssh!, hush!

chiva *f*

A (AmL) (barba) goatee

B (Col) (bus) rural *o* country bus

C (Col period) (primicia) scoop, exclusive

D (Chi fam) (mentira) cock-and-bull story (colloq) *ver tb* **chivo**

E chivas *fpl* (Méx fam) (cachivaches) junk (colloq)

chivarse [A1] *v pron* (Esp fam) (a la policía) to squeal (sl); **me voy a chivar a mamá** I'm going to tell Mom

chivatazo *m* (Esp fam) tip-off (colloq); **les dieron el ~** they were tipped off

chivatear [A1] *vi*

A (Col fam) (molestar) to be a pest (colloq)

B (Per fam) (corretear) to run around

chivato¹ -ta *m,f*

A (Esp, Ven fam) 1 (informador) informer, stool pigeon (colloq) 2 (acusica) tattletale (AmE colloq), telltale (BrE colloq)

B (Col fam) (niño travieso) rascal (colloq)

chivato² *m* (Esp fam) (dispositivo sonoro) bleeper; (luz piloto) pilot light

chiveado -da *adj* (Col fam): **un reloj ~** a dud watch (colloq); **un pasaporte ~** a false passport

chivear [A1] *vi* (RPl fam) to run around

■ **chivear** *vt* (Méx fam) to scare, give ... a fright

■ **chivearse** *v pron* (Méx) (fam) (turbarse) to get embarrassed

chivera *f*

A (Col) (barba) goatee

B (Ven) (Auto) wrecker's yard (AmE), scrapyard (BrE)

chivo -va *m,f*

A 1 (cría de la cabra) kid 2 (Ven) (cabra) goat; ***estar como una chiva*** (fam) to be crazy (colloq); *ver tb* **chiva** 3 **chivo** *m* (AmL) (macho cabrío) billy goat

(Compuesto) **chivo expiatorio** *or* **emisario** scapegoat

B chivo *m* (Per fam & pey) (maricón) faggot (colloq & pej)

chivudo *adj* (Ven fam) bearded; **estar ~** to have a beard

choapino *m* (Chi) woolen* rug

chocado -da *adj* (AmL fam) smashed up (colloq); (superficialmente) dented

chocante *adj* 1 (que causa impresión): **su reacción me pareció ~** I was shocked *o* taken aback by his reaction, his reaction shocked me 2 (en cuestiones morales) shocking 3 (Col, Méx, Ven fam) (desagradable) unpleasant

chocar [A2] *vi*

A 1 (colisionar) to crash; (entre sí) to collide; **~ de frente** to collide *o* crash head-on; **nunca he chocado** (CS) I've never had an accident; **~ CON** *or* **CONTRA algo** «*vehículo*» to crash *o* run INTO sth; (con otro en marcha) to collide WITH sth; **~on con** *or* **contra un árbol** they crashed *o* ran into a tree; **el balón chocó contra el poste** the ball hit the goalpost; **las olas chocaban contra el espigón** the waves crashed against the breakwater; **~ CON algn** «*persona*» to run INTO sb, collide WITH sb 2 (entrar en conflicto) **~ CON algn** to clash WITH sb; **esta idea choca con su conservadurismo** this idea conflicts with *o* is at odds with his conservatism 3 **~ CON algo** ‹*con problema/obstáculo*› to come up AGAINST sth

B 1 (causar impresión, afectar) (+ *me/te/le etc*): **me chocó que no me invitara** I was taken aback that he didn't invite me; **le chocó que lo recibieran de esa manera** he was taken aback by the reception he was given 2 (extrañar): **me chocó que no me lo dijera** I was surprised that he hadn't told me 3 (escandalizar) to shock; **me chocó su lenguaje** I was shocked by her language

C (Col, Méx, Ven fam) (irritar, molestar) (+ *me/te/le etc*) to annoy, bug (colloq); **me choca ese actor** I can't stand that actor

■ **chocar** *vt* 1 ‹*copas*› to clink; ***~la***: **estaban enojados pero ya la ~on** (Méx fam) they had fallen out but they've made it up again now (colloq); **¡chócala!** (fam) put it there! (colloq), give me five! (colloq) 2 (AmL) ‹*vehículo*› (que se conduce) to crash; (de otra persona) to run into; **choqué el coche del vecino** I ran into my neighbor's car

■ **chocarse** *v pron*

A (Col) (en vehículo) to have a crash *o* an accident

B (Col fam) (molestarse) to get annoyed

chocarrero -ra *adj* coarse, crude

chochada *f* (AmC fam) silly little thing (colloq)

chochear [A1] *vi* (fam) 1 «*anciano*» to be gaga (colloq) 2 (sentir adoración) **~ POR algn** to dote ON sb

chochera *f* 1 (fam) (de anciano): **¡tiene una ~ ...!** he's completely gaga (colloq) 2 (fam) (adoración): **tener ~ por algn** to dote on sb (colloq)

chochez *f* (fam) (de anciano) senile prattle; (tontería) nonsense

chochín *m* wren

chocho -cha *adj*

A 1 (fam) ‹*viejo*› gaga (colloq) 2 (fam) (encantado, entusiasmado): **está ~ por** *or* **con su hijita** he dotes on his daughter; **se quedó ~ con el regalo** he was delighted with his present

B (*como interj*) (AmC fam): **¡~! ¡qué montón de trabajo tenemos!** gosh, have we got a lot of work! (colloq)

choclo *m*

A (CS, Per) (mazorca) corn cob; (granos) sweet corn; (cultivo) corn (AmE), maize (BrE)

B (Méx fam)(Indum) brogue

choclón *m* (Chi fam) (grupo) crowd; (reunión política) rally

choco¹ -ca *adj* (Chi fam) (de rabo corto) short-tailed; (manco) one-armed

choco² *m* cuttlefish

chocolate *m*
A **1** (para comer) chocolate; **sirvieron unos ~s con el café** (AmL) they gave us chocolates with our coffee; ***¡~ por la noticia!*** (RPl fam) you don't say! (iro) **2** (bebida) hot chocolate; ***darle a algn agua*** *or* ***una sopa de su propio ~*** (Méx fam) to give sb a taste of his/her own medicine **3** **(de) color ~** chocolate-colored*
Compuestos
• **chocolate blanco/con leche** white/milk chocolate
• **chocolate de algarroba** carob
• **chocolate negro** plain chocolate, dark chocolate
B (Esp arg) (hachis) dope (sl), pot (colloq)
chocolatera *f: a vessel for making and/or serving hot chocolate*
chocolatería *f* (cafetería) *café serving hot chocolate as a speciality*
chocolatina *f*, (RPl) **chocolatín** *m* chocolate bar
chocoyo *m* (AmC) parakeet
chofer, (Esp) **chófer** *mf* **1** (asalariado — de coche particular) chauffeur; (— de transporte colectivo) driver; **coches con ~** chauffeur-driven cars; **coches sin ~** drive-yourself (AmE) *o* (BrE) self-drive cars **2** (persona que maneja) driver
chole *interj* (Méx fam): **¡ya ~!** that's it, I've had enough!
cholga *f* (Chi) mussel
cholla *f* (Méx fam) head
chollo *m* (Esp fam) (trabajo fácil) cushy job *o* number (colloq); (ganga) steal (colloq), bargain
cholo¹ -la *adj*
A (Andes) of/relating to a **cholo²**
B (Chi fam) (tímido, vergonzoso) shy, timid
cholo² -la *m,f* (Andes) **1** (persona) *term used throughout Andean region to refer to person of mixed race, sometimes used pejoratively* **2** (fam) (apelativo) dear, honey (AmE colloq)
chomba *f* (sin botones) (Chi) sweater; (con botones) (Arg) polo shirt
chompa *f* (chaqueta) (Col, Ec) jacket; (suéter) (Bol, Per) sweater
chompipe *m* (AmC, Méx) turkey
choncho -cha *adj* (Méx fam) **1** ‹*problema/situación*› serious **2** ‹*persona*› hefty (colloq), big
chonchón *m* (Chi) (farol) oil lamp; (juguete) paper kite
chongo *m*
A (Méx) (moño) bun; ***agarrarse del ~*** (fam) to scratch each other's eyes out (colloq)
B (Méx) (Coc) *dessert made of fried bread, topped with cheese or cinnamon*
chonta *f* (Andes) palm tree
chopera *f* poplar grove
chopo *m*
A (Bot) black poplar
B (Esp arg) (fusil) piece (AmE sl), shooter (BrE sl)
choque *m*
A **1** (de vehículos) crash, collision **2** (conflicto) clash; **se produjeron algunos ~s violentos** there were some violent clashes; **fuerzas de ~** shock troops
Compuestos
• **choque conjunto** *or* **múltiple** pile-up
• **choque frontal** (Auto) head-on collision; (enfrentamiento) head-on confrontation
B **1** (sorpresa, golpe) shock; **ha sido un ~ muy fuerte para él** it has come as a terrible shock to him **2** (Med, Psic) shock; **en estado de ~** in a state of shock
chorcha *f* (Méx fam): **andar** *or* **estar en la ~** to party (colloq)
chorear [A1] *vt* (fam)
A (CS, Per) (robar) to swipe (colloq)
B (Chi) **1** (aburrir): **esto ya me choreó** I'm already fed up with this (colloq) **2** (molestar, enojar) (+ *me/te/le etc*) to annoy
■ **chorearse** *v pron* (fam)
A (CS) (robarse) to swipe (colloq)
B (Chi) **1** (fam) (aburrirse) to get bored, get fed up **2** (molestarse, enojarse) to get annoyed
choreo *m* (fam)
A (CS, Per) (robo) stealing
B (Chi) (aburrimiento): **tengo un ~ ...** I'm so fed up ...
choreto -ta *adj* (Ven fam) crooked
choricear [A1] *vt* (Esp fam) to swipe (colloq)
chorito *m* (Chi) baby mussel
chorizar [A4] *vt* ▸ **choricear**
chorizo *m*
A **1** (embutido curado) chorizo (*highly-seasoned pork sausage*); (salchicha) (RPl) sausage **2** (Méx, RPl) (corte de carne) *cut of beef*
B (vulg) (de excremento) turd (vulg)
C (Esp) (fam) (ratero) petty thief
chorlito *m* plover; ▸ **cabeza**
choro¹ -ra *adj* (Chi fam) (resuelto, audaz) gutsy (colloq); (digno de admiración) great (colloq), cool (sl)
choro² *m* (Chi, Per)
A (Coc, Zool) mussel
B (fam) (delincuente) crook (colloq)
chorra¹ *adj* (Esp fam) silly
chorra² *mf* (Esp fam)
A (tonto) fool, idiot; ***hacer el ~*** to play the fool
B **chorra** *f* (suerte) luck; **tener ~** to be lucky
chorrada *f* (Esp fam) **1** (estupidez): **decir ~s** to talk drivel *o* twaddle (colloq) **2** (cosa insignificante) little thing; **se enfadó por una ~** he got angry over a silly little thing; **le compraré cualquier ~** I'll buy him any old thing
chorrear [A1] *vi* to drip; **las sábanas todavía están chorreando** the sheets are still dripping wet; **llegó chorreando de sudor** she arrived dripping with sweat; **la sangre le chorreaba de la nariz** blood was pouring from his nose
■ **chorrear** *vt*
A (AmL fam) (manchar): **el mantel está todo chorreado de café** the tablecloth is covered in coffee stains
B (Col, RPl arg) (robar) to swipe (colloq)
■ **chorrearse** *v pron*
A (*refl*) (CS, Per fam) (mancharse): **cuidado con ~te** mind you don't get it all over yourself
B (Col, RPl arg) (robar) to swipe (colloq)
chorrera *f*
A (de una camisa) frill
B (AmS fam) (montón): **una ~ de** loads of (colloq); **una ~ de mentiras** a pack of lies; **las cosas malas siempre vienen en ~** it never rains but it pours (colloq)
chorrillo *m* (Méx fam) diarrhea*; **tener ~** to have diarrhea *o* (colloq) the runs
chorro¹ *m*
A (de agua) stream, jet; (de vapor, gas) jet; **un chorrito de agua** a trickle of water; **agregar un chorrito de vino** add a splash of wine; **cayó un ~ de monedas** coins poured out; **a ~** ‹*motor/avión*› jet (*before n*); **con propulsión a ~** jet-propelled; **a ~s: la sangre salía a ~s** blood poured *o* gushed out; **sudaba a ~s** he was sweating buckets (colloq); ***como los ~s del oro*** (Esp fam) as clean *o* bright as a new pin
B (AmC, Ven) (del agua) faucet (AmE), tap (BrE)
C (Méx fam) (cantidad): **¡qué ~ de gente!** what a lot of people!; **tiene ~s de dinero** he's got loads of money (colloq); **me gusta un ~ salir** I really love going out
chorro² -rra *m,f* (CS arg) thief
chotearse [A1] *v pron* (fam) **1** (Esp) (burlarse) **~se DE algn** to make fun OF sb **2** (Méx fam) (quemarse) to lose one's mystique
choteo *m* (Esp fam): **se montó un ~ enorme** there was complete havoc; **esto es un ~, aquí nadie hace nada** this is a joke, nobody here does anything
chotis *m* schottische
choto -ta *m,f*
A (Esp) (cabrito) kid; (ternero) calf
B **choto** *m* (RPl) (vulg) (pene) cock (vulg), dick (vulg)
chovinismo *m* chauvinism
chovinista¹ *adj* chauvinist, chauvinistic
chovinista² *mf* chauvinist
choza *f* hut, shack
christmas /'krismas/ *m* (*pl* ~) (Esp) Christmas card
chubasco *m* heavy shower; ***aguantar el ~*** (Chi) to weather the storm
chubasquero *m* slicker (AmE), cagoule (BrE)
chúcaro -ra *adj* (AmS) ‹*caballo*› untamed, wild; ‹*persona*› unsociable, unfriendly

C

C

chuchería *f* 1 (alhaja) trinket; (adorno) knickknack 2 (dulce) tidbit (AmE), titbit (BrE)
chucho -cha *m,f*
A (Esp fam) (perro) mutt (colloq), mongrel
B **chucho** *m* (RPl fam) (escalofrío) shiver; **tengo ~s de frío** I have the shivers (colloq)
chuchumeca *f* (Per fam) hooker (colloq)
chucrut *m* sauerkraut
chucuto -ta *adj* (Ven fam) 1 (incompleto) half-finished 2 (deficiente) inadequate
chueca *f* (Chi) (juego) *game similar to hockey, and the stick with which it's played*
chueco¹ -ca *adj*
A (AmL) (torcido) crooked, askew
B (Chi, Méx fam) (deshonesto) ‹*persona*› crooked (colloq); ‹*escritura/documento*› false; ‹*elecciones*› rigged; ***comprar/vender*** **de ~** (Méx fam) to buy/sell stolen goods; **tiene un stereo comprado de ~** he bought a stolen stereo
C 1 (Méx, Ven fam) (cojo) lame 2 (RPl) (patizambo) knock-kneed 3 (Per) (patituerto) bow-legged
chueco² -ca *m,f*
A (Chi, Méx fam) (deshonesto): **los ~s son los políticos** it's the politicians who are crooked (colloq)
B (Méx fam) (cojo) cripple (pej)
chueco³ *adv* (AmL fam) 1 (torcido): **camina/escribe ~** he can't walk/write straight 2 ‹*jugar/pelear*› dirty (colloq); **seguro que la consiguió ~** I'm sure she came by it dishonestly (colloq)
chufa *f* tiger nut, earth almond
chufla *f* (Esp) joke; **estar de ~** to be cracking jokes (colloq)
chuico *m* (Chi) demijohn; ***caerse al ~*** (Chi fam) to hit the bottle (colloq)
chulada *f* (fam) 1 (Esp, Méx) (cosa bonita): **ese vestido es una ~** that dress is gorgeous *o* really nice 2 (Méx) (persona bonita): **¡qué ~ de chamaca!** what a cute girl!
chulear [A1] *vt*
A (Arg fam) (provocar) to needle (colloq)
B (Méx fam) (piropear) to compliment; ‹*vestido/peinado*› to make nice comments about
C (Col) (con un signo) to check (AmE), to tick (BrE)
chulería *f* (Esp fam) (bravata) threat; **no me vengas con ~s** don't you threaten me (colloq)
chuleta *f*
A (Coc) chop; **~ de cordero** lamb chop
B (Esp arg) (para copiar) crib (colloq)
C (Chi fam) (patilla) sideburn
chuletón *m* T-bone steak
chulillo *m* (Per) delivery boy
chulla *mf* (Ec) (quiteño) *person from Quito*
chullo *m* (Andes) *woolen* cap (with earflaps)*
chulo¹ -la *adj*
A (fam) (bonito) 1 (Esp, Méx) ‹*vestido/casa*› neat (AmE colloq), lovely (BrE); **¡qué chulas flores te regalaron!** (Méx) what nice flowers they gave you! 2 (Méx) ‹*hombre*› good-looking, cute (esp AmE); ‹*mujer*› pretty, cute (esp AmE); **¿por qué llora, chula?** why are you crying, sweetheart *o* love?
B (Esp fam) (bravucón) nervy (AmE colloq), cocky (BrE colloq); **no te me pongas ~** don't get nervy *o* cocky with me (colloq)
C (Esp) (satisfecho, garboso): **¡qué chula va!** doesn't she look pretty!
D (Chi fam) (de mal gusto) tacky (colloq)
chulo² -la *m,f* (Esp fam) (bravucón) flashy type
chulo³ *m* (Esp fam)
A (proxeneta) *tb* **~ de putas** pimp
B (Col) (Zool) black vulture
C (Col) (signo) check mark (AmE), tick (BrE)
chumbar [A1] *vi* (RPl) «*perro*»: **¡chúmbale!** get 'em!, attack!
chumbe *m* (Col) woven sash
chumbera *f* prickly pear
chumero -ra *m,f* (AmC) apprentice
chuminada *f* (Esp arg) ▸ **chorrada**
chumpipe *m* (AmC) turkey
chunche *m* (AmC) (fam) (cosa) thing, thingamajig (colloq)
chuncho¹ -cha *adj* (Per fam) unsociable, unfriendly
chuncho² -cha *m,f*
A (indio) chuncho (*member of a tribe indigenous to Peru*)
B **chuncho** *m* (Chi) (Zool) pygmy owl; (persona) (fam) jinx
chunga *f* (fam): **se lo toma todo a ~** he treats everything as a joke; **te lo dijo en ~** he was only joking; **estar de ~** to be in high spirits
chungo -ga *adj* (Esp arg) 1 [SER] ‹*persona*› (de mal corazón) nasty (colloq); (no de fiar) slippery, dodgy (BrE colloq) 2 [ESTAR] ‹*persona*› in a bad way (colloq) 3 ‹*situación/asunto*› dicey (colloq), dodgy (BrE colloq)
chuño *m* (CS) (fécula de papa) potato flour
chupa *f*
A (Esp fam) jacket
B (Col) (desatascador) plunger
chupa-chupa *m* (RPl) lollipop
chupachups® *m* (*pl* ~) (Esp) lollipop
chupada *f* (fam) (de helado) lick; (de cigarrillo) puff; **le dio unas ~s a la pipa** he puffed on his pipe a few times; ***creerse la última ~ del mate*** (Chi fam) to think one is the bee's knees (colloq)
chupado¹ -da *adj*
A [ESTAR] (fam) (flaco) skinny; **tiene la cara chupada** he's looking gaunt
B [ESTAR] (Esp fam) (fácil) dead easy (colloq)
C [ESTAR] (AmL fam) (borracho) plastered (colloq)
D 1 [ESTAR] (Chi, Per) (inhibido) withdrawn 2 [SER] (Chi, Per fam) (tímido) shy
chupado² -da *m,f* (Per fam) mouse (colloq)
chupalla *f* (Chi) straw hat
chupamedias *mf* (*pl* ~) (CS, Ven fam) bootlicker (colloq)
chupar [A1] *vt*
A 1 (extraer) ‹*sangre/savia*› to suck 2 ‹*biberón/chupete*› to suck (on); ‹*naranja/caramelo*› to suck; ‹*pipa/cigarrillo*› to puff on 3 (AmL fam) (beber) to drink
B (fam) ‹*dinero*› (+ *me/te/le etc*): **le están chupando todo el dinero** they're milking him dry (colloq)
■ **chupar** *vi* 1 «*bebé/cría*» to suckle 2 (AmL fam) (beber) to booze (colloq)
■ **chuparse** *v pron*
A ‹*dedo*› to suck; ***¡chúpate ésa!*** (fam) so there! (colloq)
B (Esp fam) (soportar): **me chupé tres conferencias/una caravana enorme** I had to sit through three lectures/sit in a huge traffic jam for ages
C (Andes fam) (inhibirse) to chicken out (colloq)
chupatintas *mf* (*pl* ~) (fam & pey) pen-pusher (colloq & pej)
chupeta *f* (Col) (golosina) lollipop
chupete *m*
A 1 (de bebé) pacifier (AmE), dummy (BrE) 2 (CS) (del biberón) nipple (AmE), teat (BrE)
B (Chi, Per) (golosina) lollipop
C (Chi) (Auto) choke
D (Méx fam) (en la piel) hickey (AmE colloq), lovebite (BrE)
chupetear [A1] *vt* (fam) ‹*helado*› to lick
chupetín *m* (RPl) lollipop
chupetón *m* (Esp fam) hickey (AmE colloq), lovebite (BrE)
chupo *m*
A (Per fam) (Med) boil
B (Col fam) pacifier (AmE), dummy (BrE)
chupón¹ -pona *m,f* (Esp fam) (aprovechado) scrounger (colloq)
chupón² *m*
A (Bot) sucker
B 1 (AmL) ▸ **chupete A1** 2 (Méx) (del biberón) teat
C 1 (CS fam) (en la piel) hickey (AmE colloq), lovebite (BrE) 2 (Col) (chupada) lick
churrasco *m* (filete a la parrilla) barbecued steak; (filete) (CS) steak
churrasquería *f* (AmS) steak house
churrería *f*: *shop or stall selling* **churros**
churrias *fpl* (Col fam) diarrhea*
churriento -ta *adj* (Andes fam): **estaba ~** I had the runs
churrigueresco -ca *adj* (Arte) churrigueresque; (recargado) fussy, over-elaborate
churro¹ *adj* (AmS fam) gorgeous (colloq)
churro² *m*
A (Coc) *strip of fried dough*; ***venderse como ~s*** to sell like hot cakes

B (Esp fam) (chapuza) botched job (colloq)
C (AmS fam) (mujer) stunner (colloq; hombre) hunk (colloq)
D (AmC fam) (de marihuana) joint (colloq)

> **churro**
>
> A typical Spanish food, consisting of a long thin cylinder of dough, deep-fried in olive oil and often dusted with sugar. *Churros* are usually eaten with thick hot drinking chocolate, especially for breakfast

churruscarse [A2] *v pron* to get crisp
churrusco[1] *adj* (Col fam) frizzy (colloq)
churrusco[2] *m* (Col) (Zool) caterpillar; (cepillo) bottle brush
churumbel *m* (Esp fam) kid (colloq)
churumbela *f*
A (Mús) flageolet
B (AmL) (para el mate) cup
chus : **no dijo ~ ni mus** (fam) he didn't say a word
chusca *f* (Chi fam) tramp (AmE colloq), slag (BrE colloq)
chusco[1] **-ca** *adj*
A (gracioso) ‹*persona/humor*› earthy
B (Chi, Per fam & pey) **1** (ordinario) ‹*persona*› common (pej); ‹*perro*› mongrel; ‹*barrio/lugar*› plebeian (pej) **2** ‹*mujer*› loose (colloq)
C (Col fam) (agradable, bonito) lovely (colloq)
chusco[2] *m* crust
chusma *f* (gentuza) rabble (*pl*), plebs (*pl*) (colloq)
chuspa *f* (Col) (para lápices) pencil case; (para gafas) glasses case
chut *m* shot
chutar [A1] *vi* (Dep) to shoot
■ **chutarse** *v pron* (*refl*) (Esp arg) (inyectarse) to shoot up (sl)
chute *m*
A (Dep) shot
B (Esp arg) (de droga) fix (sl)
chuteador *m* (CS) (Dep) striker; (Indum) football boot
chutear [A1] *vt/vi* (CS) to shoot
■ **chutearse** *v pron* (Col arg) to shoot up (sl)
chuza *f*
A (Méx) (Dep) (jugada) strike; (marca) mark
B **chuzas** *fpl* (RPl fam) (greñas) rats' tails (*pl*) (colloq)
chuzo[1] *adj* (CS fam) ‹*pelo*› dead straight (colloq); ‹*persona*› hopeless (colloq)
chuzo[2] *m*
A : ***llover a ~s*** *or* ***caer ~s (de punta)*** (fam) to pour, chuck it down (BrE colloq)
B (Col) (del escorpión) sting
CI *m* (= **coeficiente intelectual** *or* **de inteligencia**) IQ
Cía. *f* (= **Compañía**) Co
cian *m* cyan
cianuro *m* cyanide
ciática *f* sciatica
cibercafé *m* Internet café, cybercafé
ciberespacio *m* (Inf) cyberspace
cibernauta *mf* cybernaut, Internet user
cibernética *f* cybernetics
cibernético -ca *adj* cybernetic
ciberpirata *mf* hacker
cicatería *f* (fam) stinginess (colloq), meanness
cicatero[1] **-ra** *adj* (fam) tightfisted (colloq)
cicatero[2] **-ra** *m,f* (fam) skinflint (colloq)
cicatriz *f* scar; **la herida le dejó ~** the wound left her with a scar
cicatrización *f* formation of scar tissue, cicatrization (tech)
cicatrizar [A4] *vi*, **cicatrizarse** [A4] *v pron* to heal (up), cicatrize (tech)
cicerone *mf* (liter) guide, cicerone (liter)
cicla *f* (Col fam) bike (colloq), bicycle
cíclico -ca *adj* cyclical
ciclismo *m* cycling, biking (colloq)
ciclista[1], (Andes) **ciclístico -ca** *adj* cycle (*before n*)
ciclista[2] *mf* cyclist
ciclo *m* **1** (de fenómenos, sucesos) cycle **2** (de películas) season; (de conferencias) series **3** (Lit) cycle **4** (Educ): **el primer ~** primary school **5** (Elec) cycle
(Compuesto) **ciclo menstrual** menstrual cycle
ciclocross *m* cyclo-cross; **bicicleta de ~** mountain bike
ciclomotor *m* moped
ciclón *m* cyclone; ***como un ~*** (fam): **entró/salió como un ~** he stormed in/out; **pasó como un ~** she rushed *o* flew past
cíclope *m* Cyclops
ciclostil, ciclostilo *m* (Esp) **1** (aparato) cyclostyle **2** (cliché) stencil
cicloturismo *m* bicycle touring
ciclovía *f* (Col) cycle path
cicuta *f* hemlock
ciego[1] **-ga** *adj*
A **1** (invidente) blind; **es ~ de nacimiento** he was born blind; **se quedó ~** he went blind; ***a ciegas***: **anduvimos a ciegas por el pasillo** we groped our way along the corridor; **lo decidió a ciegas** he decided without thinking it through; **comprar a ciegas** to buy sth without seeing it first; ***más ~ que un topo*** as blind as a bat; ***ponerse ~ a*** *or* ***de algo*** (Esp fam) to stuff oneself with sth (colloq) **2** (ante una realidad) **estar ~ A algo** to be blind to sth
B (ofuscado) blind; **~ de ira** blind with fury
C ‹*fe/obediencia*› blind
D ‹*conducto/cañería*› blocked; ‹*arco*› blank; ‹*muro*› blind
E (Esp fam) (por alcohol) blind drunk (colloq); (por la droga) stoned (sl)
ciego[2] **-ga** *m,f*
A (invidente) (*m*) blind man; (*f*) blind woman; ***en el país*** *or* ***el reino de los ~s el tuerto es (el) rey*** in the land of the blind the one-eyed man is king
B **ciego** *m* (Anat) cecum*
C **ciego** *m* (Esp arg): **¡qué ~ llevaba/se cogió!** (por droga) he was/got stoned out of his mind (sl); (por alcohol) he was/got totally plastered (colloq)
cielo *m*
A (firmamento) sky; **~ cubierto** overcast sky; **a ~ abierto** (Min) opencast (*before n*); ***a ~ descubierto*** in the open; ***cambiar del ~ a la tierra*** (Chi) to change out of all recognition; ***como caído*** *or* ***llovido del ~*** (oportunamente): **este dinero me viene como caído del ~** this money must be heaven-sent; ***remover ~ y tierra*** to move heaven and earth; ***tocar el ~ con las manos*** (AmS): **sería tocar el ~ con las manos** it would be a dream come true; **sentí que tocaba el ~ con las manos** I was over the moon (colloq)
B (Relig) **1** **el ~** (Paraíso) heaven; **ir al ~** to go to heaven; **¡que el ~ no lo permita!** heaven *o* God forbid!; ***clama al ~***: **una injusticia que clama al ~** a gross injustice, an outrage; **clama al ~ que ...** it's outrageous that ...; ***estar/sentirse en el séptimo ~*** to be in seventh heaven; ***ganarse el ~*** to earn oneself a place in heaven; ***ver el ~ abierto*** to see one's chance **2** (*como interj*): **¡~s!** (good) heavens!; **¡~ santo!** *or* **¡santo ~!** heavens above!
C (techo) ceiling
(Compuesto) **cielo raso** ceiling
D **1** (aplicado a personas) angel **2** (como apelativo) sweetheart, darling; **¡mi ~!** my darling
ciempiés *m* (*pl* **~**) centipede
cien[1] *adj inv/pron* a/one hundred; **~ mil** a/one hundred thousand; **es ~ por ~ algodón** (esp Esp) it's a hundred percent cotton; **sólo tengo ~** I only have a hundred; **se venden de a ~** they are sold by the hundred
cien[2] *m*: **el ~** (number) one hundred
ciénaga *f* swamp
ciencia *f* **1** (rama del saber) science; (saber, conocimiento) knowledge, learning; ***a ~ cierta*** for sure, for certain; ***no tiene ninguna ~*** there's nothing complicated about it **2** **ciencias** *fpl* (Educ) science
(Compuestos)
- **ciencia ficción** science fiction
- **Ciencias Empresariales/de la Información** *fpl* Business/Media Studies
- **ciencias ocultas** *fpl* occultism
- **Ciencias Políticas/de la Educación** *fpl* Politics/Education

C

C

Cienciología *f* Scientology
cienciólogo -ga *m,f* Scientologist
cieno *m* silt, mud
científico¹ -ca *adj* scientific
científico² -ca *m,f* scientist
cientista social *mf* (CS) social scientist
ciento¹ *adj/pron* (*delante de otro número*) a/one hundred; **~ dos/cincuenta** a/one hundred and two/and fifty; *para ejemplos ver* **quinientos**
ciento² *m* 1 (número): **~s de libros/miles** hundreds of books/of thousands; **a ~s: vinieron a ~s** they came in the (AmE) *o* (BrE) in their hundreds 2 **por ciento** percent; **cien por ~** a hundred percent; **un descuento del 20%** a 20% discount
ciernes en ~ (*loc adv*) in the making
cierra, cierras, etc *see* **cerrar**
cierre *m*
A (acción) 1 (de fábrica, empresa, hospital) closure 2 (de establecimiento) closing; **la hora de ~** closing time 3 (de frontera) closing 4 (de emisión) end, close; **al ~ de esta edición** at the time of going to press; **hora de ~** close, closedown 5 (de negociación) end 6 (Fin) close
(Compuesto) **cierre patronal** lockout
B 1 (de bolso, pulsera) clasp, fastener; (de puerta, ventana) lock; **frasco con ~ hermético** airtight container 2 (cremallera) zipper (AmE), zip (BrE)
(Compuestos)
- **cierre centralizado** central locking
- **cierre de dirección** steering lock
- **cierre metálico** (en tienda) metal shutter *o* grille
- **cierre relámpago** (CS, Per) zipper (AmE), zip (BrE)

cierro¹ *m* (Chi) fence
cierro² *see* **cerrar**
cierto -ta *adj*
A (verdadero) true; **no hay nada de ~ en ello** there is no truth in it; **una cosa es cierta** one thing's certain; **¡ah!, es ~** oh yes, of course; **mañana es su cumpleaños — ¡cierto!** it's her birthday tomorrow — so it is!; **parece más joven, ¿no es ~?** he looks younger, doesn't he *o* don't you think?; **estabas en lo ~** you were right; **lo ~ es que ...** the fact is that ...; **es ~ que ...** it is true that ...; **si bien es ~ que ...** while *o* although it's true to say that ...; **por ~** (a propósito) by the way, incidentally; (por supuesto) of course; **dinero que, por ~, nunca me devolvió** money which, of course, he never paid back
B (*delante del n*) (que no se especifica, define) certain; **cierta clase de gente** a certain kind of people; **de cierta edad** of a certain age; **en cierta ocasión ...** on one occasion ...; **en ~ modo** in some ways; **hasta ~ punto** up to a point; **se sentía un ~ malestar en el ambiente** there was a sense of unease in the atmosphere; **durante un ~ tiempo** for a while *o* a time; **camina con cierta dificultad** she has some difficulty walking
ciervo -va *m,f* (especie) deer; (macho) stag; (hembra) hind
(Compuesto) **ciervo volante** *or* **volador** *m* stag beetle
cifra *f*
A 1 (signo) figure; **un número de cinco ~s** a five-figure number 2 (número, cantidad) number; **la ~ de muertos** the number of dead, the death toll (period) 3 (de dinero) figure, sum; **pagaron una ~ astronómica** they paid an astronomical amount *o* sum of money
B (clave) code, cipher; **en ~** in code
cifrar [A1] *vt*
A ‹*mensaje/carta*› to write ... in code, encode (frml)
B ‹*esperanza*› to place, pin
■ **cifrarse** *v pron*
A «*esperanza*» **~se EN algo** to be pinned ON sth
B «*sueldo/beneficios*» **~se EN algo**: **se cifra en un 12%** it stands at 12%
cigala *f* crawfish, crayfish
cigarra *f* cicada
cigarrera *f* (de mesa — para puros) cigar box; (— para cigarrillos) cigarette box; (de bolsillo para cigarrillos) cigarette case
cigarrería *f* (Andes) tobacco shop (AmE), tobacconist's (BrE)
cigarrillo *m* cigarette; **~ con filtro** filter tipped cigarette
cigarro *m* (puro) cigar; (cigarrillo) cigarette
cigoto *m* zygote
cigüeña *f* stork
cigüeñal *m* crankshaft
cilantro *m* coriander; ***es bueno el ~, pero no tanto*** (Chi, Ven) there's no need to overdo it
cilicio *m* (vestimenta) hair shirt; (cinturón) cilice
cilindrada *f*, **cilindraje** *m* cubic capacity; **un motor de pequeña/gran ~** a small/powerful engine
cilíndrico -ca *adj* cylindrical
cilindro *m* cylinder; **un motor de cuatro ~s** a four-cylinder engine
cima *f* (de montaña) top, summit; (de árbol) top; (de profesión) top; (de carrera) peak, height; ***dar ~ a algo*** to round sth off
cimarra *f* (Chi): **hacer la ~** to play hooky (esp AmE colloq); to skive off (school) (BrE colloq)
cimarrón¹ -rrona *adj*
A ‹*ganado/planta*› wild
B (AmL) (Hist) ‹*esclavo*› runaway (*before n*)
cimarrón² -rrona *m,f*
A (animal) wild animal
B (AmL) (Hist) (esclavo) runaway, fugitive
C **cimarrón** *m* (CS) (mate) *unsweetened maté*
címbalo *m* cymbal
cimborio, cimborrio *m* dome
cimbrear [A1], **cimbrar** [A1] *vt* 1 ‹*vara*› to shake 2 ‹*caderas*› to sway
■ **cimbrearse, cimbrarse** *v pron* to sway
cimbrón *m* (AmL) ▸**cimbronazo**
cimbronazo *m*, **cimbrón** *m* (AmL) (sacudida) jolt; (de temblor de tierra) tremor, shake (colloq); **el ~ de la explosión** the shock of the explosion
cimentación *f* (acción) foundation laying; (cimientos) foundations (*pl*)
cimentar [A1] *or* [A5] *vt* 1 ‹*edificio*› to lay the foundations of 2 (consolidar) to consolidate, strengthen 3 (basar) **~ algo EN algo** to base sth ON sth
■ **cimentarse** *v pron* 1 (consolidarse) «*paz*» to be consolidated; **la democracia se ha cimentado** democracy has established itself 2 (basarse) **~se EN algo** to be based ON sth
cimientos *mpl* foundations (*pl*); **abrir** *or* **excavar los ~** to dig the foundations; **poner** *or* **echar los ~ de algo** to lay the foundations of sth
cimitarra *f* scimitar
cinc *m* ▸**zinc**
cincel *m* (de escultor, albañil) chisel; (de orfebre) graver
cincelado *m* (de piedra) chiseling*; (de metal) engraving
cincelar [A1] *vt* ‹*piedra*› to chisel, carve; ‹*metal*› to engrave
cincha *f* (Equ) girth, cinch (AmE); (cinturón) (Chi) belt
cinchar [A1] *vt* to girth, cinch (AmE)
■ **cinchar** *vi* (RPl fam) 1 (tirar) to tug 2 (trabajar duro) to work hard 3 (Dep) **~ POR algn** to support sb
cinco¹ *adj inv/pron* five; [*nótese que algunas frases requieren el uso del número ordinal 'fifth' en inglés*] 1 (en cifras, cantidades, direcciones): **noventa y ~** ninety-five; **quinientos ~** five hundred and five; **la fila ~** row five, the fifth row; **vinieron/vinimos los ~** the five of them/of us came; **somos ~** there are five of us; **entraron de ~ en ~** they went in five at a time; **me costó ~ libras y pico** I paid five pounds something for it; **es el número ~ en la lista** he's fifth *o* number five on the list; **vive en el número ~** he lives at number five; ***ni ~*** (fam): **no tengo ni ~** I'm broke (colloq); **no sabe/entendió ni ~** (AmL) he doesn't know/he didn't understand a thing; ***venga/choca esos ~*** (fam) shake my hand; put it there! (colloq) 2 (en la hora, en fechas): **son las ~ de la mañana/tarde** it's five (o'clock) in the morning/afternoon; **~ para las dos** five to two; *ver* ▸**menos⁴2**, **las ocho y ~** five after (AmE) *o* (BrE) past eight; **serían las ~ y pico** it must have been just after five (o'clock); **son las ~ pasadas** it's just after five; **hoy estamos a** *or* **hoy es ~** today is the fifth; **el día ~ es su cumpleaños** her birthday is on the fifth, the fifth is her birthday; **en el siglo ~** in the fifth century
cinco² *m*
A (número) five; **me tocó el ~** I got number five; **aprieta el**

~ press (number) five; **hace los ~s al revés** he writes his fives backward(s); **el ~ de corazones** the five of hearts
B (Per) (momento) moment

cincuenta[1] *adj inv/pron* fifty; **los (años) ~** *or* **la década de los ~** the fifties; **tiene unos ~ años** she's about 50 years old; **~ y tantos/pico** fifty-odd, fifty something; **~ y cinco** fifty-five; **el número/la página ~** number/page fifty; **el ~ aniversario** the fiftieth anniversary

cincuenta[2] *m* (number) fifty

cincuentena *f*: **habrá una ~ de personas** there must be about fifty people there

cincuentenario *m* fiftieth anniversary

cincuentón[1] **-tona** *adj* (fam): **es ~** he's in his fifties

cincuentón[2] **-tona** *m,f* (fam): **una cincuentona** a woman in her fifties

cine *m* **1** (arte, actividad) cinema; **el mundo del ~** the movie *o* film world; **hacer ~** to make movies *o* films; **actor de ~** movie *o* film actor **2** (local) movie house *o* theater (AmE), cinema (BrE); **¿vamos al** *or* (Col) **a ~?** shall we go to the movies (AmE) *o* (BrE) cinema?

Compuestos
- **cine de barrio** local movie theater (AmE), local cinema (BrE)
- **cine de estreno** *movie theater where new releases are shown*
- **cine de verano** open-air movie theater (AmE), open-air cinema (BrE)
- **cine hablado** *or* **sonoro** talkies (*pl*)
- **cine mudo** silent movies *o* films (*pl*)
- **cine negro** film noir

cineasta *mf* filmmaker, moviemaker (AmE)

cineclub, cine-club *m* film club

cinéfilo[1] **-la** *adj* movie-going (*before n*), cinema-going (BrE) (*before n*)

cinéfilo[2] **-la** *m,f* movie buff, cinema buff (BrE)

cinegético -ca *adj* (frml) hunting (*before n*)

cinemascope® *m* Cinemascope®

cinemática *f* (Fís) kinematics

cinematografía *f* cinematography; **la ~ actual** current movie *o* film making

cinematografiar [A17] *vt* to make a movie *o* film (version) of; **la versión cinematografiada del libro** the movie *o* film version of the book

cinematográfico -ca *adj* movie (*before n*), film (BrE) (*before n*)

cinematógrafo *m* (ant) **1** (proyector) projector **2** (arte) cinema

cinética *f* kinetics

cinético -ca *adj* kinetic

cínico[1] **-ca** *adj* cynical

cínico[2] **-ca** *m,f* cynic

cinismo *m* cynicism; **¡qué ~ el suyo!** he's so cynical!

cinta *f*
A **1** (para adornar, envolver) ribbon **2** (en gimnasia rítmica) ribbon; (en carreras) tape; **tocar la ~** to breast the tape

Compuestos
- **cinta adhesiva** (en papelería) adhesive tape; (Med) sticking plaster
- **cinta aislante** *or* (Chi) **aisladora** insulating tape
- **cinta durex®** (AmL excl CS) *or* (AmL) **scotch** *or* (Col) **pegante** Scotch tape® (AmE), Sellotape® (BrE)
- **cinta magnética** magnetic tape
- **cinta métrica** tape measure
- **cinta negra** *mf* (Méx) (Dep) black belt
- **cinta transportadora** conveyor belt

B **1** (Audio, Video) tape **2** (period *o* ant) (Cin) *tb* **~ cinematográfica** movie (AmE), film (BrE)

Compuestos
- **cinta limpiadora** head-cleaning tape
- **cinta magnetofónica** magnetic tape
- **cinta virgen** blank tape

cinto *m* belt

cintura *f* **1** (de la persona) waist; **adelgazar la ~** to reduce the waistline; **me tomó** *or* (esp Esp) **cogió de la ~** he grabbed me round the waist; **¿cuánto tienes de ~?** what do you measure round the waist? **2** (de prenda) waist; **me queda grande de ~** it's too big for me round the waist; ***meter a algn en ~*** (Esp fam) to take sb in hand

Compuesto **cintura de avispa** wasp waist

cinturilla *f* waistband

cinturón *m*
A (Indum) belt; ***apretarse el ~*** to tighten one's belt

Compuestos
- **cinturón de castidad** chastity belt
- **cinturón de seguridad** seat belt, safety belt
- **cinturón negro/verde/azul** (Dep) black/green/blue belt

B (de ciudad) belt; **el ~ industrial** the industrial belt

Compuesto **cinturón verde** green belt

cipote[1] *adj*
A (fam) (estúpido) stupid
B (*delante del n*) (Col fam) (como intensificador) fabulous, fantastic; **¡~ estupidez con la que viene a salir!** what a stupid thing to say!

cipote[2] *m* (Esp vulg) (pene) prick (vulg)

ciprés *m* cypress

circense *adj* circus (*before n*)

circo *m*
A **1** (Espec) circus **2** (Hist) circus
B (Geol) cirque

circuito *m*
A (pista) track, circuit; (de circo, exposición) circuit

Compuesto **circuito urbano** urban cycle

B (Elec, Electrón) circuit

Compuestos
- **circuito cerrado** closed circuit
- **circuito en serie** series *o* serial circuit

circulación *f*
A (movimiento) movement; (Auto) traffic

Compuesto **circulación rodada** vehicular traffic

B (Biol, Med) circulation; **la ~ sanguínea** the circulation of the blood
C (Fin) circulation

Compuesto **circulación fiduciaria** fiduciary money, fiat money (AmE)

circulante[1] *adj*
A ‹*líquido/corriente*› flowing
B ‹*tráfico*› moving
C ‹*rumor/noticia*›: **los rumores/las noticias ~s en la política** the rumors*/news going around in political circles
D (Econ) **pasivo ~** current liabilities (*pl*); **dinero ~** money in circulation

circulante[2] *m* (Econ) money supply

circular[1] *adj* circular; **de forma ~** circular

circular[2] [A1] *vi*
A «*sangre/savia*» to circulate, flow; «*agua/corriente*» to flow
B **1** «*transeúnte/peatón*» to walk; «*conductor*»: **circulan por la izquierda** they drive on the left; **¡circulen, por favor!** move along please! **2** «*autobús/tren*» (estar de servicio) to run, operate
C «*dinero/billete/sello*» to be in circulation
D «*noticia/rumor/memo*» to circulate, go around
■ **circular** *vt* to circulate

circular[3] *f* circular

circulatorio -ria *adj* circulation (*before n*)

círculo *m*
A **1** (Mat) circle **2** (circunferencia) circle; **coloca las mesas en ~** arrange the tables in a circle

Compuestos
- **círculo de giro** turning circle
- **Círculo Polar Antártico/Ártico** Antarctic/Arctic Circle
- **círculo vicioso** vicious circle

B **1** (grupo) circle **2** (ambiente, esfera) circle; **en (los) ~s teatrales** in theatrical circles **3** (asociación): **~ de Bellas Artes** Fine Arts Association *o* Society

circuncidar [A1] *vt* to circumcise

circuncisión *f* circumcision

circundante *adj* surrounding (*before n*)

C

circundar [A1] *vt* to surround, encircle

circunferencia *f* circumference

circunlocución *f* circumlocution (frml)

circunloquio *m*: **contestar con ~s** to answer in a roundabout way

circunnavegación *f* circumnavigation

circunnavegar [A3] *vt* to circumnavigate

circunscribir [I34] *vt* to circumscribe

■ **circunscribirse** *v pron* (frml) 1 (ceñirse) **~se A algo** to limit *o* confine oneself TO sth 2 «*problema/competencia*» **~se A algo** to be limited TO sth; **el problema se circunscribe a esta zona** the problem is restricted *o* limited to this area

circunscripción *f* (distrito) district

(Compuesto) **circunscripción electoral** electoral district, constituency (BrE)

circunscrito -ta, **circunscripto -ta** *adj* 1 [ESTAR] (frml) (limitado): **~ A algo** limited TO sth 2 (Mat) circumscribed

circunspección *f* circumspection, caution

circunspecto -ta *adj* ‹*persona/actitud*› circumspect, cautious; ‹*comentario*› guarded

circunstancia *f*

A (factor, particularidad): **si por alguna ~ no puede ir** if for any reason you cannot go; **no es una ~ relevante en este caso** it is not a relevant factor in this case; **se da la ~ de que ...** as it happens ...

B **circunstancias** *fpl* (situación) circumstances (*pl*); **bajo** *or* **en ninguna ~** under no circumstances; **en ~s en** *or* **de que** (CS) as; **dadas las ~s** under *o* given the circumstances; **debido a sus ~s familiares** due to her family situation

(Compuesto) **circunstancia agravante/atenuante/eximente** aggravating/extenuating/exonerating circumstance

circunstancial *adj*

A ‹*factor/hecho*› circumstantial, incidental; **fue testigo ~ de los hechos** she was a chance witness to the events

B (Ling) **complemento A**

cirílico -ca *adj* Cyrillic

cirio *m* candle; ***armar*** *or* ***montar un ~*** (Esp fam) to kick up *o* raise *o* create a stink (colloq)

cirquero -ra *m,f* (Chi, Méx) circus performer

cirro *m* (nube) cirrus

cirrosis *f* cirrhosis

ciruela *f*

A (Bot, Coc) plum

(Compuesto) **ciruela pasa** *or* (CS) **seca** prune

B **(de) color ~** plum-colored•

ciruelo *m* plum tree

cirugía *f* surgery; **se hizo la ~ en la nariz** (CS fam) she had her nose done (colloq)

(Compuesto) **cirugía estética/plástica** cosmetic/plastic surgery

ciruja *mf* (RPl) 1 (trapero) junkman (AmE), rag-and-bone man (BrE) 2 (fam) (pillo) little devil (colloq)

cirujano -na *m,f* surgeon

(Compuesto) **cirujano -na dentista** *m,f* dental surgeon

cisco *m* (Min) slack; ***armar un ~*** (Esp) to kick up *o* raise *o* create a stink (colloq); ***hacerse*** *or* (Col) ***volverse ~*** (fam) «*jarrón*» to smash to pieces; ***hecho ~*** (Esp fam): **estoy hecha ~** I feel completely shattered (colloq); **tengo el estómago hecho ~** I've got a bad stomach

Cisjordania *f* the West Bank

cisjordano -na *adj* West Bank (*before n*)

cisma *m* (Rel) schism; (en partido) split

cisne *m*

A (Zool) swan

B (RPl) (para polvos) powder puff

cisterciense *adj/mf* Cistercian

cisterna *f* (depósito) tank; (subterránea) cistern; (del retrete) cistern

cistitis *f* cystitis

cita *f*

A 1 (con profesional) appointment; **pedir ~** to make an appointment; **concertar una ~** to arrange an appointment 2 (con novio, amigo): **tengo una ~ con mi novio/con un amigo** I have a date with my boyfriend/I'm going out with a friend; **no llegues tarde a la ~** don't be late; **faltó** *or* **no acudió a la ~** he didn't show up 3 (period) (reunión) meeting; **tuvo una ~ con el presidente** he had a meeting with the president; ***darse ~***: **se dieron ~ en la estación** they arranged to meet at the station; **cientos de famosos se dieron ~ en el estreno** (period) hundreds of celebrities were gathered at the premiere

B (en texto, discurso) quote; **una ~ del diario** a quote from the newspaper; **una ~ de Cervantes** a quotation *o* quote from Cervantes

citación *f* subpoena, summons

citadino¹ -na *adj* (AmL) urban, city (*before n*)

citadino² -na *m,f* 1 (AmL) (ciudadano) city dweller 2 (Méx) (defeño) *inhabitant of Mexico City*

citado -da *adj*: **el caso anteriormente ~** the aforementioned case (frml); **los hechos acaecidos en la citada ciudad** the events which took place in that town

citar [A1] *vt*

A 1 (dar una cita) «*doctor/jefe de personal*» to give ... an appointment; **estar citado con algn** to have an appointment with sb 2 (convocar): **nos citó a todos a una reunión** she called us all to a meeting 3 (Der) to summon; **~ a algn como testigo** to call sb as a witness

B 1 (mencionar) to mention; **no quiero ~ nombres** I don't want to mention any names 2 (repetir textualmente) to quote

■ **citarse** *v pron* 1 **~se CON algn** to arrange to meet sb 2 (*recípr*): **se ~on en la plaza** they arranged to meet in the square; **se ~on para verse** they arranged to see each other

cítara *f* zither

citófono *m* (Andes) internal phone system

citología *f* (ciencia) cytology; (análisis) smear test; **hacerse una ~** to have a smear test

citoplasma *m* cytoplasm

cítrico¹ -ca *adj* citrus (*before n*)

cítrico² *m* citrus

ciudad *f* town; (de mayor tamaño) city; **la gran ~** the (big) city; Ⓢ **centro ciudad** town *o* city center

(Compuestos)

- **ciudad balneario** (AmL) coastal resort
- **Ciudad del Vaticano/de México** Vatican/Mexico City
- **ciudad dormitorio** bedroom community (AmE), dormitory town (BrE)
- **ciudad perdida** (Méx) shanty town
- **ciudad residencial** *town or development in the commuter belt*
- **ciudad sanitaria** hospital complex
- **Ciudad Santa**: **la ~ ~** the Holy City
- **ciudad satélite** satellite town
- **ciudad universitaria** university campus

ciudadanía *f* 1 (nacionalidad) citizenship 2 (conjunto de ciudadanos) citizens (*pl*); (civismo) civic responsibility

ciudadano¹ -na *adj* ‹*vida*› city (*before n*); **la inseguridad ciudadana** the lack of safety in towns *o* cities; **es un deber ~** it's the duty of every citizen; **con la colaboración ciudadana** with the cooperation of the people

ciudadano² -na *m,f*

A (habitante) citizen

(Compuesto) **ciudadano de a pie**: **el ~ de a ~** the man in the street

B (Ven frml) (al dirigirse — a un hombre) sir; (— a una mujer) madam; **todos los ~s deben acudir a la taquilla** everyone should go to the ticket office

ciudadela *f*

A (fortificación) citadel, fortress

B (Col) (de viviendas) residential complex

cívico -ca *adj* 1 ‹*deberes/derechos*› civic 2 ‹*acto*› public-spirited, civic-minded

civil¹ *adj* 1 ‹*derechos/responsabilidades*› civil 2 (no religioso) civil; **se casaron por lo ~** *or* (Per, RPl, Ven) **sólo por ~** *or* (Chi, Méx) **por el ~** they were married in a civil ceremony (AmE), they had a registry office wedding (BrE) 3 (no militar) civilian (*before n*); **iba (vestido) de ~** he was in civilian clothes

civil² *mf*
A 1 (persona no militar) civilian 2 (Esp) (guardia civil) Civil Guard
B **civil** *m* (RPl) (matrimonio civil) *civil marriage ceremony*
civilismo *m* (CS) antimilitarism
civilista *mf* lawyer (*specializing in civil law*)
civilización *f* civilization
civilizado -da *adj* civilized
civilizador -dora *adj* civilizing (*before n*)
civilizar [A4] *vt* ‹*país/pueblo*› to civilize; ‹*persona*› to teach ... to behave properly
■ **civilizarse** *v pron* «*pueblo*» to become civilized; «*persona*» to learn to behave properly
civismo *m* public-spiritedness
cizaña *f* darnel; ***meter*** *or* ***sembrar*** ~ to cause trouble
cl. (= **centilitro**) cl.
clac *m* crack
clamar [A1] *vi* ~ **CONTRA algo** to protest AGAINST sth; ~ **POR algo** to clamor* FOR sth, cry out FOR sth
■ **clamar** *vt*: ~ **venganza** to cry out for vengeance
clamor *m* clamor*
clamorosamente *adv* ‹*demandar/pedir*› noisily; **ha triunfado** ~ she has been resoundingly successful; **fueron ~ recibidos** they got a rousing reception; **ha vuelto ~ a las pantallas** she has returned to the screen in triumph
clamoroso -sa *adj* ‹*acogida*› rousing; ‹*ovación*› rapturous, thunderous; **un éxito ~** a resounding success
clan *m* clan
clandestinidad *f* secrecy, secret nature; **trabajar en la ~** to work underground; **pasar a la ~** to go underground
clandestino¹ -na *adj* ‹*reunión/relación*› clandestine, secret; ‹*periódico*› underground
clandestino² -na *m,f* (fam) illegal immigrant
claque *f* 1 (en el teatro) claque 2 (camarilla) clique
claqué *m* tap dancing, tap
claqueta *f* clapperboard
clara *f*
A *tb* ~ **de huevo** (egg) white
B (Esp) (bebida) shandy
claraboya *f* skylight
clarear [A1] *v impers* 1 (amanecer): **estaba clareando** it was getting light *o* day was breaking 2 (Meteo): **comenzó a ~** the sky/the clouds began to clear
■ **clarear** *vi* «*pelo*» to go gray*/white
clarete *m* (rosado) rosé; (tinto) claret
claridad *f*
A 1 (luz) light; **en la ~ del crepúsculo** in the twilight 2 (luminosidad) brightness
B (de explicación, imagen, sonido) clarity; **con ~** clearly
clarificación *f* (de situación) explanation, clarification
clarificador -dora *adj* illuminating, enlightening
clarificante *adj* ‹*información/explicación*› clarifying (*before n*)
clarificar [A2] *vt* to clarify
■ **clarificarse** *v pron* to become clearer
clarín *m* bugle
clarinete *m* clarinet
clarinetista *mf* clarinetist
clarisa *f* nun of the Order of Saint Clare
clarividencia *f* (percepción paranormal) clairvoyance; (perspicacia) discernment
clarividente¹ *adj* (que adivina el futuro) clairvoyant; (perspicaz) discerning, clear-sighted
clarividente² *mf* clairvoyant
claro¹ -ra *adj*
A (luminoso) ‹*cielo/habitación*› bright
B (pálido) ‹*color/verde/azul*› light, pale; ‹*piel*› fair; **tiene los ojos ~s** she has blue/green/gray eyes
C ‹*salsa/sopa*› thin
D ‹*agua/sonido*› clear; ‹*ideas/explicación/instrucciones*› clear; ‹*situación/postura*› clear; **tener algo ~** to be clear about sth; **que quede bien ~ que ...** I want it to be quite clear that ...; **¿está ~?** is that clear?; **quiero dejar (en) ~ que ...** I want to make it very *o* quite clear that ...; ***a las claras***: **díselo a las claras** tell her straight; ***llevarlo ~*** (Esp fam) to be in for a shock; ***sacar algo en ~ de algo*** to make sense of sth
E (evidente) clear, obvious; **hay pruebas claras** there is clear evidence; **está ~ que ...** it is clear *o* obvious that ...; **a no ser, ~ está, que esté mintiendo** unless, of course, he's lying
claro² *adv*
A ‹*ver*› clearly; **voy a hablarte ~** I'm not going to beat around *o* about the bush; **me lo dijo muy ~** he made it very *o* quite clear (to me)
B (*indep*) 1 (en exclamaciones de asentimiento) of course; **¡~ que lo sabe!** of course she knows!; **¡~ que no!** no, of course not!; **¡~ que sí!** of course, absolutely! 2 (como enlace) mind you; **nadie le creyó, ~ no es de extrañar** nobody believed him. Mind you, it's not surprising; **~, así cualquiera puede** well, of course anyone can do it like that; **díselo — ~, para que me regañe ¿no?** (iró) tell him — oh sure, and have him tell me off, right? (iro)
claro³ *m*
A (en bosque) clearing; (en el pelo, la barba) bald patch
B (Meteo) sunny spell *o* period *o* interval
claroscuro *m* chiaroscuro
clase *f*
A 1 (tipo) kind, sort, type 2 (categoría): **productos de primera ~** top-quality products
B (Transp) class; **viajar en primera/segunda ~** to travel (in) first/second class
(Compuestos)
- **clase económica** *or* **turista** economy *o* tourist class
- **clase ejecutiva** *or* **preferente** business class

C (Sociol) class; **la ~ política** politicians
(Compuestos)
- **clase alta/baja/media** upper/lower/middle class
- **clase dirigente** *or* **dominante** ruling class
- **clase obrera** *or* **trabajadora** working class
- **clases pasivas** *fpl*: **las ~ ~** *people receiving state pensions*

D (distinción, elegancia) class; **tiene ~** she has class
E (Educ) 1 (lección) class; **ha faltado a ~ diez veces** he's missed ten classes; **~s de conducir** *or* **manejar** driving lessons; **dictar ~ (DE algo)** (AmL frml) to lecture (IN sth); **dar ~** *or* (Chi) **hacer ~s (DE algo)** «*profesor*» (en colegio) to teach (sth); (en universidad) to lecture in (sth), teach (sth); **¿quién te da ~ de latín?** who takes you for Latin?; **da ~s de latín/piano con un profesor privado** (Esp) she has latin classes/piano lessons with a private tutor 2 (grupo de alumnos) class; **es el primero de la ~** he's top of the class; **un compañero de ~** a classmate, a school friend 3 (aula — en escuela) classroom; (— en universidad) lecture hall *o* room
(Compuestos)
- **clase magistral** master class
- **clase particular** private class *o* lesson

F (Bot, Zool) class
clásicas *fpl* (esp Esp) classics
clasicismo *m* classicism
clasicista¹ *adj* classicistic
clasicista² *mf* classicist
clásico¹ -ca *adj* 1 ‹*decoración/estilo/ropa*› classical 2 ‹*música*› classical; ‹*método*› standard, traditional; ‹*error/malentendido/caso*› classic 3 ‹*lengua/mundo*› classical
clásico² *m* 1 (obra) classic 2 (autor): **los ~s de la música pop** the giants of pop music 3 (AmL) (Dep) traditional big game
clasificación *f*
A (de documentos, libros) classification; (de cartas) sorting
B (de película —acción) classification; (— certificado): **¿qué ~ (moral) tiene?** what certificate has it got?
C (de elemento, animal, planta) classification
D (Dep) 1 (para una etapa posterior) qualification; **esta victoria le supone la ~ para la fase final** this victory means that he will go through to *o* has qualified for the finals 2 (tabla) placings (*pl*); (puesto) position, place; **quinto en la ~ final del rally** fifth in the final placings for the rally; **obtuvo una buena ~** he finished among the leaders

clasificador *m* (carpeta) ring binder; (máquina) sorter; (mueble) filing cabinet

clasificadora *f* sorter

clasificar [A2] *vt* 1 ‹*documentos/datos*› to sort, put in order; ‹*cartas*› to sort 2 ‹*planta/animal/elemento*› to classify 3 ‹*hotel*› to class, rank; ‹*fruta*› to class; ‹*persona*› to class, rank

■ **clasificarse** *v pron* (Dep) 1 (para etapa posterior) to qualify; **~ para la final** to qualify for the final 2 (en tabla, carrera): **se clasificó en sexto lugar** he finished in sixth place; **con esta victoria se clasifica en quinto lugar** with this victory she moves into fifth place

clasificatorio -ria *adj* qualifying (*before n*)

clasismo *m* classism

clasista *adj* ‹*actitud/sociedad*› classist; **es un hombre muy ~** he's very class-conscious

claudicación *f* 1 (de principios) renunciation, abandonment 2 (rendición) capitulation

claudicar [A2] *vi* (ceder, transigir) to give in; **~ DE algo** to abandon sth

claustro *m*

A (Arquit, Relig) cloister

B (Educ) (de universidad) senate; (de colegio) staff; (reunión) senate/staff meeting

(Compuesto) **claustro materno** (liter) womb

claustrofobia *f* claustrophobia; **siento ~ allí dentro** I get claustrophobia in there

claustrofóbico -ca *adj* claustrophobic

cláusula *f* (Der, Ling) clause

clausura *f*

A 1 (de congreso, festival) closing ceremony; **de ~** ‹*ceremonia/discurso*› closing (*before n*) 2 (de local) closure

B (Relig) cloister

clausurar [A1] *vt* 1 ‹*congreso/sesión*› «*acto/discurso*» to bring ... to a close; «*persona*» to close 2 ‹*local/estadio*› to close ... down

clava *f* club

clavada *f* (Méx) (en natación) dive

clavadista *mf* (Méx) diver

clavado¹ -da *adj*

A 1 **~ EN algo** ‹*puñal/tachuela/espina*› stuck IN sth; ‹*estaca*› driven INTO sth 2 (fijo) **~ EN algo**: **con la vista clavada en un punto** staring at a point, with his gaze fixed on a point; **tenía los ojos ~s en el cuadro** she couldn't take her eyes from the painting; **se quedó ~ en el lugar** he was rooted to the spot

B 1 (fam) (idéntico) **ser ~ A algn** «*persona*» to be the spitting image of sb (colloq); **ser ~ A algo** «*objeto*» to be identical TO sth; **esos zapatos son ~s a los míos** those shoes are identical to mine 2 (fam) (en punto): **llegó a las cinco clavadas** he arrived on the dot of five (colloq)

clavado² *m* (AmL) dive

clavar [A1] *vt*

A 1 **~ algo EN algo** ‹*clavo*› to hammer sth INTO sth; ‹*puñal/cuchillo*› to stick sth IN sth; ‹*estaca*› to drive sth INTO sth; **me clavó los dientes/las uñas** he sank his teeth/dug his nails into me 2 ‹*cartel/estante*› to put up (*with nails, etc*) 3 ‹*ojos/vista*› to fix ... on

B (fam) 1 (cobrar caro) to rip ... off (colloq); **nos ~on $10,000** they stung us for $10,000 2 (CS fam) (engañar) to cheat 3 (Méx fam) (robar) to swipe (colloq), to filch (colloq)

C (RPl fam) (dejar plantado) to stand ... up (colloq)

D (Ven fam) ‹*estudiante*› to fail, to flunk (AmE colloq); **lo ~on en física** he was flunked in physics (colloq)

■ **clavarse** *v pron*

A 1 ‹*aguja/espina*›: **me clavé la aguja** I stuck the needle into my finger (*o* thumb *etc*); **se clavó una espina en el dedo** she got a thorn in her finger 2 (*refl*) ‹*cuchillo/puñal*›: **se clavó el puñal en el pecho** he plunged the dagger into his chest

B (CS fam) **~se CON algo** (por no poder venderlo) to get stuck WITH sth (colloq); (por ser mala compra): **se clavó con el auto que compró** the car he bought turned out to be a bad buy

C (Per fam) (colarse): **se clavó en la cola** he jumped the line (AmE) *o* (BrE) the queue; **siempre se clava en las fiestas** he's always gatecrashing parties (colloq)

D (Col arg): **~se estudiando** *or* **a estudiar** to study like crazy (colloq)

E (Méx) (Dep) to dive

clave¹ *adj* (*pl* **~** *or* **-ves**) key (*before n*)

clave² *f*

A 1 (código) code; **en ~** in code 2 (de problema, misterio) key

(Compuesto) **clave de usuario** (AmL) user's password

B (Mús) clef; **~ de fa/sol** bass/treble clef

C (Arquit) keystone

clave³ *m* harpsichord

clavecín *m* spinet, harpsichord

clavel *m* carnation

clavelina *m*, **clavellina** *f* pink

clavetear [A1] *vt* to decorate *o* adorn ... with studs

clavicémbalo *m* harpsichord

clavicordio *m* clavichord

clavícula *f* collarbone, clavicle (tech)

clavija *f* 1 (Mec) pin 2 (Elec) (enchufe) plug; (de enchufe) pin 3 (de guitarra) tuning peg; ***apretarle las ~s a algn*** (fam) to tighten up on sb

clavo *m*

A 1 (Tec) nail; ***agarrarse a un ~ ardiendo***: **se agarraría a un ~ ardiendo** he'd take (*o* do *etc*) anything; **se agarró a ella como a un ~ ardiendo** he clung to her as if she were his last hope; ***como un ~***: on the dot; ***dar en el ~*** to hit the nail on the head; **diste en el ~ con tu regalo** your present was just what I/he/they wanted; **siempre da en el ~ con sus predicciones** his forecasts are always right on the mark; ***no dar*** *or* ***pegar ni ~*** (fam) not to do a stroke of work 2 (Med) pin 3 (en montañismo) piton

B (Bot, Coc) *tb* **~ de olor** clove

C (CS fam) (expresando fastidio): **tener animales es un ~** having animals is a drag (colloq); **el auto que me vendió es un ~** the car he sold me is a dead loss

claxon /'klakson/ *m* (*pl* **-xons**) horn; **tocar el ~** to sound *o* blow one's horn, to honk

clemencia *f* mercy, clemency (frml)

clemente *adj* (liter) clement (liter)

clementina *f* clementine

cleptomanía *f* kleptomania

cleptómano -na *m,f* kleptomaniac

clerical *adj* clerical

clericalismo *m* clericalism

clérigo -ga *m,f*

A (en el clero protestante) (*m*) clergyman, cleric; (*f*) clergywoman, cleric

B **clérigo** *m* (en el clero católico) clergyman, priest

clero *m* clergy

clic *m* (*pl* **clics**)

A (al cerrarse algo) click; (al romperse algo) snap

B (Inf) click; **hacer ~ (en** *or* **sobre algo)** to click (on sth); **hacer doble ~ (en** *or* **sobre algo)** to double-click (on sth)

cliché *m*

A (expresión, idea) cliché

B (de multicopista) stencil; (Impr) plate; (Fot) negative

cliente -ta *m,f* (de tienda, de restaurante) customer; (de empresa, de abogado) client, customer; (de hotel) guest; (en taxi) fare, customer; **~ asiduo** *or* **habitual** regular customer (*o* client *etc*)

clientela *f* (de restaurante, tienda) clientele, customers (*pl*); (de hotel) guests (*pl*); (de abogado) clients (*pl*)

clientelismo *m* (AmL) *practice of obtaining votes with promises of government posts etc*

clima *m*

A (Meteo) climate; **un ~ malsano** an unhealthy climate

(Compuesto) **clima polar/tropical** polar/tropical climate

B (ambiente) atmosphere; **en un ~ festivo** in a festive atmosphere; **el ~ económico** the economic climate; ***al ~*** (Col) at room temperature

climático -ca *adj* climatic

climatizado -da *adj* ‹*local/casa*› air-conditioned; ‹*piscina*› heated

climatizador *m* climate control, air-conditioning unit

climatizar [A4] *vt* ‹*local*› to air-condition; ‹*piscina*› to heat

climatología *f* climatology
climatológico -ca *adj* climatological
clímax *m* (*pl* ~) climax
clínica *f*
A (establecimiento) private hospital *o* clinic
(Compuestos)
• **clínica dental** dental office (AmE), dental surgery (BrE)
• **clínica de reposo** convalescent *o* rest home
B (especialidad) clinical medicine
clínico¹ -ca *adj* ‹*ensayo*› clinical (*before n*); ▸**hospital**
clínico² -ca *m,f* (RPl) general practitioner
clip *m* (*pl* **clips**)
A 1 (sujetapapeles) paperclip 2 (para el pelo) bobby pin (AmE), hairgrip (BrE) 3 (cierre) clip; **aretes** *or* **pendientes de ~** clip-on earrings
B (Video) (pop) video
clíper *m* clipper
cliquear [A1] *vi* (fam) to click; **~ EN** *or* **SOBRE algo** to click ON sth; **~ con el botón derecho (del ratón) en algo** to right-click sth
■ **cliquear** *vt* ‹*ícono*› to click; **~ aquí** click here
clítoris *m* (*pl* ~) clitoris
cloaca *f*
A (alcantarilla) sewer
B (de ave, reptil) cloaca
cloche *m* (Ven) clutch
clon *m* clone
clonación *f*, **clonaje** *m* cloning
clónico -ca *adj* clonal, clone (*before n*)
cloración *f* chlorination
clorhídrico -ca *adj* hydrochloric
cloro *m* (Quím) chlorine; (lejía) (AmC, Chi) bleach
clorofila *f* chlorophyll
clorofílico -ca *adj* chlorophyllous
cloroformo *m* chloroform
cloruro *m* chloride
clóset *m* (*pl* **-sets**) (AmL exc RPl) (en dormitorio) built-in closet (AmE), fitted *o* built-in wardrobe (BrE)
clotch /'klotʃ/ *m* (AmC) clutch
clown /'klaun/ *m* (*pl* **clowns**) clown
club *m* (*pl* **clubs** *or* **-es**) club; **~ náutico** yacht club
(Compuesto) **club nocturno** nightclub
clueca *adj* broody
cm. (= **centímetro**) cm.
CMCC *f* = **Comunidad y Mercado Común del Caribe**
coa *m* (en Chi) underworld slang
coacción *f* coercion; **bajo ~** under duress
coaccionar [A1] *vt* to coerce; **lo ~on para que interviniera** he was coerced into intervening
coactivo -va *adj* coercive
coadjutor¹ -tora *adj* coadjutant
coadjutor² *m* coadjutor
coadyuvar [A1] *vt* (frml) to contribute
coagulación *f* coagulation, clotting
coagulante¹ *adj* clotting (*before n*)
coagulante² *m* coagulant
coagular [A1] *vt* to clot, coagulate
■ **coagularse** *v pron* (Med) to clot, coagulate; (Quím) to coagulate
coágulo *m* 1 (Fisiol, Med) clot, coagulum (tech) 2 (grumo) clot
coalición *f* coalition; **gobierno de ~** coalition government
coalicionarse [A1] *v pron* to form a coalition
coartada *f* alibi
coartar [A1] *vt* ‹*persona*› to inhibit; ‹*libertad/voluntad*› to restrict
coautor -tora *m,f* coauthor
coba *f* (Ven arg) (mentira, engaño) lie; ***darle ~ a algn*** (adular) (Esp, Méx, Ven fam) to suck up to sb (colloq)
cobalto *m* cobalt
cobarde¹ *adj* cowardly
cobarde² *mf* coward
cobardía *f* cowardice
cobaya *f*, **cobayo** *m* guinea pig
cobear [A1] *vi* (Ven arg) to lie, bullshit (sl)
cobertizo *m* shed
cobertor *m* (colcha) bedspread; (manta) blanket
cobertura *f*
A (Fin) (protección) hedge; (de seguro) cover
B (Period, Rad, TV) coverage; **~ informativa** news coverage; **programación de ~ regional** regional programing
cobija *f* (AmL) 1 (manta) blanket 2 **cobijas** *fpl* (ropa de cama) bedclothes (*pl*)
cobijar [A1] *vt*
A ‹*persona*› (proteger) to shelter; (hospedar) to give … shelter, take … in
B (liter) ‹*sentimientos/esperanzas*› to harbor*
■ **cobijarse** *v pron* to shelter, take shelter
cobijo *m* shelter; **darle ~ a algn** to shelter sb
cobista *mf* (Esp fam) (zalamero) bootlicker (colloq)
cobra *f* cobra
cobrable *adj* recoverable
cobrador -dora *m,f* (a domicilio) collector; (de autobús) bus conductor
cobrar [A1] *vt*
A 1 ‹*precio/suma*› to charge; **nos cobran 30.000 pesos de alquiler** they charge us *o* we pay 30,000 pesos in rent; **~ algo POR algo/+ INF** to charge sth FOR sth/-ING 2 ‹*sueldo*› to earn; **cobra 4.000 euros al mes** he earns 4,000 euros a month; **todavía no hemos cobrado junio** we still haven't been paid for June; **~ la pensión** to collect *o* draw one's pension; **cobra subsidio de desempleo** he receives unemployment benefit
B ‹*alquiler*› to charge; **nos cobra un alquiler altísimo** he charges us *o* we pay him a very high rent; **vino a ~ el alquiler** she came for the rent *o* to collect the rent; **le ~on intereses** he was charged interest; **no me ~on el impuesto** I didn't have to pay the tax; **¿me cobra estas cervezas?** can I pay for these beers, please?; **me cobró el vino dos veces** he charged me twice for the wine; **está cobrando las entradas** he's taking the money for the tickets
C 1 ‹*deuda*› to recover; **nunca llegó a ~ esas facturas** he never received payment for those bills 2 ‹*cheque*› to cash
D 1 (Chi) (pedir): **le cobré los libros que le presté** I asked him to give back the books I'd lent him 2 (Chi) ‹*gol/falta*› to give
E 1 (adquirir): **~ fama de algo** to get a reputation for being sth; **las negociaciones ~on un nuevo impulso** the negotiations were given fresh impetus; **el tema ha cobrado actualidad** the issue has taken on a new topicality; **~ fuerzas** to gather strength 2 (tomar): **~le cariño a algn** to grow fond of sb
F (en caza) (matar) to shoot, bag
G 1 (period) ‹*vidas/víctimas*› to claim 2 ‹*botín*› to carry off 3 (Náut) to haul in
■ **cobrar** *vi* 1 **~ POR algo/+ INF** to charge FOR sth/-ING; **el lechero vino a ~** the milkman came to be paid; **¿me cobra, por favor?** can you take for this, please?, can I pay, please?; **llámame por ~** (Chi, Méx) call collect (AmE), reverse the charges (BrE) 2 (recibir el sueldo) to be paid 3 (fam) (recibir una paliza): **¡vas a ~!** you're going to get it! (colloq)
■ **cobrarse** *v pron*
A (recibir dinero): **tenga, cóbrese** here you are; **cóbrese las cervezas** can you take for the beers, please?
B ‹*víctimas*› to claim
cobre *m* 1 (Metal, Quím) copper; ***mostrar*** *or* ***pelar el ~*** (Col, Méx) to show one's true colors 2 **(de) color ~** copper (*before n*), copper-colored* 3 (AmL fam) penny; **estoy sin un ~** I'm broke (colloq)
cobrizo -za *adj* coppery, copper-colored*
cobro *m* 1 (de cheque) cashing; (de sueldo, pensión): **para el ~ de la pensión** in order to collect your pension 2 (Telec): **llamó a ~ revertido** she called collect (AmE), she reversed the charges (BrE)
coca *f* (Bot) coca; (cocaína) (arg) coke (sl)

C

coca

Andean peasants in Peru, Bolivia, and Ecuador chew coca leaves mixed with bicarbonate of soda to combat cold and tiredness while working. They also make *mate de coca*, an infusion effective against altitude sickness. Much of the coca grown in the region goes to Colombia and reaches Europe and the US as cocaine. Governments in the region are now under heavy international pressure to stop its cultivation, but coca farmers defend their right to grow it, both for their own use and because it is so profitable

cocaína *f* cocaine

cocainómano -na *m,f* cocaine addict

cocal *m* coca plantation

cocaví *m* (Chi) things (*pl*) to eat

cocción *f* 1 (Coc) cooking; **necesita 20 minutos de ~** it needs 20 minutes cooking time 2 (de ladrillos, cerámica) firing

cóccix *m* (*pl* ~) coccyx

cocear [A1] *vi* to kick

cocer [E10] *vt*

A (Coc) (cocinar) to cook; (hervir) to boil; **~ algo a fuego lento** to cook sth over a low heat

B ‹*ladrillos/cerámica*› to fire

C (Chi) ‹*bebé*› to give ... a rash

■ **cocerse** *v pron*

A 1 «*verduras/arroz*» (hacerse) to cook; (hervir) to boil; **tardan unos 15 minutos en ~se** they take about 15 minutes to cook 2 (fam) «*persona*» to be roasting (colloq)

B (fam) (tramarse) to brew (colloq); **algo se está cociendo** something's brewing (colloq)

C (Chi fam) (emborracharse) to get plastered (colloq)

cochambre *f or m* (fam) filth, muck (colloq); **¡que ~ de cocina!** this kitchen is filthy!

cochambroso -sa *adj* (fam) filthy

cochayuyo *m* (AmS) edible seaweed

coche *m*

A (Auto) car, auto (AmE), automobile (AmE); **nos llevó en ~ a la estación** he drove us to the station; **~s usados** *or* **de segunda mano** *or* **de ocasión** used *o* (BrE) secondhand cars; ***en el ~ de San Fernando*** on shanks's mare (AmE) *o* (BrE) pony

Compuestos

- **coche bomba** car bomb
- **coche celular** patrol wagon (AmE), police van (BrE)
- **coche de bomberos** fire truck (AmE), fire engine (BrE)
- **coche de carreras** racing car
- **coche de choque** bumper car
- **coche de línea** long-distance bus (AmE), coach (BrE)
- **coche fúnebre** hearse
- **coche patrulla** patrol car, police car

B 1 (Ferr) car (AmE), carriage (BrE) 2 (de bebé) baby carriage (AmE), pram (BrE); (en forma de sillita) stroller (AmE), pushchair (BrE) 3 (carruaje) coach, carriage

Compuestos

- **coche cama** *or* (CS) **dormitorio** sleeper, sleeping car
- **coche de caballos** carriage
- **coche restaurante** dining car

cochecho -cha *adj* (Chi fam) sloshed (colloq)

cochecito *m* ▸ **coche B2**

cochera *f* 1 (para autobuses) depot, garage; (para trenes) shed; **las ~s** the depot 2 (garaje) (Esp, Méx) garage

cochero *m* coachman

cochinada *f* (fam) (palabra, acción): **¡no digas esas ~s!** don't use such filthy language!; **eso es una ~** that's a disgusting *o* filthy thing to do

cochinería *f* (fam) 1 (cualidad) filthiness 2 ▸ **cochinada**

cochinilla *f* 1 (crustáceo) woodlouse 2 (Coc, Tex) (colorante) cochineal

cochinillo *m* suckling pig, sucking pig

cochino¹ -na *adj*

A 1 (fam) (sucio) ‹*persona/manos*› filthy 2 (fam) (indecoroso) ‹*persona*› disgusting; ‹*revista/película*› dirty (colloq) 3 (Chi) (Dep, Jueg) (violento) dirty (colloq); (tramposo): **es muy ~** he's a terrible cheat

B (fam) (malo, asqueroso) lousy (colloq); **¡estoy harto de esta cochina vida!** I'm tired of this lousy life! (colloq)

cochino² -na *m,f*

A (Zool) pig, hog (AmE)

B (fam) (persona — sucia) filthy pig (colloq), slob (colloq); (— grosera) dirty beast (colloq)

cochiquera *f* (Esp) pigsty

cocido¹ -da *adj*

A (Coc) 1 (hervido) ‹*huevos/verduras*› boiled 2 (CS) (no crudo) cooked; **muy/poco ~** well done/rare; **esas salchichas ya vienen cocidas** those sausages are ready-cooked

B ‹*arcilla*› fired

C (fam) (borracho) plastered (colloq)

cocido² *m* (Cul) 1 (Esp) stew (*made with meat and chickpeas*) 2 (Col, Ven) stew (*made with meat, plantains and cassava*)

cociente *m* quotient

Compuesto **cociente intelectual** *or* **de inteligencia** IQ, intelligence quotient

cocina *f*

A (habitación) kitchen; **armario de ~** kitchen cupboard

B (aparato) range (AmE), stove (AmE), cooker (BrE)

Compuestos

- **cocina de** *or* **a gas** gas range *o* cooker
- **cocina eléctrica** electric range *o* cooker

C (arte) cookery; **la ~ vasca** Basque cuisine; **la ~ casera** home cooking; **libro de ~** cookbook, cookery book (BrE)

cocinar [A1] *vt* to cook

■ **cocinar** *vi* to cook; **¿quién cocina en tu casa?** who does the cooking in your house?

■ **cocinarse** *v pron* 1 (Coc) «*carne/arroz*» to cook 2 (fam) «*persona*» to bake (colloq)

cocinero -ra *m,f* cook

cocineta *f*

A (Méx) (cocina) kitchenette

B (Col) ▸ **cocinilla**

cocinilla *f* camp stove (AmE), camping stove (BrE)

Compuesto **cocinilla de alcohol** alcohol (AmE) *o* (BrE) spirit stove

cocktail /'koktel/ *m* (*pl* **-tails**) ▸ **cóctel**

coco¹ -ca *adj* (AmC) bald

coco² *m*

A (Bot, Coc) coconut; ***caerse de un ~*** (Ven fam) to be disappointed

B (fam) (cabeza) head; **anda** *or* **está mal del ~** he's off his head (colloq); ***comerle el ~ a algn*** (Esp fam): **no me comas el ~** stop trying to talk me into it; **los políticos sólo quieren comerte el ~** politicians just try to brainwash you; ***comerse el ~ con algo*** (Esp fam) to worry about sth

C (fam) (fantasma, espantajo) boogeyman (AmE), bogeyman (BrE); (persona fea) ugly person; **es un ~** he's so ugly

D (bacteria) coccus

cocoa *f* (AmL) cocoa

cocodrilo *m* crocodile

cocol *m* (Méx) (bizcocho) cookie (*covered in sesame seeds*); ***del ~*** (fam) (muy mal) terrible

cocolazos *mpl* (Méx fam): **le pusieron sus ~** he got beaten up (colloq); **se van a armar los ~** there's going to be a fight

cocoliche *m* (RPl pey) pidgin Spanish (*spoken by Italian immigrants*)

cocorota *f* (Esp fam) head

cocotal *m* coconut plantation

cocotero *m* coconut palm

cóctel *m* (*pl* **-teles** *or* **-tels**)

A (bebida) cocktail

Compuestos

- **cóctel de frutas** (AmC, Col) fruit salad, fruit cocktail
- **cóctel de gambas** (Esp) shrimp (AmE) *o* (BrE) prawn cocktail
- **cóctel Molotov** Molotov cocktail

B (fiesta) cocktail party

coctelera *f* cocktail shaker

cocuyo *m* 1 (AmL) (insecto) firefly, glowfly (AmE) 2 (Col, Ven) (Auto) parking light (AmE), sidelight (BrE)

coda *f* coda

codaste *m* sternpost

codazo *m*: **darle un ~ a algn** (leve) to nudge sb; (fuerte) to elbow sb; **se abrió camino a ~s** he elbowed his way through

codearse [A1] *v pron* **~ con algn** to rub shoulders WITH sb

codeína *f* codeine

codera *f* (Indum) elbow patch

códice *m* codex

codicia *f* (avaricia) greed, avarice

codiciado -da *adj* coveted

codiciar [A1] *vt* to covet

codicioso¹ -sa *adj* ‹*persona/mirada*› covetous, greedy

codicioso² -sa *m,f* covetous *o* greedy person

codificación *f*
A (de leyes) codification
B (Inf) (de información) coding; (Ling) (de un mensaje) encoding

codificador *m*, **codificadora** *f* encoder

codificar [A2] *vt*
A ‹*leyes/normas*› to codify
B 1 (Inf) ‹*información*› to code 2 (Ling) ‹*mensaje*› to encode

código *m*
A (de signos) code; **descifrar un ~** to decipher a code

Compuestos
- **código barrado** *or* **de barras** bar code
- **código genético** genetic code
- **código morse** morse code
- **código postal** zipcode (AmE), postcode (BrE)
- **código territorial** area code, dialling code

B (de leyes, normas) code

Compuestos
- **código civil/militar/penal** civil/military/penal law
- **código de la circulación** Highway Code

codillo *m* 1 (Zool) elbow 2 (Coc) knuckle

codirector -tora *m,f* codirector

codirigir [I7] *vt* to codirect

codo¹ -da *adj* (Méx fam) tightfisted (colloq)

codo² *m* (Anat) elbow; (de prenda) elbow; ***a fuerza*** *or* ***a base de ~s*** (fam) through sheer hard slog *o* graft (colloq); ***~ con*** *or* ***a ~*** side by side; ***empinar el ~*** (fam) to prop up the bar; ***hablar (hasta) por los ~s*** (fam) to talk nineteen to the dozen (colloq); ***hincar*** *or* ***romperse los ~s*** (fam) to knuckle down (colloq); **tuvo que hincar los ~s para el examen** she had to cram (colloq); ***ser del ~*** *or* ***duro de ~*** (Arg fam) to be tightfisted *o* stingy (colloq)

Compuesto **codo de tenista** tennis elbow

codorniz *f* quail

coedición *f* joint publication, co-publication

coeditar [A1] *vt* to copublish

coeficiente *m* (Mat) coefficient

Compuestos
- **coeficiente de amortización** amortization rate
- **coeficiente de incremento** rate of increase
- **coeficiente intelectual** *or* **de inteligencia** IQ, intelligence quotient

coercer [E2] *vt* (frml) to constrain (frml)

coerción *f* constraint

coercitivo -va *adj* coercive

coetáneo -nea *adj/m,f* contemporary

coexistencia *f* coexistence

coexistir [I1] *vi* to coexist

cofia *f* cap

cofinanciación *f* joint financing

cofinanciar [A1] *vt* to finance … jointly

cofrade *mf* member (*of a* **cofradía**)

cofradía *f* 1 (Relig) brotherhood 2 (Hist) (gremio) guild

cofre *m*
A 1 (joyero) jewel case, jewelry* box 2 (baúl — para ropa) trunk; (— para dinero, joyas) chest
B (Méx) (capó) hood (AmE), bonnet (BrE)

cofundador -dora *m,f* co-founder

cogeculo *m* (Ven vulg): **tenemos un ~ horrible** it's total chaos *o* havoc

cogedor *m* (esp Esp) dustpan

cogeolla *f* (Col) potholder, ovencloth (BrE)

coger [E6] *vt*

Sentido I

A (esp Esp) 1 (tomar) to take; **lo cogió del brazo** she took him by the arm; **coge un folleto** pick up *o* take a leaflet; **esto no hay** *or* **no tiene por donde ~lo** (fam) I just don't know where to start with this 2 (quitar) (+ *me/te/le etc*) to take; **siempre me está cogiendo los lápices** she's always taking my pencils 3 ‹*flores/fruta*› to pick; (levantar) to pick up; **coge esa revista del suelo** pick that magazine up off the floor; **cogió al niño en brazos** she picked the child up in her arms; **~ a algn en autostop** (Esp) to pick up a hitchhiker; **no cogen el teléfono** (Esp) they're not answering the phone

B (esp Esp) (alcanzar, atrapar) 1 ‹*ladrón/terrorista*› to catch 2 ‹*pelota*› to catch 3 ‹*pescado/liebre*› to catch 4 «*toro*» to gore

C (esp Esp) 1 (descubrir) to catch; **lo cogieron in fraganti/robando** he was caught red-handed/stealing 2 (encontrar) to catch; **me cogió de buenas** she caught me in a good mood; **la noticia nos cogió en París** we were in Paris when we got the news

D 1 ‹*tren/autobús/taxi*› to catch, take 2 ‹*calle/camino*› to take; **coge la primera a la derecha** take the first right

E (Esp fam) 1 (sacar, obtener) ‹*billete/entrada*› to get; **~ hora para el médico** to make an appointment to see the doctor 2 (traer): **vete a ~ el coche** go and get *o* bring the car 3 (ocupar): **~ sitio** to save a place; **coge la vez en la cola** take your turn in the line (AmE) *o* (BrE) queue; **cogió la delantera** he took the lead

Sentido II

A (Esp) 1 (aceptar) ‹*dinero/trabajo/casa*› to take; **no puedo ~ más clases** I can't take on any more classes 2 (admitir) to take; **ya no cogen más niños en ese colegio** they're not taking any more children at that school now 3 (atender): **no pudieron ~me en la peluquería** they couldn't fit me in at the hairdresser's

B (esp Esp) (adquirir) 1 ‹*enfermedad*› to catch; ‹*insolación*› to get; **vas a ~ frío** you'll catch cold; **cogí una borrachera** I got plastered (colloq); **cogió un berrinche** she had a temper tantrum 2 ‹*polvo/suciedad*› to collect, gather; **~ algo de color** (broncearse) to get a bit of color 3 ‹*acento*› to pick up; ‹*costumbre/vicio*› to pick up; ‹*ritmo*› to get into; **le cogí cariño** I got quite fond of him; **~le manía a algn** to take a dislike to sb; ***~la con algn*** to take it out on sb; ***~la por hacer algo*** (Ven fam) to take to doing sth

C (esp Esp) (captar) 1 ‹*sentido/significado*› to get 2 ‹*emisora*› to pick up, get

D (Méx, RPl, Ven vulg) to screw (vulg), to fuck (vulg)

■ **coger** *vi*
A (esp Esp) «*planta*» to take; «*tinte/permanente*» to take
B 1 (esp Esp) **cojo/cogió y …** (fam): **si empiezas con eso cojo y me voy** if you're going to start talking about that, I'm off *o* (AmE) I'm taking off (colloq); **de repente cogió y se fue** suddenly he upped and went (colloq); **cogió y se puso a llorar** she (suddenly) burst into tears 2 (esp Esp) (por un camino): **coge por esta calle y …** take this street and … 3 (Esp fam) (caber) to fit
C (Méx, RPl, Ven vulg) to screw (vulg), to fuck (vulg)

■ **cogerse** *v pron* (esp Esp) 1 (agarrarse, sujetarse) to hold on; **cógete de la barandilla** hold on to the railing 2 (*recípr*): **ir cogidos de la mano** to walk hand in hand

cogestión *f* joint management

cogida *f* (Taur) goring; **sufrió una ~** he was gored

cognac *m* brandy

cognitivo -va *adj* cognitive

cognoscible *adj* cognizable

cogollo *m*
A (Bot) 1 (de lechuga, col) heart; (de hinojo) bulb 2 (brote) bud
B (fam) (meollo) heart; **el ~ de la cuestión** the heart of the matter
C (Ven fam) (de organización) bigwigs (*pl*) (colloq)

cogote *m* (fam) (nuca) scruff of the neck; (cuello) (AmL) neck

cogotear [A1] *vt* (Chi fam) to mug

cohabitación *f* (frml) cohabitation (frml)

C

C

cohabitar [A1] *vi* (frml) to cohabit (frml)
cohechar [A1] *vt* to bribe
cohecho *m* bribery
coheredero -ra (*m*) coheir; (*f*) coheiress
coherencia *f*
A 1 (congruencia) coherence, logic; **con ~** coherently *o* logically 2 (consecuencia) consistency; **actuar con ~** to be consistent; **¡qué falta de ~!** he's/it's so inconsistent
B (Fís) coherence
coherente *adj*
A 1 (congruente) ‹*discurso/razonamiento/ideas*› coherent, logical 2 (consecuente) ‹*actitud*› consistent; **una mujer ~** a woman who acts according to her beliefs
B (Fís) coherent
coherentemente *adv* 1 ‹*discutir/hablar*› coherently 2 ‹ *comportarse/actuar*› consistently
cohesión *f*
A 1 (de ideas, pensamientos) coherence 2 (en grupo) cohesion, unity
B (Fís) cohesion
cohesionar [A1] *vt* (frml) to unite
cohete *m*
A (Espac, Mil) rocket
Compuestos
• **cohete espacial** space rocket
• **cohete sonda** space probe
B cohetes *mpl* fireworks (*pl*); *ver tb* **cuete² B**
cohibido -da *adj* (tímido) shy; (inhibido) inhibited; (incómodo) awkward
cohibir [I22] *vt* 1 (inhibir) to inhibit; **la presencia de su padre lo cohíbe** he feels inhibited in front of his father 2 (hacer sentir incómodo): **hablar en público lo cohíbe** he feels embarrassed about speaking in public
■ **cohibirse** *v pron*: **se cohibió al verme** he went all shy when he saw me (colloq)
cohorte *f* cohort
C.O.I *m* (= **Comité Olímpico Internacional**) IOC
coima *f* (CS, Per fam) (soborno) bribe; (acción) bribery
coime *m* (Col fam & pey) waiter
coimear [A1] *vt* (CS, Per fam) (sobornar) to bribe; (aceptar sobornos de) to get *o* take bribes from
■ **coimear** *vi* (fam): **coimeando se hizo rico** he got rich taking bribes
coimero¹ -ra *adj* (CS, Per fam) bent (colloq)
coimero² -ra *m,f* (CS, Per fam): **son todos unos ~s** they all take bribes
coincidencia *f* 1 (casualidad) coincidence; **se dio la ~ de que él también estaba allá** by coincidence *o* chance he was there too, he happened to be there too; **¡que ~!** what a coincidence! 2 (de opiniones) agreement
coincidencial *adj* (Col) coincidental
coincidente *adj* ‹*líneas*› coincident; **en esto tenemos opiniones ~s** we are of the same opinion in this matter (frml)
coincidir [I1] *vi*
A «*fechas/sucesos*» to coincide; «*versiones/resultados*» to coincide, match up, tally; **~ CON algo** to coincide (*o* match up *etc*) WITH sth
B «*personas*» 1 (en opiniones, gustos) **~ EN algo**: **coinciden en sus gustos** they share the same tastes; **todos coincidieron en que ...** everyone agreed that ...; **~ CON algn** to agree WITH sb 2 (en un lugar): **a veces coincidimos en el supermercado** we sometimes see each other in the supermarket; **muchos famosos coincidieron allí** there were a lot of famous people there
C «*líneas*» to coincide; «*dibujos*» to match up
cointérprete *mf* 1 (Cin, Teatr) (m) co-actor, (f) co-actress; **fueron ~s en esa obra** they were on the same bill in that play 2 (Mús) co-singer
coinversión *f* joint investment
coipo *m* coypu, nutria
coito *m* intercourse, coitus (frml)
coitus interruptus *m* coitus interruptus
cojear [A1] *vi*
A 1 «*persona/animal*» (por herida, dolor) to limp; (permanentemente) to be lame; **entró cojeando** he limped *o* hobbled in 2 «*silla/mesa*» to wobble, rock
B (fam) «*explicación/definición*» to fall short
cojera *f* limp
cojín *m* cushion
cojinete *m*
A (Mec) bearing
Compuesto **cojinete de bolas/rodillos** ball/roller bearing
B (Ferr) chair, rail clip
cojo¹ -ja *adj*
A 1 ‹*persona/animal*› lame; **está ~ del pie derecho** he's lame in his right leg; ***andar a la pata coja*** (fam) to hop; ***brincar de cojito*** (Méx fam) to hop 2 ‹*mesa/silla*› wobbly
B (fam) ‹*razonamiento*› shaky, weak; **anda un poco ~ en inglés** he's rather weak at English
cojo² -ja *m,f* lame person
cojones *mpl*
A (vulg) (testículos) balls (*pl*) (sl *or* vulg); ***decir/hacer algn lo que le sale de los ~*** (Esp) to say/do what one damn well likes (colloq); ***estar hasta los ~*** (vulg) to be pissed off (sl); ***hincharle los ~ a algn*** (vulg) to piss sb off (sl); ***tener ~*** (vulg) to have guts (colloq), to have balls (sl); ***tocarse los ~*** (vulg): **yo trabajo y él se toca los ~** I do all the work and he just sits around on his butt (AmE) *o* (BrE) backside (colloq)
B (vulg) (uso expletivo): **hoy le toca a él, ¡qué ~!** it's *his* damned turn today! (colloq); **tiene que pasar por aquí por ~** he has to come this way; **el coche de los ~** the damned car (colloq); **hace un frío de ~** it's goddam (AmE sl) *o* (BrE sl) bloody freezing cold
cojonudo -da *adj*
A (arg) (estupendo) ‹*tipo/película/fiesta*› great (colloq), amazing (colloq)
B 1 (Col, RPl fam) (valiente) gutsy (colloq) 2 (RPl fam) (tonto) dense, dumb
cojudo -da *adj* (Andes vulg) (bobo) stupid
col *f* (Esp, Méx) cabbage
Compuestos
• **col de Bruselas** Brussels sprout
• **col rizada** curly kale, collard
cola¹ *f*
A 1 (de un animal, pez) tail; ***traer or tener ~*** to have repercussions 2 (de vestido) train; (de frac) tails (*pl*) 3 (de avión) tail; (de cometa) tail 4 (RPl fam) (nalgas) bottom (colloq) 5 (Esp fam) (pene) weenie (AmE colloq), willy (BrE colloq)
Compuesto **cola de caballo** ponytail
B 1 (fila, línea) line (AmE), queue (BrE); **no hay mucha ~** there isn't much of a line *o* queue; **hacer ~** to line up (AmE), to queue (up) (BrE); **¡a la ~!** get in line! *o* in the queue!; **pónganse a la ~ por favor** please join the (end of the) line *o* queue; **brincarse** *or* **saltarse la ~** (Méx) to cut the line, to jump the queue (BrE) 2 (de una clasificación, carrera): **en lo que se refiere a la investigación estamos a la ~** as far as research is concerned, we are at the bottom of the pile *o* the league (colloq); **a la ~ del pelotón** at the tail end of the group
C (pegamento) glue; ***no pegar ni con ~***: **esos colores no pegan ni con ~** those colors just don't go together; **aquí no pega ni con ~** it just doesn't look right here (colloq)
Compuestos
• **cola de carpintero** wood glue *o* adhesive
• **cola de contacto/impacto** contact/impact adhesive
• **cola de pescado** fish glue, isinglass (tech)
D (bebida) Coke®, cola
E (Ven) (Auto): **pedir ~** to hitchhike; **darle la ~ a algn** to give sb a lift *o* a ride
cola² *m* (Chi fam & pey) fag (AmE colloq & pej), poof (BrE colloq & pej)
colaboración *f* collaboration; **en ~ con algn/algo** in collaboration with sb/sth
colaboracionismo *m* collaboration
colaboracionista *mf* collaborator
colaborador -dora *m,f* (en revista) contributor; (en tarea) collaborator
colaborar [A1] *vi* 1 to collaborate; **~ CON algn/algo** to collaborate WITH sb/sth; Ⓢ **colabore con nosotros, mantenga limpia la ciudad** help us keep the city clean; **~ EN algo** ‹*en proyecto*› to collaborate ON sth; **colabore**

en la lucha contra el hambre help fight hunger; **colabora en una revista** he contributes to a magazine 2 (contribuir) **~ A algo** to contribute TO sth

colación *f*

A **a ~: sacar** *or* **traer algo a ~** to bring sth up; **salir a ~** «*tema/asunto*» to come up

B 1 (frml) (comida ligera) light meal (*o* lunch *etc*) 2 (Col) (galleta) cookie (AmE), biscuit (BrE)

colada *f* (Esp) (lavado) laundry, washing; **tender la ~** to hang out the washing

coladera *f* 1 (Méx) (sumidero) drain 2 (Col) ▸ **colador**

coladero *m* (arg): **ese examen es un ~** that exam's a cinch (colloq); **esta ley se convertirá en un ~** this law will be used as a loophole

colado -da *adj*: **estar ~ por algn** (Esp fam) to be crazy about sb (colloq)

colador *m* (para té) tea strainer; (para pastas, verduras) colander; ***dejar algo como un ~***: **las polillas dejaron el suéter como un ~** (fam) the moths left the sweater full of holes; ***dejar a algn como un ~*** (fam) to riddle sb with bullets

colágeno *m* collagen

colapís, colapiz *mf* (Chi) ▸ **cola de pescado**

colapsar [A1] *vt* (Esp) (paralizar) ‹*tráfico*› to bring … to a standstill

colapso *m* 1 (Med) collapse; **sufrió/le dio un ~** he collapsed 2 (paralización) standstill; **provocó un ~ en todo el país** it brought the country to a standstill

colar [A10] *vt* 1 ‹*verdura/pasta*› to strain, drain; ‹*caldo/té*› to strain 2 ‹*billete falso*› to pass; **les coló el cuento de que …** he spun them a yarn about … (colloq)

■ **colar** *vi* (fam) «*cuento/historia*»: **no va a ~** it won't wash (colloq)

■ **colarse** *v pron*

A (fam) 1 (en cola) to jump the line (AmE) *o* (BrE) queue 2 (en fiesta) to gatecrash; (en cine, en autobús) to sneak in without paying (colloq); **los ladrones se ~on por una ventana** the burglars slipped *o* sneaked in through a window

B 1 (fam) (entrar, penetrar): **se cuela una corriente de aire por debajo de la puerta** there's a draft coming in under the door 2 (Esp fam) (equivocarse) to get it wrong (colloq)

colateral *adj* 1 ‹*calle/pasillo*› side (*before n*) 2 ‹*pariente/línea*› collateral 3 ‹*efecto*› collateral (frml), secondary; **los efectos ~es del medicamento** the side effects of the drug

colcha *f* bedspread

colchón *m* (de cama) mattress; **~ de espuma/muelles/plumas** foam/sprung/feather mattress

(Compuesto) **colchón de aire** (Tec) air cushion

colchonería *f*: *store selling mattresses*

colchoneta *f* (de playa) air bed, Lilo® (BrE); (de gimnasia) mat; (de cama) (Méx) comforter (AmE), duvet (BrE)

cole *m* (Esp fam) school

colear [A1] *vi* 1 (fam) (no estar resuelto): **todavía colea el asunto** the matter hasn't yet been settled 2 (Col, CS) «*coche*» to fishtail

colección *f* 1 (de sellos, monedas, cuadros) collection 2 (fam) (gran cantidad): **tiene una ~ de pulseras** she has lots of bracelets 3 (Lit) collection 4 (de modas) collection

coleccionable¹ *adj* collectable

coleccionable² *m* pull-out section

coleccionar [A1] *vt* to collect

coleccionista *mf* collector

colecta *f* (de donativos) collection; **hicimos una ~** we had a collection

colectar [A1] *vt* to collect

colectivero -ra *m,f* (de autobús) (Arg) bus driver; (de taxi) (Andes) driver of a collective taxi

colectividad *f* group, community; **en ~** collectively

colectivización *f* collectivization

colectivizar [A4] *vt* to collectivize

colectivo¹ -va *adj* collective

colectivo² *m*

A (period) (agrupación) group

B (Ling) collective noun

C 1 (Andes) (taxi) collective taxi (*with a fixed route and fare*) 2 (Arg) (autobús) bus

D (Per, Ur) (para regalo) collection

colector *m*

A (cañería) sewer

(Compuesto) **colector de drenaje** drainpipe

B (Elec) collector

C (Auto, Tec) manifold

colega *mf* 1 (compañero de profesión) colleague 2 (homólogo) counterpart 3 (fam) (amigo) buddy (AmE), mate (BrE colloq)

colegiado¹ -da *adj* collegial

colegiado² -da *m,f* 1 (profesional) member (*of a professional association*) 2 (period) (en fútbol) referee

colegial -giala *m,f* (de colegio) (*m*) schoolboy; (*f*) schoolgirl; **los ~es** (the) schoolchildren

colegiarse [A1] *v pron* to become a member (*of a professional association*)

colegiata *f* collegiate church

colegiatura *f* (Méx) school fees (*pl*)

colegio *m*

A (Educ) school; **~ de monjas** convent school; **un ~ de curas** a Catholic boys' school

(Compuestos)

- **colegio mayor** (Esp) residence hall (AmE), hall of residence (BrE)
- **colegio privado** *or* **de pago** fee-paying *o* private school
- **colegio público** *or* **estatal** *or* **del estado** public school (AmE), state school (BrE)
- **Colegio Universitario** University College

B (de profesionales): **C~ de Abogados** ≈ Bar Association; **C~ Oficial de Médicos** ≈ Medical Association

(Compuesto) **colegio electoral** electoral college

colegir [I8] *vt* to deduce

cólera¹ *m* cholera

cólera² *f* rage, anger; **descargó su ~ en mí** she vented her anger *o* rage on me; **montar en ~** to fly into a rage

colérico -ca *adj* 1 [ESTAR] (furioso) furious 2 [SER] (malhumorado) quick-tempered

colesterol *m* cholesterol

coleta *f* 1 (de pelo — atrás) ponytail; (— a los lados) bunch 2 (de torero) braid (AmE), pigtail (BrE); ***cortarse la ~*** (Taur) to retire from bullfighting; (abandonar una tarea) (fam) to pack it in (colloq)

coletazo *m* 1 (con la cola) thrash of the tail; **dar ~s** to thrash about 2 (Auto): **el coche dio un ~** the rear of the car skidded 3 (de movimiento, régimen): **dar los últimos ~s** to be in its death throes

coletilla *f* tag, filler (tech); *tb* **~ interrogativa** question tag, tag question

coleto *m*

A (Indum) jerkin; ***echarse algo al ~*** (fam) ‹*comida*› to put away; ‹*bebida*› to knock back (colloq)

B (Ven) 1 (tela) canvas 2 (fam) (trapo) floorcloth; **pasar el ~** to clean

colgado -da *adj* (*ver tb* **colgar**)

A (plantado): **lo dejó ~** she didn't show up; **me dejó ~ y tuve que hacerlo todo yo** she left me in the lurch and I had to do it all myself

B 1 (Esp arg) ‹*asignatura*›: **tiene una asignatura colgada para septiembre** he has to do retakes in September 2 (Esp arg) (por drogas) spaced out (colloq) 3 (Chi, Esp fam *or* arg) (que no entiende, no sabe): **estar ~** to be completely lost (colloq) 4 (Col fam) (atrasado) behind 5 (Col, Esp fam *or* arg) (de dinero) short of money

colgajo *m* (fam): **una cortina con ~s** a curtain with dangly bits hanging from it (colloq)

colgante¹ *adj* hanging; ▸ **puente**

colgante² *m* pendant

colgar [A8] *vt*

A ‹*cuadro*› to hang, put up; ‹*lámpara*› to put up; **está colgando la ropa** she's hanging the washing out; **~ algo DE algo** to hang sth ON sth

B (ahorcar) to hang; **lo ~on en 1807** he was hanged in 1807

C ‹*teléfono/auricular*› to put down; **tienen el teléfono mal**

C

colgado their phone is off the hook
■ **colgar** *vi*
A (pender) to hang; **el vestido me cuelga de un lado** my dress is hanging down on one side
B (Telec) to hang up; **no cuelgue, por favor** hold the line please, please hold; **me colgó** he hung up on me
■ **colgarse** *v pron (refl)*
A (ahorcarse) to hang oneself
B (agarrarse, suspenderse) **~se DE algo**: **no te cuelgues de ahí** don't hang off there; **se le colgó del cuello y le dio un beso** he put his arms around her neck and gave her a kiss; **se pasó la tarde colgada del teléfono** (fam) she spent all afternoon on the phone
C 1 (Chi) (Telec): **se ~on al satélite** they linked up with the satellite 2 (Chi, Méx) (Elec): **~se del suministro eléctrico** to tap into the electricity supply

colibrí *m* hummingbird

cólico *m* colic
(Compuestos)
• **cólico hepático** hepatic *o* biliary colic
• **cólico nefrítico** *or* **renal** renal colic

coliflor *f*, (RPl) *m* cauliflower

coligar [A3] *vt* (frml) to unite
■ **coligarse** *v pron* (frml) to form an alliance

colilla *f* (de cigarrillo) cigarette end *o* butt

colimba[1] *f* (Arg fam) military service

colimba[2] *m* (Arg fam) conscript

colín *m* (Coc) bread stick

colina *f* hill

colindante *adj* adjoining

colindar [A1] *vi* «*terrenos*» to adjoin; **~ CON algo** to adjoin sth

colirio *m* eye drops (*pl*)

colisión *f* 1 (de trenes, aviones) collision, crash; **se produjo una ~ entre dos trenes** two trains collided *o* crashed 2 (conflicto) conflict, clash
(Compuesto) **colisión en cadena** pileup

colisionar [A1] *vi* (frml) to collide

colitis *f* colitis

colla *mf*: *Indian from the Andean region of Bolivia, Peru and the NW of Argentina*

collado *m* (colina) hill; (entre montañas) pass

collage /ko'laʒ/ *m* (*pl* **-llages**) collage

collar *m*
A 1 (alhaja) necklace; (condecoración) chain; **~ de perlas** string of pearls 2 (para animales) collar 3 (plumaje) collar, ruff
(Compuestos)
• **collar antipulgas** flea collar
• **collar ortopédico** surgical collar, cervical collar
B (Tec) collar, hose clip

collarín *m* surgical collar, cervical collar

collera *f*
A (Per fam) (pandilla) gang (colloq)
B **colleras** *fpl* (Chi) (gemelos) cuff links (*pl*)

colmado[1] **-da** *adj* ‹*cucharada*› heaped; *ver tb* **colmar**

colmado[2] *m* (Esp ant) grocery store (AmE), grocer's shop (BrE)

colmar [A1] *vt* 1 ‹*vaso/cesta*› to fill … to the brim 2 ‹*deseos/aspiraciones*› to fulfill* 3 ‹*paciencia*› to stretch … to the limit; **~ a algn de algo** ‹*de atenciones*› to lavish sth on sb; **me ~on de regalos** they gave me lots of presents; **una vida colmada de éxitos** a life filled with *o* full of success

colmena *f* beehive

colmenero -ra *m,f* beekeeper

colmillo *m* (de persona) eyetooth, canine (tech); (de elefante, jabalí, morsa) tusk; (de perro, lobo) fang, canine; ***enseñar los ~s***; ▸**diente 1**

colmo *m*: **el ~ de la vagancia** the height of laziness; **para ~ de desgracias** *or* **males** to top *o* cap it all; **sólo falta que para ~ (de males) nos corten el gas** all we need now is for them to cut the gas off; **sería el ~ que ...** it would be too much if …; **¡esto es el ~!** this is the last straw!; **¡esto ya es el ~ de los ~s!** this really is the limit!

colocación *f*
A (empleo) job; **buscar ~** to look for a job
B 1 (acción) positioning, placing; (de losas, baldosas) laying 2 (Fin) investment, deposit

colocado -da *adj*
A (en un trabajo): **está muy bien ~** he has a very good job
B (Esp arg) (con drogas) stoned (colloq)

colocar [A2] *vt*
A 1 (en lugar) to place, put; ‹*losas/alfombra*› to lay; ‹*cuadro*› to hang 2 (Com, Fin) ‹*acciones*› to place; ‹*dinero*› to place, invest; ‹*producto*› to put
B ‹*persona*› 1 (en lugar) to put 2 (en trabajo) to get … a job; **el padre lo colocó como jefe de departamento** his father placed him in charge of the department
■ **colocarse** *v pron*
A (situarse, ponerse): **se colocó a mi lado** she stood/sat beside me; **si gana se ~á en tercer lugar** if he wins he'll move into third place
B (en trabajo) to get a job
C (Esp arg) (con drogas) to get stoned (colloq)
D (*refl*) 1 (arreglarse) ‹*sombrero*› to adjust; ‹*falda*› to straighten 2 (Chi) (ponerse) ‹*reloj/abrigo*› to put on

colocho -cha *m,f*
A (AmC) (persona) curly-haired person
B **colocho** *m* (AmC) (rizo) curl

colofón *m* 1 (culminación, término): **el ~ de una brillante carrera** the culmination of a brilliant career; **el congreso tuvo como ~ una cena de gala** the convention was rounded off with a gala dinner; **como ~ a estos acontecimientos** as a coda to these events 2 (Impr) colophon

Colombia *f* Colombia

colombianismo *m* Colombianism, Colombian word/expression

colombiano -na *adj/m,f* Colombian

colombino -na *adj* of/relating to Columbus

colombófilo -la *m,f* pigeon breeder (AmE), pigeon fancier (BrE)

colon *m* colon

colón *m* colon (*Costa Rican and Salvadoran unit of currency*)

Colón 1 (Hist) Columbus; **Cristóbal ~** Christopher Columbus 2 (*como interj*) (Per fam) **¡~!** obviously!

colonia *f*
A (Hist, Pol) colony
B (de animales, células) colony
C 1 (de viviendas) residential development; **~ militar** housing estate (*for service families*) 2 (Méx) (barrio) quarter, district 3 (campamento) camp; **~ de vacaciones** holiday camp
(Compuesto) **colonia penal** (Per) penal colony
D (perfume) cologne, eau de cologne

coloniaje *m* (AmL) (período) colonial period; (sistema de gobierno) colonial government

colonial *adj* colonial

colonialismo *m* colonialism

colonialista *adj/mf* colonialist

colonización *f* colonization

colonizador[1] **-dora** *adj* colonizing

colonizador[2] **-dora** *m,f* colonizer

colonizar [A4] *vt* to colonize

colono *m*
A (inmigrante) colonist
B (Agr) (en tierras baldías) settler; (en tierras arrendadas) tenant farmer

coloquial *adj* colloquial

coloquio *m*
A 1 (debate) discussion, talk; (simposio) (AmL) colloquium, symposium 2 (*como adj inv*): **conferencia ~** talk (*followed by discussion*)
B (Lit) dialogue

color *m*
A 1 color*; **ha cambiado de ~** it has changed color; **¿de qué ~ es?** what color is it?; **un sombrero de un ~ oscuro/claro** a dark/light hat; **las banderitas de ~ amarillo/verde** the yellow/green flags; **una blusa (de) ~ carne** a flesh-colored blouse; **ilustraciones a todo ~** full color illustrations; **papeles de ~es** pieces of colored paper; **cintas de ~es** colored ribbons; **globos de todos**

los ~es *or* (CS, Méx) **de todos ~es** balloons of all different colors; **televisión en ~es** *or* (Esp) **en ~** *or* (Andes, Méx) **a ~** color television; **fotos en ~es** *or* (Esp) **en ~** color photos; **dar ~ a algo** to add color* to sth; ***~ de hormiga*** (AmL): **la cosa se puso ~ de hormiga** things started looking pretty grim *o* black; ***no hay ~*** (Esp) there's no comparison; ***ponerse de mil ~es*** *or* ***de todos los ~es*** to blush to the roots of one's hair; ***subido de ~*** (chiste) risqué; ***subírsele el ~*** *or* ***los ~es a algn*** (por esfuerzo) to flush, become flushed; (por vergüenza) to blush, turn red, go red (BrE) 2 **tomar** *or* (esp AmL) **agarrar** *or* (esp Esp) **coger ~** «*pollo*» to brown; «*cebolla frita/pastel*» to turn golden-brown; «*fruta*» to ripen; «*piel*» to become tanned 3 (tintura) color*, dye 4 **colores** *mpl* (lápices) colored* pencils (*pl*), crayons (*pl*) 5 **colores** *mpl* (señal distintiva) colors* (*pl*); **los ~es nacionales** the national colors; ***correr con ~es propios*** (Chi, Ven) to act on one's own initiative

(Compuesto) **color complementario/primario** complementary/primary color*

B (raza) color*; **sin distinción de credo ni ~** regardless of creed or color; **una chica de ~** (euf) a colored girl (dated)

C (colorido de relato, de fiesta) color*; **una celebración de gran ~** a celebration full of color

D (cúrcuma) turmeric

coloración *f* (color) coloration; **adquirió una ~ rojiza** it took on a reddish color

colorado¹ -da *adj* 1 red; ***ponerse ~*** to blush, turn red, go red (BrE); ▸**tomate A** 2 (Méx fam) ‹*chiste*› risqué

colorado² *m* red

colorante¹ *adj* coloring*

colorante² *m* coloring*; ⓢ **no contiene colorantes** no artificial colors

coloreado -da *adj* colored*

colorear [A1] *vt* (Art) to color*; **~ algo DE algo** to color* sth IN sth

colorete *m* blusher, rouge

colorido *m* colors* (*pl*); **el ~ de las fiestas locales** the colorful atmosphere of the local festivities

colorín¹ -rina *m,f* (Chi) red-haired person

colorín² *m*

A (fam) (color llamativo) bright color*; **y ~ colorado, este cuento se ha acabado** (fr hecha) and that is the end of the story

B (Zool) goldfinch

colorinche¹ *adj* (RPl fam) colorful*; (pey) garish (pej)

colorinche² *m* (AmL): **una manta llena de ~s** a really colorful blanket; (pey) a really garish blanket (pej)

colosal *adj* ‹*estatua/obra/fortuna*› colossal; ‹*ambiente/idea*› (fam) great (colloq)

coloso *m* (estatua) colossus; (gigante) giant

columbrar [A1] *vt* (liter) to begin to see

columna *f*

A (Arquit) column, pillar

B (Anat) spine, backbone

(Compuesto) **columna vertebral** (Anat) spine, spinal *o* vertebral column; (de sistema) backbone

C (Impr, Period) column; **un artículo a dos ~s** a two-column article

D (Mil) column; **marchar en ~ de a cuatro** to march four abreast

columnista *mf* columnist

columpiar [A1] *vt* to push (*on a swing*)

■ **columpiarse** *v pron* (*refl*) to swing

columpio *m* 1 (Jueg, Ocio) swing; **jugar a los ~s** (fam) to play on the swings 2 (sofá de jardín) couch hammock

colusión *f* collusion

colza *f* rape, colza; **aceite de ~** rapeseed oil

coma¹ *m* (Med) coma; **entrar en (estado de) ~** to go into a coma; **~ profundo** deep coma

coma² *f*

A 1 (Ling) comma; **nos lo contó sin dejarse ni una ~** he told us all about it in great detail; ▸**punto** 2 (Mat) point; **cuatro ~ cinco** four point five

B (Mús) comma

comadre *f*

A (madrina) *godmother of one's child or mother of one's godchild*

B (esp AmL fam) (amiga, vecina): **las ~s del pueblo** the village women; **¿cómo está, ~?** how are you, dear *o* (BrE) love?

comadreja *f* (mustélido) weasel

comadreo *m* (fam) chatting, nattering (BrE colloq)

comadrona *f* midwife

comal *m* (Méx) *ceramic dish or metal hotplate for cooking* **tortillas**

comandancia *f*

A (edificio) command headquarters (*sing o pl*); (territorio) command

B (RPl) (mando) command; **ejercía la ~ del ejército** he was in command of the army

comandante *mf*

A 1 (en el ejército) major; (en las fuerzas aéreas) major (AmE), squadron leader (BrE) 2 (oficial al mando) commanding officer

(Compuesto) **comandante en jefe** commander in chief

B (Aviac) captain

comandar [A1] *vt* to command

comandita *f* ▸**sociedad**

comando *m*

A 1 (grupo de combate) commando group; **~ de reconocimiento** reconnaissance commando; **~ terrorista** terrorist cell *o* squad 2 (AmL) (mando militar) command

(Compuesto) **comando de acción/información** active-service/intelligence unit

B (Inf) command

comarca *f* region

> **comarca**
>
> In Spain, a geographical, social, and culturally homogeneous region, with a clear natural or administrative demarcation. *Comarcas* are normally smaller than **regiones**. They are often famous for some reason, for example Ampurdán (Catalonia) for its wines, or La Mancha (Castile) for its cheeses

comarcal *adj* regional; ▸**carretera**

comatoso -sa *adj* comatose

comba *f*

A (de viga, cable) sag; (de pared) bulge

B (Esp) (Jueg) jump rope (AmE), skipping rope (BrE); **saltar la ~** to jump rope (AmE), to skip (BrE)

combado -da *adj* ‹*viga/cable*› sagging; ‹*pared*› bulging

combarse [A1] *v pron* «*viga/cable*» to sag; «*disco*» to warp; «*espalda/piernas*» to bend

combate *m* 1 (Mil) combat; **zona de ~** combat zone 2 (en boxeo) fight; ***dejar a algn fuera de ~*** (en boxeo) to knock sb out; (en debate, competición) to crush sb

combatiente¹ *adj* fighting (*before n*) combatant (*before n*) (frml)

combatiente² *mf* combatant (frml); **antiguo** *or* **ex ~** veteran

combatir [I1] *vi* «*soldado/ejército*» to fight

■ **combatir** *vt* ‹*enemigo/enfermedad/fuego*› to fight, to combat (frml); ‹*proyecto/propuesta*› to fight; ‹*frío*› to fight off

combatividad *f* fighting spirit

combativo -va *adj* 1 (luchador) spirited, combative; **espíritu ~** fighting spirit 2 (agresivo) combative

combi ® *f* (Méx, Per, RPl) *VW® van*

combinación *f*

A 1 (de colores, sabores) combination 2 (Mat) permutation 3 (de caja fuerte) combination

B (Indum) slip

C (Transp) connection

combinada *f* (Col) combine harvester

combinado *m* 1 (bebida) cocktail 2 (Andes period) (Dep) team, line-up (journ)

combinar [A1] *vt* 1 ‹*ingredientes*› to combine, mix together 2 ‹*colores*› to put together; **no sabe ~ la ropa** he isn't very good at coordinating clothes; **~ algo CON algo**: **~ el rojo con el violeta** to put red and purple together; **no puedes ~ esa falda con ese jersey** you can't wear that skirt with that sweater 3 (Quím) to combine 4 (reunir) to combine

■ **combinar** *vi* «*colores/ropa*» to go together; **~ CON algo** to go WITH sth

■ **combinarse** *v pron* [1] «*personas*» (ponerse de acuerdo): **se ~on para sorprenderlo** they got together to give him a surprise; **nos combinamos para estar allí a las seis** we all arranged to be there at six [2] (Quím) to combine

combinatorio -ria *adj* combinatorial

combo¹ -ba *adj* ▸**combado**

combo² *m*
A (Chi, Per) (mazo) sledgehammer
B (Chi, Per fam) (puñetazo) punch
C (Col) [1] (Mús) band [2] (fam) (pandilla) gang (colloq)

combustible¹ *adj* combustible

combustible² *m* (Fís, Quím) combustible; (Transp) (carburante) fuel

combustión *f* combustion

comecocos *m* (*pl* ~) ▸**comedura de coco**

comedero *m* [1] (Agr) (para el ganado) feeding trough [2] (Col) (taberna, restaurante) roadside cafe, diner (AmE)

comedia *f* [1] (Teatr) (obra) play; (cómica) comedy; **no hagas tanta ~** stop being so dramatic [2] (serie cómica) comedy series [3] (AmL) (telenovela) soap opera, soap; (radionovela) radio serial

(Compuestos)
• **comedia de costumbres/de enredo** comedy of manners/of intrigue
• **comedia musical** musical

comediante -ta *m,f* [1] (Teatr) (*m*) actor; (*f*) actress [2] (farsante) fraud; **es un ~** he's such a fraud

comedido -da *adj* [1] (moderado) moderate, restrained [2] (AmL) (atento) obliging, well-meaning

comediógrafo -fa *m,f* playwright

comedirse [I14] *v pron* [1] (moderarse) to show *o* exercise restraint [2] (CS) (ofrecerse) to offer

comedor¹ -dora *adj* (fam): **son todos muy ~es** they're all big eaters

comedor² *m* (sala — en casa, hotel) dining room; (— en colegio, universidad) dining hall, refectory; (— en fábrica, empresa) canteen, cafeteria

comedura de coco *f* (Esp fam) [1] (lavado de cerebro): **la tele es una ~ de ~** TV just tries to brainwash you [2] (preocupación): **tener una ~ de ~** to worry nonstop

comején *m* (Col) termite

comelón¹ -lona *adj* (AmL fam) ‹*persona*› with a big appetite

comelón² -lona *m,f* (AmL fam): **es un ~** he's a big eater

comendador *m* commander

comensal *mf* (frml) guest

comentador -dora *m,f* (Per) commentator

comentar [A1] *vt* [1] ‹*suceso/noticia/película*› to talk about, discuss; ‹*obra/poema*› to comment on [2] (mencionar) to mention; (hacer una observación) to remark on; **comentó que ...** he remarked that ...; **¡qué joven es! — comentó** he's so young! — he remarked [3] (CS) (Rad, TV) ‹*partido*› to commentate on

■ **comentar** *vi* (fam): **ya sabes que la gente comenta** you know how people talk

comentario *m*
A [1] (observación) comment; **hacer un ~** to make a comment; **¿quiere hacer algún ~?** do you have any comments?; **fue un ~ de mal gusto** it was a tasteless remark; **sin ~(s)** no comment; **sobran** *or* **huelgan los ~s** it's best not to say anything [2] (mención): **no hagas ningún ~ sobre esto** don't mention this [3] (análisis) commentary; **~ de texto** textual analysis
B (Rad, TV) commentary

comentarista *mf* commentator

comenzar [A6] *vt* to begin, commence (frml)

■ **comenzar** *vi* to begin; **al ~ el día** at the beginning of the day; **~ + GER** to begin BY -ING; **~ A + INF** to start -ING *o* to + INF; **~on a disparar** they started firing *o* to fire; **~ POR algo** to begin WITH sth; **~ POR + INF** to begin BY -ING

comer¹ [E1] *vi*
A [1] (tomar alimentos) to eat; **no tengo ganas de ~** I'm not hungry; **este niño no me come nada** (fam) this child won't eat anything (colloq); **~ *como un sabañón*** *or* (Esp) ***una lima*** *or* (Méx) ***un pelón de hospicio*** (fam) to eat like a horse [2] **dar de ~** to feed; **dar(le) de ~ a algn (en la boca)** to spoonfeed sb; **darle de ~ al gato/al niño** to feed the cat/the kid; ***¡come y calla!*** shut up and do as you're told
B [1] (tomar una comida) to eat; **todavía no hemos comido** we haven't eaten yet; **salir a ~ (fuera)** to go out for a meal, to eat out; **¡a ~!** lunch (*o* dinner *etc*) is ready!; **¿qué hay de ~?** (a mediodía) what's for lunch?; (por la noche) what's for dinner *o* supper?; **aquí se come muy bien** the food here is very good [2] (esp Esp, Méx) (almorzar) to have lunch, have dinner (BrE colloq); **nos invitaron a ~** they asked us to lunch [3] (esp AmL) (cenar) to have dinner; **comemos a las nueve** we have *o* eat dinner at nine

■ **comer** *vt*
A ‹*fruta/verdura/carne*› to eat; **no puedo ~ chocolate** I can't have *o* eat chocolate; **come un poco de queso** have a little cheese; **¿puedo ~ otro?** can I have another one?; **no tienen qué ~** they don't have anything to eat; **mira el suéter, me lo comió la polilla** look at my sweater, the moths have been at it; **como un cáncer que le come las entrañas** (liter) like a cancer gnawing away at his insides; ***sin ~lo ni beberlo*** (Esp): **me llevé el castigo sin ~lo ni beberlo** I got punished even though I didn't have anything to do with it; ***¿(y) eso con qué se come?*** (Esp fam) what on earth's that? (colloq)
B (fam) (hacer desaparecer) ▸**comerse C**
C (en ajedrez, damas) to take

■ **comerse** *v pron*
A (al escribir) ‹*acento/palabra*› to leave off; ‹*línea/párrafo*› to miss out; (al hablar) ‹*letra*› to leave off; ‹*palabra*› to swallow
B [1] (*enf*) ‹*comida*› to eat; **cómetelo todo** eat it all up; **~se algo de un bocado** to gulp sth down in one go; **está para comérsela** (fam) she's really tasty (colloq); **~se las uñas** to bite one's nails; **se lo come la envidia** he's eaten up *o* consumed with envy; ***~se a algn vivo*** (fam) to skin sb alive (colloq) [2] (fam) (ser muy superior) to surpass, overshadow
C (*enf*) (fam) (hacer desaparecer) [1] «*acido/óxido*» to eat away (at); «*polilla/ratón*» to eat away (at) [2] «*inflación/alquiler*» ‹*sueldo/ahorros*› to eat away at; **el colegio de los niños se come casi todo el sueldo** almost all my salary goes on the children's school fees; **se los va a ~ la mugre** they'll be up to their ears in muck (colloq)
D (Col fam) (poseer sexualmente) to have (colloq)

comer² *m* eating; **una persona de buen ~** someone who enjoys his/her food

comercial¹ *adj* [1] ‹*zona/operación/carta*› business (*before n*); **una firma ~** a company; **el desequilibrio ~ entre los dos países** the trade imbalance between the two countries; **el déficit ~** the trade deficit; **nuestra división ~** our sales *o* marketing department; ▸**galería, centro** [2] ‹*película/arte*› commercial

comercial² *m*
A (AmL) commercial, advert (BrE)
B (CS) (Educ) business school

comercial³ *f or m* (tienda): Ⓢ **Comercial Hernández** Hernandez's Stores

comercializable *adj* marketable

comercialización *f* (de producto) marketing; (de lugar, deporte) commercialization

comercializar [A4] *vt* ‹*producto*› to market; ‹*lugar/deporte*› to commercialize

■ **comercializarse** *v pron* to become commercialized

comerciante *mf* [1] (Com) (dueño de tienda) storekeeper (AmE), shopkeeper (BrE); (negociante) dealer, trader [2] (mercenario) money-grubber (colloq)

comerciar [A1] *vi* to trade, do business; **~ EN algo** to trade *o* deal IN sth

comercio *m* [1] (actividad) trade; **el mundo del ~** the world of commerce; **el ~ de armas/pieles** the arms/fur trade [2] (tiendas): **hoy cierra el ~** the stores (AmE) *o* (BrE) shops are closed today [3] (tienda) store (AmE), shop (BrE)

(Compuestos)
• **comercio carnal** sexual intercourse
• **comercio exterior/interior** foreign/domestic trade

comestible *adj* edible

comestibles *mpl* food; **este tipo de ~** this sort of food; **tienda de ~** grocery store (AmE), grocer's (shop) (BrE)

cometa¹ *m* comet

cometa[2] *f* kite; **hacer volar una ~** *or* (RPl) **remontar una ~** to fly a kite

cometer [E1] *vt* ‹*crimen/delito/pecado*› to commit; ‹*error/falta*› to make; **cometí la estupidez de decírselo** I made the stupid mistake of telling him

cometido *m* **1** (tarea, deber) task, mission **2** (Chi) (actuación) performance

comezón *f* **1** (Med) itching, itch; **tenía ~ en la espalda** his back was itching **2** (desasosiego) itch; **ya le estaba empezando la ~ de** *or* **por irse** he was already itching to leave

comible *adj* (fam) eatable

comic /'komik/, **cómic** *m* (*pl* **-mics**) (esp Esp) (tira ilustrada) comic strip; (revista) comic

comicidad *f* humor•

comicios *mpl* elections (*pl*)

cómico[1] **-ca** *adj* ‹*actor/género/obra*› comedy (*before n*); ‹*situación/mueca*› comical, funny; **lo ~ de la historia es ...** the funny thing about the story is ...

cómico[2] **-ca** *m,f* (actor) comedy actor, comic actor; (humorista) comedian, comic

comida *f*

A (alimentos) food; **~ para perros** dog food

B **1** (ocasión en que se come) meal; **hago tres ~s al día** I have *o* eat three meals a day; **la ~ fuerte del día** the main meal of the day **2** (AmL) (menú, platos) food; **hacer** *or* **preparar la ~** to get the food ready *o* cook the food

(Compuestos)

- **comida basura/rápida** junk/fast food
- **comida de negocios/de trabajo** business/working lunch

C **1** (esp Esp, Méx) (almuerzo) lunch, dinner (BrE) **2** (esp AmL) (cena) dinner, supper; (en algunas regiones del Reino Unido) tea

comidilla *f*: **ser la ~ del pueblo** to be the talk of the town

comido -da *adj*: **volvió/llegó ~** when he returned/arrived he had (already) eaten

comience, comienza, etc *see* **comenzar**

comienzo *m* beginning; **al ~** at first, in the beginning; **el proceso fue muy lento en sus ~s** initially, the process was very slow; **los ~s son siempre difíciles** the first months (*o* steps *etc*) are always difficult; **dar ~** to begin; **dar ~ a algo** ‹‹*persona*›› to begin sth; ‹‹*ceremonia/acto*›› to mark the beginning of sth

comillas *fpl* quotation marks (*pl*), inverted commas (BrE) (*pl*); **poner algo entre ~** to put sth in quotation marks *o* in inverted commas; **son amigos entre ~** (son más que amigos) they are friends in quotation marks *o* inverted commas; (no son verdaderos amigos) they are friends, or so they say

comilón -lona *adj/m,f* (CS, Esp fam) ▸**comelón**[1,2]

comilona *f* (fam) feast (colloq); **nos dimos/pegamos una ~** we had a blowout

comino *m* (Bot, Coc) cumin; ***no valer (ni) un ~*** (fam) to be worthless; ▸**importar 1**

comiquita *f* (Ven fam) (historieta) comic strip (dibujos animados) cartoon

comisaría *f*

A (edificio) *tb* **~ de policía** (police) station

B (Gob) (en Col) province

comisariado *m* commission

comisario *m*

A (de policía) captain (AmE), superintendent (BrE)

B (delegado) commissioner

comisión *f*

A (delegación, organismo) committee

(Compuestos)

- **Comisión Europea** *or* **de las Comunidades Europeas** European Commission
- **Comisiones Obreras** (en Esp) *communist labor union*
- **comisión mixta/permanente** joint/standing committee

B (Com) commission; **trabajar a ~** to work on a commission basis; **cobra un 20% de ~** she gets 20% commission

C (misión) assignment; **en ~** on assignment

comisionado -da *m,f* commissioner; ▸**alto**[1]

comisionar [A1] *vt* to commission

comisionista *mf* commission agent

comiso *m* (Col) packed lunch

comisura *f* corner; **la ~ de los labios** the corner of the mouth

comité *m*

A (junta) committee

(Compuestos)

- **comité de empresa** (Esp) works committee
- **comité de redacción** editorial board *o* committee

B (RPl) (sede) local headquarters (*sing o pl*)

comitiva *f* **1** (séquito) procession **2** (grupo) delegation

(Compuesto) **comitiva fúnebre** funeral procession, cortège

Commonwealth /'komonwelθ/ *m or* (Esp) *f*: **el** *or* **la ~** the Commonwealth

como[1] *prep*

A **1** (en calidad de) as; **quiero hablarte ~ amigo** I want to speak to you as a friend; **el director tendrá ~ funciones ...** the director's duties will be ...; **está considerado ~ lo mejor** he's considered (to be) the best **2** (con el nombre de) as; **se la conoce ~ 'flor de luz'** it's known as 'flor de luz' **3** (por ejemplo) like; **en algunos lugares ~ Londres** in some places such as *o* like London

B (en comparaciones, contrastes) like; **uno ~ el tuyo** one like yours; **pienso ~ tú** I agree with you; **fue ella, ~ que me llamo Beatriz** it was her, as sure as my name's Beatriz; **bailó ~ nunca** she danced as *o* like she'd never danced before; **me trata ~ a un imbécil** he treats me like an idiot; **¡no hay nada ~ un buen coñac!** there's nothing like a good brandy!; **~ PARA + INF: es ~ para echarse a llorar** it's enough to make you want to cry; **fue ~ para pegarle** I could have hit him

C (*en locs*) **así como** (frml) as well as; **como él solo/ella sola**: **es egoísta ~ él solo** he's so *o* he's incredibly selfish!; **como mucho/poco** at (the) most/at least; **como nadie**: **cocina ~ nadie** nobody cooks like her; **como que ...**: **conduce muy bien — ~ que es piloto de carreras** he drives very well — well, he *is* a racing driver, after all; **y no me lo dijiste — ¡~ que no lo sabía!** and you didn't tell me about it — that's because I didn't know about it!; **como ser** (CS) such as, for example; **como si** (+ *subj*) as if, as though; **ella está grave y él ~ si nada** *or* **~ si tal cosa** she's seriously ill and he doesn't seem at all *o* in the least worried

como[2] *conj*

A (de la manera que) as; **tal ~ había prometido** just as he had promised; **~ era de esperar** as was to be expected; **~ dice el refrán** as the saying goes; **no me gustó ~ lo dijo** I didn't like the way she said it; **(tal y) ~ están las cosas** as things stand; (+ *subj*) **hazlo ~ quieras/~ puedas** do it any way you like/as best as you can; **no voy — ~ quieras** I'm not going — please yourself *o* as you like; **~ quiera que sea** no matter what; **la buganvilla, o ~ quiera que se llame** bougainvillea or whatever it's called

B (puesto que) as, since; **~ era temprano, nos fuimos a dar una vuelta** since *o* as it was early, we went for a walk

C (si) (+ *subj*) if; **~ te pille ...** if I catch you ...

D (en oraciones concesivas): **cansado ~ estaba, me ayudó** tired though *o* tired as he was, he helped me

E (que): **vimos ~ se los llevaban** we saw them being taken away; **vas a ver ~ llega tarde** he'll be late, you'll see

como[3] *adv*

A (expresando aproximación) about; **está ~ a cincuenta kilómetros** it's about fifty kilometers away; **un sabor ~ a almendras** a kind of almondy taste

B (uso expletivo) kind of (colloq); **me da ~ vergüenza ...** I find it kind of embarrassing ...

cómo[1] *adv*

A (de qué manera) how; **¿~ estás?** how are you?; **¿~ es tu novia?** what's your girlfriend like?; **¿~ es de grande?** how big is it?; **¿~ te llamas?** what's your name?; **ya sabes ~ es** you know what he's like

B (por qué) why, how come (colloq); **¿~ no me lo dijiste antes?** why didn't you tell me before?

C (al solicitar que se repita algo) sorry?, pardon?; **¿~ dijo?** sorry, what did you say?

D **1** (en exclamaciones): **¡~ llueve!** it's really raining!; **¡~ comes!** the amount you eat!; **está nevando — ¡y ~!** it's snowing — and how! (colloq) **2** (*como interj*) what!; **¡~!**

¿no te lo han dicho? what! haven't they told you?
E (en locs) **¿a cómo ...?**: **¿a ~ están los tomates?** (fam) how much are the tomatoes?; **¿a ~ estamos hoy?** (AmL) what's the date today?; **¿cómo así?** how come? (colloq); **¡cómo no!** (esp AmL) of course!; **¿cómo que ...?** *or* **¡cómo que ...!**: **¿~ que no fuiste tú?** what do you mean it wasn't you?; **aquí no está — ¡~ que no!** it isn't here — what do you mean it isn't there?

C

cómo² *m*: **el ~ (y el cuando)** the how (and when)

cómoda *f* chest of drawers

cómodamente *adv* **1** (cómodamente) comfortably **2** (convenientemente) conveniently

comodidad *f*
A **1** (confort) comfort; **la ~ del hogar** the comfort of home **2** (conveniencia) convenience; **la ~ de vivir en una zona céntrica** the convenience of living centrally; **por ~** for the sake of convenience
B (holgazanería): **no lo hace por ~** he doesn't do it because he's lazy
C **comodidades** *fpl* (aparatos, servicios) comforts (*pl*); **las ~es de la vida moderna** the comforts of modern life; **un apartamento con todas las ~es** a well-appointed apartment

comodín *m* **1** (Jueg) (mono) joker; (otra carta) wild card; **esa excusa se está convirtiendo en un ~** that excuse seems to be getting used rather a lot recently; **esta palabra se usa como** *or* **de ~** this word is used to refer to anything and everything **2** (Inf) wildcard

cómodo -da *adj*
A **1** (confortable) comfortable, comfy (colloq); **ponte ~** make yourself comfortable; **no me siento ~** I feel uncomfortable **2** (conveniente, fácil) ‹*horario/sistema*› convenient; **ésa es una actitud muy cómoda** that's a very easy attitude to take; **eligió el camino más ~** she took the easy option
B (holgazán) lazy, idle

comodón -dona *adj* (fam) lazy, idle

comodoro *m* (Náut) commodore; (Aviac) brigadier general (AmE), air commodore (BrE)

comoquiera, como quiera *ver* **querer²** *Sentido* **II B**

Comp. (= **compárese**) cf

compa *mf* (fam) friend, buddy (AmE colloq), mate (BrE colloq)

compact /'kompak(t)/ *m* (*pl* **-pacts**) ▸**compact disc**

compactar [A1] *vt* to crush, flatten

compact disc /kompac'ðis(k)/ *m* (*pl* **-discs**) (disco) compact disc, CD; (aparato) compact disc player, CD player

compacto¹ -ta *adj* **1** ‹*tejido*› close; ‹*estructura/coche*› compact **2** ‹*muchedumbre*› dense

compacto² *m* stack system

compadecer [E3] *vt* to feel sorry for; **pobre, la compadezco** poor thing, I feel sorry for her; **te compadezco** I feel for you
■ **compadecerse** *v pron* (apiadarse) **~se DE algn** to take pity ON sb; **~se de sí mismo** to feel sorry for oneself

compadre *m*
A (padrino) *godfather of one's child or father of one's godchild*
B (esp AmL fam) (amigo) buddy (AmE colloq), mate (BrE colloq); ***a lo* ~** (fam): **entró a lo ~ a la oficina** he got a job in the office by knowing the right people

compadrear [A1] *vi* (RPl) to show off

compadreo *m* (RPl) (fanfarroneo) showing off

compadrismo *m* ▸**amiguismo**

compaginable *adj* compatible

compaginación *f*
A (concordancia) combining, combination
B (Impr) makeup, page makeup

compaginar [A1] *vt*
A (armonizar) ‹*actividades/soluciones*› to combine; **compagina el trabajo con los estudios** she combines work with studying
B (Impr) to make up
■ **compaginar** *vi* **1** (combinar) to go together; **esta idea compagina muy bien con su propuesta** this idea fits in very well with her proposal **2** (llevarse bien) to get on; **~ CON algn** to get on well WITH sb
■ **compaginarse** *v pron* (armonizar) ‹‹*estilos/colores*›› to go together; **dos estilos que no se compaginan** two styles which do not go together; **sus horarios se compaginan bastante bien** their work schedules fit in with each other quite well

compañerismo *m* comradeship

compañero -ra *m,f* **1** (en actividad): **un ~ de equipo** a fellow team member; **fuimos ~s de universidad** we were at college together; **~ de cuarto** *or* **habitación** roommate; **~ de juegos/de clase/de trabajo** playmate/classmate/workmate **2** (pareja sentimental, en juegos) partner **3** (fam) (de guante, calcetín) pair; **¿dónde está el ~ de este guante?** where's the other glove? **4** (Pol) comrade

(Compuestos)
- **compañero de armas** comrade-in-arms
- **compañero de viaje** (en un viaje) traveling* companion; (Pol) fellow traveler*

compañía *f*
A **1** (acompañamiento) company; **llegó en ~ de sus abogados** he arrived accompanied by his lawyers; **hacerle ~ a algn** to keep sb company **2** **compañías** *fpl* (amistades): **andar en malas ~s** to keep bad company; **trata de evitar las malas ~s** be careful of the company you keep
B (empresa) company, firm; **S** **Muñoz y Compañía** Muñoz and Co.
C (Mil) company

(Compuestos)
- **Compañía de Jesús** Society of Jesus
- **compañía de seguros** insurance company
- **compañía de teatro** theater* company

comparable *adj* comparable; **~ A** *or* **CON** comparable TO *o* WITH

comparación *f*
A (acción, efecto) comparison; **hacer** *or* **establecer una ~** to make *o* draw a comparison; **en ~ con el año pasado** compared to *o* with last year; **no tienen ni punto de ~** you cannot even begin to compare them; **adverbio de ~** comparative adverb
B (Lit) simile

comparado -da *adj* ‹*gramática/estudio*› comparative; *ver tb* **comparar**

comparar [A1] *vt* **1** (contrastar) to compare; **~ algo/a algn CON algo/algn** to compare sth/sb WITH sth/sb **2** (asemejar) to compare; **~ algo/a algn A algo/algn** to compare sth/sb TO sth/sb; **no puede ni ~se al otro** it doesn't even compare at all to *o* with the other one
■ **comparar** *vi* to make a comparison, to compare

comparativo¹ -va *adj* comparative

comparativo² *m* comparative

comparecencia *f* appearance in court; **orden de ~** subpoena, summons

comparecer [E3] *vi* to appear (in court)

comparecimiento *m* appearance (*in court*)

comparsa *mf* **1** (Teatr) extra; **fui a la reunión de ~** (fam) I just sat in on the meeting **2** **comparsa** *f* (conjunto musical) group; (en carnaval) krewe (AmE) (*group of people participating in a carnival parade*)

compartimentar [A1] *vt* to compartmentalize

compartimento, compartimiento *m* **1** (Ferr) compartment **2** (de cartera, cajón) section, compartment

(Compuesto) **compartimento estanco** (Náut) watertight compartment

compartir [I1] *vt* **1** ‹*oficina/comida/ganancias*› to share; **comparten los gastos de teléfono entre todos** they split the phone bill between them; **~ algo CON algn** to share sth WITH sb; **S** **se comparte casa** room to let in shared house **2** ‹*opinión/responsabilidad*› to share

compás *m*
A (Mús) **1** (ritmo) time, meter (esp AmE); **marcar/llevar el ~** to beat/keep time; **perder el ~** to get out of time; **se movía al ~ de la música** she moved in time to the music **2** (división) measure (AmE), bar (BrE); **~ de dos por cuatro** two-four time; **los primeros compases de un tango** the opening bars of a tango

(Compuestos)
- **compás de espera** (Mús) bar rest; **abrir un ~ de ~** to call a temporary halt; **encontrarse en un ~ de ~** ‹‹*negociaciones*›› to be on hold; ‹‹*persona*›› to be waiting

- **compás mayor/menor** four-four/two-four time

B (Mat) (instrumento) compass, pair of compasses

C (Náut) compass

compasión *f* pity, compassion; **¡tenga ~ de mí!** have pity on me! (liter); **lo hace por ~** he does it out of compassion; **no siente ~ por nadie** she feels no compassion for anybody

compasivo -va *adj* compassionate

compatibilidad *f* compatibility

compatibilizar [A4] *vt* **~ algo CON algo** to combine sth with sth

■ **compatibilizar** *vi* (Chi) to get along *o* on, be compatible

compatible *adj* compatible

compatriota (*m*) fellow countryman, compatriot; (*f*) fellow countrywoman, compatriot

compeler [E1] *vt* (frml) to compel, oblige

compendiar [A1] *vt* to summarize

compendio *m* (libro) textbook, coursebook; (resumen) summary, compendium (BrE)

compenetración *f* (con persona) rapport, understanding

compenetrarse [A1] *v pron* «*persona*» **1** **~ CON algo** ‹*con ideas/objectivos*› to identify WITH sth; **el actor no ha logrado ~ con el personaje** the actor hasn't managed to get into the part successfully **2** **~ CON algn** to have a good relationship WITH sb; (en trabajo) to work well WITH sb; **se han compenetrado a la perfección** they understand each other perfectly

compensación *f*

A (contapartida) compensation; **en ~** by way of compensation; **en ~ por algo** in compensation for sth; **¿qué puedo ofrecerles como ~?** how can I make it up to you?

B (Fin) clearance, clearing

compensar [A1] *vi*: **no compensa hacer un viaje tan largo** it's not worth making such a long journey; (+ *me/te/le etc*) **no me compensa hacerlo por tan poco dinero** it's not worth my while doing it for so little money

■ **compensar** *vt*

A **1** (contrarrestar) ‹*pérdida/deficiencia*› to compensate for, make up for; ‹*efecto*› to offset; **su entusiasmo compensa su falta de experiencia** his enthusiasm makes up for his lack of experience **2** ‹*persona*› **~ a algn POR algo** to compensate sb FOR sth; **la compañía nos compensará por el retraso** the company will compensate us for the delay; **lo ~on con $2.000 por los daños** he was awarded $2,000 compensation in damages; **quisiera ~te de alguna manera por la molestia** I would like to repay you in some way for all your trouble

B ‹*cheque*› to clear

■ **compensarse** *v pron* **1** «*fuerzas*» (*recípr*) to compensate each other, cancel each other out **2** «*pérdida/efecto*» **~se CON algo** to be offset BY sth; **se compensa con una rebaja en los impuestos** it is offset by *o* compensated for by tax cuts

compensatorio -ria *adj* **1** ‹*financiación*› compensatory; **indemnización compensatoria** compensatory damages (*pl*); **pago ~** deficiency payment **2** ‹*enseñanza/educación*› remedial

competencia *f*

A **1** (pugna) competition, rivalry; **siempre ha habido ~ entre ellos** there's always been rivalry *o* a lot of competition between them; **hacerse la ~** to be rivals *o* in competition; **hacerle la ~ a algn** to compete with sb; **la ~ es feroz** competition is fierce **2** (persona, entidad) competition; **la ~ se nos adelantó** our competitors *o* the competition got in first

(Compuesto) **competencia desleal** unfair competition

B (de juez, tribunal) competence; **es ~ del consejo** this is a matter for the council; **este asunto no es de mi ~** I have no authority *o* say in this matter; **tienen ~s plenas en materia educativa** they have complete authority on educational issues

C **1** (habilidad, aptitud) competence, ability **2** (Ling) competence

D (AmL) (Dep) (certamen) competition

(Compuesto) **competencia de atletismo** track and field meet (AmE), athletics meeting (BrE)

competente *adj* competent

competer [E1] *vi* (*en 3ª pers*) **~ A algn** «*responsabilidad*» to be incumbent on sb (frml); «*decisión*» to be the responsibility of sb; **eso no me compete** that's not my responsibility

competición *f* (Esp) **1** (acción): **espíritu/juegos de ~** competitive spirit/games **2** (Dep) (certamen) competition

competidor¹ -dora *adj* rival (*before n*)

competidor² -dora *m,f* competitor, rival

competir [I14] *vi* **1** (pugnar, luchar) to compete; **~ CON or CONTRA algn (POR algo)** to compete WITH *o* AGAINST sb (FOR sth) **2** (estar al mismo nivel) **~ EN algo**: **los dos modelos compiten en calidad** the two models rival each other in quality

competitividad *f* competitiveness

competitivo -va *adj* competitive

compilación *f*

A **1** (acción) compilation, compiling **2** (de leyes) compilation; (de cuentos) collection, anthology

B (Inf) compiling

compilador -dora *m,f*

A (de datos, hechos) compiler

B **compilador** *m* (Inf) compiler

compilar [A1] *vt* to compile

compinche *mf* (compañero) (fam) buddy (AmE colloq), mate (BrE colloq); (cómplice en crimen) partner in crime

complacencia *f* (agrado) satisfaction, pleasure; (excesiva tolerancia) indulgence

complacer [E3] *vt* to please; **me complace presentarles a ...** (frml) it gives me great pleasure to welcome ... (frml)

■ **complacerse** *v pron* **~se EN algo** to take pleasure IN sth; **nos complacemos en anunciar la boda de ...** (frml) we have great pleasure in announcing the marriage of ... (frml)

complacido -da *adj* pleased; **sonrió ~** he smiled with pleasure; **se fué ~** he went away happy *o* pleased

complaciente *adj* indulgent

complejidad *f* complexity

complejo¹ -ja *adj*

A (complicado) complex

B ‹*número/oración*› complex (*before n*)

complejo² *m*

A (de edificios) complex

(Compuestos)

- **complejo deportivo/hotelero/industrial** sports/hotel/industrial complex
- **complejo de viviendas** housing *o* residential development
- **complejo turístico** tourist development/resort

B (Quím) complex

(Compuesto) **complejo vitamínico** vitamin complex

C (Psic) complex; **tiene ~ porque es bajito** he's got a complex about being short

(Compuestos)

- **complejo de culpa** *or* **culpabilidad** guilt complex
- **complejo de inferioridad/superioridad** inferiority/superiority complex
- **complejo edípico** *or* **de Edipo** Oedipus complex

complementar [A1] *vt* to complement; **~ la dieta** to supplement one's diet

■ **complementarse** *v pron* (*recípr*) to complement each other

complementario -ria *adj*

A ‹*trabajos/personalidades*› complementary; ‹*ángulos/colores*› complementary

B (adicional) additional; **información complementaria** additional information

complemento *m*

A (Ling) complement

(Compuestos)

- **complemento circunstancial de tiempo/lugar** adverbial of time/place
- **complemento directo/indirecto** direct/indirect object

C

B (Mat) complement
C (del sueldo) supplementary payment
D 1 (acompañamiento) accompaniment; **el ~ de una buena comida** the essential accompaniment to a good meal 2 (parte que completa): **sería el ~ perfecto de su dicha** it would complete her happiness 3 **complementos** *mpl* (Auto, Indum) accessories (*pl*)

completamente *adv* completely

completar [A1] *vt*
A (terminar) to finish, complete; **los fuegos artificiales ~on las fiestas** the fireworks rounded off the festivities
B (AmL) ‹*cuestionario/impreso*› to complete, fill out *o* in

completo¹ -ta *adj*
A 1 (entero) complete; **la baraja no está completa** this deck isn't complete; **las obras completas de Neruda** the complete works of Neruda; **la serie completa** the whole series 2 (total, absoluto) complete, total; **por ~** completely 3 (exhaustivo) ‹*explicación*› detailed; ‹*obra/diccionario*› comprehensive; ‹*tesis/ensayo*› thorough 4 ‹*deportista/actor*› complete, very versatile
B (lleno) full; **el tren iba ~** the train was full; Ⓢ **completo** (en hostal) no vacancies; (en taquilla) sold out

completo² *m* (Chi) hot dog (with all the trimmings)

complexión *f* constitution; **es de ~ débil** he has a weak constitution

complicación *f*
A 1 (contratiempo, dificultad) complication; **surgieron ~s** complications arose; **sin complicaciones** uncomplicated 2 (Med) complication 3 (cualidad) complexity
B (esp AmL) (implicación) involvement

complicado -da *adj* 1 ‹*problema/sistema/situación*› complicated, complex 2 ‹*carácter*› complex; ‹*persona*› complicated 3 (rebuscado): **¡no seas tan ~!** don't make life *o* things difficult for yourself! 4 ‹*diseño/adorno*› elaborate

complicar [A2] *vt*
A ‹*situación/problema/asunto*› to complicate, make … complicated; ▸ **vida A1**
B (implicar) ‹*persona*› to involve, get … involved
■ **complicarse** *v pron*
A «*situación/problema/asunto*» to get complicated; «*enfermedad*»: **se le complicó con un problema respiratorio** he developed respiratory complications; ▸ **vida A1**
B (implicarse) **~se EN algo** to get involved IN sth

cómplice¹ *adj* conspiratorial

cómplice² *mf* accomplice; **~ EN algo** accomplice TO sth

complicidad *f* complicity

compló, complot *m* (*pl* **-plots**) plot, conspiracy

complotar [A1] *vi* to plot
■ **complotarse** *v pron* to plot

compondré, compondría, etc *see* **componer**

componedor -dora *m,f* (Andes) *person who sets broken bones, etc*

componenda *f* shady deal; **~s políticas** political chicanery *o* wheeler dealing

componente¹ *m* 1 (de sustancia) constituent (part), component (part); (de equipo, comisión) member 2 (Tec) component

componente² *f* (Fís) component

componer [E22] *vt*
A (constituir) ‹*jurado/equipo/plantilla*› to make up; **componen el conjunto una falda y una chaqueta** the outfit consists of a skirt and a jacket; **el tren estaba compuesto por ocho vagones** the train was made up of eight cars
B 1 ‹*sinfonía/canción*› to compose; ‹*verso*› to compose, write 2 (Impr) ‹*texto*› to compose
C 1 (esp AmL) (arreglar) ‹*reloj/radio/zapatos*› to repair 2 (AmL) ‹*hueso*› to set
■ **componer** *vi* to compose
■ **componerse** *v pron*
A (estar formado) **~se DE algo** to be made up OF sth
B 1 «*tiempo*» (arreglarse) to improve, get better 2 (esp AmL fam) «*persona*» to get better; ***componérselas*** (fam): **que se las componga como pueda** that's *his* problem, he'll have to sort that out himself; **se las compone para trabajar y estudiar a la vez** she manages to combine work and study

comportamiento *m* 1 (conducta) behavior*; **mal/buen ~** bad/good behavior 2 (Mec) performance 3 (Fin) (de valores) performance

comportar [A1] *vt* (frml) ‹*obligaciones/riesgo*› to entail; ‹*beneficios*› to bring
■ **comportarse** *v pron* to behave; **~se en público** to behave *o* (frml) conduct oneself in public; **~se mal** to behave badly, misbehave

composición *f*
A 1 (de grupo, equipo) composition, makeup 2 (de sustancia) composition
B (Art, Fot, Mús) composition; (Educ) (redacción) composition; ***hacerse una ~ de lugar*: para que te hagas una ~ de ~, la cocina es alargada** just to give you an idea, the kitchen is long and narrow; **se hizo una ~ de ~ y decidió irse** he took stock of the situation and decided to leave

(Compuesto) **composición de textos** typesetting

compositor -tora *m,f* composer

compostura *f* 1 (circunspección) composure; **guardar la ~** to maintain *o* keep one's composure; **perder la ~** to lose one's composure 2 (RPl) (arreglo) repair; **taller de ~s** repair shop

compota *f* compote

compra *f* 1 (acción): **están muy ocupados con la ~ de la casa** they're very busy with buying the house *o* (frml) with the house purchase; **ir de ~s** to go shopping; **hicimos algunas ~s** we did some shopping; **hacer las ~s** *or* (Esp) **la ~** to do the shopping *o* (colloq) shop; **jefe de ~s** chief buyer; **un obsequio con la ~ de dos artículos** purchase two items and get a free gift 2 (cosa comprada) buy, purchase (frml); **fue una buena/mala ~** it was a good/bad buy

comprador -dora *m,f* buyer, purchaser (frml)

comprar [A1] *vt*
A ‹*casa/regalo/comida*› to buy, purchase (frml); **~le algo A algn** (a quien lo vende) to buy sth FROM sb; (a quien lo recibe) to buy sth FOR sb; **se lo voy a ~ para su cumpleaños** I'm going to buy it for his birthday; **~ algo al por mayor/al por menor** *or* **al detalle** to buy *o* purchase sth wholesale/retail
B (fam) (sobornar) to buy (colloq); **un árbitro comprado** a crooked *o* (esp BrE) bent referee

compraventa *f* buying and selling; **se dedica a la ~ de coches** he's a car dealer; **contrato de ~** contract of sale

comprender [E1] *vt*
A 1 (entender) to understand, comprehend (frml); **nadie me comprende** nobody understands me; **¿comprendido?** do you understand? (colloq); **como usted ~á …** as I'm sure you will appreciate … 2 (darse cuenta) to realize, understand; **comprendió que lo habían engañado** he realized that he had been tricked
B (abarcar, contener): «*libro*» to cover; «*factura/precio*» to include; **personas de edades comprendidas entre los 19 y los 23 años** people between the ages of 19 and 23
■ **comprender** *vi* (entender) to understand; **hacerse ~** to make oneself understood

comprensible *adj* understandable

comprensión *f* understanding; **un texto de difícil/fácil ~** a text which is difficult/easy to understand; **capacidad de ~** comprehension

(Compuesto) **comprensión auditiva** listening comprehension

comprensivo -va *adj* understanding

compresa *f* 1 (Med) compress 2 (Esp) *tb* **~ higiénica** *or* **femenina** sanitary napkin (AmE), sanitary towel (BrE)

compresión *f* compression

compresor¹ -sora *adj*: **cámara ~a** compression chamber; **un aparato ~** a compressor

compresor² *m*, **compresora** *f* compressor

comprimido¹ -da *adj* compressed

comprimido² *m*
A (Farm) pill, tablet
B (Col, Per fam) (para examen) crib (colloq)

comprimir [I1] *vt* ‹*gas*› to compress; ‹*vena*› to apply pressure to, compress (tech); ‹*información*› to compress
■ **comprimirse** *v pron* (hum) to squash together *o* up

comprobable *adj* demonstrable, verifiable

comprobación *f* 1 (acción) verification, checking 2 (Col) (examen) test

comprobante *m* proof; **~ de pago/compra** proof of payment/purchase, receipt

comprobar [A10] *vt* 1 (verificar) ‹*operación/resultado*› to check; **comprueba si funciona** see *o* check if it works 2 (demostrar) to prove; **¿tiene algún documento que compruebe su identidad?** do you have any proof of identity? 3 (darse cuenta) to realize; **comprobó que le faltaba un pedazo** he realized that a piece was missing; **comprobé con tristeza que era cierto** I was sad to discover that it was true 4 «*prueba*» (confirmar) to confirm

comprometedor -dora *adj* compromising

comprometer [E1] *vt*

A 1 (poner en un apuro) to compromise 2 ‹*vida/libertad*› to jeopardize, threaten

B (obligar) **~ a algn A algo** to commit sb TO sth; **esto no te compromete a aceptarlo** this does not commit you to accept

■ **comprometerse** *v pron* 1 (dar su palabra) **~se A + INF** to promise to + INF; **se comprometió a ayudarlo** she promised to help him; **me he comprometido para salir esta noche** I've arranged to go out tonight 2 «*autor/artista*» to commit oneself politically 3 «*novios*» to get engaged; **~se CON algn** to get engaged TO sb

comprometido -da *adj*

A [SER] ‹*asunto/situación*› awkward, delicate

B [SER] ‹*cine/escritor*› politically committed

C [ESTAR] (para casarse) engaged; **~ CON algn** engaged TO sb

compromisario -ria *m,f* elector, delegate

compromiso *m*

A 1 (obligación): **el ~ que ha adquirido con el electorado** the commitment *o* pledge he has made to the electorate; **sin ~ alguno** without obligation; **los invitó por ~** she felt obliged to invite them; **no voy a ir, yo con ellos no tengo ningún ~** I'm not going to go, I'm under no obligation to them; **no le regales nada, lo pones en un ~** don't buy him anything or you'll make him feel he has to buy *you* something 2 (de artista, escritor) political commitment

B (cita) engagement; **~s sociales** social engagements *o* commitments; **no pudo ir porque tenía otro ~** he couldn't go because he had arranged to do something else; **tiene que atender otros ~s** he has other matters *o* business to attend to

C (de matrimonio) engagement, betrothal (frml); **romper el ~** to break off the engagement

D (acuerdo) agreement; (con concesiones recíprocas) compromise; **llegaron a un ~** they came to *o* reached an agreement/a compromise; **una solución de ~** a compromise (solution)

E (apuro) awkward situation; **me puso en un ~** he put me in an awkward position

compuerta *f* 1 (de presa) sluicegate; **~ de esclusa** lockgate 2 (de submarino) hatch

compuesto[1] -ta *adj*

A ‹*oración/número/flor*› compound (*before n*)

B (acicalado) dressed up, spruced up (colloq)

C (sereno) composed; *ver tb* **componer**

compuesto[2] *m* compound

compulsa *f* (acción) certification; (copia) certified *o* (frml) attested copy

compulsar [A1] *vt* to certify, attest (frml); **una fotocopia compulsada** a certified *o* an attested photocopy

compulsión *f* compulsion

compulsivo -va *adj* 1 ‹*necesidad/impulso*› pressing, urgent 2 (Der) (obligatorio) compulsory

compungido -da *adj* (arrepentido) remorseful, contrite; (triste) sad

compungirse [I7] *v pron* (arrepentirse) to feel remorseful *o* sorry; (entristecerse) to feel sad

compuse, compuso, etc *see* **componer**

computación *f* 1 (Inf) computing 2 (cálculo) ▸**cómputo 1**

computadora *f*, **computador** *m* (esp AmL) computer

(Compuestos)
- **computadora personal/de mesa** personal/desktop computer
- **computadora portátil** portable computer; (más pequeña) laptop (computer)

computar [A1] *vt* (frml) to take into consideration

computerización *f* computerization

computerizado *adj* computerized

computerizar [A4] *vt* to computerize

computista *mf* (Ven) computer programer•

cómputo *m* 1 (frml) (cálculo) calculation; (recuento) count; **realizaron el ~ de los votos** they calculated/counted the number of votes; **el ~ final** the final count 2 (Col) (de calificaciones) overall average mark

comulgar [A3] *vi*

A (Relig) to receive *o* take communion

B (coincidir) **~ CON algn EN algo**: **no comulgo con ella en nada** I have nothing in common with her; **comulgaban en los mismos principios** they shared the same principles

común *adj*

A 1 ‹*intereses/características*› common (*before n*); ‹*amigo*› mutual; **el bien ~** the common good; **un sentimiento ~ a todos los hombres** a sentiment shared by all mankind 2 (*en locs*) **de común acuerdo** by common consent; **de ~ acuerdo con algn** in agreement with sb; **en común**: **no tenemos nada en ~** we have nothing in common; **una cuenta bancaria en ~** a joint bank account; **le hicimos un regalo en ~** we gave her a joint present; **hicieron el trabajo en ~** they did the work together; **no está acostumbrada a la vida en ~ con otras personas** she is not used to living with other people

B (corriente, frecuente) common; **es un nombre muy ~** it's a very common name; **un modelo fuera de lo ~** a very unusual model; **este fenómeno no es ~** this phenomenon is unusual; **tiene una inteligencia poco ~** she is unusually intelligent; **por lo ~** as a rule; **~ *y corriente*** (normal, nada especial) ordinary; ‹*expresión*› common; **es una casa ~ y corriente** it's just an ordinary house, the house is nothing special

comuna *f*

A (de convivencia) commune

B (CS, Per) (municipio) town, municipality (frml)

comunal *adj*

A (de todos) communal

B (CS, Per) (del municipio) town (*before n*), municipal

comunicación *f*

A 1 (enlace) link; **las comunicaciones por carretera** road communications *o* links; **el barrio tiene muy buena ~ con el centro** the city center is easily accessible by road or by public transport; **una ~ entre dos océanos** a passage between two oceans 2 (contacto) contact; **estar/ponerse en ~ con algn** to be/get in contact *o* in touch with sb 3 (por teléfono): **se ha cortado la ~** I've/we've been cut off 4 **comunicaciones** *fpl* (por carretera, teléfono, etc) communications (*pl*); **todas las comunicaciones quedaron cortadas** all means of communication were cut off

B (entendimiento, relación) communication; **tiene problemas de ~** she has problems communicating

C (frml) (escrito, mensaje) communication (frml); **mandar** *or* **cursar una ~** to send a communication

comunicacional *adj* communication (*before n*)

comunicado *m* communiqué

(Compuesto) **comunicado de prensa** press release

comunicante[1] *adj* ▸**vaso**

comunicante[2] *mf* (period) informant; **un ~ anónimo** an anonymous *o* unnamed source

comunicar [A2] *vt*

A (frml) 1 (informar) to inform; **~le algo A algn** to inform sb OF sth; **siento tener que ~le que ...** I regret to inform you that ...; **se comunica a los señores socios que ...** shareholders should note that ... 2 (AmL) (por teléfono) ‹*persona*› to put ... through

B (transmitir) 1 ‹*entusiasmo/miedo*› to convey, communicate 2 ‹*conocimientos*› to impart, pass on; ‹*información*› to convey, communicate; ‹*idea*› to put across 3 ‹*fuerza/calor*› to transmit

C

C ‹*habitaciones/ciudades*› to connect, link; **un barrio bien comunicado** an area easily accessible by road/well served by public transport; **~ algo CON algo** to connect sth WITH sth
■ **comunicar** *vi*
A «*habitaciones*» to be connected
B (Esp) **1** (ponerse en contacto) **~ CON algn** to get in touch *o* contact WITH sb **2** «*teléfono*» to be busy (AmE) *o* (BrE) engaged
■ **comunicarse** *v pron*
A **1** (*recípr*) (relacionarse) to communicate; **~ por señas** to communicate using sign language; **~se CON algn** to communicate WITH sb **2** (ponerse en contacto) **~se CON algn** to get in touch *o* in contact WITH sb
B «*habitaciones/ciudades/lagos*» (*recípr*) to be connected; **~se CON algo** to be connected TO sth

comunicativo -va *adj* communicative

comunidad *f*
A **1** (sociedad) community; **para el bien de la ~** for the good of the community **2** (grupo delimitado) community; **la ~ polaca** the Polish community; **vivir en ~** to live with other people **3** (Relig) community **4** (asociación) association

(Compuestos)
• **Comunidad Británica de Naciones** (British) Commonwealth
• **Comunidad Económica Europea** European Economic Community
• **Comunidad Europea** European Community

B (coincidencia) community; **~ de ideales/objetivos** community of ideals/objectives

comunidad autónoma

In 1978 power in Spain was decentralized and the country was divided into *comunidades autónomas* or *autonomías* (autonomous regions). The new communities have far greater autonomy from central government than the old *regiones* and were a response to nationalist aspirations, which had built up under Franco.

Some regions have more autonomy than others. The Basque Country, Catalonia, and Galicia, for example, had political structures, a desire for independence and their own languages which underpinned their claims to distinctive identities. Andalusia gained almost complete autonomy without having had a nationalist tradition. Other regions, such as Madrid, are to some extent artificial, having been created largely to complete the process.

The *comunidades autónomas* are: Andalusia, Aragon, Asturias, Balearic Islands, the Basque Country (Euskadi), Canary Islands, Cantabria, Castilla y León, Castilla-La Mancha, Catalonia, Extremadura, Galicia, Madrid, Murcia, Navarre, La Rioja, Valencia and the North African enclaves of Ceuta and Melilla

comunión *f*
A (Relig) communion; **recibir la ~** to receive *o* take communion; **dar la ~** to administer *o* take communion; **hacer la primera ~** to make one's first Holy Communion
B (de ideas, principios) communion, community

comunismo *m* communism

comunista *adj/mf* communist

comunitariamente *adv* ‹*vivir/trabajar*› communally; ‹*luchar*› as a community

comunitario -ria *adj* **1** ‹*bienes*› communal; ‹*espíritu*› community (*before n*); **trabajos ~s** community work **2** (de la CE) EC (*before n*), Community (*before n*)

con *prep*
A **1** (expresando relaciones de compañía, comunicación, reciprocidad) with; **vive ~ su novio** she lives with her boyfriend; **hablar ~ algn** to talk to sb; **está casada ~ mi primo** she's married to my cousin **2** (indicando el objeto de comportamiento, actitud): **te portaste muy mal ~ ellos** you behaved very badly toward(s) them; **he tenido mucha paciencia ~tigo** I have been very patient with you **3** (indicando el acompañamiento de algo) with; **se sirve ~ arroz** serve with rice; **pan ~ mantequilla** bread and butter
B **1** (indicando una relación de simultaneidad): **una cápsula ~ cada comida** one capsule with each meal; **se levanta ~ el alba** he gets up at the crack of dawn **2** (indicando una relación de causa): **¿cómo vamos a ir ~ esta lluvia?** how can we go in this rain?; **~ tanta prisa se me olvidó** I was in such a hurry that I forgot; **ella se lo ofreció, ~ lo que** *or* **~ lo cual me puso a mí en un aprieto** she offered it to him, which put me in an awkward position; **¿no lo vas a llevar, ~ lo que le gusta el circo?** aren't you going to take him? you know how much he likes the circus; **¡~ las veces que te lo pedí!** the (number of) times I asked you!; **~ lo tarde que es, ya se debe haber ido** it's really late, he should have gone by now; **¡~ todo lo que tengo que hacer!** on top of everything else I have to do!; ▸**todo**[3] **B**
C **1** (indicando instrumento, medio, material) with; **córtalo ~ la tijera** cut it with the scissors, use the scissors to cut it; **lo estás malcriando ~ tanto mimo** you're spoiling him with all this pampering; **¡caray ~ la niña (***or* **el vecino, etc)!** well would you believe it!; **~ + INF: ~ llorar no se arregla nada** crying won't solve anything; **~ llamarlo por teléfono ya cumples** if *o* as long as you call him, that should do; **¡~ decirte que ...** I mean, to give you an example ...; **me contento ~ que apruebes** as long as you pass I'll be happy; ▸**tal**[3] **B** **2** (indicando modo) with; **andaba ~ dificultad** she was walking with difficulty; **¡~ mucho gusto!** with pleasure! **3** (al describir características, un estado): **amaneció ~ fiebre** he woke up with a temperature; **ya estaba ~ dolores de parto** she was already having labor pains; **andaba ~ ganas de bronca** he was looking for a fight; **~ las manos en los bolsillos** with his hands in his pockets; **¿vas a ir ~ ese vestido?** are you going in that dress?; **una mujer ~ aspecto de extranjera** a foreign-looking woman
D (AmL) (indicando el agente, destinatario): **me peino ~ Gerardo** Gerardo does my hair; **se estuvo quejando ~migo** she was complaining to me

conato *m*: **un ~ de rebelión** an attempted uprising; **varios ~s de violencia** several small *o* minor outbreaks of violence; **hubo un ~ de incendio** there was a small fire which came to nothing

concatenación *f* (acción) linking, concatenation (frml); (serie) chain, concatenation (frml)

concatenar [A1] *vt* to link together, to concatenate (frml)

concavidad *f* (cualidad) concavity; (hueco) hollow

cóncavo -va *adj* concave

concebible *adj* conceivable

concebir [I14] *vt*
A (Biol) to conceive
B ‹*plan/idea*› to conceive; **me hizo ~ falsas esperanzas** she gave me false hope
C (entender, imaginar): **no concibe la vida sin él** she can't conceive of life without him; **no concibo que le hayas dicho eso** I can't believe you said that (to him); **yo concibo la amistad de modo distinto** I have a different conception of friendship
■ **concebir** *vi* to conceive

conceder [E1] *vt*
A **1** ‹*premio/beca*› to give, award; ‹*descuento/préstamo*› to give, grant (frml); ‹*privilegio/favor/permiso*› to grant; **concedieron el triunfo al irlandés** they awarded victory to the Irishman; **sin ~ un solo tanto** without conceding a single point; **el honor que me concedieron** the honor they conferred *o* bestowed on me; **nos concedió una entrevista** she agreed to give us an interview; **¿me podría ~ unos minutos?** could you spare me a few minutes? **2** ‹*importancia/valor*› to give
B (admitir, reconocer) to admit, acknowledge, concede

concejal -jala *m,f* town/city councilor*

concejalía *f* (cargo) post of town/city councilor*, councilorship*; (departamento) department

concejero -ra *m,f* (AmL) ▸**concejal**

concejo *m* council; **~ municipal** town/city council

concentración *f*
A (Psic) concentration; **tiene un gran poder de ~** she has great powers of concentration
B **1** (Quím) concentration **2** (acumulación) concentration; **grandes concentraciones urbanas** large urban areas
C (Pol) rally, mass meeting
D (Dep) pre-game *o* pre-match preparation

concentrado[1] **-da** *adj* concentrated (*before n*)

concentrado² *m* concentrate; **~ de tomate** tomato concentrate; **~ de carne** meat extract

concentrar [A1] *vt*

A **1** ‹*solución/caldo*› to make ... more concentrated **2** ‹*esfuerzos*› to concentrate; ‹*atención*› to focus

B **1** (reunir) to hold; **el poder está concentrado en pocas manos** all the power is held by a few people *o* is concentrated in the hands of a few **2** (congregar) ‹*multitud/tropas*› to assemble, bring ... together **3** (Dep) to bring ... together (*to prepare for a game*)

■ **concentrarse** *v pron*

A (Psic) to concentrate; **~se EN algo** to concentrate ON sth

B **1** (Pol) (reunirse) to assemble, gather together **2** (estar reunido) to be concentrated **3** (Dep) «*equipo/jugadores*» to gather together (*to prepare for a game*)

concéntrico -ca *adj* concentric

concepción *f* (Biol) conception

conceptismo *m*: *17th-century literary style which made extensive use of conceits*

conceptista *mf*: *exponent of* **conceptismo**

concepto *m*

A (idea): **el ~ de la libertad/justicia** the concept of freedom/justice; **tener un ~ equivocado de algo/algn** to have a mistaken idea of sth/sb; **tengo (un) mal ~ de su trabajo** I have a very low opinion of her work; **me merece el mejor de los ~s** I have a high opinion of him; ***bajo*** *or* ***por ningún*** **~** on no account

B (Com, Fin): **el dinero se le adeuda por diversos ~s** the money is owed to him in respect of various items/services; **recibieron $50.000 en** *or* **por ~ de indemnización** they received $50,000 in *o* as compensation

C (Lit) conceit

conceptual *adj* conceptual

conceptualización *f* conceptualization

conceptualizar [A4] *vt* to conceptualize

conceptuar [A18] *vt* to regard

conceptuoso -sa *adj* (CS) (amable, elogioso): **una conceptuosa felicitación** warm congratulations; **le enviaron una conceptuosa nota** they sent him a note praising his work (*o* his performance *etc*)

concerniente *adj* **~ A algo** concerning sth; **en lo ~ a este problema** as far as this problem is concerned

concernir [I12] *vi* (*en 3ª pers*) to concern; **~ A algn** to concern sb; **por** *or* **en lo que a mí concierne** as far as I'm concerned; **en lo que concierne a su pedido** with regard to your order

concertación *f* (acto) coordination, harmonization; (pacto) agreement

concertar [A5] *vt*

A ‹*cita/entrevista*› to arrange, set up; ‹*casamiento*› to arrange; ‹*precio*› to fix; **~ un plan de acción** to make agree upon a plan of action; **~ + INF** to agree to + INF

B (Mús) ‹*instrumentos*› to tune (up); ‹*voces*› to harmonize

■ **concertar** *vi* **1** (Ling) to agree **2** (Mús) to be in tune

■ **concertarse** *v pron* **~se (CON algn) PARA + INF** to get together (WITH sb) TO + INF

concertina *f* concertina

concertino *m* first violin

concertista *mf* soloist; **~ de piano** concert pianist

concerto grosso /kon'tʃerto 'groso/ *m* concerto grosso

concesión *f*

A (de premios) awarding; (de préstamo) granting

B (en una postura) concession

C (Com) dealership, concession, franchise

concesionario¹ -ria *adj* concessionary

concesionario² *m* dealer, concessionaire

concha *f*

A (de moluscos) shell; ***hacer*** **~** (Méx) to become hardened *o* toughened; ***meterse en su*** **~** to retreat into one's shell

(Compuesto) **concha nácar** (Méx) *or* (Chi) **de perla** mother-of-pearl

B (carey) tortoise shell; **gafas de ~** tortoiseshell glasses

C (Teatr) prompt box

D (Ven) (cáscara — de verduras, fruta) skin; (— del queso) rind; (— del pan) crust; (— de maníes) shell; **~ *de mango*** (Ven fam) trick question

E (Méx) (Dep) protection box, box

F (AmS vulg) (de mujer) cunt (vulg); ***¡la ~ de su madre!*** (AmS vulg) shit! (vulg), fucking hell! (vulg)

G (AmL exc CS fam: en algunas regiones vulg) (descaro) nerve (colloq), cheek (BrE colloq); **¡qué (tal) ~ la de Jorge!** Jorge's got a lot of nerve!

conchabar [A1] *vt* (CS fam) ‹*peón*› to hire

■ **conchabarse** *v pron*

A (fam) (confabularse) to plot, conspire; **~se CONTRA algn** to plot *o* conspire AGAINST sb; **estar conchabado CON algn** to be in league WITH sb

B (CS fam) (encontrar empleo) to get (oneself) a job

C (Méx fam) (ganarse, conquistarse) ‹*persona*› to get on the right side of (colloq)

cónchale *interj* (Ven fam) good heavens!

concho¹ *m*

A (Chi) (del vino) lees (*pl*); (del café) dregs (*pl*)

B (Andes fam) (hijo menor) youngest (child)

C (Chi) **1** (parte final) end, last bit; **se tomó hasta el último ~** he drank it down to the last drop **2** **conchos** *mpl* (restos) leftovers (*pl*)

concho² *interj* (euf) shoot! (AmE euph), sugar! (BrE euph)

conchudo¹ -da *adj* (AmL exc CS fam *o* vulg) (aprovechado, caradura): **¡qué tipo tan ~!** what a nerve of a guy! (AmE), he's got a bloody nerve! (BrE sl)

conchudo² -da *m,f* (AmL exc CS fam *o* vulg): **es un ~** he's got a lot of nerve

conciencia *f*

A (en moral) conscience; **tener la ~ limpia** *or* **tranquila** to have a clear *o* clean conscience; **tener mala ~** *or* **la ~ sucia** to have a bad *o* guilty conscience; **en ~ no puedo quedarme callada** in all conscience I can't remain silent; **me remuerde la ~** my conscience is pricking me; **no siente ningún cargo** *or* **remordimiento de ~** she feels no remorse; ***hacer algo a*** **~** to do something conscientiously

B (conocimiento) awareness; **lo hizo con plena ~ de que la iba a herir** he did it in the full knowledge that it would hurt her; **tener ~ de algo** to be aware of sth; **tengo plena ~ de eso** I'm well aware of that; **quieren crear ~ del peligro entre la población** they aim to make the population aware of the danger; **tomar** *or* **adquirir ~ de algo** to become aware of sth

(Compuesto) **conciencia de clase** class consciousness

concienciación *f* (Esp) ▸**concientización**

concienciador -dora *adj* (Esp) ▸**concientizador**

concienciar [A1] *vt* (Esp) ▸**concientizar**

concientización *f* (esp AmL): **una campaña de ~** a campaign to increase *o* raise public awareness, a campaign to make people more aware

concientizado -da *adj* (esp AmL) aware; **niños muy ~s acerca del daño** children who are very aware of the danger

concientizador -dora *adj* (esp AmL) consciousness-raising (*before n*)

concientizar [A4] *vt* (esp AmL) ‹*población/sociedad*› to make ... aware; **~ a algn DE algo** to raise sb's consciousness ABOUT *o* awareness OF sth

■ **concientizarse** *v pron* (esp AmL) **~se DE algo** to become aware OF sth

concienzudamente *adv* ‹*trabajar/estudiar*› conscientiously; ‹*repasar*› thoroughly

concienzudo -da *adj* ‹*trabajador/estudiante*› conscientious; ‹*estudio/repaso/análisis*› thorough, painstaking

concierto *m*

A (Mús) **1** (obra) concerto; **~ para oboe** oboe concerto **2** (función) concert, recital

B (acuerdo) agreement, accord (frml)

C (frml) (conjunto armónico) concord (frml)

conciliábulo *m* secret meeting/discussion

conciliación *f* conciliation

conciliador -dora *adj* conciliatory

conciliar¹ *adj* council (*before n*)

conciliar² [A1] *vt*

A **1** ‹*personas*› to conciliate **2** ‹*ideas*› to reconcile; ‹*actividades*› to combine; **son ideas imposibles de ~** these ideas are irreconcilable

B ‹*sueño*›: **~ el sueño** to get to sleep

conciliatorio -ria *adj* conciliatory

C

concilio *m* council; ~ **ecuménico** ecumenical council; **el C~ Vaticano II** the Second Vatican Council

concisión *f* concision, conciseness

conciso -sa *adj* concise

concitar [A1] *vt* to arouse

conciudadano -na *m,f* (de una misma ciudad) fellow citizen; (de un mismo país) (*m*) fellow countryman; (*f*) fellow countrywoman

cónclave *m* 1 (Relig) conclave 2 (reunión) meeting, conference

concluir [I20] *vt*

A (frml) (terminar) ‹*obras*› to complete, finish; ‹*trámite*› to complete; ‹*acuerdo/tratado*› to conclude

B (frml) (deducir) to conclude, come to the conclusion; ~ **algo DE algo** to conclude sth FROM sth

■ **concluir** *vi* (frml) 1 ‹‹*congreso/negociaciones*›› to end, conclude; **el plazo concluyó el día 17** the time limit expired on the 17th; ~ **EN/CON algo** to end IN/WITH sth; **las conversaciones concluyeron en un acuerdo** the talks ended in agreement; **concluyó con una concentración** it ended with a rally 2 ‹‹*persona*›› ~ **DE + INF** to finish -ING; ~ **CON algo** to finish sth

conclusión *f*

A 1 (terminación) completion 2 **conclusiones** *fpl* (Der) summing-up

B (deducción) conclusion; **llegar a una** ~ to reach a conclusion; **saqué la** ~ **de que ...** I came to the conclusion that ...; **tú saca tus propias conclusiones** you can draw your own conclusions; **en** ~ (en suma) in short; (en consecuencia) so; **o acepta o la echan, (en)** ~**: no sabe qué hacer** she either accepts or they fire her, so she just doesn't know what to do

conclusivo -va *adj* conclusive

concluyente *adj* ‹*razón/respuesta/prueba*› conclusive; **sus palabras fueron** ~**s** he was quite categorical; **fue** ~ **al responder** he answered categorically

concomitante *adj* concomitant (frml)

concordancia *f*

A (Ling) agreement, concord (tech)

B (conformidad) consistency, concordance (frml); **no hubo** ~ **entre las declaraciones** there was no consistency between the statements; **actúa en** ~ **con sus principios** he acts in accordance with his principles

C (listado) concordance

D (Mús) harmony

concordante *adj* concordant (frml), concurrent

concordar [A10] *vi* 1 (Ling) to agree; ~ **CON algo** to agree WITH sth 2 ‹‹*cifras*›› to tally; ‹‹*versiones*›› to agree, coincide; ~ **CON algo** ‹*con documento/versión*› to coincide WITH sth; **su comportamiento no concuerda con sus principios** his behavior is not in keeping with his principles

■ **concordar** *vt* to make ... agree, reconcile

concordato *m* concordat

concorde *adj* in agreement

concordia *f* harmony, concord (frml)

concreción *f*

A 1 (precisión): **expresarse con** ~ to be precise 2 (AmL) (de proyectos, sueños) realization

B (Min) concretion

concretamente *adv* specifically; **vive en Wisconsin,** ~ **en Madison** he lives in Wisconsin, in Madison to be precise; **no sé** ~ **a qué ha venido** I don't know exactly why he has come

concretar [A1] *vt*

A 1 (concertar) ‹*fecha/precio*› to fix, set; ~ **los términos del contrato** to agree on the terms of the contract 2 (precisar, definir) to be specific about; **no fue capaz de** ~ **lo que quiere hacer** he was unable to be specific about what he wants to do; **no concretamos nada** we didn't settle on anything definite 3 (materializar) ‹*oferta/esperanzas*› to realize, fulfill*; ‹*sueños*› to realize, make ... come true

B (Chi) (Const) to concrete

■ **concretar** *vi*: **a ver si concretas** try and be more specific; **bueno, concretemos** right, let's get things clear; **llámame para** ~ give me a call to arrange the details

■ **concretarse** *v pron* ‹‹*cambios/amenazas*›› to become a reality; ‹‹*sueños*›› to be realized, come true; **la reunión nunca llegó a** ~**se** the meeting never took place

concretizar [A4] *vt* (Chi) ▸ **concretar**

concreto¹ -ta *adj* 1 (específico) ‹*política/acusación*› concrete, specific; ‹*motivo/ejemplo/pregunta*› specific; ‹*fecha/hora*› definite; ‹*lugar*› specific, particular; **en tu caso** ~ in your particular case; **en** ~ specifically; **quiero saber, en** ~**, cuánto cuesta** what I want to know specifically is how much it costs; **una conferencia sobre historia, en** ~**, el siglo XV** a lecture on history, the XV century to be precise; **en una zona en** ~ in a particular *o* specific area; **no sé nada en** ~ I don't know anything definite 2 (no abstracto) concrete

concreto² *m* (AmL) concrete

(Compuesto) **concreto armado** reinforced concrete

concubina *f* concubine

concubinato *m* concubinage; **vivir en** ~ to cohabit

conculcar [A2] *vt* (frml) ‹*derecho/ley/norma*› to violate

concuñado -da *m,f*: **mi** ~ my wife's brother-in-law; **mi concuñada** my husband's sister-in-law

concupiscencia *f* lustfulness, concupiscence (liter)

concupiscente *adj* lustful, concupiscent (liter)

concurrencia *f*

A (frml) 1 (público, asistentes) audience; **una numerosa** *or* **nutrida** ~ a large audience 2 (asistencia) attendance

B (frml) (de opiniones, circunstancias) concurrence (frml)

concurrente¹ *adj* (frml) ‹*factores/circunstancias*› concurrent (frml)

concurrente² *mf* (frml): **los/las** ~**s** (a un acto) the audience; (a un concurso) the contestants; **entre los** ~**s al acto** among those present at the event

concurrido -da *adj* 1 [ESTAR] (con mucha gente) ‹*discoteca/local*› busy, crowded; ‹*concierto/exposición*› well-attended 2 (frecuentado) popular; **es un bar muy** ~ it's a very popular bar

concurrir [I1] *vi* (frml)

A 1 (asistir, acudir) ~ **A algo** ‹*a acto/concierto*› to attend sth 2 (tomar parte) ~ **A algo** ‹*a concurso/examen*› to take part in sth; ‹*a elecciones*› ‹‹*partido*›› to take part in sth; **concurre como candidato independiente** he is running (AmE) *o* (BrE) standing as an independent candidate; **50 novelas concurren al premio** 50 novels are in the running for the prize

B (confluir) 1 ‹‹*factores/circunstancias*›› to come together, combine; **si concurren circunstancias agravantes** in the event of aggravating circumstances; ~ **EN algo**: **diversos factores han concurrido en el fracaso de las negociaciones** various factors have combined *o* have come together to bring about the breakdown in negotiations; ~ **A algo** to contribute TO sth 2 ‹‹*calles/avenidas*›› to meet, converge

C (coincidir) to agree; ~ **CON algn** to be in agreement WITH sb (frml)

concursante *mf* (en concurso) competitor, contestant; (para empleo) candidate

concursar [A1] *vi* (en concurso) to take part; (para puesto) to compete (*through interviews and competitive examinations*)

concurso *m*

A 1 (certamen) competition; **presentarse a un** ~ to take part in a competition 2 (para puestos, vacantes) *selection process involving interviews and competitive examinations*

(Compuestos)

- **concurso de acreedores** creditors' meeting
- **concurso de belleza** beauty contest
- **concurso de méritos** *selection process not involving competitive examination*
- **concurso (de** *or* **por) oposición** (Esp, Ven) *selection process involving competitive examinations and interviews*
- **concurso hípico** show jumping competition

B (licitación) tender; **sacar algo a** ~ to put sth out to tender

(Compuesto) **concurso subasta** competitive tendering (*with pre-determined maximum price*)

C (frml) (de circunstancias, factores) combination, concurrence (frml)

concusión *f* concussion

condado *m* 1 (división territorial) county 2 (dignidad — en Gran Bretaña) earldom; (— en otros países) countship

conde -desa (en Gran Bretaña) (*m*) earl; (*f*) countess; (en otros países) (*m*) count; (*f*) countess; **el señor** ~ the Count

condecoración *f* decoration
condecorar [A1] *vt* to decorate
condena *f*
A (Der) sentence; **está cumpliendo su ~** he is serving his sentence
B (reprobación) **~ DE** *or* **A algo** condemnation OF sth
condenación *f* **1** (Relig) damnation; **~ eterna** eternal damnation **2** (reprobación) ▸**condena B**
condenado¹ -da *adj*
A **1** (destinado) **~ A algo** doomed TO sth **2** (obligado) **~ A + INF** condemned *o* forced to + INF
B (fam) (expresando irritación) wretched (colloq), damn (colloq)
condenado² -da *m,f*
A **1** (Der) convicted person; **el ~ a muerte** the condemned man **2** (Relig): **los ~s** the damned; ***como (un)* ~** (fam) ‹*correr*› like hell (colloq); **trabajaron como ~s** they worked like maniacs
B (fam) (maldito) wretch; **el ~ de tu hermano** that wretched brother of yours (colloq)
condenar [A1] *vt*
A **1** (Der) to sentence, condemn; **~ a algn A algo** to sentence sb TO sth; **lo ~on a tres años de cárcel** he was sentenced to three years imprisonment; **~ a algn a muerte** to condemn *o* sentence sb to death; **lo condenaron al pago de $100.000** they ordered him to pay $100,000; **lo ~on por robo** he was found guilty of robbery **2** (obligar) **~ a algn A algo** to condemn sb TO sth **3** (reprobar, censurar) to condemn
B **1** ‹*puerta/ventana*› (con ladrillos) to brick up; (con tablas) to board up **2** (inhabilitar) ‹*habitación/sala*› to close up
■ **condenarse** *v pron* to be damned
condenatorio -ria *adj* **1** ‹*mirada/gesto*› condemnatory **2** (Der): **una sentencia condenatoria** a conviction
condensación *f* condensation
condensado -da *adj* condensed
condensador *m* condenser
condensar [A1] *vt* to condense
■ **condensarse** *v pron* to condense
condesa *f* ▸**conde**
condescendencia *f* **1** (con aires de superioridad) condescension; **hablar con ~** to speak condescendingly **2** (con amabilidad, comprensión) understanding
condescender [E8] *vi* **1** (con aires de superioridad) **~ A + INF** to condescend *o* deign to + INF **2** (ceder) to acquiesce, agree, consent
condescendiente *adj* **1** ‹*actitud/respuesta*› (con aires de superioridad) condescending **2** (comprensivo) understanding
condición *f*
A (requisito) condition; **sin condiciones** unconditionally; **a ~** *or* **con la ~ de que** on condition (that); **acepto con una ~** I accept on one condition; **te lo presto a ~ de que me lo devuelvas mañana** I'll lend it to you as long as *o* provided (that) you give it back tomorrow; **las condiciones de un contrato** the terms *o* conditions of a contract
(Compuestos)
• **condiciones de venta** *fpl* conditions of sale (*pl*)
• **condición sine qua non** sine qua non (frml)
B **1** (calidad, situación): **en su ~ de sacerdote** as a priest; **en su ~ de jefe de la delegación** in his capacity as head of the delegation; **su ~ de extranjero le impide participar** as *o* being a foreigner he is not allowed to take part **2** (naturaleza) condition; **la ~ femenina** the feminine condition **3** (clase social) condition (dated), class; **de ~ humilde** of humble condition *o* origins; **alguien de su ~** someone of your social position **4** (Med) condition
(Compuesto) **condición humana**: **la ~ ~** the human condition
C **condiciones** *fpl* (estado, circunstancias) conditions (*pl*); **condiciones meteorológicas** weather conditions; **Ⓢ refrigerar para conservar en óptimas condiciones** refrigerate to keep (product) at its best; **estar en perfectas condiciones** «*coche/mueble*» to be in perfect condition; «*persona*» to be in good shape; **la carne estaba en malas condiciones** the meat was unfit for consumption; **deja tu cuarto en condiciones** leave your room neat and tidy; **todo tiene que estar en condiciones para el comienzo del curso** everything must be ready for the beginning of the school year; **estar en condiciones de jugar/trabajar** to be fit to play/work; **no estoy en condiciones de hacer un viaje tan caro** I am not in a position to go on such an expensive trip
(Compuesto) **condiciones de trabajo/de vida** *fpl* working/living conditions (*pl*)
D **condiciones** *fpl* (aptitudes) talent; **tiene condiciones para la música** she has a talent for music; **no tiene condiciones para ese trabajo** he is not suited to that job
condicional *adj* conditional
condicionamiento *m* (Psic) conditioning
condicionante¹ *adj* determining
condicionante² *m* determinant (frml)
condicionar [A1] *vt* **1** (determinar) to condition, determine **2** (supeditar) **~ algo A algo** to make sth conditional ON sth
condimentar [A1] *vt* to season
condimento *m*: **el comino es un ~** cumin is a condiment; **le falta ~** it needs some seasoning; **los ~s usados en la cocina india** the herbs and spices used in Indian cooking
condiscípulo -la *m,f* (de escuela) classmate; (de universidad) fellow student
condolencia *f* (frml) condolence (frml)
condolerse [E9] *v pron* (frml) to offer one's condolences (frml), to sympathize
condominio *m* **1** (propiedad) joint ownership, joint control **2** (Pol) (territorio) condominium **3** (AmL) (edificio) condominium (esp AmE), block of flats (BrE)
condón *m* condom
condonar [A1] *vt* (frml) ‹*deuda*› to cancel, write off; **le ~on la pena** he was pardoned
cóndor *m* condor
conducción *f*
A **1** (Elec, Fís) conduction **2** (esp Esp) (Auto) driving
B **1** (AmL) (dirección): **si se me confía la ~ de los destinos de la nación ...** if I am entrusted with managing the nation's destiny ...; **está a cargo de la ~ del programa** he's in charge of presenting the program **2** (Arg) (cúpula) leadership
conducente *adj* **~ A algo** leading TO sth
conducir [I6] *vi*
A (llevar) **~ A algo** «*camino/sendero*» to lead TO sth; **~ a error** to lead to mistakes; **esa actitud no conduce a nada** *or* **ninguna parte** that attitude won't achieve anything *o* (colloq) won't get us anywhere
B (esp Esp) (Auto) to drive; **¿sabes ~?** can *o* do you drive?; **~ por la izquierda** to drive on the left
■ **conducir** *vt*
A **1** (guiar, dirigir) to lead; **~ a algn A algo** to lead sb TO sth; **~ a algn ANTE algn** to take sb BEFORE sb; **fue elegido para ~ los destinos de la nación** he was chosen to steer the nation's destiny **2** (AmL) ‹*programa*› to host, present; ‹*debate*› to chair
B (esp Esp) ‹*vehículo*› to drive
C ‹*electricidad/calor*› to conduct
■ **conducirse** *v pron* to behave, conduct oneself (frml)
conducta *f* behavior*, conduct; **mala ~** bad behavior, misconduct (frml)
conductibilidad, conductividad *f* conductivity
conductismo *m* behaviorism*
conductista *adj/mf* behaviorist*
conducto *m*
A **1** (Anat) duct, tube; (Odont) root canal **2** (Tec) (canal, tubo) pipe, tube
(Compuestos)
• **conducto auditivo** ear canal
• **conducto de desagüe** drain
B (frml) (medio, vía) channels (*pl*); **por ~ oficial/regular** through official/the proper channels; **por ~ de nuestro representante** through our representative
conductor¹ -tora *adj* conductive; **materiales ~es de la electricidad/del calor** materials which conduct electricity/heat
conductor² -tora *m,f*
A **1** (de vehículo) driver **2** (AmL) (de programa) host
B **conductor** *m* (Elec, Fís) conductor

conduje, condujiste, etc *see* **conducir**
conduzca, conduzcas, etc *see* **conducir**
conectar [A1] *vt*
A ‹*cables/aparatos*› to connect (up); ‹*luz/gas/teléfono*› to connect; **~ algo a la red** to connect sth to the mains supply *o* plug sth in
B (relacionar) ‹*hechos/sucesos*› to connect, link
C (AmL) (poner en contacto) **~ a algn CON algn** to put sb in touch *o* in contact WITH sb
■ **conectar** *vi*
A 1 (Rad, TV) **~ CON algn/algo** to go over TO sb/sth 2 (empalmar) to connect, link up 3 (llevarse bien, entenderse) to get along *o* on well; **un político que conecta bien con la juventud** a politician young people can relate to 4 (AmL) (con vuelo, tren): **en Río conectamos con el vuelo a Asunción** in Rio we took a connecting flight to Asunción; **este vuelo/tren conecta con el de Dublín** this flight/train connects with the Dublin one
B (Méx arg) (conseguir droga) to score (sl)
conecte *mf* 1 (Méx arg) (traficante) dealer (sl) 2 (AmC fam) (contacto) friend on the inside (colloq)
conector *m* connector
coneja *f* (fam): **es una ~** she's a real babymachine (colloq & hum)
conejera *f* (madriguera individual) burrow; (red de túneles) warren; (para crianza) rabbit hutch, hutch
conejillo de Indias *m* guinea pig
conejo -ja *m,f* (Zool) rabbit; **los cazaron como ~s** they were caught like rats in a trap; ***hacer*** **~** (Col fam) to run off without paying, do a runner (BrE colloq)
conexión *f* 1 (Elec) connection; **~ a tierra** ground (AmE), earth (BrE); **~ a la red** connection to the mains; **devolvemos la ~ a nuestros estudios** and now, back to the studios 2 (relación) connection; **no existe ~ entre los dos hechos** there is no connection between the two events; **pierde su ~ con el entorno** he loses touch with the world around him 3 (Transp) connection; **perdí la ~ con Roma** I missed my connection to Rome 4 **conexiones** *fpl* (AmL) (amistades, relaciones) connections (*pl*), contacts (*pl*)
confabulación *f* conspiracy, plot
confabularse [A1] *v pron* to plot, conspire; **~ CONTRA algn** to plot *o* conspire AGAINST sb
confección *f* 1 (de trajes) tailoring; (de vestidos) dressmaking; **industria de la ~** clothing industry; **de ~** ready-to-wear, off-the-peg; ❺ **confecciones** fashions 2 (de artefactos) making 3 (de folleto, periódico) production; (de lista) drawing-up 4 (de medicina) preparation
confeccionar [A1] *vt* ‹*falda/vestido*› to make, make up; ‹*artefactos*› to make; ‹*folleto/periódico*› to produce; ‹*lista*› to draw up; ‹*medicina*› to prepare
confederación *f* confederation
confederado¹ -da *adj* confederate
confederado² *m* confederate
confederarse [A1] *v pron* to confederate
conferencia *f*
A 1 (discurso — formal) lecture; (— más informal) talk; **dar una ~ SOBRE algo** to give a lecture/talk ON sth 2 (reunión) conference; **celebrar una ~** to hold a conference; **~ de desarme** arms talks
(Compuestos)
• **conferencia de prensa** press conference
• **conferencia episcopal** synod
B (Esp) (Telec) long distance call; **poner una ~ interurbana/internacional** to make *o* (AmE) place a long-distance call
(Compuesto) **conferencia a cobro revertido** collect call (AmE), reverse charge call (BrE)
conferenciante *mf* lecturer
conferenciar [A1] *vi* (period) to hold talks
conferencista *mf* (AmL) lecturer
conferir [I11] *vt* (frml *o* liter) 1 ‹*honor/dignidad/responsabilidad*› to confer 2 ‹*prestigio*› to confer; ‹*encanto*› to lend; **la barba le confería un aire distinguido** the beard lent him an air of distinction
confesar [A5] *vt* 1 (Relig) ‹*pecado*› to confess; **el cura que la confiesa** the priest who hears her confession 2 ‹*sentimiento/ignorancia/delito*› to confess; ‹*error*› to admit
■ **confesar** *vi* 1 (Relig) to hear confession 2 (admitir culpabilidad) to confess, make a confession
■ **confesarse** *v pron* 1 (Relig) to go to confession; **~se DE algo** to confess sth; **~se CON algn** (Relig) to go TO sb FOR confession; (hacer confidencias) to open up one's heart TO sb 2 (declararse) (+ *compl*) to confess to being, admit to being
confesión *f*
A 1 (sacramento) confession; **me oyó en ~** he heard my confession 2 (Der) confession 3 (admisión) confession; **le voy a hacer una ~: a mí no me gusta** I must confess *o* admit (that) I don't like it
B (credo) faith, creed, denomination
confesional *adj* confessional, denominational
confesionario *m* confessional
confeso¹ -sa *adj* 1 (Der) confessed; **un marxista ~** a self-confessed Marxist 2 (Hist) ‹*judío*› converted
confeso² -sa *m,f* (Hist) converted Jew
confesor *m* confessor
confeti *m* confetti
confiable *adj* (esp AmL) 1 ‹*estadísticas*› reliable 2 ‹*persona*› (cumplidor) reliable, dependable; (honesto) trustworthy
confiado -da *adj* 1 [SER] (crédulo) trusting 2 [ESTAR] (seguro) **~ EN algo**: **está muy ~ en que lo van a llevar** he's convinced they're going to take him; **no estés tan ~** don't get over-confident
confianza *f*
A (fe) confidence; **él/ella me inspira ~** I feel I can trust him/her; **no despierta ~** it does not inspire confidence; **lo considero digno de toda ~** he has my complete trust; **~ EN algn/algo** confidence IN sb/sth; **tiene mucha ~ en sí misma** she is very self-confident; **tengo plena ~ en que ...** I'm quite confident that ... *o* I have every confidence that ...; **había puesto toda mi ~ en él** I had put all my trust *o* faith in him; **de ~** ‹*persona*› trustworthy, reliable; ‹*producto*› reliable; **se rodea de personas de su ~** he surrounds himself with people he trusts; **ocupa un puesto de ~** he has a position of trust; **nombró a alguien de su ~** he appointed someone he trusted
B (amistad, intimidad): **tenemos mucha ~** we are close friends, we know each other very well; **no les des tanta ~ a los alumnos** don't let your pupils be so familiar with you; **estamos en ~** we're among friends; **te lo digo en ~** I'm telling you in confidence; **hablando en ~** between you and me; **tratar a algn con ~** to be friendly with sb
C **confianzas** *fpl* (libertades): **no le des tantas ~s** don't let him be so familiar with you; **¿qué ~s son ésas?** (fam) you've got some nerve! (colloq)
confianzudo -da *adj* (esp AmL fam) forward
confiar [A17] *vi* 1 (tener fe) **~ EN algn/algo** to trust sb/sth; **~ en Dios** to trust (in) God; **confiamos en su discreción** we rely *o* depend on your discretion 2 (estar seguro) **~ EN algo** to be confident OF sth; **~ EN + INF/EN QUE + SUBJ**: **confiamos en poder llevarlo a cabo** we are confident that we can do it; **confiemos en que venga** let's hope she comes
■ **confiar** *vt* 1 ‹*secreto*› to confide; **siempre me confía sus preocupaciones** she always tells me *o* confides in me about her worries; **~ algo A algn** to confide sth TO sb 2 (encomendar) ‹*trabajo/responsabilidad*› to entrust; **le ~on una misión difícil** they entrusted him with a difficult mission
■ **confiarse** *v pron* 1 (hacerse ilusiones) to be overconfident; **no te confíes demasiado** don't get overconfident *o* too confident 2 (desahogarse, abrirse) **~se A algn** to confide IN sb
confidencia *f* secret, confidence (frml); **hacer una ~ a algn** to tell sb a secret
(Compuesto) **confidencias de alcoba** *fpl* intimate secrets (*pl*)
confidencial *adj* confidential
confidencialidad *f* confidentiality; **la ~ del asunto** the confidential nature of the matter
confidente *mf* 1 (amigo) (*m*) confidant; (*f*) confidante 2 (de la policía) informer
configuración *f*
A 1 (proceso) shaping 2 (forma, estructura) shape, configur-

ation (frml *or* tech); **la ∼ del nuevo gabinete** the composition of the new cabinet; **la ∼ del terreno** the lie of the land

B (Inf) configuration

configurar [A1] *vt* **1** (dar forma) to shape, form **2** (constituir, conformar) to make up, form

■ **configurarse** *v pron* to take shape

confín *m* (liter) **1** (lugar lejano): **en los confines del mundo** *or* **de la tierra** at the ends of the earth; **en los confines del horizonte** on the horizon **2** (límite): **los confines de una disciplina** the confines *o* bounds of a discipline **3** (frontera) border; **los confines de España y Portugal** the border between Spain and Portugal

confinamiento *m* confinement

confinar [A1] *vt* **∼ a algn A algo** ‹*a hospital/a calabozo*› to put sb INTO sth; ‹*a casa*› to confine sb TO sth; ‹*a isla*› to banish sb TO sth; **la parálisis lo confinó a una silla de ruedas** he was confined to a wheelchair because of paralysis

■ **confinar** *vi*: **∼ CON algo** to border WITH sth

■ **confinarse** *v pron* to shut oneself away

confirmación *f*

A (de noticia, de boleto) confirmation

B (Relig) confirmation; **hacer la ∼** to be confirmed

confirmar [A1] *vt*

A ‹*noticia/vuelo*› to confirm; **esto me confirma en mis temores** this confirms my fears; **es la excepción que confirma la regla** it's the exception that proves the rule

B (Relig) to confirm

confiscación *f* confiscation

confiscar [A2] *vt* ‹*contrabando/armas*› to confiscate, seize; (para uso del estado) to requisition

confitar [A1] *vt* to crystallize

confite *m* dragée; ***estar a partir un ∼*** (fam) to be as thick as thieves

confitería *f* **1** (tienda) patisserie, cake shop (*also selling sweets*) **2** (Bol, RPl) (salón de té) tearoom

confitero -ra *m,f* confectioner

confitura *f* preserve, jam

conflagración *f* (frml) (guerra) war

conflictividad *f* **1** (problemas) disputes (*pl*), conflicts (*pl*); **∼ laboral** labor disputes (AmE), industrial disputes (BrE) **2** (cualidad de controvertido) controversial nature

conflictivo -va *adj* **1** (problemático) ‹*situación*› difficult; ‹*época*› troubled; **una zona conflictiva** a trouble spot **2** (polémico) ‹*tema/persona*› controversial **3** (AmL) (atormentado) ‹*persona*› troubled

conflicto *m* **1** (enfrentamiento) conflict; **∼ de intereses** conflict of interests; **∼ de ideas** clash of ideas; **estar en ∼** to be in conflict; **las partes en ∼** the disputing factions; **entrar en ∼ con algn/algo** to come into conflict with sb/sth **2** (Psic) conflict **3** (apuro) difficult situation

(Compuestos)

• **conflicto armado** *or* **bélico** armed conflict

• **conflicto laboral** industrial dispute

confluencia *f* (de dos calles) junction; (de ríos) confluence; (de ideologías, corrientes) convergence

confluente *adj* ‹*ríos*› confluent; ‹*calles*› converging; ‹*ideologías*› convergent

confluir [I20] *vi* **1** «*calles/ríos*» to converge, meet; «*corrientes/ideologías*» to come together, merge; **todos los partidos confluyen en este punto** all the parties agree *o* concur on this point **2** «*grupos/personas*» to congregate, come together

conformar [A1] *vt*

A (frml) **1** (constituir) to form, make up **2** ‹*carácter*› to shape

B (contentar) ‹*persona*› to satisfy

C ‹*cheque*› to authorize payment of

■ **conformarse** *v pron* **1** (contentarse) **∼se CON algo** to be satisfied WITH sth; **no se conforma con nada** he's never satisfied; **no se conformó con insultarlo, sino que también le pegó** not content with insulting him, he hit him as well; **tuvo que ∼se con lo que tenía** he had to make do with what he had **2** (esp AmL) (resignarse): **no tienes más remedio que ∼te** you'll just have to accept it *o* to resign yourself to it; **no se puede ∼** she can't get over it

conforme[1] *adj*

A [ESTAR] **1** (satisfecho) satisfied, happy; **∼ CON algo/algn** satisfied *o* happy WITH sth/sb **2** (de acuerdo); **¡∼!** agreed!, fine!; **entonces, ¿estamos ∼s?** are we agreed, then?; **estoy ∼ EN QUE se haga así** I agree that it should be done like that; **∼ CON algo**: **eso no está ∼ con mis ideas** that doesn't fit in with my ideas; **esto está ∼ con la línea del partido** this is in keeping with the party line **3** (en regla) in order; **confirmé el vuelo, está todo ∼** I confirmed the flight, everything is in order

B **conforme a** (frml) according to, in accordance with (frml); **∼ a lo previsto** as predicted

conforme[2] *m* written authorization; **dar** *or* **poner el ∼ a algo** to authorize sth (*by signing it*)

conforme[3] *conj* as; **∼ se entra, está a mano izquierda** it's on the left as you go in

conformidad *f*

A (aprobación) consent, approval; **dio su ∼** he gave his consent; **de** *or* **en ∼ con** (frml) in accordance with (frml), according to

B (esp AmL) (resignación) resignation

conformismo *m* conformism

conformista *adj/mf* conformist

confort /kom'for/ *m* comfort; **apartamento todo ∼** well-appointed *o* fully equipped apartment; **todo el ∼ de la vida moderna** all the comforts of modern living

confortable *adj* comfortable

confortar [A1] *vt* to reassure, comfort

confraternidad *f* (sentimiento) (spirit of) fraternity; (relación) brotherhood, fraternity

confraternización *f* fraternization

confraternizar [A4] *vi* to fraternize

confrontación *f* **1** (enfrentamiento) confrontation **2** (de textos) comparison **3** (period) (Dep) game, match

confrontar [A1] *vt* **1** ‹*textos/versiones*› to compare **2** ‹*testigos/equipos*› to bring ... face to face ‹*ejércitos*› to bring ... into conflict; **∼on sus fuerzas** they came face to face; **∼ a algn CON algn** to bring sb face to face WITH sb **3** ‹*dificultad/peligro*› to confront, face; **∼ la realidad** to face up to reality

■ **confrontarse** *v pron* **∼se CON algo** to face up to sth

confundible *adj*: **dos conceptos fácilmente ∼s** two concepts which are easily confused

confundir [I1] *vt* **1** (por error) ‹*fechas/datos*› to confuse, get ... mixed *o* muddled up; ‹*personas*› to confuse, mix up; **∼ algo/algn CON algo/a algn** to mistake sth/sb FOR sth/sb; **me confundió con mi hermana** he mistook me for my sister; **creo que me confunde con otra persona** I think you are confusing me with somebody else **2** (desconcertar) to confuse; **tantas cifras confunden a cualquiera** all these numbers are enough to confuse anyone **3** (turbar) to embarrass

■ **confundirse** *v pron* **1** (equivocarse): **siempre se confunde en las cuentas** he always makes mistakes in the accounts; **∼se DE algo**: **me confundí de calle/casa** I got the wrong street/house **2** (mezclarse, fundirse): **se confundió entre la multitud** he disappeared into the crowd; **varios colores se confunden en el cuadro** various colors are blended together in the painting

confusión *f* **1** (desorden, caos) confusion; **para mayor ∼** to add to the confusion **2** (perplejidad) confusion; **mis palabras aumentaron su ∼** what I said made him more confused **3** (turbación) embarrassment **4** (equivocación) confusion; **hubo una ∼ con la factura** there was a confusion over the invoice; **se presta a ∼** it is open to misinterpretation; **para que no haya más confusiones** to avoid any further confusion

confusionismo *m* (confusión) confusion

confuso -sa *adj* **1** ‹*idea/texto/explicación*› confused; ‹*recuerdo*› confused, hazy; ‹*imagen*› blurred, hazy; ‹*información*› confused **2** (turbado) embarrassed, confused

conga *f*

A (Mús) conga

B (Méx) (bebida) *drink of mixed fruit juices*

congelación *f* **1** (de alimentos, agua) freezing **2** (Med) exposure; (de extremidades) frostbite; **muerte por ∼** death from exposure 3 (de precios, salarios, créditos) freezing; (de proyecto, negociación) suspension

congelado -da *adj* ‹*alimentos*› frozen; *ver tb* **congelar**

congelador *m* (en el refrigerador) freezer compartment; (independiente) freezer, deepfreeze

congelamiento *m* (esp AmL) ▸ **congelación**

congelar [A1] *vt* 1 ‹*alimentos/agua*› to freeze 2 ‹*precios/salarios/créditos*› to freeze; ‹*proyecto*› to put … on ice, freeze 3 (Cin, TV) ‹*imagen*› to freeze

■ **congelarse** *v pron* 1 «*agua*» to freeze; **se le congeló la sangre en las venas** the blood froze in his veins 2 «*extremidades*»: **se le congeló el pie** he got frostbite in his foot; **enciende la calefacción que me estoy congelando** put the heating on, I'm freezing!

congénere *mf*: **mis/tus/sus ~s** my/your/his kind; **el hombre y sus ~s** man and his fellow human beings

congeniar [A1] *vi* to get along (esp AmE), to get on (esp BrE); **~ CON algn** to get along *o* on WITH sb

congénito -ta *adj* congenital

congestión *f* congestion

congestionado -da *adj* 1 (Med) congested, blocked 2 ‹*cara*› flushed 3 ‹*tráfico*› congested

congestionamiento *m* congestion

congestionar [A1] *vt* 1 ‹*cara*› to make … flushed 2 (Med) to congest

■ **congestionarse** *v pron* 1 «*cara*» to become flushed 2 (Med) to become congested *o* blocked 3 «*calle/centro*» to become congested; «*tráfico*» to come to a standstill

conglomerado *m*

A (acumulación) conglomeration

B 1 (Geol) conglomerate 2 (de madera) conglomerate 3 (de empresas) conglomerate

conglomerar [A1] *vt* to bring together

■ **conglomerarse** *v pron* to conglomerate

Congo *m*: **el ~** (país) the Congo; (río) the Congo (River) (AmE), the (River) Congo (BrE)

congoja *f* (liter) (angustia) anguish, distress; (pena) sorrow, grief

congoleño -na *adj* Congolese

congraciarse [A1] *v pron* to ingratiate oneself; **~ CON algn** to ingratiate oneself WITH sb

congratulaciones *fpl* (frml) congratulations (*pl*)

congratular [A1] *vt* (frml) to congratulate; **~ a algn POR algo** to congratulate sb ON sth

■ **congratularse** *v pron* **~se DE** *or* **POR algo** (alegrarse) to be pleased ABOUT sth, congratulate oneself ON sth (frml)

congregación *f*

A (junta) assembly, meeting

B (orden religiosa) order; (en el Vaticano) congregation

congregar [A3] *vt* to bring together; **su recital congregó a mucha gente** his recital was very well attended

■ **congregarse** *v pron* to assemble, gather

congresista, (AmS) **congresal** *mf* 1 (delegado a asamblea) congress *o* conference delegate; (en congreso) conference *o* congress member 2 (Gob, Pol) (*m*) congressman, congressperson; (*f*) congresswoman, congressperson

congreso *m*

A (de profesionales, de partido político) conference, congress

B **Congreso** (Gob, Pol) 1 (asamblea) Parliament; (in US) Congress 2 (edificio) Parliament (*o* Congress *etc*) building

(Compuesto) **Congreso de los Diputados** (Esp) Chamber of Deputies (*lower chamber of Spanish Parliament*)

congrio *m* (Coc, Zool) conger eel

congruencia *f* 1 (coherencia, concordancia) coherence; **lo que dices no tiene ~** what you're saying isn't logical *o* lacks coherence; **la falta de ~ entre lo que dice y lo que hace** the lack of consistency between what he says and what he does 2 (Der, Mat) congruence

congruente *adj* 1 (coherente) coherent; **ser ~ con algo** to be consistent with sth 2 (Mat) congruent

cónico -ca *adj* ‹*pieza/forma*› conical, conic (tech); ‹*sección*› conic

conífera *f* conifer

conjetura *f* conjecture, speculation; **hacer ~s** to surmise *o* conjecture (frml); **son simples ~s** that's pure conjecture *o* speculation

conjeturar [A1] *vi* to speculate, conjecture (frml)

■ **conjeturar** *vt* to speculate on *o* about

conjugación *f* (Ling) conjugation

conjugar [A3] *vt*

A (Ling) to conjugate

B (combinar) ‹*esfuerzos*› to combine

■ **conjugarse** *v pron* to combine

conjunción *f*

A (Ling) conjunction

B (unión) combination; **en ~ con** in conjunction with

C (Astron) conjunction

conjuntar [A1] *vt*

A ‹*prendas*› to coordinate (frml)

B (reunir) ‹*esfuerzos*› to join, combine

conjuntiva *f* conjunctiva

conjuntivitis *f* conjunctivitis

conjuntivo -va *adj*

A (Anat) ‹*tejido*› connective

B (Ling) ‹*locución*› conjunctive, connecting

conjunto[1] -ta *adj* joint

conjunto[2] *m*

A (de objetos, obras) collection; (de personas) group; **el ~ de los magistrados ha decidido que …** magistrates as a body *o* group have decided that …; **en ~** as a whole; **en su ~** (referido a — obra, exposición) as a whole; (— comité, partido) as a group

(Compuestos)

• **conjunto monumental** historical monuments (*pl*)

• **conjunto residencial** residential complex *o* development

B (Mús) *tb* **~ musical** (de música clásica) ensemble; (de música popular) pop group

C (Indum) (de un pulóver y una chaqueta) twinset; (de prendas en general) outfit; **un ~ de playa** a beach outfit; **llevaba un ~ de chaqueta y pantalón** he was wearing matching jacket and trousers; **hacer ~ con algo** to go well with sth

D (Mat) set

E (totalidad): **visto en ~** *or* **en su ~** overall *o* as a whole; **debemos hacernos una visión de ~ del problema** we must get an overview of the problem

conjura, conjuración *f* conspiracy, plot

conjurado -da *m,f* conspirator

conjurar [A1] *vt* 1 ‹*peligro/amenaza*› to avert 2 ‹*demonio*› to exorcise

■ **conjurar** *vi* to conspire, plot

■ **conjurarse** *v pron* to conspire; **los elementos se habían conjurado contra nosotros** the elements had conspired against us

conjuro *m* (fórmula mágica) spell; (poder sugestivo) (liter *o* hum) magic (hum)

conllevar [A1] *vt*

A (*en 3ª pers*) (comportar, implicar) to entail; **las responsabilidades que conlleva la paternidad** the responsibilities involved with *o* that go with being a parent; **una tarea que conlleva serias dificultades** a task which is fraught with serious difficulties

B ‹*desgracia/enfermedad*› to bear

■ **conllevar** *vi* (Ven) **~ A algo** to lead TO sth

conmemoración *f* 1 (recuerdo) commemoration; **en ~ de** in remembrance of, in commemoration of 2 (ceremonia): **asistió a la ~ del centenario** he was present at the centenary celebrations

conmemorar [A1] *vt* to commemorate

conmemorativo -va *adj* commemorative; **una ceremonia conmemorativa de …** a ceremony in commemoration of …

conmensurable *adj* commensurable

conmigo *pron pers* with me; **no tengo las llaves ~** I don't have the keys with *o* on me; **estoy furiosa ~ misma** I'm furious with myself; **ha sido muy bueno ~** he's been very good to me

conminar [A1] *vt* **~ a algn A + INF** *or* **A QUE + SUBJ** to order sb to + INF

conminatorio -ria *adj* warning

conmiseración *f* commiseration, sympathy; **mostrar/sentir ~ por algn** to commiserate with sb

conmoción *f* 1 (Med) concussion 2 (trastorno, agitación): **el siniestro produjo una ~ en el país** the disaster left the country in a state of shock; **la noticia produjo una ~ familiar** the news shocked the whole family 3 (Geol) shock

(Compuesto) **conmoción cerebral** concussion

conmocionar [A1] *vt* to shake; **su muerte conmocionó al país** the country was shaken *o* shocked by his death

conmovedor -dora *adj* moving, touching

conmover [E9] *vt* 1 (emocionar) to move; **su discurso nos conmovió a todos** we were all moved by his speech 2 (inducir a piedad) to move … to pity; **conmovido por sus lágrimas …** moved by her tears … 3 (estremecer, sacudir) ‹*tierra/cimientos*› to shake, rock

■ **conmoverse** *v pron* 1 (enternecerse, emocionarse) to be moved 2 (estremecerse): **el país se conmovió con la noticia** the news shocked the country

conmutación *f*
A 1 (Der) commutation 2 (trueque) substitution
B (Ling) commutation

conmutador *m* (Elec) switch; (de teléfonos) (AmL) switchboard

conmutar [A1] *vt* 1 (Der) ‹*pena*› to commute; **le ~on la pena por la de cadena perpetua** his sentence was commuted to life imprisonment 2 (trocar) **~ algo** POR *or* CON **algo**: **es posible ~ el servicio militar por trabajos en la comunidad** it is possible to do community work instead of military service 3 (Mat) ‹*números/términos*› to commute

conmutativo -va *adj* commutative

connatural *adj* innate, inherent; **~ al hombre** inherent in man

connivencia *f* (frml) collusion, connivance; **actuar en ~ con algn** to act in collusion *o* connivance with sb

connotación *f* connotation

connotado -da *adj*
A (AmS) (destacado) ‹*político*› distinguished, eminent; ‹*músico/escritor*› famous; ‹*ciudadano*› prominent
B (Ven) ‹*bandido*› notorious

connotar [A1] *vt* to imply, connote (frml)

connubio *m* (AmL) (complicidad): **en ~ con** in league with, in cahoots with (colloq)

cono *m* 1 (figura) cone 2 (Auto) *tb* **~ de encauzamiento** *or* **de balizamiento** traffic cone

(Compuesto) **Cono Sur** Southern Cone (*Argentina, Chile, Paraguay and Uruguay*)

conocedor -dora *m,f* connoisseur, expert

conocer [E3] *vt*
A ‹*persona*› to know; (por primera vez) to meet; ‹*ciudad/país*› to know; **¿conoces a Juan?** do you know *o* have you met Juan?; **no lo conozco de nada** I don't know him at all; **te conocía de oídas** he'd heard of you; **lo conozco de nombre** I know the name; **~ a algn de vista** to know sb by sight; **es de todos conocido** he's well known; **nunca llegué a ~lo bien** I never really got to know him; **conozco muy bien a ese tipo de persona** I know that sort of person only too well; **fui a ~ a sus padres** I went to meet his parents; **conoce bien la zona** she knows the area well; **quiero que conozcas a mi novio** I want you to meet my boyfriend; (aprender cómo es) ‹*persona/ciudad*› to get to know; **¿conoces Irlanda?** do you know *o* have you been to Ireland?; **quiere ~ mundo** she wants to see the world; **me encantaría ~ tu país** I'd love to visit your country; ***más vale malo conocido que bueno por ~*** better the devil you know than the devil you don't
B (estar familiarizado con, dominar) ‹*tema/autor/obra*› to know, be familiar with; ‹*lengua*› to speak, know; **conoce muy bien su oficio** she's knows the job inside out
C 1 (saber de la existencia de) to know, know of; **no se conoce ningún remedio** there is no known cure; **ese vestido no te lo conocía** I've never seen you in that dress before; **no le conozco ningún vicio** he doesn't have any vices as far as I know; **conocían sus actividades** they knew of *o* about his activities 2 **dar a ~** (frml) ‹*noticia/resultado*› to announce; ‹*identidad/intenciones*› to reveal; **el libro que lo dio a ~ como poeta** the book which established his reputation as a poet; **darse a ~** ‹‹*persona*›› to make oneself known; **intentó no darse a ~** he tried to keep his identity a secret
D (reconocer) to recognize*; **te conocí por la voz** I knew it was you by your voice
E (experimentar) ‹*crisis*› to experience; ‹*desarrollo/cambio*› to undergo; ‹*revolución*› to see
F (*impers*) (notar): **se conoce que no están en casa** they don't seem to be in; **se conoce que ya llevaba algún tiempo enfermo** apparently he'd been ill for some time
G (Der) ‹*causa/caso*› to try
H (arc) (tener trato carnal con) to know (arch)

■ **conocer** *vi*
A (saber) **~ DE algo** ‹*de tema/materia*› to know ABOUT sth
B (Der): **~ de una causa** to try a case

■ **conocerse** *v pron*
A (*recípr*) (tener cierta relación con) to know each other; (por primera vez) to meet; (aprender cómo es) to get to know each other
B (*refl*) 1 (aprender cómo se es) to get to know oneself 2 (saber cómo se es) to know oneself
C (*enf*) (fam) (estar familiarizado con) to know; **se conoce todos los trucos** he knows all the tricks

conocido[1] -da *adj*
A (famoso) ‹*actor/cantante*› famous, well-known
B 1 ‹*cara/voz*› familiar; **su cara me resulta conocida** her face is familiar 2 ‹*hecho/nombre*› well-known; **más ~ como …** better known as …

conocido[2] -da *m,f* acquaintance

conocimiento *m*
A 1 (saber) knowledge 2 **conocimientos** *mpl* (nociones) knowledge; **tiene algunos ~s de inglés** he has some knowledge of English
B (frml) (información): **dar ~ de algo a algn** to inform *o* (frml) apprise sb of sth; **poner algo en ~ de algn** to inform sb of sth; **pongo en su ~ que …** (Corresp) I am writing to inform you that …; **al tener ~ del suceso** upon learning of the incident (frml); **tener ~ de algo** to be aware of sth; **llegar a ~ de algn** to come to sb's attention *o* notice (frml); ***con ~ de causa***: **obró con ~ de causa** (frml) he took this step, fully aware of what the consequences would be; **hablo con ~ de causa** I know what I'm talking about

(Compuesto) **conocimiento de embarque** bill of lading, waybill (AmE)

C (sentido) consciousness; **perder/recobrar el ~** to lose/regain consciousness; **estar sin ~** to be unconscious
D (entendimiento): **aún es pequeño, no tiene todavía ~** he's not old enough to understand

conozca, conozco, etc *see* **conocer**

conque *conj* so; **~ ya lo sabes** so now you know

conquista *f*
A (acción) 1 (de territorio, pueblo) conquest; **la ~ del espacio** the conquest of space; **ir** *or* **salir a la ~ de algo** to set out to conquer sth; **lanzarse a la ~ del mercado** to set out to capture the market 2 (de victoria, fama): **se lanzó a la ~ del éxito/de la medalla** she set out to achieve success/to win the medal 3 **la Conquista** (Hist) the Spanish conquest (*of America*); **la C~ de México** the conquest of Mexico
B (logro) achievement
C (fam) (amorosa) conquest; **salir de ~** to go out on the make (AmE) *o* (BrE) pickup (colloq)
D (AmS period) (Dep) goal

conquistador[1] -dora *adj* 1 ‹*ejército*› conquering 2 (fam) ‹*persona*›: **una mujer ~a** a femme fatale; **se creía de lo más ~** he fancied himself (as) a real ladykiller

conquistador[2] -dora *m,f* 1 (Hist) conqueror; (en la conquista de América) conquistador 2 (fam) (en el amor) (*m*) ladykiller; (*f*) femme fatale

Conquistadores

The collective term for the succession of explorers, soldiers and adventurers who, from the sixteenth century onward led the settlement and exploitation of Spain's Latin American colonies. Among the best known are Hernán Cortés (Mexico), Hernando de Soto (Florida, Nicaragua), the Pizarro brothers (Panama, Peru, Ecuador), Diego de Almagro (Peru, Chile) and Pedro de Valdivia (Chile)

conquistar [A1] *vt* 1 ‹*territorio/pueblo/montaña*› to conquer; ‹*mercado*› to capture 2 ‹*victoria/título*› to win;

‹éxito/fama› to achieve 3 (AmS period) ‹gol› to score 4 ‹simpatía/respeto› to win; ‹persona/público› to captivate; ‹corazón› to capture; **acabó conquistándola** he won her heart in the end

consabido -da *adj* (*delante del n*) usual; **las consabidas anécdotas** the same *o* usual old stories

consagración *f*
A (Relig) consecration
B (de monumento, tiempo, esfuerzo) dedication
C 1 (de artista, profesional): **aquel éxito contribuyó a su ~ como dramaturgo** that success helped establish him as a playwright 2 (de costumbre) establishment

consagrado -da *adj*
A (Relig) consecrated
B 1 ‹*artista*› acclaimed 2 ‹*costumbre/procedimiento*› established

consagrar [A1] *vt*
A (Relig) to consecrate
B 1 ‹*monumento/edificio*› **~ algo a algo/algn** to dedicate sth TO sth/sb 2 ‹*vida/tiempo/esfuerzo*› **~ algo a algo/algn** to dedicate *o* devote sth TO sth/sb 3 ‹*programa/publicación*› **~ algo a algo/algn** to devote sth TO sth/sb
C (establecer) 1 ‹*artista/profesional*› to establish; **la película que la consagró como actriz** the movie that established her as an actress 2 ‹*costumbre*› to establish
■ **consagrarse** *v pron* 1 (*refl*) (dedicarse) **~se a algo/algn** to devote oneself TO sth/sb 2 (acreditarse): **con ese triunfo se consagró (como) campeón** that triumph established her as the champion

consanguíneo¹ -nea *adj* blood (*before n*)

consanguíneo² -nea *m,f* blood relation

consanguinidad *f* consanguinity (frml); **parentesco por ~** kinship, blood relationship

consciencia *f* ▸ **conciencia B**

consciente *adj* 1 [ESTAR] (Med) conscious 2 (de problema, hecho) **ser** *or* (Chi, Méx) **estar ~ de algo** to be aware *o* conscious OF sth; **una persona plenamente ~ de sus actos** a person who is fully responsible for his/her actions 3 [SER] (sensato) sensible; (responsable) responsible

conscripción *f* draft, conscription

conscripto *m* (AmL) conscript

consecución *f* (frml) (de objetivo, fin): **la ~ de este contrato** the securing of this contract; **una meta de difícil ~** a difficult goal to attain *o* achieve

consecuencia *f* 1 (resultado, efecto) consequence; **tendrás que atenerte a las ~s** you'll have to accept the consequences; **esto trajo como ~ su renuncia** this resulted in his resignation; ***llevar algo hasta sus últimas ~s***: **está decidido a llevar el asunto hasta sus últimas ~s** he's prepared to see the business through to the bitter end 2 (*en locs*) **a consecuencia de** as a result of; **en consecuencia** (frml) (por consiguiente) consequently, as a result; ‹*actuar/obrar*› accordingly

consecuente *adj* consistent; **hay que ser ~** you have to be consistent; **trato de ser un socialista ~** I try to live according to my socialist principles; **una mujer ~ con sus ideas** a woman who acts according to her beliefs

consecuentemente *adv* 1 (por consiguiente) consequently 2 ‹*obrar*› according to one's beliefs/principles

consecutivo -va *adj* 1 (seguido) consecutive; **cuatro días ~s** four consecutive days 2 (Ling) consecutive

conseguido -da *adj* (esp Esp): **una película muy conseguida** a very well-made movie; **los efectos especiales están muy ~s** the special effects are very well done

conseguir [I30] *vt* 1 ‹*objetivo/fin/resultado*› to achieve, obtain; ‹*entrada/permiso/empleo*› to get; **no ~ás nada de él** you won't get anything out of him; **si lo intentas, al final lo ~ás** if you try, you'll succeed in the end; **la película consiguió un gran éxito** the film was a great success; **consiguió el primer premio** she won first prize; **consiguió la victoria** she won 2 **~ + INF** to manage to + INF; **no consigo entenderlo** I can't work it out 3 **~ QUE + SUBJ**: **vas a ~ que me enfade** you're going to get me annoyed; **al final conseguí que me dejaran pasar** I finally got them to let me through; **conseguí que me lo prestara** I got him to lend it to me
■ **conseguir** *vi* (RPl) **~ con algn/algo** to get through TO sb/sth

consejería *f*
A (Gob, Pol) (en Esp) ministry (*in certain autonomous governments*)
B (de una embajada) department, office
C (Chi) (de empresa) directorship

consejero -ra *m,f*
A (asesor) adviser; **mi hermano es buen ~** my brother gives very sound advice
(Compuesto) **consejero matrimonial** marriage guidance counselor
B (Adm, Com) director
(Compuesto) **consejero delegado** chief executive
C (Gob, Pol) (en Esp) minister (*in certain autonomous governments*)
D (en embajada) counselor*

consejo *m*
A (recomendación) piece of advice; **te voy a dar un ~** let me give you some advice *o* a piece of advice; **me pidió ~** he asked me for advice *o* asked (for) my advice; **sus ~s son siempre acertados** she always gives good advice; **~s prácticos de limpieza** practical cleaning tips
B (organismo) council, board
(Compuestos)
- **consejo de administración** board of directors
- **consejo de estado** council of state
- **Consejo de Europa** Council of Europe
- **consejo de guerra** court-martial; **le formaron ~ de ~** he was court-martialed
- **consejo de ministros** (grupo) cabinet; (reunión) cabinet meeting; **el ~ de ~ de la CE** the Council of Ministers of the EC
- **Consejo de Seguridad** Security Council
- **consejo escolar** school board (AmE), board of governors (BrE)

consenso *m* consensus; **llegar a un ~** to reach agreement *o* a consensus; **por ~** by general consent *o* assent; **una fórmula de ~** a formula acceptable to all involved; **someter algo a ~** to put sth to the vote

consensual *adj* consensual, joint

consensuar [A1] *vt* to reach a consensus on

consentido¹ -da *adj* spoiled

consentido² -da *m,f*: **es un ~** he's spoiled

consentimiento *m* 1 (autorización) consent 2 **consentimientos** *mpl* (Col) (mimos) fussing

consentir [I11] *vt* 1 (permitir, tolerar) to allow; **¡no te consiento que me hables así!** I won't have you speak to me like that; **se lo consienten todo** he's allowed to do whatever he likes 2 (mimar) ‹*niño*› to spoil
■ **consentir** *vi*: **~ en algo** to consent *o* agree TO sth

conserje *mf* 1 (de establecimiento público) superintendent (AmE), caretaker (BrE) 2 (de colegio) custodian (AmE), caretaker (BrE) 3 (de hotel) receptionist

conserjería *f* reception

conserva *f*: **latas de ~** cans *o* (BrE) tins of food; **fábrica de ~s** canning factory; **piña en ~** canned *o* (BrE) tinned pineapple; **~s** canned *o* tinned food

conservación *f* 1 (de alimentos) preserving 2 (Ecol) conservation 3 (de monumentos, obras de arte) preservation; **el cuadro se halla en mal estado de ~** the painting is in a bad state of repair; ▸ **instinto**

conservacionismo *m* conservation

conservacionista¹ *adj* conservation (*before n*)

conservacionista² *mf* conservationist

conservador¹ -dora *adj* conservative

conservador² -dora *m,f* 1 (Pol) conservative 2 (de museo) curator

conservadurismo *m* conservatism

conservante *m* preservative

conservar [A1] *vt* 1 (mantener, preservar) ‹*alimentos*› to preserve; ‹*sabor/calor*› to retain; ‹*tradiciones/costumbres*› to preserve; ‹*amigo/cargo*› to keep; **~ la naturaleza** to conserve nature; **conservo buenos recuerdos suyos** I have good memories of him; **~ la calma/el buen humor** to keep calm/one's spirits up; **~ la línea** to keep one's figure; **conserva intactas sus facultades mentales** he is still in full possession of his mental faculties; **conserva los ideales de su juventud** she still has her youthful ideals 2 (guardar) ‹*cartas/fotografías*› to keep; **S** **consérvese en lugar fresco** keep *o* store in a cool place

■ **conservarse** *v pron* 1 «*alimentos*» to keep; **se conserva durante meses** it keeps for months 2 (perdurar) «*restos/tradiciones*» to survive 3 «*persona*» (+ *compl*) to keep; **se conserva ágil** she keeps herself in trim; **está muy bien conservada** she's very well preserved

conservatismo *m* (AmL) ▸ **conservadurismo**

conservatorio *m* conservatory, conservatoire

conservero -ra *adj* canning (*before n*)

considerable *adj* considerable

consideración *f* 1 (atención) consideration; **sometió el tema a su ~** he put the matter to her for her consideration; **en ~ a sus méritos** in recognition of her merits; **tomar algo en ~** to take sth into consideration *o* account 2 (miramiento) consideration; **tuvo muchas consideraciones conmigo** she treated me very considerately; **la trataron sin ninguna ~** *or* **no tuvieron ninguna ~ con ella** they treated her most inconsiderately; **¡qué falta de ~!** how thoughtless!; **por ~ a su familia** out of consideration for his family 3 (importancia): **de ~** serious 4 (AmL frml) (Corresp) **De mi mayor ~** Dear Sir/Madam 5 **consideraciones** *fpl* (razonamiento) considerations (*pl*)

considerado -da *adj* [SER] considerate; **ser ~ CON algn** to be considerate TOWARD(S) sb

considerar [A1] *vt*

A 1 ‹*asunto/posibilidad/oferta*› to consider; ‹*ventajas/consecuencias*› to weigh up, consider; **considera los pros y los contras** weigh up the pros and cons; **tenemos que ~ que ...** we must take into account that ...; **considerando que ha estado enfermo** considering (that) he's been ill 2 (frml) (tratar con respeto) to show consideration for, to consider

B (frml) (juzgar, creer) (+ *compl*) to consider; **fue considerado como una provocación** it was considered (to be) provocative; **eso se considera de mala educación** that's considered bad manners; **se le considera responsable del secuestro** he is believed to be responsible for the kidnapping; **está muy bien considerado** he is very highly regarded

■ **considerarse** *v pron* «*persona*» (juzgarse) (+ *compl*) to consider oneself; **se considera afortunado** he considers himself (to be) lucky

consiga, consigas, etc *see* **conseguir**

consigna *f*

A (eslogan) slogan

B (orden) order, instruction; **cumplir/violar una ~** to carry out/disobey an order; **tenían la ~ de ...** they had orders to ...

C (para equipaje) baggage room (AmE), left-luggage (office) (BrE)

(Compuesto) **consigna automática** (coin-operated *o* automatic) luggage locker (AmE) *o* (BrE) left-luggage locker

consignación *f*

A (depósito) 1 (de mercancías) consignment 2 (Col) (de dinero) deposit 3 (Der) payment into court

B (frml) (envío) shipment, consignment (frml)

C (frml) (Fin) (asignación) allocation

consignador *m* consignor

consignar [A1] *vt*

A (depositar) 1 ‹*mercancías*› to consign 2 ‹*equipaje*› to check (AmE), to place *o* deposit ... in left luggage (BrE) 3 (Der) to pay ... into court 4 (Col) ‹*dinero/cheques*› to deposit

B (frml) ‹*hecho/dato*› to record

C (frml) (enviar) ‹*paquete/carga*› to dispatch

D (frml) (asignar) to allocate

E (Méx) (Der) ‹*presunto delincuente*› to bring ... before the authorities

consignatario -ria *m,f* 1 (Com) consignee 2 (Der) trustee 3 (destinatario) addressee

(Compuesto) **consignatario de buques** shipping agent

consigo¹ *pron pers* 1 (con él) with him; (con ella) with her; (con uno) with you *o* one; **no llevaba las llaves ~** he didn't have the keys with *o* on him; **hablaba ~ misma** she was talking to herself; **si uno no está satisfecho ~ mismo** if one is not happy with oneself 2 (con usted, ustedes) with you; **traiga/traigan ~ todo lo necesario** bring everything you'll need with you

consigo² *see* **conseguir**

consiguiente *adj* resulting (*before n*), consequent (*before n*) (frml); **por ~** consequently

consistencia *f* 1 (de mezcla, masa) consistency; **tomar ~** to thicken 2 (de teoría, argumento) soundness; **un argumento sin ~** a flimsy argument

consistente *adj*

A 1 ‹*salsa/líquido*› thick; ‹*masa*› solid 2 ‹*argumentación/tesis*› sound

B (Andes, Méx) ‹*conducta*› consistent; ‹*persona*› *ver* **consecuente**

C **~ EN algo** (constituido por) consisting OF sth

consistir [I1] *vi*

A (expresando composición) **~ EN algo** to consist OF sth; **en eso consistía todo su vocabulario/su capital** that was the full extent of his vocabulary/his capital

B 1 (expresando naturaleza) **~ EN algo**: **¿en qué consiste el juego?** what does the game involve?; **~ EN + INF** to involve *o* entail -ING 2 (radicar) **~ EN algo** to lie IN sth; **en eso consiste su gracia** that is what gives it its charm

consistorial *adj* 1 (Relig) consistorial 2 (del ayuntamiento) council (*before n*) ▸ **casa**

consola *f*

A (mueble) console table

B 1 (panel de controles) console 2 (de órgano) console

consolación *f* ▸ **premio**

consolador¹ -dora *adj* consoling, comforting

consolador² *m* dildo

consolar [A10] *vt* to console, comfort; **si en algo te consuela** if it's any consolation to you

■ **consolarse** *v pron* (*refl*): **no se consuela de su pérdida** he hasn't got(ten) over his loss yet; **me consuelo pensando que ...** I take comfort *o* I find some consolation in the thought that ...; **para ~me me fui de compras** I went shopping to cheer myself up

consolidación *f* 1 (de situación, acuerdo, victoria) consolidation; (de amistad, relación) strengthening 2 (Fin) consolidation

consolidar [A1] *vt*

A ‹*situación/posición/acuerdo*› to consolidate; ‹*amistad*› to strengthen

B ‹*deuda/préstamo*› to consolidate

■ **consolidarse** *v pron* «*situación/acuerdo*» to be consolidated; «*amistad/relación*» to grow stronger

consomé *m* consommé

consonancia *f* 1 (Ling, Lit) consonance 2 (Mús) harmony 3 **en consonancia con** in keeping with

consonante¹ *adj* consonant (*before n*)

consonante² *f* consonant

consorcio *m* consortium; **en ~ con algo/algn** in conjunction with sth/sb

consorte *mf* (frml) spouse (frml)

conspicuo -cua *adj* eminent, distinguished

conspiración *f* conspiracy, plot

conspirador -dora *m,f* conspirator

conspirar [A1] *vi* to conspire, plot

constancia *f*

A (perseverancia) perseverance

B 1 (prueba) proof; **dejar ~ DE algo** (en registro, acta) to record sth (in writing); (verbalmente) to state sth; (atestiguar) to prove sth; **este gesto deja ~ de su generosidad** this gesture is proof of his generosity; **quiero dejar ~ de mi agradecimiento** I want to express my gratitude; **no hay ~ de ello** there is no proof of it; **que quede ~ que ...** I would like the record to show that ... 2 (AmL) (documento) documentary *o* written evidence

constante¹ *adj*

A (continuo) constant

B (perseverante) ‹*persona*› persevering

constante² *f* 1 (Mat) constant 2 (característica) constant feature; **una ~ en su obra** a constant theme in his work; **el malhumor es una ~ en él** he's always in a bad mood 3 **constantes** *fpl* (Med) *tb* **~s vitales** vital signs (*pl*)

constar [A1] *vi*

A 1 (figurar) **~ EN algo** ‹*en acta/documento*› to be stated *o* recorded IN sth; ‹*en archivo/catálogo*› to be listed IN sth; ‹*en libro/texto*› to appear IN sth; **en el certificado no consta su edad** the certificate doesn't state her age; **y para que así conste ...** and for the record ... [2] (quedar claro): **(que) conste que yo no fui** it certainly wasn't me; **(que) conste que yo se lo advertí** I did warn her, you know; **yo nunca dije eso, que conste** just to set the record straight, I never actually said that; (+ *me/te/le etc*) **me consta que ...** I am sure that ...; **a mí no me consta** I wouldn't vouch for that (colloq) [3] **hacer ~ algo** (manifestar) to state sth; (por escrito) to register sth, to put sth on record; **hizo que ~a en acta su oposición** he asked for his opposition to be recorded in the minutes

B (estar compuesto de) **~ DE algo** to consist OF sth; **consta de tres volúmenes** it's in three volumes

constatable *adj* verifiable

constatación *f* verification

constatar [A1] *vt* [1] (notar) to verify (frml); (establecer): **pudo ~ que la muerte se había producido por asfixia** he was able to establish that death had been caused by suffocation [2] (afirmar) to state

constelación *f* constellation

consternación *f* consternation, dismay; **lo que dijo me produjo una profunda ~** I was profoundly dismayed at *o* by what he said

consternar [A1] *vt* to fill ... with dismay; **la noticia nos dejó consternados** the news filled us with dismay

■ **consternarse** *v pron* to be dismayed; **quedó consternado al oírlo** he was dismayed to hear it

constipación *f*: *tb* **~ intestinal** *or* **de vientre** constipation

constipado¹ -da *adj* [1] (resfriado) **está muy ~** he has a bad cold [2] (AmL) (estreñido) constipated

constipado² *m* cold

constiparse [A1] *v pron* to catch a cold

constitución *f*

A (establecimiento) setting-up

B (Pol) (de país) constitution

C [1] (complexión) constitution; **un hombre de ~ fuerte/débil** a man with a strong/weak constitution [2] (composición) makeup

constitucional *adj* constitutional

constitucionalidad *f* constitutionality

constitucionalizar [A4] *vt* to enshrine ... in the constitution, write ... into the constitution

constituir [I20] *vt* (frml) [1] (componer, formar) to make up, constitute (frml) [2] (ser, representar) to represent, constitute (frml); **esta acción no constituye delito** this action does not constitute a crime; **recibir este premio constituye un honor para mí** I am very honored to receive this award; **esto constituye una excepción** this is an exception [3] (crear) ‹*comisión/compañía*› to set up, establish [4] (nombrar) to name

■ **constituirse** *v pron* (frml) [1] (erigirse) **~se EN algo** to become sth [2] (reunirse) **~se EN algo** ‹*en asamblea/consejo*› to form sth, form oneself INTO sth

constitutivo -va *adj* ‹*elemento/parte*› constituent (*before n*); **hechos ~s de delito** acts which constitute a crime

constituyente¹ *adj* [1] ▸ **constitutivo** [2] ‹*asamblea/congreso*› constituent (*before n*)

constituyente² *m* (Der, Pol) constituent member

constreñir [I15] *vt*

A (frml) (forzar) to constrain (frml), compel; **actuó constreñido por las circunstancias** circumstances compelled him to act as he did

B (limitar) to restrict, limit; **vivo constreñido a un mísero presupuesto** I live on a very limited budget; **el espacio nos constriñe** we're limited by space

C (Med) to constrict

■ **constreñirse** *v pron* to restrict oneself; **~se en los gastos** to cut back on spending; **~se A algo** to restrict oneself TO sth

constricción *f* constriction

construcción *f*

A (acción) construction, building; **en ~** under construction; **de mala ~** poorly built; **materiales de ~** building *o* construction materials

B [1] (sector) building, construction; **la ~ naval** shipbuilding [2] (edificio, estructura) construction

C (Ling) construction

constructivismo *m* (Art, Arquit) constructivism

constructivista *adj/mf* (Art, Arquit) constructivist

constructivo -va *adj* constructive

constructor¹ -tora *adj* building (*before n*), construction (*before n*)

constructor² -tora *m,f* [1] (Const) builder, building contractor [2] **constructora** *f* construction company, building firm

construir [I20] *vt* [1] ‹*edificio/barco/sociedad*› to build [2] ‹*figura/frases/oraciones*› to construct

construya, etc *see* **construir**

consubstancial *adj* (frml) **~ A algn** innate IN sb (frml); **ser ~ a algo** to be an inherent characteristic of sth

consuegro -gra (*m*) *father-in-law of one's son or daughter*; (*f*) *mother-in-law of one's son or daughter*

consuelo *m* consolation, comfort; **encontrar ~ en algo/algn** to find comfort *o* consolation in sth/sb; **lloraba sin ~** she was crying inconsolably

cónsul *mf* consul

(Compuesto) **cónsul general** consul general

consulado *m* (oficina) consulate; (cargo) consulship

consular *adj* consular

consulta *f*

A (pregunta, averiguación): **¿te puedo hacer una ~?** can I ask you something?; **este problema queda pendiente de ~** this matter is awaiting consultation; **de ~** ‹*biblioteca/libro*› reference (*before n*)

(Compuesto) **consulta popular** referendum, plebiscite

B (Med) [1] (entrevista) consultation; **¿a qué horas tiene ~s el Dr. Sosa?** what are Dr Sosa's office hours (AmE) *o* (BrE) surgery times?; Ⓢ **horas de consulta** surgery hours; **~ a domicilio** home *o* house visit [2] (reunión) conference [3] (consultorio) office (AmE), practice (AmE), surgery (BrE)

consultar [A1] *vt* ‹*persona/obra*› to consult; ‹*dato/duda*› to look up; **~ algo CON algn** to consult sb ABOUT sth

■ **consultar** *vi*: **~ CON algn** to consult sb

consultivo¹ -va *adj* consultative

consultivo² *m* (Chi) meeting

consultor -tora *m,f* consultant

consultoría *f* (servicio, oficina) consultancy; (empresa) consultancy firm

(Compuesto) **consultoría de administración** *or* **gestión** management consultancy

consultorio *m* [1] (de médico, dentista) office (AmE), practice (AmE), surgery (BrE); (de abogado) office [2] (consultoría) consultancy

(Compuesto) **consultorio sentimental** (de una revista) problem page; (en la radio) phone-in (*about personal problems*)

consumación *f* (frml) [1] (de matrimonio) consummation [2] (de crimen) perpetration (frml); **impidieron la ~ del atentado/crimen** they prevented the attack from being carried out/the crime from being committed *o* perpetrated

consumado -da *adj* ‹*deportista/artista*› accomplished, consummate (frml); ‹*mentiroso*› consummate

consumar [A1] *vt* (frml) [1] ‹*matrimonio*› to consummate [2] ‹*crimen*› to commit, perpetrate (frml); ‹*robo/atentado*› to carry out

■ **consumarse** *v pron* (frml): **con este gol se consumó la victoria** this goal sealed their win; **el golpe de estado se consumó en el 78** the coup took place in 1978

consumición *f* (esp Esp) [1] (acción de consumir) consumption [2] (bebida) drink; **la ~ es de 500 pesos** drinks cost 500 pesos

(Compuesto) **consumición mínima** minimum charge

consumido -da *adj* [ESTAR] emaciated; **lo encontré ~** he looked thin and drawn; *ver tb* **consumir**

consumidor¹ -dora *adj* **~ DE algo**: **los países ~es de este cereal** the countries which consume this cereal

consumidor² -dora *m,f* consumer

consumir [I1] *vt*

A [1] (frml) ‹*comida/bebida*› to eat/drink, consume (frml); **no**

vamos a ~ nada we're not going to have anything to eat/drink; **consúmase en el día** eat *o* consume within one day; **consumen cantidades industriales de mermelada** (hum) they get through vast quantities of jam (colloq & hum) [2] ‹*gasolina/energía/producto*› to consume, use; ‹*tiempo*› to take up; **este coche consume ocho litros cada 100 kilómetros** this car does 100km on 8 liters of gasoline [3] ‹*salud*› to ruin

B (destruir, acabar con) [1] «*fuego/llamas*» to consume [2] «*enfermedad*»: **el cáncer lo iba consumiendo** he was wasting away with cancer [3] «*envidia/celos*»: **la envidia/los celos la consumían** he was consumed by *o* with envy/jealousy; **la ambición la consume** she is burning with ambition

C (exasperar) to exasperate

■ **consumirse** *v pron* [1] «*enfermo/anciano*» to waste away; **~se DE algo**: **se consumía de pena** she was being consumed by grief [2] «*vela/cigarrillo*» to burn down [3] «*líquido*» to reduce

consumismo *m* consumerism

consumista *adj* ‹*persona/juventud*› materialistic; **una sociedad ~** a consumer society

consumo *m* consumption; **motores de bajo ~** engines with low gas (AmE) *o* (BrE) petrol consumption; **un alto ~ de grasas animales** a high intake of animal fats

(Compuesto) **consumo mínimo** (AmL) minimum charge

consunción *f* (enfermedad) consumption; (adelgazamiento) wasting away

contabilidad *f* [1] (ciencia) accounting [2] (profesión) accountancy [3] (cuentas) accounts (*pl*), books (*pl*); **lleva la ~** she does the accounts *o* the books

contabilizar [A4] *vt* (en contabilidad) to enter; (contar) to count

contable¹ *adj* countable

contable² *mf* (Esp) accountant

contactar [A1] *vi* **~ CON algn** to contact sb, get in touch WITH sb

■ **contactar** *vt* to contact

contacto *m*

A [1] (entre dos cuerpos) contact; **estar/entrar en ~** to be in/come into contact; **hacer ~** to make contact [2] (comunicación) contact; **mantenerse en ~** to keep in touch *o* contact; **poner a algn/algo en ~ con algn/algo** to put sb/sth in touch with sb/sth; **ponerse en ~ con algn/algo** to get in touch with sb/sth [3] (entrevista, reunión) encounter

B (persona, conocido) contact

C (Auto) ignition

D (Méx) (Elec) socket, power point

contado¹ -da *adj* few; **en contadas ocasiones** on (a) very few occasions; **salimos con los minutos ~s** we left with only a few minutes to spare; **tiene los días ~s** his days are numbered

contado² *m*

A **al contado** *or* (Col) **de contado** [1] (*loc adj*) ‹*pago/precio*› cash (*before n*) [2] (*loc adv*) ‹*pagar*› (in) cash; **lo compré/pagué al ~** I paid cash for it, I paid for it in cash; **me pagó al ~** he paid me (in) cash

B (Col) (cuota, plazo) installment*

contador¹ *m* [1] (de luz, de gas) meter; (taxímetro) meter, taximeter; **leer el ~** to read the meter [2] (AmL) (ábaco) abacus

contador² -dora *m,f* (AmL) accountant

(Compuesto) **contador público, -dora pública** (AmL) certified public (AmE) *o* (BrE) chartered accountant

contaduría *f* (oficina) accounts department *o* office; (profesión) (AmL) acccountancy

contagiar [A1] *vt* [1] ‹*enfermedad*› (+ *me/te/le etc*) to pass on, transmit (tech); **me contagió su miedo** he got me scared as well [2] ‹*persona*›: **no te acerques que te voy a ~** don't come near or I'll give it to you; **~on al resto de la población** they spread the disease to the rest of the population

■ **contagiarse** *v pron* [1] «*persona/animal*» to become infected; **se ha contagiado de mí** she has caught it from me; **~se DE algo**: **se contagió de la enfermedad** she caught the disease; **se ~on de su alegría** they were infected by his cheerfulness [2] «*enfermedad*» to be transmitted; «*manía/miedo*» to spread; **se contagia con facilidad** it is very contagious

contagio *m* (por contacto directo) contagion; (por contacto indirecto) infection

contagioso -sa *adj* [1] (por contacto — directo) contagious; (— indirecto) infectious [2] ‹*risa/alegría*› infectious

container /kon'tejner/ *m* (*pl* **-ners**) container

contaminación *f* [1] (del mar, aire) pollution; (de agua potable, comida) contamination; (por radiactividad) contamination [2] (de lengua, cultura) corruption

(Compuesto) **contaminación acústica** noise pollution

contaminante *m* pollutant, contaminant

contaminar [A1] *vt* [1] ‹*mar/atmósfera*› to pollute; ‹*agua potable/comida*› to contaminate; (por radiactividad) to contaminate [2] ‹*lengua/cultura*› to corrupt

contante *adj*: **dinero ~ y sonante** hard cash

contar [A10] *vt*

(*Sentido* I)

A ‹*dinero/votos/dís*› to count; **a ~ desde hoy** starting from today; **sus seguidores se cuentan por millares** she has thousands of followers

B [1] (incluir) to count; **y eso sin ~ las horas extras** and that's without including overtime; **lo cuento entre mis amigos** I consider him (to be) one of my friends [2] (tener): **contaba ya veinte años** (frml *o* liter) she was then twenty years old

(*Sentido* II) ‹*cuento/chiste/secreto*› to tell; **no se lo cuentes a nadie** don't tell anyone; **cuéntame qué es de tu vida** tell me what you've been up to (colloq); **¡a mí me lo vas a ~!** (fam) you're telling me!; **¿y a mí qué me cuentas?** what's that to do with me?; **es muy largo de ~** it's a long story; **un minuto más y no lo cuento** one more minute and I wouldn't be here to tell the tale; **¿qué cuentas (de nuevo)?** (fam) how're things? (colloq); **cuenta la leyenda que...** the story goes that...

■ **contar** *vi*

(*Sentido* I)

A (Mat) to count; **cuenta de diez en diez** count in tens; **hay cuatro tiendas ... y para de ~** there are four stores and that's it; **~ con los dedos** to count on one's fingers

B (importar, valer) to count; **¿este trabajo cuenta para la nota final?** does this piece of work count toward(s) the final grade?; **este ejercicio cuenta por dos** this exercise counts as two; **lo que cuenta es el gesto** it's the thought that counts; **ella no cuenta para nada** what she says (*o* thinks *etc*) doesn't count for anything

(*Sentido* II) **contar con**

A ‹*persona/ayuda/discreción*› to count on, rely on; **cuento contigo para la fiesta** I'm counting *o* relying on you being at the party; **no cuentes conmigo para mañana** don't expect me there tomorrow; **yo me opongo, así es que no cuentes conmigo** I'm against it, so you can count me out; **cuenta con que iré** rest assured that I'll be going; **eso contando con que...** assuming that...; **sin ~ con que...** without taking into account that...

B (prever) to expect; **no contaba con que hiciera tan mal tiempo** I wasn't expecting the weather to be so bad

C (frml) (tener) to have; **el hotel cuenta con gimnasio y sauna** the hotel has a gym and a sauna; **cuenta con 10 años de experiencia** she has 10 years of experience

■ **contarse** *v pron* [1] (frml) (estar incluido) **~se ENTRE algo**: **se cuenta entre los pocos que tienen acceso** she is numbered among the few who have access (frml); **me cuento entre sus partidarios** I count myself as one of their supporters; **su nombre se cuenta entre los finalistas** her name figures *o* appears among the finalists; **su novela se cuenta entre las mejores** his novel is among the best [2] **¿qué te cuentas?** how's it going? (colloq)

contemplación *f*

A (observación) contemplation

B **contemplaciones** *fpl* (miramientos): **no te andes con contemplaciones** don't bother with the niceties; **tienes demasiadas contemplaciones con él** you're too soft on him; **lo echaron sin contemplaciones** they threw him out without ceremony

contemplar [A1] *vt*

A [1] ‹*paisaje/cuadro*› to gaze at, contemplate; **a la izquierda pueden ~ el Palacio Real** on the left you can see the Royal Palace [2] ‹*obra/artista*› to examine, study [3] ‹*posibilidad/idea*› to consider; **la nueva propuesta contempla**

un aumento del 5% the new proposal envisages the possibility of a 5% rise; **la legislación no contempla este caso** there is no provision for a situation of this kind in the legislation; **no tengo contemplado ir** I'm not thinking of going
B (Esp) (mimar) to spoil

contemplativo -va *adj* contemplative

contemporáneo¹ -nea *adj* **1** (coetáneo) contemporary; **ser ~ DE algn** to be a contemporary OF sb, be contemporary WITH sb **2** ‹*historia/arte*› contemporary

contemporáneo² -nea *m,f* contemporary

contemporizador -dora *adj* accommodating; **~ CON algo/algn** accommodating TOWARD(S) sth/sb

contemporizar [A4] *vi* to be accommodating; **~ CON algn** to be accommodating TOWARD(S) sb

contención *f* (de gastos, precios): **la ~ del desempleo/del gasto público es nuestro objetivo** our aim is to contain unemployment/to limit public spending

contencioso¹ -sa *adj* **1** ‹*persona*› contentious **2** (Der) litigious

contencioso² *m* dispute

contender [E8] *vi* to compete, fight; **~ en unas elecciones** to fight an election

contendiente *mf* (para título, premio) contender; (en duelo, combate) adversary

contenedor *m* container; (para basuras) bin, container; (para escombros) Dumpster® (AmE), skip (BrE); **~ de recogida de vidrio** bottle bank

contener [E27] *vt*
A «*recipiente/producto/libro*» to contain
B (parar, controlar) ‹*infección/epidemia*› to contain; ‹*tendencia*› to curb; ‹*movimiento político*› to keep…in check; ‹*respiración*› to hold; ‹*risa/lágrimas*› to contain (frml), to hold back; ‹*invasión/revuelta*› to contain; **dejó estallar toda su furia contenida** he let out all his pent up *o* bottled up anger
■ **contenerse** *v pron* (*refl*) to contain oneself; **no me pude ~ y me eché a llorar** I couldn't contain myself and I burst into tears; **tuve que ~me para no insultarlo** I had to control myself to stop myself insulting him

contenido¹ -da *adj* self-controlled; *ver tb* **contener**

contenido² *m* (de recipiente, producto, mezcla) contents; (de libro, carta) content; **⊗ contenido: 20 grageas** contents: 20 tablets; **~ vitamínico** vitamin content

contentar [A1] *vt*: **¡qué difícil de ~ eres!** you're so hard to please!; **pretenden ~nos con promesas** they're trying to keep us happy with promises
■ **contentarse** *v pron* **~se CON algo**: **se contenta con muy poco** he's easy to please; **no se contenta con nada** she's never satisfied with anything; **vas a tener que ~te con jugo de naranja** you'll have to make do with orange juice; **no se contentó con gritarle, además tuvo que insultarlo** not content with shouting at him, she then had to insult him; **me ~ía con que me llamase** I'd be happy if she just called me

contento¹ -ta *adj* **1** [ESTAR] (feliz, alegre) happy; **se puso muy ~ al oír que venías** he was very happy *o* pleased to hear you were coming; **~ CON algo/algn** happy WITH sth/sb **2** (satisfecho) happy, content; **~ CON algo** happy WITH sth; **no ~ con que le prestara el coche ...** not content *o* satisfied with me lending him the car …; ***darse por ~*** to consider *o* count oneself lucky; ***quedarse tan ~*** (fam); **lo dijo mal y se quedó tan ~** he said it wrong but he wasn't in the least bit bothered (colloq)

contento² *m* (liter) happiness, joy; **dar muestras de ~** to show delight; **no cabía en sí de ~** he was beside himself with joy

conteo *m* (Andes, Ven) count

contertulio -lia *m,f*: *member of the same* **tertulia**

contestación *f*
A (respuesta) answer, reply; **dar una ~** to give an answer; **quedo a la espera de su ~** (Corresp) I look forward to (receiving) your reply
B (oposición) opposition; **~ A algo** opposition TO sth
C (Der) plea

contestado -da *adj* disputed, controversial

contestador¹ -dora *adj* (CS fam) fresh (AmE colloq), cheeky (BrE colloq); **es muy ~** he's always answering back

contestador² -dora *m,f*
A (CS fam) nervy *o* mouthy brat (AmE colloq), cheeky brat (BrE colloq)
B **1** **contestador** *m* (Tel) *tb* **~ automático** answering machine, answerphone **2** **contestadora** *f* (AmL) (Tel) *tb* **~a automática** *or* **de teléfonos** answering machine, answerphone

contestar [A1] *vt* ‹*pregunta/teléfono*› to answer; ‹*carta*› to answer, reply to; **me contestó que no** he said no
■ **contestar** *vi* **1** (a pregunta, al teléfono) to answer; (a carta, a invitación) to answer, reply; **no contesta nadie** (Telec) there's no answer; **contéstale antes del lunes** let him have an answer by Monday **2** (insolentarse) to answer back

contestatario¹ -ria *adj* anti-establishment

contestatario² -ria *m,f* person with anti-establishment ideas

contestón -tona *adj* (fam): **es muy ~** he's always answering back

contexto *m* context; **fuera de ~** out of context

contextura *f* (frml) (estructura) make-up

contienda *f* (entre países, facciones) conflict; (entre compañías, equipos) competition; (entre partidos políticos) contest

contigo *pron pers* with you; **¿puedo ir ~?** can I go with you?; **¿estás en paz ~ misma?** are you at peace with yourself?; **ha sido muy amable ~** she's been very kind to you

contigüidad *f* nearness, closeness

contiguo -gua *adj* adjoining

continencia *f* continence

continental *adj* continental

continente *m*
A (Geog) continent
B (envase, envoltura) container

contingencia *f* contingency, eventuality

contingente *m*
A (grupo, cuadrilla) contingent
B (cuota, cupo) quota

continuación *f*
A **1** (acción) continuation; **la lluvia impidió la ~ del espectáculo** rain made it impossible for the show to continue **2** (de calle) continuation **3** (de novela) sequel; (de serie) next part *o* episode
B **a continuación** (frml): **por los motivos que se exponen a ~** for the reasons stated below; **a ~ pasamos a la actualidad internacional** and now the foreign news; **a ~ hizo uso de la palabra el presidente** the president then addressed the meeting; **a ~ de** after, following

continuado *m* (CS) movie theater (AmE) *o* (BrE) cinema (*with continuous performances*)

continuador -dora *m,f*: **los ~es de su obra** those who will carry on/who continued his work

continuamente *adv* (con frecuencia, repetidamente) continually, constantly; (sin interrupción) continuously

continuar [A18] *vt* to continue; **continuemos la marcha** let's go on *o* carry on
■ **continuar** *vi* **1** «*guerra/espectáculo/vida*» to continue; **si las cosas continúan así** if things go on *o* continue like this; **⊗ continuará** to be continued; **la película continúa en cartelera** the movie is still showing; **~ CON algo** to continue WITH sth; **~ + GER**: **su estado continúa siendo delicado** he is still in a weak condition; **continúa negándose a declarar** she is still refusing to make a statement; **continuó diciendo que ...** she went on to say that … **2** «*carretera*» to continue
■ **continuarse** *v pron* (frml) to continue; **el camino se continúa en un sendero** the road continues as a path; **su obra se continuó en sus discípulos** his work was continued by his disciples

continuidad *f* continuity

continuo¹ -nua *adj* **1** (sin interrupción) ‹*dolor*› constant; ‹*movimiento/sonido*› continuous, constant; ‹*lucha*› continual **2** (frecuente) ‹*llamadas/viajes*› continual, constant **3** **de continuo** ▸ **continuamente**

continuo², continuum *m* (frml) continuum

contonearse [A1] *v pron* to swing one's hips

contoneo *m* swinging of the hips

contorno *m* 1 (forma) outline 2 (de árbol, columna) girth; **medir el ~ de cintura** to take the waist measurement 3 (de ciudad) surrounding area

contorsión *f* contortion; **hacer contorsiones** to contort one's body

contorsionista *mf* contortionist

contra[1] *prep*

A 1 (indicando posición, dirección) against; **lo puso ~ la pared/la ventana** he put it against the wall/by the window; **nos estrellamos ~ un árbol** we crashed into a tree 2 (con sentido de oposición) against; **dos ~ uno** two against one; **la lucha ~ la tiranía** the struggle against tyranny; **una vacuna ~ la gripe** a flu *o* an anti-flu vaccine; **una política ~ el paro** a policy to combat unemployment 3 (*en locs*) **en contra** against; **yo estoy en ~** I'm against it; **40 votos en ~** 40 votes against; **un gol en ~** (RPl) an own goal; **en contra de** (opuesto a) against; (contrariamente a) contrary to; **está en ~ de mis principios** it's against my principles; **en ~ de la opinión general** contrary to what everybody thinks

B 1 (Fin): **un cheque girado ~ el Banco de Pando** a check drawn on the Banco de Pando 2 (Com) (a cambio de): **envíos ~ reembolso** parcels sent cash on delivery

contra[2] *f*

A (esp AmL fam) (dificultad) snag; **llevar la ~** ▸ **contrario**[1] **C**

B (Col) (antídoto) antidote

C (Pol, Hist) 1 (grupo): **la ~** the Contras (*pl*) 2 **contra** *mf* (individuo) Contra rebel

contra[3] *m* ▸ **pro**[1]

contraalmirante *m* rear admiral

contraatacar [A2] *vi* to counterattack

contraataque *m* counterattack

contrabajo[1] *m* (instrumento) double bass; (cantante) basso profundo

contrabajo[2] *mf* double-bass player

contrabandista *mf* smuggler

contrabando *m* 1 (actividad) smuggling; **~ de armas** gunrunning; **pasaba relojes de ~** he smuggled watches 2 (mercancías) smuggled goods (*pl*), contraband

contracción *f* contraction

contracepción *f* contraception

contraceptivo *m* contraceptive

contrachapado *m* plywood

contracorriente *f* crosscurrent; ***ir a ~*** «*barco*» to go against the current; «*nadador*» to swim against the current; «*diseñador/escritor*» to go *o* swim against the tide

contráctil *adj* contractile

contractual *adj* contractual

contracubierta *f* back cover

contracultural *adj* alternative

contradecir [I24] *vt* ‹*persona/argumento*› to contradict; **no le gusta que lo contradigan** he doesn't like being *o* to be contradicted

■ **contradecirse** *v pron* 1 «*persona*» to contradict oneself 2 (*recípr*) «*afirmaciones/órdenes*» to contradict each other, be contradictory; **~se CON algo** to conflict WITH sth, contradict sth

contradicción *f* contradiction; **eso está en ~ con lo que predica** that is a contradiction of what he advocates

contradictorio -ria *adj* contradictory

contraer [E23] *vt*

A (frml) 1 ‹*enfermedad*› to contract (frml), to catch 2 ‹*obligación/deudas*› to contract (frml); ‹*compromiso*› to make 3 ‹*matrimonio*›: **contrajo matrimonio con doña Eva Sáenz** he married *o* (frml) contracted (a) marriage with Eva Sáenz

B 1 ‹*músculo*› to contract, tighten; ‹*facciones/cara*› to contort 2 ‹*metal/material*› to cause … to contract

■ **contraerse** *v pron* to contract

contraespionaje *m* counterespionage

contrafuerte *m* (Arquit) buttress

contragolpe *m* counterattack

contragolpear [A1] *vi* to counterattack

contrahecho -cha *adj* (deforme) twisted, deformed

contraincendios *adj inv* fire-prevention (*before n*)

contraindicación *f* contraindication

contraindicado -da *adj* ‹*remedio/preparado*› contraindicated (tech); **está ~ en pacientes diabéticos** it should not be taken by diabetics

contralmirante *m* rear admiral

contralor -lora *m,f* (AmL) comptroller

contraloría *f* (AmL) finance office

contralto (*f*) (en coro) alto; (solista) contralto; (*m*) countertenor

contraluz *m or f* back light; **a ~** against the light

contramaestre *m* boatswain

contramano: **el coche venía a ~** (en calle de dirección única) the car was coming the wrong way down the street; (por el lado contrario) the car was on the wrong side of the road

contraofensiva *f* counteroffensive

contraoferta *f* counteroffer

contraorden *f* countermand (frml); **si no hay ~** unless we receive orders to the contrary

contraparte *f* (Andes) opposing party

contrapartida *f* 1 (compensación) compensation; (contraste) contrast; **como ~** in contrast 2 (Com) balancing entry

contrapelo: **cepillar a ~** ‹*tela*› to brush … against the nap; ‹*pelo*› to brush … the wrong way; **ir a ~** «*persona*» to be different

contrapeso *m* (del ascensor) counterweight; (de equilibrista) balancing pole; **siéntate al otro lado para hacer ~** sit on the other side to balance it

contraponer [E22] *vt* (contrastar) to contrast; (como contrapartida) **~ algo A algo** to counter sth WITH sth

contraportada *f* (de libro, revista) back cover; (de periódico) back page

contraposición *f* comparison; **en ~ a** *or* **con algo** in comparison to *o* with sth

contraproducente *adj* counterproductive

contrapuerta *f* inner door

contrapuesto -ta *adj*: *see* **contraponer**

contrapunto *m* counterpoint

contrariado -da *adj* (disgustado) upset; (enojado) annoyed

contrariamente *adv* **~ A algo** contrary TO sth

contrariar [A17] *vt* (disgustar) to upset; (enojar) to annoy

contrariedad *f* 1 (dificultad, problema) setback, hitch; **una serie de ~es** a succession of hitches *o* setbacks; **nos surgió una ~** something came up; **¡qué ~!** how annoying! 2 (disgusto) annoyance, vexation (frml)

contrario[1] **-ria** *adj*

A (opuesto) ‹*opiniones/intereses*› conflicting; ‹*dirección*› opposite; **vientos ~s** headwinds; **mientras no se demuestre lo ~** until proven otherwise; **~ A algo**: **mi opinión es contraria a la suya** I feel very differently to you; **soy ~ al uso de la violencia** I am against the use of violence; **se manifestó ~ a la idea** she expressed her opposition to the idea; **sería ~ a mis intereses** it would be against *o* (frml) contrary to my interests; **~ a lo que se esperaba …** contrary to expectations, …; **en sentido ~ al de las agujas del reloj** counterclockwise (AmE), anticlockwise (BrE); **el coche venía en sentido ~** (por el otro carril) the car was coming in the opposite direction; (por el mismo carril) the car was coming straight at us

B (adversario) ‹*equipo*› opposing; ‹*bando*› opposite; **pasarse al bando ~** to change sides; **la parte contraria** (Der) the opposing party

C (*en locs*) **al contrario** on the contrary; **al contrario de**: **al ~ de su hermano …** unlike his brother, …; **al ~ de lo que esperábamos, …** contrary to (our) expectations, …; **todo salió al ~ de como lo planearon** it turned out just the opposite to what they had planned; **de lo contrario** or else, otherwise; **por el contrario**: **en el sur, por el ~, el clima es seco** the south, on the other hand, has a dry climate; **pensé que era rico — por el ~, no tiene un peso** I thought he was rich — on the contrary *o* far from it, he doesn't have a penny; **todo lo contrario** quite the opposite; ***llevar la contraria***: **él siempre tiene que llevar la contraria** he always has to take the opposite view; **llevarle la contraria a algn** to contradict sb

contrario[2] **-ria** *m,f* opponent

C

contrarreloj *adj* ‹*carrera/etapa*› timed; **a ~** (*loc adv*) against the clock
contrarrestar [A1] *vt* to counteract
contrarrevolución *f* counterrevolution
contrarrevolucionario -ria *adj* counterrevolutionary
contrasentido *m* contradiction in terms
contraseña *f* (Mil) watchword, password; (Teatr, Cin) stub
contrastar [A1] *vi* **~ CON algo** to contrast WITH sth
■ **contrastar** *vt*
A (colocar en contraste) to contrast; **~ algo CON algo** to contrast sth WITH sth
B ‹*oro/plata*› to hallmark; ‹*pesas/medidas*› to check
contraste *m*
A (relación, aspecto) contrast; **dale más ~ a la imagen** (TV) turn the contrast up; **hacer ~ con algo** to contrast with sth; **en ~ con algo** in contrast to sth
B **1** (marca) *tb* **sello del ~** hallmark **2** (acción) hallmarking **3** (de pesas) verification
contrata *f* contract
contratación *f* **1** (de personal, servicio) contracting, hiring **2** (en la bolsa) transactions (*pl*), trading
contratante *adj* contracting (*before n*)
contratar [A1] *vt* **1** ‹*empleado/obrero*› to hire, take on; ‹*artista/deportista*› to sign up; ‹*servicios*› to contract; **me ~on para terminarlo** I was taken on *o* hired to finish it **2** (Const) ‹*ejecución de una obra*› to put … out to contract
contratenor *m* countertenor
contratiempo *m* (problema) setback, hitch; (accidente) mishap; **sufrir** *or* **tener un ~** to have a setback/a mishap
contratista *mf* contractor; **~ de obras** building contractor
contrato *m* contract
(Compuestos)
- **contrato de alquiler** rental agreement
- **contrato de compraventa** contract of sale and purchase
- **contrato de trabajo** contract of employment

contravalor *m* exchange value
contravención *f* contravention; **en ~ de algo** in contravention *o* violation of sth; **estacionar en ~** (RPl) to park illegally
contravenir [I31] *vt* to contravene
contraventana *f* shutter
contravía (Col): **ir en ~** to drive the wrong way down the road; **se estrellaron con un carro que venía en ~** they crashed into an oncoming car
contrayente (frml) (*m*) bridegroom; (*f*) bride
contribución *f* (colaboración, donación) contribution; (Fisco) tax
(Compuesto) **contribución (territorial) urbana** local property tax, ≈ council tax (*in UK*)
contribuir [I20] *vi* **1** (aportar) to contribute; **~ CON algo** to contribute sth **2** (cooperar) to contribute; **~ A algo** to contribute TO sth; **esto sólo contribuye a empeorar la situación** this only makes the situation worse **3** (Fisco) to pay taxes
contribuyente *mf* taxpayer
contrición *f* contrition
contrincante *mf* opponent
contrito -ta *adj* contrite
control *m*
A (dominio) control; **bajo ~** under control; **sin ~** out of control; **perdí el ~ y le di una bofetada** I lost control (of myself) and slapped him; **tener ~ sobre uno mismo** to have self-control; **hacerse con el ~ de algo** to gain control of sth
(Compuestos)
- **control de armamentos** arms control
- **control de (la) natalidad** birth control
- **control demográfico** population control

B (vigilancia): **lleva el ~ de los gastos** she keeps a check on the money that is spent; **no hay ningún ~ en esta oficina** there's no one in charge in this office
(Compuestos)
- **control de calidad** quality control *o* check
- **control de existencias** stock control
- **control de pasaportes** passport control
- **control de precios** price control(s)

C (en carretera, rally) checkpoint
D **1** (de aparato) control; **el ~ del volumen** the volume control **2** **controles** *mpl* (Rad): **con Martín en los ~es** with studio production by Martín
(Compuesto) **control remoto** remote control; **a** *or* **por ~ ~** by remote control
E **1** (Educ) test **2** (Med) check-up
(Compuesto) **control antidoping** dope test, drug test
controlador -dora *m,f* controller
(Compuesto) **controlador aéreo** *or* **de vuelo, -dora aérea** *or* **de vuelo** air traffic controller
controlar [A1] *vt*
A (dominar) ‹*nervios/impulsos/persona*› to control; **controlamos la situación** we are in control of the situation; **el incendio fue rápidamente controlado** the fire was quickly brought under control; **pasaron a ~ la empresa** they took control of the company
B (vigilar) ‹*inflación/proceso*› to monitor; **~ el peso/la línea** to watch one's weight/one's waistline; **deja de ~ todos mis gastos** stop checking up on how much I spend; **me tienen muy controlada** they keep a close watch on me; **~ las entradas y salidas** to keep a check on everyone who comes in or out; **controlé el tiempo que me llevó** I timed how long it took me
C (regular) ‹*presión/inflación*› to control
■ **controlarse** *v pron*
A (dominarse) to control oneself; **si no se controla acabará alcoholizado** if he doesn't get a grip on himself he's going to become an alcoholic
B (vigilar) ‹*peso/colesterol*› to check, monitor
controversia *f* controversy
controversial *adj* (Ven) ▸ **controvertido**
controvertido -da *adj* [SER] ‹*persona/tema*› controversial; ‹*negociaciones*› full of controversy
controvertir [I11] *vt* to debate, argue about
■ **controvertir** *vi*: **~ SOBRE algo** to discuss sth, argue ABOUT sth
contubernio *m* (frml) conspiracy
contumacia *f* (frml) (obstinación) obstinacy, contumacy
contumaz *adj* (frml) **1** (obstinado) obstinate **2** (Der) in contempt (of court)
contundencia *f* **1** (de argumento) force, forcefulness **2** (de golpe) severity, force
contundente *adj* **1** ‹*objeto/instrumento*› blunt; ‹*golpe*› severe, heavy **2** ‹*argumento/respuesta*› forceful; ‹*prueba*› convincing; ‹*victoria*› resounding; ‹*fracaso*› crushing; **ganó de forma ~** he won convincingly; **un ademán ~** an emphatic gesture; **fue ~ en sus declaraciones** he was categorical in his statements
conturbar [A1] *vt* to perturb
■ **conturbarse** *v pron* to be perturbed
contusión *f* (frml) contusion (frml), bruise
contusionar [A1] *vt* to bruise
contuso -sa *adj* (frml) bruised
conuco *m* (Ven) smallholding
conurbano *m* (Arg): **el ~** the suburbs (*pl*)
convalecencia *f* convalescence
convalecer [E3] *vi* to convalesce; **~ de una intervención quirúrgica** to convalesce after an operation
convaleciente *adj* convalescent
convalidable *adv* which can be validated
convalidación *f* validation; **obtener la ~ de un título** to have one's degree validated
convalidar [A1] *vt* ‹*estudios/título*› to validate, recognize; **le ~on muchas asignaturas** they accepted *o* recognized many of the subjects he had already passed
convección *f* convection
convector *m* convector
convencer [E2] *vt*
A **1** (de hecho, idea) to convince; **no se dejó ~** she wouldn't be convinced *o* persuaded; **~ a algn DE algo** to convince

sb ᴏꜰ sth; **no logré ~lo de lo contrario** I couldn't persuade him otherwise; **el artículo me convenció de que era verdad** the article convinced me that it was true **2** (para hacer algo) to persuade; **yo no quería ir pero mi hermana me convenció** I didn't want to go but my sister persuaded me to; **~ a algn PARA** *or* **DE QUE + SUBJ** to persuade sb to + ɪɴꜰ; **no pude ~lo de que me prestara dinero** I couldn't persuade him to lend me any money

B (*en frases negativas*) (satisfacer): **no me convence del todo la idea** I'm not absolutely sure about the idea; **su explicación no convenció a nadie** his explanation wasn't at all convincing; **ninguno de los diseños me convence demasiado** I'm not really sure about any of the designs; **no me convence como actriz** I don't think she's a very good actress

■ **convencerse** *v pron*: **se lo han dicho pero no se convence** he's been told but he won't be convinced; **¡convéncete, estás equivocado!** believe me, you're wrong!; **~se DE algo** to accept sth; **¿te convences de que tenía razón?** do you believe *o* accept I was right?

convencimiento *m* **~ DE algo**: **tengo el ~ de que ...** I'm convinced (that) ...; **llegué al ~ de que...** I became convinced that...

convención *f* convention; **la C~ de Ginebra** the Geneva Convention; **las convenciones sociales** social conventions

convencional *adj* conventional; **viste de manera ~** he dresses conventionally

convencionalismo *m* conventionality

convenenciero -ra *m,f* (Méx fam) user (colloq)

convenible *adj* ‹*solución*› suitable; ‹*precio*› reasonable

conveniencia *f*

A (interés, provecho): **sólo piensa en su ~ personal** he only thinks of his own interests; **lo hizo por ~** she only did it because it was in her own interest; **se casó por ~** he made *o* it was a marriage of convenience

B (de proyecto, acción) advisability

conveniente *adj* **1** (cómodo) convenient; **lo que le resulte más ~** whatever is more convenient for you **2** (aconsejable, provechoso) advisable; **sería ~ que guardaras cama** it would be advisable for you to stay in bed

convenientemente *adv*

A **1** (ventajosamente) conveniently; **está ~ situado** it's conveniently situated **2** (para la propia conveniencia) conveniently; **había sido ~ olvidado** it had been conveniently forgotten

B (debidamente) duly; **el documento debe ir ~ firmado** the document must be duly signed

convenio *m* agreement

(Compuesto) **convenio colectivo** *or* **laboral** collective agreement (*on wages and working conditions*)

convenir [I31] *vi*

A **1** (ser aconsejable): **no conviene beber alcohol durante el tratamiento** it is not advisable to drink alcohol during the treatment; **no conviene que nos vean juntos** we'd better not be seen together; **convendría que descansaras** it would be a good idea if you rest; (+ *me/te/le etc*) **te conviene hacer lo que te dicen** you'd better do as you're told; **por ese precio no te conviene venderlo** it's not worth your while selling it at that price; **no le conviene que eso se sepa** it's not in his interest for anybody to know that; **ese hombre no te conviene** that man isn't right for you **2** (venir bien) (+ *me/te/le etc*): **el jueves no me conviene** Thursday's no good for me; **te convendría tomarte unas vacaciones** it would do you good to take a vacation

B **1** (acordar) **~ EN algo** ‹*en fecha, precio*› to agree (ᴏɴ) sth; **convinieron en que esperarían** *or* **en esperar un mes** they agreed to wait a month **2** (asentir, admitir) (frml) **~ EN algo** to concede sth, to admit sth

■ **convenir** *vt* ‹*precio/fecha*› to agree, agree on; **a la hora convenida** at the agreed *o* (frml) appointed time; **le pagó lo convenido** she paid him the agreed amount; **sueldo a ~** salary negotiable

conventillero -ra *m,f* (CS fam) gossip, gossipmonger

conventillo *m* (CS) tenement; **esta oficina es un ~** (fam) this office is a hotbed of gossip

convento *m* convent

conventual *adj* conventual

convergencia *f* **1** (Fís, Mat) convergence **2** (de ideas, posturas): **hay indicios de ~ entre ambas partes** there are signs that the two sides are moving closer together **3** (Econ) convergence

convergente *adj* convergent

converger [E6], **convergir** [I7] *vi* (frml) **1** «*líneas/caminos*» to converge; **todas las miradas convergen sobre nuestro país** all eyes are on our country **2** «*opiniones*» **~ EN algo** to coincide ᴏɴ sth; «*personas*» **~ EN algo** to concur ᴏɴ sth (frml)

conversa *f* (Andes fam) chat (colloq)

conversación *f* **1** (charla) conversation; **dar ~ a algn** to talk to sb; **trabar ~ con algn** to strike up a conversation with sb; **me las encontré de gran ~** (AmL) I found them chatting away **2** (arte) conversation; **es una persona de ~ amena** he's always very nice to talk to; **no tiene ~** she has no conversation **3** **conversaciones** *fpl* (negociaciones) talks (*pl*)

conversador¹ -dora *adj* **1** (de conversación amena) chatty; **hoy no estoy muy ~** I'm not feeling very talkative *o* chatty today **2** (AmL pey) (charlatán) talkative

conversador² -dora *m,f* **1** conversationalist **2** (AmL pey) (charlatán) chatterbox (colloq)

conversar [A1] *vi* **1** (hablar) to talk **2** (esp AmL) (charlar) to chat, gab (AmE colloq); **conversé largo rato con ella** I had a long chat *o* talk *o* conversation with her; **la echaron de la clase por ~** (CS) they sent her out of the class for talking

conversión *f*

A (cambio) conversion

B (Relig) conversion

C (en rugby) conversion

D (Mil) wheel; **hacer ~** to wheel

converso¹ -sa *adj* (frml) converted

converso² -sa *m,f* convert (*esp Jew who converts to Catholicism*)

conversor *m* converter

convertible¹ *adj* convertible

convertible² *m* (AmL) convertible

convertir [I11] *vt*

A **1** (transformar) **~ algo/a algn EN algo** to turn sth/sb ɪɴᴛᴏ sth **2** (a una religión) to convert; **~ a algn A algo** to convert sb ᴛᴏ sth **3** ‹*medida/peso*› **~ algo A algo** *or* (Esp) **EN algo** to convert sth ɪɴᴛᴏ sth

B (period) (Dep) to score

■ **convertir** *vi* (AmL period) (Dep) to score

■ **convertirse** *v pron* **1** (transformarse) **~se EN algo** to turn ɪɴᴛᴏ sth; **su sueño se convirtió en realidad** her dream came true **2** (a una religión) to convert, be converted; **~se A algo** to convert ᴛᴏ sth

convexo -xa *adj* convex

convicción *f* **1** (convencimiento) conviction; **tengo la ~ de que lo sabe** I'm certain *o* convinced he knows it **2** (persuasión) persuasion; **poder de ~** powers of persuasion **3** **convicciones** *fpl* (ideas, creencias) convictions (*pl*)

convicto¹ -ta *adj* (frml) convicted

convicto² -ta *m,f* prisoner, convict

convidado -da *m,f*: **los ~s a la boda** the wedding guests

convidar [A1] *vt* **1** (invitar) to invite; **~ a algn A algo** ‹*a una boda/una fiesta*› to invite sb ᴛᴏ sth; **nos ~on a unas copas** they invited us for a few drinks; **~ a algn A + INF** to invite sb to + ɪɴꜰ **2** (AmL) (ofrecer) to offer; **¿no me convidas?** aren't you going to offer me any?; **~ a algn CON algo** *or* (Chi, Méx) **~ algo A algn** to offer sth ᴛᴏ sb, offer sb sth

convincente *adj* convincing

convite *m* (fam *o* hum) do (colloq)

convivencia *f*

A (vida en común — de etnias, sectas) coexistence; (— de individuos): **la ~ pone el amor a prueba** living together puts love to the test

B **convivencias** *fpl* (encuentro — religioso) retreat; (— de jóvenes) residential weekend (*o* week *etc*)

C

convivir [I1] *vi* «*personas*» to live together; «*ideologías/etnias*» to coexist; **aprender a ~** to learn to live (in harmony) with others; **~ CON algn** to live WITH sb; **~ CON algo** to coexist WITH sth

convocar [A2] *vt* ‹*huelga/elecciones*› to call; ‹*manifestación*› to organize; ‹*concurso/certamen*› to announce; ‹*reunión/asamblea*› to call, convene (frml); **~ a algn A algo** to summon sb TO sth; **~ al pueblo a las urnas** to call an election

convocatoria *f* 1 (llamamiento): **la ~ a (la) huelga fracasó** the strike call failed; **hubo una ~ para una asamblea** a meeting was called 2 (anuncio — para una reunión) notification; (— de exámenes, concursos) official announcement 3 (Esp) (Educ) (período de exámenes): **la ~ de junio** the June exams

convoy *m* (de barcos, camiones) convoy; (Ferr) (period) train

convulsión *f*
A (Med) convulsion
B (trastorno, perturbación): **las convulsiones sociales de los años 60** the social upheaval of the sixties; **las convulsiones obreras** the violent unrest among the workers
C (de la tierra) tremor

convulsionar [A1] *vt* to throw … into confusion
■ **convulsionarse** *v pron* to be thrown into confusion

convulsivo -va *adj* convulsive

convulso -sa *adj* **~ (DE algo)** convulsed (WITH sth)

conyugal *adj* (frml) marital, conjugal (frml); **la felicidad ~** marital bliss; **vida ~** married life; **problemas ~es** marital problems

cónyuge *mf* (frml) spouse (frml); **los ~s** the married couple; **la firma de uno de los ~s** either the husband's or the wife's signature

coña *f* (Esp) 1 (fam *o* vulg) (broma): **decir algo de ~** to be joking *o* (colloq) kidding; **va de ~** it's a joke; **a** *or* **en ~** as a joke; **¡ni de ~!** no way! (colloq) 2 (fam *o* vulg) (fastidio): ***darle la ~ a algn*** (fam) to pester sb

coñac, coñá *m* brandy, cognac

coñazo *m*
A (Esp fam *o* vulg) (persona o cosa pesada): **¡qué ~ (de tía)!** she's such a pain in the neck! (colloq); ***darle el ~ a algn*** (fam): **no me des el ~ con tus desgracias** stop going on about your problems (colloq)
B (Col, Ven fam) (golpe) blow; **se agarraron a ~s** they had a fight *o* (BrE colloq) punch-up; **me di un ~ en la cabeza** I banged my head (colloq)
C (Ven fam) (gran cantidad): **un ~** loads

coñete -ta *adj* (Chi, Per fam) stingy (colloq)

coño[1] *m* (vulg) (de la mujer) cunt (vulg), beaver (AmE sl), fanny (BrE sl); ***en el quinto ~*** (Esp vulg) (en un lugar — aislado) in the back of beyond (colloq); (— lejano) miles away; ***más que el ~*** (Ven vulg): **estoy más jodido que el ~** I'm shattered (colloq), I'm knackered (BrE sl); *para frases que expresan sorpresa, fastidio, etc ver* **carajo**

coño[2] -ña *m,f*
A (Chi fam & pey) (español) *derogatory term for a Spaniard*
B (Ven vulg) (tipo) jerk (sl)

(Compuesto) **coño de madre** *m,f* (Ven vulg) (canalla) (*m*) bastard (vulg), son of a bitch (sl); (*f*) bitch (vulg)

cooficial *adj* official

cooperación *f* cooperation

cooperador -dora *adj* cooperative, helpful

cooperar [A1] *vi* 1 (en tarea) to cooperate; **~ (CON algn) EN algo**: **cooperamos con ellos en la introducción del sistema** we worked with *o* cooperated with them on the introduction of the system; **~on en las tareas de reconstrucción** they collaborated on the rebuilding work; **~ en la lucha contra el cáncer** to work together in the fight against cancer 2 (contribuir) **~ A algo** to contribute TO sth 3 (en colecta) **~ CON algo** to contribute sth; **~ con un donativo** to make a contribution

cooperativa *f* (asociación) cooperative; (tienda) company store

cooperativismo *m* cooperativism

cooperativista[1] *adj* cooperative

cooperativista[2] *mf* (miembro) member of a cooperative; (partidario) supporter of cooperativism

cooperativo -va *adj* cooperative

coordenada *f* coordinate

coordinación *f* coordination

(Compuesto) **coordinación motriz** motor coordination

coordinado[1] -da *adj* coordinate

coordinado[2] *m* 1 (conjunto) outfit 2 **coordinados** *mpl* (prendas) coordinates (*pl*)

coordinador[1] -dora *adj* coordinating

coordinador[2] -dora *m,f* 1 (organizador) coordinator 2 **coordinadora** *f* coordinating committee

coordinar [A1] *vt* 1 ‹*movimientos/actividades/esfuerzos*› to coordinate; **no lograba ~ las ideas** he couldn't speak/think coherently 2 ‹*ropa/colores*› to coordinate; **~ algo CON algo**: **el azul coordinado con el rojo** blue combined with red
■ **coordinar** *vi* 1 «*colores*» to match, go together 2 (fam) (razonar): **antes del desayuno no coordino** you can't get any sense out of me before breakfast; **tú no coordinas** you just don't think, do you!

copa *f*
A 1 (para vino) glass (*with a stem*); (para postres) parfait dish; **me llenó la ~ de vino** he filled my glass with wine 2 (contenido) drink; **me invitó a una ~** he bought me a drink; **vamos a tomar una(s) ~(s)** let's go for a drink; **lleva** *or* **tiene unas ~s de más** he's had one *o* a few too many (colloq); ***eso me/le llenó la ~*** (Col) that was the last straw; ***irse de ~s*** (fam) to go out for a drink

(Compuestos)
- **copa de champán/coñac/jerez** champagne/brandy/sherry glass
- **copa de helado** ice cream sundae
- **copa de vino** wineglass

B (Dep) cup
C 1 (de árbol) top, crown 2 (de un sostén) cup 3 (de sombrero) crown
D **copas** *fpl* (en naipes) *one of the suits in a Spanish pack of cards*

copar [A1] *vt*
A 1 (acaparar) to take; **todo los puestos están ya copados** all the jobs are already taken 2 (llenar, colmar) to fill; **la capacidad del aeropuerto se verá pronto copada** the airport will soon reach full capacity; **tiene todo su tiempo copado** she has all her time taken up
B (Jueg): **~ la banca** to go banco

copartícipe *mf* (frml): **somos ~s en los beneficios** we share the profits; **fueron ~s en el delito** they committed the crime jointly

Copenhague *m* Copenhagen

copeo *m* (Esp fam): **ir/estar de ~** to go/be out drinking

copera *f* (AmS) hostess

coperacha *f* (Méx fam) (recaudación) kitty (colloq), collection; (contribución) contribution; **hacer una ~** to get up a collection (AmE colloq), to have a whip round (BrE colloq)

copete *m* 1 (de un ave) crest; ***de alto*** *or* ***mucho ~*** ‹*familia*› aristocratic, grand; ‹*boda*› society (*before n*) 2 (de pelo) tuft, quiff

copetín *m* (RPl) aperitif

> **copetín**
> In the River Plate region of Latin America this can mean an aperitif or light snack, or a social occasion at which these are consumed, generally before the evening meal

copetón *m* (Col) sparrow

copetudo -da *adj*
A ‹*ave*› crested
B (fam) ‹*persona*› snooty (colloq), stuckup (colloq)

copia *f*
A (de documento, fotografía) copy; **hice** *or* **saqué dos ~s** I made two copies

(Compuestos)
- **copia autentificada** *or* **legalizada** legally validated copy
- **copia certificada** certified copy
- **copia de respaldo** *or* **de seguridad** back-up copy

B (imitación) copy, imitation

copiadora *f* photocopier, copier

copiar [A1] *vt*
A 1 ‹*cuadro/dibujo/texto*› to copy; **copió el artículo a máquina** he typed out a copy of the article 2 (escribir al dictado) to take down

B 1 (imitar) to copy; **le copia todo al hermano** he copies his brother in everything 2 ‹*respuesta/examen*› to copy; **~le algo A algn** to copy sth FROM sb
■ **copiar** *vi* to copy
copihue *m* Chile-bells (*national flower of Chile*)
copiloto *mf* (Aviac) copilot; (Auto) co-driver
copión -piona *adj* (fam): **¡qué copiona!** what a copycat! (colloq)
copioso -sa *adj* ‹*cosecha/comida*› abundant, plentiful; ‹*nevada/lluvia*› heavy; ‹*información/ejemplos*› copious; ‹*llamadas*› numerous
copista *mf* copyist
copla *f*
A 1 (Lit) stanza 2 (Mús) popular folk song
B (Chi) (Tec) joint
copo *m* (de nieve) flake, snowflake; (de algodón) ball
Compuestos
- **copos de avena** *mpl* rolled oats (*pl*)
- **copos de maíz** *mpl* cornflakes (*pl*)

copón *m* 1 (Relig) ciborium; ***del ~*** (Esp vulg *o* fam): **un tonto del ~** a complete idiot; **una bronca del ~** a hell of a row (colloq) 2 (en naipes) ace of **copas** (*in Spanish playing cards*)
coproducción *f* coproduction, joint production
coproducir *vt* to co-produce
copropietario -ria *m,f* joint owner
coprotagonista *mf* costar
coprotagonizar [A4] *vi* to costar
copucha *f* (Chi fam) (rumor, chisme) rumor*; (curiosidad) nosiness (colloq); (exageración): **lo de él es pura ~** he's just putting it on
copuchar [A1] *vi* (Chi fam) (conversar) to chat (colloq); (curiosear) to nose around (colloq)
cópula *f*
A (Biol, Zool) copulation
B (Ling) copula
copular [A1] *vi* to copulate
copulativo -va *adj* copulative
copyright /kopi'rraj(t)/ *m* (*pl* **-rights**) copyright
coque *m* coke
coquear [A1] *vi* (Bol) to chew coca leaves
coquero -ra *m,f*: *person involved in the cocaine trade*
coqueta *f*
A (chica que flirtea) flirt, coquette (liter); (presumida) vain girl/woman; **eres una ~** you are so vain
B (mueble) dressing table
coquetear [A1] *vi* to flirt; **~ CON algn** to flirt WITH sb
coqueteo *m* 1 (de mujer) flirting; **se hartó de sus ~s** he became fed up with her flirting 2 (con ideología) flirtation
coqueto -ta *adj* 1 (en el arreglo personal): **es muy coqueta** y coquetashe's very concerned about her appearance 2 ‹*casa/dormitorio*› cute, sweet 3 ‹*sonrisa/mirada/mujer*› flirtatious, coquettish (liter)
coraje *m* 1 (valor) courage 2 (fam) (desfachatez) nerve; **¡qué ~!** what a lot of nerve! (AmE), what a nerve! (BrE) 3 (Esp, Méx fam) (rabia): **me da un ~** it makes me so mad!
corajudo -da *adj* brave
coral¹ *adj* choral
coral² *m*
A (Zool) coral; **una pulsera de ~(es)** a coral bracelet; **color ~** coral (*before n*), coral-colored*
B (Mús) (composición) chorale
coral³ *f*
A (Mús) (coro) choir
B (Zool) coral snake
coralino -na *adj* (liter) coralline, coral (*before n*)
Corán *m*: **el ~** the Koran
coránico -ca *adj* Koranic
coraza *f* 1 (armadura) cuirasse; **su agresividad es sólo una ~** she uses her aggressiveness as a shield 2 (Náut) armor-plating* 3 (de tortuga) shell
corazón *m*
A 1 (Anat) heart; **lo operaron a ~ abierto** he underwent open heart surgery; **sufre del ~** she has heart trouble; ***abrirle el ~ a algn*** to open one's heart to sb; ***con el ~ en la boca*** *or* ***un puño***: **estuvimos con el ~ en la boca hasta que ...** our hearts were in our mouths until ...; ***con el ~ en la mano*** with one's hand on one's heart; ***el ~ me/le dio un vuelco*** my/his heart missed a beat; ***se me/le encogió el ~*** (de tristeza) it made my/his heart bleed; ***ser duro de ~*** to be hard-hearted; ***tener un ~ de oro/de piedra*** to have a heart of gold/of stone 2 (sentimientos) heart; **es un hombre de buen/gran~** he's very kind-hearted/big-hearted; **no tener ~** to be heartless (colloq); **tener buen ~** to be kind-hearted; **tiene su corazoncito** his heart's in the right place; **con todo mi ~** with all my heart; **de (todo) ~** sincerely; **le destrozó** *or* **partió el ~** it broke her heart; ***no caberle a algn el ~ en el pecho*** I/he was bursting with pride (*o* joy *etc*) 3 (apelativo cariñoso) (fam) sweetheart (colloq)
B 1 (de manzana, pera) core; (de alcachofa) heart 2 (de ciudad, área) heart
C (en naipes) 1 (carta) heart 2 **corazones** *mpl* (palo) hearts (*pl*)
corazonada *f*: **fue una ~** it was just a hunch; **tuve la ~ de que ibas a venir** I had a hunch *o* feeling you'd come; **tuve la ~ de que debía regresar** I had a strong feeling that I should go back
corbata *f*
A (Indum) tie, necktie (AmE); **hay que ir de** *or* **con ~** you have to wear a tie
Compuesto **corbata de lazo** *or* (AmL) **de moño** *or* (Chi) **de humita** bow tie
B (Col fam) (puesto) cushy job (colloq)
corbatero *m* tie rack
corbatín *m* bow tie
corbeta *f* corvette
corcel *m* (liter) steed (liter)
corchea *f* quaver, eighth note (AmE)
corchete *m*
A (Impr) square bracket
B 1 (en costura) hook and eye 2 (Chi) (para sujetar papeles) staple
corchetear [A1] *vt* (Chi) to staple
corchetera *f*, **corchetero** *m* (Chi) stapler
corcho *m* (corteza) cork; (de una botella) cork; (para pescar, para nadar) float
corcholata *f* (Méx) bottle top
corcova *f*
A (joroba) hunchback, hump
B (Per fam) (fiesta) party (*lasting for two or more days*)
corcovado¹ -da *adj* hunchbacked, humpbacked
corcovado² -da *m,f* hunchback
corcovear [A1] *vi* to buck
corcoveo *m* (Col, CS) bucking
corcovo *m* buck; **dar ~s** to buck
cordada *f* (roped) team
cordaje *m* 1 (Náut) cordage, rigging 2 (Mús) strings (*pl*)
cordel *m* (fino) cord, string; (cuerda) (Chi) rope; *ver tb* ▸**cuerda A2, 3**
cordelería *f* (Náut) rigging
cordero *m*
A 1 (cría) lamb; ***contar corderitos*** to count sheep 2 (carne — de cordero) lamb; (— de oveja) mutton 3 (piel) lambskin; **forrado de corderito** fleece-lined
Compuesto **cordero lechal** suckling lamb
B 1 (Relig) lamb 2 (fam) (persona dócil) *tb* **corderito**: **ser un corderito** to be as good as gold
corderoy *m* (AmS) corduroy
cordial¹ *adj* (frml) (amistoso) cordial, friendly; **recibe un ~ saludo** (Corresp) (kindest) regards; **un ambiente ~** a congenial atmosphere; **se mostró muy ~** he was very friendly
cordial² *m* cordial, tonic
cordialidad *f* (frml) cordiality
cordialmente *adv* (frml) cordially; **le saluda ~** (Corresp) sincerely yours (AmE), yours sincerely (BrE)
cordillera *f* (mountain) range; **la ~ de los Andes** the Andes

cordillerano -na *adj* (AmL) Andean, mountain (*before n*)
córdoba *m* cordoba (*Nicaraguan unit of currency*)
cordón *m*
A 1 (cuerda) cord 2 (de zapatos) shoelace, lace 3 (Elec) cord 4 (Náut) strand 5 (de personas) cordon
(Compuestos)
• **cordón policial** police cordon
• **cordón sanitario** cordon sanitaire
• **cordón umbilical** umbilical cord
B 1 (CS) (de cerros) chain 2 (RPl) (de la vereda) curb (AmE), kerb (BrE)
cordoncillo *m* (bordado) piping
cordura *f* (Psic) sanity; (sensatez) good sense; **obrar con ~** to act sensibly
Corea *f* Korea
(Compuesto) **Corea del Norte/Sur** North/South Korea
coreano -na *adj/m,f* Korean
corear [A1] *vt* ‹*consignas/insultos*› to chant, chorus; ‹*marcha/estrofa*› to sing ... in unison
corebac *m* (Méx) (Dep) quarterback
coreografía *f* choreography
coreográfico -ca *adj* choreographic
coreógrafo -fa *m,f* choreographer
corintio -tia *adj/m,f* Corinthian
corista *f* (en revista musical) chorus girl
cormorán *m* cormorant
cornada *f* (golpe) thrust (*with the horns*); (herida) wound (*caused by a bull's horn*); **murió de una ~** he died after being gored; **dar una ~ a algn** to gore
cornamenta *f* (de toro) horns (*pl*); (de ciervo) antlers (*pl*)
cornamusa *f* (gaita) bagpipes (*pl*)
córnea *f* cornea
cornear [A1] *vt* «*toro*» (golpear) to butt (*with the horn(s)*); (herir) to gore
corneja *f* (cuervo) crow
córneo -nea *adj* corneous, hornlike
córner *m* (*pl* **-ners**) corner (kick); **lanzar un ~** to take a corner
corneta[1] *f*
A 1 (Mús) (sin llaves) bugle; (con llaves) cornet 2 (Ven) (Auto) horn
B (de gramófono) horn
corneta[2] *m* bugler
cornetín *m* ▸ **corneta**[1] **A1**
cornetista *mf* (de corneta sin llaves) bugler; (de corneta con llaves) cornet player
cornisa *f*
A (Arquit) cornice
B (Geog): **la ~ atlántica** the Atlantic coast
corno *m*
A (Mús) horn
(Compuesto) **corno inglés** English horn (AmE), cor anglais (BrE)
B (RPl fam) (uso expletivo): **no entendí un ~** I didn't understand a word; **sobre eso no sabe un ~** he doesn't have a clue about that (colloq); **no vale un ~** it's completely worthless; **¡qué viaje ni qué ~s!** trip, what trip?; **¿qué/quién/dónde ~ ...?** what/who/where the hell ...? (colloq)
cornucopia *f* cornucopia, horn of plenty
cornudo[1] **-da** *adj* 1 ‹*animal*› horned 2 (fam) ‹*marido*› cuckolded (liter), deceived (*before n*); ‹*mujer*› deceived (*before n*)
cornudo[2] **-da** (fam) (*m*) cuckold (liter), deceived husband; (*f*) deceived wife
coro *m*
A 1 (Mús) (conjunto — vocal) choir; (— en revista musical) chorus line; **un ~ de protestas** a chorus of protest; **a ~** ‹*repetir*› together *o* in unison, ‹*cantar*› in chorus *o* together; ***hacerle ~ a algn*** to back sb up 2 (composición) chorus 3 (Arquit) choir
B (Hist, Lit) (en la tragedia) chorus
C (de ángeles) choir
corola *f* corolla
corolario *m* corollary
corona *f*
A 1 (de soberano) crown; **el heredero de la ~** the crown prince 2 (institución): **la ~** the Crown 3 (Dep) crown
B (de flores) crown, wreath; (para funerales) wreath; **la ~ de espinas** the crown of thorns
(Compuesto) **corona de caridad** (Chi) donation to charity (*instead of sending a wreath*)
C (Astron) corona
(Compuesto) **corona solar** corona, aureole
D (moneda) crown
E (Odont) crown
coronación *f* 1 (de soberano) coronation 2 (culminación) culmination
coronar [A1] *vt*
A ‹*soberano*› to crown
B ‹*montaña/cima*› to reach the top of
C 1 (rematar) to crown; **una cúpula corona el edificio** the building is crowned by a dome 2 (en damas) to crown
■ **coronarse** *v pron*
A (Per fam) (meter la pata) to put one's foot in it
B (Ven fam) (tenerlo todo) to be set up (colloq); **ya estás coronado** you're all set up now
coronario -ria *adj* coronary
coronel -nela *m,f* 1 (en el ejército) colonel; (en las fuerzas aéreas) ≈ Colonel (*in US*), ≈ Group Captain (*in UK*) 2 **coronela** *f* (ant *o* hum) colonel's wife
coronilla *f* crown, crown of the head; ***estar hasta la ~ (de algo/algn)*** (fam) to be fed up to the back teeth (with sth/sb) (colloq)
coronta *f* (Chi, Per) *tb* **~ de choclo** *stripped corn cob*
coroto *m*
A (Col, Ven fam) (trasto) piece of junk (colloq); **recoge tus ~s** get your things *o* stuff together
B (Ven) (poder político) (political) power; ***alzarse con el ~*** (Ven fam) to take power; ***entregar el ~*** (Ven fam) to hand over power
corpacho, corpachón *m* (fam): **ha echado/tiene un buen ~** he's got(ten)/he's really solid *o* hefty (colloq)
corpiño *m* (chaleco) bodice; (del vestido) bodice; (prenda interior) (RPl) brassière
corporación *f* 1 (Hist) guild 2 (Der) association 3 (Com, Fin) corporation
(Compuesto) **corporación municipal** municipal council
corporal[1] *adj* ‹*trabajo*› physical
corporal[2] *m* corporal, corporale
corporativismo *m* corporatism
corporativo -va *adj* corporate
corpóreo -rea *adj* physical, corporeal (frml)
corpulencia *f* heftiness
corpulento -ta *adj* ‹*persona/animal*› hefty, burly; ‹*árbol*› solid, sturdy
corpus *m* (*pl* ~) (de datos) corpus; (de obras) body, corpus
Corpus, Corpus Christi Corpus Christi
corpúsculo *m* corpuscle
corral *m* 1 (en granja) yard, farmyard 2 (para ganado) corral 3 *tb* **corralito** (para niños) playpen 4 (Hist, Teatr) open-air theater*
corralón *m* 1 (Méx) (de la policía) car pound 2 (Per) (terreno baldío) piece of waste land (*sometimes with shanty dwellings*) 3 (Arg) (Const) lumberyard
correa *f* 1 (tira) strap; (cinturón) belt; (de perro) leash; **~ de reloj** watchband (AmE), watchstrap (BrE) 2 (para afilar) strop 3 (Mec) belt; ***tener mucha/poca ~*** (fam) to be long-suffering/to have a very short fuse
(Compuestos)
• **correa de** *or* **del ventilador** fan belt
• **correa de transmisión** (Mec) drive belt; (Pol) mouthpiece
correaje *m* belts (*pl*)
correazo *m* blow with a belt
correcaminos *m* (*pl* ~) roadrunner
corrección *f*
A 1 (buenos modales): **es un hombre de una gran ~** he is

very well-mannered *o* correct; **vestir con ~** to dress correctly *o* properly [2] (honestidad) correctness [3] (propiedad): **habla los dos idiomas con ~** he speaks both languages well *o* correctly
B [1] (de exámenes) correction [2] (enmienda, rectificación) correction
(Compuesto) **corrección de pruebas** proofreading

correccional *f or* (Esp) *m*: *tb* **~ de menores** reformatory (AmE), detention centre (BrE)

correctamente *adv* [1] (sin errores) correctly [2] (con cortesía) politely [3] (honestamente) honorably

correctivo¹ -va *adj* corrective

correctivo² *m*: **como ~** as a punishment; **esto le servirá de ~** this will teach him a lesson

correcto -ta *adj*
A [1] (educado) correct, polite [2] (honesto) correct
B [1] ‹*respuesta/solución*› correct, right; **lo dijo en un ~ alemán** he said in correct German; **¡~!** (AmC, Méx) (that's) right [2] ‹*funcionamiento/procedimiento*› correct

corrector -tora *m,f*
A (de exámenes) marker
(Compuesto) **corrector -tora de pruebas** proofreader
B **corrector** *m* [1] (Odont) braces (*pl*) (AmE), brace (BrE) [2] (líquido) correction fluid

corredera¹ *adj* ▸**puerta**

corredera² *f* (RPl fam): **tengo una** *or* **estoy con una ~** I've got the runs (colloq)

corredizo -za *adj* ▸**nudo, puerta**

corredor -dora *m,f*
A (Dep) runner
(Compuestos)
- **corredor -dora de coches** racing driver
- **corredor -dora de fondo** long-distance runner
- **corredor -dora de vallas** hurdler

B [1] (agente) agent [2] (RPl) (viajante) sales representative
(Compuestos)
- **corredor -dora de Bolsa** stockbroker
- **corredor -dora de bienes raíces** *or* (Esp) **de fincas** real estate broker (AmE), estate agent (BrE)

C **corredor** *m* (Arquit, Geog, Pol) corridor

correduría *f* ▸**corretaje A1, B**

corregible *adj* correctable

corregidor *m* (Hist) (magistrado) judge; (alcalde) mayor (*appointed by the king*)

corregir [I8] *vt* [1] ‹*error/falta*› to correct; ‹*modales*› to improve, mend [2] ‹*examen/dictado*› to correct, grade (AmE), to mark (BrE) [3] ‹*galeradas/pruebas*› to correct [4] ‹*defecto físico/postura*› to correct [5] ‹*trayectoria*› to correct
■ **corregirse** *v pron*
A [1] (en el comportamiento) to change *o* mend one's ways [2] (*refl*) (al hablar) to correct oneself; **~se DE algo**: **se corrigió del error** she corrected her mistake
B «*defecto físico*»: **un defecto que se corrige solo** a defect which corrects itself

correlación *f* correlation

correlacionar [A1] *vt* (frml) to correlate (frml)

correlativo -va *adj* (frml) correlative (frml)

correligionario -ria *m,f*: **Maggiulli y sus ~s** Maggiulli and his fellow Socialists (*o* fellow Democrats *etc*)

correntada *f* (CS) current

correntoso -sa *adj* (CS) fast-flowing

correo *m*
A [1] mail, post (BrE); **envíamelo por ~** mail (AmE) *o* (BrE) post it to me; **a vuelta de ~** by return of post; **echar una carta al ~** to mail (AmE) *o* (BrE) post a letter [2] (tren) mail train; (autobús) postbus (*bus which also transports mail*); (barco) mail boat
(Compuestos)
- **correo aéreo** air mail
- **correo certificado** *o* (Col, Ur) **recomendado** registered mail
- **correo electrónico** electronic mail
- **correo urgente** special delivery

B (oficina) *tb* **C~s** (Esp) post office; **voy al ~** *or* (Esp) **a C~s** I'm going to the post office
C (persona) [1] (mensajero) messenger [2] (de drogas) courier

> **Correos**
>
> The name of Spain's state-run post office. Stamps can be bought in **estancos**, although certified or express mail must be sent from a post office (*estafeta* or *oficina de correos*). Postboxes in Spain are silver with red and yellow hoops. There are also red boxes for urgent mail. In Latin America *correo*, in the singular, means both a post office and the mail system

correoso -sa *adj* tough, leathery

correr [E1] *vi*
A [1] to run; **bajó/subió las escaleras corriendo** she ran down/up the stairs; **salieron corriendo del banco** they ran out of the bank; **echó a ~** he started to run, he broke into a run; **corrió a su encuentro** she ran to meet him; ***a todo* ~** at top speed; **salió a todo ~** he went/came shooting out [2] (Dep) «*atleta*» to run; «*caballo*» to run; **sale a ~ todas las mañanas** she goes for a run every morning [3] (Auto, Dep) «*piloto/conductor*» to race
B [1] (apresurarse): **llevo todo el día corriendo de un lado para otro** I've been rushing around all day long; **¡corre, ponte los zapatos!** hurry *o* quick, put your shoes on!; **rellénalo corriendo y entrégalo** fill it in quickly and hand it in; **no corras tanto que te equivocarás** don't rush it *o* don't do it so quickly, you'll only make mistakes ; **corrí a llamarte/a escribirte** I rushed to call you/write to you; **me tengo que ir corriendo** I have to rush off; **se fueron corriendo al hospital** they rushed to the hospital [2] (fam) (ir, moverse) (+ *compl*) «*vehículo/conductor*»: **corre mucho** he drives too/very fast; **esa moto corre mucho** that motorcycle is *o* goes really fast
C [1] (+ *compl*) «*cordillera/carretera*» to run; «*río*» to run, flow [2] «*agua*» to flow, run; «*sangre*» to flow; **corría una brisa suave** there was a gentle breeze; **corre mucho viento hoy** it's very windy today; ***dejar* ~ *algo*** to let sth go [3] «*rumor*»: **corre el rumor de que ...** there is a rumor going around that ..., rumor has it that ...; **corrió la voz de que ...** there was a rumor that ... [4] «*polea*» to run; «*puerta*» to slide; **la cremallera no corre** the zipper (AmE) *o* (BrE) zip is stuck; **el pestillo no corre** I can't bolt/unbolt the door
D «*tiempo*» [1] (pasar, transcurrir): **corren tiempos difíciles** these are difficult times; **corría el año 1939 cuando ...** it was in 1939 that ...; **con el ~ de los años** as time went/goes by; **el mes que corre** in the current month (frml) [2] (pasar de prisa) to fly
E «*sueldo/alquiler*» to be payable
F (hacerse cargo) **~ CON algo** ‹*con gastos*› to pay sth; ‹*con organización*› to be responsible FOR sth
■ **correr** *vt*
A [1] (Dep) ‹*maratón*› to run; **corrió los 1.500 metros** he ran the 1,500 meters [2] (Auto, Dep) ‹*prueba/gran premio*› to race in
B [1] (fam) (echar, expulsar) to kick ... out (colloq), to chuck ... out (colloq) [2] (fam) (perseguir) to run after
C [1] (exponerse a): **no quiero ~ riesgos** I don't want to take any risks; **corres el riesgo de perderlo** you run the risk of losing it; **aquí no corres peligro** you're safe here [2] (experimentar): **ambos corrieron parecida suerte** they both suffered a similar fate; **juntos corrimos grandes aventuras** we had some great adventures together
D (mover) [1] ‹*botón/ficha/silla*› to move [2] ‹*cortina*› (cerrar) to draw *o* close; (abrir) to open *o* pull back; **corre el cerrojo** bolt the door [3] (Inf) ‹*texto*› to scroll
■ **correrse** *v pron*
A (moverse) [1] «*silla/cama*» to move; «*pieza/carga*» to shift [2] (fam) «*persona*» to move up *o* over
B [1] «*tinta*» to run; «*rímel/maquillaje*» (+ *me/te/le etc*) to run, smudge; **se me corrió el rímel** my mascara ran [2] (AmL) «*media*» to ladder
C (Esp arg) (llegar al orgasmo) to come (colloq)

correría *f* [1] (ant) (Mil) raid, incursion [2] (viaje, excursión): **sus ~s por el mundo** her travels all over the world

correspondencia *f*
A [1] (relación por correo) correspondence; **mantener ~ con algn** to correspond with sb [2] (cartas) mail, post (BrE); **~ comercial** business correspondence
B (equivalencia) correspondence
C (en el metro) interchange; **esta estación tiene ~ con la línea tres** you can change to line three at this station

C

corresponder [E1] *vi*
A **1** (en un reparto) (+ *me/te/le etc*): **le correspondió la mitad de la herencia** half the inheritance went to him; **ésta es la parte que te corresponde** this is your part **2** (incumbir): **te corresponde a ti preparar el informe** it's your job to prepare the report; **el lugar que le corresponde** his rightful place; **a quien corresponda** (Corresp) to whom it may concern; **con los honores que corresponden a su rango** with the honors befitting his rank **3** (*en 3ª pers*) (ser adecuado): **te disculpas, como corresponde** apologize, you know you should *o* (frml) as is right and proper; **serán juzgados como corresponde** they will be tried according to the law; **según corresponda** as appropriate
B (encajar, cuadrar): **esto aquí no corresponde** this doesn't belong *o* go here; **~ A algo: su aspecto correspondía a la descripción** his appearance fitted *o* matched the description; **la leyenda no corresponde a la fotografía** the caption doesn't belong with *o* match this photograph
C (a favor, atención) **~ A algo**: **quisiera ~ a su generosidad** I'd like to repay them for their generosity; (+ *me/te/le etc*) **lo quiere, pero él no le corresponde** she loves him, but he doesn't feel the same way about her; **y tú le correspondes con esta grosería** and you repay him with this kind of rudeness
■ **corresponder** *vt* ‹*favor*› to return; ‹*atención*› to return, repay; **un amor no correspondido** an unrequited love
■ **corresponderse** *v pron* **~se CON algo** ‹*con los hechos/con la declaración*› to square *o* tally with sth; **eso no se corresponde con su manera de ser** that's out of keeping with her character

correspondiente *adj*: **la etiqueta ~** the corresponding label; **viene con su ~ caja** it comes with its own box; **rellene el impreso ~** complete the relevant form; **~ A algo**: **los números ~s a cada página** the numbers corresponding to each page; **los resultados ~s al año pasado** last year's results; **las cifras ~s al mes de abril** the figures for the month of April

corresponsal *mf* (de periódico, radio) correspondent
(Compuesto) **corresponsal en el extranjero/de guerra** foreign/war correspondent

corresponsalía *f* (cargo) post of correspondent; (oficina) (CS) correspondent's office

corretaje *m*
A **1** (de acciones, valores) brokerage **2** (Esp) (de pisos) property dealing **3** (RPl) (de productos) wholesaling
B (comisión) commission

corretear [A1] *vi* (correr) to run around
■ **corretear** *vt*
A **1** (esp AmL) (perseguir) to chase, pursue **2** (Chi fam) ‹*ladrones*› to keep … away, deter
B (RPl) (Com) to wholesale

corrida *f*
A **1** (fam) (carrera): **dar** *or* **echar una ~** to run, move (it) (colloq); **a las ~s** (RPl) in a rush **2** (Fin): **una ~ bancaria** a run on the banks **3** (Dep) carry
B (Taur) bullfight
C (Chi) **1** (serie) series **2** (fila) row **3** (de bebidas) round **4** (Min) outcrop
D (Méx) (en póquer) straight

> **corrida**
> A bullfight. Bullfighting remains popular in many parts of Spain and some Latin American countries, and is regularly broadcast on television. During the *corrida* three bullfighters (*matadores*) fight a total of six bulls, two each

corrido¹ -da *adj* **1** (fam) ‹*persona*› worldly-wise (colloq) **2** ‹*balcón/galería*› continuous; ***de ~*** (fam) ▸**carrerilla** **3** (Esp fam) (avergonzado) embarrassed

corrido² *m*: *Mexican folk song*

> **corrido**
> In Mexico, a ballad sung to guitar and trumpet accompaniment on subjects such as battles, heroic deeds, love affairs, the fight for equality, and the lives of historical and fictional characters. *Corridos* developed from the Spanish ballad tradition. The lyrics are straightforward songs of the common people

corriente¹ *adj*
A (que ocurre con frecuencia) common; (normal, no extraño) usual, normal; **es un error muy ~** it's a very common mistake; **un método poco ~** a method not much used; **lo ~ es pagar al contado** the normal thing is to pay cash; **un coche/tipo normal y ~** an ordinary car/guy; **una persona poco ~** he's rather out of the ordinary; **es de una belleza poco ~** she's unusually beautiful
B **1** (en curso) ‹*mes/año*› current; **el día tres del ~** the third of this month; **su atenta carta del 7 del ~** (frml) your letter of the 7th of this month **2** **al corriente**: **estoy al ~ en todos los pagos** I'm up to date with all the payments; **empezó con retraso pero se ha puesto al ~** she started late but she has caught up; **tener** *or* **mantener a algn al ~ de algo** to keep sb informed *o* (colloq) posted about sth

corriente² *f*
A (de agua) current; **~s marinas** ocean currents; ***dejarse arrastrar*** *or* ***llevar por la ~*** to go along with the crowd; ***ir*** *or* ***nadar*** *or* ***navegar contra (la) ~*** to swim against the tide; ***seguirle la ~ a algn*** to humor sb
B (de aire) draft (AmE), draught (BrE); **aquí hay** *or* **hace mucha ~** there's a terrible draft in here
C (tendencia) trend; **las ~s de la moda** the trends in fashion; **una ~ de pensamiento** a school of thought; **una ~ de opinión** a current of opinion
D (Elec) current; **me dio (la) ~** I got a shock *o* an electric shock; **se cortó la ~** there was a power cut; **no hay ~** there's no electricity
(Compuesto) **corriente alterna/continua** alternating/direct current, AC/DC

corrientemente *adv* (normalmente) usually, normally; (con frecuencia) commonly, often; **vestía ~** he was dressed in ordinary clothes

corrillo *m* small group of people

corro *m* **1** (círculo) circle, ring; **hacer** *o* **formar un ~** to stand/sit in a circle; **se formó un ~ a su alrededor** a circle of people formed around her **2** (Jueg): **jugar al ~** *to play a singing game standing in a ring*

corroboración *f* corroboration

corroborar [A1] *vt* to corroborate

corroer [E13] *vt* ‹*metal*› to corrode; ‹*mármol*› to erode; **la envidia la corroe** she is eaten up with envy
■ **corroerse** *v pron* to corrode

corromper [E1] *vt* **1** ‹*persona/lengua/sociedad*› to corrupt **2** ‹*materia orgánica*› to rot
■ **corromperse** *v pron* **1** «*costumbres/persona/lengua*» to become corrupted **2** «*materia orgánica*» to rot **3** «*agua*» to become stagnant

corrompido -da *adj* **1** ‹*persona/sociedad*› corrupt **2** ‹*materia orgánica*› rotten

corrosca *f* (Col) straw hat

corrosión *f* corrosion

corrosivo -va *adj* **1** ‹*sustancia/acción*› corrosive **2** ‹*humor/ironía*› caustic; ‹*crítica*› acerbic

corrugado -da *adj* corrugated

corrupción *f* **1** (de materia) decay **2** (de moral, persona, lengua) corruption
(Compuesto) **corrupción de menores** corruption of minors

corruptela *f* corruption

corrupto -ta *adj* corrupt

corruptor -tora *m,f*: **~ de menores** (hum) cradle snatcher (colloq)

corsario *m* corsair, privateer

corsé, corset /kor'se/ *m* (*pl* **-sets**) corset
(Compuesto) **corsé ortopédico** (orthopedic*) corset

corso *m* (RPl) carnival parade

corta *f* (Chi fam) (cigarette) butt, fag end (BrE)

cortaalambres *m* (*pl* ~) wirecutters (*pl*)

cortacésped *m* lawnmower

cortacircuitos *m* (*pl* ~) circuit breaker

cortacorriente *m* circuit breaker

cortada *f* **1** (Col, Méx) (herida) cut; **hacerse una ~** to cut oneself **2** (RPl) (calle sin salida) no through road

cortado¹ -da *adj*
A ‹*persona*› **1** [ESTAR] (Chi, Esp) (turbado, avergonzado) embar-

rassed 2 [ESTAR] (Esp, CS) (aturdido) stunned; **me quedé ~ con su respuesta** I was stunned by her reply 3 [SER] (Esp) (tímido) shy

B [ESTAR] ‹*calle/carretera*› closed, closed off; Ⓢ **carretera cortada por obras** road closed (for repairs)

C 1 [ESTAR] ‹*mayonesa/salsa*› separated; **la leche está cortada** the milk is curdled *o* off 2 ‹*café*› with a dash of milk

D ‹*película*› cut

cortado² *m* expresso with a dash of milk

> **cortado**
>
> Popular in Spain and known also as *café cortado*. Black coffee is "cut" by adding a little milk to it

cortador -dora *m,f*

A (persona) *tb* **~ de sastre** cutter

B **cortadora** *f* 1 (máquina) cutter 2 (cuchilla) cutter

(Compuesto) **cortadora de césped** *f* lawnmower

cortadura *f*

A 1 (corte) cut 2 **cortaduras** *fpl* cuttings (*pl*), clippings (*pl*)

B (Geog) gorge

cortafrío *m* cold chisel

cortafuego *m* (en bosque) firebreak, fireguard, fire line; (en edificio) fire wall

cortante *adj* 1 ‹*instrumento/objeto*› sharp 2 ‹*viento*› biting 3 ‹*respuesta/tono*› sharp

cortapapeles *m* (*pl* ~) (abrecartas) paperknife, letter opener; (guillotina) guillotine

cortapicos *m* (*pl* ~) earwig

cortapisa *f*: **el proyecto se llevó a cabo sin ~s** they finished the project without any setbacks; **habló sin ~s** she spoke freely; **poner ~s a algo/algn** to put obstacles in the way of sth/in sb's way

cortaplumas *m or f* (*pl* ~) penknife

cortapuros *m* (*pl* ~) cigar cutter

cortar [A1] *vt*

A (dividir) ‹*cuerda/pastel*› to cut, chop; ‹*asado*› to carve; ‹*leña/madera*› to chop; ‹*baraja*› to cut; ‹*aire/agua*› (liter) to slice *o* cut through; **~ por la línea de puntos** cut along the dotted line; **~ algo por la mitad** to cut sth in half *o* in two; **~ algo en rodajas/en cuadritos** to slice/dice sth; **~ algo en trozos** to cut sth into pieces; **¿en cuántas partes lo corto?** how many slices (*o* pieces *etc*) shall I cut it into?; **este queso se corta muy bien** this cheese cuts very easily

B (quitar, separar) ‹*rama/punta/pierna*› to cut off; ‹*árbol*› to cut down, chop down; ‹*flores*› (CS) to pick; **me cortó un trozo de melón** she cut me a piece of melon; **la máquina le cortó un dedo** the machine took off his finger; **~le la cabeza a algn** to chop off *o* cut off sb's head

C (hacer más corto) ‹*pelo/uñas*› to cut; ‹*césped/pasto*› to mow; ‹*seto*› to cut; ‹*rosal*› to cut back; ‹*texto*› to cut down; **le cortó el pelo** he cut her hair

D 1 (en costura) ‹*falda/vestido*› to cut out 2 (recortar) ‹*anuncio/receta/muñeca de papel*› to cut out

E (interrumpir) 1 ‹*agua/gas/luz/comunicación*› to cut off; ‹*película/programa*› to interrupt; **le ~on el teléfono** his phone was cut off; **~la** (Chi fam): **córtala con eso** OK, cut it out, now (colloq) 2 ‹*retirada*› to cut off 3 ‹*calle*› «*policía/obreros*» to close, block off; «*manifestantes*» to block; **han cortado el tráfico en la zona** they've closed the area to traffic; **me cortó el paso** he stood in my way 4 ‹*relaciones diplomáticas*› to break off; ‹*subvenciones/ayuda*› to cut off

F ‹*fiebre*› to bring down; ‹*hemorragia*› to stop, stem

G ‹*persona*› (en conversación) to interrupt; **me cortó en seco** he cut me short

H (censurar, editar) ‹*película*› to cut; ‹*escena/diálogo*› to cut, to cut out

I ‹*recta/plano*› to cross

J 1 ‹*heroína/cocaína*› to adulterate, cut (colloq) 2 ‹*leche*› to curdle

K «*frío*»: **el frío me cortó los labios** my lips were chapped *o* cracked from the cold weather

L (RPl) ‹*dientes*› to cut

■ **cortar** *vi*

A «*cuchillo/tijeras*» to cut

B 1 (por radio): **corto y cambio** over; **corto y fuera** *or* **corto y cierro** over and out 2 (Cin): **¡corten!** cut! 3 (CS) (por teléfono) to hang up; **no me cortes** don't hang up on me

C (terminar) 1 «*novios*» to break up, split up; **~ CON algn** to break up WITH sb 2 **~ CON algo** ‹*con pasado/raíces*› to break WITH sth

D (en naipes) to cut

E (en costura) to cut out

F (acortar camino) **~ POR algo**: **cortemos por el bosque/la plaza** let's cut through the woods/across the square; **~on por el atajo** they took the shortcut

G (Chi fam) (ir, dirigirse): **~on para la ciudad** they headed for the city; ***no sabía para dónde*** **~** (Chi fam) I/he didn't know which way to turn (colloq)

■ **cortarse** *v pron*

A (interrumpirse) «*proyección/película*» to stop; «*llamada/gas*» to get cut off; **se ha cortado la luz** there's been a power cut; **se te va a ~ la digestión** you'll get stomach cramp; **se me cortó la respiración** I could hardly breathe

B (*refl*) 1 (hacerse un corte) to cut oneself; ‹*dedo/brazo/cara*› to cut; **me corté un dedo** I cut my finger; **se cortó afeitándose** he cut himself shaving 2 «*piel/labios*» (+ *me/te/le etc*) to crack, become chapped

C 1 (*refl*) ‹*uñas/pelo*› to cut; **se corta el pelo ella misma** she cuts her own hair; **se cortó las venas** he slashed his wrists 2 (*caus*) ‹*pelo*› to have … cut

D (*recípr*) «*líneas/calles*» to cross

E «*leche/mayonesa*» to curdle

F (Chi, Esp) «*persona*» (turbarse, aturdirse) to get embarrassed; **se corta en seguida** she gets easily embarrassed

G (Chi fam) «*animal*» to collapse from exhaustion

cortaúñas *m* (*pl* ~) nail clippers (*pl*)

cortaviento *m* windbreak

corte¹ *m*

A 1 (tajo) cut; **se hizo un ~ en la cabeza** he cut his head 2 (de carne) cut, cut of meat 3 *tb* **~ de pelo** haircut, cut

(Compuestos)
- **corte a (la) navaja** razor cut
- **corte longitudinal/transversal** lengthwise/cross section

B (interrupción): **un ~ en el suministro eléctrico** (frml) a power cut; **hemos tenido varios ~s de agua** the water has been cut off several times; **se produjeron varios ~s de carretera** several roads were blocked

(Compuestos)
- **corte de digestión** stomach cramp
- **corte de luz** power cut
- **corte publicitario** (RPl) commercial break

C (Ven) (separación) (fam) break-up, bust-up (colloq); **darle un ~ a algn** to break *o* split up with sb

D (AmL) (en el presupuesto) cut

E (Cin) (por la censura) cut

F 1 (de tela) length, length of material 2 (en costura) cut; **un traje de buen ~** a well-made *o* well-cut suit

(Compuestos)
- **corte de mangas**: **les hizo un ~ de ~** ≈ he gave them the finger
- **corte y confección** dressmaking

G (tendencia, estilo): **canciones de ~ romántico** songs of a romantic nature; **un país de ~ democrático** a country of democratic persuasion

H (Esp fam) 1 (vergüenza) embarrassment; **me da ~ ir sola** I'm embarrassed to go by myself; **es un ~** it's embarrassing 2 (respuesta tajante): **¡menudo ~!** what a put-down! (colloq)

I (fam) (Audio) track

J (RPl fam) (atención): **darle ~ a algn** to take notice of sb; ***darse*** **~** (RPl fam) to show off

corte² *f*

A (del rey) court; **una ~ de aduladores** a circle of admirers; ***hacerle la ~ a algn*** (cortejar) (ant) to woo sb (dated *or* liter)

B (esp AmL) (Der) Court of Appeal

(Compuestos)
- **Corte Marcial** Military Appeal Court
- **Corte Suprema (de Justicia)** (AmL) Supreme Court

C **las Cortes** *fpl* (Pol) (en Esp) Parliament, the legislative assembly

cortedad *f* shortness; **~ de miras** shortsightedness

cortejar [A1] *vt* (arc) ‹*mujer*› to woo (dated *or* liter)

C

cortejo *m*
A (comitiva — de rey) retinue, entourage; (— de ministro) entourage
(Compuesto) **cortejo fúnebre** funeral procession *o* (frml) cortege
B (acción) courtship, wooing
cortés *adj* polite, courteous; ***lo ~ no quita lo valiente*** politeness doesn't have to be a sign of weakness
cortesana *f* (arc) courtesan
cortesano[1] **-na** *adj* court (*before n*)
cortesano[2] **-na** *m,f* courtier
cortesía *f* 1 (urbanidad, amabilidad) courtesy, politeness; **son reglas elementales de ~** it's common courtesy; **la trató con ~** he was polite to her 2 **de cortesía** ‹*entrada*› complimentary; ‹*visita*› courtesy (*before n*) 3 (atención): **le agradezco la ~** (frml) I would like to thank you for your kind invitation (*o* offer *etc*); **es una ~ de la casa** it comes with the compliments of the house; **tuvo la ~ de invitarnos** she was kind enough to invite us
córtex *m* cortex
corteza *f* 1 (de árbol) bark; (del pan) crust; (del queso) rind; (de naranja, limón) peel, rind 2 (de átomo) shell 3 **cortezas** *fpl* (Coc) (Esp) pork rinds *o* scratchings (*pl*)
(Compuestos)
- **corteza cerebral** cerebral cortex
- **corteza terrestre**: **la ~ ~** the earth's crust

corticoide *m* corticosteroid, corticoid
cortijo *m* (en Esp) (finca) country estate; (casa) country house
cortina *f* curtain, drape (AmE)
(Compuestos)
- **cortina de ducha** shower curtain
- **cortina de hierro** (AmL) (Hist): **la ~ de ~** the Iron Curtain
- **cortina de humo** smokescreen
- **cortina metálica** (metal) shutter
- **cortina musical** (CS) theme song (AmE), signature tune (BrE)

cortinaje *m* curtains (*pl*), drapes (*pl*) (AmE)
cortisona *f* cortisone
corto[1] **-ta** *adj*
A 1 (en longitud) ‹*calle/río*› short; **el camino más ~** the shortest route; **de manga corta** short-sleeved; **el vestido le quedóha ~** the dress is too short for her now; **iba vestida de ~** she was wearing a short dress/skirt; **en ~** ‹*pase*› (Dep) short 2 (en duración) ‹*película/curso/viaje*› short; ‹*visita/conversación*› short, brief; **la semana se me hizo corta** I found that the week went very quickly; ***a la corta o a la larga*** sooner or later
B (escaso, insuficiente): **un niño de corta edad** a very young child; **~ DE algo**: **ando ~ de dinero** I'm a bit short of money; **~ de vista** near-sighted, shortsighted (BrE); **ando muy ~ de tiempo** I'm really pressed for time; **un café con leche ~ de café** a milky coffee; ***quedarse ~***: **costará más de un millón y seguro que me quedo ~** it must cost at least a million, in fact it could well be more; **lo llamé de todo y aun así me quedé ~** I called him all the names under the sun and I could have said more; **nos quedamos ~s con el pan** we didn't buy enough bread
C ‹*persona*› 1 (fam) (tímido) shy; ***ni ~ ni perezoso*** as bold as you like; **ni ~ ni perezoso fue y se lo dijo** he told him outright 2 (fam) (poco inteligente) stupid; **~ de entendederas** *or* **alcances** dim, dense (colloq)
corto[2] *m*
A (Cin) 1 (cortometraje) short (movie *o* film) 2 **cortos** *mpl* (Col, Méx, Ven) (de película) trailer
B (de cerveza, vino) (Esp) small glass; (de whisky etc) (Chi) shot
cortocircuito *m* short circuit; **la plancha hizo ~** the iron short-circuited
cortometraje *m* short (movie *o* film)
corva *f* back of the knee
corvadura *f* curve, curvature
corvejón *m* (del caballo) hock; (del gallo) spur
corvo -va *adj* ▸ **curvo**
corzo -za *m,f* 1 (especie) roe deer 2 (*m*) roebuck; (*f*) roe deer
cosa *f*
A 1 (objeto) thing; **cualquier ~** anything; **¿alguna otra ~?** *or* **¿alguna ~ más?** anything else?; **pon cada ~ en su lugar** put everything in its place; **queda poca ~** there's hardly anything left; **preguntó por no sé qué ~** he asked for something or other 2 (acto, acción) thing; **no sé hacer otra ~** it's the only thing I know how to do; **no puedo hacer otra ~** there's nothing else I can do *o* it's the only thing I can do; **me gusta hacer las ~s bien** I like to do things properly; **dejar las ~s a medias** to do things by halves; **entre una(s) ~(s) y otra(s) ...** what with one thing and another ...; **es la ~ más natural del mundo** it's perfectly normal 3 (al hablar): **¡qué ~s dices!** really, what a thing to say!; **dime una ~ ...** tell me something ...; **oye, una ~ ...** (por cierto) by the way ...; **tengo que contarte una ~** there's something I have to tell you 4 (detalle, punto): **quiero aclarar una ~** I want to make something clear 5 (asunto, tema) thing; **tenía ~s más importantes en que pensar** I had more important things to think about; **no creo que la ~ funcione** I don't think it's going to work; **fue ~ fácil** it was easy; **se enfada por cualquier ~** he gets angry over the slightest thing; **si por cualquier ~ no puedes venir, avísame** if you can't come for any reason, let me know; **por una ~ o por otra** for one reason or another; **esto no es otra ~ que nervios** it's just nerves; **esto no es ~ de broma/risa** this is no joke/no laughing matter; **la ~ es que ...** the thing is that ...
B **cosas** *fpl* (pertenencias) things (*pl*); **todas sus ~s** all her things; **mis ~s de deporte** my sports things
C (situación, suceso): **así están las ~s** that's how things are *o* stand; **la ~ se pone negra/fea** things are starting to get unpleasant; **¿cómo te van las ~s?** how are things?; **¿cómo está la ~?** (cómo está la situación) how are things?; (cómo estás) (Ven) how are you doing?; **las ~s no andan muy bien** things aren't too good; **son ~s de la vida** that's life!; **¡lo que son las ~s!** well, well! *o* fancy that! (colloq); **son ~s que pasan** these things happen; **en mi vida he visto/oído ~ igual** I've never seen/heard anything like it; **~ rara en él, se equivocó** he made a mistake, which is unusual for him; **¡qué ~ más extraña!** how strange *o* funny!; **esto es ~ de magia** *or* **de brujería** this is witchcraft!; **una ~ es ser bueno y otra ser el mejor** being good is one thing, but being the best is quite another
D 1 (fam) (ocurrencia): **¡tienes cada ~!** the things you come up (AmE) *o* (BrE) out with!; **esto es ~ de tu padre** this is your father's doing *o* idea 2 (comportamiento típico): **son ~s de niños** children are like that; **son ~s de Ana** that's one of Ana's little ways
E (incumbencia): **no es ~ tuya** it's none of your business; **no te preocupes, eso es ~ mía** don't worry, I'll handle it; **eso es ~ de mujeres** that's women's work
F (en locs) **cosa de** (AmS fam) so as to; **cosa de terminarlo** so as to finish it; **cosa que** (AmS fam) so that; **cosa que no me olvide** so that I don't forget; **no sea** *or* **no vaya a ser cosa que**: **llévate el paraguas, no sea ~ que llueva** take your umbrella just in case; **átalo, no sea ~ que se escape** tie it up so that it doesn't get away; **o cosa así** or so; ***cada ~ a su tiempo*** one thing at a time; ***como quien no quiere la ~*** casually; ***como si tal ~***: **no puedes irte como si tal ~** you can't go just like that *o* as if nothing had happened; **le dije que era peligroso y siguió como si tal ~** I told him it was dangerous but he just carried on *o* he carried on regardless; ***~ de ...*** (fam): **es ~ de unos minutos** it'll (only) take a couple of minutes; **es ~ de intentarlo** you just have to give it a go; **está a ~ de dos kilómetros** it's about two kilometers; ***darle ~ a algn*** (fam): **me da ~ comer caracoles/ver sangre** eating snails/the sight of blood makes me feel funny; **me da ~ pedirle tanto dinero** I feel awkward asking him for so much money; ***decirle a algn un par de*** *or* ***cuatro ~s*** (fam) to tell sb a thing or two; ***no ser gran ~*** (fam) to be nothing special (colloq); ***poca ~***: **es muy poca ~** (en apariencia) he's not much to look at; (en personalidad) he's not up to much (colloq); **queda algo pero poca ~** there's some left but not much; **un trabajo así es muy poca ~ para ella** a job like that isn't good enough for her; ***poner las ~s en su lugar*** *or* ***sitio*** to put *o* set the record straight; ***ser ~ hecha*** (CS) to be a foregone conclusion; ***ser/parecer otra ~***: **¡esto es otra ~!, ahora sí se oye** this is more like it! you can hear it now; **con ese peinado parece otra ~** she looks a new woman with that hairstyle; **¿invitas tú? ¡eso es otra ~!** are you paying? oh well, that's

different, then!; ***las ~s claras*** I like to know where I stand

cosaco -ca *m,f* Cossack; ***beber como un ~*** (fam) to drink like a fish (colloq)

coscorrón *m* (fam): **darse un ~** to bump *o* bang one's head; **le dio un ~** she smacked *o* cuffed him around the head (colloq)

cosecha *f*

A **1** (acción, época) harvest; **un vino de la ~ del 70** a 1970 vintage wine **2** (producto) crop; **la sequía echó a perder la ~** the drought caused the crop to fail; ***de mi/tu/su (propia) ~***: **estas zanahorias son de mi propia ~** I grew these carrots myself; **unos poemas de su propia ~** some of his own poems

B (de premios, éxitos): **después de su ~ de éxitos** following his many successes

cosechador -dora *m,f* **1** (persona) harvester **2** **cosechadora** *f* (máquina) combine (harvester)

cosechar [A1] *vt*

A (Agr) **1** (recoger) ‹*cereales*› to harvest; ‹*legumbres*› to pick **2** (Esp) (cultivar) ‹*cereales/patatas*› to grow

B ‹*aplausos/premios/honores*› to win; ‹*éxitos*› to achieve, reap (journ); ‹*admiración/respeto*› to win, earn; **trabajó mucho y no cosechó más que disgustos** he worked hard and it brought him nothing but trouble; ***se cosecha lo que se siembra*** as you sow, so you reap

■ **cosechar** *vi* to harvest

cosechero -ra *m,f* harvester

cosedor -dora *m,f* machinist

coser [E1] *vt* **1** (Indum, Tex) ‹*dobladillo*› to sew; ‹*botón*› to sew on; ‹*agujero*› to sew (up); **cóselo a máquina** sew *o* do it on the machine; ***ser ~ y cantar*** to be as easy as pie **2** ‹*herida*› to stitch

■ **coser** *vi* to sew

cosido *m* sewing

cosignatario -ria *m,f* cosignatory

cosmética *f* cosmetics (*pl*)

cosmético[1] **-ca** *adj* cosmetic (*before n*)

cosmético[2] *m* cosmetic

cósmico -ca *adj* cosmic

cosmogonía *f* cosmogony

cosmografía *f* cosmography

cosmógrafo -fa *m,f* cosmographer

cosmología *f* cosmology

cosmonauta *mf* cosmonaut

cosmopolita *adj/mf* cosmopolitan

cosmos *m* cosmos

cosmovisión *f* (frml) view of the world

coso[1] **-sa** *m,f* (Bol, Col, RPl) **1** (fam & pey) (tipo) jerk (colloq & pej) **2** (fam) (sustituyendo a nombre): **le dije a ~/cosa ...** I said to what's-his-name/what's-her-name ... (colloq)

coso[2] *m*

A (lugar cercado) enclosure, arena

(Compuesto) **coso taurino** bullring

B (carcoma) deathwatch beetle

C (fam) (cosa) thingy (colloq)

cospel *m* (Arg) token

cosquillas *fpl*: **no le hagas ~** don't tickle him; **¿tienes ~?** are you ticklish?; ***buscarle las ~ a algn*** to rile *o* annoy sb

cosquilleo *m* tickly feeling; **tenía un ~ en la garganta** he had a tickly throat; **tengo un ~ en la pierna** I have pins and needles in my leg; **sintió un ~ en la espalda** she felt something tickle her back

costa *f*

A (Geog) **1** (del mar — área) coast; (— perfil) coastline; **una ~ muy accidentada** a very rugged coastline; **la ~ atlántica** the Atlantic coast; **veranean en la ~** they spend their summers on the coast; **la C~ Azul** the Côte d'Azur **2** (RPl) (de río) bank; (de lago) shore

B (*en locs*) **a costa de**: **lo terminó a ~ de muchos sacrificios** he had to make a lot of sacrifices to finish it; **a ~ mía/de los demás** at my/other people's expense; **a toda costa** *or* **a costa de lo que sea** at all costs

C **costas** *fpl* (Der) costs (*pl*); **condenar a algn en ~s** to order sb to pay costs

costado *m* side; **pasar de ~** to go through sideways; **duerme de ~** she sleeps on her side; **escríbelo al ~** (RPl) write it in the margin; ***por los cuatro ~s***: **mexicano por los cuatro ~s** Mexican through and through

costal *m* sack, bag

costalada *f*, **costalazo** *m* (fam): **darse una ~** to fall heavily

costanera *f* (CS) (al lado — de río) riverside path (*o* road *etc*); (— del mar) promenade; (— de lago) lakeside path (*o* road *etc*)

costanero -ra *adj* coastal

costar [A10] *vt*

A (en dinero) to cost; **¿cuánto me ~á arreglarlo?** how much will it be *o* cost to fix it?

B (en perjuicios) (+ *me/te/le etc*): **el atentado que le costó la vida** the attack in which he lost his life; **le costó el puesto** it cost him his job; **el robo le costó 10 años de cárcel** he got 10 years for the robbery

C (en esfuerzo): **me ha costado mucho trabajo llegar hasta aquí** it has taken me a lot of hard work to get this far; ; **¿qué te cuesta hacerlo?** go on, why don't you do it?; **me cuesta trabajo creerlo** I find it hard *o* difficult to believe; **lo logró, pero le costó lo suyo** he managed it in the end, but not without a struggle; ***cueste lo que cueste*** at all costs

■ **costar** *vi*

A (en dinero) to cost; **el reloj me costó caro/barato** the watch cost a lot/didn't cost much

B (resultar perjudicial): **esto te va a ~ caro** you're going to pay dearly for this

C (resultar difícil): **me cuesta creerlo** I find it hard *o* difficult to believe; **nos costó convencerla/dormirnos** we had trouble persuading her/getting to sleep; **cuesta un poco/mucho acostumbrarse** it's not easy/it's very hard to get used to; **no te cuesta nada intentarlo** it won't do you any harm to give it a try; **¿te costó mucho encontrarlo?** did you have much trouble finding it?; **la física le cuesta** he finds physics difficult

Costa Rica *f* Costa Rica

costarricense *adj/mf* Costa Rican

costarriqueño -ña *adj/m,f* Costa Rican

coste *m* (Esp) ▸**costo A**

costear [A1] *vt*

A (financiar) to finance; **le costeó los estudios** she financed his studies

B (Náut) to coast, sail along the coast of

■ **costear** *vi* to sail along the coast

■ **costearse** *v pron* (*refl*) (pagarse): **se costeó él mismo los estudios** he paid his own way through college; **yo me costeé el viaje** I paid for the trip myself

coste-eficacia *m* (Esp) ▸**costo-eficacia**

costeño[1] **-ña** *adj* coastal

costeño[2] **-ña** *m,f*: **los ~s** people from coastal regions

costero -ra *adj* ‹*camino/pueblo*› coastal

costilla *f*

A (Anat) rib

B (AmS) (chuleta — de vaca) T-bone steak; (— de cerdo, cordero) chop

C (Náut) rib

D **1** (fam & hum) (cónyuge) better half (colloq & hum) **2** (Per fam) (novia) girlfriend

costillar *m* **1** (Anat) ribcage **2** (Náut) frame

costino -na *adj/m,f* (Chi) ▸**costeño**[1,2]

costipado -da *adj/m* ▸**constipado**

costo *m*

A (Com, Econ, Fin) cost; **de bajo ~** low-cost, budget; **precio de ~** cost price; **al ~** at cost price

(Compuestos)

- **costo de (la) vida** cost of living
- **costos de fabricación/de funcionamiento** *mpl* manufacturing/operating costs (*pl*)

B (Esp arg) (hachís) hash (sl)

costo-eficacia *m* cost-efficiency, cost-effectiveness

costoso -sa *adj*

A **1** ‹*casa/coche/joya*› expensive **2** ‹*error*› costly

B ‹*trabajo/tarea*› difficult

costra *f* **1** (de herida) scab **2** (de suciedad) layer, coating

C

costumbre *f*
A (de individuo) habit; **tenía (la) ~ de madrugar** he was in the habit of getting up early; **agarró la ~ de ...** she got into the habit of ...; **tiene por ~ llamarme a esta hora** he usually calls me at this time; **para no perder la ~** as always *o* usual; **se van perdiendo las buenas ~s** good manners are becoming a thing of the past; **de ~** usual; **el sitio/a la hora de ~** the usual place/time; **como de ~** as usual; **se quejó más/menos que de ~** he complained more/less than he usually does
B (de país, pueblo) custom; **eso no es ~ en nuestro país** that is not customary in our country
costumbrismo *m*: *literary genre dealing with local customs*
costumbrista *adj*: *of or relating to* **costumbrismo**
costura *f* **1** (acción) sewing; ▸**alto**[1] **2** (puntadas) seam; **sin ~** seamless
costurera *f* seamstress
costurero *m* **1** (caja, estuche) workbox; (canasta) sewing basket; **~ de viaje** sewing kit **2** (Col) (de caridad) sewing bee
cota *f*
A (altura) height above sea level; **misil de baja ~** low-level missile
B (grado, cifra): **la delincuencia ha alcanzado ~s alarmantes** crime has reached alarming levels; **quiere alcanzar ~s más altas en su carrera** she wants to scale greater heights in her career
C (Indum) doublet
(Compuesto) **cota de mallas** coat of mail
cotarro *m* (Esp fam): **se armó un ~** there was a real to-do (colloq); **dirigir el ~** to be the boss *o* leader
cotejar [A1] *vt* ‹*documentos*› to compare; ‹*información/respuesta*› to collate; **~ algo CON algo** to check sth AGAINST sth
cotejo *m*
A (comparación) comparison, collating (frml)
B (AmL period) (Dep) game, match
cotelé *m* (Chi) corduroy
coterráneo -nea *m,f* compatriot
cotidiano -na *adj* ‹*vida*› everyday, daily
cotilla *mf* (Esp fam) gossip (colloq)
cotillear [A1] *vi* (Esp fam) to gossip
cotillón *m* (fiesta) ball; (baile) cotillion
cotización *f*
A (de moneda) value; (de acciones, valores, producto) price; **su ~ llegó a 500 pesos** it reached 500 pesos; **las acciones alcanzaron una ~ de 275 pesos** the shares were quoted at 275 pesos
B (cuota, prestación) contribution
C (Andes) (evaluación) valuation; (presupuesto) estimate
cotizado -da *adj* sought-after
cotizar [A4] *vt*
A **1** (Fin) ‹*acciones*› to quote; **acciones que se cotizan a 525 pesos** shares which have been quoted at 525 pesos; **acciones que se cotizan bien últimamente** shares which have been performing well recently; **la libra se cotizaba a 1,58 euros** the pound stood at 1.58 euros; **estos apartamentos se cotizan en $500.000** these apartments are valued at $500,000 **2** (apreciar, valorar) to value
B (Andes) ‹*cuadro/joyas*› to value; ‹*obra/reparación*› to give an estimate for
C (Chi fam) (prestar atención) to notice
■ **cotizar** *vi* **1** (aportar) to pay contributions **2** (Fin): **~ en Bolsa** to be listed *o* quoted on the Stock Exchange; **al cierre ~on a 2,78 euros** they closed at 2.78 euros
■ **cotizarse** *v pron* (Col) to increase in value
coto *m*
A (Dep, Ecol) reserve; ***poner ~ a algo*** to put a stop *o* an end to sth
(Compuesto) **coto de caza/pesca** game/fishing preserve
B (Andes, Ven) (bocio) goiter*
cotón *m* (Chi) (Tex) cotton fabric
cotona *f* (Chi) thick cotton shirt
cotorra *f*
A **1** (Zool) (loro) parrot; ***hablar como una ~*** to talk a mile a minute (AmE colloq), to talk nineteen to the dozen (BrE colloq) **2** (fam) (persona) chatterbox (colloq)
B (Ven fam) (conversación) chat (colloq); (cuento, mentira) tale
cotorrear [A1] *vi* (fam) to chatter
■ **cotorrear** *vt* (Méx, Ven fam) to smoothtalk (colloq)
cotorreo *m* (fam) chatter (colloq)
cototo *m* (Chi fam) bump (*on the head*)
cottolengo /koto'leŋgo/ *m* (RPl) (para ancianos) old people's home; (para niños) children's home; (para drogadictos, desamparados, etc) shelter, refuge
cotudo -da *m,f* **1** (Andes, Ven fam) (enfermo) *person with goiter* **2** (Col fam) (tonto) cretin (colloq & pej)
cotufas *fpl* (Ven) (maíz tostado) popcorn
COU /kou/ *m* (en Esp) **= Curso de Orientación Universitaria**
courier /ku'rje(r)/ *mf* courier
covacha *f* (fam) **1** (casucha) hovel **2** (Méx) (trastero) storage room
covadera *f* (Chi, Per) guano deposit
cowboy /kau'βoj, ko'βoj/ *m* (*pl* **-boys**) cowboy
coxis *m* (*pl* ~) ▸**cóccix**
coya *mf* ▸**colla**
coyón *mf* (Méx fam) chicken (colloq), coward
coyote *m*
A (Zool) coyote
B (Méx) (intermediario) fixer (colloq); (para cruzar la frontera) *person who helps illegal immigrants enter the USA*
coyuntura *f*
A (Anat) joint
B (frml *o* period) (situación) situation; **aprovechó la ~ para irse** he took advantage of the situation to leave; **a la espera de una ~ más favorable** awaiting more favorable circumstances
coyuntural *adj* (frml *o* period) **1** (presente) current **2** (temporal): **un plan ~** an interim plan; **problemas/factores ~es** temporary problems/factors
coz *f* **1** (de un caballo) kick; **dar** *or* **pegar coces** to kick **2** (de un fusil) recoil, kick
C.P. *m* **= código postal**
cps (**= caracteres por segundo**) cps
crac *m* (*pl* **cracs**) **1** (sonido) crack, snap **2** (Fin) crash
crack *m* (*pl* **cracks**)
A (droga) crack
B (AmL) (Dep) (persona) star; (caballo) champion
cranear [A1] *vt* (Andes fam) ‹*chiste/excusa*› to think up; ‹*atraco*› to plan, plot
■ **cranearse** *v pron* (Andes fam) (planear) to figure out
cráneo *m* skull, cranium (tech)
crápula *mf* **1** (libertino): **es un ~** he leads a dissolute life **2** (AmL) (canalla) swine
craso -sa *adj*
A (*delante del n*): **¡~ error!** that was a big mistake!; **dando muestras de crasa ignorancia** demonstrating his crass ignorance
B (Bot) succulent
cráter *m* crater
crawl /krol/ *m*: *tb* **estilo ~** crawl, front crawl
crayón *m* (Méx, RPl) wax crayon
creación *f*
A **1** (acción) creation; **un siglo de ~ literaria** a century of literary activity **2** (cosa creada) creation
B (Relig) **la Creación** the Creation
creador[1] **-dora** *adj* creative
creador[2] **-dora** *m,f*
A creator; **~es de moda** fashion designers
B (Relig) **el Creador** the Creator
crear [A1] *vt*
A **1** ‹*obra/modelo/tendencia*› to create, ‹*producto*› to develop **2** ‹*sistema*› to create, establish, set up; ‹*institución*› to set up, create; ‹*comisión/fondo*› to set up; ‹*empleo*› to create; ‹*ciudad*› to build
B ‹*dificultades/problemas*› to cause, create; ‹*ambiente/clima*› to create; ‹*fama/prestigio*› to bring; ‹*reputación*› to earn; **su arrogancia le creó muchas enemistades** his arrogance made him many enemies; **no quiero ~ falsas expectativas** I don't want to raise false hopes

■ **crearse** *v pron* ‹*problema*› to create … for oneself

creatividad *f* creativity

creativo[1] **-va** *adj* creative

creativo[2] **-va** *m,f* creative, copywriter

crecer [E3] *vi*

A **1** (aumentar de tamaño)«*ser vivo/pelo/uñas*» to grow; **ha crecido mucho** he's grown a lot **2** (criarse) to grow up; **crecieron en un pueblo** they grew up in a village

B «*río*» to rise; «*ciudad*» to grow; «*luna*» to wax

C **1** «*sentimiento/interés*» to grow; «*rumor*» to spread; **creció en la estima de todos** he grew in everyone's estimation **2** (en número, monto): **los sueldos no han crecido al ritmo de la inflación** wages have not kept pace with inflation; **el número de desempleados ha crecido** the number of unemployed has risen; **la economía ha crecido un 4%** the economy has grown by 4% **3** (en importancia, sabiduría) **~ EN algo** to grow IN sth

■ **crecerse** *v pron*: **el equipo se crece en los partidos coperos** the team rises to the challenge in cup games; **~se ANTE algo/algn: se crece ante el peligro** he rises to the occasion when faced with danger

creces: **le devolví con ~ su dinero** I paid him back all his money and more; **pagar con ~ un error** to pay dearly for a mistake; **superar algo con ~** ‹*nivel/previsiones*› to far exceed sth; **superó con ~ la prueba de acceso** she passed the entrance exam with flying colors

crecida *f* **1** (subida de nivel): **el río experimentó una fuerte ~** the river level rose sharply **2** (desbordamiento): **las ~s del Paraná** the flooding of the Paraná

crecido -da *adj*

A ‹*persona*›: **está muy ~ para su edad** he's very big for his age

B ‹*pelo/barba*› long; **¡qué ~ tienes el pelo!** your hair is so long!

C ‹*río*› high

D ‹*número/proporción*› large

creciente *adj* **1** ‹*interés/necesidad*› increasing **2** (Astron): **luna ~** waxing moon

crecimiento *m*

A (Biol, Fisiol) growth; **está en período de ~** he's at that age when children grow quickly; **sufre un retraso en el ~** he suffers from stunted growth

B (aumento) growth; **un bajo ~** a low growth rate; **una industria en ~** a growth industry; **el ~ del PNB** the growth in the GNP

(Compuestos)

- **crecimiento cero** zero growth
- **crecimiento vegetativo** natural increase

credencial[1] *adj* ▸ **carta A**

credencial[2] *f* document; **la ~ de su nuevo nombramiento** the document confirming your new appointment; **la ~ de socio** (Méx) membership card

(Compuesto) **credencial cívica** (Ur) voter registration card (AmE), voting card (BrE)

credibilidad *f* credibility

crédito *m*

A **1** (en negocio) credit; **tengo ~ en esa tienda** they let me have credit in that shop; **a ~** on credit **2** (cuenta) account **3** (préstamo) loan; **conceder un ~** to give *o* grant a loan

(Compuestos)

- **crédito a la exportación** export credit
- **crédito a largo/corto plazo** long-/short-term loan
- **crédito hipotecario** *or* **de vivienda** mortgage loan

B **1** (credibilidad): **fuentes dignas de ~** reliable sources; **no di ~ a sus palabras** I doubted his words (frml); ***no dar ~ a sus ojos/oídos***: **no di ~ a mis ojos/oídos** I couldn't believe my eyes/ears **2** (prestigio, fama) reputation; **un médico que goza de mucho ~** a doctor of good reputation

C (Cin, TV) credit

D (Educ) credit

credo *m* **1** (oración) creed **2** (creencias) creed, beliefs (*pl*)

credulidad *f* credulity, gullibility

crédulo -la *adj* credulous, gullible

creencia *f* belief; **en la ~ de que …** in the belief that …

creer [E13] *vi*

A **1** (Relig) to believe **2** (tener fe, confianza) **~ EN algo/algn** to believe IN sth/sb **3** (+ *me/te/le etc*) to believe; **¡no te puedo ~!** I don't *o* can't believe it!

B (pensar, juzgar) to think; **¿estará en casa ahora? — no creo** will she be at home now? — I don't think so; **él la quiere — ¿tú crees?** he loves her — do you think so?; **ocurrió en 1965, según creo** I believe *o* understand it took place in 1965; **no creas, es bastante difícil** believe me, it's quite hard; **esto ya pasaba antes, no crea usted** this used to happen before as well, you know

■ **creer** *vt*

A (dar por cierto) to believe; **¡quién lo hubiera creído!** who would have believed it?; **hay que verlo para ~lo** it has to be seen to be believed; **lo creas o no lo creas** *or* **aunque no lo creas** believe it or not; **si no lo veo no lo creo** if I hadn't seen it with my own eyes I wouldn't have believed it; **¡ya lo creo!** of course!; **no (le) creas nada de lo que dice** don't believe a thing *o* a word he says; **¡no lo puedo ~!** I don't believe it!

B (pensar, juzgar) to think; **creo que sí/creo que no** I think so/I don't think so; **creo que va a llover** I think it's going to rain; **creo que es mi deber ayudarlo** I believe it's my duty to help him; **quiero ~ que se lo agradeciste** I hope you thanked them; **se cree que el incendio fue provocado** the fire is thought to have been started deliberately; **les hizo ~ que estaba enfermo** he made them think he was ill; **creo que no va a poder resolverlo** I don't believe *o* think she'll be able to sort it out; **no creí necesario avisarte** I didn't think it necessary to let you know; **no la creo capaz** I do not think she is capable; **¿me crees tan estúpida?** do you really think I'm that stupid?; **no ~ QUE + SUBJ: no creo que pueda resolverlo** I doubt if *o* I don't think I'll be able to solve it; **no creo/no puedo ~ que lo haya hecho** I don't/can't believe that he did it; **no vaya a creer que es para él** he might get the impression it's for him; **~ + INF: creí oír un ruido** I thought I heard a noise; **creo recordar que …** I seem to remember that …; **creo haberlo visto antes** I think I've seen it before

■ **creerse** *v pron*

A (dar por cierto, figurarse) **1** (*enf*) (con ingenuidad) to believe; **se cree todo lo que le dicen** she believes everything she's told; **eso nadie se lo cree** no one believes that; **que no se crea que es fácil** he shouldn't think it's easy **2** (con arrogancia) to think; **¿quién se ~á que es?** who does he think he is?; **¿qué se habrán creído?** what do they take me (*o* us etc) for?; **¿qué te crees, que soy tu criada?** what do you think I am, your maid or something?; **se lo tiene muy creído** (Esp fam) he's very full of himself (colloq); **¡que te crees tú eso!** *or* **¡que te lo has creído!** (Esp fam) you must be kidding! (colloq)

B (*refl*) **1** (considerarse): **no me creo capaz de hacerlo** I don't think I'm capable of doing it; **se cree muy listo** he thinks he's really clever **2** (CS fam) (estimarse superior) to think one is special (*o* great *etc*)

C (Méx) (fiarse) **~se DE algn** to trust sb

creíble *adj* credible, believable

creído -da *adj* **1** [SER] (engreído) conceited **2** [SER] (Arg) (crédulo) gullible

crema[1] *adj inv* cream; **(de) color ~** cream, cream-colored

crema[2] *f*

A (Coc) **1** (plato dulce) *type of custard* **2** (esp AmL) (de la leche) cream; **~ batida** whipped cream **3** (sopa) cream

(Compuestos)

- **crema agria** *or* **ácida** (AmL) sour *o* soured cream
- **crema chantilly** *or* **chantillí** (AmL) whipped cream (*with sugar, vanilla and egg white*)
- **crema de cacao** crème de cacao
- **crema doble/líquida** (AmL) double/single cream
- **crema pastelera** crème pâtissière, confectioner's custard

B **la crema** (lo mejor) the cream

C (en cosmética) cream

(Compuestos)

- **crema bronceadora** suntan lotion *o* cream
- **crema de afeitar** shaving cream
- **crema de calzado** (Esp) shoe cream
- **crema depilatoria** hair-removing cream
- **crema hidratante** moisturizer, moisturizing cream

cremación *f* cremation

cremallera *f* 1 (Indum) zipper (AmE), zip (BrE) 2 (Mec, Tec) rack
cremar [A1] *vt* to cremate
crematístico -ca *adj* (frml) financial, chrematistic (frml)
crematorio¹ -ria *adj* ▸**horno**
crematorio² *m* crematorium
cremosidad *f* creaminess
cremoso -sa *adj* ‹*salsa*› creamy; ‹*queso*› soft, creamy
crenchas *fpl* (CS fam & pey) hair
crep *m* (*pl* **creps**) ▸**crepe A**
crepa *f* (Méx) ▸**crepe A**
crepe /krep/ *m or f*
A (Coc) crepe
B **crepe** *m* ▸**crepé**
crepé *m*
A (Tex) crepe; ▸**papel**
(Compuesto) **crepé de china** crepe de Chine
B (caucho) crepe
crepería *f* creperie
crepitación *f* crackling
crepitar [A1] *vi* to crackle
crepuscular *adj* (liter) twilight (*before n*); **luz ~** twilight
crepúsculo *m* (del anochecer) twilight; (del amanecer) dawn light
crescendo *m* crescendo; **ir in ~** ‹‹*música/aplausos*›› to rise in a crescendo; ‹‹*desempleo, inflación*›› to rise
crespo¹ -pa *adj* (rizado) (AmL) curly; (muy rizado) frizzy
crespo² *m* (AmL) curl; ***con los ~s hechos*** (Andes fam): **me dejaron con los ~s hechos** they let me down; **quedarse con los ~s hechos** to be let down
crespón *m* (tela) crepe; (lazo) band
cresta *f*
A 1 (Zool) crest; (de gallo) comb 2 (de ola, monte) crest; ***estar en la ~ de la ola*** to be on *o* be riding on the crest of the wave
B (Chi vulg) (uso expletivo) ▸**mierda B4**
creta *f* chalk
cretáceo¹ -cea *adj* cretaceous
cretáceo² *m*: **el ~** the Cretaceous
cretinismo *m* cretinism
cretino¹ -na *adj* cretinous
cretino² -na *m,f* cretin
cretona *f* cretonne
creyente¹ *adj*: **es muy ~** she has a strong faith
creyente² *mf* believer; **los no ~s** the nonbelievers; **soy ~ pero no practicante** I believe in God but I don't go to church
creyera, creyese, etc *ver* **creer**
cría *f*
A (Agr) rearing, raising; (para la reproducción) breeding
B (Zool) 1 (camada) litter; (nidada) brood 2 (animal): **una ~ de ciervo** a baby deer; **el macho cuida las ~s** the male looks after the young
criadero *m* farm; **~ de pollos/de truchas** poultry/trout farm; **~ de perros** kennels; **~ de ostras/mejillones** oyster/mussel bed; **se ha convertido en un ~ de ratas** it's become a breeding ground for rats
criadilla *f* testicle
criado -da (*m*) servant; (*f*) servant, maid
criador -dora *m,f* breeder
crianza *f*
A (Agr) raising, rearing; (para la reproducción) breeding
B (de niños) upbringing
C (Vin) aging*

> **crianza**
>
> A term which refers both to the process of ageing wines, and to a category of wines, *vinos de crianza*, which have been aged for a minimum of two years, first in barrels or the more modern stainless steel tanks, and then in the bottle

criar [A17] *vt*
A ‹*niño*› 1 (cuidar, educar) to bring up, raise; **la ~on los abuelos** she was brought up *o* raised by her grandparents; **ya tiene a sus hijos criados** her children are grown up now 2 (amamantar) to breast-feed; **criado con biberón** bottle-fed
B ‹*ganado*› to raise, rear; (para la reproducción) to breed; ‹*pollos/pavos*› to breed
C (producir): **el pan ha criado moho** the bread has gone moldy; **este perro cría pulgas** this dog is always covered in fleas
■ **criar** *vi* ‹‹*mujer*›› to breast-feed; ‹‹*animal*›› to suckle
■ **criarse** *v pron* to grow up; **nos criamos juntos** we grew up together; **me crié con mi abuela** I was brought up by my grandmother; ***a la que te criaste*** (CS fam) any old how
criatura *f*
A (niño pequeño) child; **pero ~ ...** you silly thing …
B (cosa creada) creature
criba *f* 1 (instrumento) sieve 2 (proceso de selección): **la primera ~** the first stage of the selection process; **hicimos una ~ de las solicitudes** we went through the applications
cribar [A1] *vt* to sieve, sift
cricket /'krike(t)/ *m* cricket
crimen *m* 1 (delito grave) serious crime; (asesinato) murder 2 (fam) (pena, lástima) crime (colloq); **es un ~ tirar esta comida** it's a crime to throw away this food; **¡qué ~!** it's wicked *o* criminal
(Compuestos)
• **crimen de guerra** war crime
• **crimen de sangre** violent crime
• **crimen organizado**: **el ~ ~** organized crime
• **crimen pasional** crime of passion
criminal *adj/mf* criminal
criminalidad *f* 1 (cualidad) criminality 2 (número de crímenes) crime; **ha aumentado la ~** there has been an increase in crime
criminalista¹ *adj* criminal (*before n*)
criminalista² *mf* criminal lawyer
criminólogo -ga *m,f* criminologist
crin *f*
A 1 (del caballo) *tb* **~es** mane 2 (material) horsehair
B (esparto) esparto grass
crineja *f* (Ven) braid (AmE), plait (BrE)
crío, cría (esp Esp fam) *m,f* kid (colloq); **¡no seas ~!** don't be such a baby!
criogenia *f* cryogenetics
criollo¹ -lla *adj* 1 (Hist) Creole 2 (AmL) (por oposición a extranjero) Venezuelan (*o* Peruvian *etc*); ‹*plato/artesanía/cocina*› national; ***a la criolla*** (RPl fam) informal, casual 3 ‹*lengua*› creole; ▸**viveza B**
criollo² -lla *m,f* 1 (Hist) Creole (*of European descent born in a Spanish American colony*) 2 (AmL) (nativo) Venezuelan (*o* Peruvian *etc*) 3 **criollo** *m* (Ling) creole; ***decir algo/hablar en ~*** (AmL fam) to say sth in plain Spanish
criónica *f* cryonics
cripta *f* crypt
críptico -ca *adj* (en clave) cryptic; (oscuro, hermético) ‹*lenguaje*› obscure
criptografía *f* cryptography
criptográfico -ca *adj* cryptographic
criptograma *m* cryptogram
criquet *m* (Dep) cricket
crisálida *f* chrysalis, chrysalid
crisantemo *m* chrysanthemum
crisis *f* (*pl* **~**) 1 (situación grave) crisis; **una grave ~ energética** a serious energy crisis; **estar en ~** to be in crisis; **~ de fe** crisis of faith; **pasar por una etapa de ~** to go through a crisis 2 (Med) crisis; **hacer ~** ‹‹*enfermedad*›› to become critical 3 (period) (remodelación ministerial) *tb* **~ de Gobierno** cabinet reshuffle
(Compuestos)
• **crisis cardíaca** heart failure, cardiac arrest
• **crisis de identidad** identity crisis
• **crisis de los cuarenta** midlife crisis
• **crisis ministerial** cabinet crisis (*resulting in dismissals or resignations*)
• **crisis nerviosa** nervous breakdown
crisma¹ *m* chrism

crisma[2] *f*: **romperse la ~** (fam) to crack one's head open (colloq); **romperle la ~ a algn** (fam) to smash sb's face in (colloq)

crismas *m* (*pl* ~) (Esp) Christmas card

crisol *m* 1 (Tec) crucible 2 (punto de confluencia) melting pot

crispación *f*: **un clima de ~** an atmosphere of extreme tension

crispado -da *adj* tense

crispar [A1] *vt* 1 (contraer): **con la expresión crispada por el dolor** his face tensed/contorted with pain 2 (exasperar) to infuriate; **me crispa los nervios** it really irritates me *o* gets on my nerves

■ **crisparse** *v pron* «*rostro/expresión*» to tense up; «*persona*» to get irritated; **su rostro se crispó de dolor** her face contorted with pain

cristal *m*

A (vidrio fino) crystal; (vidrio) (Esp) glass; **puerta de ~** glass door

Compuestos

- **cristal de Bohemia/Murano** Bohemian crystal/Venetian glass
- **cristal de roca** rock crystal
- **cristal tallado** *or* (AmL) **cortado** cut glass

B 1 (lente) lens 2 (Esp) (trozo) piece of glass; **~es rotos** pieces of broken glass 3 (Esp) (de ventana) pane; **limpiar los ~s** to clean the windows; **~es antibalas/ahumados** bulletproof/smoked glass

Compuestos

- **cristal delantero** (Esp) windshield (AmE), windscreen (BrE)
- **cristal trasero** (Esp) rear windshield (AmE), rear windscreen (BrE)

C (Min, Quím) crystal

cristalera *f* (Esp) 1 (mueble) display cabinet, dresser 2 (escaparate — de tienda) shop window; (— de bar, cafetería) display window 3 (puertas) French windows (*pl*), French doors (*pl*) (AmE); (ventanas) windows (*pl*)

cristalería *f*

A (Esp) (taller) glazier's; (fábrica) glassworks

B (objetos) glassware; (juego) set of glasses

cristalero -ra *m,f* (Esp) (persona que instala) glazier; (limpiacristales) window cleaner

cristalino[1] **-na** *adj* crystalline

cristalino[2] *m* crystalline lens

cristalización *f* crystallization

cristalizar [A4] *vi* 1 (Fís, Min) to crystallize 2 «*proyecto/idea*» to crystallize; **~ EN algo** to materialize IN sth

■ **cristalizar** *vt* to crystallize

■ **cristalizarse** *v pron* to crystallize

cristalografía *f* crystallography

cristianamente *adv*: **vivir ~** to live as good Christians; **murió ~** he died in a state of grace

cristiandad *f* Christendom

cristianismo *m* Christianity

cristianizar [A4] *vt* to Christianize

cristiano[1] **-na** *adj* Christian; **¿eres ~?** are you a Christian?

cristiano[2] **-na** *m,f* 1 (Relig) Christian 2 (fam) (persona): **¡no hay ~ que la entienda!** no one can understand her!; ***en*** **~** (fam) (en español) in Spanish; (sin tecnicismos) in plain Spanish (*o* English *etc*)

Compuesto **cristiano viejo** *Christian with neither Jewish nor Moorish ancestry*

cristo *m* crucifix

Cristo Christ; **antes/después de ~** before Christ *o* BC/AD; ***con el ~ en la boca*** with one's heart in one's mouth; **~ *y la madre*** (fam) everyone and his brother (AmE colloq), the world and his wife (BrE colloq); ***donde ~ dio las tres voces*** *or* ***perdió la alpargata*** (en un lugar — lejano) miles away; (— remoto) in the middle of nowhere; ***ir*** *or* ***estar hecho un ~*** (Esp fam) to be absolutely filthy; ***ni ~***: **ni ~ entiende** *or* **no hay ~ que entienda su letra** absolutely nobody can understand her handwriting

criterio *m* 1 (norma, principio) criterion; **tenemos que unificar ~s** we have to agree on our criteria 2 (capacidad para juzgar, discernir) discernment (frml), judgment*; **una persona de buen ~** a person of sound judgment; **no tiene ~** he has no common sense; **usa tu propio ~** use your own judgment; **lo dejo a tu ~** I leave that to your discretion *o* judgment 3 (opinión, juicio) opinion; **su ~ es que ...** he is of the view *o* opinion that ...

crítica *f*

A (ataque, censura) criticism; **ha sido objeto de numerosas ~s** she has come in for *o* been the object of a lot of criticism; **dirigió duras ~s contra el obispo** he launched a fierce attack on the bishop

B (Art, Espec, Lit) 1 (reseña) review; (ensayo) critique; **la película ha recibido muy buenas ~s** the movie has had very good reviews 2 **la ~** (los críticos) the critics (*pl*); **recibió los elogios de la ~ internacional** it was well received by critics worldwide 3 (actividad) criticism

Compuesto **crítica literaria** literary criticism

criticable *adj* reprehensible (frml)

criticar [A2] *vt* 1 (atacar, censurar) to criticize; **fue muy criticado** it was fiercely criticized; **lo criticó duramente** he strongly criticized him 2 (Art, Espec, Lit) ‹*libro/película*› to review

■ **criticar** *vi* to gossip, backbite

crítico[1] **-ca** *adj*

A ‹*análisis/estudio*› critical; **el sentido ~ del alumno** the student's critical awareness

B (decisivo, crucial) critical; **se encuentra en estado ~** she is in a critical condition; **está en la edad crítica** (en la adolescencia) she's at that difficult age; (en la menopausia) (fam & euf) she's going through the change (colloq & euph)

crítico[2] **-ca** *m,f* critic; **~ de cine** movie critic

criticón[1] **-cona** *adj* (fam & pey) critical, hypercritical

criticón[2] **-cona** *m,f* (fam & pey) faultfinder

Croacia *f* Croatia

croar [A1] *vi* to croak

croata[1] *adj* Croatian, Croat

croata[2] *mf* Croat; **los ~s** the Croats, Croatian people

crocante[1] *adj* (esp RPl) crunchy

crocante[2] *m* (turrón) *candy made with toasted almonds and caramel*; (helado) *ice cream coated in nutty chocolate*

croché, crochet /kro'ʃe, kro'tʃe/ *m* crochet; **hacer ~** to crochet

croissant /krwa'san/ *m* (*pl* **-ssants**) croissant

crol *m* (Dep) crawl

cromado *m* chroming

cromar [A1] *vt* to chromium-plate

cromático -ca *adj* chromatic; **toda la gama cromática del verde** a complete range of greens

cromo *m* 1 (metal) chromium, chrome 2 (Esp) (estampa) picture card, sticker

cromosoma *m* chromosome

crónica *f* 1 (Period) report, article; (Rad, TV) report; **~ deportiva/de sociedad** sport(s)/society page (*o* section *etc*); **~ de sucesos** accident and crime reports 2 (Hist) chronicle

crónico -ca *adj* ‹*enfermedad/problema*› chronic; **¡lo suyo es ~!** (fam) she's a hopeless case! (colloq)

cronista *mf* 1 (esp AmL) (periodista) journalist, reporter; **~ de radio** radio broadcaster 2 (Hist) chronicler

cronología *f* chronology

cronológico -ca *adj* chronological

cronometraje *m* timekeeping; **~ manual** manual timekeeping

cronometrar [A1] *vt* to time

cronómetro *m* (Tec) chronometer; (Dep) stopwatch

croqueta *f* croquette; **~s de carne** meat croquettes

croquis *m* (*pl* ~) sketch

cross /kros/ *m* 1 (deporte — en atletismo) cross-country running; (— en motociclismo) motocross 2 (carrera — a pie) cross country, cross-country race; (— en moto) motocross race

cross-country /kros'kʌntri/ *m* (*pl* ~) (en atletismo) cross-country running; (en hípica) cross-country

crótalo *m* 1 (Zool) rattlesnake 2 **crótalos** *mpl* (liter) (castañuelas) castanets (*pl*)

croto -ta *m,f* (RPl fam): **es un ~** he's useless

C

croupier /kru'pje(r)/ *mf* (*pl* **-piers**) croupier

cruce *m*

A (acción) crossing

B (de calles) crossroads; ⓢ **cruce peligroso** dangerous junction

(Compuesto) **cruce peatonal** *or* **de peatones** pedestrian crossing

C (Telec): **hay un ~ en las líneas** there's a crossed line; ***tener un ~ de cables*** (fam) to be in a muddle (colloq)

D (Agr, Biol) cross

cruceiro *m*

A (cruz) stone cross

B (unidad monetaria) cruzeiro (*former Brazilian unit of currency*)

crucero *m*

A (viaje) cruise; **hizo un ~ por el Caribe** he went on a Caribbean cruise

B (barco de guerra) cruiser

C (Méx) (de carreteras) crossroads; (Ferr) grade crossing (AmE), level crossing (BrE)

cruceta *f* (Náut) crosstree; (Auto, Mec) crosshead

crucial *adj* crucial

crucificar [A2] *vt* to crucify

crucifijo *m* crucifix

crucifixión *f* crucifixion

crucigrama *m* crossword, crossword puzzle

cruda *f* (AmC, Méx fam) hangover

crudeza *f* **1** (del clima) severity, harshness **2** (del lenguaje) harshness, rawness; (de imágenes) harshness; **la cámara revela con ~ la miseria del país** the camera reveals the reality of poverty in that country

crudo¹ -da *adj*

A [ESTAR] ‹*carne/verduras/pescado*› (sin cocinar) raw; (poco hecho) underdone

B [SER] **1** ‹*invierno/clima*› severe, harsh **2** ‹*lenguaje/imágenes/realidad*› harsh

C **(de) color ~** natural; ‹*lana/encaje*› ecru

D [ESTAR] (AmC, Méx fam) (con resaca): **¡estoy ~!** I have a hangover

crudo² *m* crude oil, crude

cruel *adj* cruel; **ser ~ con algn** to be cruel to sb; **la venganza será ~** (hum) just you wait! (I'll get you!) (colloq)

crueldad *f* cruelty; **los trataban con ~** they treated them cruelly; **eso es una ~** that's cruel

(Compuesto) **crueldad mental** mental cruelty

cruento -ta *adj* (liter) bloody

crujido *m* **1** (de tablas, muelles, ramas) creaking **2** (de papel, hojas secas) rustling; (de seda) rustle **3** (de los nudillos, las rodillas) cracking **4** (de la grava, nieve) crunching **5** (de los dientes) grinding

crujiente *adj* ‹*galletas/tostadas*› crunchy; **el pan está ~** the bread is nice and crusty

crujir [I1] *vi* **1** «*tabla/muelles/ramas*» to creak; «*hojas secas*» to rustle **2** «*nudillos/rodillas*» to crack **3** «*grava/nieve*» to crunch **4** «*galletas/tostadas*» to be crunchy **5** «*dientes*»: **le crujen los dientes cuando duerme** he grinds his teeth in his sleep

crupier *mf* (*pl* **-piers**) croupier

crustáceo *m* crustacean

cruz *f*

A **1** (figura) cross; **marcar con una ~** mark with a cross; **ponerse con los brazos en ~** stand with your arms stretched out to the sides; **~ *y raya*** (Esp fam): **¡con José, ~ y raya!** I'm through with José (colloq); ***hacerle la ~ a algo/algn*** (CS fam) to refuse to have anything to do with sth/sb; ***hacerse cruces*** (fam): **me hago cruces de pensarlo** it makes my blood run cold just to think about it **2** (ornamento, condecoración) cross; **la ~ de la Legión de Honor** the cross of the Legion of Honor **3** **la Cruz** (Relig) the Cross

(Compuestos)

- **cruz gamada** swastika
- **cruz griega/latina** Greek/Latin cross
- **Cruz Roja** Red Cross

B (carga) cross; **cada uno lleva su ~ a cuestas** we all have our cross to bear; **¡qué ~!** (fam) what a pain! (colloq)

C (de moneda) reverse; **cara o ~** heads or tails

cruza *f* (AmL) (de animales) cross

cruzada *f* crusade; **la ~ contra la droga** the crusade against drugs

cruzado¹ -da *adj*

A (atravesado): **había un árbol ~ en la carretera** there was a tree lying across the road

B ‹*abrigo/chaqueta*› double-breasted

C ‹*cheque*› crossed

cruzado² *m*

A (Hist) crusader

B (en boxeo) cross

cruzar [A4] *vt*

A (atravesar) ‹*calle/mar/puente*› to cross; **cruzó el río a nado** she swam across the river

B ‹*piernas*› to cross; **con los brazos cruzados** with my/your/his arms crossed *o* folded; **crucemos los dedos** let's keep our fingers crossed

C ‹*cheque*› to cross

D (tachar) to cross out

E ‹*palabras/saludos*› to exchange

F (llevar al otro lado) to take (*o* carry *etc*) ... across

G ‹*animales/plantas*› to cross

■ **cruzar** *vi* (atravesar) to cross; **~on por el puente** they went across the bridge

■ **cruzarse** *v pron*

A (*recípr*) **1** «*caminos/líneas*» to intersect, meet **2** (en un viaje, un camino): **los trenes se ~on a mitad de camino** the trains passed each other half way; **nuestras cartas se han debido de ~** our letters must have crossed in the post; **seguro que nos ~emos por el camino** (nos veremos) we're sure to meet *o* pass each other on the way; (no nos veremos) we're sure to miss each other along the way; **~se CON algn** to see *o* pass sb

B (interponerse): **se le cruzó una moto** a motorcycle pulled out in front of him; **se nos cruzó otro corredor** another runner cut in front of us

CSCE *f* (= **Conferencia de Seguridad y Cooperación en Europa**) CSCE

CSF, c.s.f. *m* (= **coste, seguro y flete**) CIF, c.i.f.

cta. (= **cuenta**) a/c

cte. = corriente

cu *f*: *name of the letter* **q**

c/u = cada uno/una

CU *f* (en Méx) **= Ciudad Universitaria**

cua, cuac *m* quack

cuaco *m* (Méx fam & pey) nag (colloq & pej)

cuaderno *m* (de ejercicios) exercise book; (de notas) notebook

(Compuestos)

- **cuaderno de bitácora** log, logbook, ship's log
- **cuaderno (de) borrador** rough notebook
- **cuaderno de espiral** *o* (Chi) **de anillos** spiral-bound notebook
- **cuaderno TIR** TIR carnet

cuadra *f*

A (Equ) stable, stables (*pl*); **la ~ Giménez** the Giménez stable *o* stables

B (AmL) **1** (distancia entre dos esquinas) block **2** (Agr) *measurement of agricultural land*

cuadrado¹ -da *adj*

A **1** (de forma) square **2** (Mat) ‹*metro/centímetro*› square (*before n*); **22 metros ~s** 22 square meters

B [ESTAR] (fam) (fornido) well-built, big, hefty (colloq)

C [SER] (AmL) (cerrado de mente) (fam) inflexible

cuadrado² *m* square; **25 elevado al ~** 25 squared

cuadrafonía *f* quadraphonics, quadriphony

cuadrafónico -ca *adj* quadraphonic

cuadragésimo -ma *adj/pron* **1** (ordinal) fortieth; *para ejemplos ver* **vigésimo** **2** (partitivo): **la cuadragésima parte** a fortieth

cuadrangular¹ *adj* ‹*base/forma*› quadrangular; (Dep) (AmL) quadrangular

cuadrangular² *m* (Méx) home run

cuadrante *m* **1** (Astrol, Mat) quadrant **2** (instrumento) quadrant **3** (esfera — de instrumento) dial; (— de reloj) face **4** (Auto) dial

(Compuesto) **cuadrante solar** sundial

cuadrar [A1] *vi*

A **1** «*cuentas*» to tally, balance **2** «*declaraciones/testimo-*

nias» to tally; ~ CON **algo** to fit in WITH sth, tally WITH sth; **el apelativo le cuadra** the name suits him **3** «*colores/ropa*» to go together; ~ CON **algo** to go WITH sth
B **1** (convenir): **si cuadra iré a verlo** if I can fit it in, I'll go and see him; (+ *me/te/le etc*) **lo hará cuando le cuadre** he will do it when it suits him **2** (Ven) (para una cita) ~ CON **algn** to arrange to meet sb; ~ PARA + INF to arrange to + INF
■ **cuadrar** *vt* **1** (Com): ~ **la caja** to cash up **2** ‹*figura geométrica*› to square **3** (Col, Ven) ‹*carro*› to park
■ **cuadrarse** *v pron*
A **1** «*soldado*» to stand to attention **2** «*caballo/toro*» to stand stock-still **3** (fam) (plantarse) to stand firm
B (Col fam) (ennoviarse) to get engaged; ~**se** CON **algn** to get engaged TO sb
C (Chi fam) **1** (solidarizarse) ~**se** CON **algn** to side WITH sb **2** (colaborar) ~**se** CON **algo** to help out WITH sth
D **1** (Col, Ven fam) (estacionarse) to park **2** (Per fam) (enfrentarse): **cuadrársele a algn** to stand up to sb

cuadratura *f* quadrature; ***la ~ del círculo*** squaring the circle

cuadrícula *f* grid, squares (*pl*)

cuadriculado -da *adj* ‹*papel*› squared; **mapa ~** grid map

cuadricular [A1] *vt* to draw a grid on

cuadrienio *m* quadrennium

cuadrilátero[1] -ra *adj* quadrilateral

cuadrilátero[2] *m* **1** (Mat) quadrilateral **2** (period) (de boxeo) ring

cuadrilla *f* **1** (Taur) cuadrilla (*team of matador's assistants*) **2** (de obreros) team, gang; (de soldados) squad; (de maleantes) gang; **¡vaya ~ de vagos!** what a bunch of layabouts!

cuadro *m*
A **1** (Art) (pintura) painting; (grabado) picture **2** (Teatr) scene **3** (gráfico) table, chart
B **1** (Lit) (descripción) picture, description; **me pintó un ~ muy negro** he painted me a very bleak picture **2** (panorama) scene, sight; **el campo de batalla ofrecía un ~ desolador** the battlefield presented a scene of devastation; **se complica el ~ político** the political picture is becoming complicated
(Compuesto) **cuadro de costumbres** *description of local customs*
C **1** (cuadrado) square, check; **tela a** *or* **de ~s** checked material; **zanahorias cortadas en cuadritos** diced carrots **2** (en béisbol) diamond
D (Med) symptoms (*pl*); **uno de los ~s más frecuentes** one of the most common combinations of manifestations *o* symptoms
(Compuesto) **cuadro clínico** clinical manifestation, symptoms (*pl*)
E (tablero) board, panel
(Compuestos)
• **cuadro de distribución** control panel
• **cuadro de mandos** *or* **instrumentos** (Auto) dashboard; (Aviac) instrument panel
F (de bicicleta) frame
G (en organización): **los ~s directivos del partido** the top party officials; **~ de profesionales** team of professionals; **los ~s superiores/inferiores** (de empresa) senior/junior management; (del ejército) senior/junior officers
(Compuesto) **cuadros de mando** *mpl* (de ejército) commanders (*pl*); (de organización) leaders (*pl*)
H (RPl) (Dep) team; ***ser del otro ~*** (Ur fam) to be gay
I **cuadros** *mpl* (Chi frml) (Indum) panties (*pl*) (AmE), briefs (*pl*) (BrE frml)

cuadrúpedo -da *adj/m* quadruped (*before n*)

cuádruple[1] *adj* quadruple

cuádruple[2] *m*: **esta cifra es el ~ de la que esperábamos** this figure is four times what we expected; **su fortuna ha aumentado el ~** his wealth has increased four-fold *o* has quadrupled

cuadruplicado *adj*: **por ~** in quadruplicate

cuadruplicar [A2] *vt* to quadruple
■ **cuadruplicarse** *v pron* to quadruple

cuádruplo[1] -pla *adj* ▸**cuádruple[1]**

cuádruplo[2] *m* ▸**cuádruple[2]**

cuajada *f* junket, curd

cuajado -da *adj*
A (liter) (lleno) ~ DE **algo**: **un cielo ~ de estrellas** a sky studded with stars; **una vida cuajada de éxitos** a life crammed with achievements; **tenía la frente cuajada de gotitas de sudor** his forehead was beaded with sweat
B (Col) (musculoso) well-built, hefty (colloq)

cuajar [A1] *vi*
A **1** «*leche*» to curdle; «*flan/yogur*» to set **2** «*nieve*» to settle
B **1** «*ideología*» to be accepted; «*reforma*» to come about; «*argumento/historia*» to come together; «*plan/proyecto*» to come off; «*moda*» to catch on, take off **2** «*persona*» to fit in
■ **cuajar** *vt* **1** ‹*leche*› to curdle **2** (llenar) ~ **algo** DE **algo** to fill sth WITH sth
■ **cuajarse** *v pron* to curdle

cuajo *m*
A (sustancia) rennet
B (raíz): **arrancar algo de ~** ‹*planta*› to pull sth out by the roots; ‹*vicio/corrupción*› to root out (completely)

cual[1] *pron*
A **1** **el ~/la ~/los ~es/las ~es** (hablando de personas) (*sujeto*) who; (*complemento*) who, whom (frml); (hablando de cosas) which; **el motivo por el ~ lo hizo** the reason why he did it; **según lo ~ ...** by which ...; **dos/la mayoría de los ~es** (hablando de cosas) two/most of which; (hablando de personas) two/most of whom **2** **lo ~** which; **por lo ~** as a result *o* therefore; **con lo ~**: **me dijo que yo allí sobraba, con lo ~ me fui** he told me that I wasn't wanted there, whereupon *o* at which point I left; **olvidó el dinero, con lo ~ no pude comprar nada** he forgot the money, which meant that I couldn't buy anything
B (*en locs*) **cada cual** everyone, everybody; **~ cual debe hacerse cargo de lo suyo** everyone must be responsible for their own things; **cada ~ se fue por su lado** each went his separate way, everyone went their separate ways; **sea cual sea** *or* **fuera** *or* **fuere** whatever; **sea ~ sea su decisión** whatever their decision is *o* may be

cual[2] *prep* (liter) like; **~ fiera enfurecida ...** like a raging beast ... (liter)

cuál[1] *pron*
A (uno en particular) which; (uno en general) what; **¿~ quieres?** which (one) do you want?; **¿y ~ es el problema?** so, what's the problem?; **¿~ es su opinión?** what is your opinion?; **¡~ no sería su sorpresa!** you can imagine his surprise
B (*en locs*) **a cuál más**: **son a ~ más insoportable** they are all equally unbearable; **cuál más, cuál menos** to a greater or lesser degree

cuál[2] *adj* (esp AmL): **¿a ~ colegio vas?** what *o* which school do you go to?

cualesquiera[1] *adj*: *ver* **cualquiera[1]**

cualesquiera[2] *pron*: *ver* **cualquiera[2]**

cualidad *f* **1** (virtud, aptitud) quality; **tiene muchas ~es** she has many qualities; **entre sus ~es no se cuenta la paciencia** patience is not one of his virtues **2** (característica) quality

cualificado -da *adj* (Esp) ▸**calificado**

cualificar [A2] *vt* (Esp) ▸**calificar B2**

cualitativo -va *adj* qualitative

cualquier *adj*: *apocopated form of* **cualquiera** *used before nouns*

cualquiera[1] *adj* (*pl* **cualesquiera** *or* (crit) **cualquiera**) [*see also note under* **cualquier**] any; **en cualquier momento** (at) any time; **cualquier cosa/persona** anything/anyone; **en cualquier lado** anywhere; **de cualquier forma que se haga** whichever way you do it; **de cualquier forma** *or* **manera te llamaré** I'll call you in any case; **lo voy a hacer de ~ forma** I'm going to do it anyway; **como cualquier día** *or* **como un día ~** just like (on) any other day; **uno ~** any of them; **es un mercenario ~** he's nothing but a mercenary

cualquiera[2] *pron* (*pl* **cualesquiera** *or* (crit) **cualquiera**) **1** (refiriéndose — a dos personas o cosas) either (of them); (— a más de dos cosas) any one; (— a más de dos personas) anybody, anyone; **¿cuál de los dos? — cualquiera** which one? — either (of them); **pregúntaselo a ~** ask anybody *o* anyone (you like); **¿puedo elegir ~?** can I choose any one (I like)?; **~ que elijas estará bien** whichever (one) you choose *o* any one you choose will be fine; **cualesquiera que hayan sido sus motivos** whatever his motives may have been **2** (iró) (nadie): **¡a ti ~ te entiende!** I just don't understand you!; **¡~ sabe!** who knows!; **¡~ se atreve!** who would dare!

cualquiera[3] *f* (pey): **una ~** a hussy, a floozy *o* (BrE) tart (colloq & pej)

cualquiera[4] *m*: **un ~** a nobody

C

cuán *adv* (liter) how; **le hice ver ~ equivocada estaba** I made her see how wrong she was

cuan *adv: apocopated form of* **cuanto** *used before adjectives*: **cayó al suelo ~ largo era** he fell full-length on the floor; **quedó demostrado ~ incapaz es** his incompetence was made plain for all to see

cuando[1]

A *conj* **1** (con valor temporal) when; **ahora es ~ me viene mejor** now is the best time for me; **~ estoy solo** when I'm alone; **~ éramos pequeños** when we were young; (+ *subj*) **ven ~ quieras** come when *o* whenever you like **2** (referido al futuro) (+ *subj*) when; **~ se mejore** when she gets better; **~ sea viejo** when I'm old

B **1** (si) if; **será verdad ~ él lo dice** it must be true if he says so **2** (con valor adversativo) when; **dijo 2 cuando en realidad son 3** he said 2 when what he meant was 3

C (*en locs*) **cada cuando** (esp AmL) every so often; **de vez en cuando** from time to time, every so often; **cuando más** *or* **mucho** at (the) most, at the outside; **cuando menos** at least; **cuando quiera** whenever

cuando[2] *prep* (fam): **yo estaba allí ~ la explosión** I was there when the explosion happened; **una ermita de ~ los moros** a hermitage from the time of the Moors

cuándo[1] *adv* when; **¿de ~ es esa foto?** when was that photo taken?; **¿para ~ estará terminado?** when will it be ready (by)?; **¿desde ~ lo sabes?** how long have you known?; **¿desde ~?** since when?; **¡~ no!** (AmL) as usual!

cuándo[2] *m*: **el ~** the when

cuantía *f* **1** (importe): **la rebaja de las ~s de las pensiones** the reduction in the level of pensions; **la ~ de los daños** the extent of the damage; **una ~ mínima de 20.000 euros** a minimum (amount) of 20,000 euros; **la ~ de la deuda asciende a un millón** the total of the debt amounts to one million; **un aumento de la ~ de las becas** an increase in the size of grants **2** (importancia) significance, importance; **de mayor ~** of major significance *o* importance; **de menor ~** unimportant, insignificant; **un funcionario de escasa ~** an insignificant civil servant **3** (Der) claim, sum claimed

cuántico -ca *adj* quantum (*before n*)

cuantificar [A2] *vt* **1** ‹*valor/daños/pérdidas*› to quantify, assess **2** (Fís) to quantize **3** (Fil) to quantify

cuantioso -sa *adj* substantial

cuantitativo -va *adj* quantitative

cuanto[1] *adv*

A (tanto como) as much as; **grita ~ quieras** shout as much as you like

B (*como conj*): **~s más/menos seamos, mejor** the more/the fewer of us there are the better; **~ antes empecemos, más pronto terminaremos** the sooner we begin, the sooner we'll finish

C (*en locs*) **cuanto antes** as soon as possible; **cuanto más** let alone; **es duro para una persona sana, ~ más para un enfermo** it's hard enough for a healthy person, let alone somebody who's ill; **en cuanto** (tan pronto como) as soon as; (como, en calidad de) as; **en ~ pueda** as soon as I can; **en cuanto a** (en lo que concierne) as for, as regards; **en ~ a rentabilidad** as for *o* as regards profitability; **en ~ a conocimientos del tema ...** as far as knowledge of the subject is concerned ...; **por cuanto** (liter *o* frml) insofar as (frml)

cuanto[2] **-ta** *adj*

A **1** (todo, todos): **llévate ~s discos quieras** take as many records as you want *o* like **2** (*sing*) (con valor plural): **tiene ~ libro hay sobre el tema** she has every book there is on the subject

B **unos cuantos** a few; **unos ~s amigos** a few friends; **había unas cuantas personas** there were several *o* quite a few people there

cuanto[3] **-ta** *pron*: **le di todo ~ tenía** I gave her everything I had; **fuimos sólo unos ~s** only a few of us went; **unos ~s que yo conozco** a few people I can think of

cuanto[4] *m* quantum

cuánto[1] *adv*

A (en preguntas) how much

B (uso indirecto): **si supieras ~ la quiero/lo siento** if you knew how much I love her/how sorry I am

C (en exclamaciones): **¡~ nos reímos!** how we laughed!; **¡~ ha sufrido!** she's suffered so much!

cuánto[2] **-ta** *adj*

A (en preguntas) (*sing*) how much; (*pl*) how many; **¿~ café queda?** how much coffee is there left?; **¿~s alumnos tienes?** how many students do you have?; **¿~s años tienes?** how old are you?; **¿~ tiempo tardarás?** how long will you take?

B **1** (uso indirecto) (*sing*) how much; (*pl*) how many; **no sé ~ dinero/~s libros tengo** I don't know how much money/how many books I have **2** (en exclamaciones): **¡~ vino/cuánta comida!** what a lot of wine/food!; **¡~ tiempo sin verte!** I haven't seen you for ages! (colloq); **¡~ dolor me has causado!** you've caused me so much suffering **3** (*sing*) (con valor plural): **¡~ imbécil hay por ahí!** there are a lot of stupid people around!

cuánto[3] **-ta** *pron*

A (en preguntas) **1** (*sing*) how much; (*pl*) how many; **¿~ pesas?** how much do you weigh?; **¿~ mides?** how tall are you?; **¿~s quieres?** how many do you want?; **¿a ~ estamos hoy?** what's the date today? **2** (referido a tiempo) how long; **¿~ falta para llegar?** how long before we get there? **3** (referido a precios, dinero) how much; **¿~ cuesta?** how much is it?; **¿~ es?** how much is that (altogether)?; **¿a ~ están las naranjas?** how much are the oranges?

B (uso indirecto): **pregúntale ~ va a demorar** ask her how long she'll be; **no sé ~ puede costar/~s tiene** I don't know how much it might cost/how many she has; ***no sé ~s*** (fam) something-or-other; **Javier no sé ~s** Javier something-or-other

C (en exclamaciones) **¡~s murieron!** so many people were killed!; **¡~ has tardado!** it's taken you a long time!

cuáquero[1] **-ra** *adj* Quaker (*before n*)

cuáquero[2] **-ra** *m,f* Quaker

cuarenta[1] *adj inv/pron* forty; *para ejemplos ver* **cincuenta**; ***cantarle las ~ a algn*** to give sb a piece of one's mind

(Compuesto) **cuarenta principales** *mpl* (Esp) Top 40, charts (*pl*)

cuarenta[2] *m* (number) forty

cuarentena *f*

A **1** (aislamiento) quarantine **2** (después de un parto) *40-day period after giving birth*

B (número) (about) forty

cuarentón[1] **-tona** *adj* (fam): **un hombre ~** a man in his forties

cuarentón[2] **-tona** *m,f* (fam) person in his/her forties

Cuaresma *f* Lent; **en ~** in *o* during Lent

cuarta *f* (Auto) fourth (gear); **mete la ~** put it in fourth; *ver tb* **cuarto**

cuartear [A1] *vt* (descuartizar) to cut up

■ **cuartearse** *v pron* **1** (agrietarse) ‹‹*pared/cerámica/cuero*›› to crack **2** (Taur) to dodge to one side

cuartel *m* **1** (Mil) (campamento — permanente) barracks (*sing o pl*); (— provisional) encampment **2** (tregua): **no dieron ~ a los rebeldes** they showed no mercy to the rebels; **una lucha sin ~** a merciless fight

(Compuestos)

- **cuartel de bomberos** (RPl) fire station, fire house (AmE)
- **cuarteles de invierno** *mpl* (de un ejército) winter quarters (*pl*)
- **cuartel general** headquarters (*sing o pl*)

cuartelada *f*, **cuartelazo** *m* military uprising, putsch

cuartelillo *m* (de policía) station

cuarterón -rona *m,f*

A (mestizo) quadroon (*person of mixed race*)

B **cuarterón** *m* (medida) quarter (pound), four ounces

cuarteto *m* (Mús) quartet; (Lit) quatrain (*with lines of eleven syllables*)

cuartil *m* quartile

cuartilla *f* 1 (hoja) sheet of paper 2 **cuartillas** *fpl* (manuscrito) manuscript

cuarto¹ -ta *adj/pron* 1 (ordinal) fourth; *para ejemplos ver* **quinto** 2 (partitivo): **la cuarta parte** a quarter

(Compuesto) **cuarta dimensión** *f* fourth dimension

cuarto² *m*

A (habitación) room; (dormitorio) room, bedroom

(Compuestos)

- **cuarto de aseo** ≈ downstairs lavatory *o* (BrE) cloakroom, bathroom (AmE)
- **cuarto de baño** bathroom
- **cuarto de estar** living room, parlor (AmE), sitting room (BrE)
- **cuarto de (los) huéspedes** guest room, spare room
- **cuarto de servicio** maid's room
- **cuarto intermedio** (RPl) recess; **pasar a ~ ~** to adjourn, go into recess
- **cuarto oscuro** (Fot) darkroom; (Pol) (RPl) ≈ polling booth
- **cuarto trastero** lumber room, junk room

B 1 (cuarta parte) quarter; **un ~ de kilo** a quarter (of a) kilo; **un ~ de pollo** a quarter chicken; ***de tres al ~*** (fam) third-rate; ***¡qué ... ni qué ocho ~s!*** (fam): **¡qué miedo ni qué ocho ~s!** scared, my foot!; **¡qué vacaciones ni qué ocho ~s!** it was hardly what I'd call a vacation!; ***tres ~s de lo mismo*** (fam): **tu hermana es una vaga ... y tú, tres ~s de lo mismo** your sister's bone-idle ... and you're not much better (colloq) 2 (en expresiones de tiempo) quarter; **un ~ de hora** a quarter of an hour; **tres ~s de hora** three quarters of an hour; **la una y ~** (a) quarter after (AmE) *o* (BrE) past one, one fifteen; **es un ~ para las dos** *or* (Esp, RPl) **son las dos menos ~** it is a quarter to two; ***tener su ~ de hora*** (AmS) to have had one's day

C (Impr) quarto

(Compuestos)

- **cuarto creciente/menguante** first/last quarter
- **cuarto delantero** forequarter
- **cuartos de final** *mpl* quarterfinals (*pl*)
- **cuarto trasero** hindquarter

D (Esp fam) (dinero): **estoy sin un ~** I'm absolutely broke (colloq); **tiene muchos ~s** he's loaded (colloq); **le pagan cuatro ~s** he gets paid peanuts (colloq)

cuarto³ -ta *adj* (Col fam) ‹*persona*› generous and easy-going

cuartucho *m* small, dark (*o* dirty *etc*) room

cuarzo *m* quartz

(Compuesto) **cuarzo rosa** *or* **rosado** rose quartz

cuatacho *m* ▸ **cuate 2**

cuate *mf* (Méx) 1 (mellizo) twin 2 (fam) (amigo) pal (colloq) 3 (fam) (tipo, tipa) (*m*) guy (colloq); (*f*) woman

cuaternario¹ -ria *adj* quaternary

cuaternario² *m*: **el ~** the Quaternary (period)

cuatrapear [A1] *vt* (Méx) to ruin

■ **cuatrapearse** *v pron* (Méx) «*aparato*» to break; «*planes*» to fall through

cuatrero -ra *m,f* rustler

cuatrienal *adj* four-year (*before n*)

cuatrienio *m* four-year period, four years (*pl*)

cuatrillizo -za *m,f* quadruplet, quad

cuatrimestral *adj* 1 (en frecuencia) ‹*exámenes/reuniones*› four-monthly; **las reuniones son ~es** the meetings are held every four months 2 (en duración) ‹*curso*› four-month (long) (*before n*)

cuatrimestre *m* four-month period

cuatrimotor¹ -tora *adj* four-engined

cuatrimotor² *m* four-engined plane

cuatro¹ *adj inv/pron* four; **¿llueve? — no, sólo son ~ gotas** is it raining? no, it's just a drop or two; **le escribí ~ líneas** I wrote him a couple of lines; *para más ejemplos ver tb* **cinco**

(Compuesto) **cuatro ojos** *mf* (fam) four-eyes (colloq)

cuatro² *m*

A (número) (number) four; *para ejemplos ver* **cinco**

B (Ven) (guitarra) four-stringed guitar

cuatrocientos -tas *adj/pron* four hundred; *para ejemplos ver* **quinientos**

cuba *f*

A 1 (barril) barrel, cask; ***estar como una ~*** (fam) to be plastered (colloq) 2 (tina) tub, vat

B (Col fam) (hijo menor) youngest child

Cuba *f* Cuba; ***más se perdió en ~*** (Esp hum) it's not the end of the world (colloq)

cubalibre *m* (de ron) rum and coke; (de ginebra) gin and coke

cubanismo *m* Cuban word/expression

cubano -na *adj/m,f* Cuban

cubata *m* (fam) ▸ **cubalibre**

cubero -ra *m,f* cooper

cubertería *f* cutlery; **una ~ de plata** a set of silver cutlery

cubeta *f* 1 (Fot, Quím) tray; (de paredes más altas) tank 2 (para hielo) ice tray 3 (barril) keg, small cask 4 (Méx) (balde) bucket

cubetera *f* ice tray

cubicar [A2] *vt* ‹*número*› to cube; ‹*recipiente*› to measure the volume *o* capacity of

cúbico -ca *adj* cubic; **2m³** *(read as: dos metros cúbicos)* 2m³; *(léase: two cubic meters)*

cubículo *m* cubicle

cubierta *f*

A (funda) cover; (de libro) cover, sleeve

B (Auto) tire*

(Compuesto) **cubierta sin cámara** tubeless tire*

C (Náut) (en barco) deck; **salir a ~** to go up on deck

(Compuestos)

- **cubierta de aterrizaje** *or* **de vuelo** flight deck
- **cubierta de popa** poop deck
- **cubierta inferior/superior** lower/upper deck

cubierto¹ -ta *adj* ‹*cielo*› overcast, cloudy; *ver tb* **cubrir**

cubierto² *m*

A 1 (pieza) piece of cutlery; **se le cayó un ~** he dropped his knife/fork/spoon; **los ~s de plata** the silver cutlery 2 (servicio de mesa) place setting; **pon otro ~** can you set another place? 3 (en restaurante) cover charge; (en boda, banquete): **¿cuánto cuesta el ~?** how much is it per head?

B (*en locs*) **a cubierto**: **ponerse a ~ de la lluvia** to take cover *o* to shelter from the rain; **bajo cubierto** under cover

cubil *m* lair, den

cubilete *m* 1 (vaso) beaker; (para dados) shaker, cup 2 (Col) (sombrero) top hat

cubismo *m* cubism

cubista *adj/mf* cubist

cubitera *f* (bandeja) ice tray; (cubo) ice bucket

cubo *m*

A (Esp) bucket

(Compuesto) **cubo de (la) basura** (de la cocina) garbage can (AmE), (kitchen) bin (BrE); (de edificio) garbage can (AmE), rubbish bin (BrE), dustbin (BrE)

B (cuerpo geométrico) cube; **cortar en cubitos** to dice

(Compuestos)

- **cubito de hielo** ice cube
- **cubo** *or* **cubito de caldo** stock cube
- **cubo** *or* **cubito de carne/de pescado/de pollo** beef/fish/chicken stock cube

C (Mat) cube; **elevar un número al ~** to cube a number

D 1 (de rueda) hub 2 (Tec) drum

cubrecama *m* bedspread, counterpane

cubrir [I33] *vt*

A (tapar) to cover; **la niebla cubría el valle** the valley was covered in mist; **~ algo DE algo** to cover sth WITH sth; **lo cubrió de besos** she smothered him with kisses

B 1 ‹*gastos/daños/riesgos*› to cover 2 ‹*demanda/necesidad*› to meet; ‹*carencia*› to cover 3 ‹*plaza/vacante*› to fill

C 1 (Period, Rad, TV) to cover 2 (recorrer) ‹*etapa/trayecto*› to cover

D ‹*retirada/flanco*› to cover; **cúbreme** cover me

E (Zool) to cover

■ **cubrirse** *v pron*

A 1 (*refl*) (taparse) to cover oneself; **se cubrió la cara** he covered his face 2 (ponerse el sombrero) to put one's hat on

3 (protegerse) to take cover 4 (contra riesgo) to cover oneself

B (llenarse) **~se DE algo**: **las calles se habían cubierto de nieve** the streets were covered with snow

cucaña *f* (palo) greasy pole

cucaracha *f* (Zool) cockroach

cucha *f* (RPl fam) bed; (de perro) box (*o* basket *etc*)

cuchara *f*

A spoon; ***meter (la)*** **~** (fam) (en una conversación) to put one's oar in (colloq); (en un asunto) to get in on the act (colloq); ***meterle algo a algn con*** **~** (fam) to spoon-feed sb with sth; ***recoger a algn con*** **~**: **estoy para que me recojan con ~** I'm ready to drop (colloq)

(Compuestos)

- **cuchara de postre** dessertspoon
- **cuchara de servir** tablespoon
- **cuchara sopera** *or* **de sopa** soup spoon

B 1 (de excavadora) bucket 2 (para pescar) spinner, spoon 3 (RPl) (de albañil) trowel

cucharada *f* spoonful

(Compuesto) **cucharada sopera** ≈ tablespoonful

cucharadita *f* teaspoon, teaspoonful

cucharilla, cucharita *f* (Coc) *tb* **~ de té** teaspoon

(Compuesto) **cucharilla** *or* **cucharita de café** coffee spoon

cucharón *m* ladle

cucheta *f* (RPl) trundle bed, truckle bed

cuchi[1] *adj* (Per leng infantil): **¡gorda ~!** fatty! (colloq)

cuchi[2] *m* (Per leng infantil) piggy (colloq)

cuchichear [A1] *vi* (fam) to whisper

cuchicheo *m* (fam) whispering

cuchilla *f*

A 1 (de segadora, batidora, cuchillo) blade; (de arado) coulter, share 2 *tb* **~ de afeitar** (hoja) razor blade; (maquinilla) razor

B (AmL) (de montañas, colinas) range

C (Col fam) 1 (jefe, profesor) tyrant (colloq) 2 (mujer dominante) harpy (colloq)

cuchillada *f*, **cuchillazo** *m* 1 (golpe) stab; **le dio** *or* **asestó una ~** she stabbed him; **lo mataron a ~s** they stabbed him to death 2 (herida) stab wound

cuchillo *m*

A (utensilio) knife; ***pasar a algn a*** **~** to put sb to the sword

(Compuestos)

- **cuchillo de caza** *or* **de monte** hunting knife
- **cuchillo de cocina/de trinchar** kitchen/carving knife

B (Arquit, Const) *tb* **~ de armadura** truss

cuchipanda *f* (fam) (comilona) slap-up meal (colloq); **ir de ~** to go out on the town

cuchitril *m* hole (colloq), hovel

cucho[1] **-cha** *adj* (Méx fam) (torcido) crooked (colloq)

cucho[2] **-cha** *m,f*

A (Col fam) 1 (padre) dad (colloq); (madre) mom (AmE colloq), mum (BrE colloq) 2 (profesor) teacher 3 (viejecito) (*m*) old guy (colloq); (*f*) old girl (colloq)

B (Chi fam) (gato) puss (colloq)

cuchufleta *f* (fam) joke

cuclillas *fpl*: **en ~** squatting, crouching

cuclillo *m* cuckoo

cuco[1] **-ca** *adj*

A (fam) (bonito) cute (colloq)

B (Esp fam) (astuto) crafty (colloq)

cuco[2] *m*

A (Zool) cuckoo

B (de bebé) Moses basket

C (CS, Per leng infantil) bogeyman

cucú *m* cuckoo

cucufato -ta *adj* 1 (Chi fam) (chiflado) nuts (colloq) 2 (Per) (beato) sanctimonious

cucurucho *m*

A 1 (de papel, cartón) cone; (de barquillo) cone 2 (helado) cone, cornet (BrE)

B (capirote) hood, pointed hat

cuece, cuecen, etc *see* **cocer**

cuelgue *m* (Esp) 1 (arg) (por la droga) high (colloq); **cogerse un ~** to get high (colloq) 2 (arg) (chasco) bummer (sl)

cuello *m*

A 1 (Anat) neck; **alargar el ~** to crane one's neck; **le cortaron el ~** they slit *o* cut his throat; ***estar metido hasta el*** **~** ***en algo*** (fam) to be in sth (right) up to one's neck (colloq); ***jugarse*** *or* ***apostarse el*** **~** (fam): **me juego el ~ a que no lo hace** I bet you anything you like he doesn't do it (colloq) 2 (de botella) neck

(Compuestos)

- **cuello de botella** (Auto) bottleneck
- **cuello uterino** *or* **del útero** neck of the womb

B (Indum) 1 (pieza) collar; **sin ~** collarless 2 (escote) neck

(Compuestos)

- **cuello a la caja** square neckline
- **cuello alto** *or* **cisne** *or* **vuelto** *or* (AmL) **tortuga** turtleneck (AmE), polo neck (BrE)
- **cuello chino** *or* **mao** mandarin collar
- **cuello de pico** V neck
- **cuello ortopédico** surgical *o* cervical collar
- **cuello redondo** round neck

cuenca *f*

A (Geog, Geol) basin

B (Min): **una ~ minera** a coal-mining area

C (del ojo) socket

cuenco *m* 1 (recipiente) bowl 2 (concavidad) hollow; **recogió agua con el ~ de la mano** he scooped water up in his cupped hands

cuenta, cuentas, etc *see* **contar**

cuentagotas *m* (*pl* **~**) dropper; ***dar algo con*** **~** (fam): **los permisos los dan con ~** they're very mean when it comes to giving out permits

cuentakilómetros *m* (*pl* **~**) (de distancia recorrida) odometer (AmE), mileometer (BrE); (de velocidad) speedometer

cuentapasos *m* (*pl* **~**) pedometer

cuentarrevoluciones *m* (*pl* **~**) tachometer, rev counter (BrE)

cuentero[1] **-ra** *adj* (Méx, RPl fam) 1 (mentiroso): **ser ~** to be a fibber (colloq) 2 (chismoso) gossipy

cuentero[2] **-ra** *m,f* (Méx, RPl fam) 1 (mentiroso) fibber 2 (chismoso) gossip

cuentista[1] *adj* 1 (fam) (exagerado): **no seas ~, que no duele tanto** don't exaggerate, it doesn't hurt that much 2 (fantasioso): **ser ~** to be a fibber (colloq)

cuentista[2] *mf* 1 (Lit) short-story writer 2 (fam) (exagerado): **no te fíes de ese ~, es puro teatro** don't fall for his playacting, he's just putting it on 3 (fantasioso) fibber (colloq)

cuento[1] *m*

A 1 (narración corta) short story; (para niños) story, tale; **el ~ de Cenicienta** the tale *o* story of Cinderella; **cuéntame un ~** tell me a story; ***aplícate el*** **~** (fam) take note; **~** ***de nunca acabar***: **esto es el ~ de nunca acabar** it just never ends, it just goes on and on; ***traer algo a*** **~** to bring sth up; ***venir a*** **~**: **eso no viene a ~** that doesn't come into it; **sin venir a ~** for no reason at all 2 (chiste) joke, story; **el ~ del elefante** the joke about the elephant

(Compuestos)

- **cuento corto** short story
- **cuento de hadas** fairy story, fairy tale

B 1 (fam) (chisme): **le fue con el ~ al profesor** she went and told the teacher (colloq); **siempre anda con ~s** she's always gossiping; ***comer*** **~s** (Ven fam) to fall for anything 2 (fam) (mentira, excusa) story (colloq); **no me vengas con ~s** I'm not interested in your excuses *o* stories; ***hacerle al*** **~** (Méx fam) to pretend 3 (fam) (exageración): **todo ese llanto es puro ~** all that crying is just put on; **¡tú lo que tienes es mucho ~!** you're just putting it on!

(Compuestos)

- **cuento chino** (fam): **eso es un ~ ~** what a load of baloney; **no me vengas con ~s ~s** don't give me any of your cock-and-bull stories (colloq)
- **cuento del tío** (CS fam): **el ~ del ~** a con trick
- **cuento de viejas** (fam) old wives' tale

C (número): **sin ~** countless, innumerable

cuento[2] *see* **contar**

cuerazo *m*
A (Chi, Méx fam) (mujer) stunner (colloq); (hombre) hunk (colloq)
B 1 (Col, Ven fam) (latigazo) lash 2 (Col fam) (golpe): **me di un ~ terrible** I hit my arm (*o* head *etc*) really hard

cuerda *f*
A 1 (gruesa) rope; (delgada) string; **escalera de ~** rope ladder 2 (Jueg) jump rope (AmE), skipping rope (BrE); **saltar a la ~** to jump rope (AmE), to skip (BrE) 3 (para tender ropa) washing line, clothes line 4 (de arco) bowstring; ***aflojar la ~*** to ease up; ***bajo ~*** ‹*pago*› under-the-counter; (*before n*) ***contra las ~s*** (fam) on the ropes; ***llevarle*** *or* ***seguirle la ~ a algn*** (AmL fam) to humor* sb, play along with sb (colloq); ***una ~ de*** (Ven fam) loads of (colloq)
(Compuesto) **cuerda floja** (Espec) tightrope
B (Mús) 1 (de guitarra, violín) string 2 **cuerdas** *fpl* (instrumentos) strings (*pl*)
(Compuesto) **cuerdas vocales** *fpl* vocal chords (*pl*)
C 1 (de reloj, juguete): **la ~ de la caja de música** the spring *o* the clockwork mechanism in the music box; **le dio ~ al despertador** she wound up the alarm clock; **un juguete de ~** a clockwork toy; ***son de la misma ~*** they are very alike 2 (impulso, energía): **no le des ~, que luego no hay quien lo haga callar** don't encourage him or you'll never get him to shut up (colloq); **el abuelo todavía tiene ~ para rato** grandpa has a good few years in him yet 3 (de tornillo) thread

cuerdo -da *adj* 1 [ESTAR] (en su sano juicio) sane; **no está ~** he is insane 2 [SER] (sensato) sensible

cuerear [A1] *vt* ‹*animal*› to skin; (azotar) (AmL) to whip

cuerna *f* 1 (Zool) horns (*pl*); (de ciervo) antlers (*pl*) 2 (Mús) hunting horn 3 (para beber) drinking horn

cuerno *m*
A 1 (de toro) horn; (de caracol) feeler; (de ciervo) antler; ***irse al ~*** (fam) «*plan*» to fall through; «*fiesta*» to be ruined *o* spoiled; ***mandar algo/a algn al ~*** (fam): **lo mandó todo al ~** he chucked it all in (colloq); **¡vete al ~!** get lost! (colloq); ***me/le supo*** *or* ***sentó a ~ quemado*** (fam) it was a real slap in the face for me/him (colloq); ***oler a ~ quemado*** «*comida/habitación*» to stink; «*asunto*» (fam) to smell (*o* sound *etc*) fishy (colloq); ***ponerle*** *or* (RPl) ***meterle los ~s a algn*** (fam) to be unfaithful to sb; ***¡y un ~!*** (fam) you must be joking! (colloq) 2 (de la luna) cusp
(Compuesto) **cuerno de la abundancia** horn of plenty
B (RPl fam) (uso expletivo) ▸**corno B**
C (Mús) horn
(Compuesto) **cuerno de caza** hunting horn

cuero[1] *adj* (Méx fam) gorgeous (colloq)

cuero[2] *m*
A (piel) leather; (sin curtir) skin, hide; **artículos de ~** leather goods; **chaqueta de ~** leather jacket; ***dejar a algn como un ~*** (Col fam) to humiliate sb; ***en ~s (vivos)*** (fam) (desnudo) stark naked (colloq); ***no darle a algn el ~*** (CS fam): **no me da el ~ para comprarlo** I can't run *o* stretch to that much; ***sacarle el ~ a algn*** (CS fam) to tear sb to pieces (colloq); ***ser un ~*** (Chi, Méx fam) «*mujer*» she's a real stunner (colloq); «*hombre*» he's a real hunk (colloq)
(Compuestos)
- **cuero cabelludo** scalp
- **cuero de chancho** (AmL) pigskin
- **cuero de cocodrilo** (CS) crocodile skin
- **cuero de vaca** cowhide

B (odre) wineskin
C (period) (en fútbol) ball

cuerpo *m*
A 1 (Anat) body; **es de ~ menudo** she's slightly built; **tenía el miedo metido en el ~** (fam) he was scared stiff (colloq); **de ~ entero** full-length; ***a ~ de rey*** (fam): **vive a ~ de rey** he lives like a king; **nos atendieron a ~ de rey** they treated us like royalty; ***a ~ gentil*** (fam) without a coat (*o* sweater *etc*); ***~ a ~*** hand-to-hand; ***echarse algo al ~*** (fam) ‹*comida*› to have sth to eat; ‹*bebida*› to have sth to drink; ***entregarse a algo en ~ y alma*** to put one's heart and soul into sth (fam); ***pedirle el ~ algo a algn*** (fam): **cuando me lo pide el ~** when I feel like it; **el ~ le pedía un descanso** he felt he had to have a rest; ***sacar(le) el ~ a algn*** (AmL fam) to steer clear of sb; ***sacar(le) el ~ a algo*** (AmL fam) (a trabajo) to get out of sth; (a responsabilidad) to evade *o* shirk sth 2 (cadáver) body, corpse; **encontraron su ~ sin vida junto al río** (period) his lifeless body was found by the river (frml) 3 (tronco) body
(Compuesto) **cuerpo del delito** corpus delicti
B (Equ) length; **ganó por tres ~s de ventaja** he won by three lengths
C 1 (parte principal) main body 2 (de mueble) part; (de edificio) section; **un armario de dos ~s** a double wardrobe
D (conjunto de personas, de ideas, normas) body
(Compuestos)
- **cuerpo de baile** corps de ballet
- **cuerpo de bomberos** fire department (AmE), fire brigade (BrE)
- **cuerpo de doctrina/de leyes** body of teaching/of laws
- **cuerpo de policía** police force
- **cuerpo diplomático** diplomatic corps
- **cuerpo legislativo** legislative body
- **cuerpo médico** medical corps

E (Fís) (objeto) body, object; (sustancia) substance
(Compuestos)
- **cuerpo celeste** heavenly body
- **cuerpo geométrico** geometric shape *o* figure

F (consistencia, densidad) body; **una tela de mucho ~** a heavy cloth; **un vino de mucho ~** a full-bodied wine; ***dar/tomar ~*** «*idea/escultura*» to take shape

cuervo *m* raven; (como nombre genérico) crow

cuesco *m*
A (Bot) stone
B (Esp fam) (pedo) fart (sl)

cuesta[1] *f*
A (pendiente): **ir ~ arriba** to go uphill; **iba corriendo ~ abajo** I was running downhill; **estacionar en ~** to park on a hill; **una ~ muy pronunciada** a very steep slope; ***hacérsele muy ~ arriba a algn***: **se me hace muy ~ arriba venderlo** I'm finding it very difficult to sell it; ***ir ~ abajo*** to go downhill; ***la ~ de enero*** January (*when people are traditionally short of money*)
B **a cuestas** (encima): **llevar algo a ~s** to carry sth on one's shoulders/back; **echarse algo a cuestas** ‹*carga/bulto*› to put sth on one's back; ‹*problema*› to burden oneself with sth

cuesta[2] **cuestan, etc** *see* **costar**

cuestación *f* collection

cuestión *f*
A 1 (tema, problema) question, matter; **otra ~ sería que** *or* **si estuviera enfermo** if he were ill, that would be another matter *o* a different matter altogether; **llegar al fondo de la ~** to get to the heart of the matter 2 (*en locs*) **en cuestión** in question; **en cuestión de** in a matter of; **la cuestión es ...** the thing is ...; **la ~ es divertirnos** the main thing is to enjoy ourselves; **la ~ es molestar** he/she only does it to annoy; **ser cuestión de** to be a matter of; **es ~ de diez minutos** it'll only take/I'll only be ten minutes; **si fuera ~ de dinero, no habría problema** if it were a question of money, there'd be no problem; **todo es ~ de ...** it's just a question of ...; **será ~ de planteárselo** we'll just have to put it to him; **tampoco es ~ de enloquecernos** there's no need to get in a flap (colloq); **tampoco es ~ de que lo hagas todo tú** there's no reason why you should do it all yourself
B (duda): **poner algo en ~** to call sth into question
C (fam) (problema) disagreement, problem; (cosa, objeto) thing, thingamajig* (colloq)

cuestionable *adj* questionable

cuestionar [A1] *vt* to question
■ **cuestionarse** *v pron* to ask oneself

cuestionario *m* (encuesta) questionnaire; (Educ) question paper, questions (*pl*)

cuete[1] *adj* (Méx fam) plastered (colloq)

cuete[2] *m*
A 1 (RPl fam & euf) (pedo) fart (sl) 2 (Méx, RPl fam) (borrachera): **agarrar un ~** to get plastered (colloq)
B (AmL fam) (petardo) firecracker; ***como ~*** (AmL fam) like a shot (colloq)
C (Per fam) (pistola) shooter (colloq), rod (sl)
D (Méx) (Coc) braising steak; ***ser un ~*** (Méx fam) to be a real hassle (colloq)

C

cueva *f* cave

(Compuesto) **cueva de ladrones** rip-off joint (sl)

cueza, cuezan, etc *see* **cocer**

cuezo *m* (fam) (cuello) neck; ***meter el ~*** (fam) to put one's foot in it (colloq)

cui /kwi/, **cuí** /ku'i/ *m* (*pl* **cuises**) (AmS) guinea pig

cuico -ca *m,f* (Chi fam & pey) *pejorative term for a Bolivian*

cuidado[1] **-da** *adj* ‹*presentación*› meticulous, careful; ‹*aspecto*› impeccable; ‹*dicción*› precise

cuidado[2] *m*

A **1** (precaución): **tuvo ~ de no hacer ruido** she was careful not to make any noise; **ten ~ al cruzar la calle** be careful *o* take care when you cross the street; **lo envolvió con mucho ~** she wrapped it very carefully; **¡ándate con ~!** watch your step!; **~ CON algo/algn**: **¡~ con el escalón!** mind the step!; **~ con lo que haces** be careful what you do; **ten ~ con él, no es de fiar** watch him, he isn't to be trusted; Ⓢ **¡cuidado con el perro!** beware of the dog!; **¡cuidadito con alzarme la voz!** don't you raise your voice to me!; **cuidadito con decirle nada** make sure you don't say anything to him; ***de ~*** (fam) ‹*problema/herida*› serious; **un bromista de ~** a real joker; **ese tipo es de ~** you have to watch that guy (colloq) **2** (atención) care; **pone mucho ~ en su trabajo** he takes a great deal of care over his work

B (de objetos, niños, enfermos) **~ DE algo/algn**: **consejos para el ~ de sus plantas** hints on how to care for your plants; **no tiene experiencia en el ~ de los niños** he has no experience of looking after children; **estar al ~ de algn/algo** (cuidar) to look after sb/sth; (ser cuidado por) to be in sb's care; **ha tomado el jardín a su ~** she's taken over the care of the garden; **déjalo a mi ~** I'll take care of it

C **cuidados** *mpl* (Med) attention, care, treatment; **necesita los ~s de una enfermera** she needs to be looked after *o* taken care of by a nurse; **mejoró, gracias a los ~s de su hija** thanks to his daughter's care, he got better

(Compuesto) **cuidados intensivos** *mpl* intensive care

D (preocupación): **pierde ~** (AmL) don't worry; **me tiene** *or* **trae sin ~** it doesn't matter to me in the slightest

cuidado[3] *interj* be careful!, watch out!

cuidador -dora *m,f* (de niños) baby sitter (AmE), childminder (BrE); (de animales) zookeeper; (de coches) attendant

cuidadoso -sa *adj* **1** ‹*persona*› careful; **eres poco ~** you don't look after things; **~ CON algo** careful WITH sth **2** ‹*búsqueda/investigación*› careful, thorough

cuidar [A1] *vt* **1** ‹*juguetes/plantas/casa*› to look after; ‹*niño*› to look after, take care of; ‹*enfermo*› to care for, look after; **cuídame la leche un momentito** would you keep an eye on the milk for a moment?; **tienes que ~ ese catarro/la salud** you should look after that cold/your health **2** ‹*estilo/apariencia*› to take care over; **debes ~ la ortografía** you must take care over your spelling; **cuida mucho todos los detalles** she pays great attention to detail

■ **cuidar** *vi*: **~ DE algo/algn** to take care OF sth/sb; **~ DE QUE + SUBJ**: **~ré de que no les falte nada** I'll make sure they have everything they need

■ **cuidarse** *v pron* **1** (*refl*) to take care of oneself, look after oneself; **¡cuídate!** take care!; **dejó de ~se** she let herself go **2** (procurar no) **~se DE + INF**: **se cuidó mucho** *or* **muy bien de (no) volver por ahí** he took good care not to *o* he made very sure he didn't go back there; **cuídate mucho de desobedecerme** you'd better do as I tell you **3** (asegurarse) **~ se DE + INF**: **se cuidó bien de cerrar las ventanas** she made sure she shut the windows

cuije *mf* (Méx) office junior

cuita *f* (liter *o* frml) trouble, problem

culantro *m* coriander; ***bueno es ~ pero no tanto*** (Col, Per, Ven fam) there's no need to overdo it

culata *f*

A (de escopeta, revólver) butt; (de cañón) breech

B (de motor) cylinder head

culatazo *m* (al disparar) kick, recoil; (golpe): **le dieron/pegaron un ~** they hit him with the butt of a rifle

culear [A1] *vi* (Andes vulg) to screw (vulg)

culebra *f*

A (Zool) snake; ***matar la ~*** (Ven) to knock a problem on the head (colloq); ***a la ~ se le mata por la cabeza*** (Ven) you have to/you should take the bull by the horns

B (Col fam) (deuda) debt

C (Ven arg) (asunto turbio): **el tipo tiene una ~ entre sí** he's up to no good

D (Ven pey) (Rad, TV) soap opera, soap (colloq)

culebrear [A1] *vi* «*culebra*» to wriggle along; «*camino/río*» to wind

culebrón *m* soap opera, soap (colloq)

culeca *adj* (Col) ▸ **clueca**

culero -ra *m,f* (Méx vulg) (cobarde) chicken (colloq)

culillo *m* (Col, Ven fam): **darle ~ a algn** to give sb the creeps (colloq); **le tengo ~ al avión** flying makes me jittery (colloq)

culín *m* (Esp fam) (de bebida) drop

culinario -ria *adj* culinary (frml)

culmen *m* (period) (de carrera, obra) highpoint, peak; (de perversidad, egoísmo) height

culminación *f*

A **1** (clímax — de carrera, negociaciones) culmination; (— de fiesta) climax **2** (realización) fulfillment*

B (Astron) zenith

culminante *adj*: **momento** *or* **punto ~** (de carrera) peak, high point; (de historia, película) climax; (de negociaciones) crucial stage; **en el momento** *or* **punto ~ de su carrera** at the peak *o* the high point of his career

culminar [A1] *vi*

A **1** (llegar al clímax): **la novela culmina cuando ...** the novel reaches its climax when ...; **~ EN** *or* **CON algo**: **las negociaciones ~on en** *or* **con la firma del tratado** the talks culminated in the signing of the treaty **2** (acabar): **con su muerte culmina una etapa de nuestra historia** his death marks the end of a chapter in our history; **~ EN** *or* **CON algo** to end IN *o* WITH sth, to culminate IN sth

B (Astron) to reach the zenith

■ **culminar** *vt* (period) to bring ... to a climax

cúlmine *adj* (Andes) ▸ **culminante**

culo *m* (fam: en algunas regiones vulg) **1** (nalgas) backside (colloq), butt (AmE colloq), bum (BrE colloq), ass (AmE vulg), arse (BrE vulg); **te voy a dar unos azotes** *or* **pegar en el ~** I'm going to spank *o* smack you; ***caerse*** *or* (AmL) ***irse de ~*** (fam) (*literal*) to fall on one's backside *o* ass; (asombrarse) to be flabbergasted *o* amazed (colloq); **tiene una casa que te caes de ~** he has the most amazing house; ***darle por (el) ~ a algn*** (vulg) to screw sb (sl); **¡que te den por ~!** (vulg) screw you! (vulg); ***en el ~ del mundo*** (fam) in the back of beyond; ***ir de ~*** (fam): **el negocio va de ~** the business is going really badly; ***lamerle el ~ a algn*** (vulg) to lick sb's ass (vulg); ***mandar a algn a tomar por ~*** (Esp vulg) to tell someone to piss off (vulg); ***mandar algo a tomar por ~*** (Esp vulg) to pack *o* chuck sth in (colloq); ***meterse algo en*** *or* ***por el ~*** (vulg): **métetelo en el ~** stick it up your ass (vulg); ***pasarse algo por el ~*** (vulg): **las reglas me las paso por el ~** I don't give a shit about the rules (vulg); ***perder el ~ por algo/algn*** (fam): **pierde el ~ por él/porque la inviten** she's just crazy about him/she's just dying to be asked (colloq); ***quedar como el*** *or* ***un ~*** (AmS fam *o* vulg) to look awful *o* terrible; **ni la llamó y quedó como el** *or* **un ~** he didn't even call her, it was so rude of him! (colloq); ***ser un ~ de mal asiento*** (fam): **es un ~ de mal asiento** *or* **sin asiento** (no se está quieto) he can't sit still for a minute; (en cuestiones de trabajo, vivienda) he never stays in one place for long **2** (de vaso, botella) bottom; **gafas de ~ de vaso** *or* **botella** pebble (lens) glasses (colloq) **3** (RPl fam) (suerte) luck

culón -lona *adj* (fam): **ser ~** to have a big bottom (colloq)

culpa *f* **1** (responsabilidad) fault; **nadie tiene la ~** it's nobody's fault; **no fue ~ tuya** it wasn't your fault; **echarle la ~ a algn (de algo)** to blame sb *o* put the blame on sb (for sth); **llegó tarde por ~ del tráfico** he arrived late because of the traffic; **no importa de quién es la ~** it doesn't matter whose fault it is; **¿y qué ~ tengo yo?** and what fault is that of mine? **2** (falta, pecado) sin; **pagar por las ~s ajenas** to pay for the sins of others *o* for other people's faults

culpabilidad *f* (Der,Psic) guilt

culpabilizar [A4] *vt* ▸ **culpar**

culpable[1] *adj* [**SER**] **1** ‹*persona*› guilty; **~ DE algo**: **sentirse ~ de algo** to feel guilty about sth; **ser ~ de algo** to be to blame for sth; (Der) to be guilty of sth; **confesarse ~ de algo** to plead guilty to sth **2** (Der) ‹*acto*› culpable

culpable[2] *mf* 1 (de delito) culprit 2 (de problema, situación): **tú eres el ~ de todo esto** this is all your fault, you're to blame for all of this

culpar [A1] *vt* to blame; **~ a algn DE algo** to blame sb FOR sth, blame sth ON sb

culteranismo *m*: *elaborate 16th & 17th century literary style*

cultismo *m* learned word/expression

cultivable *adj* cultivable

cultivado -da *adj*
A ‹*persona*› cultivated, cultured; ‹*pueblo*› cultured
B ‹*terreno/campo*› cultivated

cultivador -dora *m,f*
A (persona) grower
B **cultivadora** *f*, **cultivador** *m* (máquina) cultivator

cultivar [A1] *vt*
A (Agr) ‹*campo/tierras*› to cultivate, farm; ‹*plantas*› to grow, cultivate; **un huerto bien cultivado** a well-tended vegetable garden
B ‹*bacterias/perlas*› to culture
C ‹*amistad*› to cultivate; ‹*inteligencia/memoria*› to develop; ‹*artes/interés*› to encourage
D (practicar) to practice*

cultivo *m*
A (Agr) 1 (de tierra) farming, cultivation; (de plantas) growing, cultivation; **~ intensivo/extensivo** intensive/extensive farming; **~ de frutas** fruit growing 2 (cosa cultivada) crop; **~s de secano/de regadío** dry-farmed/irrigated crops
B (Biol, Med) (acción) culturing; (producto) culture
C (de las artes) promotion, encouragement

culto[1] **-ta** *adj* 1 ‹*persona/pueblo*› educated, cultured 2 (Ling) ‹*palabra*› learned; ‹*literatura/música*› highbrow

culto[2] *m* 1 (veneración) worship; **rendir ~ a algo/algn** to worship sth/sb; **~ a la personalidad** personality cult; **el ~ del dinero** the cult of money 2 (liturgia) worship; **libertad de ~(s)** freedom of worship

cultura *f*
A (civilización) culture; **~ del ocio** leisure culture
B 1 (conocimientos, ilustración): **es una persona de gran ~** she's a very well-educated *o* cultured person; **~ general/musical** general/musical knowledge; **la ~ popular** popular culture 2 (en periódico, artes) arts (*pl*), culture

cultural *adj* cultural; **un acto ~** a cultural event; **bajo nivel ~** low standard of general education

culturismo *m* bodybuilding

culturista *mf* bodybuilder

culturizar [A4] *vt* (period) to enlighten, educate
■ **culturizarse** *v pron* (*refl*) (fam & hum) to get oneself some culture (colloq & hum)

cuma *f* (AmL) curved machete

cumbia *f*: *music and dance typical of the Caribbean coast of Colombia*

cumbo *m* (AmC) cup/bowl (*made from a large gourd*)

cumbre *f*
A 1 (de montaña) top 2 (apogeo) height; **en la ~ del éxito** at the height of his success
B (Pol) summit (meeting)
C (*como adj inv*): **su novela ~** his most outstanding novel; **el momento ~** (de carrera) the peak; (de película, novela) the high point

cumiche *mf* (AmC fam) baby of the family (colloq)

cum laude *loc adj/adv* cum laude; **sobresaliente ~ ~** summa cum laude

cumpa *m* (AmL fam) buddy (AmE colloq), mate (BrE colloq)

cumpleaños *m* (*pl* ~) 1 (aniversario) birthday; **¡feliz ~!** happy birthday!; **¿qué vas a hacer el día de tu ~?** what are you going to do on your birthday? 2 (fiesta) birthday party

cumplido[1] **-da** *adj*
A [SER] 1 (atento, cortés) polite; **¡con lo ~ que es!** he's always so polite *o* correct 2 (considerado) thoughtful 3 (Col) (puntual) punctual
B [ESTAR] (frml) (amplio) ‹*información/respuesta*› full
C (acabado) ‹*misión*› accomplished; **a los dos meses ~s** after two months

cumplido[2] *m*: **hacerle un ~ a algn** to pay sb a compliment; **una visita de ~** a duty *o* courtesy call; **la invitó por ~** he invited her because he felt he ought to; **vamos, sin ~s** *or* **no te andes con ~s** don't stand on ceremony; **es precioso, de verdad, no es un ~** it's beautiful, really, I'm not just being polite

cumplidor -dora *adj* reliable

cumplimentar [A1] *vt*
A (frml) ‹*diligencia/trámite*› to perform, carry out; ‹*impreso*› to complete, fill out *o* in
B (frml) ‹*autoridad*› to pay one's respects to

cumplimiento *m*
A 1 (de ley, norma) performance; **falleció en el ~ del deber** he died in the line of duty; **en ~ con lo dispuesto por la legislación vigente** in compliance with current legislation; **la ley es de obligado ~ para todas las empresas** the law is binding on all companies (frml) 2 (logro): **esto favorecerá el ~ de nuestros objetivos** this will help to achieve our objectives
B (elogio, piropo) ▸**cumplido**[2]

cumplir [I1] *vt*
A 1 (ejecutar) ‹*orden*› to carry out; ‹*ley*› to obey; **hacer ~ la ley** to ensure that the law is upheld; **la satisfacción del deber cumplido** the satisfaction of having done one's duty; **no se cumplió el calendario previsto** they failed to adhere to the proposed schedule 2 ‹*promesa/palabra*› to keep; ‹*compromiso*› to honor*, fulfill*; ‹*obligación/contrato*› to fulfill* 3 (alcanzar) ‹*objetivo/ambición*› to achieve; **la solicitud debe ~ los siguientes requisitos** the application must fulfill the following conditions; **el edificio no cumple las condiciones mínimas de seguridad** the building does not comply with minimum safety standards 4 (desempeñar) ‹*papel*› to perform, fulfill*
B ‹*condena/sentencia*› to serve; ‹*servicio militar*› to do
C ‹*años/meses*›: **mañana cumple 20 años** she'll be *o* she's 20 tomorrow; **¿cuándo cumples años?** when's your birthday?; **¡que cumplas muchos más!** many happy returns!; **¡que los cumplas muy feliz!** have a very happy birthday!; **mañana cumplimos 20 años de casados** (AmL) tomorrow we'll have been married 20 years; **la huelga cumple hoy su tercer día** this is the third day of the strike
■ **cumplir** *vi*
A 1 **~ CON algo** ‹*con obligación*› to fulfill* sth, satisfy sth; ‹*con tarea*› to carry out sth; ‹*con trámite*› to comply WITH sth; ‹*con requisito/condición*› to fulfill* sth; **cumple con su trabajo/deber** he does his job/duty; **~ con la iglesia** to go to church 2 (con una obligación social): **lo invité a comer, creo que cumplí** I took him out for lunch, so I think I've done my duty *o* (colloq) my bit; **nos invitó sólo por ~** she only invited us because she felt she ought to; **con los Lara ya hemos cumplido** we've done our bit as far as the Laras are concerned (colloq)
B (*en 3ª pers*) (frml) (corresponder): **me/nos cumple informarle que ...** (Corresp) I am/we are writing to inform you that ... (frml)
■ **cumplirse** *v pron*
A «*deseo/predicción*» to come true; «*ambición*» to be realized, be fulfilled
B «*plazo*»: **mañana se cumple el plazo para pagar el impuesto** tomorrow is the last day for paying the tax; **hoy se cumple el primer aniversario de su muerte** today marks the first anniversary of her death

cumulativo -va *adj* cumulative

cúmulo *m*
A 1 (Meteo) cumulus 2 (Astron) cluster
B (montón, reunión): **un ~ de problemas** a series *o* host of problems; **un ~ de medidas** a whole set of measures

cuna *f* 1 (tradicional) cradle; (cama con barandas) crib (AmE), cot (BrE); (portabebé) portacrib (AmE), carrycot (BrE) 2 (liter) (estirpe, linaje): **ser de ilustre/humilde ~** to be of noble/humble birth (liter) 3 (lugar de nacimiento) birthplace 4 (origen de filosofía, movimiento) birthplace; **la ~ de la civilización** the cradle of civilization

cuncho *m* (Col) 1 (poso — del café) grounds (*pl*); (— del vino) lees (*pl*) 2 (fam) (sobras): **queda un ~ de arroz** there's a little rice left over

cuncuna *f* (Chi) (Zool) caterpillar

cundido -da *adj* (Méx) **~ DE algo**: **estaba cundida de cáncer** she was riddled with cancer; **la casa estaba cundida de insectos** the house was full of *o* swarming with insects

cundir [I1] *vi*
A «*rumor*» to spread; «*miedo*» to grow; **¡que no cunda el pánico!** don't panic!; **cundió la alarma** there was widespread alarm; **cunde el temor a una reacción violenta** there are growing fears of a violent reaction; **empieza a ~ el escepticismo** skepticism is becoming rife
B (rendir): **hoy no me ha cundido el trabajo** I haven't got much work done today; **hoy la mañana me cundió** I got a lot done this morning; **este detergente cunde más/mucho** this detergent goes further/a long way

cuneiforme *adj* cuneiform

cuneta *f* **1** (en carretera) ditch **2** (Chi) (de calle) curb (AmE), kerb (BrE)

cunetearse *v pron* (CS) to hit the curb*

cunnilinguo, cunnilingus *m* cunnilingus

cuña *f*
A **1** (pieza triangular) wedge; **en ~** in a V-formation *o* wedge formation **2** (Col) (muesca) groove
(Compuesto) **cuña anticiclónica** *or* **de alta presión** ridge of high pressure
B (Rad) slot
C (bacinica) bedpan
D (CS fam) ▸**palanca B**

cuñado -da *m,f*
A (pariente político) (*m*) brother-in-law; (*f*) sister-in-law; **mis ~s** (sólo varones) my brothers-in-law; (varones y mujeres) my brothers and sisters-in-law
B (Per fam) (compañero) buddy (AmE colloq), mate (BrE colloq)

cuño *m* (troquel) die; (sello) stamp; ***de nuevo* ~** ‹*palabra*› newly-coined (*before n*); ‹*empresa*› new-style (*before n*)

cuota *f*
A **1** (de club, asociación) membership fees (*pl*); (de sindicato) dues (*pl*); (de seguro) premium; **pagan una ~ módica por el hospedaje** they pay a modest amount for lodging; **la ~ de enganche** the connection charge **2** (AmL) (plazo) installment*, payment **3** (Méx) (Auto) toll
(Compuestos)
- **cuota alimentaria** (Arg) maintenance
- **cuota inicial** deposit, down payment

B (parte proporcional) quota; **~s de producción** production quotas
(Compuestos)
- **cuota de mercado** market share
- **cuota patronal** employer's contribution (*to social security*)

cupe *see* **caber**

cupé *m* coupé

Cupido Cupid

cupiera, cupiese, etc *see* **caber**

cupimos, cupiste, etc *see* **caber**

cuplé *m* variety song

cupletista *mf*: *singer or composer of* **cuplés**

cupo[1] *m* **1** (cantidad establecida) quota; **~s de importación** import quotas **2** (AmL) (capacidad) room; **una sala con ~ para 300 personas** a hall which holds 300 people **3** (AmC, Col, Méx) (plaza) place

cupo[2] *see* **caber**

cupón *m*
A (vale) coupon, voucher
(Compuestos)
- **cupón de franqueo internacional** international reply coupon
- **cupón federal** ≈ food stamp (*in US*)
- **cupón obsequio** gift certificate (AmE), gift voucher *o* token (BrE)

B (Esp) (de lotería) ticket

cuponazo *m* (Esp) the big one (*weekly lottery prize*)

> **cuponazo**
> ▸Once

cuprero -ra *adj* (Chi) copper (*before n*)

cúprico -ca *adj* cupric, copper (*before n*)

cúpula *f*
A (Arquit) dome, cupola; (Mil, Náut) (torreta) turret
B (de organización): **la ~ del partido** the party leadership; **la ~ militar** the leaders of the armed forces; **la ~ de la empresa** the upper echelons of the company

cuquillo *m* cuckoo

cura[1] *m* (sacerdote) priest; **se metió de** *or* **a ~** he became a priest
(Compuesto) **cura párroco** parish priest

cura[2] *f* **1** (curación, tratamiento) cure; **una enfermadad que no tiene ~** an incurable disease **2** (vendaje) dressing; (curita) (Col) Band-Aid® (AmE), (sticking) plaster (BrE)
(Compuestos)
- **cura de aguas** hydrotherapy
- **cura de reposo** rest cure
- **cura de sueño** sleep therapy
- **cura de urgencias** first aid

curable *adj* curable

curaca *m* (Per) cacique, chief

curación *f*
A (tratamiento) treatment
B (recuperación—de enfermo) recovery; (— de herida) healing

curado[1] -da *adj*
A ‹*jamón/carne*› cured; ‹*cuero/piel*› tanned; ▸**espanto A2**
B (fam) (borracho) plastered (colloq)

curado[2] *m* (de jamón) curing; (de cuero, piel) tanning

curador -dora *m,f* (Der) guardian; (de un museo) (RPl) curator

curandero -ra *m,f* (en medicina popular) folk healer; (hechicero) witch doctor; (charlatán) (pey) quack doctor (pej)

curar [A1] *vt*
A **1** (poner bien) ‹*enfermo/enfermedad*› to cure; ‹*herida*› to heal **2** (tratar) ‹*enfermo/enfermedad*› to treat; **no le han curado la herida** his wound hasn't been cleaned/dressed
B ‹*jamón/pescado*› to cure; ‹*cuero/piel*› to tan
■ **curar** *vi* «*enfermo*» to recover, get better; «*herida*» to heal, heal up; **una vez curado de la enfermedad ...** once he has/had recovered from his illness ...; **tiene una gripe mal curada** he hasn't got(ten) rid of his flu yet
■ **curarse** *v pron* «*persona*» to recover, get better; **~se DE algo** to get over sth

curativo -va *adj* curative

cúrcuma *f* turmeric

curcuncho -cha *m,f* (Chi, Per fam & pey) hunchback

curda[1] *adj inv* (Esp fam) sloshed (colloq)

curda[2] *mf*
A (RPl fam) (borracho) soak (colloq)
B **curda** *f* (fam) **1** (borrachera): **tiene una ~ que no ve** he's blind drunk (colloq) **2** (Ven) (bebida alcohólica) booze (colloq)

curdo[1] -da *adj*
A (Geog) Kurdish
B (Ven fam) (borracho) ▸**curda[1]**

curdo[2] -da *m,f*
A (Geog) Kurd
B (Ven fam) (borracho) ▸**curda[2] A**

curí *m* (Col) guinea pig

curia *f*
A (Relig) Curia, curia; (Hist) curia
B (Der) bar

curiosamente *adv* curiously, strangely; **~, no vino** (*indep*) curiously enough *o* strangely enough, he didn't come

curiosear [A1] *vi* **1** (fisgonear) to pry; **~ en la vida ajena** to pry into other people's affairs; **estaba curioseando entre mis papeles/en mis cajones** he was going *o* looking through my papers/drawers **2** (por las tiendas, en una biblioteca) to browse; **me puse a ~ en la biblioteca/entre los archivos** I started browsing around the library/through the files

curiosidad *f*
A (cualidad) curiosity; **siente/tiene mucha ~** he is very curious; **están muertos de ~** *or* **se mueren de ~** they are dying to see him (*o* to know *etc*); **me ha picado la ~** my curiosity has been aroused
B (cosa rara) curiosity; **tienda de ~es** curio shop

curioso[1] -sa *adj*
A (interesante, extraño) curious, strange, odd; **es ~ que ...** it's odd *o* strange that ...; **lo ~ del caso es que ...** the strange *o* funny thing is that ...
B **1** [SER] (inquisitivo) inquisitive; (entrometido) (pey) nosy* (colloq) **2** [ESTAR] (interesado) curious

C (Esp) (pulcro) neat

curioso² **-sa** *m,f* **1** (espectador) onlooker; Ⓢ **abstenerse curiosos** (Esp) no timewasters **2** (fam) (fisgón) busybody (colloq)

curita *f* (AmL) Band-Aid® (AmE), (sticking) plaster (BrE)

currante *mf* (Esp fam) worker

currar [A1] *vi* (Esp fam) **1** (trabajar) to work **2** (pegar) to thump (colloq)

■ **currar** *vt* (RPl fam) to rip … off (colloq)

curricular *adj* (AmL) curricular

currículo *m* (Educ) curriculum

curriculum, currículum *m* (*pl* **-lums**) **1** (antecedentes) *tb* ~ **vitae** curriculum vitae, CV **2** (Educ) curriculum

curro *m*

A (Esp fam) (trabajo) job

B (RPl fam) (timo) rip-off (colloq)

curruña *mf* (Ven fam) buddy (AmE colloq), mate (BrE colloq)

currusco *m* crust

currutaco¹ **-ca** *adj* (Col, Ven fam) pint-sized (colloq)

currutaco² **-ca** *m,f* (Col, Ven fam) shortie (colloq)

curry /'kurri/ *m* (*pl* **-rries**) (polvo) curry powder; (plato) curry; **pollo al** ~ curried chicken

cursar [A1] *vt*

A (estudiar): ~ **estudios universitarios** to do *o* take a university/college course; **cursa segundo de Derecho** she is in her second year at law school

B (frml) ‹*orden*› to issue; ‹*solicitud*› to deal with

cursi¹ *adj* (fam) ‹*objeto*› corny, twee (BrE); ‹*idea*› sentimental, twee (BrE); ‹*decoración*› chichi; **la encuentro** ~ she just seems affected to me

cursi² *mf* (fam): **es un** ~ he's so affected *o* twee

cursilería, cursilada *f*: **raya en la** ~ it verges on the sentimental *o* the schmaltzy; **el vestido le pareció una** ~ she thought the dress was rather corny *o* (BrE) twee

cursillo *m* **1** (curso corto) short course; ~ **de natación** swimming lessons **2** (ciclo de conferencias) series of lectures

cursiva *f* italics (*pl*)

curso *m*

A (Educ) **1** (año académico) year; **está en (el) tercer** ~ he's in the third year; **el** ~ **escolar/universitario** the academic year **2** (clases) course; **un** ~ **de contabilidad** an accountancy course **3** (grupo de alumnos) year; **una chica de mi** ~ a girl in my year

(Compuestos)

- **curso acelerado** *or* **intensivo** crash *o* intensive course
- **Curso de Orientación Universitaria** (en Esp) pre-university course
- **curso por correspondencia** correspondence course

B **1** (transcurso, desarrollo) course; **en el** ~ **de la reunión** in the course of the meeting; **dejar que algo siga su** ~ to let sth take its course; **seguir el** ~ **de los acontecimientos** to follow the development of events; **el año/el mes en** ~ (frml) the current year/month (frml); ***dar*** ~ ***a algo*** (a una instancia/solicitud) to start to process sth; (a la imaginación) to give free rein to sth **2** (de río) course

C (circulación): **monedas/billetes de** ~ **legal** legal tender, legal currency

cursor *m* cursor

curtido¹ **-da** *adj* ‹*rostro/piel*› weather-beaten; ‹*manos*› hardened

curtido² *m* **1** (proceso) tanning **2** (cuero, piel) tanned hide; **fábrica de** ~**s** tannery

curtidor **-dora** *m,f* tanner

curtir [I1] *vt*

A ‹*cuero/pieles*› to tan

B **1** ‹*rostro/piel*› «*sol*» to tan and harden **2** ‹*persona*› «*vida/sufrimientos*» to harden

■ **curtirse** *v pron* (por el sol) to become tanned (and hardened); (por el viento, el tiempo) to become weather-beaten

curul *f* (Col, Méx) (Pol) seat

curva *f*

A **1** (línea) curve; ~ **de temperatura(s)** temperature curve; **la** ~ **de la felicidad** (fam & hum) middle-age spread (colloq & hum) (*said to be caused by marital bliss*) **2** (en camino, carretera) curve; (más pronunciada) bend; Ⓢ **curva peligrosa** sharp bend; **una** ~ **cerrada/en herradura** a sharp/hairpin bend; ***agarrar a algn en*** ~ (Méx fam) to take sb by surprise **3** (Dep) curveball

B **curvas** *fpl* (de una mujer) curves (*pl*); **con** ~ curvaceous

curvar [A1] *vt* ‹*alambre*› to bend; ‹*estante*› to bow

■ **curvarse** *v pron* «*alambre*» to bend; «*estante*» to bow

curvatura *f* curvature

curvilíneo **-nea** *adj* **1** (Mat) curvilinear **2** ‹*mujer/cuerpo*› curvaceous

curvo **-va** *adj* curved

cuscurro *m* (Coc) crust

cuscús, cus-cus *m* (Coc) couscous

cúspide *f* **1** (de montaña) top, summit; (de pirámide) top, apex **2** (de fama, poder) height, pinnacle **3** (de organización) leadership

custodia *f*

A **1** (tutela) custody; **ejerce la** ~ **del niño** she has custody of the child **2** (encarcelación, vigilancia) custody; **lo tienen bajo** ~ he is being held in custody

B **1** (Arg) (escolta) escort **2** **custodia** *mf* (persona) guard

C (Relig) monstrance

custodiar [A1] *vt* to guard

custodio **-da** *m,f* guardian

(Compuesto) **custodio del orden** (Per) police officer

cusuco *m* (AmC) armadillo

cususa *f* (AmC) *homemade corn liquor*

cutacha *f* ▸ **cuma**

cutáneo **-nea** *adj* skin (*before n*), cutaneous (tech)

cúter *m* (Náut) cutter

cutícula *f* cuticle

cutis *m* (*pl* ~) skin; ~ **suave** smooth complexion *o* skin

cutre *adj* (Esp fam) ‹*hotel*› seedy, shabby; ‹*persona*› shabby

cuy *m* (AmS) guinea pig

cuye *m* (Chi) guinea pig

cuyo **-ya** *adj*

A (indicando pertenencia) whose; **vocablos** ~ **uso es extendido** words which are in widespread use; **en un lugar de** ~ **nombre no quiero acordarme** in a place, the name of which I prefer not to recall

B (sin sentido posesivo): **en** ~ **caso …** in which case, …

CV *m* = **caballo de vapor**

C.V. *m* (= **curriculum vitae**) CV

Dd

D, d *f* (*read as* /de/) *the letter* **D, d**
D. = Don
dactilar *adj* finger (*before n*); ▸**huella**
dáctilo *m* dactyl
dactilografía *f* typing, typewriting
dactilógrafo -fa *m,f* typist
dadaísmo *m* Dadaism
dádiva *f* gift
dadivoso -sa *adj* generous
dado¹ -da *adj*
A (determinado) given; **en un momento/punto ~** at a given moment/point
B (*como conj*) given; **dadas las circunstancias** given *o* in view of the circumstances; **dado que** (frml) in view of the fact that (frml), given that
C [SER] (proclive) **~ A algo/+ INF** given TO sth/-ING
D (RPl) (abierto, extrovertido) outgoing
dado² *m*
A 1▸ (Jueg) dice, die (frml); **echar** *or* **tirar los ~s** to throw the dice; **jugar a los ~s** to play dice 2▸ (cubo): **cortar el queso en ~s** cut the cheese into cubes; **zanahoria cortada en daditos** diced carrot
B (Arquit) dado
DAFO *f* (= **Debilidades, Amenazas, Fortalezas y Oportunidades**) SWOT; **análisis ~** SWOT analysis
daga *f* dagger
daguerrotipo *m* (proceso) daguerreotype process; (fotografía) daguerreotype
dalia *f* dahlia
daltónico¹ -ca *adj* color-blind*
daltónico² -ca *m,f*: **los ~s** people suffering from color-blindness*
daltonismo *m* color-blindness*
dama *f*
A (frml) (señora) lady; **~s y caballeros** ladies and gentlemen; **la final de ~s** the ladies' final
(Compuesto) **dama de honor** (de novia) bridesmaid; (de reina) lady-in-waiting
B (figura) 1▸ (en damas) king; **hacer ~** to make a crown *o* king 2▸ (en ajedrez) queen; **hacer ~** to queen, make a queen 3▸ (en naipes) queen
C **damas** *fpl* (juego) checkers (AmE), draughts (BrE); **jugar a las ~s** to play checkers *o* draughts
damajuana *f* demijohn
damasco *m*
A (Tex) damask
B (AmS) (fruta) apricot; (árbol) apricot tree
Damasco *m* Damascus
damasquinado *m* damascene (work)
damasquinar [A1] *vt* to damascene, damask
damasquino -na *adj* 1▸ (de Damasco) Damascene 2▸ ‹*espada*› damascene, damask
damisela *f* (arc) damsel (arch)
damnificado -da *m,f* (frml) victim; **los ~s por la sequía** the victims of the drought
danés¹ -nesa *adj* Danish
danés² -nesa *m,f*
A (persona) (*m*) Dane, Danish man; (*f*) Dane, Danish woman
B **danés** *m* (idioma) Danish

danta *f* (AmL) (tapir) tapir
dantesco -ca *adj* (de Dante) Dantesque; (terrible) horrific
danto *m* (AmC) tapir
danza *f* 1▸ (arte) dance; **~ moderna** modern dance; **la ~ lo es todo para ella** dancing is everything for her 2▸ (pieza) dance 3▸ (fam) (actividad, ajetreo) rush; **es una ~ continua** it's one long rush; ***estar*** *or* ***andar en ~*** (fam) to be on the go (colloq)
danzar [A4] *vi* (frml) (bailar) to dance; ***tener a algn danzando*** to keep sb on the go
danzarín -rina *adj*: **es muy ~** he loves dancing
dañado -da *adj* damaged
dañar [A1] *vt* (hacer daño a) 1▸ ‹*honra/reputación*› to damage, harm 2▸ ‹*fruta/mercancías/instalaciones*› to damage; ‹*cosecha*› to damage, spoil 3▸ ‹*salud/organismo*› to be bad for, damage; **esa luz me daña la vista** that light hurts my eyes
■ **dañarse** *v pron*
A 1▸ «*cosecha*» to be/get damaged *o* spoiled; «*comestibles/mercancías/muebles*» to be/get damaged 2▸ «*persona*» ‹*salud*› to damage
B (Col, Ven) 1▸ «*carne/comida*» to rot, go bad 2▸ «*auto*» to break down; «*aparato*» to break
dañino -na *adj* [SER] ‹*planta/sustancia*› harmful; **~ PARA algo** harmful TO sth; **~ para la salud** harmful to *o* bad for one's health
daño *m*
A 1▸ (dolor físico): **hacerse ~** to hurt oneself; **me he hecho ~ en la espalda** I've hurt my back; **hacerle ~ a algn** «*persona*» to hurt sb; **el picante me hace ~** hot, spicy food doesn't agree with me 2▸ (destrozo) damage; **muchas viviendas sufrieron ~s** many houses were damaged *o* suffered damage
(Compuesto) **daños y perjuicios** *mpl* damages (*pl*)
B (CS, Méx fam) (en brujería) curse; **le hicieron un ~** they put a curse on him
dar [A25] *vt*
(*Sentido* **I**)
A (entregar) to give; **dale las llaves a Pedro** give the keys to Pedro; **se las di a Jaime** I gave them to Jaime; **déme un kilo de peras** can I have a kilo of pears?; **500 dólares ¿quién da más?** any advance on 500 dollars?; ▸**conocer** *vt* **C2**, **entender** *vt* **B2**
B (regalar, donar) to give; **¿me lo prestas? — te lo doy, no lo necesito** can I borrow it? — you can keep it, I don't need it; **¡qué no ~ía por que así fuera!** I'd give anything for that to be the case; ***donde las dan las toman*** two can play at that game; ***tener para ~ y vender*** to have plenty to spare
C ‹*cartas/mano*› to deal
D 1▸ (proporcionar) ‹*fuerzas/valor/esperanza*› to give; **eso me dio la idea** that's where I got the idea from; **si le dan la ocasión** if he's given the chance; **pide que te den más información** ask them to give you more information 2▸ (Mús) to give; **¿me das el la?** can you give me an A?
E (conferir, aportar) ‹*sabor/color/forma*› to give; **las luces le daban un ambiente festivo** the lights gave a festive atmosphere
F 1▸ (aplicar) to give; **dale otra capa de barniz** give it another coat of varnish; **hay que ~le cera al piso** the floor needs waxing; **dale una puntada para sujetarlo** put a stitch in to hold it 2▸ ‹*sedante/masaje*› to give

G 1▸ (conceder) ‹*prórroga/permiso*› to give; **el dentista me dio hora para el miércoles** I have an appointment with the dentist on Wednesday; **dan facilidades de pago** they offer easy repayment facilities *o* terms; **nos dieron un premio** we won *o* got a prize; **me dieron un diploma** I got a diploma; **no le doy ni un mes a esa relación** I don't think they'll last more than a month together 2▸ (RPl) (calcular): **¿qué edad le das?** how old do you think he is?

H 1▸ (expresar, decir): **¿le diste las gracias?** did you thank him?, did you say thank you?; **no me dio ni los buenos días** she didn't even say hello; **dales saludos** give/send them my regards; **~le la bienvenida a algn** to welcome sb; **me dio su parecer** *or* **opinión** she gave me her opinion; **tuve que ~le la noticia** I was the one who had to break the news to him 2▸ (señalar, indicar): **me da ocupado** *or* (Esp) **comunicando** the line's busy *o* (BrE) engaged; **el reloj dio las cinco** the clock struck five

(Sentido II)

A (producir) ‹*fruto/flor*› to bear; **estos campos dan mucho grano** these fields have a high grain yield; **este negocio da mucho dinero** there's a lot of money in this business; **esos bonos dan un 7%** those bonds yield 7%

B 1▸ (rendir): **ha dado todo lo que esperaba de él** he has lived up to my/his expectations; **ese jugador lo da todo** that player puts everything into the game 2▸ (AmL) (alcanzar hasta): **¿cuánto da ese coche?** how fast can that car go?; **da 150 kilómetros por hora** it can do *o* go 150 kilometers an hour; **venía a todo lo que daba** it was traveling at full speed; **ponen la radio a todo lo que da** they turn the radio on full blast

C (causar, provocar): **la comida muy salada da sed** salty food makes you thirsty; **¡estos niños dan tanto trabajo!** these kids are such hard work!; (+ *me/te/le etc*) **¿no te da calor esa camisa?** aren't you too warm in that shirt?; **el vino le había dado sueño** the wine had made him sleepy; **me da mucha pena verla tan triste** it hurts me to see her so sad; **¡qué susto me has dado!** you gave me such a fright!; **este coche no me ha dado problemas** this car hasn't given me any trouble; *ver tb* **asco, hambre, miedo, etc**; **~ QUE + INF**: **el jardín da muchísimo que hacer** there's always such a lot to do in the garden; **lo que dijo me dio que pensar** what he said gave me plenty to think about; *ver tb* **dar** *vi Sentido* **III A**

(Sentido III)

A (presentar) ‹*concierto*› to give; **¿qué dan esta noche en la tele?** what's on TV tonight? (colloq); **ayer daban una obra de Calderón** there was a Calderón play on yesterday; **¿dónde están dando esa película?** where's that film showing?

B 1▸ ‹*fiesta*› to give; ‹*baile/banquete*› to hold 2▸ ‹*conferencia*› to give; ‹*discurso*› (AmL) to make 3▸ (CS) ‹*examen*› to take *o* (BrE) sit; *ver tb* **clase E**

(Sentido IV) (realizar la acción que se indica): **~ lectura a un comunicado** to read out a communiqué; **~ un grito/un suspiro** to give a shout/heave a sigh; **~ un paso atrás/adelante** to take a step back/forward; **dame un beso/abrazo** give me a kiss/hug; *ver tb* **golpe, paseo, vuelta, etc**

(Sentido V) (considerar) **~ algo/a algn POR algo**: **lo dieron por muerto** they gave him up for dead; **doy por terminada la sesión** I declare the session closed; **ese tema lo doy por sabido** I'm assuming you've already covered that topic; **puedes ~ por perdido el dinero** you can say goodbye to that money; **¡dalo por hecho!** consider it done!; **si apruebo ~é el tiempo por bien empleado** if I pass it will have been time well spent

■ **dar** *vi*

(Sentido I)

A 1▸ (entregar): **no puedes con todo, dame que te ayudo** you'll never manage all that on your own, here, let me help you; **¿me das para un helado?** can I have some money for an ice cream? 2▸ (en naipes) to deal; **te toca ~ a ti** it's your deal

B (ser suficiente, alcanzar) **~ PARA algo/algn**: **este pollo da para dos comidas** this chicken will do for two meals; **con una botella no da para todos** one bottle's not enough to go round; (+ *me/te/le etc*) **eso no te da ni para un chicle** you can't even buy a piece of chewing gum with that; **no me dio (el) tiempo** I didn't have time; ***~ de sí*** to stretch; **¡qué poco dan de sí mil pesos!** a thousand pesos doesn't go very far!; ***no ~ para más***: **su inteligencia no da para más** that's as much as his brain can cope with; **lo que gano no da para más** what I earn doesn't go any further; **la fiesta no daba para más** the party was beginning to wind down

C **dar a** 1▸ «*puerta*» to give onto, open onto; «*ventana*» to look onto, give onto 2▸ «*fachada/frente*» (estar orientado hacia) to face; **la terraza da al mar** the balcony overlooks *o* faces the sea 3▸ (llegar hasta) «*río*» to flow into, go into; «*calle*» to lead to

D (arrojar un resultado): **el análisis le dio positivo/negativo** her test was positive/negative; **¿cuánto da la cuenta?** what does it come to?; **a mí me dio 247** I made it (to be) 247

E (importar): **da lo mismo, ya iremos otro día** it doesn't matter, we'll go another day; **¡qué más da!** what does it matter!; **¿qué más da un color que otro?** what difference does it make what color it is?; (+ *me/te/le etc*) **¿el jueves o el viernes? — me da igual** Thursday or Friday? — I don't mind *o* it doesn't make any difference to me; **¿y a ti qué más te da si él viene?** what's it to you if he comes? (colloq)

(Sentido II)

A 1▸ (pegar, golpear): **~le A algn** to hit sb; (como castigo) to smack sb; **le dio en la cabeza/con un palo** he hit him on the head/with a stick; **dale al balón con fuerza** kick the ball hard; **te voy a ~ (de palos)** I'm going to give you a good beating; **el balón dio en el poste** the ball hit the post 2▸ (fam) (a tarea, asignatura) **~le A algo**: **me pasé todo el verano dándole al inglés** I spent the whole summer working on my English; **¡cómo le da al vino!** he really knocks back *o* (AmE) down the wine (colloq); **¡cómo le han dado al queso! ¡ya casi no queda!** they've certainly been at the cheese, there's hardly any left! (colloq) 3▸ (acertar) to hit; **~ en el blanco/el centro** to hit the target/the bull's-eye

B (accionar, mover) **~le A algo** ‹*a botón/tecla*› to press sth; ‹*a interruptor*› to flick sth; ‹*a manivela*› to turn sth; (+ *compl*) **dale al volante hacia la derecha** turn the wheel to the right; **dale a esa palanca hacia arriba** push that lever up; **dale para atrás** back up

C 1▸ (fam) (indicando insistencia): **¡y dale! ya te he dicho que no voy** there you go again! I've told you I'm not going (colloq); **¡y dale con lo de su edad!** stop going on about her age!; ***¡dale que dale*** *or* (Esp) ***dale que te pego!*** (fam): **he estado todo el día dale que dale** I've been hard at it all day; **¡dale que dale con lo mismo!** stop going on about it! 2▸ (RPl fam) (instando a hacer algo) come on; **dale, prestámelo** come on *o* go on, lend it to me

D **dar con** (encontrar) ‹*persona*› to find; ‹*solución*› to hit upon, find; ‹*palabra*› to come up with

(Sentido III)

A (acometer, sobrevenir) (+ *me/te/le etc*): **le dio un mareo** she felt dizzy; **le dio un infarto** he had a heart attack; **me va a ~ algo** (fam) I'm going to have a fit (colloq); *ver tb* **dar** *vt Sentido* **II C, escalofrío, frío, gana, etc**

B (hablando de manías, ocurrencias) **~le a algn POR + INF** to take to -ING; **le ha dado por pintar** he's taken to painting; **le ha dado por decir que ...** he's started saying that ...; **le ha dado por el yoga** she's got into yoga; **le ha dado con que me conoce** she's got it into her head that she knows me

C «*sol/viento/luz*»: **aquí da el sol toda la mañana** you get the sun all morning here; **en esa playa da mucho el viento** it's very windy on that beach; **la luz le daba de lleno en los ojos** the light was shining right in his eyes

■ **darse** *v pron*

(Sentido I)

A (producirse) to grow; **en esta zona se da bien el trigo** wheat grows well in this area

B (presentarse) «*oportunidad/ocasión*» to arise; **se dio el caso que iba pasando por ahí** it so happened that I was passing by

C (resultar) (+ *me/te/le etc*): **se le dan los idiomas** she's good at languages; **¿cómo se te da a ti la costura?** are you any good at sewing?

(Sentido II) 1▸ (dedicarse, entregarse) **~se A algo**: **se dio a la bebida** she took to drink; **se ha dado por entero a su familia/a la causa** she has devoted herself entirely to her family/to the cause 2▸ (CS, Ven) (ser sociable) **~se CON**

algn to get on with sb; **no se da con los suegros** she doesn't have much to do with her in-laws

(Sentido III) 1 (*refl*) (realizar la acción que se indica): **me di una ducha** I took *o* had a shower; **~se un banquete** to have a feast; ***dárselas de algo*: se las da de que sabe mucho** he likes to make out he knows a lot; **dárselas de listo** to act smart; **¿y de qué se las da ése?** who does he think he is? 2 (golpearse, pegarse): **se dio con el martillo en el dedo** he hit his finger with the hammer; **no te vayas a ~ con la cabeza contra el techo** don't hit *o* bang your head on the ceiling; **se dieron contra un árbol** they crashed into a tree; **se dio ~ un golpe en la rodilla** he hit his knee 3 (*recípr*): **se estaban dando (de) patadas/puñetazos** they were kicking/punching each other

(Sentido IV) (considerarse) **~se POR algo**: **con eso me ~ía por satisfecha** I'd be quite happy with that; **darse por vencido** to give up; *ver tb* **aludir 1, enterado A**

dardo *m* 1 (Jueg) dart; **jugar a los ~s** to play darts 2 (arma) small spear

dársena *f* dock

datación *f* dating; **~ por carbono 14** radiocarbon dating

datar [A1] *vi*: **data del siglo XII** it dates from the 12th century; **una amistad que data de hace muchos años** a friendship which goes back many years

■ **datar** *vt* to date

dátil *m* (Bot) date

datilera *f* date palm

dativo *m* (Ling) dative

dato *m* 1 (elemento de información) piece of information; **no dispongo de todos los ~s** I don't have all the information; **alguien le pasó el ~ a la policía** (CS) somebody informed *o* (colloq) tipped off the police; **darle un ~ a algn** (CS) to give sb a tip 2 **datos** *mpl* (Inf) data (*pl*), information

(Compuesto) **datos personales** *mpl* particulars (*pl*), personal details (*pl*)

davo *m* (AmC fam) problem

dB. (= **decibelio**) db, decibel

Dcha., dcha. = **derecha**

d. de C. (= **después de Jesucristo**) AD

DDF *m* (en Méx) = **Departamento del Distrito Federal**

de[1] *prep*

(Sentido I)

A (en relaciones de pertenencia, posesión): **la casa ~ ~ mis padres/~ la actriz** my parents'/the actress's house; **el rey ~ Francia** the king of France; **el cumpleaños ~ Luis** Luis's birthday; **no es ~ él/~ ella/~ ellos** it isn't his/hers/theirs; **su padre ~ usted** (frml) your father; **es un amigo ~ mi hijo/~ la familia** he's a friend of my son's/the family; **un estudiante ~ quinto año** a fifth-year student; **la correa ~l perro** the dog's leash; **un avión ~ Mexair** a Mexair plane; **la tapa ~ la cacerola** the saucepan lid; **las calles ~ la capital** the streets of the capital; **la subida ~ los precios** the rise in prices; **al término ~ la reunión** at the end of the meeting

B 1 (introduciendo un nombre en aposición) of; **la ciudad ~ Lima** the city of Lima; **el aeropuerto ~ Barajas** Barajas airport; **el mes ~ enero** the month of January 2 (con apellidos): **Sra. Mónica Ortiz ~ Arocena** ≈ Mrs Mónica Arocena; **los señores ~ Díaz** (frml) Mr and Mrs Díaz; **las señoritas ~ Paz** (frml) the Misses Paz (frml) [**de** *is also part of certain surnames like* **de León** *and* **de la Peña**] 3 (en exclamaciones): **¡pobre ~ él!** poor him!; **¡ay ~ mí!** (liter) woe is me! (liter)

(Sentido II)

A (expresando procedencia, origen, tiempo) from; **volvía ~l banco** I was on my way back from the bank; **es ~ Bogotá** she's/she comes from Bogotá; **una carta ~ Julia** a letter from Julia; **lo saqué ~ la biblioteca** I got it out of the library; **lo recogió ~l suelo** she picked it up off the floor; **un hijo ~ su primera mujer** a son by his first wife; **al salir ~ la tienda** as he left the store; **un amigo ~ la infancia** a childhood friend; **la literatura ~ ese período** the literature of *o* from that period; **~ un día para otro** from one day to the next; DE ... A ... FROM ... TO ...; **~ aquí a tu casa** from here to your house; **~ nueve a cinco** it's open from nine to five

B (al especificar material, contenido, composición): **son ~ plástico** they're (made of) plastic; **una mesa ~ caoba** a mahogany table; **una inyección ~ morfina** an injection of morphine, a morphine injection; **un curso ~ secretariado** a secretarial course; **un vaso ~ agua** a glass of water; **una colección ~ sellos** a stamp collection; **un millón ~ dólares** a million dollars

C (expresando causa, modo): **murió ~ viejo** he died of old age; **verde ~ envidia** green with envy; **estaba ronco ~ tanto gritar** he was hoarse from shouting so much; **temblando ~ miedo** trembling with fear; **~ memoria** by heart; **lo tumbó ~ un golpe** he knocked him down with one blow; **~ dos en dos** *or* (CS) **de a dos** two at a time; **~ a poco/~ a uno** (CS) little by little/one by one

(Sentido III)

A 1 (introduciendo cualidades, características): **es ~ una paciencia increíble** he is incredibly patient; **objetos ~ mucho valor** objects of great value; **¿~ qué color lo quiere?** what color do you want it?; **tiene cara ~ aburrido** he looks bored; **tienes cosas ~ niño** sometimes you act like a child; **una botella ~ un litro** a liter bottle; **un niño ~ tres meses** a three-month-old child; **la chica ~ azul/~l abrigo rojo** the girl in blue/in the red coat; **un hombre ~ pelo largo** a man with long hair 2 (refiriéndose a una etapa en la vida) as; **~ niño** as a *o* when he was a child

B (indicando uso, destino, finalidad): **el cepillo ~ la ropa** the clothes brush; **copas ~ vino** wine glasses; **ropa ~ cama** bed clothes; **dales algo ~ comer** give them something to eat; **¿qué hay ~ postre?** what's for dessert?

C 1 (al definir, especificar): **el botón ~ abajo** the bottom button; **el vecino ~ al lado** the next-door neighbor; **es muy bonita ~ cara** she has a pretty face; **¿qué tal vamos ~ tiempo?** how are we doing for time?; **tiene dos metros ~ ancho** it's two meters wide; **es fácil/difícil de pronunciar** it's easy/difficult to pronounce 2 (sentido partitivo) of; **¿quién ~ ustedes fue?** which (one) of you was it?; **se llevó uno ~ los míos** she took one of mine; **el mayor ~ los Soto** the eldest of the Soto children

D (con sentido ponderativo): **¡lo encontré ~ viejo ...!** he seemed so old!; **¡qué ~ coches!** (fam) what a lot of cars!

E 1 (con cifras): **el número ~ estudiantes es ~ 480** there are 480 students; **pagan un interés ~l 15%** they pay 15% interest *o* interest at 15% 2 (en comparaciones de cantidad) than; **cuesta más ~ £100** it costs more than *o* over £100; **pesa menos ~ un kilo** it weighs less than *o* under a kilo; **un número mayor/menor ~ 29** a number over/under 29 3 (con un superlativo): **es el más caro ~ todos** it's the most expensive one; **la ciudad más grande ~l mundo** the biggest city in the world

F (refiriéndose a una parte del día): **duerme ~ día y trabaja ~ noche** she sleeps during the day and works at night; **salieron ~ madrugada** they left very early in the morning

G (en calidad de) as; **trabaja ~ secretaria** she works as a secretary; **hace ~ rey en la obra** he plays (the part of) a king in the play

H (en expresiones de estado, actividad): **~ mal humor** in a bad mood; **estamos ~ limpieza general/fiesta** we're spring-cleaning/having a party

I (en oraciones pasivas) by; **una novela ~ Goytisolo** a novel by Goytisolo; **una casa rodeada ~ árboles** a house surrounded by trees

(Sentido IV) (con sentido condicional) 1 DE + INF: **~ haberlo sabido, habría venido antes** if I had known *o* had I known, I would have come earlier; **~ no ser así no será considerada** otherwise it will not be considered 2 SER DE + INF (expresando necesidad, inevitabilidad): **es ~ esperar que ...** it is to be hoped that ...; **es ~ destacar su actuación** her performance is worthy of note

de[2] *f*: *name of the letter* **d**

dé *see* **dar**

deambular [A1] *vi* to wander around *o* about

deambulatorio *m* ambulatory

deán *m* dean

debacle *f* 1 (fiasco) debacle, fiasco; **aquello fue la ~** it was absolute chaos 2 (derrumbamiento) collapse, downfall

debajo *adv*

A [*Latin American Spanish also uses* **abajo** *in many of these exam-*

ples] underneath; **no llevo nada ~** I'm not wearing anything underneath; **el que está ~** the one below, the next one down

B debajo de (*loc prep*) under; **~ del coche** under *o* underneath the car; **~ del agua** underwater; **por ~ de la puerte** under the door; **temperaturas por ~ de lo normal** temperatures below average; **la enagua se le asomaba por ~ de la falda** her slip was showing below her skirt; **por ~ de mí/ti/él** below me/you/him

debate *m* debate; (más informal) discussion

debatir [I1] *vt* to debate; (más informal) to discuss

■ **debatirse** *v pron*: **se debatía entre el deber y su amor por ella** he was torn between the sense of duty and his love for her; **se debate entre la vida y la muerte** he's fighting for his life; **se debatía entre el miedo y la esperanza** his feelings alternated between fear and hope

debe *m* debit; **el ~ y el haber** the debit side and the credit side

deber[1] [E1] *vt* **1** ‹*dinero*› to owe; **exigen el pago de lo que se les debe** they're demanding to be paid what is owing to them; **¿cuánto se debe?** how much do I/we owe you?; **te debo las entradas de ayer** I owe you for the tickets from yesterday **2** ‹*favor/visita/explicación*› to owe; **España le debe mucho al Islam** Spain owes a great debt to Islam; **esta victoria se la debo a mi entrenador** I have to thank my coach for this victory

■ **deber** *v aux*

A (expresando obligación) **~ + INF**: **debes decírselo** you have to *o* you must tell her; **~ías** *or* **debías habérselo dicho** you ought to have *o* you should have told her; **la trató respetuosamente, como debe ser** he treated her with respect, as he should; **no debes usarlo** you are not to *o* you must not use it; **no se debe mentir** you mustn't tell lies; **no ~ías haberlo dejado solo** you shouldn't have left him alone

B (expresando suposición, probabilidad) **1** **~ (DE) + INF**: **deben (de) ser más de las cinco** it must be after five o'clock; **deben (de) haber salido** they must have gone out; **debe (de) estar ganando mucho** she/he must be earning a lot **2** (en frases negativas): **no deben (de) saber la dirección** they probably don't know the address; **no les debe (de) haber interesado** they can't have been interested

■ **deberse** *v pron*

A (tener su causa en) **~se A algo**: **se debió a un fallo humano** it was caused by *o* was due to human error; **todo se debe a que no estudia** it's all due *o* down to the fact that she doesn't study; **¿a qué se debe este escándalo?** what's all this racket about?

B «*persona*» (tener obligaciones hacia) **~se A algn** to have a duty TO sb; **el artista se debe a su público** an artist has a duty to his/her public

deber[2] *m*

A (obligación) duty; **cumplió con su ~** he carried out *o* did his duty; **faltó a su ~** he failed in his duty; **siento que es un ~ de conciencia ayudarlos** I feel morally bound to help them

B deberes *mpl* (tarea escolar) homework, assignment (AmE); **¿has hecho los ~es?** have you done your homework?

debidamente *adv* correctly, properly; **la vacante no fue ~ anunciada en la prensa** the vacancy was not advertised in the press as it should have been

debido -da *adj*

A (apropiado): **a su ~ tiempo** *or* **en su ~ momento** in due course; **con el ~ respeto, creo que se equivoca** with all due respect, I think you are mistaken; **tratar a algn con el ~ respeto** to show due respect to sb; **tomó las debidas precauciones** she took the necessary precautions; **no trabaja con el ~ cuidado** he doesn't take enough care over his work; **portarse/sentarse como es ~** to behave/sit properly; **una comida como es ~** a proper meal; **más de lo ~** too much

B (*en locs*) **debido a** owing to, on account of; **debido a que** owing to the fact that

débil *adj* **1** ‹*persona*› (físicamente) weak; (falto de — firmeza) soft; (— voluntad) weak; ‹*economía/ejército/gobierno*› weak; **es de complexión ~** she has a weak constitution; **es ~ de carácter** he has a weak character **2** ‹*sonido/voz*› faint; ‹*moneda*› weak; ‹*argumento*› weak; ‹*excusa*› feeble, lame; ‹*luz*› dim, faint **3** ‹*sílaba/vocal*› unstressed, weak

debilidad *f* **1** (física): **su ~ nos impide operarla** her weak state means that we are unable to operate; **siento una gran ~** I feel terribly debilitated *o* weak **2** (de carácter): **todos se aprovechan de su ~** everyone takes advantage of his feeble nature *o* his weak character **3** (inclinación excesiva) weakness; **tener ~ por algn** to have a soft spot for sb; **tener ~ por algo** to have a weakness for sth

debilitamiento *m*, **debilitación** *f* weakening

debilitar [A1] *vt* **1** ‹*persona*› to weaken, debilitate; ‹*salud/voluntad*› to weaken **2** ‹*economía/defensa*› to weaken, debilitate

■ **debilitarse** *v pron* **1** «*persona*» to become weak; «*salud*» to deteriorate; «*voluntad*» to weaken; **se debilitó mucho con la enfermedad** the illness made him very weak **2** «*sonido*» to get *o* become faint/fainter **3** «*economía*» to grow *o* become weak/weaker

débito *m* debit

(Compuesto) **débito bancario** (AmL) direct debit, direct billing (AmE)

debutante[1] *adj*: **es una actriz ~** she is making her stage debut; **un tenista ~** a tennis player taking part in his first tournament

debutante[2] *mf* **1** (Dep, Espec) *player or artist making his/her public debut* **2** **debutante** *f* (en sociedad) debutante

debutar [A1] *vi* to make one's debut; **debutó como actor en 1965** he made his acting debut in 1965

década *f* decade; **la ~ de los ochenta** the eighties

decadencia *f* **1** (proceso) decline; **caer en ~** to fall into decline **2** (estado) decadence

decadente *adj* **1** ‹*moral/costumbres*› decadent **2** ‹*salud*› declining

decaer [E16] *vi* **1** «*ánimo/fuerzas*» to flag; «*interés/popularidad*» to wane **2** «*barrio/restaurante*» to go downhill; «*calidad/prestigio*» to decline **3** «*imperio/civilización*» to decay, decline **4** «*enfermo*» to deteriorate

decaído -da *adj* [ESTAR] low, down (colloq); **te encuentro muy ~** you seem very low

decaimiento *m* (abatimiento) despondency; **tengo un gran ~** I feel very despondent *o* low

decálogo *m* decalogue

decanato *m* **1** (Educ) (cargo) deanship; (despacho) deanery, dean's office **2** (Astrol) decan

decano -na *m,f* **1** (de una facultad) dean **2** (de una profesión, un grupo) senior member; **el ~/la decana de nuestros críticos de cine** the doyen/doyenne of our movie critics

decantar [A1] *vt* to decant

■ **decantarse** *v pron* **1** (mostrar preferencia) **~se POR algo** to choose sth, opt FOR sth; **~se por + INF** to choose *o* opt to + INF; **se decantan por esa hipótesis** they favor that hypothesis **2** (evolucionar): **la discusión se decantaba a su favor** the discussion was going in their favor; **se decanta como un magnífico jugador** he's developing *o* turning into a great player

decapado *m* (de pintura) stripping; (de metales) rust removal

decapitación *f* decapitation, beheading

decapitar [A1] *vt* to behead, decapitate

decatlón *m* decathlon

deceleración *f* deceleration

decelerar [A1] *vi* to decelerate

decena *f*: **unidades, ~s y centenas** (Mat) units, tens and hundreds; **los venden por ~** they're sold in tens; **una ~ de personas** about ten people; **~s de personas lo presenciaron** dozens *o* scores of people witnessed it

decencia *f* decency; **si tuviera un poco de ~** if he had any decency at all

decenio *m* decade

decente *adj* **1** (honrado, decoroso) decent, respectable **2** (aceptable) ‹*sueldo/vivienda*› decent, reasonable **3** (de apariencia aceptable) respectable; **a ver si la casa está ~ cuando vuelva** I want the house looking respectable when I get back; **no estoy ~** (fam) (no estoy arreglada) I'm not presentable; (estoy medio desnuda) I'm not decent

d

decepción *f* disappointment, letdown (colloq); **me llevé una gran ~** I was very disappointed

decepcionado -da *adj* disappointed; **estar ~ con algo/de algn** to be disappointed with sth/sb

decepcionante *adj* disappointing

decepcionar [A1] *vt* to disappoint; **la película me decepcionó** I was disappointed with the movie; **nos has decepcionado** you've let us down

deceso *m* (AmL frml) decease (frml), death; **el ~ se produjo a las tres** death occurred at three o'clock; **no hubo ~s que lamentar** there was no loss of life

dechado *m*: **un ~ de perfecciones** *or* **virtudes** a paragon of virtue

decibelio, decibel *m* decibel

decididamente *adv* 1 ‹*actuar/hablar*› decisively, resolutely 2 (*indep*) (claramente) clearly, obviously

decidido -da *adj* 1 [SER] ‹*persona/tono*› (resuelto, enérgico) decisive, determined; **pueden contar con mi ~ apoyo** you can count on my wholehearted support 2 [ESTAR] **~ A + INF** determined *o* resolved to + INF

decidir [I1] *vt*

A 1 (tomar una determinación) to decide; **iba a aceptar pero después decidí que no** I was going to accept but then I decided not to; **~ + INF** to decide to + INF; **decidieron comprarlo** they decided to buy it 2 ‹*persona*› to make ... decide; **eso fue lo que me decidió** that was what decided me *o* made me decide

B ‹*asunto*› to settle; ‹*resultado*› to decide; **lo que ~ía el futuro de la empresa** what would decide the future of the company

■ **decidir** *vi* to decide; **no sé, decide tú** I don't know, you decide; **alguien había decidido por él** someone had made the decision for him; **tiene que ~ entre dos opciones igualmente interesantes** she has to choose *o* decide between two equally attractive options; **~ SOBRE algo** to decide ON sth

■ **decidirse** *v pron* to decide, to make up one's mind; **aún no me he decidido del todo** I still haven't quite decided *o* made up my mind; **~se A + INF** to decide to + INF; **~se POR algo** to decide ON sth; **se decidió por el verde** she decided on the green one

decidor -dora *adj* (Chi) significant, telling

décima *f* (de segundo, grado) tenth; **tiene 39 y tres ~s** his temperature is 39.3 (degrees); **no tiene más que unas ~s** he only has a slight fever *o* (BrE) temperature

decimal *m* (número) decimal (number)

décimo¹ -ma *adj/pron* 1 (ordinal) tenth; *para ejemplos ver* **quinto** 2 (partitivo): **la décima parte** a tenth

décimo² *m* 1 (partitivo) tenth 2 (de lotería) *tenth share in a lottery ticket*

decimoctavo -va *adj/pron* 1 (ordinal) eighteenth; *para ejemplos ver* **quinto** 2 (partitivo): **la decimoctava parte** an eighteenth

decimocuarto -ta *adj/pron* 1 (ordinal) fourteenth; *para ejemplos ver* **quinto** 2 (partitivo): **la decimocuarta parte** a fourteenth

decimonónico -ca *adj* 1 ‹*literatura/arquitectura*› nineteenth-century 2 (anticuado) ‹*educación/costumbres/ideas*› old-fashioned

decimonoveno -na, decimonono -na *adj/pron* 1 (ordinal) nineteenth; *para ejemplos ver* **quinto** 2 (partitivo): **la decimonovena parte** a nineteenth

décimoprimero -ra *adj/pron* (crit) ▸ **undécimo**

decimoquinto -ta *adj/pron* 1 (ordinal) fifteenth; *para ejemplos ver* **quinto** 2 (partitivo): **la decimoquinta parte** a fifteenth

décimosegundo -da *adj/pron* (crit) ▸ **duodécimo**

decimoséptimo -ma *adj/pron* 1 (ordinal) seventeenth; *para ejemplos ver* **quinto** 2 (partitivo): **la decimoséptima parte** a seventeenth

decimosexto -ta *adj/pron* 1 (ordinal) sixteenth; *para ejemplos ver* **quinto** 2 (partitivo): **la decimosexta parte** a sixteenth

decimotercero -ra *adj/pron* 1 (ordinal) thirteenth; *para ejemplos ver* **quinto** 2 (partitivo): **la decimotercera parte** a thirteenth

decir¹ *m*: **¿cientos de personas? — bueno, es un ~** hundreds of people? — well, figuratively speaking

decir² [I24] *vt*

A ‹*palabra/frase/poema*› to say; ‹*mentira/verdad*› to tell; [*para ejemplos con complemento indirecto ver división 2*] **ya dice 'mamá'** he says 'mama' now; **no digas esas cosas, por favor** please don't say things like that; **no digas estupideces** don't talk nonsense!; **¿cómo pudiste ~ eso?** how could you say that?; **¿eso lo dices por mí?** are you referring to me?; **¡no lo dirás en serio!** you can't be serious!; **dijo que sí con la cabeza** he nodded; **dicen** *or* **se dice que es el hombre más rico del país** he is said to be the richest man in the country; **no se dice 'andé', se dice 'anduve'** it isn't 'andé', it's 'anduve'; **¡eso no se dice!** you mustn't say that!; **¿cómo se dice 'amor' en ruso?** how do you say 'love' in Russian?; **bonita, lo que se dice bonita, no es** she's not what you would call pretty; **es el sábado; ni que ~ tiene que estás invitado** it's on Saturday; you're invited, but that goes without saying; **haberlo dicho antes** why didn't you say so before?; **¿tendrá tiempo de hacerlo? — dice que sí** will he have time to do it? — he says he will; **¿no lo encontró? — dice que no** didn't he find it? — no, he says he didn't; **digan lo que digan** whatever people say; **¿qué tal? ¿qué decís?** (RPl fam) hi, how are things? (colloq)

B **~le algo A algn** to tell sb sth; **eso no es lo que me dijo a mí** that's not what he told *me*; **¿sabes qué me dijo?** do you know what he told me?; (expresando sorpresa, indignación, etc) do you know what he said to me?; **se lo voy a ~ a papá** I'm going to tell Dad; **hoy nos dicen el resultado** they're going to give us the result today; **Andrés me dijo lo de tu hermano** Andrés told me about your brother; **¡a mí me lo vas a ~!** you're telling me!; **¡ya te lo decía yo!** I told you so!; **fue algo espantoso, todo lo que te diga es poco** it was terrible, I can't begin to tell you how terrible; **¡no me digas que no es precioso!** isn't it beautiful?; ***dime con quién andas y te diré quién eres*** you can judge a man by the company he keeps

C 1 (expresando o transmitiendo órdenes, deseos, advertencias): **¡porque lo digo yo!** because I say so!; **harás lo que yo diga** you'll do as I say; **papá dice que vayas** Dad wants you; **dice que llames cuando llegues** she says (you are) to phone when you get there; **dijo que tuviéramos cuidado** she said to be careful; **~le a algn QUE + SUBJ** to tell sb to + INF; **diles que empiecen** tell them to start; **le dije que no lo hiciera** I told him not to do it 2 **decir adiós** to say goodbye; **~le adiós a algn** to say goodbye to sb; **di adiós a tu vida de estudiante** you'd better say goodbye to your student days

D (por escrito) to say; **¿qué dice aquí?** what does it say here?; **el diario no dice nada sobre el asunto** there's nothing in the paper about it

E (llamar) to call; **se llama Rosario pero le dicen Charo** her name is Rosario but people call her Charo

F (sugerir, comunicar): **la forma de vestir dice mucho de una persona** the way someone dresses says a lot/tells you a lot about them; **el tiempo lo dirá** time will tell; **algo me decía que no iba a ser fácil** something told me it wasn't going to be easy; **¿te dice algo ese nombre?** does that name mean anything to you?

G **decir misa** to say mass

H **querer decir** to mean; **¿qué quiere ~ esta palabra?** what does this word mean?; **¿qué quieres ~ con eso?** what do you mean by that?; **¿quieres ~ que ya no te interesa?** do you mean (to say) that you're no longer interested?

I (opinar, pensar) to think; **¿y los padres qué dicen?** what do her parents think of it?, how do her parents feel about it?; **¡quién lo hubiera dicho!** who would have thought *o* believed it?; **habría que regalarle algo, no sé, digo yo** we ought to buy her a present, well, I think so anyway; **es muy fácil — si tú lo dices ...** it's very easy — if you say so ...

A (*en locs*) **a decir verdad** to tell you the truth, to be honest; **como quien dice** so to speak; **con decirte que**: **no me lo perdonó nunca, con ~te que ni me saluda ...** he's never forgiven me, he won't even say hello to me; **decir por decir**: **lo dijo por ~** he didn't really mean it; **es decir** that is; **mi cuñada, es ~ la mujer de Rafael** my sister-in-law, Rafael's wife that is; **es mucho decir**: **es la mejor película del año — eso ya es mucho ~** it's the best movie of the year — I wouldn't go that far; **¡he dicho!** that's that *o* final!; **¡no me digas!** no!, you're kidding *o* joking! (colloq); **por así decirlo** so to speak; **que digamos**:

no es muy inteligente que digamos he's not exactly *o* he's hardly what you'd call intelligent; **¡que no se diga!** shame on you!; **¡que no se diga que no somos capaces!** I don't want people saying that we can't do it; **y (ya) no digamos** *or* (AmL) **y no se diga**: **le cuestan mucho las matemáticas y no digamos la física** he finds mathematics very difficult, and as for physics ...; ***el qué dirán*** (fam): **siempre le ha importado el qué dirán** she's always been worried what other people (might) think; *ver tb* **dicho**[1]

■ **decir** *vi* 1 (invitando a hablar): **papá — dime, hijo** dad — yes, son?; **quería pedirle un favor — usted dirá** I wanted to ask you a favor — certainly, go ahead; **tome asiento, usted dirá** (frml) take a seat, and now, what can I do for you? 2 (Esp) (al contestar el teléfono): **¿diga?** *or* **¿dígame?** hello?

■ **decirse** *v pron* 1 (*refl*) to say ... to oneself 2 (*recípr*) to say .... to each other; **se decían secretos al oído** they were whispering secrets to each other; **se dijeron de todo** they called each other every name under the sun 3 (*enf*): **yo sé lo que me digo** I know what I'm talking about; **tú te lo dices todo** you seem to have all the answers

decisión *f* 1 (acción) decision; **tomar una ~** to make a decision; **llegar a una ~** to decide, to reach a decision; **~ DE + INF**: **su ~ de marcharse** her decision to leave 2 (cualidad) decisiveness, decision; **una mujer con ~** a decisive woman, a woman of decision 3 (AmL) (en boxeo): **ganó por ~** he won on points *o* by a decision

decisivo -va *adj* ‹*fecha/momento*› crucial, decisive, critical; ‹*prueba*› conclusive; ‹*voto/resultado*› crucial, decisive; **jugar un papel ~** to play a decisive role

declamación *f* (Teatr) declamation

declamar [A1] *vi* to declaim

■ **declamar** *vt* to recite

declaración *f*

A 1 (afirmación) declaration; **una ~ de amor** a declaration of love 2 (a la prensa, en público) statement; **hacer una ~** to issue a statement; **hacer declaraciones a la prensa** to talk to the press 3 (proclamación) declaration; **la ~ universal de los derechos del hombre** the universal declaration of human rights

(Compuestos)
- **declaración de derechos** bill of rights
- **declaración de guerra/de la independencia** declaration of war/independence

B (Der) statement, testimony; **el policía me tomó ~** the policeman took my statement; **tuvo que prestar ~ como testigo** he was called to give evidence *o* to testify

(Compuestos)
- **declaración del impuesto sobre la renta** income tax return
- **declaración jurada** affidavit, sworn statement

declaradamente *adv* openly

declarado -da *adj* declared, professed

declarar [A1] *vt*

A 1 (manifestar) ‹*apoyo/oposición/intención*› to declare, state; **declaró que no renunciaría** he announced *o* stated that he would not resign; **le declaró su amor** he declared his love to her 2 (proclamar) to declare; **~ la guerra/el cese de las hostilidades** to declare war/a ceasefire; **el presidente declaró abierta la sesión** the chairman pronounced *o* declared the session open; **os declaro marido y mujer** I pronounce you man and wife; **el jurado lo declaró culpable/inocente** the jury found him guilty/not guilty

B 1 (en la aduana) to declare; **¿algo que ~?** anything to declare? 2 (Fisco) ‹*bienes/ingresos*› to declare

■ **declarar** *vi* to give evidence, testify; **fue llamado a ~ como testigo** he was called to give evidence *o* to testify

■ **declararse** *v pron*

A 1 (manifestarse) to declare oneself; **se declaró partidaria del divorcio** she declared herself (to be) in favor of divorce; **~se culpable/inocente** to plead guilty/not guilty; **~se en quiebra** *or* **bancarrota** to declare oneself bankrupt; **~se en huelga** to go on strike 2 (confesar amor) (+ *me/te/le etc*): **se le declaró** he declared himself *o* his love to her

B «*incendio/epidemia*» to break out

declinación *f* 1 (Ling) declension 2 (Astron, Fís) declination

declinar [A1] *vt* 1 ‹*invitación/oferta/honor*› to turn down, decline (frml); **declinó hacer declaraciones** she declined to make a statement; **⊗ la compañía declina toda responsabilidad ...** the company accepts no responsibility ... 2 (Ling) to decline

■ **declinar** *vi* (liter) «*día/tarde*» to draw to a close (liter); **al ~ el día** as the day draws to a close (liter)

declive *m* 1 (de una superficie) slope, incline (frml); **terreno en ~** sloping ground 2 (decadencia) decline; **una economía en ~** a declining economy, an economy in decline

decolaje *m* (AmL) take-off

decolar [A1] *vi* (AmL) to take off

decolorante *m* bleaching agent

decolorar [A1] *vt* to bleach

■ **decolorarse** *v pron* 1 (*refl*) ‹*pelo*› to bleach 2 «*pelo*» (+ *me/te/le etc*) to get bleached

decomisar [A1] *vt* to confiscate, seize

decoración *f* 1 (de pasteles, platos) decoration; (de habitación) decor; (de árbol de Navidad) (AmL) decoration; **~ de vitrinas** *or* **escaparates** window dressing 2 (interiorismo) *tb* **~ de interiores** interior decoration

decorado *m* set

decorador -dora *m,f*: *tb* **~ de interiores** interior decorator

decorar [A1] *vt* ‹*pastel*› to decorate; ‹*vitrina/escaparate*› to dress; ‹*casa/habitación*› to decorate; ‹*árbol de Navidad*› (AmL) to decorate

decorativo -va *adj* decorative

decoro *m* (pudor, respeto) decorum; **guardar el debido ~** to maintain a sense of decorum *o* propriety

decoroso -sa *adj* decent, respectable

decrecer [E3] *vi* 1 «*afición/interés*» to wane, decrease; «*importancia*» to decline 2 «*número/cantidad*» to decline, fall 3 «*aguas*» to drop, fall

decreciente *adj* decreasing (*before n*)

decremento *m* decrease

decrépito -ta *adj* decrepit

decrepitud *f* decrepitude

decretar [A1] *vt* to order, decree (frml); **decretó un día de luto** he declared *o* decreed a day of mourning; **~que ...** to decree *o* order that ...

decreto *m* decree

(Compuesto) **decreto con fuerza de ley** (Chi) law-ranking decree

decreto-ley *m* decree-law, ≈ order in council (*in UK*)

dedal *m* thimble

dedalera *f* foxglove

dédalo *m* (liter) labyrinth

dedazo *m* (Méx fam): **para estos nombramientos no habrá ~** there will be no selection of personal friends/family members for these posts

dedicación *f* (entrega) dedication; **trabaja con ~** she works with dedication; **~ A algo/algn** dedication TO sth/sb

(Compuesto) **dedicación exclusiva** full-time commitment; **trabaja en régimen de ~ ~** she works full-time

dedicar [A2] *vt* 1 **~ algo A algo/+ INF** ‹*tiempo/esfuerzos*› to devote sth TO sth/-ING; **dedicó su vida a la ciencia/ayudar a los pobres** she devoted her life to science/to helping the poor; **vamos a ~ este cuarto a archivo** we're going to set this room aside for *o* give this room over to the files 2 (ofrendar, ofrecer) ‹*obra/canción*› to dedicate; **un ejemplar dedicado** a signed copy 3 (Relig) to dedicate

■ **dedicarse** *v pron* 1 (consagrarse) **~se A algo/+ INF** to devote oneself TO sth/-ING 2 (tener cierta ocupación, profesión): **¿a qué se dedica tu padre?** what does your father do?; **se dedica a la investigación/a enseñar** he does research/he teaches; **se dedica a pintar en sus ratos libres** she spends her free time painting

dedicatoria *f* dedication

dedillo *m*: **conocer algo al ~** to know sth like the back of one's hand; **sabía la lección al ~** I knew the lesson (off) by heart

d

d

dedo *m*

A (de mano, guante) finger; (del pie) toe; **se podían contar con los ~s** they could be counted on the fingers of one hand; **con el ~: es de mala educación señalar con el ~** it's rude to point; ***a ~*** (fam): **ir a ~** to hitchhike, hitch (colloq); **recorrió Europa a ~** she hitchhiked around Europe; **lo colocaron a ~** they got him the job; ***chuparse el ~*** (fam) to suck one's thumb; **¿tú qué crees? ¿que me chupo el ~?** do you think I was born yesterday?; ***estar para chuparse los ~s*** (fam) to be delicious; ***hacer*** *or* (Col) ***echar ~*** (fam) to hitchhike, hitch (colloq); ***mover*** *or* ***levantar un ~*** (fam): **es incapaz de mover un ~ para ayudarme** he never lifts a finger to help me; ***no quitar el ~ del renglón*** (Méx fam) to insist; ***pillarse los ~s*** (Esp fam) (en una puerta, etc) to get one's fingers caught; (en un negocio) to get one's fingers burned (colloq); ***poner el ~ en el renglón*** (Méx) to put one's finger on the spot; ***poner el ~ en la llaga*** to hit *o* touch a raw nerve; ***ponerle el ~ a algn*** (Méx arg) to point the finger at sb; ***señalar a algn con el ~*** (literal) to point at sb; (culpar) to point the finger at sb

(Compuestos)

- **dedo anular/(del) corazón** ring/middle finger
- **dedo gordo** (fam) (del pie) big toe; (de la mano) thumb
- **dedo índice** forefinger, index finger
- **dedo meñique** little finger
- **dedo pulgar** thumb

B (como medida): **hay que subirle dos ~s al dobladillo** the hem needs taking up about an inch; **para mí sólo un ~ de whisky** just a drop of whiskey for me; ***no tiene dos ~s de frente*** (fam) he hasn't an ounce of common sense

deducción *f*

A (razonamiento) deduction; (conclusión) conclusion

B (descuento) deduction

deducible *adj*

A (que se puede inferir) deducible; **esto no es ~ de la información que tenemos** this cannot be deduced from the information we have

B (Com, Fin) deductible

deducir [I6] *vt*

A (inferir) to deduce; **como no contestaban, deduje que no había nadie** as there was no reply, I assumed there was nobody there; **~ algo DE algo** to deduce sth FROM sth

B (descontar) to deduct; **deducidos los impuestos** less tax

deduje, deduzca, etc *see* **deducir**

defecación *f* defecation

defecar [A2] *vi* to defecate

defección *f* defection

defecto *m*

A [1] (en un sistema) fault, flaw, defect; **esta tela tiene un pequeño ~** there's a slight flaw *o* defect in this material; **a todo le encuentra ~s** she finds fault with everything [2] (de una persona) fault, shortcoming; **a pesar de mis ~s** in spite of my faults; **tiene el ~ de nunca escuchar lo que se le dice** she has the bad habit of never listening to what people say to her

(Compuestos)

- **defecto de fábrica** manufacturing fault *o* defect; **tenía un ~ de ~** it was faulty *o* defective
- **defecto físico** physical handicap

B (frml) **en su defecto: presentar el carnet de identidad o, en su ~, el pasaporte** present your identity card or if this is not possible, your passport; **usar un desinfectante o, en su ~, agua limpia** use a disinfectant, or, failing that, clean water

defectuoso -sa *adj* faulty, defective

defender [E8] *vt* [1] (proteger) ‹*guarnición/nación*› to defend, protect; ‹*persona*› to defend; **siempre defiende a su hermana** he always defends *o* stands up for his sister; **~ a algn DE algo/algn** to defend sb AGAINST sth/sb [2] ‹*intereses*› to protect, defend; ‹*derechos/título*› to defend [3] (Der) to defend [4] ‹*idea/teoría/opinión*› to defend, uphold; ‹*causa/ideal*› to champion, defend; **~ la tesis** ≈ to defend one's dissertation (*in US*), ≈ to have a viva on one's thesis (*in UK*)

■ **defenderse** *v pron* [1] (*refl*) (contra una agresión) to defend *o* protect oneself; (Der) to defend oneself; **~se DE algo/algn** to defend oneself AGAINST sth/sb [2] (fam) (arreglárselas) to get by (colloq); **me defiendo bastante bien en francés** I can get by quite well in French

defendible *adj* [1] ‹*ciudad*› defensible [2] ‹*conducta*› justifiable, defensible; ‹*posición/tesis*› defensible

defendido -da *m,f* defendant

defenestración *f* (frml) downfall, defenestration (journ)

defenestrar [A1] *vt* to defenestrate (journ)

defensa *f*

A [1] (protección) defense*; **salir en ~ de algn** to come to sb's defense; **actuó en ~ propia** *or* **en legítima ~** he acted in self-defense; **~ DE algo/algn** defense* OF sth/sb [2] **Defensa** *f* the Defense Department (AmE), the Ministry of Defence (BrE)

(Compuesto) **defensa personal** self-defense*

B (Der) defense*; **los testigos de la ~** the witnesses for the defense, the defense witnesses

C **defensas** *fpl* (Biol, Med) defenses* (*pl*)

D (Náut) fender

E (Dep) [1] (conjunto) defense* [2] **defensa** *mf* (jugador) defender

defensivo -va *adj* ‹*arma*› defensive; ‹*actitud/táctica*› defensive; **estar/ponerse a la defensiva** to be/get on the defensive; **jugar a la defensiva** to play defensively

defensor¹ -sora *adj* [1] ‹*ejército*› defending (*before n*) [2] (Der) ‹*abogado*› defense* (*before n*)

defensor² -sora *m,f* [1] (Mil) defender [2] (de una causa) champion [3] (Der) defense counsel (AmE), defence lawyer (BrE)

> **Defensor del pueblo**
>
> An ombudsman nominated by the Spanish Parliament to defend the rights of citizens against government maladministration. If he upholds a complaint he advises the administration on appropriate compensation. This post, under the same name, also exists in some Latin American countries

defeño -ña *m,f* (Méx) person from the **Distrito Federal**

deferencia *f* (frml) deference; **tuvo la ~ de cederme su lugar** he very kindly gave up his place to me; **por ~ a algn/algo** out of *o* in deference to sb/sth

defibrilar [A1] *vt* to defibrillate

deficiencia *f* [1] (defecto) fault; **~s técnicas** technical faults *o* defects [2] (insuficiencia) deficiency; **~s en nuestra alimentación** deficiencies in our diet; **~ inmunológica** immune deficiency; **una ~ en el sistema de seguridad** a flaw in the security system

(Compuesto) **deficiencia mental** mental handicap

deficiente¹ *adj* [1] (insuficiente) poor, inadequate; **~ EN algo** deficient IN sth; **una alimentación ~ en vitaminas** a diet deficient *o* lacking in vitamins [2] (insatisfactorio) ‹*trabajo*› poor, inadequate; ‹*salud*› poor; ‹*inteligencia*› low

deficiente² *mf* (persona) *tb* **~ mental** mentally handicapped person

déficit *m* (*pl* ~ *or* **-cits**) [1] (Com, Fin) deficit; **~ presupuestario** budget deficit [2] (en la producción) shortfall; (de lluvias) shortage

deficitario -ria *adj*

A (Com, Fin) ‹*división/sector*› loss-making (*before n*); **un balance ~** a deficit, a negative balance; **la producción nacional de trigo sigue siendo deficitaria** there is still a shortfall in the country's wheat production

B (Chi frml) (Psic): **un niño ~** a child with learning difficulties

defienda, defiendas, etc *see* **defender**

definición *f* (de palabra, postura) definition

definido -da *adj* ‹*carácter/ideas*› clearly-defined, well-defined; ‹*opinión*› clearly-defined; **líneas muy definidas** sharp lines

definir [I1] *vt* [1] ‹*palabra/concepto*› to define [2] ‹*postura/actitud*› to define [3] ‹*contorno/línea*› to define, make ... sharp

■ **definirse** *v pron*: **aún no se ha definido con respecto a este problema** he has yet to define his position on this issue; **el pueblo se definió por la alternativa pacífica** the people came out in favor of a peaceful solution

definitivamente *adv* [1] ‹*resolver/rechazar*› once and for all [2] ‹*quedarse/instalarse*› permanently, for good; **dejó de bailar ~** he gave up dancing permanently *o* for good

definitivo -va *adj* ‹*texto/solución/respuesta*› definitive; ‹*cierre*› permanent, definitive; **su adiós ~ al público** her final farewell to all her fans; **ya es ~ que no viene** he's definitely not coming; **ésta es, en definitiva, la mejor opción** all things considered *o* all in all, this is the best option

deflación *f* deflation

deflacionario -ria *adj* deflationary

deflector *m* [1] (Tec) baffle [2] (Fís) deflector [3] (Esp) (Auto) air vent

defoliación *f* defoliation

deforestación *f* deforestation

deforestar [A1] *vt* to deforest

deformación *f* [1] (de imagen) distortion; (de marco, riel) distortion; **para evitar la ~ de la prenda** to stop the garment losing its shape [2] (de la verdad, los hechos) distortion [3] (Anat, Med) deformity; **sufre de una ~ de la columna** he has a twisted spine

deformar [A1] *vt* [1] ‹*imagen*› to distort; ‹*chapa/riel*› to distort [2] ‹*verdad/realidad*› to distort [3] (Anat, Med) to deform; **la artritis le ha deformado los dedos** her fingers have become twisted with arthritis

■ **deformarse** *v pron* [1] «*imagen*» to become distorted [2] «*puerta/riel*» to distort, become distorted [3] (Anat, Med) to become deformed

deforme *adj* deformed

deformidad *f* deformity

defraudación *f* fraud

(Compuesto) **defraudación fiscal** *or* **de impuestos** tax evasion

defraudador -dora *m,f* defrauder

(Compuesto) **defraudador fiscal** *or* **de impuestos** tax evader

defraudar [A1] *vt* [1] (decepcionar) to disappoint; **la película me defraudó** the movie didn't live up to my expectations; **me has defraudado** you've let me down [2] (estafar) to defraud; **defraudó al fisco** he evaded his taxes

defunción *f* (frml) death; Ⓢ **cerrado por defunción** closed owing to bereavement

degeneración *f* [1] (deterioro) degeneration [2] (cualidad) degeneracy

degenerado -da *adj/m,f* degenerate

degenerar [A1] *vi* to degenerate; **~ EN algo** to degenerate INTO sth; **la discusión degeneró en una riña** the discussion developed *o* degenerated into an argument

■ **degenerarse** *v pron* «*persona*» to become degenerate; «*costumbres*» to degenerate

deglutir [I1] *vt/vi* (frml) to swallow

degollar [A12] *vt* ‹*persona/animal*›: **lo ~on** they slit his/its throat

degradación *f* [1] (Mil) demotion [2] (envilecimiento) degradation

degradante *adj* ‹*comportamiento*› degrading; ‹*tortura*› humiliating, degrading

degradar [A1] *vt*

A [1] (Mil) to demote [2] (envilecer) to degrade; **estas prácticas degradan al ser humano** these practices are degrading to human beings [3] (empeorar) ‹*calidad/valor*› to diminish

B (Art) to gradate

■ **degradarse** *v pron* [1] «*persona*» (humillarse) to demean oneself, degrade oneself [2] (Quím) «*compuesto*» to decompose, degrade

degüello *m* slaughter, massacre

degustación *f* tasting; **~ de vino** wine-tasting

degustar [A1] *vt* to taste

dehesa *f* [1] (terreno) meadow, pasture [2] (hacienda) farm

deíctico -ca *adj* deictic

deidad *f* deity

deísmo *m* deism

deísta[1] *adj* deistical, deistic

deísta[2] *mf* deist

dejación *f* (AmC, Chi) ▸**dejadez**

dejadez *f* [1] (en el aseo personal) slovenliness [2] (en tarea, trabajo) laziness, slackness

dejado -da *adj* [1] (en aseo personal) slovenly; **un joven con un aspecto muy ~** a young man of unkempt *o* slovenly appearance [2] (en tarea, trabajo) slack, lazy; **era tan ~ que acabaron por despedirlo** he was so slack in his work that they ended up firing him

dejar [A1] *vt*

(*Sentido* **I**)

A [1] (en lugar determinado) to leave; **lo dejé en recepción/en la mesa** I left it in reception/on the table; **dejó a los niños en el colegio** she dropped the children (off) at school; **~ un recado** to leave a message; **~ un depósito** to put down a deposit; **¿cuánto se deja de propina?** how much do you leave as a tip?; **deja ese cuchillo** put that knife down; **déjala, ella no tuvo la culpa** leave her alone, it wasn't her fault; **~ *mucho que desear*** to leave a great deal to be desired [2] (olvidar) to leave; **dejé el paraguas en el tren** I left my umbrella on the train; **¡déjalo!** forget it! [3] (como herencia) to leave

B [1] ‹*marca/mancha/huella*› to leave; **deja un gusto amargo en la boca** it leaves a bitter taste in the mouth [2] ‹*ganancia*› to produce; **el negocio dejó pérdidas** the business made a loss

C (abandonar) ‹*novia/marido*› to leave; ‹*familia*› to leave, abandon; ‹*trabajo*› to give up, leave; ‹*lugar*› to leave; **quiere ~ el ballet** he wants to give up ballet dancing

D (+ *compl*) [1] (en cierto estado) to leave; **dejé la ventana abierta** I left the window open; **~ las luces apagadas** to leave the lights off; **su muerte los dejó en la miseria** his death left them in absolute poverty; **su respuesta me dejó boquiabierta** I was astonished by her reply; **el golpe lo dejó inconsciente** the blow knocked him unconscious; **me dejó esperando afuera** she left me waiting outside; **el avión/bus nos dejó** (Col, Ven) we missed the plane/bus; **¡déjame en paz!** leave me alone!; **me lo dejó en 1.000 pesos** he let me have it for 1,000 pesos; **quiero ~ esto bien claro** I want to make this quite clear; **dejó atrás a los otros corredores** she left the other runners behind; **~ *algo/a algn estar*** to let sth/sb be (colloq), to leave sth/sb alone; ▸**lado E** [2] (CS) **~ algo dicho** to leave a message

E [1] (posponer) leave; **no lo dejes para después, hazlo ahora** don't put it off *o* leave it until later, do it now [2] (reservar, guardar) ‹*espacio/margen*› to leave; **deja un poco para los demás** leave some for other people; **deja tus chistes para otro momento** save your jokes for some other time

(*Sentido* **II**)

A (permitir) **~ algo/a algn + INF** to let sth/sb + INF; **déjalo entrar/salir** let it/him in/out; **deja correr el agua** let the water run; **¿me dejas ir?** will you let me go?; **~ que algo/algn + SUBJ** to let sb/sth + INF; **dejó que lo eligiera ella** he let her choose; **déjame que te ayude** let me help you; **no dejes que se queme la carne** don't let the meat burn; **~ que espese la salsa** allow the sauce to thicken; **deja que se tranquilice un poco** let him calm down a bit

B [1] **dejar paso** to make way; **hay que ~ paso a las nuevas ideas** we have to make way for new ideas [2] **dejar caer** ‹*objeto*› to drop; ‹*comentario*› to let ... drop; **dejó caer la noticia de que se casaba** she let it drop that she was getting married

■ **dejar de** [1] (cesar) **~ DE + INF** to stop -ING; **deja de llorar/importunarme** stop crying/bothering me; **~ de fumar** to give up smoking [2] (omitir, no hacer) **~ DE + INF**: **no dejes de escribirme en cuanto llegues** make sure you write as soon as you get there; **no dejes de recordarles que ...** be sure to remind them that ...; **es algo que no deja de sorprenderme** it's something I still find surprising

■ **dejarse** *v pron*

A [1] (abandonarse) to let oneself go [2] **~se + INF**: **se deja dominar por la envidia** he lets his feelings of envy get the better of him; **se deja convencer fácilmente** he's easily persuaded; **~se llevar por la música** to let oneself be carried along by the music; **no te dejes, tú también pégale** (AmL exc RPl) don't just take it, hit him back (colloq); **nunca te dejas ver** we never seem to see you; **~*se estar*** (AmL): **no te dejes estar** you'd better do something; **si nos dejamos estar vamos a perder el contrato** if we

don't get our act together we'll lose the contract
B ‹barba/bigote› to grow; **quiero ~me el pelo largo** I want to grow my hair long
C (esp Esp fam) (olvidar) to leave; **me dejé el dinero en casa** I left my/the money at home
D **dejarse de** (fam): **a ver si se dejan de hablar** why don't you stop talking?; **déjate de lamentaciones/de rodeos** stop complaining/beating about the bush

deje *m* ▸ **dejo 1**

dejo *m* **1** (acento) (slight) accent, lilt **2** (de una bebida, comida) aftertaste; **~ A algo** slight taste OF sth **3** (tono) touch, hint; **con un ~ de arrogancia** with a touch *o* hint of arrogance **4** (impresión, sensación): **me quedó un ~ triste tras hablar con él** I was left with a feeling of sadness after talking to him

del: *contraction of* **de** *and* **el**

delación *f* denunciation

delantal *m* (para cocinar) apron; (de escolar) pinafore

delante *adv*
A (lugar, parte) [*Latin American Spanish also uses* **adelante** *in many of these examples*]: **yo voy ~** I'll go ahead *o* in front; **no te pongas ~** don't stand in front of me; **lo tengo aquí ~** I have it right here; **el asiento de ~** the front seat; **la parte de ~** the front; **tienes toda la vida por ~** you have your whole life ahead of you; **cualquier obstáculo que se le pusiera por ~** any obstacle that got in her way; ***llevarse algo/a algn por ~***: **el coche se lo llevó por ~** the car went *o* ran straight into it/him; **se lleva a todo el mundo por delante** he rides roughshod over everybody
B **delante de** (*loc prep*) **1** (en lugar anterior a) in front of; **~ de la ventana** in front of the window; **~ de mí/ti/él** in front of me/you/him **2** (en presencia de) in front of; **~ de todos** in front of everybody

delantera *f*
A **1** (Dep) (de equipo) forwards (*pl*), forward line **2** (Espec) front row seat/seats **3** (de prenda) front **4** (fam) (pecho) boobs (*pl*) (colloq)
B **1** (Dep) (primer puesto) lead; ***llevar la ~*** to be in the lead; ***tomar la ~*** to take the lead **2** (ventaja) lead; ***llevarle ~ a algn*** to have a lead over sb; ***tomarle la ~ a algn*** (en carrera) to overtake sb; **iba a pagar pero él me tomó la ~** (fam) I was going to pay but he beat me to it

delantero[1] -ra *adj* **1** ‹asiento/rueda› front (*before n*); **la pata delantera** the front leg **2** (Dep) ‹línea/posición› forward (*before n*), offensive (*before n*) (AmE)

delantero[2] -ra *m,f* (Dep) forward

(Compuesto) **delantero -ra centro** *m,f* center* forward

delatar [A1] *vt* **1** «persona» (acusar) to denounce, inform on **2** «mirada/nerviosismo/acento» (descubrir) to give ... away, betray
■ **delatarse** *v pron* (*refl*) to give oneself away

delator[1] -tora *adj* **1** ‹prueba/arma› incriminating **2** ‹mirada/sonrisa› revealing

delator[2] -tora *m,f* informer

delegación *f*
A (grupo) delegation
B (de poderes) delegation
C (Méx) (comisaría) police station
D (Esp) (oficina local) regional *o* local office

delegado -da *m,f*
A (representante) delegate
(Compuesto) **delegado -da de curso** *m,f* student representative
B (Esp) (director de zona) regional *o* area director

delegar [A3] *vt* **1** ‹autoridad/poderes› to delegate; **~ algo EN algn** to delegate sth TO sb **2** ‹persona› to delegate; ‹comisión› to appoint; **~ a algn PARA QUE + SUBJ** to delegate sb to + INF
■ **delegar** *vi* to delegate

deleitar [A1] *vt* to delight
■ **deleitarse** *v pron* **~se + GER** to delight IN -ING, enjoy -ING

deleite *m* delight; **para ~ de los niños** to the children's delight

deletrear [A1] *vt* to spell

deleznable *adj* **1** ‹persona/actitud› despicable **2** (insignificante) ‹error/diferencia› insignificant, negligible

delfín *m* (Zool) dolphin

delgadez *f* (flacura) thinness; (esbeltez) slimness

delgado -da *adj* **1** ‹persona/piernas› (esbelto) slim; (flaco) thin; **una mujer alta y delgada** a tall, slim *o* slender woman **2** ‹tela› thin, fine; ‹hilo› fine; ‹lámina/pared› thin

deliberación *f* deliberation; **todavía están en deliberaciones** they are still deliberating

deliberadamente *adv* deliberately, on purpose

deliberado -da *adj* deliberate

deliberante *adj* deliberative (frml)

deliberar [A1] *vi* **1** «comisión/comité» (debatir) **~ SOBRE algo** to deliberate ON sth (frml); **el jurado se retiró a ~** the jury retired to consider its verdict **2** (reflexionar) to deliberate

delicadeza *f*
A **1** (cuidado, suavidad) gentleness; **con mucha ~** very gently **2** (finura, gracia): **la ~ de sus manos** the daintiness of her hands; **la ~ del bordado** the delicacy of the embroidery
B **1** (tacto, discreción) tact; **fue una falta de ~ imperdonable** it was unforgivably tactless **2** (gesto amable): **fue una ~ de su parte traerme** it was very kind of him to bring me; **ni siquiera tuvo la ~ de llamarme** he didn't even have the decency to call me

delicado -da *adj*
A (fino) ‹rasgos/manos› delicate; ‹sabor› delicate, subtle; ‹lenguaje/modales› refined
B **1** (que requiere cuidados) ‹cerámica/cristal› fragile; ‹tela› delicate; ‹piel› sensitive; **prendas delicadas** delicates, delicate garments; **la delicada piel del bebé** the baby's delicate skin **2** (refiriéndose a la salud) delicate; **está ~ del estómago** his stomach's a little delicate; **tiene el corazón ~** he has a weak *o* bad heart
C ‹asunto/cuestión/tema› delicate, sensitive; ‹situación› delicate, tricky
D **1** (melindroso) delicate, fussy **2** (susceptible) touchy

delicia *f* delight; **estos bombones son una ~** these chocolates are delicious; **corría una brisa que era una ~** there was a pleasant breeze; ***hacer las ~s de algn*** to delight sb

delicioso -sa *adj* **1** ‹comida/bebida/sabor› delicious **2** ‹tiempo› delightful; **¿no te bañas? el agua está deliciosa** aren't you going to have a swim? the water's lovely

delictivo -va *adj* criminal (*before n*)

delimitación *f* **1** (de terreno, espacio) demarcation **2** (de atribuciones, responsabilidades) defining, specifying

delimitar [A1] *vt* **1** ‹terreno/espacio› to demarcate (frml), to delimit (frml) **2** ‹poderes/responsabilidades› to define, specify

delincuencia *f* crime, delinquency (frml)
(Compuesto) **delincuencia juvenil** juvenile delinquency

delincuente *mf* criminal
(Compuestos)
- **delincuente común/habitual** common criminal/habitual offender
- **delincuente juvenil** juvenile delinquent

delineante (*m*) draftsman (AmE), draughtsman (BrE); (*f*) draftswoman (AmE), draughtswoman (BrE)

delinear [A1] *vt* **1** ‹dibujo/plano› to outline, draft; ‹contorno› to delineate **2** ‹programa/proyecto› to formulate, draw up

delinquir [I3] *vi* (Der) to commit a criminal offense*, offend (frml); **es la primera vez que delinque** it is his first offense; **se ven obligados a ~** they are forced to turn to crime

delirante *adj* **1** (Med) delirious **2** ‹imaginación› fevered, feverish

delirar [A1] *vi* (Med) to be delirious; **la fiebre lo hacía ~** the fever made him delirious

delirio *m* **1** (Med) delirium **2** (fam) (pasión): **tiene ~ por las fresas** he's crazy *o* (BrE) mad about strawberries (colloq); **con ~** madly **3** (frenesí): **apareció en escena y aquello fue el ~** he appeared on stage and everyone went wild

(Compuesto) **delirios de grandeza** *mpl* delusions of grandeur (*pl*)

delírium tremens *m* delirium tremens, the DTs (*pl*)

delito *m* crime, offense*; **cometer un ~** to commit a crime *o* an offense; **evadir impuestos constituye ~** tax evasion is a criminal offense

(Compuestos)
- **delito común/político** common/political crime
- **delito de sangre** violent crime
- **delito fiscal/monetario** tax/currency offense*

delta¹ *m* (Geog) delta

delta² *f* (letra griega) delta

demacrado -da *adj* haggard, drawn

demacrarse [A1] *v pron* to become haggard *o* drawn

demagogia *f* demagogy, demagoguery

demagógico -ca *adj* demagogic

demagogo -ga *m,f* demagogue, demagog (AmE)

demanda *f*

A (Com) demand; **la ley de la oferta y la ~** the law of supply and demand; **tiene mucha ~** it's in great demand

B 1 (Der) lawsuit; **presentar una ~ contra algn** to bring a lawsuit against sb; **interponer una ~** to bring a lawsuit, to file suit (AmE) 2 (petición) request; **accedí a su ~** I agreed to his request; **se volvió hacia ella en ~ de ayuda** he turned to her for help; **se manifestaron en ~ de mejores condiciones de trabajo** they demonstrated for better working conditions

demandado -da *m,f* defendant

demandante *mf* plaintiff

demandar [A1] *vt*

A (Der) to sue; **lo demandé por daños y perjuicios** I sued him for damages

B (AmL) (requerir) to require; **un trabajo que demanda mucha dedicación** a job which requires great dedication

demarcación *f* 1 (acción) demarcation 2 (distrito) (Adm) district; (Educ) catchment area; **dentro de nuestra ~** within our district *o* boundaries

demarrar [A1] *vi* (Esp) (Dep) to put on a spurt *o* burst of speed

demás¹ *adj inv* (*delante del n*): **agregar los ~ ingredientes** add the remaining ingredients; **su viuda, hijos y ~ familia** (frml) his widow, children and other members of the family

demás² *pron*

A 1 **lo ~** the rest; **todo lo ~** everything else 2 (*en locs*) **por lo demás** apart from that, otherwise; **por demás** extremely; **le hablé en forma por ~ ofensiva** he spoke to her in an extremely offensive manner; **no estaría por ~ intentarlo** there's no harm in trying

B 1 **los/las ~** (referido a cosas) the rest; (referido a personas) the rest, everybody else; **las cosas de los ~** other people's things; **me dio uno y se quedó con los ~** he gave me one and kept the rest 2 **y demás** and the like; **los crustáceos: langostas, cangrejos y ~** the crustaceans: lobsters, crabs, and the like

demasía: **en ~** ‹*beber*› too much, excessively; **todo alimento, tomado en ~, es perjudicial** any food, when eaten in excess, can be harmful

demasiado¹ -da *adj* (*delante del n*): **le dio ~ dinero** he gave her too much money; **había demasiada gente/~s coches** there were too many people/cars; **hace ~ calor** it's too hot; **con demasiada frecuencia** too often

demasiado² *adv*

A ‹*pequeño/caliente/caro*› too; **fue un esfuerzo ~ grande para él** it was too much of an effort for him; **es ~ largo (como) para que lo termine hoy** it's too long for me to finish today

B ‹*comer/hablar/preocuparse*› too much; **trabajas ~** you work too hard

demasiado³ -da *pron*: **piden ~ por la casa** they're asking too much for the house; **somos ~s** there are too many of us; **hizo ~s** she made too many

demencia *f* dementia

demencial *adj* (fam) crazy (colloq); **tuvimos un tráfico ~** the traffic was chaotic

demente¹ *adj* insane

demente² *mf* insane person; **sólo a un ~ se le ocurre ...** (fam) only a madman *o* lunatic would ...

demeritar [A1] *vt* (AmL frml) 1 ‹*persona*› to discredit 2 ‹*esfuerzos/trabajo*› to detract from

demérito *m* (frml) demerit (frml); **sin ~ para sus compañeros** with all due respect to his colleagues; **esto va en ~ del instituto** this brings the institute into disrepute

democracia *f* democracy

(Compuestos)
- **democracia directa/representativa** direct/representative democracy
- **democracia popular** popular *o* people's democracy

demócrata *mf* democrat

democratacristiano -na *adj/m,f* Christian Democrat

democrático -ca *adj* democratic

democratización *f* democratization

democratizar [A4] *vt* to democratize

demografía *f* demography

demográfico -ca *adj* demographic, population (*before n*)

demógrafo -fa *m,f* demographer

demoledor -dora *adj* 1 ‹*máquina*› demolition (*before n*) 2 ‹*ataque/crítica*› devastating

demoler [E9] *vt* 1 ‹*edificio*› to demolish, pull down 2 ‹*mito/teoría*› (fam) to debunk, demolish

demolición *f* demolition

demoníaco -ca, **demoniaco -ca** *adj* demonic, demoniac

demonio *m*

A (diablo) devil; **este hijo mío es un ~** this child of mine is a little devil *o* demon; ***como (el) ~*** (fam) ‹*picar/doler*› like hell (colloq); **esto pesa como el ~** this weighs a ton (colloq); ***de (los) mil ~s*** (fam) terrible; **un carácter de los mil ~s** a terrible temper; **hace un frío de los mil ~s** it's terribly cold; ***mandar a algn al ~*** (fam) to tell sb to go to hell (colloq); ***oler/saber a ~s*** (fam) to smell/taste awful *o* foul; ***ponerse como*** *or* ***hecho un ~*** (fam) to go berserk (colloq)

B (fam) (uso expletivo): **¡cómo ~s lo hizo!** how on earth did he do it?; **¿qué/dónde ~s ... ?** what/where the hell ... ? (colloq); **¡~(s)!** (expresando enfado) damn! (colloq); (expresando sorpresa) goodness!, heavens!

demora *f*

A (esp AmL) (retraso) delay; **perdón por la ~** I'm sorry I'm late; **~ EN + INF** delay IN -ING; **sin ~** without delay

B (Náut) bearing

demorar [A1] *vt* 1 (AmL) (tardar): **demoró tres horas en llegar** he took *o* it took him three hours to arrive 2 (AmL) (retrasar) ‹*viaje/decisión*› to delay

■ **demorar** *vi* (AmL): **¡no demores!** don't be long!

■ **demorarse** *v pron* (AmL) 1 (tardar cierto tiempo): **¡qué poco te demoraste!** that didn't take you very long; **¿cuánto te demoras en llegar hasta allá?** how long does it take you to get there?; **me demoro 3 horas** it takes me 3 hours 2 (tardar demasiado) to be *o* take too long; **~se EN + INF** to take a long time TO + INF; **se demoró en decidirse** she took too long to make her mind up

demorón -rona *adj* (Andes, RPl fam) slow

demoroso -sa *adj* (Bol, Chi) ‹*persona*› slow; ‹*trabajo*› time-consuming; ‹*vehículo*› slow

demoscopia *f* public opinion research; **una ~** an opinion poll

demostrable *adv* demonstrable

demostración *f* 1 (de teorema) proof 2 (de poder, aptitudes) demonstration; **grandes demostraciones de cariño** a great show *o* display of affection 3 (de producto, método) demonstration

demostrar [A10] *vt*

A (probar) ‹*verdad*› to prove, demonstrate; ‹*teorema*› to prove; **eso demuestra su ignorancia** that shows *o* proves his ignorance; **te voy a ~ que tengo razón** I'm going to prove to you that I'm right; **ha demostrado ser** *or* **que es muy capaz** he's shown himself to be very able

B 1 ‹*interés/sentimiento*› to show 2 ‹*funcionamiento/método*› to demonstrate

demostrativo -va *adj* [1] ‹*ejemplo*› illustrative [2] ‹*adjetivo/pronombre*› demonstrative [3] (AmL) ‹*persona/carácter*› demonstrative

demudar [A1] *vt* ‹*expresión*› to alter, change; **tenía el rostro demudado por el dolor** her face was distorted by *o* contorted with pain

■ **demudarse** *v pron*: **se le demudó la expresión/el rostro al verla entrar** his expression changed when he saw her come in

denantes *adv* (Chi fam) a moment ago, just now

denegación *f* refusal

denegar [A7] *vt* (frml) ‹*permiso/autorización*› to refuse; ‹*petición*› to turn down; ‹*recurso*› (Der) to refuse

dengue *m* [1] (fam) (remilgo, melindre): **hace ~s a todo** she turns her nose up at everything (colloq) [2] (Med) dengue fever [3] (Méx fam) (berrinche) tantrum

denigrante *adj* degrading, humiliating

denigrar [A1] *vt* [1] (hablar mal de) to denigrate [2] (degradar) to degrade

denodado -da *adj* (frml) ‹*esfuerzo*› indefatigable (frml), tireless; ‹*luchador/defensor*› staunch, steadfast

denominación *f* [1] (frml) (nombre) name [2] (acción) naming

(Compuesto) **denominación de origen** *guarantee of origin and quality of a wine*

denominador *m* denominator

(Compuesto) **denominador común** (Mat) common denominator; (elemento en común) common factor

denominar [A1] *vt* (frml) [1] (dar nombre a): **un área a la que denominamos ...** an area which we call ...; **el denominado efecto invernadero** the so-called greenhouse effect [2] (con carácter oficial) to designate

■ **denominarse** *v pron* (frml) to be called

denostar [A10] *vt* (frml) to revile

denotar [A1] *vt* [1] (frml) (demostrar, indicar) to show, denote (frml); **sus modales denotan una esmerada educación** her manners are the sign of an impeccable upbringing [2] (Ling) to denote

densidad *f*

A [1] (de vegetación, niebla) thickness, denseness [2] (Fís) (de líquido, material) density

(Compuesto) **densidad de población** population density

B (Inf) density

denso -sa *adj*

A [1] ‹*vegetación/niebla*› dense, thick [2] (Fís) ‹*líquido/material*› dense

B ‹*discurso/película*› dense, weighty

dentado -da *adj* ‹*filo*› serrated; **una rueda dentada** a gearwheel, a cogwheel

dentadura *f* teeth (*pl*); **tener buena/mala ~** to have good/bad teeth

(Compuesto) **dentadura postiza** false teeth (*pl*), dentures (*pl*)

dental *adj* [1] ‹*higiene*› dental; **la caries ~** dental *o* tooth decay [2] (Ling) dental

dentellada *f* [1] (mordisco) bite; **lo destrozó a ~s** it chewed it to pieces [2] (marca) tooth mark

dentera *f* (sensación): **darle ~ a algn** to set sb's teeth on edge

dentición *f* [1] (crecimiento) teething, dentition (tech); **durante la ~** during teething [2] (conjunto de dientes) dentition (tech)

dentífrico *m* toothpaste

dentista *mf* dentist

dentística *f* (Chi) dentistry, dental surgery

dentro *adv*

A (lugar, parte) [*Latin American Spanish also uses* **adentro** *in this sense*] inside; **aquí/ahí ~** in here/there; **el perro duerme ~** the dog sleeps indoors; **es azul por ~** it's blue on the inside; **la parte de ~** the inside

B **dentro de** [1] (en el espacio) in, inside; **~ del edificio** inside *o* in the building [2] (en el tiempo) in; **se casan ~ de dos semanas** they're getting married in two weeks' time; **~ del plazo previsto** within *o* in the time stipulated [3] (de límites, posibilidades) within; **no está/está ~ de nuestras posibilidades** it is beyond/well within our means; **está ~ de lo posible** it's not impossible

denuedo *m* (liter) valor* (liter); **luchar con ~** to fight valiantly

denuesto *m* (liter) insult

denuncia *f*

A (de robo, asesinato) report; **hizo la ~ del robo del coche** he reported the theft of his car; **presentar** *or* **hacer una ~** to make a formal complaint; **presentó una ~ contra ella por malversación de fondos** he went to the police and accused her of embezzlement

B (crítica pública) denunciation

denunciante *mf*: *person who reports a crime*

denunciar [A1] *vt*

A ‹*robo/asesinato/persona*› to report

B (condenar públicamente) to denounce, condemn

denuncio *m* (Chi, Col) ▸ **denuncia A**

Dep., Dept. (= **Departamento**) Dept

D.E.P. (= **descanse en paz**) RIP

deparar [A1] *vt*: **no sabían lo que les ~ía el nuevo año** they did not know what the new year would bring; **¿qué nos ~á el destino?** what does fate have in store for us?; **el viaje me ~ía tal oportunidad** the trip would provide me with that opportunity

departamento *m*

A [1] (de empresa, institución) department; **~ de ventas/publicidad** sales/advertising department; **D~ de Inglés** Department of English, English Department [2] (provincia, distrito) department

(Compuesto) **Departamento de Estado** State Department

B (AmL) (apartamento) apartment (esp AmE), flat (BrE)

departir [I1] *vi* (frml) to converse (colloq)

depauperación *f* (frml) [1] (empobrecimiento) impoverishment [2] (debilitamiento) debilitation (frml)

depauperar [A1] *vt* (frml) to impoverish

■ **depauperarse** *v pron* (frml) [1] (empobrecerse) to become impoverished [2] (debilitarse) to become weak *o* (frml) debilitated

dependencia *f*

A (estado, condición) dependence; **~ económica** economic dependence; **~ psicológica** psychological dependence *o* dependency; **~ DE algo** dependence ON sth

B [1] (sección) department; (oficina) office [2] **dependencias** *fpl* (edificios) buildings (*pl*); (salas) rooms (*pl*); **las ~s del servicio** the servants' quarters

depender [E1] *vi*

A [1] «*resultado/solución*» to depend; **¿vendrás? — depende** will you come? — it depends; **~ DE algo/algn** to depend ON sth/sb; **si de mí dependiera** if it were up to me; **todo depende de que llegue a tiempo** it all depends on him arriving on time [2] «*persona*» **~ DE algn/algo**: **depende económicamente de sus padres** he is financially dependent on his parents; **dependía totalmente de su mujer** he depended *o* relied totally on his wife; **depende totalmente de las drogas** he's totally dependent on drugs

B (en jerarquía) **~ DE algn** to report TO sb; **la comisión ~á del Senado** the commission will report *o* be accountable to the Senate

dependiente¹ *adj*: **familiares ~s** dependents*; **~ DE algo**: **un organismo ~ del Ministerio de Cultura** an organization under the authority of the Ministry of Culture

dependiente² -ta *m,f* salesclerk (AmE), shop assistant (BrE)

depilación *f* (con cera) waxing; (con crema) hair-removal, depilation (frml); (de cejas) plucking

depilar [A1] *vt* ‹*piernas/axilas*› to wax (*o* shave *etc*); ‹*cejas*› to pluck

■ **depilarse** *v pron*: **~se las cejas** (*refl*) to pluck one's eyebrows; **~se las piernas** (*refl*) to shave (*o* wax *etc*) one's legs; (*caus*) to have one's legs waxed

deplorable *adj* deplorable; **en un estado ~** in a dreadful *o* an appalling state

deplorar [A1] *vt* [1] (condenar) to deplore [2] (lamentar) to regret

deponer [E22] *vt*
A (abandonar) ‹*armas*› to lay down; **depuso su actitud** he abandoned his stance
B ‹*rey*› to depose; ‹*gobierno/presidente*› to overthrow, topple
■ **deponer** *vi*
A (Fisiol) 1 (defecar) to defecate 2 (AmC, Méx fam) (vomitar) to throw up (colloq)
B (Der) to make a statement *o* (frml) deposition; «*testigo*» to testify

deportación *f* deportation

deportar [A1] *vt* to deport

deporte *m* sport; **no practican ningún ~** they don't play *o* do any sport(s); **hace ~ para estar en forma** she does sports (AmE) *o* (BrE) some sport to keep fit; **por ~** for the fun of it
(Compuestos)
• **deporte acuático** water sport
• **deporte de invierno** winter sport

deportista[1] *adj* sporty; **fue muy ~ en su juventud** he was a keen sportsman in his youth

deportista[2] (*m*) sportsman; (*f*) sportswoman

deportividad *f* sportsmanship

deportivo[1] -va *adj* 1 ‹*club/centro*› sports (*before n*); **instalaciones deportivas** sports facilities 2 ‹*ropa*› (para deporte) sports (*before n*); (informal) sporty, casual

deportivo[2] *m* sports car

deposición *f*
A (de rey) deposition; (de presidente, gobierno) overthrow
B (Fisiol) (frml) 1 (acto) bowel movement 2 **deposiciones** *fpl* (heces) stools (*pl*)
C (Der) statement, deposition (frml); (de testigo) testimony

depositar [A1] *vt*
A (frml) 1 (colocar) to place, put, deposit (frml); Ⓢ **deposite las monedas en la ranura** place *o* deposit coins in slot 2 (dejar) to leave, deposit (frml); Ⓢ **se ruega depositen las bolsas en la entrada** please leave all bags at the door 3 (volcar): **~ algo EN algo/algn** ‹*esperanzas*› to pin sth ON sth/sb; **deposité en él toda mi confianza** I placed *o* put all my trust in him
B (Fin) ‹*dinero*› to deposit; (en cuenta corriente) (AmL) to deposit, pay in (BrE); **~ una fianza en favor de algn** to stand bail for sb
■ **depositarse** *v pron* «*sustancia*» to form a deposit, be deposited

depositario -ria *m,f* 1 (de dinero) deposit taker 2 (Der) receiver

depósito *m*
A 1 (almacén) warehouse; **~ de armas** arms depot; **~ de municiones** ammunition dump; **en ~** in storage *o* (BrE) in store 2 (tanque) tank
(Compuestos)
• **depósito de cadáveres** morgue, mortuary (BrE)
• **depósito de equipajes** (Col) checkroom (AmE), left-luggage office (BrE)
• **depósito de gasolina** gas tank (AmE), petrol tank (BrE)
B (sedimento) deposit, sediment; (yacimiento) deposit
C (Fin) 1 (AmL) (en una cuenta) deposit; **hacer un ~** to deposit *o* (BrE) pay in some money 2 (garantía) deposit; **dejé un ~ de 5.000 euros** *or* **dejé 5.000 euros en ~** I left a 5,000 euro deposit
(Compuesto) **depósito a plazo** *or* (Col) **término fijo** time deposit (AmE), fixed-term deposit (BrE)

depravación *f* 1 (acto) act of depravity, depraved act 2 (cualidad) depravity

depravado -da *m,f* degenerate; **un ~ sexual** a (sexual) pervert

depre *f* (fam): **estar con la ~** to be under the weather; **tengo una ~ ...** I feel really low *o* down (colloq)

depreciación *f* depreciation

depreciarse [A1] *v pron* to depreciate, fall in value

depredación *f* (frml) 1 (Zool) predation (frml) 2 (daño) depredation (frml)

depredador[1] -dora *adj* (Zool) ‹*animal/ave*› predatory

depredador[2] *m* predator

depredar [A1] *vt* (Zool) to prey on

depresión *f*
A (Psic) depression
(Compuesto) **depresión posparto** postnatal depression
B (Meteo) depression
(Compuesto) **depresión atmosférica** *or* **barométrica** atmospheric *o* barometric depression

depresivo -va *adj* depressive (frml); **es muy ~** he tends to get depressed

deprimente *adj* depressing

deprimido -da *adj* 1 ‹*persona*› depressed 2 ‹*mercado/economía/barrio*› depressed

deprimir [I1] *vt* 1 (Psic) to depress, make … depressed 2 ‹*mercado*› to depress
■ **deprimirse** *v pron* to get/become depressed

deprisa *adv* fast; **trabajar más ~** to work faster; **¡~! escóndelo** quick! hide it; ***~ y corriendo*** in a rush

depuesto -ta *pp*: *see* **deponer**

depuración *f*
A 1 (del agua) treatment, purification; (de aguas residuales) treatment 2 (de la sangre) cleansing 3 (de lenguaje, estilo) refinement
B (Pol) purge

depurado -da *adj* ‹*lenguaje/estilo*› polished, refined; ‹*gusto*› refined

depuradora *f* 1 (de aguas residuales) sewage treatment plant 2 (en piscina) filter system

depurar [A1] *vt*
A 1 ‹*agua*› to purify, treat; ‹*aguas residuales*› to treat 2 ‹*sangre*› to cleanse
B 1 ‹*organización/partido*› to purge 2 ‹*lenguaje/estilo*› to polish, refine 3 (Inf) to debug

derecha *f*
A 1 (lado derecho) right; **la primera calle a la ~** the first street on the right; **dobla a la ~** turn right; **el de la ~** the one on the right; **por la ~** ‹*conducir/caminar*› on the right; **mantenga su ~** keep to the right; ***no hago/hace nada a ~s*** (Esp fam) I/he can't do anything right 2 (mano derecha) right hand
B (Pol): **la ~** the Right; **un político de ~** *or* (Esp) **~s** a right-wing politician

derechamente *adv*
A 1 (en línea recta) straight 2 (directamente) straight; **se fueron ~ a su casa** they went straight home 3 (abiertamente) straight, openly; **díselo ~ y sin tapujos** tell him straight and without beating about the bush
B (honestamente) ‹*actuar/comportarse*› honestly

derechazo *m* (en boxeo) right; (Taur) *pass made with the cape in the right hand*; (en tenis) forehand

derechista *mf* right-winger

derechización *f* drift (*o* swing *etc*) to the right

derecho[1] -cha *adj*
A ‹*mano/ojo/zapato*› right; ‹*lado*› right, right-hand; **el ángulo superior ~** the top right-hand corner; **queda a mano derecha** it's on the right-hand side *o* on the right
B 1 (recto) straight; **ese cuadro no está ~** that picture isn't straight; **¡pon la espalda derecha!** straighten your back!; **siéntate ~** sit up straight 2 (fam) (justo, honesto) honest, straight

derecho[2] *adv* 1 (en línea recta) straight; **siga todo ~** go *o* keep straight on 2 (fam) (directamente) straight; **fue ~ al tema** he got straight *o* right to the point

derecho[3] *m*
A 1 (facultad, privilegio) right; **haz valer tus ~s** stand up for your rights; **~s fundamentales** basic rights; **estás en tu ~** you're within your rights; Ⓢ **reservado el derecho de admisión** the management reserves the right to refuse admission; **miembro de pleno ~** full member; **~ A algo** right TO sth; **el ~ a la vida/al voto** the right to life/to vote; **~ A + INF**: **tengo ~ a saber** I have a *o* the right to know; **da ~ a participar en el sorteo** it entitles you to participate in the draw; **tiene perfecto ~ a protestar** she's perfectly within her rights to protest; **tengo ~ a que se me escuche** I have the right to be heard; ***¡no hay ~!*** (fam) it's not fair!; **no hay ~ a que la traten así a una** they've no right to treat a person like that 2 (Com, Fin) tax

Compuestos
- **derecho de asilo** right of asylum
- **derecho de matrícula** registration fee
- **derecho de paso** *or* **servidumbre** right of way
- **derecho de reunión** right of assembly
- **derechos arancelarios** *or* **de aduana** *mpl* customs duties (*pl*)
- **derechos cinematográficos** *mpl* film rights (*pl*)
- **derechos de autor** *mpl* royalties (*pl*)
- **derechos humanos** *mpl* human rights (*pl*)

B (Der) law; **estudio ~** I'm studying law; **no se ajusta a ~** it is legally flawed

Compuestos
- **derecho administrativo/canónico/civil** administrative/canon/civil law
- **derecho empresarial/fiscal/mercantil** business/tax/commercial law
- **derecho laboral/penal** labor*/criminal law
- **derecho privado/público** private/public law

C (de prenda) right side, outside; (de tela) right side, face; **póntelo al ~** put it on properly *o* right side out

deriva *f* drift; **a la ~** ‹*barco*› adrift; **navegar a la ~** to drift; **la empresa va a la ~** the company has lost its sense of direction

derivación *f* 1 (Ling, Mat) derivation 2 (de problema) consequence

derivada *f* derivative

derivado *m* (Ling, Tec) derivative; **los ~s lácteos** dairy products

derivar [A1] *vi*

A 1 (proceder) **~ DE algo** (Ling) to derive FROM sth, come FROM sth; (Quím) to derive FROM sth; «*problema/situación*» to arise FROM sth; **palabras derivadas del latín** words derived from Latin 2 (traer como consecuencia) **~ EN algo** to result IN sth, lead TO sth

B (cambiar de dirección): **la conversación derivó hacia otro temas** the conversation moved on to other topics; **la discusión derivó en pelea** the argument degenerated into a fight

■ **derivar** *vt* (Med) (AmL) **~ a algn a un especialista** to refer sb to a specialist

■ **derivarse** *v pron* (proceder) **~se DE algo** «*palabra*» to be derived FROM sth, come FROM sth; «*problema/situación*» to arise FROM sth

dermatología *f* dermatology

dermatológico -ca *adj* dermatological

dermatólogo -ga *m,f* dermatologist

dermis *f* (*pl* ~) dermis

derogación *f* abolition, repeal

derogar [A3] *vt* to abolish, repeal

derramamiento *m* (de líquido) spilling, spillage; **~ de sangre** bloodshed

derramar [A1] *vt* 1 ‹*agua/leche/azúcar*› to spill; ‹*cuentas/sangre*› to shed 2 ‹*lentejas/botones*› to spill, scatter

■ **derramarse** *v pron* 1 «*tinta/leche*» to spill; «*corriente*» to pour out 2 «*cuentas/botones*» to scatter, spread

derrame *m*

A 1 (Med): **tengo un ~ en el ojo** I have a burst blood vessel in my eye 2 (de líquido) spillage

Compuestos
- **derrame cerebral** brain hemorrhage*
- **derrame sinovial** synovitis

B (Arquit) embrasure

derrapar [A1] *vi*

A «*vehículo*» to skid; «*embrague*» to slip; «*llantas*» to spin

B (Méx fam) (estar chiflado) **~ POR algn** to be nuts *o* crazy ABOUT sb (colloq)

derrape *m* (Auto) skid

derredor: **al/en ~** (*loc adv*) around

derrengado -da *adj* exhausted

derrengarse [A3] *v pron* to collapse from exhaustion

derretir [I14] *vt* ‹*mantequilla/helado*› to melt; ‹*metales*› to melt (down); ‹*hielo/nieve*› to melt, thaw

■ **derretirse** *v pron* 1 «*mantequilla/helado*» to melt; «*nieve/hielo*» to thaw, melt 2 (fam) «*persona*» **~se POR algn** to be crazy ABOUT sb

derribar [A1] *vt* 1 ‹*edificio/muro*› to demolish, knock down; ‹*puerta*› to break down 2 ‹*avión*› to shoot down, bring down 3 ‹*persona*› to floor, knock … down; ‹*novillo*› to knock … over 4 «*viento*» to bring down 5 ‹*gobierno*› to overthrow, topple

derribo *m* 1 (de edificio) demolition 2 (de avión) shooting down, bringing down 3 (de gobierno) overthrow

derrocamiento *m* overthrow

derrocar [A2] *vt* to overthrow, topple

derrochador[1] **-dora** *adj*: **es muy ~** he's a real spendthrift

derrochador[2] **-dora** *m,f* squanderer, spendthrift

derrochar [A1] *vt*

A (malgastar) ‹*dinero*› to squander, waste; ‹*electricidad/agua*› to waste

B (tener en abundancia) ‹*buen humor/simpatía*› to radiate, exude

■ **derrochar** *vi* to throw money away, to squander money

derroche *m* 1 (de dinero, bienes) waste 2 (abundancia): **un ~ de entusiasmo** a tremendous display of enthusiasm

derrota *f*

A (Dep, Mil) defeat; **sufrir una ~** to suffer a defeat; **infligir una ~ a algn** to inflict a defeat on sb

B (Náut) course

derrotado -da *adj* 1 (vencido) ‹*ejército*› defeated; ‹*equipo*› defeated, beaten 2 (desesperanzado) despondent

derrotar [A1] *vt* ‹*ejército/partido*› to defeat; ‹*equipo*› to defeat, beat

derrotero *m* 1 course; **si sigues por esos ~s vas a terminar mal** if you carry on like that, you'll come to a bad end 2 (Náut) (rumbo) course; (libro) log

derrotismo *m* defeatism

derrotista *adj/mf* defeatist

derruido -da *adj* ‹*casa*› ruined; **una casa medio derruida** a house virtually in ruins

derruir [I20] *vt* to demolish, pull down

derrumbamiento *m* 1 (de edificio) collapse 2 (de dictadura, imperio) collapse

derrumbar [A1] *vt* 1 ‹*casa/edificio*› to demolish, pull down 2 ‹*dictadura*› to overthrow, topple

■ **derrumbarse** *v pron* 1 «*edificio*» to collapse 2 «*persona*» to go to pieces; «*esperanzas/ilusiones*» to be shattered, collapse

desabastecido -da *adj*: **~s de provisiones** out of provisions *o* supplies; **dejó al país ~ de combustible** it left the country without fuel

desabastecimiento (Méx), **desabasto** *m* shortage of supplies (*o* food *etc*)

desabotonar [A1] *vt* to unbutton, undo

■ **desabotonarse** *v pron* 1 «*prenda*» to come undone 2 (*refl*) «*persona*» ‹*camisa/abrigo*› to unbutton, undo

desabrido -da *adj*

A (comida) tasteless, bland

B ‹*persona*› (soso) (AmL) boring, dull; (desagradable) (Esp) surly, disagreeable

desabrigado -da *adj* ‹*lugar*› exposed; **estás muy ~** you're not wearing warm enough clothes

desabrigarse [A3] *v pron* (en la calle) to take one's coat (*o* sweater *etc*) off; (en la cama) to throw off the covers

desabrochar [A1] *vt* ‹*prenda/zapatos/pulsera*› to undo; **¿me desabrochas?** can you undo me? (colloq)

■ **desabrocharse** *v pron* 1 «*prenda*» to come undone 2 (*refl*) «*persona*» ‹*camisa/abrigo*› to undo

desacatar [A1] *vt* ‹*órdenes*› to disobey; ‹*autoridad*› to defy; ‹*leyes*› to defy, break

desacato *m* **~ A algo** ‹*a las órdenes/la autoridad*› defiance OF sth; **~ (al tribunal)** contempt (of court)

desaceleración *f* 1 (de vehículo, objeto) deceleration, slowing down 2 (de proceso) slowing down

desacertado -da *adj* ‹*elección/comentario*› unfortunate, unwise; ‹*estrategia*› misguided; **estuvo muy ~ al decir eso** (indiscreto) it was very tactless *o* indiscreet of him to say that; (equivocado) he made a big mistake saying that

desacierto *m* mistake; **fue un ~ invitarlo** it was a mistake to invite him; **el eslogan ha sido un ~** the slogan has proved to be a bad choice *o* a mistake

desacomodar [A1] *vt* (AmS) to untidy, mess … up
■ **desacomodarse** *v pron* (AmS) to get mixed *o* jumbled up

desacompasado -da *adj* [ESTAR] ‹bailarín› out of step; ‹músico› out of time

desaconsejar [A1] *vt* to advise against; **me lo desaconsejó el médico** the doctor advised me against it

desacoplar [A1] *vt* ‹vagón› to uncouple; ‹rueda/pieza› to remove

desacorde *adj* ‹opiniones/versiones› conflicting; ‹sonidos› discordant; ‹instrumentos› out of tune

desacostumbrado -da *adj* 1 (insólito): **con un entusiasmo ~ en él** with unaccustomed enthusiasm; **una práctica desacostumbrada entre los europeos** a practice which is not customary among Europeans 2 ‹persona› **~ A algo**: **está ~ al calor** he can't take the heat anymore

desacostumbrarse [A1] *v pron* to get out of the habit; **~ A + INF** to get out of the habit OF -ING; **se desacostumbró al tráfico de la ciudad** she forgot what city traffic was like

desacreditar [A1] *vt* 1 ‹persona› to discredit; ‹buen nombre/institución› to discredit, bring … into disrepute 2 ‹teoría› to discredit
■ **desacreditarse** *v pron* (*refl*) to discredit oneself, damage one's reputation

desactivar [A1] *vt* ‹bomba/explosivo› to defuse, deactivate; ‹situación› to defuse

desacuerdo *m* disagreement; **~ CON algo** opposition TO sth, disagreement WITH sth; **están en total ~ con su política** they strongly oppose *o* they are in total disagreement with his policy; **~ CON algn** disagreement WITH sb; **están en ~ con la ejecutiva** they are at odds *o* at variance with the executive

desadaptación *f* (Andes) adjustment problems (*pl*)

desadaptado -da *adj*: **un niño ~** a child who has problems settling in *o* adjusting; **sentirse ~** to feel unsettled

desadaptarse [A1] *v pron* to become disoriented *o* unsettled

desafecto¹ -ta *adj* **~ A algo** opposed *o* hostile TO sth

desafecto² *m* indifference

desafiante *adj* ‹gesto/palabras› defiant; **se me acercó ~** he came towards me defiantly

desafiar [A17] *vt* 1 ‹persona› to challenge; **~ a algn A algo** to challenge sb TO sth; **~ a algn A + INF/+ SUBJ** to dare *o* challenge sb to + INF 2 ‹peligro/muerte› to defy

desafilado -da *adj* blunt

desafinado -da *adj* out of tune

desafinar [A1] *vi* «instrumento» to be out of tune; «músico/cantante» to be off key *o* out of tune
■ **desafinarse** *v pron* to go out of tune

desafío *m* (a una persona) challenge; (al peligro, a la muerte) defiance

desaforadamente *adv* ‹gritar› at the top of one's voice; ‹correr› hell for leather

desaforado¹ -da *adj* ‹ambición› unbridled, boundless; ‹grito› terrible

desaforado² -da *m,f*: **como un ~** ‹correr› hell for leather; ‹gritar› at the top of one's voice

desafortunado -da *adj* 1 (desdichado) ‹persona› unlucky; ‹suceso› unfortunate 2 (desacertado) ‹medidas/actuación› unfortunate; **el diestro estuvo ~ con la espada** the matador performed poorly with the sword

desafuero *m* 1 (atropello) outrage 2 (desmesura) excess 3 (de parlamentario, ministro) withdrawal of parliamentary/ministerial privileges

desagradable *adj* ‹respuesta/comentario› unkind; ‹ruido/sensación› unpleasant, disagreeable; ‹escena/sorpresa› unpleasant; ‹tiempo/clima› unpleasant, horrible; **estuvo realmente ~** he was really unpleasant; **¡no seas tan ~!** don't be so mean *o* unkind!

desagradar [A1] *vt*: **me desagrada su presencia/su voz** I find his presence/his voice unpleasant *o* disagreeable; **me desagrada tener que decírselo** I don't like having to tell her

desagradecido -da *adj* ‹persona› ungrateful; ‹trabajo/tarea› thankless

desagradecimiento *m* ingratitude

desagrado *m* displeasure; **lo hizo con ~** she did it reluctantly *o* unwillingly; **puso cara de ~** she didn't look (at all) happy

desagraviar [A1] *vt* (frml): **con eso no me siento desagraviado** I don't feel that is enough to make up for it; **para ~lo, se excusó públicamente** to make amends, she apologized publicly
■ **desagraviarse** *v pron* to make amends

desagravio *m*: **exigió un ~** he demanded redress; **le envió unas flores como** *or* **en ~** he sent her some flowers to make amends

desaguadero *m* 1 (de río, lago) drain 2 ▸ **desagüe (1)**

desagüe *m* 1 (de lavabo, lavadora) wastepipe; (de patio, azotea) drain 2 (acción) drainage; **el sistema de ~** the drainage system

desaguisado *m* (fam) mess; **la peluquera me hizo un verdadero ~** the hairdresser made a real mess of my hair

desahogadamente *adv* comfortably; **viven ~** they are comfortably off

desahogado -da *adj* 1 ‹posición económica/vida› comfortable; **viven bastante ~s** they're comfortably off 2 ‹casa/habitación› uncluttered, spacious; **la oficina quedó más desahogada** there's more room in the office now 3 (de tiempo): **cuando terminemos éste estaremos más ~s** once we've finished this one things will be more relaxed

desahogar [A3] *vt* ‹penas› to give vent to; ‹rabia/ira› to vent, give vent to
■ **desahogarse** *v pron*: **salí a correr para ~me** I went for a run to let off steam; **se desahogó dándole patadas a la rueda** he vented his anger (*o* frustration *etc*) by kicking the wheel; **~se CON algn** to pour one's heart out to sb

desahogo *m* 1 (alivio) relief; **llorar le servirá de ~** crying will make him feel better 2 **con ~** comfortably; **vivir con ~** to be comfortably off; **aquí podrás trabajar con más ~** you'll have more space to work in here

desahuciar [A1] *vt*
A ‹enfermo› to declare … terminally ill
B 1 ‹inquilino› to evict 2 (Chi) ‹empleado› (despedir) to dismiss; (notificar el despido) to give … notice

desahucio *m* 1 (de inquilino) eviction 2 (Chi) (Rels Labs) (aviso) dismissal notice; (suma de dinero) severance pay

desairar [A1] *vt* to snub

desaire *m* snub, slight; **hacerle un ~ a algn** to snub *o* slight sb

desajustar [A1] *vt* to loosen
■ **desajustarse** *v pron* 1 «pieza» to come *o* work loose 2 «mecanismo»: **el tacómetro se había desajustado** the tachometer wasn't working properly

desajuste *m*
A 1 (Econ, Fin) imbalance 2 (Psic, Sociol): **~ con el entorno** failure to adjust to one's environment
B 1 (trastorno) disruption 2 (defecto) fault

desalar [A1] *vt* to desalt

desalentador -dora *adj* disheartening, discouraging

desalentar [A5] *vt* to discourage, dishearten
■ **desalentarse** *v pron* to become disheartened *o* discouraged

desaliento *m* dejection, despondency; **el ~ se apoderó de ellos** they became disheartened *o* discouraged

desalinización *f* desalination

desalinizar [A4] *vt* to desalinate

desaliñado -da *adj* slovenly

desalmado -da *m,f*: **es un ~** he's completely heartless

desalojar [A1] *vt* 1 ‹edificio/recinto› «manifestantes/ocupantes» to vacate; «policía/juez» to clear 2 ‹manifestantes› to remove, move … away; ‹residentes› to evacuate; ‹inquilino› (esp AmL) to evict

desalojo *m* (AmL) eviction

desamarrar [A1] *vt* (AmL exc RPl) ‹embarcación› to cast off; ‹zapatos/paquete› to undo, untie; ‹animal/persona› to untie
■ **desamarrarse** *v pron* (AmL exc RPl)
A «paquete/zapatos» to come undone; «bultos/barco» to come untied

d

B *(refl)* ⟨⟨*persona*⟩⟩ to get free; ⟨⟨*animal*⟩⟩ to get loose *o* free

desamor *m* lack of affection, coolness

desamortización *f* freeing of encumbrance; (Hist) confiscation, seizure

desamortizar [A4] *vt* to free … from encumbrance; (Hist) to confiscate, seize

desamparado -da *adj* ⟨*niño/anciano*⟩ defenseless*; ⟨*lugar*⟩ bleak, unprotected

desamparar [A1] *vt* to abandon, desert

desamparo *m* neglect; **el ~ en el que viven** the state of neglect in which they live

desandar [A24] *vt*: **tuvo que ~ el camino recorrido** he had to retrace his steps; **~ *lo andado*** to go back to square one

desangelado -da *adj* ⟨*cuarto/calle*⟩ devoid of charm, soulless; ⟨*persona*⟩ lacking in charm, charmless

desangrar [A1] *vt* to bleed

■ **desangrarse** *v pron* to bleed to death

desanimado -da *adj* discouraged, dispirited

desanimar [A1] *vt* to discourage

■ **desanimarse** *v pron* to become disheartened *o* discouraged

desánimo *m* dejection, despondency; **sentía un gran ~** she felt very downhearted *o* discouraged

desanudar [A1] *vt* to unknot, untie

desapacible *adj* ⟨*tiempo/día*⟩ unpleasant; ⟨*persona/carácter*⟩ irritable, bad-tempered

desaparecer [E3] *vi* [1] (de lugar) to disappear; **hizo ~ el sombrero** he made the hat disappear *o* vanish [2] ⟨⟨*dolor/síntoma/cicatriz*⟩⟩ to disappear, go; ⟨⟨*costumbre*⟩⟩ to disappear, die out; ⟨⟨*mancha*⟩⟩ to come out; **tenía que hacer ~ las pruebas** he had to get rid of the evidence [3] (de la vista) to disappear; **desapareció entre la muchedumbre** he disappeared *o* vanished into the crowd; **desaparece de mi vista** (fam) get out of my sight

■ **desaparecerse** *v pron* (Andes) to disappear; **se desaparecieron mis anteojos** my glasses have disappeared

desaparecido¹ -da *adj* [1] (que no se encuentra) missing [2] (period) (muerto) late (*before n*), deceased (frml)

desaparecido² -da *m,f* [1] (en un accidente) missing person; **los ~s en el siniestro** those missing after the accident [2] (Pol): **los ~s** the disappeared *o* those who have disappeared

desaparejar [A1] *vt* ⟨*caballo*⟩ to unharness; ⟨*barco*⟩ to unrig

desaparición *f* [1] disappearance; **una especie en vías de ~** an endangered species [2] (euf & frml) (muerte) passing (euph & frml)

desapasionado -da *adj* ⟨*persona*⟩ impartial, dispassionate; ⟨*crítica/decisión*⟩ unbiased, dispassionate

desapego *m* [1] (desinterés) indifference [2] (desamor) coolness, lack of affection

desapercibido -da *adj*: **pasar ~** to go unnoticed

desaprensivo -va *adj* (sin escrúpulos) unscrupulous, cynical; (insensible) callous, uncaring

desaprobación *f* disapproval

desaprobar [A10] *vt* (frml) to disapprove of

desaprovechar [A1] *vt* ⟨*oportunidad*⟩ to waste; ⟨*tiempo/comida*⟩ to waste; **el espacio está muy desaprovechada** the space is not being put to good use

desarbolar [A1] *vt* to dismast

desarmable *adj* ⟨*mueble/mecanismo*⟩ which can be dismantled *o* taken apart

desarmado -da *adj* ⟨*policía/criminal*⟩ unarmed; **iban desarmados** they weren't armed

desarmador *m* (Méx) [1] (herramienta) screwdriver [2] (bebida) screwdriver

desarmar [A1] *vt*

A ⟨*mueble/mecanismo*⟩ to dismantle, take apart; ⟨*carpa*⟩ (AmL) to take down; ⟨*rifle/motor*⟩ to strip (down); ⟨*rompecabezas*⟩ to take … to pieces, break up; ⟨*juguete/maqueta*⟩ to take … apart, take … to pieces

B [1] (quitar armas) to disarm [2] (dejar sin argumentos) to disarm

desarme *m* disarmament; **~ nuclear** nuclear disarmament

desarraigado -da *adj* rootless; **se siente totalmente desarraigada** she feels she has lost her roots

desarraigarse [A3] *v pron* to uproot oneself

desarraigo *m*: **el ~ que sufre el emigrado** the feeling of having been uprooted experienced by emigrants; **una manifestación del ~ cultural** a manifestation of being uprooted from one's cultural environment

desarrapado -da *adj* ▸ **desharrapado**

desarreglado -da *adj* ⟨*persona/aspecto/lugar*⟩ untidy; ⟨*vida*⟩ disorganized, chaotic

desarreglar [A1] *vt* ⟨*horario/funcionamiento*⟩ to upset, disrupt

■ **desarreglarse** *v pron* [1] ⟨⟨*peinado*⟩⟩ to get messed up [2] ⟨⟨*horarios/funcionamiento*⟩⟩ to be disrupted, be upset; ⟨⟨*menstruación*⟩⟩ to become irregular

desarreglo *m*

A (desorden): **con tantos ~s de horarios está muy cansado** he's very tired because his routine has been upset so much

B (CS) [1] (exceso): **hacer ~s** to overindulge [2] (en presupuesto): **este mes no podemos hacer ningún ~** this month we mustn't allow ourselves any extravagances

desarrollado -da *adj* [1] ⟨*país/economía*⟩ developed [2] ⟨*niña/niño*⟩ well-developed; ⟨*sentido*⟩ developed

desarrollar [A1] *vt*

A [1] ⟨*facultad/inteligencia*⟩ to develop; ⟨*músculos*⟩ to develop, build up [2] ⟨*industria/comercio*⟩ to develop [3] ⟨*teoría/plan*⟩ to develop

B [1] (exponer) ⟨*teoría/tema*⟩ to explain [2] (llevar a cabo) ⟨*actividad/labor*⟩ to carry out; ⟨*plan*⟩ to put into practice

C (Chi) (Fot) to develop

■ **desarrollarse** *v pron*

A ⟨⟨*cuerpo/planta*⟩⟩ to develop, grow; ⟨⟨*pueblo/economía*⟩⟩ to develop; ⟨⟨*teoría/idea*⟩⟩ to develop, evolve

B ⟨⟨*acto/entrevista/escena*⟩⟩ to take place; **veremos cómo se desarrollan los acontecimientos** we shall see how things develop

desarrollo *m*

A [1] (Econ) development; **países en vías de ~** developing countries [2] (de facultad, capacidad) development [3] (de niño, de planta) growth, development [4] (de adolescente) development

B (de teoría, tema, estrategia) development

C (de acto, acontecimiento): **durante el ~ del acto** during *o* in the course of proceedings; **intentaron impedir el normal ~ del acto** they tried to disrupt the proceedings; **según el ~ de los acontecimientos** according to how things develop

desarroparse [A1] *v pron (refl)* to throw the bedclothes *o* covers off

desarrugarse [A3] *v pron*: **cuelga la ropa para que se desarrugue** hang your clothes up so that the creases fall out

desarticulación *f* (de una organización) dismantling, breaking up

desarticular [A1] *vt*

A ⟨*organización*⟩ to dismantle, break up; ⟨*conspiración*⟩ to foil, thwart

B ⟨*artefacto/mecanismo*⟩ to take … to pieces, dismantle

desaseado -da *adj* ⟨*niño*⟩ grubby; ⟨*habitación*⟩ messy

desaseo *m* uncleanliness

desasirse [I10] *v pron* **~ DE algo** to free oneself FROM sth, get free FROM sth

desasistido -da *adj* neglected

desasosegado -da *adj* restless, uneasy

desasosiego *m* (feeling *o* sense of) unease; **su presencia le producía un gran ~** his presence filled her with a terrible sense of unease

desastrado -da *adj* ⟨*persona*⟩ scruffy, untidy; ⟨*habitación/trabajo*⟩ untidy

desastre *m* [1] (catástrofe) disaster [2] (fam) (uso hiperbólico) disaster; **cocinando soy un ~** I'm a disaster when it comes to cooking (colloq); **como cantante es un ~** he's a hopeless singer; **tienes la habitación hecha un ~** your room is a shambles; **vas hecha un ~** you look a real mess (colloq)

desastroso -sa *adj* disastrous

desatado -da *adj* 1 (sin amarrar): **el perro estaba ~** the dog was off its leash *o* was loose; **llevas los cordones ~s** your shoelaces are undone 2 ‹*nervios*›: **estar con** *or* **tener los nervios ~s** to be a bundle of nerves

desatar [A1] *vt*
A 1 ‹*nudo/lazo*› to untie, undo 2 ‹*persona*› to untie; ‹*perro*› to let … loose, let … off the leash
B (desencadenar) 1 (liter) ‹*cólera/pasiones*› to unleash 2 ‹*crisis/revuelta*› to spark off; ‹*polémica*› to provoke, give rise to
■ **desatarse** *v pron*
A 1 «*nudo/cordones*» to come undone *o* untied; «*perro/caballo*» to get loose 2 (*refl*) «*persona*» to untie oneself; ‹*cordones/zapatos*› to untie, undo
B (desencadenarse) 1 (liter) «*pasiones/ira/furia*» to be unleashed 2 «*polémica/crisis*» to erupt, flare up; «*revuelta*» to break out 3 «*tormenta/temporal*» to break

desatascador *m* (instrumento) plunger; (producto) nitric acid (*o* caustic soda *etc*) (*used to clear blocked drains*)

desatascar [A2] *vt* ‹*cañería/fregadero*› to unblock, clear
■ **desatascarse** *v pron* «*cañería/fregadero*» to unblock; «*carretera*» to clear

desatender [E8] *vt* 1 ‹*trabajo/familia*› to neglect 2 ‹*tienda/mostrador*› to leave … unattended 3 (frml) ‹*consejo*› to disregard, ignore

desatento -ta *adj* 1 [SER] (desconsiderado) thoughtless, inconsiderate; **fuiste ~, deberías habérselo agradecido** it was thoughtless of you not to thank her; **no seas ~, ayúdala a bajar las maletas** be a little more helpful, help her to get her suitcases down 2 [ESTAR] (distraído) inattentive

desatinado -da *adj* 1 ‹*medida*› unwise, foolish; **su explicación no es tan desatinada** his explanation is not that far-fetched 2 ‹*persona*› (sin tacto) tactless; (sin juicio) foolish

desatino *m* mistake

desatornillador *m* (AmC, Chi) screwdriver

desatornillar [A1] *vt* to unscrew

desatracar [A2] *vi* to cast off
■ **desatracar** *vt* to cast off

desatrancar [A2] *vt* to force open; **lograron ~ la puerta dándole una patada** they managed to kick the door open

desautorización *f* (frml) disavowal

desautorizar [A4] *vt* 1 (restar autoridad a) ‹*persona*› to undermine the authority of; ‹*declaraciones*› to disavow (frml), to disaffirm (frml); **quedó totalmente desautorizado con el escándalo** he was totally discredited as a result of the scandal 2 (retirar la autorización para) to ban; **han desautorizado la manifestación** the demonstration has been banned

desavenencia *f* disagreement, difference of opinion

desavenido -da *adj*: **está ~ con sus suegros** he's on bad terms with his inlaws; **son muy ~s** they don't get on at all well

desayunar [A1] *vt* to have … for breakfast; **sólo desayuna café con tostadas** she only has coffee and toast for breakfast
■ **desayunar** *vi* to have breakfast
■ **desayunarse** *v pron*
A (AmL) (tomar el desayuno) to have breakfast; **se desayunó muy bien** he had *o* ate a good breakfast; **~se CON algo** to have sth FOR breakfast
B 1 (AmL fam) (enterarse) to find out; **recién me desayuno** I've just found out; **~se DE algo** to hear ABOUT sth 2 (Chi fam) (sorprenderse) to be amazed (colloq); **me desayuno con lo que me cuentas** I'm amazed at *o* by what you're telling me

desayuno *m* breakfast; **tomar el ~** *or* (Chi) **tomar ~** to have breakfast; **durante el ~** at *o* over breakfast

desazón *f* 1 (desasosiego) (feeling *o* sense of) unease; **sentir ~** to feel uneasy 2 (falta de sabor) insipidness

desazonado -da *adj* 1 [ESTAR] (inquieto) uneasy 2 [SER] (sin sabor) insipid

desbancar [A2] *vt*
A (de una posición) to oust; **lo ~on de la presidencia** he was ousted him from his post as president; **se sintió desbancado cuando nació su hermano** he felt displaced when his brother was born; **la madera ha sido desbancada por los plásticos** wood has been superseded by plastic
B (Jueg): **al final me desbancó** in the end he broke the bank *o* (colloq) left me completely broke

desbandada *f*: **se produjo una ~ de gente/pájaros** people ran off/birds flew off in all directions; **salir en ~** to scatter, run off in all directions

desbandarse [A1] *v pron* «*personas/animales*» to scatter, run off in all directions; «*tropas*» to scatter

desbarajustar [A1] *vt* (fam) to mess up (colloq)

desbarajuste *m* (fam) mess; **un ~ económico** an economic mess *o* chaos

desbaratar [A1] *vt* 1 ‹*planes*› to spoil, ruin; ‹*sistema*› to disrupt; **el defensa desbarató la jugada** the defender broke up the move 2 (Méx) ‹*papeles*› to jumble (up), muddle (up); ‹*mecanismo*› to ruin, destroy
■ **desbaratarse** *v pron* 1 «*plan*» to be ruined, be spoiled; «*sistema*» to be disrupted, break down; **se desbarató todo con la lluvia** the rain spoiled everything 2 (Méx) «*papeles*» to get jumbled up, get muddled (up); «*mecanismo*» to break, get broken

desbarrancarse [A2] *v pron* ‹*carro/camión*› to go over a sheer drop

desbastar [A1] *vt*
A (dar forma aproximada a) ‹*metal*› to rough down; ‹*madera/piedra*› to rough-hew
B (cepillar) to plane (down), smooth down

desbloquear [A1] *vt* 1 ‹*carretera/entrada*› to clear; ‹*mecanismo*› to release, free 2 ‹*negociaciones/diálogo*› to break the deadlock in 3 (Com, Fin) ‹*cuenta*› to unfreeze

desbloqueo *m*: **el ~ de las negociaciones** the breaking of the deadlock in the negotiations; **el ~ de una cuenta** the unfreezing of an account

desbocado -da *adj* 1 ‹*caballo*› runaway (*before n*) 2 ‹*cuello/escote*› loose, wide

desbocarse [A2] *v pron* «*caballo*» to bolt

desbordamiento *m* (de río, canal) overflowing; **las lluvias provocaron el ~ del río** the rains caused the river to burst its banks

desbordante *adj* ‹*entusiasmo/júbilo*› boundless; **está ~ de entusiasmo** he's bursting with enthusiasm; **estaba ~ de júbilo** she was brimming over with happiness

desbordar [A1] *vt* 1 (salirse de): **el río desbordó su cauce** the river burst its banks 2 ‹*límites*› to exceed, go beyond; **desborda mi capacidad de comprensión** it's quite beyond me 3 (Mil, Pol) to break through; **~ las líneas enemigas** to break through the enemy lines 4 ‹*persona*› to overwhelm; **se vio desbordado por los acontecimientos** it was all too much for him; **estoy desbordada de trabajo** I'm swamped with work; **esta casa me desborda** this house is too much for me to manage 5 ‹*alegría/entusiasmo*›: **su cara desbordaba alegría** her face shone with joy; **desbordaba entusiasmo** she was brimming with enthusiasm
■ **desbordarse** *v pron* 1 «*río/canal*» to burst its banks 2 «*vaso/cubo*» to overflow 3 «*multitud*» to get out of hand, get out of control

desborde *m* (CS) ▸**desbordamiento**

desbrozar [A4] *vt* ‹*terreno*› to clear (the vegetation from)

descabalgar [A3] *vi* to dismount

descabellado -da *adj* crazy, ridiculous

descabellar [A1] *vt* (Taur) to deliver the coup de grace (*by severing the spinal cord with a dagger*)

descabezar [A4] *vt* to leave … without a leader

descafeinado[1] **-da** *adj* ‹*café*› decaffeinated

descafeinado[2] *m* decaffeinated coffee

descafeinar [A1] *vt* ‹*café*› to decaffeinate

descalabrar [A1] *vt*: **~ a algn** to split sb's head open
■ **descalabrarse** *v pron* to split one's head open

descalabro *m* 1 (desastre) disaster 2 (Mil) defeat

descalcificación *f* (proceso) decalcification; (estado) calcium deficiency

descalificación *f*
A (Dep) disqualification
B (frml) (descrédito) defamatory *o* damaging remark

d

descalificar [A2] *vt*
A (inhabilitar, desautorizar) ‹*deportista/equipo*› to disqualify
B (frml) (desacreditar) to discredit

descalzarse [A4] *v pron* to take off one's shoes

descalzo -za *adj* ‹*pie*› bear; ‹*persona*› barefoot; **corrió ~** he ran barefoot

descamar [A1] *vt* ‹*pescado*› to scale
■ **descamarse** *v pron* «*piel*» to flake; **se le descama la piel** his skin is flaking

descaminado -da *adj*: **ir** *or* **andar ~** to be on the wrong track

descamisado -da *adj* (sin camisa) shirtless, without a shirt; (con la camisa desabrochada) with one's shirt undone; (paupérrimo) ragged, shabby

descampado *m* **1** (terreno) area *o* piece of open ground *o* land **2** **al descampado** (AmS) ‹*dormir*› in the open (air)

descansado -da *adj* **1** [ESTAR] ‹*persona*› rested, refreshed **2** [SER] ‹*actividad/trabajo*› easy, undemanding; ‹*vida*› quiet, peaceful

descansar [A1] *vi*
A **1** (de actividad, trabajo) to rest, have a rest; **sin ~** without a break; **se pararon a ~** they stopped for a rest; **¡descansen!** (Mil) (stand) at ease!; **~ DE algo** to have a rest *o* break FROM sth **2** (en la cama) to rest, have a rest; **buenas noches, que descanses** goodnight, sleep well **3** (yacer) to lie; **aquí descansan los restos del poeta** here lie the remains of the poet; **que en paz descanse** God rest his soul; **descansan juntos en su pueblo natal** they lie buried together in their birthplace
B «*tierra*» to lie fallow
C (apoyarse) **~ EN** *or* **SOBRE algo** «*techo/bóveda*» to rest ON *o* UPON sth; «*teoría*» to rest *o* hinge ON sth
■ **descansar** *vt* **1** **~ la vista** to rest one's eyes, to give one's eyes a rest; **~ la mente** to give one's mind a break *o* rest **2** (Mil) **¡descansen armas!** order arms!

descansillo *m* (Esp) landing

descanso *m*
A **1** (reposo) rest; **debemos respetar su ~** we must let him rest; **se ha tomado cuatro días de ~** she has taken four days off; Ⓢ **lunes, descanso** (Espec, Teatr) no performance on Mondays **2** (en trabajo, colegio) break **3** (Mil): **estar en posición de ~** to be standing at ease **4** (de un muerto) rest
B (intervalo) (Dep) half time; (Teatr) interval
C (alivio, tranquilidad) relief
D (AmL) (rellano) landing

descapotable *adj/m* convertible

descaradamente *adv*: **me mintió ~** he told me a bare-faced lie; **y me lo dijo así, ~** and she had the nerve to tell me just like that

descarado[1] -da *adj* ‹*persona/actitud*› brazen, shameless; **las elecciones fueron un fraude ~** the elections were a blatant fraud

descarado[2] -da *m,f*: **no contestes así a tu madre ¡~!** don't talk back to your mother like that, you rude little boy; **es un ~** he has a lot of nerve

descarga *f*
A (de mercancías) unloading; Ⓢ **carga y descarga** loading and unloading
B (Elec) discharge; **una ~ eléctrica** an electric shock
C (de arma) shot, discharge (frml); (de conjunto de armas) volley; **recibió la ~ en plena cara** he received the impact of the shot full in the face
D (Ven fam) (de insultos) volley of abuse

descargador -dora *m,f* (de camiones, aviones) loader; (de barcos) docker, longshoreman (AmE)

descargar [A3] *vt*
A ‹*vehículo/mercancías*› to unload
B **1** ‹*pistola*› (extraer las balas) to unload; (disparar) to fire, discharge (frml); **la pistola está descargada** the pistol is not loaded **2** ‹*tiro*› to fire; ‹*golpe*› to deal, land; **le descargó seis tiros** he shot her six times
C **1** ‹*ira/agresividad*› to vent; ‹*preocupaciones/tensiones*› to relieve **2** (Ven fam) ‹*persona*›: **me lo voy a ~** I'm going to give him a piece of my mind; **no eres quien para que me descargues** who do you think you are, sounding off to me like that? (colloq)
D **~ a algn DE algo** ‹*de responsabilidad*› to clear sb OF sth; ‹*de obligación*› to relieve sb OF sth; **lo ~on de toda culpa** he was cleared of all blame
■ **descargar** *v impers* «*aguacero*» to pour down; «*temporal*» to break
■ **descargarse** *v pron*
A (Elec) «*pila*» to run down; «*batería*» to go dead *o* flat
B «*tormenta*» to break; «*lluvias*» to come down, fall
C «*persona*» **1** (desahogarse) **~se CON algn** to take it out ON sb **2** (de obligación) **~se DE algo** to get out of sth

descargo *m* defense*; **¿qué puede formular en su ~?** what can you say in your defense?

descargue *m* (Col, Ven) unloading

descarnado -da *adj* **1** ‹*rostro/persona*› emaciated, gaunt; ‹*hueso*› bare **2** ‹*realismo/relato*› stark; ‹*verdad*› naked, plain

descaro *m*: **¡qué ~!** what a nerve!; **tergiversan los hechos con un ~ ...** they misrepresent the facts so blatantly

descarozado *m* (CS) dried and pitted apricot/peach

descarriado -da *adj*: **hoy día la juventud anda descarriada** the youth of today has lost its way; ▸ **oveja**

descarrilamiento *m* derailment

descarrilar [A1] *vi* to derail, be derailed; **hicieron ~ el tren** they derailed the train
■ **descarrilarse** *v pron* (AmL) to derail, be derailed

descartar [A1] *vt* ‹*plan/posibilidad*› to rule out, dismiss; ‹*candidato*› to reject, rule out
■ **descartarse** *v pron* (en cartas) to discard

descarte *m* (Jueg) (acción) discarding

descascararse [A1], (Esp) **descascarillarse** [A1] *v pron* «*pared*» to peel; «*pintura/esmalte*» to chip, peel; «*taza/plato*» to chip

descendencia *f* descendants (*pl*); **murió sin (dejar) ~** he died without issue (frml)

descendente *adj* ‹*curva/línea*› downward; ‹*escala*› descending

descender [E8] *vi*
A **1** «*temperatura/nivel*» to fall, drop **2** (frml) (desde una altura) «*avión*» to descend; «*persona*» to descend (frml), to come/go down; **descendieron por la ladera oeste** they went/came down the western face; **el sendero que desciende hasta el río** the path which goes down to the river; **los pasajeros descendieron a tierra** the passengers disembarked **3** (liter) «*oscuridad*» to fall, descend (liter); «*niebla*» to descend (liter)
B **1** (en jerarquía): **el hotel ha descendido de categoría** the hotel has been downgraded; **su disco ha descendido en la lista de éxitos** his record has gone down the charts **2** (Dep) (en fútbol) to go down, be relegated (BrE)
C (proceder) **~ DE algn** to be descended FROM sb; **descienden directamente de los incas** they are direct descendants of the Incas; **desciende de una familia noble** he is of noble descent

descendiente *mf* descendant; **murió sin ~s** she died without issue (frml)

descenso *m*
A **1** (de temperatura, nivel) fall, drop; (de precios) fall; **el ~ en el número de accidentes** the fall *o* decrease in the number of accidents **2** (desde una altura) descent; **la carrera** *or* **prueba de ~** the downhill
B (Dep) relegation

descentrado -da *adj* **1** ‹*eje/rueda*› off-center* **2** ‹*persona*› disoriented, disorientated (BrE)

descentralización *f* decentralization

descentralizar [A4] *vt* to decentralize

descerebrarse [A1] *v pron* (Andes) to suffer brain damage

descerrajar [A1] *vt*
A (period) ‹*tiro*› to fire, let off
B ‹*cerradura*› to force, break; ‹*puerta*› to force the lock on

deschavetado -da *adj* (AmL exc RPl fam) crazy (colloq)

descifrar [A1] *vt* **1** ‹*mensaje*› to decode, decipher; ‹*escritura/jeroglífico/código*› to decipher; **no logro ~ qué dice aquí** I can't make out what it says here **2** ‹*misterio/enigma*› to work out, figure out

descocado -da *adj* (fam) brazen, shameless

descodificador *m* decoder

descojonarse [A1] *v pron* (Esp arg) *tb* ~ **de risa** to piss oneself (laughing) (vulg)

descojone *m* (Esp arg): **su novio/la película es un** ~ her boy-friend/the film is a real scream

descolgar [A8] *vt* 1 ‹*cuadro/cortina*› to take down 2 ‹*teléfono*› to pick up; **dejar el teléfono descolgado** to leave the phone off the hook

■ **descolgar** *vi*: **lo dejó sonar dos veces antes de** ~ he let it ring twice before he picked it up *o* answered it

■ **descolgarse** *v pron*

A (por una cuerda) to lower oneself

B (en carrera) to pull away, break away

descollar [A10] *vi* to be outstanding; **esa mujer descuella por su inteligencia** she is a woman of outstanding intelligence

descolonización *f* decolonization

descolonizar [A4] *vt* to decolonize

descolorido -da *adj* ‹*tela/papel*› faded

descombro *m* clearing-up

descomedido -da *adj* 1 (desmesurado) immoderate, unrestrained 2 (AmL) (poco cortés) ► **desatento 1**

descomponer [E22] *vt*

A ‹*alimento/cadáver*› to rot, cause … to decompose *o* rot

B (esp AmL) ‹*máquina/aparato*› to break; ‹*peinado*› to mess up

C ‹*persona*› 1 (producir malestar) «*olor*» to make … queasy; **la noticia la descompuso** she felt quite ill when she heard the news 2 (producir diarrea) to give … diarrhea*

■ **descomponerse** *v pron*

A «*luz*» to split; «*sustancia*» to break down, separate

B «*cadáver/alimento*» to rot, decompose (frml)

C «*cara*» (+ *me/te/le etc*): **se le descompuso la cara cuando se lo dije** he looked really upset when I told him

D (esp AmL) «*máquina/aparato*» to break down

E «*persona*» 1 (sentir malestar): **hacía tanto calor que se descompuso** it was so hot that he felt sick; **se descompuso cuando supo la noticia** he felt quite ill when he heard the news 2 (del estómago) to have an attack of diarrhea*

F (CS) «*tiempo*» to become unsettled; «*día*» to cloud over

descomposición *f*

A (de número) factorization; (de la luz) splitting; (de sustancia) breaking down, separating

B (putrefacción) decomposition

descompostura *f* (esp AmL) (malestar, náuseas) sickness, queasiness; (diarrea) stomach upset, diarrhea*

descompresor *m* decompression valve

descompuesto -ta *adj*

A ‹*alimento*› rotten, decomposed (frml); ‹*cadáver*› decomposed

B ‹*expresión*› changed, altered; **tenía el rostro** ~ he looked very upset

C (esp AmL) [ESTAR] ‹*máquina/aparato*› broken; ‹*teléfono*› out of order

D 1 (indispuesto): **se pasó toda la semana descompuesta** she felt sick all week 2 (del estómago): **está** ~ he has diarrhea*/an upset stomach

descompuse, descompuso, etc *see* **descomponer**

descomunal *adj* ‹*estatura/fuerza/suma*› enormous, colossal; ‹*apetito*› huge, colossal

desconcentrarse [A1] *v pron* to lose concentration

desconcertado -da *adj* disconcerted; **se quedó un momento** ~ he was momentarily taken aback

desconcertante *adj* disconcerting

desconcertar [A5] *vt* to disconcert; **sus reacciones me desconciertan** I find his reactions disconcerting; **su respuesta me desconcertó** I was disconcerted by her reply

desconchabar [A1] *vt* (Méx fam) (estropear) to break, bust (colloq)

■ **desconchabarse** *v pron* (Méx fam) «*coche*» to break down; **se desconchabó la televisión** the television's broken *o* (colloq) bust

desconchado *m* (en taza, plato) chip; (en pared) *place where plaster or paint has come off*

desconchar [A1] *vt* ‹*porcelana/taza*› to chip; ~**on la pared** they knocked some of the plaster off the wall

■ **desconcharse** *v pron* «*taza/plato*» to chip, get chipped

desconchinflar [A1] *vt* (Méx fam) ► **desconchabar**

desconcierto *m*: **su llamada los llenó de** ~ they were disconcerted by his call; **el** ~ **reinante** the prevailing atmosphere of uncertainty

desconectar [A1] *vt* ‹*alarma/teléfono*› to disconnect; ‹*calefacción*› to switch off, turn off; ~ **algo DE algo** to disconnect sth FROM sth

■ **desconectar** *vi* (fam) to switch off

■ **desconectarse** *v pron* 1 «*aparato*» to switch *o* turn off; **se desconecta automáticamente** it switches *o* turns (itself) off automatically 2 «*persona*» ~**se DE algo/algn** to lose touch WITH sth/sb; (voluntariamente) to sever all ties WITH sth/sb

desconfiado -da *adj* (receloso) distrustful; (suspicaz) suspicious

desconfianza *f* distrust, suspicion; **me tiene mucha** ~ he's very wary *o* suspicious of me

desconfiar [A17] *vi* 1 (no fiarse) ~ **DE algn** to mistrust sb, to distrust sb; **yo desconfío de sus intenciones** I don't trust her intentions; **desconfía de lo que te diga** don't believe a word he says 2 (dudar) ~ **DE algo**: **desconfían de poder recuperar el dinero** they doubt whether they will be able to recover the money; **desconfío de que logremos convencerlos** I doubt we'll be able to convince them

descongelante *m* deicer

descongelar [A1] *vt*

A 1 ‹*refrigerador*› to defrost 2 ‹*alimentos*› to defrost, thaw

B ‹*créditos/salarios/cuenta*› to unfreeze

■ **descongelarse** *v pron*

A «*refrigerador*» to defrost; «*alimentos*» to defrost, thaw

B «*relaciones*» to thaw

descongestión *f* 1 (de nariz, bronquios) clearing, decongestion (tech) 2 (de tráfico) easing of congestion

descongestionante *adj/m* decongestant

descongestionar [A1] *vt* ‹*nariz*› to clear; ‹*tráfico*› to clear

desconocer [E3] *vt* 1 (no conocer): **por razones que desconocemos** for reasons unknown to us; **se desconoce su identidad/su paradero** her identity is/her whereabouts are not known; **desconocía la existencia de esta cuenta** she was unaware of the existence of this account; **su obra se desconoce fuera de Cuba** his work is unknown outside Cuba 2 (no reconocer): **te desconocí** I didn't recognize you

desconocido[1] **-da** *adj* 1 ‹*hecho/método/sensación*› unknown; **por razones desconocidas** for some unknown reason; **su rostro no me era** ~ his face wasn't unfamiliar to me; **técnicas hasta ahora desconocidas** hitherto unknown techniques; **de origen** ~ of unknown origin; **lo** ~ the unknown 2 ‹*artista/atleta*› unknown 3 ‹*persona*› (extraño): **una persona desconocida** a stranger 4 (fam) (irreconocible): **con ese peinado nuevo está desconocida** she looks completely different with her new hairstyle; **ahora hasta plancha, está** ~ he's like a different man, he even does the ironing

desconocido[2] **-da** *m,f* 1 (no conocido) stranger 2 (no identificado): **fue atacado por unos** ~**s** he was attacked by unknown assailants; **un** ~ **le asestó una puñalada** he was stabbed by someone whose identity has not been established

desconocimiento *m* ignorance

desconsideración *f* lack of consideration, thoughtlessness

desconsiderado -da *adj* thoughtless, inconsiderate

desconsolado -da *adj* **estar** ~ **POR algo** to be heartbroken OVER sth; **lloraba** ~ he cried inconsolably

desconsuelo *m* grief, despair

descontado *adj*: **eso dalo** *or* **puedes darlo por** ~ you can be sure of that; **doy por** ~ **que vendrás a cenar** I'm assuming that you're coming to dinner

descontaminación *f* decontamination; **la** ~ **atmosférica** the reduction of pollution in the atmosphere

d

descontaminar [A1] *vt* ‹*alimentos/cultivos*› to decontaminate; ‹*atmósfera*› to clean up

descontar [A10] *vt*

A 1 (rebajar): **me descontó el 15%** he gave me a 15% discount 2 (restar) to deduct; **me lo ~on del sueldo** it was deducted from my balance; **te descuentan el 20% de impuestos** you get 20% deducted for taxes; **descuenta los gastos de viaje** take off traveling costs; **el árbitro descontó un minuto** the referee only allowed a minute for stoppages; **tienes que ~ las dos horas de la comida** you have to deduct two hours for lunch

B (exceptuar): **descontando a Pedro** apart from Pedro, not counting Pedro; **si descontamos los domingos ...** if we don't count Sundays ...

C ‹*letra/pagaré*› to discount

descontento¹ -ta *adj* [ESTAR] dissatisfied; **~ CON algo/algn** unhappy *o* dissatisfied WITH sth/sb; **quedó ~ con lo que le di** he wasn't satisfied *o* happy with what I gave him

descontento² *m* discontent

descontrol *m* 1 (fam) (desorden, caos) chaos; **en la oficina hay un ~ total** things at the office are in complete chaos 2 (falta de mesura) recklessness

descontrolado -da *adj* to be out of control; **una multitud descontrolada invadió el campo** a crowd, out of control, invaded the pitch

descontrolarse [A1] *v pron* to get out of control

desconvocar [A2] *vt* to call off

desconvocatoria *f* (de huelga, manifestación) calling off; (de reunión, asamblea) cancellation

descorazonador -dora *adj* disheartening, discouraging

descorazonar [A1] *vt* to dishearten, discourage

descorchador *m* (Col) corkscrew

descorchar [A1] *vt* to uncork, open

descorrer [E1] *vt* ‹*cortinas*› to draw (back); **descorrió el cerrojo/pestillo** he drew back the bolt

descortés *adj* ‹*persona*› impolite, ill-mannered; ‹*comportamiento*› rude, impolite; **fue bastante ~ de tu parte** it was rather rude *o* ill-mannered of you

descortesía *f* 1 (acto descortés) discourtesy 2 (cualidad) rudeness, impoliteness; **nos trataron con ~** they were rude to us

descoser [E1] *vt* to unpick

■ **descoserse** *v pron* «*prenda/costura*» to come unstitched; **llevas la falda descosido** your skirt is coming apart at the seams

descosido¹ -da *adj* ‹*dobladillo/costura*› unstitched

descosido² *m* split seam; **tienes un ~ en la manga** your sleeve is coming apart at the seam

descosido³ -da *m,f*: ***como un ~*** (fam) ‹*comer*› like a horse; **gritar/reírse como un ~** to shout/laugh one's head off (colloq)

descoyuntarse [A1] *v pron* «*articulación*» to become dislocated; **ayer hice aerobic(s) y estoy descoyuntada** (fam) I went to aerobics yesterday and I can't move today

descrédito *m* discredit; **ir en ~ de algo/algn** to bring discredit on sth/sb

descremado -da *adj* skimmed

descremar [A1] *vt* to skim

describir [I34] *vt*

A ‹*paisaje/persona*› to describe

B (frml) ‹*línea/órbita*› to trace, describe (frml)

descripción *f* description

descriptivo -va *adj* descriptive

descrito -ta *pp*: *see* **describir**

descuajeringado -da *adj* 1 (fam) ‹*objeto*›: **me lo devolvió todo ~** when she gave it back to me it was falling to bits *o* pieces 2 (AmL fam) ‹*persona*› shattered (colloq)

descuajeringar [A3] *vt* (fam) ‹*cama/silla*› to pull ... to pieces *o* apart; ‹*libro*› to tear ... apart *o* to pieces

■ **descuajeringarse** *v pron* 1 (fam) «*cama/silla*» to fall apart, collapse 2 (fam) «*persona*» *tb* **~ de risa** to split one's sides laughing

descuartizar [A4] *vt* 1 ‹*res/reo*› to quarter 2 «*asesino*»: **descuartizaba a sus víctimas** he chopped his victims' bodies (up) into pieces

descubierto¹ -ta *adj*

A 1 ‹*piscina/terraza*› open-air, outdoor (*before n*); ‹*carroza*› open-top 2 ‹*cartas*›: **las cartas se dan descubiertas** the cards are dealt face up

B ‹*cielos*› clear

C **al descubierto**: **quedar al ~** «*planes/escándalo*» to come to light; **han puesto al ~ sus chanchullos** his shady dealings have been exposed; **girar al** *or* **en ~** (Com, Fin) to overdraw; *ver tb* **girar** *vt* **B1**

descubierto² *m* overdraft

descubridor -dora *m,f* discoverer; **el ~ de la penicilina** the man who discovered penicillin, the discoverer of penicillin

descubrimiento *m*

A (hallazgo, comprobación) discovery

B (persona) discovery

descubrir [I33] *vt*

A 1 ‹*tierras/sustancia/fenómeno*› to discover; ‹*oro/ruinas/cadáver*› to discover, find; ‹*virus*› to identify 2 ‹*artista/atleta*› to discover

B 1 (enterarse de, averiguar) ‹*razón/solución*› to discover, find out; ‹*complot/engaño*› to uncover; ‹*fraude*› to detect; **aún no se han descubierto las causas del accidente** the causes of the accident have not yet been established 2 ‹*persona escondida*› to find, track down 3 ‹*culpable*› find ... out; **no dijo nada** he said nothing; **por miedo a que lo descubrieran** for fear of being found out 4 (delatar) to give ... away

C 1 ‹*estatua/placa*› to unveil 2 (liter) (dejar ver) ‹*cuerpo/forma*› to reveal 3 (revelar) ‹*planes/intenciones*› to reveal

■ **descubrirse** *v pron*

A (*refl*) (quitarse el sombrero) to take one's hat off; ‹*rostro*› to uncover; ***¡me descubro!*** I take my hat off to you/him/them

B (delatarse) to give oneself away

descuento *m*

A 1 (rebaja) discount; Ⓢ **no se hacen descuentos** no discounts given; **un ~ del 15%** a 15% discount; **compre Cremol, ahora con ~** buy Cremol, now on special offer 2 (del sueldo) deduction

B (Dep) injury time

C (de letra, pagaré) discount

descuidado -da *adj* 1 [SER] (negligente) careless; **es muy ~ al escribir** he writes very carelessly *o* sloppily; **es muy descuidada en el vestir** she's very sloppy about the way she dresses 2 [ESTAR] (desatendido) neglected; **tiene la casa muy descuidada** his house is a mess (colloq); **al hijo lo tienen muy ~** they neglect their son terribly

descuidar [A1] *vt* ‹*negocio/jardín*› to neglect; **no descuides esa herida** be careful with that cut

■ **descuidar** *vi*: **descuide, yo me ocuparé de eso** don't worry, I'll see to that

■ **descuidarse** *v pron* 1 (no prestar atención, distraerse): **la defensa se descuidó** (Dep) the defense let their concentration go *o* slip; **se descuidó un momento y el perro se le escapó** his attention strayed for a moment and the dog ran off; **si te descuidas, te roban** if you don't watch out, they'll rob you; **como te descuides, te van a quitar el puesto** if you don't look out, they'll take your job from you 2 (en el aspecto físico) to neglect one's appearance

descuido *m* 1 (distracción): **en un ~ el niño se le escapó** she took her eyes off the child for a moment and he ran off; **basta el más pequeño ~** the smallest lapse of concentration is enough; ***en un ~*** (Méx) you never know; **en un ~ hasta podemos ganar el concurso** you never know, we might even win the competition 2 (error) slip; (omisión) oversight 3 (falta de cuidado) carelessness; **todo lo hace con ~** he's very slapdash

desde *prep*

A (en el tiempo) since; **~ entonces/~ que se casó** since then/since he got married; **¿~ cuándo te gustan los mejillones? — ¡~ siempre!** since when have you liked mussels? — I've always liked them!; **¿~ cuándo trabajas aquí?** how long have you been working here?; **~ niño** since he/I was a child; **~ que tengo memoria** for as long as I remember; **~ el primer momento** *or* **un principio**

right from the start; **no los veo ~ hace meses** I haven't seen them for months; **estaba enfermo ~ hacía un año** he had been ill for a year; **~ el 15 hasta el 30** from the 15th to *o* until the 30th

B (en el espacio) from; **~ aquí/allá** from here/there; **¿~ dónde tengo que leer?** where do I have to read from?; **~ mi punto de vista** from my point of view; **~ la página 12 hasta la 20** from page 12 (up) to page 20; **~ la cabeza hasta los pies** from head to foot

C (en escalas, jerarquías) from; **blusas ~ 9 euros** blouses from 9 euros; **~ el director hasta el último empleado** from the director (down) to the lowest employee

desdecir [I24] *vi* **~ DE algo**: **este cuadro desdice del resto de su obra** this picture doesn't come up to the standard of the rest of her work; **ese calzado desdice de un vestido tan elegante** those shoes don't do justice to such a smart dress

■ **desdecirse** *v pron* to go back on one's word; **no te desdigas ahora de lo que afirmaste ayer** you can't take back now what you said yesterday

desdén *m* disdain, scorn; **sentir ~ por algn** to be scornful *o* disdainful of sb; **odio el ~ con que nos trata** I hate the disdainful way he treats us

desdentado -da *adj* **1** ‹*persona*› toothless **2** (Zool) edentate

desdeñable *adj* insignificant; **una suma de dinero nada ~** it's a sum not to be despised

desdeñar [A1] *vt* **1** (menospreciar) to scorn **2** ‹*pretendiente*› to spurn

desdeñoso -sa *adj* ‹*persona*› disdainful; ‹*gesto/actitud*› disdainful, scornful

desdibujado -da *adj* ‹*contorno/imagen*› blurred, vague; ‹*recuerdo*› vague, hazy; ‹*personaje*› sketchy, nebulous

desdibujarse [A1] *v pron* «*contorno*» to become blurred; **el recuerdo se le iba desdibujando** the memory was gradually fading (liter)

desdicha *f* (desgracia) misfortune; (infelicidad) unhappiness; **sumido en la mayor de las ~s** plunged into the deepest despair

desdichado[1] -da *adj* **1** (infeliz) unhappy; **es ~ en su matrimonio** he is unhappy in his marriage **2** (desafortunado): **aquel ~ día** that ill-fated day; **ser ~ en amores** to be unlucky in love

desdichado[2] -da *m,f*: **es un pobre ~** he's a poor unfortunate wretch

desdoblamiento *m* **1** (Ópt) splitting **2** (de funciones) splitting, dividing; **sufre ~ de la personalidad** he suffers from a split personality

desdoblar [A1] *vt*

A ‹*servilleta/pañuelo*› to unfold

B **1** ‹*imagen*› to split **2** ‹*función/cargo*› to split, divide

■ **desdoblarse** *v pron* to divide into two, split into two

deseable *adj* desirable

desear [A1] *vt*

A ‹*suerte/éxito*› to wish; **te deseo un feliz viaje** I hope you have a good trip; **les deseamos mucha felicidad** we wish them every happiness; **no se lo deseo a nadie** I wouldn't wish that on anybody

B (querer): **un embarazo no deseado** an unwanted pregnancy; **las tan deseadas vacaciones** the long-awaited holidays; **lo que más deseo es ...** my greatest wish is ...; **¿qué desea?** (frml) can I help you?; **¿desea el señor algo más?** (frml) would you like anything else, sir?; **si así lo desea** if you (so) wish (frml); **~ía una respuesta ahora** I would like a reply now; **~ + INF**: **el director desea verlo** (frml) the director wishes to see you (frml); **está deseando verte** he's really looking forward to seeing you; **~ QUE + SUBJ**: **¿desea que se lo envuelva?** (frml) would you like me to wrap it for you?; **estoy deseando que llegue el verano** I can't wait for summer; **estaba deseando que le dijeran que no** I was really hoping they'd say no to him; **sería de ~ que nos avisaran pronto** ideally we would like to know as soon as possible; ▸**dejar** *vt Sentido* **I A1**

C ‹*persona*› to desire, want

desecar [A2] *vt* ‹*terreno*› to drain; ‹*alimentos/flores*› to dry

desechable *adj* ‹*envases/pañales*› disposable; **la idea no es totalmente ~** the idea shouldn't be rejected *o* dismissed out of hand

desechar [A1] *vt* **1** ‹*ayuda/idea/propuesta*› to reject; **~ los malos pensamientos** to banish wicked thoughts from one's mind; **desechó la idea de ir** he abandoned *o* gave up the idea of going **2** ‹*restos/residuos*› to throw away *o* out; ‹*ropa*› to throw out

desecho *m* (despojo) waste; **materiales de ~** waste materials

(Compuestos)

- **desechos industriales** *mpl* industrial waste
- **desechos militares** *mpl* (CS) army surplus
- **desechos nucleares/radiactivos** *mpl* nuclear/radioactive waste

desembalar [A1] *vt* ‹*vajilla/libros*› to unpack; ‹*paquete*› to unwrap

desembarazarse [A4] *v pron* **~ DE algo/algn** to get rid OF sth/sb

desembarcar [A2] *vi* (de barco, avión) «*pasajeros*» to disembark; «*tropas*» to land, disembark

■ **desembarcar** *vt* ‹*mercancías*› to unload; ‹*pasajeros*› to disembark; (en emergencia) to evacuate

desembarco *m* (de pasajeros) disembarkation; (de tropas) landing

desembarque *m* **1** (de pasajeros) disembarkation; (en emergencia) evacuation **2** (de carga) disembarkation, landing

desembocadura *f* mouth, estuary

desembocar [A2] *vi* **1** **~ EN algo** ‹*en mar/río*› to flow INTO sth; ‹*en calle*› to come out ONTO sth; ‹*en plaza*› to come out INTO sth **2** «*situación/crisis*» **~ EN algo** to culminate IN sth

desembolsar [A1] *vt* to spend, pay out

desembolso *m* expenditure; (gasto inicial) outlay; **no estoy en condiciones de hacer ese ~** I can't afford to pay out that sort of money

desembragar [A3] *vi* to let out *o* release the clutch

desembuchar [A1] *vt* **1** «*ave*» to regurgitate **2** (fam) (revelar) to come clean about (colloq)

■ **desembuchar** *vi* (fam) to come clean (colloq); **¡vamos, desembucha! ¿dónde lo escondiste?** come on, out with it! where did you hide it?

desempacar [A2] *vt/vi* (esp AmL) to unpack

desempañar [A1] *vt* (con aire) to defog (AmE), to demist (BrE); (manualmente) to wipe

desempaquetar [A1] *vt* to unwrap

desempatar [A1] *vi* **1** (Dep) to break the tie (AmE), to break the deadlock (BrE); **lanzarán penaltys para ~** the game will be decided on penalties **2** (en una votación) to break the deadlock

desempate *m* **1** (Dep): **el ~ se produjo en el minuto 36** the breakthrough came in the 36th minute; **un partido de ~** a decider; **~ a penaltys** penalty shoot-out **2** (en concurso) tiebreak, tiebreaker; (en una votación) run-off

desempeñar [A1] *vt*

A **1** (Teatr) ‹*papel*› to play **2** ‹*funciones*› to carry out, perform; ‹*cargo*› to hold; **desempeña las funciones de asesor** he acts as a consultant; **la función que desempeñan los pulmones** the function of the lungs; **el papel que desempeñó en las negociaciones** the role he played *o* performed in the negotiations

B ‹*joyas/reloj*› to redeem

■ **desempeñarse** *v pron* (AmL): **se desempeña bien en su trabajo** she does her job well; **veamos cómo se desempeña** let's see how he makes out; **se desempeñó muy bien** she did *o* managed very well

desempeño *m* **1** (de función): **es muy diligente en el ~ de sus funciones** he carries out *o* performs his duties very diligently; **durante el ~ de su cargo** during his/her time at his/her job **2** (AmL) (actuación) performance; **su ~ como presidente** his performance as president

desempleado -da *m,f*: **un ~** someone who is out of work *o* unemployed; **el número de ~s** the number of people unemployed *o* out of work; **descuentos para ~s** reductions for the unemployed

d

desempleo *m* 1 (situación) unemployment; **nivel de ~** level of unemployment 2 (subsidio) unemployment benefit; **cobrar el (subsidio de) ~** to receive unemployment benefit

desempolvar [A1] *vt* ‹*libros*› to dig out, dust off; ‹*ideas/proyectos*› to revive, resurrect

desencadenamiento *m* triggering

desencadenar [A1] *vt* 1 ‹*crisis/protesta/reacción*› to trigger 2 ‹*perro*› to unleash, let … off the leash; ‹*preso*› to unchain, unshackle

■ **desencadenarse** *v pron* ‹‹*explosión/reacción*›› to be triggered off; ‹‹*guerra*›› to break out; ‹‹*tempestad*›› to break; **se desencadenó una ola de protestas** a storm of protests erupted

desencajado -da *adj* 1 ‹*pieza*› out of position; **el cajón está ~** the drawer is off its runners 2 ‹*mandíbula/rótula*› dislocated 3 (alterado) shaken; **me dio la noticia con el rostro ~** he looked shaken when he told me the news

desencajar [A1] *vt* 1 (Mec) to knock out of position 2 ‹*mandíbula/rótula*› to dislocate

■ **desencajarse** *v pron* 1 (Mec) to be knocked/come out of position 2 ‹‹*mandíbula/rótula*›› to become/get dislocated

desencaminado -da *adj* (AmL) ▸**descaminado**

desencantar [A1] *vt* (decepcionar) to disillusion

■ **desencantarse** *v pron* to become disillusioned *o* disenchanted

desencanto *m* disillusionment, disenchantment

desenchufar [A1] *vt* to unplug, disconnect

desencontrarse [A10] *v pron* (CS) to miss each other

desencuentro *m* (falta de coordinación) mix-up; (desavenencia) misunderstanding, disagreement

desenfadado -da *adj* 1 (seguro de sí mismo) self-assured, confident; (sin inhibiciones) uninhibited 2 ‹*estilo/moda/actitud*› free-and-easy, carefree

desenfado *m* 1 (seguridad en sí mismo) self-assurance, confidence; (falta de inhibiciones) lack of inhibition 2 (de estilo, moda): **visten con gran ~** they are very free and easy in the way they dress

desenfocado -da *adj* out of focus

desenfrenado -da *adj* ‹*pasión*› unbridled; ‹*baile/ritmo*› frenzied; **a un ritmo ~** at a hectic *o* frenetic pace; **sus ansias desenfrenadas de éxito** his intense *o* burning desire to succeed

desenfreno *m*: **bailaban con ~** they danced with wild abandon; **una vida de ~** a wild life

desenfundar [A1] *vt* to draw

desenganchar [A1] *vt*

A ‹*caballos/remolque*› to unhitch; ‹*vagones*› to uncouple

B (Chi) ‹*auto*› to take … out of gear, put … in neutral

■ **desengancharse** *v pron* (arg) to come off drugs, kick the habit (sl); **~se DE algo** to come off sth

desengañar [A1] *vt* (decepcionar) to disillusion; (sacar del engaño, error): **hay que ~lo, no lo van a llamar** we must get him to face facts, they aren't going to call him

■ **desengañarse** *v pron* 1 (decepcionarse) **~se DE algo** to become disillusioned WITH *o* ABOUT sth 2 (salir del engaño, error): **desengáñate, no vas a conseguir ese puesto** stop kidding yourself, you're not going to get that job (colloq)

desengaño *m* disappointment; **me llevé un ~ cuando me enteré de la verdad** it was a big disappointment when I found out the truth; **sufrió un ~ amoroso** she had an unhappy love affair

desengarzar [A4] *vt* (Col, Ven) to unhook

desengranar [A1] *vt* (AmL) to take … out of gear, put … in neutral

desengrasar [A1] *vt* to remove the grease from

desenlace *m* (de película, libro) ending; (Lit) denouement; **el trágico ~ de su aventura** the tragic outcome of their adventure

desenmarañar [A1] *vt* ‹*pelo/madeja*› to untangle, disentangle; ‹*asunto/embrollo*› to straighten out, sort out

desenmascarar [A1] *vt* ‹*bandido/encapuchado*› to unmask; ‹*estafador/culpable*› to expose, unmask

desenredar [A1] *vt* ‹*pelo/lana*› to untangle, disentangle; ‹*lío*› to straighten out, sort out

■ **desenredarse** *v pron* (*refl*): **~se el pelo** to get the knots out of one's hair

desenrollar [A1] *vt* ‹*alfombra/póster*› to unroll; ‹*persiana*› to let down; ‹*ovillo/cuerda*› to unwind

■ **desenrollarse** *v pron* ‹‹*alfombra/póster*›› to unroll, come unrolled; ‹‹*ovillo/cuerda*›› to unwind, come unwound

desenroscar [A2] *vt* to unscrew

desensillar [A1] *vt* to unsaddle

desentenderse [E8] *v pron* **~ DE algo** ‹*de un asunto*› to wash one's hands OF sth; **tú siempre te desentiendes de estos problemas** you never want to have anything to do with these problems; **se desentiende de los hijos** he doesn't take an interest in the children

desentendido -da *m,f*: **se hizo el ~** (pretendió — no concernirle) he acted as if it had nothing to do with him; (— ignorar) he pretended not to notice

desenterrar [A5] *vt* 1 ‹*cadáver*› to exhume, dig up; ‹*hueso/tesoro*› to unearth, dig up 2 ‹*recuerdo/rencor*› to rake up, dig up

desentonar [A1] *vi* 1 (Mús) to go out of tune *o* off key 2 ‹‹*color*›› to clash; **~ CON algo** to clash WITH sth 3 ‹‹*atuendo/comentario*›› to be out of place

desentrañar [A1] *vt* ‹*misterio*› to unravel, get to the bottom of; ‹*significado/sentido*› to decipher, work out

desentrenado -da *adj* out of condition *o* training

desentumecer [E3] *vt* ‹*músculos*› to loosen up; ‹*piernas*› to stretch

desenvainar [A1] *vt* to unsheathe, draw

desenvoltura *f*: **se maneja con ~** she conducts herself in a relaxed and natural manner; **respondió con mucha ~ a las preguntas** he replied to the questions with great self-assurance

desenvolver [E11] *vt* to unwrap, open

■ **desenvolverse** *v pron* 1 ‹‹*persona*››: **se desenvuelve muy bien en el trabajo** she copes very well with her work; **se desenvuelve con soltura en inglés y español** she speaks English and Spanish fluently; **se desenvolvió bien en la entrevista** he performed well in the interview; **no sabrán ~se en la vida** they won't know how to get by in life 2 ‹‹*hechos/sucesos*›› to develop; **la conferencia se desenvolvió sin incidentes** the conference took place without incident

desenvolvimiento *m*

A (de persona) ease, self-assurance

B (de un acto, acontecimiento) development

desenvuelto -ta *adj* ‹*persona*› self-assured, confident; **es muy desenvuelta y puede viajar sola** she's quite capable of traveling on her own

deseo *m* 1 (anhelo) wish; **formular un ~** to make a wish; **que se cumplan todos tus ~s** may all your wishes come true; **tus ~s son órdenes para mí** (fr hecha) your wish is my command (set phrase); **~s DE algo**: **con mis mejores ~s de felicidad/éxito** wishing you every happiness/success; **ardía en ~s de verla** (liter) he had a burning desire to see her 2 (apetito sexual) desire

deseoso -sa *adj* **~ DE algo**: **un niño ~ de afecto** a child who is longing for affection; **~ DE + INF** eager TO + INF; **estaba ~ de salir a la calle** he was longing to get out; **~ DE QUE + SUBJ**: **estaba ~ de que volvieses** I couldn't wait for you to get back

desequilibrado -da *adj* ‹*rueda/mecanismo*› out of balance; ‹*persona*› unbalanced

desequilibrar [A1] *vt* 1 ‹*embarcación/vehículo*› to unbalance, make … unbalanced; ‹*persona*› (físicamente) to throw … off balance; (mentalmente) to unbalance 2 ‹*fuerzas/poder*› to upset the balance of

■ **desequilibrarse** *v pron* ‹‹*ruedas/mecanismo*›› to get out of balance

desequilibrio *m* 1 (desigualdad) imbalance; **el ~ de la balanza de pagos** the balance of payments deficit/surplus 2 (Psic) unbalanced state of mind

deserción *f* (Mil) desertion; (de partido) defection

(Compuesto) **deserción escolar** (CS) *leaving school before the legal age*

desertar [A1] *vi* (Mil) to desert; (de partido) to defect

desértico -ca *adj* 1 (Geog) ‹*zona/clima*› desert (*before n*) 2 (vacío, despoblado) deserted

desertización *f* desertification

desertizar [A4] *vt* to turn into desert

desertor -tora *m,f* (Mil) deserter; (de un partido) defector

desesperación *f* 1 (angustia) desperation; **me vino una ~ terrible** I got desperate; **con ~** ▸ **desesperadamente**; **llorar de ~** to cry OUT OF desperation 2 (desesperanza) despair 3 (exasperación): **¡qué ~ estos trenes!** these trains drive you mad!

desesperadamente *adv* ‹luchar/gritar› desperately; ‹mirar/suplicar› despairingly; ‹llorar› bitterly

desesperado[1] **-da** *adj* desperate; **en un intento ~ por salvarse** in a desperate attempt to save himself; **miraba ~ cómo se hundía** he looked on in desperation as it sank; **estaba ~ de dolor** he was in excruciating pain; ***a la desesperada*** in desperation

desesperado[2] **-da** *m,f*: **corrió como un ~** he ran like crazy (colloq)

desesperante *adj* 1 (exasperante) exasperating 2 (angustioso) distressing

desesperanzador -dora *adj* bleak

desesperar [A1] *vt* to drive ... to distraction *o* despair; **me desespera que nunca me haga caso** it's exasperating the way she never takes any notice of me

■ **desesperar** *vi* to despair, give up hope; **~ de algo** to despair *o* give up hope OF sth

■ **desesperarse** *v pron* to become exasperated; **se desespera (de) ver que va tan lento** it exasperates him to see it going so slowly

desespero *m* (AmS) ▸ **desesperación**

desestabilización *f* destabilization

desestabilizador -dora *adj* destabilizing

desestabilizar [A4] *vt* to destabilize

desestimar [A1] *vt* (frml) ‹propuesta/recurso› to reject; ‹pruebas› to disallow

desexilio *m* (CS) 1 (vuelta) return from exile 2 (readaptación) readaptation (*to one's native country after exile*)

desfachatez *f* audacity, nerve (colloq)

desfalcar [A2] *vt* to embezzle

desfalco *m* embezzlement

desfallecer [E3] *vi* 1 (flaquear) «persona» to become weak; «fuerzas» to fade, fail; **sintió ~ su ánimo** she felt her spirits falling *o* flagging; **lucharon sin ~** they fought tirelessly 2 (desmayarse) to faint, pass out; **desfallecía de agotamiento/hambre** he was faint with exhaustion/hunger

desfallecimiento *m* 1 (debilitación): **en un estado de ~** in a very weak state 2 (pérdida del conocimiento) faint; **sufrió un ~** he fainted, he passed out

desfasado -da *adj* 1 (Fís) out of phase; ‹mecanismo/ritmo› out of sync; ‹planes/etapas› out of step 2 ‹ideas/persona› old-fashioned

desfase *m* (Fís) phase lag; (falta de correspondencia): **existe un gran ~ ideológico entre ellos** ideologically they are totally out of phase *o* step

desfavorable *adj* ‹circunstancia/crítica/opinión› unfavorable*; **el tiempo nos ha sido ~** we had unfavorable weather conditions

desfavorecer [E3] *vt* 1 (perjudicar) to work against 2 (afear): **ese peinado la desfavorece** that hairstyle isn't at all flattering

desfavorecido -da *adj* 1 ‹grupos/clases› underprivileged, disadvantaged 2 (afeado): **salió muy ~ en esa foto** that's a very bad photograph of him

desfibrilador *m* defibrillator

desfigurado -da *adj* disfigured; **un rostro ~ por el terror** a face contorted with terror

desfigurar [A1] *vt*

A ‹persona› to disfigure; **las quemaduras le ~on el rostro** the burns disfigured his face; **la sombra le desfiguraba las facciones** the shadow distorted her features

B ‹hechos› to distort, twist; ‹realidad› to distort

desfiguro *m* (Méx fam) silly stunt (colloq)

desfiladero *m* (barranco) ravine, narrow gorge; (puerto) narrow pass

desfilar [A1] *vi* 1 «soldados» to parade 2 «manifestantes» to march; **la manifestación desfiló por la Gran Vía** the demonstration passed along the Gran Via; **miles de turistas desfilan cada año por el museo** thousands of tourists pass through the museum every year 3 «modelo» to parade up and down the catwalk 4 (por la mente) to pass through

desfile *m* (de carrozas) parade, procession; (Mil) parade, march past

(Compuesto) **desfile de modelos** *or* **modas** fashion show

desfinanciar [A1] *vt* (CS) to leave ... short of funds

■ **desfinanciarse** *v pron* to run short of funds

desflorar [A1] *vt* (liter) ‹muchacha› to deflower (liter)

desfogar [A3] *vt* 1 ‹ira/pasiones/frustraciones› to vent; **~ algo con** *or* **en algn** to vent sth ON sb 2 (Col) ‹cañería› to bleed

■ **desfogarse** *v pron* to vent one's anger (*o* frustration *etc*)

desfogue *m* (Col) (de un motor) exhaust; (de una cañería) outlet

desfondarse [A1] *v pron* «cajón/bolsa/silla» to give way; «jugador/corredor» to flag

desgajar [A1] *vt* **~ algo de algo** ‹rama› to break *o* snap sth OFF sth; ‹páginas› to tear *o* rip sth OUT OF sth

■ **desgajarse** *v pron* 1 «rama» to break off, snap off; **~se de algo: se ~on del grupo** they broke away from the group 2 (fam) (Col) «aguacero» to pour *o* (colloq) bucket down

desgana *f* 1 (inapetencia) lack of appetite; **comer con** *or* **a ~** to eat without much appetite 2 (falta de entusiasmo): **trabajar con** *or* **a ~** to work half-heartedly *o* without much interest; **obedecer con** *or* **a ~** to obey reluctantly

desganado -da *adj* 1 (inapetente): **estoy** *or* **me siento ~** I'm not hungry 2 (apático) lethargic

desgano *m* (AmL) ▸ **desgana**

desgañitarse [A1] *v pron* (fam) to shout oneself hoarse

desgarbado -da *adj* ‹persona/aspecto› gangling, gawky; ‹movimientos/andar› ungainly

desgarrador -dora *adj* heartbreaking, heartrending

desgarrar [A1] *vt* 1 ‹vestido/papel› to tear, rip; **el clavo le desgarró el vestido** she tore *o* ripped her dress on the nail 2 (destrozar anímicamente) ‹corazón› to break

■ **desgarrarse** *v pron* 1 «vestido/camisa» to tear, rip 2 (Med) to tear; **se desgarró un músculo** he tore a muscle

desgarriate *m* (Méx fam) 1 (desorden, desbarajuste) mess 2 (alboroto, escándalo) ruckus (AmE colloq), kerfuffle (BrE colloq); **armar un ~** to go wild *o* crazy (colloq)

desgarro *m*

A (Med) (de ligamento, músculo): **sufrió un ~** she tore a muscle; (en parto) tear; (de flema, sangre) (Chi): **tiene constantes ~s** he is constantly coughing up phlegm/blood

B (en tela) tear

desgastar [A1] *vt* 1 (gastar) ‹suelas/ropa› to wear out; ‹roca› to wear away, erode 2 (debilitar) to wear ... down

■ **desgastarse** *v pron* 1 (gastarse) «ropa» to wear out; «roca» to wear away; «tacón» to wear down 2 «persona» to wear oneself out; «relación» to grow stale

desgaste *m* 1 (de ropa, suelas) wear; (de rocas) erosion, wearing away 2 (debilitamiento): **~ físico** debilitation; **indicios del ~ de la dictadura** signs that the dictatorship is weakening

desglosar [A1] *vt* 1 ‹gastos/suma› to do a breakdown of, itemize; ‹tema› to break down 2 (Der) ‹documento/hoja› to detach, extract

desglose *m* (de cifra, suma) breakdown, itemization; (de tema) breakdown

desgracia *f*

A 1 (desdicha, infortunio) misfortune; **ha tenido muchas ~s** she's had her share of misfortunes; **tener la ~ de + INF** to have the misfortune to + INF; **bastante ~ tiene con su enfermedad** he has enough to bear with his illness; ***caer en ~*** to fall from favor *o* grace 2 **por desgracia** (*indep*) unfortunately

B (suceso adverso): **han tenido una ~ tras otra** they've had one piece of bad luck after another; **y para colmo de ~s ...** and to crown *o* cap it all ...; ***las ~s nunca vienen solas*** when it rains, it pours (AmE), it never rains but it pours (BrE)

(Compuesto) **desgracias personales** *fpl* (period) casualties (*pl*)

desgraciadamente *adv* (*indep*) unfortunately

d

desgraciado[1] **-da** *adj* 1 [SER] (infeliz) unhappy; **lleva una vida muy desgraciada** she leads a miserable life 2 [SER] (desafortunado) ‹*viaje*› ill-fated; **ser ~ en amores** to be unlucky in love 3 (desacertado) ‹*elección/coincidencia*› unfortunate, unwise

desgraciado[2] **-da** *m,f*
A (desdichado) wretch
B (persona vil) swine (colloq)

desgraciar [A1] *vt* (fam) (estropear) to ruin, spoil
■ **desgraciarse** *v pron* 1 (fam) (hacerse daño) to do oneself an injury (colloq) 2 (*refl*) (fam) ‹*pelo*› to ruin

desgranar [A1] *vt* ‹*habas*› to shell, pod; ‹*maíz*› to separate the kernels from

desgravable *adj* tax-deductible

desgravación *f* tax exemption (AmE), tax relief (BrE); **desgravaciones por gastos de viaje** tax deductions for traveling expenses

desgravar [A1] *vt* 1 ‹*gastos/suma*› to claim tax exemption on (AmE), to claim tax relief on (BrE); **estos bonos desgravan un 15%** these bonds qualify for 15% tax exemption (AmE) *o* (BrE) relief 2 ‹*producto/importación*› to eliminate the tax *o* duty on
■ **desgravar** *vi* to be tax-deductible

desguace *m* (de barco) scrapping, breaking up; (de avión, coche) scrapping

desguanzado -da *adj* (Méx fam) ‹*persona*› washed out (colloq); ‹*fiesta*› flat, dull

desguarnecer [E3] *vt* to withdraw the garrison *o* troops from; **la ciudad quedó desguarnecida** the city was left undefended

desguazar [A4] *vt*
A ‹*barco*› to break up, scrap; ‹*avión/coche*› to scrap
B (Ven fam) ‹*casa/pueblo*› to destroy

deshabitado -da *adj* ‹*región*› uninhabited; ‹*edificio*› empty, unoccupied

deshabituarse [A18] *v pron* to get out of the habit; **~ A + INF** to get out of the habit OF -ING; **estoy deshabituada a este horario** I'm not used to this schedule any more

deshacer [E18] *vt*
A 1 ‹*costura/bordado*› to unpick 2 ‹*nudo/lazo*› to undo, untie; ‹*ovillo*› to unwind; ‹*trenza*› to undo; **el viento me deshizo el peinado** the wind ruined *o* messed up my hair
B 1 (desarmar, desmontar) ‹*maqueta/mecanismo*› to take … apart; ‹*paquete*› to undo, unwrap 2 ‹*cama*› (para cambiarla) to strip; (desordenar) to mess up; ‹*maleta*› to unpack
C 1 (derretir) ‹*nieve/helado*› to melt 2 (desmenuzar) to break up
D 1 (destrozar, estropear): **la lejía te deshace las manos** bleach ruins your hands; **tengo los nervios deshechos** my nerves are in shreds; **la muerte de su hijo le deshizo la vida** her life was shattered by the death of her son; **la guerra deshizo el país** the war tore the country apart 2 ‹*ejército*› to rout, crush; ‹*contrincante*› to thrash (colloq); **aquella derrota lo deshizo moralmente** he was shattered by that defeat 3 (fam) (cansar, agotar) to wear … out
E ‹*acuerdo/trato*› to break; ‹*noviazgo*› to break off; ‹*sociedad*› to dissolve; ‹*planes/compromiso*› to cancel
■ **deshacerse** *v pron*
A «*dobladillo/costura*» to come undone *o* unstitched; «*nudo*» to come undone *o* untied; «*trenza/moño*» to come undone; «*peinado*» to get messed up, be ruined
B 1 (desintegrarse) to disintegrate; **cocina las verduras hasta que se deshacen** she cooks the vegetables until they are *o* go mushy; **dejar ~se en la boca** allow it to dissolve in your mouth 2 (destruirse): **el vaso se cayó y se deshizo** the glass fell and smashed 3 «*nieve/helado*» to melt 4 «*sociedad*» to dissolve
C (desvivirse) **~se POR algn/algo**: **me deshago por complacerla** I go out of my way to please her
D **~se EN algo**: **~se en llanto** *or* **lágrimas** to dissolve into tears; **me deshice en cumplidos** I went out of my way to be complimentary
E **deshacerse de** 1 (librarse de) to get rid of; **logró ~se de sus perseguidores** he managed to shake off *o* lose his pursuers 2 (desprenderse de) to part with

deshaga, deshagas, etc *see* **deshacer**

desharrapado -da *adj* ragged; **andar ~** to be shabbily dressed *o* dressed in rags

deshecho -cha *adj* [ESTAR] 1 (cansado, agotado) exhausted; **llega ~ del trabajo** he's exhausted when he gets back from work 2 (destrozado moralmente) shattered, devastated; **quedó ~ con la noticia** he was shattered *o* devastated by the news 3 (estropeado) ruined

deshelar [A5] *vt* ‹*cañería*› to thaw out, unfreeze; ‹*nevera/congelador*› to defrost; ‹*parabrisas*› to deice
■ **deshelarse** *v pron* «*hielo*» to melt; «*nieves*» to thaw, melt; «*río/lago*» to thaw; «*relaciones*» to thaw

desheredado -da *m,f*: **los ~s** the dispossessed

desheredar [A1] *vt* to disinherit

deshice, deshiciera, etc *see* **deshacer**

deshidratación *f* 1 (Med) dehydration 2 (de alimentos) drying, dehydration

deshidratar [A1] *vt* ‹*persona*› to dehydrate; ‹*piel*› to dry up, dehydrate; ‹*alimentos*› to dehydrate, dry
■ **deshidratarse** *v pron* to become dehydrated

deshielo *m* 1 (de ríos, nieves) thaw; **agua de ~** meltwater 2 (de relaciones) thaw, thawing-out

deshilacharse [A1] *v pron* to fray

deshilvanado -da *adj* ‹*discurso/narración*› disjointed

deshilvanar [A1] *vt* to take out *o* remove the basting (AmE) *o* (BrE) the tacking from

deshinchar [A1] *vt* (Esp) ▸**desinflar**
■ **deshincharse** *v pron* 1 «*pies/tobillos*»: **se le ~on los tobillos** the swelling in her ankles has gone down 2 (Esp) ▸**desinflarse**

deshizo *see* **deshacer**

deshojar [A1] *vt* ‹*flor*› to pull the petals off; ‹*cuaderno*› to tear *o* rip the pages out of

deshollinador -dora *m,f* 1 (persona) chimney sweep 2 **deshollinador** *m* (escoba) chimney brush

deshollinar [A1] *vt* to sweep

deshonestidad *f* (falta de honestidad) dishonesty

deshonesto -ta *adj* 1 (tramposo, mentiroso) dishonest 2 (indecente) ‹*proposiciones*› improper, indecent; ▸**abuso**

deshonor *m* ▸**deshonra 1**

deshonra *f* 1 (vergüenza) dishonor* (frml); **ese chico es una ~ para su familia** that boy is a disgrace to his family 2 (pérdida de la honra) dishonor*

deshonrar [A1] *vt* ‹*familia/patria*› to dishonor*, disgrace; ‹*mujer*› to dishonor*

deshonroso -sa *adj* dishonorable*, disgraceful

deshora: **a ~(s)** off hours (AmE), out of hours (BrE)

deshuesadero *m* (Méx) scrapyard

deshuesar [A1] *vt*
A 1 ‹*aceitunas*› to pit 2 ‹*pollo*› to bone
B (Méx) ▸**desguazar A**

deshumanizar [A4] *vt* to dehumanize

desidia *f* 1 (apatía) slackness, indolence (frml); **no soporto su ~** I can't stand his lax *o* slack attitude; **la ~ que lo invadió** the feeling of total apathy which took hold of him 2 (desaseo) slovenliness

desidioso -sa *adj* ‹*empleado/actitud*› slack, lax; ‹*aspecto*› slovenly

desierto[1] **-ta** *adj*
A ‹*lugar*› deserted; **en verano Madrid se queda ~** Madrid is deserted in summer
B (frml) ‹*premio/vacante*›: **el premio fue declarado ~** the prize was not awarded; **la vacante quedó desierta** the vacancy remained unfilled

desierto[2] *m* desert; ***predicar*** *or* ***clamar en el ~*** to preach in the wilderness

designación *f* (frml) 1 (de persona) appointment, designation (frml); **fueron nombrados mediante libre ~** they were appointed without having to sit competitive exams 2 (de fecha, lugar): **la ~ de la fecha/lugar para la reunión** the fixing of a date/place for the meeting

designar [A1] *vt*
A (frml) (elegir) 1 ‹*persona*› to appoint, designate (frml) 2 ‹*lugar/fecha*› to fix, set; (con carácter oficial) to designate; **fue designada como sede de los próximos Juegos Olímpicos** it was designated as the venue for the next Olympics
B (frml) (denominar): **designamos estos productos con nom-**

bres ingleses we give these products English names; **el punto que ~emos B** the point which we will call *o* (frml) designate B; **el proyecto fue designado con el nombre de 'Galaxia'** the project was named *o* (frml) designated 'Galaxy'

designio *m* plan; **los ~s del Señor son inescrutables** God moves in mysterious ways

desigual *adj*
A **1** (diferente): **las mangas quedaron ~es** one sleeve turned out longer (*o* wider *etc*) than the other; **reciben un trato muy ~** they are treated very differently **2** (desequilibrado) ‹*lucha*› unequal; ‹*fuerzas*› unevenly-matched
B (irregular) ‹*terreno/superficie*› uneven; ‹*letra*› uneven, irregular; ‹*calidad*› variable, varying (*before n*); ‹*rendimiento*› inconsistent, erratic

desigualar [A1] *vt* (Dep) ‹*partido*› to alter *o* change the balance of; **~on el marcador con un penalty** their penalty broke the scoreboard stalemate
▪ **desigualar** *vi* to pull ahead

desigualdad *f*
A **1** (diferencia) inequality; **no debería existir ~ ante la ley** everyone should be equal before the law **2** (desequilibrio) inequality, disparity
B (de superficie) unevenness
C (Mat) inequality

desilusión *f* (decepción) disappointment; **¡qué ~!** what a disappointment!, how disappointing!; **se llevó una ~** she was disappointed

desilusionado -da *adj* (decepcionado) disappointed; **~ CON algo/algn** disappointed WITH sth/sb

desilusionar [A1] *vt* to disappoint; **el libro me desilusionó** I found the book disappointing
▪ **desilusionarse** *v pron* (decepcionarse) to be disappointed; (perder las ilusiones) to become disillusioned

desincentivo *m* (para el comercio, la empresa) disincentive; (para la corrupción, un delincuente) deterrent

desinencia *f* ending, desinence (tech)

desinfección *f* disinfection

desinfectante *m* disinfectant

desinfectar [A1] *vt* to disinfect

desinflar [A1] *vt* ‹*globo/balón/neumático*› to let the air out of, to deflate, let down (esp BrE)
▪ **desinflarse** *v pron* «*globo/balón/neumático*» to deflate, go down

desinformación *f* (falta de información) disinformation; (información erronea) misinformation

desinformado -da *adj* [ESTAR] (sin información) lacking in information; (mal informado) misinformed

desinhibición *f* lack of inhibition; **habló con ~** she spoke with a total lack of inhibition

desinhibido -da *adj* uninhibited

desintegración *f* **1** (de grupo, partido) disintegration, breakup; (de familia) breakup **2** (de estructura) disintegration; **la ~ del átomo** the splitting of the atom

desintegrarse [A1] *v pron* **1** «*grupo/partido*» to break up, disintegrate; «*familia*» to break up **2** «*cuerpo/materia*» to break up, disintegrate; «*átomo*» to split, disintegrate

desinterés *m* (falta de interés) lack of interest; (altruismo) unselfishness

desinteresadamente *adj* unselfishly, selflessly (frml)

desinteresado -da *adj* ‹*consejo/ayuda*› disinterested; ‹*persona*› selfless

desinteresarse [A1] *v pron* (perder interés) to lose interest; **~ DE algo** to lose interest IN sth

desintoxicación *f* detoxification

desintoxicar [A2] *vt* to detoxify
▪ **desintoxicarse** *v pron* to undergo detoxification; **necesito irme al campo para ~me** I need to go out into the countryside to clean out my system

desistir [I1] *vi* to give up; **no ~ía en su empeño** he would not give up the pursuit of his objective; **~ DE algo** ‹*de propósito*› to give up sth, desist FROM sth (frml); ‹*de demanda/derecho*› to relinquish sth; **~ DE + INF** to give up -ING, desist FROM -ING (frml)

deslavazado -da *adj* ‹*tela/vestido*› limp; ‹*discurso/argumento*› disjointed, rambling (*before n*); ‹*persona*› dull, colorless*

desleal *adj* [SER] disloyal, untrue (liter); **~ CON** *or* **A algn/algo** disloyal TO sb/sth

deslealtad *f* disloyalty

desleído -da *adj* ‹*discurso*› weak

desleír [I18] *vt* ‹*sólido*› to dissolve; ‹*líquido*› to dilute

deslenguado -da *adj* foulmouthed

desligado -da *adj* (distanciado): **está ~ de su familia** he isn't very close to his family; **ahora estamos ~s** we're not as close as we were; **estar ~ de algo** to be cut off from sth

desligar [A3] *vt* **1** (separar) to separate; **hay que ~ el punto de vista económico del social** economic considerations should not be confused with social ones **2** (alejar, apartar) **~ a algn DE algn/algo** to cut sb off FROM sb/sth **3** (librar) **~ a algn DE algo** to free sb FROM sth
▪ **desligarse** *v pron* **1** (librarse) **~se DE algo** ‹*de obligaciones*› to free oneself OF sth; **compromisos sociales de los que no puede ~se** social commitments which she cannot get out of **2** (apartarse) **~se DE algo/algn** to cut oneself off FROM sth/sb

deslindar [A1] *vt* **1** ‹*terrenos*› to demarcate, mark the boundaries of **2** (separar) ‹*ideas/conceptos*› to separate; **~ algo DE algo**: **no se puede ~ este problema de la situación económica** this problem cannot be viewed in isolation from the economic situation **3** (definir) ‹*campo de acción*› to define the bounds of; **la dificultad de ~ responsabilidades en este asunto** the difficulty of determining responsibility in this matter

desliz *m* **1** (error, falta) slip; **cualquiera puede cometer un ~ como ése** anybody can slip up like that **2** (al hablar) gaffe, faux pas **3** (ant *o* hum) (aventurilla) indiscretion (dated *or* hum)

deslizador *m* (Méx) (ala delta) hang glider

deslizamiento *m* glide, gliding; **engrase sus esquís para un mejor ~** wax your skis so that they slide more easily *o* run more smoothly

(Compuesto) **deslizamiento de tierras** landslide

deslizar [A4] *vt* (hacer resbalar) to slip, slide; **la deslizó por debajo de la puerta** he slipped *o* slid it under the door; **le deslizó una nota en la mano** she slipped a note into his hand
▪ **deslizarse** *v pron*
A **1** «*patinador/bailarines*» to glide; «*esquiador*» to ski, slide; «*serpiente*» to slither, glide; **~se POR algo** to slide down sth; **una lágrima se deslizó por su mejilla** a tear slid down his cheek **2** «*barco/cisne*» to glide; **~se SOBRE algo** to glide OVER sth **3** «*cajón/argollas de cortina*» to slide **4** «*agua/arroyo*» to flow gently **5** (escurrirse, escaparse) to slip away; **se deslizó por la puerta trasera** he slipped out (by) the back door
B (liter) (transcurrir) to slip by

deslomar [A1] *vt* (fam) to wear … out, do … in (colloq); **~ a algn a patadas** to kick sb's head in (colloq)
▪ **deslomarse** *v pron* (agotarse) to break one's back (colloq)

deslucido -da *adj* ‹*actuación/desfile*› dull, lackluster*; ‹*colores/paredes*› faded, drab; ‹*plata*› tarnished

deslucir [I5] *vt* ‹*actuación/desfile*› to spoil; ‹*colores/cortinas*› to fade, cause … to fade; **el polvo deslucía los muebles** the dust made the furniture look dull

deslumbrante, deslumbrador -dora *adj* ‹*luz*› blinding; ‹*belleza*› dazzling, stunning

deslumbrar [A1] *vt* to dazzle

deslustrado -da *adj* ‹*vidrio*› ground, frosted; ‹*metal*› tarnished; ‹*zapatos*› unpolished

desmadejado -da *adj* (fam) worn out (colloq), exhausted

desmadrarse [A1] *v pron* (fam) «*persona*» to go wild (colloq), to get out of hand

desmadre *m* (fam) chaos; **fue el ~ total** it was complete chaos; **la fiesta fue un ~** the party was really wild

desmalezar [A4] *vt* (AmL) to weed

desmán *m*
A (exceso, abuso) outrage, excess; **los desmanes cometidos durante la guerra** the excesses *o* outrages committed during the war; **los desmanes de los hinchas** the disorderly (*o* violent *etc*) behavior of the fans
B (Zool) desman

desmanchar [A1] *vt* (AmL) to get the stains out of

desmandarse [A1] *v pron* ‹‹*niños/tropas*›› to get out of control *o* hand; **no se le desmanda ningún alumno** none of his pupils dares disobey him; **el caballo se le desmandó** he lost control of the horse

desmano: **a ~** (*loc adv*) ‹*estar/quedar*› out of the way; **me pilla a ~** it's out of my way

desmantelamiento *m* dismantling

desmantelar [A1] *vt* 1 ‹*fortificación*› to dismantle; ‹*stand/escenario*› to take down, dismantle; **le ~on la casa/el coche** they stripped his house/car 2 ‹*organización*› to dismantle 3 ‹*barco*› (desarbolar) to dismast; (desaparejar) to unrig

d

desmañado -da *adj* clumsy, awkward

desmaquillador, desmaquillante *m* makeup remover

desmaquillarse [A1] *v pron* to remove one's makeup; **~ los ojos** to remove one's eye makeup

desmarcado -da *adj* unmarked

desmarcarse [A2] *v pron* 1 (Dep) to slip the coverage (AmE), to slip one's marker (BrE) 2 (apartarse) **~se DE algo/algn** to dissociate oneself FROM sth/sb

desmayado -da *adj* ‹*persona*› unconscious (*from having fainted*); **estaba ~ de hambre** (fam) he was faint with hunger

desmayar [A1] *vi* to lose heart, become demoralized

■ **desmayarse** *v pron* to faint

desmayo *m* 1 (Med) faint; **sufrir un ~** to faint 2 **sin ~** ‹*luchar/trabajar*› resolutely, tirelessly

desmedido -da *adj* excessive; **le han dado una importancia desmedida** they have attributed too much importance to it

desmedirse [I14] *v pron* to go too far; **~ EN algo** to go too far WITH sth; **se desmidió en la bebida** she drank too much, she had too much to drink

desmejorado -da *adj* 1 (de salud): **lo encontré muy ~** he didn't look at all well to me; **me apenó verla tan desmejorada** it was sad to see her looking so unwell 2 (de atractivo): **está desmejorada** she's lost her looks

desmejoramiento *m* (de la salud) decline; (de la economía) decline, deterioration; (en las relaciones) worsening, deterioration

desmejorar [A1] *vi* 1 (de salud) to get worse, to deteriorate; **sigue desmejorando** she's getting worse 2 (de atractivo) to lose one's looks

■ **desmejorar** *vt* 1 ‹*salud/enfermo*› (debilitar) to weaken; (empeorar) to make … worse 2 (de atractivo) to make … look less attractive

desmelenado -da *adj* disheveled*

desmembración *f* (de partido) breakup; (de país) dismemberment; (de imperio) dismemberment, dismantling

desmembrar [A5] *vt* ‹*partido*› to break up; ‹*país*› to tear … apart; ‹*imperio*› to dismember, dismantle

desmemoriado -da *adj* forgetful, absent-minded

desmentido *m* denial; **publicar un ~** to issue a denial

desmentir [I11] *vt* ‹*noticia/rumor*› to deny; ‹*acusación*› to deny, refute

desmenuzar [A4] *vt* ‹*pescado*› to flake; ‹*pollo*› to shred; ‹*pan*› to crumble

desmerecer [E3] *vi*: **el cuadro desmerece con ese marco** that frame doesn't do the painting justice; **no ~ DE algo** to compare favorably WITH sth; **su voz no desmerece de la de los mejores tenores** his voice compares favorably with the best tenors

desmesura *f* (liter) lack of moderation

desmesuradamente *adv*: **~ grande** enormously big; **me miró con los ojos ~ abiertos** he looked at me, eyes wide open

desmesurado -da *adj* (enorme) vast, enormous; (excesivo, exagerado) excessive; **una ambición desmesurada** an excessive ambition

desmigajarse [A1] *v pron* to crumble

desmilitarización *f* demilitarization

desmilitarizar [A4] *vt* to demilitarize

desmirriado -da *adj* (fam) puny, weedy (colloq)

desmitificación *f* demystification (frml)

desmitificar [A2] *vt* to demystify, destroy the myths surrounding

desmontable *adj* 1 (desarmable) ‹*mecanismo/mueble*› which can be dismantled *o* taken apart 2 (separable) ‹*forro/pieza*› detachable, removable 3 ‹*remolque*› demountable

desmontar [A1] *vt* 1 (desarmar) ‹*mueble/mecanismo*› to dismantle, take apart; ‹*motor/rifle*› to strip (down); ‹*tienda de campaña*› to take down 2 (separar) ‹*forro/pieza*› to detach, remove

■ **desmontar** *vi* ‹‹*jinete*›› to dismount

desmoralización *f* demoralization

desmoralizador -dora *adj* demoralizing, disheartening

desmoralizar [A4] *vt* to demoralize, dishearten

■ **desmoralizarse** *v pron* to get demoralized *o* disheartened, to lose heart

desmoronamiento *m* (derrumbamiento) collapse; (de fe, moral) breakdown

desmoronarse [A1] *v pron* 1 ‹‹*muro/edificio*›› to collapse; ‹‹*imperio/sociedad*›› to crumble, collapse 2 ‹‹*fe/moral*›› to crumble; **se desmoronó física y psicológicamente** she went to pieces completely

desmotivado -da *adj* demotivated

desmovilización *f* demobilization

desmovilizar [A4] *vt* to demobilize

desnacionalización *f* privatization, denationalization

desnacionalizar [A4] *vt* to privatize, denationalize

desnatado -da *adj* (Esp) skimmed

desnaturalizado -da *adj* 1 ‹*aceite/vino*› denatured 2 ‹*madre*› unnatural

desnivel *m*

A (en superficie) 1 (irregularidad) unevenness, irregularity; **es un terreno lleno de ~es** it is a very uneven piece of land; **un ~ entre la cocina y el comedor** a difference in floor level between the kitchen and the dining room 2 (inclinación, pendiente) slope, incline (frml); **la mesa está en ~** the table is not level 3 (depresión) drop (*in the level of the ground*)

B (diferencia) difference, disparity

desnivelado -da *adj* 1 (irregular) ‹*terreno*› uneven 2 (fuera de nivel): **la mesa/la repisa está desnivelada** the table/shelf isn't level

desnivelar [A1] *vt*

A ‹*balanza*› to tip

B ‹*presupuesto/situación*› to upset

desnucarse [A2] *v pron* to break one's neck

desnuclearización *f* denuclearization

desnuclearizar [A4] *vt* to denuclearize; **zona desnuclearizada** nuclear-free zone

desnudar [A1] *vt* (desvestir) to undress

■ **desnudarse** *v pron* (*refl*) (desvestirse) to undress, take one's clothes off; **se desnudó delante de todos** he stripped (off) *o* undressed in front of everyone; **~se de (la) cintura para arriba** to strip to the waist

desnudez *f*

A (de persona) nakedness, nudity; **consideran la ~ como algo natural** they consider nudity as something natural

B (de habitación, árbol, paisaje) bareness

desnudo[1] **-da** *adj*

A 1 (sin ropa) ‹*persona*› naked; **le gusta nadar ~** he likes swimming in the nude; **totalmente ~** stark naked; **~ de la cintura para arriba** naked to the waist 2 (descubierto) ‹*hombros/brazos/torso*› bare; **con los pies ~s** barefoot 3 (liter) ‹*espada*› naked (liter)

B 1 (sin adornos, aditamentos) ‹*pared/cuarto*› bare; **la verdad desnuda** the naked *o* plain truth; **no perceptible al ojo ~** not visible to the naked eye 2 ‹*árbol/paisaje*› bare

C **al desnudo**: **la verdad al ~** the truth plain and simple; **el cable quedó al ~** the wire was left bare *o* exposed

desnudo[2] *m* (Art) nude; **un ~ de mujer** a female nude

desnutrición *f* malnutrition, undernourishment

desnutrido -da *adj* malnourished, undernourished

desobedecer [E3] *vt/vi* to disobey

desobediencia *f* disobedience

(Compuesto) **desobediencia civil** civil disobedience

desobediente *adj* disobedient

desocupación *f*
A (desempleo) unemployment
B (desalojo) clearing

desocupado -da *adj*
A (vacío, libre) ‹*casa/habitación*› unoccupied, vacant; **¿está ~ este asiento?** is this seat free?
B (ocioso): **pasa mucho tiempo ~** he spends a lot of time doing nothing
C (desempleado) unemployed

desocupar [A1] *vt*
A **1** ‹*armario*› to empty, clear out **2** ‹*casa/habitación*› to vacate, leave
B **1** (desalojar) ‹*recinto/sala*› to clear **2** (despejar) ‹*camino/paso*› to clear
C (Chi) ‹*libro/tijeras*› to finish using, finish with
■ **desocuparse** *v pron* «*casa*» to become available *o* vacant; **ya se desocupó el baño** the bathroom's free now

desodorante *m* deodorant; **~ en barra/spray** stick/spray deodorant
(Compuesto) **desodorante ambiental** (CS) air freshener

desoír [I28] *vt* to ignore, disregard; **desoyó la voz de su conciencia** he did not heed the voice of his conscience (liter)

desolación *f*
A (devastación) devastation, destruction
B (aflicción) grief

desolado -da *adj*
A ‹*paisaje/campos*› desolate; ‹*ciudad*› devastated
B (afligido) desolated, devastated

desolador -dora *adj*
A (devastador) ‹*tormenta/epidemia*› devastating
B (triste, penoso) ‹*noticia*› devastating; ‹*espectáculo*› distressing; **un panorama ~** a bleak prospect

desolar [A10] *vt* ‹*país/campos*› to lay waste (to) (liter)

desollar [A10] *vt* ‹*animal*› to skin, flay; **~ *vivo a algn*** to pull sb to pieces

desorbitado -da *adj* **1** ‹*precios*› exorbitant, astronomical **2** **con los ojos ~s** with her eyes popping out of her head (colloq)

desorbitante *adj* exorbitant

desorden *m*
A **1** (de persona, cuarto, cajón) untidiness; **no soporto el ~** I can't stand untidiness; **perdona el ~** sorry about the mess; **en ~** ‹*salir/entrar*› in a disorderly fashion; **todo estaba en ~** everything was in disorder *o* in a mess; **dejó los naipes en ~** she left the cards out of order; **no dejes el cuarto en ~** don't leave the room in a mess **2** (confusión) disorder
B **desórdenes** *mpl* **1** (disturbios) disturbances (*pl*), disorder **2** (Med) disorders (*pl*)

desordenadamente *adv* ‹*entrar/salir*› in a disorderly fashion; **guardar algo ~** to put sth away untidily

desordenado -da *adj*
A **1** ‹*persona/habitación*› untidy, messy (colloq); **tengo la casa toda desordenada** my house is in a mess *o* is very untidy **2** [ESTAR] ‹*naipes/hojas*› out of order
B ‹*vida*› disorganized
C (Chi) (en el colegio) ‹*niño*› naughty, badly-behaved

desordenar [A1] *vt* ‹*mesa/habitación*› to make … untidy, mess up (colloq); ‹*naipes/hojas*› to get … out of order

desorganización *f* lack of organization

desorganizado -da *adj* disorganized

desorganizar [A4] *vt* to disrupt

desorientación *f* disorientation, confusion

desorientado -da *adj* disoriented, disorientated (BrE)

desorientar [A1] *vt* to confuse; **pistas falsas para ~ a la policía** false clues to throw the police off the trail
■ **desorientarse** *v pron* to lose one's bearings, become disoriented

desovar [A1] *vi* «*insectos*» to lay eggs; «*peces/anfibios*» to spawn

desove *m* (de insectos) egg-laying; (de peces, anfibios) spawning

desoxidar [A1] *vt* **1** (Quím) to deoxidize **2** (Metal) to remove the rust from

desoxigenar [A1] *vt* to deoxidize

despabilado -da *adj* ▸**espabilado**[1]

despabilar [A1] *vt* ▸**espabilar**

despachante *m* (RPl) *tb* **~ de aduanas** customs officer

despachar [A1] *vt*
A **1** ‹*asunto/tarea/*› to take care of, deal with; ‹*correspondencia*› to deal with, attend to; **este asunto se debe ~ con el jefe** this matter has to be sorted out *o* cleared with the boss **2** ‹*carta/paquete*› to send; ‹*mercancías*› (por barco) to ship; (por avión, tren) to send, dispatch
B (Com) (en tienda) to serve, deal with; **~ un pedido** to deal with an order
C **1** (fam) (echar, despedir) to fire, to let … go (euph) **2** (fam) (matar) to get rid of (euph); (rematar) to dispatch (euph), to finish … off
■ **despachar** *vi* (Com) **1** «*dependiente*» to serve **2** «*comercio*» to be open (for business *o* to the public)
■ **despacharse** *v pron* (fam) ‹*paella/vino*› to polish off (colloq); ‹*libro*› to get through

despacho *m*
A **1** (oficina) office; (estudio) study **2** (mobiliario) office furniture
B (envío) dispatch, despatch; **se encarga del ~ de las cartas** he is responsible for dispatching the mail
C (Com) **1** (atención): **permite el rápido ~ de pasajeros** it allows passengers to be dealt with more quickly **2** (venta) sale **3** (tienda) shop; **~ de pan** baker's shop (*selling bread made off the premises*); **~ de lotería** lottery agency/kiosk; **el ~ de localidades** the box office
D (comunicado) communiqué; (Mil) dispatch; (Period) report

despachurrar [A1] *vt* ▸**espachurrar**

despacio *adv*
A (lentamente) slowly
B **1** (CS) (en voz baja) quietly, softly; (sin hacer ruido) quietly; **habla ~** keep your voice down; **entró ~ para no despertarlos** he crept in so as not to wake them **2** (Chi) (con poca fuerza) gently

despacioso -sa *adj* (AmL) slow

despampanante *adj* (fam) ‹*mujer/vestido*› stunning (colloq)

despancar [A2] *vt* (Per) to husk

despanzurrado -da *adj* (fam): **un sillón viejo y ~** an old armchair with all the stuffing coming out

desparejado -da *adj* odd, unpaired

desparpajo *m* (desenvoltura) self-confidence; (desfachatez) impudence, nerve (colloq); **tuvo el ~ de negarlo todo** he had the nerve to deny everything; **me lo dijo con todo ~** he said it to me impudently

desparramado -da *adj* **1** (esparcido) scattered **2** (extendido) ‹*ciudad/barrio*› sprawling (*before n*); **estaba ~ en un sillón** he was sprawled (out) in an armchair

desparramar [A1] *vt* **1** ‹*líquido/azúcar*› to spill; ‹*botones/monedas*› to spill, scatter; ‹*papeles*› to scatter **2** (fam) ‹*noticia*› to spread … around
■ **desparramarse** *v pron* (esparcirse) «*líquido/azúcar*» to spill; «*botones/monedas*» to scatter, spill

desparramo *m* (CS) (desorden, desbarajuste) mess; (de líquidos) spillage

despatarrado -da *adj*: **estaba ~ en un sillón** he was sprawled (out) in an armchair; **siempre se sienta toda despatarrada** she always sits with her legs splayed *o* spread out

despatarrarse [A1] *v pron* (fam) «*persona/mula*» to splay one's legs; **se despatarró en el sofá** he sprawled on the sofa with his legs spread out

despavorido -da *adj* terrified, petrified

despecho *m* spite; **por ~** out of spite; **hacer algo a ~ de algn** to do sth in defiance of sb; **a ~ de las críticas** despite *o* in spite of all the criticism

despechugado -da *adj* (fam) **1** (de torso desnudo) ‹*hombre*› bare-chested; ‹*mujer*› topless **2** (con la camisa, etc desabrochada) with one's shirt (*o* blouse *etc*) unbuttoned

despechugarse [A3] *v pron* (fam) «*hombre*» to bare one's chest; «*mujer*» to bare one's breasts; (en la playa) to go topless

despectivamente *adv* ‹*tratar*› contemptuously; **nos habla a todos muy ~** she really talks down to us

despectivo -va *adj* ‹*trato/gesto/actitud*› contemptuous; ‹*tono*› disparaging, contemptuous; ‹*término*› pejorative, derogatory

despedazar [A4] *vt* ‹*res*› to joint, cut … into pieces; ‹*presa*› to tear … to pieces *o* shreds; ‹*juguete*› to pull … apart

despedida *f* [1] (acción) goodbye, farewell (liter); **no me gustan las ~s** I don't like goodbyes [2] (celebración) farewell party; **cena/regalo de ~** a farewell dinner/gift

(Compuesto) **despedida de soltera/soltero** hen/stag night *o* party

d

despedir [I14] *vt*

A (decir adiós): **vinieron a ~me al aeropuerto** they came to see me off at the airport; **~ los restos de algn** to pay one's last respects to sb

B (del trabajo) to dismiss, fire (colloq); (por reducción de personal) to lay off; **despidieron a 300 trabajadores** they laid off 300 workers

C ‹*olor*› to give off; ‹*humo/vapor*› to emit, give off; **salir despedido** «*corcho/pelota*» to shoot out; **el conductor salió despedido de su asiento** the driver was thrown out of his seat

■ **despedirse** *v pron*

A (decir adiós) to say goodbye; **se despide atentamente** (Corresp) sincerely yours (AmE), yours sincerely (BrE); **~se DE algn** to say goodbye TO sb

B (dar por perdido) **~se DE algo**: **si se lo prestate ya te puedes ~ de él** if you lent it to him, you can kiss it goodbye; **despídete de la idea** you can forget the whole idea

despegado -da *adj* [SER] unaffectionate, distant

despegar [A3] *vt* [1] ‹*etiqueta/esparadrapo*› to remove, peel off; ‹*piezas/ensambladura*› to get … unstuck *o* apart; **no despegó los labios** she didn't say a word [2] ‹*manga/cuello*› to unpick; ‹*botones*› to remove

■ **despegar** *vi* «*avión*» to take off; «*cohete*» to lift off, be launched

■ **despegarse** *v pron*

A «*sello/etiqueta*» to come unstuck, peel off; «*esparadrapo*» to come unstuck; **no se me despega ni un minuto** he won't leave my side for a minute

B (distanciarse, separarse) «*persona*» **~se DE algn** to distance oneself FROM sb

despegue *m* (de avión) takeoff; (de cohete) launch, lift-off

despeinado -da *adj* ‹*pelo/melena*› unkempt, disheveled*; **estar/andar ~** to have one's hair in a mess

despeinar [A1] *vt*: **~ a algn** to mess up sb's hair

■ **despeinarse** *v pron* to mess one's hair up

despejado -da *adj*

A (Meteo) ‹*día/cielo*› clear; **cielos totalmente ~s** cloudless skies

B (libre, vacío) ‹*carretera/camino*› clear; **quedó mucho más ~ sin el piano** it felt much more spacious without the piano

C [1] (despierto): **todavía no estoy ~** I'm not properly awake yet; **se sentía con la mente despejada** he felt clearheaded [2] [ESTAR] (sobrio) sober

despejar [A1] *vt*

A [1] (desocupar, desalojar) to clear; **despejen la sala** clear the room [2] ‹*nariz*› to unblock, clear

B [1] (espabilar) to wake … up [2] (desembotar): **el paseo me despejó** the walk cleared my head [3] ‹*borracho*› to sober … up

C ‹*incógnita*› (Mat) to find the value of

D ‹*balón*› (en fútbol) to clear; (en fútbol americano) to punt

■ **despejar** *vi* (en fútbol) to clear; (en fútbol americano) to punt

■ **despejar** *v impers* (Meteo) to clear up; **ya despejó** it has cleared up now

■ **despejarse** *v pron* (espabilarse) to wake (oneself) up; (desembotarse) to clear one's head; «*borracho*» to sober up

despeje *m*

A (de camino, espacio) clearing

B (Dep) clearance; (en fútbol americano) punt

despellejar [A1] *vt* [1] ‹*animal*› to skin [2] (fam) (criticar) to tear … to shreds *o* pieces (colloq) [3] (Col) ‹*papas*› to peel

■ **despellejarse** *v pron* to peel; **se me despellejó la nariz** my nose peeled

despelotado -da *adj* (AmL fam) messy (colloq), chaotic

despelote *m* (AmL fam) (caos, lío) shambles (colloq), mess (colloq); **¡qué ~ tengo en la cabeza!** I'm in such a muddle; **su casa es un verdadero ~** her house is a complete shambles *o* a real mess

despelucar [A2] *vt*

A (Col, Ven fam) ▸ **despeinar**

B (Chi fam) (en el juego) to fleece (colloq)

■ **despelucarse** *v pron* (Col, Ven fam) ▸ **despeinarse**

despenalización *f* legalization, decriminalization

despenalizar [A4] *vt* to legalize, decriminalize

despensa *f* larder, pantry; **tengo la ~ vacía** I haven't a thing to eat in the house

despeñadero *m* cliff, precipice

despeñarse [A1] *v pron* «*persona/mula*» to go *o* fall over a cliff (*o* precipice *etc*); «*coche*» to go over a cliff (*o* precipice *etc*)

desperdiciar [A1] *vt* ‹*comida/papel/tela*› to waste; ‹*oportunidad*› to miss, waste

desperdicio *m* [1] (de comida, papel) waste; ***no tener ~***: **este carne no tiene ~** there's no waste on this meat; **el elepé no tiene ~** the LP doesn't have a single bad track on it; **nada tiene ~** nothing goes to waste *o* is wasted [2] **desperdicios** *mpl* (residuos) scraps (*pl*)

desperdigado -da *adj* scattered; **viñas desperdigadas por la colina** (liter) vines dotted around the hillside

desperdigarse [A3] *v pron* (esparcirse) to be scattered, to scatter

desperezarse [A4] *v pron* to stretch

desperfecto *m* [1] (daño): **sufrir un ~ mecánico** to have a mechanical breakdown; **esto podría causar ~s en el aparato** this could damage the appliance [2] (defecto) flaw; **artículos con pequeños ~s** slightly flawed articles

despersonalizado *adj* depersonalized; **un sistema despersonalizado** an impersonal system

despertador *m* alarm clock; **poner el ~** to set the alarm

despertar [A5] *vt* [1] ‹*persona*› to wake, wake … up; **despiértame a las ocho** wake me (up) at eight o'clock [2] ‹*sentimientos/pasiones*› to arouse; ‹*apetito*› to whet; ‹*recuerdos*› to evoke; ‹*interés*› to awaken, stir up; **un discurso que despertó fuertes polémicas** a speech which sparked off fierce controversy

■ **despertar** *vi* [1] (del sueño) to wake (up); (de la anestesia) to come round [2] (liter) (a la realidad, al amor) to wake up to

■ **despertarse** *v pron* [1] (del sueño) to wake (up) [2] (espabilarse) to wake (oneself) up

despiadadamente *adv* mercilessly, relentlessly

despiadado -da *adj* ‹*persona*› ruthless, heartless; ‹*ataque/crítica*› savage, merciless

despida, despidas, etc *see* **despedir**

despido *m* dismissal; (por falta de trabajo) redundancy, layoff (AmE)

(Compuesto) **despido colectivo** mass dismissal (AmE) *o* (BrE) redundancy

despierta, despiertas, etc *see* **despertar**

despierto -ta *adj* [1] [ESTAR] (del sueño) awake [2] [SER] ‹*persona/mente*› bright, alert

despiezar [A4] *vt* to quarter

despilfarrador -dora *m,f* spendthrift

despilfarrar [A1] *vi* to waste *o* squander money

■ **despilfarrar** *vt* to squander, waste

despilfarro *m* waste; **me parece un ~ ir en taxi** it seems a waste of money to take a taxi

despintar [A1] *vt* [1] (quitar la pintura) to take the paint off [2] (Chi fam) (quitar): **nada le ~á los diez años en la cárcel** nothing will save him from ten years in jail

■ **despintarse** *v pron*

A (Méx) (desteñirse) to run; **¿esta camisa se ~á al lavarla?** will this shirt run in the wash?

B (Chi fam) (quitar): **no se me despinta del lado** she never leaves my side; **no se despinta la chaqueta** he never takes his jacket off

despiojar [A1] *vt* to delouse

despistado[1] -da *adj*

A [1] [SER] vague, absentminded; **soy muy ~ para los nombres** I never remember names [2] [ESTAR]: **estaba** *or* **iba**

~ I was miles away (colloq) *o* daydreaming
B [ESTAR] (desorientado, confuso) bewildered, lost; **todavía anda un poco ~** he hasn't quite found his feet yet

despistado² -da *m,f* scatterbrain (colloq); **no te hagas el ~** don't act as if you don't know what I'm talking about

despistar [A1] *vt* **1** (desorientar, confundir) to confuse **2** ‹*perseguidor*› to shake off; ‹*sabueso*› to throw … off the scent
■ **despistarse** *v pron* (confundirse) to get confused *o* muddled; (distraerse) to lose concentration, start daydreaming

despiste *m* **1** (distracción) absentmindedness; **fue un ~** it was a lapse of concentration; **en un momento de ~ le robaron la maleta** he took his eye off his suitcase for a moment and someone stole it; **¡qué ~ tengo hoy!** I can't seem to concentrate today! **2** (equivocación) slip, mistake

desplantar [A1] *vt* to uproot

desplante *m*
A (insolencia) rudeness; **¡tiene unos ~s … !** she's so rude!
B (Chi) ▸ **desenvoltura**

desplazado¹ -da *adj* **1** (de un lugar) displaced; (fuera de su ambiente): **sentirse ~** to feel out of place **2** (desbancado) displaced; *ver tb* **desplazar**

desplazado² -da *m,f* displaced person

desplazamiento *m*
A (movimiento) movement, displacement (frml)
B (frml) (traslado, viaje) trip; **gastos de ~** traveling expenses; **sus frecuentes ~s al extranjero** her frequent trips abroad
C (del voto) swing, shift

desplazar [A4] *vt*
A **1** (frml) (mover, correr) to move; **el choque desplazó el vehículo unos 20 metros** the impact moved *o* shunted the vehicle a distance of some 20 meters **2** (Fís) to displace **3** (Náut) to displace
B (suplantar, relegar) ‹*persona*› to displace; **la nueva secretaria la ha venido a ~** the new secretary has come to displace her; **~ A algo**: **las computadoras han desplazado a las máquinas de escribir** typewriters have been superseded by word processors
■ **desplazarse** *v pron*
A (frml) (trasladarse, moverse) «*animal*» to move around; «*avión/barco*» to travel, go; «*persona*» to get around
B «*voto*» to swing, shift

desplegar [A7] *vt*
A **1** ‹*alas*› to spread; ‹*mapa*› to open out, spread out, unfold; ‹*velas*› to unfurl; *ver tb* **vela** **2** (demostrar) ‹*talento/ingenio*› to display
B (Mil) ‹*tropas/misiles*› to deploy
C (llevar a cabo) ‹*campaña*› to mount; ‹*esfuerzo*› to make
D **1** (emplear) ‹*encantos/poder*› to use **2** (dar muestras de) to show, display
■ **desplegarse** *v pron* (Mil) to deploy

despliegue *m*
A (de tropas, recursos) deployment
B (de riqueza, sabiduría) display; **haciendo ~ de gran elocuencia** with great eloquence

desplomarse [A1] *v pron*
A «*persona/edificio*» to collapse; **cayó desplomado al suelo** he collapsed onto the floor
B «*precio/cotización*» to crash; «*ilusiones*» to be shattered; «*esperanzas*» to be dashed; «*sistema/régimen*» to collapse

desplome *m*
A (de edificio) collapse
B (de precio) fall, drop; **el ~ de los salarios** the drop in salaries

desplumar [A1] *vt* **1** ‹*ave*› to pluck **2** (fam) ‹*persona*› to fleece (colloq)

despoblación *f* depopulation; **la ~ rural** rural depopulation

despoblado -da *adj*
A (sin habitantes) deserted, uninhabited; (subpoblado) underpopulated, sparsely populated
B ‹*cejas*› thin, sparse

despoblar [A10] *vt* to depopulate; **~on el campo de árboles** they cleared the land of trees
■ **despoblarse** *v pron* to become depopulated *o* deserted

despojar [A1] *vt* (frml) **~ A algn DE algo** ‹*de privilegios/poderes*› to divest sb OF sth (frml); ‹*de título/posesiones*› to dispossess (frml) *o* strip sb OF sth
■ **despojarse** *v pron* (frml *o* liter) **~se DE algo** ‹*de ropa*› to remove sth; ‹*de bienes*› to relinquish sth

despojo *m*
A (frml) (desposeimiento) dispossession (frml)
B **despojos** *mpl* **1** (restos) remains (*pl*) **2** (presa, botín) spoils (*pl*), loot **3** (de aves) *head, wings, feet and giblets*; (de reses) *head, feet and offal*

desportillado -da *adj* chipped

desportillarse [A1] *v pron* «*bañera/taza*» to chip, get chipped

desposado -da *m,f* (frml): **los ~s** the newlyweds, the bride and groom

desposar [A1] *vt* (frml) «*sacerdote*» to marry; «*novio*» to marry
■ **desposarse** *v pron* (frml) to be wed (frml), to be married

desposeer [E13] *vt* (frml) **~ A algn DE algo** to dispossess sb OF sth (frml)
■ **desposeerse** *v pron* (frml) **~se DE algo** to relinquish sth

desposeído -da *m,f*: **los ~s** the destitute, the dispossessed

desposorios *mpl* (liter) nuptials (*pl*) (liter)

déspota *mf* (Pol) tyrant, despot

despótico -ca *adj* despotic, tyrannical

despotismo *m* despotism
(Compuesto) **despotismo ilustrado** enlightened despotism

despotricar [A2] *vi* (fam) to rant and rave; **~ CONTRA algo/algn** to sound off *o* rant and rave ABOUT sth/sb

despreciable *adj* **1** ‹*persona/conducta*› despicable, contemptible **2** **no/nada despreciable** ‹*suma/número*› not inconsiderable, significant

despreciar [A1] *vt* **1** (menospreciar) ‹*persona*› to look down on; **lo desprecio profundamente** I despise him **2** (rechazar) ‹*oferta/ayuda*› to spurn (liter), to reject; **es un trabajo que todos desprecian** it's a job which everyone feels is beneath them **3** (no tener en cuenta) ‹*posibilidad/consejo*› to disregard, discount

despreciativo -va *adj* ‹*persona*› disdainful; ‹*tono/gesto*› disdainful, scornful; **una mirada despreciativa** a look of disdain *o* scorn

desprecio *m* **1** (menosprecio) disdain; **un gesto de ~** a disdainful gesture; **me miró con ~** she gave me a disdainful *o* scornful look; **sentía un ~ infinito por él** she felt profound contempt for him **2** (indiferencia) disregard; **sienten un profundo ~ por la autoridad** they have a deep-seated contempt for authority **3** (desaire) snub, slight; **hacerle un ~ a algn** to snub *o* slight sb

desprender [E1] *vt*
A (soltar, separar) ‹*teja*› to dislodge; ‹*etiqueta*› to detach; **los golpes desprendieron parte del revoque** part of the plaster came away *o* off with all the banging; **el botón estaba medio desprendido** the button was hanging off
B ‹*gases/chispas/olor*› to give off
■ **desprenderse** *v pron*
A «*teja*» to come loose; «*botón*» to come off; «*retina*» to become detached; **se desprendió del soporte** it came away from *o* (frml) detached itself from the support
B **1** (renunciar, entregar) **~se DE algo** to part WITH sth; **no piensa ~se del bebé** she has no intention of giving up the baby **2** (apartarse, separarse) **~se DE algo** to let go OF sth; **no se desprende de su osito** he won't let go of his teddy bear; **no se le desprende del lado** she won't leave his side for a minute
C (deshacerse) **~se DE algo/algn** to get rid OF sth/sb; **~se de los prejuicios** to shake off one's prejudices
D (inferirse) **~se DE algo** to emerge FROM sth; **de lo que se desprende que …** what can be gathered from it is that …

desprendido -da *adj* [SER] generous, open-handed; *ver tb* **desprender**

desprendimiento *m*
A (de una pieza) detachment

Compuestos
- **desprendimiento de retina** detachment of the retina
- **desprendimiento de tierras** landslide

B (generosidad) generosity, open-handedness

despreocupación *f* lack of concern

despreocupado -da *adj* **1** (sin preocupaciones) ‹*vida*› carefree **2** (descuidado) negligent **3** (indiferente) unworried

despreocuparse [A1] *v pron* **1** (desentenderse): **se despreocupó de la educación de sus hijos** he didn't bother about his children's education; **se despreocupó de todo y se fue de vacaciones** she washed her hands of everything and went off on vacation **2** (dejar de preocuparse): **despreocúpate del qué dirán** don't worry about what other people say

despresar [A1] *vt* (Andes) to cut up, joint; **pollos despresados** chicken pieces

desprestigiar [A1] *vt* to discredit; **desprestigian la profesión** they bring the profession into disrepute

■ **desprestigiarse** *v pron* «*persona/producto/empresa*» to lose prestige; **se ha desprestigiado como abogado** his reputation *o* prestige as a lawyer has been damaged

desprestigio *m* **1** (pérdida de prestigio) loss of prestige; **ir en ~ de algo/algn** to bring discredit on *o* upon sth/sb; **sería un ~ para el partido** it would bring the party into disrepute **2** (falta de prestigio): **el ~ de los políticos era tal que ...** the politicians had such a bad name *o* reputation that ...

desprevenido -da *adj*: **estar ~** to be unprepared *o* unready; **pillar a algn ~** «*pregunta*» to catch sb unawares *o* off guard; «*lluvia*» to catch sb by surprise

desprolijo -ja *adj* (CS) **1** [ESTAR] ‹*trabajo*› careless, untidy, messy **2** [SER] ‹*persona*› careless

desproporción *f* disparity, disproportion

desproporcionado -da *adj* out of proportion; **una indemnización desproporcionada al daño sufrido** compensation disproportionate to the damage incurred

despropósito *m*

A (desatino) silly thing to say/do; **no dice más que ~s** he talks nothing but nonsense

B (Col frml) (desaire) snub, slight

desprotección *f* lack of protection; **menores en situación de ~** minors in a vulnerable situation; **la ~ legal** the lack of legal protection

desprotegido -da *adj* unprotected, vulnerable

desprovisto -ta *adj* **~ DE algo** lacking IN sth; **la escuela se halla desprovista de material** the school lacks equipment; **~ de recursos** without means; **niños ~s de cariño** children deprived of affection

después *adv*

A **1** (más tarde) later **2** (en una serie de sucesos) then, afterwards; **y ~ me vino a ver a mí** and then he came to see me; **~ no lo he vuelto a ver** I haven't seen him since then **3** (*en locs*) **después de** after; **~ de Cristo** AD; **~ DE + INF** after -ING; **~ de hablar contigo** after talking to you; **~ de pelar el limón** once you have peeled the lemon; **después de todo** after all; **después (de) que** when, after; **~ (DE) QUE + SUBJ** (refiriéndose al futuro) once, when; **~ (de) que todos se hayan ido** once *o* when everybody has left; **~ (de) que te bañes** once *o* when you've had a bath; **después que** after; **usted llegó ~ que yo** you arrived after me

B (en el espacio): **bájate dos paradas ~** get off two stops after that; **hay una casa y ~ está el colegio** there is a house and then you come to the school; **está justo ~ del puente** it's just past the bridge

C **1** (indicando orden, prioridad) then; **~ de ti** *or* **~ que tú, voy yo** I'm after you **2** (además) then; **~ tenemos éstos, que son más baratos** then we have these, which are cheaper

despuntado -da *adj* blunt

despuntar [A1] *vt* to blunt

■ **despuntar** *vi* **1** «*día*» to break, dawn; **al ~ el día/alba** at daybreak/dawn **2** «*flores*» to bud; «*plantas*» to sprout **3** «*persona*» **~ EN algo** to excel AT *o* IN sth; **despunta por su belleza** she's outstandingly beautiful

desquiciado -da *adj*: **vivimos en un mundo ~** we live in a mad *o* crazy world; **tengo los nervios ~s** my nerves are in tatters; **está ~ con tanto trabajo** he's going crazy with all the work he has (colloq)

desquiciante *adj* maddening, infuriating

desquiciar [A1] *vt*

A (trastornar, perturbar) ‹*persona*› to drive ... crazy *o* mad (colloq); **vas a conseguir ~me los nervios** you are going to drive me crazy *o* mad

B ‹*puerta/ventana*› to take ... off its hinges, unhinge

■ **desquiciarse** *v pron*

A **1** (trastornarse, perturbarse) «*persona*» to lose one's mind **2** «*situación*» to get out of control

B «*puerta/ventana*» to come off its hinges

desquicio *m* (RPl fam) chaos

desquitarse [A1] *v pron* to get even; **~ DE algn**: **lo hizo para ~ de él** she did it to get even with him; **~ CON algn** to take it out ON sb

desratizar [A4] *vt* to clear ... of rats *o* rodents

desregulación *f* deregulation

desregular [A1] *vt* to deregulate, remove controls from

desrielar [A1] *vt* (Chi) to derail

destacado -da *adj*

A ‹*profesional/artista*› prominent, distinguished; ‹*actuación*› outstanding; **la nota más destacada del día** the highlight of the day; **destacadas personalidades** prominent *o* distinguished figures

B [ESTAR] ‹*tropas*› stationed; **nuestro equipo ~ en el lugar** our team on the spot; **el cuerpo diplomático ~ en ...** the diplomatic staff in ...

destacamento *m* (tropas) detachment, detail; (instalación) outpost

Compuesto **destacamento policial** (Arg) rural police station

destacar [A2] *vt*

A (recalcar, subrayar) to emphasize, stress

B (realzar) ‹*belleza/figura*› to enhance; ‹*color/plano*› to bring out

C **1** (Mil) ‹*tropas*› to post; **~ a algn PARA + INF** to detail sb to + INF **2** ‹*periodista/fotógrafo*› to send

■ **destacar** *vi* to stand out; **~ EN algo** to excel AT *o* IN sth; **destaca por su inteligencia** her intelligence sets her apart from the rest; **el marco hace ~ aún más la belleza del cuadro** the frame further enhances the beauty of the picture; **destacó como autor teatral** he was an outstanding playwright; **nunca destacó como estudiante** he never excelled as a student

destajo *m* (Com, Rels Labs) piecework; **trabajar a ~** to do piecework; **cobran a ~** they are paid per item; **a ~** ‹*comer/dormir*› (Chi) to one's heart's content

destapado -da *adj* **1** (sin tapa): **cocinarlo ~** cook uncovered *o* without the lid; **¿quién ha dejado el vino ~?** who left the top off the wine? **2** (en la cama): **siempre duerme ~** he always sleeps with the covers thrown back

destapador *m* (AmL) bottle opener

destapar [A1] *vt*

A **1** ‹*botella/caja*› to open, take the top/lid off; ‹*olla*› to uncover, take the lid off **2** (descubrir) ‹*mueble*› to uncover; ‹*escándalo*› to uncover **3** (en la cama) to pull the covers off

B (AmL) ‹*cañería/inodoro*› to unblock

■ **destaparse** *v pron (refl)*

A (en la cama) to throw the covers *o* bedclothes off

B «*nariz/oídos*» to unblock

C (abrirse, confesarse) **~se CON algn** to open up TO sb

destape *m* **1** (desnudo) nudity; **el ~ en el cine** nudity in the movies **2** (en las ideas, costumbres) liberalization

destaponar [A1] *vt* ‹*botella*› to uncork, open; ‹*cañería*› to unblock

destartalado -da *adj* (fam) ‹*coche*› beat-up (AmE colloq), clapped-out (BrE colloq); ‹*mueble*› shabby; ‹*casa*› ramshackle, rundown

destazar [A4] *vt* (Col) (descuartizar) to quarter

destejer [E1] *vt* to unravel, undo

destellar [A1] *vi* «*brillante/joya*» to sparkle, glitter; «*estrella*» to twinkle, sparkle; «*ojos*» to sparkle; **los ojos le destellaban de alegría/rabia** her eyes sparkled with happiness/flashed with anger

destello *m* 1 (de estrella) twinkle, sparkle; (de brillante, joya) sparkle, glitter; **en un ~ de lucidez** in a flash of lucidity; **hay un ~ de maldad en sus ojos** he has an evil gleam in his eyes 2 (fam) (indicio, atisbo) atom (colloq); **no hay un ~ de sensatez en eso** there isn't an ounce *o* an atom of sense in it (colloq)

destemplado -da *adj*
A ‹*persona*›: **estoy** *or* **ando ~** (con fiebre) I have a slight fever; (indispuesto) I'm feeling off-color*
B 1 ‹*instrumento*› discordant, out-of-tune 2 ‹*voz/tono*› harsh, discordant 3 ‹*nervios*› frayed; **los ánimos están ~s** tempers are frayed

destemplanza *f* 1 (fiebre) slight fever; (malestar) indisposition 2 (del tiempo) unpleasantness

destemplar [A1] *or* (Col, Per, Ven) [A5] *vt*
A ‹*guitarra/violín*› to make … go out of tune
B ‹*ánimos/nervios*› to fray; **solo logró ~ los ánimos** all he did was to make things even more fraught
C (AmL) ‹*dientes*› to set … on edge
■ **destemplarse** *v pron*
A «*tiempo*» to change for the worse
B (Mús) «*instrumento*» to go out of tune
C (Andes, Méx) «*dientes*» (+ *me/te/le etc*): **con ese ruido se me destemplan los dientes** that noise sets my teeth on edge

desteñir [I15] *vi* «*prenda/color*» to run; (decolorarse) to fade
■ **desteñir** *vt* to fade
■ **desteñirse** *v pron* to run; (decolorarse) to fade

desternillarse [A1] *v pron* (fam): **~ de risa** to split one's sides (laughing) (colloq)

desterrado -da *m,f* exile

desterrar [A5] *vt* 1 (expulsar) to exile, banish (liter) 2 (liter) ‹*temor/duda*› to banish; ‹*costumbre/creencia*› to stamp out, eradicate

destetar [A1] *vt* to wean
■ **destetarse** *v pron* «*niño/cría*» to be weaned

destete *m* weaning

destiempo: **a ~** ‹*marchar*› out of step; ‹*tocar*› out of time; **habló a ~** she picked the wrong moment to say it

destierro *m* exile, banishment; **lo condenaron al ~** he was sent into exile; **murió en el ~** he died in exile

destilación *f* distillation

destiladora *f* (Col) distillery

destilar [A1] *vt* 1 ‹*alcohol/petróleo*› to distill*; ‹*hulla/madera*› to char 2 (rezumar) to ooze; **sus palabras destilan veneno** his words ooze *o* exude venom

destilería *f* distillery

destinado -da *adj*
A 1 (predestinado) **~ A algo** destined FOR sth; **estar ~ a la vida religiosa** to be destined for religious life; **~ al fracaso** destined to fail 2 (dirigido, asignado): **~ a algn** ‹*carta/paquete*› addressed to sb; **~ A algo**: **las cajas destinadas a Montevideo** the boxes for *o* bound for Montevideo; **los aviones ~s a este fin** the planes used for this purpose; **una política destinada a estrechar estos lazos** a policy aimed at strengthening these links
B 1 ‹*militar*›: **~ en Ceuta** stationed in Ceuta 2 ‹*funcionario/diplomático*›: **ahora está ~ en Lima** now he's been posted to Lima

destinar [A1] *vt*
A ‹*funcionario/militar*› to post, send, assign; **está esperando que lo destinen** he's waiting for his posting *o* assignment to come through; **lo han destinado a Cartagena** he's been posted *o* sent to Cartagena
B (asignar un fin) **~ algo A algo**: **destina una parte de su sueldo a ayudar a su familia** part of her salary goes to helping her family; **~on parte de los fondos a mejorar las instalaciones** they earmarked part of the funds for improving the facilities; **~ algo PARA algo** to set sth aside FOR sth; **esta habitación la tenía destinada para …** I had planned to use this room for …

destinatario -ria *m,f* (de carta, paquete) addressee; (de giro, transferencia) payee

destino *m*
A (sino) fate; **su ~ era acabar en la cárcel** he was destined to end up in prison; **una jugada del ~** a twist of fate
B 1 (de avión, autobús) destination; **el vuelo 421 con ~ a Roma** flight 421 to Rome; **los pasajeros con ~ a Santiago** passengers traveling to Santiago; **los trenes con ~ a San Juan** trains to San Juan; **salieron con ~ a Lima** they set off for Lima 2 (puesto) posting, assignment; **solicitó un ~ en el extranjero** she asked for a foreign posting
C (uso, fin): **no se sabe qué ~ se les dará a esos fondos** it is not known what those funds will be allocated to; **debería dársele un mejor ~ a esto** this should be put to better use

destitución *f* removal from office, dismissal

destituir [I20] *vt* (frml) (despedir) to dismiss; **fue destituido de su cargo** he was removed *o* dismissed from office

destornillador *m* screwdriver

destornillar [A1] *vt* to unscrew
■ **destornillarse** *v pron* «*tuerca/tornillo*» to come loose; ***~se de risa*** ▸ **desternillarse**

destreza *f* skill; **demostró mucha ~ con el florete** he showed great dexterity *o* skill in his handling of the foil; **con gran ~** very skillfully

destripar [A1] *vt* 1 ‹*res/ave/caza*› to gut, disembowel 2 (fam) (matar): **el toro destripó al caballo** the bull ripped the horse's guts out

destronamiento *m* dethronement, overthrow

destronar [A1] *vt* ‹*rey*› to dethrone, depose; ‹*líder/campeón*› to depose, topple

destrozado -da *adj* 1 (roto, deteriorado) ‹*zapatos*› ruined; **el coche quedó ~** the car was a total wreck; **éstos sillones están ~s** these armchairs are falling apart; **tenía los nervios ~s** her nerves were in tatters; **tengo los pies ~s** (fam) my feet are killing me; **el conductor tenía la cara destrozada** the driver's face was a real mess 2 ‹*persona*› (físicamente) exhausted; (moralmente) devastated, shattered 3 ‹*corazón*› broken

destrozar [A4] *vt* 1 (romper, deteriorar) to break; **la bomba destrozó varios edificios** the bomb destroyed *o* wrecked several buildings; **vas a ~ los zapatos** you'll ruin your shoes 2 ‹*felicidad/armonía*› to destroy, shatter; ‹*corazón*› to break; ‹*matrimonio*› to ruin, destroy; **me está destrozando los nervios** she's making me a nervous wreck; **su muerte la destrozó** she was devastated *o* shattered by his death
■ **destrozarse** *v pron* (*refl*) 1 (romperse): **se cayó al suelo y se destrozó** it fell to the ground and it smashed; **se me ~on los zapatos** my shoes are ruined 2 ‹*estómago/hígado*› to ruin; **te vas a ~ los pies con esos zapatos** you're going to ruin your feet wearing those shoes

destrozo *m*: **las inundaciones han causado grandes ~s** the floods have caused widespread damage; **los ~s causados por el temporal** the storm damage; **los ~s causados por la guerra** the ravages of war

destrucción *f* destruction

destructividad *f* destructiveness

destructivo -va *adj* destructive

destructor *m* destroyer

destruir [I20] *vt* 1 ‹*documentos/pruebas*› to destroy; ‹*ciudad*› to destroy; ‹*medio ambiente*› to damage 2 (echar por tierra) ‹*reputación*› to ruin; ‹*plan*› to wreck; ‹*esperanzas*› to dash, shatter; **los problemas económicos destruyeron su matrimonio** financial problems wrecked their marriage; **le destruyó la vida** it/he wrecked *o* destroyed his/her life

desubicación *f* (AmS) (desplazamiento) displacement; (desorientación) confusion, disorientation

desubicado -da *adj* (AmS) 1 [ESTAR] (desplazado) out of position 2 [ESTAR] (desorientado) confused, disoriented; **adolescentes ~s** teenagers who lack a purpose in life 3 [SER] (en cuestiones sociales): **es tan ~** he just doesn't have a clue (colloq)

desubicar [A2] *vt* (AmS) to disorient, disorientate (BrE); **estas calles son tan parecidas que te desubican** these streets are so similar that you get disoriented; **el tiro desubicó al arquero** the shot wrongfooted the goalkeeper
■ **desubicarse** *v pron* (AmS) 1 (desplazarse) to get (*o* move *etc*) out of position 2 (desorientarse) to get confused, to get disoriented

desuello *m* skinning, flaying

desunión *f* lack of unity, disunity

desunir [I1] *vt* ‹*organización*› to divide, split; **el problema desunió a la familia** the problem caused a rift within the family

desusado -da *adj*
A (anticuado): **costumbres desusadas entre nosotros** customs which have fallen into disuse in our society
B (insólito) unusual

desuso *m* disuse; ***caer en*** ~ to fall into disuse

desvaído -da *adj* ‹*color*› faded, washed-out; ‹*persona*› colorless*, insipid

desvalido -da *m,f* helpless person; **los ~s** the destitute, the helpless

desvalijar [A1] *vt* 1 ‹*casa/tienda*› to ransack 2 ‹*persona*› (robar) to rob; (en juego) (fam) to clean … out (colloq); **dejamos la puerta abierta y nos ~on** (fam) we left the door open and they cleaned us out (colloq)

desvalorización *f* (de moneda) devaluation; (de propiedad) depreciation, drop in value

desvalorizarse [A4] *v pron* to decrease in value

desván *m* attic, loft

desvanecer [E3] *vt* 1 ‹*dudas/temores/sospechas*› to dispel 2 ‹*figura/contorno*› to blur

■ **desvanecerse** *v pron*
A 1 «*humo/nubes/niebla*» to clear, disperse; «*dudas/temores/sospechas*» to vanish, be dispelled; «*fantasma/visión*» to disappear, vanish 2 «*color*» to fade
B (Med) to faint

desvanecimiento *m* (desmayo) faint; **sufrir un ~** to faint

desvariar [A17] *vi* (Med) to be delirious; (decir tonterías) to talk nonsense, rave

desvarío *m* 1 (Med) delirium 2 **desvaríos** *mpl* (disparates) ravings (*pl*); **~s de una mente trastornada** ravings of a disturbed mind; **ahí no hay nada, sólo son ~s tuyos** there's nothing there, you're just imagining things

desvelado -da *adj*: **pasé la noche ~** I had a sleepless night; **estoy ~** I can't sleep

desvelar [A1] *vt*
A ‹*persona*› to keep … awake, stop … from sleeping; **el café me desvela** coffee keeps me awake
B (esp Esp) (revelar) to reveal, disclose; (descubrir) to discover, uncover

■ **desvelarse** *v pron*
A (perder el sueño): **me desvelé anoche** I couldn't sleep last night
B (desvivirse) **~se POR algo/algn**: **se desvela por que no les falte nada a sus hijos** she does her utmost *o* very best to make sure her children do not lack for anything; **yo me desvelo por él** I go out of my way for him

desvelo *m*
A (insomnio) sleeplessness; **noches de ~** sleepless nights
B **desvelos** *mpl* (esfuerzos): **¡así me pagas todos mis ~s!** this is the thanks I get for my pains *o* for all I've done for you; **el fruto de sus ~s** the fruit of his efforts

desvencijado -da *adj* ‹*silla/cama*› rickety; ‹*coche*› dilapidated, beat-up (AmE colloq), clapped-out (BrE colloq)

desvencijarse [A1] *v pron* to fall apart

desventaja *f* disadvantage; **estar en ~** to be at a disadvantage; **poner a algn en ~** to put sb at a disadvantage; **con una ~ de dos goles** two goals down

desventura *f* misfortune

desventurado -da *adj* ‹*día*› unfortunate; ‹*viaje*› ill-fated; ‹*matrimonio*› unhappy

desvergonzado -da *m,f* 1 (impúdico): **es una desvergonzada** she has no shame 2 (descarado): **eres un ~** you're very impertinent

desvestir [I14] *vt* to undress

■ **desvestirse** *v pron* to undress, get undressed; **~se por completo** to take all one's clothes off, to strip off; **~se de la cintura para arriba** to strip to the waist

desviación *f*
A 1 (de río) diversion 2 (de fondos) diversion 3 (Med) curvature; **una ~ de columna** curvature of the spine 4 (Auto) (desvío) detour (AmE), diversion (BrE) 5 (alejamiento) **~ DE algo** deviation FROM sth; **no tolera ninguna ~ de la línea del partido** he doesn't tolerate any departure from the party line
B (fml) (aberración) deviation

desviado -da *adj* ‹*conducta*› deviant; ‹*ojo*›: **tiene un ojo ~** he has a squint

desviar [A17] *vt*
A ‹*tráfico/vuelo*› to divert; ‹*río*› to alter the course of; ‹*golpe/pelota*› to deflect, parry; ‹*fondos*› to divert; **~ la conversación** to change the subject; **desvió la mirada** he looked away, he averted his gaze
B (apartar) **~ a algn DE algo**: **~ a algn del buen camino** to lead sb astray; **aquello me desvió de mi propósito** that deflected me from my goal

■ **desviarse** *v pron*
A «*carretera*» to branch off; «*vehículo*» to turn off; **el coche se desvió hacia el centro de la ciudad/hacia la derecha** the car turned off toward(s) the city center/turned off to the right; **la conversación se desvió hacia otros temas** the conversation turned to other things
B «*persona*» **~se DE algo** to stray OFF sth; **nos estamos desviando del tema** we're getting off the point

desvincular [A1] *vt* **~ algo/A algn DE algo** to dissociate sth/sb FROM sth

■ **desvincularse** *v pron* **~se DE algn/algo** to dissociate oneself FROM sth/sb; **está desvinculado de toda actividad política** he is no longer involved in any political activity

desvío *m* 1 (por obras) diversion, detour (AmE); Ⓢ **desvío provisional** temporary diversion; **tomar un ~** to make a detour 2 (Esp) (salida, carretera) turning; **toma el ~ de Algete** take the turning for Algete

desvirgar [A3] *vt* to deflower (liter)

desvirtuar [A18] *vt* ‹*verdad/hechos*› to distort

desvivirse [I1] *v pron* **~ POR algn** to be completely devoted TO sb; **~ POR + INF** to go out of one's way to + INF

detalladamente *adv* in detail

detallado -da *adj* ‹*factura/cuenta*› itemized, detailed; ‹*estudio/descripción*› detailed

detallar [A1] *vt* to detail

detalle *m*
A 1 (pormenor) detail; **entrar en ~s** to go into details; **describir algo con todo ~** to describe sth in great detail; **no perdimos ~ de lo que pasó** we didn't miss a thing; **no me dio ~s** he didn't go into detail 2 (elemento decorativo) detail
B 1 (pequeño regalo) little gift; **me trajo un ~** he brought me a little gift *o* something 2 (Esp, Méx) (atención, gesto) nice (*o* thoughtful *etc*) gesture; **¡qué ~!** how thoughtful of her (*or* you *etc*)!; **tener un ~ CON algn** to do sth nice FOR sb; **en todo el tiempo que vivió en mi casa no tuvo ni un ~ conmigo** he made no gesture of appreciation in all the time he stayed with me
C (Com) **al detalle** retail; **vender al ~** to sell retail

detallismo *m* attention to detail; **un hombre de un ~ increíble** a man who pays incredible attention to detail

detallista¹ *adj*
A (minucioso) precise, meticulous
B (Com) retail (*before n*)

detallista² *mf* (Com) retailer

detalloso -sa *adj* (Per fam) vain

detección *f* detection

detectar [A1] *vt* to detect

detective *mf* detective; **~ privado** private detective

detector *m* detector

(Compuesto) **detector de mentiras/metales/minas** lie/metal/mine detector

detención *f*
A (arresto) arrest; (encarcelamiento) detention

(Compuestos)
• **detención preventiva** police custody
• **detención domiciliaria** house arrest

B 1 (parada): **provocó la ~ del tren** it brought the train to a halt 2 ▸**detenimiento**

detener [E27] *vt*
A (parar) ‹*vehículo/máquina*› to stop; ‹*trámite/proceso*› to halt; ‹*hemorragia*› to stop, staunch; **~ el avance de la enfermedad** to check the development of the disease; **vete, nadie te detiene** go then, nobody's stopping you
B (arrestar) to arrest; (encarcelar) to detain; **¡queda usted**

detenido! you're under arrest!
■ **detenerse** *v pron* 1▸ (pararse) ⟨⟨*vehículo/persona*⟩⟩ to stop; **no te detengas por el camino** don't stop off on the way; **~se A + INF** to stop to + INF 2▸ (tomar mucho tiempo) **~se EN algo**: **no nos detengamos demasiado en los detalles** let's not spend too much time discussing the details

detenidamente *adv* at length; **la miró larga y ~** he looked at her long and hard

detenido[1] **-da** *adj* 1▸ ⟨*vehículo/tráfico*⟩ held up 2▸ ⟨*investigación/estudio*⟩ detailed, thorough 3▸ (Der): **las personas detenidas** those under arrest

detenido[2] **-da** *m,f* arrested person, person under arrest; (durante un período más largo) detainee, person held in custody; **los ~s esperaban fuera** the people who had been arrested waited outside

detenimiento *m*: **con ~** carefully *o* in detail

detentar [A1] *vt* (period) ⟨*poder/título/récord*⟩ to hold

detentor -ora *m,f* (Dep) (period) holder ; **el ~ del récord mundial** the world record holder

detergente *m* 1▸ (para ropa) laundry detergent (AmE), washing powder (BrE) 2▸ (Bol, CS) (para vajilla) dishwashing liquid (AmE), washing-up liquid (BrE)

deteriorado -da *adj* ⟨*mercancías*⟩ damaged; ⟨*edificio*⟩ dilapidated, run down; **el cuadro está muy ~** the picture is in very bad condition

deteriorar [A1] *vt* ⟨*relaciones/salud/situación*⟩ to cause … to deteriorate
■ **deteriorarse** *v pron* ⟨⟨*relaciones/salud/situación*⟩⟩ to deteriorate, worsen; **las mercancías se ~on en el viaje** the goods were damaged in transit

deterioro *m* 1▸ (de edificio, muebles) deterioration, wear 2▸ (empeoramiento) deterioration, worsening; **su salud ha sufrido un ~** his health has deteriorated; **el ~ de la calidad de la enseñanza** the decline in the quality of education

determinación *f* (cualidad) determination, resolve; (decisión) decision; **tomar una ~** to make a decision

determinado -da *adj* (definido, preciso) ⟨*fecha/lugar*⟩ certain; **en determinadas circunstancias** in certain circumstances; **una determinada dosis** a particular dosage

determinante[1] *adj*: **la causa ~ del accidente** the main cause of the accident; **el factor ~ de nuestra decisión** the deciding factor in our decision

determinante[2] *m* (Mat) determinant; (Ling) determiner

determinar [A1] *vt*
A (establecer, precisar) 1▸ ⟨⟨*ley/contrato*⟩⟩ to state; ⟨⟨*persona*⟩⟩ to determine 2▸ (por deducción) to establish, determine; **~ las causas del accidente** to determine *o* establish what caused the accident; **se ha determinado que …** it has been established that …
B (motivar) to cause, bring about
C 1▸ (decidir) ⟨⟨*persona*⟩⟩ **~ + INF** to decide *o* (frml) determine to + INF 2▸ (hacer decidir) **~ a algn A + INF** to make sb decide to + INF, to decide *o* determine sb to + INF (frml)

determinativo -va *adj* determinative

determinismo *m* determinism

determinista[1] *adj* deterministic

determinista[2] *mf* determinist

detestable *adj* ⟨*persona/carácter*⟩ hateful, detestable; ⟨*proceder*⟩ abominable

detestar [A1] *vt* to hate, detest

detiene, detienes, etc *see* **detener**

detonación *f* 1▸ (ruido) explosion; (acción) detonation 2▸ (Auto) (de motor) backfire

detonador *m* detonator

detonante *m* (explosivo) explosive; (causa): **el ~ de la protesta** what sparked off *o* triggered the protest

detonar [A1] *vi* to detonate, explode; **hicieron ~ la bomba** they detonated the bomb

detractor -tora *m,f* detractor, critic

detrás *adv*
A (lugar, parte) [*Latin American Spanish also uses* **atrás** *in this sense*]: **iba corriendo ~** he ran along behind; **las cajas de ~** the boxes at the back; **se abrocha por ~** it does up at the back; **me atacó por ~** he attacked me from behind
B **detrás de** (*loc prep*) behind; **~ de la casa** at the back of the house; **~ de mí/ti/él** behind me/you/him; **fumaba un cigarrillo ~ de otro** he smoked one cigarette after another; **las razones que había ~ de su decisión** the reasons that lay behind his decision; ***andar ~ de algo/algn*** to be after sth/sb

detrimento *m* detriment; **en ~ de algo/algn** to the detriment of sth/sb

detritus (*pl* **~**), **detrito** *m* 1▸ (Geol) detritus 2▸ **detritus** *mpl* (desechos, residuos) debris, detritus (frml)

detuve, detuvo, etc *see* **detener**

deuda *f* 1▸ (Com, Fin) debt; **pagar** *or* **saldar una ~** to pay (off) a debt; **contraer una ~** to run up *o* contract a debt; **cargarse DE ~s** to get oneself heavily INTO debt 2▸ (compromiso moral) **~ CON algn**: **estoy en ~ con usted** I am indebted to you 3▸ (Relig): **perdónanos nuestras ~s** forgive us our trespasses

(Compuestos)
- **deuda del Estado** (títulos emitidos) government stock; (suma adeudada) public sector borrowing
- **deuda externa/pública** foreign/national debt
- **deudas incobrables/morosas** *fpl* bad/doubtful debts (*pl*)

deudor[1] **-dora** *adj* debtor (*before n*); **la empresa ~a** the debtor company; **la parte ~a** the debtor/debtors

deudor[2] **-dora** *m,f* debtor

(Compuesto) **deudor moroso** defaulter, slow payer

deudos *mpl* (frml) relatives

devaluación *f* devaluation

devaluar [A18] *vt* to devalue
■ **devaluarse** *v pron* ⟨⟨*moneda*⟩⟩ to fall; ⟨⟨*terrenos/propiedad*⟩⟩ to depreciate, fall in value

devanar [A1] *vt* ⟨*hilo/lana/alambre*⟩ to wind; **~ una madeja** to wind wool into a ball

devaneo *m* 1▸ (amorío) affair; (pasajero) fling 2▸ (pasatiempo frívolo) idle pursuit; **déjate de ~s** stop wasting your time

devastación *f* devastation

devastador -dora *adj* devastating

devastar [A1] *vt* to devastate

develar [A1] *vt* (AmL) ⟨*secreto*⟩ to reveal, disclose; ⟨*misterio*⟩ to uncover; ⟨*monumento/placa*⟩ to unveil

devengar [A3] *vt* ⟨*beneficios*⟩ to yield; ⟨*interés*⟩ to bear; **los intereses devengados** the interests accrued

devenir[1] [I31] *vi* (liter) to become

devenir[2] *m* (Fil) becoming; (liter) (desarrollo) evolution

devis (Méx fam): **de a ~** (*loc adv*) really, honestly

devoción *f* 1▸ (Relig) devotion; **rezar con ~** to pray devoutly 2▸ (amor, fervor) devotion; **lo quiere con ~** she's devoted to him; **siente ~ por sus hijos** she's devoted to her children

devocionario *m* prayer book

devolución *f* 1▸ (de artículo) return; (de dinero) refund; Ⓢ **no se admiten devoluciones** goods may not be exchanged, no refunds given 2▸ (Espec) return, returned ticket

devolver [E11] *vt*
A 1▸ (restituir) ⟨*objeto prestado*⟩ to return, give back; ⟨*dinero*⟩ to give back, pay back; ⟨*envase*⟩ to return, take back; ⟨*objeto comprado*⟩ to bring/take … back; **tengo que ~ los libros a la biblioteca** I have to take the books back to the library; **~ al remitente** return to sender; **devuélvelo a su lugar** put it back in its place; (+ *me/te/le etc*) **me devolvieron los documentos, pero no el dinero** I got my papers back, but not the money; **le di diez pesos, me tiene que ~ dos** I gave you ten pesos, you need to give me two back; **el teléfono me devolvía las monedas** the telephone kept rejecting my coins; **la operación le devolvió la vista** the operation restored his sight; **aquel triunfo le devolvió la confianza en sí mismo** that triumph gave him back his self-confidence 2▸ ⟨*preso*⟩ to return; ⟨*refugiado*⟩ to return, send back 3▸ (Fin) ⟨*letra*⟩ to return
B (corresponder) ⟨*visita/favor*⟩ to return
C (vomitar) to bring up, throw up
■ **devolver** *vi* to be sick; **tengo ganas de ~** I feel sick
■ **devolverse** *v pron* (AmL exc RPl) (regresar) to go/come/turn back

devorador -dora *adj* ‹*pasión*› all-consuming; **tengo un hambre ~a** I'm ravenous

devorar [A1] *vt* 1 (comer) «*animal*» to devour; «*persona*» to devour, wolf down (colloq); **~ a algn con los ojos** *or* **la mirada** to devour sb with one's eyes (colloq); **devoró el libro** he devoured the book; **me ~on los mosquitos** I was eaten alive by the mosquitoes (colloq) 2 (consumir) «*celos/pasión*» to consume; **lo devora la pasión** he is consumed with passion; **fue devorado por las llamas** it was consumed by the flames

devoto[1] -ta *adj* ‹*persona*› devout; ‹*lugar/obra*› devotional; **es muy ~ de la Virgen** he's a devout follower of the Virgin

devoto[2] -ta *m,f* 1 (Relig) **~ DE algn** devotee OF sb 2 (aficionado) **~ DE algo** devotee OF sth; **~ DE algn** admirer OF sb

devuelto *m* (fam) vomit, puke (colloq)

devuelva, devuelvas, etc *see* **devolver**

DF *m* (en Méx) = **Distrito Federal**

di *see* **dar, decir**

día *m*

A 1 (veinticuatro horas) day; **todos los ~s** every day; **el ~ anterior** the day before, the previous day; **el ~ siguiente** the next *o* the following day; **el ~ de ayer/hoy** (frml) yesterday/today; **una vez/dos veces al ~** once/twice a day; **trabaja doce horas por ~** she works a twelve-hour day; **un ~ sí y otro no** every other day, on alternate days; **~ (de) por medio** (AmL) every other day, on alternate days; **dentro de quince ~s** in two weeks *o* (BrE) a fortnight; **cada ~** every day; **el pan nuestro de cada ~** our daily bread; **la lucha de cada ~** the daily struggle; **buenos ~s** *or* (RPl) **buen ~** good morning; **~ a ~ lo veía envejecer** day by day she saw him getting older; **~ tras ~** day after day; ***al ~***: **estoy al ~ en los pagos** I'm up to date with the payments; **ponerse al ~ CON algo** ‹*noticias/trabajo*› to get up to date ON/WITH sth; **ponga al ~ su correspondencia** bring your correspondence up to date; ***de un ~ para otro*** overnight, from one day to the next; ***~ y noche*** day and night, continually; ***hoy en ~*** nowadays, these days; ***mantenerse al ~*** to keep abreast of things, keep up to date; ***todo el santo ~*** all day long; **se pasa todo el santo ~ en el teléfono** he's on the phone all day long; ***vivir al ~*** to live from hand to mouth 2 (jornada) day; **trabajan cuatro ~s a la semana** they work four days a week, they work a four-day week; **un ~ laborable de 8 horas** an eight-hour working day 3 (fecha): **¿qué ~ es hoy?** what day is it today?; **empieza el ~ dos** it starts on the second; **hasta el ~ 5 de junio** until June fifth, until the fifth of June

(Compuestos)

- **día de Año Nuevo** : **el ~ de ~ ~** New Year's Day
- **día de entresemana** weekday
- **día de la madre** Mother's Day
- **día del juicio final** : **el ~ del ~ ~** Judgment Day, the Day of Judgment
- **día de los enamorados** (St) Valentine's Day
- **día festivo** *or* (AmL) **feriado** public holiday
- **día hábil/laborable** working day
- **día lectivo** school (*o* college *etc*) day
- **día libre** (sin trabajo) day off; (sin compromisos) free day

B (horas de luz) day; **duerme durante el ~** it sleeps during the day *o* daytime; **ya era de ~** it was already light *o* day; **al caer el ~** at dusk, at twilight; **nunca ve la luz del ~** he never sees the daylight; **en pleno ~** in broad daylight; **de ~ claro** (Chi) in broad daylight

C (tiempo indeterminado) day; **pásate por casa un ~** why don't you drop in sometime *o* one day?; **ya me lo agradecerás algún ~** you'll thank me for it one day; **el ~ que tengas hijos** when you have children of your own; **si el plan se realiza algún ~** if the plan is ever put into effect; **lo haremos otro ~** we'll do it some other time; **cualquier ~ de estos** any day now; **un ~ de estos** one of these days; **¡hasta otro ~!** so long!, see you!; ***el ~ menos pensado*** when you least expect it; ***en su ~***: **se lo contaré en su ~** I'll tell him in due course; **dio lugar a un gran escándalo en su ~** it caused a huge scandal in its day *o* time; ***un buen ~*** one fine day

D **días** *mpl* (vida, tiempo) days (*pl*); **tiene los ~s contados** his days are numbered, he won't last long; **desde el siglo XVII hasta nuestros ~s** from the 17th Century to the present day; ***estar en sus ~s*** (Méx fam) to have one's period

E (tiempo atmosférico) day; **hace un ~ nublado/caluroso** it's cloudy/hot

> **Día de la Hispanidad**
>
> ▸ Día de la Raza

> **Día de la Raza**
>
> In Latin America, the anniversary of Columbus's discovery of America, October 12. In Spain it is known as *día de la Hispanidad*. It symbolizes the cultural ties shared by Spanish-speaking countries

> **Día de los (Santos) Inocentes**
>
> On December 28 people in the Spanish-speaking world celebrate the Feast of the Holy Innocents, a religious festival commemorating the New Testament story of the massacre of the "Innocents", by playing practical jokes, or *inocentadas*, on one another. The classic *inocentada* is to hang paper dolls on someone's back without their knowing. Spoof news stories also appear in newspapers and the media

> **Día del Trabajo**
>
> In Latin America and Spain, Labor Day is celebrated on May Day. In many Latin American countries, where workers still suffer greatly from low wages and bad working conditions, May Day celebrations often have strong overtones of protest

> **Día de todos los Santos** *or (in Spain)* **de los Difuntos** *or (in Latin America)* **de los Muertos**
>
> Celebrated on November 1, is a day on when people place flowers on the graves of loved ones. In Mexico it is common to hold a party by the grave. A feast is prepared, in which the dead person is symbolically included

diabetes *f* diabetes

diabético -ca *adj/m,f* diabetic

diabla *f* (Chi fam) whore

diablesa *f* she-devil

diablillo *m* (fam) scamp (colloq), imp (colloq)

diablo[1] -bla *adj* (Chi fam) 1 (avispado) smart (colloq) 2 ‹*mujer*› loose

diablo[2] *m*

A (demonio) devil; **este niño es el mismo ~** this child is a real devil; ***como (el*** *or* ***un) ~*** like crazy *o* mad (colloq); ***del ~*** *or* ***de todos los ~s*** *or* ***de mil ~s*** (fam) devilish (colloq); **está de un humor de mil ~s** she's in a devil of a mood (colloq); ***donde el ~ perdió el poncho*** (AmS fam) (en un lugar — aislado) in the back of beyond; (— lejano) miles away (colloq); ***irse al ~*** (fam): **¡vete al ~!** go to hell! (colloq); ***mandar a algn al ~*** (fam) to tell sb to go to hell (colloq); ***mandar algo al ~*** (fam) to pack sth in (colloq); ***tener el ~ en el cuerpo*** to be a devil; ***el ~ las carga*** don't play with guns; ***más sabe el ~ por viejo que por ~*** there's no substitute for experience; ***más vale ~ conocido que ciento*** (Chi) *or* (Arg) ***santo por conocer*** better the devil you know than the devil you don't

(Compuesto) **diablos azules** *mpl* (Andes fam) pink elephants (*pl*) (hum)

B (fam) (uso expletivo): **¿qué/quién/donde ~s ... ?** what/who/where the hell ... ? (colloq); **¿cómo ~s se habrá enterado?** how the hell can he have found out? (colloq)

diablura *f* (fam) prank

diabólico -ca *adj* (del diablo) diabolic, satanic; ‹*persona*› evil; ‹*plan/intenciones*› devilish, fiendish

diábolo *m* diabolo

diácono *m* deacon

diacrónico -ca *adj* diachronic

diadema *f* (para el pelo) hairband; (corona) crown, diadem; (media corona) tiara

diáfano -na *adj* 1 (liter) ‹*agua*› limpid (liter) 2 ‹*luz*› bright; ‹*cielo*› clear 3 (traslúcido) ‹*porcelana*› translucent; ‹*tela*› diaphanous 4 ‹*conducta/proceder*› impeccable; ‹*explicación*› crystal clear

diafragma *m* (Anat, Fot, Med) diaphragm

diagnosis *f* diagnostics

diagnosticar [A2] *vt* to diagnose; **le ~on un cáncer** he was diagnosed as having cancer

diagnóstico *m* diagnosis

diagonal *f* 1 (Mat) diagonal; **trazar una ~** to draw a diagonal (line) 2 (en fútbol americano) endzone

diagrama *m* diagram; **hacer un ~ de algo** to draw a diagram of sth

diagramador -dora *m,f*

A (persona) designer, layout artist

B diagramador *m* (Inf) designer

(Compuesto) **diagramador de datos** data diagrammer

dial *m* (Rad, Tec) dial; (del teléfono) dial

dialectal *adj* dialectal

dialéctica *f* dialectics

dialéctico -ca *adj* dialectical

dialecto *m* dialect

diálisis *f* dialysis

dialogar [A3] *vi* to talk; **no pueden ~ como dos personas civilizadas** they are unable to hold a civilized conversation; **~ con algn** to talk TO sb; **el sindicato está dialogando con la patronal** the union is holding talks with the management

diálogo *m* 1 (conversación) conversation; (Lit) dialogue, dialog (AmE) 2 (Pol, Rels Labs) talks (*pl*), negotiations (*pl*); **el ~ Norte-Sur** the North-South dialogue

(Compuesto) **diálogo de sordos** dialogue of the deaf; **esto parece un ~ de ~** nobody is listening to anyone else

diamante *m* 1 (Min) diamond; **un anillo de ~s** a diamond ring 2 (en béisbol) diamond 3 **diamantes** *mpl* (en naipes) diamonds (*pl*)

(Compuesto) **diamante en bruto** (Min) uncut diamond; (persona) rough diamond

diametral *adj* diametric, diametrical

diametralmente *adv* diametrically

diámetro *m* diameter; **mide dos centímetros de ~** it measures *o* it is two centimeters in diameter

diana *f*

A (Mil) reveille; **tocan (a) ~ a las seis** they sound reveille at six

B (Dep, Jueg) (objeto) target; (para dardos) dartboard; (centro) bull's-eye; ***dar en la ~*** «*proyectil*» to hit the/its target; «*respuesta/comentario*» to hit home

diantre *interj* (euf) 1 (expresando desagrado) damn it! (colloq), hang it! (colloq *or* dated) 2 (uso expletivo) ▸ **diablo² B**

diapasón *m* (para afinar) tuning fork; (de instrumento de cuerda) fingerboard

diapositiva *f* slide, transparency

diariamente *adv* daily, every day

diariero -ra *m,f* (CS) (vendedor) newspaper vendor; (repartidor) (*m*) newspaper delivery man/boy; (*f*) newspaper delivery woman/girl

diario¹ -ria *adj* 1 (de todos los días) ‹*tarea/clases*› daily; ‹*gastos*› everyday, day-to-day; **las clases son diarias** classes are held daily/every day 2 (por día): **trabaja cuatro horas diarias** she works four hours a day 3 **a diario** (*loc adv*) every day; **visita a sus padres a ~** her parents daily she visits *o* every day

diario² *m*

A (periódico) newspaper

(Compuestos)

- **diario de la mañana/vespertino** morning/evening paper
- **diario hablado** news program*
- **diario mural** (Chi) bulletin board (AmE), notice board (BrE)

B (libro personal) diary, journal (AmE)

(Compuestos)

- **diario de a bordo** *or* **de navegación** log, logbook
- **diario de sesiones** : record of parliamentary proceedings, ≈ Congressional Record (*in US*), ≈ Hansard (*in UK*)

C 1 (Méx, Col, Ven) (gastos cotidianos): **el ~** day-to-day expenses 2 (uso cotidiano): **para ~** for everyday (use); **de ~** ‹*ropa/vajilla*› everyday (*before n*)

diario³ *adv* (Méx, Per fam) every day

diarrea *f* diarrhea*

diáspora *f* Diaspora

diatriba *f* diatribe; **~ CONTRA algn/algo** diatribe AGAINST sb/sth

dibujante *mf* 1 (Art) (*m*) draftsman*; (*f*) draftswoman*; (de cómics) comic book artist, strip cartoonist 2 (AmL) (Arquit, Ing) (*m*) draftsman*; (*f*) draftswoman*

(Compuesto) **dibujante publicitario** commercial artist

dibujar [A1] *vt* 1 (Art) to draw, sketch; ‹*plano*› to draw; **~ a mano alzada** to draw freehand 2 (describir): **nos dibujó un cuadro pesimista del futuro** he painted a gloomy picture of the future; **los personajes están muy bien dibujados** the characters are very well drawn *o* portrayed

■ **dibujar** *vi* to draw

■ **dibujarse** *v pron* 1 (liter) (perfilarse) «*forma/contorno*» to be outlined 2 (liter) (mostrarse) «*sonrisa*» to appear; **con la tristeza dibujada en el rostro** with a look of sadness on her (*or* his *etc*) face

dibujo *m* 1 (arte) drawing; **clase de ~** drawing class 2 (representación) drawing; **un ~ a lápiz/al carboncillo** a pencil/charcoal drawing 3 (estampado) pattern; **un ~ de flores** a floral pattern

(Compuestos)

- **dibujo lineal/técnico** line/technical drawing
- **dibujo publicitario** commercial drawing
- **dibujos animados** *mpl* cartoons (*pl*); **una película de ~ ~** a cartoon, an animated film

dic. (= **diciembre**) Dec

dicción *f* (pronunciación) diction; (empleo de la lengua) language

diccionario *m* dictionary

(Compuestos)

- **diccionario bilingüe** bilingual dictionary
- **diccionario ideológico** *or* **de ideas afines** ≈ thesaurus
- **diccionario de autoridades** *dictionary containing attributed quotations*
- **diccionario de sinónimos** dictionary of synonyms, ≈ thesaurus

dice, dices, etc *see* **decir**

dicha *f* 1 (felicidad) happiness; **¡qué ~ verlos a todos reunidos!** what a joy to see you all together!; **¡qué ~! dejó de llover** (AmL fam) fantastic *o* wonderful! it's stopped raining! 2 (suerte) good luck, good fortune; ***nunca es tarde si la ~ es buena*** better late than never

dicharachero -ra *adj* (que habla mucho) chatty (colloq), talkative; (gracioso) witty

dicho¹ -cha *pp* [*ver tb* **decir²**]: **~ esto, se fue** having said this, he left; **con eso queda todo ~** that says it all; **me remito a lo ~ antes** I refer to what was said before; **bueno, lo ~, nos vemos el domingo** oright, that's settled then, I'll see you on Sunday; **eso no se hace, te lo tengo ~** I've told you before, you mustn't do that; **¿le quiere dejar algo ~?** (CS) do you want to leave a message for her?; **~ así parece fácil** if you put it like that it sounds easy; **~ de otro modo** to put it another way, in other words; **~ sea de paso** incidentally, by the way; **dijo que ella lo prepararía y ¡~ y hecho! en diez minutos estaba listo** she said she would get it ready and, sure enough, ten minutes later there it was; **me quedan tres días, mejor ~, dos y medio** I have three, or rather, two and a half days left; **propiamente ~** strictly speaking; **la pintura cubista propiamente dicha** Cubist painting in the strict sense of the term

dicho² -cha *adj dem* (frml): **en dichas cuidades ...** in these cities ...; **~s documentos deben presentarse inmediatamente** the above *o* (frml) said documents must be submitted immediately; **no existía dicha dirección** there was no such address

dicho³ *m* saying; **como dice el ~** as the saying goes; ***del ~ al hecho va*** *or* ***hay mucho trecho*** it's one thing to say something and another to actually do it

dichoso -sa *adj*

A (feliz) happy; (afortunado) fortunate, lucky

B (*delante del n*) (fam) (maldito) blessed (colloq), damn (sl); **este ~ teléfono no para de sonar** this blessed *o* damn phone never stops ringing

diciembre *m* December; *para ejemplos ver* **enero**
diciendo *see* **decir**
diciente *adj* (Col) significant, telling
dicotomía *f* dichotomy
dictación *f* (Chi) pronouncement
dictado *m* 1 (ejercicio) dictation; **nos hizo un ~** she gave us a dictation; **escribir al ~** to take dictation 2 **dictados** *mpl* (preceptos) dictates (*pl*)
dictador -dora *m,f* dictator
dictadura *f* dictatorship
(Compuestos)
• **dictadura del proletariado** dictatorship of the proletariat
• **dictadura militar** military dictatorship
dictáfono® *m* Dictaphone®, dictating machine
dictamen *m* report
(Compuesto) **dictamen facultativo** *or* **médico** medical report
dictaminar [A1] *vt* «*juez/tribunal*» to rule; **el tribunal dictaminó su ingreso en prisión** the court ruled that he be sent to prison; **el forense dictaminó que murió asfixiado** according to the forensic report, he was asphyxiated
■ **dictaminar** *vi* to pass judgment
dictar [A1] *vt* 1 ‹*carta/texto*› to dictate 2 ‹*leyes/medidas*› to announce; ‹*sentencia*› to pronounce, pass 3 ‹*acción/tendencia/moda*› to dictate; **el sentido común nos dicta cautela** common sense advises caution 4 (AmL) ‹*clase/curso*› to give; ‹*conferencia*› to deliver, give
■ **dictar** *vi* to dictate
dictatorial *adj* ‹*gobierno/carácter*› dictatorial
didáctica *f* didactics (frml), art of teaching
didáctico -ca *adj* ‹*juguete/programa*› educational; ‹*poema/exposición*› didactic
diecinueve¹ *adj inv/pron* nineteen; *para ejemplos ver* **cinco**
diecinueve² *m* (number) nineteen
dieciochavo¹ -va *adj/pron* 1 (partitivo): **la dieciochava parte** an eighteenth 2 (crit) (ordinal) eighteenth; *para ejemplos ver* **veinteavo**
dieciochavo² *m* eighteenth
dieciochesco -ca *adj* eighteenth-century
dieciocho¹ *adj inv/pron* eighteen; *para ejemplos ver* **cinco**
dieciocho² *m* (number) eighteen
dieciséis¹ *adj inv/pron* sixteen; *para ejemplos ver* **cinco**
dieciséis² *m* (number) sixteen
diecisiete¹ *adj inv/pron* seventeen; *para ejemplos ver* **cinco**
diecisiete² *m* (number) seventeen
diente *m* 1 (Anat, Zool) tooth; **le están saliendo los ~s** he's cutting his teeth, he's teething; **ya le salió el primer ~** his first tooth has come through; **lavarse** *or* **cepillarse los ~s** to clean *o* brush one's teeth; ***armado hasta los ~s*** armed to the teeth; ***daba ~ con ~*** my/his teeth were chattering; ***de (los) ~s para afuera*** (Andes, Méx fam): **siempre habla de (los) ~s para afuera** he never means what he says; ***enseñar*** *or* ***mostrar los ~s***: **el perro les enseñó los ~s** the dog bared its teeth at them; ***entretener el ~*** (CS fam): **comí una manzana para entretener el ~** I had an apple to keep me going *o* as a snack; ***hablar*** *or* ***murmurar entre ~s*** to mutter (under one's breath); ***hincarle el ~ a algo*** ‹*comida*› to sink one's teeth into sth; ‹*fortuna*› to get one's hands on sth; ‹*asunto*› to come *o* (BrE) get to grips with sth; ***pelar el ~*** (Méx, Ven fam) to smile; ***pelar los ~s*** (Andes, Ven fam) (sonreír) to smile; «*perro*» to bare its teeth; ***ponerle los ~s largos a algn*** (fam) to make sb green with envy (colloq); ***tener buen ~*** (fam) to have a healthy appetite 2 (de engranaje, sierra) tooth; (de tenedor) prong, tine
(Compuestos)
• **diente canino/incisivo/molar** canine tooth/incisor/molar
• **diente de ajo** clove of garlic
• **diente de leche** milk tooth
• **diente de león** dandelion

dientudo -da *adj* (AmL fam) toothy, bucktoothed
diera, dieras, etc *see* **dar**
diéresis *f* (*pl* ~) diaeresis
diese, dieses, etc *see* **dar**
diesel /'disel/ *m* (*pl* ~) 1 (motor) diesel engine 2 (automóvil) diesel, diesel-engined car 3 (combustible) diesel (oil)
diestra *f* (liter *o* period) right hand; **se sentó a la ~ del presidente** she sat on the president's right, she sat to the right of the president; ***a ~ y siniestra*** *or* (Esp) ***a diestro y siniestro*** left and right (AmE), left, right and centre (BrE)
diestro¹ -tra *adj* 1 (frml) ‹*mano*› right; ‹*persona*› right-handed 2 (hábil) ‹*persona*› skillful*, adroit; ‹*jugada*› skillful*
diestro² *m* matador, bullfighter; ***a ~ y siniestro*** *ver* **diestra**
dieta *f*
A (alimentación, régimen) diet; **estar/ponerse a ~** to be/go on a diet
B 1 (para viajes) allowance; **cobra unas ~s muy elevadas** he gets generous traveling expenses *o* a generous subsistence allowance 2 (de parlamentario) salary
dietética *f* dietetics
diez¹ *adj inv/pron* ten; *para ejemplos ver* **cinco**; ***estar en las ~ de última(s)*** (RPl fam) to be on one's last legs
diez² *m* ten
diezmar [A1] *vt* to decimate
diezmo *m* tithe
difamación *f* (por escrito) libel, defamation (frml); (oral) slander, defamation (frml)
difamar [A1] *vt* (Der) (por escrito) to libel, defame (frml); (oralmente) to slander, defame (frml)
difamatorio -ria *adj* ‹*palabras/discurso*› slanderous, defamatory; ‹*artículo/carta*› libelous*, defamatory
difariar [A1] *vi* (Chi) ▸ **desvariar**
diferencia *f*
A (disparidad) difference; **salieron con una ~ de pocos minutos** they left a few minutes apart: **a ~ del marido, ella es encantadora** unlike her husband, she's really charming; **la ~ de precio** the difference in price; ***con ~***: **es, con ~, la mejor** she's easily *o* by far the best
B (desacuerdo) difference; **trataron de resolver sus ~s** they tried to resolve their differences
C (resto) difference; **yo pagaré la ~** I'll pay the difference *o* the rest
diferenciación *f* differentiation
diferencial¹ *adj* ‹*cálculo/ecuación*› differential; ‹*tarifa/servicio*› premium (*before n*)
diferencial² *f* (Mat) differential
diferencial³ *m* (Auto, Fin) differential
diferenciar [A1] *vt* ‹*colores/sonidos*› to tell the difference between, differentiate between; **~ algo DE algo**: **no diferencia lo que está bien de lo que está mal** he can't distinguish between right and wrong
■ **diferenciarse** *v pron*: **¿en qué se diferencia esta especie?** what makes this species different?; **~se DE algo/algn** to differ FROM sth/sb; **sólo se diferencia del otro en** *or* **por el precio** the only difference between this one and the other one is the price
diferendo *m* (AmL frml) dispute
diferente *adj* 1 (distinto) different; **ser ~ A** *or* **DE algn/algo** to be different FROM sb/sth; **mi familia es ~ a** *or* **de la tuya** my family is different from *o* to yours; **es un lugar ~ de todos los que he visitado hasta ahora** it is unlike any other place I have visited so far 2 (*en pl, delante del n*) ‹*motivos/soluciones/maneras*› various; **~s personas fueron testigos** various (different) people witnessed it; **nos vimos en ~s ocasiones** we've met on several occasions; **por ~s razones** for a variety of reasons
diferido: **una transmisión en ~** a prerecorded broadcast; **el debate será transmitido en ~** the debate will be recorded and shown later on
diferir [I11] *vt* ‹*reunión/acto*› to postpone; ‹*pago*› to defer; **un cheque diferido** (RPl) a postdated check
■ **diferir** *vi* 1 (frml) (diferenciarse) to differ; **~ DE algo** to differ *o* be different FROM sth 2 (frml) (disentir) to disagree; **~ DE algn** to disagree WITH sb, be at odds WITH sb

difícil *adj*
A 1 [SER] ‹*problema/situación*› difficult; ‹*examen*› hard, difficult; **corren tiempos ~es** these are difficult times; **con tu actitud me lo estás poniendo más ~** you're making it harder for me by being like that; **lo tiene ~ para convencerlo** she'll have a hard job convincing him; **me fue muy ~ decírselo** it was very hard *o* difficult for me to tell him; **resulta ~ evaluar las pérdidas** it is difficult *o* hard to put a figure on the losses; **esto se hace cada vez más ~** this is becoming more and more difficult; **~ DE + INF** difficult *o* hard to + INF; **es ~ de entender** it's difficult to understand 2 [ESTAR] (fam): **está la cosa ~** things are pretty difficult *o* tricky (colloq)
B [SER] (poco probable) unlikely; **es posible pero lo veo ~** it's possible, but I don't think it's very likely; **va a ser muy ~ que acepte** it's very unlikely that he'll accept; **veo ~ que gane** I doubt if she'll win
C [SER] ‹*persona/carácter*› difficult

difícilmente *adv*: **si no estudias, ~ podrás aprobar** if you don't do some work, you'll have trouble passing; **~ te puedes negar** you can hardly say no

dificultad *f* 1 (cualidad de difícil) difficulty; **un ejercicio de escasa ~** a fairly easy exercise; **respira con ~** he has difficulty breathing 2 (problema): **superar** *or* **vencer ~es** to overcome difficulties; **tiene ~s en hacerse entender** she has difficulty in making herself understood; **me pusieron muchas ~es para entrar** they made it very hard for me to get in

dificultar [A1] *vt* to make … difficult; **la niebla dificultó la conducción** the fog made driving difficult; **las obras dificultaban la circulación** the roadworks held up the traffic; **dificultaba los intentos de rescate** it hindered the rescue attempts; **estos obstáculos dificultan el progreso** these obstacles stand in the way of progress

dificultoso -sa *adj* difficult, problematic

difteria *f* diphtheria

difuminar [A1] *vt* (Art) to shade (off); ‹*luz*› to diffuse
■ **difuminarse** *v pron* to fade

difundir [I1] *vt* ‹*noticia/rumor*› to spread; ‹*ideas/doctrina*› to spread, disseminate; ‹*comunicado*› to issue; **la noticia fue difundida por la radio** the news was broadcast on the radio; **~ la cultura** to disseminate culture; **son creencias muy difundidas** such beliefs are very widespread

difunto¹ -ta *adj* (frml) late (*before n*), deceased (frml); **su ~ marido** her late husband

difunto² -ta *m,f* (frml) deceased (frml); **los ~s** the deceased

difusión *f* (de noticia, rumor) spreading; (de ideas, doctrina) spreading, diffusion (frml); **los medios de ~** the media; **se ha dado amplia ~ al conflicto** the conflict has been given widespread coverage

difuso -sa *adj* ‹*luz*› dim, diffused; ‹*idea/conocimientos*› vague

difusor -sora *adj*: **un organismo ~ de nuestra cultura** an organization that disseminates our culture; **los medios ~es** the media

diga, digas, etc *see* **decir**

digerible *adj* digestible

digerir [I11] *vt* ‹*alimentos/comida*› to digest; ‹*información/noticia*› to digest, absorb

digestión *f* digestion; **no te bañes, aún no has hecho la ~** don't go in the water, you haven't let your food go down

digestivo¹ -va *adj* ‹*aparato*› digestive

digestivo² *m* (bebida) digestif, liqueur; (Med) digestive

digital *adj* 1 (dactilar) finger (*before n*), digital (frml) 2 ‹*aparato/sonido*› digital

digitalizar [A4] *vt* to digitize, digitalize; **cuadro de mandos digitalizado** digital instrument panel

digitar [A1] *vt* (RPl) ‹*concurso*› to rig, fix (colloq); ‹*conspiración*› to orchestrate

dígito *m* digit

dignamente *adv* (mereciendo respeto) honorably*, with dignity; (decentemente) decently; (como uno se merece) fittingly, worthily

dignarse [A1] *v pron* **~ (A) + INF: no se dignaron (a) contestar** they didn't even condescend *o* deign to reply

dignatario -ria *m,f* dignitary

dignidad *f*
A (cualidad) dignity; **no lo aceptará, su ~ se lo impide** he won't accept it, he's too proud; **¡qué poca ~ la suya!** has he no dignity *o* self-respect?
B (título) rank; (cargo) position

dignificar [A2] *vt* 1 (ennoblecer): **el trabajo dignifica al hombre** work gives man self-respect; **acciones que dignifican a una persona** acts that ennoble a person 2 (dar categoría a) to dignify

digno -na *adj*
A 1 (merecedor de respeto) ‹*persona/actitud*› honorable* 2 (decoroso, decente) ‹*sueldo*› decent, living (*before n*); ‹*vivienda*› decent
B 1 (merecedor) **~ DE algo/algn: una persona digna de admiración** a person worthy of admiration; **una medida digna de elogio** a praiseworthy measure; **ejemplos ~s de resaltar** noteworthy examples; **un espectáculo ~ de verse** a show worth seeing; **no es ~ de ti/de tu cariño** he's not worthy of you/of your affection; **una cena digna de un rey** (hum) a feast fit for a king (hum) 2 (adecuado): **~ DE algo: una recompensa digna de su esfuerzo** a fitting reward for his efforts; **un trabajo ~ de su capacidad** a job worthy of his abilities

digresión *f* digression; **hace muchas digresiones** he goes off the point *o* digresses a lot

dije¹ *adj* (Chi fam) 1 (agradable) lovely 2 (bondadoso) kind

dije² *m* charm

dije³, dijera, etc *see* **decir**

dilación *f* (frml) delay; **sin más ~** without further delay

dilapidar [A1] *vt* (frml) ‹*fortuna/bienes*› to squander; ‹*energía*› to waste, squander

dilatación *f* (Fís) expansion; (Fisiol, Med) dilation

dilatado -da *adj*
A ‹*pupila/conducto*› dilated
B (extenso): **una dilatada trayectoria política** a long political career; **una dilatada experiencia profesional** extensive experience in the field

dilatar [A1] *vt*
A (Fís, Fisiol) ‹*metal/sólido*› to cause … to expand; ‹*pupilas*› to dilate
B (prolongar) to prolong
C (diferir) to postpone, put off; **no puedo ~ más mi regreso** I cannot put off *o* postpone my return any longer
■ **dilatarse** *v pron*
A (Fís, Fisiol, Med) «*cuerpo/metal*» to expand; «*corazón*» to expand, dilate; «*pupila*» to dilate; «*embarazada*» to dilate
B (prolongarse) to be prolonged
C (diferirse) to be postponed, be put off
D (Méx, Ven) (demorarse): **no me dilato** I won't be long

dilatorio -ria *adj* ‹*maniobra/acción*› delaying (*before n*), dilatory (frml)

dilema *m*
A (disyuntiva) dilemma
B **dilema**® *m* (Chi) (Jueg) Scrabble®

diletante *mf* 1 (amante de las artes) dilettante 2 (pey) (no profesional) dilettante (pej), amateur (pej)

diligencia *f*
A 1 (aplicación) diligence, conscientiousness; **realiza su trabajo con ~** she is diligent *o* conscientious in her work 2 (liter) (rapidez) speed
B 1 (gestión): **activas ~s del gobierno** active steps by the government 2 (Der) procedure; **~s judiciales** judicial procedures *o* formalities; **instruir ~s** to institute proceedings 3 (Adm) (en documento oficial) acknowledgment, stamp
C (Hist, Transp) stagecoach, diligence

diligente *adj* 1 (trabajador) diligent, conscientious 2 (liter) (rápido) fast, swift (liter)

dilucidar [A1] *vt* ‹*asunto/cuestión*› to clarify, elucidate (frml); ‹*enigma/misterio*› to solve, clear up

diluir [I20] *vt* ‹*líquido*› to dilute; ‹*pintura*› to thin (down); ‹*sólido*› to dissolve

diluviar [A1] *vi* to pour (with rain)

diluvio *m* 1 (lluvia) heavy rain, deluge; (inundación) flood; **el D~ Universal** the Flood 2 (fam) (de cartas, quejas) flood

dimensión *f*
A 1 (Fís, Mat) dimension; **una figura en tres dimensiones**

a three-dimensional figure; **la cuarta ~** the fourth dimension **2▸ dimensiones** *fpl* (tamaño) dimensions (*pl*); **las dimensiones de la habitación** the measurements *o* (frml) dimensions of the room

B (alcance, magnitud — de problema) magnitude, scale; (— de tragedia) scale

C (aspecto) dimension, aspect

dimes y diretes *mpl* (fam) tittle-tattle (colloq), gossip

diminutivo *m* diminutive

diminuto -ta *adj* tiny, minute

dimisión *f* resignation; **presentó su ~** he handed in *o* (frml) tendered his resignation

dimisionario -ria *adj* (frml) resigning (*before n*), outgoing (*before n*)

dimitir [I1] *vi* to resign; **~ DE algo** to resign FROM sth

dimos *see* **dar**

dina *f* (Fís) dyne

Dinamarca *f* Denmark

dinámica *f* **1▸** (Fís) dynamics **2▸** (funcionamiento): **la ~ de la organización** the way the organization works; **la ~ de los acontecimientos lo obligó a dimitir** events *o* circumstances forced him to resign

(Compuesto) **dinámica de grupo** group dynamics

dinámico -ca *adj* dynamic

dinamismo *m* dynamism, energy

dinamita *f* dynamite

dinamitar [A1] *vt* to dynamite, blow ... up (*with dynamite*)

dínamo, dinamo *m or* (Esp) *f* dynamo

dinar *m* dinar

dinastía *f* dynasty

dinástico -ca *adj* dynastic

dineral *m* fortune, huge amount of money

dinero *m* money; **anda escaso de ~** he's short of money; **gente de ~** well-off *o* wealthy people; ***~ contante y sonante*** (fam) hard cash; ***hacer ~*** to make money; ***tirar el ~*** (fam) to throw money away

(Compuestos)

- **dinero de bolsillo** pocket money
- **dinero efectivo** *or* **en efectivo** cash
- **dinero electrónico** electronic cash
- **dinero negro** *or* (Méx) **sucio** undeclared income (*o* profits *etc*)
- **dinero suelto** change

dinosaurio *m* dinosaur

dintel *m* lintel

diñar [A1] *vt* (Esp fam): ***~la*** to snuff it (colloq)

dio *see* **dar**

diocesano -na *adj* diocesan

diócesis *f* diocese

diodo *m* diode

dionisiaco -ca, dionisíaco -ca *adj* Dionysian

dioptría *f* diopter*; **¿cuántas ~s tiene?** what's your correction *o* gradation?

dios, diosa *m,f*

A (Mit) (*m*) god; (*f*) goddess

B Dios *m* (Relig) God; **el D~ de los cristianos/musulmanes** the Christian/Muslim God; **D~ Todopoderoso** Almighty God, God Almighty; **D~ Padre** God the Father; **gracias a D~** *or* **a D~ gracias** thank God *o* heaven; **si D~ quiere** God willing; **D~ mediante** God willing; **sólo D~ sabe lo que me costó** you've no idea how difficult it was; **D~ dirá** we'll just have to wait and see; **D~ te oiga!** I hope so! *o* I pray to God you're right!; **te lo juro por D~** I swear to God; **¡por (el) amor de D~!** for God's sake *o* for heaven's sake!; **que D~ se lo pague** God bless you; **ve con D~** God be with you; **que D~ te bendiga** God bless you; **que D~ lo tenga en su gloria** God *o* the Lord rest his soul; **¡D~ me libre!** God *o* heaven forbid!; **¡sabe D~!** God knows!; **¡alabado** *or* **bendito sea D~!** (Relig) praise God *o* the Lord!; **¡bendito sea D~, mira cómo te has puesto!** (fam) good God *o* good heavens! look at the state you're in! (colloq); **¡vaya por D~!** oh dear!; **¡válgame D~!** oh my God!, good God!; **¡por D~!** for God's *o* heaven's sake!; **¡D~ mío!** *or* **¡D~ santo!** (expresando angustia) my God!, oh God!; (expresando sorpresa) (good) God!; ***armar la de D~ es Cristo*** (fam) to cause an almighty row (colloq); ***como D~ manda***: **cómprate un coche como D~ manda** buy yourself a real *o* a proper car; **pórtate como D~ manda** behave properly; ***como D~ me/lo trajo al mundo*** in my/his birthday suit; ***como que hay (un) D~*** (CS) you can bet your bottom dollar (colloq); ***costar D~ y (su) ayuda*** (fam) to take a lot of work; ***hacer algo a la buena de D~*** to do sth any which way (AmE) *o* (BrE) any old how; ***menos pregunta D~ y perdona*** (AmL) don't ask so many questions; ***ni D~*** (fam) nobody; **esto no lo entiende ni D~** *or* **no hay D~ que lo entienda** this is completely incomprehensible; ***todo D~*** (fam) absolutely everybody; ***D~ aprieta pero no ahoga*** *or* (RPl) ***ahorca*** these things are sent to try us; ***D~ los cría y ellos se juntan*** birds of a feather flock together; ***a D~ rogando y con el mazo dando*** God helps those who help themselves; ***D~ da pan a quien no tiene dientes*** it's an unfair world; ***al que madruga, D~ lo ayuda*** the early bird catches the worm; ***tener a D~ agarrado por las chivas*** (Ven fam) to have the upper hand

dióxido *m* dioxide

diploma *m* diploma, certificate

diplomacia *f*

A (Pol) (carrera) diplomacy; (cuerpo) diplomatic corps

B (tacto) diplomacy, tact; **díselo con ~** be tactful *o* diplomatic

diplomado[1] -da *adj* qualified

diplomado[2] -da *m,f*: **~ en peluquería** qualified hairdresser

diplomarse [A1] *v pron* **1▸** (AmL) (obtener un título universitario) to graduate; **~ DE/EN algo** to graduate AS/IN sth; **me diplomé de arquitecto** *or* **en arquitectura** I graduated as an architect *o* in architecture **2▸** (obtener otro título) to obtain a diploma (*o* certificate *etc*); **se diplomó de traductor** he qualified as a translator

diplomático[1] -ca *adj*

A (Pol) ‹*carrera/pasaporte*› diplomatic

B (en el trato) diplomatic, tactful

diplomático[2] -ca *m,f* diplomat; **un ~ de carrera** a career diplomat

díptero *m* dipteran

díptico *m* (Art) diptych

diptongo *m* diphthong

diputación *f* **1▸** (delegación) deputation, delegation **2▸** (Gob) (en Esp) council

(Compuesto) **diputación general/provincial** regional/provincial council

diputado -da *m,f* deputy, ≈ representative (*in US*), ≈ member of parliament (*in UK*); **~ por** *or* **de León** representative *o* member of parliament for León

dique *m* dike*

(Compuestos)

- **dique de contención** dam, dike*
- **dique seco** dry dock

Dir.[1] *mf* = **director/directora**

Dir.[2] *f* = **dirección**

diré, dirá, etc *see* **decir**

dirección *f*

A (señas) address; **nombre y ~** name and address

(Compuestos)

- **dirección electrónica** e-mail address
- **dirección particular** private address
- **dirección postal** postal address

B (sentido, rumbo) direction; **ellos venían en ~ contraria** they were coming the other way *o* from the opposite direction; **¿en qué ~ iba?** *or* **¿qué ~ llevaba?** which way was he heading *o* going?; **cambiar de ~** to change direction; **señal de ~ prohibida** no-entry sign; **~ obligatoria** one way only

C (Auto) (mecanismo) steering

(Compuesto) **dirección asistida** power steering

D (Adm) **1▸** (cargo — en escuela) principalship (AmE), headship (BrE); (— en empresa) post *o* position of manager **2▸** (cuerpo directivo — de empresa) management; (— de periódico) editorial board; (— de prisión) authorities (*pl*); (— de partido) leadership **3▸** (oficina — en escuela) principal's office (AmE), headmaster's/headmistress's office (BrE); (— en empresa) manager's/director's office; (— en periódico) editorial office

E **1** (de obra, película) direction; **la ~ es de Saura** it is directed by Saura **2** (de orquesta): **bajo la ~ de Campomar** conducted by Campomar **3** (de empresa, proyecto) management; **bajo la ~ de su profesor** under the guidance of her teacher

direccional *f* (Col, Méx) turn signal (AmE), indicator (BrE); **poner las ~es** to indicate *o* signal

directa *f* high (AmE), top gear (BrE)

directamente *adv* (derecho) straight; (sin intermediarios) directly

directiva *f*
A (de empresa) board (of directors); (de partido) executive committee, leadership
B (directriz) guideline

directivo *m* (gerente) manager; (ejecutivo) executive, director

directo¹ -ta *adj*
A ‹*vuelo*› direct, nonstop; ‹*ruta/acceso*› direct; **un tren ~** a direct *o* through train; **descendiente por línea directa** direct descendant; **es mi jefe ~** he is my immediate superior
B (Rad, TV): **en ~** live; **transmitido en ~** broadcast live
C ‹*lenguaje/pregunta*› direct; ‹*respuesta*› straight; ‹*persona*› direct, straightforward

directo² *m* (en boxeo) straight punch

director -tora *m,f* **1** (de escuela) (*m*) head teacher, principal (AmE), headmaster (BrE); (*f*) head teacher, principal (AmE), headmistress (BrE); (de periódico, revista) editor (in chief); (de hospital) administrator; (de prisión) warden (AmE), governor (BrE) **2** (Com) (gerente) manager; (miembro de junta directiva) director, executive **3** (Cin, Teatr) director

Compuestos
- **director adjunto -tora adjunta** *m,f* deputy director
- **director -tora de escena** *m,f* stage manager
- **director -tora de orquesta** *m,f* conductor
- **director ejecutivo -tora ejecutiva** *m,f* executive director
- **director -tora general** *m,f* (de empresa) general manager; (de organismo oficial) director-general
- **director -tora gerente** *m,f* managing director

directorio *m* (AmL exc CS) (guía telefónica) telephone directory, directory

directriz *f* (Mat) directrix; (guía) guideline, principle; (instrucción) directive

dirigencia *f* (AmL frml) (acción) leadership; (dirigentes) leaders (*pl*)

dirigente¹ *adj*: **las clases ~s** the ruling classes; **cargos ~s** management/leadership posts

dirigente² *mf* (de partido, país) leader

dirigible *m* airship, dirigible

dirigir [I7] *vt*
A **1** ‹*empresa*› to manage, run; ‹*periódico/revista*› to run, edit; ‹*investigación/tesis*› to supervise; ‹*debate*› to lead, chair; **~ el tráfico** to direct *o* control the traffic **2** ‹*obra/película*› to direct **3** ‹*orquesta*› to conduct
B **1** **~ algo A algn** ‹*mensaje/carta*› to address sth TO sb; ‹*críticas*› to direct sth TO sb; **el presidente ~á un mensaje a la nación** the president will address the nation; **el folleto va dirigido a los padres** the booklet is aimed at parents; **la pregunta iba dirigida a usted** the question was meant for you; **no me dirigió la palabra** he didn't say a word to me **2** **~ algo HACIA** *or* **A algo/algn** ‹*telescopio*› to point sth TOWARD(S) sth/sb; ‹*pistola*› to point sth TOWARD(S) sth/sb; **~ la mirada hacia** *or* **a algo/algn** to look at sth/sb; **le dirigió una mirada de reproche** she gave him a reproachful look; **dirigió sus pasos hacia la esquina** he walked toward(s) the corner
C (encaminar) **~ algo A + INF** ‹*esfuerzos*› to channel sth INTO -ING; ‹*energía/atención*› to direct sth TOWARD(S) -ING; **acciones dirigidas a aliviar el problema** measures aimed at alleviating the problem

■ **dirigirse** *v pron*
A (encaminarse): **~se HACIA algo** to head FOR sth
B **~se A algn** (oralmente) to speak *o* talk TO sb; (por escrito) to write TO sb; **me dirijo a Vd. para solicitarle ...** (Corresp) I am writing to request ...

dirimir [I1] *vt*
A (frml) ‹*disputa/pleito*› to resolve (frml), to settle
B (Der) ‹*contrato*› to cancel, declare ... void; ‹*matrimonio*› to dissolve, annul

discado *m* (AmL) dialing*

Compuesto **discado automático** *or* **directo** (AmL) direct dialing*

discapacidad *f* handicap, disability

discapacitado -da *m,f* disabled person, handicapped person; **los ~s** the disabled, handicapped people; **~ físico/psíquico** physically/mentally handicapped person

discar [A2] *vt/vi* (AmL) to dial

discernimiento *m* discernment; **obró con ~** he was very discerning, he acted wisely

discernir [I12] *vi* to distinguish, discern; **~ entre el bien y el mal** to distinguish *o* discern between good and evil *o* between right and wrong

■ **discernir** *vt* **1** (percibir) ‹*forma*› to discern (frml), to perceive **2** (distinguir) **~ algo DE algo** to distinguish sth FROM sth

disciplina *f*
A (reglas) discipline; **mantener la ~** to keep *o* maintain discipline

Compuesto **disciplina de partido** *or* **voto** (Pol) party discipline; **romper la ~ de ~** to defy the whip, to go against the party line

B **1** (ciencia) discipline **2** (Dep) discipline

disciplinado -da *adj* ‹*alumno*› disciplined

disciplinar [A1] *vt* to discipline

disciplinario -ria *adj* ‹*comisión/medida*› disciplinary (*before n*)

discípulo -la *m,f* disciple

disco¹ *m*
A **1** (Audio) record, disc (colloq); **grabar un ~** to make a record *o* disc; **poner un ~** to put on a record; ***parecer un ~ rayado*** (fam) to be like a worn-out gramophone record (colloq) **2** (Inf) disk

Compuestos
- **disco compacto** CD, compact disc
- **disco de larga duración** album, LP
- **disco duro** hard disk
- **disco flexible** *or* **floppy** floppy disk
- **disco óptico** video disk
- **disco sencillo** single
- **disco volador** (CS) flying saucer

B **1** (Dep) discus; **lanzamiento de ~** (throwing) the discus **2** (Med) disk* **3** (Auto, Mec): **frenos de ~** disk* brakes **4** (del teléfono) dial
C **1** (señal de tráfico) (road) sign **2** (semáforo) (Ferr) signal; (Auto) traffic light

disco² *f* (fam) (discoteca) disco

discografía *f* **1** (frml) (catálogo) discography (frml) **2** (period) (de cantante) records (*pl*)

discográfico -ca *adj* ‹*casa/sello*› record (*before n*); ‹*contrato*› recording (*before n*)

díscolo -la *adj* unruly, disobedient

disconforme *adj* **1** (no satisfecho) dissatisfied; **~ CON algo/algn** dissatisfied WITH sth/sb **2** (en desacuerdo) **estar ~ CON algo** to disagree WITH sth (frml)

disconformidad *f* **1** (insatisfacción) dissatisfaction; **~ CON algo/algn** dissatisfaction WITH sth/sb **2** (desacuerdo) disagreement; **~ CON algo** disagreement WITH sth; **la medida está en ~ con lo establecido en la ley** the measure is against the law

discontinuidad *f* (Mat, Tec) discontinuity

discontinuo -nua *adj* ‹*línea*› broken; ‹*sonido*› intermittent

discordancia *f* conflict; **hubo ~ de opiniones** there was a difference of opinion; **está en ~ con lo que manifestó antes** it is at variance with what he stated before

discordante *adj* (Mús) discordant; ‹*opiniones/versiones*› conflicting (*before n*)

discordar [A10] *vi* **1** (Mús) to be out of tune **2** «*personas*» to differ **3** «*opiniones*» to conflict

discorde *adj*
A (Mús) discordant
B (frml) (en desacuerdo) in disagreement; **se mostró ~ con la**

d

nueva disposición he indicated that he disagreed with the new arrangement

discordia *f* discord

discoteca *f* 1 (local) discotheque 2 (colección de discos) record collection 3 (AmC) (tienda) record store *o* shop

discreción *f*

A 1 (tacto, mesura) tact, discretion 2 (reserva) discretion; **obrar** *or* **actuar con ~** to be discreet

B **a discreción: esto queda a ~ del juez** this is left to the discretion of the judge; **¡fuego a ~!** fire at will!

discrecional *adj* ‹*facultades/poderes*› discretionary, discretional

discrepancia *f* 1 (diferencia) discrepancy, difference; **mantienen ~s sobre este tema** there are differences between them on this subject 2 (desacuerdo) disagreement

discrepante *adj* dissenting (*before n*)

discrepar [A1] *vi* 1 (disentir) to disagree; **~ CON** *or* **DE algn/algo** to disagree with sb/sth 2 (diferenciarse) to differ

discretamente *adv* discreetly; **hace su labor ~** she quietly gets on with her work

discreto -ta *adj* 1 ‹*persona/carácter/comportamiento*› discreet; **se mostró discreta en sus acusaciones** she was restrained in her accusations 2 ‹*color/vestido*› discreet 3 ‹*cantidad/sueldo*› modest

discriminación *f* discrimination; **ser objeto de discriminaciones** to be the object of discrimination

discriminar [A1] *vt* 1 ‹*persona/colectividad*› to discriminate against 2 (distinguir) to differentiate, distinguish

discriminativo -va *adj* (Ven) discriminatory

discriminatorio -ria *adj* discriminatory

disculpa *f* apology; **me debe una ~** she owes me an apology; **un error que no tiene** *or* **no admite ~** an inexcusable error; **pedir(le) ~s (a algn) POR algo** to apologize (to sb) FOR sth

disculpar [A1] *vt* to excuse; **disculpa mi tardanza** I am sorry I'm late; **no se puede ~ algo así** there can be no excuse for doing something like that; **su madre siempre lo está disculpando** his mother's always making excuses for him

■ **disculpar** *vi*: **disculpe, no lo volveré a hacer** I'm sorry *o* (frml) I apologize, I won't do it again

■ **disculparse** *v pron* to apologize; **se disculpó con ella** he apologized to her, he said sorry to her

discurrir [I1] *vi* 1 (frml *o* liter) «*tiempo/vida*» to pass, go by; «*reunión*» to pass off; «*conversación*» to flow 2 (frml *o* liter) (pasar) to pass; **una senda que discurre entre los naranjos** a path which runs between the orange trees 3 (reflexionar) to reflect, ponder

discursivo -va *adj* discursive

discurso *m* 1 (alocución) speech; **pronunciar un ~** to give *o* make a speech; **~ de apertura** opening speech; **me soltó un ~** (fam) he gave me a real lecture 2 (retórica) discourse 3 (Ling) speech, discourse (tech); **análisis del ~** discourse analysis 4 (liter) (del tiempo) passing, passage (frml *or* liter)

(Compuesto) **discurso directo/indirecto** direct/indirect speech

discusión *f* 1 (de asunto, tema) discussion; **eso no admite ~** that leaves no room for discussion 2 (altercado, disputa) argument

discutible *adj*: **eso es ~** that's debatable *o* that's a matter of opinion

discutido -da *adj* controversial

discutir [I1] *vt* 1 (debatir) ‹*problema/asunto*› to discuss; ‹*proyecto de ley*› to debate, discuss; **esto habría que ~lo con el director** this would have to be discussed with the manager 2 (cuestionar) ‹*derecho*› to challenge, dispute; **todo lo que digo me lo discute** he questions *o* challenges everything I say

■ **discutir** *vi* to argue, quarrel; **discutieron y no se han vuelto a hablar** they had an argument *o* a quarrel and haven't spoken to each other since; **discutió de política con su padre** he argued with his father about politics; **~ POR algo** to argue ABOUT sth; **~le A algn** to argue WITH sb; **¡no me discutas!** don't argue with me!

disecación *f* 1 (de animal — para estudiarlo) dissection; (— para conservarlo) stuffing 2 (de planta) preservation (*by pressing, drying etc*)

disecar [A2] *vt* 1 ‹*animal muerto*› (para estudiarlo) to dissect; (para conservarlo) to stuff 2 ‹*planta*› to preserve

disección *f* dissection; **hacer la ~ de una rana** to dissect a frog

diseccionar [A1] *vt* 1 ‹*animal*› to dissect 2 ‹*obra/personaje*› to dissect

diseminación *f* 1 (de semillas — por el viento) dispersal, spreading (frml); (Agr) scattering 2 (de ideas, una cultura) spreading, dissemination (frml)

diseminado -da *adj*: **los pueblos ~s por la región** the villages scattered throughout the region; **los hoteles están muy ~s** the hotels are very spread out

diseminar [A1] *vt* 1 ‹*semillas*› «*viento*» to disperse, scatter; (Agr) to scatter 2 ‹*ideas/doctrina/cultura*› to spread, disseminate (frml)

■ **diseminarse** *v pron* «*personas*» to scatter, disperse; «*ideas/cultura*» to spread

disensión *f* disagreement; **las primeras disensiones dentro de la comisión** the first signs of dissension *o* disagreement within the committee

disentería *f* dysentery

disentir [I11] *vi* to dissent, disagree; **~ DE algo** to disagree WITH sth; **~ CON algn** to disagree WITH sb; **~ EN algo** to disagree ABOUT sth

diseñador -dora *m,f* designer; **~ de moda(s)** fashion designer

diseñar [A1] *vt* ‹*moda/mueble/máquina*› to design; ‹*parque/edificio*› to design, plan; **una ciudad muy bien diseñada** a very well-planned city

diseño *m* design; **~ gráfico** graphic design; **~ de interiores** interior design; **~ de moda** fashion design; **el ~ de esta tela es muy llamativo** this fabric has a very striking design; **blusas de ~ francés** French-designed blouses; **muebles/ropa de ~** designer furniture/clothes

disertación *f* lecture

disertar [A1] *vi* to speak, discourse (frml); **~ ACERCA DE/SOBRE algo** to speak ABOUT sth, discourse ON sth (frml)

disforzarse [A11] *v pron* (Per fam) to clown around

disfraz *m* 1 (Indum) (para jugar, fiestas) costume, fancy dress outfit (BrE); (para engañar) disguise; **cruzó la frontera con un ~ de mujer** he crossed the border disguised as a woman; **un baile/fiesta de disfraces** a costume *o* (BrE) fancy dress ball/party 2 (simulación) front; **es un ~ para ocultar su inseguridad** it's just a pretense *o* a front to hide his insecurity

disfrazar [A4] *vt* 1 **~ a algn DE algo** (para fiesta) to dress sb up AS sth; (par engañar) to disguise sb AS sth 2 (disimular, ocultar) ‹*sentimiento/verdad*› to conceal, hide; ‹*voz/escritura/intención*› to disguise

■ **disfrazarse** *v pron* 1 (por diversión) to dress up; **todo el mundo se disfrazó para la fiesta** everyone went to the party in costume *o* (BrE) fancy dress; **~se DE algo/algn** to dress up AS sth/sb; **¿de qué te disfrazaste en carnaval?** what did you go to the carnival as? 2 (para engañar) to disguise oneself; **~se DE algo/algn** to disguise oneself AS sth/sb, dress up AS sth/sb

disfrutar [A1] *vi* 1 (divertirse) to enjoy oneself, have fun; **~ CON algo** to enjoy sth; **~ + GER** to enjoy -ING; **disfruto viéndolos comer** I enjoy watching them eat; **~ DE algo** to enjoy sth; **espero que hayan disfrutado de la travesía** I hope you have had a pleasant crossing 2 **~ DE algo** ‹*de privilegio/derecho*› to enjoy, have; **~on de buen tiempo** they had good weather; **disfruta de buena salud** he enjoys good health; **con este vale ~á de un descuento del 5%** with this voucher you will receive a 5% discount

■ **disfrutar** *vt* ‹*viaje/espectáculo*› to enjoy; ‹*beneficio/derecho*› to have, enjoy

disfrute *m* enjoyment

disfuerzos *mpl* (Per fam) clowning around, antics (*pl*)

disfunción *f* dysfunction

disfuncional *adj* dysfunctional

disgregación *f* (de grupo) breaking up; (Tec) disintegration

disgregar [A3] *vt* ‹*grupo/familia*› to break up, split up; (Tec) to disintegrate

■ **disgregarse** *v pron* **1** «*grupo/familia*» to break up, split up; «*multitud/manifestantes*» to break up, disperse **2** (Tec) to disintegrate

disgustado -da *adj* [ESTAR] upset

disgustar [A1] *vt*: **me disgustó mucho que me mintiera** I was very upset that he lied to me; **me disgusta tener que decírselo** I don't like having to tell her

■ **disgustarse** *v pron* to get upset

disgusto *m*

A (sufrimiento, pesar): **tiene un ~ tremendo** he's very upset; **me vas a matar a ~s** you'll be the death of me; **lo hizo a ~** she did it reluctantly; **si te vas a quedar a ~ es mejor que te vayas** if you really don't want to be here, you might as well go

B **1** (discusión) argument, quarrel **2** (incidente desagradable): **si sigues conduciendo así vas a tener un ~** if you keep on driving like that you're going to have an accident

disidencia *f* (desacuerdo) dissent; **las ~s en el seno del partido** the disagreements within the party

disidente[1] *adj* **1** ‹*persona*› (que discrepa) dissident (*before n*) **2** ‹*grupo/sector*› (que discrepa) dissident (*before n*); (escindido) breakaway (*before n*)

disidente[2] *mf* (que discrepa) dissident; (escindido) member of a splinter *o* breakaway group

disimuladamente *adv* surreptitiously; **se fue ~ de la fiesta** she sneaked *o* slipped away from the party

disimulado[1] **-da** *adj* **1** (disfrazado, oculto) disguised; **una cicatriz muy bien disimulada** a cleverly disguised scar; **un mal ~ descontento** ill-concealed displeasure **2** (discreto) discreet

disimulado[2] **-da** *m,f*: **me vio pero se hizo la disimulada** she saw me but she pretended she hadn't

disimular [A1] *vt* **1** ‹*alegría/rabia/dolor*› to hide, conceal; **será muy tímida, pero lo disimula muy bien** if she is shy, she certainly hides it well **2** ‹*defecto/imperfección*› to hide, disguise

■ **disimular** *vi*: **no sabe ~** she's no good at hiding things *o* pretending; **disimula, que nos están mirando** act normal, we're being watched

disimulo *m*: **salió con ~** he slipped away (without anyone noticing); **la miraba sin ningún ~** he was staring at her quite openly; **con mucho ~ se lo metió en el bolsillo** she surreptitiously slipped it into her pocket

disipación *f*

A (libertinaje) dissipation; **una vida de ~** a dissipated life

B **1** (de temores, dudas) dispelling **2** (de fortuna) squandering

disipado -da *adj* ‹*vida/comportamiento*› dissolute, dissipated

disipar [A1] *vt* **1** ‹*temores/dudas*› to dispel **2** ‹*fortuna/dinero*› to squander

■ **disiparse** *v pron* «*nubes/niebla*» to clear; «*temores/sospechas*» to be dispelled; «*ilusiones*» to vanish, disappear

dislate *m*: **esto es un ~** this is insane

dislexia *f* dyslexia

disléxico -ca *adj/m,f* dyslexic

dislocación *f* dislocation

dislocado -da *adj* ‹*articulation*› dislocated

dislocar [A2] *vt* ‹*articulation*› to dislocate

■ **dislocarse** *v pron* ‹*articulation*› to dislocate

disminución *f* **1** (de gastos, salarios, precios) decrease, drop, fall; (de población) decrease, fall; **una ~ de las temperaturas** a drop in temperature; **la ~ de las tarifas** the reduction in charges **2** (de entusiasmo, interés) waning, dwindling **3** (al tejer) decreasing

disminuido -da *m,f*: **~ psíquico** mentally handicapped person; **~ físico** physically handicapped person

disminuir [I20] *vi*

A (menguar) «*número/cantidad*» to decrease, drop, fall; «*entusiasmo/interés*» to wane, diminish; «*precios/temperaturas*» to drop, fall; «*poder/fama*» to diminish; «*dolor*» to diminish, lessen; **los impuestos no disminuyeron** there was no cut in taxes; **disminuyó la intensidad del viento** the wind died down *o* dropped; **la agilidad disminuye con los años** one becomes less agile with age

B (al tejer) to decrease

■ **disminuir** *vt*

A (reducir) ‹*gastos/costos/impuestos*› to reduce, cut; ‹*velocidad*› to reduce; ‹*número/cantidad*› to reduce, diminish; **el alcohol disminuye la rapidez de los reflejos** alcohol slows down your reactions

B (al tejer) ‹*puntos*› to decrease

disociación *f* dissociation

disociar [A1] *vt* (Quím) to dissociate (separar) **~ algo DE algo** to separate *o* dissociate sth FROM sth

■ **disociarse** *v pron* **~se DE algo/algn** to dissociate *o* dissociate oneself FROM sth/sb

disoluble *adj* **1** ‹*matrimonio/asamblea*› dissoluble **2** (Quím) soluble

disolución *f* **1** (de contrato, matrimonio) annulment; (de organización) dissolution; (del parlamento) dissolution **2** (de manifestación) breaking up **3** (Quím) (solución) solution; (acción) dissolving

disoluto -ta *adj* dissolute

disolvente *m* solvent; **~ de grasas** grease solvent; **~ de pintura** paint thinner

disolver [E11] *vt* **1** ‹*matrimonio/contrato*› to annul; ‹*parlamento*› to dissolve **2** ‹*manifestación/reunión*› to break up **3** (en líquido) to dissolve; **Ⓢ disuélvase en la boca** (*impers*) allow to dissolve in the mouth **4** (Med) to dissolve, break up

■ **disolverse** *v pron* «*manifestación/reunión*» to break up; «*azúcar/aspirina*» to dissolve

disonancia *f* dissonance

disonante *adj* (Mús) dissonant; ‹*voz*› discordant; ‹*colores*› clashing

disonar [A10] *vi* (Col) to look out of place

dispar *adj* **1** (irregular) uneven; **el trato que reciben es muy ~** the treatment they receive varies a great deal **2** (diferente) different, disparate (frml)

disparada *f* (RPl): **a la(s) ~(s)** at top speed, at breakneck speed; **salir a la(s) ~(s)** to shoot off (colloq); **todo lo hace a la(s) ~(s)** she rushes things

disparado -da *adj* (fam): ***salir disparado*** (irse de prisa) to shoot off (colloq); **con el choque salió ~ del asiento** the impact catapulted him from his seat; ***pasó ~*** he shot by like greased lightning

disparador *m* (de arma) trigger; (Fot) shutter release; (de reloj) escapement

(Compuesto) **disparador automático** delayed action release

disparar [A1] *vi*

A **1** (con arma) to shoot, fire; **~ al aire** to fire *o* shoot into the air; **~ a matar** to shoot to kill; **le disparó por la espalda** he shot him in the back; **~ a quemarropa** *or* **a bocajarro** to fire at point-blank range; **¡no disparen!** don't shoot!; **¡alto o disparo!** stop or I'll shoot!; **~ CONTRA algn** to shoot *o* fire AT sb **2** (Dep) to shoot

B (Méx fam) (pagar) to pay

■ **disparar** *vt*

A **1** ‹*arma/flecha*› to shoot, fire; ‹*tiro/proyectil*› to fire; **le ~on un tiro en la nuca** they shot him in the back of the head **2** (Dep): **disparó el balón a portería** he shot at goal **4** (fam) ‹*pregunta*› to fire (colloq)

B (Méx fam) (pagar) to buy; **nos disparó un café** he treated us to a cup of coffee

■ **dispararse** *v pron*

A **1** «*arma*» to go off **2** (*refl*): **se disparó un tiro en la sien** he shot himself in the head

B (fam) «*precio*» to shoot up, rocket

disparatado -da *adj* ‹*acto/proyecto/idea*› crazy, ludicrous; ‹*gasto/precio*› outrageous, ridiculous, excessive

disparate *m* **1** (acción insensata, cosa absurda): **hacer ~s** to do stupid things; **decir ~s** to make foolish remarks; **cometió el ~ de conducir bebido** he was stupid enough to drink and drive; **es un ~ casarse tan joven** it's crazy to get married so young; **temo que haga algún ~** I'm afraid he might do something crazy **2** (fam) (cantidad exagerada) ridiculous (*o* crazy *etc*) amount

disparidad *f* **~ DE algo**: **dada la ~ de criterios** given the difference *o* disparity in people's opinions; **hay ~ de opiniones al respecto** there are many different opinions on this subject

disparo *m* **1** (de arma) shot; **~s de advertencia** *or* **aviso** warning shots **2** (Dep) shot

dispendio *m* waste, extravagance

dispendioso -sa *adj* (Col) ‹*trabajo*› laborious

dispensa *f* dispensation; **~ papal** papal dispensation

dispensar [A1] *vt*

A ‹*honor*› to give, accord (frml); ‹*acogida*› to give, extend (frml); ‹*ayuda/protección*› to give, afford (frml); ‹*asistencia médica*› to give; ‹*medicamentos*› to dispense; **le ~on un caluroso recibimiento** he was given *o* (frml) extended a warm reception

B **1** (eximir) **~ a algn DE algo** to exempt sb FROM sth; **la ~on de asistir a misa** she was excused from attending mass **2** (perdonar) to forgive

■ **dispensar** *vi* to forgive; **dispense, por favor** excuse me

d

dispensario *m* **1** (Med) clinic (*gen for the poor*) **2** (Col) (de caridad) *establishment providing food and clothing for the poor*

dispersar [A1] *vt* **1** ‹*manifestantes*› to disperse; ‹*manifestación/multitud*› to disperse, break up; ‹*enemigo*› to disperse, rout **2** ‹*rayos*› to scatter, diffuse; ‹*niebla/humo*› to clear, disperse

■ **dispersarse** *v pron* **1** «*manifestantes/manifestación/multitud*» to disperse **2** «*rayos*» to diffuse, scatter; «*niebla/humo*» to disperse, clear

dispersión *f* **1** (de manifestación) dispersion, breaking up **2** (Fís) diffusion

disperso -sa *adj* (diseminado) dispersed (frml); **mi familia está dispersa por el mundo** my family is scattered all over the world

displicencia *f* (indiferencia) indifference; (frialdad) disdain, offhand manner; **nos atendió con ~** his service was rather offhand

displicente *adj* (indiferente) indifferent, blasé; (frío) disdainful, offhand

disponer [E22] *vt*

A (frml) (establecer, ordenar) «*ley*» to provide (frml), to stipulate (frml); «*rey*» to decree; «*general/juez*» to order; **en cumplimiento con lo dispuesto en el artículo primero** in accordance with the provisions of article one; **la junta ha dispuesto subir la cuota de los socios** the committee has decided to increase membership fees; **~ QUE + SUBJ**: **dispuso que todos sus bienes pasaran a la Iglesia** he stipulated that his entire estate should go to the Church; **el juez dispuso que fuera puesta en libertad** the judge ordered her release

B (frml) (colocar, arreglar) to arrange, set out, lay out

■ **disponer** *vi*: **~ DE algn/algo** to have sb/sth at one's disposal; **puede ~ de mí para lo que guste** (frml) I am at your disposal (frml); **¿dispones de un minuto?** do you have a minute?, have you got a minute?; **con los recursos de que dispongo** with the means available to me *o* at my disposal

■ **disponerse** *v pron* (frml) **~se A + INF**: **mientras se disponían a tomar le tren** as they were about to catch the train; **la tropa se dispuso a atacar** the troops prepared to attack

disponibilidad *f* **1** (de productos, plazas) availability **2** **disponibilidades** *fpl* (Com, Fin) liquid assets (*pl*)

disponible *adj* **1** ‹*fondos/apartamento/espacio*› available; ‹*habitación*› available, free; ‹*tiempo*› free (*before n*), available; **no tenemos ningún puesto ~** we have no vacancies; **cuando estés ~ me llamas** call me when you're free **2** ‹*funcionario/militar*› available (for duty)

disposición *f*

A (norma) regulation; **las disposiciones legales** the regulations, the legal requirements; **~ testamentaria** provision of a will

B **1** (actitud) disposition **2** (talento) aptitude **3** (inclinación, voluntad) willingness; **~ A + INF** readiness *o* willingness to + INF

(Compuesto) **disposición de ánimo** attitude of mind

C **1** (de un bien) disposal **2** **a ~ de algn** at sb's disposal; **quedo a su entera ~** (frml) I am at your disposal (frml); **estoy a tu ~ para lo que sea** I'm here to help if you need anything; **será puesto a ~ del juez** he will appear before the judge; **puso su casa a mi ~** he offered me his house; **pondremos un despacho a su ~** we will place an office at your disposal (frml); **tengo un coche a mi ~** I have the use of a car

D (colocación): **no me gusta la ~ de los muebles** I don't like the way the furniture is arranged; **la ~ de los cuartos** the layout of the rooms

dispositivo *m*

A (mecanismo) mechanism; (aparato) device; **el ~ de arranque** the starting mechanism

(Compuestos)

- **dispositivo intrauterino** intrauterine device, IUD
- **dispositivo de seguridad** (Tec) safety device *o* mechanism; (medidas de seguridad) security measures (*pl*)

B (frml) (destacamento): **han reforzado el ~ militar en la zona** they have reinforced their military presence in the area; **un fuerte ~ policial** a large police presence; **aumentará el ~ de vigilancia en las carreteras** the number of highway patrols will be increased

dispuesto -ta *adj* **1** (preparado) ready **2** (con voluntad) willing; **es un tipo muy ~** he's a very willing lad; **~ A + INF** prepared to + INF

dispuse, dispuso, etc *see* **disponer**

disputa *f* **1** (discusión, pelea) quarrel, argument **2** (controversia) dispute; **es, sin ~, la mejor** she is, without question, the best

disputar [A1] *vt* **1** ‹*derecho/título*› **~le algo A algn**: **le disputó el título** he challenged him for the title; **le disputaban su derecho al trono/a la herencia** they contested his right to the throne/the inheritance **2** ‹*partido*› to play; ‹*combate*› to fight

■ **disputar** *vi* to dispute; **~ CON algn POR algo** to dispute sth WITH sb

■ **disputarse** *v pron*: **se disputan el primer puesto** they are competing for first place; **se disputaban al mismo hombre** they were fighting over the same man

disquería *f* (CS) record store, record shop (BrE)

disquete, disquette /dis'kete/ *m* diskette, floppy disk

disquetera *f* disk drive

disquisición *f* **1** (estudio, exposición) treatise **2** (comentario marginal) digression; **déjate de disquisiciones filosóficas** (iró) never mind the lengthy explanations

distancia *f*

A (en el espacio) distance; **la ~ que separa dos puntos** the distance between two points; **¿qué ~ hay de Tijuana a Tucson?** how far is it from Tijuana to Tucson?; **¿a qué ~ está Londres?** how far is it to London?, **se situó a una ~ de un metro** she stood a meter away; **una llamada de** *or* **a larga ~** a long-distance call

B (*en locs*) **a distancia**: **se situó a ~ para verlo en conjunto** she stood back to see it as a whole; **se veía a ~** one could see it from a distance; **mantenerse a ~** to keep at a distance; **en la distancia** in the distance; ***guardar*** *or* ***mantener las ~s*** to keep one's distance; ***salvando las ~s***: **es como París, salvando las ~s** it's like Paris, up to a point (colloq)

(Compuestos)

- **distancia de frenado** braking distance
- **distancia de seguridad** (safe) stopping distance

C (en el tiempo): **la ~ que nos separa de la Reconquista** the distance (in time) between the Reconquest and the present day; **con la ~ el incidente le pareció una tontería** looking back the incident seemed insignificant

D (afectiva) distance; **una gran ~ los separa** a rift has opened up between them

distanciado -da *adj* (afectivamente): **estamos algo distanciadas** we're not as close as we were

distanciamiento *m* (acción) distancing; (efecto): **se nota un cierto ~ entre ellos** they seem to have grown *o* drifted apart

distanciar [A1] *vt* **1** (espaciar) to space ... out **2** ‹*amigos/familiares*›: **la discusión lo distanció de su familia** the quarrel distanced him from his family

■ **distanciarse** *v pron* **1** **~se DE algo**: **no nos distanciemos del grupo** let's not get too far from the rest of the group; **se estaban distanciando de la casa** they began to get further and further away from the house; **debes ~te de los problemas** you have to step back from problems **2** (*recípr*) «*amigos/familiares*» to grow *o* drift apart

distante *adj* ‹*lugar*› distant, remote; ‹*recuerdos/imágenes*› distant; ‹*persona*› distant, aloof; ‹*actitud*› distant

distar [A1] *vi* (*en 3ª pers*) **~ DE algo: el colegio dista unos dos kilómetros de su casa** the school is about two kilometers from her house; **esta historia dista mucho de ser cierta** this story is far from (being) true

diste, etc *see* **dar**

distender [E8] *vt* ‹*cuerda/arco*› to slacken; ‹*relaciones/ambiente*› to ease
■ **distenderse** *v pron*
A «*relaciones/ambiente*» to ease
B «*vientre*» to become distended

distendido -da *adj*
A (relajado) ‹*ambiente/clima*› relaxed; ‹*rostro/cuerpo*› relaxed
B (Med) ‹*vientre*› distended

distensión *f*: **el diálogo a favor de la ~** the talks aimed at bringing about détente; **un clima de ~** a relaxed atmosphere

disticoso -sa *adj* (Per fam) fussy, picky (colloq)

distinción *f* **1** (diferencia) distinction; **hacer una ~ entre ...** to draw *o* make a distinction between ...; **sin ~ de raza o credo** regardless of race or creed; **no hago distinciones con nadie** I don't give anyone preferential treatment **2** (elegancia) distinction, elegance **3** (honor, condecoración) award; **le otorgaron una ~ por su valor** she was given an award for her bravery

distingo *m* (CS): **no hace ~s con nadie** he doesn't give anyone preferential treatment; **sin ~s de religión** regardless of religion; **esta ley no hace ~s entre argentinos y extranjeros** this law makes no distinction between Argentinian citizens and foreigners

distinguido -da *adj* **1** ‹*escritor/actor*› distinguished; **un alumno ~** an outstanding pupil; **hoy contamos con la distinguida presencia de ...** today we are honored to have with us ...; **~ público ...** ladies and gentlemen ... **2** ‹*modales*› refined; ‹*aspecto*› distinguished; **con un aire ~** with a distinguished air

distinguir [I2] *vt*
A **1** (diferenciar) to distinguish; **~ una cosa de otra** to tell *o* distinguish one thing from another; **es muy difícil ~los** it's very difficult to tell them apart *o* to tell one from the other **2** (caracterizar) to characterize
B (percibir) to make out; **a lo lejos se distingue la catedral** the cathedral can be seen in the distance; **se distinguía claramente el ruido de las olas** we/he/they could clearly make out the sound of the waves
C (con medalla, honor) to honor*
■ **distinguirse** *v pron* (destacarse): **~se POR algo: se distinguió por su valentía** he distinguished himself by his bravery; **nuestros productos se distinguen por su calidad** our products are distinguished by their quality; **~se EN algo** to distinguish oneself IN sth

distintivo¹ -va *adj* ‹*rasgo/característica*› distinctive

distintivo² *m* (insignia) emblem; (símbolo) sign; **es un ~ de calidad** it is a sign of quality

distinto -ta *adj*
A (diferente) different; **ser ~ A** *or* **DE algo/algn** to be different from *o* (AmE) than sth/sb; **estás/te encuentro ~** you look different
B (*en pl, delante del n*) (varios) several, various

distorsión *f* (de la verdad, los hechos) distortion, twisting; (de las facciones) distortion; (Tec) distortion

distorsionar [A1] *vt* to distort

distracción *f* **1** (entretenimiento) entertainment; **te servirá de ~** it'll give you something to do; **una buena ~ para los niños** a good way of entertaining children **2** (descuido): **en un momento de ~se la robaron** she took her eye off it for a moment and someone stole it; **la más mínima ~ puede ser fatal** the slightest lapse of concentration could be fatal **3** (de fondos) embezzlement

distraer [E23] *vt* **1** ‹*persona/atención*› to distract; **S no distraer al conductor** do not distract the driver's attention; **~ a algn DE algo** to distract sb FROM sth; **la música me distrajo de la lectura** I was distracted from my reading by the music; **traté de ~lo de sus preocupaciones** I tried to take his mind off his worries **2** (entretener) ‹*persona*› to keep ... amused; **la lectura lo distrae en sus ratos de ocio** he enjoys reading in his free time **3** ‹*fondos/dinero*› to embezzle
■ **distraerse** *v pron* **1** (despistarse, descuidarse) to get distracted; **no te distraigas y terminarás antes** keep your mind on what you're doing you'll finish sooner **2** (entretenerse): **necesitas ~te un poco** you need to find something to do ; **se distraen viendo la televisión** they pass the time watching television; **se distrae con cualquier cosa** she doesn't need much to keep amused

distraído -da *adj* **1** [SER] ‹*persona*› absentminded, vague; **una mirada distraída** an absent look **2** [ESTAR]: **perdona, estaba ~** sorry, I wasn't paying attention; **iba ~ y no me vio** he was miles away and didn't see me (colloq)

distribución *f* **1** (reparto) distribution; **la ~ de la riqueza** the distribution of wealth; **la ~ de las tareas domésticas** the allocation of the household chores **2** (de producto, película) distribution **3** (disposición, división) layout, arrangement **4** (Auto) valve-operating gear

distribuidor¹ -dora *m,f* (Com) distributor

distribuidor² *m*
A (Auto, Mec) distributor
B (Ven) (en una carretera) interchange, cloverleaf

distribuidora *f* (empresa) distributor, distribution company

distribuir [I20] *vt* **1** ‹*dinero/víveres/panfletos*› to hand out, distribute; ‹*ganancias*› to distribute; ‹*tareas*› to allocate, assign; ‹*carga/peso*› to distribute, spread; **la riqueza está mal distribuida** wealth is unevenly distributed **2** ‹*producto/película*› to distribute **3** «*canal/conducto*» ‹*agua*› to distribute **4** (disponer, dividir): **las habitaciones están muy bien distribuidas** the rooms are very well laid out; **los distribuyeron en tres grupos** they divided them into three groups
■ **distribuirse** *v pron* (*refl*) to divide up

distributivo -va *adj* distributive

distrital *adj* (Ven) local

distrito *m* district
(Compuestos)
• **distrito electoral** electoral district, constituency
• **distrito postal** postal district

Distrito Federal

A district of central Mexico, the seat of the federal government. It includes most of Mexico City and its suburbs, and comes under the direct supervision of the Mexican president

distrofia *f* dystrophy
(Compuesto) **distrofia muscular** muscular dystrophy

disturbio *m* **1** (perturbación del orden) disturbance **2** **disturbios** *mpl* (motín) riot, disturbances (journ)

disuadir [I1] *vt* to deter, discourage; **~ a algn DE algo** to dissuade sb FROM sth; **intentó ~lo de su propósito** she tried to talk him out of it *o* to dissuade him; **~ a algn DE QUE + SUBJ** to dissuade sb FROM -ING

disuasión *f* **1** (Mil, Pol) deterrence; **como ~** as a deterrent **2** (acción de convencer) dissuasion

disuasorio -ria, **disuasivo -va** *adj* ‹*tono/palabras*› dissuasive, discouraging; **medidas disuasorias** measures designed to act as a deterrent

disuelto -ta *pp*: *see* **disolver**

disyuntiva *f* dilemma

disyuntivo -va *adj* disjunctive

diuca *f* (Zool) diuca finch

diurético¹ -ca *adj* diuretic

diurético² *m* diuretic

diurno -na *adj* day (*before n*); **clases diurnas** daytime classes

diva *f* diva, prima donna; *ver tb* **divo**

divagación *f* digression; **déjate de divagaciones** stop rambling

divagar [A3] *vi* **1** (desviarse del tema) to digress **2** (hablar sin sentido) to ramble; **bebió mucho y empezó a ~** he drank a lot and he started to ramble

diván *m* couch

divergencia *f* difference; **han surgido ~s** differences *o* disagreements have arisen

divergente *adj* **1** ‹*opiniones*› differing (*before n*) **2** ‹*líneas/rayos*› divergent; ‹*caminos*› diverging (*before n*)

divergir [I7] *vi* «*opiniones/gustos*» to differ; «*líneas/rayos*» to diverge

diversidad *f* diversity; **existe una ~ de opciones** there is a variety *o* diversity of options

diversificación *f* diversification

diversificar [A2] *vt* to diversify
■ **diversificarse** *v pron* to diversify

diversión *f* 1 (esparcimiento) fun; **por ~** for fun; **te hace falta un poco de ~** you need a bit of enjoyment *o* fun 2 (espectáculo, juego): **aquí hay pocas diversiones** there isn't much to do here

d

diverso -sa *adj*
A (variado, diferente): **su obra es muy diversa** his work is very diverse; **seres de diversa naturaleza** various types of creatures; **ha desempeñado las más diversas actividades** she has engaged in a very wide range of activities
B (pl) (varios) various, several

divertido -da *adj* 1 (que interesa, divierte) ‹*espectáculo/fiesta*› fun, enjoyable; ‹*momento/situación*› entertaining; **es un tipo muy ~** he's a really fun guy, he's really fun to be with 2 (gracioso) funny

divertimento *m* (Mús) divertimento

divertir [I11] *vt* to amuse; **me divirtió muchísimo su reacción** I was greatly amused by his reaction
■ **divertirse** *v pron* (entretenerse) to amuse oneself; (pasarlo bien) to have fun; **¡que te diviertas!** have fun!, enjoy yourself!; **nos divertimos mucho en la fiesta** we had a really good time at the party; **sabe ~se solo** he knows how to keep himself amused

dividendo *m* 1 (Fin) dividend; ***dar ~s*** to pay off, pay dividends 2 (Mat) dividend 3 (Chi) (cuota) payment

dividir [I1] *vt* 1 (partir) to divide; **lo dividió en partes iguales/por la mitad** he divided it (up) into equal portions/in half; **seis dividido por** *or* **entre dos es igual a tres** (Mat) six divided by two equals *o* is three 2 (repartir) to divide, share (out); **dividieron la herencia entre los hermanos** the inheritance was shared (out) among the brothers 3 (separar): **el río divide el pueblo en dos** the river cuts the village in two 4 (enemistar) ‹*partido/familia*› to divide; ***divide y vencerás*** divide and conquer
■ **dividir** *vi* (Mat) to divide
■ **dividirse** *v pron* 1 «*célula*» to split; «*grupo/partido*» to split up; «*camino/río*» to divide; **nos dividimos en dos grupos** we split up into two groups 2 «*obra/período*»: **su obra se divide en cuatro períodos** his work can be divided into four periods; **el cuerpo humano se divide en ...** the human body is made up of ... 3 (repartirse) to divide up, share out

divierta, divirtió, etc *see* **divertir**

divinamente *adv* divinely, wonderfully

divinidad *f* 1 (deidad) deity, god 2 (cualidad) divinity 3 (fam) (preciosidad) delight

divinizar [A4] *vt* to deify

divino -na *adj* 1 (Relig) divine (*before n*) 2 (fam) ‹*chica/vestido*› delightful, divine

divisa *f*
A (Com, Fin) currency; **~s fuertes** strong currencies; **la fuga de ~s** the flight of capital; **el turismo es una fuente de ~s** tourism is a source of foreign currency
B 1 (emblema) emblem, insignia 2 (Taur) colored ribbons (*which indicate the bull's breeder*) 3 (lema) motto

divisar [A1] *vt* ‹*tierra/barco*› to sight, make out; **a lo lejos se divisaba un poblado** they (*or* he *etc*) could make out a village in the distance

divisible *adj* **~ POR algo** divisible BY sth

división *f* 1 (Mat) division; **hacer una ~** to do a division 2 (desunión) division 3 (del átomo) splitting; (de célula) division, splitting; (de herencia) division, sharing (out) 4 (Adm, Dep, Mil) division

divisor *m* divisor; **el máximo común ~** the highest common denominator

divisorio -ria *adj* dividing (*before n*); **pared/línea divisoria** dividing wall/line; **la línea divisoria de las aguas** the watershed

divo -va *m,f* (estrella) celebrity, star; (con actitud soberbia) prima donna; *ver tb* **diva**

divorciado¹ -da *adj* 1 ‹*persona*› divorced; **¿es usted ~?** are you divorced? 2 [ESTAR] ‹*ideas/actitudes*› incompatible

divorciado² -da (*m*) divorcé (esp AmE), divorcee (esp BrE); (*f*) divorcée (esp AmE), divorcee (esp BrE)

divorciar [A1] *vt* to divorce
■ **divorciarse** *v pron* to get divorced; **~se DE algn** to divorce sb, get divorced FROM sb

divorcio *m* 1 (Der) divorce; **demanda/sentencia de ~** divorce petition/ruling; **conceder el ~** to grant a divorce 2 (ruptura — entre dos planteamientos, ideas) discrepancy, difference; (— entre dos personas) split

divulgación *f* spreading

divulgar [A3] *vt* ‹*noticia/información*› to spread, circulate; ‹*secreto/plan*› to divulge
■ **divulgarse** *v pron* to spread

divulgativo -va *adj*: **programas de carácter ~** news programs (*o* documentaries *etc*)

dizque, diz que *adv* (AmL) 1 (según parece) apparently; **~ van a cerrarlo** apparently they're planning to close it down 2 (expresando escepticismo): **esta ~ democracia** this so-called democracy; **estaban allí, ~ trabajando** they were there, supposedly working; **no llamaron ~ para no molestar** they didn't phone because they didn't want to disturb us, or so they said

DJ /'di(d)ʒej/ *mf* (Méx) DJ

dl. (= **decilitro**) dl, deciliter*

dm. (= **decímetro**) dm, decimeter*

Dn. = **Don**

DNA *m* DNA

DNI *m* (Esp) = **Documento Nacional de Identidad**

> **DNI – Documento Nacional de Identidad**
> ▸ **carné de identidad**

Dña. = **Doña**

do¹ *m* (nota) C; (en solfeo) do, doh (BrE); **~ bemol/sostenido** C flat/sharp; **en ~ mayor/menor** in C major/minor

(Compuesto) **do de pecho**: ***el ~ de ~*** high C, top C; ***dar el ~ de ~*** to give one's best

do. (= **domingo**) Sun

D.O. *f* = **Denominación de Origen**

doberman *mf* /'doβerman/ (*pl* **-mans**) Doberman (pinscher)

dobladillo *m* hem; **subirle/bajarle el ~ a un vestido** to take up/let down the hem of a dress

doblaje *m* dubbing

doblar [A1] *vt*
A ‹*camisa/papel*› to fold; ‹*brazo/vara*› to bend
B ‹*esquina*› to turn, go around; ‹*cabo*› to round
C (aumentar al doble) ‹*oferta/apuesta/capital*› to double; (tener el doble que): **le dobla la edad** *or* **la dobla en edad** he's twice her age
D 1 ‹*película*› to dub; **una película doblada al castellano** a film dubbed into Spanish 2 ‹*actor*› (en banda sonora) to dub; (en escena) to double for
■ **doblar** *vi*
A (torcer, girar) «*persona*» to turn; «*camino*» to bend, turn; **dobla a la izquierda** turn left
B «*campanas*» to toll; **~ a muerto** to knell (liter), to sound a death knell
■ **doblarse** *v pron*
A «*rama/alambre*» to bend; **~se de dolor/risa** to double up with pain/laughter
B «*precios/población*» to double

doble¹ *adj*
A ‹*whisky/flor/puerta*› double; ‹*café*› large; ‹*costura/hilo/consonante*› double; **lo veo todo ~** I'm seeing double; **cerrar con ~ llave** to double-lock; **apostar ~ contra sencillo** to bet two to one; **tiene ~ sentido** it has a double meaning; **calle de ~ sentido** *or* **dirección** two-way street

(Compuestos)
- **doble crema** *f* (Méx) double cream
- **doble fondo** *m* false bottom
- **doble juego** *m* double-dealing
- **doble nacionalidad** *f* dual nationality
- **doble personalidad** *f* split personality
- **doble tracción** *f* four-wheel drive

- **doble ve** *or* **doble u** *f: name of the letter* **W**
- **doble ventana** *f* double glazing

B (Andes, Ven fam) ‹*persona*› two-faced

doble² *m*

A (Mat): **los precios aumentaron el ~** prices doubled; **tardó el ~** she took twice as long; **el ~ de tres es seis** two threes are six; **lo hizo el ~ de rápido** she did it twice as quickly; **lleva el ~ de tela** it uses double the amount of fabric; **es el ~ de largo que de ancho** it's twice as long as it is wide; **~ o nada** double or quits; **el ~ QUE algn/algo** twice as much AS sb/sth; **tengo el ~ que tú** I have twice as much as you have

B **dobles** *mpl* (en tenis) doubles

(Compuestos)

- **dobles caballeros/damas** *mpl* men's/ladies' doubles
- **dobles mixtos** *mpl* mixed doubles

C (en béisbol) double

D (de campanas) toll, knell (liter)

doble³ *mf* **1▸** (actor, actriz) stand-in, double; (en escenas peligrosas) (*m*) stuntman; (*f*) stuntwoman **2▸** (persona parecida) (fam) double

doblegar [A3] *vt* (liter) ‹*voluntad*› to break; ‹*espíritu*› to crush; ‹*persona*› to humble; **no pudieron ~los** they were unable to crush their spirit

■ **doblegarse** *v pron* (liter) to yield (liter); **no se doblega ante nadie/por nada** she won't give in to anyone/anything

doblez *m*

A (en tela, papel) fold

B **doblez** *m or f* (falsedad) deceitfulness

doblón *m* doubloon

doce¹ *adj inv/pron* twelve; *para ejemplos ver* **cinco**; **son las ~ de la noche** it's twelve o'clock, it's midnight

doce² *m* (number) twelve

docena *f* dozen; **una ~ de huevos** a dozen eggs; **media ~** half a dozen

docencia *f* teaching

docente *adj* ‹*personal*› teaching (*before n*)

dócil *adj* ‹*niño/comportamiento*› meek, docile; ‹*perro/caballo*› docile, well-trained; ‹*pelo*› manageable

docilidad *f* meekness, docility

docto -ta *adj* learned, erudite; **~ EN algo** well versed IN sth

doctor -tora *m,f* doctor; **~ en derecho/filosofía** Doctor of Law/Philosophy

(Compuesto) **doctor honoris causa** honorary doctor

doctorado *m* doctorate, PhD

doctoral *adj* **1▸** (Educ) doctoral **2▸** (pey) ‹*tono/lenguaje*› pompous, pedantic

doctorarse [A1] *v pron* to earn *o* get one's doctorate, do one's PhD

doctrina *f* (ideología) doctrine; (enseñanza) teaching

doctrinal *adj* doctrinal

doctrinario -ria *adj* doctrinaire

documentación *f*

A (de persona) papers (*pl*); (de vehículo, envío) documents (*pl*), documentation (frml)

B (información) information, data (*pl*)

documentado -da *adj*

A ‹*informe/hecho*› documented; **están muy bien ~s sobre el tema** they're very well informed about the subject

B (frml) (con documentación): **la carga no iba documentada** the load did not have the necessary documentation *o* papers

documental¹ *adj* **1▸** (Cin, TV) ‹*programa/serie*› documentary (*before n*) **2▸** (Der) ‹*prueba*› documentary

documental² *m* documentary

documentar [A1] *vt*

A ‹*trabajo/hipótesis/solicitud*› to document

B (Méx) ‹*equipaje*› to check in

■ **documentarse** *v pron*

A (informarse) to do research; **se documentó bien** he did a lot of research

B (Méx) «*pasajero*» to check in

documento *m* **1▸** (Adm, Der) document; **no hay ningún ~ que lo pruebe** there is no documentary evidence to support it; **¿lleva algún ~ que pruebe su identidad?** do you have any (means of) identification? **2▸** (testimonio): **estas imágenes constituyen un ~ de la situación** these images bear witness to *o* are testimony to the situation

(Compuesto) **Documento Nacional de Identidad** (en Esp) National Identity Card

dodecafónico -ca *adj* twelve-tone, dodecaphonic (tech)

dodecasílabo *m* dodecasyllable

dogma *m* dogma

dogmático -ca *adj* dogmatic

dogmatismo *m* dogmatism

dogo *mf* mastiff

(Compuesto) **dogo alemán** Great Dane

dólar *m* dollar

dolencia *f* ailment, complaint

doler [E9] *vi* **1▸** «*inyección/herida/brazo*» to hurt; (+ *me/te/le etc*) **le duele una muela/la cabeza** she has (a) toothache/a headache; **me dolía el estómago** I had (a) stomachache; **me duele la garganta** I have a sore throat; **me duelen los pies** my feet ache; **¿dónde le duele?** where does it hurt?; **me duele todo (el cuerpo)** I ache all over **2▸** (apenar) (+ *me/te/le etc*): **me duele tener que decirte esto** I'm sorry to have to tell you this; **me duele tu deslealtad** I find your disloyalty very hurtful; **me dolió muchísimo lo que me dijo** I was deeply hurt by what he said; ***ahí te/le duele*** (fam) that's what's wrong with you/him **3▸** (importar): **no me duele el dinero que me he gastado** I don't regret spending that much money

■ **dolerse** *v pron* **~se DE algo** (sentirse herido) to be hurt BY sth; (arrepentirse) to regret sth; **se dolía de tantos años desperdiciados** he deeply regretted all those wasted years

dolido -da *adj* hurt; **estar ~ POR algo** to be hurt AT sth

dolmen *m* dolmen

dolor *m* **1▸** (físico) pain; **sentía mucho ~** he was in a lot of pain; **un ~ sordo** a dull ache; **~es reumáticos/de parto** rheumatic/labor• pains; **tener ~ de muelas/cabeza/garganta** to have a toothache/a headache/a sore throat; **fuertes ~es de estómago** sharp *o* severe stomach pains; **no me has dado más que ~es de cabeza** you have been a constant worry to me **2▸** (pena, tristeza) pain, grief; **el ~ de perder a un ser querido** the pain *o* grief of losing a loved one; **con todo el ~ de mi corazón tuve que decirle que no** it broke my heart, but I had to turn him down; **no sabes el ~ que me causa su indiferencia** you have no idea how much his indifferent attitude hurts *o* upsets me

dolorido -da *adj* **1▸** (físicamente): **estoy toda dolorida** I'm aching all over; **tengo el brazo muy ~** I've got a very sore arm **2▸** (afligido) hurt

doloroso -sa *adj* **1▸** ‹*tratamiento/enfermedad*› painful **2▸** ‹*decisión/momento/recuerdo*› painful; ‹*separación/espectáculo*› distressing, upsetting

doma *f* (de fieras) taming; (de caballos) breaking-in

domador -dora *m,f* (de fieras) tamer; (de caballos) horsebreaker, broncobuster (AmE)

domar [A1] *vt* **1▸** ‹*fieras*› to tame; ‹*caballo*› to break in **2▸** (fam) ‹*niño*› to bring *o* get … under control **3▸** (fam) ‹*zapatos*› to break in

domeñar [A1] *vt* (liter) ‹*pasiones/instintos*› to check, restrain; ‹*persona*› to subdue

domesticado -da *adj* tame, domesticated

domesticar [A2] *vt* ‹*animal*› to domesticate

domesticidad *f* domesticity

doméstico -ca *adj*

A ‹*vida/problemas/servicio*› domestic; ‹*gastos*› household; **tareas domésticas** housework; **para uso ~** for household use

B ‹*vuelo*› domestic

domiciliación *f* (Esp): **~ de la nómina** payment of one's salary direct into one's bank account; **~ de los pagos** payment by direct debit *o* (AmE) direct billing; Ⓢ **domiciliación bancaria** bank details

domiciliar [A1] *vt* (Esp) ‹*pago/letras*› to pay … by direct debit *o* (AmE) direct billing; ‹*sueldo*› to have … paid direct into one's bank account

d

■ **domiciliarse** *v pron* (frml) (residir) to reside (frml), to be domiciled (frml); **Juan Gallo, domiciliado en la calle Cita 29** Juan Gallo of 29 Cita Street; **están domiciliados en Inglaterra** they are domiciled in England (frml)

domiciliario -ria *adj* ‹*visita/cuidados*› home (*before n*)

domicilio *m* (frml) address; **en su ~ particular** at his home address; **sin ~ fijo** of no fixed abode (frml); **Pat Lee, con ~ en Londres/en el número 23 de Watson Rd** Pat Lee currently living in London/at 23 Watson Rd; Ⓢ **reparto a domicilio** home delivery service

(Compuesto) **domicilio social** registered office

dominación *f* [1] (Pol) domination [2] **dominaciones** *fpl* (Relig) dominions (*pl*)

dominante *adj*

A [1] ‹*color/tendencia*› predominant, dominant; ‹*opinión*› prevailing (*before n*); ‹*cultura*› dominant; **el rasgo ~ de su carácter** the dominant feature of his personality; **la nota ~ de la jornada fue la tranquilidad** calm prevailed throughout the day [2] (Biol, Mús, Astrol) dominant

B ‹*persona*› domineering

dominar [A1] *vt* [1] (controlar) ‹*nación/territorio/persona*› to dominate; ‹*pasión/cólera*› to control; ‹*vehículo/caballo*› to control; **dominado por la ambición/los celos** ruled by ambition/consumed by jealousy; **la policía dominó la situación en todo momento** the police had the situation under control at all times [2] ‹*idioma*› to have a good command of; ‹*tema/asignatura*› to know … very well; **no domino el tema** I'm no expert on the subject; **quería llegar a ~ el inglés** she wanted to master English; **domina un amplio vocabulario** she has a wide vocabulary [3] (abarcar con la vista): **desde allí se domina toda la bahía** there's a view over the whole bay from there [4] ‹‹*montaña/torre*›› to dominate

■ **dominar** *vi* ‹‹*color/tendencia*›› to predominate; ‹‹*opinión*›› to prevail; ‹‹*equipo*›› to dominate; **el tema que dominó en las negociones** the subject which dominated the talks

■ **dominarse** *v pron* ‹‹*persona*›› to restrain *o* control oneself

domingo *m* (día) Sunday; (Relig) Sabbath; *para ejemplos ver* **lunes**; **ropa/traje de ~** Sunday best; **vestido de ~** dressed in one's Sunday best; ***salir con un ~ siete*** (AmL fam): **ahora me sale con este ~ siete** now he springs this on me (colloq)

(Compuestos)

- **Domingo de Pascua** *or* **de Resurrección** Easter Sunday
- **Domingo de Pasión/Ramos** Passion/Palm Sunday

dominguero -ra *m,f* (fam) (conductor) Sunday driver; (excursionista) Sunday tripper

dominical *adj* Sunday (*before n*)

dominicano -na *adj/m,f* (Geog) Dominican

dominio *m*

A [1] (control) control; **perdió el ~ de sí mismo** he lost his self-control; **en pleno ~ de sus facultades** in full command of her faculties [2] (de idioma, tema) command; **se requiere perfecto ~ del inglés** fluent English *o* perfect command of English required; ***ser del ~ público*** to be public knowledge [3] (ámbito de ciencia, arte) sphere; **el ~ de la fantasía** the realms of fantasy

B [1] (Hist, Pol) dominion [2] **dominios** *mpl* (colonias) dominions (*pl*)

dominó *m* (*pl* **-nós**) [1] (juego) dominoes; **jugar** *or* (Esp, RPl) **al ~** to play dominoes [2] (ficha) domino

don¹ *m* [1] (liter) (dádiva) gift [2] (talento) talent, gift; **el ~ de la palabra** the gift of speech

(Compuestos)

- **don de gentes** ability to get on well with people; **tiene ~ de ~** he has a way with people
- **don de mando** leadership qualities (*pl*)

don² *m*

A [1] (con el nombre de pila, tratamiento de cortesía) ≈ Mr [2] (fam) (en motes) Mr

(Compuesto) **don nadie** *m* nobody

B (AmL) (uso popular): **¿qué le vendo, ~?** what can I do for you, buddy (AmE) *o* (BrE) guv? (colloq)

> **don/doña**
>
> The words *don*, for men, and *doña*, for women, are courtesy titles used before someone's name, when they are being spoken or written to. They are used for someone who is senior professionally, in age or socially. *Doña* is usually used only for married or widowed women, except in official documents, when it refers to any woman.*Don* and *doña* always precede a person's first name. "*¿Se va ya, don Juan?*" When talking about a third person you can use *don* and *doña* before their first name, which is followed by their surname: "*Don Juan Montesinos*". In correspondence, *don* and *doña* can be abbreviated to *D.* and *Dn.*, or *Dña.* and *Dª*, respectively, and can be preceded by the appropriate title *señor* or *señora*: "*Sr. Dn. Juan Montesinos*"; "*Sra. Dña. Ana Castellón*"

dona *f* (Méx) (Coc) doughnut, donut (AmE)

donación *f* donation; **~ de órganos/sangre** organ/blood donation; **hacer ~ de algo** to donate *o* give sth

donador -dora *m,f* donor

donaire *m* [1] (liter) (en los movimientos) grace, gracefulness; **moverse con ~** to move gracefully [2] (liter) (en la expresión): **está escrito con ~ y soltura** it is written with great charm and fluency

donante *mf* donor

donar [A1] *vt* ‹*bienes/dinero*› to donate, give; ‹*sangre*› to give, donate; ‹*órganos*› to donate

donativo *m* donation

doncella *f* [1] (arc) (virgen) maiden (liter) [2] (ant) (criada) maid

donde¹ *conj*

A [1] where; **la ciudad ~ se conocieron** the city where they met; (+ *subj*) **siéntate ~ quieras** sit wherever *o* where you like; **déjalo ~ sea** leave it anywhere [2] (con prep) where; **el café (en) ~ nos reuníamos** the café where we used to meet; **buscamos un lugar desde ~ ver el desfile** we looked for a place to watch the procession; **el país de ~ procede** the country it comes from; **de ~ se deduce que …** from which it can be deduced that …; **la ventana por ~ había entrado** the window through which he had got in; **sigue ~ mismo** (Chi fam) he's still in the same place

B (esp AmL fam) (+ *subj*) (si) if; **~ lo vuelvas a hacer …** if you do it again …

C (Chi fam) (porque) because

donde² *prep* (esp AmL, en algunas regiones crit): **ve ~ tu hermana y dile que …** (a su casa) go over to your sister's and tell her …; (al lugar donde está ella) go and tell your sister …; **es allí ~ el semáforo** it's there by *o* at the traffic lights

dónde *adv*

A where; **¿~ está?** where is it?; **¿de ~ es?** where is he from?; **¿por ~ quieres ir?** which way do you want to go?; **no sé por ~ queda** I don't know where it is; **no sé ~ lo guardé** I don't know where I put it

B (Chi, Méx, Per) (cómo) how; **¡~ íbamos a imaginar que …!** how were we to imagine that …!

dondequiera *adv*: **~ QUE** wherever; **la encontraré, ~ que esté** I'll find her wherever she is *o* wherever she may be

donjuán *m* (tenorio) womanizer, Don Juan

donoso -sa *adj* (en los movimientos) graceful; (en el habla) amusing, witty

doña *f* ▸ **Don**

A (tratamiento de cortesía, con el nombre de pila) ≈ Mrs/Ms; **~ Cristina Fuentes** Mrs/Ms Cristina Fuentes; **~ Cristina** Mrs Fuentes; **Sra D~ Cristina Fuentes Girón** (Corresp) Mrs/Ms C Fuentes Girón

B (fam) (en motes) Miss

C (AmL) (uso popular): **no me toque la fruta, ~** don't handle the fruit, dear *o* (AmE) lady

dopado -da *adj* [ESTAR] drugged; **el corredor estaba ~** the runner had taken drugs

dopar [A1] *vt* ‹*enfermo*› to drug, dope (colloq); ‹*caballo*› to dope

■ **doparse** *v pron* (*refl*) to take drugs

doping *m* (Equ) doping; (Dep) drug-taking

doppler *m* /'dopler/ [1] (ecografía) (ultrasound) scan; **le hicieron un ~** they gave him a scan [2] (instrumento) scanner

doquier *adv* (liter): **por ~** everywhere, all around

doquiera *adv* (liter) wherever; **~ que tú vayas** wherever you (may) go

dorada *f* gilthead (bream)

dorado¹ -da *adj* [1] ‹*botón/galones*› gold; ‹*pintura*› gold, gold-colored*; ‹*cabello*› (liter) golden [2] ‹*época*› golden

dorado² *m* (acción) gilding; (capa) gilt

dorar [A1] *vt* ‹*marco/porcelana*› to gild; (Coc) ‹*cebolla/papas*› to brown

■ **dorarse** *v pron* (Coc) to brown; **rehogar la cebolla hasta que se dore** sauté the onion until golden brown

dórico -ca *adj* Dorian, Doric

dormida *f* (AmL) sleep; **paramos para echar una ~** we stopped for a sleep *o* to have a sleep

dormido -da *adj* [1] (durmiendo) asleep; **estar/quedarse ~** to be/to fall asleep [2] (fam) (distraído) half asleep [3] (sin sensibilidad): **tengo la pierna dormida** my leg's gone to sleep (colloq)

dormilón¹ -lona *adj* (fam): **es muy ~** he's a real sleepyhead (colloq)

dormilón² -lona *m,f* [1] (fam) (persona) sleepyhead (colloq) [2] **dormilona** *f* (Ven) (camisón) nightdress

dormir [I16] *vi* to sleep; **¡niños, a ~!** it's time for bed, children!; **no dormí nada** I didn't sleep a wink; **necesito ~ ocho horas** I need eight hours' sleep; **no me deja ~ (en** *or* (Esp) **por la noche)** it keeps me awake at night; **dormimos en un hotel** we spent the night in a hotel; **durmió de un tirón** she slept right through (the night); **se fue a ~ temprano** he went off to bed early, he had an early night; **~ *a pierna suelta*** (fam) to sleep the sleep of the dead; **~ *como un lirón*** *or* ***un tronco*** *or* ***un bendito*** to sleep like a log (colloq)

■ **dormir** *vt* [1] (hacer dormir): **durmió al niño** she got the baby off to sleep; **sus clases me duermen** his classes send *o* put me to sleep; **~ *la mona*** *or* **~*la*** (fam) to sleep it off (colloq) [2] (anestesiar) to give … a general anesthetic, to put … out (colloq); **todavía tengo este lado dormido** this side is still numb [3] **~ la siesta** to have a siesta *o* nap

■ **dormirse** *v pron* [1] (conciliar el sueño) to fall asleep; (lograr conciliar el sueño) to get to sleep; **casi me duermo en la clase** I almost fell asleep *o* (colloq) dropped off in class; **no podía ~me** I couldn't get (off) to sleep [2] (no despertarse) to oversleep, sleep in (AmE) [3] «*pierna/brazo*» (+ *me/te/le etc*) to go to sleep (colloq); **se me durmió el pie** my foot went to sleep [4] (fam) (distraerse, descuidarse): **no te duermas** don't waste any time

dormitar [A1] *vi* to doze, snooze (colloq)

dormitorio *m* (en casa) bedroom; (en colegio, cuartel) dormitory

dorsal¹ *adj* dorsal

dorsal² *m* (Esp) number; **Prieto, con el ~ 2** Prieto, wearing the number 2 shirt

dorso *m* [1] (de un papel) back; **instrucciones al ~** instructions overleaf; **escriba su dirección al ~** write your address on the back; Ⓢ **sigue al dorso** please turn over, P.T.O. [2] (de la mano, animal) back; **nadar de ~** (Méx) to swim (the) backstroke

dos¹ *adj inv/pron* two; **lo hicimos entre los ~** we did it between the two of us; **ellos ~ que se queden** the two of them should stay; **sujétalo con las ~ manos** hold it with both hands; **se rompió las ~ piernas** he broke both (his) legs; **cantaron los ~** they both sang; **llamó ~ veces** he called twice; **caminaban de ~ en ~** they walked in pairs; **entraron de ~ en ~** *or* (CS) **de a ~** they came in two at a time *o* two by two; (*para más ejemplos ver tb* **cinco**) ***cada ~ por tres***: **me llama cada ~ por tres** he phones me up every five minutes; **se me avería cada ~ por tres** it's always breaking down on me; ***como (que) ~ y ~ son cuatro*** as sure as the day is long (AmE), as sure as night follows day (BrE); ***no hay ~ sin tres*** misfortunes/these things always come in threes; ***ya somos ~*** that makes two of us

(Compuestos)

- **dos piezas** *m* suit, two-piece suit
- **dos puntos** *mpl* colon

dos² *m* (number) two; *para ejemplos ver* **cinco**; ***en un ~ por tres*** in a flash; ***hacer del ~*** (Méx, Per fam) to do a pooh (used to or by children)

doscientos¹ -tas *adj/pron* two hundred; *para ejemplos ver* **quinientos**

doscientos² *m* (number) two hundred

dosel *m* (de cama) canopy; (de trono, púlpito) baldachin

dosificar [A2] *vt* [1] ‹*medicamento*› to dose [2] ‹*esfuerzo/cariño*› to be sparing with; **van a tener que ~ sus viajes al extranjero** (fam) they're going to have to cut down on *o* ration their trips abroad

dosis *f* (*pl* ~) [1] (Med) dose; **la ~ máxima/recomendada** the maximum/recommended dose *o* dosage [2] (cantidad): **con una buena ~ de paciencia/humor** with a good deal of patience/humor; **lo aguanto pero en pequeñas ~** I can put up with him but only in small doses

dossier *m* /do'sje(r)/ (expediente) dossier, file; (Period) report

dotación *f* [1] (frml) (de dinero, equipamiento): **una ~ de ayuda de $500 millones** an aid package of $500 million; **piden mejores dotaciones** they are asking for increased funding [2] (de personal): **la ~ de profesores del colegio es insuficiente** the school is understaffed; **una ~ de 50 bomberos** a team of 50 firefighters [3] (Náut) crew

dotado -da *adj* ‹*persona*› gifted; **es una chica muy bien dotada** (hum) she's very well-endowed (hum); **estar ~ DE algo** «*persona*» to be blessed WITH sth; «*cocina/oficina*» to be equipped WITH sth

dotar [A1] *vt* [1] (frml) ‹*institución/organismo*› **~ (A) algo DE** *or* **CON algo** to equip/provide sth WITH sth; **ha sido dotada de plenos poderes** it has been invested with *o* given full powers; **~ algo de fondos** to fund sth; **~ a algn de fondos** to provide sb with funds; **~on el premio con cinco millones de pesos** (frml) they set the prize money at five million pesos [2] «*naturaleza/Dios*» **~ a algn DE** *or* **CON algo** to endow *o* bless sb WITH sth [3] ‹*mujer*› **~ a algn CON algo** to give sb a dowry of sth

dote *f*

A (de novia) dowry

B **dotes** *fpl*: **~s para el canto** a talent for singing; **~s de mando** leadership qualities; **es un alumno con excelentes ~s** he's a very gifted pupil

doy *see* **dar**

Dpto. *m* (= **Departamento**) Dept

Dr. *m* (= **Doctor**) Dr

Dra. *f* (= **Doctora**) Dr

dracma *m* drachma

draga *f* (máquina) dredge, dredger; (barco) dredger

dragado *m* dredging

dragaminas *m* (*pl* ~) minesweeper

dragar [A3] *vt* ‹*río*› to dredge; ‹*minas*› to sweep for

dragón *m*

A (Mit) dragon; (Hist, Mil) dragoon

B (Bot) snapdragon

drama *m*

A (Lit, Teatr) (género teatral) drama, theater*; (obra) play, drama

B (catástrofe, desgracia) drama; **hacer un ~ de algo** (fam) to make a big deal out of sth

dramático -ca *adj* dramatic; **un autor ~** a playwright *o* dramatist

dramatismo *m* dramatic quality *o* character

dramatización *f* dramatization

dramatizar [A4] *vt* to dramatize

dramaturgo -ga *m,f* dramatist, playwright

drástico -ca *adj* ‹*remedio/medida*› drastic; **de manera drástica** drastically

drenaje *m* drainage

drenar [A1] *vt* (Agr, Med) to drain

driblar [A1], **driblear** [A1] *vt* to dribble past *o* around

drible *m* dribble

dril *m* drill

droga *f*

A drug; **el problema de la ~** the drug problem; **~s duras/blandas** hard/soft drugs

B (Méx fam) (deuda) debt

drogadicción *f* (drug) addiction

drogadicto¹ -ta *adj* addicted to drugs; **tiene un hijo ~** her son is a drug addict

drogadicto² -ta *m,f* drug addict

d

drogar [A3] *vt* to drug
■ **drogarse** *v pron (refl)* to take drugs
drogata *mf* (fam) junkie (colloq)
drogodependencia *f* (frml) drug dependency *o* dependence
drogodependiente[1] *adj* (frml) drug-dependent
drogodependiente[2] *mf* (frml) drug addict
drogómano -na *adj/m,f* (Ven) ▸ **drogadicto**[1,2]
droguería *f* 1 (Esp) (tienda) *store selling cleaning materials and other household goods* 2 (Col) (farmacia) drugstore (AmE), chemist's (BrE) 3 (RPl) (de productos químicos) pharmaceutical wholesaler's
dromedario *m* dromedary
druida *m* druid
dto. *m* = **descuento**
dual *adj/nm* dual
dualidad *f* duality
dubitativo -va *adj* doubtful
Dublín *m* Dublin
dublinés -nesa *m,f* Dubliner
ducado *m* 1 (título) dukedom; (territorio) duchy, dukedom 2 (moneda) ducat
ducha *f* shower; **darse** *or* (fam) **pegarse una ~** to take *o* (BrE) have a shower; **fue como una ~ de agua fría** it came like a bolt from the blue.
(Compuesto) **ducha de teléfono** hand-held shower
duchar [A1] *vt*: **~ a algn** to give sb a shower
■ **ducharse** *v pron (refl)* to take *o* (BrE) have a shower
ducho -cha *adj* **~ EN algo** (bien informado) knowledgeable ABOUT sth, well versed IN sth; (experimentado) experienced IN sth
dúctil *adj* 1 ‹*metal*› ductile; ‹*material/arcilla*› malleable, ductile 2 ‹*persona/carácter*› malleable, easily influenced
ductilidad *f* 1 (de metal) ductility; (de otro material) malleability, ductility 2 (de persona) malleability
ducto *m* 1 (Méx) (de gas, petróleo) pipeline 2 (Ur) (para la basura) garbage chute (AmE), rubbish chute (BrE) 3 (Col, Ven) (de ventilación) duct, shaft
duda *f*
A (interrogante, sospecha) doubt; **expuso sus ~s sobre ...** he expressed his reservations about ...; **tengo unas ~s para consultar** I have a few points I'd like to check; **me ha surgido una ~** there's something I'm not sure about; **¿tienen alguna ~?** are there any queries *o* questions?; **lo asaltó una ~** he was seized by doubt; **no hay ni sombra de ~ sobre su culpabilidad** there can be no doubt about his guilt; **nunca tuve la menor ~ de que tenía razón** I never doubted that he was right; **su honestidad está fuera de (toda) ~** his honesty is beyond (all) doubt; **de eso no cabe la menor ~** there's absolutely no doubt about that; **no cabe ninguna ~** *or* **la menor ~** there cannot be the slightest doubt; **no te quepa la menor ~** make no mistake!; **lo pongo en ~** I doubt it; **sin ~** *or* **sin lugar a ~s** undoubtedly; **sin ~ ya te lo habrás preguntado** no doubt you'll have already asked yourself that question; **para salir de ~s** just to be doubly sure; **su manera de actuar no dejaba lugar a ~s** his behaviour left little room for doubt; ***ante*** *or* ***en la ~, abstente*** if in doubt, don't
B (estado de incertidumbre, indecisión): **ahora me has hecho entrar en (la) ~** now you've made me wonder; **no sé que hacer, estoy en (la) ~** I don't know what to do; I'm of (AmE) *o* (BrE) in two minds about it; **a ver si puedes sacarme de la ~** do you think you can clear something up for me?; **si estás en (la) ~ no lo compres** if you're not sure don't buy it
dudar [A1] *vt* to doubt; **nunca lo dudé** I never doubted it; **dudo que te haya dicho la verdad** I doubt if *o* whether he's told you the truth; **es el mejor, no lo dudes** it's the best one, take it from me; **yo hice todo lo que pude — no lo dudo, pero ...** I did everything I could — I'm sure you did, but ...
■ **dudar** *vi*: **cómpralo, no sigas dudando** go ahead and buy it, stop dithering; **está dudando entre comprar y alquilar** she can't make up her mind whether to buy or rent; **~ EN + INF** to hesitate to + INF; **no dudes en llamarme** don't hesitate to call me; **~ DE algo/algn** to doubt sth/sb
dudoso -sa *adj* 1 (incierto) doubtful; **lo veo ~** it's doubtful, I doubt it; **su participación aún está dudosa** it is still uncertain whether they will take part 2 ‹*costumbres/moral*› dubious, questionable; ‹*victoria*› dubious; ‹*decisión*› dubious; **de ~ gusto** in dubious taste 3 (indeciso) hesitant, undecided
duela *f* (Méx) (del suelo) floorboard
duele, duelen, etc *see* **doler**
duelo *m*
A 1 (dolor) sorrow, grief; (luto) mourning; **estar de ~** to be in mourning; Ⓢ **cerrado por duelo** (AmL) closed owing to bereavement; **~ nacional** national mourning 2 (Esp frml): **el ~** (el cortejo) the cortege; (los deudos) the mourners (*pl*)
B (desafío) duel; **retar a ~** to challenge ... to a duel; **batirse en ~** to fight a duel
(Compuesto) **duelo a muerte** duel to the death
duende *m* 1 (en cuentos) goblin, imp 2 (espíritu) spirit (*which inhabits a house or room*) 3 (encanto, magia): **un pueblo con ~** an enchanting village; **un cantante que tiene ~** a singer with a certain magic about him
dueño[1] **-ña** *adj*
A [SER] (libre) **~ DE + INF** free to + INF, at liberty to +INF (frml); **eres muy ~ de hacer lo que te parezca** you're free *o* you are perfectly at liberty to do what you like
B [SER] (indicando control): **fueron ~s de la situación en todo momento** they were in control of the situation at all times; **la policía se hizo dueña de la situación** the police brought the situation under control *o* gained control of the situation; **no era ~ de sí mismo** he was not in control of himself
dueño[2] **-ña** *m,f* 1 (de casa, pensión) (*m*) owner, landlord; (*f*) owner, landlady; (de negocio) (*m*) owner, proprietor; (*f*) owner, proprietress; **¿tiene ~ esto?** does this belong to anyone? 2 (de perro) owner
(Compuestos)
- **dueña de casa** *f* (Chi) (ama de casa) housewife
- **dueño de casa, -ña de casa** *m,f* (AmL) (propietario) householder; (en fiesta) (*m*) host; (*f*) hostess; **los ~s de ~** (Dep) the home team

duerma, duermas, etc *see* **dormir**
duermevela *m* light sleep
dueto *m* duet
dulce[1] *adj* 1 ‹*fruta/vino*› sweet; **está muy ~** it's very/too sweet; **prefiero lo ~ a lo salado** I prefer sweet things to savory ones 2 ‹*agua*› fresh; **pez de agua ~** freshwater fish 3 ‹*persona*› gentle, kind; ‹*sonrisa/voz*› sweet; ‹*música*› soft, sweet; **tiene un carácter muy ~** she has a very sweet nature
(Compuesto) **dulce espera** *f* (esp AmL): **durante la ~ ~** while I/she was expecting
dulce[2] *m* 1 (AmL exc RPl) (golosina) candy (AmE), sweet (BrE) 2 (RPl) (mermelada) jam; **~ de frutilla/durazno** strawberry/peach jam 3 (AmC) (azúcar) *type of sugarloaf* 4 **dulces** *mpl* (cosas dulces) sweet things (*pl*)
(Compuestos)
- **dulce de leche** (RPl) caramel spread (*made by boiling down milk and sugar*)
- **dulce de membrillo** quince jelly

dulcificar [A2] *vt* ‹*persona*› to mellow; ‹*vejez*› to make ... more pleasant
■ **dulcificarse** *v pron* «*carácter/persona*» to mellow, soften
dulzaina *f*: *instrument similar to a clarinet*
dulzón -zona *adj* ‹*pastel/licor*› sickly sweet; ‹*música/palabras*› slushy (colloq), schmalzy (colloq)
dulzor *m* sweetness, sweet taste
dulzura *f* sweetness; **la ~ de su mirada** the sweetness of his eyes; **habló con ~** she spoke kindly *o* gently; **los trata con mucha ~** she's very sweet *o* gentle with them
duna *f* dune
dundo -da *adj* (AmC fam) dumb (colloq)
dúo *m* 1 (composición) duet, duo 2 (de músicos, instrumentos) duo; **a ~**: **lo cantaron a ~** they sang it as a duet; **contestaron a ~** they answered in unison

duodécimo -ma *adj/pron* 1 (ordinal) twelfth 2 (partitivo): **la duodécima parte** a twelfth; *para ejemplos ver* **quinto**

duodeno *m* duodenum

dupleta *f* (Per, Ven) double

dúplex *m* (*pl* ~) 1 (apartamento) duplex apartment, maisonette (BrE) 2 (Méx) (casa) semi-detached house

duplicado[1] -da *adj* duplicated; **por ~** in duplicate

duplicado[2] *m* copy, duplicate

duplicar [A2] *vt* ‹*documento/llave*› to copy, duplicate
■ **duplicarse** *v pron* «*número*» to double

duplicidad *f* duplicity, deceitfulness

duplo *m*: **el ~ de dos es cuatro** two times two is four

duque *m* duke

duquesa *f* duchess

duración *f* 1 (de película, acto, curso) length, duration 2 (de pila, bombilla) life; **pila de larga ~** long-life battery; ▸**disco[1] A**

duradero -ra *adj* ‹*amistad/recuerdo*› lasting (*before n*); ‹*ropa/zapatos*› hardwearing, longwearing (AmE)

duramente *adv* ‹*castigar/tratar*› harshly; ‹*trabajar*› hard

durante *prep* (en el transcurso de) during; (cuando se especifica la duración) for; **~ 1980** during *o* in 1980; **gobernó el país ~ casi dos décadas** she governed the country for almost two decades; **~ la semana** during the week; **trabajé en casa ~ toda esa semana** I worked at home all that week; **los precios aumentaron un 0,3% ~ el mes de diciembre** prices rose by 0.3% in December; **su condición ha empeorado ~ los últimos días** his condition has worsened over the last few days

durar [A1] *vi* 1 «*reunión/guerra/relación*» to last; **¿cuánto dura la película?** how long is the film?; **no le duró nada el entusiasmo** his enthusiasm didn't last long 2 «*coche/zapatos*» to last; **~ más** to last longer; **las secretarias no le duran nada** her secretaries don't stay long 3 (Col, Ven) (tardar) to take; **duró una semana a llegar** it took a week to arrive
■ **durarse** *v pron* (Ven): **no te dures tanto en el baño** don't take so long in the bathroom; **me duré muchísimo haciendo el mercado** it took me ages to do the shopping

durazno *m* (esp AmL) (fruto) peach; (árbol) peach tree

durex® *m* (AmL) Scotch tape® (AmE), Sellotape® (BrE), sticky tape (BrE)

dureza *f*
A (de mineral, del agua) hardness; (de material) hardness, toughness; (de la carne) toughness
B 1 (severidad, inflexibilidad) harshness; **nos trataban con ~** they treated us harshly; **fue castigado con ~** he was severely punished; **me miró con ~** he gave me a stern look 2 (en el deporte) roughness

durmiera, durmió, etc *see* **dormir**

duro[1] -ra *adj*
A ‹*mineral*› hard; ‹*material*› hard, tough; ‹*asiento/colchón*› hard; ‹*carne*› tough; ‹*músculo*› hard; ‹*pan*› stale; **las peras todavía están duras** the pears aren't ripe yet
B ‹*luz/voz*› harsh; ‹*facciones*› hard, harsh; ‹*agua*› hard
C 1 (severo, riguroso) ‹*persona*› harsh, hard; ‹*castigo/palabras*› harsh, severe; ‹*crítica/ataque*› harsh; ‹*clima*› harsh; ‹*juego*› rough, hard; **estuviste** *or* **fuiste demasiado ~ con él** you were too hard on him; **una postura más dura** a tougher line; **los defensores de la línea dura** the hardliners 2 (difícil, penoso) ‹*trabajo/vida*› hard, tough; **fue un golpe muy ~ para ella** it was a very hard blow for her; ***a las duras y a las maduras*** through thick and thin (colloq); ***estar ~*** (Méx fam) (poco probable) to be unlikely; (muy difícil) to be tough; **está ~ que nos aumenten el sueldo** it's unlikely that we'll get a pay rise; ***estar ~ de pelar*** (fam) ‹*problema*› to be tough *o* hard (colloq); ***ser ~ de pelar*** (fam) ‹*persona*› to be a hard *o* tough nut to crack
D (Per) (tacaño) (fam) tight (colloq), stingy (colloq)

duro[2] *adv* (esp AmL) ‹*trabajar/estudiar/llover*› hard; **¡pégale ~!** hit him hard!; **le estamos dando ~** we're working hard on it; **hable más ~** (Col, Ven) speak up!; **reírse ~** (Col, Ven) to laugh loudly; **agárrense ~** (Col, Ven) hold on tight; ***~ y parejo*** (AmL fam) flat out; **darle ~ y parejo al trabajo** to work flat out

duro[3] *m*
A (en España) (Hist) five-peseta coin; ***estar sin un ~*** (Esp fam) to be broke (colloq)
B 1 (fam) (en películas) tough guy 2 (Pol) hardliner

D/V., d.v. (Com, Corresp) = **días vista**

Ee

E, **e** *f* (*pl* **es**) (*read as* /e/) *the letter* **E, e**

e *conj* [*used instead of* **y** *before* **i-** *or* **hi-**] and; **España e Italia** Spain and Italy

E. (= **Este**) E, East

ea *interj* (expresando resolución) so there!; (para animar) come on!

EAU *mpl* (= **Emiratos Árabes Unidos**) UAE

ebanista *mf* cabinetmaker

ebanistería *f* (oficio, arte) cabinetmaking; (taller) cabinet-maker's workshop

ébano *m* ebony

ébola, ebola *m* Ebola fever

ebonita *f* ebonite, vulcanite

ebriedad *f* (frml) inebriation (frml), drunkenness

ebrio, **ebria** *adj* (frml) inebriated (frml), drunk; **~ de ira** (liter) blind with rage

ebullición *f* **1▸** (Coc, Fís): **cuando entre en ~** when it comes to the boil; **punto de ~** boiling point **2▸** (agitación) turmoil

eccema *m* eczema

echada *f* (Méx fam) **1▸** (mentira) lie **2▸** (fanfarronada) boast

echado -da *adj* [ESTAR] (acostado): **está ~ en el sofá** he's lying down on the sofa; ***ser ~ para atrás*** (fam) to be full of oneself (colloq); ***ser muy ~ p'alante*** (fam) (ser audaz, luchador) to be assertive; (ser descarado) to be pushy (colloq)

echador¹ -dora *adj* (Méx fam) boastful

echador² -dora *m,f* (Méx fam) boaster (colloq)

(Compuesto) **echador -dora de cartas** *m,f* fortune-teller (*who reads cards*)

echar [A1] *vt*

(*Sentido* I)

A **1▸** (lanzar, tirar) to throw; **lo eché a la basura** I threw it out *o* away; **echó la moneda al aire** he tossed the coin; **~on el ancla/la red** they cast anchor/their net; **echó la cabeza hacia atrás** she threw her head back; **le echó los brazos al cuello** she threw her arms around his neck; ***~ a algn a perder*** to spoil sb; ***~ algo a perder*** to ruin sth; ***~ de menos algo/a algn*** to miss sth/sb **2▸** (soltar): **les ~on los perros** they set the dogs on them **3▸** (Jueg) ‹*carta*› to play, put down; **~le las cartas a algn** to read sb's cards

B (expulsar) ‹*persona*› (de trabajo) to fire (colloq), to sack (BrE colloq); (de bar, teatro) to throw … out; (de colegio) to expel; **me echó de casa** he threw me out (of the house)

C ‹*carta*› to mail (AmE), to post (BrE)

D **1▸** (pasar, correr) ‹*cortinas*› to pull, draw; **échale (la) llave** lock it; **la persiana estaba echada** the blinds were down; **¿echaste el cerrojo?** did you bolt the door? **2▸** (mover): **lo echó para atrás** she pushed (*o* moved *etc*) it backward(s)

E (expeler, despedir) ‹*olor, humo, chispas*› to give off; **echaba espuma por la boca** he was foaming at the mouth

F (producir) **1▸** ‹*hojas*› to sprout; **ya está echando flores** it's flowering already **2▸** ‹*dientes*› to cut; **estás echando barriga** (fam) you're getting a bit of a tummy (colloq)

(*Sentido* II)

A **1▸** (poner) ‹*leña/carbón*› to put; ‹*gasolina*› to put in; **¿le echas azúcar al café?** do you take sugar in your coffee?; **échale valor y díselo** (fam) just pluck up your courage and tell him **2▸** (servir, dar) to give; **¿te echo más salsa?** do you want some more sauce?; **~ de comer a los cerdos** to feed the pigs

B **1▸** (decir, dirigir) ‹*sermón/discurso*› (+ *me/te/le etc*): **me echó un sermón** (fam) he gave me a real talking-to (colloq); **le echó una maldición** she put a curse on him **2▸** (fam) (imponer) ‹*condena/multa*› (+ *me/te/le etc*) to give; **le ~on una multa** he got a fine, they gave him a fine; **me ~on dos años** I got two years (colloq)

C (fam) (calcular) (+ *me/te/le etc*): **¿cuántos años me echas?** how old do you think I am?; **de aquí a tu casa échale una hora** it's *o* it takes about an hour from here to your house

D (Esp fam) (dar, exhibir) ‹*programa/película*› to show; **¿qué echan en la tele?** what's on TV?

(*Sentido* III) ‹*cigarillo/trago*› to have; **~ una firma** to sign; **~ el freno** to put the brake on; **me echó una mirada furibunda** she gave me a furious look; **~le la culpa a algn** to put *o* lay the blame on sb

(*Sentido* IV) **echar abajo** ‹*edificio*› to pull down; ‹*gobierno*› to bring down; ‹*proyecto*› to destroy; ‹*esperanzas*› to dash; ‹*moral*› to undermine; **~on la puerta abajo** they broke the door down

■ **echar** *vi*

A (empezar) **~ A + INF** to start *o* begin to + INF, start *o* begin -ING; **echó a correr** he started to run *o* started running; **las palomas ~on a volar** the doves flew off

B (dirigirse): **echó calle abajo** she went off down the street; **echa por aquí** go down here

C **~ para adelante** *or* (fam) **p'alante**: **echa para adelante un poco** go forward a little; **echa p'alante, que ya llegamos** keep going, we're nearly there

■ **echarse** *v pron*

(*Sentido* I)

A **1▸** (tirarse, arrojarse) to throw oneself; **me eché al suelo** I threw myself to the ground; **~se de cabeza al agua** to dive into the water; **échate hacia atrás** lean back; **la noche se nos echó encima** night fell suddenly; ***~se a perder*** «*comida*» to go bad, go off (BrE); «*cosecha/proyecto/plan*» to be ruined **2▸** (tumbarse, acostarse) to lie down **3▸** (apartarse, moverse) (+ *compl*): **se echó a un lado** she moved to one side; **échate un poco para allá** move over that way a bit; ***~se atrás*** to back out; ***echárselas*** (Chi fam): **se las echó** he upped and left (colloq); ***echárselas de algo*** (fam): **se las echa de culto** he likes to think he's cultured **4▸** «*aves*» to brood

B **1▸** (ponerse) to put on; **~se crema** to put cream on; **se echó el abrigo por los hombros** she put the coat around her shoulders **2▸** (Esp fam) ‹*novio/novia*›: **se ha echado novia** he's found *o* got himself a girlfriend **3▸** (Méx fam) (beberse) to drink

C (expulsar): **~se un pedo** to fart (colloq)

D (Méx fam) (romper) to break; ***~se a algn*** (Méx fam) to bump sb off (colloq)

E (Col fam) (tardar) ‹*horas/días*› to take

(*Sentido* II) (empezar) ▸**echar** *vi* **A**

echarpe *m* shawl, stole

echazón *m* (Náut) jetsam

echón¹, **echona** *adj* (Ven fam) bigheaded (colloq)

echón², **echona** *m,f* (Ven fam) bighead (colloq)

ECJ *f* (= **enfermedad de Creutzfeld Jakob**) CJD

eclecticismo *m* eclecticism

ecléctico -ca *adj/m,f* eclectic
eclesial *adj* (Méx) eclesiastical, church (*before n*)
eclesiástico[1] -ca *adj* ecclesiastical, church (*before n*)
eclesiástico[2] *m* (clérigo) ecclesiastic
eclipsar [A1] *vt* 1 (Astron) to eclipse 2 ‹*persona*› to outshine, eclipse
■ **eclipsarse** *v pron* to disappear
eclipse *m* eclipse; ~ **lunar** *or* **de luna** eclipse of the moon, lunar eclipse; ~ **solar** *or* **de sol** eclipse of the sun, solar eclipse
eclosión *f* 1 (frml) (de larva) hatching, eclosion (tech) 2 (aparición, comienzo): **la ~ de la primavera** (liter) the dawn of spring (liter); **la crisis hizo ~ en julio** (period) the crisis broke *o* emerged in July
eco *m* (Fís) echo; **la cueva tiene ~** there's an echo in the cave; **hacer ~** to echo; **tuvo escaso ~ comercial** it made little commercial impact; ***hacerse ~ de algo*** to echo sth
(Compuesto) **ecos de sociedad** *mpl* society news
ecografía *f* ultrasound scan
école *interj* (fam) exactly!
ecología *f* ecology
ecológicamente *adv* ecologically, environmentally; **~ sería desastroso** it would be environmentally disastrous; **cultivar algo ~** to grow sth organically
ecológico -ca *adj* ‹*problema/estudio*› ecological; **deterioro ~** damage to the environment
ecologista[1] *adj* ecology (*before n*), environmentalist (*before n*)
ecologista[2] *mf* ecologist, environmentalist
ecólogo -ga *m,f* ecologist
economato *m* 1 (de empresa) company store 2 (Mil) PX (AmE), NAAFI shop (BrE)
economía *f*
A (ciencia) economics
(Compuestos)
- **economía doméstica** home economics, domestic science
- **economía política** political economy

B (de país) economy
(Compuesto) **economía de (libre) mercado** (free) market economy
C (ahorro): **hacer ~s** to economize; **con ~ de palabras** succinctly *o* concisely
(Compuesto) **economías de escala** *fpl* economies of scale
D (de persona, familia) finances (*pl*)
económicamente *adv* financially; **~, están muy bien** they are very well off financially
económico -ca *adj*
A ‹*crisis/situación*› economic (*before n*); ‹*problema/independencia*› financial
B 1 ‹*piso/comida*› cheap; ‹*restaurante/hotel*› cheap, inexpensive 2 (que gasta poco) ‹*motor*› economical; ‹*persona*› thrifty
economista *mf* economist
economizar [A4] *vt* ‹*tiempo*› to save; ‹*combustible/recursos*› to economize on, save; **~ palabras** to be very sparing with words
■ **economizar** *vi* to economize, save money
ecosistema *m* ecosystem
ecoturismo *m* ecotourism
ECU, ecu /'eku/ *m* ECU, ecu
ecuación *f* equation; **~ de primer/segundo grado** simple/quadratic equation
ecuador *m*
A (línea) equator
B **Ecuador** (país) Ecuador
ecualizador *m* equalizer
ecuánime *adj* (sereno) equable, even-tempered; (imparcial) impartial, unbiased
ecuanimidad *f* (serenidad) equanimity; (imparcialidad) impartiality
ecuatorial *adj* equatorial
ecuatoriano -na *adj/m,f* Ecuadorean
ecuestre *adj* equestrian
ecuménico -ca *adj* ecumenical
ecumenismo *m* ecumenicalism
eczema *m* eczema
Ed. 1 = **editorial** 2 (= **edición**) ed.
edad *f*
A (de persona, árbol) age; **un joven de unos quince años de ~** a boy of about fifteen; **¿qué ~ tiene?** how old is he?; **tienen la misma ~** they are the same age; **me dobla la ~** she is twice my age; **se saca** *or* **quita la ~** (AmL) he makes out (that) he's younger than he actually is; **aún no tiene la ~ suficiente** he's still not old enough ...; **de ~ madura** *or* **de mediana ~** middle-aged; **una persona de ~** an elderly person; **una niña de corta ~** a young girl; **desde temprana ~** from an early age; **niños en ~ escolar** children of school age; **la ~ adulta** adulthood; ***estar en ~ de merecer*** (ant *o* hum) to be of courting age (dated)
(Compuestos)
- **edad del pavo** (fam): **están en la ~ del ~** they're at that awkward age
- **edad mental** mental age
- **edad penal** age of criminal *o* legal responsibility

B (Hist) (época) age, period
(Compuestos)
- **edad antigua**: **la ~ ~** ancient times (*pl*)
- **edad contemporánea**: **la ~ ~** *the period from the French Revolution to the present day*
- **edad de bronce/de hierro/de piedra** Bronze/Iron/Stone Age
- **edad de oro** golden age
- **edad media**: **la ~ ~** the Middle Ages (*pl*)
- **edad moderna**: **la ~ ~** *the period from the last decade of the 15th Century up until the French Revolution*

edecán *m*
A (Mil) aide-de-camp
B **edecán** *mf* (Méx) (acompañante) escort
edema *m* edema*
Edén *m*: **el ~** (the Garden of) Eden
edición *f*
A (Impr, Period) (tirada) edition; (acción) publication; **una nueva ~** a new edition; **Ediciones Rivera** Rivera Publications; **al cerrar la ~ nos llegó la noticia** the news came in just as we were going to press
(Compuesto) **edición limitada/de bolsillo** limited/pocket edition
B (Rad, TV) program*, edition
C (frml) (de certamen, curso): **la cuarta ~ del Trofeo Carranza** the fourth Carranza Trophy; **la tercera ~ de estos cursos** the third series *o* round of these courses
edicto *m* edict
edificable *adj* ‹*terreno/superficie*› that can be built on
edificación *f* (edificio) building; (acción) construction, building
edificado -da *adj* built-up
edificante *adj* edifying
edificar [A2] *vt*
A ‹*edificio/pueblo*› to construct (frml), to build
B ‹*persona*› to edify (frml)
■ **edificar** *vi* to build
edificio *m* building
edil, edila *m,f* (Pol) councilor*
Edimburgo *m* Edinburgh
edípico -ca *adj* ‹*relación*› oedipal
editaje *m* editing
editar [A1] *vt*
A (publicar) ‹*libro/revista*› to publish
B (modificar) ‹*película/grabación/texto*› to edit; (Inf) to edit
editor[1] -tora *adj* publishing (*before n*)
editor[2] -tora *m,f*
A (que publica) publisher; (que revisa, modifica) editor
B **editor** *m* (Inf) editor
C **editora** *f* (empresa) publishing company *o* house
editorial[1] *adj* ‹*casa/actividad*› publishing (*before n*); ‹*puesto/decisión*› editorial
editorial[2] *f* (empresa) publishing company *o* house
editorial[3] *m* (en periódico) editorial, leading article

editorialista *mf* editorialist
edredón *m* eiderdown, comforter (AmE); (que se usa sin mantas) duvet, continental quilt (BrE)
educación *f*
A (enseñanza) education; (para la convivencia) upbringing
Compuestos
- **educación a distancia** correspondence courses (*pl*), distance learning
- **educación especial** special education, education for children with special needs
- **educación estatal/privada** state/private education
- **educación física/sexual** physical/sex education
- **educación preescolar** preschool education, nursery education (BrE)
- **educación primaria/secundaria/superior** primary/secondary/higher education
- **educación universitaria** university education, college education (AmE)
- **educación vocacional** (AmS) careers guidance

B (modales) manners (*pl*); **no tiene ~** he has no manners; **es una falta de ~** it's rude, it's bad manners
educacional *adj* educational, education (*before n*)
educado -da *adj* polite, well-mannered
educador[1] -dora *adj* educational (*before n*)
educador[2] -dora *m,f* (frml) teacher, educator (frml)
educando -da *m,f* (frml) pupil, student
educar [A2] *vt*
A 1 (Educ) to educate, teach; **los quieren ~ en un colegio bilingüe** they want them to be educated at a bilingual school 2 (para la convivencia) ‹*hijos*› to bring up; ‹*ciudadanos*› to educate
B ‹*paladar*› to educate; ‹*oído/voz*› to train
■ **educarse** *v pron* (hacer los estudios) to be educated; **me eduqué viajando por el mundo** I learned about life traveling around the world
educativo -va *adj* ‹*programa/juego*› educational; ‹*establecimiento*› educational, teaching (*before n*); ‹*sistema*› education (*before n*)
edulcorante *m* sweetener
edulcorar [A1] *vt* to sweeten
EEB *f* (= **encefalopatía espongiforme bovina**) BSE
EEUU *or* **EE.UU.** (= **Estados Unidos**) USA
efe *f*: *name of the letter* **f**
efectista *adj* theatrical, dramatic; **es un recurso puramente ~** it's purely for dramatic effect
efectivamente *adv* 1 (realmente) really; **si ~ es así ...** if that is really the case ... 2 (*indep*) **sí, ~, así fue** yes, that's right, that's how it was; **dijo que estaría allí y, ~, allí estaba** he said he'd be there and, sure enough, there he was
efectividad *f* (eficacia) effectiveness; (validez, vigencia): **una disposición con ~ desde el 5 de julio** a regulation which becomes effective *o* takes effect from July 5th
efectivo[1] -va *adj*
A ‹*remedio/medio/castigo*› effective; **hacer ~** ‹*cheque*› to cash; ‹*pago*› to make; ‹*amenaza/plan*› to carry out; **su dimisión se hará efectiva mañana** her resignation will take effect *o* become effective tomorrow
B (real) real, genuine, true
efectivo[2] *m*
A (Fin) cash; **~ en caja** cash in hand; **premios en ~** cash prizes; **pagar en ~** to pay cash; **dinero en ~** cash
B **efectivos** *mpl* (fuerzas) (frml): **numerosos ~s de la policía** a large police contingent; **~s militares** troops (*pl*)
efecto *m*
A (resultado, consecuencia) effect; **el castigo surtió ~** the punishment had the desired effect; **un calmante de ~ inmediato** a fast-acting painkiller; **hacer ~** to take effect; **bajo los ~s del alcohol** under the influence of alcohol; **llevar a ~ una operación** to carry out an operation; **de ~ retardado** ‹*mecanismo*› delayed-action (*before n*)
Compuestos
- **efecto bumerán**: **puede tener un ~ ~** it may boomerang *o* backfire
- **efecto invernadero/secundario** greenhouse/side effect
- **efecto óptico** optical illusion
- **efecto retroactivo**: **tener ~ ~** to be retroactive *o* retrospective; **el aumento se aplicará con ~ ~** the increase will be backdated
- **efectos especiales/sonoros** *mpl* special/sound effects (*pl*)

B (impresión): **su conducta causó muy mal ~** his behavior made a very bad impression *o* (colloq) didn't go down at all well; **no sé qué ~ le causaron mis palabras** I don't know what effect my words had *o* what impression my words made on him
C (Der) (vigencia) **la nueva ley tendrá ~ a partir de...** the new law will take effect *o* come into effect from...; **con ~ a partir de...** with effect from...
D (frml) (fin): **construido expresamente al** *or* **a tal** *or* **a este ~** specially designed for this purpose; **a ~s legales** legally (speaking) *o* in the eyes of the law; **a todos los ~s es un adulto** to all intents and purposes he is an adult
E (Dep) 1 (movimiento rotatorio) spin; **le dio a la bola con ~** she put some spin on the ball 2 (desvío) swerve; **tiró la pelota con ~** he made the ball swerve
F 1 (Fin) (valores) bill of exchange, draft; **~s negociables** commercial paper 2 **efectos** *mpl* (frml) (de comercio) stock; (de local) contents (*pl*)
Compuestos
- **efectos bancarios** *mpl* bank bills (*pl*), bank paper
- **efectos personales** *mpl* personal effects (*pl*)

efectuar [A18] *vt* (frml) ‹*maniobra/redada*› to carry out, execute (frml); ‹*pago*› to make; ‹*viaje/cambio*› to make; ‹*disparo*› to fire; **el tren ~á su salida a las 10.50** the train will depart at 10:50; **~ un recorrido de 10 kilómetros** to cover a distance of 10 kilometers
efeméride, efemérides *f* (Period): **las ~s del día** anniversaries of events which took place on this day in history; **conmemorar la ~s patria** (AmL frml) to commemorate the declaration of independence
efervescencia *f* 1 (de líquido) effervescence 2 (agitación): **la ~ política de la región** the political volatility of the area 3 (vivacidad) vivacity; (excitación) high spirits (*pl*)
efervescente *adj* 1 ‹*pastilla*› effervescent; ‹*bebida*› sparkling, fizzy (colloq) 2 ‹*situación*› volatile 3 (vivaz) bubbly, vivacious; (excitado) high-spirited
eficacia *f* 1 (de acción, remedio) effectiveness, efficacy (frml) 2 (eficiencia) efficiency
eficaz *adj* 1 ‹*fórmula/remedio*› effective, efficacious (frml) 2 (eficiente) efficient
eficiencia *f* efficiency
eficiente *adj* efficient
efigie *f* (cuadro) image, picture; (estatua) statue, effigy; **sellos con la ~ del Rey** stamps bearing a portrait of the King
efímera *f* mayfly
efímero -ra *adj* ephemeral
efluvio *m* (emanación) emanation; **los ~s de la prima-vera** (liter) the sweet breath of spring
efusión *f* (entusiasmo) effusiveness, warmth
efusivo -va *adj* ‹*temperamento/recibimiento*› effusive; ‹*persona*› demonstrative; **un ~ apretón de manos** a warm handshake
égida *f*: **bajo la ~ de** (frml) under the aegis of (frml)
egipcio -cia *adj/m,f* Egyptian
Egipto *m* Egypt
egiptólogo -ga *m,f* Egyptologist
eglefino *m* haddock
ego *m* ego
egocéntrico -ca *adj* egocentric, self-centered*
egoísmo *m* selfishness, egotism
egoísta[1] *adj* selfish, egotistic; **no seas egoistón** (fam) don't be mean (colloq)
egoísta[2] *mf* (Psic) egotist; **es una ~** she is very selfish
ególatra *adj* egomaniacal
egotismo *m* egotism
egregio -gia *adj* (frml) illustrious, eminent
egresado[1] -da *adj* (AmL): **los alumnos ~s** (de universidad) the graduates; (de colegio) the high school graduates (AmE), the school leavers (BrE)
egresado[2] -da *m,f* (AmL) (de universidad) graduate; (de colegio) high school graduate (AmE), school leaver (BrE)

egresar [A1] *vi* (AmL) (de universidad) to graduate; (de colegio) to graduate from high school (AmE), to leave school (*o* college *etc*) (BrE)

■ **egresar** *vt* (Andes) (Fin) to withdraw, take out

egreso *m*

A (AmL) (de universidad) graduation; (de colegio) graduation (AmE)

B (Andes) (Fin) debit; **ingresos y ~s** income and expenditure

eh *interj* **1** (para llamar la atención) hey! **2** (expresando amenaza, advertencia) eh?, huh?, OK? **3** (contestando una pregunta) eh?, what?

eider *m* eider (duck)

Ej., ej. (*read as* **por ejemplo**) eg

eje *m*

A **1** (Astron, Fís, Mat) axis; ***partir a algn por el ~*** (fam) (con cambio) to ruin *o* mess up sb's plans; (con pregunta) to stump *o* floor sb (colloq) **2** (Auto, Mec) (barra) axle

Compuestos

- **eje de simetría** axis of symmetry
- **eje de transmisión** drive shaft, propeller shaft
- **eje vial** (Méx) main artery, arterial road

B (de asunto, política) core, central theme

ejecución *f*

A (de persona) execution

B **1** (de plan) implementation, execution (frml); (de orden) carrying out **2** (Mús) performance, execution (frml)

ejecutable *adj* practicable, feasible

ejecutante *mf* performer

ejecutar [A1] *vt*

A ‹*condenado/reo*› to execute

B ‹*plan*› to implement, carry out; ‹*orden/trabajo*› to carry out; ‹*sentencia*› to execute, enforce; ‹*ejercicio/salto*› to perform; ‹*sinfonía/himno nacional*› to play, perform

ejecutiva *f* (junta) executive; *ver tb* **ejecutivo² A**

ejecutivo¹ -va *adj* ‹*función/comisión*› executive

ejecutivo² -va *m,f*

A (Adm, Com) executive

B **ejecutivo** *m* (Gob) executive

ejecutor -tora *m,f* executor

ejecutoria *f*

A (frml) (logros) accomplishments (*pl*)

B (Der) final judgment

ejecutorio -ria *adj* executory

ejem *interj* ahem!

ejemplar¹ *adj* ‹*conducta/vida*› exemplary; ‹*trabajador/padre*› model (*before n*); ‹*castigo*› exemplary

ejemplar² *m*

A (de libro, documento) copy; **~ de promoción** advance copy

B (Bot, Zool) specimen; **su novio es un ~ de mucho cuidado** her boyfriend's a really nasty character *o* a nasty piece of work

ejemplaridad *f* exemplary nature

ejemplarizador -dora *adj* (Chi, Per) exemplary

ejemplificar [A2] *vt* to give examples of, illustrate ... with examples

ejemplo *m* example; **debería servirnos de** *or* **como ~** it should serve as *o* should be an example to us; **dar (el) ~** to set an example; **pongamos por ~ el caso de Elena** let's take Elena's case as an example; **por ejemplo** for example; ***predicar con el ~*** to set a good example, practice* what one preaches

ejercer [E2] *vt*

A **1** ‹*profesión*› to practice* exercise (frml) **~ la medicina/abogacía** to practice medicine/law; **~ la docencia** to be in the teaching profession **2** ‹*derecho*› to exercise

B ‹*influencia/poder/presión*› to exert

■ **ejercer** *vi* ‹‹*abogado/médico*›› to practice*; **es maestra pero no ejerce** she's a teacher but she doesn't practice her profession; **ejerce de abogado** he practices law

ejercicio *m*

A (actividad física) exercise; **hacer ~** to exercise

B **1** (de profesión) practice; **abogado en ~** practicing lawyer **2** (de función) **decisiones tomadas en el ~ de su cargo** decisions taken in the course of his duties **3** (de derecho, poder) exercise (frml)

C (Educ) **1** (trabajo de práctica) exercise **2** (prueba, examen) test, exam

Compuestos

- **ejercicio de tiro** shooting/rifle practice
- **ejercicios espirituales** *mpl*: **ir de ~ ~** to go on a retreat

D (Mil) exercise, maneuver*

E (Econ, Fin) fiscal year (AmE), financial year (BrE)

ejercitación *f*

A (de un músculo): **para la ~ de los dedos** for exercising the fingers

B (de derecho) exercising

C (Educ) (práctica) practice

ejercitar [A1] *vt*

A ‹*músculo/dedos*› to exercise; ‹*memoria/inteligencia*› to exercise

B ‹*derechos/prerrogativas*› to exercise

C ‹*caballos*› to train; ‹*tropa*› to drill, train; ‹*alumnos*› to train

■ **ejercitarse** *v pron* **~se EN algo** to practice* sth

ejército *m* army

Compuestos

- **ejército del aire** air force
- **Ejército de Salvación** Salvation Army
- **ejército de tierra** army
- **ejército regular** regular army

ejidal *adj* (en Méx) cooperative (*before n*)

ejidatario -ria *m,f* (en Méx) member of a cooperative

ejido *m*

A (Hist) common

B (en Méx) (sistema) *system of communal or cooperative farming;* (sociedad) cooperative; (terreno) *land belonging to a cooperative*

ejote *m* (Méx) green bean

el (*pl* **los**), **la** (*pl* **las**) *art* [*the masculine article* **el** *is also used before feminine nouns which begin with accented* **a** *or* **ha** *e.g.* **el agua pura, el hada madrina**]

A **1** (con un referente único) the; **el sol** the sun; **la Tierra** the Earth **2** (con sustantivos en sentido genérico): **odio el pescado** I hate fish; **así es la vida** that's life; **(nosotros) los mexicanos** we Mexicans; **¿ya vas a la escuela?** do you go to school yet?; **en el mar** at sea **3** (con un referente conocido o que se define): **en la calle Solis** in Solis street; **el mío/las tuyas** mine/yours; **el rojo/último** the red/last one; **el estúpido del marido** that stupid husband of hers; **los nacidos entre...** those born between...

B **1** **el + DE...**: **la del sombrero** the one with the hat; **el de Valencia** the one from Valencia; **el de las nueve** the nine o'clock one; **el de Juan/de mi hijo** Juan's/my son's **2** **el + QUE...**: **el que acaba de entrar** the one who's just come in; **las que yo ví** the ones I saw; **los que estén cansados**; those who are tired, anyone who's tired; **la que te guste** whichever you like; **el que lo haya hecho** whoever has done it

C (en expresiones de tiempo): **ocurrió el domingo** it happened last Sunday; **mi cumpleaños es el 28 de mayo** my birthday's on May 28; **el mes pasado/que viene** last/next month; **no trabajo los sábados** I don't work (on) Saturdays; **toda la mañana** all morning; **a las ocho** at eight o'clock

D (cada): **$80 el metro/kilo** $80 a meter/a kilo

E (con fracciones, porcentajes, números): **la mitad/la cuarta parte del dinero** half the money/a quarter of the money; **el 20% de ...** 20% of ...; **el cuarto piso** the fifth floor (AmE) *o* (BrE) fourth floor

F (refiriéndose a partes del cuerpo, prendas de vestir, artículos personales, etc): **tenía las manos en los bolsillos** she had her hands in her pockets; **¡te cortaste el pelo!** you've had your hair cut!; **tienes la falda sucia** your skirt is dirty; **tiene los ojos azules** he has blue eyes

G (con nombres propios) **1** (con apellidos acompañados de título, adjetivos, etc): **el señor Ortiz/la doctora Vidal** Mr Ortiz/Doctor Vidal **2** (en plural): **los Ortega** the Ortegas **3** (con algunos nombres geográficos): **en la India** in India; **en (el) Perú** in Peru; *ver* **África, Argentina, etc** **4** (al calificar): **la España de Franco** Franco's Spain; **el Buñuel que todos conocemos** the Buñuel we all know **5** (con algunos equipos deportivos): **juegan contra el Juventus** they're playing against Juventus

H **el** (con infinitivo): **odiaba el tener que pedírselo** he hated having to ask her; **es cuidadoso en el hablar** he's careful in the way he speaks; **el frenético girar de los bailarines** the frenzied spinning of the dancers

él *pron pers* 1 (como sujeto) he; **~ me lo dijo** he told me; **¿quién se lo va a decir? — él** who's going to tell her? — he is; **lo hizo ~ mismo** he did it himself; **fue ~** it was him, it was he (frml) 2 (en comparaciones, con preposiciones) him; (refiriéndose a cosas) it; **llegué antes que ~** I arrived before him *o* before he did; **eres tan alto como ~** you are as tall as him *o* as he is; **con/contra/para ~** with/against/for him; **son de ~** they're his

elaboración *f*
A 1 (de producto, vino) production, making; (de pan) baking, making; **de ~ casera** homemade 2 (de metal, madera) working
B 1 (de plan): **los responsables de la ~ del plan** those responsible for drawing up *o* devising the plan 2 (de informe, estudio) preparation
C (Biol) production

elaborado -da *adj* elaborate; **un diseño muy ~** a very elaborate *o* intricate design

elaborar [A1] *vt*
A 1 ‹*producto/vino*› to produce, make; ‹*pan*› to bake, make 2 ‹*metal/madera*› to work
B ‹*plan/teoría*› to devise, draw up; ‹*informe/estudio*› to prepare, write
C ‹*hormona/savia*› to produce

elasticidad *f* (de material) elasticity; (de horario) flexibility

elástico¹ -ca *adj* ‹*membrana/cinta*› elastic; ‹*medias/venda*› elastic, stretch (*before n*); ‹*horario*› flexible

elástico² *m* (material) elastic; (cordón) piece of elastic; (en géneros de punto) rib, ribbing; (goma) (Chi) rubber band

elastizado -da *adj* (RPl) elasticized (AmE), elasticated (BrE)

ele *f: name of the letter* l

ELE *m* (= **español como lengua extranjera**) Spanish as a foreign language

elección *f*
A 1 (acción de escoger) choice; **dejo la fecha a su ~** I will leave it up to you to choose the date; **llévate tres, a tu ~** take *o* choose any three 2 (Pol) (de candidato) election
B elecciones *fpl* (Pol) election; **convocaron elecciones** they called an election; **elecciones legislativas/municipales** legislative/local elections

eleccionario -ria *adj* (CS) ▸ **electoral**

electivo -va *adj* elective

electo -ta *adj*: **el presidente ~** the president elect

elector -tora *m,f* (Pol) voter, elector

electorado *m* electorate

electoral *adj* ‹*campaña/discurso*› election (*before n*)

electoralista *adj* electioneering (*before n*), vote-catching (*before n*)

electoralmente *adv* electorally

eléctrica *f* electricity company

electricidad *f* electricity

electricista *mf* electrician

eléctrico -ca *adj* ‹*tren/motor/luz*› electric; ‹*instalación/aparato*› electrical; ‹*carga*› electrical, electric

electrificar [A2] *vt* to electrify

electrizante *adj* electrifying

electrizar [A4] *vt* to electrify

electrocardiograma *m* electrocardiogram

electrocución *f* electrocution

electrocutar [A1] *vt* to electrocute
■ **electrocutarse** *v pron* to be electrocuted

electrodo *m* electrode

electrodoméstico *m* electrical appliance

electroencefalograma *m* electroencephalogram

electroimán *m* electromagnet

electrólisis, electrolisis *f* electrolysis

electromagnético -ca *adj* electromagnetic

electromotor -triz *adj* electromotive

electrón *m* electron

electrónica *f* electronics

electrónico -ca *adj* electronic

electroshock *m* electroshock

electrotren *m* electric express train

elefante -ta *m,f* elephant
(Compuesto) **elefante marino** *m,f* elephant seal, sea elephant

elegancia *f*
A (buen gusto en el vestir) smartness; (garbo, gracilidad) elegance, stylishness; (de barrio, restaurante) smartness, fashionableness
B (de estilo) elegance; (de solución) elegance, neatness

elegante *adj*
A 1 ‹*moda/vestido*› elegant, smart; **iba muy ~** (bien vestido) he was very well *o* very smartly dressed; (garboso) he looked very elegant 2 ‹*barrio/restaurante/fiesta*› smart, fashionable
B ‹*estilo/frase*› elegant, polished; ‹*solución*› elegant, neat

elegantemente *adv* ‹*vestir*› smartly; ‹*hablar/moverse*› elegantly; **~ amueblado** elegantly furnished

elegantoso -sa *adj* (fam) stylish, natty (colloq)

elegía *f* elegy

elegíaco -ca *adj* elegiac

elegible *adj* eligible

elegido -da *m,f* (Relig) chosen one

elegir [I8] *vt* 1 (escoger) to choose; **me dieron a ~** I was given a *o* the choice 2 (por votación) to elect

elemental *adj* 1 (esencial) ‹*norma/principio*› fundamental 2 (básico) ‹*curso/nivel/texto*› elementary; ‹*conocimientos/nociones*› rudimentary, basic

elemento¹ *m*
A (Elec, Fís, Quím) element; (fuerza natural): **los ~s** the elements
B 1 (componente) element; **el ~ sorpresa** the element of surprise 2 (medio): **los ~s básicos para llevarlo a cabo** the basic resources with which to carry it out
(Compuesto) **elementos de juicio** *mpl* facts (*pl*)
C (ambiente): **está/se siente en su ~** he's in his element
D elementos *mpl* elements (*pl*); **~s de física** elements of physics, basic physics
E (de secador, calentador) element
F 1 (persona): **es un ~ pernicioso** he's a bad influence; **~s subversivos** subversive elements; 2 (RPl) (tipo de gente) crowd; **el ~ que va a ese club** the crowd that goes *o* the people who go to that club

elemento² -ta *m,f* (Esp fam & pey): **es una elementa de cuidado** she's a nasty piece of work (colloq); **su hijo está hecho un ~** her son is a little monster *o* brat (colloq)

elenco *m* (de actores) cast; (de deportistas) side, team

elepé *m* album, LP

elevación *f*
A (frml) 1 (acción de levantar) raising 2 **la Elevación** (Relig) the Elevation
B (frml) (aumento) rise, increase
C (a dignidad) elevation
D (frml) (de protesta, recurso) presentation, submission
E (Geog) (colina, altura) elevation
F (frml) (de pensamiento, sentimiento) nobility; (de estilo) loftiness, elevation (frml)

elevado -da *adj*
A ‹*terreno/montaña*› high; ‹*edificio*› tall, high
B ‹*cantidad*› large; ‹*precio/impuestos/índice*› high; ‹*pérdidas*› heavy, substantial
C ‹*categoría/calidad*› high; ‹*puesto/posición*› high
D ‹*ideas/pensamientos*› noble, elevated; ‹*estilo*› lofty, elevated

elevador *m* (montacargas) hoist; (ascensor) (Méx) elevator (AmE), lift (BrE)

elevadorista *mf* (Méx) elevator operator (AmE), lift attendant (BrE)

elevalunas *m* (*pl* ~): **dotado de ~ eléctrico** with electric *o* automatic windows

elevar [A1] *vt*
A (frml) 1 (levantar) ‹*objeto*› to raise, lift; **elevó los brazos al cielo** (liter) he raised (up) his arms to heaven (liter) 2 ‹*espíritu/mente*› to uplift; **música que eleva el espíritu** (spiritually) uplifting music 3 ‹*muro/nivel*› to raise, make … higher
B (frml) 1 (aumentar) ‹*precios/impuestos*› to raise, increase; ‹*nivel de vida*› to raise 2 ‹*voz/tono*› to raise

C (frml) (en jerarquía) to elevate (frml)
D (Mat): **~ un número a la sexta potencia** to raise a number to the power of six; **~ al cuadrado** to square; **~ al cubo** to cube
E (frml) (presentar, dirigir) **~ algo A algn** ‹*informe/protesta*› to present *o* submit sth TO sb; **~on el recurso al Tribunal Supremo** they appealed to the Supreme Court
■ **elevarse** *v pron*
A (tomar altura) «*avión/cometa*» to climb, gain height; «*globo*» to rise, gain height
B (frml) (aumentar) «*temperatura*» to rise; «*precios/impuestos*» to rise, increase; «*tono/voz*» to rise
C (frml) (ascender) **~se A algo**: **la cifra se elevaba ya al 13%** the figure had already reached 13%
D (liter) «*montaña/edificio*» to stand, rise (liter)

elidir [I1] *vt* to elide

elige, elija, etc *see* **elegir**

eliminación *f* elimination; **solucionaron el problema por ~** they solved the problem by (a) process of elimination; **la ~ de los residuos** the disposal of the waste products

eliminar [A1] *vt*
A 1 ‹*obstáculo*› to remove; ‹*párrafo*› to delete, remove 2 ‹*candidato*› to eliminate; (Dep) to eliminate, knock out 3 (euf) (matar) to eliminate (euph), to get rid of (euph) 4 ‹*residuos*› to dispose of
B ‹*toxinas/grasas*› to eliminate
C (Mat) ‹*incógnita*› to eliminate

eliminatoria *f* (en torneo) qualifying round; (para carrera) heat; (certamen) qualifying competition

eliminatorio -ria *adj* ‹*examen*› qualifying (*before n*); ‹*fase*› qualifying (*before n*), preliminary (*before n*); **las pruebas eliminatorias de la carrera** the heats for the race

elipse *f* ellipse

elipsis *f* ellipsis

elíptico -ca *adj* elliptical

elisión *f* elision

elite /e'lit/, **élite** /'elite e'lit/ *f* elite, élite

elitista *adj* ‹*sociedad/actitud*› elitist; ‹*colegio/club*› exclusive

elixir *m*
A (Mit) elixir
B (Esp) (Farm) mouthwash

ella *pron pers* 1 (como sujeto) she; **~ me lo dijo** she told me; **¿quién lo va a hacer? — ella** who's going to do it? — she is; **lo hizo ~ misma** she did it herself; **fue ~** it was her, it was she (frml) 2 (en comparaciones, con preposiciones) her; (referido a cosas) it; **salí después que ~** I left after her *o* after she did; **es tan listo como ~** he's as clever as her *o* as she is; **con/contra/para ~** with/against/for her; **son de ~** they're hers; **con/contra/para ella** with/against/for her

ellas *pron pers pl*: *ver* **ellos**

elle *f*: *name of the letter* **ll**

ello[1] *pron pers*: **ya que estamos en ~** while we're at it; **todo ~ exquisitamente presentado** all beautifully presented; **para ~ hay que obtener un permiso** (frml) you need a permit for this; **debido a ~ que ...** for which reason ..., owing to which ...

ello[2] *m* (Psic): **el ~** the id

ellos, ellas *pron pers pl* 1 (como sujeto) they; **~ me lo dijeron** they told me; **lo hicieron ~ mismos** they did it themselves; **fueron ellas** it was them, it was they (frml) 2 (en comparaciones, con preposiciones) them; **llegué antes que ~** I arrived before them *o* before they did; **es tan alto como ~** he's as tall as them *o* as they are; **con/contra/para ~/ellas** with/against/for them; **son de ellas/de ~** they're theirs, they belong to them

elocución *f* elocution

elocuencia *f* eloquence; **con ~** eloquently; **las cifras lo expresan con ~** the figures speak for themselves

elocuente *adj* ‹*persona/discurso*› eloquent, articulate; ‹*mirada/gesto/silencio*› eloquent

elogiable *adj* praiseworthy

elogiar [A1] *vt* to praise

elogio *m* praise; **hacer ~(s) de algo** to sing the praises of sth, to extol sth; **se deshizo en ~s para con ella** he showered her with praise; **digno de ~** praiseworthy

elogioso -sa *adj* ‹*palabras*› complimentary, laudatory (liter); ‹*acción/comportamiento*› praiseworthy

elote *m* (mazorca) (AmC, Méx) corncob, ear of corn (AmE); (granos) (Méx) corn (AmE), sweetcorn (BrE)

El Salvador *m* El Salvador

elucidar [A1] *vt* to elucidate, clarify

elucubración *f* lucubration (frml); **no pierdas tiempo en elucubraciones filosóficas** don't waste time philosophizing

elucubrar [A1] *vi* to muse
■ **elucubrar** *vt* to muse on, ponder over

eludir [I1] *vt* 1 ‹*problema/compromiso/pago*› to evade, avoid; **me eludió la mirada** she avoided my gaze 2 ‹*persona*› to avoid

elusivo -va *adj* evasive

e.m. (Com, Corresp) = **en mano**

email /'imeil/ *m* e-mail; **mandarle un ~ a algn** to e-mail sb; **mandarle algo a algn en un ~** to e-mail sth to sb, e-mail sb sth

(Compuesto) **email basura** spam

emanación *f* emanation (frml); **emanaciones tóxicas** toxic emissions

emanar [A1] *vi* (frml) **~ DE algo** «*radiación/olor/gas*» to emanate FROM sth (frml), to come FROM sth; «*poder/decisión*» to emanate *o* derive FROM sth (frml)
■ **emanar** *vt* to exude

emancipación *f* (Der) emancipation; (de nación) liberation, emancipation; (de esclavo) emancipation, freeing; **la ~ de la mujer** the emancipation of women *o* women's liberation

emancipado -da *adj* ‹*esclavo*› freed, emancipated; ‹*menor/mujer*› emancipated

emancipar [A1] *vt* ‹*esclavo*› to emancipate, free; ‹*pueblo*› to free, liberate
■ **emanciparse** *v pron* «*mujer/hijo*» (Der) to become emancipated; «*colonia*» to gain independence; **las mujeres se han emancipado mucho** women have become a great deal more liberated

emascular [A1] *vt* (frml) to emasculate (frml)

embadurnar [A1] *vt* **~ algo DE algo** to smear sth WITH sth; **dedos embadurnados de chocolate** fingers covered in chocolate
■ **embadurnarse** *v pron* (*refl*) **~se DE algo** to plaster *o* smear oneself WITH sth

embajada *f* (sede, delegación) embassy; (cargo) ambassadorship

embajador -dora *m,f* 1 (Adm, Pol) ambassador 2 **embajadora** *f* (esposa) ambassador's wife

embalado -da *adj*
A (fam) (con velocidad): **el coche venía ~** the car was hurtling *o* racing along; **salieron ~s** they shot off *o* ran for it (colloq)
B (RPl fam) (con idea) excited, keen (BrE); **está de lo más ~ con ella** he really likes her

embalador -dora *m,f* packer

embalaje *m*
A (acción) packing; (costo) packing charge; (envoltura) packaging, wrapping
B (Col) (Dep) sprint; **~ final** sprint finish

embalar [A1] *vt* to pack
■ **embalar** *vi* (Per, Ur fam) to get a move on (colloq)
■ **embalarse** *v pron* (fam) 1 (cobrar velocidad): **no te embales** don't go too fast; **el coche se embaló cuesta abajo** the car sped *o* (colloq) zoomed off down the hill 2 (entusiasmarse): **no es muy hablador pero cuando se embala ...** he's not very talkative, but when he gets going ...

embaldosado *m* (acción) tiling; (suelo) tiled floor

embaldosar [A1] *vt* to tile

embalsamar [A1] *vt* to embalm

embalsar [A1] *vt* ‹*río*› to dam, dam up; **embalsan el agua en una presa** they collect the water in a reservoir

embalse *m* (depósito) reservoir

embancarse [A2] *v pron* 1 «*barco*» to run aground 2 (Andes) «*río/canal*» to silt up

embarazada[1] *adj* pregnant; **quedó** *or* (Esp) **se quedó ~** she got *o* became pregnant; **está ~ de dos meses** she's

two months pregnant; ~ **de su segundo hijo** pregnant with her second child; **la dejó** ~ he got her pregnant
embarazada² *f* pregnant woman
embarazar [A4] *vt*
A ‹*mujer*› to get … pregnant
B (ant) (cohibir) to embarrass; (impedir) to hamper, restrict
embarazo *m*
A (Med) pregnancy
(Compuesto) **embarazo ectópico** *or* **extrauterino** ectopic pregnancy
B (frml) (apuro) embarrassment; (estorbo) obstacle, hindrance
embarazoso -sa *adj* embarrassing, awkward
embarcación *f* (frml) vessel (frml), craft (frml)
embarcadero *m* (atracadero) jetty; (para mercancías) wharf
embarcar [A2] *vi* (Aviac) to board; (Náut) to embark, board
■ **embarcar** *vt*
A 1 ‹*mercancías/equipaje*› to load 2 (en asunto, negocio) ~ **a algn EN algo** to get sb involved IN sth
B (Ven) to let … down
■ **embarcarse** *v pron* 1 «*pasajero*» (en barco) to board, embark; (en tren, avión) to board, get on; **se ~on para América** they set sail for America 2 (en asunto, negocio) **~se EN algo** to embark ON sth, embark UPON sth (frml)
embarco *m* embarkation
embargar [A3] *vt*
A ‹*bienes*› to seize, to sequestrate (frml); ‹*vehículo*› to impound
B 1 (sobrecoger): **lo embargó la emoción** he was overcome by emotion; **la pena que nos embarga** the overwhelming grief we feel 2 (absorber) ‹*tiempo*› to take up
embargo *m*
A 1 (Der) (incautación, decomiso) seizure, sequestration (frml); **levantar un** ~ to lift a seizure order 2 (Mil, Pol) embargo
B **sin embargo**: **sin ~, tiene algunas desventajas** however *o* nevertheless, it has some disadvantages; **sin ~, ayer no decías eso** you weren't saying that yesterday, though; **es difícil, sin ~ disfruto haciéndolo** it's difficult but I enjoy doing it all the same *o* anyway
embarque *m* (de mercancías) loading; (de pasajeros) embarkation, boarding; (carga) shipment
embarrada *f*
A (AmS fam) (metedura de pata) blunder, boo-boo (colloq)
B (Méx) (de un molde) greasing
(Compuesto) **embarrada de mano** (Méx fam) backhander (colloq)
embarrado -da *adj*
A ‹*calle/zapatos*› muddy
B (Méx fam) (ceñido) tight, tight-fitting
embarrancar [A2] *vi*, **embarrancarse** [A2] *v pron* (Náut) to run aground; «*vehículo*» to get bogged down
embarrar [A1] *vt* to cover … in mud; **~la** (AmS fam) to mess up (AmE colloq), to mess things up (BrE colloq)
■ **embarrarse** *v pron* «*persona*» to get covered in mud; ‹*prenda/ropa*› to get…muddy
embarullar [A1] *vt* (fam) ‹*persona*› to muddle, confuse; ‹*asunto/problema*› to complicate, confuse
■ **embarullarse** *v pron* (fam) to get mixed up, get in *o* into a muddle
embate *m* (del mar, viento) battering; (acometida): **proteja su piel de los ~s del tiempo** protect your skin from the ravages of time; **la industria supo neutralizar el ~ japonés** the industry managed to counter the Japanese onslaught
embaucador¹ -dora *adj* deceitful
embaucador² -dora *m,f* trickster
embaucamiento *m* (acción) swindling; (efecto) swindle
embaucar [A2] *vt* to trick, con (colloq)
embeber [E1] *vt* 1 (en líquido) ‹*bizcocho/esponja*› to soak 2 «*secante/toalla*» ‹*líquido*› to soak up 3 ‹*tela*› to gather in
■ **embeber** *vi* to shrink
■ **embeberse** *v pron* 1 (enfrascarse) **~se EN algo** to become wrapped up *o* absorbed IN sth 2 (imbuirse) **~se DE algo** to become imbued WITH sth (frml)
embeleco *m*, **embelequería** *f*
A (fam) (engaño) con (colloq), rip-off (colloq)
B (AmC, Col fam) (cosa exagerada) frippery
C (Chi fam) (cosa de poco valor) knick-knack (colloq), trinket; (golosina): **se gasta la plata en ~s** she spends all her money on candy (AmE) *o* (BrE) on sweets/on junk food
embelesado -da *adj* spellbound
embelesar [A1] *vt* to captivate
embeleso *m*: **la escuchaba con** ~ he listened to her captivated *o* spellbound
embellecedor¹ -dora *adj* beauty (*before n*)
embellecedor² *m* (tapacubos) hubcap; (adorno) trim
embellecer [E3] *vt* ‹*persona*› to make … beautiful; ‹*campiña/ciudad*› to beautify, improve the appearance of
■ **embellecer** *vi* (liter) to become *o* grow more beautiful
■ **embellecerse** *v pron* (*refl*) to make oneself beautiful, beautify oneself
embellecimiento *m* beautification
embestida *f* (del toro) rush, charge; (de personas) charge, onslaught
embestir [I14] *vi* to charge; ~ **CONTRA algo/algn** to charge AT sth/sb; **las olas embestían contra el malecón** the waves were crashing *o* pounding against the pier
■ **embestir** *vt* «*toro*» to charge (at); **el coche fue embestido por un camión** a truck ran into the car
embetunar [A1] *vt*
A ‹*zapatos*› to polish, put polish on
B (CS) (ensuciar) to get … dirty
emblema *m* emblem
emblemático -ca *adj* emblematic
embobado -da *adj* spellbound; **miraban ~s a los trapecistas** they sat open-mouthed watching the trapeze artists; **está ~ con ella** he's besotted with her
embobar [A1] *vt* to fascinate, hold … spellbound
■ **embobarse** *v pron* to be captivated *o* fascinated
embobinar [A1] *vt* to wind
embocadura *f*
A (de río) mouth; (de calle) entrance
B (de vino) flavor*, taste
C (Mús) (boquilla) mouthpiece
embocar [A2] *vt*
A ‹*pelota*› (en baloncesto) to get *o* put … in the basket; (en golf) to hole
B (Andes, RPl fam) (acertar) ‹*pregunta*› to get … right
■ **embocar** *vi*: **embocamos por una callejuela** we went down/turned into a narrow street
embojotar *vt* [A1] (Ven fam) to wrap … up
■ **embojotarse** *v pron* (Ven fam) to wrap oneself up; (en la cama) to snuggle up
embolado *m* (fam) mess (colloq); **meterse en un** ~ to get into a mess *o* a tight spot (colloq)
embolador -dora *m,f* (Col) bootblack
embolar [A1] *vt*
A ‹*toro*› to put protective balls on the horns of
B (RPl arg) (fastidiar) to bug (colloq), to piss … off (sl)
C (Col) ‹*zapatos*› to shine, polish
■ **embolarse** *v pron* (AmC fam) to get plastered (colloq)
embolatar [A1] *vt* (Col fam) ‹*libros*› to mess up (colloq); ‹*cuentas*› to get … in a mess
embolia *f* embolism
émbolo *m* piston
embolsarse [A1] *v pron* ‹*dinero ajeno*› to pocket; ‹*premio*› to collect, receive; ‹*ganancia*› to make
embonar [A1] *vi* (Méx) ‹*tubos/ventana/piezas*› to fit; ~ **CON algo** to fit in WITH sth
emboque *m* (Chi) *cup and ball game*
emboquillado -da *adj* filter-tipped, tipped
emborrachar [A1] *vt* «*bebida*» to make … drunk; «*persona*» to get … drunk
■ **emborracharse** *v pron* to get drunk
emborronar [A1] *vt* (manchar) to smudge; (con tinta) to make blots on, to blot
■ **emborronarse** *v pron* to smudge, get smudged
emboscada *f* ambush; **caer en una** ~ to walk into an ambush
emboscar [A2] *vt* to ambush
■ **emboscarse** *v pron* to position oneself for an ambush
embotado -da *adj* ‹*punta/filo*› dull, blunt; **estoy totalmente** ~ my brain's seized up *o* I can't take in any more;

tienes la mente embotada con tanta televisión all that television has dulled your mind

embotar [A1] *vt* ‹*mente/sentidos*› to dull

■ **embotarse** *v pron*: **se embotó de tanto estudiar** his brain seized up from so much studying

embotellado¹ -da *adj* 1 ‹*agua/vino*› bottled 2 ‹*calle/tráfico*› jammed solid

embotellado² *m* bottling

embotelladora *f* bottling plant

embotellamiento *m* (del tráfico) traffic jam

embotellar [A1] *vt* to bottle

embozarse [A4] *v pron* (con pañuelo) to cover one's nose and mouth; (en manta) to wrap oneself (up)

embozo *m* (de sábana) turndown; (de abrigo) collar

embragar [A3] *vi* to engage the clutch

embrague *m* clutch

embravecerse [E3] *v pron* (liter) 1 «*mar*» to become stormy *o* (liter) wild 2 (enfurecerse) to become enraged

embrear [A1] *vt* to pitch, tar

embriagado -da *adj* 1 (frml) (borracho) inebriated (frml) 2 (liter) (extasiado): **~ de placer** intoxicated with pleasure; **~ de felicidad** drunk with happiness

embriagador -dora *adj* ‹*vino*› heady; ‹*sensación*› (liter) intoxicating (liter)

embriagar [A3] *vt* (liter) «*perfume/sensación*» to intoxicate (liter)

■ **embriagarse** *v pron* (frml) (con alcohol) to become intoxicated (frml)

embriaguez *f* 1 (frml) (borrachera) inebriation (frml), intoxication (frml) 2 (liter) (éxtasis) rapture (liter), euphoria

embridar [A1] *vt* to bridle

embriología *f* embryology

embrión *m* (Biol) embryo; **en ~** in its embryonic stage

embrionario -ria *adj* embryonic

embrollar [A1] *vt* 1 ‹*hilo/madeja*› to tangle (up) 2 (confundir) ‹*situación*› to complicate; ‹*persona*› to muddle, confuse 3 (implicar) **~ a algn EN algo** to embroil sb IN sth, get sb involved IN sth

■ **embrollarse** *v pron* «*hilo/madeja*» to get tangled; «*situación*» to get confused *o* muddled; «*persona*» to get muddled, to get mixed up (colloq)

embrollo *m* (de hilos, cables) tangle; (de callejuelas, pasillos) maze; (de ideas, situaciones): **el argumento es un ~** the plot is extremely involved *o* complicated; **se metió en un ~** he got himself into a mess

embrollón -llona *adj* trouble-making (*before n*)

embromado -da *adj*

A [ESTAR] (AmS fam) 1 (enfermo, delicado): **está embromada con esa gripe** she's feeling pretty rough with that flu (colloq); **anda muy ~** he's in a bad way; **está ~ del corazón** he has heart trouble; **tiene un pie ~** she has a bad foot 2 (perjudicado): **el que siempre resulta ~ soy yo** I always seem to be the one who comes off worst (colloq)

B 1 (AmS fam) ‹*situación*› tricky; ‹*problema*› thorny 2 (Chi fam) (fastidioso) ‹*persona*› tiresome, irritating

embromar [A1] *vt* 1 (AmS fam) (molestar) to pester 2 (AmS fam) (estropear) ‹*aparato*› to ruin (colloq); ‹*plan*› to ruin, spoil 3 (AmS fam) (perjudicar): **la guerra nos embromó a todos** we all suffered because of the war; **¡me embromaste!** now you've really landed me in it! (colloq) 4 (CS fam) (tomar el pelo) to fool, trick; (timar, estafar) to rip... off; **¡no me embromes!** you're kidding *o* joking! (colloq)

■ **embromar** *vi* (CS fam): **¡no embromes!** (no molestes) stop being a pest *o* a pain! (colloq); (no digas) you're kidding!

■ **embromarse** *v pron* 1 (AmS fam) (jorobarse): **que se embrome por estúpido** it serves him right for being so stupid; **si no te gusta, te embromas** if you don't like it, tough! 2 (AmS fam) (hacerse daño) to hurt oneself; ‹*rodilla/hígado*› to damage, to do ... in (BrE colloq) 3 (AmS fam) «*aparato/frenos*» to go wrong 4 (AmS fam) (enfermarse) to get ill (colloq)

embrujado -da *adj* [ESTAR] ‹*persona*› bewitched; ‹*casa/lugar*› haunted

embrujar [A1] *vt* 1 (hechizar) to bewitch, put ... under a spell 2 (fascinar, enamorar) to bewitch

embrujo *m* 1 (hechizo) spell; (maleficio) curse 2 (encanto, atractivo) magic, enchantment

embrutecedor -dora *adj* soul-destroying

embrutecer [E3] *vt* «*trabajo*» to stultify; «*televisión*» to make ... mindless

embuchar [A1] *vt* 1 (Coc) to stuff 2 (fam) ‹*comida*› to rush

■ **embucharse** *v pron*

A (CS) (guardarse para sí) to bottle ... up (colloq)

B (Chi fam) ‹*dinero/fondos*› to pocket

C (Col, Ven) (con bebida) to get bloated

embudo *m* funnel

embuste *m* tall story, story (colloq)

embustero¹ -ra *adj*: **¡qué niño más ~!** what a little fibber (colloq)

embustero² -ra *m,f* fibber (colloq), liar

embutido *m*

A (Coc) 1 (salchicha) sausage; (fiambre) cold meat 2 (acción) stuffing

B 1 (de madera, metal) inlaying 2 (de una chapa) pressing

embutir [I1] *vt*

A **~ algo DE algo** to stuff sth WITH sth; **~ algo EN algo** to stuff *o* cram sth IN *o* INTO sth

B 1 ‹*madera/metal*› to inlay 2 ‹*chapa*› to press

■ **embutirse** *v pron* (AmL fam) to polish off (colloq); **~se DE algo** to stuff oneself WITH sth

eme *f*: *name of the letter* **m**

emergencia *f* emergency

emergente *adj* ‹*clase/nación*› emergent, emerging (*before n*); ‹*daño*› consequent, resulting (*before n*)

emerger [E6] *vi* 1 «*submarino*» to surface 2 «*persona*» to emerge 3 (sobresalir) to emerge

emérito -ta *adj* emeritus

emigración *f* (de personas) emigration; (de animales) migration

emigrado -da *m,f* emigré

emigrante *adj/mf* emigrant

emigrar [A1] *vi* «*persona*» to emigrate; «*animal*» to migrate

eminencia *f* 1 (personalidad) expert 2 (frml) (Relig) Eminence (frml); **su/vuestra E~** His/Your Eminence

eminente *adj* eminent

emir *m* emir

emirato *m* emirate

Emiratos Árabes Unidos *mpl* United Arab Emirates

emisario -ria *m,f* emissary

emisión *f*

A (Tec) emission

B (Fin) issue

C (Rad, TV) (acción) broadcasting; (programa) (frml) program*, broadcast

emisor¹ -sora *adj*

A ‹*banco/entidad*› issuing (*before n*)

B ‹*centro/estación*› broadcasting (*before n*), transmission (*before n*)

emisor² -sora *m,f*

A (Fin) issuer

B **emisor** *m* (aparato) transmitter

C **emisora** *f* (Rad) radio station

emitir [I1] *vt* ‹*sonido/luz/señal*› to emit, give out; ‹*acciones/sellos*› to issue; ‹*programa*› to broadcast; ‹*película*› to show; ‹*comunicado*› to issue; ‹*veredicto*› to deliver, announce; ‹*voto*› to cast

emoción *f* (sentimiento) emotion; (expectación, excitación) excitement; **¡qué ~!** how exciting!

emocionado -da *adj* (conmovido) moved; (entusiasmado) excited

emocional *adj* emotional

emocionante *adj* (conmovedor) moving; (excitante, apasionante) exciting

emocionar [A1] *vt* to move, affect

■ **emocionarse** *v pron* (conmoverse) to be moved; (entusiasmarse) to get excited

emolumento *m* (frml) emolument (frml)

emoticono *m* emoticon

emotividad *f*: **escenas de gran ~** very emotional scenes, scenes of great emotion

e

e

emotivo -va *adj* ‹*desarrollo/mundo*› emotional; ‹*acto/discurso*› moving, emotional; ‹*persona*› emotional

empacador -dora *m,f* 1 (persona) packer 2 **empacadora** *f* (máquina) baler, baling machine

empacar [A2] *vt* 1 (empaquetar) to pack 2 ‹*algodón/heno*› to bale 3 (AmL) ‹*maleta*› to pack
■ **empacar** *vi* to pack
■ **empacarse** *v pron*
A (empecinarse) to dig one's heels in, refuse to budge
B (Col, Méx fam) ‹*comida*› to wolf down (colloq); ‹*libros*› to polish … off (colloq), to devour (colloq)

empachar [A1] *vt* (fam) 1 (indigestar) to give … an upset stomach 2 (hartar): **¿no te empacha tanta televisión?** don't you get sick of watching so much television? (colloq)
■ **empacharse** *v pron* (fam) 1 (indigestarse) **~se DE** *or* **CON algo** to get an upset stomach FROM sth 2 (hartarse) **~se DE** *or* **CON algo** to overdose ON sth (colloq)

empacho *m* 1 (fam) (indigestión): **agarrarse un ~** to get *o* have an upset stomach 2 (fam) (hartazgo): **¡tengo un ~ de niños!** I've had a bellyful of kids (colloq) 3 (*en frases negativas*) (reparo): **no tuvo ~ en reconocerlo** he wasn't ashamed to admit it

empadronamiento *m* registration

empadronar [A1] *vt* to register
■ **empadronarse** *v pron* to register

empajar [A1] *vt* (Chi) 1 (techar con paja) to thatch 2 ‹*barro*› to mix … with straw

empalagar [A3] *vt*: **los bombones me empalagan** chocolates are too sweet *o* sickly for my taste; **tantas atenciones me empalagan** I find so much kindness cloying
■ **empalagar** *vi* «*estilo/obra*» to be cloying; «*licor/dulce*» to be too sweet *o* sickly; **su sentimentalismo empalaga** its sentimentality palls *o* is rather cloying
■ **empalagarse** *v pron* «*persona*»: **me empalagué con tanto dulce** I ate so many sweet things, I couldn't face any more

empalagoso -sa *adj* ‹*tarta/licor*› sickly; ‹*persona/sonrisa*› sickly sweet, cloying

empalar [A1] *vt* to impale
■ **empalarse** *v pron* (Chi) to get frozen stiff

empalizada *f* palisade

empalmar [A1] *vt* ‹*cuerdas/películas/cintas*› to splice; ‹*cables*› to connect; ‹*temas/ideas*› to dovetail; ‹*trabajos/vacaciones*› to combine
■ **empalmar** *vi* «*líneas/carreteras*» to converge, meet

empalme *m* (de cables) connection; (de cuerdas) splice; (de carreteras, líneas) junction

empanada *f* 1 (AmL) (individual) pasty, pie 2 (Esp) (grande) pie; **tener una ~ mental** (fam) to be confused

(Compuesto) **empanada gallega** sardine/tuna pie

empanadilla *f* (Esp) tuna/meat pasty

empanar [A1], (Méx) **empanizar** [A4] *vt* to coat … in breadcrumbs

empantanado -da *adj* 1 ‹*camino/campo*› swampy 2 (con problema, trabajo) ‹*persona*› bogged down; **las obras de reconstrucción están empantanadas** there's a hold up in the reconstruction work

empantanar [A1] *vt* ‹*camino/campo*› to swamp
■ **empantanarse** *v pron* «*camino/campo*» to become swamped; «*coche*» to get bogged down

empañar [A1] *vt* ‹*cristal/espejo*› to steam *o* mist up; ‹*reputación/imagen*› to sully, tarnish
■ **empañarse** *v pron* «*vidrio/espejo*» to steam *o* mist up

empañetar [A1] *vt* (AmC, Col) to plaster

empapar [A1] *vt* 1 (embeber) ‹*esponja/toalla/galleta*› to soak; **~ algo EN algo** to soak sth IN sth 2 (mojar mucho) ‹*persona*› to soak, drench
■ **empaparse** *v pron* 1 (mojarse mucho) «*persona/zapatos/ropa*» to get soaking wet, get wet through 2 (imbuirse) **~se DE** *or* **EN algo** to be/become imbued WITH sth (frml); **empapado de la filosofía de la secta** imbued with *o* steeped in the philosophy of the sect 3 (instruirse) **~se DE** *or* **EN algo**: **se había empapado del tema** he had learned a lot about the subject

empapelado *m* (acción) wallpapering, papering; (resultado) wallpaper

empapelar [A1] *vt* ‹*habitación/pared*› to wallpaper, paper; **calles empapeladas de propaganda** streets plastered with progaganda

empaque *m*
A (distinción) (imposing) presence; (pomposidad) pomposity
B (Col) (acción de empaquetar) packing; (de regalo) wrapping
C (Col, Méx, Ven) (Tec) seal; (de llave de agua) washer
D (Col fam) (aspecto) look

empaquetado *m* packing

empaquetador -dora *m,f* 1 (persona) packer 2 **empaquetadora** *f* (máquina) packer

empaquetar [A1] *vt* (embalar) to pack

emparamar [A1] *vt* (Col, Ven fam) to soak; **emparamé todo el piso** I got *o* made the floor all wet
■ **emparamarse** *v pron* (Col, Ven fam) to get drenched, get soaked (to the skin) (colloq)

emparar [A1] *vt* (Per fam) to catch

emparedado *m* sandwich

emparedar [A1] *vt* to wall … up

emparejar [A1] *vt*
A ‹*personas*› to pair … off; ‹*calcetines/zapatos*› to pair up
B (nivelar) ‹*pelo*› to make … even; ‹*dobladillo*› to even up; ‹*pared/suelo*› to level, make … level; ‹*montones/pilas*› to make … the same height, make … level
■ **emparejar** *vi*: **~ CON algn** to catch up WITH sb
■ **emparejarse** *v pron* 1 (formar parejas) to pair off 2 (nivelarse) to level off, even up

emparentado -da *adj* [ESTAR] related; **~ CON algn** related TO sb

emparentar [A1] *vi* **~ CON algn** to become related TO sb (*through marriage*)

emparrandarse [A1] *v pron* (Col, Ven fam) (irse de juerga) to go out on the town (colloq); (soltarse el moño) to let one's hair down

empastador -dora *m,f* bookbinder

empastar [A1] *vt* ‹*diente/muela*› to fill; ‹*lienzo*› to prime, size; ‹*libro*› to bind

empaste *m* (Odont) filling; (Chi) (pasta) filler

empatar [A1] *vi*
A 1 (durante un partido) to draw level, equalize; (como resultado) to tie, draw (BrE); **~on a dos** they tied two-two (AmE), it was a two-all draw (BrE); **estamos** *or* **vamos empatados** we're equal *o* level at the moment; **~ CON algn** to tie WITH sb 2 (en una votación) to tie
B (Col, Ven) «*listones/piezas*» to fit together
■ **empatar** *vt* 1 (Ven) (amarrar) to tie *o* join … together 2 (Col, Per, Ven) ‹*cables*› to connect; ‹*tubos*› to join, connect
■ **empatarse** *v pron*
A (Ven) (unirse) «*calles/líneas*» to join, meet (up); «*huesos*» to knit together
B (Ven fam) «*personas*» to get together (colloq), to start going out together; **está empatado con mi hermana** he's going out with *o* he's dating my sister; ***empatársele a algn*** (Ven fam) to follow sb closely, tail sb (colloq)

empate *m*
A 1 (en partido, certamen) tie (AmE), draw (BrE); **terminó con ~ a cero** it finished in a scoreless tie (AmE) *o* (BrE) goalless draw; **el gol del ~** the equalizer *o* (AmE) the tying goal 2 (en una votación) tie
B (Col, Per, Ven) (empalme, unión — en carpintería) joint; (— de tubos) join, connection; (— de cables) connection
C (Ven fam) (novio) boyfriend; (novia) girlfriend

empatía *f* empathy

empavar [A1] *vt* (Ven fam) to bring … bad luck, bring bad luck to
■ **empavarse** *v pron* (Ven fam) to have bad luck

empavonar [A1] *vt* ‹*metal*› to blue

empecinado -da *adj* (esp AmL) (terco) stubborn; (determinado) determined

empecinamiento *m* (terquedad) stubbornness; (determinación) determination

empecinarse [A1] *v pron* (obstinarse) to get an idea into one's head; (empeñarse) to persist; **cuando se empecina …** once he gets an idea into his head …; **~ EN algo**: **se empecinó en que tenía que ser rojo** he got it into his head that it had to be red

empedar [A1] *vt* (Méx, RPl arg) to get … smashed (sl)
■ **empedarse** *v pron* (Méx, RPl arg) to get smashed (sl)

empedernido -da *adj* ‹*bebedor/fumador*› hardened, inveterate; ‹*jugador*› compulsive; ‹*solterón*› confirmed

empedrado¹ -da *adj* paved

empedrado² *m* (de adoquines) paving; (de piedras irregulares) cobbled paving

empedrar [A5] *vt* to pave

empegostar [A1] *vt* (Ven fam) ‹*pared*› to paste, put paste on; **no vayas a ~me el vestido con esas manos** don't get your sticky fingers all over my dress (colloq)
■ **empegostarse** *v pron* (*refl*) (Ven fam) ‹*manos/dedos*› to make *o* get … sticky; **¡no te vayas a ~ con ese helado!** don't get that ice cream all over yourself!

empeine *m* instep

empellón *m* shove; **se abrió paso a empellones** she shoved her way through

empelotado -da *adj*
A (CS fam) (desnudo) stark naked (colloq)
B (Per fam) (pesado, insistente) pesky (*before n*) (colloq); **¡qué ~es!** he's a real pest!
C (Méx fam) (enamorado): **estar ~ POR algn** to be mad ON *o* ABOUT sb

empelotar [A1] *vt*
A (Col, CS, Ven fam) (desnudar) to undress
B (Per fam) (hacer caso) to take notice of
■ **empelotarse** *v pron*
A (*refl*) (Col, CS, Ven fam) (desnudarse) to strip, strip off (BrE colloq)
B (Per fam) (buscar atención) to be an attention seeker; **lo hace para ~se** he does it to attract attention (to himself)

empeñado -da *adj*
A 1 (esforzado) **~ EN algo** committed TO sth; **~ en la búsqueda de una solución** committed to finding a solution 2 (resuelto) determined; **~ EN + INF** determined to + INF; **está ~ en hacerlo** he's determined to do it 3 (obstinado): **está ~ en que nos quedemos** he's insistent that we should stay
B (endeudado) in debt; **estamos demasiado ~s** we're too heavily *o* deep in debt

empeñar [A1] *vt* 1 ‹*joyas/pertenencias*› to pawn, hock (colloq); **~ hasta la camisa** *or* **camiseta** (fam) to get *o* go heavily *o* deep in(to) debt 2 ‹*palabra*› to give
■ **empeñarse** *v pron*
A (endeudarse) to get *o* go into debt
B 1 (esforzarse) **~se EN + INF** to strive to + INF (frml), to make an effort to + INF; **~se en hacer las cosas bien** to strive to do things well 2 (proponerse) **~se EN + INF** to be determined to + INF; **se ha empeñado en lograrlo** he's determined to achieve it 3 (obstinarse) to insist; **~se EN + INF** to insist ON -ING; **se empeñó en que estudiara medicina** she insisted that he studied medicine

empeño *m*
A 1 (afán) determination; (esfuerzo) effort; **trabajar/estudiar con ~** to work/study hard; **pondré todo mi ~ en conseguirlo** I will do my best to achieve it; **poner ~ en una tarea** to put every effort into a task, to apply oneself to a task 2 (obstinación) **~ EN algo** insistence ON sth 3 (intento, empresa) undertaking, endeavor*; **nunca ceja en su ~** (frml) he never wavers in his endeavor (frml)
B (de valores) pawning, hocking (colloq); **sacar algo del ~** (fam) to get sth out of hock (colloq)

empeñosamente *adv* (AmL) determinedly, with great determination

empeñoso -sa *adj* (AmL) hard-working

empeoramiento *m* (de la salud) deterioration, worsening; (del tiempo, de una situación) worsening

empeorar [A1] *vi* «*salud*» to deteriorate, get worse; «*tiempo/situación*» to get worse, worsen
■ **empeorar** *vt* to make … worse

empequeñecer [E3] *vi* to become smaller; **él empequeñeció ante mis ojos** he went down *o* fell in my estimation
■ **empequeñecerse** *v pron* 1 (hacerse pequeño) to become smaller 2 (acobardarse) to be/feel daunted 3 (sentirse insignificante) to feel small *o* insignificant; **se te empequeñece la visión del mundo** your vision of the world becomes narrower

emperador *m*
A (soberano) emperor
B (Coc) swordfish

emperatriz *f* empress

emperejilarse [A1] *v pron* (ant) to spruce oneself up

emperifollarse [A1] *v pron* (hum) to titivate oneself (hum), to preen oneself (hum)

empero *adv* (liter) nevertheless, nonetheless

emperolarse [A1] *v pron* (Ven fam) to dress up

emperrarse [A1] *v pron* (fam): **se emperró con ese coche** she got it into her head that she wanted that car; **se emperró en hacerlo** he was determined to do it; **se emperró en que fuera** he insisted that I should go

empezar [A6] *vi*
A «*película/conferencia/invierno*» to begin, start; **al ~ el siglo** at the turn of the century; **ya han empezado los fríos** the cold weather has arrived *o* started; **~ A + INF** to start to + INF, start -ING; **empezó a nevar** it started to snow *o* snowing; **me empezó a entrar hambre** I began *o* started to feel hungry
B «*persona*» to start; **~ de nuevo** *or* **volver a ~** to start again; **todo es (cuestión de) ~** it'll be fine once we/you get started; **¡ya empezamos otra vez!** here we go again!; **no sé por dónde ~** I don't know where to begin; **vamos a ~ por ti** let's start with you; **~ A + INF** to start -ING, start to + INF; **empezó a llorar** he began *o* started to cry; **~ + GER** to start BY -ING; **empezó diciendo que …** she started *o* began by saying that …; **empezó trabajando de mecánico** he started out as a mechanic; **~ POR + INF** to start *o* begin BY -ING; **empecemos por estudiar el contexto histórico** let's begin *o* start by looking at the historical context
C **para empezar** first of all, to start with
■ **empezar** *vt*
A ‹*tarea/actividad*› to start
B ‹*frasco/mermelada*› to start, open

empicharse [A1] *v pron* (Ven fam) «*alimento/bebida*» to go bad *o* (BrE) off; «*planta*» to rot

empiece, empieza *etc see* **empezar**

empinado -da *adj* ‹*calle/pendiente*› steep; ‹*rascacielos/torre*› towering (*before n*); ‹*cumbre/montaña*› soaring (*before n*)

empinar [A1] *vt* ‹*bota/botella/vaso*› to raise
■ **empinarse** *v pron*
A 1 (de puntillas) to stand on tiptoe 2 «*camino/cuesta*» to get steep, to rise; «*edificio/torre*» to tower, soar; «*montaña*» to rise
B (Chi, Méx fam) (beberse) to knock back (colloq)

empírico¹ -ca *adj* empirical

empírico² -ca *m,f* empiricist

empirismo *m* empiricism

emplaste *m* (Méx) (de colores, objetos) mess, hodge-podge (AmE), hotch-potch (BrE)

emplasto *m* 1 (Farm, Med) dressing 2 (fam) (cosa blanda, pegajosa) sticky mess (colloq)

emplazamiento *m* (frml)
A (acción) 1 (de edificio, monumento) siting 2 (Mil) (de batería) positioning; (de misiles) siting
B (sitio) 1 (de edificio, circo) location, site 2 (Mil) (de batería) emplacement, position; (de misiles) site
C (Der) (citación) summons, subpoena

emplazar [A4] *vt* (frml)
A 1 ‹*edificio/circo*› to site, locate 2 (Mil) ‹*batería*› to position; ‹*misiles*› to site
B 1 (Der) (citar) to summon, subpoena 2 (frml) (conminar) **~ a algn A + INF** *or* **A QUE + SUBJ** to call upon sb to + INF

empleada *f* maid; *ver tb* **empleado**

Compuestos
• **empleada de planta** (Méx) live-in maid
• **empleada doméstica** *or* **de servicio** (frml) maid, domestic servant (frml)

empleado -da *m,f* 1 (trabajador) employee; **una nómina de 300 ~s** a staff of 300; **se ruega notificar a todos los ~s** please notify all members of staff 2 (en oficina) office *o* clerical worker; (en banco) bank clerk, teller; (en tienda) (AmL) clerk (AmE), shop assistant (BrE)

(Compuestos)

- **empleado -da de hogar** *m,f* (Esp fml) domestic servant (fml)
- **empleado público -da pública** *m,f* civil servant

empleador -dora *m,f* employer

emplear [A1] *vt*

A 1 «*empresa/organización*» to employ 2 (colocar) ‹*hijo/sobrino*› to fix … up with a job; **su padre lo empleó en una tienda** his father fixed him up with *o* got him a job in a shop

B (usar) ‹*energía/imaginación/material*› to use; **no sabe cómo ~ su tiempo** he doesn't know how to occupy his time; **~on tres años en la construcción** it took them three years to build it; ***dar algo por bien empleado***: **me llevó toda una tarde, pero la doy por bien empleada** it took me a whole evening, but (I consider) it was time well spent; ***estarle bien empleado a algn*** (Esp) to serve sb right (colloq)

■ **emplearse** *v pron* (esp AmL) to get a job

empleo *m*

A 1 (trabajo) employment; **la creación de ~** job creation 2 (puesto) job; **tiene un buen ~** she has a good job; **está sin ~** she's out of work

(Compuesto) **empleo comunitario** community work

B (uso) use; ⓢ **modo de empleo** instructions for use

emplomadura *f* (RPl) filling

emplomar [A1] *vt* (RPl) to fill

emplumar [A1] *vi* to grow feathers, fledge

■ **emplumar** *vt* 1 (Esp fam) ‹*delincuente*› to pick up (colloq) 2 ***emplumárselas*** (Chi fam) to split (sl)

empobrecer [E3] *vt* ‹*población/tierra/lenguaje*› to impoverish

■ **empobrecer** *vi* to become impoverished, become poor

■ **empobrecerse** *v pron* «*país/lenguaje/vocabulario*» to become impoverished

empobrecimiento *m* impoverishment

empollar [A1] *vi*

A «*gallina*» to brood

B (Esp fam) «*estudiante*» to cram (colloq), to swot (BrE colloq)

■ **empollar** *vt*

A ‹*huevos*› to hatch, sit on

B (Esp fam) «*estudiante*» to cram (colloq), to swot up (on) (BrE colloq)

empollón -llona *m,f* (Esp fam & pey) grind (AmE colloq), swot (BrE colloq & pej)

empolvado -da *adj* 1 ‹*libro*› dusty, dust-covered 2 (con maquillaje) powdered

empolvarse [A1] *v pron* 1 «*libros*» to gather dust 2 (*refl*) ‹*nariz/cara*› to powder

emponchado -da *adj* (CS): **un hombre ~** a man in a poncho *o* wearing a poncho

emponzoñar [A1] *vt* to poison

emporio *m* 1 (Hist) trading center* 2 (artístico, cultural) center* 3 (de riqueza) empire; **un ~ financiero** a financial empire

emporrado -da *adj* [ESTAR] (Esp fam) high (colloq)

empotarse [A1] *v pron* (Chi fam) **~ CON algn** to become infatuated WITH sb

empotrado -da *adj* built-in, fitted (*before n*)

empotrar [A1] *vt* ‹*mueble/caja fuerte*› **~ algo EN algo** to build sth INTO sth

■ **empotrarse** *v pron*: **el coche se empotró en el muro** the car crashed into the wall

empozarse *v pron* (Col, Per, Ven) «*agua*» to form pools/a pool

emprendedor -dora *adj* enterprising

emprender [E1] *vt* ‹*viaje*› to embark on; ‹*proyecto/aventura*› to undertake; ‹*ataque/ofensiva*› to launch; **~ la retirada** (Mil) to beat a retreat; **~ la marcha** to set out; **el pájaro emprendió el vuelo** the bird took flight; **~ el regreso** to begin one's return journey; ***~la con algn***: **estaba de mal humor y la emprendió conmigo** she was in a bad mood and she took it out on me; **la emprendió a puñetazos con él** he started punching him

empresa *f*

A 1 (compañía) company, firm (BrE); **~ filial** subsidiary company 2 (dirección) management; **la ~ no se hace responsable** the management cannot accept liability

(Compuestos)

- **empresa de servicios públicos** public utility company, public utility
- **empresa privada/pública** private/public sector company

B (tarea, labor) venture, undertaking

empresariado *m* management, managers (*pl*)

empresarial *adj* business (*before n*); **la parte ~** the management; **organizaciones ~es** employers' organizations

empresariales *fpl* (Esp) business studies

empresario -ria *m,f* 1 (Com, Fin) (*m*) businessman; (*f*) businesswoman; **una asociación de ~s** an employers' organization; **el ~ decidió vender el negocio** the owner decided to sell the business; **~ de pompas fúnebres** undertaker 2 (Teatr) impresario 3 (en boxeo) promoter

empréstito *m* (fml) loan

empujar [A1] *vt* 1 ‹*coche/columpio*› to push; **¡empújame!** give me a push! 2 (incitar, presionar) to spur … on; (obligar) to force; **no tenía ganas, pero yo la empujé un poco** she didn't feel like it, but I gave her a bit of a push (colloq) 3 (Tec) to drive

■ **empujar** *vi* 1 (hacer presión) to push; **un actor que viene empujando fuerte** (period) an up-and-coming actor 2 (dar empellones) to push, shove; **¡sin ~!** stop pushing!

empuje *m* 1 (iniciativa): **le falta ~** she lacks drive *o* initiative 2 (fuerza moral) spirit; **tiene mucho ~** she has a lot of spirit 3 (entusiasmo) enthusiasm 4 (Arquit, Aviac, Fís) thrust

empujón *m* 1 (empellón) shove, push; **abrió la puerta de un ~** he pushed the door open; **abrirse paso a (los) empujones** to shove one's way through 2 (fam) (para animar, incitar) prod (colloq); **si le damos un empujoncito seguro que viene** if we give her a gentle prod *o* a bit of encouragement I'm sure she'll come; **voy a darle un ~ al asunto** I'm going to push things along a bit (colloq)

empuñadura *f* (de espada) hilt; (de daga, navaja) handle; (de bastón, paraguas) handle

empuñar [A1] *vt* 1 ‹*arma/espada*› to take up; ‹*bastón/palo*› to brandish 2 (Chi): **empuñó la mano** he clenched his fist

emú *m* emu

emulación *f* emulation

emulador *m* emulator

emular [A1] *vt* to emulate

émulo -la *m,f* (fml) emulator

emulsión *f* emulsion

emulsionante *m* emulsifier

emulsionar [A1] *vt* to emulsify

en *prep*

A (en expresiones de lugar) 1 (refiriéndose a ciudad, edificio): **viven ~ París/~ una granja/~ el número diez/~ un hotel** they live in Paris/on a farm/at number ten/in a hotel; **~ el último piso** on the top floor; **viven ~ la calle Goya** they live on *o* (BrE) in Goya Street; **nos quedamos ~ casa** we stayed home (AmE), we stayed at home (BrE); **de puerta ~ puerta** from door to door 2 (dentro de) in; **~ una caja** in a box; **métete ~ la cama** get into bed 3 (sobre) on; **~ la mesa** on the table; **~ una silla** on a chair; **se le nota ~ la cara** you can see it in his face

B (expresando circunstancias, ambiente, medio) in; **~ armonía con la naturaleza** in harmony with nature; **~ peligro** in danger

C 1 (indicando tema, especialidad, cualidad): **un experto ~ la materia** an expert on the subject; **es muy bueno ~ historia** he's very good at history; **doctor ~ derecho** Doctor of Law; **la supera ~ inteligencia** he surpasses her in intelligence 2 (indicando proporción, precio): **~ un diez por ciento** by ten per cent; **lo vendió ~ $30** he sold it for $30; **~ dólares** in dollars; **las pérdidas se calcularon ~ $50.000** the losses were calculated at $50,000

D 1 (indicando estado, manera) in; **~ buenas/malas condiciones** in good/bad condition; **~ llamas** in flames, on fire; **estaba ~ camisón** she was in her nightdress; **con los músculos ~ tensión** with (his) muscles tensed; **~ tono sarcástico** sarcastically 2 (en forma de): **termina ~ punta** it's pointed; **colóquense ~ círculo** get into *o* in a circle 3 (en el papel de) as; **Luis Girón en el Alcalde** Luis Girón as the Mayor 4 (con medios de transporte) by; **ir**

~ **taxi/barco** to go by taxi/by boat; **fueron ~ bicicleta** they cycled, they went on their bikes; **dimos una vuelta ~ coche** we went for a ride in the car

E **1** (expresando el material): ~ **seda natural** in natural silk; **una escultura ~ bronce** a bronze (sculpture) **2** (indicando el modo de presentación o expresión) in; **¿lo tienen ~ azul?** do you have it in blue?; ~ **ruso** in Russian

F (con expresiones de tiempo): ~ **verano** in (the) summer; ~ **varias ocasiones** on several occasions; **justo ~ ese momento** just at that moment; ~ **la mañana/tarde/noche** (esp AmL) in the morning/afternoon/at night

G **1** (con construcciones verbales) in; **no hay nada de malo ~ lo que hacen** there's nothing wrong in what they're doing; **tardó media hora ~ resolverlo** it took her half an hour to work it out; **fuí el último ~ salir** I was the last to leave **2** (con complementos de persona) in; ~ **él ha encontrado un amigo** she's found a friend in him; **no sé qué ve ~ ella** I don't know what he sees in her

en. (= **enero**) Jan

enaceitar [A1] *vt* to oil

enagua *f*, **enaguas** *fpl* **1** (prenda interior) petticoat, underskirt **2** (AmC) (falda) skirt

enajenable *adj* (frml) alienable (frml)

enajenación *f*

A (Der) alienation (frml)

B (alienación) alienation

C (Psic) *tb* ~ **mental** derangement

enajenado -da *adj* [ESTAR] out of one's mind, deranged; **enajenada de furia** beside herself with rage

enajenamiento *m* ▸ **enajenación**

enajenante *adj* ‹*trabajo*› alienating, dehumanizing

enajenar [A1] *vt*

A (Der, Fil) to alienate

B (alienar) to alienate, dehumanize

■ **enajenarse** *v pron*

A (volverse loco) to go out of one's mind, become unhinged

B ‹*simpatías/amistad*› to alienate

enaltecer [E3] *vt* **1** (frml) (honrar) to ennoble (frml) **2** (alabar) to praise, extol (frml)

enamoradizo -za *adj*: **es muy ~** he falls in love very easily

enamorado¹ -da *adj* **1** [ESTAR] in love; ~ **DE algn** in love WITH sb; **están muy ~s** they are very much in love **2** [SER] (CS fam) ▸ **enamoradizo**

enamorado² -da *m,f* **1** (amante, novio) lover; **actúan como una pareja de ~s** they're acting like a pair of lovebirds; **una pareja de ~s** two lovers; **vino con su ~** (Bol, Per) she came with her boyfriend **2** (aficionado) ~ **DE algo**: **es un ~ de su profesión** he loves his work

enamoramiento *m* infatuation

enamorar [A1] *vt* to make … fall in love, get … to fall in love

■ **enamorarse** *v pron* to fall in love; **~se DE algo/algn** to fall in love WITH sth/sb

enamoricarse [A2], **enamoriscarse** [A2] *v pron* (fam) ~ **DE algn** to get a crush ON sb (colloq), to become infatuated WITH sb

enanismo *m* dwarfism

enano¹ -na *adj* ‹*especie/planta*› dwarf (*before n*); ‹*ración*› (fam) minute, tiny

enano² -na *m,f* **1** (de proporciones normales) midget; (de cabeza más grande) dwarf; (en los cuentos) dwarf; **los siete enanitos** the Seven Dwarfs *o* Dwarves; ***disfrutar*** *or* ***divertirse como un ~*** to have a whale of a time (colloq); ***ser un trabajo de ~s*** (CS, Esp fam) to be very hard work; ***trabajar como un ~*** (fam) to work like a dog (colloq) **2** (fam) (niño) little one (colloq), nipper (colloq)

enarbolar [A1] *vt* **1** ‹*bandera*› (levantar) to hoist, raise; (llevar) to fly **2** ‹*palo/bastón*› to brandish

enarcar [A2] *vt* ‹*cejas*› to raise, arch; ‹*espalda*› to arch

enardecer [E3] *vt*: **la discusión enardeció los ánimos** the discussion aroused a great deal of passion; **una multitud enardecida** an angry crowd

■ **enardecerse** *v pron*: **los ánimos se enardecieron** passions became aroused *o* (liter) inflamed; **~se de pasión** (liter) to become inflamed with passion (liter)

encabalgamiento *m* enjambment*

encabestrar [A1] *vt* **1** (Equ) to halter, put a halter on **2** (Taur) to lead

encabezado *m* (Chi, Méx) headline

encabezamiento *m* **1** (en carta — saludo) opening; (— dirección, fecha) heading **2** (en ficha, documento) heading

encabezar [A4] *vt*

A ‹*artículo/escrito*› to head

B **1** ‹*liga/clasificación/lista*› to head, be at the top of; ‹*carrera/movimento/revolución*› to lead; **una pancarta encabezaba la manifestación** the demonstration was headed by a banner **2** ‹*delegación/comité*› to head, lead

encabritarse [A1] *v pron* **1** «*caballo*» to rear up **2** (fam) «*persona*» to get mad (colloq), to blow one's top (colloq) **3** (fam) «*mar*» to get *o* become choppy

encabronar [A1] *vt* (Esp, Méx vulg) to piss … off (sl)

■ **encabronarse** *v pron* (vulg) to get pissed off (sl)

encachado -da *adj* (Chi fam) **1** (simpático) nice **2** (bonito) ‹*ropa/lugar*› lovely, nice; ‹*persona*› attractive **3** (arreglado) well-dressed **4** (entretenido) ‹*historia*› entertaining

encachar [A1] *vt* (Chi fam) to make … look nice

■ **encacharse** *v pron* (Chi fam)

A (resistirse): **encachársele a algn** to stand up to sb

B (Chi fam) (acicalarse) to spruce oneself up

encachimbado -da *adj* (AmC fam) mad (AmE colloq), cross (BrE colloq); **está muy ~ conmigo** he's mad at *o* cross with me; **me tiene muy ~ este carro** I'm fed up with this car (colloq)

encachorrarse [A1] *v pron* (Col fam) to throw a tantrum

encadenado -da *adj* linked

encadenar [A1] *vt*

A **1** ‹*prisionero/bicicleta*› to chain (up) **2** «*obligación/trabajo*» to tie (down) **3** ‹*ideas/pensamientos*› to link

B (Cin) ‹*escenas/secuencias*› to fade … together

■ **encadenarse** *v pron* (*refl*) **~se A algo** to chain oneself TO sth

encajar [A1] *vt*

A (meter, colocar) to fit

B (esp AmL fam) (endilgar): **me ~on a mí el trabajito** I got saddled *o* landed with the job (colloq); **siempre le encaja los hijos a la suegra** she always dumps the kids on her mother-in-law (colloq); **me encajó tremenda patada** he gave me a hell of a kick (colloq); **les ~on tres goles** they put three goals past them

C **1** ‹*broma/críticas*› to take; ‹*desgracia/situación*› to accept **2** (Dep) ‹*gol*› to let … in; ‹*derechazo/golpe*› to take

■ **encajar** *vi* **1** «*pieza/cajón*» to fit; ~ **EN algo** to fit IN sth; **no encaja bien** it doesn't fit properly; **las piezas ~on** the pieces fitted together **2** (cuadrar) to fit; **esto no encaja dentro de ninguna categoría** this doesn't fit into any category **3** (armonizar, casar): **su versión no encaja con la de otros testigos** his version does not square with *o* correspond to that of other witnesses; **no encaja con la decoración** it doesn't fit in with the decor

■ **encajarse** *v pron*

A (*refl*) (fam) ‹*prenda*› to put on

B (Méx) (aprovecharse) to take advantage; **~se CON algn** to take advantage OF sb

encaje *m*

A (Indum) lace; **pañuelo de ~** lace handkerchief; **con ~s en el cuello** with a lacy collar

B (Fin) *tb* ~ **bancario** reserve

C (Mec) socket

encajonar [A1] *vt* **1** ‹*mercancías*› to box, put into boxes (*o* crates *etc*) **2** ‹*toro*› to pen **3** (en lugar estrecho) ~ **algo/a algn EN algo** to cram *o* pack sth/sb INTO sth; **me ~on el coche** my car *o* I got boxed in **4** (Tec) to encase, box in

■ **encajonarse** *v pron* «*río*» to narrow

encalado *m* whitewashing

encalar [A1] *vt* to whitewash

encaletar [A1] *vt* (Col, Ven) ‹*droga/armas*› to stash (colloq); ‹*cerveza/comida*› to hide … away

encalillarse [A1] *v pron* (Chi fam) to get into debt

encalladero *m* (zona de poca profundidad) shallows (*pl*); (banco de arena) sandbank; (rocas) rocks (*pl*)

encallar [A1] *vi* to run aground

encallecerse [E3] *v pron* to become callused

encallecido -da *adj* ‹*manos*› callused

e

encalmarse [A1] *v pron* «*mar*» to become calm; «*viento*» to drop

encamar [A1] *vt* (Méx) to confine … to bed
■ **encamarse** *v pron* (CS, Per fam) to go to bed together; **~se CON algn** to go to bed WITH sb

encamburarse [A1] *v pron* (Ven fam) to get oneself a job in the civil service

encaminado -da *adj*: **el proyecto va bien ~** the project is shaping up well *o* is going well; **iba bien ~** he was on the right track; **~ A + INF** designed to + INF, aimed AT -ING; **medidas encaminadas a reducir …** measures designed to reduce *o* aimed at reducing …

encaminar [A1] *vt* **1** ‹*intereses/esfuerzos*› to direct, channel; **~on sus esfuerzos a …** they channeled their efforts into … **2** ‹*estudiante/niño*› to point … in the right direction
■ **encaminarse** *v pron* (liter) **~se HACIA algo** **1** «*persona*» (dirigirse a) to head FOR/TOWARD(S) sth; (emprender el camino) to set off FOR/TOWARD(S) sth **2** «*esfuerzos*» to be aimed AT sth, be directed TOWARD(S) sth

encamotarse [A1] *v pron* (AmL fam) **~ CON algn** to fall for sb (colloq)

encanar [A1] *vt* (AmS arg) to lock … up (colloq)

encandilar [A1] *vt* **1** «*luz*» to dazzle **2** (asombrar, pasmar) to dazzle **3** (avivar, exacerbar) to stir up, arouse

encanecer [E3] *vi* to (go) gray*

encantado -da *adj*
A **1** (muy contento) delighted; **estoy ~ de haber venido** I am delighted *o* very glad that I came **2** (en fórmulas de cortesía): **te lo presto encantada** I'd be only too happy to lend it to you; **podemos vernos mañana — yo ~** we can meet tomorrow — that's fine by me; **~ de conocerla** pleased to meet you; **~ de poder ayudarte** I'm glad to be/to have been of help
B ‹*bosque/castillo*› enchanted

encantador¹ -dora *adj* ‹*persona/lugar*› charming, delightful

encantador² -dora *m,f* magician; **~ de serpientes** snake charmer

encantamiento *m* spell, enchantment

encantar [A1] *vi* (+ *me/te/le etc*): **me encantó la obra** I loved *o* I thoroughly enjoyed the play; **me ~ía que me acompañaras** I'd love you to come with me
■ **encantar** *vt* to cast *o* put a spell on, bewitch

encanto *m*
A **1** (atractivo) charm; **utilizó todos sus ~s para conquistarlo** she used all her charms to win him over; **su sencillez es su mayor ~** its most appealing feature is its simplicity **2** (fam) (maravilla, primor): **eres un ~** you're a darling (colloq); **¡qué ~ de hombre!** what a lovely *o* charming man!; **tienen un jardín que es un ~** they have a lovely garden
B **1** (hechizo) spell; **como por ~** as if by magic **2** (Ven fam) (fantasma) ghost

encañada *f* gully; (más profundo) ravine

encañizada *f* weir (*for fishing*)

encañonar [A1] *vt*: **lo encañonó con el revólver** she pointed the gun at him
■ **encañonarse** *v pron* «*río*» to narrow

encapotado -da *adj* overcast, cloudy

encapotarse [A1] *v pron* to cloud over, become overcast

encapricharse [A1] *v pron* **~ CON** *or* (Esp) **DE algo**: **se ha encaprichado con ese juguete** (es su preferido) he's really taken a liking to that toy; (porque quiere tenerlo) he's got his heart set on that toy; **~ CON** *or* (Esp) **DE algn** to fall for sb (colloq)

encapuchado -da *m,f* (*m*) hooded man; (*f*) hooded woman

encapuchar [A1] *vt*: **~on al reo** they placed a hood over the prisoner's head
■ **encapucharse** *v pron* (*refl*) to put a hood on

encarado -da *adj* (Méx): **mal ~** (enojado) bad-tempered; (de mal aspecto) nasty-looking

encaramarse [A1] *v pron* **~ A** *or* **EN algo** ‹*a árbol/valla*› to climb up; ‹*a taburete*› to climb on to

encarar [A1] *vt*
A (enfocar) ‹*tarea*› to approach; (afrontar) ‹*desgracia/problema*› to face up to; ‹*futuro*› to face
B ‹*piezas*› to marry, fit … together
C (AmL) ‹*persona*› to stand up to
■ **encararse** *v pron* **~se CON algn** to face up to *o* stand up to sb

encarcelamiento *m*, **encarcelación** *f* imprisonment

encarcelar [A1] *vt* to imprison, jail

encarecer [E3] *vt*
A (hacer más caro): **el envase encarece el producto** the container makes the product more expensive; **~á los alquileres** it will push rents up
B (frml) (pedir, recomendar): **se lo encarecí repetidamente** I beseeched him many times (frml); **le encareció que cuidara de ellos** she begged him to take care of them; **nos encareció que fuéramos puntuales** he urged us to be punctual (frml)
■ **encarecerse** *v pron* «*precios*» to increase, rise; «*productos/vida*» to become more expensive

encarecidamente *adv* (frml): **le pido ~ que …** I urge *o* (frml) beg you to …

encarecimiento *m*
A (frml) (de precios) increase, rise
B (frml) (insistencia) insistence; **con ~** insistently

encargado¹ -da *adj* **~ DE algo/+ INF** responsible FOR sth/-ING, in charge OF sth/-ING

encargado² -da *m,f* **1** (de negocio) manager; **quiero hablar con el ~** I'd like to speak to the person in charge *o* the manager **2** (de tarea): **tú serás el ~ de avisarles** it will be your responsibility to tell them
(Compuesto) **encargado -da de negocios** *m,f* chargé d'affaires

encargar [A3] *vt*
A **1** **~le algo A algn** ‹*tarea*› to entrust sb WITH sth; **le encargaste un asunto delicado** you entrusted him with a delicate matter; **me encargó una botella de whisky escocés** she asked me to buy *o* get her a bottle of Scotch **2** **~ a algn QUE + SUBJ** to ask sb to + INF; **me encargó que se lo recordara** he asked me to remind him
B **1** (pedir) ‹*mueble/paella/libro*› to order; ‹*informe/cuadro*› to commission **2** (fam & euf) ‹*hijo*›: **quieren ~ un hijo pronto** they're planning to start a family soon; **han encargado un niño** they have a baby on the way
■ **encargarse** *v pron* **~se DE algo/algn** to take care OF sth/sb; **yo me encargo de las bebidas** I'll take care of *o* see to the drinks; **me tuve que ~ del asunto** I had to take charge of the matter; **¡ya me ~é de él!** (fam) I'll take care of him! (colloq), I'll soon sort him out! (colloq); **se va a ~ de hacer la reserva** he's going to take care of the booking; **yo me encargo de que lo sepan** I'll see to it that they know, I'll make sure they know

encargatoria *f* (Chi) *tb* **~ de reo** indictment, committal for trial

encargo *m* **1** (recado, pedido): **¿te puedo hacer unos ~s?** could you buy *o* get a few things for me?; **mi hijo está haciendo un ~** my son is out on *o* is running an errand **2** (Com) order; **los hacemos por ~** we make them to order; **Ⓢ sólo por encargo** (en restaurante) must be ordered in advance; **muebles de ~** made-to-order *o* custom-made furniture; ***hecho de*** **~** (Esp): **el sofá le va al salón que ni hecho de ~** the sofa is absolutely tailor-made *o* perfect for the living room; **eres más tonto que hecho de ~** (fam) you couldn't be more stupid if you tried (colloq) **3** (cargo, misión) job, assignment **4** (AmL fam & euf) (embarazo): **el novio la dejó con ~** her boyfriend got her into trouble (euph)

encariñarse [A1] *v pron* **~ CON algo/algn** to grow fond OF sth/sb, get very attached TO sth/sb

encarnación *f* incarnation

encarnado -da *adj*
A ‹*color/vestido*› red
B ‹*uña*› ingrowing

encarnadura *f*: **tener buena/mala ~** to heal quickly/slowly

encarnar [A1] *vt* **1** «*actor*» ‹*personaje*› to play **2** ‹*cualidad/sentimiento*› to embody; **encarna la ambición desmedida** he is the embodiment of boundless ambition
■ **encarnarse** *v pron* **1** (Relig) to become incarnate **2** «*uña*» to become ingrown

encarnizado -da *adj* bitter, fierce

encarnizamiento *m* 1 (en caza) blooding 2 (crueldad) viciousness, savagery

encarnizar [A4] *vt* 1 ‹*jauría*› to blood 2 ‹*atacante/enemigo*› to enrage

■ **encarnizarse** *v pron* **~se CON algn/algo** to attack sb/sth viciously

encarpetar [A1] *vt* 1 (guardar) to file 2 (dejar detenido) ‹*expediente*› to close; ‹*asunto*› to close the file on

encarrerado -da *adv* (Méx fam) at top speed

encarrilar [A1] *vt* 1 ‹*vagón/tren*› to put … onto the rails 2 ‹*trabajo/asunto*› to direct; ‹*persona*› to guide, give guidance to; **las negociaciones van bien encarriladas** the negotiations are progressing well

■ **encarrilarse** *v pron* to get back on the rails

encartado -da *adj/m,f* (Esp) accused

encartar [A1] *vt*

A (Esp) (Der) to indict, commit … for trial

B (Col fam) (encajar) **~ a algn CON algo** to saddle *o* land sb WITH sth (colloq)

■ **encartarse** *v pron*

A (en naipes) to pick up (cards)

B (Col fam) (clavarse) **~se CON algo/algn** to get stuck *o* saddled WITH sth/sb (colloq); **ahora tengo que ~me con estos librotes a la biblioteca** now I have to hump these great big books over to the library (colloq)

encarte *m* (Col fam) (molestia) nuisance

encasillar [A1] *vt* to class, categorize, pigeonhole

■ **encasillarse** *v pron*: **no quiso ~se dentro de ninguna tendencia** he didn't want to be identified with any particular group *o* faction

encasquetar [A1] *vt* ‹*sombrero*› to pull down; **~le algo/algn A algn** (fam): to dump sth/sb ON sb (colloq); **le encasquetan los trabajos más pesados** he gets landed *o* saddled with the most boring jobs (colloq)

■ **encasquetarse** *v pron* ‹*sombrero/gorra*› to pull down

encasquillarse [A1] *v pron* «*fusil/pistola*» to jam; «*bala*» to get jammed

encatrado *m* (Chi fam) platform

encatrinarse [A1] *v pron* (*refl*) (Méx fam) to get dressed up

encausado -da *m,f* defendant

encausar [A1] *vt* to charge

encauzar [A4] *vt* to channel; **~ algo HACIA algo** to channel sth INTO sth

■ **encauzarse** *v pron* «*tendencia/actividad*» to be channeled*; «*persona*» **~se EN algo** to channel one's energies INTO sth

encefálico -ca *adj* brain (*before n*), encephalic (tech)

encéfalo *m* brain

encefalograma *m* encephalogram

enceguecedor -dora *adj* (AmL) blinding

enceguecer [E3] *vt* (AmL) to blind

■ **enceguecerse** *v pron* (AmL) (por la luz) to be blinded; (de ira) to become furious

encelar [A1] *vt* to make … jealous

■ **encelarse** *v pron* to get jealous

encenagar [A3] *vt* to cover with *o* in mud; **encenagados en el vicio** sunk in depravity

encendedor *m* lighter

encender [E8] *vt* 1 ‹*cigarrillo/hoguera/vela*› to light; ‹*fósforo*› to strike, light 2 ‹*luz/calefacción*› to switch on, turn on; ‹*motor*› to start; **no dejes el televisor encendido** don't leave the television on 3 ‹*deseos/pasiones*› to awaken, arouse (liter); **~ el fanatismo** to stir up fanaticism

■ **encender** *vi* «*fósforo*» to light; «*leña*» to catch light; «*luz/radio*» to come on

■ **encenderse** *v pron*

A «*aparato/luz*» to come on; «*fósforo/piloto*» to light; «*leña*» to catch light; **se encendió la llama de su pasión** (liter) his passions were aroused *o* (liter) inflamed

B «*persona*» to blow one's top (colloq), to get mad (colloq); «*rostro*» to go red

encendido¹ -da *adj* 1 ‹*rostro/mejillas*› flushed; **de un rojo ~** bright red 2 ‹*discurso*› fiery, passionate; ‹*polémica*› heated

encendido² *m* ignition

encerado *m* 1 (de suelos) polishing, waxing 2 (pizarra) blackboard

enceradora *f* polisher, polishing machine

encerar [A1] *vt* to polish, wax

encerrado -da *adj*: **está ~ en su habitación** he's shut away *o* shut up in his room; **se quedó ~ en el cuarto de baño** he got locked in the bathroom; **siguen ~s en la universidad** they are still occupying the university; **oler a ~** (AmL) to be stuffy

encerrar [A5] *vt*

A ‹*ganado*› to shut up, pen; ‹*persona*› (con llave) to lock up, to shut; **me encerró en mi habitación** he shut me *o* locked me in my room; **encierra al perro** shut the dog in; **me dejaron encerrada en la oficina** I got locked in the office; **está para que lo encierren** (fam) he's crazy *o* a nut (colloq)

B 1 (contener) to contain 2 (conllevar) to involve, entail; **el peligro que ello encierra** the danger which it involves *o* entails

■ **encerrarse** *v pron* (*refl*) (en una habitación) to shut oneself in; (en una fábrica, universidad) «*obreros/estudiantes*» to lock oneself in

encerrona *f* 1 (trampa) trap; **le habían preparado** *or* **tendido una ~** they had set *o* laid a trap for her 2 (protesta) sit-in

encespedar [A1] *vt* (con tepes) to grass over, turf; (con semillas) to plant … with grass, grass over

encestar [A1] *vi* to score (a basket)

enchapado *m* 1 (de metal) plating 2 (de madera — acción) veneering; (— chapa) veneer

enchapar [A1] *vt* (de metal) to plate; (de madera) to veneer

encharcar [A2] *vt* to waterlog, flood

■ **encharcarse** *v pron* «*terreno/zona*» to become waterlogged *o* flooded; «*agua*» to form a pool/pools

enchastrar [A1] *vt* (RPl fam) ‹*ropa/cocina*› to make a mess of; **enchastró la mesa de pintura** he got paint all over the table (colloq)

■ **enchastrarse** *v pron* (RPl fam) to get dirty; **se enchastró todo de helado** he got ice cream all over himself

enchastre *m* (RPl fam) mess

enchilada *f* enchilada (*tortilla with a meat or cheese filling, served with a tomato and chili sauce*)

enchilado¹ -da *adj* (Méx) 1 (Coc) seasoned with chili 2 ‹*persona*›: **acabé enchilada** the food was too hot for me

enchilado² *m* stew (*with chili*)

enchilar [A1] *vt* (Méx) 1 (Coc) to add chili to 2 (fam) (enojar) to annoy

■ **enchilarse** *v pron* (Méx) 1 (comiendo): **ya me enchilé** my mouth's burning; **con este plato me enchilo** this dish is too hot for me 2 (fam) (enojarse) to get angry, to get shirty (BrE colloq)

enchiloso -sa *adj* (Méx fam) hot

enchinar [A1] *vt* (Méx) to perm

■ **enchinarse** *v pron* (Méx): **se me enchina la piel** I come out in goose bumps *o* goose pimples

enchinchar [A1] *vt* (Méx fam) to pester, bug (colloq)

■ **enchincharse** *v pron* (RPl fam) (enfadarse) to get in a mood *o* huff (colloq)

enchinchorrarse [A1] *v pron* (Ven fam) (acostarse) to lie in a hammock

enchuecar [A2] *vt* (AmL fam) ‹*metal*› to bend; ‹*madera/lámina*› to warp; ‹*cara/boca*› to twist; ‹*cuadro*› to tilt

■ **enchuecarse** *v pron* (Chi fam) «*metal*» to bend, get bent; «*madera/lámina*» to warp; «*cara/boca*» to become twisted

enchufado¹ -da *adj* (fam): **está ~** he knows all the right people; **estar ~ con ...** to be well in with … (colloq)

enchufado² -da *m,f* (fam): **los ~s** those who have jobs because they have friends in the right places

enchufar [A1] *vt*

A 1 (conectar mediante enchufe) to plug in 2 (fam) (encender) ‹*radio/televisión*› to switch *o* turn on

B (fam) ‹*persona*›: **me enchufó en la empresa** he set me up with a job in the company (colloq)

■ **enchufarse** *v pron* 1 (AmL fam) (adaptarse) **~se EN algo** to settle INTO sth 2 (Esp fam) (en puesto): **se ha enchufado**

e

en el Ministerio he's got a job in the Ministry thanks to his connections

enchufe *m*

A (Elec) (macho) plug; (hembra) socket, power point (BrE); (del teléfono) socket, point (BrE)

(Compuesto) **enchufe múltiple** two-way adaptor

B (Esp fam) (influencia): **necesitas algún ~** you need to have connections; **por ~** through connections, by pulling some strings

enchumbar [A1] *vt* (Ven fam) to drench, soak

encía *f* gum

encíclica *f* encyclical

enciclopedia *f* encyclopedia*; **una ~ ambulante** (hum) a walking encyclopedia (hum)

enciclopédico -ca *adj* encyclopedic*

encienda, enciendas, etc *see* **encender**

encierra, encierras, etc *see* **encerrar**

encierro *m* **1** (en fábrica, universidad) sit-in **2** (reclusión): **tienes que salir de tu ~** you must get out and about a bit (colloq); **salió de su ~ después de ocho meses** she emerged after being holed up for eight months **3** (Taur) (conducción) *running of bulls through the streets*; (toros) *bulls to be used in a bullfight* **4** (para el ganado) enclosure, pen

encima *adv*

A (en el espacio): **le puso una piedra ~** he put a stone on it; **no llevo dinero ~** I don't have any money on me; **se tiró el café ~** she spilled the coffee over herself; **lo vi cuando ya lo tenía ~** I didn't see it until it was on top of me; **el autobús se nos venía ~** the bus was coming straight at us; **se me vino el armario ~** the cupboard came down on top of me

B (en el tiempo): **los exámenes ya estaban ~** the exams were already upon us; **se nos echaba ~ la noche** night was falling (around us)

C (además): **¡y ~ se queja!** and then she goes and complains!; **y ~ no me lo devolvió** and on top of that, he didn't give it back

D (*en locs*) **encima de**: **~ de la mesa** on the table; **~ del armario** on top of the cupboard; **llevaba un chal ~ de la chaqueta** she wore a shawl over her jacket; **viven ~ de la tienda** they live over *o* above the shop; **~ de caro es feo** not only is it expensive, it's also ugly; ***echarse algo ~*** ‹*deuda*› to saddle *o* land oneself with sth; ‹*problema*› to take … upon oneself; ***echarse ~ a algn*** (AmL): **se echó ~ a todos los profesores** he turned all the teachers against him; ***estar ~ de algn*** *or* ***estarle ~ a algn*** (fam) to be on at sb (colloq); ***hacerse ~*** (fam & euf) (orinarse) to wet oneself; (hacerse caca): **todavía se hace ~** he still messes his pants; ***por ~***: **esparcir las almendras por ~** sprinkle the almonds over it *o* on top; **volaban por ~ del pueblo** they flew over the town; **está por ~ del jefe de sección** she's higher up than *o* she's above the head of department; **temperaturas por ~ de lo normal** above-average temperatures; **lo leí por ~** I just skimmed through it; **le eché un vistazo muy por ~** I just looked over it very quickly; **una limpieza por ~** a quick clean; ***por ~ de todo***: **por ~ de todo, que no se entere él** above all *o* most important, he mustn't find out; **pone su carrera por ~ de todo** she puts her career before anything else; ***quitarse*** *or* ***sacarse algo de ~*** ‹*problema/tarea*› to get sth out of the way; ***quitarse*** *or* ***sacarse a algn de ~*** to get rid of sb

encimar [A1] *vt*

A (Col) (regalar): **me encimó dos más** she gave me two extra

B (Méx, RPl) ‹*cajas/libros*› to put *o* pile … one on top of the other, to stack up

■ **encimarse** *v pron* (Méx): **se me encima esa clase con otra** that class clashes *o* coincides with another

encimera *f* (Esp) **1** (sábana) top sheet **2** (cocina) stove top (AmE), hob (BrE) **3** (mostrador) (kitchen) counter (AmE), worktop (BrE)

encina *f* holm oak, ilex

encinar *m* oak wood/grove

encinta *adj* expecting; **~ de tres meses** three months pregnant

encizañar [A1] *vt* to stir up *o* cause trouble between/among

■ **encizañar** *vi* to cause *o* make trouble

enclaustrarse [A1] *v pron* to shut oneself away

enclavado -da *adj*: **~ en el corazón del bosque** buried deep in the heart of the forest

enclave *m* enclave

enclavijar [A1] *vt* to peg

enclenque *adj* **1** ‹*persona*› (enfermizo) sickly; (delgado) weak, weedy (colloq) **2** ‹*estructura*› rickety

enclítico -ca *adj* enclitic

encochinarse [A1] *v pron* (Chi fam) to get mucky (colloq)

encofrado *m* (en mina) timbers (*pl*); (Const) formwork, shuttering (BrE)

encofrar [A1] *vt* to put formwork *o* (BrE) shuttering around

encoger [E6] *vi* to shrink

■ **encoger** *vt* **1** ‹*ropa*› to shrink **2** ‹*cuerpo*›: **~ las piernas** to tuck one's legs in; **encogió el cuerpo de miedo** he shrank back in fear

■ **encogerse** *v pron*

A «*ropa/tela*» to shrink

B «*persona*» **1** (físicamente): **~se de hombros** to shrug one's shoulders; **caminar encogido** to walk with one's shoulders hunched **2** (por la edad) to shrink, get shorter **3** (acobardarse) to be intimidated

encogido -da *adj* shy; *ver tb* **encoger**

encolar [A1] *vt* (para pegar) to glue, paste; (para pintar) to seal, size

encolerizar [A4] *vt* to enrage, make … furious

■ **encolerizarse** *v pron* to get furious

encomendar [A5] *vt* **1** (frml) (encargar) **~le algo A algn** to entrust sb WITH sth; **le ~on la dirección de la empresa** she was entrusted with managing the company **2** (Relig) to commend

■ **encomendarse** *v pron* to commend oneself

encomendería *f* (Per) grocery store (AmE), grocer's shop (BrE)

encomendero *m*

A (Hist) *colonist granted control of land and Indians to work for him*

B (Per) (tendero) grocer

encomiable *adj* commendable, laudable (frml)

encomiar [A1] *vt* to praise

encomienda *f*

A (Hist) *control over land and Indians granted to an* **encomendero A**

B (AmL) (Corresp) package (AmE), parcel (BrE)

encomio *m* praise, eulogy; **digno de ~** praiseworthy, laudable (frml)

encomioso -sa *adj* (AmL) eulogistic, laudatory (frml)

enconado -da *adj* ‹*lucha/disputa*› fierce; ‹*discusión*› heated, passionate

enconar [A1] *vt* ‹*lucha*› to intensify; ‹*discusión/ánimos*› to inflame

■ **enconarse** *v pron* «*lucha*» to become fierce, intensify; «*discusión*» to become heated; «*ánimos*» to become inflamed

enconchar [A1] *vt* (Ven fam) to hide

■ **enconcharse** *v pron* **1** (Col, Méx fam) (ensimismarse) to withdraw into one's shell **2** (Ven fam) (esconderse) to go into hiding

encono *m* **1** (fiereza): **lucharon con ~** they fought fiercely **2** (enojo) anger, fury; (rencor) spite

encontradizo -za *m,f*: **se hizo el ~** (fam) he acted as though it was a chance meeting

encontrado -da *adj gen* **~s** conflicting, opposing

encontrar [A10] *vt*

(Sentido I)

A **1** (buscando) ‹*casa/trabajo/persona*› to find; **no encontré entradas para el teatro** I couldn't get tickets for the theater; **no le encuentro lógica** I can't see the logic in it **2** (casualmente) ‹*cartera/billete*› to find, come across

B (descubrir) ‹*falta/error*› to find, spot; ‹*cáncer/quiste*› to find, discover

C ‹*obstáculo/dificultad*› to meet (with), encounter; **allí encontró la muerte** (period) he met his death there

(Sentido II) (+ *compl*): **te encuentro muy cambiado** you look very different; **¡qué bien te encuentro!** you look so well!; **lo encuentro ridículo** I find it ridiculous; **¿cómo encontraste el país?** how did the country seem to you?; **encontré la puerta cerrada** I found the door shut

■ **encontrarse** *v pron*

(Sentido I)

A 1 (por casualidad) **~se con algn** to meet sb, bump INTO sb (colloq) 2 (*refl*) (Psic) *tb* **~se a sí mismo** to find oneself

B (*recípr*) 1 (reunirse) to meet; (por casualidad) to meet, bump into each other (colloq); **quedamos en ~nos en la estación** we arranged to meet at the station 2 «*carreteras/líneas*» to meet

C (*enf*) (inesperadamente) ‹*persona*› to meet, bump into (colloq); ‹*billete/cartera*› to find, come across; **se encontró la casa patas arriba** he found the house in a terrible state; **me encontré con que todos se habían ido** I found they had all gone

(Sentido II) (frml) (estar) to be; **me encuentro mejor** I am feeling better; **se encuentra indispuesto** he's unwell; **se encuentra detenido en la comisaría** he's being detained in the police station; **el hotel se encuentra cerca de la estación** the hotel is (located) near the station; **la crisis en que nos encontramos** the crisis in which we find ourselves (frml)

encontronazo *m* (fam) 1 (entre coches) smash (colloq), crash 2 (discusión) set-to (colloq), row (colloq)

encopetado -da *adj* (fam & pey) grand, posh (BrE colloq)

encopetarse [A1] *v pron* (Col) to get merry

encorajinar [A1] *vt* (Méx fam) to make … angry *o* (esp AmE colloq) mad

■ **encorajinarse** *v pron* (Méx fam) to get mad (colloq)

encordado *m* (CS) strings (*pl*)

encordar [A10] *vt* to string

■ **encordarse** *v pron* (en alpinismo) to rope up

encorsetar [A1] *vt* to restrict

encorvado -da *adj*: **anda ~** he walks with a stoop; **tiene la espalda encorvada** he has a stoop

encorvadura *f*, **encorvamiento** *m* curvature

encorvar [A1] *vt* to hunch

■ **encorvarse** *v pron* to develop a stoop

encrespar [A1] *vt* 1 ‹*pelo*› to make … go curly; ‹*mar*› to make … rough *o* choppy 2 ‹*pasiones*› to arouse, inflame (liter); **los ánimos estaban muy encrespados** tempers were frayed 3 ‹*persona*› to irritate, annoy

■ **encresparse** *v pron* «*pelo*» to curl, go curly; «*mar*» to get rough *o* choppy; «*pasiones*» to be aroused, be inflamed (liter); «*persona*» to become irritated

encrucijada *f* crossroads; **en la ~ del camino** at the crossroads; **estoy en una ~** I'm in a dilemma *o* a quandary

encuadernación *f* 1 (cubierta) binding; **~ en cuero/rústica** leather/paperback binding 2 (acción) book binding

encuadernador -dora *m,f* bookbinder

encuadernar [A1] *vt* to bind

encuadrar [A1] *vt*

A (clasificar) to class, classify, categorize

B 1 (Cin, Fot, TV) to frame, center* 2 ‹*lámina/pintura*› to frame

C (Mil) to post

encuadre *m* framing

encubierto -ta *pp*: *see* ▸**encubrir**

encubridor -dora *m,f* (de delicuente) accesory after the fact; (de objeto robado) receiver; **fue condenado como ~ del asesinato** he was sentenced as an accessory to murder

encubrir [I33] *vt* 1 ‹*delincuente*› to harbor*; **ella lo encubre** she covers up for him 2 ‹*delito*› to cover up 3 ‹*temor/verdad/problema*› to mask

encuclillarse [A1] *v pron* to squat (down)

encuentra, encuentras, etc *see* **encontrar**

encuentro *m* 1 (acción) meeting, encounter; **salir al ~ de algn**: **una secretaria le salió al ~** he was met by a secretary; **salió a su ~ con los brazos abiertos** she went to greet him with open arms 2 (period) (reunión) meeting; (congreso) conference 3 (Dep) (period) game

encuerado -da *adj* 1 (AmL fam) (desnudo) nude, stark naked (colloq) 2 (period) (con ropa de cuero) leather-clad (*before n*)

encuerar [A1] *vt* (Chi, Méx fam) (desnudar) to undress

■ **encuerarse** *v pron* (*refl*) (AmL fam) (desnudarse) to strip off (colloq), get undressed; (en el escenario) to strip

encuesta *f* 1 (sondeo) survey; **~ de opinión** opinion poll 2 (investigación) inquiry

encuestado -da *m,f*: **el 50% de los ~s** 50% of those polled

encuestador -dora *m,f* pollster, survey taker

encularse [A1] *v pron* (Arg fam) (ponerse de mal humor) to get in a mood (colloq), to get pissed off (sl)

encumbrado -da *adj* (alto) high, lofty; (eminente) eminent, distinguished

encumbrar [A1] *vt* (Chi) 1 ‹*volantín*› to fly 2 (fam) (reprender) to tell … off (colloq)

encunetarse [A1] *v pron* (Col, Ven) to go into a ditch

encurtidos *mpl* pickles (*pl*)

encurtir [I1] *vt* to pickle

ende: **por ~** (*loc adv*) (frml) therefore, consequently (frml)

endeble *adj* ‹*persona*› weak, feeble; ‹*salud*› delicate, poor; ‹*personalidad*› weak; ‹*argumento/fundamento*› weak, feeble

endémico -ca *adj* endemic

endemoniado -da *adj*

A (inaguantable) ‹*niño/asunto*› wretched (*before n*); ‹*genio/humor*› foul, wicked; **estos ~s zapatos** these wretched *o* darned shoes (colloq)

B (poseído del demonio) possessed (by the devil)

endenantes *adv* (AmL crit) a moment ago, just now

enderezar [A4] *vt*

A 1 (destorcer) ‹*clavo*› to straighten 2 (poner vertical) ‹*poste/espalda*› to straighten; ‹*planta*› to stake; ‹*barco*› to right

B ‹*situación/asunto*› to sort out, straighten out; **para ~ su matrimonio** in order to sort out *o* straighten out their marriage

C ‹*persona*› to straighten … out

■ **enderezarse** *v pron*

A «*persona*» (ponerse derecho) to stand up straight, straighten up; (corregirse) to sort oneself out, straighten oneself out

B (arreglarse): **las cosas se ~on** things sorted themselves out

endeudado -da *adj* in debt; **~ con algn** indebted TO sb; **quedo ~ contigo** I am indebted to you

endeudamiento *m* (estado) indebtedness, debts (*pl*)

endeudar [A1] *vt* to get … into debt

■ **endeudarse** *v pron* to get (oneself) into debt; **~se con algn** to get into debt WITH sb

endiabladamente *adv* extremely

endiablado -da *adj* 1 (malo) ‹*carácter/genio*› terrible; **¡este ~ niño/ruido!** this wretched child/noise! 2 (difícil) ‹*problema*› thorny, difficult; ‹*asunto*› complicated, tricky 3 (peligroso) ‹*velocidad*› reckless, dangerous

endibia *f* endive, chicory (BrE)

endilgar [A3] *vt* (fam): **nos endilgó un sermón de media hora** he lectured us for half an hour; **me ~on el trabajito** I got saddled *o* landed with the job (colloq); **me endilgó a los niños** she dumped the kids on me (colloq)

endiñar [A1] *vt* (Esp fam) 1 ‹*golpe/patada*› to give; **me endiñó una bofetada** she slapped me 2 ▸**endilgar**

endiosar [A1] *vt* to deify

■ **endiosarse** *v pron* to become conceited

endivia *f* endive, chicory (BrE)

endocrino -na *adj* endocrine

endomingarse [A3] *v pron* to put on one's Sunday best; **iba todo endomingado** he was in his Sunday best

endosante *mf* endorser

endosar [A1] *vt* 1 ‹*cheque/letra*› to endorse 2 (fam) ▸**endilgar**

endosatario -ria *m,f* endorsee

endoscopia *f* endoscopy

endoso *m* endorsement

endrina *f* sloe

endrino *m* blackthorn, sloe

e

endrogar [A3] *vt* (Méx) to get … into debt
■ **endrogarse** *v pron* (Méx) to get into debt
endulzante *m* sweetener
endulzar [A4] *vt* ‹*café*› to sweeten; ‹*tono/respuesta*› to soften; ‹*vida/vejez*› to brighten up; ‹*carácter*› to mellow
endurecer [E3] *vt*
A ‹*arcilla/cemento*› to harden; ‹*músculos/uñas*› to strengthen; ‹*arterias*› to harden
B 1 ‹*persona/carácter*› (volver insensible) to harden; (fortalecer) to toughen … up; **ese corte te endurece las facciones** that haircut makes you look harsher 2 ‹*actitud/castigo*› to toughen
■ **endurecerse** *v pron* 1 «*arcilla*» to harden; «*cemento*» to set, harden; «*pan*» to go stale 2 «*persona/carácter*» (volverse insensible) to harden; (fortalecerse) to toughen up 3 «*facciones*» to become harder *o* harsher
endurecimiento *m* 1 (de arcilla) hardening; (de cemento) setting, hardening; (de músculos, uñas) strengthening; (de arterias) hardening 2 (del carácter — insensibilización) hardening; (— fortalecimiento) toughening up 3 (de postura, castigo) toughening
ene *f: name of the letter* **n**
enea *f* reed mace, cattail (AmE), cat's-tail (BrE)
eneas *adj inv* (Ven fam) (de mal carácter): **tu jefe es ~** your boss is a real tyrant (colloq); ***ser ~ con burrundanga*** (hum) to be a little terror (colloq), to be nothing but trouble (colloq)
enebro *m* juniper
eneldo *m* dill
enema *m* enema
enemigo[1] -ga *adj* 1 ‹*tropas/soldados/país*› enemy (*before n*) 2 **ser ~ DE algo** to be against sth; **era enemiga de pegarles a los niños** she was against hitting children; ***lo mejor es ~ de lo bueno*** let well alone
enemigo[2] -ga *m,f* enemy; **pasarse al ~** to go over to the enemy; **~ DE algo** enemy OF sth; **~ *público número uno*** public enemy number one
enemistad *f* enmity
enemistado -da *adj* [ESTAR]: **hace años que están ~s** they've been at odds (with each other) for years; **quedó ~ con ellos** she fell out with them
enemistar [A1] *vt* ‹*dos facciones*› to make enemies of; **este incidente enemistó a los dos países** this incident made enemies of the two countries; **~ un país con otro** to turn one country against the other; **ella los enemistó** she turned them against each other; **eso me enemistó con mi hermano** I fell out with my brother over it
■ **enemistarse** *v pron* to fall out; **~se CON algn (POR algo)** to fall out WITH sb (OVER sth)
energético -ca *adj* ‹*crisis/política/recursos*› energy (*before n*); ‹*alimento*› energy-giving, fuel (*before n*) (AmE)
energía *f*
A (Fís) energy; **consumo de ~** energy consumption
Compuestos
• **energía atómica/eólica/hidráulica/nuclear/solar** atomic/wind/water/nuclear/solar power
• **energía cinética** kinetic energy
• **energía eléctrica** electricity, electric power
B 1 (vigor, empuje) energy; **estoy cansada y sin ~(s)** I'm tired and listless; **protestar con ~** to protest vigorously 2 (firmeza) firmness; **tienes que tratarlo con más ~** you must be firmer *o* stricter with him
enérgico -ca *adj* 1 (físicamente) ‹*ejercicio/movimiento*› energetic, strenuous; ‹*persona*› energetic, vigorous 2 (firme, resuelto) ‹*carácter*› forceful; ‹*protesta/ataque*› vigorous; ‹*medidas*› firm, strong; ‹*desmentido/rechazo*› flat, firm
energúmeno *m* (fam) lunatic; **como un ~** ‹*comer*› like crazy; ‹*trabajar*› like a slave; ‹*gritar*› like a maniac
enero *m* January; **a principios/finales de ~** at the beginning/end of January; **a mediados de ~** in the middle of January, in mid-January; **el tres de ~** the third of January, January the third, January third (AmE); **en (el mes de) ~** in (the month of) January; **durante el mes de ~** in *o* during the month of January; **Lima, 8 de ~ de 1987** (Corresp) Lima, January 8 *o* January 8th, 1987; **llegaron el 8 de ~** they arrived on the 8th of January *o* January the 8th *o* (AmE) January 8th

enervante *adj* 1 (fam) (irritante): **ese ruido es ~** that noise is driving me crazy; **una vocecita chillona y ~** a grating, high-pitched voice 2 (que quita fuerzas) enervating
enervar [A1] *vt* 1 (irritar) to irritate 2 (debilitar) to enervate
enésimo -ma *adj* nth; **por enésima vez** for the nth *o* umpteenth time (colloq)
enfadado -da *adj* (esp Esp) angry; (en menor grado) annoyed; **están ~s** they've fallen out; **está ~ contigo** he's angry/annoyed with you
enfadar [A1] *vt* (esp Esp) (enojar, disgustar) to anger, make … angry; (en menor grado) to annoy
■ **enfadarse** *v pron* (esp Esp) 1 (enojarse) to get angry, get mad (esp AmE colloq); (en menor grado) to get annoyed, get cross (BrE colloq); **no te enfades, pero te queda mal** don't be offended but it doesn't suit you; **~se CON algn** to get angry/annoyed WITH sb 2 «*novios*» to fall out
enfado *m* (esp Esp) anger; (menos serio) annoyance; **¿a qué se debe tu ~?** what are you so angry/annoyed about?; **con ~** angrily
enfangar [A3] *vt* ▸**enlodar**
enfardar [A1] *vt* to bale
énfasis *m* emphasis; **puso ~ en este problema** she stressed *o* emphasized this problem
enfático -ca *adj* emphatic
enfatizar [A4] *vt* to emphasize, stress
enfermante *adj* (CS) exasperating
enfermar [A1] *vi* to fall ill, get sick (AmE); **si sigue así va a ~** if he carries on like that he's going to make himself ill *o* to get ill
■ **enfermar** *vt* (fam) to drive … mad (colloq)
■ **enfermarse** *v pron* 1 (AmL) (ponerse enfermo) to fall ill, get sick (AmE); **~se del estómago** to develop stomach trouble 2 (CS euf) (menstruar) to get one's period
enfermedad *f* illness; **contraer una ~** to contract an illness/a disease (frml); **está con permiso por ~** he's off sick; **los que están ausentes del trabajo por ~** those who are off work owing to sickness; **~es de la piel** skin diseases; **~ contagiosa** contagious disease
Compuestos
• **enfermedad de Parkinson** Parkinson's Disease
• **enfermedad de transmisión sexual** sexually transmitted disease
• **enfermedad infantil/profesional/venérea** childhood/occupational/venereal disease
• **enfermedad mental** mental illness
• **enfermedad nerviosa** nervous disorder
enfermería *f*
A (sala) infirmary, sickbay
B (carrera) nursing
enfermero -ra *m,f* nurse
Compuestos
• **enfermero domiciliario -ra domiciliaria** *m,f* ≈ visiting nurse (AmE), ≈ district nurse (BrE)
• **enfermero -ra jefe** *m,f* ≈ head nurse (AmE), ≈ charge nurse (BrE)
enfermizo -za *adj* unhealthy, sickly; **de aspecto ~** unhealthy-looking, sickly-looking
enfermo[1] -ma *adj* 1 (Med) ill, sick; **gravemente ~** *or* **~ de gravedad** seriously ill; **está enferma de los nervios** she suffers with *o* has trouble with her nerves; **cayó** *or* **se puso ~** he fell *o* got ill, he got sick (AmE); ***poner ~ a algn*** (fam) to get on sb's nerves (colloq), to get sb (colloq) 2 (CS euf) (con la menstruación): **estoy enferma** I've got my period, it's the time of the month (euph)
enfermo[2] -ma *m,f*: **quiere cuidar ~s** she wants to care for sick people *o* the sick; **~s del corazón** people with heart trouble; **~s de cáncer** cancer sufferers; **un ~ del Dr Moliner** one of Dr Moliner's patients
enfermucho -cha *adj* (fam) sickly
enfervorizado -da *adj* ecstatic, frenzied
enfervorizar [A4] *vt*: **su discurso enfervorizó a las masas** her speech fired the enthusiasm of the crowd *o* aroused the fervor of the crowd
enfiestado -da *adj* (Andes, Méx, Ven): **se pasa ~** his life's just one big party (colloq); **todavía están ~s** they're still living it up *o* partying (colloq)

enfilar [A1] *vi*: **~on hacia la plaza** they set off toward(s) the square; **enfiló por la calle principal** he made his way along the main street
■ **enfilar** *vt* 1 ‹*calle/autopista*› to take 2 ‹*cuentas/perlas*› to string, thread 3 ‹*mira/cañón*› to aim; **~ algo HACIA algo** to aim sth AT sth

enflaquecer [E3] *vi* to lose weight, get thin

enflusarse [A1] *v pron* (Ven fam) to wear a suit

enfocar [A2] *vt*
A (con cámara, telescopio) to focus on; **los ~on con la linterna** they shone the torch on them
B 1 (Fot, Ópt) ‹*telescopio/cámara*› to focus 2 ‹*tema/asunto*› to approach, look at

enfoque *m* 1 (Fot, Ópt) (acción) focusing*; (efecto) focus 2 (de asunto) approach; **todo depende del ~ que se le dé** everything depends on the way you look at it; **~ DE algo** approach TO sth; **un ~ nuevo del tema** a new approach to the subject

enfrascarse [A2] *v pron* **~ EN algo** ‹*en el trabajo/los estudios*› to bury oneself IN sth; ‹*en discusión*› to become immersed IN sth

enfrentado -da *adj* conflicting

enfrentamiento *m* clash

(Compuesto) **enfrentamiento bélico** military confrontation

enfrentar [A1] *vt*
A ‹*problema/peligro/realidad*› to confront, face up to; ‹*futuro*› to face
B 1 ‹*contrincantes/opositores*› to bring ... face to face; **~ a algn CON algn** to bring sb face to face WITH sb 2 (enemistar) to bring ... into conflict
■ **enfrentarse** *v pron* 1 (hacer frente a) **~se A/CON algn**: **se ~on con la policía** they clashed with the police; **se enfrentó con el enemigo** he confronted the enemy; **el equipo se enfrenta hoy a Paraguay** today the team comes up against *o* meets Paraguay; **~se A algo** ‹*a dificultades/peligros*› to face sth; **no quiere ~se a la realidad** he doesn't want to face up to reality 2 (*recípr*) ‹‹*equipos/atletas*›› to meet; ‹‹*tropas/oponentes*›› to clash

enfrente *adv*
A (al otro lado de una calle, etc) opposite; **vive justo ~** he lives just opposite, he lives just across the street; **~ DE algo/algn**: **~ del parque** opposite the park; **~ de mí** facing *o* opposite me
B (delante) in front; **~ DE algo** in front of sth

enfriamiento *m* 1 (catarro) chill 2 (de amor, entusiasmo, relaciones) cooling (off)

enfriar [A17] *vt*
A 1 ‹*alimento*› to cool; (en el refrigerador) to chill, cool 2 ‹*entusiasmo/relación*› to cool, cause ... to cool
B (Per fam) (matar) to bump off (colloq), to ice (AmE sl)
■ **enfriar** *vi*: **no dejes ~ el café** don't let your coffee go *o* get cold; **deja ~ el motor** let the engine cool down; **ponlo a ~** put it in the refrigerator to chill
■ **enfriarse** *v pron*
A 1 ‹‹*comida/bebida*›› (ponerse — demasiado frío) to get cold, go cold; (— lo suficientemente frío) to cool down; **espera que se enfríe** wait till it cools down 2 ‹‹*manos*›› to get cold 3 ‹‹*entusiasmo/relaciones*›› to cool (off)
B (tomar frío) to catch *o* get cold; (resfriarse) to catch a cold, catch a chill
C (Per fam) (morirse) to croak (colloq), to drop dead (colloq)

enfundar [A1] *vt* ‹*espada/puñal*› to sheathe; **enfundó la pistola** he put the pistol into his holster
■ **enfundarse** *v pron* **~se EN algo** to put sth on; **enfundada en un ceñido traje** in *o* wearing a tight suit

enfurecer [E3] *vt* to infuriate, make ... furious
■ **enfurecerse** *v pron* to fly into a rage, get furious

enfurecido -da *adj* [ESTAR] ‹*persona*› furious; ‹*mar/aguas*› (liter) raging (liter)

enfurruñarse [A1] *v pron* (fam) to go into a sulk (colloq), to get into a huff (colloq)

engalanar [A1] *vt* to decorate, deck; **~ algo/a algn CON algo** to deck sth/sb (out) WITH sth
■ **engalanarse** *v pron* (*refl*) to get all dressed up, dress up in one's Sunday best

engalletarse [A1] *v pron* (Ven fam) 1 (enredarse) to get muddled (colloq) 2 ‹‹*tráfico*›› to become congested

enganchado¹ -da *adj* 1 (prendido): **la falda se me quedó enganchada en el rosal** my skirt got caught *o* hooked on the rosebush 2 (fam) (adicto) hooked (colloq); **~ A algo** to be hooked ON sth

enganchado² -da *m,f* drug addict

enganchar [A1] *vt* 1 ‹*cable/cadena*› to hook 2 ‹*remolque*› to hitch up, attach; ‹*caballos*› to harness; ‹*vagón*› to couple, attach 3 ‹*pez*› to hook 4 (fam) (atraer): **se dejó ~ por una francesa** some Frenchwoman got him in her clutches (colloq); **lo ~on para que les ayudara** they got him to help them 5 (Taur) to gore
■ **engancharse** *v pron* 1 (quedar prendido) to get caught; **se me enganchó la media en el clavo** my tights got caught on the nail 2 (fam) (Mil) to join up 3 (fam) (hacerse adicto): **~se (A algo)** to get hooked (ON sth)

enganche *m*
A 1 (acción de enganchar — caballos) harnessing; (— un remolque) hitching up; (— vagones) coupling 2 (pieza, mecanismo) (Auto) towing hook; (Ferr) coupling
B (Esp) (de la luz, del teléfono) connection
C (Méx) (Fin) down payment

engañabobos *m* (*pl* ~) (fam) con (colloq), swindle (colloq)

engañapichanga *f* (RPl fam) ▸**engañabobos**

engañar [A1] *vt* 1 (hacer errar en el juicio) to deceive, mislead; **me engañó la vista** my eyes deceived me; **no te dejes ~** don't be deceived *o* mislead; **tú a mí no me engañas** you can't fool me; **lo engañó haciéndole creer que ...** she deceived him into thinking that ...; **~ a algn PARA QUE + SUBJ** to trick sb INTO -ING; **~ *el hambre*** *or* ***el estómago*** to stave off hunger, to keep the wolf from the door (colloq) 2 (estafar, timar) to cheat, con (colloq) 3 (ser infiel a) to be unfaithful to, cheat on
■ **engañarse** *v pron* 1 (*refl*) (mentirse) to deceive oneself, kid oneself (colloq) 2 (equivocarse) to be mistaken; **duró, si no me engaño, hasta junio** it lasted until June, if I'm not mistaken

engañifa *f* (fam) con (colloq), swindle (colloq)

engañito *m* (Chi fam) little present

engaño *m*
A 1 (mentira) deception; **fue víctima de un cruel ~** she was the victim of a cruel deception *o* swindle; **vivía en el ~ pensando que la amaba** she was under the delusion that he loved her; ***llamarse a*** **~** to claim one has been cheated *o* deceived 2 (timo, estafa) swindle, con (colloq) 3 (ardid) ploy, trick; **se vale de todo tipo de ~s** he uses all kinds of tricks
B (Taur) cape

engañoso -sa *adj* ‹*palabras*› deceitful; ‹*apariencias*› deceptive

engarce *m* setting

engarrotar [A1] *v pron* ▸**agarrotar**

engarzar [A4] *vt*
A ‹*piedra/brillante*› to set
B (Col, Ven) (enganchar) to hook; **engarzó la carnada al anzuelo** he put the bait on the hook
■ **engarzarse** *v pron* 1 (Col) (engancharse) to get caught 2 (Chi) (*recípr*) (trabarse) **~ EN algo** to get involved IN sth

engaste *m* setting, mount

engatusar [A1] *vt* to sweet-talk; **~ a algn PARA QUE + SUBJ** to sweet-talk sb INTO -ING; **no me vas a ~ con zalamerías** flattery will get you nowhere

engavetar [A1] *vt* (Ven fam) to shelve, put ... on ice

engendrar [A1] *vt* ‹*hijos*› to father; ‹*odio/sospecha*› to breed, engender (frml); **ese episodio engendró la duda en él** that incident sowed the seeds of doubt in his mind

engendro *m* 1 (feto) fetus* 2 (criatura malformada) malformed creature 3 (creación monstruosa) freak, monster

engentado -da *adj* (Méx) dazed, confused

englobar [A1] *vt* to embrace, include

engolado -da *adj* pompous

engomado -da *adj* 1 ‹*etiqueta*› gummed, self-adhesive; ‹*sobre*› gummed, self-sealing 2 (Chi fam) (estirado) stuck-up (colloq)

engomar [A1] *vt* ‹*papel*› to gum, glue

engominado -da *adj* slicked down

engorda *f* (Chi, Méx) fattening

e

engordar [A1] *vt*
A 1 (aumentar) to put on, gain; ~ **cinco kilos** to put on *o* gain five kilos 2 «*pan/azúcar*» to make … fat
B 1 (cebar) to fatten (up) 2 ‹*cifras/estadísticas*› to swell
■ **engordar** *vi* 1 «*persona*» to put on *o* gain weight; «*animales*» to fatten 2 «*alimentos*» to be fattening
engorde *m* fattening
engorro *m* (fam) nuisance, hassle (colloq)
engorroso -sa *adj* ‹*problema*› complicated, thorny; ‹*situación*› awkward, difficult; ‹*asunto*› trying, tiresome
engranaje *m*
A (Mec) gear assembly (*o* mechanism *etc*), gears (*pl*); **el ~ del reloj** the cogs of the watch
B (sistema, estructura): **los ~s de la actividad política** the wheels of the political machine; **afectó a todo el ~ del partido** it affected the whole machinery of the party
engranar [A1] *vt* ‹*piezas/dientes*› to mesh, engage; ‹*marcha*› to engage
■ **engranar** *vi* «*piezas*» to engage, mesh; «*marcha*» to engage (frml)
engrandecer [E3] *vt* (ennoblecer) to ennoble (frml); **aquel gesto lo engrandeció ante todos** with that gesture he grew in stature in everyone's eyes
engrandecimiento *m*: **ello contribuye al ~ de nuestro ejército** that contributes to the greater glory of our army; **el ~ del espíritu a través del sacrificio** the uplifting of the spirit through sacrifice
engrane *m* (Méx) cog, cogwheel
engrapadora *f* (AmL) stapler
engrapar [A1] *vt* (AmL) to staple
engrasado *m* lubrication, greasing
engrasador *m* grease gun
(Compuesto) **engrasador a pistola** *or* **presión** grease gun
engrasar [A1] *vt* 1 (Auto, Mec) (con grasa) to grease, lubricate; (con aceite) to oil, lubricate 2 (Coc) ‹*molde*› to grease
■ **engrasarse** *v pron* to get stained with grease
engrase *m* (con grasa) greasing; (con aceite) lubrication
engreído¹ -da *adj* 1 (vanidoso) conceited, bigheaded (colloq) 2 (Per) (mimado) spoiled*
engreído² -da *m,f* 1 (vanidoso) bighead (colloq) 2 (Per) (mimado) spoiled* brat
engreimiento *m* 1 (arrogancia) conceit, bigheadedness (colloq) 2 (Per) (mimos) spoiling
engreír [I18] *vt* 1 (hacer vanidoso) to make … conceited, make … bigheaded (colloq) 2 (Per) (mimar) to spoil
■ **engreírse** *v pron* to become conceited, become bigheaded (colloq)
engrifarse [A1] *v pron* (Chi, Méx fam) (encolerizarse) to fly off the handle (colloq), to blow one's top (colloq)
engripado -da *adj* (CS fam): **estar ~** to have (the) flu
engriparse [A1] *v pron* (CS fam) to get *o* catch (the) flu, go down with (the) flu
engrosar [A10] *vt* to swell; **pasaron a ~ las filas del partido** they swelled *o* joined the ranks of the party
engrudo *m* (flour and water) paste
engrupido -da *m,f* (Arg fam) show-off (colloq)
engrupir [I1] *vt* (CS fam) to fool (colloq); **la tiene engrupida** he's leading her up the garden path (colloq)
enguantado -da *adj* ‹*mano*› gloved
enguatarse *v pron* (Chi fam) to fill oneself up (colloq)
enguayabado -da *adj* (Col, Ven fam) 1 (por la tierra natal) homesick; **estaba ~ por ella** he was missing her 2 (con resaca) hungover
engullir [I9] *vt* to bolt (down)
■ **engullirse** *v pron* (enf) ‹*comida*› to bolt (down), wolf (down)
enharinar [A1] *vt* ‹*pescado/carne*› to coat … with flour; ‹*mesa/molde*› to flour
enhebrar [A1] *vt* ‹*aguja*› to thread; ‹*perlas*› to string
enhiesto -ta *adj* (liter) ‹*persona/figura*› erect, upright; ‹*torre*› soaring (liter), lofty (liter); ‹*árbol*› towering (*before n*), lofty (liter)
enhorabuena¹ *f* congratulations (*pl*); **darle a algn la ~** to congratulate sb; **reciba mi más cordial ~** (frml) please accept my warmest congratulations (frml)
enhorabuena² *interj* congratulations!
enigma *m* enigma, mystery
enigmático -ca *adj* enigmatic, mysterious
enjabonar [A1] *vt* to soap
■ **enjabonarse** *v pron* (*refl*) to soap oneself; **~se las manos** to soap one's hands
enjaezar [A4] *vt* to harness
enjalbegar [A3] *vt* to whitewash
enjambrar [A1] *vi* to swarm
enjambre *m* 1 (Zool) swarm; **un ~ de periodistas** a swarm of reporters 2 (Astron) cluster
enjaretar [A1] *vt* ▸ **endilgar**
enjaular [A1] *vt* 1 ‹*pájaro/fiera*› to cage, put … in a cage; **una fiera enjaulada** a caged animal 2 (fam) (meter en la cárcel) to lock … up, throw *o* put … in prison
enjoyado -da *adj* bejeweled* (liter); **iba muy enjoyada** she was wearing lots of jewelry
enjuagado *m* rinsing
enjuagar [A3] *vt* ‹*boca/ropa/vajilla*› to rinse; ‹*palangana/cubo*› to swill out
■ **enjuagarse** *v pron* (*refl*) to wash off the soap; **~se el pelo** to rinse one's hair
enjuague *m*
A 1 (acción de enjuagar) rinse 2 (AmL) (para el pelo) conditioner
(Compuesto) **enjuague bucal** mouthwash
B **enjuagues** *mpl* (fam) (tejemanejes) funny business (colloq)
enjugar [A3] *vt* 1 (liter) ‹*lágrimas/sudor*› to wipe away 2 (absorber) ‹*deuda/gastos*› to recoup, cover
■ **enjugarse** *v pron* (*refl*) (liter): **se enjugó las lágrimas** she wiped away her tears; **~se la frente** to mop *o* wipe one's brow
enjuiciado -da *m,f*: **el ~** the accused, the defendant
enjuiciamiento *m* (acusación) indictment; (juicio, proceso) trial
enjuiciar [A1] *vt*
A (Der) (acusar) to indict, commit for trial; (juzgar) to try
B (en cuestiones morales) to judge
enjundia *f* substance; **un tema con mucha ~** a very weighty *o* substantial subject
enjuto -ta *adj* lean, gaunt
enlace *m*
A 1 (conexión, unión) link; **~ telefónico/por satélite** telephone/satellite link 2 (de vías, carreteras) intersection, junction
(Compuesto) **enlace en trébol** cloverleaf
B (frml) (casamiento) *tb* **~ matrimonial** marriage
C (persona) liaison; **actúa de ~ entre …** he acts as liaison *o* as a link between …
(Compuesto) **enlace sindical** *mf* (Esp) shop steward, union rep
D (Quím) linkage, bond
enladrillar [A1] *vt* to pave … with bricks
enlatado¹ -da *adj* 1 ‹*alimentos*› canned, tinned (BrE) 2 ‹*música/programa*› canned 3 (Inf) ‹*programa*› stored
enlatado² *m*
A 1 (proceso) canning 2 **enlatados** *mpl* (productos) canned *o* (BrE) tinned goods (*pl*)
B (AmL pey) (TV) poor-quality program
enlatar [A1] *vt*
A ‹*alimentos/bebidas*› to can
B ‹*programa*› to prerecord
enlazar [A4] *vt*
A 1 ‹*ciudades*› to link, link up; ‹*ideas/temas*› to link, connect; **caminaban con las manos enlazadas** (liter) they walked along hand in hand; **~ algo CON algo** to link sth WITH *o* TO sth 2 ‹*cintas*› to tie … together
B (Col, RPl) ‹*res/caballo*› to lasso, rope (AmE)
C (Méx frml) (casar) to marry
■ **enlazar** *vi*: **~ CON algo** «*tren/vuelo*» to connect WITH sth; «*carretera*» to link up WITH sth
enlentecer [E3] *vt* to slow down
■ **enlentecerse** *v pron* «*proceso/marcha*» to slow down; «*reflejos*» to get slower
enlistado *m* (Méx) list

enlistar [A1] *vt* (Méx) to draw up *o* make a list of
■ **enlistarse** *v pron* (AmC, Col, Ven) to enlist, join up

enlodar [A1], **enlodazar** [A4] *vt* ‹*ropa/suelo*› to get … muddy; ‹*reputación*› to tarnish, sully
■ **enlodarse**, **enlodazarse** *v pron* to get muddy

enloquecedor -dora *adj* ‹*dolor*› excruciating; **el ruido era ~** the noise was enough to drive you crazy

enloquecer [E3] *vt* to drive … crazy *o* mad; **el dolor la tiene enloquecida** the pain is driving her crazy
■ **enloquecer** *vi*
A (perder el juicio) to go crazy *o* mad; **enloqueció de celos** he was driven crazy *o* insane with jealousy
B (fam) (gustar mucho): **me enloquece el jazz** I'm crazy about jazz (colloq)
■ **enloquecerse** *v pron* **1** (entusiasmarse) to go crazy, go mad; **~se POR algo** to be crazy *o* mad ABOUT sth (colloq) **2** (perder el juicio) to go crazy *o* mad

enlosado *m* (de losas) paving; (de baldosas) floor tiling

enlosar [A1] *vt* (con losas) to pave; (con baldosas) to tile

enlozado -da *adj* (AmL) ‹*cacerola*› enameled*; ‹*fuente*› glazed

enlucido *m* plaster

enlucir [I5] *vt*
A (enyesar) to plaster
B (limpiar) to polish

enlutado -da *adj* ‹*persona*› dressed in mourning; ‹*bandera*› black-fringed; **el país está ~** the country is in mourning

enlutar [A1] *vt*: ‹*país*› to plunge…into mourning; ‹*fiesta/niñez*› to cast a pall over
■ **enlutarse** *v pron* to go into mourning

enmaderar [A1] *vt* ‹*pared*› to panel, cover with wood paneling*; ‹*suelo*› to lay wooden flooring on

enmarañado -da *adj* **1** ‹*pelo/lana*› tangled **2** (complicado, confuso) complicated, involved

enmarañar [A1] *vt* ‹*pelo/lana*› to tangle; ‹*asunto*› to complicate; ‹*persona*› to confuse
■ **enmarañarse** *v pron* «*pelo/lana*» to get tangled; «*persona*» **~se EN algo** to get embroiled *o* entangled IN sth

enmarcar [A2] *vt*
A ‹*lámina/foto*› to frame
B **1** (dentro de un contexto): **esto quedará enmarcado en la nueva ley** this will be enshrined in the new law **2** (servir de contexto para): **la ciudad que enmarca el festival** the city which forms the backdrop to the festival; **el ambiente de cordialidad que enmarca la firma del acuerdo** the cordial atmosphere in which the agreement was signed
■ **enmarcarse** *v pron*: **esta iniciativa se enmarca en el contexto de …** this initiative is in line with *o* in keeping with …; **su obra se enmarca dentro del expresionismo** his work can be classified as expressionist

enmascarado[1] -da *adj* masked

enmascarado[2] -da (*m*) masked man; (*f*) masked woman

enmascarar [A1] *vt* to hide, disguise
■ **enmascararse** *v pron* (*refl*) to put on a mask, cover one's face with a mask

enmasillar [A1] *vt* to putty

enmendar [A5] *vt* ‹*conducta*› to improve, amend (frml); ‹*actitud*› to change; ‹*error*› to amend, rectify; ‹*texto/proyecto de ley*› to amend
■ **enmendarse** *v pron* (*refl*) to mend one's ways

enmienda *f* **1** (modificación, corrección) amendment, correction; **valen las ~s** the amendments stand **2** (Der, Pol) amendment

enmohecer [E3] *vt* ‹*ropa*› to make … moldy*, make … go moldy*; ‹*metal*› to rust
■ **enmohecerse** *v pron* «*ropa/pan/queso*» to become *o* (BrE) go moldy*; «*metal*» to rust, become *o* (BrE) go rusty

enmontarse [A1] *v pron* (Col) **1** «*terreno*» to become overgrown **2** «*animal*» to run away, run off into the wild **3** «*revolucionario*» to join the guerrillas (*in the bush*)

enmoquetar [A1] *vt* (Esp) to carpet

enmudecer [E3] *vi* to fall silent
■ **enmudecer** *vt* to silence

enmugrar [A1] *vt* (AmL fam) to get … dirty; **no me enmugres la alfombra** don't go getting dirt all over the carpet
■ **enmugrarse** *v pron* (fam) to get dirty; **se enmugró las manos** he got his hands dirty *o* (colloq) mucky

ennegrecer [E3] *vt* (poner negro) to blacken; (oscurecer) to darken; **la noticia ennegreció la jornada** the news cast a shadow over the day
■ **ennegrecerse** *v pron* **1** (ponerse negro) to go black **2** (ponerse oscuro) «*cielo/nubes*» to darken, go dark; «*plata*» to tarnish

ennoblecer [E3] *vt* ‹*persona*› to ennoble (frml); **ese gesto lo ennoblece** such a gesture does him credit; **este estilo ennoblece la fachada** the style lends an air of distinction to the façade

ennotado -da *adj* (Ven arg) [**ESTAR**] out of it (sl), spaced out (sl)

enojadizo -za *adj* (esp AmL) irritable, touchy

enojado -da *adj* (esp AmL) angry, mad (esp AmE colloq); (en menor grado) annoyed, cross (BrE colloq); **contestó ~** he replied angrily; **esta ~ contigo** he's angry/annoyed with you; **están ~s y no se hablan** they've fallen out and they aren't speaking to each other

enojar [A1] *vt* (esp AmL) to make … angry; (en menor grado) to annoy
■ **enojarse** *v pron* (esp AmL) to get angry, get mad (esp AmE colloq); (en menor grado) to get annoyed, get cross (BrE colloq); **no te enojes pero te queda mal** don't be offended but it doesn't suit you; **~se CON algo** to get angry/annoyed WITH sb; **no te enojes conmigo** don't get angry with *o* mad at me

enojo *m* (esp AmL) anger; (menos serio) annoyance; **¿ya se te pasó el ~?** are you still angry/annoyed?

enojón -jona *adj* (Chi, Méx fam) irritable, touchy

enojoso -sa *adj* (esp AmL) (violento) awkward; (aburrido) tedious, tiresome

enorgullecer [E3] *vt*: **mi hijo me enorgullece** I am proud of my son; **nos enorgullece pensar que …** we are proud *o* it fills us with pride to think that …
■ **enorgullecerse** *v pron* to be proud; **no es para ~se** it's nothing to be proud of; **~se DE algo** to take pride IN sth; **no me enorgullezco de lo que hice** I am not proud of what I did

enorme *adj* ‹*edificio/animal/suma*› huge, enormous; ‹*zona*› vast, huge; **sentí una pena ~** I felt tremendously sad

enormemente *adv* ‹*crecer/isfrutar/beneficiarsec*› enormously; **había cambiado ~** he had changed greatly *o* tremendously; **me preocupa ~** it worries me a lot *o* a great deal; **me disgustó ~ que …** I was extremely upset that …

enormidad *f* **1** (de crimen) enormity **2** (gran cantidad) huge *o* vast amount; **una ~ de dinero** a huge *o* vast amount of money; **me gustó una ~** I liked it enormously

enquistarse [A1] *v pron* (Med) to develop into a cyst

enraizado -da *adj* ‹*prejuicio*› deep-seated, deep-rooted; ‹*tradición*› deeply rooted

enraizar [A21] *vi* «*plantas/árboles*» to take root

enramada *f* (pérgola) arbor*; (follaje) canopy

enrarecer [E3] *vt* to rarefy
■ **enrarecerse** *v pron* **1** «*atmósfera/aire*» to become rarefied **2** «*ambiente/relaciones*» to become strained

enrarecido -da *adj* **1** ‹*atmósfera/aire*› rarefied **2** ‹*ambiente/relaciones*› strained, tense

enratonado -da *adj* (Ven fam) hungover

enrazar [A4] *vt* (Col) to cross

enredadera *f* (como nombre genérico) creeper, climbing plant; (planta convolvulácea) bindweed

enredado -da *adj*
A ‹*lana/cuerda*› tangled; ‹*pelo*› tangled, knotted; ‹*asunto/idea*› complicated
B **1** (involucrado) involved; **~ EN algo** mixed up *o* caught up IN sth; **se vio ~ en el escándalo** he found himself mixed *o* caught up in the scandal **2** (fam) (en lío amoroso) **~ CON algn** involved WITH sb

enredador[1] -dora *adj* (fam): **es muy ~a** she's a real troublemaker *o* (colloq) stirrer

enredador[2] -dora *m,f* (fam) troublemaker, stirrer (colloq)

enredar [A1] *vt* 1 ‹*cuerdas/cables*› to get … tangled up, tangle up 2 (embarullar) ‹*persona*› to muddle … up, confuse; ‹*asunto/situación*› to complicate; **no enredes más las cosas** don't complicate things any further 3 (fam) (involucrar) **~ a algn EN algo** to get sb mixed up *o* caught up IN sth

■ **enredar** *vi* (fam) 1 (intrigar) to make trouble, stir up trouble 2 (Esp) (molestar) to fidget; **~ CON algo** to fiddle around WITH sth, fiddle WITH sth

■ **enredarse** *v pron*

A «*lana/cuerda*» to get tangled, become entangled; «*pelo*» to get tangled *o* knotted; «*planta*» to twist itself around

B 1 (fam) (en lío amoroso) **~se CON algn** to get involved WITH sb 2 (fam) (involucrarse) **~se EN algo** to get mixed up *o* involved IN sth; **se enredó en un negocio sucio** he got mixed up in some funny business 3 (fam) (enfrascarse) **~se EN algo** to get INTO sth (colloq); **se ~on en una acalorada discusión** they got into a heated discussion 4 (fam) (embarullarse) to get mixed up get muddled up

enredo *m* 1 (de hilos) tangle; (en el pelo) tangle, knot 2 (embrollo): **tengo un ~ en las cuentas ...** my accounts are in a terrible mess; **está metido en un ~ de dólares** he's involved in some shady currency deals 3 (fam) (lío amoroso) affair

enrejado *m* (de verja, balcón) railing, railings (*pl*); (rejilla) grating, grille; (para plantas) trellis

enrevesado -da *adj* ‹*problema*› complex, complicated; ‹*explicación/instrucciones*› complicated, involved; ‹*carácter/persona*› awkward, difficult

enrielar [A1] *vt* ▸**encarrilar**

enriquecedor -dora *adj* enriching

enriquecer [E3] *vt*

A ‹*país/población*› to make … rich

B ‹*espíritu/lengua/alimento*› to enrich

■ **enriquecerse** *v pron*

A (hacerse rico) to get rich; **se enriqueció con la venta de armas** he got rich through arms dealing

B «*cultura/relación/lengua*» to be enriched

enriquecido -da *adj* enriched

enriquecimiento *m* enrichment

enristrar [A1] *vt*

A ‹*ajos*› to string, string … together

B ‹*lanza*› to couch

enrojecer [E3] *vt* ‹*rostro/mejillas*› to redden, make … go red; ‹*pelo*› to turn … red, make … go red

■ **enrojecer** *vi* (liter) (ruborizarse) to redden, blush; (de ira, rabia) to go red in the face

■ **enrojecerse** *v pron* «*rostro/mejillas*» (+ *me/te/le etc*) to redden, blush; «*pelo*» to go *o* turn red; «*cielo*» to turn red

enrojecido -da *adj* red, reddened

enrolar [A1] *vt* to enlist, recruit

■ **enrolarse** *v pron* 1 to enlist; **~se en la marina** to enlist in *o* join the navy 2 (en organización): **~se en un partido** to join a party

enrollado -da *adj*

A 1 ‹*papel*› rolled up 2 ‹*cable*› coiled, coiled up

B (Esp) 1 (fam) [ESTAR] (con una chica, un chico): **están ~s** they've got sth going between them (colloq); **estar ~ CON algn** to have a thing (going) WITH sb (colloq) 2 (fam) [ESTAR] (en actividad): **estaban ~s haciendo una maqueta** they were busy making a model; **estaba ~ hablando de política** he was deep in a conversation about politics; **~ CON algo** ‹*con exámenes/preparativos*› wrapped up IN sth 3 (arg) (en la onda) ‹*persona/música*› cool (sl), hip (sl); ‹*película/coche*› cool (sl)

C (Ven fam) (preocupado) uptight (colloq), freaked out (sl)

enrollar [A1] *vt*

A ‹*papel/persiana*› to roll up; ‹*cable/manguera*› to coil; **~ el hilo en el carrete** wind the thread onto the spool

B (Esp arg) (confundir) to confuse, get … confused; (en asunto) to involve, get … involved; **no me enrolles en esto** leave me out of this

■ **enrollarse** *v pron*

A «*papel*» to roll up; «*cuerda/cable*» to coil up; **la cadena se enrolló en la rueda** the chain wound itself around the wheel

B (Esp) 1 (fam) (hablar mucho): **no te enrolles** stop jabbering on (colloq) 2 (fam) (tener relaciones amorosas): **se ~on en la discoteca** they made out (AmE colloq) *o* (BrE colloq) they got off together in a disco; **~se CON algn** to make out WITH sb (AmE colloq), to get off WITH sb (BrE colloq) 3 (arg) (con una actividad) **~se CON algo** to get into sth (colloq); **se ~on hablando** they got deep into conversation 4 (arg) (animarse) to get into the swing (colloq); **~se *bien*** (Esp arg): **se enrolla muy bien con la gente** he gets on very well with people; **se enrolla muy bien** he's really cool (colloq)

enronquecer [E3] *vi* to go hoarse

enroque *m* (en ajedrez) castling; **hacer un ~ largo/corto** to castle (on the) queen's/king's side

enroscar [A2] *vt* ‹*tornillo*› to screw in; ‹*cable/cuerda*› to coil; **~ algo EN algo** to wind sth AROUND *o* ONTO sth

■ **enroscarse** *v pron* 1 «*víbora*» to coil up; **se enroscó alrededor de su presa** it coiled *o* twisted itself round its prey 2 «*gato/persona*» to curl up 3 (RPl fam) (en conversación) **~se con algn** to start talking to sb; **~se con algo** to start talking about sth

enrostrar [A1] *vt* (AmL) **~le algo A algn** to reproach sb FOR sth

enrular [A1] *vt* (Col, CS) to curl

■ **enrularse** *v pron* (Col, CS) to go curly

enrumbar [A1] *vi* (Andes): **~on para la montaña** they headed for *o* toward(s) the mountain

ensalada *f* 1 (Coc) salad; **~ de fruta(s)** fruit salad 2 (fam) (lío): **tiene una ~ mental** he's really mixed up; **me hice una ~** (RPl) I got terribly mixed up (colloq)

(Compuesto) **ensalada** *or* (Esp) **ensaladilla rusa** Russian salad

ensaladera *f* salad bowl

ensalmo *m* incantation, spell; ***como por ~*** as if by magic

ensalzar [A4] *vt* ‹*virtudes*› to extol; ‹*persona*› to praise, sing the praises of

ensamblador[1] -dora *adj* assembly (*before n*)

ensamblador[2] -dora *m,f* 1 (persona) assembler, assembly worker 2 **ensamblador** *m* (Inf) assembler

ensambladura *f*, **ensamblaje** *m* (acción) assembly; (tipo de unión) joint

ensamblar [A1] *vt* to assemble

ensanchar [A1] *vt* 1 ‹*calle*› to widen; ‹*vestido*› to let out 2 (ampliar): **ello ensancha nuestras posibilidades de exportación** it extends *o* expands our export openings

■ **ensancharse** *v pron* «*calle/acera*» to widen, get wider; «*jersey*» to stretch

ensanche *m* 1 (de calle) widening 2 (esp Esp) (de ciudad) urban expansion area, (new) suburb

ensangrentado -da *adj* bloodstained

ensangrentar [A5] *vt* to stain … with blood

■ **ensangrentarse** *v pron* to get stained with blood

ensañamiento *m* cruelty, malice; **un crimen con ~** (Der) a very vicious attack (*o* crime *etc*) (frml)

ensañarse [A1] *v pron* **~ CON algn**: **se ensañaron con los prisioneros** they showed the prisoners no mercy *o* pity; **no te ensañes con él** don't take it out on him (colloq)

ensartar [A1] *vt*

A 1 ‹*perlas/cuentas*› to string 2 (con pincho) to skewer 3 (enhebrar) to thread 4 (clavar) **~ algo EN algo** to stick sth IN(TO) sth

B ‹*disparates*› to reel off, trot out; ‹*insultos*› to come out with a string *o* stream of

■ **ensartarse** *v pron* 1 (AmL fam) (en discusión, asunto) to get involved 2 (CS fam) (engañarse) **~se CON algn** to be wrong ABOUT sb; **me ensarté con el auto que compré** the car turned out to be a bad buy

ensayar [A1] *vt* 1 ‹*obra/baile*› to rehearse 2 ‹*método*› to test, try out 3 ‹*metales*› to assay

■ **ensayar** *vi* to rehearse

ensayista *mf* essayist

ensayo *m*

A 1 (Espec) rehearsal 2 (prueba) trial, test; (intento) attempt 3 (de metales) assay

(Compuesto) **ensayo general** (de obra teatral) dress rehearsal; (de concierto) final rehearsal

B (Lit) essay

C (en rugby) try

enseguida *adv* at once, immediately, right away; **¡~ voy!** I'll be right with you; **le regalas un juguete y ~ lo rompe** you give him a toy and he breaks it right away; **casi ~** almost immediately; **~ DE + INF** (esp AmL): **~ de almorzar** right *o* straight after lunch

ensenada *f* inlet, cove

enseña *f* (insignia) emblem, insignia; (bandera) flag; (estandarte) standard, banner

enseñado -da *adj*: **bien/mal ~** ‹niño› well/badly brought up; ‹animal› well/badly trained

enseñanza *f*

A 1 (docencia) teaching; **métodos de ~** teaching methods 2 (educación) education

(Compuestos)

- **enseñanza a distancia** distance learning
- **enseñanza media** *or* **secundaria** high school (AmE) *o* (BrE) secondary education
- **enseñanza primaria** elementary (AmE) *o* (BrE) primary education
- **enseñanza superior** higher education
- **enseñanza universitaria** college (AmE) *o* (BrE) university education

B **enseñanzas** *fpl* (doctrina) teachings (*pl*)

enseñar [A1] *vt*

A 1 ‹*asignatura*› to teach; **~le a algn A + INF** to teach sb to + INF; **les enseñan a buscar drogas** they train them to search for drugs 2 (dar escarmiento) to teach; **eso te ~á a callar** that'll teach you to be quiet

B (mostrar) to show; **me enseñó el camino** she showed me the way; **vas enseñando la combinación** your slip's showing

■ **enseñarse** *v pron* (Méx fam) **~se A + INF** (aprender) to learn to + INF; (acostumbrarse) to get used TO -ING

enseres *mpl* (de la casa) *tb* **~ domésticos** household equipment, furniture and fittings; (de oficina) equipment; (de artesano) tools and equipment; **~ de valor** valuables; **~ de limpieza** cleaning materials/equipment

ensillar [A1] *vt* to saddle, saddle up

ensimismado -da *adj* [ESTAR] lost in thought; **~ EN algo** engrossed IN sth, absorbed IN sth

ensimismarse [A1] *v pron* to become lost in thought; **~ EN algo** to become engrossed *o* absorbed IN sth

ensoberbecer [E3] *vt* (liter) to make … arrogant *o* haughty

■ **ensoberbecerse** *v pron* to become arrogant *o* proud *o* haughty

ensombrecer [E3] *vt* 1 ‹*felicidad/juventud*› to cloud, cast a shadow over 2 ‹*cielo*› to darken

■ **ensombrecerse** *v pron* (liter) 1 «*vida/día*» to be saddened 2 «*cielo/paisaje*» to darken, grow dark

ensoñación *f* fantasy

ensoñador -dora *adj* dreamy

ensoñar [A10] *vi* to dream; **~ CON algo** to dream OF sth

ensopar [A1] *vt* (Col, CS, Ven fam) to drench, soak

■ **ensoparse** *v pron* (Col, CS, Ven fam) to get drenched *o* soaked

ensordecedor -dora *adj* deafening

ensordecer [E3] *vt* ‹*persona*› to deafen; ‹*ruido/música*› to muffle

■ **ensordecer** *vi* to go deaf

ensortijado -da *adj* (liter) ‹*pelo*› curly

ensuciar [A1] *vt* 1 ‹*ropa/mantel*› to get … dirty, dirty, soil (frml); **lo vas a ~ todo de barro** you'll get mud everywhere 2 (liter) ‹*honor/nombre*› to sully, tarnish

■ **ensuciarse** *v pron*

A 1 «*falda/suelo*» to get dirty; (+ *me/te/le etc*) **que no se te ensucie** don't get it dirty; **se me ensució el vestido de grasa** I got grease on my dress 2 (*refl*) «*persona*» to get dirty; **no te ensucies los dedos** don't get your fingers dirty

B (*refl*) (euf) (hacerse caca) to soil oneself (frml); **el bebé se ensució** the baby has a dirty diaper (AmE) *o* (BrE) nappy

C (en asunto turbio) to get one's hands dirty

ensueño *m* daydream, fantasy; ***de ~***: **un mundo/una casa de ~** a dream world/house

entablar [A1] *vt* 1 (iniciar) ‹*conversación*› to strike up, start; ‹*amistad*› to strike up; ‹*negociaciones*› to enter into, start; **~on relaciones comerciales** «*países*» they opened up trade links «*empresas*» they started doing business together 2 ‹*partida*› to set up

entablillar [A1] *vt* to splint, put … in a splint

entallado -da *adj* ‹*chaqueta/vestido*› waisted; ‹*camisa*› tailored, fitted

entallar [A1] *vt* to tailor

■ **entallar** *vi* to fit; **este vestido entalla bien** this dress is a good fit *o* fits well

entarimado *m* 1 (suelo — de tablas) floorboards (*pl*); (— de parqué) parquet flooring; 2 (plataforma) stage, platform

entarimar [A1] *vt* (con tablas) to lay floorboards on; (con parqué) to lay parquet flooring on

ente *m*

A (ser) being, entity

B (organismo, institución) body; **~ estatal/público** state/public body; **~s con personalidad jurídica** legal entities

enteco -ca *adj* (delgado) gaunt; (enfermizo) frail

entelerido -da *adj* (Méx) sickly, weak

entendederas *fpl* (fam): **ser corto** *or* **duro de ~** to be dumb (AmE) *o* (BrE) dim (colloq)

entendedor *m*: ***a buen ~ pocas palabras (bastan)*** a word to the wise is enough

entender[1] [E8] *vt*

A 1 ‹*explicación/idioma/actitud*› to understand; **no te entiendo la letra** I can't read your writing; **no se le entiende nada** you can't understand anything she says; **lo entendió todo al revés** he got it all completely wrong; **todavía no he entendido el chiste** I still haven't got(ten) the joke; **¿entiendes lo que quiero decir?** do you know what I mean?; **se entiende que no quiera ir** it is understandable that he doesn't want to go 2 ‹*persona*› to understand; **tú ya me entiendes** you know what I mean; **me has entendido mal** you've misunderstood me; **se hace ~** *or* (AmL) **se da a ~** he makes himself understood; **¡no hay quien te entienda!** you're impossible!; **te entiendo perfectamente** I know exactly what you mean

B (frml) 1 (concebir, opinar): **no es así como yo entiendo la amistad** this is not how I see *o* understand friendship **yo entiendo que deberíamos esperar** in my view *o* as I see it, we should wait 2 (interpretar, deducir): **¿debo ~ que te vas?** am I to understand that you're leaving?; **me dio a ~ que …** she gave me to understand that …; **lo dio a ~** she implied it

■ **entender** *vi*

A (comprender) to understand; **(ya) entiendo** I understand, I see

B (saber) **~ DE algo** to know ABOUT sth; **¿tú entiendes de estas cosas?** do you know anything about these things?

C (Der): **~ en un caso** to hear a case

■ **entenderse** *v pron*

A 1 (comunicarse) **~se CON algn** to communicate WITH sb; **se entienden por señas** they communicate (with each other) through signs; **a ver si nos entendemos ¿quién te pegó?** let's get this straight, who hit you? 2 (llevarse bien); **lo que pasa es que no nos entendemos** the thing is we just don't get on very well; **~se CON algn** to get along *o* on WITH sb 3 (tratar) **~se CON algn** to deal WITH sb; **es mejor ~se directamente con el jefe** you are advised to deal directly with the boss; ***allá se las entienda*** (fam) that's his/her problem; ***entendérselas con algn*** to fix sth up with sb 4 (fam) (tener un lío amoroso) **~se CON algn** to have an affair WITH sb

B (*refl*): **déjame, yo me entiendo** leave me alone, I know what I'm doing

entender[2] *m*: **a mi/tu/su ~** in my/your/his opinion, to my/your/his mind

entendido[1] **-da** *adj*

A [ESTAR] (comprendido) understood; **tengo ~ que …** I understand *o* gather that …; **según tengo ~** as I understand it; **que quede bien ~** this must be clearly understood; **tenía ~ que …** I was under the impression that …; **eso se da por ~** that goes without saying; **bien ~ que …** (frml) on the understanding that …

B [SER] (experto) **~ EN algo**: **no soy muy ~ en estos temas** I'm not very well up on these subjects; **es muy ~ en política** he knows a lot about politics

entendido[2] **-da** *m,f* expert

entendimiento *m*
A (acuerdo) understanding
B (razón, inteligencia) mind; **tiene el ~ de un niño** he has the mind *o* intelligence of a child; **todavía no tiene suficiente ~** he's not old enough to understand

entente /ɔn'tont/ *f or m* entente
(Compuesto) **entente cordial** entente cordiale

enterado -da *adj*
A (de hecho, suceso): **¿estás ~ de lo ocurrido?** have you heard what's happened?; **no estoy enterada de nada** I have no idea what's going on; ***darse por ~*** to get the message, take the hint
B (Esp) (que sabe mucho) knowledgeable, well-informed

enterar [A1] *vt*
A (frml) (informar) **~ a algn DE algo** to inform *o* notify sb OF sth
B (Chi, Méx) ‹*deuda*› to pay
C (Chi) (completar): **ya enteró dos meses en su nuevo empleo** he's been in his new job for two months now; **y con esto entero los cien** and that makes a hundred
■ **enterarse** *v pron*
A (de suceso, noticia): **ahora me entero** this is the first I've heard of it; **me enteré por tus padres** I found out from your parents; **le robaron el reloj y ni se enteró** they stole her watch and she didn't even notice *o* realize; **a lo mejor no se han enterado** they may not have heard; **¡que no te enteras ...!** (Esp fam) wake up! (colloq); **~se DE algo**: **me enteré de la noticia por la radio** I heard the news on the radio; **si papá se entera de esto ...** if Dad finds out about this ...; **nunca te enteras de nada** you never know what's going on; ***te vas/se va a ~ (de quién soy yo)*** you'll/he'll get what for (colloq)
B (averiguar) to find out; **~se DE algo** to find out ABOUT sth
C (esp Esp fam) (entender): **te voy a castigar ¿te enteras?** I'll punish you, have I made myself clear? *o* do you hear me?; **¡para que te enteres!** (fam) so there! (colloq); **~se DE algo** to understand sth

entereza *f* (serenidad, fortaleza) fortitude; (rectitud) integrity; (firmeza) determination, strength of mind

enteritis *f* enteritis

enterito *m* (RPl) (de bebé) rompers (*pl*); (prenda interior) teddy; (de pantalones) jumpsuit

enterizo -za *adj* one-piece (*before n*); (en costura) seamless

enternecedor -dora *adj* moving, touching

enternecer [E3] *vt* to move, touch
■ **enternecerse** *v pron* to be moved *o* touched

entero[1] -ra *adj*
A [1] (en su totalidad) whole; **una caja entera de bombones** a whole *o* an entire box of chocolates; **eso es así en el mundo ~** it's like that all over the world; **por ~** completely, entirely [2] (*delante del n*) (absoluto, total) complete, absolute; **a mi entera satisfacción** to my complete satisfaction [3] (intacto) intact; **la porcelana llegó entera** the china arrived intact *o* in one piece [4] ‹*número*› whole
B ‹*persona*› (íntegro) upright

entero[2] *m*
A (Fin) point; (Mat) whole number, integer
B (de lotería) (whole) lottery ticket

enterradero *m* (RPl) hideout, safe house

enterrador -dora *m,f* gravedigger

enterrar [A5] *vt* to bury; **lo entierran mañana** the funeral is tomorrow; **~ algo EN algo** to bury sth IN sth
■ **enterrarse** *v pron*: **~se en vida** to become a recluse

entibiar [A1] *vt* [1] ‹*líquido*› (enfriar) to cool; (calentar) to warm (up) [2] ‹*afecto*› to cool
■ **entibiarse** *v pron* [1] «*líquido*» (enfriándose) to cool down; (calentándose) to get warm; [2] «*afecto*» to cool

entidad *f*
A (frml) (organización, institución) entity, body; **una importante ~ bancaria** a major bank; **~es financieras** financial institutions; **~ jurídica** legal entity; **~ deportiva** sporting body
B (importancia) significance
C (Fil) entity, being

entienda, entiendas, etc *see* **entender**

entierro *m* (acto) burial; (ceremonia) funeral; (procesión) funeral procession; **ir a un ~** to attend a funeral

entintar [A1] *vt* [1] (Impr) ‹*tipos*› to ink; ‹*espacio*› to ink in [2] (manchar) to stain ... with ink; **con los dedos entintados** with inky *o* ink-stained fingers

entizar [A4] *vt* to chalk

entoldado *m* (marquesina) awning; (carpa) marquee

entoldar [A1] *vt* to put an awning over

entomología *f* entomology

entomólogo -ga *m,f* entomologist

entonación *f* intonation

entonado -da *adj*
A (Mús) in tune
B [ESTAR] (fam) (por el alcohol) tipsy (colloq), merry (BrE colloq)

entonar [A1] *vt*
A ‹*canción*› to intone, sing; ‹*voz*› to modulate; ‹*nota*› to sing, give
B (animar) «*café/sopa*» ‹*persona*› to perk ... up
■ **entonar** *vi*
A (Mús) to sing in tune
B «*color/estilo*» **~ CON algo** to go well WITH sth
■ **entonarse** *v pron* (fam) to get tipsy *o* (BrE) merry (colloq)

entonces *adv*
A (en aquel momento) then; **el ~ presidente** the then president; **por** *or* **en aquel ~** in those days
B [1] (introduciendo conclusiones) so; **¿~ vienes o te quedas?** so are you coming with us or staying here?; **¿él se enteró? — no — ¿~?** did he find out? — no — so *o* well then, what's the problem? [2] (uso expletivo) well, anyway; **~, como te iba diciendo ...** well *o* anyway, as I was saying ...

entornado -da *adj* ‹*puerta*› ajar, half-open; ‹*ventana*› slightly open; ‹*ojos*› half-closed

entornar [A1] *vt* ‹*puerta*› to leave ... ajar; ‹*ventana*› to leave ...slightly open; ‹*ojos*› to half close

entorno *m* [1] (situación) environment; **~ social** social milieu *o* environment; **~ familiar** home environment; **los restos hallados en su ~** the remains found around it *o* in the vicinity [2] (Lit) setting; (Mat) range; (Inf) environment

entorpecer [E3] *vt* [1] (dificultar) ‹*tráfico*› to hold up, slow down; ‹*planes/movimiento*› to hinder; **estas cajas entorpecen el paso** these boxes are (getting) in the way [2] ‹*entendimiento*› to dull; ‹*reacciones*› to dull, slow down
■ **entorpecerse** *v pron* «*entendimiento*» to become dulled; «*reacciones*» to become dulled, be slowed down

entrada *f*
A (acción) entrance; **vigilaban sus ~s y salidas** they watched his comings and goings; ⊖ **prohibida la entrada** no entry; **la ~ es gratuita** admission *o* entrance is free; ⊖ **entrada libre** admission free; **la ~ de divisas** the inflow of foreign currency; **~ EN** *or* (esp AmL) **A algo** entry INTO sth; **tuvieron que forzar su ~ en el** *or* **al edificio** they had to force an entry into the building; **su ~ en** *or* **a escena** her entrance, her appearance on stage; ***de ~***: **dijo que no de ~** he said no right from the start; **lo calé de ~** (fam) I sized him up right away *o* (BrE) straightaway
B (en etapa, estado) **~ EN algo**: **la ~ en vigor del nuevo impuesto** the coming into effect of the new tax
C [1] (ingreso, incorporación) entry; **~ EN** *or* (esp AmL) **A algo**: **la ~ de Prusia en la alianza** Prussia's entry into the alliance; **la fecha de su ~ en el club** the date he joined the club; **esto le facilitó la ~ a la universidad** that made it easier for him to get into university [2] (Mús) entry; **dio ~ a los violines** he brought the violins in
D [1] (lugar de acceso) entrance; ⊖ **entrada** entrance, way in; ⊖ **entrada de artistas** (en teatro) stage door; (en sala de conciertos) artists' entrance; **a la ~ del estadio** at the entrance to the stadium; **repartían folletos a la ~** they were handing out leaflets at the door; **las ~s a León** the roads (leading) into León [2] (vestíbulo) hall [3] (de tubería) intake, inlet; (de circuito) input
(Compuesto) **entrada de aire** air intake *o* inlet
E (Espec) [1] (ticket) ticket; **¿cuánto cuesta la ~?** how much are the tickets?; **los niños pagan media ~** it's half-price for children [2] (concurrencia) (Teatr) audience; (Dep) attendance, gate; **la plaza de toros registró media ~** the bullring was half full [3] (recaudación) (Teatr) takings (*pl*); (Dep) gate receipts (*pl*)

F (comienzo) beginning; **con la ~ del invierno** with the beginning *o* onset of winter
G (Com, Fin) **1** (Esp) (depósito) deposit; **dar una ~ para una casa** to put down a deposit on a house; **pagas $50 de ~** you pay a $50 down payment *o* deposit **2** (ingreso) income; **~s y salidas** income and expenditure, receipts and outgoings **3** (anotación) entry; (en diccionario — artículo) entry; (— cabeza de artículo) headword
H (de comida) starter
I **1** (en fútbol) tackle; **hacerle una ~ a algn** to tackle sb; **2** (en béisbol) inning
A (en el pelo): **tiene ~s muy pronunciadas** he has a badly receding hairline

entrado -da *adj*: **era entrada la noche** it was dark *o* night-time; **duró hasta bien entrada la tarde** it went on well into the evening; **está ya ~ en años** (euf) he's getting on; **una mujer entrada en carnes** (euf) a rather plump woman

entrador -dora *adj* **1** (AmL fam) (lanzado) daring, forward **2** (RPl fam) (simpático) likable*, nice

entramado *m* **1** (Arquit, Const) framework; (estructura, trabazón) framework, structure; **el ~ jurídico** the judicial framework *o* structure **2** (Tec) network

entrambos -bas *adj pl* (liter) both

entrampar [A1] *vt* (engañar) to trick, catch … out; (endeudar) to burden *o* saddle … with debts
■ **entramparse** *v pron* to get into debt

entrante¹ *adj* **1** (próximo): **el año ~** next year, the coming year **2** (nuevo) ‹*gobierno/presidente*› new, incoming (*before n*)

entrante² *m or f*
A (AmL) (Arquit) recess; (Geog) inlet
B **entrante** *m* (Esp) (Coc) starter

entraña *f*
A (de un asunto) heart, core
B **entrañas** *fpl* (vísceras) entrails (*pl*); **hijo de mis ~s** my dear child; **una persona sin ~s** *or* **de malas ~s** a heartless *o* callous person; **las ~s de la tierra** the bowels of the earth; ***dar (hasta) las ~s*** to give one's all

entrañable *adj* **1** ‹*amistad*› close, intimate; ‹*amigo*› very close, bosom (*before noun*); **guardo un recuerdo ~ de …** I have fond memories of … **2** ‹*persona*› pleasant, likable*

entrañar [A1] *vt* to entail, involve

entrar [A1] *vi*
A (acercándose) to come in; (alejándose) to go in; **¡entra!** come in!; **quiero ~ a comprar cigarrillos** I want to go in to buy some cigarettes; **déjame ~** let me in; **hazla ~** tell her to come in, show her in; **entró corriendo** he ran in, he came running in; **¿se puede ~ con el coche?** can you drive in?; **~ a puerto** to put into port; **había gente entrando y saliendo** there were people coming and going; **fue ~ y salir** I was in and out in no time; **¿cómo entró?** how did he get in?; **~ EN** *or* (esp AmL) **A algo**: **entró en el** *or* **al banco** she went into the bank; **nunca he entrado en** *or* **a esa tienda** I've never been into *o* in that shop; **no los dejaron ~ en** *or* **a Francia** they weren't allowed into France; **las tropas ~on en** *or* **a Varsovia** the troops entered Warsaw
B **1** (en etapa, estado) **~ EN algo** to enter sth; **~ en una nueva década** to enter a new decade; **entró en contacto con ellos** he made contact with them; **~ en calor** to get warm; **entró en coma** he went into a coma; **el reactor entró en funcionamiento** the reactor began operating *o* became operational **2** (en tema) **~ EN algo** to go into sth; **sin ~ en los aspectos técnicos** without going into the technical aspects; **~ en juicios de valor** to get involved in value judgments
C **1** (introducirse, meterse): **cierra la puerta, que entra frío** close the door, you're letting the cold in; **le entra por un oído y le sale por el otro** it goes in one ear and out the other; **me entró arena en los zapatos** I've got sand in my shoes **2** (poderse meter): **¿entrará por la puerta?** will it get through the door?; **estos clavos no entran en la pared** these nails won't go into the wall **3** (ser lo suficientemente grande) (+ *me/te/le etc*): **estos vaqueros ya no me entran** I can't get into these jeans anymore; **el zapato no le entra** he can't get his shoe on **4** (fam) «*materia/lección/idea*» (+ *me/te/le etc*): **la física no le entra** he just can't get the hang of *o* get to grips with physics (colloq); **ya se lo he explicado, pero no le entra** I've explained it to him but he just doesn't understand *o* he just can't get it into his head **5** (Auto) «*cambios/marchas*»: **no me entra la segunda** I can't get it into second (gear)
D «*hambre/miedo*» (+ *me/te/le etc*): **le entró hambre/miedo** she felt *o* got hungry/frightened; **me ha entrado la duda** I'm beginning to have my doubts; **me entró sueño/frío** I got *o* began to feel sleepy/cold
E (empezar) to start, begin; **entró de** *or* **como aprendiz** he started *o* began as an apprentice; **entró a trabajar a los 18 años** he started working when he was 18; **~ a matar** (Taur) to go in for the kill
F **1** (incorporarse) **~ EN** *or* (esp AmL) **A algo** ‹*ejército/empresa/convento*› to enter sth; **el año que entré en** *or* **a la universidad** the year I started college; **acabo de ~ en** *or* **a la asociación** I've just joined the association; **~ EN algo** ‹*guerra/campeonato/negociación*› to enter sth **2** (Mús) «*instrumento/voz*» to come in, enter
G **1** (estar incluido): **el postre no entra en el precio** dessert is not included in the price; **¿cuántas entran en un kilo?** how many do you get in a kilo?; **eso no entraba en mis planes** I hadn't allowed for that, that wasn't part of the plan; **esto ya entra en lo ridículo** this is becoming *o* getting ridiculous **2** (ser incluido): **creo que ~emos en la segunda tanda** I think we'll be in the second group; **estos números ~án en un sorteo** these numbers will be included in *o* be entered for a draw
H **1** «*toro*»: **~ al capote** to charge at the cape **2** «*futbolista*» to tackle; **recoge Márquez, le entra Gordillo** Márquez gets the ball and he is tackled by Gordillo
I (en costura): **hay que ~le de los costados** it needs taking in at the sides
■ **entrar** *vt* (traer) to bring in; (llevar) to take in; **hay que ~ la ropa** we'll have to bring the washing in; **voy a ~ el coche** I'm going to put the car in the garage; **¿cómo van a ~ el sofá?** how are they going to get the sofa in?; **lo entró de contrabando** he smuggled it in

entre¹ *prep*
A **1** (indicando posición en medio de) between; **se sienta ~ Carlos y yo** he sits between Carlos and me; **~ estas cuatro paredes** within these four walls; **~ paréntesis** in brackets; **se me escapó por ~ los dedos** it slipped through my fingers; **abierto ~ semana** open during the week; **comer ~ horas** to eat between meals **2** (en relaciones de comunicación o cooperación) between; **que quede ~ tú y yo** this is just between you and me; **~ los tres logramos levantarlo** between the three of us we managed to lift it; **¿por qué no le hacemos un regalo ~ todos?** why don't we all get together to buy him a present? **3** (con verbos recíprocos) among; **cuando hablan ~ ellos** (dos personas) when they talk to each other; (más de dos personas) when they talk among themselves; **~ ellos se entienden** they understand each other *o* one another
B **1** (en el número, la colectividad de) among; **~ los trabajadores** among the workers; **hay un traidor ~ nosotros** there's a traitor among us; **~ otras cosas** among other things **2** (mezclado con) among; **~ las monedas que me dio** among the coins he gave me; **se perdió ~ la muchedumbre** he got lost in the crowd **3** (sumando una cosa a otra) with; **hay unas cien personas ~ alumnos y profesores** with *o* including pupils and teachers there are about a hundred people; **~ una cosa y otra …** (fam) what with one thing and another … (colloq) **4** (en distribuciones) among; **repártelos ~ los niños** share them out among the children **5** (Mat): **diez ~ dos es (igual a) cinco** two into ten goes five (times)
C **entre tanto** meanwhile, in the meantime

entre² *adv* (esp AmL): **~ más … menos/más …** the more … the less/more …

entreabierto -ta *adj* ‹*puerta*› ajar, half-open; ‹*ventana/ojos/boca*› half-open

entreabrir [I33] *vt* to half-open

entreacto *m* interval

entrecano -na *adj* graying*

entrecasa (AmL): **zapatos de ~** shoes that I/you wear around the house

entrecejo *m* space between the eyebrows; **arrugar** *or* **fruncir el ~** to frown; **tiene el ~ muy poblado** his eyebrows meet in the middle

e

entrecerrado -da *adj* ‹*puerta*› ajar, half-closed; ‹*ventana/ojos*› half-closed

entrecerrar [A5] *vt* to half-close

entrechocarse [A2] *v pron* to collide

entrecomillado *m* word/phrase in inverted commas

entrecomillar [A1] *vt* ‹*cita*› to put ... in quotation marks; ‹*frase/palabra*› to put ... in single quotes (AmE) *o* (BrE) in inverted commas

entrecortado -da *adj* ‹*respiración*› difficult, labored*; **con la voz entrecortada** in a voice choked with emotion; **oía su llanto ~** he could hear her choking sobs

entrecot /entre'ko(t)/ *m* (*pl* **-cots**) entrecote

entrecruzar [A4] *vt* to intertwine, interweave

■ **entrecruzarse** *v pron*

A «*hilos/cintas*» to intertwine, interweave

B «*razas*» to interbreed

entredicho *m*

A (duda): **estar en ~** to be in doubt *o* question; **poner algo en ~** «*persona*» to question sth; **esto pone su integridad en ~** this calls his integrity into question

B (CS, Per) (entre dos personas) argument, difference of opinion; (entre dos países) dispute

entredós *m* (de encaje) lace insert

entrega *f*

A (acción) (de envío, paquete) delivery; (de premio) presentation; (de rehén) return; (de ciudad) surrender; (de documento, solicitud): **la ~ de estos documentos** the handing over of these documents; **el plazo para la ~ de solicitudes** the deadline for handing in *o* (frml) submitting applications; Ⓢ **entrega de llaves inmediata** vacant possession, ready for immediate occupancy; **servicio de ~ a domicilio** delivery service; **le hizo ~ de la copa** (frml) she presented him with the cup

B 1 (partida) delivery, shipment 2 (plazo, cuota) installment*; **sin ~ inicial** no downpayment *o* deposit necessary 3 (de enciclopedia) installment*, fascicle; (de revista) issue

(Compuesto) **entrega contra reembolso** COD, cash on delivery

C (dedicación) dedication, devotion; (abandono) surrender

entregado -da *adj* 1 [SER] (sacrificado) selfless 2 [ESTAR] (dedicado) **~ A algo/algn** devoted *o* dedicated TO sth/sb; (abandonado) given over TO sth; **una vida entregada a la ciencia** a life dedicated to *o* devoted to science; **~ a los placeres de la carne** (liter) given over to the pleasures of the flesh (liter) 3 (RPl) (resignado): **está entregada** she's given up

entregar [A3] *vt*

A (llevar) to deliver; **entregamos los pedidos en el día** we offer same-day delivery

B 1 (dar) to give; **me/le entregó un cuestionario** she gave me/her *o* handed me/her a questionnaire; **hoy nos entregan las llaves** they're handing over the keys today; **entregó su alma a Dios** he passed away (euph); **~las** (Chi fam) to kick the bucket (colloq) 2 ‹*premio/trofeo*› to present; **~le algo A algn** to present sb WITH sth

C ‹*trabajo/deberes*› to hand in, give in; ‹*solicitud/impreso*› to hand in, submit (frml)

D 1 ‹*ciudad/armas*› to surrender; ‹*poder/control*› to hand over 2 (dedicar) to devote; **entregó su vida a los pobres** she devoted *o* dedicated her life to the poor

E 1 ‹*delincuente/prófugo*› to turn in, hand over; ‹*rehén*› to hand over; **el juez entregó al niño al padre** the judge put the child into his father's care 2 ‹*novia*› to give away

■ **entregarse** *v pron*

A (dedicarse) **~se A algo/algn** to devote oneself TO sth/sb

B 1 (rendirse) to surrender, give oneself up; (a vicio) to succumb, give in; **~se A algo** to give oneself over TO sth; **se entregó a la bebida** he gave himself over to drink; **me entregué al sueño** (liter) I succumbed to sleep (liter) 2 (sexualmente) **~se A algn** to give oneself TO sb

entreguerras: **el período de ~** the interwar period

entreguista *adj* (CS) submissive, supine

entrejuntar [A1] *vt* 1 (en carpintería) to join 2 (Chi) ‹*puerta/ventana*› to half-close

entrelazar [A4] *vt* ‹*cintas/hilos*› to interweave, intertwine; **con las manos entrelazadas** hand in hand

■ **entrelazarse** *v pron* to intertwine, interweave

entremedio *adv* 1 (en el espacio): **eran verdes, pero ~ había alguna roja** they were green, but in among them there were a few red ones; **~ de mis papeles** in among my papers 2 (en el tiempo) in between

entremés *m* (Coc) hors d'oeuvre, starter

entremezclar [A1] *vt* to intermingle

■ **entremezclarse** *v pron* «*recuerdos*» to intermingle, become intermingled; «*culturas*» to mix, intermingle

entrenador -dora *m,f* (manager) coach (AmE), manager (BrE); (preparador físico) trainer

entrenamiento *m* 1 (por el entrenador) coaching, training 2 (ejercicios) training 3 (sesión) training session

entrenar [A1] *vt* ‹*soldado/caballo*› to train; ‹*equipo/atleta*› to coach, train

■ **entrenar** *vi* to train

■ **entrenarse** *v pron* to train

entreoír [I28] *vt* to half-hear

entrepaño *m* 1 (trozo de muro) pier, stretch 2 (en puertas, ventanas) panel 3 (estante) shelf

entrepierna *f* (Anat) crotch; (medida) inside leg measurement, inseam (measurement) (AmE)

entrepiso *m* (AmL) mezzanine

entrépito -ta *adj* (Ven fam) nosy (colloq)

entreplanta *f* mezzanine

entresacar [A2] *vt* 1 (seleccionar) to extract, select 2 (en peluquería) to thin out

entresemana *adv* during the week

entresijos *mpl* (secretos) details (*pl*), ins and outs (*pl*)

entresuelo *m* (en edificio) mezzanine; (en cine) dress circle

entretanto[1] *adv* meanwhile, in the meantime; **~ (que) lo hacen** while they do it

entretanto[2] *m*: **en el ~** meanwhile, in the meantime

entretecho *m* (Chi) attic (AmE), loft (BrE)

entretejer [E1] *vt* ‹*hilos*› (en tela) to weave; (entrelazar) to interweave

entretela *f* 1 (Tex) interlining, interfacing 2 **entretelas** *fpl* (entresijos) ins and outs (*pl*)

entretelones *mpl* (CS, Per) (de un caso) ins and outs (*pl*); **los ~s de la política** what goes on behind the scenes in politics

entretención *f* (AmL) ▸**entretenimiento**

entretener [E27] *vt*

A (divertir) to entertain; **pintar me entretiene** I enjoy painting; **es una tontería pero a mí me entretiene** it's silly but it keeps me amused *o* entertained

B (distraer, apartar de una tarea) to distract; (hablando) to stall (colloq)

C (retener) to keep, detain; **no te entretengo más** I won't keep *o* detain you any longer; **un amigo me entretuvo** a friend kept me talking

D ‹*soledad/ocio*› to while away

E ‹*esperanza*› to entertain

■ **entretenerse** *v pron*

A 1 (divertirse) to amuse oneself; **se entretiene con cualquier cosa** «*adulto*» she's easily amused; «*niño*» she's happy playing with anything 2 (pasar el tiempo) to keep (oneself) busy *o* occupied

B (demorarse) to hang around, to dally about

entretenido -da *adj*

A [SER] ‹*película/conversación*› entertaining, enjoyable; ‹*persona*› entertaining

B [ESTAR] ‹*persona*› (ocupado) busy

entretenimiento *m* entertainment; **me sirve de ~** it keeps me amused *o* entertained; **lo hace por** *or* **como ~** he does it for pleasure *o* for fun; **su ~ favorito** her favorite activity *o* pastime

entretiempo *m*

A (período entre estaciones): **un abrigo de ~** a lightweight coat; **vestidos de ~** spring/autumn dresses

B (Chi) (Dep) halftime

entrever [E29] *vt* 1 (ver confusamente) to make out 2 ‹*solución/acuerdo*› to begin to see; **ha dejado ~ que ...** she has hinted *o* suggested that ...; **esto deja ~ una posible solución** this gives a glimpse of a possible solution; **todo deja ~ que ...** everything seems to suggest that ...

entreverado -da *adj* **1** (intercalado) interspersed **2** (fam) (desordenado, mezclado) muddled up, mixed up

entrevero *m* (AmS fam) jumble, mess

entrevía *f* gauge

entrevista *f*

A (para trabajo, en periódico) interview; **le hicieron una ~ por radio** he was interviewed on the radio

B (period) (reunión) meeting; **mantuvieron una ~ con él** they met (with) him

entrevistado -da *m,f* interviewee

entrevistador -dora *m,f* interviewer

entrevistar [A1] *vt* to interview

■ **entrevistarse** *v pron* (period) (reunirse) to meet; **~se CON algn** to meet (WITH) sb

entripado *m* (RPl fam) terrible problem

entristecer [E3] *vt* to sadden; **su partida la entristeció mucho** she was very sad when he left

■ **entristecerse** *v pron* to grow sad

entrometerse [E1] *v pron* to meddle; **no te entrometas** keep out of it *o* stop meddling; **~ EN algo** to meddle IN sth

entrometido[1] -da *adj* meddling (*before n*), interfering (*before n*)

entrometido[2] -da *m,f* meddler, busybody (colloq)

entrona *adj* (Méx fam) (coqueta): **es bien ~** she's a real flirt (colloq)

entroncar [A2] *vi*

A **1** «*familia/linaje*» **~ CON algn** (estar emparentado) to be related TO sb; (adquirir parentesco) to become related TO sb **2** (relacionarse, enlazar) **~ CON algo** to be linked *o* connected TO sth

B (esp AmL) (empalmar) «*vías férreas*» to connect, meet

entronización *f* (Chi, Méx frml) (establecimiento) entrenchment

entronizar [A4] *vt* (Chi, Méx frml) (establecer) to entrench

■ **entronizarse** *v pron* (Chi, Méx frml) to become entrenched

entronque *m*

A (parentesco) relationship; (enlace) connection, link

B (AmL) (Ferr) junction

entubar [A1] *vt* ‹*arroyo/acequia*› to channel, pipe; ‹*enfermo*› to put tubes into, intubate (frml)

entuerto *m*

A (fam) (perjuicio) wrong, injustice; **deshacer un ~** to right a wrong

B (Med) afterpains (*pl*)

entumecerse [E3] *v pron* (perder la sensibilidad) to go numb; (perder la flexibilidad) to get stiff

entumecido -da *adj* (insensible) numb; (sin flexibilidad) stiff; **~ de frío** numb with cold

enturbiar [A1] *vt* ‹*agua*› to cloud; ‹*relación/felicidad*› to mar, cloud

■ **enturbiarse** *v pron* «*agua*» to become *o* go cloudy; «*relación/felicidad*» to be marred

entusiasmado -da *adj* excited, enthusiastic; **~ con la idea** very excited about *o* enthusiastic about the idea; **aplaudió ~** he applauded enthusiastically

entusiasmante *adv* thrilling, exciting

entusiasmar [A1] *vt* **1** (apasionar): **me entusiasma el proyecto** I'm really excited about the project; **lo entusiasma el fútbol** he's crazy about football; **no me entusiasma mucho la idea** I'm not very enthusiastic about the idea **2** (infundir entusiasmo) to make … enthusiastic, get … excited

■ **entusiasmarse** *v pron* **~se CON algo** to get excited *o* enthusiastic ABOUT sth; **no te entusiasmes demasiado** don't get too excited *o* carried away

entusiasmo *m* enthusiasm; **con gran ~** enthusiastically

entusiasta[1] *adj* enthusiastic

entusiasta[2] *mf* enthusiast; **un ~ de la ópera** an opera enthusiast

entusiástico -ca *adj* enthusiastic

enumeración *f* enumeration

enumerar [A1] *vt* to list, enumerate (frml)

enunciación *f* statement, enunciation (frml)

enunciado *m* (Ling) statement; (Mat) formulation

enunciar [A1] *vt* ‹*idea/teoría*› to state, enunciate (frml); ‹*problema/teorema*› to formulate

enunciativo -va *adj* expository

envainar [A1] *vt* ‹*espada*› to sheathe

■ **envainarse** *v pron* (Col, Ven arg) to run *o* get into trouble

envalentonar [A1] *vt* to make … bolder, encourage

■ **envalentonarse** *v pron* (ponerse valiente) to become bolder *o* more daring; (insolentarse) to become defiant

envanecer [E3] *vt* to make … conceited

■ **envanecerse** *v pron* to become conceited

envanecimiento *m* conceit, vanity

envasado *m* (en botellas) bottling; (en latas) canning; (en paquetes, cajas) packing

envasador -dora *m,f* **1** (persona) packer **2** **envasadora** *f* (compañía) packer

envasar [A1] *vt* (en botellas) to bottle; (en latas) to can; (en paquetes, cajas) to pack; **envasado al vacío** vacuum-packed

envase *m* (botella) bottle; (lata) can, tin (BrE); (caja) box; **en ~s de cartón** in cartons; **~ de plástico** plastic container

envejecer [E3] *vi* **1** «*persona*» (hacerse más viejo) to age, grow old; (parecer más viejo) to age **2** «*vino/queso*» to mature, age

■ **envejecer** *vt* **1** ‹*persona*› «*tragedia/experiencia*» to age; «*ropa/peinado*» to make … look older **2** ‹*madera*› to make … look old; ‹*vaqueros*› to give … a worn look

■ **envejecerse** *v pron* (*refl*) to make oneself look older

envejecido -da *adj* **1** [ESTAR] ‹*persona*›: **está tan ~** he's aged so much *o* he looks so old **2** ‹*cuero/madera*› distressed

envejecimiento *m* aging*

envenenamiento *m* poisoning

envenenar [A1] *vt* to poison

■ **envenenarse** *v pron* (involuntariamente) to be poisoned; (voluntariamente) to poison oneself

envergadura *f*

A (importancia) magnitude (frml), importance; **de gran/cierta ~** of great/some importance

B (de avión, ave) wingspan

envés *m* (de tela) back, wrong side; (de hoja) underside, reverse; (de espada) back

enviado -da *m,f* (Pol) envoy; (Period) reporter, correspondent

(Compuesto) **enviado especial** (Pol) special envoy; (Period) special correspondent

enviar [A17] *vt* **1** ‹*carta/paquete*› to send; ‹*pedido/mercancías*› to send, dispatch; **te envía recuerdos** she sends you her regards; **envió el balón al fondo de las mallas** (period) he put the ball in the back of the net **2** ‹*persona*› to send; **lo ~on a Londres de agregado cultural** he was sent *o* posted to London as cultural attaché; **me envió por pan** she sent me out for bread; **~ a algn A + INF** to send sb to + INF

enviciarse [A1] *v pron* to become addicted, get hooked (colloq); **~ CON algo** to become addicted TO sth *o* (colloq) hooked ON sth

envidia *f* envy, jealousy; **le da ~ que yo saque mejores notas** he's envious *o* jealous because I get better marks; **le tienes ~** you are jealous of him; **siente ~ de su belleza** she is envious of her beauty; **me muero de ~** I'm green with envy; **¡qué ~!** I'm so jealous!

envidiable *adj* enviable

envidiar [A1] *vt* to envy; **~le algo A algn** to envy sb sth; **nuestro hospital no tiene nada que ~le a los mejores del mundo** our hospital can stand alongside the best in the world; **no tienes nada que ~le** you've no reason to be envious of him

envidioso -sa *adj* envious

envilecer [E3] *vt* to degrade, debase

■ **envilecer** *vi* to degrade, be degrading

■ **envilecerse** *v pron* to degrade *o* debase oneself

envilecimiento *m* degradation, debasement

envío *m*

A (acción): **el ~ de los fondos** the remittance *o* sending of the money; **le hace ~s periódicos de dinero** he sends him money periodically; Ⓢ **envíos a domicilio** home delivery; **fecha de ~** date of dispatch, date sent

(Compuesto) **envío contra reembolso** COD, cash on delivery

B (partida — de mercancías) consignment, shipment; (— de dinero) remittance

envión *m* **1** (empujón) push, shove (colloq) **2** (RPl) (impulso): **del** *or* **con el ~ salió despedida** the jolt sent her flying; **tomar** *or* **darse ~** take a run-up **3** (Col) (esfuerzo) spurt, effort; ***de un*** ~ (Col fam) in one go (colloq); **trabajamos 12 horas de un ~** we work 12 hours at a stretch

enviudar [A1] *vi* to be widowed

envoltijo *m* bundle

envoltorio *m* **1** (de paquete, regalo) wrapping; (de caramelo) wrapper **2** (bulto) bundle

envoltura *f* (Biol, Bot) casing, covering; (de paquete, regalo) wrapping; (de caramelo) wrapper

envolvente *adj* ‹*mirada/movimento*› sweeping; (Mil) ‹*maniobra*› enveloping, encircling

envolver [E11] *vt*

A ‹*paquete/regalo*› to wrap (up); **¿me lo puede ~ para regalo?** could you gift wrap it?; **~ algo/a algn EN algo** to wrap sth/sb (up) IN sth

B (rodear) «*membrana/capa*» to surround; «*humo/tristeza*» to envelop; **un velo de misterio envuelve el caso** the case is cloaked *o* shrouded in mystery

C (implicar) ‹*crítica/opinión*› to imply

D (involucrar) to involve; **~ a algn EN algo** to involve sb IN sth, get sb involved IN sth

■ **envolverse** *v pron* **1** (*refl*) (en manta) to wrap oneself (up) **2** (en delito, asunto) to become involved

envolvimiento *m*

A (de paquete) wrapping

B (participación) involvement

envuelto -ta *adj*

A [ESTAR] ‹*paquete/regalo*› wrapped; **~ para regalo** gift-wrapped

B **1** (rodeado) **~ EN algo**: **~ en un manto de humo** enveloped in smoke; **~ en misterio** cloaked *o* shrouded in mystery **2** (en una manta) **~ EN algo** wrapped (up) IN sth

C (involucrado) **~ EN algo** involved IN sth

enyesado *m* plastering

enyesar [A1] *vt* **1** (Const) to plaster **2** ‹*brazo/pierna*› to put … in plaster, put … in a plaster cast

enzarzarse [A4] *v pron* **~ EN algo** to get involved IN sth

enzima *f* enzyme

eñe *f*: *name of the letter* ñ

eólico -ca *adj* wind (*before n*), eolian* (tech)

epa *interj* (fam) **1** (para llamar la atención) hey! **2** (AmS) (ante accidente) whoops! **3** (Ven fam) (saludo) hi! (colloq)

épale *interj* (Chi fam) hey!

epatar [A1] *vt* (deslumbrar) to dazzle, impress; (escandalizar) to shock

EPD, e.p.d. (= **en paz descanse**) RIP

épica *f* (género) epic poetry

epicentro *m* epicenter*

épico -ca *adj* epic

epicúreo¹ -rea *adj* epicurean

epicúreo² -rea *m,f* epicure

epidemia *f* epidemic

epidémico -ca *adj* epidemic

epidérmico -ca *adj* epidermal

epidermis *f* epidermis

Epifanía *f* **1** (Bib): **la ~ (del Señor)** the Epiphany **2** (Relig) (fiesta) Epiphany

epígrafe *m* epigraph

epigrama *m* epigram

epilepsia *f* epilepsy

epiléptico -ca *adj/m,f* epileptic

epílogo *m* (Lit) epilogue; (de suceso) conclusion

episcopado *m* (dignidad) bishopric, episcopate; (conjunto de obispos) episcopate

episcopal *adj* episcopal

episódico -ca *adj* episodic

episodio *m* (Cin, Rad, TV) episode; (suceso) episode, incident

epístola *f* (frml *o* hum) epistle (frml *or* hum)

epistolar *adj* epistolary

epitafio *m* epitaph

epitelio *m* epithelium

epíteto *m* (Ling) epithet; (calificativo) name, epithet (frml)

epítome *m* summary, epitome (frml)

época *f* **1** (período de tiempo — en la historia) time, period; (— en la vida) time; **en la ~ de Franco** in Franco's time, under Franco; **muebles de ~** period furniture; **en aquella ~** in those days *o* at that time; **está pasando por una buena ~** she's doing very well; ***hacer*** **~: un grupo musical que hizo ~** a group which marked a new era in musical history **2** (parte del año) time of year; **la ~ de lluvias** the rainy season; **no es ~ de naranjas** oranges are not in season at the moment **3** (Geol) epoch

(Compuestos)
- **época de celo** mating season
- **época dorada** *or* **de oro** golden age

epopeya *f* **1** (Lit) (poema) epic, epic poem; (género): **la ~** epic poetry **2** (empresa difícil): **el viaje fue toda una ~** the journey turned out to be a real ordeal

equidad *f* fairness, equity (frml)

equidistante *adj* equidistant

equidistar [A1] *vi* **~ DE algo** to be equidistant FROM sth

equilátero -ra *adj* equilateral

equilibrado¹ -da *adj* ‹*persona/dieta*› well-balanced, balanced; ‹*lucha/partido*› close

equilibrado² *m* balancing

(Compuesto) **equilibrado de ruedas** wheel balancing

equilibrar [A1] *vt* **1** ‹*peso/carga/ruedas*› to balance; **para ~ las fuerzas de los partidos** in order to achieve a balance *o* an equilibrium between the parties **2** (Com, Fin): **~ las diferencias económicas** to redress economic imbalances; **~ la balanza comercial** to restore the balance of trade

■ **equilibrarse** *v pron* «*fuerzas*» to even up; «*balanza de pagos*» to be restored; «*platillos de la balanza*» to balance out

equilibrio *m*

A (de fuerzas, estabilidad) balance; **la balanza está en ~** the scales are (evenly) balanced; **el ~ entre la oferta y la demanda** the balance between supply and demand; **perdió/mantuvo el ~** he lost/kept his balance; **en estado de ~** in equilibrium; ***hacer*** **~s** to do a balancing act

B (sensatez, juicio): **una persona de gran ~** a very level-headed *o* well-balanced person; **~ mental** mental stability

equilibrismo *m*: **un espectáculo de ~** a balancing act; (sobre la cuerda floja) a tightrope act

equilibrista *mf* (Espec) tightrope walker

equino¹ -na *adj* equine

equino² *m* (erizo de mar) sea urchin, equinus (tech); (caballo) horse; **~s y ovinos** horses and sheep

equinoccio *m* equinox; **~ de primavera/de otoño** vernal/autumnal equinox

equipaje *m* baggage (esp AmE), luggage (BrE); **facturar el ~** to check in one's baggage *o* luggage; **viaja con poco ~** he travels light

(Compuesto) **equipaje de mano** hand baggage *o* luggage

equipal *m* (Méx) *chair with leather seat*

equipamiento *m* (acción de equipar — un laboratorio) equipping; (— una oficina) fitting out

equipar [A1] *vt* **1** ‹*persona*› to equip, fit … out; **están bien equipados para estas situaciones** they are well-equipped to deal with these situations; **~ a algn CON** *or* **DE algo** to equip sb WITH sth **2** ‹*casa*› to furnish; ‹*local/barco*› to fit out; (de víveres) to provision; **una cocina equipada con ...** a kitchen equipped with …

■ **equiparse** *v pron* (*refl*) to equip oneself; **se ~on de armas** they equipped themselves with weapons

equiparable *adj* comparable; **~ A** *or* **CON algo** comparable TO *o* WITH sth

equiparación *f* comparison
equiparar [A1] *vt* 1 (poner al mismo nivel) ~ **algo/a algn** A *or* CON **algo/algn** to put sth/sb on a level WITH sth/sb 2 (comparar): **esta situación no se puede ~ con la existente en Nicaragua** this situation cannot be compared to *o* compared with that which exists in Nicaragua
equiparidad *f* (Chi) ▸**igualdad**
equipo *m*
A (de trabajadores, jugadores) team; **el ~ local** *or* **de casa** the home team; **el ~ de fuera** *or* **visitante** the away *o* visiting team; **un ~ de salvamento** a rescue team; **trabajo en ~** team work; **trabajar en ~** to work as a team; **el ~ directivo** the management team; **hacer ~ con algn** (AmL) to team up with sb; ***ser del otro ~*** (AmL fam & pey) to be one of them (colloq & pej)
(Compuesto) **equipo móvil** outside broadcasting unit
B (de materiales, utensilios) equipment; **~ de pesca** fishing tackle; **~ de fotografía** photographic equipment; **~ de gimnasia** gym kit; ***caerse con todo el ~*** (fam) to mess things up (colloq), to screw up (AmE sl)
(Compuestos)
- **equipo de alta fidelidad** hi-fi system
- **equipo de música** *or* **de sonido** *or* (Chi) **modular** sound system
- **equipo de serie** standard fittings (*pl*)

equis *f: name of the letter* **x**
equitación *f* riding, horseback riding (AmE), horse riding (BrE); **practica (la) ~** he rides; **escuela de ~** riding school; **el arte de la ~** the art of horsemanship
equitativo -va *adj* ‹*persona*› fair; ‹*reparto*› equitable; **reciben un trato ~** they receive equal *o* fair treatment
equivalencia *f* equivalence; **tabla de ~s** conversion table
equivalente[1] *adj* equivalent; **~ A algo** equivalent TO sth
equivalente[2] *m* equivalent; **~ A** *or* **DE algo** equivalent OF sth
equivaler [E28] *vi* 1 (ser igual) **~ A algo** to be equivalent TO sth; **¿a cuánto equivalen mil pesos en libras?** how much is a thousand pesos equivalent to *o* worth in pounds? 2 (suponer, significar) **~ A algo** to be equivalent TO sth, to amount TO sth; **eso equivale a decir que ...** that's equivalent to saying that ...
equivocación *f* mistake; **por ~** by mistake, in error (frml)
equivocadamente *adv*: **actuó ~** she acted wrongly *o* mistakenly; **lo juzgué ~** I misjudged him
equivocado -da *adj* 1 ‹*dato/número/respuesta*› wrong 2 [ESTAR] ‹*persona*› mistaken, wrong
equivocar [A2] *vt* 1 ‹*persona*› to make ... make a mistake, to make ... go wrong; **no interrumpas que me equivocas** don't interrupt me, you'll make me go wrong 2 (elegir mal): **equivocó el camino dedicándose a la enseñanza** he chose the wrong career when he went in for teaching
■ **equivocarse** *v pron* (cometer un error) to make a mistake; (estar en un error) to be wrong *o* mistaken; **te equivocas, no se lo dije** you're wrong *o* mistaken, I didn't tell him; **me equivoqué con él** I was wrong about him; **no te equivoques de día** don't get the day wrong; **me equivoqué de paraguas** I picked up the wrong umbrella; **se equivocó de camino** he went the wrong way
equívoco[1] -ca *adj* (frml) ‹*palabra*› ambiguous, equivocal (frml)
equívoco[2] *m* (malentendido) misunderstanding; (error) mistake
era[1] *f*
A (período, época) era, age; **la ~ cristiana** the Christian era; **la ~ espacial** the space age
B (Agr) threshing floor
era[2], éramos, etc *see* **ser**
erario *m* treasury, public funds (*pl*)
eras *see* **ser**
erección *f*
A (Fisiol) erection
B (de edificio, monumento) erection (frml); (de tribunal) establishment, setting-up
eréctil *adj* erectile
erecto -ta *adj* erect
eremita *mf* hermit
eres *see* **ser**
ergonomía *f* ergonomics
erguido -da *adj* upright
erguir [I26] *vt* (liter) ‹*cabeza*› to raise, lift; ‹*cuello*› to straighten; ‹*orejas*› to prick up
■ **erguirse** *v pron* (liter) «*persona*» to stand up; «*edificio/torre*» to rise; **se yergue majestuosamente sobre la ciudad** it rises majestically above the city
erial *m* uncultivated land
erigir [I7] *vt* 1 (frml) ‹*edificio*› to build, erect (frml); ‹*monumento*› to erect (frml), to raise (frml) 2 (frml) (convertir, elevar) **~ algo/a algn EN algo** to set sth/sb up AS sth
■ **erigirse** *v pron* (llegar a ser) **~se EN algo** to become sth; (atribuirse funciones de) to set oneself up AS sth
erizado -da *adj* 1 (de punta): **tenía el pelo ~** her hair was standing on end 2 (lleno) **~ DE algo** ‹*de espinas*› bristling WITH sth; **un proyecto ~ de problemas** a project fraught with problems
erizar [A4] *vt* 1 ‹*pelo/vello*› to make ... stand on end 2 (AmL) ‹*persona*›: **ese ruido me eriza** that noise sets my teeth on edge
■ **erizarse** *v pron* 1 «*pelo*» to stand on end 2 (AmL) «*persona*» to get goose bumps (AmE) *o* (BrE) goose pimples (colloq)
erizo *m* hedgehog
(Compuesto) **erizo marino** *or* **de mar** sea urchin
ermita *f* chapel
ermitaño -ña *m,f*
A (asceta) hermit
B **ermitaño** *m* (Zool) hermit crab
erogación *f* (frml) 1 (distribución) distribution 2 (AmL) (gasto) expenditure, outlay 3 (Chi) (contribución) contribution, donation
erogar [A3] *vt* (frml) 1 (distribuir) to distribute 2 (AmL) ‹*deuda*› to settle, pay 3 (Chi) (contribuir) to contribute
erógeno -na *adj* erogenous
erosión *f* erosion
erosionar [A1] *vt* to erode
■ **erosionarse** *v pron* to be/become eroded
erosivo -va *adj* erosive
erótico -ca *adj* erotic
erotismo *m* eroticism
erotizar [A4] *vt* to eroticize
errabundo -da *adj* ▸**errante (A)**
erradicación *f* (frml) eradication (frml)
erradicar [A2] *vt* (frml) to eradicate
errado -da *adj*
A (desacertado): **cinco tiros ~s** five misses; **un golpe ~** a mishit; **terminó con un remate ~ de Sánchez** it ended with Sánchez missing his shot
B (esp AmL) 1 [ESTAR] ‹*persona*› mistaken, wrong; **están muy ~s en estos cálculos** they're way off the mark *o* miles out with these calculations (colloq) 2 [SER] ‹*decisión*› wrong; ‹*política*› misguided
errante *adj* 1 ‹*persona*› wandering (*before n*), roaming (*before n*); ‹*pueblo*› wandering (*before n*) 2 ‹*mirada*› faraway, distant; **una vida ~** a nomadic existence
errar [A26] *vt* ‹*tiro/golpe*› to miss; **erró su vocación** she chose the wrong vocation/career
■ **errar** *vi*
A (fallar): **(le) erré otra vez** missed again! (colloq), I've missed again; **erró en su decisión** he made the wrong decision; **le erraste feo** (RPl fam) you were way out *o* off the mark (colloq); ***~ es humano*** to err is human
B (liter) «*persona*» (vagar) to wander, roam; «*mirada/imaginación*» to wander
errata *f* (error) mistake, error; (error de imprenta) misprint, printer's error; (error de mecanografía) typing error
errático -ca *adj* erratic
erre *f: name of the letter* **r**
erróneo -nea *adj* (frml) ‹*decisión/afirmación*› wrong, erroneous (frml); **debido a un cálculo ~** owing to a miscalculation
error *m* mistake; **cometer un ~** to make a mistake *o* an error; **¡craso ~!** (that was a) big *o* bad mistake!; **estás en**

e

un ~ you're wrong *o* mistaken; **¿quién lo va a sacar de su ~?** who's going to put him right?; **~ de ortografía** spelling mistake; **~ de cálculo** miscalculation; **salvo ~ u omisión** (fr hecha) errors and omissions excepted; **por ~** by mistake, in error (frml)

(Compuesto) **error de imprenta** misprint, printer's error

Ertzaintza *f* Basque police force

> **Ertzaintza**
>
> The Basque autonomous police force. Its members, called *ertzainas*, wear a uniform of red sweaters and berets, and white jackets. Despite the *Ertzaintza*'s wide range of responsibilities, the **Guardia Civil** and *Policía Nacional* still operate in the Basque Country

eructar [A1] *vi* to belch, burp (colloq)

eructo *m* belch, burp (colloq)

erudición *f* erudition (frml), learning

erudito¹ -ta *adj* ‹*lenguaje/obra*› erudite; ‹*persona*› learned, knowledgeable; **~ EN algo** learned IN sth, knowledgeable ABOUT sth

erudito² -ta *m,f* scholar; **los ~s en la materia** experts in the subject

erupción *f* 1 (de volcán) eruption; **el volcán entró en** *or* **hizo ~** the volcano erupted 2 (en la piel) rash, eruption (frml)

es *see* **ser**

esbeltez *f* slenderness

esbelto -ta *adj* slender

esbirro *m* (secuaz) henchman; (Hist) bailiff, constable

esbozar [A4] *vt* 1 ‹*figura*› to sketch 2 ‹*idea/tema*› to outline 3 ‹*sonrisa*›: **esbozó una sonrisa** she gave a hint of a smile

esbozo *m* 1 (Art) sketch 2 (de proyecto) outline, rough draft 3 (de sonrisa) hint

escabechar [A1] *vt* ‹*pescado*› to pickle, souse

escabeche *m* pickling brine (*made with oil, vinegar, peppercorns and bay leaves*)

escabechina *f* 1 (matanza) massacre 2 (Esp arg) (en examen): **el profesor hizo una ~** the teacher failed half the class (*o* the whole class *etc*)

escabel *m* footstool

escabrosidad *f*

A (del terreno) ruggedness, roughness

B (de un asunto, tema) awkward nature, thorny nature

escabroso -sa *adj*

A ‹*terreno*› rugged, rough

B ‹*asunto/problema/tema*› thorny, tricky; ‹*escena/relato*› shocking

escabullirse [I9] *v pron* (escaparse) to escape; **logró ~ entre la multitud** he managed to slip away *o* slip off into the crowd; **se nos escabulló** he gave us the slip (colloq); **no puedes escabullirte de tus responsabilidades** you can't get away from your responsibilities; **trató de ~ entre la gente** she tried to slip through the crowd

escacharrarse [A1] *v pron* (Esp fam) to break down

escafandra *f* diving suit

escaguearse [A1] *v pron* (Esp fam) 1 (de lugar) to slope off (colloq); **~se de clase** to play hooky (esp AmE colloq), to skive off (school) (BrE colloq) 2 (de obligación) **~ DE algo** to get out OF sth

escala *f*

A (para mediciones) scale

(Compuestos)

- **escala centígrada** *or* **Celsius/Fahrenheit** centigrade *o* Celsius/Fahrenheit scale
- **escala de valores** set of values
- **escala móvil** sliding scale
- **escala salarial** salary *o* wage scale

B (Mús) scale

C (escalafón): **la ~ social** the social scale

D 1 (de mapa, plano) scale; **hecho a ~** done to scale; **una reproducción a ~ natural** a life-size *o* life-sized reproduction 2 (de fenómeno, problema) scale; **a ~ nacional** on a nationwide *o* national scale; **a** *or* **en gran ~** on a large scale

E (Aviac, Náut) stopover; **hicimos ~ en Roma** we stopped over in Rome

(Compuesto) **escala técnica** refueling* stop

F (escalera) ladder

escalada *f*

A (Dep) (de montaña) climb, ascent

(Compuesto) **escalada en roca/libre** rock/free climbing

B (aumento, subida): **su ~ hacia el poder** his rise to power; **una ~ de** *or* **en la violencia** an escalation of violence; **la ~ de los precios** the increase *o* escalation in prices

escalador -dora *m,f* (de montañas) mountaineer, climber; (de rocas) rock-climber; (en ciclismo) climber, mountain rider

escalafón *m*: **los puestos más altos del ~** the highest posts on the scale; **subir un puesto en el ~** to go up one step on the promotion ladder

escalar [A1] *vt*

A ‹*montaña/pared*› to climb, scale; (en jerarquía, clasificación) to climb (up)

B (Inf) (reducir) to scale down; (aumentar) to scale up

■ **escalar** *vi*

A (Dep) to climb, go climbing

B (Náut): **~ en un puerto** to put in at a port

escaldado -da *adj* 1 (quemado) scalded 2 (por la orina): **tiene las nalgas escaldadas** she has diaper (AmE) *o* (BrE) nappy rash 3 (escarmentado): **salió ~ de la experiencia** he learned his lesson

escaldar [A1] *vt* 1 ‹*acelgas/tomates*› to blanch, scald 2 ‹*manos/persona*› to scald

■ **escaldarse** *v pron* 1 (con agua, vapor) to scald oneself 2 «*bebé*» to get diaper (AmE) *o* (BrE) nappy rash

escaleno *adj* scalene

escalera *f*

A (de edificio) stairs (*pl*), staircase; **bajó las ~s** he came downstairs *o* down the stairs; **subí las ~s corriendo** I ran up the stairs; **el hueco de la ~** the stairwell; **le ayudé a empapelar la ~** I helped him to paper the stairway

(Compuestos)

- **escalera (de) caracol** *or* **espiral** spiral staircase
- **escalera de incendios** fire escape
- **escalera mecánica** escalator

B (portátil) *tb* **~ de mano** ladder; (de tijera) stepladder

C (en naipes) run; (juego de tablero) snakes and ladders

(Compuesto) **escalera real** royal flush

escalerilla *f* (de avión) steps (*pl*); (de barco) gangway

escalfar [A1] *vt* to poach

escaliche *m* (AmC fam) pig latin (colloq)

escalinata *f* staircase, steps (*pl*)

escalofriante *adj* ‹*crimen/escena*› horrifying; ‹*cifra*› staggering, incredible

escalofrío *m* shiver; **me da** *or* **produce ~s** it makes me shiver *o* shudder; **tiene ~s** she's shivering

escalón *m* (peldaño) step; (travesaño) rung; (en carrera): **sigue subiendo escalones** he continues to climb higher up the ladder

escalonadamente *adv* step by step, in a series of steps

escalonado -da *adj* ‹*vacaciones*› staggered; ‹*pelo*› layered

escalonar [A1] *vt* ‹*pagos/vacaciones*› to stagger; ‹*terreno*› to terrace

escalope *m* escalope

escalpelo *m* scalpel

escama *f* 1 (Zool) scale 2 (en la piel) flake

escamar [A1] *vt*

A ‹*pescado*› to remove the scales from

B (producir desconfianza) to make … suspicious

■ **escamarse** *v pron* to become suspicious *o* wary

escamoso -sa *adj*

A 1 (Zool) scaly 2 ‹*piel*› flaky

B (Col fam) (susceptible) touchy; (enojado) angry, mad (esp AmE colloq)

escamotear [A1] *vt* 1 (ocultar) ‹*naipe*› to palm; ‹*informe*› to keep … secret; **la navaja que había escamoteado** the knife he had slipped through *o* had kept hidden 2 (no dar) (+ *me/te/le etc*): **le escamotean al espectador algo**

que ha pagado they are cheating the audience out of something they have paid for; **nos escamoteaban la información** they were keeping the information (secret) from us

escamoteo *m* 1 (destreza) sleight of hand; (de naipe) palming 2 (ocultación) concealment; (acción de quitar) removal

escampar [A1] *v impers* to stop raining, to clear up
■ **escampar** *vi* (Col) to shelter

escanciador *m* (de vino) wine waiter; (Hist) cupbearer; (de sidra) *person who pours cider*

escanciar [A1] *vt* (frml) ‹*vino*› to serve; ‹*sidra*› to pour (*from a height*)

escandalizante *adj* shocking, scandalous

escandalizar [A4] *vt* to shock; **vas a ~ a tus padres** your parents will be shocked
■ **escandalizar** *vi* 1 (causar escándalo) to shock 2 (fam) (armar jaleo) to make a row *o* racket (colloq)
■ **escandalizarse** *v pron* to be shocked

escándalo *m*
A (hecho, asunto chocante) scandal; **un ~ financiero** a financial scandal; **¡qué ~! ¡qué manera de vestir!** what a shocking *o* an outrageous way to dress!
(Compuesto) **escándalo público** public indecency
B (alboroto, jaleo): **no armen** *or* **hagan tanto ~** don't make such a racket *o* row (colloq); **cuando lo sepa va a armar un ~** when she finds out she'll kick up a fuss *o* she'll create a scene (colloq); **nada de ~s dentro del local** we don't want any trouble in here

escandalosamente *adv* 1 ‹*comportarse*› in a shocking way, outrageously; ‹*vestir*› outrageously 2 (ruidosamente) ‹*reírse*› loudly; ‹*gritar*› noisily, loudly

escandaloso -sa *adj* 1 ‹*conducta*› shocking, scandalous; ‹*ropa*› outrageous; ‹*película*› shocking; ‹*vida*› scandalous; ‹*color*› loud 2 (ruidoso) ‹*persona/griterío*› noisy; ‹*risa*› loud, uproarious

Escandinavia *f* Scandinavia

escandinavo -va *adj/m,f* Scandinavian

escáner *m* (*pl* **-ners**) scanner

escaño *m* (Esp) (Pol) (cargo, asiento) seat; (banco) bench

escapada *f*
A (huida) breakout, escape
B (en ciclismo) breakaway
C (fam) (salida rápida): **hicimos una ~ a la sierra** we escaped *o* got away to the mountains (colloq); **me voy a hacer una ~ hasta el banco** I'm just going to run out to the bank
D (de un peligro) escape

escapar [A1] *vi*
A 1 (huir) to escape; **~ DE algo** ‹*de cárcel/rutina/peligro*› to escape FROM sth; **necesito ~ de todo esto** I need to get away from all this; **una forma de ~ de la realidad** a way of escaping from reality 2 (librarse) **~ DE algo** ‹*de castigo/muerte*› to escape sth 3 **~ A algo** ‹*a influencia/castigo*› to escape sth
B **dejar escapar** ‹*carcajada/suspiro*› to let out, give; ‹*oportunidad*› to pass up; ‹*persona/animal*› to let … get away
■ **escaparse** *v pron*
A 1 (huir) «*prisionero*» to escape; «*animal/niño*» to run away; **siempre te escapas cuando hay trabajo** you always disappear *o* vanish when there's work to be done; **~se DE algo** ‹*de cárcel/jaula*› to escape FROM sth; **~se de casa** to run away from home; (+ *me/te/le etc*) **se me escapó** he got away from me; **no te me escapes** don't run away (from me); **~se DE algn** ‹*de policía/perseguidor*› to escape (FROM) sb 2 (librarse) **~se DE algo** ‹*de situación/castigo*› to escape sth; **de ésta sí que no te escapas** you're not getting out of this one (colloq)
B (+ *me/te/le etc*) 1 (involuntariamente): **se le escapó un grito** he cried out, he let out a cry; **se le escapó un eructo** he burped; **¡que no se te vaya a ~ delante de ella!** don't let it slip out in front of her! 2 (pasar inadvertido): **no se le escapa nada** he doesn't miss anything; **se me escapó ese detalle** that detail escaped my notice 3 (en tejido): **se me ~on dos puntos** I dropped two stitches
C «*gas/aire/agua*» to leak

escaparate *m*
A (esp Esp) (de tienda) shop window; **salir a ver ~s** to go window-shopping
B (Col) (vitrina) display cabinet; (aparador) sideboard
C (Ven) (armario) wardrobe

escaparatista *mf* (esp Esp) window dresser

escapatoria *f* (salida, solución) way out

escape *m*
A (fuga) escape; ***salir/ir a ~*** (Esp fam) to rush out/off
B (de gas, fluido) leak
C (Auto) exhaust
D (Chi) (en cine, teatro) emergency exit

escapero -ra *m,f* (Chi) sneak thief

escapismo *m* escapism

escapista *adj/m,f* escapist

escápula *f* scapula

escapulario *m* scapular

escaque *m* square

escarabajo *m* beetle

escaramujo *m* 1 (rosal) wild rose; (fruto) rosehip, hip 2 (Zool) goose barnacle

escaramuza *f* (Mil) skirmish; (Dep) scrimmage

escarapela *f* rosette

escarapelarse *v pron* (fam) (Per) (erizarse): **se me escarapela todo el cuerpo** it makes my hair stand on end

escarbadientes *m* (*pl* ~) toothpick

escarbar [A1] *vi* 1 (en la tierra — haciendo un hoyo) to dig; (— superficialmente) to scrabble *o* scratch around 2 (buscando algo) **~ EN algo** ‹*en cajón/armario*› to rummage (about *o* around) IN sth; **lo encontré escarbando en mi bolso** I caught him rummaging in my handbag; **perros escarbando en la basura** dogs rummaging through the garbage 3 (fisgar) **~ EN algo** ‹*en asunto*› to pry INTO sth
■ **escarbar** *vt*: **~ la tierra** (hacer un hoyo) to dig a hole; (superficialmente) to scratch around in the soil
■ **escarbarse** *v pron* (*refl*) ‹*nariz/dientes*› to pick

escarceos *mpl* 1 (del caballo) prancing 2 (actividad) dabbling; **tener ~s con el periodismo/la política** to dabble in journalism/politics
(Compuesto) **escarceos amorosos** *mpl* romantic adventures (*pl*)

escarcha *f* frost

escarchado -da *adj* 1 ‹*fruta*› crystallized 2 ‹*jardín*› frosty, frost-covered

escarchar [A1] *vt* to crystallize

escarda *f* hoe

escardar [A1] *vt* to hoe

escarlata *adj inv/m* scarlet

escarlatina *f* scarlet fever, scarlatina

escarmentado -da *adj*: **está ~** he's learned his lesson

escarmentar [A5] *vi* to learn one's lesson; **¡para que escarmientes!** that'll teach you!; **no escarmienta** she never learns; ***nadie escarmienta en cabeza ajena*** one learns from one's own mistakes
■ **escarmentar** *vt* to teach … a lesson

escarmiento *m* lesson; **esto te servirá de ~** let this be a lesson to you; **habrá que darle un buen ~** he needs to be taught a good lesson

escarnecer [E3] *vt* (liter) to mock, ridicule

escarnio *m* (liter) ridicule, derision

escarola *f* endive, escarole

escarpa *f* 1 (cuesta) escarpment, scarp 2 (Mil) scarp

escarpado -da *adj* ‹*montaña/terreno*› precipitous; ‹*pared/acantilado*› sheer, steep

escarpia *f* hook

escarpín *m* (AmL) (calcetín — de bebé) bootee; (— de adulto) bed sock

escasear [A1] *vi*: **empiezan a ~ los alimentos** food is running short; **va a ~ el café** there's going to be a coffee shortage; **escasea el agua** water is in short supply

escasez *f* shortage; **una época de ~** a time of shortages; **por ~ de medios** owing to a lack of resources; **hubo ~ de agua** there was a water shortage

escaso -sa *adj* 1 ‹*recursos económicos*› limited, scant; ‹*posibilidades*› slim, slender; ‹*visibilidad*› poor; ‹*conocimientos/experiencia*› limited; **la comida resultó escasa** there wasn't enough food; **de escasa calidad** of mediocre quality 2 (en expresiones de medida, peso): **pesa un kilo ~** it weighs barely *o* scarcely a kilo; **a ~s tres días/dos meses** (AmL) barely three days/two months away **3** [ESTAR] (falto) ~ DE **algo** ‹*de dinero/tiempo*› short OF sth; **andamos ~s de personal** we're short-staffed

escatimar [A1] *vt* ‹*comida/tela*› to skimp on, be sparing with; **no ~on esfuerzos** they spared no effort

escayola *f* (Esp) (material) plaster; (Med) plaster cast; **me quitaron la ~** I had my cast *o* (BrE) my plaster taken off

escayolar [A1] *vt* (Esp) to put … in a (plaster) cast, to put … in plaster (BrE); **tenía la pierna escayolada** his leg was in a cast

escena *f*
A (Cin, Teatr) **1** (de obra) scene; **la ~ se desarrolla en Berlín** the action takes place in Berlin **2** (*sin art*) (escenario): **no había nadie en ~** there was no one on stage; **poner en ~** to stage; **entrar a** *or* **en ~** to come/go on stage **3** (actividad, profesión): **el mundo de la ~** the theater; **decidió volver a la ~** she decided to return to the stage

(Compuesto) **escena retrospectiva** flashback

B (en la vida real) scene; **conmovedoras ~s** moving scenes; **la ~ del accidente/crimen** (period) the scene of the accident/crime; **la ~ política** the political scene; **no me hagas una ~** there's no need to make a scene

escenario *m* **1** (Teatr) stage; **salir al ~** to go on stage **2** (period) (de suceso) scene; **llegaron al ~ de los hechos** they arrived on the scene

escénico -ca *adj* stage (*before n*)

escenificación *f* staging

escenificar [A2] *vt* **1** (representar) ‹*comedia/pieza*› to stage **2** (adaptar) ‹*biografía*› to dramatize, adapt … for the stage

escenografía *f* (decorado) scenery; (arte) scenography, set design

escenógrafo -fa *m,f* scenographer, set designer

escepticismo *m* skepticism•

escéptico¹ -ca *adj* skeptical•

escéptico² -ca *m,f* skeptic•

escindirse [I1] *v pron* **1** (dividirse) to split; ~ EN **algo** to split INTO sth **2** (separarse) ~ DE **algo** to break away FROM sth; **el grupo pro-europeo se escindió del partido** the pro-European group broke away from the party

escisión *f* split

esclarecedor -dora *adj* illuminating, enlightening

esclarecer [E3] *vt* ‹*situación/hechos*› to clarify, elucidate (frml); ‹*crimen/misterio*› to clear up

esclarecimiento *m* (de situación) clarification

esclava *f* (de cadena) identity bracelet; (rígida) bangle; *ver tb* **esclavo**

esclavina *f* short cape

esclavitud *f* slavery

esclavizar [A4] *vt* **1** (Hist) to enslave **2** (absorber): **no te dejes ~ por tus hijos** don't let your children rule your life; **está esclavizado por el trabajo** he's a slave to his work

esclavo -va *m,f* slave; **es un ~ del trabajo** he is a slave to his work

esclerosis *f* sclerosis

(Compuesto) **esclerosis múltiple** multiple sclerosis

esclusa *f* (de canal) lock; (de presa) floodgate, sluicegate

escoba *f*
A (para barrer) broom; (de bruja) broomstick; **pasar la ~ por la habitación** to sweep the room; ***no vender una ~*** to get nowhere, to achieve nothing; ***~ nueva barre bien*** (CS) a new broom sweeps clean
B (en naipes) *tb* **~ de quince** *card game in which players try to combine cards to total 15 points*
C (Bot) broom

escobazo *m*: **le dio un ~** she hit him with the broom; ***echar a algn a ~s*** (fam) to kick *o* boot sb out (colloq)

escobilla *f*
A (de motor) brush; (del limpiaparabrisas) wiper-blade, blade
B **1** (del inodoro) toilet brush **2** (Andes) (para los dientes) toothbrush

escobillón *m* (Med, Arm) swab

escocedura *f* irritation; (de bebé) diaper rash (AmE), nappy rash (BrE)

escocer [E10] *vi* **1** «*herida/ojos*» to sting, smart **2** (moralmente) to irritate, irk

escocés¹ -cesa *adj* **1** ‹*ciudad/persona*› Scottish; ‹*dialecto*› Scots **2** ‹*whisky*› Scotch; ‹*tela/manta*› tartan

escocés² -cesa (*m*) Scotsman, Scot; (*f*) Scotswoman, Scot

Escocia *f* Scotland

escocido -da *adj* ‹*cuello/axila*› sore, chafed; **tiene las nalgas escocidas** he has diaper rash (AmE) *o* (BrE) nappy rash

escofina *f* (Tec) rasp, file; (para los pies) callus file

escoger [E6] *vt* to choose; **escoge el libro que quieras** pick *o* choose whichever book you want; **tener mucho (de) donde ~** to be spoilt for choice; **no hay mucho (de) donde ~** there isn't a great deal of choice, there isn't much to choose from

escogido -da *adj* **1** (selecto) ‹*mercancía*› choice; ‹*clientela*› select **2** (Méx fam) (manoseado) picked over

escolar¹ *adj* school (*before n*)

escolar² (*m*) schoolboy, schoolchild; (*f*) schoolgirl, schoolchild

escolaridad *f* education, schooling

escolarización *f* education, schooling

escolarizar [A4] *vt* to educate, provide schooling for; **eran niños sin ~** there were children without any (formal) education *o* schooling

escolástica *f*, **escolasticismo** *m* scholasticism

escolástico -ca *adj* **1** (Fil) scholastic **2** ‹*lenguaje*› scholarly

escoleta *f* (Méx) **1** (banda) band (*of amateur musicians*) **2** (ensayo) rehearsal **3** (para aprender a bailar) dance practice *o* rehearsal

escollar [A1] *vi* to hit a reef

escollera *f* breakwater

escollo *m* (Náut) reef; (dificultad) obstacle, hurdle

escolopendra *f* centipede

escolta *mf*
A (persona) escort; (en baloncesto) guard
B **escolta** *f* (grupo) escort

escoltar [A1] *vt* (para proteger) to escort; (para vigilar) to guard, escort; (en ceremonia) to escort, accompany

escombrera *f* dump, tip (BrE)

escombros *mpl* rubble

esconder [E1] *vt* to hide, conceal (frml)
■ **esconderse** *v pron*
A (*refl*) «*persona*» to hide; **~se DE algn** to hide FROM sb; **el sol se escondió tras las nubes** the sun disappeared behind the clouds
B (estar oculto) to hide, lie hidden

escondidas *fpl*
A (AmL) (Jueg): **jugar a las ~** to play hide-and-seek
B **a escondidas** in secret, secretly; **a ~ DE algn**: **fumaba a ~ de sus padres** she smoked behind her parents' backs; **lo hice a ~ de María para darle una sorpresa** I kept it a secret from María so that it would be a surprise for her

escondido -da *adj* **1** (oculto) hidden; **el club está muy ~** the club is really out of the way **2** (lejano) remote; **en un ~ rincón del planeta** in a remote corner of the planet

escondite *m* **1** (para personas) hideout; (para cosas) hiding place **2** (Jueg): **jugar al ~** to play hide-and-seek

escondrijo *m* hidden place, recess (liter)

escoñar [A1] *vt* (Esp arg) ‹*aparato*› to screw up (AmE sl), bugger up (BrE sl)
■ **escoñarse** *v pron* (Esp arg) **1** (*refl*) (dañarse) to hurt oneself; **me escoñé un brazo** I screwed my arm up (AmE sl), I did my arm in (BrE colloq) **2** «*aparato*» to bust (colloq)

escopeta *f* shotgun

(Compuestos)
- **escopeta de aire comprimido** air gun *o* rifle
- **escopeta de dos cañones** double-barreled• shotgun
- **escopeta recortada** *or* **de cañones recortados** sawed-off shotgun (AmE), sawn-off shotgun (BrE)

escopetado -da *adj* (Esp fam): **salió ~** he shot *o* dashed off/out, he was off like a shot (colloq)

escoplo *m* chisel

escora *f* (línea) load line; (puntal) prop; (inclinación) heel

escorar [A1] *vi* 1 ‹‹*barco*›› to heel (over) 2 ‹‹*político/partido*›› (period) to lean 3 ‹‹*marea*›› to reach its lowest point *o* ebb

■ **escorar** *vt* ‹*barco*› (apuntalar) to shore (up); (al navegar) to heel … over

escorbuto *m* scurvy

escoria *f* (de fundición) slag; **la ~ de la sociedad** the dregs of society

Escorpio[1] *m* (signo) Scorpio; **es (de) ~** he's a Scorpio

Escorpio[2], **escorpio** *mf* (*pl* **~** *or* **-pios**) (persona) Scorpio

escorpión *m* scorpion

escorzar [A4] *vt* to foreshorten

escorzo *m* foreshortening

escotado -da *adj* 1 ‹*blusa/vestido*› low-cut, décolleté (frml); **~ por detrás** cut low at the back 2 (RPl) ‹*zapato*› strapless

escotar [A1] *vt*: **¿me lo escota un poquito más?** can you cut the neckline a little lower?

escote *m* 1 (Indum) neck, neckline; (profundo) low-cut neck *o* neckline; **con un gran ~ en la espalda** cut very low at the back *o* with a very low back; **un ~ indecente** an indecently low-cut dress (*o* gown *etc*) 2 (parte del cuerpo): **un collar adornaba su ~** a necklace adorned her neck/bosom; ***pagar a ~*** (Esp fam) to go Dutch

(Compuestos)

- **escote barco** *or* **bote** bateau *o* boat neck
- **escote en pico** *or* **en V** V neck
- **escote redondo** round neck; (en suéters) crew neck

escotilla *f* hatch, hatchway

escotillón *m* (Teatr) trapdoor

escozor *m* 1 (Med) stinging, burning sensation 2 (resentimiento, amargura) bitterness

escriba *m* scribe

escribanía *f*

A (mueble) escritoire, writing desk; (juego de escritorio) inkstand

B (RPl) (Der) (oficina) notary's office; (profesión): **ejerce la ~** he is a practicing notary (public)

escribano -na *m,f* 1 (Hist) (amanuense) scribe 2 (RPl) (notario) notary (public)

escribiente *mf* clerk

escribir [I34] *vt*

A 1 (anotar) to write; **escríbelo antes de que se te olvide** write it down before you forget it; **escríbelo con lápiz** write it in pencil 2 (ser autor de) ‹*libro/canción/carta*› to write

B (*pas*) (deletrear): **no sé cómo se escribe** I don't know how you spell it; **se escribe sin acento** it's written without an accent

■ **escribir** *vi* to write; **~ a máquina** to type; **nunca le escribe** she never writes him (AmE) *o* (BrE) writes to him

■ **escribirse** *v pron* (*recípr*): **nos escribimos** we write to each other; **me escribo con ella** we write to each other; **se escribe con un peruano** she has a Peruvian penfriend *o* penpal

escrito[1] **-ta** *adj* ‹*examen*› written; **por ~** in writing; ***estar ~***: **estaba ~ que iba a acabar mal** he was destined to come to a bad end; ***tener/llevar algo ~ en la cara*** to have sth written all over one's face

escrito[2] *m* 1 (documento) document 2 **escritos** *mpl* (obras) writings (*pl*), works (*pl*)

escritor -tora *m,f* writer, author

escritorio *m* 1 (mueble) desk 2 (AmL) (oficina, despacho) office; (en casa particular) study

(Compuesto) **escritorio público** (en Méx) *office or stall offering letter writing, form-filling or typing services*

escritura *f*

A (sistema de signos) writing; (letra) writing, handwriting; (obra escrita) writings (*pl*), works (*pl*)

B (Der) (documento) deed; **la ~ de la casa** the deeds to *o* of the house

(Compuesto) **escritura privada/pública** private/public instrument *o* deed

escriturar [A1] *vt* to register

escroto *m* scrotum

escrúpulo *m* scruple; **no tuvo ningún ~ en …** he had no scruples *o* qualms whatsoever about …

escrupulosamente *adv* 1 (honestamente) honestly, scrupulously 2 (con meticulosidad) meticulously

escrupulosidad *f* meticulousness, attention to detail

escrupuloso -sa *adj* 1 (honrado) honest, scrupulous 2 (meticuloso) meticulous 3 (Esp) (aprensivo) fastidious

escrutador[1] **-dora** *adj* penetrating, piercing

escrutador[2] **-dora** *m,f* scrutineer, ≈ returning officer (*in UK*)

escrutar [A1] *vt*

A (liter) (mirar) ‹*horizonte*› to scan; ‹*persona*› to scrutinize, examine

B ‹*votos*› to count

escrutinio *m* 1 (Pol) count; **efectuar un ~ de los votos** to count the votes; **los resultados del ~** the results of the ballot 2 (inspección) scrutiny

escuadra *f*

A 1 (instrumento — triangular) set square; (— de carpintero) square; ***a*** *or* ***en ~*** square; ***fuera de ~*** out of square, out of true 2 (refuerzo) bracket

B (en el ejército) squad; (en la marina) squadron

escuadrar [A1] *vt* to square

escuadrilla *f* (Náut) squadron; (Aviac) flight

escuadrón *m* 1 (Aviac) squadron 2 (de caballería) squadron; (más pequeño) troop

(Compuesto) **escuadrón de la muerte** death squad

escuálido -da *adj* ‹*persona/animal*› skinny, scrawny

escualo *m* dogfish

escucha *f*

A (acción): **los servicios de ~ de la marina** the navy's monitoring services; **permanezcan a la ~** stay tuned

(Compuesto) **escucha telefónica** wire tap (AmE), phone tap (BrE)

B **escucha** *mf* 1 (Mil) scout 2 (AmL) (oyente) listener

escuchar [A1] *vt* 1 (prestar atención) ‹*música*› to listen to; **no te va a ~** she won't listen to you 2 (esp AmL) (oír) to hear

■ **escuchar** *vi* to listen

■ **escucharse** *v pron* (*refl*): **le encanta ~se** she loves the sound of her own voice

escudar [A1] *vt* to shield

■ **escudarse** *v pron* **~se EN algo**: **quiso ~se en su inmunidad diplomática** he tried to hide behind his diplomatic immunity; **se escuda en sus compromisos familiares** he uses his family commitments as an excuse

escudería *f* motor-racing team

escudilla *f* bowl

escudo *m*

A (Hist, Mil) shield

(Compuesto) **escudo antidisturbios** riot shield

B (emblema) *tb* **~ de armas** coat of arms

C (en la solapa, etc) badge

D (Fin) escudo

escudriñar [A1] *vt* 1 (liter) (mirar intensamente) ‹*horizonte*› to scan 2 (examinar) ‹*persona*› to scrutinize, examine; ‹*casa/habitación*› to search … thoroughly

escuela *f*

A 1 (institución) school; **la ~ de la vida** the school *o* university of life 2 (edificio) school 3 (facultad) faculty, school; **E~ de Medicina** Medical Faculty *o* School 4 (*como adj inv*): **granja ~** college farm; **hotel ~** hotel school, training hotel

(Compuestos)

- **Escuela de Bellas Artes** art school, art college
- **escuela de conductores** *or* **choferes** (AmL) driving school
- **escuela de párvulos** infant school
- **escuela primaria** *or* **de primera enseñanza** primary school
- **escuela de verano/nocturna** summer/night school
- **escuela diferencial** (RPl) school for children with special needs
- **escuela militar/naval** military/naval academy
- **escuela normal** teachers' college (AmE), teacher training college (BrE)

e

• **Escuela Oficial de Idiomas** *state-run language school*
• **escuela pública** public (AmE) *o* (BrE) state school
• **escuela técnica** *or* **vocacional** technical college
B (formación) coaching, training; **le falta ~** he needs more coaching
C (de pensamiento, doctrinas) school; **ha creado ~** his theories (*o* ideas *etc*) have many followers; **es de la vieja ~** she's one of the old school

escuerzo *m*
A (Zool) toad
B (persona delgada) (fam): **es un ~** she's all skin and bone(s) (colloq)

escueto -ta *adj* ‹*explicación*› succinct; ‹*lenguaje/estilo*› concise, plain; **fue muy ~** he was very succinct

escuincle -cla *m,f* (Méx fam) kid (colloq)

esculcar [A2] *vt* (AmC, Col, Méx, Ven) ‹*cajones/papeles*› to go through; ‹*persona/casa*› to search

esculpir [I1] *vt* ‹*estatua/busto*› to sculpt, sculpture; ‹*inscripción*› to engrave, carve
■ **esculpir** *vi* to sculpt, sculpture

esculque *m* (Méx) search

escultor -tora *m,f* sculptor

escultórico -ca *adj* sculptural; **grupo ~** group of sculptures; **una exposición escultórica** an exhibition of sculpture; **su obra escultórica** his sculpture(s)

escultura *f* sculpture; **~ en madera** wood carving

escultural *adj* statuesque

escupida *f* (RPl) gob (of spit) (colloq); ***como* ~** (RPl fam) like a shot (colloq); **salió como ~** he shot *o* dashed out, he came/went shooting out; ***ser la ~ de su padre/madre*** (Arg fam) to be the spitting image of one's father/mother

escupidera *f* **1▸** (para escupir) spittoon **2▸** (AmL euf) (orinal) chamber pot

escupir [I1] *vi* to spit; ⊘ **prohibido escupir** no spitting; **~le a algn** to spit at sb; **le escupió en la cara** he spat in her face
■ **escupir** *vt* **1▸** ‹*comida*› to spit out; ‹*sangre*› to spit, cough up **2▸** ‹*llamas/lava*› to belch out

escupitajo *m* gob (of spit) (colloq); **hay un ~ en el suelo** someone has spat *o* (colloq) gobbed on the floor

escupo *m* (Chi, Ven) ▸**escupida**

escurreplatos *m* (*pl* ~) (mueble) *cupboard with built-in plate rack*; (rejilla) plate rack

escurridera *f* ▸**escurreplatos**

escurridero *m* (lugar) drainboard (AmE), draining board (BrE); (rejilla) plate rack

escurridizo -za *adj* ‹*piel/jabón*› slippery; ‹*persona/respuesta*› evasive; ‹*idea/concepto*› elusive

escurrido -da *adj* (delgado): **es muy escurrida de caderas** she has very narrow hips; **escurrida de pecho** flat-chested

escurridor *m*, **escurridora** *f* **1▸** ▸**escurreplatos** **2▸** (colador) colander

escurrir [I1] *vt* ‹*ropa*› to wring out, wring; ‹*verduras/pasta*› to strain, drain; ‹*líquido/vaso*› to drain
■ **escurrir** *vi* to drain; **deja que los platos escurran** leave the plates to drain; **dejé ~ la camisa** I left the shirt to drip-dry
■ **escurrirse** *v pron*
A **1▸** «*líquido*»: **cuelga la camisa para que se escurra el agua** hang the shirt out to drip-dry; **déjalas en una servilleta de papel para que se escurra el aceite** leave them to drain on some kitchen paper **2▸** «*verduras/vajilla*» to drain
B **1▸** (fam) (escaparse, escabullirse) to slip away; **~se DE algo** to wriggle *o* get out OF sth **2▸** (resbalarse, deslizarse) to slip; **se le escurrió de (entre) las manos** it slipped through her fingers

escúter *m* scooter

escutismo *m* scouting movement, scouting

esdrújula *f* word with the stress on the antepenultimate syllable

esdrújulo -la *adj* stressed on the antepenultimate syllable

ese¹ *f: name of the letter* **s**; ***hacer* ~s** to zigzag (along)

ese², **esa** *adj dem* (*pl* **esos, esas**) that; (*pl*) those; **¿quién es el gordo ~?** (fam) who's that fat guy?; **el coche ~ que está allí** that car over there

ése, **ésa** *pron dem* (*pl* **ésos, ésas**) [*According to the Real Academia Española the written accent may be omitted when there is no risk of confusion with the adjective*] **1▸** that one; (*pl*) those; **~ es el tuyo** that (one) is yours; **~ es el que me gusta** that's the one I like; [*usually indicates disapproval when used to refer to a person*] **ésa no sabe lo que dice** (fam) she doesn't know what she's talking about **2▸** **ésa** (Corresp) (frml) *the city to which the letter is addressed*; **reside en ésa** he resides in Seville (*o* Lima *etc*) **3▸** **ésas** (fam) (esas cosas, esos asuntos): **¡conque ésas tenemos!** so *that's* it!; **¿todavía estás en ésas?** are you still at it?; **¡no me vengas con ésas!** don't give me that! (colloq)

esencia *f*
A (fondo, base) essence; **en ~** essentially, in essence
B (Coc, Quím, Fil) essence
(Compuesto) **esencia de café/vainilla** coffee/vanilla essence

esencial *adj*
A (fundamental) essential; **estábamos de acuerdo en lo ~** we agreed on the essentials *o* on the main points; **lo ~ es ...** the main *o* the most important thing is ...; **~ PARA algo** essential FOR *o* TO sth
B ‹*aceite*› essential

esfera *f*
A (Astron, Mat) sphere
(Compuestos)
• **esfera celeste** celestial sphere
• **esfera terrestre** globe
B (de reloj) face
C (ámbito) sphere; **en las altas ~s de la política** in the highest political circles; **~ de acción** sphere of action

esférico¹ -ca *adj* spherical

esférico² *m* (period) ball

esfero *m* (Col fam) ballpoint pen, biro® (BrE)

esferoide *m* spheroid

esfinge *f* sphinx

esfínter *m* sphincter

esforzado -da *adj* ‹*persona*› hard-working; ‹*trabajo*› hard; **gracias a la esforzada labor de los cooperantes** thanks to the hard work of the aid workers

esforzar [A11] *vt* ‹*voz/vista*› to strain
■ **esforzarse** *v pron*: **se esforzó mucho** he tried very hard, he put in a lot of effort; **tienes que ~te más** you'll have to work harder; **~se POR** *o* **EN + INF** to strive to + INF; **debemos ~nos por complacerlos** we must strive to please them

esfuerzo *m* effort; **hizo el ~ de ser amable** he made an effort *o* tried to be friendly; **me costó muchos ~s** it took a lot of effort

esfumar [A1] *vt* ‹*contorno*› to blur; ‹*color*› to tone down, soften
■ **esfumarse** *v pron* **1▸** «*ilusiones/sueños*» to evaporate; «*temores*» to melt away, be dispelled; **la sonrisa se esfumó de su rostro** the smile faded from his lips **2▸** (fam) «*persona/dinero*» to vanish, disappear

esgrima *f* fencing

esgrimidor -dora *m,f* fencer

esgrimir [I1] *vt* **1▸** ‹*arma/navaja*› to brandish, wield **2▸** (frml) ‹*argumento*› to put forward, use; ‹*documento/prueba*› to use

esgrimista *mf* fencer

esguince *m* sprain; **sufrió un ~ en el tobillo** he sprained his ankle

eskai® *m* imitation leather

eslabón *m*
A (de cadena, serie) link
(Compuestos)
• **eslabón giratorio** swivel
• **eslabón perdido** missing link
B (para sacar chispas) steel

eslabonar [A1] *vt* ‹*piezas*› to link (together); ‹*ideas/hechos*› to link, connect
■ **eslabonarse** *v pron* to link up

eslálom (*pl* **-loms**), **eslalon** *m* slalom

eslavo¹ -va *adj* Slavic, Slavonic

eslavo² -va *m,f* Slav

eslip *m* (*pl* **-lips**) underpants (*pl*), briefs (*pl*)

eslogan *m* (*pl* **-lóganes**) slogan
eslora *f* length
eslovaco¹ -ca *adj* Slovakian
eslovaco² -ca *m,f*
A (persona) Slovak
B **eslovaco** *m* (idioma) Slovak
Eslovaquia *f* Slovakia
Eslovenia *f* Slovenia
esloveno¹ -na *adj/m,f* Slovene
esloveno² *m* (idioma) Slovene
esmaltado *m* **1** (acción) enameling* **2** (capa — sobre metales) enamel; (— sobre cerámica) glaze
esmaltar [A1] *vt* ‹*metal*› to enamel; ‹*cerámica*› to glaze
esmalte *m*
A **1** (capa — sobre metales) enamel; (— sobre cerámica) glaze **2** (Odont) enamel
(Compuesto) **esmalte de** *or* **para uñas** nail polish *o* (BrE) varnish
B (Art) enamel
esmeradamente *adv* carefully, painstakingly; **objetos ~ restaurados** lovingly restored objects
esmerado -da *adj* ‹*persona*› conscientious, painstaking; ‹*presentación*› careful, painstaking; **presentó un trabajo ~** she submitted an excellent, beautifully presented piece of work
esmeralda *f* emerald
esmerarse [A1] *v pron* to go to a lot of trouble; **~ EN algo**: **se ha esmerado mucho en esta tarea** he has put a lot of effort into this assignment; **se esmera en hacerlo bien** she goes to great pains to do it properly
esmeril *m* emery
esmerilado -da *adj* frosted
esmerilar [A1] *vt* to grind
esmero *m* care; **puso mucho ~ en la presentación** he took enormous trouble over the presentation
esmirriado -da *adj* (fam) ‹*persona*› skinny (colloq), scrawny (colloq); ‹*animal*› scrawny
esmog *m* smog
esmoquin *m* (*pl* **-móquines**) tuxedo (AmE), dinner jacket (BrE)
esnifada *f* ▸**esnife**
esnifar [A1] *vt* ‹*cocaína*› (arg) to snort (sl); ‹*pegamento*› to sniff (colloq)
esnife *m* (arg) (de cocaína) snort (sl); (de pegamento) sniff (colloq)
esnob¹ *adj* (*pl* **-nobs**) snobbish
esnob² *mf* (*pl* **-nobs**) snob
esnobismo *m* snobbery, snobbishness
eso *pron dem* **1** (*neutro*) that; **no digas ~** don't say that; **¡ah, no! ¡~ sí que no!** oh, no! definitely not!; **~ que te contaron** what they told you; **lo hiciste por él ¿no es ~?** you did it for him, didn't you? *o* isn't that right?; **¿qué es ~ de que no vas?** what's all this about you not going? **2** (*en locs*) **a eso de** (at) around *o* about; **en eso**: **en ~ llegó su madre** (just) at that moment her mother arrived; **en ~ estaba cuando ...** I was just in the middle of doing that when ... **¡eso es!** that's it!; **y eso que ...** even though ... **3** **¡eso!** (*interj*) exactly!
ESO *f* (en Esp) **= Educación Secundaria Obligatoria**
esófago *m* esophagus*
esos, esas *adj dem*: *ver* **ese²**
ésos, ésas *pron dem*: *ver* **ése**
esotérico -ca *adj* esoteric
espabilado¹ -da *adj* **1** (despierto) awake **2** (vivo, listo) bright, smart; **tienes que ser más ~** you have to keep more on the ball
espabilado² -da *m,f* smart ass (sl)
espabilar [A1] *vt* **1** (quitar el sueño) to wake ... up **2** (avivar) to wise ... up (colloq); **ella lo espabiló** she helped him get his act together
■ **espabilar** *vi* **1** (sacudirse el sueño) to wake up **2** (darse prisa) to get a move on (colloq) **3** (avivarse) to wise up (colloq) **4** (Ven fam) (pestañear) to blink
■ **espabilarse** *v pron* **1** (sacudirse el sueño) to wake (oneself) up **2** (darse prisa) to get a move on (colloq) **3** (avivarse) to wise up (colloq)
espachurrar [A1] *vt* (fam) to squash, crush
■ **espachurrarse** *v pron* to get squashed, get crushed
espaciado -da *adj* **1** (en el espacio): **los párrafos deben quedar más ~s** there should be more space between the paragraphs; **los árboles están muy ~s** the trees are too far apart **2** (en el tiempo): **tuvo a sus hijos muy ~s** there were quite a few years between each of her children; **sus visitas se hicieron más espaciadas** her visits became more infrequent
espaciador *m* space bar
espacial *adj*
A ‹*cohete/vuelo*› space (*before n*)
B (Fís, Mat) spatial
espaciar [A1] *vt* **1** (en el espacio) to space ... out **2** (en el tiempo): **empezó a ~ sus visitas** her visits became more and more infrequent
espacio *m*
A **1** (amplitud, capacidad) space, room; **hay mucho ~ para jugar** there is plenty of space to play; **ocupan demasiado ~** they take up too much space *o* room **2** (entre líneas, palabras) space; (entre objetos) space, gap; **un folio mecanografiado a doble ~/a un ~** a sheet of double-spaced/single-spaced typing; **rellenar los ~s en blanco** fill in the blank spaces *o* the blanks **3** (recinto, área) area; **un ~ cercado** a fenced-off area; **~s cerrados** confined spaces *o* areas
(Compuestos)
• **espacios abiertos/verdes** *mpl* open/green spaces (*pl*)
• **espacio vital** lebensraum, living space
B (Espac): **el ~** space
(Compuestos)
• **espacio aéreo** airspace
• **espacio exterior** *or* **sideral** outer space
C (de tiempo): **un corto ~ de tiempo** a short space of time; **por ~ de 24 horas** for 24 hours *o* for a period of 24 hours
D **1** (Rad, TV) (hueco) slot; (programa) program*; **~ deportivo/informativo** sports/news program; **~ publicitario** advertising slot **2** (en periódico, revista) space
espacioso -sa *adj* spacious
espada¹ *f*
A (arma) sword; **~ de esgrima** épée; ***estar entre la ~ y la pared*** to be (caught) between the devil and the deep blue sea
B **1** (carta) *any card of the* **espadas** *suit* **2** **espadas** *fpl* (palo) *one of the suits in a Spanish pack of cards*
espada² *m* matador
espadachín *m* skilled swordsman
espadaña *f*
A (campanario) belfry
B (Bot) bulrush
espagueti, espaguetti *m* piece of spaghetti; **~s** spaghetti
espalda *f*
A (Anat) back; **ancho de ~s** broad-shouldered; **perdona, te estoy dando la ~** sorry, I've got my back to you; **de ~s a nosotros** with his/her back to us; **vuélvete de ~s** turn around *o* (BrE) round; **nadar de ~(s)** to swim backstroke; **los 100 metros ~** the 100 meters backstroke; **tumbarse** *or* **tenderse de ~s** to lie on one's back; **lo atacaron por la ~** he was attacked from behind; ***caerse de ~s*** (literal) to fall flat on one's back; (de sorpresa): **por poco me caigo de ~s** I nearly died of shock *o* fainted (colloq); ***cubrirse las ~s*** to cover one's back; ***echarse algo a la ~*** (literal) to sling sth on one's back; ‹*responsabilidad/trabajo*› (fam) to take on; ‹*problemas/pesares*› (fam) to cast ... aside; ***hacer algo a ~s de algn*** to do sth behind sb's back; ***romperse la ~*** to break one's back; ***tener buena ~*** (Col) to bring good luck; ***tener cubiertas las ~s*** to have one's back covered; ***volverle la ~ a algn*** to turn one's back on sb
(Compuesto) **espalda mojada** *mf* wetback
B (de prenda) back

espalda mojada

The name in Mexico for people who try to enter the US illegally by crossing the Rio Grande that separates Mexico from the USA.

In Spain the term refers to illegal immigrants from Morocco who cross the Straits of Gibraltar to enter Spain. In both countries *espaldas mojadas* are a source of cheap unskilled labor

espaldar *m*
A (Coc) loin
B (en gimnasia) wall bars (*pl*)
C (AmL) (de asiento) back

espaldarazo *m* (reconocimiento) recognition

espaldera *f* 1 (para plantas) trellis, espalier 2 (corset) corset 3 **espalderas** *fpl* (para gimnasia) wall bars (*pl*)

espaldilla *f* shoulder blade

espantada *f*: **pegar(se) una ~** «*animal*» to bolt; «*persona*» (fam) to make a run for it (colloq)

espantadizo -za *adj* easily frightened *o* startled

espantado -da *adj* 1 (asustado) frightened, scared; **salieron ~s** they ran off in fright 2 (uso hiperbólico) horrified, appalled; **quedé ~ con su vocabulario** I was horrified *o* appalled at his language

espantajo *m* scarecrow

espantapájaros *m* (*pl* ~) scarecrow

espantar [A1] *vt*
A 1 (ahuyentar) ‹*peces/pájaros*› to frighten away 2 (asustar) ‹*caballo*› to frighten, scare 3 (apartar de sí): **se tomó un café para ~ el sueño** she had a coffee to keep herself awake; **cantando se espantan las penas** by singing you drive your troubles away; **no podía ~ el miedo que sentía** he could not shake off his feeling of fear
B (fam) (uso hiperbólico) to horrify, appall*; **le espanta la idea de vivir allí** the idea of living there appalls *o* horrifies him

■ **espantar** *vi* 1 (fam) (asustar): **es tan feo que espanta** he's absolutely hideous (colloq) 2 (Bol, Col, Ven fam) «*fantasma*»: **en esa casa espantan** that house is haunted

■ **espantarse** *v pron*
A «*pájaro/peces*» to get frightened away; «*caballo*» to take fright, be startled
B (fam) (uso hiberbólico) to be horrified *o* appalled

espanto *m*
A 1 (miedo) fright, horror 2 (uso hiperbólico): **la noticia nos llenó de ~** we were horrified *o* appalled at the news; **¡qué ~!** how awful!; **¡qué ~ de mujer!** (fam) what a dreadful *o* frightful woman! (colloq); **hace un frío de ~** (fam) it's freezing *o* terribly cold (colloq); ***estar curado de ~*** (fam): **ya está curada de ~** she's seen/heard it all before
B (Bol, Col, Ven fam) (espíritu) ghost, spook (colloq)

espantoso -sa *adj* 1 ‹*escena/crimen*› horrific, appalling 2 (fam) (uso hiperbólico) ‹*comida/letra/tiempo*› atrocious; ‹*vestido/color*› hideous; ‹*ruido/voz*› terrible, awful; **hace un calor ~** it's boiling *o* roasting hot (colloq); **pasé un frío ~** I was absolutely freezing (colloq); **tengo un hambre espantosa** I'm starving (colloq)

España *f* Spain; ***como cuando salimos de ~*** (Arg fam) we're still no further on (colloq)

español¹ -ñola *adj* Spanish

español² -ñola *m,f*
A (persona) (*m*) Spaniard, Spanish man; (*f*) Spaniard, Spanish woman; **los ~es** the Spanish, Spaniards, Spanish people
B **español** *m* (idioma) Spanish

españolada *f*: *movie, etc which presents a clichéd image of Spain*

españolizar [A4] *vt* ‹*persona/costumbres*› to make ... Spanish; ‹*palabra/término*› to spell/pronounce ... in a Spanish way

■ **españolizarse** *v pron* «*persona*» to adopt Spanish ways; «*palabra*» to come to be spelled/pronounced in a Spanish way

esparadrapo *m* surgical tape

esparcimiento *m*
A (recreo) recreation, relaxation; (diversión) leisure activity
B (diseminación) dissemination, spreading

esparcir [I4] *vt* 1 ‹*libros/juguetes*› to scatter 2 ‹*rumor*› to spread; **no lo vayas esparciendo por ahí** don't go spreading it around 3 (Chi) ‹*mantequilla*› to spread

■ **esparcirse** *v pron*
A 1 «*líquido*» to spread; «*papeles/semillas*» to be scattered 2 «*noticia/rumor*» to spread
B (recrearse) to enjoy oneself, relax

espárrago *m* asparagus; **puntas de ~** asparagus tips; ***estar hecho un ~*** (fam) to be thin as a rail (AmE) *o* (BrE) rake (colloq); ***mandar a algn a freír ~s*** (fam) to tell sb to get lost (colloq); **¡que se vayan a freír ~s!** they can get lost! (colloq)

esparring /es'parin/ *m* sparring partner

espartano -na *adj* ‹*condiciones/disciplina*› spartan

esparto *m* esparto grass, esparto

espasmo *m* spasm

espasmódico -ca *adj* spasmodic

espástico -ca *adj* spastic

espatarrarse [A1] *v pron* ▸**despatarrarse**

espátula *f* 1 (paleta) spatula; (Art) palette knife 2 (para quitar pintura, papel) scraper

especia *f* (condimento) spice

especial¹ *adj* 1 (para uso específico) special; **en ~** especially, particularly; **nada/nadie en ~** nothing/nobody in particular 2 (excepcional) special; **un día muy ~ para mí** a very special day for me 3 (difícil) ‹*persona/carácter*› fussy; **¡qué ~ eres para comer!** you're so picky *o* fussy about your food! (colloq)

especial² *m* (TV) special (program*); **~ informativo** news special

especialidad *f*
A 1 (actividad, estudio) specialty (AmE), speciality(BrE); **tiene que hacer dos años de ~** she has to do two years' specialization; **su ~ es romper platos** (hum) he specializes in breaking plates (hum) 2 (de restaurante) specialty (AmE), speciality (BrE); **~ de la casa** specialty of the house
B (frml) (Farm) medicine

especialista¹ *adj* specialist (*before n*); **un médico ~** a specialist

especialista² *mf*
A 1 (experto) specialist, expert; **los ~s en la materia dicen que ...** experts *o* specialists on the subject say that ...; **es ~ en meter la pata** (hum) he's an expert at putting his foot in it (hum) 2 (Med) specialist; **un ~ de(l) corazón** a heart specialist
B (Cin, TV) (*m*) stuntman; (*f*) stuntwoman

especialización *f* specialization

especializado -da *adj* 1 **~ EN algo** specializing IN sth; **una librería especializada en ...** a bookshop specializing in ... 2 ‹*lenguaje*› technical, specialized 3 ‹*obrero*› skilled, specialized (*before n*)

especializarse [A4] *v pron* to specialize; **~ EN algo** to specialize IN sth

especialmente *adv* 1 (en especial) especially, particularly 2 (para un fin específico) specially; **~ diseñado para ella** specially designed for her

especie *f*
A (Biol, Bot, Zool) species
B (clase) kind, sort; **una ~ de sopa** a sort *o* a kind of soup
C **en especie** *or* **especies** in kind

especiero *m* spice rack

especificación *f* specification

especificar [A2] *vt* to specify; **especifique el modelo que desea** specify which model you require

especificativo -va *adj* (Ling) defining (*before n*)

específico¹ -ca *adj*
A (preciso) specific
B (Farm, Med) specific

específico² *m* specific

espécimen *m* (*pl* **-pecímenes**) 1 (ejemplar) specimen; (muestra) sample, specimen 2 (fam) (persona): **¡qué ~ te fuiste a elegir de novio!** (fam & hum) your boyfriend's a weird specimen (colloq)

espectacular *adj* spectacular

espectacularmente *adv* spectacularly; **se recuperó ~** he made a spectacular recovery

espectáculo *m*
A (representación) show; **un ~ de variedades** a variety show; Ⓢ **espectáculos** (en periódicos) entertainment guide; **el**

mundo del ~ showbusiness; ***dar un*** *or* ***el ~*** (fam) to make a spectacle of oneself
B (visión, panorama) sight; **el ~ los llenó de horror** the spectacle *o* sight filled them with horror

espectador -dora *m,f* **1** (Dep) spectator; (Espec) member of the audience; **asistieron al estreno dos mil ~es** two thousand people attended the premiere **2** (observador) observer; **fui como ~** I went along as an observer

espectral *adj* **1** ‹*aparición/luz/silencio*› ghostly **2** (Fís) spectral; **análisis ~** spectrum analysis

espectro *m*
A (Fís) spectrum; (gama) spectrum; **el ~ político** the political spectrum; **un antibiótico de amplio ~** a broad-spectrum antibiotic
B (fantasma) specter*, ghost; (amenaza) specter*; **el ~ de la muerte** the specter of death

espectroscopio *m* spectroscope

especulación *f* speculation; **la ~ del suelo** land speculation; **~ bursátil** speculation on the Stock Exchange

especulador -dora *m,f* speculator

especular [A1] *vi*
A (Com, Fin) to speculate
B (conjeturar) to speculate

especulativo -va *adj* speculative

espejear [A1] *vi* (liter) to shimmer

espejismo *m* (fenómeno óptico) mirage; (ilusión) illusion

espejo *m* **1** (para mirarse) mirror; **~ de aumento/de cuerpo entero/de mano** magnifying/full-length/hand mirror; **mirarse al** *or* **en el ~** to look (at oneself) in the mirror; ***como un ~*** spotless; **la dejó (limpia) como un ~** he left it spotlessly clean **2** (reflejo, imagen) mirror; **la obra es ~ de esa sociedad** the play is a mirror of that society, the play mirrors that society **3** (modelo) model; **se mira en él como en un ~** he looks up to him as a model

(Compuesto) **espejo lateral/retrovisor** wing/rear-view mirror

espeleología *f* spelunking, potholing (BrE)

espeleólogo -ga *m,f* spelunker, potholer (BrE)

espeluznante *adj* ‹*tragedia/estado/experiencia*› horrific, horrifying; ‹*grito*› terrifying, blood-curdling

espeluznar [A1] *vi* (fam): **un disfraz que espeluznaba** a disguise which was enough to make your hair stand on end
■ **espeluznar** *vt* to scare, frighten

espera *f*
A **1** (acción, período) wait; **la ~ se me hizo eterna** the wait seemed to go on forever **2** (*en locs*) **a la espera** waiting; **estoy a la ~ de una oferta concreta** I am waiting for a concrete offer; **en espera**: **en ~ de la decisión del comité** pending the committee's decision; **en ~ de su respuesta saluda a Vd. atte.** (frml) I look forward to hearing from you, yours faithfully
B (Der) respite

esperado -da *adj* **1** (aguardado) ‹*acontecimiento/carta*› eagerly awaited; **su tan esperada llegada** his long-awaited arrival **2** (que es de esperar): **no obtuvo los resultados ~s** he didn't get the results he expected

esperantista *mf* Esperantist

esperanto *m* Esperanto

esperanza *f* hope; **no quiero darles ~s vanas** I don't want to build your hopes up; **cifró** *or* **puso todas sus ~s en su hijo** he pinned all his hopes on his son; **~ DE algo** hope OF *o* FOR sth; **ello suscita nuevas ~s de un acuerdo** that raises new hopes for *o* of a settlement; **hay ~s de éxito** there are hopes that he/it/they will succeed; **~ DE + INF** hope OF -ING; **perdimos toda ~ de encontrarlos vivos** we gave up *o* lost hope of finding them alive; **tengo ~s de encontrar algo mejor** I hope to find *o* I have hopes of finding something better; **~ DE QUE: ya no abrigaba ninguna ~ de que volviera** (liter) she no longer held out any hope of him returning (liter); **fue con la ~ de que ...** he went in the hope that ...; **me dio ~s de que el niño mejoraría** he gave me hope that the child would recover; ***alimentarse*** *or* ***vivir de ~s*** to live on hopes; ***¡qué ~(s)!*** (fam) you must be joking! (colloq); ***la ~ es lo último que se pierde*** we live in hope

(Compuesto) **esperanza de vida** life expectancy

esperanzado -da *adj* hopeful

esperanzador -dora *adj* encouraging

esperanzar [A4] *vt*: **no quiso ~los** he didn't want to raise their hopes

esperar [A1] *vt*
A **1** ‹*autobús/persona/acontecimiento*› to wait for; **la esperé dos horas** I waited for her for two hours; **esperaban con impaciencia su llegada** they were really looking forward to her coming; **le encanta hacerse ~** he loves to keep people waiting; **¿qué estás esperando para decírselo?** tell him! what are you waiting for?; **no me esperes para cenar** don't wait for me to eat **2** (recibir) to meet; **la fuimos a ~ al aeropuerto** we went to meet her at the airport **3** «*sorpresa*» to await; **su reacción no se hizo ~** he was swift to react; **le espera un futuro difícil** he has a difficult future ahead of him; **¡ya verás la que te espera en casa!** (fam) you'll catch it *o* you'll be for it when you get home! (colloq)
B **1** (contar con, prever) to expect; **tal como esperábamos** just as we expected; **cuando uno menos lo espera** when you least expect it; **te espero alrededor de las nueve** I'll expect you around nine; **estoy esperando una llamada** I'm expecting a call; **~ QUE + SUBJ: ¿esperabas que te felicitara?** did you expect me to congratulate you?; **era de ~ que el proyecto fracasara** the project was bound to fail; **no esperes que cambie de idea** don't expect me to change my mind; **~ algo DE algn/algo** to expect sth OF sb/sth; **esperaba otra cosa de ti** I expected more of you; **de ella no puedes ~ ayuda** don't expect her to help **2** ‹*niño/bebé*› to be expecting; **está esperando familia** she's expecting
C (con esperanza) to hope; **eso espero** *or* **espero que sí** I hope so; **espero que no** I hope not; **~ + INF** to hope to + INF; **espero no haberme olvidado de nada** I hope I haven't forgotten anything; **~ QUE + SUBJ: espero que no llueva/que te guste** I hope it doesn't rain/you like it; **espero que tengas suerte** I wish you luck; **esperemos que no sea nada grave** let's hope it's nothing serious
■ **esperar** *vi* **1** (aguardar) to wait; **no podemos ~ más** we can't wait any longer; **espera, que bajo contigo** wait a minute *o* (colloq) hold on, I'll come down with you; **~ A + INF: espera a estar seguro** wait until you're sure; **~ (A) QUE + SUBJ: ~on (a) que él se fuera para entrar** they waited for him to go before they went in; **espera (a) que te llamen** wait until they call you; **~ *sentado*** (fam): **si piensa que lo voy a llamar puede ~ sentado** if he thinks I'm going to call him he's got another think coming (colloq); **¿que él cambie de idea? mejor espera sentada** him change his mind? some hope!; ***quien espera desespera*** waiting's the worst part **2** «*embarazada*»: **estar esperando** to be expecting; **¿para cuándo espera?** when's the baby due?
■ **esperarse** *v pron*
A (fam) (aguardar) to hang on (colloq), to hold on (colloq); **espérate ¿no ves que estoy ocupada?** wait a minute! can't you see I'm busy?
B (fam) (prever) to expect; **no me esperaba eso de él** I didn't expect that of *o* from him; **¡quién se lo iba a ~!** who would have thought it!

esperma *m or f*
A (Biol) sperm

(Compuesto) **esperma de ballena** spermaceti

B **esperma** *f* (Col) (vela) candle

espermatozoide, espermatozoo *m* spermatozoon, sperm

espermicida[1] *adj* spermicidal

espermicida[2] *m* spermicide

esperpéntico -ca *adj* grotesque

esperpento *m* **1** (Lit) theater* of the grotesque (*created by Valle Inclán*) **2** (fam) (mamarracho): **¿quién es ese ~?** who's that weird-looking guy? (colloq)

espesante *m* thickener

espesar [A1] *vt* to thicken
■ **espesar** *vi* to thicken, become thick
■ **espesarse** *v pron* «*salsa*» to thicken; «*vegetación*» to become thick, become dense

espeso -sa *adj* **1** ‹*salsa*› thick; ‹*vegetación/niebla*› dense, thick; ‹*nieve*› thick, deep; ‹*cabello/barba*› bushy, thick **2** ‹*libro/obra*› (fam) heavy (colloq), dense (colloq) **3** (Per fam) (cargoso) annoying; **¡no seas ~!** don't be such a pain! (colloq)

espesor *m* thickness; **tiene dos centímetros de ~** it's two centimeters thick

espesura *f*: **salió de en medio de la ~** he came out from among the bushes; **se abrieron paso por entre la ~** they hacked a path through the vegetation

espetar [A1] *vt*
A (fam) **1** (soltar de repente) ‹*grosería*› to spit ... out; ‹*noticia*› to blurt ... out; **le ~on la noticia así** they blurted the news out to him just like that **2** (hacer escuchar) ‹*discurso/sermón*› to inflict ... on
B ‹*carne/pescado*› (con asador) to put ... on a spit; (con pincho) to skewer

e

espetón *m* **1** (asador) spit; (pincho) skewer **2** (para la lumbre) poker

espía[1] *adj inv* ‹*avión/satélite*› spy (*before n*); ‹*cámara*› hidden (*before n*), secret (*before n*)

espía[2] *mf* (persona) spy

espiantar [A1] *vt* (RPl arg) to get rid of (colloq)
■ **espiantarse** *v pron* (RPl arg) to split (sl)

espiar [A17] *vt* ‹*enemigo/movimientos*› to spy on, keep watch on
■ **espiar** *vi* to spy

espichar [A1] *vt* **1** (Col fam) (oprimir) ‹*botón/tecla*› to press, push; ‹*tubo/espinilla*› to squeeze **2** (Col, Ven fam) (aplastar) ‹*fruta/escarabajo*› to squash; **lo espichó un carro** he was run over by a car
■ **espicharse** *v pron*
A **1** (Col fam) (machacarse) to get squashed **2** (Ven fam) (desinflarse) to burst
B (Méx fam) (emaciarse) to get skinny (colloq)
C (Méx fam) (cohibirse) to get all embarrassed (colloq)

espiga *f*
A **1** (Agr, Bot) (de trigo) ear, spike; (de flores) spike **2** (diseño) ▸**espiguilla**
B (Tec) (clavo — de madera) peg; (— de metal) pin, brad

espigado -da *adj* willowy, tall and slim

espigador -dora *m,f* gleaner

espigar [A3] *vt* (Agr) (recoger) to glean; (recopilar) to gather
■ **espigar** *vi* **1** «*cereales*» to ear (up), form ears **2** «*persona*» to glean
■ **espigarse** *v pron* **1** «*persona*» to grow tall and slim **2** «*hortalizas*» to go to seed

espigón *m*
A (rompeolas) breakwater
B (Per, RPl) (en aeropuerto) terminal (building)

espiguilla *f* herringbone; **una falda de ~** *or* **de ~s** a herringbone (pattern) skirt

espina *f*
A **1** (de rosal, zarza) thorn; (de cactus) prickle **2** (de pez) bone **3** (Anat) spine
(Compuestos)
• **espina bífida** spina bifida
• **espina dorsal** spine, backbone
B **1** (de disgusto): **tiene clavada la ~ de aquel desengaño** he hasn't got over *o* (colloq) he's still smarting from that disappointment **2** (duda, resquemor) nagging doubt; **tenía que sacarme la ~** I just had to know; ***darle a algn mala ~*** to make sb feel uneasy; **esto me da mala ~** I don't like the look of this

espinaca *f* spinach

espinal *adj* spinal

espinazo *m* spine, backbone; ***romperse el ~*** (fam) to break one's neck; (trabajando) to break one's back

espinilla *f*
A (Anat) shin
B **1** (de cabeza negra) blackhead **2** (AmL) (barrito) pimple, spot

espinillera *f* shinpad

espino *m* hawthorn
(Compuesto) **espino negro** blackthorn

espinoso -sa *adj*
A **1** ‹*rosal/zarza*› thorny; ‹*cactus*› prickly **2** ‹*pescado*› bony
B ‹*problema/asunto*› thorny, knotty

espinudo -da *adj* (Chi) ▸**espinoso**

espionaje *m* spying, espionage; **novela de ~** spy novel
(Compuesto) **espionaje industrial** industrial espionage

espira *f* **1** (espiral) spiral **2** (vuelta — de bobina, espiral) turn; (— de concha) whorl

espiración *f* exhalation

espiral *f* **1** (forma, movimiento) spiral; **un cuaderno de ~(es)** a spiral-bound notebook; **una ~ de violencia** a spiral of violence; **escalera ~** *or* **en ~** *or* **de ~** spiral staircase; **la avioneta cayó en ~** the plane spun downward(s) **2** (muelle) hairspring **3** (dispositivo intrauterino) coil

espirar [A1] *vi* to breathe out, exhale

espiritismo *m* spiritualism; **sesión de ~** séance

espiritista *adj/mf* spiritualist

espiritoso -sa *adj* ▸**espirituoso**

espíritu *m*
A (alma, ser inmaterial) spirit; **un ~ maligno** an evil spirit; **el ~ del rey asesinado** the ghost of the murdered king; ***entregar el ~*** (euf) to pass away (euph)
(Compuesto) **Espíritu Santo** Holy Ghost *o* Spirit
B **1** (disposición, actitud) spirit; **con ~ de sacrificio** in a spirit of self-sacrifice **2** (naturaleza, carácter) nature; **tiene un ~ rebelde** she has a rebellious nature
(Compuestos)
• **espíritu de cuerpo** esprit de corps
• **espíritu de equipo** team spirit
C (valor, ánimo) spirit
D (esencia) spirit; **el ~ de la ley** the spirit of the law
(Compuesto) **espíritu de vino** spirits of wine (*pl*), alcohol

espiritual[1] *adj* spiritual

espiritual[2] *m*: *tb* **~ negro** (Negro) spiritual

espirituoso -sa *adj*: **bebidas espirituosas** *or* **licores ~s** spirits

espita *f* spigot (AmE), tap (BrE)

espléndidamente *adv* **1** (muy bien) ‹*portarse*› wonderfully; **nos trataron ~** they treated us marvelously; **allí se come ~** the food (there) is marvellous *o* splendid **2** (generosamente) lavishly **3** (lujosamente) magnificently

esplendidez *f* (magnificencia) splendor*, magnificence; (generosidad) generosity

espléndido -da *adj* **1** ‹*fiesta/comida*› splendid, magnificent; ‹*día/tiempo*› splendid, marvelous*; ‹*regalo/joya/abrigo*› magnificent; **estaba espléndida con aquel vestido** she looked magnificent *o* wonderful in that dress **2** (generoso) ‹*persona*› generous; ‹*regalo*› lavish, generous

esplendor *m* **1** (magnificencia) splendor*, magnificence; **el ~ de su belleza** her radiant beauty **2** (apogeo) splendor*; **cuando alcanzó su máximo ~** when it achieved its greatest splendor

esplendoroso -sa *adj* ‹*boda/fiesta*› magnificent, grand; ‹*día*› splendid, magnificent; ‹*luz/sol*› magnificent

espliego *m* lavender

espolada *f*, **espolazo** *m* dig (*with a spur*)

espolear [A1] *vt* ‹*caballo*› to spur (on); **espoleado por la ambición** spurred on by ambition

espoleta *f*
A (Arm) fuse
B (Anat) wishbone

espolón *m*
A (de ave) spur
B (de puente) cutwater; (malecón) breakwater
C (Geog) spur

espolvorear [A1] *vt* ‹*azúcar/perejil*› to sprinkle; ‹*tarta/pasta*› **~ algo CON** *or* **DE algo** to sprinkle sth WITH sth

esponja *f*
A (Zool) sponge; (para limpiar, lavarse) sponge; ***tirar la ~*** to throw in the towel, throw in the sponge (AmE)
(Compuesto) **esponja vegetal** *or* **de luffa** loofa (AmE), loofah (BrE)
B (fam & hum) (bebedor) old soak (colloq & hum); ***beber*** *or* ***chupar como una ~*** to drink like a fish (colloq)

esponjado -da *adj* spongy

esponjar [A1] *vt* to fluff up, make ... fluffy
■ **esponjarse** *v pron* «*masa*» to rise; «*pelo*» to go fluffy; «*toalla*» to become fluffy

esponjoso -sa *adj* ‹*masa/bizcocho*› spongy, fluffy; ‹*tejido*› soft; ‹*lana*› fluffy

esponsales *mpl* (frml) betrothal (frml)

espónsor *mf* sponsor

espontaneidad *f* spontaneity

espontáneo[1] **-nea** *adj* ‹*persona/gesto/ayuda*› spontaneous; ‹*actuación*› impromptu; ‹*vegetación*› spontaneous

espontáneo[2] **-nea** *m,f*: *spectator who jumps into the ring to join in the bullfight*

espora *f* spore

esporádico -ca *adj* ‹*sucesos/visitas*› sporadic, intermittent

esposado -da *adj* handcuffed, in handcuffs

esposas *fpl* handcuffs (pl)

esposo -sa *m,f* (*m*) husband; (*f*) wife; **acompañado de su señora esposa** (frml) accompanied by his wife; **los nuevos ∼s** the newly-weds

espray *m* (*pl* **-prays**) 1 (atomizador) spray; **¿esta colonia viene en ∼?** does this perfume come in a spray?; **desodorante en ∼** spray deodorant 2 (pintura) spray paint; **pinta con ∼s** he paints with aerosols

esprint *m* (*pl* **-prints**) sprint; **el ∼ final** the final sprint

esprintar [A1] *vi* to sprint

esprínter *mf* sprinter

espuela *f* spur; **dio** *or* **picó ∼s al caballo** he spurred on his horse

espuelear [A1] *vt* (AmL) to spur (on)

espuerta *f* basket; ***a ∼s*** (fam): **toma café a ∼s** she drinks gallons of coffee (colloq); **compró libros a ∼s** he bought tons of books (colloq); **ganar dinero a ∼s** to earn pots of money (colloq)

espulgar [A3] *vt* to delouse

espuma *f*

A 1 (del mar) foam; (al romper las olas) surf; (en agua revuelta) foam, froth 2 (del jabón) lather; **este jabón no hace ∼** this soap doesn't lather; **un baño de ∼(s)** a foam *o* bubble bath; ***crecer como la ∼*** ‹‹*rumor*›› to spread like wildfire; ‹‹*número/popularidad*›› to grow exponentially; ***echar ∼ por la boca*** to foam *o* froth at the mouth; ***subir como la ∼*** to soar, go sky-high 3 (de la cerveza) head, froth

(Compuestos)

- **espuma de afeitar** shaving foam
- **espuma seca** carpet shampoo

B (Coc) (capa) scum

C 1 (caucho celular) foam rubber; **un colchón de ∼** a foam-rubber mattress 2 (tejido elástico) stretch nylon

espumadera *f* skimmer, slotted spoon

espumajo *m* ▸ **espumarajo**

espumante *m* sparkling wine

espumar [A1] *vt* to skim

espumarajo *m* froth, foam; ***echar ∼s por la boca*** to froth *o* foam at the mouth

espumillón *m* tinsel

espumoso[1] **-sa** *adj* ‹*ola*› foaming; ‹*cerveza*› frothy; ‹*vino*› sparkling

espumoso[2] *m* sparkling wine

espurio -ria, **espúreo -rea** *adj* (frml) spurious (frml)

esputar [A1] *vt* to expectorate

esputo *m* sputum

esqueje *m* (para plantar) cutting; (para injertar) scion

esquela *f*

A 1 (AmL) (carta) note 2 (Andes) (papel) stationery set

B (Esp) (aviso fúnebre) *tb* **∼ mortuoria** death notice

esquelético -ca *adj* skeletal; **estaba verdaderamente ∼** he was an absolute skeleton

esqueleto *m*

A 1 (Anat) skeleton; ***estar hecho un ∼*** (fam & hum) to be all skin and bone(s) (colloq); ***menear el ∼*** (fam & hum) to shake a leg (colloq & hum) 2 (de edificio, novela) framework

B (Méx) (formulario) blank form

esquema *m*

A (croquis) sketch, diagram; (sinopsis) outline

B (de ideas): **el ∼ liberal** liberal philosophy *o* thinking; **no se sale de sus ∼s** she doesn't change her way of thinking; ***romperle los ∼s a algn*** (fam) (echar abajo — conceptos) to shatter sb's preconceptions; (— planes) to ruin sb's plans

esquemático -ca *adj* schematic; **un plano ∼ del motor** a diagram of the engine; **el libro es algo ∼** the book is a little oversimplified

esquematizar [A4] *vt* to schematize, describe ... in simple terms

■ **esquematizar** *vi* to schematize

esquí *m* (*pl* **-quís** *or* **-quíes**) (tabla) ski; (deporte) skiing; **hacer ∼** to ski, go skiing; **pista de ∼** ski run, piste

(Compuestos)

- **esquí acuático** *or* **náutico** waterskiing; **hacer ∼ ∼** to water-ski
- **esquí alpino/fuera de pista** downhill/off-piste skiing
- **esquí nórdico** *or* **de fondo** cross-country skiing, nordic skiing

esquiador -dora *m,f* skier

esquiar [A17] *vi* to ski

esquife *m* skiff

esquila *f*

A (de ovejas) shearing, clipping

B (cencerro, campanilla) bell; (de vaca) cowbell

esquilador -dora *m,f* 1 (persona) sheepshearer, clipper 2 **esquiladora** *f* (máquina) shearing *o* clipping machine

esquilar [A1] *vt* to shear, clip

esquilmar [A1] *vt*

A (Agr) to harvest

B ‹*riquezas/recursos*› to exhaust; ‹*fortuna*› to squander; ‹*persona*› to suck ... dry

esquimal *adj/mf* Eskimo

esquina *f* 1 (en calle) corner; **en la calle Vidal, ∼ (a) Cádiz** on the corner of Vidal (Street) and Cadiz; **doblar la ∼** to go round *o* turn the corner; **hace ∼ con la plaza** it's on the corner of the square; ***a la vuelta de la ∼*** (literal) around the corner; (muy cerca) just around the corner 2 (Dep): **sacar de ∼** to take a corner (kick)

esquinado -da *adj* (en diagonal): **coloca el sofá ∼** put the sofa across the corner

esquinazo *m*

A (Esp): **darle (el) ∼ a algn** (dejar plantado) to stand sb up; (esquivar) to give sb the slip

B (Chi) (serenata) *serenade of traditional singing and dancing*

esquinero -ra *m,f*

A (Dep) corner back

B **esquinero** *m* (mueble) corner unit *o* module; (armario) corner cupboard

esquirla *f* splinter; **∼s de metal** shards of metal

esquirol *mf* (pey) strikebreaker, scab (pej)

esquites *mpl* (Méx) (maíz tostado) *toasted corn/maize kernels*; (palomitas de maíz) popcorn

esquivar [A1] *vt* ‹*persona*› to avoid; ‹*golpe/pregunta*› to dodge, evade; ‹*problema/dificultad*› to avoid; ‹*responsabilidad*› to avoid, evade

esquivo -va *adj* 1 ‹*persona*› (difícil de encontrar) elusive; (huraño) aloof, unsociable; (tímido) shy; **se mostró ∼ ante los periodistas** he was very evasive with the journalists 2 ‹*respuesta*› elusive, evasive

esquizofrenia *f* schizophrenia

esquizofrénico -ca *adj/m,f* schizophrenic

esquizoide *adj/mf* schizoid

estabilidad *f* stability

estabilización *f* stabilization

estabilizador[1] **-dora** *adj* stabilizing (*before n*)

estabilizador[2] *m* stabilizer

estabilizar [A4] *vt* to stabilize; **ha logrado ∼ su peso** he has managed to keep his weight stable

■ **estabilizarse** *v pron* to stabilize

estable *adj* ‹*situación/persona/gobierno*› stable; ‹*trabajo*› steady; ‹*estructura/relación*› stable, steady; ‹*gas/compuesto*› stable

establecer [E3] *vt*

A 1 ‹*colonia/dictadura*› to establish; ‹*campamento*› to set up; **estableció su residencia en Mónaco** he took up residence in Monaco 2 ‹*relaciones/contacto*› to establish

B (dejar sentado) 1 ‹*criterios/bases*› to establish, lay down;

e

‹*precio*› to fix, set; ‹*precedente*› to establish, set; **conviene dejar establecido que ...** we should make it clear that ...; **~ un precedente** to establish *o* set a precedent **2** (frml) «*ley/reglamento*» (disponer) to state, establish **3** ‹*uso*› to establish **4** ‹*récord/marca/moda*› to set
C (determinar) to establish
■ **establecerse** *v pron* «*colono/emigrante*» to settle; «*comerciante/empresa*» to set up; **se estableció por su cuenta** he set up on his own

establecimiento *m* establishment
Compuestos
- **establecimiento comercial** (frml) establishment (frml), business
- **establecimiento penitenciario** (frml) penal institution (frml)

establo *m* stable

estaca *f*
A **1** (poste) stake, post **2** (para carpa) tent peg **3** (garrote) club, stick
B (esqueje) cutting
C (clavo) nail; (de madera) peg

estacada *f* stockade, palisade; ***dejar a algn en la ~*** to leave sb in the lurch (colloq); ***quedar(se) en la ~*** to be left in the lurch (colloq)

estacar [A2] *vt* **1** (clavar) ‹*pieles*› to stake ... out **2** (atar) ‹*toro/caballo*› to tether, stake

estación *f*
A (de tren, metro, autobús) station
Compuestos
- **estación central** main station
- **estación de bomberos** (Col, Méx, Ven) fire station
- **estación de esquí/de invierno** ski/winter resort
- **estación de policía** (Col, Ven) police station
- **estación de servicio** service station, gas (AmE) *o* (BrE) petrol station
- **estación depuradora (de aguas residuales)** sewage farm *o* plant *o* (BrE) works
- **estación espacial/meteorológica/de seguimiento** space/weather/tracking station
- **estación ferroviaria** railroad (AmE) *o* (BrE) railway station
- **estación terminal** *or* **término** terminal, terminus (BrE)

B (del año) season; **la ~ seca/de las lluvias** the dry/rainy season
C (Relig) station; **recorrer las estaciones** to visit the stations of the Cross
D (AmL) (emisora) radio station

estacional *adj* seasonal

estacionamiento *m*
A **1** (acción de estacionar) parking; Ⓢ **zona de estacionamiento vigilado/limitado** attended/restricted parking zone **2** (espacio para estacionar) parking space; (en centro comercial) (AmL) parking lot (AmE), car park (BrE)
B (en el desarrollo de algo): **se produjo un ~ en el curso de la enfermedad** the development of the disease halted; **un ~ en el crecimiento de la economía** a leveling-off in the growth of the economy

estacionar [A1] *vt* to park
■ **estacionar** *vi* to park; Ⓢ **prohibido estacionar** no parking; **~ en doble fila** to double-park
■ **estacionarse** *v pron* **1** (dejar de progresar): **el crecimiento económico se ha estacionado en un 2%** economic growth has leveled off at 2%; **el desarrollo de la enfermedad se ha estacionado** the progress of the disease has halted; **se ha estacionado en los 80 kilos** her weight has stabilized at 80 kilos **2** (Chi, Méx) «*conductor*» to park

estacionario -ria *adj* ‹*situación/temperaturas*› stable; ‹*órbita/satélite*› stationary

estadía *f* (AmL) (en un lugar) stay

estadio *m*
A (lugar) stadium; **~ de fútbol** football stadium
B (frml) (fase) stage, phase

estadista *mf* (*m*) statesman; (*f*) stateswoman

estadística *f* **1** (estudio) statistical study; **según las últimas ~s** according to the latest statistics **2** (cifra) statistic, figure **3** (disciplina) statistics

estadístico[1] -ca *adj* statistical

estadístico[2] -ca *m,f* statistician

estado *m*
A **1** (situación, condición) state; **la casa está en buen ~** the house is in good condition; **en avanzado ~ de descomposición** (frml) in an advanced state of decomposition; **en ~ de embriaguez** (frml) under the influence of alcohol; ***tomar ~ público*** (RPl frml) to become public (knowledge) **2** (Med) condition; **en avanzado ~ de gestación** (frml) in an advanced state of pregnancy (frml); **no debería fumar en su ~** she shouldn't smoke in her condition; ***estar en ~*** (euf) to be expecting (colloq); ***estar en ~ de buena esperanza*** (euf or hum) to be expecting a happy event (euph); ***quedarse en ~*** (euf) to get pregnant
Compuestos
- **estado civil** marital status
- **estado de ánimo** state of mind
- **estado de cuenta** bank statement
- **estado de emergencia** *or* **excepción/de guerra/de sitio** state of emergency/of war/of siege
- **estado de gracia** state of grace
- **estado sólido** solid state

B (nación, gobierno) state; **la seguridad del E~** national *o* state security; **un asunto de ~** a state matter; **el E~** the State
Compuestos
- **estado benefactor** *or* **de bienestar** welfare state
- **estado ciudad** city-state
- **estado de derecho** democracy
- **Estado Mayor** (Mil) general staff

Estados Unidos *m*: *tb* **los ~ ~** *mpl* the United States (+ *sing or pl vb*); **los ~ ~ de América** (frml) the United States of America (frml)

Estados Unidos Mexicanos *mpl* (frml) United States of Mexico (frml)

estadounidense[1] *adj* American, US (*before n*)

estadounidense[2] *mf* American

estafa *f* **1** (Der) fraud, criminal deception **2** (fam) (timo) rip-off (colloq), con (colloq)

estafador -dora *m,f* **1** (Der) fraudster **2** (fam) (timador) con man (colloq)

estafar [A1] *vt* **1** (Der) to swindle, defraud; **~le algo A algn** to defraud sb OF sth, swindle sb OUT OF sth **2** (fam) (timar) to rip ... off (colloq), to con (colloq); **¡qué manera de ~ a la gente!** what a con *o* rip-off! (colloq)

estafeta[1] *f*: *tb* **~ de correos** mail office (AmE), sub-post office (BrE)

estafeta[2] *m* (Col) courier, messenger

estafilococo *m* staphylococcus

estalactita *f* stalactite

estalagmita *f* stalagmite

estalinismo *m* Stalinism

estalinista *adj/mf* Stalinist

estallar [A1] *vi* **1** «*bomba*» to explode; «*neumático*» to blow out, burst; «*globo*» to burst; «*cristal*» to shatter; **hizo ~ el dispositivo** he detonated the device; **un día de estos voy a ~** one of these days I'm going to blow my top (colloq) **2** «*guerra/revuelta*» to break out; «*tormenta/escándalo/crisis*» to break **3** «*persona*» **~ EN algo** ‹*en llanto/carcajadas*› to burst INTO sth

estallido *m* **1** (de bomba) explosion; (de neumático) bursting; (de cristal) shattering; **un ~ de aplausos** a burst of applause **2** (de guerra) outbreak

estambre *m*
A (Bot) stamen
B (Tex) worsted

Estambul *m* Istanbul

estamento *m* (de sociedad) stratum, class; **~s sociales** social strata *o* classes; **el ~ castrense** the military; **diversos ~s universitarios** several university bodies

estampa *f*
A **1** (en libro) picture, illustration **2** (Relig) (tarjeta) *card bearing a religious picture* **3** (para coleccionar) picture card **4** (Lit) (escena) scene
B (aspecto) appearance; **un caballero de fina ~** a fine-looking gentleman; ***¡maldita sea tu ~!*** (fam) damn you! (colloq); ***ser la viva ~ de algn*** to be the spitting image of sb

estampado¹ -da *adj* patterned, printed; **∼ a mano** hand printed

estampado² *m* 1 (motivo) pattern 2 (tela): **los ∼s están de moda** patterned *o* printed fabrics are in fashion 3 (proceso — sobre tela, papel) printing; (— sobre metal) stamping; (— formando relieve) embossing

estampar [A1] *vt*
A (imprimir) ‹*tela/diseño*› to print; ‹*metal*› to stamp; (formando relieve) to emboss; **escenas que quedaron estampadas en su memoria** scenes that remained engraved *o* stamped on his memory
B (fam) (arrojar): **estampó el libro contra el suelo** she threw *o* hurled the book to the floor; **lo estampó contra la pared** he slammed it against the wall
C (fam) ‹*beso*› to plant
■ **estamparse** *v pron* (fam) **∼se CONTRA algo/algn** to crash INTO sth/sb

estampida *f* stampede; **salir en** *or* **de ∼** to stampede out

estampido *m* (de pistola) bang, report; (de bomba) bang

estampilla *f*
A (AmL) (sello — postal) postage (stamp); (— fiscal) tax stamp
B (sello de goma) rubber stamp

estampillado *m*
A (acción) stamping
B (Esp) (con sello de goma) rubber stamping
C (AmL) 1 (estampillas) stamps (*pl*) 2 (sello — postal) (postage) stamp; (— fiscal) tax *o* fiscal stamp

estampilladora *f* (AmL) postage meter (AmE), franking machine (BrE)

estampillar [A1] *vt* 1 (AmL) (con sello fiscal o de correos) to stamp 2 (Esp) (con sello de goma) to rubber-stamp

estampita *f* ▸ **estampa A2**

estancado -da *adj* 1 ‹*agua*› stagnant 2 (detenido): **las negociaciones están estancadas** negotiations are at a standstill 3 (con un problema) stuck, bogged down

estancamiento *m* stagnation

estancar [A2] *vt* 1 ‹*río*›: **∼on el río con un tronco** they dammed (up) the river with a log; **el derrumbe estancó las aguas del río** the landslide blocked the river 2 ‹*negociación/proceso*› to bring to a halt *o* standstill
■ **estancarse** *v pron* 1 «*agua*» to become stagnant, to stagnate 2 «*negociación/proceso*» to come to a halt *o* standstill 3 (con un problema) to get bogged down *o* stuck

estancia *f*
A (frml) (habitación) large room
B (Esp, Méx) (permanencia) stay; **su ∼ se prolongará hasta el lunes** he will stay until Monday
C (en el CS) (Agr) farm; (de ganado) ranch

estanciero -ra *m,f* (en el CS) (Agr) farmer; (de ganado) rancher

estanco *m* (tienda) tobacconist's

> **estanco**
> An establishment selling tobacco, stamps, bus and subway passes and other products whose sale is restricted. Cigarettes etc are sold in bars and cafés but at higher prices. *Estancos* also sell stationery and sometimes newspapers

estándar *adj/m* standard

(Compuesto) **estándar de vida** standard of living

estandarizar [A4] *vt* to standardize

estandarte *m* standard, banner

estanque *m* pond

estanquero -ra *m,f* tobacconist

estanquillo *m* (Méx) general store (AmE), grocer's shop (BrE)

estante *m* shelf

estantería *f* shelves (*pl*); (para libros) bookcase, bookshelves (*pl*)

estañar [A1] *vt* (cubrir de estaño) to tin-plate; (soldar) to solder

estaño *m* (elemento) tin; (para soldar) solder; (peltre) pewter

estaquilla *f* peg

estar¹ [A27] *cópula*
A (seguido de adjetivos) [**Estar** *denotes a changed condition or state as opposed to identity or nature, which is normally expressed by* **ser**. **Estar** *is also used when the emphasis is on the speaker's perception of things, of their appearance, taste, etc. The examples given below should be contrasted with those to be found in* **ser¹** *cópula* **A**] to be; **¡qué gordo está!** isn't he fat!, hasn't he got(ten) fat!; **¡pobre abuelo! está viejo** poor grandpa! he's really aged; **la sopa está deliciosa/muy caliente** the soup is delicious/very hot; **está muy simpático conmigo** he's being *o* he's been so nice to me (recently); **¡todo está tan caro!** things are *o* have become so expensive!; **está cansada/furiosa/embarazada** she is tired/furious/pregnant
B (con **bien, mal, mejor, peor**): **están todos bien, gracias** they're all fine, thanks; **¡qué bien estás en esta foto!** you look great in this photo!; **está mal que no se lo perdones** it's wrong of you not to forgive him; *ver tb* **bien, mal, mejor, peor**
C (hablando de estado civil) to be; **está casada con un primo mío** she's married to a cousin of mine
D (seguido de participios) **∼ sentado/echado/arrodillado** to be sitting/lying/kneeling (down); **estaban abrazados** they had their arms around each other; *ver tb v aux* **B**
E (con predicado introducido por preposición) to be; *(para más ejemplos ver tb la preposición o el nombre correspondiente)*; **estoy a régimen** I'm on a diet; **¿a cómo está la uva?** how much are the grapes?; **estamos como al principio** we're back to where we started; **está con el sarampión** she has (the) measles; **siempre está con lo mismo** he's always going on about the same thing; **está de buen humor** she's in a good mood; **están de limpieza/viaje** they're spring-cleaning/on a trip; **hoy estoy de cocinera** I'm doing the cooking today; **estaba de secretaria** she worked as a secretary; **no estoy para bromas** I'm not in the mood for jokes; **estamos sin electricidad** the electricity is off at the moment; **está sin pintar** it hasn't been painted yet; **∼ *con algn*** (estar de acuerdo) to agree with sb; (apoyar) to support sb, be on sb's side; **el pueblo está con nosotros** the people are with us; **∼ *en algo*: no lo hemos solucionado pero estamos en ello** *or* **eso** we haven't solved it but we're working on it
F (introducido por **que**): **el agua está que pela** the water's scalding hot; **está que no hay quien lo aguante** he's (being) unbearable
■ **estar** *vi*
(Sentido I) (en un lugar)
A «*edificio/pueblo*» (estar ubicado) to be; **¿dónde está Chiapas?** where's Chiapas?; **está a 20 kilómetros de aquí** it's 20 kilometers from here
B 1 «*persona/objeto*» (hallarse en cierto momento) to be; **¿sabes dónde está Pedro?** do you know where Pedro is?; **¿a qué hora tienes que ∼ allí?** what time do you have to be there?; **¿dónde estábamos la clase pasada?** where did we get to in the last class? 2 (figurar) to be; **yo no estaba en la lista** I wasn't on the list, my name didn't appear on the list
C (hallarse en determinado lugar): **¿está Rodrigo?** is Rodrigo in?; **¿estamos todos?** are we all here?
D 1 (quedarse, permanecer): **sólo ∼é unos días** I'll only be staying a few days; **¿cuánto tiempo ∼ás en Londres?** how long are you going to be in London (for)? 2 (vivir): **ahora estamos en Soca** we're in *o* we live in Soca now; **de momento estoy con mi hermana** at the moment I'm staying with my sister
(Sentido II) (en el tiempo): **¿a qué (día) estamos?** what day is it today?; **¿a cuánto estamos hoy?** what's the date today?; **estamos a 28 de mayo** it's May 28th (AmE) *o* (BrE) the 28th of May; **estamos en primavera** it's spring; **¿en qué mes estamos?** what month are we in *o* is it?
(Sentido III)
A (existir, haber): **y después está el problema de ...** and then there's the problem of ...; **luego están los niños, hay que pensar en ellos** then there are the children to think about
B (tener como función, cometido) **∼ PARA algo**: **para eso están los amigos** that's what friends are for; **estamos para ayudarlos** we're here to help them
C (radicar): **ahí está el quid del asunto** that's the crux of the matter; **∼ EN algo**: **en eso está el problema** that's where the problem lies; **todo está en que él quiera** it all depends on whether he wants to or not
D (estar listo, terminado): **la carne todavía no está** the meat's not ready yet; **lo atas con un nudo y ya está** you tie a

e

knot in it and that's it *o* there you are; **enseguida estoy** I'll be right with you; **¡ya está! ¡ya sé la repuesta!** I've got it! I know the answer!; ***¡ahí está!*** that's it!
E (quedar entendido): **que no vuelva a suceder ¿estamos?** don't let it happen again, understand? *o* (colloq) got it?
F **ya que estamos/estás** while we're/you're at it
G (Esp) (quedar) (+ *me/te/le etc*) (+ *compl*): **te está grande/pequeña** it's too big/too small for you; **la 46 te está mejor** the 46 fits you better
■ **estar** *v aux*
A (con gerundio): **está lloviendo** it's raining; **se está afeitando** he's shaving; **estoy viendo que va a ser imposible** I'm beginning to see that it's going to be impossible
B (con participio): **la foto está tomada con flash** the photo was taken with flash; **ese asiento está ocupado** that seat is taken; **ya está hecho un hombrecito** he's a proper young man now; *ver tb* **estar** *cópula* **D**
■ **estarse** *v pron*
A (*enf*) (permanecer) to stay; **se estuvo horas ahí sentado** he remained sitting there for hours; **¿no te puedes ~ quieto?** can't you stay *o* keep still?; **estése tranquilo** don't worry
B (*enf*) (llegar) to be; **estáte allí media hora antes** be there half an hour before

estar² *m* (esp AmL) living room

estarcir [I4] *vt* to stencil

estárter *m* choke

estatal *adj* state (*before n*)

estático -ca *adj* **1** (inmóvil) static; **quedarse ~** to freeze, stand stock still **2** (Elec) static

estatificar [A2] *vt* to nationalize

estatización *f* (AmL) nationalization

estatizar [A4] *vt* (AmL) to nationalize

estatua *f* statue

estatuilla *f* statuette

estatuir [I20] *vt* (frml) to establish

estatura *f* height; **mide dos metros de ~** he's two meters (tall); **de mediana ~** of medium height; **¿qué ~ tenía?** how tall was she?

estatus *m* status

estatutario -ria *adj* statutory

estatuto *m* **1** (Der, Pol) statute; (regla) rule **2** **estatutos** *mpl* (de empresa) articles of association (*pl*)

(Compuesto) **estatuto de autonomía** (en Esp) statute of autonomy

este¹ *adj inv* ‹región› eastern; **en la parte ~ del país** in the eastern part *o* the east of the country; **iban en dirección ~** they were heading east *o* eastward(s); **el ala/la costa ~** the east wing/coast

este² *m* **1** (parte, sector): **el ~** the east; **en el ~ del país** in the east of the country; **al ~ de Lima** to the east of Lima **2** (punto cardinal) east, East; **vientos del E~** easterly winds; **caminaron hacia el E~** they walked east *o* eastward(s); **las ventanas dan al ~** the windows face east **3** **el Este** (Hist, Pol) the East; **los países del E~** the Eastern Bloc countries

este³, **esta** *adj dem* (*pl* **estos, estas**) **1** this; (*pl*) these; **este chico** this boy; **esta gente** these people; [*usually indicates a pejorative or emphatic tone when placed after the noun*] **la estúpida esta no me avisó** (fam) this idiot here didn't tell me **2** (como muletilla) well, er

éste, **ésta** *pron dem* (*pl* **éstos, éstas**) [*According to the Real Academia Española the written accent may be omitted when there is no risk of confusion with the adjective*] **1** this one; (*pl*) these; **~ es el mío** this (one) is mine; **un día de éstos** one of these days; **~ es el que yo quería** this is the one I wanted; **Alfonso y Andrés, ~ de pie, aquél sentado** (liter) ... Alfonso and Andrés, the former sitting down and the latter standing; [*sometimes indicates irritation, emphasis or disapproval*] **¡qué niña ésta!** (fam) honestly, this child! **2** **ésta** (frml) (en cartas, documentos) *the city in which the letter is written*; **residente en ésta** resident in Seville (*o* Lima *etc*)

estela *f* **1** (de barco) wake; (de avión, cohete) trail; **una ~ de destrucción y muerte** a trail of death and destruction **2** (Auto) slipstream

estelar *adj* **1** (Espec) star (*before n*); **con la participación ~ de ...** with the special guest appearance of ... **2** (Astron) stellar

estelarizar [A4] *vt* (Méx) to star in

esténcil *m* (AmS) stencil

estenógrafo -fa *m,f* (ant) stenographer

estenotipia *f* (máquina) Stenotype®; (actividad) shorthand typing

estenotipista *mf* shorthand typist

estentóreo -rea *adj* booming, stentorian

estepa *f* steppe

estepario -ria *adj* steppe (*before n*)

estera *f* mat

estercolero *m* dunghill, dung heap

estéreo¹ *adj inv* stereo

estéreo² *m* stereo; **grabación en ~** stereo recording

estereofonía *f* stereophony

estereofónico -ca *adj* stereophonic

estereotipado -da *adj* ‹*frase*› clichéd; ‹*idea/personaje*› stereotyped

estereotipar [A1] *vt* to stereotype

estereotipo *m* stereotype

estéril *adj* **1** ‹*animal/persona*› sterile; ‹*terreno*› infertile, barren **2** ‹*esfuerzo/discusión*› futile **3** ‹*gasa/jeringa*› sterile

esterilidad *f* **1** (de persona, animal) sterility; (de terreno) barrenness, infertility **2** (de esfuerzo, discusión) futility **3** (asepsia) sterility

esterilización *f* sterilization

esterilizar [A4] *vt* to sterilize

esterilla *f* **1** (alfombrilla) mat **2** (AmS) (mimbre) wicker

esternón *m* sternum, breastbone

estero *m* **1** (estuario) estuary **2** (AmS) (laguna, pantano) marsh **3** (Chi) (arroyo) stream

esteroide *m* steroid

(Compuesto) **esteroide anabólico** *or* **anabolizante** anabolic steroid

estertor *m* (de moribundo) death rattle; (Med) rale

esteta *mf* aesthete

estética *f*
A (Art) aesthetics
B (Med) cosmetic surgery; **se hizo la ~ en la nariz** she had a nose job (colloq)

esteticien, esteticista *mf* aesthetician, beautician

esteticismo *m* aestheticism

estético -ca *adj* aesthetic

estetoscopio *m* stethoscope

estevado -da *adj* ▸**patizambo**

estiaje *m* low water level

estibador -dora *m,f* stevedore

estibar [A1] *vt* (cargar) to load; (descargar) to unload

estiércol *m* (excremento) dung; (abono) manure

estigma *m* stigma; **~s** (Relig) stigmata (*pl*)

estilar [A1] *vi* (Chi) (gotear) to drip; (escurrir) to drain
■ **estilarse** *v pron* «*moda/peinado*» to be fashionable; **ya no se estila hacer ese tipo de fiestas** people don't have those kind of parties any more

estilete *m* (puñal) stiletto; (punzón) stylus

estilista *mf* **1** (Lit) stylist **2** (diseñador de modas) designer **3** (AmL) (peluquero) hairstylist

estilístico -ca *adj* stylistic

estilizado -da *adj* **1** (Art) stylized **2** ‹*cuerpo/figura*› slender, slim

estilizar [A4] *vt* **1** (Art) to stylize **2** ‹*figura/cuerpo*› to make ... look slender *o* slim

estilo *m*
A **1** (Art) style; **~ barroco** baroque style **2** (manera, tipo) style; **ropa de ~ deportivo** casual wear; **hecho al ~ de mi tierra** done the way they do it back home; ***por el ~***: **no es que me desagrade ni nada por el ~** it isn't that I don't like him or anything (like that); **y otras cosas por el ~** and other things of that sort *o* kind; **dijo eso o algo por el ~** he said that or words to that effect; **son todos**

por el ~ they are all the same [3] (calidad distintiva) style; **se viste con mucho ~** he dresses very stylishly

(Compuestos)
- **estilo de vida** way of life, lifestyle
- **estilo directo** (Ling) direct speech
- **estilo indirecto** (Ling) indirect *o* reported speech

B (en natación) stroke, style; **los 200 metros ~s** the 200 meter medley

(Compuestos)
- **estilo libre** freestyle
- **estilo mariposa** butterfly
- **estilo pecho** *or* (Esp) **braza** breaststroke

C (Bot) style
D (punzón) stylus

estilográfica *f*, **estilógrafo** *m* fountain pen

estiloso *adj* (AmL fam) stylish

estima *f* respect; **se ha ganado la ~ de todos** he's gained everyone's respect; **tenerle ~ a algn** to think highly of sb; **tiene en gran** *or* **mucha ~ tu amistad** he values your friendship very highly

estimable *adj* [1] (digno de estima) ‹*persona/contribución*› estimable (frml) [2] (considerable) considerable

estimación *f*
A (cálculo) estimate
B (aprecio) respect, esteem; **se ha ganado mi ~** he has earned my respect

estimado -da *adj* dear; **~ señor Díaz** (Corresp) Dear Mr Díaz

estimar [A1] *vt*
A (apreciar) [1] ‹*persona*› to respect, hold ... in high *o* great esteem (frml); **lo estimo mucho, pero sólo como amigo** I'm very fond of him, but only as a friend [2] ‹*objeto*› to value; **estima mucho ese anillo** she values that ring highly; **su piel es muy estimada** its skin is highly prized
B (frml) (considerar) (+ *compl*) to consider, deem (frml); **no lo estimé necesario** I did not consider it necessary
C (calcular) ‹*valor/costo/pérdidas*› to estimate; **~ algo EN algo** to estimate sth AT sth; **pérdidas estimadas en varios millones** losses estimated at several million

estimativo -va *adj* ‹*cálculos*› rough; ‹*cifras*› approximate, rough

estimulación *f* stimulation

estimulante[1] *adj* stimulating; **bebidas ~s** stimulants

estimulante[2] *m* stimulant

estimular [A1] *vt*
A [1] ‹‹*clase/lectura*›› to stimulate [2] (alentar) ‹*persona*› to encourage [3] ‹*apetito/circulación*› to stimulate [4] (sexualmente) to stimulate
B ‹*inversión/ahorro*› to encourage, stimulate

estímulo *m* [1] (incentivo) encouragement; **sirve de ~ a la inversión** it acts as an incentive to investment, it encourages investment [2] (Biol, Fisiol) stimulus

estío *m* (liter) summertime

estipendio *m* (frml) (salario) salary; (honorarios) fee

estipulación *f* stipulation

estipular [A1] *vt* to stipulate

estirada *f* (Dep) full-length save

estirado -da *adj* (fam) stuck-up (colloq), snooty (colloq)

estiramiento *m* [1] (de músculos) stretching [2] (de la piel) *tb* **~ facial** face-lift [3] (del pelo) straightening

estirar [A1] *vt*
A [1] ‹*goma/elástico/suéter*› to stretch; ‹*cable/soga*› to pull out, stretch [2] ‹*sábanas/mantel*› (con las manos) to smooth out; (con la plancha) to run the iron over
B ‹*brazos/piernas*› to stretch; **estiró el cuello para poder ver** she craned her neck to be able to see
C ‹*dinero/comida/recursos*› to make ... go further
■ **estirarse** *v pron* [1] (en gimnasia, para desperezarse) to stretch; (para alcanzar algo) to stretch, reach up/out [2] ‹‹*goma/elástico/suéter*›› to stretch

estirón *m*: **dar** *or* **pegar un/el ~** (fam) to shoot up (colloq)

estirpe *f* stock, lineage

estítico -ca *adj* (Chi) constipated

estitiquez *f* (Chi) constipation

estival *adj* summer (*before n*)

esto *pron dem* (*neutro*) [1] this; **~ es lo más difícil** this is the most difficult part; **el 10%, ~ es, el doble** 10%, that is to say, twice as much; **en ~ llega Daniel** just at this moment *o* just then Daniel arrives; **no tiene ni *esto* de sentido común** he hasn't an ounce of common sense [2] (Esp) (como muletilla) well, er

estocada *m* (Taur) *final thrust with the* **estoque**; (en esgrima) sword thrust; (herida) sword wound

Estocolmo *m* Stockholm

estofa *f* (pey) sort, type; **gente de baja ~** the riffraff (pej)

estofado[1] -da *adj* stewed; (con menos líquido) braised

estofado[2] *m* stew

estoicismo *m* stoicism

estoico[1] -ca *adj* stoic, stoical

estoico[2] -ca *m,f* stoic

estola *f* stole

estólido -da *adj* (liter) dull, slow-witted

estomacal *adj* stomach

estómago *m* (Anat) stomach; **me duele el ~** *or* **tengo dolor de ~** I have a stomachache, my stomach hurts; **beber con el ~ vacío** to drink on an empty stomach; ***revolverle el ~ a algn*** to turn sb's stomach; ***tener (buen) ~*** (fam) to have a strong stomach

estomatólogo -ga *m,f* stomatologist

estopa *f* (fibra) tow; (tela) burlap

estoperol *m*
A (Andes) (en carretera) cat's eye
B (Chi) (Dep) stud

estoque *m* sword (*used for killing bull*)

estoquear [A1] *vt* to stab (*with the* **estoque**)

estorbar [A1] *vi* to be/get in the way
■ **estorbar** *vt* to obstruct; **el vehículo estorbaba la circulación** the vehicle was blocking the traffic; **el piano estorbaba el paso** the piano was in the way

estorbo *m* hindrance, nuisance; **no soy más que un ~** I'm just a nuisance; **los niños serían un ~ en su carrera** children would be a hindrance to her career plans

estornino *m* starling

estornudar [A1] *vi* to sneeze

estornudo *m* sneeze

estos -tas *adj dem*: *ver* **este[3]**

éstos -tas *pron dem*: *ver* **éste**

estoy *see* **estar**

estrabismo *m* squint, strabismus (tech)

estrada *f* road

estrado *m* [1] (tarima) platform, dais; **subió al ~ a declarar** he took the stand to give evidence [2] **estrados** *mpl* (Der) law courts (*pl*)

estrafalario[1] -ria *adj* ‹*persona/ideas/conducta*› eccentric; ‹*vestimenta*› outlandish, bizarre

estrafalario[2] -ria *m,f* eccentric

estragón *m* tarragon

estragos *mpl*: **los ~ de la guerra** the ravages of war; **causar/hacer ~s** ‹‹*terremoto/inundación*›› to wreak havoc; **la epidemia causó ~ entre la población** the epidemic devastated the population; **causa ~ entre las quinceañeras** he drives fifteen-year-old girls wild

estrambótico -ca *adj* ‹*persona/idea/conducta*› eccentric; ‹*vestimenta*› outlandish, bizarre

estrangulación *f* strangulation; **muerte por ~** death by strangulation *o* strangling

estrangulador -dora *m,f* strangler

estrangulamiento *m* ▸**estrangulación**

estrangular [A1] *vt* [1] (ahogar) to strangle, throttle [2] ‹*vena/conducto*› to strangulate
■ **estrangularse** *v pron* [1] (ahogar) to strangle oneself, be strangled [2] ‹‹*hernia*›› to become strangulated

estraperlear [A1] *vi* to deal in black market goods; **~ CON algo** to sell sth on the black market
■ **estraperlear** *vt* sell ... on the black market

estraperlista *mf* black marketeer

estraperlo *m* black market; **de ~** on the black market

estratagema *f* stratagem

estratega *mf* strategist

estrategia *f* strategy

estratégico -ca *adj* strategic

estratificado -da *adj* stratified

estratificar [A2] *vt* to stratify

estrato *m* 1 (Geol, Sociol) stratum; **los ∼s sociales** the social strata 2 (Meteo) stratus

estratosfera *f* stratosphere

estrechamente *adv* 1 (íntimamente) ‹*relacionado/vinculado*› closely 2 ‹*vivir*› frugally

estrechamiento *m*

A (de relaciones) strengthening

B (reducción del ancho) narrowing

estrechar [A1] *vt*

A ‹*falda/pantalones*› to take … in; ‹*carretera*› to make … narrower

B (apretar, abrazar) ‹*persona*›: **la estrechó entre sus brazos** he held her tightly in his arms; **me estrechó la mano** he shook my hand

C ‹*relaciones/lazos*› to strengthen

■ **estrecharse** *v pron*

A «*carretera/acera*» to narrow, get narrower

B (*recípr*) (apretarse): **se ∼on en un abrazo** they embraced; **se ∼on la mano** they shook hands

C «*relaciones/lazos*» to strengthen

estrechez *f*

A (de criterio) narrowness; (de política) lack of vision, shortsightedness; **∼ de miras** *or* **horizontes** narrow outlook

B **estrecheces** *fpl* (dificultades económicas) financial difficulties (*pl*); **vivir sin estrecheces** to live comfortably; **pasar estrecheces** to have financial difficulties

estrecho¹ -cha *adj*

A 1 (angosto) ‹*calle/pasillo*› narrow; ‹*falda*› tight; **es estrecha de caderas** she has narrow hips 2 (apretado) tight; **íbamos muy ∼s** it was very cramped

B ‹*amistad/colaboración/vigilancia*› close

C (limitado) ‹*criterio*› narrow; **es muy ∼ de miras** he's very narrow-minded

estrecho² *m* (Geog) strait, straits (*pl*); **el E∼ de Magallanes** the Strait of Magellan

estrechura *f* narrowness

estrella *f*

A 1 (Astron) star; **un cielo sin ∼s** a starless sky; ***ver (las) ∼s*** to see stars 2 (suerte): **no quiso mi ∼ que fuera así** fate would not have it so; **tener buena/mala ∼** to be born lucky/unlucky; ***unos nacen con ∼ y otros nacen estrellados*** (fam & hum) some are born under a lucky star and some are born seeing stars (hum)

Compuestos

- **estrella de Belén** star of Bethlehem
- **estrella de mar** starfish
- **estrella fugaz** shooting star
- **estrella polar** Pole Star

B 1 (como símbolo) star; **un hotel de tres ∼s** a three-star hotel 2 (asterisco) asterisk

C (ídolo) star; **una ∼ de cine** a movie star

estrellado -da *adj* (lleno de estrellas) starry; (en forma de estrella) star-shaped

estrellar [A1] *vt*: **estrelló un plato contra la pared** he smashed a plate against the wall; **estrelló el coche contra un árbol** he smashed his car into a tree

■ **estrellarse** *v pron* 1 (chocar) to crash; **se estrelló con la moto** he had a motorcycle accident; **∼se CONTRA algo** to crash INTO sth; **el balón se estrelló contra el poste** the ball slammed into the post; **se estrelló contra el cristal** he walked smack into the glass door 2 (toparse, tropezar) **∼se CON algo/algn** to come up against sth/sb

estrellato *m* (period) stardom; **la película que la lanzó al ∼** the movie which brought her stardom

estrellón *m* 1 (Col fam) (Auto) smash-up (colloq) 2 (Chi) (golpe): **me di un ∼ con la puerta** I walked smack into the door (colloq); **nos dimos un ∼** we bumped into each other

estremecedor -dora *adj* ‹*escena/noticia*› horrifying; ‹*grito/relato*› spine-chilling, hair-raising

estremecer [E3] *vt* to make … shudder; **∼ la conciencia colectiva** to shock people into awareness

■ **estremecer** *vi* to shudder; **hacer ∼ a algn** to make sb shudder; **hacer ∼ los cimientos de la sociedad** to shake the foundations of society

■ **estremecerse** *v pron* 1 «*persona*» **∼se DE algo** ‹*de miedo/horror*› to shudder WITH sth; ‹*de frío*› to shiver *o* tremble WITH sth; **se estremeció sólo de pensarlo** he shuddered at the mere thought of it 2 «*edificio/ventana*» to shake

estremecimiento *m*: **un ∼ de horror** a shudder of horror; **tenía ∼s de frío** he was shivering with cold

estrenar [A1] *vt*

A (Cin, Teatr); **la película se estrenó en marzo** the movie opened *o* (journ) had its premiere in March; **acaban de ∼ la obra en Madrid** the play's just started showing *o* just opened in Madrid

B (usar por primera vez): **todavía no he estrenado la blusa** I still haven't worn the blouse; **todavía no hemos estrenado el gimnasio** we still haven't tried out the gymnasium; Ⓢ **oficina de 90 metros, a estrenar** brand new office, 90 meters

■ **estrenarse** *v pron*

A (iniciarse) to make one's debut; **se estrenó como director** he made his debut as a director

B ‹*ropa/zapatos*› ▸ **estrenar B**

estreno *m*

A (Cin, Espec, Teatr) premiere; **entradas para el ∼ de la obra** tickets for the opening *o* first night of the play

B 1 (primer uso): **estar/ir de ∼** to be wearing new clothes; **el ∼ del local** the opening of the new premises 2 (primera actuación): **su ∼ como chef** his debut as a chef

estreñido -da *adj* constipated

estreñimiento *m* constipation

estreñir [I15] *vi* to cause constipation

■ **estreñir** *vt* to make … constipated, bind (colloq)

estrépito *m*: **un ∼ de vasos rotos** a crash of broken glasses; **el ∼ de las bocinas** the din of the car horns

estrepitosamente *adv* with a (loud) crash

estrepitoso -sa *adj* 1 ‹*aplausos*› tumultuous; ‹*risa*› loud, noisy; **carcajadas estrepitosas** roars of laughter 2 ‹*fracaso*› resounding; ‹*caída/colisión*› almighty (colloq)

estreptococo *m* streptococcus

estreptomicina *f* streptomycin

estrés *m* stress

estresado -da *adj* under stress; **está muy ∼** he's been under a lot of stress

estresante *adj* stressful

estresar [A1] *vt* stress, cause stress to

estría *f* 1 (en la piel) stretch mark) 2 (Min) stria, striation 3 (de columna) groove, stria (tech); **∼s** fluting 4 **estrías** *fpl* (de fusil) rifling

estriado -da *adj* 1 ‹*piel*› stretch-marked 2 ‹*mineral*› striated 3 ‹*columna*› fluted 4 ‹*cañón de fusil*› rifled

estribación *f* spur; **en las estribaciones de la cordillera** in the foothills of the range

estribar [A1] *vi*

A **∼ EN algo** «*problema/encanto*» to stem FROM sth, lie IN sth

B (Arquit, Const) **∼ EN algo** «*arco/edificio/columna*» to rest ON sth

estribillo *m* (Lit) refrain; (Mús) chorus

estribo *m*

A 1 (Equ) stirrup; ***con un pie en el ∼*** ready to go; ***perder los ∼s*** to fly off the handle, lose one's cool; ***tomarse la del ∼*** to have one for the road (colloq) 2 (de vehículo) running board; (de moto) footrest

B (de arco) abutment; (de muro) buttress; (de puente) support

estribor *m* starboard; **¡tierra a ∼!** land to starboard!

estricnina *f* strychnine

estricto -ta *adj* ‹*persona/disciplina*› strict; ‹*significado*› precise, strict

estridencia *f* shrillness

estridente *adj* 1 ‹*pitido/chirrido*› shrill 2 ‹*voz*› (agudo) shrill; (fuerte) strident; **su ∼ protesta** her strident *o* vociferous protest 3 ‹*color*› garish, loud; **un rosa ∼** a shocking pink

estrofa *f* stanza, verse

estrógeno *m* estrogen*

estroncio *m* strontium

estropajo *m* scourer

estropajoso -sa *adj* wiry, straw-like

estropeado -da *adj*: **esos zapatos están muy ~s** those shoes are falling apart; **lo encontré muy ~** I thought he looked a wreck (colloq); *ver tb* **estropear**

estropear [A1] *vt*
A 1▸ ‹*aparato/mecanismo*› to damage, break; ‹*coche*› to damage 2▸ (malograr) ‹*plan/vacaciones*› to spoil, ruin
B (deteriorar, dañar) ‹*piel*› to damage, ruin; ‹*juguete*› to break; ‹*ropa*› to ruin; **el calor estropeó la fruta** the heat made the fruit go bad; **estropeó la comida echándole mucha sal** he spoiled the food by putting too much salt in it
■ **estropearse** *v pron*
A 1▸ (averiarse) to break down; **la lavadora está estropeada** the washing machine is broken 2▸ «*plan*» to go wrong
B 1▸ (deteriorarse) «*fruta*» to go bad; «*leche/pescado*» to go off; **los zapatos se me ~on con la lluvia** the rain ruined my shoes 2▸ (Esp) «*persona*» (afearse) to lose one's looks

estropicio *m*: **dejaron todo hecho un ~** they left everything in a real mess; **los ~s causados por el huracán** the damage *o* havoc caused by the hurricane

estructura *f* 1▸ (de edificio, puente) structure, framework; (de mueble) frame; (de célula, mineral) structure 2▸ (de oración, novela) structure 3▸ (de empresa) structure; (de sociedad) structure, framework

estructuración *f* (acción) structuring; (resultado) structure

estructural *adj* structural

estructuralismo *m* structuralism
(Compuesto) **estructuralismo lingüístico** structural linguistics

estructurar [A1] *vt* to structure, to organize

estruendo *m* (de las olas) roar; (de cascada, tráfico) thunder, roar; (de maquinaria) din; **se derrumbó con un gran ~** it came down with a great crash

estruendoso -sa *adj* ‹*aplausos*› thunderous; ‹*fracaso*› resounding, massive; ‹*ruido*› deafening

estrujar [A1] *vt*
A 1▸ (apretar arrugando) ‹*papel*› to crumple up, scrunch up; ‹*tela*› to crumple (up) 2▸ (para escurrir) to wring (out) 3▸ ‹*uvas*› to press
B ‹*persona*› to squeeze, hold … tightly

estrujón *m* (fam) squeeze

estuario *m* estuary

estucado *m* plasterwork, stucco

estucar [A2] *vt* to plaster, stucco

estuche *m* (de gafas, lápices, violín) case; (de cubiertos) canteen; (de collar, reloj) box, case

estuco *m* (Art) stuccowork, stucco

estudiado -da *adj* ‹*pose/modales*› studied

estudiantado *m* students (*pl*)

estudiante *mf* (de universidad) student; (de secundaria) (high-school) student (AmE), (secondary school) pupil (BrE); **~ de Derecho/Inglés** law/English student

estudiantil *adj* student (*before n*)

estudiantina *f*: *traditional student music group*

estudiar [A1] *vt*
A 1▸ ‹*asignatura*› to study; **estudia música** he's studying music; (en la universidad) to study, read (frml); **estudia medicina** she's studying *o* doing *o* reading medicine; **¿qué carrera estudió?** what subject did he do at college/university? 2▸ ‹*instrumento*› to learn
B ‹*lección/tablas*› to learn
C (observar) ‹*rostro/comportamiento*› to study
D (considerar, analizar) ‹*mercado/situación/proyecto*› to study; ‹*propuesta*› to study, consider; **~on sus posibles causas** they looked into its possible causes
■ **estudiar** *vi* to study; **tengo que ~ para el examen** I have to do some work *o* studying for the test; **estudia en un colegio privado** he goes to a private school; **debes ~ más** you must work harder; **dejó de ~ a los 15 años** she left school at 15; **~ PARA algo** to study to be sth
■ **estudiarse** *v pron* 1▸ (*enf*) ‹*lección*› to study; ‹*papel*› to learn 2▸ (*recípr*) (observarse): **se ~on largo rato** they watched each other closely for a long time

estudio *m*
A 1▸ (Educ) (actividad): **primero está el ~** your studies *o* work must come first 2▸ (investigación, análisis) study; **el ~ de la fauna de la zona** the study of the area's fauna 3▸ (de asunto, caso) consideration; **le presentaron un proyecto para su ~** they put forward a plan for his consideration; **está en** *o* (RPl) **a ~ en el Parlamento** it is being considered in parliament
(Compuesto) **estudio de mercado** market research
B (lugar) 1▸ (de artista) studio; (de arquitecto) office, studio; (de abogado) (CS) office 2▸ (Cin, Rad, TV) studio 3▸ (en casa) study; (apartamento) studio apartment
(Compuestos)
• **estudio fotográfico/de grabación** photographic/recording studio
• **estudio jurídico** (RPl) (oficina) lawyer's office; (grupo) legal practice
C (Mús, Art) study
D **estudios** *mpl* (Educ) education; **~s primarios/superiores** primary/higher education; **quiso darle ~s a su hijo** she wanted to give her son an education; **no hace falta tener ~s superiores** you don't need a degree; **dejar los ~s** to give up one's studies; **me pagaron los ~s** they paid for my schooling

estudioso[1] -sa *adj* studious

estudioso[2] -sa *m,f* scholar

estufa *f* 1▸ (de calefacción) stove; **~ eléctrica/de gas** electric/gas heater 2▸ (Col, Méx) (cocina) stove; **~ de gas** gas stove, gas cooker (BrE)

estupefacción *f* astonishment, stupefaction (frml)

estupefaciente[1] *adj* narcotic

estupefaciente[2] *m* narcotic (drug); **tráfico de ~s** drug trafficking

estupefacto -ta *adj* astonished, amazed; **la noticia me dejó ~** the news left me speechless *o* amazed me

estupendamente *adv* ‹*cantar/desenvolverse*› marvelously*; **lo pasamos ~** we had a wonderful *o* marvelous time; **me siento ~** I feel great; **¿te viene bien el viernes? — sí, ~** is Friday all right with you? — yes, great (colloq)

estupendo[1] -da *adj* 1▸ (excelente) marvelous*, fantastic (colloq), great (colloq); **¡~!** great! 2▸ (guapo) gorgeous

estupendo[2] *adv*: **se viste ~** he dresses really well; **lo pasé ~** I had a great *o* wonderful time

estupidez *f* 1▸ (cualidad) stupidity, foolishness 2▸ (dicho): **no digas estupideces** don't talk nonsense 3▸ (acto): **hizo la ~ más grande de su vida** she made the biggest mistake of her life; **eso sería una ~** that would be stupid *o* foolish

estúpido[1] -da *adj* ‹*persona/argumento*› stupid, silly; **¡ay, qué estúpida soy!** oh, how stupid of me!

estúpido[2] -da *m,f* idiot, fool; **el ~ de mi hermano** my stupid brother

estupor *m* 1▸ (estupefacción) astonishment; **la noticia lo llenó de ~** the news left him speechless 2▸ (Med) stupor

esturión *m* sturgeon

estuve, estuviste, etc *see* **estar**

esvástica *f* swastika

ETA /'eta/ *f* (**= Euskadi ta Azkatasuna**) ETA

> **ETA – Euskadi ta Askatasuna**
>
> *ETA*, meaning "Basque homeland and liberty", is a terrorist organization founded in 1959 to fight for Basque independence. Its political wing, established in 1978 as *Herri Batasuna* (Popular Unity) and now called **batasuna** (Unity), has a number of elected representatives on local councils and in the Basque parliament. Opinion polls show a majority of Basques are opposed to the political violence and murder campaigns espoused by *ETA*

etapa *f*
A (en viaje) stage; (en ciclismo, rally) leg, stage; **por ~s** in stages
B (de proceso) stage, phase; **la ~ más feliz de mi vida** the best *o* happiest time of my life

etarra[1] *adj*: *of or relating to ETA*

etarra[2] *mf*: *member of ETA*

etc (**= etcétera**) etc

etcétera etcetera, and so on (and so forth); **… y un largo ~ de ensayos** (frml) … and a long list of essays

éter *m* ether; **el ~** (liter) the ether (liter)

etéreo -rea *adj* ethereal
eternidad *f* eternity; **me pareció una ~** it seemed like an eternity to me
eternizar [A4] *vt*
A ‹*escena/momento*› to immortalize
B ‹*control/situación*› to perpetuate, to prolongue indefinitely
eternizarse [A4] *v pron* (fam) «*reunión/espera*» to go on forever (colloq); «*persona*»: **se eterniza hablando por teléfono** he spends ages on the phone (colloq)
eterno -na *adj* eternal; **la conferencia se me hizo eterna** the conference seemed to go on forever; **se juraron amor ~** they swore everlasting love
(Compuesto) **eterno femenino** *m*: **el ~ ~** the eternal feminine *o* woman
ética *f* ethics
(Compuesto) **ética profesional** professional ethics (*pl*)
ético -ca *adj* ethical
etileno *m* ethylene
etílico -ca *adj* (Quím) ethyl (*before n*), ethylic
etilo *m* ethyl
etimología *f* etymology
etimológico -ca *adj* etymological
etiología *f* etiology
etíope, etiope *adj/mf* Ethiopian
Etiopía *f* Ethiopia
etiqueta *f*
A 1▸ (pegada) label 2▸ (atada) tag; (en prenda, con instrucciones de lavado, etc) label; **le pusieron la ~ de 'rojo'** they labeled him a 'red'
B (protocolo) etiquette; **baile/traje de ~** formal ball/dress; **vestir de ~** to wear formal dress
etiquetado, etiquetaje *m* labeling*
etiquetador -dora *m,f*
A (persona) labeler*
B **etiquetadora** *f* (máquina) labeling* machine
etiquetar [A1] *vt* ‹*producto*› to label; ‹*persona*› **~ a algn DE algo** to label sb (AS) sth
etnia *f* ethnic group
étnico -ca *adj* ethnic
etnocéntrico -ca *adj* ethnocentric
etnografía *f* ethnography
etnología *f* ethnology
etnológico -ca *adj* ethnological
eucalipto *m* eucalyptus
Eucaristía *f* Eucharist; **recibir la ~** to take communion
eucarístico -ca *adj* eucharistic
eufemismo *m* euphemism
eufemístico -ca *adj* euphemistic
eufonía *f* euphony
euforia *f* elation, euphoria
eufórico -ca *adj* ecstatic, euphoric
euforizante *adj*: **drogas ~s** drugs that produce euphoria; **el efecto ~** the euphoric effect
eugenesia *f* eugenics
eunuco *m* eunuch
Eurasia *f* Eurasia
eureka *interj* eureka!
euro *m* euro
eurobono *m* Eurobond
eurocomunismo *m* Eurocommunism
eurócrata *mf* Eurocrat
eurodiputado -da *m,f* Euro MP, MEP, Member of the European Parliament
eurodólar *m* Eurodollar
euroescéptico -ca *m,f* Euroskeptic (AmE), Eurosceptic (BrE)
Europa *f* Europe
(Compuesto) **Europa Central/Occidental/Oriental** Central/Western/Eastern Europe
europarlamentario -ria *m,f* ▸**eurodiputado**
europeísmo *m* Europeanism
europeísta *adj* pro-European
europeización *f* Europeanization
europeo -pea *adj/m,f* European
Eurotunnel®, **eurotúnel** *m* Channel Tunnel
Eurovisión *f* Eurovision; **el Festival de ~** the Eurovision Song Contest
eurozona *f* eurozone
Euskadi *f* the Basque Country

> **Euskadi**
>
> The most widely accepted term in the Basque language for the Basque country. The present **comunidad autónoma** includes the three Basque provinces of Vizcaya, Guipúzcoa and Álava, but not neighboring Navarra which also has substantial numbers of Basque-speakers and retains many Basque cultural traditions. For this reason the most uncompromising of Basque separatists prefer the term *Euskal Herria*, which includes Euskadi, Navarra and also the Basque *départements* of south-west France, known as Iparralde

euskera, eusquera *adj/m* Basque

> **euskera**
>
> The language of the Basque Country and Navarre, spoken by around 750,000 people; in Spanish *vasco* or *vascuence*. It is also spelled *euskara*. Basque is unrelated to the Indo-European languages and its origins are unclear.
>
> Like Spain's other regional languages, Basque was banned under Franco. With the return of democracy, it became an official language alongside Spanish, in the regions where it is spoken. It is a compulsory school subject and is required for many official and administrative posts in the Basque Country. There is Basque language television and radio and a considerable number of books are published in Basque. *See also* **lenguas cooficiales**

eutanasia *f* euthanasia
evacuación *f*
A (desalojo) evacuation
B (frml) (defecación) bowel movement
evacuar [A1] *vt*
A ‹*local/zona/población*› to evacuate
B (frml) **~ el vientre** to have a bowel movement
■ **evacuar** *vi* (frml) to have a bowel movement
evadido¹ -da *adj* escaped (*before n*), fugitive (*before n*)
evadido² -da *m,f* fugitive
evadir [I1] *vt*
A ‹*dificultad/peligro/responsabilidad*› to avoid, evade; ‹*pregunta*› to avoid, sidestep; ‹*tema*› to dodge, evade; **logró ~ el cerco policial** he managed to get past the police cordon
B ‹*impuestos*› to evade
■ **evadirse** *v pron* 1▸ «*preso*» to escape 2▸ **~se DE algo** ‹*de responsabilidad/problema*› to run away FROM sth; ‹*de la realidad*› to escape FROM sth
evaluación *f* 1▸ (de daños, situación) assessment; (de datos, informes) evaluation, assessment 2▸ (Educ) (acción) assessment; (prueba, examen) test
(Compuesto) **evaluación continua** continuous assessment
evaluar [A18] *vt* ‹*pérdidas/situación*› to assess; ‹*datos*› to evaluate; ‹*alumno*› to assess
evanescente *adj* (liter) evanescent (liter)
evangélico¹ -ca *adj*
A (del evangelio) evangelical
B (protestante) protestant (*before n*)
evangélico² -ca *m,f* Protestant
evangelio *m* gospel; **los ~s sinópticos** the Synoptic Gospels
evangelista *m*
A (Bib) Evangelist; **San Juan E~** Saint John the Evangelist
B (Méx) *person who writes letters for people unable to write*
evangelizador¹ -dora *adj* ‹*misión*› evangelizing (*before n*); **la obra ~a de los jesuitas** the Jesuits' missionary work

evangelizador² **-dora** *m,f* evangelist
evangelizar [A4] *vt* to evangelize
evaporación *f* evaporation
evaporar [A1] *vt* to evaporate
■ **evaporarse** *v pron* «*líquido*» to evaporate; «*ayuda/dinero*» to evaporate; «*persona*» (fam) to vanish *o* disappear into thin air
evasión *f* escape, breakout; **literatura de ~** escapist literature
(Compuesto) **evasión fiscal** *or* **de impuestos** tax evasion
evasiva *f*: **me contestó con ~s** she avoided *o* dodged the issue
evasivo -va *adj* evasive, noncommital
evento *m* 1 (period) (suceso) event 2 (caso) case; **en este ~** in such a case
eventual *adj*
A (posible) ‹*problema/conflicto*› possible; ‹*gastos*› incidental; ‹*riesgos/pasivos*› contingent; **en el caso ~ de que llueva** in the event of rain
B ‹*trabajo/trabajador*› casual, temporary; ‹*cargo*› temporary
eventualidad *f* eventuality, contingency; **en la ~ de que no se resuelva el problema** (frml) in the event that the problem is not resolved, should the problem not be resolved
eventualmente *adv* (posiblemente) possibly
evidencia *f* 1 (pruebas) evidence, proof; **negar la ~** to deny the obvious *o* the facts; ***rendirse ante la ~*** to bow to the evidence 2 (cualidad) obviousness; ***dejar*** *or* ***poner a algn en ~*** to show sb up; ***poner algo en ~*** to demonstrate sth; ***ponerse*** *o* ***quedar en ~*** to show oneself up
evidenciar [A1] *vt* to show, bear witness to
■ **evidenciarse** *v pron* to become evident; **con este hecho se evidenció su falta de organización** this incident was proof of his lack of organization; **según se evidencia en ...** as can be clearly seen in ...
evidente *adj* obvious, clear
evitar [A1] *vt* 1 (eludir, huir de) to avoid; **evita entrar en discusiones con él** avoid getting into arguments with him 2 (impedir) to avoid, prevent; **haremos lo posible para ~lo** we'll do everything we can to avoid *o* prevent it; **para ~ que sufran** to avoid *o* prevent them suffering 3 (ahorrar) **~le algo A algn** ‹*molestia/preocupación*› to save *o* spare sb sth
■ **evitarse** *v pron* ‹*problemas*› to save oneself; **evítese la molestia de ir a la tienda** avoid the inconvenience of going to the store; **me ~ía tener que pintarlo** it would save me having to paint it
evocación *f*
A (recuerdo) evocation
B (de espíritu) invocation
evocador -dora *adj* evocative
evocar [A2] *vt*
A (liter) 1 «*persona*» (recordar) to recall 2 «*perfume/hecho*» to evoke, bring to mind
B ‹*espíritu*› to invoke, call up
evocativo -va *adj* evocative
evolución *f*
A 1 (Biol) evolution 2 (de ideas, sociedad) development, evolution; (de enfermedad) development; (de enfermo) progress
B (de avión, pájaro) circle; (de gimnasta, patinador) evolution (frml)
evolucionado -da *adj* ‹*especie*› highly developed *o* evolved; ‹*sociedad/ideas*› advanced, highly developed
evolucionar [A1] *vi*
A 1 (Biol) to evolve 2 «*ideas/sociedad/ciencia*» to develop, evolve 3 «*enfermo*» to progress; **su estado evoluciona favorablemente** (frml) his condition is improving
B «*avión/pájaro*» to circle; «*gimnasta*» to move; «*patinador*» to skate
evolucionismo *m* evolutionism
evolucionista *adj* evolutionary
evolutivo -va *adj* evolutionary
ex *mf* (*pl* ~) (fam) ex (colloq), ex-girlfriend (*o* ex-husband *etc*)
exabrupto *m* outburst; **me contestó con ~s** he was really sharp with me
exacción *f* levying, exaction (frml); **~ fiscal** levying of taxes
exacerbación *f* aggravation, exacerbation
exacerbado -da *adj*: **los ánimos estaban ~s** feelings were running high
exacerbante *adj*
A (agravante) (frml) ‹*factor*› aggravating, exacerbating
B (irritante, exasperante) ‹*ruido/situación*› exasperating, intolerable
exacerbar [A1] *vt*
A (agravar, empeorar) (frml) ‹*problema/enfermedad/dolor*› to aggravate, exacerbate
B (irritar) ‹*persona*› to exasperate
■ **exacerbarse** *v pron*
A (agravarse) (frml) «*enfermedad/dolor/problema*» to worsen
B «*persona*» to become exasperated
exactamente *adv* exactly; **se visten ~ igual** they dress identically *o* exactly the same
exactitud *f* 1 (precisión) accuracy, precision **utiliza el vocabulario con mucha ~** she uses words with great precision *o* exactness; **las órdenes se cumplieron con ~** the orders were carried out to the letter 2 (veracidad, rigor) accuracy
exacto¹ -ta *adj* 1 (no aproximado) ‹*medida/cantidad*› exact; **40 kilos ~s** exactly 40 kilos; **hay que ser muy ~ en los cálculos** you have to be very accurate *o* precise in your calculations; **para ser ~s** to be exact 2 (verdadero, riguroso) ‹*informe/mapa/descripción*› accurate 3 (idéntico) ‹*copia*› exact; ‹*reproducción*› accurate
exacto² *interj* exactly!, precisely!
exageración *f* exaggeration; **es una ~ lo que trabaja** he works far too hard
exagerado -da *adj* 1 ‹*persona*›: **¡qué ~ eres!** you do exaggerate!; **es muy exagerada con la comida** she always makes far too much food 2 ‹*historia/relato*› exaggerated 3 (excesivo) ‹*precio*› exorbitant, excessive; ‹*cariño/castigo*› excessive; ‹*moda*› extravagant, way-out (colloq)
exagerar [A1] *vt* ‹*suceso/noticia*› to exaggerate
■ **exagerar** *vi* (al hablar) to exaggerate; (al hacer algo): **tampoco hay que ~, no tienes que acabarlo todo hoy** there's no need to overdo it, you don't have to finish it all today
exaltación *f*
A (excitación): **la ~ de los ánimos hacía temer ...** feelings were running so high that there were fears of ...; **presa de ~** in an excited *o* agitated state
B (frml) (alabanza) exaltation (frml)
exaltado¹ -da *adj*
A (vehemente) ‹*discurso*› impassioned
B (excitado): **los ~s manifestantes** the angry demonstrators; **los ánimos estaban ~s** feelings were running high; **estaba muy ~** he was really worked up
C [SER] ‹*persona*› hotheaded
exaltado² -da *m,f* hothead
exaltar [A1] *vt*
A (excitar) ‹*personas*› to excite; ‹*pasiones*› to arouse; **la intervención policial exaltó a los manifestantes** the police intervention angered the demonstrators
B (frml) (alabar) to extol (frml)
■ **exaltarse** *v pron* to get worked up
exalumno -na *m,f* (de colegio) ex-pupil; (de universidad) ex-student
examen *m*
A (Educ) exam, examination (frml); **~ oral/escrito** oral/written exam; **hacer** *or* (CS) **dar un ~** to take an exam; **aprobar** *or* (esp AmL) **pasar un ~** to pass an exam *o* a test; **presentarse a un ~** to take *o* (BrE) sit an exam
(Compuestos)
- **examen de admisión** *or* **de ingreso** entrance examination *o* test
- **examen final** final examination
- **examen parcial** modular exam *o* test

B (análisis, reconocimiento): **efectuaron un detallado ~ del área** they carried out a detailed search of the area; **un minucioso ~ de la situación** an in-depth study of the situation; **someter algo a ~** to subject sth to examination (frml)
(Compuestos)
- **examen de conciencia**: **hacer un ~ de ~** to examine one's conscience

- **examen médico** medical examination, medical

examinador¹ -dora *adj* examining (*before n*)

examinador² -dora *m,f* examiner

examinando -da *m,f* (frml) examinee (frml), candidate

examinar [A1] *vt*
A ‹*alumno/candidato*› to examine
B (mirar detenidamente, estudiar) ‹*objeto*› to examine, inspect; ‹*documento/proyecto/propuesta*› to examine, study; ‹*situación/caso*› to study, consider; ‹*enfermo*› to examine
■ **examinarse** *v pron* (Esp) to take an exam; **me examiné de latín** I had *o* took my Latin exam

exangüe *adj* (liter) spent (liter), exhausted

exánime *adj* (liter) (sin vida) lifeless, inanimate; (exangüe) exhausted, spent (liter)

exasperación *f* exasperation

exasperante *adj* exasperating

exasperar [A1] *vt* to exasperate; **su torpeza me exaspera** I find his clumsiness exasperating
■ **exasperarse** *v pron* to get worked up *o* exasperated

excarcelar [A1] *vt* to release … (from prison)

ex cátedra *loc adv* ex cathedra

excavación *f* excavation

excavadora *f* excavator

excavar [A1] *vt* **1** ‹*túnel/fosa*› to dig; **una piscina excavada en la roca** a swimming pool dug out of the rock; **las máquinas excavan la tierra** the machines dig up the earth **2** (Arqueol) to excavate
■ **excavar** *vi* to dig, excavate

excedencia *f* (Esp) extended leave of absence; **estar de ~** to be on extended leave of absence

excedentario -ria *adj* surplus

excedente¹ *adj* **1** ‹*producción*› excess (*before n*), surplus (*before n*) **2** ‹*mano de obra*› (frml) redundant **3** (con permiso) (Esp) on extended leave of absence

excedente² *m* surplus; **~s agrícolas/laborales** farming/manpower surpluses

exceder [E1] *vt* **1** ‹*límite/peso*› to exceed; **excede la cantidad prevista** it is higher than the figure expected **2** (superar, aventajar) **~ A algo** to be superior TO sth
■ **exceder** *vi*: **~ DE algo** to exceed sth; **excede del peso permitido** it exceeds the weight limit
■ **excederse** *v pron*: **no te excedas** don't overdo it *o* get carried away; **se excedió en sus críticas** she went too far in her criticism

excelencia *f*
A (cualidad) excellence; **alabó las ~s del vino** she praised the excellent qualities of the wine; **por ~** par excellence
B (frml) (tratamiento): **Su E~** (*m*) His Excellency; (*f*) Her Excellency; **gracias, (Vuestra) E~** thank you, (Your) Excellency

excelente *adj* excellent

excelentísimo -ma *adj* (frml) *form used when addressing holders of the title* **excelencia**: **el E~ señor Presidente de la República** the President of the Republic

excelso -sa *adj* (frml *o* liter) lofty, sublime

excentricidad *f* eccentricity

excéntrico -ca *adj/m,f* eccentric

excepción *f* **1** (caso) exception; **esta norma tiene una ~** there is an exception to this rule; **sin ~** without exception; **la ~ confirma la regla** (fr hecha) the exception proves the rule (set) **2** (acción) exception; **hacer una ~/hacer excepciones (con algn)** to make an exception/to make exceptions (for sb); **~ hecha de …** with the exception of …, except for … **3** (*en locs*) **a** *or* **con excepción de** with the exception of, except for; **de excepción** ‹*medidas*› extraordinary (frml); ‹*invitado*› special

excepcional *adj* exceptional; **realizó una ~ labor en ese campo** he performed outstanding work in that field; **el proyecto despertó un interés ~** the project aroused unusual interest

excepcionalmente *adv* **1** (más de lo normal) exceptionally **2** (*indep*) as an exception

excepto *prep* except; **todos los días ~ los lunes** every day except Mondays; **las contesté todas ~ las dos últimas** I answered them all except (for) *o* apart from the last two; **todos ~ yo** everyone but me

exceptuar [A18] *vt* to except (frml); **exceptuando un pequeño incidente** except for *o* with the exception of a minor incident; **~ algo/a algn DE algo** to except sth/sb FROM sth (frml)

excesivo *adj* excessive; **el precio me parece ~** the price seems excessive to me; **llevaba un peso ~** it was overloaded *o* overweight; **no mostró ~ entusiasmo** he wasn't overly enthusiastic

exceso *m* **1** (excedente) excess; **~ de equipaje/peso** excess baggage/weight **2** (demasía): **un ~ de ejercicio** too much exercise; **me multaron por ~ de velocidad** I was fined for speeding; **mostraba un ~ de optimismo** he was overly optimistic; **con** *or* **en ~** ‹*beber/comer*› to excess, too much; ‹*fumar/trabajar*› too much; **es generoso en ~** he's excessively generous; ***pecar por ~***: **al hacer los cálculos pecaron por ~** they were overambitious in their calculations **3** **excesos** *mpl* (abusos) excesses (*pl*); **los ~s en la comida** eating to excess, overindulgence in food

excipiente *m* excipient

excitable *adj* excitable

excitación *f* **1** (agitación): **presa de una gran ~** in an excited *o* agitated state **2** (entusiasmo) excitement **3** (sexual) arousal, excitement **4** (Biol) stimulation **5** (Fis) excitation

excitante¹ *adj* ‹*espectáculo/libro*› exciting; **el café es una bebida ~** coffee is a stimulant

excitante² *m* stimulant

excitar [A1] *vt*
A **1** (hacer enojar): **la discusión lo excitó mucho** he got very excited *o* worked up during the argument **2** (sobreexcitar) to get … overexcited; **el café me excita** coffee makes me jumpy **3** (en sentido sexual) to arouse, excite **4** ‹*deseo/odio/curiosidad*› to arouse
B **1** ‹*célula*› to stimulate; ‹*molécula*› to excite **2** ‹*dínamo*› to energize, excite
■ **excitarse** *v pron* **1** (enojarse) to get agitated, get worked up **2** (sobre excitarse) to get overexcited; **no se podía dormir porque estaba muy excitado** he couldn't sleep because he was so excited **3** (sexualmente) to get aroused, get excited

exclamación *f* exclamation

exclamar [A1] *vt* to exclaim

exclaustrar [A1] *vt* (secularizar) to secularize; (expulsar) to expel (*from a monastery or convent*)

excluir [I20] *vt* **1** (no incluir) to exclude; **~ algo/a algn DE algo** to exclude sth/sb FROM sth **2** ‹*posibilidad/solución*› to rule out, exclude

exclusión *f* exclusion; **~ hecha de** *or* **con ~ de** (frml) with the exclusion of, excluding

exclusiva *f* **1** (Period) (derechos) exclusive rights (*pl*); (reportaje) exclusive **2** (Esp) (Com) exclusive rights (*pl*); **tendrán la ~ de nuestros productos** they will be sole distributors of our products

exclusive *adj inv* (*detrás del n*): **del tres al quince, ambos ~** from the third to the fifteenth not inclusive

exclusividad *f* **1** (de club, colegio, diseño) exclusiveness, exclusivity **2** (AmL) (Com) exclusive rights (*pl*), sole rights (*pl*)

exclusivista *adj* exclusivist

exclusivo -va *adj* ‹*distribuidor*› sole; ‹*derechos*› exclusive, sole; ‹*club/ambiente*› exclusive; ‹*diseño/modelo*› exclusive; **este problema no es ~ de Chile** this problem is not exclusive to Chile

excluyente *adj* ‹*medidas/leyes*› exclusive; **las dos cosas no son ~s** the two things are not mutually exclusive

Excmo. Excma. (frml) (Corresp) = **excelentísimo, -ma**

excombatiente *mf* (*m*) veteran (AmE), ex-serviceman (esp BrE); (*f*) veteran (AmE), ex-servicewoman (esp BrE)

excomulgar [A3] *vt* to excommunicate

excomunión *f* excommunication

excoriar [A1] *vt* to chafe, excoriate (tech)

excreción *f* excretion

excremento *m* excrement

exculpar [A1] *vt* exonerate

excursión *f* (viaje organizado) excursion, day trip; (paseo, salida) trip, excursion; **ir de ~ al campo** to go on a trip to the countryside

excursionismo *m* hiking
excursionista *mf* (que hace una excursión) tripper; (que hace excursionismo) hiker
excusa *f* 1 (pretexto) excuse; **inventé una ~** I made up an excuse 2 **excusas** *fpl* (disculpas) apologies (*pl*); **presentó sus ~s** (frml) he made his apologies
excusable *adj* excusable
excusado[1] *adj* (frml): **~ es decir que ...** it goes without saying that ..., needless to say ...
excusado[2] *m* (ant) toilet, lavatory
excusar [A1] *vt* 1 (disculpar) to excuse; **eso no excusa tu comportamiento** that does not excuse *o* justify your behavior 2 (eximir) **~ a algn DE algo/+ INF** to excuse sb (FROM) sth/-ING; **me ~on de asistir** I was excused from attending; **fue excusado del servicio activo** he was exempted from active service 3 (Esp frml) (evitar, omitir): **excuso decirle lo mal que me sentó** I hardly need tell you how much that upset me; **excusé los detalles más desagradables** I omitted the more unpleasant details
■ **excusarse** *v pron* (frml) 1 (pedir perdón) to apologize 2 (ofrecer excusas) to excuse oneself; **se excusó y se fue** she excused herself and left
execrable *adj* execrable (frml), abominable
exégesis *f* (*pl* ~) exegesis
exención *f* exemption
exento -ta *adj* (frml) [ESTAR] exempt; **~ DE algo** exempt FROM sth; **~ de impuestos** tax-exempt, tax-free (BrE); **no está ~ de culpa** he isn't free of blame; **es una situación no exenta de riesgos** the situation is not without risk
exequias *fpl* (frml) funeral
exfoliación *f* exfoliation
exfoliador *m* (Col) notepad
exfoliar [A1] *vt* to exfoliate
exhalación *f* exhalation; ***como una ~*: pasó como una ~** he rushed *o* shot past
exhalar [A1] *vt* (liter) 1 ‹*suspiro*› to breathe, heave; ‹*queja*› to utter; **exhaló el último suspiro** (euf) she breathed her last (euph) 2 ‹*olor*› to give off
exhaustivo -va *adj* exhaustive; **analizó el tema de forma exhaustiva** he made a comprehensive analysis of the subject
exhausto -ta *adj* exhausted
exhibición *f* 1 (demostración) display; **haciendo ~ de su fuerza** showing off *o* displaying his strength 2 (de cuadros, artefactos) exhibition, display; **estar en ~** to be on show *o* display 3 (Cin) screening, showing
exhibicionismo *m* exhibitionism
exhibicionista *mf*
A (pervertido) exhibitionist, flasher (colloq)
B (ostentoso) exhibitionist, show-off (colloq)
exhibir [I1] *vt* 1 ‹*colección/modelos*› to show, display; **no siente reparos en ~ su gordura** he's not ashamed to let people see how fat he is 2 ‹*película*› to show, screen; ‹*cuadro/obras de arte*› to exhibit; **la sala exhibe cuadros de Goya** the gallery is exhibiting paintings by Goya 3 (con orgullo) ‹*regalos/trofeos*› to show off
■ **exhibir** *vi* (period) (Art) to exhibit
■ **exhibirse** *v pron* (mostrarse en público) to show oneself; (hacerse notar) to draw attention to oneself; **le gusta ~se con su coche** she likes showing off her car
exhortación *f* exhortation (frml), appeal
exhortar [A1] *vt* to exhort (frml), urge; **~ a algn A + INF** *or* **A QUE + SUBJ** to exhort sb to + INF (frml), to urge sb to + INF
exhumación *f* exhumation, disinterment
exhumar [A1] *vt* to exhume, disinter
exigencia *f* 1 (pretensión) demand; **¡no me vengas con ~s!** don't start making demands 2 (requisito) demand, requirement
exigente *adj* ‹*persona*› demanding; ‹*prueba*› demanding, exacting; **eres demasiado ~ con él** you're too demanding with him; **para paladares ~s** for the discerning palate
exigir [I7] *vt* 1 ‹*pago/respuesta/disciplina*› to demand; **~ QUE + SUBJ**: **exigió que lo dejaran hablar** he demanded to be allowed to speak; **exigió que las tropas invasoras se retiraran** he demanded that the invading troops (should) withdraw 2 (requerir) to call for, demand; **mi trabajo exige mucha concentración** my job requires *o* demands great concentration 3 (esperar de algn) (+ *me/te/le etc*): **nos exige puntualidad** she requires us to be punctual; **le exigen demasiado en ese colegio** they ask too much of him at that school
exiguo -gua *adj* ‹*salario*› meager*, paltry; ‹*cantidad*› trifling
exiliado[1] **-da** *adj* exiled, in exile
exiliado[2] **-da** *m,f* exile; **los ~s en Suecia** those who were/are in exile in Sweden
exiliarse [A1 *or* A1] *v pron* to go into exile
exilio *m* exile; **vivir en el ~** to live in exile; **ir al ~** to go into exile
eximio -mia *adj* (liter) illustrious, eminent
eximir [I1] *vt* (frml) to exempt; **~ a algn DE algo + INF** to exempt sb FROM sth -ING; **lo eximieron de la asistencia al curso** he was exempted from attending the course; **esto me exime de toda culpa** this relieves *o* absolves me of all responsibility
■ **eximirse** *v pron* (AmL) to get an exemption
existencia *f*
A 1 (hecho de existir) existence 2 (vida) life; **amargarle la ~ a algn** to make sb's life a misery
B (Com) stock; **no lo tenemos en ~** we don't have it in stock; Ⓢ **liquidación de existencias** clearance sale, stock clearance
existencial *adj* existential
existencialismo *m* existentialism
existencialista *adj/mf* existentialist
existente *adj* ‹*materiales/técnicas*› existing; **la situación ~ en la zona** (en el presente) the present *o* current situation in the area; (en el pasado) the situation in the area at the time
existir [I1] *vi* 1 (*en 3ª pers*) (haber): **siempre ha existido rivalidad entre ellos** there has always been rivalry between them; **no existen pruebas** there is no evidence 2 (ser) to exist; **ya no existe** it doesn't exist anymore; **pienso, luego existo** I think, therefore I am; 3 (vivir) to live; **dejó de ~** (period) he passed away (euph)
exitazo *m* smash hit, big hit
éxito *m* success; **con ~** successfully; **las negociaciones no tuvieron ~** the negotiations were not successful *o* were unsuccessful; **tuvo mucho ~ en la fiesta** he/it was a great success *o* (colloq) hit at the party; **la operación fué un ~** the operation was successful *o* a success
(Compuesto) **éxito de ventas** best-seller
exitosamente *adv* (AmL) successfully
exitoso -sa *adj* (AmL) ‹*campaña/gira*› successful
éxodo *m* 1 (viaje) exodus 2 **Éxodo** (Bib) Exodus
exonerar [A1] *vt* (frml) to exonerate (frml); **~ a algn DE algo** to exonerate sb FROM sth
exorbitante *adj* exorbitant
exorcismo *m* exorcism
exorcista *mf* exorcist
exorcizar [A4] *vt* to exorcize
exótico -ca *adj* exotic
exotismo *m* exoticism
expandible *adj* (Fís, Inf) expandable
expandir [I1] *vi* to expand
■ **expandirse** *v pron* «*cuerpo/gas*» to expand; «*empresa/sector*» to expand; «*noticia*» to spread
expansión *f*
A 1 (Fís) expansion 2 (de empresa) expansion; Ⓢ **una empresa en ~** an expanding business 3 (de noticia, doctrina) spread
B (distracción) relaxation
expansionar [A1] *vt* to expand
■ **expansionarse** *v pron* (recrearse) to relax; (desahogarse) **~se CON algn** to unburden oneself TO sb
expansionista *adj* expansionist
expansivo -va *adj* expansive
expatriado -da *m,f* expatriate
expatriarse [A1] *or* [A17] *v pron* (emigrar) to leave one's country; (exiliarse) to go into exile
expectación *f* sense of expectancy *o* anticipation

expectante *adj* expectant; **esperaba ~** she waited expectantly

expectativa *f* 1 (espera): **estar a la ~ (de algo)** (a la espera) to be waiting (for sth); (pendiente): **siempre está a la ~ de lo que hagan los demás** he always waits to see what other people are going to do 2 (esperanza) expectation; **defraudó las ~s de su padre** he failed to live up to his father's expectations 3 **expectativas** *fpl* (perspectivas) prospects (*pl*); **no tengo muchas ~s** my prospects aren't very good; **tienen pocas ~s de ganar** they have little hope of winning

(Compuesto) **expectativas de vida** *fpl* life expectancy

expectorante *m* expectorant

expectorar [A1] *vi* to expectorate

■ **expectorar** *vt* to cough up

expedición *f*

A expedition

(Compuestos)

- **expedición de reconocimiento** reconnaissance expedition *o* mission
- **expedición de salvamento** (misión) rescue mission; (equipo) rescue party

B (de documentos, billetes) issuing, issue

C (frml) 1 (de telegrama) sending; (de mercancías) sending, shipping 2 (mercancías) shipment

expedicionario[1] **-ria** *adj* expeditionary

expedicionario[2] **-ria** *m,f* (Geog) member of an expedition

expedidor[1] **-dora** *adj*

A (que emite) issuing (*before n*)

B (frml) (que envía) sending (*before n*), dispatching (*before n*)

expedidor[2] **-dora** *m,f* (frml) sender

expedientar [A1] *vt*

A ‹*empleado/estudiante*› to take disciplinary action against

B «*policía*» to open a dossier *o* file on

expediente[1] *adj* (frml) expedient (frml)

expediente[2] *m*

A 1 (documentos) file, dossier; **~ académico** student record; **un brillante ~ profesional** a brilliant track record 2 (investigación) investigation, inquiry; **se abrirá un ~ informativo** an inquiry *o* investigation will be held 3 (medidas disciplinarias) disciplinary action; **le abrieron** *or* (frml) **incoaron ~** disciplinary action was taken against him

(Compuestos)

- **expediente de crisis** (Esp) statement of financial difficulties (*as required by law prior to laying off staff*)
- **expediente de regulación de empleo** (Esp) labor* force adjustment plan

B (medio) expedient (frml); **recurrieron a ~s drásticos** they resorted to drastic measures

expedir [I14] *vt*

A (emitir) to issue

B (frml) (enviar) ‹*telegrama*› to send; ‹*paquete/mercancías*› to dispatch, send

■ **expedirse** *v pron* (RPl frml): he did not want to express an opinion; **aún no se han expedido sobre ...** they have not yet announced their decision as to ...

expeditar [A1] *vt* to expedite (frml), to facilitate

expedito -ta *adj* 1 (frml) ‹*vía/camino*› free, clear 2 (AmL) (fácil) easy

expeler [E1] *vt* (frml) to expel (frml)

expendedor[1] **-dora** *adj* (frml): **máquina ~a de tabaco** cigarette (vending) machine

expendedor[2] **-dora** *m,f* (frml) 1 (persona): **~ de tabaco** tobacconist; **~ de lotería** lottery ticket seller 2 **expendedor** *m* (máquina) vending machine

expendeduría *f* (frml): **~ de lotería** lottery ticket agency; **S expendeduría de tabaco** tobacconist's (shop)

expender [E1] *vt* (frml)

A (vender) to sell

B (gastar) ‹*energía*› to expend, use up

expendio *m* (AmL) (tienda) store (AmE), shop (BrE); (venta) sale; **un ~ de licores** a package store (AmE), an off-licence (BrE); **sólo se consigue en ~s autorizados** only available at authorized points of sale *o* outlets; **S expendio bajo receta** available (only) on prescription

expensas *fpl*

A (Der) costs (*pl*), expenses (*pl*)

B **a expensas de**: **triunfó a ~ de sus ideales** she succeeded at the expense of her ideals; **vive a ~ de su familia** he lives off his family

experiencia *f*

A (conocimiento, suceso) experience; **con mucha ~** very experienced; **~ profesional/docente** professional/teaching experience; **saber algo por ~** to know sth by *o* from experience; **lo sé por ~ propia** I know from my own experience

B (experimento) experiment

(Compuesto) **experiencia piloto** pilot scheme

experimentación *f* experimentation

experimentado -da *adj* experienced

experimental *adj* experimental

experimentar [A1] *vi* **~ CON algo** to experiment ON *o* with sth

■ **experimentar** *vt*

A (probar) to try out, experiment with

B 1 ‹*sensación*› to experience, feel; ‹*tristeza/alegría*› to feel 2 (sufrir) ‹*cambio*› to undergo; **la inflación experimentó un alza** inflation rose; **la situación no experimentó variación alguna** there was no change in the situation; **ha experimentado una leve mejoría** there's been a slight improvement in his condition

experimento *m* experiment; **realizar un ~** to do *o* carry out an experiment

experto[1] **-ta** *adj*: **es ~ en casos de divorcio** he's an expert on divorce cases; **mi marido es ~ en cocina** my husband is an expert at cooking; **~ EN + INF** very good AT -ING

experto[2] **-ta** *m,f* expert; **un ~ en física nuclear** an authority *o* an expert in nuclear physics; **Juan es el ~ en política** Juan is the expert on politics

expiación *f* expiation, atonement

expiar [A17] *vt* to expiate, atone for

expiatorio -ria *adj* expiatory (frml)

expiración *f* expiry, expiration

expirar [A1] *vi* to expire

explanada *f* (plataforma) raised area, terrace; (delante de un edificio) leveled* area; (al lado del mar) esplanade

explanar [A1] *vt* to level, grade

explayarse [A1] *v pron* 1 (sobre un tema) to speak at length 2 (desahogarse) to unburden oneself; **se explayó conmigo** she opened up to me 3 (esparcirse) to relax

expletivo -va *adj* expletive

explicable *adj* ‹*fenómeno*› explicable (frml)

explicación *f* explanation; **se fue sin dar ninguna ~** he left without giving an explanation

explicar [A2] *vt* to explain; **no sé ~lo** I don't know how to explain it

■ **explicarse** *v pron* 1 (comprender, concebir) to understand; **no me lo explico** I can't understand it *o* (colloq) I just don't get it 2 (hacerse comprender) to express oneself; **se explica muy bien** he expresses himself very well; **explícate** explain what you mean; **¿me explico?** is that clear? *o* do you understand what I mean?

explicativo -va *adj* explanatory

explicatorio -ria *adj* explanatory

explicitar [A1] *vt* to specify, state explicitly

explícito -ta *adj* 1 [SER] (claro) explicit 2 [ESTAR] (expresado) explicit, clearly stated

exploración *f* 1 (de territorio) exploration; **~ submarina** underwater exploration; **la ~ de nuevos yacimientos** prospecting for new deposits 2 (Mil) reconnaisance 3 (Med) examination, exploration

explorador -dora *m,f*

A (expedicionario) explorer; (Mil) scout

B **exploradora** *f* (Col) (Auto) fog lamp

explorar [A1] *vt*

A 1 ‹*región*› to explore; ‹*yacimientos*› to prospect for 2 ‹*posibilidades*› to explore, investigate; ‹*situación*› to investigate, examine 3 (Mil) to reconnoiter*, scout

B (Med) ‹*órgano*› to examine, explore

exploratorio -ria *adj* 1 (Mil) ‹*misión*› reconnaissance (*before n*), scouting (*before n*) 2 (Med) ‹*operación*› exploratory

explosión *f* 1 (de bomba) explosion; **la bomba hizo ~** (period) the bomb exploded *o* went off 2 (de cólera, júbilo) outburst 3 (crecimiento brusco) explosion

(Compuesto) **explosión demográfica** population explosion

explosionar [A1] *vi* (Esp period) to explode, go off

explosivo¹ -va *adj* 1 ‹*artefacto/situación/tema*› explosive; **materiales ~s** explosives 2 (Ling) plosive

explosivo² *m* explosive

explotación *f*

A 1 (de tierra, mina) exploitation, working; (de negocio) running, operation; **una mina en ~** a working mine; **gastos de ~** running *o* operating costs 2 (instalaciones): **explotaciones petrolíferas** oil installations; **una ~ agrícola** a farm

(Compuesto) **explotación a cielo abierto** (actividad) strip mining (AmE), opencast mining (BrE); (mina) strip mine (AmE), opencast mine (BrE)

B (de trabajador) exploitation

explotador¹ -dora *adj* (que explota a un trabajador) exploitative

explotador² -dora *m,f* (de persona) exploiter

explotar [A1] *vt*

A 1 ‹*tierra*› to exploit, work; ‹*mina*› to operate, work; ‹*negocio*› to run, operate 2 ‹*idea/debilidad*› to exploit

B ‹*trabajador*› to exploit

■ **explotar** *vi* 1 «*bomba*» to explode, go off; «*caldera/máquina*» to explode, blow up 2 (fam) «*persona*» to explode, to blow a fuse (colloq)

expoliación *f* (frml) plundering, pillaging

expoliar [A1] *vt* (frml) to plunder

expolio *m* (frml) plundering; **los ~s de la guerra** the spoils of war

exponencial *adj* exponential

exponente *mf*;

A (persona) exponent; **el máximo ~ de su arte** the greatest exponent of his art

B **exponente** *m* 1 (Mat) exponent 2 (indicador) indicator

exponer [E22] *vt*

A ‹*cuadro/escultura/productos*› to exhibit, show; **los zapatos expuestos en la vitrina** the shoes displayed in the window

B ‹*razones/hechos*› to set out, state; ‹*ideas/teoría*› to put forward, expound (frml); ‹*tema*› to present

C 1 (poner en peligro) to put … at risk 2 (al aire, sol) **~ algo A algo** to expose sth TO sth

■ **exponer** *vi* to exhibit, exhibit *o* show one's work

■ **exponerse** *v pron* 1 (a riesgo, peligro) to expose oneself; **~se A algo** to expose oneself TO sth; **te expones a que te multen** you're risking a fine 2 (al aire, sol) **~se A algo** to expose oneself TO sth

exportable *adj* exportable

exportación *f* 1 (acción) exportation, export; **una compañía de ~** an export company; **artículos de ~** export goods 2 **exportaciones** *fpl* (mercancías) exports (*pl*)

exportador¹ -dora *adj*: **países ~es de petróleo** oil-exporting countries; **una región ~a de cítricos** a region that exports citrus fruit

exportador² -dora *m,f* exporter

exportar [A1] *vt* to export

exposición *f*

A 1 (acción) exhibition, showing 2 (muestra — de cuadros, esculturas) exhibition; (— de productos, maquinaria) show

(Compuestos)

• **exposición canina** dog show

• **exposición comercial** *or* **industrial** trade fair

B (de hechos, razones) statement, exposition (frml); (de tema, teoría) exposition (frml), presentation; **hizo una ~ detallada de lo ocurrido** she gave a detailed account of what had happened

C (al aire, sol) exposure; (Fot) exposure

exposímetro *m* light meter, exposure meter

expositor -tora *m,f*

A exhibitor

B (Col, Ven) (conferenciante) speaker

exprés¹ *adj inv* (Esp) ‹*servicio/envío*› express (*before n*)

exprés² *m*

A (Ferr) express train, fast train

B (café) espresso

expresamente *adv* 1 (explícitamente) ‹*decir/pedir/prohibir*› specifically, expressly (frml) 2 (precisamente): **~ con fines delictivos** purely for criminal purposes; **¿viniste ~ a eso?** did you come specially for that?

expresar [A1] *vt* ‹*ideas/sentimientos*› to express; **expresó su descontento** she voiced *o* expressed her dissatisfaction; **permítame ~le mi más sentido pésame** (frml) please accept my deepest sympathy (frml); **por las razones que se expresan a continuación** for the reasons shown *o* given below

■ **expresarse** *v pron* to express oneself

expresión *f* 1 (palabra) term; (frase) expression 2 (de sentimiento, idea) expression; **como ~ de mi agradecimiento** as an expression *o* a token of my gratitude 3 (de la cara, los ojos) expression 4 (Mat) expression; ***quedó reducido a la mínima ~*** it shrank to almost nothing

(Compuesto) **expresión corporal** movement, self-expression through movement

expresionismo *m* expressionism

expresionista *adj/mf* expressionist

expresividad *f* expressiveness

expresivo -va *adj* 1 ‹*persona/rostro/lenguaje*› expressive; **un silencio muy ~** an eloquent silence 2 (de expresión): **modalidades expresivas** forms of expression

expreso¹ -sa *adj*

A (explícito) express (*before n*)

B ‹*tren*› express (*before n*), fast (*before n*)

C ‹*carta/envío*› express (*before n*)

D ‹*café*› espresso

expreso² *adv* express; **envíamela ~** send it (to me) express (mail)

expreso³ *m*

A (Ferr) express train, fast train

B (café) espresso

exprimelimones *m* (*pl* ~) reamer (AmE), lemon squeezer (BrE)

exprimidor *m* (manual) reamer (AmE), lemon squeezer (BrE); (eléctrico) juicer

exprimir [I1] *vt* 1 ‹*naranja/limón*› to squeeze; ‹*ropa*› to wring 2 (explotar) ‹*trabajadores*› to exploit

ex profeso *loc adv*: **lo hizo ~ ~** he did it deliberately *o* on purpose; **fue a Roma ~ ~ para esa reunión** she went to Rome expressly for that meeting

expropiación *f* (sin indemnización) expropriation; (con indemnización) compulsory purchase

expropiar [A1] *vt* (sin indemnización) to expropriate; (con indemnización) to acquire … by compulsory purchase

expuesto -ta *adj*

A [ESTAR] (al viento, a un riesgo) exposed; **~ A algo** exposed TO sth

B [SER] (peligroso) risky, dangerous

expugnar [A1] *vt* to take … by storm

expulsar [A1] *vt*

A 1 (de institución) to expel; (de local) to throw … out, eject (frml) 2 (de territorio) ‹*individuo*› to expel; ‹*grupo/pueblo*› to expel, drive out 3 (Dep) to send off

B ‹*aire*› to expel; ‹*cálculo*› to pass, expel; ‹*placenta*› to expel, push out

expulsión *f*

A (de institución, territorio) expulsion; (Dep) sending-off

B (de aire) expulsion; (de cálculos) passing, expulsion; (de la placenta) expulsion, delivery

expurgación *f* expurgation

expurgar [A3] *vt* to expurgate

exquisitez *f*

A (cualidad) exquisiteness, deliciousness; (comida deliciosa): **el pastel es una ~** the cake is absolutely delicious *o* superb

B (refinamiento): **con ~** exquisitely; **un bordado de una ~ extraordinaria** a quite exquisite piece of embroidery

exquisito -ta *adj* ‹*comida*› delicious; ‹*tela/poema/música*› exquisite; ‹*persona*› refined

Ext. *f* (= **extensión**) ext.

extasiado -da *adj* in ecstasies, captivated

extasiarse [A17] *v pron*: **se extasiaba escuchando música** he would go into ecstasies *o* raptures listening to music; **me extasié ante aquel magnífico paisaje** I was captivated by that magnificent landscape (liter)

éxtasis *m* ecstasy

extático -ca *adj* ecstatic

extemporáneo -nea *adj* ‹*comentario*› untimely; ‹*lluvia*› unseasonable

extender [E8] *vt*

A ‹*periódico/mapa*› to open … up *o* out; **extendió la toalla en la arena** he spread the towel out on the sand

B ‹*brazos*› to stretch out; ‹*alas*› to spread; **le extendió la mano** he held out his hand to her

C ‹*pintura/mantequilla*› to spread

D (ampliar) ‹*poderes/influencia*› to broaden, extend; ‹*plazo/permiso*› to extend

E (frml) ‹*factura/cheque*› to issue (frml); ‹*receta*› to make out, write; ‹*documento/escritura*› to issue; **¿a nombre de quién extiendo el cheque?** to whom do I make the check payable?

■ **extenderse** *v pron*

A (en el espacio) **1** (propagarse, difundirse) «*fuego/epidemia/noticia*» to spread; **la humedad se extendió a la habitación de al lado** the dampness spread to the next room **2** (abarcar, ocupar) «*territorio*» stretch; **sus tierras se extienden hasta el río** her land extends as far as the river **3** «*influencia/autoridad*» to extend; **~se A algo** to extend TO sth; **mis conocimientos no se extienden a ese campo** my knowledge does not extend to that field

B (en el tiempo) **1** «*época/período*» to last; **el período que se extiende hasta la Reforma** the period up to the Reform **2** (en explicación, discurso): **se extendió demasiado en** *or* **sobre ese tema** he spent too much time on that subject; **¿quisiera ~se en** *or* **sobre ese punto?** would you like to expand on that point?

extendido -da *adj*

A ‹*costumbre/error*› widespread; **es de uso muy ~** it's widely used; **tiene el cáncer muy ~** the cancer has spread throughout his body

B ‹*brazos/alas*› outstretched

extensamente *adv* ‹*hablar*› at length; ‹*viajar*› widely

extensible *adj* extendable, extensible

extensión *f*

A **1** (superficie): **una gran ~ de terreno** a large expanse *o* stretch of land; **veíamos el parque en toda su ~** we could see the park in its entirety; **una ~ de 20 hectáreas** an area of 20 hectares **2** (longitud) length; **la ~ de la novela/carretera** the length of the novel/road; **un ensayo cuya ~ no supere las 200 palabras** an essay of no more than 200 words; **por ~** by extension

B (grado, importancia) extent; **en toda la ~ de la palabra** in every sense of the word

C (acción) extension; **pidió una ~ del plazo** she asked for an extension on the deadline

D (de cable) extension lead; (línea telefónica) extension

extensivo -va *adj*

A (aplicable) (frml): **ser ~ A algn/algo** to apply *o* be applicable TO sb/sth; **hacer ~** to extend (frml)

B (Agr) extensive

extenso -sa *adj* ‹*territorio/zona*› extensive, vast; ‹*informe/análisis*› lengthy, extensive; ‹*vocabulario/conocimientos*› extensive, wide

extensor *m* (Anat) extensor; (Dep) chest expander

extenuación *f* exhaustion

extenuado -da *adj* exhausted

extenuante *adj* exhausting

extenuar [A18] *vt* to exhaust, tire … out

■ **extenuarse** *v pron* to exhaust oneself, tire oneself out

exterior[1] *adj*

A **1** ‹*aspecto*› external (*before n*), outward (*before n*); ‹*bolsillo/temperatura*› outside (*before n*); ‹*revestimiento/capa*› outer (*before n*); **la parte ~ de la casa** the outside *o* the exterior of the house; **el mundo ~** the outside world **2** ‹*habitación/apartamento*› outward-facing

B ‹*comercio/política*› foreign (*before n*); **asuntos ~es** foreign affairs

exterior[2] *m*

A (fachada) outside, exterior; (espacio circundante) outside; **desde el ~ de la iglesia** from outside the church

B **el exterior** (países extranjeros): **la influencia del ~** foreign influence; **las relaciones con el ~** relations with other countries

C **exteriores** *mpl* (Cin) location shots (*pl*); **rodar en ~es** to film on location

exteriorizar [A4] *vt* to externalize, exteriorize

exterminación *f* extermination

exterminar [A1] *vt* to exterminate

exterminio *m* extermination

externalizar [A4] *vt* ‹*servicio*› to outsource

externar [A1] *vt* (Méx) to display, show

externo[1] **-na** *adj*

A ‹*apariencia/signos*› outward (*before n*), external; ‹*influencia*› outside, external; ‹*superficie*› external; ‹*ángulo*› exterior

B ‹*alumno*› day (*before n*)

externo[2] **-na** *m,f* day pupil

extinción *f*

A (de especie, volcán) extinction

B (de fuego) **trabajaron en la ~ del fuego** they took part in putting out *o* (frml) extinguishing the fire

C (Der) (de contrato, plazo) expiry

extinguidor *m* (AmL) fire extinguisher

extinguir [I2] *vt*

A ‹*especie*› to wipe out; ‹*violencia/injusticia*› to put an end to

B ‹*fuego*› to extinguish, put out

■ **extinguirse** *v pron*

A «*especie*» to become extinct, die out

B «*fuego*» to go out; «*volcán*» to become extinct; «*sonido*» to die away

C «*entusiasmo/amor*» to die

D (Der) to expire

extinto[1] **-ta** *adj* **1** ‹*especie/volcán*› extinct **2** (AmL frml) (difunto) late (*before n*), deceased

extinto[2] **-ta** *m,f* (AmL frml) **el ~/la extinta** the deceased

extintor *m* (Esp): *tb* **~ de incendios** fire extinguisher

extirpación *f* **1** (Med) removal, extirpation (frml) **2** (de vicio, mal) eradication

extirpar [A1] *vt* **1** (Med) to remove, extirpate (frml) **2** ‹*vicio/terrorismo*› to eradicate, extirpate (frml)

extorsión *f* extortion

extorsionar [A1] *vt* to extort money from

extra[1] *adj* **1** (Com) top quality, fancy grade (AmE) **2** (adicional) ‹*gastos/ración*› additional, extra; ‹*edición*› special

extra[2] *adv* extra

extra[3] *mf*

A (Cin) extra

B **extra** *m* (gasto) extra expense; (paga) bonus

extracción *f*

A **1** (de muela) extraction; (de bala) removal, extraction; (de sangre) extraction, taking **2** (de petróleo, resina) extraction; (de mineral) mining, extraction **3** (de humos) extraction **4** (de número de lotería) drawing

B (Mat) (de una raíz) extraction

C *tb* **~ social** background, origins (*pl*); **de ~ humilde** of humble origins

extracomunitario -ria *adj* ‹*origen/ciudadano*› from outside the EU; **países ~s** non-EU countries, countries outside the EU

extraconyugal *adj* extramarital

extracto *m*

A (resumen) summary, abstract

(Compuesto) **extracto de cuenta** (bank) statement

B (esencia) extract; **~ de rosas** rose essence

(Compuestos)

- **extracto de carne** beef extract
- **extracto de tomate** tomato paste, tomato purée

extractor[1] **-tora** *adj* extractor (*before n*)

extractor[2] *m* extractor; **~ de aire** extractor fan; **~ de humos** smoke extractor

extradición *f* extradition

extraditable *adj* extraditable (frml)

extraditar [A1] *vt* to extradite

extraer [E23] *vt*
A 1 ‹*muela*› to extract, pull out; ‹*bala*› to remove; ‹*sangre*› to take, extract 2 ‹*mineral*› to extract, mine; ‹*petróleo/resina*› to extract 3 ‹*humo/aire*› to extract 4 ‹*información/cita*› to extract 5 (en lotería) to draw
B (Mat) to extract
C ‹*conclusión*› to draw

extraescolar *adj* extramural, out-of-school (*before n*)

extrajudicial *adj* extrajudicial (frml)

extrajudicialmente *adv* out of court

extralargo -ga *adj* ‹*cigarrillo*› king-size

extralimitarse [A1] *v pron* to exceed one's authority; **ese chico se está extralimitando** (fam) that boy is overstepping the mark (colloq)

extramarital, extramatrimonial *adj* extramarital

extramuros, extra muros *adv* outside the town (*o* village *etc*)

extranjería *f* **ley de ~** (en Esp) immigration laws (*pl*)

extranjerismo *m foreign word, phrase, etc used in another language*

extranjerizante *adj*: **términos ~s** terms which make the language sound foreign; **modas ~s** imported fashions which are alien to our tradition

extranjero¹ -ra *adj* foreign

extranjero² -ra *m,f* 1 (persona) foreigner 2 **extranjero** *m*: **vive en el ~** she lives abroad; **viajar al ~** to travel abroad; **noticias del ~** foreign news

extranjis (Esp fam): **los vendía de ~** he was selling them on the sly (colloq); **me traje dos cartones de tabaco de ~** I smuggled in two cartons of cigarettes

extrañamente *adv* strangely, oddly

extrañar [A1] *vt* (esp AmL) ‹*amigo/país*› to miss; **te extrañé mucho** I missed you badly
■ **extrañar** *vi*
A (sorprender) (+ *me/te/le etc*) to surprise; **me extraña que no lo sepas** I'm surprised you didn't know that; **ya me extrañaba a mí que ...** I thought it was strange that ...; **no es de ~ que ...** it's hardly surprising that ...
B (RPl) (tener nostalgia) to be homesick
■ **extrañarse** *v pron* **~se DE algo** to be surprised AT sth; **no me extraño de nada** nothing surprises me; **se extrañó de que no le hubiera avisado** he was surprised that she hadn't told him

extrañeza *f* surprise; **me miró con ~** she looked at me in surprise

extraño¹ -ña *adj* 1 (raro) strange, odd; **es ~ que no haya llamado** it's strange *o* odd that she hasn't called; **últimamente está muy ~** he's been a bit strange lately; **eso no tiene nada de ~** there's nothing unusual about that 2 (desconocido): **no me siento bien entre gente extraña** I feel uncomfortable with people I don't know *o* strangers

extraño² -ña *m,f* (desconocido) stranger

extraoficial *adj* unofficial

extraordinaria (Esp) *f* extra month's pay (*gen at Christmas and in the summer*)

extraordinario -ria *adj* 1 ‹*suceso*› extraordinary, unusual; ‹*circunstancias/facultades*› extraordinary, special 2 ‹*asamblea*› extraordinary, special; ‹*edición*› special; ‹*contribución*› extra, additional 3 ‹*belleza/fuerza/éxito*› outstanding, extraordinary; **la película no fue nada ~** the movie was nothing special *o* nothing out of the ordinary

extraplano -na *adj* ‹*reloj/calculadora*› slimline; ‹*compresa*› extra-slim

extrapolación *f* extrapolation

extrapolar [A1] *vt* to extrapolate

extrarradio *m* outlying districts (*pl*), outskirts (*pl*)

extrasensorial *adj* extrasensory

extraterrestre *adj/mf* alien, extraterrestrial

extraterritorial *adj* extraterritorial

extravagancia *f* (acto) outrageous thing (to do); (cualidad) extravagance; **su ~ en el vestir** the outlandish *o* extravagant way he dresses

extravagante *adj* ‹*comportamiento/ideas*› outrageous, extravagant; ‹*persona/ropa*› flamboyant, outrageous

extraviado -da *adj* 1 ‹*objeto/niño*› lost, missing; **con la mirada extraviada** with a lost *o* faraway look in her eyes 2 (Med): **tiene un ojo ~** he has a cast in one eye, he has a squint

extraviar [A17] *vt* (frml) to mislay (frml), to lose
■ **extraviarse** *v pron* (frml) «*persona*» to get lost, lose one's way; «*animal*» to go missing, get lost; «*documento*» to go missing *o* astray

extravío *m* (frml) loss

extremado -da *adj* 1 (*gen delante del n*) (máximo) extreme 2 ‹*clima*› extreme

extremar [A1] *vt* (frml) ‹*precauciones*› to maximize (frml); **han extremado las medidas de seguridad** security measures have been maximized *o* stepped up

extremaunción *f* extreme unction

extremeño -ña *adj/m,f* Extremaduran

extremidad *f* 1 (extremo) end 2 **extremidades** *fpl* (Anat) extremities

extremista¹ *adj* (extremo) extreme; (Pol) extremist

extremista² *mf* (Pol) extremist

extremo¹ -ma *adj* 1 (*gen delante del n*) ‹*pobreza/cuidado*› extreme; **un caso de extrema gravedad** an extremely serious case 2 ‹*caso/medida*› extreme; **en caso ~** as a last resort

(Compuestos)
- **extrema derecha/izquierda** *f* (Pol) extreme right/left
- **extremo derecho/izquierdo** *mf* (Dep) right/left wing
- **Extremo Oriente** *m* Far East

extremo² *m*
A 1 (de palo, cable) end; **al otro ~ del pasillo** at the other end of the corridor 2 (postura extrema) extreme; **va de un ~ a otro** she goes from one extreme to the other; **son ~s opuestos** they are complete opposites; **los ~s se tocan** (fr hecha) extremes meet 3 (límite): **si se llega a ese ~ ...** if it gets that bad *o* to that point ...; **su descaro alcanzó ~s insospechados** her effrontery reached unimagined extremes; **es cuidadoso al ~** he is extremely careful; **en último ~** as a last resort 4 **en extremo** in the extreme
B (period) (punto, cuestión): **en ese ~ no estoy de acuerdo** I do not agree on that point

extremo³ -ma *m,f* (en fútbol, rugby) winger

(Compuesto) **extremo cerrado/defensivo** tight/defensive end

extrínseco -ca *adj* extrinsic

extroversión *f* extroversion

extrovertido -da *adj/m,f* extrovert

exuberancia *f* exuberance, lushness

exuberante *adj* ‹*vegetación*› exuberant, lush; ‹*belleza*› exuberant; ‹*mujer*› voluptuous; ‹*vida/gesto*› exuberant, flamboyant

exudar [A1] *vt* to exude

exultante *adj* exultant (frml), elated

exultar [A1] *vi* to exult (frml), to rejoice

exvoto, ex voto *m* ex-voto, votive offering

eyaculación *f* ejaculation

(Compuesto) **eyaculación precoz** premature ejaculation

eyacular [A1] *vi* to ejaculate

eyectar [A1] *vt* to eject
■ **eyectarse** *v pron* to eject

e

Ff

f

F, f *f (read as* /'efe/) *the letter* **F, f**
f (= femenino) F, female
F 1 **(= Fahrenheit)** F 2 **(= febrero): 23-F** (en Esp) 23 February (*date of attempted coup in 1981*)
fa *m* (nota) F; (en solfeo) fa, fah (BrE); **~ bemol/sostenido** F flat/sharp; **en ~ mayor/menor** in F major/minor
f.a.b. (= franco a bordo) f.o.b.
fabada *f* bean stew (*with pork etc*)
fábrica *f* factory; **~ de zapatos** shoe factory; **~ de textiles/papel** textile/paper mill; **~ de cerveza** brewery; **~ de conservas** cannery
fabricación *f* manufacture; **televisores de ~ japonesa** Japanese-made TV sets; **de ~ casera** home-made; **productos de ~ nacional** British-made (*o* Mexican *etc*) goods; Ⓢ **fabricación propia** all our products are made on the premises
(Compuesto) **fabricación en serie** mass production
fabricante *mf* manufacturer
fabricar [A2] *vt* to manufacture; **~ en cadena/serie** to mass-produce; Ⓢ **fabricado en Perú** made in Peru
fábula *f* (Lit) fable; (mentira) fabrication, invention
fabuloso -sa *adj* (maravilloso) (fam) fabulous (colloq), fantastic (colloq); (Lit, Mit) mythical, fabulous (liter)
facción *f*
A (Pol) faction
B **facciones** *fpl* (rasgos) features (*pl*); **es de facciones delicadas** he has delicate features
faccioso¹ -sa *adj* seditious, rebel (*before n*)
faccioso² -sa *m,f* (period) (agitador) agitator, troublemaker; (alzado en armas) rebel
faceta *f* facet
facha² *mf* (Esp fam) fascist
facha³ *f* (fam) (aspecto) look; **tiene muy buena ~** he looks good; **¿vas a salir con esa ~?** are you going out looking like that?; **¡qué ~ tan espantosa!** what a sight! (colloq); ***estar hecho una*** **~** to be *o* look a sight (colloq)
fachada *f* 1 (de edificio) facade (tech), front; **un edificio con 30 metros de ~** a building with a 30 meter frontage 2 (apariencia) facade; **su amabilidad es pura ~** her kindness is nothing but a facade *o* all for show
facho -cha *adj/m,f* (AmL fam) fascist
fachoso -sa *adj* 1 (fam) (extravagante) bizarre, weird (colloq) 2 (Chi fam) (de buen aspecto) nice-looking (colloq) 3 (Méx fam) (desaliñado) scruffy
facial *adj* ‹*vello/rasgos*› facial
fácil¹ *adj*
A 1 ‹*problema/lección*› easy; **un libro de lectura ~** a book which is easy to read; **~ DE + INF** easy to + INF; **~ de entender** easy to understand 2 ‹*vida/trabajo*› easy; **dinero ~** easy money 3 ‹*chiste/metáfora*› facile 4 (pey) (en lo sexual) easy (pej), loose (pej)
B (probable): **es ~ que no quiera** he'll probably not want to; **no es ~ que me lo den** they are unlikely to let me have it
fácil² *adv* (fam) easily (colloq); **deben haber pagado ~ un millón** they must have paid a million, easily
facilidad *f*
A 1 (cualidad de fácil) ease; **con ~** easily; **¿viste con qué ~ lo hizo?** did you see how easily he did it? 2 (de una tarea) simplicity
B (aptitud) **~ PARA algo** gift FOR sth; **tener ~ para los idiomas/los números** to have a gift for languages/to be good at figures
(Compuesto) **facilidad de palabra tiene ~ de ~** he has a way with words
C **facilidades** *fpl* 1 (posibilidades, oportunidades): **se le dieron todas las ~es del mundo** they gave her every chance 2 (Fin) facilities (*pl*); **¿dan ~es?** do you give credit (facilities)?
(Compuesto) **facilidades de pago** *fpl* credit facilities (*pl*); **amplias ~ de ~** easy payment terms
facilitar [A1] *vt*
A (hacer más fácil) ‹*tarea*› to make ... easier, facilitate (frml)
B (frml) (proporcionar) ‹*datos/información*› to provide; **le ~on los documentos** they provided him with the documents (frml); **no ha sido facilitada su identidad** his identity has not been disclosed
■ **facilitarse** *v pron* (Col): **se le facilita la física** he's good at physics
facilón -ona *adj* (fam) dead easy
facineroso -sa *adj/m,f* criminal
facsímil, facsímile *m* 1 (copia) facsimile 2 (Telec) facsimile, fax
factible *adj* possible, feasible
fáctico -ca *adj* (frml) factual
factor *m*
A (elemento, causa) factor; **intervino el ~ suerte** there was an element of luck *o* chance
(Compuestos)
• **factor humano** human factor
• **factor Rh** Rh factor, rhesus factor
B (Mat) factor
factoría *f* (fábrica) factory; (astillero) shipyard; (fundición) foundry
factorial *f or m* factorial
factótum *m* factotum
factura *f*
A (Com) invoice (frml), bill; **según ~** as per invoice; **presentarle** *or* **pasarle ~ a algn** (Fin) to invoice sb; **te hace un favor y luego te pasa la ~** he'll do you a favor and then he expects something in return
B (RPl) (Coc) *rolls, croissants, etc*
facturación *f*
A (Com) 1 (acción) invoicing 2 (volumen) turnover; **~ anual** annual turnover
B (Ferr) registration; (Aviac) check-in
facturar [A1] *vt*
A (Com) 1 ‹*mercancías/arreglo*› to invoice for, bill for 2 (refiriéndose al volumen de ventas) to turn over, have a turnover of
B (Ferr) to register; (Aviac) to check in
■ **facturar** *vi* (Ferr) to register; (Aviac) to check in
facultad *f*
A (capacidad, don) faculty; **con los años se van perdiendo ~es** as you get older you start to lose your faculties
(Compuesto) **facultades mentales** *fpl* (mental) faculties (*pl*); **tiene perturbadas sus ~ ~** he is mentally disturbed; **en pleno uso de sus ~ ~** in full possession of his faculties
B (autoridad, poder) power, authority

C (Educ) faculty; **F~ de Filosofía y Letras** Faculty of Arts

facultar [A1] *vt* (frml) **~ A algn PARA + INF** ‹‹*jefe/presidente*›› to authorize sb to + INF; ‹‹*carnet/documento*›› to entitle sb to + INF; ‹‹*ley*›› to allow sb to + INF; **queda facultado para tomar decisiones** he is authorized to make decisions; **el carnet lo faculta para entrar gratis** the card entitles you to free admission

facultativo[1] -va *adj*
A (optativo) optional
B (frml) (Med) ‹*personal/dictamen*› medical; **según prescripción facultativa** as prescribed by your physician

facultativo[2] *m,f* (frml) doctor, physician

faena *f*
A (trabajo) task, job; **~s domésticas** *or* **de la casa** housework; **la dura ~ diaria** the daily grind; **~s agrícolas** farm work
B (Taur) series of passes
C (fam) **1** (mala pasada) dirty trick; **hacerle una ~ a algn** to play a dirty trick on sb (colloq) **2** (contratiempo) drag (colloq), pain (colloq)
D (Chi) (grupo de trabajadores) team, gang; (lugar de trabajo) workplace (frml)

faenar [A1] *vi*
A (pescar) to fish
B (trabajar) to labor*, work
■ **faenar** *vt* (CS) ‹*ganado*› to slaughter

fagot /fa'ɣo(t)/ *m* **1** (instrumento) bassoon **2** **fagot** *mf* (músico) bassoonist

faisán *m* pheasant

faja *f*
A **1** (prenda interior) girdle **2** (cinturón — de traje regional) wide belt; (— de sotana) sash; (— de smoking) cummerbund
(Compuesto) **faja presidencial** presidential sash
B (de puro) band; (de un periódico) newswrapper
C (franja, zona) strip

fajar [A1] *vt* (CS, Per fam) (dar una paliza) to beat up (colloq)
■ **fajarse** *v pron*
A (ponerse faja) to put on a girdle (*o* belt *etc*)
B **1** (Méx, Ven fam) (dedicarse) to knuckle down (colloq); **vas a tener que ~te como los buenos** you're really going to have to knuckle down; **se ~on a trabajar** they worked their butts off (AmE) *o* (BrE) slogged their guts out (colloq) **2** (Méx, Ven fam) (pelearse) to get into a fight
C (Méx fam) ‹‹*pareja*›› to pet (colloq), make out (AmE colloq)
D (Col fam) (lucirse) to excel oneself

fajín *m* sash

fajina *f* (RPl) chore; **ropa de ~** work clothes

fajo *m* (de billetes) wad, roll (AmE); (de papeles) bundle, sheaf

fakir *m* fakir

falacia *f* fallacy

falange *f*
A (Anat) phalanx, phalange
B (Hist, Mil, Pol) phalanx; **la F~** the Spanish Falangist Movement

falangista *adj/mf* Falangist

falaz *adj* false

falda *f*
A (Indum) skirt; ***estar pegado a las ~s de su madre*** to be tied to one's mother's apron strings
(Compuestos)
- **falda de tubo** straight skirt
- **falda escocesa** (de mujer) tartan skirt, kilt; (de hombre) kilt
- **falda pantalón** split skirt, culottes (*pl*)

B **faldas** *fpl* (de cubrecama) valance; (de mesa camilla) (Esp) tablecloth
C **1** (regazo) lap **2** (Coc) flank (steak) (AmE), skirt (BrE)
D (de montaña) side
E **faldas** *fpl* (fam) (mujeres) women (*pl*); **se enemistaron por un asunto de ~s** they fell out over a woman

faldeo *m* (CS) mountainside

faldón *m*, **faldones** *mpl* **1** (de camisa) shirtails; (de frac, chaqué) coattails **2** (de bebé) christening robe

falencia *f* (CS, Per) bankruptcy

falibilidad *f* fallibility

falible *adj* fallible

fálico -ca *adj* phallic

falla *f*
A **1** (de tela, cristal) flaw; **la pieza tenía una ~** the part was defective **2** (Geol) fault
B **1** (de motor, máquina — en la composición) defect, fault; (— en el funcionamiento) failure; **hay una ~ en el motor** there's a fault in the engine; **una ~ de los frenos causó el accidente** the accident was caused by brake failure **2** (en organización — en composición) defect, fault; (— en el funcionamiento): **~s en el sistema de seguridad** security failures **3** (de persona) mistake; **una ~ la tiene cualquiera** anyone can make mistakes; **¡qué ~!** what a stupid mistake!; ***¡no hay ~!*** (AmC fam) no problem! **4** (Dep) miss
(Compuesto) **falla humana** (AmL) human error
C **1** (AmL exc CS fam) (lástima) pity, shame **2** (Col) (Educ) day's absence (*from school*)

> **Las Fallas**
>
> The most important festival in the autonomous region of Valencia. The *Fallas* take place every year between March 12 and 19.*Fallas* are groups of huge painted cardboard and wood figures which depict current events and famous people. The highlight is the burning of the *fallas* on the night of March 19.
>
> Each neighborhood makes its own *falla*. They are erected on one night, known as the *plantá*, and displayed the next day. A panel of judges "pardons" the best one and it is placed in the *falla* museum

fallado -da *adj* (CS) flawed, defective

fallar [A1] *vi*
A ‹‹*juez/jurado*›› **~ a** *or* **en favor/en contra de algn** to rule in favor* of/against sb
B **1** ‹‹*frenos/memoria*›› to fail; ‹‹*planes*›› to go wrong; **algo falló y se estrellaron** something went wrong and they crashed; **otra vez llegas tarde ¡nunca falla!** you're late again, typical!; (+ *me/te/le etc*) **le falló el corazón** his heart failed; **si los cálculos no me fallan** if my calculations are right; **le falló la puntería** he missed; **me falló el instinto** my instinct failed me; **a ti te falla/a él le falla** (AmL) (fam) you've/he's got a screw loose (colloq) **2** ‹‹*persona*›› (+ *me/te/le etc*) to let … down
■ **fallar** *vt*
A ‹*caso*› to pronounce judgment in; ‹*premio*› to award; ‹*concurso*› to decide the result of
B (errar) to miss; **fallé el disparo** I missed

fallecer [E3] *vi* (frml *o* euf) to pass away (frml *or* euph), to die; **el fallecido actor** the late *o* deceased actor (frml)

fallecido -da *m,f* (frml) deceased (frml); **los ~s durante la guerra** those who died *o* (frml) fell in the war

fallecimiento *m* (frml) death, passing (frml *or* euph)

fallero -ra *m,f*: *person who takes part in the preparation of the* **Fallas**
(Compuesto) **fallera mayor** *f* festival queen (*during the* **Fallas**)

fallido -da *adj* **1** ‹*intento/esfuerzo*› failed (*before n*); **un tiro ~** a shot that missed **2** (Com, Fin) ‹*comerciante*› bankrupt; **créditos ~s** bad debts

fallo *m*
A (en concurso, certamen) decision; (Der) ruling, judgment
B (Esp) ▸**falla 2**
C (Esp) (lástima): **¡qué ~! si llego a saber que estás aquí te lo traigo** what a shame! if I'd known you were going to be here I would have brought it
(Compuestos)
- **fallo cardíaco** heart failure
- **fallo humano** human error

falluca *f* (Méx fam) (comercio ilegal) black market (*gen in smuggled goods*); (mercancía) smuggled goods (*pl*)

falluquero -ra *m,f* (Méx) black marketeer (*gen selling smuggled goods*)

falluto -ta *adj* (RPl fam) two-faced (colloq)

falo *m* phallus

falsear [A1] *vt* ‹*hechos/datos*› to falsify; ‹*verdad/realidad*› to distort

falsedad *f* **1** (de afirmación) falseness; (de persona) insincerity, falseness **2** (mentira) lie, falsehood (frml)

falsete *m* (Mús) falsetto; **voz de ~** falsetto voice

falsificación *f* (firma, billete, cuadro) forgery; (acción —de copiar) forging, forgery; (—de alterar) falsification

f

falsificador -dora *m,f* forger

falsificar [A2] *vt* 1 ‹*firma*› to forge, fake; ‹*billete*› to forge, counterfeit (frml); ‹*cheque*› to forge 2 ‹*documento*› (copiar) to forge, counterfeit; (alterar) to falsify

falso -sa *adj*

A 1 ‹*billete*› counterfeit, forged; ‹*cuadro*› forged; ‹*documento*› false, forged; ‹*diamante/joya*› fake; ‹*cajón/techo*› false 2 (insincero) ‹*persona*› insincere, false; ‹*sonrisa/promesa*› false

B 1 (no cierto) ‹*dato/nombre/declaración*› false; **eso es ~** that is not true, that is untrue 2 **en falso**: **jurar en ~** to commit perjury; **golpear en ~** to miss the mark

(Compuestos)

- **falsa alarma** *f* false alarm
- **falso testimonio** *m* (Der) false testimony, perjury; **no levantar ~ ~** (Relig) thou shalt not bear false witness

falta *f*

A (carencia, ausencia) **~ DE algo** ‹*de interés/dinero*› lack OF sth; **por ~ de fondos** owing to a lack of funds; **~ de personal** staff shortage; **es por la ~ de costumbre** it's because I'm/you're not used to it; **no es por ~ de ganas** it's not that I don't want to; **siente mucho la ~ de su hijo** she misses her son terribly; **a ~ de un nombre mejor** for want of a better name; **a ~ de más información** in the absence of more information; ***a ~ de pan buenas son (las) tortas*** or (Méx) ***a ~ de pan, tortillas*** half a loaf is better than none; ***echar algo en ~***: **aquí se echa en ~ más formalidad** what's needed here is a more serious attitude; **echó en ~ sus alhajas** she realized her jewelry was missing

B (inasistencia) *tb* **~ de asistencia** absence; **le pusieron ~** they marked her down as absent; **tienes 30 ~s** you have been absent 30 times

C (de la menstruación) missed period; **es mi segunda ~** I've missed two periods

D **hacer falta**: **no hace ~ que se queden** there's no need for you to stay; **¡hace ~ ser tonto para creerse eso!** you have to be stupid to believe that!; **si hace ~ ...** if necessary ...; **no hizo ~ cambiarlo** I/we didn't need to change it; **lo que hace ~ es que nos escuchen** what they really need to do is listen to us; **lo que hace ~ aquí es una computadora** what's needed here is a computer; (+ *me/te/le etc*) **le hace ~ descansar** he/she needs to rest; **estudia que buena ~ te hace** (fam) it's about time you did some studying; **me haces mucha ~** I really need you; ***ni ~ que (me/te/le) hace*** (fam) so what? (colloq)

E (infracción, omisión) offense*; **una ~ grave** a serious misdemeanor*; **fue una ~ de respeto** it was very rude of you/him/her/them; **agarrar** or (esp Esp) **coger a algn en ~** to catch sb out; **lo traigo el jueves sin ~** I'll bring it on Thursday without fail

(Compuestos)

- **falta de educación** bad manners
- **falta de ortografía** spelling mistake
- **falta de pago** nonpayment

F (defecto): **sacarle** or **encontrarle ~s a algo** to find fault with sth

G (Dep) 1 (infracción — en fútbol, baloncesto) foul; (— en tenis) fault 2 (tiro libre — en fútbol) free kick; (— en balonmano) free throw

faltar [A1] *vi*

A 1 (no estar) to be missing; **falta dinero de la caja** there's some money missing from the till; **¿quién falta?** who's missing?; (en colegio, reunión de trabajo) who's absent?; **falta de su domicilio** she has been missing from home; (+ *me/te/le etc*) **te falta un botón** you have a button missing; **a esta taza le falta el asa** there's no handle on this cup 2 (no haber suficiente): **va a ~ vino** there won't be enough wine; **más vale que sobre comida y no que falte** it's better to have too much food than too little; (+ *me/te/le etc*) **nos faltó tiempo** we didn't have enough time; **le falta experiencia** he lacks experience; **me faltan palabras para expresarlo** I can't find the words to express it; **ganas no me faltan** I'd love to; **me falta el aire** I can't breathe 3 (*en frases negativas*): **no falta quien lo piensa** some people think that; **no ~á oportunidad** there will be plenty of opportunities 4 (hacer falta): **le falta alguien que la aconseje** she needs someone to advise her

B (quedar): **yo estoy lista ¿a ti te falta mucho?** I'm ready, will you be long?; **a la carne le faltan 15 minutos** the meat needs another 15 minutes; **sólo me falta pasarlo a máquina** all I have to do is type it out; **sólo falta decorarlo** it just needs decorating; **aún me falta pintarlo** I still have to paint it; **falta poco para Navidad** it's not long until Christmas; **falta poco para las diez** it's almost *o* nearly ten o'clock; **faltan cinco minutos para que empiece** there are five minutes to go before it starts; **¿te falta mucho para terminar?** will it take you long to finish?; **¿falta mucho para que llegue?** will it be long until she arrives?; **nos falta poco para terminar/llegar** we're almost finished/there; **me faltan tres páginas para terminar el libro** I have three pages to go to finish the book; **aún falta mucho** (tiempo) there's plenty of time yet; (distancia) there's a long way to go yet; **poco faltó para que me pegara** he nearly hit me; **¡esto es lo único que faltaba!** (iró) that's all I/we needed! (iro); ***¡no faltaba*** or ***~ía más!*** (respuesta — a un agradecimiento) don't mention it!; (— a una petición) of course, certainly; (— a un ofrecimiento) I wouldn't hear of it!; (expresando indignación) whatever next!

C 1 (no asistir): **te esperamos, no faltes** we're expecting you, make sure you come; **~ A algo** ‹*al colegio/a clase*› to be absent FROM sth; ‹*a una cita*› to miss sth; **ha faltado dos veces al trabajo** she's been off work twice 2 (no cumplir) **~ A algo**: **faltó a su promesa/palabra** he didn't keep his promise/word; **¡no me faltes al** or (CS) **el respeto!** don't be rude to me; **faltas a la verdad** you are not telling the truth

falto -ta *adj* **~ DE algo**: **un episodio ~ de interés** an episode lacking in interest; **el organismo está ~ de recursos** the organization is short of funds; **estamos ~s de personal** we're short-staffed

fama *f*

A 1 (renombre, celebridad) fame; **una marca de ~ mundial** a world-famous brand; **los vinos que han dado ~ a la región** the wines which have made the region famous 2 (reputación) reputation; **tener buena/mala ~** to have a good/bad reputation; **su ~ de don Juan** his reputation as a womanizer; **tiene ~ de bromista** he's well known as a joker; ***cría ~ y échate a dormir*** (hablando de buena fama) people think they can rest on their laurels; (hablando de mala fama) once you have a bad reputation it is very difficult to get rid of it

B (Col) (carnicería) butcher's

famélico -ca *adj* starving; **vengo ~** (fam) I'm famished

familia *f*

A 1 (parientes) family; **es de buena ~** or **de ~ bien** he's from a good family; **sus hijos y demás ~** her children and other members of the family; **somos como de la ~** we're just like family; **le viene de ~** it runs in the family; **pasa hasta en las mejores ~s** it can happen to the best of us; **pasamos las fiestas en ~** we spent the holidays with the family; **me siento como en ~** I feel at home; ***acordarse de (toda) la ~ de algn*** (fam & euf) to curse sb (colloq) 2 (hijos) children; **no tienen ~** they don't have any children

(Compuestos)

- **familia de acogida** foster family
- **familia numerosa** large family
- **familia política**: **mi ~ política** my wife's/husband's family, my in-laws (colloq)

B (Bot, Zool) family

familiar[1] *adj*

A 1 ‹*vida/vínculo*› family (*before n*); ‹*envase/coche*› family (*before n*) 2 ‹*trato/tono*› familiar, informal; ‹*lenguaje/expresión*› colloquial

B (conocido) familiar; **su cara me resulta ~** her face is familiar; **el idioma no me es ~** I'm not familiar with the language

familiar[2] *mf* relative, relation

familiaridad *f* familiarity

familiarizarse [A4] *v pron* **~ CON algo** to familiarize oneself WITH sth, become familiar WITH sth

famoso[1] **-sa** *adj* famous; **~ POR algo** famous FOR sth

famoso[2] **-sa** *m,f* celebrity, famous person

fan *mf* (*pl* **fans**) fan

fanal *m* 1 (de lámpara) chimney, globe; (campana de cristal) bell jar, bell glass 2 (Méx) (Auto) headlamp, headlight

fanático[1] **-ca** *adj* fanatical

fanático[2] **-ca** *m,f* (Pol, Relig) fanatic; (entusiasmado) fanatic (colloq); (de fútbol) (AmS period) fan

fanatismo *m* fanaticism

fandango *m* 1 (Mús) (baile) fandango 2 (Andes fam) (fiesta) party (*with dancing*) 3 (fam) (jaleo) fuss; **armar un ~** to kick up *o* create a fuss

fané *adj* (RPl arg): **estar ~** to be past one's prime

fanega *f* 1 (de capacidad) *unit of capacity (= 22.5 liters or, in some regions, 55.5)* 2 (de superficie) *unit of area (= 0.66 hectares)*

fanfarria *f* (música) fanfare; (aparato exagerado) pomp and ceremony

fanfarrón¹ -rrona *adj* (fam) 1 (al hablar) loudmouthed (colloq); **no seas ~** stop boasting 2 (al actuar): **niños fanfarrones luciendo el coche de papá** kids showing off in their fathers' cars

fanfarrón² -rrona *m,f* (fam) 1 (al hablar) loudmouth (colloq) 2 (al actuar) show-off (colloq)

fanfarronada *f* (fam) 1 (al hablar) boasting, bragging 2 (al actuar) showing-off (colloq); (acto): **una de sus ~s** one of the things he does to show off (colloq)

fanfarronear [A1] *vi* (fam) 1 (al hablar) to boast, brag 2 (al actuar) to show off (colloq)

fangal *m* quagmire, bog

fango *m* mud; **su nombre quedó cubierto de ~** his name was dragged through the mud

fangoso -sa *adj* muddy

fantasear [A1] *vi* to fantasize

fantasía *f*

A 1 (imaginación) imagination; **tiene mucha ~** she has a very lively imagination 2 (ficción) fantasy; **~s sexuales** sexual fantasies; **mundo de ~** a fantasy world

B (Mús) fantasia

C (bisutería): **joyas de ~** costume jewelry*; **una pulsera de ~** an imitation diamond (*o* ruby *etc*) bracelet

fantasioso -sa *adj* prone to fantasizing

fantasma¹ *m*

A 1 (aparición) ghost; **el ~ de la ópera** the Phantom of the Opera 2 (amenaza) specter*; **el ~ del cáncer** the specter of cancer

B (TV) ghost

C fantasma *mf* (Esp fam) (fanfarrón) show-off (colloq)

fantasma² *adj* bogus; ▸**gabinete, etc**

fantasmagórico -ca *adj* phantasmagoric

fantasmal *adj* ghostly, phantom (*before n*)

fantástico¹ -ca *adj* fantastic

fantástico² *adv* (CS fam): **nos llevamos ~** we get on fantastically well (colloq); **lo pasé ~** I had a great time

fantochada *f* (fam) (tontería): **decir ~s** to talk nonsense; **hacer ~s** to clown around (colloq)

fantoche *m* 1 (títere) puppet 2 (persona sin carácter): **no es más que un ~** he's a nonentity 3 (de aspecto ridículo): **vas hecho un ~** (fam) you look a real sight (colloq) 4 (fam) ▸**fanfarrón²**

faquir *m* fakir

farabute *m* (RPl fam) show-off (colloq)

farad, faradio *m* farad

faramalla *f* (Chi fam) fuss

farándula *f* (period): **la ~** (ambiente) show business; (gente) show-business people (*pl*)

farandulear [A1] *vi* (Ven fam) to show off (colloq)

faraón *m* Pharaoh

faraónico -ca *adj* 1 (Hist) Pharaonic, of the Pharaoh/Pharaohs 2 ‹*empresa/tarea*› mammoth (*before n*)

fardar [A1] *vi* (Esp fam) 1 «*persona*» ▸**fanfarronear** 2 (lucir): **un coche que farda mucho** a car that gets you noticed; **¡cómo fardan esos vaqueros!** those jeans are really trendy!

fardo *m* (de algodón, paja) bale; (de ropa) bundle

fardón¹ -dona *adj* (Esp fam) 1 ‹*persona*› ▸**fanfarrón¹** 2 ‹*coche/ropa*› showy (colloq), classy (colloq)

fardón² -dona *m,f* (Esp fam) ▸**fanfarrón²**

farero -ra *m,f* lighthouse keeper

farfullar [A1] *vi/vt* (atropelladamente) to gabble, jabber; (con poca claridad) to mutter, mumble

faringe *f* pharynx

faringitis *f* pharyngitis

farisaico -ca *adj* (Bib) pharisaic; ‹*piedad/actitud*› (pey) hypocritical

fariseo -sea *m,f* (Bib) pharisee; (hipócrita) (pey) hypocrite

farmacéutico¹ -ca *adj* pharmaceutical

farmacéutico² -ca *m,f* druggist (AmE), chemist (BrE)

farmacia *f* (disciplina) pharmacy; (tienda) drugstore (AmE), chemist's (BrE); **~ de guardia** *or* **de turno** duty chemist

fármaco *m* medicine, drug

farmacodependencia *f* drug dependence

farmacología *f* pharmacology

farmacológico -ca *adj* pharmacological

farmacólogo -ga *m,f* pharmacologist

faro *m*

A (Náut) lighthouse

B (Auto) headlight, headlamp

Compuestos

- **faro antiniebla** fog light, fog lamp (BrE)
- **faro halógeno** halogen headlight *o* headlamp

farol *m*

A 1 (de alumbrado público) streetlight, streetlamp; (en jardín, portal) lantern, lamp 2 (Chi, Méx) (Auto) headlight

Compuestos

- **farol a gas** gaslamp
- **farol de papel** paper lantern

B (Esp fam) (Jueg) bluff; ***marcarse*** *or* ***tirarse un ~*** (en el póker) to bluff; (jactarse) to brag

farola *f* (luz) streetlight, streetlamp; (poste) lamppost

farolazo *m* (Méx fam) stiff drink

farolero¹ -ra *adj* (Esp): **es muy ~** he's always bragging

farolero² -ra *m,f* (Esp) boaster, bragger

farolillo *m* (de papel) Chinese lantern

Compuesto **farolillo rojo** (Esp): *team at the bottom of the division*

farra *f* (fam) partying (colloq); **irse de ~** to go out on the town, to go out partying

farragoso -sa *adj* 1 ‹*informe/texto/explicación*› involved 2 ‹*respiración*› labored*

farrear [A1] *vi* (AmL fam) to go out partying (colloq), go out on the town (colloq)

■ **farrearse** *v pron* (AmL fam) ‹*fortuna/dinero*› to blow (colloq); ‹*oportunidad*› to throw away

farrero -ra *adj/m,f* (AmL fam) ▸**farrista¹,²**

farrista¹ *adj* (AmL fam): **estudiantes ~s** students who are always out living it up

farrista² *mf* (AmL fam): **es un ~** he's always out living it up

farruco -ca *adj* (Esp fam) (desafiante) aggressive; (ufano) smug

farsa *f* (Teatr) farce; (engaño) sham, farce

farsante *mf* fraud, fake

fascículo *m* (cuadernillo) part (*of a serialized publication*), fascicle (tech)

fascinación *f* fascination

fascinante *adj* fascinating

fascinar [A1] *vi* (fam) (+ *me/te/le etc*): **me fascinó ese programa** I found that program fascinating; **¿te gusta? — sí, me fascina** do you like him? — yes, I like him a lot; **me fascina viajar** I love travelling

■ **fascinar** *vt* to fascinate, captivate

fascismo *m* fascism

fascista *adj/mf* fascist

fase *f*

A (etapa) stage, phase; **la ~ previa del torneo** the qualifying stage of the competition; **está todavía en ~ de negociación** it is still being negotiated

B (Astron) phase; (de cohete) stage

fastidiado -da *adj* (esp Esp fam): **estoy un poco ~** I'm not too good *o* too well; **anda ~ de los riñones** he's having trouble with his kidneys; **tengo la garganta fastidiada** I've got a sore throat

fastidiar [A1] *vt* 1 (molestar, irritar) ‹*persona*› to bother, pester 2 (esp Esp fam) (estropear) ‹*mecanismo/plan*› to mess up; ‹*fiesta/excursión*› to spoil; ‹*estómago*› to upset; ***¡la hemos fastidiado!*** that's done it! (colloq)

■ **fastidiar** *vi*: **me fastidia tener que repetir las cosas** it annoys me to have to repeat things; **¡no fastidies! ¿de veras?** go on! you're kidding! (colloq)

■ **fastidiarse** *v pron*

A (AmL fam) (molestarse) to get annoyed

B 1 (fam) (jorobarse): **tendré que ~me** I'll have to put up with it (colloq); **¡hay que ~se!** (Esp) that's great! (colloq & iro); **¡te fastidias!** (Esp) tough! (colloq) 2 (Esp fam) (estropearse) «*velada/plan*» to be ruined

C (Esp fam) ‹*pierna/espalda*› to hurt; **te vas a ~ el hígado** you're going to damage your liver

fastidio *m* (molestia) annoyance; **¡qué ~!** what a nuisance!

fastidioso -sa *adj* 1 (molesto) ‹*persona*› tiresome, annoying; ‹*trabajo*› tiresome, irksome; **¡qué ruido más ~!** what an irritating noise! 2 (Méx, Per fam) (quisquilloso) fussy (colloq)

fastuosidad *f* (de casa, vestido) splendor*, magnificence; (de un banquete) sumptuousness

fastuoso -sa *adj* ‹*salón*› magnificent; ‹*banquete*› lavish

fatal¹ *adj*

A 1 ‹*accidente/enfermedad/consecuencias*› fatal; **se teme un desenlace ~** we fear the worst 2 (liter) (ineludible) inevitable, fatal (liter)

B (fam) (muy malo) terrible, awful; **me encuentro ~** I feel awful; **está ~, tendrán que operar** she's in a really bad way, they'll have to operate (colloq)

fatal² *adv*: (esp Esp fam): **viste ~** he dresses really badly; **me caen ~** I can't stand them (colloq)

fatalidad *f* (destino) fate, destiny; (desgracia) bad luck, misfortune

fatalismo *m* fatalism

fatalista¹ *adj* fatalistic

fatalista² *mf* fatalist

fatalmente *adv*

A (inevitablemente) unavoidably, inevitably; (desgraciadamente) unfortunately

B (fam) (muy mal) atrociously (colloq)

fatídico -ca *adj* fateful; **en aquel día ~** on that fateful day (liter)

fatiga *f*

A 1 (cansancio) tiredness, fatigue (frml) 2 (ahogo) breathlessness

(Compuestos)

- **fatiga del metal** metal fatigue
- **fatiga mental** mental fatigue

B **fatigas** *fpl* (trabajos) hardship, difficulties (*pl*)

fatigado -da *adj* tired, weary

fatigar [A3] *vt* (físicamente) to tire … out; (mentalmente) to tire

■ **fatigarse** *v pron* 1 (cansarse) to get tired, wear oneself out (colloq) 2 (ahogarse) to get breathless

fatigoso -sa *adj* ‹*trabajo*› tiring, exhausting

fatuidad *f* (neciedad) fatuousness; (engreimiento) conceit

fatuo -tua *adj* (necio) fatuous; (engreído) conceited

fauces *fpl* (liter) jaws (*pl*), fauces (*pl*) (liter)

faul *m* (*pl* **fauls**) (AmL) foul

faulear [A1] *vt* (AmL) to foul

faulero -ra *m,f* (AmL) dirty player, persistent fouler

fauna *f* fauna

fauno *m* faun

fausto¹ -ta *adj* (frml) auspicious (frml)

fausto² *m* magnificence, splendor*; **se celebró con gran ~** it was a magnificent affair

favor *m*

A 1 (ayuda, servicio) favor*; **¿me puedes hacer un ~?** can you do me a favor?; **vengo a pedirte un ~** I've come to ask you (for) a favor; **¿me harías el ~ de copiarme esto?** would you copy this for me, please?; **hagan el ~ de esperar** would you mind waiting, please?; **gracias, no sabes el ~ que me haces** thanks ever so much, you're doing me a big favor; **si no te invitan, ~ que te hacen** if they don't invite you, they'll be doing you a favor; Ⓢ **favor de hacer la cola** (Méx) please stand in line (AmE), please queue here (BrE) 2 (*en locs*) **a favor** in favor*; **dos votos a ~** two votes in favor; **llevamos el viento a ~** we have the wind behind us; **estar a favor de algo/algn/+ INF** to be in favor* of sth/sb/-ING; **si es así, aún más a mi ~** that makes me all the more right; **cinco a dos, a ~ de Nacional** five-two, with Nacional ahead (AmE), five-two to Nacional (BrE); **en favor de** in favour of; **por favor** please; **pide las cosas por ~** say please; **¿y tú le creíste? ¡por ~, mujer!** and you believed him? honestly!

B (apoyo): **el ~ de la crítica** the approval of the critics; **~ del rey** the king's favor; **cuenta con el ~ del jefe** he's/she's in favor with the boss

C **favores** (liter) (sexuales) favor

favorable *adj* ‹*resultado/opinión*› favorable*; ‹*pronóstico*› good, favorable*; **las circunstancias no nos fueron ~s** circumstances were not in our favor; **~ A algo**: **un clima ~ a la negociación** a favorable climate for negotiation; **~ A + INF** in favor of -ING; **se muestra ~ a negociar** he is in favor of negotiating

favorecedor -dora *adj* becoming

favorecer [E3] *vt* 1 (ayudar, beneficiar) to favor*; **me ha favorecido la suerte** luck has been on my side; **una política para ~ la agricultura** a policy to help agriculture 2 «*peinado/color*» (sentar bien) to suit

■ **favorecerse** *v pron* (Col fam) to protect oneself

favorecido -da *adj* 1 (en foto): **en esta foto salió muy ~** this photograph flatters him, this is a very flattering photograph of him 2 (AmL frml) (en sorteo): **salió ~ con el primer premio** he was the lucky winner of the first prize

favoritismo *m* favoritism*

favorito -ta *adj/m,f* favorite*

fax *m* fax; **mándaselo por ~** fax it to him

faxear [A1] *vt* to fax, send … by fax

faz *f* (liter) (rostro) countenance (liter), face; **desapareció de la ~ de la tierra** he vanished off the face of the earth

FC *m*

A **= ferrocarril**

B (**= fútbol club**) FC

Fdo = firmado

fe *f*

A (Relig) faith; (creencia, confianza) faith; **puse toda mi ~ en ti** I put all my trust in you; **le tiene una ~ ciega** he has absolute *o* blind faith in it

B (frml) (testimonio): **dar ~ de algo** to testify to sth; **doy ~ de que el documento es auténtico** I bear witness to the authenticity of the document

(Compuestos)

- **fe de bautismo** certificate of baptism
- **fe de erratas** errata
- **fe de vida** *document certifying that a person is still alive*

C (voluntad, intención): **buena/mala ~** good/bad faith; **actuar de buena/mala ~** to act in good/bad faith; **no dudo de su buena ~** I don't doubt his good intentions

fealdad *f* ugliness

feb. (**= febrero**) Feb

febrero *m* February; *para ejemplos ver* **enero**

febril *adj* feverish

fecal *adj* fecal*

fecha *f* date; **¿qué ~ es hoy?** what's the date today?, what date is it today?; **con** *or* **de ~ 7 de marzo** (Corresp) dated March 7 *o* (BrE) 7th March; **hasta la ~** to date; **le dieron/tiene ~ para Agosto** (para examen, entrevista, etc) she has her exam (*o* interview *etc*) in August; (para cita con el médico) she has an appointment in August; (para el parto) the baby is due in August; **el año pasado por estas ~s** this time last year; **en ~ próxima** soon

(Compuestos)

- **fecha de caducidad** (de medicamento) expiration date (AmE), expiry date (BrE); (de alimento) use-by date; Ⓢ **fecha de caducidad 25 junio 2005** (en medicamento) expires June 25th 2005; (en alimento) use by June 25th 2005
- **fecha de consumo preferente** best-before date
- **fecha de vencimiento** (de letra) due date, maturity date; (de carnet, licencia) expiration date (AmE), expiry date (BrE); (de medicamento, alimento) (AmL) ▸ **fecha de caducidad**
- **fecha límite** *or* **tope** closing date

fechador *m* date stamp

fechar [A1] *vt* to date; **una noticia fechada en Bruselas** a news item from Brussels

fechoría *f* misdeed; **ya está haciendo otra de sus ~s** he's up to mischief again

fécula *f* starch

fecundación *f* fertilization

(Compuesto) **fecundación in vitro** in vitro fertilization

fecundar [A1] *vt* 1 ‹*óvulo*› to fertilize; ‹*animal*› to inseminate 2 (liter) (hacer fértil) to make … fertile; ‹*espíritu*› to enrich

fecundidad *f* 1 (Biol) fertility 2 (de la tierra) fruitfulness 3 (de trabajo, iniciativa) fruitfulness; (de escritor, imaginación): **un escritor de la ~ de Ramos** a writer as prolific as Ramos

fecundizar [A4] *vt* to fertilize

fecundo -da *adj* 1 (Biol) ‹*mujer*› fertile 2 ‹*región/tierra*› fertile; ‹*labor*› fruitful; ‹*autor*› prolific

FED /feð/ *m* (= **Fondo Europeo de Desarrollo**) EDF, European Development Fund

FEDER /'feðer/ *m* (= **Fondo Europeo de Desarrollo Regional**) ERDF

federación *f* federation

federal *adj* federal

federalismo *m* federalism

federalista *adj/mf* federalist

federar [A1] *vt* to federate

■ **federarse** *v pron* «*estados*» (Pol) to federate, become federated; (Dep) to affiliate (*to the governing body of a sport*)

federativo -va *adj* federative (frml)

fehaciente *adj* reliable, irrefutable

felicidad *f* 1 (alegría) happiness 2 **¡felicidades!** *interj* (por cumpleaños) Happy Birthday!; (en Navidad) Merry Christmas!; (por un logro) congratulations!

felicitación *f* 1 (escrito — por un logro) letter of congratulation; (— en Navidad) Christmas card (*or letter wishing sb Merry Christmas*) 2 **felicitaciones** *fpl* (deseo — por un logro) congratulations (*pl*); (— en Navidad) greetings (*pl*), wishes (*pl*); **reciba mis más sinceras felicitaciones por esta victoria** (frml) my sincerest congratulations on your victory 3 **¡felicitaciones!** *interj* (AmL) congratulations!

felicitar [A1] *vt* 1 (por un logro) to congratulate; **¡te felicito!** congratulations!; **me felicitó por el premio** he congratulated me on winning the prize 2 (para Navidad, por cumpleaños): **llamó en Nochebuena para ~nos** he called on Christmas Eve to wish us (a) Merry Christmas; **la felicité por su cumpleaños** I wished her (a) Happy Birthday

■ **felicitarse** *v pron* (frml) **~se DE algo** to be pleased WITH sth

feligrés -gresa *m,f* parishioner

felino -na *adj/m,f* feline

feliz *adj* 1 ‹*persona*› happy; **les deseo que sean muy felices** I wish you every happiness; **no me hace muy ~ que vaya** I'm not very happy about her going 2 ‹*día/vida*› happy; **un final ~** a happy ending; **¡~ cumpleaños!** happy birthday!; **¡~ Navidad!** Merry Christmas!; **¡~ Año Nuevo!** Happy New Year!; **¡~ viaje!** have a good trip!; **¡felices Pascuas!** (en Navidad) Merry Christmas!; **¡felices vacaciones!** have a good vacation (AmE) *o* (BrE) holiday! 3 ‹*idea/frase*› apt, felicitous

felizmente *adv* 1 (*indep*) (afortunadamente) luckily, fortunately 2 (con felicidad) happily

felonía *f* (liter) felony (tech), serious crime

felpa *f* (Tex) (para toallas) toweling*; (en tapicería) plush

felpudo *m* doormat

femenil *adj* (Méx) ‹*equipo/moda*› ladies' (*before n*), women's (*before n*)

femenino -na *adj* 1 ‹*equipo/moda*› ladies' (*before n*), women's (*before n*); ‹*hormona/sexo*› female; **el voto ~** women's votes 2 ‹*vestido/modales/chica*› feminine 3 (Ling) feminine

fémina *f* (hum) woman

feminidad *f* femininity

feminismo *m* feminism

feminista *adj/mf* feminist

fémur *m* femur, thighbone

fenecer [E3] *vi* 1 (frml) (morir) to expire (frml), to pass away (frml *or* euph) 2 (terminar) to come to an end

fénix *m* phoenix

fenomenal[1] *adj* (fam) great (colloq)

fenomenal[2] *adv* (fam): **nos lo pasamos ~** we had a great time (colloq); **me vino ~** it was exactly *o* just what I needed; **¡~!** great! (colloq)

fenomenalmente *adv* brilliantly; **jugó ~** he played brilliantly; **está ~ bien escrita** it's incredibly well written; **los niveles son ~ altos** the levels are incredibly high

fenómeno[1] **-na** *adj/adv* (AmL) ▸ **fenomenal** [1,2]

fenómeno[2] *m* 1 (suceso) phenomenon 2 (persona — monstruosa) freak; (— excepcional) genius

feo[1], **fea** *adj* 1 ‹*persona/edificio*› ugly; ‹*peinado*› unflattering; **es fea de cara** she has a very plain face; **es un barrio/color ~** it's not a very nice neighborhood/color; **era una corbata feísima** it was the most awful tie; ***ser más ~ que Picio*** *or* ***que un pecado*** to be as ugly as sin (colloq) 2 ‹*asunto/situación*› unpleasant; ‹*olor/sabor*› (esp AmL) unpleasant; **¡qué ~ está el día!** what an awful day!; **la cosa se está poniendo fea** things are getting nasty *o* ugly; **es** *or* (Esp) **está muy ~ hablar así** it's not nice to talk like that; **tiene la fea costumbre de contestar** he has an unpleasant habit of answering back

feo[2] *adv* (AmL) ‹*oler/saber*› bad; **me miró ~** she gave me a dirty look; ***sentir ~*** (Méx) to feel terrible

feo[3] *m* (fam) (desaire): **hacerle un ~ a algn** to snub sb; **vamos, acéptalo, no me hagas ese ~** oh go on take it, I'll be hurt if you don't; **es de un ~ …** (Esp) he's as ugly as they come (colloq)

feracidad *f* (liter) fertility, richness

feraz *adj* fertile, rich

féretro *m* coffin

feria *f*

A 1 (exposición comercial) fair; **la ~ del libro** the book fair; **~ de muestras** trade fair 2 (CS, Per) (mercado) (street) market

(Compuesto) **feria americana** (RPl) garage sale

B 1 (fiesta popular) festival; **en mi pueblo están en ~s** my village is holding its festival 2 (Taur) series of bullfights (*held during a festival*) 3 (parque de atracciones) fair

C 1 (Méx fam) (cambio, suelto) small change; **¿me cambia este billete por ~?** can you change this bill (AmE) *o* (BrE) note, please? 2 (Méx fam) (dinero) cash (colloq)

feriado *m* (AmL) (public) holiday; **mañana es ~** tomorrow's a public holiday

feriante *mf* (CS) (en exposición comercial) exhibitor; (en mercado) stallholder, trader

fermentación *f* fermentation

fermentar [A1] *vi/vt* to ferment

fermento *m* ferment

ferocidad *f* ferocity, fierceness

feroz *adj* 1 ‹*animal*› ferocious, fierce; ‹*ataque/mirada/odio*› fierce, vicious; ‹*viento/tempestad*› fierce, violent; **tengo un hambre ~** (fam) I'm ravenous *o* starved (colloq) 2 (Col, Méx, Ven fam) (feo) horrendous (colloq)

férreo -rrea *adj*

A ‹*voluntad*› iron (*before n*); ‹*determinación*› steely; ‹*disciplina/horario*› strict; ‹*oposición*› fierce, determined

B (de hierro) iron (*before n*)

ferretería *f* (tienda) hardware store, ironmonger's (BrE); (mercancías) hardware, ironmongery (BrE)

ferretero -ra *m,f* hardware dealer, ironmonger (BrE)

férrico -ca *adj* ferric, iron (*before n*)

ferrocarril *m* (sistema) railroad (AmE), railway (BrE)

(Compuesto) **ferrocarril de cremallera** cog railway, rack railway

ferrocarrilero -ra *adj/m,f* (Chi, Méx) ▸ **ferroviario** [1,2]

ferroso -sa *adj* ferrous

ferroviario[1] **-ria** *adj* rail (*before n*)

ferroviario[2] **-ria** *m,f* railroad worker (AmE), rail worker (BrE)

ferry /'ferri/ *m* (*pl* **-rrys**) ferry

fértil *adj* fertile

fertilidad *f* fertility

fertilización *f* fertilization

(Compuesto) **fertilización in vitro** in vitro fertilization

f

fertilizante[1] *adj* ‹*agente*› fertilizing (*before n*); ‹*droga*› fertility (*before n*)
fertilizante[2] *m* fertilizer
fertilizar [A4] *vt* to fertilize, put fertilizer on
férula *f* (varilla) cane, rod; ***estar bajo la ~ de algn*** to be under sb's rule
ferviente *adj* ‹*admiración/creyente*› fervent; ‹*deseo*› burning; ‹*fe/defensor*› passionate
fervor *m* fervor*; **con ~** fervently
fervoroso -sa *adj* fervent
festejado -da *m,f* (CS) *person celebrating his/her birthday (o saint's day etc)*; **un brindis por el ~** a toast to the birthday boy (*o* guest of honor *etc*)
festejar [A1] *vt* 1 ‹*chiste/gracia*› to laugh at 2 (agasajar) to wine and dine, fête, entertain 3 (AmL) (celebrar) to celebrate; **le ~on el cumpleaños en el club** they celebrated her birthday at the club 4 (ant) (cortejar) to court (dated), to woo (dated *or* liter)
festejo *m* celebration, festivity
festín *m* feast, banquet
festinar [A1] *vt* (AmL) 1 (frml) (apresurar) to hurry through 2 (tratar con ligereza) to make light of
festival *m* festival; **~ de cine** film festival
festivalero -ra *adj* ‹*ambiente*› festive; ‹*público*› festival-going (*before n*)
festividad *f* 1 (fiesta religiosa) feast, festivity 2 **festividades** *fpl* (festejos) festivities (*pl*)
festivo -va *adj* festive; ▸ **dia A**
festón *m* (punto) scallop trim
fetiche *m* fetish
fetichismo *m* fetishism
fetichista[1] *adj* fetishistic
fetichista[2] *mf* fetishist
fetidez *f* (cualidad) smelliness; (olor) stench
fétido -da *adj* fetid, foul-smelling
feto *m* 1 (Biol, Med) fetus* 2 (fam) (persona fea) ugly person; **es un ~** he's/she's as ugly as sin (colloq)
feúcho -cha *adj* (fam) ‹*mujer*› plain, homely (AmE colloq); **es ~** he's not much to look at
feudal *adj* feudal
feudalismo *m* feudalism
feudo *m* (Hist) fief; (coto, territorio) domain, territory
fez *m* fez
f.f. (= **franco fábrica**) **precio ~** ex-factory price
FF AA *fpl* = **Fuerzas Armadas**
FFCC *mpl* = **ferrocarriles**
fiabilidad *f* reliability
fiable *adj* reliable
fiaca[1] *adj inv* (RPl fam) bone idle (colloq), lazy
fiaca[2] *f* (Andes, CS fam) (pereza): **me da ~** I can't be bothered; **qué ~ que tengo** I'm feeling really lazy
fiado -da *adj* on credit; **comprar (al) ~** to buy on credit; **no vendemos (al) ~** we don't give credit
fiador -dora *m,f* (Com, Der, Fin) guarantor; **servirle de ~ a algn** to stand surety for sb
fiambre *m*
A (Coc): **sólo comen ~(s)** all they eat is cold cuts (AmE) *o* (BrE) cold meats; **el chorizo es un ~** chorizo is a kind of cold cut (AmE) *o* (BrE) cold meat
B (arg) (cadáver) stiff (sl); ***quedarse ~*** (fam) to snuff it (colloq)
fiambrera *f* (Esp) (recipiente) lunch box
fiambrería *f* (AmL) delicatessen
fianza *f* 1 (Der) bail; **salió bajo ~** she was released on bail; **está en libertad bajo ~** he is out on bail 2 (Com) deposit
fiar [A17] *vt* ‹*mercancías*› to sell ... on credit; **¿me las fía?** can I owe you for them?; **le ~on las bebidas** they let him have the drinks on credit
■ **fiar** *vi* 1 (dar crédito) to give credit; ⊗ **no se fía** no credit (given); **ya no le fían en la tienda** they won't let him have anything else on credit at the store 2 **ser de ~** «*persona*» (digno de confianza) to be trustworthy; (responsable) to be reliable; «*mecanismo/motor*» to be reliable
■ **fiarse** *v pron*: **no me fío de lo que dice** I don't believe what he says; **~se DE algn** to trust sb; **~se DE QUE + SUBJ**: **no me fío de que cumpla su promesa** I don't trust him to keep his promise
fiasco *m* fiasco
fibra *f* 1 (Tex) fiber*; **~s artificiales** *or* **sintéticas** synthetic *o* man-made fibers 2 (de amianto) fiber* 3 (de la madera) grain 4 (Coc, Med) fiber*; **una alimentación rica en ~** a high fiber diet 5 (Anat) fiber*; **ese tipo es pura ~** (fam) that guy's solid muscle (colloq) 6 **de fibra** (*loc adj*) ‹*político/ejecutivo*› gritty

Compuestos
- **fibra de vidrio** fiberglass*
- **fibra metálica** (Méx) steel wool
- **fibra óptica** optical fiber*

fibroma *m* fibroid, fibroma
fibroso -sa *adj* fibrous
ficción *f* (Lit) fiction; (invención) fiction
ficha *f*
A (para datos) card; (de fichero) index card; **la policía le abrió ~** the police opened a file on him

Compuestos
- **ficha médica** medical records (*pl*)
- **ficha policial** police record

B 1 (de teléfono, estacionamiento) token 2 (Jueg) (de dominó) domino; (de damas) checker(AmE), draught (BrE); (de otros juegos de mesa) counter; (de ruleta, póker) chip
C (Dep) (contrato) signing-on fee; (pago) contract
D (AmL fam) (persona de cuidado) rat (colloq); **¡qué ~ resultó ser!** he turned out to be a real rat!
fichaje *m* (Dep) (acción) signing (up); (jugador) signing, trade (AmE)
fichar [A1] *vt* 1 «*policía*» to open a file on; **está fichado** the police have a file on him; **te tiene fichado** (fam) she's got you sussed (colloq) 2 «*equipo/club*» to sign (up); **lo fichó el Real Madrid** he was signed (up) by Real Madrid
■ **fichar** *vi* 1 (en fábrica, oficina — a la entrada) to clock in, punch in (AmE); (— a la salida) to clock out *o* (BrE) off, to punch out (AmE) 2 (Esp) **~ POR algn** (por un club) to sign up WITH sb, sign FOR sb
fichero *m*
A 1 (mueble — para carpetas) filing cabinet; (— para tarjetas) card index cabinet 2 (cajón — de carpetas) filing draw; (— para tarjetas) card index draw 3 (caja) index card file (AmE), card index box (BrE) 4 (conjunto de fichas) file
B (Inf) file
ficticio -cia *adj* ‹*personaje/suceso*› fictitious; ‹*valor*› fiduciary
ficus *m* rubber plant
fidedigno -na *adj* reliable
fideicomisario[1] **-ria** *adj* trust (*before n*)
fideicomisario[2] **-ria** *m,f* trustee
fideicomiso *m* trusteeship
fidelidad *f* 1 (de persona, de animal) fidelity, faithfulness; **jurar ~ al rey** to swear an oath of loyalty to the king 2 (de reproducción) faithfulness, fidelity; (de instrumento) accuracy, precision
fidelizar [A4] *vt* ‹*clientela/usuario*› to cultivate the loyalty of
fideo *m* 1 (pasta fina) noodle; **~s** noodles; (muy finos) vermicelli; **está flaco como un ~** (fam) he's as thin as a rake (colloq) 2 **fideos** *mpl* (RPl) (pasta en general) pasta
fiduciario -ria *adj/m,f* fiduciary
fiebre *f*
A (Med) fever; **tener ~** to be feverish, to have a fever (esp AmE), to have a temperature (esp BrE); **le bajó la ~** his fever *o* temperature came down

Compuestos
- **fiebre aftosa** foot-and-mouth disease
- **fiebre amarilla/del heno/reumática** yellow/hay/rheumatic fever
- **fiebre palúdica/tifoidea** malaria/typhoid
- **fiebre uterina** nymphomania

B (furor) obsession; **su ~ por las motos** his obsession with motorcycles; **le dio la ~ de la limpieza** he went crazy and started cleaning the whole house (colloq); **tiene la ~ de los video-juegos** he has the video-games fever *o* (colloq) bug

(Compuesto) **fiebre del oro** gold fever

fiel[1] *adj* 1 ‹*persona*› faithful; **no le es ~** she is unfaithful to him; **~ al rey** loyal to the king 2 ‹*traducción/copia*› faithful, accurate

fiel[2] *mf*

A (Relig) **los ~es** the faithful

B **fiel** *m* (de balanza) needle, pointer

fieltro *m* felt

fiera *f* 1 (animal) wild animal, beast (liter); ***ser una ~ para algo*** (fam) to be great *o* fantastic at sth (colloq) 2 (de mal carácter): **ese perro es una ~** that dog is fierce *o* vicious; **mi suegra es una ~** my mother-in-law is a real dragon (colloq); **se puso como** *or* **hecho una ~** he went wild (colloq); **se me acercó hecha una ~** he came towards me in a rage

fiereza *f* ferocity, fierceness

fiero -ra *adj* 1 (feroz) ‹*animal*› fierce, ferocious; ‹*huracán/tormenta*› fierce 2 (RPl fam) (feo) ugly

fierro *m*

A 1 (AmL fam) (trozo de metal) piece of metal; **le dio con un ~** he hit him with a metal bar 2 (AmL) (hierro) iron; ***meter(le) ~*** (CS fam) to step on it

B (AmL arg) (navaja) blade (fam)

C **fierros** *mpl* (Méx fam) (en los dientes) braces (*pl*) (AmE), brace (esp BrE)

fiesta *f*

A (celebración) party; **~ de cumpleaños** birthday party; **dieron una gran ~** they threw *o* had a big party; **estar de ~** to be having a party; ***aguar la ~*** to spoil the fun; ***hacerle ~s a algn*** to make a fuss of sb; ***no estoy para ~s*** I'm not in the mood for fun and games; ***tener la ~ en paz*** (Esp fam) to enjoy some peace and quiet; **tengamos la ~ en paz** that's enough!

B 1 (día festivo) (public) holiday; **el lunes es ~** Monday is a holiday; **aquí no hacemos ~ el 20 de agosto** the 20th of August is not a public holiday here 2 **fiestas** *fpl* (festejos) fiesta, festival; (de fin de año, etc) festive season; **son las ~s del pueblo** the town's holding its annual festival; **¡felices ~s!** Merry Christmas!; **¿dónde vas a pasar estas ~s?** where are you going to spend the vacation (AmE) *o* (BrE) holidays?

(Compuestos)

- **fiesta de guardar** day of obligation
- **fiesta fija/movible** fixed/movable feast
- **fiesta nacional** (día festivo) public holiday; (Taur) bullfighting

fiestas

A *fiesta* in Spain can be a day of neighborhood celebrations, a larger event for a town or city, or a national holiday, to commemorate a saint's day or some historical event. For example, Madrid has the *fiestas de San Isidro*, in honor of its patron saint. Other famous Spanish holidays include the Fallas in Valencia, the *Sanfermines* in July in Pamplona, and the *Feria de Sevilla*, two weeks after Easter.

They can last for a week or more, during which everyday life is often interrupted. Classes in schools may stop and banks, stores, and post offices alter their opening hours. There are often bullfights and dancing to live bands and people eat and drink plentifully

fiestas patrias

In Latin America, a period of one or more days on which each country celebrates its independence. There are usually military parades, firework displays, and folk activities typical of the country

FIFA /'fifa/ *f*: **la ~** FIFA

fifí *adj/m* (AmL fam) sissy (colloq)

figura *f*

A (objeto) figure; (en geometría) figure

B 1 (forma, silueta) figure, form 2 (tipo) figure; **tiene buena/mala ~** she has/doesn't have a good figure 3 (persona importante) figure; **una ~ de las letras** an important literary figure

(Compuesto) **figura paterna** father figure

C (en naipes) face card (AmE), picture *o* court card (BrE); (en ajedrez) piece (*except pawns*)

D (en patinaje, baile) figure

E (Mús) note

F (Ling) figure

(Compuesto) **figura retórica** figure of speech

figuración *f* (imaginación) imagining; **son figuraciones tuyas** it's all in your imagination

figurado -da *adj* figurative; **en sentido ~** in a figurative sense

figurante -ta *m,f* extra

figurar [A1] *vi* 1 (en lista, documento) to appear 2 (en sociedad) to be prominent; (destacar): **lo hizo sólo para ~** *or* **por afán de ~** he just did it to show off *o* impress

■ **figurarse** *v pron* to imagine; **¿crees que vendrá? — me figuro que sí** do you think she'll come? — I imagine so *o* (AmE) I figure she will; **¡figúrate, tardamos dos horas!** just imagine! it took us two hours; **¿se enfadó mucho? — ¡figúrate!** did she get very angry? — what do you think?; **figúrate tú, se quedó viuda** can you imagine? she was left a widow; **ya me lo figuraba yo** I thought as much, so I thought; **ya te ~ás lo que hice** you can imagine *o* (AmE) figure what I did!

figurín *m* (ant) (dibujo) *illustration to accompany sewing or knitting pattern*; **va hecha un ~** (fam) she looks as if she's just stepped out of a fashion magazine

figurinista *mf* costume designer

figurita *f* (de adorno) figurine; (lámina) (RPl) picture card

fija *f* (fam) 1 (CS, Per) (Equ) (favorito) favorite*; (dato) tip 2 (*en locs*) **fija que** (RPl): **~ que llueve** it's bound *o* sure to rain; **(es) ~ que no viene** I bet she won't come; **a la fija** (Col): **a la ~ (que) viene** I'm sure he'll come

fijación *f*

A (Psic) fixation, obsession; **¡que ~ tienes con ese tema!** you're obsessed with that subject!

B **fijaciones** *fpl* (en esquí) (safety) bindings (*pl*)

fijador[1] -dora *adj* (Fot) fixing (*before n*)

fijador[2] *m* 1 (Art) fixative 2 (Fot) fixer 3 (gomina) brilliantine; (laca) hairspray

fijamente *adv* fixedly

fijar [A1] *vt*

A 1 (poner, clavar) to fix; **fija bien la estantería a la pared** fix the shelving securely to the wall; ⊘ **prohibido fijar carteles** stick no bills; **fijó la mirada en el horizonte** she fixed her gaze on the horizon; **~ la atención en algo** to focus one's attention on sth 2 ‹*foto/dibujo*› to fix

B 1 ‹*residencia*›: **~on su residencia en París** they established their residence in Paris 2 ‹*fecha/cifra/precio*› to set; **la política fijada por el partido** the policy laid down by the party 3 «*reglamento/ley*» to state; **según fija el reglamento** as stated in *o* dictated by the regulations

■ **fijarse** *v pron* 1 (prestar atención): **fíjate bien en cómo lo hace** watch carefully how she does it; **si no te fijas en lo que haces, lo vas a hacer mal** if you don't watch *o* pay attention to what you're doing, you'll do it wrong; **fíjate bien en la decoración** look carefully at the decoration; **es muy observador, se fija en todo** he's very observant, he notices everything 2 (darse cuenta) to notice; **¿te has fijado en que no discuten nunca?** have you noticed that they never quarrel?; **se fijó en ella** he noticed her; **¡fíjate lo que ha crecido!** just look how she's grown!; **fíjate qué terrible** it was (*o* would be *etc*) awful; **fíjate que ayer mismo la vi** and I saw her only yesterday

fijativo *m* (Art) fixative; (Fot) fixer

fijo[1] -ja *adj*

A (no movible) fixed; **la estantería está fija** the shelving is fixed to the wall (*o* floor *etc*); **asegúrate de que la escalera está bien fija** make sure the ladder is steady; **tenía la mirada fija** he was staring into space; **con los ojos ~s en ella** with his eyes fixed on her; ***de ~***: **de ~ que vienen** I'm sure they'll turn up

B ‹*sueldo/precios*› fixed; ‹*trabajo/empleado*› permanent; ‹*cliente*› regular

C (definitivo) ‹*fecha*› definite, firm

fijo[2] *adv* (fam): **¿crees que vendrá? — fijo** do you think she'll come? — definitely *o* (colloq) sure; **en cuanto entre en la ducha, ~ que suena el teléfono** you can bet that as soon as I get in the shower, the phone will ring

fila *f*

A 1 (hilera) line; **formen ~ aquí** form a line here; **formen ~s de (a) cinco** line up in fives; **ponerse en ~** to get into line; **en ~ india** in single file; **en doble ~** double-

parked; **¡rompan ~s!** (Mil) fall out! **2** (en teatro, aula) row; ***de primera/segunda ~*** first-/second-rate; ***estar en primera ~*** (en teatro) to be in the front row; (figurar) to be in the limelight
B **filas** *fpl* **1** (Mil) ranks (*pl*); **incorporarse a ~s** to join up; **lo llamaron a ~s** he was drafted; ***cerrar*** *or* ***estrechar ~s*** to close ranks **2** (Pol) ranks (*pl*)
filamento *m* (Elec) filament; (hilo, fibra) thread
filantropía *f* philanthropy
filántropo -pa *m,f* philanthropist
filarmónico -ca *adj* philharmonic
filatelia *f* stamp collecting, philately
filatélico -ca *adj* philatelic (frml); **su colección filatélica** his stamp collection
filete *m*
A (de pescado) filet (AmE), fillet (BrE); (de carne — bistec) steak; (— corte entre las costillas y el lomo) (Chi, Méx) fillet
B (Mec, Tec) (de tornillo) thread
filfa *f* (Esp fam) (engaño): **las elecciones fueron una ~** the elections were a sham; **la invitación era pura ~** the invitation was nothing but a hoax
filiación *f*
A (afiliación) affiliation; **~ política** political affiliation; **de ~ comunista** linked to the communist party
B (Gob, Mil) (datos personales) particulars (*pl*), personal details (*pl*)
C (relación) filiation
filial[1] *adj* **1** ‹*amor*› filial **2** ‹*compañía/asociación*› affiliate (*before n*), subsidiary
filial[2] *f* subsidiary (company)
filibustero *m* filibuster, freebooter
filigrana *f* **1** (de oro, plata) filigree **2** (en deporte, danza) intricate movement; **¡a ver si se dejan de ~s y marcan un gol!** let's have less fancy footwork and more goals! (colloq) **3** ***hacer ~s*** to perform *o* work miracles **4** (en un papel) watermark
filípica *f* tirade, diatribe, philippic (liter)
Filipinas *fpl*: *tb* **las ~** the Philippines
filipino[1] **-na** *adj* Philippine, Filipino
filipino[2] **-na** *m,f* Filipino
film *m* (*pl* **films**) **1** (Cin, TV) movie, film (BrE) **2** (Coc) *tb* **~ transparente** Saran wrap® (AmE), clingfilm (BrE)
filmación *f* filming, shooting
filmadora *f* (AmL) movie camera (AmE), cinecamera (BrE)
filmar [A1] *vt* ‹*película*› to shoot; ‹*persona/suceso*› to film
filme *m* (period) movie, film (BrE)
fílmico -ca *adj* movie (*before n*), film (*before n*)
filmina *f* slide
filmografía *f* movies (*pl*), films (*pl*) (BrE), filmography (tech)
filmoteca *f* film library
filo *m*
A **1** (de cuchillo, espada) cutting edge, blade; **no tiene mucho ~** it isn't very sharp; **le voy a dar ~** I'm going to sharpen it; ***caminar por*** *or* ***pisar el ~ de la navaja*** to be on a knife-edge **2** (borde) edge; **el ~ de la mesa** the edge of the table; **al ~ de las siete** at seven o'clock sharp
B (AmL fam) (hambre): **tengo un ~ enorme** I'm ravenous
filología *f* philology; **una licenciatura en ~ francesa** a degree in French
filólogo -ga *m,f* philologist; **soy ~** I have a degree in languages
filón *m* **1** (Min) seam, vein **2** (fam) (negocio) gold mine (colloq)
filoso -sa *adj* **1** (AmL) ‹*cuchillo/hoja*› sharp **2** (AmC, Col arg) (hambriento) ravenous
filosofar [A1] *vi* to philosophize
filosofía *f* philosophy; **tómate las cosas con ~** (fam) you have to be philosophical about things
filosófico -ca *adj* philosophical
filósofo -fa *m,f* philosopher
filtración *f*
A (proceso) filtering, filtration (tech); (gotera) leak
B (de información) leak; **la ~ de un informe** the leaking of a report

filtrar [A1] *vt*
A **1** ‹*líquido/rayos*› to filter **2** ‹*llamadas*› to screen
B ‹*informaciones/noticias*› to leak
■ **filtrar** *vi* «*líquido/luz*» to filter
■ **filtrarse** *v pron*
A «*agua*» to leak; «*humedad*» to seep
B **1** «*noticia*» to leak **2** «*dinero*» to seep away, dwindle
filtro *m*
A (Tec) filter; **~ para el café** coffee filter
(Compuesto) **filtro solar** sunscreen
B (poción) philter*; **~ mágico** magic potion
fin *m*
A **1** (final) end; **a ~es de junio** at the end of June; **a ~ de mes** at the end of the month; **hasta el ~ de los siglos** *or* **tiempos** until the end of time; **no es el ~ del mundo** (fam) it's not the end of the world (colloq); **tuvo un triste ~** he came to a sad end; **puso ~ a la discusión** she put an end to the discussion; **el verano ya llega a su ~** summer is coming to an end; **con esta noticia ponemos ~ a la edición de hoy** and with that we end tonight's news; **un accidente aéreo puso ~ a su vida** he was killed in an aircrash; **llevó la empresa a buen ~** he brought the venture to a successful conclusion; Ⓢ **Fin** The End **2** (*en locs*) **por** *or* **al fin** at last; **¡al ~ lo conseguí!** at last I've done it!; **en fin** well; **en ~ ¡qué se le va a hacer!** ah well, what can you do?; **en ~ ¡sigamos!** anyway, let's carry on!; **repara electrodomésticos, pone enchufes ... en ~ un poco de todo** he repairs electrical goods, puts in plugs ... a bit of everything, really; ***a ~ de cuentas*** in the end, at the end of the day; ***al ~ y al cabo*** after all; ***tocar a su ~*** (liter) to draw to a close *o* to an end
(Compuestos)
- **fin de año** New Year's Eve
- **fin de fiesta** (grand) finale
- **fin de semana** (sábado y domingo) weekend

B (objetivo, finalidad) purpose; **el ~ de esta visita** the aim *o* purpose of this visit; **esto constituye un ~ en sí mismo** this constitutes an end in itself; **una institución sin ~es lucrativos** *or* **de lucro** a not-for-profit organization (AmE), a non-profit-making organisation (BrE); **a ~ de que** (frml) in order to; **con este ~** *or* **a este ~** *or* **a tal ~** (frml) with this aim (frml), to this end (frml); **con el ~** *or* **a ~ de** (frml) with the aim *o* purpose of; ***el ~ justifica los medios*** the end justifies the means
finado -da *m,f* (frml) deceased (frml)
final[1] *adj* ‹*decisión*› final; ‹*objetivo*› ultimate
final[2] *m* end; **a ~es de junio** at the end of June; **al ~ de la película** at the end of the movie; **no me gustó el ~** I didn't like the ending; **un ~ feliz** a happy ending; **al ~ de la lista** at the bottom of the list; **estábamos al ~ de la cola** we were last in line (AmE) *o* (BrE) at the back of the queue; **al ~ tendrá que decidirse** he'll have to make his mind up in the end *o* eventually
final[3] *f* (Dep) **1** (en fútbol, tenis etc) final; **la ~ de copa** the cup final; **pasar a la ~** to go through to *o* make it to the final **2** **finales** *fpl* (en béisbol, baloncesto, fútbol americano) playoffs (*pl*)
finalidad *f* **1** (propósito, utilidad) purpose, aim; **¿con qué ~ se hizo?** what was the aim in *o* object of doing it? **2** (Fil) finality
finalista[1] *adj*: **los dos equipos ~s** the two teams that reach (*o* reached *etc*) the final
finalista[2] *mf* finalist
finalización *f* (de periodo, partido, guerra) end; (de proyecto, obras) completion
finalizar [A4] *vt* to finish; **~on el año con beneficios** they were making good profit at the end of the year; **dio por finalizada su estancia** her stay came to an end
■ **finalizar** *vi* to end; **así finaliza la emisión de hoy** and that brings us to the end of today's programming (AmE) *o* (BrE) programs; **una vez finalizada la reunión** once the meeting is/was over
finalmente *adv* **1** (*indep*) (por último) finally, lastly; **y ~, agregar el vino** and finally *o* lastly, add the wine **2** (al final) in the end; **~ llegaron a un acuerdo** they finally reached an agreement, in the end *o* eventually they reached an agreement
finamente *adv* in a refined *o* genteel way

financiación *f*
A (de empresa, obra, acción) financing, funding
B (facilidades) credit facilities (*pl*)
financiador -dora *m,f* financial backer
financiamiento *m* financing, funding
financiar [A1] *vt*
A ‹*empresa/proyecto*› to finance, fund
B (AmL) (vender a plazos) to give credit facilities for
financiera *f* finance company
financiero[1] -ra *adj* financial
financiero[2] -ra *m,f*, (AmL) **financista** *mf* financier
finanzas *fpl* finances (*pl*)
finca *f*
A (propiedad rural) **1** (explotación agrícola) farm; **~ cafetera** coffee plantation **2** (AmL) (de recreo) country estate
Compuesto **finca rústica** plot of land
B (Esp) (propiedad urbana) building
fincar [A2] *vt* (Méx) to build
fineza *f* **1** (refinamiento) refinement; **la ~ de sus modales** her refined manners **2** (cortesía) politeness, courtesy
fingido -da *adj* hypocritical, false
fingir [I7] *vt* **1** ‹*alegría/desinterés*› to feign, fake; **~ + INF** to pretend to + INF **2** ‹*voz*› to imitate
■ **fingir** *vi* to pretend
■ **fingirse** *v pron*: **se fingió apenado** he pretended to be sorry
finiquitar [A1] *vt* ‹*deuda/pleito*› to settle
finiquito *m* (pago) settlement; (documento) release document; **dar ~ a una cuenta** to settle an account; **firmó el ~** she signed the release document
finito -ta *adj* finite
finlandés[1] -desa *adj* Finnish
finlandés[2] -desa *m,f*
A (persona) Finn
B **finlandés** *m* (idioma) Finnish
Finlandia *f* Finland
fino[1] -na *adj*
A (en grosor) **1** ‹*papel/capa*› fine, thin; ‹*loncha*› thin **2** ‹*arena/cabellos/lluvia*› fine; ‹*labios*› thin; ‹*cintura/dedos/persona*› slender **3** ‹*punta*› fine; **un lápiz de punta fina** a fine pencil
B (en calidad) ‹*pastelería/bollería*› high quality; ‹*porcelana*› fine; ‹*lencería*› sheer
C (en modales) refined
D **1** ‹*oído/olfato*› acute **2** ‹*ironía/humor*› subtle
fino[2] *m* fino, dry sherry
finolis[1] *adj inv* (Esp) (hum & pey) affected
finolis[2] *mf* (*pl* **~**) (Esp) (hum & pey) affected person
finta *f* feint
fintar, (AmL) **fintear** [A1] *vi* (en esgrima, boxeo) to feint; (en fútbol) to dummy, fake
finura *f*
A (refinamiento) refinement; **¡qué ~!** (iró) that's very nice! (iro)
B (de tejido, de porcelana) fineness
fiordo *m* fjord, fiord
firma *f*
A (nombre) signature; (acción) signing; **la ~ del tratado** the signing of the treaty
B (empresa) company, firm (BrE)
firmamento *m* (liter) firmament (liter)
firmante *mf* signatory; **los abajo ~s** the undersigned
firmar [A1] *vt* to sign
■ **firmar** *vi* (escribir el nombre) to sign; **~ con una cruz** to make a *o* one's mark; **firmó por el Barcelona** he was signed (up) by Barcelona
firme[1] *adj*
A **1** ‹*escalera/silla/mesa*› steady; **terreno ~** solid ground; **pisar terreno ~** to be on safe *o* firm *o* solid ground; **tener las carnes ~s** to have a firm body; **con paso/pulso ~** with a firm step/steady hand; **una oferta en ~** a firm offer; **de ~** ‹*estudiar/trabajar*› hard **2** (color) fast **3** ‹*candidato*› strong
B (Mil): **¡~s!** attention!; **en posición de ~s** standing at *o* (BrE) to attention
C **1** ‹*persona*› firm; **tienes que mostrarte más ~ con él** you have to be firmer with him; **se mantuvo ~** (ante las presiones, el enemigo) she stood her ground; **me mantuve ~ en mi postura/idea** I stuck *o* kept to my position/idea **2** (*delante del n*) ‹*creencia/convicción*› firm
firme[2] *m* road surface
firmeza *f* **1** (de convicciones) strength; **con ~** firmly **2** (del terreno) firmness
firulete *m* (AmL) (en la ropa) frill; (en firma) twirl, flourish; (en un baile) twirl
fiscal[1] *adj* fiscal, tax (*before n*); ▸ **año, ministerio**
fiscal[2] -cala *m,f*, **fiscal** *mf* ≈ district attorney (*in US*), ≈ public prosecutor (*in UK*)
Compuesto **Fiscal General del Estado** ≈ Attorney General (*in US*), ≈ Director of Public Prosecutions (*in UK*)
fiscal[3] *m* (Ven) *tb* **~ de tránsito** (cuerpo) traffic police; (persona) traffic policeman
fiscalía *f* (despacho) ≈ district attorney's office (*in US*), ≈ public prosecutor's office (*in UK*); (cargo) *post of district attorney or public prosecutor*
fiscalidad *f* (impuestos) taxation; (sistema) tax system; **una ~ alta** a high level of taxation
fiscalizar [A4] *vt* to supervise, control
fisco *m* ≈ Treasury (*in US*), ≈ Exchequer (*in UK*); **declaró sus ingresos al ~** ≈ he declared his income to the Internal Revenue Service (*in US*), ≈ he declared his income to the Inland Revenue (*in UK*)
fisgar [A3] *vi* (fam) to snoop (colloq); **andaba fisgando por las oficinas** he was snooping around the offices
fisgón[1] -gona *adj* (fam) nosy (colloq)
fisgón[2] -gona *m,f* (fam) busybody (colloq)
fisgonear [A1] *vi* (fam) to nose around (colloq)
física *f* physics
Compuesto **física cuántica/nuclear** quantum/nuclear physics
físico[1] -ca *adj* physical
físico[2] -ca *m,f*
A (Fís) physicist
B **físico** *m* (cuerpo — de hombre, atleta) physique; (— de mujer) figure; (apariencia) appearance
fisiología *f* physiology
fisiológico -ca *adj* physiological
fisiólogo -ga *m,f* physiologist
fisión *f* fission; **~ nuclear** nuclear fission
fisionomía *f* ▸ **fisonomía**
fisioterapeuta *mf* physiotherapist, physical therapist (AmE)
fisioterapia *f* physiotherapy, physical therapy (AmE)
fisonomía *f* **1** (de persona) features (*pl*) **2** (de objeto, lugar) appearance
fisonomista *mf*: **soy buen ~** I have a good memory for faces
fistol *m* (Méx) tiepin
fístula *f* fistula
fisura *f* **1** (grieta) fissure, crack **2** (Med) (en un hueso) fracture; (del ano) fissure
flaccidez *f* flaccidity
fláccido -da *adj* flaccid, flabby
flaco -ca *adj* **1** ‹*persona*› thin, skinny (colloq) **2** (AmL) (como apelativo cariñoso) skinny (colloq) **3** (insignificante) poor
flacucho -cha *adj* (fam) skinny (colloq)
flacura *f* thinness, skinniness (colloq)
flagelación *f* flagellation (frml); (Bib) scourging
flagelar [A1] *vt* to flagellate (frml); (Bib) to scourge
■ **flagelarse** *v pron* to flagellate oneself (frml), to whip oneself
flagelo *m*
A (calamidad) whip, scourge
B (desgracia) disaster, calamity
C (Biol) flagellum
flagrante *adj* ‹*mentira*› blatant; ‹*injusticia*› glaring, flagrant; **lo sorprendieron en ~ delito** they caught him red-handed *o* in flagrante (frml *or* hum)
flama *f* (Méx) flame

f

flamable *adj* (Méx) inflammable, flammable

flamante *adj* (*gen delante del n*) (nuevo) brand-new; (vistoso) smart (colloq)

flambeado -da *adj* flambé*

flambear [A1] *vt* to flambé

flamenco¹ -ca *adj*

A ‹*cante/baile*› flamenco (*before n*); ***ponerse ~*** (Esp) to get sassy (AmE colloq), to get stroppy (BrE colloq)

B (de Flandes) Flemish

C (de aspecto sano) strong and healthy-looking

flamenco² -ca *m,f* (Geog) Fleming; **los F~s** the Flemish

flamenco³ *m*

A (Mús) flamenco

B (idioma) Flemish

C (Zool) flamingo

> **flamenco**
>
> Flamenco is performed in three forms: guitar, singing, and dancing. Its origins lie with the gypsies, and many of the best *cantaores* (flamenco singers), *bailaores* (dancers), and guitarists are gypsies. There are also Arabic and North African influences.
>
> Modern flamenco blends traditional forms with rock, jazz, and salsa. Guitarists are soloists in their own right, not just accompanists. Most flamenco songs are folk songs, modified by oral tradition, on a wide range of subjects. The music and lyrics are improvised and never written down.
>
> An integral part of traditional flamenco is the *duende*, the idea that the performer becomes inspired by the emotion of the music or dance. But as flamenco becomes commercialized, rehearsed performances are more likely than spontaneous music and dancing

flan *m* (dulce) crème caramel; (salado — de arroz) mold*; (— de pescado, verduras) terrine; ***estar como un ~*** to be shaking like a leaf

(Compuesto) **flan de arena** sandcastle

flanco *m* [1] (Mil) flank [2] (de animal) flank, side; (de persona) side

Flandes *m* Flanders

flanera *f* mold*

flanquear [A1] *vt* to flank

flap /'flap/ *m* (*pl* **flaps**) flap

flaquear [A1] *vi* «*persona/fuerzas*» to flag; **le flaqueaban las fuerzas** he was flagging; **su voluntad empezó a ~** she began to lose heart

flaqueza *f* weakness

flash /'flas/ *m* (*pl* **flashes**)

A (Fot) (aparato, destello) flash

B (Rad, TV) *tb* **~ informativo** newsflash

C (Esp arg) (impresión fuerte) shock (colloq)

flashback /'flasβak/ *m* (*pl* **-backs**) flashback

flato *m* [1] (Esp) (dolor en el costado): **tengo/me dio ~** I have/I got a stitch [2] (Chi fam) (eructo) burp (colloq)

flatulencia *f* flatulence, wind (colloq)

flatulento -ta *adj* flatulent

flauta¹ *f* (Mús) flute; ***sonar la ~ (por casualidad)*** (Esp): **¡sonó la ~!** what a fluke!; **le sonó la ~** he was lucky

(Compuestos)

- **flauta dulce** recorder
- **flauta traversa** *or* (Esp) **travesera** transverse flute

flauta² *mf* flute player, flutist (AmE), flautist (BrE)

flautín¹ *m* piccolo

flautín² *mf* piccolo (player)

flautista *mf* flute player, flutist (AmE), flautist (BrE)

flebitis *f* phlebitis

flecha¹ *adj* (Ven) one-way; ***ir ~*** to go the wrong way up a one-way street

flecha² *f* [1] (de arco) arrow; (de ballesta) bolt; **salió como una ~** she dashed *o* shot out [2] (señal, símbolo) arrow

flechar [A1] *vt* (fam) (enamorar): **me flechó** he swept me off my feet (colloq); **quedó flechado** he was smitten

flechazo *m* [1] (fam) (enamoramiento): **le ha dado el ~** he's smitten; **fue un ~** it was love at first sight [2] (herida) arrow wound

fleco *m* (Méx) (en el pelo) bangs (*pl*) (AmE), fringe (BrE)

flecos *mpl* [1] (adorno) fringe; **un chal con ~** a fringed shawl [2] (borde deshilachado) frayed edge

flema *f* phlegm

flemático -ca *adj* phlegmatic

flemón *m* boil, abscess; (en la encía) gumboil

flequillo *m* bangs (*pl*) (AmE), fringe (BrE)

fletar [A1] *vt*

A (Com, Transp) ‹*barco/avión*› to charter; ‹*autobús/camión*› to hire, rent (AmE)

B (AmL) (transportar) to transport

C (fam) (expulsar) to chuck … out

flete *m*

A (Transp) [1] (contratación — de barco, avión) charter; (— de autobús, camión) hire [2] (precio de contratación — de barco, avión) charter fee; (— de autobús, camión) hire charge, rental charge (AmE)

B (AmL) (de mercancías — transporte) transportation, carriage (frml); (— precio del transporte) freight, carriage (frml)

fletero -ra *adj* (AmL) ‹*buque*› cargo (*before n*); ‹*compañía*› freight (*before n*)

flexibilidad *f* flexibility

flexibilizar [A4] *vt* ‹*horario laboral/sistema*› to make … more flexible; ‹*criterio/medida*› to relax

flexible *adj* flexible

flexión *f*

A (Dep) (de brazos) push-up, press-up (BrE); (de piernas) squat; **hacer flexiones** (de brazos) to do push-ups *o* press-ups; (de cintura) to touch one's toes

B (Ling) inflection

flexionar [A1] *vt* (Dep) ‹*pierna/rodillas*› to bend; **~ la cintura** to bend down

flipar [A1] *vi* (Esp fam): **el helado me flipa cantidad** I love ice cream (colloq); **flipo contigo, no hay quien te entienda** I can't believe you sometimes, you're impossible to understand

■ **fliparse** *v pron* [1] (Esp fam) (entusiasmarse): **se flipa por el cine** she's crazy about movies (colloq) [2] (Esp arg) (drogarse) to get high (colloq)

flipe *m* (Esp arg) [1] (experiencia impresionante): **el concierto fue un ~** the concert was something else [2] (por droga) buzz (colloq)

flipper /'fliper/ *m* (máquina) pinball machine

flirt /'flirt/ *m* (*pl* **flirts**) (relación) fling; (persona) (*m*) boyfriend; (*f*) girlfriend

flirtear [A1] *vi* to flirt

flirteo *m* flirting

flojear [A1] *vi* [1] (debilitarse) to grow *o* get weak [2] (fam) (holgazanear) to laze around; **últimamente ha estado flojeando en sus estudios** his work has gone down recently

flojera *f* [1] (fam) (debilidad) lethargy [2] (fam) (pereza) laziness; **me da ~** I can't be bothered; **tengo ~** I feel lazy

flojo¹ -ja *adj*

A [1] ‹*nudo/tornillo/vendaje*› loose; ‹*cuerda*› slack; **haces el punto muy ~** you knit very loosely; ***me la trae floja*** (Esp vulg) I don't give a shit (vulg) [2] (débil) weak [3] ‹*vientos*› light [4] ‹*café/té*› weak

B (mediocre) ‹*trabajo/examen*› poor; ‹*película/vino*› second-rate; ‹*estudiante*› poor; **está ~ en física** he's weak in (AmE) *o* (BrE) at physics

C (Com, Econ) slack; **el mercado estuvo ~** the market was slack

D ‹*persona*› (fam) (perezoso) lazy

flojo² -ja *m,f* [1] (fam) (perezoso) lazybones (colloq) [2] (Col fam) (cobarde) coward

floppy /'flopi/ *m* (*pl* **floppys**) floppy disk, diskette

flor *f* (Bot) flower; **~es naturales/secas** fresh/dried flowers; **~ecillas silvestres** wild flowers; **un vestido de ~es** a flowery dress; **en ~** in flower, in bloom; ***a ~ de piel***: **tenía los nervios a ~ de piel** his nerves were all on edge; **tiene la sensibilidad a ~ de piel** she's very easily hurt; ***a ~ de tierra/agua*** just below the ground/water; ***echarle ~es a algn*** to pay sb compliments; ***estar en la ~ de la vida*** to be in the prime of life; **~ de …** (CS fam): **me hizo ~ de regalo** she gave me a wonderful present (colloq); **es un ~ de estúpido** he's a real idiot (colloq); ***ir de ~ en ~*** to flit from one man/woman to another; ***la ~ y***

nata the cream, the crème de la crème; ***ni ~es*** (Esp fam): **¿sabes dónde está? — ni ~es** do you know where he is? — no idea; **¿entendiste algo? — ni ~es** did you understand anything? — not a thing (colloq); ***ser la ~ de la canela*** to be wonderful

(Compuesto) **flor de azahar** (del naranjo) orange blossom; (del limonero) lemon blossom

flora *f* flora

floración *f* (acción) flowering; (período) flowering period

floral *adj* floral

floreado -da *adj* flowery

florear [A1] *vi* 1 (Chi, Méx) (Bot) to flower, blossom 2 (Méx) (halagar): **le ~on mucho su vestido** her dress got a lot of compliments

florecer [E3] *vi* 1 «*flor*» to flower, bloom; «*árbol*» to flower, blossom 2 (prosperar) to flourish, thrive

floreciente *adj* flourishing, thriving

florecimiento *m* flowering

Florencia *f* Florence

florentino -na *adj/m,f* Florentine

floreo *m* flourish

florería *f* (AmL) florist's, flower shop

florero *m* vase; ***estar de ~*** (Col, RPl, Ven fam) to be here/there purely for decoration

florescencia *f* florescence

floresta *f* (liter) verdant grove (liter)

florete *m* foil

floricultor -tora *m,f* flower grower

floricultura *f* flower growing

florido -da *adj* 1 ‹*campo*› full of flowers 2 ‹*estilo/lenguaje*› flowery 3 (selecto): **lo más ~ de la sociedad** the cream of society

florín *m* (moneda antigua) florin; (en Holanda) guilder

floripondio, (AmL) **floripón** *m* (fam): **con un ~ en la cabeza** with a great flowery thing on her head (colloq)

florista *mf* florist

floristería *f* florist's, flower shop

floritura *f* embellishment, frill

florón *m* ceiling rose, rosette

flota *f*

A (de barcos, camiones, aviones) fleet; **la ~ mercante/pesquera** the merchant/fishing fleet; **la ~ de altura/bajura** the deep-sea/inshore fleet

B (Col) (autobús) bus (AmE), coach (BrE)

flotación *f* flotation

flotador *m* 1 (para nadar — de corcho) float; (— para la cintura) rubber ring 2 (de hidroavión) float 3 (de pescar) float 4 (Tec) ballcock

flotante *adj* floating

flotar [A1] *vi* 1 (en un líquido) to float 2 (en el aire) «*partículas/polen*» to float; «*perfume*» to waft 3 (Econ, Fin) «*moneda*» to float

flote *m*: **a ~** afloat; **mantenerse a ~** to stay afloat; **logró mantener el negocio a ~** he managed to keep the business afloat; **salir a ~** «*cuerpo sumergido*» to float to the surface; **el país tendrá que salir a ~** the country will have to get back on its feet

flotilla *f* (Náut) flotilla; (Aviac) fleet

fluctuación *f* fluctuation

fluctuante *adj* ‹*temperatura/opinión*› fluctuating; ‹*mercado/divisa*› fluctuating; ‹*población*› floating

fluctuar [A18] *vi* to fluctuate

fluidez *f* 1 (de expresión) fluency; **habla griego con ~** she speaks Greek fluently 2 (de tráfico) smooth flow 3 (Fís, Quím) fluidity

fluido¹ *adj* 1 (líquido) fluid 2 (tráfico): **el tráfico es ~** the traffic is moving smoothly

fluido² *m* 1 (Fís, Quím) fluid 2 (period) (corriente) current; **un corte en el ~ eléctrico** a power failure *o* power cut

fluir [I20] *vi* to flow

flujo *m*

A (circulación, corriente) flow; **~ sanguíneo** blood flow; **un ~ emigratorio** a wave of immigrants; **el ~ de visitantes** the number of visitors

B (Med) (secreción) discharge

(Compuesto) **flujo menstrual** menstrual flow

C (Náut) tide; **~ y reflujo** ebb and flow

fluminense *adj* of/from Rio de Janeiro

flúor, fluor *m* (gas) fluorine; (fluoruro) fluoride

fluorescencia *f* fluorescence

fluorescente *adj* fluorescent

fluoruro *m* fluoride

fluvial *adj* river (*before n*), fluvial (tech)

flux *m*

A (en naipes) flush

B (Ven) (traje) suit

FM *f* (= **frecuencia modulada**) FM

FMI *m* (= **Fondo Monetario Internacional**) IMF

fobia *f* phobia; **tiene ~ a los aviones** he has a phobia about flying; **le tiene ~** (fam) she can't stand the sight of him (colloq)

fóbico -ca *adj* phobic

foca *f* 1 (animal) seal; (piel) sealskin 2 (fam) (persona gorda) fatty (colloq)

focal *adj* focal

foco *m*

A 1 (Fís, Fot, Mat) focus; **fuera de ~** (AmL) out of focus 2 (centro, núcleo) focus; **fue el ~ de todas las miradas** everybody's eyes were focused on him 3 (de incendio) seat

B 1 (Cin, Teatr) (reflector) spotlight 2 (AmL) (Auto) light 3 (Ec, Méx, Per) (de lámpara) light bulb; ***se me/le prendió el ~*** (Méx fam) I/she had a bright idea *o* (AmE) a brainstorm (colloq) 4 (AmC) (linterna) flashlight (AmE), torch (BrE)

foete *m* (AmL) horsewhip

fofo -fa *adj* (fam) flabby, pudgy (AmE)

fogata *f* bonfire

fogón *m* (quemador) burner; (cocina) (ant) stove; (fogata) (AmL) bonfire, campfire; (de caldera) firebox

fogonazo *m* flash, explosion

fogosidad *f* ardor*

fogoso -sa *adj* ardent

fogueado -da *adj* (AmS fam) experienced

foguearse [A1] *v pron* to undergo a baptism of fire

fogueo *m* (Mil): **un cartucho de ~** a blank (cartridge); **un partido de ~** (Col) a practice game

foja *f* (AmL) sheet; **~ de servicios** service record; ***volver a/estar en ~s cero*** (AmL) to go/be back to square one

folio *m* 1 (hoja) sheet (of paper); **papel tamaño ~** A4 paper 2 (de un trabajo) page

folk¹ /'fo(l)k/ *adj* folk (*before n*)

folk² /'fo(l)k/ *m* folk (music)

folklore *m* folklore

folklórico¹ -ca *adj* 1 ‹*danza/música/leyenda*› folk (*before n*) 2 (fam) (pintoresco) quaint

folklórico² -ca *m,f*: *performer of traditional Spanish songs and dances*

folklorista *mf* folklorist

follaje *m* foliage

follar [A1] *vt/vi* (Esp vulg) to screw (vulg), to fuck (vulg)

folletín *m* (en periódicos, revistas) newspaper serial; (revista mala) rag (colloq); (película, novela mala) melodrama

folletinesco -ca *adj* melodramatic

folleto *m* (hoja) leaflet, flier (AmE); (librito) brochure, pamphlet

follón *m* (Esp fam) 1 (trifulca) commotion, ruckus; (ruido) racket (colloq), din (AmE colloq); **armó** *or* **montó un buen ~** (montó una trifulca) he kicked up a hell of a fuss (colloq); (hizo ruido) he made such a racket *o* din (colloq) 2 (situación confusa, desorden) mess; **¡que ~ de papeles!** these papers are in such a mess!; **el ~ este de MEPIRESA** this MEPIRESA business (colloq) 3 (problema): **no te metas en follones** don't get into trouble

fomentar [A1] *vt*

A ‹*industria/turismo*› to promote; ‹*ahorro/inversión*› to encourage, boost; ‹*disturbio/odio*› to incite, foment (frml); **hay que ~les el gusto por la música** one has to foster *o* encourage an interest in music in them

B (Med) to foment

fomento *m* (impulso; promoción) promotion

fonda *f* (restaurant) (esp AmL) cheap restaurant; (pensión) (esp Esp) boarding house; (puesto) (Chi) refreshment stand

fondeadero *m* anchorage

fondear [A1] *vt* (Náut) to anchor

fondillo *m*, **fondillos** *mpl* (AmL) seat

fondista *mf* (Dep) long-distance runner

fondo *m*

A **1** (parte más baja) bottom; **el ~ del mar** the bottom of the sea; **una maleta de doble ~** a suitcase with a false bottom; **no toco ~** I can't touch the bottom; **en el ~ de su corazón** deep down (in his heart); **llegaré al ~ de esta cuestión** I'll get to the bottom of this matter; **hay un ~ de verdad en eso** there is an element of truth in that **2** (parte de atrás — de pasillo, calle) end; (— de habitación) back; **siga hasta el ~ del pasillo** go to the end of the corridor; **estaban al** *or* **en el ~ de la sala** they were at the back of the room **3** (profundidad): **tiene poco ~** it is not very deep; **un cajón con más ~** a deeper drawer **4** (de edificio) depth **5** (en cuadro, fotografía) background

B **1** (Lit) (contenido) content; **el ~ y la forma** the form and content **2** (Der): **una cuestión de ~** a question of law

C (Fin) **1** (de dinero) fund; **hacer un ~ común** to start a joint fund *o* (colloq) a kitty **2** **fondos** *mpl* (dinero) money, funds (*pl*); **recaudar ~s** to raise money; **un cheque sin ~s** a dud *o* (AmE) rubber check (colloq); **me dio un cheque sin ~s** the check he gave me bounced; **estoy mal de ~s** (fam) I'm short of cash (colloq) **3** **a fondo perdido** ‹*inversión/préstamo*› non-refundable, non-recoverable

Compuestos

- **fondo de amortización/inversión/pensiones/previsión** sinking/investment/pension/provident fund
- **Fondo Monetario Internacional** International Monetary Fund, IMF
- **fondos públicos** *mpl* public funds (*pl*)

D (Dep) (en atletismo): **de ~** ‹*corredor/carrera/prueba*› long-distance

E (de biblioteca, museo) collection

Compuesto **fondo editorial** list of titles

F (Méx) (Indum) slip, underskirt

G (*en locs*) **a fondo** (*loc adj*) ‹*estudio/investigación*› in-depth; (*loc adv*) ‹*prepararse/entrenar*› thoroughly; **una limpieza a ~** a thorough clean; **una reforma a ~** a sweeping reform; **conoce el área/tema a ~** she knows the area/subject really well; **de fondo** ‹*ruido/música*› background (*before n*); ‹*error/discrepancia*› fundamental; ***en el ~***: **en el ~ no es malo** deep down he's not a bad person; **en el ~ nos llevamos bien** we get on all right, really; ***¡~ blanco!*** (AmL fam) bottoms up! (colloq); ***tener buen ~*** to be a good person at heart; ***tocar ~*** to bottom out; **su credibilidad ha tocado ~** his credibility has hit *o* reached rock bottom

fonema *m* phoneme

fonética *f* phonetics

fonético -ca *adj* phonetic

fónico -ca *adj* phonic

fonógrafo *m* phonograph

fonología *f* phonology

fonoteca *f* music library

fontanería *f* (esp Esp) plumbing

fontanero -ra *m,f* (esp Esp) plumber

footing /'futin/ *m* jogging; **hacer ~** to jog

foque *m* jib

forajido -da *m,f* fugitive, outlaw

foral *adj* ‹*decreto/guardia*› autonomous (*of/relating to certain autonomous regions of Spain*)

foráneo -nea *adj* foreign, strange

forastero -ra *m,f* stranger, outsider

forcejear [A1] *vi* to struggle

forcejeo *m* struggle

fórceps *m* (*pl* ~) forceps (*pl*)

forense[1] *adj* forensic

forense[2] *mf* forensic scientist

forestal *adj* forest (*before n*)

forfait /for'fe/ *m* **1** (Com) fixed *o* set price; **viaje turístico a ~** package holiday **2** (abono) ski pass **3** (Dep) failure to appear

forja *f* (fragua, taller) forge; (acción) forging

forjar [A1] *vt* **1** ‹*utensilio/pieza*› to forge; ‹*metal*› to work **2** ‹*porvenir*› to shape, forge; ‹*plan*› to make; ‹*ilusiones/esperanzas*› to build up **3** ‹*nación/bases*› to create; ‹*amistad/alianza*› to forge

■ **forjarse** *v pron* ‹*porvenir*› to shape, forge; ‹*ilusiones*› to build up

forma *f*

A **1** (contorno, apariencia) shape; **tiene ~ circular** it's circular (in shape); **en ~ de cruz** in the shape of a cross; **tiene la ~ de un platillo** it's the shape of a saucer; **dar ~ a algo** (al barro) to shape sth; (a proyecto) to give shape to sth; **tomar ~** to take shape; **el suéter ha tomado la ~ de la percha** the sweater's been stretched out of shape by the coat hanger **2** (tipo, modalidad) form; **la discriminación no se tolerará bajo ninguna de sus ~s** discrimination will not be tolerated in any shape or form; **el medicamento se presenta en ~ de comprimidos** the medicine comes in tablet form

B (Lit) (de una novela, obra) form; (Fil) form

C (Ling) form

D (Dep, Med): **estar/mantenerse en ~** to be/keep fit; **está en baja ~** he's not on form; **en plena ~** on top form; ***en ~*** (AmL fam): **una comida en ~** a good square meal (colloq); **nos divertimos en ~** (AmL fam) we had a really good time

E (manera, modo) way; **es su ~ de ser** it's just the way he is; **tiene una ~ de ser que desconcierta** he has a rather disconcerting manner; **¡qué ~ de gritar!** there's no need to shout!; **así no hay ~ de entenderse** we'll never get anywhere like this; **no veía la ~ de convencerlo** I couldn't see how to convince him; **de ~ que** (frml) in such a way that; ***de cualquier ~*** *or* ***de todas ~s*** anyway, in any case

Compuesto **forma de pago** form *o* method of payment

F **formas** *fpl* **1** (de mujer) figure **2** (apariencias) appearances (*pl*); **guardar las ~s** to keep up appearances

G (Méx) (formulario) form

formación *f*

A (de rocas, gobierno, palabras) formation

B (Geol) (conjunto, masa) formation

C (Mil) formation; **~ de combate** combat formation

D (educación recibida) education; (para trabajo) training; **tiene una buena ~** she has had a good education; **el período de ~** the training period

Compuesto **formación profesional** *or* (CS) **vocacional** professional *o* vocational training; **estudiantes de ~ ~** ≈ students at technical college

formador -dora *m,f* **1** (de algo) former, shaper; **el periodista como ~ de opinión** the journalist as opinion shaper **2** (de personas) formative influence; **fue un gran ~ de juventudes** he was a great formative influence on young people; **una institución que es la principal ~a de científicos** an institution which is the main formative influence on scientists

formal *adj*

A (cumplidor) reliable, dependable; (responsable) responsible; **¡sé ~ito!** behave yourself!

B **1** ‹*error*› formal **2** ‹*promesa/oferta*› firm; ‹*invitación/compromiso*› formal, official; ‹*acusación*› formal **3** ‹*recepción/cena*› formal

formalidad *f*

A (de persona) reliability; **no tiene ~** he's so unreliable; **tengamos ~** let's be serious

B (requisito) formality

formalismo *m* (Arte, Fil) formalism; (convencionalismo) conventionality

formalizar [A4] *vt* ‹*noviazgo/relación*› to make ... official; ‹*transacción/contrato*› to formalize; **los extranjeros deben ~ su situación** foreigners must legalize *o* regularize their position

■ **formalizarse** *v pron* «*persona*» to settle down; «*noviazgo*» to become official

formar [A1] *vt*

A **1** «*personas*» ‹*círculo/figura*› to make, form; ‹*asociación/gobierno*› to form, set up; ‹*barricada*› to set up; **formen parejas** (en clase) get into pairs *o* twos; (en baile) take your

partners **2** (Ling) to form **3** (Mil) ‹*tropas*› to have ... fall in
B (componer) to make up; **~ parte de algo** to be part of sth, to belong to sth; **está formada por tres provincias** it is made up of *o* it comprises three provinces; **forman un ángulo recto** they form *o* make a right angle
C ‹*carácter/espíritu*› to form, shape
D (educar) to bring up; (para trabajo) to train
■ **formar** *vi* (Mil) to fall in; **¡a ~!** fall in!
■ **formarse** *v pron*
A **1** (hacerse, crearse) to form; **se formó una cola** a line (AmE) *o* (BrE) queue formed **2** (desarrollarse) «*niño/huesos*» to develop **3** ‹*idea/opinión*› to form; **se ha formado una impresión errónea** he has got the wrong impression
B (educarse) to be educated
formateado *m* formatting
formatear [A1] *vt* to format
formativo -va *adj* formative
formato *m*
A (tamaño, forma) format
B (Méx) (formulario, solicitud) form
fórmica® *f* Formica®
formidable *adj/interj* (fam) fantastic (colloq)
formol *m* formaldehyde
formón *m* chisel
fórmula *f*
A **1** (Mat, Quím) formula **2** (manera, sistema) way; **una nueva ~ para negociar** a new way of negotiating; **no existe una ~ mágica** there is no magic formula; **~s de pago** methods of payment **3** (frase, expresión) standard expression, formula; **~s de cortesía** polite expressions; **por pura ~** for form's sake **4** (de producto) formula; (de alimento) recipe
B (Auto) formula; **un coche de F~ 1** a Formula 1 car
C (Col) (receta médica) prescription
formulación *f* formulation
formular [A1] *vt*
A ‹*queja*› to make, lodge; ‹*teoría*› to formulate; ‹*plan*› to formulate, draw up
B (Col) «*médico*» to prescribe
formulario *m* form
fornicación *f* fornication
fornicar [A2] *vi* to fornicate
fornido -da *adj* well-built, big, hefty
foro *m* **1** (Hist) forum **2** (period) (organismo, reunión) forum **3** (Teatr) backstage area; ***desaparecer*** *or* ***irse por el ~*** (fam) to sneak off
forofo -fa *m,f* (Esp fam) (Dep) fan; (Taur) aficionado, enthusiast; **ser un ~ DE algn** to be crazy ABOUT sb
forrado -da *adj*
A ‹*chaqueta*› lined; ‹*sillón/libro*› covered; **un abrigo ~ de seda** a coat lined with silk
B [ESTAR] (fam) (de dinero) loaded (colloq)
forraje *m* fodder, forage
forrar [A1] *vt* ‹*abrigo*› to line; ‹*libro/sillón*› to cover; ‹*puerta*› to line
■ **forrarse** *v pron*
A (fam) *tb* **~se de dinero** to make a killing *o* mint
B (Méx fam) (llenarse) **~se DE algo** to stuff oneself WITH sth (colloq)
forro *m* **1** (de abrigo) lining; (de sillón) cover; (de libro) cover, jacket; ***ni por el ~*** (fam): **no lo entiendo ni por el ~** I don't understand the first thing about it; **no ha visto un libro ni por el ~** he's never opened a book in his life (colloq) **2** (Chi) (de bicicleta) tire*
fortachón -chona *adj* (fam) big and strong (colloq), strapping
fortalecer [E3] *vt* **1** ‹*organismo/músculos*› to strengthen, make ... stronger; **una lectura para ~ el espíritu** reading matter that is spiritually uplifting **2** ‹*relación/amistad*› to strengthen **3** (Mil) (reforzar) to reinforce
■ **fortalecerse** *v pron* «*organismo/músculo*» to get stronger; «*espíritu*» to grow stronger
fortalecimiento *m* strengthening
fortaleza *f*
A (física) strength; (moral) fortitude, strength of spirit
B (Mil) fortress
fortificación *f* fortification
fortificar [A2] *vt*
A (Mil) ‹*lugar/plaza*› to fortify
B (dar fuerza) to strengthen, make ... stronger
fortín *m* (fuerte pequeño) (small) fort; (emplazamiento) pillbox, bunker
fortísimo[1] -ma *adj*: *ver* **fuerte[1]**
fortísimo[2] *m/adv* (Mús) fortissimo
fortuitamente *adv* fortuitously, by chance
fortuito -ta *adj* ‹*encuentro/suceso*› chance (*before n*), fortuitous; **no es ~ que haya venido hoy** it's no accident that he happened to turn up today
fortuna *f* **1** (riqueza) fortune **2** (azar, suerte) fortune; **le sonrió la ~** fortune smiled on him; **tuvo la (buena) ~ de ganar** he had the good fortune to win; **por ~** fortunately; ***probar ~*** to try one's luck
forúnculo *m* boil, furuncle (tech)
forzado -da *adj* forced, unnatural
forzar [A11] *vt*
A (obligar) to force; **me vi forzado** I had to, I was forced
B **1** ‹*vista*› to strain; **estaba forzando la vista** I was straining my eyes **2** ‹*sonrisa*› to force
C ‹*puerta/cerradura*› to force
D (violar) to rape
■ **forzarse** *v pron* (obligarse) to make *o* force oneself
forzosamente *adv*: **~ alguien ha tenido que verlos** someone *must* have seen them
forzoso -sa *adj* **1** (necesario) necessary **2** (obligatorio) ‹*aterrizaje/anexión/paro*› forced; ‹*jubilación*› compulsory
forzudo[1] -da *adj* (fam) big and strong (colloq)
forzudo[2] -da *m,f* (fam): **un par de ~s** a couple of big, strong men (colloq)
fosa *f* (zanja) ditch; (hoyo) pit; (tumba) grave; (Auto) pit
(Compuestos)
• **fosa común** common *o* communal grave
• **fosa marina** trench
• **fosa séptica** septic tank
fosfato *m* phosphate
fosforera *f* (fábrica) match factory
fosforescencia *f* phosphorescence
fosforescente *adj* (Fís) phosphorescent; ‹*color/pintura*› fluorescent
fósforo *m*
A (Quím) phosphorus
B (cerilla) match
fósil[1] *adj* fossilized, fossil (*before n*)
fósil[2] *m* fossil
fosilización *f* fossilization
fosilizarse [A4] *v pron* to fossilize
foso *m*
A (zanja) ditch; (en fortificaciones) moat; (Equ) water jump
B (Teatr) pit
(Compuesto) **foso de la orquesta** orchestra pit
C (Auto) inspection pit
foto *f* picture, photo (esp BrE); **me sacó** *or* **tomó** *or* (Esp) **hizo una ~** he took a picture *o* photo of me; **una ~ en blanco y negro** a black-and-white photo
(Compuesto) **foto de carnet** *or* **pasaporte** passport photo
fotocomposición *f* photocomposition
fotocopia *f* photocopy, Xerox®; **hizo** *or* **sacó una ~ de la carta** he made *o* took a photocopy of the letter
fotocopiadora *f* photocopier, Xerox® machine
fotocopiar [A1] *vt* to photocopy, xerox
fotogénico -ca *adj* photogenic
fotograbado *m* photogravure
fotografía *f* (técnica, arte) photography; (retrato, imagen) photograph
fotografiar [A17] *vt* to photograph, take a photograph of
fotográfico -ca *adj* photographic
fotógrafo -fa *m,f* photographer
fotograma *m* still
fotomatón *m* photo booth
fotómetro *m* (Fot) exposure *o* light meter; (Fís) photometer

fotomontaje *m* photomontage
fotón *m* photon
fotonovela *f* photoromance (*romantic story in the form of photographs with captions*)
fotosíntesis *f* photosynthesis
fototeca *f* photographic library
foul /'faul/ *m* (*pl* **fouls**) (AmL) foul
foulard /fu'lar/ *m* (tejido) foulard; (pañuelo) scarf
foulear /faule'ar/ [A1] *vt* (CS) to foul
fox /'fos/ *m* (*pl* ~) foxtrot
fox-trot /'fostro(t)/ *m* (*pl* **-trots**) foxtrot
fr (= **franco**) fr
frac *m* (*pl* **fracs** *or* **fraques**) (chaqueta) tail coat, tails (*pl*); (traje) morning suit; **iba de** ~ he was in morning dress
fracasado¹ -da *adj* failed, unsuccessful
fracasado² -da *m,f* failure
fracasar [A1] *vi* to fail; ~ **EN algo** to fail IN sth
fracaso *m* failure; **un** ~ **amoroso** *or* **sentimental** a disappointment in love
fracción *f*
A fraction; **una** ~ **de segundo** a fraction of a second, a split second
B (de organización) faction
fraccionamiento *m*
A (de país, partido) division; (Quím) fractionation
B (Méx) **1** (de terreno) division (*into lots*) **2** (urbanización) development
fraccionar [A1] *vt* **1** ‹*pago*› to make … in installments* **2** (Quím) to fractionate
fraccionario -ria *adj* fractional
fractura *f*
A (Med) fracture; **sufrió** ~ **de peroné** he fractured his fibula
B (Geol) fault
fracturar [A1] *vt* to fracture
■ **fracturarse** *v pron* to fracture
fragancia *f* fragrance, perfume
fragante *adj* (liter) fragrant
fragata *f* frigate
frágil *adj* **1** ‹*cristal/fuente*› fragile; Ⓢ **frágil** fragile **2** ‹*salud/constitución*› delicate; ‹*economía*› fragile; **una viejecita muy** ~ a very frail old woman
fragilidad *f* **1** (de cristal, porcelana) fragility **2** (de una situación) delicacy; (de la economía) fragility; **la** ~ **de su salud** her frailty
fragmentar [A1] *vt* to fragment
■ **fragmentarse** *v pron* to fragment
fragmentario -ria *adj* sketchy
fragmento *m* **1** (de jarrón) shard; (de hueso) fragment **2** (de conversación) snippet, snatch **3** (de novela, carta — extracto) extract, passage; (— resto, pedazo) fragment
fragor *m* (liter) clamor* (liter)
fragua *f* forge
fraguar [A16] *vt* **1** (Metal) to forge **2** ‹*complot*› to hatch; ‹*plan*› to conceive
■ **fraguar** *vi* «*cemento*» to set
fraile *m* friar, monk
frailecillo *m* puffin
frailecito *m* (AmL) plover
frambuesa *f* raspberry
francachela *f* (Esp) (fam): **ir de** ~ (de juerga) to go out on the town; (de comilona) to have a blow-out (colloq)
francamente *adv* **1** ‹*decir/hablar*› frankly, honestly **2** (*indep*) frankly, quite honestly; ~, **me parece una estupidez** (quite) frankly, I think it's stupid **3** (realmente) ‹*bueno/malo*› really
francés¹ -cesa *adj* French; **a la francesa** the French way; ***despedirse a la francesa*** to leave without saying goodbye
francés² -cesa *m,f*
A (*m*) Frenchman; (*f*) Frenchwoman; **los franceses** the French, French people
B **francés** *m* (idioma) French
franchute¹ -ta *adj/m,f* (fam) Frog (*before n*) (colloq)
franchute² *m* (idioma) French, Frog (colloq)
Francia *f* France
franciscano -na *adj/m,f* (Relig) Franciscan
francmasón -sona *m,f* Freemason, Mason
francmasonería *f* freemasonry
franco¹ -ca *adj*
A (sincero) ‹*persona*› frank; ‹*sonrisa*› natural; **para serte** ~ **...** to be frank *o* honest …; **una mirada franca** an honest *o* open expression
B (*delante del n*) (patente) marked; **ha mostrado una franca mejoría** he has shown marked *o* clear signs of improvement; **un clima de franca cordialidad** an atmosphere of genuine warmth; **en franca rebeldía/oposición** in open rebellion/opposition
C (Com) free; ~ **de porte** carriage free; **paso** ~ free passage; ~ **a bordo** free on board; ~ **de derechos** duty-free
D [ESTAR] **1** (Mil) off duty **2** (RPl) (libre de trabajo) off; **el lunes estoy** ~ I have Monday off
E (Hist) Frankish
franco² -ca *m,f*
A (Hist) Frank
B **franco** *m* (unidad monetaria) franc
francocanadiense *adj/mf* French Canadian
francófilo -la *adj/m,f* francophile
francófobo -ba *m,f* francophobe
francófono -na *adj/m,f* francophone
franco-hispano -na *adj* Franco-Spanish
francote *adj* (fam) plainspoken
francotirador -dora *m,f* sniper
franela *f* **1** (Tex) flannel **2** (Ven) (camiseta) T-shirt **3** (Col) (camiseta de interior) undershirt (AmE), vest (BrE)
frangollo *m* (RPl fam) botched job (colloq)
franja *f* (banda) stripe, band; (cinta, adorno) border, fringe
(Compuesto) **franja de Gaza** Gaza Strip
franquear [A1] *vt*
A ‹*paso/entrada*› to clear; ‹*puerta*› to go through; ‹*umbral/río*› to cross
B ‹*carta*› (pagar) to pay the postage on; Ⓢ **a franquear en destino** postpaid
■ **franquearse** *v pron* ~**se CON algn** to confide IN sb
franqueo *m* postage
franqueza *f* frankness, openness; **voy a hablar con (toda)** ~ I'm going to be (perfectly) frank *o* honest
franquicia *f*
A (exención) exemption; (en seguros) excess
(Compuestos)
- **franquicia aduanera** (condición) duty-free status; (cantidad) duty-free allowance
- **franquicia postal** *exemption from payment of postage*

B (concesión) franchise
franquismo *m* years that Franco was in power
franquista¹ *adj* (relacionado con Franco) Franco (*before n*); (a favor de Franco) pro-Franco
franquista² *mf* supporter of Franco
frasco *m* bottle; (de mermelada) jar
frase *f* (oración) sentence; (sintagma) phrase; ~**s huecas** *or* **vacías** empty words
(Compuesto) **frase hecha** set phrase
fraseo *m* phrasing
fraternal *adj* brotherly, fraternal
fraternidad *f* fraternity, brotherhood
fraternización *f* fraternization
fraternizar [A4] *vi* to fraternize; ~ **CON algn** to fraternize WITH sb
fraterno -na *adj* brotherly, fraternal
fratricida¹ *adj* fratricidal
fratricida² *mf* fratricide
fratricidio *m* fratricide
fraude *m* fraud
(Compuestos)
- **fraude electoral** vote rigging, election fraud
- **fraude fiscal** tax evasion

fraudulencia *f* fraudulence
fraudulento -ta *adj* ‹*negocio*› fraudulent; ‹*elecciones*› rigged

fray *m* (*delante de n propio*) Brother

frazada *f* (AmL) blanket

frecuencia *f* frequency; **con ~** frequently

(Compuesto) **frecuencia modulada** frequency modulation, FM

frecuentar [A1] *vt* to frequent

frecuente *adj* ‹*llamada/visita*› frequent; **no es ~ verla** it is unusual to see her, you do not often see her

freelance /'frilans/ *mf* freelancer; **trabaja de ~** he works freelance

free-lance /'frilans/ *adj inv* freelance

freezer /'friser/ *m* 1 (AmL) (electrodoméstico) freezer, deep freeze 2 (Chi, Ven) (en el refrigerador) freezer (compartment)

fregada *f* (esp AmL fam) (restregadura) scrub

fregadera *f* (AmL exc CS fam) pain (colloq); **es una ~ tener que ir** it's a real hassle *o* pain having to go (colloq)

fregadero *m* (de la cocina) kitchen sink; (para lavar ropa) (Méx) sink

fregado[1] -da *adj*

A (AmL exc RPl fam) 1 (molesto) annoying; **¡no seas ~, hombre!** stop being such a pain *o* a bore (colloq); **¡qué niño más ~!** that kid's a real pest (colloq) 2 (difícil) ‹*examen/tema*› tricky (colloq), tough (colloq); ‹*persona/carácter*› difficult; **el asunto está ~** it's all very iffy 3 [ESTAR] (enfermo, delicado) in a bad way (colloq) 4 [ESTAR] (sin dinero) broke (colloq)

B (Andes, Ven fam) (exigente) strict

C (Col, Per fam) (astuto) sly, sneaky (colloq)

fregado[2] -da *m,f*

A (AmL exc RPl fam) (persona difícil) difficult person

B **fregado** *m* 1 (restregadura) scrub, scrubbing; **dar un ~ a algo** to give sth a scrub 2 (Esp) (fam) (lío) mess

fregar [A7] *vt*

A (lavar, limpiar) to wash; **fregué el suelo** (con trapo) I washed the floor; (con trapeador) I mopped the floor; (con cepillo) I scrubbed the floor; **~ los platos** to wash the dishes, to do the dishes (colloq)

B (AmL exc RPl fam) (molestar) to bug (colloq); **~le la paciencia a algn** to go *o* keep on at sb (colloq); **¡no me friegues!** (no me molestes) stop bugging me!; (no me digas) you're kidding! (colloq)

C (AmL exc RPl fam) ‹*planes/vacaciones*› to ruin

D (AmL exc RPl fam) (perjudicar): **me fregó con esa pregunta** her question really floored me (colloq); **fregó al país** he dragged the country down (colloq)

■ **fregar** *vi*

A (lavar los platos) to wash the dishes, to do the dishes (colloq); (limpiar) to clean; (restregar) to scrub

B (AmL exc RPl fam) (molestar): **¡déjate de ~!** stop being such a pest!; **¡no friegues!** (no digas) you're kidding! (colloq)

■ **fregarse** *v pron*

A (AmL fam) (fastidiarse): **¡te friegas!** tough! (colloq); **¡me fregué!** I've really done it now! (colloq); **los que se friegan son ustedes** you'll be the ones who lose out

B (AmL exc RPl fam) 1 (malograrse): **se ~on nuestros planes** that's ruined *o* messed up our plans (colloq) 2 ‹*tobillo/mano*› to do … in (colloq), to screw … up (AmE colloq)

fregón -gona *adj* (AmC, Col, Ec fam) ▸**fregado[1] A**

fregona *f*

A (pey) (sirvienta) drudge

B (Esp) (utensilio) mop

freidora *f* deep fryer

freiduría *f*: *bar or store selling fried fish*

freír [I35] *vt*

A (Coc) to fry; **no sabe ni ~ un huevo** he doesn't even know how to boil an egg

B (Esp fam) (asediar): **nos frieron a preguntas** they pestered us with questions; **me frieron los mosquitos** the mosquitos ate me alive

■ **freírse** *v pron* to fry

frenada *f* (esp AmL) ▸**frenazo**

frenado *m* braking

frenar [A1] *vt*

A (Transp) to brake

B ‹*proceso/deterioro*› to slow … down; ‹*alza/inflación*› to curb, check; ‹*progreso/desarrollo*› to hold … back; **para ~ la ola de refugiados** to stem the flow of refugees

■ **frenar** *vi* to brake, apply the brake(s) (frml)

■ **frenarse** *v pron* (*refl*) to restrain oneself

frenazo *m* (fam): **oí el ~** I heard the screeching of brakes; **dio un ~** she slammed *o* jammed on her brakes; **la huella del ~** the skid mark; **dar un ~ a las importaciones** to put the brake on imports

frenesí *m* frenzy; **con ~** madly *o* passionately

frenético -ca *adj* frenzied, frenetic; **ponerse ~** (fam) to go crazy *o* wild

frenillo *m*

A 1 (membrana) frenum 2 (defecto) *speech defect caused by an abnormal frenum*

B **frenillos** *mpl* (AmL) (para los dientes) braces (*pl*) (AmE), brace (esp BrE)

freno *m*

A (Mec, Transp) brake; **se quedó sin ~s** his brakes failed

(Compuestos)

- **freno de mano** emergency brake (AmE), handbrake (BrE)
- **frenos asistidos** *mpl* power brakes (*pl*)
- **frenos de aire/disco/tambor** *mpl* air/disc/drum brakes (*pl*)

B (Equ) bit

C (contención): **poner ~ a algo** ‹*a gastos/importaciones*› to curb sth; ‹*a abusos*› to put a stop to sth; **esto supondría un ~ al desarrollo del programa** this would slow the program down

D **frenos** *mpl* (Méx) (para los dientes) braces (*pl*) (AmE), brace (esp BrE)

frentazo *m* (Méx fam): **darse** *or* **pegarse un ~** to be devastated

frente[1] *f* forehead, brow (liter); **arrugó la ~** she frowned; **una ~ despejada** *or* **ancha** a broad forehead; ***con la ~ bien alta*** *or* ***en alto*** with one's head held high

frente[2] *m*

A 1 (de edificio) front, facade (frml); ***hacer(le) ~ a algo*** (a la realidad, una responsabilidad) to face up to sth; (a gastos, obligaciones) to meet sth; **le hizo ~ a la vida por sus propios medios** she stood on her own two feet; ***hacerle ~ a algn*** (a enemigo, atacante) to face sb 2 (*en locs*) **al frente**: **dio un paso al ~** she took a step forward; **la Orquesta Sinfónica, con López Morán al ~** the Symphony Orchestra, conducted by López Morán; **desfilaron llevando al ~ el emblema de la paz** they marched behind the symbol of peace; **vive al ~** (Chi) she lives opposite; **pasar al ~** (AmL) to come/go up to the front; **al frente de**: **están al ~ de la clasificación** they are at the top of the table; **iba al ~ de la patrulla** he was leading the patrol; **está al ~ de la empresa** she is in charge of the company; **de frente**: **chocaron de ~** they crashed head on; **una foto de ~** a full-face photo; **no entra de ~** it won't go in front on; **de frente a** (AmL) facing; **frente a** opposite; **viven ~ a mi casa** they live opposite me; **el hotel está ~ al mar** the hotel faces the sea; **estamos ~ a un grave problema** we are faced with a serious problem; **se mantiene estable ~ al dólar** it is holding up against the dollar

B 1 (Meteo) front 2 (en una guerra) front; **sin novedad en el ~** (fr hecha, hum) all quiet on that front (colloq & hum); **un ~ de acción contra la droga** a campaign to combat drugs 3 (Pol) (agrupación) front; **el ~ de liberación** the liberation front; ***hacer (un) ~ común*** to form a united front

(Compuesto) **frente de batalla** battlefront

frentón -tona *adj* (AmC): **es muy ~** he has a marked receding hairline

fresa *f*

A 1 (Bot, Coc) (planta) strawberry plant; (fruta) strawberry 2 **(de) color ~** strawberry-pink

B (Metal) milling cutter

fresadora *f* (Metal) milling machine

fresca *f*

A 1 (frescor): **la ~** the cool (of the morning/evening); **salimos con la ~** we set off while it was still cool 2 (aire) fresh air

B (fam) (insolencia): **lo regañé y me soltó una ~** I told him off and he had the nerve to answer me back (colloq); **le dije cuatro ~s** I gave him a piece of my mind (colloq)

frescachón -chona *adj* (Esp fam) healthy-looking

f

fresco¹ -ca *adj*
A 1 ‹*viento*› cool, fresh; ‹*agua*› cold; ‹*bebida*› cool, cold; **el tiempo está más bien ~** the weather is a bit chilly 2 ‹*ropa/tela*› cool
B 1 (no enlatado, no congelado) fresh; **pescado ~** fresh fish 2 (reciente) fresh; **trae noticias frescas** she has the latest news; **pintura fresca** wet paint 3 ‹*cutis/belleza*› fresh, young 4 ‹*aire*› fresh
C ‹*persona*› 1 [SER] (fam) (descarado): **¡qué tipo más ~!** that guy sure has some nerve! (colloq); ***ir ~*** (Esp fam): **va ~ si espera eso** if he thinks that he's got another think coming 2 [ESTAR] (descansado) refreshed; (no cansado) fresh 3 (tranquilo): **él estaba tan ~** he was as cool as a cucumber; **me lo dijo, así, tan fresca** she was as cool as could be when she told me 4 [SER] (Col fam) (sencillo) relaxed, easygoing; **¡~ hermano!** cool it! (colloq)

fresco² -ca *m,f* (fam) (descarado): **¡eres un ~!** you have a lot of nerve! (colloq)

fresco³ *m*
A (aire) fresh air; **tomar el ~** to get some fresh air
B (frío moderado): **hace un fresquito que da gusto** it's lovely and cool; **ponte una chaqueta que hace ~** put a jacket on, it's chilly out; ***traer a algn al ~*** (Esp fam): **eso me trae al ~** I couldn't care less about it (colloq)
C (Art) fresco; **pintura al ~** fresco painting
D (AmL) (gaseosa) soda (AmE), fizzy drink (BrE); (refresco de frutas) fruit drink

frescor *m* cool; **el ~ de la mañana** the cool of the morning

frescura *f*
A (de temperatura) coolness
B (descaro) nerve (colloq)
C (tranquilidad): **me lo dijo con toda ~** he told me quite calmly

fresno *m* ash (tree)

fresón *m* (long stem) strawberry

fresquera *f* meat safe

freudiano -na /froj'ðjano/ *adj* Freudian

frialdad *f*
A (frío) coldness
B 1 (insensibilidad): **lo hizo con absoluta ~** she did it without displaying any sign of emotion; **la ~ de su mirada** the cold look in his eyes; **es de una ~ impresionante** she's incredibly unemotional *o* cold 2 (falta de afecto, entusiasmo): **me trató con ~** he treated me coldly *o* frostily; **la ~ del público** the audience's lack of enthusiasm

fríamente *adv* 1 (con indiferencia) coldly; **me recibió ~** he gave me a cold *o* cool reception 2 (sin apasionamiento): **hablaba ~ de su enfermedad** he talked in a detached manner about his illness; **discutieron ~** they talked about it in a calm and collected way; **piénsalo ~** consider it objectively

fricativo -va *adj* fricative

fricción *f* 1 (Fís) friction 2 (desavenencia) friction 3 (friega, masaje) massage, rub

friccionar [A1] *vt* to massage, rub

friega¹ *f*
A (fricción) rub; **date una(s) ~(s) en el pecho con esto** rub this on your chest; **una(s) ~(s) de alcohol** a rubdown with alchohol
B (Chi, Méx fam) (molestia) ▸ **fregadera**
C (Chi, Méx fam) (zurra) ▸ **paliza AA**

friega², friegas, etc *see* **fregar**

friegaplatos *mf* (fam) 1 (persona) dishwasher 2 **friegaplatos** *m* (aparato) dishwasher

frigidez *f* frigidity

frígido -da *adj* frigid

frigorífico *m* 1 (Esp) (nevera) refrigerator, fridge 2 (en tiendas) cold store 3 (AmS) (de carne) meat processing plant

(Compuesto) **frigorífico congelador** (Esp) fridge-freezer

frijol *m* (AmL exc CS)
A (Bot, Coc) bean

(Compuesto) **frijol colorado/negro** kidney/black bean
B **frijoles** *mpl* (comida) food; ***ganarse los ~es*** to earn a living

frío¹ fría *adj*
A ‹*comida/agua/motor/viento*› cold; **tengo los pies ~s** my feet are cold; **~, ~** (en juegos) you're very cold; ***dejar ~ a algn***: **la noticia lo dejó ~** (indiferente) he was quite unmoved by the news; (atónito) he was staggered by the news; **ese tipo de música me deja fría** that sort of music does nothing for me; ***quedarse ~*** (quedarse indiferente) to be unmoved; (quedarse atónito) to be staggered; (enfriarse) (Esp) to get cold
B 1 (insensible) cold; **es ~ y calculador** he's cold and calculating 2 (poco afectuoso, entusiasta) cold; **estuvo ~ conmigo** he was cold towards me; **un público muy ~** a very unresponsive audience; **tuvieron un recibimiento muy ~** they got a very cool *o* frosty reception 3 (desapasionado): **una mente fría** a cool head
C (poco acogedor) ‹*decoración/color*› cold

frío² *m*
A (Meteo) cold; **una ola de ~** a cold spell; **no salgas con este ~** don't go out in this cold; **¡qué ~ hace!** it's so cold!; **con los primeros ~s** when the weather begins to turn cold; ***hace un ~ que pela*** (fam) it's freezing (colloq)
B (sensación): **tengo ~** I'm cold; **pasamos mucho ~** we were very cold; **tengo ~ en los pies** my feet are cold; **me está entrando ~** I'm beginning to feel cold; ***tomar*** *or* (Esp) ***coger ~*** to catch cold; ***en ~***: **su oferta me agarró** *or* (esp Esp) **cogió en ~** her offer took me aback; **no le des la noticia así, en ~** you can't break the news to her just like that; **esto hay que discutirlo en ~** this has to be discussed calmly; ***no darle a algn ni ~ ni calor*** (fam) to leave sb cold

friolento -ta *adj* (AmL): **es muy ~** he really feels the cold

friolera *f* (fam): **la ~ de 100 años/un millón de dólares** no less than one hundred years/a million dollars

friolero -ra *adj* (Esp) ▸ **friolento**

frisar [A1] *vi* (frml): **frisaba en los 40 años** she was nearly 40, she was getting on for 40

friso *m* frieze

fritada *f* fried dish

fritanga *f* 1 (AmC, Andes, Méx) (alimento frito) fried snack 2 (pey) (comida frita) greasy fried food

fritanguería *f* (AmC, Andes) *stall selling fried snacks*

fritar [A1] *vt* (AmL) to fry

frito -ta *adj*
A (Coc) fried
B 1 (fam) (harto) fed up (colloq); **me tienes ~** I'm fed up with you 2 (CS, Méx fam) (en apuros) done for (colloq); **estamos ~s** we're done for *o* we've had it (colloq)
C (fam) (dormido) fast *o* sound asleep; **quedarse ~** to fall asleep, to doze off

fritos *mpl* fried food

fritura *f* (acción) frying; (comida frita) fried food; **~ de pescado** fried fish

frivolidad *f* (cualidad) frivolousness, frivolity; (cosa vana) triviality, frivolous thing

frívolo -la *adj* frivolous

fronda *f* (follaje) *tb* **~s** foliage

frondosidad *f* luxuriance, leafiness

frondoso -sa *adj* ‹*árbol*› leafy; ‹*vegetación*› lush; ‹*bosque*› thick

frontal *adj* 1 ‹*colisión*› head-on; ‹*ataque*› direct, frontal (frml); ‹*oposición*› direct 2 (delantero): **la parte ~** the front

frontenis *m* pelota (*played with tennis rackets*)

frontera *f* (Geog) border, frontier (frml); **se sitúa en las ~s de lo pornográfico** it borders on the pornographic

fronterizo -za *adj* border (*before n*); **conflictos ~s** border clashes; **los países ~s** bordering countries

frontispicio *m* (Arquit) (remate triangular) pediment; (fachada) facade

frontón *m* (Dep) (juego) pelota; (cancha) pelota court; (pared) fronton

frotar [A1] *vt/vi* to rub
■ **frotarse** *v pron* (*refl*) ‹*espalda/rodillas*› to rub; ▸ **mano¹ H**

frote *m* rub

frotis *m* smear

(Compuesto) **frotis cervical** cervical smear, smear test

fructífero -ra *adj* ‹*conversaciones/reunión*› fruitful, productive; **un año muy ~** an extremely productive *o* profitable year

fructificar [A2] *vi* to be fruitful

fructosa *f* fructose

fructuoso -sa *adj* fruitful

frufrú *m* swish

frugal *adj* frugal

frugalidad *f* frugality

fruición *f* delight; **comer con ~** to eat with great relish

frunce *m* (en costura) gather; (defecto) ruck

fruncido -da *adj* ‹*falda*› gathered

fruncir [I4] *vt* 1 ‹*tela*› to gather 2 **~ el ceño** *or* **entrecejo** to frown; **frunció la boca** she pursed her lips

fruslería *f* knick-knack

frustración *f* frustration

frustrado -da *adj* 1 ‹*persona*› frustrated; ‹*actor/bailarina*› frustrated (*before n*); **sentirse ~** to feel frustrated 2 ‹*atentado/intento*› failed (*before n*)

frustrante *adj* frustrating

frustrar [A1] *vt* 1 ‹*persona*› to frustrate; ‹*planes*› to thwart; ‹*esperanzas*› to dash; **me frustra que no entiendan** I find it frustrating that they don't understand 2 ‹*atentado*› to foil

■ **frustrarse** *v pron* «*planes*» to be thwarted, fail; «*esperanzas*» to come to nothing

fruta *f* fruit

(Compuestos)

- **fruta confitada** *or* **escarchada** crystallized fruit, candied fruit
- **fruta del tiempo** *or* **de (la) estación** seasonal fruit

frutal¹ *adj* fruit (*before n*)

frutal² *m* fruit tree

frutera *f* (CS) fruit bowl

frutería *f* fruit store *o* shop, greengrocer's (BrE)

frutero¹ -ra *adj* fruit (*before n*)

frutero² -ra *m,f*

A (vendedor) fruit seller, greengrocer (BrE)

B **frutero** *m* (recipiente) fruit bowl

frutilla *f* (Bol, CS) strawberry

fruto *m*

A (Bot) fruit

(Compuestos)

- **fruto prohibido** forbidden fruit
- **frutos secos** *mpl* nuts and dried fruit (*pl*)

B (resultado, producto) fruit; **dar** *or* **rendir ~s** to bear fruit; **~ DE algo** ‹*de inversión*› return ON sth; **el ~ de su trabajo** the fruits of her labor; **todo fue ~ de su imaginación** it was all a figment of his imagination; **fue ~ de la casualidad** it came about *o* happened quite by chance

FSE *m* (= **Fondo Social Europeo**) ESF

fu *adj inv*: **ni ~ ni fa** (fam): **¿te gusta? — ni ~ ni fa** do you like it? — it's OK, I suppose; **¿es bonito? — ni ~ ni** is it nice? — so-so

fuchi *interj* (Méx fam) ugh! (colloq), pee-yoo! (AmE)

fucsia *f/adj inv* fuchsia

fue *see* **ir, ser**

fuego *m*

A fire; **¡~!** fire!; **sofocar el ~** to put out *o* extinguish the fire; ⊘ **está prohibido hacer fuego** the lighting of fires is prohibited (frml), no fires!; **le prendieron** *or* **pegaron ~ a la casa** they set the house on fire; ***echar ~ por los ojos***: **echaba ~ por los ojos** his eyes blazed; ***jugar con ~*** to play with fire

(Compuestos)

- **fuego fatuo** will-o'-the-wisp, ignis fatuus
- **fuegos artificiales** *or* **de artificio** *mpl* fireworks (*pl*)

B (para cigarrillo): **¿me da ~, por favor?/¿tienes ~?** have you got a light, please?; **me pidió ~** he asked me for a light

C (Coc): **cocinar a ~ lento** cook over a low heat; (apenas hirviendo) simmer; **poner la sartén al ~** put the frying pan on to heat; **dejé la comida en el ~** I left the food on (the stove); **cocina de tres ~s** a stove with three burners

D (Mil) fire; **preparen, apunten ¡~!** ready, aim, fire!; **~ a discreción** fire at will; **abrieron ~ sobre los manifestantes** they opened fire on the demonstrators

(Compuesto) **fuego cruzado** crossfire

fuel, fuel-oil *m* fuel oil

fuelle *m* bellows (*pl*); **una maleta de ~** an expandable suitcase

fuente *f*

A (manantial) spring; **la ~ del río** the source of the river

B (construcción, monumento) fountain; **~ de agua potable** drinking fountain

(Compuesto) **fuente de soda** (Chi, Méx) soda fountain (AmE), (*place where drinks and ice creams are bought and consumed*)

C (plato) dish

(Compuesto) **fuente de horno** ovenproof dish

D 1 (origen) source; **su principal ~ de ingresos** his principal source of income 2 (de información) source; **una información de buena ~** *or* **de ~s fidedignas** *or* **de toda solvencia** information from reliable sources

fuera¹ *adv*

A 1 (lugar, parte) [*Latin American Spanish also uses* **afuera** *in this sense*] outside; **aquí ~ se está muy bien** it's very nice out here; **comeremos ~** (en el jardín) we'll eat outside; (en un restaurante) we'll eat out; **pintar una casa por ~** to paint the outside of a house; **por ~ es rojo** it's red on the outside 2 (en el extranjero) abroad, out of the country; (del lugar de trabajo, de la ciudad, etc) away; **los de ~** (los extranjeros) foreigners; (los de otros pueblos, ciudades, etc) outsiders 3 (en interjecciones) **¡~ (de aquí)!** get out (of here)!; **¡~ los traidores!** traitors out!

B **fuera de** (*loc prep*) 1 (en el exterior de, más allá de) out of; **está ~ del país** he's out of the country; **ocurrió ~ del edificio** it happened outside the building; **el precio está ~ de mi alcance** it's out of my price range; **~ del alcance de los niños** out of reach of the children; **~ del alcance de los proyectiles** outside *o* beyond the range of the missiles 2 (excepto) apart from; **~ de eso, me encuentro bien** apart *o* (AmE) aside from that, I feel fine

C (*en otras locs*): **fuera de combate**: **lo dejó ~ de combate** (Dep) he knocked him out; **fuera de concurso**: **quedó ~ de concurso** he was disqualified; **su película se presentó ~ de concurso** his movie was shown outside the competition; **fuera de cuentas** (Esp) overdue; **fuera de la ley**: **vivían ~ de la ley** they lived outside the law; **fuera de lugar** ‹*mueble/persona*› out of place; ‹*comentario*› inappropriate, out of place; **fuera de peligro** out of danger; **fuera de serie** ‹*jugador/cantante*› exceptional, outstanding; **fuera de sí**: **estaba ~ de sí** he was beside himself; **fuera de temporada** *or* **estación** out of season

(Compuestos)

- **fuera de borda** *m* (*pl* **~ de ~**) outboard
- **fuera de juego** *or* (AmL) **de lugar** *m* offside
- **fuera de la ley** *mf* (Esp) (*pl* **~ de la ~**) outlaw
- **fuera de serie** *mf* (*pl* **~ de ~**): **es un ~ de ~** he is exceptionally good *o* is outstanding

fuera², fuéramos, etc *see* **ir, ser**

fueraborda *m* outboard

fuereño -ña *m,f* (Méx fam): **un ~** some guy from out of town (colloq)

fuero *m* 1 (jurisdicción) jurisdiction 2 (privilegio, derecho) privilege; ***en mi/su ~ interno*** in my/his heart of hearts, deep down inside

fuerte¹ *adj*

A ‹*persona*› 1 (físicamente) strong; **de complexión ~** well-built; **es un hombre fuertísimo** *or* **fortísimo** he's an exceptionally strong man 2 (moralmente) strong; ***hacerse ~*** to pull oneself together 3 (en asignatura) strong; **no estoy muy ~ en ese tema/en física** I'm not very strong on that topic/in physics (colloq)

B (resistente) ‹*tela/cuerda*› strong; **una silla bien ~** a good sturdy chair

C 1 ‹*viento*› strong; ‹*terremoto*› severe; ‹*lluvia/nevada*› heavy 2 ‹*dolor*› intense, bad; ‹*resfriado*› bad; **un ~ golpe** a heavy *o* hard blow 3 ‹*abrazo/beso*› big

D ‹*ruido*› loud; **la música está muy ~** the music's too loud

E 1 ‹*olor/sabor*› strong 2 ‹*licor/medicina*› strong 3 ‹*comida*› heavy

F ‹*acento*› strong, thick

G (violento) ‹*discusión*› violent, heated; **tiene escenas muy ~s** it has some very shocking scenes; **me dijo que era un inútil — ¡qué ~!** (fam) he said I was useless — that's a bit much (AmE) *o* (BrE) a bit over the top!
H **1** (poderoso) ‹*nación/empresa/equipo*› strong; **es más ~ que yo** it's stronger than I am **2** ‹*moneda*› strong **3** (importante): **una ~ suma de dinero** a large sum of money; **un ~ contingente de la policía** a strong police contingent; **un ~ incremento de precio** a sharp price increase; **una ~ dosis de analgésicos** a heavy dose of painkillers
I (Ling) ‹*vocal*› stressed

fuerte² *adv*
A ‹*golpear/empujar*› hard; ‹*agarrar/apretar*› tightly; ‹*llover*› heavily; **una canción que está pegando ~** a song that's a big hit at the moment
B ‹*hablar*› loudly; **pon la radio más ~** turn the radio up; **hable más ~** speak up
C (mucho): **desayunar ~** to have a big breakfast
D ‹*jugar/apostar*› heavily

fuerte³ *m*
A (Mil) fort
B (especialidad) strong point, forte

fuerza¹ *f*
A (vigor, energía): **tener ~** to be strong; **tiene mucha ~ en los brazos** she has very strong arms; **no tengo ~s para abrirlo** I'm not strong enough to open it; **agárralo con ~** hold on to it tightly; **empuja con ~** push hard; **por más que hizo ~, no logró abrirlo** try as she might, she couldn't open it; **tuvo que hacer mucha ~ para levantarlo** it took all her strength to lift it; **le fallaron las ~s** his strength failed him; **recuperar ~s** to get one's strength back; **no me siento con ~s** I don't have the strength; **gritó con todas sus ~s** she shouted with all her might; **entró al mercado con gran ~** it made a big impact on the market
(Compuesto) **fuerza de voluntad** willpower
B (del viento, de las olas) strength, force
C (de estructura, material) strength
D (violencia) force; **hubo que recurrir a la ~** they had to resort to force
(Compuesto) **fuerza bruta** brute force
E (autoridad, poder) power; **la ~ de la razón** the power of reason (liter); **la ~ de sus argumentos** the strength of her argument; **por (la) ~ de costumbre** out of *o* from force of habit
(Compuesto) **fuerza mayor**: **por causas de ~ ~** owing to circumstances beyond our control
F (Mil, Pol) force; **una ~ de paz** a peacekeeping force; **~s políticas** political forces
(Compuestos)
- **fuerza aérea** air force
- **fuerza pública** (period): **la ~ ~** the police
- **fuerzas armadas** *fpl* armed forces (*pl*)
- **fuerzas del orden** *or* **de orden público** *fpl* (period) police
- **fuerzas de seguridad** *fpl* (frml) security forces (*pl*)

G (Fís) force
(Compuestos)
- **fuerza de gravedad** (force of) gravity
- **fuerza hidráulica** hydraulic power
- **fuerza motriz** motive power

H (*en locs*) **a la fuerza**: **tiene que pasar por aquí a la ~** she has no option but to come this way; **a la ~ tuvo que verme** he must have seen me; **lo llevaron a la ~** they dragged him there; **comí a la ~** I forced myself to eat; **entraron a la ~** they forced their way in; **lo hicieron salir a la ~** they forced him to leave; **a fuerza de** by; **aprobó a ~ de estudiar** he managed to pass by studying hard; **por fuerza**: **por ~ tiene que saberlo** he *must* know about it; **por la fuerza** by force; ***a viva*** **~** by sheer force; ***medir sus ~s con*** *or* ***contra algn*** to measure one's strength against sb; ***sacar ~s de flaqueza*** to make a supreme effort

fuerza², **fuerzas, etc** *see* **forzar**
fuese, fuésemos, etc *see* **ir, ser**
fuetazo *m* (AmL) lash
fuete *m* (AmL exc CS) riding crop; (más largo) whip

fuga *f*
A (huida) escape; **una ~ de prisioneros** a jailbreak; **se dieron a la ~** they fled; ***poner a algn en ~*** to put sb to flight
(Compuestos)
- **fuga de capitales** *or* **divisas** flight of capital
- **fuga de cerebros** brain drain

B (de líquido, gas) leak, escape (frml)
C (Mús) fugue

fugacidad *f* (de encuentro) brevity, fleetingness; (de belleza) transience

fugarse [A3] *v pron* **1** (huir) to flee, run away; «*preso*» to escape; **~ DE algo** to escape from sth **2** «*enamorados*» to run away together; (para casarse) to elope; **su marido se fugó con su mejor amiga** her husband ran off with her best friend

fugaz *adj* ‹*sonrisa/visión/amor*› fleeting; ‹*visita/tregua*› brief; **la belleza es ~** beauty is transient *o* ephemeral

fugitivo -va *adj* fugitive; **anda ~** he is on the run
fui, fuimos, etc *see* **ir, ser**
fuiste, etc *see* **ir, ser**
ful *m* (Jueg) full house
fulana *f* (Esp fam) whore, hooker (colloq)

fulano -na *m,f* **1** (fam) (persona cualquiera) so-and-so; **don ~ de tal** Mr so-and-so; **siempre tiene que invitar a ~, mengano, zutano (y perengano)** she always invites every Tom, Dick, and Harry **2** **fulano** *m* (fam) (tipo) guy (colloq)

fulbac *mf* (*pl* **-bacs**) fullback

fulero¹ -ra *adj*
A **1** (fam) (de mala calidad) shoddy, poor **2** (fam) (falso) phoney (colloq) **3** (RPl fam) (feo) ugly
B **1** (Esp fam) (mentiroso, tramposo): **es muy ~** (mentiroso) he's such a liar; (tramposo) he's full of tricks; (en el juego) he's such a cheat **2** (fam) (chapucero): **un trabajo ~** a botched job (colloq)
C (Col fam) (presumido) swanky (colloq)

fulero² -ra *m,f* (en el juego) cheat
fulgente *adj* ▸ **fulgurante**
fúlgido -da *adj* (liter) shining
fulgor *m* (de luz, estrella) brightness, brilliance; (de los ojos — por felicidad) gleam; (— por rabia) blazing
fulgurante *adj* **1** ‹*luz/estrella*› bright, brilliant **2** ‹*ojos*› (de felicidad) gleaming; (de rabia) blazing
fulgurar [A1] *vi* **1** «*luz/estrella*» to shine brightly **2** «*ojos*» (de felicidad) to gleam; (de rabia) to blaze
full¹ /ful/ *adj* (AmL fam) (lleno, completo) full; **~ *equipo*** (Ven fam): **un carro ~ equipo** a car with a full range of features *o* accessories
full² /ful/ *m* (Jueg) full house
full-time /ful'tajm/ *adj inv/adv* full-time
fulminante *adj* **1** ‹*enfermedad*› sudden and devastating, fulminant (tech); **una mirada ~** a withering look; **tuvo un efecto ~** it had an immediate and devastating effect **2** (fuerte): **un golpe ~** a crushing blow; **un tiro ~** a thundering shot
fulminantes *mpl* (AmL) (Jueg) caps (*pl*); **pistola de ~** cap gun
fulminar [A1] *vt* (matar): **murieron fulminados** they were struck by lightning and killed; **un cáncer lo fulminó** he developed cancer and died within a few days/weeks; **lo fulminó con la mirada** she gave him a withering look
fumadero *m* smoking room; **~ de opio** opium den
fumado -da *adj* (arg) stoned (colloq)
fumador -dora *m,f* smoker; **los ~es de puros** cigar smokers; **~ pasivo** passive smoker; **sección de ~es/de no ~es** smoking/no-smoking section

fumar [A1] *vt*
A ‹*cigarrillo/puro*› to smoke
B (Méx fam) (hacer caso) to take notice of; **no los fumó** he didn't take any notice (of them)
■ **fumar** *vi* to smoke; **~ en pipa** to smoke a pipe; Ⓢ **se prohíbe fumar** *or* **prohibido fumar** no smoking
■ **fumarse** *v pron*
A (*enf*) ‹*cigarrillo/cajetilla*› to smoke
B (Esp fam) **1** (gastar) ‹*dinero/ahorros*› to blow (colloq) **2** ‹*clase*› to skip

fumarada *f* puff of smoke

fumata blanca *f* white smoke (*to indicate that a new Pope has been chosen*)

fumigación *f* (de campos, cultivos) spraying; (de local) fumigation

fumigar [A3] *vt* ‹*campo/cultivo*› to spray, dust; ‹*local*› to fumigate

funámbulo -la *m,f* tightrope walker

función *f*

A [1] (cometido, propósito) function; **la ~ del mediador** the role *o* function of the mediator; **cumple/tiene la ~ de ...** it performs the function of ...; **en ~ de** according to; **salario en ~ de la experiencia** salary according to experience; **diseñada en ~ de los usuarios** designed with the users in mind [2] **funciones** *mpl* duties (*pl*); **en el ejercicio de sus funciones** in the performance of her duties; **fue suspendido de sus funciones** he was suspended from duty; **se excedió en sus funciones** he exceeded his powers; **desempeña las funciones de asesor** he acts as a consultant; **en funciones** acting (*before n*); **el secretario en funciones** the acting secretary; **entrar en funciones** (AmL) «*empleado*» to take up one's post; «*presidente*» to assume office

B (Fisiol) function; (Mat) function; (Ling) function

(Compuesto) **función gramatical** part of speech

C (de teatro, circo) performance; (de cine) showing, performance

(Compuestos)
- **función benéfica** charity performance
- **función continua** (AmL exc CS) continuous performance
- **función de medianoche** late show
- **función de noche** late night performance

funcional *adj* functional

funcionalidad *f*: **un edificio de gran ~** a highly functional building

funcionamiento *m* [1] (de mecanismo): **para asegurar el buen ~ del aparato** to keep the equipment in working order; **me explicó su ~** he explained (to me) how it works (*o* worked *etc*) [2] (de sistema, organismo) running; **para el buen ~ de la escuela** for the smooth running of the school; **entrar/ponerse en ~** «*hospital/estación/fábrica*» to become operational; «*central nuclear*» to come into operation; «*autopista*» to open; «*mecanismo/máquina*» to start up; «*servicio/sistema*» to start; **poner en ~** ‹*central/fábrica*› to bring into operation; ‹*mecanismo/máquina*› to start ... up; **se puso en ~ una operación de búsqueda** a search was set in motion; **estar en ~** to be running

funcionar [A1] *vi* «*aparato/máquina*» to work; «*servicio*» to operate; **¿cómo funciona esto?** how does this work?; **Ⓢ no funciona** out of order; **~ con pilas/gasolina** to run off batteries/on gasoline

funcionariado *m* [1] (empleados públicos) government employees (*pl*); **el ~ de correos** postal service employees (AmE), post office staff (BrE) [2] (de organización internacional) staff (+ *sing or pl vb*)

funcionario -ria *m,f* [1] (empleado público) *tb* **~ público** *or* **del Estado** government employee; **los ~s de correos** postal service employees (AmE), post office employees (BrE); **un alto ~** a senior *o* high-ranking official [2] (de organización internacional) member of staff, staff member [3] (RPl) (de empresa, banco) employee

funda *f* [1] (de libro) dustjacket; (de disco) sleeve [2] (de raqueta) cover; (de cojín, sillón) cover [3] *tb* **~ de almohada** pillowcase, pillowslip [4] (Odont) cap

fundación *f*

A (institución) foundation; **una ~ benéfica** a charity

B (de ciudad, escuela) founding; (de empresa, partido) establishment

fundadamente *adv* with good reason

fundado -da *adj* ‹*temor/sospecha*› justified, well founded; **no tenían motivos ~s** they had no justifiable reason

fundador -dora *m,f* founder

fundamental *adj* fundamental; **es ~ que entiendas** it is vital *o* essential that you understand

fundamentalismo *m* fundamentalism

fundamentalista *adj/mf* fundamentalist

fundamentalmente *adv* [1] (principalmente) ‹*afectar/interesar*› mainly, principally [2] (en esencia) ‹*alterar*› fundamentally

fundamentar [A1] *vt* [1] (apoyar) to support, back up [2] (basar) **~ algo EN algo** to base sth ON sth

fundamento *m*

A [1] (base, sustentación) foundation [2] **fundamentos** *mpl* (nociones básicas) fundamentals (*pl*), basics (*pl*)

B **fundamentos** *mpl* (Const) foundations (*pl*)

fundamentoso -sa *adj* (Ven fam) conscientious

fundar [A1] *vt* [1] ‹*ciudad/hospital/escuela*› to found; ‹*partido/empresa*› to establish [2] (basar) ‹*sospecha/argumento*› **~ algo EN algo** to base sth ON sth

■ **fundarse** *v pron* **~se EN algo** «*afirmación/sospecha*» to be based ON sth; «*persona*»: **se fundó en las pruebas** he based his ideas (*o* his theory *etc*) on the evidence; **¿en qué te fundas para decirlo?** what grounds do you have for saying that?

fundición *f* (de metales) smelting; (hierro colado) cast iron; (taller) foundry

fundido¹ -da *adj*

A ‹*metal/roca*› molten

B (AmL fam) (agotado) worn out, dead beat (colloq)

C (Per, RPl fam) (arruinado) broke (colloq)

fundido² *m* (Cin) fade, fade-in/fade-out; **~ en negro** fade-out

fundillo *m*, **fundillos** *mpl* [1] (AmS) (del pantalón) seat [2] (Col, Per, Ven fam) (nalgas) behind (colloq)

fundir [I1] *vt*

A ‹*metal/hierro*› to melt; ‹*mineral*› to smelt

B ‹*estatua/campana*› to cast

C [1] (Elec) to blow [2] (AmL) ‹*motor*› (de gasolina) to seize ... up; (eléctrico) to burn ... out

D (fam) ‹*dinero/herencia*› to blow (colloq)

E [1] (fusionar) to merge; **~ algo EN algo** to merge sth INTO sth [2] (Cin) ‹*imágenes/tomas*› to fade, merge

■ **fundirse** *v pron*

A «*metal*» to melt; «*nieve/hielo*» to melt, thaw

B [1] (Elec): **se ha fundido la bombilla** the bulb has gone (colloq); **se fundieron los fusibles** the fuses blew [2] (AmL) «*motor*» (de gasolina) to seize up; (eléctrico) to burn out

C (*enf*) (fam) (gastarse) to blow (colloq)

D [1] (fusionarse) to merge; **las dos empresas han decidido ~se** the two companies have decided to merge; **~se EN algo** to merge sth INTO sth; **una imagen se funde en otra** one image merges into another; **se fundieron en un abrazo** they embraced each other [2] (Cin, Mús) to fade

E (Per, RPl fam) (arruinarse) «*persona*» to lose everything; «*empresa*» to go bust

fundo *m* (Chi) country estate, large farm

fúnebre *adj* ‹*música/ambiente*› funereal; **¿a qué vienen esas caras tan ~s?** why all the long faces? (colloq); ▸ **coche, cortejo, etc**

funeral¹ *adj* funeral (*before n*)

funeral² *m*, **funerales** *mpl* (exequias) funeral; (oficio religioso) funeral service

funerala *f* ▸ **ojo**

funeraria *f* undertaker's, funeral parlor*

funerario -ria *adj* ‹*rito/pira/urna*› funeral (*before n*); ‹*instrumentos*› funerary

funesto -ta *adj* disastrous, terrible

fungir [I7] *vi* (Méx, Per) **~ COMO** *or* **DE algo** to act AS sth

funicular *m* (tren) funicular (railway); (teleférico) cable car

funky¹ /'fʌŋki, 'fuŋki/ *adj* funky

funky² /'fʌŋki, 'fuŋki/ *m* funk, funky music

fuñido -da *adj* (Ven fam) difficult

furcia *f* (Esp fam & pey) whore (pej)

furgón *m* (Auto) truck, van; (Ferr) boxcar (AmE), goods van (BrE)

(Compuesto) **furgón de cola** (Ferr) calaboose (AmE), guard's van (BrE)

furgoneta *f* (para carga) van; (para pasajeros) van, minibus

furia *f* [1] (rabia, ira) fury, rage; ***estar/ponerse hecho una ~*** (fam) to be/to get furious [2] (fuerza) fury; **la ~ del mar** the fury of the sea

furibundo -da *adj* ‹*ataque/combate*› furious; ‹*persona/mirada*› (fam) furious

fúrico -ca *adj* (Méx, Ven) ▸**furioso**

furioso -sa *adj* 1 (muy enojado) furious; **se puso ~** he was furious *o* he flew into a rage 2 (intenso): **una furiosa tempestad** a violent storm

furor *m* 1 (rabia) fury, rage 2 (de las olas, del viento, de una tempestad) fury 3 (entusiasmo) enormous enthusiasm; ***causar*** *or* ***hacer*** **~** to be all the rage (colloq); ***sentir*** *or* ***tener*** **~** ***para algo*** (AmL) to have a passion for sth, be crazy about sth (colloq)

furtivamente *adv* 1 ‹*mirar/escribir*› furtively; **entró ~ en la habitación** he stole into the room 2 (ilegalmente): **cazar/pescar ~** to poach

furtivo -va *adj* 1 (ilegal): **la caza/pesca furtiva** poaching; **un cazador ~** a poacher 2 ‹*mirada/caricia*› furtive

furúnculo *m* boil, furuncle (tech)

fusa *f* demisemiquaver

fuselaje *m* fuselage

fusible *m* (Elec) fuse; **saltaron los ~s** the fuses blew

fusil *m*

A (Arm) rifle

(Compuesto) **fusil automático/de asalto** automatic/assault rifle

B (Méx fam) (plagio) plagiarism

fusilamiento *m* execution (*by firing squad*)

fusilar [A1] *vt*

A (Mil) to shoot; **fue fusilado** he was executed by firing squad

B (fam) (plagiar) to plagiarize, lift (colloq)

■ **fusilarse** *v pron* (fam) ‹*obra/novela*› to plagiarize, lift (colloq)

fusilero *m* rifleman, fusilier

fusión *f*

A (de empresas, partidos, organizaciones) merger; (de intereses) fusion

B 1 (de un metal) melting; (de metales, piezas) fusion, fusing together 2 (Fís) fusion

(Compuesto) **fusión fría/nuclear** cold/nuclear fusion

fusionar [A1] *vt* 1 ‹*piezas/metales*› to fuse, fuse together 2 ‹*empresas/partidos*› to merge 3 (Inf) to merge

■ **fusionarse** *v pron* 1 «*piezas/metales*» fuse (together) 2 «*empresas/partidos*» to merge; «*ideas*» to fuse; «*intereses*» to merge

fusta *f* riding crop; (más larga) whip

fustán *m* (Tex) fustian; (enagua) (Per, Ven) slip

fuste *m* (importancia): **un escritor de ~** a writer of some standing

fustigar [A3] *vt* 1 ‹*caballo*› to whip 2 (criticar) ‹*persona*› to lash, savage

futbito *m* (Esp) five-a-side soccer *o* football, ≈ indoor soccer (AmE)

fútbol, (AmC, Méx) **futbol** *m* soccer, football (esp BrE)

(Compuestos)

- **fútbol americano** American football
- **fútbol sala** five-a-side soccer *o* football, ≈ indoor soccer (≈ AmE)

futbolín *m* 1 (juego) table football 2 **futbolines** *mpl* (local) amusement arcade

futbolista *mf* soccer *o* football player

futbolístico -ca *adj* soccer (*before n*), football (*before n*); **la jornada futbolística** the day's soccer *o* football

fútil, futil *adj* (liter) trivial, trifling

futilidad *f* (liter) triviality

futón *m* futon

futre *mf* 1 (Chi, Per fam) (dandi) dandy, dude (AmE colloq) 2 (Chi fam) (persona de clase acomodada): **un ~ de la capital** a well-to-do guy from the capital (colloq)

futurismo *m* futurism

futurista[1] *adj* (Art) futurist; ‹*novela/diseño*› futuristic

futurista[2] *mf* futurist

futuro[1] **-ra** *adj* ‹*presidente*› future (*before n*); **las futuras generaciones** future generations; **la futura mamá** the mother-to-be; **mi futura esposa** my bride-to-be

futuro[2] *m*

A (porvenir) future; **¿qué nos deparará el ~?** what will the future bring?; **en un ~ cercano** *or* **próximo** in the near future; **en el** *or* **en lo ~** in future; **un empleo con/sin ~** a job with good prospects/with no prospects; **su relación no tiene ~** their relationship has no future

B (Ling) future (tense)

futuro[3] **-ra** *m,f* (fam & hum) intended (colloq & hum)

futurología *f* futurology

futurólogo -ga *m,f* futurologist

g

G, g *f (read as /xe/) the letter* **G, g**
g (= gramo) g, gr
gabacho -cha *m,f* [1] (Chi, Esp fam & pey) (francés) frog (colloq & pej) [2] (Méx fam & pey) (extranjero) foreigner (*of North American or European origin*)
gabán *m* (abrigo — largo) overcoat; (— corto) jacket
gabardina *f* (prenda) raincoat; (tela) gabardine
gabarra *f* barge
gabela *f* (Hist) tax; (carga) burden
gabinete *m*
A (de médico, dentista) office (AmE), surgery (BrE); (despacho) office; (en una casa) study; (laboratorio) laboratory
B (conjunto de profesionales) department; (Pol) cabinet
(Compuestos)
- **gabinete de imagen/prensa** public relations/press office
- **gabinete fantasma** *or* **en la sombra** shadow cabinet

C (Méx) (armario) kitchen cabinet *o* cupboard
(Compuesto) **gabinete del baño** (Col, Ven) bathroom cabinet
gacela *f* gazelle
gaceta *f* (periódico) gazette
gacetilla *f* (ant) (noticia) short news item; **~s de sociedad** gossip column
gacetillero -ra *m,f* [1] (ant) (reportero) reporter; (pey) hack (pej) [2] (de chismes) gossip columnist
gacho -cha *adj*
A [1] ‹*orejas*› drooping (*before n*); **un sombrero de alas gachas** a hat with a turned-down brim; **con la cabeza gacha** with his head bowed [2] **a gachas** (agachado) crouching; (a gatas) on all fours
B (Méx fam) (malo, feo) terrible, awful; (desagradable, molesto) annoying
gachupín *m* (Méx pey) Spaniard
gaélico¹ -ca *adj* Gaelic
gaélico² *m* (idioma) Gaelic
gafa *f*
A (Tec) (gancho) hook; (grapa) staple; (abrazadera) clamp
B **gafas** *fpl* [1] (anteojos) glasses (*pl*), spectacles (*pl*) (frml); **llevar** *or* **usar ~s** to wear glasses; **unas ~s nuevas** a new pair of glasses [2] (de protección) goggles (*pl*)
(Compuestos)
- **gafas bifocales** *fpl* bifocals (*pl*)
- **gafas de bucear/esquiar** *fpl* diving/skiing goggles (*pl*)
- **gafas de sol** *fpl* sunglasses (*pl*)
- **gafas graduadas** *fpl* prescription glasses *o* (frml) spectacles (*pl*)
- **gafas oscuras** *fpl* dark glasses (*pl*)
- **gafas progresivas** *fpl* varifocals (*pl*)

gafar [A1] *vt* (fam) to jinx
gafe¹ *adj* (Esp fam): **no la invito porque es ~** I'm not inviting her, she's jinxed *o* she has a jinx on her; **no seas ~** don't say that, you'll bring us bad luck
gafe² *mf* (Esp fam) [1] (persona): **el ~ de mi hermano ha vuelto a romperse el brazo** my brother's jinxed *o* so unlucky, he's broken his arm again [2] **gafe** *m*: **tener ~** to be jinxed
gafedad *f* (Ven fam) [1] (error) dumb move (colloq), stupid mistake [2] (tontería): **se ríen de cualquier ~** they laugh about the silliest little thing (colloq); **deja la ~** stop clowning *o* messing around (colloq)
gafo -fa *adj* (Ven fam) (estúpido) dumb (colloq)
gag *m* (*pl* **gags**) gag
gagá *adj inv*
A (fam) (senil) gaga (colloq)
B (Per fam) (elegante) smart (colloq)
gago -ga *m,f* (Col, Per, Ven fam) *person with a speech defect, esp one who cannot articulate consonants*
gaguear [A1] *vi* [1] «*niño*» to say ga-ga-ga [2] (Col, Per, Ven fam) «*adulto*»: **es difícil entenderle porque gaguea** it's difficult to understand him because he can't pronounce his consonants properly
gaita *f*
A [1] *tb* **~ gallega/escocesa** (Galician/Scottish) bagpipes (*pl*); ***templar ~s*** (fam) to try and keep people happy [2] (Ven) (canción) *lively Christmas song*
B (Esp fam) (lata, cosa fastidiosa) drag (colloq)
gaitero -ra *m,f* (Mús) (bag)piper; (cantante) (Ven) *singer of* **gaitas A2**
gajes *mpl*: **son (los) ~ del oficio** it's all part of the job
gajo *m*
A (de naranja, limón) segment
B (Col) (de pelo) lock
gala *f*
A [1] (cena) gala; **cena de ~** gala (dinner); (en el teatro) *tb* **función de ~** gala (evening *o* performance); **vestido de ~** formal *o* full dress; **uniforme de ~** full-dress uniform; **vestirse de ~** to wear full *o* formal dress; ***hacer ~ de algo*** to display sth; ***tener algo a ~*** to pride oneself on sth [2] **galas** *fpl* (ropa) clothes (*pl*); **mis/tus mejores ~s** my/your best clothes *o* Sunday best; **~s nupciales** bridal attire
B (Esp) (concierto) concert
galáctico -ca *adj* galactic
galán *m* [1] (actor) hero, heartthrob [2] (hum) (novio) young man (hum), beau (dated *or* hum)
galano -na *adj*
A (elegante) elegant, smart
B (Méx) ‹*toro/vaca*› mottled
galante *adj* [1] ‹*hombre*› gallant, attentive [2] (pey) ‹*mujer/vida*› wanton
galantería *f* [1] (caballerosidad) gallantry [2] (piropo) compliment; (gesto cortés) polite gesture, attention
galápago *m*
A (Zool) (tortuga — gigante) giant turtle; (— europea) terrapin
B (en ciclismo) racing saddle
Galápagos *fpl* **las (Islas) ~** the Galapagos (Islands)
galardón *m* (period) award, prize
galardonado -da *m,f* (period) awardwinner, prizewinner
galardonar [A1] *vt* (period): **un nuevo premio para ~ la labor científica** a new prize awarded for scientific work; **su novela fue galardonada con el primer premio** her novel was awarded first prize; **el autor galardonado** the awardwinning author
galaxia *f* galaxy
galena *f* galena

galeno *m* (liter *o* hum) physician
galeón *m* galleon
galera *f*
A (Hist, Náut) galley
B (Impr) galley
C (RPl) (sombrero) top hat
galerada *f* galley proof
galería *f* **1** (interior) corridor; (exterior) gallery **2** (Teatr) gallery; **hacer algo cara a la ~** to play to the gallery
Compuestos
• **galería comercial** shopping mall (AmE), shopping arcade (BrE)
• **galería de arte** art gallery
galerna *f* strong northwest wind
galerón *m* (Méx) (sala) hall
Gales *m*: *tb* **el país de ~** Wales
galés¹ -lesa *adj* Welsh
galés² -lesa *m,f*
A (persona) (*m*) Welshman; (*f*) Welshwoman; **los galeses** the Welsh, Welsh people
B **galés** *m* (idioma) Welsh
galga *f* (Tec) gauge
galgo *mf* greyhound; ***correr como un ~*** to run like the wind; ***salir como un ~*** (fam) to shoot out/off (colloq)
galgódromo *m* (Méx) dog track
galicismo *m* gallicism
galifardo *m* (Per fam) layabout (colloq)
galimatías *m* (*pl* ~) (lenguaje incomprensible) gibberish; (de cosas, ideas) jumble
gallada *f* (Andes fam): **la ~** the crowd
gallardete *m* pennant
gallardía *f* (liter) **1** (apostura) striking appearance **2** (valor) gallantry, valor* (liter)
gallardo -da *adj* (liter) **1** ‹*estampa/joven*› striking, fine-looking **2** ‹*guerrero/comportamiento*› gallant (liter)
gallear [A1] *vi* to strut around
gallego¹ -ga *adj* **1** (de Galicia) Galician **2** (AmL fam) (español) Spanish
gallego² -ga *m,f* **1** (de Galicia) Galician **2** (AmL fam) (español) Spaniard **3** **gallego** *m* (Ling) Galician

> **gallego**
>
> The language of Galicia, spoken by around 3 million people. It is an official requirement for many official and academic positions, and a compulsory school subject. Galician, a Romance language close to Portuguese, was banned under Franco but with the return to democracy, it became an official language in Galicia beside Castilian. Nowadays there is Galician radio and television, and a considerable amount of publishing in the language.
>
> Galician has less social prestige than Catalan and Basque in their homelands. The middle classes have largely opted to use Castilian. *See also* **lenguas cooficiales**

gallera *f* (Col, Ven) cockpit
gallero -ra *m,f* (AmL fam) *person who breeds fighting cocks or who enjoys cockfighting*
galleta *f*
A (Coc) (dulce) cookie (AmE), biscuit (BrE); (salada) cracker
B (Méx fam) (fuerza): **¡échale ~!** put your back into it! (colloq)
gallina¹ *adj* (fam) chicken (colloq)
gallina² *f*
A (Zool) hen; (Coc) chicken; **caldo de ~** chicken broth; ***acostarse/levantarse con las ~s*** (fam) to go to bed early/to get up at the crack of dawn; ***estar/sentirse como ~ en corral ajeno*** (fam) to be/feel like a fish out of water; ***matar la ~ de los huevos de oro*** to kill the goose that lays the golden eggs
Compuestos
• **gallina clueca** (empollando) broody hen; (cuidando la pollada) mother hen
• **gallinita ciega** blind man's buff
B **gallina** *mf* (fam) (cobarde) chicken (colloq)
gallinazo *m* **1** (Zool) (de cabeza roja) turkey buzzard *o* vulture; (de cabeza negra) black vulture **2** (Col fam) (tenorio) womanizer
gallinero *m* **1** (Zool) (corral) henhouse, coop; ***alborotar*** *or* (CS fam) ***revolver el ~*** to set the cat among the pigeons **2** (fam) (sitio ruidoso) madhouse (colloq) **3** (fam) (en el cine, teatro): **el ~** the gods (colloq)
gallito¹ -ta *adj* (fam) cocky
gallito² *m*
A (fam) (persona) tough guy (colloq)
B (Col, Méx) (Dep) shuttlecock, birdie (AmE); *ver tb* **gallo²**
gallo¹ -lla *adj* (AmL fam) (bravucón) tough (colloq), macho; (valiente) tough (colloq)
gallo² *m*
A (Zool) (ave) cockerel; (más grande) rooster; **pelea de ~s** cockfight; ***comer ~*** (Méx fam) to get up on the wrong side of the bed (AmE colloq), to get out of the bed on the wrong side (BrE colloq); ***dormírsele el ~ a algn*** (Méx fam): **que no se te duerma el ~** you can't afford to rest on your laurels; **se me durmió el ~ y venció el plazo** I forgot about it and missed the closing date; ***en menos (de lo) que canta un ~*** in no time at all; ***entre ~s y medianoche*** (Arg) on the spur of the moment; ***~ duro de pelar*** (Méx fam): **resultaron ~s duros de pelar** they proved to be tough opposition; ***levantarse al cantar el ~*** to be up with the lark; ***mamarle ~ a algn*** (Col, Ven fam) to pull sb's leg (colloq); ***matarle el ~ a algn*** (Méx fam) to shut sb up (colloq); ***otro ~ cantaría*** *or* ***otro ~ me/te/nos cantara*** (fam) things would be very different; ***pelar ~*** (Méx fam) (huir) to leg it (colloq); (morirse) to kick the bucket (colloq); ***ser el (mejor) ~ de algn*** (Méx fam) to be sb's best bet (colloq)
Compuesto **gallo de pelea** *or* (AmS) **de riña** fighting *o* game cock
B (Méx fam) (bravucón) macho, tough guy (colloq)
C (fam) (de un cantante) false note; (de adolescente) (AmL): **soltó un ~** his voice went squeaky
D (Méx) (serenata) serenade
gallo³ -lla (Chi fam) (*m*) guy (colloq); (*f*) woman; **hola ~** hi, buddy (AmE) *o* (BrE) mate (colloq)
gallón *m* (Méx fam) (en política) (political) bigwig (colloq); (en finanzas) big shot (colloq)
galo¹ -la *adj* **1** (Hist) Gallic **2** (period) (francés) French
galo² -la *m,f* **1** (Hist) Gaul **2** (period) (*m*) Frenchman; (*f*) Frenchwoman
galocha *f* (CS) galosh
galón *m*
A (Mil) stripe
B (medida) gallon
galopante *adj* ‹*inflación/tuberculosis*› galloping (*before n*); **el número de accidentes aumentó a ritmo ~** the number of accidents rose dramatically
galopar [A1] *vi* (Equ) to gallop
galope *m* gallop; **a** *or* **al ~** at a gallop; ***a ~ tendido*** (Equ) at full gallop; (rápidamente) at full speed
galpón *m* **1** (Hist) slave quarters (*pl*) **2** (AmL) (cobertizo) shed; (almacén) storehouse
galvanizar [A4] *vt* to galvanize
gama *f* **1** (de colores, productos) range; **en toda la ~ política** across the whole political spectrum; **distintos tonos dentro de la ~ del rojo** different shades of red **2** (de notas musicales) scale
gamba *f*
A (esp Esp) (Coc, Zool) shrimp (AmE), prawn (BrE)
B (arg) (pierna) leg; ***meter la ~*** (fam) to put one's foot in it (colloq)
gamberrada *f* (Esp) (grosería) loutish act; (acto violento) act of hooliganism
gamberrismo *m* (Esp) (comportamiento — escandaloso) loutishness; (— violento) hooliganism
gamberro -rra *m,f* (Esp) (grosero) lout; (vándalo) hooligan
gambeta *f* (AmS) dodge
gambetear [A1] *vi* (AmS) to dodge and weave
gambito *m* (en ajedrez) gambit
gameto *m* gamete
gamín -mina *m,f* (Col) street urchin
gamma *f* (letra) gamma
gamo -ma *m,f* fallow deer
gamonal *m* (Col, Per) cacique
gamonalismo *m* (Col, Per) exploitation (*of indigenous people by a cacique*)

gamulán® *m* (CS) (prenda) sheepskin coat/jacket

gamuza *f* **1** (Zool) chamois **2** (piel) chamois (leather); (de otros animales) suede **3** (paño) dustcloth (AmE), duster (BrE)

gana *f* **1** (deseo): **¡con qué ~s me comería un helado!** I'd love an ice cream!; **¡me iría a la cama con unas ~s!** what I wouldn't give to be able to go to bed now! (colloq); **lo hizo sin ~s** he did it very half-heartedly; **no tengo ~s de ir** I don't feel like going; **haz lo que te digo — no me da la ~** do as I tell you — I don't want to!; **haz lo que te dé la ~** *or* **lo que te venga en ~** do what you like; **siempre hace lo que le viene en ~** she always does just as she pleases; **quería ir pero me quedé con las ~s** (fam) I wanted to go, but it wasn't to be; **se quedó con las ~s de decirle lo que pensaba** she never got to tell him what she really thought; **si te crees que va a decir que sí te vas a quedar con las ~s** (fam) if you think he's going to say yes, you've got another think coming (colloq); ***con ~s***: **llover con ~s** to pour down; **es feo/tonto con ~s** he is so ugly/stupid!; ***de buena/mala ~*** willingly/reluctantly; ***tenerle ~s a algn*** (fam) (de pegarle, reñirlo) to be out to get sb (colloq); (sexualmente) (Col, CS) to have the hots for sb (colloq) **2** **~s DE + INF**: **jóvenes con ~s de pasarlo bien** young people out for a good time; **¡qué ~s de complicarte la vida!** you really like making life difficult for yourself!; **(no) tengo ~s de ir** I (don't) feel like going; **tengo ~s de volver a verte** I'm looking forward to seeing you again; **¡tengo unas ~s de decirle lo que pienso!** I'd really like to tell him what I think!; **(te) dan ~s de mandarlo todo al diablo** it makes you want to say to hell with it all; **le dieron** *or* **entraron ~s de reírse** she felt like bursting out laughing; **se me quitaron las ~s de ir** I don't feel like going any more; **tengo ~s de ir al servicio** I need to go to the bathroom, I want to go to the toilet (BrE); **me entraron ~s de vomitar** I felt sick **3** **~(s) DE QUE + SUBJ**: **tengo ~s de que llegue el verano** I'm looking forward to the summer

ganadería *f* (actividad) ranching, stockbreeding; (ganado) cattle (*pl*), livestock (+ *sing or pl vb*)

ganadero¹ -ra *adj* ranching, stockbreeding (*before n*)

ganadero² -ra *m,f* rancher, stockbreeder

ganado *m* cattle (*pl*), livestock (+ *sing or pl vb*)

(Compuestos)
- **ganado bovino** *or* **vacuno** cattle (*pl*)
- **ganado caballar** *or* **equino** horses (*pl*)
- **ganado cabrío** *or* **caprino** goats (*pl*)
- **ganado ovino** sheep (*pl*)
- **ganado porcino** pigs (*pl*)

ganador¹ -dora *adj* ‹*equipo/caballo*› winning (*before n*); **la película ~a del Oscar** the Oscar-winning film

ganador² -dora *m,f* winner

ganancia *f* (Com, Fin) profit

(Compuesto) **ganancia líquida** *or* **neta/total** *or* **bruta** net/gross profit

ganar [A1] *vt*

A **1** ‹*sueldo*› to earn; **¿cuánto ganas al mes?** how much do you earn a month?; **lo único que quiere es ~ dinero** all he's interested in is making money **2** (conseguir) to gain; **no ganas nada con preocuparte** there's no point worrying (about it)

B **1** ‹*partido/guerra/elecciones*› to win; **le gané la apuesta** I won my bet with him **2** ‹*premio/dinero*› to win

C (adquirir) ‹*experiencia*› to gain; **ganó fama y fortuna** she won fame and fortune

D **1** (conquistar) **~ a algn PARA algo** to win sb over TO sth; **lo ganó para su causa** she won him over to her cause **2** (reclamar) to reclaim; **las tierras ganadas al mar** the land that has been reclaimed from the sea

E (liter) ‹*meta*› to attain (frml); ‹*cumbre/orilla*› to gain (liter)

■ **ganar** *vi*

A (mediante el trabajo) to earn

B **1** (vencer) to win; **que gane el mejor** may the best man win; **van ganando 2 a 1** they're winning 2-1 **2** **~le A algn** to beat sb; **nos ~on por cuatro puntos** they beat us by four points; **a mentiroso nadie le gana** *or* **no hay quien le gane** when it comes to lying there's noone to touch him

C (aventajar) **~le a algn EN algo**: **le ganas en estatura** you're taller than him; **me gana en todo** he beats me on every count

D **1** (mejorar): **el salón ha ganado mucho con estos cambios** these changes have really improved the living room; **ha ganado mucho con el nuevo peinado** her new hairstyle has really done a lot for her **2** (obtener provecho, beneficiarse) to gain; **ganó mucho con su estancia en Berlín** he gained a lot from *o* got a lot out of his stay in Berlin; ***salir ganando***: **es el único que salió ganando con el trato/en ese asunto** he's the only one who did well out of the deal/who came out well in that business; **al final salí ganando** in the end I came out of it better off

■ **ganarse** *v pron*

A (*enf*) (mediante el trabajo) to earn

B (*enf*) ‹*premio/apuesta*› to win

C ‹*afecto/confianza*› to win; ‹*persona*› to win … over; **supo ~se el respeto de todos** she managed to win *o* earn everyone's respect

D (ser merecedor de) ‹*descanso*› to earn oneself; ***~se algo a pulso*** to earn sth; ***ganársela*** (Esp fam): **se la va a ~** she's going to get it *o* she's for it (colloq)

ganchillo *m* (aguja) crochet hook; (labor) crochet; **hacer ~** to crochet

gancho *m*

A (garfio) hook; ***hacerle ~ a algn con algn*** (CS fam) to set sb up with sb (colloq); ***ir de ~*** (Col) to walk along arm in arm

B **1** (clip) paperclip; (de patitas) paper fastener **2** (horquilla) hairpin **3** (Andes) (imperdible) safety pin **4** (AmL) (para la ropa) hanger

C **1** (fam) (para atrapar, seducir) bait **2** (fam) (atractivo): **un hombre con mucho ~** a very attractive man; **un artista que tiene ~** an artist who enjoys great popularity

D **1** (en boxeo) hook **2** (en baloncesto) hook shot

gandalla *mf* (Méx fam) (persona deshonesta) crook (colloq); (sinvergüenza) swine (colloq)

gandul -dula *m,f* (fam) lazybones (colloq)

gandulear [A1] *vi* (fam) to laze *o* (colloq) loaf around

ganga *f* (compra ventajosa) bargain; **a precio de ~** at a bargain *o* giveaway price

ganglio *m* (en los vasos linfáticos) gland; (de células nerviosas) ganglion

gangosear [A1] *vi* to talk through one's nose

gangoso -sa *adj* nasal

gangrena *f* gangrene

gangrenarse [A1] *v pron* to become gangrenous

gangrenoso -sa *adj* gangrenous

gángster *mf* (*pl* **-ters**) gangster

ganguear [A1] *vi* to talk through one's nose

gansada *f* (fam) **1** (dicho): **decir ~s** to talk through one's hat (colloq) **2** (acto): **hacer ~s** to clown around (colloq)

ganso¹ -sa *adj* (fam) (torpe) clumsy; (holgazán) lazy, idle; (tonto) stupid

ganso² -sa *m,f*

A (Zool) (*m*) goose, gander; (*f*) goose

B (fam) **1** (persona torpe) oaf (colloq) **2** (holgazán) slob (colloq) **3** (tonto) clown (colloq); **hacer el ~** to clown around

ganzúa *f* picklock

gañán *m* **1** (ant) (mozo de labranza) farmhand **2** (patán) boor

gañir [I9] *vi* «*perro*» to yelp; «*cuervo*» to caw

garabatear [A1] *vi*

A (escribir) to scribble, scrawl; (dibujar) to doodle

B (Chi) (decir palabrotas) to swear

■ **garabatear** *vt*

A (escribir) to scrawl, scribble; (dibujar) to doodle

B (Chi) (insultar) to swear at

garabato *m*

A **1** (dibujo) doodle **2** **garabatos** *mpl* (escritura) scrawl, scribble

B (gancho) hook

C (Chi) (palabrota) swearword

garaje /ga'raxe/ *m*, (esp AmL) **garage** /ga'raʒ/ *m* (de edificio) garage; (taller) garage

garante *mf* guarantor

garantía *f*

A (Com) guarantee, warranty; **dos años de ~** a two-year guarantee; **estar bajo** *or* **en ~** to be under guarantee

B (Der) (fianza) surety, guarantee

C (seguridad) guarantee; **no ofrece ~s para el inversor** it does not offer any security for the investor

g

(Compuesto) **garantías constitucionales** *fpl* constitutional rights (*pl*)

garantizar [A4] *vt*
A (Com) ‹*producto*› to guarantee, warrant (AmE); **se lo garantizamos por tres años** we give a three-year guarantee
B 1 (Der) «*garante*» to act as guarantor for, stand surety for 2 (asegurar) to guarantee

garañón *m* (AmL fam) (caballo) studhorse

garapiña *f* (Méx) pineapple squash

garbanzo *m* chickpea; ***ganarse los ~s*** (fam) to earn one's bread and butter (colloq); ***ser el ~ negro de la familia*** to be the black sheep of the family

garbo *m* (al andar, moverse — elegancia) poise, grace; (— gracia, desenvoltura) jauntiness

garbosamente *adv* 1 (con gracia y desenvoltura) jauntily 2 (con elegancia) with poise

garboso -sa *adj* ‹*andar/gesto*› (elegante) graceful; (con gracia) jaunty

gardenia *f* gardenia

g

garete: **irse al ~** (fam) «*embarcación*» to be adrift; «*planes*» to go down the drain

garfio *m* hook

gargajo *m* (fam) gob (sl)

garganta[1] *f*
A 1 (Anat) throat; **me dolía la ~** I had a sore throat; **tiene una buena ~** she has a good (singing) voice 2 (cuello) neck
B (desfiladero) gorge, ravine; (entre montañas) narrow pass

garganta[2] *mf* (Per fam) scrounger (colloq)

gargantilla *f* choker, necklace

gárgara *f* gargle; **hacer ~s** to gargle; ***mandar a algn a hacer ~s*** (fam) to tell sb to get lost (colloq)

gargarismo *m* (acción) gargling; (líquido) gargle

garguero, gargüero *m* (fam) throat; **mojarse el ~** (fam) to have a drink

garita *f* (de centinela) sentry box; (de portero) lodge; (caseta) hut, cabin

garito *m* gambling den

garlar [A1] *vi* (Col fam) to chat, talk

garra *f*
A 1 (de animal) claw; (de águila) talon 2 (pey) (de persona) paw (colloq & pej); **echarle la ~ a algo** to grab *o* seize sth
B (arrojo, valor) fighting spirit; (personalidad) personality
C **garras** *fpl* (poder, dominio) clutches (*pl*); **caer/estar en las ~s de algn** to fall into/be in sb's clutches
D (Chi, Méx fam) (ropa — vieja) rags (*pl*) (colloq); (— de mal gusto, fea) tasteless clothes (*pl*) (colloq); ***hacer ~s algo/a algn*** (Méx fam) to tear sth/sb to shreds (colloq)

garrafa *f* 1 (para vino) demijohn; **ginebra/vino de ~** cheap gin/wine 2 (RPl) (para gas) cylinder

garrafal *adj* terrible; **error ~** terrible *o* huge mistake

garrafón *m* demijohn

garrapata *f* tick

garrapiñada *f* (esp AmL) caramel-coated peanuts/almonds (*pl*)

garrapiñado -da *adj* caramel-coated

garrido -da *adj* (liter) ‹*mozo*› handsome; ‹*moza*› comely

garrobo *m* (AmC) iguana

garrocha *f*
A (Taur) lance, goad; (aguijada) (Méx) cattle prod
B (AmL) (Dep) pole

garrochista *mf* (AmL) pole-vaulter

garrón *m* (carne) shank; ***de ~*** (RPl fam) free; **entré de ~** I got in free

garronear [A1] *vi* (RPl fam) to scrounge (colloq)

garrotazo *m* (golpe) blow (*with a club*)

garrote *m* (palo) club, stick; (método de ejecución) garrotte

garrotero -ra *m,f* (Méx) (Ferr) brakeman (AmE), guard (BrE)

garrotillo *m* (Med) croup

gárrulo -la *adj* 1 (hablador) garrulous 2 (liter) ‹*ave*› noisy, twittering (*before n*); ‹*viento*› howling (*before n*)

garúa *f* (AmL) drizzle

garuar [A18] *v impers* (AmL) to drizzle

garufa *f* (RPl arg): **irse de ~** to go out on the town (colloq)

garza *f*
A (Zool) heron
B (Chi) (copa) long-stemmed glass

garzo -za *adj* (liter) azure (liter)

garzón -zona (Chi) (*m*) waiter; (*f*) waitress

gas *m*
A (Fís, Quím) gas; **~es tóxicos** toxic fumes; **asfixiar con ~** to gas; **cocina a** *or* **de ~** gas cooker; ***a todo ~*** (Esp fam) at full speed; ***darle ~*** (Auto) (fam) to step on the gas (colloq)

(Compuestos)
- **gas ciudad** (Esp) *or* (Chi) **de cañería** town gas
- **gas hilarante/lacrimógeno** laughing/tear gas
- **gas licuado** liquified gas
- **gas neurotóxico** *or* **nervioso** nerve gas

B **gases** *mpl* (Fisiol) wind, flatulence

gasa *f* (Med, Tex) gauze

gasear *vt* [A1] to gas

gaseoducto *m* gas pipeline

gaseosa *f* 1 (bebida efervescente) soda (AmE), fizzy drink (BrE) 2 (Arg) (cualquier refresco) soft drink

gaseoso -sa *adj* 1 ‹*cuerpo/estado*› gaseous 2 ‹*bebida*› carbonated, fizzy (BrE)

gásfiter *mf* (*pl* **-ters**) (Chi) plumber

gasfitería *f* (Chi, Per) plumbing

gasfitero -ra *m,f* (Per) plumber

gasificarse *v pron* to gasify

gasista *mf* gas fitter

gasoducto *m* gas pipeline

gas-oil, gasóleo *m* (para calefacción) (gas) oil; (para motores) diesel (fuel *o* oil)

gasolina *f* gasoline (AmE), gas (AmE), petrol (BrE); **tengo que echar** *or* **poner** *or* (Méx) **cargar ~** I have to get some gas *o* petrol

(Compuestos)
- **gasolina normal** regular gasoline (AmE), two-star petrol (BrE)
- **gasolina sin plomo** unleaded gasoline (AmE), unleaded petrol (BrE)
- **gasolina super** premium gasoline (AmE), four-star petrol (BrE)

gasolinera *f*
A (estación) gas station (AmE), petrol station (BrE)
B (embarcación) motorboat

gasómetro *m* gasholder, gasometer

gastado -da *adj* ‹*ropa/zapatos*› worn-out; ‹*político/cantante*› washed-up (colloq)

gastador -dora *adj/m,f* spendthrift

gastar [A1] *vt*
A (consumir) 1 ‹*dinero*› to spend; **~ algo EN algo** to spend sth ON sth 2 ‹*gasolina/electricidad*› to use; **me vas a ~ las pilas** you're going to run the batteries down
B (desperdiciar, malgastar) ‹*dinero/tiempo/energía*› to waste
C (desgastar) ‹*ropa/zapatos*› to wear out; ‹*tacones*› to wear down
D 1 (fam) (llevar, usar) ‹*ropa/gafas*› to wear; **gasto el 37** I'm a size 37; **¿qué marca de cigarrillos gastas?** what brand of cigarettes do you smoke? 2 (fam) (tener) to have; **ése gasta un genio ...** he has a terrible temper!
E ‹*broma*› to play; **le ~on una broma** they played a joke *o* trick on him

■ **gastarse** *v pron*
A (*enf*) ‹*dinero*› to spend
B ‹*pilas/batería*› to run down; **se me gastó la tinta** I ran out of ink
C «*ropa/zapatos*» (desgastarse) to wear out
D (*enf*) (fam) (tener) to have; **¡qué modales se gasta!** that's a fine way to behave; **¡qué pinta de hippy se gasta!** he looks like a real hippy!

gasto *m* expense; **supondría un ~ de un millón** it would cost a million; **este mes he tenido muchos ~s** this has been an expensive month for me; **los ~s del juicio** the legal costs; **restringir ~s** to limit expenditure

(Compuestos)
- **gasto público** *m*: **el ~ ~** public expenditure
- **gastos bancarios** *mpl* bank charges (*pl*)
- **gastos de correo** *mpl* postage
- **gastos de envío** *mpl* postage and handling (AmE), postage and packing (BrE)

- **gastos fijos** *or* **estructurales** *mpl* overheads (*pl*)
- **gastos varios** *mpl* sundries (*pl*)

gástrico -ca *adj* gastric
gastritis *f* gastritis
gastronomía *f* gastronomy
gastronómico -ca *adj* gastronomic
gastrónomo -ma *m,f* gourmet, gastronome
gata *f*
A (Chi, Per) (Auto) jack; *ver tb* **gato¹**
B **a gatas** (*loc adv*) (a cuatro patas): **ir** *or* **andar a ~s** to crawl; **tuve que entrar a ~s** I had to go in on all fours
gatazo *m* (AmL fam): **cuando se arregla da el ~** when she dresses up she looks pretty good; **no es de oro pero pega el ~** it isn't gold but it could pass for gold
gatear [A1] *vi* (andar a gatas) to crawl; (trepar) to climb
gatera *f* cathole (AmE), cat flap (BrE)
gatillero *m* (Méx) gunman
gatillo *m* trigger; **apretar el ~** to pull the trigger
gatito -ta *m,f* kitten
gato¹ -ta *m,f*
A (Zool) cat; ***aquí hay ~ encerrado*** there's something fishy going on here; ***cuatro ~s*** (fam) a handful of people; ***defenderse como ~ panza arriba*** (fam) to defend oneself fiercely; ***el ~ escaldado del agua fría huye*** once bitten twice shy; ***estar para el ~*** (Chi fam) to be in a bad way (colloq); ***jugar al ~ y al ratón*** to play cat and mouse; ***lavarse como los ~s*** to make do with a lick and a promise (colloq); ***le dieron ~ por liebre*** he was conned *o* had! (colloq); ***llevarse el ~ al agua*** (fam) to pull it off (colloq)
(Compuestos)
- **gato con botas** *m*: **el ~ con ~** Puss in Boots
- **gato montés** wild cat

B (Méx fam) (criado) (*m*) servant; (*f*) maid
gato² *m*
A (Auto) jack
B (Mús) *folk dance from the River Plate area*
C (Chi, Méx) (Jueg) ticktacktoe (AmE), noughts and crosses (BrE)
D (Méx) (signo) hash sign
gatuno -na *adj* (relativo al gato) cat (*before n*), feline; (parecido al gato) catlike
gauchada *f* (Bol, CS fam) favor*, good turn
gauchaje *m* (RPl) (vaqueros): **el ~** the gauchos (*pl*)
gauchesco -ca *adj* gaucho (*before n*)
gaucho *m* gaucho

> **gaucho**
>
> A peasant of the pampas of Argentina, Uruguay, and Brazil. Modern gauchos work as foremen on farms and ranches and take part in rodeos.
>
> Gauchos fought for Argentine independence from Spain, but later became involved in political disputes and suffered persecution.
>
> A literary genre, *literatura gauchesca*, grew up in the eighteenth and nineteenth centuries. The most famous work is *Martín Fierro*, an epic poem by José Hernández about the misfortunes of an Argentine gaucho when the huge pampas are divided into ranches.
>
> Traditionally gauchos wore baggy trousers, leather chaps, a *chiripá*, a garment that went over their trousers and came up around their waist, boots, a hat, a leather waistcoat, a belt with a large buckle. They carried a *facón* - a large knife with a curved blade, and used *boleadoras*, ropes weighted at each end and thrown like lassos, to catch cattle

gavera *f* (Ven) (para botellas) case (AmE), crate (BrE); (para hielo) ice tray
gaveta *f* drawer
gavia *f*
A (Náut) topsail
B (Zool) seagull
gavilán *m* sparrowhawk; **el ~ y la paloma** the hawk and the dove
gavilla *f* (de cereales) sheaf; (de bandidos, golfos) gang, band
gaviota *f* seagull, gull
gay¹ /gai, gei/ *adj* (*pl* **~** *or* **gays**) gay
(Compuesto) **gay saber** /gai/ *m* (liter) **el ~ ~** poetics (liter)
gay² /gai, gei/ (*pl* **~** *or* **gays**) (*m*) gay man, gay; (*f*) gay woman, lesbian
gayo -ya *adj* (liter) gay
(Compuesto) **gaya ciencia** *f* (liter) **la ~ ~** poesy (liter)
gayola *f* (RPl fam) (cárcel) slammer (colloq)
gazapera *f*
A (madriguera) warren; (de maleantes) den
B (fam) (pelea) brawl, scuffle
gazapo *m*
A (Zool) young rabbit
B [1] (errata) misprint, error [2] (fam) (equivocación) mistake
gazmoñería *f* (pudor) prudishness; (mojigatería) sanctimoniousness
gazmoño -ña *adj* (pudoroso) prudish; (mojigato) sanctimonious
gaznápiro¹ -ra *adj* (fam) dumb (colloq)
gaznápiro² -ra *m,f* (fam) fool, dummy (colloq)
gaznate *m* (garganta) (fam) throat, gullet; **refrescar el ~** (fam) to have a drink
gazpacho *m*: *tb* **~ andaluz** gazpacho (*cold soup made from tomatoes, peppers, etc*)
gazuza *f* (fam) hunger
ge *f*: *name of the letter* **g**
géiser, geiser *m* geyser
geisha /'gejʃa/ *f* geisha
gel *m* gel
gelatina *f* [1] (sustancia) gelatin* [2] (postre) Jell-O® (AmE), jelly (BrE); ***temblar como una ~*** (fam) to tremble like a leaf
gelatinoso -sa *adj* gelatinous
gélido -da *adj* (liter) icy, gelid (liter)
gema *f* gem
gemelo¹ -la *adj* twin (*before n*); **son almas gemelas** they're kindred spirits
gemelo² -la *m,f*
A (persona) twin
B [1] **gemelo** *m* (de camisa) cuff link [2] **gemelos** *mpl* (Ópt) binoculars (*pl*); **me prestó unos ~s** he lent me a pair of *o* some binoculars
gemido *m* [1] (de dolor, pena) groan, moan [2] (de animal) whine [3] (liter) (del viento) moaning
Géminis¹ *m* (signo, constelación) Gemini; **es (de) ~** she's (a) Gemini, she's a Geminian
Géminis², géminis *mf* (*pl* **~**) (persona) Geminian, Gemini
gemir [I14] *vi* [1] «*persona*» to moan, groan; **gemía de dolor** he moaned with pain [2] «*animal*» to whine [3] (liter) «*viento*» to moan
gen *m* gene
gendarme *mf* gendarme
gendarmería *f* gendarmerie
genealogía *f* genealogy
genealógico -ca *adj* genealogical
generación *f*
A [1] (de una familia) generation [2] (Art, Lit) generation; **la ~ del 98** the generation of '98 [3] (Inf) generation
B (acción) generation; **~ de puestos de trabajo** job creation
generacional *adj* generation (*before n*), generational; **brecha ~** generation gap
generador¹ -dora *adj*: **un plan ~ de empleo** a plan which will generate *o* create employment; **fuentes ~as de energía** sources of energy
generador² *m* generator
general¹ *adj* [1] (no específico, global) general; **hablando en líneas ~es** broadly speaking; **un panorama ~ de la situación** an overall view of the situation; **tiene nociones ~es de informática** he has a general idea about computing [2] (*en locs*) **en general** on the whole, in general; **el público en ~** the general public; **por lo general**: **por lo ~ llega a las nueve** she usually *o* generally arrives

g

at nine; **por lo ~ prefiero ir en auto** in general I prefer to drive

general² *mf* (Mil) general

(Compuesto) **general de brigada** (en el ejército) ≈ major general; (en las fuerzas aéreas) ≈ brigadier general (*in US*), ≈ air commodore (*in UK*)

generala *f* 1 (toque) call to arms; **tocar a ~** to sound the call to arms 2 (persona) general's wife

generalato *m* (cargo) rank of general; (conjunto) generals (*pl*)

generalidad *f* (vaguedad) general comment, generality; (mayoría) majority

generalísimo *m* generalissimo; **el G~** General Franco

Generalitat /dʒenerali'tat/ *f*: **la ~** *the autonomous government of Cataluña*

Generalitat

The name of the autonomous governments of Catalonia and Valencia. A great deal of power has now been transferred to them from central government.

The medieval term *generalitat* was revived in 1932, when Catalonia voted for its own devolved government. After the Civil War, it was abolished by Franco but was restored in 1978, with the establishment of **comunidades autónomas**. The Valencian *Generalitat* is keen to preserve the traditions of the region from Catalan influence

g

generalización *f* 1 (juicio general) generalization 2 (extensión): **la ~ del conflicto a otras zonas** the spread of the conflict into other areas; **la ~ del consumo de drogas** the increase in drug-taking

generalizado -da *adj* ‹*opinión*› widespread

generalizar [A4] *vi* to generalize, make generalizations
■ **generalizar** *vt* to spread
■ **generalizarse** *v pron* to spread

generar [A1] *vt* (Elec) to generate; (crear) to generate, create

generatriz *adj* generational

género *m*

A 1 (clase, tipo) kind, type 2 (Biol) genus 3 (Lit, Teatr) genre

(Compuestos)
- **género dramático**: **el ~ ~** drama
- **género humano**: **el ~ ~** the human race, mankind
- **género lírico**: **el ~ ~** (Teatr) *opera, zarzuela, etc*; (Lit) lyric poetry
- **género novelesco**: **el ~ ~** the novel

B (Ling) gender

C (mercancías) *tb* **~s** merchandise, goods (*pl*)

D (tela) cloth, material

generosidad *f* generosity

generoso -sa *adj* 1 ‹*persona/carácter*› generous 2 ‹*cantidad/propina*› generous 3 ‹*vino*› full-bodied

génesis *f* (origen) origin, genesis (frml)

genética *f* genetics

genético -ca *adj* genetic

genial *adj* 1 ‹*idea*› brilliant; ‹*escritor/pintor*› brilliant; **su última sinfonía es una obra ~** his last symphony is a work of genius 2 (fam) (estupendo) great (colloq), fantastic (colloq) 3 (fam) (ocurrente, gracioso) witty, funny

genialidad *f* (cualidad) genius; (ocurrencia) brilliant idea

genialmente *adv* brilliantly; **nos llevamos ~** we get along terribly well, we get on famously (BrE)

geniecillo *m* elf

genio *m* 1 (carácter) temper; **tener buen/mal ~** to be even-tempered/bad-tempered; ***estar con*** *or* ***tener el ~ atravesado*** (fam) to be in a bad mood *o* in a temper; ***~ y figura hasta la sepultura*** a leopard never changes its spots; ***tener el ~ pronto*** *or* ***vivo*** to be quick-tempered 2 (talento) genius; **un pintor con mucho ~** a painter of genius 3 (lumbrera) genius 4 (ser fantástico) genie

genital *adj* genital

genitales *mpl* genitals (*pl*), genital organs (*pl*)

genocida *mf* person guilty of acts of genocide

genocidio *m* genocide

genoma *m* genome; **el ~ humano** the human genome

genoterapia *f* gene therapy

Génova *f* Genoa

gente¹ *adj* (AmL) (de buenas maneras) respectable; (amable) kind, good

gente² *adv* (Chi, Méx): **se portó muy ~ conmigo** she was very good *o* kind to me

gente³ *f*

A 1 (personas) people (*pl*); **había muy poca/tanta ~** there were very few/so many people; **¿qué va a decir la ~?** what will people say?; **estas Navidades las pasaré con mi ~** I'm spending this Christmas with my family *o* (colloq) folks; **¿cómo está toda la ~ del pueblo?** how's everyone back home?; ***como la ~*** (CS fam) ‹*regalo/camisa*› decent (colloq); **habla como la ~** speak properly; ***ser buena ~*** to be nice (*o* kind *etc*); ***ser ~*** (AmS) to behave (properly) 2 (Méx) (persona) person

(Compuestos)
- **gente bien** (de respeto) respectable people; (adinerada) well-to-do people
- **gente de a pie**: **la ~ de a ~** the man in the street
- **gente linda** *or* (Esp) **guapa**: **la ~ ~** the beautiful people
- **gente menuda**: **la ~ ~** the children (*pl*)

B **gentes** *fpl* (liter) (habitantes) people (*pl*)

gentil¹ *adj*

A (amable) kind

B (Relig) gentile

gentil² *mf* gentile

gentileza *f* kindness; **tuvo la ~ de cederme el asiento** she was kind enough to let me have her seat; **tenga la ~ de esperar un momento** would you be so kind as to wait a moment (frml); **~ de Joaquín Arias** (Corresp) by courtesy of Joaquín Arias

gentilhombre *m* (*pl* **gentileshombres**) gentleman

gentilicio *m*: *name given to the people from a particular region or country*

gentío *m* crowd; **había tal ~ que me volví a casa** it was so crowded that I went home again

gentuza *f* (pey) riffraff (pej), rabble (pej)

genuflexión *f* genuflection

genuflexo *adj* (arrodillado) kneeling

genuino -na *adj* 1 ‹*lana/cuero*› genuine 2 ‹*dolor/tristeza*› genuine; **el ~ representante del pueblo** the true representative of the people

geofísica *f* geophysics

geofísico -ca *adj* geophysical

geografía *f* 1 (disciplina) geography; **~ política/humana** political/human geography 2 (topografía) geography

geográfico -ca *adj* geographic(al)

geógrafo -fa *m,f* geographer

geología *f* geology

geológico -ca *adj* geological

geólogo -ga *m,f* geologist

geometría *f* geometry

geométrico -ca *adj* geometric

geopolítico -ca *adj* geopolitical

geranio *m* geranium

gerencia *f* 1 (cargo) post *o* position of manager; **durante su ~** during his time as manager 2 (personas) management 3 (oficina) manager's office

gerencial *adj* (AmL) managerial

gerenciar [A1] *vt* (AmL) to manage

gerente *mf* manager

(Compuesto) **gerente comercial** business manager

geriatría *f* geriatrics

gerifalte *m*

A (Zool) gyrfalcon

B (persona importante) bigwig (colloq)

germanía *f* criminal slang

germánico -ca *adj* Germanic

germano¹ -na *adj* 1 (Hist) Germanic 2 (period) ‹*gobierno/equipo*› German 3 ‹*puntualidad/eficiencia*› Germanic, Teutonic (hum)

germano² -na *m,f* [1] (Hist) German (*member of a Germanic tribe*); **los ~s** the Germanic tribes *o* peoples [2] (period) (alemán) German

germanófilo -la *adj/m,f* Germanophile

germanófobo -ba *adj* Germanophobic

germanooccidental *adj* (Hist) West German

germanooriental *adj* (Hist) East German

germen *m*
A (microbio) germ
B [1] (embrión) germ; **~ de trigo** wheatgerm [2] (origen) seeds (*pl*); **el ~ de la revolución** the seeds of the revolution

germicida¹ *adj* germicidal

germicida² *m* germicide

germinación *f* germination

germinar [A1] *vi* [1] (Bot) to germinate [2] (liter) «*idea*» to germinate

gerontocracia *f* gerontocracy

gerundio *m* gerund

gesta *f* exploit, heroic deed; **cantar de ~** chanson de geste, epic poem

gestación *f* (Biol) gestation; (preparación) gestation; **en ~** in gestation

gestante *f* (frml) expectant mother (frml)

gestar [A1] *vt* to gestate
■ **gestarse** *v pron*: **se gestaba una revolución/una huelga** a revolution/a strike was brewing

gesticulación *f* gesticulation

gesticular [A1] *vi* to gesticulate

gestión *f* [1] (trámite): **hizo** *or* **efectuó gestiones para adoptar un niño** he went through the procedure for adopting a child; **su apoyo a las gestiones de paz** their support for the peace process; **las gestiones realizadas por ellos** the action taken by them [2] (Com, Fin) management [3] (Adm, Gob) administration [4] **gestiones** *fpl* (negociaciones) negotiations (*pl*)

gestionar [A1] *vt* [1] (diligenciar, tratar de obtener) ‹*compra/préstamo*› to negotiate; **le están gestionando el permiso de trabajo** they are getting his work permit sorted out *o* arranged; **estoy gestionando el traslado a Granada** I'm trying to get a transfer to Granada [2] (administrar): **el gobierno gestiona este impuesto** the government administers this tax

gesto *m*
A (movimiento) gesture; **hizo un ~ de aprobación con la cabeza** he nodded (his approval); **le hizo un ~ para que se callara** she gestured to him to be quiet; **con un ~ le indicó que se sentara** he motioned to her to sit down
B (liter) (expresión) expression; **tenía el ~ adusto** her face *o* expression was stern; **hacer ~s** to make faces; ***torcer el ~*** to make *o* (BrE) pull a face
C (actitud) gesture; (detalle, atención) gesture

gestor¹ -tora *adj* [1] (que tramita): **agencia ~a** agency (*which obtains official documents on clients' behalf*) [2] (que administra) ‹*órgano/comisión*› administrative, managing (*before n*)

gestor² -tora *m,f* (para trámites oficiales) agent (*who obtains official documents on clients' behalf*)

gestoría *f* agency (*which obtains official documents on clients' behalf*)

ghetto /'geto/ *m* ghetto

giba *f* (del camello) hump; (de persona) hump

gibado -da giboso -sa *adj* hunchbacked

Gibraltar *m* Gibraltar

gibraltareño -ña *adj/m,f* Gibraltarian

giga *m* (fam) gigabyte; **mi disco duro es de 4.3 ~s** I have a 4.3 gigabyte hard disk

gigante¹ *adj* giant (*before n*)

gigante² -ta *m,f* [1] (en cuentos) (*m*) giant; (*f*) giantess; (persona alta) giant [2] (en fiestas populares) giant (*made of papier-maché*) [3] (persona, cosa que destaca) giant

gigantesco -ca *adj* huge, gigantic; **fue una empresa gigantesca** it was a massive *o* mammoth undertaking

gigantismo *m* giantism, gigantism

gigantón -tona *m,f* [1] (persona) giant [2] (en fiestas populares) giant (*made of papier-maché*)

gigoló, gigolo /ʒiʋo'lo/ *m* gigolo

gil *mf* (RPl fam *o* vulg) jerk (sl)

gili¹ *adj* (Esp fam) silly, dumb (colloq)

gili² *mf* (Esp fam) nerd (colloq), twit (colloq)

gilipollas¹ *adj inv* (Esp fam *o* vulg): **¡qué ~ es ese tío!** that guy's such a jerk! (sl & pej)

gilipollas² *mf* (*pl* ~) (Esp fam *o* vulg) jerk (sl & pej)

gilipollez *f* (Esp fam *o* vulg) [1] (estupidez): **decir gilipolleces** to talk garbage (AmE) *o* (BrE) rubbish; **no discutáis por esa ~** don't argue over a stupid *o* silly thing like that [2] (acción estúpida): **pagar tanto es una ~** it's stupid paying that much

gimnasia *f* gymnastics; **hago ~ todos los días** I do exercises every day; **los viernes tenemos clase de ~** we have gym *o* (BrE) PE on Fridays

Compuestos
- **gimnasia de mantenimiento** keep-fit
- **gimnasia jazz** (Arg) aerobics
- **gimnasia rítmica** eurhythmics
- **gimnasia rítmica deportiva** rhythmic gymnastics

gimnasio *m* gymnasium, gym

gimnasta *mf* gymnast

gimnástico -ca *adj* gymnastic

gimotear [A1] *vi* to whine, whimper

gimoteo *m* whining, whimpering

gincana *f* gymkhana

ginebra *f* gin

Ginebra *f* Geneva

ginecología *f* gynecology*

ginecólogo -ga *m,f* gynecologist*

gira *f* [1] (de turismo) tour [2] (Espec) tour; **estar/ir de ~** to be/go on tour [3] (de político) tour, visit

girador -dora *m,f* drawer

giralda *f* (veleta) weather vane

girar [A1] *vi*
A [1] «*rueda*» to turn, go around *o* round; «*disco*» to revolve, go around; «*trompo*» to spin; **la tierra gira alrededor del sol** the earth revolves around the sun; **hizo ~ la llave en la cerradura** he turned the key in the lock [2] (darse la vuelta) to turn [3] **~ EN TORNO A algo** «*conversación/debate*» to revolve *o* center* AROUND sth; «*discurso*» to center* *o* focus ON sth
B (torcer, desviarse) to turn; **en la próxima esquina gire a la derecha** take the next right; **giró hacia posiciones conservadoras** he moved to a more conservative stance
■ **girar** *vt*
A ‹*manivela/volante*› to turn; **giró la cabeza** he turned his head
B (Com, Fin) [1] ‹*cheque/letra de cambio*› to draw; **giró un cheque sin fondos** he issued a check without sufficient funds in the account [2] ‹*dinero*› to send; (a través de un banco) to transfer
C (frml) ‹*instrucciones*› to give, to issue (frml)

girasol *m* sunflower

giratorio -ria *adj* revolving (*before n*)

giro¹ -ra *adj* (AmL) speckled yellow

giro² *m*
A (Mec, Tec) turn
B [1] (Auto) turn; **hizo un ~ a la derecha** she made a right turn [2] (cambio) change of direction; **dieron un ~ hacia una postura más realista** they moved toward(s) a more realistic stance; **un ~ de 180 grados** a volte-face *o* an about-turn [3] (dirección) turn; **no me gusta el ~ que ha tomado esta conversación** I don't like the direction this conversation has taken
C (Fin): **poner** *or* **enviar un ~** (a través de un banco) to transfer money; (por correo) to send a money order

Compuestos
- **giro bancario** (cheque) bank draft, banker's draft; (transferencia) credit transfer
- **giro postal** money order, giro

D (Ling, Lit) expression, turn of phrase

gis *m* (Méx) chalk

gitanería *f* gypsies (*pl*)

gitano¹ -na *adj* gypsy (*before n*)

gitano² -na *m,f* gypsy

gitano

A member of Spain's gypsy community. Gypsies often live in camps and retain their nomadic habits. They have preserved many of their customs and do not usually integrate into the mainstream of Spanish society. Their language is *caló*. Gypsies have been a great influence on **flamenco**, and many of the best performers are gypsies

glaciación *f* glaciation

glacial *adj* 1 ‹*zona/período*› glacial 2 ‹*viento/temperatura*› icy; ‹*acogida/recibimiento*› icy, frosty

glaciar[1] *adj* ‹*erosión*› glacial; **casquete ~** ice cap

glaciar[2] *m* glacier

gladiador *m* gladiator

gladiolo *m* gladiolus

glamoroso -sa *adj* glamorous

glamour /'glamur/ *m* glamor*

glándula *f* gland

glandular *adj* glandular

glaseado *m* glaze

glasear [A1] *vt* to glaze

glauco -ca *adj* (liter) glaucous (liter), grayish* green

gleba *f* (terrón) clod; (Hist) glebe

glicerina *f* glycerin

global *adj* 1 (total, general) ‹*informe*› full, comprehensive; ‹*resultado*› overall; ‹*precio/cantidad*› total; ‹*visión/estudio*› global 2 (mundial) global; **repercusiones ~es** global *o* worldwide repercussions 3 (Inf) global

globalismo *m* globalism

globalizar [A4] *vt* (abarcar) to encompass; (extender) to globalize

globo *m*

A 1 (Jueg) balloon; ***estar como un ~*** (fam) to be like a barrel (colloq) 2 (de chicle) bubble 3 (en comics) speech balloon *o* bubble 4 (de lámpara) globe

(Compuesto) **globo ocular** eyeball

B (Aviac, Meteo) balloon

(Compuesto) **globo aerostático/sonda** hot-air/observation balloon

C (mundo) world, globe (journ); **~ terráqueo** *or* **terrestre** globe

D (Dep) (en béisbol) fly; (en tenis) lob; (en rugby) up-and-under

E (Esp fam) (preservativo) rubber (AmE colloq), johnny (BrE colloq)

globulina *f* globulin

glóbulo *m* (cuerpo esférico) globule; (corpúsculo) corpuscle

(Compuesto) **glóbulo blanco/rojo** white/red corpuscle

gloria *f*

A (Relig) glory; **que en ~ esté** God rest her/his soul; ***estar/sentirse en la ~***: **aquí dentro se está en la ~** it's wonderful in here; **me siento en la ~** I'm in seventh heaven

B 1 (fama, honor) glory; **cubrirse de ~** to win glory; **en ~ y majestad** triumphantly, victoriously 2 (acontecimiento) glorious moment

C (personalidad) figure; **es una de las ~s del deporte** he is one of the great sporting figures *o* heroes

gloriarse [A17] *v pron* (liter) **~ DE algo** to boast OF sth

glorieta *f* 1 (plaza) square; (Auto) traffic circle (AmE), roundabout (BrE) 2 (en el jardín) arbor*

glorificación *f* glorification

glorificar [A2] *vt* to glorify

glorioso -sa *adj* (Relig) glorious; ‹*hecho*› glorious; ‹*personaje*› great

glosa *f* gloss, note; **~ marginal** marginal note

glosar [A1] *vt* 1 (Lit) ‹*texto*› to gloss 2 ‹*resultados/informe*› to sum up

glosario *m* glossary

glotis *f* (*pl* ~) glottis

glotón[1] **-tona** *adj* gluttonous, greedy

glotón[2] **-tona** *m,f* glutton

glotonería *f* gluttony

glucosa *f* glucose

gluglú *m* gurgling; **hacer ~** to gurgle

gluten *m* gluten

glúteo *m* gluteus

gnomo *m* gnome

gobelino *m* Gobelin

gobernación *f* (gobierno) government; (en Col) provincial government

gobernador -dora *m,f* (Gob) governor

gobernanta *f* (en un hotel) staff manager; (institutriz) governess

gobernante[1] *adj* ‹*partido/organismo*› ruling (*before n*), governing (*before n*)

gobernante[2] *mf* leader, ruler; **nuestros ~s** those who govern *o* rule the country

gobernar [A5] *vt* ‹*país*› to govern, rule; ‹*barco*› to steer
■ **gobernar** *vi* (Gob, Pol) to govern; (Náut) to steer

gobierna, gobiernas *see* **gobernar**

gobiernismo *m* (Andes) pro-government stance

gobiernista *mf* (Andes) government supporter

gobierno *m* 1 (Pol) government 2 (ant) (administración) management, administration

(Compuestos)
- **gobierno de concentración** government of national unity
- **gobierno de transición** provisional government

goce *m* 1 (de un derecho, título) enjoyment; **en pleno ~ de sus facultades** in full possession of her faculties 2 (placer) pleasure

godo[1] **-da** *adj* 1 ‹*rey/pueblo*› Gothic 2 (Col, Ven) (realista) pro-Spanish (*in the War of Independence*) 3 (Col, Ven fam) (conservador) conservative

godo[2] **-da** *m,f* 1 (Hist) Goth 2 (fam) (en Canarias) *Spaniard from the mainland* 3 (Col, Ven) (realista) *supporter of the Spanish Crown* 4 (Col, Ven fam) (conservador) conservative

gol *m* goal; **marcar** *or* **meter** *or* **hacer un ~** to score a goal; ***meterle un ~ a algn*** to put one over on sb (colloq)

(Compuesto) **gol average** goal average

golazo *m* (fam) great *o* tremendous goal (colloq)

goleada *f* heavy defeat

goleador[1] **-dora** *adj* high-scoring

goleador[2] **-dora** *m,f* scorer, goal-scorer; **el máximo ~** the top scorer

golear [A1] *vt*: **el Madrid goleó al Osasuna** Madrid thrashed Osasuna; **el portero menos goleado** the goalkeeper who's let in fewest goals

golero -ra *m,f* (CS) goalkeeper

golf *m* golf

golfa *f* (fam) (prostituta) whore (colloq)

golfear [A1] *vi* (esp Esp) (holgazanear) to hang *o* laze around

golfillo -lla *m,f* street urchin

golfista *mf* golfer

golfístico -ca *adj* golf (*before n*)

golfito *m* (AmL) mini-golf, miniature golf

golfo[1] **-fa** *m,f* 1 (holgazán) good-for-nothing, layabout 2 (fam) (niño travieso) rascal (colloq), little devil (colloq)

golfo[2] *m* (Geog, Náut) gulf

(Compuestos)
- **Golfo de México** Gulf of Mexico
- **Golfo de Vizcaya** Bay of Biscay
- **Golfo Pérsico** Persian Gulf

golilla *f*

A (Indum) 1 (cuello fruncido) ruff 2 (RPl) (pañuelo) neckerchief

B (arandela) washer

gollete *m* neck (*of a bottle*); ***estar hasta el ~*** (fam) to be fed up to the back teeth (colloq); **no tiene ~** (RPl) it's the limit; **no tiene ~ que llame a estas horas** phoning at this hour is too much (colloq)

golondrina *f* (Zool) swallow; ***una ~ no hace verano*** one swallow does not make a summer

golosa *f* (Col) hopscotch

golosina *f* 1 (exquisitez) tidbit (AmE), titbit (BrE) 2 (dulce) candy (AmE), sweet (BrE)

goloso -sa *adj* (amante de lo dulce): **es muy ~** he has a really sweet tooth

golpe *m*

A (choque, impacto) knock; **se dio un ~ contra la pared** she knocked into the wall; **me di un ~ en la cabeza** I hit my head; **te vas a dar un ~** you'll hurt yourself; **cerró el libro de un ~** she snapped *o* slammed the book shut; **me dio un ~ en la espalda** he slapped me on the back; **dio unos ~s en la mesa** he tapped on the table; (más fuerte) he knocked on the table; (aún más fuerte) he banged on the table; ***a ~ de*** (Ven) around; ***de ~*** (repentinamente) suddenly; (quizás) (Col fam) maybe, perhaps; **la puerta se abrió/cerró de ~** the door flew open/slammed shut; ***de ~ y porrazo*** (fam) (de repente) suddenly; ***de un ~*** (de una vez) all at once; (de un trago) in one go *o* gulp

B 1 (al pegarle a algn) blow; **le dio** *or* **pegó un ~ en la cabeza** she hit him on the head; **casi lo matan a ~s** they almost beat him to death; **siempre andan a ~s** they're always fighting 2 (marca) bruise, mark

C (Dep) (en golf) stroke; (en tenis) shot

D (desgracia, contratiempo) blow

E (fam) (atraco, timo) job (colloq); **dar el ~** to do the job

F (fam) (ocurrencia, salida) funny *o* witty remark; ***dar el ~ con algo*** (fam): **con esa indumentaria seguro que das el ~** you'll be a sensation *o* a knockout in that outfit

(Compuestos)

- **golpe bajo** (en boxeo) punch below the belt
- **golpe de efecto**: **su dimisión no causó el ~ de ~ que esperaba** his resignation did not create the dramatic effect he had hoped for
- **golpe de estado** coup (d'état)
- **golpe de gracia** coup de grâce
- **golpe de suerte** stroke of luck
- **golpe de vista** glance, look
- **golpe franco** (en fútbol) free kick; (en hockey) free hit
- **golpe maestro** masterstroke

golpear [A1] *vt*

A ‹*objeto/superficie*›: **no golpees la puerta al salir** don't slam *o* bang the door as you go out; **la lluvia golpeaba los cristales** the rain beat against the window panes; **golpeó el atril con la batuta** he tapped the music stand with his baton; **golpeó la mesa con el puño** he banged his fist on the table

B 1 (chocar) to hit; **algo me golpeó en la cara** something hit me in the face 2 (maltratar) to beat, hit; **su marido la golpea** her husband hits her 3 (sacudir): **la vida la ha golpeado duramente** life has treated her harshly *o* (liter) has dealt her some harsh blows; **una nueva tragedia golpea al país** a fresh tragedy has hit *o* struck the country

■ **golpear** *vi* 1 (dar, pegar) **~ CONTRA algo** to beat AGAINST sth 2 (AmS) (llamar a la puerta) to knock 3 (en fútbol americano) to scrimmage

■ **golpearse** *v pron* 1 (*refl*) (accidentalmente) ‹*cabeza/codo*› to bang, hit 2 (AmL) «*puerta*» to bang

golpeo *m* scrimmage

golpismo *m*: **se pronunciaron en contra del ~** they declared their opposition to any possible coup; **para mantener el ~ a raya** to keep in check any pro-coup tendencies

golpista¹ *adj*: **una minoría ~** a minority in favor of a coup; **los militares ~s** the soldiers who took part in the coup

golpista² *mf*: **los ~s serán enjuiciados** those who took part in the coup will be tried; **los ~s dentro del ejército** those within the army who are/were in favor of a coup

golpiza *f* (AmL) beating; **darle una ~ a algn** to give sb a real beating

goma *f*

A 1 (Bot) gum 2 (caucho) rubber; **suelas de ~** rubber soles 3 (pegamento) glue, gum

(Compuestos)

- **goma de mascar** chewing gum
- **goma de pegar** glue, gum
- **goma espuma** foam rubber

B 1 (para sujetar) rubber band 2 (de borrar) eraser 3 (RPl) (neumático) tire* 4 (fam) (condón) rubber (AmE colloq), johnny (BrE colloq)

C (en béisbol) home plate

D (AmC fam) (resaca) hangover; **ando de ~** I'm hungover

gomero *m* (CS) (Bot) rubber plant

gomina *f* hair gel

gomita *f*

A (para sujetar) rubber band

B (Chi, Méx, Ven) (dulce) gumdrop, gum (BrE)

gomoso -sa *adj* ‹*líquido*› gummy, sticky; ‹*textura*› rubbery

góndola *f* (embarcación) gondola; (Aviac) gondola

gondolero *m* gondolier

gong (*pl* **gongs**), **gongo** *m* gong

gonorrea *f* gonorrhea*

gordinflón¹ -flona *adj* (fam) chubby (colloq), roly-poly (colloq)

gordinflón² -flona *m,f* (fam) fatty (colloq), fatso (colloq)

gordo¹ -da *adj*

A ‹*persona/piernas*› fat; **siempre ha sido ~** he's always been overweight *o* fat; **estás más ~** you've put on weight; **es más bien gordita** she's quite plump; ***me/le/nos cae ~*** (fam) I/she/we can't stand him (colloq)

B (grueso) ‹*libro*› thick; ‹*lana/calcetines*› thick; ‹*suéter*› thick, chunky

C ‹*carne/tocino*› fatty

D (fam) (importante, serio) big; **algo ~ debe haber ocurrido** something big *o* serious must have happened; **fue una metedura de pata de las gordas** it was a terrible *o* a huge blunder (colloq); ***armarse la gorda*** (fam): **y entonces se armó la ~** and then the feathers began to fly

gordo² -da *m,f*

A 1 (persona) (*m*) fat man; (*f*) fat woman; **ese ~ simpático** that nice, rather fat man *o* guy; **es un gordito precioso** he's a cute, chubby little thing 2 (fam) (como apelativo ofensivo) fatso (colloq), fatty (colloq) 3 (AmL) (fam) (como apelativo cariñoso) dear, love;

B **gordo** *m* (Jueg) (premio mayor) jackpot, first prize (*in the state lottery*)

> **El Gordo**
>
> In Spain, the name given to the big prizes in the **Lotería Nacional** and **Lotería Primitiva**, in particular the prize for the Christmas draw of the *Lotería Nacional*. In Latin America it also means a big lottery prize

gordura *f* 1 (grasa) fat 2 (exceso de peso): **me preocupa su ~** I'm worried about how fat he is

gorgojo *m* weevil

gorgoritear [A1] *vi* «*pájaro*» to warble, trill; «*persona*» to trill

gorgorito *m* trill; **cantar haciendo ~s** to trill *o* warble

gorgotear [A1] *vi* (en cañería) to gurgle; (al hervir) to bubble

gorgoteo *m* (en cañería) gurgling; (al hervir) bubbling

gorila¹ *adj* (fam) fascist, dictatorial

gorila² *m*

A (Zool) gorilla

B (fam) 1 (matón) thug, bully-boy (colloq) 2 (guardaespaldas) heavy (colloq) 3 (reaccionario) fascist 4 (Esp) (en un club) bouncer

gorjear [A1] *vi* «*pájaro*» to trill, warble; «*niño*» to gurgle

gorjeo *m* (de pájaro) trill, warbling; (de niño) gurgling

gorra *f* cap; (con visera) peaked cap; (de bebé) bonnet; ***de ~*** (fam) ‹*vivir/comer*› gratis, for free; ***pasar la ~*** (fam) to pass the hat (around)

gorrear [A1] *vt*

A (fam) (pedir) to scrounge (colloq); **me gorreó $20** he scrounged $20 off me

B (Chi fam) ‹*conyuge*› to cheat on (colloq)

■ **gorrear** *vi* (fam) to scrounge (colloq)

gorrero -ra *m,f* (AmL fam) (aprovechado) scrounger (colloq)

gorrino -na *m,f* 1 (Agr, Zool) pig 2 (fam) (persona — sucia) pig (colloq); (— despreciable) swine (colloq)

gorrión *m* sparrow

gorro *m* cap; ***estar hasta el ~*** (fam) to be fed up to the back teeth (colloq); ***ponerle el ~ a algn*** (Chi fam) to cheat on sb (colloq)

(Compuestos)

- **gorro de baño** (para nadar) bathing cap; (para la ducha) shower cap
- **gorro de cocinero** chef's hat

gorrón -rrona *m,f* (Esp, Méx fam) scrounger (colloq)

gorronear [A1] *vt/vi* (Esp, Méx fam) to scrounge (colloq)

g

gota *f*
A (de líquido) drop; **~s de sudor** beads of sweat; **no tiene ni ~ de sentido común** she hasn't an ounce of common sense; ***la ~ que colma*** *or* ***rebasa el vaso*** the last straw; ***parecerse/ser como dos ~s de agua*** to be as like as two peas in a pod; ***sudar la ~ gorda*** (fam) (transpirar) to sweat buckets; (trabajar mucho) to sweat blood
(Compuestos)
- **gota a gota** *m* (Med) drip
- **gota de leche** (AmL) *child welfare institution*

B (enfermedad) gout
C **gotas** *fpl* (remedio) drops (*pl*)
gotear [A1] *vi* «*líquido/grifo*» to drip; «*vela*» to drip; «*cañería*» to leak
■ **gotear** *v impers* (lloviznar) to spit, drizzle
goteo *m* (de líquido, grifo) dripping; (de vela) dripping
gotera *f* 1 (filtración) leak 2 (mancha) damp stain
gotero *m* 1 (Med) drip 2 (AmL) (Farm) dropper
gótico[1] **-ca** *adj* Gothic
gótico[2] *m* Gothic
gourde *m* gourde (*Haitian unit of currency*)
gourmet /gur'me/ *mf* (*pl* **-mets**) gourmet
gozada *f* (fam): **la excursión fue una ~** the trip was fantastic (colloq); **¡qué ~! ¡qué bien se está aquí!** mmm! it's bliss *o* wonderful here!
gozador -dora *adj* (AmL) fun-loving
gozar [A4] *vi*: **los niños gozan en la playa** the children love being on the beach; **parece que goza con la desgracia ajena** he seems to take pleasure in other people's misfortunes; **~ DE algo** to enjoy sth; **goza de perfecta salud** he enjoys perfect health; **goza de una buena posición** he has a good position
■ **gozar** *vt* (arc *o* liter) (en sentido sexual) to enjoy (arch *or* liter)
gozne *m* hinge
gozo *m*
A 1 (alegría) joy; ***no caber en sí de ~*** to be beside oneself with joy 2 (placer) pleasure, enjoyment
B **gozos** *mpl* (Relig) verses (*pl*)
gozoso -sa *adj* happy, content
gozque *mf* (Col) (Zool) mongrel
gr. (= **gramo**) g, gr.
grabación *f* recording; **~ en video** video recording
grabado[1] **-da** *adj* ‹*música*› recorded, taped
grabado[2] *m* engraving
(Compuestos)
- **grabado al aguafuerte** etching
- **grabado en cobre** copperplate
- **grabado en madera** woodcut
- **grabado en relieve** embossing

grabador[1] **-dora** *adj* 1 ‹*aparato*› recording (*before n*) 2 (Art) ‹*plancha*› engraving (*before n*)
grabador[2] *m* tape recorder
grabador[3] **-dora** *m,f*
A (Art) engraver
B **grabadora** *f* 1 (casa discográfica) record company 2 (magnetófono) tape recorder
grabar [A1] *vt* 1 (Audio, TV) to record 2 (Art) to engrave
■ **grabar** *vi* 1 (Audio, TV) to record 2 (Art) to engrave; **~ al aguafuerte** to etch; **~ en relieve** to emboss
■ **grabarse** *v pron* to be engraved; **sus palabras se me ~on en la memoria** her words are etched on my memory; **su cara se me quedó grabada** I'll never forget her face
gracejada *f* (Méx) bad joke
gracejo *m*: **habla con ~ en cualquier ambiente** she talks with unaffected ease in any situation; **se expresa con mucho ~** he expresses himself with great fluency
gracia *f*
(*Sentido* I)
A (comicidad): **yo no le veo la ~** I don't think it's funny; **cuenta las cosas con mucha ~** he has a very amusing way of telling things; **¡pues sí que tiene ~ (la cosa)!** (iró & fam) well, that's great, isn't it! (iro & colloq); ***hacer ~*** (+ *me/te/le etc*): **¡me hizo una ~ ...!** it was so funny ...!; **me hace ~ que digas eso** it's funny you should say that; **no me hace ninguna ~ tener que ir** I don't relish the idea of having to go
B 1 (chiste) joke; (broma) joke, trick; ***reírle las ~s a algn*** to humor• sb 2 (de niño) party piece
C 1 (encanto, donaire): **baila con mucha ~** she's a very graceful dancer; **un vestido sin ~** a very plain dress 2 (habilidad especial): **tiene mucha ~ para arreglar flores** she has a real gift *o* flair for flower arranging
D (ant) (nombre) name
E 1 (favor, merced) grace; **por la ~ de Dios** by the grace of God; **le concedieron tres meses de ~** they gave him three months' grace 2 (disposición benévola) favor•; ***caer en ~***: **le has caído en ~** he has taken a liking *o* (colloq) a shine to you 3 (clemencia) clemency
F (Relig) grace; **estar en estado de ~** to be in a state of grace; **perder la ~** to fall from grace
G (Mit) **las tres ~s** the (three) Graces
(*Sentido* II) **gracias** *fpl* 1 (expresión de agradecimiento): **sólo quería darle las ~s** I just wanted to thank you; **demos ~s a Dios** let us give thanks to God 2 (*como interj*) thank you, thanks (colloq); **muchas ~s** thank you very much, thanks a lot (colloq); **un millón de ~s por tu ayuda** I can't thank you enough for your help 3 **gracias a** thanks to; **~s a Dios** thank God; **llegamos bien, pero ~s a que ...** we arrived on time, but only because ...
grácil *adj* graceful
graciosamente *adv*
A ‹*moverse/bailar*› gracefully
B ‹*expresarse*› amusingly; **una historia ~ contada** an amusingly related story
C ‹*conceder/otorgar*› graciously
gracioso[1] **-sa** *adj*
A (divertido) ‹*chiste/persona*› funny; **¡qué ~!** how funny!; **lo ~ del caso es que ...** the funny *o* amusing thing about it is that ...; **sería ~ que nos hicieran pagar si nos han invitado** (iró) that would be great, making us pay after they'd invited us (colloq & iro)
B 1 (atractivo) ‹*cara/figura*› attractive; **las pecas le dan un aspecto muy ~** those freckles make her look really cute *o* sweet 2 **su Graciosa Majestad** her gracious Majesty
gracioso[2] **-sa** *m,f*: **el ~ de tu hermano ...** that joker of a brother of yours ...; ***hacerse el ~*** to play the fool
grada *f*
A (peldaño) step
B **gradas** *fpl* (Dep) stand, grandstand
gradación *f* (Art, Mús) gradation
gradería *f*, (Esp) **graderío** *m* stands (*pl*); **la ~ cubierta** the covered stands
gradiente *f* (AmL) (pendiente) slope, gradient
grado *m*
A 1 (nivel, cantidad) degree; **el ~ de confusión reinante** the degree of confusion that prevails; **el asunto se ha complicado en** *or* (AmL) **a tal ~ ...** things have become so complicated ...; ***en ~ sumo***: **me preocupó en ~ sumo** it caused me great concern; **nos complace en ~ sumo comunicarle que ...** it gives us great pleasure to inform you that ... 2 (de parentesco) degree; **primo en segundo ~** second cousin
B (de escalafón) grade; **un oficial de ~ superior** a high-ranking officer
C (disposición): **de buen/mal ~** willingly/unwillingly
D 1 (Fís, Meteo) degree; **estamos a tres ~s bajo cero** it's three degrees below zero 2 (Geog, Mat) degree; **un ángulo de 60 ~s** an angle of 60 degrees; **25 ~s de latitud** 25 degrees latitude 3 (Vin) degree
(Compuesto) **grado centígrado** *or* **Celsius/Fahrenheit** degree centigrade *o* Celsius/Fahrenheit
E 1 (esp AmL) (Educ) (curso, año) year 2 (título): **tiene el ~ de licenciado** he has a degree
graduable *adj* adjustable
graduación *f* 1 (acción de regular) adjustment 2 (de bebida alcohólica) alcohol content 3 (Mil) rank; **un militar de alta ~** a high-ranking officer 4 (Educ) graduation
graduado[1] **-da** *adj* 1 ‹*gafas/lentes*› prescription (*before n*) 2 ‹*termómetro*› graduated
graduado[2] **-da** *m,f* (Educ) graduate
gradual *adj* gradual
graduar [A18] *vt* 1 (regular) to adjust 2 (marcar) ‹*instrumento/termómetro*› to calibrate
■ **graduarse** *v pron* 1 (Educ) to graduate 2 (Mil) to take a

commission; **acaba de ~se de capitán** he has just been commissioned as a captain

graffiti /gra'fiti/, **grafiti** *mpl* graffiti

grafía *f* spelling

gráfica *f* graph

gráfico¹ -ca *adj* 1 (Art, Impr) graphic 2 ‹*relato/narración*› graphic; ‹*gesto*› expressive

gráfico² *m* 1 (Mat) graph 2 (Inf) graphic

(Compuesto) **gráfico de barras** bar chart

grafista *mf* graphic artist, graphic designer

grafito *m* graphite

grafología *f* graphology

gragea *f* 1 (Farm) tablet 2 (Coc) small candy (AmE) *o* (BrE) sweet; **~s de chocolate** chocolate drops

Gral. *m* (= **General**) Gen.

grama *f* (AmC, Ven) (césped) lawn

gramática *f* (disciplina) grammar; (libro) grammar (book)

(Compuesto) **gramática parda** (fam): **tiene mucha ~ ~** he's pretty smart *o* worldly-wise

gramatical *adj* grammatical

gramático -ca *m,f* grammarian

gramo *m* gram

gramófono *m*, **gramola** *f* (ant) gramophone (dated)

gran *adj*: *ver* **grande¹**

grana *f*

A (Zool) (cochinilla) cochineal; (quermés) kermes

B 1 (tinte) cochineal; **ponerse rojo como la ~** to turn (as) red as a beet (AmE), to go as red as a beetroot (BrE) 2 (color) deep red

granada *f*

A (Bot) pomegranate

B (Arm, Mil) grenade

(Compuestos)
- **granada de mano** hand grenade
- **granada de mortero** mortar shell

Granada *f* (en España) Granada; (en el Caribe) Grenada

granadero *m*

A (Mil) grenadier

B (Méx) (policía antimotines) *gen* **~s** riot police

granadilla *f* (fruta — redonda, oscura) passion fruit; (— más grande, amarilla) granadilla

granado¹ -da *adj* select; **lo más ~ de la sociedad** the cream of society

granado² *m* pomegranate tree

granar [A1] *vi* to seed

granate¹ *adj inv* deep-red (*before n*)

granate² *m* (Min) garnet; (color) deep red

Gran Bretaña *f* Great Britain

grande¹ *adj* [**gran** *is used before singular nouns*]

A 1 (en dimensiones) large, big; ‹*boca/nariz*› big; **un tipo ~** a big guy 2 (en demasía) too big; **me queda** *or* **me está ~** it's too big for me; ***quedarle ~ a algn*** ‹‹*puesto/responsabilidad*›› to be too much for sb

B (alto) tall; **¡qué ~ está Andrés!** isn't Andrés tall!

C (Geog): **el Gran Santiago** Greater Santiago

D (en edad): **los más ~s pueden ir solos** the older *o* bigger ones can go on their own; **cuando sea ~** when I grow up; **ya son ~s** they are all grown up now

E (*delante del n*) 1 (notable, excelente) great; **un gran hombre/vino** a great man/wine 2 (poderoso) big; **los ~s bancos** the big banks; **los ~s señores feudales** the great feudal lords; ***a lo ~*** in style

F 1 (en intensidad, grado) great; **me causó una gran pena** it caused me great sadness; **un día de gran calor** a very hot day; **¡me llevé un susto más ~ ... !** I got such a fright!; **una gran explosión** a powerful explosion; **es un gran honor** it is a great honor; **una temporada de gran éxito** a very *o* a highly successful season; **son ~s amigos** they're great friends 2 (uso enfático): **eso es una gran verdad** that is absolutely true; **eres un grandísimo sinvergüenza** you're a real swine (colloq); **¡qué mentira más ~!** that's a complete lie!

G 1 (en número) ‹*familia*› large, big; ‹*clase*› big; **la gran parte** *or* **mayoría de los votantes** the great *o* vast majority of the voters 2 (elevado): **a gran velocidad** at high *o* great speed; **volar a gran altura** to fly at a great height; **un edificio de gran altura** a very tall building; **un gran número de personas** a large number of people; **objetos de gran valor** objects of great value; ***en ~***: **lo pasamos en ~** we had a great time (colloq)

(Compuestos)
- **grandes almacenes** *mpl* department store
- **gran danés** *m* Great Dane
- **Gran Guerra** *f*: **la ~ ~** the Great War, World War I
- **gran ópera** *f* grand opera
- **Gran Premio** *m* Grand Prix
- **gran público** *m*: **el ~ ~** the general public

grande² *m,f*

A (de la industria, el comercio) big *o* leading name

B 1 (mayor): **quiero ir con los ~s** I want to go with the big boys/girls; **la grande ya está casada** their eldest (daughter) is already married 2 (adulto): **los ~s** the grown-ups

(Compuesto) **Grande de España** (Spanish) nobleman

grandeza *f*

A (excelencia, nobleza) nobility

(Compuestos)
- **grandeza de alma** (liter) magnanimity
- **grandeza de ánimo** (liter) valor* (liter)

B 1 (dignidad de Grande) rank of grandee 2 (conjunto de Grandes): **la ~** the (Spanish) nobility *o* grandees

grandilocuencia *f* grandiloquence

grandilocuente *adj* grandiloquent

grandiosidad *f* grandeur

grandioso -sa *adj* 1 ‹*espectáculo/obra*› impressive, magnificent 2 (rimbombante) ‹*gesto/palabras*› grandiose

grandullón -llona *m,f* (fam) big kid (colloq)

grandulón -lona *m,f* (AmL fam) big kid (colloq)

granel: **a ~** (*loc adv*) 1 (Com) (suelto) **comprar/vender a ~** ‹*vino/aceite*› to buy/sell ... by the liter (*o* pint *etc*); ‹*galletas/nueces*› to buy/sell ... loose; (en grandes cantidades) to buy/sell ... in bulk 2 (en abundancia): **había comida y bebida a ~** there was loads *o* stacks of food and drink (colloq)

granero *m* granary, barn

granítico -ca *adj* 1 (Geol) ‹*formación*› granitic, granite (*before n*) 2 (frml) (indestructible) indestructible; (inquebrantable) unshakable

granito *m* (roca) granite

granizada *f* hailstorm

granizado *m* (bebida) *drink served on crushed ice*

granizar [A4] *v impers* to hail

granizo *m* (grano, bola) hailstone; (conjunto) hail

granja *f* (Agr) farm

(Compuestos)
- **granja agrícola** arable farm
- **granja avícola** poultry farm
- **granja escuela** farm school

granjear [A1] *vt* to earn, win; **esto le granjeó fama y respeto** this earned *o* won her fame and respect

■ **granjearse** *v pron* to earn, win

granjero -ra *m,f* farmer

grano *m*

A 1 (de azúcar, trigo, arroz) grain; (de café) bean; (de mostaza) seed; **~s de pimienta** peppercorns; ***ir al ~*** (fam) to get (straight) to the point; ***separar el ~ de la paja*** to separate the wheat from the chaff 2 (de arena) grain; ***aportar su*** (*or* ***mi*** *etc*) ***granito de arena*** to do one's bit (colloq)

B (Med) spot, pimple (esp AmE)

C 1 (de la piedra, la madera) grain 2 (Fot) grain

> **gran reserva**
>
> *Vinos de gran reserva* are those of the highest quality, selected from a particularly good vintage. To qualify for this designation, red wines must have been aged in cask and bottle for a minimum of five years, and white wines for four years. *See also* reserva

granuja *mf* rascal

granulación *f* granulation

granulado -da *adj* granulated

granular [A1] *vt* to granulate

gránulo *m* granule

granuloso -sa *adj* granular

g

grapa *f*
A **1** (para papeles) staple; (para cables) cable clip **2** (Arquit) cramp iron
B (CS) (aguardiente) grappa
grapadora *f* stapler
grapar [A1] *vt* to staple
grasa *f*
A **1** (Biol, Coc) fat; **la comida tenía mucha ~** the food was very greasy; **un corte de carne con mucha ~** a very fatty cut of meat **2** (suciedad) grease; **está lleno de ~** it's all greasy **3** (Mec) grease
B (Méx) (betún) shoe polish; **dale ~ a tus zapatos** polish your shoes
C **grasa** *mf* (RPl fam) (ordinario): **es un ~** he's so common
grasiento -ta *adj* **1** (Coc) greasy **2** ‹*pelo/cutis*› greasy
grasitud *f* (AmL) greasiness
graso -sa *adj* **1** ‹*pelo/cutis*› greasy **2** (Coc) greasy, oily, fatty; **queso ~** full fat cheese
grasoso -sa *adj* (AmL) ▸ **grasiento**
gratén *m*: **al ~** au gratin
gratificación *f* **1** (bonificación) bonus; (recompensa) reward **2** (satisfacción) gratification
gratificador -dora *adj* (AmL) rewarding, gratifying (frml)
gratificante *adj* rewarding, gratifying (frml)
gratificar [A2] *vt* **1** ‹*persona*› to give … a bonus **2** ‹*deseo/necesidad*› to gratify, satisfy **3** (recompensar) to give … a reward; **S** **se gratificará** reward offered
gratinado -da *adj* au gratin
gratinador *m* grill
gratis¹ *adj* free; **es ~** it is free (of charge)
gratis² *adv* free; **entramos ~** we got in free
gratitud *f* gratitude
grato -ta *adj* pleasant; **me es ~ comunicarles que …** I am pleased to inform you that …
gratuidad *f* (calidad de ser gratis): **se mantendrá la ~ del servicio** service will continue to be free
gratuitamente *adv* **1** (sin pagar) free **2** ‹*insultar*› gratuitously
gratuito -ta *adj* **1** (gratis) free **2** (infundado) ‹*afirmaciones*› unwarranted; ‹*insulto*› gratuitous
grava *f* gravel
gravamen *m* (impuesto) tax; (carga) burden; (sobre finca, casa) encumbrance
(Compuesto) **gravamen arancelario** customs duty
gravar [A1] *vt* **1** (con impuesto) ‹*ingresos/productos*› to tax **2** (con otra carga): **~ con una hipoteca** to mortgage; **las cargas que gravan la propiedad** the encumbrances *o* charges on the property
grave *adj*
A ‹*enfermo*› seriously ill; ‹*herida/enfermedad*› serious; **estar (en estado) ~** to be seriously ill
B ‹*situación/asunto/error*› serious
C **1** ‹*tono/expresión/gesto*› grave, solemn **2** ‹*voz*› deep
D (Ling) ‹*acento*› grave; ‹*palabra*› paroxytone
gravedad *f*
A (Med) seriousness; **la ~ de sus lesiones** the seriousness *o* severity of her wounds; **está herido de ~** he is seriously injured
B (de situación, problema) seriousness, gravity; **es un asunto de mucha ~** it is a very serious matter
C (de tono, expresión) gravity, seriousness
D (Fís) gravity
grávido -da *adj* **1** (frml) ‹*mujer*› pregnant **2** (liter) (lleno) **~ DE algo** full OF sth
gravilla *f* gravel
gravitación *f*
A (Fís) gravitation
B (CS) (influencia) influence
gravitar [A1] *vi*
A **1** (Fís) to gravitate **2** **~ EN TORNO A algo** «*conflicto*» to center* AROUND sth; «*polémica*» to center* ON sth
B **1** (apoyarse) «*peso/carga*» to rest; **toda la responsabilidad gravita sobre él** all the responsibility rests on his shoulders **2** (influir) **~ SOBRE** *or* **EN algo** to influence *o* affect sth **3** «*peligro/amenaza*» **~ SOBRE** *or* **EN algo** to hang OVER sth

gravoso -sa *adj* (frml) costly
graznar [A1] *vi* «*cuervo*» to caw; «*ganso*» to honk; «*pato*» to quack
graznido *m* (del cuervo) caw; (del ganso) honk; (del pato) quack
Grecia *f* Greece
greda *f* (para cerámica) clay
gregario -ria *adj* ‹*animal*› gregarious; ‹*persona*› sociable, gregarious
grei *m* (Col) grapefruit
greifrú, graifrú *mf* (*pl* **-frús**) (AmC, Ven fam) grapefruit
gremial¹ *adj* **1** (profesional) ‹*asociación*› professional **2** (AmL) (sindical) union (*before n*)
gremial² *f* (AmL) union
gremialista *mf* (AmL) trade unionist
gremio *m* **1** (Hist) guild **2** (de oficio, profesión): **protestas del ~ de los panaderos** protests by the bakers; **cualquiera que sea del ~ lo entenderá** anyone in the trade/profession will understand it **3** (CS, Per) (sindicato) union
greña *f* **1** (enredo) tangle; ***andar a la ~*** (Méx fam) to be at loggerheads **2** **en greña** (Méx) ‹*trigo*› unthreshed; ‹*plata/azúcar*› unrefined; ‹*tabaco*› leaf (*before n*); ***montar a la ~*** (Méx) to ride bareback **3** **greñas** *fpl* untidy hair; ***agarrarse de las ~s*** (AmL fam): **terminaron agarrándose de las ~s** they ended up at each others' throats
gres *m* (arcilla) potter's clay; (cerámica) earthenware
gresca *f* (fam) (jaleo) rumpus (colloq); (riña) fight
grey *f* **1** (liter) (rebaño) flock **2** (Relig) flock (liter) **3** (grupo de personas): **una ~ de famosos** (period) a galaxy of famous people
griego¹ -ga *adj/m,f* Greek
griego² *m* (idioma) Greek
grieta *f* (en una pared) crack; (en la tierra) crack, crevice; (en la piel) crack
grifa *f* (arg) (hachís) dope (sl)
grifería *f* bathroom fittings (*pl*)
grifo¹ *m*
A (Esp) (del lavabo, de la bañera) faucet (AmE), tap (BrE); **abrir/cerrar el ~** to turn the faucet *o* tap on/off
B (Per) (gasolinera) filling station
C (Chi) (de incendios) fire hydrant, fireplug (AmE)
grifo² -fa *adj* (Méx fam) high (colloq)
grifo³ -fa *m,f* (Méx fam) pothead (sl), dopehead (sl)
grill /gril/ *m* (electrodoméstico) grill
grillete *m* (Náut) shackle; (de los presos) fetter, shackle
grillo *m*
A (Zool) cricket
B **grillos** *mpl* (de los presos) fetters (*pl*), shackles (*pl*)
grima *f* (Esp): **los caracoles me dan ~** snails make my flesh crawl; **un chirrido que me da ~** a screech that sets my teeth on edge
gringada *f* (AmL fam & pey) **1** (conjunto) gringos (*pl*), foreigners (*pl*) **2** (acción): **la típica ~** the typical thing a gringo *o* foreigner does
gringo¹ -ga *adj* **1** (AmL fam & pey) gringo, foreign (*of or relating to a* **gringo² 1**) **2** (Andes fam) (rubio) fair-haired
gringo² -ga *m,f* **1** (AmL fam & pey) (extranjero) gringo, foreigner (*from a non-Spanish speaking country*); (norteamericano) Yank (colloq & pej), Yankee (colloq & pej) **2** (Andes fam) (rubio) (*m*) fair-haired boy/man; (*f*) fair-haired girl/woman
Gringolandia *f* (Andes fam & pey) Yankeeland (colloq & pej)
gripa *f* (Col, Méx) ▸ **gripe**
gripal *adj* ‹*síntoma*› flu (*before n*)
gripe *f* flu; **tener ~** to have (the) flu; **está con (la) ~** she has the flu
griposo -sa *adj* (fam): **estoy (medio) griposa** I'm coming down with (the) flu
gris¹ *adj* ‹*color/ojos/traje*› gray*; ‹*día*› gray*, overcast; **zapatos ~ oscuro** dark gray shoes
gris² *m* (color) gray*
(Compuesto) **gris marengo/metálico** **1** *m* charcoal/metallic gray* **2** *adj inv* charcoal/metallic gray*
grisáceo -cea *adj* grayish*
gritadera *f* (Andes, Méx fam) shrieking, yelling

gritar [A1] *vi* to shout; **no hace falta que grites** there's no need to shout *o* yell; **~ de dolor** to scream with pain; **~ de alegría** to shout for joy; **empezó a ~ pidiendo ayuda** he started shouting for help; **gritaba como un desaforado** he was screaming at the top of his voice; **~le A algn** to shout AT sb; (para llamarlo) to shout (out) TO sb
■ **gritar** *vt* to shout; **gritaban consignas en contra del gobierno** they were shouting anti-government slogans; **—¡cuidado! —gritó** watch out! — she shouted *o* cried

gritería *f*
A (bullicio) shouting, clamor•
B (AmC) (Relig) *festival to celebrate the Immaculate Conception*

griterío *m* shouting, clamor•

grito *m*
A **1** (de persona): **un ~ de dolor/terror** a cry of pain/terror; **dio un ~ de alegría/sorpresa** she let out a whoop of joy/a gasp of astonishment; **~s de protesta** shouts *o* cries of protest; **dame un ~ si ...** give me a shout if ...; **siempre habla a ~s** he always talks at the top of his voice; ***a ~ limpio*** *or* ***pelado*** (fam) at the top of one's voice; ***pedir*** *or* ***estar pidiendo algo a ~s*** (fam) to be crying out for sth (colloq); ***poner el ~ en el cielo*** (fam) to hit the roof *o* ceiling (colloq); ***ser el último ~*** to be the last word in fashion **2** (de pájaro, animal) call, cry
B (Hist) **el ~ (de Independencia)** declaration of independence (*in some Latin American countries*)

gritón -tona *adj* (fam): **es muy gritona** she always shouts (when she talks), she talks very loudly

groenlandés -desa *adj* of/from Greenland

Groenlandia *f* Greenland

groggy /'grovi/, **grogui** *adj* (fam) (atontado, medio dormido) groggy; (por un golpe) dazed, stunned

grosella *f* redcurrant

grosería *f* **1** (acción): **fue una ~ de su parte** it was very rude of him **2** (comentario, dicho): **¡qué ~!** how rude!; **lo castigaron por decir ~s** he was punished for being coarse *o* crude

grosero[1] **-ra** *adj* **1** (descortés) ‹*persona/comportamiento*› rude, ill-mannered; ‹*lenguaje*› rude **2** (vulgar) crude

grosero[2] **-ra** *m,f*: **es un ~** (vulgar) he's so vulgar *o* crude!; (descortés) he's so rude!

grosor *m* thickness

grotesco -ca *adj* ‹*personaje/mueca*› grotesque; ‹*espectáculo*› hideous, grotesque

grúa *f* **1** (Const) crane **2** (Auto) (de taller) wrecker (AmE), breakdown van (BrE); (de la policía) tow truck; **se lo llevó la ~** it was towed (away)

grueso[1] **-sa** *adj* **1** ‹*persona*› (euf) stout **2** ‹*dedos/labios*› thick **3** ‹*jersey/papel*› thick; ‹*cristal/pared*› thick

grueso[2] *m* **1** (grosor) thickness **2** (parte principal): **el ~ de la manifestación** the main body of the demonstration; **el ~ de la población** the majority of the population

grulla *f* crane

grullo[1] **-lla** *adj* (Méx) gray•

grullo[2] **-lla** *m,f* (Méx) (Zool) gray• horse/mule, gray•

grumete *m* cabin boy

grumo *m* lump

grumoso -sa *adj* lumpy

gruñido *m* **1** (del cerdo) grunt; (del perro) growl **2** (fam) (de persona) grunt

gruñir [I9] *vi* **1** «*cerdo*» to grunt; «*perro*» to growl **2** (fam) «*persona*» to grumble; **siempre está gruñendo** she's always grumbling

gruñón[1] **-ñona** *adj* (fam) grumpy (colloq)

gruñón[2] **-ñona** *m,f* (fam) grump (colloq), grouse (colloq)

grupa *f* rump, hindquarters (*pl*)

grupo *m* **1** (de personas, empresas, países) group; (de árboles) clump; **~s sociales** social groups; **en ~** ‹*salir/trabajar*› in a group/in groups **2** (Mús) *tb* **~ musical** group, band

(Compuestos)
- **grupo de control** control group
- **grupo de interés** *or* **presión** pressure group
- **grupo de trabajo** working party
- **grupo sanguíneo** blood group

grupúsculo *m* (pey) faction

gruta *f* (natural) cave; (artificial) grotto

G.t. = giro telegráfico

guabina *f*: *Colombian folk dance*

guabinear [A1] *vi* (Ven fam) to be indecisive, sit on the fence

guaca *f* (Andes) *pre-Columbian tomb*

guacal *m* **1** (Col, Méx, Ven) (caja) wooden crate; *ver tb* ►**huacal** **2** (Ven) (medida) crate, crateload **3** (AmC) (calabaza) large gourd (*used for storing tortillas*)

guácala *interj* (Méx fam) yuck! (colloq), ugh! (colloq)

guacamaya *f* (Méx)
A (ave) macaw
B (fam) (persona) loudmouth (colloq)

guacamayo *m* macaw

guacamole, guacamol *m* guacamole

guachaca[1] *adj* (Chi) (fam & pey) ‹*persona*› common

guachaca[2] *mf* (Chi fam & pey) old soak (colloq & pej)

guachafita *f* (Col, Ven fam): **dejen la ~ y a trabajar** that's enough of this clowning around, get some work done (colloq); **armaron la ~** they caused a real rumpus

guacharaca *f* **1** (fam) (parlanchín) chatterbox (colloq) **2** (Mús) (en Col) *slotted board, played with a metal rod*

guache *m*
A (Art) gouache
B (Col, Ven fam & pey) (canalla) swine (colloq)

guachimán *m* (AmS fam) watchman

guachinango *m* (Méx) red snapper

guacho[1] **-cha** *adj*
A (Andes, RPl) **1** (fam) ‹*niño*› orphaned; ‹*perro*› stray **2** (fam & pey) ‹*hijo*› bastard (*before n*) (pej)
B (Chi, Per fam) **1** (sin novio, esposo) alone, on one's own **2** ‹*calcetín/guante*› odd

guacho[2] **-cha** *m,f*
A (Andes, RPl) **1** (fam) (niño abandonado) orphan, waif; (perro) stray **2** (fam & pey) (hijo ilegítimo) bastard (vulg) **3** (usado en insultos — a un hombre) bastard (pej); (— a una mujer) bitch (pej)
B **guacho** *m* (Per) (de la lotería) *tenth share in a lottery ticket*

guaco *m* (Andes) pot (*found in pre-Columbian tomb*)

guadaña *f* scythe

guadarnés *m* (ant) **1** (mozo) stable boy, ostler (arch) **2** (lugar) harness room

guagua *f* (fam)
A (Andes) (bebé) baby
B (Cu) (autobús) bus

guaipe *m* (Chi, Per fam) rag

guaira *f*
A (Náut) staysail
B (Andes) (horno) kiln, furnace
C (AmC) (Mús) panpipes (*pl*)

guaje -ja *m,f*
A (Méx fam) sucker (colloq); ***hacerle ~ a algn*** (serle infiel) to cheat on sb (colloq); (engañarlo) to rip sb off (colloq); ***hacerse ~*** to act dumb (colloq)
B **guaje** *m* (Méx) **1** (planta, fruto) bottle gourd **2** (vasija) gourd **3** (instrumento) maraca (*made from a bottle gourd*)

guajira *f*: *Cuban folk song*

guajiro -ra *m,f* **1** (en Cuba) peasant **2** (en Col, Ven) *native of the Guajira peninsula*

guajolote -ta *m,f* (Méx) turkey

gualdo -da *adj* yellow

gualdrapa *f* horse blanket

gualicho *m* (Bol, CS fam) evil spell

guama *f* (Col fam) (fastidio, molestia) nuisance

guampa *f* (CS) horn

guanábana *f* (fruto) soursop; (árbol) soursop tree

guanaco[1] *adj* (AmL fam) dumb (colloq)

guanaco[2] *m*
A (Zool) guanaco
B (Chi fam) (de la policía) water cannon

guanera *f* guano deposit

guanero -ra *adj* guano (*before n*)

guango -ga *adj* (Méx fam) ‹*suéter*› baggy; ‹*vestido/pantalones*› loose-fitting; ‹*cuerda/cordel*› slack, loose

guano *m* guano

guantada *f*, **guantazo** *m* (fam) slap

guante *m*

A glove; **~s de lana** woollen gloves; ***arrojarle*** *or* ***tirarle el ~ a algn*** to throw down the gauntlet to sb; ***colgar los ~s*** to hang up one's gloves; ***de ~ blanco*** non-violent; ***echarle el ~ a algn*** (fam) to nab sb (colloq); ***estar como un ~*** to be sweet as pie (colloq); ***recoger el ~*** to take up the gauntlet; ***quedar como un ~*** (fam) to fit like a glove; ***tratar a algn con ~ de seda*** *or* (CS) ***con ~ blanco*** to handle *o* treat sb with kid gloves

(Compuestos)

- **guantes de boxeo** *mpl* boxing gloves (*pl*)
- **guantes de cirujano** *mpl* surgical gloves (*pl*)

B (Dep) (persona) glove man

guantera *f* glove compartment

guapear [A1] *vi*

A (CS, Per fam) (hacerse el valentón) to act tough (colloq)
B (Chi, Ven fam) (mostrar valentía) to be brave, act bravely

guapetón -tona *adj* (fam) ‹*chico*› handsome; ‹*chica*› pretty

g

guapo¹ -pa *adj*

A 1 (hermoso) ‹*hombre*› handsome, good-looking; ‹*mujer*› attractive, good-looking; ‹*bebé*› beautiful 2 (elegante) smart, elegant
B 1 (fam) (bravucón): **ponerse ~** to get cocky (colloq) 2 (AmS fam) (valiente) gutsy (colloq)

guapo² -pa *m,f*

A (hermoso): **es el ~ de la familia** he's the good-looking one of the family
B (fam) 1 (bravucón): **el ~ del barrio** (AmS) the local tough guy (colloq); **hacerse el ~** to act the tough guy (colloq) 2 (valiente): **a ver quién es el ~ que se anima a decírselo** let's see who has the guts to tell him (colloq)
C (Esp) (como apelativo) (fam) 1 (expresando afecto) honey (AmE colloq), love (BrE colloq) 2 (expresando enfado): **oye ~ ¿quién te has creído?** hey pal, who do you think you are? (colloq)

guaquear [A1] *vi* (Andes) to plunder

guaquero -ra *m,f* (Andes) *plunderer of archaeological sites*

guaraca *f* 1 (Col, Per) slingshot (AmE), catapult (BrE) 2 (Chi) (látigo) whip

guarache *m* ▸**huarache**

guáramo *m* (Ven fam) strength of character

guarandinga *f* (AmS fam) 1 (asunto) business (colloq); (cosa) thingamajig (colloq) 2 (enredo, problema): **la ~ esta que tenemos por país** this mixed-up country of ours; **no sigas buscando ~s con esa gente** stop looking for trouble with those people

guarangada *f* (RPl, Ven fam) ▸**grosería 2**

guarango¹ -ga *adj* (CS, Ven fam) (grosero) rude, loutish

guarango² -ga *m,f* (CS, Ven fam) (grosero) lout (colloq)

guaraní¹ *adj/m,f* Guarani

guaraní² *m* (idioma) Guarani

> **guaraní**
>
> The name of a people who lived between the rivers Amazon and Plate, and their language.
>
> The Guarani language is an official language in Paraguay. It is also spoken in parts of Argentina, Bolivia, and Brazil. The Jesuit missionaries in Paraguay wrote Guarani dictionaries and grammars, hymns and catechisms. Guarani acquired a symbolic status in Paraguay during the Chaco War with Bolivia, 1932-35. Today many Paraguayans with hardly any indigenous blood speak Guarani better than Spanish

guarapear [A1] *vi* (Per fam) to get plastered (colloq)

guarda¹ *mf* (de museo, parque) keeper; (de edificio público) security guard

(Compuestos)

- **guarda forestal** *mf* forest ranger
- **guarda jurado** *mf* security guard

guarda² *f*

A 1 (de cerradura) ward 2 (de libro) flyleaf
B (acción) keeping; **manzanas de ~** apples which can be stored for long periods

guardabarrera *mf* grade crossing keeper (AmE), level crossing keeper (BrE)

guardabarros *m* (*pl* ~) 1 (Auto) fender (AmE), mudguard (BrE) 2 (de bicicleta) mudguard

guardabosque *mf* 1 (en parque nacional) forest ranger 2 (en finca particular) gamekeeper

guardacoches *mf* (*pl* ~) parking lot attendant (AmE), car park attendant (BrE)

guardacostas *mf* (*pl* ~) 1 (persona) coastguard 2 **guardacostas** *m* (buque) coastguard vessel

guardaespaldas *mf* (*pl* ~) bodyguard

guardafaro *mf* (CS) lighthouse keeper

guardafrenos *mf* (*pl* ~) brakeman (AmE), guard (BrE)

guardagujas *mf* (*pl* ~) (*m*) switchman (AmE), pointsman (BrE); (*f*) switchwoman (AmE), pointswoman (BrE)

guardalíneas *mf* (*pl* ~) (Chi) (*m*) linesman; (*f*) lineswoman

guardameta *mf* goalkeeper

guardapelo *m* locket

guardapolvo *m* (bata — de niño) overall; (— de profesor, tendero) workcoat (AmE), overall (BrE)

guardar [A1] *vt*

A (reservar) to save; **guárdale un trozo** save him a slice; **guarda esa botella para Navidad** keep *o* save that bottle for Christmas
B 1 (poner en un lugar) ‹*juguetes/libros*› to put … away; **ya guardé toda la ropa de invierno** I've already put away all my winter clothes 2 (conservar, mantener en un lugar) to keep; **lo guardó durante años** she kept it for years; **los tengo guardados en el desván** I've got them stored away in the attic
C (liter) (defender, proteger): **la muralla que guarda el castillo** the walls which defend *o* protect the castle; **los perros guardaban la entrada** the dogs were guarding the entrance; **Dios guarde al rey** God save the King
D ‹*secreto*› to keep; **no le guardo ningún rencor** I don't feel any resentment toward(s) him; **guardo muy buenos recuerdos de él** I have very good memories of him
E 1 (mostrar, manifestar): **hay que ~ la debida compostura en la Iglesia** you must show proper respect when in church; **~ las apariencias** to keep up appearances 2 ‹*leyes/fiestas*› to observe

■ **guardarse** *v pron*

A (quedarse con) to keep
B (reservar) to save, keep
C (poner en un lugar): **se guardó el cheque en el bolsillo** he put the check (away) in his pocket
D (cuidarse) **~se DE + INF** to be careful not TO + INF

guardarropa *m* 1 (en restaurantes, teatros) cloakroom 2 (ropa) wardrobe 3 (armario) dressing room

guardarropía *f* wardrobe

guardavallas *mf* (*pl* ~) (AmL) goalkeeper

guardería *f*: *tb* **~ infantil** nursery

guardia² (*m*) policeman; (*f*) policewoman

(Compuestos)

- **guardia jurado** *mf* security guard
- **guardia marina** *mf* midshipman
- **guardia tumbado** (Esp) speed bump

guardia¹ *f*

A 1 (vigilancia): **estar de ~** «*soldado*» to be on guard duty; «*médico*» to be on duty *o* call; «*empleado*» to be on duty; «*marino*» to be on watch; **montaban** *or* **hacían ~ frente al palacio** they were standing guard in front of the palace; ***bajar la ~*** to lower one's guard; ***con la ~ baja*** with one's guard down; ***estar en ~*** to be on one's guard; ***poner en ~ a algn*** to warn sb; ***ponerse en ~***: **se han puesto en ~ contra posibles fraudes** they are on the alert for fraud 2 (en esgrima): **en ~** on guard
B (cuerpo militar) guard; **cambio de ~** changing of the guard

(Compuesto) **guardia de honor** *f* guard of honor

> **Guardia Civil**
>
> A rural paramilitary police force founded in Spain in 1844. It has been used by different governments to fight against organized labor, republicanism, and regional autonomy, and came to be seen as an instrument of state repression.
>
> The Civil Guard has adapted to the new democratic Spain and is involved in anti-terrorist operations. ▸▸▸

▸▸▸
the coastguard service and environmental protection. Civil guards are armed and traditionally have had a distinctive uniform, including the *tricornio*, a black patent leather, three-cornered hat. In an effort to change its image, the *tricornio* is now worn only on ceremonial occasions or in front of official buildings

guardiamarina *mf* midshipman
guardián -diana *m,f* 1 (de edificio) (security) guard 2 (protector, defensor) guardian
guarecer [E3] *vt* to shelter, protect
■ **guarecerse** *v pron (refl)* to shelter, take shelter
guarén *m* water rat
guargüero *m* (AmL fam) (garganta) throat
guarida *f* (de animales) den, lair; (de personas) hideout
guarismo *m* (frml) figure
guarnecer [E3] *vt*
A 1 (liter) (adornar) ~ **algo DE algo** to adorn sth WITH sth (liter) 2 (Coc) to garnish
B ‹*plaza*› to garrison
guarnición *f*
A (Mil) garrison
B (Coc) (decoración) garnish; (verdura) accompaniment
C (en costura) trimming, edging; (de joya) setting; (de espada) guard
D guarniciones *fpl* (arreos) tack
guaro¹ -ra *adj* (Col fam) common (pej)
guaro² *m* (AmC fam) sugar-cane liquor; ***tiene mal*** ~ (fam) he gets aggressive/miserable when he's drunk (colloq)
guarrada *f* (Esp fam) 1 (porquería, suciedad) mess (colloq) 2 (mala pasada) dirty trick (colloq) 3 (indecencia, vulgaridad): **no digas ~s** don't be filthy; **esa película es una ~** that's a filthy movie
guarro¹ -rra *adj* (Esp fam) 1 (sucio) filthy 2 (que dice, hace guarradas) disgusting 3 ‹*revista/película*› dirty (colloq)
guarro² -rra *m,f* (Esp fam) 1 (persona sucia) filthy pig (colloq) 2 (indecente, vulgar): **es un ~** he's really disgusting
guarura *m* (Méx) bodyguard
guasa *f*
A (fam) (broma, burla) joke; **de ~** as a joke; **no te lo tomes a ~** it's no joke, it's no laughing matter
B (Col) (arandela) washer
guasca *f* (Chi, Per) (ramal de cuero) strap
guascazo *m* 1 (Andes fam) knock 2 (Chi fam) (latigazo) lash
guasear [A1] *vi* to joke
■ **guasearse** *v pron*: **~se DE algn/algo** to make fun OF sb/sth
guaso -sa *m,f* ▸**huaso¹,²**
guasón¹ -sona *adj* 1 (fam) (bromista): **¡qué ~ es!** he's a real joker! 2 (fam & pey) (burlón) ‹*tono*› mocking
guasón² -sona *m,f* 1 (fam) (bromista) joker 2 (fam & pey) (burlón): **le rompieron la nariz por ~** they broke his nose for making fun of them
guata *f*
A (Esp) (algodón) wadding
B (Andes fam) (barriga) paunch; **echar ~** to get a paunch; **me duele la ~** I've got a tummy ache (colloq)
guatazo *m* (Chi fam)
A (al caer) belly flop
B (equivocación) blunder (colloq)
guatearse *v pron* (Chi fam) 1 (combarse) to warp 2 (equivocarse) to be wrong (colloq)
Guatemala *f* Guatemala
guatemalteco -ca *adj/m,f* Guatemalan
guateque *m* (Esp, Méx fam) (fiesta) bash (colloq), party
guatero *m* (Chi) hot-water bottle
guatitas *fpl* (Chi) tripe
guatón¹ -tona *adj* (Chi, Per fam): **está muy ~** he has a real paunch (colloq); **me tiene ~** I'm sick and tired of him/her (colloq)
guatón² -tona *m,f* (Chi, Per fam) fatty (colloq)
guau *interj* 1 (del perro) woof!, bow-wow! 2 (fam) (expresando agrado) wow! (colloq)
guay *adj* (Esp arg) cool (sl)
guaya *f* (Col, Ven) steel cable
guayaba *f*
A (fruta) guava
B (Méx fam & euf) (en insultos): **¡eres un hijo de la ~!** you s.o.b.! (colloq & euph)
guayabera *f*: *loose lightweight shirt*
guayabo *m*
A (Bot) guava tree
B 1 (Col, Ven fam) (nostalgia): ***tener*** ~ to be homesick 2 (Col fam) (resaca) hangover
Guayana *f*: *tb* **la ~ Francesa** French Guiana
(Compuesto) **Guayana Británica/Holandesa** (Hist) British/Dutch Guiana
guayo *m* (Col) sports lottery (AmE), football pools (*pl*) (BrE)
guayuco *m* (Col, Ven) loincloth
gubernamental *adj* ‹*orden/organismo*› governmental, government (*before n*); **organismos no ~es** non-governmental organizations
gubernativo -va *adj* government (*before n*)
gubernatura *f* (Méx) government
guepardo *m* cheetah
güero¹ -ra *adj* (Méx fam) (rubio) blond; (amarillo) yellow
güero² -ra (Méx fam) (*m*) blond *o* fair-haired man; (*f*) blonde *o* fair-haired woman
guerra *f*
A (Mil, Pol) war; **nos declararon la ~** they declared war on us; **estar en ~** to be at war; **hacerle la ~ a algn** to wage war on sb; **cuando estalló la ~** when war broke out
(Compuestos)
- **guerra abierta** open warfare
- **guerra a muerte** fight to the death
- **guerra bacteriológica** *or* **biológica** germ *o* biological warfare
- **guerra comercial** trade war
- **guerra de guerrillas** guerrilla war
- **Guerra de Secesión** American Civil War
- **Guerra de Sucesión** War of Spanish Succession
- **guerra de trincheras** trench warfare
- **guerra mundial** world war; **Primera/Segunda G~ M~** First/Second World War
- **guerra sin cuartel** all-out war

B (fam) (problemas) trouble, hassle (colloq); **estos niños me dan mucha ~** these kids give me a lot of hassle
guerrear [A1] *vi* (ant) to wage war, fight
guerrera *f* army jacket
guerrero¹ -ra *adj* ‹*pueblo/espíritu*› warlike; **canto ~** war cry
guerrero² -ra *m,f* warrior
guerrilla *f* 1 (grupo) guerrillas (*pl*) 2 (lucha) guerrilla warfare
guerrillero¹ -ra *adj* guerrilla (*before n*)
guerrillero² -ra *m,f* guerrilla
gueto *m* ghetto
guía *f*
A 1 (libro, folleto) guide (book); (de calles) map; **~ turística** tourist guide; **~ de hoteles** hotel guide 2 (orientación): **me sirven de ~** I use them as a guide
(Compuesto) **guía telefónica** *or* **de teléfonos** telephone directory, phone book
B (de los scouts) guide
C guía *mf* (persona) guide; **~ de turismo** tourist guide; **~ espiritual** spirtual leader
guiar [A17] *vt* 1 (por un camino) to guide; **guiados por el afán de lucro** drawn by the desire to make money 2 (aconsejar) to guide; **no te dejes ~ por él** don't let yourself be led by him
■ **guiarse** *v pron* **~se POR algo** ‹*por mapa/consejo*› to follow sth; **~se por las apariencias** to be led by appearances; **~se por el instinto** to follow one's instincts
guija *f* (piedra) pebble
guijarral *m* stony ground
guijarro *m* pebble
guillado -da *adj* (Ven fam) ‹*dar/llevarse*› on the quiet
guillo *m* (Ven fam) care; **tener ~** to be careful
guillotina *f* guillotine
guillotinar [A1] *vt* to guillotine

g

guinda *f* morello cherry; (confitada) glacé cherry; ***para ponerle la*** ~ (fam) to cap it all (colloq)

guindar [A1] *vt*
A (Esp arg) (robar) ‹*novia/trabajo*› to steal
B 1 (Col, Méx, Ven fam) ‹*ropa*› to hang up 2 (Col fam) ‹*hamaca*› to hang
■ **guindarse** *v pron*
A (Col, Méx, Ven) (colgarse) to hang; **se ~on por teléfono toda la tarde** they were on the phone all afternoon
B (Ven fam) (lanzarse) **~se A algo**: **se guindó a llorar** she burst out crying; **cuando me guindo a trabajar** once I get down to work (colloq)
C (Ven fam) (pelearse) to get into a fight (colloq)
D (Ven fam) (atosigar) ‹*persona*› to hassle (colloq)

guindilla *f* chili

guindo *m* morello cherry tree

guindola *f* lifebuoy

guiñada *f* wink

guiñapo *m* 1 (harapo) rag; ***hecho un*** ~ devastated 2 (persona) wreck (colloq)

guiñar [A1] *vt* to wink; **~le el ojo** *or* **un ojo A algn** to wink AT sb
■ **guiñar** *vi* to wink

guiño *m* wink; **hacerle un ~ A algn** to give sb a wink

guiñol *m* puppet theater*

guión *m*
A 1 (Cin, TV) script; **~ cinematográfico** screenplay 2 (esquema) outline, plan
B (Impr) (en diálogo) dash; (en palabras compuestas) hyphen; **lleva ~** it's hyphenated

guionista *mf* scriptwriter, screenwriter

guiri *mf* (Esp fam) foreigner

güirila *f* (AmC) maize pancake

guirnalda *f* garland

guisa *f* way; **a ~ de** by way of; **de tal ~ que ...** in such a way that ...

guisado *m* stew, casserole

guisante *m* (Esp) pea

guisar [A1] *vi* (Esp) to cook; **guisa muy bien** he's a very good cook
■ **guisar** *vt* (con bastante líquido) to stew; (con poco líquido) to braise; ***tú te lo guisas, tú te lo comes*** (Esp) you've made your bed, now you must lie in *o* on it

guiso *m* stew, casserole

guita *f* 1 (cuerda) string 2 (arg) cash (colloq), dough (sl)

guitarra *f*
A (instrumento) guitar
(Compuesto) **guitarra eléctrica/española/clásica** electric/Spanish/classical guitar
B **guitarra** *mf* guitarist

guitarrear [A1] *vi* (Mús) to play the guitar

guitarrista *mf* guitarist

guitarrón *m* 25-string guitar

gula *f* greed, gluttony

gurú *m* (*pl* **-rús** *or* **-rúes**) guru

gusanillo *m* (fam) itch; **le entró el ~ de los viajes** he got the itch to travel; **le quedó el ~ de saber quién fue** she was left still wanting to know who it was; **me entró el ~ de las apuestas** I got hooked on betting; ***matar el*** ~ (fam): **fui a su concierto para matar el ~** I went to the concert out of curiosity; **voy a comer algo para matar el ~** I'm going to have a snack to keep me going
(Compuesto) **gusanillo de la conciencia** (fam) nagging conscience

gusano *m*
A 1 (como nombre genérico) worm; (lombriz de tierra) earthworm, worm 2 (larva — de mariposa) caterpillar; (— de mosca) maggot
(Compuestos)
- **gusano de luz** glowworm
- **gusano de seda** silkworm

B (pey) (persona despreciable) worm (pej)

gustar [A1] *vi*
A 1 (+ *me/te/le etc*): **¿te gustó el libro?** did you like *o* enjoy the book?; **me gusta su compañía** I enjoy her company; **no me/te/nos gustan los helados** I/you/we don't like ice cream; **le gusta mucho la música** he likes music very much; **¡así me gusta!** that's what I like to see (*o* hear *etc*)!; **creo que a Juan le gusta María** I think Juan likes María; **hazlo como te guste** do it however you like; **es el que más me gusta** he's/it's the one I like best 2 **~le a algn + INF**: **le gusta tocar la guitarra** she likes to play the guitar (AmE), she likes playing the guitar (BrE); **le gusta mucho viajar** she's very fond of traveling (colloq); **me gusta mucho jugar al tenis** I love playing *o* to play tennis; **nos gusta dar un paseo después de comer** we like to have a walk after lunch; **¿te ~ía visitar el castillo?** would you like to visit the castle? 3 **~le a algn QUE + SUBJ**: **no le gusta que le toquen sus papeles** he doesn't like people touching *o* to touch his papers; **me ~ía que vinieras temprano** I'd like you to come early
B 1 (en frases de cortesía) to wish (frml); **puede llamar o escribir, como guste** you may call or write, as you wish; **cuando usted guste** whenever it is convenient for you; **¿usted gusta? están muy buenas** would you like some? they're very nice 2 **~ DE algo** to like sth; **no gusta de bromas** he doesn't like jokes 3 **~ DE + INF** to like to + INF (AmE), to like -ING (BrE); **gusta de jugar a las cartas** he likes to play *o* he likes playing cards
■ **gustar** *vt* 1 (liter) (saborear) to taste; **~on las mieles del triunfo** they tasted the sweet taste of victory (liter) 2 (AmL) (querer) to like; **¿gustan tomar algo?** would you like something to drink?

gustativo -va *adj* taste (*before n*)

gustazo *m*: **me ha dado un ~ verte** it's been so good see you; ***darse el ~ de algo*** to take great pleasure in sth

gusto *m*
A 1 (sentido) taste; **resulta amargo al ~** it has a bitter taste 2 (sabor) taste; **tiene un ~ medio raro** it has a funny taste to it; **~ A algo**: **tiene ~ a fresa** it tastes of strawberry; **esto no tiene ~ a nada** this doesn't taste of anything; **deja un ~ a menta** it has a minty aftertaste
B 1 (placer, agrado) pleasure; **tendré mucho ~ en acompañarlos** (frml) it will be a pleasure for me to accompany you (frml); **¡se las comió con un ~ ...!** he tucked into them with such relish *o* delight!; **da ~ estar aquí** it's so nice (being) here; **me dio mucho ~ volverlo a ver** it was lovely to see him again; **por ~** for fun, for pleasure; ***tomarle*** *or* ***agarrarle (el) ~ a algo*** to take a liking to sth 2 (deseo, voluntad): **satisface todos los ~s de sus hijos** he indulges all his children's whims; **maneja al marido a su ~** she has her husband twisted around her little finger; **¿está a su ~ el peinado?** is the style to your liking?; **azúcar a** *or* **al ~** sugar to taste; **a ~ del consumidor** (fr hecha) however/as you like; **darle el ~ a algn**: **no le des todos los ~s** don't indulge him all the time; **hoy sí voy a darme el ~** I'm really going to treat myself today; **me di el ~ de decírselo a la cara** I took great delight *o* pleasure in telling him to his face 3 **a gusto** at ease; **un lugar en el que se está a ~** a place where you feel comfortable *o* at ease; **¿estás a ~ en tu nuevo trabajo?** are you happy in your new job? 4 (en fórmulas de cortesía): **mucho** *or* **tanto ~** pleased *o* nice to meet you; **mucho ~ (en conocerla) — el ~ es mío** pleased to meet you — the pleasure is mine (frml)
C (sentido estético) taste; **tiene muy buen ~ para vestirse** she has very good taste in clothes; **una broma de mal ~** a tasteless joke
D (inclinación, afición) taste; **ha heredado el ~ por la música** he has inherited a liking for music; **para todos los ~s** to suit all tastes; **es demasiado fuerte para mi ~** it's too strong for my taste *o* liking; ***hay ~s que merecen palos*** there's no accounting for taste; ***sobre ~s no hay nada escrito*** each to his own taste

gustosamente *adv* gladly; **acepto ~ su invitación** (frml) I am delighted to accept your kind invitation (frml)

gustoso -sa *adj* (de buen grado): **si lo tuviera, te lo prestaría gustosa** if I had it, I would willingly lend it to you; **aceptó ~ el puesto** he willingly *o* gladly accepted the job; **recibo ~ el honor que me hacen** I gladly accept the honor you bestow on me (frml)

gutapercha *f* gutta-percha

gutural *adj* ‹*consonante/sonido*› guttural; ‹*voz*› throaty

Guyana *f* Guyana

Hh

H, h *f* (*read as* /'atʃe/) *the letter* **H, h** (*ver tb* **hache**)

h. (= **hora**) hr; **a las 11h.** at 11:00 *o* 11 o'clock; **100 km/h** 100 kph, 100 km/h

ha *interj* ah!, ha!

Ha. (= **hectárea**) ha., hectare

haba *f‡* (Bot) (broad) bean; ***en todas partes cuecen ~s*** it's the same the whole world over; ***son ~s contadas*** there are no two ways about it

Habana *f*: **La ~** Havana

habanera *f* (Mús) habanera

habanero -ra *adj/m,f* Havanan

habano *m* (cigarro) Havana cigar

haber[1] [E17] *v aux*

(Sentido I) (en tiempos compuestos) to have; **no han/habían llegado** they haven't/hadn't arrived; **como se haya olvidado lo mato** if he's forgotten, I'll kill him!; **¿se habrán perdido?** do you think they've *o* they might have got lost?; **de ~lo sabido** had I known, if I'd known; **¡deberías ~lo dicho!** you should have said so!

(Sentido II) [1] (frml) (expresando obligación, necesidad) **~ DE + INF** to have to + INF; **ha de ser firmado por ambas partes** it has to *o* must be signed by both parties [2] (expresando acción futura): **ha de llegar un día en que ...** the day will come when ... [3] (expresando probabilidad, certeza): **ha de ser tarde** it must be late; **pero ¿sabes lo que dices? — ¡no lo he de saber!** but do you know what you're saying? — of course I do!

■ **haber** *v impers*

(Sentido I) (existir, estar, darse): **hay una carta/varias cartas para ti** there's a letter/there are several letters for you; **había un cliente esperando** there was a customer waiting; **hubo dos accidentes** there were two accidents; **¿qué tomarán de postre? — ¿hay helado?** what would you like for dessert? — do you have any ice cream?; **¿cuántos kilómetros hay hasta Sevilla?** how many kilometers are there *o* is it to Seville?; **no hay como un buen descanso** there's nothing like a good rest; **no hay quien lo aguante** he's absolutely unbearable; **hay quien piensa que ...** there are those who feel that ...; **hubo varios heridos** several people were injured; **las hay rojas y verdes** there are red ones and green ones; **gracias — no hay de qué** thank you — don't mention it *o* not at all *o* you're welcome; **no hay de qué preocuparse** there's nothing to worry about; **hola ¿qué hay/hay de nuevo?** (fam) hello, how are things/what's new?; **es un poco largo — ¿qué hay?** (CS fam) it's rather long — so what?; **¿qué hubo?** (Andes, Méx, Ven fam) how are things?; **¿qué hubo de lo de Jorge y Ana?** what happened with Jorge and Ana?; ***habérselas con algn***: **tendrá que habérselas conmigo** he'll have me to deal with; ***habido y por ~***: **todos los trucos habidos y por ~** every trick in the book (colloq)

(Sentido II) (ser necesario) **~ QUE + INF**: **hay que estudiar** you/we/they must study; **hubo que romperlo** we/they had to break it; **hay que decir algo** something has to be said; **¡había que verlo!** you should have seen him!; **no hay más que apretarlo** all you have to do is press it; **no hay que darle muy fuerte** (no es necesario) you don't need *o* have to hit it too hard; (no se debe) you mustn't hit it too hard

(Sentido III) (liter) (en expresiones de tiempo): **muchos años/mucho tiempo ha** many years/a long time ago

■ **haber** *vt* **habido -da** *pp* (frml) (tenido): **los hijos habidos en el/fuera del matrimonio** children born in/out of wedlock (frml)

haber[2] *m* [1] (bienes) assets (*pl*) [2] (en contabilidad) credit side; ***tener algo en su ~*** (period) to have sth to one's credit [3] **haberes** *mpl* (frml) (emolumentos, paga) income, earnings (*pl*); **los ~es que se le adeudan** moneys *o* monies owed to you (frml)

habichuela *f* [1] (semilla) bean [2] (Col) (con vaina) green bean, French bean (BrE); ***ganarse las ~s*** to earn one's daily bread

hábil *adj*

A [1] (diestro) ‹*carpintero*› skilled, adept; ‹*conductor*› good, skillful*; ‹*juego/táctica*› skillful* [2] (astuto, inteligente) clever, able; **es muy ~ para los negocios** she's very good at business

B ‹*horas/días*› working (*before n*)

C (Der) competent

habilidad *f*

A [1] (para actividad manual, física) skill; **tiene gran ~ para la carpintería** he is very good *o* adept at carpentry [2] (astucia, inteligencia) skill, cleverness; **con ~** cleverly, skillfully

B (Der) competence

habilidoso -sa *adj* [SER] good with one's hands, handy

habilitación *f*

A (de lugar) fitting out

B (despacho) paymaster's office (*in government building*)

C (autorización) authorization

D (Col) (Educ): **exámenes de ~** retakes

habilitado -da *m,f* paymaster

habilitar [A1] *vt*

A ‹*lugar*› to fit out

B ‹*persona/institución*› to authorize; «*título*» to qualify, authorize; «*documento*» to authorize, empower

C (frml) (Com, Fin) **~ a algn CON algo** ‹*con fondos*› to provide sb WITH sth

D (Col) (Educ) to retake, to make up (AmE)

habiloso -sa *adj* (Chi fam) (inteligente) bright, smart (colloq)

habitable *adj* habitable

habitación *f* [1] (cuarto) room; (dormitorio) bedroom; **~ individual/doble** single/double room; **~ con baño** room with bath [2] (acción) habitation; (hábitat) habitat

habitacional *adj* (CS) housing (*before n*)

habitáculo *m* [1] (Aviac) cockpit; (Auto) interior [2] (liter) (morada) dwelling (frml)

habitante *mf* (Geog, Sociol) inhabitant; (de barrio) resident; **tiene medio millón de ~s** it has a population of half a million; **los ~s de las cavernas** the cave-dwellers

habitar [A1] *vt* ‹*vivienda*› to live in; ‹*isla/planeta*› to inhabit; **la única casa que no está habitada** the only unoccupied house

■ **habitar** *vi* (frml) to dwell (frml)

hábitat /'aβita(t)/ *m* (*pl* **-tats**) (Ecol, Zool) habitat; (Geog, Sociol) environment

hábito *m*

A (costumbre) habit; **el tabaco crea ~** smoking is addictive *o* is habit-forming; **adquirir/tener el ~ DE + INF** to get into/have the habit OF -ING

B (Relig) [1] (de religioso) habit; ***colgar los ~s*** «*sacerdote*» to give up the cloth; «*monja/monje*» to renounce one's vows; ***tomar el ~*** *or* ***los ~s*** «*mujer*» to take the veil; «*hombre*» to take holy orders; ***el ~ no hace al monje*** clothes do not make the man **2** (como ofrenda) sackcloth and ashes (*pl*)

habitual *adj* ‹*sitio/hora*› usual; ‹*cliente/lector*› regular; **con su ~ ironía** with his customary *o* usual irony

habituar [A18] *vt* **~ a algn A algo** to get sb used TO sth
■ **habituarse** *v pron* **~se A algo** to get used TO sth, get *o* become accustomed TO sth

habitué *mf* (CS) regular, habitué (frml)

habla *f‡*
A (facultad) speech; **perder/recobrar el ~** to lose/recover one's powers of speech; **al verla me quedé sin ~** when I saw her I was speechless
B **1** (idioma): **países de ~ hispana** Spanish-speaking countries **2** (manera de hablar): **el ~ de esta región** the local way of speaking; **giros propios del ~ infantil** expressions that children use; **la lengua y el ~** langue and parole
C **al habla** speaking; **¿el Sr. Ros? — al ~** Mr. Ros? — speaking; **estamos al ~ con nuestro corresponsal** we have our correspondent on the line; **estar/ponerse al ~ con algn** to be/get in contact with sb

hablado -da *adj* **1** ‹*lenguaje*› spoken **2** **bien hablado** well-spoken; **¡no seas mal ~!** don't be so rude *o* foul-mouthed!

hablador[1] -dora *adj* **1** (charlatán) talkative, chatty (colloq) **2** (chismoso) gossipy (colloq); **eres tan ~** you're such a bigmouth (colloq) **3** (Méx fam) (mentiroso): **es tan ~** he's such a fibber (colloq)

hablador[2] -dora *m,f* **1** (charlatán) chatterbox (colloq) **2** (chismoso) gossip (colloq) **3** (Méx fam) (mentiroso) storyteller, fibber (colloq)

habladurías *fpl* idle gossip *o* talk

hablante *mf* speaker

hablar [A1] *vi*
A (articular palabras) to speak; **~ en voz baja** to speak *o* talk quietly; **habla más alto** speak up; **habla más bajo** keep your voice down; **aún no sabe ~** he hasn't started to talk yet *o* isn't talking yet; **~ con la boca llena** to talk with one's mouth full
B (expresarse) to speak; **déjalo ~** let him speak, let him have his say (colloq); **~ claro** (claramente) to speak clearly; (francamente) to speak frankly; **las cifras hablan por sí solas** the figures speak for themselves; **mejor no ~** I'd better keep my mouth shut; **¡así se habla!** that's what I like to hear!; **mira quién habla** *or* **quién fue a ~** (fam) look *o* hark who's talking (colloq); **~ por señas** to use sign language; **~ en público** to speak in public; **un político que habla muy bien** a politician who is a very good speaker; ***~ por ~*** to talk for the sake of it; ***quien mucho habla mucho yerra*** the more you talk, the more mistakes you'll make
C **1** (conversar) to talk; **se pasaron toda la noche hablando** they spent the whole night talking *o* (colloq) chatting; **tenemos que ~** we must (have a) talk; **tengo que ~te** *or* **que ~ contigo** I need to speak to you *o* have a word with you; **está hablando por teléfono** he's on the phone; **hablando se entiende la gente** (fr hecha) the way to work things out is by talking; **~ CON algn** to speak *o* talk TO sb; ***ni ~***: **de eso ni ~** that's totally out of the question; **¡ni ~!** no way! (colloq), no chance! (colloq); **nos castigaron por ~ en clase** we were punished for talking in class **2** (murmurar) to talk; **a la gente le gusta ~** people just like to talk *o* gossip; ***dar que ~*** to start people talking **3** (al teléfono): **¿quién habla?** who's speaking *o* calling?; **¿con quién hablo?** who am I speaking with (AmE) *o* (BrE) speaking to?
D (tratar, referirse a) **~ DE algo/algn** to talk ABOUT sth/sb; **tú y yo no tenemos nada de que ~** you and I have nothing to say to each other *o* nothing to discuss; **~ de negocios** to talk (about) *o* discuss business; **siempre habla mal de ella** he never has a good word to say about her; **lo dejamos en 10.000 y no se hable más (de ello)** let's say 10,000 and be done with it; **el viaje en tren sale caro, y no hablemos ya del avión** going by train is expensive, and as for flying ...; **háblame de tus planes** tell me about your plans; **no sé de qué me estás hablando** I don't know what you're talking about; **hablan muy bien de él** people speak very highly of him; **me ha hablado mucho de ti** she's told me a lot about you; **le hablé al director de tu caso** I spoke to the director about your case; **~ SOBRE** *or* **ACERCA DE algo** to talk ABOUT sth; **ya ~emos sobre eso luego** we'll talk about that later
E (bajo coacción) to talk
F **1** (dar discurso) to speak; **el rey habló a la nación** the king spoke to *o* addressed the nation **2** (dirigirse a) to speak; **no me hables en ese tono** don't speak to me in that tone of voice; **háblale de tú** use the 'tú' form with him
G **1** (anunciar propósito) **~ DE + INF** to talk OF -ING, talk ABOUT -ING; **mucho ~ de ahorrar y va y se compra esto** all this talk of saving and he goes and buys this! (colloq) **2** (rumorear): **se habla ya de miles de víctimas** there is already talk of thousands of casualties; **se habla de que va a renunciar** it is said *o* rumored that she's going to resign
H (Méx) (por teléfono) to call, phone
■ **hablar** *vt*
A ‹*idioma*› to speak; **Ⓢ se habla español** Spanish spoken
B (tratar): **tenemos que ~ las cosas** we must talk things over; **ya lo ~emos más adelante** we'll talk about *o* discuss that later; **háblalo con ella** speak *o* talk to her about it
C (fam) (decir): **no hables disparates** *or* **tonterías** don't talk nonsense; **no habló ni una palabra** he didn't say a word
■ **hablarse** *v pron*: **llevan meses sin ~se** they haven't spoken to each other for months; **no se habla con ella** he's not speaking *o* talking to her, he's not on speaking terms with her

habón *m* (roncha) bump; (picadura) (insect) bite

habrá, habría, etc *see* **haber**

hacedero -ra *adj* (ant) feasible, practicable

hacedor -dora *m,f* **1** (autor) creator; **~ de milagros** miracle worker **2** **el Hacedor** *m* (Relig) *tb* **el Supremo H~** the Maker, the Creator

hacendado[1] -da *adj* landowning (*before n*)

hacendado[2] -da *m,f* landowner, owner of a ranch (*o* farm *etc*)

hacendista *mf* expert in public finance

hacendoso -sa *adj* hardworking (*esp referring to housework*)

hacer [E18] *vt*

Sentido I

A (crear) ‹*mueble/vestido*› to make; ‹*casa/carretera*› to build; ‹*nido*› to build, make; ‹*coche*› to make, manufacture; ‹*túnel*› to make, dig; ‹*dibujo/plano*› to do, draw; ‹*lista*› to make, draw up; ‹*resumen*› to do, make; ‹*película*› to make; ‹*nudo/lazo*› to tie; ‹*pan/pastel*› to make, bake; ‹*vino/café/tortilla*› to make; ‹*cerveza*› to make, brew; **me hizo un lugar** *or* **sitio en la mesa** he made room *o* a place for me at the table; **hacen buena pareja** they make a lovely couple
B **1** (efectuar, llevar a cabo) ‹*sacrificio*› to make; ‹*milagro*› to work, perform; ‹*deberes/ejercicios/limpieza*› to do; ‹*mandado*› to run; ‹*transacción/investigación*› to carry out; ‹*experimento*› to do, perform; ‹*entrevista*› to conduct; ‹*gira/viaje*› to do; **me hicieron una visita** they paid me a visit; **me hizo un regalo** she gave me a gift; **¿me haces un favor?** will you do me a favor?; **hicimos un trato** we did *o* made a deal; **aún queda mucho por ~** there is still a lot (left) to do; **dar que ~** to make a lot of work **2** ‹*cheque/factura*› to make out, write out
C (formular, expresar) ‹*declaración/promesa/oferta*› to make; ‹*proyecto/plan*› to make, draw up; ‹*crítica/comentario*› to make, voice; ‹*pregunta*› to ask; **nadie hizo ninguna objeción** nobody raised any objections; **nos hizo un relato de sus aventuras** he related his adventures to us
D (refiriéndose a necesidades fisiológicas): **~ caca** (fam) to do a poop (AmE) *o* (BrE) a pooh (colloq); **~ pis** *or* **pipí** (fam) to have a pee (colloq); **~ sus necesidades** (euf) to go to the bathroom *o* toilet (euph)
E (adquirir) ‹*dinero/fortuna*› to make; ‹*amigo*› to make
F (preparar, arreglar) ‹*cama*› to make; ‹*maleta*› to pack; **hice el pescado al horno** I did *o* cooked the fish in the oven; **tengo que ~ la comida** I must make lunch; *ver tb* **comida B2**
G **1** (producir, causar) ‹*ruido*› to make; **este jabón no hace espuma** this soap doesn't lather; **esos chistes no me**

h

hacen gracia I don't find those jokes funny; **estos zapatos me hacen daño** these shoes hurt my feet **2** (refiriéndose a sonidos onomatopéyicos) to go; **las vacas hacen 'mu'** cows go 'moo'
H (recorrer) ‹*trayecto/distancia*› to do, cover
I (en cálculos, enumeraciones): **son 180 ... y 320 hacen 500** that's 180 ... and 320 is *o* makes 500; **el visitante que hacía el número mil** the thousandth visitor

Sentido **II**

A **1** (ocuparse en actividad) to do; **no hace más que quejarse** she does nothing but complain; **no hice más que cumplir con mi deber** I only did my duty; **le gustaría ~ teatro** she would like to work in the theater; **hacen una obra de Ibsen** they're doing *o* putting on a play by Ibsen; **deberías ~ ejercicio** you should do *o* get some exercise; **¿hace algún deporte?** do you play *o* do any sports? **2** (como profesión, ocupación) to do **3** (estudiar) to do; **hace Derecho** she's doing *o* studying *o* reading Law; **~ un curso de cocina** to do a cookery course
B **1** (realizar cierta acción, actuar de cierta manera) to do; **¡niño, eso no se hace!** you mustn't do that!; **¡qué se le va a ~!** *or* **¡qué le vamos a ~!** what can you *o* (frml) one do?; **aquí se hace lo que digo yo** around here what I say goes; ***~la*** (Méx) (fam) to make it (colloq); ***~la (buena)*** (fam): **¡ahora sí que la hice!** now I've (really) done it!; ***hacérsela buena a algn*** (Méx) to keep one's word *o* promise to sb; **soñé que te sacabas la lotería — ¡házmela buena!** I dreamed you won the lottery — if only! **2** (dar cierto uso, destino, posición) to do; **no sé qué hice con los recibos** I don't know what I did with the receipts; **y el libro ¿qué lo hice?** (CS, Méx fam) what did I do with the book? **3** (causar daño) **~le algo A algn** to do sth TO sb; **yo no le hice nada** I didn't do anything to her; **el perro no te hace nada** the dog won't hurt you
C (esp Esp) (actuar como): **~ el tonto** to act *o* play the fool
D (sustituyendo a otro verbo): **toca bien el piano — antes lo hacía mejor** she plays the piano well — she used to play better; **voy a escribirle — deja, yo lo haré** I'm going to write to him — don't bother, I'll do it
E (Méx, RPl fam) (afectar, importar): **¿qué le hace?** so what? what does it matter?; **eso no le hace nada** that doesn't matter at all

Sentido **III**

A (transformar en, volver) to make; **te hará hombre, hijo mío** it will make a man of you, my son; **la hizo su mujer** he made her his wife; **hizo pedazos la carta** she tore the letter into tiny pieces; **ella lo hizo posible** she made it possible; **~ algo DE algo** to turn sth INTO sth; **~ algo DE algn** to make sth OF sb; **quiero ~ de ti un gran actor** I want to make a great actor of you
B (dar apariencia de): **ese vestido te hace más delgada** that dress makes you look thinner
C (inducir a, ser causa de que) **~ algo/a algn + INF** to make sth/sb + INF; **me hizo llorar** it made me cry; **todo hace suponer que ...** everything suggests that *o* leads one to think that ...; **hizo caer al niño** he knocked the child over; **hágalo pasar** tell him to come in; **~ que algo/algn + SUBJ** to make sth/sb + INF; **¡vas a ~ que pierda la paciencia!** you're going to make me lose my temper!
D (obligar a) **~ + INF a algn** to make sb + INF; **me hizo esperar tres horas** she kept me waiting for three hours; **me hizo abrirla** he made me open it; **~ que algn + SUBJ** to make sb + INF; **hizo que todos se sentaran** he made everybody sit down
E **hacer hacer algo** to have *o* get sth done/made; **hice acortar las cortinas** I had *o* got the curtains shortened
F (suponer, imaginar): **te hacía en Buenos Aires** I thought you were in Buenos Aires; **¡yo que lo hacía casado!** I had the idea that he was married!

■ **hacer** *vi*

Sentido **I**

A **1** (obrar, actuar): **déjame ~ a mí** just let me handle this *o* take care of this; **¿cómo se hace para que te den la beca?** what do you have to do to get the scholarship?; **¿cómo hacen para vivir con ese sueldo?** how do they manage to live on that salary?; ***~le a algo*** (Chi, Méx fam): **le hace a todo** she does a bit of everything; **yo no le hago a la pintura** I don't go in for painting; **~ *y deshacer*** to do as one pleases, do what one likes **2** (+ *compl*): **hiciste bien en decírmelo** you did *o* were right to tell me; **haces mal en mentir** it's wrong of you to lie
B (refiriéndose a las necesidades fisiológicas): **¡mamá, ya hice!** (esp AmL) Mommy, I've been *o* I've finished!; **~ de cuerpo** *or* **de vientre** (frml) to have a bowel movement (frml)
C (fingir, simular): **hizo como que no me había visto** he made out *o* pretended he hadn't seen me; **hice como que no oía** I pretended not to hear; **haz como si no supieras nada** act as if *o* pretend you don't know anything about it
D (servir) **~ DE algo**: **esta sábana hará de toldo** this sheet will do for *o* as an awning; **la escuela hizo de hospital** the school served as *o* was used as a hospital
E (interpretar personaje) **~ DE algo/algn** to play (the part of) sth/sb; **hacía de 'malo'** he played the bad guy

Sentido **II**

A (+ *compl*) (sentar) (+ *me/te/le etc*): **le va a ~ bien salir un poco** it'll do her good to get out a bit; **la trucha me hizo mal** (AmL) the trout didn't agree with me
B (corresponder) **~le A algo** to fit sth; **esta tapa no le hace al frasco** this lid doesn't fit the jar
C **no le hace** (no tiene importancia) it doesn't matter; (no sirve de excusa) that's no excuse; **¿no le hace que tire la ceniza aquí?** do you mind if I drop the ash here?
D (*en 3ª pers*) (frml) (tocar, concernir): **por lo que hace a** *or* **en cuanto hace a su solicitud** as far as your application is concerned
E (Esp fam) (apetecer): **¿(te) hace una cerveza?** care for a beer?, do you fancy a beer? (BrE colloq)

■ **hacer** *v impers*

A **1** (refiriéndose al tiempo atmosférico): **hace frío/calor/sol/viento** it's cold/hot/sunny/windy; **hace tres grados** it's three degrees; **(nos) hizo un tiempo espantoso** the weather was terrible **2** (fam & hum): **hace sed ¿verdad?** it's thirsty weather/work, isn't it?; **parece que hace hambre** you/they seem to be hungry
B (expresando tiempo transcurrido): **hace dos años que murió** he's been dead for two years; **¿cuánto hace que se fue?** how long ago did she leave?; **hace poco/un año** a short time/a year ago; **hace mucho que lo conozco** I've known him for a long time; **no lo veo desde hace años** I haven't seen him for years; **hacía años que no lo veía** I hadn't seen him for *o* in years; **hasta hace poco** until recently

■ **hacerse** *v pron*

Sentido **I**

A (producirse): **hágase la luz** (Bib) let there be light; (+ *me/te/le etc*): **se me hizo un nudo en el hilo** I got a knot in the thread; **se le ha hecho una ampolla** she's got *o* she has a blister; ***hacérsele algo a algn*** (Méx): **por fin se le hizo ganar el premio** she finally got to win the award
B **1** (*refl*) (hacer para sí) ‹*café/falda*› to make oneself; **se hace toda la ropa** she makes all her (own) clothes; **se hicieron una casita** they built themselves a little house **2** (*caus*) (hacer que otro haga): **se hicieron una casita** they had a little house built; **se hizo la cirugía estética** she had plastic surgery; **voy a ~me las manos** I'm going to have a manicure
C (causarse): **me hice un tajo en el dedo** I cut my finger; **¿qué te hiciste en el brazo?** what did you do to your arm?; **¿te hiciste daño?** did you hurt yourself?
D (refiriéndose a necesidades fisiológicas): **todavía se hace pis/caca** (fam) she still wets/messes herself
E (*refl*) (adquirir) to make; **~se un nombre** to make a name for oneself; **~se enemigos** to make enemies

Sentido **II**

A **1** (volverse, convertirse en) to become; **~se famoso/monja** to become famous/a nun; **se están haciendo viejos** they are getting *o* growing old **2** (*impers*): **se hace de noche muy pronto** it gets dark very early; **se está haciendo tarde** it's getting late; (+ *me/te/le etc*) **se nos hizo de noche esperándolo** it got dark while we were waiting for him **3** (cocinarse) ‹‹*pescado/guiso*›› to cook **4** (AmL) (pasarle a): **¿qué se habrá hecho María?** what can have happened to María?
B (resultar): **esto se hace muy pesado** this gets very boring; (+ *me/te/le etc*) **se me hizo interminable** it seemed interminable; **se me hace difícil creerlo** I find it very hard to believe
C (dar impresión de) (+ *me/te/le etc*): **se me hace que está ofendida** I get the feeling *o* impression that she's upset; **se me hace que va a llover** I think *o* I have a feeling it's going to rain; ***hacérsele a algn*** (Chi fam) to back out

D (*caus*) **~se + INF**: **hazte respetar** make people respect you; **el desenlace no se hizo esperar** the end was not long in coming; **un chico que se hace querer** a likable kid; **se hizo construir una mansión** he had a mansion built; **hazte ver por un médico** (AmL) go and see a doctor

E (acostumbrarse) **~se A algo/+ INF** to get used TO sth/-ING; **no consigo ~me a la idea** I can't get used to the idea

F (fingirse): **no te hagas el inocente** don't act the innocent; **me vio pero se hizo el loco** he saw me but pretended he hadn't; **¿éste es bobo o se (lo) hace?** (fam) is this guy stupid or just a good actor? (colloq); **no te hagas el sordo** don't pretend *o* act as if you didn't hear me; **yo me hice** (Méx fam) I pretend not to notice

G (moverse) (+ *compl*) to move; **~se atrás/a un lado** to move back/to one side

H hacerse con: **el ejército se hizo con la ciudad** the army took the city; **tengo que ~me con esa carta** I must get hold of that letter; **logró ~se con el control de la compañía** he managed to gain control of the company

I hacerse de (AmL): **se hicieron de gran fama** they became very famous; **tengo que ~me de dinero** I must get *o* lay my hands on some money; **se hizo de muchos amigos** he made a lot of friends

hacha¹ *adj* (Méx fam) (diestro): **ser muy** *or* **bien ~ para algo** to be very good at sth, be an ace at sth (colloq)

hacha² *f‡*

A (herramienta) ax (AmE), axe (BrE); ***enterrar el ~ de guerra*** to bury the hatchet; ***estar como ~*** (Chi, Méx fam) to be well prepared; ***ni raja ni presta el ~*** (Col fam) you're/he's being a dog in the manger

B (antorcha) torch

hachazo *m* (golpe) blow of/with an ax•

hache *f*: *the name of the letter* **h**; ***llámale ~*** (fam) call it what you like *o* what you will (colloq)

hachís *m* hashish, hash (colloq)

hacia *prep* **1▸** (indicando dirección) toward, towards [*el inglés norteamericano prefiere la forma* **toward** *mientras que el inglés británico prefiere la forma* **towards**] **~ el sur** southward(s), toward(s) the south; **~ adentro** inward(s); **el centro queda ~ allá** the center is (over) that way; **¿~ dónde tenemos que ir?** which way do we have to go?; **empujar ~ arriba/atrás** to push upward(s)/backward(s) **2▸** (indicando aproximación) toward(s) [*ver nota en la sección* **1**] **llegaremos ~ las dos** we'll arrive towards *o* at around two **3▸** (con respecto a) toward(s); **su actitud ~ mí** his attitude toward(s) *o* to me

hacienda *f*

A 1▸ (esp AmL) (finca) estate; (dedicada a ganadería) ranch **2▸** (bienes) possessions (*pl*), property

(Compuesto) **hacienda de beneficio** (Méx) smelter

B Hacienda 1▸ (ministerio) ≈ the Treasury Department (*in US*), ≈ the Treasury (*in UK*) **2▸** (oficina) tax office; **el dinero que debo a H~** the money I owe the IRS (AmE) *o* (BrE) the Inland Revenue

(Compuesto) **hacienda pública**: **la ~ ~** the Treasury, public funds (*pl*)

C (RPl) (ganado) livestock

hacina *f* pile, heap

hacinamiento *m* overcrowding

hacinar [A1] *vt* ‹*mies/paja*› to stack; ‹*leña*› to pile up, stack (up)

■ **hacinarse** *v pron* to crowd together

hada *f‡* fairy; **el ~ madrina** the fairy godmother

hado *m* (liter) fate, destiny

haga, etc *see* **hacer**

hago *see* **hacer**

Haití *m* Haiti

haitiano -na *adj/m,f* Haitian

hala *interj* (Esp) **1▸** (para animar) come on! **2▸** (expresando sorpresa) wow!

halagador -dora *adj* flattering

halagar [A3] *vt* **1▸** «*elogios/invitación*» to flatter; **me halaga que me lo ofrezcas a mí** I am flattered that you're offering it to me **2▸** (adular) «*persona*» to flatter; **le ~on el vestido** they complimented her on her dress

halago *m* praise; **~s** praise, flattery

halagüeño -ña *adj* ‹*palabras/frases*› flattering, complimentary; ‹*situación*› promising, encouraging; ‹*noticia*› encouraging; ‹*futuro*› promising

halar [A1] *vt* **1▸** (Náut) ‹*cabo*› to haul in; ‹*remo*› to pull on **2▸** *ver tb* **jalar**

halcón *m* (Zool) falcon; (en política) (period) hawk (journ)

hálito *m* (liter) (aliento) breath; (brisa) gentle breeze

hall /'xol/ *m* (*pl* **halls**) (de casa) hall, hallway; (de teatro, cine) foyer

hallaca *f* (Ven) *cornmeal, meat and vegetables wrapped in banana leaves*

hallador -dora *m,f* finder

hallar [A1] *vt*

A 1▸ (frml) ‹*persona/libro/tesoro*› to find; ‹*felicidad/paz*› to find; **lo ~on en su casa** it was found at his house; **halló la muerte en un accidente** he met his death in an accident; (+ *compl*) **halló la puerta abierta** she found the door open **2▸** ‹*pruebas/solución*› to find; ‹*información*› to find, discover

B (esp AmL) (*en frases negativas*) (saber): **no halla cómo sentarse** she can't find a comfortable position to sit in; **no hallo cómo decírselo** I don't know how to tell her

C (esp AmL) (opinar, creer) to find

■ **hallarse** *v pron*

A (frml) (estar, encontrarse) (+ *compl*) to be; **se halla situado en las afueras de la ciudad** it is situated on the outskirts of the city

B (sentirse) (+ *compl*) to feel; **~se a gusto** to feel at ease; ***no ~se***: **no me hallo en este tipo de fiestas** I don't feel comfortable *o* at home at this type of party

hallazgo *m* find

hallulla *f*

A (Chi) (pan) *slightly leavened white bread*

B (Chi) (sombrero) straw boater

halo *m* **1▸** (Astron) halo **2▸** (aureola) halo, aureole (liter) **3▸** (de inocencia, santidad) aura; **envuelto en un ~ de misterio** shrouded in mystery

halógeno¹ -na *adj* halogen (*before n*)

halógeno² *m* (Quím) halogen; (faro) halogen headlight *o* headlamp

haltera *f* barbell

halterofilia *f* weightlifting

hamaca *f*

A 1▸ (para colgar) hammock **2▸** (RPl) (mecedora) rocking chair; (columpio) swing **3▸** (Esp) (asiento plegable) deckchair

B (archivo) suspension file

hamacar [A2] *vt* (columpiar) (RPl) to swing; (mecer) (CS) to rock

■ **hamacarse** *v pron* (columpiarse) to swing; (mecerse) to rock (oneself)

hambre *f‡*

A 1▸ (sensación) hunger; **tengo ~** I'm hungry; **el ejercicio da ~** exercise makes you hungry; **morirse de ~** to starve to death; **me muero de ~** (fam) I'm starving (colloq); ***matar el ~***: **comió unas galletas para matar el ~** he ate some cookies to keep him going; ***ser más listo que el ~*** (fam) to be razor sharp (colloq); ***tengo/tiene un ~ canina*** I/he could eat a horse (colloq); ***a buen ~ no hay pan duro*** beggars can't be choosers **2▸** (como problema) **el ~** hunger; **sueldos de ~** starvation wages

B (liter) (ansia, deseo) **~ DE algo** hunger FOR sth

hambreado -da *adj* (Andes, Méx, RPl) hungry, starving

hambrear [A1] *vt* (CS) to starve

hambriento¹ -ta *adj* [ESTAR] hungry, starving (colloq), famished (colloq); **los niños ~s del mundo** the world's starving children; **~ DE algo** hungry FOR sth

hambriento² -ta *m,f*: **los ~s** hungry people; **dar de comer al ~** to feed the starving *o* hungry

hambruna *f* famine

hamburguesa *f* (bistec) hamburger, beefburger (BrE); (sandwich) hamburger, burger

hamburguesería *f* hamburger bar

hampa *f‡*: **el ~** criminals (*pl*), the underworld

hampesco -ca *adj* criminal, underworld (*before n*)

hampón -pona *m,f* thug, criminal

hamponil *adj* (Ven) criminal, underworld (*before n*)

hámster /'xamster/ *m* (*pl* **-ters**) hamster

handicap /'xandikap/ *m* (*pl* **-caps**)
A (en golf) handicap; (Equ) handicap
B (desventaja) handicap, disadvantage
handling *m* baggage handling
hangar *m* hangar
haragán¹ -gana *adj* lazy, idle
haragán² -gana *m,f* shirker, layabout
haraganear [A1] *vi* to be lazy, laze *o* loaf around (colloq)
haraganería *f* laziness, idleness
harapiento -ta *adj* ragged; **un hombre ~ y sucio** a dirty-looking man, dressed in rags
harapo *m* rag
haraquiri *m* hara-kiri; **hacerse el ~** to commit hara-kiri
haras *m* (*pl* **~**) (AmS) stud farm
hardware /'xar(ð)wer/ *m* hardware
haré, etc *see* **hacer**
harén *m* harem
haría, etc *see* **hacer**
harina *f* flour; ***ser ~ de otro costal*** to be a different kettle of fish

Compuestos
- **harina de avena/maíz** oatmeal/cornmeal
- **harina integral** wholewheat flour, wholemeal flour (BrE)

harinoso -sa *adj* floury
harnear [A1] *vt* (Andes, Méx) to sieve, sift
harnero *m* sieve
hartar [A1] *vt*
A (cansar, fastidiar): **me hartó con sus quejas** I got tired *o* (colloq) sick of his complaints
B (fam) (llenar) **~ a algn A** *or* **DE algo**: **nos hartaban a sopa** they fed us on nothing but soup; **lo ~on a palos** they gave him a real beating
■ **hartarse** *v pron*
A (cansarse, aburrirse) to get fed up; **~se DE algo** to get tired *o* sick OF sth, get fed up WITH sth; **~se DE algn** get tired OF sb, get fed up WITH sb; **~se DE + INF** to get tired *o* sick of -ING, get fed up WITH -ING; **me harté de que se burlara de mí** I got fed up with *o* I got tired of her making fun of me
B (llenarse): **comieron hasta ~se** they gorged *o* (colloq) stuffed themselves; **~se DE algo** to gorge oneself ON sth, to stuff oneself WITH sth (colloq)
hartazgo *m*: **comieron hasta el ~** they gorged themselves; **nos dimos un ~ de sardinas** (Esp fam) we stuffed ourselves with sardines (colloq)
harto¹ -ta *adj*
A [1] (cansado, aburrido) fed up; **me tienes ~ con tantas exigencias** I'm sick *o* tired of all your demands; **~ DE algo/algn** fed up WITH sth/sb, tired OF sth/sb; **~ DE + INF** tired OF -ING, fed up WITH -ING; **estaba harta de que le dijeran eso** she was tired of *o* fed up with them telling her that [2] (de comida) full
B (*delante del n*) (mucho) [1] (frml): **con harta frecuencia** very frequently; **tenían hartas ventajas** they had many advantages [2] (AmL exc RPl): **te llamé hartas veces** I phoned you lots of times; **tiene hartas ganas de verte** he really wants to see you; **había harta gente** there were a lot of people
harto² *adv*
A (modificando un adjetivo) [1] (frml) extremely, very [2] (AmL exc RPl) very; **es ~ mejor que el hermano** he's much *o* a lot better than his brother
B (modificando un verbo) (AmL exc RPl): **me gustó ~** I really liked it; **bailamos ~** we danced a lot
harto³ -ta *pron* (AmL exc RPl): **tenía ~ que hacer** I had an awful lot to do; **¿tienes amigos allí? — ¡sí, ~s!** do you have friends there? — yes, lots
hasta¹ *prep*
A (en el tiempo) [1] until; **¿~ cuándo te quedas? — ~ el viernes** how long are you staying? — until *o* till Friday; **~ hace unos años** (up) until *o* up to a few years ago; **~ ahora** *or* **~ el momento** so far, up to now; **¿siempre trabajas ~ tan tarde?** do you always work so late?; **no descansó ~ terminar** she didn't rest until she'd finished [2] **hasta que** until, till; **~ QUE + SUBJ**: **espera ~ que pare de llover** wait until *o* till it stops raining; **es inocente ~ que (no) se demuestre lo contrario** he is innocent until proven guilty [3] **hasta tanto** until such time as; **~ tanto (no) contesten** until they reply [4] (AmC, Col, Méx) (con valor negativo): **será publicado ~ mayo** it won't be published until May; **cierran ~ las nueve** they don't close until *o* till nine [5] (en saludos): **~ mañana** see you tomorrow; **~ luego** see you (colloq), bye (colloq); **~ pronto** see you soon; **~ siempre, amigos** farewell, my friends
B (en el espacio) to; **desde Puebla ~ Veracruz** from Puebla to Veracruz; **el agua me llegaba ~ los hombros** the water came up to my shoulders; **¿~ dónde va usted?** how far are you going?
C (en cantidades) up to; **~ cierto punto** up to a point
hasta² *adv* even; **~ te diría que ...** I'd even go as *o* so far as to say that ...
hastial *m* gable end
hastiante *adj* boring, sickening
hastiar [A17] *vt*: **le hastiaban aquellas fiestas** she was tired *o* weary of those parties; **hastiado de la vida** tired *o* weary of life
■ **hastiarse** *v pron* **~se DE algo** to grow tired *o* weary OF sth
hastío *m*: **el ~ de un vuelo largo** the tedium of a long flight; **su trabajo le producía ~** his job bored him intensely; **hacer algo hasta el ~** to do sth ad nauseam
hatajo *m* [1] (pey) (de gente despreciable) bunch (colloq), load (colloq); (de disparates, tonterías) load (colloq); **un ~ de mentiras** a pack of lies [2] (de ganado) herd
hatillo *m*
A (de ropa) bundle; ***ir con el ~ a cuestas*** to live out of a suitcase; ***liar el ~*** to pack one's bags
B (Agr) (de vacas) herd; (de ovejas) flock
hato *m*
A (de ropa) bundle; *para modismos ver* **hatillo**
B (de vacas) herd; (de ovejas) flock
C ▸**hatajo 1**
D (Ven) (finca rural) cattle farm, ranch
Hawai *m* Hawaii
hawaiana /hagwai'ana/ *f* (Chi) [1] (sandalia) thong (AmE), flip-flop (BrE) [2] (camisa) Hawaiian shirt
hawaiano -na *adj/m,f* Hawaiian
hay *see* **haber**
haya¹ *f* beech
haya², hayas, etc *see* **haber**
hayaca *f* (Ven) ▸**hallaca**
hayo *m* coca
haz¹ *m* (de leña, paja) bundle; (de trigo) sheaf; (de luz) beam
haz² *see* **hacer**
haza *f* plot (*of arable land*)
hazaña *f* (acción heróica) great *o* heroic deed, exploit; (acción que requiere gran esfuerzo) feat, achievement
hazmerreír *m* (fam) laughing stock
he¹ *see* **haber**
he² *v impers* (liter): **~ aquí las pruebas** here is *o* here I have the evidence; **~me aquí** here I am
hebilla *f* (de zapato) buckle; (de cinturón) clasp, buckle
hebra *f* [1] (Tex) thread, strand; **lana de cuatro ~s** four-ply wool [2] (fibra vegetal, animal) fiber* [3] (del gusano de seda) thread [4] (de la madera) grain
hebreo¹ -brea *adj/m,f* Hebrew
hebreo² *m* (idioma) Hebrew
hebroso -sa *adj* fibrous
hecatombe *f* (desastre) disaster, catastrophe; (mortandad) loss of life; (sacrificio) (Hist) hecatomb
heces *fpl*: *ver* **hez**
hechicería *f* (práctica) witchcraft, sorcery; (maleficio) spell
hechicero¹ -ra *adj* ‹*persona*› enchanting, captivating; ‹*ojos/sonrisa*› captivating
hechicero² -ra *m,f* [1] (brujo) (*m*) sorcerer, wizard; (*f*) sorceress, witch [2] (de tribu) witch doctor
hechizante *adj* enchanting, bewitching
hechizar [A4] *vt* [1] «*brujo*» to cast a spell on, bewitch [2] (cautivar) to captivate
hechizo¹ -za *adj* (Chi, Méx) makeshift, home-made

h

hechizo² *m* [1] (maleficio) spell [2] (atractivo, encanto) charm

hecho¹ -cha *pp* [*ver tb* **hacer**]

A (manufacturado) made; **~ a mano** handmade; **un traje ~ a (la) medida** a made-to-measure suit; **bien/mal ~** well/badly made

B (refiriéndose a acción): **¡bien ~!** well done!; **no le avisé — pues mal ~** I didn't let him know — well you should have (done); ***lo ~, ~ está*** what's done is done

C (convertido en): **estaba ~ una fiera** he was furious; **está hecha una vaca** she's got(ten) really fat; **tú estás ~ un vago** you've become *o* turned into a lazy devil; **se apareció ~ un mamarracho** he turned up looking a real mess

D (acostumbrado) **~ A algo** used *o* accustomed TO sth

E (*como interj*) (expresando acuerdo): **¡~!** it's a deal!, done!

hecho² -cha *adj*

A ‹*ropa*› ready-to-wear, off-the-rack (AmE), off-the-peg (esp BrE)

B (terminado) ‹*trabajo*› done; **~ *y derecho*** ‹*hombre*› (fully) grown; ‹*abogado*› fully-fledged

C (esp Esp) ‹*carne*› done; **un filete muy/poco ~** a well-done/rare steak

hecho³ *m*

A [1] (acto, acción): **ésas son palabras y yo quiero ~s** those are just words, I want action *o* I want something done; **demuéstramelo con ~s** prove it to me by doing something about it [2] (suceso, acontecimiento) event; **el lugar de los ~s** the scene of the crime

(Compuesto) **hecho consumado** fait accompli

B (realidad, verdad) fact; **los viajes espaciales ya son un ~** space travel is already a reality; **el ~ es que ...** the fact (of the matter) is that ...

C **de hecho** in fact

hechura *f*

A [1] (de traje, vestido): **me cobró un dineral por la ~** she charged me a fortune for making it up [2] (modelo, estilo) style; **la falda tiene una ~ muy simple** the skirt is cut very simply [3] (forma) shape, form

B (de obra de arte, artesanía) craftsmanship, workmanship

C (creación): **somos ~ divina** we are God's creation; **son todos ellos ~ del profesor Ramos** they are all products of Mr Ramos' teaching

hectárea *f* hectare

hectogramo *m* hectogram

hectolitro *m* hectoliter•

heder [E8] *vi* (liter) to reek, stink

hediondez *f* stench, stink

hediondo -da *adj* (fétido) foul-smelling, stinking

hedonismo *m* hedonism

hedonista *mf* hedonist

hedor *m* (liter) stench, reek

hegemonía *f* hegemony, dominance

helada *f* frost

heladera *f* (para hacer helados) ice-cream maker; (nevera) (RPl) refrigerator, fridge; (para picnic) (Arg, Col) cool *o* cold box

heladería *f* ice-cream parlor•

heladero -ra *m,f* (esp AmL) ice-cream vendor *o* seller

helado¹ -da *adj*

A [1] ‹*persona/manos*› freezing (colloq), frozen (colloq); ‹*casa/habitación*› freezing (colloq); **tengo los pies ~s** my feet are frozen *o* freezing; ***dejar a algn ~***: **nos dejó ~s con la noticia** we were stunned when she told us the news; ***quedarse ~*** (de asombro) to be stunned [2] ‹*comida*› stone-cold; ‹*líquido/bebida*› (muy frío) freezing; (que se ha enfriado) stone-cold; **servir el vino bien ~** (AmL) serve the wine well chilled

B ‹*agua/estanque*› frozen

helado² *m* ice cream

(Compuesto) **helado de agua** (CS) water ice, sherbet (AmE); (con palo) Popsicle® (AmE), ice lolly (BrE)

helador -dora *adj* freezing, icy, bitterly cold

heladora *f* ice-cream maker

helar [A5] *vt/vi* to freeze

■ **helar** *v impers*: **anoche heló** it went below freezing last night (AmE), there was a frost last night (BrE)

■ **helarse** *v pron*

A [1] «*río/charco*» to freeze (over); «*agua*» to freeze [2] «*plantas/cosecha*» to freeze

B (fam) [1] «*persona*» to freeze; **me estoy helando** I'm freezing [2] «*comida/café*» to get *o* go cold

helecho *m* (como nombre genérico) fern; (más específico) bracken

hélice *f*

A (de barco) propeller, screw; (de avión) propeller

B (Anat, Mat) helix

helicóptero *m* helicopter

helio *m* helium

heliogábalo *m* (liter) glutton

heliograbado *m*, **heliografía** *f* photogravure

helipuerto *m* heliport

hemático -ca *adj* hematic• (tech), blood (*before n*)

hematíe *m* red blood cell

hematófago *m* bloodsucker

hematoma *m* (tumor) hematoma•; (moretón) bruise

hembra¹ *adj inv* female

hembra² *f*

A [1] (Zool) female; **la ~ del faisán** the hen pheasant [2] (mujer) female, woman

B (de enchufe, corchete) female (part)

hemeroteca *f* newspaper and periodicals library

hemiciclo *m* (sala del congreso) chamber; (espacio central) floor

hemisferio *m* [1] (Geog, Mat) hemisphere; **el ~ norte/sur** the northern/southern hemisphere [2] (Anat) cerebral hemisphere

hemofilia *f* hemophilia•

hemofílico -ca *adj/m,f* hemophiliac•

hemoglobina *f* hemoglobin•

hemorragia *f* hemorrhage•

hemorroides *fpl* piles, hemorrhoids (tech)

henar *m* [1] (campo) hayfield [2] (pajar) hayloft

henchir [I14], [I15] *vt* (liter) ‹*espacio*› to fill; **henchido de orgullo** swollen with pride

hender [E8] *vt* ‹*madera*› to split; ‹*olas/mar*› (liter) to cleave (liter)

hendidura *f* (en madera) crack; (en roca) fissure, crack

hendija *f* (AmS) (grieta) crack, crevice; (hueco) gap

hendir [I12] *vt* ▸ **hender**

henna /'xena/ *f* henna

heno *m* hay

hepático -ca *adj* liver (*before n*), hepatic (tech)

hepatitis *f* hepatitis

heptagonal *adj* heptagonal

heptágono *m* heptagon

heráldica *f* heraldry

heráldico -ca *adj* heraldic

heraldo *m* herald

herbáceo -cea *adj* herbaceous

herbaje *m* grass

herbario *m* herbarium

herbicida *m* herbicide, weedkiller

herbívoro¹ -ra *adj* herbivorous

herbívoro² -ra *m,f* herbivore

herbolario¹ *m* (colección) herbarium; (tienda) herbalist's

herbolario² -ria *m,f* herbalist

herboristería *f* herbalist's

hercio *m* hertz

hercúleo -lea *adj* Herculean

heredad *f* (frml) estate

heredar [A1] *vt* ‹*bienes/título/tradiciones*› to inherit; ‹*trono*› to succeed to; **heredamos este sistema de la dictadura** this system is a legacy of the dictatorship; **heredó los ojos de su madre** he has his mother's eyes

heredero -ra (*m*) heir; (*f*) heir, heiress; **príncipe ~** crown prince; **~ DE algo** heir TO sth

(Compuesto) **heredero universal** residuary legatee

hereditario -ria *adj* hereditary

hereje *mf* heretic

herejía *f* heresy

herencia *f*

A (Der) inheritance; **le dejó en ~ la finca** he bequeathed *o* left her the farm; **nuestra ~ cultural** our cultural heritage

B (Biol) heredity

herético -ca *adj* heretical

herida *f* [1] (en el cuerpo): **sufrir ~s de carácter grave** to be seriously injured, to suffer serious injuries; **se hizo una ~ en la rodilla** he cut his knee; **~ de bala/de guerra** bullet/war wound; **curar una ~** to clean/dress a wound; ***hurgar en la ~*** to open old wounds; ***lamerse las ~s*** to lick one's wounds; ***respirar por la ~*** to reveal one's true feelings (of bitterness) [2] (pena, sufrimiento) wound

herido¹ -da *adj*

A (físicamente) injured; **está gravemente ~** (por accidente) he is seriously injured; (por agresión) he has been seriously wounded; **~ de muerte** fatally wounded

B (en sentimiento) ‹*persona*› hurt, wounded (liter); ‹*honor*› wounded (liter)

herido² -da *m,f*: **los ~s** the injured/wounded; **la explosión causó varios ~s** several people were injured in the explosion

herir [I11] *vt*

A [1] (físicamente) to wound; **fue herido de muerte** he was fatally wounded [2] ‹*orgullo*› to hurt; **sus palabras la hirieron profundamente** she was deeply wounded *o* hurt by his words; **esta película puede ~ la sensibilidad del espectador** this movie contains scenes/language which some viewers may find disturbing/offensive

B [1] ‹*vista*› to hurt [2] (liter) «*sol/ruido*» to pierce

hermafrodita¹ *adj* hermaphrodite (*before n*), hermaphroditic

hermafrodita² *mf* hermaphrodite

hermanamiento *m* twinning (BrE)

hermanar [A1] *vt* [1] (en sentimiento, propósito) to unite [2] ‹*ciudades*› to twin (BrE) [3] ‹*calcetines*› to match up, put … in pairs; ‹*fichas/naipes*› to match up

hermanastro -tra [1] (con vínculo sanguíneo) (*m*) half brother; (*f*) half sister [2] (sin vínculo sanguíneo) (*m*) stepbrother; (*f*) stepsister

hermandad *f* [1] (de hombres) brotherhood, fraternity; (de mujeres) sisterhood [2] (asociación) association

hermano¹ -na *adj* ‹*buque*› sister (*before n*); ‹*ciudades*› twin (*before n*)

hermano² -na *m,f*

A (pariente) (*m*) brother; (*f*) sister; **mis ~s** (sólo varones) my brothers; (varones y mujeres) my brothers and sisters; **¿tienes ~s?** do you have any brothers or sisters?; **el ~ menor** the younger/youngest brother

(Compuestos)

- **hermano -na de leche** *m,f*: *person suckled by the same woman as oneself*
- **hermano -na de sangre** (*m*) blood brother; (*f*) blood sister
- **hermano gemelo -na gemela** (*m*) twin brother; (*f*) twin sister
- **hermano político -na política** (*m*) brother-in-law; (*f*) sister-in-law

B (como apelativo) (Col, Per, Ven fam) buddy (AmE colloq), mate (BrE colloq)

C [1] (religioso) (*m*) brother; (*f*) sister [2] (prójimo) (*m*) brother; (*f*) sister

D (de guante, calcetín) pair; **¿has visto el ~ de este calcetín?** have you seen the pair for this sock?

hermético -ca *adj* [1] ‹*envase/cierre*› airtight, hermetic (tech) [2] ‹*persona/rostro*› inscrutable, secretive

hermetismo *m* inscrutability, secretiveness

hermosear [A1] *vt* to beautify, make … look beautiful

■ **hermosearse** *v pron* (hum) to make oneself (look) beautiful (hum)

hermoso -sa *adj* [1] (bello) beautiful, lovely [2] (magnífico) splendid [3] (lozano, corpulento) big and healthy, bonny (BrE) [4] (noble) noble

hermosura *f* [1] (cualidad) beauty, loveliness [2] (persona, cosa hermosa): **¡qué ~ de paisaje/niño!** what a beautiful landscape/child!

hernia *f* hernia, rupture

(Compuesto) **hernia discal** *or* **de disco** slipped disk•

herniarse [A1] *v pron* to get a hernia, rupture oneself

héroe *m* hero

heroicidad *f* heroism

heroico -ca *adj* heroic

heroína *f*

A (persona) heroine

B (droga) heroin

heroinómano -na *m,f* heroin addict

heroísmo *m* heroism

herpes *m* (*pl* ~) (en boca, genitales) herpes; (en cintura) shingles

herrador -dora *m,f* blacksmith, farrier

herradura *f* horseshoe

herraje *m tb* **~s** ironwork, iron fittings (*pl*)

herramienta *f* tool

herrar [A5] *vt* ‹*caballo*› to shoe; ‹*ganado*› to brand

herrería *f* blacksmith's, smithy

herrero -ra *m,f* blacksmith

herrete *m* aglet, tag

herrumbre *f* rust; **(de) color ~** rust, rust-colored•

herrumbroso -sa *adj* rusty

hervidero *m*: **un ~ de gente** a seething mass of people; **un ~ de moscas** a swarm of flies; **la casa era un ~** the house was buzzing; **un ~ político** a political hotbed; **un ~ de chismes** a hotbed of gossip

hervido *m* (Ven) *chicken or fish stew with vegetables, also gathering at which it is served*

hervidor *m* (de agua) kettle; (de leche) milk pan

hervir [I11] *vi* [1] «*líquido*» to boil; **romper a ~** to come to the boil; **las calles hervían de gente** the streets were seething *o* swarming with people; **hervía de rabia** she was boiling *o* seething with rage [2] **hirviendo** *adj* (muy caliente) boiling (colloq), roasting (colloq); **el niño está hirviendo** (de fiebre) the child is burning up with fever

■ **hervir** *vt* to boil

hervor *m* [1] (de líquido): **le das un ~ y lo retiras** bring to the boil and remove; **cuando rompa el ~** when it comes to the boil [2] (entusiasmo) fervor•

heterodoxia *f* heterodoxy

heterodoxo -xa *adj* heterodox

heterogéneo -nea *adj* (Quím) heterogeneous; **acudió un público muy ~** there was a wide cross section of people in the audience

heterosexual *adj/mf* heterosexual

heterosexualidad *f* heterosexuality

hexagonal *adj* hexagonal

hexágono *m* hexagon

hez *f*

A [1] (escoria) dregs (*pl*) [2] (Vin) *tb* **heces** sediment, lees (*pl*)

B **heces** *fpl* (excrementos) feces• (*pl*)

hiato *m* hiatus

hibernación *f* (Zool) hibernation; (de enfermos) artificial hibernation; (de cadáveres) deep-freezing

hibernal *adj* (liter) ‹*lluvias*› winter (*before n*); ‹*frío*› wintry

hibernar [A1] *vi* to hibernate

híbrido¹ -da *adj* ‹*animal/planta*› hybrid (*before n*); ‹*estilo*› hybrid (*before n*), composite

híbrido² *m* hybrid

hice, hiciera, etc *see* **hacer**

hidalgo *m* gentleman, nobleman (*from the lower ranks of the nobility*)

hidalguía *f* gentlemanliness, nobility

hidrante *m* (AmC, Col) hydrant

(Compuesto) **hidrante de incendios** fire hydrant

hidratación *f* (de verduras) hydration; (de la piel) moisturizing

hidratante *adj* moisturizing (*before n*)

hidratar [A1] *vt* ‹*verduras*› to hydrate; ‹*piel*› to moisturize

hidrato *m* hydrate; **~s de carbono** carbohydrates

hidráulico -ca *adj* hydraulic

hídrico -ca *adj* water (*before n*)
hidroavión *m* seaplane
hidrocarburo *m* hydrocarbon
hidroeléctrico -ca *adj* hydroelectric
hidrófilo -la *adj* 1 (Quím) hydrophilic 2 ‹*gasa*› absorbent
hidrofobia *f* hydrophobia (tech), rabies
hidrofóbico -ca *adj*, **hidrófobo -ba** *adj* hydrophobic
hidrófugo -ga *adj* damp-proof, water-resistant
hidrógeno *m* hydrogen
hidrólisis *f* hydrolysis
hidrosoluble *adj* water-soluble
hidróxido *m* hydroxide
hiedra *f* ivy
hiel *f* 1 (Fisiol) bile 2 (liter) (amargura) bile (liter), bitterness 3 **hieles** *fpl* (penas, disgustos) trials and tribulations (*pl*)
hiela, hielas, etc *see* **helar**
hielo *m* ice; **una mirada de ~** a frosty *o* an icy look; ***romper el ~*** to break the ice
(Compuesto) **hielo picado/seco** crushed/dry ice
hiena *f* hyena
hierático -ca *adj* 1 (Hist) hieratic(al) 2 ‹*rostro/expresión*› severe and inscrutable
hierba *f*
A (césped) grass; **~ *mala nunca muere*** the Devil looks after his own
(Compuesto) **hierba artificial** Astroturf®, artificial turf
B 1 (Bot, Coc, Med) herb; **malas ~s** weeds; **infusión de hierbas** herbal tea 2 (arg) (marihuana) grass (colloq)
hierbabuena *f* mint
hierbajo *m* weed
hierbero -ra *m,f* (Méx) herbalist
hierro *m* 1 (Metal) iron; **atrapados entre los ~s del tren** trapped in the wreckage of the train; ***de ~*** iron (*before n*); ***quitar ~ a algo*** to play sth down 2 (Agr) (herramienta) branding iron; (marca) brand 3 (de lanza, flecha) head, tip; ***el que a ~ mata, a ~ muere*** he who lives by the sword, dies by the sword 4 (en golf) iron; **un ~ cuatro** a four iron
(Compuestos)
• **hierro forjado** wrought iron
• **hierro fundido** *or* **colado** cast iron
hígado *m* liver; ***echar los ~s*** (fam) to bust a gut (sl); ***ser un ~*** (Méx fam) to be a pain in the neck (colloq); ***tener mucho ~*** (Col, Ven fam) to have a lot of guts
higiene *f* hygiene
higiénico -ca *adj* hygienic
higienista *mf* hygienist
higienizar [A4] *vt* (frml) to clean, sanitize (frml)
higo *m* 1 (de la higuera) fig; ***de ~s a brevas*** (fam) once in a blue moon (colloq); ***estar hecho un ~*** (fam) to be all crumpled 2 (Col, Ven) (del nopal) prickly pear
(Compuesto) **higo chumbo** (Esp) prickly pear
higuera *f* fig tree; ***estar en la ~*** (fam) to have one's head in the clouds (colloq)
hijastro -tra (*m*) stepson; (*f*) stepdaughter; **mis ~s** my stepchildren
hijo -ja *m,f*
A (pariente) (*m*) son; (*f*) daughter; **mis ~s** (sólo varones) my sons; (varones y mujeres) my children; **espera un ~** she's expecting a baby; **¡ese ~ de su madre!** (fam & euf) that son-of-a-gun! (colloq & euph); **M. Pérez, ~** M. Pérez Junior; ***cualquier/todo ~ de vecino*** (fam): **tendrá que esperar como cualquier ~ de vecino** she'll have to wait like everybody else; **eso lo sabe todo ~ de vecino** everybody knows that; ***~ de tigre sale pintado*** (AmL fam) he's just like his father/mother
(Compuestos)
• **hijo adoptivo -ja adoptiva** (*m*) adopted son; (*f*) adopted daughter
• **hijo -ja de la guayaba** *or* **de la mañana** *or* **de su pelona** (Méx fam & euf) (*m*) bastard (vulg), swine (colloq); (*f*) bitch (colloq)
• **hijo -ja de papá** *m,f* rich kid (colloq)
• **hijo -ja de puta** *or* (Méx) **de la chingada** (vulg) (*m*) bastard (vulg), son of a bitch (AmE sl); (*f*) bitch (vulg), bastard (vulg)
• **hijo -ja natural** (*m*) illegitimate son; (*f*) illegitimate daughter
• **hijo político -ja política** (*m*) son-in-law; (*f*) daughter-in-law
• **hijo pródigo** *m* prodigal son
• **hijo único -ja única** *m,f* only child
B (de pueblo, comunidad) (*m*) son; (*f*) daughter
C (apelativo): **¡~, por Dios!** (hablándole a un niño) for heaven's sake, child!; (hablándole a un adulto) for heaven's sake, Pedro (*o* Luis *etc*)!
D (Méx fam) (interjección) jeez! (AmE colloq), gosh (colloq)
híjole *interj* (Méx) jeez! (AmE colloq), gosh (colloq)
hijuela *f* (Chi, Ec) plot
hijuelo *m* shoot
hilacha *f* loose thread; ***darle vuelo a la ~*** (Méx fam) to kick over the traces (colloq); ***mostrar*** *or* ***dejar ver la ~*** (CS fam) to show one's true colors
hilacho *m* (Méx fam) 1 (trapo) rag 2 **hilachos** *mpl* (ropa) old clothes (*pl*), rags (*pl*)
hilada *f* course
hilado *m* 1 (hilo) yarn, thread; **fábrica de ~s** spinning mill 2 (proceso) spinning
hilador -dora *adj* spinning (*before n*)
hilandería *f* spinning mill
hilandero -ra *m,f* spinner
hilar [A1] *vi* to spin; ***~ fino*** to split hairs
■ **hilar** *vt* 1 ‹*algodón/lana*› to spin; «*araña*» to spin 2 ‹*ideas/hechos*› to string together
hilarante *adj* (frml) hilarious
hilaridad *f* hilarity
hilatura *f* (proceso) spinning (*before n*); (fábrica) spinning mill
hilera *f* 1 (fila) row, line 2 (Mil) file (frml *or* liter) 3 (de ladrillos) course 4 (de semillas) row, drill
hilo *m*
A 1 (en costura) thread; ***al ~*** ‹*cortar/coser*› on the straight, with the weave; (uno tras otro) (AmL fam) in a row, on the trot (colloq); ***mover los ~s***: **es lo que mueve los ~s de su política** it is what controls their policy; **el que mueve los ~s** the one who's pulling the strings *o* calling the shots; ***pender*** *or* ***colgar de un ~*** to hang by a thread; ***por el ~ se saca el ovillo*** it's just a question of putting two and two together 2 (lino) linen 3 (de araña) thread 4 (fam) (de las judías) string
(Compuesto) **hilo dental** dental floss
B (Elec) wire
(Compuesto) **hilo musical** (Esp) piped music
C (de relato, conversación) thread; **interrumpió el ~ de sus pensamientos** it interrupted his train of thought
D (de sangre, agua) trickle; **un ~ de luz** a thread of light (liter); **con un ~ de voz** in a tiny voice
hilván *m* basting (AmE), tacking (BrE)
hilvanar [A1] *vt*
A (coser) to baste (AmE), to tack (BrE)
B ‹*frases/ideas*› to put together
himen *m* hymen
himeneo *m* (liter) nuptials (*pl*) (liter)
himno *m*
A (religioso) hymn; (de colegio) school song *o* anthem
(Compuesto) **himno nacional** national anthem
B (Lit) ode
hincada *f* (Col, Per) sharp pain
hincapié *m*: **hizo especial ~ en las ventajas económicas** she put special emphasis on the economic advantages; **hizo ~ en que ...** he stressed *o* emphasized (the fact) that ...
hincar [A2] *vt* 1 (clavar) **~ algo EN algo** ‹*estaca*› to drive *o* thrust sth INTO sth; **me hincó los dientes en la mano** it buried its teeth in *o* sunk its teeth into my hand 2 **~ la rodilla** to go down on one knee (frml *or* liter)
■ **hincarse** *v pron*: **~se de rodillas** to kneel
hincha *mf*
A (fam) (Dep) fan (colloq), supporter

B **hincha** *f* (fam) (antipatía): **tenerle ~ a algn** to have a grudge against sb

hinchada *f* (fam) supporters (*pl*), fans (*pl*) (colloq)

hinchado -da *adj* ‹*vientre/pierna*› swollen; ‹*estilo/lenguaje*› overblown

hinchador -dora *adj* (CS fam) annoying, irritating

hinchar [A1] *vt* (Esp) ‹*globo*› to inflate (frml), to blow up; ‹*rueda*› to inflate, pump up; ‹*suceso/noticia*› (fam) to blow ... up (colloq)

■ **hinchar** *vi*

A (CS fam) (fastidiar) «*persona*» to be a pain in the ass (AmE vulg) *o* (BrE vulg) arse; (+ *me/te/le etc*) **me hincha su actitud** his attitude really pisses me off (sl)

B (CS) (Dep) ~ **POR algn** to cheer sb on, root for sb (colloq)

■ **hincharse** *v pron* **1** «*vientre/pierna*» (+ *me/te/le etc*) to swell up; ***~se de plata*** *or* ***dinero*** (fam) to earn *o* make a fortune (colloq) **2** (fam) (enorgullecerse) to swell with pride **3** (Esp fam) (hartarse) **~se A/DE algo**: **me hinché de ostras** I stuffed myself with oysters (colloq); **se hinchó a insultarme** she called me everything under the sun

hinchazón *f* swelling

hinchón -chona *adj* (Ven fam) annoying

hindú *adj/mf* **1** (Relig) Hindu **2** (crit) (de la India) Indian

hinojo *m*

A (Bot, Coc) fennel

B **de hinojos** (liter) on bended knee (liter)

hipar *vi* to hiccup

híper *m* (fam) large supermarket, hypermarket (BrE)

hiperactivo -va *adj* hyperactive

hipérbole *f* hyperbole

hiperbólico -ca *adj* hyperbolic

hipermercado *m* large supermarket, hypermarket (BrE)

hipermetropía *f* farsightedness (AmE), long-sightedness (BrE)

hipersensible *adj* oversensitive, hypersensitive; **~ A algo** oversensitive TO sth

hipertensión *f* high blood pressure, hypertension

hipertenso -sa *adj* hypertensive; **es ~** he has high blood pressure *o* hypertension

hipertrofia *f* (Med) hypertrophy

hípica *f* equestrian sports (*pl*); (carreras) horse racing

hípico -ca *adj* ‹*deportes*› equestrian (*before n*); **un comentarista ~** (de carreras) a horse-racing commentator; (de concursos) a showjumping commentator

hipnosis *f* hypnosis

hipnótico -ca *adj* hypnotic

hipnotismo *m* hypnotism

hipnotizador¹ -dora *adj* ‹*mirada*› hypnotic

hipnotizador² -dora *m,f* hypnotist

hipnotizar [A4] *vt* (Psic) to hypnotize; (fascinar) to mesmerize

hipo *m* hiccups (*pl*), hiccoughs (*pl*); **tener ~** to have hiccups; ***que quita el ~*** (fam) breathtaking

hipocampo *m* sea horse

hipocondría *f* hypochondria

hipocondríaco -ca, **hipocondriaco -ca** *m,f* hypochondriac

hipocorístico *m*: **Lola es un ~ de Dolores** Lola is an affectionate form of the name Dolores

hipocresía *f* hypocrisy

hipócrita¹ *adj* hypocritical

hipócrita² *mf* hypocrite

hipodérmico -ca *adj* hypodermic

hipódromo *m* (Equ, Ocio) racecourse, racetrack (AmE); (Hist) hippodrome

hipopótamo *m* hippopotamus

hipoteca *f* mortgage

hipotecable *adj* mortgageable

hipotecar [A2] *vt* to mortgage

hipotecario -ria *adj* mortgage (*before n*)

hipotensión *f* low blood pressure, hypotension

hipotenusa *f* hypotenuse

hipótesis *f* hypothesis

hipotético -ca *adj* hypothetical

hippy¹, **hippie** /'xipi/ *adj* (*pl* **hippies**) hippy (*before n*), hippie (*before n*)

hippy², **hippie** /'xipi/ *mf* (*pl* **hippies**) hippy, hippie

hiriente *adj* hurtful, wounding (*before n*)

hirsuto -ta *adj* **1** ‹*barba*› bristly; ‹*cabellera*› wiry; ‹*persona*› hairy, hirsute (liter) **2** (carácter) curt, brusque

hirviendo *see* **hervir**

hisopo *m* **1** (Bot) hyssop **2** (Med) swab; (bastoncillo) cotton swab (AmE), cotton bud (BrE)

hispánico -ca *adj* **1** (de los países de habla hispana) Hispanic **2** (relativo a España) Spanish

hispanidad *f*: **la ~** the Hispanic world

hispanismo *m* (giro propio del español de España) word/expression peculiar to Spain; (palabra derivada del español) hispanicism; (estudio) Hispanic studies

hispanista *mf* Hispanist, Hispanicist

hispanizar [A4] *vt* to hispanicize

hispano¹ -na *adj* **1** (español) Spanish, Hispanic (frml); **países de habla hispana** Spanish-speaking countries **2** (hispanoamericano) Spanish American, Latin American; (en EE UU) Hispanic

hispano² -na *m,f* **1** (liter) (español) Spaniard **2** (hispanoamericano) Spanish American, Latin American; (en EE UU) Hispanic

Hispanoamérica *f* Spanish America

hispanoamericano -na *adj/m,f* Spanish American

hispanófilo -la *m,f* Hispanophile

hispanohablante¹, **hispanoparlante** *adj* Spanish-speaking

hispanohablante², **hispanoparlante** *mf* Spanish speaker

histerectomía *f* hysterectomy

histeria *f* hysteria

(Compuesto) **histeria colectiva** mass hysteria

histérico¹ -ca *adj* (Med, Psic) hysterical; (exaltado): **ponerse ~** to have hysterics *o* a fit; **me pones ~** you drive me mad

histérico² -ca *m,f* (Med, Psic) hysteric; (exaltado): **es un ~** he gets quite hysterical about things

histerismo *m* hysteria

historia *f*

A (Hist) history; **la ~ se repite** history repeats itself; ***hacer ~*** to make history; ***pasar a la ~*** (por ser importante) to go down in history; (perder actualidad) (fam): **aquello ya pasó a la ~** that's ancient history now (colloq)

(Compuestos)

- **historia antigua** ancient history
- **historia clínica** (AmS) medical history
- **historia natural** natural history

B (relato) story; **la ~ de su familia/vida** his family history/the story of his life; **una ~ de amor** a love story

C (fam) **1** (cuento, excusa): **me vino con la ~ de que ...** he came up with this story *o* tale about ...; **déjate de ~s** stop making excuses **2** (asunto): **se quejó de no sé qué ~s** he complained about something or other (colloq); **una ~ de drogas** some business to do with drugs (colloq) **3** (lío amoroso) scene (colloq)

historiado -da *adj* fussy, overelaborate

historiador -dora *m,f* historian

historial *m* record

(Compuestos)

- **historial clínico** *or* **médico** medical history
- **historial personal** resumé (AmE), curriculum vitae (BrE)

historiar [A1] *vt* to tell the story of, write the history of

histórico -ca *adj* (real) historical; (importante) historic

historieta *f* comic strip, cartoon story

histriónico -ca *adj* **1** (exagerado) histrionic, theatrical, dramatic **2** ‹*talento*› dramatic

hit /'xit/ *m* (*pl* **hits**) (Mús) hit; (en béisbol) hit

hito *m* (hecho trascendental) landmark, milestone; (mojón) (ant) milestone; ***mirarle a algn de ~ en ~*** (liter) to gaze *o* stare at sb

hizo *see* **hacer**

h

Hnos. (= **hermanos**) Bros.

hobby /'xoβi/ *m* (*pl* **-bbies**) hobby

hocico *m* (de cerdo) snout; (de perro, lobo) snout, muzzle; ***meter el ~ en algo*** (fam) to poke one's nose into sth (colloq); *para otros modismos ver* **nariz, morro**

hocicón -cona *m,f* (CS, Méx fam & pey) bigmouth (colloq & pej), blabbermouth (colloq & pej)

hockey /'(x)oki/ *m* hockey

Compuestos
- **hockey sobre hielo** ice hockey
- **hockey sobre hierba** hockey, field hockey (AmE)

hogaño *adv* (liter) nowadays, in this day and age

hogar *m* 1 (residencia) home; **formar** *or* **fundar un ~** to set up home; **artículos para el ~** household goods; **las labores del ~** housework; **quedarse sin ~** to be left homeless; **~es deshechos** broken homes; **~, dulce ~** (fr hecha) home sweet home 2 (liter) (chimenea) hearth

Compuesto **hogar de ancianos** residential home for the elderly, old people's home (colloq)

hogareño -ña *adj* ‹*persona*› home-loving; ‹*vida/escena*› domestic (*before n*)

hoguera *f* bonfire; **murió en la ~** he was burned at the stake

hoja *f*

A (Bot) leaf; **~ de laurel** bay leaf; ***temblar como una ~*** to shake like a leaf

Compuestos
- **hoja de cálculo** spreadsheet
- **hoja de parra** (Bot) vine leaf; (Art, Bib) figleaf

B 1 (folio) sheet 2 (de libro) page, leaf; **pasar las ~s** to turn the pages 3 (formulario) form, sheet 4 (octavilla) leaflet, flier (AmE)

Compuestos
- **hoja de pedido** order form
- **hoja de vida** (Col, Ven) resumé (AmE), curriculum vitae (BrE)

C 1 (de puerta, mesa) leaf 2 (de madera, metal) sheet 3 (de cuchillo) blade

Compuesto **hoja de afeitar** razor blade

hojalata *f* tinplate

hojalatería *f* (Méx) body work (AmE), panel-beating (BrE)

hojalatero -ra *m,f* (que trabaja con hojalata) tinsmith; (Auto) (Méx) body shop worker (AmE), panel beater (BrE)

hojaldrado -da *adj* flaky

hojaldre *m* puff pastry, puff paste (AmE)

hojarasca *f* (hojas) fallen leaves (*pl*), dead leaves (*pl*); (palabrería) padding, waffle (BrE)

hojear [A1] *vt* to leaf *o* glance through

hojilla *f* (Ven) razor blade

hojuela *f* (Col, Méx, Per, Ven) flake

hola, ▸**Telefonear** *interj* (saludo) hello, hi! (colloq)

holá *interj* (RPl) (por teléfono) hello?

holán *m* (Méx) flounce, frill

Holanda *f* Holland

holandés¹ -desa *adj* Dutch

holandés² -desa

A (*m*) Dutchman; (*f*) Dutchwoman; **los holandeses** the Dutch, Dutch people

B **holandés** *m* (idioma) Dutch

holgado -da *adj* 1 ‹*prenda*› loose-fitting, baggy 2 ‹*posición*› comfortable; **viven ~s** they're comfortably off 3 ‹*victoria*› comfortable, easy; ‹*mayoría*› comfortable 4 (de espacio): **así iremos más ~s** we'll be more comfortable like that

holganza *f* idleness; **una vida de ~** a life of leisure

holgar [A8] *vi* (*en 3ª pers*) (frml) (estar de más): **huelga decir que ...** it goes without saying that ..., needless to say ...; **huelgan los comentarios** what can one say?

holgazán¹ -zana *adj* lazy

holgazán² -zana *m,f* idler, lazybones (colloq)

holgazanear [A1] *vi* to idle, laze *o* loaf around

holgazanería *f* idleness, laziness

holgura *f* 1 (bienestar económico): **vivir con ~** to live comfortably 2 (comodidad): **ganaron con ~** they won easily *o* comfortably 3 (de prenda) fullness, looseness

hollar [A10] *vt* (liter) to tread (liter), to set foot on

hollejo *m* skin

hollín *m* soot

holocausto *m* (Hist, Relig) (sacrificio) burnt offering, sacrifice; (destrucción) holocaust; **el Holocausto** (Hist) the Holocaust

Compuesto **holocausto nuclear** nuclear holocaust

holograma *m* hologram

hombrada *f* act worthy of a man

hombre¹ *m* 1 (varón) man; **~s, mujeres y niños** men, women and children; **está hecho un ~** he's a real man, now; **hablar de ~ a ~** to talk man-to-man; **no es lo bastante ~ como para hacerlo** he's not man enough to do it; **el ejército te hará un ~** the Army will make a man (out) of you; **¡~ al agua!** man overboard!; **este ~ no sabe lo que dice** this guy doesn't know what he's talking about; ***ser un ~ de pelo en pecho*** to be a real man, be a he-man (hum); ***~ precavido vale por dos*** forewarned is forearmed 2 (especie humana): **el ~** man; **el ~ prehistórico** prehistoric man; ***el ~ propone y Dios dispone*** Man proposes and God disposes

Compuestos
- **hombre de bien** fine, upstanding man
- **hombre de confianza** right-hand man
- **hombre de estado** statesman
- **hombre del tiempo** weatherman
- **hombre de mundo** man of the world
- **hombre de negocios** businessman
- **hombre de paja** (en política) puppet; (en negocio sucio) front man, straw man (AmE)
- **hombre lobo** werewolf
- **hombre medio/de la calle** man in the street
- **hombre orquesta** (Mús) one-man band
- **hombre rana** frogman, diver

hombre² *interj*: **¡~! ¡qué sorpresa!** well! *o* hey! what a nice surprise!; **¿te gustaría venir? — ¡~!** would you like to come? — you bet! what do you think?; **~, no es lo mismo** come off it, it's not the same thing at all (colloq); **~, supongo que sí** well *o* I don't know, I suppose so

hombrecillo *m*

A (hombre pequeño) little man

B (Bot) hop

hombre-mono *m* (*pl* **hombres-mono**) apeman

hombrera *f* (almohadilla) shoulder pad; (Mil) (de uniformes) epaulet

hombretón *m* (fam) well-built guy (colloq)

hombría *f* manliness

hombrillo *m* (Ven) shoulder (AmE), hard shoulder (BrE)

hombro *m* shoulder; **tiene los ~s caídos** (hacia adelante) she has round shoulders; (hacia el costado) she has sloping shoulders; **encogerse de ~s** to shrug (one's shoulders); **lo llevaron a ~s** they carried him on their shoulders *o* shoulder high; ***arrimar el ~*** to pull one's weight, put one's shoulder to the wheel; ***echarse algo al ~*** (asumir) to shoulder sth, take sth on; ***~ con ~*** shoulder to shoulder; ***mirar a algn por encima del ~*** to look down on sb

hombrón *m* (fam) well-built guy (colloq)

hombruno -na *adj* (pey) ‹*mujer*› mannish, butch (colloq & pej); ‹*gestos/modales*› masculine, mannish

homenaje *m* 1 (tributo) tribute; **rendir(le) ~ a algn** to pay tribute *o* homage to sb; **en ~ a** in honor of 2 (acto): **le ofrecieron un ~** they held a party (*o* reception *etc*) in his honor; **el ~ que la Academia le tributó** the ceremony (*o* event *etc*) that the Academy organized as a tribute to her 3 (*como adj inv*): **una cena ~ a algn** a dinner in honor of sb; **un partido ~** a testimonial game

homenajeado -da *m,f* (frml *o* hum) guest of honor*

homenajear [A1] *vt* (frml) to honor*, pay homage *o* tribute to; **fue homenajeado con una cena** a dinner was held in his honor

homeópata *mf* homeopath

homeopatía *f* homeopathy

homeopático -ca *adj* (Med) homeopathic

homicida¹ *adj* (frml) ‹*instinto*› homicidal; **el arma ~** the murder weapon

homicida² *mf* (frml) murderer, homicide (frml)

homicidio *m* (frml) homicide

homilía *f* homily

homogeneizar [A21] *vt* to homogenize

homogéneo -nea *adj* ‹*grupo*› homogeneous; ‹*masa/mezcla*› smooth

homógrafo *m* homograph

homologable *adj* ~ **A algo** comparable WITH sth, equivalent TO sth

homologado -da *adj* approved, endorsed

homologar [A3] *vt*
A 1 ‹*producto*› (recomendar) to approve, endorse; (autorizar) to authorize, approve 2 (Dep) ‹*récord*› to ratify, recognize 3 ‹*convenio*› to recognize
B (equiparar) ~ **algo CON algo** to recognize sth as equivalent TO sth

homólogo¹ -ga *adj* equivalent

homólogo² -ga *m,f* (period) counterpart

homónimo¹ -ma *adj* ‹*palabras*› homonymous; **dos pueblos ~s** two towns with the same name

homónimo² *m* (Ling) homonym; (persona) namesake

homosexual *adj/mf* homosexual

homosexualidad *f* homosexuality

honda *f* (de cuero) sling; (con elástico) slingshot (AmE), catapult (BrE)

hondo¹ -da *adj* 1 ‹*piscina/río*› deep; **en lo ~ de su alma** in the depths of his soul; **en lo más ~ de mi corazón** deep in my heart of hearts, deep down; **en lo ~ del valle** at the bottom of the valley; ***calar ~*** to take off (colloq) 2 (*gen delante del n*) (frml) ‹*pena/pesar*› profound (frml), deep

hondo² *adv*: **respirar ~** to breathe deeply

hondo³ *m*: **el ~** the depths (*pl*), the bottom

hondonada *f* hollow

hondura *f* (liter) depth; ***meterse en ~s*** to go into a lot of detail

Honduras *f* Honduras

hondureño -ña *adj/m,f* Honduran

honestamente *adv* 1 (sinceramente) honestly; **~, no sé qué puedes hacer** (*indep*) to be honest, I don't know what you can do, I don't honestly know what you can do 2 ‹*actuar/comportarse*› honestly, honorably

honestidad *f* integrity, honesty; **te lo diré con toda ~** I'm going to be completely honest *o* frank with you

honesto -ta *adj* 1 (íntegro) honest, honorable* 2 (ant *o* hum) ‹*mujer*› virtuous, honest (arch)

hongo *m* 1 (Bot) fungus 2 (AmL) (Coc) mushroom; ***aparecer*** *or* ***brotar como ~s*** to spring up all over 3 (Med) fungus; (en los pies): **tengo ~s** I have athlete's foot 4 *tb* **sombrero de ~** derby (AmE), bowler hat (BrE)

(Compuesto) **hongo atómico** *or* **nuclear** mushroom cloud

honor *m*
A 1 (dignidad moral) honor*; **un hombre/una cuestión de ~** a man/a question of honor; ***en ~ a la verdad*** to be truthful; ***hacer ~ a su fama*** *or* ***nombre*** to live up to one's reputation 2 (ant) (virginidad) honor*, virtue
B 1 (privilegio) honor*; **tengo el ~ de ...** it is my honor *o* I have the honor to ...; **una cena en ~ de ...** a dinner in honor of ...; **me hizo el ~ de recibirme** he did me the honor of receiving me 2 **honores** *mpl* (homenaje) honors* (*pl*); **le rindieron los ~es correspondientes a su rango** he was accorded the honors befitting his rank (frml); ***hacerle los ~es a algo*** to do justice to sth

honorable *adj* honorable*

honorario -ria *adj* honorary

honorarios *mpl* fees (*pl*)

honorífico -ca *adj* honorary

honoris causa *loc adj* honoris causa; **doctor ~ ~** doctor honoris causa

honra *f* 1 (dignidad moral) honor*; ***tener algo a mucha ~*** to be very proud of sth; ***¡y a mucha ~!***: **soy ecologista ¡y a mucha ~!** I'm an environmentalist and (I'm) proud of it! 2 (ant) (virginidad) honor*, virtue

(Compuesto) **honras fúnebres** *fpl* funeral rites (*pl*)

honradamente *adv* honestly, honorably*

honradez *f* (honestidad) honesty; (decencia) decency

honrado -da *adj* 1 (honesto) honest, honorable* 2 ‹*mujer*› respectable

honrar [A1] *vt*
A «*comportamiento/actitud*» to do ... credit *o* honor*; **nos honra hoy con su presencia** she is honoring us with her presence here today
B (respetar) to honor*

honroso -sa *adj* honorable*

hontanar *m* spring

hora *f*
A (período de tiempo) hour; **(una) ~ y media** an hour and a half; **media ~** half an hour, a half hour (AmE); **las ~s de mayor afluencia** the busiest time; **semana laboral de 40 ~s** 40-hour working week; **100 kilómetros por ~** 100 kilometers per/an hour; **cobrar por ~s** to be paid by the hour; **80 pesos la ~** *or* **por ~** 80 pesos an hour; Ⓢ **horas de atención al público de ocho a una** open to the public from eight to one; **se pasa ~s enteras leyendo** she reads for hours on end; **trabajar fuera de ~s** to work outside normal working hours; ***pasarse las ~s muertas*** to while away one's time

(Compuestos)
- **hora libre** free period
- **hora pico** (AmL) *or* (Esp) **punta** rush hour
- **hora puente** *or* **sandwich** (RPl) free period
- **horas de oficina/de trabajo/de visita** *fpl* office/working/visiting hours (*pl*)
- **horas de vuelo** *fpl* flying time
- **horas extra(s)** *or* **extraordinarias** *fpl* overtime
- **horas libres** *fpl* free *o* spare time

B 1 (momento puntual) time; **¿tiene ~, por favor?** have you got the time, please?; **¿me da la ~?** can you tell me the time?; **¿qué ~ es?** what's the time?, what time is it?; **pon el reloj en ~** put the clock right; **todavía no es la ~** it's not time yet; **nunca llegan a la ~** they never arrive on time; **el avión llegó antes de (su) ~** the plane arrived ahead of schedule *o* arrived early; **la decisión se conocerá a las 20 ~s** (period) they will give their verdict at 8pm; **el ataque se inició a las 20 ~s** (frml) the attack commenced at 20.00 hours (*léase: twenty hundred hours*) (frml); **desde las cero ~s** (period) from midnight; ***no dar ni la ~*** (fam): **¡ésa no da ni la ~!** I'll/you'll/he'll get nothing out of her, she's as mean as they come (colloq); **desde que es jefa, no nos da ni la ~** now that she's been made boss, she won't even give us the time of day 2 (momento sin especificar) time; **es ~ de irse a la cama** it's bedtime *o* time for bed; **a la ~ de almorzar** at lunchtime; **ya es ~ de irnos** it's time for us to go, it's time we were going; **hay trenes a toda ~** there is a frequent train service; **¡ya era ~ de que llamases!** it's about time you called; **a altas ~s de la madrugada** in the early *o* small hours of the morning; **a primera ~ de la mañana** first thing in the morning; **a última ~** at the last moment; **una noticia de última ~** a late *o* last-minute news item; ***a buena ~*** *or* ***a buenas ~s***: **¿y me lo dices ahora? ¡a buenas ~s!** *now* you tell me!, it's a bit late to tell me now!; **a buenas ~s llegas** this is a fine time to arrive!; ***a la ~ de***: **a la ~ traducirlo** when it comes to translating it; **a la ~ de la verdad** when it comes down to it; ***en buena ~***: **en buena ~ compramos esta casa** we bought this house at just the right time; ***en mala ~***: **en mala ~ se nos ocurrió invitarla** it was a really bad move inviting her; ***entre ~s*** between meals; ***hacer ~*** (Chi) to kill time; ***llegarle a algn su (última) ~***: **le llegó su (última) ~** his time had come; ***no ver la ~ de***: **no veo la ~ de que lleguen** I'm really looking forward to them coming, I can't wait for them to come

(Compuestos)
- **hora cero** *o* **H** zero hour
- **hora de cierre** (de periódico) news deadline; (de emisión) closedown
- **hora inglesa** (fam): **a las siete ~ ~** at seven o'clock on the dot (colloq)
- **hora local/oficial** local/standard time

C (cita) appointment; **me han dado ~ para mañana** they've given me an appointment for tomorrow; **pedir ~** to make an appointment

horadar [A1] *vt* ‹*roca*› to bore through; ‹*pared*› to drill a hole in

hora-hombre *f* (*pl* **horas-hombre**) man-hour

horario¹ -ria *adj* hourly

horario² *m*

A (de trenes, aviones) schedule (AmE), timetable (BrE); (de clases) timetable; **tiene un ~ muy flexible** his hours are very flexible; **Ⓢ horario de atención al público** (en banco, comercio) business hours; (en oficina pública) hours of opening

(Compuestos)

- **horario continuo** *or* (AmL) **corrido** *or* (Esp) **intensivo** *continuous working day (usually from eight to three) with no break for lunch*
- **horario de visitas** visiting hours (*pl*)
- **horario estelar** (Ven) prime time
- **horario partido** *working day with a long break for lunch*

B (de reloj) hour hand

horca *f*

A (patíbulo) gallows (*pl*); (juego): **la ~** hangman

B (Agr) pitchfork, hayfork

horcajadas *fpl*: **se sentó a ~ en la pared** he sat astride the wall

horchata *f* (de chufas) horchata (*cold drink made from tiger nuts*); (en Méx) *drink made from ground melon seeds*

horcón *m* (para sostener vigas) (AmL) wooden post; (para cerca) (Ven) fence post; (para sostener ramas) (Col) forked prop

horda *f* (Hist) horde; (multitud) (fam) horde (colloq)

horizontal *adj/f* horizontal

horizonte *m* **1** (línea) horizon **2** **horizontes** *mpl* (perspectivas) horizons (*pl*); **abrirse nuevos ~s** to broaden one's horizons

horma *f* (para hacer zapatos) last; (para conservar su forma) shoetree; **zapatos de ~ ancha/estrecha** broad-fitting/narrow-fitting shoes; ***encontrar la ~ de su zapato*** to meet one's match

hormiga *f* ant; ***trabajar como ~*** to be very hard-working

(Compuesto) **hormiga obrera** worker ant

hormigón *m* concrete

hormigonera *f* cement mixer

hormiguear [A1] *vi* **~ DE algo** to be crawling *o* swarming WITH sth

hormigueo *m* pins and needles (*pl*), tingling; **siento un ~ en la pierna** I've got pins and needles in my leg

hormiguero *m* **1** (Zool) (nido) ant's nest; (montículo) anthill **2** (de personas): **era un ~ de gente** it was swarming with people

hormona *f* hormone

hormonal *adj* hormonal, hormone (*before n*)

hornacina *f* niche

hornada *f* (de pan, pasteles) batch; **la última ~ de diseñadores** the latest generation *o* (colloq) crop of designers

hornalla *f* (RPl) ▸**hornillo A**

horneado *m* cooking/baking time

hornear [A1] *vt* to bake

hornero *m* ovenbird

hornilla *f*

A (AmL exc CS) ▸**hornillo A**

B (Chi) ▸**hornillo B**

hornillo *m*

A (Esp) **1** (de gas) burner **2** (de una cocina eléctrica — espiral) ring; (— placa) hotplate

B (cocinilla portátil) portable electric stove

horno *m* **1** (de cocina) oven; **pollo al ~** roast chicken; **pescado al ~** baked fish; **resistente al ~** ovenproof; **esta oficina es un ~** this office is like an oven; ***no está el ~ para bollos*** (fam) it's not the right moment **2** (Metal, Tec) furnace; **~ de fundición** smelting furnace **3** (para cerámica) kiln

(Compuestos)

- **horno crematorio** crematorium
- **horno (de) microondas** microwave (oven)

horóscopo *m* horoscope

horqueta *f* **1** (AmL) (de río, camino, árbol) fork **2** (Chi) (de jardinero) fork; (de campesino) pitchfork

horquilla *f* **1** (para pelo) hairpin **2** (Agr) pitchfork **3** (en bicicleta) fork

horrendo -da *adj* ▸**horroroso**

horrible *adj* **1** ‹*accidente/muerte*› horrible, horrific **2** (feo) ‹*persona*› hideous, ugly; ‹*camisa/adorno*› horrible, hideous **3** ‹*tiempo*› terrible, awful **4** (inaguantable) unbearable

horripilante *adj* terrifying, horrifying

horripilar [A1] *vt* to horrify, terrify

horror *m*

A **1** (miedo, angustia) horror; **me causa ~ verlo** it horrifies me to see it; **les tengo ~ a los hospitales** I'm terrified of hospitals **2** (fam) (uso hiperbólico): **¡qué ~!** how awful *o* terrible!; **un ~ de gente** a tremendous number of people (colloq)

B **horrores** *mpl* (cosas terribles) horrors (*pl*); **dice ~es de ella** (fam) he says awful *o* terrible things about her (colloq)

horrores *adv* (fam): **te he extrañado ~** I've missed you terribly; **sabe ~ del tema** she knows an awful lot about the subject (colloq)

horrorizar [A4] *vt* to horrify, appall

■ **horrorizarse** *v pron* to be horrified, be appalled; **~se DE algo** to be horrified BY *o* AT sth

horroroso -sa *adj* ‹*crimen*› horrific, horrifying; ‹*película/novela*› terrible, awful; ‹*persona/vestido*› awful, ghastly, horrific (colloq); **tengo un hambre horrorosa** I'm absolutely starving (colloq)

hortaliza *f* vegetable; **~s** vegetables (*pl*), garden produce

hortelano -na *m,f* truck farmer (AmE), market gardener (BrE)

hortensia *f* hydrangea

hortera¹ *adj* (Esp fam) ‹*vestido*› tacky (colloq); ‹*cantante*› uncool (colloq)

hortera² *mf* (Esp fam): **es una ~** she's so uncool (colloq)

horterada *f* (Esp fam) tacky program* (*o* dress *etc*) (colloq)

horticultor -ra *m,f* horticulturalist, gardener

horticultura *f* horticulture, gardening

hosco -ca *adj* ‹*persona/semblante*› surly, sullen

hospedaje *m* accommodations (AmE), accommodation (BrE); **dar/encontrar ~** to provide/find accommodation(s); **da ~ a un médico** he has a doctor lodging with him

hospedar [A1] *vt* to provide … with accommodations (AmE), to provide … with accommodation (BrE)

■ **hospedarse** *v pron* to stay, put up (AmE colloq)

hospedero -ra *m,f* **1** (de hostal) hostel manager **2** **hospedero** *m* (de monasterio) guest master

hospicio *m* (para niños huérfanos) orphanage; (para peregrinos, mendigos) (Hist) hospice

hospital *m* hospital

(Compuesto) **hospital clínico** teaching hospital

hospitalario -ria *adj*

A ‹*pueblo/persona*› hospitable, welcoming

B (Med) hospital (*before n*)

hospitalidad *f* hospitality

hospitalizar [A4] *vt* to hospitalize

■ **hospitalizarse** *v pron* (AmL) to go into the hospital (AmE), to go into hospital (BrE)

hosquedad *f* sullenness, surliness

hostal *m* cheap hotel

(Compuesto) **hostal residencia** guesthouse, boarding house

hostelería *f* (Esp) ▸**hotelería**

hostelero -ra *m,f* owner (of a guest house)

hostería *f* small hotel

hostia *f*

A (Relig) host

B (Esp vulg *o* fam) (golpe) slap, smack in the face (*o* mouth *etc*); ***darse*** *or* ***pegarse una ~*** (Esp vulg *o* fam): **se pegó una ~ con el coche** he smashed his car up badly (colloq)

C (uso expletivo) (Esp vulg *o* fam) **¡~!** *or* **¡~s!** *or* **¡la ~!** jeez! (AmE colloq), bloody hell! (BrE sl); ***de la ~*** (Esp vulg *o* fam): **se compró un coche de la ~** she bought herself an amazing car (colloq); **hace un frío de la ~** it's goddamn (AmE) *o* (BrE) bloody freezing! (sl); ***¡qué ~s …!*** (Esp vulg *o* fam) what the hell …! (sl); ***ser la ~*** (Esp vulg *o* fam): **¡este mechero es la ~!** (expresando fastidio) this lighter is the pits! (colloq); (expresando admiración) this lighter's great! (colloq); **¡este tío**

es la ~! this guy is too much! (colloq)

hostiar [A1] *vt* (Esp vulg *o* fam) to belt, thump

hostigamiento *m* harassment

hostigar [A3] *vt*

A 1 (acosar) to bother, pester 2 (Mil) to harass 3 ‹*caballo*› to whip

B (Andes fam) «*comida/bebida*» to pall on

hostigoso -sa *adj* (Andes) ‹*comida/bebida*› sickly, sickly-sweet; ‹*persona*› annoying, irritating

hostil *adj* [SER] ‹*medio/clima*› hostile; ‹*gente/actitud*› hostile, unfriendly; **se mostró ~ a mis propuestas** he was opposed to my proposals

hostilidad *f* 1 (del clima) hostility; (de actitud) hostility, unfriendliness 2 **hostilidades** *fpl* hostilities (*pl*); **cese de ~es** cease-fire

hostilizar [A4] *vt* to harass

hotel *m* hotel

(Compuesto) **hotel residencia** guesthouse, boarding house

hotelería *f* (AmL) (negocio, industria) hotel and catering trade *o* business; (profesión) hotel management

hotelero[1] -ra *adj* hotel (*before n*)

hotelero[2] -ra *m,f* hotel manager, hotelier

hoy *adv*

A (este día) today; **~ es mi cumpleaños** it's my birthday today; **~ hace un año** a year ago today; **¿a qué** *or* **cuánto estamos ~?** what's the date today?, what's today's date?; **pan de ~** today's bread, fresh bread; **de** *or* **desde ~ en adelante** from today onward(s), as from today, starting today; **basta por ~** let's call it a day (colloq), that's enough for today

B 1 (actualmente) today, nowadays 2 (*en locs*) **hoy (en) día** nowadays, these days; **hoy por hoy** at this precise moment, at this moment in time; ***~ por ti, mañana por mí*** you can do the same for me one day

hoya *f* (AmL) river basin

hoyito *m* (AmL) dimple

hoyo *m* (agujero) hole; (depresión) hollow; (fosa) pit; (en golf) hole; (sepultura) (fam) grave

(Compuesto) **hoyo negro** (AmC, Méx) black hole

hoyuelo *m* dimple

hoz *f* sickle

huaca *f*: *pre-Colombian tomb*

huacal *m* (Col, Méx, Ven) (caja) wooden crate; ***salirse del ~*** (Méx fam) (desobedecer) to step out of line; (desviarse de un tema) to wander *o* go off the point

huachaca *adj/m,f* (Chi) ▸ **guachaca[1,2]**

huachafita *f* 1 (Per fam) (mujer) jumped-up little snob (colloq) 2 (Col, Ven) ▸ **guachafita**

huachafo -fa, **huachafoso -sa** *adj* (Per fam) 1 ‹*persona*› pretentious, affected 2 ‹*vestido/adorno*› tacky (colloq)

huachinango *m* (Méx) red snapper

huacho -cha *adj/m,f* ▸ **guacho[1,2]**

huapango *m* 1 (Mús) *lively Mexican folk dance* 2 (fiesta veracruzana) carnival

huarache *m* (Méx) 1 (Indum) sandal 2 (Auto) patch

huasca *f* 1 (AmL) (arandela) washer 2 (Chi, Per) ▸ **guasca**

huaso -sa *m,f* (Chi) 1 (campesino) peasant 2 (fam) (persona — rústica) hick (AmE colloq), country bumpkin (colloq); (—sin modales) uncouth yob (colloq)

huasteco -ca *m,f* (Chi) hick (AmE colloq), yokel (BrE colloq)

hube, hubo, etc *see* **haber**

hucha *f* (Esp) moneybox, piggybank

hueco[1] -ca *adj*

A 1 [ESTAR] ‹*árbol/bola*› hollow; ‹*nuez*› empty, hollow; **tienes la cabeza hueca** (fam & hum) you've got a head full of sawdust (colloq & hum) 2 [SER] (vacío) ‹*palabras*› empty; ‹*estilo*› superficial; ‹*persona*› shallow, superficial 3 (esponjoso) ‹*lana*› soft; ‹*colchón*› soft, spongy 4 ‹*sonido/tos*› hollow; ‹*voz*› resonant

B (orgulloso) proud

hueco[2] *m*

A 1 (cavidad): **detrás de la tabla hay un ~** there's a cavity behind the board; **suena a ~** it sounds hollow; **el ~ del ascensor** the lift shaft; **el ~ de la escalera** the stairwell; **el ~ de la puerta** the doorway 2 (espacio libre) space; **un ~ para aparcar** a parking space; **hacedme un ~ para sentarme** can you make a bit of space *o* room so I can sit down? 3 (en una organización) gap; **llenar un ~ en el mercado** to fill a gap in the market; **un ~ entre dos clases** a free period between two classes; **¿no puedes hacer un huequito para verlo hoy?** can't you squeeze *o* fit him in somewhere today?

B (concavidad) hollow

C (Andes, Ven) (agujero, hoyo) hole; (en la calle) hole, pothole

huela, huele, etc *see* **oler**

hueleguisos *mf* (*pl* ~) (Per fam) freeloader (colloq), sponger (colloq)

huelga[1] *f* strike; **declararse en ~** to come out on *o* go on strike; **hacer ~** to strike, go on strike; **estar en** *or* **de ~** to be on strike

(Compuestos)
- **huelga de celo** (Esp) work-to-rule
- **huelga de hambre** hunger strike
- **huelga general** general strike

huelga[2], **huelgan, etc** *see* **holgar**

huelguista *mf* striker;

(Compuesto) **huelguista de hambre** hunger striker

huelguístico -ta *adj* strike (*before n*)

huella *f* 1 (pisada — de persona) footprint, footstep; (— de rueda) track; **las ~s del animal** the animal's tracks *o* pawprints (*o* hoofmarks *etc*) 2 (vestigio) mark; **la ~ islámica en nuestra literatura** the Islamic influence on our literature; **sin dejar ~** without (a) trace 3 (de escalón) tread

(Compuesto) **huellas dactilares** *or* **digitales** *fpl* fingerprints (*pl*)

huelo *see* **oler**

huemul *m* deer (*native to the Southern Andes*)

huérfano[1] -na *adj* 1 ‹*persona*›: **un niño ~** an orphan; **quedó ~ a los cinco años** he was orphaned at the age of five; **es ~ de padre** he doesn't have a father 2 (carente, falto) **~ DE algo** bereft OF sth (frml)

huérfano[2] -na *m,f* orphan

huero -ra *adj* (liter) vacuous (frml)

huerta *f* 1 (huerto grande) (vegetable) garden; (con frutales) orchard 2 (explotación agrícola) truck farm (AmE), market garden (BrE) 3 **la ~ valenciana** the fertile region of Valencia

huertero -ra *m,f* (Chi) truck farmer (AmE), market gardener (BrE)

huerto *m* (para verduras) vegetable garden; (con frutales) orchard; ***llevarse a algn al ~*** (fam) (seducir) to have one's evil *o* wicked way with sb (hum); (engañar) to lead sb up the garden path (colloq)

hueso *m*

A 1 (Anat) bone; ***calado*** *or* ***empapado hasta los ~s*** soaked to the skin, wet through; ***dar con los*** *or* ***sus ~s en algo***: **fue a dar con sus ~s en la cárcel** he finished up *o* ended up in jail; ***en los ~s*** (fam) nothing but skin and bone(s) (colloq) 2 **(de) color ~** off-white, bone-colored 3 (Méx fam) (puesto público) safe (government) job (colloq); (sinecura) cushy job (colloq)

(Compuesto) **hueso** *or* **huesito de la suerte** wishbone

B (de fruta) pit (AmE), stone (BrE); ***ser un ~ (duro de roer)*** (ser difícil) to be a hard *o* tough nut to crack

huésped *mf*, **huésped -peda** *m,f*

A (en casa, hotel) guest

B **huésped** *m* (Biol) host

huestes *fpl* (liter) host (arch), army

huesudo -da *adj* bony

hueva *f*

A *tb* **~s** (Coc) roe; (Zool) spawn

B (Andes vulg) (testículo): **~s** balls (vulg), bollocks (BrE vulg); ***estar hasta las ~s*** (Andes vulg) to be pissed off (sl); (Méx fam) **¡qué ~!** what a bore *o* drag!

huevada *f*

A (Andes vulg) (estupidez) 1 (cosa, asunto): **¿dónde compraste esa ~?** where did you buy that crap (sl) *o* (vulg) that shit?; **perdí la cita ¡qué ~ más grande!** I missed the meeting,

how goddamn stupid can you get! (sl) 2 (dicho): **¡no digas ~s!** don't talk crap! (sl) 3 (acto): **déjate de ~s y ponte a trabajar** stop screwing around (AmE) *o* (BrE) pissing about and get on with some work (vulg)
B (Andes vulg) (objeto determinado) thingamajig (colloq)

huevear [A1] *vi*
A (Chi, Per vulg) (perder el tiempo) to goof off (AmE colloq), to piss around (BrE sl)
B (Chi vulg) 1 (molestar): **¡hasta cuándo hueveas!** stop bugging *o* hassling me! (colloq) 2 (hacer tonterías) to screw around (AmE sl), to muck around (BrE colloq) 3 (decir tonterías) to talk crap (sl); **se sacó la lotería — ¡no estés hueveando!** he won the lottery — you're kidding! (colloq) *o* (AmE sl) no shit!
■ **huevear** *vt* (Chi vulg) ‹*persona*› (molestar) to bug (colloq), to hassle (colloq); (tomar el pelo a) to kid

hueveo *m* (Chi vulg) 1 (tomadura de pelo) pisstake(vulg); **agarrar a algn para el ~** to make fun of sb, to take the piss out of sb (BrE sl) 2 (acción de molestar): **está aburrido con los ~s del cabro** he's fed up with the kid hassling him (colloq) 3 (molestia) drag, bore

huevera *f*
A (para guardar huevos) egg box; (para servir huevos) eggcup
B (Per) (huevas) roe

huevería *f*: *store selling eggs*

huevo *m*
A (Biol, Coc, Zool) egg; ***a ~***: **tuve que leer el libro a ~** (Méx vulg) I had no damn *o* (BrE) bloody choice but to read the book (sl); **comprar/vender a ~** (Andes fam) to buy/sell for peanuts (colloq); **mirar a ~** (Chi fam) to look down on; ***un huevo***: **me costó un ~** (Esp vulg) it cost me an arm and a leg (colloq)

(Compuestos)
- **huevo a la copa** (Chi) boiled egg
- **huevo de Pascua** Easter egg
- **huevo duro/escalfado** hard-boiled/poached egg
- **huevo estrellado** (frito) fried egg; (revuelto) (Col) scrambled egg
- **huevo pasado por agua** *or* (Col, Méx) **tibio** soft boiled egg
- **huevo poché** (Méx, RPl) poached egg
- **huevos revueltos** *or* (Col) **pericos** *mpl* scrambled eggs (pl)
- **huevo sancochado** (Ven) hard-boiled egg

B (vulg) (testículo) ball (vulg); *para modismos ver* **cojones** A ***¡y un ~!*** (Esp vulg) like hell! (sl)

huevón¹ -vona *adj* 1 (Andes, Ven fam *o* vulg) (tonto, estúpido) (fam) dumb (colloq) 2 (Méx vulg) (holgazán) lazy (colloq)

huevón² -vona *m,f* 1 (Andes, Ven vulg) (imbécil) jerk (sl & pej), dickhead (vulg), dumbass (AmE sl) 2 (Méx vulg) (holgazán) lazy bum (colloq)

huevonada *f* (Col, Ven vulg): **¡déjense de ~s!** stop being so goddamn (AmE) *o* (BrE) bloody stupid (sl); **no me hablen de esas ~s** I don't want to hear that boring crap (sl)

huevonear [A1] *vi* (Col, Ven vulg) ▸ **huevear B2**

huida *f* 1 (fuga) flight; **emprender la ~** to take flight (frml) 2 (Equ) bolting

huidizo -za *adj* ‹*mirada*› evasive, shy; ‹*carácter/persona*› elusive; ‹*animal*› timid; **una chica tímida, de mirada huidiza** a shy girl who never looks you in the eye

huido -da *adj* 1 (prófugo): **se encuentra ~** he is on the run 2 (receloso): **anda** *or* **está ~ últimamente** he's been keeping himself to himself *o* keeping a low profile recently

huila *f* (Chi) rag; ***quedar hecho (una) ~*** (fam) to get torn to shreds

huincha *f* 1 (Andes) (cinta) ribbon; (en carrera) tape; **cruzó la meta cortando la ~ con el pecho** he breasted the (finishing) tape 2 (Andes) (para pelo) hairband 3 (Bol, Chi, Per) (para medir) tape measure

(Compuesto) **huincha aisladora** (Chi) friction tape (AmE), insulating tape (BrE)

huinche *m* (Andes) winch

huipil *m* (en AmC, Méx) huipil (*traditional embroidered dress worn by Indian women*)

> **Huipil**
>
> A traditional shirt worn by Indian and mestizo women in Mexico and Central America. *Huipiles* are generally made of richly embroidered cotton. They are very wide and low-cut, and are either waist-length or thigh-length

huir [I20] *vi* 1 (escapar) to flee (liter *or* journ), escape; **huyó de la cárcel/la policía** he escaped from prison/the police; **esperó la ocasión propicia para ~** he waited for the right moment to make his escape *o* to get away; **en cuanto los vió salió huyendo** he ran away *o* fled when he saw them; **~ del país/de las llamas** to flee the country/from the flames 2 (tratar de evitar) **~ DE algo** to avoid sth; **~le A algn** to avoid sb
■ **huirse** *v pron* (Méx) **~se CON algn** to run away *o* off WITH sb

huira *f* (Per) rope

huiro *m* (Chi, Per) seaweed

hule *m*
A (para mantel) oilcloth; (para ropa impermeable) oilskin
B (Méx) (goma) rubber; (Bot) rubber tree

hule-espuma *m* (Méx) foam rubber

hulera *f* (AmC) slingshot (AmE), catapult (BrE)

hulla *f* coal

hullero -ra *adj* coal (*before n*)

humanamente *adv* 1 ‹*posible/imposible*› humanly 2 (de manera humana) humanely

humanidad *f*
A 1 (los humanos): **la ~** the human race, humanity, mankind 2 (piedad, benevolencia) humanity
B 1 (fam & hum) (corpulencia) bulk 2 (muchedumbre): **¡qué olor a ~!** (euf) there's a tremendous smell of the great unwashed in here! (hum)
C **humanidades** *fpl* (estudios de letras) humanities (*pl*); (enseñanza secundaria) (Chi) secondary education

humanismo *m* humanism

humanista *mf* humanist

humanístico -ca *adj* humanistic

humanitario -ria *adj* humanitarian

humanizar [A4] *vt* to make … human
■ **humanizarse** *v pron* to become more human

humano¹ -na *adj*
A ‹*naturaleza*› human (*before n*)
B (benevolente) humane

humano² *m* human being; **los ~s** humans

humanoide *adj/mf* humanoid

humareda *f* cloud of smoke

humeante *adj* ‹*leño/lava*› smoking; ‹*sopa/café*› steaming (hot), piping hot

humear [A1] *vi* «*chimenea/hoguera*» to smoke; «*sopa/café*» to steam

humectador *m* humidifier

humectante¹ *adj* moisturizing

humectante² *m* moisturizer

humedad *f* 1 (Meteo) dampness; (con calor) humidity 2 (en paredes, suelo) damp

humedecer [E3] *vt* to moisten, dampen
■ **humedecerse** *v pron* to get damp; **se le humedecieron los ojos** his eyes filled with tears

húmedo -da *adj* 1 (Meteo) damp; (con calor) humid 2 ‹*suelo/casa/ropa*› damp 3 ‹*labios*› moist; **tenía los ojos ~s** his eyes were wet (with tears)

húmero *m* humerus

humildad *f* 1 (sumisión) humility; **con ~** humbly 2 (pobreza) humbleness, lowliness

humilde¹ *adj* ‹*carácter/tono*› meek; ‹*vivienda/ropa*› humble, lowly

humilde² *mf*: **los ~s** the meek, the humble

humildemente *adv* humbly

humillación *f* humiliation

humillante *adj* humiliating

humillar [A1] *vt* to humiliate
■ **humillarse** *v pron*: **no se humilla ante nadie** she doesn't kowtow to anyone; **está dispuesta a ~se para conseguirlo** she's prepared to swallow her pride to get it; **no me voy a ~ a pedirle que vuelva** I'm not going to

demean myself by begging him to come back

humita *f*
A (CS) (Coc) *flavored corn paste wrapped in corn leaves*
B (Chi) (Indum) bow tie

humo *m*
A (de tabaco, incendio) smoke; (gases) fumes (*pl*); **echaba ~** smoke was pouring out of it; ***echar ~ por las orejas*** to be seething (colloq); ***hacerse ~*** (AmL fam) to make oneself scarce (colloq); ***llegar al ~ de las velas*** (Arg) to arrive just as everyone is leaving
B humos *mpl* (aires): **qué ~s que tiene!** she really gives herself airs (colloq); ***bajarle los ~s a algn*** to take sb down a peg or two; ***se te/le han subido los ~s a la cabeza*** you've/he's become very high and mighty *o* very stuck up (colloq)

humor *m*
A 1 (estado de ánimo) mood; **estar de buen/mal ~** to be in a good/bad mood; **no estoy de ~ para salir** I'm not in the mood to go out; **hay que tener ~ para ...** you have to be really enthusiastic *o* (BrE) keen to ...; ***estar de un ~ de perros*** (fam) to be in a filthy *o* foul mood (colloq) 2 (gracia) humor•
(Compuesto) **humor negro** black humor•
B (Biol, Fisiol) humor•

humorada *f* 1 (extravagancia): **hacer una ~** to do something crazy; **en una de sus ~s** in one of his crazy moments 2 (broma) little joke, witticism

humorismo *m* (cualidad) humor•; (actividad) comedy

humorista *mf* (autor) humorist, comic writer; (dibujante) cartoonist; (cómico) comic, comedian

humorístico -ca *adj* humorous

humus *m* humus

hundido -da *adj* 1 ‹*barco*› sunken 2 ‹*ojos*› deep-set; (por enfermedad) sunken 3 (deprimido) deeply depressed

hundimiento *m* 1 (de barco) sinking 2 (de negocio) collapse 3 (de edificio — bajada de nivel) subsidence; (— derrumbe) collapse

hundir [I1] *vt*
A ‹*barco*› to sink; ‹*persona*› to destroy; ‹*negocio/empresa*› to drive ... under, to drive ... to the wall
B (introducir) to bury; **hundió los pies en la arena** she buried her feet in the sand; **le hundió el cuchillo en la espalda** she plunged *o* sank the knife into his back
■ **hundirse** *v pron* 1 «*barco*» to sink 2 (en barro, nieve) to sink 3 «*empresa/negocio*» to fold, to go under 4 «*edificio*» (bajar de nivel) to sink, subside; (derrumbarse) to collapse 5 (desmoralizarse) to go to pieces

húngaro¹ -ra *adj/m,f* Hungarian

húngaro² *m* (idioma) Hungarian

Hungría *f* Hungary

huracán *m* hurricane

huracanado -da *adj* gale-force (*before n*), hurricane-force

huraño -ña *adj* ‹*persona*› unsociable; ‹*animal*› timid

hurgar [A3] *vi* **~ en algo** ‹*en basura*› to rummage *o* rake THROUGH sth; **~ en una antigua herida** to open an old wound; **~ en el pasado** to delve into the past, to dig up the past
■ **hurgarse** *v pron* (*refl*) ▸ **hurguetearse**

hurguetear [A1] *vi* (CS) **~ en algo** ‹*en papeles*› to nose THROUGH sth; ‹*en cartera*› to rummage *o* ferret around IN sth
■ **hurguetear** *vt* ‹*cajón/cartera*› to rummage around in, rummage through
■ **hurguetearse** *v pron* (*refl*) (esp AmL): **~se la nariz** to pick one's nose

hurón¹ -rona *adj* (fam) (huraño) unsociable; (fisgón) nosy (colloq)

hurón² -rona *m,f*
A (fam) (huraño) loner (colloq); (fisgón) busybody (colloq)
B hurón *m* (Zool) ferret

huronear [A1] *vi* (en caza) to ferret; (fisgar) (fam & pey) to pry, snoop around (colloq)

hurra, hurrah *interj* hurrah!, hooray!

hurtadillas *fpl*: **entrar/salir a ~** to sneak in/out

hurtar [A1] *vt* (frml) to purloin (frml), to steal

hurto *m* (frml) (robo) robbery, theft; (cosas robadas) stolen goods (*pl*), stolen property

husillo *m* screw

husmear [A1] *vt* to sniff
■ **husmear** *vi* 1 «*perro*» to sniff around 2 (fam) (fisgonear) to snoop, pry, sniff around (colloq)

huso *m* spindle
(Compuesto) **huso horario** time zone

huy *interj* (fam) (para expresar— dolor) ouch!, ow!; (— asombro) wow!; (— alivio) phew!

huya, huyas, etc *see* **huir**

I, i *f* (*pl* **íes**) (*read as* /i/) *tb* **i latina** *the letter* **i**

(Compuesto) **i griega** *the letter* **y**

ib. (= **ibídem**) ibid.

iba, íbamos, etc *see* **ir**

Iberia *f* Iberia

ibérico -ca *adj* Iberian

íbero -ra, ibero -ra *adj/m,f* Iberian

Iberoamérica *f* Latin America

iberoamericano -na *adj/m,f* Latin American

ibíd. (= **ibídem**) ibid.

ibídem *adv* (frml) ibidem, ibid.

ibuprofeno *m* ibuprofen

icaco *m* (Col, Méx, Ven) coco plum

iceberg /'aɪsβer, 'iθe'βer/ *m* (*pl* **-bergs**) iceberg

ICI /'isi, 'iθi/ *m* = **Instituto de Cooperación Iberoamericana**

icono, ícono *m* icon

iconoclasta¹ *adj* iconoclastic

iconoclasta² *mf* iconoclast

ictericia *f* jaundice

id. (= **ídem**) id.

ida *f* [1] (viaje) outward journey; **a la ~** on the way out *o* there; **constantes ~s y venidas** constant comings and goings; **¿cuánto cuesta la ~?** how much does it cost one way?; **¿saco de ~ y vuelta?** shall I buy a round-trip ticket (AmE) *o* (BrE) return ticket? [2] (partida) departure

idea *f*

A [1] (concepto) idea; **la ~ de libertad** the idea *o* concept of freedom [2] (opinión, ideología) idea; **es de ~s conservadoras** she has conservative ideas *o* views; **es un hombre de ~s fijas** he has very set ideas about things [3] (noción) idea; **no tiene ~ de cómo funciona** he has no idea how it works; **no tengo ~** I don't have a clue; **tenía ~ de que ibas a llamar** I had a feeling you'd call; **hacerse una ~ de la situación** to get an idea of the situation; **es difícil hacerse una ~ de cómo es** it's hard to imagine what it's like; ***darse ~ para algo*** (RPl fam) to be good at sth; ***hacerse (a) la ~ de algo*** to get used to the idea of sth

B [1] (ocurrencia) idea; **se me ocurre una ~** I've got an idea; **se le metió la ~ en la cabeza** she got it into her head; **no sería buena/mala ~** it wouldn't be a good/bad idea; ***~ de bombero*** (Esp fam) crazy idea [2] (intención) intention, idea; **cambió de ~** she changed her mind [3] (sugerencia) idea

(Compuesto) **idea fija** fixed idea

ideal¹ *adj* ideal; **una sociedad ~** a perfect society; **lo ~ sería estar todos juntos** ideally, we would all be together

ideal² *m* [1] (prototipo) ideal [2] (aspiración) dream [3] **ideales** *mpl* (valores, principios) ideals (*pl*)

idealismo *m* idealism

idealista¹ *adj* idealistic

idealista² *mf* idealist

idealizar [A4] *vt* to idealize

idear [A1] *vt* ‹*proyecto/sistema*› to devise; **tenemos que ~ una manera de recaudar fondos** we have to come up with a way of raising money

ideario *m* ideology, ideas (*pl*)

ideático -ca *adj* (AmL fam): **es muy ~** he's full of strange ideas

ídem *adv* ditto, idem (frml)

idéntico -ca *adj* identical; **no has cambiado nada, estás ~** you haven't changed a bit, you're still exactly the same; **es ~ al padre** (físicamente) he looks just like his father, he's the spitting image of his father (colloq); (en el carácter) he's exactly like his father; **~ A algo** identical TO sth

identidad *f* [1] (datos personales) identity; **¿tiene algún documento que acredite su ~?** have you any identification? [2] (individualidad) identity [3] (igualdad) identity (frml); **~ de intereses** identity of interests (frml)

identificable *adj* identifiable

identificación *f* (acción) identification; (documentos) identity papers (*pl*)

identificar [A2] *vt* to identify; **un joven sin ~** an unidentified young man; **fue identificado como el autor del atraco** he was identified as the robber; **lo identifican con ese estilo** he is identified with that style

■ **identificarse** *v pron* [1] (compenetrarse, solidarizarse) **~se CON algo/algn** to identify with sth/sb [2] (demostrar la identidad) to identify oneself

ideología *f* ideology

ideológico -ca *adj* ideological

ideólogo -ga *m,f* ideologist, ideologue (pej)

idílico -ca *adj* idyllic

idilio *m* [1] (Lit) idyll [2] (romance) romance

idioma *m* language

idiomático -ca *adj* idiomatic

idiosincrasia *f* idiosyncrasy

idiota¹ *adj* [1] (fam) (tonto) stupid, idiotic; **me caí de la manera más ~** I had the most stupid fall (colloq); **¡no seas ~!** don't be such an idiot! [2] (Med) idiotic

idiota² *mf* (tonto) (fam) idiot, stupid fool (colloq); (Med) idiot

idiotez *f* [1] (fam) (cosa estúpida): **deja de decir idioteces** stop talking nonsense; **fue una ~ hacer eso** that was a stupid thing to do [2] (Med) idiocy

idiotizar [A4] *vt* (fam): **la televisión idiotiza a los niños** television turns children into zombies

ido, ida *adj* [ESTAR] [1] (distraído): **estás como ~** you seem miles away; **una mirada ida** a faraway look [2] (fam) (loco) crazy

idólatra¹ *adj* idolatrous

idólatra² *mf* idolater

idolatrar [A1] *vt* to idolize, worship

idolatría *f* idolatry

ídolo *m* idol

idoneidad *f* suitability

idóneo -nea *adj*: **la persona idónea para este cargo** the right person for this job; **un lugar ~ para filmarla** an ideal *o* a perfect location for filming it

i.e. (= **id est**) i.e.

iglesia *f* [1] (edificio) church; **no van a la ~** they don't go to church [2] (conjunto de fieles, creencias) church; **casarse por la ~** *or* (Bol, Per, RPl) **por ~** to have a church wedding [3] **la Iglesia** (institución) the Church

iglú *m* igloo

ignición *f* (combustión) combustion; (Auto) ignition

ignominia *f* (frml) [1] (vergüenza, deshonra) shame, ignominy (frml); **cubrió de ~ mi buen nombre** he brought shame on my good name [2] (cosa vergonzosa) disgrace

ignominioso -sa *adj* (frml) ‹*comportamiento*› shameful, disgraceful (frml)

ignorancia *f* [1] (falta de instrucción) ignorance; **por ~** out of *o* through ignorance [2] (desconocimiento) **~ DE algo** ignorance OF sth

ignorante[1] *adj* [1] (sin instrucción) ignorant; **soy ~ en el tema** it's not a subject I know anything about [2] (sin información) **estar ~ DE algo** to be unaware OF sth

ignorante[2] *mf* ignoramus, ignorant fool (colloq)

ignorar [A1] *vt* [1] (desconocer): **lo ignoro** I've no idea; **ignoran las causas del accidente** they have no idea what caused the accident; **ignora los peligros que le acechan** he's unaware of the dangers which await him [2] (no hacer caso de) to ignore

ignoto -ta *adj* (liter) ‹*tierra/país*› undiscovered, unknown; ‹*personaje*› unknown

igual[1] *adj*
A [1] (idéntico): **de ~ peso/~es dimensiones** of equal weight/dimensions; **son ~es** they are the same *o* alike; **estás ~ito** you're just the same (colloq); **~ A** *or* **QUE algo/algn** the same AS sth/sb; **es ~ita a** *or* **que su madre** (físicamente) she looks just like her mother; (en personalidad) she's exactly the same as *o* just like her mother; **x + y = z** (*read as: x más y igual z or es igual a z*) x + y = z (*léase: x plus y equals z*); **sigue ~ de joven** she still looks as young as ever; **de forma son ~es** they're the same shape; ***ser*** *or* ***dar* ~: me es** *or* **da ~** I don't mind; **me es** *or* **da ~ ir hoy que mañana** it makes no difference to me whether I go today or tomorrow [2] (en una jerarquía) equal; **~es ante la ley** equal in the eyes of the law [3] (semejante): **jamás había oído estupidez ~** I'd never heard anything so stupid; **¡habráse visto cosa ~!** have you ever seen anything like it!
B (constante) constant
C (en tenis): **quince ~es** fifteen all; **van ~es** they're even

igual[2] *adv*
A [1] (de la misma manera): **los trato a todos ~** I treat them all the same [2] (*en locs*) **al igual que** (frml): **el ministro, al ~ que su homólogo mexicano, acudirá a la reunión** the minister will attend the meeting, as will his Mexican counterpart (frml); **igual que**: **tiene pecas, ~ que su hermano** she has freckles, (just) like her brother; **se llama ~ que su padre** he's named after his father; **me resultó aburrido — ~ que a mí** I thought it was boring — so did I; **opino ~ que tú** I agree with you; **por igual** equally
B (de todos modos) anyway; **no le di permiso pero salió ~** I didn't give him permission but he went out anyway
C (expresando posibilidad): **~ llueve y no podemos salir** it might rain and then we won't be able to go out; **~ no viene** he may (well) not even come; **~ llamaron y no estábamos** they may have called and we weren't in

igual[3] *mf*
A (par) equal; **de ~ a ~: le habló de ~ a ~** he spoke to him on equal terms; **me trató de ~ a ~** she treated me as an equal; **sin ~** ‹*belleza/talento*› unequaled*, matchless (frml); **es un compositor sin ~** he's unrivaled as a composer
B igual *m* (signo) equals sign

igualación *f*
A (nivelación): **para conseguir la ~ de los ingresos y los pagos** to balance income and outgoings; **su objetivo es la ~ de todos los ciudadanos** its aim is to make all citizens equal
B (Mat) equating

igualada *f* (period): **el gol de la ~** the equalizing goal, the equalizer

igualado -da *adj*
A [1] (Dep): **van/están muy ~s** they're very close, they're neck and neck; **dos equipos muy ~s** two very evenly-matched teams; **quedaron ~s** they drew; **iban ~s a tres** they were level at three-three [2] ‹*superficie*› even, level
B (Méx fam) (irrespetuoso) sassy (AmE colloq), cheeky (BrE colloq)

igualar [A1] *vt*
A [1] (nivelar) ‹*superficie/terreno*› to level, level off; ‹*flequillo/dobladillo*› to even up, make … straight [2] ‹*salarios*› to make … equal *o* the same; **~ algo CON** *or* **A algo** to make sth the same AS sth; **ha sido igualada a Juana de Arco** she has been likened to Joan of Arc
B [1] ‹*éxito/récord*› to equal, match; **Ⓢ nadie puede igualar nuestros precios** unbeatable prices! [2] (Dep): **Pérez igualó el marcador** Pérez scored the equalizer
■ **igualarse** *v pron*: **no existe otro que se le iguale** he has no equal; **~se A** *or* **CON algo** to match *o* equal sth

igualatorio -ria *adj* equalizing

igualdad *f* equality; **~ de oportunidades** equal opportunities; **en ~ de condiciones** on equal terms

igualitario -ria *adj* egalitarian

igualmente *adv* [1] (en fórmulas de cortesía): **que lo pases muy bien — igualmente** have a great time — you too *o* and you; **saludos a tu mujer — gracias, ~** give my regards to your wife — thanks, and to yours (too) [2] ‹*bueno/malo*› equally [3] (frml) (también) likewise

iguana *f* (Zool) iguana

ijada *f*, **ijar** *m* (de animal) flank, side

ilación *f* cohesion; **historias sin ~ aparente** stories with no apparent connection

ilegal *adj* ‹*venta/comercio*› illegal, unlawful; ‹*inmigrante/huelga*› illegal; **de manera ~** illegally

ilegalidad *f* [1] (cualidad) illegality; **quedar en la ~** to remain illegal *o* outside the law [2] (acción) illegality, irregularity

ilegalización *f* banning

ilegalizar [A4] *vt* to ban, make *o* declare … illegal

ilegible *adj* illegible, unreadable

ilegitimidad *f* illegitimacy

ilegítimo -ma *adj* ‹*hijo*› illegitimate; **sus pretensiones son ilegítimas** his claims are not legitimate

ileso -sa *adj* unhurt, unharmed; **salió ~ del accidente** he walked away from the accident unscathed

iletrado -da *adj* (analfabeto) illiterate; (inculto) uneducated

ilícito -ta *adj* illicit

ilimitado -da *adj* unlimited

Ilmo. Ilma. (frml) (Corresp) = **Ilustrísimo, -ma**

ilocalizable *adj*: **esta mañana seguía ~** he still could not be traced *o* found this morning

ilógico -ca *adj* illogical

iluminación *f* [1] (de habitación) lighting; (de monumento) illumination; (Teatr) lighting [2] **iluminaciones** *fpl* (luces) lights (*pl*), illuminations (*pl*)

iluminado -da *m,f* (lúcido, clarividente) visionary

iluminador[1] **-dora** *adj* illuminating, enlightening

iluminador[2] **-dora** *m,f*
A (Espec) lighting technician
B (de manuscritos) illuminator

iluminar [A1] *vt*
A [1] ‹*calles*› to light, illuminate; ‹*monumento*› to illuminate; ‹*escenario*› to light; **iluminado por la luz de la luna** bathed in moonlight; **iluminado por una vela** candlelit [2] (con focos muy potentes) ‹*estadio*› to floodlight [3] ‹*rostro/ojos*› (liter) to light up
B (Relig) to enlighten
C ‹*grabado*› to illuminate
■ **iluminarse** *v pron* «*cara/ojos*» to light up

ilusión *f*
A [1] (esperanza) hope; **con ~** hopefully; **no me hago muchas ilusiones** I'm not very hopeful; **no te hagas ilusiones** don't build your hopes up; **su mayor ~ es …** her dearest *o* fondest wish is …; **vive de ilusiones** he lives in a dream world [2] (esp Esp) (alegría, satisfacción): **me hizo mucha ~** I was thrilled; **le hace ~ el viaje** he's looking forward to the trip; **¡qué ~!** isn't it wonderful!
B (noción falsa) illusion
(Compuesto) **ilusión óptica** optical illusion

ilusionar [A1] *vt*: **me ilusiona mucho** I'm very excited about it; **no la ilusiones** don't raise her hopes
■ **ilusionarse** *v pron* [1] (hacerse ilusiones) to build one's hopes up [2] (entusiasmarse) **~se CON algo** to get excited ABOUT sth

ilusionismo *m* conjuring, magic

ilusionista *mf* conjuror, illusionist, magician

iluso[1] **-sa** *adj* naive

iluso[2] **-sa** *m,f* dreamer; **eres un ~ si crees que va a volver** you're being naive *o* (colloq) kidding yourself if you think she's going to come back

i

ilusorio -ria *adj* 1 (engañoso) ‹*promesa*› false; ‹*esperanza*› false, illusory 2 (imaginario) imaginary

ilustración *f*
A 1 (Art, Impr) (acción) illustration; (dibujo, imagen) illustration, picture 2 (ejemplo) illustration, example; **como ~** as an illustration
B 1 (frml) (educación, instrucción) learning, erudition (frml) 2 **la Ilustración** (Hist) the Enlightenment

ilustrado -da *adj* 1 ‹*revista/libro*› illustrated 2 (frml) ‹*persona*› erudite, learned

ilustrador -dora *m,f* illustrator

ilustrar [A1] *vt*
A 1 ‹*libro/revista*› to illustrate 2 (con ejemplos) ‹*tema/explicación*› to illustrate
B (frml *o* hum) ‹*persona*› to enlighten; **~ a algn SOBRE algo** to enlighten sb ABOUT sth
■ **ilustrarse** *v pron* (hum) to learn sth

ilustrativo -va *adj* illustrative

ilustre *adj* illustrious, distinguished

ilustrísimo -ma *adj*
A (frml) 1 (tratamiento) honorable• (frml); **el ~ señor** the honorable gentleman 2 (Corresp): **el ~ Sr Ministro de Cultura** His Excellency, the Minister of Culture
B **Su Ilustrísima** (frml) 1 (al dirigirse — a un obispo) Your Grace, Your Lordship; (— a un rector) Sir/Madam 2 (al referirse — a un obispo) His Grace; (— a un rector) ≈ the President (*in US*), ≈ the Vice Chancellor (*in UK*)

imagen *f*
A 1 (Fís, Ópt) image; (TV) picture, image 2 (foto) picture 3 (en espejo) reflection; ***a su ~ y semejanza*** in his/her own image; ***ser la viva ~ de algn*** to be the image of sb; **es la viva ~ del entusiasmo** he's enthusiasm personified 4 (en la mente) picture; **conservo una ~ muy borrosa de él** I have a very vague picture in my mind of him
B (de político, cantante, país) image
C (Art, Relig) (estatua) statue, image (arch); (estampa) picture
D (Lit) image

imaginable *adj* imaginable

imaginación *f* 1 (facultad) imagination; **¡ni (se) me pasó por la ~!** it never even crossed my mind! 2 (figuración): **es pura ~ tuya** it's all in your mind; **son imaginaciones tuyas** you're imagining things

imaginar [A1] *vt* 1 (suponer, figurarse) to imagine 2 (formar una imagen mental de) to imagine; **trata de ~lo pintado de blanco** try to imagine *o* picture it painted white 3 (idear) ‹*plan/método*› to think up, come up with
■ **imaginarse** *v pron* 1 (suponer, figurarse) to imagine; **me imagino que no querrá ir** I don't imagine *o* suppose he feels like going; **no te puedes ~ lo mal que nos trató** you've no idea how badly she treated us; **¿sabes cuánto costó? — me imagino que un dineral** do you know how much it cost? — a fortune, I should imagine; **¿quedó contento? — ¡imagínate!** was he pleased? — what do you think!; **me imagino que sí** I suppose so 2 (formar una imagen mental) to imagine; **me lo imaginaba más alto** I imagined he'd be taller

imaginario -ria *adj* imaginary

imaginativo -va *adj* imaginative

imaginería *f* (Relig) making of religious images; (Lit) imagery

imán *m*
A 1 (Fís) magnet 2 (atractivo) charisma
B (Relig) imam

imantar, imanar [A1] *vt* to magnetize

imbatible *adj* unbeatable

imbatido -da *adj* undefeated, unbeaten

imbécil¹ *adj* 1 (fam) (tonto) stupid; **¡qué ~ eres!** you're so stupid!, you're such an idiot! 2 (Med) imbecilic

imbécil² *mf* 1 (fam) (tonto) stupid idiot, moron (colloq & pej) 2 (Med) imbecile

imbecilidad *f* 1 (fam) (cosa estúpida): **decir/hacer ~es** to say/do stupid things 2 (Med) imbecility

imberbe¹ *adj*: **un joven ~** (sin barba) a beardless youth; (sin experiencia) a callow youth, a fresh-faced youth

imberbe² *m* (sin barba) beardless youth; (sin experiencia) callow youth

imbombera *f* (Ven fam) jaundice

imbombo -ba *adj* (Ven fam) 1 (Med) jaundiced 2 (tonto) stupid, thick (colloq)

imborrable *adj* lasting (*before n*), indelible

imbricado -da *adj* ‹*tejas/ladrillos*› overlapping; ‹*temas*› interwoven

imbuir [I20] *vt* **~ a algn DE algo** to imbue sb WITH sth
■ **imbuirse** *v pron* **~ DE algo** to become imbued WITH sth

imitación *f* 1 (acción) imitation 2 (parodia) impression 3 (copia) imitation; **es una burda ~** it's a very poor imitation; **bolso ~ cuero** imitation-leather bag

imitador -dora *m,f* (Teatr) impressionist, impersonator; (plagiario) imitator

imitar [A1] *vt* 1 ‹*persona*› (copiar) to copy, imitate; (para reírse) to do an impression of, mimic; **se sentó y todos lo ~on** he sat down and everyone followed suit 2 ‹*voz/gesto/estilo*› to imitate; (para reírse) to imitate, mimic; **había imitado mi firma** she had forged my signature 3 (tener el aspecto de) to simulate

imitativo -va *adj* imitative

impaciencia *f* impatience

impacientar [A1] *vt* 1 ‹‹*retraso*›› to make … impatient 2 (exasperar) to exasperate
■ **impacientarse** *v pron* (por retraso) to get impatient; (exasperarse) to lose (one's) patience, get exasperated

impaciente *adj* 1 [SER] impatient 2 [ESTAR]: **estaba ~** he was (getting) impatient; **~ POR + INF** impatient to + INF; **están ~s por que llegue** they are impatient for him to arrive

impactante *adj* ‹*noticia*› shocking; ‹*libro/imagen*› powerful; ‹*espectáculo/efecto*› stunning, impressive

impactar [A1] *vt* 1 (golpear) to hit 2 (impresionar) to have a profound impact on
■ **impactar** *vi* 1 (impresionar) to shock; **se viste así para ~** she dresses like that to shock people 2 (chocar) to hit, strike

impacto *m* 1 (choque) impact; **recibió un ~ de bala** she was shot; **hacer ~** to hit 2 (huella, señal) hole, mark; **el cadáver tiene varios ~s de bala** there are several bullet wounds in the body 3 (en el ánimo, público) impact; **no tuvo mucho ~** it didn't make much of an impact

impagable *adj* (Fin) unpayable

impagado¹ -da *adj* unpaid, outstanding

impagado² *m* unpaid *o* outstanding item

impago¹ -ga *adj* (AmL) ‹*persona*› unpaid; ‹*deuda/impuesto*› unpaid, outstanding

impago² *m* non-payment

impajaritable *adj* (Andes fam & hum) inevitable

impalpable *adj* impalpable; **los velos casi ~s que la envolvían** (liter) the almost imperceptible veils enveloping her (liter)

impar¹ *adj* ‹*número*› odd

impar² *m* odd number

imparable *adj* unstoppable

imparcial *adj* impartial, unbiased

imparcialidad *f* impartiality

impartir [I1] *vt* (frml) 1 ‹*información*› to impart (frml), give 2 ‹*asistencia/benedición/órdenes*› to give; **imparte clases de informática** he teaches computing

impasibilidad *f* impassivity

impasible *adj* impassive

impasse /im'pas/ *m* (situación crítica) impasse

impavidez *f* composure, impassivity

impávido -da *adj* (liter) (impasible) impassive, unperturbed; (sin miedo) undaunted; **aguantó ~ mis reproches** he bore my reproaches impassively (liter)

impecable *adj* impeccable; **va siempre ~** she is always impeccably dressed

impedido¹ -da *adj* disabled

impedido² -da *m,f* disabled person

impedimento *m* obstacle, impediment; **si no surge ningún ~** if there are no hitches

(Compuesto) **impedimento físico** physical handicap

impedir [I14] *vt* 1 (imposibilitar) to prevent; **nadie te lo impide** nobody's stopping you; **~le a algn + INF** to prevent sb FROM -ING; **el dolor le impedía caminar** the pain prevented her from walking; **quiso ~ que nos viéramos** she tried to stop us seeing each other [2] ‹*paso*› to block; **un camión impedía la entrada** a truck was blocking the entrance [3] (dificultar) to hamper, hinder

impeler [E1] *vt* (frml) [1] «*viento/resorte*» to propel (frml), to drive [2] (obligar, empujar) to drive, impel (frml); **impelido por la necesidad** driven by necessity; **~ a algn** A + INF to impel *o* drive sb to + INF [3] (incitar) to urge

impenetrabilidad *f* (de la jungla, maleza) impenetrability; (de una persona, expresión) inscrutability

impenetrable *adj* [1] ‹*bosque*› impenetrable; ‹*fortaleza*› impregnable [2] ‹*persona/expresión*› inscrutable; ‹*misterio/secreto*› unfathomable

impenitente *adj* ‹*pecador*› unrepentant, impenitent; ‹*bebedor/jugador*› inveterate

impensable *adj* unthinkable, inconceivable

impensado -da *adj* unexpected, unforeseen

impepinable *adj* (Esp fam & hum) inevitable

imperante *adj* ‹*moda/tendencia/condiciones*› prevailing (*before n*); ‹*dinastía/régimen*› ruling (*before n*); **la normativa ~** the regulations in force

imperar [A1] *vi* «*moda/tendencia/condiciones*» to prevail; «*emperador/dinastía*» to rule

imperativo¹ -va *adj* [1] (Ling) imperative [2] ‹*voz/tono*› commanding, authoritative [3] ‹*necesidad*› pressing (*before n*), urgent

imperativo² *m* [1] (Ling) imperative [2] (exigencia) imperative

imperceptible *adj* imperceptible

imperdible *m* safety pin

imperdonable *adj* ‹*error/comportamiento*› unforgivable, inexcusable

imperecedero -ra *adj* (frml *o* liter) everlasting, undying

imperfección *f* [1] (defecto — en tela) flaw; (— en mecanismo) defect; **pequeñas imperfecciones del rostro** slight blemishes on the face [2] (cualidad) imperfection

imperfecto¹ -ta *adj*
A ‹*trabajo/tela/facciones*› flawed; **todos somos ~s** we all have our faults
B (Ling) imperfect

imperfecto² *m* imperfect (tense)

imperial *adj* ‹*dinastía/corona*› imperial

imperialismo *m* imperialism

imperialista *adj/mf* imperialist

impericia *f* lack of skill

imperio *m* [1] (territorios, período) empire; **un gran ~ hotelero** a huge hotel empire; ***gozar un ~*** (Ven fam) to have a whale of a time (colloq) [2] (preponderancia) rule; **el ~ de la ley** the rule of law

imperiosamente *adv* [1] (urgentemente) urgently [2] (con autoridad) imperiously

imperioso -sa *adj* [1] ‹*necesidad*› urgent, pressing (*before n*) [2] ‹*tono/carácter*› imperious

impermeabilidad *f* [1] (de material) impermeability [2] (insensibilidad) imperviousness

impermeabilización *f* waterproofing

impermeabilizar [A4] *vt* ‹*material/tela*› to waterproof, proof

impermeable¹ *adj* [1] ‹*material/tela*› waterproof, impermeable (tech) [2] ‹*persona*› **~ A algo** impervious TO sth; **es ~ a la crítica** she's impervious to criticism

impermeable² *m* (Indum) raincoat

impersonador -dora *m,f* (Méx) impersonator

impersonal *adj* impersonal

impersonar [A1] *vt* (Méx) to impersonate

impertérrito -ta *adj* unmoved; **escucharon ~s las acusaciones** they listened impassively to the charges

impertinencia *f* [1] (cualidad) impertinence [2] (hecho, dicho): **me dijo que me callara — ¡qué ~!** he told me to shut up — how impertinent!; **me contestó con una ~** she gave me a very cheeky reply

impertinente¹ *adj* [1] (irrespetuoso) ‹*persona/pregunta/tono*› impertinent [2] (inoportuno) ‹*momento/hora*› inopportune (frml), inappropriate; ‹*llamada*› ill-timed; ‹*comentario*› uncalled-for

impertinente² *mf*
A (persona): **eres una ~** you're extremely impertinent
B **impertinentes** *mpl* lorgnette

imperturbable *adj* [1] [SER] (sereno) imperturbable, unflappable [2] [ESTAR] (ante un peligro) unperturbed, unruffled [3] ‹*rostro/sonrisa*› impassive

impetrar [A1] *vt* (frml) [1] (rogar) to entreat, beseech [2] (obtener con ruegos) to obtain … by entreaty

ímpetu *m* [1] (Fís, Mec) impetus, momentum [2] (energía, ardor) vigor*, energy; **con ~** energetically, vigorously [3] (violencia) force

impetuosidad *f* impetuosity, impetuousness

impetuoso -sa *adj* impetuous, impulsive

impida, impidas, etc *see* **impedir**

impiedad *f* [1] (falta de fe) ungodliness (frml), impiety (frml) [2] (falta de piedad) heartlessness, mercilessness

impío¹ -pía *adj* [1] (falto de fe) heathen (*before n*), godless [2] (irreverente) impious [3] (falto de piedad) pitiless, merciless

impío² -pía *m,f* (ant *o* hum) heathen (arch *or* hum)

implacable *adj* [1] ‹*odio/furia*› implacable; ‹*avance/lucha*› relentless; ‹*sol*› relentless; **el paso ~ del tiempo** the inexorable passage of time [2] ‹*juez/crítico*› implacable [3] ‹*enemigo/contrincante*› ruthless

implantación *f*
A (de norma, método) introduction, establishment; (de costumbres) introduction; (de régimen político) establishment
B (arraigo): **con ~ nacional** well-established nationwide
C (Med) implantation

implantado -da *adj* well-established

implantar [A1] *vt*
A ‹*método/norma*› to introduce, institute (frml); ‹*costumbre/moda*› to introduce; ‹*régimen político*› to establish; **~ el estado de excepción** to impose a state of emergency
B ‹*embrión/cabello*› to implant

implante *m* implant

implementación *f* (de medidas) implementation

implementar [A1] *vt*
A ‹*medidas/plan*› to implement
B (Ven) (instalar) to install*, set up

implemento *m* (AmL) tool, implement; **~s deportivos** sports equipment

implicación *f*
A (participación) involvement
B **implicaciones** *fpl* (consecuencias) implications (*pl*)

implicancia *f* (AmL) (consecuencia) implication

implicar [A2] *vt*
A (significar, conllevar) to entail, involve; **~ía la pérdida de puestos de trabajo** it would mean *o* entail the loss of jobs
B (envolver, enredar) to involve; **estuvo implicado en un delito** (participó) he was involved in a crime; (estuvo bajo sospecha) he was implicated in a crime
■ **implicarse** *v pron* to get involved

implícito -ta *adj* implicit

implorante *adj* imploring (*before n*), beseeching (*before n*)

implorar [A1] *vt* to beseech (liter); **~le algo A algn** to beg sth OF sb; **perdónelo, se lo imploro** forgive him, I implore you *o* I beseech you (liter); **~le a algn QUE + SUBJ** to implore *o* beg sb TO + INF

impoluto -ta *adj* [1] ‹*mar*› unpolluted [2] ‹*alma*› (liter) untainted (liter) [3] ‹*nieve*› virgin (*before n*)

imponderable¹ *adj* ‹*factores*› imponderable; ‹*consecuencias/daños*› incalculable; ‹*valor*› inestimable, incalculable

imponderable² *m* imponderable

imponencia *f* (AmL): **la ~ de las montañas** the grandeur of the mountains

imponente *adj* [1] ‹*belleza*› impressive; ‹*edificio/paisaje*› imposing, impressive; **estás ~ con ese vestido** (fam) you look terrific in that dress (colloq) [2] (como intensificador) **cayó un aguacero ~** there was an incredible *o* a terrific downpour; **hacía un frío ~** it was unbelievably cold

imponer [E22] *vt*
A [1] (frml) ‹*castigo/multa*› to impose (frml); **~ el toque de queda** to impose a curfew; **le impusieron una pena de año de cárcel** he was sentenced to one year in prison

2 (frml) ‹*gravamen/impuesto*› to impose, levy (frml) **3** ‹*obligación*› to impose, place; ‹*opinión*› to impose; ‹*reglas/condiciones*› to impose, enforce; ‹*tarea*› to set; **impusieron el uso obligatorio del cinturón de seguridad** safety belts were made compulsory **4** ‹*respeto*› to command; ‹*temor*› to inspire, instill* **5** ‹*moda*› to set
B (frml) (+ *me/te/le etc*) ‹*condecoración/medalla*› to confer; ‹*nombre*› to give
C (informar) **~ a algn DE** *or* **EN algo** to inform sb OF *o* ABOUT sth
D (Esp frml) ‹*dinero/fondos*› to deposit
E (Chi) (a la seguridad social) to contribute
■ **imponer** *vi* (infundir respeto, admiración) to be imposing; **su mera presencia impone** he has an imposing presence
■ **imponerse** *v pron*
A **1** (*refl*) ‹*horario/meta*› to set oneself **2** «*idea*» to become established **3** (frml) «*cambio/decisión*» to be imperative (frml) **4** «*color/estilo*» to come into fashion
B (hacerse respetar) to assert oneself *o* one's authority
C (frml) (vencer) to win; **se impondrá el sentido común** common sense will prevail; **~se A algn/algo** to defeat *o* beat sb/sth
D (frml) (informarse) **~se DE algo** to acquaint oneself WITH sth
E (Méx) (acostumbrarse) **~se A algo** to become accustomed TO sth

imponible *adj* **1** [SER] (Fin, Fisco) ‹*beneficios/ingresos*› taxable **2** [ESTAR] (fam) ‹*ropa*› unwearable

impopular *adj* unpopular

impopularidad *f* unpopularity

importación *f* **1** (acción) importation; **artículos de ~** imported goods; **permiso de ~** import license **2** **importaciones** *fpl* (mercancías) imports (*pl*)

importado -da *adj* ‹*producto/moda/costumbre*› imported

importador¹ -dora *adj*: **la empresa ~a** the importer(s); **países ~es de petróleo** oil-importing countries

importador² -dora *m,f* importer

importancia *f* importance; **detalles sin ~** minor *o* insignificant details; **concederle** *or* **darle ~ a algo** to attach importance to sth; **quitarle** *or* **restarle ~ a algo** to play down the importance of sth; **no tiene ~** it doesn't matter; **¿y eso qué ~ tiene?** so what?; ***darse* ~** to give oneself airs

importante *adj* **1** ‹*noticia/persona*› important; ‹*acontecimiento/cambio*› important, significant; **¿qué dice la carta? — nada ~** what does the letter say? — nothing of any importance *o* nothing much; **lo ~ es ...** the important thing is ...; **es ~ que vayas** it's important that you go; ***dárselas de*** *or* ***hacerse el* ~** to give oneself airs **2** ‹*pérdidas*› serious, considerable; ‹*daños*› severe, considerable; ‹*cantidad*› considerable, significant

importar [A1] *vi* **1** (tener importancia, interés) to matter; **bueno, no importa** well, never mind *o* well, it doesn't matter; **no importa quién lo haga** it doesn't matter *o* it makes no difference who does it; **lo que importa es que te recuperes** the important thing is for you to get better; (+ *me/te/le etc*) **no me importa lo que piense** I don't care what he thinks; **¿a mí qué me importa?** what do I care?; **¿a ti qué te importa?** what business is it of yours?; **yo no le importo** I don't mean a thing to him; ***me importa un bledo*** *or* ***un comino*** *or* ***un pepino*** *or* ***un rábano*** (fam) I couldn't care less, I don't give a damn (colloq); ***meterse en lo que no le importa*** (fam) to poke one's nose into other people's business (colloq); **no te metas en lo que no te importa** mind your own business! **2** (molestar) (+ *me/te/le etc*): **no me ~ía venir el sábado** I wouldn't mind coming on Saturday; **si no te importa** if you don't mind; **no me importa que me llame a casa** I don't mind him calling me at home; **¿le ~ía hacerlo?** would you mind doing it?
■ **importar** *vt* (Com, Fin)
A ‹*productos*› to import
B (ascender a) to come to, amount to

importe *m* **1** (de factura, letra) amount; **el ~ total** the full *o* total amount; **le devolveremos el ~ de su compra** we will refund the purchase price **2** (costo) cost; **el ~ de la matrícula es ...** the registration fee is ...

importunar [A1] *vt* (frml) to inconvenience, disturb
■ **importunar** *vi*: **espero no ~** I hope it's not inconvenient, I hope I'm not disturbing you

importuno -na *adj* inopportune

imposibilidad *f* impossibility; **la ~ de llevar a cabo el proyecto** the impossibility of carrying through the plan

imposibilitado -da *adj* [ESTAR] **1** (Med) disabled; **el accidente lo dejó ~** the accident left him disabled/crippled; **quedó ~ de una pierna** he lost the use of one leg **2** (frml) (impedido) **~ PARA + INF**: **se vio ~ para asistir a la reunión** he was unable to attend the meeting; **se le declaró ~ para trabajar** he was declared unfit for work

imposibilitar [A1] *vt* **1** (hacer imposible) to make ... impossible **2** (impedir) to prevent; **la niebla imposibilitó su aterrizaje** the fog prevented its landing
■ **imposibilitarse** *v pron* (*refl*) **1** (quedar impedido) to be disabled **2** (Chi, Méx) (lastimarse) to injure *o* hurt oneself, be injured

imposible¹ *adj*
A [SER] ‹*sueño/amor*› impossible; **me es ~ acompañarte** I won't be able to go with you; **es ~ que lo sepan** they can't possibly know; **hicieron lo ~** they did everything they could
B (inaguantable) ‹*persona*› impossible; **está ~ hoy** he's (being) impossible today

imposible² *m*: **me pides un ~** you're asking the impossible of me

imposición *f*
A (frml) (de una pena) imposition; (de un impuesto) introduction
B (exigencia, obligación) imposition; **espero que no lo consideres una ~** I hope you don't think it an imposition; **no me vengas con imposiciones** don't you start telling me what to do (colloq)
C (Fin) deposit
D (Chi) (a la seguridad social) contribution

impositivo -va *adj*
A (Fin, Fisco) ‹*sistema/reforma*› tax (*before n*)
B ‹*persona/tono*› domineering, overbearing

impostor -tora *m,f* impostor

impotable *adj* ‹*agua*› not drinkable

impotencia *f* (falta de poder) powerlessness, helplessness, impotence; (Med) impotence

impotente¹ *adj* (incapaz, sin poder) powerless, helpless, impotent; (Med) impotent

impotente² *m* impotent man

impracticable *adj* **1** ‹*operación/proyecto*› impracticable, unfeasible **2** ‹*camino/pista*› impassable

imprecación *f* (frml) imprecation (frml), curse

imprecar [A2] *vt* (frml) to imprecate (frml), curse

imprecisión *f* **1** (cualidad) imprecision, vagueness **2** (error) inaccuracy

impreciso -sa *adj* vague, imprecise; **un número ~ de personas** an indeterminate number of people

impredecible *adj* unpredictable

impregnar [A1] *vt* **1** (empapar) ‹*algodón/esponja*› to soak, impregnate **2** «*olor/aroma*» to fill, pervade **3** (liter) «*sentimiento*» to pervade

impremeditado -da *adj* unpremeditated

imprenta *f* (taller) printer's; (aparato) (printing) press; (actividad) printing

imprescindible *adj* ‹*requisito/herramienta/factor*› essential, indispensable; **lleva lo ~** take the bare essentials; **ser ~ + INF** to be essential to + INF; **es ~ que nos acompañe** it is essential that you come with us

impresentable *adj* unpresentable; **estás ~** you're not presentable

impresión *f*
A **1** (idea, sensación) impression; **da la ~ de ser demasiado ancho** it looks (as if it might be) too wide; **nos causó** *or* **nos hizo muy buena ~** he made a very good impression on us; **me da/tengo la ~ de que me está mintiendo** I have a feeling he's lying to me; **cambiar impresiones** to exchange ideas **2** (sensación desagradable): **ver sangre le daba ~** she couldn't stand the sight of blood; **el accidente me produjo mucha ~** the accident really shocked me
B **1** (Impr) (acción) printing; (tirada) print run, impression (frml) **2** (Inf) (acción) printing; (producto) printout **3** (huella) imprint

Compuestos
- **impresión digital** fingerprint
- **impresión en color** color* printing

impresionable *adj* squeamish, easily affected

impresionante *adj* ‹*éxito/cantidad/paisaje*› amazing, incredible; ‹*accidente*› horrific; **la caída del dólar fue ~** the dollar suffered a dramatic fall

impresionar [A1] *vt*
A 1 (causar buena impresión): **París me impresionó** I was really taken with Paris; **me impresionó muy bien** (RPl) he made a very good impression (on me) 2 (conmover) to move; **verlo llorar me impresionó mucho** seeing him cry really moved me *o* made a deep impression on me 3 (alarmar) to shock; **me impresionó verla tan delgada** it shocked me to see her looking so thin 4 (sorprender) to strike; **lo que más me impresionó fue ...** what struck me most was ...
B (Fot) ‹*película*› to expose
■ **impresionar** *vi* to impress; **te lo dice para ~** he's only saying it to impress you
■ **impresionarse** *v pron* to be shocked (*o* moved *etc*)

impresionismo *m* impressionism

impresionista[1] *adj* ‹*movimiento/pintor*› Impressionist; ‹*estilo/descripción*› impressionistic

impresionista[2] *mf* Impressionist

impreso[1] **-sa** *pp*: *see* **imprimir**

impreso[2] *m* 1 (formulario) form; **~ de solicitud** application form 2 **impresos** *mpl* (Corresp) printed matter

impresor -sora *m,f*
A (persona) printer
B **impresora** *f* (Inf) printer

imprevisible *adj* ‹*hecho/factor*› unforeseeable; ‹*persona*› unpredictable

imprevisión *f* lack of foresight

imprevisto[1] **-ta** *adj* unforeseen, unexpected; **de modo ~** unexpectedly

imprevisto[2] *m* unforeseen event (*o* factor *etc*); **dinero para ~s** money for incidental expenses; **si no surge ningún ~** if nothing unexpected happens

imprimir [I36] *vt*
A 1 (Impr) to print; **impreso en Perú** printed in Peru 2 ‹*huella*›: **dejó sus huellas impresas en el barro** he left his footprints in the mud
B (comunicar, dar) (frml) to give; **le imprimió su estilo propio al personaje** he stamped his own style on the character; **experiencias que imprimen carácter** character-forming *o* character-building experiences

improbabilidad *f* improbability, unlikelihood

improbable *adj* unlikely, improbable; **es muy ~ que lo logre** it's very unlikely that he'll manage it

ímprobo -ba *adj*
A (frml) (enorme) ‹*tarea/esfuerzo*› enormous, huge
B (frml) (deshonesto) unprincipled, dishonest

improcedencia *f* (frml) inadmissibility

improcedente *adj* (frml) 1 ‹*demanda/reclamación*› inadmissible; **despido ~** unfair dismissal 2 ‹*conducta*› improper, unseemly

improductividad *f* unproductiveness, lack of productivity

improductivo -va *adj* unproductive

impronta *f* (liter) (marca, huella) stamp, mark

impronunciable *adj* unpronounceable

improperio *m* insult

impropiedad *f* (frml) 1 (cualidad) unsuitability, inappropriateness 2 (dicho, acto) impropriety (frml)

impropio -pia *adj* 1 ‹*actitud/respuesta*› inappropriate; **un libro ~ para su edad** an unsuitable book for someone his age; **un comportamiento ~ de una persona educada** behavior unbecoming to an educated person (frml) 2 (incorrecto) incorrect; **un uso ~ de la palabra** an incorrect usage of the word

improrrogable *adj*: **el plazo es ~** the deadline cannot be extended

improvisación *f* (acción) improvisation; (actuación) impromptu performance

improvisar [A1] *vt* to improvise; **~on una fiesta con lo que tenían en casa** they got up a party with what they had in the house; **~ una comida** to rustle up a meal
■ **improvisar** *vi* «*actor*» to improvise, ad-lib, extemporize (frml); «*músico*» to improvise, extemporize (frml)

improviso: **de ~** (*loc adv*) ‹*llegar/aparecer*› unexpectedly, out of the blue, without warning

imprudencia *f* 1 (acción) imprudence; **decir eso fue una ~** it was a rash *o* an imprudent thing to say; **no cometas esa ~** don't be so rash *o* reckless 2 (cualidad) imprudence; **su ~ al conducir** his reckless driving

Compuesto **imprudencia temeraria** criminal negligence

imprudente *adj* (que actúa sin cuidado) imprudent, careless; (temerario) reckless; **fuiste muy ~ al decírselo** it was very rash *o* imprudent of you to tell him

impúber *adj* (frml) prepubescent (frml)

impudicia *f* (frml) 1 (obscenidad) indecency 2 (desvergüenza) shamelessness

impúdico -ca *adj* (frml *o* hum) 1 (obsceno) indecent 2 (desvergonzado) shameless

impudor *m* (frml) shamelessness

impuesto[1] **-ta** *adj*
A (informado) **estar ~ EN** *or* **DE algo** to be well informed ABOUT sth
B (Méx fam) (acostumbrado) **estar ~ A algo** to be used TO sth

impuesto[2] *m* tax; **evasión de ~s** tax evasion; **libre de ~s** tax-free, duty-free

Compuestos
- **impuesto a** *or* **sobre la renta** income tax
- **impuesto al** *or* **sobre el valor agregado** *or* **añadido** value-added tax
- **impuesto de circulación/lujo** road/luxury tax

impugnable *adj* challengable, disputable

impugnación *f* challenging, contesting

impugnar [A1] *vt* ‹*decisión/fallo*› to contest, challenge

impulsar [A1] *vt* 1 ‹*motor/vehículo*› to propel, drive 2 ‹*persona*› to drive; **se sintió impulsada a decírselo** she felt impelled to tell him 3 ‹*comercio, producción*› to boost, give a boost to; **para ~ las relaciones culturales** in order to promote cultural relations

impulsivo -va *adj* impulsive

impulso *m* 1 (empuje): **un fuerte ~ para el comercio** a major boost for trade; **dar un nuevo ~ a la iniciativa** to give fresh impetus to the initiative; **tomar** *or* **darse ~** to gather momentum, to get up speed 2 (reacción, deseo) impulse; **actuó por ~** he acted on impulse; **mi primer ~ fue ...** my first instinct was ... 3 (Fís) impulse

impulsor[1] **-sora** *adj* driving (*before n*)

impulsor[2] **-sora** *m,f* driving force; **fue el gran ~ de esa política** he was the driving force behind that policy

impune *adj* unpunished

impunemente *adv* with impunity

impunidad *f* impunity

impuntualidad *f* unpunctuality

impureza *f* impurity

impuro -ra *adj* 1 ‹*aire/mineral*› impure 2 (Relig) ‹*pensamientos*› impure, unwholesome

impuse, impuso, etc *see* **imponer**

imputable *adj* (frml) **~ A algn/algo** attributable TO sb/sth

imputación *f* (frml) accusation, imputation (frml)

imputar [A1] *vt* (frml) **~le algo A algn** to attribute sth TO sb, impute sth TO sb (frml); **el delito que se le imputa** the crime which is attributed to her; **no se me puede ~ la responsabilidad** I cannot be held responsible

in *adj inv* ‹*discoteca*› trendy (colloq); **lo que está muy ~** the in thing (colloq), the trendy thing (colloq)

inabordable *adj* 1 ‹*persona*› unapproachable 2 ‹*tema*›: **el tema de los salarios es ~** we cannot broach *o* tackle the question of salaries

inacabable *adj* interminable, neverending

inacabado -da *adj* ‹*trabajo*› unfinished

inaccesibilidad *f* inaccessibility

inaccesible *adj* 1 ‹*montaña/persona/concepto*› inaccessible 2 (crit) ‹*precios*› prohibitive; ‹*objetivo*› unattainable

inacción *f* inaction

inaceptable *adj* unacceptable
inactivar [A1] *vt* to render … inactive
inactividad *f* inactivity
inactivo -va *adj* 1 ‹*persona/máquina*› inactive, idle 2 ‹*volcán*› inactive, dormant
inadaptable *adj* unadaptable
inadaptación *f* failure to adapt
inadaptado¹ -da *adj* maladjusted
inadaptado² -da *m,f* misfit
inadecuación *f* inadequacy
inadecuado -da *adj* ‹*color/traje*› inappropriate, unsuitable; ‹*norma/sistema*› inadequate
inadmisibilidad *f* inadmissibility
inadmisible *adj* 1 ‹*comportamiento/pretensiones*› unacceptable, inadmissible 2 (Der) inadmissible
inadvertencia *f* oversight; **por ~** inadvertently; **en un momento de ~ del profesor** while the teacher was distracted momentarily
inadvertidamente *adv* 1 (por equivocación) inadvertently, by mistake 2 (sin darse cuenta) without noticing
inadvertido -da *adj* 1 (no notado): **pasar ~** to go unnoticed 2 (distraído) distracted
inagotable *adj* ‹*fuente/reservas*› inexhaustible, endless
inaguantable *adj* unbearable
inalámbrico -ca *adj* ‹*teléfono*› cordless; ‹*comunicaciones*› wireless
in albis *loc adv*: **me quedé ~ ~** I was totally in the dark (colloq)
inalcanzable *adj* unattainable, unachievable
inalienable *adj* inalienable
inalterable *adj* 1 ‹*expresión*› impassive; ‹*valores*› immutable (frml); **una mujer de una serenidad ~** a woman of immutable *o* unalterable serenity 2 ‹*roca*› unalterable 3 ‹*color*› fast
inanición *f* starvation
inanimado -da *adj* inanimate
inánime *adj* (frml) inanimate, lifeless
inapelable *adj* ‹*decisión*› unappealable, not open to appeal
inapetencia *f* lack of appetite
inapetente *adj* lacking in appetite
inaplazable *adj*: **una reunión ~** a meeting which can't be postponed *o* put off
inapreciable *adj*
A (muy valioso) invaluable; **su ~ ayuda** her invaluable assistance; **un cuadro de un valor ~** a priceless painting
B (insignificante) negligible
inapropiado -da *adj* inappropriate
inarrugable *adj* crease-resistant
inasequible *adj* ‹*precio*› prohibitive; **una casa en esa zona es ~ para mí** a house in that area is beyond my means
inasistencia *f* absence
inastillable *adj* shatterproof
inaudible *adj* inaudible
inaudito -ta *adj* ‹*decisión/suceso*› unprecedented; **alcanza límites ~s** it is beyond belief
inauguración *f* opening, inauguration (frml); **ceremonia de ~** inauguration *o* opening ceremony; **la ~ del curso universitario** the start of the university year
inaugural *adj* opening (*before n*), inaugural (frml)
inaugurar [A1] *vt* ‹*teatro/hospital*› to open, inaugurate (frml); ‹*monumento*› to unveil; ‹*exposición/sesión*› to open; **Brasil inauguró el marcador** (period) Brazil opened the scoring
inca¹ *adj* Inca, Incaic
inca² *mf* Inca

Incas

Founded in the twelfth century in the region of Lake Titicaca, the Andean empire of the Quechua-speaking Incas grew until by the fifteenth century it extended from southern Colombia in the north to Argentina and central Chile in the south. Their society was rigidly divided into classes: the nobility, their servants, and the common people. The Incas worshipped the sun and the moon, and believed that Manco Capac, their first emperor or *inca*, was descended from the sun. An extensive network of roads was built to facilitate control over the empire from its capital in Cuzco. The Incas left an impressive heritage of monuments, including the palace complex of **Machu Picchu**. The empire collapsed in 1533 when the Spanish *conquistador* Francisco Pizarro had the emperor Atahualpa executed and occupied Cuzco

incalculable *adj* inestimable, incalculable
incalificable *adj* unspeakable; **su conducta es ~** his behavior is unspeakable *o* indescribable
incanato *m* Inca Empire
incandescencia *f* incandescence
incandescente *adj* incandescent
incansable *adj* tireless
incapacidad *f*
A 1 (física) disability, physical handicap; (mental) mental handicap 2 (Der) incapacity
(Compuesto) **incapacidad laboral** invalidity
B (ineptitud) incompetence; (falta de capacidad) inability; **su ~ para organizarse** his inability to organize himself
C (Col) (baja) sick leave
incapacitado -da *adj* 1 (físicamente) disabled, physically handicapped; (mentalmente) mentally handicapped 2 (Der) incapable
incapacitar [A1] *vt* «*enfermedad*» to incapacitate; **la lesión lo incapacita para su trabajo** the injury has made him unfit for work
incapaz¹ *adj*
A [SER] (de un logro, una hazaña): **no lo conseguirá nunca, es ~** he'll never do it, he simply isn't capable; **¿haría tal cosa? — no, hombre, es ~** would he do such a thing? — no way, he'd never do a thing like that (colloq); **~ DE algo** incapable OF sth; **es ~ de una cosa así** he's incapable of doing something like that; **resultó ~ de vencerla** he was unable to beat her; **es ~ de llamarme** he can't even be bothered to phone me
B (Der) incapable
incapaz² *mf* (inútil, inepto) incompetent (fool)
incautación *f* (frml) seizure, confiscation
incautarse *v pron* **~se DE algo** to seize *o* confiscate sth
incauto¹ -ta *adj* unsuspecting, unwary
incauto² -ta *m,f* unwary *o* unsuspecting person, sap (colloq)
incendiar [A1] *vt* 1 (prender fuego a) to set fire to 2 (quemar) ‹*edificio*› to burn down; ‹*coche*› to burn; ‹*pueblo/bosque*› to burn … to the ground
■ **incendiarse** *v pron* 1 (empezar a arder) to catch fire 2 (destruirse) «*edificio*» to be burned down; **la casa incendiada** the burnt-out house; **los bosques que se ~on** the forests that were destroyed by fire
incendiario¹ -ria *adj* 1 ‹*proyectil*› incendiary (*before n*) 2 ‹*discurso/palabras*› inflammatory, incendiary (frml)
incendiario² -ria *m,f* arsonist
incendio *m* fire; **Ⓢ peligro de incendio** fire hazard
(Compuesto) **incendio provocado** arson attack
incensario *m* censer, thurible
incentivación *f* 1 (estímulo) motivation 2 (Com) incentive scheme
incentivar [A1] *vt* (estimular) to encourage; (recompensar) to provide … with incentives, give incentives to
incentivo *m* incentive; **sueldo fijo más ~s** basic wage plus bonuses
incertidumbre *f* uncertainty
incesante *adj* incessant
incesto *m* incest
incestuoso -sa *adj* incestuous

incidencia *f*
A (frml) **1** (influencia, efecto) effect, impact; **tener ~ SOBRE** *or* **EN algo** to affect sth, have an effect *o* impact ON sth **2** (número de casos) incidence
B (episodio, suceso) incident, event
incidental *adj* incidental
incidentalmente *adv* by chance; **~ pasaba por allí** I happened to be passing by
incidente *m* incident
incidir [I1] *vi* (frml)
A (influir) **~ EN algo** to have a bearing ON sth; **eso no incidió en nuestra decisión** that did not affect our decision, that had no bearing on our decision
B (period) (insistir) **~ EN algo** to stress sth; **incidió en la necesidad de ...** he stressed the need to ...
C (frml) (incurrir) **~ EN algo** ‹*en error*› to fall INTO sth (frml)
incienso *m* incense; (Bib) frankincense
incierto -ta *adj* **1** (dudoso, inseguro) uncertain **2** (no verdadero) untrue
incineración *f* (de basura) incineration; (de cadáveres) cremation
incinerador *m*, **incineradora** *f* incinerator
incinerar [A1] *vt* ‹*basura*› to incinerate, burn; ‹*cadáver*› to cremate
incipiente *adj* (frml *o* liter) incipient (liter)
incircunciso -sa *adj* uncircumcised
incisión *f* incision
incisivo[1] **-va** *adj* **1** ‹*instrumento*› cutting **2** ‹*crítica/discurso*› incisive
incisivo[2] *m* incisor
inciso *m* **1** (paréntesis) digression **2** (Ling) interpolated clause **3** (párrafo) paragraph, subsection
incitación *f*: **~ A algo** incitement TO sth
incitador[1] **-dora** *adj* inflammatory, provocative
incitador[2] **-dora** *m,f* agitator
incitante *adj* provocative
incitar [A1] *vt* **~ a algn A algo** to incite sb TO sth; **los incitó a la violencia** he incited them to violence; **~ a algn CONTRA algn** to incite sb AGAINST sb
incivilizado -da *adj* uncivilized
incivismo *m* lack of public spirit
inclemencia *f* inclemency; **las ~s del tiempo** the inclemency of the weather
inclemente *adj* bad, inclement (liter)
inclinación *f*
A **1** (pendiente) slope **2** (ángulo) inclination; **la ~ de una torre** the lean *o* inclination of a tower
(Compuesto) **inclinación magnética** magnetic dip *o* inclination
B (movimiento del cuerpo) bow; **asintió con una ~ de la cabeza** he nodded (his head) in agreement
C (interés, tendencia): **tener ~ por** *or* **hacia la música** to have a musical bent *o* musical inclinations; **inclinaciones políticas/sexuales** political/sexual leanings; **inclinaciones suicidas** suicidal tendencies
inclinado -da *adj*
A ‹*tejado/terreno*› sloping; ‹*torre*› leaning (*before n*); ‹*cuadro*› crooked; **una pendiente muy inclinada** a very steep slope *o* incline; **tiene la letra inclinada** she has slanting handwriting
B (predispuesto) **sentirse ~ A + INF** to feel inclined to + INF
inclinar [A1] *vt*
A **1** ‹*botella/sombrilla/plato*› to tilt; **inclinó la cabeza a un lado** she tilted her head to one side **2** (bajar, doblar) to bow; **árboles inclinados por el viento** trees bowed by the wind; **el viento inclinaba los árboles** the wind bent the trees; **inclinó la cabeza en señal de asentimiento** he nodded (his head) in agreement
B (inducir, predisponer) ‹*persona*›: **ello me inclina a pensar que ...** this inclines me to think that ... (frml)
■ **inclinarse** *v pron*
A (tender) **~se A + INF** to be inclined to + INF; **~se POR algn/algo**: **me inclino por su candidato** I'm inclined to go for your candidate; **me ~ía por esta opción** I would tend to favor this option
B **1** (doblarse) to bend; (en señal de respeto) to bow; **~se ante algn** to bow to sb **2** (hacia adelante, hacia un lado) to lean; **se inclinó sobre la cuna** she leaned over the cradle; **~se hacia adelante/atrás** to lean forward/back
incluir [I20] *vt*
A (comprender) **1** ‹*impuestos/gastos*› to include; **sin ~ los gastos** exclusive of expenses; **$500 todo incluido** $500 all inclusive, all in **2** ‹*tema/sección*› to include, contain
B (poner, agregar) **1** (en un grupo) to include; **¿vamos a ~ a todo el personal?** are we going to include all the staff?; **¿te incluyo en la lista?** shall I put you on the list? **2** (en una carta) to enclose
inclusa *f* children's home
inclusión *f* inclusion
inclusive *adj inv* inclusive; **del 10 al 18, ambos ~** from 10 to 18 inclusive; **domingos ~** including Sundays; **hasta el sábado ~** up to and including Saturday
incluso *adv* even; **estaba muy animado, ~ hablador** he was very cheerful, in fact he was positively chatty
incoación *f* (frml) initiation (frml)
incoar [A1] *vt* (frml) to initiate (frml)
incobrable *adj* irrecoverable
incógnita *f* **1** (Mat) unknown, unknown factor *o* quantity **2** (misterio) mystery; **sus motivos siguen siendo una ~** his motives remain a mystery; ***despejar la ~*** (Mat) to find (the value of) the unknown factor *o* quantity
incógnito -ta *adj* **1** (liter) (desconocido) unknown **2** **de incógnito** ‹*viajar*› incognito
incoherencia *f* (cualidad) incoherence; **murmuraba ~s** she was mumbling incoherently
incoherente *adj* incoherent, illogical
incoloro -ra *adj* colorless*
incólume *adj* (liter) unscathed, unharmed
incombustible *adj* fireproof, incombustible (tech)
incomible *adj* inedible, uneatable
incomodar [A1] *vt* **1** (causar vergüenza) to make ... feel uncomfortable; **su pregunta me incomodó bastante** her question made me feel rather awkward *o* uncomfortable **2** (causar inconvenientes) to inconvenience, put ... out; **perdón, no quería ~la** I'm sorry, I didn't mean to put you out *o* to inconvenience you
■ **incomodarse** *v pron* **1** (sentir vergüenza) to feel uncomfortable **2** (pasar inconvenientes) to put oneself out **3** (enojarse) to get annoyed
incomodidad *f* **1** (de sillón, postura) uncomfortableness, discomfort **2** (molestia) inconvenience; **la ~ de vivir tan lejos** the inconvenience of living so far away; **no tener teléfono es una ~** it's very inconvenient not having a telephone
incómodo -da *adj* **1** ‹*silla/cama*› uncomfortable; **¿no estás ~ en esa silla?** aren't you uncomfortable in that chair? **2** (molesto, violento) uncomfortable; **se siente muy ~ en las fiestas** he feels ill at ease *o* uncomfortable at parties; ***estar ~ con algn*** (Andes) to be annoyed with sb **3** (inconveniente) inconvenient; **es muy ~ vivir tan lejos** it's very inconvenient living so far away
incomparable *adj* incomparable
incomparecencia *f* (frml) failure to appear, nonappearance
incompatibilidad *f* (cualidad) incompatibility; **~ de intereses** conflict *o* clash of interests
incompatible *adj* **1** ‹*personas/caracteres*› incompatible **2** ‹*cargo/horario*›: **los dos cargos son ~s** the two posts may not be held at the same time; **el horario de clases es ~ con el de mi trabajo** the times of the classes clash with my work hours
incompetencia *f* incompetence
incompetente *adj/mf* incompetent
incompleto -ta *adj* incomplete
incomprendido[1] **-da** *adj* misunderstood
incomprendido[2] **-da** *m,f*: **se consideraba un ~** he used to feel that people did not understand him
incomprensible *adj* incomprehensible
incomprensión *f* lack of understanding
incomprensivo -va *adj*: **eres muy ~** you're not being very understanding *o* sympathetic
incomunicación *f* **1** (incomprensión) lack of communication **2** (entre lugares) lack of communications **3** (de un

detenido) solitary confinement

incomunicar [A2] *vt* 1 ‹*pueblo/zona*› to cut … off 2 ‹*detenido*› to put … in solitary confinement

inconcebible *adj* inconceivable; **es ~ que …** it's unbelievable *o* it seems inconceivable that …

inconciliable *adj* irreconcilable

inconcluso -sa *adj* unfinished

incondicional[1] *adj* 1 ‹*apoyo*› unconditional, wholehearted; ‹*obediencia*› absolute; ‹*aliado/admirador*› staunch; **un amigo ~** a true *o* loyal friend 2 ‹*rendición*› unconditional

incondicional[2] *mf* committed supporter, stalwart

inconexo -xa *adj* unconnected

inconfesable *adj* unmentionable

inconfeso -sa *adj* unconfessed

inconformismo *m* nonconformity

inconformista *adj/mf* nonconformist

inconfundible *adj* unmistakable

incongruencia *f* incongruity, inconsistency; **un sistema político lleno de ~s** a political system riddled with contradictions *o* incongruities; **lo que dijo fue una ~** what he said didn't make any sense

incongruente *adj*: **decía palabras ~s** his words didn't make sense; **imágenes ~s** unconnected images

inconmensurable *adj* (liter) vast, immense

inconmovible *adj*: **es ~, de nada valen las súplicas** he's implacable, no amount of pleading will make him change his mind; **~ ante mi llanto** unmoved by my tears

inconquistable *adj* ‹*fortaleza*› impregnable; ‹*tierras*› unconquerable

inconsciencia *f* 1 (Med) unconsciousness; **en estado de ~** unconscious 2 (insensatez) irresponsibility

inconsciente[1] *adj*
A [ESTAR] (Med) unconscious
B [SER] (insensato) irresponsible
C [SER] (no voluntario) ‹*movimiento/gesto*› unwitting, unconscious; **de una manera ~** unconsciously

inconsciente[2] *mf* irresponsible person; **son unos ~s** they are very irresponsible

inconsciente[3] *m* unconscious

inconscientemente *adv* unconsciously, unwittingly

inconsecuencia *f* failure to act according to one's beliefs (*o* principles *etc*)

inconsecuente *adj*: **ser ~ con uno mismo** to be inconsistent with one's principles; **no seas ~** don't betray your principles (*o* beliefs *etc*)

inconsistencia *f* 1 (de material) flimsiness, weakness 2 (de argumento — falta de solidez) weakness, flimsiness; (— falta de coherencia) inconsistency; **hay ~s en su razonamiento** there are inconsistencies *o* flaws in his reasoning

inconsistente *adj* 1 ‹*material*› flimsy, weak 2 ‹*argumento*› (falto de solidez) weak, flimsy; (falto de coherencia) inconsistent, flawed

inconsolable *adj* inconsolable

inconstancia *f* 1 (falta de perseverancia) lack of perseverance 2 (volubilidad) fickleness

inconstante *adj* 1 (falto de perseverancia) lacking in perseverance 2 (voluble) fickle

inconstitucional *adj* unconstitutional

inconstitucionalidad *f* unconstitutionality, unconstitutional nature

incontable *adj* countless, innumerable

incontaminado -da *adj* ‹*región/río*› unpolluted; **~ por el consumismo** uncontaminated by consumerism

incontenible *adj* ‹*furia/risa/llanto*› uncontrollable, uncontainable; **me entraron unos deseos ~s de pegarle** I had an uncontrollable urge to hit him

incontestable *adj* unanswerable

incontinencia *f* incontinence

incontinente *adj* incontinent

incontrolable *adj* uncontrollable

incontrolado -da *adj* 1 ‹*furia/pasión/ira*› uncontrolled, unbridled (liter) 2 ‹*llanto/risa*› uncontrollable 3 ‹*fuego*›: **el fuego sigue ~** the fire is still out of control

incontrovertido -da *adj* undisputed

inconveniencia *f* 1 (cualidad) inconvenience 2 (comentario inoportuno) tactless remark

inconveniente[1] *adj* 1 (incómodo) ‹*hora/fecha*› inconvenient 2 (inapropiado) ‹*lecturas/chistes*› unsuitable

inconveniente[2] *m* 1 (problema) problem; **si no surge ningún ~** if everything goes according to plan; if their are no problems; **¿habría algún ~ en que nos quedemos?** would it be alright if we stayed? 2 (desventaja) drawback; **el horario tiene sus ~s** the schedule has its disadvantages *o* drawbacks 3 (objeción) objection; **no tengo ~** I have no objection; **no tengo ~ en decírselo** I don't mind telling him; **no veo ningún ~ en que venga** I see no reason why he shouldn't come

incordiante *mf* (Esp fam) nuisance, pest (colloq)

incordiar [A1] *vt* (Esp fam) to annoy, to pester (colloq)
■ **incordiar** *vi* (Esp): **¡no incordies!** don't be such a nuisance!; **lo hace para ~** (fam) he does it just to be annoying

incordio *m* (Esp fam) nuisance, pain in the neck (colloq)

incorporación *f* incorporation; **buen sueldo, ~ inmediata** good salary, to start immediately

incorporado -da *adj* integral, built-in

incorporar [A1] *vt* (frml)
A 1 (agregar) to add; **~ algo A algo** to add sth TO sth, include sth IN sth; **~ las claras batidas a la mezcla** fold the whisked egg whites into the mixture 2 (integrar) to incorporate; **mi sugerencia fue incorporada al plan** my suggestion was incorporated in the plan 3 ‹*empleado*› **~ a algn A algo** to assign sb TO sth 4 ‹*recluta*› to draft, call up
B (incluir, contener) ‹*innovaciones/información*› to incorporate, include
C ‹*enfermo/niño*› to sit … up
■ **incorporarse** *v pron* (frml)
A (a equipo, puesto) to join; **~se A algo** to join sth; **~se a filas** to join up, join the army
B (levantarse) to sit up

incorpóreo -rea *adj* incorporeal

incorrección *f* 1 (error) mistake, error; **ese uso de la palabra es una ~** that use of the word is incorrect 2 (descortesía) discourtesy

incorrectamente *adv* 1 ‹*sumar/contestar*› incorrectly, wrongly 2 (con descortesía) rudely, improperly

incorrecto -ta *adj* 1 ‹*respuesta/interpretación*› incorrect, wrong 2 ‹*comportamiento*› impolite, discourteous (frml)

incorregible *adj* ‹*mentiroso/idealista*› incorrigible; ‹*defecto*› irremediable, irreparable

incorruptible *adj* incorruptible

incorrupto -ta *adj* incorrupt

incredulidad *f* skepticism•

incrédulo[1] -la *adj* skeptical•

incrédulo[2] -la *m,f* skeptic•

increíble *adj* incredible, unbelievable

incrementar [A1] *vt* (frml) to increase
■ **incrementarse** *v pron* (frml) to increase

incremento *m* (frml) increase

increpar [A1] *vt* to rebuke

incriminación *f* (frml) incrimination

incriminar [A1] *vt* (frml) 1 «*pruebas*» to incriminate 2 (acusar, inculpar) to charge

incrustación *f* 1 (de madera, metal) inlay; **con incrustaciones de nácar** inlaid with mother-of-pearl; **la corona tiene incrustaciones de rubíes** the crown is set with rubies 2 (Col) (Odont) filling

incrustar [A1] *vt* ‹*piedra preciosa*› **~ algo EN algo** to set sth IN sth; **una tiara incrustada de** *or* **con diamantes** a tiara set *o* incrusted with diamonds
■ **incrustarse** *v pron*: **la bala se incrustó en la pared** the bullet embedded itself in the wall; **la suciedad se incrusta entre las baldosas** the dirt gets embedded between the tiles

incubación *f* incubation

incubadora *f* incubator

incubar [A1] *vt* to incubate
■ **incubarse** *v pron* ‹‹*crisis*›› to brew, build up
incuestionable *adj* unquestionable
inculcar [A2] *vt* to instill*, inculcate (frml); **las ideas que les inculcan** the ideas they fill their heads with
inculpación *f* charge, accusation
inculpado -da *m,f*: **el ~/la inculpada** the accused
inculpar [A1] *vt* (frml) to charge, accuse; **lo ~on del robo** he was charged with *o* accused of the robbery
incultivable *adj* uncultivable
inculto[1] -ta *adj*
A (sin cultura) uncultured, uneducated; (ignorante) ignorant
B ‹*tierra*› uncultivated
inculto[2] -ta *m,f* **1** (persona sin cultura): **es un ~** he's uneducated **2** (persona ignorante) ignorant person
incultura *f* (falta de cultura) lack of culture; (ignorancia) ignorance, lack of education
incumbencia *f* responsibility; **eso no es de tu ~** that does not concern you
incumbir [I1] *vi* (*en 3ª pers*): **~le a algn** to be sb's responsibility, be incumbent on *o* upon sb (frml)
incumplido -da *adj* (AmL exc CS) unreliable
incumplidor -dora *adj* (CS) unreliable
incumplimiento *m*: **el ~ de la ley** failure to comply with the law; **~ de contrato** breach of contract; **el ~ de una promesa** failure to keep a promise
incumplir [I1] *vt* ‹*ley/promesa*› to break; ‹*contrato*› to breach
■ **incumplir** *vi* (AmL exc CS): **no me vayas a ~** don't let me down; **incumplió a la cita** she didn't show *o* turn up
incurable *adj* incurable
incurrir [I1] *vi* (frml) **~ EN algo** ‹*en error*› to fall INTO sth (frml); ‹*en gasto*› to incur sth; **los gastos en que incurrimos** the expenses we incurred; **incurrió en un delito de fraude** he committed fraud
incursión *f* (Mil) incursion, raid
incursionar [A1] *vi* (AmL) **~ EN algo** to make incursions INTO sth
indagación *f* (frml) investigation; **hacer indagaciones** to make inquiries, to investigate
indagar [A3] (frml) *vt* to investigate
■ **indagar** *vi* to make inquiries, investigate
indagatorio -ria *adj* (frml) ‹*fase*› investigatory
indebidamente *adv* **1** (incorrectamente) improperly **2** (injustamente) wrongfully; **lo acusaron ~** he was wrongfully accused
indebido -da *adj* **1** (impropio): **el uso ~ de un medicamento** improper use of a medicine **2** (ilegal) wrongful; **el uso ~ del fondo de pensiones** mhe isuse of the pension fund **3** ‹*acusación/multa*› unjust
indecencia *f* **1** (cualidad) indecency **2** (cosa, hecho): **presentarse así en público es una ~** it's indecent to appear in public like that
indecente[1] *adj* ‹*persona/vestido*› indecent; ‹*película/lenguaje*› obscene
indecente[2] *mf* rude *o* shameless person
indecible *adj* indescribable; **ha sufrido lo ~** he has suffered indescribable pain; **hizo lo ~ por ayudarme** she did her utmost to help me
indecisión *f* indecision
indeciso[1] -sa *adj* ‹*persona*› **1** [SER] indecisive **2** [ESTAR] undecided; **está ~ sobre …** he's undecided about …
indeciso[2] -sa *m,f* **1** (en general) indecisive person **2** (sobre un tema): **hay un gran número de ~s** there are a lot of people who are as yet undecided
indeclinable *adj*: **es una invitación ~** it's an invitation I can't turn down *o* decline
indecoroso -sa *adj* unseemly, indecorous (frml)
indefectible *adj* ‹*buen humor/cortesía*› unfailing; **es ~ que llegue tarde** she invariably arrives late; **él y su ~ bufanda de lana** him and his ever-present woolen scarf
indefectiblemente *adv* invariably, inevitably
indefendible, indefensible *adj* indefensible
indefensión *f* defenselessness*; **en un estado de total ~** utterly defenseless
indefenso -sa *adj* ‹*niño/animal*› defenseless*; ‹*fortaleza*› undefended
indefinible *adj* indefinable
indefinidamente *adv* indefinitely
indefinido -da *adj* **1** ‹*forma*› undefined, vague; **un color ~** a difficult color to describe **2** (ilimitado) indefinite, unlimited; **por tiempo ~** for an indefinite *o* unlimited period
indeformable *adj*: **materiales ~s** materials that do not lose their shape
indeleble *adj* indelible
indelicadeza *f* **1** (cualidad) indelicacy, lack of discretion **2** (acción) indiscretion; **cometió una ~ al preguntárselo** it was indiscreet of her to ask him
indemallable *adj* (CS) runproof, ladderproof (BrE)
indemne *adj* (físicamente) unharmed, unscathed
indemnización *f* **1** (por pérdidas sufridas) compensation, indemnity (frml); (por posibles pérdidas) indemnity (frml); **cobramos una buena ~** we received generous compensation **2** (por despido) severance pay
(Compuesto) **indemnización por daños y perjuicios** damages (*pl*)
indemnizar [A4] *vt* **1** (por pérdidas sufridas) to compensate, indemnify (frml); (por posibles pérdidas) to indemnify (frml); **fue indemnizado con dos millones de pesos** he was given two million pesos (in) compensation **2** (por despido) to pay severance pay to
indemostrable *adj* indemonstrable, impossible to demonstrate
independencia *f* independence; **con ~ de …** independently of …
independentista[1] *adj* ‹*político/ideas*› pro-independence (*before n*)
independentista[2] *mf* supporter of the independence movement
independiente *adj/mf* independent
independientemente *adv* **1** ‹*actuar/funcionar*› independently **2** **~ DE algo** regardless OF sth; **~ de que tú vengas o no** (regardless of) whether you come or not
independizar [A4] *vt* to make … independent
■ **independizarse** *v pron* to become independent, gain independence; **~se DE algn** to become independent OF sb
indescifrable *adj* ‹*jeroglífico/mensaje*› undecipherable; ‹*misterio*› unfathomable
indescriptible *adj* indescribable
indeseable *adj/mf* undesirable
indeseado -da *adj* unwanted
indesmallable *adj* run-resistant, run-resist (AmE), ladderproof (BrE)
indestructible *adj* indestructible
indeterminación *f* indecisiveness
indeterminado -da *adj* **1** (indefinido) indefinite; **por tiempo ~** indefinitely **2** (no establecido) undetermined **3** (vago, impreciso) ‹*contorno/forma*› indeterminate **4** (Ling) indefinite
India *f*: **la ~** India
indiada *f*
A (Bol, CS fam) **1** (grupo de indios) Indians (*pl*), group of Indians **2** (pandilla) gang (colloq), mob (colloq)
B (Col fam) (canallada) dirty trick (colloq); **hacerle una ~ a algn** to play a dirty trick on someone
indiano *m* (ant) *Spaniard who returned to Spain having made his fortune in Latin America*
indicación *f* **1** (instrucción) instruction; **le dio indicaciones de cómo llegar** he gave her directions as to how to get there; **tiene que descansar por ~ médica** she is under doctor's orders to rest **2** (muestra) indication; **no dio ninguna ~ de sus intenciones** she gave no clue as to *o* no indication of her intentions **3** (señal) signal; **me hizo una ~ para que me acercara** he beckoned me over **4** (de instrumento) reading
indicado -da *adj* **1** (adecuado) suitable; **es el menos ~ para hacerlo** he's the last person who should do it; **el tratamiento ~ en estos casos** the recommended treatment in these cases; **lo más ~ sería …** the best thing to

i

do would be ... 2 (señalado) ‹*hora/fecha*› specified

indicador¹ -dora *adj* warning; **señal ~a de peligro** danger *o* warning sign

indicador² *m*

A (Auto) 1 (señal de tráfico) sign 2 (dispositivo) gauge; **~ del aceite/de la gasolina** oil pressure/fuel gauge

(Compuestos)
- **indicador de dirección** indicator
- **indicador de velocidad** speedometer

B (Inf) flag

indicar [A2] *vt*

A (señalar) to indicate; **hay una flecha que indica el camino** there's an arrow indicating the way; **¿me podría ~ cómo llegar allí?** could you tell me how to get there?; **me indicó el lugar en el mapa** he showed me *o* pointed out the place on the map; **todo parece ~ que ...** there is every indication that ...

B (prescribir): **nos indicó el procedimiento a seguir** she advised us of the procedure we should follow; **las instrucciones que se indican al dorso** the instructions given on the back

C (mostrar, denotar) to indicate, show; **el asterisco indica que ...** the asterisk indicates *o* shows that ...; **como su nombre indica, es una flor azul** as its name suggests, it's a blue flower; **el precio no está indicado en el catálogo** the price isn't given *o* shown in the catalogue

indicativo¹ -va *adj* 1 ‹*señal/síntoma*› **~ DE algo** indicative OF sth 2 (Ling) indicative

indicativo² *m* 1 (Ling) indicative; **presente de ~** present indicative 2 (Telec) code; (Rad) call sign

(Compuesto) **indicativo de nacionalidad** (vehicle) nationality plate

índice *m*

A (de una publicación) index; (catálogo) catalog*

(Compuestos)
- **índice alfabético** alphabetical index
- **índice temático** *or* **de materias** table of contents

B (Anat) index finger, forefinger

C 1 (Mat, Inf) index 2 (tasa, coeficiente) rate

(Compuestos)
- **índice del costo** *or* (Esp) **coste de (la) vida** cost-of-living index
- **índice de mortalidad/natalidad** death/birth rate

D (indicio, muestra) sign, indication; **es un ~ de la crisis** it is an indication of the crisis

indicio *m*

A 1 (señal, huella) sign, indication; **al menor ~ de peligro** at the slightest sign *o* indication of danger 2 (vestigio) trace, sign; **~s de potasio** traces of potassium

B (Der) piece of circumstantial evidence

Índico *adj*: **el (Océano) ~** the Indian Ocean

indiferencia *f* indifference

indiferente *adj* 1 (poco importante, de poco interés): **es ~ que salga hoy o mañana** it doesn't matter *o* it makes no difference whether it goes today or tomorrow; **¿té o café? — me es ~** tea or coffee? — either; **todo le es ~** he's not interested in anything; **me es ~ su amistad** I'm not concerned *o* (colloq) bothered about his friendship 2 (poco interesado) indifferent; **~ A algo** indifferent TO sth; **~ al peligro** indifferent to *o* unconcerned about the danger 3 (poco afectuoso): **conmigo es fría e ~** she's cold and distant with me

indígena¹ *adj* indigenous, native (*before n*)

indígena² *mf* native

indigencia *f* (frml) poverty; **en la más completa ~** in abject poverty

indigente¹ *adj* (frml) destitute, indigent (frml)

indigente² *mf* (frml) indigent (frml); **los ~s** the destitute

indigerible *adj* indigestible, undigestible

indigestarse [A1] *v pron*

A (Med) 1 ‹‹*persona*›› to get indigestion 2 ‹‹*alimentos*›› (+ *me/te/le etc*): **se me indigestaron los pimientos** the peppers gave me indigestion

B (fam) ‹‹*actividad*››: **tiene la química indigestada** he can't stand chemistry

indigestión *f* indigestion

indigesto -ta *adj* ‹*alimento*› indigestible, difficult to digest; **un libro bastante ~** a book that is rather heavy going

indignación *f* indignation, anger; (más fuerte) outrage; **sentí una gran ~** I was outraged

indignado -da *adj* indignant, angry; (más fuerte) outraged, incensed

indignante *adj* outrageous

indignar [A1] *vt* to make ... angry *o* indignant; (más fuerte) to outrage

■ **indignarse** *v pron* to get angry, become indignant; (más fuerte) to be outraged *o* incensed

indignidad *f* indignity

indigno -na *adj* 1 (impropio) unworthy; **~ DE algn** unworthy OF sb 2 (no merecedor) unworthy 3 (humillante) degrading, humiliating 4 (vergonzoso) shameful, disgraceful

índigo *m* indigo

indio¹ -dia *adj* 1 (de América) (American) Indian, Amerindian 2 (de la India) Indian, of/from India

indio² -dia *m,f* 1 (de América) (American) Indian, Amerindian; ***hacer el ~*** (Esp fam) to act the fool (colloq); **~ *comido, ~ ido*** (Andes) *said by or of a person who eats and then leaves immediately* 2 (de la India) Indian

indirecta *f* hint; **lanzar** *or* **soltar una ~** to drop a hint

indirectamente *adv* indirectly

indirecto -ta *adj* indirect; **una forma indirecta de decir que no** a roundabout *o* an indirect way of saying no

indisciplina *f* (de una persona) indiscipline, lack of discipline; (Mil) insubordination

indisciplinado -da *adj* ‹*alumno*› undisciplined, unruly; ‹*soldado*› insubordinate

indiscreción *f* 1 (dicho, declaración — que molesta) indiscreet *o* tactless remark; (— que revela un secreto) indiscreet *o* unguarded remark; **¿su edad, si no es ~?** how old are you, if you don't mind my asking?; **cometió la ~ de preguntárselo** he was indiscreet *o* tactless enough to ask her 2 (cualidad — al decir cosas que molestan) lack of discretion *o* tact, tactlessness; (— al revelar un secreto) lack of discretion, indiscretion

indiscreto -ta *adj* 1 (falto de tacto) indiscreet, tactless 2 (que revela un secreto) indiscreet

indiscriminado -da *adj* indiscriminate

indiscutible *adj* 1 ‹*pruebas*› indisputable, incontrovertible (frml); ‹*hecho/verdad*› indisputable, undeniable 2 ‹*líder/campeón*› undisputed

indiscutiblemente *adv* indisputably, undeniably

indiscutido -da *adj* undisputed

indisolubilidad *f* (del matrimonio, de un lazo) indissolubility; (Quím) insolubility

indisoluble *adj* ‹*matrimonio/lazo*› indissoluble; (Quím) insoluble

indispensable *adj* ‹*persona*› indispensable; ‹*objeto*› indispensable, essential; **lleva lo ~** take the bare essentials

indisponer [E22] *vt* 1 (Med) ‹*persona*› to make ... unwell *o* ill 2 (enemistar) **~ a algn CON** *or* **CONTRA algn** to turn *o* set sb AGAINST sb

■ **indisponerse** *v pron* 1 (Med) (caer enfermo) to fall *o* get ill, become indisposed (frml); (empezar a menstruar) (CS euf) to start one's period 2 (enemistarse) to fall out; **~se CON algn** to fall out WITH sb

indisposición *f* 1 (Med) slight illness, indisposition (frml) 2 (falta de voluntad) unwillingness; (falta de entusiasmo) disinclination

indispuesto -ta *adj* 1 (enfermo) unwell, indisposed (frml); ‹*mujer*› (CS euf): **está indispuesta** it's the time of the month (euph) 2 (enfadado) **estar ~ CON** *or* **CONTRA algn** to be annoyed WITH sb

indisputable *adj* ‹*hecho*› indisputable, unquestionable; ‹*líder*› undisputed

indistinguible *adj* indistinguishable; **~ DE algo** indistinguishable FROM sth

indistintamente *adv* 1 (sin distinción, separación): **puede firmar uno u otro ~** either of you can sign; **todos, ~, deberán hacerlo** everyone, without distinction *o* exception, will have to do it; **los culpa a ambos ~** he blames both alike [2] (no claramente) ‹*percibir/recordar*› vaguely

indistinto -ta *adj* [1] ‹*forma/contorno*› indistinct, vague; ‹*idea/recuerdo*› hazy, vague; ‹*voz/ruido*› indistinct [2] (indiferente): **me es ~** it makes no difference to me

individua *f* (fam & pey) floozy (colloq & pej)

individual[1] *adj* [1] ‹*características/libertades*› individual [2] ‹*cama/habitación*› single (*before n*); **mantel ~** place mat [3] ‹*caso*› one-off (*before n*), isolated [4] (Dep) ‹*prueba/final*› singles (*before n*)

individual[2] *m* [1] (Dep) singles (*pl*); **~ masculino/femenino** men's/women's singles [2] (mantel) place *o* table mat, mat

individualidad *f* individuality

individualismo *m* individualism

individualista[1] *adj* individualistic

individualista[2] *mf* individualist

individualizar [A4] *vi*: **no voy a ~** I'm not going to mention any names *o* single anyone out

■ **individualizar** *vt* to individualize; **es preciso ~ el problema** we have to isolate the problem

individuo *m* [1] (persona indeterminada): **un ~ alto** a tall man [2] (pey) (tipo) character (colloq), individual (colloq); **dos ~s un tanto extraños** two rather strange individuals; **ese ~ que iba contigo** that guy you were with (colloq) [3] (Fil, Sociol): **el ~** the individual [4] (de una especie) individual

indivisible *adj* indivisible

indiviso -sa *adj* undivided, whole

indizar [A4] *vt* ‹*libro/revista*› to index; ‹*archivo/datos*› (Inf) to index

Indochina *f* Indo-China

indocumentado[1] **-da** *adj*: **un joven ~** a young man with no identity papers

indocumentado[2] **-da** *m,f* [1] *person lacking, or not carrying, identity papers* [2] (inmigrante) illegal immigrant

indoeuropeo[1] **-pea** *adj/m,f* Indo-European

indoeuropeo[2] *m* (idioma) Indo-European

índole *f* [1] (tipo, clase) kind, nature; **un problema de ~ afectiva** a problem of an emotional nature [2] (manera de ser) nature; **ser de buena/mala ~** to be good-natured/ill-natured

indolencia *f* laziness, slackness, indolence

indolente *adj* lazy, slack, indolent

indoloro -ra *adj* painless

indomable *adj* [1] ‹*animal salvaje*› untamable*; ‹*caballo*› unbreakable [2] ‹*pueblo/tribu*› indomitable, unconquerable; **un joven ~** an indomitable young man [3] (fam) ‹*pelo/remolino*› unruly, unmanageable

indomitable *adj* (AmL) indomitable

indómito -ta *adj* [1] ‹*animal*› untamed [2] ‹*persona/temperamento*› indomitable, irrepressible

Indonesia *f* Indonesia

indonesio -sia *adj/m,f* Indonesian

indubitable *adj* (frml) indubitable (frml)

inducción *f*

A (Elec, Med) induction

B (Der) inducement

inducir [I6] *vt*

A (empujar, llevar): **¿qué lo indujo a escribir este libro?** what led *o* prompted *o* induced you to write this book?; **me indujo a error** it led me into error

B (Der, Elec, Med) to induce

■ **inducir** *vi*: **esto induce a creer que …** this leads us to believe that …; **~ a error** to be misleading; **un factor que puede ~ a la compra de un piso** a factor that may encourage *o* induce people to buy an apartment

inductivo -va *adj*

A (Fil) inductive

B (Elec) inductive, induction (*before n*)

indudable *adj* unquestionable; **es ~ que …** there is no doubt that …

indudablemente *adv* undoubtedly, unquestionably

indulgencia *f*

A (tolerancia) indulgence; (para perdonar un castigo) leniency; **con ~** leniently

B (Relig) indulgence

indulgente *adj* (tolerante) indulgent; (para perdonar castigos) lenient; **~ CON algn** indulgent WITH/lenient TOWARD(S) sb

indultar [A1] *vt* (Der) to pardon; (de la pena de muerte) to reprieve

indulto *m* (Der) pardon; (de la pena de muerte) reprieve

indumentaria *f* clothing, clothes (*pl*), attire (frml)

industria *f* (Com, Econ) industry; **la ~ de la construcción** the construction industry

Compuestos

- **industria artesanal** cottage industry
- **industria automovilística/pesquera** car/fishing industry
- **industria pesada** heavy industry
- **industria siderúrgica** iron and steel industry

industrial[1] *adj* industrial

industrial[2] *mf* industrialist

industrialización *f* industrialization

industrializar [A4] *vt* to industrialize

■ **industrializarse** *v pron* to become industrialized

industrioso -sa *adj* industrious

inédito -ta *adj* [1] ‹*obra/autor*› unpublished [2] (nuevo, sin precedente) unprecedented; **una técnica inédita en nuestro país** a technique hitherto unknown in this country

inefable *adj* (liter) indescribable, ineffable (liter)

ineficacia *f* (de medida) ineffectiveness; (de método, persona) inefficiency

ineficaz *adj* [1] ‹*remedio/medida*› ineffectual, ineffective [2] ‹*método/sistema/persona*› inefficient

ineficiencia *f* inefficiency

ineficiente *adj* inefficient

inelegible *adj* ineligible

ineludible *adj* inescapable, unavoidable

inenarrable *adj* (liter) ‹*alegría*› indescribable, inexpressible; ‹*espectáculo/proeza*› indescribable

ineptitud *f* ineptitude, incompetence

inepto[1] **-ta** *adj* inept, incompetent

inepto[2] **-ta** *m,f* incompetent

inequívoco -ca *adj* unequivocal, unmistakable

inercia *f* [1] (Fís) inertia [2] **por ~** (por rutina) out of habit; (por apatía) out of inertia *o* apathy

inerme *adj* [1] (sin armas) unarmed [2] (ante críticas, calumnias) defenseless*

inerte *adj* [1] [SER] (Quím) inert [2] [ESTAR] (sin movimiento) inert (liter), motionless; (sin vida) lifeless

inescrutable *adj* inscrutable

inesperado -da *adj* unexpected; **se marchó de manera inesperada** she left unexpectedly

inestabilidad *f* [1] (de edificio, estructura) instability [2] (de país, gobierno) instability; **~ económica** economic instability [3] (Psic) instability, lack of stability [4] (Meteo) instability, changeability

inestable *adj* [1] ‹*edificio/estructura*› unstable [2] ‹*país/economía*› unstable [3] ‹*carácter/matrimonio*› unstable [4] ‹*tiempo*› changeable, unsettled [5] (Fís, Quím) unstable

inestimable *adj* ‹*ayuda*› invaluable

inevitabilidad *f* inevitability, unavoidability

inevitable *adj* (ineludible) inevitable; ‹*cambio/conflicto/controversia*› unavoidable; **era ~ que empeorase la situación** the situation was bound to get worse

inexactitud *f* inaccuracy

inexacto -ta *adj* [1] ‹*cálculo/definición*› inaccurate, inexact [2] (falso) untrue

inexcusable *adj* ‹*comportamiento/error*› inexcusable, unforgivable; ‹*deber*› inescapable, unavoidable

inexistencia *f*: **la ~ de pruebas en su contra** the lack of evidence against him; **la ~ de normas que lo regulen** the non-existence of regulations to control it

inexistente *adj* nonexistent

inexorable *adj* ‹*sentencia/castigo*› inexorable; ‹*juez/padre*› inflexible, unyielding; **el ~ paso del tiempo** the inexorable passing of time

inexperiencia *f* inexperience

inexperto -ta *adj* (falto de experiencia) inexperienced; (falto de habilidad) inexpert, unskilled
inexplicable *adj* inexplicable
inexplicado -da *adj* unexplained
inexplorado -da *adj* unexplored
inexplotado -da *adj* unexploited
inexpresable *adj* inexpressible, indescribable
inexpresivo -va *adj* expressionless, inexpressive
inexpugnable *adj* impregnable
inextinguible *adj* (liter) ‹*deseo/amor*› inextinguishable (liter), undying (liter)
inextricable *adj* ‹*problema*› inextricable; ‹*bosque/maleza*› impenetrable
infalibilidad *f* infallibility
infalible *adj* ‹*persona/método*› infallible; ‹*puntería*› unerring
infaltable *adj* (CS) inevitable
infamador -dora, infamante *adj* defamatory
infamar [A1] *vt* (frml) to defame (frml), to slander
infamatorio -ria *adj* defamatory
infame¹ *adj* 1 (vil, cruel) ‹*persona*› loathsome, despicable; ‹*acción/comportamiento*› unspeakable, disgraceful 2 (fam) (uso hiperbólico) horrible, terrible
infame² *mf* loathsome *o* despicable person
infamia *f* 1 (acción vil) disgrace 2 (fam) (uso hiperbólico) sacrilege (hum)
infancia *f* (período) childhood; **la democracia aquí está todavía en su ~** democracy is still in its infancy here
infante -ta *m,f* 1 (hijo del Rey) (*m*) prince, infante; (*f*) princess, infanta 2 (liter) (niño) infant
(Compuesto) **infante de marina** marine
infantería *f* infantry
(Compuesto) **infantería de marina** marines (*pl*), Marine Corps
infanticida *mf* child killer
infanticidio *m* infanticide
infantil *adj* 1 ‹*enfermedad*› children's (*before n*), childhood (*before n*); ‹*literatura/programa/moda*› children's (*before n*); ‹*rasgos/sonrisa*› childlike; ‹*población*› child (*before n*) 2 (pey) ‹*persona/actitud/reacción*› childish (pej), infantile (pej)
infarto *m* heart attack; **como se entere le va a dar un ~** (fam) if she finds out, she'll have a heart attack (colloq); ***de ~*** (fam): **un partido con un final de ~** a game with a heart-stopping finish (colloq); **una noticia de ~** incredible *o* staggering news
infatigable *adj* tireless, unflagging (*before n*)
infatuación *f* vanity, conceit
infatuar [A18] *vt* to make … conceited
■ **infatuarse** *v pron* to become conceited
infausto -ta *adj* (liter) ‹*suceso*› unfortunate; ‹*día*› ill-fated, ill-starred (liter)
infección *f* infection
infeccioso -sa *adj* infectious
infectar [A1] *vt* to infect
■ **infectarse** *v pron* to become infected
infectocontagioso -sa *adj* infectious
infecundidad *f* infertility
infecundo -da *adj* infertile, barren (liter)
infelicidad *f* unhappiness
infeliz¹ *adj* 1 ‹*persona/vida*› unhappy 2 ‹*intervención/tentativa*› unfortunate
infeliz² *mf* poor wretch, poor devil
inferencia *f* inference
inferior¹ *adj*
A (en el espacio) lower; **en los pisos ~es** on the lower floors
B (en jerarquía) ‹*especie/rango*› inferior
C (en comparaciones) lower; **~ A algo**: **temperaturas ~es a los 10°** temperatures lower than *o* below 10°; **el número de votantes fue ~ a lo previsto** the number of voters was lower than expected; **nació con un peso ~ al normal** he was below average weight when he was born; **un número ~ al 20** a number below twenty

inferior² *mf* inferior
inferioridad *f* inferiority
inferir [I11] *vt*
A (deducir) **~ algo DE algo** to infer *o* deduce sth FROM sth
B (frml) ‹*herida/golpe*› to inflict (frml); **le infirió una puñalada** she inflicted a stab wound on him
infernal *adj* ‹*ruido*› infernal, hideous; ‹*música*› diabolical; **hacía un calor ~** it was baking hot (colloq)
infértil *adj* infertile
infertilidad *f* infertility
infestación *f* infestation
infestado -da *adj* **~ DE algo** (de insectos, parásitos) infested WITH sth; **~ de turistas** crawling with tourists
infestar [A1] *vt* to infest
infición *f* (Méx) pollution
infidelidad *f* infidelity, unfaithfulness; **~ conyugal** marital infidelity
infidencia *f* (Andes, Ven) (secreto) intimate detail, secret
infiel¹ *adj* 1 (desleal) unfaithful; **ser ~ A algn/algo** to be unfaithful TO sb/sth 2 (Relig) unbelieving (*before n*), infidel (*before n*) (dated)
infiel² *mf* unbeliever, infidel (dated)
infiernillo *m* (Esp) kerosene stove, primus® stove (BrE)
infierno *m* 1 hell; **¡vete al ~!** (fam) go to hell! (sl); ***estar en el quinto ~*** (fam) (en un lugar — aislado) to be in the back of beyond (colloq); (— lejano) to be miles away 2 (suplicio, sufrimiento): **su vida es un ~** her life is hell 3 (fam) (lugar — ruidoso) madhouse (colloq), bedlam (colloq); (— horrendo) hellhole (colloq)
infílder *mf* (Col, Ven) infielder
infiltración *f* infiltration
infiltrado -da *m,f* infiltrator
infiltrar [A1] *vt* to infiltrate; **~ a algn EN algo** to infiltrate sb INTO sth
■ **infiltrarse** *v pron*
A (en partido, organización) to infiltrate; **las tropas se ~on en territorio enemigo** the troops infiltrated (into) enemy territory
B «*ideas/vocablos*»: **palabras que se han ido infiltrando en la lengua** words that have been filtering into the language
C «*luz*» to filter; **la humedad se infiltraba en la pared** the damp seeped into the wall
ínfimo -ma *adj* ‹*cantidad*› negligible; ‹*calidad*› very poor
infinidad *f* (multitud, gran cantidad): **en ~ de ocasiones** on countless occasions; **~ de veces** innumerable *o* countless times; **~ de personas** vast numbers of people
infinitamente *adv* infinitely; **te lo agradezco ~** I'm deeply *o* infinitely grateful to you; **lo siento ~** I'm terribly *o* awfully sorry
infinitesimal *adj* infinitesimal
infinitésimo -ma *adj* infinitesimal
infinitivo *m* infinitive
infinito¹ -ta *adj* 1 (Fil, Mat) infinite 2 ‹*bondad/sabiduría*› infinite; ‹*amor*› boundless; **sentí una infinita tristeza** I felt (an) immense sadness 3 (*delante del n, en pl*) (innumerables) innumerable, countless
infinito² *m*: **el ~** 1 (Fil) the infinite; **mirar al ~** to look into the distance 2 (Mat) infinity
infinitud *f* ▸ **infinidad**
inflable *adj* inflatable
inflación *f* inflation
inflacionario -ria, inflacionista *adj* inflationary
inflador *m* (Bol, Per, RPl) bicycle pump
inflamable *adj* flammable, inflammable (BrE)
inflamación *f* (Med) inflammation; (Quím) ignition
inflamar [A1] *vt* 1 (Med) to inflame 2 (Quím) to ignite, set … on fire 3 (liter) (exaltar): **la arenga inflamó los corazones de los soldados** the speech stirred the hearts of the soldiers (liter)
■ **inflamarse** *v pron* 1 (Med) to become inflamed 2 (Quím) to ignite
inflamatorio -ria *adj* inflammatory
inflar [A1] *vt*
A 1 ‹*balón/rueda*› to inflate; ‹*globo*› to blow up; **las velas**

infladas por el viento the sails filled by the wind **2▸** ‹*noticia/acontecimiento*› to exaggerate
B (Chi fam) (hacer caso a) to take notice of
■ **inflar** *vi*
A (RPl arg) to be a pain in the neck (colloq)
B (Méx fam) (beber) to booze (colloq), to drink
■ **inflarse** *v pron*
A «*velas*» to swell, fill; **se infla de orgullo** he swells with pride
B (Méx fam) (beberse) to drink, down (colloq)
inflexibilidad *f* inflexibility
inflexible *adj* inflexible; **tiene fama de ser ~** he has a reputation for being inflexible; **se mostró ~** he refused to give in
inflexión *f* inflection
infligir [I7] *vt* to inflict
influencia *f*
A (influjo) influence; **bajo la ~ del alcohol** under the influence of alcohol; **~ EN** *or* **SOBRE algo** influence ON *o* UPON sth; **~ SOBRE algn** influence ON sb; **ejerce una mala ~ sobre ti** she's a bad influence on you
B influencias *fpl* (contactos) contacts (*pl*); **tiene ~s en las altas esferas** she has friends in high places
influenciable *adj* easily influenced
influenciar [A1] *vt* to influence
influir [I20] *vi* **~ EN algo/algn** to influence sth/sb, have an influence ON sth/sb; **eso no ha influido en mi decisión** that hasn't influenced my decision
■ **influir** *vt* to influence
influjo *m* influence; **ejerce un gran ~ sobre sus nietos** he is a strong influence on his grandchildren
influyente *adj* influential
información *f*
A 1▸ (datos, detalles) information; **para mayor ~ ...** for further information ...; **el mostrador de ~** the information desk **2▸** (Telec) information (AmE), directory enquiries (BrE)
B (Period, Rad, TV) news; **y ahora pasamos a la ~ internacional** and now for the foreign news; **informaciones filtradas a la prensa** information *o* news leaked to the press; **la página de la ~ cultural** the arts page; **la ~ que llega de la zona** the news coming out of the area
C (Inf) data (*pl*)
informado -da *adj* (sobre tema, noticia) informed; **fuentes bien informadas** reliable sources; **está muy bien ~ sobre el tema** he is very knowledgeable about the subject; **me mantuvo ~** she kept me informed; **está usted muy mal informada** you have been misinformed *o* wrongly informed
informador¹ -dora *adj*: **nuestro equipo ~** our team of reporters; **la responsabilidad ~a de la prensa** the press's responsibility *o* duty to inform
informador² -dora *m,f* **1▸** (Period) reporter, journalist **2▸** ▸**informante**
(Compuesto) **informador gráfico -dora gráfica** *m,f* press photographer
informal *adj*
A 1▸ ‹*persona*› unreliable **2▸** ‹*ropa/estilo*› informal, casual; ‹*cena/ambiente*› informal **3▸** (no oficial) ‹*reunión*› informal
B (AmL) ‹*economía/sector*› black (*before n*), informal (*before n*)
informalidad *f* **1▸** (de persona) unreliability **2▸** (de reunión, estilo) informality
informalmente *adv* **1▸** ‹*reunirse/hablar*› informally **2▸** ‹*vestir*› informally, casually
informante *mf* (de hecho, noticia) informant; (de la policía) informer
informar [A1] *vt* **1▸** ‹*persona/prensa*› to inform; **te han informado mal** you've been misinformed; **no se me había informado de esto** I had not been told about *o* informed of this; **¿podría ~me sobre los cursos de idiomas?** could you give me some information about language courses?; **me place ~le que ...** (frml) (Corresp) I am pleased to inform you that ... (frml) **2▸** (comunicar, hacer saber) to report; **fuentes policiales informan que ...** (period) police sources report that ...
■ **informar** *vi* (dar noticias, información) to report; **~ SOBRE algo** to report ON sth, give a report ON sth; **~ DE algo** to announce sth
■ **informarse** *v pron* to get information; **~se SOBRE algo** to find out *o* inquire ABOUT sth
informática *f* computer science, computing
informático¹ -ca *adj* computer (*before n*)
informático² *mf* computer specialist (*o* programmer *etc*)
informativo¹ -va *adj* **1▸** ‹*servicios/campaña*› information (*before n*); **programa ~** news program*; **desempeñamos una labor informativa** we provide information **2▸** (instructivo) informative; **una guía muy informativa** a very informative guidebook
informativo² *m* (news) program*
informatizar [A4] *vt* to computerize
■ **informatizarse** *v pron* to become computerized
informe *m*
A (exposición, dictamen) report; **~ policial/médico** police/medical report
B informes *mpl* **1▸** (datos) information, particulars (*pl*) **2▸** (de empleado) reference, references (*pl*); **pedir ~s** to ask for a reference/for references
infortunado -da *adj* ‹*persona*› unfortunate, unlucky; ‹*suceso*› unfortunate
infortunio *m* misfortune
infracción *f* offense*, infraction (frml); **una ~ contra el Fisco** a tax offense; **una ~ de la ley** an infringement *o* infraction of the law; **~ de tráfico** traffic violation (AmE), driving offence (BrE)
infraccionar [A1] *vt* (Chi, Méx frml) to fine
■ **infraccionar** *vi* (Chi, Méx frml) to offend, commit an offense*
infractor -tora *m,f* offender
infradesarrollo *m* underdevelopment
infradotado -da *adj* ‹*organismo/departamento*› underfunded, underfinanced
infraestructura *f* infrastructure
in fraganti *loc adv* red-handed; **la pescó ~ ~ con el vecino** (fam) he caught her in flagrante with their neighbor (hum)
infrahumano -na *adj* subhuman
infranqueable *adj* ‹*barrera/muro/río*› impassable; ‹*obstáculo/dificultades*› insurmountable, insuperable
infrarrojo -ja *adj* infrared
infrascrito -ta *m,f* (frml): **el ~** the undersigned
infrautilizado -da *adj* underused, underutilized
infravalorar [A1] *vt* to undervalue
infrecuente *adj* infrequent
infringir [I7] *vt* to infringe, break
infructuoso -sa *adj* fruitless
ínfulas *fpl*: **darse** *or* **tener muchas ~** to put on *o* give oneself airs; **se daba ~ de intelectual** he fancied himself as an intellectual
infundado -da *adj* unfounded, groundless
infundio *m* malicious story, lie, false rumor*
infundir [I1] *vt* ‹*confianza/respeto*› to inspire; ‹*sospechas*› to arouse; **les infundía miedo** it filled them with fear; **~ el terror entre los ciudadanos** to instill terror in the population; **para ~les ánimo** to give them encouragement
infusión *f* infusion; **~ de manzanilla** chamomile tea
Ing. = ingeniero/ingeniera
ingeniar [A1] *vt* ‹*método/sistema*› to devise, think up; ***ingeniárselas*** (fam): **se las ingenió para arreglarlo** he managed to fix it; **no sé cómo se las ingenia** I don't know how she does it
ingeniería *f* engineering
(Compuestos)
- **ingeniería civil/industrial/mecánica** civil/industrial/mechanical engineering
- **ingeniería de sistemas** systems engineering

ingeniero -ra *m,f* engineer
(Compuestos)
- **ingeniero aeronáutico -ra aeronáutica** aeronautical *o* aircraft engineer
- **ingeniero agrónomo -ra agrónoma** agriculturist
- **ingeniero -ra civil/industrial** civil/industrial engineer
- **ingeniero -ra de sistemas** systems engineer
- **ingeniero mecánico -ra mecánica** mechanical engineer

- **ingeniero -ra superior** engineer (*qualified after a five-year university course*)
- **ingeniero técnico -ra técnica** engineer (*qualified after a three-year university course*)

ingenio *m*
A 1 (talento) ingenuity, inventiveness; ***aguzar el*** **~** to rack one's brains 2 (chispa, agudeza) wit
B (aparato) device
C (AmL) (refinería) *tb* **~ azucarero** sugar refinery

ingenioso -sa *adj* 1 (lúcido) ‹*persona/idea*› clever, ingenious 2 (con chispa, agudeza) ‹*persona/dicho/chiste*› witty 3 ‹*aparato/invención*› ingenious

ingente *adj* (frml) enormous, huge; **desarrolló una ~ labor en ese campo** she made an enormous contribution in that field

ingenuidad *f* naivety, ingenuousness

ingenuo[1] -nua *adj* naive, ingenuous; **¡qué ~ eres!** you're so naive!

ingenuo[2] -nua *m,f*: **es un ~** he's so naive

ingerencia *f* interference

ingerir [I11] *vt* (frml) ‹*alimentos/líquidos*› to consume (frml), to ingest (frml)

ingestión, ingesta *f* (frml) ingestion (frml), consumption

Inglaterra *f* England

ingle *f* groin

inglés[1] -glesa *adj* 1 (de Inglaterra) English; ***a la inglesa***: **ir a la inglesa** (Chi fam) to go Dutch; **un filete a la inglesa** (Méx) a rare steak 2 (crit) (británico) British, English (crit)

inglés[2] -glesa *m,f*
A 1 (de Inglaterra) (*m*) Englishman; (*f*) Englishwoman; **los ingleses** the English, English people 2 (crit) ▸ **británico[2]**
B inglés *m* (idioma) English

ingobernable *adj* 1 ‹*país*› ungovernable 2 ‹*barco*› unsteerable

ingratitud *f* ingratitude

ingrato[1] -ta *adj* 1 (desagradecido) ‹*persona*› ungrateful; **~ con ella** ungrateful to her 2 (desagradable, difícil) ‹*vida*› hard; ‹*trabajo/tarea*› unrewarding

ingrato[2] -ta *m,f* ungrateful wretch (*o* swine *etc*) (colloq), ingrate (liter)

ingravidez *f* weightlessness

ingrávido -da *adj* 1 (liter) (ligero) light 2 (Fís) weightless

ingrediente *m* ingredient

ingresar [A1] *vi*
A «*persona*» 1 (en organización, club) to join; (en colegio) to enter; (en el ejército) to join; **~ en la cárcel** to be taken to jail, be placed in jail; **después de ~ en el hospital** after being admitted to (the) hospital; **ingresó cadáver** (Esp) he was dead on arrival 2 (AmL period) (entrar, introducirse): **la ventana por donde ~on los ladrones** the window through which the thieves broke in; **los jugadores ingresan al terreno de juego** the players are coming onto the field
B «*dinero*» to come in; **el dinero que ingresa en el país** the money coming into the country
■ **ingresar** *vt*
A ‹*persona*› (en hospital) to admit; **hubo que ~lo de urgencia** he had to be admitted as a matter of urgency; **fueron ingresados en esta prisión** they were taken to this prison
B (Esp) (Fin) ‹*dinero*› to pay in; **~ una cantidad en una cuenta** «*persona*» to pay a sum into an account; «*banco*» to credit an account with a sum

ingreso *m*
A 1 (en organización): **su solicitud de ~ en el club** his application to join the club; **discurso de ~** inaugural address; **el año de mi ~ a** *or* **en la universidad/el ejército/la compañía** the year I started *o* entered university/joined the army/joined the company; **examen de ~** entrance examination 2 (en hospital) admission 3 (AmL period) (entrada) entry; **fue difícil el ~ al estadio** it was difficult to get into *o* (frml) to gain access to the stadium
B (Fin) 1 (Esp) (depósito) deposit; **efectuó un ~ en el banco** he made a deposit at the bank 2 **ingresos** *mpl* (ganancias) income; **~s anuales** annual income; **los ~s del Estado** State revenue

(Compuesto) **ingresos brutos/netos** *mpl* gross/net income

ingrimo -ma *adj* (Col, Méx, Ven fam) 1 (sin compañía) all alone, all by oneself 2 ‹*lugar*› lonely, deserted

inhábil *adj*
A 1 (torpe) unskillful*, clumsy 2 (no apto) **~ PARA algo** unsuited TO sth; **es ~ para esa clase de trabajo** he's not cut out for that kind of work
B 1 ‹*día*› nonworking (*before n*) 2 (Der) (para un cargo): **fue declarado ~ para ejercer la profesión** he was disqualified from practicing the profession

inhabilidad *f*
A 1 (torpeza) lack of skill, clumsiness 2 (falta de aptitud) unsuitability
B (Der) (para un cargo) ineligibility

inhabilitación *f* disqualification, barring

inhabilitar [A1] *vt* **~ a algn PARA algo** ‹*para un cargo*› to disqualify sb FROM sth; **inhabilitado para ocupar cargos públicos** disqualified from holding public office; **el accidente lo inhabilitó para conducir** the accident left him unable to drive

inhabitable *adj* uninhabitable

inhabitado -da *adj* uninhabited

inhabitual *adj* unusual

inhalación *f* inhalation; **hacer inhalaciones** to inhale

(Compuesto) **inhalación de pegamento** *or* (Méx) **de cemento** glue sniffing

inhalador *m* inhaler

inhalar [A1] *vt* to inhale

inherente *adj* **~ A algo** inherent IN sth; **las funciones ~s al cargo** the duties attached to *o* that go with the job

inhibición *f* inhibition

inhibidor -dora *adj* inhibiting (*before n*)

inhibir [I1] *vt* to inhibit; **su actitud me inhibía** I was inhibited by her attitude
■ **inhibirse** *v pron* to become inhibited

inhóspito -ta *adj* inhospitable

inhumación *f* (frml) burial, interment (frml)

inhumanidad *f* inhumanity

inhumano -na *adj* 1 (falto de compasión) inhumane 2 (cruel) inhuman

inhumar [A1] *vt* (frml) to bury, inter (frml)

iniciación *f*
A (frml) (comienzo) beginning, start, commencement (frml)
B 1 (introducción) introduction; **curso de ~** introductory course 2 (a secta) initiation; **ceremonias de ~** initiation ceremonies

iniciado -da *m,f* initiate (frml); **para los ~s/no ~s** for the initiated/uninitiated

iniciador -dora *m,f* 1 (de técnica) pioneer; (de plan) initiator 2 (de problema): **la ~a de la disputa** the one who started *o* (frml) initiated the argument

inicial[1] *adj* ‹*plan/idea*› initial, original; ‹*temperatura/velocidad*› initial

inicial[2] *f* 1 (letra) initial 2 (en béisbol) first base 3 (Ven) (depósito) down payment

inicialar [A1] *vt* (en béisbol) to initial

inicialista *mf* (en béisbol) first base

inicializar [A4] *vt* (en béisbol) to initialize

iniciar [A1] *vt* 1 (frml) ‹*curso/viaje*› to begin, commence (frml); ‹*negociaciones/diligencias*› to initiate, commence (frml) 2 (en secta) **~ A algn EN algo** to initiate sb INTO sth 3 (en un arte) **~ a algn EN algo** to introduce sb TO sth
■ **iniciarse** *v pron*
A «*ceremonia/negociaciones*» to begin, commence (frml)
B «*persona*» 1 (en secta) **~se EN algo** to be initiated INTO sth 2 (en un arte) **~se EN algo** to take one's first steps IN sth

iniciativa *f* 1 (cualidad) initiative; **actuó por ~ propia** she acted on her own initiative 2 (propuesta) initiative 3 (ventaja, delantera): **tomó/perdió la ~** he took/lost the initiative

(Compuesto) **iniciativa privada** (Econ): **la ∼ ∼** the private sector, private enterprise
inicio *m* beginning, start
inicuo -cua *adj* (frml) iniquitous (frml), wicked
inidentificable *adj* unidentifiable
inigualable *adj* ‹*belleza*› matchless, incomparable; ‹*precios/oferta*› unbeatable
inigualado -da *adj* unrivaled•, unequaled•
inimitable *adj* inimitable
ininteligible *adj* unintelligible, incomprehensible
ininterrumpidamente *adv* ‹*trabajar*› without a break; ‹*llover/hablar/llorar*› nonstop
ininterrumpido -da *adj* ‹*lluvias/trabajo*› continuous, uninterrupted; ‹*sueño*› uninterrupted; ‹*línea*› continuous; **seis horas de música ininterrumpida** six hours of nonstop music
injerencia *f* interference
injerirse [I11] *v pron* **∼ EN algo** to interfere IN sth
injertar [A1] *vt* to graft
injerto *m* 1 (Agr) (acción) grafting; (tallo) graft, scion 2 (Med) graft
injuria *f* 1 (frml) (insulto) insult 2 (Der) slanderous allegation; **se querelló contra ella por ∼** he sued her for slander
injuriar [A1] *vt* 1 (frml) (insultar) to insult 2 (Der) to slander
injurioso -sa *adj* 1 (frml) (ofensivo) abusive, insulting 2 (Der) slanderous
injustamente *adv* unjustly, unfairly
injusticia *f* 1 (acto injusto) injustice, act of injustice; **es una ∼ que te hayan dicho eso** it's unfair of them to have said that to you 2 (cualidad) unfairness, injustice
injustificable *adj* unjustifiable
injustificado -da *adj* unwarranted, unjustified; **despido ∼** unfair dismissal
injusto -ta *adj* unfair; **ser ∼ CON algn** to be unfair TO *o* ON sb
Inmaculada *f*: **la ∼** the Blessed Virgin
inmaculado -da *adj* 1 ‹*presentación/vestido/superficie*› immaculate; **la blancura inmaculada de la nieve** (liter) the pristine whiteness of the snow (liter) 2 ‹*fama*› impeccable 3 (ant) ‹*mujer*› chaste
(Compuesto) **Inmaculada Concepción** *f* Immaculate Conception
inmadurez *f* immaturity, lack of maturity
inmaduro -ra *adj* ‹*persona/animal*› immature; ‹*fruta*› unripe
inmarchitable *adj* ‹*belleza*› unfading; ‹*ilusión/gloria*› everlasting, undying (liter)
inmaterial *adj* 1 (abstracto) ‹*problema/tema*› abstract 2 (intangible) ‹*figura/cuerpo*› ethereal, immaterial (frml)
inmediaciones *fpl* vicinity, surrounding area; **el hotel está en las ∼ del aeropuerto** the hotel is in the vicinity of the airport; **en las ∼ de la capital** in the area around the capital
inmediatez *f* immediacy
inmediato -ta *adj* 1 ‹*efecto/respuesta*› immediate; **de ∼** immediately, right away, straightaway (BrE) 2 ‹*zona*› immediate; ‹*lugar/pueblo*› **∼ A algo** close TO sth
inmejorable *adj* ‹*resultados/posición*› excellent, unbeatable; **un producto de ∼ calidad** a top-quality product; **está en una situación ∼** it is superbly located
inmemorial *adj* age-old (*before n*); **desde tiempo(s) ∼(es)** since time immemorial
inmensidad *f* immensity
inmenso -sa *adj* ‹*fortuna/cantidad*› immense, vast, huge; ‹*casa/camión*› huge, enormous; ‹*alegría/pena*› great, immense; **sentía por ella un ∼ cariño** he was extremely fond of her; **¡es ∼!** it's absolutely huge!
inmensurable *adj* (liter) boundless (liter), immeasurable
inmerecido -da *adj* undeserved, unmerited
inmersión *f* 1 (de submarino, objeto) immersion 2 (en asunto, actividad) immersion, absorption
inmerso -sa *adj* 1 ‹*submarino/buzo*› submerged; ‹*objeto*› immersed 2 (en problema, actividad): **inmersa en sus tareas** absorbed in her work; **la crisis en que estamos ∼s** the crisis in which we are immersed
inmesurado -da *adj* (Chi frml) immoderate, excessive
inmigración *f* immigration
inmigrado -da *m,f* immigrant
inmigrante[1] *adj* immigrant (*before n*)
inmigrante[2] *mf* immigrant
inmigrar [A1] *vi* to immigrate
inminencia *f* imminence
inminente *adj* imminent, impending
inmiscuirse [I20] *v pron* **∼ EN algo** to interfere IN sth, meddle IN sth
inmobiliaria *f* 1 (agencia) real estate agency (AmE), estate agent's (BrE) 2 (empresa propietaria) real estate company (AmE), property company (BrE) 3 (empresa constructora) property developer
inmobiliario -ria *adj* real estate (*before n*) (AmE), property (*before n*) (BrE)
inmobilizador *m* immobilizer
inmoderado -da *adj* excessive, immoderate
inmodesto -ta *adj* 1 (vanidoso, presuntuoso) immodest 2 (ant) (sin recato) ‹*mujer*› unchaste (dated); ‹*escote*› immodest
inmolación *f* sacrifice
inmolar [A1] *vt* ‹*víctima*› to sacrifice
■ **inmolarse** *v pron* (frml) ‹‹*héroe*›› to sacrifice oneself
inmoral[1] *adj* immoral
inmoral[2] *mf*: **eres un ∼** you have no morals
inmoralidad *f* immorality
inmortal[1] *adj* 1 ‹*alma/ser*› immortal 2 ‹*héroe/obra*› immortal; ‹*fama/amor*› eternal, undying (liter)
inmortal[2] *mf* immortal
inmortalidad *f* immortality
inmortalizar [A4] *vt* to immortalize
■ **inmortalizarse** *v pron* to achieve immortality, be immortalized
inmotivado -da *adj* ‹*ataque*› unprovoked, motiveless; ‹*preocupación*› groundless, unfounded
inmovible *adj* immovable
inmóvil *adj* still
inmovilidad *f* immobility
inmovilismo *m* resistance to change, immobilism (frml)
inmovilización *f* 1 (de persona, país, vehículo) immobilization 2 (Fin) (de capital) tying up
inmovilizar [A4] *vt*
A ‹*persona/país/vehículo*› to immobilize
B (Com, Fin) ‹*capital*› to tie up
inmueble *m* (frml) building, property (frml)
inmundicia *f* 1 (suciedad) filth 2 (dicho, cosa inmoral): **esa película es una ∼** that film is absolute filth
inmundo -da *adj* 1 ‹*lugar*› filthy 2 ‹*sabor/comida*› foul, disgusting 3 (repulsivo) ‹*escena/película*› filthy, disgusting
inmune *adj* immune; **∼ A algo** immune TO sth
inmunidad *f* immunity; **∼ A algo** immunity TO sth
(Compuestos)
- **inmunidad diplomática** diplomatic immunity
- **inmunidad parlamentaria** parliamentary *o* congressional privilege

inmunizar [A4] *vt* to immunize; **∼ a algn CONTRA algo** to immunize sb AGAINST sth
■ **inmunizarse** *v pron* 1 ‹‹*organismo*›› to become immune 2 (frml) (vacunarse) **∼se CONTRA algo** to be immunized *o* inoculated AGAINST sth
inmunodeficiencia *f* immunodeficiency
inmunología *f* immunology
inmunológico -ca *adj* ‹*tolerancia*› immunological; ‹*sistema/reacción*› immune (*before n*)
inmutabilidad *f* immutability
inmutable *adj* 1 (inalterable) ‹*designios/principio*› unchanging, immutable (frml) 2 (impasible) ‹*persona*› impassive
inmutar [A1] *vt* ‹*persona*› to perturb (frml)
■ **inmutarse** *v pron* ‹‹*persona*››: **cuando se lo dije ni se inmutó** she didn't bat an eyelid when I told her (colloq); **no se inmuta por nada** he's not flustered by anything; **lo**

escuchó sin ~se she listened to him unperturbed

innato -ta *adj* innate, inborn

innavegable *adj* ‹*río*› unnavigable; ‹*embarcación*› unseaworthy

innecesario -ria *adj* unnecessary

innegable *adj* undeniable

innoble *adj* ignoble

innombrable *adj* unmentionable, unspeakable

innovación *f* innovation

innovador¹ -dora *adj* innovative

innovador² -dora *m,f* innovator

innovar [A1] *vi* to innovate
■ **innovar** *vt* to make innovations in

innumerable *adj* innumerable; **~s veces** innumerable *o* countless times

inobservancia *f* nonobservance

inocencia *f* 1 (Der) innocence 2 (ingenuidad) innocence, naivety; **lo dijo con toda la ~ del mundo** he said it in all innocence

inocentada *f* ≈ April Fools' joke (*played on 28 December*); **gastarle** *or* **hacerle ~s a algn** to play practical jokes on sb

inocente¹ *adj* [SER] 1 (sin culpa) innocent; (Der) innocent, not guilty; **lo declararon ~** he was found not guilty 2 ‹*broma*› harmless 3 (ingenuo) naive, gullible

inocente² *mf* innocent; **no te hagas el ~** don't play the innocent

inocentón -tona *adj* (fam) innocent, wet behind the ears (colloq)

inoculación *f* inoculation

inocular [A1] *vt* to inoculate

inocuo -cua *adj* ‹*sustancia/tratamiento*› harmless, innocuous

inodoro¹ -ra *adj* odorless*

inodoro² *m* 1 (wáter) toilet, lavatory 2 (taza) bowl, pan

inofensivo -va *adj* harmless, inoffensive

inolvidable *adj* unforgettable

inoperable *adj* 1 ‹*enfermo/tumor*› inoperable 2 ‹*sistema*› unworkable

inoperancia *f* 1 (inviabilidad) unworkability 2 (falta de eficacia) ineffectiveness

inoperante *adj* 1 (inviable) unworkable, inoperable 2 (ineficaz) ineffective

inopia *f* (fam): **yo, de álgebra, estoy en la ~** I don't know a thing about algebra; **me quedé en la ~** I was left in the dark; **está siempre en la ~** he's always daydreaming

inoportunidad *f* inopportuneness

inoportuno -na *adj* 1 ‹*visita/llamada*› untimely, inopportune; **llamó en un momento ~** he phoned at a bad moment 2 ‹*comentario/crítica*› ill-timed, inopportune

inorgánico -ca *adj* inorganic

inquebrantable *adj* ‹*fe*› unshakable, unyielding; ‹*lealtad*› unswerving; ‹*voluntad/salud*› iron (*before n*)

inquietante *adj* ‹*noticia/cifras*› disturbing, worrying; ‹*síntoma*› worrying

inquietar [A1] *vt* to worry, disturb
■ **inquietarse** *v pron* to worry; **~se POR algo/algn** to worry ABOUT sth/sb

inquieto -ta *adj* 1 [ESTAR] (preocupado) worried; **se sentía inquieta tan sola** she felt uneasy being all alone 2 [SER] (emprendedor) enterprising; (vivo) lively, inquiring (*before n*) 3 (que se mueve mucho) restless

inquietud *f* 1 (preocupación) worry; **~ POR algo** concern ABOUT sth 2 (interés): **es una persona sin ~es** she has no interest in anything; **su ~ filosófica** his philosophical preoccupations 3 (agitación) restlessness

inquilinaje *m* (Chi) (Agr) tenancy

inquilinato *m* 1 (arriendo) tenancy; **contrato de ~** tenancy agreement 2 (Agr) tenancy 3 (AmS) (edificio) tenement (house) 4 (Chi) (agricultores) tenant farmers (*pl*)

inquilino -na *m,f* 1 (arrendatario) tenant; **el actual ~ de la Casa Blanca** the current occupant of the White House 2 (Chi) (Agr) tenant farmer

inquina *f*: **tenerle ~ a algn** to bear ill will against sb, have a grudge against sb

inquirir [I13] *vi* (frml) **~ SOBRE algo** to make inquiries ABOUT sth, inquire INTO sth

Inquisición *f* (Hist): **la Inquisición** the Inquisition

inquisidor¹ -dora *adj* ‹*mirada/ojos*› inquiring (*before n*), searching (*before n*)

inquisidor² *m* inquisitor

inquisitivo -va *adj* inquisitive, curious

insaciable *adj* ‹*apetito*› insatiable; ‹*sed*› unquenchable; ‹*afán/deseo*› insatiable

insalubre *adj* unhealthy, insalubrious (frml)

insalubridad *f* unhealthiness, insalubrity (frml)

insalvable *adj* insurmountable, insuperable

insano -na *adj* 1 (loco) mad, insane 2 ‹*lugar/condiciones*› unhealthy

insatisfacción *f* dissatisfaction

insatisfactorio -ria *adj* unsatisfactory

insatisfecho -cha *adj* 1 (descontento) dissatisfied; **~ CON algo/algn** dissatisfied WITH sth/sb 2 ‹*hambre/deseo*› unsatisfied

inscribir [I34] *vt*
A (en registro) to register; (en curso, escuela) to register, enroll*; **inscribieron al niño/el nacimiento** they registered the child/the birth
B 1 (grabar) ‹*iniciales*› to engrave 2 (Mat) to inscribe
■ **inscribirse** *v pron*
A ‹‹*persona*›› (en curso, colegio) to enroll*, register; (en concurso) to enter; (en congreso) to register
B ‹‹*acción/obra*›› **~se DENTRO DE algo** to be in keeping WITH sth; **su novela se inscribe dentro del movimiento surrealista** her novel falls within the context of the surrealist movement

inscripción *f* 1 (para curso) enrollment*, registration; (para concurso) entry; (en congreso) registration; **la ~ se cierra el ...** the last day for enrollment is ... 2 (de un nacimiento) registration 3 (leyenda, lema) inscription

inscrito -ta, (RPl) **inscripto -ta** *pp*: *see* **inscribir**

insecticida *m* insecticide

insectívoro -ra *adj* insectivorous

insecto *m* insect

inseguridad *f* 1 (falta de confianza) insecurity 2 (falta de firmeza, estabilidad) unsteadiness 3 (falta de garantías) insecurity, lack of security 4 (en ciudad, barrio): **hay mucha ~ en esta ciudad** this city is very unsafe *o* dangerous; **la ~ ciudadana** the lack of safety on our streets

inseguro -ra *adj* 1 (falto de confianza) insecure 2 (falto de firmeza, estabilidad) unsteady 3 ‹*situación/futuro*› insecure 4 ‹*ciudad/barrio*› unsafe, dangerous

inseminación *f* insemination
(Compuesto) **inseminación artificial** artificial insemination

inseminar [A1] *vt* to inseminate

insensatez *f* 1 (cualidad) foolishness, senselessness 2 (dicho, hecho): **lo que has dicho/hecho es una ~** that was a stupid thing to say/do

insensato¹ -ta *adj* foolish

insensato² -ta *m,f* fool

insensibilidad *f* 1 (a emociones) insensitivity 2 (Med) (de una parte del cuerpo) numbness, lack of sensitivity

insensibilizar [A4] *vt* 1 ‹*persona*› to desensitize, harden 2 (Med) to numb, render ... insensitive
■ **insensibilizarse** *v pron* ‹‹*persona*›› to become *o* grow hardened

insensible *adj* insensitive; **~ al frío** insensitive to the cold; **es ~ a mis súplicas** he is oblivious *o* insensible to my entreaties

inseparable *adj* inseparable

insepulto -ta *adj* (frml) unburied

inserción *f* insertion

insertar [A1] *vt* to insert

inservible *adj* (inútil) useless; (inutilizable) unusable; **todo tipo de trastos ~s** all kinds of useless objects

insidia *f* (malicia) malice; (engaño) deceit

insidioso -sa *adj* (malicioso) malicious; (engañoso) deceitful

insigne *adj* famous, notable

insignia *f* [1] (distintivo, emblema) insignia, emblem; (prendedor) badge, button (AmE) [2] (bandera) flag; (estandarte) standard, banner

insignificancia *f* [1] (intrascendencia) insignificance [2] (cosa insignificante): **me costó una ~** it cost me next to nothing; **es una ~, pero me dolió** it's nothing really but it hurt me; **discutir por ~s** to argue over petty things

insignificante *adj* ‹*asunto/detalle/suma*› insignificant, trivial, trifling (*before n*); ‹*objeto/regalo*› small; ‹*persona*› insignificant

insinceridad *f* insincerity, lack of sincerity

insincero -ra *adj* insincere

insinuación *f* insinuation; **por las insinuaciones que me hizo** from the hints he dropped

insinuante *adj* ‹*mirada/voz*› suggestive; ‹*escote*› provocative

insinuar [A18] *vt* to insinuate, hint at; **no lo dijo claramente pero lo insinuó** he didn't say it straight out but he hinted at it

▪ **insinuarse** *v pron*

A «*barba*» to begin to show; «*problema/síntoma*» to become apparent

B **insinuársele a algn** to make advances to sb, to make a pass at sb

insípido -da *adj* insipid, bland

insistencia *f* insistence; **con ~** insistently

insistente *adj* ‹*persona*› insistent; ‹*recomendaciones/pedidos*› repeated (*before n*), persistent; ‹*timbrazos*› insistent, repeated (*before n*)

insistentemente *adv* [1] ‹*pedir*› repeatedly, persistently [2] ‹*golpear*› insistently

insistir [I1] *vi* to insist; **es inútil que insistas** there's no point going on about it; **ya que insistes, iré** if you insist, I'll go; **~ EN + INF** to insist ON -ING; **insistieron en acompañarme** they insisted on coming with me; **insiste en que lo hagamos** he insists (that) we do it; **insiste en que es suyo** she is adamant that it's hers; **~ SOBRE** *or* **EN algo** to stress sth; **insistió en su importancia** she stressed its importance

insobornable *adj* incorruptible

insociable *adj* unsociable

insolación *f* [1] (Med) sunstroke; **agarrar una ~** to get sunstroke [2] (Meteo) sunshine, insolation (frml)

insolencia *f* [1] (cualidad) insolence [2] (dicho): **no pienso tolerar sus ~s** I don't intend putting up with his insolence *o* his insolent behavior; **contestarle así fue una ~** it was very rude of you to answer him like that

insolentarse [A1] *v pron* to become insolent; **~ CON algn** to be rude *o* insolent TO sb

insolente¹ *adj* rude, insolent

insolente² *mf*: **es una ~** she's so rude *o* insolent

insolidaridad *f* lack of solidarity

insolidario -ria *adj* unsupportive

insólito -ta *adj* unusual; **fue ~ que viniera** it was unusual for him to come

insolubilidad *f* insolubility

insoluble *adj* insoluble

insolvencia *f* insolvency

insolvente *adj* insolvent

insomne *adj/mf* insomniac

insomnio *m* insomnia

insondable *adj* (liter) [1] ‹*abismo/mar*› bottomless [2] ‹*secreto/pensamientos*› unfathomable (liter)

insonorización *f* soundproofing

insonorizado -da *adj* soundproof

insonorizar [A4] *vt* to soundproof

insoportable *adj* unbearable, intolerable

insoslayable *adj* unavoidable, inescapable

insospechable *adj* beyond suspicion

insospechado -da *adj* ‹*reacción/consecuencias*› unforeseen; **descubrieron allí un mundo ~** there they discovered an undreamed-of world

insostenible *adj* [1] ‹*situación/gasto*› unsustainable [2] ‹*posición/tesis*› untenable

inspección *f* (verificación, examen) inspection; **una visita de ~** a tour of inspection; **~ sanitaria** health *o* sanitary inspection

inspeccionar [A1] *vt* to inspect

inspector -tora *m,f* inspector

(Compuestos)

• **inspector -tora de Hacienda** revenue agent (AmE), tax inspector (BrE)

• **inspector -tora de policía** (police) inspector

inspiración *f*

A (Art, Lit, Mús) inspiration; **obras de ~ clásica** works inspired by the classics

B (Fisiol) inhalation

inspirado -da *adj* inspired; **hoy no estoy muy ~** I'm not feeling very inspired today

inspirador -dora *adj* inspiring

inspirar [A1] *vt*

A ‹*confianza*› to inspire; ‹*compasión*› to arouse, inspire; **~les confianza** to inspire confidence in them *o* inspire them with confidence; **su voz les inspiraba terror** (liter) his voice filled them with fear (liter)

B «*obra/canción/persona*» to inspire

▪ **inspirar** *vi* (Fisiol) to inhale

▪ **inspirarse** *v pron* **~se EN algo** «*persona/obra/ley*» to be inspired BY sth

instalación *f* [1] (colocación) installation [2] (equipo, dispositivo) system; **la ~ sanitaria** the plumbing [3] **instalaciones** *fpl* (dependencias) installations (*pl*); **las instalaciones portuarias** the port installations; **instalaciones deportivas** sports facilities

instalar [A1] *vt*

A [1] (colocar y conectar) ‹*teléfono/lavaplatos*› to install; ‹*antena*› to erect, put up [2] (colocar) ‹*archivador/piano*› to put [3] ‹*oficina/consultorio*› to open, set up

B (AmL) ‹*comisión*› to set up, establish

▪ **instalarse** *v pron* to settle, install oneself; **nos instalamos en la nueva oficina** we've settled into the new office

instancia *f*

A (solicitud) official request *o* application; **a ~s de** at the request of, at the instance of (frml)

B (momento) moment, happening; **en última ~** (como último recurso) as a last resort

C (period) (autoridad) authority; **las más altas ~s de la nación** the highest authorities in the land

instantánea *f* snapshot

instantáneamente *adv* instantly

instantáneo -nea *adj* [1] ‹*resultado/crédito*› instant (*before n*); ‹*reacción*› instantaneous, immediate; **le produjo la muerte instantánea** (period) it killed him instantly [2] ‹*café*› instant (*before n*)

instante *m* moment; **un ~, por favor** just a second *o* moment, please; **me llama a cada ~** he calls me all the time; **al ~** right away, straightaway (BrE)

instar [A1] *vt* (frml) **~ a algn A + INF** *or* **A QUE + SUBJ** to urge sb TO + INF

instauración *f* establishment

instaurar [A1] *vt* to establish

instigación *f* instigation; **por ~ de su hermano** at her brother's instigation

instigador -dora *m,f* instigator

instigar [A3] *vt* **~ a algn A algo/ + INF** to incite sb TO sth/ + INF; **~ al pueblo a la rebelión** to incite the people to rebellion

instintivo -va *adj* instinctive

instinto *m* instinct; **por ~** instinctively; **tiene mucho ~ para los negocios** she has a good instinct for business

(Compuesto) **instinto de conservación/maternal** survival/maternal instinct

institución *f* [1] (organismo) institution; **la siesta es toda una ~ aquí** (fam) the siesta is a real institution here [2] (creación, constitución) establishment [3] **instituciones** *fpl* (de una sociedad) institutions (*pl*)

institucional *adj* institutional

institucionalizar [A4] *vt* to institutionalize

i

instituir [I20] *vt* ‹*reforma*› to institute; ‹*norma*› to establish; ‹*premio/beca*› to set up, institute

instituto *m* institute

(Compuesto) **instituto nacional de bachillerato** (Esp) high school (AmE), secondary school (BrE)

institutriz *f* governess

instrucción *f*

A (educación) education; **una mujer sin ~** an uneducated woman; **recibieron ~ sobre estos métodos** they were trained in these methods

(Compuesto) **instrucción militar** military training

B (Der) (de una causa) hearing; **la ~ de un sumario** the preliminary investigation into a case

C **instrucciones** *fpl* **1** (de aparato, juego) instructions (*pl*); (para llegar a un lugar) directions (*pl*) **2** (órdenes) instructions

instructivo -va *adj* educational

instructor -tora *m,f* instructor

instruido -da *adj* [SER] educated

instruir [I20] *vt*

A **1** (adiestrar, educar) **~ a algn EN algo** to instruct *o* train sb IN sth; **me instruyó en su manejo** he instructed *o* trained me in its use **2** (frml) (informar) **~ a algn SOBRE algo** to apprise sb OF sth (frml)

B (Der) ‹*causa*› to try, hear; **el juez que instruye el sumario** the judge who is conducting the preliminary investigation into the case

■ **instruir** *vi*: **viajar instruye** travel broadens the mind

■ **instruirse** *v pron* (*refl*) to broaden one's mind, improve oneself

instrumentación *f* **1** (Mús) instrumentation, orchestration **2** (period) (de medidas, plan) implementation; (de una campaña) orchestration

instrumentador -dora *m,f* (RPl) nurse (AmE), theatre nurse (BrE)

instrumental¹ *adj* (Mús) instrumental

instrumental² *m* **1** (Med) equipment, set of instruments **2** (Mús) instruments (*pl*)

instrumentar [A1] *vt* **1** (Mús) to orchestrate, score **2** (period) ‹*medidas/resolución/plan*› to implement

instrumentista *mf* **1** (Mús) instrumentalist **2** (Med) nurse (AmE), theatre nurse (BrE)

instrumento *m*

A **1** (Mús) (musical) instrument; **~ de cuerda/de viento** string/wind instrument **2** (herramienta) instrument; (Med) instrument; **~s de medición/de precisión** measuring/precision instruments

B (medio) means

insubordinación *f* insubordination

insubordinado¹ -da *adj* **1** (desobediente) insubordinate **2** (sublevado) rebellious

insubordinado² -da *m,f* **1** (desobediente) insubordinate **2** (sublevado) rebel

insubordinar [A1] *vt* to rise to rebellion; **los ~on contra el dictator** they caused them to rebel against the dictator

■ **insubordinarse** *v pron* **1** (desobedecer) to be insubordinate; **~ se CONTRA algn** to be insubordinate TO sb **2** (sublevarse) to rebel; **~ se CONTRA algn** to rebel AGAINST sb

insubsistente *adj* (Col frml): **ser declarado ~** to be relieved of one's duties (frml)

insuceso *m* (Col period) unfortunate event *o* incident

insuficiencia *f* **1** (escasez): **la ~ de medios/calcio** the lack of resources/calcium; **la ~ de personal** the staff shortage **2** **insuficiencias** *fpl* (fallos, inadecuaciones) inadequacies (*pl*); **las ~s del sistema** the inadequacies of the system; **~s en la alimentación** dietary deficiencies

(Compuesto) **insuficiencia cardíaca/renal** heart/kidney failure

insuficiente¹ *adj* **1** ‹*medios/cantidad*› inadequate, insufficient **2** (Educ) ‹*trabajo*› poor, unsatisfactory

insuficiente² *m* fail

insufrible *adj* **1** ‹*persona*› unbearable, insufferable **2** ‹*situación*› intolerable; ‹*dolor*› unbearable

ínsula *f* (liter) isle (liter)

insular *adj* ‹*características*› insular; **la economía ~** the island's economy

insularidad *f* insularity

insulina *f* insulin

insulso -sa *adj* **1** ‹*comida*› insipid, tasteless, bland **2** ‹*persona*› insipid, dull; ‹*conversación/libro*› dull

insultante *adj* insulting

insultar [A1] *vt* **1** (proferir insultos) to insult **2** (ofender) to insult, offend; **aquello insultaba la memoria de su padre** that was an insult to the memory of her father

insulto *m* insult

insumos *mpl* (esp AmL) consumables (*pl*); **~ agrícolas como fertilizantes** agricultural inputs *o* consumables such as fertilizers; **los hospitales recibirán ayuda en ~** the hospitals will receive aid in the form of medical supplies

insuperable *adj* **1** (insalvable) ‹*problema/dificultad*› insurmountable, insuperable **2** (inmejorable) ‹*calidad/precio*› unbeatable

insurgencia *f* **1** (acto) rebellion, insurgency **2** (fuerzas) insurgent *o* rebel forces (*pl*)

insurgente¹ *adj* (frml) rebel (*before n*), insurgent (frml)

insurgente² *mf* (frml) rebel, insurgent (frml)

insurrección *f* (frml) uprising, insurrection (frml)

insurrecto¹ -ta *adj* (frml) rebel (*before n*), insurrectionary (frml)

insurrecto² -ta *m,f* (frml) rebel, insurrectionist (frml)

insustancial *adj* lightweight, insubstantial

insustituible *adj* irreplaceable

intachable *adj* impeccable, irreproachable

intacto -ta *adj* **1** (íntegro, no dañado) intact; **su reputación quedó intacta** he kept his reputation *o* his good name intact **2** (no tocado) untouched

intangible¹ *adj* intangible, impalpable

intangible² *m* (Com, Fin) intangible asset

integración *f* **1** (Mat, Sociol) integration; **la ~ de los immigrantes en la sociedad** the integration of immigrants into the society **2** (Fin) incorporation

integrado -da *adj* integrated

integrador -dora *adj*: **una política ~a** a policy of integration

integral¹ *adj* **1** (completo, total) comprehensive; **el desnudo ~** full-frontal nudity **2** (incorporado) built-in

integral² *f* (Mat) integral

íntegramente *adv*

A (totalmente) entirely

B ‹*actuar/comportarse*› with integrity

integrante *mf* member

integrar [A1] *vt*

A (formar) ‹*grupo/organización*› to make up; **los países que integran la organización** the countries which make up the organization

B (incorporar) ‹*idea/plan*› to incorporate

C (Mat, Sociol) to integrate; **para ~ al niño en el grupo** to integrate the child into the group

D (CS) ‹*suma/cantidad*› to pay

■ **integrarse** *v pron* **1** (asimilarse) to integrate, fit in; **~se A** *or* **EN algo** to integrate INTO sth, fit INTO sth **2** (unirse) **~se A** *or* **EN algo** to join sth; **~se a la CE** to join the EC

integridad *f*

A (totalidad, perfección): **amenaza la ~ del estado** it threatens the integrity of the state; **la ~ del producto** the (good) condition of the product

(Compuesto) **integridad física** personal safety; **un acto que atentó contra su ~ ~** an attempt against her life

B (entereza, rectitud) integrity; **~ moral** moral integrity

íntegro -gra *adj*

A **1** ‹*texto*› unabridged; **se proyectó en versión íntegra** they screened the full-length version **2** (completo, entero): **se estudió la obra íntegra en dos días** she learned the whole play in two days

B ‹*persona*› upright

intelecto *m* intellect

intelectual *adj/mf* intellectual

intelectualidad *f* (intelectuales) intelligentsia

inteligencia *f*
A (facultad, ser inteligente) intelligence
(Compuesto) **inteligencia artificial** artificial intelligence
B (comprensión) understanding
C (Mil, Pol) intelligence; **servicios de ~** intelligence services
D (intelectuales) intelligentsia

inteligente *adj* **1** (dotado de inteligencia) ‹*animal/ser*› intelligent **2** (de inteligencia superior) ‹*persona*› intelligent, clever; ‹*perro*› intelligent **3** ‹*ordenador/armas*› smart

inteligible *adj* intelligible

intemperancia *f* **1** (frml) (intransigencia) intransigence **2** (frml) (falta de moderación) intemperance **3** (Chi frml) (embriaguez) inebriation (frml)

intemperie *f*: **la ~** the elements (*pl*); **pasar la noche a la ~** to spend the night out in the open

intempestivo -va *adj* ‹*visita*› untimely, inopportune; **no lo llames a estas horas tan intempestivas** don't phone him at this ungodly *o* unearthly hour (colloq)

intemporal *adj* (frml) timeless, without time

intención *f* intention; **no fue mi ~ ofenderte** I didn't mean to offend you; **tiene buenas intenciones** she's well-intentioned, she means well; **tiene malas intenciones** he is up to no good; **lo dijo con segunda** *or* **doble ~** she had an ulterior motive for saying it; **me preguntó por ella con mala ~** he asked after her on purpose, he deliberately asked after her; **con la mejor ~** with the best of intentions; **lo que cuenta es la ~** it's the thought that counts; **vine con (la) ~ de ayudarte** I came to help you; **tiene (la) ~ de abrir un bar** she plans *o* intends to open a bar; **no tengo la menor** *or* **la más mínima ~ de devolvérselo** I have no intention whatsoever of giving it back to him

intencionadamente *adv* on purpose, deliberately

intencionado -da *adj* **1** (hecho a propósito) deliberate, intentional; **el incendio fue ~** the fire was started deliberately **2** **mal ~** malicious, hostile **3** **bien ~** ‹*plan/medida*› well-intentioned; ‹*persona*› well-meaning, well-intentioned

intencional *adj* intentional, deliberate

intencionalidad *f* intent, purpose

intendencia *f* **1** (Mil) Quartermaster Corps **2** (Andes) (división territorial) administrative division **3** (RPl) (gobierno municipal) town/city council; (edificio) town/city hall

intendente *mf* **1** (Mil) quartermaster general **2** (Andes) governor **3** (RPl) mayor

intensamente *adv* ‹*trabajar*› tirelessly; ‹*mirar/amar*› intensely; **vivió ~** he lived life to the full

intensidad *f* **1** (de terremoto) intensity, strength; (del viento) strength; (de dolor, sentimiento) intensity **2** (Elec, Fís) intensity

intensificación *f* intensification

intensificar [A2] *vt* to intensify, step up
■ **intensificarse** *v pron* «*sentimiento/dolor/sonido*» to intensify, become stronger

intensivo -va *adj* intensive; **cursos ~s** intensive *o* crash courses

intenso -sa *adj* **1** ‹*frío/luz/color*› intense; **para un bronceado más ~** for a deeper tan **2** ‹*emoción/mirada*› intense; ‹*dolor/sentimiento*› intense, acute **3** ‹*esfuerzo*› strenuous; ‹*negociaciones*› intensive; **desarrolló una intensa labor en favor de los derechos de la mujer** she campaigned tirelessly for women's rights

intentar [A1] *vt* to try; **no intentes nada** don't try anything; **¡inténtalo otra vez!** try again!; **~ un aterrizaje de emergencia** to attempt an emergency landing; **~ + INF** to try to + INF; **~é convencerlo** I'll try to persuade him; **¿has intentado que te lo arreglen?** have you tried getting *o* to get it fixed?; ***por ~ lo que no quede*** (fam) there's no harm in trying

intento *m* **1** (tentativa) attempt; **un ~ de suicidio** a suicide attempt **2** (Méx) (propósito) intention, aim; ***de*** *or* ***a (puro) ~*** (Col fam) on purpose, deliberately

intentona *f* rash attempt; **una ~ de golpe de estado** an attempted coup

interacción *f* interaction

interactivo -va *adj* interactive

interactuar [A18] *vi* to interact

interbancario -ria *adj* interbank (*before n*)

intercalar [A1] *vt* **~ algo EN algo** ‹*en texto*› to insert sth INTO sth; **intercaló algunas citas en su discurso** she interspersed her speech with some quotations; **~ algo ENTRE algo** to place sth AMONG sth; **~ algo CON algo** to alternate sth WITH sth; **intercala los ramilletes con las velas** put a bouquet between each candle

intercambiable *adj* interchangeable

intercambiar [A1] *vt* ‹*impresiones/ideas*› to exchange, swap (colloq); ‹*sellos/revistas*› to swap; **S intercambio clases de inglés por clases de español** English lessons offered in exchange for lessons in Spanish
■ **intercambiarse** *v pron* (*recípr*) to swap (colloq), to exchange

intercambio *m* **1** (de ideas, información, bienes) exchange; **tener un ~ de palabras** to have words *o* a quarrel **2** (de sellos, revistas) swap; (de estudiantes) exchange; (de prisioneros) exchange **3** (en tenis) rally

interceder [E1] *vi* (frml) to intercede; **intercedió por ellos ante el rey** he interceded for them with the king

intercepción, interceptación *f* **1** (de correspondencia, mensaje) interception **2** (de teléfono) tapping **3** (Dep) (de balón, pase) interception **4** (de carretera, calzada) blocking

interceptar [A1] *vt* **1** ‹*correspondencia/mensaje*› to intercept **2** ‹*teléfono*› to tap **3** (Dep) ‹*balón/pase*› to intercept; ‹*golpe*› to block **4** ‹*calzada/carretera*› to block; **~ el paso** to block the way

intercesión *f* (frml) intercession (frml)

intercesor -sora *m,f* intercessor

intercomunicación *f* intercommunication, link

intercomunicar [A2] *vt* to link (up)

interconectar [A1] *vt* to link (up), interconnect

interconexión *f* interconnection, linking (up)

interconfesional *adj* interdenominational

intercontinental *adj* intercontinental

intercurricular *adj* intercurricular, cross-curricular

interdependencia *f* interdependence

interdicto *m* interdiction, ban, prohibition

interdisciplinario -ria, interdisciplinar *adj* interdisciplinary

interés *m*
A **1** (importancia, valor) interest; **de ~ turístico** of interest to tourists; **un tema de ~ humano** a human interest story; **de ~ científico** of scientific significance *o* interest **2** (actitud) interest; **despertó el ~ de todos** it aroused everyone's interest; **con gran ~** with great interest; **~ EN algo** interest IN sth; **pon más ~ en tus estudios** take more interest in your schoolwork; **tengo especial ~ en que ...** I am particularly concerned *o* keen that ...; **tienen gran ~ en verlo** they are very interested in seeing it **3** (afición, inquietud) interest
B **1** (conveniencia, beneficio) interest; **por tu propio ~** in your own interest, for your own good; **actúa sólo por ~** he acts purely in his own interest *o* out of self-interest **2** **intereses** *mpl* (objetivos) interests (*pl*); **conflicto de intereses** conflict of interests **3** **intereses** *mpl* (bienes, capital): **tiene intereses en esa empresa** he has a stake *o* an interest in that company; **administro sus intereses** I look after her investments
(Compuestos)
• **interés público** *m*: **el ~ ~** the public interest
• **intereses creados/privados** *mpl* vested/private interests (*pl*)
C (Fin) interest; **a** *or* **con un ~ del 12%** at 12% interest *o* at an interest rate of 12%; **ganar intereses** to earn interest; **tipo de ~** rate of interest
(Compuesto) **interés compuesto/simple** compound/simple interest

interesadamente *adv* selfishly

interesado[1] -da *adj* **1** [ESTAR] (que muestra interés) interested; **~ EN algo** interested IN sth; **las partes interesadas** the parties concerned, the interested parties **2** [SER] (egoísta) selfish; **su ayuda es interesada** they have ulterior motives for helping; **actuó de manera interesada** he acted selfishly **3** (parcial) biased, biassed

interesado² -da *m,f* **1** (que tiene interés) interested party (frml); **los ~s deberán ...** all those interested *o* (frml) all interested parties should ...; **nombre y dirección del ~** name and address of the applicant; **soy el principal ~ en que esto salga bien** I have the biggest interest in seeing this work out well **2** (que busca su provecho): **es un ~** he always acts in his own interest *o* out of self-interest

interesante *adj* interesting; ***hacerse el/la ~*** (fam) to make oneself seem interesting, try to draw attention to oneself

interesar [A1] *vi* **1** (suscitar interés): **ese tipo de programas no interesa aquí** there's no audience for that sort of program here; (+ *me/te/le etc*) **no me interesa la política** I'm not interested in politics; **¿te interesa la propuesta?** are you interested in the proposal?; **este anuncio podría ~te** this advertisement might interest you; **esto a ti no te interesa** this doesn't concern you, this is no concern of yours **2** (convenir): **~ía comprobar los datos** it would be useful/advisable to check the data; **me interesa este tipo de préstamo** this sort of loan would suit me

■ **interesar** *vt* **~ a algn EN algo** to interest sb IN sth, get sb interested IN sth

■ **interesarse** *v pron* **1** (tener interés) to take interest; **~se EN *or* POR algo** to take an interest IN sth; **no se interesa por nada** he isn't interested in anything, he takes no interest in anything; **~se POR algn** to care ABOUT sb; **nadie se interesa por mí** nobody cares about me **2** (preguntar) **~se POR algo/algn** to ask *o* inquire ABOUT sth/sb; **se interesó por tu salud** she asked *o* inquired about your health

interestelar *adj* interstellar

interface, interfaz *f* interface

interferencia *f* **1** (Rad, Telec) interference; (para obstaculizar la escucha) jamming **2** (Ling) interference

interferir [I11] *vt* **1** (obstaculizar) to interfere in **2** ‹*emisión*› to jam

■ **interferir** *vi* to interfere, meddle; **~ EN algo** ‹*en un asunto*› to interfere *o* meddle IN sth; **intentaron ~ en nuestra decisión** they tried to influence our decision

■ **interferirse** *v pron* **~se EN algo** to interfere *o* meddle IN sth

interfono *m* **1** (portero eléctrico) intercom (AmE), entryphone (BrE); (intercomunicador) intercom **2** (para bebés) baby alarm

interglacial *adj* interglacial

intergubernamental *adj* intergovernmental

interín, ínterin *m*: **en al ~** in the interim

interina *f* (Esp) maid (*who does not live in*)

interinamente *adv* temporarily

interinato *m* (esp AmL) (cargo) temporary post *o* position; **lo veían como un hombre de ~** he was seen as an interim *o* a stopgap president (*o* manager *etc*)

interinidad *f* temporary nature, provisional status (frml)

interino¹ -na *adj* ‹*secretario/director*› acting (*before n*); **profesor ~** substitute teacher (AmE), supply teacher (BrE); **médico ~** locum; **un gobierno ~** an interim government

interino² -na *m,f* (funcionario) temporary clerk (*o* accountant *etc*); (profesor) substitute teacher (AmE), supply teacher (BrE); (médico) locum

interior¹ *adj* **1** ‹*patio/escalera*› interior, internal, inside (*before n*); ‹*habitación/piso*› *with windows facing onto a central staircase or patio* **2** ‹*bolsillo/revestimiento*› inside (*before n*); **la parte ~ del colchón** the inside of the mattress; **en la parte ~** inside *o* on the inside **3** ‹*vida/mundo*› inner; **oyó una voz ~** she heard an inner voice **4** ‹*política/comercio*› domestic, internal

interior² *m*

A **1** (parte de dentro): **en el ~ de la habitación** inside the room; **el ~ estaba en perfectas condiciones** the interior was in perfect condition **2** (de un país) interior **3** (Méx, RPl, Ven) (provincias) provinces (*pl*) **4** (de una persona): **en su ~ estaba muy intranquilo** inside he was very worried; **allá en su ~ la amaba** deep down he really loved her

(Compuesto) **interior derecho/izquierdo** *mf* inside right/left

B **Interior** *m* (period) (Ministerio del Interior) Ministry of the Interior, ≈ Department of the Interior (*in US*), ≈ Home Office (*in UK*)

C **interiores** *mpl* (Cin) interior shots (*pl*)

D **interiores** *mpl* (Col, Ven) (Indum) underwear

interioridad *f* **1** (liter) (de una persona) inner world (liter) **2** **interioridades** *fpl* (intimidades) personal *o* private matters (*pl*)

interiorismo *m* interior decoration, interior design

interiorista *mf* interior decorator, interior designer

interiorizado -da *adj* (CS frml) well versed; **estar ~ DE *or* EN algo** to be well versed IN sth (frml)

interiorizar [A4] *vt*

A (Psic) to internalize

B (CS frml) (informar) **~ a algn DE *or* SOBRE algo** to brief sb ON sth, acquaint sb WITH sth

■ **interiorizarse** *v pron* (CS frml) **~se DE *or* SOBRE algo** to familiarize *o* acquaint oneself WITH sth (frml)

interiormente *adv* inwardly

interjección *f* interjection

interlocutor -tora *m,f* (frml) interlocutor (frml)

(Compuesto) **interlocutor válido** elected delegate

interludio *m* interlude

intermediario¹ -ria *adj* intermediary

intermediario² -ria *m,f* **1** (Com) middleman, intermediary **2** (mediador) intermediary, mediator, go-between

(Compuesto) **intermediario financiero -ria financiera** broker

intermedio¹ -dia *adj* **1** ‹*punto/etapa*› intermediate; **alumnos de nivel ~** students at intermediate level **2** ‹*calidad/tamaño*› medium (*before n*); **un coche de precio ~** a medium-priced car; **un color ~ entre el gris y el verde** a color halfway between gray and green

intermedio² *m* **1** (Espec) intermission, interval **2** (mediación): **por ~ de** through

intermezzo /inter'meso/ *m* intermezzo

interminable *adj* ‹*serie/discusión/espera*› interminable, never-ending; ‹*cola/fila*› endless, never-ending

intermisión *f* intermission, pause

intermitente¹ *adj* **1** ‹*lluvia*› intermittent, sporadic **2** ‹*luz*› flashing; ‹*señal*› intermittent **3** ‹*fiebre*› intermittent

intermitente² *m* turn signal (AmE), indicator (BrE)

internación *f* (CS) admission; **tras su ~ en la clínica** after his admission to the clinic; **recomendamos su ~ inmediata** we recommend immediate hospitalization

internacional¹ *adj* international; **de fama ~** internationally famous; Ⓢ **salidas internacionales** international departures; **las noticias ~es** the foreign *o* international news; **su política ~** their foreign policy

internacional² *mf* (Dep) international

internacionalista *adj/mf* internationalist

internacionalizar [A4] *vt* to internationalize

■ **internacionalizarse** *v pron* to become internationalized

internada *f* (Dep) run

internado¹ -da *adj* (CS): **está ~** he's been admitted to (the) hospital, he's been hospitalized

internado² *m* **1** (Educ) boarding school **2** (Med) *position or term as an intern or a houseman at a hospital*, internship (AmE)

internar [A1] *vt*: **la ~on en un manicomio** she was put in an asylum; **lo ~on en el hospital** he was admitted to (the) hospital; **tuvimos que ~lo** we had to take him to (the) hospital; **está (como) para que lo internen** (esp CS fam) he should be certified (colloq)

■ **internarse** *v pron* **1** (adentrarse) **~se EN algo** ‹*en bosque/espesura*› to penetrate INTO sth, to go deep INTO sth **2** (CS) (en hospital) to go into the hospital

Internet /inter'ne/ *m*: **el ~** the Internet

internista *mf* internist

interno¹ -na *adj*

A **1** ‹*llamada/correo/régimen*› internal **2** ‹*producción/demanda*› internal, domestic **3** ‹*dolor/hemorragia*› internal

B **1** (Educ): **está ~ en un colegio inglés** he is a boarder at an English school [2] (Med): **médico ~** ≈ intern (*in US*), ≈ houseman (*in UK*)

interno² -na *m,f*
A [1] (Educ) boarder [2] (en cárcel) inmate [3] (médico) ≈ intern (*in US*), ≈ houseman (*in UK*)
B **interno** *m* (RPl) (Telec) (extensión) extension

interpelación *f* (frml) question

interpelar [A1] *vt* (frml) to question; **~ a algn SOBRE algo** to question sb ABOUT *o* ON sth

interpersonal *adj* interpersonal

interplanetario -ria *adj* interplanetary

interpolación *f* (frml) interpolation (frml)

interpolar [A1] *vt* (frml) to interpolate (frml)

interponer [E22] *vt* [1] ‹*objeto/obstáculo*› to interpose (frml); **~ obstáculos en el camino de la independencia** to place obstacles in the way of independence [2] (Der) ‹*demanda*› to bring; ‹*recurso/denuncia*› to lodge, make [3] ‹*autoridad/influencia*› to exert, use [4] (frml) ‹*comentario*› to interject
■ **interponerse** *v pron*: **se interpuso y paró la pelea** he stepped in and stopped the fight; **nadie se interpone entre tú y ella** nobody is coming between you and her; **nada se interpone en su camino** nothing stands in her way; **la enfermedad se interpuso en sus planes** the illness got in the way of his plans

interpretación *f* [1] (de un texto) interpretation [2] (Cin, Mús, Teat) interpretation [3] (traducción oral) interpreting; **~ simultánea** simultaneous interpreting

interpretar [A1] *vt*
A ‹*texto/comentario/sueño*› to interpret; **interpretó mal tus palabras** she misinterpreted what you said
B [1] ‹*papel/personaje*› to play [2] ‹*pieza/sinfonía*› to play, perform; ‹*canción*› to sing
■ **interpretar** *vi* (Ling) to interpret

intérprete *mf*
A (traductor oral) interpreter
(Compuesto) **intérprete jurado -da** sworn interpreter
B [1] (Mús) performer; (cantante) singer [2] (portavoz) mouthpiece, exponent

interpuesto -ta *pp*: *see* **interponer**

interrogación *f* [1] (de un sospechoso) interrogation [2] (Chi) (Educ) test

interrogante¹ *adj* questioning (*before n*)

interrogante² *m or f* [1] (signo de interrogación) question mark [2] (incógnita) question

interrogar [A3] *vt* ‹*testigo/acusado*› to question, examine; ‹*detenido/sospechoso*› to interrogate, question; ‹*examinando*› to examine

interrogativo -va *adj* interrogative

interrogatorio *m* (de acusado, testigo) questioning, examination; (de detenido) interrogation, questioning; **¿a qué viene este ~?** what's this grilling for? (colloq)

interrumpir [I1] *vt*
A (temporalmente) [1] ‹*persona/reunión*› to interrupt [2] ‹*suministro*› to cut off; ‹*servicio*› to suspend; ‹*tráfico*› to hold up; **las obras no ~án el paso** the work will not block the road
B [1] (acortar) ‹*viaje/vacaciones/reunión*› to cut short [2] ‹*embarazo*› to terminate
■ **interrumpir** *vi* to interrupt; **no interrumpas cuando estoy hablando** don't interrupt *o* (colloq) butt in when I'm talking

interrupción *f* interruption; **rogamos disculpen esta ~ de la emisión** we apologize for this break in transmission
(Compuesto) **interrupción (voluntaria) del embarazo** (frml) termination of pregnancy (frml)

interruptor *m* switch

intersección *f* [1] (en geometría) intersection [2] (frml) (Transp) intersection, junction

intersectarse [A1] *v pron* to intersect

intersticio *m* (frml) gap, interstice (frml)

intertanto *m*: **en el ~** (AmL) in the meantime

interurbano -na *adj* ‹*transporte/autobús/llamada*› long-distance; ‹*tren*› intercity

intervalo *m* [1] (de tiempo) interval; **un ~ de diez minutos entre clase y clase** a ten-minute recess (AmE) *o* (BrE) break between classes; **habrá ~s nubosos** it will be cloudy at times [2] (Mús) interval [3] (Teatr) (intermedio) intermission (AmE), interval (BrE) [4] (en el espacio) gap

intervención *f*
A [1] (participación) intervention; **se probó su ~ en el atraco** his involvement in the robbery was proved; **su ~ en el congreso** her speech to the conference; **su última ~ en una película** her last appearance in a film [2] (mediación) intervention, intercession (frml)
B [1] (injerencia) intervention; **una política de no ~** a policy of nonintervention [2] (de teléfono) tapping [3] (de empresa) placing in administration [4] (inspección de cuentas) auditing, official inspection [5] (de droga, armas) seizure, confiscation [6] (AmL) (de emisora, escuela) takeover
(Compuesto) **intervención quirúrgica** operation

intervencionismo *m* interventionism

intervenir [I31] *vi* [1] (en debate, operación) to take part; (en espectáculo) to appear, perform [2] (mediar) to intervene, intercede (frml); **en mi decisión intervinieron muchos factores** there were many factors involved in my decision [3] (tomar parte) to intervene; **tuvieron que ~ en la pelea** they had to intervene to stop the fight; **no quiso ~ en la pelea** he didn't want to get involved in the fight
■ **intervenir** *vt*
A [1] ‹*teléfono*› to tap [2] (tomar control de) ‹*empresa*› to place ... in administration [3] (inspeccionar) ‹*cuentas*› to audit, inspect [4] ‹*armas/droga*› to seize, confiscate [5] (AmL) ‹*universidad/emisora*› to take over the running of, take control of
B (operar) to operate on; **fue intervenido en una clínica privada** he underwent surgery in a private clinic

interventor -tora *m,f*
A (Fin) [1] (inspector) auditor [2] (administrador) administrator (*appointed by the government or by a court*)
B (en elecciones) canvasser (AmE), scrutineer (BrE)

interviú *f* interview

intestado -da *adj/m,f* intestate

intestinal *adj* intestinal

intestino¹ -na *adj* (frml) internal

intestino² *m* intestine, gut; **cáncer de ~** bowel cancer
(Compuesto) **intestino delgado/grueso** small/large intestine

inti *m* inti (*former Peruvian unit of currency*)

intimación *f* summons

intimar [A1] *vi* **~ CON algn** to get close TO sb
■ **intimar** *vt* (frml) to call on; **le intimó que moderase sus palabras** she called on him to moderate his language

intimidación *f* intimidation; **robos con ~** robberies involving threats of violence

intimidad *f*
A [1] (ambiente privado) privacy; **en la ~ del hogar** in the privacy of one's home [2] (relación estrecha) intimacy; **hay gran ~ entre ellos** they are very close
B **intimidades** *fpl* [1] (cosas íntimas) private life, personal *o* private affairs (*pl*) [2] (euf) (partes pudendas) private parts (*pl*) (euph), privates (*pl*) (colloq)

intimidante *adj* intimidating

intimidar [A1] *vt* [1] (atemorizar) to intimidate [2] (amenazar) to threaten

intimidatorio -ria *adj* threatening, intimidatory (frml)

íntimo¹ -ma *adj* [1] ‹*vida/diario/ceremonia*› private; ‹*secreto*› intimate; **un ambiente muy ~** a very intimate *o* cozy atmosphere; **aquello me tocó en lo más ~** I was deeply moved by that; **una cena íntima** a small dinner (with a few friends/members of the family); (en pareja) a candlelit *o* romantic dinner [2] ‹*amistad*› close; **amigos ~s** close *o* intimate friends

íntimo² -ma *m,f* close friend

intitular [A1] *vt* (frml) to entitle (frml)

intocable¹ *adj* [1] (sagrado) sacred, sacrosanct [2] ‹*tema*› taboo [3] ‹*casta*› untouchable

intocable² *mf* (Sociol) untouchable

intolerable *adj* intolerable; **hace un calor ~** this heat is unbearable

intolerancia *f* intolerance

intolerante *adj* intolerant

i

intoxicación *f* (Med) intoxication, poisoning
(Compuesto) **intoxicación alimenticia/etílica** food/alcohol poisoning
intoxicar [A2] *vt* to poison
■ **intoxicarse** *v pron* to get food poisoning
intraducible *adj* untranslatable
intragable *adj* 1 ‹*hecho*› unpalatable, unacceptable 2 (fam) ‹*persona*› unbearable
intramuscular *adj* intramuscular
intranquilidad *f* 1 (preocupación) disquiet, (sense of) unease *o* uneasiness 2 (agitación) restlessness
intranquilizar [A4] *vt* to worry
■ **intranquilizarse** *v pron* to worry, get anxious
intranquilo -la *adj* 1 [ESTAR] (preocupado) worried, anxious 2 [SER] (agitado) restless
intranscendencia *f* ▸ **intrascendencia**
intranscendente *adj* ▸ **intrascendente**
intransferible *adj* not transferable, untransferable
intransigencia *f* intransigence
intransigente *adj* intransigent
intransitable *adj* impassable
intransitivo -va *adj* intransitive
intrascendencia *f* insignificance, unimportance; **detalles de la más absoluta ~** totally unimportant *o* insignificant details
intrascendente *adj* ‹*episodio/detalle*› insignificant, unimportant; ‹*comentario*› trivial
intratable *adj*: **hay días en que está ~** there are days when she's (just) impossible; **desde que ocurrió está ~** he's become very difficult since it happened
intrauterino -na *adj* intrauterine
intravenoso -sa *adj* intravenous
intrepidez *f* intrepidness, intrepidity
intrépido -da *adj* intrepid
intriga *f* intrigue; **~s políticas** political intrigues; **novela/película de ~** thriller
intrigante[1] *adj* 1 (que extraña) intriguing 2 (que arma intrigas) scheming
intrigante[2] *mf* schemer, intriguer (AmE)
intrigar [A3] *vt* to intrigue; **cuenta ya, que nos tienes intrigados** come on, tell us about it, you've got us intrigued now (colloq)
■ **intrigar** *vi* to scheme
intrincado -da *adj* 1 ‹*problema/asunto*› intricate, complex; ‹*laberinto/sistema*› complicated 2 ‹*nudo*› tangled
intríngulis *m* (fam): **tiene su ~** it's quite tricky *o* quite difficult *o* there's more to it than meets the eye
intrínseco -ca *adj* intrinsic; **~ A algo** intrinsic *o* inherent TO sth
introducción *f*
A (en libro, obra musical) introduction
B 1 (de cambio, medida) introduction; **la ~ de un nuevo producto en el mercado** the introduction of a new product onto the market 2 (inserción) insertion; **la ~ de la aguja en el músculo** the insertion of the needle into the muscle 3 (a tema, cultura) introduction; **~ A algo** introduction TO sth
introducir [I6] *vt*
A ‹*llave/moneda*› to insert; **introdujo la papeleta en la urna** he put his ballot paper in *o* into the ballot box
B 1 ‹*cambios/medidas/ley*› to introduce, bring in; **~ un nuevo producto en el mercado** to introduce a new product into *o* bring a new product onto the market 2 ‹*contrabando/drogas*› to bring in, smuggle in; **un solo perro podría ~ la enfermedad en el país** a single dog could bring *o* introduce the disease into the country
C 1 (presentar, iniciar) to introduce 2 ‹*persona*› (a una actividad) **~ a algn A algo** to introduce sb TO sth; **me introdujo a la lectura de los clásicos** he introduced me to the classics 3 (en un ambiente): **su música nos introduce en un mundo mágico** his music transports us to a magical world; **el escritor nos introduce en la Francia del siglo pasado** the writer takes us back to the France of the last century
■ **introducirse** *v pron* 1 (meterse): **el agua se introducía por las ranuras** the water was seeping in through the cracks; **la moneda se introdujo por una grieta** the coin fell down a crack 2 «*persona*» to gain access to; **se introdujeron en el banco por un túnel** they gained access to *o* got into the bank via a tunnel 3 (entrar en uso) «*moda*» to come in; **la costumbre se introdujo en los años 80** the practice was introduced in the eighties 4 (hacerse conocido) to become known; **cuando su obra se introdujo en México** when his works became known in Mexico; **ideas que se introdujeron en nuestra sociedad** ideas which found their way into our society
introductorio -ria *adj* introductory
intromisión *f* interference
introspección *f* introspection
introspectivo -va *adj* introspective
introversión *f* introversion
introvertido[1] -da *adj* introverted
introvertido[2] -da *m,f* introvert
intrusión *f* 1 (en un lugar) intrusion 2 (en un asunto) interference 3 (Geol) intrusion
intruso -sa *m,f* intruder
intuición *f* intuition; **hacer/saber algo por ~** to do/know sth intuitively; **tuve la ~ de que ...** I had a feeling that ...
intuir [I20] *vt* to sense; **intuí el peligro** I sensed the danger; **intuía que me iba a llamar** I had a feeling he was going to ring me
intuitivo -va *adj* intuitive
inundación *f* 1 (acción) flooding; **la ~ del mercado con coches extranjeros** the flooding of the market with foreign cars 2 (en área limitada, casa) flood; (en zona más amplia) floods (*pl*), flooding
inundar [A1] *vt* 1 «*riada/aguas*» to flood, inundate (frml); «*turistas/manifestantes*» to inundate, crowd 2 «*persona*» (con agua) to flood; (con productos) to flood, swamp; **me has inundado la cocina** you've flooded the kitchen; **~ algo DE or CON algo** to flood sth WITH sth
■ **inundarse** *v pron* (de agua) to be flooded; **la zona se inundó de turistas** the area was inundated with *o* swamped by tourists
inusitado -da *adj* unusual, rare, uncommon (frml)
inusual *adj* unusual
inútil[1] *adj*
A 1 ‹*esfuerzo/papeleo*› useless; **todo fue ~** it was all useless *o* in vain; **es ~ que insistas** there's no point (in) insisting 2 ‹*trasto*› useless
B 1 (incompetente) useless 2 (Mil) (no apto) unfit 3 (Med) disabled
inútil[2] *mf*: **es un ~** he's useless
inutilidad *f* 1 (de esfuerzo, tentativa) futility, pointlessness 2 (de persona) uselessness
inutilizable *adj* unusable, useless
inutilizar [A4] *vt* to make *o* render ... useless; **~on el radar** they put the radar out of action; **el brazo le quedó inutilizado** he lost the use of his arm
inútilmente *adv* uselessly
invadir [I1] *vt* 1 «*ejército/fuerzas*» to invade; **los manifestantes invadieron la plaza** the demonstrators poured into the square; **la televisión invade nuestros hogares** television is invading our homes 2 ‹*espacio aéreo/aguas*› to enter, encroach upon; **invadió nuestras aguas jurisdiccionales** it encroached upon *o* entered our territorial waters; **el autobús invadió la calzada contraria** the bus careered over onto the wrong side of the road 3 «*tristeza/alegría*» to overcome, overwhelm; **lo invadió un gran pesar** he was overcome *o* overwhelmed with sorrow
invalidación *f* (de documento) invalidation, nullification; (de argumento) invalidation
invalidar [A1] *vt* ‹*documento*› to invalidate, nullify; ‹*premisa/argumento*› to invalidate
invalidez *f*
A (de documento) invalidity, nullity; (de argumento) invalidity
B (Med) disability, disablement
(Compuesto) **invalidez permanente** permanent disability *o* disablement
inválido[1] -da *adj*
A ‹*documento*› invalid, null and void (frml); ‹*argumento*› invalid

B (Med) ‹*persona*› disabled, handicapped
inválido² -da *m,f* invalid, disabled person
invalorable *adj* (CS) invaluable
invariable *adj* **1** ‹*precio/estado*› constant, stable **2** (Ling) invariable
invariablemente *adv* invariably
invasión *f*
A **1** (de zona, país) invasion **2** (Der) encroachment, violation
B (Col) (chabolas) shantytown
invasivo -va *adj* invasive
invasor¹ -sora *adj* invading (*before n*)
invasor² -sora *m,f* invader
invencibilidad *f* invincibility
invencible *adj* **1** ‹*luchador/equipo*› unbeatable, invincible **2** ‹*miedo/timidez*› insuperable, insurmountable
invención *f* **1** (acción) invention **2** (aparato, cosa) invention **3** (mentira) fabrication
invendible *adj* unsaleable, unsellable, unmarketable
inventar [A1] *vt* **1** ‹*aparato/sistema*› to invent **2** ‹*juego/palabra*› to make up, invent; ‹*cuento/excusa/mentira*› to make up
■ **inventarse** *v pron* (*enf*) ▸**inventar** *vt*
inventario *m* (de negocio) inventory, stock list; (de casa) inventory; **S** **cerrado por inventario** closed for stocktaking; **hizo el ~ de la casa** he made an inventory of the contents of the house; **hizo ~ de su vida** she took stock of her life
inventiva *f* inventiveness; **tiene mucha ~** she's very inventive
inventivo -va *adj* inventive
invento *m* invention; **no le creas, son puros ~s** don't believe him, it's pure fabrication *o* invention
inventor -tora *m,f* inventor
invernación *f* hibernation
invernada *f* **1** (CS) (Agr) winter pasture, wintering place; (período) wintering period **2** (Ven fam) (aguacero) downpour
invernadero *m* greenhouse
invernal *adj* ‹*lluvias*› winter (*before n*); ‹*frío*› wintry
invernar [A1 *or* A5] *vi* **1** (pasar el invierno) to winter, spend the winter **2** (hibernar) to hibernate
inverosímil *adj* implausible
inversión *f*
A (de dinero, tiempo, esfuerzos) investment
B (de posiciones, términos) reversal; (de una imagen) inversion, reversal
(Compuesto) **inversión térmica** thermal inversion
inversionista¹ *adj* investment (*before n*)
inversionista² *mf* investor
inverso -sa *adj* ‹*sentido/orden*› reverse; **puedes ordenarlo así o a la inversa** you can arrange it like this or the other way around; **a la inversa de lo que ocurre normalmente** contrary to what normally happens
inversor¹ -sora *adj* investment (*before n*), investing (*before n*)
inversor² -sora *m,f* investor
invertebrado¹ -da *adj* invertebrate
invertebrado² *m* invertebrate
invertido¹ -da *adj* **1** ‹*posición/orden*› reversed; ‹*imagen/figura*› inverted, reversed; **un matrimonio donde los papeles están ~s** a marriage in which the roles are reversed **2** (ant) (homosexual) homosexual
invertido² -da *m,f* (ant) invert (dated), homosexual
invertir [I11] *vt*
A ‹*dinero/capital*› to invest; ‹*tiempo*› to invest, devote
B ‹*orden/papeles/términos*› to reverse; ‹*imagen/figura*› to invert, reverse
■ **invertir** *vi* to invest; **~ EN algo** to invest IN sth
■ **invertirse** *v pron* «*papeles/funciones*» to be reversed
investidura *f* investiture
investigación *f*
A **1** (de caso, delito) investigation; (por comisión especial) inquiry; **llevar a cabo una ~** to carry out an investigation, to hold an inquiry **2** (Educ, Med, Tec) research; **~ científica** scientific research
(Compuestos)
• **investigación de la paternidad** tests to establish paternity (*pl*)
• **investigación de mercados** market research
• **investigación y desarrollo** research and development
B **Investigaciones** *fpl* (en Chi) criminal investigation department
investigador¹ -dora *adj* **1** (en relación con un delito, siniestro): **una comisión ~a** a committee of inquiry; **terminaron sus tareas ~as** they finished their investigative work *o* their investigations **2** (Educ, Med, Tec) research (*before n*); **el equipo ~** the research team; **su labor ~a** their research (work)
investigador² -dora *m,f* **1** (que indaga) investigator **2** (Educ, Med, Tec) researcher
(Compuesto) **investigador privado -dora privada** private investigator
investigar [A3] *vt* **1** ‹*delito/caso*› to investigate; **se ~án las causas del accidente** there will be an investigation *o* inquiry into the causes of the accident; **tengo que ~ quién vive arriba** (fam) I have to find out who lives upstairs **2** (Educ, Med, Tec) «*persona*» to research, do research into
■ **investigar** *vi* **1** «*policía*» to investigate **2** (Educ, Med, Tec) **~ SOBRE algo** to do research INTO sth, to research INTO sth
investir [I14] *vt*: **fue investido presidente** he was sworn in *o* (frml) inaugurated as president; **fue investido caballero** he was knighted; **~ a algn DE** *or* **CON algo** (frml) to invest sb WITH sth (frml)
inveterado -da *adj* (frml) deeply rooted (AmE), deep-rooted (BrE)
inviable *adj* non-viable, unviable, unfeasible
invicto -ta *adj* **1** (liter) ‹*soldado/ejército*› unconquered, undefeated **2** (Dep) unbeaten, undefeated
invidente¹ *adj* blind, sightless
invidente² *mf* (frml) blind person
invierno *m* winter; (en la zona tropical) rainy season; **en ~** in winter, in wintertime; **en pleno ~** in the middle *o* depths of winter; **ropa de ~** winter clothes
(Compuesto) **invierno nuclear** nuclear winter
invierta, inviertas, etc *see* **invertir**
inviolabilidad *f* inviolability
(Compuesto) **inviolabilidad parlamentaria** parliamentary immunity *o* privilege
inviolable *adj* inviolable
invirtiera, invirtió, etc *see* **invertir**
invisibilidad *f* invisibility
invisible *adj* invisible
invitación *f* invitation; **hizo una ~ a la calma** he made an appeal *o* he appealed for calm
invitado -da *m,f* guest; **tenemos ~s a cenar** we have people coming to dinner; **los ~s a la boda** the wedding guests
(Compuestos)
• **invitado de piedra** *m* unwanted guest
• **invitado -da especial** *m,f* special guest
invitar [A1] *vt* to invite; **sin estar invitado** uninvited; **~ a algn A algo** to invite sb TO sth; **te invito a una copa** I'll buy *o* get you a drink; **esta vez te invito yo** this time it's my treat *o* it's on me; **~ a algn A + INF** *or* **A QUE + SUBJ** to invite sb to + INF; **me invitó a cenar** (en casa) she invited me (round) to dinner; (en restaurante) she invited me out to dinner; **la invitó a entrar** he invited her in
■ **invitar** *vi* **1** «*persona*»: **invito yo** it's on me *o* I'm buying; **invita la casa** it's on the house **2** (liter) (incitar, animar) **la tranquilidad de la tarde invitaba al reposo** the tranquility of the evening invited relaxation (liter); **el mar invitaba a bañarse** the sea looked very inviting
invite *m* (fam) invitation, invite (colloq)
in vitro *adj inv* in vitro

invocar [A2] *f*
A 1 ‹*divinidad/santos*› to invoke (frml), to call on 2 ‹*auxilio/protección*› to invoke (frml), to appeal for
B 1 ‹*amistad/circunstancias*› to cite, invoke (frml) 2 ‹*ley/derecho*› to cite, refer to

involución *f* 1 (period) (en una sociedad) involution, regression 2 (Biol, Med) involution

involucionismo *m* reactionary stance *o* attitude

involucionista *adj* (period) reactionary, involutional (frml)

involucrar [A1] *vt* 1 (en asunto, crimen) to involve; ~ **a algn EN algo** to involve sb IN sth 2 (complicar) ‹*cuestión/asunto*› to complicate 3 (AmL) (conllevar) to involve
■ **involucrarse** *v pron* ‹‹*persona*›› to get involved

involuntario -ria *adj* 1 ‹*error/movimiento/gesto*› involuntary; ‹*testigo/cómplice*› unwitting 2 (Fisiol) involuntary

involutivo -va *adj* (period) regressive, reactionary

invulnerable *adj* 1 (físicamente) invulnerable 2 (a críticas, tentaciones) ~ **A algo** immune TO sth, invulnerable TO sth

inyección *f* 1 (Med) (acción) injection; (dosis) injection, shot (colloq); **le puso una** ~ she gave him an injection; ~ **intravenosa/intramuscular** intravenous/intramuscular injection 2 (de energía, entusiasmo, capital) injection; **una** ~ **financiera** an injection of funds 3 (Auto, Tec) injection; **alimentación por** ~ fuel injection

inyectable *adj* injectable

inyectado -da *adj*: **ojos** ~**s en** *or* **de sangre** bloodshot eyes

inyectar [A1] *vt* to inject; **le ~on morfina** they gave him morphine injections/a shot of morphine; **inyectó nueva vida a la zona** it injected new life into the area
■ **inyectarse** *v pron* (*refl*) ‹‹*persona*›› to give oneself an injection, inject oneself; **se inyectó heroína** he injected himself with heroin

inyector[1] **-tora** *adj* injector (*before n*)

inyector[2] *m* injector

ion *m* ion

iónico -ca *adj* ionic

ionizar [A4] *vt* to ionize

ionosfera *f* ionosphere

IPC *m* (= **Índice de Precios al Consumo** *or* **al Consumidor**) consumer prices index, ≈ RPI (*in UK*)

ipso facto *loc adv* 1 (inmediatamente) immediately, at once 2 (expresando consecuencia) ipso facto (frml)

ique *adv* (Ven fam) ▸ **dizque**

ir [I27] *vi*

Sentido I

A 1 (trasladarse, desplazarse) to go; ~ **en taxi** to go by taxi; **iban a caballo/a pie** they were on horseback/on foot; ~ **por mar** to go by sea; **¡Fernando! — ¡voy!** Fernando! — (just) coming! *o* I'll be right there!; **lo oía ~ y venir por la habitación** I could hear him pacing up and down the room; **el ~ y venir de los invitados** the coming and going of the guests; **no hago más que ~ y venir de un lado para otro** I do nothing but run around; **voy al mercado** I'm going to the market, I'm off to the market (colloq); **vamos a casa** let's go home; **¿adónde va este tren?** where's this train going (to)?; **¿tú vas a misa?** do you go to church?; ~ **de compras/de caza** to go shopping/hunting; **ya vamos para allá** we're on our way; **¿por dónde se va a ...?** how do you get to ...?; **a eso voy** I'm just coming *o* getting to that; ***¿dónde vas/va/van?*** (Esp fam) (frente a una exageración): **¿dónde vas con tanto pan?** what are you doing with all that bread?; **¿dejamos 500 de propina? — ¡dónde vas!** shall we leave 500 as a tip? — you must be joking *o* kidding!; ***~ a dar a un lugar*** *ver* **parar**; ***~ a por algn*** (Esp): **ha ido a por su madre** he's gone to get his mother, he's gone to pick his mother up; **ten cuidado, que va a por ti** watch out, he's out to get you *o* he's after you; **el perro fue a por él** the dog went for him; ***~ por*** *or* (Esp) ***a por algo***: **voy (a) por pan** I'm going to get some bread; ***no ~la con algo*** (RPl fam): **no la voy con tanta liberalidad** I don't go along with all this liberalism; ***no me/le va ni me/le viene*** (fam) (no me, le concierne) it's none of my/his/her business; (ne me, le afecta) it doesn't affect me/him/her; ***allí donde fueres haz lo que vieres*** when in Rome, do as the Romans do 2 (asistir) to go to; **voy a clases nocturnas** I go to evening classes; **ya va al colegio/a la universidad** she's already at school/university

B (expresando propósito) ~ **A + INF**: **¿has ido a verla?** have you been to see her?; **ve a ayudarla** go and help her; *ver tb* **v aux** *Sentido I*

C ~**le a algn con algo**: **no le vayas con tus problemas** don't bother him with your problems; **le fue a la maestra con el chisme** she went and told the story to the teacher

D 1 (al arrojar algo, arrojarse): **tírame la llave — ¡allá va!** throw me the key — here you are *o* there you go!; **tírate del trampolín — ¡allá voy!** jump off the board! — here I go/come! 2 (Jueg): **ahí van otros $2.000** there's another $2,000; **¡no va más!** no more bets!; ***¡ahí va!*** (Esp fam): **¡ahí va! me he olvidado el dinero** oh no! I've forgotten the money; **ganó 20 millones en la lotería — ¡ahí va!** he won 20 million in the lottery — wow *o* (AmE) gee whiz! (colloq)

E ‹‹*comentario*››: **no iba con mala intención** it wasn't meant unkindly; **eso va por ti también** that goes for you too *o* and the same goes for you

F (estar en juego) (+ *me/te/le etc*): **le iba la vida en ello** her life depended on it *o* was at stake

G (fam) (hablando de acciones imprevistas, sorprendentes): **fue y le dio un puñetazo** she went and punched him; **y la tonta va y se lo cree** and like an idiot she believed him

Sentido II

A (+ *compl*) (sin énfasis en el movimiento): **iban cantando por el camino** they sang as they went along; **¿van cómodos?** are you comfortable?; **¿irán bien aquí los vasos?** will the glasses be safe here?; **íbamos sentados** we were sitting down; **vas que pareces un pordiosero** you look like some sort of beggar; **iba con miedo** she was afraid; **vas muy cargada** you have a lot to carry; **yo iba a la cabeza** I was in the lead; **hay que ~ con los ojos bien abiertos** you have to keep your eyes open; **va de chasco en chasco** he's had one disappointment after another

B (refiriéndose al atuendo) **ir DE algo**: **iban de largo** they wore long dresses; **voy a ~ de Drácula** I'm going to go as Dracula; **iba de verde** she was dressed in green

C (en calidad de) ~ **DE algo** to go (along) AS sth; **yo fui de intérprete** I went along as interpreter; **¿de qué vas, tía? ¿te crees que somos tontos o qué?** (Esp arg) hey, what are you playing at? do you think we're stupid or something?; **va de guapo/genio por la vida** (Esp arg) he really thinks he's good-looking/clever

D (Esp fam) (tratar): **¿de qué va la novela?** what's the novel about?

Sentido III

A ‹‹*camino/sendero*›› (llevar) ~ **A algo** to lead TO sth, to go TO sth

B (extenderse, abarcar): **la autopista va desde Madrid hasta Valencia** the highway goes from Madrid to Valencia; **el período que va desde la Edad Media hasta el Renacimiento** the period from the Middle Ages to the Renaissance

Sentido IV

A (marchar, desarrollarse): **¿cómo va el enfermo/el nuevo trabajo?** how's the patient doing/the new job going?; **va de mal en peor** it's going from bad to worse; ; (+ *me/te/le etc*) **¿cómo te va?** how's it going?, how are things? (colloq), what's up? (AmE colloq); **¿cómo les fue en Italia?** how was Italy?, how did you get on in Italy?; **me fue mal/bien en el examen/la entrevista** I did badly/well in the exam/the interview; **¡que te vaya bien!** all the best! *o* take care!; **¡que te vaya bien (en) el examen!** good luck in the exam; **¿cómo le va con el novio?** how's she getting on with her boyfriend?

B (en juegos, competiciones): **¿cómo van? — 3-1** what's the score? — 3-1; **voy ganando yo** I'm ahead, I'm winning

C (en el desarrollo de algo) ~ **POR algo**: **¿por dónde van en historia?** where have you got (up) to in history?; **¿todavía vas por la página 20?** are you still on page 20?

D (estar en camino) ~ **PARA algo**: **¡vamos para viejos!** we're getting on *o* old!; **va para los cincuenta** she's going on fifty; **ya va para dos años que ...** it's getting on for two years since ...

E (sumar, hacer): **ya van tres veces que te lo digo** this is the third time I've told you; **con éste van seis** six, counting this one; **ya van tres pasteles que se come** that makes three cakes he's eaten now

F (haber transcurrido): **en lo que va del** *or* (Esp) **de año/mes** so far this year/month

G (haber diferencia): **de tres a ocho van cinco** eight minus three is five; **¡lo que va de un hermano a otro!** (fam) it's amazing the difference between the two brothers! (colloq)

H (CS) (depender, radicar) **~ EN algo** to depend ON sth; **no sé en qué vá** I don't know what it depends on

(Sentido V)

A **1** (deber colocarse) to go; **¿dónde van las toallas?** where do the towels go?; ***¡qué va!*** (fam): **¿has terminado? — ¡qué va!** have you finished? — you must be joking!; **¿se disgustó? — ¡qué va!** did she get upset? — not at all!; **vamos a perder el avión — ¡qué va!** we're going to miss the plane — nonsense! **2** (deber escribirse): **¿va con mayúscula?** is it written with a capital letter?; **¿va con acento?** does it have an accent? **3** (RPl) (estar incluido): **todo esto va para el examen** all of this will be included in the exam

B **1** (combinar) **~ CON algo** to go WITH sth **2** (sentar, convenir) (+ *me/te/le etc*): **el negro no te va bien** black doesn't suit you; **te ~á bien un descanso** a rest will do you good **3** **~ en contra de algo** to go against sth

C (Esp arg) (gustar) (+ *me/te/le etc*): **esa música no me va** that music does nothing for me *o* leaves me cold

D (Méx) (tomar partido por, apoyar) **~le A algo/algn** to support sth/sb; **le va al equipo peruano** he supports the Peruvian team

(Sentido VI)

A **vamos** **1** (expresando incredulidad, fastidio): **¡vamos! ¿eso quién se lo va a creer?** come off it *o* come on! who do you think's going to believe that? **2** (intentando tranquilizar, animar, dar prisa): **vamos, mujer, dile algo** go on, say something to him; **¡vamos, date prisa!** come on, hurry up!; ***dar el vamos a algo*** (Chi) to inaugurate sth; ***desde el vamos*** (RPl fam) from the word go **3** (al aclarar, resumir): **eso sería un disparate, vamos, digo yo** that would be a stupid thing to do, well, that's what I think anyway; **vamos, que no es una persona de fiar** basically, he's not very trustworthy; **es mejor que el otro, vamos** it's better than the other one, anyway

B **vaya** **1** (expresando sorpresa, contrariedad): **¡vaya! ¡tú por aquí!** what a surprise! what are you doing here?; **¡vaya! ¡se ha vuelto a caer!** oh no *o* (colloq) damn! it's fallen over again! **2** (Esp) (para enfatizar): **¡vaya cochazo!** that's some car!; **¡vaya (que) si la conozco!** you bet I know her! **3** (al aclarar, resumir): **vaya, que los hay peores** well, I mean there are plenty worse

■ **ir** *v aux*

(Sentido I) **~ A + INF**:

A **1** (para expresar tiempo futuro, propósito) to be going to + INF; **¡te vas a caer!** you're going to fall!; **voy a estudiar medicina** I'm going to study medicine; **va a hacer dos años que ...** it's getting on for two years since ...; **esto no te va a gustar** you're not going to like this; **te voy a pegar** I'm going to smack you **2** (en propuestas, sugerencias): **vamos a ver ¿cómo dices que te llamas?** now then, what did you say your name was?; **bueno, vamos a trabajar** all right, let's get to work

B **1** (al prevenir, hacer recomendaciones): **que no se te vaya a caer** make sure you don't drop it; **cuidado, no te vayas a caer** mind you don't fall (colloq); **lleva el paraguas, no vaya a ser que llueva** take the umbrella in case it rains **2** (expresando un deseo): **¡que te vaya bien!** all the best!

C (expresando inevitabilidad): **¡qué le iba a decir!** what else could I tell her?; **¿qué iba a pensar el pobre?** what was the poor man supposed *o* meant to think?; **¿quién iba a ser si no?** who else could it have been?

D (expresando incredulidad): **¡no ~ás a darle la razón a él!** surely you're not going to say he was right!; **¿no ~á a hacer alguna tontería?** you don't think she'll go and do something stupid, do you?

E **1** (en afirmaciones enfáticas): **¿te acuerdas? — ¡no me voy a acordar!** do you remember — of course I do *o* how could I forget? **2** (al contradecir): **¿dormiste bien? — ¡qué voy a dormir!** did you sleep well?— how could I?; **¡cómo iba a saberlo!** how was I supposed to know?; **¿por qué la voy a ayudar?** why should I help her?

(Sentido II) (expresando un proceso paulatino) **~ + GER**: **poco a poco irá aprendiendo** she'll learn little by little; **a medida que va subiendo** as it rises; **tú puedes ~ comiendo** you can start eating; **ya puedes ~ haciéndote a la idea** you'd better get used to the idea; **la situación ha ido empeorando** the situation has been getting worse and worse

■ **irse** *v pron*

A (marcharse) to leave; **¿por qué te vas tan temprano?** why are you leaving *o* going so soon?; **vámonos** let's go; **bueno, me voy** right then, I'm taking off (AmE) *o* (BrE) I'm off; **no te vayas** don't go; **vete a la cama** go to bed; **se fue de casa** she left home; **vete de aquí** get out of here; **se fue de la empresa** she left the company; **se han ido de viaje** they're away, they've gone away; **anda, vete por ahí** (fam) get lost! (colloq); (+ *me/te/le etc*) **se nos fué a vivir a Florida** he went (off) to live in Florida; **no te me vayas, quiero hablar contigo** (fam) don't run away, I want to talk to you (colloq)

B (consumirse, gastarse): **¡cómo se va el dinero!** I don't know where the money goes!; (+ *me/te/le etc*) **se me va medio sueldo en el alquiler** half my salary goes on the rent; **¡qué rápido se me ha ido la tarde!** hasn't the evening gone quickly?

C (desaparecer) «*mancha/dolor*» to go; **se ha ido la luz** the electricity's gone off; (+ *me/te/le etc*) **¿se te ha ido el dolor de cabeza?** has your headache gone?

D (salirse, escaparse) «*líquido/gas*» to escape; (+ *me/te/le etc*) **se le está yendo el aire al globo** the balloon's losing air *o* going down

E (euf) (morirse) to slip away (euph)

F (caerse, perder el equilibrio) (+ *compl*): **~se de boca/espaldas** to fall flat on one's face/back; **me iba para atrás** I was falling backwards; **frenó y nos fuimos todos para adelante** he braked and we all went flying forwards

G (andarse, actuar) (+ *compl*): **vete con cuidado/tacto** be careful/tactful

H **1** (CS) (en naipes) to go out **2** (RPl) (en una asignatura) *tb* **~se a examen** to have to take an exam

I (Andes, Ven) «*medias*» to run; **se me fueron las medias** my tights have run

ira *f* rage, anger; **ciego de ~** blinded with rage; **en un arrebato de ~** in a fit of rage *o* anger; **la ~ de los elementos** (liter) the wrath of the elements (liter)

IRA /'ira/ *m* IRA; **el ~ provisional** the Provisional IRA

iracundia *f* **1** (cólera) rage, wrath (liter), ire (liter) **2** (propensión a la ira) irascibility

iracundo -da *adj* **1** [ESTAR] (colérico) irate **2** [SER] (propenso a la ira) irascible, easily angered

Irak, Iraq *m* Iraq

Irán *m* Iran

iraní *adj/mf* Iranian

iraquí *adj/mf* Iraqi

irascible *adj* irascible

irguieron, irguió, etc *see* **erguir**

iridio *m* iridium

iridiscente *adj* iridescent

iris *m* (*pl* **~**) iris

irisar [A1] *vi* to iridesce

Irlanda *f* Ireland

(Compuesto) **Irlanda del Norte** Northern Ireland

irlandés[1] -desa *adj* Irish

irlandés[2] -desa *m,f*

A (persona) (*m*) Irishman; (*f*) Irishwoman; **los irlandeses** the Irish, Irish people

B **irlandés** *m* (idioma) Irish (Gaelic)

ironía *f* **1** (situación irónica) irony; **las ~s del destino** the irony of fate **2** (figura retórica) irony **3** (burla) sarcasm; **con ~** ironically/sarcastically; **estoy harto de sus ~s** I'm fed up with his sarcastic remarks

irónico -ca *adj* **1** ‹*situación*› ironic **2** ‹*persona/comentario/tono*› sarcastic; **en tono ~** sarcastically

ironizar [A4] *vi* **~ SOBRE algo** to satirize sth

■ **ironizar** *vt* to satirize, ridicule

irracional *adj* irrational

irracionalidad *f* irrationality

irradiación *f* irradiation

irradiar [A1] *vt*
A 1 ‹*calor/luz*› to radiate 2 ‹*simpatía/felicidad*› to radiate, irradiate
B (someter a radiaciones) to irradiate

irrazonable *adj* unreasonable

irreal *adj* unreal

irrealizable *adj* ‹*proyecto*› unfeasible; ‹*deseo*› unattainable, unrealizable

irrebatible *adj* irrefutable, unanswerable

irreconciliable *adj* irreconcilable

irreconocible *adj* unrecognizable; **¡cuánta amabilidad! está verdaderamente ~** he's being so friendly! it's most unlike him!

irrecuperable *adj* unrecoverable, irretrievable

irreducible *adj* 1 (Mat) ‹*fracción*› prime 2 ‹*cantidad/problema*› irreducible

irreemplazable *adj* irreplaceable

irreflexión *f* rashness

irreflexivo -va *adj* ‹*persona*› unthinking, rash; ‹*acto/impulso*› rash

irrefrenable *adj* irrepressible, uncontrollable

irrefutable *adj* irrefutable, unanswerable

irregular *adj*
A 1 ‹*trazos/facciones*› irregular; ‹*letra*› irregular, uneven; ‹*terreno/superficie*› irregular, uneven 2 ‹*rendimiento/asistencia*› irregular, erratic; ‹*pulso/ritmo*› irregular; **lleva una vida muy ~** he leads a very disorganized *o* a chaotic life
B (Der) ‹*procedimiento/acción*› irregular
C (Ling) irregular

irregularidad *f* irregularity

irrelevante *adj* irrelevant

irreligioso -sa *adj* (frml) irreligious (frml)

irremediable *adj* ‹*daños/defecto*› irreparable, irremediable; ‹*pérdida*› irreparable, irretrievable

irremediablemente *adv* inevitably; **van a perder ~** they're bound *o* certain to lose

irremisible *adj* (frml) irremissible

irreparable *adj* ‹*pérdida/daños*› irreparable; **el coche quedó ~** the car was beyond repair

irrepetible *adj* unrepeatable

irreprimible *adj* irrepressible

irreprochable *adj* irreproachable

irresistible *adj* 1 ‹*sonrisa/mujer/hombre*› irresistible; ‹*deseo/tentación*› irresistible 2 ‹*dolor*› unbearable

irresoluto -ta *adj* (frml) indecisive, irresolute (frml)

irrespetar [A1] *vt* (Col, Ven) ‹*persona*› to be disrespectful *o* rude to; ‹*lugar sagrado*› to desecrate

irrespetuoso -sa *adj* disrespectful

irrespirable *adj* unbreathable

irresponsabilidad *f* irresponsibility

irresponsable[1] *adj* irresponsible

irresponsable[2] *mf*: **es un ~** he's irresponsible, he's an irresponsible person

irrestricto -ta *adj* (AmL) unrestricted, unlimited

irreverencia *f* (frml) 1 (cualidad) disrespect, irreverence 2 (acto irrespetuoso) act/sign of disrespect, irreverence

irreverente *adj* (frml) disrespectful, irreverent

irreversible *adj* irreversible

irrevocable *adj* irrevocable

irrigación *f* irrigation

irrigador *m* 1 (Agr) sprinkler 2 (Med) irrigator

irrigar [A3] *vt* to irrigate

irrisión *f* (frml) derision

irrisorio -ria *adj* ‹*excusas/pretensiones*› derisory, risible (frml); ⓢ **precios irrisorios** giveaway prices

irritabilidad *f* irritability

irritable *adj* irritable

irritación *f* 1 (Med) irritation, inflammation 2 (enfado) irritation, annoyance

irritante[1] *adj* 1 ‹*situación/actitud*› irritating, annoying 2 (Med) irritant

irritante[2] *m* irritant

irritar [A1] *vt* 1 ‹*piel/garganta*› to irritate; **tiene la garganta irritada** his throat is sore *o* inflamed 2 ‹*persona*› to annoy, irritate
■ **irritarse** *v pron* 1 «*piel/ojos*» to become irritated 2 «*persona*» to get annoyed, get irritated

irrompible *adj* unbreakable

irrumpir [I1] *vi* to burst in; **la policía irrumpió en el bar** the police burst into the bar

irrupción *f*: **el tiroteo empezó con la ~ de la policía en el bar** the firing began when the police burst into the bar; **la ~ del capitalismo en el mundo socialista** the irruption *o* inrush of capitalism into the socialist world

isla *f* 1 (Geog) island, isle (liter) 2 (Ven) (en autopistas) median strip (AmE), central reservation (BrE)
Compuestos
- **isla desierta** desert island
- **isla peatonal** safety island (AmE), traffic island (BrE)

Isla de Pascua *f*: **la ~ de ~** Easter Island

Islam *m*: **el ~** Islam

islámico -ca *adj* Islamic

islamista *adj/m/f* Islamist

islandés[1] -desa *adj* Icelandic

islandés[2] -desa *m,f*
A (persona) Icelander
B **islandés** *m* (idioma) Icelandic

Islandia *f* Iceland

Islas Baleares *fpl* Balearic Islands (*pl*)

Islas Británicas *fpl* British Isles (*pl*)

Islas Canarias *fpl* Canary Islands (*pl*), Canaries (*pl*)

Islas Galápagos *fpl* Galapagos Islands (*pl*)

Islas Malvinas *fpl* Falkland Islands (*pl*)

isleño[1] -ña *adj* ‹*población/productos*› island (*before n*)

isleño[2] -ña *m,f* (habitante de una isla) islander

islote *m* small island, islet

isóbara, isobara *f* isobar

isósceles *adj* isosceles

isoterma *f* isotherm

isotérmico -ca *adj* 1 (Fís) isothermal 2 ‹*recipiente*› insulated; **un camión/contenedor ~** a refrigerated truck/container

isotermo -ma *adj* isothermal

isótopo *m* isotope

Israel *m* Israel

israelí *adj/mf* Israeli

istmo *m* isthmus

itacate *m* (Méx) pack, bundle; ***hacer su ~*** to pack up

Italia *f* Italy

italianada *f* ***subírsele la ~ a algn*** (RPl fam): **cuando se me sube la ~** when I get angry *o* (AmE colloq) mad

italiano[1] -na *adj/m,f* Italian

italiano[2] *m* (idioma) Italian

itálico -ca *adj* 1 (Hist) Italic 2 (Impr) italic

ítem *m* (*pl* **ítems**) item

itemizar [A4] *vt* (AmL) to itemize

iterar [A1] *vt* (frml) to iterate (frml), to repeat

iterativo -va *adj* 1 ‹*tema*› recurrent, repeated 2 (Inf, Ling) iterative

itinerante *adj* ‹*exposición/muestra*› traveling* (*before n*), itinerant (frml)

itinerario *m* itinerary, route

ITV *f* (en Esp) (= **inspección técnica de vehículos**) roadworthiness test, ≈ MOT (*in UK*)

IVA /'iβa/ *m* (= **Impuesto al Valor Agregado** *or* **sobre el Valor Añadido**) VAT

izar [A4] *vt* ‹*vela/bandera*› to hoist, raise, run up

izq. = **izquierda**

izquierda *f*
A 1 (mano izquierda): **la ~** the left hand 2 (lado) left; **la puerta de la ~** the door on the left, the left-hand door; **¡~, ar!** (Mil) by the left, quick march!; **torció a la ~** he turned left; **a la ~ de su padre** to the left of his father *o* on his father's left; **ahí enfrente a la ~** over there on the left; **conducen por la ~** they drive on the left
B (Pol) left; **de ~** *or* (Esp) **de ~s** left-wing

izquierdista[1] *adj* left-wing, leftist (*before n*)

izquierdista[2] *mf* left-winger

izquierdo -da *adj* left (*before n*)

izquierdoso -sa *adj* (pey) lefty (colloq & pej)

Jj

J, j *f (read as /'xota/) the letter* **J, j**

ja *interj* ha!

jab /dʒaβ/ *m* (AmL) jab

jaba *f* (Chi, Per) crate

jabalí *m* (*pl* **-líes**) wild boar

jabalina *f* [1] (Arm, Dep) javelin [2] (Zool) wild sow

jabato *m* (Zool) young wild boar

jábega *f* (red) dragnet; (barco) fishing smack

jabón *m*

A (producto) soap; **una barra** *or* **pastilla de ~** a bar *o* cake of soap; ***darle ~ a algn*** (Esp fam) to soft-soap sb (colloq)

(Compuestos)

- **jabón de afeitar/tocador** shaving/toilet soap
- **jabón de lavar** (en barra) household soap; (en polvo) soap powder
- **jabón de sastre** tailor's chalk
- **jabón en escamas** soapflakes (*pl*)

B (RPl fam) (susto) fright

jabonada *f*

A (con jabón): **dale una buena ~** wash it well in soapy water

B (Chi, Méx fam) (reprimenda) telling-off

jabonar [A1] *vt* ▸**enjabonar**

jabonera *f* soap dish

jabonero -ra *adj* ‹*industria*› soap (*before n*)

jabonoso -sa *adj* soapy

jaca *f* pony

jacal *m* (Méx) hut, small house (*made of adobe or reeds*)

jacalear [A1] *vi* (Méx fam) to spread gossip

jacarandá *m or f* jacaranda

jacarandoso -sa *adj* [1] ‹*porte/andares*› jaunty, carefree; **iba muy jacarandosa con su vestido nuevo** she looked very jaunty in her new dress [2] [SER] ‹*persona*› lively, vivacious

jácena *f* main beam

jacinto *m* (Bot) hyacinth

jactancia *f* (cualidad) boastfulness; (acción) boasting, bragging

jactancioso¹ -sa *adj* boastful

jactancioso² -sa *m,f* boaster, braggart

jactarse [A1] *v pron* to boast, brag; **~ DE algo** to boast *o* brag ABOUT sth

Jacuzi® /dʒa'kuzi/ *m* Jaccuzzi®

jade *m* jade

jadeante *adj*: **venía ~ por la cuesta** he came up the hill (puffing and) panting; **con voz ~** in a breathless voice

jadear [A1] *vi* to pant

jadeo *m* panting

jaez *m*

A (liter) (ralea, calaña) ilk (liter); **gente de ese ~** people of that ilk *o* kind

B jaeces *mpl* (Equ) trappings (*pl*)

jafbac *m* halfback

jaguar *m* jaguar

jagüey, jagüel *m* (AmL) pool

jai *f* (AmS fam) (alta sociedad) high society

jai alai *m* jai alai, pelota

jaiba *f* (AmL) crab; (de río) freshwater crab

jaibol *m* (Méx) highball (AmE), whisky and soda (BrE)

jaibón -bona *adj* (Chi fam) (encopetado) posh (colloq)

jailoso -sa *adj* (Col fam) posh (colloq)

jalada *f*

A (Méx fam) (tirón) pull, tug

B (Méx fam) (tontería, exageración): **esas son puras ~s** that's a load of garbage (AmE) *o* (BrE) rubbish (colloq)

jalado¹ -da *adj*

A (AmC, Col, Méx fam) (borracho) tight (colloq)

B (Méx fam) (descabellado) crazy (colloq)

C (Per fam) ‹*ojos*› slanting

jalado² -da *m,f* (Per fam) oriental-looking person

jalado³ *m* (Per arg) (Educ) fail

jalador¹ -dora *adj*

A (Méx fam) [1] (trabajador) hard-working [2] (animoso) willing [3] (que atrae) ‹*oferta*› attractive; ‹*cantante/actor*› popular

B (Per arg) ‹*profesor*› tough (colloq)

jalador² -dora *m,f*

A (Per arg) (profesor) hard taskmaster

B (Col arg) (ladrón) *tb* **~ de carros** car thief

jalapeño *m* (Méx) jalapeño pepper

jalar [A1] *vt*

A [1] (AmL exc CS) (tirar de) to pull; **~ la cadena** to pull the chain; **me jaló la manga** he pulled *o* tugged at my sleeve [2] (Méx) (agarrar y acercar) ‹*periódico/libro*› to pick up, take; ‹*silla*› to draw up [3] (Méx) (atraer): **lo jalan sus amigos** he's more interested in seeing his friends; **lo jalan mucho hacia sus gustos** he's drawn to their tastes

B (Per arg) ‹*alumno*› to fail, flunk (esp AmE colloq)

C (Per fam) (en automóvil, moto) to give … a lift *o* ride

■ **jalar** *vi*

A (AmL exc CS) (tirar) to pull; Ⓢ **jale** pull; **~ DE algo** to pull sth; **jaló de la cuerda para cerrarlo** he pulled (on) the cord to close it; ***~le a algo*** (Col fam) to be into sth (colloq); ***~ con algn*** (Méx fam) (llevarse bien) to get on *o* along well with sb; (unirse a): **siempre jala con nosotros los domingos** he always hangs out with us on Sundays (colloq)

B [1] (Méx fam) (apresurarse) to hurry up, get a move on (colloq); **¡jálale!** hurry up! [2] (Col, Méx fam) (irse) to go; **jálale por el pan** go and get the bread; **jala por la izquierda** keep to the left

C (Per fam) [1] (beber) to booze (colloq) [2] (inhalar cocaína) to have a snort (colloq)

D (Méx fam) «*motor/aparato*» to work; **mi coche no jalaba en la mañana** my car wouldn't start this morning; **¿cómo van los negocios? — jalando, jalando** how's business? — oh, not so bad (colloq)

E (AmC fam) «*pareja*» to date, go out; «*persona*» **~ CON algn** to date sb, go out WITH sb

■ **jalarse** *v pron*

A (Méx) (*enf*) ▸**jalar** *vt* **A2**

B (Méx) (*enf*) [1] (irse) to go [2] (venir) to come; **jálate a mi casa** come round *o* over to my house

C (Col, Méx fam) (emborracharse) to get tight (colloq)

D (Col fam) (realizar) ‹*discurso*› to give, make; **se jaló un partido excelente** he played an excellent game

jalbegue *m* whitewash

jalea *f* jelly; **~ de limón** lemon jelly

(Compuesto) **jalea real** royal jelly

jalear [A1] *vt* 1 ‹*cantante/bailaor*› to encourage (*with shouts and clapping*) 2 ‹*deportista/equipo*› to cheer on

jaleo *m* (fam) 1 (alboroto, ruido) racket (colloq), row (colloq) 2 (confusión) muddle, mess; (desorden) mess; (problemas) hassle (colloq) 3 (actividad intensa): **hemos tenido mucho ~ en casa** everything's been very hectic at home; **con todo el ~ de la mudanza** with all the upheaval of the move 4 (riña) brawl

jallán *m* (AmC, Col) lout

jalón *m*

A 1 (mojón) landmark; (en topografía) ranging rod 2 (liter) (hito) milestone

B 1 (AmL exc CS fam) (tirón) pull, yank; ***de un ~*** (AmL exc CS) in one go 2 (Méx) (tramo) stretch; **aún nos queda un buen ~** we still have a fair *o* good stretch to go

C (Méx) 1 (fam) (trago) tot, shot 2 (en una media) run, ladder (BrE)

jalonar [A1] *vt* 1 (marcar) to mark; **una carrera jalonada de éxitos** a career marked by successes 2 ‹*terreno/área*› to mark *o* stake out

jalonazo *m* (AmL exc CS fam) tug, yank; **el carro iba a ~s** the car jerked *o* lurched along

jalonear [A1] *vt* (Méx, Per fam) to tug (at)

■ **jalonear** *vi* 1 (AmL exc CS fam) (dar tirones) to pull, tug 2 (AmC fam) (regatear) to haggle

jamaica *f* (Bot) hibiscus

Jamaica *f* Jamaica

jamaicano -na *adj/m,f* Jamaican

jamás *adv* never; **~ había oído cosa igual** I'd never heard anything like it; **~ volverá a suceder** *or* **no volverá a suceder ~** it will never happen again; **nunca ~** *or* (fam) **~ de los jamases** never ever; **por** *or* **para siempre ~** for ever and ever

jamba *f* jamb

jamelgo *m* nag, hack

jamón *m*

A (Coc) ham; ***¡y un ~ (con chorreras)!*** (fam): **dice que tiene 30 años — ¡y un ~ (con chorreras)!** she says she's 30 — come off it! (colloq)

(Compuesto) **jamón crudo** *or* **serrano** ≈ Parma ham

B (fam & hum) (muslo) thigh

jamona *adj* (fam) ‹*mujer*› (grande) buxom; (muy atractiva) (Esp) stunning (colloq)

jaña *f* (AmC fam) (compañera) girlfriend; (chica) girl

Japón *m*: *tb* **el ~** Japan

japonés¹ -nesa *adj/m,f* Japanese

japonés² *m* (idioma) Japanese

jaque *m* check; ***tener a algn en ~*** to have sb on the rack

(Compuesto) **jaque mate** checkmate; **le dio ~ ~ a su adversario** he checkmated his opponent

jaqué, jaquet /(d)ʒa'ke(t)/ *m* (CS) morning coat

jaquear [A1] *vt* to check

jaqueca *f* migraine, severe headache

jara *f* rockrose

jarabe *m*

A 1 (Coc) syrup; **~ de frambuesa** raspberry syrup 2 (Farm, Med) syrup; **~ para la tos** cough mixture *o* syrup

B (Mús) *Mexican folk dance and music*

jarana *f*

A (fam) 1 (bromas): **basta de ~** that's enough fun and games *o* fooling around (colloq) 2 (juerga): **salir de ~** to go out on the town *o* out partying (colloq)

B (instrumento) *type of small guitar*

C 1 (baile) *folk dance from south-east Mexico* 2 (Per) (fiesta) party (*with folk music*)

jaranear [A1] *vi* (fam) (divertirse) to have a good time, live it up (colloq)

jaranero¹ -ra *adj* (fam): **es muy ~** he's always out on the town *o* out partying (colloq)

jaranero² -ra *m,f* (fam): **son unos ~s** they're always out on the town *o* out partying (colloq)

jarcia *f* 1 (Náut) *tb* **~s** rigging 2 (AmC, Méx) (cuerda) rope

jardín *m*

A (con plantas) garden

(Compuestos)

- **jardín botánico** botanical garden
- **jardín de infancia** *or* **de niños** nursery school, kindergarten
- **jardín zoológico** zoological garden, zoo

B **los jardines** *mpl* (en béisbol) the outfield

(Compuesto) **jardín central** center* field

jardinear [A1] *vi*

A (en béisbol) to field

B (Chi) (en el jardín) to do the gardening

jardinera *f*

A (para la ventana) window box; (con pedestal) jardinière

B (Indum) (abrigo) (Col) coat; (pantalón) (Chi) overalls (*pl*) (AmE), dungarees (*pl*) (BrE)

jardinería *f* gardening

jardinero -ra *m,f*

A (persona) gardener

B (Dep) outfielder; **juega de ~ izquierdo** he plays left field

(Compuesto) **jardinero central** *or* **centro** center* fielder

C **jardinero** *m* (RPl) (pantalón) overalls (*pl*) (AmE), dungarees (*pl*) (BrE)

jareta *f* 1 (para pasar una cinta) casing; (de adorno) tuck 2 (AmC) (bragueta) fly

jaripeo *m*: *Mexican rodeo*

jarra *f*

A 1 (para servir) pitcher (AmE), jug (BrE) 2 (para beber) stein (AmE), tankard (BrE); ***en ~s***: **con los brazos en ~s** (with) arms akimbo, hands on hips; **se puso en ~s** she put her hands on her hips

B (Méx fam) bender (colloq); **irse de ~** to go on a bender; ***agarrar la ~*** (Méx fam) to get plastered (colloq)

jarrada *f* (Andes) pitcherful (AmE), jugful (BrE)

jarro *m* 1 (para servir) pitcher (AmE), jug (BrE); ***caer*** *or* ***sentar como un ~ de agua fría*** (fam) to come as a shock *o* a nasty surprise 2 (AmS) (tazón) mug; (para cerveza) beer mug

jarrón *m* vase

jarto -ta *adj* (Col fam) 1 [SER] ‹*persona/clase*› boring 2 [ESTAR] ‹*persona*› fed up (colloq)

jaspe *m* (piedra) jasper; (mármol) veined marble

jaspeado -da *adj* ‹*mármol*› veined; ‹*tela/lana*› flecked; ‹*plumaje/huevos*› speckled

Jauja *f* (fam): **piensan que la universidad es ~** they think that university is a bed of roses; **¡esto es ~!** this is the life!

jaula *f*

A (para animales) cage

B (de ascensor) cage

C (de embalaje) crate

D 1 (fam) (cárcel) jail; **está en la ~** he's doing time (colloq) 2 (Méx) (Ferr) cattletruck

E (Col, Ven fam) (furgón) Black Maria (colloq)

jauría *f* (de perros) pack (of hounds)

jayán -yana *adj* (AmC fam) foul (colloq); **no seas ~** don't be a jerk *o* creep (colloq)

jazmín *m* jasmine

(Compuesto) **jazmín de la India** *or* **del Cabo** gardenia

jazz /(d)ʒas/ *m* jazz

jazzístico -ca *adj* jazz (*before n*)

jeans /(d)ʒins/ *mpl* jeans (*pl*)

jebe *m* (Col, Per) 1 (goma) rubber; **zapatos de ~** rubber-soled shoes 2 *tb* **~cito** (para sujetar algo) rubber band

jebo -ba *m,f* (Ven) 1 (arg) (novio) (*m*) boyfriend; (*f*) girlfriend 2 **jeba** *f* (arg) (muchacha) chick (AmE colloq), bird (BrE colloq)

Jeep® /(d)ʒip/ *m* (*pl* **Jeeps**) Jeep®

jefatura *f*

A (sede) headquarters (*sing o pl*); **~ de policía** police headquarters

B (de partido) leadership; (de empresa): **ostenta la ~ de la empresa** he heads up *o* is head of the company

jefazo *m* (fam) big boss (colloq)

jefe -fa *m,f*, **jefe** *mf* 1 (superior) boss 2 (de empresa) manager; (de sección) head; (de tribu) chief 3 (Pol) leader 4 (como apelativo) buddy (AmE colloq), mate (BrE colloq) 5 **jefes** *mpl* (fam) (padres) folks (*pl*) (colloq)

j

(Compuestos)
- **jefe -fa de bomberos** fire chief
- **jefe -fa de cocina** chef
- **jefe -fa de estación** stationmaster
- **jefe -fa de Estado/gobierno** head of state/government
- **jefe -fa de Estado Mayor** Chief of Staff
- **jefe -fa de estudios** director of studies
- **jefe -fa de personal/ventas** personnel/sales manager
- **jefe -fa de redacción** editor-in-chief

Jehová Jehovah

jején *m: small mosquito*

jengibre *m* ginger

jeque *m* sheik, sheikh

jerarca *mf* (Relig) hierarch (frml), leader; **los ~s del partido** the party leaders

jerarquía *f* [1] (organización) hierarchy; **la ~ eclesiástica** the ecclesiastical hierarchy [2] (categoría, rango) rank

jerárquico -ca *adj* hierarchical

jerarquización *f* organization into a hierarchy

jerarquizado -da *adj* hierarchical

jerarquizar [A4] *vt* [1] ‹*organización*› to organize … into a hierarchy [2] (poner por orden) to arrange … in order of importance

jeremías *mf* (fam) moaner, whiner

jeremiquear [A1] *vi* (AmL fam) to whine, moan

jerez *m* sherry

> **jerez**
>
> Sherry is produced in an area of chalky soil known as *albariza* lying between the towns of Puerto de Santa María, Sanlúcar de Barrameda, and Jerez de la Frontera in Cádiz province. It is from Jerez that sherry takes its English name. Sherries, made from grape varieties including Palomino and Pedro Ximénez, are drunk worldwide as an aperitif, and in Spain as an accompaniment to **tapas**. The styles of *jerez* vary from the pale *fino* and *manzanilla* to the darker aromatic *oloroso* and *amontillado*. *See also* **solera**

jerga *f*
A [1] (de gremio, profesión) jargon; (de los adolescentes) slang [2] (galimatías) mumbo jumbo (colloq)
B (Méx) (trapo) floorcloth

jergón *m* straw mattress

jerigonza *f* (mezcla de idiomas) mumbo jumbo (colloq); (lenguaje en clave) secret language *o* code

jeringa *f*
A (Med) syringe
(Compuesto) **jeringa de engrase** grease gun
B (fam) (molestia) hassle (colloq)

jeringar [A3], (AmL) **jeringuear** [A1] *vt* (fam) to bug (colloq), to pester
■ **jeringar** *vi* (fam) to be a nuisance, pester
■ **jeringarse** *v pron* (fam): **si no te gusta te jeringas** if you don't like it, that's tough (colloq)

jeringuilla *f* syringe

jerma *f* (Per fam) girl

jeroglífico *m* (escritura) hieroglyphic, hieroglyph; (acertijo) rebus; **esto es un ~ para mí** this is a complete mystery to me

jersey *m* (*pl* **-seys**) [1] /'ʒersi/ (AmL) (tela) jersey [2] /xer'sei/ (Esp) (prenda) sweater

Jerusalén *m* Jerusalem

Jesucristo Jesus Christ

jesuita *adj/m* Jesuit

Jesús [1] (Relig) Jesus [2] (*como interj*) **¡~!** (expresando — dolor, fatiga) heavens!; (— susto, sorpresa) good heavens!, good grief!; (cuando alguien estornuda) (Esp) bless you!

jet /'(d)ʒet/ *m* (*pl* **jets**) (Aviac) jet

jeta *f*
A (fam) [1] (cara) face, mug (colloq); **partirle la ~ a algn** to smash sb's face in (colloq); ***tener ~*** (fam) to have a nerve (colloq) [2] (AmL fam) (boca) trap (sl); ***estirar la ~*** (Chi fam) to pull a face; **anda con la ~ estirada** he's going around with a long face (colloq)
B **jeta** *mf* (Esp fam) (caradura): **esa tía es una ~** that woman has a nerve (colloq)

jet lag /'(d)ʒetlav/ *m* jet lag

jetón -tona *adj* [1] (AmL fam) (de boca grande) big-mouthed; (de labios gruesos) thick-lipped [2] (Chi fam) (estúpido) stupid

jet set /'(d)ʒetset/ *m or* (Esp) *f* jet set

jíbaro¹ -ra *adj* [1] ‹*indio/pueblo*› Jivaro [2] (AmC, Méx) (rústico) rustic

jíbaro² -ra *m,f* [1] (indio) Jivaro [2] (Col, Ven arg) (vendedor de droga) pusher (colloq)

jibia *f* cuttlefish

jícama *f* yam bean

jícara *f*
A (Méx) (Bot) calabash
B [1] (Méx) (taza) (drinking) bowl [2] (Col, Méx) (vasija — de calabaza) gourd, calabash; (— de otro material) pot
C (Méx fam) (calva) bald pate (hum)

jicote *m* (Méx) wasp

jicotera *f* [1] (Méx) (nido) wasp's nest [2] (ruido) row (colloq); ***armar una ~*** to kick up a fuss *o* row

jijez *f* (Méx fam & euf) dirty trick

jilguero *m* goldfinch

jilote *m* (Méx) green spike (*of corn/maize*)

jincharse [A1] *v pron* (Col arg) to get smashed (sl)

jincho -cha *adj* (Col) [1] (fam) (lleno) full; **estar ~ de plata** to be loaded (colloq) [2] (arg) (borracho) smashed (sl)

jineta *f* civet cat

jinete *mf* (Equ) (*m*) horseman, rider; (*f*) horsewoman, rider

jinetear [A1] *vt*
A (Equ) [1] (Chi) (montar) to ride [2] (Méx) (domar) to break
B (Méx fam) ‹*dinero*› to speculate with
■ **jinetear** *vi* (Chi) to ride

jinetera *f* (AmC fam) hooker (colloq), prostitute

jingle /(d)ʒingel/ *m* jingle

jingoísta *mf* jingoist

jiote *m* (Méx) impetigo

jipi *mf* hippy

jipijapa¹ *f* jipijapa

jipijapa² *m* panama (hat)

jipismo *m* hippy culture

jirafa *f*
A (Zool) giraffe
B (Cin, Rad, TV) boom

jirón *m*
A (de tela) shred; **hecho jirones** in tatters *o* shreds
B (Per) (avenida) avenue, street

jitomate *m* (Méx) tomato

JJ.OO. *mpl* = **Juegos Olímpicos**

jo *interj* (Esp fam) (expresando — sorpresa) wow! (colloq); (— enfado, disgusto) damn it! (colloq)

jockey /'(d)ʒoki/ *mf* (*pl* **-ckeys**) jockey

jocoque *m* (Méx) *drink or dessert made from soured milk*

jocoso -sa *adj* humorous, jocular

jocundo -da *adj* (liter) joyous (liter)

joda *f*
A [1] (AmL fam) (molestia) pain (colloq), drag (colloq) [2] (AmL fam) (broma): **en ~** as a joke
B (AmL fam) (juerga) party
C (Col) (cosa) thingamajig (colloq); **esta ~ no funciona** this thingamajig isn't working (colloq)

joder¹ [E1] *vi*
A (vulg) (copular) to screw (vulg), fuck (vulg)
B (fam: en algunas regiones vulg) (molestar): **lo hace sólo por ~** he only does it to annoy; **lo que me jode es …** what pisses me off is … (sl); ***¡no jodas!*** (fam) (no digas) you're kidding *o* joking! (colloq); (no molestes) stop being such a pest! (colloq)
■ **joder** *vt*
A (vulg) (copular con) to screw (vulg), fuck (vulg)
B (fam: en algunas regiones vulg) [1] (molestar) to bug (colloq) [2] (engañar) to rip … off (colloq)
C (fam: en algunas regiones vulg) ‹*televisor/reloj*› to bust (colloq), to fuck up (vulg); ‹*planes*› to mess up (colloq), to screw up (vulg); **~*la*** (fam) to screw up (vulg); **ahora sí que la hemos**

jodido now we've really blown it (colloq) *o* (vulg) screwed up!

■ **joderse** *v pron* (fam: en algunas regiones vulg) **1** (fastidiarse): **y si no te gusta, te jodes** and if you don't like it, that's tough! (colloq); **¡hay que ~se!** (Esp) can you believe it! **2** ‹*espalda*› to do … in (colloq); ‹*hígado/estómago*› to mess up (colloq) **3** «*planes*» to get screwed up (vulg), fucked up (vulg); **se ha jodido el motor** the engine's had it (colloq)

joder² *interj* (esp Esp fam: en algunas regiones vulg) (expresando — fastidio) for heaven's sake! (colloq), for fuck's sake! (vulg); (— asombro) good grief!, holy shit! (vulg)

jodido -da *adj*

A (fam: en algunas regiones vulg) **1** [SER] (difícil) ‹*trabajo*› tricky, tough (colloq); ‹*persona*› difficult, pain in the neck (colloq) **2** (*delante del n*) (maldito) damn (colloq), fucking (vulg) **3** [SER] (AmL) (exigente) demanding, tough (colloq)

B [ESTAR] (fam: en algunas regiones vulg) **1** (estropeado) ‹*ascensor/radio*› bust (colloq), fucked (vulg) **2** (enfermo) in a bad way (colloq) **3** (deprimido) down (colloq) **4** (sin dinero) broke (colloq)

C [SER] (Col fam) (astuto) sharp

jodienda *f* (fam) pain (colloq), drag (colloq)

jodón -dona *adj* (AmL arg) (fastidioso, pesado): **¡no seas ~!** don't be a pain in the neck! (colloq)

jofaina *f* (palangana) washbowl, washbasin; (jarra) ewer, pitcher

jogging /(d)ʒoɣin/ *m* **1** (Dep, Ocio) jogging; **hacer ~** to jog, go jogging **2** (RPl) (Indum) jogging suit

jojoba *f* jojoba

jojoto *m* (Ven) corn (AmE), maize (BrE)

jol *m*

A (Dep) huddle

B (AmL) (vestíbulo) hall

jolgorio *m* revelry, merrymaking; **irse de ~** (fam) to go out on the town *o* out partying (colloq)

jónico -ca *adj* ‹*columna*› Ionic; **el mar J~** the Ionian Sea

jonrón *m* (AmL) home run

jopo *m* **1** (rabo) tail; (del zorro) brush, tail **2** (CS) (copete) quiff

Jordania *f* Jordan

jordano -na *adj/m,f* Jordanian

jornada *f*

A **1** (period) (día) day; **la ~ de huelga convocada para hoy** the strike called for today **2** (Rels Labs) *tb* **~ laboral** *or* **de trabajo** working day; **trabajar ~ completa/media ~** to work full-time/part-time; **una ~ semanal de 40 horas** a 40-hour (working) week

(Compuestos)

- **jornada continuada** *or* **intensiva** *working day with no break for lunch so as to finish earlier*
- **jornada partida** split shift (*working day with long break for lunch*)
- **jornada única** (Chi) ▸**jornada continuada**

B **jornadas** *fpl* (congreso) conference, symposium; (de teatro, arte) workshop, course

C **1** (esp Col) (viaje) journey **2** (Méx) (día de viaje) day's journey; **fue una larga ~** it was a long day's journey

jornal *m* day's wages (*pl*), day's pay; **trabajar a ~** to be paid on a daily basis

jornalero -ra *m,f* day laborer•

joroba *f* **1** (de persona, camello) hump **2** (fam) (molestia) drag (colloq), pain in the neck (colloq)

jorobado¹ -da *adj*

A (giboso) hunchbacked

B (fam) **1** (enfermo, delicado): **todavía anda algo jorobada** she's still a bit low (colloq); **está** *or* **anda ~ del estómago** his stomach's been playing (him) up (colloq) **2** (sin dinero) broke (colloq) **3** ‹*asunto*› tricky

jorobado² -da *m,f* hunchback

jorobar [A1] *vt* (fam) **1** (molestar) to bug (colloq) **2** (malograr) to ruin, spoil

■ **jorobar** *vi* (fam) (molestar): **lo hace sólo por ~** he only does it to annoy; **lo que más me joroba es …** what really bugs *o* gets me is … (colloq); **¡no jorobes!** (no digas) you're kidding! (colloq); (no molestes) stop being such a pest! (colloq)

■ **jorobarse** *v pron* (fam) **1** (aguantarse): **y si no te gusta, te jorobas** and if you don't like it, that's tough (colloq); **¡hay que ~se!** (Esp) can you believe it! (colloq) **2** (dañarse) ‹*hígado/estómago*› to mess up (colloq); ‹*espalda*› to do … in (colloq) **3** «*plan*» to be scuppered (colloq); «*fiesta*» to be ruined

jorongo *m* (Méx) poncho

joropo *m*: *Colombian/Venezuelan folk dance*

jota *f* **1** (letra) *name of the letter* **j**; **no entender/ver/saber ni ~** (fam): **no entiendo/no veo ni ~** I don't understand/I can't see a thing; **no sabe ni ~** he doesn't have a clue (colloq) **2** (Mús) jota (*Aragonese folk song/dance*) **3** (en naipes) jack

jote *m* (Zool) turkey buzzard

joto *m*

A (Méx fam) (homosexual) gay man

B (Col) (atado) bundle

joven¹ *adj* young

joven² *mf* (*m*) young person, young man; (*f*) young person, young woman; **de aspecto ~** youthful looking; **los jóvenes de hoy …** young people today …

jovencito -ta (*m*) young man; (*f*) young lady; **moda para jovencitas** teenage fashions (*for girls*)

jovial *adj* jovial, cheerful

jovialidad *f* joviality, cheerfulness

joya *f*

A (alhaja) piece of jewelry•; **~s** jewelry *o* jewels

(Compuesto) **joya de fantasía** piece *o* item of costume jewelry; **~s de ~** costume jewelry

B (persona) gem, treasure; (cosa): **este coche es una ~** this is a real gem of a car; **una ~ de la arquitectura gótica** a jewel of Gothic architecture

joyería *f* (tienda) jeweler's•; (ramo) jewelry• trade *o* business

joyero -ra *m,f* **1** (persona) jeweler• **2** **joyero** *m* (estuche) jewelry• box, jewel case

joystick /'(d)ʒojstik/ *m* joystick

jr (en Perú) (= **jirón**) street

Jr. (= **Júnior**) Jr

juana *f* (Méx fam) *tb* **juanita** grass (colloq)

juanete *m* (Med) bunion

jubilación *f* (retiro) retirement; (pensión) pension

(Compuesto) **jubilación anticipada/forzosa** early/compulsory retirement

jubilado¹ -da *adj* retired

jubilado² -da *m,f* pensioner, retired person (*o* worker *etc*)

jubilar [A1] *vt* **1** ‹*trabajador/empleado*› to retire, pension off **2** (fam) (desechar, tirar) ‹*silla/televisor*› to chuck out (colloq); ‹*novio*› to ditch (colloq)

■ **jubilar** *vi* (Andes) to retire

■ **jubilarse** *v pron*

A (del trabajo) to retire

B (Ven arg) (del colegio) to play hookey (esp AmE), to skive off (school) (BrE)

jubileo *m* jubilee

júbilo *m* jubilation

jubiloso -sa *adj* (liter) jubilant

jubón *m* doublet

judaico -ca *adj* Jewish, Judaic (frml)

judaísmo *m* Judaism

judas *m* Judas, traitor

judería *f* **1** (barrio) Jewish quarter, Jewry (arch) **2** (grupo) Jewry

judía *f* (Esp) bean

(Compuesto) **judía verde** green bean

judiada *f* (fam) dirty trick (colloq); **hacerle una ~ a algn** to play a dirty trick on sb

judicatura *f* **1** (cargo) judgeship **2** (mandato) judgeship, term of office (*as a judge*) **3** (cuerpo de jueces) judiciary

judicial¹ *adj* judicial; **recurrir a la vía ~** to have recourse to law (frml)

judicial² *m* (Méx) policeman

judío¹ -día *adj*

A (Relig, Sociol) Jewish

B (fam) (tacaño) miserly, tightfisted (colloq)

j

judío² -día *m,f* Jewish person, Jew

judo /'(d)ʒuðo/ *m* judo

juega, juegas, etc *see* **jugar**

juego *m*

A (acción) **1** (recreación) play **2** (Dep) play; **en el tercer minuto de ~** in the third minute of play *o* of the game; ***entrar en ~*** «*jugador*» to come on; «*factores/elementos*» to come into play **3** (por dinero): **el ~** gambling; **hagan ~, señores** place your bets, ladies and gentlemen; ***estar en ~*** to be at stake; ***poner algo en ~*** (arriesgar) to risk; (aportar, utilizar) to bring to bear; ***desgraciado en el ~, afortunado en amores*** unlucky at cards, lucky in love **4** (modalidad): **tienen un ~ ágil y veloz** they play a fast, free-flowing game; **~ *limpio*/*sucio*** fair/foul play; **practicar un ~ limpio/sucio** to play fair/dirty **5** (fam) (maniobras, estratagemas) game (colloq); ***hacerle*/*seguirle el ~ a algn*** to go *o* play along with sb; ***jugar*** *or* ***hacer un doble ~*** to play a double game **6** (en naipes) hand, cards (*pl*)

B **1** (de mesa, de niños, etc) game; ***ser un ~ de niños*** to be child's play **2** (conjunto — de cartas) pack, deck; (— de fichas) set **3** (AmL) (en la feria) fairground attraction, ride **4** **juegos** *mpl* (columpios, etc) swings, slide, etc (*in a children's playground*) **5** (en tenis) game

(Compuestos)

- **juego de azar** game of chance
- **juego de manos** (de prestidigitación) conjuring trick; **~ de manos, ~ de villanos** it'll only end in tears
- **juego de mesa** *or* **salón** board game
- **juego de palabras** pun, play on words
- **juegos florales** *mpl* poetry festival (*at which flowers are awarded as prizes*)
- **juegos malabares** *mpl* juggling
- **Juegos Olímpicos** *mpl* Olympic Games (*pl*), Olympics (*pl*)
- **Juegos Paralímpicos** *mpl* Paralympic Games

C **1** (de un mecanismo) play **2** (interacción): **el libre ~ de la oferta y la demanda** the free interaction of supply and demand; **~s de luces** lighting effects

D (conjunto) set; **un ~ de cuchillos** a set of knives; **un ~ de platos** a dinner service; ***hacer ~*** «*colores/cortinas*» to go together; **te hace ~ con los zapatos** it goes with your shoes

(Compuestos)

- **juego de café/té** coffee/tea set
- **juego de comedor/dormitorio** dining room/bedroom suite
- **juego de cubiertos** set of cutlery
- **juego de escritorio** desk set
- **juego de llaves** set of keys

juerga *f* (fam): **ir de ~** to go out on the town *o* out partying (colloq); **organizar una ~** to have *o* throw a party; ***correrse una ~*** (fam) to have a ball *o* a great time (colloq)

juerguista *mf* (fam) reveller

juev. (= **jueves**) Thurs, Thur

jueves *m* (*pl* **~**) Thursday; *para ejemplos ver* **lunes**; ***nada del otro ~*** (fam) ‹*persona/casa*› nothing to write home about (colloq); ‹*examen*› not especially difficult

(Compuesto) **Jueves Santo** Maundy Thursday

juez *mf*, **juez -za** *m,f* **1** (Der) judge **2** (Dep) referee

(Compuestos)

- **juez de banda** *or* **línea** (en fútbol, tenis) (*m*) linesman; (*f*) lineswoman; (en fútbol americano, rugby) line judge
- **juez de campo** field judge
- **juez de instrucción/de primera instancia** examining magistrate
- **juez de paz** justice of the peace
- **juez de salida** starter
- **juez de silla** umpire

jugada *f* **1** (con pelota — individual) move; (entre varios) play; **las mejores ~s del partido** the highlights of the game **2** (en ajedrez, damas, etc) move; ***hacerle una (mala) ~ a algn*** to play a (dirty) trick on sb

jugado -da *adj* (Col, Méx) experienced

jugador -dora *m,f* (Dep) player; (en naipes, juegos de mesa) player; (que juega habitualmente por dinero) gambler

(Compuesto) **jugador de cuadro** infielder

jugar [A15] *vi*

A **1** (divertirse) to play; **~ A algo** to play sth; **~ a la pelota** to play ball; **~ al fútbol** (Esp, RPl) to play football; **¿a qué jugamos?** what shall we play?; **~ a las muñecas** to play with dolls **2** (Dep) to play; **~ *limpio*/*sucio*** to play fair/dirty **3** (en ajedrez, damas) to move; (en naipes) to play; (en otros juegos) to play; **me tocaba ~ a mí** it was my turn/move/go **4** (apostar fuerte) to gamble **5** (fam) (bromear): **se lo dije por ~** I was only joking; ***ni por ~***: **no lo hace ni por ~** she wouldn't do it (even) if you paid her **6** (Fin): **jugaban al alza/a la baja** they were betting on a bull/bear market

B **jugar con** **1** ‹*persona/sentimientos*› to play with, toy with **2** (manejar) ‹*colores/luz*› to play with; **juega con las palabras** she plays with words

C «*factores/elementos*» (actuar): **~ a favor de algn** to work in sb's favor; **~ en contra de algn** to work *o* count AGAINST sb

■ **jugar** *vt*

A **1** ‹*partido/carta*› to play; ***jugársela a algn*** to play a dirty trick on sb **2** (AmL exc RPl) ‹*tenis/fútbol/ajedrez*› to play

B **1** (apostar) **~ algo A algo** to bet sth ON sth **2** (sortear): **se juega mañana** the draw takes place tomorrow

C ‹*rol/papel*› to play

■ **jugarse** *v pron* **1** (gastarse en el juego) ‹*sueldo*› to gamble (away) **2** (arriesgar) ‹*reputación/vida*› to risk, put … at risk; **se lo jugó todo en el negocio** she staked *o* risked everything on the business; **~se el pellejo** (fam) to risk one's neck (colloq) **3** (apostarse) (*recípr*): **nos habíamos jugado una comida y gané yo** we'd bet a meal on it and I won

jugarreta *f* (fam) dirty trick (colloq); **hacerle una ~ a algn** to play a dirty trick on sb

juglar *m* minstrel, jongleur

juglaresco -ca *adj* minstrel (*before n*)

juglaría *f* minstrelsy (liter)

jugo *m*

A (líquido) juice; **~ de tomate** tomato juice; **el ~ de la carne** the meat juices

B (fam) (sustancia) substance; **este artículo tiene mucho ~** this is a very meaty article; ***sacarle (el) ~ a algo*** (fam) to make the most of sth; **les saca (el) ~ a sus obreros** he gets his money's worth from his workforce

jugoso -sa *adj* **1** ‹*fruta/carne*› juicy **2** ‹*historia/anécdota*› colorful•; ‹*chisme*› juicy **3** ‹*artículo/guión*› meaty **4** ‹*negocio*› lucrative, profitable

juguera *f* **1** (CS) (para hacer jugos) juicer **2** (Chi) (licuadora) liquidizer, blender (BrE)

juguete *m* toy; **un tren de ~** a toy train; **no es más que un ~ en sus manos** he is merely a puppet in their hands; **somos ~s del destino** (liter) we are the playthings of fate (liter)

juguetear [A1] *vi* to play

juguetería *f* (tienda) toy store; (ramo) toy trade *o* business

juguetón -tona *adj* playful

juicio *m*

A (facultad) judgment; **no está en su sano ~** he's not in his right mind; ***perder el ~*** to go out of one's mind; **me vas a hacer perder el ~** you're going to drive me crazy *o* mad

B (prudencia, sensatez) sense; **tiene muy poco ~** he's not very sensible

C (opinión) opinion; **a mi ~** in my opinion *o* to my mind; **lo dejo a tu ~** I'll leave it up to you

(Compuesto) **juicio de valor** value judgment

D (Der) trial; **llevar a ~ a algn** to take sb to court ; **ir a ~** to go to court

(Compuestos)

- **juicio civil/criminal** civil/criminal proceedings (*pl*)
- **juicio en rebeldía** judgment by default
- **Juicio Final**: **el ~ ~** the Final Judgment

juicioso -sa *adj* sensible

jul. (= **julio**) Jul

julepe *m*

A (Jueg) *card game similar to whist*

B (AmS fam) (susto) fright; **le da ~ la oscuridad** she's terrified of the dark

julepear [A1] *vt* (RPl fam) give … a fright

■ **julepearse** *v pron* (RPl fam) to get a fright

julia *f* (Méx fam) Black Maria (colloq)

j

julio *m* (mes) July; *para ejemplos ver* **enero**

jumado -da *adj* (fam) plastered (colloq)

jumar [A1] *vi* (fam) to stink (colloq)
■ **jumarse** *v pron* (AmC, Col fam) to get plastered (colloq)

jumbo /'(d)ʒumbo/ *m* jumbo jet

jumento *m* (liter) donkey, ass

jumo -ma *adj* (AmC, Col fam) plastered (colloq)

jumper /'(d)ʒumpe(r)/ *m or f* (*pl* **-pers**) (CS, Méx) jumper (AmE), pinafore dress (BrE)

jun. (= **junio**) Jun

juncal *m* reed bed

junco *m*
A (planta) rush, reed
B (Náut) *tb* ~ **chino** junk

jungla *f* jungle
(Compuesto) **jungla de asfalto** concrete jungle

junio *m* June; *para ejemplos ver* **enero**

júnior[1] /'(d)ʒunjo(r)/ *adj inv* ‹*equipo/categoría*› junior (*before n*), youth (*before n*) (BrE)

júnior[2] /'(d)ʒunjo(r)/ *mf* (*pl* ~**s**)
A 1 (Dep): **los ~s** the juniors 2 (el más joven) Junior; **Francisco Silva, J~** Francisco Silva Junior, Francisco Silva Jr
B **júnior** *m* 1 (Chi) (en oficina) office junior 2 (Méx) (hijo de papá) rich kid (colloq)

junquera *f* bulrush

junta *f*
A 1 (comité, comisión) board, committee; (de empresa) board; (reunión) meeting; **celebrar/convocar una ~ de accionistas** to hold/call a shareholders' meeting 2 (de militares) junta 3 (gobierno regional) *autonomous government in some regions of Spain*
(Compuesto) **junta directiva** board of directors
B (Mec) (acoplamiento) joint; (para cerrar herméticamente) gasket
C (CS pey) (amistad) association; **las malas ~s** bad company

juntar [A1] *vt* 1 (unir) ‹*pies/manos/camas*› to put ... together 2 (reunir): **junta las fichas y ponlas en la caja** collect up the counters and put them in the box; **~ fuerzas para hacer algo** to pluck up courage to do sth; **están juntando (dinero) para el viaje** they are saving (up) for the trip; **~ monedas/sellos** (esp AmL) to collect coins/stamps 3 (cerrar) ‹*puerta*› to push ... to
■ **juntarse** *v pron*
A «*personas*» 1 (acercarse) to move *o* get closer together; **júntense más, así salen todos en la foto** get (in) *o* move (in) closer together so I can get you all in the picture 2 (reunirse) to get together; **~se con algn** to join sb, meet up with sb 3 (relacionarse) **~se CON algn**: **yo no me junto con gente de su calaña** I don't mix with her sort; **se empezó a ~ con malas compañías** she fell into bad company 4 (como pareja) to live together; **se volvieron a ~** they got back together again
B 1 «*desgracias/sucesos*» to come together; **¡este mes se nos ha juntado todo!** this month it's just been one thing after another 2 «*carreteras/conductos*» to meet, join

junto -ta *adj*
A 1 (unido, reunido) together; **~s venceremos** together we shall overcome; **nunca había visto tanto dinero ~/tanta gente junta** I'd never seen so much money/so many people in one place 2 (*pl*) (cercanos, contiguos) together; **están demasiado ~s** they're too close together; **bailaban muy ~s** they were dancing very close
B (*como adv*) 1 ‹*estudiar/trabajar*› together; **éstos van ~s** these go together; **viven ~s** they live together; ***~s pero no revueltos*** (fam & hum): **viven ~s pero no revueltos** they share the same house but they lead separate lives 2 (simultáneamente) at the same time; **ahora todos ~s!** all together now!; **¡les han pasado tantas cosas juntas ...!** they've just had one thing after another!
C (*en locs*) **junto a** next to; **junto con** (together) with

juntura *f* join, joint

Júpiter *m* Jupiter

jura *f* swearing in; **tuvo lugar la ~ del cargo de los nuevos ministros** the new ministers were sworn in; **la ~ de (la) bandera** *or* (AmL) **la ~ a la bandera** the ceremony at which recruits (*o* schoolchildren *etc*) swear allegiance to the flag

jurado *m*
A (cuerpo) (Der) jury; (de concurso) panel of judges, jury
B **jurado** *mf* (persona) (Der) juror, member of a jury; (de concurso) judge, member of the jury

juramentar [A1] *vt* (frml) (Der) to swear in, administer the oath to; (para un cargo) to swear in

juramento *m*
A (promesa) oath; **prestar ~** to take an oath; **tomarle ~ a algn** (Der) to swear sb in; **bajo ~** under *o* on oath
B (blasfemia) oath

jurar [A1] *vt* 1 (al prometer algo) to swear; **juró su cargo el 22 de julio** he was sworn in on July 22; **~on la Constitución/(la) bandera** *or* (AmL) **a la bandera** they swore allegiance to the Constitution/the flag; **te juro por mi madre que es verdad** honestly, I *swear* it's true; **~ + INF** to swear to + INF; **juró vengarse** he swore to get his revenge; ***tenérsela jurada a algn*** (fam) to have it in for sb (colloq) 2 (fam) (asegurar) to swear; **habría jurado que era tu tío** I could have sworn it was your uncle; **no lo entiendo, te lo juro** I honestly don't understand
■ **jurar** *vi* 1 (maldecir) to curse, swear 2 (prometer): **~ en falso** *or* **vano** to commit perjury

jurídico -ca *adj* legal (*before n*); **sistema ~** legal system; **una laguna jurídica** a legal loophole, a loophole in the law

juriperito -ta *m,f* legal adviser

jurisdicción *f* jurisdiction

jurisdiccional *adj* ‹*ámbito*› jurisdictional; **territorio ~** jurisdiction

jurispericia *f* jurisprudence

jurisprudencia *f* (ciencia) jurisprudence; (legislación) jurisprudence, body of law; (criterio) case law

jurista *mf* jurist

juro (Ven fam): **hacer algo a ~** to be made to do sth

jurungar [A3] *vt* (Ven fam) to go *o* rummage through (colloq)

justa *f* (Hist) joust; (Dep) (period) tournament, competition
(Compuesto) **justa poética** poetry competition

justamente *adv*
A (exactamente) exactly, precisely; **~ por eso me fui** that's exactly why I left; **~ hoy que tengo invitados** today of all days, just when I have visitors
B (con justicia) fairly

justicia *f* 1 (equidad) justice; **pedir ~** to call for justice; **es de ~ que se lo hayan dado** it is only right that he should have been given it; **en ~** in all fairness, to be fair; **la ~ de su decisión** the fairness of her decision; **nunca se le ha hecho ~ como escritor** he has never received due recognition as a writer; **esta foto no le hace ~** this picture doesn't do him justice 2 (sistema, leyes): **la ~** the law; **huir de la ~** to flee from justice *o* the law; **recurrir a la ~** (frml) to have recourse to law (frml); **tomarse la ~ por su mano** to take the law into one's own hands
(Compuesto) **justicia militar** military justice system

justicialismo *m* (en Arg) *political movement founded by Juan Domingo Perón*

justiciero -ra *adj* ‹*persona*› avenging; **cayeron bajo su espada justiciera** (liter) they fell to his avenging sword

justificable *adj* justifiable

justificación *f*
A (disculpa, razón) justification; (Der) (prueba) proof
B (Impr) justification

justificante *m* receipt; **~ de pago** receipt, proof of payment; **~ de asistencia** certificate of attendance; **~ de ausencia** note explaining reasons for one's absence

justificar [A2] *vt*
A 1 «*persona*» ‹*ausencia/acción*› to justify 2 (disculpar) ‹*persona*› to find *o* make excuses for 3 «*situación/circunstancia*» to justify; **eso no justifica su actitud** that does not justify *o* that is no excuse for her attitude; **sus sospechas no estaban justificadas** his suspicions were not justified; **no hay nada que lo justifique** there's no reason for it; **trabajar por tan poco dinero no se justifica** working for such low wages just isn't worth it
B (Impr) to justify
■ **justificarse** *v pron* to justify oneself, excuse oneself

justificativo *m* (CS) note explaining reasons for one's absence

justo¹ -ta *adj*

A ‹*persona/castigo/sociedad*› just, fair; ‹*causa*› just

B **1** (exacto) ‹*medida/peso/cantidad*› exact; **me dio el dinero ~** he gave me the right money; **son 50 pesos justos** that's 50 pesos exactly; **buscaba la palabra justa** he was searching for exactly *o* just the right word **2** (apenas suficiente): **tener el dinero ~** *or* **tener lo ~ para vivir** to have just enough to live on; **andan muy ~s de dinero** they're very short of money **3** (ajustado): **estos zapatos me quedan demasiado ~s** these shoes are too tight (for me)

justo² *adv* **1** (exactamente) just; **~ a tiempo** just in time; **es ~ lo que quería** it's just *o* exactly what I wanted; **vive ~ al lado** he lives just *o* right next door; **y ~ hoy que pensaba salir** and today of all days, when I was planning to go out **2** (ajustado): **con el sueldo que gana vive muy ~** he only just manages to scrape by on what he earns; **me cupo todo, pero muy ~** I managed to get everything in, but only just

juvenil¹ *adj* ‹*moda*› young; ‹*aspecto*› youthful; ‹*categoría/competición*› junior (*before n*), youth (*before n*) (BrE)

juvenil² *mf* junior; **los ~es** the juniors

juventud *f* (edad) youth; (gente joven) youth; **¡esta ~ de hoy!** young people today!

juzgado *m* court

Compuestos

- **juzgado de instrucción/de primera instancia** court of first instance
- **juzgado municipal** county court

juzgar [A3] *vt* **1** (Der) ‹*acusado*› to try; ‹*caso*› to try, judge **2** ‹*conducta/persona*› to judge; **~ mal a algn** to misjudge sb; **juzga por ti mismo** judge for yourself **3** (considerar) to consider; **lo juzgó necesario** he considered *o* judged it (to be) necessary; **a ~ por las apariencias/los hechos** judging by appearances/the facts

Kk

K, **k** *f (read as /ka/) the letter* **K, k**

K 1 **(= kilobyte)** K 2 (quilate) k

ka *f: name of the letter* **k**

kaleidoscopio *m* kaleidoscope

kamikaze /kami'kase, kami'kaθe/ *m* kamikaze

kan *m* khan

kaput *adj* (fam) kaput (colloq)

karate, kárate *m* karate

karateka, karateca *mf* karate expert

kárdex *m* (archivo) file; (mueble) filing cabinet

kart *m* (*pl* **karts**) kart

karting /'kartin/ *m* karting

kartódromo *m* karting track

Kenia, Kenya *f* Kenya

keniano -na *adj/m,f* Kenyan

kepis (*pl* ~), **kepí** *m* (Esp) kepi

kermesse /ker'mes/, **kermés** *f* (CS, Méx) charity fair, fête (BrE), kermess (AmE)

ketchup /'katʃup 'katsup/ *m* ketchup, catsup (AmE)

Kg. (= kilogramo) kg

Khz (= kilohertz) kHz

kilo *m* kilogram, kilo

kilobyte /kilo'bait/ *m* (*pl* **~s**) kilobyte

kilocaloría *f* kilocalorie

kilogramo *m* kilogram

kilometraje *m* ≈ mileage

kilométrico -ca *adj* (fam) ‹*pasillo*› endless; **había una cola kilométrica** there was a line (AmE) *o* (BrE) queue a mile long

kilómetro *m* kilometer*

kilovatio *m* kilowatt

(Compuesto) **kilovatio-hora** kilowatt-hour

kimono *m* kimono

kinder /'kinder/ *m* (*pl* ~ *or* **-ders**) (AmL fam) kindergarten

kindergarten *m* (*pl* ~ *or* **-tens**) kindergarten

kiosco, kiosko *m* 1 (Com) (de periódicos) newsstand, newspaper kiosk; (de refrescos) drinks stand; (de helados) ice-cream stand; (de caramelos, tabaco) kiosk 2 (para orquesta) bandstand

kiosquero -ra *m,f* (de periódicos) newspaper vendor; (de refrescos) drinks vendor; (de helados) ice-cream vendor; (de caramelos, tabaco) kiosk attendant

kit *m* (*pl* **kits**) kit

kitsch /kitʃ/ *adj inv/m* kitsch

kiwi /'kiwi/ *m* 1 (Bot) kiwifruit, Chinese gooseberry 2 (Zool) kiwi

Kleenex®, kleenex /'klineks/ *m* (*pl* ~) tissue

Km. (= kilómetro) km

Km/h. (= kilómetros por hora) kph

knock-out /'nokau(t)/ *m* (*pl* **-outs**) knockout; **dejar** *or* **poner a algn ~** to knock sb out

K.O. KO; **lo dejó ~** he knocked him out; **~ técnico** technical knock-out

koala *m* koala (bear)

kuchen /'kuxen/ *m* (Chi) (Coc) tart

Kurdistán *m* Kurdistan

kurdo[1] -da *adj* Kurdish

kurdo[2] -da *m,f* Kurd

Kuwait *m* Kuwait

Kuwaití *adj/mf* Kuwaiti

Ll

L, l *f (read as /'ele/) the letter* **L, l**; **el salón hace (una) 'L'** the living room is L-shaped

l. (= **litro**) l, liter*

la[1] *art*: *ver* **el**

la[2] *pron pers* **1** (referido — a ella) her; (— a usted) you; (— a cosa) it; **no ~ conozco** I don't know her; **¿~ atienden?** can I help you?; **a Eva ~ veo a menudo** I see Eva often; **yo se ~ llevo** I'll take it to him **2** (*impers*) you, one (frml)

la[3] *m* (nota) A; (en solfeo) la; **~ bemol/sostenido** A flat/sharp; **en ~ mayor/menor** in A major/minor

laberinto *m* (de caminos, pasillos) maze, labyrinth; (en jardín, parque) maze

labia *f* (fam) gift of the gab (colloq)

labiado -da *adj* labiate

labial *adj/f* (Ling) labial

labio *m* **1** (de la boca) lip; **~ superior** upper lip; **leer los ~s** to lip-read; **de sus ~s no salió ni una palabra** (liter) not a single word passed his lips (liter); **sin despegar los ~s** without uttering a single word **2** (de la vulva) labium

(Compuesto) **labio leporino** harelip

labiodental *adj/f* labiodental

labiolectura *f* lipreading

labor *f* **1** (trabajo) work; **una ~ de equipo** teamwork; **~es domésticas** housework; **profesión: sus ~es** (frml) occupation: housewife **2** (de coser, bordar) needlework; (de punto) knitting **3** (Agr) plowing (AmE), ploughing (BrE)

(Compuesto) **labores agrícolas** *or* **del campo** *fpl* farm work

laborable *adj* **1** ‹*día*› working (*before n*) **2** ‹*tierra*› arable

laboral *adj* ‹*problemas/conflictos*› labor* (*before n*), work (*before n*); ▸**accidente**

laboralista *adj* labor* relations (*before n*)

laborar [A1] *vi* (frml) to work

■ **laborar** *vt* (liter) ‹*tierra*› to till (liter)

laboratorio *m* laboratory

laboreo *m* farm work; **técnicas de ~** farming techniques

laborero *m* (Andes) foreman

laboriosidad *f* **1** (diligencia) diligence; **con ~** diligently **2** (dificultad) laboriousness

laborioso -sa *adj* ‹*persona*› hardworking, industrious; ‹*abejas*› industrious; ‹*tarea*› laborious

laborista[1] *adj* Labour (*before n*); **el partido ~** the Labour Party

laborista[2] *mf* member of the Labour Party

labrado -da *adj* ‹*madera*› carved; ‹*piedra*› cut, carved; ‹*cuero*› tooled; (Tex) patterned

labrador -dora *m,f* (Agr) (propietario) farmer; (trabajador) farmworker

labrantío -tía *adj* arable

labranza *f* farming the land, tilling the soil (liter); **herramientas de ~** farm tools; **tierras de ~** arable land

labrar [A1] *vt*

A (Agr) ‹*tierra*› to work

B ‹*madera*› to carve; ‹*piedra*› to cut; ‹*cuero*› to tool, work; ‹*metales*› to work

■ **labrarse** *v pron* (forjarse): **~se un porvenir** to carve out a future for oneself; **me labré mi propia ruina** I dug my own grave

labriego -ga *m,f* farmworker

laburar [A1] *vi* (CS fam) to work

laburo *m* (CS fam) work

laca *f* (resina) lac, shellac; (barniz) lacquer; (para el pelo) hairspray

(Compuesto) **laca de uñas** nail polish

lacar [A2] *vt* to lacquer

lacayo *m* (criado) footman; (persona servil) lackey

lacear [A1] *vt* (CS) ‹*ganado*› to lasso

lacerante *adj* (liter) ‹*dolor*› searing (liter); ‹*palabras*› cutting, wounding

lacerar [A1] *vt* (liter) ‹*piel/cuerpo*› to cut, lacerate (frml)

lacero -ra *m,f* dogcatcher

lacho -cha *m,f* (Chi fam) **1** (mujeriego) (*m*) womanizer (colloq); (*f*) man-chaser (colloq) **2** (pey) (amante) lover

lacio -cia *adj* ‹*pelo*› straight; ‹*cuerpo*› limp, weak

lacón *m* ham (*from the foreleg*)

lacónico -ca *adj* laconic

lacra *f* (Med) mark; (defecto, mancha) blight

lacrar [A1] *vt* (con cera) to seal

lacre[1] *adj* (AmL) bright-red; (Chi) red

lacre[2] *m* sealing wax

lacrimal *adj* tear (*before n*), lachrymal (tech)

lacrimógeno -na *adj* (fam) ‹*película*› weepy (colloq)

lacrimoso -sa *adj* ‹*persona/despedida*› tearful

lactancia *f* (secreción de leche) lactation; **durante el período de ~** while breastfeeding

lactante *adj*: **un niño ~** a child still on milk

lactar [A1] *vt* ‹*bebé*› to suckle, breastfeed; ‹*cría*› to suckle

■ **lactar** *vi* to suckle, feed

lácteo -tea *adj* dairy (*before n*), milk (*before n*)

láctico -ca *adj* lactic

lactosa *f* lactose

ladeado -da *adj* [ESTAR]: **el cuadro está ~** the picture is on a slant *o* is askew; **llevaba el sombrero ~** he wore his hat at an angle

ladear [A1] *vt* ‹*cabeza*› to tilt … to one side; ‹*objeto*› to tilt; ‹*persona*› to give … the cold shoulder

■ **ladearse** *v pron* (inclinarse) to lean to one side

ladera *f* hillside, mountainside; **la ~ norte** the northern slope *o* side

ladilla *f* **1** (Zool) crab louse **2** (persona pesada) (Ven vulg) pain in the ass (AmE vulg), pain in the arse (BrE vulg)

ladino[1] **-na** *adj*

A (taimado) sly, cunning

B (AmC, Méx) **1** (mestizo) mestizo, of mixed race **2** (hispanohablante) Spanish-speaking (*often used to refer to Indians who adopt Spanish ways*)

C (Méx fam) (agudo) high-pitched, piercing

ladino[2] **-na** *m,f* (AmC, Méx) **1** (mestizo) mestizo, person of mixed race **2** (hispanohablante) Spanish-speaking Indian

lado *m*

A **1** (parte lateral) side; **está en el ~ derecho** it is on the right-hand side; **a este/al otro ~ del río** on this/on the other side of the river; **¿de qué ~ de la calle?** which side of the street?; **hacerse a un ~** to move to one side; **echarse a un ~** to swerve; **ponlas a un ~** set them aside; **cambiar de ~** (Dep) to change sides (AmE) *o* (BrE) ends **2** (de papel, moneda, tela) side **3** (Mat) (de polígono) side

B (aspecto, ángulo) side; **ver el ~ positivo de las cosas** to look on the bright side of things; **todo tiene su ~ bueno y su ~ malo** there's a good side and a bad side to everything

C **1** (bando) side; **¿de qué ~ estás?** whose side are you on? **2** (rama familiar) side; **por el ~ materno** on the maternal side; **por el ~ de mi padre** on my father's side (of the family)

D (sitio, lugar): **miré en** *or* **por todos ~s** I looked everywhere; **ponlo en cualquier ~** put it anywhere; **va a todos ~s en taxi** she goes everywhere by taxi; **ir de un ~ para otro** to run around

E (*en locs*) **al lado**: **viven en la casa de al ~** they live next door; **los vecinos de al ~** the next-door neighbors; **nos queda aquí al ~** it's very near here *o* (colloq) is right on the doorstep; **al lado de algn/algo** (contiguo a) next to sb/sth, beside sb/sth; (en comparación con) compared to sb/sth; **a su ~ me siento segura** I feel safe when I'm with him; **de mi/tu/su lado**: **no te muevas de mi ~** don't leave my side, stay close to me; **de lado** ‹*meter/colocar*› sideways; ‹*tumbarse/dormir*› on one's side; **ponlo de ~** turn it sideways; **de medio lado** at an angle; **por otro lado** (en cambio) on the other hand; (además) apart from anything else; **por un ~ ..., pero por otro ~ ...** on the one hand ..., but on the other hand ...; ***dejar algo de ~*** *or* ***a un ~*** to leave sth aside *o* to one side; ***dejar a algn de ~***: **me dejan de lado en la oficina** they leave me out of things at the office; **sus amigos la dejaron a un ~** her friends gave her the cold shoulder; ***estar al*** *or* ***del otro ~*** (CS, Méx fam) to be over the worst, be laughing (colloq); ***ir cada uno por su ~***: **mejor vamos cada uno por nuestro ~ y allí nos encontramos** it's better if we all make our own way and meet each other there; **cada uno se fue por su ~** they went their separate ways; ***por cualquier ~ que se mire*** whichever way *o* however you look at it; ***saber de qué ~ sopla el viento*** to know which way the wind blows, know how the land lies

ladrar [A1] *vi* **1** «*perro*» to bark **2** (fam) «*persona*» to yell (colloq), to bark (colloq); **~ *de hambre*** (AmS fam) to be starving (colloq)

ladrido *m* bark; **~s** barking

ladrillo *m* **1** brick; **fachada de ~ a la vista** brick facade; ***ser un ~*** (fam) «*libro*» to be heavy-going **2** **(de) color ~** brick-red

ladrón -drona *m,f*

A (de bolsos, coches) thief; (de bancos) bank robber; (de casas) burglar; **aquí son unos ladrones** (fam) they really rip you off in here (colloq); ***el que roba a un ~ tiene cien años de perdón*** it's no crime to steal from a thief; ***piensa el ~ que todos son de su condición*** evildoers always think the worst of others

B **ladrón** *m* (Elec) adaptor

ladronzuelo -la *m,f* petty thief

lagar *m* press

lagartear [A1] *vi* (Col fam) to crawl (colloq)

■ **lagartear** *vt* (Col fam) ‹*puesto/cargo*› to finagle (colloq)

lagartija *f* wall lizard

lagarto *m*

A (Zool) lizard

(Compuesto) **lagarto de Indias** alligator

B (Col fam) (persona) crawler (colloq)

lago *m* lake

lágrima *f*

A (Fisiol) tear; **derramar ~s por algn/algo** to shed tears over sb/sth; **le caían las ~s** tears were running down her face; **se le saltaron las ~s** it brought tears to his eyes; ***llorar a ~ viva*** to cry one's eyes *o* heart out; ***llorar ~s de sangre*** to cry bitterly

(Compuesto) **lágrimas de cocodrilo** *fpl* crocodile tears (*pl*)

B (adorno) teardrop

lagrimal[1] *adj* tear (*before n*)

lagrimal[2] *m* **1** (extremo del ojo) corner of the eye **2** *tb* **conducto ~** tear duct

lagrimear [A1] *vi* **1** «*ojo*» to water **2** «*persona*» to sob quietly

laguna *f*

A (de agua dulce) lake, pool; (de agua salada) lagoon

B **1** (vacío, imperfección) gap; **las ~s de la legislación** the omissions in the legislation **2** (en la memoria) memory lapse

(Compuesto) **laguna jurídica** legal loophole

laicalizar [A4] *vt* (Andes) to laicize, secularize

laicizar [A4] *vt* to laicize, secularize

laico[1] -ca *adj* secular, lay (*before n*)

laico[2] -ca (*m*) layman, layperson; (*f*) laywoman, layperson

laísmo *m*: *use of* **la/las** *instead of* **le/les** *(as in* **la/las dije que no**), *common in certain regions of Spain but not acceptable to most speakers*

laja *f* (AmS) slab

lama[1] *m* lama

lama[2] *f* (AmL) (musgo) moss; (verdín) green slime; (moho) mold*

lambetear [A1] *vt* (Col, Méx, Ven) to lick

lambiscón -cona *m,f* (Méx fam) bootlicker (colloq)

lambisquear [A1] *vt* **1** (Col) (lamer) to lick **2** (Méx fam) (lisonjear) to suck up to (colloq)

lamé *m* lamé

lameculos *mf* (*pl* ~) (vulg) asskisser (AmE vulg), arselicker (BrE vulg)

lamentable *adj* **1** ‹*conducta/error/suceso*› deplorable, terrible **2** ‹*pérdida*› sad; ‹*estado/aspecto*› pitiful; ‹*error*› regrettable

lamentación *f* lamentation (liter); **estoy harta de oír tus lamentaciones** (fam) I'm fed up with your grumbling

lamentar [A1] *vt* to regret; **lamentamos las molestias ocasionadas** we regret any inconvenience that we may have caused you; **lo lamento mucho** I am very sorry; **no hubo que ~ daños personales** (period) there were no casualties; **lamento molestarlo** I'm sorry to disturb you; **lamentamos tener que comunicarle que ...** (frml) we regret to have to inform you that ...; **lamento que no se encuentre bien** I'm sorry to hear that you're not well; **es de ~ que ...** it is to be lamented that ... (frml)

■ **lamentarse** *v pron* to complain, to grumble (colloq); **~se DE algo** to deplore sth

lamento *m* **1** (quejido — por un dolor físico) groan; (— por tristeza) wail **2** (elegía) lament

lamer [E1] *vt* **1** «*persona/animal*» to lick **2** (liter) «*agua/olas*» to lap against

lamido -da *adj* **1** (ant) (flaco) gaunt **2** (relamido) excessively neat

lámina *f*

A (hoja, plancha) sheet; **recubierto con una ~ de oro** gold-plated

B **1** (plancha) plate; (grabado) engraving; (ilustración) plate; (estampa) picture card **2** (Educ) wall chart

laminado *m* (Metal, Tec) lamination; (plancha) sheet

laminador *m*, **laminadora** *f* rolling mill, laminator

laminar[1] *adj* laminar

laminar[2] [A1] *vt* **1** ‹*metal*› to laminate, roll; (recubrir con láminas) to laminate; **2** (AmC, Col, Méx) ‹*documentos/carnet*› to laminate

lampa *f* (Andes) (azada) mattock; (pala) spade

lampalagua *f* (AmS) *type of anaconda*

lámpara *f* lamp

(Compuestos)

- **lámpara de pie/mesa** standard/table lamp
- **lámpara solar** solar lamp

lamparazo *m* (Col fam) (idea brillante) brainwave (colloq)

lamparín *m* (Per) kerosene lamp

lamparita *f* (RPl) (light) bulb

lamparón *m* (fam) (mancha) stain

lampazo *m*

A (Bot) burdock

B (Náut) swab, mop; (mopa) (AmS) mop

lampiño -ña *adj* (sin barba) smooth-faced; (con poco vello) with little body hair

lamprea *f* lamprey

lana *f*

A (material) wool; (vellón, pelambre) fleece; **una bufanda de ~** a wool *o* woolen scarf; **son de ~** they're (made of) wool; ***ir (a) por ~ y volver trasquilado*** to be hoist with one's own petard; ***unos cardan la ~ y otros cobran la fama*** some do all the work and others get all the credit

(Compuesto) **lana virgen** new wool

B (AmL fam) (dinero) dough (sl); **tienen mucha ~** they're loaded (colloq)

lance *m*

A 1 (Taur) incident, move 2 (Jueg) (jugada) move; (de dados) throw; ***tirarse un ~*** (CS fam) to try one's luck

B 1 (incidente) incident; (riña) quarrel 2 (situación difícil) tight spot; **salir de un ~** to get out of a tight spot

(Compuesto) **lance de honor** duel

C (ocasión): **de ~** secondhand

lancero *m* lancer

lanceta *f* 1 (Med) lancet 2 (Andes, Méx) (aguijón) sting

lancha *f* (barca grande) launch, cutter; (bote) motorboat

(Compuestos)

- **lancha de desembarco** landing craft
- **lancha fuera borda** (outboard) launch
- **lancha motora** motor launch, motorboat
- **lancha neumática** inflatable (dinghy)
- **lancha patrullera** patrol boat
- **lancha salvavidas** *or* **de salvamento** lifeboat

lanchón *m* barge, lighter

lanero[1] -ra *adj* wool (*before n*)

lanero[2] -ra *m,f* wool merchant

langaruto -ta *m,f* (Col, Per fam) beanpole (colloq)

langosta *f* (crustáceo) lobster; (insecto) locust

langostera *f* lobster pot

langostino *m* (grande) king prawn; (pequeño) prawn

(Compuesto) **langostino de río** crayfish, crawfish (esp AmE)

langüetear [A1] *vt* (Chi) to lick

languidecer [E3] *vi* «*persona*» to languish (liter); **la conversación empezó a ~** the conversation began to flag

lánguido -da *adj* 1 (débil) listless, weak 2 ‹*mirada/aspecto*› languid

lanilla *f* (pelillo) fluff; (tela) flannel

lanolina *f* lanolin

lanudo -da *adj* long-haired, shaggy

lanza[1] *f* (arma — en las lides) lance; (— arrojadiza) spear; ***~ en ristre*** ready for action; ***ser una ~*** (AmL fam) to be on the ball (colloq)

lanza[2] *m* (Chi) (delincuente) pickpocket, thief

lanzabengalas *m* (*pl* ~) flare gun, Very pistol

lanzabombas *m* (*pl* ~) (en avión) bomb release gear; (de trinchera) trench mortar

lanzacohetes *m* (*pl* ~) rocket launcher

lanzadera *f* shuttle

(Compuesto) **lanzadera espacial** space shuttle

lanzado -da *adj*

A [SER] (fam) (precipitado) impulsive, impetuous; (decidido, atrevido) forward

B (fam) (rápido): **iban ~s** they were bombing along (colloq); **salió ~** he rushed out; **pasar ~** to shoot past

lanzador -dora *m,f* (Dep) (de disco, jabalina) thrower; (en béisbol) pitcher; **~ de bala** *or* **(Esp) de peso** shot-putter

lanzagranadas *m* (*pl* ~) grenade launcher

lanzallamas *m* (*pl* ~) flamethrower

lanzamiento *m*

A 1 (de objetos, pelota) throwing; (de misil, torpedo) launch; (de bomba) dropping 2 (de cohete, satélite) launch; (Dep) (de disco, jabalina) throw; (de bala) put; (en béisbol) pitch

(Compuestos)

- **lanzamiento de bala** *or* (Esp) **de peso** shot put
- **lanzamiento de disco/jabalina** discus/javelin throwing
- **lanzamiento de penaltys** penalty shoot-out
- **lanzamiento libre** free throw *o* shot

B (de producto, libro) launch, launching

C (CS) (Der) *tb* **orden de ~** eviction order

lanzamisiles[1] *adj inv* missile-launching (*before n*)

lanzamisiles[2] *m* (*pl* ~) missile launcher

lanzar [A4] *vt*

A 1 ‹*pelota/objetos/jabalina*› to throw; (en béisbol) to pitch; **~ la bala** *or* (Esp) **el peso** to put the shot 2 ‹*misil/satélite*› to launch; ‹*bomba*› to drop

B ‹*producto/libro*› to launch; **el disco que lo lanzó** the record which launched him

C 1 ‹*ofensiva/ataque*› to launch 2 ‹*crítica*› to launch; **las acusaciones lanzadas contra él** the accusations made against him; **lanzó un llamamiento a la calma** he made an appeal for calm

D 1 ‹*mirada*› to shoot, give; **~ una indirecta a algn** to drop sb a hint 2 ‹*grito*› to give; **~ gritos de protesta** to shout protests; **lanzó un grito de dolor** he cried out in pain; **~ un suspiro** to sigh

■ **lanzar** *vi* (en béisbol) to pitch

■ **lanzarse** *v pron* 1 (*refl*) (arrojarse) to throw oneself; **~se al agua/al vacío** to leap into the water/the void; **~se en paracaídas** to parachute; (en una emergencia) to parachute, to bale out 2 (abalanzarse, precipitarse): **~se sobre algo/algn** to pounce on sth/sb; **se lanzó en su búsqueda** he set about looking for her; **~se a la calle** to take to the streets; **~se escaleras arriba** to charge upstairs; **~se al ataque** to attack; **se lanza a hacer las cosas sin pensar** (fam) she rushes into things without thinking 3 (emprender) **~se A algo** to undertake sth

lanzatorpedos *m* (*pl* ~) torpedo tube *o* launcher

lapa *f* 1 (molusco) limpet 2 (Ven) (mamífero) paca 3 (AmC) (ave) macaw

lapicera *f* (CS) pen

(Compuesto) **lapicera fuente** *or* **estilográfica** (CS) fountain pen

lapicero *m* 1 (portaminas) automatic pencil (AmE), propelling pencil (BrE) 2 (AmC, Per) (bolígrafo) ballpoint pen

lápida *f* (en tumba) tombstone, gravestone; (losa conmemorativa) stone plaque

lapidar [A1] *vt* to stone

lapidario[1] -ria *adj* 1 ‹*inscripción*› lapidary (frml) 2 (categórico) ‹*frase/afirmación*› categorical, dogmatic

lapidario[2] -ria *m,f* lapidary

lapislázuli *m* lapis lazuli

lápiz *m* (de madera) pencil; (portaminas) automatic pencil (AmE), propelling pencil (BrE); **con** *or* **a ~** in pencil

(Compuestos)

- **lápices de colores** *mpl* crayons (*pl*)
- **lápiz de labios** lipstick
- **lápiz de ojos** eye pencil
- **lápiz de pasta** (Chi) ballpoint pen
- **lápiz óptico** light pen

lapo *m* (fam) (Andes, Méx fam) (bofetada) wallop (colloq)

lapso *m* 1 (de tiempo) space; **un breve ~** a short space *o* period of time 2 (error, olvido) ▸**lapsus**

lapsus *m* (*pl* ~) (error) slip, blunder; (olvido): **tuve un pequeño ~** it slipped my mind

(Compuesto) **lapsus linguae** slip of the tongue

laptop *m* laptop (computer)

laquear [A1] *vt* to lacquer

lar *m* 1 (liter) (chimenea) hearth 2 **lares** *mpl* (arc) (lugar): **¿qué haces por estos ~es?** what are you doing here?

larga *f* 1 (largo plazo): **a la ~** in the long run; ***darle ~s a algn/algo*** to put sb/sth off 2 (Auto) high beam (AmE), full *o* main beam (BrE); **dio la(s) ~(s)** he put the lights on high *o* main beam

largamente *adv* at length

largar [A3] *vt*

A 1 (Náut) ‹*amarras/cabo*› to let out, pay out 2 (RPl) (soltar, dejar caer) to let … go

B ‹*discurso/sermón*› to give; ‹*palabrota/insulto*› to let fly; **le largó que se iba** he came out with the news that he was leaving; **no me largó ni un peso** he didn't give me a penny

C (fam) (endilgar) to dump (colloq)

D (fam) (despedir) to fire, to give … the boot (colloq); **la novia lo largó** (RPl) his girlfriend ditched him

l

E (fam) (de la cárcel) to let … out
F (CS, Méx) (Dep) ‹*pelota*› to throw; ‹*carrera*› to start

■ **largar** *vi* (Andes) (Dep, Equ) to start

■ **largarse** *v pron* [1] (fam) (irse) to beat it (colloq); **lárguense antes de que venga** get out of here before he arrives; **¡yo me largo!** I'm taking off! (AmE), I'm off! (BrE) (colloq) [2] (CS fam) (empezar) to start, get going (colloq); **~se** A + INF to start to + INF, to start -ING

largavistas *m* (*pl* ~) (CS) binoculars (*pl*)

largo¹ -ga *adj*
A [1] ‹*palo/camino/pasillo*› long; ‹*pelo/piernas/ropa*› long; **una camisa de manga larga** a long-sleeved shirt; **me está largo** it's too long (for me); **se cayó cuan ~ era** he fell flat on his face [2] (*en locs*) **a lo largo** ‹*cortar/partir*› lengthways; **a lo largo de** (de camino, río) along; (de jornada, novela) throughout; **a lo ~ de su vida** in the course of her life; **a lo ~ de la semana** in the course of the week; **a lo ~ y ancho del país** throughout the country; **de largo** ‹*vestirse*› to wear a long skirt/dress; ‹*ponerse*› «*debutante*» to come out
B (extenso) long; ‹*novela/sílaba*› long; **el día se me ha hecho muy ~** it's been a long day; **es muy ~ de contar** it's a long story; **un tren de ~ recorrido** a long-distance train; ***ir para ~*** (fam): **va para ~** it's going to be a while yet; ***~ y tendido*** at great length
C (en expresiones de cantidad): **una hora larga** a good hour; **tres metros ~s** a good three meters

largo² *m*
A (longitud) length; **¿cuánto mide de ~?** how long is it?; **3 metros de ~** 3 meters long
B (en natación) lap (AmE), length (BrE)
C (Mús) largo

largo³ *interj* (fam) *tb* **¡~ de aquí!** get out of here!

largometraje *m* feature film, full-length film

larguero *m* [1] (Arquit, Const) (viga) crossbeam; (de puerta) jamb [2] (de cama) side [3] (Dep) crossbar

largueza *f* generosity; **con ~** generously

larguirucho -cha *adj* (fam) gangling (*before n*)

largura *f* (fam) length

laringe *f* larynx

laringitis *f* laryngitis

larva *f* larva, grub

larvado -da *adj* latent

larvario -ria, **larval** *adj* (Zool) larval

las¹ *art*: *ver* **el**

las² *pron pers*: *ver* **los²**

lasaña *f* lasagna, lasagne

lasca *f* (de una piedra) chip, chipping

lascivia *f* lasciviousness, lust

lascivo -va *adj* lascivious, lustful

láser *m* laser

lasitud *f* (liter) lassitude (liter), weariness

laso -sa *adj* (liter) weary, tired

lástima *f* [1] (pena) shame, pity; **¡qué ~!** what a shame *o* pity!; **es una ~** it's a shame *o* pity; **me da ~ tirarlo** it seems a pity *o* shame to throw it out [2] (compasión): **sentir ~ por algn** to feel sorry for sb; **da ~ verla así de triste** it's sad to see her so unhappy; **me da ~ ese hombre** I feel sorry for that man; **digno de ~** worthy of compassion

lastimadura *f* (AmL) graze

lastimar [A1] *vt* to hurt

■ **lastimarse** *v pron* (*refl*) (esp AmL) to hurt oneself; **se lastimó el pie** he hurt his foot

lastimero -ra *adj* pitiful

lastimoso -sa *adj* (triste) terrible, pitiful; (deplorable) shameful, terrible

lastrar [A1] *vt* [1] ‹*buque/globo*› to ballast [2] (entorpecer) to burden, weigh down

lastre *m* [1] (de buque, globo) ballast; **soltar** *or* **largar ~** to drop ballast [2] (carga, estorbo) burden

lat. (= **latitud**) lat.

lata *f*
A [1] (hojalata) tin [2] (envase) can, tin (BrE); **una ~ de aceite** a can of oil; **los tomates son de ~** the tomatoes are out of a can *o* tin; **sardinas en ~** canned *o* tinned sardines [3] (para galletas, etc) tin
B (fam) (pesadez) nuisance, pain (colloq); **¡qué ~!** what a nuisance!; **¡qué ~ de chico!** this boy's such a pain (in the neck)! (colloq); ***dar (la) ~*** (fam) to be a nuisance; **no hacen más que dar (la) ~** they're nothing but trouble; **¡deja ya de darme ~!** stop bugging *o* pestering me! (colloq)

latente *adj* latent

lateral¹ *adj* ‹*puerta/salida/calle*› side (*before n*); ‹*línea/sucesión*› indirect, lateral

lateral² *m*
A (Dep) (poste) goalpost
B **lateral** *m or f* (Auto) (calle perpendicular) side street; (calle paralela) service road, frontage road (AmE)
C **laterales** *mpl* (del escenario) wings (*pl*)

lateral³ *mf* (Dep) (alero) wing, winger; (defensa) left/right back

latero¹ -ra *adj* (Andes fam) boring

latero² -ra *m,f*
A (hojalatero) tinsmith
B (Andes fam) bore

látex *m* latex

latido *m* (del corazón) heartbeat; (en la sien, una herida) throbbing; (golpe) beat; (ritmo) beating

latifundio *m* large estate

latifundista *mf* owner of a large estate

latigazo *m* [1] (golpe) lash; **los hacían trabajar a ~s** they whipped them to make them work [2] (chasquido) crack of the whip [3] (reprensión) tongue-lashing

látigo *m* whip

latiguillo *m* [1] (Ling) (tópico) cliché, well-worn phrase; (muletilla) filler (*word which a person uses a lot*) [2] (frase vacía) platitude; (de político) catchphrase, slogan

latín *m* Latin; ***saber (mucho) ~*** (fam) to know what's what

latinajo, latinazgo *m* [1] (fam) (frase latina) Latin word/expression [2] (latín incorrecto) dog latin

latino¹ -na *adj* [1] ‹*literatura/gramática/pueblo*› Latin [2] (fam) (latinoamericano) Latin American

latino² -na *m,f* [1] (español, italiano, etc) Latin; **los ~s** Latin people [2] (fam) (latinoamericano) Latin American

Latinoamérica *f* Latin America

latinoamericano -na *adj/m,f* Latin American

latir [I1] *vi*
A «*corazón*» to beat; «*vena*» to pulsate; «*herida/sien*» to throb
B [1] (Chi, Méx fam) (parecer) (+ *me/te/le etc*): **me late que no vendrá** I have a feeling *o* something tells me he isn't going to come (Méx fam) [2] (parecer bien, gustar) (+ *me/te/le etc*): **¿te late ir al cine?** do you feel like going to the movies?

latitud *f* [1] (Astron, Geog) latitude [2] **latitudes** *fpl* (zona, lugar) parts (*pl*); **la flora de otras ~es** the flora of other parts of the world

lato -ta *adj* (frml) broad, wide

latón *m* [1] (Metal) brass [2] (RPl) (palangana) metal bowl

latonería *f* (Col) body shop

latonero -ra *m,f* (Col) body shop worker (AmE), panel beater (BrE)

latoso¹ -sa *adj* [1] (fam) (molesto) annoying, tiresome; **no seas ~** don't be such a pain (colloq) [2] (Andes fam) (aburrido) dull, boring

latoso² -sa *m,f* [1] (fam) (pesado) pain (in the neck) (colloq) [2] (Andes fam) (aburrido) bore

latrocinio *m* (frml) theft, larceny

laucha *f* (CS) mouse; ***aguaitar*** *or* ***catear la ~*** (Chi fam) to lie in wait

laúd *m* lute

laudable *adj* praiseworthy

láudano *m* laudanum

laudatorio -ria *adj* (frml) laudatory (frml)

laudo *m* (Der, Rels Labs) *tb* **~ arbitral** arbitration award

laureado -da *adj* (frml) prize-winning (*before n*)

laurear [A1] *vt* (frml): **~ a algn CON algo** to award sth TO sb, to honor* sb WITH sth (frml)

laurel *m*
A (árbol) laurel; (Coc) bay leaf

B **laureles** *mpl* (honores) laurels (*pl*); ***dormirse en*** *or* ***sobre los ~es*** to rest on one's laurels

lava *f* lava

lavable *adj* washable

lavabo *m* (pila) sink (AmE), washbasin (BrE); (mueble) washstand; (retrete) toilet, bathroom; **S** **lavabos** rest rooms (*in US*), toilets (*in UK*)

lavacoches *mf* (*pl* ~) **1** (persona) car washer **2** **lavacoches** *m* (lugar) car wash

lavada *f* **1** (AmL) (lavado) wash **2** (Col fam) (por la lluvia) soaking

lavadero *m* **1** (habitación) utility room, laundry room; (pila) sink; (al aire libre) washing place **2** (RPl) (lavandería) laundry **3** (Col) (tina de lavar) washtub

(Compuesto) **lavadero de oro** gold-panning site

lavado¹ -da *adj* **1** ‹*ropa/manos*› washed **2** (RPl fam) ‹*color*› (descolorido) washed-out; (muy claro) light; ‹*persona*› pale

lavado² *m*

A **1** (de ropa) wash, washing; (de coche) wash; **~ en seco** dry cleaning; **~ a mano** handwashing **2** (ropa, tanda) wash

(Compuestos)

- **lavado automático** carwash
- **lavado de cerebro** brainwashing; **hacerle un ~ de ~ a algn** to brainwash sb
- **lavado de estómago**: **le hicieron un ~ de ~** they pumped his stomach out

B (AmL) (de dinero) laundering

lavadora *f* washing machine

lavamanos *m* sink (AmE), washbasin (BrE)

lavanda *f* lavender

lavandera *f* (mujer) washerwoman; (pájaro) wagtail

lavandería *f* laundry

(Compuesto) **lavandería automática** Laundromat® (AmE), launderette (BrE)

lavándula *f* lavender

lavaojos *m* (*pl* ~) eyecup (AmE), eyebath (BrE)

lavaplatos *mf* (*pl* ~)

A (persona) dishwasher

B **lavaplatos** *m* **1** (máquina) dishwasher **2** (Andes) (fregadero) sink

lavar [A1] *vt*

A ‹*ropa/coche*› to wash; ‹*suelo*› to mop; ‹*fruta/verdura*› to wash; **hay que ~lo en seco** it has to be dry-cleaned

B (AmL) ‹*dinero*› to launder

■ **lavar** *vi* **1** (lavar ropa) to do the laundry *o* (BrE) washing **2** (en peluquería): **~ y marcar** to shampoo and set

■ **lavarse** *v pron* **1** (*refl*) to have a wash; ‹*cara/manos*› to wash; ‹*dientes*› to clean, brush; **~se el pelo** *or* **la cabeza** to wash one's hair **2** (Col fam) (empaparse) to get soaked

lavarropas *m* (*pl* ~) (RPl) washing machine

lavativa *f* **1** (Med) enema **2** (Ven fam) (molestia) drag (colloq)

lavatorio *m*

A **1** (AmL) (mueble) washstand **2** (CS) (lavamanos) sink (AmE), washbasin (BrE)

B (Chi, Per) (palangana) washbowl (AmE), washbasin (BrE)

lavavajillas *m* (*pl* ~) (detergente) dishwashing liquid (AmE), washing-up liquid (BrE); (máquina) dishwasher

lavaza *f* (Agr) (Col, Ven) slops (*pl*)

laxante¹ *adj* laxative (*before n*)

laxante² *m* laxative

laxar [A1] *vi* to act as a laxative

■ **laxar** *vt*: **me laxó** it loosened my bowels

laxativo -va *adj/m* ▸**laxante¹,²**

laxitud *f* laxity, laxness

laxo -xa *adj* ‹*músculo*› relaxed; ‹*moral/disciplina*› lax

lazada *f* (nudo) bow

lazar [A4] *vt* (Méx) to rope, lasso

lazarillo *m* guide (*for a blind person*)

lazo *m*

A **1** (cinta) ribbon; (nudo decorativo) bow; **¿te hago un ~?** shall I tie it in a bow? **2** (Méx) (del matrimonio) *cord with which the couple are symbolically united at a wedding*

B **1** (Agr) lasso; **le echó el ~ al potro** he lassoed the colt; ***no echarle*** *or* ***tirarle un ~ a algn*** (Méx fam) not to give sb a second glance; ***poner a algn como ~ de cochino*** (Méx fam) to give sb a dressing-down **2** (cuerda) (Col, Méx) rope; (para saltar) (Col) ▸**cuerda A2** **3** (para cazar) snare, trap

C (vínculo) bond, tie; **~s culturales** cultural ties

le *pron pers*

A **1** (como objeto indirecto) **~ dije la verdad** (a él) I told him the truth; (a ella) I told her the truth; (a usted) I told you the truth; **~ di otra mano de barniz** I gave it another coat of varnish; **el dinero ~ sería muy útil** she/he would find the money very useful; **~ robó el dinero a su padre** he/she stole the money from his father; **explícale al señor qué pasó** explain to the man what happened; **a este libro ~ faltan páginas** there are some pages missing from this book; **no te ~ pongas delante** don't stand in front of her/him **2** (*impers*): **cuando a uno ~ dicen esas cosas** when people say things like that to you

B (como objeto directo) (esp Esp) (referido — a él) him; (— a usted) you; **¿le conoces?** do you know him?; **hoy no ~ puedo recibir** I can't see you today

leal *adj* ‹*amigo/criado*› loyal, trusty; ‹*tropas*› loyal; **~ A algo/algn** loyal TO sth/sb

lealtad *f* loyalty

leasing /'lisin/ *m* (contrato) lease; (sistema) leasing

lebrel *mf* hound

lebrillo *m* bowl

lección *f* lesson; **tomarle la ~ a algn** to test sb on a lesson; **no me supe la ~** I hadn't learned the lesson; **eso te servirá de ~** let that be a lesson to you

lechada *f* (para blanquear) whitewash; (para azulejos) grout; (de papel) pulp

lechal *adj* suckling

leche *f*

A (de madre, de vaca) milk; ***más blanco que la ~*** as white as a sheet

(Compuestos)

- **leche condensada** condensed milk
- **leche descremada** *or* (Esp) **desnatada** skim milk (AmE), skimmed milk (BrE)
- **leche en polvo** powdered milk
- **leche entera** whole milk, full-cream milk

B (Bot) latex; (en cosmética) milk, lotion

(Compuestos)

- **leche humectante de pepinos** moisturising/cucumber lotion
- **leche limpiadora** cleansing milk

C (vulg) (semen) cum (vulg)

D (Esp vulg) **1** (mal humor): **tiene una ~ ...** he's got a foul temper; *ver tb* **malo¹** **2** (expresando fastidio, mal humor): **no seas pesado, ~** don't be so goddamn (AmE) *o* (BrE) bloody annoying (sl)

E (Andes fam) (suerte) luck; **estar con** *or* **de ~** to be lucky

lechecillas *fpl* sweetbreads (*pl*)

lechera *f*

A (para transportar) churn; (para servir) milk jug

B (en cuentos) milkmaid; *ver tb* **lechero² A**

lechería *f* dairy, creamery

lechero¹ -ra *adj*

A **1** ‹*industria/vaca*› dairy (*before n*) **2** ‹*producción*› milk (*before n*)

B (Col, Per fam) (afortunado) lucky

lechero² -ra *m,f*

A (vendedor) (*m*) milkman; (*f*) milkwoman; *ver tb* **lechera**

B (Col, Per fam) (afortunado) lucky devil (colloq)

lecho *m*

A (liter) (cama) bed; **en su ~ de muerte** on her deathbed

B (de río) bed; (capa, estrato) layer

lechón -chona *m,f* **1** (Agr) piglet **2** **lechón** *m* (Coc) (cochinillo) suckling *o* sucking pig

lechosa *f* (AmC, Col, Ven) papaya

lechoso -sa *adj* ‹*líquido*› milky; ‹*piel*› pale

lechuga *f* lettuce; ***fresco como una ~*** (fam) as fresh as a daisy; ***ser más fresco que una ~*** (fam) to have a lot of nerve (colloq)

lechuguino *m* (ant) dandy (dated), fop (dated)

lechuza *f* **1** (nombre genérico) owl **2** *tb* **~ común** barn owl

l

lectivo -va *adj* ‹*día*› school (*before n*); ‹*año*› academic (*before n*); **tiene 30 horas lectivas al mes** she has 30 hours of classes a month

lector¹ -tora *adj* reading (*before n*)

lector² -tora *m,f*
A (de libros, revistas) reader
(Compuesto) **lector digital/óptico** *m* digital/optical scanner
B (Esp) (Educ) foreign language assistant

lectorado *m* (Esp Educ) assistantship

lectura *f* **1** (acción) reading; **dio ~ al testamento** he read the will **2** (texto) reading matter; **~s para niños** reading material for children **3** (interpretación) interpretation, reading

leer [E13] *vt* **1** ‹*libro/texto*› to read; **~ los labios** to lip-read; **~le la mano a algn** to read sb's palm; **~le el pensamiento a algn** to read sb's mind **2** (Educ) ‹*tesis doctoral*› to defend **3** (Inf) to scan
■ **leer** *vi* to read; **no sabe ~** he can't read
■ **leerse** *v pron* (*enf*) to read

legación *f* legation

legado *m*
A (Der) bequest, legacy
B (enviado) legate

legajo *m* file, dossier

legal *adj*
A (Der) **1** ‹*trámite/documentos*› legal; **por la vía ~** through legal channels **2** (lícito, permitido) lawful; **lo haré si es ~** I'll do it as long as it's within the law
B **1** (Col, Per arg) (estupendo) great (colloq) **2** (Esp arg) (de fiar) cool (sl); **es un tío ~** he's cool

legalidad *f* (de acto, medida) legality; (conjunto de leyes) law; **la ~ vigente** current legislation

legalista¹ *adj* legalistic

legalista² *mf* legalist

legalización *f* (Der) (de droga, aborto) legalization; (de documento) authentication

legalizar [A4] *vt* (Der) ‹*droga/aborto*› to legalize; ‹*documento*› to authenticate

légamo *m* mud, slime

legaña *f* sleep; **una ~** a bit of sleep; **tienes ~s en los ojos** you have (some) sleep in your eyes

legañoso -sa *adj*: **con los ojos ~s** with sleep in his eyes

legar [A3] *vt* (en testamento) to bequeath, leave

legatario -ria *m,f* legatee

legendario -ria *adj* legendary

legible *adj* legible

legión *f* (Hist, Mil) legion; (multitud) crowd
(Compuesto) **Legión Extranjera** Foreign Legion

legionario¹ -ria *adj* legionary

legionario² *m* (romano) legionary; (de otras asociaciones) legionnaire

legionella /lexjo'nela/ *f* (bacteria) legionella bacterium; (enfermedad) Legionnaire's disease

legislación *f* legislation; **la ~ suiza no lo permite** it is forbidden under Swiss law

legislador¹ -dora *adj* legislative (*before n*)

legislador² -dora *m,f* legislator

legislar [A1] *vi* to legislate

legislativas *fpl* (esp Esp) parliamentary elections (*pl*)

legislativo -va *adj* legislative (*before n*)

legislatura *f* **1** (mandato) term (of office); (año parlamentario) session **2** (AmL) (cuerpo) legislature, legislative body

legista *mf* (Der) legist, jurist; (médico) forensic expert

legitimación *f* (Der) **1** (de documento, firma) authentication **2** (de hijo) legitimization

legitimar [A1] *vt* (Der) **1** ‹*documento/firma*› to authenticate **2** ‹*hijo*› legitimize

legitimidad *f* legitimacy

legítimo -ma *adj*
A ‹*hijo*› legitimate; ‹*esposa*› lawful (*before n*); ‹*heredero*› rightful (*before n*); ‹*derechos/reclamación/representante*› legitimate; **en legítima defensa** in self-defense
B ‹*cuero*› genuine, real; ‹*oro*› real

lego¹ -ga *adj*
A (seglar) lay (*before n*)
B (ignorante) **~ EN algo**: **soy ~ en la materia** I know nothing at all about the subject

lego² -ga *m,f*
A (Relig) **1** (fiel laico) layperson **2** (religioso) (*m*) lay brother; (*f*) lay sister
B (Col) (curandero) quack

legrado *m* (de la matriz) D and C, scrape (colloq); (de un hueso) curettage

legua *f* league; ***a la ~*** *or* (Col, Méx) ***a ~s*** (fam): **se notaba a la ~ que ...** it was patently obvious that ...

leguleyo -ya *m,f* (pey) pettifogging lawyer

legumbre *f* (garbanzo, alubia, etc) pulse, legume; (hortaliza) vegetable
(Compuesto) **legumbres secas** pulses (*pl*)

leguminosa *f* leguminous plant

lehendakari *mf First Minister of the Basque autonomous government*

leída *f* (fam) reading; **pégale una ~ rápida** give this a quick read (through)

leído -da *adj*: **ser muy ~** to be well-read

leísmo *m*: *use of* **le/les** *instead of* **lo/los/la/las** (*as in* **este libro no te le presto**), *common in certain regions of Spain*

lejanía *f* remoteness; **en la ~** in the distance

lejano -na *adj* **1** ‹*época*› distant, far-off;; ‹*lugar*› remote, far-off; **en un futuro ~** in the distant future; **en un ~ país** in a distant *o* far-away country (liter) **2** ‹*pariente*› distant
(Compuesto) **Lejano Oeste/Oriente** *m* Far West/East

lejía *f* bleach

lejísimos *adv* ‹*quedar/estar*› to be very far (away); **vive ~** she lives miles away

lejos *adv*
A **1** (en el espacio): **está** *or* **queda demasiado ~ para ir a pie** it's too far to walk; **no está muy ~** it isn't very far; **~ DE algo**: **queda ~ del centro** it's a long way from the center; **estaba ~ de imaginarme la verdad** I was far from guessing the truth **2** (*en locs*) **a lo lejos** in the distance; ***muy a lo ~*** (Chi) every now and again; **de lejos** from a distance; **no veo bien de ~** I'm shortsighted; ***llevar algo/ir demasiado ~*** to take sth/to go too far; ***sin ir más ~*** for example *o* instance **3** (fam) (con mucho): **es ~ (CS)** *o* (Col, Méx) **de ~** by far, easily; **es (de) ~ la mejor** she's the best by far
B (en el futuro) a long way off; (en el pasado) a long time ago; **estamos ya ~ de aquello** that all happened a long time ago; **están ~s de alcanzar una solución** they are far from finding a solution
C (señalando contraste) **~ DE + INF** far FROM -ING; **~ de molestarle, le encantó la idea** far from being upset, he thought it was a great idea

lelo -la *adj* (fam) (tonto) dim; (pasmado) speechless

lema *m* (de insignia, de persona) motto; (de partido) slogan
(Compuesto) **lema publicitario** advertising slogan

lempira *m* lempira (*Honduran unit of currency*)

lémur *m* lemur

lencería *f* lingerie

lengua *f*
A **1** (Anat) tongue; **se me traba la ~** I get tongue-tied; ***con la ~ fuera*** (fam): **llegamos con la ~ fuera** we were dead beat when we arrived (colloq); ***darle a la ~*** (fam) to chatter; ***desatársele la ~ a algn*** to start to talk; ***irse de la ~*** *or* ***irsele la ~ a algn*** (fam): **no debía haberlo dicho pero se me fue la ~** I shouldn't have said it but it just slipped out; **no te vayas a ir de la ~** make sure you don't tell anybody; ▸**malo¹**; ***morderse la ~*** to bite one's tongue; ***soltar la ~*** to spill the beans; ***soltarle la ~ a algn*** to make sb talk; ***¿te comieron la ~ los ratones?*** (fam & hum) has the cat got your tongue? (colloq); ***tener una ~ viperina*** to have a sharp tongue; ***tirarle de*** *or* (AmL) ***tirarle*** *or* ***jalarle la ~ a algn***: **hay que tirarle (de) la ~** you have to drag everything out of him; **sé mucho sobre ti así que no me tires (de) la ~** I know a lot about you, so don't provoke me **2** (Coc) tongue **3** (de tierra) spit, tongue; (de fuego) tongue
B (Ling) language; **~ de trapo** baby talk

(Compuestos)
- **lengua madre** *or* **materna** mother tongue
- **lengua muerta/viva** dead/living language

lenguas cooficiales

The regional languages of Spain, **catalán, euskera**, and **gallego**, which now have equal status with Castilian in the regions where they are spoken. Banned under Franco, they continued to be spoken privately. They are now widely used in public life, education, and the media, cinema and literature

lenguado *m* sole
lenguaje *m* language
(Compuestos)
- **lenguaje corporal** body language
- **lenguaje gestual** *or* **de gestos** sign language

lenguaraz *adj* insolent
lengüeta *f* (de zapato) tongue; (Mús) reed
lengüetazo *m*, **lengüetada** *f* big lick
lengüetear [A1] *vt* to lick
■ **lengüetearse** *v pron* to lick oneself
lenidad *f* (frml) lenience, leniency
lenitivo -va *adj* soothing
lenocinio *m* procuring
lente *m* [*en algunas regiones f*] lens; *ver tb* **lentes**
(Compuesto) **lente de contacto** *m or f* contact lens
lenteja *f* lentil
lentejuela *f* sequin; **un vestido de ~s** a sequined dress
lentes *mpl* (esp AmL) glasses (*pl*), spectacles (*pl*)
(Compuestos)
- **lentes bifocales** bifocals (*pl*)
- **lentes de sol** sunglasses (*pl*)
- **lentes oscuros** dark glasses (*pl*)

lentilla *f* (Esp) contact lens
lentitud *f* slowness; **con ~** slowly
lento[1] -ta *adj* [1] ‹*proceso/trabajador/vehículo*› slow; ‹*compás/ritmo*› slow; ‹*película/argumento*› slow-moving, slow; ‹*estudiante*› slow, slow-witted; **de combustión lenta** slow-burning [2] (Coc): **a fuego ~** ‹*cocinar*› over a low heat; ‹*hervir*› gently
lento[2] *adv* slowly; **~ pero seguro** slowly but surely
leña *f* wood, firewood; ***dar/repartir ~*** (fam): **te voy a dar ~** I'm going to give you a good hiding (colloq); **en el debate le dieron ~** he took a lot of flak in the debate (colloq); **la policía repartió ~ en la manifestación** the police laid into the demonstrators (colloq); ***echar ~ al fuego*** to add fuel to the fire; ***hacer ~ del árbol caído*** to take advantage of somebody else's misfortune; ***llevar ~ al monte*** to take coals to Newcastle
leñador -dora *m,f* woodcutter
leñazo *m* (fam) [1] (golpe) nasty knock (colloq) [2] (choque) bump (colloq)
leñera *f* woodshed
leñero -ra *adj* (fam) (Dep) dirty (colloq); **lo expulsaron por ~** he was sent off for dirty play
leño *m* log
leñoso -sa *adj* woody
Leo[1] *m* (signo) Leo; **es (de) ~** he's (a) Leo
Leo[2], **leo** *mf* (*pl* ~) (persona) Leo
león -ona *m,f* [1] (de África) (*m*) lion; (*f*) lioness; **es un ~ para defender sus derechos** he'll fight to the death to defend his rights; ***no es tan fiero el ~ como lo pintan*** ‹*asunto*› it is not as bad as it seems; ‹*persona*› he's/she's not as bad as he's/she's made out to be; ***echar*** *or* ***arrojar a algn a los leones*** (fam) to throw sb to the lions [2] (AmL) (puma) puma, cougar; ***tirar a algn de a ~*** (Méx fam) to ignore sb
(Compuesto) **león marino** sea lion
leonado -da *adj* tawny
leonera *f* [1] (de león) lion's den [2] (Esp fam) (lugar desordenado) tip (colloq)
leonino -na *adj*
A ‹*condiciones/reparto*› unfair; ‹*intereses*› excessive
B (del león) leonine
leontina *f* watch chain

leopardo *m* leopard; **~ hembra** leopardess
leotardo *m tb* **~s** (woolen) tights (*pl*)
lépero -ra *adj* (Méx) coarse
lepisma *m* silverfish
lepra *f* leprosy
leprosería *f*, (CS) **leprosario** *m* leper colony
leproso[1] -sa *adj* leprous
leproso[2] -sa *m,f* leper
lerdo[1] -da *adj* (fam) (torpe) clumsy; (tonto) slow
lerdo[2] -da *m,f* (fam) (torpe) clumsy oaf (colloq); (tonto) dimwit
les *pron pers*
A (como objeto indirecto): **~ quiero mostrar algo** (a ellos, ellas) I want to show them something; (a ustedes) I want to show you something; **~ puse fundas a los muebles** I put covers on the furniture; **pregúntales a ellas** ask them; **~ han dado un ultimátum** they've been given an ultimatum
B (como objeto directo) (esp Esp) (referido — a ellos) them; (— a ustedes) you; **no ~ reconocí** I didn't recognize them/you; **¿~ atienden?** can I help you?
lesa *adj* (Der): **delito de ~ majestad** crime of lese-majesty; **delito de ~ nación** *or* **patria** offense against the state
lesbiana *f* lesbian
lesbiano -na, **lésbico -ca** *adj* lesbian
lesear [A1] *vi* (Chi fam) (tontear) to clown *o* fool around (colloq); (bromear) to joke (colloq); (flirtear) to flirt; (perder el tiempo) to laze around
lesera *f* (Chi fam) ▸ **tontería 1, 2**
lesión *f* [1] (Med) injury, lesion (tech); **sufrió una ~ cerebral** he suffered brain damage [2] (Der) injury
lesionado[1] -da *adj* injured
lesionado[2] -da *m,f*: **el equipo tiene varios ~s** the team has several players injured
lesionar [A1] *vt* [1] ‹*persona*› to injure; ‹*pierna/rodilla*›: **le ~on la pierna en el partido** his leg was hurt *o* injured in the game [2] ‹*derechos*› to infringe on; ‹*intereses*› to be detrimental to
■ **lesionarse** *v pron* «*persona*» to injure oneself; ‹*pierna/rodilla*› to injure
lesivo -va *adj* (frml) detrimental; ‹*sustancia*› harmful
leso -sa *adj* (Chi fam) dumb (colloq); ***hacer ~ a algn*** (fam) to make a monkey out of sb (colloq)
letal *adj* lethal, deadly
letanía *f* [1] (Relig) litany [2] (fam) (retahíla): **empezó con su ~ de siempre** he launched into his usual spiel (colloq)
letárgico -ca *adj* lethargic
letargo *m* lethargy; **cayó en un profundo ~** he became very lethargic
letra *f*
A [1] (Impr, Ling) letter; ***aprender las primeras ~s*** to learn how to read and write; ***la ~ con sangre entra*** spare the rod, spoil the child [2] (caligrafía) writing, handwriting; **no entiendo tu ~** I can't read your writing; ***despacito y buena ~*** slowly and carefully [3] **letras** *fpl* (carta breve): **sólo unas ~s para decirte que ...** just a few lines to let you know that ...
(Compuestos)
- **letra bastardilla** *or* **cursiva** italic script, italics (*pl*)
- **letra de molde** *or* **imprenta** print
- **letra mayúscula/minúscula** capital/lowercase letter
- **letra negrita** *or* **negrilla** boldface, bold type
- **letra pequeña** *or* (AmS) **chica** small print

B (sentido): **la ~ de la ley** the letter of the law
C (Mús) (de canción) words (*pl*), lyrics (*pl*)
D (Fin) *tb* **~ de cambio** bill of exchange, draft; **me quedan tres ~s por pagar** I still have three payments to make
E **letras** *fpl* (Educ) arts (*pl*), liberal arts (*pl*) (AmE); **licenciado en Filosofía y L~s** ≈ arts graduate
letrado[1] -da *adj* learned
letrado[2] -da *m,f* (frml) lawyer
letrero *m* sign, notice
(Compuesto) **letrero luminoso** neon sign
letrina *f* latrine
letrista *mf* lyricist
leucemia *f* leukemia

L

leucémico -ca *m,f* leukemia* sufferer
leucocito *m* leukocyte
leucoma *m* leukoma
leva *f* 1 (Mil) levy 2 (Mec) cam
levadizo -za *adj*: **una plataforma levadiza** a platform that can be raised and lowered; ▸ **puente**[1]
levadura *f* yeast; **pan sin ~** unleavened bread
(Compuestos)
- **levadura de cerveza** brewer's yeast
- **levadura en polvo** (Esp) baking powder
- **levadura seca/de panadero** dried/fresh yeast

levantado -da *adj*: **estar ~** to be up; **está ~ desde las siete** he's been up since seven o'clock
levantador -dora *m,f* (Dep) *tb* **~ de pesas** weightlifter
levantamiento *m*
A (sublevación) uprising
B (de embargo, sanción) lifting
C (de cadáver) removal; (Geol) uplifting
(Compuesto) **levantamiento de pesas** weightlifting
levantar [A1] *vt*
A 1 (del suelo) ‹*bulto/peso*› to lift, pick up 2 ‹*tapadera/mantel*› to lift; ‹*cabeza/mano*› to raise; **levanta la alfombra** lift up the rug; **levanté la mano para contestar** I put up *o* raised my hand to answer 3 ‹*persiana*› to pull up, raise; **~on las copas para brindar** they raised their glasses in a toast 4 **sin ~ la vista del libro** without looking up from her book; **levantó la mirada hacia el cielo** he raised his eyes to heaven 5 ‹*voz*› to raise; ‹*polvo*› to raise 6 (Jueg) ‹*carta*› to pick up
B 1 ‹*ánimo*› to boost; ‹*moral*› to raise, boost; **¡levanta el ánimo!** cheer up! 2 ‹*industria/economía*› to help … to pick up; **conseguimos ~ este país** we got this country back on its feet
C ‹*estatua/muro/edificio*› to erect, put up
D ‹*embargo/sanción*› to lift; ‹*huelga*› to call off; **le levantó el castigo** he let him off; **se levanta la sesión** the meeting is adjourned
E ‹*rumor/protestas*› to spark (off); ‹*polémica*› to cause; **~ sospechas** to arouse suspicion
F (Der) 1 ‹*acta*› to prepare; **~ atestado de algo** to write a report on sth 2 ‹*cadáver*› to remove
G ‹*censo*› to take
H (desmontar, deshacer) ‹*campamento*› to strike; **~ la cama** to strip the bed; **~ la mesa** (AmL) to clear the table
I 1 (en brazos) ‹*niño*› to pick up 2 (de la cama) to get … out of bed 3 (poner de pie) to get … up; **ayúdame a ~lo de la silla** help me to get him up out of the chair; **el discurso levantó al público de sus asientos** the speech brought the audience to its feet
A (fam) 1 (robar) to lift (colloq); **me levantó la novia** he stole my girlfriend 2 (AmS) ‹*mujer*› to pick up (colloq)
■ **levantarse** *v pron*
A 1 (de la cama) to get up; ▸ **pie A2** 2 (ponerse en pie) to stand up, to rise (frml); **¿me puedo ~ de la mesa?** may I leave the table?
B «*polvareda*» to rise; «*temporal*» to brew; **se levantó un viento muy fuerte** a strong wind began to blow
C «*torre/edificio*» (erguirse) to rise
D «*pintura*» to peel
E (sublevarse) to rise (up)
F (*refl*) ‹*solapas/cuello*› to turn up
G (AmS fam) ‹*mujer*› to pick up (colloq)
levante *m*
A 1 (Geog) (este) east; **viento de ~** easterly wind 2 (viento) east wind
B (AmS fam) (conquista) pick up; **salieron de ~** they went out trying to pick up (colloq)
levantisco -ca *adj* (liter) rebellious
levar [A1] *vt*: **~ anclas** to weigh anchor
leve *adj*
A 1 ‹*perfume/gasa*› delicate 2 ‹*sospecha/duda*› slight; ‹*sonrisa*› slight; ‹*brisa*› gentle, slight; ‹*golpe*› gentle, light; ‹*enfermedad*› mild
B ‹*pecado*› venial; ‹*castigo/sanción*› light; ‹*herida/lesión*› slight; ‹*infracción*› minor
levedad *f* lightness
levemente *adv* (un poco) slightly; (superficialmente) lightly
levita *f* (Indum) frock coat
levitación *f* levitation
levitar [A1] *vi* to levitate
lexema *m* lexeme
léxico[1] **-ca** *adj* lexical
léxico[2] *m* (vocabulario) vocabulary, lexis (tech); (diccionario) lexicon; (glosario) glossary, lexicon
lexicografía *f* lexicography
lexicógrafo -fa *m,f* lexicographer
ley *f*
A (disposición legal) law; **conforme a la ~** in accordance with the law; **aplicar una ~** to apply a law; **violar la ~** to break the law; **atenerse a la ~** to obey the law; ***es ~ de vida*** it is a fact of life; ***hacerle la ~ del hielo a algn*** (Chi, Méx) to give sb the cold shoulder; ***la ~ de la selva*** *or* ***de la jungla*** the law of the jungle; ***la ~ del más fuerte*** the survival of the fittest; ***la ~ del mínimo esfuerzo*** the line of least resistance; ***la ~ del talión*** an eye for an eye; ***morir en su ~*** (Andes) to die as one lived; ***quien hace la ~ hace la trampa*** every law has a loophole; ***~ pareja no es dura*** (CS) a rule isn't unfair if it applies to everyone
(Compuestos)
- **ley de fuga** (Col, Méx): **aplicarle a algn la ~ de ~** *the practice of allowing a prisoner to escape and then proceeding to shoot him in the back*
- **ley del embudo** unfair law/rule
- **ley seca**: **la ~ ~** Prohibition

B (justicia): **la ~** the law; **somos iguales ante la ~** we are equal in the eyes of the law; **un representante de la ~** a representative of the law; ***con todas las de la ~***: **ganó con todas las de la ~** she won very deservedly; **una comida con todas las de la ~** a proper meal; **una democracia con todas las de la ~** a fully-fledged democracy
(Compuesto) **ley marcial/sálica** martial/Salic law
C (Fís) law
(Compuesto) **ley de la oferta y la demanda** law of supply and demand
D (de oro, plata) assay value; ***de buena ~*** genuine
leyenda *f*
A (Lit) (narración) legend
(Compuesto) **leyenda negra** *unfavorable interpretation of Spain's colonizing role in the Americas*
B (de moneda, escudo) legend; (de ilustración) caption, legend
leyeron, leyó, etc *see* **leer**
liado -da *adj* (fam) 1 (ocupado) tied up; **~ CON algo** tied up WITH sth (colloq) 2 (relacionado) **~ CON algn** involved WITH sb
liana *f* liana
liante -ta *m,f* (Esp fam) smooth talker (colloq)
liar [A17] *vt*
A 1 ‹*cigarrillo*› to roll 2 (atar) to tie (up); (envolver) to wrap (up); (en un fardo, manojo) to bundle (up)
B (fam) 1 ‹*situación/asunto*› to complicate; ***~la*** (Esp fam) to goof (colloq) 2 (confundir) ‹*persona*› to confuse, get … in a muddle 3 (en un asunto) ‹*persona*› to involve
■ **liarse** *v pron*
A (fam) 1 «*asunto*» to get complicated 2 «*persona*» to get confused
B (Esp fam) (entretenerse): **nos liamos a hablar y ...** we got talking and …; **me lié a comprobar los datos** I got held up checking the statistics; ***~se a patadas*** (Esp fam): **se ~on a patadas** they started kicking each other
libanés -nesa *adj/m,f* Lebanese
Líbano *m*: *tb* **el ~** Lebanon
libar [A1] *vt* ‹*néctar*› to suck
libelo *m* 1 (Der) (petición) petition; (demanda) lawsuit 2 (escrito difamatorio) libelous* article
libélula *f* dragonfly
liberación *f*
A (de preso, rehén) release, freeing; (de pueblo, país) liberation
(Compuesto) **liberación de la mujer**: **la ~ de la ~** Women's Liberation, Women's Lib
B (de precios) deregulation; (de recursos) release
C (de energía, calor) release
liberacionista *adj*
A ‹*movimiento*› women's liberation (*before n*)
B (Pol): *of the Partido de Liberación Nacional de Costa Rica*
liberado -da *adj* ‹*mujer*› liberated

liberador -dora *adj* liberating (*before n*)

liberal¹ *adj* liberal

liberal² *mf* Liberal

liberalidad *f* (liberalismo) liberalism; (generosidad) generosity, liberality (frml)

liberalismo *m* liberalism

liberalización *f* liberalization; **la ~ del comercio exterior** the relaxing of restrictions on foreign trade; **hubo una total ~ de los precios** price controls were removed

liberalizar [A4] *vt* ‹*comercio/importaciones*› to relax the restrictions on; **~ el transporte aéreo** to deregulate air fares and routes

■ **liberalizarse** *v pron* to become more liberal

liberar [A1] *vt*

A **1** ‹*preso/rehén*› to release, free; ‹*pueblo/país*› to liberate; **la policía logró ~ a los rehenes** the police managed to free the hostages **2** (de una obligación) **~ a algn DE algo** to free sb FROM sth

B ‹*precios*› to deregulate; ‹*recursos/fondos*› to release

C ‹*energía/calor*› to release

■ **liberarse** *v pron* **~se DE algo** ‹*de ataduras/deudas*› to free oneself FROM sth; **~se de los prejuicios** to get rid of one's prejudices

líbero *m* sweeper

libertad *f*

A (para decidir, elegir) freedom; **tiene plena ~ para actuar** he is at complete liberty to act; **queda usted en ~** you are free to go; **dejar/poner a algn en ~** to release sb; **exigen la ~ de los prisioneros** they are demanding the release of the prisoners

(Compuestos)

- **libertad bajo fianza** *or* **provisional** bail
- **libertad condicional** parole
- **libertad de cátedra** academic freedom
- **libertad de expresión/de prensa** freedom of speech/of the press

B **libertades** *fpl* (derechos) rights (*pl*)

C (confianza): **pídelo con toda ~** feel free to ask; **habla con toda ~** speak freely; **tomarse la ~ de hacer algo** to take the liberty of doing sth; **tomarse ~es** to take liberties

libertador¹ -dora *adj* liberating (*before n*)

libertador² -dora *m,f* liberator; **el L~** the Liberator (*title given to certain historical figures, esp Simón Bolívar*)

libertar [A1] *vt* to liberate, set … free

libertario¹ -ria *adj*

A (anarquista) libertarian

B (AmL) (libertador) liberating (*before n*); **guerra libertaria** war of liberation

libertario² -ria *m,f*

A (anarquista) libertarian

B (AmL) (libertador) liberator

libertinaje *m* licentiousness

libertino¹ -na *adj* dissolute, licentious

libertino² -na *m,f* libertine

Libia *f* Libya

libidinoso -sa *adj* lustful, libidinous (liter)

libido, líbido *f* libido

libio -bia *adj/m,f* Libyan

libra *f*

A (Fin) pound

(Compuesto) **libra esterlina** pound sterling

B (peso) pound

Libra¹ *m* (signo) Libra; **es (de) ~** she's (a) Libra, she's a Libran

Libra², libra *mf* (*pl* **~** *or* **-bras**) (persona) Libran, Libra

librado¹ -da *adj*

A (Fin): **el banco ~** the issuing bank

B **1** (dependiente) **~ A algo**: **queda ~ a tu discreción** I leave it to your discretion **2** **salir bien/mal ~ de algo** to come out of something well/badly

librado² *m* drawee

librador -dora *m,f* drawer

libramiento *m*

A (Fin) order of payment

B (Méx) (Transp) beltway (AmE), relief road (BrE)

libranza *f* (Fin) order of payment

librar [A1] *vt*

A (liberar) **~ a algn DE algo** ‹*de peligro*› to save sb FROM sth; ‹*de obligación*› to free sb FROM sth **líbranos del mal** (Relig) deliver us from evil; **¡Dios nos libre!** God forbid!; **esto me libra de toda responsabilidad** this absolves me *o* frees me from all responsibility

B ‹*batalla/combate*› to fight

C ‹*letra/cheque*› to draw, issue; ‹*sentencia*› to pass

■ **librarse** *v pron*: **se libró por poco** he had a lucky escape; **~se DE algo** ‹*de tarea/obligación*› to get out of sth; **me libré del servicio militar** I got out of doing military service (colloq); **~se de un castigo** to escape punishment; **~se DE algn** to get rid OF sb; **~se DE + INF** to get out of -ING; **se libró de tener que ayudarlo** she got out of having to help him; **se ~on de morir asfixiados** they escaped being suffocated

libre *adj*

A ‹*país/pueblo*› free; **lo dejaron ~** they set him free; **~ DE + INF** free to + INF; **eres ~ de ir donde quieras** you're free to go wherever you want

(Compuestos)

- **libre albedrío** *m* free will
- **libre cambio** *or* **comercio** *m* free trade
- **libre empresa/mercado** *m* free market

B **1** ‹*traducción/adaptación*› free; **los 200 metros ~s** the 200 meters freestyle **2** ‹*estudiante*› external; **trabajar por ~** to work freelance; ***ir por ~*** (Esp fam) to do as one pleases

C (no ocupado) ‹*persona/tiempo/asiento*› free; **¿tienes un rato ~?** do you have a (spare) moment?; **en sus ratos ~s** in her spare time; **tengo el día ~** I have the day off; **¿está ~ el cuarto de baño?** is the bathroom free?

D (exento, no sujeto) **~ DE algo**: **la empresa queda ~ de toda responsabilidad** the company does not accept any responsibility; **artículos ~s de impuestos** duty-free goods; **nadie está ~ de que le pase una cosa así** something like that could happen to any of us

librea *f* livery

librecambio *m* free trade

librecambista¹ *adj* free-trade (*before n*)

librecambista² *mf* free trader

librepensador -dora *m,f* freethinker

librería *f*

A (tienda) bookstore (AmE), bookshop (BrE)

(Compuesto) **librería de viejo** *or* **de ocasión** second-hand bookstore

B (Esp) (mueble) bookcase

librero -ra *m,f* **1** (Com) bookseller **2** **librero** *m* (Chi, Méx) (mueble) bookcase

libreta *f* notebook

(Compuestos)

- **libreta de ahorro** passbook, bankbook
- **libreta de calificaciones** (AmL) school report

libretearse [A1] *v pron* (AmC fam) to play hooky (esp AmE colloq), to skive off (school) (BrE colloq)

libretista *mf* **1** (de ópera) librettist **2** (AmL) (guionista) scriptwriter

libreto *m*

A **1** (de ópera) libretto **2** (AmL) (guión) script

B (Chi) *tb* **~ de cheques** checkbook*

libro *m*

A (Impr) book; **un ~ de arquitectura** a book on architecture; **un ~ de cocina** a cookbook; ***colgar los ~*** to quit (AmE) *o* (BrE) give up studying; ***ser (como) un ~ abierto***: **eres un ~ abierto** I can read you like a book

B **libros** *mpl* (Fin): **llevar los ~** to do the bookkeeping

C (Lit) (parte) book

(Compuestos)

- **libro animado** *or* **móvil** pop-up book
- **libro blanco** consultation document
- **libro de actas/pedidos/reclamaciones** minute/order/complaints book
- **libro de bolsillo** paperback
- **libro de caja** cashbook
- **libro de consulta** reference book
- **libro de cuentos** book of short stories
- **libro de escolaridad** school record

- **libro de familia** *booklet recording details of one's marriage, children's birthdates, etc*
- **libro de texto** textbook
- **libro de visitas** visitors' book

Lic. = licenciado/licenciada

liceal *mf* (Ur) high school student (AmE), secondary school pupil (BrE)

liceano -na *m,f* (Chi) ▸**liceal**

liceísta *mf* (Ven) ▸**liceal**

licencia *f*

A (documento) license*

(Compuestos)

- **licencia de armas** gun permit (AmE), gun licence (BrE)
- **licencia de caza** hunting permit
- **licencia de conducir** *or* (AmC, Méx, Ven) **de manejar** driver's license* (AmE), driving licence (BrE)
- **licencia de exportación/importación** export/import license*
- **licencia de obras** planning permission
- **licencia de pesca** fishing license* *o* permit

B 1 (frml) (permiso, beneplácito) permission 2 (ant) (libertad, confianza) liberty

(Compuesto) **licencia poética** poetic license*

C 1 (Mil) leave; **con ~** on leave 2 (AmL) (de un trabajo) leave; **estar de ~** to be on leave

(Compuestos)

- **licencia absoluta** absolute discharge
- **licencia por enfermedad/maternidad** (RPl) sick/maternity leave

licenciado -da *m,f* 1 (Educ) graduate; **~ en Filosofía y Letras** ≈ arts *o* (AmE) liberal arts graduate 2 (AmC, Méx) (abogado) lawyer

licenciamiento *m* discharge

licenciar [A1] *vt* to discharge

■ **licenciarse** *v pron* to graduate; **~se en Arte** to get *o* (AmE) earn a degree in Art

licenciatura *f* degree

licencioso -sa *adj* dissolute

liceo *m* (CS, Ven) high school (AmE), secondary school (BrE)

licitación *f* (esp AmL) tender; **se llamará a ~ para la construcción del puente** the construction of the bridge will be put out to tender

licitar [A1] *vt* (esp AmL) (llamar a concurso para) to invite tenders for; (presentar una propuesta para) to put in a tender for

lícito -ta *adj* 1 (dentro de la ley) ‹*acto/conducta*› legal, lawful; ‹*jugada*› legal 2 (admisible) justifiable

licor *m* (bebida dulce) liqueur; (alcohol) liquor, spirits (*pl*)

licorera *f* 1 (botella) decanter 2 (Col) (fábrica) distillery

licorería *f* (fábrica) distillery; (tienda) liquor store (AmE), off-licence (BrE)

licuado *m* (AmL) (con leche) (milk) shake; (de frutas) fruit drink

licuadora *f* blender, liquidizer (BrE)

licuar [A18] *vt* 1 (Coc) ‹*frutas/verduras*› to blend, liquidize 2 (Fís, Quím) to liquefy

licuefacción *f* liquefaction

lid *f*

A (liter) (combate) fight, combat; (discusión) wrangle, dispute; ***en buena ~*** fair and square

B lides *fpl* (actividades, asuntos) matters (*pl*)

líder¹ *mf*

A 1 (Dep, Pol) leader 2 (Com) leader

(Compuestos)

- **líder de la oposición** leader of the opposition
- **líder sindical** labor* leader (AmE), trade union leader (BrE)

B (*como adj*) ‹*equipo/marca/empresa*› leading (*before n*)

líder² lideresa *m,f* (Méx) (Dep, Pol) leader

liderar [A1] *vt* to lead, head

liderazgo, liderato *m* leadership; **ostentaba el ~ del partido** she was the leader of the party; **recuperó el ~ de la carrera** he regained the lead in the race

lidia *f* bullfighting; ***dar ~*** (Col): **¡qué ~ dan estos niños!** these children are a real handful!; **me dio mucha ~ terminarlo** I had a real struggle finishing it

lidiador -dora *m,f* bullfighter

lidiar [A1] *vt* to fight

■ **lidiar** *vi*: **~ CON algn/algo** to battle WITH sb/sth

liebre *f*

A (Zool) hare; ***cuando/donde menos se piensa, salta la ~*** things often happen when you least expect them to; ***levantar la ~*** to let the cat out of the bag

B (Dep) pacemaker

C (Chi) (Transp) small bus

liendre *f* nit

lienzo *m*

A 1 (Art) canvas 2 (Tex) cloth

B (Arquit) (pared) wall

lifting /'liftin/ *m* facelift

liga *f*

A (asociación, agrupación) league; (Dep) league, conference (esp AmE)

B 1 (Indum) garter 2 (AmL) (gomita) rubber *o* elastic band

C (para cazar) birdlime

ligado *adj* [ESTAR] connected, linked; **~ A algn/algo** attached TO sb/sth; **se siente muy ~ a su país** he feels a strong bond with his country; **personajes ~s al anterior gobierno** figures who have links with the previous government

ligadura *f* 1 (Med) ligature; (Mús) slur, ligature (tech); (Náut) lashing 2 **ligaduras** *fpl* (ataduras) bonds (*pl*), ties (*pl*)

(Compuesto) **ligadura de trompas**: **le hicieron una ~ de ~** she had a tubal ligation (tech), she had her tubes tied (colloq)

ligamento *m* ligament

ligar [A3] *vt*

A (unir, vincular) to bind

B (atar): **le ~on las manos** they tied his hands together; **un fajo de billetes ligados con una gomita** a bundle of bills held together with a rubber band

C ‹*metales*› to alloy; ‹*salsa*› to bind

■ **ligar** *vi* (fam) (con el sexo opuesto): **salieron a ~** they went out on the make *o* (BrE) pull (colloq); **~ CON algn** to make out WITH sb (AmE), to get off WITH sb (BrE)

■ **ligarse** *v pron*

A (fam) (conquistar) to make out with (AmE colloq), to get off with (colloq BrE)

B «*salsa*» to bind

ligazón *f* connection, link; **un texto incoherente, sin ~** an incoherent passage, without any unifying theme

ligeramente *adv* 1 (un poco) ‹*cambiar/mejorar*› slightly; **se sintió ~ mareado** he felt slightly dizzy; **sabe ~ a pescado** it has a slight taste of fish; **tostar ~ en el horno** brown lightly in the oven 2 (superficialmente) ‹*tocar*› lightly, gently; ‹*juzgar*› casually, hastily; **esto no se debe tratar ~** this shouldn't be taken lightly

ligereza *f*

A (de objeto) lightness

B 1 (de carácter) flippancy; **actuó/habló con ~** he acted/spoke flippantly 2 (acto, dicho irreflexivo): **cometió la ~ de mencionarlo** he thoughtlessly mentioned it

C (agilidad) agility, nimbleness

D (rapidez) speed

ligero¹ -ra *adj*

A (liviano) 1 ‹*paquete/gas/metal*› light; ‹*tela*› light, thin; **~ como una pluma** (as) light as a feather; **material ~** lightweight material 2 **~ DE algo**: **salió muy ligera de ropa** she went out very lightly dressed; **viajar ~ de equipaje** to travel light 3 ‹*comida/masa*› light; **comer algo ~** to have a snack

B (leve) 1 ‹*dolor/sabor/olor*› slight; ‹*inconveniente*› slight, minor; ‹*golpe*› gentle, slight; **un ~ perfume a rosas** a delicate scent of roses; **tener el sueño ~** to be a light sleeper 2 ‹*noción/sensación/sospecha*› slight

C 1 (no serio) ‹*conversación*› lighthearted; ‹*película/lectura*› lightweight; **en tono ~** lightheartedly 2 (frívolo): **una mujer ligera** (ant) a woman of easy virtue (dated *or* hum); ***a la ligera*** ‹*actuar*› without thinking, hastily; **todo se lo toma a la ligera** he doesn't take anything seriously

D (ágil) ‹*movimiento*› agile, nimble

E (rápido) ‹*persona/animal/vehículo*› fast; **es ~ como el viento** he runs like the wind

ligero² *adv* quickly, fast

light /lajt/ *adj inv* ‹*cigarrillos*› low-tar; ‹*alimentos*› low-calorie; ‹*refresco*› diet (*before n*)

ligón -gona *m,f* (Esp fam): **chica ¡qué ligona!** you always seem to have a new man in tow! (colloq); **es un ~ de cuidado** he's a real womanizer

ligue *m* (Esp, Méx fam) 1▸ (persona): **el nuevo ~ de Ana** Ana's new man (colloq) 2▸ (acción): **estar en el/ir de ~** to be on/to go out on the make *o* (BrE) pull

liguero[1] **-ra** *adj* league (*before n*)

liguero[2] *m* garter belt (AmE), suspender belt (BrE)

liguilla *f* (Esp) pool, minileague

lija *f*

A 1▸ (para madera, metales) *tb* **papel de ~** sandpaper 2▸ (Ven) ▸**lima 1B**

B (Zool) dogfish

lijadora *f* sander

lijar [A1] *vt* to sand (down)

lila[1] *f* (Bot) lilac

lila[2] *adj* (*gen inv*) ‹*color*› lilac

lila[3] *m* (color) lilac

liliácea *f* liliaceous plant

lima *f*

A 1▸ (herramienta) file 2▸ (para uñas — de metal) nail file; (—de papel) emery board

B (Bot) (fruto) lime; (árbol) lime (tree)

Lima *f* Lima

limadura *f* filing

limar [A1] *vt* 1▸ ‹*uñas/metal*› to file; **los prisioneros ~on los barrotes** the prisoners filed through the bars 2▸ ‹*obra/texto*› to polish

■ **limarse** *v pron* to file

limbo *m* 1▸ (Relig) limbo; ***estar en el ~*** to be in a dreamworld 2▸ (Bot, Astron) limb

limeño[1] **-ña** *adj* of/from Lima

limeño[2] **-ña** *m,f* person from Lima

limero *m* lime tree

limitación *f*

A (restricción) restriction, limitation; **sin limitaciones** with no restrictions; **sin limitaciones de tiempo** with no time limit; **ejerce el poder sin limitaciones** he exercises unlimited power

B (carencia) limitation; (defecto) shortcoming

limitado -da *adj*

A 1▸ (restringido) ‹*poder/tiempo/edición*› limited; **una visa por tiempo ~** a temporary visa; **estar ~ A/POR algo** to be restricted TO/BY sth 2▸ (escaso) limited; **algunos casos ~s** a few isolated cases

B ‹*persona*› slow-witted; **es un estudiante bastante ~** he's a student of limited ability

limitar [A1] *vt* ‹*funciones/derechos*› to limit, restrict; **le han limitado las salidas a dos días por mes** he's restricted to going out twice a month

■ **limitar** *vi* **~ CON algo** to border ON sth; **España limita al oeste con Portugal** Spain is bounded by Portugal to the west

■ **limitarse** *v pron* **~se A algo**: **el problema no se limita únicamente a las ciudades** the problem is not just confined *o* limited to cities; **me limité a repetir lo que tú habías dicho** I just repeated what you'd said; **limítate a hacerlo** just do it

límite *m*

A (Geog, Pol) boundary

B 1▸ (cifra máxima) limit; **el ~ de velocidad** the speed limit; **poner un ~ a algo** to limit *o* restrict sth 2▸ (tope, extremo) limit; **no tener ~** to know no limits; **bondad sin ~s** unlimited *o* boundless goodness; **la situación llegó a ~s insostenibles** the situation became untenable; **¡todo tiene un ~!** enough is enough!

C (*como adj inv*): **tiempo ~** time limit; **situación ~** extreme situation; **fecha ~** deadline

limítrofe *adj* ‹*país/provincia*› neighboring* (*before n*); ‹*conflicto*› border (*before n*)

limo *m*

A (barro) mud, slime

B (Col) (Bot) lime (tree)

limón *m* 1▸ (fruto amarillo) lemon 2▸ (AmL) (árbol) lemon tree 3▸ (Méx, Ven) (fruto verde) lime

limonada *f* lemonade

limonero *m* lemon tree

limosna *f* alms (*pl*) (arch): **pedir ~** to beg; **viven de ~s** they live off begging; **dar ~** to give money to beggars

limosnear [A1] *vi* (AmL) to beg

limosnera *f*, **limosnero** *m* purse

limosnero -ra *m,f* (AmL) beggar

limpia *f* : **hizo una ~ en el personal** he made sweeping staff cuts

limpiabotas *mf* (*pl* ~) bootblack; (niño) shoeshine boy

limpiacristales *m* (Esp) 1▸ (líquido) window cleaner 2▸ **limpiacristales** *mf* (persona) window cleaner

limpiada *f* clean; **dale una ~ a la mesa** give the table a wipe *o* clean

limpiador[1] **-dora** *adj* cleansing (*before n*)

limpiador[2] **-dora** *m,f*

A (persona) cleaner

B **limpiador** *m* (Méx) (Auto) ▸**limpiaparabrisas**

limpiamente *adv* honestly; **le quité el balón ~** I took the ball off him cleanly *o* fairly

limpiametales *m* (*pl* ~) metal polish

limpiamuebles *m* (*pl* ~) furniture polish

limpiaparabrisas *m* (*pl* ~) windshield wipers (*pl*) (AmE), windscreen wipers (*pl*) (BrE)

limpiar [A1] *vt*

A 1▸ ‹*casa/mueble/zapatos*› to clean; ‹*arroz/lentejas*› to wash; ‹*pescado*› to clean; **lo limpió con un trapo** he wiped it with a cloth; **~ algo en** *or* **a seco** to dry-clean sth; **le tuve que ~ las narices** I had to wipe his nose; **la lluvia limpió el aire** the rain cleared the air 2▸ ‹*nombre*› to clear; ‹*honor*› to restore

B (dejar libre) **~ algo DE algo** to clear sth OF sth

C (fam) 1▸ (en el juego) ‹*persona*› to clean … out (colloq) 2▸ «*ladrones*» ‹*casa*› to clean … out (colloq)

■ **limpiar** *vi* to clean

■ **limpiarse** *v pron* (*refl*) ‹*boca/manos/nariz*› to wipe; **se ~on los zapatos al entrar** they wiped their shoes as they came in

limpiavidrios *mf*

A (esp AmL) (persona) window cleaner

B **limpiavidrios** *m* (líquido) window cleaner

límpido -da *adj* (liter) limpid (liter)

limpieza *f*

A (estado, cualidad) cleanliness

B (acción) cleaning; **él se encarga de la ~** he does the cleaning; **la señora de la ~** the cleaning lady

(Compuestos)

- **limpieza de cutis** skin cleansing
- **limpieza en** *or* **a seco** drycleaning
- **limpieza general** spring-cleaning (AmE), spring-clean (BrE)

C (honradez, rectitud): **las elecciones se llevaron a cabo con ~** the elections were conducted fairly; **se jugó con ~** it was a clean match

D (por la policía) clean-up operation; (Pol) purge

(Compuesto) **limpieza étnica** ethnic cleansing

limpio[1] **-pia** *adj*

A 1▸ [ESTAR] ‹*casa/vestido/vaso*› clean 2▸ ‹*aire*› clean; **un cielo ~, sin nubes** a clear, cloudless sky 3▸ **pasar algo en** *or* (Esp) **a ~** to make a fresh copy of sth

B [SER] ‹*persona*› clean

C 1▸ [SER] ‹*dinero/campaña*› clean; ‹*elecciones/juego*› fair, clean; **un asunto poco ~** an underhand business 2▸ (libre) **~ DE algo** ‹*de impurezas/polvo*› free OF sth

D 1▸ ‹*perfil/imagen*› well-defined, clean; ‹*corte*› clean

E (neto): **saca unos $70 ~s por mes** she makes $70 a month after deductions; ***sacar en ~***: **no pude sacar nada en ~ de todo lo que dijo** I couldn't make sense of anything he said; **lo único que saqué en ~ es que …** the only thing that I got clear was that …

F (fam) (uso enfático): **terminó a puñetazo ~** it degenerated into a fistfight

G (fam) (sin dinero) broke (colloq); **me dejaron ~** they cleaned me out (colloq)

limpio[2] *adv* ‹*jugar/pelear*› fairly, clean

limusina *f* limousine

linaje *m* descent, lineage (frml); **de noble ~** of noble descent

linaza *f* linseed

lince *m* (Zool) lynx; (persona): **es un ~ para los negocios** he's a very shrewd businessman

linchamiento *m* lynching

linchar [A1] *vt* to lynch

lindamente *adv*

A (iro) (tranquilamente) just like that; **le levantó ~ la novia** he swiped his girlfriend just like that *o* as cool as you please (colloq)

B (esp AmL) (muy bien) beautifully; **habitaciones ~ decoradas** beautifully decorated rooms

lindante *adj* adjoining; **~ CON algo** adjoining sth

lindar [A1] *vi* **1** (limitar) **~ CON algo** to adjoin sth; **el parque linda con la carretera** the park runs alongside the road **2** (asemejarse) **~ CON algo** to border ON sth, verge ON sth

linde *m or f* (liter) boundary; **en los ~s del bosque** on the edges of the forest

lindero¹ -ra *adj* adjoining; **~ CON algo** adjoining sth

lindero² *m* (frml) (de terreno) boundary

lindezas *fpl* (iró) (insolencias) nasty comments (*pl*)

lindo¹ -da *adj*

A (bonito) ‹*bebé*› cute, sweet; ‹*casa/canción*› lovely; **es muy linda de cara** she has a very pretty face; **ese vestido te queda muy ~** (AmL) you look very nice in that dress

B (esp AmL) (agradable) ‹*gesto/detalle*› nice; **la fiesta estuvo lindísima** it was a wonderful party; **fue una linda ceremonia** it was a beautiful ceremony; **¡es una persona tan linda!** she's such a lovely person; ▸**gente³A**; ***de lo ~*** (fam): **nos reímos de lo ~** we laughed till we cried; **nos divertimos de lo ~** we had a great time

lindo² *adv* (AmL) ‹*cantar/bailar*› beautifully; **se siente ~** (Méx) it feels wonderful

lindura *f* (AmL) delight; **me pareció una ~** I thought it was lovely

línea *f*

A **1** (raya) line; **la ~ del horizonte** the horizon; **cortar por la ~ de puntos** cut along the dotted line **2** (Art) (dibujo, trazo) line **3** (de cocaína) (fam) line (colloq)

(Compuesto) **línea de demarcación/flotación** demarcation/water line

B (Dep) **1** (en fútbol) line; **~ de gol** *or* **de fondo** goal line **2** (en béisbol) drive

(Compuestos)
- **línea de banda** sideline, touchline
- **línea de contacto** *or* **golpeo** line of scrimmage
- **línea de llegada** finishing line, wire (AmE)
- **línea de salida** starting line

C **1** (renglón) line; ***leer entre ~s*** to read between the lines **2** **líneas** *fpl* (carta breve): **escribirle unas ~s a algn** to drop sb a line

D (fila, alineación) line; ***de primera ~*** ‹*tecnología*› state-of-the-art; ‹*producto*› top-quality, high-class; ‹*actor/jugador*› first-rate; ***en primera ~***: **sigue en primera ~** she/he still ranks among the best

E **1** (Transp): **no hay ~ directa** there is no direct service; **final de la ~** end of the line; **no hay servicio en la ~ 5** (de autobuses) there are no buses operating on the number 5 bus route; (de metro) there is no service on line 5 **2** (Elec, Telec) line; **~ telefónica** telephone line; **no hay ~** *or* **no me da ~** the phone *o* the line is dead; **la ~ está ocupada** the line is busy **3** (en genealogía) line; **por ~ materna** on his (*o* her *etc*) mother's side **4** (Arg) (de pescar) line

(Compuestos)
- **línea aérea** airline
- **línea de montaje** assembly line
- **línea férrea** railroad track (AmE), railway line (BrE)
- **línea regular** airline (*operating scheduled flights*)

F (sobre un tema) line; **seguir la ~ del partido** to follow the party line; **las principales ~s de su programa político** the main points of their political program; **en la ~ de ...** along the lines of ...; **en ~s generales** broadly speaking

G **1** (estilo, diseño): **un coche de ~s aerodinámicas** a streamlined car; **ésta es la ~ de moda** this is the in *o* fashionable look; **una ~ más clásica** a more classical look **2** (gama, colección) line; **nuestra nueva ~ de cosméticos** our new line *o* range of cosmetics

(Compuesto) **línea blanca** white goods (*pl*)

H (figura): **mantener/cuidar la ~** to keep/watch one's figure

lineal *adj* linear

linfático -ca *adj* lymphatic, lymph (*before n*)

lingo *m* (Per) leapfrog

lingote *m* ingot; **~ de oro** gold ingot

lingüista *mf* linguist

lingüística *f* linguistics

lingüístico -ca *adj* ‹*fenómeno/aptitud*› linguistic; ‹*barrera*› language (*before n*)

linimento *m* liniment

lino *m* (planta) flax; (tela) linen; (linaza) (AmL) linseed

linóleo *m* lino, linoleum

linotipia *f* (sistema) Linotype®; (taller) typesetter's

linotipo *m* (máquina) Linotype®; (plancha) linotype

linterna *f* (fanal) lantern; (de pilas) flashlight (AmE), torch (BrE)

linyera *mf* (CS) **1** (fam) (vagabundo) drifter **2** **linyera** *f* (atado) bundle, pack

lío *m*

A **1** (fam) (embrollo, confusión) mess; **¡qué ~!** what a mess!; **hacerse un ~ con algo** to get into a mess with sth (colloq) **2** (fam) (problema, complicación): **tiene ~s con la policía** he's in trouble with the police (colloq); **no me vengas con tus ~s** don't come to me with your problems; **¡qué ~ se va a armar!** there's going to be hell to pay! (colloq); **armó un ~** he kicked up a fuss (colloq); **meterse en un ~** to get oneself into trouble **3** (fam) (amorío) affair

B (fardo) bundle

lioso -sa *adj* (fam) confusing, muddling

lípido *m* lipid

liposucción *f* liposuction

lipotimia *f* blackout

liquen *m* lichen

liquidación *f*

A (en tienda) sale; Ⓢ **liquidación total** clearance sale; Ⓢ **liquidación de existencias** stock clearance; Ⓢ **liquidación por cierre** closeout sale (AmE), closing down sale (BrE)

B (de negocio, activo) liquidation

C **1** (de cuenta, deuda) settlement, liquidation (frml) **2** (cálculo): **preparó la ~ de mis impuestos** he worked out my tax return; **hice la ~ de lo que correspondía a cada uno** I worked out how much was due to each person **3** (Méx) (compensación por despido) severance pay

D (fam) (eliminación) liquidation

E (Quím) liquefaction

liquidar [A1] *vt*

A ‹*existencias*› to sell off

B ‹*negocio*› to wind up; ‹*activo*› to liquidate

C **1** ‹*deuda*› to settle, clear; ‹*cuenta*› to settle; ‹*sueldo/pago*› to pay; **me ~on lo que me debían** they paid me what they owed me **2** (Méx) ‹*trabajador*› to pay ... off

D (fam) **1** ‹*persona*› (matar) to do away with (colloq); (destruir) (AmL) to destroy (colloq) **2** ‹*trabajo/comida*› to polish off (colloq); ‹*dinero*› to blow (colloq); **se lo mandas y asunto liquidado** you just send it to her and ... problem solved!

■ **liquidarse** *v pron* (*enf*) (acabar con) (fam) ‹*dinero*› to blow (colloq); ‹*comida*› to polish off (colloq)

liquidez *f* liquidity; **problemas de ~** cash-flow *o* liquidity problems

líquido¹ -da *adj*

A ‹*sustancia*› liquid

B ‹*sueldo/renta*› net

líquido² *m*

A (sustancia) liquid; **una dieta a base de ~s** a liquid diet

(Compuestos)
- **líquido amniótico** amniotic fluid
- **líquido anticongelante** antifreeze
- **líquido de frenos** brake fluid

B (dinero) cash; **~ disponible/imponible** disposable/taxable income

lira *f*

A (Mús) lyre

B (Fin) lira

lírica *f* poetry

lírico -ca *adj* 1 (Lit) ‹*género/poesía*› lyric 2 (Mús) lyric, lyrical 3 (Per, RPl fam) ‹*persona*› dreamy, starry-eyed (colloq)

lirio *m* iris

(Compuestos)
- **lirio de agua** calla lily, arum lily
- **lirio de los valles** lily of the valley

lirismo *m* lyricism

lirón *m* dormouse; ▸**dormir** *vi*

lis *f* lily

lisa *f*
A (Zool) (de mar) grey mullet; (de río) loach
B (Ven arg) (cerveza) beer

Lisboa Lisbon

lisboeta, lisbonense *adj/mf* Lisboan, of/from Lisbon

lisiado¹ -da *adj* crippled

lisiado² -da *m,f* cripple; **un ~ de guerra** a disabled veteran

lisiar [A1] *vt* to damage … permanently
■ **lisiarse** *v pron* (*refl*): **se lisió la columna vertebral** he damaged his spine

liso -sa *adj*
A ‹*piel/superficie*› smooth; ‹*pelo*› straight; ‹*terreno*› flat; **los 200 metros ~s** (Esp) the 200 meter sprint
B (sin dibujos) plain; **~ *y llano*** plain and simple; ▸**llanamente**
C (fam) ‹*mujer*› flat-chested
D (Per fam) (insolente) fresh (AmE colloq), cheeky (BrE colloq)

lisonja *f* flattery

lisonjear [A1] *vt* to flatter

lisonjero -ra *adj* ‹*palabras*› flattering; ‹*persona*›: **es un hombre muy ~** he's a terrible flatterer

lista *f*
A 1 (de nombres, números) list; **lo borraron de la ~** he was crossed off the list; **la ~ de las compras** *or* (Esp) **la compra** the shopping list; **pasar ~** (Educ) to take roll call, to take the register (BrE) 2 (en restaurante) menu

(Compuestos)
- **lista de boda** wedding list
- **lista de correos** general delivery (AmE), poste restante (BrE)
- **lista de espera** waiting list
- **lista de éxitos** (Mús) charts (*pl*); (Lit) best-seller list
- **lista electoral** slate (*list of candidates put forward by a party or coalition*)
- **lista negra** blacklist

B 1 (raya) stripe; **a ~s** striped 2 (tira) strip

listado¹ -da *adj* striped

listado² *m* (Inf) printout; (lista) list

(Compuesto) **listado electoral** (RPl) electoral roll *o* register

listar [A1] *vt* to list

listeria *f* listeria

listillo -lla *m,f* (Esp fam) smart aleck (colloq)

listín *m* (Esp) list; **~ de teléfonos** telephone directory

listo¹ -ta *adj*
A [SER] ‹*persona*› clever, bright, smart (colloq); **te pasaste de ~** you've gone too far; ***estar*** *or* (Esp) ***ir* ~** (fam): **ahora sí que estamos ~s** we're in real trouble now (colloq); **está lista si cree eso** if that's what she thinks, she's got another think coming (colloq)
B 1 [ESTAR] (preparado) ready; **¡preparados** *or* (RPl) **prontos, ~s, ya!** (get) ready, set, go!; **~ PARA + INF** ready to + INF; **~ PARA algo** ready FOR sth 2 [ESTAR] (terminado) finished; **lo doblas así y ~** you fold it like this and that's it (finished) 3 (Andes fam) (manifestando acuerdo) okay (colloq)

listo² -ta *m,f* (esp Esp) 1 (inteligente) clever one; **el ~ de la clase** (pey) the class know-it-all (colloq & pej) 2 (vivo, astuto) tricky customer (colloq)

listón *m* 1 (de madera) strip; (en salto de altura) bar 2 (meta, nivel): **ponen el ~ muy alto** they have *o* set very high standards; **seguiré subiendo el ~** I will continue to set myself higher goals 3 (Méx) (cinta) ribbon

lisura *f*
A (de una superficie) smoothness
B (Per) 1 (fam) (grosería) four-letter word (colloq) 2 (gracia) gracefulness

litera *f* 1 (en dormitorio) bunk; (en barco) bunk, berth; (en tren) berth, couchette (BrE) 2 (vehículo) litter

literal *adj* literal

literalmente *adv* 1 ‹*traducir*› literally; ‹*repetir*› word for word 2 (para énfasis): **estoy ~ muerta de cansancio** I'm absolutely exhausted

literario -ria *adj* literary

literato -ta (*m*) man of letters; (*f*) woman of letters

literatura *f* literature

(Compuesto) **literatura infantil** juvenile books (AmE), children's books (BrE)

litigante *adj/mf* litigant

litigar [A3] *vi* to be at law (frml), to be in dispute

litigio *m* 1 (Der): **tener un ~ con algn** to be involved in a lawsuit with sb; **las tierras en ~** the land which is the subject of a legal dispute 2 (disputa) dispute

litografía *f* (sistema) lithography; (grabado) lithograph

litografiar [A17] *vt* to lithograph

litoral¹ *adj* coastal

litoral² *m* coast; **un largo ~** a long coastline

litosfera *f* lithosphere

litro *m* liter•

Lituania *f* Lithuania

lituano¹ -na *adj/m,f* Lithuanian

lituano² *m* (idioma) Lithuanian

liturgia *f* liturgy

litúrgico -ca *adj* liturgical

liviandad *f* lightness

liviano -na *adj* (esp AmL) 1 ‹*paquete/tela*› light; ***ser* ~ *de sangre*** (Chi fam) to be likable 2 ‹*comida*› light; **tiene un sueño muy ~** she's a very light sleeper 3 ‹*obra/película*› lightweight

lívido -da *adj* (pálido) pallid; (morado) livid; **estaba ~ de rabia** he was livid (with rage)

living /'liβin/ *m* (*pl* **-vings**) (esp AmS) living room

liza *f* (liter) (lucha) lists (*pl*), tournament field; ***entrar en* ~**: **un tercer candidato ha entrado en ~** a third candidate has entered the fray

Ll, ll *f* (*read as* /'eʎe/) Ll, ll

llaga *f* (Med) sore, ulcer; (Bib) wound

llagar [A3] *vt* to cause a sore *o* wound on
■ **llagarse** *v pron* to get a sore/sores

llama *f*
A (de fuego) flame; **el edificio en ~s** the blazing building; **la casa ardía en ~s** the house was in flames

(Compuesto) **llama piloto** pilot light

B (Zool) llama

llamada *f*
A 1 (Telec) call; **gracias por la ~** thank you for calling *o* phoning 2 (acción) call; **la ~ del deber/de la selva** the call of duty/of the wild

(Compuestos)
- **llamada al orden** call to order
- **llamada de socorro** distress call
- **llamada internacional/interurbana/urbana** international/long distance/local call

B (Impr) (en un texto) reference mark
C (Inf) call

llamado¹ -da *adj*
A (por un nombre) called; **un lugar ~ La Dehesa** a place called La Dehesa; **el 747, también ~ 'jumbo'** the 747, also known as the jumbo jet; **el ~ 'boom' de los sesenta** the so-called 'boom' of the sixties
B [ESTAR] (destinado) **~ A algo**: **está ~ a convertirse en una gran atracción** it is set to become a big attraction

llamado² *m* 1 (AmL) (al público) ▸**llamamiento** 2 (Arg) (Telec) ▸**llamada A 1**

llamador *m* door knocker

llamamiento *m* call; **las autoridades hicieron un ~ a la calma** the authorities appealed for calm

llamar [A1] *vt*
A 1 (hacer venir) ‹*bomberos/policía*› to call; ‹*médico*› to call (out); ‹*camarero/criada/ascensor*› to call; ‹*súbditos/servidores*› to summon; ‹*taxi*› (por teléfono) to call; (en la calle) to

hail; **lo llamó por señas** she beckoned to him; **Dios la llamó (a su lado)** (euf) God called her to him (euph); **el juez lo llamó a declarar** the judge called on him to testify; **su madre lo mandó ~** (AmL) his mother sent for him; **lo ~on para hacer el servicio militar** he was called up for military service **2** (instar): **el sindicato los llamó a la huelga** the union called them out on strike; **me sentí llamada a hacerlo** I felt driven *o* compelled to do it
B (por teléfono) to phone, to call; **la voy a ~** I'm going to give her a call; **te llamó Eva** Eva phoned (for you)
C **1** (dar el nombre de) to call, name; (dar el título, apodo de) to call; **la llamó de todo** he called her every name under the sun; **lo que se ha dado en ~ ...** what has come to be known as ... **2** (considerar) to call; **eso es lo que yo llamo un amigo** that's what I call a friend
■ **llamar** *vi*
A (con los nudillos) to knock; (tocar el timbre) to ring (the doorbell); **llaman a la puerta** there's someone at the door
B (Telec) «*persona*» to telephone, phone, call; «*teléfono*» to ring; **¿quién llama?** who's calling?
C (gustar) to appeal; **no me/le llaman las pieles** fur coats don't appeal to me/her
■ **llamarse** *v pron* to be called; **se llama Pedro** his name is Pedro; **¿cómo te llamas?** what's your name?; **... como que (yo) me llamo Ana** ... as sure as my name's Ana

llamarada *f*, (Col) **llamarón** *m* **1** (de fuego) sudden blaze, flare-up **2** (liter) (de ira, pasión) blaze

llamativo -va *adj* ‹color› bright; ‹*mujer/vestido*› striking; **ponte algo menos ~** wear something less flamboyant

llameante *adj* flaming, blazing

llamear [A1] *vi* to blaze, flame

llana *f*
A (Const) trowel
B (Geog) plain

llanamente *adv*: ***lisa** or **simple y ~*** ‹*explicar/hablar*› in straightforward terms; **lisa y ~, hay que despedirlos** they should be fired, it's as simple as that

llanero -ra *m,f* **1** (habitante del llano) (*m*) plainsman; (*f*) plainswoman **2** (vaquero) cattle herder, cowboy (*of the Colombian/Venezuelan* **llanos**)

llaneza *f* simplicity

llano[1] -na *adj*
A ‹*terreno/superficie*› (horizontal) flat; (sin desniveles) even; **los 100 metros ~s** (RPl) the 100 meters dash *o* sprint
B ‹*persona*› straightforward; ‹*trato*› natural; ‹*lenguaje*› plain
C ‹*palabra*› *with the stress on the penultimate syllable*

llano[2] *m* **1** (Geog) (llanura) plain **2** (extensión de terreno) area of flat ground

llanta *f* **1** (de metal) rim **2** (AmL) (neumático) tire*

(Compuesto) **llanta de repuesto** (AmL) *or* (Méx) **de refacción** spare tire*

llantera *f*, **llanterío** *m* (fam) howling, wailing

llanto *m* (de niño) crying; (de adulto) crying, weeping (liter); **déjate de ~s** stop crying

llanura *f*
A (de una superficie) evenness, smoothness
B (Geog) plain, prairie

llapa *f* ▸**yapa**

llave *f*
A **1** (de cerradura, candado) key; **las ~s del coche** the car keys; **cierra la puerta con ~** lock the door; **bajo ~** under lock and key; **la ~ del éxito** the key to success; ***bajo siete ~s*** hidden away; ***en ~*** (Col fam): **estar en ~ con algn** «*comerciante*» to work in cooperation with sb; «*delincuente*» to be in league with sb **2** (de una propiedad): **entrega de ~s en junio** ready for occupancy (AmE) *o* (BrE) occupation in June **3** (CS) (por el alquiler) key money, premium; (por la clientela) goodwill **4** (para dar cuerda) key

(Compuestos)
- **llave de contacto** ignition key
- **llave maestra** master key, passkey

B (Mec) (herramienta) wrench (AmE), spanner (BrE)

(Compuesto) **llave inglesa** monkey wrench

C **1** (interruptor) switch; (en tubería) valve; **la ~ del gas** the gas jet (AmE) *o* (BrE) tap **2** (AmL) (de lavabo, bañera) faucet (AmE), tap (BrE) **3** (Mús) (de órgano) stop; (de trompeta) valve; (de clarinete, saxofón) key

(Compuesto) **llave de paso** (del agua) stopcock; (del gas) main valve (AmE), mains tap (BrE); **cerrar la ~ de ~** to turn the water/gas off at the main valve (AmE) *o* (BrE) at the mains

D (en un texto) brace; **entre ~s** in braces
E (en lucha, judo) hold; **lo inmovilizó con una ~ (de brazo)** she got him in an armlock; **~ de candado** (Col, Méx) hammerlock

llavero *m* key ring

llegada *f* **1** (de un viaje) arrival; **el vuelo tiene prevista su ~ para las 11 horas** the flight is due to arrive at 11 a.m. **2** (Dep) (meta) winning post

llegar [A3] *vi*
A «*persona/tren/carta*» to arrive; **tienen que estar por** *or* **al ~** they'll be arriving any minute now; **llegó (el) último** he was the last to arrive; **~on cansadísimos** they were exhausted when they arrived; **¿falta mucho para ~?** is it much further (to go)?; **siempre llega tarde** he's always late; **no me llegó el telegrama** I didn't get the telegram; **me hizo ~ un mensaje** he got a message to me; **~ A** ‹*a país/ciudad*› to arrive IN; ‹*a edificio*› to arrive AT; **los que ~on a la meta** the ones who crossed the finishing line; **~ a casa** to arrive *o* get home; **el rumor llegó a oídos del alcalde** the rumor reached the mayor; **la carta llegó a su destino** the letter reached its destination; **¿adónde quieres ~?** what do you mean?; **~ DE** to arrive FROM
B **1** «*camino/ruta*» (extenderse) **~ HASTA** to go all the way to, go as far as **2** (ir) **~ A** *or* **HASTA**: **este tren no llega hasta** *or* **a Lima** this train doesn't go as far as *o* all the way to Lima; **sólo llega al tercer piso** it only goes (up) to the third floor
C «*día/invierno*» to come, arrive; **ha llegado el momento de ...** the time has come to ...; **cuando llegue la estación de las lluvias** when the rainy season starts; **cuando llegó la noche** when night fell
D **1** (alcanzar) to reach; **~ A algo** ‹*a acuerdo*› to reach sth; **llegué a la conclusión de que...** I reached *o* came to the conclusion that ...; **los pies no le llegan al suelo** her feet don't touch the floor; **la falda le llegaba a los tobillos** her skirt came down to her ankles; **el agua le llegaba al cuello** the water came up to her neck; **su voz llegaba al fondo del teatro** her voice carried to the back of the theater **2** (Esp) «*dinero/materiales*» (ser suficiente) to be enough; **no me llega el dinero** I don't have enough money **3** (alcanzar a medir, costar, etc): **no llega a los dos metros** it is less than two meters; **no sé si ~á a tanto** I don't know if it would be as much as that; **no llegaban a 50 personas** there weren't even 50 people there **4** (expresando logro): **~á lejos** she'll go far *o* a long way; **así no vas a ~ a ningún lado** you'll never get anywhere like that; **llegó a convencerme** he managed to convince me; **quiero que llegues a ser alguien** I want you to make something of yourself; **nunca llegó a (ser) director** he never became director **5** (en el tiempo): **no ~á a las próximas elecciones** he won't survive till the next elections; **~ a viejo** to live to old age; **llegué a conocerlo mejor** I got to know him better; **¿llegó a saberlo?** did she ever find out?; **llegó a ser de gran utilidad** it proved (to be) very useful
E **~ A + INF** **1** (a un extremo): **llegó a amenazarme** she even threatened me; **llegué a pensar que ...** I even began to think that ...; **no llegó a pegarme** he didn't actually hit me; **las cosas han llegado a tal punto que ...** things have reached such a point that ...; **puede ~ a ganarle** he might beat him **2** (en oraciones condicionales): **si lo llego a saber, no vengo** if I'd known, I wouldn't have come; **si llego a enterarme de algo, te aviso** if I happen to hear anything, I'll let you know
F «*estilo/música*» (ser entendido, aceptado): **su estilo no llega a la gente** people can't relate to *o* understand his style; **un lenguaje que llega a la juventud** language that gets through to *o* means something to young people
■ **llegarse** *v pron* (fam): **se llegó hasta aquí para dármelo** she came all the way here to give it to me (colloq); **llégate a la tienda y trae algo de beber** run out to the store and get something to drink

llenador -dora *adj* (CS) ‹*comida*› filling

llenar [A1] *vt*
A **1** ‹*vaso/plato/cajón*› to fill; ‹*tanque*› to fill (up); ‹*maleta*› to fill, pack; **no me llenes el vaso** don't fill my glass right up; **siempre llena la sala** he always manages to fill the

hall; ~ **algo DE/CON algo** to fill sth WITH sth **2▸** ‹*formulario*› to fill out, to fill in (esp BrE) **3▸** (cubrir) ~ **algo DE algo** to cover sth WITH sth

B (colmar) ‹*persona*› ~ **a algn DE algo**: **la noticia nos llenó de alegría** we were overjoyed by the news; **nos llenó de atenciones** he made a real fuss of us

C (hacer sentirse realizado) ‹*persona*›: **su carrera no la llena** she doesn't find her career fulfilling

■ **llenar** *vi* «*comida*» to be filling

■ **llenarse** *v pron*

A **1▸** «*recipiente/estadio*» to fill; **aquí el tren siempre se llena** the train always fills up here; **el teatro se llenó hasta los topes** the theater was (jam) packed; **~se DE algo** to fill WITH sth; **se le ~on los ojos de lágrimas** his eyes filled with tears **2▸** (cubrirse) **~se DE algo** ‹*de polvo/pelos*› to be covered IN sth; **se le llenó la cara de granos** he got very pimply (AmE colloq) *o* (BrE colloq) spotty

B ‹*bolsillo/boca*› to fill; **~se algo DE algo** to fill sth WITH sth; **no te llenes la boca de comida** don't stuff your mouth with food

C (colmarse) **~se DE algo**: **con esa hazaña se llenó de gloria** it was an achievement that covered him in glory; **se ~on de deudas** they got heavily into debt

D «*persona*» (de comida): **sólo viene a ~se la barriga** (fam) he only comes here to stuff his face (colloq); **con un plato de ensalada ya se llena** one plate of salad and she's full

lleno[1] **-na** *adj*

A **1▸** ‹*estadio/autobús/copa*› full; **no hables con la boca llena** don't speak with your mouth full; ~ **DE algo** full OF sth; **está ~ de agujeros** it's full of holes; **tiene la casa llena de gente** she has a full house at the moment; **calles llenas de gente** streets crowded with people; **una mirada llena de rencor** a resentful look **2▸** (cubierto) ~ **DE algo** ‹*de granos/manchas/polvo*› covered IN sth **3▸** (después de comer) full (up) (colloq)

B (regordete) plump

C **de lleno** fully; **dedicarse de ~ a algo** to dedicate oneself fully *o* entirely to sth; **el sol nos daba de ~** the sun was shining down on us

lleno[2] *m* sellout; **hubo un ~ total** it was completely sold out

llevadero -ra *adj* bearable

llevándola *adv* (Ven, Col fam) so-so (colloq)

llevar [A1] *vt*

(*Sentido* **I**)

A **1▸** (de un lugar a otro) to take; **le llevé unas flores** I took her some flowers; **te lo ~é cuando vaya** I'll bring it when I come; **¿qué llevas en el bolso?** what have you got in your bag?; Ⓢ **comida para llevar** take out (AmE) *o* (BrE) takeaway meals **2▸** (transportar) to carry; **el camión llevaba una carga de abono** the truck was carrying a load of fertilizer; **deja que te ayude a ~ las bolsas** let me help you carry your bags **3▸** ‹*persona*› to take; ~ **a los niños al colegio** to take the children to school; **nos llevó a cenar** he took us out to dinner; **me llevó hasta la estación** she gave me a lift to the station; **lo llevaba en brazos** she was carrying him in her arms **4▸** (tener consigo) to have; **no llevo dinero encima** I don't have any money on me

B **1▸** (guiar, conducir) to take; **nos ~on por un sendero** they led *o* took us along a path; **la llevaba de la mano** I/he was holding her hand; **esto no nos ~á a ninguna parte** this won't get us anywhere; **lo ~on ante el juez** he was brought before the judge **2▸** (impulsar, inducir) to lead; **esto me lleva a pensar que ...** this leads me to believe that ...; **¿qué la llevó a hacerlo?** what made her do it?

C ‹*ropa/perfume/reloj*› to wear

D (tener) to have; **lleva barba** he has a beard; **llevaba el pelo corto** she had short hair; **el colegio lleva su nombre** the school bears his name; **una canción que lleva por título 'Rencor'** a song entitled 'Rencor'

(*Sentido* **II**)

A (tener a su cargo) ‹*negocio/tienda*› to run; ‹*caso*› to handle; **lleva la contabilidad** she does the accounts; **trabaja y lleva la casa** she works and does the housework

B **1▸** (conducir) ‹*vehículo*› to drive; ‹*moto*› to ride **2▸** ‹*pareja*› (al bailar): **no sé bailar — no importa, yo te llevo** I can't dance — it doesn't matter, I'll lead

C ‹*vida*› to lead; ~ **una vida tranquila/muy ajetreada** to lead a quiet/very hectic life; (+ *compl*) **lo llevan en secreto** they're keeping it secret; **¿cómo lleva lo del divorcio? — lo lleva muy mal** how is she coping with the divorce? — she's taking it very badly; **llevaste muy bien la entrevista** you handled the interview very well

D (seguir, mantener): ~ **el ritmo** *or* **el compás** to keep time; **¿llevas la cuenta de lo que te debo?** are you keeping track of what I owe you?; **¿qué dirección llevaban?** which direction were they going in?

(*Sentido* **III**)

A **1▸** (requerir) to take; **lleva tiempo hacerlo bien** it takes time to do it well; (+ *me/te/le etc*) **le llevó horas aprenderselo** it took her hours to learn it **2▸** (tener como ingrediente, componente): **¿qué lleva esta sopa?** what's in this soup?; **esta masa lleva mantequilla** this pastry is made with butter; **el tren sólo lleva dos vagones** the train has only two cars (AmE) *o* (BrE) carriages

B (aventajar, exceder en) (+ *me/te/le etc*): **me lleva un año** he's a year older than me; **nos llevan un día de ventaja** they have a one-day lead over us

C (Esp) (cobrar) to charge

■ **llevar** *v aux*: **lleva una hora esperando** she's been waiting for an hour; **lleva tres días sin comer** he hasn't eaten for three days; **el tren lleva una hora de retraso** the train's an hour late; **llevo revisada la mitad** I've already checked half of it; **llevo dos años en la empresa** I've been with the company for two years; ~ ***las de ganar/de perder*** to be likely to win/lose

■ **llevar** *vi* **1▸** «*camino/carretera*» to go, lead **2▸** (al bailar) to lead

■ **llevarse** *v pron*

A **1▸** (a otro lugar) to take; **la policía se llevó al sospechoso** the police took the suspect away; **¿quién se llevó mi paraguas?** who took my umbrella?; **llévate a los chicos de aquí** get the children out of here; **el agua se llevó cuanto encontró a su paso** the water swept away everything in its path **2▸** ‹*premio/dinero*› to win **3▸** (quedarse con, comprar) to take; **me llevó éste** I'll take this one; **¿cuántos se quiere ~?** how many would you like? **4▸** (Mat) to carry; **9 y 9 son 18, me llevo una** 9 plus 9 is 18, carry one **5▸** (Arg) ‹*asignatura*› to carry over

B (dirigir): **se llevó la mano al bolsillo** he put his hand to his pocket

C ‹*susto/regañina*› to get; **se llevó su merecido** he got what he deserved; **me llevé una gran decepción** I was terribly disappointed; **se llevó un buen recuerdo** he left here with pleasant memories

D **~se bien con algn** to get along with sb; **se llevan a matar** they really hate each other; **se llevan como perro y gato** they fight like cat and dog

E (hablando de modas): **vuelven a ~se las faldas cortas** short skirts are back in fashion; **ya no se lleva eso de las fiestas de compromiso** people don't have engagement parties any more

llorado -da *adj* (frml) late lamented (*before n*) (frml)

llorar [A1] *vi*

A (derramar lágrimas) **1▸** «*persona*» to cry; **me dieron ganas de ~** I felt like crying; **lo hizo ~** she made him cry; **estaba a punto de ~** she was on the verge of tears; **se echó a ~** she started to cry; **llorábamos de (la) risa/rabia** we were crying with laughter/rage; **lloró de la emoción** he wept with emotion; ~ **POR algo/algn** to cry over sth/sb; **lloraba por la pérdida de su amigo** he wept for the loss of his friend; ***ser de*** *or* ***para ~*** to be enough to make one weep; ***el que no llora, no mama*** if you don't ask, you don't get **2▸** «*ojos*» (+ *me/te/le etc*) to water

B (fam) (quejarse) to grumble, whine

■ **llorar** *vt* ‹*persona/muerte*› to mourn

lloriquear [A1] *vi* (fam) to whine (colloq)

lloriqueo *m* (fam) whining (colloq); **déjate de ~s** stop whining

llorón[1] **-rona** *adj* (fam): **es muy ~** he cries a lot; **no seas tan ~** don't be such a crybaby (colloq)

llorón[2] **-rona** *m,f*

A **1▸** (fam) (que llora mucho) crybaby (colloq) **2▸** (Col, RPl, Ven fam) (quejón) whiner (colloq)

B **la llorona** *f* (Col, Méx, Ven fam) (fantasma) ghost (*of a woman said to roam the streets wailing*)

lloroso -sa *adj* ‹*tono*› tearful; **tenía los ojos ~s** her eyes were full of tears

l

llovedera *f* (Col, Ven fam) endless rain

llover [E9] *v impers* to rain; **parece que va a ~** it looks as though it's going to rain; **nos llovió todo el fin de semana** it rained all weekend; **llovió con ganas** (fam) it poured (with rain); ***ha llovido mucho desde entonces*** a lot of water has flowed *o* passed under the bridge since then; **~ *sobre mojado*: a este pobre país le llueve sobre mojado** it's just one disaster after another in this wretched country; ***llueva o truene*** come rain or shine; ***llueve/llovía a cántaros*** *or* ***mares*** it's/it was pouring (with rain); ***mandar a algn a ver si llueve*** (AmL hum) to send sb on a fool's errand

■ **llover** *vi*: **las desgracias llovieron sobre él** misfortunes rained down on him; (+ *me/te/le etc*) **le llovieron regalos** she was showered with gifts; **le han llovido las ofertas de trabajo** she's been inundated with job offers

llovida *f* (AmS fam) (rain) shower

llovizna *f* drizzle

lloviznar *v impers* [A1] to drizzle

llueva, llueve *see* **llover**

lluvia *f* [1] (Meteo) rain; **un día de ~** a rainy day; **caía una ~ menuda** *or* **fina** it was drizzling; **la estación de las ~s** the rainy season; **zonas de mucha ~** areas of heavy rainfall [2] (de balas) hail; (de críticas) hail, barrage

(Compuestos)
- **lluvia ácida** acid rain
- **lluvia radiactiva** nuclear fallout

lluvioso -sa *adj* ‹*tiempo/día/época*› rainy; ‹*región*› wet

lo¹ *art*

A : **prefiero ~ dulce** I prefer sweet things; **dejemos ~ difícil para mañana** let's leave the difficult part until tomorrow; **~ interesante del caso es que ...** the interesting thing about the case is that ...; **¿estoy en ~ cierto?** am I right?; **en ~ alto de la sierra** high up in the mountains; **ser ~ más objetivo posible** to be as objective as possible; **me dijo ~ de siempre** he came out with the same old story; **que cada cual se ocupe de ~ suyo** everyone should take care of their own things; **se ha enterado de ~ nuestro** she's found out about us; **~ de Juan fue trágico** what happened to Juan was tragic; **¿sabes ~ de Pablo?** have you heard about Pablo?; **voy a ~ de Eva** (RPl) I'm going to Eva's house

B (con oraciones de relativo): **no entiendo ~ que dices** I don't understand what you're saying; **~ que es por mí** *or* **en ~ que a mí respecta ...** (fam) as far as I'm concerned (colloq); **~ cual** *or* **que fue desmentido por el Gobierno** which was denied by the Government; **pide ~ que quieras** ask for whatever you want; **límpialo con un trapo o ~ que sea** clean it with a cloth or something *o* whatever; **¡~ que oyes!** you heard right!

C (con valor ponderativo): **¡~ que debe haber sufrido!** how she must have suffered!; **¡no te imaginas ~ que fue aquello!** you can't imagine what it was like!; **¿ves ~ mal que habla?** you see how badly he speaks?

lo² *pron pers*

A [1] (referido — a él) him; (— a usted) you; (— a cosa, etc) it; **¿~ conoces?** do you know him?; **~ encuentro muy bien, señor Lara** you're looking very well, Mr Lara; **~ compré hoy** I bought it today; **ya ~ sé** I know [2] (*impers*): **duele que a uno ~ traten así** it hurts when people treat you like that

B (*con* **ser, estar, haber**): **¿que si estoy harta? pues sí, ~ estoy** am I fed up? well, yes, I am; **si ella es capaz, yo también ~ soy** if she can, so can I

loa *f* (liter) praise

loable *adj* commendable, praiseworthy

loar [A1] *vt* (liter) to praise, laud (frml)

lobanillo *m* wen

lobato -ta *m,f* [1] (Zool) wolf cub [2] **lobato** *m* (niño) Cub (Scout)

lobby /'loβi/ *m* (*pl* **-bbies**) [1] (grupo de presión) lobby [2] (de hotel) lobby

lobezno -na *m,f* wolf cub

lobo¹ -ba *adj*

A (Col fam) ‹*vestido/color*› garish; ‹*cuadro*› tacky (colloq)

B (Chi fam) ‹*animal*› unfriendly

lobo² -ba *m,f* (Zool) wolf; ***un ~ con piel de oveja*** (fam) a wolf in sheep's clothing

(Compuestos)
- **lobo de mar** (persona) sea dog
- **lobo feroz**: **el ~ ~** the big bad wolf
- **lobo marino** seal

lobotomía *f* lobotomy

lóbrego -ga *adj* gloomy

lóbulo *m* lobe

LOC *m* (Inf) (= **lector óptico de caracteres**) OCR

loca *f* (*ver tb* **loco² A**) (fam) (homosexual afeminado) queen (sl)

locación *f* (Méx) (lugar): **visite el museo Rivera, ~: Calle Altavista** visit the Rivera Museum on Altavista Street; **¿en qué ~?** whereabouts?

local¹ *adj* local; **el equipo ~** the home team

local² *m* premises (*pl*); **por favor desalojen el ~** please vacate the premises

localidad *f*

A (población) town, locality (frml)

B (Espec) seat, ticket; **S no hay localidades** sold out

localizable *adj*: **no está ~** he cannot be found *o* traced

localización *f* [1] (acción): **la tormenta dificultó la ~ del pesquero** the storm made it difficult to locate *o* to find the fishing boat [2] (lugar) location

localizador *m*

A (Telec) pager

B (al reservar) booking reference

localizar [A4] *vt* [1] ‹*persona/lugar/tumor*› to locate; **estoy intentando ~la** I am trying to get hold of her; **no logro ~lo en el mapa** I can't find it on the map [2] ‹*incendio/epidemia*› to localize

■ **localizarse** *v pron* «*dolor*» to be localized

locatario -ria *m,f* (AmL) tenant

locha *f*

A (Zool) loach

B (Col fam) (pereza) laziness

C (Ven): ***no tener una ~*** to be broke (colloq)

loción *f* lotion

(Compuestos)
- **loción capilar** hair lotion
- **loción para después del afeitado** after-shave

loco¹ -ca *adj*

A [1] (Med, Psic) mad, insane [2] (chiflado) crazy (colloq), nuts (colloq); **este tipo está medio ~** (fam) the guy's not all there (colloq); **no seas ~, te vas a matar** don't be stupid, you'll kill yourself; **eso no lo hago (pero) ni ~** there's no way I'd do that; **¿disculparme yo? ¡ni (que estuviera) ~!** what, me apologize? not in a million years!; **hacer algo a lo ~** to do sth any which way (AmE) *o* (BrE) any old how (colloq); **gasta dinero a lo ~** he spends money like water; ***estar ~ de remate*** *or* ***de atar*** (fam) to be completely nuts (colloq); ***tener*** *or* (Esp) ***traer ~ a algn*** to be driving sb crazy (colloq); ***volver ~ a algn*** to drive sb crazy (colloq); **el chocolate me vuelve loca** I adore chocolate; ***volverse ~*** to go mad [3] (contento, entusiasmado): **están ~s con el nieto** they're besotted with their grandchild; **está loca por él** she's crazy about him (colloq); **está ~ por volver** he's dying to come back (colloq) [4] (fam) (ajetreado): **anda (como) ~ con los preparativos** the preparations are driving him mad (colloq)

B [1] (indicando gran cantidad): **tengo unas ganas locas de verla** I'm dying to see her (colloq); **tuvo una suerte loca** she was incredibly lucky [2] **~ DE algo**: **estaba loca de alegría** she was blissfully happy; **está ~ de celos** he's wild with jealousy; **estaba ~ de dolor** he was racked with pain; **está loca de amor** she's madly in love

loco² -ca *m,f*

A (enfermo mental) (*m*) madman; (*f*) madwoman; **se puso como un ~** he went crazy *o* mad; **maneja** *or* (Esp) **conduce como un ~** he drives like a lunatic; **corrimos como ~s** (fam) we ran like crazy *o* mad (colloq); **gritaba como una loca** she was shouting her head off (colloq); **¡esto es de ~s!** this is sheer madness!; **el ~ de Javier se vino a pie** Javier walked here, mad fool that he is; **hay mucho ~ suelto** (fam) there are a lot of weirdos about (colloq); ***cada ~ con su tema*** (fam) to each his own; ***hacerse el ~*** to act dumb (colloq); ***la loca de la casa*** (liter) the imagination

B **loco** *m* (Zool) abalone

locomoción *f* 1 (acción) locomotion 2 (Chi) (Transp) *tb* **~ colectiva** public transport
locomotor¹ -tora *adj* 1 ‹*aparato*› locomotive (*before n*) 2 ‹*músculo*› locomotor (*before n*)
locomotor² -triz *adj* locomotive (*before n*)
locomotora *f* (Ferr) locomotive, engine
(Compuesto) **locomotora eléctrica/de vapor** electric/steam locomotive
locuacidad *f* talkativeness, loquacity (frml)
locuaz *adj* talkative, loquacious (frml)
locución *f* phrase
locura *f* 1 (Med) madness, insanity 2 (insensatez) crazy thing (colloq); **lo que dices es una ~** what you're saying is sheer madness; **cometió la ~ de casarse** she committed the folly of getting married 3 (inclinación exagerada): **siente ~ por la pequeña** she's besotted with the little one; **la quiero con ~** I'm crazy about her (colloq)
locutor -tora *m,f* announcer; **~ deportivo** sports commentator
locutorio *m* (Telec) telephone booth; (Rad) studio; (en cárcel) visiting room; (en convento) parlor*
lodazal *m* quagmire
lodo *m* mud; *para modismos ver* **barro**
logaritmo *m* logarithm
logia *f* 1 (de los masones) lodge 2 (Arquit) loggia
lógica *f* 1 (coherencia) logic; **carece de toda ~** there is no logic to it 2 (Fil) logic
lógico¹ -ca *adj* 1 (normal, natural) natural, logical; **como es ~, ...** naturally *o* obviously, ...; **es ~ que así sea** it's (only) natural that it should be so; **lo ~ sería que se lo hubiera dicho** the logical thing would have been to tell him 2 ‹*conclusión/consecuencia*› logical 3 (Fil) logical
lógico² *adv* (*indep*) (fam) of course
lógico³ -ca *m,f* logician
logística *f* logistics (*pl*)
logístico -ca *adj* logistic, logistical
logo *m* logo, logotype
logopeda *mf* speech therapist
logoterapia *f* speech therapy
logotipo *m* logo, logotype
logrado -da *adj* successful; **un retrato muy ~** a very lifelike portrait
lograr [A1] *vt* ‹*objetivo*› to attain, achieve; ‹*éxito*› to achieve; **logró el quinto puesto** she managed fifth place; **~ + INF** to manage to + INF; **no logró convencerla** he did not manage *o* he failed to persuade her; **por fin logró cobrarlo** he finally got paid for it
logro *m* (de un objetivo) achievement; (éxito) success; **los ~s de la medicina** the achievements of medicine; **mis ~s y mis fracasos** my successes and my failures
loísmo *m*: *use of* **lo/los** *instead of* **le/les** *(as in* **lo/los dije que no**), *common in certain regions of Spain but not acceptable to most speakers*
lolo -la *m,f* (Chi fam) teenager
loma *f* hill; (más pequeño) hillock
lomada *f* (RPl) small hill, hillock
lomaje *m* (Chi) rolling hills (*pl*)
lombarda *f* red cabbage
lombriz *f* (de tierra) worm, earthworm; (en el intestino) (fam) worm (colloq)
lomo *m*
A (de animal) back; **venía a ~s de burro** he was riding a donkey; ***jugar de ~*** (AmC fam) to be lazy *o* idle
(Compuesto) **lomo de burro** (RPl) speed bump
B (Coc) (de cerdo) loin; (de vaca) (AmL) fillet steak
C (de libro) spine; (de cuchillo) back
lona *f* (Tex) canvas; (en boxeo) canvas; (carpa del circo): **bajo la ~** under the big top, in the circus
loncha *f* slice
lonche *m* (Per) (merienda) tea
lonchera *f* (AmL) lunch box
londinense¹ *adj* ‹*público/teatro/periódico*› London (*before n*); **los parques ~s** the parks of London, London's parks; **es ~** she's from London, she's a Londoner
londinense² *mf* Londoner
Londres *m* London
loneta *f* sailcloth
long. (= **longitud**) long.
longaniza *f*: *spicy pork sausage*
longevidad *f* (frml) longevity (frml)
longevo -va *adj* (frml) long-lived
longitud *f* 1 (largo) length; **de 30 metros de ~** 30 meters long 2 (Astron, Geog) longitude 3 (de vocal, sonido) length
(Compuesto) **longitud de onda** (Fís, Rad) wavelength
longitudinal *adj* longitudinal
lonja *f*
A 1 (loncha) slice 2 (RPl) (de cuero) strip
B 1 (Esp) (mercado de pescado) fish market; (mercado) marketplace 2 (institución mercantil) guild; **~ de propiedad raíz** (Col) association of realtors (AmE), association of estate agents (BrE)
lontananza *f*: **en ~** (liter) in the distance
loor *m* (liter) praise
loquear [A1] *vi* (AmL fam) to lark about (colloq), to horse *o* clown around (colloq)
■ **loquearse** *v pron* (Per fam) to go crazy *o* around the bend (colloq)
loquerío *m* (AmL fam) 1 (manicomio) madhouse (colloq), loony bin (colloq) 2 (situación caótica) bedlam; **aquello era un ~** it was bedlam in there
loquero -ra *m,f* (fam & hum) 1 (psiquiatra) shrink (colloq); (enfermero) psychiatric nurse 2 **loquero** *m* (manicomio) loony bin (colloq & hum); **esto es un ~** this place is a madhouse (colloq)
lor, lord *m* lord
loro¹ -ra *m,f* (Zool) parrot; **lo repitió como un ~** he repeated it parrot-fashion; ***hablar como un ~*** (fam) to be a chatterbox (colloq)
loro² *m* (fam) 1 (charlatán) chatterbox (colloq) 2 (mujer fea) (Esp fam) hag
los¹, **las** *art*: *ver* **el**
los², **las** *pron pers*
A (referido — a ellos, ellas, cosas, etc) them; (— a ustedes) you; **las llevé al circo** I took them to the circus; **¿las atienden?** can I help you?
B (*con el verbo* **haber**): **las hay de muchos tamaños** they come in many different sizes; **también ~ hay de chocolate** we have chocolate ones too
losa *f* (de sepulcro) tombstone; (de suelo) flagstone
(Compuesto) **losa radiante** radiant heating (AmE), underfloor heating (BrE)
loseta *f* floor tile
lote *m*
A (de un producto) batch; (en subastas) lot; ***darse un ~ de algo*** (Esp fam) to stuff oneself with sth (colloq)
B (terreno) plot (of land)
(Compuesto) **lote urbanizado** serviced site
C (fam) (montón) loads (*pl*) (colloq); **un ~ de** loads of
lotear [A1] *vt* (CS) ▸**lotificar**
loteo *m* (CS) ▸**lotificación**
lotería *f* lottery; **me gané la ~** I won the lottery; **con ese trabajo le tocó** *or* (AmL) **se sacó la ~** she really struck lucky with that job; **comprarse un coche usado es una ~** buying a used car is a bit of a gamble
(Compuesto) **lotería primitiva** (en Esp) state lottery

Lotería Nacional

A Spanish state-run lottery founded in 1812. There is an "ordinary" draw on Thursdays and "special" and "extraordinary" draws, offering bigger prizes. The biggest are **El Gordo**, drawn before Christmas, and *El Niño*, drawn at Epiphany.

You can buy a complete ticket or a *participación de lotería*, worth one tenth of a ticket. It is common to buy *participaciones* collectively. Prize money is shared among the co-owners of the ticket.

Other lotteries are the **bonoloto**, **Lotería Primitiva**, and the **Once**

l

Lotería Primitiva *or* **Loto**

A Spanish state lottery founded in 1985. It works like the **bonoloto**: players mark six numbers on a ticket containing 49 numbers and win the main prize if all their numbers come up in the draw. There are "ordinary" draws on Thursdays and Saturdays, and a draw for a larger prize on the last Sunday of each month, known as **El Gordo**, or *El Gordo de la Primitiva*

lotero -ra *m,f* lottery ticket seller

lotificación *f* (Méx, Per) division of land into lots (AmE) *o* (BrE) plots

lotificar [A2] *vt* (Méx, Per) to divide … into lots (AmE) *o* (BrE) plots

loto *m* lotus

loza *f* 1 (material) china 2 (vajilla) crockery; (de mejor calidad) china

lozanía *f* (de persona) healthiness; (del cutis) freshness; (de las verduras) freshness

lozano -na *adj* ‹*persona*› healthy-looking; ‹*cutis*› fresh; ‹*verduras*› fresh

LSD *m or f* LSD

Ltda (= **Limitada**) Ltd, Limited

lubina *f* sea bass

lubricación *f* lubrication

lubricante[1] *adj* lubricating

lubricante[2] *m* lubricant

lubricar [A2] *vt* to lubricate

lubricidad *f* (frml) lewdness, lubricity (liter)

lucerna *f*, **lucernario** *m* skylight, fanlight

lucero *m*

A (estrella brillante) bright star

(Compuesto) **lucero del alba** morning star

B **luceros** *mpl* (liter) (ojos) eyes (*pl*)

luces *fpl* ▸ **luz**

lucha *f*

A (combate, pelea) fight; (para conseguir algo) struggle; **la ~ por la supervivencia** the struggle for survival; **las ~s internas de un partido** internal conflict within a party; **la ~ contra el cáncer** the fight against cancer

(Compuestos)

- **lucha armada** armed conflict
- **lucha de clases** class struggle

B (Dep) wrestling

(Compuesto) **lucha libre** all-in wrestling

luchador[1] -dora *adj*: **un hombre muy ~** a real fighter; **tienes que ser más ~** you have to fight harder

luchador[2] -dora *m,f*

A (persona esforzada) fighter

B (Dep) wrestler

luchar [A1] *vi*

A 1 (combatir, pelear) to fight; **~ cuerpo a cuerpo** to fight hand to hand 2 (para conseguir algo) to struggle, fight; **~ para salir adelante** struggle hard to get on in life; **~ por la paz** to fight for peace 3 (lidiar) to wrestle, struggle; **~ CON algo** to wrestle WITH sth

B (Dep) to wrestle

luche *m*

A (Bot) *type of edible seaweed*

B (Chi) (Jueg) hopscotch

lucidez *f* 1 (Psic) lucidity; **en un momento de ~** in a lucid moment 2 (inteligencia) lucidity, clarity

lucido -da *adj* 1 ‹*fiesta*› magnificent, splendid; **su actuación no fue muy lucida** her performance wasn't particularly brilliant 2 (fam) ‹*niño/bebé*› healthy

lúcido -da *adj* 1 [SER] ‹*mente/análisis*› lucid, clear; ‹*persona*› clear-thinking, clear-sighted 2 [ESTAR] ‹*enfermo*› lucid

luciérnaga *f* (insecto volador) firefly; (larva) glowworm; (insecto sin alas) glowworm

Lucifer Lucifer

lucimiento *m* 1 (acción): **permite el ~ de los gimnastas** it allows the gymnasts to show off their skills 2 (brillo) sparkle, brilliance

lucio *m* pike

lucir [I5] *vi* 1 (aparentar) to look good; **un regalo que no luce** a gift that doesn't look anything special; (+ *me/te/le etc*) **el dinero no le luce** (hum) you can't tell what he spends his money on; **gasta mucho en ropa pero no le luce** she spends a fortune on clothes but it doesn't do much for her 2 (liter) «*estrellas*» to twinkle, shine 3 (AmL) (aparecer, mostrarse) (+ *compl*) to look; **la catedral lucía esplendorosa** the cathedral stood out in all its splendor; **te luce lindo** it looks nice on you

■ **lucir** *vt* 1 (period) ‹*vestido/modelo*› to wear, sport (journ); ‹*peinado/collar*› to sport (journ) 2 ‹*figura/piernas*› to show off, flaunt

■ **lucirse** *v pron* 1 (destacarse) to excel; **¡te luciste!** (iró) you really excelled yourself! (iro); **recetas para ~se** recipes to impress your guests 2 (presumir) to show off

lucrarse [A1] *v pron* to make a profit; **~ DE algo** to make a profit FROM sth

lucrativo -va *adj* lucrative, profitable; **una entidad sin fines ~s** a nonprofit (AmE) *o* (BrE) non-profit-making organization

lucro *m* profit, gain; **sin ánimo de ~** with no profit motive in mind

luctuoso -sa *adj* (frml) painful

lucubrar [A1] *vt* ▸ **elucubrar**

lúcuma *f* eggfruit

ludibrio *m* jeer, scoff

lúdico -ca *adj* ‹*fantasías/diversiones*› play (*before n*)

ludoteca *f* toy library

luego[1] *adv*

A (más tarde) later (on); (después de otro suceso — en el futuro) afterwards; (— en el pasado) then, next; **nos vemos ~** I'll see you later (on); **¡hasta ~!** goodbye!, see you!; **~ DE + INF** after -ING

B (Chi, Méx) (pronto) soon, quickly; **lueguito vuelvo** I'll be back in no time; **~ ~** (Méx) immediately

C 1 (en el espacio): **hay una tienda y ~ está el banco** there's a shop and then you come to the bank 2 (Méx) (cerca) nearby; **aquí ~** just here 3 (indicando orden, prioridad) then; **primero está él y ~ nosotros** he's first and then we're next

D **desde luego** of course; **desde ~ que no** of course not

luego[2] *conj* (frml) therefore

lúes *f* syphilis

lugar *m*

A (sitio) place; **no es éste el ~** this is not the place; **en cualquier otro ~** anywhere else; **cambiar los muebles de ~** to move the furniture around; **en algún ~** somewhere; Ⓢ **consérvese en lugar fresco** keep in a cool place; **el ~ del suceso** the scene of the incident

B (localidad, región): **los habitantes del ~** the local people; **~ y fecha de nacimiento** place and date of birth

C 1 (espacio libre) room; **hacer ~ para algn/algo** to make room *o* space for sb/sth 2 (asiento) seat

D 1 (situación) place; **yo en tu ~ …** if I were you …; **ponte en mi ~** put yourself in my place 2 (en organización, jerarquía) place; **nadie puede ocupar el ~ de la madre** nobody can take a mother's place; **según el ~ que ocupan en la lista** according to their position on the list; **se clasificó en primer/quinto ~** she finished in first/fifth place

E **dar lugar a** (a una disputa, a comentarios) to provoke, give rise to; **han dado ~ a que la gente hable** their behavior has set people talking

F (Der): **no ha ~ la protesta** the objection is overruled

G (*en locs*) **en lugar de** instead of; **ella firmó en mi ~** she signed on my behalf; **en primer lugar**: **se tratarán en primer ~** they will be dealt with first; **en primer ~ porque …** first of all *o* firstly because …; **en último lugar**: **y en último ~ …** and finally *o* lastly …; ***a como dé/diera ~*** (AmL): **se trata de venderlo a como dé ~** the idea is to sell it any way we can; **a como diera ~ yo iba a entrar** one way or another I was going to get in; ***dejar a algn en mal ~*** to put sb in an awkward position; ***poner a algn en su ~*** to put sb in her/his place; ***sin ~ a dudas*** without doubt, undoubtedly; ***tener ~*** to take place

(Compuesto) **lugar común** cliché, commonplace

lugareño -ña *adj/mf* local

lugarteniente *mf* deputy

lúgubre *adj* ‹*habitación/ambiente/persona*› gloomy, lugubrious (liter); ‹*rostro/voz/paisaje*› gloomy

lujo *m* luxury; **no puedo permitirme el ~ de llegar tarde** I can't afford to be late; **nos dimos el ~ de viajar en primera** we treated ourselves and traveled first class; **me di el ~ de decirles que no** I had the satisfaction of saying no to them; **con ~ de detalles** with a wealth of detail

(Compuesto) **lujo asiático**: **vivir con ~ ~** to live in the lap of luxury; **eso ya es un ~ ~** that is the ultimate in luxury

lujoso -sa *adj* luxurious

lujuria *f* (liter) lust, lechery

lujuriante *adj* luxuriant, lush

lujurioso -sa *adj* lecherous, lustful

lumbago *m* lumbago

lumbar *adj* lumbar (*before n*)

lumbre *f* (de hoguera, chimenea) fire; (de la cocina): **puso el cazo en la ~** she put the saucepan on the stove; **tengo la leche en la ~** I'm heating up some milk **2▸** (ant) (para un cigarrillo): **¿tiene ~?** have you got a light?

lumbrera *f* (fam) (persona brillante) genius, whiz* (colloq); **no es ninguna ~** he's no genius

luminaria *f*

A (adorno) light; (en un altar) altar lamp

B (AmL) (persona — sabia) luminary; (— importante) prominent figure, celebrity

luminiscencia *f* luminescence

luminosidad *f* brightness, luminosity

luminoso -sa *adj* **1▸** ‹*habitación*› bright, light; ‹*fuente*› luminous; ‹*letrero*› illuminated **2▸** ‹*idea*› brilliant

luminotecnia *f* lighting

luminotécnico -ca *adj* lighting (*before n*)

lumpen[1] *adj inv* underprivileged

lumpen[2] *m* (*pl* ~ *or* **lúmpenes**) (grupo social) underclass

lun. (= **lunes**) Mon

luna *f*

A (Astron) moon; **a la luz de la ~** in the moonlight; **hay ~** the moon's out; ***estar en la ~*** (fam) to have one's head in the clouds; ***ladrarle a la ~*** to talk to a brick wall (colloq); ***pedir la ~*** to ask (for) the impossible

(Compuestos)

- **luna creciente/menguante** waxing/waning moon
- **luna de miel** honeymoon; **están de ~ de ~** they're on their honeymoon
- **luna llena/nueva** full/new moon

B (espejo) mirror; (de puerta, ventana) glass; (escaparate) window; (parabrisas) windshield (AmE), windscreen (BrE)

C (de la uña) half-moon, lunule (tech)

lunar[1] *adj* lunar

lunar[2] *m* **1▸** (en la piel) mole; **se pintó un ~ en la mejilla** she painted a beauty spot on her cheek **2▸** (en el pelo) gray* patch **3▸** (en un diseño) polka-dot; (mácula) blemish

lunático[1] **-ca** *adj* lunatic (*before n*)

lunático[2] **-ca** *m,f* lunatic

lunes *m* (*pl* ~) Monday; **el ~ por la mañana/noche** on Monday morning/night; **todos los ~** every Monday; **el próximo ~** next Monday; **el ~ pasado** last Monday; **el ~ es fiesta** Monday is a holiday; **nos casamos el ~ 25 de Mayo** we got married on Monday May 25th; **hasta el ~** *or* **nos vemos el ~** I'll see you on Monday; **los ~** on Mondays; **el periódico del ~** Monday's paper; ***hacer ~ de zapatero*** (Col) *or* (Chi, Méx) ***hacer san ~*** (fam & hum) to skip work *o* (BrE) skive off work on Mondays

luneta *f*

A (Auto) window; **~ trasera** rear window

B (Col, Méx) (Teatr) orchestra seats (*pl*) (AmE), front stalls (*pl*) (BrE)

lunfardo *m* Buenos Aires slang

lupa *f* magnifying glass; **lo mira todo con ~** he goes through everything with a fine tooth comb

lupanar *m* brothel

lúpulo *m* (planta) hop (plant); (fruto) hop; **el sabor del ~** the flavor of hops

luso -sa, **lusitano -na** *adj/m,f* Portuguese

lustrabotas *mf* (*pl* ~) (AmS) bootblack

lustrada *f* (AmS) polish, shine

lustrador -dora *m,f* (AmS) bootblack; (niño) shoeshine boy

lustrar [A1] *vt* (esp AmL) ‹*zapatos/muebles*› to polish

■ **lustrarse** *v pron*

A (esp AmL) ‹*zapatos*› to polish

B (AmC) (en una actividad) to excel

lustre *m* **1▸** (brillo) shine, luster*; **darle** *or* **sacarle ~ a algo** to polish sth **2▸** (distinción) glory, distinction

lustrín *m* (AmS) (cajón) bootblack's box; (puesto) shoeshine stand

lustro *m* period of five years

lustroso -sa *adj* shiny

luterano -na *adj/m,f* Lutheran

luto *m* mourning; **estar de** *or* **guardar ~** to be in mourning; **~ riguroso** deep mourning; **ir de** *or* **llevar ~** to wear mourning (clothes); **el ~ se lleva por dentro** grief is carried within; **ponerse de ~** to go into mourning; **quitarse el ~** to come out of mourning

(Compuesto) **luto oficial** official mourning

luxación *f* dislocation

Luxemburgo *m* Luxembourg

luxemburgués -guesa *adj* of/from Luxembourg

luz *f*

A **1▸** (claridad) light; **la ~ del sol** the sunlight; **la habitación tiene mucha ~** the room gets a lot of light; **me da la ~ en los ojos** the light's in my eyes; **a plena ~ del día** in broad daylight; **este reflector da mucha ~** this spotlight is very bright; **no leas con tan poca ~** don't read in such poor light; **la habitación estaba a media ~** the room was in semi-darkness; **me estás tapando la ~** you're blocking the light; **luces y sombras** (Art) light and shade; ***dar a ~*** to give birth; ***entre dos luces*** (liter) (al amanecer) at daybreak (liter); (al anochecer) at twilight (liter); ***sacar algo a la ~*** ‹*secreto/escándalo*› to bring sth to light; ‹*publicación*› to bring out; ***salir a la ~*** «*secreto/escándalo*» to come to light; «*publicación*» to come out; ***tener pocas luces*** (fam) to be dim-witted; ***ver la ~*** (liter) «*persona*» to come into the world (liter); «*publicación*» to be published (*for the first time*) **2▸** (que permite la comprensión): **a la ~ de los últimos acontecimientos** in the light of recent events; **arrojar ~ sobre algo** to shed light on sth; ***a todas luces***: **esto es, a todas luces, una injusticia** whichever way you look at it, this is an injustice

(Compuesto) **luz artificial/natural** artificial/natural light

B (fam) (electricidad) electricity; **les cortaron la ~** their electricity was cut off; **se fue la ~** (en una casa) the electricity went off; (en una zona) there was a power cut

C (dispositivo) light; **la ~ del cuarto de baño** the bathroom light; **encender** *or* (AmL) **prender la ~** to turn on *o* switch on the light; **apagar la ~** to turn off *o* switch off the light; **cruzar con la luz roja** to cross when the lights are red; ***comerse una*** *or* ***la ~*** (Ven fam) to go through a red light; ***dar ~ verde a algo*** to give sth the green light

(Compuestos)

- **luces de aterrizaje** *fpl* landing lights (*pl*)
- **luces de estacionamiento** *or* (Esp) **de situación** *fpl* parking lights (*pl*) (AmE), sidelights (*pl*) (BrE)
- **luces de cruce** *or* **cortas** *or* (AmL) **bajas** *fpl* dipped headlights (*pl*)
- **luces de navegación** *fpl* navigation lights (*pl*)
- **luces intermitentes** *fpl* flashing lights (*pl*)
- **luces largas** *or* **altas** *fpl*: **pon las ~ ~** put the headlights on full beam
- **luz de frenado** stoplight, brake light (BrE)
- **luz de giro** (Arg) indicator
- **luz de neón** neon light
- **luz y sonido** son et lumière

D (Arquit, Ing) span

luzca, luzcan, etc *see* **lucir**

l

M, **m** *f (read as /'eme/) the letter* **M, m**

m

A (en formularios) **1** (**= masculino**) M male **2** (**= mujer**) F female

B (**= metro**) m, meter*

maca *f* **1** (en fruta) bruise **2** (defecto) flaw, defect

macabro -bra *adj* macabre

macaco -ca *m,f*

A (Zool) macaque

B **1** (fam) (bribón) little devil (colloq), rascal (colloq) **2** (Per fam & pey) (chino) (*m*) Chinaman (colloq); (*f*) Chinese woman **3** (CS fam & pey) (persona fea) ugly person **4** (Esp arg) (chulo) pimp

macadam, macadán *m* Tarmac®

macana *f*

A (AmL) (de policía) billy club (AmE), truncheon (BrE)

B **1** (CS fam) (tontería, disparate): **decir ~s** to talk nonsense; **no hagas la ~ de renunciar** don't be so stupid as to resign (colloq) **2** (CS fam) (contrariedad): **¡qué ~ que no puedas venir!** what a shame *o* (colloq) drag you can't come!; **la ~ es que queda lejísimos** the snag *o* trouble is that it's miles away **3** (RPl fam) (mentira) lie **4** (Chi, Per fam) (porquería): **esta ~ de auto** this lousy car (colloq)

macanear [A1] *vi* (RPl fam) (mentir) to lie, tell tall stories; (decir tonterías) to talk nonsense

■ **macanear** *vt*

A (Chi fam) (molestar) to pester

B (Méx) (golpear) to beat

macanudo -da *adj* (CS, Per fam) great (colloq), fantastic (colloq)

macar [A2] *vt* to bruise

■ **macarse** *v pron* to begin to rot

macarrón *m*

A **1** (pasta) piece of macaroni; **macarrones** macaroni **2** (galleta) macaroon

B (Náut) bulwark

macarrónico -ca *adj*: **habla un inglés ~** (fam & hum) his English is absolutely terrible *o* (BrE colloq) chronic

macedonia *f* (de frutas) fruit salad, macedoine; (de verduras) mixed vegetables (*pl*), macedoine

Macedonia *f* Macedonia

macehual, macegual *m* serf (*in pre-Hispanic Mexico*)

macerar [A1] *vt* **1** (en un líquido) ‹*fruta*› to soak, macerate; ‹*carne*› to marinate, marinade **2** (machacar) ‹*ajo*› to crush

maceta *f* **1** (tiesto) flowerpot **2** (martillo) mallet **3** (Méx fam) (cabeza) nut (colloq)

maceteado -da *adj* (Chi, Per fam) burly

macetero *m* **1** (para tiestos) flowerpot holder **2** (AmS) (tiesto) large flowerpot; (jardinera) window box

macha *f*: *edible clam*

machaca *f* **1** (aparato) crusher, pounder **2** (Coc) *traditional Mexican dish made with crushed dried meat fried with egg and onion*

machacadora *f* crusher, pounder

machacar [A2] *vt*

A **1** ‹*ajo*› to crush; ‹*almendras*› to grind, crush; ‹*piedra*› to crush, pound **2** (fam) ‹*contrincante*› to thrash (colloq) **3** (fam) (pegar) to beat … to a pulp **4** ‹*precios*› to slash

B (Esp fam) **1** (repetir): **machácale bien lo que tiene que hacer** make sure you drum into her what she has to do; **~ un tema** to go on *o* harp on about a subject (colloq) **2** (estudiar) to bone up on (colloq)

■ **machacar** *vi* **1** (fam) (insistir): **~ con** *or* **sobre algo** to go on *o* harp on about sth (colloq) **2** (fam) (para un examen) to cram (colloq)

■ **machacarse** *v pron* (fam) ‹*dedo*› to crush

machacón -cona *adj* (insistente) insistent; (pesado) tiresome; **con machacona insistencia** with tiresome insistence

machada *f* (fam) stunt (colloq) **hacer una ~** to pull a stunt

machamartillo: **a ~** (*loc adj*) ‹*monárquico/feminista*› ardent, staunch; (*loc adv*) firmly; **lo creo a ~** I firmly believe it

machetazo *m* blow/slash with a machete

machete¹ *adj inv* (Ven fam) great (colloq)

machete² -ta *adj* (Ur fam) stingy (colloq)

machete³ *m*

A (cuchillo) machete

B (Arg fam) (para examen) crib (colloq)

machetear [A1] *vt*

A ‹*pasto/caña*› to cut; ‹*persona*› to slash

B (Per arg) (acariciar) to fondle

C (Ur fam) ‹*vino/comida*› to skimp on

machetero¹ -ra *adj* (Méx fam) persevering

machetero² -ra *m,f*

A (cañero) cane cutter

B (Méx) **1** (descargador) porter; (en mudanzas) removal man **2** (fam) (estudiante) plodder (colloq)

machetona *f* (Méx fam) tomboy

machi *mf* (Chi) witch doctor

machihembrado *m* (ensambladura — de caja y espiga) mortise and tenon joint; (— de cola de milano) dovetail joint; (— de ranura y lengüeta) tongue and groove joint

machín-machón *m* (Col) seesaw, teeter-totter (AmE)

machismo *m* **1** (actitud, ideología) sexism, male chauvinism **2** (cualidad) masculinity, virility

> **machismo**
>
> A concept deeply rooted in the Spanish-speaking world. It has its origin in a sense of honor, felt to depend on a man's own actions and those of his close family, particularly its female members. *Machismo* is present in the home, where even working women usually do most of the housework, and extends to the workplace. It can affect the legal status of women. In Spain legal reforms since the 1970s have contributed to undermining *machismo*

machista¹ *adj* sexist, chauvinist

machista² *mf* sexist, male chauvinist

machitún *m* (Chi) healing ceremony

macho¹ *adj*

A ‹*animal/planta*› male; **ballena/elefante ~** bull whale/elephant; **liebre ~** buck hare; **gato ~** tomcat

B (fam) (valiente, fuerte) tough, brave; (pey) macho (pej)

C ‹*pieza*› male

macho² -cha *adj* (Col fam) great (colloq)

macho³ *m*

A **1** (Biol, Zool) male **2** (fam) (hijo) boy

(Compuesto) **macho cabrío** billy goat

B (mula) mule; ***atarse los ~s*** (Esp) to pluck up courage; ***montarse en el ~*** to dig one's heels in; ***no bajarse del ~*** to stick to one's guns

C 1 (fam) (hombre fuerte) tough guy (colloq); (pey) macho man (colloq & pej); **¡aguántese como los ~s!** take it like a man! 2 (como apelativo) (Esp fam): **jo, ~ ¡qué calor hace!** boy *o* wow *o* gee *o* man, it's hot! (colloq); **oye, ~ ¡deja algo para mí!** hey you, leave some for me! (colloq)

D (Mec, Tec) pin; (Elec) male (plug); (de un corchete) hook; (en carpintería) peg, pin

machón *m* buttress

machona *f* 1 (RPl fam) (niña) tomboy 2 (Per fam & pey) (lesbiana) dyke (colloq & pej) 3 (Arg fam & pey) (mujer hombruna) butch woman (colloq & pej)

machorra *adj* 1 (estéril) sterile, barren 2 (fam & pey) (hombruna) butch (colloq & pej); (lesbiana) lesbian

machote -ta *m,f* 1 (fam) (hombre) tough guy (colloq); (pey) macho man (colloq & pej) 2 (fam & pey) (mujer) butch woman (colloq & pej)

machucadura *f* bruise

machucar [A2] *vt*

A 1 ‹*fruta*› to bruise 2 ‹*dedo*› (aplastar) to crush; (golpear) to hit, smash 3 (Méx) ‹*ajo*› to crush

B (Méx) (en béisbol) to chop

■ **machucarse** *v pron* 1 ‹‹*fruta*›› to bruise, get bruised 2 (*refl*) (lastimarse) ‹*dedo*› (estrujar) to squash; (golpear) to hit, smash; ***machucárselas*** (Chi fam) to have a rough time (colloq)

machucón *m*

A (AmL fam) (moretón) bruise

B (Méx) (en béisbol) chop

> **Machu Picchu**
>
> An Inca fortress and sacred city in the southern Peruvian Andes. The site covers an area of around five square miles (thirteen square kilometers) at an altitude of 7,874 feet (2,400 meters). It includes a temple and citadel and is surrounded by terraces. It was rediscovered in 1911 by the American, Hiram Bingham

macicez *f* 1 (solidez) solidity 2 (robustez) sturdiness, robustness

macilento -ta *adj* 1 ‹*persona/cara*› gaunt, haggard 2 ‹*luz*› wan (liter)

macillo *m* hammer

macis *f* mace

macizo¹ -za *adj* 1 [SER] (sólido) solid 2 [ESTAR] (fam) ‹*persona*› (robusto) strapping (colloq) 3 [ESTAR] (Esp fam) (atractivo) ‹*hombre*› hunky (colloq); ‹*mujer*› gorgeous (colloq)

macizo² *m*

A 1 (de montañas) massif 2 (de flores, arbustos) clump

B (Arquit) section

maco *m* (Col) monkey

macramé *m* macramé

macro *m* (Inf) (arg) macro

macró *m* (CS) pimp

macrobiótico -ca *adj* macrobiotic; (en sentido no estricto) wholefood (*before n*)

macrocosmos, macrocosmo *m* macrocosm

macroeconómica *f* macroeconomics

macuco -ca *adj* (Chi, Per fam) cute (AmE colloq), sharp (BrE colloq)

mácula *f* 1 (liter) (mancilla) blemish (frml), taint (liter) 2 (del sol) sunspot

macuquear [A1] *vi* (Chi, Per fam) to scheme

macuto *m* back pack, rucksack (BrE)

madalena *f* ≈ cupcake (AmE), ≈ fairycake (BrE)

madama *f* madam

madame /ma'ðam/ *f* madam

madeja *f* (de lana, hilo) hank, skein; ***enredar la ~*** (fam) to complicate matters *o* things

madera *f*

A (material) wood; (para construcción, carpintería) lumber (esp AmE), timber (BrE); **es de ~** it's made of wood, it's wooden; **mesa de ~** wooden table; **~ de pino** pine (wood); ***dar ~ a algn*** (Col fam) to make mincemeat of sb (colloq); ***tener ~***: **tiene ~ de político** he has the makings of a politician, he's politician material; ***tocar ~*** to knock (on) wood (AmE), touch wood (BrE)

(Compuesto) **madera blanda/dura** softwood/hardwood

B **maderas** *fpl* (Mús) woodwind (+ *sing o pl vb*)

C (en golf) wood

maderable *adj* timber-yielding

maderamen *m* woodwork, timbering

maderero¹ -ra *adj* timber (*before n*); lumber (*before n*) (esp AmE)

maderero² -ra *m,f* timber merchant

madero *m* (piece of) timber

madona *f* Madonna

madrás *m* madras

madrastra *f* stepmother

madrazo *m* (Méx fam) blow; **darle un ~ a algn** to give sb a beating; **películas de ~** violent movies

madre¹ *adj inv* (Chi fam) great (colloq)

madre² *f*

A 1 (pariente) mother; **ser ~** to be a mother; ***ahí está la ~ del cordero*** that's the root of the problem; ***estar hasta la ~ de algo*** (Méx fam) to be fed up to the back teeth of sth; **~ de todos los vicios** mother of all vices; ***mentarle la ~ a algn*** to insult sb (*by referring to his/her mother*); ***no tener ~*** (Méx fam) to be shameless: ***ser un/una ~ para algo*** (Chi fam) to be brilliant at sth 2 (en exclamaciones): **¡~ mía!** *or* **¡mi ~!** (my) goodness!, (good) heavens!; **¡la ~ que te parió!** (fam: en algunas regiones vulg) you jerk! (colloq), you bastard! (sl); **¡tu ~!** (vulg) screw you! (vulg), up yours! (BrE sl); ***¡chinga (a) tu ~!*** (Méx vulg) screw *o* fuck you! (vulg); ***me vale ~s*** (Méx vulg) I don't give a damn (colloq) *o* (vulg) shit 3 (Relig) mother; **la ~ Soledad** Mother Soledad

(Compuestos)

- **madre alquilada** *or* **de alquiler** surrogate mother
- **madre de familia** mother
- **Madre Patria** (AmL): **la ~ ~** Spain
- **madre política** mother-in-law
- **madre soltera** single *o* unmarried mother
- **madre superiora** Mother Superior

B 1 (cauce): **el río se salió de ~** the river burst its banks; **todo se salió de ~** everything got out of hand 2 (Esp) (sedimento) lees (*pl*), sediment

madrear [A1] *vt* (Méx fam) to beat … up (colloq)

madreperla *f* mother-of-pearl

madreselva *f* honeysuckle

Madrid *m* Madrid

madrigal *m* madrigal

madriguera *f* 1 (de conejos) warren, burrow; (de zorros) earth; (de tejones) set 2 (de maleantes) den, lair

madrileño¹ -ña *adj* of/from Madrid

madrileño² -ña *m,f* person from Madrid

madrina *f*

A 1 (en bautizo) godmother; (en boda) ≈ matron of honor*; (de confirmación) sponsor 2 (de barco) *woman who launches a ship*

B (Méx fam) (coche celular) police van, paddy wagon (colloq)

madriza *f* (Méx vulg): **le dieron** *or* **pusieron una santa ~** they really beat the shit out of him (vulg)

madroño *m* 1 (Bot) tree strawberry 2 (borla) tassel

madrugada *f* 1 (amanecer, alba) dawn, daybreak, early morning; **se levantó de ~** (muy temprano) she got up very early (in the morning); (al amanecer) she got up at dawn *o* daybreak 2 (después de medianoche) early morning, morning; **la una/las tres de la ~** one/three o'clock in the morning; **llegó de ~** he arrived in the early hours of the morning *o* in the small hours

madrugador -dora *adj*: **soy muy ~** I'm an early riser

madrugar [A3] *vi* to get up early; ***a quien madruga Dios lo ayuda*** the early bird catches the worm; ***no por mucho ~ amanece más temprano*** everything at its appointed time

■ **madrugar** *vt* (AmL fam) ‹*persona*› to beat … to it (colloq)

madrugón *m* (fam): **darse** *or* **pegarse un ~** (fam) to get up very early *o* (colloq) at the crack of dawn

madruguete *m* (Méx fam): **tenderle** *or* **hacerle un ~ a algn** to get *o* have one up on sb

m

maduración *f* [1] (de fruta) ripening (process) [2] (de una persona) maturing (process) [3] (de una idea) development, maturing

madurar [A1] *vi* [1] «*fruta*» to ripen [2] «*persona*» to mature [3] «*ideas*» to mature, come to fruition
■ **madurar** *vt* [1] ‹*fruta*› to ripen [2] ‹*plan*› to develop, bring to fruition
■ **madurarse** *v pron* to ripen

madurez *f*
A (de una fruta) ripeness
B (de una persona) [1] (cualidad) maturity [2] (edad, período) maturity; **como autor tuvo una ~ prolífica** as an author he was prolific in his later years

maduro¹ -ra *adj*
A [1] [ESTAR] ‹*fruta*› ripe; ▸**caerse AB** [2] [ESTAR] (listo) **~ PARA algo** ripe FOR sth
B [1] [SER] (entrado en años) mature, of mature years [2] [SER] (sensato) mature; **es muy poco ~** he is very immature; **es joven pero muy ~** he's young but very mature for his age

maduro² *m* (Col, Ven) plantain

maese *m*
A (arc) (maestro) Master (arch)
B (Méx fam) [1] (amigo) buddy (AmE colloq), mate (BrE colloq) [2] (profesor) teacher

maestranza *f* [1] (del ejército) arsenal, armory (AmE); (de la marina) naval dockyard [2] (trabajadores) arsenal/dockyard workers (*pl*).

maestre *m* Master

maestría *f*
A (liter) (habilidad) skill, mastery
B (Educ) (postgrado) master's degree, master's

maestrillo -lla, maestrito -ta *m,f*: ***cada ~ tiene su librillo*** *or* ***cada maestrito con su librito*** each to his own

maestro -tra *m,f*
A [1] (Educ) teacher, schoolteacher; ***no hay mejor maestra que la necesidad*** necessity is the mother of invention [2] (en un arte, disciplina): **es un consumado ~ de la danza española** he is a master of Spanish dance; **un ~ de las letras españolas** a leading authority *o* an expert on Spanish literature [3] (en un oficio) master (*before n*); **~ carpintero** master carpenter [4] (Chi) (obrero) builder

(Compuestos)
- **maestra jardinera** *f* (Arg, Col) kindergarten teacher, nursery school teacher (BrE)
- **maestro -tra de escuela** *m,f* school teacher
- **maestro (mayor) de obras** master builder

B (Mús) maestro
C (Taur) matador
D (en ajedrez) master
E **maestro** *m* (AmL) (como apelativo) buddy (AmE colloq), mate (BrE colloq)

mafia *f* [1] (grupo de criminales) mafia; **la M~ siciliana** the Sicilian Mafia [2] (en una organización, sociedad) mafia, clique

mafioso¹ -sa *adj* mafia (*before n*)

mafioso² -sa *m,f* (criminal) gangster, racketeer; (de la Mafia siciliana) mafioso

magazine /maɣa'sin/ *m* [1] (TV) magazine program, magazine (AmE) [2] (Period) magazine

magdalena *f* (Esp) ▸**madalena**

Magdalena: **María ~** *or* **la ~** Mary Magdalene; ***llorar como una*** *or* ***la ~*** to cry one's eyes out

magenta *adj inv* magenta

magia *f* [1] (arte) magic; **hacer ~** to do magic (tricks) [2] (encanto, atractivo) magic; **la ~ de su voz** the magical quality *o* the magic of her voice

mágico -ca *adj* [1] ‹*poderes/número*› magic (*before n*) [2] ‹*belleza/ambiente*› magical

magín *m* (Esp fam) mind

magisterial *adj* teaching (*before n*)

magisterio *m* [1] (enseñanza) teaching; (carrera) teacher training; **estudia ~** he's training to be a teacher; **ejerció el ~ durante 20 años** she taught *o* was a teacher for 20 years [2] (conjunto de maestros) teachers (*pl*), teaching profession

magistrado -da *m,f* [1] (Der) judge, magistrate [2] (de Tribunal del Trabajo) judge

magistral *adj* ‹*actuación/libro*› masterly; ‹*tono/actitud*› magisterial (frml)

magistralmente *adv* brilliantly

magistratura *f* (cargo) judgeship/magistracy; (período) judgeship/magistracy; (conjunto de magistrados) magistracy, magistrates (*pl*), judges (*pl*)

(Compuesto) **Magistratura de Trabajo** (Esp) Industrial Tribunal

magnánimo -ma *adj* magnanimous

magnate *mf* magnate, tycoon; **los ~s de la prensa** the press barons

magnavoz *m* (Méx) bullhorn (AmE), loudhailer (BrE)

magnesia *f* magnesia

magnesio *m* magnesium

magnético -ca *adj* magnetic

magnetismo *m* magnetism

magnetizar [A4] *vt* [1] (Fís) to magnetize [2] (fascinar) to captivate, mesmerize

magnetofónico -ca *adj*: **una grabación magnetofónica** a tape recording

magnetófono, magnetofón *m* (reel-to-reel) tape recorder

magnetoscopio *m* (frml) video cassette recorder

magnicida¹ *adj* (frml): **esta acción ~** this assassination

magnicida² *mf* (frml) assassin

magnicidio *m* (frml) assassination

magnificar [A2] *vt*
A (liter) (alabar) to extol, laud (liter)
B (AmL) [1] ‹*imagen/objeto*› to magnify [2] ‹*problema*› to exaggerate, blow … up (out of all proportion)

magnificencia *f* magnificence, splendor*

magnífico -ca *adj* [1] (excelente, estupendo) ‹*edificio/panorama*› magnificent, superb; ‹*espectáculo/escritor*› marvelous*, wonderful, superb; ‹*oportunidad*› wonderful, marvelous*; **¡~!** excellent! [2] (suntuoso) magnificent, splendid [3] (en títulos) honorable*

magnitud *f*
A (Astron, Fís, Mat) magnitude
B (importancia) magnitude; **consecuencias sociales de ~** far-reaching social consequences; **la ~ de la tragedia** the extent *o* magnitude of the tragedy; **una crisis de primera ~** a full-scale crisis, a crisis of the first magnitude *o* order

magno -na *adj* (*delante del n*) (frml) great

magnolia *f* magnolia

magnolio *m* magnolia (tree)

mago -ga *m,f* [1] (prestidigitador) conjurer, magician [2] (en cuentos) wizard, magician [3] (persona habilidosa) wizard [4] (Hist) (sacerdote) magus

magras *fpl* (Col) *fried eggs, ham, cheese and tomato*

magrear [A1] *vt* (Esp fam) to grope (colloq), to touch … up (colloq)

magreo *m* (Esp fam) grope (colloq), groping (colloq)

magrez *f* leanness

magro -gra *adj*
A [1] ‹*carne*› lean [2] (liter) ‹*persona*› lean
B [1] (liter) ‹*tierra*› lean (liter), poor [2] (*delante del n*) (mezquino) meager*

magrura *f* leanness

magulladura *f* bruise

magullar [A1] *vt* to bruise
■ **magullarse** *v pron* [1] «*fruta*» to bruise [2] (*refl*) «*persona*» ‹*dedo/rodilla*› to bruise

magullón *m* (AmL) bruise

Mahoma Mohammed

mahometano¹ -na *adj* Islamic, Mohammedan (dated)

mahometano² -na *m,f* follower of Islam, Mohammedan (dated)

mahometismo *m* Islam, Mohammedanism (dated)

mahonesa *f* mayonnaise

maicena® *f* cornstarch (AmE), cornflour (BrE)

maicero -ra *adj* ‹*producción*› maize (*before n*), corn (*before n*) (AmE); ‹*zona*› maize-growing (*before n*), corn-growing (*before n*) (AmE)

mailing /'meilin/ *m* (*pl* **-lings**) mailing, mailshot (BrE); **hacer/enviar un ~** to compose/send a mailing *o* (BrE) a mailshot

(Compuestos)
- **mailing electoral** electoral mailing
- **mailing masivo** 1 (cartas) bulk mailing, mailshot (BrE) 2 (en Internet) spam

maillot /ma'ʏo(t)/ *m* 1 (traje de baño) swimsuit 2 (de ciclista) jersey

(Compuesto) **maillot amarillo** (camiseta) yellow jersey; (ciclista) yellow jersey, leader

maitines *mpl* matins (+ *sing or pl vb*)

maíz *m* (planta) maize, corn (AmE); (Coc) corn (AmE), sweet corn (esp BrE)

(Compuesto) **maíz tostado** *or* **pira** *or* **tote** (Col) popcorn

maizal *m* cornfield (AmE), maize field (BrE)

maizena® *f* cornstarch (AmE), cornflour (BrE)

maja *f* pestle; *ver tb* **majo**

majada *f* 1 (aprisco) fold 2 (estiércol — de vaca) cowpat; (— de caballo, búfalo): **una ~** some horse/buffalo dung 3 (CS) (rebaño — de ovejas) flock; (— de cabras) herd

majadería *f* 1 (fam) (cualidad) stupidity 2 (fam) (dicho, acto): **no dice más que ~s** he talks a lot of rubbish *o* nonsense (colloq); **lo que hizo fue una ~** it was a stupid thing to do

majadero[1] -ra *adj* 1 (fam) (insensato) stupid 2 (CS, Per fam) (fastidioso) whiny (colloq)

majadero[2] -ra *m,f*

A 1 (fam) (insensato) clown (colloq) 2 (CS fam) (quejoso) whiner (colloq), whinger (colloq)

B **majadero** *m* (Tec) pestle

majar [A1] *vt* to crush

majara, majareta *adj* (Esp fam) nuts (colloq), crazy (colloq)

maje *mf*

A (AmC arg) (individuo) (*m*) guy (colloq), bloke (BrE colloq); (*f*) girl; ***hacerse el ~***: **no te hagas el ~** don't be such a pain (colloq)

B (Méx fam) (persona crédula) sucker (colloq); ***hacerle ~ a algn*** to make a sucker out of sb (colloq); ***hacerse (el/la) ~*** to play the innocent (colloq)

majestad *f*

A (aspecto grandioso) majesty

B **su Majestad** (al referirse — al rey) His Majesty; (— a la reina) Her Majesty; (al dirigirse al rey, a la reina) Your Majesty; **sus M~es los Reyes** Their Majesties the King and Queen

majestuosidad *f* majesty

majestuoso -sa *adj* majestic

majo[1] -ja *adj* (Esp fam) 1 ‹*persona*› (simpático) nice; (guapo) ‹*hombre*› handsome, good-looking; ‹*mujer*› good-looking, pretty 2 ‹*casa/vestido*› lovely, nice

majo[2] -ja *m,f* (Esp) (apelativo): **hola ~/maja!** hi, there! (colloq); **oye ~/maja, no te pases** OK, there's no need to over do it

majoleta *f* haw, hawthorn berry

majoleto *m* hawthorn

majuelo *m* 1 (Bot) hawthorn 2 (Agr) young vine

mal[1] *adj*: *ver* **malo**

mal[2] *adj inv*

A 1 (enfermo, con mal aspecto): **estar ~** to be bad *o* ill; (anímicamente) to be in a bad way (colloq); **me siento ~** I don't feel well, I feel ill; **andar ~ del estómago** to have trouble with one's stomach; **¡éste está ~ de la cabeza!** he's not right in the head; **esas cosas me ponen ~** things like that really upset me 2 (incómodo, a disgusto): **tú allí estás ~** you aren't comfortable there; **¿tan ~ estás aquí que te quieres ir?** are you so unhappy here that you want to leave?

B (fam) (*en frases negativas*) (refiriéndose al atractivo sexual): **no está nada ~** he's/she's not at all bad (colloq)

C (desagradable) ‹*oler/saber*› bad; **aquí huele ~** there's a horrible smell *o* it smells in here; **esta leche huele ~** this milk smells bad *o* off

D (insatisfactorio): **estoy** *or* **salí muy ~ en esta foto** I look awful in this photograph; **le queda ~ ese color** that color doesn't suit her; **el arroz siempre me queda ~** my rice never turns out right; **la casa no está ~, pero es cara** the house isn't bad, but it's expensive; **sacarme un millón no estaría nada ~** I wouldn't mind winning a million

E (incorrecto) wrong; **está muy ~ no decírselo** it's very wrong *o* bad not to tell her; **estuviste muy ~ en no ayudarlo** it was wrong of you not to help him

F (indicando escasez) **estar ~ DE algo** to be short OF sth; **estamos ~ de arroz** we're low on *o* almost out of rice

mal[3] *adv*

A (de manera no satisfactoria) ‹*hecho/vestido*› badly; ‹*cantar/escribir*› badly; **se expresó ~** he didn't express himself very well, he expressed himself badly; **te oigo muy ~** I can hardly hear you; **en el colegio se come muy ~** the food's terrible at school; **le fue ~ en los exámenes** his exams went badly; ***de ~ en peor*** from bad to worse

B (desventajosamente): **se casó muy ~** she made a bad marriage; **vendieron muy ~ la casa** they got a terrible price for the house; **el negocio marcha ~** the business isn't doing well

C (desfavorablemente) badly, ill; **hablar ~ de algn** to speak badly *o* ill of sb; **piensa ~ de todo el mundo** he thinks ill of everyone

D 1 (de manera errónea, incorrecta) wrong, wrongly; **lo has hecho ~** you've done it wrong; **te han informado ~** you've been badly *o* wrongly informed; **te entendí ~** I misunderstood you 2 (de manera reprensible) badly; **obró ~** he acted wrongly *o* badly; **haces ~ en no ir a verla** it's wrong of you not to go and see her; **me contestó muy ~** she answered me very rudely *o* in a very rude manner; **portarse ~** to behave badly, to misbehave

E (difícilmente): **~ puedes saber si te gusta si no lo has probado** you can hardly say whether you like it when you haven't even tried it

F (*en locs*) **hacer mal** (AmL) (a la salud): **esto hace ~ al hígado** this is bad for the liver; **comí algo que me hizo ~** I ate something which didn't agree with me; *ver tb* **mal[4] B**; **mal que bien** (fam) somehow or other; **mal que me/te/nos pese** whether I/you/we like it or not; **menos mal**: **¡menos ~!** thank goodness!; **¡menos ~ que le avisaron a tiempo!** it's just as well they told him in time!; **¡menos ~ que no se enteró!** it's a good thing she didn't find out! (colloq); ***estar a ~ con algn*** to be on bad terms with sb; ***tomarse algo a ~*** to take sth to heart

(Compuesto) **mal nacido -da** *m,f* nasty piece of work (colloq); *ver tb* **maleducado, etc**

mal[4] *m*

A (Fil) evil; **el bien y el ~** good and evil, right and wrong

B (daño, perjuicio): **el ~ que me hizo** the wrong she did me; **le estás haciendo un ~ consintiéndole todo** you're not doing her any good by giving in to her all the time; **el divorcio de sus padres le hizo mucho ~** her parents' divorce did her a lot of harm; **lo que dijo me hizo mucho ~** what he said really hurt me; *ver tb* **mal[3] F**

C (inconveniente, problema): **los ~es que aquejan a nuestra sociedad** the ills afflicting our society; **uno de los ~es de nuestro tiempo** one of the evils of our time; ***a grandes ~es grandes remedios*** desperate situations call for desperate measures; ***no hay ~ que cien años dure*** nothing goes on for ever; ***no hay ~ que por bien no venga*** every cloud has a silver lining; ***~ de muchos, consuelo de tontos***: **... pero yo no soy la única — ~ de muchos, consuelo de tontos** ... but I'm not the only one — well, if that makes you feel better about it (iro)

(Compuesto) **mal menor** (entre dos alternativas) lesser of two evils

D (Med) 1 (liter) (enfermedad) illness 2 (epilepsia): **el ~** (enfermedad) epilepsy; **cuando le da el ~** when she has a fit

(Compuestos)
- **mal de amores** (fam): **tiene ~ de ~** he's lovesick
- **mal de (las) altura(s)** altitude sickness, mountain sickness
- **mal de ojo** evil eye
- **mal de Parkinson** Parkinson's disease

E (pena) trouble

malabarismo *m* juggling; ***hacer ~s*** «*malabarista*» to juggle; (en una situación difícil) to do a juggling *o* balancing act

m

malabarista *mf* juggler
malacate *m* 1 (torno) winch 2 (Méx) (huso) spindle
malacatoso -sa *adj* (Chi fam) 1 (de mal aspecto) nasty-looking, unsavory-looking* 2 (deshonesto) crooked
malaconsejado -da *adj* [ESTAR] ill-advised
malacostumbrado -da *adj* spoiled*, pampered
malacostumbrar [A1] *vt* to spoil
■ **malacostumbrarse** *v pron* to become spoilt
malacrianza *f* (AmL) rudeness
malagradecido -da *adj* ungrateful
Malaisia *f* Malaysia
malaisio -sia *adj* Malaysian
malaleche *adj* (Esp fam) nasty (colloq), horrible (colloq)
malamente *adv* (apenas) hardly, only just; (mal) badly
malaria *f* malaria
Malasia *f* Malaysia
malasio -sia *adj/m,f* Malaysian
malavenido -da *adj* ill-matched
malaventura *f* (liter) misfortune
malaventurado -da *adj* (liter) ill-fated (liter)
malayo[1] **-ya** *adj/m,f* Malay
malayo[2] *m* (idioma) Malay
malbaratar [A1] *vt* 1 (malgastar) to squander 2 (malvender) to sell ... at a loss, sell ... off cheap
malcarado *adj* (con cara — de maleante) nasty looking; (— de enfado) grim-faced with anger
malcasado -da *adj* unhappily married
malcomer [E1] *vi* to eat badly
malcriado -da *adj* (mimado) spoiled*; (travieso) bad-mannered, badly brought up
malcrianza *f* (Chi, Per) rudeness
malcriar [A17] *vt* to spoil, bring ... up badly
maldad *f* 1 (cualidad) evilness, wickedness 2 (acto) evil deed, wicked thing; **hacer ~es** to commit evil deeds
maldadoso -sa *adj* (fam) wicked, nasty
maldecir [I25] *vt* to curse
■ **maldecir** *vi* 1 (renegar) to curse; **~ DE algo/algn** to speak ill OF sth/sb 2 (blasfemar) to swear, curse (AmE)
maldiciente *adj* 1 (liter) (blasfemo) foulmouthed 2 (calumniador) slanderous, libelous*
maldición[1] *f* 1 (imprecación) curse; **nos echó una ~** she put a curse on us 2 (palabrota) swearword; **soltó una ~** he swore
maldición[2] *interj* (fam) damn (it)! (colloq)
maldiga, maldijo, etc *see* **maldecir**
maldito -ta *adj*
A (fam) (expresando irritación) damn (*before n*) (colloq), wretched (*before n*) (colloq); **maldita la gana que tengo de ir** I don't feel like going one bit; **maldita la hora en que lo acepté** I wish I'd never accepted; **¡maldita/~ sea!** damn (it)! (colloq)
B (Lit) ‹*escritor/poeta*› accursed
C (RPl fam) (egoísta) mean (colloq)
maldoso -sa *adj* (Méx) mischievous
maleabilidad *f* malleability
maleable *adj* 1 ‹*metal*› malleable 2 ‹*persona/carácter*› malleable
maleante *mf* criminal; **lo atacaron unos ~s** he was attacked by some thugs
malear [A1] *vt* to corrupt, pervert
■ **malearse** *v pron* to fall into evil ways
malecón *m* 1 (rompeolas) breakwater; (embarcadero) jetty 2 (AmL) (paseo marítimo) seafront 3 (Ferr) embankment
maledicencia *f* gossip, slander
maledicente *adj* ‹*campaña*› smear (*before n*); ‹*rumor*› slanderous; **es muy ~** he loves spreading scandal *o* malicious gossip
maleducado -da *adj* rude, bad-mannered
maleficencia *f* malice
maleficio *m* curse, spell
maléfico -ca *adj* ‹*poderes/espíritus*› evil; ‹*influencia*› harmful
malenseñado -da *adj* (CS) (maleducado) rude, bad-mannered; (mimado) spoiled
malenseñar [A1] *vt* (CS) to spoil
malentender [E8] *vt* to misunderstand; **no me malentiendas** don't misunderstand me *o* (colloq) get me wrong
malentendido *m* misunderstanding
malestar *m* 1 (Med) discomfort; **sentía un ~ general** I felt generally unwell 2 (desazón, inquietud) unease; **un profundo ~** a deep sense of unease; **el ~ que reina en el ambiente universitario** the prevailing malaise in the universities
maleta[1] *f*
A (valija) suitcase, case; **hacer la ~** to pack (one's case); ***estar de ~*** (Chi fam) to be in a bad mood
B (Chi, Per) (Auto) trunk (AmE), boot (BrE)
maleta[2] *mf* (Esp fam) (persona inepta): **es un ~** he's useless *o* hopeless (colloq)
maletera *f* (Chi, Per) trunk (AmE), boot (BrE)
maletero *m* 1 (Auto) trunk (AmE), boot (BrE) 2 (mozo de estación) porter
maletilla *mf* novice bullfighter
maletín *m* (para documentos) briefcase; (maleta pequeña) overnight bag, small case; (de médico) bag
malevolencia *f* malevolence, malice
malévolo -la *adj* malevolent, malicious
maleza *f*
A 1 (espesura) undergrowth 2 (malas hierbas) weeds (*pl*)
B (AmL) (mala hierba) weed
malezal *m* (Chi) mass of weeds
malformación *f* malformation
malgastador[1] **-dora** *adj* wasteful, spendthrift
malgastador[2] **-dora** *m,f* squanderer, spendthrift
malgastar [A1] *vt* ‹*tiempo/esfuerzo*› to waste; ‹*dinero/herencia*› to squander
malgeniado -da *adj* (Col, Per, Ven) bad-tempered
malhablado -da *adj* foul-mouthed
malhadado -da *adj* (liter) 1 ‹*persona*› ill-fated (liter) 2 ‹*día/suceso*› ill-fated (liter), fateful
malhechor -chora *m,f* criminal, delinquent
malherir [I11] *vt* to wound ... badly
malhumorado -da *adj* 1 [SER] ‹*persona/gesto*› bad-tempered 2 [ESTAR] ‹*persona*› in a bad mood
malicia *f* 1 (intención malévola) malice, malevolence 2 (picardía) mischief; **es un chico sin ninguna ~** he's completely without guile; **con ~** mischievously 3 (astucia) slyness
maliciar [A1] *vt* to suspect
■ **maliciarse** *v pron* to suspect
malicioso -sa *adj* 1 (malintencionado) malicious, spiteful 2 (pícaro) mischievous
malignidad *f* 1 (de un tumor) malignancy 2 (maldad) evil nature
maligno -na *adj* 1 ‹*tumor*› malignant 2 ‹*persona/intención*› evil; ‹*influencia*› harmful, evil
malinchista *adj* (Méx) *preferring foreign things*
malinformar [A1] *vt* (CS frml) to misinform (frml)
malintencionado -da *adj* ‹*persona/palabras*› malicious, spiteful; ‹*golpe*› malicious
malinterpretar [A1] *vt* to misinterpret
malísimo *adj* very bad, terrible
malla *f*
A 1 (Tex) (de una red) mesh; **una ~ para los insectos** a screen *o* mesh to stop insects; **una bolsa de ~** a string bag; **medias de ~ fina/gruesa** sheer/thick tights; **al fondo de las ~s** (period) (Dep) into the back of the net 2 (de armadura) (chain) mail 3 (de alambre) wire netting
B 1 (para gimnasia) leotard 2 **mallas** *fpl* (medias) tights (*pl*); (sin pie) leggings (*pl*)
(Compuesto) **malla de baño** (RPl) bathing suit, swimsuit
mallo *m* mallet
Mallorca *f* Majorca

> **mallorquín**
> The variety of **catalán** spoken in the Balearic Islands. Some people regard it as a separate language from Catalan, which enjoys official status, but it is not officially recognized as such

mallorquín¹ -quina *adj/m,f* Majorcan
mallorquín² *m* (idioma) Majorcan
mallugadura *f* (Méx, Ven) bruise
mallugar [A3] *vt* (Méx, Ven) to bruise
malmirado *adj*: **en ciertos círculos eso está ~** in some circles that is not considered correct; **estaba ~ que las mujeres fumaran** it was frowned upon for women to smoke
malnacido -da *m,f* nasty piece of work (colloq)
malnutrición *f* malnutrition
malnutrido -da *adj* malnourished
malo¹ -la *adj* [*The form* **mal** *is used before masculine singular nouns*]
(Sentido I)
A [SER] (en calidad) ‹*producto*› bad, poor; ‹*película/novela*› bad; **es de mala calidad** it is poor quality; **tiene mala ortografía** her spelling is bad *o* poor; ***más vale ~ conocido que bueno por conocer*** better the devil you know (than the devil you don't)
B [SER] **1** (incompetente) ‹*alumno/actor*› bad; **soy muy mala para los números** I'm terrible *o* very bad with figures **2** ‹*padre/marido/amigo*› bad
C [SER] (desfavorable, adverso) bad; **¡qué mala suerte!** what bad luck!, how unlucky!; **lo ~ es que ...** the thing *o* trouble is that ...; ***en las malas se conoce a los amigos*** a friend in need is a friend indeed; ***estar de malas*** (de mal humor) (fam) to be in a bad mood; (desafortunado) (esp AmL) to be unlucky; ***por las malas*** unwillingly
D [SER] (inconveniente, perjudicial) ‹*hábitos/lecturas*› bad; **las malas compañías** bad company; **llegas en mal momento** you've come at an awkward *o* a bad moment; **es ~ tomar tanto sol** it's not good to sunbathe so much
E [SER] (sin gracia) ‹*chiste*› bad
F [SER] (desagradable) ‹*olor/aliento*› bad; **hace un día muy ~** it's a horrible day; **hace tan ~** (Esp) it's such horrible weather
G [ESTAR] (en mal estado) ‹*alimento*›: **el pescado/queso está ~** the fish/cheese has gone bad, that fish/cheese is off (BrE)
H **1** (desmejorado, no saludable): **tienes mala cara/mal aspecto** you don't look well; **yo le veo muy mal color** he looks terribly pale to me **2** [SER] (serio, grave) serious; **no tiene nada ~** it's nothing serious; **una mala caída** a bad fall **3** [ESTAR] (Esp, Méx fam) (enfermo) sick (AmE), ill (BrE); **el pobre está malito** the poor thing's not very well (colloq) **4** [ESTAR] (Esp fam & euf) ‹*mujer*›: **estoy mala** it's that time of the month (colloq & euph); **me he puesto mala** my period's started
I [SER] (difícil) **~ DE + INF** difficult to + INF; **es muy ~ de convencer** he's very difficult *o* hard to persuade
(Sentido II) [SER] (en sentido ético) ‹*persona*› nasty; **¡qué ~ eres con tu hermano!** you're really horrible *o* nasty to your brother; **no seas mala, préstamelo** don't be mean *o* rotten, lend it to me (colloq); **una mala mujer** a loose woman; **una mujer mala** a wicked *o* an evil woman; ***a la mala*** (Chi fam): **se lo quitaron a la mala** they did him out of it (colloq); **pasó la cámara a la mala** she sneaked the camera through (colloq)
(Sentido III) (Esp) (uso enfático) (*delante del n*): **no nos ofrecieron ni un mal café** they didn't even offer us a cup of coffee; **no había ni una mala silla para sentarse** there wasn't a single damn chair to sit on (colloq)
(Compuestos)
- **mala hierba** *f* weed
- **mala idea** *f* (Esp): **tiene muy ~ ~** she's a nasty character; **lo hizo a** *or* **con ~ ~** he did it deliberately *o* to be nasty
- **mala leche** *f* (fam): **lo hizo con ~ ~** he did it deliberately *o* to be nasty; **está de ~ ~** (Esp) she's in a foul mood (colloq); **¡qué ~ ~, se ha puesto a llover!** (Esp) what a drag! it's started raining (colloq)
- **mala palabra** *f* (esp AmL) rude *o* dirty word
- **mala pata** *f* (fam) bad luck
- **mala sangre** *f*: **hacerse ~ ~** to get upset
- **malas artes** *fpl* guile, cunning
- **malas lenguas** *fpl* (fam): **dicen las ~ ~ que ...** there's a rumor going around that ..., people are saying that ...
- **malos pensamientos** *mpl* bad *o* impure thoughts
- **malos tratos** *mpl* ill-treatment

malo² -la *m,f* (leng infantil *o* hum) baddy (colloq)
malogrado -da *adj* **1** ‹*intento/proyecto*› failed **2** (period) ‹*persona*› ill-fated (journ) **3** (Per) (averiado) out of order, broken
malograr [A1] *vt*
A ‹*oportunidad*› to waste; ‹*trabajo*› to ruin, spoil
B (Ven euf) (desvirgar) to deflower
■ **malograrse** *v pron*
A «*proyecto*» to fail, miscarry; «*sueños*» to come to nothing; «*cosecha*» to fail
B **1** «*persona*» (morir joven) to die young *o* before one's time **2** «*cría*» to be stillborn **3** (Per) «*reloj*» to stop working; «*lavadora*» to break down
malogro *m* **1** (de un plan, esfuerzo) failure **2** (de una persona) untimely death **3** (de la cosecha) failure
maloliente *adj* stinking, smelly
malón *m* **1** (Hist) Indian raid **2** (CS) (grupo revoltoso) mob **3** (Chi) (fiesta) private party
malpagar [A3] *vt* to underpay; **son empleados muy malpagados** they are very badly paid employees
malparado -da *adj* **1** (maltrecho): **salió muy ~ de esa pelea** he was in a bad way *o* in a sorry state after that fight (colloq); **él fue el que salió más ~** he was the one who came off worst (colloq) **2** (frente a los demás): **me dejaste muy ~** you made me look really bad (colloq); *ver tb* **parado¹ D**
malparido -da *m,f* (fam: en algunas regiones vulg) *m* bastard (vulg), son of a bitch (vulg), *f* bitch (vulg)
malpensado -da *adj*: **no seas ~** don't jump to conclusions; **seré ~, pero no puedo creer que ...** it's probably nasty of me to think this but I can't believe ...
malquerencia *f* ill will, dislike
malquerer [E24] *vt* to dislike; **los que te malquieren** those who dislike you *o* bear you ill will
malsano -na *adj* ‹*clima/lugar*› unhealthy; ‹*lectura*› unhealthy, unwholesome; ‹*influencia*› bad, unhealthy
malsonante *adj* rude
malta *f* **1** (cereal) malt **2** (bebida sin alcohol) malt drink **3** (Chi) (cerveza) stout
Malta *f* Malta
malteada *f* (AmL) milk shake
maltear [A1] *vt* to malt
maltería *f* malting, malthouse
maltraer [E23] *vi* to ill-treat, mistreat
maltratar [A1] *vt* **1** ‹*persona/animal*› to maltreat, ill-treat, mistreat; (pegar) ‹*niño/mujer*› to batter **2** ‹*juguete/coche*› to mistreat, treat ... very roughly
maltrato *m* **1** (de persona) mistreatment, poor treatment **2** (de objeto) misuse, mistreatment
maltrecho -cha *adj* [ESTAR] in a bad way (colloq); **lo dejaron muy ~** they left him in a bad way
malucho -cha *adj* (fam) (algo enfermo): **estar ~** be *o* feel under the weather (colloq)
malva¹ *adj inv* mauve
malva² *f* mallow; ***estar criando ~s*** (Esp fam) to be pushing up daisies (colloq)
(Compuesto) **malva real** hollyhock, rose mallow (AmE)
malva³ *m* mauve
malvado -da *adj* wicked, evil; (uso hiperbólico) wicked
malvasía *f* (uva) malvasia; (vino) malmsey
malvavisco *m* marshmallow
malvender [E1] *vt* to sell ... off cheap, sell ... at a loss
malversación *f tb* **~ de fondos** embezzlement (of funds)
malversador -dora *m,f tb* **~ de fondos** embezzler
malversar [A1] *vt* to embezzle, misappropriate
Malvinas *fpl*: **las ~** the Falkland Islands, the Falklands
malvís *m* song thrush, mavis (liter)
malvivir [I1] *vi*: **lo que gana apenas le da para ~** what he earns is barely enough to survive on; **ahora malviven en un apartamento en Bogotá** now they're struggling to make ends meet in an apartment in Bogotá; **un hombre de ~** an unsavory character
malvón *m* (RPl, Méx) geranium
mama *f*
A (Anat) breast; (Zool) mammary gland

m

B 1 (fam) (madre) ▸**mamá** 2 (Chi, Per) (nodriza) wet-nurse
mamá *f* (*pl* **-más**) (fam) mom (AmE colloq), mum (BrE colloq); (usado por niños) mommy (AmE colloq), mummy (BrE colloq); ***creerse la ~ de los pollitos*** (Méx) to think one is the bee's knees (colloq)
mamada *f*
A (del bebé) feed
B (Méx arg) 1 (estupidez): **no me vengas con tus ~s** don't give me any of your stupid stories; **decir ~s** to talk crap (vulg) 2 (vulg) (mala pasada) dirty trick (colloq); **hacerle una ~ a algn** to play a dirty trick on sb (colloq)
C (AmS fam) (borrachera) bender (colloq), binge (colloq)
mamadera *f*
A (CS, Per) (biberón) (feeding) bottle, baby bottle
B (Andes fam) (trabajo) cushy job (colloq)
mamado -da *adj* 1 (fam: en algunas regiones vulg) (borracho) tight (colloq), sloshed (colloq) 2 (Col, Ven fam) (cansado) dead beat (colloq), shattered (colloq); (aburrido) bored
mamador -dora *adj* (Col fam) boring
mamador de gallo -dora de gallo *m,f* (Col, Ven fam) joker
mamagallista *mf* (Col fam) joker
mamagrande *f* (CS, Méx) grandmother
mamamama *f* (Per fam) grandma (colloq), granny (colloq)
mamar [A1] *vi*
A 1 «*bebé*» to feed; **a todos sus hijos les dio de ~** she breastfed all her children 2 «*gato/cordero*» to suckle
B (fam: en algunas regiones vulg) (beber alcohol) to hit the bottle (colloq), to booze (colloq)
■ **mamar** *vt*: **son cosas que uno ha mamado** they're things that one has learned/seen from childhood; **ha mamado la música** he's been surrounded by music since birth
■ **mamarse** *v pron*
A (fam: en algunas regiones vulg) (emborracharse) to get tight *o* sloshed (colloq)
B (AmS fam) ‹*discurso/programa*› to sit through
C (Col, Ven) (cansarse) to get tired
mamario -ria *adj* mammary
mamarrachada *f* (fam): **otra de sus ~s fue poner esas ventanas tan feas** another awful thing he did was put in those horrible windows; **¡qué ~ han hecho en esta pared!** what a mess *o* botch they've made of this wall! (colloq)
mamarracho *m*
A (fam) (persona) scarecrow (colloq); **estás hecho** *or* **pareces un ~** you look a sight (colloq)
B (fam) (cosa fea, ridícula): **tienen la casa que es un ~** their house looks a real mess (colloq)
mambear [A1] *vi* (Col) to chew coca
mameluco *m*
A (AmL) 1 (de niño, bebé) rompers (*pl*), romper suit (BrE) 2 (pantalón con peto) overalls (*pl*) (AmE), dungarees (*pl*) (BrE); (de trabajo) coveralls (*pl*) (AmE), overalls (*pl*) (BrE)
B (Hist) mameluke
mamerto -ta *m,f* (RPl fam) dope (colloq), twit (BrE colloq)
mamey *m* (de pulpa amarilla) mammee (apple), mamey (apple); (de pulpa roja) *tb* **~ colorado** mammee (sapote), mamey (sapote)
mamífero[1] *adj* mammalian
mamífero[2] *m* mammal
mamila *f* (Méx) 1 (biberón) (feeding) bottle 2 (tetilla) nipple (AmE), teat (BrE)
mamografía *f* (técnica) mammography; (radiografía) mammogram
mamón[1] **-mona** *adj*
A (Col fam) (aburridor) boring
B (Méx vulg) (engreído) cocky (colloq)
mamón[2] **-mona** *m,f* 1 (fam) (persona crédula) sucker (colloq), mug (BrE colloq) 2 (arg) (como insulto) ▸**cabrón**[2] **A** 3 (Méx vulg) asshole (AmE vulg), arsehole (BrE vulg)
mamotreto *m* (fam) 1 (libro) hefty volume, huge tome 2 (armatoste) huge thing, useless object
mampara *f* 1 (biombo, tabique) screen, partition 2 (Chi, Per) (puerta) inner door
mamporro *m* (Esp fam) clout (colloq); (al caer) knock, bang
mampostería *f* masonry
mampuesto *m* 1 (piedra) rough stone 2 (muro) wall
mamut *m* (*pl* **-muts**) mammoth
mana *f* (Col) spring
maná *m* manna; ***~ del cielo*** manna from Heaven
manada *f* 1 (Zool) (de elefantes) herd; (de leones) pride; (de lobos) pack 2 (fam) (de gente) herd; **los turistas llegaron a** *or* **en ~s** swarms *o* hordes of tourists arrived; ***seguir (a) la ~*** to follow the crowd *o* herd
manager /'mana(d)ʒer/ (*pl* **-gers**) *mf*, **mánager** *mf* (*pl* **-gers**) manager
Managua *f* Managua
managüense *adj* of/from Managua
manantial *m* 1 (de agua) spring 2 (origen) source
manar [A1] *vi* 1 «*sangre/sudor*» to pour 2 (liter) (abundar) **~ EN algo** to be rich IN sth
■ **manar** *vt* «*sudor/sangre*» to drip with
manare *m* (Ven) sieve
manatí *m* manatee
manaza *f*
A (fam) (mano) big mitt (colloq); **¡quítame esas ~s de encima!** take your filthy hands *o* big mitts off me! (colloq)
B **manazas** *mf* (fam) (torpe) clumsy oaf (colloq), clumsy idiot (colloq)
mancarse [A2] *v pron*
A «*caballo*» to go lame
B (RPl arg) «*persona*» to miscalculate, get it wrong
manceba *f* (arc) 1 (concubina) concubine, mistress 2 (mujer joven) maiden (arch)
mancebía *f* (arc) 1 (burdel) bawdyhouse (arch) 2 (juventud) youth
mancebo *m* (arc) youth, shaveling (arch)
mancha *f*
A 1 (de suciedad) spot, mark; (difícil de quitar) stain; **una ~ de grasa** a grease stain; **~s de humedad** damp patches; **no le pude quitar** *or* (AmL) **sacar la ~** I couldn't get the stain out 2 (borrón) blot; ***extenderse como una ~ de aceite*** «*noticia*» to spread like wildfire

Compuestos
- **mancha de petróleo** oil slick
- **mancha solar** sunspot

B 1 (en la piel) mark; **una ~ de nacimiento** a birthmark 2 (en el pelaje, las plumas) patch; **negro con ~s blancas** black with white patches; **las ~s del leopardo** the leopard's spots *o* markings
C (en pulmón) shadow
D (de vegetación) patch
E (liter) (imperfección, mácula) stain; **sin ~** ‹*alma*› pure; ‹*reputación*› spotless
F (Per fam) (pandilla) gang
G (RPl) (juego): **la ~** tag
manchado -da *adj*
A ‹*mantel/vestido*› stained; **está ~ de vino** it has wine stains/a wine stain on it; **~ de sangre** blood-stained
B ‹*pelaje/plumaje*›: **con el pelaje/plumaje ~** with different-colored markings on its coat/plumage
manchar [A1] *vt*
A (ensuciar) to mark, get … dirty; (de algo difícil de quitar) to stain
B ‹*reputación/honra*› to stain, tarnish; ‹*memoria*› to tarnish
■ **manchar** *vi* to stain
■ **mancharse** *v pron* 1 «*ropa/mantel*» to get dirty; (de algo difícil de quitar) to get stained; **~se DE** *or* **CON algo** to get stained WITH sth 2 (*refl*) «*persona*»: **me manché la blusa de aceite** I got oil stains on my blouse; **ponte un delantal para no ~te** put an apron on so you don't get dirty; **está recién pintado, no te manches** it's still wet, don't get paint on yourself
manchego -ga *adj* of/from La Mancha
mancheta *f* masthead
mancilla *f* (liter) blemish
mancillar [A1] *vt* (liter) to sully, besmirch (liter)
manco -ca *adj*: **es ~ de un brazo/una mano** he only has one arm/hand; **es ~ de los dos brazos** he has no arms; **quedó ~ del brazo derecho** he lost his right arm; ***no ser ~*** (fam) (para robar) to be light-fingered; (ser habilidoso) to be useful (colloq)
mancomún: **de ~** (*loc adv*) together

mancomunadamente *adv* (frml) together

mancomunado -da *adj* **1** ‹*países/grupos*› united **2** ‹*deudores*› joint, jointly-responsible; ‹*bienes*› common, jointly-owned

mancomunar [A1] *vt* (frml) ‹*recursos*› to join together, combine; **~ esfuerzos** to join forces

■ **mancomunarse** *v pron* (frml) to unite, join together

mancomunidad *f* community, association

(Compuesto) **Mancomunidad Británica de Naciones** British Commonwealth

mancorna *f* (Col) cufflink

mancuerna *f*

A **1** (de bueyes) yoke **2** (Méx) (de detectives) team

B (Dep) (pesa) weight; (pequeña) dumbbell

C (Indum) cufflink

mancuernilla *f* (Méx) cufflink

manda *f* (Chi, Méx) offering, promise

mandadero -ra *m,f* (esp AmL) office boy, errand boy

mandado¹ -da *adj* (Méx fam): **es muy ~** he's a real chancer (colloq); **no seas mandada, sólo te ofrecí uno** don't be so greedy, I only offered you one (colloq)

mandado² -da *m,f*

A (esp Esp) (subordinado) minion (hum *or* pej); **no soy más que un ~** I'm just following orders

B **mandado** *m* **1** (esp AmL) (compra): **hacer los ~s** *or* (Méx) **ir al ~** to go shopping **2** (Méx) (cosa comprada): **¿me trajiste el ~?** did you get the shopping *o* the things I asked you for? **3** (diligencia) errand; ***comerle el ~ a algn*** (Méx fam) to do the dirty on sb (colloq); ***comerse el ~*** (Méx fam) to have sex (*before marriage*); ***hacerle los ~s a algn*** (Méx fam): **a mí me hace los ~s** I don't give a damn (colloq)

mandamás *mf* (*pl* **~** *or* **-mases**) (fam) big boss (colloq), bigwig (colloq)

mandamiento *m*

A (Relig) commandment

B (orden) order; (Der) warrant, order

mandante *mf* mandator, constituent

mandar [A1] *vt*

A **1** (ordenar): **haz lo que te mandan** do as you're told; **a mí nadie me manda** nobody tells me what to do *o* orders me about; **de acuerdo a lo que manda la ley** in accordance with the law; **sí señor, lo que usted mande** as you wish, sir *o* very good, sir; **~ + INF**: **la mandó callar** he told *o* ordered her to be quiet; **mandó encender una fogata** she ordered that a bonfire be lit; **~ QUE + SUBJ**: **mandó que sirvieran la comida** she ordered lunch to be served; **¿quién te manda revolver en mis papeles?** who said you could go rummaging through my papers?; **¿y quién te manda ser tan tonta?** how could you be so silly! **2** (recetar) to prescribe; **el médico le mandó descansar** the doctor advised him to rest

B (enviar) to send; **la mandé por el pan** I sent her out to buy the bread

C (AmL) (tratándose de encargos): **mis padres me ~on llamar** my parents sent for me; **mandó decir que ...** she sent a message to say that ...; **¿por qué no mandas a arreglar esos zapatos?** why don't you get *o* have those shoes mended?

D (AmL fam) (arrojar, lanzar): **mandó la pelota fuera de la cancha** he kicked/sent/hit the ball out of play; **le mandó un puñetazo** he punched him

■ **mandar** *vi* (ordenar): **en mi casa mando yo** I'm the boss in my house; **¡mande!** yes sir/madam?, excuse me?; **¿mande?** (Méx) (I'm) sorry? *o* pardon? *o* (AmE) excuse me?; **¡María! — ¿mande?** (Méx) María! — yes?

■ **mandarse** *v pron*

A (AmS fam) ‹*hazaña*› to pull off (colloq); ‹*mentira*› to come out with (colloq); **se mandó un discurso de dos horas** she regaled us with a two hour speech; **se mandó un postre delicioso** he managed to produce a delicious dessert

B (AmS fam) (engullir) to polish off (colloq); (beberse) to knock back (colloq)

C (Méx fam) (aprovecharse) to take advantage; ***~se cambiar*** (Andes) *or* (RPl) ***mudar*** (fam): **se mandó cambiar dando un portazo** he stormed out, slamming the door; **un buen día se cansó y se mandó cambiar** one day he decided he'd had enough, and just walked out *o* upped and left (colloq); **¡mándense cambiar de aquí!** clear off! (colloq), get lost! (colloq)

mandarín *m* Mandarin (Chinese)

mandarina *f* (Bot, Coc) mandarin (orange), tangerine

mandarinero, mandarino *m* mandarin (orange tree)

mandatario -ria *m,f*

A (Pol) *tb* **primer ~/primera mandataria** head of state

B (Der) attorney, agent

mandato *m*

A **1** (período) term of office **2** (orden) mandate

B (Der) mandate

mandíbula *f* jaw; ***reírse a ~ batiente*** (fam) to laugh one's head off (colloq)

mandil *m* **1** (delantal) leather apron **2** (Chi) (cobertura) horse blanket

mandinga *m* (AmL fam) devil

mandioca *f* (planta) cassava; (fécula) tapioca

mando *m*

A **1** (Gob, Mil) command; **dotes de ~** leadership qualities; **entregarle el ~ a algn** to hand over command to sb; **estar al ~** to be in charge **2** **al ~ de algo** in charge of sth; **la expedición iba a su ~** he was leading the expedition

B (Dep) lead; **tomar el ~** to take the lead

C (Auto, Elec) control

(Compuesto) **mando a distancia** remote control

mandoble *m* **1** (golpe) two-handed blow **2** (espada) large sword

mandolina *f* mandolin

mandón -dona *adj* bossy

mandonear [A1] *vt* (fam) to boss ... around (colloq)

mandrágora *f* mandrake

mandril *m*

A (Zool) mandrill

B (de un torno) mandrel

manduca *f* (Esp fam) grub (colloq), nosh (colloq)

manducar [A2] *vi* (fam) to stuff oneself (colloq)

■ **manducarse** *v pron* (fam) to scoff (colloq), to guzzle (colloq)

manear [A1] *vt* (Chi) to hobble

■ **manearse** *v pron* (Chi fam) to get in a tangle (colloq), to be all fingers and thumbs (colloq)

manecilla *f* **1** (de reloj) hand; **la ~ grande/pequeña** the minute/hour hand **2** (de instrumento) hand, pointer

manejable *adj*

A **1** ‹*coche*› maneuverable*; ‹*máquina*› easy-to-use **2** ‹*pelo*› manageable

B ‹*persona*› easily led, easily manipulated

manejar [A1] *vt*

A (usar) ‹*herramienta/arma*› to use; ‹*máquina*› to use, operate; ‹*diccionario*› to use; ‹*explosivos*› to handle

B (dirigir, llevar) ‹*negocio/empresa*› to manage; ‹*asuntos*› to manage, handle

C (manipular) to manipulate

D (AmL) ‹*auto*› to drive

■ **manejar** *vi* (AmL) to drive

■ **manejarse** *v pron*

A (desenvolverse) to get by, manage

B (Col) (comportarse) to behave; **manéjese bien** behave yourself

manejo *m*

A (uso): **el ~ de la máquina es muy sencillo** the machine is easy to use *o* operate; **esto facilita el ~ del diccionario** this makes using the dictionary easier; **su ~ de la lengua** his use of the language

B (de un asunto, negocio) management; **el mal ~ de los fondos públicos** the mismanagement *o* mishandling of public funds

C (AmL) (Auto) driving

D **manejos** *mpl* (intrigas) scheming, schemes (*pl*)

manera *f*

A **1** (modo, forma) way; **yo lo hago a mi ~** I do it my way, I have my own way of doing it; **¿qué ~ de comer es ésa?** that's no way to eat your food; **¡comimos de una ~ ...!** you should have seen the amount we ate!; **¡qué ~ de malgastar el dinero!** what a waste of money!; **no saldrás a la calle vestida de esa ~ ¿no?** you're not going out dressed like that, are you?; **se puede ir vestido de cualquier ~** you can dress however you want; **no lo**

m

pongas así de cualquier ~, dóblalo don't just put it in any which way (AmE) *o* (BrE) any old how, fold it up; **de alguna ~ tendré que conseguirlo** I'll have to get it somehow (or other); **de una ~ u otra habrá que terminarlo** it'll have to be finished one way or another; **no hay/hubo manera** it is/it was impossible **2** (*en locs*) **a manera de** by way of; **se levantó el sombrero a ~ de saludo** he lifted his hat in greeting; ***de cualquier manera*** *or* ***de todas maneras*** anyway; **de manera que** (así que) (+ *indic*) so; (para que) (+ *subj*) so that, so; **de ninguna manera**: **¿me lo das? — de ninguna ~** will you give it to me? — certainly not; **de ninguna ~ lo voy a permitir** there's no way I'm going to allow it; **no son de ninguna ~ inferiores** they are in no way inferior; **sobre manera** ▸**sobremanera**; ***de mala ~***: **me contestó de muy mala ~** she answered me very rudely; **la trataba de mala ~** he used to treat her badly; **los precios han subido de mala ~** (Esp) prices have shot up (colloq); **lo malcrió de mala ~** (Esp) she spoiled him terribly *o* (colloq) rotten; **querer algo de mala ~** (Esp fam) to want sth really badly

(Compuesto) **manera de ser**: **tiene una ~ de ~ que** the way she is; **su ~ de ~ le acarrea muchos problemas** the way he comes across causes him problems

B **maneras** *fpl* (modales) manners (*pl*)

manflora *f* (Méx fam) lesbian

manga *f*

A **1** (de abrigo, blusa) sleeve; **sin ~s** sleeveless; **de ~ corta/larga** short-sleeved/long-sleeved; **en ~s de camisa** in shirtsleeves; ***estar ~ por hombro*** (Esp fam) ‹*casa*› to be upside-down *o* in a mess (colloq); **un país donde todo anda ~ por hombro** a country where everything is in a state of chaos; ***sacarse algo de la ~***: **se sacó una buena respuesta de la ~** she came up with a good answer off the top of her head; ***ser más corto que las ~s de un chaleco*** (fam) (burro) to be really dumb (colloq); (tímido) to be very shy; ***tener (la) ~ ancha*** to be tolerant *o* lenient; ***tirarle la ~ a algn*** (RPl fam) to ask sb for money **2** (capa — de hule) (Méx) oilskin cape; (— de jerga) (AmC) poncho

B **1** (Coc) (filtro) strainer; (para repostería) *tb* **~ pastelera** pastry bag **2** (para pescar) net

(Compuesto) **manga de viento** **1** (indicador) windsock **2** (torbellino) whirlwind

C **1** (Dep) round; (en esquí, motocrós) run, round; (en tenis) leg, set **2** (en bridge) trick

D (manguera) hose

(Compuestos)

- **manga de incendio** fire hose
- **manga de riego** hosepipe

E (Bot) *type of mango*

F (Náut) **1** (del barco) beam **2** (red) net

G (Meteo) **1** (remolino) *tb* **~ de agua** waterspout; (chaparrón) squally shower **2** (torbellino) whirlwind

H **1** (AmL) (de langostas) swarm; (de aves) flock **2** (CS fam & pey) (grupo) bunch (colloq)

I **1** (Aviac) jetty, telescopic walkway **2** (AmL) (Agr) (para el ganado) run, chute

A (Col fam) (persona fuerte): **es chiquito pero es una ~** he's small but he's very tough

manganeso *m* manganese

mangar [A3] *vt* **1** (Esp arg) (robar) to swipe (colloq), to nick (BrE colloq) **2** (RPl fam) (gorrear) to scrounge (colloq)

manglar *m* mangrove swamp

mangle *m* mangrove

mango *m*

A (de un cuchillo, paraguas) handle

B (Bot) (árbol) mango (tree); (fruta) mango

C (CS arg) (peso) peso

D (Méx fam & hum) (persona atractiva): **es un ~** «*mujer*» she's a real stunner (colloq); «*hombre*» he's a real hunk (colloq)

mangonear [A1] *vi* (fam) **1** (mandonear) to order *o* (colloq) boss people around **2** (entrometerse) to meddle

■ **mangonear** *vt* (fam) **1** ‹*persona*› to boss ... around (colloq) **2** (robar) to swipe (colloq)

mangoneo *m* (fam) **1** (intromisión) meddling **2** (robo) thieving

mangosta *f* mongoose

manguear [A1] *vt/vi* (RPl arg) to scrounge (colloq)

manguera *f* **1** (para regar) hose, hosepipe; (de bombero) hose **2** (Náut) pump hose

manguito *m*

A **1** (del radiador) hose **2** (Tec) sleeve

B (Indum) (de mujer) muff; (de oficinista) oversleeve

maní *m* (*pl* **-níes** *or* (crit) **-nises**) (AmC, AmS) peanut

manía *f*

A (obsesión, capricho): **tiene sus ~s** he has his funny little ways; **tiene la ~ de la limpieza** she has an obsession with *o* (colloq) a thing about cleaning; **tiene la ~ de oler todo** she has this obsession with smelling everything; **ahora le ha dado la ~ de vestirse de negro** now she has this fad *o* craze of dressing in black

(Compuesto) **manía persecutoria** *or* **de persecución** persecution complex *o* mania

B (antipatía): **tenerle ~ a algn** to have it in for sb (colloq)

maniaco¹ -ca, **maníaco -ca** *adj* manic

maniaco² -ca, **maníaco -ca** *m,f* **1** (Psic) manic **2** (fam) (loco) maniac

(Compuesto) **maniaco sexual** sex maniac

maniacodepresión *f* manic depression

maniacodepresivo -va *adj/m,f* manic-depressive

maniatar [A1] *vt* **1** ‹*persona*›: **los ladrones lo ~on** the burglars tied his hands **2** (restringir) to hinder, shackle **3** ‹*animal*› to hobble

maniático -ca *adj* **1** (delicado, difícil) finicky, fussy; **son muy ~s con la comida** they're very picky about what they eat **2** (obsesionado) obsessive

manicero -ra *m,f* (AmC, AmS) peanut seller

manicomio *m* mental hospital, lunatic asylum; **¡esta casa es un ~!** this is a madhouse!

manicura, manicure *f* manicure; **hacerse la ~** (*refl*) to do one's nails; (*caus*) to have a manicure

manicuro -ra *m,f*, **manicurista** *mf* manicurist

manido -da *adj* ‹*frase*› hackneyed; ‹*tema*› stale

manierismo *m* mannerism

manifestación *f*

A (Pol) demonstration; **asistir a una ~** to take part in *o* go on a demonstration

B (expresión, indicio) sign; **fueron recibidos con grandes manifestaciones de júbilo** they were received with great rejoicing *o* jubilation; **las manifestaciones artísticas/culturales de la época** the artistic/cultural expression of the era

C **manifestaciones** *fpl* (period) (declaraciones) statement

manifestante *mf* demonstrator

manifestar [A5] *vt* **1** (declarar, expresar) ‹*desaprobación/agradecimiento*› to express; **lo manifestó públicamente** she declared it publicly; **~on su apoyo a esta propuesta** they expressed *o* made known their support for the proposal **2** (demostrar) ‹*emociones/actitudes*› to show; **manifestó gran entusiasmo por el proyecto** he showed *o* demonstrated a great deal of enthusiasm for the project

■ **manifestarse** *v pron*

A (hacerse evidente) to become apparent *o* evident; (ser evidente) to be apparent *o* evident; **el problema no se manifiesta hasta la pubertad** the problem does not manifest itself *o* appear until puberty

B (Pol) to demonstrate, take part in a demonstration

C (dar opinión): **se manifestó en contra/a favor de la reforma** she expressed her opposition to/support for the reform

manifiesta, manifiestas, etc *see* **manifestar**

manifiesto¹ -ta *adj* (frml) manifest (frml), evident (frml); **un error ~** a glaring error, an obvious mistake; **poner algo de ~** to highlight sth; **quedar de ~** to become plain *o* obvious *o* evident

manifiesto² *m*

A (Pol) manifesto

B (Náut) manifest

manigua *f* (AmC, Col) (marisma) swamp; (maleza) scrubland; (selva) jungle

manija *f* (esp AmL) handle; ***darle ~ a algn*** (RPl fam) to egg sb on (colloq)

Manila *f* Manila

manilargo -ga *adj*

A (fam) (ladrón) light-fingered

B (fam) (generoso) open-handed
C (fam) (pegón) fond of hitting people

manilla *f* **1** (de reloj) hand **2** (de cajón) handle **3** (Col) (guante) baseball glove

manillar *m* (esp Esp) handlebars (*pl*)

maniobra *f*
A **1** (de coche, barco, avión) maneuver* **2** **maniobras** *fpl* (Mil, Náut) maneuvers* (*pl*); **estar de ~s** to be on maneuvers
B (ardid, maquinación) ploy, maneuver*

maniobrable *adj* ‹coche› maneuverable*, easy to drive; ‹*máquina*› easy to handle *o* use

maniobrar [A1] *vi*
A **1** (Auto, Aviac, Náut) to maneuver* **2** «*ejército*» to carry out maneuvers*
B (intrigar) to maneuver*
■ **maniobrar** *vt* **1** ‹*vehículo*› to maneuver* **2** ‹*persona*› to manipulate

manipulación *f*
A **1** (de alimentos) handling **2** (de máquina) operation, use
B (de persona, de información, datos) manipulation

manipulador¹ -dora *adj* manipulative

manipulador² -dora *m,f* **1** (de mercancías) handler **2** (aprovechado) manipulator, manipulative person

manipular [A1] *vt*
A **1** ‹*mercancías*› to handle **2** ‹*aparato/máquina*› to operate, use
B ‹*persona/información/datos*› to manipulate; ‹*cifras*› to massage, manipulate; **~ los resultados** to fix *o* rig the results
■ **manipular** *vi*: **manipulaba en** *or* **con las cuentas de sus clientes** he made illicit use of his clients' accounts

maniquí *mf* **1** (persona) model **2** **maniquí** *m* (de sastre, escaparate) mannequin, dummy

manir [I1] *vt* to hang

manirroto¹ -ta *adj* **1** (fam) extravagant **2** (generoso) generous, open-handed

manirroto² -ta *m,f* (fam) spendthrift

manita *f*
A (Esp, Méx) *ver tb* **mano¹**; ***estar*** *or* ***andar hasta las ~s*** (Méx fam) (estar — ebrio) to be legless (colloq); (— drogado) to be high (colloq); ***hacer ~s*** (Esp fam) to neck (colloq), to canoodle (BrE colloq); ***ser de ~ caída*** (Méx fam) to be limp-wristed (pej)
(Compuesto) **manitas de cerdo** *fpl* pig's trotters (*pl*)
B **manitas** *mf* (Esp, Méx fam) handyman (colloq)

manito¹ *m*: *ver* **mano¹**

manito² -ta *m,f*: *ver* **mano²**

manivela *f* crank, handle

manjar *m* delicacy
(Compuesto) **manjar blanco** (Andes) ▸**dulce de leche**

mano¹ *f*
(*Sentido* **I**)
A **1** (Anat) hand; **tengo las ~s sucias** my hands are dirty; **le dijo** *or* **hizo adiós con la ~** he waved goodbye to her; **con las dos ~s** with both hands; **entrégaselo en sus propias ~s** give it to him in person; Ⓢ **en su mano** (Corresp) by hand; **levantar la mano** to raise one's hands, put one's hand up; **lo hice yo, con mis propias ~s** I did it myself, with my own two hands; **salió con las ~s en alto** he came out with his hands in the air *o* up; **¡~s arriba!** *or* **¡arriba las ~s!** hands up!; **con la ~ en el corazón** hand on heart; **¡las ~s quietas!** keep your hands to yourself!; **su carta pasó de ~ en ~** her letter was passed around; **recibió el premio de ~s del Rey** she received the prize from the King himself; **darle la ~ a algn** (para saludar) to shake hands with sb, to shake sb's hand; (para ayudar, ser ayudado) to give sb one's hand; **dame la manito** *or* (Esp, Méx) **manita** hold my hand; **me tendió** *or* **me ofreció la ~** he held out his hand to me; **hacerse las ~s** to have a manicure; **me leyó las ~s** she read my palm; **tocaron la pieza a cuatro ~s** they played the piece as a duet **2** (Zool) (de oso, perro) paw; (de mono) hand; (Equ) forefoot, front foot
B (control, posesión) *gen* **~s** hands (*pl*); **ha cambiado de ~s varias veces** it has changed hands several times; **cayó en ~s del enemigo** it fell into the hands of the enemy; **ahora está en ~s de los socialistas** it is now held by the socialists; **el negocio está en buenas ~s** the business is in good hands; **haré todo lo que esté en mis ~s** *or* (RPl) **de mi ~** I will do everything in my power; **mi mensaje nunca llegó a sus ~s** my message never reached him; **su muerte a ~s de la policía secreta** his death at the hands of the secret police; **la situación se nos va de las ~s** the situation is getting out of hand; **la oportunidad se nos fue de las ~s** we let the opportunity slip through our fingers
C (en fútbol) handball
D (del mortero) pestle
E **1** (de papel) quire **2** (de plátanos) hand
F (de pintura, barniz) coat
G (Jueg) **1** (vuelta, juego) hand; **¿nos echamos unas ~s de dominó?** how about a game of dominoes? **2** (conjunto de cartas) hand **3** (jugador): **soy/eres ~** it's my/your lead; **tener la ~** (Andes) to lead; ***ganarle por la ~*** *or* (RPl) ***de ~ a algn*** (fam): **César me ganó por la ~** César just beat me to it (colloq)
H (*en locs*) **a mano** (no a máquina) by hand; (cerca) at hand (AmE), to hand (BrE); **hecho a ~** handmade; **escrito a ~** handwritten; **un tapiz tejido a ~** a handwoven tapestry; **las tiendas me quedan muy a ~** the shops are very close by *o* near *o* handy; **siempre tengo un diccionario a ~** I always keep a dictionary by me *o* at hand *o* to hand; **a mano** (AmL) (en paz) all square, quits; **a la mano** (AmL) close at hand; **de mano** hand (*before n*); **en mano** ‹*lápiz/copa*› in hand; Ⓢ **llave en mano** immediate possession; ***agarrar*** *or* (esp Esp) ***coger a algn con las ~s en la masa*** to catch sb red-handed; ***agarrarle*** *or* ***tomarle la ~ a algo*** (CS fam) to get the hang of sth (colloq); **a ~ *alzada*** ‹*votación*› by a show of hands; ‹*dibujo*› freehand; ‹*dibujar*› freehand; ***a ~s llenas*** ‹*dar*› generously; ‹*gastar*› lavishly; ***pedir/conceder la ~ de algn*** to ask for/give sb's hand in marriage; ***bajo ~*** on the quiet, on the sly (colloq); ***caérsele la ~ a algn*** (Méx fam & pey) to be a fairy (colloq & pej); ***cargar la ~*** (fam) to overdo; **no cargues la ~ con la sal** don't overdo the salt; ***cargarle la ~ a algn*** (en el precio) to overcharge sb; (pegar) to hit sb; ***con las ~s vacías*** empty-handed; ***con una ~ atrás y otra delante*** without a penny to one's name; ***dar la ~ derecha por algo*** to give one's right arm for sth; ***darse la ~*** (para saludar) to shake hands; (para cruzar, jugar, etc) to hold hands; (reunirse, fundirse) to come together; ***dejado de la ~ de Dios*** godforsaken; **se sentía totalmente dejado de la ~ de Dios** he felt utterly forlorn; ***de la ~***: **me tomó de la ~** she took me by the hand; **iban (tomados) de la ~** they walked hand in hand; ***de ~s a boca*** suddenly, unexpectedly; ***de primera ~*** (at) first hand; ***de segunda ~*** ‹*ropa*› secondhand; ‹*coche*› used, secondhand; ‹*información*› secondhand; ***echar*** *or* ***dar una ~*** to give *o* lend a hand; ***echarle ~ a algn*** (fam) to lay *o* get one's hands on sb (colloq); ***echar ~ a algo*** (fam) to grab sth; ***echar ~ de algo*** to resort to sth; **echamos ~ de nuestros ahorros** we dipped into our savings; ***echarse*** *or* ***llevarse las ~s a la cabeza*** (literal) to put one's hands on one's head; (horrorizarse) to throw up one's hands in horror; ***embarrarle la ~ a algn*** (Méx fam) to grease sb's palm (colloq); ***ensuciarse las ~s*** (literal) to get one's hands dirty; (en un robo, crimen) to dirty one's hands; ***estar atado de ~s*** *or* ***tener las ~s atadas*** (literal) to have one's hands tied; (no poder actuar): **la decisión es de ellos, yo tengo las ~s atadas** it's up to them, my hands are tied; ***estar/quedar a ~*** (AmL fam) to be even *o* quits (colloq); ***frotarse las ~s*** (literal) to rub one's hands together; (regodearse) to rub one's hands with glee; ***írsele la ~ a algn***: **se te fue la ~ con la sal** you overdid the salt *o* put too much salt in; **le cobré $1.000 — se te fue un poco la ~ ¿no?** I charged him $1,000 — that was a bit steep, wasn't it? (colloq); **se te fue la ~ al contestarle así** you went too far answering her back like that; ***lavarse las ~s*** to wash one's hands; ***les das la/una ~ y se toman el brazo*** give them an inch and they'll take a mile; ***levantarle la ~ a algn*** to raise one's hand to sb; ***llegar*** *or* ***irse*** *or* ***pasar a las ~s*** to come to blows; ***meter la ~ en la caja*** *or* ***lata*** to dip one's fingers in the till; ***meterle ~ a algn*** (fam) (magrear, tocar) to touch *o* feel sb up (colloq); (por un delito) to collar sb (colloq); ***meterle ~ a algo*** (fam) to get to work on sth; ***poner la(s) ~(s) en el fuego por algn*** to stick one's neck out for sb; ***ponerle la ~ encima a algn*** to lay a hand *o* finger on sb; ***ponerse ~s a la obra*** to get down to work; ***por mi/tu/su ~***: **tomó la justicia** *or* **las cosas por su ~** he took the law *o* he

m

took things into his own hands; ***quitarle algo de las ~s a algn***: **me lo quitó de las ~s** she took it right out of my hands; **tuvieron mucho éxito, nos las quitaron de las ~s** they were a great success, they sold like hotcakes (colloq); ***saber algn dónde tiene la ~ derecha*** to know what one is about; ***ser ~ ancha*** (Arg) to be generous; ***ser ~ de santo*** to work wonders; ***ser ~ larga*** (para pegar) to be free with one's hands; (para robar) to be light-fingered; ***tenderle una ~ a algn*** to offer sb a (helping) hand; ***tener algo entre ~s*** to be dealing with *o* working on sth; ***tener (la) ~ larga*** *or* ***las ~s largas*** (fam) (para pegar) to be free with one's hands; (para robar) to be light-fingered; ***tener la ~ pesada*** to be heavy-handed; ***tener ~ de seda*** to have a light touch; ***tener ~ para algo*** to be good at sth; ***traerse algo entre ~s*** to be up to sth (colloq); ***untarle la ~ a algn*** (fam) to grease somebody's palm (colloq); ***muchas ~s en un plato hacen mucho garabato*** too many cooks spoil the broth

(Compuestos)
- **mano a mano** *m* (Taur) *bullfight with two bullfighters instead of three*; **se la bebieron en un ~ a ~** (fam) between the two of them they drank it all (colloq); **el debate se convirtió en un ~ a ~ entre los dos líderes** the debate turned into a contest between the two leaders
- **mano de cerdo** pig's foot (AmE), pig's trotter (BrE)
- **mano de obra** labor*
- **mano derecha** right-hand man/woman
- **mano dura** *or* **de hierro** firm hand

(*Sentido* **II**) **1▸** (lado) side; **queda de esta ~** it's on this side of the street; **la segunda calle a ~ derecha** the second street on the right **2▸** (Auto) side of the road

(*Sentido* **III**) **manos** *mpl* (obreros) hands (*pl*)

mano² -na *m,f* (AmL exc CS fam) (apelativo) buddy (AmE colloq), mate (BrE colloq)

manojo *m* bunch; ***ser un ~ de nervios*** to be a bundle of nerves

manopla *f* **1▸** (guante) mitten; (para lavarse) face cloth, flannel (BrE) **2▸** (AmL) (puño de hierro) knuckle-duster

manoseado -da *adj* **1▸** ‹*libro*› well-thumbed; **fruta manoseada** fruit that has been handled by lots of people **2▸** ‹*tema*› hackneyed, well-worn

manosear [A1] *vt* **1▸** ‹*objeto*› to handle **2▸** (fam) ‹*persona*› to grope (colloq)

manoseo *m* **1▸** (de un objeto) handling, touching **2▸** (fam) (de una persona) groping (colloq)

manotada *f* (Col) handful

manotazo *m* swipe

manotear [A1] *vi* to wave one's hands/arms around
■ **manotear** *vt* (CS) to grab at

manotón *m* (CS) swipe, grab

mansalva : **a ~** **1▸** (*loc adv*) ‹*disparar*› at close range **2▸** (*loc adj*) (Esp fam) (en cantidad): **había gente a ~** there were loads of people (colloq)

mansarda *f* attic

mansedumbre *f* **1▸** (de persona) meekness, gentleness **2▸** (de animal) tameness, docility **3▸** (liter) (del tiempo) mildness

mansión *f* mansion; **~ señorial** stately home

manso -sa *adj* **1▸** ‹*caballo*› tame; ‹*toro*› docile; **un perro ~** a friendly dog **2▸** (liter) ‹*persona/carácter*› gentle, meek (liter) **3▸** (liter) ‹*río*› gently-flowing, peaceful; ‹*brisa*› gentle

manta¹ *f*
A (de cama) blanket; ***a ~*** (Esp): **había comida a ~** there was loads of food (colloq); ***liarse la ~ a la cabeza*** (Esp) to throw caution to the wind; ***tirar de la ~*** to reveal the truth
B (Chi) (poncho) poncho
C (Méx) (tela) *a coarse muslin-like cloth*, calico (BrE)

manta² *m* (Esp fam) layabout (colloq), bum (AmE colloq)

mantear [A1] *vt* to toss … in a blanket

manteca *f*
A **1▸** (grasa) fat; (de cerdo) lard **2▸** (RPl) (mantequilla) butter; ***tirar ~ al techo*** (RPl) to throw a big party

(Compuestos)
- **manteca de cacao** cocoa butter
- **manteca de cerdo** lard
- **manteca de maní** (RPl) peanut butter

B (Col fam) (criada) slave (colloq), skivvy (BrE colloq)

mantecada *f* (Col, Méx) ▸**mantecado B**

mantecado *m* **1▸** (Esp) (dulce) *traditional Christmas sweet made mainly from lard*; (helado) ≈ dairy ice cream **2▸** (RPl) (madalena) ≈ cupcake (AmE), ≈ fairy cake (BrE)

mantecoso -sa *adj* greasy

mantel *m* (de mesa) tablecloth; (del altar) altar cloth

(Compuesto) **mantel individual** place mat

mantelería *f* table linen

mantención *f* (CS) **1▸** (de persona) maintenance, support **2▸** (de vehículo, máquina) maintenance

mantener [E27] *vt*
A (económicamente) ‹*familia/persona*› to support, maintain; ‹*perro*› to keep; ‹*amante*› to keep
B **1▸** (conservar, preservar) to keep; **~ la calma/la compostura** to keep calm/one's composure; **para ~ su peso actual** to maintain his present weight; **~ las viejas tradiciones** to keep up the old traditions; **el euro ha mantenido su valor** the euro has held its value **2▸** (cierto estado, cierta situación) (+ *compl*) to keep; **~ el equilibrio** to keep one's balance; **~ algo en equilibrio** to balance sth; **S** **mantenga limpia su ciudad** keep Norwich (*o* York *etc*) tidy
C **1▸** ‹*conversaciones*› to have; ‹*contactos*› to maintain, keep up; ‹*correspondencia*› to keep up; ‹*relaciones*› to maintain; **las negociaciones mantenidas en Ginebra** the negotiations held in Geneva **2▸** (cumplir) ‹*promesa/palabra*› to keep
D (afirmar, sostener) to maintain
■ **mantenerse** *v pron*
A (sustentarse económicamente) to support oneself
B (en cierto estado, cierta situación) (+ *compl*) to keep; **se mantuvieron en primera división** they kept their place in the first division; **la torre aún se mantiene en pie** the tower is still standing; **~se a distancia** to keep one's distance; **~se en contacto con algn** to keep in touch with sb; **se mantuvo neutral en la disputa** he remained neutral in the dispute
C (alimentarse): **~se a base de latas** to live off tinned food; **se mantiene a base de vitaminas** he lives on vitamin pills

mantenimiento *m*
A **1▸** (conservación) maintenance; **ejercicios de ~** keep-fit exercises **2▸** (Tec) maintenance
B (de actitud, posición) maintenance; (de tradición) upholding, preservation

mantequera *f* **1▸** (para batir) churn **2▸** (RPl) (para servir) butter dish

mantequería *f* **1▸** (ultramarinos) grocery store (AmE), grocer's (shop) (BrE) **2▸** (lechería) dairy

mantequilla *f* butter; **eres de ~** (fam) you're such a crybaby (colloq)

(Compuesto) **mantequilla de cacao** (Chi, Per) cocoa butter

mantequillera *f* butter dish

mantiene, mantienes, etc *see* **mantener**

mantilla *f* **1▸** (de mujer) mantilla; **la España de ~ y peineta** traditional Spain; ***nacer con ~*** (Ven fam) to be born under a lucky star (colloq) **2▸** (de caballo) saddle cloth **3▸** (de bebé) terry diaper (AmE), terry nappy (BrE); ***en ~s***: **es un proyecto en ~s** the project is still in its infancy

mantisa *f* mantissa

mantis religiosa *f* praying mantis

manto *m*
A (Indum) cloak; **un ~ de nieve** (liter) a mantle of snow (liter); ***echar el ~ del olvido sobre algo*** to draw a veil over sth
B (Geol) stratum, layer

(Compuesto) **manto freático** aquifer

mantón *m* shawl

mantra *m* mantra

mantuve, mantuvo, etc *see* **mantener**

manual¹ *adj* ‹*trabajo/destreza*› manual; **tener habilidad ~** to be good with one's hands

manual² *m* manual, handbook

manualidades *fpl* handicrafts (*pl*)

manualmente *adv* manually, by hand

manubrio *m* 1 (manivela) crank, handle 2 (AmL) (de una bicicleta) handlebars (*pl*) 3 (Chi, Par) (del auto) steering wheel

manufactura *f* 1 (fabricación) manufacture 2 (artículo) product

manufacturar [A1] *vt* to manufacture; **manufacturado en México** manufactured *o* made in Mexico

manufacturero[1] -ra *adj* manufacturing (*before n*)

manufacturero[2] -ra *m,f* manufacturer

manuscrito[1] -ta *adj* hand-written, manuscript (frml)

manuscrito[2] *m* (escrito a mano) manuscript; (de un libro) manuscript, original

manutención *f* maintenance

manyar [A1] *vt/vi* (CS arg) to eat

manzana *f*

A (Bot) apple; ***la ~ de la discordia*** the apple of discord; ***una ~ podrida echa un ciento a perder*** one bad apple can spoil the whole barrel

B (de edificios) block; **dar una vuelta a la ~** to go round the block

C (AmL) (Anat) *tb* **~ de Adán** Adam's apple

manzanal *m* (huerto) apple orchard; (árbol) apple tree

manzanar *m* apple orchard

manzanilla[1] *f* (planta) camomile; (infusión) camomile tea

manzanilla[2] *m* manzanilla (*dry sherry*)

manzano *m* apple tree

maña *f*

A (habilidad) skill, knack (colloq); **tener** *or* **darse ~ para algo** to be good at sth; **no sé cómo se da ~ para mantenerlos callados** I don't know how she manages to keep them quiet; ***más vale ~ que fuerza*** brain is better than brawn

B **mañas** *fpl* (artimañas) wiles (*pl*), guile

C 1 (capricho) bad habit 2 (AmL fam) (manía): **tiene ~s de viejo** he's like an old man with all his funny little ways (colloq); **tiene la ~ de morderse las uñas** he has the annoying habit of biting his nails

mañana[1] *adv*

A (refiriéndose al día siguiente) tomorrow; **pasado ~** the day after tomorrow; **~ por la ~** tomorrow morning; **hasta ~, que duermas bien** goodnight/see you in the morning, sleep well; **adiós, hasta ~** goodbye, see you tomorrow; ***~ será otro día*** tomorrow is another day; ***no dejes para ~ lo que puedas hacer hoy*** don't put off until tomorrow what you can do today

B (refiriéndose al futuro) tomorrow; **nunca se sabe lo que pasará el día de ~** you never know what tomorrow will bring

mañana[2] *m* future; **hay que mirar el ~ con optimismo** we must look to tomorrow *o* to the future with optimism

mañana[3] *f*

A (primera parte del día) morning; **a la ~ siguiente** (the) next *o* the following morning; **a media ~ nos reunimos** we met mid-morning; **a las nueve de la ~** at nine (o'clock) in the morning; **en la(s)** *or* (esp Esp) **por la(s)** *or* (RPl) **a la ~** in the morning; **se levanta muy de ~** she gets up very early in the morning; **el tren de la ~** the morning train

B (madrugada) morning; **eran las cuatro de la ~** it was four in the morning

mañanero -ra *adj* (fam) 1 (matutino) ‹*sol*› morning (*before n*) 2 (madrugador): **soy muy ~** I'm a very early riser

mañanita *f*

A (madrugada): **de ~** very early in the morning, at the crack of dawn

B (Indum) wrap, shawl (*worn in bed*); (con mangas) bed jacket

C **mañanitas** *fpl* (en Méx) *song often sung on birthdays*

mañoco *m* (Ven) cassava *o* manioc flour

mañosear [A1] *vi* (Chi fam) 1 «*niño/viejo*» to play *o* act up (colloq) 2 «*caballo*» to play up (colloq)

mañoso -sa *adj*

A (habilidoso) good with one's hands

B (AmL) 1 (caprichoso) ‹*niño/anciano*› difficult; **es muy ~ para comer** he's a very fussy *o* finicky eater 2 (Chi) ‹*caballo*› difficult, stubborn

maoísta *adj/mf* Maoist

mapa *m* map; **te hago un mapita** I'll draw you a map; **estos cambios en el ~ político** these changes in the political scene *o* landscape; ***desaparecer del ~*** to disappear off the face of the earth

(Compuestos)

- **mapa celeste** map *o* chart of the heavens
- **mapa de rutas** *or* **carreteras** road map
- **mapa del tiempo** weather map *o* chart
- **mapa físico/político** physical/political map

mapache *m* racoon

mapamundi *m* map of the world, world map

mapear [A1] *vt* to map

> **mapuche**
>
> The largest group of Araucanian-speaking South American Indians, living mainly in the south of Chile. The Mapuche struggled for 350 years against Spanish and Chilean domination.
>
> After Chilean independence the Mapuche were put in reservations. In the 1980s, the Chilean government transferred ownership of the land to individual Mapuche, who risk losing their land if they incur debts that they cannot repay.
>
> Originally the Mapuche were one part of the Araucanian people but nowadays the two terms are used synonymously, as most Araucanians are Mapuche.
>
> The Mapuche language, *araucano* or *mapuche*, is spoken in Chile and Argentina

mapurite *m* (AmC, Ven) skunk

maqueta *f* 1 (de edificio) model, mock-up 2 (de libro) dummy, mock-up, paste-up 3 (de disco) rough cut

maquetación *f* layout, page makeup

maquetista *mf* model maker

maquiavélico -ca *adj* Machiavellian

maquiladora *f* (Méx) (cross-border) assembly plant

maquillador -dora *m,f* makeup artist

maquillaje *m* makeup

(Compuesto) **maquillaje de fondo** foundation

maquillar [A1] *vt* to make up

■ **maquillarse** *v pron* to put one's makeup on, to make up

maquillista *mf* (Méx) makeup artist

máquina *f*

A 1 (aparato) machine; **~ expendedora de bebidas** drinks machine; **¿se puede lavar a ~?** can it be machine-washed?; **no sé escribir a ~** I can't type; **¿me pasas esto a ~?** would you type this (up) for me? 2 (Jueg) fruit machine; (Fot) camera 3 (de café) coffee machine

(Compuestos)

- **máquina de afeitar** safety razor; (eléctrica) electric razor, shaver
- **máquina de calcular** calculator
- **máquina de coser/lavar** sewing/washing machine
- **máquina de discos** jukebox
- **máquina de escribir** typewriter
- **máquina expendedora** vending machine
- **máquina tragamonedas** *or* (Esp) **tragaperras** slot machine, fruit machine
- **máquina traganíqueles** (Col) slot machine, fruit machine

B 1 (Náut) engine; ***a toda ~*** at top speed, flat out (colloq) 2 (Ferr) engine, locomotive 3 (Ven fam) (auto) car

C (organización) machine

maquinación *f* plot, scheme; **oscuras maquinaciones** evil machinations *o* scheming

maquinador[1] -dora *adj* scheming

maquinador[2] -dora *m,f* schemer, plotter

maquinal *adj* mechanical

maquinar [A1] *vt* to plot, scheme

maquinaria *f* 1 (conjunto de máquinas) machinery 2 (mecanismo) mechanism; **la ~ del estado** the state machinery; **la ~ electoral** the electoral machine

maquinilla *f*

A *tb* **~ de afeitar** safety razor

B (Náut) winch

C (AmC) (máquina de escribir) typewriter

maquinista *mf*
A (operador de una máquina) machine operator
B **1** (Ferr) engine driver, engineer (AmE) **2** (Náut) engineer
C **1** (Teatr) stagehand, scene shifter **2** (Cin) cameraman's assistant, focus puller

mar *m (sometimes f in literary language and in set idiomatic expressions)*
A (Geog) sea; **la vida en el ~** life at sea; **a orillas del ~** by the sea; **surcar los ~es** (liter) to ply the seas (liter); **el fondo del ~** the seabed, the bottom of the sea; **~ abierto** open sea; **la corriente llevó la barca ~ adentro** the boat was swept out to sea by the current; **la tormenta los sorprendió ~ adentro** they were caught out at sea by the storm; **hacerse a la ~** (liter) to set sail; **por ~** by sea; ***a ~es*** (fam): **llovió a ~es** it poured with rain; **sudaba a ~es** he was streaming *o* pouring with sweat; ***arar en el ~*** to beat (AmE) *o* (BrE) flog a dead horse ; ***me cago*** (vulg) *or* (euf) ***me cachis en la*** (Esp) **~** shit! (vulg), shoot! (AmE euph), sugar! (BrE euph); ***surcar los siete ~es*** to sail the seven seas; ***quien no se arriesga no pasa la ~*** nothing ventured, nothing gained
(Compuestos)
- **mar Cantábrico** Bay of Biscay
- **mar de fondo** swell
- **mar de las Antillas** Caribbean Sea
- **mar del Norte** North Sea
- **mar gruesa** rough *o* heavy sea
- **mar Mediterráneo** Mediterranean Sea
- **mar patrimonial** territorial waters (*pl*) (*within a 200 mile limit*)
- **mar territorial** *or* **jurisdiccional** territorial waters (*pl*) (*within a 12 mile limit*)

B (costa): **el ~** the coast
C **1** (indicando abundancia, profusión) **un ~ de ...**: **estaba hecha un ~ de lágrimas** she was in floods of tears; **está sumido en un ~ de dudas** he's plagued by *o* beset with doubts; **tiene un ~ de problemas** he has no end of problems **2** (abismo): **hay un ~ de diferencia entre ...** there's a world of difference between ...; **los separaba un ~ de silencio** (liter) a gulf of silence lay between them (liter) **3** **la ~ de ...** (fam): **está la ~ de contento** he's over the moon (colloq); **es la ~ de simpática** she's *so* nice; **tengo la ~ de cosas que contarte** I have loads of things to tell you (colloq)

mar. (= **marzo**) Mar

mara *f* (Col) crystal ball

marabú *m* marabou stork, marabou

maraca *f* maraca; ***darle ~s a algn*** (Ven fam) (acariciar lascivamente) to grope sb (colloq); (intentar convencer) to try to get round sb; ***irse/pasarse de ~s*** (Ven fam) to go too far

maracuyá *m* passion fruit

maraña *f* **1** (de hilos, cabello) tangle; **un ovillo hecho una ~** a tangled ball of wool **2** (de arbustos, malezas) tangle of vegetation **3** (lío, confusión) tangled mess; **es una ~ de personajes y relaciones** it is a complicated *o* tangled web of characters and relationships

marasmo *m* **1** (Med) wasting, marasmus (tech) **2** (estancamiento) paralysis; **sumido en el ~ de la apatía** deep in listless apathy; **la guerra dejó al país hundido en un ~** the war left the country paralyzed *o* at a complete standstill

maratón *m or f* marathon

maratoniano -na *adj* marathon (*before n*)

maravilla *f*
A (portento, prodigio) wonder; **las siete ~s del mundo** the seven wonders of the world; **las ~s de la tecnología moderna** the wonders *o* marvels of modern technology; **la catedral/mi secretaria es una verdadera ~** the cathedral/my secretary is absolutely wonderful *o* marvelous; **borda que es una ~** she embroiders beautifully; ***a las mil ~s*** marvelously; **se llevan a las mil ~s** they get on marvelously; **nos atendieron a las mil ~s** they were extremely kind to us; **todo salió a las mil ~s** everything turned out beautifully *o* marvelously; ***de ~*** wonderfully; **ahora funciona de ~** it works beautifully now; ***hacer ~s*** to work wonders
B (asombro) amazement
C (Bot) marigold

maravillar [A1] *vt* to amaze, astonish
■ **maravillarse** *v pron* to be amazed *o* astonished; **~se DE algo/algn** to marvel AT sth/sb

maravilloso -sa *adj* marvelous*, wonderful

marbete *m* label

marca *f*
A **1** (señal, huella) mark **2** (en el ganado) brand
(Compuesto) **marca de agua/ley** watermark/hallmark
B (Com) (de coches, cámaras) make; (de productos alimenticios, cosméticos, etc) brand; **comprar artículos de ~** to buy brand products *o* brand names; **una ~ de prestigio** a well-known brand; **ropa de ~** designer clothes; ***de ~ mayor*** (fam) terrible (colloq)
(Compuestos)
- **marca de fábrica** trade name
- **marca patentada** *or* **registrada** registered trademark

C (Dep) record; **superar** *or* **batir** *or* **mejorar una ~** to break a record; **establecer una ~ mundial** to set a world record; **mi mejor ~ de la temporada** my best time (*o* height *etc*) of the season

marcación *f* **1** (Naút) bearing **2** (Chi) (Dep) ▸**marcaje**

marcado[1] -da *adj* marked; **una marcada preferencia** a distinct *o* marked preference; **un ~ acento escocés** a marked *o* pronounced Scottish accent

marcado[2] *m* **1** (del pelo) set **2** (de reses) branding

marcador *m*
A (Dep) scoreboard; **¿cómo va el ~?** what's the score?; **inaugurar el ~** (period) to open the scoring
B **1** (para libros) bookmark **2** (AmL) (rotulador) felt-tip pen, fiber-tip* pen

marcaje *m* (Dep) coverage, cover, marking
(Compuesto) **marcaje al hombre** one-on-one coverage, man-for-man marking

marcapasos *m* (*pl* **~**) pacemaker

marcar [A2] *vt*
A **1** (con señal) ‹*ropa/página/baraja*› to mark; ‹*ganado*› to brand **2** «*experiencia/suceso*» (dejar huella) to mark **3** (CS arg) ‹*persona*› to scar ... for life
B **1** (indicar, señalar) to mark; **dentro del plazo que marca la ley** within the period specified by the law; **el reloj marca las doce en punto** the time is exactly twelve o'clock; **el altímetro marcaba 1.500 metros** the altimeter showed *o* (frml) registered 1,500 meters; **hoy ha marcado un nuevo mínimo** it has reached a new low today; **seguimos la pauta marcada por nuestro fundador** we follow the guidelines established by/the standard set by our founder **2** (hacer resaltar) ‹*cintura/busto*› to accentuate **3** (Mús): **~ el compás/el ritmo** to beat time/the rhythm **4** (Fís) to mark, tag
C ‹*pelo*› to set
D (Telec) to dial
E (Dep) **1** ‹*gol/tanto*› to score **2** ‹*tiempo*› to clock **3** ‹*jugador*› to mark
■ **marcar** *vi*
A (Dep) to score
B (Telec) to dial
■ **marcarse** *v pron*
A **~se el pelo** (*refl*) to set one's hair; (*caus*) to have one's hair set
B (Náut) to take a bearing

marcha *f*
A **1** (Mil) march; (manifestación) march; (caminata) hike, walk; **ir de ~** to go walking *o* hiking; **abrir** *or* **encabezar la ~** to head the march; **cerrar la ~** to bring up the rear; **¡en ~!** (Mil) forward march!; **recojan todo y ¡en ~!** pick up your things and off you/we go!; ***ponerse en ~*** to set off **2** (en atletismo) *tb* **~ atlética** walk
B (paso, velocidad) speed; **el vehículo disminuyó la ~** the car reduced speed *o* slowed down; **llevamos una buena ~, creo que acabaremos a tiempo** we're getting through it at quite a rate, I think we'll finish on time; **acelerar la ~** to speed up; **¡qué ~ llevas!** (Esp) what a speed *o* pace you go at!; ***a ~s forzadas*** (Esp) at top speed; ***a toda ~*** at full *o* top speed, flat out; ***coger la ~*** (Esp): **en cuanto cojas la ~ te será más fácil** once you get into the rhythm of it, you'll find it easier
C (Auto) gear; **cambiar de ~** to change gear; **un coche de**

m

cinco ~s a car with five gears

(Compuesto) **marcha atrás** reverse, reverse gear; **meter la ~ ~** to put the car into reverse; ***dar*** *or* ***hacer* ~ ~** (Auto) to go into reverse; (arrepentirse, retroceder) to pull out, back out

D (funcionamiento) running; ***estar en* ~** «*motor*» to be running; «*proyecto*» to be up and running, to be under way; «*gestiones*» to be under way; **tenemos todos los operativos de seguridad en ~** all security measures are now in force *o* operation; ***poner en* ~** ‹*coche/motor*› to start; ‹*plan/sistema*› to set … in motion; **puso en ~ un nuevo experimento** he set up a new experiment; ***ponerse en* ~** «*tren/coche*» to move off; «*persona*»: **nos pusimos en ~ inmediatamente** we set out straightaway

E (curso, desarrollo) course; **la ~ del progreso económico** the march of economic progress; ***sobre la* ~**: **iremos solucionando los problemas sobre la ~** we'll solve any problems as we go along

F (partida) departure

G (Mús) march; **~ militar/nupcial/fúnebre** military/wedding/funeral march

H (Esp fam) (animación, ambiente): **en esta ciudad hay mucha ~** this city is very lively *o* has a lot of night life; **¡qué ~ tiene!** he's so full of energy; ***irle a algn la* ~** (Esp fam): **les va la ~ cantidad** they're really into having a good time *o* into the night life (colloq)

marchador -dora *m,f* walker

marchamo *m* label, tag

marchante -ta *m,f*

A (de obras de arte) art dealer

B (Méx) **1** (en un mercado — vendedor) stallholder; (— comprador) customer **2** (fam) (amante) lover

marchar [A1] *vi*

A «*coche*» to go, run; «*reloj/máquina*» to work; «*negocio/relación/empresa*» to work; **esto no marcha** this isn't working; (+ *compl*) **su matrimonio no marcha muy bien** his marriage isn't going *o* working very well

B **1** (Mil) to march **2** (caminar) to walk **3** (en un bar): **¡marchando** *or* **marchen dos hamburguesas!** two hamburgers coming up! **4** (liter) (irse) to leave

■ **marcharse** *v pron* (esp Esp) to leave; **se marcha a Roma** he's leaving for *o* going off to Rome

marchista *mf*

A (de una manfestación) marcher

B (Dep) walker

marchitar [A1] *vt* **1** ‹*flores*› to make … wither **2** (liter) (ajarse): **el tiempo había marchitado su belleza** her beauty had faded with time (liter)

■ **marchitarse** *v pron* **1** «*flores*» to wither **2** (liter) «*persona*» to fade away; «*belleza/juventud*» to fade

marchito -ta *adj* **1** ‹*flores*› withered **2** (liter) ‹*belleza/juventud*› faded

marchoso -sa *adj* (Esp fam) ‹*ambiente/ciudad*› lively; **es un tío ~** he's really into the night life (colloq), he's really into having a good time (colloq)

marcial *adj* martial

marciano -na *adj/m,f* Martian

marco *m*

A **1** (de cuadro) frame; (de puerta) doorframe **2** (Dep) goalposts (*pl*), goal **3** (Andes) (de bicicleta) frame

B (entorno, contexto): **el ~ político** the political framework; **dentro del ~ de la ley** within the framework of the law; **las conversaciones se desarrollaron en un ~ de cordialidad** the talks took place in a friendly atmosphere; **el ~ ideal para el concierto** the ideal setting for the concert

C (Fin) mark

D (*como adj inv*): **un plan ~** a draft plan

marea *f* tide; **cuando baja/sube la ~** when the tide goes out/comes in; **un río con régimen de ~** a tidal river

(Compuestos)

- **marea alta/baja/muerta/viva** high/low/neap/spring tide
- **marea creciente** rising tide, flood tide
- **marea menguante** falling tide, ebb tide
- **marea negra** oil slick

mareado -da *adj* **1** (Med): **está ~** (con náuseas) he's feeling sick *o* queasy; (con pérdida del equilibrio, etc) he's feeling dizzy *o* giddy; (a punto de desmayarse) he's feeling faint **2** (confundido): **me tienes ~ con tanta cháchara** all your chatter is making my head spin

marear [A1] *vt* **1** (Med) (con náuseas) to make … feel sick *o* queasy; (con pérdida de equilibrio, etc) to make … dizzy; **el vino lo mareó** the wine made him feel drunk *o* light-headed **2** (confundir) to confuse, get … confused *o* muddled; **me mareas con tantas preguntas** you're confusing me with all these questions

■ **marear** *vi* (arc) to navigate

■ **marearse** *v pron* **1** (Med): **siempre se marea en el coche/en barco** he always gets carsick/seasick; **miró hacia abajo y se mareó** he looked down and felt *o* went dizzy; **con dos copas se mareó** she had two drinks and started to feel drunk *o* light-headed **2** (confundirse) to get muddled *o* confused

marejada *f* heavy sea, swell; **una ~ de protestas** a wave of protests

maremágnum, mare mágnum *m*: **un ~ de fórmulas** a sea of formulae; **el ~ que siguió a la catástrofe** the chaos *o* confusion that followed the disaster; **un ~ de detalles** a welter *o* plethora of details

maremoto *m* **1** (sismo) seaquake **2** (ola) tidal wave

mareo *m* **1** (Med) (del estómago) sickness, nausea; (producido por movimiento) motion sickness; (en barcos) seasickness; (pérdida de equilibrio, etc) dizziness, giddiness; **le dan ~s en el coche** she gets carsick; **me dio un ~** I felt dizzy; **¿se te ha pasado el ~?** are you feeling less dizzy? **2** (confusión) muddle, mess

mareomotriz *adj*: **energía ~** wave *o* tidal power

marfil *m* ivory

margarina *f* margarine

margarita *f* **1** (Bot) (pequeña) daisy; (grande) marguerite; ***echar* ~s *a los cerdos*** (fam) to cast pearls before swine **2** (de máquina de escribir) golf ball **3** (cóctel) margarita

margen¹ *f* (*a veces m*) (de río) bank; (de carretera) side

margen² *m*

A (de una página) margin

B **al margen**: **ver nota al ~** see margin note; **se mantuvo al ~ de todo** he kept out of everything; **al ~ de la ley** on the fringes of the law; **lo dejaron al ~** he was left out; **viven al ~ de la sociedad** they live on the margin *o* fringes of society; **al ~ de lo expresado** apart from what's already been said

C (franja de terreno) strip of land

D (holgura) margin; **ganó por un amplio/estrecho ~** he won by a comfortable/narrow margin; **eso nos da un ~ de tiempo** that gives us some leeway; **le han dejado un ~ de acción muy reducido** they have left him very little leeway; **un cierto ~ de autonomía** a certain degree of autonomy

(Compuestos)

- **margen de beneficio** *or* **ganancias** profit margin
- **margen de error** margin of error
- **margen de seguridad** safety margin
- **margen de tolerancia** tolerance

E **márgenes** *mpl* (límites, parámetros) limits (*pl*); **dentro de ciertos márgenes** within certain limits; **los márgenes de credibilidad de estos sondeos** the extent to which these polls can be believed

F (Com) margin, profit

marginación *f* **1** (Sociol) marginalization; **el desarraigo y la ~ social** alienation and social isolation; **a menudo viven situaciones de verdadera ~** they often find themselves marginalized *o* isolated **2** (exclusión) exclusion; **su ~ del equipo** his exclusion from the team

marginado¹ -da *adj* **1** (Sociol) marginalized **2** (excluido) excluded

marginado² -da *m,f*: **los ~s de nuestra sociedad** the deprived elements *o* sectors of our society; **drogadictos y todo tipo de ~s** drug addicts and all kinds of social outcasts

marginal *adj*

A **1** (Sociol): **en los barrios ~es** in the poorer areas **2** (secundario) ‹*posición*› peripheral; ‹*asunto*› marginal, peripheral

B (Fin) marginal

C (Impr): **una nota ~** a note in the margin, a marginal note

m

marginalidad *f* 1 (de un barrio, zona) poverty 2 (falta de integración) social exclusion, marginalization; **viven en la ~** they live in a state of social exclusion 3 (falta de importancia) marginal importance

marginalizar [A4] *vt* (AmL frml) ▸**marginar A**

marginar [A1] *vt*

A (en la sociedad) to marginalize; (en un grupo) to ostracize; **lo han marginado de la toma de decisiones** he has been left out of the decision-making

B (Impr) ‹*texto*› (anotar) to add marginal notes to; (fijar márgenes) to set margins

■ **marginarse** *v pron* **~se DE algo** to cut oneself off FROM sth

maría *f*

A (arg) (marihuana) grass (colloq)

B (Esp fam) (Educ) easy subject (*traditionally physical education, religious studies or politics*)

María: **Santa ~** *or* **la Virgen ~** the Virgin Mary

mariachi *m* mariachi musician; **sones de ~** mariachi music

> **mariachi**
>
> The word can mean the traditional Mexican musical ensembles, the lively mestizo music that they play, and the dance performed to it.
>
> The instruments used by mariachis are the guitar, harp, *vihuela* (an early form of guitar), violin, and trumpet. *Mariachis* wearing costumes based on those worn by **charros** can be seen in the Plaza Garibaldi, in Mexico City, where they are hired for parties, or to sing *mañanitas* or serenades

marialuisa *f* (Méx) mount, passe-partout

mariano -na *adj* Marian

marica[1] *adj* 1 (fam & pey) (homosexual) faggoty (AmE colloq & pej), poofy (BrE colloq & pej) 2 (fam) (cobarde) wimpish (colloq)

marica[2] *m* (fam & pey) fag (AmE colloq & pej), poof (BrE colloq & pej)

maricón[1] **-cona** *adj* (fam & pey) 1 (homosexual) queer (colloq & pej), bent (sl & pej) 2 (como insulto): **el muy ~** the bastard *o* (AmE) the son of a bitch (vulg); **la muy maricona** the bitch (vulg) 3 (AmL) (cobarde) wimp (colloq)

maricón[2] *m* (fam & pey) fag (AmE colloq & pej), poof (BrE colloq & pej)

mariconada *f* (fam) dirty trick (colloq)

mariconera *f* (fam & hum) (men's) handbag

maridaje *m* (combinación) combination, marriage; (conexión) close association *o* connection

marido *m* husband

mariguana *f* marijuana

mariguanero -ra *adj/m,f* ▸**marihuanero**[1,2]

marihuana, marijuana *f* marijuana

marihuanero[1] **-ra**, **marijuanero -ra** *adj* (fam): **tienen un hijo ~** one of their sons is a dope fiend (colloq)

marihuanero[2] **-ra**, **marijuanero** *m,f* (fam) dope fiend (colloq)

marimacho *m or f* (fam & pey) 1 (niña) tomboy (colloq) 2 (mujer hombruna) butch woman (colloq)

marimba *f* marimba (*type of xylophone*)

marimorena *f* (fam) row, ruckus (AmE colloq)

marina *f*

A 1 (organización) navy; (barcos) fleet 2 (náutica): **un término de ~** a nautical term

(Compuesto) **marina de guerra** navy

B (Art) seascape

marinar [A1] *vt* to marinate, marinade

marinera *f*

A (blusa) sailor top; (chaqueta) (Col) sailor jacket

B (baile) *Andean folk dance*

marinero[1] **-ra** *adj* 1 ‹*barco*› seaworthy 2 ‹*brisa*› sea (*before n*)

marinero[2] *m* sailor; **traje de ~** sailor suit

(Compuestos)

- **marinero de agua dulce** landlubber
- **marinero de cubierta** deckhand
- **marinero de primera/segunda** seaman (AmE), able/ordinary seaman (BrE)

marino[1] **-na** *adj* ‹*brisa/corriente*› sea (*before n*); ‹*fauna/biología*› marine (*before n*)

marino[2] *m* (marinero) sailor; (oficial) naval officer

(Compuesto) **marino mercante** merchant seaman

marioneta *f* puppet, marionette

marionetista *mf* puppeteer

mariposa *f*

A (Zool) butterfly

B *tb* **~ nocturna** 1 (Zool) moth 2 (fam & euf) (prostituta) lady of the night (euph)

C (Dep): **estilo ~** butterfly; **nadar ~** *or* (Esp) **a** *or* (Méx) **de ~** to swim butterfly

D (tuerca) wing nut

E **mariposa** *m or f* (fam) (homosexual) fairy (colloq)

mariposear [A1] *vi* 1 (fam) (alrededor de algn) to buzz around, be constantly around 2 (fam & pey) (en el trabajo) to flit from one job to another; (en el amor) to flit from one relationship to another

mariposón *m* 1 (fam) (galanteador) suitor 2 (fam & pey) ▸**marica**[2]

mariquita *f* 1 (Zool) ladybug (AmE), ladybird (BrE) 2 (fam & pey) ▸**marica**[2] 3 **mariquita** *mf* (fam & pey) (cobarde) wimp (colloq)

mariscal *m* (Hist, Mil) marshal

(Compuesto) **mariscal de campo** (Mil) field marshal; (en fútbol americano) quarterback

mariscar [A2] *vi: to fish for shellfish*

marisco *m* shellfish (*pl*), seafood; **el precio de los ~s** *or* (Esp) **del ~** the price of shellfish *o* seafood

marisma *f* marsh; **~s** marshes, marshland

marisquería *f* seafood restaurant/bar/shop, shellfish restaurant/bar/shop

marital *adj* ‹*relaciones*› marital (*before n*); ‹*vida*› married (*before n*)

marítimo -ma *adj* ‹*comercio*› maritime; ‹*ruta/agente*› shipping (*before n*); ‹*ciudad*› coastal, maritime; **un puerto ~** a seaport; **el transporte ~** sea transport, transport by sea

marjal *m* marsh

marketing /'marketin/ *m* marketing

(Compuesto) **marketing telefónico** telesales

marmita *f* cooking pot

mármol *m* marble

marmolado -da *adj* marbled

marmolería *f* marble mason's workshop

marmolista *mf* marble mason

marmóreo -rea *adj* (liter) marmoreal (liter)

marmota *f* 1 (Zool) marmot 2 (fam) (persona — poco espabilada) silly *o* dopey fool; (— dormilona) sleepyhead (colloq)

maroma *f*

A rope

B 1 (Andes) (acrobacia, malabarismo) trick, stunt; **las ~s del payaso** the clown's antics; ***hacer* ~s** (Andes fam) to work miracles 2 (Méx) (voltereta) somersault, tumble; **dar** *or* **echar una ~** to do a somersault

maromear [A1] *vi* (Col, Méx, Ven) to walk a tightrope

marqués -quesa *m,f*

A (persona) (*m*) marquis, marquess (BrE); (*f*) marquise, marchioness (BrE)

B **marquesa** *f* (Chi) (catre) bed

marquesina *f* (en parada, andén) shelter; (de teatro, hotel) marquee (AmE), canopy (BrE); (en estadio) roof

marquetería *f* marquetry

marrajo -ja *adj* 1 ‹*toro*› dangerous, vicious 2 ‹*persona*› sly

marranada *f* (fam) 1 (faena) dirty trick 2 (acción grosera): **hacer ~s** to do disgusting things

marrano[1] **-na** *adj* filthy

marrano[2] **-na** *m,f* (fam) 1 (animal) (*m*) pig, hog; (*f*) pig, sow 2 (Col) (carne) pork 3 (persona — despreciable) swine (colloq); (— grosera) dirty swine (colloq)

marraqueta *f* (Chi) bread roll

marrar [A1] *vt* to miss
■ **marrar** *vi* to go wrong, fail

marras
A : **de ~**: **el individuo de ~** the man in question; **el cuento de ~** the same old story
B (Col fam) (en expresiones de tiempo): **hace ~ que no voy al cine** I haven't been to the movies for ages; **¡~ sin verlo!** long time no see! (colloq)

marrón[1] *adj* brown; **zapatos ~ oscuro** dark brown shoes

marrón[2] *m*
A (color) brown
B (Col) (rulo) roller, curler

marroquí *adj/mf* Moroccan

marroquín *m* morocco (leather)

marroquinería *f* **1** (artículos de cuero) leather goods (*pl*) **2** (tienda) leather goods shop; (taller) leather workshop

marrueco *m* (Chi) fly, flies (*pl*)

Marruecos *m* Morocco

marrullero -ra *adj* (fam) dirty (colloq)

marsopa *f* porpoise

marsupial *adj/m* marsupial

mart. (= **martes**) Tues, Tue

marta *f* (pine) marten
(Compuesto) **marta cibelina** sable

martajar [A1] *vt* (Méx) to crush, pound

Marte *m* Mars

martes *m* (*pl* ~) Tuesday; *para ejemplos ver* **lunes**; **~ (y) trece** ≈ Friday the thirteenth
(Compuesto) **martes de carnaval** Shrove Tuesday, Mardi Gras

martillar [A1] *vt/vi* ▸ **martillear**

martillazo *m*: **le dio** *or* **pegó un ~** he hit it with a hammer; **lo clavó de un ~** he hammered it in with one blow; **lo rompió a ~s** she smashed it with a hammer

martillear [A1] *vt* **1** (con un martillo) to hammer **2** «*ruido*»: **el ruido me martilleaba la cabeza** the noise was pounding in my head
■ **martillear** *vi* to hammer

martilleo *m* hammering; **un ~ terrible en las sienes** a terrible pounding in the temples

martillero -ra *m,f* (CS, Per) auctioneer

martillo *m*
A (herramienta) hammer; (de un subastador) hammer, gavel; (Dep) hammer
(Compuesto) **martillo neumático** jackhammer, pneumatic drill
B (Anat) hammer, malleus (tech)
C (de un piano) hammer

martinete *m*
A (Zool) heron
B (del piano) hammer

martingala *f* (CS) **1** (Jueg) martingale, system **2** (maquinación) scheme

martín pescador *m* kingfisher

mártir *mf* martyr

martirio *m* **1** (muerte) martyrdom **2** (sufrimiento) torment, ordeal

martirizante *adj* ‹*dolor*› excruciating; ‹*espera*› agonizing

martirizar [A4] *vt* **1** (matar) to martyr **2** (atormentar) to torment

marullero -ra *adj* (Chi fam) **1** ‹*jugador*› cheating (*before n*) **2** (astuto) crafty (colloq), sly

marxismo *m* Marxism

marxista *adj/mf* Marxist

marzo *m* March; *para ejemplos ver* **enero**

mas *conj* (liter) but

más[1] *adv*
A **1** (comparativo): **¿tiene algo ~ barato/moderno?** do you have anything cheaper/more modern?; **duran ~** they last longer; **me gusta ~ sin azúcar** I prefer it without sugar; **ahora la vemos ~** we see more of her now; **tendrás que estudiar ~** you'll have to study harder; **cuídate ~** look after yourself better; **~ lejos/atrás** further away/back; **el que ~, el que menos, todos se beneficiaron** they all benefitted to a greater or lesser degree; **más ... QUE**: **~ que nunca/que el año pasado** more than ever/than last year; **me gusta ~ el vino seco que el dulce** I prefer dry wine to sweet, I like dry wine better than sweet; **más (...) DE**: **pesa ~ de lo que parece** it's heavier than it looks; **es ~ complicado de lo que tú crees** it's more complicated than you think; **eran ~ de las cinco** it was after five o'clock; **~ de 80 kilos** over 80 kilos; **~ de 30** over *o* more than 30 **2** (especialmente) particularly, especially
B (superlativo): **es la ~ bonita/la ~ inteligente** she's the prettiest/the most intelligent; **es el que ~ sabe** he's the one who knows most; **es el que ~ me gusta** it's the one I like best; **lo ~ que puede pasar** the worst that can happen; **cuando ~ lo necesitaba** when I needed him most; **me preocupa tanto como al que ~** I'm as worried about it as anybody; **está de lo ~ entusiasmado** he's really excited; **estuvo de lo ~ divertido** it was great fun
C (*en frases negativas*) **1** (con valor limitativo): **no tiene ~ que tres meses** she's only three months old; **nadie ~ que ella** nobody but her; **no tengo ~ que esto** this is all I have; **no tienes ~ que decirlo** you have only to say so; **no fue ~ que un rasguño** it was only a scratch; **no tuve ~ remedio** I had no alternative **2** (de nuevo) any more; **no juego ~** I'm not playing any more; **nunca ~** never again; *para locs ver* **más[3] B**
D (con valor ponderativo): **¡cantó ~ bien...!** she sang so well!; **¡qué cosa ~ rara!** how strange!; **¡qué gente ~ amable!** what kind people!

más[2] *adj inv*
A (comparativo) more; **~ dinero** more money; **una vez/tres veces ~** once more/three times more; **ni un minuto ~** not a minute longer; **hoy hace ~ calor** it's warmer today; **tienes ~ tiempo (que yo)** you have more time (than me); **son ~ que nosotros** there are more of them than us; **sucede con ~ frecuencia de la deseable** it happens more often than one would wish
B (superlativo) most; **el equipo que ganó ~ partidos** the team that won most games; **los ~ se cansaron y se fueron** most of them got tired and left; **las ~ de las veces** more often than not
C (con valor ponderativo): **¡me da ~ rabia ...!** it makes me so mad!; **¡tiene ~ amigos/~ dinero ...!** he has so many friends/so much money!
D **¿qué/quién ~?** what/who else?; **nada/nadie ~** nothing/nobody else; **algo/alguien ~** something/somebody else; **¿quién ~ vino?** who else came?; **¿algo ~? — nada ~ gracias** anything else? — no, that's all, thank you; **no se lo digas a nadie ~** don't tell anyone else; **¿alguien ~ vino?** did anyone else come?

más[3] *pron*
A more; **¿te sirvo ~?** would you like some more?; **lo siento, no hay ~** I'm sorry, there isn't/aren't any left
B (*en locs*) **a lo más** at the most; **a más de** besides, as well as; **a más no poder**: **comieron a ~ no poder** they ate till they were fit to burst; **corrimos a ~ no poder** we ran as fast *o* hard as we could; **a más tardar** at the latest; **cuanto más** at the most; **de más**: **¿alguien tiene un lápiz de ~?** does anybody have a spare pencil?; **me dio cinco dólares de ~** he gave me five dollars too much; **de ~ está decir que ...** needless to say ...; **estoy de ~ aquí** I'm not needed here; **no está de ~ repetirlo** there's no harm in repeating it; **es más** in fact; **más bien**: **es ~ bien bajita** she's rather *o* a bit on the short side; **~ bien deberías ir tú** I would have thought it was you who should go; **más o menos** (aproximadamente) more or less; (no muy bien) so-so; **llegaremos a las cinco, poco ~ o menos** we'll arrive around five o'clock; **ni más ni menos** no less; **no más** ▸ **nomás**; **por más**: **por ~ que llores** however much you cry; **por ~ que trataba** however hard *o* no matter how hard he tried; **¿qué más da?** what does it matter?; **sin más (ni más)** just like that; ***ir a ~*** (Esp) to be on the up and up
(Compuesto) **más allá**: **el ~ ~** the other world; **voces del ~ ~** voices from beyond the grave

más[4] *prep* **1** (Mat) (en sumas) plus; **8+7 =15** (*read as: ocho más siete (es) igual (a) quince*) eight plus seven equals fifteen **2** (además de) plus; **mil pesos, ~ los gastos** a thousand pesos, plus expenses

m

más⁵ *m* plus sign; ***tener sus ~ y sus menos*: tienen sus ~ y sus menos** they have their good points and their bad points

masa *f*
A (Coc) **1** (para pan, pasta) dough; (para empanadas, tartas) pastry; (para bizcocho) mixture; (para crepes) batter **2** (RPl) (pastelito) pastry, cake
(Compuesto) **masa de hojaldre** puff pastry
B (volumen, conglomerado) mass; **una ~ de agua** a mass of water
(Compuesto) **masa salarial** payroll
C en masa 1 (*loc adj*) ‹*producción/fabricación*› mass (*before n*); ‹*despidos*› mass (*before n*), wholesale (*before n*) **2** (*loc adv*) ‹*acudir*› en masse
D (Pol, Sociol) mass; **la gran ~ de la población** the great mass of the population; **educar a las ~s** to educate the masses; **cultura/mercado de ~s** mass culture/market
E 1 (Fís) mass **2** (Elec) ground (AmE), earth (BrE)

masacrar [A1] *vt* to massacre

masacre *f* massacre

masaje *m* massage; **darle ~s** *or* **un ~ a algn** to give sb a massage

masajear [A1] *vt* to massage

masajista *mf*
A (que da masajes) (*m*) masseur; (*f*) masseuse
B (en fútbol) coach, trainer

masato *m* (Col) *drink made from fermented maize or rice*

mascada *f* **1** (Chi) (mordisco) bite **2** (Méx) (pañuelo grande) scarf

mascar [A2] *vt* to chew; ***darle todo mascado a algn*** to spoonfeed sb

máscara *f* **1** (careta) mask; **baile de ~s** masked ball **2** (apariencia) mask, appearance **3** (para bucear) face mask **4** (Chi) (de un auto) grille
(Compuestos)
- **máscara de oxígeno** oxygen mask
- **máscara facial** face pack

mascarada *f* masquerade

mascarilla *f* **1** (de cirujano, dentista) mask; (de oxígeno) mask **2** (en cosmética) face pack **3** (de un muerto) death mask

mascarón *m*: *tb* **~ de proa** figurehead

mascota *f* (talismán) mascot; (animal doméstico) pet

masculinidad *f* masculinity, manliness

masculino¹ -na *adj* **1** ‹*actitud/hormonas*› male; ‹*mujer/aspecto*› masculine, manly; **sexo: ~** sex: male **2** ‹*género/forma*› masculine

masculino² *m* masculine

mascullar [A1] *vt* to mumble, mutter

masía *f* (granja) farm; (casa) country house

masificación *f* **1** (exceso de personas) overcrowding **2** (propagación) spread, extension

masificado -da *adj* ‹*universidad*› overcrowded; **una sociedad masificada** a mass society

masificar [A2] *vt*
A 1 ‹*producción*› to apply the techniques of mass production to **2** ‹*gustos/forma de vestir*› to standardize
B ‹*información/cultura*› to give everyone access to; **~ la universidad** to open up university education to all; **~ la enseñanza de idiomas** to give everyone access to language teaching; **se debería ~ el uso de la bicicleta** everyone should be encouraged to cycle
■ **masificarse** *v pron*
A 1 «*producción*»: **cuando se masificó la producción del vehículo** when mass production of the vehicle began **2** «*gustos/forma de vestir*» to become standardized
B «*lugar*» to become *o* get overcrowded

masilla *f* (para cristales) putty; (para rellenar grietas) mastic, filler

masita *f* (CS) pastry, cake (BrE)

masitero -ra *m,f* (AmL) pastrycook

masivamente *adv* en masse

masivo -va *adj* **1** ‹*ejecución/migración*› mass (*before n*); ‹*protesta*› large-scale (*before n*), mass (*before n*); **una concurrencia masiva a las urnas** a massive turnout at the polls **2** ‹*dosis*› massive, huge

masón¹ *adj* Masonic

masón² *m* Freemason, Mason

masonería *f* Freemasonry

masónico -ca *adj* Masonic

masoquismo *m* masochism

masoquista¹ *adj* masochistic

masoquista² *mf* masochist

mastectomía *f* mastectomy

mastelero *m* topmast

master /'master/ *m* (*pl* **-ters**)
A (Audio, Video) master
B (Educ) master's degree

masticación *f* chewing, mastication (frml)

masticar [A2] *vt* to chew, masticate (frml); ***darle todo bien masticado a algn*** to spoonfeed sb
■ **masticar** *vi* to chew

mástil *m* **1** (Náut) mast; (para una bandera) flagpole, flagstaff **2** (de guitarra, violín) neck **3** (de carpa) centerpole*

mastín *m* mastiff

mastitis *f* (*pl* **~**) mastitis

mastodonte *m* **1** (animal prehistórico) mastodon **2** (fam) (persona grande) giant

mastodóntico -ca *adj* (fam) ‹*proyecto*› mammoth; ‹*edificio*› gigantic, colossal

mastuerzo *m* **1** (planta) (garden) cress **2** (fam) (torpe) oaf

masturbación *f* masturbation

masturbar [A1] *vt* to masturbate
■ **masturbarse** *v pron* to masturbate

mata *f*
A (arbusto) bush, shrub; (planta) (AmL) plant
B 1 (ramita) sprig; (de hierba) tuft **2** (de raíces) clump **3** (bosque) thicket
C (fam) (de pelo) mane (colloq), mop (colloq)

matachín *m*
A (fam) (bravucón) bully
B (bailarín) dancer (*who performs traditional dances*)

matadero *m* slaughterhouse, abattoir

matado -da *m,f* (Méx fam & pey) grind (AmE colloq), swot (BrE colloq)

matador¹ -dora *adj* (fam) **1** ‹*trabajo/espera*› killing (colloq); **es una carrera ~a** it's a really tough race **2** ‹*vestido/corbata*› (horrible) (Esp) horrible, hideous; **con esa falda estás matadora** (guapísima) you look great in that skirt; (horrible) (Esp) you look terrible in that skirt

matador² *m* matador

matambre *m* **1** (corte de carne) flank steak (AmE), skirt (BrE) **2** (RPl) (plato) meat roulade (*filled with vegetables and hard-boiled eggs*)

matamoscas *m* (*pl* **~**) **1** (paleta) flyswatter **2** (spray) fly spray, fly killer **3** (*como adj inv*) fly (*before n*); **papel ~** flypaper

matanza *f* (acción de matar) killing, slaughter; (de res, cerdo) slaughter

mataperrada *f* (Bol, Per fam) trick

mataperrear [A1] *vi* (Bol, Per fam) to hang around (colloq)

mataperro, mataperros *m* (*pl* **~**) (Bol, Per fam) devil (colloq)

matapiojos *m* (*pl* **~**) (Andes) dragonfly

matapolillas *m* (*pl* **~**) moth killer

matar [A1] *vt*
A 1 ‹*persona*› to kill; ‹*reses*› to slaughter; **lo ~on a golpes** they beat him to death; **lo mató un coche** he was run over and killed by a car; **hubo que ~ al caballo** the horse had to be put down *o* destroyed; **entrar a ~** (Taur) to go in for the kill; **el cigarrillo acabará matándote** cigarettes will be the death of you; **entre todos la ~on (y ella sola se murió)** (fr hecha) they are all to blame; **que me maten si no es verdad lo que digo** may God strike me dead if I speak a word of a lie; ***las mata callando*** he's a wolf in sheep's clothing; **~*las*** (Chi fam) to blow it (colloq) **2** (en sentido hiperbólico): **la vas a ~ a disgustos** you'll be the death of her; **es para ~los** I could murder *o* kill them (colloq); **nos mataban de hambre** they used to starve us; **cuando se entere me mata** she'll kill me when she finds out (colloq); **me mata tener que estudiar tanto** it kills me

having to study so much (colloq); **¡me mataste, no tengo ni idea!** (fam) you've really got me there, I haven't a clue! (colloq); **estos zapatos me están matando** these shoes are killing me!

B (fam) ‹*sed*› to quench; ‹*tiempo*› to kill; **compraron fruta para ~ el hambre** they bought some fruit to keep them going

C 1 ‹*pelota*› to kill 2 ‹*carta*› to cover

■ **matar** *vi* (causar muerte) to kill; **hay miradas que matan** if looks could kill; ***estar*** *or* ***llevarse a ~*** to be at daggers drawn

■ **matarse** *v pron*

A 1 (morir violentamente): **se mató en un accidente** she was killed in an accident; **casi me mato** I almost got killed 2 (*refl*) (suicidarse) to kill oneself; **se mató de un tiro** she shot herself

B (fam) 1 (esforzarse): **me maté estudiando** *or* (Esp) **a estudiar** I studied like crazy *o* mad (colloq); **se mató trabajando** he nearly killed himself working (colloq) 2 (Méx fam) (para un examen) to cram (colloq), to swot (BrE colloq)

matarife *m* 1 (en un matadero) slaughterman; (de caballos) knacker 2 (fam) (matón) thug, heavy (colloq)

matarratas *m* (*pl* ~) 1 (veneno) rat poison 2 (fam) (bebida) rotgut (colloq)

matasanos *mf* (*pl* ~) (fam) quack (colloq)

matasellar [A1] *vt* to frank, cancel

matasellos *m* (*pl* ~) 1 (marca) postmark 2 (instrumento) datestamp, stamp

matasuegras *m* (*pl* ~) party blower

matatigres *m* (*pl* ~) (Ven fam) moonlighter

matazón *f* (Col, Méx, Ven fam) massacre, slaughter

mate[1] *adj or adj inv* ‹*pintura/maquillaje*› matt; **fotos ~** photos with a matt finish

mate[2] *m*

A (en ajedrez) *tb* **jaque ~** checkmate, mate

B 1 (infusión) maté; **cebar ~** to brew maté 2 (calabaza) gourd

C (CS fam) (cabeza) head

matear [A1] *vi* (CS fam) to drink maté

■ **matearse** *v pron* (Chi fam) to cram (colloq), to swot (BrE colloq)

matemáticas *fpl*, **matemática** *f* mathematics, math (AmE), maths (BrE)

matemático[1] **-ca** *adj* 1 (Mat) mathematical 2 (exacto) mathematical

matemático[2] **-ca** *m,f* mathematician

mateo -tea *m,f* (Chi fam) (Educ) grind (AmE colloq), swot (BrE colloq)

materia *f*

A (sustancia) matter

(Compuestos)

- **materia grasa** fat
- **materia gris** gray* matter
- **materia prima** (Econ, Tec) raw material; (Fin) commodity

B 1 (tema, asunto) subject; **en ~ jurídica es un experto** he's an expert on legal matters; **en ~ de** as regards, with regard to; ***entrar en ~***: **entremos en ~** let's get straight to the matter in hand *o* straight down to business 2 (material) material 3 (esp AmL) (asignatura) subject

(Compuesto) **materia clasificada** classified information

material[1] *adj* 1 ‹*necesidades/ayuda/valor*› material; **daños ~es** damage to property, material damage 2 ‹*autor/causante*› actual 3 (uso enfático): **no tengo tiempo ~ para cosértelo** I really don't have time to sew it for you; **ante la imposibilidad ~ de ir** since it was quite impossible for her to go

material[2] *m*

A (elemento, sustancia) material; **~es para la construcción** building materials

B 1 (útiles) materials (*pl*) 2 (datos, documentos, etc) material

(Compuestos)

- **material bélico** (period) military equipment
- **material de oficina** office stationery
- **material didáctico/escolar** teaching/school materials (*pl*)
- **material fotográfico** (papel, películas) photographic materials (*pl*); (lentes, filtros) photographic equipment
- **material móvil** *or* **rodante** rolling stock

materialismo *m* materialism

materialista[1] *adj* materialistic

materialista[2] *mf*

A (persona) materialist

B (Méx) (constructor) building contractor; (camionero) truck driver, lorry driver (BrE)

materializar [A4] *vt* ‹*idea/plan*› to bring … to fruition

■ **materializarse** *v pron* «*proyecto/plan*» to come to fruition, materialize

materialmente *adv* absolutely

maternal *adj* ‹*instinto*› maternal; ‹*amor*› motherly, maternal

maternidad *f* 1 (estado) motherhood, maternity 2 (hospital) maternity hospital; (sala) maternity ward

materno -na *adj* ‹*amor*› motherly; ‹*abuelo*› maternal; ‹*lengua*› mother; **leche materna** mother's milk

matero *m* (Ven) 1 (maceta) flower pot 2 (fam) (matas) bushes (*pl*)

mates *fpl* (Esp fam) math (AmE), maths (BrE)

matete *m* (RPl fam) 1 (lío, confusión) muddle 2 (mezcla, pegote) sticky mess

matinal[1] *adj* morning (*before n*)

matinal[2] *m* (Andes) morning performance

matinée, matiné *f* 1 (AmS) (de tarde) matinée 2 (Méx) (de mañana) morning performance

matiz *m* 1 (de color) shade, hue, nuance 2 (de palabra, frase) nuance, shade of meaning; **se diferencian en algunos matices** there are some subtle *o* slight differences between them; **tiene un cierto ~ peyorativo** it has a slightly pejorative nuance *o* has slightly pejorative connotations; **con matices políticos** with political overtones 3 (de ironía) touch, hint

matizar [A4] *vt*

A ‹*colores*› to blend

B 1 (concretar, puntualizar) to qualify, clarify 2 (dar cierto tono): **un discurso matizado de** *or* **con ironía** a speech tinged with irony 3 (variar) ‹*relato/charla*› **~ algo DE algo** to sprinkle sth WITH sth 4 (suavizar) ‹*voz/palabras*› to tone down

■ **matizar** *vi*: **aquí habría que ~ diciendo que …** here you'd have to qualify it by saying …

matón *m* (del barrio) thug; (en la escuela) bully; (criminal) thug, heavy (colloq)

matonería *f*, **matonismo** *m* (fam) (en barrio) thuggery; (en escuela) bullying

matorral *m* 1 (conjunto de matas) thicket, bushes (*pl*) 2 (terreno) scrubland

matraca *f*

A 1 (juguete) rattle; ***darle (la) ~*** (fam) to go on (and on) (colloq) 2 **matraca** *mf* (fam) (persona latosa) pain (colloq), nuisance

B (Méx fam) (coche) rattletrap (colloq)

matraquear [A1] *vi* (fam) to nag

matraz *m* (balloon) flask

matrero -ra *adj*

A (Col fam) (basto) shoddy

B (RPl) (fugitivo): **un gaucho ~** a gaucho on the run from the law

C (Col) (traicionero) sly, crafty

matriarca *f* matriarch

matriarcado *m* matriarchy

matriarcal *adj* matriarchal

matricida *mf* matricide

matricidio *m* matricide

matrícula *f*

A 1 (Educ) (inscripción) registration, enrollment*; **está abierta la ~** registration *o* enrollment has already begun; **derechos** *or* **tasas de ~** registration fees 2 (alumnado) roll 3 (registro) register

(Compuesto) **matrícula de honor** (Esp) ≈ distinction, ≈ magna cum laude

B 1 (Transp) (número) registration number; (placa) license* plate, number plate (BrE) 2 (Naut) registration

matriculación *f* registration

matriculado -da *m,f* registered student

m

matricular [A1] *vt* 1 ‹*persona*› to register, enroll* 2 ‹*coche/barco*› to register
■ **matricularse** *v pron* (*refl*) to register, enroll*

matrimonial *adj* marital

matrimoniar [A1] *vt* (Méx fam) to get hitched (colloq)
■ **matrimoniarse** *v pron* (Chi, Méx fam) to get hitched (colloq)

matrimonio *m* 1 (institución) marriage, matrimony (frml); **contraer ~** (frml) to marry; **nació fuera del ~** he was born out of wedlock 2 (pareja) (married) couple; **el ~ Garrido** Mr and Mrs Garrido, the Garridos 3 (AmS exc RPl) (boda) wedding

(Compuestos)
- **matrimonio civil/religioso** civil/church wedding
- **matrimonio por poder(es)** marriage by proxy

matriz *f*
A 1 (útero) womb, uterus 2 (molde) mold* 3 (de documento) original; (de disco) master 4 (de talonario) stub 5 (de un test) master copy 6 (esténcil) stencil
B (Inf, Mat) matrix
C (de empresa) headquarters (*sing or pl*)

matrona *f* 1 (mujer — distinguida) matron (liter *or* dated); (— madura) matron (pej) 2 (comadrona) midwife

matute *m* (Esp fam) (contrabando) smuggling; (artículos de contrabando) smuggled *o* contraband goods

matutino[1] -na *adj* morning (*before n*)

matutino[2] *m* morning paper

maula[1] *adj* 1 (fam) (vago) lazy, bone idle (colloq) 2 (RPl fam) (cobarde) cowardly

maula[2] *mf* (fam) 1 (pesado) pain in the neck (colloq) 2 (cobarde) (RPl fam) coward; (tramposo) (Chi fam) cheat

maullar [A23] *vi* to miaow

maullido *m* miaow

Mauricio *m* Mauritius

mauritano -na *adj/m,f* Mauritanian

mausoleo *m* mausoleum

máx (= **máximo**) max.

maxifalda *f* maxiskirt, maxi

maxilar[1] *adj* maxillary

maxilar[2] *m* jawbone, maxilla (tech)

máxima *f* maxim

máxime *adv* especially; **lo haré, ~ cuando ...** I'll do it, especially as ... *o* all the more since ...

maximizar [A4] *vt* ‹*oportunidades/beneficios*› to maximize; **~ la utilización de recursos** to make optimum use of resources

máximo[1] -ma *adj* ‹*temperatura/velocidad*› top (*before n*), maximum (*before n*); ‹*carga/altura*› maximum (*before n*); ‹*punto*› highest; ‹*esfuerzo*› greatest, maximum (*before n*); **el ~ galardón** the highest honor; **era su máxima ilusión/ambición** it was her great dream/greatest ambition; **el ~ dirigente francés** the French leader; **lo ~ que puede ocurrir es ...** the worst that can happen is ...

máximo[2] *m* maximum; **con un ~ de 20 folios** up to 20 pages long; **como ~** at the most; **100 palabras como ~** 100 words, maximum; **aprovechar algo al ~** to make the most of sth; **se esforzó al ~** she did her utmost; **rendir al ~** ‹*persona*› to give a hundred percent; ‹*máquina*› to work to its full capacity

maxisencillo, maxisingle *m* maxisingle, twelve-inch single

maya[1] *adj* Mayan

maya[2] *mf* Maya, Mayan; **los ~s** the Maya *o* Mayas

> **Mayas**
>
> The Mayas, possibly of North American origin, settled in the Yucatán Peninsula around 2600 BC, and established a civilization which spread through Southern Mexico, into Guatemala, Belize, parts of Honduras and El Salvador, flourishing until the arrival of the Spanish in the sixteenth century. Their society was organized on the basis of city states grouped into confederations. Though lacking metal tools, the Mayas built stepped pyramids and other stone monuments such as those at Chichén Itzá, Uxmal, Petén and Palenque

mayal *m* flail

mayestático -ca *adj* (liter) majestic; **el plural ~** the royal we

mayo *m* May; *para ejemplos ver* **enero**; **el primero de ~** May Day

mayonesa *f* mayonnaise, mayo (AmE) (colloq)

mayor[1] *adj*
A 1 (comparativo de **grande**): **vuelan a ~ altura** they fly at a greater height; **un material de ~ flexibilidad** a more flexible material; **a ~ escala** on a larger scale; **en otros países el índice es aún ~** in other countries the rate is even higher; **beneficios aún ~es** even greater benefits; **~ QUE algo** greater THAN sth; **un número ~ que 40** a number bigger *o* greater than 40 2 (superlativo de **grande**): **tienen el ~ número de accidentes** they have the greatest *o* highest number of accidents; **su ~ preocupación** her greatest *o* biggest worry; **a la ~ brevedad posible** (Corresp) as soon as possible *o* (frml) at your earliest convenience; **la ~ parte de los estudiantes** most students, the majority of students; **viven en la ~ pobreza** they live in the most terrible poverty
B (en edad) 1 (comparativo) older; **¿tienes hermanos ~es?** do you have any older *o* elder brothers or sisters?; **~ QUE algn** older THAN sb; **soy dos meses ~ que tú** I am two months older than you 2 (superlativo): **es la ~ de las dos** she is the older *o* elder of the two; **mi hijo ~** my eldest *o* oldest son; **el ~ de los residentes** the oldest of the residents 3 (anciano) elderly 4 (adulto): **hay que respetar a las personas ~es** you should treat adults *o* (colloq) grown-ups with respect; **cuando sea ~** when I grow up; **ya eres ~cito para estar haciendo esas cosas** you're a bit old to be doing things like that; **ser ~ de edad** (Der) to be of age; **soy ~ de edad y haré lo que quiera** I'm over 18 (*o* 21 *etc*) and I'll do as I please
C (*en frases negativas*) (grande): **no requiere ~es explicaciones** this doesn't need much in the way of explanation; **no tengo ~ interés en el tema** I'm not particularly interested in the subject; **no me produjo ~ inquietud** it did not worry me particularly; **sin ~es contratiempos** without any serious *o* major hitches; ***no pasar** or **llegar a ~es***: **tuvo un novio, pero el asunto no pasó a ~es** she had a boyfriend, but it didn't come to anything; **afortunadamente la cosa no llegó a ~es** fortunately it was nothing serious
D (en nombres) (principal) main; **Calle M~** Main Street (*in US*), High Street (*in UK*)
E (Mús) major
F (Com): **(al) por ~** wholesale; **hubo problemas (al) por ~** there were innumerable problems

mayor[2] *mf*
A (adulto) adult, grown-up (colloq); **sólo para ~es** adults only; **deben ir acompañados de un ~** they must be accompanied by an adult; **mis/tus ~es** my/your elders
(Compuesto) **mayor de edad** *mf* person who is legally of age
B **mayor** *m* (AmL) (Mil) major

mayoral *m* 1 (capataz) foreman; (de finca) farm manager, steward 2 (Hist) (cochero) coachman

mayorazgo *m* 1 (institución) primogeniture 2 (bienes) entailed estate

mayordomo *m* (criado principal) butler, majordomo; (capataz) (CS) steward, foreman; (portero) (Chi) superintendent (AmE), caretaker (BrE)

mayoreo *m* (AmL) wholesale (trade)

mayoría *f* 1 (mayor parte) majority; **la ~ de los especialistas** most of the experts, the majority of experts; **la gran ~ de ...** the great majority of ...; **ser ~** *or* **estar en ~** to be in the majority 2 (Pol) (margen) majority; **gobierno de la ~** majority rule

(Compuestos)
- **mayoría absoluta/silenciosa** absolute/silent majority
- **mayoría de edad** age of majority; **llegar a/cumplir la ~ de ~** to come of age
- **mayoría relativa** *or* **simple** simple *o* (BrE) relative majority; **consiguió una ~ ~** he achieved the highest number of votes

mayorista[1] *adj* wholesale

mayorista[2] *mf* wholesaler

m

mayoritariamente *adv* mainly; **la zona es ~ urbana** the area is mainly *o* chiefly urban

mayoritario -ria *adj* **1** ‹*apoyo/decisión/partido*› majority (*before n*); **los sindicatos ~s** the unions which represent most of the workers **2** (Fin) ‹*socio/accionista*› principal; **participación mayoritaria** majority holding *o* interest

mayormente *adv* **1** (principalmente) mainly, chiefly **2** (particularmente) especially, particularly; **no me preocupa ~** it doesn't worry me overmuch *o* particularly

mayúscula *f* capital (letter), uppercase letter (tech); **se escribe con ~** it is written with a capital letter; **rellenar en** *or* **con ~s** write in block capitals *o* in capital letters; ***con ~s*** ‹*amigo/profesional*› true (*before n*), real (*before n*); **se trata de dinero con D ~** we're talking serious money (colloq)

mayúsculo -la *adj* **1** ‹*letra*› capital (*before n*), uppercase (tech) **2** ‹*susto/error*› terrible; **un disparate ~** an absolutely stupid thing to do/say

maza *f* **1** (Coc) meat tenderizer **2** (Const) drop hammer **3** (en gimnasia) Indian club **4** (de bombo) drumstick **5** (arma) mace

mazacote *m*
A **1** (fam) (Coc): **un ~** a lumpy mess **2** (fam) (obra tosca) eyesore
B (Const) concrete
C (Méx) (Zool) boa

mazamorra *f* **1** (AmS) *milky pudding made with maize* **2** (Per) *pudding made with corn starch, sugar and honey* **3** (Col) *maize soup*

mazapán *m* marzipan

mazazo *m* (fam) (golpe — físico) blow, thump (colloq); (— moral) blow

mazmorra *f* dungeon

mazo *m*
A **1** (herramienta) mallet; (del mortero) pestle; (para la carne) meat tenderizer; (porra) club **2** (de una campana) clapper **3** (en croquet, polo) mallet
B (esp AmL) (manojo) bunch; (de naipes) deck (of cards) (AmE), pack (of cards) (BrE)

mazorca *f* (Bot, Coc) cob; **~ de maíz** corncob

mazurca *f* mazurka

Mc (= **megaciclo**) Mc

MCCA *m* (= **Mercado Común Centroamericano**) Central American Common Market, CACM

me *pron pers* me; **~ robaron el reloj** my watch was stolen; **¿~ lo prestas?** will you lend it to me *o* lend me it?; **~ arregló el televisor** he fixed the television for me; **~ lo quitó** he took it off me *o* away from me; **~ fue imposible** I was unable to; **~ miré en el espejo** (*refl*) I looked at myself in the mirror; **~ hice una chaqueta** (*caus*) I had a jacket made; (*refl*) I made myself a jacket; **~ equivoqué** I made a mistake; **~ alegro mucho** I'm very pleased; **se ~ murió el gato** my cat died; **no te ~ vayas** don't go away

meada *f* (vulg) piss (vulg); **echar una ~** to have a piss

meadero *m* (fam & hum) john (colloq), bog (BrE colloq)

meandro *m* meander

mear [A1] *vi* (vulg) to (have a) piss (vulg)
■ **mearse** *v pron* (fam) to wet oneself; **me estoy meando** I'm dying for a pee (colloq); ***~se de risa*** to wet *o* (colloq) pee oneself laughing

meca *f*
A (Per fam) (prostituta) prostitute, hooker (colloq), tart (BrE colloq)
B (Chi fam & euf) (caca) turd (vulg)

Meca *f*: **La ~** Mecca; **la ~** *or* **meca del cine** (fr hecha) Hollywood

mecánica *f*
A (Fís) mechanics
B (Auto, Mec) **1** (técnica) mechanics; **~ de automóbiles** car maintenance **2** (funcionamiento) mechanics (*pl*); **la ~ de la empresa** the mechanics of the firm

mecánicamente *adv* mechanically

mecanicismo *m* mechanism

mecánico¹ -ca *adj* **1** (Mec) mechanical **2** ‹*gesto/acto*› mechanical

mecánico² -ca *m,f* (de vehículos) mechanic; (de maquinaria industrial) fitter; (de fotocopiadoras, lavadoras) (*m*) engineer, repairman; (*f*) engineer, repairwoman
Compuestos
• **mecánico -ca dental** *or* **dentista** *m,f* dental technician
• **mecánico -ca de vuelo** *m,f* flight engineer

mecanismo *m* **1** (Mec) mechanism; **un ~ que cierra las puertas** a door-locking device *o* mechanism; **el ~ de dirección** the steering gear **2** (de proceso, sistema) mechanism; **el ~ administrativo** the administrative mechanism; **a través de los ~s de negociación** through the negotiating process
Compuestos
• **mecanismo de cambio europeo** *or* **de cambios** *or* **de paridades** Exchange Rate Mechanism
• **mecanismo de defensa** defense* mechanism

mecanización *f* mechanization

mecanizado -da *adj* mechanized

mecanizar [A4] *vt* to mechanize

mecanografía *f* typing

mecanografiar [A17] *vt* to type

mecanógrafo -fa *m,f* typist

mecapal *m* (Méx) headband (*used to help carry things on one's back*)

mecapalero *m* (Méx) porter

mecatazo *m* (AmC, Méx) **1** (latigazo) lash **2** (fam) (trago) swig

mecate *m* (AmC, Méx, Ven) string, cord; (más grueso) rope; ***andar como burro sin ~*** (Méx, Ven fam) to be out of control; ***jalarle ~ a algn*** (Ven fam) to suck up to sb (colloq)

mecateada *f* (AmC, Méx fam) thrashing, beating

mecatear [A1] *vt* (AmC, Méx fam) to thrash, give ... a thrashing
■ **mecatear** *vi* (Col fam) to nibble

mecato *m* (Col fam) packed lunch

mecedora *f* rocking chair

mecenas *mf* (*pl* ~) patron, sponsor

mecenazgo *m* patronage, sponsorship

mecer [E2] *vt* **1** ‹*bebé/cuna*› to rock; ‹*niño*› (en columpio) to push **2** ‹‹*olas*›› to rock; **el viento mecía las ramas** the branches swayed in the wind
■ **mecerse** *v pron* **1** (en mecedora) to rock; (en columpio) to swing **2** (bambolearse) to sway

mecha *f*
A **1** (de una vela) wick; (de armas, explosivos) fuse; ***aguantar ~*** (fam) to grin and bear it, stand the gaff (AmE colloq); ***a toda ~*** (fam) like greased lightning (colloq) **2** (RPl) (broca) bit
B **mechas** *fpl* **1** (en peluquería) highlights (*pl*) **2** (AmL fam) (pelo): **¡mira cómo tienes las ~s!** look at the state of your hair! (colloq); **la agarró de las ~s** she grabbed her by the hair; ***ser tirado de las ~s*** (CS fam) to be ridiculous

mechar [A1] *vt* to stuff, lard

mechero *m* **1** (quemador) burner **2** (Esp) (encendedor) lighter **3** (Col) (candil) oil lamp

mechón¹ *m* **1** (de pelo) lock **2** (de lana) tuft **3** **mechones** *mpl* (Col) (en peluquería) highlights (*pl*)

mechón² -chona *m,f* (Chi) (estudiante) freshman, fresher (BrE)

mechudo -da *adj* **1** (Méx fam) (con el cabello en desorden): **andas muy mechuda** your hair looks an absolute mess (colloq) **2** (Col, Ven fam) (melenudo) long-haired

medalla *f* (Dep, Mil) medal; (Relig) medallion (*with religious engraving on it*); **se adjudicó la ~ de bronce/oro** he won the bronze/gold medal

medallista *mf* medallist

medallón *m* medallion

médano *m* (duna) dune; (banco de arena) sandbank

media *f*
A (Indum) **1** (hasta el muslo) stocking; **~s con/sin costura** seamed/seamless stockings **2** **medias** *fpl* (hasta la cintura) panty hose (*pl*) (AmE), tights (*pl*) (BrE) **3** (AmL) (calcetín) sock; ***chuparle las ~s a algn*** (CS fam) to lick sb's boots (colloq)
Compuesto **medias bombacha(s)** (RPl) *or* (Col, Ven) **pantalón** *fpl* panty hose (*pl*) (AmE), tights (BrE) (*pl*)
B (Mat) average; **la ~ de velocidad** the average speed; **una ~ de siete horas** an average of seven hours

m

(Compuesto) **media aritmética** arithmetic mean

C a medias (*loc adv*) **1** (incompleto): **dejó el trabajo a ~s** he left the work half-finished; **me dijo la verdad a ~s** she didn't tell me the whole truth *o* story; **lo arregló a ~s** he didn't fix it properly **2** (entre dos): **pagar a ~s** to pay half each, go halves; **lo hicimos a ~s** we did it between us

mediación *f* mediation; **por ~ de** through

mediado -da *adj* **1** (a mitad de) halfway through; **mediada la tarde empezó** halfway through the afternoon **2** (medio lleno) half-full, half-empty

mediador -dora *m,f* mediator

mediados: **a ~ de mes** halfway through the month, in the middle of the month; **a ~ de los años 30** in the mid thirties; **hacia ~ de mayo** around the middle of May

mediagua *f* (Andes) hut, shack

medialuna *f* **1** (esp RPl) (Coc) croissant (*often with ham and cheese*) **2** (Chi) (corral) ring

mediana *f*
A (Mat) median
B (Auto) median strip (AmE), central reservation (BrE)

medianamente *adv* moderately, fairly; **un resultado ~ bueno** a fairly good result

medianera *f* dividing wall, party wall (BrE)

medianería *f*
A (pared divisoria) dividing wall, party wall (BrE)
B (Méx) (Agr) (contrato) sharecropping

medianero -ra *adj* ‹*muro/pared*› dividing (*before n*), party (*before n*) (BrE); ‹*cerco*› dividing (*before n*)

medianía *f*
A **1** (punto medio) half-way point **2** (mediocridad) mediocrity
B (Andes) (pared) dividing wall, party wall (BrE)

mediano -na *adj* **1** ‹*tamaño/porción*› medium; ‹*coche*› medium-sized; **de mediana estatura/inteligencia** of medium *o* average height/of average intelligence; **de mediana edad** middle-aged; **la mediana empresa** medium-sized business **2** (mediocre) average, mediocre; **un trabajo de mediana calidad** a mediocre *o* rather average essay

medianoche *f*
A (las doce de la noche) midnight; **a ~** at midnight
B (Coc) (Esp, Méx) *type of roll for sandwiches*

mediante *prep* (frml) through, by means of (frml); **~ un intérprete** through *o* by means of an interpreter; **los resultados obtenidos ~ este método** the results obtained by *o* using this method; **atrapa su presa ~ estas pinzas** it traps its prey with these claws

mediar [A1] *vi*
A «*persona/organización*» **1** (intervenir) to mediate; **~ EN algo** ‹*en conflicto/negociaciones*› to mediate IN sth, to act as mediator IN sth **2** (interceder) **~ POR algn** to intercede FOR sb *o* on sb's behalf; **~ ANTE algn** to intercede *o* intervene WITH sb
B **1** «*tiempo/distancia*»: **el tiempo que media entre los dos hechos** the time which separates the two incidents; **~on dos años antes de volverla a ver** two years passed *o* elapsed before he saw her again; **entre los dos pueblos median 50 kms** the two villages are separated by a distance of 50 kms; **pero de ahí a decir que es un genio media un abismo** that's a long way from saying he's a genius **2** (interponerse): **sin ~ palabra** without (saying) a word; **entre nosotros media un abismo** we are poles *o* worlds apart; **no debemos permitir que medien intereses personales** we must not allow personal interests to enter into it **3** (transcurrir): **mediaba la tarde/el mes de mayo cuando ...** it was mid-afternoon/mid-may when ...

mediasnueves *fpl* (Col) mid-morning snack, elevenses (BrE colloq)

mediático -ca *adj* media (*before n*); **el poder ~** the power of the media

mediatizar [A4] *vt* **1** (influir) to influence **2** (estorbar) to interfere with

medicación *f* (frml) (medicinas) medication; (tratamiento) treatment, medication (frml)

medicamento *m* (frml) medicine, medicament (frml)

medicamentoso -sa *adj* (frml): **alergia medicamentosa** allergy brought on by medication

medicar [A2] *vt* (frml) ‹*enfermo*› to give *o* administer medication to (frml); **está medicado** he's on medication

medicatura *f* (Ven) first aid post, clinic

medicina *f*
A (ciencia) medicine

(Compuestos)
- **medicina alternativa/homeopática** alternative/homeopathic medicine
- **medicina forense** *or* **legal** forensic medicine
- **medicina general/interna/preventiva** general/internal/preventive medicine
- **medicina naturista** naturopathy

B (medicamento) medicine

medicinal *adj* ‹*aguas/planta*› medicinal; ‹*champú/jabón*› medicated

medición *f* **1** (acción) measuring; **instrumentos de ~** measuring instruments **2** (frml) (medida) measurement

médico¹ -ca *adj* medical; **un reconocimiento ~** a medical (examination); **está en tratamiento ~** he is having *o* undergoing treatment

médico² -ca *m,f*, **médico** *mf* doctor

(Compuestos)
- **médico cirujano** surgeon
- **médico de cabecera** family doctor *o* (AmE) physician, general practitioner, GP
- **médico de medicina general** general practitioner, GP
- **médico forense** *or* (Chi, Per) **legista** forensic scientist
- **médico interno residente** intern (AmE), houseman (BrE)

medicucho -cha *m,f* (pey) quack (pej)

medida *f*
A (Mat) (dimensión) measurement; **tomarle las ~s a algn** to take sb's measurements; **tomar las ~s de algo** to measure something; **¿qué ~s tiene el cuarto?** what are the dimensions of the room?
B (*en locs*) **a (la) medida** ‹*traje/zapato*› custom-made (AmE), made-to-measure (BrE); **servicios diseñados a la ~** tailor-made services; **a medida que** as; **a ~ que vaya pasando el tiempo** as time goes on; **a ~ que fue creciendo** as he grew up
C (objeto) measure; (contenido) measure; **un vaso de leche por cada ~ de cacao** one glass of milk per measure of cocoa; ***colmar la ~***: **eso colmó la ~** that was the last straw
D (grado, proporción): **en gran/cierta/menos ~** to a large/certain/lesser extent; **en la ~ de lo posible** as far as possible; **irá en la ~ en que le sea posible** he'll go if it's at all possible
E (moderación): **come con ~** he eats moderately; **gastan dinero sin ~** they spend money like water
F (Lit) measure
G (disposición) measure; **tomar ~s** to take steps *o* measures; **fue una ~ demasiado drástica** it was too drastic a step; **la huelga y otras ~s de presión** the strike and other forms of pressure

medido -da *adj* (CS): **es muy ~ con la bebida** he's a very moderate drinker; **fue muy ~ en sus palabras** he was very restrained in what he said

medidor *m* (AmL) meter

mediero -ra *m,f* (Chi) sharecropper

medieval *adj* medieval

medievalista *mf* medievalist

medievo *m* Middle Ages (*pl*)

medio¹ -dia *adj*
A (*delante del n*) (la mitad de): **~ litro** half a liter, a half-liter; **~ kilo** half a kilo; **media manzana** half an apple; **pagar ~ pasaje** to pay half fare *o* half price; **un retrato de ~ cuerpo** a half-length portrait; **media hora** half an hour, a half hour (AmE); **dos horas y media** two and a half hours; **lo sabe ~ Buenos Aires** half of Buenos Aires knows; **se lo contó a ~ mundo** he told the whole world; **la falda le llega a media pierna** she's wearing a calf-length skirt; **a media mañana/tarde dio un paseo** he went for a mid-morning/mid-afternoon stroll; **está a ~ vestir** she's still getting dressed

(Compuestos)
- **media luna** *f* half-moon; **en forma de ~ ~** crescent-shaped

- **media naranja** *mf* (fam & hum): **mi/su ~ ~** (cónyuge, novio, novia, etc) my/his/her better half (colloq & hum); (hombre ideal) my/her Mr Right; (muyer ideal) my/his ideal woman
- **media pensión** *f* (en hoteles) half board; (en colegios): **los alumnos en régimen de ~ ~** pupils who have school dinners
- **media vuelta** *f* (Mil) about-face (AmE), about-turn (BrE); **(se) dio ~ ~ y se fue** she turned on her heel and left
- **medio campo** *m* midfield
- **medio del melé** *mf* scrum half
- **medio fondista** *mf* middle-distance runner
- **medio fondo** *m* middle-distance
- **medio hermano -dia hermana** (*m*) half-brother; (*f*) half-sister
- **medio luto** *m* half-mourning
- **medio pupilo -dia pupila** *m,f* (CS) day pupil; **los ~ ~s** the day pupils
- **medio tiempo** (AmL) half-time

B (mediano, promedio) average; **el ciudadano/mexicano ~** the average citizen/Mexican; **a ~ y largo plazo** in the medium and long term; **la temperatura media** the average temperature

medio² *adv* half; **está ~ loca/dormida** she's half crazy/asleep; **~ en broma ~ en serio** half joking and half serious; **todo lo deja a ~ terminar** he leaves everything half finished; **fue ~ violento encontrármelo ahí** it was rather awkward meeting him there

medio³ *m*

A (Mat) (mitad) half

B **1** (centro) middle; **en (el) ~ de la habitación** in the middle *o* center of the room; **el asiento de en** *or* **del ~** the middle seat, the seat in the middle; **el justo ~** the happy medium; **quitarse de en** *or* **del ~** to get out of the way; ***quitar a algn de en*** **~** (euf) to bump sb off (colloq) **2** **los medios** *mpl* (Taur) center* (*of the ring*)

C **1** (recurso, manera) means (*pl*); **como ~ de coacción** as a means of coercion; **lo intentaron por todos los ~s** they tried everything they could; **no hay ~ de localizarlo** there's no way *o* means of locating him **2** (Art) (vehículo) *tb* **~ de expresión** medium **3** **medios** *mpl* (recursos económicos) *tb* **~s económicos** means (*pl*), resources (*pl*); **no escatimó ~s** he spared no expense; **no cuenta con los ~s necesarios para hacerlo** she does not have the means *o* resources to do it

(Compuestos)

- **medio de comunicación** *or* **difusión**: **la entrevista concedida a un ~ de ~ francés** the interview given to a French newspaper (*o* television station *etc*); **los ~s de ~** the media; **los ~s de ~ sociales** *or* **de masas** the mass media
- **medio de transporte** means of transport
- **medio informativo** ▸**medio de comunicación**
- **medios audiovisuales** *mpl* audiovisual aids (*pl*)
- **medios de producción** *mpl*: **los ~ de ~** the means of production

D (*en locs*) **de por medio**: **no puedo dejarlo, están los niños de por ~** I can't leave him, there are the children to think of; **hay intereses creados de por ~** there are vested interests involved; **había un árbol de por ~** there was a tree in the way; **en medio de**: **en ~ de tanta gente** (in) among so many people; **cómo puedes trabajar en ~ de este desorden** how can you work in all this mess; **en ~ de la confusión** in *o* amid all the confusion; **en ~ de todo** all things considered; **por medio** (CS, Per): **día/semana por ~** every other day/week; **dos o tres casas por ~** every two or three houses; **por medio de** by means of; **se comunicaban por ~ de este sistema** they communicated by means of this system; **por ~ de tu primo** from *o* through your cousin; ***de ~ a ~***: **te equivocas de ~ a ~** you're completely wrong; **le acertó de ~ a ~** she was absolutely right

E **1** (círculo, ámbito): **en ~s literarios/políticos** in literary/political circles; **no está en su ~** he's out of his element; **es desconocido en nuestro ~** he's unknown here (*o* in our area *etc*); **en ~s bien informados se comenta que ...** informed opinion has it that ... **2** (Biol) environment; **la adaptación al ~** adaptation to one's environment *o* surroundings; **animales en su ~ natural** animals in their natural habitat

(Compuesto) **medio ambiente** environment

medioambiental *adj* environmental

medioambientalista *adj/mf* environmentalist

mediocampista *mf* midfield player

mediocre *adj* mediocre

mediocridad *f* mediocrity

mediodía *m*

A **1** (las doce de la mañana) midday, noon; **a ~** *or* **al ~** at midday **2** (hora de comer) lunch time

B (Geog) south; **el ~ francés** the French Midi

medioevo *m* Middle Ages (*pl*)

mediofondista *mf* middle-distance runner

mediometraje *m* medium-length movie, medium-length film (BrE)

Medio Oriente *m* Middle East, Mid-East (AmE)

mediopensionista¹ *adj* day (*before n*)

mediopensionista² *mf* day pupil (*who has school lunch*)

medir [I14] *vt*

A to measure; **¿me mide tres metros de esta tela?** can you measure me off three meters of this material?

B (tener ciertas dimensiones) to be, measure; **mido 60 cm de cintura** I measure *o* I'm 60 cm round the waist; **la tela mide 90 cm de ancho** the cloth is 90 cm wide; **¿cuánto mide de alto/largo?** how tall/long is it?; **mide casi 1,90 m** he's almost 1.90 m (tall)

C (calcular, considerar) to consider, weigh up; **~ las consecuencias de algo** to consider the consequences of sth; **~ los pros y los contras de algo** to weigh up the pros and cons of sth

D (moderar): **mide tus palabras** you'd better choose *o* weigh your words carefully

■ **medirse** *v pron*

A (*refl*) to measure oneself; ‹*caderas/pecho*› to measure

B (Col, Méx, Ven) (probarse) to try on

meditabundo -da *adj* (liter *o* hum) pensive, thoughtful

meditación *f* meditation

(Compuesto) **meditación trascendental** transcendental meditation

meditar [A1] *vi* to meditate; **~ sobre algo** to reflect *o* meditate on sth

■ **meditar** *vt* (considerar) to think about; (durante más tiempo) to think about, ponder, meditate on; **una decisión muy meditada** a very carefully thought-out decision

meditativo -va *adj* meditative

mediterráneo -nea *adj* Mediterranean

Mediterráneo *m*: *tb* **el (mar) ~** the Mediterranean (sea)

médium *mf* (*pl* **-diums**) medium

medrar [A1] *vi* **1** «*persona/economía*» to prosper **2** (aumentar) to increase, grow

medroso -sa *adj* (liter) fearful, fainthearted (liter)

médula *f* **1** (Anat) marrow, medulla (tech); **me mojé hasta la ~** I got soaked to the skin; **británico hasta la ~** British through and through **2** (de problema) heart

(Compuestos)

- **médula espinal** spinal cord
- **médula ósea** bone marrow

medular *adj* **1** (Anat) bone-marrow (*before n*), medullary (tech) **2** (fundamental) fundamental

medusa *f* jellyfish, medusa

megabyte /'meγaβajt/ *m* megabyte

megaciclo *m* megacycle

megafonía *f* PA system

megáfono *m* (bocina) megaphone; (altavoz) (ant) loudspeaker

megalítico -ca *adj* megalithic

megalito *m* megalith

megalomanía *f* megalomania

megalómano -na *adj/m,f* megalomaniac

megatón *m* megaton

meiga *f* witch

mejicano -na *adj/m,f* Mexican

Méjico *m* ▸**México**

mejilla *f* cheek; ***poner la otra*** **~** to turn the other cheek

mejillón *m* mussel

m

mejor¹ *adj*
A **1** (comparativo de **bueno**) ‹*producto/profesor*› better; ‹*calidad*› better, higher, superior; **va a ser ~ que ...** it's better if ...; **tanto ~** *or* **~ que ~** so much the better; **cuanto más grande ~** the bigger the better; **al final todo fue para ~** it was all for *o* it all worked out for the best in the end; **es ~ que te sientes ahí** you'd be better off sitting there **2** (comparativo de **bien**) better; **sabe mucho ~ así** it tastes much better like that
B **1** (superlativo de **bueno**) (entre dos) better; (entre varios) best; **mi ~ amiga** my best friend; **productos de la ~ calidad** products of the highest quality; **lo ~ es que le digas la verdad** it's best if you tell her the truth; **le deseo lo ~** I wish you the very best *o* all the best **2** (superlativo de **bien**): **hoy es el díe en que la he encontrado ~** today is the best I've seen her

mejor² *adv*
A **1** (comparativo) better; **luego lo pensé ~** then I thought better of it; **pintas cada vez ~** your painting is getting better and better **2** **mejor dicho**: **me lleva dos años, ~ dicho, dos y medio** she's two years older than me, or rather, two and a half
B **1** (superlativo) best; **éste es el lugar desde donde se ve ~** this is where you can see best (from); **la versión ~ ambientada de la obra** the best-staged production of the play; **lo hice lo ~ que pude** I did it as best I could *o* (frml) to the best of my ability **2** **a lo mejor**: **a lo ~ este verano vamos a Italia** we may *o* might go to Italy this summer
C (esp AmL) (en sugerencias): **~ lo dejamos para otro día** why don't we leave it for another day?; **~ me callo** I think I'd better shut up; **~ pídeselo tú** it would be better if *you* asked him

mejor³ *mf*: **el/la ~** (de dos) the better; (de varios) the best; **es la ~ de la clase** she's the best in the class

mejora *f*
A **1** (perfeccionamiento) improvement **2** **mejoras** *fpl* (obras) improvements (*pl*)
B (Chi) (choza): *makeshift dwelling built on another person's land*

mejorable *adj*: **la redacción es ~** the essay could be better *o* could be improved on

mejoramiento *m* improvement

mejorana *f* marjoram

mejorar [A1] *vt* **1** ‹*condiciones/situación*› to improve; **este tratamiento te ~á enseguida** this treatment will make you better right away; **intentó ~ su marca** she tried to improve on *o* beat her own record **2** ‹*oferta*› (en subastas) to increase; **los empresarios ~on la propuesta** the management improved their offer *o* made a better offer
■ **mejorar** *vi* «*tiempo*» to improve, get better; «*resultados/calidad/situación*» to improve, get better; «*persona*» (Med) to get better; **ha mejorado de aspecto** he looks a lot better; **han mejorado de posición** they've come *o* gone up in the world
■ **mejorarse** *v pron* **1** «*enfermo*» to get better; **¿ya te mejoraste de la gripe?** have you got over the flu?; **que te mejores** get well soon, I hope you get better soon **2** (Chi fam & euf) (dar a luz) to give birth

mejoría *f* improvement; **el enfermo ha experimentado una ligera ~** there has been a slight improvement in the patient's condition; **le deseamos una pronta ~** we wish him a speedy recovery

mejunje *m* (fam & pey) **1** (comida) concoction, mixture; (bebida) brew, concoction **2** (cosmético) mixture, gunk (colloq)

melado *m* (AmL) syrup

melancolía *f* **1** (tristeza) melancholy, sadness **2** (Psic) melancholia

melancólico¹ -ca *adj* ‹*música/versos*› melancholy, melancholic; ‹*persona*› melancholy

melancólico² -ca *m,f* melancholic

melanina *f* melanin

melanoma *m* melanoma

melaza *f* molasses

melé *f* (Dep) (libre) ruck, maul; (organizada) scrum

melena *f* **1** (pelo suelto) long hair; **con la ~ al viento** with her hair flowing in the wind **2** (estilo de corte) bob **3** (del león) mane **4** **melenas** *fpl* (fam & pey) (pelo largo) mop of hair (colloq)

melenas *m* (fam) long-haired guy

melenudo -da *adj* (fam) long-haired

melifluo -flua *adj* sickly-sweet

melindres *mpl* **1** (afectación) affectation, affected ways (*pl*) **2** (delicadeza) delicate ways (*pl*); (con la comida) finicky **3** (gazmoñería) prudishness

melindroso -sa *adj* **1** (remilgado) affected **2** (Méx) (delicado) choosy, finicky **3** (mojigato) prudish

melisa *f* lemon balm

mella *f* (en hoja de cuchillo) notch, nick; (en diente, vaso) chip; ***hacer ~ en algn/algo***: **ese fracaso no hizo ~ en él** that failure didn't affect him; **dejó ~ en su personalidad** it marked his personality; **los años no hacen ~ en ti** you haven't aged at all

mellado -da *adj* ‹*diente/taza*› chipped; ‹*cuchillo/borde*› jagged; ‹*persona*› (falto de algún diente) gap-toothed

mellar [A1] *vt* **1** ‹*cuchillo/hoja*› to notch, nick; ‹*diente/porcelana*› to chip **2** (esp AmL) ‹*honor/fama*› to damage

mellizo¹ -za *adj* twin (*before n*)

mellizo² -za (*m*) twin (brother); (*f*) twin (sister); **tuvo ~s** she had twins

melocotón *m* **1** (esp Esp) (fruta redonda) peach **2** (AmC) (fruta en forma de estrella) star fruit

melocotonero *m* (esp Esp) peach (tree)

melodía *f* melody, tune

melódico -ca *adj* melodic

melodioso -sa *adj* melodious, tuneful

melodrama *m* melodrama; **del menor problema hace un ~** she always makes such a drama out of everything

melodramático -ca *adj* melodramatic

melomanía *f* love of music

melómano -na *m,f* music lover

melón *m* **1** (Bot) melon **2** (fam) (cabeza) head, nut (colloq)

melopea *f* (Esp fam): **coger** *or* **agarrar una ~** to get plastered (colloq)

meloso -sa *adj* **1** (pringoso) sticky **2** ‹*persona*› sickly-sweet, sugary; ‹*música/canción*› schmaltzy, slushy; ‹*voz*› sickly-sweet

membrana *f* membrane

(Compuesto) **membrana mucosa** mucous membrane

membranoso -sa *adj* membranous

membresía *f* (AmL frml) membership (frml), members (*pl*)

membrete *m* letterhead; **papel con ~** headed paper

membrillo *m* (árbol) quince (tree); (fruta) quince; **dulce de ~** quince jelly

memez *f* (Esp fam) stupid thing to say (*o* do *etc*)

memo¹ -ma *adj* (Esp fam) stupid, dumb (colloq); **no seas ~** don't be so stupid *o* dumb

memo² -ma *m,f*
A (Esp fam) idiot, peabrain (colloq)
B **memo** *m* (memorándum) memo

memorable *adj* memorable

memorándum *m* (*pl* **-dums**), **memorando** *m* **1** (nota) memorandum, memo **2** (agenda) notebook

memoria *f*
A (facultad) memory; **tener mucha** *or* **buena/poca** *or* **mala ~ (para algo)** to have a good/poor *o* bad memory (for sth); **si la ~ no me falla** *or* **engaña** if my memory serves me right; **se me ha quedado grabado en la ~** it has remained etched on my memory; **desde que tengo ~** for as long as I can remember; **¡qué ~ la mía!** what a memory I have!; **aprender/saber algo de ~** to learn/know sth by heart; **estoy citando de ~** I'm quoting from memory; **se me había borrado totalmente de la ~** I'd completely forgotten about it; **la canción me trajo aquel episodio a la ~** the song brought back that whole affair; **al oír su nombre ¡cuántos recuerdos me vienen a la ~!** hearing her name brings back so many memories!; **su nombre no me viene a la ~** I can't remember his name; ***hacer ~***: **trata de hacer ~** try to remember; **seguro que te acuerdas, haz ~** of course you can remember, think hard; ***refrescarle la ~ a algn*** to refresh *o* jog sb's memory; ***tener una ~ de elefante*** to have an incredible memory
B (recuerdo) memory; **un incidente de triste ~** a lamentable

incident; **respetar/profanar la ~ de algn** to respect/ blacken the memory of sb; **a la** *or* **en ~ de algn** in memory of sb; **el día más caluroso de que haya ~** the hottest day in living memory; **un monumento a la** *or* **en ~ de los caídos** a memorial to those killed

C **memorias** *fpl* (Lit) memoirs (*pl*)

D (Inf) memory

(Compuestos)

- **memoria RAM/ROM** RAM/ROM
- **memoria virtual** virtual memory

E 1 (Adm, Com) report; **~ anual** annual report 2 (Educ) written paper

memorial *m* memorial

memorístico -ca *adj*: **un aprendizaje netamente ~** a system based mainly on learning by heart *o* on rote learning

memorización *f* memorizing

memorizar [A4] *vt* to memorize

mena *f* ore

menaje *m*: **artículos de ~** household items; **sección de ~ del hogar** household department

mención *f* mention; **no hizo ~ de lo ocurrido** he didn't mention what had happened

(Compuesto) **mención honorífica** *or* **de honor** honorable* mention

mencionar [A1] *vt* to mention; **el tema mencionado anteriormente** the aforementioned *o* abovementioned matter (frml); **no quiero oír ~ ese nombre** I don't want to hear that name mentioned

menda *mf* (Esp fam) 1 (yo): **el/la ~** yours truly (colloq) 2 (pey) (tipo) jerk (colloq & pej); (tipa) old bag (colloq & pej)

mendacidad *f* (frml) lying, mendacity (frml)

mendaz *adj* (frml) mendacious (frml), lying (*before n*)

mendicante *adj* 1 (Relig) mendicant 2 (indigente) begging (*before n*), mendicant (frml)

mendicidad *f* begging

mendigar [A3] *vi* to beg

■ **mendigar** *vt* ⟨⟨*mendigo*⟩⟩ to beg for; **siempre tengo que andar mendigando que me ayudes** I always have to come to you hat in hand for help

mendigo -ga *m,f* beggar

mendrugo *m*: *tb* **~ de pan** piece of stale bread

menear [A1] *vt* 1 ⟨*rabo*⟩ to wag; ⟨*cabeza*⟩ to shake; ⟨*caderas*⟩ to wiggle 2 (fam) ⟨*asunto/problema*⟩ to go on about (colloq)

■ **menearse** *v pron* 1 (con inquietud) to fidget 2 (provocativamente) to wiggle one's hips 3 (fam) (apresurarse) to hurry up

meneo *m* 1 (movimiento) fidgeting; **un provocativo ~ de caderas** a provocative wiggle of the hips 2 (Esp fam) (sacudida) shake; **dar(le) un ~ a algn** to shake sb

menester *m*

A **ser ~** (frml) (ser necesario) to be necessary; **es ~ que lo hagamos sin demora** we must do it without delay

B (frml) (tarea) occupation; **se ganaba la vida en los ~es más diversos** he earned his living from some very diverse activities

menesteroso -sa *m,f gen* **los ~s** the needy

menestra *f* (ingrediente) mixed vegetables (*pl*); (plato) vegetable stew

mengano -na *m,f*: *ver* **fulano**

mengua *f* (frml) decline; **una considerable ~ en el número de suscripciones** a substantial reduction *o* decline in the number of subscriptions; **sin ~ de la calidad del servicio** with no deterioration in the quality of the service

menguado¹ -da *adj* (frml) ⟨*ejército*⟩ reduced in numbers; ⟨*provisiones*⟩ diminished; **hubo una menguada asistencia** there was a low *o* poor turnout

menguado² *m* decrease

menguante *adj* ▸**luna A, cuarto² C**

menguar [A16] *vi*

A (frml) ⟨⟨*temperatura/nivel*⟩⟩ to fall, drop; ⟨⟨*río*⟩⟩ to go down, drop in level; ⟨⟨*cantidad/número/reservas*⟩⟩ to diminish, dwindle, decrease; ⟨⟨*esperanzas*⟩⟩ to fade, dwindle; ⟨⟨*fuerzas*⟩⟩ to fade, wane, dwindle; **los embalses vieron ~ su contenido** the water level in the reservoirs dropped; **el calor no menguaba** the hot weather continued unabated

B (al tejer) to decrease

C ⟨⟨*luna*⟩⟩ to wane

■ **menguar** *vt*

A (frml) ⟨*responsabilidad/influencia*⟩ to diminish; ⟨*reputación*⟩ to damage

B ⟨*puntos*⟩ (en tejido) to decrease

menina *f*: *girl from a noble family brought up to serve at court*

meninge *f* meninx; **~s** meninges

meningitis *f* meningitis

menisco *m* cartilage, meniscus (tech)

menjurje, menjunje *m* ▸**mejunje**

menopausia *f* menopause

menopáusico -ca *adj* menopausal

menor¹ *adj*

A 1 (comparativo de **pequeño**): **un período de ~ interés histórico** a period of less historical interest; **su poder es cada vez ~** his power is decreasing all the time; **en ~ medida/grado** to a lesser extent *o* degree; **alimentos de ~ contenido calórico** food which is lower in calories; **esta vez hay un número ~ de detenidos** this time there are fewer detainees; **un porcentaje ~** a lower *o* smaller percentage; **~ QUE algo** lower THAN sth; **un ingreso ~ que el mío** an income lower than mine; **X < Z** (Mat) (*read as: equis es menor que zeta*) X < Z; (*léase: X is less than Z*); **sucede con ~ frecuencia que antes** it happens less often *o* less frequently than before 2 (superlativo de **pequeño**): **haciendo el ~ ruido posible** making as little noise as possible; **el de ~ tamaño** the smallest one

B (en edad) 1 (comparativo): **¿tienes hermanas ~es?** do you have any younger sisters?; **~ QUE algn** younger THAN sb 2 (superlativo): **¿cuál es el ~ de los hermanos?** who's the youngest of the brothers?; **el ~ de los dos niños** the younger of the two boys

C (secundario) ⟨*escritor/obra*⟩ minor; **lesiones de ~ importancia** minor injuries

D (Mús) minor

E (Com): **(al) por ~** retail; Ⓢ **venta (al) por menor** retail sales; **los distribuidores (al) por ~** retail shops *o* outlets

menor² *mf* (Der) minor; Ⓢ **película no apta para menores** film not suitable for under-18s

(Compuesto) **menor de edad** *mf* minor

menorista¹ *adj* (Col, Méx, Ven) retail (*before n*)

menorista² *mf* (Col, Méx, Ven) retailer

menorragia *f* menorrhagia

menos¹ *adv*

A (comparativo) less; **cada vez estudia ~** she's studying less and less; **ya me duele ~** it hurts less now; **ahora lo vemos ~** we don't see him so often *o* we don't see so much of him now; **no voy a ir, y ~ aún con él** I'm not going, and certainly not with him; **menos (...) QUE**: **un hallazgo no ~ importante que éste** a find which is no less important than this one; **ella ~ que nadie puede criticarte** she of all people is in no position to criticize you; **menos (...) DE** less than; **pesa ~ de 50 kilos** it weighs less than *o* under 50 kilos; **no lo haría por ~ de cien mil** I wouldn't do it for less than a hundred thousand; **éramos ~ de diez** there were fewer than ten of us; **los niños de ~ de 7 años** children under seven; **es ~ peligroso de lo que tú crees** it's not as dangerous as you think

B (superlativo) least; **es la ~ complicada** it is the least complicated one; **éste es el ~ pesado de los dos** this is the lighter of the two; **es el que ~ viene por aquí** he's the one who comes around least (often); **es el que ~ me gusta** he's the one I like (the) least; **se esfuerza lo ~ posible** he makes as little effort as possible; **es lo ~ que podía hacer** it's the least I could do; **cuando ~ lo esperábamos** when we were least expecting it; *para locs ver* **menos³ B**

menos² *adj inv*

A (comparativo) (en cantidad) less; (en número) fewer; **alimentos con ~ fibra/calorías** food with less fiber/fewer calories; **ya hace ~ frío** it's not as *o* so cold now; **recibimos cada vez ~ pedidos** we are getting fewer and fewer orders;

m

cuesta tres veces ~ it costs a third of the price; **mide medio metro ~** it's half a meter shorter; **menos (...) QUE: tengo ~ tiempo que tú** I haven't as *o* so much time as you; **~ estudiantes que el año pasado** fewer students than last year; **yo no soy ~ que él** he's no better than me
B (superlativo) (en cantidad) least; (en número) fewest; **esos casos son los ~** cases like that are the exception

menos³ *pron*
A: **sírveme ~** don't give me so much, give me less; **ya falta ~** it won't be long now; **aprobaron ~ que el año pasado** fewer passed than last year
B (*en locs*) **al menos** at least; **a menos que** unless; **cuando menos** at least; **de menos: me ha dado 100 pesos de ~** you've given me 100 pesos too little; **me has cobrado de ~** you've undercharged me; **lo menos** (fam) at least; **menos mal** just as well, thank goodness; **~ mal que no me oyó** just as well *o* it's a good thing he didn't hear me; **por lo menos** at least; ***ir a ~*** to go downhill; ***ser lo de ~***: **eso es lo de ~, a mí lo que me preocupa es ...** that's the least of it, what worries me is ...; **la fecha es lo de ~** the date is the least of our/their problems; ***tener algo/a algn en ~*** to think sth/sb is beneath one; **venido a ~** ‹*barrio/hotel*› run-down; **una familia venida a ~** a family that has come down in the world

menos⁴ *prep*
A (excepto): **firmaron todos ~ Alonso** everybody but Alonso signed, everybody signed except *o* but Alonso; **~ estos dos, todos están en venta** apart from *o* with the exception of these two, they are all for sale; **tres latas de pintura, ~ la que usé** three cans of paint, less what I used
B 1 (Mat) (en restas, números negativos) minus 2 (Esp, RPl) (en la hora): **son las cinco ~ diez/cuarto** it's ten to five/(a) quarter to five; **son ~ veinte** it's twenty to

menos⁵ *m* minus sign

menoscabar [A1] *vt* ‹*autoridad/fortuna*› to diminish, reduce; ‹*derechos*› to impinge upon, infringe; ‹*honor/fama/salud*› to damage, harm

m

menoscabo *m*: **su salud no sufrió ~ alguno** his health was not impaired *o* adversely affected in any way; **sin ~ de nuestra amistad** without detriment to *o* without damaging our friendship; **sin ~ de su autoridad** without his authority being reduced *o* diminished in any way

menospreciar [A1] *vt* 1 (despreciar) ‹*persona/obra*› to despise, look down on 2 (subestimar) to underestimate; **no lo menosprecies** don't underestimate *o* underrate him

menosprecio *m* contempt, scorn

mensada *f* (Méx fam) stupid thing to say (*o* do *etc*)

mensaje *m* 1 (noticia, comunicación) message; **un ~ de paz** a message of peace; **le dejó un ~ sobre la mesa** she left him a note on the table 2 (de una obra, canción) message
(Compuestos)
- **mensaje de error** error message
- **Mensaje de la Corona** King's/Queen's Speech

mensajería *f* messenger company, courier company (BrE)

mensajero¹ -ra *adj* messenger (*before n*)

mensajero² -ra *m,f* 1 (persona que lleva un mensaje) messenger 2 (Com) messenger, courier (BrE); **servicio de ~s** messenger service, courier service (BrE)

menso¹ -sa *adj* (AmL fam) stupid

menso² -sa *m,f* (AmL fam) fool

menstruación *f* menstruation; **estar con la ~** to have one's period

menstrual *adj* menstrual

menstruar [A3] *vi* to menstruate

mensual *adj* ‹*publicación/sueldo*› monthly; **9.000 pesos ~es** 9,000 pesos a month

mensualidad 1 *f* (sueldo) monthly salary 2 (cuota) monthly payment *o* installment*; **debe dos ~es** he's two months behind with the payments

mensualmente *adv* monthly, every month

mensurable *adj* measurable

menta *f* mint; **té de ~** mint *o* peppermint tea; **licor de ~** crème de menthe; **helado de ~** peppermint-flavored ice cream; **caramelos de ~** mints, peppermints

mentada *f* (Col, Méx, Ven euf) *tb* **~ de madre** insult (*usually about a person's mother*)

mental *adj* mental

mentalidad *f*: **una ~ muy abierta/cerrada** a very open/closed mind; **tiene la ~ de un niño de tres años** he has the mentality of a three-year-old; **tiene una ~ muy anticuada** she is very old-fashioned in her outlook

mentalización *f* 1 (concientización): **una campaña de ~** a campaign to increase *o* raise public awareness 2 (preparación mental) mental preparation

mentalizado -da *adj* [ESTAR]: **están ~s para imponerse a cualquier dificultad** they are mentally prepared to overcome any difficulty; **está muy mentalizada de que debe esforzarse** she is well aware of the fact that she will have to exert herself

mentalizar [A4] *vt* ‹*persona*›: **lo ha mentalizado para que haga ejercicio** she has made him realize *o* see that he needs to exercise; **~ a algn DE algo** to make sb aware OF sth

■ **mentalizarse** *v pron* 1 (prepararse mentalmente) to prepare oneself (mentally), get into the right frame of mind; **yo me había mentalizado para lo peor** I had prepared myself for the worst 2 (tomar conciencia) **~se DE algo: fue muy difícil ~me de que se había acabado** it was very difficult to come to terms with the idea that *o* to accept that it was over

mentalmente *adv* mentally; **hizo la cuenta ~** she added it up in her head

mentar [A5] *vt* to mention; **~ *(a) la madre*** (euf) to insult (*referring particularly to a person's mother*)

mente *f* 1 (cerebro, intelecto) mind; **tiene la ~ ocupada en muchas cosas** he has a lot of things on his mind; **tenía la ~ en blanco** my mind was a blank; **no se le pasó por la ~** it never entered her mind *o* occurred to her; **de repente me vino a la ~** it suddenly came to me; **eso me trae a la ~ muchos recuerdos** that brings back a lot of memories; ***tener algo en ~*** to have sth in mind; **tengo en ~ comprarme un apartamento** I'm thinking of buying an apartment 2 (persona) mind

mentecato¹ -ta *adj* silly

mentecato² -ta *m,f* fool

mentir [I11] *vi* to lie; **me mintió** he lied to me; **miente descaradamente** that's a downright lie; **no he estado nunca. ¡Miento! estuve una vez** I've never been there. No, I lie, I did go once

mentira *f*
A lie; **eso es ~** that's a lie; **¡~! yo no le pegué** that's a lie, I didn't hit him!; **ya lo he agarrado** *or* **pillado en una ~ en varias ocasiones** I've caught him lying to me several times; **¡parece ~! ¡cómo pasa el tiempo!** isn't it incredible! doesn't time fly!; **aunque parezca ~ tiene 50 años** you may find it hard to believe but she's 50; **no quiero seguir viviendo en la ~** I don't want to go on living a lie; **una araña de ~** *or* (Méx) **de mentiras** (leng infantil) a toy spider; ***una ~ como una casa*** *or* ***catedral*** *or* ***un templo*** (fam) a whopping great lie (colloq), a whopper (colloq)
(Compuesto) **mentira piadosa** white lie
B (Esp fam) (en la uña) white mark

mentirijillas (Esp fam) **de ~** (*loc adv*): **no te enfades, lo dije de ~** don't get mad, I was only joking *o* I was only teasing

mentiroso¹ -sa *adj*: **es muy ~** he's an awful *o* terrible liar; (dicho sin ánimo de ofender) he's a real fibber (colloq)

mentiroso² -sa *m,f* liar; (dicho sin ánimo de ofender) fibber (colloq)

mentís *m* (*pl* ~) (frml) denial; **dar (un) ~ a algo** to deny sth

mentol *m* menthol

mentolado -da *adj* menthol (*before n*)

mentón *m* chin

mentor *m* mentor

menú *m* (*pl* **-nús**)
A 1 (carta) menu 2 (comida): **~ del día** set meal; **nos había preparado un ~ exquisito** he had cooked us a delicious meal
B (Inf) menu

menú del día

Common in Spain, especially at lunchtime, this consists of a selection of courses for a fixed price. A drink and coffee are often included in the price

menudear [A1] *vi*
A (abundar) to be plentiful
B (Col, Méx, Ven) (Com) to sell retail

menudencia *f*
A (cosa insignificante): **eso es una ~** that's not important
B **menudencias** *fpl* (AmL) (Coc) giblets (*pl*)

menudeo *m* (Col, Méx) retail trade; **ventas al ~** retail sales

menudillos *mpl* giblets (*pl*)

menudo¹ -da *adj*
A 1 ‹*persona*› slight 2 ‹*letra/pie*› small; **picar el ajo muy menudito** chop the garlic very finely
B (Esp) (en exclamaciones) (*delante del n*): **¡~ lío!** what a mess!; **¡~ cochazo!** that's some car!
C **a menudo** often

menudo² *m*
A **menudos** *mpl* (vísceras de aves) giblets (*pl*)
B (Col, Ven) (dinero suelto) loose change

meñique¹ *adj*: **el dedo ~** the little finger

meñique² *m* little finger

meollo *m* 1 (Anat) marrow 2 (de un tema) heart

meón, meona *adj* (fam): **¡que niño más ~!** that child is always wetting himself

mequetrefe *m* (fam) good-for-nothing

mercachifle *m* (buhonero) hawker; (comerciante) greedy store owner (AmE), greedy shopkeeper (BrE)

mercadear [A1] *vt* (vender) to market; (regatear) to haggle over
■ **mercadear** *vi* to deal, buy and sell

mercadeo *m* marketing

mercader *m* (ant) merchant

mercadería *f* (esp AmS) merchandise

mercadillo *m* street market

mercado *m*
A (plaza) market; **ir al ~** *or* (Col, Méx) **hacer el ~** to go to market; **día de ~** market day

(Compuestos)
- **mercado de abastos** *or* (RPl) **de abasto** market (*selling fresh food*)
- **mercado de las pulgas** *or* (AmL) **de pulgas** flea market
- **mercado persa** (CS) bazaar, street market

B (Com, Econ, Fin) market; **el ~ del petróleo** the oil market; **el ~ nacional/extranjero** the domestic/overseas market; **en 1985 salió al ~** it came onto the market in 1985; **un ~ alcista/bajista** a rising/falling market

(Compuestos)
- **Mercado Común**: **el ~ ~** the Common Market
- **mercado de divisas** foreign exchange market
- **mercado de materias primas/de valores** commodities/stock market
- **mercado laboral/monetario/negro** labor*/money/black market
- **mercado nicho** niche market
- **mercado paralelo** (AmL period) parallel market

mercadotecnia *f* marketing

mercancía *f*, **mercancías** *fpl* 1 (Com) goods (*pl*), merchandise; **~s perecederas** perishable goods, perishables 2 (fam) (droga) merchandise (sl), stuff (colloq)

mercante¹ *adj* merchant (*before n*)

mercante² *m* merchant ship

mercantil *adj* ‹*ley/operación*› commercial, mercantile

mercantilismo *m* mercantilism

mercantilista¹ *adj* mercantilist

mercantilista² *mf* (Econ) mercantilist; (Com, Der) *expert in mercantile law*

merced *f*
A (arc) (favor) favor*; **conceder** *or* **otorgar una ~** to grant a favor; **~ a una llamada telefónica** (frml) thanks to a telephone call; **a (la) merced de** at the mercy of
B **su/vuestra ~** Your Worship (*form of address formerly used to a person of title or rank*)

mercenario¹ -ria *adj* (Mil) mercenary

mercenario² -ria *m,f* 1 (Mil) mercenary 2 (pey) (persona interesada): **es un ~** he's very mercenary (pej)

mercería *f* (tienda de hilos, botones) notions store (AmE), haberdashery (BrE); (ferretería) (Chi) hardware store

mercerizar [A4] *vt* to mercerize

mercero -ra *m,f* notions dealer (AmE), haberdasher (BrE)

merco *m* (Per fam) food, grub (colloq)

Mercosur *m*: *economic community comprising Argentina, Brazil, Paraguay and Uruguay*

mercurio *m* mercury; **termómetro de ~** mercury thermometer

Mercurio *m* Mercury

merecedor -dora *adj* **~ DE algo** worthy OF sth, deserving OF sth (frml); **no es ~ de tu cariño** he is unworthy of your affection

merecer [E3] *vt* ‹*premio/castigo*› to deserve; **merece el respeto de todos** she deserves everyone's respect; **~ + INF** to deserve to + INF; **merece que le den el puesto** she deserves to get the job
■ **merecerse** *v pron* (*enf*) ‹*premio/castigo*› to deserve; **te lo tienes bien merecido** it serves you right; **~se + INF** to deserve to + INF; **se merece que la asciendan** she deserves to be promoted

merecidamente *adv* ‹*famoso/respetado*› deservedly; **fueron ~ aplaudidos** they received well-deserved applause

merecido *m*: **recibió** *or* **se llevó su ~** he got what he deserved

merecimiento *m* 1 (mérito) merit; **se impusieron con todo ~** they fully deserved to win; **acreditó el ~ del premio** he proved himself worthy of the prize; **deberá trabajar mucho y hacer ~s** she will have to work hard and be on her best behavior; **no tiene ~ suficiente para obtener el cargo** he is not good enough to get the job 2 (reconocimiento) recognition; **un ~ bien ganado** well-deserved recognition; **en ~ a su gran labor** in recognition of her great work

merendar [A5] *vi* to have a snack in the afternoon, have tea; **merendamos en el campo** we had a picnic (tea) in the country; **¡niños, a ~!** teatime, children
■ **merendar** *vt* to have … as an afternoon snack
■ **merendarse** *v pron* (fam) ‹*adversarios/contrincantes*› to thrash (colloq); ‹*trabajo*› to polish off (colloq)

merendero *m* (bar) outdoor bar; (instalaciones para picnics) picnic area

merengada *f* (Ven) milkshake

merengue *m*
A (pastel) meringue
B (baile) merengue
C (CS fam) (lío, problema) mess (colloq)
D (Chi fam & pey) (persona enclenque) weakling, weed (colloq)

meretriz *f* (frml) prostitute

meridiano¹ -na *adj* 1 (del mediodía) meridian; **la hora meridiana** (liter) noon 2 ‹*luz*› dazzling; **su explicación fue de una claridad meridiana** his explanation was crystal clear

meridiano² *m* meridian

(Compuesto) **meridiano cero** *or* **de Greenwich** /'grinɪtʃ/ Greenwich Meridian

meridional¹ *adj* southern

meridional² *mf* southerner

merienda *f*
A (por la tarde) afternoon snack, tea; (para la escuela) (RPl) snack; **ir de ~ al campo** to go for a picnic (tea) in the country; **~ *de negros*** (arreglo) (Esp fam) shady setup(colloq)

(Compuestos)
- **merienda campestre** picnic
- **merienda cena** *substantial early evening meal*, ≈ high tea (*in UK*)

B (Ven fam) (alboroto) pandemonium

merino¹ -na *adj* merino (*before n*)

merino² -na *m,f* 1 (animal) merino (sheep) 2 **merino** *m* (lana) merino wool

mérito *m* merit, worth; **una obra de ~** a commendable piece of work; **una persona de ~** a worthy person; **no le**

m

veo ningún ~ a eso I can't see any merit in that; **quitarle** *or* **restarle ~s a algn** to take the credit away from sb; **atribuirse el ~ de algo** to take the credit for sth; ***hacer* ~s**: **va a tener que hacer ~s** (para conseguir algo) he's going to have to earn it; (para compensar algo) he's going to have to make amends

(Compuesto) **méritos de guerra** *mpl* mention in dispatches

meritocracia *f* meritocracy

meritorio¹ -ria *adj* [SER] (frml) commendable, praiseworthy (frml); **~ DE algo** worthy OF sth; **no es ~ de tales honores** he isn't worthy *o* (frml) deserving of such honors

meritorio² -ria *m,f* unpaid trainee

merluza *f* (Coc, Zool) hake

merluzo -za *m,f* (Esp fam) numskull (colloq)

merma *f* (frml) decrease, decline; **no podía volverse atrás sin ~ de su prestigio** he couldn't back down without damaging his reputation

mermar [A1] *vi* (frml) «*viento/frío*» to abate (frml); «*luz*» to fade; **el nivel del agua ha mermado** the water level has fallen

■ **mermar** *vt* (frml) ‹*suministro*› to reduce, cut down on; ‹*capital*› to reduce; **mermó las arcas de la organización** it depleted the resources of the organization

mermelada *f* (de cítricos) marmalade; (de otras frutas) jam

mero¹ -ra *adj* (*delante del n*)

A (solo, simple) mere; **el ~ hecho de ...** the mere *o* simple fact of ...; **es un ~ juego** it's only *o* just a game

B (AmC, Méx fam) (uso enfático): **¿cuántas quedaron? — una mera** how many were left? — just one; **el ~ día de su boda** the very day of her wedding; **el ~ patrón** the boss himself; **en la mera esquina** right on the corner; **¿500 pesos? — ¡eso ~!** 500 pesos? — that's right; ***el ~ ~*** (Méx fam) the boss; **se creen los ~s ~s** they think they're the tops (colloq)

mero² *adv* (Méx fam) **1** (casi) nearly, almost; **ya ~ llegamos** we're nearly there **2** (uso enfático): **así ~ me gustan los tacos** this is just how I like tacos; **ya ~** right now; **aquí merito** right here

mero³ *m* grouper

merodeador -dora *m,f* prowler

merodear [A1] *vi* to prowl

merodeo *m* prowling, snooping

merolico -ca *m,f* (Méx) (curandero) quack (colloq); (vendedor) street trader

mersa¹ *adj* (RPl fam & pey) ‹*ropa/lugar*› tacky (colloq); ‹*persona*› common (pej)

mersa² *mf* (RPl fam & pey) **1** (persona): **es un ~** he's so common (pej) **2** **la mersa** *f* the plebs (*pl*) (colloq & pej), the riffraff (hum *or* pej)

mersada *f* (RPl fam & pey): **ese vestido es una ~** that dress is really tacky (colloq)

mes *m* month; **el ~ pasado/que viene** last/next month; **una vez al ~** once a month; **¿cuánto pagas al ~?** how much do you pay a month?; **tiene siete ~es** he's seven months old; **está embarazada de tres ~es** she's three months pregnant; **nos deben dos ~es** they owe us two months' rent (*o* pay *etc*)

mesa *f*

A (mueble) table; **~ de comedor/de cocina** dining room/kitchen table; **poner la ~** to lay the table; **levantar** *or* **quitar** *or* **recoger la ~** to clear the table; **bendecir la ~** to say grace; **¡a la ~!** dinner (*o* lunch *etc*) is ready!; **sentarse a la ~** to sit at the table; **se levantó de la ~** he got up from *o* left the table; **reservar ~** to reserve a table; ***por debajo de la ~*** under the table; ***quedarse debajo de la ~*** (CS fam) to go hungry, miss out on the food

(Compuestos)
- **mesa auxiliar/de billar/de centro** side/billiard/coffee table
- **mesa camilla** (Esp) *small round table often with a small heater underneath*
- **mesa de dibujo** drawing board
- **mesa de noche** *or* (RPl) **de luz** bedside table
- **mesa de operaciones/partos** operating/delivery table
- **mesa nido** nest of tables
- **mesa petitoria** stand (*for charity collection, etc*)
- **mesa rodante** tea trolley

B (conjunto de personas) committee

(Compuestos)
- **mesa de examen** (RPl) examining board
- **mesa electoral** *group of people who preside over a polling station on election day*
- **mesa redonda/de negociaciones** round/negotiating table

mesada *f* (AmL) (dinero) monthly allowance; (para niños) pocket money

mesarse [A1] *v pron*: **~ la barba** to pull *o* tug one's beard

mescalina *f* mescaline

mescolanza *f* ▸ **mezcolanza**

mesero -ra (AmL) (*m*) waiter; (*f*) waitress

meseta *f* (Geog) plateau; (Arquit) landing

mesiánico -ca *adj* messianic

Mesías *m* Messiah

Mesoamérica *f* Middle America (*most of Mexico and Central America*)

mesón *m*

A **1** (bar) *old-style bar/restaurant* **2** (arc) (posada) tavern (arch), inn

B (Chi) (en tienda) counter; (de bar) bar, counter; **~ de información** information desk

mesonero -ra *m,f* **1** (de bar) (*m*) landlord; (*f*) landlady **2** (arc) innkeeper **3** (Ven) (camarero) (*m*) waiter; (*f*) waitress

mestizaje *m* (conjunto de mestizos) people of mixed race (*pl*); (mezcla de razas) crossbreeding

mestizo¹ -za *adj* **1** ‹*persona*› *of mixed race, particularly of Indian and white parentage*; **de sangre mestiza** of mixed blood **2** ‹*animal*› crossbred **3** ‹*planta*› hybrid

mestizo² -za *m,f* mestizo, person of mixed race

mesura *f* moderation, restraint; **comer con ~** to eat in moderation

mesurado -da *adj* ‹*persona*› moderate, restrained; ‹*palabras*› restrained, measured

meta¹ *f*

A (Dep) **1** (en atletismo) finishing line; (en ciclismo, automovilismo) finish; (en carreras de caballos) winning post **2** (en fútbol) goal

B (objetivo) aim; **su única ~ es ganar dinero** his only aim *o* ambition is to earn money; **se ha trazado ~s inalcanzables** she has set herself impossible targets *o* goals

meta² *m* (Esp) goalkeeper

metabólico -ca *adj* metabolic

metabolismo *m* metabolism

metacarpo *m* metacarpus

metadona *f* methadone

metafísica *f* metaphysics

metafísico -ca *adj* metaphysical

metáfora *f* metaphor

metafórico -ca *adj* metaphorical

metal *m* **1** (material, elemento) metal; ***el vil ~*** filthy lucre (hum) **2** *tb* **metales** (Mús) brass (section) **3** (de la voz) timbre

(Compuestos)
- **metal noble** *or* **precioso** precious metal
- **metal pesado** heavy metal

metalenguaje *m* metalanguage

metálico¹ -ca *adj* (de metal) metallic, metal (*before n*); ‹*sonido/brillo/color*› metallic

metálico² *m*: **pagar en ~** to pay (in) cash; **un premio en ~** a cash prize

metalizar [A4] *vt* **1** (Metal) to metalize* **2** ‹*persona*› to make ... money-minded; ‹*actividad*› to commercialize

■ **metalizarse** *v pron* **1** (Metal) to become metalized* **2** «*persona*» to become money-minded; «*actividad*» to become commercialized

metalurgia *f* metallurgy

metalúrgico¹ -ca *adj* metallurgical

metalúrgico² -ca *m,f* metalworker

metamorfosearse [A1] *v pron* to metamorphose

metamorfosis, metamórfosis *f* (*pl* ~) metamorphosis

metano *m* methane

metanol *m* methanol

metástasis *f* metastasis

metate *m* (AmC, Méx) *flat stone used for grinding corn*

metazoo *m* metazoan

metedura de pata *f* (esp Esp fam) blunder, gaffe

metegol *m* (Arg) table football

metelón¹ -lona *adj*
A (Méx fam) (entrometido) nosy (colloq)
B (Col fam) (fumador de marihuana) pot-smoking (*before n*) (colloq)

metelón² -lona *m,f* (Col fam) pothead (sl)

meteórico -ca *adj* meteoric

meteorito *m* meteorite

meteoro *m* meteor

meteorología *f* meteorology

meteorológico -ca *adj* meteorological, weather (*before n*)

meteorólogo -ga *m,f* meteorologist

metepatas *mf* (*pl* ~) (fam): **es una ~** she's always putting her foot in it (colloq)

meter [E1] *vt*
A **1** (introducir, poner) to put; **~ algo EN algo** to put sth IN(TO) sth; **~ la llave en la cerradura** to put the key into the lock; **quiero ~ todo esto en un folio** I want to fit all of this onto one sheet; **no le metas esas ideas en la cabeza** don't put ideas like that into her head **2** (hacer entrar) **~ a algn EN algo**: **puedo ~ cuatro personas en mi coche** I can get *o* fit four people in my car; **lo metieron en la cárcel** they put him in prison; **lo metió interno en un colegio** she sent him to (a) boarding school; **consiguió ~lo en la empresa** she managed to get him a job in the company; **~ a algn DE algo**: **lo metieron de aprendiz** they got him a job as an apprentice **3** (involucrar) **~ a algn EN algo** to involve sb IN sth, get sb involved IN sth
B **1** (invertir) to put **2** ‹*tanto/gol*› to score **3** (en costura) ‹*dobladillo*› to turn up; **métele un poco en las costuras** take it in a bit at the seams; **~le tijera/sierra a algo** to set to with the scissors/saw on sth **4** (Auto) ‹*cambio*›: **mete (la) tercera** put it into third (gear); **~ la marcha atrás** to get into reverse
C **1** (provocar, crear): **no metas ruido** keep the noise down; **~le miedo a algn** to frighten *o* scare sb; **nos están metiendo prisa** we're under a lot of pressure to do things faster; ***a todo ~*** (fam) ‹*conducir/correr/estudiar*› flat out; ***~le*** (AmL) to get a move on (colloq); **le metimos con todo** we did our utmost **2** (fam) (encajar, endilgar): **me metieron una multa** I got a ticket (colloq); **nos metió una de sus historias** she spun us one of her yarns **3** (Col arg) ‹*cocaína*› to snort (sl); ‹*marihuana*› to smoke

■ **meter** *vi* (Col arg) (consumir marihuana) to smoke (dope)

■ **meterse** *v pron*
A **1** (entrar) **~se EN algo**: **me metí en el agua** (en la playa) I went into the water; (en la piscina) I got into the water; **nos metimos en un museo** we went into a museum; **se metió en la cama** he got into bed; **no sabía dónde ~se de la vergüenza** she was so embarrassed she didn't know what to do with herself; **¿dónde se habrá metido el perro?** where can the dog have got to?; (+ *me/te/le etc*) **se me metió algo en el ojo** I got something in my eye **2** (introducirse) **~se algo EN algo**: **me metí el dedo en el ojo** I stuck my finger in my eye; **se metió el dinero en el bolsillo** he put the money in(to) his pocket; ***¡que se lo meta ahí mismo!*** *or* ***¡que se lo meta por dónde le quepa!*** (vulg) she can stuff it! (sl); ***ya sabes dónde te lo puedes ~*** (vulg) you know where you can stuff it (vulg) **3** (fam) ‹*comida/bebida*› to put away (colloq) **4** (Ven arg) ‹*cocaína*› to snort (sl); ‹*marihuana*› to smoke
B **1** (en trabajo): **se metió de secretaria** she got a job as a secretary; **~se de** *or* **a cura/monja** to become a priest/nun **2** (involucrarse) **~se EN algo** to get involved IN sth; **te has metido en un buen lío** you've got yourself into a fine mess; **se ha metido en un asunto muy turbio** she's got(ten) involved in a very shady affair; **no podemos ~nos en más gastos** we cannot take on anymore financial commitments **3** (entrometerse) to get involved; **no te metas en lo que no te importa** mind your own business; **ella empezó a ~se por medio** she started interfering; ***~se con algn*** (fam) to pick on sb: ***~se donde no lo llaman*** to poke one's nose into other people's business (colloq); **¡no te metas donde no te llaman!** mind your own business!

meterete¹ -ta *adj* (RPl fam) nosy (colloq)

meterete² -ta *m,f* (RPl fam) busybody (colloq)

metiche¹ *adj* (AmL fam) nosy (colloq)

metiche² *mf* (AmL fam) busybody (colloq)

meticuloso -sa *adj* ‹*trabajo/investigación*› meticulous, thorough; ‹*persona*› meticulous

metida de pata *f* (AmL fam) blunder, gaffe

metido¹ -da *adj*
A [ESTAR] (en ambiente, situación) **~ EN algo** involved IN sth; **está muy ~ en política** he's very involved in politics; **estoy ~ en un lío** I'm in trouble; **estuvo ~ en un asunto turbio** he was mixed up in some shady dealings
B **1** [SER] (AmS fam) (entrometido) nosy (colloq) **2** [ESTAR] (Chi fam) (intrigado) intrigued
C [ESTAR] (CS fam) (enamorado) **~ CON algn** crazy *o* mad about sb (colloq); ***dejar ~ a algn*** (Col fam) to stand sb up (colloq)

metido² -da *m,f* (AmS fam) busybody (colloq)

metilo *m* methyl

metlapil *m* (AmC, Méx) stone rolling pin

metódico -ca *adj* methodical

metodismo *m* Methodism

metodista *adj/mf* Methodist

método *m* method; **el mejor ~ para aprobar** the best way to pass; **con ~** methodically

metodología *f* methodology

metomentodo *mf* (*pl* ~) (fam) busybody (colloq)

metraje *m* length (*of film*); **película de corto/largo ~** short/feature-length movie *o* film

metralla *f* (trozos) shrapnel; (munición) grapeshot

metralleta *f* submachine gun

métrica *f* metrics

métrico -ca *adj* metric, metrical

metro *m*
A **1** (medida) meter*; **~ cuadrado/cúbico** square/cubic meter; **¿cuánto cuesta el ~?** how much is it a meter?; **vender algo por ~(s)** to sell sth by the meter; **los 100 ~s vallas** the 100-meter hurdles **2** (cinta métrica) tape measure; (regla) ruler
B (Transp) subway (AmE), tube (BrE)
C (en poesía) meter*

metrobús *m* **1** (para viajar) *combined bus and subway travel pass* **2** (vehículo) bus (*serving subway station*)

metrónomo *m* metronome

metrópolis (*pl* ~), **metrópoli** *f* **1** (ciudad grande) metropolis **2** (Hist) (capital) metropolis; (nación) mother country

metropolitano¹ -na *adj* **1** (de la ciudad) metropolitan; **área metropolitana** metropolitan area **2** ‹*iglesia*› metropolitan

metropolitano² *m* **1** (Transp) subway (AmE), underground (BrE) **2** (arzobispo) metropolitan

mexicanismo *m* Mexicanism

mexicano -na *adj/m,f* Mexican

México *m* (país) Mexico; (capital) Mexico City

mexiquense *adj* (Méx) of/from Mexico City

mezanina *f* (Ven) mezzanine

mezcal *m* mescal

mezcla *f*
A (proceso) **1** (de productos) mixing; (de vinos, tabacos, cafés) blending **2** (de razas, culturas) mixing; **estos perros son producto de una ~** these dogs are crossbreeds **3** (Audio) mixing
B (combinación) **1** mixture; (de vinos, tabacos, café) blend; (de telas) mix; **una ~ de distintos colores** a combination *o* mixture of different colors **2** (de razas, culturas) mix **3** (Audio) mix

(Compuesto) **mezcla explosiva** (Arm) explosive mixture

mezclador¹ -dora *m,f* (persona) *tb* **~ de sonido** *or* **audio** sound mixer

mezclador² *m*, **mezcladora** *f* **1** (aparato) mixing panel *o* board **2** **mezcladora** *f* (Const) mixer

m

mezclar [A1] *vt*
A 1 (combinar) to mix; **~ todo hasta formar una pasta** mix all the ingredients into a paste; **~ algo CON algo** to mix sth WITH sth; **~ los huevos con el azúcar** mix the eggs and the sugar together 2 ‹*café/vino/tabaco*› to blend
B ‹*documentos/ropa*› to mix up, get … mixed up; **~ algo CON algo** to get sth mixed up WITH sth
C (involucrar) **~ a algn EN algo** to get sb mixed up *o* involved IN sth
■ **mezclarse** *v pron*
A «*persona*» 1 (con un fondo, una multitud) to merge 2 (involucrarse) **~se EN algo** to get mixed up *o* involved IN sth; **~se en cuestiones políticas** to get mixed up *o* involved in politics 3 (tener trato con) **~se CON algn** to mix WITH sb
B «*razas/culturas*» to mix

mezclilla *f* 1 (tela de mezcla) cloth of mixed fibers 2 (Chi, Méx) (tela de jeans) denim

mezcolanza *f* (pey): **una ~ de francés y español** a peculiar mixture *o* (colloq) mishmash of French and Spanish; **una ~ de estilos diferentes** a hodgepodge (AmE) *o* (BrE) hotchpotch of different styles

mezquinar [A1] *vt* (esp AmL fam) to skimp on, be stingy with (colloq)

mezquindad *f* 1 (cualidad — de tacaño) meanness, stinginess (colloq); (— de ruin): **es de una ~ asombrosa** he's incredibly nasty *o* (colloq) mean 2 (acción egoísta) mean thing to do

mezquino[1] -na *adj* 1 (vil) mean, small-minded; (tacaño) mean, stingy (colloq) 2 (escaso) ‹*sueldo/ración*› paltry, miserable

mezquino[2] *m* (Col, Méx) wart

mezquita *f* mosque

mezzo-soprano, mezzo *f* mezzo soprano

mg. (= **miligramo**) mg

MHz (= **megaherzio**) MHz

m

mi[1] *adj* (*delante del n*) my; **no fue ~ intención hacerte daño** I didn't mean *o* intend to hurt you; **~ querido amigo** my dear friend (frml *or* dated); **sí, ~ vida** yes, darling; **sí, ~ capitán** yes, sir

mi[2] *m* (nota) E; (en solfeo) mi; **~ bemol/sostenido** E flat/sharp; **en ~ mayor/menor** in E major/minor

M.I. = **Muy Ilustre**

mí *pron pers* 1 me; **¿es para ~?** is it for me?; **por ~ no hay problema** as far as I'm concerned that's fine, that's fine by me; **¿preguntó por ~?** did she ask after me?; **¿ya ~ qué?** so what?, what do I care? 2 (uso enfático): **a ~ no me importa** I couldn't care less; **¡a ~ no me hables así!** don't speak to *me* like that! 3 (*refl*): **~ mismo/misma** myself; **todavía puedo valerme por ~ mismo** I can still look after myself

miaja *f* (fam): **no tiene ni ~ de sentido común** she doesn't have an ounce of common sense (colloq); **ponme una ~ más** give me a tiny bit more; **¡eso es una ~!** that's a tiny portion

miasma *m* miasma

miau *m* miaow; **hacer ~** to miaow

mica *f*
A 1 (Min) mica 2 (AmL) (de un reloj) crystal
B (Col) (de niño) potty (colloq)

micción *f* micturition (tech), urination

michelín *m* (fam) spare tire* (colloq), roll of fat

michicato -ta *adj* (Col fam) tight-fisted (colloq)

michino -na *m,f* (fam) puss (colloq), pussy (cat) (colloq)

micho -cha *m,f*
A (fam) (gato) puss (colloq), pussy (cat) (colloq)
B **micho** *m* (Per) (Jueg) noughts and crosses

mico -ca *m,f*
A (Zool) long-tailed monkey; (como término genérico) monkey
B **mico** *m* (fam) (persona — coqueta) vain person; (— fea) ugly devil (colloq); (— de mala pinta) (Ven) unsavory* type

micra *f* micron

micrero -ra *m,f* (Chi) bus driver

micro[1] *m*
A (fam) (microbús) small bus; (autobús) (Arg) bus, coach (BrE)
B (fam) (micrófono) mike (colloq)
C (Esp) (microordenador) microcomputer, micro

micro[2] *f* (Chi) bus

microbiano -na *adj* microbial, microbic

microbio *m* (Biol) microbe; (niño pequeño) (fam) little kid (colloq); **tú, ~, a la cama** come on, shrimp, off to bed (colloq)

microbiología *f* microbiology

microbiólogo -ga *m,f* microbiologist

microbús *m* (bus pequeño) small bus; (autobús) (Chi frml) bus

microchip /mikro'tʃip/ *m* (*pl* **-chips**) microchip

microclima *m* microclimate

microcomputadora *f* (esp AmL) microcomputer, micro

microcosmos (*pl* **~**), **microcosmo** *m* microcosm

microeconomía *f* microeconomics

microelectrónica *f* microelectronics

microficha *f* microfiche, fiche

microfilm (*pl* **-films**), **microfilme** *m* microfilm

microfilmar [A1] *vt* to microfilm

micrófono *m* microphone; **hablar por el ~** to speak over the microphone

microlentilla *f* contact lens

micrómetro *m* micrometer

microonda *f* microwave

microondas *m* (*pl* **~**) microwave (oven)

microordenador *m* (Esp) microcomputer, micro

microorganismo *m* microorganism

microprocesador *m* microprocessor

microscópico -ca *adj* microscopic

microscopio *m* microscope; **mirar algo al** *or* **por el ~** to look at sth under the microscope

microsurco *m* microgroove

microtecnología *f* microtechnology

mida, midas, etc *see* **medir**

miéchica *interj* (Chi, Per fam) (expresando disgusto) damn! (colloq); (uso expletivo): **¿quién/qué/dónde ~ ...?** who/what/where the hell ...?

miedo *m* fear; **¡qué ~ pasamos!** we were so frightened *o* scared!; **temblaba de ~** he was trembling with fear; **casi me muero de ~** I almost died of fright; **me da ~ salir de noche** I'm afraid to go *o* of going out at night; **perder el ~** to overcome one's fear; **se cagaba de ~** (vulg) he was shit-scared (vulg); **~ A algo/algn** fear OF sth/sb; **el ~ a lo desconocido** fear of the unknown; **le tiene ~ a su padre** he's scared *o* afraid of his father; **agarrarle** *or* (esp Esp) **cogerle ~ a algo/algn** to become frightened *o* scared of sth/sb; **por ~ a** for fear of; **tener ~** to be afraid *o* frightened *o* scared; **tiene ~ de caerse** he's afraid he might fall; **tengo ~ de que se ofenda** I'm afraid he will take offense; ***de ~*** (fam) fantastic, great (colloq); **hace un frío de ~** it's freezing cold

miedoso[1] -sa *adj*: **¡no seas ~! no te va a hacer daño** don't be frightened *o* scared! it won't hurt you; **¡qué ~ es!** he's such a coward!

miedoso[2] -sa *m,f* coward, scaredy cat (colloq)

miel *f* honey; ***dejar a algn con la ~ en los labios*** to snatch sth away from under sb's nose

(Compuesto) **miel de caña/de maíz/de palma** sugarcane/corn/palm syrup

mielga *f* (Bot) alfalfa

miembro *m*
A 1 (de organización, asociación) member 2 (*como adj*) ‹*estado/países*› member (*before n*) 3 (Mat) member
B (Anat) limb; **~s anteriores/posteriores** fore/back limbs

(Compuesto) **miembro viril** (euf) male member (euph)

mienta, mientas, etc *see* **mentir**

mientes *fpl* (liter): **tener algo en ~** to have sth in mind; **me vino a las ~ que ...** it occurred to me that ...; **parar** *or* **poner ~ en algo** to consider sth

mientras[1] *adv*
A (al mismo tiempo) *tb* **~ tanto** in the meantime, meanwhile
B (esp AmL) (cuanto): **~ más se le da, más pide** the more you give him, the more he wants; **~ menos coma, mejor** the less I eat the better

mientras² *conj*
A (indicando simultaneidad) while; **~ dormíamos** while we were asleep
B **1** (con idea de futuro, condición, etc) **~ + SUBJ** as long as; **mientras pueda/viva** as long as I can/live **2** **~ (que)** (siempre que) (+ *subj*) as long as; **~ (que) él no se entere ...** as long as he doesn't find out ...
C **mientras que** (con valor adversativo) whereas, while

miérc. (= **miércoles**) Wed

miércoles *m* (*pl* ~)
A Wednesday; *para ejemplos ver* **lunes**
(Compuesto) **miércoles de ceniza** Ash Wednesday
B (fam & euf) (uso expletivo): **¡~!** shoot! (AmE colloq & euph), sugar! (BrE colloq & euph)

mierda *f*
A (vulg) (excremento) shit (vulg)
B (vulg) **1** (cosa despreciable): **una ~ de empleo** a crappy *o* lousy job (colloq); **la película es una ~** the movie is (a load of) crap (sl) **2** (mugre) filth, crap (sl) **3** (como interj) (Esp) (para desear suerte) break a leg! **4** (uso expletivo): **¿dónde ~ me dejaron las llaves?** where the hell have they put my keys? (colloq); ***¡a la ~ con ... !*** (vulg) to hell with ... ! (colloq); ***hacer ~ a algn*** (Méx vulg) to beat the shit out of sb (vulg); ***hecho (una) ~*** (vulg): **tiene la casa hecha una ~** his house is in a hell of a mess *o* a real state (colloq); ***irse a la ~*** (vulg) «*proyecto/empresa*» to go to the dogs, go to pot (colloq); ***mandar a algn a la ~*** (vulg) to tell sb to go to hell (colloq) *o* (vulg) to screw himself/herself; ***mandar algo a la ~*** (vulg): **decidió mandar el trabajo a la ~** she decided that work could go to hell (colloq); ***sacarle la ~ a algn*** (Chi vulg) to beat the shit out of sb (vulg); ***¡vete a la ~!*** (vulg) go to hell! (colloq), fuck off! (vulg); ***¡y una ~!*** (Esp vulg) like hell! (sl)
C (Esp vulg) (borrachera): **pillar una ~** to get rat-assed (vulg), to get shit-faced (AmE vulg)
D (arg) (hachís) shit (sl)
E **mierda** *mf* (vulg) shit (vulg)

mies *f* ripe grain; **~es** cornfields

miga *f*
A (trocito) crumb; (parte blanda) crumb; ***estar/quedar hecho ~s*** (fam) «*jarrón/vaso*» to be smashed to pieces *o* smithereens; «*persona*» to be shattered (colloq); ***hacer buenas/malas ~s (con algn)*** to get on well/badly (with sb)
B **migas** *fpl* (Coc) *breadcrumbs fried with garlic, etc*
C (contenido, sustancia) substance; (dificultad) difficulties (*pl*); **el asunto tiene su ~** it has its difficulties *o* it's quite tricky

migajas *fpl* (de pan) breadcrumbs (*pl*); (sobras) leftovers (*pl*), scraps (*pl*)

migar [A3] *vt* to crumble

migra *f* (Méx fam & pey): **la ~** the immigration police (*on the US-Mexican border*)

migración *f* migration

migraña *f* migraine

migratorio -ria *adj* migratory

mijo¹ *m* millet

mijo² -ja *pron* (apelativo) (AmL fam): **sírvase, ~** help yourself, dear; **¿qué le pasa, mijito?** what's the matter, sweetie *o* darling? (colloq)

mil¹ *adj inv/pron* thousand; **~ quinientos pesos** fifteen hundred pesos, one thousand five hundred pesos; **20 ~ millones** 20 billion (AmE), 20 thousand million (BrE); **el año ~** the year one thousand; **una y ~ veces** a thousand and one times; **tengo ~ cosas que hacer** I have a thousand and one things to do; ***estar/ponerse a ~*** (Col, Ven fam) (nervioso) to be/get uptight (colloq); (furioso) to be/get hopping mad (colloq)

mil² *m* (number) one thousand; **el dos por ~ de la población** two people per two thousand of the population; **se lo he dicho ~es de veces** I've told him hundreds *o* thousands of times

milagrero -ra *m,f* (fam) miracle-worker

milagro *m* miracle; **tú por aquí ¡qué ~!** well, imagine *o* (BrE) fancy seeing you here!; **es un ~ que no llegaras tarde** it's a wonder you weren't late; **alcancé el tren de ~** by a miracle I caught the train; **escaparon de ~** they had a miraculous escape; ***hacer ~s*** to work wonders

milagrosamente *adv* miraculously

milagroso -sa *adj* ‹*cura/remedio*› miraculous, miracle (*before n*); (insólito, asombroso) amazing, miraculous

milanesa *f* (de ternera) Wiener schnitzel, escalope; (de otros alimentos): **~ de pollo** chicken breast fried in breadcrumbs

milano *m* kite

mildeu, mildiu *m* mildew

milenario -ria *adj* thousand-year-old (*before n*)

milenio *m* millennium

milésima *f* thousandth

milésimo -ma *adj/pron* (ordinal) thousandth; (partitivo): **la milésima parte** a thousandth

milhojas *f* (*pl* ~) (Coc) millefeuille

mili *f* (Esp fam) military service; **hacer la ~** to do one's military service

milibar *m* millibar

milicia *f* militia
(Compuesto) **milicias universitarias** *fpl* (Esp) *military service done by students in the summer vacation*

miliciano -na *m,f* militiaman

milico *m* (AmL fam & pey) soldier; **los ~s** the military

miligramo *m* milligram

mililitro *m* milliliter*

milimetrado -da *adj*: **papel ~** graph paper

milimétrico -ca *adj* (Tec) millimetric; **con precisión milimétrica** with pinpoint accuracy

milímetro *m* millimeter*

militancia *f* (filiación) political affiliation; (militantes) members (*pl*)

militante¹ *adj* politically active

militante² *mf* activist
(Compuesto) **militante de base** rank-and-file *o* grassroots member

militar¹ *adj* military

militar² *mf* soldier, military man; **los ~es** the military
(Compuesto) **militar de carrera** career soldier

militar³ [A1] *vi* to be politically active; **~ en un partido político** to be an active member of a political party

militarismo *m* militarism

militarista *adj/mf* militarist

militarizar [A4] *vt* to militarize

milla *f* mile
(Compuesto) **milla náutica** *or* **marina** nautical mile

millaje *m* mileage

millar *m* **1** (mil unidades) thousand; **hubo un ~ de heridos** about a thousand people were injured **2** **millares** *mpl* (gran cantidad) thousands (*pl*)

millón *m* million; **15 mil millones** 15 billion (AmE), 15 thousand million (BrE); **un ~ de gracias** thank you very much; **tengo un ~ de cosas que hacer** I've got a million and one things to do

millonada *f* (fam) fortune; **les costó una ~** it cost them a fortune *o* (BrE colloq) a packet

millonario¹ -ria *adj*: **es ~** he's a millionaire; **premios ~s** prizes worth millions

millonario² -ria *m,f* millionaire

millonésima *f* millionth

millonésimo -ma *adj*: **la millonésima parte** a millionth

milonga *f*
A (Mús) *a type of dance and music from the River Plate region*
B (RPl arg) **1** (fiesta) party, bash (colloq) **2** (mujer fácil) slut (colloq & pej)

milonguero -ra *m,f* (RPl arg) reveler, raver (BrE colloq)

milpa *f* (AmC, Méx) (campo) field (*used mainly for the cultivation of maize*); (cultivo) crop

milpear [A1] *vi* (AmC, Méx) to work the land

milpero -ra *adj* (AmC, Méx) ‹*cultivo*› maize (*before n*), corn (*before n*); ‹*región/campesino*› maize-growing (*before n*), corn-growing (*before n*); ‹*agricultura*› maize-based, corn-based

milpiés *m* (*pl* ~) (cochinilla) woodlouse; (miriápodo) millipede

m

mimado[1] -da *adj* spoiled, pampered

mimado[2] -da *m,f* spoiled child; **este niño es un ~** this child is spoiled *o* (pej) is a spoiled brat; **los ~s de la prensa** the darlings of the press

mimar [A1] *vt* to spoil, pamper

mimbre *m* **1** (material) wicker/wickerwork; **silla de ~** wicker *o* basket chair **2** (varita) wicker **3** (planta) osier, willow

mimbrera *f* (arbusto) osier; (sauce) willow

mimeografiar [A17] *vt* to mimeograph

mimeógrafo *m* mimeograph

mimético -ca *adj* mimetic, imitative

mimetismo *m* mimicry, mimesis (tech)

mimetizarse [A4] *v pron*: **se mimetizó en el terreno** it merged *o* blended into the landscape

mímica *f* (Teatr) mime; (gestos, señas) sign language, mime; (imitación) imitation

mímico -ca *adj* mimic (*before n*); **lenguaje ~** sign language

mimo *m*

A **1** (caricia) cuddle; **hacerle ~s a algn** to cuddle sb **2** (trato indulgente) pampering; **lo criaron con mucho ~** he had a very pampered upbringing **3** (cuidado, celo) care; **limpiaba con ~ los adornos** she lovingly cleaned the ornaments **4** (fam) (mañas): **lo único que tiene es ~(s)** she's just a spoiled brat trying to get attention (colloq & pej)

B **mimo** *mf* mime

mimosa *f* mimosa

mimoso -sa *adj*: **es muy ~** he loves being made a fuss of *o* being pampered

min (= **minuto**) min

mina *f*

A (yacimiento, excavación) mine; **~ de carbón** coalmine; **es una ~ de información** he's a mine of information; ***ser una ~ (de oro)*** «*negocio*» to be a real goldmine; «*persona*» to be worth one's weight in gold

(Compuesto) **mina a cielo abierto** *or* (Andes) **a tajo abierto** strip mine (AmE), opencast mine (BrE)

B (de lápiz) lead

C (Mil, Náut) mine; **un campo sembrado de ~s** a minefield

D (Hist, Mil) (galería) underground passage

E (CS arg) (mujer) broad (AmE sl), bird (BrE sl)

minador -dora *m,f*

A (Hist) sapper

B **minador** *m* (barco) minelayer

minar [A1] *vt* **1** ‹*campo/mar*› to mine **2** (debilitar) ‹*salud*› to damage; ‹*autoridad/moral*› to undermine

minarete *m* minaret

mineral[1] *adj* mineral

mineral[2] *m* **1** (sustancia) mineral **2** (de un metal) ore **3** (Chi) (mina) mine

mineralogía *f* mineralogy

mineralogista *mf* mineralogist

minería *f* mining industry

minero[1] -ra *adj* mining (*before n*); **explotación minera** mining development

minero[2] -ra *m,f* miner

minestrón *m o f* (AmL) minestrone

minga *f* (Andes) *farm work carried out in exchange for food*

mingaco *m* (Chi) ▸ **minga**

mingitorio *m* urinal

mini[1] *m* (Esp fam) mini, minicomputer

mini[2] *f* (fam) miniskirt, mini (colloq)

miniar [A1] *vt* to illuminate

miniatura *f* (Art) miniature; (cosa diminuta) (fam) : **¡qué ~ de pie!** what a tiny little foot; **en esa ~ de oficina** in that tiny *o* poky little office (colloq)

miniaturista *mf* miniaturist

miniaturizar [A4] *vt* to miniaturize

minicomputadora *f* (esp AmL) minicomputer

minifalda *f* miniskirt

minifundio *m* (propiedad) smallholding; (sistema) *division of land into smallholdings*

minifundista *mf* small farmer, smallholder (BrE)

mini-golf *m* miniature golf

mínima *f* minimum temperature; ***a la ~*** (fam) at/for the slightest little thing

minimalista *mf* minimalist

minimizar [A4] *vt* (reducir al mínimo) to minimize; (quitar importancia) to make light of, play down

mínimo[1] -ma *adj* **1** ‹*temperatura/peso*› minimum (*before n*); **no le importa lo más ~** he couldn't care less; **el trabajo no le interesa en lo más ~** he is not in the least (bit) *o* slightest (bit) interested in his work; **no tengo la más mínima idea** I haven't the faintest *o* slightest idea **2** (insignificante) ‹*detalle*› minor; **los beneficios han sido ~s** profits have been minimal **3** (muy pequeño) minute, tiny

(Compuesto) **mínimo común denominador/múltiplo** lowest common denominator/multiple

mínimo[2] *m* minimum; **con un ~ de esfuerzo** with a *o* the minimum of effort; **no tiene ni un ~ de educación** she has absolutely no manners; **con un ~ de sentido común** with the least bit of (common) sense, with a modicum of sense (frml); **reducir algo al ~** to keep sth to a minimum; **como ~** at least

minino -na *m,f* (fam) puss (colloq), pussy (cat) (colloq)

miniordenador *m* (Esp) minicomputer

miniserie *f* miniseries

minishorts /mini'ʃors/ *mpl* hot pants (*pl*)

ministerial *adj* ‹*reunión*› cabinet (*before n*); ‹*orden*› ministerial

ministerio *m*

A (Pol) ministry, department (AmE)

(Compuestos)

- **Ministerio de Defensa** ≈ Defense Department (*in US*), ≈ Ministry of Defence (*in UK*)
- **Ministerio de Hacienda** ≈ Treasury Department (*in US*), ≈ Treasury (*in UK*)
- **Ministerio del Interior** ≈ Department of the Interior (*in US*), ≈ Home Office (*in UK*)
- **Ministerio de Relaciones** *or* **Asuntos Exteriores** ≈ State Department (*in US*), ≈ Foreign Office (*in UK*)
- **Ministerio Fiscal** *or* **Público** Attorney General's office

B (Relig) ministry

ministro -tra *m,f* minister, government minister

(Compuestos)

- **Ministro de Defensa** ≈ Defense Secretary (*in US*), ≈ Minister of Defence (*in UK*)
- **Ministro de Hacienda** ≈ Secretary of the Treasury (*in US*), ≈ Chancellor of the Exchequer (*in UK*)
- **Ministro del Interior** ≈ Secretary of the Interior (*in US*), ≈ Home Secretary (*in UK*)
- **Ministro de Relaciones** *or* **Asuntos Exteriores** ≈ Secretary of State (*in US*), ≈ Foreign Secretary (*in UK*)
- **ministro plenipotenciario** plenipotentiary, envoy
- **ministro sin cartera** minister without portfolio

minoría *f* minority; **estar en ~** to be in a/the minority; **~s étnicas** ethnic minorities

(Compuesto) **minoría de edad** minority

minorista[1] *adj* retail (*before n*); **comerciante/vendedor ~** retailer

minorista[2] *mf* retailer

minoritario -ria *adj* minority (*before n*)

mintiera, mintió, etc *see* **mentir**

minucia *f* **1** (detalle pequeño) minor detail; **no te entretengas en ~s** don't waste time with petty details **2** (cualidad) detail; **se lo explicó con ~** she explained it to him in detail *o* thoroughly

minuciosidad *f* attention to detail; **está pintado con ~** it's painted with great attention to detail

minucioso -sa *adj* ‹*búsqueda/investigación/persona*› meticulous, thorough; ‹*informe*› detailed

minué *m* minuet

minueto *m* minuet

minúscula *f* lower case letter, minuscule (tech)

minúsculo -la *adj* **1** (diminuto) minute, tiny **2** ‹*letra*› lower case

minusvalía *f*
A (Med, Psic) (física) physical handicap *o* disability; (psíquica) mental handicap
B (Econ) drop *o* fall in value

minusválido¹ -da *adj* (físico) physically handicapped, disabled; (psíquico) mentally handicapped

minusválido² -da *m,f* (físico) disabled person, physically handicapped person; (psíquico) mentally handicapped person; **coches para ~s** cars for the disabled

minusvalorar [A1] *vt* to undervalue, underestimate

minuta *f*
A (de abogado, notario) bill; (borrador) draft copy
B (menú) (ant) bill of fare (dated); (plato rápido) (RPl) quick meal

minutero *m* minute hand

minutisa *f* sweet william

minuto *m*
A (de tiempo) minute; **a tres ~s (de distancia) de su casa** three minutes (away) from his house; **cuando tenga un ~** when I have a minute *o* moment
B (de ángulos) minute

mío¹, mía *adj* (*detrás del n*) mine; **éste es ~** this one's mine; **un primo ~** a cousin of mine; **eso es asunto ~** that's my business; **amor ~** sweetheart; **Muy señor ~** (Corresp) (frml) Dear Sir

mío², mía *pron*: **el ~/la mía** *etc* mine; **sus hijos son amigos de los ~s** their children and mine are friends; **los idiomas no son lo ~** languages are not my thing; **los ~s** my family and friends

miocardio *m* myocardium; **infarto de ~** myocardial infarction

miope¹ *adj* **1** (Med, Ópt) myopic (tech), nearsighted (AmE), short-sighted (BrE) **2** (falto de perspicacia) short-sighted

miope² *mf* myopic person (tech), nearsighted person (AmE), short-sighted person (BrE)

miopía *f* **1** (Med, Ópt) myopia (tech), nearsightedness (AmE), short-sightedness (BrE) **2** (falta de perspicacia) short-sightedness

mira *f* **1** (Arm, Ópt) sight; **2** (intención, objetivo): **con ~s a reducir los gastos** with a view to reducing costs; **tiene la ~ puesta en ese cargo** he's set his sights on getting that job; **sus ~s son egoístas** his motives are selfish; **encarar algo con amplitud de ~s** to adopt a broad-minded approach to sth; **es muy estrecho de ~s** he's very narrow-minded

mirada *f* **1** (modo de mirar) look; **su ~ era triste** he had a sad look in his eyes; **tiene una ~ penetrante** he has a penetrating gaze; ***hay ~s que matan*** if looks could kill ... **2** (acción de mirar) look; **lo fulminó con la ~** she looked daggers at him; **le dirigió** *or* **lanzó una ~ reprobatoria** he looked at her disapprovingly; **sólo le eché una miradita por encima** I just had a quick glance at it; **échale una miradita al arroz** have a quick look at the rice **3** (vista): **tenía la ~ fija en el suelo** she had her eyes fixed on the ground; **recorrió la habitación con la ~** she cast her eyes over the room/she looked around the room; **su ~ se posó en ella** (liter) his gaze settled on her (liter); **bajar/levantar la ~** to look down/up **4** (mira) sights (pl)

miradero *m* (Col) viewpoint

mirado -da *adj*
A (visto, considerado) **bien/mal ~**: **es muy bien ~ en esos círculos** he's very highly regarded in those circles; **eso no está bien ~** that's not approved of, that's looked down on; **está muy mal ~ en el barrio** he is not at all well thought of *o* well regarded in the neighborhood; *ver tb* **mirar** *vt* **C**
B ‹*persona*› **1** (con dinero) careful with money **2** (comedido, considerado) thoughtful, considerate

mirador *m* viewpoint

miramiento *m*: **¿por qué he de tener yo ~s con ella?** why should I show her any consideration?; **tratar a algn sin ningún ~** to treat sb with a total lack of consideration

mirar [A1] *vt*
A **1** (observar, contemplar) to look at; **no me mires así** don't look at me like that; **se me quedó mirando** he just stared at me, he just gaped at me; **miró el reloj con disimulo** she glanced furtively at her watch; **miraba distraída por la ventana** he was gazing absent-mindedly out of the window; **~ a algn a los ojos** to look sb in the eye; **miraba cómo lo hacía** he was watching how she did it; **he mirado el informe muy por encima** I've only had a quick look at the report; **ir a ~ escaparates** *or* (AmL) **vidrieras** to go window shopping; ***ser de mírame y no me toques*** to be very fragile *o* delicate **2** ‹*programa/partido*› to watch; **~ televisión** to watch television
B (fijarse) to look; **a ver si mira por dónde va** why don't you look where you're going?; **¡mira lo que has hecho!** look what you've done!; **mira bien que esté apagado** make sure *o* check it's off; **mira a ver si está listo** have a look to see if he's ready; **mira a ver si lo puedes abrir tú** see if *you* can open it
C (considerar): **míralo desde otro punto de vista** look at it from another point of view; **mira bien lo que haces** think hard about what you're doing; **bien mirado** *or* **mirándolo bien, no es una mala idea** thinking about it *o* all things considered, it's not a bad idea; **mirándolo bien creo que prefiero no ir** on second thoughts, I think I'd prefer to stay; **lo mires por donde lo mires** whatever *o* whichever way you look at it; **~ *algo en menos*** ‹*regalo*› to turn one's nose up at sth; ‹*trabajo/idea*› to look down one's nose at sth; **~ *a algn en menos*** to look down on sb; **~ *mal*** *or* ***no ~ bien a algn***: **lo miran mal porque lleva el pelo largo** they disapprove of him because he has long hair; **en el trabajo no lo miran bien** he's not very highly thought of at work
D (ser cuidadoso con): **mira mucho el dinero** she's very careful with her money; **mira hasta el último céntimo** he watches every penny
E **1** (expresando incredulidad, irritación, etc): **¡mira que poner un plato de plástico en el horno ...!** honestly *o* really! imagine putting a plastic dish in the oven ...! (colloq); **¡mira que eres tacaño!** boy, you're mean! (colloq); **¡mira las veces que te lo habré dicho ...!** the times I've told you!; **¡mira quién habla!** look who's talking!; **¡mira si será egoísta!** talk about (being) selfish! **2** (en advertencias): **mira que mi paciencia tiene un límite** I'm warning you, I'm running out of patience; **mira que ya son las nueve** you realize *o* you (do) know it's already nine

■ **mirar** *vi*
A (observar, contemplar) to look; **no mires** don't look; **se mira y no se toca** look but don't touch; **he mirado por todas partes** I've looked everywhere; **mirar por la ventana** to look out of the window; **¿miraste bien?** did you have a good look?, did you look properly?; **~ *atrás*** to look back
B (fijarse) to look; **mire usted, la cosa es muy sencilla** well, it's very simple; **sacó el primer premio — ¡mira tú!** he won first prize — well, well! *o* well I never!; **no, mira, yo tampoco me lo creo** no, to be honest, I don't believe it either; **mira, no me vengas con excusas** look, I don't want to listen to your excuses; ***mira por dónde*** (Esp fam): **y mira por dónde, me llevé el trofeo** and would you believe it? I won the trophy, and guess what? I won the trophy
C (estar orientado) **~ A/HACIA algo** «*fachada/frente*» to face sth; «*terraza/habitación*» to look out over sth, overlook sth; **ponte mirando hacia la ventana** stand (*o* sit *etc*) facing the window
D **mirar por** **1** (preocuparse por) to think of **2** (Col) (cuidar) to look after

■ **mirarse** *v pron* **1** (*refl*) to look at oneself **2** (*recípr*) to look at each other

mirasol *m* sunflower

miríada *f* (frml) myriad

mirilla *f* peephole, spyhole

miriñaque *m* crinoline

miriópodo *m* myriapod

mirlo *m* blackbird

mirón¹ -rona *adj* (fam): **es muy ~** he's always ogling people *o* eyeing people up (colloq)

mirón² -rona *m,f*: **se nos acercaron unos mirones** a few inquisitive passers-by came up to us; **¿qué haces tú ahí de ~? ¡haz algo!** don't just stand there watching *o* looking, do something!; ***los mirones son de piedra*** if you want to watch you'd better keep quiet; ***ir de ~*** to go along to watch *o* as a spectator

mirra *f* myrrh

mirruña, mirrusca *f* (Col, Méx fam) tiny bit

m

mirto *m* myrtle

misa *f* mass; **están en ~** they're at mass; **ir a ~** to go to mass; **ayudar a ~** to serve at mass; **decir ~** ‹‹*sacerdote*›› to say *o* celebrate mass; **como en ~** in dead silence; ***por mí como si dice*** *or* ***que diga ~*** (Esp fam) I couldn't care less what he says (colloq); ***no saber de la ~ la mitad*** *or* ***la media*** (fam): **no sabe de la ~ la mitad** he doesn't know the first thing about it; ***va a ~*** (fam): **lo que él dice va a ~** what he says goes (colloq)

(Compuestos)
- **misa campal** *or* **de campaña** open-air mass
- **misa de cuerpo presente** funeral mass
- **misa de** *or* **del gallo** midnight mass (*on Christmas Eve*)
- **misa de difuntos** Requiem (mass)
- **misa mayor** *or* **solemne** High Mass
- **misa rezada** Low Mass

misal *m* missal

misantropía *f* misanthropy

misantrópico -ca *adj* misanthropic

misántropo -pa *m,f* misanthrope, misanthropist

miscelánea *f* 1 (variedad) miscellany; (Lit, Period) miscellany 2 (Méx) (tienda) small general store, corner shop (BrE)

misceláneo -nea *adj* miscellaneous

miserable¹ *adj* 1 (pobre) ‹*vivienda*› miserable, wretched; ‹*sueldo*› paltry, miserable 2 (avaro) mean, stingy (colloq) 3 (malvado) malicious, nasty

miserable² *mf* wretch, scoundrel

miseria *f*

A (pobreza) poverty, destitution; **vivir en la más absoluta ~** to live in abject poverty

B (cantidad insignificante) miserable amount, paltry amount; **gana una ~** she earns a pittance

C (desgracia) misfortune; **las ~s de la guerra** the miseries of war; ***estar a la ~*** (RPl fam) to be in a bad way (colloq); ***quedar a la ~*** to be a write-off *o* (AmE) be totaled (colloq); ***llorar ~(s)*** (CS fam) to complain about not having any money

misericordia *f* mercy, compassion

misericordioso -sa *adj* merciful; **obras misericordiosas** charitable works

mísero -ra *adj* 1 (pobre) miserable; **en un ~ cuartucho** in a miserable *o* squalid hovel 2 (*delante del n*) (escaso) miserable, measly

misérrimo -ma *adj* (frml) 1 (muy pobre) wretched 2 (muy tacaño) miserly

misil *m* missile; **~ de corto/medio/largo alcance** short-range/medium-range/long-range missile

(Compuestos)
- **misil antiaéreo/balístico** antiaircraft/ballistic missile
- **misil (de) crucero** cruise missile
- **misil tierra-aire** ground-to-air missile

misilístico -ca *adj* missile (*before n*)

misión *f*

A (tarea) mission; **¡~ cumplida!** (fr hecha) mission accomplished!

(Compuesto) **misión de combate/de reconocimiento** combat/reconnaissance mission

B (delegación): **una ~ científica** a team of scientists; **la ~ (diplomática) española en la ONU** the Spanish diplomatic delegation to the UN

C (Relig) mission

misionero¹ -ra *adj* missionary (*before n*)

misionero² -ra *m,f* (Relig) missionary

Misisipí *m* (río): **el (río) ~** the Mississippi (River); (estado) Mississippi

misiva *f* (frml) missive (frml *or* liter)

mismamente *adv* (fam): **~ ayer hablábamos de ti** we were talking about you only yesterday; **¿así? — mismamente** like this? — exactly *o* that's it

mismísimo -ma *adj*: *ver* **mismo¹ B 2**

mismo¹ -ma *adj*

A 1 (*delante del n*) (expresando identidad) same; **hacer dos cosas al ~ tiempo** to do two things at once *o* at the same time; **la misma historia de siempre** the same old story; **nos gustan las mismas películas** we like the same movies 2 (*como pron*) same; **Roma ya no es la misma** Rome isn't the same any more; **¿usted es Pedro Lecue? — el ~** are you Pedro Lecue? — I am indeed *o* that's right; **es el ~ que vimos ayer** it's the same one we saw yesterday; ***en las mismas***: **no ha llegado, así que seguimos en las mismas** it hasn't arrived so we're no further on; **si vienes tú pero falta él, estamos en las mismas** if *you* come but *he* doesn't turn up, then we're no better off

B (uso enfático) 1 (refiriéndose a lugares, momentos, cosas): **en el ~ centro de Lima** right in the center of Lima; **en este ~ instante** this very minute; **eso ~ pienso yo** that's exactly *o* just what I think 2 (refiriéndose a personas): **hablé con el mismísimo presidente** I spoke to the president himself; **te perjudicas a ti ~** you're only spiting *o* hurting yourself; **él ~ lo trajo** he brought it himself; **se corta el pelo ella misma** she cuts her own hair; **él ~ se pone las inyecciones** he gives himself the injections

C **lo mismo** (la misma cosa): **siempre dice lo ~** he always says the same (thing); **lo ~ para mí** the same for me, please; **¡qué elegante te has venido! — lo ~ digo** you're looking very smart! — so are you *o* you, too; **o lo que es lo ~** in other words; **pidió lo ~ que yo** he ordered the same as me; ***dar lo ~***: **me da lo ~ si lo rompe** I don't care if he breaks it; **le da lo ~ con o sin azúcar** he doesn't mind with or without sugar; **da lo ~ quién lo haga** it doesn't matter *o* it makes no difference who does it

D **lo mismo** (*como adv*) 1 (fam) (expresando posibilidad): **te ve por la calle y lo ~ no te saluda** you can meet him in the street and sometimes he doesn't even say hello to you; **¿pregúntaselo? lo ~ dice que sí** ask him, he might (well) *o* may (well) say yes; **lo ~ puedes conseguir caramelos que una botella de whisky** you can get anything, from sweets to a bottle of whiskey 2 (RPl fam) (de todos modos) just *o* all the same, anyway

E **lo mismo que** (al igual que): **nuestra empresa, lo ~ que tantas otras** our company, like so many others; **los niños pueden ir lo ~ que los adultos** children can go as well as adults

F 1 (*como pron*) (frml): **se detuvo un coche y tres individuos bajaron del ~** a car pulled up and three individuals got out 2 (*como pron relativo*) (Méx frml): **agradecemos su donativo, ~ que fue aplicado a la compra de medicamentos** we thank you for your donation, which has been used to buy medicines

mismo² *adv* (uso enfático): **aquí/ahora ~** right here/now; **hoy ~ te mando el cheque** I'll send you the check today; **ayer ~ hablé con él** I spoke to him only yesterday

misoginia *f* misogyny

misógino *m* misogynist

miss /mis/ *f* beauty queen; **M~ Universo** Miss Universe; **un concurso de ~es** a beauty contest

mistela *f* (Chi) hot punch

míster *m* (Dep) coach, trainer

misterio *m*

A (enigma, secreto) mystery; **una novela de ~** a mystery novel; **¡déjate de ~s!** stop being so mysterious! (colloq)

B 1 (Relig) mystery 2 (Teatr) mystery play

misterioso -sa *adj* mysterious

mística *f* 1 (en teología) mysticism 2 (Lit): **la ~** mystic literature

misticismo *m* mysticism

místico¹ -ca *adj* ‹*experiencia*› mystic, mystical; ‹*escritor*› mystic (*before n*)

místico² -ca *m,f* mystic

mistificación *f* mystification

Misuri *m* (río): **el (río) ~** the Missouri (River); (estado) Missouri

mita *f* (Hist) forced labour (*by Indians for Spanish colonists*)

mitad *f*

A (parte) half; **la primera ~ del partido** the first half of the game; **¿me das la ~?** can I have half?; **a ~ de precio** half price; **lo hizo en la ~ del tiempo** she did it in half the time; **~ y ~** half and half

B (medio, centro): **cortar algo por la ~** to cut sth in half; **corta el papel por la ~** cut the paper in half *o* down the middle; **dividir algo por la ~** to halve sth; **voy por la ~ del libro** I'm halfway through the book; **dejar algo por la ~** to leave sth half finished; **a** *or* **en (la) ~ de la**

reunión in the middle of the meeting; **en la ~ de la película** halfway through the movie; **queda a ~ de distancia entre tu casa y la mía** it's halfway between your house and mine; ***partir a algn por la ~*** *ver* ▸**eje**

mítico -ca *adj* mythical

mitificar [A2] *vt* to mythicize, turn ... into a legend (colloq)

mitigación *f* (frml) mitigation (frml); (del dolor) relief; (de la sed) quenching

mitigar [A3] *vt* ‹*dolor*› to relieve, ease; ‹*pena/sufrimiento*› to alleviate, mitigate (frml); ‹*sed*› to quench; **para ~ los efectos de la crisis económica** to mitigate the effects of the economic crisis

mitin, mitín *m* 1 (Pol) political meeting, rally; **llevar a cabo** *or* **celebrar un ~** to hold a meeting 2 (Esp fam) (sermón) lecture (colloq), sermon (colloq)

mito *m* 1 (leyenda) legend 2 (invención, mentira) myth

mitología *f* mythology

mitológico -ca *adj* mythological

mitón *m* mitten; (de medio dedo) fingerless glove

mitote *m* (Méx) (baile) Aztec dance; (jaleo) (fam) trouble

mitra *f* (gorro) miter*

mixto¹ -ta *adj*

A 1 ‹*escuela*› mixed, coeducational; **educación mixta** coeducation 2 ‹*partido/equido*› mixed

B 1 ‹*comisión/comité*› joint (*before n*) 2 ‹*economía/agricultura*› mixed

mixto² *m* (sandwich) toasted sandwich (*with two different fillings*); **un ~ de jamón y queso** a toasted ham and cheese sandwich

mixtura *f* (liter) blend, mixture

ml. (= **mililitro**) ml

mm. (= **milímetro**) mm

mnemotecnia, mnemotécnica *f* mnemonics

mnemotécnico -ca *adj* mnemonic

m/o. = **mi orden**

moaré *m* moiré

mobiliario *m* furniture, furnishings (*pl*); **renovar el ~ del comedor** to refurnish the dining room

(Compuestos)

- **mobiliario de baño** *or* **sanitario** bathroom furnishings (*pl*)
- **mobiliario de cocina** kitchen fittings *o* units (*pl*)

moblaje *m* furniture, furnishings (*pl*)

moca *m*: *tb* **café ~** mocha; **tarta de ~** coffee cake

mocasín *m* moccasin

mocedad *f* (liter) youth

mocerío *m*: **el ~** young people

mocetón -tona (*m*) strapping kid (AmE) *o* (BrE) lad; (*f*) strapping girl

mochar [A1] *vt* 1 (fam) (cercenar): **le mochó un dedo** it chopped off his finger (colloq); **le ~on el artículo** they hacked her article up (colloq) 2 (cortar mal): **me ~on en la peluquería** they sheared me at the hairdresser's (colloq)

■ **mocharse** *v pron*

A (Méx fam) (compartir): **se mochó con los cigarros** he shared out his cigarettes; **nos mochamos con la cuenta** we split the bill between us

B (Chi, Ven fam) ‹*pelo*› to chop ... off (colloq)

mochila *f* 1 (de excursionista, soldado) backpack; (de escolar) satchel 2 (Col, Ven) (que cuelga del hombro) shoulder bag

mochilear [A1] *vi* (CS) to backpack

mochilero -ra *m,f* (CS) backpacker

mocho¹ -cha *adj* (fam) ‹*buey/toro*› with its horns cut off; ‹*lápiz/cuchillo*› blunt; **dejó todos los pinos ~s** he lopped (the tops off) all the pine trees; **la máquina le dejó el dedo ~** the machine chopped the top off his finger

mocho² -cha *m,f*

A (Col, Méx, Ven): **es un ~** he only has one arm

B (Méx) (mojigato) prude

C **mocho** *m* (Col fam) (caballo) horse; (rocinante) (fam & pey) nag (colloq & pej)

mochuelo *m* little owl; ***cargar a algn (con) el ~*** (Esp) to give sb the dirty job (colloq); ***sacudirse el ~*** (Esp) to get out of doing the dirty job (colloq)

moción *f* motion; **presentar una ~** to propose *o* (BrE) table a motion; **votar una ~** to vote on a motion; **hacer una ~ de orden** to make a point of order

(Compuesto) **moción de censura** vote of censure *o* no confidence

mocionar [A1] *vi* (Méx, RPl) to propose a motion (from the floor)

mocito¹ -ta *adj* (fam): **tus niñas ya son mocitas** your daughters are very grown-up now; **tiene dos hijos ~s** he has two youngsters *o* boys (colloq)

mocito² -ta *m,f* (fam): **ya no es ningún ~** he's no longer a lad *o* a youngster; **una mocita de unos 15 años** a young girl *o* a youngster of about 15

moco *m* 1 (líquido) snot (colloq); **límpiate los ~s** wipe *o* blow your nose; **le colgaban** *or* **se le caían los ~s** he had a runny nose (colloq) *o* (sl) snotty nose; **tengo ~s** my nose is running; **suelta una especie de ~** it exudes a kind of mucus; ***llorar a ~ tendido*** (fam) to cry one's eyes out 2 (seco) booger (AmE colloq), bogey (BrE colloq)

(Compuesto) **moco de pavo** (Zool) crest; ***no es ~ de ~*** (fam) (no es nada fácil) it's no easy matter; (no es poca cosa) it's no trifle

mocoso -sa *m,f* (fam) squirt (colloq), pipsqueak (colloq); **pero si sólo eres una mocosa** but you're just a kid (colloq)

moda *f* fashion; **la ~ joven** *or* **juvenil** young fashion; **ir a la ~** to be trendy; **estar de ~** to be in fashion, be in (colloq); **estar muy de ~** to be all the rage (colloq); **ponerse/pasar de ~** to come into/go out of fashion; **estar de última ~** to be very fashionable; **revista de ~s** fashion magazine; **la ~ de los patines** the rollerskating craze; ***la ~ no incomoda*** you have to suffer in the name of fashion

modal *adj* modal

modales *mpl* manners (*pl*); **tener buenos/malos ~** to be well-mannered/bad-mannered; **tiene que aprender ~** she needs to learn some manners

modalidad *f*: **cualquier ~ de disidencia** any kind *o* form of dissent; **varias ~es de pago** several methods *o* modes of payment; **la medalla de oro en la ~ de esquí alpino** the gold medal for downhill skiing

modelado *m* (acción) modeling*; (resultado): **el ~ del rostro es perfecto** the face is perfectly sculpted *o* modeled

modelador -dora *m,f* modeler*

modelaje *m* (Andes, Ven) modeling*; **hacer ~** to model

modelar [A1] *vt* (Art) ‹*arcilla*› to model; ‹*estatua/figura*› to model, sculpt; ‹*carácter*› to mold*

■ **modelar** *vi*

A (Art) to model

B (Andes) (para fotos, desfiles) to model

modélico -ca *adj* (Esp) ▸**modelo¹ 1**

modelismo *m* model-making

modelista *mf* (Art) modeler*; (de costura) pattern maker

modelo¹ *adj inv* 1 ‹*niño/estudiante*› model (*before n*); ‹*comportamiento/carácter*› exemplary 2 (de muestra): **visité la casa ~** I visited the model home (AmE) *o* (BrE) the showhouse

modelo² *m*

A 1 (ejemplo) model; **copiaron el ~ cubano** they copied the Cuban model; **su conducta es un ~ para todos** her conduct is an example to us all; **tomar/utilizar algo como ~** to take/use sth as a model; **tomó a su padre como ~** he followed his father's example 2 (muestra, prototipo) model; **~ en** *or* **a escala** scale model

B (tipo, diseño) model; **el ~ de lujo** the deluxe model

C (Indum) design; **un ~ de Franelli** a Franelli (design); **llegó con un nuevo modelito** (fam) she arrived wearing a new little number; **un sombrero último ~** the (very) latest in hats

modelo³ *mf* model; **desfile de ~s** fashion show

módem *m* (*pl* **-dems**) modem

moderación *f* moderation; **beber con ~** to drink in moderation; **obrar con ~** to act with restraint

moderadamente *adv* moderately

moderado¹ -da *adj* ‹*temperatura*› moderate; ‹*precio*› reasonable; ‹*ideología/facción*› moderate

moderado² -da *m,f* moderate

moderador¹ -dora *adj* moderating (*before n*)

moderador² **-dora** *m,f*
A (en debate) moderator, chair; (Rad, TV) presenter
B **moderador** *m* (Fís) moderator

moderar [A1] *vt*
A **1** ‹*impulsos/aspiraciones*› to curb, moderate **2** ‹*vocabulario/palabras*›: **por favor modera tu vocabulario** please mind your language; **trata de ~ tus palabras** try to tone down your language; **modera el tonito** don't use that tone of voice with me **3** ‹*gasto/consumo*› to curb; ‹*velocidad*› to reduce
B ‹*debate/coloquio*› to moderate, chair
▪ **moderarse** *v pron*: **modérate, estás comiendo mucho** restrain yourself *o* (colloq) go easy, you're eating too much; **modérate, no hables así** control yourself, don't talk like that; **~se en los gastos** to cut down on spending

modernamente *adv* nowadays, in modern times

modernidad *f* **1** (calidad) modernness, modernity **2** (edad) modern age

modernismo *m* (Arquit, Art, Lit) modernism; (cualidad) modernness, modernity

modernista *adj/mf* modernist

modernización *f* modernization

modernizador **-dora**, **modernizante** *adj* ‹*efecto*› modernizing (*before n*); **un proceso ~** a process of modernization

modernizar [A4] *vt* ‹*fábrica/técnica/sociedad*› to modernize; ‹*costumbres*› to update; ‹*vestido/abrigo*› to do up
▪ **modernizarse** *v pron*: **debes ~te** you have to keep up with the times

moderno¹ **-na** *adj* **1** (actual) modern; **el hombre ~** modern man; **una edición más moderna** a more up-to-date edition **2** (a la moda) ‹*vestido/peinado*› fashionable, trendy **3** ‹*edad/historia*› modern

moderno² **-na** *m,f* trendy (colloq)

modestia *f* modesty; **vivir con ~** to live modestly; **~ *aparte*** in all modesty, modesty apart

modesto **-ta** *adj* **1** (falto de pretensión) modest; **en mi modesta opinión** in my humble opinion **2** (humilde, sencillo) ‹*familia*› humble; ‹*posición social*› modest, humble **3** ‹*sueldo*› modest **4** (ant) ‹*mujer*› modest (liter)

módico **-ca** *adj* reasonable

modificable *adj* modifiable

modificación *f* (en aparato) modification; (en un plan) change; (en texto, programa) change, alteration

modificador¹ **-dora** *adj* modification (*before n*), modifying (*before n*)

modificador² *m* modifier

modificar [A2] *vt* **1** ‹*aparato*› to modify; ‹*plan*› to change; ‹*horario/ley*› to change, alter **2** (Ling) to modify
▪ **modificarse** *v pron* to change, alter

modismo *m* idiom

modista *mf* (que diseña) couturier, designer; (que confecciona) dressmaker

modistería *f* (Col) (actividad) dressmaking; (establecimiento) dressmaker's shop/workshop

modisto *m* couturier, designer

modo *m*
A **1** (manera, forma) way, manner (frml); **no lo digas de ese ~** don't say it like that; **del siguiente ~** in the following manner; **a mi ~ de ver** to my way of thinking, in my opinion; **S** **modo de empleo** instructions for use, directions; **me lo pidió de muy mal ~** (AmL) she asked me (for it) very rudely **2** (*en locs*) **a mi/tu/su modo** (in) my/your/his (own) way; **a modo de**: **se puso una manta a ~ de poncho** he put a blanket round his shoulders like a poncho; **a ~ de introducción** by way of introduction; **de cualquier modo** (de todas formas) (*indep*) in any case, anyway; (sin cuidado) anyhow; **del mismo** *or* **de igual modo que** just as, in the same way (that); **de modo que** (así que) so; (para que) (+ *subj*) so that; **¿de ~ que se van?** so they're going, are they?; **de ~ que se vean desde aquí** so that they can be seen from here; **de ningún modo** no way; **de ningún ~ puedo aceptar** there's no way I can accept; **de todos modos** anyway, anyhow; **en cierto modo** in a way; **ni modo** (AmL exc CS fam): **¿pudieron entrar? — no, ni ~** did they get in? — no, no way (colloq); **traté de persuadirlo pero ni ~** I tried to persuade him but it was no good; **ni ~, yo soy como soy** that's tough *o* too bad, I am the way I am (colloq); **ni ~ que te quedes aquí** there's no way you're staying here (colloq)
B **modos** *mpl* (modales) manners (*pl*); **con buenos/malos ~s** politely/rudely *o* impolitely
C (Ling) mood
D (Mús) mode

modorra *f* (fam): **qué ~ tengo hoy** I'm so sleepy today; **sacúdete la ~** wake up!

modosito **-ta** *adj* (de buen comportamiento) well-behaved, good; (educado) polite, well-mannered; (recatado) demure

modulación *f* modulation
(Compuesto) **modulación de amplitud/frecuencia** amplitude/frequency modulation

modulador *m* modulator

modular¹ *adj* modular

modular² [A1] *vt/vi* to modulate

módulo *m*
A **1** (de mueble) unit, module **2** (de prisión) unit **3** (Espac) module **4** (Educ) module
B (Fís, Mat) modulus

modus operandi/vivendi *m* modus operandi/vivendi

mofa *f* mockery; **hacer ~ DE algo/algn** to make fun of sth/sb; **en tono de ~** mockingly, in a mocking tone

mofarse [A1] *v pron* **~ DE algo/algn** to make fun of sth/sb

mofeta *f* skunk

mofle *m* (AmC, Méx) muffler (AmE), silencer (BrE)

moflete *m* (fam) chubby cheek

mofletudo **-da** *adj* (fam) chubby-cheeked

mogolla *f* (Col) bread roll

mogollón *m* (Esp arg) **1** (gran cantidad): **había (un) ~ de gente** there were loads of people there (colloq); **este ~ de papeles** this mass of papers **2** (lío) confusion

mohair /mo'er/ *m* mohair

mohín *m* face; **hacer un ~** to make *o* (BrE) pull an angry face

mohína *f* **1** (enfado) annoyance; **tener ~** to be annoyed **2** (tristeza) depression; **tener ~** to be upset *o* depressed

mohíno **-na** *adj* **1** (enfurruñado): **está ~** he's in a sulk **2** (alicaído) depressed

moho *m* **1** (en fruta, pan) mold*, mildew; ***criar ~*** «*fruta/queso*» to go moldy* **2** (en cobre) patina, verdigris; (en hierro) rust

mohoso **-sa** *adj* **1** ‹*fruta/pan/queso*› moldy* **2** ‹*cobre*› covered in patina *o* verdigris; ‹*hierro*› rusty

moisés *m* (cuna) cradle, Moses basket; (portátil) portacrib (AmE), carrycot (BrE)

mojado¹ **-da** *adj* wet; **estaba completamente ~** he was dripping *o* soaking wet

mojado² **-da** *m,f* (Méx fam) wetback (colloq & pej)

mojar [A1] *vt*
A **1** ‹*suelo/papel/pelo*› (accidentalmente) to get *o* make … wet; (a propósito) to wet; **pasó un coche y me mojó** a car went by and splashed me; **aún moja la cama** (euf) he still wets the bed; **moja la gasa con colonia** moisten the gauze with cologne **2** (sumergiendo) ‹*galleta/bizcocho*› to dip, dunk (colloq); **mojó la pluma en el tintero** she dipped the pen in the inkwell; ***no moja pero empapa*** (Ven fam) he's/she's a wolf in sheep's clothing
B (fam) (celebrar): **esto hay que ~lo** this calls for a drink (colloq)
▪ **mojarse** *v pron* **1** «*persona/ropa/suelo*» to get wet; **se me ~on los zapatos** my shoes got wet; **me mojé toda** I got soaked **2** ‹*pelo/pies*› (a propósito) to wet; (accidentalmente) to get … wet **3** (orinarse): **se mojó en los pantalones** he wet his pants; **el bebé está mojado** the baby is wet

mojarra *f*: *type of sea bream*

mojicón *m*
A (Esp) (Coc) ladyfinger, sponge finger (BrE)
B (fam) (golpe) punch; (con la mano abierta) slap

mojigatería *f* prudishness; **déjate de ~s** don't be so prudish

mojigato¹ **-ta** *adj* prudish, straitlaced

mojigato² **-ta** *m,f* prude

mojón *m*
A (señal) marker, boundary stone; (hito) landmark; (Auto) *tb* **~ kilométrico** ≈ milestone
B (fam) (excremento) turd (vulg)
C (Ven fam) (mentira, cuento) story (colloq)

mojonear [A1] *vt* (Ven fam) to spin … a yarn (colloq)

mojonero -ra *m,f* (Ven fam) fibber (colloq)

molar¹ [A1] *vi* (Esp arg): **mola cantidad** it's really great *o* amazing; **no me molan** I can't stand them (colloq)

molar² *m* molar, back tooth

molcajete *m* (Méx) mortar

molde *m*
A (pieza hueca) 1 (para hornear) baking pan (AmE), baking tin (BrE); (para flanes, gelatina) mold*; **~ de pan** loaf pan (AmE) *o* (BrE) tin 2 (para jugar en la arena) mold* 3 (Tec) cast; **un ~ de yeso** (Art) a plaster cast; ***de* ~** just right, perfect 4 (Impr) form; ***de* ~** just right, perfect; ***romper* ~*s*: un atleta que rompe los ~s** an athlete who is in a class of his own; **los jóvenes rompen todos los ~s** young people break all the molds
B (AmL) (para coser) pattern; (para tejer) (knitting) pattern

moldeable *adj* 1 ‹*barro*› moldable*, malleable 2 ‹*persona/carácter*› malleable

moldeado *m* (Art) (en bronce) casting; (en barro) molding*, modeling*

moldear [A1] *vt* 1 (en bronce) to cast; (en barro) to mold*, model 2 ‹*persona/carácter*› to mold*, shape; ‹*pelo*› to style

moldura *f* molding*

mole¹ *f* mass; **una ~ de hormigón** a huge mass *o* block of concrete; **él es una ~** he's really huge; **se me vino encima con toda su ~** he fell with his full weight on top of me

mole² *m*
A (Méx) (salsa) chili sauce (*with chocolate and peanuts*); (plato) *turkey, chicken or pork with* **mole** *sauce*; ***darle a algn en su (mero) ~*** (Méx fam): **me dieron en mi mero ~** (con regalo, invitación) they couldn't have thought of anything better, it was a perfect choice; (en conversación) they got me onto my favorite *o* pet subject; ***ser el (mero) ~ de algn*** (Méx fam): **las matemáticas son su ~** mathematics are his forte; **ese tipo de trabajo es mi mero ~** that sort of job is right up my street (colloq)
(Compuesto) **mole de olla** (Méx fam) meat stew; ***ser ~ de ~*** to be the perfect time
B (Méx fam) (sangre) blood

molécula *f* molecule

molecular *adj* molecular

moledor¹ -dora *adj* grinding (*before n*), crushing (*before n*)

moledor² *m* grinder

moler [E9] *vt* ‹*especias/café*› to grind; ‹*trigo*› to grind, mill; ‹*aceitunas*› to crush; ‹*carne*› to grind (AmE), to mince (BrE); ‹*plátano*› (Chi, Méx) to mash; **café molido** ground coffee; ***~ a algn a golpes*** *or* ***a palos*** to beat sb to a pulp
▪ **moler** *vi* (Col fam) to work

molestar [A1] *vt*
A 1 (importunar) to bother; **perdone que lo moleste** sorry to trouble *o* bother you 2 (interrumpir) to disturb
B (ofender, disgustar) to upset
▪ **molestar** *vi*
A (importunar) (*+me/te/le etc*): **¿no te molesta ese ruido?** doesn't that noise bother you?; **¿le molesta si fumo?** do you mind if I smoke?; **me molesta su arrogancia** her arrogance irritates *o* annoys me; **me molesta que hables de él** it upsets me when you talk about him; **las pulseras me molestan para trabajar** bracelets get in the way when I'm working; **no me duele, pero me molesta** it doesn't hurt but it's uncomfortable
B (fastidiar) to be a nuisance; **no quiero ~** I don't want to be a nuisance *o* to cause any trouble; **vino a ayudar pero no hizo más que ~** he came to help, but he just made a nuisance of himself; **sus niños nunca molestan** her children are never any trouble
▪ **molestarse** *v pron*
A (disgustarse) to get upset; **~se POR algo** to get upset about sth; **se molestó por lo que le dije** he was upset *o* offended by what I said; **~se CON algn** to get annoyed WITH sb
B (tomarse el trabajo) to bother, trouble oneself (frml); **no se moleste** it's all right *o* please, don't bother; **¿para qué vas a ~te?** why should you put yourself out?; **~se EN + INF: ni se molestó en llamarme** he didn't even bother to call me; **se molestó en venir a verme** she took the trouble to come and see me

molestia *f*
A 1 (incomodidad, trastorno) trouble; **siento causarte tantas ~s** I'm sorry to cause you so much trouble; **no es ninguna ~** it's no trouble at all; **perdona la ~, pero …** sorry to bother you, but …; **rogamos disculpen las ~s ocasionadas** (frml) we apologize for any inconvenience caused (frml) 2 (trabajo): **¿para qué te tomaste la ~?** why did you bother to do that?; **~ DE + INF: ahórrate la ~ de ir** save yourself the trip; **se tomó la ~ de escribirnos** she took the trouble to write to us
B (malestar): **~s estomacales** stomach problems *o* upsets; **no es un dolor, sólo una ~** it's not a pain, just a feeling of discomfort; **las ~s que acompañan a estados gripales** the aches and pains symptomatic of flu

molesto -ta *adj*
A 1 [SER] (fastidioso) ‹*ruido/tos*› annoying, irritating; ‹*sensación/síntoma*› unpleasant; **resulta ~ tener que viajar con tantos bultos** it's a nuisance *o* it's very inconvenient having to travel with so much baggage 2 [ESTAR] (incómodo, dolorido): **está todavía algo ~** he's still in some pain; **está ~ por la anestesia** he's in some discomfort because of the anesthetic 3 [SER] (violento, embarazoso) awkward, embarrassing
B [ESTAR] (ofendido) upset; (irritado) annoyed; **está muy ~ por lo que hiciste** he's very upset/annoyed about what you did

molestoso -sa *adj* (AmL fam) annoying

molicie *f* 1 (comodidad): **el lujo y la ~ en que fue criado** the atmosphere of luxury and pampering in which he was brought up; **la inercia y la ~ de los que mandan** the inertia and complacency of those in charge 2 (blandura) softness

molido¹ -da *adj* 1 (fam) (agotado) bushed (AmE colloq), shattered (BrE colloq) 2 (Andes fam) (dolorido) stiff

molido² *m* (Chi fam) loose change

molienda *f* 1 (acción) grinding, milling 2 (cantidad) batch (*of corn or sugarcane*) 3 (temporada) milling season 4 (molino) (liter) mill

molinero -ra *m,f* miller

molinete *m* 1 (juguete) pinwheel (AmE), windmill (BrE) 2 (RPl) (para entrar al metro) turnstile 3 (en danza) spin (*while holding hands*)

molinillo *m* 1 (de café, especias) grinder, mill 2 (juguete) pinwheel (AmE), windmill (BrE) 3 (Col, Méx) (para batir) whisk
(Compuestos)
- **molinillo de café** coffee mill *o* grinder
- **molinillo de carne** grinder (AmE), mincer (BrE)
- **molinillo de pimienta/sal** pepper/salt mill

molino *m* 1 (máquina — para el trigo) mill; (— para la carne) grinder (AmE), mincer (BrE) 2 (fábrica) mill; **~ de papel** paper mill
(Compuestos)
- **molino de agua** waterwheel
- **molino de viento** windmill; ***luchar contra ~s de ~*** (liter) to tilt at windmills (liter)

molla *f* (del pan) crumb; (de la carne) lean, lean part; (de la fruta) flesh

molleja *f*
A (de res) sweetbread; (de ave) gizzard
B (Ven fam) (descaro) nerve (colloq)

mollera *f* (fam) head; **no le da la ~ para tanto** he hasn't got that much up top (colloq); **está mal de la ~** he's off his head *o* rocker (colloq); ***cerrado*** *or* ***duro de ~*** pigheaded (colloq)

mollete *m* muffin

molo *m* (Chi) *tb* **~ de abrigo** breakwater, mole

molón -lona *adj* (Méx fam): **¡qué mujer tan molona!** that woman's such a nuisance *o* pest!

molote *m* (Méx fam): **se hizo un ~** she put her hair up

molturar [A1] *vt* to grind, mill

molusco *m* mollusk*

m

momentáneamente *adv* momentarily, for a moment

momentáneo -nea *adj* 1 (breve) momentary 2 (pasajero) temporary

momento *m*

A 1 (instante puntual) moment; **justo en ese ~** just at that moment; **en todo ~** at all times; **a partir de ese ~** from that moment on; **en este ~ no está** she's not in right now *o* at the moment 2 (lapso breve) minute, moment; **dentro de un ~** in a minute *o* moment; **eso te lo arreglo en un ~** I'll fix that for you in no time at all; **¡un momentito!** (por teléfono) just a moment, just a minute; **no para ni un ~** she's on the go the whole time 3 (época, período) time, period; **atravesamos ~s difíciles** we're going through a difficult time *o* period; **está en su mejor ~** he is at his peak 4 (ocasión) time; **llegas en buen/mal ~** you've arrived at the right time/at a bad time; **cuando llegue el ~** when the time comes; **en ningún ~** never, at no time 5 (tiempo presente) moment; **la moda del ~** the fashion of the moment

B (*en locs*) **al momento** at once; **de momento**: **de ~ se siente bien** she feels all right at the moment; **de ~ se va a quedar en mi casa** she's going to stay with me for the time being; **dejemos este asunto de ~** let's forget this matter for the moment; **desde el momento que** (CS) since, as, seeing as (colloq); **de un momento al otro**: **están por llegar de un ~ al otro** they'll be arriving any minute now; **cambia de opinión de un ~ al otro** she changes her mind from one minute to the next; **en cualquier momento**: **puedes llamar en cualquier ~** you can call at any time; **pueden llegar en cualquier ~** they could arrive any time now *o* at any moment; **en el momento** immediately; **en el momento menos pensado** when they/you/we least expect it; **en un momento dado** at a given moment; **si en un ~ dado tu quisieras ...** if at any *o* some time you should want to ...; **por el momento** for the time being; **por momentos**: **el frío aumenta por ~s** it's getting colder by the minute; **su estado empeoraba por ~s** her condition was deteriorating from one minute to the next

C (Fís, Mec) momentum

momia *f* mummy

momificación *f* mummification

momificar [A2] *vt* to mummify

■ **momificarse** *v pron* to mummify, become mummified

momio -mia *m,f* (Chi fam & pey) right-wing reactionary

mona *f*

A (fam) (borrachera): **agarrar una ~** to get plastered (colloq); **dormir la ~** to sleep it off

B 1 (en naipes) old maid 2 (Col) (para un álbum) picture card; ***como la ~*** (CS fam) terrible 3 (Ven fam) (mujer pretenciosa) stuck-up woman

monacal *adj* monastic

monacato *m* monasticism, monastic life

monada *f* (fam) 1 (cosa bonita): **¡qué ~ de vestido!** what a lovely *o* gorgeous dress! 2 (persona bonita): **su novia es una ~** his girlfriend's gorgeous *o* a real stunner (colloq); **¡qué ~ de niño!** what a lovely *o* (colloq) cute kid 3 (RPl) (persona encantadora) angel (colloq) 4 **monadas** *fpl* (monerías): **no hagas ~s** stop monkeying *o* clowning around (colloq)

mónada *f* monad

monaguillo *m* altar boy, acolyte, server

monarca *mf* monarch

monarquía *f* monarchy

monárquico¹ -ca *adj* ‹*régimen*› monarchical; ‹*persona/ideas*› monarchist (*before n*)

monárquico² -ca *m,f* monarchist, royalist

monarquismo *m* monarchism

monasterio *m* monastery

monástico -ca *adj* monastic

monda *f*

A (Esp) 1 (de cítricos) peel; **~s de las patatas** potato peelings 2 (acción) peeling; ***ser la ~*** (Esp fam) (ser muy divertido) to be a scream (colloq); (ser el colmo) to be the limit (colloq)

B (Méx fam) (paliza) thrashing, hiding (colloq)

mondadientes *m* (*pl* ~) toothpick

mondadura *f* ▸ **monda A1**

mondar [A1] *vt* (Esp) 1 ‹*fruta/patatas*› to peel; ***anda y que te monden*** (fam) get lost (colloq), go fly a kite (AmE colloq) 2 ‹*árbol*› to prune 3 (fam) (cortar el pelo) to scalp (colloq) 4 (fam) (dejar sin dinero) to fleece (colloq)

■ **mondarse** *v pron* (*refl*): **se mondaba los dientes** she was picking her teeth; ***~se de risa*** (Esp) to die laughing

mondo -da *adj* (Esp): **le dejaron la cabeza monda** they scalped him (colloq); ***~ y lirondo*** plain and simple

mondongo *m* 1 (entrañas) insides (*pl*), guts (*pl*) 2 (AmS) (callos) tripe

moneda *f*

A 1 (pieza) coin; **una ~ de cinco pesos** a five-peso coin *o* piece 2 (de país) currency; **acuñar ~** to mint money; ***pagar con la misma ~*** to pay sb back in kind

(Compuestos)

- **moneda blanda** *or* **débil** soft currency
- **moneda corriente** currency; ***ser ~ corriente*** to be an everyday occurrence
- **moneda de curso legal** legal tender
- **moneda fraccionaria** (Fin) fractional currency; (dinero suelto) correct *o* exact change

B **la Moneda** (en Chi) Presidential Palace

monedero *m* change purse (AmE), purse (BrE)

monerías *fpl* (fam): **hacer ~** (tontear) to mess around (colloq); (hacer payasadas) to monkey *o* clown around (colloq)

monero -ra *m,f* (Méx fam) cartoonist

monetario -ria *adj* ‹*crisis*› monetary, financial

monetarista *adj/mf* monetarist

mongol -gola *m,f* Mongol, Mongolian

mongólico¹ -ca *adj* 1 (ant *o* crit) (Med) ‹*rasgos*› mongoloid (dated *or* crit); **niños ~s** Down's syndrome children 2 (fam & pey) (tonto) moronic (colloq & pej)

mongólico² -ca *m,f* 1 (ant *o* crit) (Med) person suffering from Down's syndrome 2 (fam & pey) (tonto) moron (colloq & pej)

mongolismo *m* (ant *o* crit) Down's syndrome

monigote *m* 1 (muñeco) rag doll; (de papel) paper doll; (dibujo) doodle 2 (fam) (tonto) fool (colloq)

monitor -tora *m,f*

A 1 (CS) (Dep): **~ de esquí/natación** ski/swimming instructor; **~ de tenis** tennis coach; **es ~ en un campamento juvenil** he's a monitor at a summer camp 2 (Educ) (en la escuela) (RPl) monitor; (en la universidad) (Col) *student who acts as an assistant teacher*

B **monitor** *m* (Inf, Med, Tec) monitor

monitorear [A1], **monitorizar** [A4] *vt* to monitor

monja *f* nun; **meterse a** *or* **de ~** to become a nun

monje *m* monk

monjil *adj* 1 (Relig): **la vida ~** life in a convent 2 ‹*vestimenta*› austere; ‹*idea/actitud*› prudish

mono¹ -na *adj*

A (fam) ‹*mujer*› pretty, lovely-looking (colloq); ‹*niño*› lovely, cute (colloq); ‹*vestido/piso*› gorgeous, lovely; **es muy mona de cara** she has a lovely face

B (Col) (rubio) ‹*hombre/niño*› blond; ‹*mujer/niña*› blonde

C (Audio) mono

mono² -na *m,f*

A (Zool) monkey; **el ~ desnudo** the naked ape; ***ser el último ~*** (fam) to be the lowest of the low; ***ser un ~ de imitación*** (fam) to be a copycat (colloq); ***tener ~s en la cara*** (fam): **¿qué miras? ¿es que tengo ~s en la cara?** is there something funny about me?; ***aunque la mona se vista de seda mona se queda*** you can't make a silk purse out of a sow's ear

B **mono** *m* (monigote) doodle; **una revista de monitos** (Andes, Méx) a comic; **la página de los monitos del periódico** (Andes, Méx) the cartoon page, the funnies (AmE colloq)

(Compuestos)

- **mono animado** (Chi) cartoon
- **mono de nieve** (Chi) snowman

C **mono** *m* 1 (de mecánico) coveralls (*pl*) (AmE), overalls (*pl*) (BrE) 2 (de moda — de cuerpo entero) jumpsuit; (— con peto) overalls (*pl*) (AmE), dungarees (*pl*) (BrE) 3 (Méx) (malla de bailarina) leotard

D (Audio): **en ~** in mono

E (arg) (síndrome de abstinencia) cold turkey (sl); **está con el ~** he's gone cold turkey (sl)

F (en naipes) joker

monocarril *m* monorail
monocolor *adj* one-color* (*before n*)
monocorde *adj* (Mús) monotonic; (monótono) monotonous
monocromático -ca *adj* monochromatic
monocromo -ma *adj* monochrome
monóculo *m* monocle
monocultivo *m* monoculture
monodia *f* monody
monofásico -ca *adj* single-phase
monogamia *f* monogamy
monógamo[1] -ma *adj* monogamous
monógamo[2] -ma *m,f* monogamist
monografía *f* monograph
monográfico -ca *adj* monographic
monograma *m* monogram
monolingüe *adj* monolingual
monolítico -ca *adj* monolithic
monolito *m* monolith
monologar [A3] *vi* (Teatr) to soliloquize; (hablar mucho) to hold forth; (hablar consigo mismo) to talk to oneself
monólogo *m* monologue
monomanía *f* (Psic) monomania; (obsesión) (fam) obsession, mania
monomio *m* monomial
monono -na *adj* (CS fam) divine (colloq)
mononucleosis *m* mononucleosis; **mononucleosis infecciosa** glandular fever, infectious mononucleosis
monoparental *adj* (frml): **familias ~es** one-parent families
monopatín *m* (con manillar) (CS) scooter; (sin manillar) (Esp) skateboard
monoplano *m* monoplane
monoplaza *adj/m* single-seater
monopolio *m* monopoly
monopolización *f* monopolization
monopolizar [A4] *vt* to monopolize; **~ la atención de algn** to monopolize sb's attention
monorriel *m* (AmL) monorail
monosilábico -ca, **monosílabo -ba** *adj* monosyllabic
monosílabo *m* monosyllable; **respondió con ~s** she answered in monosyllables
monoteísmo *m* monotheism
monotipo *m* Monotype®
monotonía *f* (de una tarea) monotony; (de un sonido) monotone
monótono -na *adj* **1** ‹*vida/trabajo*› monotonous, humdrum; ‹*discurso/espectáculo*› monotonous, tedious **2** ‹*voz*› monotonous
monousuario -ria *adj* single-user (*before n*)
monovalente *adj* monovalent, univalent
monóxido *m* monoxide; **~ de carbono** carbon monoxide
monrero -ra *m,f* (Andes) burglar
Mons. *m* (= **monseñor**) Msgr.
monseñor *m* Monsignor
monstruo[1] *m* (Mit) monster; (persona) monster; (fenómeno) phenomenon; **un ~ de la música pop** a pop phenomenon
monstruo[2] *adj inv* (fam) fantastic (colloq)
monstruosidad *f* **1** (cosa fea, grande) monstrosity **2** (atrocidad) atrocity **3** (cualidad) monstrous nature, monstrousness
monstruoso -sa *adj* **1** ‹*crimen/comportamiento*› monstrous, atrocious **2** ‹*dimensiones*› monstrous **3** (deforme, anormal) ‹*ser/facciones*› hideous, grotesque
monta *f*
A (monto) total (value); ***de poca ~*** ‹*asunto*› of little importance *o* note; ‹*escritor*› third-rate; **los daños materiales fueron de poca ~** the damage was slight *o* minor
B (period) (caballo) mount; (jinete) rider
montacargas *m* (*pl* ~) freight *o* service elevator (AmE), service *o* goods lift (BrE)
montado -da *adj*: **iba ~ a caballo** he was riding a horse; **la policía montada** the mounted police; **estaba montada en su bicicleta** she was sitting on her bicycle; *ver tb* **montar**
montador -dora *m,f* (Mec, Tec) fitter; (Cin, TV) film editor
(Compuesto) **montador -dora de escena** *m,f* set designer
montaje *m* **1** (de máquina, mueble) assembly; **el ~ de la red** the setting up of the network **2** (de obra) staging; (de película) editing; **seguro que todo es un ~** I bet it's all a big con *o* a set-up (colloq)
(Compuesto) **montaje fotográfico** photomontage
montallantas *m* (*pl* ~) (Col) (taller) *workshop where tires* are retreaded*; (mecánico) *person who retreads tires**
montante *m*
A (Fin) total (amount)
B (Const) **1** (soporte) upright, post; (de una ventana) mullion **2** (ventana) transom, fanlight
montaña *f*
A **1** (Geog) mountain; **tienen un chalet en la ~** they have a chalet in the mountains; ***hacer una ~ de un grano de arena*** to make a mountain out of a molehill; ***si la ~ no viene a Mahoma, Mahoma va a la ~*** if the mountain will not come to Mohammed, Mohammed must go to the mountain **2** (Chi) (monte) scrubland
(Compuestos)
- **montaña rusa** roller coaster
- **Montañas Rocosas** *or* **Rocallosas** *fpl*: **las ~ ~** the Rocky mountains (*pl*)

B (montón) pile
montañero -ra *m,f* mountaineer, mountain climber
montañés[1] -ñesa *adj* mountain (*before n*), highland (*before n*)
montañés[2] -ñesa *m,f* highlander
montañismo *m* mountaineering, mountain climbing
montañoso -sa *adj* ‹*cadena*› mountain (*before n*); ‹*terreno/país*› mountainous
montaplatos *m* (*pl* ~) dumbwaiter
montar [A1] *vt*
A **1** ‹*caballo*› (subirse a) to mount, get on; (ir sobre) to ride **2** (subir, colocar): **montó al niño en el poni** he lifted the boy up onto the pony
B ‹*vaca/yegua*› to mount
C **1** (poner, establecer) ‹*feria/exposición*› to set up; ‹*negocio*› to start up, set up **2** ‹*máquina/mueble*› to assemble; ‹*estantería*› to put up; **¿me ayudas a ~ la tienda de campaña?** can you help me to put up *o* pitch the tent? **3** ‹*piedra preciosa*› to set; ‹*diapositiva*› to mount **4** (organizar) ‹*obra/producción*› to stage; **~ *un número*** *or* ***lío*** *or* ***escándalo*** (Esp) to make *o* cause a scene
D **1** ‹*puntos*› to cast on **2** ‹*pistola*› to cock
E (Esp) ‹*nata*› to whip; ‹*claras*› to whisk
■ **montar** *vi*
A **1** (ir): **~ a caballo/en bicicleta** to ride a horse/bicycle **2** (Equ) to mount
B (cubrir parcialmente) **~ SOBRE algo** to overlap sth
C (sumar, importar) **~ A algo** to amount to sth
■ **montarse** *v pron*
A (en un coche) to get in; (en un tren, autobús) to get on; (en un caballo) to mount, get on; **¿me dejas ~me en tu bicicleta?** can I have a ride on your bicycle?; **~se en las atracciones de una feria** to go on the rides in a fairground
B (arreglárselas) (Esp fam): **¡qué bien te lo montas!** you're on to a good thing (colloq); **no sé cómo se lo monta** I don't know how she manages it
montaraz *adj* ‹*animal*› wild; ‹*persona*› (tosco) coarse; (arisco) surly, unfriendly
monte *m*
A (Geog) **1** (montaña) mountain **2** (terreno — cubierto de maleza) scrubland, scrub; (— cubierto de árboles) woodland; ***batir el ~*** to beat (*for game*); ***echarse*** *or* ***tirarse al ~*** to take to the hills; ***no todo (en) el ~ es orégano*** life isn't all a bowl of cherries **3** (Ven fam) (campo): **vive en el ~** he lives out in the sticks *o* the wilds (colloq) **4** (RPl) (bosquecillo) copse, coppice

m

(Compuestos)
- **monte alto/bajo** forest/scrubland
- **monte de piedad** pawnshop

B (en naipes) **1▸** (juego) monte **2▸** (en el tute) last trick
C (AmC, Col, Ven fam) (marihuana) grass (colloq)

montepío *m*
A (monte de piedad) pawnshop
B **1▸** (mutualidad) fund (*collected by a benefit society for its members*) **2▸** (pensión) pension **3▸** (Chi) (de huérfano, viuda) dependent's pension

montera *f* (gorra) cap; (de torero) bullfighter's hat

montería *f* hunting (*of deer, wild boar, etc*)

montero -ra *m,f* **1▸** (cazador) hunter (*of deer, wild boar, etc*); **~ mayor** master of the hunt **2▸** (ojeador) beater

montés *adj* wild

montevideano -na *adj* of/from Montevideo

Montevideo *m* Montevideo

montgomery *m* (CS) duffle coat

montículo *m* mound

montilla *m*: *type of pale, dry sherry*

montón *m* **1▸** (pila) pile; ***(ser) del ~*** (fam): **un estudiante de los del ~** an average student; **es un escritor de los del ~** he's a rather run-of-the-mill writer; **es una chica del ~** she's (just) an ordinary girl **2▸** (fam) (gran cantidad): **había un ~ de gente** there were loads of people (colloq); **me duele un ~** it hurts like hell (colloq); **me gusta un ~** I'm crazy about her/it (colloq)

montonera *f*
A (fam) (montón): **una ~ de gente** masses *o* loads of people (colloq); ***tirar algo a la ~*** (Col) to throw sth into the crowd
B (Hist) peasant militia

montonero -ra *m,f* (guerrillero) guerrilla; **los M~s** *Argentinian guerrilla movement*

montura *f*
A (Equ) (silla) saddle; (animal) mount
B (de anteojos) frame; (engarce) setting, mount

monumental *adj*
A (Arquit): **la riqueza ~ de la ciudad** the wealth of monuments in the city
B (fam) (muy grande) **1▸** (en tamaño) huge, massive **2▸** (en grado) monumental
C (fam) (estupendo) fabulous (colloq)

monumento *m*
A (obra conmemorativa) monument; **~ a los caídos** war memorial

(Compuestos)
- **monumento funerario** commemorative stone
- **monumento histórico/nacional** historical/national monument

B (Relig) altar (*decorated for Holy Week*)
C (obra excepcional) masterpiece, classic; **un ~ de la épica española** a classic example of the Spanish epic
D (fam) (mujer atractiva) stunner (colloq)

monzón *m* monsoon

monzónico -ca *adj* monsoon (*before n*)

moña *f* (Taur) ribbon; (lazo) (RPl) bow

moñita *f* (Ur) bow tie

moño *m* **1▸** (peinado) bun; **se hizo un ~** she put her hair up in a bun; ***agarrarse del ~*** (fam) to go for each other's throats (colloq); **terminaron agarrándose del ~** they ended up at each other's throats (colloq); ***estar hasta el ~*** to be fed up (to the back teeth) (colloq); ***soltarse el ~*** (fam) to let one's hair down **2▸** (AmL) (lazo) bow

moñona *f* (Col) strike; **hacer ~** to get a strike

moquear [A1] *vi* «*nariz*» to run; «*persona*» to have a runny nose

moqueo *m* runny nose

moquera *f* (CS fam): **tener ~** to have a sniffle

moquero *m* (fam & hum) snot rag (colloq & hum), hankie (colloq)

moqueta *f* (Esp) wall-to-wall carpet, fitted carpet (BrE)

moquete *m* (fam) punch (*in the face*)

moquette /mo'ket/ *f* (RPl) wall-to-wall carpet, fitted carpet (BrE)

moquillento -ta *adj* (Andes fam) (resfriado) coldy (colloq); (con mocos) ‹*nariz*› runny, snotty (colloq); ‹*niño*› runny-nosed, snotty-nosed (colloq)

moquillo *m* distemper

mor: **por ~ de** (*loc prep*) (frml) because of, out of consideration for (frml)

mora *f*
A (fruto — de zarzamora) blackberry; (— de moral) mulberry; (— de morera) white mulberry
B (Der) (retraso) default

morada *f* (frml *o* liter) **1▸** (residencia, hogar) dwelling (frml), abode (frml *or* liter); **la última ~** the final resting place **2▸** (estancia): **hacer ~ en un lugar** to stay in a place

morado¹ -da *adj* ‹*color*› purple; **~ del frío** blue with cold; **ponerle a algn un ojo ~** to give sb a black eye; ***pasarlas*** *or* ***verlas moradas*** (Esp) to have a hard *o* tough time; ***ponerse ~ de algo*** (Esp fam) to stuff oneself with sth (colloq)

morado² *m* (Esp, Ven) bruise

morador -dora *m,f* (liter) inhabitant

moral¹ *adj* moral; **apoyo ~** moral support

moral² *m* mulberry (tree)

moral³ *f*
A (Fil, Relig) **1▸** (doctrina) moral doctrine; **la ~ cristiana** the Christian doctrine **2▸** (moralidad) morality, morals (*pl*); **faltar a la ~** to commit an immoral act
B **1▸** (estado de ánimo) morale; **levantarle la ~ a algn** to raise sb's morale, lift sb's spirits; **tener mucha ~** to be very optimistic; **estar bajo de ~** to be feeling low; **quedaron con la ~ por los suelos** their morale hit rock bottom **2▸** (arrojo, determinación) will; **con una ~ de acero** with iron-willed determination

moraleja *f* moral

moralidad *f* morality, ethics (*pl*)

moralista¹ *adj* moralistic

moralista² *mf* moralist

moralizante *adj* moralizing (*before n*), moralistic

moralizar [A4] *vi* to moralize

morar [A1] *vi* (liter) to dwell (liter)

moratón *m* bruise

moratoria *f* moratorium

mórbido -da *adj*
A ‹*escena/historia*› gruesome; (Med) morbid
B (liter) (delicado, suave) soft, delicate

morbo *m*
A (fam) (morbosidad): **hay mucho ~ dentro del toreo** there is a large element of morbid fascination in bullfighting; **despertaba el ~ de la gente** it brought out people's ghoulish instincts
B (Med) disease

morbosidad *f* morbidity; **la ~ de la película** the morbidity *o* gruesomeness of the film; **la ~ con que contaba la historia** the ghoulish delight with which she told the story

morboso¹ -sa *adj* **1▸** ‹*escena/película*› gruesome; ‹*persona/mente*› ghoulish; (truculento, retorcido) morbid **2▸** (Med) morbid

morboso² -sa *m,f* (fam) ghoul

morcilla *f* blood sausage (AmE), black pudding (BrE)

mordacidad *f* sharpness, causticity (liter)

mordaz *adj* ‹*estilo/lenguaje*› scathing, caustic; ‹*crítica*› sharp, scathing

mordaza *f* **1▸** (en la boca) gag **2▸** (Tec) clamp

mordedura *f* bite

morder [E9] *vt*
A **1▸** (con los dientes) to bite; **mordía la manzana con avidez** he was eagerly munching the apple **2▸** (Tec) «*lima*» to file
B (Méx fam) «*policía/funcionario*» to extract a bribe from
C (Ven fam) (captar, entender) to get

■ **morder** *vi*
A «*perro/serpiente*» to bite; ***estar que muerde*** (fam): to be hopping mad (colloq)
B (Ven fam) (entender): **no mordió** he didn't get it (colloq)

■ **morderse** *v pron* (*refl*) to bite oneself; **~se las uñas** to bite one's nails

mordida *f*
A (CS) (bocado) bite; (acción) bite; (huella) toothmarks (*pl*)
B (Méx fam) (soborno) bribe, backhander (BrE colloq)

mordisco *m* **1** (de animal, persona) bite; **le dio un ~ en el brazo** it bit her (on the) arm **2** (bocado) bite

mordisquear [A1] *vt* to nibble; **no mordisquees el lápiz** don't chew the pencil

morena *f*
A (Geol) moraine
B (Zool) moray (eel); *ver tb* **moreno² A**

moreno¹ -na *adj* **1** [SER] ‹*persona*› (de pelo oscuro) dark, dark-haired; (de tez oscura) dark; (de raza negra) (euf) dark-skinned (euph) **2** [ESTAR] (bronceado) brown, tanned **3** ‹*piel*› brown, dark

moreno² -na *m,f*
A **1** (persona de pelo oscuro) (*m*) dark-haired man (*o* boy *etc*); (*f*) dark-haired woman (*o* girl *etc*), brunet* **2** (persona — de tez oscura) dark person (*o* man *etc*); (— de raza negra) (euf) dark-skinned person (*o* man *etc*) (euph), coloured man (*o* woman *etc*) (BrE euph)
B **moreno** *m* (Esp) (bronceado) tan, suntan

morera *f* white mulberry tree

morería *f* Moorish quarter

moretón *m* bruise

morfar [A1] *vi* (RPl arg) to eat

morfema *m* morpheme

morfina *f* morphine

morfinómano -na *m,f* morphine addict

morfología *f* morphology

morganático -ca *adj* morganatic

morgue *f* (AmL) morgue, mortuary

moribundo¹ -da *adj* dying, moribund (frml)

moribundo² -da *m,f* dying man (*o* woman *etc*)

morir [I37] *vi* **1** «*persona*» to die; **~ ahogado** to drown; **murió asesinada** she was murdered; **~ DE algo** to die OF sth; **~ de vejez/de muerte natural** to die of old age/of natural causes; **murió de hambre** she starved to death; **murieron por su patria** they died for their country; **¡muera el dictador!** death to the dictator!; **¡y allí muere!** (AmC fam) and that's all there is to it!; ***hasta* ~** (Méx fam): **la fiesta va a ser hasta ~** we're going to party till we drop (colloq) **2** (liter) «*civilización/costumbre*» to die out; **cuando muere la tarde** as the day draws to a close (liter); **el río va a ~ a la mar** the river runs to the sea
■ **morirse** *v pron* to die; **se me murió la perra** my dog died; **no te vas a ~ por ayudarlo** (fam) it won't kill you to help him (colloq); **como se entere me muero** (fam) I'll die if she finds out (colloq); **¡por mí que se muera!** he can drop dead for all I care (colloq); **que me muera si miento** cross my heart and hope to die (colloq); **¡muérete! me caso el sábado** (fam) you'll never guess what! I'm getting married on Saturday! (colloq); **~se DE algo**: **se murió de un infarto** he died of a heart attack; **~ de miedo/aburrimiento** to be scared stiff/bored stiff; **me muero de frío** I'm freezing; **me estoy muriendo de hambre** I'm starving (colloq); **es para ~se de risa** it's hilariously funny; **me muero de ganas de verlos** I'm dying to see them (colloq); **~se POR algo/algn**: **me muero por una cerveza** I'm dying for a beer (colloq); **se muere por ella** he's nuts *o* crazy about her (colloq); **~se POR + INF** to be dying to + INF (colloq)

morisco¹ -ca *adj* Moorish, Morisco

morisco² -ca *m,f* Morisco (*Moorish convert to Christianity who remained in Spain after the* **Reconquista**)

morisqueta *f* (CS): **hacer ~s** to make *o* (BrE) pull faces

morlaco *m* (CS, Méx fam) (dinero): **me prestó unos ~s** she lent me some cash (colloq)

mormado -da *adj* (Méx) ‹*nariz*› blocked; **estoy ~** I'm all stuffed up *o* bunged up (colloq)

mormón -mona *adj/m,f* Mormon

moro¹ *adj*
A (Hist) Moorish
B (Esp) (de África del Norte) (fam & pey) North African; (machista) (fam) chauvinistic, sexist

moro² -ra *m,f*
A **1** (Hist) Moor; ***hay/no hay ~s en la costa*** (fam): **ya puedes salir, no hay ~s en la costa** you can come out now, the coast is clear (colloq); **cállate, hay ~s en la costa** quiet, there are people listening *o* this isn't a good moment **2** (mahometano) Muslim
B (Esp) (de África del Norte) (fam & pey) North African; (machista) (fam) sexist, male chauvinist pig

morocho¹ -cha *adj* (AmS fam) (de pelo oscuro) dark, dark-haired; (de piel oscura) dark

morocho² -cha *m,f*
A (AmS fam) (de pelo oscuro) dark-haired person (*o* man *etc*); (de piel oscura) dark person (*o* man *etc*)
B (Ven fam) (mellizo) twin

morondanga *f*: **de ~** (RPl fam) lousy (colloq)

moronga *f* (AmC, Méx) blood sausage (AmE), black pudding (BrE)

morosidad *f* (Com, Fin) (lentitud en el pago) slowness (in paying); (deudas) arrears (*pl*)

moroso¹ -sa *adj*: **cuentas morosas** delinquent accounts; ▸**deudor²**

moroso² -sa *m,f* doubtful debtor

morrada *f* ▸**morrón A**

morral *m* **1** (que cuelga — del hombro) rucksack, haversack; (— a la espalda) backpack, rucksack **2** (para el pienso) nosebag

morralla *f*
A **1** (Coc) small fish *o* fry (*pl*) **2** (cosas sin valor) junk
B (chusma) riffraff, rabble
C (Méx) (dinero suelto) loose change

morrear [A1] *vi* (Esp, Méx fam) to neck (colloq)

morrena *f* moraine

morreo *m* (Esp fam) necking (colloq)

morriña *f* (fam) homesickness; **tener ~** to feel *o* be homesick

morro *m*
A **1** (hocico) snout **2** (Esp fam) (boca) *tb* **morros** mouth, chops (*pl*) (BrE colloq); **límpiate ese ~** wipe your mouth (colloq); ***beber a ~s*** (Esp fam) to drink (straight) from the bottle; ***estar de ~s (con algn)*** (Esp fam) to be in a bad mood (with sb) **3** (Esp fam) (descaro) nerve (colloq); ***echarle ~*** (Esp fam) to stick one's neck out (colloq); ***por el ~*** (Esp fam) (sin pagar) without paying; (con descaro): **llegó y me pidió dinero por el ~** he had the gall to ask me for money (colloq) **4** (Esp fam) (de coche, avión) nose
B (cerro) hill

morrocota *f* (Col, Ven) *gold coin weighing one ounce*; ***cuidar las ~s*** (fam) to be careful with one's money

morrocotudo -da *adj* (fam) ‹*paliza/susto*› terrible (colloq); (estupendo) fantastic (colloq)

morrón *m*
A (fam) (golpe): **se dio un ~** he fell flat on his face
B (CS) (pimiento) red pepper

morsa *f* walrus

morse¹ *adj inv* Morse (*before n*)

morse² *m* Morse code

mortadela *f* mortadella

mortaja *f*
A (sábana) shroud
B (Tec) mortise

mortal¹ *adj*
A **1** ‹*ser*› mortal **2** ‹*herida*› fatal, mortal; ‹*dosis*› fatal, lethal; ‹*enfermedad/veneno*› deadly; **la caída/el accidente fue ~** the fall/accident killed him *o* caused his death; **un golpe ~** a death blow
B **1** ‹*odio/enemigo*› mortal **2** ‹*aburrimiento*›: **fue un aburrimiento ~** it was lethally (AmE) *o* (BrE) deadly boring

mortal² *mf* mortal

mortalidad *f* mortality

mortalmente *adv*
A (de muerte) mortally, fatally
B (en sentido hiperbólico): **se odian ~** they hate each other bitterly; **se enemistaron ~** they became deadly *o* bitter *o* (liter) mortal enemies

mortandad *f* **1** (por causas naturales) loss of life **2** (en batalla) slaughter, carnage

mortecino¹ -na *adj* ‹*luz*› weak; ‹*color*› pale

mortecino² *m* (Col, Ven) carrion

mortero *m* mortar

m

mortífero -ra *adj* deadly, lethal

mortificación *f* 1 (tormento): **verlo tan feliz era una ~ para ella** it was torture *o* hell for her to see him so happy 2 (Relig) mortification

mortificar [A2] *vt* 1 (atormentar) to torment; **los celos lo mortifican** he's tortured *o* tormented by jealousy 2 (Relig) to mortify

■ **mortificarse** *v pron* (*refl*) (atormentarse) to fret, distress oneself; (Relig) to mortify the flesh

mortuorio -ria *adj* funeral (*before n*)

mosaico¹ -ca *adj* Mosaic, Mosaical

mosaico² *m* 1 (Art) mosaic 2 (Méx, RPl) (baldosa) floor tile; **piso de ~** tiled floor 3 (Col) (foto) school/college photograph

mosca¹ *adj inv* 1 (Esp fam) (preocupado) uneasy, edgy (colloq); (enfadado) sore (AmE colloq), cross (BrE colloq) 2 (Ven fam) (alerta) alert

mosca² *f*

A 1 (Zool) fly; **no se oía ni una ~** you could have heard a pin drop (colloq); ***caer como ~s*** to drop *o* fall like flies; ***es incapaz de matar una ~*** she wouldn't harm *o* hurt a fly; ***estar con la ~ en*** *or* ***detrás de la oreja*** to be wary, be on one's guard; ***papar ~s*** (fam) to mooch around (colloq); ***por si las ~s*** (fam) just in case (colloq); ***¿qué ~ te/le ha picado?*** (fam) what's got into *o* what's up with you/him? (colloq); ***sentirse como ~ en leche*** (Andes fam) to feel like a fish out of water; ***venir*** *or* ***acudir como ~s*** to swarm round like flies; *ver tb* **mosquita** 2 (para pescar) fly

(Compuesto) **mosca tsé-tsé** *or* **tsetsé** tsetse fly

B (Esp fam) (dinero) dough (colloq); **afloja la ~** cough up (colloq)

mosca³ *mf* (Ur fam) freeloader (colloq), sponger (BrE colloq)

moscarda *f* blowfly, bluebottle

moscardón *m* 1 (Zool) botfly 2 (fam) (charlatán) chatterbox (colloq)

moscatel¹ *adj* muscat (*before n*)

moscatel² *m* muscatel

moscón *m* 1 (Zool) botfly 2 (fam) (hombre) creep (colloq)

moscovita *adj/mf* Muscovite

Moscú *m* Moscow

mosqueado -da *adj* (esp Esp fam) 1 (molesto, disgustado) annoyed, sore (AmE colloq), cross (BrE colloq) 2 (desconfiado, suspicaz) suspicious, wary

mosquear [A1] *vt* (esp Esp fam) 1 (disgustar) to annoy 2 (hacer sospechar) ‹*persona*› to make … suspicious

■ **mosquearse** *v pron* (esp Esp fam) 1 (sospechar, desconfiar) to get suspicious, smell a rat (colloq) 2 (disgustarse) to get annoyed, get sore (AmE colloq), to get cross (BrE colloq)

mosqueo *m* (esp Esp fam): **menudo ~ agarró** he was *o* got really annoyed

mosquerío *m* (fam) flies (*pl*)

mosquero *m* (Méx) ►**mosquerío**

mosquete *m* musket

mosquetero *m* musketeer

mosquetón *m* (Arm) musket

mosquita *f*: ***ser*** *or* ***parecer una ~ muerta*** to look as if butter wouldn't melt in one's mouth

mosquitero *m*, **mosquitera** *f* (de ventana) mosquito netting; (de tela) mosquito net

mosquito *m* mosquito

mostacho *m* (fam & hum) mustache*, 'tache (colloq & hum)

mostaza *f* 1 (Coc) mustard; ***me/le subió la ~*** (CS fam) I/he got all hot under the collar (colloq) 2 **(de) color ~** mustard, mustard-colored*

mosto *m* grape juice, must

mostrador *m* (en tienda) counter; (en bar) bar; (en aeropuerto) check-in desk

mostrar [A10] *vt* 1 (enseñar, indicar) to show; **muéstrame cómo funciona** show me how it works 2 ‹*interés/entusiasmo*› to show, display (frml)

■ **mostrarse** *v pron* (+ *compl*): **se mostró muy atento con nosotros** he was very obliging (to us); **se mostró muy contento** he was very happy; **se ~on partidarios de la propuesta** they expressed support for the proposal; **nunca se ha mostrado agresivo con él** she's never displayed *o* shown any aggression toward(s) him

mostrenco¹ -ca *adj* (tonto) oafish

mostrenco² -ca *m,f* oaf

mota *f*

A (partícula) tiny bit, dot; **una ~ de polvo** a speck of dust

B (Tex) 1 (lunar) small spot; **una tela a ~s** a spotted fabric 2 (jaspeado) fleck 3 (Andes) (bolita de lana) ball, bobble 4 (Méx) (borla) pom-pom, bobble

C (AmS) (pelo) tight curls (*pl*)

D (AmC, Méx arg) (marihuana) grass (colloq), weed (sl)

E (Méx) (para empolvarse) powder puff

F (Per) (borrador de pizarrón) blackboard duster

mote *m*

A (apodo) nickname; **le pusieron como ~ 'el Oso'** they nicknamed him 'the Bear'

B (Andes) (trigo) boiled wheat; (maíz) boiled corn (AmE) *o* (BrE) maize

moteado -da *adj* ‹*tela*› (jaspeado) flecked; (a lunares) dotted, spotted; ‹*piel*› mottled; **los cerros ~s de blanco** (liter) the hills dotted with white (liter)

motear [A1] *vt* (liter) to speckle, dot

■ **motearse** *v pron* (Col) to become covered in little balls of fluff

motejar [A1] *vt* **~ a algn DE algo** to brand sb sth

motel *m* motel

motero -ra *m,f* (fam) biker (colloq)

motín *m* (de tropas, una tripulación) mutiny; (de prisioneros) riot, rebellion

motivación *f* (incentivo) motivation; (motivo) motive

motivador -dora *adj* motivating

motivar [A1] *vt*

A (impulsar) to motivate; **¿qué te motivó a hacerlo?** what made you do it?; **motivado por la venganza** motivated by revenge

B (causar) to bring about; **el factor que motivó su derrota** the cause of *o* the reason for his defeat

motivo *m*

A 1 (razón, causa) reason, cause; **el ~ de su viaje/del accidente** the reason for her trip/the cause of the accident; **por este ~ nos hallamos aquí reunidos** that's (the reason) why we're gathered here; **yo tendré mis ~s** I have my reasons; **con ~ de algo** on the occasion of sth; **con ~ del centenario** to mark the centenary; **dar ~s para algo** to give grounds for sth; **no des ~s para que te critiquen** don't give them cause to criticize you; **hay ~s para preocuparse** there is cause for concern; **el adulterio es ~ suficiente de divorcio** adultery is sufficient grounds for divorce; **por ~s personales** for personal reasons; **sin ningún ~** for no reason at all; **sin ~ justificado** without (good) cause; ***¡que sea un ~!*** (Col fam) let's drink to that! (colloq) 2 (propósito, finalidad) reason, purpose; **¿con qué ~ se convocó la reunión?** what was the purpose of calling the meeting?; **empiezo a sospechar de sus ~s** I'm beginning to suspect his motives; **el ~ de esta carta es ...** the purpose of this letter is …

B (Art, Lit, Mús) motif; **~s decorativos** decorative motifs

moto *f* (motocicleta) motorcycle, motorbike (BrE); (motoneta, escúter) (motor) scooter; **fue en ~** he went on his motorcycle

(Compuestos)

- **moto acuática** jet ski
- **moto de nieve** snowmobile

motobomba *f* (motorized) pump

motocarro *m* three-wheeler van

motocicleta *f* motorcycle

motociclismo *m* motorcycling

motociclista *mf* motorcyclist

motocross, moto-cross *m* motocross

motoesquí *m* (*pl* **-quís** *or* **-quíes**) motorized ski

motola *f* (Col fam) head, nut (colloq)

motonáutica *f* motorboating

motonave *f* (pequeña) motorboat; (grande) motor ship, motor vessel

motoneta *f* (AmL) (motor) scooter

motonieve *f* snowmobile

motoniveladora *f* grader

motor¹ -triz, motor -tora *adj* motor (*before n*)

motor² *m*
A (Tec) engine; **funciona con** *or* **a ~** it is motor-driven
(Compuestos)
- **motor a inyección/a reacción** fuel-injected/jet engine
- **motor de arranque** starter motor
- **motor de combustión interna** *or* **de explosión** internal combustion engine
- **motor diesel/hidráulico** diesel/hydraulic engine
- **motor fuera (de) borda** outboard motor

B (impulsor) driving force

motora *f* small motorboat, powerboat

motorismo *m* motorcycling

motorista *mf* **1** (que va en moto) motorcyclist **2** (Col) (automovilista) motorist (frml), driver

motorización *f* (acción): **la ~ de la población** the increase in car ownership

motorizado¹ -da *adj* ‹*ejército*› motorized; **hoy no ando ~** (fam) I don't have any transport today

motorizado² -da *m,f* (Ven) motorcycle messenger *o* (BrE) courier

motorizar [A4] *vt* to motorize
■ **motorizarse** *v pron* (fam) to get oneself some wheels (colloq), to get mobile (colloq)

motosegadora *f* motor mower

motosierra *f* chain saw

motoso¹ -sa *adj* (Col) ‹*suéter/bufanda*› flecked; ‹*pelo*› frizzy

motoso² *m* (Col fam) nap (colloq)

motricidad *f* motor functions (*pl*)

motriz *adj*: ver **motor¹**

motudo -da *adj* (CS fam) frizzy

motu proprio *loc adv*: **lo hizo (de) ~ ~** he did it on his own initiative

mousse /mus/ *f or m* mousse

mouton /mu'ton/ *m* sheepskin

movedizo -za *adj* ‹*niño*› restless, fidgety; ▸**arena A**

mover [E9] *vt*
A **1** (trasladar, desplazar) to move **2** (Jueg) ‹*ficha/pieza*› to move **3** (menear) ‹*cola*› to wag; ‹*caderas*› to wriggle; **no muevas la cámara** keep the camera still; **el viento movía las hojas de los árboles** the wind shook the leaves on the trees; **movió la cabeza** (asintiendo) he nodded (his head); (negando) she shook her head **4** (accionar) to drive; **el agua mueve la rueda del molino** the water turns the millwheel **5** (manejar) ‹*dinero*› to handle **6** (fam) ‹*droga*› to push (colloq)
B (incitar, inducir): **actuó movida por razones políticas** her actions were politically motivated; **¿qué lo movió a hacer eso?** what moved him to do that?
■ **mover** *vi*
A (Jueg) to move
B (incitar, inducir) **~ A algo**: **su situación mueve a la compasión** his predicament moves one to pity
■ **moverse** *v pron*
A **1** (desplazarse) to move; **no te muevas de ahí** stay right where you are, don't move **2** (menearse) to move; **dejá de ~te** stop fidgeting, stop moving about; **la lámpara se movía con el viento** the lamp was moving *o* swaying in the wind
B **1** (alternar) to move; **se mueve en las altas esferas** she moves in high circles **2** (hacer gestiones): **si no te mueves no encontrarás empleo** if you don't get moving you'll never find a job (colloq); **se movió como loca para sacarlo de la cárcel** she moved heaven and earth to get him out of jail **3** (apresurarse) to hurry up, get a move on (colloq)

movida *f*
A (Jueg) move
B (Esp) **1** (fam) (asunto, rollo): **no me interesa la ~ ecológica** I'm not into this ecology thing (colloq); **la ~ pacifista de los sesenta** the sixties' peace movement; **al chico le va la ~** he's really into the scene (colloq); **anda en ~s chuecas** (Méx) he's into some shady deals (colloq) **2** (actividad cultural): **la ~ madrileña** the Madrid scene; **allí es donde está la ~** that's where it's all going on

movido -da *adj* **1** (Fot) blurred **2** (agitado) ‹*mar*› rough, choppy; ‹*día/año*› hectic, busy; ‹*fiesta*› lively

móvil¹ *adj* mobile

móvil² *m*
A (frml) (impulso) motive **2** (adorno) mobile
B **1** (Fís) moving object **2** (Tel) mobile phone

movilidad *f* mobility
(Compuesto) **movilidad ascendente/social** upward/social mobility

movilización *f*
A **1** (Mil) mobilization **2** (Rels Labs): **movilizaciones obreras** protests *o* demonstrations by the workers; **han planeado un calendario de movilizaciones** they have planned a program of industrial action
B (Chi) (Transp) public transportation (AmE), public transport (BrE)

movilizar [A4] *vt*
A ‹*tropas/población*› to mobilize
B (desbloquear) to free, unblock
■ **movilizarse** *v pron*
A (Mil, Rels Labs) to mobilize
B (CS) (desplazarse) to move *o* get around

movimiento *m*
A **1** (Fís, Tec) motion, movement; **un cuerpo en ~** a body in motion; **poner algo en ~** to set sth in motion; **se puso en ~** it started moving **2** (desplazamiento) movement; **el ~ migratorio de las aves** the migratory movement of birds **3** (cambio de postura, posición) movement; **un ~ en falso** one false move; **el menor ~ de la mano** the slightest movement of the hand; **caminaba con un ligero ~ de caderas** her hips swayed slightly as she walked
(Compuestos)
- **movimiento de rotación** rotation
- **movimiento de traslación** orbital movement
- **movimiento sísmico** earth tremor

B **1** (traslado — de dinero, bienes) movement; (— de la población) shift **2** (variación, cambio) movement, change **3** (agitación, actividad) activity
C **1** (corriente, tendencia) movement; **el ~ surrealista** the surrealist movement; **~ pictórico** school of painting **2** (organización) movement
D (alzamiento) uprising, rebellion
E (Mús) (parte de obra) movement; (compás) tempo
F (Jueg) move

moviola® *f* (aparato) Moviola®; (repetición) action replay

moyo *m* (Col) flower (pot)

mozalbete *m* lad

mozárabe¹ *adj* Mozarabic

mozárabe² *mf* Mozarab

mozo¹ -za *adj*: **en mis años ~s** in my youth; **sus hijos ya son ~s** her children are quite grown-up now

mozo² -za *m,f* **1** (ant) (joven) (*m*) young boy; (*f*) young girl; **los ~s del pueblo** the young people in the village **2** (AmS) (camarero) (*m*) waiter; (*f*) waitress **3** (Col fam) (amante) (*m*) fancy man (colloq); (*f*) fancy woman (colloq) **4** (Ferr) *tb* **~ de equipajes** *or* **de estación** porter
(Compuestos)
- **mozo -za de cuadra** (*m*) stable boy, stable lad (BrE); (*f*) stable girl
- **mozo de estoques** *bullfighter's assistant*

ms. (*pl* **mss.**) (**= manuscrito**) ms

Mtro. *m*
A **= maestro**
B **= ministro**

mu *m* moo; ***no decir ni ~*** (fam): **no digas ni ~** not a word (to anyone) (colloq); **no dijo ni ~ en toda la noche** he didn't open his mouth *o* say a word all evening

muaré *m* moiré

muca *adj* (Per fam) broke (colloq)

mucamo -ma (AmL) (*m*) servant; (*f*) maid, servant
(Compuesto) **mucama de hotel** *f* (AmL) chambermaid

muchacha *f*: *tb* **~ de servicio** maid; *ver tb* **muchacho**

muchachada *f* (fam) kids (*pl*) (colloq)

muchacho -cha *m,f* (jóven) (*m*) kid (colloq), boy, guy (colloq); (*f*) girl; **es un buen ~** he's a good kid

muchedumbre *f* crowd

m

mucho¹ *adv* [1] ‹*salir/ayudar*› a lot; **me gusta muchísimo** I like it/her/him very much *o* a lot; **funciona ~ mejor** it works much *o* a lot better; **trabaja ~** he works very hard; **¿llueve ~?** is it raining hard?; **por ~ que insistas** no matter how much you insist; **después de ~ discutir** after long discussions [2] (en respuestas): **¿estás preocupado? — mucho** are you worried? — (yes, I am,) very; **¿te gusta? — sí, ~** do you like it? — yes, very much; *para locs ver* **mucho³ C**

mucho² -cha *adj*
A [1] (*sing*) a lot of; (en negativas e interrogativas) much, a lot of; **¿tienes mucha hambre?** are you very hungry? [2] (*pl*) a lot of; (en negativas e interrogativas) many, a lot of; **¿recibiste ~s regalos?** did you get many *o* a lot of presents?
B (*sing*) [1] (fam) (con valor plural): **~ elogio pero no me lo van a publicar** they're full of praise but they're not going to publish it; **hay ~ sinvergüenza por ahí** there are a lot of rogues around [2] (fam) (con valor ponderativo): **era ~ jugador para un equipo así** he was much too good a player for a team like that

mucho³ -cha *pron*
A (refiriéndose a cantidad, número): **~ de lo que ha dicho** much *o* a lot of what he has said; **somos ~s** there are a lot of us; **tengo ~ que hacer** I have a lot to do; **si no es ~ pedir** if it's not too much to ask; **~s creen que ...** many (people) believe that ...
B mucho (refiriéndose a tiempo) a long time; **hace ~ que no lo vemos** we haven't seen him for a long time; **¿falta ~ para llegar?** are we nearly there?; **¿tuviste que esperar ~?** did you have to wait long?
C (*en locs*) **como mucho** at (the) most; **con mucho** by far, easily; **ni mucho menos** in no way; **no es un buen pianista ni ~ menos** he isn't a good pianist, far from it

mucosa *f* mucus

mucosidad *f* mucus, mucosity

mucoso -sa *adj* mucous, mucose

muda *f* (de ropa) change of clothes; (de la piel) shedding, sloughing off

m

mudanza *f* move (AmE), removal (BrE); **camión de ~s** moving (AmE) *o* (BrE) removal van; **estoy de ~** I'm in the process of moving (house); **se perdió una caja en la ~** one box was lost in the move

mudar [A1] *vi*
A (cambiar) **~ DE algo**: **las serpientes mudan de piel** snakes slough off *o* shed their skin; **cuando mudó de voz** when his voice broke; **~ de opinión** (liter) to have a change of opinion
B (Méx) (cambiar los dientes): **ha empezado a ~** she's started to lose her milk teeth
■ **mudar** *vt*
A ‹*bebé/sábanas*› to change
B [1] (Zool) ‹*piel/plumas*› to molt, shed; **está mudando el pelo** it's shedding (its fur), it's moulting (BrE) [2] (Fisiol): **cuando haya mudado la voz** when his voice has broken
■ **mudarse** *v pron* [1] (de casa) to move (house); **se ~on a una casa más grande** they moved to a bigger house [2] (de ropa) to get changed, change (one's) clothes

mudéjar *adj/mf* Mudejar

mudo¹ -da *adj* [1] (Med) dumb, mute; **es ~ de nacimiento** he was born mute; **se quedó ~ de asombro** he was dumbfounded; **~ de emoción** speechless with emotion [2] ‹*letra*› silent, mute

mudo² -da *m,f* mute

mueble *m* piece of furniture; **un ~ antiguo** a piece of antique furniture; **los ~s del dormitorio** the bedroom furniture
(Compuestos)
- **mueble bar** drinks cabinet, cocktail cabinet
- **mueble cama** foldaway bed
- **mueble de cocina** piece of kitchen furniture

mueblería *f* [1] (tienda) furniture store (AmE) *o* (BrE) shop [2] (fábrica) furniture factory

mueca *f*: **le hacían ~s al profesor** they were making *o* (BrE) pulling faces at the teacher; **sus graciosísimas ~s** her funny faces; **su rostro se retorció en una ~ de dolor** she grimaced with pain; **una ~ burlona** a sneer

muecín *m* muezzin

mueco -ca *adj* (Col) gap-toothed

muégano *m* (en Méx) *caramel-covered candy*

muela *f*
A (Odont) molar, back tooth; (como término genérico) tooth; **me sacaron una ~** I had a tooth taken out; **tengo dolor de ~s** I have (a) toothache; ***tener/ser buena ~*** (Col fam): **tiene/es buena ~** he really enjoys his food
(Compuesto) **muela del juicio** wisdom tooth
B (de molino) millstone; (para afilar) whetstone
C (Geog) hill, mound
D (Col) (en calle) parking bay; (en carretera) rest stop (AmE), lay-by (BrE)

muelle¹ *adj* comfortable

muelle² *m*
A [1] (Náut) (saliente) pier, mole; (rústico, más pequeño) jetty; (sobre la costa) quay, wharf [2] (Ferr) freight platform; (para camiones) loading bay
B (resorte) spring
(Compuesto) **muelle real** mainspring

muera, mueras, etc *see* **morir**

muérdago *m* mistletoe

muérgano¹ -na *adj* (Col, Ven fam) mean (colloq), nasty (colloq)

muérgano² -na *m,f* (Col, Ven fam) mean brute

muermo *m* (Esp fam) [1] (aburrimiento) boredom; (persona aburrida) bore; (sitio aburrido) boring dump (colloq) [2] (apatía): **vaya ~ que tienes** you're so apathetic

muerte *f* [1] (de ser vivo) death; **~ natural/repentina** natural/sudden death; **el veneno le produjo la ~** the poison killed him; **condenado a ~** sentenced to death; **amenaza de ~** death threat; **a la ~ de su padre** on her father's death; **herido de ~** fatally wounded; **me dio un susto de ~** (fam) she scared the living daylights out of me (colloq), she scared me to death (colloq); **odiar a ~** to loathe, detest; ***cada ~ de obispo*** (AmL fam) once in a blue moon; ***de mala ~*** (fam) ‹*pensión*› grotty (colloq), cheesy (AmE colloq); **un pueblo de mala ~** a dump (colloq), a really grotty place; ***ser de ~ lenta*** (Ven fam) to be fantastic (colloq); ***ser la ~*** (fam) (ser atroz) to be hell *o* murder (colloq); (ser estupendo) to be great *o* fantastic (colloq) [2] (homicidio): **lo acusan de la ~ de tres personas** he is accused of killing three people; **dar ~ a algn** (frml) to kill sb [3] (fin) death
(Compuestos)
- **muerte cerebral** brain death
- **muerte clínica**: **cuando certificaron la ~ ~** when he was pronounced clinically dead
- **muerte de cuna** crib death (AmE), cot death (BrE)
- **muerte súbita** (de adulto) sudden death; (de bebé) crib death (AmE), cot death (BrE); (en fútbol, etc) sudden death; (en tenis) tiebreaker, tiebreak

muerto¹ -ta *adj*
A [ESTAR] [1] ‹*persona/animal/planta*› dead; **resultaron ~s 30 mineros** 30 miners died *o* were killed; **lo dieron por ~** he was given up for dead; ***~ y enterrado*** dead and buried, over and done with (colloq); ***ni ~*** *or* ***muerta*** no way (colloq), no chance (colloq) [2] (fam) (cansado) dead beat (colloq) [3] (fam) (pasando, padeciendo) **~ DE algo**: **estar ~ de hambre/frío/sueño** to be starving/freezing/dead-tired (colloq); **estaba ~ de miedo** he was scared stiff (colloq); ***~ de (la) risa*** (fam): **estaba ~ de risa** he was laughing his head off
B (*como pp*) (period): **fue ~ a tiros** he was shot dead; **las dos personas muertas por los terroristas** the two people killed by the terrorists
C [1] ‹*pueblo/zona*› dead, lifeless [2] (inerte) limp [3] ‹*carretera/camino*› disused

muerto² -ta *m,f*
A (persona muerta): **hubo dos ~s** two people died *o* were killed; **los ~s de la guerra** the war dead; **lo juro por mis ~s** (fam) I swear on my mother's grave; **hacerse el ~** to pretend to be dead; ***cargar con el ~*** (fam) (con un trabajo pesado) to do the dirty work; **se fueron sin pagar y me tocó cargar con el ~** they took off and left me to pick up the tab (colloq); ***cargarle el ~ a algn*** (fam) (responsabilizar) to pin the blame on sb; (endilgarle la tarea) to give sb the dirty work (colloq); ***hacer el ~*** to float on one's back; ***ser un ~ de hambre*** (fam) to be a nobody (colloq); ***el ~ al hoyo y el vivo al bollo*** dead men have no friends
B muerto *m* (en naipes) dummy

muesca *f* **1** (hendidura) nick, notch **2** (para encajar) slot, groove **3** (Agr, Taur) mark

muesli /'musli/ *m* muesli

muestra *f*

A **1** (de mercancía) sample; ***para ~ (basta) un botón*** (fam) for example, for instance **2** (de sangre, orina) specimen, sample **3** (en labores) sample of work done **4** (en estadísticas) sample; **~ de población** population sample

B (prueba, señal): **como** *or* **en ~ de mi gratitud/buena voluntad** as a token of my gratitude/goodwill; **una ~ de cansancio/falta de madurez** a sign of tiredness/immaturity

C (exposición) exhibition, exhibit (AmE); (de teatro, cine) festival

muestrario *m* collection of samples; **~ de telas** fabric sampler; **~ de colores** color chart *o* card

muestreo *m* sampling; **se hizo un ~ de la población** a sample of the population was chosen

mueva, muevas, etc *see* **mover**

mufa *f* (RPl fam) **1** (mal humor) bad mood; **2** (moho) mold*

mugido *m* moo; **los ~s de las vacas** the mooing of the cows

múgil *m* gray* mullet

mugir [I7] *vi* «*vaca*» to moo; «*toro*» to bellow

mugre *f* (suciedad) dirt, filth; (grasa) grime, grease; ***sacarle la ~ a algn*** (AmL fam) to beat sb black and blue

mugriento -ta *adj* filthy

mugrón *m* shoot

mugroso -sa *adj* (Chi, Méx fam) filthy

muguete, (RPl) **muguet** /mu'ɣe/ *m* lily of the valley

mujer *f* **1** woman; **ya es toda una ~cita** she's a young woman already; **es una ~ hecha y derecha** she's a grown woman; ***hacerse ~*** (euf) to reach puberty, become a woman (euph); ***ser una ~ de su casa*** to be a good housewife **2** (esposa) wife **3** (como apelativo): **¿se habrá ofendido? — ¡no, ~!** do you think I've offended him — no, of course not

(Compuestos)

- **mujer de la limpieza** cleaning lady, cleaner
- **mujer de la vida** (euf) lady of the night (euph & dated)
- **mujer de mala vida** *or* **de mal vivir** prostitute
- **mujer de negocios** businesswoman
- **mujer de vida alegre** (euf) loose woman
- **mujer fatal** femme fatale
- **mujer policía** policewoman
- **mujer rana** diver

mujeriegas: **a ~** (*loc adv*) sidesaddle

mujeriego[1] *adj*: **es muy ~** he's a real womanizer

mujeriego[2] *m* womanizer

mujerzuela *f* (pey) slut (pej)

mújol *m* gray* mullet

mula[1] *f*

A (Zool) mule; **~ de carga** pack mule; ***bajarse de la ~*** (Ven fam) to cough up (colloq); ***mantenerse*** *or* ***sostenerse en su ~*** (Méx) to stand one's ground; ***meterle la ~ a algn*** (CS fam) (engañar) to pull a fast one on sb (colloq); ***terco/tozudo como una ~*** as stubborn as a mule (colloq); ***trabajar como una ~*** (fam) to work one's butt off (AmE colloq), to slog one's guts out (BrE colloq)

B (fam) (de droga) mule (colloq)

C (Méx) (en dominó): **tengo la ~ de seises** I have the double six; *ver tb* **mulita, mulo**

mula[2] *adj* (Méx fam) stubborn

muladar *m* garbage (AmE) *o* (BrE) rubbish dump; **su casa parece un ~** her house is like a pigsty (colloq)

mular *adj* mule (*before n*)

mulato[1] **-ta** *adj* of mixed race (*black and white*), mulatto (dated *or* pej)

mulato[2] **-ta** *m,f* person of mixed race (*of a black and a white parent*), mulatto (dated *or* pej)

mulero -ra *m,f* muleteer, mule driver

muleta *f*

A (bastón) crutch; (apoyo) crutch, prop

B (Taur) red cape (*attached to a stick*)

muletazo *m*: *movement performed with the* **muleta B**

muletilla *f* tag, filler (tech)

muletón *m* (Tex) flanelette; (para mesa) undercloth

mulita *f*

A (RPl) (armadillo) armadillo

B (Per) (de pisco) glass, shot

mullido -da *adj* ‹*colchón/sofá*› soft, springy; ‹*hierba*› springy

mulo *m* (male) mule; ***estar hecho un ~*** (Esp fam) to be as strong as an ox; *ver tb* **mula**

multa *f* fine; **le aplicaron una ~** he was fined

multar [A1] *vt* to fine

multicelular *adj* multicellular

multicentro *m* shopping complex, (shopping) mall (AmE)

multicine *m* multiscreen movie complex (AmE), multiscreen cinema (BrE)

multicolor *adj* multicolored*

multiconferencia *f* (Telec) conference call

multicopista *f* (Esp) duplicator

multicultural *adj* multicultural

multidireccional *adj* multidirectional

multidisciplinario -ria, **multidisciplinar** *adj* multidisciplinary

multiforme *adj* multiform

multigrado *adj* multigrade

multilateral *adj* multilateral

multilingüe *adj* multilingual

multimedia *adj inv* multimedia

multimillonario[1] **-ria** *adj*: **es ~** he is a multimillionaire; **un contrato ~** a multi-million dollar (*o* pound *etc*) contract

multimillonario[2] **-ria** *m,f* multimillionaire

multinacional *adj/f* multinational

multipartidismo *m* multiparty system

multipartidista *adj* multiparty (*before n*)

múltiple *adj*

A ‹*aplicaciones/causas*› many, numerous

B ‹*flor/imagen/fractura*› multiple

multiplicación *f*

A (Biol, Mat) multiplication

B (incremento) increase; **la ~ de los panes y los peces** the feeding of the five thousand

multiplicar [A2] *vt* to multiply; **~ algo POR algo** to multiply sth BY sth; **12 multiplicado por 15** 12 multiplied by 15, 12 times 15

■ **multiplicar** *vi* to multiply

■ **multiplicarse** *v pron*

A «*especie*» to multiply, reproduce

B (aumentar) to increase several times over

multiplicidad *f* multiplicity, wide variety

múltiplo *m* multiple; **25 es (un) ~ de 5** 25 is a multiple of 5

multiprocesador *m* multiprocessor

multiproceso *m* multiprocessing

multiprogramación *f* multiprogramming

multipropiedad *f* time share

multirracial *adj* multiracial

multitud *f*

A (muchedumbre) crowd

B **~ DE algo** (muchos): **tengo (una) ~ de cosas que hacer** I have dozens of things to do (colloq); **una ~ de usos** an enormous variety of uses

multitudinario -ria *adj* ‹*manifestación/movilizaciones*› mass (*before n*); ‹*concierto*› with mass audiences; **una congregación multitudinaria de fieles** a multitudinous congregation of the faithful (frml)

multiuso *adj inv* multipurpose

multiusuario *adj inv* multiuser

multiviaje *adj*: **boleto** (AmL) *or* (Esp) **billete ~** multi-journey ticket; **tarjeta ~** travel pass

mundanal *adj* worldly, of the world; **lejos del ~ ruido** (liter) far from the madding crowd (liter)

mundano -na *adj* **1** ‹*problemas/placeres*› worldly **2** ‹*fiesta*› society (*before n*); **su gusto por la vida mundana** his taste for high society

mundial[1] *adj* ‹*historia/mercado*› world (*before n*); **la marca ~** the world record; **de fama ~** world-famous; **ha tenido**

m

influencia a escala ~ she has been influential worldwide; **es un problema ~** it's a global *o* worldwide problem; **la población ~** the world's population

mundial² *m*, **mundiales** *mpl* World Championship(s); **el ~ de fútbol** the World Cup

mundialista *adj* (AmL): **un atleta ~** an athlete who is competing/has competed in the World Championships

mundialización *f* globalization

mundialmente *adv* worlwide; **es ~ famoso/conocido** he is famous/known worldwide

mundo *m*

A (el universo, la Tierra): **el ~** the world; **artistas venidos de todo el ~** artists from all over the world; **el mejor del ~** the best in the world; **me parece lo más normal del ~** it seems perfectly normal to me; **así anda el ~** that's why the world is in the state it's in; ***comerse el ~***: **parece que se va a comer el ~** he looks as if he could take on the world; ***correr ~*** to get around; ***del otro ~***: **no es nada del otro ~** he's/it's nothing special *o* (colloq) he's/it's nothing to write home about; ***desde que el ~ es ~*** since time began, since time immemorial (liter); ***el ~ es un pañuelo*** it's a small world; ***hundirse*** *or* ***venirse abajo el ~***: **por eso no se va a hundir el ~** it's not the end of the world; **pensé que el ~ se me venía abajo** I thought my world was falling apart; ***partir de este ~*** (euf) to depart this life *o* world (euph); ***por nada del*** *or* ***en el ~***: **yo no me lo pierdo por nada del ~** I wouldn't miss it for the world; **no lo vendería por nada en el ~** I wouldn't sell it for anything in the world *o* (colloq) for all the tea in China; ***ponerse el ~ por montera*** to scorn the world and its ways; ***¡qué pequeño*** *or* ***chico es el ~!*** it's a small world!; ***tal y como vino al ~*** stark naked, as naked as the day he/she was born; ***traer a algn/venir al ~*** to bring sb/come into the world; ***ver ~*** to see the world

B (planeta, universo) planet, world; **él vive en otro ~** he's on another planet *o* in another world; ***por esos ~s de Dios*** here, there and everywhere

C 1 (porción de la realidad, de lo concebible) world; **el ~ árabe** the Arab world; **el ~ sobrenatural** the realm of the supernatural 2 (de actividad humana) world; **el ~ de los negocios/la droga** the business/drugs world; **el ~ del espectáculo** showbusiness

D (gente): **todo el ~** everybody; **el ~ entero está en peligro** the whole world is in danger; **se lo contó a medio ~** he told just about everybody

E **un ~** (mucho, muchos): **un ~ de gente** crowds *o* hordes of people; **de tu opinión a la mía hay un ~** our opinions are worlds apart; **todo se le hace un ~** he lets everything get blown up out of all proportion

F 1 (vida material): **el ~** the world; **los placeres del ~** worldly pleasures 2 (experiencia): **tienen** *or* **han visto mucho ~** they've been around; **una mujer que tiene mucho ~** a woman of the world

munición *f* 1 (carga) *tb* **municiones** ammunition, munitions (*pl*) 2 (pertrechos) supplies 3 (Chi) (perdigón) pellet

(Compuesto) **munición de boca** provisions (*pl*)

municipal¹ *adj* ‹*impuestos*› local; ‹*elecciones/piscina/mercado*› municipal

municipal² *mf* (Esp) ▸ **policía B**

municipio *m* (territorio) municipality; (entidad) town council; (edificio) town hall

munido -da *adj* (liter) **~ DE algo** armed WITH sth; **se ruega presentarse ~s del pasaporte** (RPl frml) you are requested to bring your passport (frml)

munificencia *f* munificence (frml)

munificente *adj* munificent (frml)

muñeca *f*

A 1 (Jueg) doll; **jugar a las ~s** to play with dolls; ***ser/parecer una ~*** to be a little doll 2 (fam) (como apelativo) honey, darling (colloq)

(Compuestos)
- **muñeca de trapo** rag doll
- **muñeca rusa** Russian doll

B (Anat) wrist

C (RPl fam) (influencia) pull (colloq); **tiene ~** he has a lot of pull *o* contacts (colloq); **consiguió el puesto por ~** he got the job by pulling strings (colloq)

D (Méx) (mazorca nueva) baby corn

muñeco *m*

A 1 (juguete con forma — humana) doll; (— de animal) toy animal; **~ de peluche** stuffed animal (AmE), soft toy (BrE) 2 (de ventrílocuo, sastre, etc) dummy; **un ~ que representaba al presidente** an effigy of the president 3 (dibujo) figure 4 (fam) (como apelativo) sweetie (colloq), honey (colloq)

(Compuesto) **muñeco de nieve** snowman

B **muñecos** *mpl* (Per fam): **estar con los ~s** to be very nervous

muñequear [A1] *vt* (Chi fam) to wangle (colloq)

■ **muñequearse** *v pron* 1 (RPl fam) (usando conexiones): **se muñequeó el puesto** he pulled some strings to get the job 2 (Per fam) to get jumpy (colloq), to get into a state (colloq)

muñequera *f* (Dep) wristband; (Med) wrist bandage

muñón *m* (de un miembro) stump

mural¹ *adj* wall (*before n*), mural (*before n*)

mural² *m* mural

muralista *adj/mf* muralist

muralla *f* 1 (de ciudad) walls (*pl*), city wall; (de convento) wall 2 (Chi) (pared) wall

(Compuesto) **Muralla China** Great Wall of China

murciélago *m* bat

murga *f*

A (Mús) 1 (grupo) band of street musicians 2 (Col) (concurso) musical competition

B (Esp fam) (molestia) drag (colloq); ***dar la ~*** (Esp fam) to be a pain (colloq)

muriera, murió, etc *see* **morir**

murmullo *m* 1 (de voces) murmur; **hablaba casi en un ~** she spoke almost in a whisper 2 (liter) (de agua) murmur (liter); (de viento) whispering, murmuring; (de hojas) rustle

murmuraciones *fpl* gossip

murmurador¹ -dora *adj* gossipy

murmurador² -dora *m,f* gossip

murmurar [A1] *vt* 1 (hablar bajo) to murmur; **murmuró que lo aceptaría** he murmured his agreement; **le murmuró algo al oído** he whispered something in her ear 2 (con enojo) to mutter; **— no pienso hacerlo — murmuró** I won't do it, she muttered 3 (en son de crítica): **andan murmurando que ...** there are rumors that ...; **cosas que se murmuran en la oficina** rumors that go around the office

■ **murmurar** *vi* 1 (criticar) to gossip (*maliciously*); **~ DE algn** to gossip ABOUT sb 2 (liter) «*agua*» to murmur (liter); «*viento*» to whisper, murmur; «*hojas*» to rustle

muro *m* wall

(Compuestos)
- **Muro de Berlín** (Hist) Berlin Wall
- **muro de carga/de contención** load-bearing/retaining wall
- **Muro de las Lamentaciones** *or* **los Lamentos** Wailing Wall

murria *f* gloom; **le entró la ~** he became depressed

mus *m*: *a Spanish card game*

musa *f* (Mit) Muse; (inspiración) muse

musaraña *f*

A (Zool) shrew; ***pensar en*** *or* ***mirar las ~s*** to daydream

B (Chi fam) (gesticulación) gesture

muscular *adj* muscular

musculatura *f* muscles (*pl*), musculature (tech)

músculo *m* muscle; **sacar ~** to flex one's muscles

musculoso -sa *adj* muscular

muselina *f* muslin

museo *m* (de pintura, escultura) museum, gallery; (arqueológico, de historia, etc) museum

(Compuestos)
- **museo de cera** wax museum, waxworks (*pl*)
- **museo de ciencias naturales** natural science museum

musgo *m* moss

música¹ *adj* (Méx fam) 1 [SER] (antipático) mean (colloq) 2 [SER] (negado) **~ PARA algo** hopeless AT sth (colloq)

música² *f*

A (Mús) music; **pon algo de ~** put some music on; **~ en**

directo *or* **en vivo** live music; **puso ~ a los versos de Machado** he set Machado's poetry to music; **la ~ amansa las fieras** (fr hecha) music has a great calming effect; ***irse con la ~ a otra parte*** (fam): **vámonos con la ~ a otra parte** let's get out of here (colloq); **vete con la ~ a otra parte** clear off! (colloq); ***sonar a/ser ~ celestial*** (fam) to be music to one's ears

(Compuestos)
- **música ambiental** background music; (en tienda, fábrica) piped *o* canned music
- **música clásica/folk/ligera** classical/folk/light music
- **música de acompañamiento/de cámara/de fondo** incidental/chamber/background music

B (Chi fam) (armónica) mouth organ, harmonica

musical *adj/m* musical

musicalidad *f* musicality

músico -ca *m,f* (compositor) composer; (instrumentista) musician

(Compuesto) **músico callejero** street musician, busker

musitar [A1] *vt* to whisper, murmur

musiú -siúa *m,f* (Ven fam) foreigner (*white and non-Spanish-speaking*)

muslera *f* thighband

muslo *m* thigh; **~s de pollo** chicken legs

mustio -tia *adj*

A ‹*flor/planta*› withered

B (fam) (triste, abatido) down (colloq), low (colloq)

C (Méx fam) (hipócrita) two-faced (colloq)

musulmán -mana *adj/m,f* Muslim, Moslem

mutabilidad *f* (frml) mutability (frml *or* tech), changeable nature; **la ~ de la lengua** the changeable nature of the language

mutable *adj* changeable, mutable (frml)

mutación *f* mutation

mutante *adj/mf* mutant

mutilación *f* mutilation

mutilado -da *m,f* disabled person; **un ~ de guerra** a disabled serviceman

mutilar [A1] *vt* **1** ‹*persona/pierna*› to mutilate; **quedó mutilado en el accidente** he was maimed as a result of the accident **2** ‹*texto/película*› to mutilate, bowdlerize; ‹*árbol/estatua*› to vandalize

mutis *m* (Teatr) exit; (silencio) silence; **tú de esto, ~** not a word to anyone about it; ***hacer ~ por el foro*** (callarse) to keep sth to oneself; (irse) to make onself scarce; **cuando se les pide soluciones, ~ por el foro** when asked what the solution is they have nothing to say

mutismo *m* silence

mutua *f* benefit society (AmE), friendly society (BrE)

(Compuesto) **mutua de seguros** mutual insurance company

mutual *f* **1** (CS) (de asistencia económica) benefit society (AmE), friendly society (BrE) **2** (RPl) (de asistencia médica) *medical care fund*

mutualidad *f* benefit society (AmE), friendly society (BrE)

mutualista[1] *adj* mutualist

mutualista[2] *mf* (miembro) *member of a* **mutualidad**

mutuamente *adv* mutually; **se insultaron/acusaron ~** they insulted/accused each other

mutuo -tua *adj* **1** (recíproco) ‹*respeto/ayuda*› mutual; **de ~ acuerdo** by mutual *o* joint agreement; **el sentimiento es ~** the feeling is mutual **2** (común) mutual; **redundará en beneficio ~** it will be to our mutual benefit

muy *adv* **1** very; **~ poca gente** very few people; **son ~ amigos** they're great friends; **~ admirado** much admired; **~ respetado** highly respected; **~ bien, sigamos adelante** OK *o* fine, let's go on; **un gesto ~ suyo** a typical gesture of his; **ella es ~ de criticar a los demás** she's very fond of criticizing others; **por ~ cansado que estés** however *o* no matter how tired you are; **el ~ sinvergüenza** the swine **2** (demasiado) too; **quedó ~ dulce** it's rather *o* too sweet

mV (= **milivoltio**) mv, mV

MV (= **megavoltio**) MV

MW (= **megawatio**) MW

m

Nn

N, n *f (read as /'ene/) the letter* **N, n**
n/ = nuestro
N *f* (en Esp) **= (carretera) nacional**
N. (**= norte**) North, N
nabo *m* (Bot) turnip
(Compuesto) **nabo sueco** rutabaga (AmE), swede (BrE)
naborí *mf* Indian servant
nácar *m* mother-of-pearl, nacre
nacarado -da *adj* ‹*reflejos*› pearly; ‹*esmalte de uñas*› pearlized
nacarino -na *adj* (de nácar) mother-of-pearl (*before n*); ‹*reflejos*› pearly
nacatamal *m* (AmC, Méx): (*steamed meat and vegetable pasty, cooked in banana or maize leaves*)
nacer [E3] *vi*
A 1 «*niño/animal*» to be born; **¿dónde naciste?** where were you born?; **al ~** at birth; **~ antes de tiempo** to be premature; **el niño nació muerto** the child was stillborn; **nació en el Perú, de padres españoles** she was born in Peru to *o* of Spanish parents; **~ PARA algo/+ INF** to be born to + INF; **nació para (ser) músico** he was born to be a musician; **~ *parado*** (Chi, Ven fam) to have the luck of the devil (colloq); ***no nací ayer*** I wasn't born yesterday 2 «*pollito/insecto*» to hatch 3 «*hoja/rama*» to sprout 4 «*río*» to have its source; «*carretera*» to start 5 «*pelo/plumas*» to grow
B 1 (surgir): **una gran amistad nació entre ellos** a great friendship sprang up between them; **no le nace ser amable** being nice doesn't come naturally to her: **~ DE algo** «*problema/situación*» to arise *o* spring FROM sth; **~ DE algn** «*idea/iniciativa*»: **nació de ella invitarlo** it was her idea to invite him 2 (liter) (iniciarse) **~ A algo** to be awakened TO sth (liter)
nacho *m* (Coc) nacho (*tortilla piece with topping of cheese and spices*)
nacido¹ -da *adj* born; **un niño recién ~** a newborn baby
nacido² -da *m,f*: **los ~s en este año** those born this year; ▸**mal³ F**
naciente¹ *adj* 1 ‹*sol*› rising (*before n*) 2 ‹*amistad*› newly-formed; **el ~ interés por la ecología** the new interest in ecology
naciente² *m*: **el ~** (liter) the Orient (liter)
naciente³ *f*, **nacientes** *fpl* (CS) source
nacimiento *m*
A 1 (de niño, animal) birth; **es argentino de ~** he's Argentinian by birth; **es sorda de ~** she was born deaf 2 (de aves) hatching
B 1 (origen) birth; **aquél fue el ~ de una amistad duradera** that was the start *o* beginning of a lasting friendship 2 (liter) (iniciación, despertar) **~ A algo** awakening TO sth 3 (cuna) birth; **de ~ noble** of noble birth *o* origins
C 1 (de río) source 2 (del pelo) hairline
D (belén) crib
nación *f* 1 (estado) nation 2 (habitantes) nation; **el presidente se dirigió a la ~** the president addressed the nation *o* the people 3 (territorio) nation, country
(Compuesto) **Naciones Unidas** *fpl* United Nations (*pl*)

nacional¹ *adj* 1 (de la nación) ‹*deuda/reservas*› national; **en todo el territorio ~** throughout the country; **un programa de difusión ~** a program broadcast nationwide 2 (no internacional) ‹*vuelo*› domestic 3 (no extranjero) ‹*industria*› national; **compre productos ~es** ≈ buy Spanish (*o* Argentinian *etc*); **la ginebra ~ es muy buena** Spanish (*o* Argentinian *etc*) gin is very good
nacional² *mf* (frml) (ciudadano) national
nacionalidad *f*
A (ciudadanía) nationality; **adquirió la ~ española** he took Spanish nationality *o* citizenship
B (Pol) (en Esp) people
nacionalismo *m* nationalism
nacionalista¹ *adj* nationalist (*before n*)
nacionalista² *mf* nationalist
nacionalización *f* (de industria) nationalization; (naturalización) naturalization
nacionalizar [A4] *vt* ‹*industria*› to nationalize; ‹*persona*› to naturalize
■ **nacionalizarse** *v pron* «*persona*» to become naturalized
nacionalsocialismo *m* National Socialism
nacionalsocialista *adj/mf* National Socialist
nacismo *m* Nazism
nacista *mf* Nazi
naco¹ -ca *adj* (Méx fam & pey) plebby (colloq & pej)
naco² -ca *m,f* (Méx fam & pey) pleb (colloq & pej)
nada¹ *pron*
A 1 nothing; **es mejor que ~** it's better than nothing; **de ~ sirve que le compres libros** there's no point in buying him books; **antes que** *or* **de ~** first of all; **no hay ~ como ...** there's nothing like ...; **no quiere ~** he doesn't want anything; **¡no sirves para ~!** you're useless; **no se hizo ~** he wasn't hurt; **¡perdón! — no fue ~** sorry! — that's all right; **no es por ~ pero ...** don't take this the wrong way but ...; **sin decir ~** without a word; **nadie me dio ~** nobody gave me anything; **sin ~ de azúcar** without any sugar at all; **no tiene ~ de gracia** it's not at all funny 2 (*en locs*) **de nada** you're welcome; **nada de nada** (fam) not a thing; **nada más**: **no hay ~ más** there's nothing else; **¿algo más? — ~ más** anything else? — no, that's it *o* that's all; **~ más fui yo** (Méx) I was the only one who went; **salí ~ más comer** I went out right *o* straight after lunch; **sacó (~ más ni) ~ menos que el primer puesto** she came first no less; **nada más que**: **no se lo dije ~ más que a él** he's the only one I told; **para nada**: **no me gustó para ~** I didn't like it at all; ***como si ~*** (fam): **¡me lo dijo como si ~!** she told me as if it was nothing; **se quedó como si ~** she didn't even bat an eyelid; ***no hay ~ que hacerle*** (fam) that's all there is to it
B 1 (ninguna cosa): **antes de que digas ~** before you say anything 2 (muy poco): **con** *or* **de ~ se rompe** it breaks just like that; **en ~ de tiempo** in no time at all; **la compraron por ~** they bought it for next to nothing; **llora por ~** she cries at the slightest little thing; **dentro de ~** very soon; ***estar en ~***: **estuvo en ~ que perdiéramos el tren** we very nearly missed the train 3 (fam) (uso expletivo): **y ~, que al final no lo compró** anyway, in the end she didn't buy it; **pues ~, ya veremos qué pasa** well *o* anyway, we'll see what happens
C (Esp) (en tenis) love; **quince-~** fifteen-love

n

nada² *adv*: **no está ~ preocupado** he isn't at all *o* the least bit worried; **esto no me gusta ~** I don't like this at all *o* (colloq) one bit

nada³ *f*
A (Fil): **la ~** nothing; **se creó de la ~** it was created from nothing *o* from the void; **surgió de la ~** it came out of nowhere
B (Méx, RPl fam) (pequeña cantidad): **una ~ de sal** a tiny pinch of salt; **una ~ de agua** a tiny drop of water

nadador -dora *m,f* swimmer

nadar [A1] *vi*
A 1 «*persona/pez*» to swim; **¿sabes ~?** can you swim?; **~ (estilo) mariposa** to do (the) butterfly 2 «*ramas/hojas*» (flotar) to float
B 1 (quedar grande) (+ *me/te/le etc*): **esa falda te nada** that skirt's much *o* far too big for you 2 (en un espacio): **nadábamos en esa casa tan grande** we were lost in that great big house
C **nadar en** (tener mucho): **~ en dinero** to be rolling in money (colloq); **el pollo nadaba en grasa** the chicken was swimming in grease
■ **nadar** *vt* to swim

nadería *f* (fam) little thing, trifle; **discutir por ~s** to argue over nothing

nadie *pron* nobody, no one; **no me ayudó ~** nobody helped me; **no vi a ~** I didn't see anybody; **sin que ~ se diera cuenta** without anyone noticing; **toca el arpa como ~** he's a brilliant harpist

nado *m*
A (Méx, Ven) (natación) swimming; **tiene el récord en ~ de pecho** he holds the breaststroke record
(Compuesto) **nado sincronizado** (Méx) synchronized swimming
B **a nado**: **fueron hasta las rocas a ~** they swam out to the rocks; **cruzó el río a ~** he swam across the river

nafta *f* 1 (Quím) naphtha 2 (RPl) (gasolina) gas (AmE), petrol (BrE)

NAFTA /ˈnafta/ *m* NAFTA

naftalina *f* (Quím) naphthalene; (para ropa) mothballs (*pl*)

nagual *m* (Méx) sorcerer

naguas *fpl* (Méx fam) petticoat

náhuatl¹ *adj* (*pl* **nahuas**) Nahuatl

náhuatl² *mf* (*pl* **nahuas**) 1 (indígena) Nahuatl 2 **náhuatl** *m* (idioma) Nahuatl

nailon *m* nylon

naipe *m* (playing) card; **juegos de ~s** card games

naja *f* cobra

nalga *f* (Anat) buttock; **una inyección en la ~** an injection in the buttock *o* bottom; **le dio una palmada en las ~s** she smacked his bottom; **el bebé venía de ~s** it was a breech birth

nalgada *f* (Méx) smack on the bottom

nana *f*
A (canción de cuna) lullaby
B 1 (fam) (abuela) grandma (colloq), granny (colloq); ***hacerse ~*** (CS leng infantil) to hurt oneself 2 (Andes, Ven) (niñera) nanny

nao *f* (arc) vessel, ship

napa *f* (cuero — muy blando) nappa; (— más duro) leather

napia *f*, **napias** *fpl* (fam & pey) schnozzle (AmE colloq & pej), conk (BrE colloq & pej)

naranja¹ *f* (fruta) orange; ***¡~s de la China!*** (fam) (expresando incredulidad) come off it! (colloq); (expresando rechazo) no way! (colloq); ▸**medio¹ A**
(Compuesto) **naranja amarga** Seville orange

naranja² *adj* (*gen inv*) orange; **calcetines ~** orange socks; **~ chillón/intenso** lurid/bright orange

naranja³ *m* (color) orange

naranjada *f* orangeade

naranjal *m* orange grove

naranjero -ra *m,f* 1 (Agr) orange grower 2 **naranjero** *m* (naranjo) orange tree

naranjo *m* orange tree

narcisismo *m* narcissism

narcisista¹ *adj* narcissistic

narcisista² *mf* narcissist

narciso *m* 1 (Bot) daffodil; (género) narcissus 2 (persona) narcissist

narco¹ *adj* (Col, Méx fam): **dinero ~** money made from drug trafficking

narco² *mf* (fam) drug trafficker

narcodependencia *f* drug dependence

narcoguerrilla *f* drugs-linked guerrillas (*pl*), narco-guerrillas (*pl*)

narcótico¹ -ca *adj* narcotic

narcótico² *m* narcotic

narcotismo *m* narcotism

narcotizante *adj/m* narcotic

narcotizar [A4] *vt* to drug (*with narcotics*)

narcotraficante *mf* drug trafficker

narcotráfico *m* drug trafficking

nardo *m* spikenard, nard

narigón -gona, **narigudo -da** *adj* (fam): **una chica narigona** a girl with a big nose

nariguera *f* nose ring

nariz *f* 1 (Anat) nose; **sonarse la ~** to blow one's nose; **habla con** *or* **por la ~** he has a nasal voice *o* twang; **no te metas los dedos en la ~** don't pick your nose; **lo tenía delante de las narices** it was right under my nose; ***darle en*** *or* ***por las narices a algn*** (fam) to get one up on sb (colloq); ***darse de narices con algn*** (fam) to bump into sb (colloq); ***darse de narices con*** *or* ***contra algo*** (fam): **nos dimos de narices contra un árbol** we went smack into a tree (colloq); ***en mis/sus propias narices*** (fam) right under my/his nose; ***estar hasta las narices de algo/algn*** (fam) to be fed up (to the back teeth) with sth/sb (colloq); ***hincharle las narices a algn*** (Esp fam) to get on sb's nerves (colloq); ***meter las narices*** *or* ***la ~ en algo*** (fam) to poke one's nose into sth (colloq); ***no ve más allá de sus narices*** (fam) he can't see further than the end of his nose; ***por narices*** (Esp fam): **ahora te lo comes, por narices** now you're going to eat it, if it's the last thing you do (colloq); ***refregarle algo a algn por las narices*** (fam): **no tienes por qué refregármelo por las narices** there's no need to keep rubbing it in (colloq); ***romperle las narices a algn*** (fam) to smash sb's face in (colloq); ***tener narices*** (Esp fam): **¡si tendrá narices el tío!** he has some nerve! (AmE colloq), he's got a nerve *o* cheek! (BrE colloq); **¡tiene narices la cosa!** it's ridiculous! 2 (de avión) nose
(Compuesto) **nariz griega** Grecian profile

narizota *f* (fam) schnozzle (AmE colloq), conk (BrE colloq)

narración *f* (relato) story; (acción de contar) account

narrador -dora *m,f* narrator

narrar [A1] *vt* (frml) 1 «*película/libro*» ‹*hazañas/experiencias*› to tell of (frml), to relate; ‹*historia*› to tell, relate 2 «*persona*» ‹*historia*› to tell, narrate (frml)

narrativa *f* (género) fiction; (narración) narrative

narrativo -va *adj* narrative

nasal *adj/f* nasal

nata *f* 1 (sobre leche hervida) skin 2 (Esp) ▸**crema A2**

natación *f* swimming
(Compuesto) **natación sincronizada** synchronized swimming

natal *adj* 1 ‹*país*› native (*before n*); ‹*ciudad*› home (*before n*); **la casa ~ del poeta** the house where the poet was born 2 (Méx) (originario): **es ~ de Chiapas** she was born in Chiapas

natalicio *m* (frml) birth; **hoy se celebra el ~ de nuestro prócer** today we celebrate the anniversary of the birth of our national hero

natalidad *f* birthrate

natillas *fpl* custard

natividad *f* 1 **la ~** (nacimiento de Cristo) the Nativity 2 **la N~** (navidad) Christmas

nativo¹ -va *adj* 1 ‹*tierra/país/lengua*› native; Ⓢ **clases de ruso, profesor nativo** native speaker offers Russian classes 2 ‹*flora/fauna*› native; **~ DE algo** native TO sth

nativo² -va *m,f* (aborigen) native; (hablante) native speaker

nato -ta *adj* 1 ‹*artista*› born (*before n*) 2 ‹*cargo*› ex officio

natural¹ *adj*
A 1 ‹*fenómeno*› natural; ‹*ingredientes*› natural; **en estado**

~ natural, native; ***al*** **~** ‹*mejillones*› in brine; **es más bonita al ~** she's prettier without makeup **2** (a temperatura ambiente) ‹*cerveza/gaseosa*› unchilled; **se sirve al ~** serve at room temperature **3** (Mús) natural

B **1** (espontáneo) ‹*gesto/persona*› natural **2** (inherente) natural, innate **3** (normal) natural; **me parece lo más ~ del mundo** it seems perfectly natural to me; **es ~ que le cueste** it's quite natural that he should find it hard

C (frml) (nativo) **ser ~ DE** to be a native OF, to come FROM

natural² *m*

A (carácter) nature; **es de ~ generoso** she has a generous nature

B (nativo) native; **los ~es del lugar** people from the area

C (Art): **pintar del ~** to paint from life

D (Taur) *close pass made with the* **muleta** *held in the left hand*

naturaleza *f*

A (Ecol): **la ~** nature; **en contacto con la ~** close to nature

(Compuesto) **naturaleza muerta** still life

B (índole) nature; **la ~ humana** human nature; **es de ~ agresiva** he's aggressive by nature

C (ant) (nacionalidad) nationality

naturalidad *f*: **su ~** her natural manner; **con la mayor ~ del mundo** as if it were the most natural thing in the world

naturalismo *m* naturalism

naturalista¹ *adj* naturalistic

naturalista² *mf* naturalist

naturalización *f* naturalization

naturalizar [A4] *vt* to naturalize

■ **naturalizarse** *v pron* to become naturalized

naturismo *m* **1** (estilo de vida) natural lifestyle **2** (nudismo) nudism

naturista¹ *adj* **1** ‹*médico/tratamiento*› natural **2** ‹*playa/campamento*› nudist (*before n*)

naturista² *mf* nudist

naufragar [A3] *vi* **1** «*barco*» to be wrecked; «*persona*» to be shipwrecked **2** «*plan/negocio*» to go under

naufragio *m* **1** (Náut) shipwreck **2** (fracaso) failure

náufrago¹ -ga *adj* shipwrecked

náufrago² -ga *m,f* (Náut) shipwrecked person

nauseabundo -da *adj* nauseating

náuseas *fpl*, **náusea** *f* nausea, sickness; **~ matutinas** morning sickness; **sentir** *or* **tener ~** to feel sick *o* nauseous; **me da ~** it makes me sick

náutica *f* art of navigation

náutico -ca *adj* nautical

navaja *f*

A (de bolsillo) penknife; (para afeitar) razor

(Compuesto) **navaja automática** *or* **de resorte** switchblade (AmE), flick knife (BrE)

B (Zool) razor clam (AmE), razor-shell (BrE)

navajazo *m*, **navajada** *f* (herida) knife wound; **le pegaron un ~ en la mejilla** they slashed his cheek

navajero -ra *m,f*: *criminal armed with a knife*

naval *adj* naval

Navarra *f* Navarre

navarro -rra *adj* of/from Navarre

nave *f*

A (Náut) (arc *o* liter) ship; ***quemar las ~s*** to burn one's boats *o* bridges

(Compuestos)

- **nave capitana** *or* **insignia** flagship
- **nave espacial** spacecraft, spaceship

B (Arquit) **1** (de iglesia) nave **2** (local) premises (*pl*); (sección) section

(Compuestos)

- **nave industrial** industrial premises (*pl*)
- **nave lateral** aisle

navegabilidad *f* (de río) navigability; (de embarcación) seaworthiness

navegable *adj* ‹*río*› navigable; ‹*barco*› seaworthy

navegación *f* **1** (acción de navegar) navigation; (tráfico) shipping **2** (arc) (viaje) voyage

(Compuestos)

- **navegación aérea** aerial navigation
- **navegación a vela** sailing
- **navegación costera** (acción de navegar) coasting; (tráfico) coastal shipping
- **navegación espacial** space travel
- **navegación fluvial** river navigation

navegante¹ *adj* seafaring (*before n*)

navegante² *mf* **1** (arc) (marino) mariner (arch) **2** (que determina el rumbo) navigator

navegar [A3] *vi* **1** «*nave*» to sail **2** «*persona*» (a vela) to sail **3** (determinar el rumbo) to navigate

■ **navegar** *vt* (liter) to sail

Navidad *f* Christmas; **el día de ~** Christmas Day; **¡feliz ~!** happy Christmas!; **en ~** at Christmas(-time)

navideño -ña *adj* Christmas (*before n*)

naviera *f* shipping company

naviero¹ -ra *adj* shipping (*before n*)

naviero² -ra *m,f* shipowner

navío *m* ship

(Compuesto) **navío de guerra** warship

nazareno¹ -na *adj* of/from Nazareth

nazareno² *m* (penitente) penitent (*in Holy Week processions*)

Nazaret *m* Nazareth

nazi *adj/mf* Nazi

nazismo *m* Nazism

NB (= **nota bene**) NB

N. del T. = nota del traductor

N. de R. = nota de redacción

NE (= **nordeste**) NE

neblina *f* mist

neblinero *m* (Chi) fog light

neblinoso -sa *adj* misty

nebulosa *f* nebula

nebulosidad *f* **1** (Meteo) mist **2** (de idea) haziness

nebuloso -sa *adj* **1** (Meteo) misty **2** (Astron) nebular **3** ‹*idea/imagen*› hazy, nebulous

necedad *f* **1** (cualidad) crassness **2** (dicho, acto): **decir ~es** to talk nonsense; **es una ~** it's sheer stupidity

necesariamente *adv* necessarily; **tienen que pasar por aquí ~** they *have* to come this way

necesario -ria *adj* (imprescindible) necessary; **no dispone del dinero ~** she doesn't have enough money; **me sentía ~** I felt needed; **la situación hizo ~ su regreso inmediato** the situation demanded his immediate return (frml); **si es ~ se lo llevaré personalmente** if necessary *o* if need be, I'll take it to him myself; **no será ~ abrir todas las cajas** it won't be necessary to open all the boxes; **no es ~ que te quedes** there's no need *o* it isn't necessary for you to stay

neceser *m* (estuche) toilet kit (AmE), toilet bag (BrE); (maleta pequeña) overnight bag

necesidad *f*

A **1** (urgencia, falta) need; **en caso de ~** if necessary, if need be; **una imperiosa ~** an urgent need; **no hay ~ de que se entere** there's no need for her to know; ***la ~ tiene cara de hereje*** beggars can't be choosers; ***la ~ hace maestros*** *or* ***aguza el ingenio*** necessity is the mother of invention **2** (cosa necesaria) necessity, essential

B (pobreza) poverty, need; **la ~ lo impulsó a robar** he stole out of necessity *o* need

C **necesidades** *fpl* **1** (requerimientos) needs (*pl*), requirements (*pl*) **2** (privaciones) hardship; **pasaron muchas ~es** they underwent great hardship **3** **hacer sus ~es** (euf) to relieve oneself (euph)

necesitado¹ -da *adj* **1** (falto) **~ DE algo**: **anda ~ de dinero** he's short of money; **está muy ~ de cariño** he is in great need of affection **2** (pobre) in need, needy

necesitado² -da *m,f* needy person; **los ~s** the needy

necesitar [A1] *vt* to need; **S se necesita vendedora** saleswoman required; **~ + INF** to need to + INF; **no necesito comprarlo hoy** I don't need to *o* I needn't buy it today; **necesita que alguien le eche una mano** she needs someone to give her a hand

■ **necesitar** *vi* (frml) **~ DE algo** to need sth

necio -cia *adj*
A (tonto) stupid
B (AmC, Col, Ven fam) (travieso) naughty
necrología *f* obituary
necrológicas *fpl* deaths section/page
necrológico -ca *adj*: **artículo ~** obituary
necromancia *f* necromancy
necrópolis *f* (*pl* ~) **1** (Arqueol) necropolis **2** (period) (cementerio) cemetery
necropsia *f* (téc) autopsy, necropsy, postmortem (examination) (esp BrE)
néctar *m* nectar
nectarina *f* nectarine
nefando -da *adj* (liter) ‹*crimen*› heinous (liter); ‹*persona*› loathsome, odious
nefasto -ta *adj* ‹*consecuencias*› disastrous; ‹*influencia*› harmful; ‹*tiempo/fiesta*› (fam) awful (colloq)
negación *f* (acción) denial, negation; (antítesis) antithesis; (Ling) negative
negado¹ -da *adj* useless (colloq), hopeless (colloq); **es ~ para la geografía** he's useless *o* hopeless at geography
negado² -da *m,f* dead loss (colloq)
negar [A7] *vt*
A ‹*acusación/rumor*› to deny; **no puedo ~lo** I can't deny it; **negó que la Tierra fuera plana** he disputed the idea that the earth was flat; **~ + INF** to deny -ING; **niega habértelo dicho** she denies having told you
B (no conceder) (+ *me/te/le etc*) to refuse; **les ~on la entrada** they were refused entry; **sigue negándome el saludo** he still refuses to say hello to me
C ‹*persona*› to disown; **su madre lo negó** his mother disowned him; **lo negó tres veces** (Bib) he denied Him three times
■ **negar** *vi*: **~ con la cabeza** to shake one's head
■ **negarse** *v pron*
A (rehusar) to refuse; **~se A + INF** to refuse to + INF; **~se A QUE + SUBJ**: **se negó a que llamáramos un taxi** he refused to let us call a taxi
B (*refl*) ‹*placeres/lujos*› to deny oneself
negativa *f* **1** (ante acusación) denial; (a pregunta): **contestó con una ~** she replied in the negative, she said no **2** (a propuesta) refusal; **una ~ rotunda** a flat refusal
negativamente *adv*
A ‹*responder*› in the negative
B (con espíritu negativo) negatively
negativismo *m* negativism
negativo¹ -va *adj*
A ‹*respuesta/verbo*› negative
B (perjudicial) ‹*actitud*› negative
C (Elec, Mat) negative
negativo² *m* negative; **imagen en ~** negative image
negligé /nevli'ʒe/ *m* negligee
negligencia *f* negligence
negligente¹ *adj* negligent
negligente² *mf* person guilty of negligence
negociabilidad *f* negotiability
negociable *adj* negotiable
negociación *f*
A **1** (Pol, Rels Labs) negotiation; **la ruptura de las negociaciones** the breakdown of negotiations *o* talks **2** (Fin) negotiation
B (Méx) (empresa) business
negociado *m*
A (departamento) department
B (AmS fam) (negocio sucio) shady deal (colloq)
negociador¹ -dora *adj* negotiating (*before n*)
negociador² -dora *m,f* negotiator
negociante¹ *adj* (pey) money-grubbing (colloq & pej)
negociante² *mf* **1** (Com, Fin) (*m*) businessman; (*f*) businesswoman; **un ~ en cereales** a cereals trader *o* dealer **2** (pey) (mercenario) money-grubber (colloq & pej)
negociar [A1] *vt* **1** ‹*solución/acuerdo*› to negotiate **2** (Fin) ‹*valores/títulos*› to negotiate
■ **negociar** *vi* **1** (discutir, conversar) to negotiate **2** (Com) to trade

negocio *m* **1** (empresa) business; **montar** *or* **poner un ~** to set up a business **2** (transacción) deal; **un buen ~** a good deal; ***hacer* ~** to make money **3** (CS) (tienda) store (AmE), shop (BrE) **4** **negocios** *mpl* (comercio) business; **dedicarse a los ~s** to be in business; **hablar de ~s** to talk business; **en el mundo de los ~s** in the business world **5** (fam) (asunto) business (colloq)
negra *f*
A (Mús) crotchet
B (en ajedrez): **las ~s** the black pieces
C (mala suerte): **tener la ~** (fam) to be out of luck
negrear [A1] *vi* (liter) (ponerse negro): **negreaba la noche** night was falling; **ya negrean las moras** the blackberries are already starting to ripen
■ **negrear** *vt*
A (AmC, Méx fam) (explotar) to treat … like a slave
B (Col, Ven fam) (marginar) to ostracize
negrero¹ -ra *adj*: **barco ~** slave ship, slaver
negrero² -ra *m,f* (Hist) slave trader; (explotador) (fam) slave driver (colloq)
negrita, negrilla *f* boldface, bold type; **en ~(s)** in boldface, in bold (type)
negro¹ -gra *adj*
A **1** ‹*pelo/ropa*› black; ‹*ojos*› dark; **~ *como el azabache*** jet-black; **~ *como el carbón*** *or* ***un tizón*** as black as coal *o* soot; ***poner* ~ *a algn*** (fam) to drive sb up the wall (colloq) **2** (fam) (por el sol) tanned **3** (sombrío) black, gloomy; **lo ve todo tan ~** she's always so pessimistic; ***pasarlas negras*** (fam) to have a rough time of it (colloq); ***vérselas negras*** (fam): **se las vio negras para terminarlo** he had a tough time finishing it (colloq); **me las estoy viendo negras con este trabajito** this job is a real uphill struggle (colloq)
B ‹*hombre/raza/piel*› black
negro² *m* (color) black
(Compuesto) **negro azabache** **1** *m* jet black **2** *adj inv* jet-black
negro³ -gra *m,f* (de raza negra) black person; ***trabajar como un* ~** to work like a slave
negroide *adj* negroid
negrura *f* blackness
negruzco -ca *adj* blackish
nemoroso -sa *adj* (liter) (del bosque) sylvan (liter); (cubierto de bosques) wooded
nemotecnia, nemotécnica *f* mnemonics
nemotécnico -ca *adj* mnemonic
nene -na *m,f* (Esp, RPl fam) **1** (niño pequeño) (*m*) little boy; (*f*) little girl; **los ~s** the kids (colloq) **2** (apelativo cariñoso) darling, honey **3** **nena** *f* (arg) (mujer) chick (AmE colloq), bird (BrE colloq)
nené *mf* (Ven fam) (*m*) little boy; (*f*) little girl
neocelandés¹ -desa *adj* of/from New Zealand
neocelandés² -desa *m,f* New Zealander
neoclasicismo *m* neoclassicism
neoclásico -ca *adj* neoclassical
neofascista *adj/mf* neofascist
neófito -ta *m,f* **1** (Relig) neophyte **2** (frml) (de partido) new member; (en colegio) new student *o* pupil; (en universidad) freshman
neolítico¹ -ca *adj* neolithic
neolítico² *m*: **el ~** the Neolithic (period)
neologismo *m* neologism
neón *m* neon
neonazi *adj/mf* neonazi
neorrealismo *m* neorealism
neoyorquino¹ -na *adj* of/from New York
neoyorquino² -na *m,f* New Yorker
nepotismo *m* nepotism
Neptuno *m* Neptune
nervadura *f* (Arquit, Bot, Zool) ribs (pl)
nervio *m*
A **1** (Anat) nerve **2** (en la carne) sinew; **carne con ~s** gristly meat
B **nervios** *mpl* **1** (nerviosismo) nerves (*pl*); **tengo unos ~s …** I'm *o* I feel so nervous; **me muero de ~s** I'm a nervous wreck (colloq); **le dio un ataque de ~s** he had an attack of

nerves **2** (sistema nervioso) nerves (*pl*); **tiene los ~s destrozados** his nerves are in shreds; **está enfermo de los ~s** he suffers with his nerves; **me altera** *or* **crispa los ~s** it gets *o* grates on my nerves; ***ponerle a algn los ~s de punta*** to get on sb's nerves; ***ser puro ~*** (activo, dinámico) to be full of energy; (nervioso) to be a bag *o* bundle of nerves (colloq); ***tener los ~s de punta*** to be very tense, to be on edge; ***tener ~s de acero*** to have nerves of steel
C (impulso, vitalidad) spirit

nerviosismo *m*, **nerviosidad** *f*: **el ~ que producen los exámenes** the feeling of nervousness *o* nerves that exams produce; **noté cierto ~ entre ellos** they seemed rather agitated

nervioso -sa *adj*
A ‹*persona/animal*› **1** [SER] (excitable) nervous **2** [ESTAR] (preocupado, tenso) nervous; **estoy muy ~ por lo de los exámenes** I'm very nervous about the exams **3** [ESTAR] (agitado) agitated; **últimamente se le nota ~** he's been on edge *o* (colloq) uptight lately; **ese ruido me tiene muy nerviosa** that noise is getting on my nerves; **me pongo ~ cada vez que la veo** I get flustered every time I see her
B ‹*trastorno*› nervous

nervudo -da *adj* sinewy

neta *f* (Méx fam): **la ~** the truth; ***ser la ~*** (Méx) to be great (colloq)

netiqueta *f* (fam) netiquette

neto -ta *adj* **1** ‹*sueldo/precio*› net **2** (claro) ‹*silueta/perfil*› distinct, clear

neumático¹ -ca *adj* pneumatic

neumático² *m* tire (AmE), tyre (BrE)

neumonía *f* pneumonia

neura¹ *adj* (fam): **eso me pone ~** that drives me crazy *o* (BrE) mad (colloq); **es tan ~** he's so neurotic

neura² *mf* (fam)
A (persona): **es un ~** he's a complete neurotic (colloq)
B **neura** *f*: **está con la ~** she's in a real state (colloq)

neuralgia *f* neuralgia

neurálgico -ca *adj* **1** (Med) neuralgic **2** (clave, importante) key (*before n*)

neurastenia *f* nervous exhaustion

neurasténico -ca *adj/m,f* **1** (Med) neurasthenic **2** (fam) ▸ **neura¹,²**

neurocirugía *f* neurosurgery, brain surgery

neurología *f* neurology

neurólogo -ga *m,f* neurologist

neurona *f* neuron

neurosis *f* neurosis
(Compuesto) **neurosis bélica** shellshock

neurótico -ca *adj/m,f* neurotic

neutral *adj* neutral

neutralidad *f* neutrality

neutralismo *m* neutralism

neutralista *adj/mf* neutralist

neutralización *f* neutralization

neutralizador¹ -dora *adj* neutralizing (*before n*)

neutralizador² *m* neutralizer

neutralizar [A4] *vt* to neutralize

neutro¹ -tra *adj*
A (Elec, Fís, Quím) neutral
B (Biol, Ling) neuter

neutro² *m*
A (Ling) neuter
B (AmL) (Auto) neutral

neutrón *m* neutron

nevada *f* snowfall

nevado¹ -da *adj* **1** ‹*cumbres/picos*› snowcapped, snow-covered **2** (liter) (blanco) white; (plateado) silvery

nevado² *m* (AmS) snowcapped mountain

nevar [A5] *v impers* to snow

nevasca *f*, (CS) **nevazón** *f* blizzard, snowstorm

nevera *f* **1** (refrigerador) refrigerator, fridge, icebox (AmE) **2** (para picnic) cooler (AmE), cool bag/box (BrE)
(Compuesto) **nevera congelador** fridge-freezer

nevería *f* (Méx) ice-cream parlor*

nevisca *f* light snowfall

nexo *m* (enlace, vínculo) link; **actuó de ~ entre los dos equipos** she acted as a liaison between the two teams

ni *conj*
A (con otro negativo): **venía sin gabardina ~ paraguas** he wasn't wearing a raincoat or carrying an umbrella; **no se lastimó ~ nada** he didn't hurt himself or anything; **no vino él ~ su mujer** neither he nor his wife came; **yo no pienso ir — ~ yo (tampoco)** I don't intend going — neither do I; **ni ... ni**: **~ fumo ~ bebo** I don't smoke or drink, I neither smoke nor drink; **no nos avisaron ~ a Sol ~ a mí** they didn't tell Sol or me (either)
B **1** *tb* **ni siquiera** not even **2** **ni un/una: no vendieron ~ un libro** they didn't sell a single book; **de sus amigos no vino ~ uno** not one of his friends came
C **1** (en frases que expresan rechazo): **¡~ hablar!** out of the question!; **~ aunque me lo pida de rodillas** not even if he gets down on bended knee **2** (en frases que expresan enfado): **¡~ que fuera el jefe!** anyone would think he was the boss; **no podemos permitírnoslo ¡~ que fuéramos millonarios!** we can't afford it, we're not millionaires you know!

Niágara *m*: **las cataratas del ~** Niagara Falls

nica *adj/mf* (AmL fam) Nicaraguan

Nicaragua *f* Nicaragua

nicaragüense *adj/mf* Nicaraguan

niche *adj* (Ven pey) common (pej)

nicho *m* (Arquit) niche; (en cementerio) *deep recess in a wall used as a tomb*

nicotina *f* nicotine

nidada *f* (de huevos) clutch; (de crías) clutch, brood

nidal *m* nesting box

nido *m* **1** (de aves, insectos) nest; ***caerse del ~*** (fam): **¿tú te crees que yo me he caído del ~?** I wasn't born yesterday, you know! (colloq); ***ser un ~ de víboras*** to be a nest of vipers **2** (hogar) nest; **los hijos ya han dejado el ~** the children have already flown the nest **3** (guarida) den; **un ~ de ladrones** a den of thieves
(Compuesto) **nido de amor** love nest

niebla *f* fog; **había ~** it was foggy; **un día de ~** a foggy day

niega, niegas, etc *see* **negar**

nieto -ta (*m*) grandson, grandchild; (*f*) granddaughter, grandchild; **mis ~s** (sólo varones) my grandsons; (varones y mujeres) my grandchildren

nieva *see* **nevar**

nieve *f*
A **1** (Meteo) snow; ***blanco como la ~*** as white as snow **2** **nieves** *fpl* (nevada) snows (*pl*)
B (liter) (blancura) snowy whiteness
C **1** (Coc): **batir las claras a (punto de) ~** whisk the egg whites until stiff **2** (Méx) (helado) sorbet, water ice
D (arg) (cocaína) snow (sl)

NIF /nif/ *m* = **número de identificación fiscal**

> **NIF – Número de identificación fiscal**
>
> Tax identification code that all residents of Spain must have. People must give it when applying for a loan, opening a bank account, sending invoices, etc. It is the same as a person's identity number, with an additional letter

Nigeria *f* Nigeria

nigeriano -na *adj/m,f* Nigerian

nigromancia *f* necromancy

Nilo *m*: **el ~** the Nile River (AmE), the River Nile (BrE)

nilón *m* nylon

nimbo *m*
A (Astron, Relig) halo
B (Meteo) nimbus

nimiedad *f* **1** (cosa insignificante) triviality, trifle; **discuten por cualquier ~** they argue over the slightest little thing **2** (cualidad) triviality

nimio -mia *adj* trivial, petty

ninfa *f* (Mit) nymph; (mujer atractiva) (fam) stunner (colloq)

ninfómana *f* nymphomaniac

ningún *adj: apocopated form of* **ninguno** *used before masculine singular nouns*

ningunear [A1] *vt* (Méx fam) to treat … like dirt (colloq)

ninguno[1] -na *adj (see note under* **ningún***)* 1 *(delante del n)*: **no prestó ninguna atención** he didn't pay any attention; **en ningún momento** never; **no lo encuentro por ningún lado** *or* **ninguna parte** I can't find it anywhere; **no es tonta, pero tampoco es ninguna lumbrera** she's not stupid, but she's no genius either 2 *(detrás del n)* (uso enfático): **no hay problema ~** there's absolutely no problem

ninguno[2] -na *pron*

A (refiriéndose — a dos personas o cosas) neither; (— a más de dos) none; **~ de los dos vino** neither of them came; **no trajo ~ de los dos** she didn't bring either of them; **ninguna le pareció aceptable** he didn't find any of them acceptable; **sin que ~ de nosotros se diera cuenta** without any of us realizing

B (nadie) nobody, no-one; **toca mejor que ~** he plays better than anybody *o* anyone

niña *f* pupil; ***ser la ~ de los ojos de algn*** to be the apple of sb's eye; *ver tb* **niño[2]**

niñada, niñería *f* (pey): **déjate de ~s** stop being so childish

niñero -ra *m,f* nanny, nursemaid (AmE)

niñez *f* childhood

niño[1] -ña *adj* 1 (joven) young; **es muy niña para casarse** she's very young to be getting married 2 (infantil, inmaduro) immature, childish

niño[2] -ña *m,f* 1 *(m)* boy, child; *(f)* girl, child; (bebé) baby; **¿te gustan los ~s?** do you like children?; **de ~** as a child; ***estar como (un) ~ con zapatos nuevos*** to be like a child with a new toy 2 (con respecto a los padres) *(m)* son, child; *(f)* daughter, child; **está esperando un ~** she's expecting a baby 3 (adulto joven) *(m)* (young) boy, (young) guy (colloq); *(f)* (young) girl 4 (AmL) (término de respeto) *(m)* young master; *(f)* young lady; **¿la niña Lupita va a cenar en casa?** will Miss Lupita be dining in this evening?

(Compuestos)

- **niña bonita** *f*: **la ~ ~** number fifteen
- **niño -ña bien** *m,f* rich kid (colloq)
- **niño bonito -ña bonita** *m,f* (Esp) rich kid (colloq)
- **niño -ña de brazos** *m,f* babe-in-arms
- **niño -ña de pañales** *or* **de pecho** *m,f* small *o* young baby
- **Niño Jesús** *or* **Dios** *m*: **el ~ ~** Baby Jesus
- **niño mimado -ña mimada** *m,f* favorite*, pet
- **niño -ña probeta** *m,f* test-tube baby
- **niño -ña prodigio** *m,f* child prodigy

nipón -pona *adj/m,f* Japanese

níquel *m* nickel

niquelar [A1] *vt* to nickel

niqui *m* (Esp) polo shirt

níspero *m* loquat

nitidez *f* (de imagen, del día) clarity; (de recuerdo) vividness

nítido -da *adj* ‹*foto/imagen*› clear; ‹*recuerdo*› vivid; ‹*cielo/agua*› clear

nitrato *m* nitrate

nítrico -ca *adj* nitric

nitrógeno *m* nitrogen

nitroglicerina *f* nitroglycerine

nivel *m* 1 (altura) level; **sobre el ~ del mar** above sea level 2 (en escala, jerarquía) level; **conversaciones de alto ~** high-level talks; **negociaciones al más alto ~** top-level negotiations; **un funcionario de bajo ~** a low-ranking civil servant; **no está al ~ de los demás** he's not up to the same standard as the others; **estar al ~ de las circunstancias** to rise to the occasion

(Compuesto) **nivel de vida** standard of living

nivelación *f*, **nivelamiento** *m*

A (de superficie) leveling*

B (de presupuesto) balancing

niveladora *f*, **nivelador** *m* grader

nivelar [A1] *vt*

A (Const) ‹*suelo/terreno*› to level; ‹*estante*› to get … level

B ‹*presupuesto*› to balance

níveo -vea *adj* (liter) snow-white

nixtamal *m* (Méx) cooked maize *(used to make tortillas)*

NN (= **ningún nombre**) *initials on grave of unidentified person*

no[1] *adv*

A (como respuesta) no; (modificando adverbios, oraciones, verbos) not *[la negación de la mayoría de los verbos ingleses requiere el uso del auxiliar 'do']* **¿te gustó? — no** did you like it? — no *o* no, I didn't; **¿vienes? — no** are you coming? — no *o* no, I'm not; **pídeselo tú — ¡ah, ~! ¡eso ~!** you ask her — oh, no! no way! (colloq); **¿por qué no quieres ir? — porque ~** why don't you want to go? — I just don't; **¿fue difícil? — ~ mucho** was it difficult? — not really

B (con otro negativo): **~ veo nada** I can't see a thing *o* anything; **~ viene nunca** she never comes; *ver tb* **ni**

C (en coletillas interrogativas): **está mejor ¿~?** she's better, isn't she?; **ha dimitido ¿~?** he has resigned, hasn't he?; **más vale tarde que nunca ¿~?** better late than never, don't you think?

D (expresando incredulidad): **se ganó la lotería — ¡~!** he won the lottery — he didn't! *o* no!

E (sustituyendo a una cláusula): **creo que ~** I don't think so; **¿podemos ir? — he dicho que ~** can we go? — I said no; **¿te gustó? a mí ~** did you like it? I didn't; **yo llegaré antes — ¡a que ~!** I'll get there first — I bet you won't!

F (sin valor negativo): **nadie viajará hasta que ~ recibamos el dinero** no one can travel until we receive the money; **¡cuántas veces ~ se lo habré dicho!** how many times have I told him!; **tenía miedo ~ le fuese a ocurrir algo** I was afraid something might happen to him; **¿~ me lavarías esto?** do you think you could wash this for me, please?

G 1 *(delante de n)*: **los ~ fumadores** nonsmokers; **la ~ violencia** non-violence 2 *(delante de adj, pp)*: **un hijo ~ deseado** an unwanted child; **material ~ inflamable** nonflammable material

no[2] *m* (*pl* **noes**) no; **contestó con un ~ rotundo** her answer was a categorical no

NO (= **noroeste**) NW

Nobel *m* 1 *tb* **Premio ~** Nobel Prize 2 (ganador) Nobel prizewinner

nobiliario *m* peerage

noble[1] *adj* 1 ‹*familia/ascendencia*› noble; **un caballero de ~ linaje** (liter) a knight of noble lineage (liter) 2 (bondadoso) noble 3 ‹*animal*› noble 4 ‹*madera*› fine

(Compuesto) **noble bruto** *m* (liter): **el ~ ~** the horse

noble[2] *(m)* nobleman; *(f)* noblewoman; **los ~** the nobles, the nobility

nobleza *f*

A (clase) nobility; **~ obliga** (fr hecha) noblesse oblige

B (de persona) nobility; (de material) quality

nocaut[1] *adj* (AmL): **lo dejó ~** he/it knocked him out; **está ~** he's out for the count

nocaut[2] *m* (*pl* **-cauts**) (AmL) knockout

noche *f*

A (período de tiempo) night; **la ~ anterior** the night before, the previous evening; **a altas horas de la ~** in the small hours; **esta ~** tonight, this evening; **a las ocho de la ~** at eight o'clock in the evening *o* at night

B 1 (oscuridad) night; **antes de que caiga la ~** before it gets dark, before nightfall; **en la ~ de los tiempos** (liter) in the mists of time (liter) 2 (liter) (tristeza) sadness, gloom

C *(en locs)* **buenas noches** (al saludar) good evening; (al despedirse) goodnight; **de noche** ‹*trabajar/conducir*› at night; **ahora es de ~ en el Japón** it's night *o* nighttime now in Japan; **se hizo de ~** it got dark, night fell; **en la** *or* (esp Esp) **en la** *or* (RPl) **a la noche**: **por la ~ fuimos al teatro** in the evening we went to the theater; **el lunes por la ~** on Monday evening/night; ***de la ~ a la mañana*** overnight; ***hacer ~*** to spend the night; ***pasar la ~ en blanco*** to have a sleepless night; ***pasar la ~ en vela*** (vigilando, esperando a algn) to sit *o* stay up all night; (no poder dormir) to have a sleepless night; ***de ~ todos los gatos son pardos*** *or* (AmL) ***negros*** no one will notice (in the dark)

(Compuesto) **Noche Vieja** New Year's Eve *(in the evening)*

Nochebuena *f* Christmas Eve

n

Nochebuena

In Spanish-speaking countries, Christmas Eve is celebrated rather than Christmas Day. Dinner is eaten before Midnight Mass known as *misa del gallo*.

In Latin America, where many countries do not celebrate the *día de Reyes* (*see* Reyes Magos), Christmas gifts are given on Christmas Eve. This custom is spreading in Spain, although the *día de Reyes* is celebrated there

Nochevieja *f* New Year's Eve (*in the evening*)

Nochevieja y Año Nuevo

In Spain and other Spanish-speaking countries, it is customary to see the New Year in by eating twelve grapes for good luck, one on each chime of the clock at midnight

noción *f* 1 (idea, concepto) notion, idea; **no tiene la menor ~ del tema** he doesn't know the first thing about the subject; **ha perdido la ~ del tiempo** he has lost all sense *o* notion of time 2 **nociones** *fpl* (conocimientos): **tengo nociones de ruso** I know a little Russian; **les dio unas nociones de electrónica** she taught them the basics *o* rudiments of electronics

nocividad *f* harmfulness

nocivo -va *adj* ‹*sustancia/aditivo*› harmful; ‹*influencia*› damaging

noctambulismo *m*: **el ~ de la vida madrileña** the late-night social activity of Madrid life; **el ~ de los españoles** the Spanish custom of staying up late

noctámbulo -la *adj*: **siempre ha sido ~** he's always been a night bird *o* night owl *o* (AmE) nighthawk (colloq)

nocturno[1] **-na** *adj* 1 ‹*vuelo/tren*› night (*before n*); ‹*clases*› evening (*before n*); **sus visitas nocturnas** his nighttime visits; **vida nocturna** night life; **en el silencio ~** (liter) in the silence of the night 2 ‹*animal/planta*› nocturnal

nocturno[2] *m*

A (Mús) nocturne

B (en colegios, universidades) *courses held in the evening*

nodo *m* node

nodriza *f* (ama de cría) wet nurse; (niñera) (ant) nursemaid

nódulo *m* nodule

nogal *m* (árbol) walnut tree; (madera) walnut

nómada[1] *adj* nomadic

nómada[2] *mf* nomad

nomadismo *m* nomadism

nomás *adv*

A (AmL): **pase ~** come on in; **démelo así ~, sin envolver** don't bother wrapping it, I'll take it as it is; **no lo vas a convencer así ~** you're not going to convince him as easily as that; **vive aquí ~, a dos cuadras** she lives just two blocks away from here; **déjelo aquí ~** just leave it here; **lo dijo por molestar ~** she only said it to be difficult; **tiemblo ~ de imaginármelo** I tremble at the mere thought of it

B **nomás (que)** (Col, Méx fam) as soon as; **~ (que) tenga dinero** as soon as I have some money

nombradía *f* renown, fame

nombrado -da *adj*: **muy ~ en círculos científicos** renowned *o* very well-known in scientific circles; **una película muy nombrada** a very famous film

nombramiento *m* (designación) appointment; (documento) letter of appointment

nombrar [A1] *vt*

A (citar, mencionar) to mention; **la persona anteriormente nombrada** the aforementioned person

B (designar) to appoint

nombre *m*

A 1 (de cosa, persona, animal) name; **¿cuál es el ~ de la compañía?** what's the name of the company?; **~ completo** *o* **~ y apellidos** full name, name in full; **¿qué ~ le pusieron?** what did they call him?; **le pusieron el ~ de su padrino** they named him for (AmE) *o* (BrE) after his godfather; **responde al ~ de Bobi** he answers to the name of Bobi; **de ~** by name; **llamar a algn por el ~** to call sb by their first name; **en ~ de** (en representación de) on behalf of; (apelando a) in the name of; **a ~ de**: **un paquete a ~ de ...** a package addressed to ...; **un cheque a ~ de ...** a check made payable to *o* made out to ...; ***llamar a las cosas por su ~*** to call a spade a spade; ***no tiene ~***: **lo que ha hecho no tiene ~** what she has done is unspeakable 2 (sobrenombre): **a todos les pone ~** he gives everybody nicknames; **más conocida por el ~ de la Pasionaria** better known as la Pasionaria

(Compuestos)

- **nombre artístico** stage name
- **nombre comercial** trade name
- **nombre de guerra** *or* (AmL) **de batalla** nom de guerre
- **nombre de pila** first name, christian name
- **nombre de soltera** maiden name

B (Ling) noun

(Compuestos)

- **nombre compuesto** compound
- **nombre propio** proper noun

C (fama): **un científico de ~** a renowned scientist; **hacerse un ~ en la vida** to make a name for oneself

nomenclatura *f* nomenclature

nomeolvides *m or f* (*pl* ~) (Bot) forget-me-not

nómina *f* (lista de empleados) payroll; (hoja de pago) payslip; (suma de dinero) salary, wages (*pl*)

nominación *f* nomination

nominal *adj*

A ‹*sueldo*› nominal; **valor ~** face value

B (Ling) noun (*before n*), nominal

nominar [A1] *vt* ‹*película/candidato*› to nominate

nominativo[1] *adj* (Fin): **un cheque ~ a favor de ...** a check made out to *o* payable to ...

nominativo[2] *m* nominative

nomo *m* gnome

non[1] *adj* odd; **números ~es** odd numbers

non[2] *m* odd number; **pares y ~es** odds and evens

nonagésimo[1] **-ma** *adj/pron* 1 (ordinal) ninetieth; *para ejemplos ver* **vigésimo** 2 (partitivo): **la nonagésima parte** a ninetieth

nonagésimo[2] *m* ninetieth

nonato -ta *adj*: *born by Cesarean section especially after mother's death*

nones *adv* (fam): **le dijo que ~** she said no way (colloq)

nono -na *adj/pron* (frml) ninth

noqueada *f* knockout

noquear [A1] *vt* to knock out

noratlántico -ca *adj* north-Atlantic (*before n*)

nordeste[1], **noreste** *adj inv* ‹*región*› northeastern; **iban en dirección ~** they were heading northeast

nordeste[2], **noreste** *m* 1 (parte, sector): **el ~** the northeast, the Northeast 2 (punto cardinal) northeast, Northeast; **vientos del ~** northeasterly winds

nórdico[1] **-ca** *adj* 1 ‹*país/pueblo*› Nordic 2 (Hist) Norse

nórdico[2] **-ca** *m,f* 1 (del norte de Europa) Northern European (*esp Scandinavian*) 2 (Hist) Norseman

noria *f* 1 (para sacar agua) waterwheel 2 (Ocio) Ferris wheel (AmE), big wheel (BrE)

norma *f* 1 (regla) rule, regulation; **~s de conducta** rules of conduct; **~s de seguridad** safety regulations; **dictar ~s** to lay down rules *o* regulations; **tengo por ~ ...** I make it a rule ... 2 (manera común de hacer algo): **es ~ que** *or* **la ~ es que acudan los directivos** it is standard practice for the directors to attend

normal[1] *adj* 1 (común, usual) normal; **hoy en día es muy ~** it's very common nowadays; **no es ~ que haga tanto frío** it's unusual *o* it isn't normal for it to be so cold; **superior a lo ~** above-average; **~ *y corriente*** ordinary 2 (sin graves defectos) normal; **esa chica no es ~** (fam) there's something wrong with that girl (colloq)

normal[2] *adv* (fam) normally; **camina ~** he walks quite normally; **cocina ~** she's average cook

normal[3] *f* 1 (escuela): **la N ~** teacher training college 2 (gasolina) regular gas (AmE), two-star petrol (BrE)

normalidad *f* 1 (cualidad): **seguimos trabajando con toda ~** we carried on working normally *o* as normal; **la manifestación se desarrolló con toda ~** the demonstration passed off without incident 2 (situación) normalcy (AmE), normality (BrE); **el país ha vuelto a la ~** the country has returned to normal

n

normalista *mf* (Col) primary (school) teacher

normalización *f*
A (de situación) normalization
B (estandarización) standardization

normalizar [A4] *vt*
A ‹*situación/relaciones*› to normalize
B (estandarizar) to standardize
■ **normalizarse** *v pron*
A ‹‹*situación/relaciones*›› to return to normal
B (estandarizarse) to become standardized

normalmente *adv* normally, usually

Normandía *f* Normandy

normando -da *adj/m,f* Norman

normar [A1] *vt* (Chi, Méx) **1** (regir): **estos principios ~án el proceso** the process will conform to these principles **2** (regular) to control, regulate

normativa *f* regulations (*pl*), rules (*pl*)

normativo -va *adj*: **sistema normativo** set of rules *o* regulations; **un régimen ~ muy estricto** very strict rules *o* regulations

noroeste¹ *adj inv* ‹*región*› northwestern; **iban en dirección ~** they were heading northwest

noroeste² *m* **1** (parte, sector): **el ~** the northwest, the Northwest **2** (punto cardinal) northwest, Northwest; **vientos del ~** northwesterly winds

norte¹ *adj inv* ‹*región*› northern; **en la parte ~ del país** in the northern part *o* the north of the country; **iban en dirección ~** they were heading north *o* northward(s); **la costa/el ala ~** the north coast/wind

norte² *m* **1** (parte, sector): **el ~** the north; **en el ~ del país** in the north of the country; **al ~ de Matagalpa** to the north of Matagalpa **2** (punto cardinal) north, North; **vientos del N~** northerly winds; **caminaron hacia el N~** they walked north *o* northward(s); **la casa da al ~** the house faces north **3** (rumbo): **perder el ~ de realidad** to lose sight of reality

Norteamérica *f* **1** (América del Norte) North America **2** (EEUU) America, the States (colloq)

norteamericano -na *adj/m,f* **1** (de América del Norte) North American **2** (estadounidense) American

norteño¹ -ña, (Chi, Per) **nortino -na** *adj* northern

norteño² -ña, (Chi, Per) **nortino -na** *m,f* northerner

Noruega *f* Norway

noruego¹ -ga *adj/m,f* Norwegian

noruego² *m* (idioma) Norwegian

nos *pron pers* **1** (como complemento directo, indirecto) us; **~ ayudaron mucho** they helped us a lot; **escúchanos** listen to us; **~ han robado el coche** our car's been stolen; **¿~ explicas cómo se hace?** can you tell us *o* explain to us how it's done?; **~ lo trajeron ayer** they brought it yesterday; **~ lo quitó** she took it off us *o* away from us **2** (*refl*) ourselves; **~ hicimos daño** we hurt ourselves; **sentémonos** let's sit down; **~ vamos a hacer socios del club** we're going to become members of *o* join the club **3** (*recípr*): **~ conocemos desde hace años** we have known each other for years

nosocomio *m* (frml *o* period) hospital

nosotros -tras *pron pers pl* **1** we; **¿quién lo trajo? — nosotros** who brought it? — we did; **ábrenos, somos nosotras** open the door, it's us; **~ mismos lo arreglamos** we fixed it ourselves **2** (en comparaciones, con preposiciones) us; **viven mejor que ~** they live better than we do *o* better than us; **antes/después que ~** before/after us

nostalgia *f* nostalgia; **siente ~ por** *or* **de su país** he feels homesick

nostálgico -ca *adj* nostalgic

nota *f*
A **1** (apunte) note; **tomar ~ de algo** (apuntar) to make a note of sth; (fijarse) to take note of sth; **tomar ~s** to take notes **2** (acotación) note

(Compuestos)
• **nota al margen** margin note
• **nota a pie de página** footnote

B **1** (mensaje) note **2** (noticia breve): **y ahora, la ~ deportiva ...** and now the sports roundup ...; **según una ~ que acaba de llegar** according to a report just in

(Compuestos)
• **nota de prensa** press release
• **nota necrológica** announcement of a death; **~s ~s** obituaries

C (Educ) (calificación) grade (AmE), mark (BrE); **sacar buenas ~s** to get good grades *o* marks

D **1** (rasgo): **la ~ dominante de su estilo** the dominant feature of his style; **la ~ melancólica de sus poemas** the underlying note of sadness in his poems **2** (detalle) touch; **una ~ de humor** a touch of humor; **fue la ~ de mal gusto de la reunión** it was the one thing that lowered the tone of the meeting

E (Mús) note; ***dar la ~*** (fam) to stand out; (por algo censurable) to make a spectacle of oneself; ***dar la ~ discordante*** to be difficult (*o* different *etc*); ***ser la ~ discordante*** to strike a sour note

(Compuesto) **nota musical** note

F (en restaurante) check (AmE), bill (BrE); (en tienda) (Ur) receipt

notabilidad *f* : **un músico de gran ~** a musician of great note; **su ~ ya traspasa las fronteras** his fame has spread far and wide

notable¹ *adj* notable; **una actuación ~** an outstanding performance; **posee una ~ inteligencia** she is remarkably *o* extremely intelligent

notable² *m* **1** (Educ) *grade between 7 and 8.5 on a scale from 1 to 10* **2** (persona importante) dignitary

notación *f* notation

notar [A1] *vt* **1** (advertir) to notice; **hacer(le) ~ algo (a algn)** to point sth out (to sb); **notó que alguien le tocaba el brazo** she became aware of somebody touching her arm; **te noto muy triste** you look very sad; **se le notaba indeciso** he seemed hesitant; ***hacerse ~*** (atraer la atención) to draw attention to oneself; (dejarse sentir) to be felt **2** (*impers*): **se nota que es novato** you can tell *o* see he's a beginner; **¿se notan las puntadas?** do the stitches show?; (+ *me/te/le etc*): **se te nota en la cara** it's written all over your face; **se le nota mucho el acento** his accent is very noticeable
■ **notarse** *v pron* (+ *compl*) to feel; **me noto muy rara con este vestido** I feel funny in this dress

notaría *f* **1** (profesión) *profession of notary*; (oficina) notary's office **2** (Col) (registro civil) registry office

notarial *adj* notarial

notario -ria *m,f* notary, notary public

noticia *f* **1** (informe): **¡es una estupenda ~!** that's wonderful news!; **la ~ de su muerte** the news of his death; **las ~s son alarmantes** the news is alarming; **buenas/malas ~s** good/bad news; **¿quién le va a dar la ~?** who's going to break the news to him?; **la última ~ del programa** the final item on the news; ***estar atrasado de ~s*** to be behind with the news; ***hacer ~*** to hit the headlines **2** **noticias** *fpl* (referencias) news; **no tenemos ~s suyas** (provenientes de él) we haven't heard from him; (provenientes de otra persona) we haven't had (any) news of him **3** (información, conocimiento): **no tenía ~ de que hubiera problemas** I didn't know (that) there were problems

(Compuesto) **noticia bomba** (fam): **lo de su divorcio fue una ~ ~** the news of their divorce was a real bombshell (colloq); **traigo una ~ ~** I have some amazing news for you

noticiario *m*, (AmL) **noticiero** *m* (Rad, TV) news; (Cin) newsreel

noticioso¹ -sa *adj* (Andes, RPl): **su visita fue el golpe ~ del año** his visit was the big event of the year

noticioso² *m* (Andes, RPl) news bulletin

notificación *f* (frml) notification (frml)

notificar [A2] *vt* (frml) ‹*resolución/sentencia*› to notify; **~ algo A algn** to notify sb OF sth (frml)

notoriedad *f*
A (frml) (conocimiento) knowledge; **es de ~ pública que...** it is common knowledge that...
B (fama) fame; (mala fama) notoriety

notorio -ria *adj* **1** (evidente) evident, obvious **2** (conocido) well-known; **la figura más notoria de la oposición** the best-known opposition figure **3** (notable) ‹*descenso/mejora*› marked

nov. (= **noviembre**) Nov

n

novatada *f* **1** (broma) practical joke (*played on a new student/recruit*); **hacerle una ~ a algn** to haze sb (AmE), to rag sb (BrE colloq) **2** (error) new boy's/girl's/guy's blunder

novato¹ -ta *adj* inexperienced, new

novato² -ta *m,f* novice, beginner

novecientos -tas *adj/pron* nine hundred; *para ejemplos ver* **quinientos**

novedad *f*

A **1** (cosa nueva) innovation; **este modelo trae algunas ~es** this model has some new features; **la gran ~ para esta temporada** the latest idea (*o* fashion *etc*) for this season **2** (cualidad) newness, novelty **3** **novedades** *fpl* novelties (*pl*)

B **1** (noticia): **eso no es ninguna ~** everybody knows that; **¿cómo sigue? — sin ~** how is he? — much the same **2** (percance, contratiempo): **llegamos sin ~** we arrived safely; ***sin ~ en el frente*** (hum) all quiet on the Western front (hum)

novedoso -sa *adj* ‹*idea/enfoque*› novel, original; **un ~ sistema de financiación** a completely new system of finance

novel *adj* new; **para que esta ~ industria prospere** (frml) so that this fledgling industry may prosper (frml)

novela *f* **1** (Lit) novel; ***de ~*** like something (straight) out of a novel **2** (TV) soap opera

Compuestos

- **novela de aventuras** adventure story
- **novela policíaca** *o* **policial** detective novel *o* story
- **novela rosa** (pey) novelette (pej), romantic novel

novelar [A1] *vt* ‹*sucesos/guerra*› to write a novel about; ‹*obra*› to make *o* turn ... into a novel

novelero -ra *adj*: **es muy ~** (fantasioso) he tends to embroider his stories; (aficionado a la novela) he loves reading novels

novelesco -ca *adj* ‹*vida/historia*› like something out of a novel; ‹*viajes/andanzas*› fabulous

novelista *mf* novelist

novelística *f*: **la ~** the novel

novelístico -ca *adj* ‹*técnica*› novelistic, novel-writing (*before n*); **su obra novelística** his novels

novena *f*

A (Relig) novena

B (en béisbol) ninth

noveno¹ -na *adj/pron* **1** (ordinal) ninth; *para ejemplos ver* **quinto** **2** (partitivo): **la novena parte** a ninth

noveno² *m* ninth

noventa¹ *adj inv/pron* ninety; *para ejemplos ver* **cincuenta**

noventa² *m* (number) ninety

noviar [A1] *vi* (AmL fam) to go out together, to date (AmE); **~ CON algn** to go out WITH sb, to date sb (AmE)

noviazgo *m*: **el ~ duró un año** they went out (together) for one year; **~s a larga distancia** long-distance relationships

noviciado *m* **1** (Relig) novitiate **2** (en oficio) apprenticeship

novicio -cia *m,f* **1** (Relig) novice **2** (principiante) novice, beginner

no-vidente *adj/mf* (CS) ▸ **invidente**

noviembre *m* November; *para ejemplos ver* **enero**

novillada *f*: *bullfight using young bulls*

novillero -ra *m,f* apprentice bullfighter

novillo -lla (*m*) young bull; (*f*) heifer; ***hacer ~s*** (fam) to play hooky (esp AmE colloq), to skive off (school) (BrE colloq)

novio -via *m,f* **1** (no formal) (*m*) boyfriend; (*f*) girlfriend; (después del compromiso) (*m*) fiancé; (*f*) fiancée **2** (el día de la boda) (*m*) groom; (*f*) bride; **los ~s** the bride and groom

nubarrón *m* storm cloud

nube *f*

A (Meteo) cloud; **un cielo cubierto de ~s** an overcast *o* a cloudy sky; **ninguna ~ enturbiaba su felicidad** (liter) not a single cloud marred her happiness (liter); ***como caído de las ~s*** out of the blue; ***estar*** *or* ***andar en las ~s*** (fam) to have one's head in the clouds; ***estar/ponerse por las ~s*** (fam): **las casas están por las ~s** house prices are sky-high (colloq); **la carne se está poniendo por las ~s** the price of meat is going through the roof (colloq); ***poner a algn por las ~s*** to sing sb's praises; ***vivir en las ~s*** to live in cloud-cuckoo land (colloq)

Compuesto **nube de verano** (Meteo) summer shower; **el enfado fue una ~ de ~** the quarrel was short-lived

B (de polvo, humo) cloud; (de insectos) cloud, swarm; **una ~ de fotógrafos** a swarm of photographers

Compuesto **nube atómica** mushroom cloud

núbil *adj* (liter) nubile

nubilidad *f* (liter) nubility

nublado¹ -da *adj* **1** ‹*cielo/día*› cloudy, overcast **2** (liter) (enturbiado) clouded

nublado² *m* (nube) storm cloud; (período) cloudy spell

nublar [A1] *vt* **1** ‹*vista*› to cloud **2** (liter) ‹*felicidad*› to cloud (liter)

■ **nublarse** *v pron* **1** «*cielo*» to cloud over **2** «*vista*» to cloud over **3** (liter) «*razón*» to become clouded

nubosidad *f* cloud; **la ~ irá en aumento** it will become increasingly cloudy

nuboso -sa *adj* cloudy

nuca *f* back *o* nape of the neck

nuclear¹ *adj* nuclear

nuclear² *f* nuclear power station

nuclearización *f* nuclearization

nuclearizado -da *adj*: **un país ~** *a country which has nuclear weapons or allows them on its territory*

núcleo *m*

A **1** (Biol, Fís, Quím) nucleus **2** (Ling) nucleus **3** (Elec) core

B **1** (de asunto) heart, core; (de conjunto) nucleus **2** (grupo) group **3** (centro) center*

Compuestos

- **núcleo de población** center* of population
- **núcleo familiar** family unit

nudillo *m* knuckle

nudismo *m* nudism

nudista *adj/mf* nudist

nudo *m*

A **1** (lazo, atadura) knot; **se hizo un ~ en el hilo** the thread got into a knot; **¿me haces el ~ de la corbata?** can you tie *o* do my tie for me?; **tenía un ~ en la garganta** I had a lump in my throat **2** (Náut) knot

B (en madera) knot; (en caña) node, joint; (Anat) node

C (de carreteras, vías férreas) junction

D (de trama) climax; (de problema) crux, heart

nudoso -sa *adj* ‹*manos*› knotted, gnarled; ‹*vara/tronco*› knotty

nuera *f* daughter-in-law

nuestro¹ -tra *adj* our; **ése es ~ coche** *or* **ése es el coche ~** that's our car; **un amigo ~** a friend of ours

nuestro² -tra *pron*: **el ~, la nuestra** *etc* ours; **los ~s son azules** ours are blue; **es de los ~s** he's one of us; **nosotros a lo ~** let's just get on with our own business; **sabe lo ~** he knows about us

nueva *f* (arc) tidings (*pl*) (arch); **las buenas ~s** the glad tidings; (Esp) ***coger a algn de ~s*** (Esp) to take sb by surprise; ***hacerse de ~s*** (Esp) to act surprised

Nueva Delhi *f* New Delhi

nuevamente *adv* again; **mañana estaremos ~ con ustedes** we'll be back (again) tomorrow

Nueva Orleáns *f* New Orleans

Nueva York *f* New York

Nueva Zelandia, Nueva Zelanda *f* New Zealand

nueve¹ *adj inv/pron* nine; *para ejemplos ver* **cinco**

nueve² *m* (number) nine; *para ejemplos ver* **cinco**

nueveavo¹ -va *adj* **1** (partitivo): **la nueveava parte** a ninth **2** (crit) (ordinal) ninth; *para ejemplos ver* **veinteavo¹**

nueveavo² *m* ninth

nuevo -va *adj*

A **1** [SER] ‹*coche/casa/trabajo*› new **2** (delante del n) ‹*intento/cambio*› further; **ha surgido un ~ problema** another *o* a further problem has arisen **3** [SER] ‹*estilo/enfoque*› new;

¿qué hay de ~? (fam) what's new? (colloq) 4▸ [ESTAR] (no desgastado) as good as new; **todavía lo tengo nuevecito** *or* (CS) **nuevito** it's still as good as new

(Compuestos)
- **nueva ola** *f* new wave
- **nuevas tecnologías** *fpl* new technology
- **nuevo rico -va rica** *m,f* nouveau riche
- **Nuevo Testamento** *m* New Testament

B **de nuevo** again

Nuevo México *m* New Mexico

Nuevo Mundo *m* (liter): **el ~ ~** the New World (liter)

nuez *f*

A 1▸ (del nogal) walnut 2▸ (Méx) (pacana) pecan (nut)

(Compuesto) **nuez moscada** nutmeg

B (Anat) Adam's apple

nulidad *f*

A (Der) nullity

B (fam) (calamidad) dead loss (colloq); **como cocinero es una ~** he's a hopeless cook (colloq)

nulo -la *adj*

A (Der) ‹*testamento/votación/contrato*› null and void; ‹*voto*› void

B ‹*persona*› useless (colloq), hopeless (colloq)

C (inexistente): **mis conocimientos del tema son ~s** I know absolutely nothing about the subject

Núm., núm. (= **número**) no.

numen *m* 1▸ (Mit) numen 2▸ *tb* **~ poético** (liter) poetic inspiration

numerable *adj* countable

numeración *f* (acción) numbering; (números) numbers (*pl*); (sistema) numerals (*pl*)

(Compuesto) **numeración arábiga/romana** Arabic/Roman numerals (*pl*)

numeral *adj/m* numeral

numerar [A1] *vt* to number

numerario¹ -ria *adj* 1▸ ‹*empleado*› permanent 2▸ ‹*socio/miembro*› (antiguo) long-standing; (de pleno derecho) full (*before n*)

numerario² *m* (frml) cash

numérico -ca *adj* numerical

número *m*

A 1▸ (Mat) number; **vive en el ~ 15** she lives at number 15; **el ~ premiado** the winning number; **pagó una suma de seis ~s** he paid a six figure sum; **un ~ cada vez mayor de emigrantes** more and more emigrants; **problemas sin ~** innumerable *o* countless problems; ***en ~s redondos*** in round numbers; ***estar en ~s rojos*** (fam) to be in the red (colloq); ***hacer ~s*** to do one's arithmetic *o* (BrE) sums 2▸ (de zapatos) size; **¿qué ~ calzas?** what size shoe do you take? 3▸ (billete de lotería) lottery ticket

(Compuestos)
- **número arábigo/romano** Arabic/Roman numeral
- **número cardinal/ordinal** cardinal/ordinal number
- **número decimal** decimal
- **número de identificación personal** PIN number, Personal Identification Number
- **número de matrícula** license number (AmE), registration number (BrE)
- **número de serie** serial number
- **número de teléfono/fax** phone/fax number
- **número fraccionario** fraction
- **número par/impar** even/odd number
- **número uno** *mf* (de equipo) number one; (líder) leader; **es el ~ ~ de su clase** he's top of his class

B (Espec) act; ***montar un/el ~*** (Esp fam) to kick up a fuss (colloq)

C (de publicación) issue

numeroso -sa *adj* ‹*clase/grupo*› large; ‹*ocasiones/ejemplos*› numerous, many

numismática *f* numismatics, coin collecting

nunca *adv* never; **~ es tarde** it's never too late; **casi ~** hardly ever; **más que ~** more than ever (before); **como ~** like never before; **~ más** never again

nunciatura *f* nunciature

nuncio *m* 1▸ (Relig) *tb* **~ apostólico** papal nuncio 2▸ (liter) (anuncio, precursor) herald (liter), harbinger (liter)

nupcial *adj* (liter) ‹*festejos*› nuptial (liter); ‹*ceremonia*› (fam) wedding (*before n*); **el lecho ~** the marriage bed

nupcias *fpl* (liter) nuptials (*pl*) (liter)

nutria *f* otter

nutrición *f* nutrition

nutricional *adj* nutritional

nutricionista *mf* nutritionist

nutrido -da *adj*

A 1▸ (*delante del n*) (frml) (abundante): **una nutrida concurrencia** a large crowd; **~s aplausos** hearty applause 2▸ (frml) (con abundancia) **~ DE algo** full OF sth

B (alimentado): **mal ~** undernourished, malnourished; **bien ~** well-nourished

nutriente *f* nutrient

nutrir [I1] *vt*

A ‹*organismo*› to nourish; ‹*niño/planta*› to nourish, feed

B (liter) ‹*odio/celos*› to fuel, feed

■ **nutrirse** *v pron*

A «*planta/organismo*» to receive nourishment; **la organización se nutre de donativos estatales** the organization is funded by donations

B (liter) «*odio/rencor*» **~se DE algo** to be fueled BY sth

nutritivo -va *adj* ‹*alimento*› nutritious; ‹*valor*› nutritional

nylon /'najlon, ni'lon/ *m* nylon

n

Ñ, **ñ** *f* *(read as* /'eɲe/*) the letter* **Ñ, ñ**

ña *f* (AmL fam) *shortened form of* **doña** *used to refer to older women in rural communities*

ñame *m* yam

ñam ñam *interj* (fam) yum-yum (colloq)

ñandú *m* rhea

ñandubay *m* nandubay (*hardwood tree*)

ñandutí *m* nanduti (*fine Paraguayan lace*)

ñango -ga *adj* (Méx fam) wimpish (colloq)

ñaña *f* (AmC vulg) shit (vulg), crap (vulg)

ñapa *f* (AmL fam) *small amount of extra goods given free*, lagniappe (AmE); **dar algo de ~** to throw sth in (for free) (colloq); **me dio dos de ~** she threw in a couple extra

ñara *mf* (AmC arg) jerk (colloq), moron (colloq & pej)

ñata *f*, **ñatas** *fpl* (Andes, RPl fam) nose

ñatita *f* (Andes, RPl fam) snub nose

ñato¹ -ta *adj* (AmS fam) ‹*persona*› snub-nosed; ‹*animal*› pug-nosed

ñato² -ta *m,f* (fam) **1▸** (CS fam) (tipo) (*m*) guy (colloq; (*f*) woman **2▸** (Andes) (como apelativo cariñoso) funny face (colloq)

ñauca *f* (Chi) ▸**ñaupa**

ñaupa *f* (RPl fam): **es del año de ~** it's really ancient (colloq); **ropa del año de ~** clothes that went out with the ark (colloq)

ñecla *f* (Chi) (volantín) small kite

ñeque *m* (Chi fam) strength, stamina; **le faltó ~** he didn't have the strength *o* the stamina; **una competencia de ~** a grueling competition; ***ponerle ~ a algo*** (Chi fam) to put a lot into sth; ***tener ~*** (Chi fam) to have guts (colloq)

ñoco -ca *adj* (Col fam): **le quedó la mano ñoca** he lost a hand; **tiene un dedo ~** he has a finger missing

ñoña *f* (Ven fam) rubbish (colloq), crap (vulg); ***como la ~*** (Chi fam) very badly; ***volver*** *or* ***hacer algo ~*** (Ven fam) to smash sth; ***volverse ~*** «*persona*» (Ven fam) to get into a mess (colloq)

ñoñería *f*: **déjate de ~s** stop whining (colloq), don't be such a crybaby *o* drip (colloq)

ñoño¹ -ña *adj* drippy (colloq)

ñoño² -ña *m,f* drip (colloq)

ñoquis *mpl* (Coc) gnocchi (*pl*)

ñorbo *m* (Ec, Per) passionflower

ñu *m* gnu, wildebeest

Oo

O, **o** *f* *(read as /o/) the letter* **O, o**

o *conj* [1] (planteando alternativa) or; **¿vienes o no?** are you coming or not? [2] (si no): **dámelo o se lo digo a la maestra** give it to me or I'll tell the teacher; **o ... o ...** either ... or ...; **o mañana o el jueves** either tomorrow or Thursday [3] (indicando aproximación) [*between two digits* **o** *is written with an accent*: **unas 100 ó 120** about 100 or 120] [4] (indicando equivalencia) or; **o sea** *ver* **ser**¹ *vi Sentido* **II D**

O. (= **oeste**) W, West

oasis *m* (*pl* ~) oasis

obcecación *f* blindness (to reason), obstinacy

obcecado -da *adj* [1] [ESTAR] (cegado): **está ~ con la idea** he's obsessed with the idea; **~ por los celos** blinded by jealousy [2] [SER] (porfiado) obstinate

obcecar [A2] *vt* to blind; **la ira lo obcecó** he was blinded by rage

■ **obcecarse** *v pron* to become obsessed

obedecer [E3] *vt* [1] ‹*orden/norma*› to obey, comply with [2] ‹*persona*› to obey; **obedece a tu madre** do as your mother tells you

■ **obedecer** *vi* [1] «*persona*» to obey; **para que aprendas a ~** to teach you to do as you're told [2] «*mecanismo*» to respond [3] (frml) (a motivo, causa) **~ A algo** to be due to sth

obediencia *f* obedience

obediente *adj* obedient

obelisco *m* obelisk

obertura *f* overture

obesidad *f* obesity

obeso¹ **-sa** *adj* obese

obeso² **-sa** *m,f* obese person

óbice *m* (frml): **no ser ~ PARA algo**: **esto no es ~ para que cumplan las normas** this does not prevent them (from) complying with the rules

obispado *m* bishopric

obispo *m* bishop

obituario *m* (en periódico) obituary; (registro) register of deaths

objeción *f* objection; **¿alguna ~?** (are there) any objections?; **nadie hizo** *or* **puso objeciones** nobody objected *o* made any objection

(Compuesto) **objeción de conciencia** conscientious objection

objetante *mf* objector

(Compuesto) **objetante de conciencia** conscientious objector

objetar [A1] *vt* to object; **¿tienes algo que ~?** do you have any objection?

■ **objetar** *vi* (Esp fam) to declare oneself a conscientious objector

objetividad *f* objectivity; **con ~** objectively

objetivo¹ **-va** *adj* objective

objetivo² *m*

A (finalidad) objective, aim; (Mil) objective

B (Fot, Ópt) lens

objeto *m*

A (cosa) object; **~s de valor** valuables; **~s de uso personal** items *o* articles for personal use; Ⓢ **objetos perdidos** lost and found (AmE), lost property (BrE)

(Compuestos)

- **objeto de arte** objet d'art
- **objeto volador** *or* (Esp) **volante no identificado** unidentified flying object, UFO

B (finalidad) object; **tuvo por ~ facilitar el diálogo** the aim *o* objective was to make it easier to hold talks; **con el ~ de coordinar la operación** in order to coordinate *o* with the aim of coordinating the operation; **con el ~ de que se conozcan** so that they can get to know each other

C [1] (de admiración, críticas) object; **ser ~ de malos tratos** to be ill-treated; **es ahora ~ de una minuciosa investigación** it is now the subject of a detailed investigation [2] (Ling) object [3] (de ciencia) object

objetor -tora *m,f* objector

(Compuesto) **objetor -tora de conciencia** *m,f* conscientious objector

oblea *f*

A (Relig) wafer

B (Inf) chip, wafer

oblicuo -cua *adj* ‹*línea*› oblique

obligación *f*

A (deber) obligation; **tiene (la) ~ de ...** it is his duty to ..., he has an obligation to ...; **es mi ~ decírtelo** it is my duty to tell you; **lo hace por ~** she does it out of obligation; **cumplió con sus obligaciones** he fulfilled his obligations; **si sus obligaciones se lo permiten** if her commitments permit; ***antes*** *or* ***primero es la ~ que la devoción*** business before pleasure

B (Com, Fin) [1] (pasivo) obligation, liability [2] (bono) bond, debenture

obligado -da *adj*

A [1] [ESTAR] ‹*persona*› obliged; **~ A + INF** obliged to + INF; **se vio ~ a acompañarla** he was obliged to accompany her [2] (forzoso): **una disposición de ~ cumplimiento** a legally binding provision; **es de lectura obligada** it is required reading

B [SER] (normal) customary; **en estos casos es ~ llevar regalo** in such instances it is the done thing *o* it is customary to take a gift

obligar [A3] *vt* [1] «*circunstancia/persona*»: **el mal tiempo nos obligó a ...** bad weather forced *o* (frml) obliged us to ...; **nos obligan a llevar uniforme** we are required to wear uniform; **no lo obligues a comer** don't force him to eat; **lo obligué a pedirle perdón** I made him apologize to her; **~ A algn A QUE + SUBJ** to make sb + INF [2] «*ley/disposición*» to bind; **esta ley sólo obliga a los mayores de edad** only adults are legally bound by this law; **las normas obligan a los maestros a ...** the rules oblige teachers to ...

■ **obligarse** *v pron* (*refl*) **~se A + INF** (forzarse) to make oneself + INF, force oneself to + INF; (comprometerse) to undertake to + INF

obligatoriedad *f* obligatory nature; **la ley establece su ~** the law makes it obligatory *o* compulsory

obligatorio -ria *adj* compulsory, obligatory; **no es ~ firmarlo** it doesn't have to be signed

obliterar [A1] *vt* to obliterate

oblongo -ga *adj* ovoid, oval

obnubilar [A1] *vt* to cloud; **estaba obnubilado por el poder** power had clouded his judgment

oboe *m* [1] (instrumento) oboe [2] **oboe** *mf* (músico) oboist

óbolo *m* (moneda) obol

obra *f*
A **1** (creación artística) work; **sus primeras ~s** her earliest works; **una ~ de artesanía** a piece of craftsmanship; **la ~ cinematográfica de Buñuel** Buñuel's films; **sus ~s de teatro** *or* **su ~ dramática** her plays **2** (Mús) work, opus
(Compuestos)
• **obra de arte** work of art
• **obra de consulta** reference book
• **obra maestra** masterpiece
B (acción): **mi buena ~ del día** my good deed for the day; **por sus ~s los conoceréis** (Bib) by their works will you know them; **~s de misericordia** charitable deeds; **esto es ~ de Víctor** this is Víctor's doing; ***~s son amores que no buenas razones*** actions speak louder than words
(Compuestos)
• **obra benéfica** *or* **de beneficencia** (acto) act of charity; (organización) charity, charitable organization
• **obra social** (labor filantrópica) benevolent *o* charitable work
C (Arquit, Const) **1** (construcción) building work; **estamos de** *or* **en ~s** we're having some building work done; Ⓢ **peligro: obras** danger: building work in progress; Ⓢ **cerrado por obras** closed for repairs **2** (sitio) building *o* construction site
(Compuesto) **obras públicas** *fpl* public works (*pl*)
D **la Obra** (Relig) the Opus Dei

obrar [A1] *vi*
A (actuar) to act; **~ de buena fe** to act in good faith
B (frml) (Corresp, Der): **los documentos que obran en mi poder** the documents in my possession; **las pruebas obran en su poder** he is in possession of the evidence
■ **obrar** *vt* to work; **la fe obra milagros** faith works miracles

obrera *f* (hormiga) worker (ant); (abeja) worker (bee); *ver tb* **obrero²**

obrero¹ -ra *adj* ‹*barrio*› working-class; **el movimiento ~** the workers' movement; **la clase obrera** the working class

obrero² -ra *m,f*: **los ~s dejaron la arena en el jardín** the workmen left the sand in the garden; **~ de fábrica/de la construcción** factory/construction worker
(Compuesto) **obrero calificado** (AmL) *or* (Esp) **cualificado** skilled worker

obscenidad *f* obscenity; **una revista llena de ~es** a magazine full of obscene material

obsceno -na *adj* obscene

obscuro, etc ▸**oscuro, etc**

obsequiar [A1] *vt* (frml) **1** ‹*persona*› **~ A algn CON algo** to present sb WITH sth, give sb sth **2** (AmL) ‹*reloj/cuadro*› **~le algo a algn** to present sb WITH sth, give sb sth

obsequio *m* (frml) gift; **el libro es ~ de la casa** the book comes with the compliments of the management; **acepte esta copa, ~ de la casa** have this drink on the house

obsequioso -sa *adj* deferential; **excesivamente ~** obsequious

observación *f*
A (examen, vigilancia) observation; **tener a algn en ~** (Med) to keep sb under observation; **tener mucha/poca capacidad de ~** to be/not to be very observant
B (de leyes, preceptos) observance
C (comentario) observation, remark; (en texto) note

observador¹ -dora *adj* observant

observador² -dora *m,f* observer

observancia *f* observance

observar [A1] *vt*
A **1** (mirar, examinar) to observe; **alguien la observaba** someone was watching her **2** (notar) to observe (frml); **como pueden ~ ...** as you can see ..., *o* as you will observe ...; **¿has observado algún cambio?** have you observed *o* noticed any changes? **3** (comentar) to remark, observe (frml)
B ‹*leyes/preceptos*› to observe, abide by; ‹*protocolo*› to observe

observatorio *m* observatory

obsesión *f* obsession; **tenía la ~ de que ...** she was obsessed with the idea that ...

obsesionar [A1] *vt* to obsess; **estaba obsesionado con** *or* **por la idea** he was obsessed with *o* by the idea
■ **obsesionarse** *v pron* to become obsessed

obsesivo -va *adj/m,f* obsessive

obseso -sa *m,f* (Psic) obsessive; **es un ~ sexual** he's obsessed with sex

obsidiana *f* obsidian

obsoleto -ta *adj* obsolete

obstaculizar [A4] *vt* ‹*progreso/trabajo*› to hinder, hamper; ‹*tráfico*› to hold up; **no obstaculice el paso** don't stand in the way

obstáculo *m* obstacle; **superar** *or* **salvar un ~** to overcome an obstacle; **no fue ~ para que ganara** it did not stop *o* prevent him (from) winning

obstante: **no obstante** (sin embargo) nevertheless, nonetheless; (a pesar de) despite, in spite of

obstar [A1] *vi* (frml) (*en 3ª pers*) **no ~ PARA QUE + SUBJ**: **eso no obsta para que sea trasladado** that should not prevent him from being transfered

obstetra *mf* (esp AmL) obstetrician

obstetricia *f* obstetrics

obstinación *f* (tozudez) obstinacy, stubbornness; (tenacidad) tenacity

obstinadamente *adv* (con tozudez) obstinately, stubbornly; (con tenacidad) tenaciously

obstinado -da *adj* **1** (tozudo) obstinate, stubborn **2** (tenaz) tenacious, dogged **3** (Ven) (harto) fed up (colloq)

obstinar [A1] *vt* (Ven fam) to drive ... round the bend (colloq)
■ **obstinarse** *v pron*
A **~ EN + INF** to insist ON -ING ; **se ha obstinado en que hay que terminar hoy** he is determined that it has to be finished today
B (Ven fam) **~se CON** *or* **DE algo/algn** to get sick of sth/sb, to get fed up WITH sth/sb (colloq)

obstrucción *f* obstruction

obstruccionismo *m* obstructionism; (en debate) filibustering

obstruir [I20] *vt*
A (bloquear) ‹*conducto*› to block; ‹*salida*› to block, obstruct; Ⓢ **no obstruya el acceso** do not block access, keep clear
B (entorpecer) ‹*plan/proceso*› to obstruct; ‹*tráfico*› to obstruct, hold up; ‹*progreso*› to impede
C (Dep) to obstruct
■ **obstruirse** *v pron* to get blocked (up)

obtención *f* obtaining, securing

obtener [E27] *vt* ‹*premio*› to win, receive; ‹*resultado/autorización*› to obtain; ‹*calificación*› to obtain, set

obturador *m* (Fot) shutter; (Mec) plug, seal

obturar [A1] *vt* to close, seal, block

obtuso -sa *adj* obtuse

obtuve, obtuvo, etc *see* **obtener**

obús *m* (arma) mortar, howitzer; (proyectil) shell, mortar bomb

obviar [A1] *vt* to avoid, obviate (frml)

obvio -via *adj* obvious

oca *f* (Zool) goose

ocasión *f*
A **1** (vez, circunstancia) occasion; **en alguna ~** occasionally; **con ~ de** on the occasion of; **las grandes ocasiones** special occasions **2** (momento oportuno) opportunity; **no tuve ~ de hablarle** I didn't have an opportunity *o* a chance to talk to him; ***a la ~ la pintan calva*** you have to strike while the iron is hot
B (ganga) bargain; **precios de ~** bargain prices; **muebles de ~** (usados) secondhand furniture; (baratos) cut-price furniture; **coches de ~** used *o* secondhand cars

ocasionado (Ven period): **~ a** (*loc prep*) because of

ocasional *adj* ‹*encuentro*› chance (*before n*); **tengo un trabajo ~** I have some temporary work

ocasionar [A1] *vt* to cause; **espero no ~le demasiadas molestias** I do hope it doesn't cause you too much trouble

O

ocaso *m* (liter) (del sol) sunset; (de vida, imperio) twilight (liter)
occidental¹ *adj* ‹*zona*› western; ‹*cultura/países*› Western; **África O~** West Africa
occidental² *mf* westerner
occidentalizar [A4] *vt* to westernize
▪ **occidentalizarse** *v pron* to become westernized
occidente *m* west; **el O~** (Hist, Pol) the West
occiso -sa *m,f* (frml) (Der) murder victim
OCDE *f* (= **Organización para la Cooperación y el Desarrollo Económico**) OECD
Oceanía *f* Oceania
oceánico -ca *adj* oceanic
océano *m* ocean
(Compuesto) **Océano Atlántico/Índico/Pacífico** Atlantic/Indian/Pacific Ocean
oceanografía *f* oceanography
oceanógrafo -fa *m,f* oceanographer
ocelote *m* ocelot
ochenta¹ *adj inv/pron* eighty; *para ejemplos ver* **cincuenta**
ochenta² *m* (number) eighty
ocho¹ *adj inv/pron* eight; *para ejemplos ver* **cinco**
ocho² *m* (number) eight; *para ejemplos ver* **cinco**
ochocientos -tas *adj/pron* eight hundred; *para ejemplos ver* **quinientos**
ocio *m* [1] (tiempo libre) spare time, leisure time; **la cultura del ~** the leisure culture [2] (inactividad, holgazanería) inactivity, idleness; ***el ~ es la madre de todos los vicios*** the devil makes work for idle hands
ociosidad *f* inactivity, idleness
ocioso -sa *adj* [1] [ESTAR] (inactivo) idle; **una vida ociosa** a life of idleness [2] [SER] (inútil, innecesario) pointless
oclusión *f* occlusion
oclusiva *f* occlusive, plosive
oclusivo -va *adj* occlusive, plosive
ocote *m* (árbol) ocote pine; (madera) ocote wood
ocre *m* [1] (Min) ocher* [2] **(de) color ~** ocher-colored*
oct. (= **octubre**) Oct
octágono *m* octagon
octanaje *m* octane number *o* rating
octano *m* octane
octava *f* octave
octavilla *f* pamphlet
octavo¹ -va *adj/pron* [1] (ordinal) eighth; *para ejemplos ver* **quinto** [2] (partitivo): **la octava parte** an eighth
octavo² *m* eighth
(Compuesto) **octavos de final** *mpl: round before the quarter-finals*
octeto *m* (Mús) octet; (Inf) byte
octogenario¹ -ria *adj* octogenarian (*before n*), eighty-year-old (*before n*)
octogenario² -ria *m,f* octogenarian
octogésimo¹ -ma *adj/pron* [1] (ordinal) eightieth; *para ejemplos ver* **vigésimo** [2] (partitivo): **la octogésima parte** an eightieth
octogésimo² *m* eightieth
octubre *m* October; *para ejemplos ver* **enero**
ocular *adj* ‹*infección/lesión*› eye (*before n*), ocular (frml)
oculista *mf* ophthalmologist
ocultar [A1] *vt* [1] ‹*noticia/verdad*› **~le algo A algn** to conceal sth FROM sb [2] ‹*sentimientos/intenciones*› to conceal, hide [3] (de la vista) to conceal, hide
▪ **ocultarse** *v pron* [1] «*persona*» to hide [2] (estar oculto) to hide, lie hidden; **tras esa sonrisa se oculta una mala intención** behind that smile there lie dishonest intentions [3] «*sol*» to disappear
ocultismo *m* occult, occultism
oculto -ta *adj* [1] [ESTAR] (escondido) hidden; **permanecer ~** to stay hidden [2] [SER] (misterioso) ‹*razón/designio*› mysterious, occult
ocupación *f*
A (empleo) occupation; (actividad) activity; **el nivel de ~** the level of employment
B [1] (de vivienda) occupation [2] (de cargo): **la ~ de estos puestos** the filling of these posts [3] (de fábrica, territorio) occupation
ocupado¹ -da *adj* [1] (atareado) busy; **últimamente está** *or* **anda muy ocupada** she's been very busy lately; **tengo las manos ocupadas** I have *o* I've got my hands full [2] ‹*línea telefónica*› busy, engaged (BrE); **¿este asiento está ~?** is this seat taken?; Ⓢ **ocupado** engaged [3] ‹*territorio*› occupied
ocupado² -da *m,f*: **el número de ~s** the number of people at work (AmE) *o* (BrE) in work
ocupante¹ *adj* occupying (*before n*)
ocupante² *mf* occupant
ocupar [A1] *vt*
A ‹*espacio*› to take up
B «*persona*» [1] (situarse en): **volvió a ~ su asiento** she returned to her seat, she took her seat again; **ocupaba la cabecera de la mesa** she sat at the head of the table [2] ‹*vivienda/habitación*›: **ya han ocupado la casa** they have already moved into the house; **ocupaban la habitación del fondo** they slept in the room at the back; **¿quién ocupa la habitación 234?** who's in room 234? [3] (en clasificación): **ocupa el tercer lugar en la lista** she's third on the list; **¿qué lugar ocupan en la liga?** what position are they in the division?; **pasan a ~ el primer puesto** they move into first place [4] ‹*cargo*› to hold, occupy (frml); ‹*vacante*› to fill
C ‹*fábrica/territorio*› to occupy
D [1] ‹*trabajadores*› to provide employment for [2] (concernir) to concern
E ‹*tiempo*›: **¿en qué ocupas tu tiempo libre?** how do you spend your spare time?; **me ocupa demasiado tiempo** it takes up too much of my time
F (AmC, Chi, Méx) (usar) to use
▪ **ocuparse** *v pron* **~se DE algo/algn**: **¿quién se ocupa de los niños?** who takes care of *o* looks after the children?; **este departamento se ocupa de ...** this department deals with *o* is in charge of ...; **yo me ~é de eso** I'll see to that; **yo me ocupé de hacer la reservación** I took care of the reservations; **tú ocúpate de tus cosas** you mind your own business
ocurrencia *f* (comentario gracioso) witty *o* funny remark, witticism; (idea disparatada) crazy idea
ocurrente *adj* (gracioso) witty; (ingenioso) clever
ocurrido -da *adj*: **los sucesos ~s ayer** the events that took place yesterday; **lamento lo ~** I am sorry about what happened
ocurrir [I1] *vi* (*en 3ª pers*) to happen; **lo peor que puede ~** the worst that can happen; **ocurra lo que ocurra** whatever happens; **¿ha ocurrido algo?** is anything the matter?, is anything wrong?; **lo que ocurre es que ...** the trouble is (that) ...; **¿qué te ocurre?** what's the matter?; **nunca me había ocurrido una cosa así** nothing like that had ever happened to me before
▪ **ocurrirse** *v pron* (*en 3ª pers*): **se me ocurrió que ...** it occurred to me that ... (frml); **di lo primero que se te ocurra** say the first thing that comes into your head; **se me ha ocurrido una idea** I've had an idea; **no se les ocurría nada** they couldn't think of anything; **¿a quién se le ocurre dejarlo solo?** who in their right mind would leave him on his own?; **¿cómo se te ocurrió comprarlo?** whatever made you buy it?
oda *f* ode
ODECA /o'ðeka/ *f* (= **Organización de Estados Centroamericanos**) OCAS
odiar [A1] *vt* to hate; **lo odio a muerte** I really hate him; **~ + INF** to hate -ING; **odio planchar** I hate ironing
odio *m* hate, hatred; **le he tomado ~** I've come to hate him; **tenerle ~ a algn** to hate sb
odioso -sa *adj* ‹*trabajo/tema*› horrible, hateful; ‹*persona*› horrible, odious
odisea *f* odyssey; **la O~** (Lit) the Odyssey
odontología *f* dentistry, odontology
odontólogo -ga *m,f* dental surgeon, odontologist
odre *m* wineskin
OEA *f* (= **Organización de Estados Americanos**) OAS

O

oeste¹ *adj inv* ‹*región*› western; **en la parte ~ del país** in the western part of the country; **conducían en dirección ~** they were driving west *o* westward(s); **la costa/el ala ~** the west coast/wing

oeste² *m* 1 (parte, sector): **el ~** the west; **en el ~ de la provincia** in the west of the province; **al ~ de Oaxaca** to the west of Oaxaca 2 (punto cardinal) west, West; **vientos del O~** westerly winds; **caminaron hacia el O~** they walked west *o* westward(s); **el balcón da al ~** the balcony faces west 3 **el Oeste** (de los Estados Unidos) the West; **una película/novela del O~** a Western

ofender [E1] *vt* 1 (agraviar) to offend; **sus palabras me ofendieron** I was offended by what she said; **~ a Dios** to sin; **~ la memoria de algn** to insult sb's memory 2 ‹*buen gusto*› to offend against; **colores que ofenden la vista** colors which offend the eye

■ **ofenderse** *v pron* to take offense*; **no te ofendas, pero ...** don't be offended, but ...

ofensa *f* (agravio) insult

ofensiva *f* offensive; **tomar la ~** to take the offensive; **pasar a la ~** to go onto *o* over to the offensive

ofensivo -va *adj* 1 ‹*palabra/actitud*› offensive, rude 2 (Mil) ‹*táctica*› offensive (*before n*)

oferta *f*

A 1 (proposición) offer; **no recibí ninguna ~** I didn't receive any offers; Ⓢ **ofertas de trabajo** job vacancies, situations vacant 2 (Econ, Fin) supply; **la ley de la ~ y la demanda** the law of supply and demand

B (Com) offer; **están de** *or* **en ~** they are on special offer

(Compuesto) **oferta de lanzamiento** introductory offer

ofertar [A1] *vt* 1 (liquidar) to put ... on special offer 2 (esp AmL) (ofrecer) to offer

■ **ofertar** *vi* (en licitación) to tender

off *m* **en off** (*loc adj/adv*) (Teatr) offstage; (Cin) offscreen

offset /'ofset/ *m* offset

offside /of'sai/ *m* offside

oficial¹ *adj* official; Ⓢ **Concesionario Oficial** authorized dealer

oficial² -ciala *m,f*, **oficial** *mf*

A (obrero) skilled worker; **se necesita ~ tornero** time-served machinist needed

B **oficial** *mf* (de policía) police officer (*above the rank of sergeant*); (Mil) officer

(Compuesto) **oficial de guardia** officer of the day

oficialidad *f*

A (oficiales) officer corps, officers (*pl*)

B (cualidad) official nature *o* character

oficialismo *m* (AmL): **representantes del ~** representatives of the ruling *o* governing party

oficialista *adj* (AmL) ‹*periódico*› pro-government; ‹*candidato*› fielded by the party in power

oficializar [A4] *vt* to make ... official

oficiante¹ *adj* officiating (*before n*)

oficiante² *m* officiant, celebrant

oficiar [A1] *vt* ‹*misa*› to officiate at; ‹*servicio*› to conduct; **¿quién ofició la misa en la boda?** who officiated at your wedding?

■ **oficiar** *vi* 1 «*sacerdote*» to officiate 2 (actuar) **~ DE algo** to officiate AS sth

oficina *f*

A (despacho) office; **en horas de ~** during office hours

(Compuestos)

- **oficina de cambio** bureau de change
- **oficina de empleo/turismo** unemployment/tourist office

B (Chi) (Min) nitrate field

oficinista *mf* office worker

oficio *m*

A (trabajo) trade; **carpintero de ~** carpenter by trade; ***ser del ~*** (fam) to be a hooker (sl), to be on the game (BrE colloq); ***sin ~ ni beneficio***: **un vago sin ~ ni beneficio** a lazy bum (AmE colloq), a good-for-nothing layabout (BrE)

B 1 (comunicación oficial) official letter; **tamaño ~** (AmS) foolscap 2 (Der) **de ~** court-appointed (*before n*)

C (Relig) service, office

(Compuesto) **oficio de difuntos** mass *o* office for the dead

oficiosamente *adv* (de manera no oficial) unofficially

oficiosidad *f*

A (de noticia, declaración) unofficial nature

B 1 (frml) (diligencia) diligence 2 (solicitud) solicitousness (frml)

C (entrometimiento) officiousness

D (Der): *ability of a judge or ministry to institute proceedings*

oficioso -sa *adj* (no oficial) unofficial; (relacionado con el gobierno): **fuentes oficiosas** sources close to the government

ofimática *f* office automation

ofrecer [E3] *vt*

A 1 ‹*ayuda/cigarrillo/empleo*› to offer; **te llamo para ~te al niño** (Col, Ven) I'm ringing to let you know that the baby has been born; **~ + INF** to offer TO + INF; **ofreció prestarnos su coche** she offered to lend us her car 2 ‹*dinero*› to offer; (en una subasta) to bid 3 ‹*fiesta*› to give, throw (colloq); ‹*recepción*› to lay on, to hold 4 ‹*sacrificio/víctima*› to offer (up)

B 1 ‹*oportunidad*› to give, provide; **le ofrece la posibilidad de entablar nuevas amistades** it provides her with the chance to make new friends; ‹*dificultad*› to present 2 ‹*aspecto/vista*›: **su habitación ofrecía un aspecto lúgubre** her room had an air of gloominess about it; **el año ofrece buenas perspectivas** the coming year looks promising; **ofrecían un espectáculo desgarrador** they were a heartrending sight 3 ‹*resistencia*› «*persona*» to put up, offer; **la puerta se abrió sin ~ resistencia** the door opened easily

■ **ofrecerse** *v pron*

A «*persona*» to offer, volunteer; **~se A** *or* **PARA + INF** to offer *o* volunteer TO + INF; Ⓢ **se ofrece niñera con experiencia** experienced nanny seeks employment

B (*presentarse*): **un espectáculo único se ofrecía ante nuestros ojos** a unique spectacle greeted our eyes; **en valle se nos ofrecía en todo su esplendor** the valley appeared before us in all its splendor

C (frml) (querer, necesitar) (*gen neg o interrog*) **¿se le ofrece alguna otra cosa?** can I offer *o* get you anything else?; **¿qué se le ofrece, señora?** what would you like, madam? (frml); **estoy para lo que se les ofrezca** I'm at your service; **si no se le ofrece nada más** if there's nothing else I can do for you

ofrecimiento *m* offer

ofrenda *f* offering

ofrendar [A1] *vt* (Relig) to offer (up)

oftalmología *f* ophthalmology

oftalmólogo -ga *m,f* ophthalmologist

ofuscación *f*, **ofuscamiento** *m* 1 (de razón): **en un momento de ~** in a moment of blind rage 2 (de vista) blurring

ofuscar [A2] *vt* «*celos/pasión*» to blind

■ **ofuscarse** *v pron* to get worked up

ogino, Ogino *m* rhythm method

ogro *m* ogre

ohm, ohmio *m* ohm

oídas: **de ~** (*loc adv*) **lo conozco de ~** I've heard of him, I know of him; **lo sabía de ~** I'd heard it; **lo sabemos sólo de ~** it's only hearsay

oído *m* 1 (Anat) ear; **me duelen los ~s** my ears hurt; **me lo susurró al ~** she whispered it in my ear; ***hacer*** *or* ***prestar ~s sordos a algo*** to turn a deaf ear to sth; ***llegar a ~s de algn*** to come to the attention *o* notice of sb; ***por un ~ me/te/le entra y por el otro me/te/le sale*** it goes in one ear and comes out the other; ***prestar ~s a algo*** to pay attention to sth, take notice of sth; ***regalarle el ~ a algn*** to flatter sb; ***ser todo ~s*** to be all ears; ***silbarle*** *or* ***zumbarle los ~s a algn***: **¡cómo le estarán silbando** *or* **zumbando los ~s!** his ears must be burning! 2 (sentido) hearing; (para la música, los idiomas) ear; **es duro de ~** he's hard of hearing; **aguzar el ~** to prick up one's ears; **no tiene ~** she's tone-deaf, she has no ear for music; ***tocar de ~*** (Mús) to play by ear

(Compuesto) **oído interno/medio** inner/middle ear

oiga, oigas, etc *see* **oír**

oír [I28] *vt*

A (percibir sonidos) to hear; **no oigo nada** I can't hear anything *o* a thing; **se oía el canto de un ruiseñor** you/we could hear a nightingale's song; **no se oía ni el vuelo de una mosca** you could have heard a pin drop; **ya lo has**

oído, que no se repita you've been told, don't do it again; **su último disco se oye bastante** her latest record is being played quite a lot; **he oído hablar de él** I've heard of him; **he oído decir que se va** I've heard he's leaving; **¡lo que hay que ~!** the things you hear!; ***como quien oye llover*** it's like water off a duck's back; ***me va a ~*** (fam) I'm going to give him an earful (colloq)
B (escuchar) ‹*música/radio*› to listen to
C **oír misa** to go to mass
D **oiga/oye** (para llamar la atención) excuse me; **¡oiga! se le cayó la cartera** excuse me, you've dropped your wallet; **oye, si ves a Gustavo dile que me llame** listen, if you see Gustavo tell him to call me; **oye ¿tú qué te crees?** hey, who do you think you are?
■ **oír** *vi* to hear

OIT *f* (= **Organización Internacional del Trabajo**) ILO

ojal *m* buttonhole

ojalá *interj*: **seguro que apruebas — ¡~!** I'm sure you'll pass — I hope so!; **¡~ que todo salga bien!** let's hope everything turns out all right!

ojeada *f* glance; **echar una ~ a algo** to have a quick glance *o* look at sth

ojear [A1] *vt* to (have a) look at

ojeras *fpl* rings under the eyes (*pl*)

ojeriza *f* grudge; **tenerle ~ a algn** to have a grudge against sb

ojeroso -sa *adj*: **estar ~** to have rings under one's eyes

ojete *m* (en costura) eyelet; (ano) (vulg) asshole (AmE vulg), arsehole (BrE vulg)

ojímetro (fam): **a ~** (*loc adv*) at a rough guess

ojiva *f* **1** (Arquit) ogive, pointed arch **2** (de misil) warhead

ojival *adj* ogival, pointed

ojo *m*
A **1** (Anat) eye; **un niño de ~s negros** a boy with dark eyes; **~s rasgados** slanting eyes; **de ~s saltones** bug-eyed; **se le llenaron los ~s de lágrimas** his eyes filled with tears; **le guiñó el ~** he winked at her; **mirar fijamente a los ~s** to stare straight into sb's eyes; **no me quita los ~s de encima** he won't take his eyes off me; **se le salían los ~s de las órbitas** his eyes were popping out of his head; **aceptaría con los ~s cerrados** I'd accept without a second thought; **¡dichosos los ~s (que te ven)!** it's wonderful *o* lovely to see you!; **a los ~s de la sociedad** in the eyes of society; ***cerrar los ~s a algo*** to close one's mind to sth; ***¿con qué ~s, divina tuerta?*** (Méx fam) where do you expect me to get the money from?; ***cuatro ~s ven más que dos*** two heads are better than one; *ver tb* **cuatro**[1]; ***en un abrir y cerrar de ~s*** in the twinkling of an eye; ***no pegué (el*** *or* ***un) ~ en toda la noche*** I didn't sleep a wink; ***no ver algo con buenos ~s*** not to approve of sth; ***salir por*** *or* ***costar un ~ de la cara*** (fam) to cost an arm and a leg (colloq); ***ser el ~ derecho de algn*** to be the apple of sb's eye; ***~ por ~*** an eye for an eye; ***~s que no ven, corazón que no siente*** out of sight, out of mind **2** (vista): **bajó los ~s avergonzada** she lowered her eyes in shame; **sin levantar los ~s del libro** without looking up from her book; **toda América tiene los ~s puestos en él** the eyes of all America are on him; ▸**parche 1**; ***a ~ de buen cubero*** *or* ***a ~*** *or* (AmS) ***al ~*** at a guess; **le eché el azúcar a ~** I just put the sugar in without measuring it; ***a ~s vista(s)*** visibly; **es novato, se nota a ~s vistas** he's new, you can see it a mile off (colloq); ***comer con los ~s*** to ask for/take more than one can eat; ***comerse a algn con los ~s*** to devour sb with one's eyes; ***echarle el ~ a algo*** to have one's eye on sth (colloq); ***echar un ~ a algo/algn*** (fam) to have *o* take a (quick) look at sth/sb; ***entrar por los ~s***: **a Pepe le entra la comida por los ~s** Pepe will only eat his food if it looks nice; ***hay que estar*** *or* ***andar con cuatro ~s*** (fam) you need eyes in the back of your head; ***írsele los ~s a algn***: **se le van los ~s detrás de las mujeres** he's always eyeing up women (colloq); ***mirar algo/a algn con otros ~s*** to look at sth/sb through different eyes; ***tener a algn entre ~s*** (fam) to have it in for sb (colloq); ***tener ~ de lince*** *or* ***de águila*** to have eyes like a hawk; ***ver algo con malos ~s*** to take a dim view of sth

Compuestos
- **ojo a la funerala** *or* **a la virulé** (Esp fam) ▸**ojo morado**
- **ojo avizor**: **ir/estar con ~ ~** to be alert
- **ojo de agua** (Méx) spring
- **ojo de buey** porthole
- **ojo de gallo** corn
- **ojo de gato** (CS) (Auto) cat's-eye
- **ojo del culo** (vulg) asshole (AmE), arsehole (BrE)
- **ojo de pez** fish-eye lens
- **ojo de vidrio** *or* (Esp) **cristal** glass eye
- **ojo mágico** (AmL) spyhole, peephole
- **ojo morado** *or* (Méx) **moro** *or* (CS fam) **en tinta** black eye, shiner; **le puse un ~ ~** I gave him a black eye

B (perspicacia): **¡vaya ~ que tiene!** he's pretty sharp *o* on the ball!; **una mujer con ~ para los negocios** a clever *o* sharp businesswoman; ***tener (un) ~ clínico*** to be sharp *o* clever
C (fam) (cuidado, atención): **mucho ~ con lo que haces** be careful what you do; **hay que andar** *or* **ir con mucho ~** you have to keep your eyes open; **¡~! que viene un coche** watch out! *o* be careful! there's a car coming
D (de aguja) eye
E (de tormenta, huracán) eye
F (Agr) (en tubérculo) eye
G (de arco) archway; (de puente) span

ojota *f* (CS) (para playa, piscina) thong (AmE), flip-flop (BrE); (calzado rústico) sandal

okey *interj* (esp AmL) OK!, okay!

ola *f* wave; **una ~ de violencia** a wave of violence; **una ~ de despidos** a spate of dismissals

Compuestos
- **ola de calor** heat wave
- **ola de frío** cold spell

olán *m* (Méx) flounce, frill

olé, ole *interj* olé!, bravo!

oleada *f* wave

oleaginoso -sa *adj* oleaginous, oily

oleaje *m* swell

óleo *m* **1** (sustancia) oil; (cuadro) oil painting; **pintura al ~** oil painting; **pintar al ~** to paint in oils **2** (Relig) holy oil

oleoducto *m* (oil) pipeline

oleoso -sa *adj* oily

oler [E12] *vi*
A (percibir olores) **~ A algo** to smell sth; **¿no hueles a humo?** can't you smell smoke?
B (despedir olores) «*comida/perfume*» to smell; **¡qué bien/mal huele!** it smells good/awful!; (+ *me/te/le etc*) **le huelen los pies** his feet smell; **~ A algo** to smell OF sth; **huele a rosas** it smells of roses
C (fam) (expresando sospecha) (+ *me/te/le etc*): **esto me huele a cuento** I smell a rat *o* something fishy; **me huele que fue ella** I have a feeling it was her
■ **oler** *vt* «*persona*» to smell; «*animal*» to sniff, smell
■ **olerse** *v pron* (fam) to suspect; **ya me lo olía** I thought so; **ya me olía yo que aquí había algo raro** I had a feeling there was something funny going on

olfatear [A1] *vt* **1** (oler con insistencia) to sniff **2** ‹*rastro/presa*› to scent, follow

olfato *m* (sentido) smell; (perspicacia, intuición) nose

oligarca *mf* oligarch

oligarquía *f* oligarchy

oligofrénico -ca *adj/m,f* oligophrenic

olimpiada, olimpíada *f*: *tb* **~s** Olympic Games (*pl*), Olympics (*pl*)

olímpicamente *adv* (fam): **pasa ~ de lo que digas** he doesn't give a damn what you say (colloq); **estás perdiendo el tiempo ~** you're completely wasting your time

olímpico -ca *adj* **1** ‹*campeón/récord*› Olympic (*before n*) **2** (fam) ‹*desprecio/indiferencia*› total, utter **3** (AmL fam) ‹*pase/gol*› fantastic (colloq), sensational (colloq)

olisquear [A1] *vt* to sniff

oliva *f* olive

oliváceo -cea *adj* ‹*color*› olive-green; ‹*tez/rostro*› olive; **verde ~** olive green

olivar *m* olive grove

olivo *m* olive (tree)

olla *f* pot; ~ ***de grillos*** (fam) madhouse (colloq); ***parar la*** ~ (CS, Per fam): **soy yo la que para la** ~ I'm the breadwinner; **no tengo con qué parar la** ~ I can't make ends meet

(Compuesto) **olla a presión** pressure cooker

olmedo *m*, **olmeda** *f* elm grove

olmo *m* elm (tree)

olor *m* smell; **tiene un** ~ **raro** it has a funny smell; **tomarle el** ~ **a algo** (AmL) to smell sth; **¡qué rico** ~**!** what a lovely smell!; ~ **A algo** smell OF sth; **tiene** ~ **a queso** it smells of cheese; ***en*** ~ ***de multitud(es)***: **fue recibido en** ~ **de multitud** he was welcomed by a huge crowd; ***en*** ~ ***de santidad***: **vivir en** ~ **de santidad** to lead the life of a saint; **morir en** ~ **de santidad** to die a saint

oloroso -sa *adj* ‹*jabón/flor*› scented, fragrant; ‹*queso/pies*› smelly

olote *m* (AmC, Méx) cob, corncob

olvidadizo -za *adj* forgetful

olvidado -da *adj* forgotten; **murió** ~ **de todos** (liter) he died forgotten by everyone (liter)

olvidar [A1] *vt*

A **1** (borrar de la memoria) to forget; **tienes que** ~ **el pasado** you must put the past behind you **2** (no acordarse) to forget; **había olvidado que ...** I had forgotten that ...; ~ **+ INF** to forget to + INF

B (dejar en un lugar) to forget, leave ... behind; **olvidó el pasaporte en casa** she left her passport at home

■ **olvidarse** *v pron*

A **1** (borrar de la memoria) ~**se DE algo** to forget sth **2** (no acordarse) to forget; ~**se DE algo** to forget sth; **me había olvidado de que ...** I had forgotten that ...; ~**se DE + INF** to forget to + INF; **se olvidó de llamarlo** she forgot to call him; (+ *me/te/le etc*) **se me olvidó su cumpleaños** I forgot his birthday; **¡ah! se me olvidaba** ah! I almost forgot; **se me olvidó decírtelo** I forgot to tell you

B (dejar en un lugar) to forget, leave ... behind

olvido *m* **1** (abandono, indiferencia) obscurity; **caer en el** ~ to fall *o* sink into obscurity *o* oblivion; **relegado al** ~ condemned to obscurity **2** (descuido) oversight; **fue un** ~ it was an oversight, I forgot

ombligo *m* navel, belly button (colloq); ***el*** ~ ***del mundo*** the center* of the universe

ombú *m* ombu

OMC *f* (= **Organización Mundial del Comercio**) WTO

omega *f* omega

ominoso -sa *adj* (frml) (abominable) despicable; (de mal agüero) ominous

omisión *f* omission

omitir [I1] *vt* **1** ‹*frase/nombre*› to omit, leave out **2** (frml) ~ **+ INF** to omit *o* fail to + INF; **omitió mencionar que ...** he omitted *o* failed to mention that ...

ómnibus *m* (*pl* ~ *or* **-buses**) (autobús — urbano) (Per, Ur) bus; (— de larga distancia) (Arg) bus, coach (BrE)

omnímodo -da *adj* (frml) absolute

omnipotencia *f* omnipotence

omnipotente *adj* omnipotent

omnipresencia *f* omnipresence

omnipresente *adj* omnipresent

omnívoro[1] -ra *adj* omnivorous

omnívoro[2] *m* omnivore

omoplato, omóplato *m* shoulder blade, scapula (tech)

OMS /oms/ *f* (= **Organización Mundial de la Salud**) WHO

once[1] *adj inv/pron* eleven; *para ejemplos ver* **cinco**

once[2] *m* (number) eleven

ONCE /'onθe/ *f* = **Organización Nacional de Ciegos Españoles**

> **ONCE – Organización Nacional de Ciegos Españoles**
>
> *ONCE* was founded in 1938 to create employment for the blind. The organization started fund-raising lotteries, for which blind people sold tickets throughout Spain.
>
> In 1981 *ONCE* launched a national lottery which is drawn every day except Saturday. Money raised is invested in training and social centers for blind people. The biggest of its prizes is the *cuponazo*

onces *fpl* (Andes) tea; **lo invitaron a tomar** ~ they invited him to tea

onda *f*

A (Fís, Rad) wave; **longitud de** ~ wavelength; ***agarrar*** *or* ***captar la*** ~ (fam) to understand, get it (colloq); ***agarrarle la*** ~ ***a algo*** (AmL fam) to work sth out, suss sth out (colloq); ***estar en la*** ~ (fam) (a la moda) to be trendy (colloq); (al tanto) to be bang up to date (colloq); ***estar fuera de*** ~ (fam) to be (way) behind the times (colloq); ***¡qué buena*** ~***!*** (AmL fam) that's great *o* fantastic! (colloq); ***¡qué mala*** ~***!*** (AmL fam) that's terrible *o* (AmE) too bad!; ***¿qué*** ~***?*** (AmL fam) what's new? (colloq)

(Compuestos)
- **onda corta/larga/media** short/long/medium wave
- **onda de choque** shock wave
- **onda expansiva** blast, shock wave
- **onda sísmica** seismic wave

B (del pelo) wave; (del agua) wave; (en costura) scallop

ondear [A1] *vi* «*agua*» to ripple; «*bandera*» to fly

ondulación *f* undulation

ondulado *adj* ‹*pelo*› wavy; ‹*terreno*› undulating, rolling

ondulante *adj* ‹*movimiento*› undulatory; ‹*terreno*› undulating, rolling

ondular [A1] *vt* ‹*pelo*› to wave

■ **ondular** *vi* (liter) «*agua*» to ripple; «*terreno*» to undulate

■ **ondularse** *v pron* to go wavy

oneroso -sa *adj* (frml) onerous (frml), burdensome (frml)

ónice, onix *m* onyx

onomástica *f* (Esp frml) saint's day

onomástico *m* (AmL frml) saint's day

> **onomástica, onomástico**
>
> ▸**santo**

onomatopeya *f* onomatopoeia

onomatopéyico -ca *adj* onomatopoeic

ontología *f* ontology

ONU /'onu/ *f* (= **Organización de las Naciones Unidas**): **la** ~ the UN, the United Nations

onza *f*

A (peso) ounce

B (de chocolate) square

C (Zool) ounce

Op. (= **opus**) op; **Op. cit.** op cit

opa[1] *adj* (Bol, RPl fam) (tonto, idiota) silly (colloq)

opa[2] *mf* (tonto) (Bol, RPl fam) dummy (colloq)

opa[3] *interj* (RPl fam) oops! (colloq), whoops! (colloq)

opacar [A2] *vt* (AmL) **1** (hacer opaco) to make ... opaque; (oscurecer) to darken **2** (deslucir) to mar; **que nada opaque su recuerdo** let nothing darken her memory **3** (anular) to overshadow; **su personalidad me opacaba** I was overshadowed by her personality

opacidad *f* opacity

opaco -ca *adj* (no transparente) opaque; (sin brillo) dull

ópalo *m* opal

opción *f* **1** (alternativa) option; **no tenía otra** ~ I had no option *o* choice **2** (derecho, posibilidad): **con** ~ **a compra** with option to buy; **el equipo perdió toda** ~ **al título** the team lost any chance of (winning) the title

opcional *adj* optional

open *m* open championship *o* tournament

OPEP /o'pep/ *f* (= **Organización de Países Exportadores de Petróleo**) OPEC

ópera *f* (obra musical) opera; (edificio) opera house

operación *f*

A **1** (Mat) operation **2** (Med) operation; **una** ~ **a corazón abierto** open-heart surgery

B (Fin) transaction; **una ~ bursátil** a stock market transaction *o* deal
C (misión) operation; **~ policial/de rescate** police/rescue operation
(Compuestos)
- **operación limpieza** clean up (operation)
- **operación rastrillo** search operation

operacional *adj* operational, working
operador -dora *m,f* **1** (Inf, Tec, Telec) operator **2** (Cin, TV) (de cámara) (*m*) cameraman; (*f*) camerawoman; (de proyección) projectionist **3** (Méx) (obrero) ▸ **operario**
(Compuesto) **operador turístico** *m* tour operator
operancia *f* (Chi frml) efficiency
operante *adj* operational
operar [A1] *vt*
A (Med) to operate on; **tuvieron que ~la de urgencia** she had to have an emergency operation; **me van a ~ de la vesícula** I'm having a gallbladder operation; **lo ~on de apendicitis** he had his appendix taken out
B (frml) ‹*cambio/transformación*› to produce, bring about
C (Méx) ‹*máquina*› to operate
■ **operar** *vi*
A **1** (Mat) to operate **2** (Med) to operate
B (frml) (funcionar, actuar) to operate; **este vuelo ~á todos los martes** this flight will operate every Tuesday
C (frml) (negociar) to deal, do business
■ **operarse** *v pron*
A (Med) (*caus*) to have an operation; **~se del corazón** to have a heart operation
B (frml) «*cambio/transformación*» to take place
operario -ria *m,f* (frml) operative (frml); **el ~ de la máquina** the machine operator
operatividad *f* operational capacity/ability, operating capacity
operativo¹ -va *adj* operating (*before n*); **sus métodos ~s** their working *o* operating methods
operativo² *m* (AmL) operation
operatorio -ria *adj* operating (*before n*)
opereta *f* operetta
operístico -ca *adj* operatic
opinar [A1] *vi*: **todos pueden ~** everyone is allowed to express an opinion; **si puedo ~ te diré que ...** if I may venture an opinion, I think ...; **prefiero no ~** I would prefer not to comment
■ **opinar** *vt* **1** (pensar) to think; **¿qué opinas del aborto?** what are your views on *o* what do you think about abortion?; **¿qué opinas de ella?** what do you think of her?; **no opino lo mismo** I do not share that view *o* opinion **2** (expresar un juicio): **opinó que deberían aplazarlo** he expressed the view that it should be postponed; **opino que debería renunciar** in my opinion he should resign
opinión *f* opinion; **¿cuál es tu ~ sobre el programa?** what do you think of the program?; **en mi ~** in my opinion; **cambió de ~** he changed his mind; **importantes sectores de ~** significant bodies of opinion
(Compuesto) **opinión pública**: **la ~ ~** public opinion; **engañar a la ~ ~** to fool people *o* the public
opio *m* (Bot, Farm) opium
opíparo -ra *adj* sumptuous
oponente *mf* opponent
oponer [E22] *vt* ‹*resistencia*› to offer, put up; ‹*objeción*› to raise; **~ algo A algo** to counter *o* answer sth WITH sth; **~ la razón a la fuerza** to counter force with reason
■ **oponerse** *v pron* **1** (ser contrario) to object; **~se A algo** to oppose sth; **nadie se opuso al plan** nobody objected to *o* opposed the plan; **nuestros caracteres se oponen** (*recípr*) we are opposites **2** (contradecir) **~se A algo** to contradict sth
oporto *m* (vino) port
oportunamente *adv*: **respondió muy ~** her reply was very much to the point *o* very appropriate; **les avisaremos ~** we will inform you at the proper time
oportunidad *f*
A **1** (momento oportuno) chance, opportunity; **aprovecha esta ~** make the most of this opportunity; **a la primera ~** at the earliest opportunity; **tiene el don de la ~** (iró) he has a knack of putting his foot in it **2** (posibilidad) chance; **tuve la ~ de conocerla** I was fortunate enough to be able to meet her; **igualdad de ~es** equal opportunities
B (AmL) (vez, circunstancia) occasion; **en aquella ~ tuvo que ceder** that time *o* on that occasion he had to give in
oportunismo *m* opportunism
oportunista¹ *adj* opportunistic
oportunista² *mf* opportunist
oportuno -na *adj* **1** ‹*visita/lluvia*› timely, opportune; **llegó en el momento ~** he arrived at just the right moment **2** (conveniente) appropriate; **se tomarán las medidas oportunas** appropriate measures will be taken; **sería ~ avisarle** we ought to inform her **3** ‹*respuesta*› appropriate; **estuvo muy ~** what he said was very much to the point; **¡tú siempre tan ~!** (iró) you can always be relied upon to put your foot in it
oposición *f*
A **1** (enfrentamiento) opposition; **~ A algo** opposition TO sth **2** (Pol) opposition
B (Esp, Ven) (concurso) (public) competitive examination; **hacer oposiciones** to take *o* (BrE) sit a competitive examination

> **oposiciones**
> In Spain, competitive examinations for people wanting a public-sector job, to teach in a state secondary school, or to become a judge. The large number of candidates, or *opositores* - much higher than the number of posts available - means that the exams are very difficult. Those successful obtain very secure employment. Many people have private coaching for the exams

opositor¹ -tora *adj* opposition (*before n*)
opositor² -tora *m,f*
A (de partido, régimen) opponent
B (Esp, Ven) (en concurso de oposición) candidate
opresión *f* (de un pueblo) oppression; (en el pecho) tightness
opresivo -va *adj* oppressive
opresor¹ -sora *adj* oppressive
opresor² -sora *m,f* oppressor
oprimido¹ -da *adj* ‹*pueblo*› oppressed; **tenía el corazón ~ por la pena** (liter) his heart was heavy with sadness (liter)
oprimido² -da *m,f*: **los ~s** the oppressed
oprimir [I1] *vt* **1** (frml) (apretar, presionar) to press; **la angustia le oprimía el pecho** (liter) he was wracked with anguish **2** (tiranizar) to oppress
oprobio *m* (frml) dishonor•, opprobrium (frml)
optar [A1] *vi*
A (decidirse) **~ POR algo** to choose sth, opt FOR sth; **~ POR + INF** to choose *o* opt to + INF; **optó por callarse** she chose *o* opted to keep quiet
B **~ A algo** ‹*a plaza/puesto*› to apply FOR sth
optativo -va *adj* optional
óptica *f* (Fís, Ópt) optics; (tienda) optician's; (punto de vista) viewpoint, point of view
óptico¹ -ca *adj* optical
óptico² -ca *m,f* optician
optimismo *m* optimism
optimista¹ *adj* optimistic
optimista² *mf* optimist
óptimo -ma *adj* ‹*posición*› ideal, optimum; **de óptima calidad** top-quality; **en condiciones óptimas** ‹*persona*› in peak condition; ‹*coche*› in perfect condition; ‹*alimento*› fresh
opuesto -ta *adj* ‹*versiones/opiniones*› conflicting; ‹*extremos/polos*› opposite; **tienen caracteres ~s** they have very different personalities; **venía en dirección opuesta** he was coming from the opposite direction; **el lado ~ a éste** the opposite side to this one; **es ~ a todo cambio** he is opposed to *o* he is against any change
opulencia *f* opulence, affluence; **viven en la ~** they live in the lap of luxury
opulento -ta *adj* opulent, affluent
oquedad *f* (frml) cavity, hollow
ora *conj* (liter): **cae ~ en la tierra, ~ en la roca** it falls now on the soil, now among the stones (liter)
oración *f*
A (Relig) prayer; **las campanas llaman a ~** the bells are

O

summoning the faithful to prayer
B (Ling) sentence
(Compuesto) **oración principal/subordinada** main/subordinate clause

oráculo *m* oracle

orador -dora *m,f* speaker

oral¹ *adj* **1** ‹*examen/tradición*› oral **2** (Med) oral; **administrar por vía ~** to be taken orally

oral² *m* oral (exam), orals (*pl*)

órale *interj* (Méx fam) (expresando acuerdo) right!, OK!; (para animar) come on!

orangután *m* orangutan

orar [A1] *vi* (frml) (Relig) to pray; **~ POR algo/algn** to pray FOR sth/sb

orate *mf* lunatic

oratoria *f* oratory

oratorio *m* (Relig) oratory, chapel; (Mús) oratorio

orbe *m* (esfera) sphere, orb (liter); (liter) (mundo) world

órbita *f*
A (Astron) orbit; **poner en ~** to put into orbit
B (Anat) (eye) socket, orbit (tech)
C (ámbito, esfera) field

orbital *adj* orbital

orca *f* killer whale

órdago : **de ~** (Esp fam) terrific (colloq); **una casa de ~** a lovely *o* fantastic house; **un escándalo de ~** a huge *o* terrific rumpus

orden¹ *f*
A (mandato) order; **acatar una ~** to obey an order; **deja de darme órdenes** stop ordering me about; **por ~ del Sr Alcalde** by order of His Honour (AmE) *o* (BrE) Worship the Mayor; **hasta nueva ~** until further notice; **estamos a la ~ para lo que necesite** (AmL) just let us know if there's anything we can do for you; **¡a sus órdenes!** yes, sir!; **¡a la ~!** (Mil) yes, sir!; (fórmula de cortesía) (Andes, Méx, Ven) you're welcome, not at all
(Compuestos)
- **orden de arresto** *or* **de busca y captura** arrest warrant
- **orden de desalojo** notice to quit
- **orden del día** (Mil) order of the day; ***estar a la ~ del ~*** to be the order of the day
- **orden de registro** *or* (Chi, Méx) **de cateo** search warrant
- **orden judicial/ministerial** court/ministerial order

B (Fin) order; **~ bancaria** banker's order; **~ de pago** order to pay
(Compuesto) **orden permanente de pago** standing order
C (Hist, Mil, Relig) order
(Compuesto) **órdenes sagradas** *fpl* holy orders (*pl*)
D (AmL) (Com) (pedido) order

orden² *m*
A **1** (indicando colocación, jerarquía) order; **en** *or* **por ~ alfabético** in alphabetical order; **por ~ de estatura** according to height; **por ~ cronológico** in chronological order; **por ~ de antigüedad** in order of seniority; **vayamos por ~** let's begin at the beginning; **una necesidad de primer ~** a basic necessity **2** (armonía, concierto) order; **pon un poco de ~ en la habitación** straighten your room up a little (AmE), tidy your room up a bit (BrE); **poner en ~** to put in order; **tengo que poner mis ideas en ~** I have to straighten (AmE) *o* (BrE) sort my ideas out; ***llamar a algn al ~*** to call sb to order; ***sin ~ ni concierto*** without rhyme or reason **3** (disciplina) order; **mantener el ~ en la clase** to keep order in the classroom; **¡~ en la sala!** order in the court!; **la policía restableció el ~** the police reestablished order **4** (de curas/monjas order; (fraternidad) order
(Compuestos)
- **orden de batalla** battle formation
- **orden del día** agenda
- **orden natural** natural order
- **orden público** public order; **mantener el ~ ~** to keep the peace; **alterar el ~ ~** to cause a breach of the peace
- **orden sacerdotal** ordination

B **1** (frml) (carácter, índole) nature; **problemas de ~ económico** problems of an economic nature **2** (cantidad): **del ~ de** (frml) on the order of (AmE), in *o* of the order of (BrE) **3** (period) (ámbito): **en el ~ internacional** on the international front; **en este ~ de cosas** in this respect; **en otro ~ de cosas ¿qué opina de ...?** moving on to something else, what do you think about ...?
C **1** (Arquit) order **2** (Biol, Zool) order

ordenación *f*
A (de sacerdote) ordination, ordainment
B (organización) organization, regulation; (Arquit) distribution

ordenadamente *adv*: **colocó los libros ~** she arranged the books neatly *o* tidily; **salieron ~** they left in an orderly fashion

ordenado -da *adj* **1** [ESTAR] (en orden) tidy **2** [SER] ‹*persona*› (metódico) organized, orderly; (para la limpieza) tidy; **lleva una vida ordenada** she leads an ordered existence

ordenador *m* (Esp) ▸**computadora**

ordenanza¹ *f* ordinance, bylaw

ordenanza² *m* (en oficinas) porter; (Mil) orderly, batman (BrE)

ordenar [A1] *vt*
A ‹*habitación/armario*› to straighten (up) (AmE), to tidy (up) (BrE); **ordené los libros por materias** I arranged the books according to subject; **ordena estas fichas** put these cards in order
B **1** (dar una orden) to order; **le ordenó salir de la oficina** she ordered him to leave the office; **me ordenó que guardara silencio** he ordered me to keep quiet **2** (AmL) (en bar, restaurante) to order; **~ un taxi** to call a taxi
C ‹*sacerdote*› to ordain
■ **ordenarse** *v pron* to be ordained

ordeña *f* (AmL) milking

ordeñadora *f* milking machine

ordeñar [A1] *vt* to milk

ordinal *m* ordinal (number)

ordinariamente *adv*
A (por lo común) ordinarily, usually
B (groseramente) coarsely, vulgarly, rudely

ordinariez *f* **1** (falta de refinamiento) vulgarity; (grosería) rudeness, bad manners (*pl*); (en la manera de hablar) vulgarity, coarseness **2** (comentario — poco refinado) vulgar comment; (— grosero) rude comment

ordinario¹ -ria *adj*
A (poco refinado) vulgar, common (pej); (grosero) rude, bad-mannered; (en el hablar) vulgar, coarse
B (de mala calidad) poor *o* bad quality; **un vino ~** a very average wine
C (no especial) ordinary; **correo ~** regular (AmE) *o* (BrE) normal delivery
D **de ordinario** usually, normally; **hay menos gente que de ~** there are fewer people than usual *o* normal

ordinario² -ria *m,f* (persona — poco refinada) vulgar *o* (pej) common person; (— grosera) rude *o* bad-mannered person

orear [A1] *vt* ‹*habitación/ropa*› to air; ‹*carne*› to dry
■ **orearse** *v pron* (Chi fam) to sober up

orégano *m* oregano

oreja¹ *f*
A (Anat) ear; **tiene las ~s despegadas** *or* **salidas** his ears stick out; **el perro puso las ~s tiesas** the dog pricked up its ears; ***calentarle la ~ a algn*** (Ven fam) to try to talk sb into sth; ***con las ~s gachas*** with one's tail between one's legs; ***jalarle las ~s a algn*** (Méx, Per, Ven fam) to tell sb off; ***parar la ~*** (AmL fam) to pay attention; **paré la ~ para ver de qué hablaban** I pricked up my ears to hear what they were talking about (colloq); ***tirarle a algn de las ~s*** *or* (AmL) ***tirarle las ~s a algn*** (literal) to pull sb's ears; (reprender) to tell sb off; ***verle las ~s al lobo*** to realize sth is wrong
B (de sillón) wing

oreja² *mf* (Méx fam) (soplón — de la policía) stool pigeon (colloq), grass (BrE colloq); (que escucha a escondidas) eavesdropper

orejera *f* earflap

orejón *m* (Coc) *dried peach or apricot*

orejudo -da *adj* big-eared, with big ears

orfanato, (Méx) **orfanatorio** *m* orphanage

orfebre *mf* goldsmith, silversmith

orfebrería *f* (oficio) goldsmithing/silversmithing, working of precious metals; (artículos) gold/silver articles (*pl*)

O

orfelinato *m* orphanage

orfeón *m* **1** (coral) choral society **2** (Chi) (banda) band; **~ de carabineros/militar** military band

organdí *m* organdy (AmE), organdie (BrE)

orgánico -ca *adj* organic

organigrama *m* (Inf) flow chart *o* diagram; (de empresa) organization chart

organillo *m* hurdy-gurdy

organismo *m* (Biol) organism; (Adm, Pol) organization

organista *mf* organist

organización *f* organization; **una ~ sindical** a labor (AmE) *o* (BrE) trade union

organizado -da *adj* organized

organizador[1] -dora *adj* organizing (*before n*)

organizador[2] -dora *m,f* organizer

organizar [A4] *vt* to organize, arrange
■ **organizarse** *v pron* to organize oneself

órgano *m*
A (Anat) organ; (pene) (euf) organ (euph), member (euph)
B (entidad) organ; (portavoz) organ
C (Mús) organ

orgasmo *m* orgasm

orgía *f* orgy

orgullo *m* pride; **con ~** proudly

orgulloso -sa *adj* **1** [ESTAR] (satisfecho) proud; **~ DE algn/algo** proud OF sb/sth; **~ DE + INF** proud to + INF **2** [SER] (soberbio) proud

orientación *f*
A (de habitación, edificio) aspect (frml); **¿cuál es la ~ de la casa?** which way does the house face?; **la ~ de la antena** the way the antenna (AmE) *o* (BrE) aerial is pointing
B (enfoque, dirección) orientation; **le dio una ~ práctica al curso** he gave the course a practical bias; **la nueva ~ del partido** the party's new direction
C (guía) guidance, direction; (acción de guiar) orientation
(Compuesto) **orientación profesional** *or* (CS) **vocacional** (para estudiantes) vocational guidance, careers advice; (para desempleados) career guidance *o* advice
D (en un lugar) bearings (*pl*); **perder la ~** to lose one's bearings

oriental[1] *adj* (del este) Eastern; (del Lejano Oriente) Oriental; (uruguayo) (AmL) Uruguayan

oriental[2] *mf* (del Lejano Oriente) Oriental; (uruguayo) (AmL) Uruguayan

orientar [A1] *vt*
A **1** ‹*reflector*› to position; **oriente la antena hacia el este** position/turn the antenna (AmE) *o* (BrE) aerial to face east; **orientó el avión hacia el sur** he headed the plane south **2** ‹*edificio*›: **la casa está orientada al sur** the house faces south (frml) **3** (Náut) ‹*velas*› to trim
B (encaminar): **orienté mis esfuerzos hacia ...** I directed my efforts toward ...; **una política orientada a combatir la inflación** a policy designed to fight inflation *o* directed at fighting inflation
C ‹*personas*› «*faro/estrellas*» to guide; «*profesor/amigo*» to advise; **~ a los jóvenes en algo** to give young people guidance on sth
■ **orientarse** *v pron*
A (ubicarse) to get one's bearings, orient oneself; **~se por las estrellas** (Náut) to steer by the stars
B **1** (girar): **plantas que se orientan hacia el sol** plants that turn toward(s) the sun **2** (inclinarse): **mis hijos se ~on hacia las ciencias** my sons went in for *o* opted for science **3** (informarse) to get information

orientativo -va *adj* ‹*mapa*› outline (*before n*); ‹*diagnóstico*› initial, preliminary; ‹*test*› guiding (*before n*); **a modo ~** by way of guidance, for guidance

oriente *m*
A (punto cardinal) (liter) east; (Geog) East; (viento) east wind
(Compuesto) **Oriente Medio/Próximo** Middle/Near East
B (de las perlas) orient

orificio *m* (frml) orifice; **los ~s de la nariz** the nostrils; **un ~ de bala** a bullet hole

origen *m* **1** (principio) origin; (de palabra, tradición) origin; **en su ~** originally, in the beginning; **el tratado dio ~ a la unión** the union came into being as a result of the treaty; **aquel comentario dio ~ a ...** that remark gave rise to *o* caused ... **2** (procedencia) origin; **país de ~** country of origin; **es español de ~** he is Spanish by birth; **de ~ holandés** of Dutch origin; **de ~ humilde** of humble origin(s); **mejillones envasados en ~** mussels canned at point of origin; **embotellado en ~** bottled at source **3** (Mat) origin

original[1] *adj*
A (primero, no copiado) original
B ‹*artista/enfoque*› original; **¡tú siempre tan ~!** (iró) you always have to be different!

original[2] *m* original; **un ~ de Dalí** a Dalí original, an original Dalí
(Compuesto) **original de imprenta** original, manuscript

originalidad *f* (cualidad) originality; (comentario) clever remark

originar [A1] *vt* to start, give rise to
■ **originarse** *v pron* «*idea/costumbre*» to originate; «*movimiento*» to start, come into being, originate; «*incendio/disputa*» to start

originario -ria *adj* **1** (de un lugar) native; **ser ~ DE algo** «*persona*» to be a native OF sth, come FROM sth; «*especie*» to be native TO sth; come FROM sth **2** (primero, original) original

orilla *f* **1** (del mar, de lago) shore; (de río) bank; **se bañaban en la ~** they were bathing near the shore; **viven a la ~ del mar** they live by the sea *o* at the seaside; **un paseo a la ~ del mar** a walk along the seashore **2** (de mesa, plato) edge **3** (dobladillo) hem

orillar [A1] *vt*
A **1** ‹*problema/obstáculo*› to get around **2** ‹*muro/costa/zona*› to skirt (around) **3** (Col, Méx, Ven) (hacer a un lado): **orilló el coche** he pulled over
B (en costura) to hem
C (Méx) (obligar) **~ a algn A algo** to drive sb TO sth
■ **orillarse** *v pron* (Col, Méx, Ven) to move over; **se orilló para dejarlos pasar** (Auto) he pulled over to let them pass

orín *m*
A (herrumbre) rust
B (orina) urine

orina *f* urine

orinal *m* (de dormitorio) chamber pot; (para niños) pot, potty (colloq); (para enfermos) bedpan

orinar [A1] *vi* to urinate
■ **orinar** *vt*: **~ sangre** to pass blood
■ **orinarse** *v pron* to wet oneself; **se orina en la cama** he wets the bed

Orinoco *m*: **el (río) ~** the Orinoco (River)

oriundo[1] -da *adj* ▸**originario 1**

oriundo[2] -da *m,f* native

orla *f* **1** (de retratos, diplomas) border; **con una ~ de armiño** trimmed *o* edged with ermine **2** (en escudo) orle

orlar [A1] *vt* ‹*tela/tapiz*› to edge, trim; ‹*página*› to decorate the borders of

ornamentación *f* ornamentation

ornamentar [A1] *vt* (frml) to adorn (frml), to ornament (frml)

ornamento *m* **1** (frml) (adorno, decoración) ornament (frml) **2** **ornamentos** *mpl* (Relig) vestments (*pl*)

ornar [A1] *vt* (frml) to adorn (frml)

ornato *m* (frml) adornment (frml)

ornitología *f* ornithology

ornitólogo -ga *m,f* ornithologist

ornitorrinco *m* duck-billed platypus

oro[1] *adj inv* gold

oro[2] *m*
A (metal) gold; **~ (de) 18 quilates** 18-carat gold; **lingote de ~** gold ingot; **bañado en ~** gold-plated; ***andar cargado al ~*** (Chi fam) to be loaded (colloq); ***guardar/tener algo como ~ en polvo*** (AmL) *or* (Esp) ***en paño*** to treasure sth (as if it were gold (AmE) *o* (BrE) gold dust); ***ni por todo el ~ del mundo*** not for all the tea in China (colloq); ***prometer el ~ y el moro*** to promise the earth; ***no es ~ todo lo que reluce*** all that glitters is not gold

O

(Compuestos)
- **oro batido** gold leaf
- **oro blanco/negro** white/black gold

B (en naipes) **1** (carta) *any card of the* **oros** *suit* **2** **oros** *mpl* (palo) *one of the suits in a Spanish pack of cards*

orondo -da *adj* smug, self-satisfied

oropel *m* (latón) imitation gold leaf; (ostentosidad) glitz, glitter; **sus joyas de ~** her glitzy jewels

orquesta *f* orchestra;
(Compuestos)
- **orquesta de cámara/sinfónica** chamber/symphony orchestra
- **orquesta de jazz** jazz band

orquestación *f* orchestration

orquestar [A1] *vt* to orchestrate

orquídea *f* orchid

ortiga *f* (stinging) nettle

ortodoncia *f* orthodontics, orthodontia

ortodoxia *f* orthodoxy

ortodoxo -xa *adj* orthodox

ortografía *f* spelling, orthography (frml); **tiene muy mala ~** her spelling is terrible

ortopedia *f* (especialidad) orthopedics*; (tienda) surgical aids shop

ortopédico -ca *adj* orthopedic*; **pierna ortopédica** artificial leg

ortopedista *mf* orthopedist*

oruga *f* (Zool) caterpillar; (Auto) caterpillar *o* crawler track

orzuela *f* (Méx): **tengo ~** I've got split ends

orzuelo *m* sty*

os *pron pers* (Esp) **1** (complemento directo, indirecto) you; **~ veo mañana** I'll see you tomorrow; **~ lo prometió** she promised it to you; **~ ha pintado la habitación** he has painted your room for you **2** (*refl*) yourselves; **no ~ engañéis** don't kid yourselves **3** (*recípr*): **creía que ~ conocíais** I thought you knew each other

osadía *f* (valor) (liter) daring, boldness; (descaro) temerity, audacity

osado -da *adj* (liter) daring, bold, audacious

osamenta *f* bones (*pl*); **la ~ de un mamut** the skeleton of a mammoth

osar [A1] *vi* (liter) **~ + INF** to dare to + INF; **no osó decirles la verdad** he dared not tell them the truth (liter)

osario *m* ossuary

oscar /'oskar/ *m* (*pl* **~** *or* **-cars**) Oscar

oscilación *f* (movimiento) oscillation; (fluctuación) fluctuation; **la ~ de los precios** the fluctuation in prices

oscilador *m* oscillator

oscilar [A1] *vi*

A «*péndulo*» to swing, oscillate (tech); «*aguja*» to oscillate; «*torre/columna*» to sway

B (fluctuar): **sus edades oscilaban entre ...** their ages ranged between ...; **la cotización osciló entre $90 y $92** the share price fluctuated between $90 and $92; **oscila entre la depresión y la euforia** he oscillates *o* fluctuates between depression and euphoria

oscilatorio -ria *adj* oscillatory

ósculo *m* (liter) kiss, osculation (frml)

oscurantismo *m* obscurantism

oscuras: **a ~** (*loc adv*) in darkness

oscurecer [E3] *v impers* to get dark

■ **oscurecer** *vt* **1** ‹*habitación/color*› to darken, make ... darker **2** ‹*significado*› to obscure

■ **oscurecerse** *v pron* «*cuero/madera*» to get darker; «*cielo*» to darken, get darker

oscuridad *f*

A (de la noche, de lugar) darkness, dark; **estaba sentada en la ~** she was sitting in the dark *o* in darkness; **le tiene miedo a la ~** he's afraid of the dark; **¡qué ~!** it's so dark in here!;

B (anonimato) obscurity; (de texto, definición) obscurity, obscureness

oscuro -ra *adj*

A **1** ‹*calle/habitación*› dark; **a las seis ya está ~** at six it's already dark; **la oscura y triste celda** the gloomy cell **2** ‹*color/ojos/pelo*› dark; **vestía de ~** she was wearing dark clothes

B **1** ‹*intenciones*› dark; ‹*asunto*› dubious; **su ~ pasado** her murky past **2** (poco claro) ‹*significado/asunto*› obscure **3** (poco conocido) ‹*escritor/orígenes*› obscure

óseo, ósea *adj* ‹*estructura/tejido*› bone (*before n*), osseous (tech); ‹*consistencia*› bony; **fragmentos ~s** fragments of bone

osezno *m* bear cub

osificación *f* ossification

osificarse [A2] *v pron* to ossify, become ossified

ósmosis, osmosis *f* osmosis

oso, osa *m,f* bear; ***hacer el ~*** (Esp fam) (hacer payasadas) to play the fool; (hacer el ridículo) to make a fool of oneself; ***peludo como un ~*** (fam) as hairy as a gorilla

(Compuestos)
- **Osa Mayor/Menor** *f* Great/Little Bear
- **oso de felpa** *or* **peluche** teddy bear
- **oso hormiguero** anteater, ant bear (AmE)
- **oso panda** panda
- **oso pardo** brown bear; (especie norteamericana) grizzly bear
- **oso polar** polar bear

ostensible *adj* obvious, evident

ostentación *f* ostentation; **hacen ~ de su fortuna** they flaunt *o* parade their wealth; **con ~** ostentatiously

ostentar [A1] *vt*

A (frml) (tener) ‹*cargo/título*› to hold; **la empresa ostenta el liderazgo en ...** the company is the market leader in ...

B (exhibir) ‹*alhajas/dinero*› to flaunt

■ **ostentar** *vi* to show off

ostentoso -sa *adj* ostentatious

osteópata *mf* osteopath

osteopatía *f* osteopathy

ostión *m* **1** (Esp) *type of oyster* **2** (CS) scallop **3** (Méx) oyster

ostra *f* oyster; ***aburrirse como una ~*** (fam) to get bored stiff *o* to death (colloq)

(Compuesto) **ostra perlífera** pearl oyster

ostracismo *m* ostracism; **condenar a algn al ~** (Hist) to ostracize sb

osuno -na *adj* bear-like

OTAN /'otan/ *f* (= **Organización del Tratado del Atlántico Norte**) NATO

otario¹ -ria *adj* (RPl arg) gullible

otario² -ria *m,f* (RPl arg) sap (colloq)

otate *m* (Méx) *giant grass used in basket making etc*

otear [A1] *vt* **1** ‹*horizonte/cielo*› to scan **2** (desde lo alto) to look down on *o* over

otero *m* hillock

OTI /'oti/ *f* = **Organización de las Televisiones Iberoamericanas**

otitis *f* inflammation of the ear, otitis (tech)

otoñal *adj* ‹*colores/paisaje*› autumnal, fall (*before n*) (AmE), autumn (*before n*) (BrE); ‹*belleza/amor*› (liter) autumnal

otoño *m* fall (AmE), autumn (BrE); **en ~** in the fall, in (the) autumn; **un bello día de ~** a fine fall *o* autumn day; **en el ~ de la vida** in the autumn of one's life

otorgar [A3] *vt*

A (frml) ‹*premio*› to award; ‹*favor/préstamo*› to grant; ‹*poderes*› to bestow (frml), to give

B (Der) ‹*contrato*› to sign, execute (tech); **otorgó testamento** she drew up *o* made her will

otorrinolaringólogo -ga *m,f* ear, nose and throat *o* ENT specialist, otorhinolaryngologist (tech)

otro¹, otra *adj*

A (con carácter adicional) (*sing*) another; (*pl*) other; (con numerales) another; **¿puedo comer ~ trozo?** can I have another piece?; **necesito ~s dos kilos** I need another two kilos; **prueba otra vez** try again; **una y otra vez** time and time again; *ver* **tanto³ B**

B (diferente) (*sing*) another; (*pl*) other; **¿no sabes ninguna otra canción?** don't you know any other songs?; **no hay otra forma** there's no other way; **probar ~s métodos** to try other methods; **en ~ sitio** somewhere else; **en ~ momento** some other time

C (estableciendo un contraste) other; **queda del ~ lado de la calle** it's on the other side of the street

(Compuestos)
- **otro mundo** *m*: **el ~ ~** the next world; *ver tb* **mundo A**
- **otro yo** *m* alter ego, other self

D **1** (siguiente, contiguo) next; **al ~ día me llamó** she phoned me the following *o* (the) next day **2** **el otro día** the other day

otro², **otra** *pron*

A (con carácter adicional) (*sing*) another (one); **¿quieres ~?** would you like another (one)?; **¡otra!** encore!

B (diferente): **parece otra** she looks like a different person; **no voy a aceptar ningún ~** I won't accept any other; **lo dejó por ~** she left him for another man; **~s piensan que no es así** others feel that this is not so

C (estableciendo un contraste): **la otra es mejor** the other one is better; **los ~s no están listos** (hablando — de personas) the others aren't ready; (— de cosas) the others *o* the other ones aren't ready; **todo lo ~ va aquí** everything else goes in here

D (siguiente, contiguo): **un día sí y ~ no** every other day; **de un día para (el) ~** overnight, from one day to the next; **la semana que viene no, la otra** not next week, the week after; **uno detrás del ~** one after the other

otrora *adv* (liter) once; **el ~ respetado político** the once-respected politician

ovación *f* (frml) ovation

ovacionar [A1] *vt* (frml) to applaud, give … an ovation (frml)

oval *adj*, **ovalado -da** *adj* oval

óvalo *m* oval

ovario *m* ovary

oveja *f* (nombre genérico) sheep; (hembra) ewe; **un nebaño de ~s** a flock of sheep; ***cada ~ con su pareja*** birds of a feather flock together

(Compuestos)
- **oveja descarriada** (Bib): **la ~ descarriada** the lost sheep
- **oveja negra** black sheep

ovejuno -na *adj* sheep (*before n*), ovine (frml)

overol *m* (AmL) (pantalón con peto) overalls (*pl*) (AmE), dungarees (*pl*) (BrE); (con mangas) coveralls (*pl*) (AmE), overalls (*pl*) (BrE)

oviforme *adj* egg-shaped, oviform (frml)

ovillar [A1] *vt* to wind … into a ball

■ **ovillarse** *v pron* to curl up (in a ball)

ovillo *m* ball (*of yarn*); ***hacerse un ~*** to curl up (in a ball)

ovino -na *adj* sheep (*before n*), ovine

ovíparo -ra *adj* oviparous

ovni, OVNI /'oβni/ *m* (**= objeto volador** *or* **volante no identificado**) UFO

ovoide *adj/m* ovoid

ovulación *f* ovulation

ovular [A1] *vi* to ovulate

óvulo *m* (Biol) ovule; (Farm) pessary

oxidación *f* (del hierro) rusting, oxidation (tech); (de otros elementos) oxidation

oxidado -da *adj* rusty

oxidar [A1] *vt* ‹*hierro*› to rust, oxidize (tech); ‹*cobre*› to oxidize

■ **oxidarse** *v pron* «*hierro*» to rust, go rusty, oxidize (tech); «*cobre*» to oxidize, form a patina

óxido *m*; (herrumbre) rust; (Quím) oxide

oxigenación *f* oxygenation

oxigenar [A1] *vt* **1** (Quím) to oxygenate **2** ‹*pelo*› to bleach

■ **oxigenarse** *v pron* to get a breath of air, get some fresh air

oxígeno *m* oxygen

oye, etc *see* **oír**

oyente *mf* **1** (Educ) occasional student, auditor (AmE); **voy de ~ a sus clases** I sit in on her classes **2** (Rad) listener

oyera, oyese, etc *see* **oír**

ozono *m* ozone; **la capa de ~** the ozone layer

ozonosfera *f* ozonosphere

O

Pp

P, p *f* (*read as* /pe/) *the letter* **P, p**

p. *f* (= **página**) p, page

P. *m* (= **Padre**) Fr, Father

pa' *prep: form often used instead of* **para** *in colloquial or rustic speech*

p.a. (= **por autorización**) pp

pabellón *m*

A **1** (en hospital, cuartel) block, building; (en feria, exposición) pavilion; (de palacio) pavilion; (en jardín) summerhouse **2** (de instrumento de viento) bell

(Compuestos)

- **pabellón auricular** *or* **de la oreja** outer ear
- **pabellón de caza** hunting lodge
- **pabellón deportivo** *or* **de deportes** sports hall

B (frml) (bandera) flag

(Compuesto) **pabellón de conveniencia** flag of convenience

pabilo *m* (de vela) wick

pábulo *m* (liter) fuel; ***dar ~ a algo*** to fuel sth

paca *f*

A (Zool) paca

B (fardo) bale

pacana *f* pecan

pácatelas *interj* (Méx fam) crash!

pacatería *f* prudishness

pacato -ta *adj* prudish, prim

paceño¹ -ña *adj* of/from La Paz

paceño² -ña *m,f* person from La Paz

pacer [E3] *vi/vt* to graze

pacha *f* (AmC) baby's bottle

pachá *m* pasha; ***vivir como un ~*** to live like a lord *o* king

pachanga *f* (esp AmL fam) ▸**parranda**

pachanguero -ra *adj* (esp AmL fam) ▸**parrandero**

pacharán *m*: *type of sloe gin*

pacheco -ca *m,f* (Méx fam) junkie (colloq), dopehead (AmE sl)

pachocha *f* (Per fam) sluggishness, slowness

pachón -chona *adj* (Méx) ‹*suéter*› chunky; ‹*perro*› wooly*

pachorra *f* (fam) sluggishness, slowness

pachucho -cha *adj* [ESTAR] (Esp fam) ‹*persona*› poorly (colloq); ‹*fruta*› overripe

pachuco¹ -ca *adj* (Méx fam) flashily-dressed

pachuco² -ca *m,f* (Méx) *young Mexican influenced by US culture*

pachulí, pachuli *m* patchouli

paciencia *f* patience; **ten ~** be patient, have a little patience; **¡~, otra vez será!** oh well *o* never mind, maybe next time; **perder la ~** to lose patience; **se me acabó** *or* **agotó la ~** my patience ran out; ***tener más ~ que Job*** *or* ***que un santo*** to have the patience of Job *o* of a saint

paciente¹ *adj*

A (tolerante) patient

B (Ling) passive

paciente² *mf* patient

pacienzudo -da *adj* ‹*persona*› extremely patient; ‹*trabajo/labor*› painstaking

pacificación *f* pacification

pacificador¹ -dora *adj* peace (*before n*); **medidas ~as** measures designed to bring about peace

pacificador² -dora *m,f* peacemaker

pacíficamente *adv* peacefully, peaceably

pacificar [A2] *vt* (Mil) to pacify (frml); (calmar) to pacify, appease; **~ los ánimos** to calm people down

■ **pacificarse** *v pron* «*viento*» to abate; «*mar*» to become calm

pacífico -ca *adj* **1** ‹*manifestación/medios*› peaceful, pacific (frml); **por la vía pacífica** by peaceful means **2** ‹*carácter/persona*› peace-loving, peaceable; ‹*animal*› peaceful

Pacífico *m*: **el (océano) ~** the Pacific (Ocean)

pacifismo *m* pacifism

pacifista *adj/mf* pacifist

paco -ca *m,f* (Andes fam) cop (colloq)

pacota *f* (Méx) ▸**pacotilla**

pacotilla *f* trash; **de ~** ‹*escritor*› second-rate; ‹*novela*› trashy, second-rate; ‹*reloj*› cheap, shoddy; **dictadores de ~** tinpot dictators (colloq)

pacotillero -ra *m,f* (vendedor) street vendor (*gen selling shoddy goods*)

pactar [A1] *vt* ‹*paz/tregua*› to negotiate, agree terms for; ‹*plazo/indemnización*› to agree on

■ **pactar** *vi* to make a pact, negotiate an agreement

pacto *m* pact, agreement; **cumplir/romper un ~** to abide by the terms of/to break an agreement; ***hacer un ~ con el diablo*** to make a pact with the devil

(Compuestos)

- **Pacto Andino** Andean Pact (*agreement on economic cooperation between Andean countries*)
- **pacto de no agresión** non-aggression pact
- **Pacto de Varsovia** Warsaw Pact
- **pacto social** social contract
- **pacto de estabilidad** (en UE) stability pact

padecer [E3] *vt* ‹*enfermedad/hambre*› to suffer from; ‹*desgracias/injusticias/privaciones*› to suffer, undergo

■ **padecer** *vi* to suffer; **~ DE algo** to suffer FROM sth; **padecía de los nervios** I had trouble with my nerves; **padece del corazón** he has heart trouble

padecimiento *m* suffering

pádel *m* (RPl) paddle tennis

padrastro *m*

A (pariente) stepfather

B (Anat) hangnail

padre¹ *adj* **1** (fam) (grande) terrible (colloq); **me di** *or* **me llevé un susto ~** I got a hell of a fright (colloq); **un escándalo ~** an almighty *o* a terrible fuss **2** [ESTAR] (Méx fam) ‹*coche/persona*› great (colloq), fantastic; **¡qué ~!** great!

padre² *m*

A (pariente) father; **mis ~s** my parents; ***de ~ y (muy) señor mío*** terrible (colloq); ***no tener ~ ni madre, ni perrito que le ladre*** to be all alone in the world

(Compuestos)

- **padre de familia** father, family man
- **padre de la patria** (Hist) hero of the nation; **los ~s de la ~** (fundadores) the founding fathers, the founders of the nation

B (Relig) (sacerdote) father; **el ~ Miguel** Father Miguel

P

(Compuesto) **padre espiritual** confessor
C **Padre** (Dios): **el P~** the Father; **Dios P~** God the Father
padrenuestro *m* Lord's Prayer; ***en menos que se reza un ~*** in no time at all
padrillo *m* (AmS) stallion
padrino *m* **1** (en bautizo) godfather; (de boda) *man who gives away the bride, usually her father* **2** (en duelo) second **3** (protector) sponsor, patron; **para conseguirlo hace falta tener ~s** to achieve it you need to know the right people
padrón *m*
A (Gob, Pol) register
(Compuesto) **padrón electoral** (AmL) electoral roll *o* register
B (AmL) (Equ) stallion
C (Chi) (Auto) registration documents (*pl*)
padrote *m* (Méx fam & pey) pimp
paella *f* paella
paellada *f*: *meal of paella*; **me convidaron a una ~** they invited me round to eat paella
paellera *f* paella dish *o* pan
paf *m* splat!, wham!
pág. *f* (= **página**) p.; **760 págs.** 760 pp.
paga *f* **1** (acción de pagar) payment **2** (sueldo) pay; **¿qué tal es la ~?** what's the pay like?
(Compuestos)
- **paga de Navidad** *extra month's salary paid at Christmas*
- **paga extra** *or* **extraordinaria** *extra month's salary gen paid twice a year*

pagadero -ra *adj* payable; **~ en cuotas mensuales** to be paid in monthly installments
pagado -da *adj*: **~ de sí mismo** full of oneself, smug
pagador¹ -dora *adj*: **la entidad ~a** the payer
pagador² -dora *m,f* **1** payer; **es mal ~** he's a bad payer **2** (Mil) paymaster
pagaduría *f* cashier's office, accounts office
paganini *mf* (fam & hum): **el ~ siempre soy yo** I always end up footing the bill
paganismo *m* paganism
paganizar [A4] *vt* to secularize
■ **paganizarse** *v pron* to lose its religious significance, become secularized
pagano¹ -na *adj* pagan; (pey) heathen
pagano² -na *m,f* pagan, non-believer; (pey) heathen
pagar [A3] *vt* **1** (abonar) ‹*cuenta/alquiler*› to pay; ‹*deuda*› to pay (off), repay; ‹*comida/entradas/mercancías*› to pay for; **¿cuánto pagas de alquiler?** how much rent do you pay?; **me pagan los estudios** they are paying for my education; **no puedo ~ tanto** I can't afford (to pay) that much; ***ni que me/le paguen*** not even if you paid me/him; **~ algo POR algo** to pay sth FOR sth **2** ‹*favor/desvelos*› to repay; **¡que Dios se lo pague!** God bless you! **3** (expiar) ‹*delito/atrevimiento*› to pay for; **~ algo CON algo** to pay FOR sth WITH sth; **lo pagó con su vida** he paid for it with his life; ***el que la hace la paga*** you've made your bed and now you'll have to lie in it; ***¡me las vas a ~!*** *or* ***¡ya me las ~ás!*** you'll pay for this!
■ **pagar** *vi* **1** (Com, Fin) to pay; **pagan bien** they pay well, the pay's good **2** (corresponder) to repay; ***~le a algn con la misma moneda*** to pay sb back in their own coin *o* in kind **3** (Col fam) (rendir, compensar) to pay; **el negocio no paga** the business doesn't pay; **no paga pintar estas paredes** it's not worth painting these walls
pagaré *m* promissory note, IOU
página *f*
A (de libro) page; **los ejercicios de la ~ cinco** the exercises on page five; **en la ~ siguiente** on the next page, overleaf
(Compuesto) **páginas amarillas** yellow pages
B (episodio) chapter
paginación *f* pagination
paginar [A1] *vt* to number, paginate (tech)
pago¹ -ga *adj* [ESTAR] **1** ‹*cuenta*› paid; ‹*pedido/mercancías*› paid for **2** (RPl) ‹*empleado*› paid
pago² *m*
A **1** (Com, Fin) payment; **~ adelantado** *or* **anticipado** payment in advance; **~ inicial** down payment; **~ al contado/a plazos/en especie** payment in cash/by installments/in kind; **~ a cuenta** payment on account; **atrasarse en el ~ del alquiler** to get behind with the rent **2** (recompensa) reward; **en ~ a algo** as a reward for sth
(Compuesto) **pago contra entrega** cash on delivery, COD
B (fam) (lugar, región) *tb* **~s**: **¿qué haces tú por estos ~s?** what are you doing in this neck of the woods *o* in these parts (colloq); **fue a morir a su(s) ~(s)** (CS) he went back home to die
pagoda *f* pagoda
pai *m* (AmC, Méx) pie
(Compuesto) **pai de queso** (AmC, Méx) cheesecake
paila *f* **1** (sartén) large copper frying pan **2** (Chi) (plato) dish; ***irse a las ~s*** (Chi fam) to come to grief (colloq)
país *m* **1** (unidad política) country; **los ~es miembros** the member countries **2** (ciudadanos) nation **3** (en ficción) land; **en un ~ lejano** in a distant *o* faraway land; **el ~ de las maravillas** wonderland; **ciego²**
(Compuestos)
- **País de Gales** *m*: **el ~ ~ ~** Wales
- **país de origen** (de persona) home country, native land; (de producto) country of origin
- **Países Bajos** *mpl*: **los ~ ~** (país) the Netherlands; (región) (Geog, Hist) the Low Countries
- **país natal** native country
- **país satélite** satellite (nation)
- **País Vasco** *m* Basque Country

paisaje *m* **1** (panorama) landscape, scenery; **la belleza del ~ asturiano** the beauty of the Asturian countryside *o* landscape; **el ~ es agreste/boscoso** it is a rugged/wooded landscape **2** (Art) landscape
paisajismo *m* (Art) landscape painting; (en jardinería) landscape gardening
paisajista *mf* (Art) landscape painter; (en jardinería) landscape gardener
paisajístico -ca *adj* landscape (*before n*)
paisanada *f* (RPl fam): **la ~** the country folk (*pl*), the peasants (*pl*)
paisanaje *m* (de la misma zona, ciudad) common origin; (campesinos) peasantry
paisano¹ -na *adj* from the same country (*o* area *etc*); **somos ~s** (compatriotas) we're fellow countrymen; (de la misma zona, ciudad) we're from the same area/place
paisano² -na *m,f*
A **1** (compatriota) (*m*) fellow countryman, compatriot; (*f*) fellow countrywoman, compatriot **2** (de la misma zona, ciudad): **es un ~ mío** he's from the same area/place as I am
B (Indum): **ir/vestir de ~** «*soldado*» to be in/to wear civilian clothes *o* (colloq) civvies; «*policía*» to be in/to wear plain clothes; «*sacerdote*» to be in/to wear secular dress
C **1** (Chi) (árabe) Arab **2** (Per) *mountain-dweller of Indian origin* **3** (RPl) peasant
paja¹ *adj* (Per fam) great (colloq)
paja² *f*
A (Agr, Bot) straw; **sombrero de ~** straw hat; **techo de ~** thatched roof; ***hacerse*** *o* (Chi, Per) ***correrse una*** *or* ***la ~*** (vulg) to jerk off (vulg), to wank (BrE vulg); ***hacerse ~s mentales*** (vulg) to indulge in mental masturbation; ***tener (el) rabo*** (Col, Ven) *or* (RPl) ***(la) cola de ~*** to have a guilty conscience; ***ver la ~ en el ojo ajeno y no la viga en el propio*** to see the mote in one's neighbor's eye and not the beam in one's own
B (para beber) *tb* **pajita** (drinking) straw
C **1** (fam) (en texto, discurso) padding, waffle (BrE colloq) **2** (Col fam): **hablar** *or* **echar ~** (decir mentiras) to tell lies; (charlar) to chat, gab (colloq)
D (AmC) (grifo) faucet (AmE), tap (BrE)
pajar *m* (granero) barn; (desván) hayloft
pájara *f*
A (fam & pey) (mujer astuta) crafty woman, scheming bitch (sl & pej)
B (fam) (decaimiento brusco) collapse
pajarearse [A1] *v pron* (Per fam) to goof (colloq), to boob (BrE colloq)

P

pajarera *f* (jaula) aviary

pajarería *f* 1 (tienda) pet shop (*specializing in birds*) 2 (bandada) flock of birds

pajarero -ra *m,f* (criador) bird breeder; (vendedor) bird dealer; (cazador) bird hunter *o* trapper

pajarita *f* 1 *tb* ~ **de papel** origami bird 2 (Esp) (Indum) bow tie

pajarito *m* (cría) baby bird; (pájaro) (fam) little bird, birdie (colloq); ***comer como un*** ~ to eat like a bird; ***me lo dijo un*** ~ (fam) a little bird told me (colloq)

pájaro *m*

A (Zool) bird; ***matar dos ~s de un tiro*** to kill two birds with one stone; ***ser ~ de mal agüero*** to be a prophet of doom *o* a Jeremiah; ***tener ~s en la cabeza*** (fam) to be scatterbrained (colloq); ***más vale ~ en mano que cien*** *or* ***ciento volando*** a bird in the hand is worth two in the bush

Compuestos
- **pájaro bobo** penguin
- **pájaro carpintero** woodpecker
- **pájaro mosca** hummingbird

B (fam) (granuja) nasty piece of work (colloq); ***ser un ~ de cuenta*** (fam) to be a nasty piece of work (colloq)

C (Col) (Hist) (asesino) hired killer (*in the pay of landowners*)

pajarón -rona *adj*

A (CS fam) (tonto) silly

B (Chi fam) (distraído) scatterbrained

pajarraco *m* (fam) 1 (Zool) big, ugly bird 2 (granuja) rogue

paje *m* 1 (Hist) page; **corte de pelo a lo** ~ pageboy haircut 2 (en boda) page (boy)

pajita, pajilla *f* (drinking) straw

pajizo -za *adj* straw-colored•

pajonal *m* (AmL) scrubland

pajuerano -na *m,f* (RPl fam) country bumpkin, hick (AmE colloq)

Pakistán *m* Pakistan

pakistaní *adj/mf* Pakistani

PAL *m* /pal/ PAL

pala *f*

A (para cavar) spade; (para mover arena, carbón) shovel; (para recoger la basura) dustpan

Compuesto **pala mecánica** power shovel

B (Coc) (para servir — pescado) slotted spatula (AmE), fish slice (BrE); (— tarta) cake slice

C 1 (para golpear alfombras) carpet beater 2 (de frontenis) racket; (de ping-pong) paddle, bat (BrE); (en piragüismo) paddle

D 1 (de remo, hélice) blade 2 (de zapato) upper, vamp; (de corbata) apron; **corbata de ~ ancha** wide tie

palabra *f*

A (vocablo) word; **una ~ de seis letras** a six-letter word; **en toda la extensión de la ~** in every sense of the word; **no son más que ~s** it's all talk; **en pocas ~s, es un cobarde** in a word, he's a coward; **~ por ~** word for word; **yo no sabía ni una ~ del asunto** I didn't know a thing *o* anything about it; **no entendí (ni) una ~** I didn't understand a (single) word; **sin decir (una) ~** without a word; ***comerse las ~s*** to gabble; ***con (muy) buenas ~s*** in the nicest possible way; ***decirle a algn cuatro ~s bien dichas*** to tell sb a few home truths; ***eso ya son ~s mayores*** (refiriéndose — a insulto, acusación) those are strong words; (— a propuesta excesiva) that's taking things too far; ***quitarle las ~s de la boca a algn*** to take the words right out of sb's mouth; ***tener la última ~*** to have the final say; ***tener unas ~s con algn*** to have words with sb (colloq); ***a ~s necias oídos sordos*** take no notice of the stupid things people say; ***las ~s se las lleva el viento*** actions speak louder than words

Compuestos
- **palabra clave** key word
- **palabra compuesta** compound word
- **palabra funcional** *or* **vacía** function word
- **palabras cruzadas** *fpl* (CS) crossword (puzzle)

B (promesa) word; **una mujer de ~** a woman of her word; **cumplió con su ~** she kept her word; **nunca falta a su ~** he never breaks *o* goes back on his word; **se lo devolví ¡~!** I gave it back to her, honest! (colloq); ***cobrarle la ~ a algn*** (Chi fam) to hold sb to his/her word (colloq); ***tomarle la ~ a algn***: **le tomé la ~ y le pedí un préstamo** I took him up on his offer and asked for a loan

Compuesto **palabra de honor** word of honor•

C 1 (habla) speech; **el don de la ~** the gift of speech; **un acuerdo de ~** a verbal agreement; **no me dirigió la ~** she didn't speak to me; ***dejar a algn con la ~ en la boca***: **me dejó con la ~ en la boca** (me interrumpió) he cut me off in mid-sentence; (no me dejó hablar) he didn't give me a chance to open my mouth 2 (frml) (en ceremonia, asamblea): **pedir la ~** to ask for permission to speak; **pido la ~** may I say something?, I'd like to say something; **tener/tomar la ~** to have/to take the floor (frml); **ceder(le) la ~ a algn** to give the floor to sb (frml), to call upon sb to speak

palabrear [A1] *vt* (Chi fam) 1 ‹*asunto/negocio*› to have a chat about (colloq) 2 ‹*persona*› to work on (colloq) 3 (concertar) to agree on 4 ‹*mujer*› to promise to marry

palabrería *f*, **palabrerío** *m* talk; **no dice más que ~** he's full of hot air (colloq)

palabrero -ra *m,f* (fam) gasbag (colloq), windbag (colloq)

palabrota *f* (fam) swearword; **decir ~s** to swear

palacete *m* (palacio) small palace; (casa lujosa) (fam) mansion

palaciego -ga *adj* (de palacio) palace (*before n*), court (*before n*); (magnífico) palatial

palacio *m* 1 (residencia) palace; **el personal de ~** the Royal Household; **ir a ~** to go to the (Royal) Palace 2 (edificio público) *large public building*

Compuestos
- **Palacio de Justicia** lawcourts (*pl*)
- **Palacio Episcopal** Bishop's Palace
- **Palacio Real** Royal Palace

(Palacio de) la Moncloa

The Spanish prime minister's official residence, in Madrid

(Palacio de) la Moneda

The Chilean presidential palace, in the capital, Santiago

palada *f* (con pala) spadeful, shovelful; (con remo) stroke

paladar *m* 1 (Anat) palate; (gusto) palate; **para ~es exigentes** for those with a discerning palate 2 (Vin): **tener buen ~** «*licor*» to be very smooth on the palate

paladear [A1] *vt* to savor•

paladeo *m* tasting

paladín *m* (Hist) paladin; (defensor) champion

palafrén *m* palfrey

palanca *f*

A 1 (para levantar, mover algo) lever; (para forzar, abrir algo) crowbar; **es más fácil levantarlo haciendo ~** it's easier to lift it using a lever; **abrir algo haciendo ~** ‹*baúl/ventana*› to lever sth open; ‹*tarro/lata*› to pry sth open 2 (de control) lever

Compuestos
- **palanca de cambios** gearshift (AmE), gear lever *o* stick (BrE)
- **palanca de mando** joystick

B (fam) 1 (influencia) influence; **hay que tener ~** you have to be able to pull a few strings (colloq) 2 (persona influyente) influential person, contact

palangana¹ *f* 1 (para fregar) bowl 2 (jofaina) washbowl (AmE), washbasin (BrE) 3 (Col) (fuente) serving dish

palangana² *mf* (fam) 1 (Andes) (fanfarrón) loudmouth (colloq), show-off 2 (RPl) (tonto) idiot

palanganear [A1] *vi* (Andes fam) to show off

palanquear [A1] *vt*

A (AmL) ▸ **apalancar**

B (AmL fam) (usando influencias): **le ~on un puesto** they pulled some strings to get him a job (colloq)

■ **palanquear** *vi* (AmL fam) to pull strings (colloq)

palanqueta *f* (palanca) jimmy (AmE), jemmy (BrE)

palapa *f* (Méx) palm shelter

palatal *adj/f* palatal

palatino -na *adj*

A (de palacio) court (*before n*), palace (*before n*); (Hist) palatine

B (del paladar) palatal

P

palco *m* box

(Compuestos)
- **palco de autoridades** *or* **de honor** ≈ royal box, (*box for distinguished guests*)
- **palco de platea/de proscenio** ground-floor/ stage box

palear [A1] *vt*
A ‹*tierra*› to shovel; ‹*piragua*› to paddle
B (AmL) (robar) to swipe (colloq), to lift (colloq)
■ **palear** *vi* to paddle

palenque *m*
A (valla) fence, stockade
B (RPl) (poste) tethering post
C (Méx) **1** (fiesta popular) festival (*with cockfights, music, etc*) **2** (para gallos) cockpit

paleografía *f* paleography

paleolítico *adj* paleolithic

paleontología *f* paleontology

paleontólogo -ga *m,f* paleontologist

Palestina *f* Palestine

palestino -na *adj/m,f* Palestinian

palestra *f* (Hist) arena; **la ~ política** the political arena; ***salir a la ~*** to join the fray; ***saltar a la ~*** to come to the fore, hit the headlines

paleta *f*
A **1** (de pintor) palette **2** (de cocina) spatula **3** (de albañil) trowel **4** (Dep) (de ping-pong) paddle, bat (BrE)
B (fam) (diente) front tooth
C (Coc) shoulder; (Anat, Zool) (Andes) shoulder blade
D (Tec) (de noria) paddle, blade; (de ventilador) vane, blade
E (AmL) (Jueg) beach tennis
F **1** (Andes, Méx) (helado) Popsicle® (AmE), ice lolly (BrE) **2** (Méx) (dulce) lollipop

paletada *f* (de cemento) trowelful

paletilla *f* **1** (Anat, Zool) shoulder blade **2** (Coc) shoulder

paleto[1] **-ta** *adj* (Esp fam): **no seas ~** don't be such a yokel (colloq)

paleto[2] **-ta** *m,f* (Esp fam) country bumpkin, hick (AmE colloq & pej)

paletó *m* (Chi) (man's) jacket

paliacate *m* (Méx) brightly colored* scarf

paliar [A1] *or* [A17] *vt* ‹*dolor*› to ease, alleviate; ‹*efectos*› to mitigate, lessen

paliativo[1] **-va** *adj* palliative

paliativo[2] *m* **1** (Fin, Med, Pol) palliative (measure) **2** **sin ~s** (*loc adj*) inexcusable; (*loc adv*) unreservedly; **comportamiento sin ~s** inexcusable behavior; **lo condenó sin ~s** he roundly *o* unreservedly condemned it

palidecer [E3] *vi* **1** «*persona*» to turn *o* go pale **2** (liter) (eclipsarse) to pale (liter)

palidez *f* paleness

pálido -da *adj* ‹*persona/luz/color*› pale; **estás ~** you're very pale; **se puso ~** he went pale; **a la pálida luz de la luna** (liter) by the pale light of the moon (liter)

paliducho -cha *adj* (fam) pale, peaky (colloq)

palillo *m*
A **1** (mondadientes) *tb* **~ de dientes** toothpick; **tiene las piernas como ~s** her legs are like matchsticks; ***estar como un*** *or* ***hecho un ~*** (fam) to be as thin as a rake **2** (fam) (persona flaca): **es un ~** he's as thin as a rake **3** (para comida oriental) chopstick
B **1** (de tambor) drumstick **2** **palillos** *mpl* (castañuelas) castanets (*pl*)
C (Chi) (para tejer) knitting needle

palinodia *f* palinode (liter), public recantation; ***cantar la ~*** to make a public recantation

palio *m* **1** (dosel) canopy; ***recibir a algn bajo ~*** to give sb a royal welcome **2** (prenda) pallium

palisandro *m* rosewood

palista *mf* canoeist

palito *m*
A (palo) small stick (*o* post *etc*)
B (RPl) (helado) Popsicle® (AmE), ice lolly (BrE)

palitroque *m* (bolo) skittle; (juego) skittles; (local) skittle alley

paliza *f*
A **1** (zurra) hiding, beating; **su padre le dio una buena ~** his father gave him a good hiding; **los matones le pegaron una ~** the thugs beat him up **2** (fam) (derrota) thrashing (colloq); **al Danubio le dieron una ~ en casa** Danubio were hammered *o* thrashed at home (colloq)
B (fam) **1** (esfuerzo): **fue una ~ de viaje** the journey was a real killer; **¡qué ~ tener que ir hasta allá!** what a trek having to go all the way over there! (colloq); ***darse la ~*** (fam) (trabajando, estudiando) to work one's butt off (AmE colloq), to slog one's guts out (BrE colloq) **2** (aburrimiento) drag (colloq)

palizada *f* (valla) palisade; (terreno) fenced enclosure

palla *f* (Per fam) mistress

pallar *m* (Per) (Bot, Coc) butter bean

pallasa *f* (CS) straw mattress, palliasse

palma *f*
A (de la mano) palm; ***conocer algo como la ~ de la mano*** to know sth like the back of one's hand; ***untarle la ~ a algn*** to grease sb's palm
B **1** (Bot) (planta) palm; (hoja) palm leaf **2** (gloria, triunfo) distinction; ***llevarse la ~*** (ser el mejor) to be outstanding; (ser el colmo) to take the cake (colloq)

(Compuesto) **palma de coco** (Col) coconut palm

C **palmas** *fpl*: **dar** *or* **batir ~s** (aplaudir) to clap (one's hands), applaud; **tocar las ~s** (marcando el ritmo) to clap in time

palmada *f* **1** (golpecito amistoso) pat; **le dio una ~ en la espalda** he gave him a pat on the back; **me dio unas palmaditas en la mejilla** he patted me on the cheek **2** (para llamar la atención) clap; **dio unas ~s para pedir silencio** he clapped his hands for silence **3** (AmL) (golpe, azote) smack, slap

palmado *adj* **1** (AmC fam) (sin dinero) broke (colloq) **2** (Arg fam) (cansado) worn out (colloq)

palmar[1] *m* palm grove

palmar[2] [A1] *vt* (Esp, Méx fam): **~la** to snuff it (colloq), to kick the bucket (colloq)

palmarés *m* (historial) record, list of achievements; (lista) list of winners/champions

palmatoria *f* candlestick

palmeado -da *adj* ‹*pata*› webbed; ‹*hoja/raíz*› palmate (*before n*)

palmear [A1] *vt* to slap … on the back

palmera *f* **1** (Bot) palm tree **2** (Coc) palmier

palmeral *m* palm grove

palmero -ra *m,f* palm farmer

palmeta *f* cane

palmípedo[1] **-da** *adj* webfooted

palmípedo[2] **-da** *m,f* webfoot

palmista *mf* palmist

palmito *m* (planta) European fan palm, palmetto; (tallo) palm heart

palmo *m* span, handspan; **casi un ~** several inches; ***conocer algo ~ a ~*** to know sth like the back of one's hand; ***dejar a algn con un ~ de narices*** (fam) to take the wind out of sb's sails (colloq)

palmotear [A1] *vi* to clap (one's hands)
■ **palmotear** *vt* to slap … on the back

palmoteo *m* clapping

palo *m*
A **1** (trozo de madera) stick; (de valla, portería) post; (de herramienta) handle; (de telégrafos) pole; (de tienda, carpa) tent pole; **~ de escoba** broomstick, broomhandle; **clavar un ~ en la tierra** to drive a stake into the ground; ***(flaco) como un ~*** (fam) as thin as a rake *o* rail; ***más tieso que un ~*** as stiff as a board; ***de tal ~, tal astilla*** a chip off the old block, like father like son (*o* like mother like daughter *etc*) **2** (AmC, Col fam) (árbol) tree **3** (Dep) (de golf) (golf) club; (de hockey) hockey stick **4** (Náut) mast; ***a ~ seco*** (fam): **se lo comió a ~ seco** she ate it on its own; **me lo dijo a ~ seco** she told me outright **5** **palos** *mpl* (Equ) rails (*pl*)

(Compuestos)
- **palo de amasar** (RPl) rolling pin
- **palo de mayo** (AmC) *style of music and dance from the Atlantic coast*
- **palo grueso** (Chi fam) fat cat (colloq)

- **palo mayor** mainmast

B (madera) wood; ***no está el ~ para cucharas*** (Col fam) the time isn't right

(Compuestos)
- **palo de rosa** rosewood
- **palo dulce** licorice•

C (Impr) (de la b, d) ascender; (de la p, q) descender

D **1** (fam) (golpe) blow (with a stick); **lo molieron a ~s** they beat him till he was black and blue; ***dar ~s de ciego*** (al pelear) to lash *o* strike out blindly; (al resolver un problema) to grope in the dark; ***ni a ~(s)*** (AmS) no way; ***~s porque bogas, ~s porque no bogas*** you can't win **2** (fam) (revés, daño) blow **3** (fam) (en cuestiones de dinero): **darle** *or* **pegarle un ~ a algn** to rip sb off (colloq)

E (en naipes) suit; **seguir el ~** to follow suit

F (AmL arg) (millón) million pesos (*o* soles *etc*)

G (Ven fam) (trago) drink

H (Col, Ven fam) (de agua): **cayó un ~ de agua** it poured (with rain), it poured down

paloma *f* (Zool) pigeon; (blanca) dove; (como símbolo) dove

(Compuestos)
- **paloma de la paz** dove of peace
- **paloma mensajera** carrier pigeon
- **paloma torcaz** *or* **torcaza** ringdove, wood pigeon (BrE)

palomar *m* dovecot, pigeon loft

palomear [A1] *vt* (Per fam) to shoot … dead, blow … away (sl)

palomero -ra *m,f* (Col fam) goalhanger (colloq)

palomilla[1] *adj* (Andes fam) ‹*niño/muchacho*› (callejero) street (*before n*); (travieso) naughty

palomilla[2] *f*

A (mariposa nocturna) moth; (crisálida) chrysalis

B (tuerca) wing nut, butterfly nut; (soporte) wall bracket

C (Méx fam) (pandilla, grupo) gang

palomilla[3] *mf* (Andes fam) (muchacho — callejero) street kid (colloq); (— travieso) little monkey (colloq), little devil (colloq)

palomino *m* **1** (Zool) young pigeon, young dove **2** (fam) (joven inexperto) upstart, pipsqueak (colloq) **3** (AmL) (caballo) palomino

palomita *f*

A **1** (bebida) anisette and water **2** (Dep) full-length dive **3** **palomitas** *fpl*: *tb* **~s de maíz** popcorn

B (Méx fam) (marca) check (AmE), tick (BrE)

palomo *m* (ave) cock pigeon

palote *m*

A (en caligrafía) line, stroke

B (RPl) (de amasar) rolling pin

palpable *adj* (claro, evidente) palpable (frml), obvious; (al tacto) palpable, tangible

palpar [A1] *vt* (Med) to palpate; (tantear) to touch, feel; **se palpa el temor del pueblo** you can feel/sense people's fear; ***~ de armas*** (RPl) to frisk (*for weapons*)

palpitación *f* palpitation

palpitante *adj* **1** ‹*corazón*› beating (*before n*); ‹*vena/sien*› throbbing (*before n*); **con el corazón ~ de alegría** her heart pounding with joy **2** ‹*tema*› burning (*before n*); **de ~ actualidad** (period) highly topical

palpitar [A1] *vi*

A **1** ‹‹*corazón*›› to beat; **le palpitaba el corazón con fuerza al verlo** her heart pounded when she saw him **2** ‹‹*vena/sien*›› to throb

B (RPl fam) (parecer) (+ *me/te/le etc*): **me palpita que va a llover** I have a feeling it's going to rain

■ **palpitarse** *v pron* (AmS fam): **eso ya me lo palpitaba yo** I had a hunch *o* a feeling that would happen (colloq)

pálpito *m* (AmS fam) feeling (colloq); **me dio el** *or* **tuve un ~** I had a feeling *o* a hunch

palta *f*

A (Bol, CS, Per) (Bot, Coc) avocado (pear)

B (Per fam) (equivocación) gaffe, blunder

palteado -da *adj* (Per fam) down (colloq), low (colloq)

paltearse [A1] *v pron* (Per fam) to goof (colloq), to mess up (AmE colloq)

palto *m* (Bol, CS, Per) avocado tree

paltó *m* (Chi) (man's) jacket

palúdico *adj* **1** (Med) malarial; **fiebre palúdica** malaria, marsh fever **2** (de los pantanos) marsh (*before n*)

paludismo *m* malaria

palurdo[1] **-da** *adj* (fam) boorish, uncouth

palurdo[2] **-da** *m,f* (fam) boor

palustre *m* trowel

pamela *f* picture hat

pamento *m* (RPl fam) fuss

pampa *f* pampa, pampas (*pl*); **la ~ argentina** the Argentinian Pampas; ***quedar(se) en ~ y la vía*** (RPl) to be cleaned out (colloq)

(Compuestos)
- **pampa húmeda/seca** humid/arid pampas (*pl*)
- **pampa salitrera** *region of nitrate deposits in northern Chile*

pámpana *f* vine leaf

pámpano *m* (zarcillo) tendril; (racimo) *small bunch of grapes*

pampeano -na *adj* pampas (*before n*)

pampero[1] **-ra** *adj* pampas (*before n*)

pampero[2] *m* cold South wind

pampino -na *m,f* inhabitant of the **pampa salitrera**

pamplinas *fpl* (fam) **1** (zalamerías) sweet talk (colloq); **no me vengas con ~** don't try to sweet-talk me (colloq) **2** (tonterías) nonsense

pamplinero -ra *m,f* (fam) **1** (zalamero) sweet-talker (colloq) **2** (tonto): **es un ~** he's full of nonsense

pan *m*

A (Coc) bread; (pieza) loaf; (panecillo) roll; **un ~ de medio kilo** a loaf of bread (*weighing half a kilo*); **una rebanada de ~** a slice of bread; ***con su ~ se lo coma*** (colloq) it's his/her tough luck (colloq); ***contigo ~ y cebolla*** you're all I need, all I need is you; ***dame ~ y dime tonto*** I don't care what people say as long as I get what I want; ***el ~ nuestro de cada día*** (Relig) our daily bread; **eso se ha convertido en el ~ nuestro de cada día** that's become an everyday occurrence; ***ganarse el ~*** to earn one's daily bread; ***llamar al ~, ~ y al vino, vino*** to call a spade a spade; ***quitarle el ~ de la boca a algn*** to take the food out of sb's mouth; ***ser ~ comido*** (fam) to be a piece of cake (colloq); ***ser un ~ bendito*** *or* ***más bueno que el ~*** *or* (AmS) ***más bueno que un ~ de Dios*** to be very good; **ese niño es más bueno que el ~** that child is as good as gold; ***venderse como ~ caliente*** to sell *o* go like hotcakes; ***no sólo de ~ vive el hombre*** man cannot live by bread alone; ***~ con ~, comida de tontos*** variety is the spice of life

(Compuestos)
- **pan blanco/de centeno/integral** white/rye/whole wheat bread
- **pan de azúcar** sugarloaf
- **pan de higos** block of dried figs
- **pan de molde** tin *o* pan loaf (BrE), (*bread/loaf baked gen in a rectangular tin*)
- **pan de Pascua** (Chi) panettone
- **pan dulce** (con pasas) (RPl) panettone; (bollo) (AmC, Méx) bun, pastry
- **pan francés** (tipo) French bread; (pieza) baguette
- **pan rallado** breadcrumbs (*pl*)
- **pan tostado** toast; **un ~ ~** (Chi, Méx) a piece of toast

B (de jabón) cake, bar

pana[1] *f*

A (tela) corduroy; **panatalones de ~** corduroy trousers

B (Chi) (avería) breakdown; **quedarse en ~** to break down

C (Chi) (Coc) liver

pana[2] *mf* (Ven fam) buddy (AmE colloq), mate (BrE colloq)

panacea *f* panacea

panaché *m* *tb* **~ de verduras** stewed vegetables (*pl*)

panadería *f* (tienda) bakery, baker's (shop); (fábrica) bakery

panadero -ra *m,f* baker

panadizo *m* whitlow

panal *m* honeycomb

panamá *m* panama hat

Panamá *m* **1** (país) Panama; **el Canal de ~** the Panama Canal **2** (capital) *tb* **ciudad de ~** Panama (City)

panameño -ña *adj/m,f* Panamanian

Panamericana *f*: **la ~** the Pan-American Highway

panca *f* (Per) leaf (*which covers the corn cob*)

pancarta *f* banner, placard

panceta *f* **1** (Esp) (sin curar) belly pork **2** (RPl) (curada) streaky bacon

pancho¹ -cha *adj* (tranquilo) calm; ***quedarse tan ~*** (fam): **se lo dije y se quedó tan ~** he didn't bat an eyelash *o* (BrE) eyelid when I told him

pancho² *m* (RPl) hot dog

pancista¹ *adj* (fam) opportunist (*before n*), opportunistic

pancista² *mf* (fam) opportunist

pancita *f* (Méx) tripe

pancito *m* (AmL) (bread) roll

páncreas *m* (*pl* ~) pancreas

pancreático -ca *adj* pancreatic

panda¹ *mf* panda

panda² *f* (Esp fam) gang

pandear [A1] *vi*, **pandearse** [A1] *v pron* «*madera*» to warp; «*pared*» to bulge, sag

pandemonio, pandemónium *m* pandemonium; **la casa era un auténtico ~** the house was in a state of absolute pandemonium

pandereta *f*
A (Mús) tambourine
B (Chi) (Arquit) brick wall

pandero *m*
A (Mús) tambourine
B (Esp fam & hum) (culo) ass (AmE colloq), bum (BrE colloq)
C (Per) (Fin) *cooperative savings scheme*

pandilla *f* (fam) gang

pandillero -ra *m,f* (esp AmL) member of a gang, hooligan

pando -da *adj*
A ‹*pared*› bulging, sagging; ‹*madera*› warped
B (Col) (poco profundo) shallow

pandorga *f* (fam) (mujer gorda) fat woman

panecillo *m* (Esp) bread roll

panecito *m* (AmL) bread roll

panegírico¹ -ca *adj* eulogistic, panegyrical

panegírico² *m* panegyric, eulogy

panegirista *mf* panegyrist, eulogist

panel *m*
A **1** (de puerta, pared) panel **2** (tablero — de anuncios) noticeboard; (— en exposición) exhibition panel; (— en estación) departures board **3** (Chi) (de auto) dashboard

(Compuestos)
- **panel de instrumentos** instrument panel *o* console
- **panel solar** solar panel

B (de personas) panel

panela *f* (Col, Ven) *brown sugarloaf*

panelista *mf* panelist

panera *f* (para servir pan) bread basket; (para guardar pan) bread box (AmE), bread bin (BrE)

pánfilo¹ -la *adj* (fam) dimwitted (colloq)

pánfilo² -la *m,f* (fam) dimwit (colloq)

panfletario -ria *adj* ‹*estilo/escrito*› cheap, demagogic

panfletista *mf* pamphleteer

panfleto *m* pamphlet

panga *f* (AmC) (bote) canoe

pánico *m* panic; **fue presa del ~** she was panic-stricken; **¡que no cunda el ~!** don't panic!; **tenerle ~ a algo** to be terrified of sth; ***sembrar el ~*** to spread panic

paniego -ga *adj* wheat-growing (*before n*)

panificadora *f* (frml) bakery

panizo *m*
A (Agr) millet
B (Chi) (Min) deposit; ***se me/le/nos aguó el ~*** (Chi fam) my/his/our plans were spoiled *o* ruined

panocha *f*
A (de maíz, trigo) ear
B (Méx) (melaza) *candy made from molasses*

panoja *f* ear (*of corn or millet*)

panoplia *f* (armadura) panoply

panorama *m* **1** (vista, paisaje) view, panorama **2** (perspectiva) outlook; **se presenta un ~ esperanzador** the outlook is promising *o* hopeful **3** (escenario): **el ~ político** the political scene; **el ~ económico del país** the state of the country's economy

panorámica *f* (Cin, TV) pan; (perspectiva) outlook

panorámico -ca *adj* panoramic

panque *m* (Méx) sponge cake

panqueque *m* (AmL) pancake, crepe

panquequería *f* (AmL) crêperie, pancake restaurant

pantagruélico -ca *adj* Pantagruelian (liter)

pantaletas *fpl* (AmC, Ven) panties (*pl*), knickers (*pl*) (BrE)

pantalla *f*
A (TV, Cin) screen; (Inf) monitor; **~ de radar** radar screen; **llevar una novela a la ~** to do a screen adaptation of a novel

(Compuestos)
- **pantalla chica** (AmL) small screen
- **pantalla gigante** *or* **grande** big screen
- **pantalla táctil** touch screen

B **1** (de lámpara) shade **2** (de chimenea) fireguard **3** (cobertura) front; **hacer de ~ (para algo)** to serve as a front (for sth)

(Compuesto) **pantalla acústica** baffle

C (AmL) (abanico) fan

pantallear [A1] *vi* (Col, Ven fam) to show off

pantalones *mpl*, **pantalón** *m* pants (*pl*) (AmE), trousers (*pl*) (BrE); **unos ~** a pair of pants *o* trousers; ***llevar los ~*** to wear the pants *o* trousers; ***tener*** *or* ***llevar bien puestos los ~*** to be master in one's own home

(Compuestos)
- **pantalones bombachos** baggy pants *o* trousers (*pl*)
- **pantalones cortos** shorts (*pl*)
- **pantalones de peto** overalls (*pl*) (AmE), dungarees (*pl*) (BrE)
- **pantalones tejanos** *or* **vaqueros** *or* (Chi, Méx) **de mezclilla** jeans (*pl*)
- **pantalón fuseau** stretch ski-pants (*pl*)

pantano *m*
A (natural) marsh, swamp; (artificial) reservoir
B (dificultad) mess, predicament

pantanoso -sa *adj*
A ‹*terreno*› marshy, swampy
B ‹*asunto/negocio*› difficult, tricky (colloq)

panteísmo *m* pantheism

panteísta¹ *adj* pantheistic

panteísta² *mf* pantheist

panteón *m* **1** (monumento) pantheon, mausoleum; **~ de familia** family vault **2** (AmL) (cementerio) cemetery

panteonero *m* (AmL) gravedigger

pantera *f* panther

panti *m* (*pl* **-tis**), (Méx) **pantimedia** *f* ▸ **panty**

pantomima *f* pantomime

pantomimo -ma *m,f* mime artist

pantoque *m* bilge

pantorrilla *f* calf

pants *mpl* (Méx) tracksuit, sweat suit (AmE)

pantufla *f*, **pantuflo** *m* slipper

panty *m* (*pl* **-tys**) panty hose (*pl*) (AmE), tights (*pl*) (BrE)

panza *f* **1** (fam) (barriga) belly, paunch (colloq); **tener ~** to have a belly *o* paunch; **tirarse de ~** to do a belly flop (colloq) **2** (de cántaro) belly **3** (de rumiante) rumen

panzada *f* (fam)
A (en el agua) belly flop (colloq); **se dio una ~** he did a belly flop
B **1** (comilona): **darse una ~ de algo** to pig out on sth (colloq) **2** (hartazgo): **me di una ~ de trabajar** I worked really hard, I worked my butt off (AmE colloq)

panzón -zona *adj* (fam) potbellied (colloq)

panzudo -da *adj* (fam) potbellied (colloq)

pañal *m* diaper (AmE), nappy (BrE); ***estar en ~es*** «*ciencia/industria*» to be in its infancy; «*persona*» to be a novice *o* a beginner

pañería *f* (tienda) dry goods store (AmE), draper's shop (BrE); (género) fabrics (*pl*), material

pañetar [A1] *vt* (Col) to skim … with plaster

pañito *m* doily

P

paño *m*
A 1 (Tex) woollen cloth; **abrigo de ~** wool coat; ***conocer(se) el ~*** to know what's what (colloq); ***en ~s menores*** (fam & hum) in my/his undies (colloq & hum); ***ser el ~ de lágrimas de algn*** to be a shoulder for sb to cry on 2 (para limpiar) cloth; ***jugar a dos ~s*** to play a double game; ***~s calientes*** half measures 3 (de adorno) antimacassar
(Compuestos)
- **paño de cocina** (para limpiar) dishcloth; (para secar) teatowel
- **paño higiénico** sanitary napkin (AmE), sanitary towel (BrE)
- **paño mortuorio** pall

B (de pared) stretch, length
C **paños** *mpl* (Art) drapes (*pl*), drapery
pañolenci *m* (CS) baize, felt
pañoleta *f* (de mujer) shawl; (de torero) neckerchief
pañolón *m* shawl, wrap
pañosa *f* cape
pañuelo *m* (para la nariz) handkerchief; (para la cabeza) headscarf, scarf; (para el cuello) scarf, neckerchief
papa[1] *m* pope; **el P~** the Pope
papa[2] *f*
A (esp AmL) (Bot) potato; ***ni ~*** (fam) not a thing; **no sé ni ~ de coches** I haven't a clue about cars (colloq); ***ser una ~*** (RPl fam) ⟨⟨*persona*⟩⟩ to be a dead loss (colloq); ⟨⟨*tarea*⟩⟩ to be a piece of cake (colloq), to be a cinch (colloq)
(Compuestos)
- **papa caliente** *f* hot potato
- **papa dulce** *f* (AmL) sweet potato
- **papas fritas** *fpl* (esp AmL) 1 (de paquete) potato chips (*pl*) (AmE), potato crisps (*pl*) (BrE) 2 (de cocina) French fries (*pl*) (AmE), chips (*pl*) (BrE)

B (AmL fam) (comida) food; ***ganarse la ~*** (Col) to earn a living *o* (colloq) a crust
C (Chi, Méx fam) (mentira) fib (colloq)
D (CS fam) (agujero) hole
E (Chi) (bulbo) bulb
papá *m* (*pl* **-pás**) (fam) daddy (colloq), pop (AmE colloq); **mis ~s** (AmL) my parents, my mom and dad (AmE), my mum and dad (BrE colloq)
(Compuesto) **Papá Noel** Santa Claus, Father Christmas
papada *f* (de persona) double chin, jowl
papado *m* papacy
papagayo *m*
A (ave) parrot; ***aprender/recitar algo como un ~*** to learn/recite sth parrot-fashion; ***hablar como un ~*** to be a chatterbox *o* windbag (colloq)
B (Per, RPl) (para enfermos) bedpan
C (Ven) (cometa) kite
papal *adj* papal
papalina *f* (cofia) cap
papalote *m* (AmC, Méx) (juguete) kite; (ala delta) hang glider
papamoscas *mf* (*pl* ~) 1 (fam) (papanatas) halfwit (colloq) 2 **papamoscas** *m* (Zool) flycatcher
papanatas *mf* (*pl* ~) (fam) halfwit (colloq)
Papanicolau *m* (AmL) smear test
paparazzi /papa'rasi, papa'raθi/ *mpl* paparazzi (*pl*)
paparrucha, paparruchada *f* (fam) nonsense; **todas esas ~s sobre Papá Noel** all that baloney about Santa Claus (AmE colloq), all that rubbish about Father Christmas (BrE colloq); **¡~s!** bullshit! (sl), rubbish! (BrE colloq)
papaya *f* papaya, pawpaw; ***de papayita*** (Col fam): **me queda de papayita** it's really handy for me (colloq); ***ser ~*** (Chi fam) to be a cinch *o* a piece of cake (colloq)
papayo *m* papaya tree, pawpaw tree
papear [A1] *vt/vi* (fam) to eat
papel *m*
A (material) paper; **un ~** a piece of paper; **toalla/pañuelo de ~** paper towel/tissue; ***sobre el ~*** on paper
(Compuestos)
- **papel biblia** India paper, Bible paper
- **papel carbón** carbon paper
- **papel cebolla** onionskin (paper)
- **papel celofán** cellophane®
- **papel confort** (Chi) toilet paper
- **papel continuo** continuous listing paper
- **papel cuadriculado/rayado** squared/lined paper
- **papel de aluminio** tinfoil, aluminum* foil
- **papel de arroz** rice paper
- **papel de calcar** (translúcido) tracing paper; (entintado) carbon paper
- **papel de carta** writing paper
- **papel de cera** *or* (RPl) **de manteca** *or* (Chi) **de mantequilla** waxed *o* wax paper, greaseproof paper (BrE)
- **papel de diario** *or* **de periódico** (Impr) newsprint; **lo envolvió en ~ de ~** she wrapped it in newspaper
- **papel de embalar/de envolver** wrapping paper
- **papel de estraza** gray* paper
- **papel de lija** sandpaper
- **papel de plata** silver paper
- **papel de regalo** wrapping paper
- **papel de seda** tissue paper
- **papel higiénico/de water** toilet paper
- **papel mojado**: **el contrato es ~ ~** the contract isn't worth the paper it's written on
- **papel** *or* **papelillo de fumar** cigarette paper
- **papel picado** (RPl) confetti
- **papel pintado** *o* (CS) **mural** wallpaper
- **papel secante** blotting paper
- **papel vegetal** film

B (documento) document, paper; **no tenía los ~es en regla** her papers were not in order
C (Fin) 1 (valores) commercial paper 2 (dinero) *tb* **~ moneda** paper money
(Compuestos)
- **papel del Estado** government bonds (*pl*), government paper
- **papel de pagos al Estado** certificate of payment (*to government agency*)

D 1 (Cin, Teatr) role, part; **hace el ~ de monja** she plays the part of the nun; **está muy bien en el ~ de Romeo** he's very good as Romeo 2 (actuación): **hizo un lamentable/triste ~ en el congreso** his performance at the conference was abysmal/terrible; **si no la invitas vas a hacer muy mal ~** it's going to look very bad if you don't invite her; **¡hizo un ~ tan ridículo!** he made such a fool of himself! 3 (función) role; **jugó un ~ decisivo en la campaña** it played a decisive role *o* part in the campaign
papeleo *m* (fam) red tape, paperwork
papelera *f* 1 (de oficina) wastepaper basket; (en la calle) litter basket (AmE), litter bin (BrE) 2 (fábrica) paper mill
papelería *f* (tienda) stationery store (AmE), stationer's (BrE); **artículos de ~** stationery
papelero[1] -ra *adj* paper (*before n*)
papelero[2] -ra *m,f*
A (fabricante) paper manufacturer; (vendedor) stationer
B **papelero** *m* (CS) ▸**papelera 1**
papeleta *f* 1 (de votación) ballot (paper); **~ en blanco** blank ballot (paper) 2 (de rifa) raffle ticket; **me tocó a mí la ~ de hacer el turno de la noche** I got stuck with doing the night shift (colloq) 3 (de calificación) grade slip 4 (de empeño) pawn ticket
papelillo *m* cigarette paper
papelina *f* sachet
papelitos *mpl* (Ur) confetti
papelón *m*
A (fam) (cosa vergonzosa): **hacer un ~** to make a fool of oneself; **¡qué ~!** how embarrassing!
B (Ven) (Coc) sugarloaf (*made from unrefined sugar*)
papeo *m* (fam) food, grub (colloq)
paperas *fpl* mumps
papero -ra *adj* (AmL) ⟨*cultivo*⟩ potato (*before n*)
papi *m* (fam) ▸**papá**
papiamiento *m* creole (*spoken in Curaçao*)
papila *f* papilla
papilla *f* (para bebés) baby food, formula (AmE); (para enfermos) puree, pap; ***hacer ~*** (fam) ⟨*moto/coche*⟩ to smash up; ⟨*person*⟩ to beat … to a pulp; **estamos hechos ~** we're absolutely shattered (colloq)
papiloma *m* papilloma
papiro *m* papyrus

papirotazo *m* (fam) flick

papista[1] *adj* papist; ***ser más ~ que el Papa*** to be very extreme in one's views

papista[2] *mf* papist

papo *m* (fam) (de animal) dewlap; (de ave) crop; (de persona) jowl

paporreta (Per fam): **de ~** parrot-fashion (colloq)

paprika *f* paprika

paquete[1] **-ta** *adj* (RPl fam) smart, chic; **¡qué paqueta te has puesto!** you're looking very smart *o* chic

paquete[2] *m*

A **1** (bulto envuelto) package, parcel; **hacer un ~** to wrap up a parcel; ***ir de ~*** (fam) to ride on the back (*of a motorcycle*) **2** (de galletas, cigarrillos) pack (AmE), packet (BrE); **un ~ de papas fritas** (AmL) a bag of chips (AmE), a packet of crisps (BrE); ***meterle un ~ a algn*** (Esp fam) to throw the book at sb

(Compuestos)

- **paquete bomba** parcel bomb
- **paquete de acciones** stockholding
- **paquete postal** parcel (*sent by mail*); **envíalo como ~ ~** send it (by) parcel post

B (conjunto) package; **un ~ de software/de aplicación** (Inf) a software/an application package

C (fam) (genitales masculinos) bulge (colloq & euph)

D (Méx fam) (problema) headache (colloq); ***cargar con el ~*** (fam) to take responsibility

paquetería *f* parcels office; **servicio de ~** parcels service

paquidermo *m* pachyderm

Paquistán *m* Pakistan

paquistaní *adj/mf* Pakistani

par[1] *adj* ‹*número*› even; **jugarse algo a ~es o nones** *to decide sth by guessing whether the number of objects held is odd or even*

par[2] *m*

A **1** (de guantes, zapatos) pair; **un ~ de preguntas/de veces** a couple of questions/of times; ***a ~es*** two at a time **2** (comparación) equal; **sin ~** (liter) incomparable, matchless (liter); **un atleta sin ~** an athlete without equal

(Compuestos)

- **par de fuerzas** couple
- **par de torsión** torque

B (Arquit) rafter; ***(abierto) de ~ en ~*** wide open

C **al par** *ver* **par**[3]

D (en golf) par; **sobre/bajo ~** over/under par

E (Hist) (título) peer

par[3] *f* par; **a la ~** (Fin) at par (value); **estar a la ~/por encima de la ~** to be at/above par; **sabroso a la ~ que sano** both tasty and healthy; **es lengua oficial a la ~ del castellano** it is an official language on a par with *o* along with Spanish; **baila a la ~ que canta** he dances and sings at the same time

para *prep*

(Sentido I)

A (expresando destino, finalidad, intención) for; **una carta para él** a letter for him; **¿~ qué revista escribes?** what magazine do you write for?; **lee ~ ti** read to yourself; **fue muy amable ~ con todos** he was very friendly to everyone; **¿~ qué sirve esto?** what's this (used) for?; **no sirve ~ este trabajo** he's no good at this kind of work; **¿~ qué lo quieres?** what do you want it for?; **¿~ qué se lo dijiste?** what did you tell him for?; **champú ~ bebés** baby shampoo; **jarabe ~ la tos** cough mixture; ***que ~ qué decirte/hablar*** (fam): **tenían un hambre que ~ qué decirte/hablar** they were starving

B **~ + INF** to + INF; **~ serte sincero** to tell you the truth; **esta agua no es ~ beber** this isn't drinking water; **está listo ~ pintar** it's ready to be painted *o* for painting; **~ aprobar** (in order) to pass; **entró en puntillas para no despertarla** he went in on tiptoe so as not to wake her

C **~ QUE + SUBJ: lo dice ~ que yo me preocupe** he (only) says it to worry me; **pídeselo — ¿~ que me diga que no?** ask him for it — so he can say no?; **cierra ~ que no nos oigan** close the door so (that) they don't hear us

D (expresando consecuencia) to; **~ su desgracia** unfortunately for him; **~ mi sorpresa** (much) to my surprise

(Sentido II)

A (expresando suficiencia) for; **no hay ~ todos** there isn't enough for everybody; **no es ~ tanto** it's not that bad; **~ + INF: soy lo bastante viejo (como) ~ recordarlo** I'm old enough to remember it; **bastante tengo yo (como) ~ estar ocupándome de ti** I've enough problems of my own without having to deal with yours as well; **¡es (como) ~ matarlo!** (fam) I'll kill him! (colloq); **~ QUE + SUBJ: basta con que él aparezca ~ que ella se ponga nerviosa** he only has to appear for her to get flustered

B (en comparaciones, contrastes): **hace demasiado frío ~ salir** it's too cold to go out; **son altos ~ su edad** they're tall for their age; **~ lo que come, no está gordo** considering how much he eats, he's not fat; **¡~ el caso que me hacen ...!** for all the notice they take of me ...; **~ + INF: ~ haber sido improvisado fue un discurso excelente** for an off-the-cuff speech it was excellent; **¿quién es él ~ hablarte así?** who does he think he is, speaking to you like that ?; **~ QUE + SUBJ: es mucho ~ que lo haga sola** it's too much for you to do it on your own; **¡tanto esforzarme por ellos ~ que no te lo agradezcan!** after all that effort I made for them they didn't even say thankyou!

C **estar ~ algo/+ INF** (indicando estado): **no estoy ~ bromas** I'm in no mood for joking; **está ~ tirarla a la basura** it's only fit for throwing out; **no está (como) ~ salir sin abrigo** it's not warm enough to go out without a coat

D (expresando puntos de vista): **~ mí que no viene** if you ask me, he won't come; **~ su padre, es un genio** in his father's opinion *o* as far as his father's concerned, he is a genius; **lo es todo ~ él** she's everything to him; **¿qué es lo más importante ~ ti?** what's the most important thing for you?

(Sentido III) **1** (indicando dirección): **salieron ~ el aeropuerto** they left for the airport; **empuja ~ arriba** push up *o* upward(s); **¿vas ~ el centro?** are you going to *o* toward(s) the center?; **tráelo ~ acá** bring it over here; **córrete ~ atrás** move back **2** (en sentido figurado): **ya vamos ~ viejos** we're getting old *o* getting on; **va ~ los 50 años** she's going *o* (BrE) getting on for fifty

(Sentido IV) (en relaciones de tiempo)

A **1** (señalando una fecha, un plazo): **estará listo ~ el día 15** it'll be ready by *o* for the 15th; **deberes ~ el lunes** homework for Monday; **faltan cinco minutos ~ que termine** there are five minutes to go before the end; **me lo prometió ~ después de Pascua** he promised me it for after Easter; **¿cuánto te falta ~ terminar?** how much have you got left to do?; **estará listo ~ finales de agosto** it'll be ready sometime around the end of August; **~ entonces estaré en Madrid** I'll be in Madrid (by) then; **¿~ cuándo espera?** when is the baby due?; **tengo hora ~ mañana** I have an appointment (for) tomorrow **2** (AmL exc RPl) (al decir la hora) to; **son cinco ~ las diez** it's five to ten

B **1** (expresando duración): **~ siempre** forever; **tengo ~ rato** (fam) I'm going to be a while (yet); **esto va ~ largo** (fam) this is going to take some time **2** (con idea de finalidad) for; **¿qué le regalo ~ el cumpleaños?** what can I give him for his birthday?

C (en secuencias de acciones): **se fue ~ nunca volver** (liter) she went away never to return; **salió sólo ~ volver a entrar** he went out only to come in again

parabién *m* (frml) *tb* **parabienes** congratulations (*pl*); **le dio su ~** she offered him her congratulations

parábola *f* **1** (Relig) parable **2** (Mat) parabola

parabólica *f* satellite dish

parabólico -ca *adj* parabolic

parabrisas *m* (*pl* ~) windshield (AmE), windscreen (BrE)

paracaídas *m* (*pl* ~) (Aviac) parachute; **un salto en ~** a parachute jump; **les lanzaron alimentos en ~** they dropped food to them by parachute; **tirarse** *or* **lanzarse en ~** to parachute

paracaidismo *m* parachuting

paracaidista[1] *adj* parachute (*before n*)

paracaidista[2] *mf* **1** (Mil) paratrooper; (Dep) parachutist **2** (AmL fam) (en fiesta) gatecrasher; **llegar de ~** to come/go uninvited (*to a party*)

parachoques *m* (*pl* ~) (Auto) bumper, fender (AmE); (Ferr) buffer

p

parada *f*
A (Transp) **1** (acción) stop; **hicimos una ~ de media hora** we made a half-hour stop **2** (lugar) *tb* **~ de autobús** (*or* **de ómnibus** *etc*) bus stop; **me bajo en la próxima ~** I'm getting off at the next stop
(Compuestos)
- **parada de taxi** taxi stand, taxi rank (BrE)
- **parada discrecional** request stop

B (Dep) (en fútbol) save, stop
C (desfile) parade; ***ir a todas las ~s*** (Chi fam) to be game for anything (colloq)
D (Per) (mercado) street market
E (RPl fam) (presunción): **son gente de mucha ~** they are very hoity-toity (colloq)

paradero *m* **1** (frml) (de persona) whereabouts (*pl*); **se desconoce su ~** her whereabouts are not known (frml) **2** (AmL exc RPl) (de autobús) bus stop

paradigma *m* paradigm (frml)

paradigmático -ca *adj* paradigmatic

paradisíaco -ca, **paradisiaco -ca** *adj* heavenly

parado[1] -da *adj*
A **1** (detenido): **no te quedes ahí ~, ven a ayudarme** don't just stand there, come and help me; **un coche ~ en medio de la calle** a car sitting *o* stopped in the middle of the street; **la producción está parada** production has stopped *o* is at a standstill **2** (esp Esp) (desconcertado): **se quedó ~, sin saber qué decir** he was taken aback and didn't know what to say
B (Esp) (desempleado) unemployed
C **1** (AmL) (de pie) **estar ~** to stand, be standing; **tuve que viajar ~** I had to stand for the whole journey **2** (AmL) (erguido): **tengo el pelo todo ~** my hair's standing on end; **escuchaba con las orejas paradas** she was all ears **3** (Chi) ‹*cuesta/subida*› steep
D **bien/mal parado**: **salió bastante bien parada del accidente** she escaped from the accident pretty much unscathed; **salió muy mal ~ del accidente** he was in a bad way after the accident; **salió mal ~ de su última inversión** he lost a lot of money on his last investment; **ha dejado muy mal ~s a sus colegas** he has left his colleagues in a very difficult situation; **estar bien ~ con algn** (AmL) to be (well) in with sb (colloq); **es el que mejor ~ ha salido** he's the one who's done (the) best out
E **1** (CS fam) (engreído) stuck up **2** (Esp fam) (soso): **no seas parada** don't be such a drip (colloq)

parado[2] -da *m,f* (Esp) unemployed person; **los ~s** the unemployed, the people out of work

paradoja *f* paradox

paradójico -ca *adj* paradoxical

parador *m*
A **1** (mesón) roadside bar/hotel **2** (en Esp) parador, state-owned hotel
B (Méx) (Dep) *tb* **~ en corto** shortstop

> **parador (nacional de turismo)**
> A national chain of hotels in Spain. *Paradores* were designed to give buildings such as former palaces, castles and monasteries a new lease of life and to bring tourism to economically disadvantaged areas. They are often luxurious but relatively inexpensive and emphasize local character and cooking

paraestatal *adj* public-sector (*before n*), public (*before n*)

parafernalia *f* (frml) paraphernalia

parafina *f* **1** (sólida) paraffin (wax) **2** (AmL) (combustible) kerosene
(Compuesto) **parafina líquida** mineral oil (AmE), liquid paraffin (BrE)

parafrasear [A1] *vt* to paraphrase

paráfrasis *f* (*pl* ~) paraphrase

paragolpes *m* (*pl* ~) (RPl) ▸**parachoques**

paraguas *m* (*pl* ~) umbrella

Paraguay *m*: *tb* **el ~** Paraguay

paraguayo -ya *adj/m,f* Paraguayan

paragüero *m*, **paragüera** *f* umbrella stand

paraíso *m* **1** (Relig) **el ~** paradise, heaven **2** (Teatr) family circle (AmE), gods (*pl*) (BrE)
(Compuestos)
- **paraíso fiscal** tax haven
- **paraíso terrenal** Garden of Eden

paraje *m* spot, place

paralé *m* (Chi, Per fam): **darle** *or* **hacerle un ~ a algn** to put sb in their place

paralela *f*
A (línea) parallel (line)
B **paralelas** *fpl* (Dep) parallel bars (*pl*)
(Compuesto) **paralelas asimétricas** asymmetric bars (*pl*)

paralelamente *adv* ‹*correr/extenderse*› parallel; **~ A algo** ‹*crecer/subir*› in line WITH sth

paralelismo *m* parallelism, parallel

paralelo[1] -la *adj*
A **1** ‹*líneas/planos*› parallel; **~ A algo** parallel TO sth **2** (*como adv*) ‹*marchar/crecer*› parallel
B (Elec) **en ~** in parallel

paralelo[2] *m*
A (Astron, Geog) parallel
B (comparación) parallel; **sin ~** unparalleled

paralelogramo *m* parallelogram

paralímpico -ca *m,f* disabled athlete (*who takes part in Paralympics*)

parálisis *f* (Med) paralysis; (falta de actividad) paralysis
(Compuestos)
- **parálisis cerebral** cerebral palsy
- **parálisis infantil** poliomyelitis, infantile paralysis
- **parálisis progresiva** creeping paralysis

paralítico[1] -ca *adj* paralytic (*before n*); **es/se quedó ~** he is/was paralyzed

paralítico[2] -ca *m,f* paralytic

paralización *f* **1** (Med) paralyzation **2** (en una actividad): **solicitaron la ~ de las obras** they applied for the work to be stopped; **el paro provocó la ~ de la ciudad** the strike brought the city to a standstill

paralizador -dora, **paralizante** *adj* paralyzing (*before n*)

paralizar [A4] *vt* **1** (Med) to paralyze; **se quedó paralizada de un lado** she was paralyzed down one side; **el miedo me paralizó** I was paralyzed with fear **2** ‹*circulación/producción*› to bring … to a halt *o* standstill

paralogismo *m* fallacious argument, paralogism (frml)

paramento *m*
A **1** (Arquit) face **2** (colgadura) hanging
B **paramentos** *mpl* (del altar) paraments (*pl*)
(Compuesto) **paramentos sacerdotales** *mpl* ecclesiastical vestments *o* robes (*pl*)

parámetro *m* parameter

paramilitar *adj* paramilitary

paramnesia *f* paramnesia

páramo *m* high plateau, bleak upland *o* moor

paramuno[1] -na *adj* (Col) upland (*before n*)

paramuno[2] -na *m,f* (Col) *person from the high plateau*

parangón *m* comparison; **sin ~** incomparable, matchless (liter)

parangonar [A1] *vt* (frml) to compare; **~ algo/a algn CON algo/algn** to compare sth/sb WITH sth/sb

paraninfo *m* main hall *o* auditorium

paranoia *f* paranoia

paranoico -ca *adj/m,f* paranoid

paranormal *adj* paranormal

paraolimpiada ▸**paralimpiada**

parapente *f* **1** (deporte) paragliding; **hacer** *or* **practicar ~** to go paragliding, paraglide **2** (paracaídas) paraglider

parapetarse [A1] *v pron* to take cover; **~ TRAS algo** ‹*tras muro/barricada*› to take cover BEHIND sth; **se parapetó tras la excusa de siempre** he hid behind the same old excuse

parapeto *m* (Arquit) parapet; (barricada) barricade

paraplejía, paraplejia *f* paraplegia

parapléjico -ca *adj/m,f* paraplegic

parapsicología *f* parapsychology

parapsicológico -ca *adj* parapsychological

P

parar [A1] *vi*
A (detenerse) to stop; **paró en seco** she stopped dead; **el autobús no nos paró** the bus didn't stop for us; **¡dónde vas a ~!** (Esp fam) there's no comparison!; ***ir/venir a ~*** to end up; **fue a ~ a la cárcel** he ended up in prison; **¿a dónde habrá ido a ~ aquella foto?** what can have happened to that photo?; **¡a dónde iremos a ~!** I don't know what the world's coming to
B (cesar) to stop; **para un momento** hang on a minute; **el ruido no paró en toda la noche** the noise didn't let up *o* stop all night; **ha estado lloviendo sin ~** it hasn't stopped raining; **no para quieto ni un momento** he can't keep still for a minute; **no he parado en todo el día** I've been on the go all day (colloq); **no ~ás hasta romperlo** you won't be happy until you've broken it; **no para en casa** she's never at home; **~ DE + INF** to stop -ING; **aún no ha parado de llover** it still hasn't stopped raining; **no para de comer** she does nothing but eat; **no para de criticar a los demás** he's always criticizing others; ***y para de contar*** (fam) and that's it
C (hospedarse) to stay; (en bar, club) (fam) to hang out (colloq)
D (AmL) «*obreros/empleados*» to go on strike
■ **parar** *vt*
A 1 ‹*coche/tráfico/persona*› to stop; ‹*motor/máquina*› to stop, switch off; **cuando se pone a hablar no hay quien lo pare** once he starts talking, there's no stopping him 2 ‹*hemorragia*› to stanch (AmE), to staunch (BrE) 3 ‹*balón/tiro*› to save, stop; ‹*golpe*› to block, ward off; ***~la(s)*** (Chi, Per fam) to catch on (colloq); **¿no la(s) paras?** don't you get it? (colloq)
B (AmL) 1 (poner de pie) to stand; **páralo en la silla** stand him on the chair 2 (poner vertical) ‹*vaso/libro*› to stand ... up; **el perro paró las orejas** the dog pricked up its ears
■ **pararse** *v pron*
A (detenerse) 1 «*persona*» to stop; **¿te has parado alguna vez a pensar por qué?** have you ever stopped to think why? 2 «*reloj/máquina*» to stop; «*coche/motor*» to stall; **se me paró el reloj** my watch stopped
B 1 (AmL) (ponerse de pie) to stand up; **párate derecho** stand up straight; **se paró en una silla** she stood on a chair; **¿te puedes ~ de cabeza/de manos?** can you do headstands/handstands?; **se paró de un salto** she jumped to her feet 2 (AmL) «*pelo*» (hacia arriba) to stick up; (en los lados) to stick out; **se le paró el pelo del susto** he was so scared it made his hair stand on end 3 (Méx, Ven) (levantarse de la cama) to get up
C (Chi) (Rels Labs) «*obreros/empleados*» to (go on) strike

pararrayos *m* (*pl* ~), **pararrayo** *m* (en edificio) lightning rod (AmE), lightning conductor (BrE); (en circuito) lightning arrester

parasitar [A1] *vt* to parasitize
■ **parasitar** *vi*: **~ EN algo** to live as a parasite in sth

parasitario -ria *adj* parasitic

parasitismo *m* parasitism

parásito[1] -ta *adj* parasitic

parásito[2] *m*
A parasite
B **parásitos** *mpl* (interferencia) atmospherics (*pl*)

parasitología *f* parasitology

parasol *m* (sombrilla) parasol, sunshade

paratifoidea *f* paratyphoid

paratopes *m* (*pl* ~) (Col) buffer

parcela *f* plot (of land), lot (AmE)

parcelación *f* division (*of land into plots*)

parcelar [A1] *vt* to divide ... into plots *o* (AmE) lots, to parcel up

parchado *m* (AmL) repair, patching

parchar [A1] *vt* (AmL) (arreglar) to repair; (con parche) to patch (up)

parche *m* 1 (remiendo) patch; **eso es poner ~s al problema** that's just papering over the cracks; **¡ojo** *or* **oído al ~!** (fam) watch out! (colloq) 2 (para un ojo) (eye) patch; (en herida) patch; ***colocarse el ~ antes de la herida*** (Chi fam) to take precautions 3 (en la piel) mark, blotch 4 (del tambor) drumhead
(Compuesto) **parche curita** (Chi) Band-Aid® (AmE), sticking plaster (BrE)

parchís *m* (Esp, Méx) Parcheesi® (AmE), ludo (BrE)

parcial[1] *adj*
A ‹*solución/victoria*› partial; **pago ~** part payment
B (no equitativo) biased, partial

parcial[2] *m* 1 (examen) assessment examination (*taken during the year and counting towards the final grade*) 2 (Dep) (tanteo) score (*during a particular period*)

parcialidad *f* 1 (cualidad) partiality, bias 2 (seguidores) supporters (*pl*)

parco -ca *adj* 1 (lacónico) laconic; **— no — fue su parca respuesta** no, he replied laconically 2 (sobrio, moderado) frugal; **ser ~ EN algo** ‹*en palabras*› to be sparing WITH sth; **fue ~ en sus alabanzas** he was sparing with his praise (liter); **son ~s en el comer** they are moderate in their eating habits 3 (escaso) ‹*sueldo*› meager*; ‹*recursos*› scant, meager*

pardiez *interj* (arc) gadzooks! (arch *or* hum)

pardillo -lla *m,f*
A (Zool) linnet
B (Esp fam) (novato) novice, beginner

pardo[1] -da *adj* ‹*color*› dun, brownish-gray*

pardo[2] -da *m,f* (RPl pey) *offensive term for a person of mixed race*

pardusco -ca, **parduzco -ca** *adj* brownish-gray*

pareado[1] -da *adj* 1 ‹*versos*› rhyming (*before n*) 2 ‹*casa*› semidetached

pareado[2] *m* rhyming couplet

parear [A1] *vt* (formar pares de) to put ... into pairs

parecer[1] [E3] *vi*
A (aparentar ser): **parece mayor de lo que es** she looks older than she is; **parece fácil** it looks easy; **parecen simpáticos** they seem nice; **pareces tonto** are you stupid or something?; **no pareces tú en esta foto** this picture doesn't look like you (at all); **parecía de cuero** it looked like leather; **~ + INF** to seem to + INF; **todo parece indicar que ...** everything appears *o* seems *o* (frml) would seem to indicate that ...; **parece ser muy inteligente** she seems to be very clever
B (expresando opinión) (+ *me/te/le etc*): **su comentario me pareció muy acertado** I thought his remark (was) very apt; **todo le parece mal** he's never happy with anything; **¿qué te parecieron?** what did you think of them?; **deberíamos invitarlos — ¿te parece?** we ought to invite them — do you think so?; **vamos a la playa ¿te parece?** what do you think, shall we go to the beach?; **podemos reunirnos si te parece bien** we could meet up if that's alright with you; **me parece que sí** I think so; **¿a ti qué te parece?** what do you think?; **me parece importante mencionarlo** I think it's important to mention it; **¿te parece bonito contestarme así?** is that any way to speak to me?; **me/nos parece que tiene razón** I/we think she's right; **me pareció que no era necesario** I didn't think it necessary; **¿te parece que éstas son horas de llegar?** what time do you call this?; **hazlo como mejor te parezca** do it however *o* as you think best; (+ *subj*) **me parece mal que vaya sola** I don't think it's right that she should go on her own; **me parece raro que ...** it seems odd *o* I find it odd that ...; **me parece importante que ella esté presente** I think it's important that she (should) be here
C (haber indicios, señales) (*en 3ª pers*) **según parece** *or* **al ~ todo va bien** it looks as though everything's going well, everything seems to be going well; **así parece** *or* **parece que sí** it looks like it *o* it would seem so; **aunque no lo parezca, está limpio** it might not look like it, but it's clean; **¿le gusta? — parece que no** does he like it? — apparently not; **parece que no, pero cansa** you wouldn't think so, but it's tiring; **parece que va a llover** it looks like (it's going to) rain; **parece que fue ayer** it seems like only yesterday; **parece (ser) que tiene razón** she appears to be right, it seems she's right; **~ía que ...** it would seem that ...; (+ *subj*): **parece increíble que hayan sobrevivido** it seems incredible that they survived; **parece mentira que tenga 20 años** it's hard to believe *o* I can't believe that he's 20; **parece que para él no pasaran los años** he never seems to get any older; **parece que fuera mas joven** you'd think she was much younger; **no parece que le haya gustado** It doesn't look as if he liked it
■ **parecerse** *v pron* 1 (asemejarse) **~se A algn/algo** (en lo físico) to look *o* to be like sb/sth; (en el carácter) to be like

P

sb/sth; **no son ricos ni nada que se le parezca** they're not wealthy, not by any means **2** (*recípr*) to be alike; **no se parecen en nada** they're not/they don't look in the least bit alike; **se parecen mucho** they are very similar

parecer² *m* **1** (opinión) opinion; **a mi ~** in my opinion; **son del mismo ~** they're of the same opinion; **soy del ~ de que ...** I believe *o* (frml) I am of the opinion that ...; **ello me hizo cambiar de ~** it made me change my mind **2** **de buen parecer** (ant) handsome

parecido¹ -da *adj*: **no son tan ~s** (personas) they're not so alike; (cosas) they're not that similar; **son muy parecidas de cara** they have very similar features; **tengo una muy parecida** I have one very similar; **una especie de capa o algo ~** a cape or something like that; **~ A algo** similar to sth; **eres muy ~ a tu padre** you're a lot like your father; ▸**bien parecido, mal parecido**

parecido² *m* resemblance; **tiene cierto ~ con su hermano** he bears some *o* a certain resemblance to his brother; **no le encuentro ningún ~ con su familia** I can't see any family resemblance; **tiene un gran ~ con Jaime** there is a close resemblance between him and Jaime; **son de un ~ asombroso** there's a startling resemblance *o* likeness between them

pared *f*

A **1** (Arquit, Const) wall; **viven ~ por medio** they live next door; ***entre cuatro ~es*** cooped up; ***es como darse contra las ~es*** (fam) it's like banging your head against a brick wall; ***es como hablarle a la ~*** (fam) it's like talking to a brick wall; ***hasta la ~ de enfrente*** (Chi, Méx fam) loads (*pl*) (colloq); ***las ~es oyen*** walls have ears; ***subirse*** *or* ***trepar por las ~es*** (fam) (de rabia, irritación) to go through the roof (colloq); (de aburrimiento) to be climbing the walls (with boredom) (colloq) **2** (de recipiente) side **3** (Anat) wall **4** (de montaña) face

(Compuesto) **pared maestra/medianera** main/party wall

B (en fútbol) one-two; **hacer la ~** to play a one-two, to play a wall pass (AmE)

paredón *m* **1** (de roca) rock face, wall of rock **2** (pared gruesa) thick wall **3** (de fusilamiento) wall; **¡al ~ con ellos!** put them up against the wall and shoot them!; **mandar a algn al ~** to put sb before a firing squad

pareja *f*

A **1** (equipo, conjunto) pair; **salieron por ~s** they came out in pairs *o* two at a time; **formar ~s** to get into pairs; **ya tienen la parejita** (fam) now they have one of each (*a boy and a girl*) **2** (en una relación) couple; **vivir en ~** to live together **3** (en naipes) pair

B **1** (de baile, juego) partner **2** (de guante, zapato): **la ~** the other one (*of a pair*); **no encuentro la ~ de este guante** I can't find the other glove (that goes with this one); **un calcentín sin ~** an odd sock

parejo¹ -ja *adj* **1** (esp AmL) (sin desniveles) even; **los dos ciclistas van muy ~s** the two cyclists are neck and neck; **el nivel en la clase es muy ~** the class are all at the same level; **los dos equipos son muy ~s** the two teams are evenly matched **2** (afín, semejante) similar **3** (CS, Méx) (equitativo) ‹*trato*› equal; ‹*ley*› fair, impartial; **4** (AmL) (como adv) ‹*pintar/cortar*› evenly

parejo² -ja *m,f*

A (Col) (de baile) partner

B (Méx fam) **al ~** (a la par): **trabajan al ~** they all do the same amount of work; **al ~ de los mejores del mundo** on a par with the world's best

parentela *f* (fam) clan (colloq), tribe (colloq)

parentesco *m* relationship; **¿qué relación de ~ tenía contigo?** what was her relationship to you?, what relation was her to you?; **lazos de ~** ties of kinship (frml); **no tengo ~ directo con él** I am not directly related to him; **un cierto ~ de estilo** a certain similarity of style

paréntesis *m* (*pl* ~) **1** (signo) parenthesis, bracket (BrE); **cerrar el ~** close parentheses *o* brackets; ***entre*** **~** (literal) in parentheses, in brackets; (a propósito) by the way **2** (digresión) digression, parenthesis **3** (intervalo) break, interval

parezca, parezcas, etc *see* **parecer¹**

paria *mf* pariah

parida *f* (Esp fam) stupid remark; **decir ~s** to talk a load of garbage (AmE) *o* (BrE) rubbish (colloq)

paridad *f* (igualdad) equality, parity; (Fin) parity, exchange rate

parienta *f* (Esp fam & hum) **la ~** the wife

pariente *mf*, **pariente -ta** *m,f* (familiar) relative, relation; **~ lejano** distant relative *o* relation

(Compuesto) **pariente político** in-law

parietal *m* parietal bone

parihuela *f*, **parihuelas** *fpl* (para cosas) handbarrow; (para personas) stretcher

parir [I1] *vi* «*mujer*» to give birth; «*vaca*» to calve; «*yegua/burra*» to foal; «*oveja*» to lamb; ***poner a ~ a algn*** (vulg) (insultar) to bad mouth sb (AmE colloq), to slag sb off (BrE colloq)

■ **parir** *vt* **1** «*mujer*» to give birth to, have; **lo conozco como si lo hubiera parido** (fam) I know him inside out (colloq); **¡la madre que te parió!** (vulg) you son of a bitch! (vulg) **2** «*mamíferos*» to have, bear (frml)

París *m* Paris

parisiense *adj/mf* Parisian

parisino -na *adj/m,f* Parisian

paritario -ria *adj* ‹*valor*› equal

parking /'parkin/ *m* (esp Esp) parking lot (AmE), car park (BrE)

parlamentar [A1] *vi* «*enemigos*» to talk, parley (dated); **~ con el enemigo** to talk to the enemy

parlamentario¹ -ria *adj* parliamentary

parlamentario² -ria *m,f* member of parliament, parliamentarian

parlamento *m* (asamblea) parliament; (Lit, Teatr) speech

parlanchín¹ -china *adj* (fam) chatty (colloq)

parlanchín² -china *m,f* (fam) chatterbox (colloq)

parlante¹ *adj* talking (*before n*)

parlante² *m* (AmL) (en lugar público) loudspeaker; (de equipo de música) speaker

parlotear [A1] *vi* (fam) to prattle (colloq), to chatter (colloq)

parloteo *m* (fam) prattle (colloq), chatter (colloq)

parné *m* (Esp arg) dough (sl)

paro *m*

A (esp AmL) (huelga) strike; **hacer un ~ de 24 horas** to go on a 24-hour strike; **están en** *or* **de ~** (AmL) they're on strike

(Compuestos)
- **paro cívico** (Col) community protest
- **paro general** (esp AmL) general strike
- **paro patronal** (AmL) lockout

B (Esp) **1** (desempleo) unemployment; **está en ~** he's unemployed **2** (subsidio) unemployment benefit; **cobrar el ~** to claim unemployment benefit

(Compuestos)
- **paro forzoso** (Esp): **están en ~ ~** they have been laid off
- **paro registrado** (Esp) official unemployment figures (*pl*)

C (de máquina, proceso) stoppage

(Compuesto) **paro cardíaco** *or* **cardiaco** cardiac arrest

D (Col) **en ~** (totalmente) completely, totally

parodia *f* parody, send-up (colloq)

parodiar [A1] *vt* to parody, to send up (colloq)

parón *m* sudden stop, dead stop

paroxismo *m* paroxysm

parpadear [A1] *vi* **1** «*persona*» to blink; «*ojo*» to blink, twitch; **me miró sin ~** she stared at me without blinking **2** «*luz*» to blink, flicker; «*estrellas*» to twinkle

parpadeo *m* **1** (de los ojos) blinking, twitching **2** (de una luz) blinking, flickering; (de las estrellas) twinkling

párpado *m* eyelid

parque *m*

A (terreno) park

(Compuestos)
- **parque acuático** waterpark
- **parque de atracciones** *or* (Col, RPl) **de diversiones** *or* (Chi) **de entretenciones** amusement park, funfair
- **parque de bomberos** (Esp) fire station
- **parque nacional** national park

- **parque natural** nature reserve
- **parque zoológico** zoo

B (conjunto): **el ~ automovilístico del país/de una empresa** the number of vehicles in the country/a company's fleet of vehicles

(Compuesto) **parque móvil** fleet of official vehicles

C (para niños) playpen

D (Méx) (municiones) ammunition

parqué *m* (suelo) parquet (flooring); (en la Bolsa) floor

parqueadero *m* (Col) parking lot (AmE), car park (BrE)

parquear [A1] *vt* (Col) to park
■ **parquearse** *v pron* (Col) to park

parquedad *f* **1** (al hablar): **habló con ~** he was sparing with his words **2** (sobriedad) frugality, moderation **3** (escasez) paucity (frml), scarcity

parqueo *m* (Col) parking

parqués *m* (Col) Parcheesi® (AmE), ludo (BrE)

parquet *m* (*pl* **-quets**) ▸**parqué**

parquímetro *m* parking meter

parra *f* vine; ***subirse a la ~*** (fam) (envanecerse) to get bigheaded (colloq)

parrafada *f* **1** (perorata) lecture (colloq), sermon (colloq); **me soltó una ~ de una hora** he lectured me for an hour (colloq) **2** (fam) (conversación) long talk; **echarse una ~ con algn** to have a long talk with sb (colloq)

párrafo *m* paragraph; **~ aparte** new paragraph; **su trabajo merece un ~ aparte** his work merits a separate mention

parral *m* (en un jardín) vine arbor*; (viñedo) vineyard

parranda *f* (fam): **estar** *or* **andar/irse de ~** to be/go out on the town *o* out partying (colloq)

parrandero -ra *adj* (fam): **es muy ~** he's always out on the town (colloq)

parricida *mf* parricide

parricidio *m* parricide

parrilla *f*

A **1** (Coc) grill, broiler (AmE); **pescado a la ~** grilled *o* (AmE) broiled fish **2** (restaurante) grillroom, grill bar **3** (de la chimenea) grate

B (AmL) (para el equipaje) luggage rack, roof rack

(Compuesto) **parrilla de salida** starting grid

parrillada *f* **1** (comida) grill, barbecue **2** (RPl) (restaurante) grillroom, grill bar

párroco *m* parish priest

parroquia *f*

A (iglesia) parish church; (área) parish; (feligreses) parishioners (*pl*)

B (clientela) customers (*pl*), clientele

parroquial *adj* (Relig) ‹*registro/boletín*› parish (*before n*); ‹*responsabilidad*› parochial; **escuela ~** parochial school (AmE), parish school (BrE)

parroquiano -na *m,f* **1** (Relig) parishioner **2** (cliente) regular customer *o* (frml) patron

parsimonia *f* **1** (calma) calm; **¡todo lo hace con una ~ ... !** she has such a relaxed approach to everything! **2** (frugalidad) parsimony

parsimonioso -sa *adj* **1** (tranquilo) phlegmatic, unhurried **2** (frugal) parsimonious

parte[1] *m*

A (informe, comunicación) report; **dar ~ de un incidente** «*particular*» to report an incident; «*autoridad*» to file a report about an incident; **dar ~ de enfermo** to call in sick

(Compuestos)
- **parte de defunción** death certificate
- **parte de guerra** dispatch
- **parte facultativo** medical report *o* bulletin
- **parte meteorológico** weather report

B (Andes) (multa) ticket (colloq), fine; **me pasaron** *or* **me pusieron un ~** I got a ticket *o* a fine

parte[2] *f*

A **1** (porción, fracción) part; **tres ~s iguales** three equal parts; **una sexta ~ de los beneficios** a sixth of the profits; **pasa la mayor** *or* **gran ~ del tiempo al teléfono** she spends most of her *o* the time on the phone; **la mayor ~ de los participantes** the majority of *o* most of the participants; **su ~ de la herencia** his share of the inheritance; **me siento ~ integrante del equipo** I feel I'm a full member of the team; **esto se debe en gran ~ a ...** this is largely due to ... **2** (de lugar) part; **la ~ antigua de la ciudad** the old part of the city; **¿de qué ~ de México eres?** what part of Mexico are you from?; **en la ~ de atrás** at the back; **atravesamos la ciudad de ~ a ~** we crossed from one side of the city to the other

(Compuesto) **parte de la oración** part of speech

B (*en locs*) **en parte** partly; **en ~ es tu culpa** it's partly your fault; **en gran ~** largely; **es, en buena ~, culpa suya** it is, to a large *o* great extent, his own fault; **de un tiempo a esta ~** for some time now; **de unos meses a esta ~ la situación ha empeorado** the situation has deteriorated over the past few months; **de parte de algn** on behalf of sb; **llamo de parte de María** I'm ringing on behalf of María; **dale recuerdos de mi ~** give him my regards; **muy amable de su ~** (that is/was) very kind of you; **de ~ del director que subas a verlo** the director wants you to go up and see him; **vengo de ~ del señor Díaz** Mr Díaz sent me; **¿de ~ de quién?** (por teléfono) who's calling?, who shall I say is calling? (frml); **¿tú de ~ de quién estás?** whose side are you on?; **se puso de su ~** he sided with her; **tienes que poner de tu ~** you have to do your share *o* part *o* (BrE colloq) bit; **formar parte de algo** «*pieza/sección*» to be part of sth; «*persona/país*» to belong to sth; **entrar a formar ~ de algo** to join sth; **por mi/tu/su parte** for my/your/his part; **yo, por mi ~ ...** I, for my part ... (frml), as far as I'm concerned ...; **por parte de: fue un error por parte nuestra/de la compañía** it was a mistake on our part/on the part of the company; **por ~ de** *or* **del padre** on his father's side; **por partes: revisémoslo por ~s** let's go over it section by section; **vayamos por ~s** let's take it step by step; **por otra parte** (además) anyway, in any case; (por otro lado) however, on the other hand; ***salva sea la ~*** (euf & hum) rear (colloq & euph)

C (participación) part; **yo no tuve ~ en eso** I played no part in that; **tomar ~** to take part

D (lugar): **vámonos a otra ~** let's go somewhere else *o* (AmE) someplace else; **esto no nos lleva a ninguna ~** this isn't getting *o* leading us anywhere; **¿adónde vas? — a ninguna ~** where are you going? — nowhere; **en cualquier ~** anywhere; **a/en todas ~s** everywhere; **en alguna ~** somewhere; **no aparece por ninguna ~** I can't find it anywhere

E (en negociación, contrato, juicio) party; **las ~s contratantes** the parties to the contract; **las ~s firmantes** the signatories; **ambas ~s quieren negociar** both sides want to negotiate; **la ~ demandante** the plaintiff/plaintiffs

F (Teatr) part, role; ***mandarse la(s) ~(s)*** (CS) (fam) to show off

G (Méx) (repuesto) part, spare (part)

H **partes** *fpl* (euf) (genitales) private parts (*pl*) (euph)

(Compuesto) **partes pudendas** (euf) private parts (*pl*) (euph), pudenda (*pl*) (frml)

parteluz *m* mullion

partenaire /parte'ner/ *mf* partner

partenogénesis *f* parthenogenesis

partición *f* (frml) (de herencia) division; (de territorio) partition

participación *f*

A (intervención) participation; **la ~ del público** audience participation; **con la ~ especial de Emilio Dávila** with a special guest appearance by Emilio Dávila; **~ EN algo**; ‹*en debate/clase/huelga*› participation IN sth; ‹*en robo/fraude*› involvement IN sth; ‹*en obra/película*› role IN sth; **tuvo una destacada ~ en las negociaciones** she played an important role in the negotiations; **el índice de ~ en las elecciones** the turnout for the elections

B **1** (en ganancias) share; **aumentaron su ~ en el mercado** they increased their market share **2** (en empresa) stockholding, interest **3** (de lotería) share (*in a lottery ticket*)

C (de casamiento, nacimiento) announcement

participante[1] *adj* ‹*empresas/artistas*› participating (*before n*); **los coros ~s en el concurso** the choirs taking part in the competition

participante[2] *mf* (en debate) participant; (en concurso) contestant; (en carrera) competitor

participar [A1] *vi*

A **~ (EN algo)** to take part (IN sth), participate (IN sth) (frml);

P

~ **activamente en algo** to take an active part in sth
B (en ganancias) to have a share; (en empresa) to have a stockholding
C (compartir) (frml) ~ DE **algo** ‹*de una opinión/un sentimiento*› to share sth
■ **participar** *vt* (frml) (comunicar) ‹*boda/nacimiento*› to announce; **tengo que ~les que ...** I have to inform you that ...

partícipe *mf* (frml) **1** **ser ~ EN algo** (contribuir) to contribute TO sth **2** **ser ~ DE algo** (compartir) to share IN sth; **nos hizo ~s de la noticia** he informed us of the news, he shared the news with us

participio *m* participle
(Compuestos)
• **participio pasado** *or* **pasivo** past participle
• **participio presente** *or* **activo** present participle

partícula *f* particle

particular¹ *adj* **1** (privado) ‹*clases/profesor*› private; ‹*teléfono*› home (*before n*); **en su domicilio ~** at his home **2** (específico) ‹*caso/aspecto*› particular; **rasgos que les son ~es** characteristics (which are) peculiar *o* unique to them; **en ~** in particular, particularly **3** (especial): **tiene un estilo muy ~** she has a very individual *o* personal style; **es un tipo muy ~** (fam) he's a very peculiar guy; **no tiene nada de ~ que vaya** there's nothing unusual *o* strange in her going; **la casa no tiene nada de ~** there's nothing special about the house

particular² *m* **1** (frml) (asunto) matter, point; **sin otro ~ le saluda** sincerely yours (AmE), yours faithfully (BrE) **2** (persona) (private) individual; **de ~** (RPl) out of uniform

particularidad *f* **1** (cualidad) peculiarity **2** (rasgo) special feature *o* characteristic

particularizar [A4] *vt*
A (distinguir) to distinguish; (caracterizar) to characterize
B (especificar) to specify; (entrar en detalles) to particularize, go into detail about
■ **particularizar** *vi* **1** (personalizar): **no particularices** don't single anybody out **2** (dar detalles) to go into details *o* specifics
■ **particularizarse** *v pron* to be characterized

particularmente *adv* **1** (especialmente) particularly, especially **2** (*indep*) (personalmente) personally; **yo, ~, considero que ...** personally, I think (that) ...

partida *f*
A (Jueg) game; **una ~ de ajedrez/cartas** a game of chess/cards; **echar una ~** to have a game
B **1** (en registro, contabilidad) entry; (en presupuesto) item; **importantes ~s de dinero** large sums of money **2** (de mercancías) consignment, batch
(Compuestos)
• **partida bautismal/de nacimiento** certificate of baptism/birth certificate
• **partida doble** (Fin) double entry; ***por ~ ~*** twice over
C (frml) (salida) departure, leaving
D (de rastreadores, excursionistas) party, group; ***ser ~*** (Per fam) to be game (colloq)
(Compuesto) **partida de caza** (de caza menor) shooting party; (de caza mayor) hunting party

partidario¹ -ria *adj* **1** (a favor) **~ DE algo/+ INF** in favor* OF sth/-ING; **se mostró ~ de la medida** he expressed his support for the measure **2** ‹*militancia/ideología*› partisan

partidario² -ria *m,f* supporter; **~ DE algn/algo: los ~s de Gaztelu** Gaztelu's supporters; **los ~s de la violencia** those who favor *o* advocate the use of violence

partidismo *m* partisanship; **una política sin ~s** a nonpartisan policy

partidista *adj* partisan, party (*before n*)

partido¹ -da *adj*
A ‹*labios*› chapped; ‹*barbilla*› cleft
B (Mat): **siete ~ por diez** seven over ten; **nueve ~ por tres da ...** nine divided by three gives ...

partido² *m*
A **1** (de fútbol) game, match (BrE); (de tenis) match; **echar un ~** to have a game; **un ~ de béisbol** a baseball game **2** (AmL) (partida) game; **un ~ de ajedrez** a game of chess
(Compuestos)
• **partido amistoso** friendly game *o* match, friendly
• **partido de desempate** replay, deciding game
• **partido de ida/vuelta** first/second leg
B (Pol) party; **~ político** political party; **~ de la oposición** opposition party; **un ~ de izquierda/centro** a left-wing/center party; **sistema de ~ único** one-party *o* single-party system; ***tomar ~*** to take sides
C (provecho): **sacar ~ de algo** to benefit from sth; **sacarle ~ a algo** to make the most of sth
D (para casarse): **un buen ~** a good catch
E (comarca) administrative area

partir [I1] *vt* **1** (con cuchillo) ‹*tarta/melón*› to cut; **lo partió en dos/por la mitad** he cut it in two/in half; **¿me partes otro trozo?** can you cut me another piece? **2** (romper) ‹*piedra/coco*› to break, smash; ‹*nuez/avellana*› to crack; ‹*rama/palo*› to break; **el rayo partió el árbol por la mitad** the lightning split the tree in two **3** (con golpe) ‹*labio*› to split (open); ‹*cabeza*› to split open; **¡te voy a ~ la cara!** (fam) I'll smash your face in! (colloq) **4** «*frío*» ‹*labios*› to chap
■ **partir** *vi*
A **1** (frml) «*tren/avión/barco*» to leave, depart (frml); «*persona/delegación*» to leave, depart (frml); **partió ayer con destino a Londres** she left for London yesterday **2** «*auto*» (Chi) to start
B **1** **~ DE algo** ‹*de una premisa/un supuesto*› to start FROM sth; **debemos ~ de la base de que ...** we should start from the premise that ...; **partiendo de esta hipótesis** taking this hypothesis as a starting point **2** **a partir de** from; **a ~ de ahora/ese momento** from now on/that moment on; **a ~ del cambio la situación ha mejorado** since the change, the situation has improved; **a ~ de hoy** (as *o* starting) from today
■ **partirse** *v pron* **1** «*mármol/roca*» to split, smash; **se le partió un diente** she broke *o* chipped a tooth **2** (*refl*) ‹*labio*› to split; ‹*diente*› to break, chip; **te vas a ~ la cabeza** you're going to split *o* crack your head open

partisano -na *adj/m,f* partisan

partitivo¹ -va *adj* partitive

partitivo² *m* partitive

partitura *f* (de obra orquestada) score; **me olvidé de la ~** I forgot my music

parto *m* (Med) labor*; **estar de ~** to be in labor; **fue un ~ difícil** it was a difficult birth; **provocar el ~** to induce labor; **hubo que provocarle el ~** she had to be induced; **murió en el** *or* **de ~** she died in childbirth; **fue un ~ prematuro** she gave birth prematurely
(Compuestos)
• **parto natural** natural birth
• **parto sin dolor** pain-free labor*

parturienta *f* (durante el parto) parturient (tech), woman in labor*; (después del parto) woman who has just given birth

parva *f* (de mies) heap of grain; (de paja) haystack

parvada *f* (AmL) flock, bevy

parvulario¹ *m* kindergarten, nursery school (BrE)

parvulario² -ria *m,f* (Chi) infant teacher

párvulo *m* preschooler (AmE), infant (BrE)

pasa *f* raisin; ***estar hecho una ~*** *or* ***estar arrugado como una ~*** to be very wrinkled
(Compuesto) **pasa de Corinto/de Esmirna** currant/sultana

pasable *adj*
A (tolerable) passable
B ‹*río/arroyo*› (AmL) fordable

pasabordo *m* (Col) boarding pass

pasacalle *m* street band, passacaglia

pasada *f*
A **1** (con un trapo) wipe; (de barniz, cera) coat; **dale una ~ con la plancha** give it a quick run over with the iron **2** (en labores) row **3** (paso) **de ~**: **estuvo de ~, no se quedó mucho rato** he was just passing (by), he didn't stay long; **trató el tema de ~** he dealt with the subject in passing; ***hacerle*** *or* ***jugarle una mala ~ a algn*** to play a dirty trick on sb
B (Esp arg) (abuso) rip off (colloq)

pasadizo *m* passageway, passage

P

pasado¹ -da *adj*
A (en expresiones de tiempo): **el año/sábado ~** last year/Saturday; **la visita real que tuvo lugar en días ~s** the royal visit which took place a few days ago; **en tiempos ~s** in days gone by, in bygone days (liter); **lo ~, ~ está** (fr hecha) what's done is done, let bygones be bygones; **~s dos días** after two days; **son las cinco pasadas** it's after *o* past five o'clock; **pasadas las tres de la tarde** (sometime) after three o'clock in the afternoon; **~ mañana** the day after tomorrow
B **1** (anticuado) old-fashioned, passé **2** (raído) worn-out
C ‹*fruta*› overripe; ‹*arroz/pastas*› overcooked; **la leche está pasada** the milk is off; **el pescado está ~** the fish is bad *o* (BrE) is off; **el filete muy ~, por favor** I'd like my steak well done
D (arg) ‹*persona*› stoned (colloq)

pasado² *m* **1** (época pasada) past; **eso pertenece al ~** that's all in the past; **a causa de su ~ político** because of her political background **2** (Ling) past (tense)

pasador *m*
A **1** (de pelo — decorativo) barrette (AmE), hair slide (BrE); (— en forma de horquilla) (Méx) bobby pin (AmE), hair clip (BrE) **2** (de corbata) tiepin **3** (Per) (cordón) shoelace
B (de puerta, ventana) bolt; (de bisagra) pin
C (filtro) filter; (colador) strainer

pasaje *m*
A (esp AmL) **1** (Transp) ticket; **un ~ de ida/de ida y vuelta** a one-way/round-trip ticket (AmE), a single/return ticket (BrE) **2** (ant) (viaje) voyage, passage (dated)
B (callejón) passage, narrow street; (galería comercial) arcade, mall
C (Lit, Mús) passage

pasajero¹ -ra *adj* ‹*capricho/moda*› passing (*before n*); ‹*amor*› fleeting (*before n*); ‹*molestia/dolor*› temporary

pasajero² -ra *m,f* passenger

pasamanería *f* braids (*pl*), cords (*pl*)

pasamanos *m* (*pl* ~), **pasamano** *m* **1** (de escalera) banister **2** (CS) (en bus, tren) handrail

pasamontañas *m* (*pl* ~) balaclava

pasante *mf*
A (Esp) **1** (ayudante) assistant **2** (Der) articled clerk
B (Méx) (Educ) probationary teacher

pasapalo *m* (Ven fam) nibble (colloq)

pasaporte *m* passport; **sacar el ~** to get a passport

pasapurés *m* (*pl* ~), **pasapuré** *m* (con manivela) food mill; (para aplastar) potato masher

pasar [A1] *vi*

Sentido I

A **1** (ir por un lugar) to come/go past; **no ha pasado ni un taxi** not one taxi has come/gone past; **¿a qué hora pasa el lechero?** what time does the milkman come?; **los otros coches no podían ~** the other cars weren't able to get past; **no dejan ~ a nadie** they're not letting anyone through; **no dejes ~ esta oportunidad** don't miss this opportunity; **~ de largo** to go right *o* straight past; **~ POR algo** to go THROUGH sth; **al ~ por la aduana** when you go through customs; **el Tajo pasa por Aranjuez** the Tagus flows through Aranjuez; **es un vuelo directo, no pasa por Miami** it's a direct flight, it doesn't go via Miami; **¿este autobús pasa por el museo?** does this bus go past the museum?; **¿el 45 pasa por aquí?** does the number 45 come this way?; **pasamos por delante de su casa** we went past her house; **pasaba por aquí y...** I was just passing by *o* I was in the area and...; **ni me pasó por la imaginación** it didn't even occur to me, it didn't even cross my mind **2** (deteniéndose en un lugar) **~ POR algo**: **¿podríamos ~ por el banco?** can we stop off at the bank?; **pase usted por caja** please go over to the cashier; **pasa un día por casa** why don't you drop *o* come by the house sometime?; **~ A + INF**: **puede ~ a recogerlo mañana** you can come and pick it up tomorrow; **~emos a verlos** we'll call in *o* drop in and see them **3** (atravesar) to cross; **~ de un lado a otro** to go *o* cross from one side to the other; **~on de Chile a Argentina a pie** they crossed over from Chile to Argentina on foot; **la humedad pasó a la otra habitación** the damp went through to the other room **4** (caber, entrar): **no pasará por la puerta** it won't go through the door; **esta camiseta no me pasa por la cabeza** I can't get this T-shirt over my head
B **1** (transmitirse, transferirse) «*corona/título*» to pass; **una tradición que pasa de padres a hijos** a tradition that is handed *o* passed down from generation to generation; **pasó de mano en mano** it was passed around (to everyone) **2** (comunicar): **te paso con Javier** (en el mismo teléfono) I'll hand *o* pass you over to Javier; (en otro teléfono) I'll put you through to Javier
C (entrar — acercándose al hablante) to come in; (— alejándose del hablante) to go in; **pase, por favor** please, do come in; **¡que pase el siguiente!** next, please!; **haga ~ al Sr Díaz** show Mr Díaz in please; **¡no ~án!** (fr hecha) they shall not pass!; **~on al comedor** they went through into the dining room; **¿puedo ~ al baño?** may I use the bathroom please?; **¿quién quiere ~ al pizarrón?** (AmL) who's going to come up to the blackboard?
D **1** (cambiar de estado, actividad, tema) **~ (DE algo) A algo** to go (FROM sth) TO sth; **pasó del quinto al séptimo lugar** she went *o* dropped from fifth to seventh place; **ahora pasa a tercera** (Auto) now change into third; **pasando a otra cosa ...** anyway, to change the subject ...; **pasan a ocupar el primer puesto** they move into first place; **pasó a tratar el problema** he went on to deal with the problem; **pasamos a informar de otras noticias** now, the rest of the news **2** (Educ) to pass; **¿pasaste?** did you pass?; **~ de curso** to get through *o* pass one's end-of-year exams **3** (ser aceptable): **no está perfecto, pero puede ~** it's not perfect, but it'll do; **por esta vez (que) pase** I'll let it pass *o* go this time
E (exceder un límite) **~ DE algo**: **no pases de 100** don't go over 100; **no pasó de un desacuerdo** it was nothing more than a disagreement; **está muy grave, no creo que pase de hoy** he's very ill, I don't think he'll last another day; **no pasa de los 30** he's not more than 30; **no pasamos de nueve empleados** they're only nine of us working there/here
F **pasar por** **1** (ser tenido por): **pasa por tonto, pero no lo es** he might look stupid, but he isn't; **podrían ~ por hermanas** they could pass for sisters; **se hacía ~ por médico** he passed himself off as a doctor; **se hizo ~ por mi padre** he pretended to be my father **2** (Esp) (implicar): **la solución pasa por una reforma política** the solution lies in a political reform

Sentido II

A (transcurrir) «*tiempo*» to pass; **~on muchos años** many years went by *o* passed; **ya han pasado dos horas** it's been two hours now; **¡cómo pasa el tiempo!** doesn't time fly!; **por ti no pasan los años** you look as young as ever; **pasaban las horas y no llegaba** the hours went by *o* passed and still he didn't come
B (cesar) «*crisis/mal momento*» to be over; «*efecto*» to wear off; «*dolor*» to go away; **menos mal que el invierno ya ha pasado** thank goodness winter's over
C (arreglárselas) to manage, get by; **sin electricidad podemos ~** we can manage *o* get by without electricity

Sentido III

A (suceder) to happen; **cuéntame lo que pasó** tell me what happened; **lo que pasa es que...** the thing *o* the problem is ...; **pase lo que pase** whatever happens, come what may; **¿qué pasó con lo del reloj?** what happened about the watch?; **...y aquí no ha pasado nada** ...and let's just forget the whole thing; **en este pueblo nunca pasa nada** nothing ever happens in this town; **siempre pasa igual** *or* **lo mismo** it's always the same; **¿pasa algo?** is something the matter?; **¿qué pasa?** what's the matter?, what's up? (colloq); **¡hola, Carlos! ¿qué pasa?** (fam) hi, Carlos! how's things *o* how's it going? (colloq); **son cosas que pasan** these things happen; (+ *me/te/le etc*) **¿qué te pasa?** what's the matter with you?; **¿qué te pasó en el ojo?** what happened to your eye?; **¿qué le pasa a la tele?** what's wrong with the TV?; **eso le pasa a cualquiera** that can happen to anybody; **por suerte a él no le pasó nada** fortunately, nothing happened to him
B (experimentar) **~ POR algo** ‹*por crisis/mala racha*› to go THROUGH sth

Sentido IV **1** (en naipes, juegos) to pass **2** (fam) (rechazando algo): **¿vas a tomar postre? — no, yo paso** are you going to have a dessert? — no, I think I'll give it a miss; **paso de salir, estoy muy cansada** I don't feel like going out, I'm very tired (colloq) **3** (fam) (expresando indiferencia): **que se las**

arreglen, yo paso they can sort it out themselves, it's not my problem; **pasa ampliamente de lo que diga la gente** she couldn't care less what people say (colloq); **paso de él** (esp Esp) I don't give a damn *o* I couldn't care less what he does (colloq)

■ **pasar** *vt*

(Sentido I)

A 1 (hacer atravesar) **~ algo POR algo** to put sth THROUGH sth; **~ la salsa por un tamiz** to put the sauce through a sieve; **pasa el cordón por este agujero** thread the string through this hole 2 (por la aduana —legalmente) to take through; (— ilegalmente) to smuggle 3 (hacer deslizar): **pásale un trapo al piso** give the floor a quick wipe; **~lo primero por harina** first dip it in flour; **a esto hay que ~le una plancha** this needs a quick iron *o* run over with the iron

B (exhibir, mostrar) ‹*película/anuncio*› to show

C 1 (cruzar, atravesar) ‹*frontera*› to cross; ‹*pueblo/ciudad*› to go through; **~on el río a nado** they swam across the river 2 (dejar atrás) ‹*edificio/calle*› to go past; **todavía no hemos pasado lo peor** the worst is yet to come 3 (adelantar, sobrepasar) to overtake; **~ A algo** to overtake sth, to get past sth; **está altísimo, ya pasa a su padre** he's really tall, he's already overtaken his father

D ‹*examen/prueba*› to pass

E ‹*página/hoja*› to turn

F (fam) (tolerar): **esto no te lo paso** I'm not letting you get away with this; **no te deja ~ ni una** he doesn't let you get away with anything; **a ese tipo no lo paso** I can't stand *o* take that guy (colloq); **no podía ~ aquella sopa** I couldn't stomach *o* eat that soup; ***~ por alto*** ‹*falta/error*› to overlook, forget about; «*tema/punto*» to leave out, omit

G (transcribir): **tendré que ~ la carta** I'll have to write *o* copy the letter out again; **¿me pasas esto a máquina?** could you type this for me?

(Sentido II)

A (entregar, hacer llegar): **páselo a Miguel** pass it on to Miguel; **¿me pasas el martillo?** can you pass me the hammer?; **le pasó el balón a Gómez** he passed the ball to Gómez; **el padre le pasa una mensualidad** she gets a monthly allowance from her father

B ‹*gripe/resfriado*› to give; **me lo pasó a mí** he gave it to me, he passed it on to me

(Sentido III)

A 1 ‹*tiempo*› to spend; **pasamos las Navidades en casa** we spent Christmas at home; **fuimos a Toledo a ~ el día** we went to Toledo for the day 2 (con idea de continuidad): **pasé toda la noche en vela** I was awake all night; **puede ~ días sin comer** he can go for days without eating

B 1 (sufrir, padecer) «*penalidades/desgracias*» to go through, to suffer; **está pasando una mala racha** he's going through bad times *o* (BrE) a bad patch; **no sabes las que pasé** you've no idea what I went through; **pasé mucho miedo/frío** I was very frightened/cold 2 **pasarlo** *or* **pasarla bien** to have a good time; **¿qué tal lo pasaste en la fiesta?** did you have a good time at the party?, did you enjoy the party?; **lo pasé mal** I didn't enjoy myself; **lo pasa muy mal con los exámenes** he gets very nervous about exams

■ **pasarse** *v pron*

(Sentido I)

A (cambiarse): **~se al enemigo** to go over to the enemy; **queremos ~nos a la otra oficina** we want to move to the other office

B 1 (ir demasiado lejos): **nos pasamos, el banco está más arriba** we've gone too far, the bank isn't as far down as this; **nos pasamos de estación** we went past our station 2 (fam) (excederse) to go too far; **esta vez te has pasado** you've gone too far this time; **se ~on con los precios** the prices they charged were way over the top (colloq); **se pasó con la sal** he overdid the salt (colloq); **te pasaste con el regalo** that was a really nice present you gave me; **se pasó de listo** he tried to be too clever (colloq); **te pasas de bueno** you're too kind for your own good 3 (CS fam) (lucirse): **¡te pasaste! esto está riquísimo** you've excelled yourself! this is really delicious (colloq)

C 1 «*peras/tomates*» to go bad, get overripe; «*carne/pescado*» to go off, go bad; «*leche*» to go off, go sour 2 (recocerse): «*arroz/pasta*» to get overcooked; **no le dejes ~se de punto** don't let it overcook

(Sentido II)

A 1 (desaparecer) «*efecto*» to wear off; «*dolor*» to go away; (+ *me/te/le etc*) **ya se me pasó el dolor** the pain's gone *o* eased now; **espera a que se le pase el enojo** wait until he's calmed *o* cooled down; **hasta que se le pase la fiebre** until her temperature goes down 2 (transcurrir): **el año se ha pasado muy rápido** this year has gone very quickly; (+ *me/te/le etc*) **sus clases se me pasan volando** her classes seem to go so quickly

B (+ *me/te/le etc*) 1 (olvidarse): **se me pasó totalmente** I completely forgot; **se me pasó su cumpleaños** I forgot his birthday 2 (dejar de notar): **se le ~on varios errores** he overlooked several mistakes; **no se le pasó ese detalle** this detail didn't escape his attention 3 (dejar escapar): **se me pasó la oportunidad** I missed the opportunity

(Sentido III)

A (*enf*) (estar): **se pasa el día al teléfono** she spends all day on the phone; **me pasé toda la noche estudiando** I was up all night studying; **se pasó el domingo durmiendo** he spent the whole of Sunday evening sleeping; *ver tb* **pasar** *vt Sentido* **III A2 y B2**

B (*enf*) (fam) (ir): **pásate por casa** come round; **¿podrías ~te por el mercado?** could you go down to the market?

C (*refl*): **se pasó la mano por el pelo** he ran his fingers through his hair; **~se un peine** to run a comb through one's hair

pasarela *f* 1 (en desfiles de modelos) runway (AmE), catwalk (BrE) 2 (Náut) gangway

pasatiempo *m* 1 (entretenimiento) hobby, pastime 2 **pasatiempos** *mpl* (en periódico) puzzles (*pl*)

Pascua *f* 1 (fiesta de Resurrección) Easter; ***de ~s a Ramos*** (fam) once in a blue moon (colloq); ***estar más contento que unas ~s*** (fam) to be over the moon (colloq); ***hacerle la ~ a algn*** (fam) to mess up sb's plans (colloq); ***y santas p~s*** (fam) and that's/that was that 2 (Navidad) Christmas 3 (fiesta judía) Passover

(Compuesto) **Pascua Florida** *or* **de Resurrección** Easter

pase *m*

A 1 (permiso) pass; **~ de periodista** press pass 2 (para espectáculo) *tb* **~ de favor** complimentary ticket 3 (Col) (licencia de conducción) license*

(Compuestos)

- **pase de abordar** (Méx) boarding pass
- **pase pernocta** overnight pass

B 1 (Dep) (en fútbol, baloncesto, rugby) pass; (en esgrima) feint; **~ adelantado/hacia atrás** forward/back pass 2 (Taur) pass 3 (en magia) sleight of hand

(Compuesto) **pase de pecho** pass at chest height

C (Cin) showing, performance

paseador -dora *adj* (Col) ▸ **paseandero**

paseandero -ra *adj* (CS fam): **es muy ~** he goes out a lot

paseante *mf* stroller

pasear [A1] *vi* 1 (a pie) to go for a walk *o* stroll; **salir a ~** to go out for a walk *o* stroll 2 (en bicicleta) to go for a (bike) ride; (en coche) to go for a drive

■ **pasear** *vt* 1 ‹*perro*› to walk; **nos paseó por todo el edificio** he showed *o* took us around the whole building 2 (lucir) ‹*sombrero/traje*› to show off

■ **pasearse** *v pron* 1 (caminar) to walk; **se paseaba de un lado a otro de la habitación** she was pacing up and down the room 2 (en coche, bicicleta etc) ▸ **pasear** *vi*

paseíllo *m* (Taur) opening procession

paseo *m*

A 1 (caminata) walk; **¿salimos a dar un ~?** shall we go for a walk *o* (colloq) stroll?; ***mandar a algn a ~*** (fam) to tell sb to get lost (colloq); **¡vete a ~!** get lost! (colloq), go to hell! (sl) 2 (en bicicleta) ride; (en coche) drive; **fuimos a dar un ~ en coche** we went for a drive 3 (AmL) (excursión) trip, outing; **no vivo aquí, estoy de ~** I don't live here, I'm just visiting

B (en nombres de calles) walk, avenue

(Compuesto) **paseo marítimo** esplanade, seafront

pasillo *m* (corredor) corridor; (en avión) aisle

(Compuesto) **pasillo rodante** moving walkway

P

pasión *f* passion; **lo quiero con ~** I love him passionately; **siente** *or* **tiene verdadera ~ por ella** he's passionately in love with her; **tiene** *or* **siente ~ por el fútbol** he has a passion for football; **la Pasión** (Relig) the Passion

pasional *adj*: **un arrebato/crimen ~** a fit/crime of passion

pasito *adv* (Col, Ven) ‹*hablar*› quietly, softly; **entró pisando ~** she came in softly *o* quietly; **poner ~ la música** to turn the music down

pasiva *f* passive

pasividad *f*
A (cualidad) passivity
B (Ur frml) (pensión) pension

pasivo¹ -va *adj*
A ‹*actitud/persona*› passive
B (Econ, Servs Socs): **la población pasiva** the non-working population
C (Ling) ‹*oración*› passive
D (Esp frml) (Fisco) **~ DE algo** liable FOR sth

pasivo² *m* (en negocio) liabilities (*pl*); (en cuenta) debit side

pasmado -da *adj*
A (fam) ‹*persona*›: **¡no te quedes ahí ~!** don't stand there gaping *o* gawping (colloq); **la noticia me dejó pasmada** I was stunned by the news (colloq)
B (Chi, Méx) ‹*fruta*› stunted

pasmar [A1] *vt* (fam) to amaze, stun; **tiene unos modales que te pasman** you'd be amazed *o* stunned at his manners (colloq)
■ **pasmar** *vi*: **¡hace un frío que pasma!** (fam) it's perishing (cold)! (colloq)
■ **pasmarse** *v pron*
A (fam) «*persona*» to be amazed, be stunned (colloq)
B (Chi, Méx) «*fruta*» to stop growing

pasmarote *mf* (fam) dummy (colloq)

pasmo *m* (Esp fam) shock

pasmoso -sa *adj* amazing (colloq), incredible (colloq)

paso *m*
A **1▸** (acción): **el ~ del agua** the flow of water; **el ~ del tren** the passing of the train; **el ~ del tiempo** the passage of time; **el huracán destruyó todo a su ~** the hurricane destroyed everything in its path; **el ~ de la dictadura a la democracia** the transition from dictatorship to democracy; ***de* ~**: **están de ~** they're just visiting *o* just passing through; **de ~ puedo comprar pan** I can buy some bread on the way; **fui a la oficina y de ~ hablé con él** I went to the office and while I was there I had a word with him; **me pilla de ~** it's on my way; **y dicho sea de ~ …** and incidentally … **2▸** (camino, posibilidad de pasar) way; **abran ~** make way; **me cerró el ~** she blocked my way; **dejen el ~ libre** leave the way clear; Ⓢ **ceda el paso** yield (*in US*), give way (*in UK*); Ⓢ **prohibido el paso** no entry; ***abrirse* ~** to make one's way; (a codazos) to elbow one's way; **abrirse ~ en la vida** to make one's way in life; ***salir al ~ de algn*** (abordar) to waylay sb; (detener) to stop sb; **un guardia salió a su ~** he was stopped by a security guard
B (Geog) (en montaña) pass; ***salir del* ~** to get out of a (tight) spot *o* (AmE) crack (colloq)

(Compuestos)
- **paso a nivel** grade (AmE) *o* (BrE) level crossing
- **paso de cebra** zebra crossing
- **paso de peatones** crosswalk (AmE), pedestrian crossing (BrE)
- **paso elevado** *or* (Méx) **a desnivel** overpass (AmE), flyover (BrE)
- **paso fronterizo** border crossing
- **paso subterráneo** (para peatones) underpass, subway (BrE); (para vehículos) underpass

C **1▸** (al andar, bailar) step; **dio un ~ para atrás** he took a step backward(s); **camina 50 ~s al norte** walk 50 paces to the north; **dirigió sus ~s hacia la puerta** she walked toward(s) the door; **oyó ~s** she heard footsteps; **entró con ~ firme** he came in purposefully; **no da un ~ sin consultarme** she won't do anything without asking me first; **~ a ~** step by step; ***a cada* ~** at every turn; ***andar en malos* ~s** to be mixed up in shady deals; ***a* ~s *agigantados*** by leaps and bounds; ***dar los primeros* ~s** (literal) to take one's first steps; (iniciarse en algo) to start out; ***dar un* ~ *en falso*** (literal) to stumble; (equivocarse) to make a false move; ***seguirle los* ~s *a algn*** to tail sb; ***seguir los* ~s *de algn*** to follow in sb's footsteps; ***volver sobre sus* ~s** to retrace one's steps **2▸** **pasos** *mpl* (en baloncesto) traveling*, steps (*pl*); **hacer ~s** to travel
D **1▸** (distancia corta): **vive a dos ~s de mi casa** he lives a stone's throw (away) from my house; **estuvo a un ~ de la muerte** she was at death's door; **está a un ~ de aquí** it's just around the corner/down the road from here; **de ahí al estrellato no hay más que un ~** it's only a short step from there to stardom **2▸** (avance) step forward; **eso ya es un ~ (adelante)** that's a step forward in itself **3▸** (de gestión) step; **hemos dado los ~s necesarios** we have taken the necessary steps
E (en contador) unit
F **1▸** (ritmo, velocidad): **apretó/aminoró el ~** he quickened his pace/he slowed down; **el tren iba a buen ~** the train was going at a fair speed; **a este ~ …** at this rate …; ***a* ~ *de hormiga*** *or* ***tortuga*** at a snail's pace; ***marcar el* ~** to mark time **2▸** (Equ) **al ~** at a walking pace

(Compuesto) **paso ligero** *or* **redoblado**: **a ~ ~** double quick, in double time

pasodoble *m* paso doble

pasón *m* (Méx arg) trip (colloq); **está en un ~** he's tripping (colloq)

pasota¹ *adj* (Esp fam): **es muy ~** he doesn't give a damn about anything (colloq); **está en plan ~** he's just loafing *o* lazing around (colloq)

pasota² *mf* (Esp fam): **ese tío es un ~** that guy couldn't give a damn about anything (colloq)

pasotismo *m* (Esp) indifference, apathy

paspadura *f* (RPl) chapped skin

pasparse [A1] *v pron* (RPl) «*cara/labios*» to get chapped; **el bebé tiene la cola paspada** the baby has diaper (AmE) *o* (BrE) nappy rash

paspartú *m* (*pl* **-tús**) passe-partout

pasquín *m*
A (esp AmL) (periódico) rag
B (cartel) pasquinade, satirical poster

pasta *f*
A (Coc) **1▸** (fideos, macarrones, etc) pasta **2▸** (Esp) (masa de harina) pastry; (galleta) *tb* **~ de té** cookie **3▸** (de tomates, anchoas, etc) paste
B **1▸** (materia moldeable) paste; **un libro en ~** a book in boards; **libros de ~ blanda** (Méx) paperback books; ***ser de buena* ~** to be good-natured; ***tener* ~ *para/de algo*** to be cut out for sth; **tiene ~ de actriz** she's actress material **2▸** (Chi) (betún) polish

(Compuestos)
- **pasta dentífrica** *or* **de dientes** toothpaste
- **pasta de papel** wood pulp

C (Esp fam) (dinero) money, dough (sl)

pastar [A1] *vi* to graze

pastel¹ *adj inv* pastel; **colores ~** pastel (colors)

pastel² *m*
A **1▸** (dulce) cake; **~ de chocolate** chocolate cake *o* gateau **2▸** (cubierto de masa) pie

(Compuestos)
- **pastel de boda/cumpleaños** wedding/birthday cake
- **pastel de carne** (con masa) meat pie
- **pastel de papas** (CS) shepherd's pie, cottage pie

B (fam) (enredo) mess (colloq); ***descubrir el* ~** (fam) to take the lid off sth (colloq)
C (Art) pastel; **al ~** pastel (*before n*)

pastelería *f* (tienda) cake shop, patisserie (BrE); (actividad) (cake) baking

pastelero -ra *m,f*
A (fabricante) patissier, pastry cook; (vendedor) cake seller
B (Per fam) dopehead (sl)

pastelón *m* (Chi) paving stone

pasteurización, pasterización *f* pasteurization, pasteurizing

pasteurizado -da, **pasterizado -da** *adj* pasteurized

pasteurizar [A4], **pasterizar** [A4] *vt* to pasteurize

pastiche /pas'tiʃ, pas'titʃe/ *m* pastiche

pastilla *f*
A **1▸** (Farm, Med) (para tragar) pill, tablet; (para chupar) pastille, lozenge; **~s para dormir** sleeping tablets *o* pills; **~s para**

los nervios tranquilizers 2 (caramelo) candy (AmE), sweet (BrE); ~ de anís aniseed candy o sweet; ~ de menta mint; ~s de goma fruit pastilles/gums; *a toda* ~ (Esp fam) (velocidad) flat out (colloq); (volumen) on full blast (colloq)
B (de jabón) bar; (de chocolate) bar; (de caldo) cube
(Compuesto) **pastilla de freno** brake shoe o pad
C (Electrón) chip, microchip
(Compuesto) **pastilla de silicio** silicon chip

pastillero *m* pillbox

pastizal *m* pastureland, grazing land

pasto *m* 1 (Agr) pasture; **hay buenos ~s** there is good grazing o pasture; ***a todo ~*** (Esp fam): **comimos a todo ~** we ate until we were fit to burst (colloq); **fumaban a todo ~** they smoked like chimneys (colloq); ***ser ~ de algo*** «*persona*» to be the subject of sth; **el edificio fue ~ de las llamas** the building was enveloped o engulfed in flames 2 (AmL) (hierba) grass; (extensión) lawn, grass

pastor -tora *m,f*
A (Agr) (*m*) shepherd; (*f*) shepherdess
(Compuesto) **pastor alemán** German shepherd, Alsatian
B (Relig) minister

pastoral¹ *adj* pastoral

pastoral² *f* 1 (Relig) pastoral (letter) 2 (fam) (escrito) screed; (discurso) sermon (colloq)

pastorear [A1] *vt* to tend
■ **pastorear** *vi* (AmL) to graze, pasture

pastoreo *m* pasture, pasturage; **tierras de ~** pastureland, grazing land

pastoril *adj* pastoral

pastoso -sa *adj* 1 ‹*sustancia/masa*› doughy 2 ‹*boca/lengua*› furry 3 ‹*voz/tono*› rich, mellow

Pat. (= **patente**) pat.

pata¹ *f*
A (Zool) 1 (pierna — de animal, ave) leg; **las ~s delanteras/traseras** the front/hind legs 2 (pie — de perro, gato) paw; (— de ave) foot
B (de persona) 1 (fam & hum) (pierna) leg; ***a la ~*** (Chi fam) word for word; ***estirar la ~*** (fam) to kick the bucket (colloq); ***meter la ~*** (fam) to put one's foot in it (colloq); ***~s (para) arriba*** (fam) upside down; **tengo toda la casa ~s arriba** the house is in a complete mess 2 (AmL fam & hum) foot; ***a ~*** (fam & hum) on foot; ***a ~ pelada*** (Chi, Per fam) barefoot; ***hacer algo con las ~s*** (Col, Méx, Ven fam) to make a botch of sth (colloq); ***hacerle la ~ a algn*** (Chi fam) to suck up to sb (colloq); ***por abajo de la ~*** (RPl fam) at least; ***saltar a (la) ~ coja*** to hop; ***saltar en una ~*** (CS) to jump for joy; ***ser ~*** (RPl fam) to be game (colloq); ***ser ~ de perro*** (Chi, Méx fam) to have itchy feet (colloq); **es muy ~ de perro** she likes going out a lot (colloq); ***tener ~*** (AmL fam) to have contacts; ***tener ~s*** (Chi fam) to have a lot of nerve (colloq); ▸**malo¹**
(Compuestos)
- **pata de cabra** crowbar, prybar (AmE)
- **pata de gallo** (Esp) (tela) houndstooth check
- **pata de palo** wooden leg
- **patas de gallo** *fpl* crow's feet (*pl*)

C (de mueble) leg

pata² *m* (Per fam) 1 (tipo) guy (colloq), bloke (BrE colloq) 2 (amigo) buddy (AmE colloq), mate (BrE colloq); **él es mi ~ del alma** he's my best pal o (BrE) mate (colloq)

pataca *f* Jerusalem artichoke

patada *f*
A (puntapié) kick; **le dio una ~ al balón** he kicked the ball, he gave the ball a kick; **tiró la puerta abajo de una ~** he kicked the door down; **dio una ~ en el suelo** he stamped his foot; **lo agarraron a ~s** (AmL) they kicked him about; **¡te voy a dar una ~ en el culo!** (vulg) I'm gonna kick your ass (AmE) o (BrE) arse (vulg); ***a las ~s*** (AmL fam) terribly; **el informe está hecho a las ~s** the report has just been thrown together; ***a ~s*** (fam): **la trata a ~s** he treats her like dirt (colloq); **los echaron a ~s** they were kicked out; **había comida a ~s** there was tons o loads of food; ***como una ~*** (fam): **lo que dijo me sentó como una ~ (en el estómago** *or* **hígado)** what he said was like a kick in the teeth (colloq); **la cena me sentó como una ~** what I had for dinner really disagreed with me; ***darle la ~ a algn*** to give sb the push o boot (colloq); ***darse de ~s*** (fam) to clash; ***de la ~*** (Méx fam): **me ha ido de la ~** everything has gone wrong for me; **el estreno estuvo de la ~** the premiere was a flop (colloq); **me cae de la ~** I can't stand her (colloq); ***en dos ~s*** (AmL fam) in a flash (colloq); ***me/le da cien ~s*** (fam) I/he can't stand it; ***ni a ~s*** (Chi, Méx fam) no way (colloq)
B (AmL) 1 (de arma) kick 2 (fam) (producida por la electricidad) shock (colloq); **me dio tremenda ~** I got a real shock

Patagonia *f*: **la ~** Patagonia; ***aquí y en la ~*** (fam) here and anywhere else in the world

patagónico -ca *adj* Patagonian

patalear [A1] *vi* 1 (con enfado) to stamp (one's feet) 2 (en el aire, agua) to kick (one's legs in the air/water) 3 (fam) (protestar) to kick up a fuss (colloq)

pataleo *m* 1 (contra el suelo) stamping 2 (en el aire, agua) kicking 3 (fam) (protesta) protest; **el derecho al ~** (fr hecha) the right to complain

pataleta *f*
A (fam) (de niño pequeño) tantrum; **le dio una ~** «*niño*» he threw a tantrum; «*adulto*» he had a fit (colloq)
B (CS fam): **le dio una ~ al hígado** he got an upset tummy

patán¹ *adj* (fam) loutish, uncouth; **no seas ~** don't be such a lout o so uncouth

patán² *m*
A (fam) (grosero) lout, yob (BrE colloq)
B (Chi) (holgazán) good-for-nothing

patata *f* (Esp) potato; ***ser una ~*** (Esp fam) to be a lemon (colloq)
(Compuestos)
- **patata caliente** (Esp period) hot potato (journ)
- **patata frita** (Esp) (de sartén) French fry, chip (BrE); (de bolsita) (potato) chip (AmE), (potato) crisp (BrE)

patatín (fam): **que (si) ~, que (si) patatán** (*loc adv*) and so on and so forth

patatús *m* (fam) fit (colloq); **le va a dar un ~** she'll have a fit; **me dio un ~ del susto** it frightened me to death

patchouli /pa'tʃuli/, **patchulí** *m* patchouli

paté, pâté *m* pâté; **~ de hígado** liver pâté

pateador -dora *m,f* (Dep) kicker

pateadura *f* (CS, Per fam) beating; **le dio una ~** he beat her up

patear [A1] *vt*
A 1 «*persona*» to kick, boot (colloq) 2 (AmL) «*animal*» to kick
B (Chi fam) ‹*novio/novia*› to dump (colloq)
■ **patear** *vi*
A 1 (dar patadas en el suelo) to stamp (one's feet) 2 (AmL) «*animal*» to kick 3 «*escopeta*» to kick; ***~ para el otro lado/los dos lados*** (RPl fam) to be gay/to be bisexual
B (Dep) to putt
C 1 (CS fam) (+ *me/te/le etc*) «*comida*» to disagree with 2 (Chi) (desagradar) (+ *me/te/le etc*): **me patea ese tipo** I can't stand that guy (colloq)
■ **patearse** *v pron* (fam) (*enf*) (recorrer a pie) to traipse around

patena *f* paten; ***limpio como una ~*** (Esp) as clean as a new pin

patentado -da *adj* ‹*invento*› patented; ▸**marca B**

patentar [A1] *vt*
A ‹*marca*› to register; ‹*invento*› to patent
B (CS) ‹*coche*› to register

patente¹ *adj* clear, evident; **era ~ su esfuerzo por controlarse** he was visibly trying not to lose his temper; **dejó ~ cuál era su objetivo** he made his aim quite clear; **es ~ que ...** clearly o obviously ...

patente² *f*
A (de invento) patent; **tienen la ~ para este diseño** they hold the patent for this design
(Compuestos)
- **patente de corso**: **le han dado ~ de ~ para actuar** he's been given carte blanche
- **patente de navegación** registration certificate

B (Auto) 1 (CS) (impuesto) road tax; (placa) license* plate, numberplate (BrE); **el número de la ~** the (registration) number o (AmE) the license number 2 (Col) (carnet de conducir) driver's license*
C (Chi) (de profesional) registration fee (*paid to a professional association*)

patente³ *adv* (CS) clearly

patentizar [A4] *vt* (period) to demonstrate

P

patera *f* (Esp) open boat (*used by illegal immigrants to cross the Strait of Gibraltar*)

paternal *adj* paternal

paternalismo *m* paternalism

paternalista *adj* paternalistic

paternidad *f*
A (del padre) **1** (Der) paternity (frml); **no reconoció la ~ del niño** he did not acknowledge paternity of the child **2** (circunstancia) fatherhood; **la ~ lo ha cambiado** fatherhood *o* being a father has changed him
B (de los padres) parenthood; **la ~ responsable** family planning
C (autoría) authorship; **se le atribuye la ~ de este invento** this invention has been attributed to him

paterno -na *adj* **1** ‹*abuelo*› paternal (*before n*); **por línea paterna** on my (*o* your *etc*) father's side **2** ‹*autoridad/herencia*› paternal; ‹*cariño*› paternal, fatherly; **su domicilio ~** her parents' home

patero -ra *m,f* (Chi) bootlicker (colloq)

patético -ca *adj* pathetic, moving

patetismo *m* pathos (liter); **imágenes de (un) gran ~** very moving images

patíbulo *m* **1** (tablado) scaffold **2** (horca) gallows; **lo condenaron al ~** he was sent to the gallows

patidifuso -sa *adj* (fam) flabbergasted (colloq); **se quedó ~** he was flabbergasted

patilla *f*
A **1** (barba) sideburn, sideboard (BrE); **dejarse ~s** to grow sideburns **2** (de las gafas) sidepiece, arm
B (fruta) (Col, Ven) watermelon; (esqueje) (Chi) cutting

patín *m* **1** (con ruedas) (roller) skate; (para el hielo) (ice) skate; **le regalé unos patines** I gave him a pair of skates **2** (tabla) skateboard **3** (Esp) (bote) pedalo, pedal boat
(Compuesto) **patín del diablo** (Méx) scooter

pátina *f* patina

patinada *f* (AmL) ▸ **patinazo**

patinador -dora *m,f* (Dep) (sobre ruedas) (roller) skater; (sobre hielo) (ice) skater
(Compuestos)
- **patinador artístico -dora artística** *m,f* figure skater
- **patinador -dora de velocidad** *m,f* speed skater

patinaje *m* (sobre ruedas) roller skating; (sobre hielo) ice skating
(Compuesto) **patinaje artístico/de velocidad** figure/speed skating

patinar [A1] *vi*
A **1** (Dep) (con ruedas) to skate, roller-skate; (sobre hielo) to skate, ice-skate **2** (resbalar) «*persona*» to slip, slide; «*vehículo*» to skid; «*embrague*» to slip; ***a ti te patina/a éste le patina*** (CS fam) you've/he's got a screw loose (colloq)
B (fam) (equivocarse) to slip up
■ **patinarse** *v pron* (RPl fam) ‹*dinero*› to blow (colloq)

patinazo *m*
A (de vehículo) skid; **el coche dio** *or* **pegó un ~** the car skidded
B (fam) (equivocación) blunder, slip-up (colloq)

patineta *f* **1** (con manillar) scooter **2** (CS, Méx, Ven) (sin manillar) skateboard

patinete *m* scooter

patio *m*
A (en una casa) courtyard, patio; (de escuela) playground, schoolyard; ***cómo está el ~*** (Esp fam): **¡cómo está el ~!** what a state things are in!; **voy a ver cómo está el ~ allí adentro** I'm going to see what's going on inside; ***pasarse al ~*** (RPl fam) to overstep the mark
(Compuestos)
- **patio de armas** parade ground
- **patio de luces** *or* **de luz** well

B (Esp) (Cin, Teatr) orchestra (AmE), stalls (*pl*) (BrE)
(Compuesto) **patio de butacas** (Esp) orchestra (AmE), stalls (*pl*) (BrE)
C (Méx) (Ferr) shunting yard

patiperrear [A1] *vi* (Chi fam): **~ por el mundo** to go off globetrotting; **patiperreó toda la mañana** he traipsed around all morning

patita *f* leg; ***¡~s pa' qué te quiero!*** (CS fam & hum) I'm out of here! (colloq); ***poner a algn de ~s en la calle*** (fam) to kick *o* chuck sb out (colloq)

patitieso -sa *adj* (fam) **1** (paralizado): **quedarse ~ (de frío)** to freeze to death *o* (colloq) get frozen stiff **2** (patidifuso) flabbergasted (colloq)

patito -ta *m,f* duckling; ***hacer ~s*** (CS, Méx) to play ducks and drakes; **el ~ feo** the ugly duckling

patituerto *adj* (fam) bowlegged

patizambo -ba *adj* (con las piernas arqueadas — hacia adentro) knock-kneed; (— hacia afuera) bowlegged

pato[1] **-ta** *m,f* (Zool) duck; ***hacerse ~*** (Méx fam) to pretend not to know anything; ***pagar el ~*** (fam) to get the blame
(Compuesto) **pato salvaje** *or* **silvestre** wild duck

pato[2] **-ta** *adj* [ESTAR] (CS fam) broke (colloq)

pato[3] *m*
A (Esp fam) (persona) clodhopper (colloq)
B (Col fam) (en una fiesta) gatecrasher (colloq)
C (Andes, Méx) (Med) bedpan

patochada *f* (fam) piece of nonsense; **decir ~s** talk nonsense

patógeno[1] **-na** *adj* pathogenic

patógeno[2] *m* pathogen

patología *f* pathology

patológico -ca *adj* pathological

patólogo -ga *m,f* pathologist

patón -tona *adj* (AmL fam) ▸ **patudo A**

patonearse [A1] *v pron* (Col fam) to traipse around

patoso[1] **-sa** *adj* (Esp fam) clumsy

patoso[2] **-sa** *m,f* (Esp fam) clumsy idiot (colloq)

patota *f* (AmL fam) mob, gang

patotero -ra *m,f* (CS fam) hooligan

patraña *f* tall story

patria *f* homeland, motherland, fatherland; **luchar/morir por la ~** to fight/die for one's country; **¡viva la ~!** God save Colombia (*o* Spain *etc*)!; ***hacer ~*** to fly the flag (for one's country)
(Compuestos)
- **patria adoptiva** adopted country
- **patria chica** hometown
- **patria potestad** custody, guardianship

patriarca *m* patriarch

patriarcado *m* (Sociol) patriarchy; (Relig) patriarchate

patriarcal *adj* patriarchal

patricio -cia *adj/m,f* patrician

patrimonial *adj* (del patrimonio) patrimonial; (hereditario) hereditary

patrimonio *m* patrimony; **impuesto sobre el ~ de las personas físicas** capital gains tax; **~ personal** personal assets (*pl*); **el ~ social** stockholders' *o* shareholders' equity; **el ~ nacional** national wealth; **~ histórico** heritage; **~ artístico/cultural** artistic/cultural heritage; **es ~ de todos** it's a heritage we all share

patrio -tria *adj* (liter) ‹*amor*› for one's country; ‹*deber*› to one's country; ‹*suelo*› native

patriota[1] *adj* patriotic

patriota[2] *mf* patriot

patriotería *f* jingoism, chauvinism

patriotero[1] **-ra** *adj* jingoistic, chauvinistic

patriotero[2] **-ra** *m,f* jingoist, chauvinist

patriótico -ca *adj* patriotic

patriotismo *m* patriotism

patrocinado -da *m,f* (protegido) protégé; (Der) client

patrocinador[1] **-dora** *adj*: **la empresa ~a** the sponsors

patrocinador[2] **-dora** *m,f* (de acto, proyecto) sponsor; (Art) patron

patrocinar [A1] *vt*
A ‹*acto/proyecto*› to sponsor
B (Chi, Méx) «*abogado*» to represent

patrocinio *m*
A (de acto, proyecto) sponsorship; (Art) patronage
B (Chi, Méx) (de abogado) representation

P

patrón -trona *m,f*
A 1 (Rels Labs) employer (frml), boss 2 (Esp) (de casa de huéspedes) (*m*) landlord; (*f*) landlady 3 (Náut) skipper; (de buque mercante) master, skipper
B (Relig) patron saint
C (CS fam) (como apelativo) (*m*) sir; (*f*) madam
D **patrón** *m* 1 (en costura) pattern; ***cortados por el mismo* ~** cast in the same mold* 2 (para mediciones) standard
(Compuesto) **patrón oro** gold standard
E **la patrona** *f* (CS fam & hum) (esposa) the boss (colloq & hum)
patronal[1] *adj* 1 (Rels Labs) ‹*oferta*› management (*before n*); **organización ~** employers' organization 2 (Relig): **fiesta ~** patron saint's day
patronal[2] *f* (de empresa) management; (clase empresarial) employers (*pl*)
patronato *m* board, trust, council
patronímico[1] **-ca** *adj* patronymic
patronímico[2] *m* patronymic
patrono -na *m,f* 1 (esp AmL) (Relig) patron saint 2 (Rels Labs) employer
patrulla[1] *f* patrol; **están de ~** they are on patrol; **~ de aviones** air patrol; **la ~ costera** the coastguard (patrol)
patrulla[2] *m or f* (coche) patrol *o* squad car
patrullar [A1] *vi* to patrol; **salieron a ~** they went out on patrol
▪ **patrullar** *vt* to patrol
patrullera *f* 1 (lancha) patrol boat 2 (Chi) (coche) patrol *o* squad car
patrullero[1] **-ra** *adj* patrol (*before n*)
patrullero[2] *m* (barco) patrol boat; (avión) patrol plane; (coche — militar) patrol car; (— policial) (CS, Per) patrol *o* squad car
patuco *m* (Esp) (para bebés) bootee
patudez *f* (Chi fam) nerve
patudo -da *adj*
A (AmL fam) (de pies grandes) with big feet; **¡qué niño tan ~!** what big feet he/she has!
B (Chi fam) (descarado) nervy (AmE colloq), cheeky (BrE colloq)
paulatinamente *adv* gradually, little by little
paulatino -na *adj* gradual; **de modo ~** gradually
paulista *adj* of/from São Paulo
pauperismo *m* (frml) pauperism (frml)
pauperización *f* (frml) impoverishment
paupérrimo -ma *adj* ‹*país*› poverty-stricken, very poor; ‹*persona*› very poor
pausa *f* 1 (interrupción) pause; (Rad, TV) break; ***con toda* ~** (Méx) unhurriedly; **hacer una ~** to pause/have a break 2 (Mús) rest
pausadamente *adv* slowly and deliberately
pausado[1] **-da** *adj* slow and deliberate, unhurried
pausado[2] *adv* slowly
pauta *f*
A (guía) guideline; **~s de comportamiento** rules *o* norms of behavior; **eso me dio la ~ de lo que pasaba** that gave me a clue as to what was happening
B (de un papel) lines (*pl*); (pentagrama) (Chi) stave, staff
pautar [A1] *vt* (frml) to provide guidelines *o* criteria for
pava *f*
A (para calentar agua) kettle
B (Col fam) (de cigarrillo) butt; *ver tb* **pavo**[2]
pavada *f* (RPl fam) 1 (dicho, acción) silly thing to say/do 2 (cosa insignificante) little thing
pavana *f* pavane
pavear [A1] *vi* (fam) 1 (RPl) (tontear) to clown around (colloq) 2 (Chi) (no prestar atención): **iba paveando** I was daydreaming (colloq)
pavesa *f* burning smut
pavimentación *f* (con asfalto) surfacing, asphalting; (con cemento, adoquines) paving; **obras de ~** resurfacing work
pavimentar [A1] *vt* (con asfalto) to surface, asphalt; (con cemento, adoquines) to pave
pavimento *m* (de asfalto) road surface; (de cemento, adoquines) paving
pavo[1] **-va** *adj* 1 (fam) (tonto, bobo) silly, dumb (AmE colloq) 2 (Chi fam) (ingenuo) naive (colloq)

pavo[2] **-va** *m,f*
A (Coc, Zool) turkey; ***comer* ~** (Col fam) to be a wallflower (colloq); ***de* ~** (Chi, Per fam) ‹*viajar/entrar*› without paying; ***pelar la pava*** (Esp fam) to bill and coo; ***se le sube/subió el* ~** (Esp fam) he blushes/blushed
(Compuesto) **pavo real** peacock
B (fam) (persona tonta) dummy (colloq), dope (colloq)
C **pavo** *m* 1 (Esp fam) (moneda) *five peseta coin* 2 (Chi) (volantín) large kite
pavonearse [A1] *v pron* (fam) to show off; **iba pavoneándose con una rubia** he was strutting along with a blonde on his arm (colloq); **~ DE algo** to brag *o* crow ABOUT sth (colloq)
pavoneo *m* (fam) showing-off
pavor *m* terror; **me da ~** it terrifies me; **les tiene ~ a los perros** (fam) she's terrified of dogs
pavoroso -sa *adj* terrifying, horrific
pavoso -sa *adj* (Ven fam) (desafortunado) unlucky; (que trae mala suerte) jinxed (colloq)
pay *m* (AmL) pie
paya (Chi), **payada** (RPl) *f*: *improvised musical dialogue*
payador *m* (CS) singer (*who performs* **payadas**)
payar [A1] *vi* 1 (CS) (Mús) to improvise a musical dialogue 2 (RPl) (hablando, escribiendo) waffle (colloq)
payasa *f* (Bol, Chi) straw mattress, palliasse
payasada *f*
A (bufonada): **deja de hacer ~s** stop clowning around *o* acting the clown (colloq)
B (Chi fam) 1 (tontería) stupid thing to say/do; **son puras ~s** that's utter nonsense 2 (cosa) thingamajig (colloq)
payasear [A1] *vi* (AmL fam) to clown around (colloq)
payaso -sa *m,f* 1 (Espec) clown; ***hacer* or *hacerse el* ~** to clown around (colloq) 2 (persona — cómica) clown, comedian; (— poco seria) joker (colloq & pej)
payo -ya *m,f* (Esp) *word used by gypsies to refer to a non-gypsy*
paz *f* 1 (Mil, Pol) peace; **firmar la ~** to sign a peace agreement *o* treaty; **en época de ~** in peacetime; ***estar* or *quedar en* ~** (fam) to be quits *o* even (colloq); ***hacer las paces*** to make (it) up; ***poner* ~** to make peace; ***y en* ~** (fam): **si no lo quieres me lo dices y en ~** if you don't want it, just tell me and that'll be an end to it 2 (calma) peace; **no me dejan vivir en ~** they don't give me a moment's peace; **¡deja en ~ el reloj!** leave the clock alone!; **¡déjame en ~!** leave me alone!; **vivir en ~ consigo mismo** to be at peace with oneself; **descanse en ~** (frml) rest in peace (frml); **tu abuelo, que en ~ descanse ...** your grandfather, God rest his soul ...
pazguato[1] **-ta** *adj* (fam) dopey (colloq)
pazguato[2] **-ta** *m,f* (fam) dope (colloq)
PBI *m* (en RPl) (= **Producto Bruto Interno**) GDP
PC *m or f* personal computer, PC
p/cta. = **por cuenta**
P.D. (= **post data**) PS
pe *f*: *name of the letter* **p**; ***de* ~ *a pa*** (fam) from beginning to end
peaje *m* (dinero) toll; (lugar) toll barrier; **carretera de ~** toll road
peana *f* (pedestal) base
pearse [A1] *v pron* (AmL fam) to fart (sl)
peatón *m* pedestrian
peatonal *adj* pedestrian (*before n*)
pebete -ta *m,f*
A (RPl fam) kid (colloq)
B **pebete** *m* (RPl) (pan) bun
pebre *m*: *sauce made with onion, chili, coriander, parsley and tomato*; ***hacer* ~ *a algn*** (Chi fam) to beat sb to a pulp
peca *f* freckle
pecado *m* 1 (Relig) sin; **estar en ~** to be in a state of sin; **¿y quién te contó eso? — se dice el ~, pero no el pecador** (fr hecha) and who told you that? — I'm not naming names 2 (lástima) crime, sin; **es un ~ tirar la comida** it's a crime to throw away food
(Compuestos)
• **pecado capital/original/venial** deadly/original/venial sin

- **pecado de omisión** sin of omission
- **pecado mortal** mortal sin; **está en ~ ~** he has committed a mortal sin

pecador¹ -dora *adj* sinful

pecador² -dora *m,f* sinner

pecaminoso -sa *adj* sinful

pecar [A2] *vi* 1 (Relig) to sin; **~ de pensamiento/palabra/obra** to sin in thought/word/deed 2 **~ DE algo**: **peca de bondadoso** he's too kind; **tú no pecas de generosidad** you're not overgenerous

pecarí, pécari *m* (AmL) peccary

pecera *f* (redonda) goldfish bowl; (rectangular) fish tank

pechar [A1] *vt* (CS fam) (pedir) to scrounge, to cadge (colloq)
■ **pechar** *vi* (fam) (esforzarse mucho) **~ (POR + INF)** to work one's butt off (AmE) *o* (BrE) to slog one's guts out (TO + INF) (colloq)

pechera *f*
A (de camisa, vestido) front
(Compuesto) **pechera postiza** dickey*
B (fam & hum) (pecho de mujer) bosom; **tiene una buena ~** she's well-endowed (hum)

pecho *m* (tórax) chest; (mama) breast; **dar (el) ~ a un niño** to breast-feed *o* suckle a child; **nadar (estilo) ~** to swim (the) breaststroke; ***a ~ descubierto*** boldly; ***echarse algo entre ~ y espalda*** (fam) ‹*comida*› to put sth away (colloq); ‹*bebida*› to knock sth back (colloq); ***sacar ~*** (literal) to stick one's chest out; (vanagloriarse) (CS fam) to brag, show off; ***tomarse algo a ~*** ‹*crítica*› to take sth to heart; ‹*responsabilidad*› to take sth seriously; ***a lo hecho, ~*** what's done is done

pechoño -ña *adj* (Chi) overpious

pechuga *f* 1 (de pollo) breast 2 (fam & hum) (tetas) boobs (*pl*) (colloq)

pechugón¹ -gona *adj*
A (fam & hum) big-breasted, busty (colloq)
B (Per fam) (aprovechador) opportunistic

pechugón² -gona *m,f*
A (Per fam) (aprovechador) opportunist, user (colloq & pej)
B **pechugona** *f* (fam & hum) big-breasted woman

pechugonada *f* (Per fam) piece of opportunism

pecíolo, peciolo *m* petiole

pécora *f*
A (mujer): **mala ~** bitch (colloq), Jezebel
B (Per fam) smell of cheesy feet (colloq)

pecoso -sa *adj* freckly

pectina *f* pectin

pectoral¹ *adj*
A ‹*músculos*› pectoral (*before n*)
B (Med): **jarabe ~** cough mixture *o* syrup

pectoral² *m* 1 (Anat) pectoral (muscle) 2 (Farm) cough mixture *o* syrup

pecuario -ria *adj* livestock (*before n*), cattle (*before n*)

peculado *m* (Chi, Méx) embezzlement

peculiar *adj*
A (característico) particular; **un rasgo ~** a particular trait; **las características ~es de este país** the characteristics peculiar to this country; **con su ~ buen humor** with his characteristic good humor
B (poco común, raro) ‹*sensación*› peculiar, unusual

peculiaridad *f* peculiarity; **esta ~ física los distingue** this physical peculiarity is a distinguishing feature; **las ~es del sistema** the particular characteristics of the system; **es una ~ suya** it is one of his little quirks

peculio *m* private wealth

pecuniario -ria *adj* (frml) financial, pecuniary (frml)

pedagogía *f* pedagogy, teaching

pedagógico -ca *adj* pedagogical, teaching (*before n*)

pedagogo -ga *m,f* (estudioso) educationalist; (educador) educator, teacher, pedagogue (frml)

pedal *m*
A (de bicicleta, coche) pedal; (de piano) pedal
(Compuestos)
- **pedal de arranque** kickstart
- **pedal de embrague/de freno** clutch/brake pedal

B (Esp fam) (borrachera): **¡menudo ~!** he's really plastered! (colloq)

pedalear [A1] *vi* to pedal

pedaleo *m* pedaling*; **ejercicio de ~** cycling exercise

pedante¹ *adj* pedantic

pedante² *mf* pedant

pedantería *f* pedantry

pedazo *m*
A (trozo) piece; **un ~ de pan** a piece of bread; **se hizo ~s** it smashed (to pieces); **el coche saltó** *or* **voló en ~s** the car was blown to pieces; **lo hice ~s** I smashed it; ***caerse a ~s*** to fall to pieces; ***estar hecho ~s*** (fam) «*coche/juguete*» to be falling to pieces; «*persona*» to be shattered (colloq); ***ser un ~ de pan*** (fam) to be a real sweetie (colloq)
B (fam) (en insultos): **¡~ de idiota/bestia!** you idiot/you great brute! (colloq)

pederasta *m* (homosexual) homosexual; (pedófilo) pederast

pedernal *m* flint

pederse [E1] *v pron* to fart (sl)

pedestal *m* pedestal; ***bajar(se) del ~*** to get off one's high horse; ***caérsele a algn del ~*** to go down in sb's estimation; ***poner a algn en un ~*** to place *o* put sb on a pedestal

pedestre *adj* ‹*estilo*› pedestrian, prosaic; ‹*lenguaje*› prosaic, ordinary

pediatra *mf* pediatrician*

pediatría *f* pediatrics*

pediátrico -ca *adj* pediatric*

pedicura *f* pedicure; **hacerse la ~** to have a pedicure

pedicuro -ra *m,f* chiropodist

pedida *f* (Esp) ▸ **petición de mano**

pedido *m*
A (Com) order; **hacer un ~** to place an order
B (AmL) (solicitud) request; **a ~ de** at the request of; **a ~ del público** by popular request

pedigree /peðiˈɣri/, **pedigrí** *m* pedigree; **un perro de** *or* **con ~** a pedigree dog; **tiene ~** it has a (good) pedigree

pedigüeño¹ -ña *adj* (fam): **¡mira si eres ~!** oh, stop asking for so many things!

pedigüeño² -ña *m,f* (fam): **es un ~** he's always asking for things

pedinche *mf* (Méx fam) scrounger (colloq)

pedir [I14] *vt*
A 1 ‹*dinero/ayuda*› to ask for; **pidieron un préstamo al banco** they asked the bank for a loan; **pidió permiso para salir** she asked permission to leave; **pide limosna** he begs (for money); **perdirle algo A algn** to ask sb FOR sth; **le pidió ayuda** he asked her for help; **nadie (te) ha pedido tu opinión** nobody asked (for) your opinion; **me pidió disculpas** *or* **perdón** he apologized (to me); **me pidió explicaciones** *or* **cuentas** he asked me to justify my actions; **~ hora** to make an appointment; **~ la palabra** to ask for permission to speak; **¿qué más se puede ~?** what more could you ask for?; **me pidió que le enseñara** he asked me to teach him; **pidió que lo trasladaran** he asked to be transferred; *ver* **prestado** 2 (en bar, restaurante) ‹*plato/bebida*› to order; ‹*cuenta*› to ask for
B (Com) 1 (como precio) **~ algo POR algo** to ask sth FOR sth; **¿cuánto pide por la casa?** how much is she asking for the house? 2 ‹*mercancías*› to order
C (para casarse): **~ a una mujer en matrimonio** to ask for a woman's hand in marriage (frml)
D (requerir) to need; **este pescado pide un vino blanco** this fish needs a white wine to go with it; **esta planta está pidiendo a gritos que la rieguen** this plant is crying out to be watered
■ **pedir** *vi* 1 (mendigar) to beg 2 (en bar, restaurante) to order 3 (para tener algo) (AmL) to ask; **pidió para salir temprano** he asked if he could go early; **estos niños sólo saben ~** these children do nothing but make demands

pedo¹ *adj inv* (Esp, Méx fam) plastered (colloq)

pedo² *m*
A (fam) (ventosidad) fart (sl); **tirarse un ~** to fart (sl), to let off (BrE colloq); ***al ~*** (RPl fam) for nothing; ***como un ~*** (AmL vulg) like a shot (colloq)
B (arg) (borrachera): **agarró un buen ~** he got really plastered (colloq); **tenía un ~ que no veía** he was blind drunk (colloq); ***estar en ~*** (RPl fam) (borracho) to be plastered (colloq); (loco) to be off one's head (colloq)

P

C (Méx fam) (problema, lío) hassle (colloq); ***hacerla de* ~** (Méx vulg) to kick up a stink (colloq); ***hacérsela de* ~ *a algn*** (Méx vulg) to give sb hell (colloq); ***ponerse al* ~** (Méx fam) to get tough (colloq)

pedofilia *f* pedophilia•

pedófilo *m* pedophile•

pedorreta *f* (fam) raspberry (colloq); **le hacían ~** they were blowing raspberries at him

pedorro¹ -rra *adj* (fam) annoying, irritating

pedorro² -rra *m,f* (fam) pain in the neck (colloq)

pedrada *f*

A (golpe): **me dio una ~ en la cabeza** she hit me on the head with a stone; **la ~ le dio justo en la frente** the stone caught *o* hit him right on the forehead; **lo mataron a ~s** he was stoned to death

B (Méx fam) (indirecta) hint; **¡deja de echarme ~s!** stop dropping hints!

pedregal *m* stony area, piece of stony ground

pedregoso -sa *adj* stony

pedregullo *m* (RPl) gravel

pedrera *f* stone quarry

pedrería *f* precious stones (*pl*), gems (*pl*)

pedrisco *m* hail

pedrusco *m* (piedra) rough stone; (pedazo de piedra) piece of stone

pedúnculo *m* (Bot, Zool) peduncle

pega *f*

A (Col fam) (broma) trick; **de ~** (Esp fam) ‹*araña/culebra*› joke (*before n*), trick (*before n*); ‹*revólver*› dummy (*before n*); ***estar en la* ~** (Ur fam) to be in the know (colloq)

B (Esp fam) (dificultad, inconveniente) problem, snag (colloq); **a todo le encuentra ~s** he finds something wrong with everything; **te ponen muchas ~s si intentas reclamarlo** they make it really difficult for you to claim it

C (Andes fam) **1** (trabajo) work; (empleo) work; **está sin ~** he's out of work **2** (lugar) work

D (Chi fam) (excusa tonta) feeble excuse

pegada *f* (AmL) (en boxeo) punch; **tiene buena ~** he packs a good punch

pegadizo -za *adj* catchy

pegado -da *adj* [ESTAR]

A (junto) **~ A algo**: **su casa está pegada a la mía** her house is right next to mine; **iba muy ~ al coche de delante** he was too close to the car in front; **la cama está pegada a la pared** the bed is right up against the wall

B (adherido) stuck; (con cola, goma) glued; **las piezas están pegadas** the pieces are glued together; **~ A algo**: **está ~ al suelo** it's stuck to the floor; **se pasa todo el día ~ al televisor** he spends all day glued to the television; ***quedarse* ~** (fam) (electrocutarse) to be electrocuted; (Educ) to stay *o* be kept down

pegajoso -sa *adj* **1** ‹*superficie/sustancia*› sticky; **tengo las manos pegajosas** my hands are all sticky **2** ‹*calor*› sticky **3** (fam) ‹*persona*› clinging (colloq) **4** (AmL fam) ‹*canción/música*› catchy

pegamento, (Col) **pegante** *m* glue, adhesive

pegar [A3] *vt*

A **1** ‹*bofetada/patada*› to give; **le pegó una paliza terrible** he gave him a terrible beating; **le ~on un tiro** they shot her **2** ‹*grito/chillido*› to let out; **les pegó cuatro gritos y se callaron** she shouted at them and they shut up; **~ un salto de alegría** to jump for joy; **~le un susto a algn** to give sb a fright **3** (fam) ‹*repaso*›: **pégale un repaso a este capítulo** look over this chapter again; **le pegué una miradita** I had a quick look at it

B **1** (adherir) to stick; (con cola) to glue, stick; **pegó un póster en la pared** she stuck (*o* pinned *etc*) a poster up on the wall **2** (coser) ‹*mangas/botones*› to sew on **3** (arrimar) to move … closer; **pega el coche un poco más a la raya** move the car a little closer to the line; **pegó el oído a la pared** he put his ear to the wall

C (fam) (contagiar) ‹*enfermedad*› to give; **me pegó la gripe** he gave me the flu; **~*la*** (RPl fam) to be dead on (AmE colloq), to be spot on (BrE colloq)

■ **pegar** *vi*

A **1** (golpear): **~le A algn** to hit sb; (a un niño, como castigo) to smack sb; **¡a mí no me vas a ~!** don't you dare hit me!; **si vuelves a hacer eso, te pego** if you do that again, I'll smack you; **le pega a su mujer** he beats his wife; **la pelota pegó en el poste** the ball hit the goalpost **2** (fam) (hacerse popular) ‹‹*producto/moda*›› to take off; ‹‹*artista*›› to be very popular; **su disco está pegando fuerte** her record is a big hit (colloq) **3** (fam) (ser fuerte) ‹‹*viento*›› to be strong; **¡cómo pegaba el sol!** the sun was really beating down!; **este vino pega** this wine's strong

B **1** (adherir) to stick **2** (armonizar) to go together; **~ CON algo** to go WITH sth; **no pega con el vestido** it doesn't go (very well) with the dress; ***no* ~ *ni con cola*** (fam): **esos colores no pegan ni con cola** those colors don't go together at all; **este cuadro aquí no pega ni con cola** this picture looks really out of place here

■ **pegarse** *v pron*

A **1** (golpearse): **me pegué con la mesa** I knocked *o* hit myself on the table; **me pegué en la cabeza** I banged *o* knocked my head; **me pegué un golpe en la pierna** I hit my leg; **se pegó un porrazo** (fam) she gave herself a nasty knock; ***pegársela*** (Esp fam) to have a crash; ***pegársela a algn*** (Esp fam) (ser infiel) to be unfaithful to sb **2** (*recípr*) (darse golpes) to hit each other

B ‹*susto*› to get; **¡qué susto me pegué!** what a fright I got!; **~se un tiro** to shoot oneself; **~se una ducha** (fam) to take *o* have a shower; **anoche nos pegamos una comilona tremenda** we had an amazing meal (colloq); **¡me voy a ~ unas vacaciones …!** I'm going to give myself a good vacation *o* (BrE) holiday

C **1** (adherirse) to stick; **se me pegó el arroz** the rice stuck; **¡cómo se pega al teléfono!** she never stops yakking on the phone (colloq); **se pegó al** *or* **del timbre** she kept her finger on the doorbell; **~se a algn** latch on to sb **2** (contagiarse) ‹‹*enfermedad*›› to be infectious; **eso se pega** you can easily catch it; (+ *me/te/le etc*): **se te va a ~ mi catarro** you'll catch my cold; **se le pegó la costumbre de …** she got into the habit of …; **se le ha pegado el acento mexicano** he's picked up a Mexican accent

pegatina *f* (Esp) sticker

pego *m* (Esp fam): **no es de oro pero da el ~** it isn't gold but it fools most people; **¿qué? ¿doy el ~?** well, do I pass inspection?

pegoste *mf* (Méx fam) hanger-on (colloq)

pegote *m* **1** (de suciedad) sticky mess; ***tirarse* ~s** (Esp fam) to brag (colloq) **2** (Esp fam) (mamarracho): **quita ese ~ del medio** take away that awful thing in the middle; **ese lazo es un ~** that bow just doesn't go

peinada *f* comb; **darse una ~** to give one's hair a quick comb

peinado¹ -da *adj*: **no estaba peinada** she hadn't combed her hair; **siempre va muy bien peinada** her hair always looks very nice

peinado² *m*

A (arreglo del pelo) hairstyle; **la lluvia me estropeará el ~** the rain will ruin my hair; **lavado y ~** shampoo and set

B (period) (por la policía) thorough search; **el ejército efectuó un ~ en la zona** the army combed the area *o* carried out a thorough search of the area

peinador -dora *m,f*

A (Méx, RPl) (persona) hairdresser, stylist

B **peinador** *m* **1** (prenda) peignoir **2** (Chi) (tocador) dressing table

C **peinadora** *f* (Ven) (tocador) dressing table

peinar [A1] *vt*

A **1** ‹*melena/flequillo*› (con peine) to comb; (con cepillo) to brush **2** ‹‹*peluquero*››: **¿quién te peina?** who does your hair?

B ‹*lana*› to card

C (period) ‹*área/zona*› to comb

■ **peinarse** *v pron* **1** (*refl*) (con peine) to comb one's hair; (con cepillo) to brush one's hair **2** (*caus*) to have one's hair done; **me peino en esta peluquería** I have my hair done at this salon

peine *m* comb; **me pasé el ~** I ran a comb through my hair; ***te vas/se va a enterar de lo que vale un* ~** (Esp fam) you'll/he'll soon find out what's what (colloq)

peineta *f* **1** (para sujetar, adornar) ornamental comb **2** (Chi) (peine) comb

peinilla *f* **1** (AmL) (peine) comb **2** (Col) (machete) machete

p. ej. (= **por ejemplo**) eg, for example

pejerrey *m* (americano) silverside; (europeo) sand smelt

Pekín *m* Peking, Beijing

pekinés -nesa *m,f* Pekinese

pela *f*

A (Esp fam) (peseta) peseta; **tiene muchas ~s** he's loaded (colloq)

B (Col, Méx, Ven fam) (golpe) slap, smack

pelada *f*

A 1 (fam) (corte de pelo): **¡mira la ~ que me han hecho!** look, I've been scalped! (colloq) 2 (CS fam) (calva — parcial) bald patch; (— total) bald head

B **la Pelada** (CS fam & euf) (la muerte) the Grim Reaper

peladero *m* 1 (Andes fam) (zona) wasteland 2 (Chi fam) (solar) site, lot (AmE)

peladez *f* (Méx) rude word

peladilla *f* sugared almond

pelado¹ -da *adj*

A 1 (con el pelo corto): **lo dejaron ~** *or* **con la cabeza pelada (al rape)** they cropped his hair very short 2 (CS) (calvo) bald; **se está quedando ~** he's going bald

B 1 ‹*manzana*› peeled; ‹*pollo*› plucked; ‹*hueso*› clean; **almendras peladas** blanched almonds 2 ‹*nariz/espalda*›: **tengo la nariz/espalda pelada** my nose/back is peeling

C (fam) (sin dinero) broke (colloq); **estoy ~** I'm broke *o* (BrE) skint (colloq); **salió ~ del casino** he lost his shirt at the casino

D 1 (fam) ‹*número/cantidad*› exact, round (*before n*); **cobra el sueldo ~** she earns a basic salary with no extras or bonuses 2 (Chi fam) ‹*pies/trasero*› bare; **ir a pie ~** to go barefoot

E (Méx fam) (grosero) foulmouthed

pelado² -da *m,f*

A (CS fam) (calvo): **¿quién es ese ~?** who's that bald guy? (colloq)

B **pelado** *m* 1 (Chi fam) (conscripto) conscript 2 (Esp fam) ▸**pelada A1**

pelador -dora *m,f*

A (Chi fam) (persona) gossip

B **pelador** *m* (AmL) (utensilio) peeler

peladura *f* 1 (de fruta) peel; **~s de patata** potato peelings 2 (Andes) (en la piel) graze

pelagatos *m* (*pl* ~) (fam) nobody

pelaje *m* 1 (de animal) coat, fur 2 (fam) (aspecto) look 3 (fam) (clase) sort

pelambre *f or m*

A 1 (fam) (melena) mop (colloq) 2 (de animal) tuft of hair/fur

B **pelambre** *m* (Chi fam) (chisme) gossip

pelambrera *f* (fam) (melena) mop (colloq)

pelanas *m* (*pl* ~) (fam) nobody

pelandusca *f* (fam) whore (colloq), slut (colloq)

pelapapas (*pl* ~) *m* potato peeler

pelapatatas (*pl* ~) *m* (Esp) potato peeler

pelar [A1] *vt*

A 1 ‹*fruta/zanahoria*› to peel; ‹*habas/marisco*› to shell; ‹*caramelo*› to unwrap 2 ‹*ave*› to pluck

B (rapar): **lo ~on al cero** *or* **al rape** *or* (Méx) **a jícara** they cropped his hair very short

C (fam) (en el juego) to clean … out (colloq)

D (Chi fam) ‹*persona*› to badmouth (AmE colloq), to slag off (BrE colloq)

■ **pelar** *vi* 1 **que pela** (fam): **hace un frío que pela** it's freezing (cold) (colloq) 2 (Chi fam) (chismear) to gossip (maliciously)

■ **pelarse** *v pron* 1 (a causa del sol) «*persona*» to peel; «*cara/hombros*» (+ *me/te/le etc*) to peel; **se te están pelando los brazos** your arms are peeling 2 (*caus*) (fam) (cortarse el pelo) to get *o* have one's hair cut; ***que se las pela*** (fam) ‹*ir/correr*› like the wind (colloq)

peldaño *m* (escalón) step, stair; (travesaño) rung

pelea *f* 1 (discusión) quarrel, fight (colloq), argument; **buscar ~** to try to pick a quarrel *o* fight; **tuvimos una ~** we quarreled *o* had an argument 2 (en sentido físico) fight 3 (en boxeo) fight

(Compuesto) **pelea de gallos** (literal) cockfight

peleado -da *adj* 1 (enfadado): **están ~s** they've fallen out; **estar ~ con algn** to have quarrelled with sb, to have fallen out with sb 2 ‹*partido/carrera/elecciones*› keenly-contested

peleador -dora *adj* (fam) (que discute) argumentative; (que pelea): **es muy ~** he's always fighting

pelear [A1] *vi* 1 (discutir) to quarrel; **~on por una tontería** they quarreled *o* (colloq) had a fight over a silly little thing 2 «*novios*» (discutir) to quarrel, argue; (terminar) to break up, split up 3 (en sentido físico) to fight; **~ POR algo** to fight OVER sth; **las tropas ~on con gran valor** the troops fought bravely 4 (batallar): **tuvo que ~ mucho para lograrlo** she really had to work hard to get it; **me paso la vida peleando con los niños para que estudien** it's a constant battle trying to get the children to study 5 (en boxeo) to fight

■ **pelearse** *v pron* 1 (discutir) to quarrel; **se ~on por una chica** they quarreled over a girl 2 «*novios*» (discutir) to quarrel; (terminar) to break up, split up 3 (pegarse) to fight; **~se POR algo** to fight OVER sth

pelechar [A1] *vi* 1 (perder pelo) to molt* 2 (criar pelo) to grow hair

pelela *f* (CS fam) potty (colloq)

pelele *m* 1 (de trapo) rag doll; (de paja) straw doll 2 (persona — manipulada) puppet; (— débil) (fam) wimp (colloq)

peleón -leona *adj*

A (Esp fam) ▸**peleador**

B (Esp) ‹*vino*› rough, cheap

peleonero -ra *adj* (Méx) ▸**peleador**

peletería *f* (oficio) fur trade; (tienda) furrier's, fur shop; (género) furs (*pl*)

peletero¹ -ra *adj* fur (*before n*)

peletero² -ra *m,f* furrier

peliagudo -da *adj* ‹*problema*› difficult, tricky, ‹*asunto*› thorny

pelícano *m* pelican

pelicorto -ta *adj* (Col) short-haired (*before n*)

película *f*

A 1 (Cin, TV) movie, film (BrE); **hoy dan** *or* (Esp) **echan** *or* **ponen una ~ de aventuras** there's an adventure movie *o* film on today, they're showing an adventure movie *o* film today; **de ~** (fam) fantastic (colloq); **una chica de ~** a gorgeous *o* fantastic girl; **una casa de ~** a dream house (colloq); **me pasó algo de ~** something incredible happened to me 2 (Fot) film

(Compuestos)
- **película de dibujos animados** cartoon
- **película del Oeste** *or* **de vaqueros** Western
- **película de miedo** *or* **de terror** horror movie *o* film
- **película de suspenso** *or* (Esp) **suspense** thriller
- **película muda** silent movie *o* film
- **película X** X-certificate movie *o* film

B (capa fina — de aceite) film; (— de polvo) thin layer

peliculero -ra *adj* (fam) 1 (fantasioso) prone to fantasizing 2 (aficionado al cine): **es muy ~** he's a great movie fan *o* (BrE) film buff (colloq)

peliento -ta *m,f* (Chi fam) slob (colloq)

peligrar [A1] *vi* to be at risk; **hacer ~ algo** to put sth at risk

peligro *m* danger, peril (liter); **estar en** *or* **correr ~** «*persona*» to be in danger; «*vida*» to be in danger *o* at risk; **esta escalera es un ~ para los niños** this staircase is a hazard for children; **un ~ para la salud** a health risk; **poner a algn en ~** to put sb at risk, to endanger sb; **poner algo en ~** to put sth at risk, to jeopardize sth; **correr el ~ de + INF** to be in danger OF -ING; **corres el ~ de que te despidan** you run the risk of being fired; **estar fuera de ~** to be out of danger; ⓢ **peligro de incendio** fire hazard; ⓢ **peligro de muerte** danger

(Compuesto) **peligro público** (fam) menace, public nuisance

peligrosamente *adv* dangerously

peligrosidad *f* dangerousness; **prima de ~** danger money

peligroso -sa *adj* dangerous

pelillo *m* small hair; **~s *a la mar*** (Esp fam) let's just forget all about it (colloq)

pelín *m* (Esp fam): **un ~** a little, a bit (colloq)

pelirrojo¹ -ja *adj* red-haired, ginger-haired

pelirrojo² -ja *m,f* redhead

P

pella *f* (de masa) lump; ***hacer ~s*** (Esp arg) to play hooky (esp AmE colloq), to skive off (school) (BrE colloq)

pelleja *f* sheepskin

pellejerías *fpl* (Andes fam) hard times (*pl*)

pellejo *m* 1 (piel — de animal) skin, hide; (— de persona) (fam) skin (colloq); ***estar/ponerse en el ~ de algn*** (fam) to be/put oneself in sb's shoes; ***no ser*** *or* ***no tener más que ~*** (fam) to be all skin and bone (colloq) 2 (fam) (vida) neck (colloq); **jugarse** *or* **arriesgar el ~** to risk one's neck (colloq) 3 (odre) wineskin

pelliza *f* fur-lined coat

pellizcar [A2] *vt* 1 ‹*persona/brazo*› to pinch 2 (fam) ‹*comida*› to nibble at 3 (Ven) (en béisbol) to chop

pellizco *m* 1 (en la piel) pinch; **me dio un ~ en la pierna** she pinched my leg 2 (fam) (cantidad pequeña) little bit; **un ~ de sal** a pinch of salt; **le tocó un buen ~** she won a tidy little sum 3 (Ven) (en béisbol) chop

pelma *adj/mf* (Esp fam) ▸**pelmazo[1,2]**

pelmazo[1] *adj* (fam) boring; **¡qué tipo más ~!** that guy's such a bore! (colloq)

pelmazo[2] *m* (fam) bore

pelo *m*

A , (de personas) hair; **~ rizado/liso** *or* **lacio** curly/straight hair; **cortarse el ~** to have one's hair cut; **tiene un ~ divino** she has lovely *o* beautiful hair; **tiene mucho ~** he has really thick hair; **llevar el ~ suelto** to wear one's hair down *o* loose; ***al ~*** (fam): **la falda le quedó al ~** the skirt looked great on her; **el dinero extra me viene al ~** the extra money is just what I need; ***andar*** *or* ***estar con los ~s de punta*** (CS fam) to be in a real state (colloq); ***caérsele el ~ a algn***: **se me cae el ~** my hair is falling out; **se le está cayendo el ~** he's losing his hair; **como te descubran se te va a caer el ~** if you get found out, you'll be for it *o* you've had it (colloq); ***con estos ~s*** (fam): **¡y yo con estos ~s!** look at the state I'm in!; ***con ~s y señales*** (fam) down to the last detail; ***de medio ~*** (fam) ‹*película/jugador*› second-rate; ***echar el ~*** (Chi fam) to live it up (colloq); ***no tiene ~s en la lengua*** (fam) he doesn't mince his words; ***no tienes/tiene (ni) un ~ de tonto*** (fam) you're/he's no fool; ***no verle el ~ a algn*** (fam) not to see hide nor hair of sb (colloq); **ya no te vemos el ~ por aquí** we never see you around here any more; ***ponerle a algn los ~s de punta*** (fam) (aterrorizar) to make sb's hair stand on end (colloq); (poner neurótico) (AmL) to drive sb crazy *o* mad; ***por los ~s*** (fam) only just; ***se me/le ponen los ~s de punta*** (fam) it sends shivers down my/his spine, it makes my/his hair stand on end; ***tirarse de los ~s*** (fam): **estaba que se tiraba de los ~s** he was at his wit's end, he was tearing his hair out (in desperation); ***tocarle un ~ a algn*** to lay a finger on sb; ***tomarle el ~ a algn*** (fam) (bromeando) to pull sb's leg (colloq); (burlándose) to mess around with sb (AmE), to mess sb around (BrE); ***traído por*** *or* ***de los ~s*** farfetched

B (fam) (poco): **se han pasado un ~** they've gone a bit too far; **no me fío (ni) un ~ de él** I don't trust him an inch; **te queda un pelito corta** it's a tiny bit short for you

C (Zool) (filamento) hair; (pelaje — de perro, gato) hair, fur; (— de conejo, oso) fur; **un perro de ~ largo** a long-haired dog; ***montar a*** *or* (CS) ***en ~*** to ride bareback

(Compuesto) **pelo de camello** camelhair

D (de alfombra) pile; **una alfombra de ~ largo** a shag-pile carpet

pelón[1] -lona *adj*

A 1 (fam) (sin pelo) bald 2 (Ec fam) (con mucho pelo) ‹*hombre*› hairy; **un bebé ~** a baby with a good head of hair

B (Méx fam) (difícil) tough (colloq)

pelón[2] -lona *m,f*

A 1 (fam) (sin pelo) bald person 2 (Ec fam) (con mucho pelo): **es un ~** he has a good head of hair

B 1 **pelón** *m* (RPl) (Bot) (durazno) nectarine 2 **la Pelona** *f* (Andes, Méx fam) (la muerte) Death, the Grim Reaper

pelota[1] *mf*

A (AmS vulg) (imbécil) jerk (sl)

B (Esp fam) (adulador) creep (colloq)

pelota[2] *f*

A (Dep, Jueg) ball; **una ~ de fútbol** (AmL) a football; **jugar a la pelota** to play ball; ***darle ~ a algn*** (CS fam) to take notice of sb; ***hacerle la ~ a algn*** (Esp fam) to suck up to sb (colloq); ***la ~ está/estaba en el tejado*** (Esp period) it's/it was all up in the air; ***le devolví/devolvió la ~*** I/she gave as good as I/she got; ***pasar la ~*** (fam) to pass the buck

B **pelotas** *fpl* (vulg) (testículos) balls (*pl*) (colloq *or* vulg); ***en ~s*** (vulg) (sin ropa) stark naked; (sin dinero) flat broke (colloq); ***estar hasta las ~s de algo/algn*** (vulg) to be really pissed off with sth/sb (sl); ***hincharle*** *or* ***tocarle las ~s a algn*** (vulg) to get up sb's nose (colloq); ***tener ~s*** (AmS arg) to have balls (vulg), to have guts (colloq)

> **pelota vasca**
>
> A ball game, also known as *jai alai*, that developed in the Basque Country. It is played in Spain, Mexico, Cuba and Florida.
>
> The game has similarities to squash and fives. It is played in a *frontón*, a court with three high walls. The players use a *cesta*, a long, concave basket attached to their hand with a strap, to throw and catch the ball against the wall. The ball reaches high speeds and spectators watch from behind a metal fence. Pelota is played by two teams of two players. It is a professional game on which spectators place bets

pelotari *mf* jai alai *o* pelota player

pelotazo *m*

A (con un pelota): **me dio un ~** he hit me hard with the ball

B (Esp fam) (de alcohol) drink, slug (fam)

C (Esp fam) (actidud): **la cultura del ~** the get-rich-quick culture

pelotear [A1] *vi* (en fútbol) to kick a ball around; (en tenis) to knock *o* hit a ball around, have a knock-up (BrE)

■ **pelotear** *vt* 1 (Per fam) ‹*persona*› to shunt … around (colloq) 2 (Chi fam) ‹*objeto*› to juggle with (colloq)

peloteo *m* 1 (en fútbol) kickabout; (en tenis) warm-up, knock-up (BrE) 2 (Per fam) (ir y venir): **ya estoy cansado de tanto ~** I'm fed up with being shunted around (colloq)

pelotera *f* (fam) 1 (lío, jaleo) ruckus (AmE colloq), rumpus (BrE colloq) 2 (riña) argument, row (colloq)

pelotero -ra *m,f* 1 (AmL) (jugador — de béisbol) baseball player; (— de fútbol) soccer *o* football player, footballer 2 (Chi) (recogepelotas) (*m*) ballboy; (*f*) ballgirl

pelotilla[1] *adj* (fam): **es muy ~** he's a real creep *o* crawler (colloq)

pelotilla[2] *f* (fam) (de moco) bogey (colloq); (de mugre) ball of dirt; ***hacerle la ~ a algn*** (fam) to suck up to sb (colloq)

pelotilleo *m* (Esp fam) fawning

pelotillero[1] -ra *adj* ▸**pelotilla[1]**

pelotillero[2] -ra *m,f* ▸**pelota[1] B**

pelotón *m* 1 (Mil) squad 2 (en ciclismo) bunch, pack; (en atletismo) pack 3 (fam) (de gente) gang (colloq)

(Compuesto) **pelotón de ejecución** *or* **fusilamiento** firing squad

pelotudo[1] -da *adj* (AmS vulg): **¡qué ~!** what a jerk! (sl)

pelotudo[2] -da *m,f* (AmS vulg) jerk (sl)

peltre *m* pewter

peluca *f* wig

peluche *m* felt, plush; **un juguete de ~** a cuddly toy; ▸**oso**

pelucón -cona *adj* (Chi, Per fam) (con mucho pelo) hairy; (de pelo largo) long-haired

peludo[1] -da *adj* ‹*hombre/brazo*› hairy; ‹*barba*› bushy; ‹*animal*› hairy, furry; ‹*cola*› bushy; ‹*lana/jersey*› hairy

peludo[2] *m* (Zool) armadillo

peluquería *f* 1 (establecimiento) hairdresser's, hairdressing salon; **~ de caballeros/señoras** gentlemen's/ladies' hairdresser's 2 (oficio) hairdressing, hairstyling

peluquero -ra *m,f* hairdresser, hairstylist

peluquín *m* toupee, hairpiece; ***¡ni hablar del ~!*** (Esp fam) no way! (colloq)

pelusa[1], **pelusilla** *f*

A (en la cara) down, fuzz; (de durazno) down; (en jersey) ball of fluff *o* fuzz; (de suciedad) ball of fluff

B (Esp fam) (celos) jealousy; **tener ~** to be jealous

pelusa[2] *mf* (Chi fam) (niño — callejero) street kid (colloq); (— travieso) little rascal (colloq)

pelvis *f* (*pl* ~) pelvis

Pemex = Petróleos Mexicanos

pena *f*

A 1 (tristeza): **tenía/sentía mucha ~** he was *o* felt very sad;

me da ~ verlo it upsets me *o* it makes me sad to see it; **a mí la que me da ~ es su mujer** it's his wife I feel sorry for; **está que da ~** she's in a terrible state; **me da pena tener que decírselo** it hurts me to have to tell him; **lloraba con tanta ~** he was crying so bitterly **2** (lástima) pity, shame; **¡qué ~!** what a pity *o* shame!; **es una ~ que ...** it's a pity (that) ...; ***de ~*** (Esp) terrible; ***estar hecho una ~*** to be in a sorry *o* terrible state; ***sin ~ ni gloria*** almost unnoticed; ***vale*** *or* ***merece la ~*** it's worth it; **vale la ~ leerlo/visitarlo** it's worth reading/a visit; **no vale la ~ intentar convencerlo** there's no point *o* it's not worth trying to persuade him

B **penas** *fpl* **1** (problemas) sorrows (*pl*); **ahogar las ~s** to drown one's sorrows; **me contó sus ~s** he told me his troubles *o* (liter *or* hum) woes; ***a duras ~s*** (apenas) hardly; (con dificultad) with difficulty **2** (penalidades) hardship; **pasamos muchas ~s** we suffered great hardship

C (Der) sentence; **la ~ máxima** the maximum sentence; **bajo** *or* **so ~ de** (frml) on pain of (frml); **so ~ de repetirme** at the risk of repeating myself

(Compuesto) **pena capital** *or* **de muerte** death penalty

D (AmL exc CS) (vergüenza) embarrassment; **¡qué ~!** how embarrasing!; **me da mucha ~ pedírselo** I'm too embarrassed to ask him; ***quitado de la ~*** (Méx) blithely, gaily

E (Per) (fantasma) ghost

penacho *m* (de ave) tuft, crest; (adorno) plume

penado -da *m,f* (frml) convict

penal[1] *adj* criminal (*before n*)

penal[2] *m*

A (cárcel) prison, penitentiary (AmE)

B (AmL period) (Dep) penalty

C **penales** *mpl* police *o* criminal record

pénal *m* (Andes) penalty

penalidad *f*

A (Der) punishment

B **penalidades** *fpl* hardship, suffering

penalista *mf* (abogado) criminal lawyer; (estudioso) expert in criminal law

penalización *f* **1** (Der) (acción) penalization; (castigo) penalty **2** (Dep) penalty

penalizar [A4] *vt* (Der) to penalize

penalty /ˈpenalti, peˈnalti/ *m* (*pl* **-tys**) penalty; **marcó dos goles de ~** he scored two penalties; **pitar** *or* **señalar ~** to award *o* give a penalty; ***se casó/se casaron de ~*** (Esp fam) she/they got married because she was *o* got pregnant (colloq)

penar [A1] *vt*

A (Der) ‹*delito*›: **será/está penado con dos años de cárcel/cadena perpetual** it will be/it is punishable with two years' imprisonment/by life imprisonment

B (Andes) «*difunto*» to haunt

■ **penar** *vi*

A (liter) (sufrir) to suffer

B (Andes) «*difunto*» to be in torment

penca[1] *adj inv* (Chi fam) ‹*cosa*› crappy (sl); ‹*situación*› lousy (colloq); ‹*persona*› ugly

penca[2] *f* **1** (de hoja) main rib **2** (del nopal) stalk **3** (Méx) (de bananas) bunch

pencar [A2] *vi* (fam) to slog away (colloq)

penco *m* nag, hack

pendejada *f* **1** (AmL exc CS fam) (estupidez) stupid thing to say/do; **¡no digas ~s!** (vulg) don't talk crap! (vulg) **2** (Per vulg) (mala jugada) dirty trick

pendejear [A1] *vi* (Méx fam) to clown around (colloq); ***~la*** (Méx) to blow it (colloq)

pendejez *f* (Méx vulg) stupidity

pendejo[1] -ja *adj* **1** (AmL exc CS fam) (estúpido) dumb (AmE colloq), thick (BrE colloq) **2** (Per fam) (listo) sly, sharp (colloq)

pendejo[2] -ja *m,f* **1** (AmL exc CS fam) (estúpido) dummy (colloq), nerd (colloq); ***hacerse el ~*** (fam) (hacerse el tonto) to act dumb (colloq); (no hacer nada) to loaf around (colloq) **2** (Per fam) (persona lista) sly devil **3** (CS vulg) (mocoso) snotty-nosed kid (colloq)

pendenciero[1] -ra *adj* **1** (discutidor) quarrelsome, argumentative **2** (peleador): **un chico ~** a kid who's always getting into fights

pendenciero[2] -ra *m,f* troublemaker

pender [E1] *vi*

A (liter) to hang; **~ DE algo** to hang FROM sth; **la amenaza que pendía sobre allos** the threat that hung over them

B (Der): **la sentencia pende ante el juez** the case awaits the judge's decision

pendiente[1] *adj*

A ‹*asunto/problema*› unresolved; **el asunto está ~ de resolución** the matter has to be resolved; **tenemos algunas cuentas ~s** (hablando — de dinero) we have some bills outstanding; (— de problemas) we have some unfinished business to settle

B (atento) **estar ~ DE algo/algn**: **está ~ del niño a todas horas** she devotes every minute of the day to the child; **estoy ~ de que me llamen** I'm waiting for them to call me; **siempre está ~ de los demás** he's always watching to see what other people are doing

pendiente[2] *m* (Esp) earring

pendiente[3] *f* (de terreno) slope, incline; (de tejado) slope; **un camino en ~** an uphill path; **tiene mucha ~** it slopes steeply; **una ~ muy pronunciada** a very steep slope *o* incline; **la colina tiene una ~ del 20%** the hill has a one-in-five gradient

pendón *m*

A (Hist, Mil) banner, standard

B (Esp fam) **1** (juerguista) partygoer **2** (mujer de vida licenciosa) whore (colloq)

pendonear [A1] *vi* (Esp fam) (ir de juerga) to live it up (colloq); (no hacer nada) to hang out *o* around (colloq)

pendular *adj* pendular

péndulo *m* pendulum

pene *m* penis

penetración *f* **1** (acción) penetration **2** (sagacidad) insight

penetrante *adj*

A **1** ‹*mirada/voz*› penetrating, piercing; ‹*olor*› pungent, penetrating; ‹*sonido*› piercing **2** ‹*viento/frío*› bitter, biting

B ‹*inteligencia/mente*› sharp, incisive; ‹*humor/ironía*› sharp, cutting

penetrar [A1] *vi* **1** (entrar) **~ POR algo** «*agua/humedad*» to seep THROUGH sth; **la luz del sol penetraba por la ventana** the sunlight shone through the window; **la puerta por donde penetró el ladrón** the door through which the burglar entered; **el olor penetraba por todos los rincones** the smell pervaded every corner; **~ EN algo** to penetrate sth; **el frío le penetraba en los huesos** the cold was getting right into his bones; **esta crema penetra rápidamente en la piel** this cream is quickly absorbed by the skin; **es difícil ~ en su mente** it is difficult to fathom his thoughts **2** (en el acto sexual) to penetrate

■ **penetrar** *vt* **1** ‹*defensa/membrana*› to penetrate; **un ruido que penetra los oídos** a piercing noise **2** (liter) ‹*misterio/secreto*› to fathom, penetrate (liter) **3** (Com) ‹*mercado*› to penetrate **4** (en el acto sexual) to penetrate

penicilina *f* penicillin

península *f* peninsula

peninsular[1] *adj* peninsular

peninsular[2] *mf*: **los ~es** people from mainland Spain

penique *m* penny

penitencia *f*

A (Relig) penance; **en ~** as (a) penance

B (en juegos) (Andes) forfeit; (castigo) (RPl fam) punishment; **el maestro me puso en ~** the teacher punished me; **está en ~** she's not allowed out, she's grounded (colloq)

penitenciaría *f* penitentiary

penitenciario -ria *adj* penitentiary (*before n*), prison (*before n*)

penitente *mf* penitent

penosamente *adv* with difficulty, laboriously

penoso -sa *adj*

A (lamentable) terrible, awful

B **1** (triste) sad **2** ‹*viaje*› grueling*; ‹*trabajo*› laborious, difficult

C (AmL exc CS fam) **1** ‹*persona*› shy **2** (embarazoso) embarrassing

penquearse [A1] *v pron* (Chi fam) to drink

P

pensado -da *adj* **1** (considerado, esperado) ‹*decisión*› well-considered/well thought-out; **el día menos ~** one day when I/you least expect it; **siempre aparece en el momento menos ~** he always turns up when you least expect him to **2** (diseñado) **estar ~ PARA algo** to be designed FOR sth; *ver tb* **pensar**

pensador -dora *m,f* thinker

pensamiento *m*

A **1** (facultad) thought **2** (cosa pensada) thought; **me adivinó el ~** she read my mind *o* my thoughts **3** (doctrina) thinking **4** (máxima) thought

(Compuesto) **pensamiento lateral** lateral thinking

B (Bot) pansy

pensante *adj* thinking (*before n*)

pensar [A5] *vi* **1** (razonar) to think; **después de mucho ~ ...** after much thought ...; **déjame ~** let me think; **siempre actúa sin ~** he always does things without thinking; **¡pero piensa un poco!** just think about it a minute!; **a ver si piensas con la cabeza y no con los pies** (fam & hum) come on, use your head *o* your brains!; **pensé para mí** *or* **para mis adentros** I thought to myself; **~ EN algo/algn** to think ABOUT sth/sb; **sólo piensa en divertirse** all he thinks about is having fun; **no quiero ni ~ en lo que hubiera podido ocurrir** I don't even want to think what would have happened **2** (esperar) to expect; **cuando menos se piensa ...** just when you least expect it ... **3** (creer) to think; **~ mal/bien de algn** to think ill *o* badly/well of sb; **siempre piensa mal de los demás** he always thinks the worst of others; ***dar que*** *or* ***hacer* ~**: **un libro que da mucho que ~** *or* **que hace ~ mucho** a very thought-provoking book; **su amabilidad me dio que ~** his friendliness made me think *o* set me thinking; ***piensa mal y acertarás*** if you think the worst, you won't be far wrong

■ **pensar** *vt*

A **1** (creer, opinar) to think; **pienso que no** I don't think so; **es mejor ~ que todo saldrá bien** it's better to believe *o* think that things will turn out all right in the end; **¡tal como yo pensé!** just as I thought!; **no vaya a ~ que ...** I wouldn't want you thinking *o* to think that ...; **¿qué piensas del divorcio/del jefe?** what do you think about divorce/the boss? **2** (considerar) to think about; **lo ~é** I'll think about it; **¿lo has pensado bien?** have you thought it through *o* thought about it carefully?; **piénsalo bien antes de decidir** think it over before you decide; **pensándolo bien, ...** on second thought(s) *o* thinking about it, ...; **¡y ~ que ...!** (and) to think that ...!; **sólo de ~lo me pongo a temblar** just thinking about it makes me tremble; **¡ni ~lo!** *or* **¡ni lo pienses!** no way! (colloq), not on your life! (colloq); **no lo pienses dos veces** don't think twice about it **3** (Col) ‹*persona*› to think about

B (tener la intención de) **~ + INF** to think OF -ING, to plan TO + INF; **¿piensas ir?** are you thinking of going?, are you planning to go?; **no pienso esperar más** I don't intend to wait any longer

■ **pensarse** *v pron* (*enf*) (fam) ‹*decisión/respuesta*› to think about; **me lo voy a ~** I'm going to think about it; **esto hay que pensárselo dos veces** this needs to be thought through; **es como para pensárselo** I/you will need to give it some careful thought

pensativo -va *adj* pensive, thoughtful

pensión *f*

A (Servs Socs) (por haber trabajado) retirement pension; (por contribuciones de familiar) widow's/orphan's pension; **cobrar la ~** to draw one's pension

(Compuestos)
- **pensión alimenticia** maintenance
- **pensión de invalidez** disability (allowance) (AmE), invalidity benefit (BrE)
- **pensión de viudedad** *or* **viudez** widow's pension
- **pensión vitalicia** annuity

B **1** (casa — de huéspedes) guesthouse, rooming house (AmE), boarding house (BrE); (— para estudiantes) student hostel **2** (alojamiento) accommodations (*pl*) (AmE), lodging, accommodation (BrE); ▸**medio**[1]

(Compuesto) **pensión completa** full board

C (Col) (mensualidad) tuition (AmE), school fees (*pl*) (BrE)

pensionado -da *m,f*

A (Servs Socs) pensioner

B **pensionado** *m* **1** (Esp) (internado) boarding school **2** (CS) (pensión para estudiantes) student hostel **3** (Chi) (en hospital) private wing

pensionar [A1] *vt* (Per fam) (molestar) to upset, bother; (preocupar) to worry

■ **pensionarse** *v pron* (Col) to retire

pensionista *mf*

A (Servs Socs) pensioner

B (en casa de huéspedes) resident, lodger

pentágono *m* **1** (Mat) pentagon **2** **el Pentágono** the Pentagon **3** (Méx) (en béisbol) home plate

pentagrama *m* (Mús) stave, staff

pentámetro *m* pentameter

pentatleta *mf* pentathlete

pentatlón *m* pentathlon

Pentecostés *m* Pentecost

penúltima *f* (fam & hum): **la ~** one for the road (colloq)

penúltimo[1] **-ma** *adj* penultimate; **el ~ día** the penultimate day, the last day but one

penúltimo[2] **-ma** *m,f*: **era el ~** I was second to last, I was last but one; *ver tb* **penúltima**

penumbra *f* **1** (media luz) half-light, semidarkness **2** (Astron) penumbra

penuria *f* **1** (escasez) shortage, dearth; **una auténtica ~ de medios** a real shortage *o* dearth of resources; **pasaron verdaderas ~s** they suffered real hardship **2** (pobreza) poverty; **viven en la ~** they live in poverty

peña *f*

A (roca) crag, rock

B **1** (grupo) circle, group; **~ taurina** bullfighting club **2** (AmL) *tb* **~ folklórica** folk club **3** (Esp fam) folk club

peñascal *m* rocky area/slope

peñasco *m* crag, rocky outcrop

peñazo *m* (Esp fam): **eres un ~** you're a pain (colloq); **dar el ~** to hassle sb (colloq)

peñón *m* crag, rocky outcrop

peo *m* ▸**pedo**[2]

peón *m*

A (Const) laborer*; (Agr) (esp AmL) agricultural laborer*, farm worker

(Compuestos)
- **peón albañil** (building) laborer*
- **peón caminero** road worker

B (en ajedrez) pawn; (en damas) piece, checker (AmE), draughtsman (BrE)

peonada *f* (trabajo) day's work; (equipo) (esp AmL) gang of laborers*

peonía *f* peony

peonza *f* spinning top

peor[1] *adj*

A **1** (comparativo de **malo**) ‹*producto/película/profesor*› worse; ‹*calidad*› poorer; **pues ~ para él** that's his loss; **va a ser ~ para él (como no estudie)** if he doesn't study so much the worse for him; **y si vienen los dos, tanto ~** *or* **~ que ~** and it'll be even worse if the two of them come **2** (comparativo de **mal**) worse

B **1** (superlativo de **malo**) (entre dos)worse; (entre varios) worst; **en el ~ de los casos** if the worst comes to the worst; **lo ~ de todo es que ...** the worst thing of all is that ... **2** (superlativo de **mal**): **los enfermos que estaban ~** *or* **~es** the patients who were most seriously ill; **son los que están ~** *or* **~es de dinero** they're the worst off (for money)

peor[2] *adv*

A (comparativo de **mal**) worse; **cuanto más lo mimas, ~ se porta** the more you spoil him, the worse he behaves; **cada vez ~** worse and worse; **~ que nunca** worse than ever

B (superlativo de **mal**) worst; **el lugar donde ~ se come** the worst place to eat in; **su novela ~ escrita** his most badly written novel

peor[3] *mf*: **el/la ~** (de dos) the worse; (de varios) the worst

pepa *f*

A (AmS) (semilla — de uva, naranja) pip; (— de durazno, aguacate) stone, pit; ***ser una ~*** (Col fam) to be brainy (colloq)

B (Ven fam) (grano) zit (colloq), pimple

C (Per fam) (cara) face

Pepe: *diminutive of José*

pepé *m* (Arg leng infantil) shoe

pepenador -dora *m,f* (Méx) scavenger (*on garbage dumps*)

pepenar [A1] *vt* (Méx fam)
A 1 (recoger) to pick up; (en la basura) to scavenge 2 (agarrar) to grab hold of
B (sorprender) to catch

pepinazo *m* (fam) (choque) smash; **pegarse un ~** to have a smash

pepinillo *m* gherkin

pepino *m* cucumber; ▸**importar**

pepita *f* 1 (de uva) pip; (de tomate) seed; (de calabaza) (Méx) dried pumpkin seed 2 (de oro) nugget

pepitoria *f* (Esp): **pollo en ~** chicken in sauce with egg and almonds

pepón -pona *adj* (Per fam) (atractivo) good-looking

pepona *f* large doll

peppermint *m* créme de menthe

peque *mf* (fam) kid (colloq), little one (colloq)

pequeñajo[1] **-ja** *adj* (fam) tiny, small

pequeñajo[2] **-ja** *m,f* (fam) 1 (niño) kid (colloq) 2 (persona baja) midget (colloq)

pequeñez *f* 1 (de tamaño) smallness, small size; **~ de espíritu** pettiness 2 (menudencia) trifle, triviality

pequeñín[1] **-ñina** *adj* (fam) tiny, teeny-weeny (colloq)

pequeñín[2] **-ñina** *m,f* (fam) kid (colloq), little one (colloq)

pequeño[1] **-ña** *adj* 1 (de tamaño) small; **se me ha quedado ~** it's too small for me now; **en ~** in miniature 2 (de edad) young, small; **mi hermano ~** my younger *o* little brother; **de ~** *or* **cuando era ~** when I was small *o* little 3 (de poca importancia) ‹*distancia*› short; ‹*retraso*› short, slight; ‹*cantidad*› small; ‹*esfuerzo*› slight; **tienen sus pequeñas diferencias** they have their little differences; **un ~ problema** a slight *o* small problem

(Compuestos)
- **pequeña burguesía** *f* petite bourgeoisie
- **pequeña empresa** *f* small business
- **pequeña pantalla** *f*: **la ~ ~** the small screen (colloq), television
- **pequeño empresario -ria empresaria** (*m*) small businessperson, small businessman; (*f*) small businessperson, small businesswoman

pequeño[2] **-ña** *m,f* (tamaño) little one (colloq); (edad — de dos) younger (— de muchos) youngest; **es el ~ de la familia/de la clase** he's the baby of the family/the youngest in the class; **yo soy la pequeña** I'm the youngest

pequeñoburgués -guesa *adj/m,f* petit bourgeois

pera *f*
A (Bot) pear; ***pedirle ~s al olmo*** to ask the impossible; ***ser la ~*** (fam) to be the limit (colloq)
(Compuesto) **pera de agua** dessert pear
B 1 (de goma) bulb 2 (interruptor) switch 3 (Col) (para abrir, tirar, etc) ▸**perilla B**
C (en boxeo) punching ball (AmE), punchball (BrE)
D (CS fam) (mentón) chin; (barba) goatee

peral *m* pear tree

peralte *m* (en pista) banking; (en carretera) bank, cant

perborato *m* perborate

perca *f* perch

percal *m* percale; ***conocer(se) el ~*** (fam) to know the score (colloq)

percala *f* (Chi, Per) percale

percán *m* (Chi) mold*

percance *m* (contratiempo) mishap; (accidente) minor accidente

per cápita *loc adj* per capita

percatarse [A1] *v pron* to notice; **~ DE algo** to notice sth; **¿te percataste de ese detalle?** did you notice *o* spot that detail?; **ni se percató de mi presencia** she didn't even notice *o* realize I was there; **no se percató de la gravedad de la situación** he failed to realize how serious the situation was

percebe *m* 1 (molusco) goose barnacle 2 (fam) (estúpido) twit (colloq)

percepción *f*
A (por los sentidos) perception
(Compuesto) **percepción extrasensorial** extrasensory perception, ESP
B (Fin) (cobro) receipt; (cantidad cobrada) payment

perceptible *adj*
A (por los sentidos) perceptible, noticeable
B (Fin) receivable

perceptivo -va *adj* perceptive

perceptor[1] **-tora** *adj* receiving (*before n*)

perceptor[2] **-tora** *m,f* recipient

percha *f*
A 1 (para el armario) (coat) hanger 2 (gancho) coat hook; (perchero) coat stand
B (figura): **tiene buena ~** she has a good figure
C (para aves) perch

perchero *m* (de pared) coat rack; (de pie) coat stand

percherón[1] **-rona** *adj* Percheron (*before n*)

percherón[2] **-rona** *m,f* Percheron, draft horse

percibir [I1] *vt*
A ‹*sonido/olor*› to perceive; **percibió el peligro** he sensed the danger
B (frml) ‹*sueldo/cantidad*› to receive

percudido -da *adj* (AmS) ingrained with dirt

percudirse [I1] *v pron* (AmS) to become ingrained with dirt

percusión *f* percussion

percutor, percusor *m* hammer

perdedor[1] **-dora** *adj* losing (*before n*)

perdedor[2] **-dora** *m,f* loser; **es un buen/mal ~** he's a good/bad loser

perder [E8] *vt*
A 1 (extraviar) ‹*llaves/documento/guante*› to lose 2 ‹*señal/imagen/contacto*› to lose
B (ser la ruina de): **lo perdió la curiosidad** his curiosity was his undoing *o* his downfall
C 1 ‹*dinero/propiedad/cosecha*› to lose; **con preguntar no se pierde nada** we've/you've nothing to lose by asking, there's no harm in asking; **más se perdió en la guerra** (fr hecha) it's not the end of the world 2 ‹*derecho/trabajo*› to lose 3 ‹*brazo/sangre/vista*› to lose; **el susto le hizo ~ el habla** the fright rendered him speechless; **~ la vida** to lose one's life, to perish; ▸**cabeza, vista**[2] **C** 4 ‹*hijo/marido*› to lose
D 1 ‹*interés/entusiasmo/paciencia*› to lose; **no hay que ~ el ánimo** you mustn't lose heart; **yo no pierdo las esperanzas** I'm not giving up hope; **llegas tarde, para no ~ la costumbre** (iró) you're late, just for a change (iro); **~ la práctica/la costumbre** to get out of practice/the habit; **tienes que ~les el miedo a los aviones** you have to get over *o* to overcome your fear of flying; **~ el equilibrio** to lose one's balance; **~ el conocimiento** to lose consciousness, to pass out 2 ‹*fuerza/intensidad/calor/altura*› to lose; **~ el ritmo** (Mús) to lose the beat; (en trabajo) to get out of the rhythm 3 ‹*peso/kilos*› to lose
E 1 ‹*autobús/tren/avión*› to miss 2 ‹*ocasión/oportunidad*› to miss; **sin ~ detalle** without missing any detail 3 ‹*tiempo*› to waste; **¡no me hagas ~ (el) tiempo!** don't waste my time!; **no hay tiempo que ~** there's no time to lose; **no pierdas (el) tiempo intentándolo** don't waste your time trying; **llámalo sin ~ un minuto** call him immediately; **perdimos dos días por lo de la huelga** we lost two days because of the strike
F 1 ‹*guerra/pleito/partido*› to lose 2 ‹*curso/año*› to fail; ‹*examen*› (Ur) to fail
G ‹*agua/aceite/aire*› to lose

■ **perder** *vi*
A (ser derrotado) to lose; **no sabes ~** you're a bad loser; **perdieron 3 a 1** they lost 3-1; **llevar las de ~** to be onto a loser; **la que sale perdiendo soy yo** I'm the one who loses out *o* comes off worst
B 1 «*cafetera/tanque*» to leak 2 (RPl) «*color*» (aclararse) to fade
C **echar(se) a perder** *ver* **echar** *Sentido* **I A1, echarse** *Sentido* **I A1**

■ **perderse** *v pron*
A 1 (extraviarse) «*persona/objeto*» to get lost; (+ *me/te/le etc*) **se le perdió el dinero** he's lost the money; **que no se te pierda** don't lose it; **¿y a tí que se te ha perdido por allí?** whatever possessed you to go there; ***no hay por***

P

dónde* ~*se (Chi fam) there's no question about it **2** (desaparecer) to disappear; **se perdió entre la muchedumbre** she disappeared into the crowd **3** (en tema, conversación): **cuando se ponen a hablar rápido me pierdo** when they start talking quickly I get lost; **las cifras son tan enormes que uno se pierde** the figures are so huge that they start to lose all meaning; **empieza otra vez, ya me perdí** start again, you've lost me already **4** (en espacio): **los sillones se pierden en ese salón** the armchairs are rather lost in the sitting room

B ‹*fiesta/película/espectáculo*› to miss; **no te perdiste nada** you didn't miss anything

C «*persona*» **1** (acabar mal) to get into trouble, lose one's way (liter) **2** (Per fam) (prostituirse) to go on the streets (colloq)

perdición *f* ruin; **el alcohol será su ~** drink will be his ruin *o* downfall *o* undoing; **el chocolate es mi ~** I just can't resist chocolate

perdida *f* **1** (mujer inmoral) loose woman **2** (Chi, Méx) (prostituta) streetwalker

pérdida *f*

A (extravío) loss; ***no tiene* ~** (Esp) you can't miss it

B **1** (Fin) loss; **el negocio no les deja sino ~s** the business is making a loss; **vender con ~** to sell at a loss **2** (de memoria, vista, peso) loss; **tuvo una ~ de conocimiento** he lost consciousness, he passed out **3** (desperdicio) waste; **fue una ~ de tiempo** it was a waste of time **4** (defunción) loss; **la irreparable ~ sufrida por su familia** (frml) the irreparable loss suffered by her family

Compuestos

- **pérdidas humanas** *fpl* loss of life
- **pérdidas materiales** *fpl* damage
- **pérdidas y ganancias** *fpl* profit and loss

C (escape de gas, agua) leak

D (Chi euf) (aborto) miscarriage

perdidamente *adv*: **~ enamorado** hopelessly in love

perdido[1] -da *adj*

A [ESTAR] **1** ‹*objeto/persona*› lost; ***dar algo por* ~** to give sth up for lost; ***de* ~** (Méx fam) at least **2** (confundido, desorientado) lost, confused; **estoy totalmente ~ en Inglés** I'm completely lost in English **3** ‹*bala/perro*› stray (*before n*)

B [ESTAR] (en un apuro): **si se enteran, estás ~** if they find out, you've had it *o* you're done for (colloq)

C (aislado) ‹*lugar*› remote, isolated; ‹*momento*› idle, spare

D **1** ‹*idiota*› complete and utter (*before n*), total (*before n*); ‹*loco*› raving (*before n*); ‹*borracho*› out and out (*before n*) **2** (*como adv*) (totalmente) completely, totally

E (Esp fam) (sucio) filthy; **ponerse ~ DE algo** ‹*de aceite/barro*› to get covered with sth; **te has puesto ~ de aceite** you've got oil all over you

perdido[2] -da *m,f* degenerate

perdigón *m* (Arm) pellet; **perdigones** shot, pellets

perdigonada *f* (disparo) shot; (herida) pellet *o* shot wound

perdiguero -ra *m,f* gundog

perdiz *f* partridge; **y fueron felices y comieron perdices** (fr hecha) and they lived happily ever after

perdón[1] *m* (Der) pardon; (Relig) forgiveness; **le concedieron el ~** he was pardoned; **me pidió ~ por su comportamiento** he apologized to me for his behavior, he said he was sorry about his behavior; ***con* ~** if you'll pardon the expression; ***no tener* ~ *(de Dios)*** (acción) to be unforgivable; (persona): **no tienes ~ de Dios** what you've done is unforgivable

perdón[2] *interj* (tras encontronazo) I beg your pardon (frml), excuse me (AmE), sorry; (al iniciar conversación) excuse me, pardon me (AmE); (al pedir que se repita algo) sorry?, pardon me? (AmE); **~ ¿me puede decir la hora?** excuse me *o* (AmE) pardon me, can you tell me the time?; **~ pero no estoy de acuerdo** I'm sorry but I don't agree

perdonar [A1] *vt* **1** (disculpar) ‹*persona/falta*› to forgive; **te perdono** I forgive you **2** (Der) to pardon **3** ‹*pecado*› to forgive **4** ‹*deuda*› to write off; ‹*castigo/obligación*›: **le perdonó el castigo/el dictado** she let him off the punishment/the dictation; **no le perdona ni una** she doesn't let him get away with anything **5** (en fórmulas de cortesía): **perdona mi curiosidad, pero ...** forgive *o* pardon my asking but ...; **perdonen las molestias que esto pueda causarles** we apologize for any inconvenience this may cause you; **perdone que lo moleste, pero ...** sorry to bother you *o* (AmE) pardon me for bothering you, but ...

■ **perdonar** *vi*: **perdone ¿me puede decir dónde está la estación?** excuse me *o* (AmE) pardon me, can you tell me where the station is?; **perdone ¿cómo ha dicho?** sorry? what did you say?, excuse *o* pardon me? what did you say? (AmE); **perdona ¿te he hecho daño?** (I'm) sorry, are you all right?, excuse me, are you all right? (AmE); **perdona, pero yo no dije eso** I'm sorry but that's not what I said

perdonavidas *mf* (*pl* ~) (fam) thug, tough (colloq)

perdurable *adj* ‹*recuerdo/relación*› lasting (*before n*); ‹*vida/amor*› everlasting

perdurar [A1] *vi* «*duda/sentimiento/recuerdo*» to remain, last; «*crisis/situación/relación*» to last; **perdura en nuestra memoria** he lives on in our memory

perecear [A1] *vi* (Col) to laze around

perecedero -ra *adj* ‹*producto/artículo*› perishable; ‹*ser*› mortal; ‹*vida*› transitory

perecer [E3] *vi* (frml) to die, perish (journ *or* liter); **pereció ahogado** he died by drowning

peregrinación *f*, **peregrinaje** *m* pilgrimage

peregrinar [A1] *vi* to make *o* go on a pilgrimage

peregrino[1] -na *adj*

A ‹*idea/respuesta*› outlandish, peculiar

B **1** ‹*ave*› migratory **2** ‹*monje*› wandering (*before n*)

peregrino[2] -na *m,f* pilgrim

perejil *m* (Bot, Coc) parsley

perenne *adj* **1** (Bot) ‹*planta*› perennial; **un árbol de hoja ~** an evergreen (tree) **2** (constante) constant, perennial

perentorio -ria *adj* **1** ‹*tono/orden/mirada*› peremptory **2** (frml) ‹*necesidad*› urgent, compelling (frml) **3** ‹*plazo*› fixed, set

pereque *m* (Col fam) pain in the neck (colloq)

pereza *f* laziness; **me da ~ ir** I can't be bothered to go; **tengo una ~ horrible** I feel terribly lazy; **¡qué ~ tener que ir!** what a bind *o* drag having to go! (colloq)

perezosa *f* (Col, Per) deck chair

perezosamente *adv* lazily

perezoso[1] -sa *adj* lazy, idle, slothful (liter)

perezoso[2] -sa *m,f*

A (holgazán) lazybones (colloq)

B **perezoso** *m* (Zool) sloth

perfección *f* perfection; **habla francés a la ~** she speaks perfect French

perfeccionamiento *m*: **un curso de ~** an advanced course

perfeccionar [A1] *vt* (mejorar) to improve; (hacer perfecto) to perfect

perfeccionismo *m* perfectionism

perfeccionista *mf* perfectionist

perfectamente *adv* perfectly; **se encuentra ~** he's absolutely fine *o* perfectly OK; **los dos sabían ~ que ...** they both knew perfectly well that ...

perfecto[1] -ta *adj* **1** (ideal, excelente) perfect; **en ~ estado de salud** in perfect health **2** (*delante del n*) (absoluto): **un ~ caballero** a perfect gentleman; **un ~ idiota** an absolute idiot; **es un ~ desconocido** he is completely unknown

perfecto[2] *interj* fine!

perfidia *f* (liter & hum) perfidy (liter), treachery

pérfido -da *adj* (liter & hum) perfidious (liter), treacherous

perfil *m*

A **1** (del cuerpo, la cara) profile; **una foto/un retrato de ~** a profile photograph/portrait; **visto de ~** seen from the side , if you look at it from the side; **un ~ griego** a Greek profile **2** (contorno, silueta) profile, silhouette

B (Arquit) cross section; (Tec) profile, longitudinal section

C (características) profile; **el ~ de la mujer moderna** the profile of the modern woman

perfilador *m* lip pencil

perfilar [A1] *vt* **1** ‹*plan/estrategia*› to shape **2** ‹*coche/avión*› to streamline

■ **perfilarse** *v pron* **1** «*silueta/contorno*» to be outlined; **las montañas se perfilaban a lo lejos** the mountains could be seen outlined in the distance **2** (tomar forma) «*posición/actitud*» to become clear; **se perfila como el**

próximo líder he is shaping up as *o* beginning to look like the next leader

perforación *f* 1 (Min) (acción) drilling, boring; (pozo) borehole 2 (en madera) drilling, boring 3 (Med) perforation 4 (en papeles, sellos) perforation

perforadora *f*
A (Min, Tec) drill
(Compuesto) **perforadora de percusión** hammer drill
B (de papeles) hole puncher; (de sellos) perforator

perforar [A1] *vt*
A 1 ‹*pozo*› to sink, drill, bore 2 ‹*madera*› to drill *o* bore holes/a hole in 3 «*ácido*» to perforate; «*bala*» to pierce; **la costilla le perforó el pulmón** the rib pierced *o* punctured her lung
B ‹*papel/tarjeta*› to perforate
■ **perforarse** *v pron* 1 «*úlcera/intestino*» to become perforated 2 (Tec) «*capa*» to rupture 3 (*caus*): **~se la nariz/las orejas** to have one's nose/ears pierced

performance /perfor'mans/ *f* (AmL period) performance

perfumador *m* atomizer

perfumar [A1] *vt* to perfume
■ **perfumarse** *v pron* (*refl*) to put perfume *o* scent on

perfume *m* perfume, scent

perfumería *f* (industria) perfume industry; (productos) perfumery; (tienda) perfumery, perfume store (*o* department *etc*)

perfumero *m* perfume spray

pergamino *m* (material) parchment; (documento) scroll; **un ~ egipcio** an Egyptian scroll

pergenio -nia *m,f* (CS fam) kid (colloq), squirt (colloq)

pérgola *f* pergola

pericia *f* (destreza) skill

pericial *adj* expert (*before n*)

perico *m* (Zool) parakeet; ***P~ (el) de los palotes*** anybody

pericote *m* (Chi, Per) large rat

periferia *f* 1 (de círculo) periphery, circumference 2 (de ciudad) outskirts (*pl*), periphery (frml) 3 (Inf) peripherals (*pl*)

periférico¹ -ca *adj* ‹*barrio/zona*› outlying (*before n*); **parques ~s** parks on the periphery *o* edge of the city

periférico² *m*
A (Inf) peripheral
B (AmC, Méx) (carretera) beltway (AmE), ring road (BrE)

perifollo *m* 1 (Bot) chervil 2 **perifollos** *mpl* (fam) (adornos) frills (*pl*), trimmings (*pl*)

perífrasis *f* (*pl* ~) periphrasis

perifrástico -ca *adj* periphrastic

perilla *f*
A (barba) goatee; ***venir de ~s*** (fam) to be very useful, come in very handy (colloq)
B (de puerta) doorknob; (de gaveta) knob

perímetro *m* perimeter; **dentro del ~ urbano** inside the city boundary, within the city limits

perimido -da *adj* (RPl) obsolete

periódicamente *adv* periodically

periodicidad *f* (Tec) periodicity

periódico¹ -ca *adj* periodic

periódico² *m* newspaper, paper
(Compuesto) **periódico dominical** *or* **del domingo** Sunday newspaper

periodiquero -ra *m,f* (Méx) news *o* newspaper vendor

periodismo *m* journalism
(Compuesto) **periodismo gráfico** photojournalism

periodista *mf* journalist, reporter; **los ~s** the journalists (*pl*), the press; **~ gráfico** press photographer

periodístico -ca *adj* ‹*estilo*› journalistic

período, periodo *m*
A 1 (de tiempo) period; **un ~ de tres meses** a three-month period 2 (Geol, Mat, Fís) period
B (menstruación) period

peripecia *f* 1 (incidente): **un viaje lleno de ~s** an eventful journey; **sus ~s en el extranjero** her adventures abroad 2 (problema) vicissitude

periplo *m* (period) (viaje) long journey, tour; (Náut) (long) voyage

peripuesto -ta *adj* (fam & hum) dressed up to the nines (colloq & hum)

periquete *m*: **vuelvo en un ~** (fam) I'll be back in a jiffy (colloq); **terminé en un ~** I finished it in no time

periquito *m* (americano) parakeet; (australiano) budgerigar, budgie (colloq)

periscopio *m* periscope

peritaje *m* 1 (informe) expert's report; (para el seguro) loss adjuster's report; (de casa) survey (report) 2 (inspección) inspection (*by an expert, a loss adjuster, etc*); (de casa) survey 3 (Educ) technical studies (*pl*)
(Compuesto) **peritaje industrial/mercantil** industrial/business studies (*pl*)

peritar [A1] *vt* to give an expert opinion on
■ **peritar** *vi* to give an expert opinion

perito¹ -ta *adj* expert; **ser ~ en algo** to be an expert on sth

perito² -ta *m,f* 1 (experto) expert 2 (en seguros) (loss) adjuster 3 (Der) expert witness
(Compuestos)
- **perito agrónomo -ta agrónoma** *m,f* agricultural technician
- **perito -ta industrial** *m,f* engineer
- **perito -ta mercantil** *m,f* qualified accountant

peritonitis *f* (*pl* ~) peritonitis

perjudicado¹ -da *adj*: **el que resultó ~** the one who lost out *o* who was worst hit; **los más ~s** the worst hit *o* the worst affected

perjudicado² -da *m,f*: **el ~ fui yo** I was the one who lost out

perjudicar [A2] *vt* 1 (dañar) to be detrimental to (frml); **el tabaco perjudica tu salud** smoking damages your health; **está perjudicando sus estudios** it is having an adverse effect on *o* it is proving detrimental to his schoolwork; **estas medidas perjudican a los jóvenes** these measures are prejudicial to *o* harm young people 2 (Col, Per fam & euf) (violar) to rape, have one's way with (euph)

perjudicial *adj* damaging, harmful, detrimental (frml); **el alcohol es ~ para la salud** alcohol is damaging *o* detrimental to your health; **esta sequía es ~ para el campo** this drought is bad for agriculture

perjuicio *m* 1 (daño) damage; **causó grave ~ a su reputación** it caused serious damage to his reputation; **esto le reportará a la empresa un gran ~** this will prove very damaging for the company; **no sufrió ningún ~** it did him no harm *o* damage 2 **en perjuicio de** (frml): **redunda *o* va en ~ de todos** it works against *o* is detrimental to everyone 3 **sin perjuicio**: **sin ~ para su salud** without detriment to his health (frml); **sin ~ de los derechos establecidos por la ley** without affecting your statutory rights

perjurar [A1] *vi* to perjure oneself, commit perjury
■ **perjurar** *vt* to swear; **juró y perjuró que no sabía nada** he swore up and down (AmE) *o* (BrE) blind that he knew nothing (colloq)

perjurio *m* perjury

perjuro¹ -ra *adj* perjured

perjuro² -ra *m,f* perjurer

perla¹ *f* (joya) pearl; ***de ~s*** (fam): **me vendría de ~s** it would suit me down to the ground; **marcha de ~s** it's going really well; **todo salió de ~s** everything went perfectly *o* (colloq) fine
(Compuestos)
- **perla artificial** artificial pearl
- **perla cultivada** *or* **de cultivo** cultured pearl
- **perla natural** *or* **verdadera** natural pearl

perla² *mf* 1 (fam) (persona ideal) gem (colloq) 2 (Chi fam) (fresco) sassy (AmE) *o* (BrE) cheeky devil (colloq)

perlado -da *adj* pearl (*before n*), pearled

perlero -ra, **perlífero -ra** *adj* pearl (*before n*)

permanecer [E3] *vi* (frml) 1 (en lugar) to stay, remain (frml) 2 (en actitud, estado) to remain; **permaneció en silencio** he was *o* remained silent

permanencia *f* (en lugar) stay; (en organización, cargo) continuance (frml)

P

permanente¹ *adj* permanent; **servicio ~ de información** 24-hour information service

permanente² *f*
A (en el pelo) perm; **hacerse la ~** to have one's hair permed, to have a perm
B (Col) (juzgado) emergency court (*for cases of violent crime*)

permanentemente *adv* permanently

permanganato *m* permanganate

permeabilidad *f* permeability

permeable *adj* ‹*material*› permeable

permisible *adj* permissible

permisionario -ria *m,f* (Méx) concessionaire, official agent

permisividad *f* permissiveness

permisivo -va *adj* permissive

permiso *m*
A (autorización) permission; **me dio ~** she gave me permission; **con ~ del jefe** with the boss's permission, with permission from the boss; **(con) permiso** (al abrirse paso) excuse me; (al entrar) may I come in?; **con su ~, tengo que irme** if you'll excuse me, I have to go
B (días libres) leave; **un ~ de tres días** three days' leave; **de ~** on leave
C (documento) permit, license*

(Compuestos)
- **permiso de conducir** driver's license (AmE), driving licence (BrE)
- **permiso de exportación/de importación** export/import permit *o* license*
- **permiso de residencia** residence permit/green card (AmE)
- **permiso de trabajo** work permit

permitir [I1] *vt* **1** (autorizar) to allow, permit (frml); **no van a ~les la entrada** they're not going to let them in; **no le permitieron ver a su esposa** he was not allowed to see his wife; **S no se permite la entrada a personas ajenas a la empresa** staff only, no entry to unauthorized persons; **¿me permite?** (frml) may I?; **¿me permite la palabra?** may I say something?; **los indicios permiten hablar de una conspiración** the signs point to *o* indicate a conspiracy **2** (tolerar, consentir): **no te permito que me hables así** I won't have you talking to me like that; **no ~emos ninguna injerencia** we will not allow anyone to interfere; **permítame que le diga que...** with all due respect *o* if you don't mind me saying so...; **si se me permite la expresión** if you'll pardon the expression **3** (hacer posible) to make ... possible; **esto permite detectar la enfermedad** this makes it possible to detect the disease; **si el tiempo lo permite** weather permitting
■ **permitirse** *v pron* (*refl*): **puede ~se ese lujo** she can allow herself that luxury; **no puedo ~me tantos gastos** I can't afford to spend so much money; **me permito dirigirme a Vd para ...** (Corresp) I am writing to you to ...; **se permite muchas confianzas con el jefe** he's very familiar with the boss

permuta *f* exchange

permutable *adj* exchangeable

permutación *f* permutation

permutar [A1] *vt* **1** (intercambiar) ‹*bienes*› to exchange, swap; ‹*puesto*› to exchange **2** (Mat) to permute

pernera *f* (del pantalón) leg

pernicioso -sa *adj* pernicious (frml)

pernil *m* (de animal) upper leg, haunch; (de cerdo) ham

perno *m* (tornillo) bolt

pernoctar [A1] *vi* (frml) to stay overnight, stay the night

pero¹ *conj*
A but; **ella fue, ~ yo no** she went, but I didn't
B **1** (en expresiones de protesta, sorpresa): **¿~ tú estás loca?** are you crazy?; **~ bueno ... ¿vienes o no?** for goodness sake, are you coming or not?; **¡~ si me lo prometiste!** but you promised!; **¡~ si es Marta!** hey, it's Marta!; **¡~ si queda lejísimos!** but it's miles (away)! **2** (uso enfático): **no me hizo caso, ~ ningún caso** she didn't take the slightest notice (colloq), she didn't take any notice, none whatsoever; **la película está ~ que muy bien** it's a very good movie indeed

pero² *m* **1** (defecto) defect, bad point; (dificultad, problema) drawback; ***ponerle ~s a algo/algn*** to find fault with sth/sb **2** (excusa) objection; **no admito ~s** I won't stand for any 'ifs' or 'buts'; ***¡no hay ~ que valga!*** I don't want any excuses (*o* arguments *etc*)

perogrullada *f* (fam) platitude, truism

Perogrullo *m*: **ser de ~** to be patently obvious

perol *m* (pequeño) saucepan; (grande) pot

peroné *m* fibula

peronismo *m* Peronism

> **peronismo**
>
> A political movement, known officially as *justicialismo*, named for the populist politician Colonel Juan Domingo Perón, elected President of Argentina in 1946. An admirer of Italian fascism, Perón claimed always to be a champion of the workers and the poor, the *descamisados* (shirtless ones), to whom his first wife Eva Duarte ('Evita') became a sort of icon, especially after her death in 1952. Although he instituted some social reforms, Perón's regime proved increasingly repressive and he was ousted in an army coup in 1955. He returned from exile to become president again in 1973, but died in office a year later. His *Partido Justicialista* governed Argentina again from 1989 to 1999 under President Carlos Saúl Menem

peronista *adj/mf* Peronist

perorar [A1] *vi* (fam) to hold forth

perorata *f* (fam) lecture (colloq); **nos echó una ~** she gave us a lecture

peróxido *m* peroxide

perpendicular *adj/mf* perpendicular

perpetrar [A1] *vt* to perpetrate (frml), to carry out

perpetuación *f* perpetuation

perpetuar [A18] *vt* to perpetuate

perpetuidad *f* perpetuity; **a ~** in perpetuity

perpetuo -tua *adj* perpetual

perplejidad *f* perplexity, puzzlement

perplejo -ja *adj* perplexed, puzzled; **estar ~ con algo** to be puzzled *o* perplexed by sth

perra *f*
A (Zool) dog, bitch [**bitch** *sólo se emplea cuando se quiere hacer referencia al sexo del animal*] *ver tb* **perro²**
B (Esp fam) (moneda) coin; **una ~** a penny (colloq); **unas ~s** a few bucks (AmE) *o* (BrE) quid (colloq); ***costar/valer cuatro ~s*** (fam) to cost/to be worth next to nothing (colloq)
(Compuesto) **perra chica/gorda** (fam) (Hist) five/ten centimo coin
C (Esp fam) **1** (rabieta) tantrum; **coger una ~** to have *o* throw a tantrum **2** (manía) obsession; **le ha dado la ~ de tener uno** he's obsessed with having one
D (Esp vulg) (prostituta) bitch

perrada *f* (AmL fam) dirty trick

perramus *m* (*pl* ~) (Bol, RPl ant) raincoat

perrera *f* **1** (lugar) dog pound, dog's home **2** (vehículo) dog catcher's van

perrería *f* **1** (fam) (acto) terrible thing (colloq); **le hacen ~s al gato** they torment the cat mercilessly **2** (insulto) terrible thing (colloq)

perrero -ra *m,f* dog catcher, dog warden (BrE)

perrito *m*
A (Zool) little dog; **nadar estilo ~** *or* (Méx) **nadar de ~** to do the dog paddle *o* the doggie-paddle (colloq)
(Compuesto) **perrito caliente** hot dog
B (AmL) (Bot) snapdragon

perro¹ -rra *adj* **1** (fam) ‹*vida/suerte*› rotten (colloq), lousy (colloq) **2** ‹*persona*› nasty

perro² -rra *m,f*
A (Zool) dog; **S ¡cuidado con el perro!** beware of the dog; ***a otro ~ con ese hueso*** (fam) go tell it to the marines! (AmE colloq), pull the other one! (BrE colloq); ***atar ~s con longaniza*** (fam) to have money to burn (colloq); ***como ~ en cancha de bochas*** (RPl fam & hum): **andar más perdido que ~ en cancha de bochas** to be like a fish out of water; **me tuvieron todo el día como ~ en cancha de bochas** they had me rushing around from pillar to post all day long (colloq); ***como un ~*** (fam): **terminó sus días como un ~** he ended his days in the gutter; **me dejó**

tirado como un ~ she abandoned me as if I were a stray dog; ***de ~s*** (fam) foul; **hace un tiempo de ~s** the weather's foul *o* horrible; **está de un humor de ~s** he's in a foul mood; ***echarle los ~s a algn*** (fam) (para ahuyentar) to set the dogs on sb; (recibir muy mal) to give sb a hostile reception (colloq); ***es el mismo ~ con diferente collar*** nothing has really changed, it's the same people (*o* regime *etc*) under a different name; ***estar meado de ~s*** (CS fam) to be plagued *o* dogged by bad luck; ***hacer ~ muerto*** (Chi fam) to do a runner (colloq); ***llevarse como (el) ~ y (el) gato*** to fight like cats and dogs (AmE) *o* (BrE) cat and dog; ***meterle a algn el ~*** (RPl fam) to con sb (colloq); ***no tener ni ~ que le ladre*** (fam) to be all alone in the world; ***~ no come ~*** (Col fam) there is honor* among thieves; ***ser como el ~ del hortelano (que ni come ni deja comer al amo)*** to be a dog in the manger; ***ser ~ viejo*** to be a wily *o* shrewd old bird (colloq); ***tratar a algn como a un ~*** to treat sb like dirt; ***a ~ flaco todo son pulgas*** it never rains but it pours; ***~ que ladra no muerde*** or (Esp) ***~ ladrador, poco mordedor*** his/her bark's worse than his/her bite

(Compuestos)
- **perro callejero** stray (dog)
- **perro de caza** gundog
- **perro de compañía** pet dog
- **perro de lanas** poodle
- **perro de presa** bulldog
- **perro esquimal** husky
- **perro guardián** guard dog
- **perro guía** *or* **lazarillo** guide dog
- **perro lobo** German shepherd, Alsatian (BrE)
- **perro pastor** sheepdog
- **perro pequinés** *or* **pekinés** Pekinese
- **perro** *or* **perrito caliente** (Coc) hot dog
- **perro** *or* **perrito faldero** lapdog
- **perro policía** *or* (Chi) **policial** German shepherd, Alsatian (BrE)
- **perro rastreador** (para seguir huellas) tracker dog; (para buscar drogas) sniffer dog
- **perro salchicha** dachshund, sausage dog (colloq)

B (persona) tyrant

perruno -na *adj* (fam) (del perro) dog (*before n*); (parecido al perro) doglike

persa¹ *adj/mf* Persian

persa² *m* (idioma) Persian

per saecula saeculorum *loc adv* until the end of time, for ever and ever

per se *loc adv* (frml) per se (frml)

persecución *f* **1** (en sentido físico) pursuit; **salir en ~ de algn** to set off in pursuit of sb **2** (por la ideología) persecution; **ser objeto de** *or* **sufrir persecuciones** to be subjected to persecution, to be persecuted

per sécula seculórum *loc adv* ▸**per saecula saeculorum**

persecutorio -ria *adj* ‹*régimen*› persecutory

perseguidor -dora *m,f* (en sentido físico) pursuer; (por ideología) persecutor

perseguir [I30] *vt*

A **1** ‹*fugitivo/delincuente/presa*› to pursue, chase **2** (por la ideología) to persecute

B **1** ‹*objetivo/fin*› to pursue; **~ la fama** to be in pursuit of fame; **la finalidad que se persigue es ...** the ultimate aim is ...; **no sé qué persigues con esa actitud** I don't know what you're hoping to achieve with that attitude **2** (acosar): **me persigue para que le preste el coche** he's always pestering me to lend him the car (colloq); **la han estado persiguiendo hasta conseguir que trabaje para ellos** they've been pursuing her until they've managed to get her to work for them; **me persigue la mala suerte** I'm dogged by bad luck; **lo persiguen las enfermedades** he's be plagued by illness

perseverancia *f* perseverance, persistence

perseverante *adj* persevering, persistent

perseverar [A1] *vi* to persevere; **~ EN algo**: **perseveró en los entrenamientos** he persevered with his training; **si perseveras en esa actitud...** if you carry on with *o* persist with that attitude...; ***persevera y triunfarás*** if at first you don't succeed, try, try again

Persia *f* Persia

persiana *f* **1** (que se enrolla o levanta) blind; ***enrollarse como una ~*** (Esp fam) to go on and on **2** (AmL) (contraventana, postigo) shutter

(Compuesto) **persiana veneciana** *or* **de lamas** Venetian blind

persignarse [A1] *v pron* to cross oneself

persistencia *f* persistence

persistente *adj* persistent

persistir [I1] *vi*: **persiste el temporal** there is still a storm blowing; **~ EN algo** to persist IN sth

persona *f*

A **1** (ser humano) person; **una ~ muy educada** a very polite person; **había tres ~s** there were three people; **Ⓢ carga máxima: ocho personas** maximum capacity: eight persons; **¿cuántas ~s tiene a su cargo?** how many people do you have reporting to you?; **en su ~ se concentra todo el poder** all the power resides in him; **las ~s interesadas ...** all those interested ... **2** (*en locs*) **de persona a persona** person to person; **en persona** ‹*ir/presentarse*› in person; **la tarea recayó en la ~ de ...** the task was allocated to ...; **no lo conozco en ~** I don't know him personally; **es el orden en ~** he is orderliness personified; **por persona**: **20 dólares por ~** 20 dollars a head; **sólo se venden dos entradas por ~** you can only get two tickets per person

(Compuestos)
- **persona física** individual
- **persona jurídica** legal entity
- **persona no** *or* **non grata** persona non grata

B (Ling) person; **la primera ~ del singular** the first person singular

personaje *m* **1** (Cin, Lit) character **2** (persona importante) important figure, personage (frml); **un ~ de la política** an important political figure; **~s del mundo del teatro** celebrities from the world of theater; **es todo un ~** (fam) he's a real big shot (colloq)

personal¹ *adj* personal; **objetos de uso ~** personal effects

personal² *m* **1** (de fábrica, empresa) personnel (*pl*), staff (*sing or pl*); **estamos escasos de ~** we're short-staffed **2** (Esp fam & hum) (gente) people

(Compuestos)
- **personal de cabina/de tierra/de vuelo** cabin/ground/flight staff *o* crew
- **personal de maestranza** (Arg) staff (*of a building*)

personalidad *f* **1** (Psic) personality **2** (persona importante) ▸**personaje 2**

(Compuesto) **personalidad jurídica** legal status

personalismo *m* **1** (favoritismo) favoritism*, partiality **2** (protagonismo) personal ambition **3** **personalismos** *mpl* (ofensas) personal remarks (*o* attacks *etc*) (*pl*)

personalista *adj*: **luchas ~s** personal rivalries

personalizado -da *adj* ‹*servicio*› personalized; **plan ~ de ahorro** personal savings plan

personalizar [A4] *vi*: **no quiero ~** I don't want to name names *o* mention any names

■ **personalizar** *vt* to personalize

personalmente *adv* personally; **me encargaré ~ de enviárselo** I'll send it to him personally *o* myself

personarse [A1] *v pron* **1** (frml) (en un lugar): **la policía se personó en el lugar del accidente** the police arrived at the scene of the accident; **se ruega al Sr González se persone en recepción** will Mr González please go to the front desk **2** (Esp) (Der) to appear in court

personería *f* (Col, RPl) legal capacity

(Compuestos)
- **personería gremial** (Col, RPl) legal recognition (*of a trade union*)
- **personería jurídica** (Col, RPl) legal status

personero -ra *m,f* (AmL) (representante) representative; (portavoz) (*m*) spokesman, spokesperson; (*f*) spokeswoman, spokesperson

personificación *f* **1** (encarnación) embodiment, personification; **es la ~ de la impaciencia** he is impatience personified **2** (Lit) personification

personificar [A2] *vt* to personify; **Otelo personifica los celos** Othello is the personification of jealousy; **es la**

P

bondad personificada she is kindness itself

perspectiva *f* 1 (Arquit, Art) perspective; **en ~** in perspective 2 (vista, paisaje) view, perspective (frml) 3 (punto de vista) perspective 4 (posibilidad) prospect; **las ~s son buenas** the prospects are *o* the outlook is very good; **una ~ poco halagüeña** not a very promising outlook; **ante la ~ de...** faced with the prospect of…; **no tengo ningún plan en ~** I've no plans for the immediate future

perspicacia *f* shrewdness, insight

perspicaz *adj* shrewd, perceptive

persuadir [I1] *vt* to persuade; **la persuadieron con promesas** she was won over with promises; **~ a algn DE QUE** *or* **PARA QUE + SUBJ** to persuade sb to + INF

■ **persuadirse** *v pron*: **no se persuadió** he wasn't convinced; **~se DE algo** to become convinced OF sth

persuasión *f* persuasion; **el poder de ~ de la publicidad** the persuasive power of advertising

persuasivo -va *adj* persuasive

pertenecer [E3] *vi* 1 (ser propiedad) **~ A algn** to belong TO sb 2 (formar parte) **~ A algo** to belong TO sth, be a member OF sth

perteneciente *adj*: **los países ~s al grupo** the countries belonging to *o* which are members of the group

pertenencia *f*

A 1 (a grupo, organización) membership 2 (frml) (propiedad): **los objetos de su ~** his belongings; **ese reloj es de mi ~** (hum) that watch is mine 3 **pertenencias** *fpl* belongings (*pl*), possessions (*pl*)

B (Chi) (Min) mineral rights (*pl*)

pértiga *f* 1 (vara pole 2 (Esp) (Dep) pole; **salto con ~** pole vault

pertinaz *adj* (frml) 1 (persistente) ‹*sequía*› prolonged; ‹*tos*› persistent 2 (obstinado) obstinate

pertinencia *f* 1 (lo adecuado) appropriateness 2 (relevancia) pertinence, relevance

pertinente *adj* 1 (oportuno, adecuado) ‹*medida*› appropriate; **es ~ recordar que ...** one should bear in mind that … 2 (relevante) ‹*observación/comentario*› relevant, pertinent; **en lo ~ a** with regard to

pertrechar [A1] *vt* 1 (Mil) to equip, supply … with military equipment; **guerrilleros pertrechados** well-equipped guerrillas 2 (proveer) to equip, supply

■ **pertrecharse** *v pron* **~se DE** *or* **CON algo** to equip oneself WITH sth

pertrechos *mpl* 1 (Mil) military equipment, military supplies (*pl*) 2 (equipo, utensilios) tackle, gear

perturbación *f* (alteración) disruption; (Psic) disturbance

(Compuestos)

- **perturbación atmosférica** atmospheric disturbance
- **perturbación del orden público** breach of the peace

perturbado¹ -da *adj* disturbed; **tiene perturbadas las facultades mentales** he is mentally disturbed

perturbado² -da *m,f*: *tb* **~ mental** mentally disturbed person

perturbador -dora *adj* 1 (inquietante) ‹*síntomas/comentarios/cifras*› disturbing, perturbing; ‹*belleza*› disquieting (liter) 2 (revoltoso) disruptive

perturbar [A1] *vt* 1 ‹*calma*› to disturb; ‹*orden*› to disrupt; **~ la marcha de algo** to disrupt the progress of sth 2 (Psic) to disturb

Perú *m*: *tb* **el ~** Peru; ***valer un ~*** «*persona*» to be worth one's weight in gold; «*cosa*» to cost a fortune

peruanismo *m* Peruvianism, Peruvian word/expression

peruano -na *adj/m,f* Peruvian

perversidad *f* (depravación) depravity; (maldad) wickedness

perversión *f* 1 (maldad) evil, wickedness 2 (corrupción) perversion; **un antro de ~** a den of iniquity; **~ sexual** sexual perversion

perverso¹ -sa *adj* evil

perverso² -sa *m,f* evil *o* wicked person

pervertido -da *m,f* pervert

pervertidor -dora *m,f* corruptor

pervertir [I11] *vt* to corrupt, pervert

■ **pervertirse** *v pron* to become corrupted

pervinca *f* periwinkle

pervivencia *f* survival

pervivir [I1] *vi* to survive, remain

pesa *f* 1 (de balanza, reloj) weight 2 (Dep) (grande) weight; (pequeña) dumbbell; **levantamiento de ~s** weight lifting; ***hacer ~s*** to do weight training 3 (balanza) scales (*pl*)

pesadamente *adv* 1 ‹*caer*› heavily; **se dejó caer ~ en el sillón** he slumped into the armchair 2 ‹*caminar/moverse*› slowly, heavily

pesadez *f*

A (fam) (aburrimiento, molestia) drag (colloq); **¡qué ~ de conversación!** what a boring conversation!

B (sensación de cansancio) heaviness; **tengo ~ en las piernas** my legs feel very heavy; **~ de estómago** bloated *o* heavy feeling in the stomach

C (Andes fam) (broma) tiresome joke; (comentario) nasty remark

pesadilla *f* 1 (sueño) nightmare, bad dream 2 (situación) nightmare

pesado¹ -da *adj*

A 1 ‹*paquete/artillería/maquinaria*› heavy 2 ‹*comida*› heavy, stodgy (colloq); ‹*estómago*› bloated; **me siento ~** I feel bloated 3 ‹*atmósfera/tiempo*› heavy, oppressive 4 ‹*ojos/cabeza*› heavy; **tengo las piernas pesadas** my legs feel very heavy 5 ‹*sueño*› deep

B (fam) (fastidioso, aburrido) 1 ‹*libro/película/trabajo*› tedious; **la conferencia me resultó un poco ~** I found the lecture rather heavy going 2 ‹*persona*›: **¡qué ~ es!** he's such a pain in the neck! (colloq); **¡qué ~, nunca no me deja en paz!** he's such a pest, he never leaves me alone (colloq); **no te pongas ~** don't be so annoying *o* (colloq) such a pest!

C (Andes fam) (antipático) unpleasant; **¡qué tipo tan ~!** what a jerk! (colloq)

pesado² -da *m,f* 1 (fam) (latoso) pain (colloq), pest (colloq) 2 (Andes fam) (antipático) jerk (colloq)

pesadumbre *f* grief, sorrow

pésame *m* condolences (*pl*); **darle el ~ a algn** to offer sb one's condolences; **mi más sentido ~** (fr hecha) my deepest sympathies

pesar¹ *m*

A 1 (pena, tristeza) sorrow; **me expresó su ~** she expressed her sorrow; **a ~ mío** *or* **muy a mi ~** much to my regret; **con ~** sorrowfully, with a heavy heart 2 (remordimiento) regret, remorse; **no siente ningún ~** he feels no remorse

B a pesar de despite; **a ~ de su enfermedad/de estar enfermo** despite *o* in spite of being ill; **a ~ de todo** in spite of *o* despite everything; **a ~ de los ~es** (fam) in spite of everything; **a ~ de que no sabía mucho inglés...** despite not knowing much English …; **se lo llevó, a ~ de que yo se lo había prohibido** he took it, despite the fact that *o* even though I had forbidden him to

pesar² [A1] *vi*

A 1 «*paquete/maleta*» to be heavy; **¡cómo pesa!** it's terribly heavy!, it weighs a ton! (colloq); **estas gafas no pesan** these glasses don't weigh much; **no me pesa** it's not heavy 2 (ser una carga): **ya me pesan los años** I feel my age now; **le pesan todas esas cargas familiares** he's weighed down by all those family reponsibilities; **~ SOBRE algn/algo**: **toda la responsabilidad pesa sobre él** all the responsibility falls on his shoulders *o* on him; **la hipoteca que pesa sobre la casa** the mortgage on the house 3 (influir): **su influencia sigue pesando en la región** their influence continues to carry weight in the region; **ha pesado más su personalidad que su ideología** her personality has been more of a factor than her ideology

B (causar arrepentimiento) (+ *me/te/le etc*): **ahora me pesa mucho** now I deeply regret it; **ya te ~á no haber estudiado** you'll be sorry you didn't study, you'll regret not studying; **me pesa haberlo ofendido** I'm very sorry I offended him

C pese a despite, in spite of; **pese a todo, creo que su trabajo es el mejor** despite *o* in spite of everything, I still think her work is the best; **firmó pese a no estar de acuerdo** she signed even though she did not agree; **pese a que** even though; **pese a quien (le) pese** no matter who I *o* you, *etc* have to upset, no matter whose toes I *o* you, *etc* have to tread on; **mal que me/le pese** whether I like/he likes it or not

■ **pesar** *vt* 1 ‹*niño/maleta*› to weigh; ‹*manzanas*› to weigh (out) 2 (tener cierto peso) to weigh; **pesa 80 kilos** he weighs 80 kilos
■ **pesarse** *v pron* (*refl*) to weigh oneself

pesaroso -sa *adj* (triste) sad, sorrowful; (arrepentido) sorry

pesca *f* 1 (acción) fishing; **la ~ del atún** tuna fishing; **ir** *or* **salir de ~** to go fishing; **~ con caña** angling; **~ con red** net fishing 2 (peces) fish (*pl*); **aquí hay mucha ~** there are a lot of fish here 3 (lo pescado): **hoy hubo buena ~** the fishing was good today; ***y toda la ~*** (fam & hum): **la madre, la prima y toda la ~** her mother, her cousin, the whole lot *o* (AmE) bunch

(Compuestos)
- **pesca de altura/bajura** deep-sea/coastal fishing
- **pesca de arrastre** trawling
- **pesca submarina** underwater fishing

pescada *f* hake

pescadería *f* fish shop, fishmonger's (BrE)

pescadero -ra *m,f* fish dealer (AmE), fishmonger (BrE)

pescadilla *f* whiting, young hake

pescado *m* (Coc) fish; (pez) (AmL) fish

(Compuesto) **pescado azul/blanco** blue/white fish

pescador -dora (*m*) fisherman; (*f*) fisherwoman

pescante *m* 1 (de carruaje) driver's *o* coachman's seat 2 (Náut) davit 3 (Teatr) hoist

pescar [A2] *vt*
A ‹*trucha/corvina*› to catch; **no pescamos nada** we didn't catch anything; **fuimos a ~ trucha(s)** we went trout-fishing, we went fishing for trout
B (fam) 1 ‹*catarro/gripe*› to catch; **así ~ás una pulmonía** you'll catch your death if you go out like that (colloq) 2 ‹*novio/marido*› to get, hook (colloq & hum) 3 ‹*chiste/broma*› to get (colloq); **no pescas ni una** you're so slow on the uptake 4 (pillar) to catch; **lo ~on robando** they caught him red-handed (as he was stealing something); **la pesqué en una mentira** I caught her lying
■ **pescar** *vi* to fish; **~ a mosca** to fly-fish
■ **pescarse** *v pron* (*enf*) (fam) ‹*catarro*› to catch, get

pescozón *m* (fam) slap on the neck

pescuezo *m* (fam) neck; ***retorcerle el ~ a algn*** to wring sb's neck (colloq)

pese a *loc prep ver* **pesar²** **C**

pesebre *m* (en establo) manger, trough; (de Navidad) crib

pesebrera *f* (Col) stable

pesero *m* (Méx) minibus

peseta *f* peseta (*former Spanish unit of currency*)

pesetero -ra *adj* (Esp fam) money-grubbing (colloq)

pésimamente *adv* terribly, dreadfully

pesimismo *m* pessimism

pesimista¹ *adj* pessimistic

pesimista² *mf* pessimist

pésimo¹ -ma *adj* dreadful, terrible, abysmal

pésimo² *adv* ‹*jugar*› terribly; **canta ~** she has a terrible voice

pesista *mf* (Andes) weight lifter

peso *m*
A 1 (Fís, Tec) weight; **perder/ganar ~** to lose weight/gain *o* put on weight; ***tomarle el ~ a algo*** to weigh sth up; ***valer su ~ en oro*** to be worth one's weight in gold; ▸**caerse** 2 **al peso** by weight

(Compuestos)
- **peso bruto/neto** gross/net weight
- **peso específico** (Fís, Quím) specific gravity
- **peso muerto** deadweight

B 1 (carga) weight, burden; **lleva todo el ~ de la empresa** he carries all the burden of responsibility for the company; ***quitarle un ~ de encima a algn*** to take a load *o* a weight off sb's mind; **me he quitado un buen ~ de encima** that's a real load *o* weight off my mind 2 (influencia) weight; **las asociaciones de mayor ~** the most important associations, the associations which carry the most weight; **todo el ~ de la ley** the full weight of the law 3 **de peso** ‹*argumento*› strong, weighty; ‹*razón*› forceful
C (Dep) 1 (Esp) (en atletismo) shot; **lanzamiento de ~** shot-put, shot-putting 2 (Esp) (en halterofilia) weight; **levantamiento de ~s** weightlifting 3 (en boxeo) weight

(Compuestos)
- **peso gallo** bantamweight
- **peso ligero** lightweight
- **peso medio** middleweight
- **peso mosca** flyweight
- **peso pesado** (Dep) heavyweight; **un ~ ~ de la política** a political heavyweight
- **peso pluma** featherweight
- **peso welter** welterweight

D (báscula) scales (*pl*); (de balanza) (Chi) weight
E (Fin) peso (*unit of currency in many Latin American countries*); **no tiene un ~** he doesn't have a cent *o* penny

pespunte *m* backstitch

pespuntear [A1] *vt* to backstitch

pesquería *f* (CS, Per) (pesca) fishing; (compañía) fishery; (industria) fishing industry; (lugar) fishing ground, fishery

pesquero¹ -ra *adj* fishing (*before n*)

pesquero² *m* fishing boat

pesquis *m* (fam) common sense

pesquisa *f* investigation, inquiry

pestaña *f* 1 (Anat) eyelash; **~s postizas** false eyelashes; ***quemarse*** *or* ***dejarse las ~s*** (fam) to burn the midnight oil 2 (de libro) thumb index 3 (Mec) flange

pestañada, pestañeada *f* (Chi) blink; ***de una ~*** (Chi fam) in a jiffy (colloq), in a tick (BrE colloq); ***echarse*** *or* ***pegarse una ~*** (Chi fam) to have forty winks (colloq)

pestañear [A1] *vi* to blink; ***sin ~*** (literal) without blinking; (sin inmutarse) without batting an eyelash (AmE) *o* (BrE) eyelid

pestañeo *m* blinking

pestañina *f* (Col) mascara

pestazo *m* (fam) stink, stench

peste *f* 1 (Med, Vet) plague, epidemic; ***decir*** *or* ***echar*** *or* ***hablar ~s de algn*** (fam) to run sb down (colloq), to slag sb off (BrE colloq); ***huirle a algn/algo como a la ~*** (fam) to avoid sb/sth like the plague; ***ser la ~*** (fam) to be a nuisance 2 (AmL fam) (enfermedad contagiosa) bug (colloq); (resfriado) cold 3 (fam) (mal olor) stink

(Compuestos)
- **peste bovina** rinderpest
- **peste bubónica** bubonic plague
- **peste cristal** (Chi) chickenpox
- **peste negra** Black Death
- **peste porcina** hog cholera (AmE), swine fever (BrE)

pesticida *m* pesticide

pestilencia *f* 1 (olor) stench 2 (plaga) plague, pestilence (liter)

pestilente *adj* ‹*olor*› foul

pestillo *m* (cerrojo) bolt; (de cerradura) latch, catch; **echó** *or* **corrió el ~** she put the bolt across

pesto *m* (Coc) pesto (sauce)

petaca *f*
A 1 (cigarrera) cigarette case; (estuche de tabaco — de cuero) tobacco pouch; (— de metal) tobacco tin; ***hacerle la ~ a algn*** to short sheet sb (AmE), to make sb an apple-pie bed (BrE colloq) 2 (para bebidas alcohólicas) hipflask 3 (Méx) (maleta) suitcase 4 (Ur) (polvera) compact
B **petacas** *fpl* (Méx fam) (nalgas) butt (esp AmE colloq), bum (BrE colloq)

petacón -cona *adj* 1 (RPl fam) (gordito) dumpy (colloq), plump (colloq) 2 (Méx fam) (de nalgas grandes) broad in the beam (colloq)

pétalo *m* petal

petanca *f* petanque

petaquearse [A1] *v pron* (Col fam) to mess up (colloq)

petar [A1] *vi* (Esp fam): **no me peta** I don't feel like it

petardazo *m* (fam) bang (*of a firecracker*)

petardo *m* 1 (cohete) firecracker, banger (BrE); (Mil) petard 2 (fam) (pesado) pain in the neck (colloq)

petate *m*
A (Mil) (para dormir) bedroll; (bolsa) knapsack; ***liar el ~*** (fam) to up sticks (colloq)
B (Col, Méx) (estera) matting
C **petates** *mpl* (CS fam) (pertenencias) gear (colloq)

petatearse [A1] *v pron* (Méx fam) to kick the bucket (colloq)

petenera *f*: ***salirse por ~s*** to say sth silly

P

petición *f* 1 (acción) request; **a ~ del público** by popular request *o* demand; **a ~ fiscal** at the prosecutor's request; **S consulta previa petición de hora** consultation by appointment 2 (escrito) petition
Compuestos
- **petición de divorcio** petition for divorce
- **petición de extradición** application for extradition
- **petición de mano**: *act of asking a woman's father for permission to marry her*

peticionante *adj/mf* ▸ **peticionario**
peticionar [A1] *vt* (AmL) to petition
peticionario[1] -ria *adj* petitionary
peticionario[2] -ria *m,f* petitioner
petimetre *m* (ant) fop (arch), dandy (arch)
petirrojo *m* robin
petiso[1] -sa *adj* (AmS fam) short, tiny
petiso[2] -sa *m,f*
A (AmS fam) (de baja estatura) shorty (colloq)
B **petiso** *m* (CS) (Equ) small horse, pony
petisú *m* cream puff
petitorio *m* (CS) list of demands
petizo -za *adj/m,f* ▸ **petiso[1,2]**
peto *m* 1 (de pantalón, delantal) bib; **pantalones de ~** (Esp) overalls (*pl*) (AmE), dungarees (*pl*) (BrE) 2 (de armadura) breastplate 3 (Taur) protective covering (*for picador's horse*) 4 (en béisbol) chest protector
petrel *m* petrel
pétreo -trea *adj* stone (*before n*)
petrificación *f* petrifaction
petrificado -da *adj* ‹*madera*› petrified; ‹*animal*› fossilized; **al oírlo se quedó ~** he was thunderstruck when he heard
petrificar [A2] *vt* to petrify
■ **petrificarse** *v pron* to become petrified, turn to stone
petrodólar *m* petrodollar
petróleo *m* 1 (Min) oil, petroleum; ***sudar ~*** (Col fam) to sweat blood (colloq) 2 (combustible) kerosene, paraffin (BrE)
Compuesto **petróleo crudo** crude oil
petrolero[1] -ra *adj* oil (*before n*)
petrolero[2] *m* oil tanker
petrolífero -ra *adj* oil (*before n*); ▸ **yacimiento**
petrolizar [A4] *vt* (Col) ‹*carretera*› to tar, tarmac; ‹*automóvil*› to underseal
petroquímica *f* petrochemistry
petroquímico -ca *adj* petrochemical (*before n*)
Petroven = Petróleos de Venezuela
petulancia *f* smugness
petulante[1] *adj* smug, self-satisfied
petulante[2] *mf* smug *o* self-satisfied fool
petunia *f* petunia
peyorativo -va *adj* pejorative
peyote *m* peyote, mescal
pez[1] *m* fish; **~ de río** freshwater fish; ***estar ~ en algo*** (Esp fam): **en cuestiones de cocina estoy ~** I don't know the first thing about cooking (colloq); ***estar** or **sentirse como ~ en el agua*** to be in one's element
Compuestos
- **pez de colores** goldfish
- **pez espada** swordfish
- **pez gordo** (fam) (persona importante) bigwig (colloq); (en delito) big shot (colloq)
- **pez martillo** hammerhead
- **pez sierra** sawfish
- **pez volador** flying fish

pez[2] *f* (sustancia) pitch, tar
Compuesto **pez de Castilla** (Chi) chalk
pezón *m* (Anat) nipple; (Zool) teat
pezuña *f*
A 1 (Zool) hoof 2 (de persona) (fam) paw (colloq); **¡quita tus ~s de ahí!** get your paws off!
B (Per fam) (olor) cheesy smell (*of unwashed feet*)
pH *m* pH
piadosamente *adv* devoutly, piously
piadoso -sa *adj* ‹*personas*› devout, pious; ‹*obra*› kind
piafar [A1] *vi* to stamp, paw the ground
pial *m* (AmL) lasso
pianista *mf* pianist
piano[1] *adv* piano; ***piano, piano*** (CS, Méx fam) calm down, take it easy (colloq)
piano[2] *m* piano; ***como un ~*** (Esp fam) huge
Compuestos
- **piano de cola/de media cola** grand piano/baby grand
- **piano mecánico** Pianola®, player piano
- **piano vertical** upright piano

pianola *f* Pianola®, player piano
piar [A17] *vi* to chirp, tweet
piara *f* herd
piastra *f* piaster
PIB *m* (Esp) (= **Producto Interior Bruto**) GDP
pibe -ba *m,f* (RPl fam) kid (colloq)
pica *f*
A (Arm) pike; (Taur) lance, goad; (para cavar) pick, pickax*
B (Jueg) 1 (carta) spade 2 **picas** *fpl* (palo) spades
C (CS fam) (resentimiento) resentment; ***sacarle ~ a algn*** (Chi fam) to get on sb's nerves
picacho *m* peak
picada *f*
A (AmL) (descenso pronunciado): **caer** *or* **descender en ~** «*avión*» to nose-dive «*pájaro*» to plunge, to dive «*acciones/valores*» to plummet
B 1 (AmL) (aperitivo) nibbles (*pl*) 2 (Arg) (senda) path, trail 3 (Chi fam) (lugar) cheap restaurant (*with its own specialty*)
C (RPl) (Auto) car race
picadero *m*
A (para caballos) exercise ring; (escuela) riding school
B (Esp fam) (apartamento) bachelor pad (colloq)
picadillo *m* (Coc): **hacer un ~ con el ajo y el perejil** finely chop the garlic together with the parsley; ***hacer ~ a algn*** (fam) to beat sb to a pulp (colloq)
picado[1] -da *adj* 1 ‹*diente*› decayed, bad; ‹*manguera/llanta*› perished; **tiene una muela picada** you have a cavity in one tooth; **una cara picada de viruela** a pockmarked face 2 ‹*ajo/perejil*› chopped; ‹*carne*› (Esp, RPl) ground (AmE), minced (BrE) 3 ‹*manzana*› rotten; ‹*vino*› sour 4 (fam) (enfadado, ofendido) put out (colloq), miffed (colloq); **está ~ porque no lo llamaste** he's a bit put out that you didn't call him (colloq) 5 ‹*mar*› choppy
picado[2] *m* (Esp) ▸ **picada A**
picador *m* 1 (Taur) picador 2 (en mina) face worker
picadora *f* (Esp, RPl) meat grinder (AmE), mincer (BrE)
picadura *f*
A (de mosquito, serpiente) bite; (de abeja) sting; (de polilla) hole
B (tabaco) pipe tobacco
picaflor *m* (AmL) (Zool) hummingbird; (donjuán) (fam) womanizer
picana *f* (AmL) 1 (aguijada) prod 2 *tb* **~ eléctrica** cattle prod 3 (fam) (espuela) spur
picanear [A1] *vt* 1 (CS) ‹*bueyes*› to goad, prod 2 (RPl) (torturar) to torture ... with a cattle prod
picante[1] *adj* 1 (Coc) ‹*comida*› hot 2 ‹*chiste/libro*› risqué; ‹*comedia*› racy
picante[2] *m* 1 (Coc) hot spices (*pl*); **le has puesto demasiado ~** you've made it too hot; **el médico le ha prohibido el ~** *or* **los ~s** his doctor has told him not to eat spicy food 2 (Chi, Per) (guiso) spicy meat stew
picantería *f* 1 (Per) (restaurante) restaurant (*specializing in spicy dishes*) 2 (Chi fam & pey) (puesto) stall (*selling drinks and food*)
picapedrero *m* (obrero de cantera) quarry worker; (artesano) stonemason
picapleitos *mf* (*pl* ~) (fam) pettifogger, shyster (AmE colloq)
picaporte *m* (manivela) door handle; (mecanismo) latch
picar [A2] *vt*
A 1 «*mosquito/víbora*» to bite; «*abeja/avispa*» to sting; **¿te ~on los mosquitos?** did you get bitten by the mosquitoes? 2 «*polilla*»: **una manta picada por las polillas** a moth-eaten blanket; **las polillas me ~on el**

poncho the moths got at my poncho 3 «*ave*» ‹*comida*› to peck at; ‹*enemigo*› to peck 4 ‹*anzuelo*› to bite 5 (fam) (comer) to eat; **saca algo para ~** put out some nibbles; **sólo quiero ~ algo** I just want a little snack *o* a bite to eat 6 ‹*billete/boleto*› to punch 7 (Taur) to jab

B 1 (Coc) ‹*carne*› (Esp, RPl) to grind (AmE), to mince (BrE); ‹*cebolla/perejil*› to chop (up); ‹*pan/manzana*› (Ven) to cut 2 ‹*hielo*› to crush; ‹*pared*› to chip; ‹*piedra*› (deshacer, romper) to break up, smash; (labrar, astillar) to work, chip away at

C ‹*dientes/muelas*› to rot, decay; **el azúcar pica los dientes** sugar rots your teeth *o* gives you tooth decay

D (en billar) ‹*bola*› to put spin on

E (Per fam) (obtener dinero de) to get (some) money from *o* out of

F 1 (incitar) to spur on; (enfadar) to upset, hurt 2 ‹*amor propio*› to wound, hurt; ‹*curiosidad*› to pique, arouse

G ‹*papel*› to perforate

H (Mús) to play … staccato

■ **picar** *vi*

A 1 (morder el anzuelo) to bite, take the bait; **~ *alto*** to aim high 2 (comer) to nibble

B 1 «*comida*» to be hot 2 (producir comezón) to itch; «*lana/suéter*» to itch, be itchy; **me pica la espalda** my back itches *o* is itchy; **¿te pican los ojos?** are your eyes stinging? 3 (fam) (quemar): **¡cómo pica el sol!** the sun's really burning *o* scorching!

C (AmL) «*pelota*» to bounce

D (RPl arg) (irse, largarse) to split (sl); **~le** (Méx fam) to get a move on (colloq)

■ **picarse** *v pron*

A 1 «*muelas*» to decay, rot; «*manguera/llanta*» to perish; «*cacerola/pava*» to rust; «*ropa*» to get moth-eaten 2 «*manzana*» to go rotten; «*vino*» to go sour

B «*mar*» to get choppy

C (fam) (enfadarse) to get annoyed; (ofenderse) to take offense; **anda picado** he's in a huff (colloq)

D «*avión*» to nose-dive; «*pájaro*» to dive

E (arg) (inyectarse) to shoot up (sl)

F **picárselas** (RPl arg) (irse) to split (sl)

picardía *f*

A (cualidad) craftiness, cunning; **tuvo la ~ de esconderlo** he was crafty *o* cunning enough to hide it; **un comentario hecho con ~** a mischievous comment

B (RPl fam) (lástima) shame

picardías *m* (*pl* **~**) (Esp) baby-doll pajamas*

picaresca *f* 1 (Lit) **la ~** the picaresque genre 2 (cualidad de pícaro) craftiness, guile

picaresco -ca *adj* picaresque

pícaro¹ -ra *adj* 1 (ladino) crafty, cunning 2 (malicioso) ‹*persona*› naughty, wicked (colloq); ‹*chiste/comentario*› naughty, racy; ‹*mirada/sonrisa*› wicked (colloq), cheeky (BrE)

pícaro² -ra *m,f* 1 (Lit) rogue, villain 2 (astuto) cunning *o* crafty devil (colloq)

picarón *m* (Chi, Per) (buñuelo) *type of doughnut*

picatoste *m* (para sopa) crouton

picazón *f* irritation, itch; **me está dando (una) ~** it's making me itch

picha *f* (Esp vulg) cock (vulg), prick (vulg)

pichanga¹ *adj* (Bol) easy

pichanga² *f* (Chi) 1 (partido — improvisado) kickabout, friendly game; (— malo) bad game 2 (en dados, etc) dud hand (colloq)

pichear [A1] *vi/vt* to pitch

pichel *m* (AmC) pitcher, jug (BrE)

pichi *m* (Esp) jumper (AmE), pinafore (BrE)

pichí *m* (CS fam) wee-wee (used to or by children)

pichicata *f* (cocaína) (Bol, Per fam) coke (sl); (droga) (CS, Per fam) drugs (*pl*)

pichicatearse [A1] *v pron* (CS, Per fam) to take drugs

pichicatero -ra *m,f* (CS, Per fam) (adicto) drug addict; (proveedor) dealer

pichicato -ta *adj* (Col, Méx fam) stingy (colloq)

pichincha *f*

A (RPl fam) (ganga) bargain, steal (colloq)

B (Chi) 1 (pizca) tiny bit 2 (fam) (cosa fácil) cinch (colloq), piece of cake (colloq)

pichirre¹ *adj* (Ven fam) stingy (colloq)

pichirre² *mf* (Ven fam) skinflint (colloq)

picho -cha *adj* (Col) ‹*alimento*› rotten; **la leche está picha** the milk's turned (AmE) *o* (BrE) off

pichón -chona *m,f*

A (de paloma) young pigeon; (de otros pájaros) chick

B (Méx) (novato, inexperto) beginner, novice

pichulear [A1] *vi* (RPl fam) (demostrar mezquindad) to be stingy (colloq); (trabajar) to scrape a living by doing odd jobs

pichuleo *m* (RPl fam) (mezquindad) meanness, stinginess (colloq); (trabajo) odd jobs (*pl*); **vive del ~** he scrapes a living doing odd jobs

picnic *m* (*pl* **-nics**) picnic

pico *m*

A 1 (de pájaro) beak 2 (fam) (boca) mouth; **¡cierra el ~!** shut up (colloq), keep your trap shut! (colloq); **no abrió el ~** he didn't open his mouth; ***estar/irse de ~s pardos*** (fam) to be/go out on the town (colloq); ***ser puro ~ de gallo*** (Méx fam) to be all talk (colloq); ***tener un ~ de oro*** (fam) to be silver-tongued, to have the gift of the gab (colloq)

B 1 (cima, montaña) peak; **el acantilado caía a ~** the cliff fell steeply *o* sharply away 2 (en gráfico) peak 3 (en diseños, costura) point; **la chaqueta termina en un ~** the jacket tapers to a point; **cuello de ~** V neck 4 (de mesa, libro) corner 5 (de jarra, tetera) spout

C (fam) (algo): **tiene 50 y ~ de años** she's fifty odd *o* fifty something (colloq); **son las dos y ~** it's past *o* gone two; **tres metros y ~** (just) over three meters; **será unas 3.000 — y un ~ largo** it'll be about 3,000 — and the rest!; **son 3.105 pero te perdono el pico** it's 3,105 but call it 3,000 (colloq); ***salir por/costar un ~*** (fam) to cost a fortune (colloq)

D 1 (herramienta) pick 2 **picos** *mpl* (Méx) (zapatillas) spikes (*pl*)

E (Col, Ven fam) (beso) kiss, peck

F (Chi vulg) (pene) cock (vulg), prick (vulg)

picón -cona *adj* (Per fam) huffy (colloq)

picor *m* irritation, itch

picoso *adj* (Méx) hot, spicy

picota *f*

A (Hist) pillory; ***poner a algn en la ~*** to put sb on the spot

B (Bot) bigarreau cherry

C (Chi) (pico) pickax*

picotazo *m*, **picotada** *f* peck; **el pato me dio** *or* **pegó un ~** the duck pecked me

picotear [A1] *vt* to peck

■ **picotear** *vi* 1 (fam) (entre comidas) to nibble, snack 2 (Chi fam) (en actividad, tema) to dabble

pictórico -ca *adj* pictorial

picudo -da *adj*

A 1 ‹*nariz*› pointed, sharp 2 ‹*ave*› long-beaked

B (Méx fam) 1 ‹*persona*› **~ PARA algo** good AT sth 2 ‹*zapato/coche*› smart (colloq), nifty (colloq) 3 (complicado) tricky (colloq)

pida, pidas, etc *see* **pedir**

pídola *f* (Esp) leapfrog

pie¹ *m*

A 1 (Anat) foot; **un dedo del ~** a toe; **tiene (los) ~s planos** she has flat feet; **a sus ~s, señora** (frml) at your service, madam (frml) 2 (*en locs*) **a pie** on foot; **¿vamos a ~ o en coche?** shall we walk or take the car?; **hoy ando a ~** (AmL) I'm without wheels today; **al pie** (Col) very close, just round the corner; **de pie** standing; **tuve que viajar de ~ todo el camino** I had to stand all the way; **ponte de ~** stand up; **en pie**: **estoy en ~ desde las siete** I've been up since seven o'clock; **no puedo tenerme en ~** I can hardly walk/stand; **sólo la iglesia quedó en ~** only the church remained standing; **queda en ~ la cita** our date is still on; **mi oferta/promesa sigue en ~** my offer/promise still stands; **ganado en ~** (AmL) livestock, cattle on the hoof; ***andarse con ~(s) de plomo*** (fam) to tread very carefully *o* warily; ***a ~ pelado*** (Chi) barefoot, in one's bare feet; ***a ~(s) juntillas***: **seguí a ~s juntillas sus indicaciones** I followed his instructions to the letter; **creerse algo a ~s juntillas** to blindly believe sth; ***buscarle tres** or **cinco ~s al gato*** (fam) (buscar complicaciones) to complicate matters; ***cojear del mismo ~*** (fam) to be two of a kind (colloq); ***con los ~s*** (fam) badly; **lleva la**

P

empresa con los ~s he's making a hash *o* mess of running the company (colloq); ***con los ~s por*** *or* ***para delante*** (fam & euf) feet first; ***con los ~s sobre la tierra*** with one's feet on the ground; ***con mal ~*** *or* ***con el ~ izquierdo***: **empezó con mal ~** she got off to a bad start; **hoy me levanté** *or* **empecé el día con el ~ izquierdo** I got up on the wrong side of the bed today (AmE), I got out of bed on the wrong side today (BrE); **no le des ~ para que te critique** don't give him cause *o* reason to criticize you; ***dar ~ a algo*** ‹*murmuraciones/especulaciones*› to give rise to sth; **esto dio ~ a una discusión** this caused *o* was the cause of an argument; ***darle pie a algn***: ***de a ~*** common, ordinary; **el ciudadano de a ~** the man in the street, the average man/person; ***de la cabeza a los ~s*** *or* ***de ~s a cabeza*** from head to foot *o* toe, from top to toe (colloq); ***echar ~ atrás*** (Chi) to back down; ***en ~ de guerra*** on a war footing; ***en (un) ~ de igualdad*** on an equal footing; ***estar a ~*** (Chi fam) to be lost (colloq); ***estar atado de ~s y manos*** to be bound hand and foot; ***estar con un ~ en el estribo*** (fam) to be about to leave; ***estar con un ~ en la tumba*** *or* ***la sepultura*** *or* ***el hoyo*** to have one foot in the grave; ***hacer ~*** to be able to touch the bottom; ***írsele los pies a algn***: **cuando empezó la música se me iban los pies** once the music began I couldn't keep my feet still; ***leche al ~ de la vaca*** (AmL) milk fresh from the cow; ***levantarse/empezar con buen ~*** *or* ***con el ~ derecho*** to get off to a good start; ***nacer de ~*** to be born under a lucky star; ***no doy/da ~ con bola*** (fam) I/he can't get a thing right; ***no tener ni ~s ni cabeza*** to make no sense whatsoever; **un plan sin ~s ni cabeza** a crazy *o* an absurd plan; ***pararle a algn los ~s*** (Esp) to put sb in his/her place (colloq); ***perder ~*** (en el agua) to get out of one's depth; (resbalarse) to lose one's footing; ***~s de barro*** feet of clay; ***poner (los) ~s en polvorosa*** (fam) to take to one's heels (colloq); ***poner los ~s en un lugar*** to set foot in a place; ***por mi/tu/su (propio) ~*** unaided, without any help; ***saber de qué ~ cojea algn*** (Esp fam) to know sb's faults *o* weak points; ***ser más viejo que andar a ~*** (CS fam) to be as old as the hills (colloq)

(Compuesto) **pie de atleta** athlete's foot

B **1▸** (de calcetín, media) foot **2▸** (de lámpara, columna) base; (de copa — base) base; (— parte vertical) stem **3▸** (de página, escrito) foot, bottom; **una nota a** *or* **al ~ de página** a footnote; **al ~** *or* **a los ~s de la montaña** at the foot of the mountain; ***al ~ de la letra*** exactly; **sigue mis instrucciones al ~ de la letra** follow my instructions to the letter *o* exactly; ***al ~ del cañón***: **Ana se quedó al ~ del cañón mientras el jefe estaba fuera** Ana stayed here to hold the fort while the boss was away; **ella es la que está siempre al ~ del cañón** she's the one who's always there to keep things going **4▸** (de cama) *tb* **~s** foot

(Compuestos)
- **pie de firma** name and title of signatory
- **pie de fotografía** caption
- **pie de fuerza** (Col) (personal) manpower; (Mil) standing army
- **pie de imprenta** imprint

C (Bot) cutting, slip

D (medida) foot; (Lit) foot

(Compuesto) **pie quebrado**: *line of four or five syllables*

pie² /pai/ *m* (AmL) pie

piececito, (CS) **piecito** *m* tiny *o* little foot

piedad *f* **1▸** (compasión) mercy; **ten ~ de nosotros** have mercy on us; **no tiene ~** *or* **es un hombre sin ~** he's merciless; **¡por ~!** for pity's sake! **2▸** (devoción) devotion **3▸** (Art) pietà; **la P~** the Descent from the Cross, the Pietà

pied-de-poule /'pjeðepul/ *m* (CS) houndstooth check, dogtooth check

piedemonte *m* (Col) foothills (*pl*)

piedra *f*

A (material) stone; (trozo) stone, rock (esp AmE); **casas de ~** stone houses; **lavado a la ~** stonewashed; ***ablandar hasta las ~s*** (fam) to melt a heart of stone; ***caer como (una) ~*** (AmL fam) to go out like a light, crash out (colloq); ***darse con una ~ en el pecho*** (Chi fam) to think *o* count oneself lucky, to be thankful; ***dejar a algn de ~*** (fam) to stun sb; ***(duro) como una ~*** rock hard; **tiene el corazón duro como una ~** he has a heart of stone; ***lo saben hasta las ~s*** it's common knowledge; ***menos da una ~*** (Esp fam) it's better than nothing; ***no dejar ~ por mover*** to leave no stone unturned; ***no dejar ~ sobre ~*** ‹*ejército/enemigo*› to raze the town (*o* village *etc*) to the ground; ‹*terremoto*› to leave nothing standing; ***no soy/no es de ~*** I'm not/he's not made of stone; ***quedarse de ~*** (fam) to be flabbergasted *o* stunned (colloq); ***tirar la primera ~*** to cast the first stone; ***tirar ~s a su propio tejado*** to foul one's own nest

(Compuestos)
- **piedra angular** cornerstone
- **piedra arenisca** sandstone
- **piedra caliza** *or* **de cal** limestone
- **piedra de afilar** whetstone
- **piedra de molino** millstone
- **piedra de toque** touchstone
- **piedra filosofal** philosopher's stone
- **piedra pómez** *or* (Méx) **poma** pumice stone
- **piedra preciosa** precious stone

B **1▸** (de mechero) flint **2▸** (cálculo) stone; **tiene ~s en el riñón/la vesícula** she has kidney stones/gallstones **3▸** (Meteo) large hailstone

piel *f*

A (Anat, Zool) skin; **~ grasa/seca** oily *o* greasy/dry skin; **estirarse la ~** (del rostro) to have a facelift; ***dejarse la ~*** (fam) to work one's butt off (AmE colloq), to slog one's guts out (BrE colloq); ***se me/te pone la ~ de gallina*** I/you get gooseflesh *o* goose pimples; ***tener (la) ~ de gallina*** to have gooseflesh *o* goose pimples

(Compuesto) **piel roja** *mf* (fam & pey) redskin (colloq & pej), Red Indian

B (Indum) **1▸** (Esp, Méx) (cuero) leather; **bolso/guantes de ~** leather bag/gloves **2▸** (de visón, zorro, astracán) fur; **abrigo de ~(es)** fur coat **3▸** (sin tratar) pelt

(Compuestos)
- **piel de cocodrilo** crocodile skin
- **piel de serpiente** snakeskin
- **piel sintética** (cuero sintético) (Esp, Méx) synthetic leather; (imitación nutria, visón, etc) synthetic fur

C (Bot) (de cítricos, papa) peel; (de manzana) peel, skin; (de otras frutas) skin; **~es de patata** (Esp) potato peelings

piélago *m* (liter) **el ~** the ocean, the deep (liter)

pienso *m* (comida) fodder, feed

(Compuesto) **pienso compuesto** compound feed

piercing /'pirsin/ *m* (*pl* **~s**)

A (acción) body piercing; **hacerse un ~** to have a piercing; **hacerse un ~ en la lengua** to have one's tongue pierced

B (joya) stud; **se puso un ~ en la lengua** she had a stud put in her tongue

pierda, pierdas, etc *see* **perder**

pierde *m* (Col, Ven): **no tiene ~** you can't miss it

pierna¹ *f* **1▸** (Anat) leg; **con las ~s cruzadas** cross-legged; **la falda le llega a media ~** the skirt is calf length on her; ***abrirse de ~s*** (en gimnasia) to do the splits; ***dormir a ~ suelta*** to sleep the sleep of the death; ***estirar las ~s*** to stretch one's legs; ***hacer ~s*** (andar) (fam) to have a walk; ***salir por ~s*** (fam) to take to one's heels, leg it (colloq) **2▸** (Coc) leg; **~ de cordero** leg of lamb

pierna² *adj inv* (RPl fam): **es un tipo ~ para todo** he's the sort of guy who's game for anything (colloq); **andá, sé ~ y prestánoslo** come on, be a sport and lend it to us

pierneras *fpl* (Chi) chaps (*pl*)

pierrot *m* pierrot

pieza *f*

A **1▸** (elemento, parte) piece; **un bañador de dos ~s** a two-piece bathing suit; **la ~ clave de su política** the key element *o* feature of their policy; *ver tb* **dos¹** **2▸** (Tec) part; **las ~s de un reloj/motor** watch/engine parts *o* components; ***dejar a algn de una ~*** to leave sb speechless; ***quedarse de una ~*** to be dumbfounded; ***ser de una sola ~*** (AmL) to be as straight as a die **3▸** (en ajedrez) piece; (unidad, objeto) piece; ***ser una ~ de museo*** (fam) to be a museum piece (colloq)

(Compuestos)
- **pieza de convicción** piece of evidence
- **pieza dentaria** tooth
- **pieza de recambio** *or* **de repuesto** spare part

B (en caza) piece, specimen

C (de tela) roll

D (Mús, Teatr) piece; **¿me permite esta ~?** (ant) may I have the pleasure of this dance?
E (esp AmL) (dormitorio) bedroom; (en hotel) room
pífano *m* fife
pifia *f*
A **1** (fam) (error) boo-boo (colloq), boob (colloq) **2** (en billar) miscue **3** (Chi) (defecto) fault
B (Chi, Per) (del público) booing and hissing
pifiar [A1] *vt*
A (fam) (fallar) to fluff (colloq); ***~la*** (fam) to goof (colloq), to blow it (colloq)
B (Chi, Per) «*público*» to boo
■ **pifiar** *vi* (Chi, Per) «*público*» to boo and hiss
pigmentación *f* pigmentation
pigmento *m* pigment
pigmeo -mea *adj/m,f* pygmy
pignorar [A1] *vt* (Der) ‹*cosa*› to pawn; (Fin) ‹*títulos/valores*› to pledge … as security
pija *f* (RPl vulg) cock (vulg), prick (vulg)
pijada *f* (Esp fam) (cosa insignificante) little thing; (estupidez) stupid thing
pijama *m* pajamas (*pl*) (AmE), pyjamas (*pl*) (BrE)
pije *adj/mf* (Chi) ▸**pijo**
pijo[1] -ja *adj* (Esp fam & pey) ‹*persona/moda/lugar*› posh (colloq & pej)
pijo[2] -ja *m,f* (Esp fam & pey) rich kid (colloq & pej)
pijotero[1] -ra *adj* **1** (Esp fam) (fastidioso) annoying, irritating **2** (Arg) (tacaño) stingy (colloq), mean
pijotero[2] -ra *m,f* **1** (Esp fam) (incordiante) pest (colloq) **2** (Arg) (tacaño) miser, scrooge (colloq)
pijudo -da *adj* (AmC fam) gorgeous (colloq)
pila[1] *adj inv* (AmC fam): **estar ~** (muerto) to be dead; (sin dinero) to be broke (colloq)
pila[2] *f*
A (Elec, Fís) battery; **funciona a ~(s)** *or* **con ~s** it runs on batteries *o* is battery-operated; ***cargar las ~s*** (fam) to recharge one's batteries (colloq); ***ponerse las ~s*** (fam) to get cracking (colloq)
B (fregadero) sink; (de una fuente) basin, bowl
(Compuestos)
• **pila bautismal** baptismal font
• **pila de agua bendita** stoup
C **1** (fam) (de libros, platos) pile, stack **2** (AmS fam) (de trabajo, amigos) loads (*pl*) (colloq); **hace una ~ de años** eons ago (colloq)
D (Inf) stack
pilapuesta *adj inv* (AmC fam) on the ball (colloq)
pilar[1] *f* (Arquit) pillar, column; (de puente) pier; **los ~es de la sociedad** the pillars *o* mainstays of society
pilar[2] *mf* (en rugby) prop (forward)
pilastra *f* pilaster
pilchas *fpl* (CS fam) clothes (*pl*), gear (colloq)
píldora *f* **1** (pastilla) pill, tablet; ***dorar la ~*** to sweeten *o* sugar the pill **2** *tb* **~ anticonceptiva** (contraceptive) pill; **tomar la ~** to be on the pill
(Compuesto) **píldora del día siguiente** morning-after pill
pileta *f* **1** (RPl) (fregadero) kitchen sink; (del baño) washbowl (AmE), washbasin (BrE) **2** (RPl) (piscina) swimming pool **3** (Chi) (estanque) pond; (bebedero) drinking fountain
pillaje *m* pillage
pillar [A1] *vt*
A (fam) **1** (atrapar) to catch; **me pilló la policía** the police caught *o* (colloq) nabbed me; **le pilló un dedo** it caught *o* trapped her finger **2** (por sorpresa) to catch; **¡te pillé!** caught *o* got you!; **nos pilló la lluvia** we got caught in the rain **3** ‹*catarro/resfriado*› to catch
B (Esp fam) **1** «*coche*» to hit **2** «*lugar*»: **me pilla de camino** it's on my way; **me pilla lejos** it's a bit far for me
C (fam) **1** ‹*sentido/significado*› to get (colloq) **2** ‹*ganga*› to pick up (colloq)
■ **pillarse** *v pron* (fam) ‹*dedos/manga*› to catch
pillarse *m* (Chi) tag (colloq)
pillastre *m* (fam) crafty devil *o* rogue
pillería *f* (cualidad) craftiness, cunning; (acto) prank, trick

pillín -llina *m,f* (fam) crafty devil (colloq), rascal (colloq)
pillo[1] -lla *adj* (fam) (travieso) naughty, wicked (colloq); (astuto) crafty, cunning
pillo[2] -lla *m,f* (fam) (travieso) rascal (colloq); (astuto) crafty *o* cunning devil (colloq)
pilluelo -la *m,f* (fam) little rascal (colloq)
pilmama *f* (Méx) nanny
pilo -la *adj* (Col fam) capable, together (colloq)
pilón *m*
A **1** (de fuente) basin **2** (Arquit) pillar; (de puente) pylon
B (Coc) sugarloaf
C (Méx fam) (en la compra) *small amount of extra goods given free*; **me dio tres manzanas de ~** he threw in three extra apples (for free)
piloncillo *m* (Méx) brown sugar
piloso -sa *adj* hair (*before n*), pilose (tech)
pilotaje *m* (de avión) piloting, flying; (de barco) pilotage, steering; (de coche) driving; (de moto) riding
pilotar [A1] *vt* **1** ‹*avión*› to pilot, fly; ‹*barco*› to pilot, steer; ‹*coche*› to drive; ‹*moto*› to ride **2** ‹*empresa/país*› to guide, steer
pilote *m* pile
pilotear [A1] *vt* (AmL) ▸**pilotar**
piloto *mf*
A (Aviac, Náut) pilot; (de coche) driver; (de moto) rider
(Compuestos)
• **piloto civil** civilian pilot
• **piloto de carreras** racing driver
• **piloto de pruebas** (de avión) test pilot; (de coche) test driver; (de moto) test rider
B **piloto** *m* **1** (luz de un aparato) pilot light; (llama de un calentador) pilot light **2** (CS) (impermeable) raincoat
C (*como adj inv*) ‹*programa/producto*› pilot (*before n*)
pilsen, pilsener *f* (Chi) beer
piltra *f* (Esp fam) bed
piltrafa *f* **1** (de comida) scrap; ***estar hecho una ~ humana*** (fam) to be a complete wreck (colloq) **2** (cosa inservible) useless thing
pilucho[1] -cha *adj* (Chi fam) naked
pilucho[2] *m* (Chi) (Indum) romper suit, rompers (*pl*)
pimentero *m* (Bot) pepper plant; (para la pimienta) pepper shaker (AmE), pepperpot (BrE)
pimentón *m* **1** (dulce) paprika; (picante) cayenne pepper **2** (AmS exc RPl) (fruto) capsicum, pepper
pimienta *f* pepper
pimiento *m* pepper, capsicum; **~ rojo/verde** red/green pepper; ***me importa un ~*** (fam) I couldn't care less (colloq)
pimpante *adj* (fam) cool (colloq); **lo echaron y se quedó tan ~** they fired him and he didn't turn a hair
pimpinela *f* scarlet pimpernel
pimpollo *m* **1** (Bot) (de flor) bud; (brote) shoot **2** (fam) (persona) dish (colloq), knockout (colloq); **¡está hecho un ~!** he looks great for his age
pimpón *m* Ping-Pong®, table tennis
pin *m* (broche) pin
pinacle *m* pinochle
pinacoteca *f* art gallery
pináculo *m* (Arquit) pinnacle; (apogeo) pinnacle, peak
pinar *m* pine forest
pinaza *f* pine needles (*pl*)
pincel *m* (Art) paintbrush; (para maquillarse) brush
pincelada *f* brushstroke; **le di las últimas ~s** I added the final touches
pinchadiscos *mf* (*pl* ~) (Esp fam) disc jockey, DJ (colloq)
pinchar [A1] *vt*
A **1** ‹*globo/balón*› to burst; ‹*rueda*› to puncture **2** (con alfiler, espina) to prick **3** (para recoger) to spear; ***ni ~ ni cortar*** (fam): **él en la oficina ni pincha ni corta** he doesn't have any clout in the office; **yo aquí ni pincho ni corto** my opinion doesn't count for anything around here
B **1** (fam) (poner una inyección) to give … a shot (colloq) **2** (fam) (provocar) to needle (colloq); (incitar, azuzar) to egg … on
C ‹*teléfono*› to tap, bug
D (Esp fam) ‹*discos*› to play

P

■ **pinchar** *vi*
A (herir): **esa planta pincha** that plant is prickly
B (Auto) to get a flat (tire*), get a puncture
C (period) (perder) to be/get beaten
D (Chi fam) (con el sexo opuesto) ▸**ligar** *vi*
E (Esp fam) (en póker) to ante up (colloq)
■ **pincharse** *v pron*
A «*persona*» **1** (*refl*) (accidentalmente) to prick oneself **2** (*refl*) (fam) (inyectarse) to shoot up (sl), to jack up (sl)
B «*rueda*» to puncture; «*globo/balón*» to burst; **se me pinchó un neumático** I got a flat (tire) *o* a puncture

pinchazo *m* **1** (herida) prick; (inyección) shot (colloq) **2** (en una rueda) flat, puncture **3** (dolor agudo) sharp pain **4** (fam) (de droga) fix (colloq)

pinche[1] *adj* **1** (AmL exc CS fam) (*delante del n*) (maldito): **¡~ vida!** what a (lousy *o* rotten) life!; **por unos ~s pesos** for a few measly pesos (colloq); **¿por qué no nos vamos de este ~ sitio?** let's get out of this damn place! **2** (Méx fam) (de poca calidad) lousy (colloq); (despreciable) horrible **3** (AmC fam) (tacaño) tightfisted (colloq)

pinche[2] *mf* **1** (Coc) kitchen assistant **2** (Esp) (en una oficina) office junior **3** (fam) (de albañil) mate (colloq)

pinche[3] *m*
A (Esp) (Jueg) ante, stake money
B (Chi) (para el pelo) bobby pin (AmE), hairgrip (BrE)
C (Chi fam) (persona): **tiene muchos ~s** she has a lot of admirers; **su nuevo ~** her new man

pincho *m*
A (de rosa, zarza) thorn, prickle (colloq); (de cactus) spine, prickle (colloq)
B (Esp) (de aperitivo) bar snack
(Compuestos)
• **pincho de tortilla**: *small portion of Spanish omelet**
• **pincho moruno** (Esp) pork kebab
C (Per vulg) (pene) cock (vulg), prick (vulg)

> **pincho**
> In Spain, *pinchos* are small portions of food, often on a cocktail stick, eaten in a bar or café. Often free, they are similar to **tapas**, but much smaller. There are *pinchos* of many foods, including Spanish omelet, ham, sausage, and anchovy. *See also* **ración**

pinga *f* (Andes, Méx fam) weenie (AmE colloq), willy (BrE colloq)

pingajo *m* (Esp fam) rag; **llevaba la ropa hecha un ~** her clothes were in tatters *o* rags

pinganilla *mf* (Chi fam) shady character

pingo[1] *m*
A (Esp fam) (harapo, andrajo) old rag
B (CS fam) (caballo) horse
C (Méx fam) (demonio) **el ~** the devil

pingo[2] -ga *m,f* (Méx fam) little scamp *o* rascal (colloq)

Ping-Pong® *m* Ping-Pong®, table tennis

pingüe *adj* ‹*beneficios*› huge, fat (colloq); ‹*negocio*› profitable, lucrative; ‹*cosecha*› bumper

pingüino *m* penguin

pininos, pinitos *mpl* (fam): **hacer los primeros ~** «*niño*» to take his first steps; «*actriz*» to make her debut

pino *m*
A (Bot) (árbol) pine (tree); (madera) pine; ***en el quinto ~*** (Esp fam) miles away
(Compuesto) **pino insigne/tea** Monterey/loblolly pine
B (Esp) (en gimnasia): **hacer el ~** to do a handstand
C (Méx) (en bolos) pin
(Compuesto) **pino central** kingpin
D (Chi) (Coc) fried ground beef and onion

pinocha *f* pine needles (*pl*)

pinol *m* (AmC): *flour made from toasted maize*

pinolillo *m* (AmC) (maíz) cornstarch (AmE), maize flour (BrE); (bebida) *drink made with cornstarch and water*

pinta[1] *f*
A **1** (fam) (aspecto): **¡qué buena ~ tiene el pastel!** the cake looks delicious *o* great!; **tiene ~ de extranjero** he looks foreign; **¿dónde vas con esa(s) ~(s)?** where are you going looking like that?; ***echar*** *or* ***tirar*** (Andes) *or* ***hacer*** (RPl) (fam) to impress **2** (Chi fam) (vestimenta) clothes (*pl*), outfit; ***ponerse la ~*** (Andes fam) to put on one's glad rags (colloq)
B **1** (en una tela) spot, dot **2** (Zool) spot
C (medida) pint
D (Méx fam) (de la escuela): **irse de ~** to play hooky* (esp AmE colloq), to skive off (school) (BrE colloq)

pinta[2] *m* (Esp fam) rogue (colloq)

pintada *f* piece of graffiti, graffito (frml); (Pol) slogan

pintado -da *adj*
A ‹*vaca*› spotted; ‹*caballo*› dappled, pied; ***el más ~*** (fam) anyone; ***que ni ~*** (fam): **ese vestido te queda que ni ~** you look great *o* a knockout in that dress (colloq); **el dinero me vino que ni ~** the money was a godsend
B (AmL fam) (idéntico) identical; **~ A algo** identical TO sth; **ser ~ A algn** to be identical TO sb, be the spitting image OF sb

pintalabios *m* (*pl* ~) (fam) lipstick

pintar [A1] *vt*
A **1** ‹*cuadro/retrato*› to paint; ‹*pared/ventana*› to paint; **pintó la puerta de rojo** she painted the door red **2** (fam) (dibujar) to draw **3** (describir) (+ *compl*) to paint; **nos pintó muy mal la situación** he painted a very black picture of the situation
B (fam) (tener relación, influencia): **¿qué pintas tú en este asunto?** and where exactly do you fit into all this? (colloq); **yo allí no pinto nada** I don't have any say in what goes on there
■ **pintar** *vi*
A **1** (con pintura) to paint **2** (fam) (dibujar) to draw
B (en naipes) to be trumps; **pintan tréboles** clubs are trumps
C (AmS fam) «*situación/negocio*» (+ *compl*) to look; **la cosa no pinta nada bien** things don't look at all good (colloq)
D (madurar) to ripen
■ **pintarse** *v pron* (*refl*) (maquillarse) to put on one's/some makeup; **yo no me pinto** I don't wear makeup; **~se los ojos** to put on eye makeup; **~se las uñas** to paint one's nails; ***pintárselas solo para hacer algo*** (Esp fam) to be an expert at doing sth (colloq)

pintarrajear [A1] *vt* to daub
■ **pintarrajearse** *v pron* (*refl*) to plaster *o* cake one's face in makeup (colloq)

pintiparado -da *adj* (Esp fam): **tu regalo me vino ~** your gift was just what I wanted; **el apodo le viene que ni ~** his nickname suits him to a T

pinto -ta *adj* pinto (*before n*)

pintor -tora *m,f* (de cuadros) painter, artist; (de paredes) (house) painter
(Compuesto) **pintor de brocha gorda** (de casas, barcos) painter; (artista) bad painter, dauber (colloq)

pintoresco -ca *adj* picturesque

pintura *f* **1** (arte, cuadro) painting; **~ a la acuarela/al óleo** watercolor*/oil painting; ***no poder ver algo/a algn ni en ~*** (fam): **no puedo verlo ni en ~** I can't stand the sight of him (colloq); **no puede ver el queso ni en ~** she can't stand *o* bear cheese (colloq) **2** (material) paint; (en cosmética) makeup **3** **pinturas** *fpl* (Méx) (lápices de colores) crayons (*pl*)

pinza *f*
A **1** (para la ropa) clothespin (AmE), clothes peg (BrE) **2** (para el pelo) bobby pin (AmE), hairgrip (BrE) **3** (de un cangrejo) pincer **4** (en costura) dart; **un pantalón con ~s** pleated pants (AmE) *o* (BrE) trousers
B *tb* **~s** **1** (para depilar) tweezers (*pl*); (de cirujano) forceps (*pl*); (para el hielo) tongs (*pl*) **2** (alicates) pliers (*pl*); ***tratar a algn con ~s*** (CS, Méx fam) to treat sb with kid gloves

piña *f*
A (Bot) (fruta) pineapple; (del pino) pine cone
B (fam) (puñetazo) thump (colloq); **le dio una ~** he thumped him (colloq); **agarrarse a ~s** to come to blows (colloq)

piñata *f*: *container hung up during festivities and hit with a stick to release candy inside*

piño *m* (Chi) (de vacas) herd; (de ovejas) flock

piñón *m*
A (Bot) pine kernel *o* nut; ***estar a partir (de) un ~*** (fam) to be bosom pals *o* bosom buddies (colloq)
B (Mec) pinion; (de bicicleta) sprocket wheel
(Compuesto) **piñón libre** freewheel

piñoso -sa *adj* (Per fam) unlucky

pío[1], pía *adj* devout, pious

pío² *m* peep, tweet; ***no decir ni ~*** (fam) not to say a word

piocha *f*
A (para romper piedra) pickax*; (para cavar) mattock
B (Chi) (distintivo) badge
C (Méx) (barbita) goatee (beard); **por ~** per head

piojento -ta *adj* (fam) ► **piojoso**

piojo *m* louse; **~s** lice

piojoso -sa *adj* **1** (con piojos) lousy, lice-ridden; (con pulgas) flea-ridden **2** (fam) (sucio) filthy

piola¹ *adj inv* (RPl fam) **1** (divertido) fun (*before n*) (colloq); **son muy ~** they're really good fun **2** (astuto) crafty (colloq); **¡qué ~ sos!** you're a crafty devil (colloq) **3** ‹*ropa*› trendy (colloq), with-it (colloq)

piola² *f* (AmL) cord

piolet /pjo'le(t)/ *m* (*pl* **-lets**) ice ax*

pionero¹ -ra *adj* pioneering (*before n*)

pionero² -ra *m,f* pioneer

pipa *f*
A (para fumar) pipe; **fumar (en) ~** to smoke a pipe; ***fumar la ~ de la paz*** to smoke the pipe of peace
B (tonel) cask, barrel; ***como ~*** (Chi fam) plastered (colloq)
C (Esp) (de sandía, mandarina) pip; (de girasol, calabaza) seed; ***pasarlo ~*** (Esp fam) to have a great time
D **1** (Col) (de gas) cylinder, bottle **2** (Col, Per fam) (barriga) belly **3** (Méx) (camión) tanker

pipeño *m*: *Chilean white wine*

pipeta *f* pipette

pipi² *f* (Bol, Col, Méx) (pene) weenie (AmE colloq), willy (BrE colloq)

pipí¹ *m* (fam) pee (colloq), wee (BrE colloq), wee-wee (used to or by children); **hacer ~** to have a pee *o* (BrE) wee

pipián *m*
A (AmC) (verdura) *type of squash*
B (AmC) (muchacha) (fam & hum) nymphet (colloq & hum)

pipiolo -la *m,f* (fam) (novato) novice, greenhorn (colloq); (joven) kid (colloq)

pipón -pona *adj* (RPl fam) full up (colloq), stuffed (colloq)

pique *m*
A **a pique**: **el camino bajaba a** *or* (Méx) **en ~** the road down was very steep; **una caída a** *or* (Méx) **en ~ hasta el mar** a vertical *o* sheer drop to the sea below; **a ~ de** on the point of, about to; ***irse a ~*** «*barco*» to sink; «*negocio*» to go under, to founder; **sus ilusiones se fueron a ~** her hopes were dashed
B (fam) **1** (enfado, resentimiento): **tener un ~ con algn** to be at odds with sb **2** (rivalidad) rivalry, needle
C **1** (carta) spade **2** **piques** *fpl* (palo) spades (*pl*)
D (arg) (de droga) fix (sl)
E (Auto) acceleration, pick-up (AmE); ***pegarse un ~*** (Chi fam): **me pegué el ~ hasta allá y no estaba** I trailed *o* traipsed all that way and he wasn't there (colloq)
F (AmL) (rebote): **la pelota entró de ~** the ball went in on the rebound; **la pelota dio tres ~s** the ball bounced three times
G (Chi) (Min) mine shaft

piqué *m* piqué

piquera *f* hole

piqueta *f* pick, pickax*

piquete *m*
A (de huelguistas) picket; (de soldados) squad, picket (arch)
(Compuesto) **piquete móvil** *or* **volante** flying picket
B (Méx fam) **1** (herida) prick; (inyección) shot (colloq), jab (colloq) **2** (de insecto) sting, bite **3** (de licor) drop

piquetear [A1] *vt/vi* (esp AmL) to picket

pira *f* pyre

pirado -da *adj* (Esp, Méx fam) crazy (colloq)

piragua *f* (Dep) canoe

piragüismo *m* canoeing

piragüista *mf* canoeist

piramidal *adj* pyramid (*before n*)

pirámide *f* pyramid

piraña¹ *f* (Zool) piranha

piraña² *mf* (persona) shark (colloq)

pirarse [A1] *v pron* (Esp fam) to make oneself scarce (colloq); ***pirárselas*** (Esp fam) to take to one's heels

pirata¹ *adj* **1** ‹*barco*› pirate (*before n*) **2** (clandestino) ‹*casete/copia*› pirate (*before n*), bootleg (*before n*) (colloq) **3** (Ven) (de mala calidad) poor, shoddy (colloq)

pirata² *mf* **1** (Náut) pirate **2** (de casetes, videos) pirate
(Compuestos)
- **pirata aéreo** hijacker, skyjacker (journ)
- **pirata informático, pirata informática** hacker

piratear [A1] *vi*
A to commit piracy
B (Ven fam) (trabajar mal) to botch things (colloq)
■ **piratear** *vt* to pirate

piratería *f*
A (Náut) piracy; (de videos, casetes) piracy
B (Ven fam) (trabajo mal hecho) botch job (colloq)

Pirineos *mpl*, **Pirineo** *m*: **los ~** *or* **el Pirineo** the Pyrenees (*pl*)

pirinola *mf* **1** (Andes, Méx) (peonza) spinning top **2** (AmC fam) (pene) weenie (AmE colloq), willy (BrE colloq); ***andar en ~*** (AmC fam) to go around naked *o* (colloq) without a stitch on

piripi *adj* (Esp fam) merry (colloq), tipsy (colloq)

pirita *f* pyrite

piromanía *f* pyromania

pirómano -na *m,f* pyromaniac

piropear [A1] *vt* to make flirtatious/flattering comments to

piropo *m* flirtatious/flattering comment; **le echan muchos ~s por la calle** she gets a lot of comments from men in the street

pirotecnia *f* fireworks (*pl*), pyrotechnics (frml)

pirrar [A1] *vi* (Esp fam) (+ *me/te/le etc*): **me pirran los helados** I love ice cream
■ **pirrarse** *v pron* (Esp fam) **~se POR algo** to be crazy *o* wild ABOUT sth (colloq)

pirueta *f* (en danza) pirouette; (de un caballo) pesade; ***hacer ~s*** to perform miracles

piruja *f* (Col, Méx fam) hooker (colloq), whore (colloq)

piruleta *f* lollipop

pirulo¹ -la *adj* (Chi fam) ‹*lugar*› ritzy (colloq), upmarket; ‹*persona*› refined

pirulo² *m* (fam) (pene), weenie (AmE colloq), willy (BrE colloq)

pis *m* (fam) pee (colloq), wee (BrE colloq); **hacer ~** to have a pee *o* (BrE) wee

pisacorbatas *m* (Col) tiepin

pisada *f* (acción) footstep; (huella) footprint; ***no perderle ~ a algn*** to keep close tabs on sb

pisado *m* treading (*of grapes*)

pisapapeles *m* (*pl* ~) paperweight

pisar [A1] *vt*
A **1** (con el pie): **la pisó sin querer** he accidentally stepped *o* trod on her foot; **⊘ prohibido pisar el césped** keep off the grass; **hace una semana que no piso la calle** I haven't been out (of the house) for a week; **no vuelvo a ~ esta casa nunca más** I'll never set foot in this house again; **~ el escenario** to go on stage, tread the boards **2** (humillar) to trample on, walk all over
B (RPl, Ven) **1** (Coc) to mash **2** (fam) (atropellar) to run over
C (Esp fam) (adelantarsea): **me has pisado la idea** you stole *o* (BrE colloq) pinched my idea!; **otro periódico nos pisó la noticia** another newspaper beat us to the story (colloq)
D **1** «*ave macho*» to mount **2** (AmC vulg) (joder) to screw (vulg)
■ **pisar** *vi* to tread; **pisó mal y se cayó** she lost her footing and fell; **no pises ahí, está mojado** don't walk *o* tread there, it's wet; ***~ fuerte*** to make a big impact

pisca *f* (Méx) harvest

pisciano -na *adj/m,f* Piscean, Pisces

piscicultor -tora *m,f* fish farmer

piscicultura *f* fish farming, pisciculture (frml)

pisciforme *adj* fish-shaped

piscina *f* swimming pool; **~ cubierta/climatizada/al aire libre** covered/heated/open air swimming pool; **~ olímpica** Olympic-sized swimming pool

Piscis¹ *m* (signo, constelación) Pisces; **es (de) ~** he's (a) Pisces, he's a Piscean

Piscis², piscis *mf* (*pl* ~) (persona) Piscean, Pisces

pisco *m* (aguardiente) ≈ grappa

(Compuesto) **pisco sauer** *or* **sour** *cocktail made with* **pisco**, *lemon, egg white and sugar*

> **pisco**
>
> An alcoholic drink, produced by distilling grape juice, originally from Peru but now also characteristic of Chile

piscola *f* (Chi): **pisco** *with cola*

piscolabis *m* (*pl* ~) (Esp fam) snack (colloq)

piso *m*

A 1 (de edificio) floor, story*; (de autobús) deck; **una casa de seis ~s** a six-story building; **vivo en el primer ~** I live on the second (AmE) *o* (BrE) first floor; **un autobús de dos ~s** a double-decker bus 2 (— de tarta) layer

B (AmL) 1 (suelo) floor; ***serrucharle*** (RPl) *or* (Chi) ***aserrucharle el ~ a algn*** (fam) to pull the rug out from under sb's feet (colloq) 2 (de carretera) road surface

C (Esp) (apartamento) apartment (esp AmE), flat (BrE)

(Compuestos)

- **piso franco** (Esp) safe house
- **piso piloto** (Esp) show apartment *o* (BrE) flat

D (Chi) (taburete) stool; (alfombrita) rug; (felpudo) doormat

pisotear [A1] *vt* 1 (con los pies) to trample, stamp on 2 ‹*persona/derecho*› to ride roughshod over

pisotón *m* stamp; **darle un ~ a algn** (intencional) to stamp on sb's foot *o* toes; (sin querer) to tread *o* step on sb's foot *o* toes

pista *f*

A 1 (rastro) trail, track; **seguirle la ~ a algn** to be/get on sb's trail; **están sobre la ~** they're on the right track; **~ falsa** false trail 2 (indicio) clue

B 1 (carretera) road, track 2 (Chi) (carril) lane; ***se me/le puso pesada la ~*** (Chi fam) I/he found it heavy *o* tough going 3 (Audio) track

C 1 (en el circo) ring; (en el picadero) ring; (en el hipódromo) track (AmE), course (BrE) 2 (Esp) (de tenis) court; **~ de hierba/de tierra batida** grass/clay court

(Compuestos)

- **pista cubierta/de atletismo** indoor/athletics track
- **pista de aterrizaje** runway, landing strip
- **pista de baile** dance floor
- **pista de esquí** ski slope, piste
- **pista de hielo/de patinaje** ice/skating rink
- **pista de saltos** showjumping ring *o* arena

pistacho *m* pistachio (nut)

pistilo *m* pistil

pistola *f* 1 (Arm) pistol; **a punta de ~** at gunpoint; ***hacerle ~ a algn*** (Col fam) ≈ to give sb the finger (sl) 2 (para pintar) spray gun

(Compuestos)

- **pistola de engrase** grease gun
- **pistola de fogueo** starting pistol

pistolera *f* holster

pistolerismo *m* gun law

pistolero *m* gunman

pistoletazo *m* (disparo) pistol shot; (Dep) starting signal

pistón *m* 1 (émbolo) piston 2 (de arma) percussion cap 3 (de instrumento) key 4 (Chi) (de manguera) nozzle

pita *f* (Bot) pita; (hilo) pita fiber*; (cordel) (Andes) twine

pitada *f*

A 1 (pitido) beep; **las ~s de los coches** the beeping *o* hooting of the car horns 2 (en espectáculo) ≈ booing and hissing, whistling (*as sign of disapproval*)

B (AmL) (de cigarrillo) puff, drag (colloq)

pitanza *f*

A (arc) (comida) daily ration

B (Chi fam) (broma) joke

pitar [A1] *vi*

A 1 «*guardia/árbitro*» to blow one's whistle 2 «*vehículo*» to blow the horn, to hoot 3 «*público*» (como protesta) to boo and hiss

B **pitando** *ger* (Esp fam) (rápido): **salió pitando** he was off like a shot (colloq), he legged it (colloq)

C (CS fam) (fumar) to smoke

■ **pitar** *vt* ‹*falta*› to blow for, award, call (AmE)

pitazo *m*

A 1 (CS, Per) (del árbitro) whistle 2 (CS) (de tren) whistle; (de barco) boom, blast on the siren

B (Méx fam) (información) tip-off

pítcher *mf* pitcher

pitear [A1] *vi* (pitar) to blow a/one's whistle

pitido *m* (sonido agudo) whistle, whistling; (de claxon) beep, hoot, honk

pitillera *f* cigarette case

pitillo *m*

A (fam) (cigarrillo) smoke (colloq), fag (BrE colloq)

B (Col) (para beber) straw

pitiminí *m*: **de ~** trifling

pito *m*

A 1 (silbato) whistle; **tocar el ~** to blow the whistle; **tener voz de ~** (fam) to have a squeaky voice; ***entre ~s y flautas*** (fam) (what) with one thing and another (colloq); ***me importa un ~*** (fam) I don't give a damn (colloq); ***no entender/saber (ni) un ~*** (fam): **no entendí ni un ~** I didn't understand a thing (colloq); **no sabe un ~ de motores** he doesn't know the first thing about engines (colloq); ***por ~s o flautas*** (fam) somehow or other (colloq); ***tocar ~*** (AmL fam): **¿y este tipo qué ~(s) toca aquí?** what on earth's *o* what the hell's he doing here? (colloq); **nosotros ahí no tocamos un ~** that's nothing to do with us (colloq) 2 (fam) (de coche) horn, hooter; (de tren) whistle; **tocar el ~** to hoot, honk

B 1 (fam) (cigarrillo) smoke, fag (BrE colloq) 2 (Chi fam) (de marihuana) joint (colloq), spliff (sl)

C (fam) (pene) weenie (AmE colloq), willy (BrE colloq)

pitón[1] *f or m* python

pitón[2] *m* 1 (del toro) horn; (del ciervo) point, spike 2 (de un botijo) spout 3 (en alpinismo) piton

pitonisa *f* fortuneteller

pitorrearse [A1] *v pron* (Esp fam) **~ DE algn** to make fun OF sb

pitorreo *m* (Esp fam): **se lo tomó a ~** he didn't take it seriously; **siempre está de ~** he's always larking *o* clowning around (colloq)

pitorro *m* (Esp) spout

pitote *m* (Esp fam) row, din, ruckus (AmE)

pituco[1] **-ca** *adj* (CS, Per fam) 1 (elegante) posh (colloq); **¿adónde vas tan pituca?** where are you going dressed up in that posh gear? (colloq) 2 (engreído) snooty (colloq), stuck-up (colloq)

pituco[2] **-ca** *m,f* (CS, Per fam) snob

pituto *m*

A (Chi) (cilindro) short tube/cylinder

B (Chi fam) (para conseguir algo) contact

pívot *mf* (*pl* **-vots**) (Dep) center*, pivot

piyama *m or f* (AmL) pajamas (*pl*) (AmE), pyjamas (*pl*) (BrE)

pizarra *f* 1 (Min) slate 2 (en el aula) blackboard, chalkboard; (del alumno) slate 3 (Cin) clapperboard 4 (en béisbol) scoreboard

pizarral *m* slate quarry

pizarrón *m* (AmL) blackboard, chalkboard

pizca *f*

A (cantidad pequeña): **una ~ de algo** (de sal) a pinch of sth; (de vino) a drop of sth; ***ni ~***: **no tiene ni ~ de gracia** it's not the slightest bit funny; **no me gusta ni ~** I don't like it one little bit

B (Méx) (cosecha) harvest

pizcar [A2] *vt* (Méx) ‹*maíz*› to harvest; ‹*algodón*› to pick

■ **pizcar** *vi* (Méx) to take in the harvest

pizza /'pitsa, 'pisa/ *f* pizza

pizzería /pitse'ria, pise'ria/ *f* pizzeria

pizzicato /pitsi'kato/ *m* pizzicato

Pl. (= **Plaza**) Sq, Square

placa *f*

A (lámina, plancha) sheet; **una ~ de acero** a steel sheet; **tiene una ~ de metal en el cráneo** he has a metal plate in his skull; **~ de mármol** marble slab

(Compuestos)

- **placa de energía solar** solar cell
- **placa de hielo** black ice
- **placa de silicio** silicon chip
- **placa madre** motherboard

B 1 (con inscripción) plaque; **~ conmemorativa** commem-

P

orative plaque; **una ~ con el nombre** a nameplate **2** (de policía) badge

(Compuesto) **placa de matrícula** license (AmE) *o* (BrE) number plate

C (Fot, Geol) plate

D **1** *tb* **~ dental** dental plaque, tartar **2** (de infección) spot, pustule **3** (costra) scab

E (period) (Audio) record, disc

F (Chi) (dentadura) dentures (*pl*), dental plate

placaje *m* (en fútbol americano) block; (en rugby) tackle

placar [A2] *vt* (en fútbol americano) to block; (en rugby) to tackle

placard /pla'kar/ *m* (RPl) built-in closet (AmE), fitted wardrobe (BrE)

placebo *m* placebo

pláceme *m* (frml) message of congratulations, congratulatory message; **darle el ~ a algn** to congratulate sb; ***estar de ~(s)*** (Andes frml) to be delighted

placenta *f* placenta, afterbirth

placentero -ra *adj* pleasant, agreeable

placer¹ [E4] *vi* (*en 3ª pers*) (+ *me/te/le etc*): **haz lo que te plazca** do as you please; **me place informarle que ...** (frml) I am pleased *o* (frml) it is my pleasure to inform you that ...

placer² *m*

A (gusto, satisfacción) pleasure; **ha sido un ~ conocerla** (frml) it has been a pleasure to meet you; **tengo el ~ de presentarles a ...** (frml) it is my pleasure *o* I have the pleasure to introduce to you ...; ***a ~*** ‹*comer/beber*› as much as one wants

B **1** (Geol, Min) placer **2** (Náut) sandbank

placero *m* (Per) street vendor

placidez *f* placidity, placidness, calmness

plácido -da *adj* placid, calm

plaf *m* (en la mejilla) smack!; (al caerse) crash!, bang!; (al caer al agua) splash!

plafón *m* (rosetón) ceiling rose; (panel) soffit

plaga *f* **1** (de insectos, ratas) plague; **las ardillas son consideradas una ~** squirrels are considered to be a pest; **trajeron a sus hijos, que eran una ~** they brought along their horde of children **2** (calamidad, azote) plague; **la ~ del turismo** the menace *o* scourge of tourism

plagado -da *adj* **~ DE algo**: **está ~ de faltas** it is riddled with mistakes; **la playa estaba plagada de turistas** the beach was crawling *o* swarming with tourists

plagiar [A1] *vt*

A ‹*idea/libro*› to plagiarize

B (AmL) ‹*persona*› to kidnap

plagiario -ria *m,f* **1** (que copia) plagiarist **2** (AmL) (secuestrador) kidnapper

plagio *m*

A (copia) plagiarism

B (AmL) (secuestro) kidnap, kidnapping

plan *m*

A (proyecto, programa) plan; **hacer ~es** to make plans; **~ de desarrollo** development plan

(Compuestos)

- **plan de campaña** plan of action
- **plan de estudios** syllabus
- **plan maestro** master plan

B **1** (fam) (cita, compromiso): **si no tienes otros ~es podríamos ir a cenar** if you're not doing anything else we could go out for dinner; **¿tienes algún ~ para esta noche?** do you have any plans for tonight? **2** (Esp fam) (ligue): **salió en busca de ~** he went out looking for a pickup (colloq), he went out on the pull (BrE colloq); **su marido tiene un ~** her husband's having an affair

C (fam) (actitud): **no te pongas en ~ chulo** don't get cocky with me! (colloq); **lo dijo en ~ de broma** he was only kidding (colloq); **en ~ económico** cheaply, on the cheap (colloq); **salen en ~ de amigos** they're just good friends

plana *f*

A (de periódico) page; **aparece en primera ~** it has made *o* it's on the front page; **viene publicado a toda ~** it has been given a full page

B (Educ) (ejercicio) handwriting exercise

(Compuesto) **plana mayor** (Mil) staff officers (*pl*); (jefes) (fam) top brass (colloq)

plancha *f*

A **1** (electrodoméstico) iron; **pásale la ~** run the iron over it **2** (acto) ironing; (ropa para planchar) ironing

B **1** (Const, Tec) sheet; **acero en ~s** sheet steel **2** (Impr) plate **3** (Chi) (con inscripción) plaque

C (utensilio) griddle; (parte de la cocina) hotplate, griddle; **un filete a la ~** a grilled steak

D (en natación): **hacer la ~** to float

E **1** (fam) (metedura de pata) boo-boo (colloq), boob (colloq); **tirarse una ~** (Esp fam) to put one's foot in it (colloq), to goof (colloq) **2** (Chi fam) (vergüenza) embarrassment; **¡qué ~ pasé!** I was *o* felt so embarrassed!

planchada *f* (esp AmL) (planchado): **dale una planchadita al cuello** just run the iron over the collar; **con una buena ~ quedará como nuevo** it'll be as good as new once you iron it

planchado¹ -da *adj* **1** (RPl fam) (agotado) shattered (colloq), beat (AmE colloq) **2** (Chi fam) (sin dinero) broke (colloq)

planchado² *m* ironing

planchador -dora *m,f* **1** (en tintorería, fábrica) presser **2** **planchadora** *f* (máquina) press, presser

planchar [A1] *vt* ‹*sábana/mantel*› to iron; ‹*pantalones*› to press, iron; ‹*traje*› to press

■ **planchar** *vi*

A (con la plancha) to do the ironing

B **1** (Bol, CS fam) (en baile): **planchó toda la noche** nobody asked her to dance all night **2** (Chi fam) (quedar en ridículo) to look stupid

C (RPl fam) (caerse) to take a tumble (colloq), to fall over

planchazo *m* **1** (fam) (caída): **se dio un ~** she fell flat on her face **2** ▸**plancha E1**

plancton *m* plankton

planeación *f* (Méx) planning

planeador *m* glider

planeamiento *m*

A (de proyecto, viaje) planning

B (Aviac) gliding

planear [A1] *vt* to plan

■ **planear** *vi* (Aviac) to glide; «*águila*» to soar; (Náut) to plane

planeo *m* (Aviac) gliding; (Náut) planing

planeta *m* planet

planetario¹ -ria *adj* (Astron) planetary; (global) global

planetario² *m* planetarium

planicie *f* plain

planificación *f* planning

(Compuestos)

- **planificación familiar** family planning
- **planificación urbana** urban *o* town planning

planificador¹ -dora *adj* planning (*before n*)

planificador² -dora *m,f* planner

planificar [A2] *vt* to plan, draw up a plan for

planilla *f*

A **1** (tabla) table, chart; (lista) list **2** (AmL) (nómina) payroll; **estar en ~** to be on the payroll **3** (AmL) (personal) staff

B **1** (Méx) (en elección) list of candidates **2** (Col) (censo electoral) electoral register

planisferio *m* planisphere

planning /'planin/ *m* (*pl* **~s**) agenda, schedule

plano¹ -na *adj*

A ‹*superficie/terreno/zapato*› flat; **los 100 metros ~s** (AmL) the hundred meters dash *o* sprint

B ‹*figura/ángulo*› plane

plano² *m*

A (de edificio) plan; (de ciudad) street plan, map

B (Mat) plane

C **1** (nivel) level; **se mueven en ~s sociales muy diferentes** they move in very different social circles; **en el ~ afectivo** on an emotional level; **en el ~ laboral** on the employment front **2** (Cin, Fot) shot

(Compuestos)

- **plano corto** close-up
- **plano general/largo** pan/long shot

D (de espada) flat

E **de plano** ‹*rechazar/rehusar*› flatly

P

planta *f*
A (Bot) plant
(Compuesto) **planta de interior** houseplant, indoor plant
B (Arquit) **1** (plano) plan **2** (piso) floor; **primera/tercera ~** second/fourth floor (AmE), first/third floor (BrE); **una casa de dos ~s** a two-story house; **grandes ofertas en la ~ de señoras** big savings in the ladies' fashion department
(Compuesto) **planta baja** first floor (AmE), ground floor (BrE)
C (Tec) (instalación) plant
D (del pie) sole
E (tipo, apariencia): **de buena ~** fine-looking
F (de empleados) staff

plantación *f* **1** (terreno plantado) field; (de árboles) plantation **2** (explotación agrícola) plantation **3** (acción) planting

plantado -da *adj* **~ DE algo** planted WITH sth; ***bien ~*** (ant) handsome; **un chico bien ~** a fine-looking young man; ***dejar ~ a algn*** (fam) (en una cita) to stand sb up (colloq); (el día de la boda) to jilt sb; **los invité a cenar y me dejaron ~** I invited them to dinner but they didn't turn *o* show up

plantador -dora *m,f* **1** (persona) planter **2** **plantador** *m* (utensilio) dibble, dibber

plantar [A1] *vt*
A **1** ‹*árboles/cebollas*› to plant; ‹*semillas*› to sow **2** ‹*postes*› to put in; ‹*tienda*› to pitch, put up
B (fam) **1** (abandonar) ‹*novio*› to ditch (colloq), to dump (colloq); ‹*estudios*› to give up, to quit (AmE) **2** (no acudir a una cita): **la plantó el día de la boda** he jilted her on their wedding day; **los invité a cenar y me ~on** I invited them to dinner but they didn't turn *o* show up
C (fam) **1** (poner): **lo planté en la calle** I threw *o* (colloq) chucked him out; **fue y plantó su silla delante del televisor** she went and plonked *o* stuck her chair right in front of the television (colloq) **2** ‹*beso/puñetazo*› to plant
■ **plantarse** *v pron*
A (fam) (quedarse, pararse) to plant oneself (colloq); **se plantó delante de la puerta** he planted himself in front of the door (colloq); **el caballo se plantó delante del obstáculo** the horse stopped dead in front of the fence; **se plantó en su actitud** he dug his heels in (colloq); **se plantó aquí con tres amigas** she turned *o* showed up here with three friends
B (Jueg) (en cartas, apuesta) to stick
C (Andes fam) (beberse) to down (colloq), to knock back (colloq); (comerse) to put away (colloq)

plante *m* (protesta) protest; (paro) stoppage

planteamiento *m* **1** (enfoque) approach **2** (exposición): **no les sabe dar el ~ adecuado a sus ideas** he doesn't know how to set his ideas out; **ése no es el ~ que me hicieron** that's not the way they explained the situation to me; **el ~ de su relación en la película** the depiction *o* portrayal of their relationship in the movie

plantear [A1] *vt*
A **1** (Mat) ‹*problema*› to set out **2** (exponer): **me lo planteó de la siguiente manera** he explained it to me in the following way; **planteó la necesidad de un cambio** she expressed the need for a change; **las reivindicaciones que ~on** the demands which they made; **le ~é la cuestión a mi jefe** I will bring it up with my boss; **nos ~on dos opciones** they presented us with *o* gave us two options; **le planteé la posibilidad de ir a Grecia** I suggested going to Greece
B (causar, provocar) ‹*problemas/dificultades*› to create, cause
■ **plantearse** *v pron*
A (considerar) ‹*problema/posibilidad*› to think about, consider
B (presentarse) «*problema/posibilidad*» to arise; **se nos ha planteado un nuevo problema** a new problem has arisen *o* has come up; **se me planteó una disyuntiva** I came up against *o* I was faced with a dilemma

plantel *m*
A (cuerpo) staff; **un excelente ~ de profesores** an excellent teaching staff; **el equipo se presenta con un renovado ~** the team has a new lineup
B (Agr) nursery
C (AmL frml) (escuela) educational establishment (frml)

plantificar [A2] *vt* (fam) (poner) to stick (colloq); **plantificó su silla delante del televisor** she plonked *o* stuck her chair right in front of the television (colloq); **le plantificó los niños a la abuela** she dumped the children on their grandmother (colloq); **~le un puñetazo a algn** to land a punch on sb
■ **plantificarse** *v pron* **1** (fam) (en un lugar) to plant oneself (colloq); **se plantificó delante de la puerta** he planted himself in front of the door; **me plantifiqué en su oficina hasta que me recibió** I didn't budge from her office until she saw me **2** (*refl*) (fam) «*abrigo*» to throw on; **se plantifica cada sombrero ...** the hats she wears!

plantilla *f*
A (de zapato) insole
B (Esp) (personal) staff; (nómina) payroll; **estar en ~** to be on the staff *o* payroll
C (para marcar, cortar) template; (para corregir exámenes) mask

plantío *m* field of crops

plantón *m* **1** (fam) (espera) long wait; **me di** *or* **pegué un ~ de dos horas** I had a two-hour wait (colloq); ***darle el ~ a algn*** (en cita) to stand sb up (colloq); (el día de la boda) to jilt sb **2** (Méx) (para protestar) sit-in

plañidera *f* hired mourner, weeper

plañidero -ra *adj* mournful, plaintive

plañir [I9] *vi* to moan, wail, lament

plaqué *m* plating; **de ~** plated

plaqueta *f*
A (Biol) platelet
B (de cemento) small slab

plasma *m* (Biol, Fís) plasma

plasmar [A1] *vt* (frml) to give expression to; **quiso ~ en el lienzo aquel dolor** he tried to give expression to *o* capture that pain on canvas
■ **plasmarse** *v pron* (frml) to be expressed; **esta angustia se plasmó en toda su obra** this suffering is expressed *o* manifests itself throughout his work

plasta[1] *adj* **1** (Esp fam) (pesado): **¡no seas ~, tío!** stop being such a pain in the neck! (colloq) **2** (AmL fam) (cachazudo) slow, sluggish (colloq)

plasta[2] *f*
A (fam) (masa — blanda) soft lump; (— aplastada) flat *o* shapeless lump
B **1** (AmL fam) (cachaza) laid-back attitude (colloq); **¡qué ~ tiene!** she's so laid back! (colloq) **2** (persona cachazuda) slow *o* (colloq) laid-back person; (persona inútil) useless person, waste of time (colloq) **3** (persona fea) ugly mug (colloq) **4** (persona aburrida) bore (colloq)

plástica *f* **1** (artes plásticas) plastic arts (*pl*) **2** (escultura) *sculpture and modeling*

plasticidad *f* (de material) plasticity; (de forma) elasticity, plasticity; (de movimiento) elasticity, fluency

plasticina® *f* (CS) Plasticine®

plástico[1] -ca *adj*
A (de plástico) plastic; (dúctil) pliable, plastic
B **1** (Art) physical, plastic **2** (Lit) ‹*descripción*› vivid, evocative; ‹*estilo*› expressive

plástico[2] *m* **1** (material) plastic **2** (explosivo) plastic explosive, plastique **3** (Esp arg) (disco) record, disc (colloq) **4** (fam) (tarjetas de crédito) credit cards (*pl*), plastic (colloq)

plastificar [A2] *vt* ‹*tela*› to plasticize; ‹*carné/documento*› to laminate

plata *f*
A **1** (metal) silver; ***hablando en ~*** (fam) to put it bluntly **2** (vajilla) silver, silverware
(Compuesto) **plata de ley** hallmarked silver
B (AmS fam) (dinero) money; **tiene mucha ~** she has a lot of money; ***estar podrido en ~*** (fam) to be filthy rich (colloq); ***salvar la ~*** (AmL fam) «*persona*» to save the day; «*servicio/comida*» to be the saving grace

platada *f* (Chi) (de comida) plateful

plataforma *f*
A **1** (tarima) platform; **esto le sirvió de ~ para trabajar en el cine** this was his stepping stone to a career in the movies **2** (de autobús) platform **3** (de zapato) platform
(Compuestos)
- **plataforma continental** continental shelf
- **plataforma de lanzamiento** launchpad
- **plataforma de perforación** drilling platform *o* rig

B (Pol) (de un partido) platform

(Compuesto) **plataforma electoral** (conjunto de políticas) electoral platform; (documento) election manifesto

platal *m* (AmS fam) fortune (colloq)

platanal, platanar *m* banana plantation

platanera *f* **1** (árbol) banana tree **2** (empresa) banana company

platanero -ra *m,f*

A (persona) banana grower

B **platanero** *m* (árbol) banana tree

plátano *m*

A (árbol caducifolio) plane tree

(Compuesto) **plátano oriental** plane tree, Oriental plane

B **1** (fruto dulce, que se come crudo) banana; (árbol) banana tree **2** (fruto más grande, para cocinar) plantain; (árbol) plantain

platea *f* **1** (patio de butacas) orchestra (AmE), stalls (*pl*) (BrE) **2** (localidad) seat (*in the orchestra/stalls*)

(Compuesto) **platea alta** dress circle

plateado[1] -da *adj* **1** (del color de la plata) silver; **sus sienes plateadas** (liter) his silvery temples **2** (con baño de plata) silver-plated

plateado[2] *m* silver-plating

platear [A1] *vt* (Metal) to silver-plate, silver; **la luna plateaba las aguas del lago** (liter) moonlight silvered the lake (liter)

plateau /pla'to/ *m* set

plateresco -ca *adj* plateresque

platería *f* **1** (arte) silverwork **2** (objetos) silver(ware) **3** (taller) silversmith's workshop; (tienda) silversmith's

platero -ra *m,f* silversmith

plática *f* **1** (conferencia) talk **2** (esp AmL) (conversación) [*this noun is widely used in Mexico and Central America but is literary in other areas*] talk; **estar de ~** to talk, to chat (colloq); **reanudarán ~s con el sindicato** they will restart talks *o* negotiations with the union

platicar [A2] *vi* (esp AmL) [*this verb is widely used in Mexico and Central America but is literary in other areas*] to talk, chat (colloq)

■ **platicar** *vt* (Méx) (contar) to tell

platija *f* plaice

platillo *m*

A **1** (plato pequeño) saucer; (de balanza) pan; (para limosnas) collection plate *o* bowl; ***pasar el ~*** to pass the hat around **2** (Mús) cymbal **3** (Dep) clay pigeon

(Compuesto) **platillo volador** *or* (Esp) **volante** flying saucer

B (Méx) (en una comida) course

platina *f* **1** (de microscopio) slide **2** (de máquina) platen **3** (Impr) platen, plate **4** (de tocadiscos) deck

(Compuesto) **platina a cassette** tape deck

platino *m*

A (metal) platinum

B **platinos** *mpl* (Auto, Mec) (contact breaker) points (*pl*)

plato *m*

A **1** (utensilio) plate; **lavar** *or* **fregar los ~s** to wash *o* do the dishes; ***no haber roto un ~*** (fam): **tiene cara de no haber roto un ~ en su vida** she looks as if butter wouldn't melt in her mouth (colloq); ***pagar los ~s rotos*** to pay the consequences **2** (para taza) *tb* **platito** saucer

(Compuestos)

- **plato de postre** dessert plate
- **plato hondo** *or* **sopero** soup dish
- **plato llano** *or* (RPl) **playo** *or* (Chi) **bajo** *or* (Méx) **extendido** (dinner) plate

B (contenido) plate, plateful; **me comí dos ~s** I had two helpings *o* platefuls

C **1** (receta) dish; **~ típico** typical dish; ***no es ~ de gusto*** it's no fun (colloq) **2** (en una comida) course; **una comida de cuatro ~s** a four-course meal; **¿qué hay de segundo ~?** what's for (the) main course?

(Compuestos)

- **plato central** (Ven) main course
- **plato combinado** (Esp) *meal served on one plate, eg burger, eggs and fries*
- **plato del día** dish of the day
- **plato fuerte** (Coc) main course; (de un espectáculo) pièce de résistance; **su conferencia fue el ~ ~ del día** his lecture was the high point of the day

D **1** (de balanza) (scale) pan **2** (de tocadiscos) turntable **3** (Dep) clay pigeon **4** (en béisbol) home plate

E (AmS fam) (situación, persona divertida) scream (colloq)

plató *m* set

platónico -ca *adj* platonic

platudo -da *adj* (AmS fam) well-heeled (colloq)

plausible *adj* **1** ‹*motivo/razón*› acceptable, valid **2** (loable) commendable, praiseworthy

playa *f* (extensión de arena) beach; (lugar de veraneo) seaside

(Compuesto) **playa de estacionamiento** (CS, Per) parking lot (AmE), car park (BrE)

play back, playback /'plejbak/ *m* playback

playboy /'plejboj/ *m* (*pl* **-boys**) playboy

playera *f* (zapatilla) canvas shoe, beach shoe; (camiseta) (Méx) T-shirt

playero -ra *adj* **1** ‹*vestido*› beach (*before n*) **2** ‹*persona*›: **es muy ~** he loves the beach

plaza *f*

A **1** (espacio abierto) square **2** (Taur) bullring; **el toro que abrió/cerró ~** the first/last bull

(Compuestos)

- **plaza de armas** (Mil) parade ground; (lugar público) (Andes) main square
- **plaza de toros** bullring
- **plaza mayor** main square

B (esp AmL) (bolsa) market

C (Esp) (mercado) market (place)

D (ciudad) **1** (Mil) garrison town **2** (frml) (Corresp): **nuestro representante en la ~** our local representative; **en dicha ~** in the abovementioned city/town

(Compuesto) **plaza fuerte** garrison town

E **1** (puesto — de trabajo) post, position; (— en una clase, universidad) place; **cubrir una ~** to fill a position; **hay varias ~s vacantes** there are several vacancies **2** (asiento) seat; **un sofá de tres ~s** a three-seater sofa

(Compuesto) **plaza de aparcamiento** *or* **de garaje** parking space

plazo *m*

A (de tiempo) period; **el ~ se cierra el próximo lunes** the deadline is next Monday; **tenemos un mes de ~ para pagar** we have one month to pay; **el ~ de admisión termina mañana** tomorrow is the closing date; **dentro del ~ estipulado** within the stipulated period; **cuenta/depósito a ~ fijo** (Fin) fixed term account/deposit; **comprar a ~ fijo** (Fin) to buy forward; **un objetivo a corto/largo/medio** *or* (CS) **mediano ~** a short-term/long-term/medium-term objective

B (mensualidad, cuota) installment*; **pagar a ~s** to pay in installments; **comprar a ~s** to buy on installments

plazoleta, plazuela *f* small square

plebe *f* **1** (Hist) **la ~** the masses (*pl*), the populace **2** (pey) (chusma) rabble (pej), plebs (*pl*) (colloq & pej)

plebeyo -ya *adj/m,f* plebeian

plebiscitar [A1] *vt* (frml) to hold a plebiscite on, decide ... by plebiscite

plebiscito *m* plebiscite

plegable *adj* folding (*before n*); **silla ~** folding *o* collapsible chair

plegadera *f* (navaja) jackknife, penknife; (abrecartas) paperknife

plegado *m* (acción) folding; (pliegues) folds (*pl*)

plegamiento *m* **1** (Geol) folding **2** (de un camión) jackknife, jackknifing

plegar [A7] *vt* ‹*papel*› to fold; ‹*silla*› to fold up

■ **plegarse** *v pron*

A (ceder) to yield, submit; **~se A algo** to yield TO sth, submit TO sth

B «*camión*» to jackknife

C (AmS) (unirse) to join in; **~se A algo** to join sth

plegaria *f* prayer

pleitear [A1] *vi*

A (Der) to go to litigation, go to court

B (AmL fam) (discutir) to argue

pleitesía *f* respect; **rendirle ~ a algn** to show respect for sb, to treat sb courteously

P

pleito *m*
A (Der) action, lawsuit; **entablar ~** to bring an action *o* a lawsuit; **tienen un ~ con el dueño** they're involved in a legal dispute with the landlord
B (AmL) 1 (disputa, discusión) argument, fight (colloq); ***estar de ~*** (Méx) to be arguing *o* (colloq) fighting 2 (de boxeo) fight, boxing match

plenamente *adv* fully, completely

plenario¹ -ria *adj* plenary, full

plenario² *m* (CS) plenary *o* full meeting/session

plenilunio *m* (frml) full moon

plenipotenciario -ria *adj/m,f* plenipotentiary

plenitud *f*: **está en la ~ de la vida** she's in the prime of life; **en la ~ de su carrera** at the height *o* peak of his career; **vivir la vida con ~** to live life to the full

pleno¹ -na *adj*
A 1 (completo, total) full; **en ~ uso de sus facultades** in full possession of his faculties; **miembro de ~ derecho** full member; **~s poderes** full powers 2 (uso enfático): **en ~ verano/invierno** in the middle of summer/winter; **le dio una bofetada en plena cara** he slapped her right across the face; **vive en ~ centro de la ciudad** she lives right in the city center; **a plena luz del día** in broad daylight; **a ~ sol** in the full sun
(Compuesto) **pleno empleo** full employment
B (liter) (lleno) **~ DE algo** full OF sth

pleno² *m*
A (reunión) plenary *o* full meeting/session; **asistió la corporación en ~** the entire corporation attended
B (Jueg) (en bolos) strike; (en lotería, bingo) full house; (en las quinielas) correct forecast *o* prediction

pleonasmo *m* pleonasm

plétora *f* (frml) (abundancia) plethora (frml), abundance

pletórico -ca *adj* (frml) **~ DE algo**: **~s de ilusión** full of expectation; **estaba ~ de dicha** he was bursting with *o* brimming over with happiness

plexo *m* plexus
(Compuesto) **plexo solar** solar plexus

pléyade *f* (liter) pleiad (liter); **una ~ de excelentes investigadores** an illustrious group of researchers

plica *f* (Esp) sealed tender, sealed bid

pliego *m* 1 (hoja de papel) sheet of paper 2 (Impr) section, signature 3 (documento) document
(Compuestos)
- **pliego de cargos** list of charges
- **pliego de condiciones** specifications (*pl*)
- **pliego de descargo** defense* depositions *o* submissions (*pl*)
- **pliego de peticiones** (Chi, Ven) (Rels Labs) list of demands

pliegue *m* 1 (en papel) fold, crease; (en la piel) fold; (en tela) pleat 2 (Geol) fold

plinto *m* (en gimnasia) box

plisado *m* (acción) pleating

plisar [A1] *vt* to pleat

plomada *f* 1 (Const) plumb line 2 (Náut) (línea) lead; (en red) weights (*pl*), sinkers (*pl*)

plomazo *m*
A (fam) (persona) bore (colloq); **esa tipa es un ~** that girl's a real bore; **la película es un ~** the movie's deadly boring (colloq)
B (Méx fam) (balazo) shot; **lo mataron de un ~** they shot him dead

plomería *f* (AmL) plumbing

plomero -ra *m,f* (AmL) plumber

plomífero -ra *adj* (Min) lead-bearing, plumbiferous (frml)

plomillo *m* fuse

plomizo -za *adj* ‹*cielo*› gray*, leaden (liter)

plomo *m*
A 1 (metal) lead; **soldado de ~** tin soldier 2 (arg) (balas) lead (sl); ***ser más pesado que el ~*** (fam) (ser latoso) to be a real pain in the neck (colloq); (ser aburrido) to be deadly boring (colloq)
B (fam) (persona, cosa pesada): **este libro/profesor es un ~** this book/teacher is deadly boring (colloq); **¡qué ~!** what a drag *o* pain! (colloq)
C 1 (plomada) plumb line; **tiene que estar a ~** it has to be plumb *o* exactly vertical; ***caer a ~*** ‹‹*tela/cortina*›› to hang straight 2 (para cortinas) weight 3 (en pesca) weight
D (Esp) (fusible) fuse
E **(de) color ~** lead-colored*, lead-gray*

pluma *f*
A (de aves) feather; (usada antiguamente para escribir) quill; (como adorno) plume, feather; **mudar la ~** to molt*; ***pesar menos que una ~*** to be as light as a feather; ***ser ligero*** *or* (esp AmL) ***liviano como una ~*** to be as light as a feather
B 1 (para escribir) pen; ***a vuela ~*** ‹*anotar*› to jot down; ***dejar correr la ~*** to let one's pen run on 2 (actividad literaria) writing; **vivir de la ~** to make a living out of writing *o* as a writer 3 (escritor) writer
(Compuestos)
- **pluma atómica** (Méx) ballpoint pen
- **pluma estilográfica** *or* (AmL) **fuente** fountain pen

C (Col, Méx) (del agua) faucet (AmE), tap (BrE)
D (Bol fam) (prostituta) tart (colloq)

plumaje *m* (de ave) plumage; (en un casco) plume, crest

plumazo *m* stroke of the pen; ***de un ~*** at a stroke

plumear [A1] *vi* to hatch

plumero *m* 1 (para limpiar) feather duster; ***se te/le ve el ~*** (Esp fam) I know what you're/he's up to (colloq) 2 (estuche) pencil case; (recipiente) pen holder

plumier *m* (estuche) pencil case; (caja) pencil box

plumilla *f*
A (para escribir) nib
B 1 (del limpiaparabrisas) blade 2 (proyectil) dart 3 (Mús) brush 4 (Dep) shuttlecock

plumín *m* nib

plumón *m*
A 1 (pluma suave) down 2 (edredón) down-filled quilt *o* (BrE) duvet
B (Chi) (rotulador) felt-tip pen

plumoso -sa *adj* feathery

plural¹ *adj* plural

plural² *m* plural; **tercera persona del ~** third person plural; **en ~** in the plural

pluralidad *f* plurality

pluralismo *m* pluralism

pluralista *adj* pluralist, pluralistic

pluralizar [A4] *vi* to generalize
■ **pluralizar** *vt* (Ling) to pluralize

pluriempleado -da *m,f*: **ser un ~** to have more than one job

pluriempleo *m*: *the holding of more than one job by an individual*

plurilingüe *adj* multilingual

pluripartidismo *m* multiparty system

pluripartidista *adj* multiparty

plus *m* bonus; **~ de peligrosidad** danger money; **~ por desplazamiento** relocation allowance

pluscuamperfecto *m* pluperfect, past perfect

plusmarca *f* record; **batir una ~** to break a record

plusmarquista *mf* record-holder

plusvalía *f* 1 (Fin) capital gain, added value 2 (en la teoría marxista) surplus value

plutocracia *f* plutocracy

plutócrata *mf* plutocrat

Plutón *m* Pluto

plutonio *m* plutonium

pluvial *adj* (Meteo) rain (*before n*)

pluviómetro *m* rain gauge, pluviometer (tech)

pluviosidad *f* rainfall

p.m. (= **post meridiem**) pm, PM

PM *mf* (= **policía militar**) MP

PNB *m* (= **Producto Nacional Bruto**) GNP

Pº *m* = **paseo**

P.O., p.o. (Corresp) (= **por orden**) pp

poblacho *m* (fam & pey) hole (colloq & pej), one-horse town (colloq)

población *f*
A (habitantes) population; (Zool) population, colony

(Compuesto) **población activa/pasiva/fija/flotante** working/non-working/permanent/floating population
B (ciudad) town, city; (aldea) town, village
(Compuesto) **población callampa** (Chi) shantytown
C (acción) settlement

poblacional *adj* population (*before n*)

poblado¹ -da *adj*
A (habitado) populated; **poco/densamente ~** sparsely/densely populated
B ‹*barba/cejas*› bushy, thick; ‹*pestañas*› thick; **un bosque ~ de castaños** a wood full of *o* filled with chestnut trees

poblado² *m* village

poblador -dora *m,f* **1** settler **2** (Chi) *inhabitant of a shantytown*

poblar [A10] *vt*
A ‹*territorio/región*› **1** «*colonos/inmigrantes*» (ir a ocupar) to settle, populate; «*autoridades/gobierno*» (mandar a ocupar) to populate, settle **2** (habitar) to inhabit; **las estrellas que pueblan el firmamento** (liter) the stars which populate the firmament
B **~ algo DE algo** ‹*bosque*› to plant sth WITH sth; ‹*río/colmena*› to stock sth WITH sth
■ **poblarse** *v pron* **1** «*tierra/colonia*» to be settled **2** (llenarse) **~se DE algo**: **las calles se ~on de gente** the streets filled with people; **la frente se le pobló de arrugas** his forehead became very lined

pobre¹ *adj*
A **1** ‹*persona/barrio/nación*› poor; ‹*vestimenta*› poor, shabby **2** (escaso) ‹*vocabulario*› poor, limited; **~ EN algo: aguas ~s en minerales** water with a low mineral content **3** (mediocre) ‹*examen/trabajo/actuación*› poor; ‹*salud*› poor, bad; **un argumento bastante ~** a rather weak argument **4** ‹*tierra*› poor
B (*delante del n*) (digno de compasión) poor; **pobrecito, tiene hambre** poor little thing, he's hungry; **¡~ de mí!** poor (old) me!; **¡~ de ti si lo tocas!** if you touch it, you'll be for it
(Compuesto) **pobre diablo** (infeliz) poor devil; (necesitado) poor soul

pobre² *mf*
A (necesitado) poor person, pauper (arch); **los ~s** the poor; ***sacar de ~*** (fam) to make ... rich; ***salir de ~*** (fam) to get somewhere in the world
B (expresando compasión) poor thing
(Compuesto) **pobre de espíritu** (Bib): **los ~s de ~** the poor in spirit

pobretón -tona *m,f* (fam) (*m*) poor man, pauper (arch); (*f*) poor woman, pauper (arch)

pobreza *f* **1** (económica) poverty; **extrema ~** abject poverty **2** (mediocridad) poverty, poorness; **su conversación es de una ~ deprimente** his conversation is depressingly dull; **~ cultural y espiritual** cultural and spiritual poverty **3** (de la tierra) poorness, poor quality

poceta *f* (Ven) toilet bowl *o* pan

poché /po'tʃe, po'ʃe/ *adj* poached

pochismo *m* (Méx fam) **1** (Ling): *term borrowed from American English* **2** (modo de ser): *Americanized Mexican attitude*, Pochismo (AmE)

pocho¹ -cha *adj* **1** (Esp fam) ‹*persona*› (pálido) off-color, peaked (AmE colloq); (abatido) depressed **2** ‹*fruta*› overripe; ‹*flor*› withered

pocho² -cha *m,f* (Méx fam) *person of Mexican origin who speaks Spanish heavily interspersed with English*

pochoclo *m* (Arg) popcorn

pocholada *f* (esp Esp fam): **¡qué ~ de niño!** what a gorgeous *o* adorable little boy! (colloq)

pocilga *f* pigsty

pocillo *m* **1** (bol) bowl, dish **2** (taza — pequeña) (AmL) small coffee cup; (— cualquiera) (Per) cup

pócima *f* (Farm) potion; (bebida) (fam) concoction (colloq)

poción *f* potion

poco¹ *adv*: **es muy ~ agradecido** he is very ungrateful; **un autor muy ~ conocido** a very little-known author; **me resultó ~ interesante** I didn't find it very interesting; **habla ~** he doesn't say much *o* a lot; **viene muy ~ por aquí** he hardly ever comes around; **... con lo ~ que le gusta el arroz** ... and he doesn't even like rice; *para locs ver* **poco³ D**

poco² -ca *adj* (con sustantivos no numerables) little; (en plural) few; **muy ~ vino** very little wine; **muy ~s niños** very few children; **¡qué ~ sentido común tienes!** you don't have much common sense, do you?; **tengo muy poca ropa** I have very few clothes; **éramos demasiado ~s** there were too few of us

poco³ -ca *pron*
A (poca cantidad, poca cosa): **le serví sopa pero comió poca** I gave her some soup but she didn't eat much; **por ~ que gane...** no matter how little *o* however little she earns...; **se conforma con ~** he's easily satisfied; **~ faltó para que me pegara** he nearly hit me; **lo ~ que gana se lo gasta en vino** he spends the little *o* what little he earns on wine; **compra más lentejas, nos quedan muy pocas** buy some more lentils, we've hardly any left; **es un profesor como ~s** there aren't many teachers like him; **fue asombroso, todo lo que te pueda decir es ~** it was amazing, I can't (even) begin to tell you; **todo le parece ~** she is never satisfied; **~s pueden permitirse ese lujo** not many people can afford to do that
B **poco** (refiriéndose a tiempo): **lo vi hace ~** I saw him recently *o* not long ago; **hace muy ~ que lo conoce** she hasn't known him for very long; **tardó ~ en hacerlo** it didn't take him long to do it; **falta ~ para las navidades** it's not long till Christmas; **a ~ de venir él** soon *o* shortly after he came; **dentro de ~** soon; **~ antes de que ...** a short while *o* shortly before ...
C **un poco** **1** (refiriéndose a cantidades) a little; (refiriéndose a tiempo) a while; **espera un poquito** wait a little while; **todavía le duele un ~** it still hurts him a little *o* a bit; **es un ~ lo que está pasando en Japón** it's rather like what's happening in Japan; **un ~ porque me dio lástima** partly because I felt sorry for him **2** **un poco de**: **un ~ de pimienta/vino** a little (bit of) pepper/wine; **come un ~ de jamón** have a bit of ham **3** **un poco + ADJ/ADV**: **un ~ caro/tarde** a bit *o* a little expensive/late
D (*en locs*) **a poco** (Méx): **¿a ~ no lees los periódicos?** don't you read the newspapers?; **¡a ~ no está fabuloso Acapulco!** isn't Acapulco just fantastic!; **¡a ~ ganaron!** don't tell me they won!; **de a poco** (AmL) gradually; **agrégale la leche de a poquito** add the milk gradually *o* a little at a time; **de a poquito se lo fue comiendo** little by little she ate it all up; **en poco**: **en ~ estuvo que no viniéramos** we almost didn't come; **tienen en ~ la vida ajena** they set little value on other people's lives; **me tienes bien en ~ si crees que ...** you can't think very highly *o* much of me if you think ...; **poco a poco** gradually; **poco más o menos** approximately, roughly; **poco menos que** nearly; **~ menos que la mata** (fam) he almost killed her; **~ menos que los echan a patadas** (fam) they practically kicked them out; **por poco** nearly

pocotón *m* (Per fam): **un ~ de comida** loads of food (colloq)

poda *f* (acción) pruning; (temporada) pruning season

podadera *f* (cuchillo) pruner; (tijeras) pruning shears

podadora *f* (Méx) *tb* **~ de pasto** lawnmower

podar [A1] *vt* ‹*árbol*› to prune; ‹*rabo*› to dock

podenco *m* hound

poder¹ [E21] *v aux*
(*Sentido* **I**)
A (tener la capacidad o posibilidad de): **en cuanto puedas** as soon as you can; **no puedo pagar tanto** I can't pay that much; **no podía dejar de reír** I couldn't stop laughing; **no va a ~ venir** he won't be able to come; **¿cuándo podrá darme una respuesta?** when will you be able to *o* when can you give me an answer?; **no pudo asistir a la reunión** he was unable to *o* he couldn't attend the meeting; **¿pudiste hacerlo sola?** were you able to do it on your own?; **no se puede valer por sí mismo** he can't manage by himself; **con aquel ruido no se podía trabajar** it was impossible to work with that noise going on
B (expresando idea de permiso): **¿puedo servirme otro?** can *o* may I have another one?; **¿le puedo hacer una sugerencia?** may I make a suggestion?; **¿podría irme un poco más temprano hoy?** could I leave a little earlier today?; **puedes hacer lo que quieras** you can do whatever you like; **no puede comer sal** he isn't allowed to eat salt; **¿se puede? — ¡adelante!** may I? — come in; **aquí no se**

P

puede fumar smoking is not allowed here
C (expresando derecho moral): **no podemos hacerle eso** we can't do that to her; **bien puedes tomarte un descanso ahora** you can afford to take a rest now
D **1** (en quejas, reproches): **¿cómo pudiste hacer una cosa así?** how could you do such a thing?; **podías** *or* **podrías haberme avisado** you could *o* might have warned me! **2** (en sugerencias): **ya te puedes ir haciendo a la idea** you'd better start getting used to the idea; **podrías** *or* **podías pedírselo tú** *you* could ask him for it **3** (solicitando un favor): **¿puedes bajar un momento?** can you come down for a moment?; **¿podrías hacerme un favor?** could you do me a favor?

Sentido **II** (con el verbo principal sobreentendido)
A **~ CON algo/algn**: **¿puedes con todo eso?** can you manage all that?; **no puedo con esta maleta** I can't manage this suitcase; **no pudo con el alemán y lo dejó** he couldn't get to grips with German and he gave up; **¡con este niño no hay quien pueda!** this child is just impossible!; ***podérsela con algo*** (Chi fam) to cope with sth
B (*en locs*) **a más no poder**: **comió a más no ~** he ate until he was fit to burst; **corrimos a más no ~** we ran as fast as we could; **es feo a más no ~** he's as ugly as they come; **no poder más**: **estoy que no puedo más** (cansado) I'm exhausted; (lleno) I can't eat anything else; **ya no puedo más con este niño** I'm at the end of my tether with this child; **ya no puedo más, me está desquiciando** I can't go on like this, it's driving me mad; **no poder (por) menos que**: **no pude menos que sentirme halagado** I couldn't help feeling flattered; **no pudo menos que reconocer** she had no alternative but to admit
C (fam) (+ *me, te, le etc*) **1** (ganar): **él es más alto, pero tú le puedes** he's taller than you but you can beat him **2** (Méx) (doler): **tu indiferencia le puede mucho** she's very hurt by your indifference; **nos pudo mucho la muerte de Julio** we were terribly upset by Julio's death

Sentido **III**
A (con idea de eventualidad, posibilidad): **puede aparecer en cualquier momento** he may turn up at any moment; **de él se puede esperar cualquier cosa** anything's possible with him; **no hagas nada que pueda resultar sospechoso** don't do anything that might look suspicious; **puede haber venido ayer** he may have come yesterday; **te podrías** *or* **podías haber matado** you could have killed yourself!; **no podía haber estado más amable** she couldn't have been kinder; **podría volver a ocurrir** it could happen again; **no pudo haber sido Pilar** it couldn't have been Pilar
B (*en 3ª pers*): **no puede ser que no lo sepa** he *must* know; **no puede ser que ya haya terminado** he *can't* have finished already; **si puede ser** *or* (Esp) **a ~ ser** if possible; **no pudo ser** it wasn't possible; **puede (ser) que tengas razón** you may *o* could be right; **puede (ser) que no nos haya visto** he may not have seen us; **— puede que sí, puede que no** maybe, maybe not

poder² *m*
A **1** (control, influencia) power; **tiene mucho ~ en el pueblo** he has a great deal of power *o* influence in the village; **estamos/nos tiene en su ~** we are/she has us in her power; **caer en ~ de algn** ‹‹*ciudad/país*›› to fall to sb **2** (Pol) **el ~** power; **estar en el ~** to be in power; **tomar el ~** to take *o* seize power; **detenta el ~ desde hace 20 años** (frml) he has held power for 20 years
B (posesión): **la carta está en ~ de ...** the letter is in the hands of ...; **obra en su ~ la copia del acta** (frml) you have in your possession a copy of the minutes
C **1** (derecho, atribución): **tener amplios/plenos ~es para hacer algo** to have wide-ranging powers/full authority to do sth; **los ~es de la junta son ilimitados** the junta has unlimited powers; **la entrega de ~es** the handing over of power **2** (Der) (documento) letter of authorization; (hecho ante notario) power of attorney; **casarse por ~** (AmL) *or* (Esp) **por ~es** to get married by proxy
D **1** (capacidad, facultad) power; **su ~ de convicción** her power of persuasion **2** (de motor, aparato) power

Compuestos
- **poder absoluto** *m* absolute power
- **poder adquisitivo** *m* purchasing power
- **poder ejecutivo** *m*: **el ~ ~** the executive
- **poderes fácticos** *mpl*: *institutions which hold effective control*
- **poderes públicos** *mpl*: **los ~ ~** the authorities
- **poder judicial** *m*: **el ~ ~** the judiciary
- **poder legislativo** *m*: **el ~ ~** the legislature

poderío *m* power
poderoso -sa *adj* ‹*nación/persona*› powerful; ‹*remedio/calmante*› powerful, effective; ‹*motivo*› powerful, strong
poderosos *mpl*: **los ~s** (los ricos) the wealthy; (los que tienen poder) the powerful
podio *m*, **pódium** *m* (*pl* **-diums**) (Dep) podium; (Mús) podium, rostrum
podología *f* chiropody, podiatry (AmE)
podólogo -ga *m,f* chiropodist, podiatrist (AmE)
podré, etc *see* **poder¹**
podredumbre *f* (mal estado) rottenness, putrefaction; (corrupción) corruption
podría, etc *see* **poder¹**
podrida *f* (RPl fam): **se armó la ~** all hell broke loose (colloq), there was a tremendous ruckus (AmE colloq)
podrido -da *adj*
A **1** (descompuesto) rotten; **huele a** *or* (AmL) **hay olor a ~** there's a smell of something rotting *o* rotten **2** (corrompido) rotten, corrupt; ***estar ~ de dinero*** *or* (AmL) ***estar ~ en plata/oro*** (fam) to be stinking *o* filthy rich (colloq)
B (RPl fam) (harto, aburrido) fed up (colloq); **me tienen podrida** I'm fed up with them; **estar ~ DE algo/algn** to be fed up WITH sth/sb (colloq)
podrir [I38] *vt* ▸**pudrir**
poema *m* poem; ***fue todo un ~*** (fam) you should have seen him/her/it!; ***ser un ~*** (AmL fam) to be lovely *o* divine
poesía *f* (género) poetry; (poema) poem
poeta -tisa *m,f*, **poeta** *mf* poet
poética *f* poetics, poetic art
poético -ca *adj* poetic
póker, poker *m* ▸**póquer**
polaco¹ -ca *adj* Polish
polaco² -ca *m, f*
A (persona) Pole
B **polaco** *m* (idioma) Polish
polaina *f* (de cuero, paño) gaiter; (de lana tejida) (RPl) legwarmer
polar *adj* polar
polaridad *f* polarity
polarización *f* **1** (Fot, Ópt) polarization **2** (de atención, interés) concentration **3** (de nación, opiniones) polarization
polarizar [A4] *vt* **1** (Fot, Ópt) to polarize **2** ‹*atención*› to focus **3** ‹*nación/opiniones*› to polarize
■ **polarizarse** *v pron* (dividirse) to polarize, become polarized
polca *f* polka
polea *f* (Tec) pulley; (Náut) tackle
polémica *f* controversy, polemic (frml)
polémico -ca *adj* controversial, polemic (frml)
polemista *mf* polemicist
polemizar [A4] *vi* to argue; **se ha polemizado mucho en torno a este tema** there has been a great deal of controversy about this matter
polen *m* pollen
poleo *m* pennyroyal
polera *f* (suéter) (RPl) polo neck (camiseta); (Chi) T-shirt
poli *mf* **1** (fam) (agente) cop (colloq) **2** **la poli** *f* (fam) (cuerpo) the fuzz (*pl*) (colloq), the cops (*pl*) (colloq)
poliamida *f* (Quím) polyamide; (Tex) nylon
poliandria, poliandría *f* polyandry
polichinela *m* (títere) string puppet
policía *f*
A (cuerpo) police; **llamar a la ~** to call the police; **la ~ está investigando el caso** the police are investigating the case

Compuestos
- **policía antidisturbios/militar/secreta** riot/military/secret police

P

- **policía de tráfico** *or* (AmL) **de tránsito** traffic police, highway patrol (AmE)
- **policía municipal** local *o* city police
- **policía nacional** (state) police

B **policía** (agente) (*m*) policeman, police officer; (*f*) policewoman, police officer

(Compuestos)
- **policía de tráfico** *or* (AmL) **tránsito** (*m*) traffic officer *o* policeman; (*f*) traffic officer *o* policewoman
- **policía municipal** (*m*) city *o* local police officer, city *o* local policeman; (*f*) city *o* local police officer, city *o* local policewoman

policíaco -ca, **policiaco -ca** *adj* ‹*novela/serie*› crime (*before n*), detective (*before n*)

policial *adj* police (*before n*)

policlínica *f*, **policlínico** *m* polyclinic

policromía *f* polychromy

policromo -ma, **polícromo -ma** *adj* polychrome

polideportivo *m* sports center*

poliedro *m* polyhedron

poliéster *m* polyester

polietileno *m* polyethylene (AmE), polythene (BrE)

polifacético -ca *adj* versatile, multifaceted

polifonía *f* polyphony

polifónico -ca *adj* polyphonic

poligamia *f* polygamy

polígamo[1] -ma *adj* polygamous

polígamo[2] -ma *m,f* polygamist

políglota *mf* polyglot

polígono *m*

A (Mat) polygon

B (Esp) (zona) area, zone; (urbanización) development, housing estate

(Compuesto) **polígono industrial** (Esp) industrial area *o* zone

polilla *f*

A (Zool) moth

(Compuesto) **polilla de la madera** woodworm

B (Per fam) (prostituta) hooker (colloq)

polimorfismo *m* polymorphism

polimorfo -fa *adj* polymorphous

Polinesia *f* Polynesia

polinesio[1] -sia *adj/m,f* Polynesian

polinesio[2] *m* (idioma) Polynesian

polinización *f* pollination; **~ cruzada** cross-pollination

polinizar [A4] *vt* to pollinate

polio *f* polio

poliomielitis *f* poliomyelitis

pólipo *m* (Med, Zool) polyp; (coral) coral

polisemia *f* polysemy

polisémico -ca *adj* polysemous

polisílabo[1] -ba *adj* polysyllabic

polisílabo[2] *m* polysyllable

politécnico -ca *adj* ‹*universidad*› *specializing in technical or practical subjects*; **escuela politécnica** technical college

politeísmo *m* polytheism

política *f*

A (Pol) politics; **meterse en ~** (como profesión) to go into politics; (como militante) to get involved in politics

B (postura) policy; **~ interior/exterior** domestic/foreign policy; **nuestra ~ educativa/salarial** our education/wage policy

politicastro -tra *m,f* (pey) politician, politico (pej)

político[1] -ca *adj*

A (Pol) political

B (diplomático) diplomatic, tactful

C (en relaciones de parentesco): **es mi sobrino ~** he's my nephew by marriage; **la familia política** the in-laws

político[2] -ca *m,f* politician

politiquear [A1] *vi* (fam) to indulge in politics *o* (pej) politicking

politiqueo *m*, **politiquería** *f* (fam) political maneuvering*, politicking (pej)

politizar [A4] *vt* to politicize

▪ **politizarse** *v pron* to become politicized

polivalente *adj* (Quím) polyvalent; (versátil) multipurpose

póliza *f*

A (de seguros) policy; **~ de seguro de incendios/vida** fire/life insurance policy

B (esp Esp) (sello) fiscal stamp

polizón *mf* stowaway; **viajar de ~** to stow away

polla *f*

A (Esp vulg) (pene) cock (vulg), prick (vulg)

B **1▸** (AmL) (apuesta) bet **2▸** (Per) (quiniela) ≈ sports lottery (*in US*), ≈ pools (*in UK*) **3▸** (Chi) (lotería) lottery; *ver tb* **pollo**

> **polla**
>
> In Chile and Peru a word for an official lottery, whose proceeds go to charity. In some Latin American countries, a *polla* is a private bet on soccer games, horse races etc

pollera *f* **1▸** (CS) (Indum) skirt **2▸** **polleras** *fpl* (CS fam) (mujeres) women (*pl*); **un lío de ~s** woman trouble, some trouble with a woman

pollería *f* poultry store, poulterer's store

pollero -ra *m,f*

A (vendedor) poulterer; (criador) chicken farmer

B (Méx) (coyote) *person who gets illegal immigrants across the border*

pollino -na *m,f* (Zool) donkey; (persona) (fam) idiot, silly ass (colloq)

pollito -ta *m,f* chick

pollo -lla *m,f*

A (Zool) **1▸** (cría) chick **2▸** (adulto) chicken **3▸** (Coc) chicken; **~ asado** roast chicken; ***listo el ~*** (AmL fam) that's that!; **hago esto y listo el ~** I'll just do this and then I'm calling it a day

B (fam) (*m*) young lad; (*f*) young girl

polluelo *m* chick

polo[1] -la *adj* (AmC fam) country (*before n*), hick (*before n*) (AmE colloq); **no sea tan ~** don't be such a hick

polo[2] *m*

A (Geog) pole

(Compuesto) **Polo Norte/Sur** North/South Pole

B (Elec, Fís) pole; **~ positivo/negativo** positive/negative pole; ***ser el ~ opuesto de algo/algn*** (fam) to be the complete opposite of sth/sb; ***ser ~s opuestos*** (fam) to be poles apart

C (centro) center*, focus

D (Dep) polo

E (Indum) polo shirt

F (Esp) (helado) Popsicle® (AmE), ice lolly (BrE)

pololear [A1] *vi* (Chi) to have a boyfriend/girlfriend

pololo -la (Chi) (*m*) boyfriend; (*f*) girlfriend

polonesa *f* polonaise

Polonia *f* Poland

poltrona *f* armchair, easy chair

polución *f* pollution

polvareda *f* dust cloud; ***levantar una ~*** (fam) to cause an uproar *o* a commotion

polvera *f* powder compact

polvero *m* (Col, Ven) dust cloud

polvo *m*

A **1▸** (suciedad) dust; **limpiar** *or* **quitar el ~** to do the dusting, to dust; **la casa está llena de ~** the house is very dusty *o* full of dust; ***estar hecho ~*** (agotado) to be all in (fam); **a él no le pasó nada pero el coche está hecho ~** he was all right but the car is a wreck *o* (AmE) was totaled *o* (BrE) is a write-off (colloq); **la noticia los hizo ~** they were stunned *o* shattered by the news (colloq); ***limpio de ~ y paja*** clear; ***morder el ~*** to bite the dust (colloq) **2▸** (Coc, Quím) powder; **viene entera o en ~** you can buy it whole or ground *o* in powder form **3▸** **polvos** *mpl* (en cosmética) face powder

(Compuestos)
- **polvos (de) pica pica** *mpl* itching powder
- **polvos de talco** *mpl* talcum powder, talc (colloq)

B (vulg) (acto sexual) fuck (vulg), screw (vulg); **echar(se) un ~** to have a screw (vulg), to ball (AmE sl)

pólvora *f* 1 (explosivo) gunpowder; ***arder como la ~*** to go up like a torch 2 (fuegos artificiales) fireworks (*pl*)

polvoriento -ta *adj* dusty

polvorín *m* 1 (almacén de explosivos) magazine 2 (lugar, país peligroso) powder keg

pomada *f* (Farm) ointment, cream; ***hacer ~ a algn*** (Méx, RPl fam) to give sb a thrashing *o* hammering (colloq); ***hacer ~ algo*** (RPl fam) to ruin sth

(Compuesto) **pomada de zapatos** (RPl) shoe polish

pomelo *m* (fruto) grapefruit; (árbol) grapefruit tree

pomo *m* (de puerta, mueble) handle, knob; (de espada) pommel

pompa *f*

A *tb* **~ de jabón** bubble

B (esplendor) pomp, splendor*

(Compuesto) **pompas fúnebres** *fpl* (ceremonia) funeral ceremony; (funeraria) funeral parlor*, funeral director's

pompas *fpl* (Méx fam) (trasero) bottom (colloq), butt (AmE colloq)

pomposidad *f* 1 (esplendor) splendor*, pomp; (del lenguaje) pomposity 2 (ostentación) ostentation, pomposity

pomposo -sa *adj* 1 ‹*boda/fiesta*› magnificent, splendid; ‹*lenguaje/estilo*› pompous, high-sounding 2 (ostentoso) pompous, ostentatious

pómulo *m* (hueso) cheekbone; (mejilla) cheek

pon *see* **poner**

ponchada *f* (RPl fam): **me costó una ~ de plata** *or* **de pesos** it cost me a bomb *o* a fortune (colloq); **una ~ de libros** loads *o* stacks of books (colloq)

ponchadura *f* (Méx) flat, puncture

ponchar [A1] *vt*

A (Méx) ‹*llanta/balón*› to puncture; ‹*boleto*› to punch

B (en béisbol) to fan (colloq), to strike out; **¡ponchado!** out!

■ **poncharse** *v pron*

A (Méx) «*balón*» to puncture; **se nos ponchó una llanta** we had a flat *o* a puncture

B (Col, Ven) (en béisbol) to fan (colloq), to strike out

ponche *m* (bebida) punch

poncho *m* poncho

ponderable *adj* (considerable) considerable; (elogiable) praiseworthy

ponderación *f* 1 (de índice, cálculo) weighting, adjustment 2 (mesura) deliberation 3 (elogio) praise

ponderado -da *adj* ‹*índice/cálculo*› weighted, adjusted; ‹*acciones/palabras*› balanced, considered; (elogiado) praised

ponderar [A1] *vt* 1 ‹*cálculo/índice*› to weight, adjust 2 (considerar) to weigh up, consider, ponder 3 (alabar) to praise, speak highly of

pondré, pondría, etc *see* **poner**

ponedero *m* nest

ponedora *f* layer, laying hen

ponencia *f* 1 (discurso) (Pol) address; (en congreso científico) paper, presentation; **presentar una ~** to give a paper 2 (propuesta) proposal, motion 3 (comisión) committee

ponente *mf* (en congreso, asamblea) speaker

poner [E22] *vt*

(*Sentido* **I**)

A 1 (colocar) to put; **lo pusieron en el curso avanzado** he was put *o* placed in the advanced class; **pon agua a calentar** put some water on to boil; **no le puso la tapa** he didn't put the lid on; **ponle el collar al perro** put the dog's collar on 2 ‹*anuncio/aviso*› to place, put

B (agregar) to put; **¿cuándo se le pone el agua?** when do you put the water in?, when do you add the water?; **¿le pones azúcar al café?** do you take sugar in your coffee?

C ‹*ropa/calzado*› (+ *me/te/le etc*): **¿me pones los zapatos?** can you put my shoes on (for me)?; **le puse el vestido rojo** I dressed her in her red dress

D ‹*inyección/supositorio*› to give

E **poner la mesa** to lay *o* set the table; **pon otro cubierto para Juan** lay another place at the table for Juan

F 1 (instalar, montar) ‹*oficina/restaurante*› to open; **puso una autoescuela** he opened up a driving school; **les ayudó a ~ la casa** he helped them set up house *o* home 2 ‹*cocina/teléfono/calefacción*› to install 3 ‹*cerradura/armario*› to fit; **pusimos parqué en el salón** we laid parquet flooring in the living room

G «*ave*» ‹*huevo*› to lay

H (Esp) (servir, dar): **¿qué le pongo?** what can I get you?; **póngame un café, por favor** I'll have a coffee, please; **¿cuántos le pongo?** how many would you like?

(*Sentido* **II**)

A 1 (contribuir): **él pone el capital y yo el trabajo** he puts up the capital and I supply the labor; **pusimos 500 pesos cada uno** we put in 500 pesos each 2 (proporcionar) ‹*transporte*› to lay on

B ‹*atención*› to pay; ‹*cuidado/interés*› to take; **pon atención en lo que haces** pay attention to what you're doing; **pon más cuidado en la presentación** take more care over the presentation; **pone mucho entusiasmo en todo lo que hace** he puts a lot of enthusiasm into everything he does; **~ énfasis en algo** to stress sth

C 1 (imponer) ‹*deberes*› to give, set; ‹*examen/problema*› to set; **le pusieron una multa** he was fined 2 (oponer): **no puso inconveniente** he didn't have *o* raise any objections; **a todo le pone peros** *or* **pegas** she finds fault with everything 3 (adjudicar) ‹*nota*› to give; **¿qué nota te puso?** what mark did he give you?; **le pusieron un cero** he got nought out of ten

D (dar) ‹*nombre/apodo*› to give; ‹*ejemplo*› to give; **¿qué título le pusiste?** what title did you give it?; **le pusieron Eva** they called her Eva; **le pusieron el apodo de 'el cojo'** they nicknamed him 'el cojo'

E (enviar) ‹*telegrama*› to send

F (escribir) to put; **no sé que ~le** I don't know what to put *o* say

G (esp Esp) (expresar por escrito) to say; **allí pone que no se puede pasar** it says there that you can't go in

H (Esp) (exhibir, dar) ‹*obra/película*›: **¿ponen algo interesante en la tele?** is there anything interesting on TV?; **¿qué ponen en el Royal?** what's on *o* what's showing at the Royal?; **en el teatro ponen una obra de Casares** there's a play by Casares on at the theater

I (RPl) (tardar) to take; **de allí a Salta pusimos tres horas** it took us three hours from there to Salta

(*Sentido* **III**)

A (en estado, situación) (+ *compl*): **~ a algn nervioso** to make sb nervous; **~ a algn de mal humor** to put sb in a bad mood; **~ a algn en evidencia** to show sb up; **~ a algn en un aprieto** to put sb in an awkward position; **nos puso al corriente de lo sucedido** he brought us up to date on what had happened; **¡mira cómo has puesto la alfombra!** look at the mess you've made on the carpet!; **me lo estás poniendo muy difícil** you're making things very difficult for me

B (adoptar) «*cara/voz*»: **no pongas esa cara** there's no need to look like that; **puso voz de asustado** he sounded scared

C 1 (hacer empezar): **me pusieron a régimen** they put me on a diet; **~ a algn A + INF: puso a las hijas a trabajar** he sent his daughters out to work; **lo puse a hacer los deberes** I made him do his homework 2 **~ a algn DE algo**: **la pusieron de jefa de sección** they made her head of department; **lo pusieron de ángel** he was given the part of an angel; **siempre te pone de ejemplo** he always holds you up as an example

D (suponer): **pon que perdemos ese tren...** say we miss that train *o* if we (were to) miss that train...; **pongamos (por caso) que están equivocados** suppose *o* let's just say they're wrong; **~le** (esp AmL): **¿cuánto se tarda? — ponle dos horas** how long does it take? — about two hours *o* reckon on two hours

(*Sentido* **IV**)

A 1 (conectar, encender) ‹*televisión/calefacción*› to turn on, switch on, put on; ‹*programa/canal*› to put on; ‹*disco*› to put on; **puso el motor en marcha** she switched on *o* started the engine; **nos van a ~ la luz** we're going to have our electricity connected 2 (ajustar, graduar): **pon el despertador a las siete** set the alarm (clock) for seven; **pon la música más alta** turn the music up; **puso el reloj en hora** she put the clock right; **~ el motor a punto** to tune up the engine

B (Esp) (al teléfono): **en seguida le pongo** I'm just putting you through *o* connecting you; **~ a algn CON algo/algn** to put sb THROUGH TO sth/sb; **¿me pone con la extensión 24?** could you put me through to extension 24, please?

P

■ *vi* «*gallina*» to lay
■ **ponerse** *v pron*
(*Sentido* **I**)
A **1** (*refl*) (colocarse): **pongámonos a la sombra** let's sit (*o* lie *etc*) in the shade; **~se de pie** to stand (up); **~se de rodillas** to kneel (down), get down on one's knees; **ponte ahí, junto al árbol** stand over there, by the tree; ***se me/le puso que ...*** (AmS fam) I/he had a feeling that ... (colloq); **¡se le pone cada cosa ...!** he gets the strangest ideas into his head **2** (Esp) (llegar): **en una hora nos pusimos allí** we got there in one hour
B «*sol*» to set
C (*refl*) ‹*calzado/maquillaje/alhaja*› to put on; **no tengo nada que ~me** I don't have a thing to wear; **me puse el collar de perlas** I wore *o* put on my pearl necklace
(*Sentido* **II**)
A (en estado, situación) (+ *compl*): **se puso triste** she became sad; **cuando lo vio se puso muy contenta** she was so happy when she saw it; **se puso como loco** he went mad; **quiero ~me morena** I want to get a tan; **~se cómodo** to make oneself comfortable; **no te pongas así** don't get so worked up; **¡cómo te has puesto de barro!** look at you, you're covered in mud!; **la vida se está poniendo carísima** everything's getting so expensive
B **1** (empezar) **~se A + INF** to start -ING, to start + INF; **se puso a llover** it started raining *o* started to rain; **a ver si te pones a trabajar** you'd better get down to some work **2** (CS arg) (contribuir dinero): **cuando llega la cuenta hay que ~se** when the bill comes, everyone has to cough up (colloq); **yo me pongo con cien** I'll put in *o* chip in a hundred
(*Sentido* **III**) (Esp) (al teléfono): **¿Pepe? sí, ahora se pone** Pepe? OK, I'll just get him for you; **dile a tu madre que se ponga** ask your mother to come to the phone

ponga, pongas, etc *see* **poner**
poni *m* ▸**pony**
poniente *m* (occidente) west; (viento) west wind
ponqué *m* (Col, Ven) cake
pontificado *m* pontificate
pontificar [A2] *vi* to pontificate
pontífice *m* pontiff, pope
pontificio -cia *adj* papal, pontifical
pontón *m* pontoon
pony /'poni/ *m* (*pl* **-nies** *or* **-nys**) pony
ponzoña *f* poison
ponzoñoso -sa *adj* ‹*bebida*› poisonous; ‹*ataque*› venomous
pop *m*
A (Mús) pop (music)
B (Ur) (Coc) popcorn
(Compuesto) **pop salado/acaramelado** (Ur) salted/sweet popcorn
popa *f* stern
popelín *m*, **popelina** *f* (AmL) poplin
popis *adj inv* (Méx fam) posh
popó *m* (leng infantil) poop (AmE colloq), pooh (BrE colloq); **quiero hacer ~** I want (to do) a poop *o* a pooh
popoff *adj inv* (Méx fam) posh
popote *m* (Méx) straw
populachería *f* cheap populism
populacho *m* (pey) plebs (*pl*) (pej), masses (*pl*)
popular *adj*
A **1** ‹*cultura/tradiciones*› popular (*before n*); ‹*canción/baile*› traditional, folk (*before n*); ‹*costumbres*› traditional **2** (Pol) ‹*movimiento/rebelión*› popular (*before n*)
B (que gusta) ‹*actor/programa/deporte*› popular
C ‹*lenguaje*› colloquial
popularidad *f* popularity; **goza de una gran ~** she is very popular
popularizar [A4] *vt* to popularize, make ... popular
■ **popularizarse** *v pron* to become popular
populismo *m* populism
populista *adj/mf* populist
popurrí *m* (de cosas, colores) potpourri
póquer *m* (juego — de naipes) poker; (— de dados) poker dice; **un ~ de ases** four aces

poquísimo *adj*: *ver* **poco**
por *prep*
(*Sentido* **I**)
A (en relaciones causales) because of; **lo he puesto aquí ~ el gato** I've put it here because of the cat; **~ falta de dinero** because of *o* owing to lack of money; **eso te pasa ~ crédulo** that's what you get for being (so) gullible; **~ naturaleza** by nature; **~ necesidad** out of necessity; **tanto ~ su precio como ~ su calidad** both for its price and its quality; **fue ~ eso que vine** that was why I came; **si no fuera ~ mi hijo ...** if it wasn't for my son ...; **fue elogiado ~ su actuación** he was praised for his performance; **~ + INF** for -ING; **me pidió perdón ~ haberme mentido** he apologized for lying *o* for having lied to me
B (según): **~ lo que he oído** from what I've heard; **~ lo que parece ...** it seems *o* it would seem ...
C (*en locs*) **por qué** why; **¿por qué no vienes conmigo?** why don't you come with me?; **por si** in case; ▸**acaso, mosca²**
D (en expresiones concesivas): **~ más que me esfuerzo** however hard *o* no matter how hard I try; **~ (muy) fácil que sea** however easy *o* no matter how easy it is
E **1** (en expresiones de modo): **colócalos ~ orden de tamaño/altura** put them in order of size/height; **~ orden de altura** in order of height; **~ adelantado** in advance; **~ escrito** in writing **2** (indicando el medio): **se lo comunicaron ~ teléfono** they told him over the phone; **lo dijeron ~ la radio** they said it on the radio; **~ avión/barco/carretera** by air/sea/road; **la conocí ~ la voz** I recognized her by her voice; **me enteré ~ un amigo** I heard from *o* through a friend; **lo intenté ~ todos los medios** I tried everything possible *o* every possible way **3** (Educ) from; **es doctor honoris causa ~ Oxford** he has an honorary doctorate from Oxford
F **1** (en relaciones de proporción): **cobra $30 ~ clase** he charges $30 a *o* per class; **120 kilómetros ~ hora** 120 kilometers an *o* per hour; **lo venden ~ metro** they sell it by the meter; **tú comes ~ tres** you eat enough for three people; **había un hombre ~ cada dos mujeres** there was one man to every two women; **tiene tres metros de largo ~ uno de ancho** it's three meters long by one meter wide; **es bastante ~ hoy** it's enough for today; **uno ~ uno** one by one; ▸**ciento²** **2** (en multiplicaciones): **tres ~ cuatro (son) doce** three times four is twelve, three fours are twelve
G **1** (en relaciones de sustitución, intercambio, representación) for; **su secretaria firmó ~ él** his secretary signed for him *o* on his behalf; **yo puedo ir ~ ti** I can go for you *o* in your place; **podrías pasar ~ inglesa** you could pass as English *o* for an Englishwoman; **es senador ~ Sevilla** he's a senator for Seville **2** (como): **~ ejemplo** for example; **¿acepta usted ~ esposa a Carmen?** do you take Carmen to be your (lawful wedded) wife?
H (introduciendo el agente) by; **compuesto ~ Mozart** composed by Mozart; **se vieron sorprendidos ~ una tormenta** they were caught in a sudden storm
(*Sentido* **II**)
A (expresando finalidad, objetivo): **pelearse ~ algo** to fight over sth; **lo hace ~ el dinero** he does it for the money; **te lo digo ~ tu bien** I'm telling you for your own good; **no tengo ~ qué ir** there's no reason why I should go; **~ + INF**: **daría cualquier cosa ~ verla** I'd give anything to see her; **no entré ~ no molestar** I didn't go in because I didn't want to disturb him; **eso es hablar ~ hablar** that's talking for the sake of talking *o* for the sake of it; **~ QUE + SUBJ** (*here* **por que** *can also be written* **porque**): **estaba ansioso ~ que lo escucharan** he was eager for them to listen to him; **lucharon ~ que se hiciera justicia** they fought for justice to be done
B (indicando consideración, favor) for; **~ mí no lo hagas** don't do it just for me *o* for my sake
C (indicando inclinación, elección): **su amor ~ la música** her love of music; **demostró interés ~ el cuadro** he showed interest in the painting; **no siento nada ~ él** I don't feel anything for him; **opté ~ no ir** I chose not to go; **votó ~ ella** he voted for her
D (en busca de): **salió/fue ~** *or* (Esp) **a ~ pan** he went (out) for some bread, he went (out) to get some bread
E (en lo que respecta a): **~ mí no hay inconveniente** I don't mind; **~ mí que haga lo que quiera** as far as I'm concerned, he can do what he likes

P

F (indicando una situación pendiente) **~ + INF: tengo la casa ~ limpiar** I've got the house to clean; **estos cambios aún están ~ hacer** these changes are yet to be made; **¡eso está ~ ver!** we'll see about that!
G (esp AmL) **estar ~ + INF** (estar a punto de): **deben (de) estar ~ llegar** they should be arriving any minute; **la leche está ~ hervir** the milk's about to boil
Sentido **III**
A (indicando lugar de acceso, salida, trayectoria): **entró ~ la ventana** he came in through the window; **no va a pasar ~ la puerta** it won't go through the door; **sal ~ aquí** go out this way; **se cayó ~ la escalera** he fell down the stairs; **subieron ~ la ladera este** they went up by the east face; **¿el 121 va ~ (la) Avenida Rosas?** does the 121 go along Rosas Avenue?; **fuimos ~ el camino más largo** we took the longer route; **¿~ dónde has venido?** which way did you come?; **¿puedes pasar ~ la tintorería?** could you call in at *o* drop by the drycleaner's?
B **1** (expresando lugar indeterminado): **está ~ ahí** he's over there somewhere; **¿~ dónde está** *or* **queda el hotel?** whereabouts is the hotel?; **viven ~ mi barrio** they live around my area; **¿qué tal te fue ~ Londres?** how did you get on in London?; **~ todos lados** *or* **~ todas partes** everywhere **2** (expresando lugar determinado): **corta ~ aquí** cut here; **voy ~ la página 15** I'm up to *o* I'm on page 15; **empieza ~ el principio** start at the beginning; **agárralo ~ el mango** hold it by the handle **3** (indicando extensión): **~ todo el país** throughout the (whole) country; **viajamos ~ el norte de Francia** we travelled around *o* in the North of France; **pasa un trapo ~ el piso** give the floor a quick wipe; *ver tb* **afuera, adentro, dentro, fuera, encima, etc**
Sentido **IV**
A (expresando tiempo aproximado): **~ aquella época** *or* **~ aquel entonces** at that time; **sucedió allá ~ 1960** it happened some time back around 1960
B (Esp) (indicando una ocasión) for; **me lo regaló ~ mi cumpleaños** she gave it to me for my birthday
C (durante) for; **~ los siglos de los siglos** for ever and ever; **~ el momento** *or* **~ ahora** for the time being *o* for now; *ver tb* **mañana**[3], **tarde**[2], **noche**

porcelana *f* **1** (material) china; (de mejor calidad) porcelain; **una taza de ~** a china/porcelain cup **2** (objeto) piece of china/porcelain

porcentaje *m* percentage; **trabaja a ~** she works on a commission-only basis

porcentual *adj* ‹*aumento/punto*› percentage (*before n*); **crecimiento ~** growth in percentage terms

porche *m* (de casa) porch; (soportal) arcade

porcino -na *adj* ‹*productos*› pork (*before n*); **ganado ~** pigs, hogs (AmE)

porción *f* (de todo) portion; (en reparto) share; (de comida) portion, helping, serving

pordiosero -ra *m,f* beggar

porfiado[1] **-da** *adj* stubborn, pig-headed (colloq)

porfiado[2] **-da** *m,f*
A (persona) stubborn creature (colloq)
B **porfiado** *m* (Per) (muñeco) roly-poly doll

porfiar [A17] *vi*
A (insistir): **no me porfíes, ya te dije que no** don't keep on *o* go on about it, I said no
B (perseverar): **porfió en obtenerlo** he persevered in his efforts to obtain it

pormenor *m* detail; **me contó los ~es del asunto** he explained the whole matter to me in detail

pormenorizado -da *adj* detailed

pormenorizar [A4] *vi* to go into detail
■ **pormenorizar** *vt* to describe ... in detail

porno *adj inv* (fam) ‹*película/libro*› porn (*before n*) (colloq)

pornografía *f* pornography

pornográfico -ca *adj* pornographic

poro *m*
A (Anat, Biol) pore
B (Col) (mortero) mortar (*made from a gourd*)
C (Chi, Méx) (puerro) leek

pororó *m* (RPl) popcorn

porosidad *f* porosity

poroso -sa *adj* porous

porotera *f* (Chi arg) prison, can (AmE colloq), nick (BrE colloq)

poroto *m*
A (CS) bean; ***anotarse*** *or* ***apuntarse un ~*** (CS fam) to score a point; ***ganarse los ~s*** (Chi fam) to earn one's living, earn a crust (colloq)
Compuesto **poroto verde** (Chi) green bean
B (RPl fam) (insignificancia): **tu problema es un ~ al lado de esto** your problem is nothing compared to this

porque *conj* **1** (indicando causa) because; **¡porque sí!** because! (colloq); **¿por qué no vas ir? — ~ no** why don't you go? — because I don't want to **2** (indicando finalidad) *ver* **por** *Sentido* **II A**

porqué *m* reason; **quiero saber el ~ de su decisión** I want to know the reason for his decision

porquería *f*
A **1** (suciedad) dirt **2** (cochinada): **no hagas ~s** don't do disgusting *o* filthy things like that; **la casa está hecha una ~** (fam) the house is in such a state (colloq)
B **1** (cosa de mala calidad): **me regaló una ~** he gave me a really trashy gift; **el libro es un ~** the movie's a piece of junk *o* (BrE colloq) the book's a load of rubbish; **la comida es una ~** the food is dreadful *o* terrible **2** **de porquería** (AmS fam) lousy (colloq); **¡qué tiempo de ~!** what foul *o* lousy weather!; **¡cómo me duele este diente de ~!** this damn tooth is killing me (colloq) **3** (chuchería): **no te comas esa ~** don't eat that junk *o* (BrE) that rubbish

porqueriza *f* pigsty

porquerizo -za *m,f* (ant) swineherd (arch)

porra *f*
A (de guardia, policía) nightstick (AmE), truncheon (BrE)
B (fam) (expresando disgusto, enojo): **¡qué película ni qué ~s! ¡a estudiar!** watch the movie? you must be joking! get on with your schoolwork (colloq); **ya no hago más ¡qué ~s!** I'm damned if I'm doing any more! (colloq); ***mandar a algn a la ~*** (colloq) to send sb packing, tell sb to get lost (colloq); **¡vete** *or* **ándate a la ~!** go to hell! (colloq), get lost! (colloq); ***mandar algo a la ~*** (colloq) ‹*trabajo*› to chuck sth in (colloq); ***y una ~*** (Esp fam) like hell! (colloq); **lo tienes que hacer tú — ¡y una ~!** *you* have to do it — like hell I do! (colloq)
C (Jueg) draw, lottery
D (Col, Méx fam) **1** (seguidores, hinchas) fans (*pl*) **2** (canto, grito): **¡una ~ para Villalva!** three cheers for Villalva!; **la ~ de la universidad** the college chant; ***echarle ~s a algn*** (Méx fam) ‹*a equipo/corredor*› to cheer sb (on); **necesita que le echemos ~s** she needs cheering up

porrazo *m* (fam) **1** (con porra, palo etc): **le dio un ~** he whacked him with his stick (*o* truncheon *etc*) (colloq) **2** (accidente): **se pegó un buen ~** he banged his head (*o* arm *etc*); **me pegué un ~ contra un árbol** I went smack into a tree (colloq); ***de ~*** (Per fam) in one go (colloq)

porrillo *m* (Esp fam): **tener algo a ~** to have loads of sth (colloq); **hay rebajas a ~** there are sales galore (colloq)

porrista *mf* **1** (Col, Méx) (seguidor) fan **2** **porrista** *f* (Col, Méx) (animadora) cheerleader

porro[1] **-rra** *adj* (Chi fam) lazy

porro[2] **-rra** *m,f* (Chi fam) lazy child (*o* student *etc*); **el ~ de la clase** the laziest kid in the class (colloq)

porro[3] *m*
A (Esp arg) (de hachís) joint (colloq), spliff (sl)
B (Méx fam & pey) (policía infiltrado) undercover cop (colloq), pig (sl & pej) (*who infiltrates student organizations*)

porrón *m*
A **1** (de vino) wine bottle (*with a long spout for drinking from*) **2** (Arg) (de cerveza) bottle of beer
B (CS) (pimiento) green pepper; (puerro) leek

portaaviones *m* (*pl* ~) aircraft carrier

portabebés *m* (*pl* ~) portacrib® (AmE), carrycot (BrE)

portabicicletas *m* (*pl* ~) bicycle rack

portacasetes *m* (*pl* ~), **portacassettes** *m* (*pl* ~) cassette case

portación *f* (AmL frml) carrying

portada *f*
A (de libro) title page; (de periódico) front page; (de revista) cover
B (de iglesia) front, facade

portadocumentos *m* (*pl* ~) (AmL) (grande) briefcase, attaché case; (pequeño) document wallet

portador -dora *m,f*
A 1 (Med) (de virus, germen) carrier 2 (frml) (de carta, mensaje) bearer (frml)
B (Com, Fin) bearer; **páguese al ~** pay the bearer

portaequipajes *m* (*pl* ~) 1 (Auto) (para el techo) roofrack; (maletero) trunk (AmE), boot (BrE) 2 (en tren, autobús) luggage rack

portafolios *m* (*pl* ~), **portafolio** *m* (maletín) briefcase; (archivador) (Chi) ring binder

portahelicópteros *m* (*pl* ~) helicopter carrier

portal *m*
A 1 (de casa — entrada) doorway; (— vestíbulo) hall 2 (de iglesia, palacio) portal 3 (en muralla) gate; **el ~ de Belén** (Bib) the stable at Bethlehem
B **portales** *mpl* (soportales) arcade

portalámparas *m* (*pl* ~) bulbholder

portaligas *m* (*pl* ~) (CS) garter (AmE) *o* (BrE) suspender belt

portalón *m* 1 (Arquit) portal, monumental gate *o* entrance 2 (Náut) gangway

portamaletas *m* (*pl* ~) ▸**portaequipajes**

portaminas *m* (*pl* ~) automatic (AmE) *o* (BrE) propelling pencil

portamonedas *m* (*pl* ~) purse, change purse (AmE)

portaobjetos *m* (*pl* ~), **portaobjeto** *m* microscope slide

portapapeles *m* (*pl* ~**s**) 1 (fam) (de escritorio) letter rack 2 (Inf) clipboard

portaplumas *m* (*pl* ~) penholder

portar [A1] *vt* (frml) ‹*arma/bandera*› to carry, bear (frml)
■ **portarse** *v pron* 1 (comportarse): **~se bien** to behave (oneself); **~se mal** to behave badly; **~se bien/mal CON algn** to treat sb well/badly 2 (cumplir): **el Zaragoza se portó en la final** Zaragoza delivered the goods in the final; **hoy te portaste** you've really excelled today

portarretratos *m* (*pl* ~) (photo) frame

portarrollos *m* (*pl* ~) (en la cocina) kitchen roll holder; (en el baño) toilet roll holder

portátil *adj* portable

portaviandas *m* (*pl* ~) lunch pail (AmE) *o* (BrE) box

portaviones *m* (*pl* ~) aircraft carrier

portavoz *mf* (*m*) spokesperson, spokesman; (*f*) spokesperson, spokeswoman

portazo *m* slam, bang; **dar un ~** to slam the door; **la puerta se cerró de un ~** the door slammed shut

porte *m*
A (aspecto, aire) bearing, demeanor*; **un joven de ~ distinguido** a distinguished-looking young man; **una mansión de ~ señorial** a very grand-looking mansion
B (tamaño) size; **es de este ~** (AmL) it's about *this* big
C 1 (costo) carriage; **la mercancía se envía a ~ pagado** the goods are sent freight paid *o* postage paid 2 (acción de portar) carrying
D **portes** *mpl* (transporte) transport; **~s pagados** freight/postage paid

porteador -dora *m,f* bearer, porter

portento *m* 1 (persona) genius; **esta niña es un ~** this girl's a prodigy 2 (prodigio) wonder; **canta que es un ~** she has a wonderful *o* marvelous voice

portentoso -sa *adj* ‹*memoria*› wonderful; ‹*representación/voz*› magnificent, superb

porteño -ña *adj* of/from the city of Buenos Aires

portería *f*
A 1 (de edificio) *desk/area from where the super/caretaker supervises the building*; **deje las llaves en ~** leave the keys at the desk 2 (vivienda) super's *o* superintendent's apartment (AmE), caretaker's flat (*o* house *etc*) (BrE)
B (Dep) goal

portero -ra *m,f*
A (que abre la puerta) doorman, porter; (que cuida el edificio) super (AmE), superintendent (AmE), caretaker (BrE)
(Compuesto) **portero eléctrico** *or* (Esp) **automático** *m* entryphone
B (Dep) goalkeeper

> **portero**
>
> A superintendent in an apartment building who looks after it, keeps it clean, delivers mail, and keeps an eye on comings and goings. *Porteros* often have an apartment in the building as part of their pay.
>
> Many buildings no longer have *porteros*. In these cases, access is regulated by a *portero automático* (intercom).
>
> The *portero*, and particularly the female *portera*, are part of popular culture. They have a reputation for being inquisitive and fond of gossip

portezuela *f* door

pórtico *m*
A (entrada) portico, porch; (galería) arcade
B (Chi period) (Dep) goal

portillo *m* (en una pared) chink, crack; (entre montañas) narrow pass

portón *m* (puerta grande) large door; (puerta principal) front door; (en cerca) gate

portorriqueño -ña *adj/m,f* Puerto Rican

portuario -ria *adj* port (*before n*), harbor* (*before n*); **trabajador ~** port worker, dockworker

Portugal *m* Portugal

portugués[1] -guesa *adj/m,f* Portuguese

portugués[2] *m* (idioma) Portuguese

porvenir *m* future; **de gran ~** with excellent prospects; **un joven sin ~** a young man with no future *o* no prospects

pos *m*: **en pos de** (*loc prep*) ‹*de presa/ladrón*› in pursuit of; ‹*de ilusión/fama*› in search of; **abandonó esta idea en ~ de una política más pragmática** he abandoned this idea in favor of a more pragmatic policy

posada *f* 1 (arc) (taberna) inn (arch) 2 (cobijo) hospitality

> **posada**
>
> A popular celebration in Mexico and Central America between December 16 and Christmas Day to commemorate the journey of Mary and Joseph to Bethlehem. It consists of a procession of models of religious figures that people carry on their shoulders, asking for shelter as they go by. The figures have their origin in an Aztec celebration, adapted to Christian tradition.
>
> Generally one family takes charge of organizing the models, and offers its house as the last of nine *posadas*. Other groups form, one of which goes from house to house with the figures, asking for shelter. It is turned away at each house. At the last house, the figures are taken in and put on an altar. The celebrations continue with food and drink, singing and dancing

posaderas *fpl* (fam) backside (colloq), butt (AmE colloq), bum (BrE colloq)

posadero -ra *m,f* innkeeper

posafuentes *m* (*pl* ~) (CS) (salvamanteles) table mat; (con patas) trivet

posar [A1] *vi* to pose
■ **posar** *vt* 1 (liter) ‹*mano*› to place, lay; **posó la mirada en el mar** she rested her gaze on the sea 2 ‹*bulto/carga*› to put down, set down, rest
■ **posarse** *v pron* ‹‹*pájaro/insecto*›› to alight, land; ‹‹*avión/helicóptero*›› to land

posavasos *m* (*pl* ~) coaster; (de cartón) beermat

posdata *f* postscript

pose *f* 1 (para foto) pose 2 (pey) (afectación) pose; **todo en él es pura ~** he's a real poseur *o* (BrE colloq) poser; **siempre adopta ~s de intelectual** he's always striking intellectual poses

poseedor -dora *m,f* (frml) (de título, récord, billete) holder; **se cree el ~ de la verdad absoluta** (iró) he believes himself to be in possession of the absolute truth (iro)

poseer [E13] *vt*
A 1 ‹*tierras/fortuna*› to own; **posee un título de propiedad** he holds title of ownership 2 ‹*conocimientos*› to have 3 ‹*récord/título*› to hold
B 1 (liter) (dominar): **lo poseían los celos** he was overcome with jealousy (liter); 2 (en sentido sexual) to possess, take

poseído[1] -da *adj* possessed; **~ por la ambición** (liter) driven by ambition (liter)

P

poseído² **-da** *m,f*: **gritaba como un ~** he was screaming like one possessed

posesión *f*

A **1** (con énfasis en la idea de disponer de) possession; (con énfasis en la idea de ser propietario de) ownership; **tomar posesión de algo** ‹*casa*› to take possession of sth; ‹*cargo*› to take up sth; **está en ~ de todas sus facultades** he is in full possession of his faculties; **la ~ de tanta riqueza por unos pocos** the possession of so much wealth by a few people; **se disputan la ~ de las tierras** they are in dispute over ownership of the land; **la ~ de 100 acciones le da derecho a ...** ownership of 100 shares gives you the right to ... **2** (tenencia — de drogas, armas) possession

B (objeto poseído) possession; **sus posesiones de ultramar** their overseas possessions; **tienen posesiones en Jalisco** they have estates *o* land in Jalisco

C (Psic) possession

posesionar [A1] *vt* (frml) **~ A algn DE algo** to hand over possession OF sth TO sb

■ **posesionarse** *v pron* (frml) **~se DE algo** to take possession OF sth

posesividad *f* possessiveness

posesivo **-va** *adj* possessive

poseso **-sa** *m,f* ▸**poseído²**

posgrado *m* ▸**postgrado**

posgraduado **-da** *adj/m,f* postgraduate

posguerra *f* postwar period; **los años de la ~** the postwar years, the years following the war

posibilidad *f*

A (circunstancia) possibility; **hemos previsto todas las ~es** we have anticipated every eventuality (frml); **~ DE + INF** chance OF -ING; **¿qué ~(es) tiene de ganar?** what chance does she have *o* what are her chances of winning?; **tiene muchas ~es de salir elegido** he has a good chance of being elected; **esto aumenta las ~es de que gane** this makes it more likely that he will win; **existe la ~ de que estés equivocado** you might just be wrong

B **posibilidades** *fpl* (medios económicos) means (*pl*); **vivir más allá/dentro de** *or* **por encima de las ~es de uno** to live beyond/within one's means; **la casa está por encima de mis ~es** the house is out of my price range, I can't afford the house

posibilitar [A1] *vt* to make ... possible; **su gestión posibilitó este encuentro** his work enabled us to hold this meeting *o* made this meeting possible

posible¹ *adj* possible; **¿crees que ganará? — es ~** do you think he'll win? — he might (do) *o* it's possible; **a ser ~** *or* (CS) **de ser ~** if possible; **haré lo ~ por** *or* **para ayudarte** I'll do what I can to help you; **hicieron todo lo ~** they did everything possible *o* everything they could; **prometió ayudarlo dentro de lo ~** *or* **en lo ~** *or* **en la medida de lo ~** she promised to do what she could to help (him); **¡será ~!** (fam) I don't believe this! (colloq); **¿que se ha casado? ¡no es ~!** he's got(ten) married? I don't believe it! *o* that can't be true! (colloq); **ser ~** (+ *me/te/le etc*): **en cuanto te sea ~** as soon as you can; **no creo que me sea ~** I don't think I'll be able to; **ser ~ + INF** to be possible to + INF; **no fue ~ avisarles** it was impossible to let them know; (+ *me/te/le etc*) **no me fue ~ terminarlo** I wasn't able to finish it; **¿le sería ~ recibirme hoy?** would you be able to see me today?; **ser ~ QUE + SUBJ**: **es ~ que sea cierto** it might *o* may *o* could be true; **es ~ que se haya perdido** it may have got(ten) lost; **¿será ~ que no lo sepa?** surely she must know!

posible² *adv*: **lo más pronto ~** as soon as possible; **intenta hacerlo lo mejor ~** try to do it as well as you can *o* the best you can; **ponlo lo más alto ~** put it as high as possible

posiblemente *adv* possibly; **~ no llegue hasta las 10** he may not arrive until 10

posición *f*

A **1** (lugar, puesto) position; **en (la) quinta ~ ...** he finished the race in fifth place ... **2** (Mil) position

B **1** (situación) position; **no estoy en ~ de negociar** I'm in no position to negotiate **2** (en la sociedad) social standing; **gente de buena ~** *or* **de ~ elevada** people of high social standing; **es de una familia de ~ desahogada** his family is comfortably off

C **1** (postura física) position; **en ~ vertical** in an upright position **2** (actitud) position, stance; **adoptar una ~ intransigente** to take *o* adopt a tough stance

positivismo *m* positivism

positivista *adj/mf* positivist

positivo¹ **-va** *adj*

A ‹*polo/número*› positive; **saldo ~** credit balance; **el análisis dio ~** the test was *o* proved positive

B (provechoso, constructivo) positive; **el diálogo resultó muy ~** it was a very constructive *o* positive exchange of views

positivo² *m*

A (Fot) print, positive (tech)

B (Ling) positive

posmodernismo *m*, **posmodernidad** *f* (movimiento) postmodernism; (período) postmodern era

posmodernista *adj* postmodernist

posmoderno **-na** *adj* postmodern

poso *m* (del vino) sediment, lees (*pl*), dregs (*pl*); (del café) dregs (*pl*), grounds (*pl*)

posología *f* dosage

posoperatorio¹ **-ria** *adj* ‹*período*› postoperative

posoperatorio² *m* postoperative period

posparto *m* puerperium (tech)

posponer [E22] *vt*

A (aplazar) to postpone, put off; **tuvo que ~lo para el día siguiente** she had to put it off until the following day

B (Ling): **se pospone al nombre** it comes after *o* follows the noun

posta *f*

A **1** (ant) (de caballos) relay **2** (AmL) (Dep) relay (race); ***pasarle la ~ a algn*** (RPl fam) (en una carrera) to pass the baton to sb; (ante un problema) to hand over to sb

B (Arm) pellet

C (AmC) (Mil) sentry post; **estar de ~** to be on sentry duty

D (Esp) **a posta** on purpose, deliberately

E (AmC, Chi) (Coc) round

F (Chi) (centro médico) accident and emergency center•

postal¹ *adj* ‹*distrito/servicio*› postal

postal² *f* postcard

postdata *f* postscript

poste *m* **1** (de alambrado) (fence) post; (de teléfono, telégrafo) pole; ***como un ~*** (fam): **no te quedes allí como un ~** don't just stand there (like a dummy) **2** (Dep) post, upright

Compuestos

- **poste de alta tensión** electricity pylon
- **poste de (la) luz** lamp post
- **poste de llegada/salida** winning/starting post
- **poste indicador** signpost

postemilla *f* (AmL) gumboil, abscess

póster *m* (*pl* **-ters**) poster

poste restante /'poste rres'tante/ *m* (AmL) general delivery (AmE), poste restante (BrE); **me lo mandó ~ ~** he sent it to me general delivery *o* poste restante

postergación *f* (esp AmL) postponement, deferment (frml), deferral (frml)

postergar [A3] *vt*

A (esp AmL) (aplazar) ‹*juicio/reunión*› to postpone, put back; **postergó su decisión** he put off *o* (frml) deferred making a decision

B (relegar) ‹*empleado*› to pass over; **se siente postergado** he feels neglected *o* left out

posteridad *f* posterity; **pasará a la ~ como ...** posterity will remember him as *o* he will go down in history as ...; **su obra quedará para la ~** her work will be handed down to *o* will remain for posterity

posterior *adj*

A **1** (en el tiempo) later, subsequent; **ese incidente fue ~ a su llegada** that incident happened after his arrival **2** (en orden) subsequent; **ocupaba un puesto ~ al mío** she was further down than me

B **1** (trasero) ‹*patas*› back (*before n*), rear (*before n*); **la parte ~** the back *o* rear **2** (Ling) ‹*vocal*› back (*before n*)

posterioridad *f*: **con ~** subsequently, later; **con ~ a esa fecha** later than *o* subsequent to the due date

posteriormente *adv* subsequently; **reformas que se introdujeron ~** reforms which were subsequently introduced *o* were introduced at a later date

postgrado *m* postgraduate course; **hizo un ~ en turismo** she did a postgraduate course in tourism; **un curso de ~** a postgraduate course

postgraduado -da *adj/m,f* postgraduate

postguerra *f* ▸**posguerra**

postigo *m* shutter

postilla *f* scab

postín *m* (Esp): **de ~** smart; ‹*restaurante*› plush, smart; ‹*zona*› smart, posh (colloq)

postizo¹ -za *adj* 1 ‹*pestañas*› false; **dentadura postiza** dentures, false teeth 2 ‹*manga/cuello*› detachable

postizo² *m* hairpiece

postnatal¹ *adj* postnatal

postnatal² *m* (Chi) (permiso) maternity leave; (asignación) maternity benefit *o* allowance

postoperatorio¹ -ria *adj* postoperative

postoperatorio² *m* postoperative period

postor *m* bidder; **venderse al mejor ~** to be sold to the highest bidder

postparto *m* puerperium (tech)

postración *f* deep depression

postrar [A1] *vt* (debilitar) to weaken; **la tuberculosis lo tenía postrado** he was confined to bed with tuberculosis

■ **postrarse** *v pron* (frml) (arrodillarse) to kneel; **se postró ante el rey** she prostrated herself before the king

postre¹ *m* dessert, pudding (BrE); **¿qué hay de ~?** (en restaurante) what desserts do you have *o* are there?; (en casa) what's for dessert *o* (BrE) pudding?; ***llegar a los ~s*** (fam) to be very late

postre² *f*: **a la ~** (*loc adv*) (frml) in the end; **una batalla que a la ~ decidiría la guerra** a battle which, as it turned out, was to decide the course of the war

postrer *adj*: *ver* **postrero**

postrero -ra *adj* (liter) [**postrer** *is used before masculine singular nouns*] last; **exhaló su postrer aliento** he breathed his last

postrimerías *fpl* end; **en las ~ de los sesenta** in the late sixties

postulación *f*

A (colecta) collection

B 1 (Relig) postulancy 2 (AmL) (Pol) (de candidato) proposal, nomination 3 (CS) (solicitud) application

postulado *m* postulate

postulante -ta *m,f*

A (en colecta) collector

B 1 (Relig) postulant 2 (AmL) (Pol) (candidato) candidate 3 (CS) (para puesto) applicant

postular [A1] *vt*

A (frml) 1 ‹*hipótesis*› to advance, postulate (frml) 2 (proponer) ‹*medidas/soluciones*› to propose

B (AmL) (Pol) ‹*candidato*› to nominate, propose

■ **postular** *vi* **~ PARA algo** ‹*para puesto*› (CS) to apply FOR sth; ‹*para obra benéfica*› (Esp) to collect FOR sth

■ **postularse** *v pron* (AmL) to stand, run

póstumo -ma *adj* posthumous

postura *f*

A (del cuerpo) position

B 1 (actitud) stance; **adoptar una ~ firme con respecto a algo** to take a tough stance on sth; **eso de no comprometerte es una ~ muy cómoda** not committing yourself like that is an easy option 2 (opinión) opinion; **~s encontradas** *or* **enfrentadas** opposing views; ***tomar ~*** to take a stand

C (AmL) (de ropa, zapatos): **se le rompieron a la primera ~** they broke the first time she wore them

(Compuesto) **postura de argollas** (Chi) (acción) exchange of rings (*to seal one's engagement*); (fiesta) engagement party

postventa, posventa *adj inv* after-sales (*before n*); **servicio ~** after-sales service

potable *adj* 1 ‹*agua*› drinkable; potable (frml; Ⓢ **agua no potable** not drinking water 2 (fam) ‹*trabajo*› bearable; ‹*comida*› edible

potaje *m* (Coc) vegetable stew/soup (*gen with pulses*)

potasio *m* potassium

pote *m* (olla) pot; (de crema, maquillaje) (CS) pot, jar

potencia *f*

A 1 (fuerza, capacidad) power; **~ militar** military power; **~ sexual** sexual prowess; **este niño es un artista en ~** this child has the makings of an artist 2 (Fís, Mec) power

B (nación, organización) power; **una ~ naval/nuclear** a naval/nuclear power

C (Mat) power; **cinco elevado a la cuarta ~** five (raised) to the power of four

potenciación *f* (period): **la consiguiente ~ de las exportaciones** the resulting boost in exports; **la ~ de la música clásica** the promotion of classical music

potencial¹ *adj* (posible) potential; (Ling) conditional

potencial² *m*

A (capacidad, posibilidades) potential

B 1 (Fís) potential energy 2 (Elec) *tb* **~ eléctrico** potential difference

C (Ling) conditional

potencializar [A4] *vt* 1 ‹*turismo/productividad*› to boost; ‹*oferta/conocimientos*› to improve 2 ‹*medicamento*› to increase the effects of, potentiate (tech)

potenciar [A1] *vt* (period) 1 «*desarrollo/investigación/exportaciones*» to boost; «*relaciones/unidad/talento*» to foster; ‹*cultura*› to promote 2 (mejorar) ‹*seguridad*› to improve

potentado -da *m,f* tycoon; **los ~s de la industria del petróleo** the oil barons *o* magnates

potente *adj* ‹*arma/altavoz/motor*› powerful; ‹*voz*› powerful, strong; ‹*saque/golpe*› powerful; ‹*hombre*› virile

potestad *f* legal authority

potestativo -va *adj* facultative, optional

potiche *m* (Chi) earthenware pot

potingue *m* (fam) cream, lotion

potito *m* (Esp) (bote) jar of baby food

poto *m* (Andes fam) (de persona) butt (AmE colloq), bum (BrE colloq); (de botella) bottom

potosí *m*: ***valer un ~*** «*persona*» to be worth one's weight in gold; «*cosa*» to cost a fortune

potpourrí, potpurrí /popu'rri/ *m* medley

potra *f* 1 (arg) (suerte) luck; **¡qué ~ tiene!** she's so lucky! 2 (fam) (hernia) rupture, hernia; *ver tb* **potro A1**

potrero *m* 1 (AmL) (terreno cercado) field; (para pastar) pasture 2 (Chi) (terreno baldío) area of waste ground *o* land, vacant lot (AmE)

potrillo -lla *m,f* 1 (Zool) foal 2 **potrillo** *m* (Chi) (vaso) large glass

potro -tra *m,f*

A 1 (caballo joven) (*m*) colt; (*f*) filly 2 **potro** *m* (Chi) (semental) stallion

B **potro** *m* (instrumento de tortura) rack; (cepo) stocks (*pl*); (en gimnasia) vaulting horse, buck

poyo *m* stone bench/ledge

poza *f* (charco) puddle; (de río, mar) (Chi, Méx) pool

pozo *m*

A 1 (de agua) well; ***ser un ~ sin fondo*** (fam) to be (like) a bottomless pit (colloq) 2 (en mina) shaft 3 (en río) deep pool 4 (RPl) (en el camino) pothole

(Compuestos)

- **pozo artesiano** artesian well
- **pozo ciego** *or* **negro** *or* **séptico** septic tank, cesspool, cesspit
- **pozo de petróleo** oil well

B 1 (fondo común) pool; **hicieron un ~ para las propinas** they pooled all their tips 2 (en juegos, naipes) pool, kitty (colloq); (en concurso) pool; **llevarse el ~** to win the jackpot

pp. 1 (Corresp) (**= por poder, por poderes**) pp 2 (Com) (**= porte pagado**) ppd

práctica *f*

A 1 (en actividad) practice; (en trabajo) experience; **le falta ~** he needs practice; **se aprende con la ~** it comes with practice; **tiene mucha ~** he's had a lot of practice; **perder la ~** to be out of practice 2 (profesión) practicing*; **abandonó la ~ del derecho** she gave up practicing law; **es aconsejable la ~ de algún deporte** it's advisable to play *o* do some sport

P

B (aplicación) practice; **en la ~** in practice; **poner algo en ~** *or* **llevar algo a la ~** to put sth into practice
C prácticas *fpl* **1** (clase, sesión práctica): **~s de tiro** target practice; **las ~s de Anatomía** the anatomy practicals **2** (de maestro) teaching practice
D (costumbre) practice; **esta operación es hoy una ~ habitual** this operation is now common practice

practicable *adj* practicable, workable

prácticamente *adv* practically, virtually; **¿has terminado? — prácticamente** have you finished? — almost *o* nearly

practicante¹ *adj* (Rel) practicing* (*before n*)

practicante² *mf* (Med) nurse (*specializing in giving injections, dressing wounds, etc*)

practicar [A2] *vt*
A 1 ‹*idioma/pieza musical*› to practice*; **no practica ningún deporte** he doesn't play *o* do any sport(s); **hay que ~ lo que se predica** you should practice what you preach **2** ‹*profesión*› to practice*
B (frml) (llevar a cabo, realizar) ‹*corte/incisión*› to make; ‹*autopsia/operación*› to perform, do; ‹*redada/actividad*› to carry out; ‹*detenciones*› to make; **hubo que ~le una cesárea** they had to perform a Cesarean section (on her)
■ **practicar** *vi* (repetir) to practice*; (ejercer) to practice*

práctico¹ -ca *adj*
A ‹*envase/cuchillo*› useful, handy; ‹*falda/diseño*› practical; **regalémosle algo ~** let's give her something useful *o* practical; **es muy ~ tener el coche para hacer la compra** it's very handy *o* convenient having the car to do the shopping
B (no teórico) practical
C ‹*persona*› [SER] (desenvuelto) practical; **tiene gran sentido ~** she's very practically minded

práctico² *mf* (Náut) pilot

pradera *f* grassland, grasslands (*pl*); **las ~s de los Estados Unidos** the prairies of the United States

prado *m* **1** (Agr) meadow, field **2** (lugar de paseo) park (*with lawns*) **3** (Col) (jardín) garden, yard (AmE)

Praga *f* Prague

pragmático¹ -ca *adj* pragmatic

pragmático² -ca *m,f* pragmatist

pragmatismo *m* pragmatism

pragmatista *mf* pragmatist

praliné *m* praline

preacuerdo *m* outline *o* draft agreement

preámbulo *m* **1** (de obra) introduction; (de constitución) preamble **2** (rodeo): **sin más ~s** without further ado; **dímelo sin tanto ~** stop beating about the bush and tell me **3** (de curso, negociaciones) preliminary; **las charlas sirvieron de ~ al curso** the talks served as a preliminary to the course

preaviso *m* notice; **hay que dar 2 meses de ~** you have to give two months' notice

prebenda *f* **1** (privilegio) privilege; **una de las ~s del cargo** one of the perquisites *o* benefits of the position **2** (Relig) prebend

precalentamiento *m* **1** (Dep) warm-up; **ejercicios de ~** warm-up exercises **2** (del horno) preheating **3** (de motor) warming up

precalentar [A5] *vt* ‹*horno*› to preheat; ‹*motor*› to warm up

precandidato -ta *m,f*: *person on the short list to be a candidate*

precariedad *f* **1** (escasez): **la ~ en la que viven** the deprivation in which they live; **la ~ de recursos** the scarcity of resources **2** (de salud) precariousness

precario -ria *adj* ‹*vivienda*› poor; ‹*medios*› scarce, meager*; ‹*salud/situación*› precarious, unstable; ‹*gobierno/puesto*› unstable

precaución *f*
A (medida) precaution; **tomar precauciones** to take precautions
B (prudencia): **como medida de ~** as a precautionary measure; **actuar con ~** to act with caution; **lo hice por ~** I did it to be on the safe side *o* (frml) as a precautionary measure; Ⓢ **circule con precaución** drive carefully

precaver [E1] *vt* to provide against, take steps to prevent *o* avoid

precaverse [E1] *v pron* to take precautions; **~ del peligro** to guard against danger

precavido -da *adj* cautious, prudent; **fui precavida y me traje el paraguas** I came prepared, I brought my umbrella

precedencia *f* precedence, priority; **tener ~ (SOBRE algo/algn)** to take/have precedence *o* priority (OVER sth/sb)

precedente¹ *adj* previous

precedente² *m* precedent; **sentar ~s** *or* **(un) ~** to set a precedent; **que esto no sirva de ~** I don't want this to set a precedent; **un caso sin ~s** an unprecedented case

preceder [E1] *vt* to precede; **los días que precedieron a su muerte** the days leading up to *o* (frml) preceding his death; **su nombre precede al mío** his name comes before mine

preceptivo -va *adj* mandatory, compulsory

precepto *m* rule, precept (frml)

preceptor *m* private tutor

preces *fpl* **1** (liter) (ruegos) prayers (*pl*), supplications (*pl*) **2** (en la misa) invocations (*pl*)

preciado -da *adj* ‹*bien/objeto*› prized, valued; ‹*don*› valuable

preciarse [A1] *v pron* **1** (estimarse): **un abogado que se precie no haría eso** no self-respecting lawyer would do that **2** (jactarse) **~ DE algo** to pride oneself ON sth

precintado *m* **1** (Com) (de producto) sealing; **envasado y ~ de botellas** bottling and sealing **2** (de local — tras crimen) sealing; (— clausura) closing down

precintar [A1] *vt* **1** ‹*paquete/botella*› to seal **2** ‹*local*› (tras crimen) to seal; (clausurar) to close down (*often on health or safety grounds*)

precinto *m* seal; **~ de garantía** seal of guarantee

precio *m*
A (de producto) price; **subir los ~s** to raise prices, to put prices up; **bajar los ~s** to lower prices, to bring prices down; **¿qué ~ tiene este vestido?** how much is this dress?; **está muy bien de ~** it's very reasonable; **tiene un ~ prohibitivo** it is prohibitively expensive; **tiene un ~ irrisorio** it's ridiculously cheap; **a ~s populares** at affordable prices; **~ al contado/a plazos** cash/credit price; **a ~ de saldo** at a bargain price; ***no tener ~*** to be priceless; **su ayuda no tiene ~** her help has been invaluable; ***pagar*** *or* ***comprar algo a ~ de oro*** to pay the earth *o* a fortune for sth; ***poner ~ a la cabeza de algn*** to put a price on sb's head

(Compuestos)
- **precio al por mayor/menor** wholesale/retail price
- **precio de compra/lanzamiento/mercado** purchase/launch/market price
- **precio de costo** *or* (Esp) **coste** cost price
- **precio de salida** starting price
- **precio de venta al público** (de alimento, medicamento) recommended retail price; (de libro) published price
- **precio franco (de) fábrica** factory (gate) price

B (sacrificio, esfuerzo): **logró lo que quería ¿pero a qué ~?** she got what she wanted, but at what price *o* cost?; **a cualquier ~** whatever the cost

preciosidad *f*: **esta vista es una ~** this view is absolutely beautiful *o* wonderful; **una ~ de casa** a really lovely *o* an absolutely gorgeous house; **su hermana es una ~** his sister is gorgeous *o* really beautiful

preciosismo *m* preciosity, euphuism

precioso -sa *adj* (hermoso) beautiful, gorgeous, lovely; (de gran valor) precious, valuable

preciosura *f* (AmL) ▸**preciosidad**

precipicio *m* (despeñadero) precipice

precipitación *f*
A (prisa) rush, hurry; **lo hizo con mucha ~** she did it in a rush *o* hurry; **no hace falta tanta ~** there's no need to rush *o* hurry
B (Meteo) precipitation (frml); **habrá precipitaciones débiles** there will be some light rain (*o* snow *etc*); **cielo nuboso, con alguna ~** overcast with occasional showers
C (Quím) precipitation

precipitadamente *adv*: **salir ~** to leave in a rush *o* hurry; **no tomes la decisión ~** don't make any hasty decisions

precipitado¹ -da *adj* ‹*decisión/actuación*› hasty; ‹*juicio*› snap (*before n*)

precipitado² *m* (Quím) precipitate

precipitar [A1] *vt*

A (acelerar) «*crisis/incidente*» to hasten, precipitate (frml); **no precipites los acontecimientos** don't rush things

B (lanzar, arrojar): **lo precipitó al vacío** she pushed him out of the window (*o* over the cliff *etc*)

C (Quím) to precipitate

■ **precipitarse** *v pron*

A (en decisión, juicio): **no te precipites** don't rush into anything, don't be hasty; **te precipitaste juzgándolo así** you were rash to judge him like that

B (apresurarse) to rush; **~se A + INF** to rush to + INF; **~se HACIA algo** to rush TOWARD(S) sth; **el coche se precipitó contra el muro** the car hurtled into the wall

C **1▸** (caer) to plunge; **el coche se precipitó por el acantilado** the car plunged over the cliff **2▸** (*refl*) (arrojarse) to throw oneself

precisado -da *adj* (AmL frml): **verse ~ a hacer algo** to be forced *o* obliged to do sth

precisamente *adv* precisely; **llegó ~ cuando yo salía** he arrived just as I was going out; **~ estábamos hablando de eso** we were just talking about that; **~, por eso no voy** (*indep*) precisely *o* exactly, that's why I'm not going

precisar [A1] *vt*

A (determinar con exactitud) to specify; **la hora está todavía sin ~** the time has not yet been fixed *o* specified

B (necesitar) to need; **no precisa plancha** no ironing needed; **Ⓢ precisamos secretarias bilingües** bilingual secretaries required

precisión *f* **1▸** (exactitud) precision; **con la ~ de un reloj** with clockwork precision, like clockwork; **no puedo decírtelo con ~** I can't tell you exactly; **de ~** ‹*instrumento/máquina*› precision (*before n*) **2▸** (claridad, concisión) precision

preciso -sa *adj*

A **1▸** (exacto, claro) precise; **¿me puede dar datos más ~s?** can you give me more detailed information **2▸** (*delante del n*) (como intensificador) very; **en este ~ momento** right now, this very minute; **en el ~ momento en que salía** just as he was going out; **en este ~ lugar** in this very spot

B (necesario) necessary; **si es ~** if necessary, if need be; **ser ~ + INF** to be necessary to + INF; **no es ~ entregarlo hoy** it doesn't have to be handed in today, **fue ~ darle un sedante** he had to be given a sedative; **es ~ que la veas** you must see her; **no es ~ que vayamos todos** there's no need for all of us to go

preclaro -ra *adj* (frml) illustrious, eminent

precocidad *f* precociousness

precocinar [A1] *vt* to precook; **alimentos precocinados** precooked foods

precolombino -na *adj* pre-Columbian

preconcebido -da *adj* preconceived; **ideas preconcebidas** preconceptions, preconceived ideas

preconcebir [I14] *vt* to preconceive

precondición *f* precondition

preconizar [A4] *vt* (frml) (abogar por) to advocate; (elogiar) to praise, extol (frml)

precontrato *m* pre-contract

precordillera *f* (en AmS) foothills (*pl*) (*of the Andes*)

precoz *adj* ‹*niño/desarrollo*› precocious; ‹*diagnóstico*› early; ‹*fruto*› early, precocious (tech); ‹*helada*› early

precozmente *adv* **1▸** ‹*envejecer/desarrollarse*› prematurely **2▸** ‹*diagnosticar/detectar*› early **3▸** (Bot) early

precursor -sora *m,f* precursor, forerunner

predecesor -sora *m,f* predecessor

predecible *adj* predictable

predecir [I25] *vt* to predict, foretell (frml)

predestinación *f* predestination

predestinado -da *adj* predestined; **estar ~ (A algo/+ INF)** to be predestined (TO sth/+ INF)

predestinar [A1] *vt* to predestine

predeterminar [A1] *vt* to predetermine

prédica *f* (Relig) sermon

predicado *m* predicate

predicador -dora *m,f* preacher

predicamento *m*

A (prestigio) prestige; **la figura de mayor ~** the most prestigious figure

B (AmL) (situación difícil) predicament

predicar [A2] *vi* to preach; **~ con el ejemplo** to practice what one preaches

■ **predicar** *vt* (Relig) to preach; (aconsejar) to advocate

predicativo -va *adj* predicative

predicción *f* prediction, forecast; **la ~ del tiempo** the weather forecast

predicible *adj* (Andes) predictable

predilección *f* predilection; **tiene/siente ~ por su hijo** she's especially fond of her son

predilecto¹ -ta *adj* favorite*

predilecto² -ta *m,f* favorite*; **el ~ del profesor** the teacher's pet (colloq)

predio *m* (esp AmL frml) **1▸** (terreno) piece of land; **~s** land; **en los ~s** *or* **en el ~ de la universidad** in the university grounds, on the university campus **2▸** (local) premises (*pl*)

predisponer [E22] *vt*

A (Med) to predispose

B (influir en): **su simpatía nos predispuso en su favor** her kindness made us warm to her; **lo predispusieron en contra mía** they prejudiced him against me

predisposición *f*

A (Med) predisposition

B (inclinación): **tenía una cierta ~ contra ella** he was slightly prejudiced against her; **tienen ~ a aceptar todo lo que dice** they have a tendency to accept everything he says

predispuesto -ta *adj* **1▸** [SER] (propenso) **~ A algo** prone TO sth **2▸** [ESTAR] (prejuiciado) **~ A FAVOR/EN CONTRA DE algo/algn** biased TOWARDS/AGAINST sth/sb

predominante *adj* predominant

predominar [A1] *vi*: **el tema predominó en el congreso** the subject dominated the conference; **el tipo de cine que predomina hoy** the kind of films that dominate the market nowadays; **en el concierto predominaban los jóvenes** the audience at the concert was predominantly young; **~án los cielos despejados** the sky will be mainly clear

predominio *m* predominance; **~ SOBRE algo** predominance OVER sth

preelectoral *adj* pre-election (*before n*)

preeminencia *f* preeminence

preeminente *adj* preeminent

preescolar *adj* ‹*edad/educación*› preschool (*before n*); **centro de educación ~** kindergarten, nursery school (BrE)

preestablecer [E3] *vt* to establish … beforehand, preestablish

preestablecido -da *adj* preestablished

preestreno *m* preview

prefabricado -da *adj* prefabricated

prefacio *m* preface

prefecto *m* **1▸** (Relig) prefect **2▸** (Gob) (en Francia) prefect **3▸** (Per) (gobernador) civil governor **4▸** (Col) (Educ) *teacher responsible for discipline*

prefectura *f* **1▸** (Relig) prefecture **2▸** (Gob) (en Francia) prefecture **3▸** (RPl) (Mil, Náut) naval command

preferencia *f* **1▸** (prioridad) priority, precedence; (Auto) right of way, priority (BrE) **2▸** (predilección) preference; **tiene ~ por el más pequeño** the youngest one is her favorite; **de ~** preferably; **se dará ~ a los candidatos que hablen inglés** preference will be given to candidates who speak English **3▸** (Espec) (localidad) grandstand

preferente *adj* (especial) special; **recibí un trato ~** I received special *o* preferential treatment

preferentemente *adv* preferably

preferible *adj* [SER] preferable, better; **ser ~ A algo/+ INF** to be preferable TO sth/-ING; **es ~ a uno de plástico** it's better than *o* preferable to a plastic one; **es ~ que llegue tarde a que no llegue** I'd rather he arrived late than not at all

preferido -da *adj/m,f* favorite*; **el ~ de la maestra** the teacher's favorite *o* (colloq) pet

P

preferir [I11] *vt* to prefer; **la prefiero con el pelo largo** I like her better *o* I prefer her with her hair long; **prefiero esperar aquí** I'd rather wait here, I'd prefer to wait here; **~ algo A algo** to prefer sth TO sth; **prefiero vivir sólo a compartir** I prefer living on my own to sharing; **~ QUE + SUBJ: prefiero que te quedes** I'd rather you stayed, I prefer you to stay; **~ía que nevara** I'd rather it snowed, I'd prefer it if it snowed

prefiera, prefieras, etc *see* **preferir**

prefijo *m* (Ling) prefix; (de teléfono) (dialing*) code

prefiriera, prefirió, etc *see* **preferir**

pregón *m* **1** (para vender algo) cry (*of a street or market vendor*) **2** (de fiestas) opening speech **3** (Hist) (bando) proclamation

pregonar [A1] *vt* **1** ‹*noticia/secreto*› to make … public; **no lo vayas pregonando por ahí** (fam) don't go spreading it around **2** ‹*virtudes/méritos*› to extol **3** ‹*mercancía*› to hawk, cry **4** ‹*bando/aviso*› to proclaim

pregonero -ra *m,f* **1** (Hist) (de bando) towncrier **2** (de fiestas) *person who inaugurates an event*

pregunta *f* question; **hacer/contestar una ~** to ask/answer a question; **una ~ capciosa** a trick question; **si se me permite la ~** if you don't mind my asking

(Compuesto) **pregunta temada** (Méx) essay question

preguntar [A1] *vt* to ask; **eso no se pregunta** you shouldn't ask things like that; **si no es mucho ~** if you don't mind my asking; **la maestra me preguntó la lección** the teacher tested me on the lesson

■ **preguntar** *vi* to ask; **le preguntó sobre** *or* **acerca de lo ocurrido** he asked her (about) what had happened; **~ POR algo/algn** to ask ABOUT sth/sb; **me preguntó por ti/por tu salud** he asked about you/how you were; **vino a ~ por el trabajo** he came to inquire about the job; **preguntaban por un tal Mario** they were looking for *o* asking for someone called Mario

■ **preguntarse** *v pron* (*refl*) to wonder

preguntón¹ -tona *adj* (fam) nosy (colloq)

preguntón² -tona *m,f* (fam) busybody (colloq), nosy parker (BrE colloq)

prehistoria *f* prehistory

prehistórico -ca *adj* prehistoric

preinstalado -da *adj* already installed

prejuiciado -da *adj* (AmL) prejudiced

prejuicio *m* prejudice; **tener ~s contra algo/algn** to be prejudiced against sth/sb; **es una persona sin ~s** he has no prejudices, he's not at all prejudiced

P

prejuzgar [A3] *vt/vi* to prejudge

prelación *f* precedence; **tiene ~ el auto que sube** (Col) the car going up the hill has right of way *o* (BrE) priority

prelado *m* prelate

prelavado *m* prewash

preliminar¹ *adj* **1** ‹*cálculo/nota/etapa*› preliminary **2** (Dep) ‹*pruebas*› qualifying (*before n*), preliminary (*before n*)

preliminar² *m or f* (AmL) (Dep) qualifier, qualifying *o* preliminary game (*o* competition *etc*)

preludiar [A1] *vt*: **aquella tensión no podía ~ nada bueno** that tense atmosphere did not bode at all well; **'Las Señoritas de Aviñón' preludia el Cubismo** 'Les Demoiselles d'Avignon' was a prelude to Cubism

preludio *m* (Mús) prelude; (comienzo, preámbulo) prelude

premamá *adj inv* (Esp fam) maternity (*before n*)

prematrimonial *adj* ‹*relaciones*› premarital

prematuro -ra *adj* premature; **es ~ hablar de ello ahora** it's too soon *o* too early to talk about it now

premeditación *f* premeditation; **el crimen fue cometido con ~** it was a premeditated crime

premeditado -da *adj* premeditated; **con premeditada ironía** with deliberate irony

premeditar [A1] *vt* to premeditate

premenstrual *adj* premenstrual

premiación *f* (AmL) (acción) awarding of prizes; (ceremonia) awards ceremony, prize-giving (BrE); **se hizo la ~ del concurso** the prizes were awarded

premiado -da *adj* ‹*número/boleto*› winning; ‹*novela/película/escritor*› prizewinning (*before n*); *ver tb* **premiar**

premiar [A1] *vt* **1** ‹*actor/escritor*› to award a/the prize to, award … a/the prize; **~on tres películas cubanas** three Cuban films won awards; **fue premiado con el Nobel de la Paz** he was awarded the Nobel Peace Prize **2** ‹*generosidad/sacrificio*› to reward

premio *m* **1** (galardón) prize; **conceder** *or* **dar** *or* **otorgar un ~** to award *o* give a prize; **recibir/obtener/ganar un ~** to receive/get/win a prize; **el ~ a la mejor película** the award *o* prize for the best movie; **de** *or* **como ~** as a prize; **se llevó el primer ~** she took *o* got *o* won first prize **2** (en sorteo) prize; **¿le tocó algún ~?** did you win a prize? **3** (a esfuerzos, sacrificios) reward; **como ~ a su dedicación** as a reward for your dedication **4** (competición) trophy; **el P~ Inyala** the Inyala Cup/Trophy

(Compuestos)

- **premio de consolación** *or* (CS) **(de) consuelo** consolation prize
- **premio gordo** jackpot
- **Premio Nobel** (galardón) Nobel Prize; (galardonado) Nobel Prize winner

premisa *f* premise

premolar *adj/m* premolar

premonición *f* premonition

premonitorio -ria *adj* premonitory (frml)

premunirse [I1] *v pron* (Chi frml) **~ DE algo** ‹*de armas/herramientas*› to furnish oneself WITH sth (frml); ‹*de valor/paciencia*› to arm oneself WITH sth

premura *f* haste

prenatal¹ *adj* prenatal (AmE), antenatal (BrE)

prenatal² *m* (Chi) **1** (permiso) maternity leave **2** (asignación) maternity benefit, maternity allowance

prenda *f*

A (de vestir) garment

(Compuesto) **prenda íntima** undergarment, item of underwear

B (señal, garantía) security, surety; **dejar algo en ~** to leave sth as security *o* surety; **en ~ de mi amor** as a token *o* pledge of my love; ***no dolerle ~s a algn*: no me duelen ~s reconocerlo** I don't mind admitting it; ***no soltar ~*** (fam) not to say a word

C (Jueg) forfeit; **jugar a las ~s** to play forfeits

D (apelativo cariñoso) darling, pet (colloq)

prendarse [A1] *v pron* (liter) **~ DE algn** to fall in love WITH sb; **quedé prendado de su simpatía** I was captivated by her charm

prendedor *m* brooch

prender [E1] *vt*

A ‹*persona*› to catch, seize

B (sujetar): **llevaba una flor prendida en el ojal** he was wearing a flower (pinned) in his buttonhole; **el bajo está prendido con alfileres** the hem's been pinned up

C **1** ‹*cigarrillo/cerilla*› to light; **prender fuego a** to set fire to **2** (AmL) ‹*gas*› to turn on, light; ‹*estufa/horno*› to turn on; ‹*radio/luz*› to turn on, switch on

■ **prender** *vi*

A «*rama/planta*» to take

B (arder): **la leña no prende** the wood won't catch (light)

C «*idea/moda*» to catch on

■ **prenderse** *v pron* (con fuego) to catch fire

prendería *f* (Col) pawnbroker's, pawn shop

prensa *f*

A **1** (Period) press; **leer/comprar la ~** to read/buy the papers; **la ~ oral** radio and television; **la ~ escrita** the press; **la ~ deportiva** the sports press; ***buena/mala ~*** good/bad press; **la película tuvo muy buena ~** the film had a very good press; **los ecologistas tienen mala ~ por aquí** ecologists get a bad press around here **2** (imprenta) (printing) press; **estar en ~** to be in *o* at the press **3** (periodistas) **la ~** the press; **asociaciones de la ~** journalists' *o* press associations

(Compuestos)

- **prensa amarilla** gutter press, yellow press
- **prensa del corazón** gossip magazines (*pl*)
- **prensa roja** (CS) sensationalist press (*specializing in crime stories*)

B (Tec) press

(Compuesto) **prensa hidráulica** hydraulic press

prensado¹ -da *adj* pressed

prensado² *m* pressing

prensadora *f*, **prensador** *m* press; **~ de uvas** grape press; **~ de chatarra** crusher; **~ de paja** straw baler; **~ de pantalones** pants (AmE) *o* trouser (BrE) press

prensar [A1] *vt* to press

preñado -da *adj* 1 ‹*animal*› pregnant 2 (lleno) (liter) **estar ~ DE algo** ‹*de alegría/significado/peligros*› to be pregnant WITH sth (liter)

preñar [A1] *vt* ‹*hembra*› to impregnate

preñez *f* pregnancy

preocupación *f* 1 (problema) worry; **les causa muchas preocupaciones** she causes them a lot of worry *o* problems 2 (inquietud) concern; **un motivo de ~** cause for concern

preocupado -da *adj* worried; **me tiene muy preocupada que aún no haya llegado** I'm really worried (that) he hasn't arrived yet; **~ POR algo** worried ABOUT sth

preocupante *adj* worrying

preocupar [A1] *vt* to worry; **le preocupa el futuro** she's worried *o* concerned about her future; **me preocupa que no haya llamado** it worries me that she hasn't phoned; **no me preocupa** it doesn't bother *o* worry me

■ **preocuparse** *v pron*

A (inquietarse) to worry; **no te preocupes** don't worry; **~se POR algo/algn** to worry ABOUT sth/sb; **tiene amigos que se preocupan por ella** she has friends who care *o* who are concerned about her

B (ocuparse) **~se DE algo**: **me preocupé de que no faltara nada** I made sure *o* I saw to it that we had everything; **no se preocupó más del asunto** he gave the matter no further thought

prepago: **de ~** *loc adj* ‹*sistema/plan*› prepayment (*before n*); **tarjeta (de) ~** (Tel) prepayment card, top-up card

prepalatal *adj* prepalatal

preparación *f*

A (de examen, discurso) preparation; **la ~ de la expedición** preparations *o* preparing for the expedition; **la ~ de este plato es muy laboriosa** there's a lot of preparation involved in this dish

B 1 (conocimientos, educación) education; (para trabajo) training 2 (de deportista) training; **su ~ física es muy buena** he's in peak condition

C (Farm, Med) preparation

preparado¹ -da *adj*

A [ESTAR] (listo, dispuesto) ready; **~ PARA algo** ready FOR sth; **no está ~ para presentarse al examen** he's not ready to take *o* not prepared for the exam; **no está ~ para recibir la noticia** he's not prepared for the news; **¡~s, listos, ya!** get ready, get set, go! (AmE), on your marks, get set, go (BrE)

B [SER] (instruido, culto) educated; **es una persona muy preparada** she's very well-educated; **un profesional muy bien ~** a highly-trained professional

preparado² *m* preparation

preparador -dora *m,f* (Dep) coach, trainer; (de caballos) trainer

preparar [A1] *vt*

A ‹*plato*› to make, prepare; ‹*comida*› to prepare, get ... ready; ‹*medicamento*› to prepare, make up; ‹*habitación*› to prepare, get ... ready; ‹*cuenta*› to draw up (AmE), make up (BrE); **te tengo preparada una sorpresa** I've got a surprise (waiting) for you

B ‹*examen/prueba*› to prepare

C ‹*persona*› (para examen) to tutor, coach (BrE); (para partido) to train, coach, prepare; (para tarea, reto) to prepare; **no ha sabido ~ a los hijos para la vida** he has failed to prepare his children for life

■ **prepararse** *v pron*

A «*tormenta/crisis*» to brew

B (*refl*) (disponerse): **~se PARA algo** to get ready FOR sth; **se preparó para darle la mala noticia** he got ready *o* prepared himself to give her the bad news; **prepárate que me vas a escuchar** just you listen to me!

C (*refl*) (formarse) to prepare; **~se PARA algo** ‹*para examen/competición*› to prepare FOR sth; **no se preparó bien (para) la prueba** she didn't do enough work for the test

preparativos *mpl* preparations (*pl*)

preparatorio -ria *adj* ‹*curso*› preparatory; ‹*ejercicios*› warm-up (*before n*)

preparatorios *mpl* (Ur) *former two-year pre-university course*

preponderancia *f* preponderance

preponderante *adj* predominant, preponderant (frml); **la opinión ~ en la reunión** the dominant *o* predominant view at the meeting

preponderar [A1] *vi* to predominate, preponderate (frml)

preposición *f* preposition

preposicional *adj* prepositional

prepotencia *f* arrogance

prepotente *adj* ‹*persona*› arrogant, overbearing; ‹*actitud*› high-handed

prepucio *m* foreskin, prepuce (tech)

prerrogativa *f* prerogative; **hacer uso de sus ~s** to exercise one's prerogative

presa *f*

A (en caza) prey; **~ DE algo** ‹*de terror/pánico*› seized WITH sth; ***hacer ~ en algo/algn***: **el pánico hizo ~ en los espectadores** the spectators were seized with panic; **el fuego hizo ~ en las ramas secas** the fire took hold in the dry branches

B (dique) dam; (embalse) reservoir, lake

C (AmS) (de pollo) piece

presagiar [A1] *vt* to presage (frml *or* liter), forebode

presagio *m* 1 (señal) portent (frml *or* liter), omen; **buen/mal ~** good/bad omen 2 (premonición) premonition

presbiteriano -na *adj/m,f* Presbyterian

presbiterio *m* presbytery

prescindir [I1] *vi*

A **~ DE algo/algn** (arreglárselas sin) to do WITHOUT sth/sb; **no puedo ~ de su ayuda** I can't do without *o* manage without your help; **nos vemos obligados a ~ de sus servicios** (euf) we are obliged to let you go (euph)

B **~ DE algo** ‹*de consejo/opinión*› (no tener en cuenta) to disregard sth

C **~ DE algo** ‹*de detalles/formalidades*› (omitir) to dispense with sth

prescribir [I34] *vt* to prescribe; **le prescribió reposo absoluto** he prescribed complete rest

prescripción *f* prescription; **por ~ facultativa** *or* **médica** on doctor's orders

prescrito -ta, **prescripto -ta** *pp*: *see* **prescribir**

preselección *f*: **hacer una ~ de los candidatos** to draw up a shortlist of candidates; **una vez terminada la ~** once the initial selection process is/was complete

preseleccionar [A1] *vt* «*candidatos/solicitantes*» to shortlist; **preseleccionó a 20 jugadores** he initially selected *o* named 20 players, he named a squad of 20 players

presencia *f* 1 (en lugar, acto) presence; **contaron con la ~ de 50.000 visitantes** there were 50,000 visitors; **en ~ del rey** in the presence of the king; **en ~ de tu abuela** in front of your grandmother 2 (euf) (aspecto físico) appearance; **se requiere buena ~** good *o* (BrE) smart appearance required

(Compuesto) **presencia de ánimo** (serenidad) presence of mind; (valor) courage, strength

presenciar [A1] *vt* ‹*suceso/asesinato*› to witness; ‹*acto/espectáculo*› to be present at, to attend; **yo presencié la discusión** I saw *o* witnessed the argument

presentable *adj* presentable

presentación *f*

A 1 (de personas) introduction; **hizo las presentaciones** he did *o* made the introductions 2 (de programa) presentation; **la ~ del concurso corre a cargo de ...** the competition/contest is hosted by ... 3 (primera exposición) presentation (frml), launch; **la ~ del libro** the book launch 4 (muestra, entrega) presentation; **hizo la ~ de credenciales** he presented his credentials; **el límite de tiempo para la ~ del trabajo** the deadline for handing in the work

B (aspecto) presentation; **la ~ de un producto** the way a product is presented

(Compuesto) **presentación en sociedad** coming out, debut

presentador -dora *m,f* presenter

presentar [A1] *vt*

A 1 (mostrar) to present; **un producto bien presentado** a well-presented product 2 (exponer por primera vez) ‹*libro/disco*› to launch; ‹*obra de arte*› to present; ‹*colección de moda*› to present, exhibit 3 (entregar) ‹*informe/solicitud*› to submit; **le presenté el pasaporte** I gave him my passport, I presented my passport to him 4 (enseñar) to show; **hay que ~ el carné para entrar** you have to show your membership card to get in 5 ‹*disculpas/excusas*› to make; ‹*dimisión*› to hand in, submit; ‹*queja*› to file, make; **fui a ~ mis respetos** I went to pay my respects; **~on una denuncia** they reported the matter (to the police), they made an official complaint; **~ pruebas** to present evidence; **~ cargos** to bring charges; **~ una demanda** to bring a lawsuit 6 (Mil): **~ armas** to present arms

B (TV) ‹*programa*› to present, introduce

C ‹*persona*› to introduce; **te presento a mi hermana** I'd like you to meet my sister, this is my sister

D ‹*novedad/ventaja*› to offer; ‹*síntoma*› to show

■ **presentarse** *v pron*

A 1 (en lugar) to turn up, appear; **~se (como) voluntario** to volunteer; **se presentó voluntariamente a la policía** he turned himself in to the police; **~se ante el juez** to appear before the judge 2 (a concurso, examen): **se presentó al examen** she took *o* (BrE) sat the exam; **me presenté al concurso** I entered the competition; **se presenta como candidato independiente** he's running (AmE) *o* (BrE) he's standing as an independent; **~se para un cargo** to apply for a post

B «*dificultad/problema*» to arise, come up, crop up (colloq); **si se me presenta la oportunidad** if I get the opportunity, if the opportunity arises; **el futuro se presenta prometedor** the future looks promising

C (darse a conocer) to introduce oneself; **~se en sociedad** to make one's debut (in society)

presente[1] *adj*

A (en un lugar) present; **el mineral estaba ~ en las muestras analizadas** the mineral was found in the samples analyzed; **Juan Prado — ¡~!** (al pasar lista) Juan Prado — present *o* here!; **la guerra está ~ en todas sus novelas** war is a constant feature in her novels; Ⓢ **Presente** (CS) (Corresp) ≈ by hand; ***hacerle ~ a algn*** (frml) to notify sb (frml); ***mejorando lo ~***: **es muy inteligente, mejorando lo ~** he's very intelligent, as indeed are you; ***tener algo ~*** to bear sth in mind; ***tener ~ a algn*** to think of sb, remember sb

B (actual) present; **a finales del ~ año** at the end of the current *o* present year; **el día 15 del ~ mes** the 15th of this month, the 15th inst. (frml); **en su atenta carta del 3 ~** (Méx frml) (Corresp) in your letter of the 3rd of this month *o* (frml) of the 3rd inst.; **el ~ documento/contrato** (frml) (Corresp) this document/contract; *ver tb* **presente**[3]

presente[2] *m*

A 1 (en el tiempo) **el ~** the present 2 (Ling) present (tense)

B **los presentes** *mpl*, **las presentes** *fpl* (asistentes) those present

C (regalo) gift, present

presente[3] *f* (frml): **por la ~ me complace informarle que ...** I am pleased to inform you that ... (frml); **por la ~ pongo en su conocimiento que ...** I am writing to inform you that ... (frml)

presentimiento *m* premonition, presentiment (frml); **tengo el ~ de que ...** I have a feeling that ...

presentir [I11] *vt*: **presiento que me van a llamar** I have a feeling that they're going to call me; **presintió la muerte de su marido** she sensed beforehand *o* she had a premonition that her husband was going to die

preservación *f* preservation; **la ~ del medio ambiente** the protection of the environment

preservar [A1] *vt* 1 (proteger) to preserve; **~ algo/a algn DE algo** to protect sth/sb FROM sth 2 (AmL) (conservar, mantener) to maintain

preservativo *m*

A (condón) condom

B (Andes) (conservante) preservative

presidencia *f* 1 (Gob, Pol) (cargo) presidency; **candidato a la ~** presidential candidate; **ocupar la ~ del gobierno** to be the head of government; **la P~** the President's office 2 (de compañía, banco) presidency (esp AmE), chairmanship (BrE); (de reunión, comité) chairmanship, chair

(Compuesto) **presidencia municipal** (Méx) town hall

presidenciable *mf* (AmL) potential presidential candidate

presidencial *adj* presidential; **elecciones ~es** presidential elections

presidente -ta *m,f* 1 (Gob, Pol) president; **el ~ del gobierno** the premier, the prime minister 2 (de compañía, banco) president (AmE), chairman/-woman (BrE) 3 (de reunión, comité, acto) chairperson, chair 4 (Der) (de tribunal) presiding judge/magistrate 5 (de jurado) chairman/-woman

presidiario -ria *m,f* convict, inmate, prisoner

presidio *m* (lugar) prison; (pena) prison sentence; **condenado a cinco años de ~** sentenced to five years imprisonment *o* five years in prison

presidir [I1] *vt*

A ‹*país*› to be president of; ‹*reunión*› to chair, preside at *o* over; ‹*comité*› to chair; ‹*tribunal/cortes/jurado*› to preside over; **presidió la compañía durante diez años** he was president (AmE) *o* (BrE) chairman of the company for ten years

B (reinar en) to prevail

presilla *f* (para abrochar) eye; (lazo) loop

presión *f*

A 1 (Fís) pressure; **cerveza a ~** draft beer 2 (Meteo) pressure; **altas/bajas presiones** areas of high/low pressure 3 (Med) pressure

(Compuesto) **presión arterial** *or* **sanguínea** blood pressure

B (coacción) pressure; **en su puesto está sometido a muchas presiones** he gets a lot of pressure in his job; **grupo de ~** pressure group; **confesó bajo ~** he confessed under pressure *o* under duress

presionar [A1] *vt* 1 (coaccionar) to put pressure on, to pressure (esp AmE), to pressurize (esp BrE); **lo ~on para que se retirara** he was pressured *o* pressurized into withdrawing 2 ‹*botón/timbre*› to press

■ **presionar** *vi* (Dep) to put on the pressure; **~ SOBRE algo/algn** to put pressure ON sth/sb, bring pressure to bear ON sth/sb (frml)

preso[1] **-sa** *adj*: **estuvo ~ diez años** he was in prison for ten years; **llevarse a algn ~** to take sb prisoner; **meter a algn ~** (CS, Esp) to put sb in prison

preso[2] **-sa** *m,f* prisoner

(Compuestos)

- **preso -sa común** *m,f* ordinary prisoner *o* criminal
- **preso político -sa política** *m,f* political prisoner
- **preso preventivo -sa preventiva** *m,f*: *prisoner held in preventive custody*

prestación *f*

A (de servicio) provision

B **prestaciones** *fpl* (Servs Socs) benefits (*pl*), assistance; **prestaciones económicas por invalidez** disability allowance; **prestaciones por desempleo** unemployment benefit *o* (AmE) compensation

C 1 (Tec) feature 2 **prestaciones** *fpl* (Auto) performance

prestado -da *adj*: **el libro está ~** the book is on loan *o* (colloq) is already out; **me pidió el coche ~** she asked if she could borrow my car; **pidió dinero ~** she asked for a loan, she asked to borrow some money; ***vivir de ~*** to live off other people

prestamista *mf* moneylender

préstamo *m*

A (Econ, Fin) (acción — de prestar) lending; (— de tomar prestado) borrowing; (cosa prestada) loan; **lo tenemos en ~** we've borrowed it, we've got it on loan

B (Ling) loanword

prestancia *f* (excelencia) excellence; (distinción en modales y movimientos) poise, elegance

prestar [A1] *vt*

A 1 ‹*dinero/coche/libro*› to lend 2 (Col) (pedir prestado) to borrow

B 1▸ ‹*ayuda*› to give; ‹*servicio*› to render; ‹*servicio militar*› to do 2▸ **prestar atención** to pay attention
C ‹*juramento*› to swear; **prestó declaración ante el juez** he made a statement to the judge
D (liter) ‹*alegría/colorido*› to lend
■ **prestarse** *v pron*
A **~se A algo** ‹*a críticas/malentendidos*› to be open TO sth; **el sistema se presta a abusos** the system lends itself to *o* is open to abuse
B (ser apto, idóneo) **~se PARA algo** to be suitable FOR sth; **la novela se presta para ser abreviada** the novel is ideal *o* suitable for abridgement
C (*refl*) (ofrecerse) **~se A + INF** to offer to + INF; (en frases negativas) **no me presto a negocios sucios** I won't take part in anything underhand

prestatario -ria *m,f* borrower

presteza *f* (liter) promptness, swiftness; **acudió con ~** he came swiftly *o* promptly

prestidigitación *f* conjuring

prestidigitador -dora *m,f* conjurer

prestigiado -da *adj* (Chi) prestigious

prestigio *m* prestige; **de ~** prestigious

prestigioso -sa *adj* famous, prestigious

presto[1] -ta *adj*
A (liter *o* frml) (preparado) ready
B (Mús) presto

presto[2] *adv* (liter) promptly, swiftly

presumible *adj*: **no es ~ una acción subversiva** any subversive activity seems unlikely; **era ~ su reacción** his reaction was predictable

presumido -da *adj* 1▸ (engreído) conceited, full of oneself; (arrogante) arrogant 2▸ (coqueto) vain

presumir [I1] *vi* to show off; **~ DE algo**: **presume de guapo** he thinks he's good-looking; **presume de intelectual** he likes to think he's an intellectual, he fancies himself as an intellectual (BrE); **le encanta ~ de dinero** she loves to flash her money around
■ **presumir** *vt*: **se presume una reacción violenta** there is likely to be a violent reaction; **es de ~ que ya habrán llegado** presumably they will already have arrived; **era de ~** it was quite predictable

presunción *f*
A 1▸ (engreimiento) presumptuousness, conceit; (arrogancia) arrogance 2▸ (coquetería) vanity
B (suposición) supposition; **~ de inocencia** presumption of innocence

presuntamente *adv* (frml) allegedly

presunto -ta *adj* (*delante del n*) (frml) ‹*asesino/terrorista*› alleged (*before n*)

presuntuoso -sa *adj* conceited, vain

presuponer [E22] *vt* to presuppose (frml), assume

presupuestal *adj* (AmL) ▸**presupuestario**

presupuestar [A1] *vt*
A (Fin) to budget for; **exceder lo presupuestado** to exceed the budget
B (Chi) (planear) to plan

presupuestario -ria *adj* ‹*reforma/política*› budgetary (*before n*); ‹*déficit*› budget (*before n*)

presupuesto *m*
A 1▸ (Fin) budget; **~s generales del Estado** state/national budget 2▸ (precio estimado) estimate; **pedir/hacer un ~** to ask for/give an estimate
B (supuesto) assumption, supposition; **parten de unos ~s falsos** they are basing their theory on false assumptions *o* premises

presuroso -sa *adj* (liter): **se alejó presurosa** she rushed off, she left hastily; **andar con paso ~** to walk at a brisk *o* quick pace

pretencioso -sa *adj* 1▸ ‹*casa*› pretentious, showy; ‹*persona/película*› pretentious 2▸ (Chi) (vanidoso) vain

pretender [E1] *vt*
A 1▸ (intentar, aspirar): **¿qué pretendes con esa actitud?** what do you hope to gain with that attitude?; **¿qué pretendes de mí?** what do you expect of me?; **~ + INF** to try to + INF; **no ~ás hacerlo tú sola** you're not going to try to do it alone, are you?; **pretendía hacerme cambiar de opinión** she was trying to make me change my mind; **¿qué pretendes decir con eso?** what are you trying to say?, what are you getting at? 2▸ (esperar): **¿pretendes que te crea?** do you expect me to believe you?
B (ant) ‹*mujer*› to woo (dated)

pretendido -da *adj* (*delante del n*): **el ~ duque** the so-called duke; **con ~ interés** with false interest

pretendiente *mf*
A (al trono) pretender; (a un puesto) applicant
B **pretendiente** *m* (de una mujer) suitor

pretensión *f*
A 1▸ (intención) plan; (deseo) hope, wish, desire; Ⓢ **indíquese pretensiones salariales** indicate desired salary 2▸ (Der) (a trono, herencia) claim
B **pretensiones** *fpl* (infulas): **tener pretensiones** to be pretentious; **una película sin demasiadas pretensiones** an unpretentious film

pretérito *m* preterit*

(Compuestos)
- **pretérito anterior** past anterior
- **pretérito indefinido** simple past, preterit*
- **pretérito perfecto/pluscuamperfecto** present/past perfect

pretextar [A1] *vt* to claim; **pretextó desconocer el tema** he claimed he knew nothing about the subject; **pretextó otro compromiso** he claimed he had another engagement

pretexto *m* pretext; **volvió con el ~ de recoger el paraguas** he went back on the pretext of getting his umbrella; **no vino con el ~ de que ...** he excused himself from coming, saying that ...; **siempre sale con algún ~** she always comes out with some excuse; **so ~ de** (frml) on the pretext of, under pretext of

pretil *m* parapet

prevalecer [E3] *vi* to prevail; **~ SOBRE algo** to prevail OVER sth

prevalerse [E28] *v pron* **~ DE algo** to take advantage OF sth, avail oneself OF sth (frml); **~ de sus influencias/amistades** to use one's influence/friendships

prevaricación *f* corruption

prevaricar [A2] *vi* to pervert the course of justice, be guilty of corrupt practices

prevención *f*
A 1▸ (de un mal, problema) prevention; **la ~ de la delincuencia** crime prevention; **una campaña de ~ del alcoholismo** a campaign to fight alcoholism; **para la ~ de enfermedades infecciosas** to prevent the spread of infectious diseases 2▸ (medida): **tomar prevenciones** to take precautionary measures
B (prejuicio) **tener ~ CONTRA algo/algn** to be prejudiced AGAINST sth/sb

prevenido -da *adj* 1▸ [SER] (precavido) well-prepared, well-organized; **es muy prevenida** she likes to be prepared *o* ready for all eventualities 2▸ [ESTAR] (advertido) forewarned; **ahora ya estás ~** you've been warned

prevenir [I31] *vt* 1▸ ‹*enfermedad/accidente*› to prevent; ***más vale ~ que curar*** prevention is better than cure; ***más vale ~ que lamentar*** better safe than sorry 2▸ (advertir, alertar) to warn
■ **prevenirse** *v pron* **~se CONTRA algo** to take preventive *o* preventative measures AGAINST sth, take precautions AGAINST sth

preventiva *f* (Méx) yellow (AmE) *o* (BrE) amber light

preventivo -va *adj* preventive, preventative

prever [E29] *vt* 1▸ (anticipar) ‹*acontecimiento/consecuencias*› to foresee, anticipate; ‹*tiempo*› to forecast; **se prevé un aumento de precios** a rise in prices has been predicted; **todo hace ~ su victoria** everything points to her victory 2▸ (proyectar, planear): **medidas previstas por el gobierno** measures planned by the government; **la terminación del puente está prevista para enero** the bridge is due to be completed by January; **tiene prevista su llegada a las 11 horas** it is due *o* scheduled to arrive at 11 o'clock; **todo salió tal como estaba previsto** everything turned out just as planned 3▸ «*ley*» to envisage
■ **prever** *vi*: **como era de ~** as was to be expected

previo -via *adj*
A 1▸ (anterior) previous; **no se necesita experiencia previa** no previous experience required; **sin ~ aviso** without (prior) warning 2▸ ‹*reunión/asunto*› preliminary
B (RPl) (Educ): **me queda una materia previa** I have one

subject from last year to make up (AmE) *o* (BrE) retake
C (como preposición) (frml): ⓢ **consulta previa petición de hora** consultation by appointment only; **las llaves se entregarán ~ pago de la fianza** the keys will be handed over on receipt of the deposit

previsible *adj* foreseeable

previsión *f* **1** (precaución) precaution; **en ~ de ...** as a precaution against ...; **por falta de ~** owing to a lack of foresight; **un sistema de ~ social** a welfare system **2** (predicción — de resultado) forecast, prediction; (— del tiempo) forecast

previsivo -va *adj* (Col, Méx) ▸**previsor**

previsor -sora *adj* (con visión de futuro) farsighted; **seguro que lleva aspirinas, es muy previsora** she's bound to have some aspirins, she's always well-prepared

prieta *f* (Chi) blood sausage, black pudding (BrE)

prieto -ta *adj*
A (liter) firm
B (Méx fam) (oscuro) dark; (de piel oscura) dark-skinned

priísta *adj* of/relating to the **PRI**

prima *f* **1** (de seguro) premium **2** (pago extra) bonus; **~ de productividad/rendimiento** productivity-/performance-related bonus; **~ de** *or* **por peligrosidad** danger money

primacía *f*
A **1** (preeminencia) supremacy **2** (prioridad) priority; **~ SOBRE algo** priority OVER sth, precedence OVER sth
B (Relig) primacy

primado *m* primate

prima facie *adv* (frml) prima facie (frml)

primar [A1] *vi*: **debería ~ el interés público** the public interest should be (a) top priority *o* (frml) should be paramount; **prima la preocupación por las nuevas tecnologías** concern for new technology predominates; **~ SOBRE algo** to take precedence *o* priority OVER sth; **prima la rentabilidad sobre la calidad** profitability takes precedence *o* priority over quality
■ **primar** *vt* (Dep) ‹*jugadores*› to give a bonus to

primaria *f*
A (Educ) elementary *o* (BrE) primary education
B (Pol) (en EEUU) primary

primario -ria *adj* **1** (básico) ‹*necesidades/objetivo*› primary, basic; ‹*deber*› fundamental, primary **2** (primitivo) ‹*instintos*› primitive **3** (Psic) primary **4** (Elec) primary

primate *m* primate

primavera *f*
A (estación) spring; **en ~** in spring, in springtime; **en la ~ de la vida** in the springtime of one's life
B (Bot) primrose

primaveral *adj* ‹*tiempo/moda*› spring (*before n*); ‹*ambiente*› spring-like

primer *ver* **primero¹**

primera *f* **1** (Auto) first (gear) **2** (Transp) (clase) first class; **viajar en ~** to travel first class; *ver tb* **primero¹**

primeramente *adv* first of all

primeriza *f* first-time mother

primerizo¹ -za *adj* **1** (fam) (poco experto) green (colloq), inexperienced; **un texto para lectores ~s** a text for the lay person *o* for the uninitiated **2** (Med): **madre primeriza** first-time mother

primerizo² -za *m,f* novice, beginner

primero¹ -ra *adj/pron* [**primer** *is used before masculine singular nouns*]
A, (en el espacio, el tiempo) first; **vivo en el primer piso** I live on the second (AmE) *o* (BrE) first floor; **en primer lugar ...** first (of all), ..., firstly, ...; **las diez primeras páginas** the first ten pages; **sus ~s poemas** her early *o* first poems; **1º de julio** *(read as: primero de julio)* 1st July, July 1st *(léase: July the first)*; **Olaf I** *(read as: Olaf primero)* Olaf I *(léase: Olaf the First)*; **la primera fila** the front row; **a primeras horas de la madrugada** in the early hours of the morning; **mañana a primera hora** first thing tomorrow
(Compuestos)
- **primera plana** *f* front page; **salir en ~ ~** to make front-page news *o* the headlines
- **primeros auxilios** *mpl* first aid
- **primer plano** *m* (Fot) close-up (shot); **en ~ ~** (Art) in the foreground
- **primer plato** *m* first course, starter

B (en calidad, jerarquía): **un artículo de primerísima calidad** a top-quality product; **de primera categoría** first-class, first-rate; **es el ~ de la clase** he is top of the class; **es el primer atleta del país** he is the country's top athlete; **la primera empresa mundial** the world's leading company; ***de primera*** first-class, first-rate
(Compuesto) **primer ministro -ra ministra** *m,f* Prime Minister
C (básico, fundamental): **nuestro primer objetivo** our primary objective; **artículos de primera necesidad** basic necessities; **lo ~ es ...** the most important thing is ...

primero² *adv*
A (en el tiempo) first
B (en importancia): **estar ~** to come first; **~ el deber (y después el placer)** business before pleasure

primicia *f* **1** (Bot) first fruit **2** (Period): **conseguimos la ~ del reportaje** we were the first to carry the report; **una ~ informativa** a scoop

primigenio -nia *adj* (frml) ‹*motivación*› underlying (*before n*), original (*before n*); ‹*preocupación*› basic (*before n*), original (*before n*)

primitivismo *m* primitivism

primitivo -va *adj*
A primitive; **los hombres ~s** primitive *o* early man
B (original) original
C (Art) primitive

primo¹ -ma *adj* ‹*número*› prime; ‹*materia*› raw

primo² -ma *m,f* **1** (pariente) cousin **2** (Esp fam) (bobo) sucker (colloq), patsy (AmE colloq); ***hacer el ~*** (Esp fam) to be taken for a ride (colloq), to be conned (colloq)
(Compuestos)
- **primo -ma carnal** *m,f* first cousin
- **primo hermano -ma hermana** *m,f* first cousin
- **primo segundo -ma segunda** *m,f* second cousin

primogénito¹ -ta *adj* firstborn (*before n*) (liter), first (*before n*)

primogénito² -ta *m,f* firstborn (liter), first *o* firstborn child

primogenitura *f* primogeniture (frml), birthright (liter)

primor *m* **1** (esmero): **está bordado con mucho ~** it is very finely *o* delicately embroidered **2** (delicadeza) delicacy **3** (maravilla, encanto): **esta porcelana/chica es un ~** this is an exquisite piece of porcelain/girl is a delight; **canta que es un ~** she sings like an angel

primordial *adj* ‹*objetivo*› fundamental, prime (*before n*); ‹*interés/importancia*› paramount; **es ~ analizar sus causas** it is essential to analyse its causes

primoroso -sa *adj* **1** (fino, esmerado) exquisite **2** (delicado) delicate **3** ‹*niño/mujer*› beautifully dressed

prímula *f* primula; (amarilla) primrose

princesa *f* princess

principado *m* (territorio) principality; (título) princedom, principality

principal¹ *adj* ‹*entrada/carretera/calle*› main; **el papel ~** the main part *o* leading role; **el personaje ~** the main character; **lo ~ es que...** the main thing is that...; **lo ~ es la salud** there's nothing more important than your health

principal² *m* **1** (Fin) principal, capital **2** (en teatro, cine) dress circle, mezzanine (AmE)

príncipe *m* prince
(Compuestos)
- **príncipe azul** Prince Charming (hum)
- **príncipe consorte** prince consort
- **príncipe heredero** crown prince

principesco -ca *adj* princely

principiante¹ *adj*: **es un conductor ~** he's a learner driver, he's learning to drive

principiante² *mf* beginner; **un curso para ~s** a beginners' course; **un error de ~** a basic mistakes

principiar [A1] *vt* (frml) to commence (frml), to begin

principio *m*
A (comienzo) beginning; **el ~ del verano** early summer, the beginning of summer; **a ~s de temporada** at the beginning of the season; **a ~s de siglo** at the turn of the century; **empieza por el ~** start at the beginning; **eso es un buen ~** that's a good start; **congeniamos desde el ~**

P

we got along well from the start; **al ~** at first; **en ~ la reunión es el jueves** the meeting's on Thursday unless you hear otherwise; **en ~ estoy de acuerdo** I agree in principle; **en un** *or* **al ~** at first, in the beginning

B **1** (concepto, postulado) principle; **un ~ universalmente aceptado** a universally accepted concept; **la teoría parte de un ~ erróneo** the theory is based on a false premise **2** (norma moral) principle; **es una mujer de ~s** she's a woman of principle; **por ~** on principle

pringar [A3] *vt*

A **1** (fam) (ensuciar) to get … dirty (with grease, oil etc); **dejó la cocina toda pringada** he left everything in the kitchen covered in grease; **¡la he/hemos pringado!** (fam) now I've/we've done it! (colloq) **2** ‹*pan*› to dip

B (fam) **~ a algn EN algo** (comprometer) to get sb mixed up in sth; **está pringado en el contrabando** he's mixed up in the smuggling racket

■ **pringarse** *v pron* (fam) **1** (ensuciarse) **~se DE algo** ‹*de grasa/mermelada*› to get covered IN sth **2** (comprometerse) **~se EN algo** ‹*en negocio*› to get mixed up IN sth

pringoso -sa *adj* greasy

pringue *m* (fam) **1** (grasa) grease; (mugre) gunk, gunge (BrE) **2** (salsa) sauce, juices (*pl*)

prior, priora (*m*) prior; (*f*) prioress

prioridad *f* **1** (precedencia) priority **2** (Auto) priority; **tener ~ (de paso)** to have right of way *o* priority

prioritariamente *adv* first and foremost

prioritario -ria *adj* priority (*before n*); **nuestra tarea prioritaria** our top priority *o* most urgent task

priorizar [A4] *vt* (dar preeminencia a) to give priority to; (decidir el orden de importancia de) to prioritize

prisa *f*

A (rapidez, urgencia) rush, hurry; **¿a qué viene tanta ~?** what's the rush *o* hurry?; **con las ~s olvidé decírselo** in the rush I forgot to tell her; **tenía ~ por llegar a casa** he was in a rush to get home; **no me metas ~** don't rush *o* hurry me; **tengo ~** (Esp, Méx) I'm in a rush *o* a hurry; **darse ~** to hurry (up)

B (*en locs*) **a** *or* **de prisa** ▸**deprisa**; **a toda prisa** as fast as possible; **huyó a toda ~** she ran away as fast as she could go; **correr prisa**: **éstos no (me) corren ~** there's no rush for these; ***sin ~ pero sin pausa*** slowly but surely; **hazlo sin ~ pero sin pausa** take your time

prisco *m* (CS) *type of peach*

prisión *f*

A (edificio) prison, jail, penitentiary (AmE)

B (pena) imprisonment; **condenado a seis años de ~** sentenced to six years' imprisonment

(Compuestos)

- **prisión mayor** long-term prison sentence (*6 to 12 years*)
- **prisión menor** medium-term prison sentence (*6 months to 6 years*)
- **prisión preventiva** *or* **provisional** preventive detention; **el juez decretó la ~ ~** the judge ordered him to be remanded in custody

prisionero -ra *m,f* prisoner; **caer ~** to be taken prisoner *o* captured; **lo hicieron ~** he was taken prisoner *o* captured

(Compuesto) **prisionero -ra de guerra** *m,f* prisoner of war

prisma *m* (Fís, Ópt) prism; (perspectiva) perspective

prismáticos *mpl* binoculars (*pl*), field-glasses (*pl*); **unos ~** a pair of binoculars

prístino -na *adj* pristine

privacidad *f* privacy

privación *f* **1** (acción) deprivation; **¿qué se consigue con la ~ de libertad?** what is to be gained by depriving someone of their freedom?; **se lo castigó con la ~ del carné** he had his license taken away **2** (falta, carencia) privation; **pasar muchas privaciones** to suffer great hardship

privada *f* (Méx) private road (*with security control*)

privado -da *adj* **1** ‹*reunión/vida*› private; **en ~** in private **2** (Col, Méx) (desmayado) unconscious **3** (Méx) ‹*teléfono/número*› unlisted (AmE), ex-directory (BrE)

privar [A1] *vt*

A **~ a algn DE algo** ‹*de derecho/libertad*› to deprive sb OF sth; **fue privado de sus bienes** all his possessions were confiscated

B (Col, Méx) (dejar inconsciente) to knock … unconscious

■ **privar** *vi*

A (destacar): **en su comportamiento privaba la honradez** her behavior was characterized by honesty; **en la casa privaba un ambiente de serenidad** a serene atmosphere prevailed in the house

B (fam) (gustar) (+ *me/te/le etc*): **me privan las manzanas** I adore *o* really love apples

■ **privarse** *v pron*

A **~se DE algo** ‹*de lujos/placeres*› to deprive oneself OF sth; **cuando tiene ocasión de comer bien, no se priva** when she gets the chance to eat well she doesn't hold back

B **1** (Col, Méx) (desmayarse) to lose consciousness, pass out **2** (Ven) (quedarse tieso): **el agua estaba tan fría que me privé** the water was so cold that I couldn't breathe properly

privativo -va *adj* [SER] (propio): **es función privativa del rey** it is the exclusive right of the king

privatización *f* privatization

privatizar [A4] *vt* to privatize

privilegiado[1] -da *adj* **1** ‹*persona/clase*› privileged **2** (excelente) ‹*posición*› privileged; ‹*clima/inteligencia/memoria*› exceptional

privilegiado[2] -da *m,f*: **unos pocos ~s** a privileged few

privilegiar [A1] *vt* **1** (favorecer) to favor*; **la ley privilegia a los ricos** the law favors the rich **2** (frml) (conceder un privilegio a) to grant a privilege to

privilegio *m* privilege; **conceder ~s** to grant privileges; **gozar de ~s** to enjoy privileges

pro[1] *m*

A (ventaja) advantage; **sopesar los ~s y los contras de algo** to weigh up the pros and cons of sth

B **de pro** (ant): **un hombre de ~** a good man and true (arch)

pro[2] *prep*: **una colecta ~ ciegos** a collection for the blind; **los sectores ~ amnistía** the sectors in favor of an amnesty

proa *f* bow, prow; **situado en la ~** situated forward *o* in the bow; **poner ~ hacia** to set course for

probabilidad *f* (Mat) probability; **con toda ~** in all probability *o* likelihood; **¿qué ~es tiene de ganar?** what are her chances of winning?; **existen pocas ~es de que sea encontrado con vida** (frml) the possibility of him being found alive is very remote (frml)

probable *adj* (posible) probable; **¿lo habrá perdido? — es ~** do you think he's lost it? — probably; **es ~ que llegue hoy** he will probably arrive today; **lo más ~ es que no se haya enterado** she most probably hasn't heard; **es muy ~ que le renueven el contrato** her contract will very probably be renewed

probablemente *adv* probably; **~ llegue** *or* **llegaré tarde** I'll probably be late

probado -da *adj* **1** (*delante del n*) (confirmado) proven; **un remedio de probada eficacia** a proven remedy; **de probada rectitud** of proven integrity **2** (Der) proven

probador *m* fitting room, changing room (BrE)

probar [A10] *vt*

A (demostrar) ‹*teoría/inocencia*› to prove

B **1** ‹*vino/sopa*› to taste; (por primera vez) to try; **no he vuelto a ~ la ginebra** I haven't touched gin since; **no probé bocado en todo el día** I didn't eat a thing *o* have a bite to eat all day **2** ‹*método*› to try; **prueba el coche antes de comprarlo** try out the car before buying it; **llevé el coche a que le ~an los frenos** I took the car to have the brakes tested **3** ‹*ropa*› to try on; **~le algo A algn** to try sth ON sb; **la modista me probó el vestido una vez** the dressmaker gave me one fitting for the dress **4** (poner a prueba) ‹*empleado/honradez*› to test

■ **probar** *vi* (intentar) to try; **~ no cuesta nada** there's no harm in trying; **¿has probado con quitamanchas?** have you tried using stain remover?; **~ A + INF** to try -ING

■ **probarse** *v pron* ‹*ropa/zapatos*› to try on; **quisiera ~me uno más grande** I'd like to try a larger size

probeta[1] *f* test tube

probeta[2] *adj inv* ‹*gemelos/hijos*› test-tube (*before n*)

P

problema *m* problem; **resolver/solucionar un ~** to solve a problem; **nos está creando muchos ~s** it is causing us a lot of problems *o* a lot of trouble; **~s económicos** financial difficulties *o* problems; **los coches viejos dan muchos ~s** old cars give a lot of trouble; **si se enteran, vas a tener ~s** if they find out, you'll be in trouble; **no te hagas ~** (AmL) don't worry about it

problemática *f* problems *(pl)*; **la ~ de América Central** the problems *o* the situation in Central America; **la ~ de la pareja** the problems within a relationship

problemático -ca *adj* problematic, difficult

procacidad *f* (de chiste, comentario) indecency, lewdness; (del lenguaje) obscenity

procaz *adj* ‹*comentario/chiste*› indecent, lewd; ‹*lenguaje*› obscene

procedencia *f*
A **1** (origen) origin; **investigan la ~ de las armas** they're investigating where the weapons came from **2** (de barco) port of origin
B (Der) legitimacy

procedente *adj*
A ‹*tren/vuelo*›: **el vuelo/tren ~ de París** the flight/train from Paris, the Paris flight/train
B (Der) legitimate, fair

proceder[1] *m* (frml) behavior*, conduct (frml)

proceder[2] [E1] *vi*
A (provenir) **~ DE algo** to come FROM sth
B (actuar) to proceed (frml); **procedió con mucha corrección** he behaved very correctly; **~ contra algn** (Der) to iniciate proceedings against sb
C (frml) (iniciar) **~ A algo** to proceed TO sth; **la policía procedió a su detención** the police proceeded to arrest him; **se procedió a la votación immediatamente** they went straight into the vote
D (ser conveniente): **procede actuar rápidamente** it would be wise to act swiftly; **rellenar lo que proceda** complete as appropriate; **procede/no procede la protesta** (Der) objection sustained/overruled

procedimiento *m*
A (método) procedure; (Tec) process
B (Der) proceedings *(pl)*
C (RPl) (de la policía) operation

proceloso -sa *adj* (liter) stormy, tempestuous (liter)

prócer *m* national hero *(esp of a struggle for independence)*

procesado -da *m,f*
A (Der) accused, defendant
B **procesado** *m* (Fot, Tec) processing

procesador *m* processor
(Compuesto) **procesador de textos** word processor

procesamiento *m*
A (Der) prosecution, trial
B (Tec, Inf) processing
(Compuesto) **procesamiento de textos** word processing

procesar [A1] *vt*
A (Der) to try, prosecute
B ‹*materia prima/datos/solicitud*› to process

procesión *f* procession; ***la ~ va por dentro*** I'm (or he's, etc) going through a lot, although I don't (or he doesn't, etc) show it

proceso *m*
A **1** (serie de acciones, sucesos) process; **el ~ de paz** the peace process **2** (Med): **sufre un ~ de insuficiencia respiratoria** he has a respiratory complaint; **es una enfermedad de ~ lento** it is a long, drawn-out illness
B (Der) trial; **se le sigue ~ por robo** he is on trial for theft; **abrir un ~ contra algn** to investigate sb
C (Inf) processing
(Compuesto) **proceso de datos/textos** data/word processing
D (transcurso) course

proclama *f* (Pol) proclamation; (notificación pública) announcement

proclamación *f* proclamation, declaration

proclamar [A1] *vt* to proclaim; **fue proclamada la ley marcial** martial law was declared *o* proclaimed
■ **proclamarse** *v pron* to proclaim oneself; **se proclamó campeón por cuarta vez** he won the championship for the fourth time

proclive *adj* **~ A algo** given to sth; **políticos ~s al diálogo** politicians who are inclined toward(s) *o* who favor dialogue

proclividad *f* proclivity, inclination

procreación *f* procreation

procrear [A1] *vi* to procreate, breed

procura *f* (AmL frml): **avanzar en ~ de resolver los problemas** to make an attempt to resolve the problems; **en ~ de ayuda** to seek assistance (frml)

procurador -dora *m,f* (Der) (abogado) attorney, lawyer; (asistente) ≈ paralegal (*in US*), ≈ clerk (*in UK*)
(Compuesto) **procurador -dora general del Estado** *m,f* (AmL) attorney general

procurar [A1] *vt*
A (intentar) **~ + INF** to try to + INF, endeavor* to + INF (frml); **procura que no te vea** try not to let him see you; **~emos que llegue intacto** we'll try to make sure it gets there in one piece
B ‹*ropa/armas*› (frml) to obtain, secure, procure (frml); **el consuelo que le procuran los niños** the comfort the children bring him; **les procuró casa y comida** she found them food and lodging
■ **procurarse** *v pron* (frml) to secure

prodigalidad *f* (despilfarro) wastefulness, extravagance; (generosidad) lavishness, generosity

pródigamente *adv* (con generosidad) generously, lavishly; (con derroche) wastefully, extravagantly

prodigar [A3] *vt* (frml) **~ algo A algn** ‹*elogios/alabanzas*› to lavish sb WITH sth
■ **prodigarse** *v pron* (frml) **~se EN algo**: **no se prodiga en elogios** he is not very generous *o* lavish with his praise; **se prodigó en atenciones con ella** he lavished attention on her

prodigio *m* **1** (maravilla) wonder; **un ~ de la naturaleza** one of the wonders of nature; **un ~ de la técnica** a technological wonder; **este nuevo ~ del tenis** this new wonder boy of tennis **2** (milagro) miracle

prodigioso -sa *adj* ‹*fuerza/esfuerzo*› prodigious, incredible; ‹*memoria*› prodigious, phenomenal; ‹*éxito*› phenomenal; ‹*jugador/músico*› phenomenal, exceptional

pródigo -ga *adj* prodigal; **~ EN algo** prodigal WITH *o* (frml) OF sth; **un discurso ~ en promesas** a speech prodigal with promises

producción *f*
A **1** (Com, Econ) (proceso, acción) production; (cantidad) output, production **2** (conjunto de obras) output; **su ~ dramática es escasa** his dramatic output is small; **la ~ pictórica de Picasso** Picasso's paintings
(Compuesto) **producción en cadena** *or* **serie** mass production
B (Cin, Teatr, TV) production; **la etapa de ~** the production stage; **una ~ de la BBC** a BBC production

producir [I6] *vt*
A **1** «*región/país*» ‹*trigo/tomates/vino*› to produce; ‹*petróleo*› to produce; «*persona*» ‹*trigo/tomates*› to produce, grow; ‹*aceite/vino*› to produce, make **2** (manufacturar) to produce, make **3** ‹*electricidad/calor/energía*› to produce, generate **4** ‹*sonido*› to cause, generate
B (Com, Fin) ‹*beneficios*› to produce, generate, yield; ‹*pérdidas*› to cause, result in
C ‹*película/programa*› to produce
D (causar) ‹*conmoción/reacción/explosión*› to cause; **le produjo una gran alegría** it made her very happy; **me produjo muy buena impresión** I was very impressed with her; **la pomada le produjo un sarpullido** the ointment brought her out in a rash
■ **producirse** *v pron*
A (frml) (tener lugar) «*accidente/explosión*» to occur (frml), to take place; «*cambio*» to occur (frml), to happen; **se produjeron 85 muertes** there were 85 deaths, 85 people died *o* were killed; **se produjeron momentos de histerismo** there were moments of panic
B (*refl*) (frml) ‹*heridas*› to inflict ... on oneself (frml); **se produjo heridas con un cuchillo** she deliberately cut herself with a knife; **se produjo varias fracturas al caerse** he broke several bones when he fell

P

productividad *f* (cualidad) productivity; (rendimiento) productivity, output

productivo -va *adj* ‹*tierra*› productive, fertile; ‹*empresa/negocio*› lucrative; ‹*reunión/jornada*› productive

producto *m*

A 1 (artículo producido) product; **~s nacionales** home-produced goods *o* products; **~s de granja** farm produce 2 (resultado) result, product; **su éxito es el ~ de mucho esfuerzo** her success is the result *o* product of a great deal of effort; **todo es ~ de su imaginación** it's all a product *o* a figment of his imagination

(Compuestos)
- **producto alimenticio** foodstuff
- **producto de belleza** beauty product, cosmetic
- **producto interior bruto** gross domestic product, GDP
- **producto lácteo** dairy product
- **producto nacional bruto** gross national product, GNP

B (Mat) product

productor[1] **-tora** *adj*

A (Agr, Com) producing (*before n*); **países ~es de café** coffee-producing countries

B (Cin, TV) production (*before n*)

productor[2] **-tora** *m,f*

A (Com) producer; (Agr) producer, grower

B (Cin, TV) 1 (persona) producer 2 **productora** *f* (empresa) production company

produje, produzca, etc *see* **producir**

proemio *m* (de libro) preface; (de canción) introduction

proeza *f* (logro) feat, exploit; (Mil) heroic deed *o* exploit

profanación *f* desecration

profanar [A1] *vt* ‹*templo/sepultura*› to desecrate, defile, profane (frml); **~ la memoria de algn** to defile *o* profane sb's memory

profano[1] **-na** *adj*

A 1 (no sagrado) ‹*escritor/música*› secular, profane (frml); ‹*fiesta*› secular 2 (antirreligioso) profane (frml), irreverent

B (no especializado): **soy ~ en la materia** I'm not an expert on the subject

profano[2] **-na** *m,f*

A (Relig) (*m*) layman; (*f*) laywoman

B (no especialista) non-specialist

profecía *f* prophecy

proferir [I11] *vt* ‹*palabras/amenazas*› to utter; ‹*insultos*› to hurl; **a ~ maldiciones** to curse and swear

profesar [A1] *vt* 1 (declarar) ‹*religión/doctrina*› to profess 2 (sentir) ‹*cariño*› to feel; ‹*respeto*› to have

■ **profesar** *vi* (Relig) to take one's vows

profesión *f*

A (ocupación) profession; **es carpintero de ~** he's a carpenter by trade; **es abogada de ~** she's a lawyer by profession; Ⓢ **profesión** (en formularios) occupation

(Compuesto) **profesión liberal** profession

B (Relig) profession

profesional[1] *adj* ‹*fotógrafo/deportista*› professional; **su vida ~** her work, her professional life

profesional[2] *mf* 1 (no aficionado) professional; **un ~ del crimen** a professional criminal 2 (de las profesiones liberales) professional

profesionalidad *f*, **profesionalismo** *m* professionalism

profesionalización *f* professionalization

profesionalizar [A4] *vt* to professionalize

■ **profesionalizarse** *v pron* to become a professional, turn professional

profesionista *mf* (Méx) professional

profesor -sora *m,f* (de escuela secundaria) teacher, schoolteacher; (de universidad) professor (AmE), lecturer (BrE); **~ de piano/guitarra** piano/guitar teacher; **es ~ de gimnasia** he's a physical education teacher; **tiene un ~ particular** he has a private tutor

profesorado *m* (cuerpo) faculty (AmE), teaching staff (BrE); (actividad) teaching profession

profeta *m* prophet

profético -ca *adj* prophetic

profetizar [A4] *vt* to prophesy

profiláctico -ca *adj/m* (frml) prophylactic (frml)

profilaxis *f* prophylaxis

profitar [A1] *vi* (Chi frml) **~ DE algo** to exploit *o* use sth

prófugo -ga *m,f* (Der) fugitive; (Mil) deserter

profundamente *adv* ‹*emocionado/afectado*› profoundly, deeply; **influyó ~ en el proceso** he had a profound influence on the process; **respire ~** breathe deeply; **~ dormido** sound asleep

profundidad *f*

A 1 (de pozo, río) depth; **tiene 20 metros de ~** it's 20 meters deep; **¿qué ~ tiene el armario?** how deep is the cupboard? 2 (de conocimientos, ideas) depth; **analizar un asunto en ~** to analyze a question in depth; **una reforma en ~** a radical *o* far-reaching reform

(Compuesto) **profundidad de campo** depth of field

B las profundidades *fpl* (del océano) the depths (*pl*)

profundizar [A4] *vi* **~ EN algo**: **no tenemos tiempo para ~ en este tema** we don't have time to go into this topic in any depth; **ha profundizado más en los personajes femeninos** he has portrayed his female characters in greater depth

■ **profundizar** *vt* to deepen

profundo -da *adj* 1 ‹*herida/pozo/raíz*› deep; **un río poco ~** a shallow river; **una tradición con profundas raíces** a deeply-rooted tradition; **lo siento en lo más ~ de mi alma** I'm deeply sorry 2 ‹*pensamiento*› profound, deep; ‹*respeto/desprecio*› profound; ‹*lazos*› strong; ‹*desengaño*› grave, terrible; **mis conocimientos de la materia no son muy ~s** I don't have an in-depth knowledge of the subject 3 ‹*misterio*› profound; ‹*silencio*› deep, profound 4 ‹*voz/suspiro*› deep 5 ‹*sueño*› deep, sound

profusamente *adv* ‹*sangrar/sudar*› profusely; **el tema fue ~ tratado** the subject was dealt with at great length

profusión *f* profusion, abundance

profuso -sa *adj* ‹*ilustraciones/explicaciones*› abundant, plentiful; **con profusas nuestras de cariño** with effusive displays of affection

progenie *f* (frml) progeny (frml)

progenitor -tora *m,f* 1 (antepasado) ancestor 2 (frml) (*m*) (padre) father; (*f*) (madre) mother

programa *m*

A 1 (Rad, TV) program*; **~ doble** (Cin) double bill, double feature 2 (folleto) program*

(Compuesto) **programa concurso** quiz show

B (programación, plan) program*; **un ~ de visitas muy apretado** a very tight program *o* schedule; **¡eso no estaba en el ~!** (fam) that wasn't part of the plan! (colloq)

C 1 (político) program*; **su ~ electoral** their election manifesto 2 (Educ) (de asignatura) syllabus; (de curso) curriculum, syllabus

D (Inf, Elec) program*

E (RPl fam) (conquista) pickup (colloq)

programable *adj* programmable

programación *f*

A 1 (Rad, TV) programs* (*pl*); **la ~ de hoy** today's programs 2 (de festejos, visitas — lista) program*; (— organización) organization, planning

B (Inf) programming

programador -dora *m,f* programmer

programar [A1] *vt*

A 1 (Rad, TV) to schedule 2 ‹*actividades/eventos*› to plan, draw up a program* for; ‹*horario/fecha*› to schedule, program*; ‹*viaje*› to organize; **la gira todavía no ha sido programada** the program for the tour has yet to be finalized 3 (Transp) ‹*llegadas/salidas*› to schedule, timetable (BrE)

B (Inf) to program

programático -ca *adj* ‹*discurso*› programmatic (frml); **los principales puntos ~s del partido** the main points of the party's program *o* manifesto

progre[1] *adj* (fam) (moderno) trendy (colloq); (liberal) liberal, progressive

progre[2] *mf* (fam) (persona — moderna) trendy (colloq); (— liberal) liberal; (— de izquierdas) trendy lefty (colloq)

progresar [A1] *vi* «*persona*» to make progress, to progress; «*negociaciones/proyecto*» to progress

P

progresión *f* (Mat, Mús) progression; **ha habido una ~ anual del 3%** there has been a 3% annual increase

(Compuesto) **progresión aritmética/geométrica** arithmetic/geometric progression

progresismo *m* progressive way of thinking, progressive ideas (*pl*), progressivism (frml)

progresista *adj/mf* progressive

progresivo -va *adj* 1 (que avanza) progressive 2 (continuo) progressive 3 (paulatino) progressive, gradual 4 (Ling) ‹*tiempo*› continuous, progressive

progreso *m* 1 (adelanto): **supuso un gran ~** it was a great step forward; **ha hecho grandes ~s** he has made great progress 2 (evolución, desarrollo) progress

prohibición *f* (acción) prohibition, banning; (orden) ban

prohibir [I22] *vt* 1 ‹*acto/venta*› to prohibit (frml); **esta ley prohíbe las huelgas** this law bans *o* prohibits strikes; **queda terminantemente prohibido** it is strictly forbidden *o* prohibited; **iba en dirección prohibida** I was going the wrong way up a one-way street; Ⓢ **prohibido el paso** *or* **prohibida la entrada** no entry; Ⓢ **prohibido fijar carteles** stick no bills, bill posters *o* bill stickers will be prosecuted; Ⓢ **prohibido fumar** no smoking 2 **~le algo A algn** to ban sb FROM sth; Ⓢ **se prohíbe la entrada a menores de 16 años** over 16s only, no admission to persons under 16 years of age; **tengo prohibido el alcohol** I've been told I mustn't drink alcohol 3 **~le A algn + INF** to forbid sb to + INF, prohibit sb FROM -ING (frml); **prohíben sindicarse a los trabajadores** workers are not allowed to form a union; **le tenemos prohibido salir** he's not allowed out 4 **~ A algn QUE + SUBJ** to forbid sb to + INF; **te prohíbo que me hables así** I forbid you to speak to me like that

prohibitivo -va *adj* prohibitive

prohijar [A19] *vt* to adopt

prohombre *m* great man, outstanding figure

prójimo *m* (semejante) fellow man; **amar al ~** to love one's neighbor; **las desgracias del ~** other people's misfortunes

prolapso *m* prolapse

prole *f* kids (*pl*) (colloq), offspring (hum)

prolegómeno *m* 1 (de texto) preface, prolegomenon (frml) 2 (de relato) introduction, preamble; (de petición) preliminaries (*pl*), introduction

proletariado *m* proletariat

proletario -ria *adj/m* proletarian

proliferación *f* proliferation, spread

proliferar [A1] *vi* to proliferate, spread

prolífico -ca *adj* prolific

prolijidad *f*
A (extensión excesiva) long-windedness; (minuciosidad) detail; **el relato es de gran ~** the story is told in great detail
B (RPl) (orden, aseo) neatness, tidiness

prolijo -ja *adj*
A (extenso) protracted, long-winded; (minucioso) detailed
B (RPl) (ordenado, aseado) ‹*persona/casa*› tidy; ‹*cuaderno*› neat

prologar [A3] *vt* to write a preface *o* a prologue to

prólogo *m* (de libro) preface, foreword; (de acto) prelude

prolongación *f*
A (de carretera, muelle) 1 (acción) extension, lengthening 2 (tramo) extension, continuation
B (de contrato) extension

prolongado -da *adj* prolonged, lengthy

prolongar [A3] *vt* 1 ‹*contrato/plazo*› to extend; ‹*vacaciones/negociaciones*› to prolong, extend 2 ‹*línea/calle*› to extend

■ **prolongarse** *v pron* 1 (en el tiempo) «*debate/fiesta*» to go on, carry on; **la espera se prolongó durante horas** we/they had to wait for hours 2 (en el espacio) «*carretera/línea*» to extend

promediar [A1] *vt* 1 (Mat) ‹*cifras*› to average out, find the average of 2 (tener un promedio de) to average; **el costo ~á cinco dólares** the average cost will be five dollars

promedio *m* 1 (Mat) average; **el ~ de ventas fue de 60.000** sales averaged 60,000; **hizo un ~ de 25 kilómetros al día** he averaged 25 kilometers a day; **el ~ de mis ingresos** my average earnings; **como ~** on average 2 (nota media) average grade *o* (BrE) mark 3 (punto medio) mid-point

promesa *f* 1 (palabra) promise; **cumplí (con) mi ~** I kept my promise *o* word; **faltaste a tu ~** you went back on your word, you didn't keep your promise; **romper una ~** to break a promise 2 (persona) hope

promesero -ra *m,f* (Andes) pilgrim

prometedor -dora *adj* promising

prometer [E1] *vt* 1 (dar su palabra) to promise; **me prometió un regalo** he promised me a present; **te lo prometo** I promise 2 (augurar) to promise; **esas nubes no prometen nada bueno** those clouds look ominous *o* don't bode well 3 (fam) (afirmar, asegurar) to tell; **estoy harta, te lo prometo** I'm fed up, I can tell you

■ **prometer** *vi* «*persona/negocio*» to show *o* have promise

■ **prometerse** *v pron* 1 (en matrimonio) to get engaged 2 (*refl*) ‹*viaje/descanso*› to promise oneself 3 (confiar en) to expect; ***prometérselas muy felices*** (Esp) to have high hopes

prometido[1] -da *adj* 1 (para casarse) engaged 2 ‹*aumento/regalo*› promised; **cumplir con lo ~** to keep one's promise *o* word

prometido[2] -da (*m*) fiancé; (*f*) fiancée

prominencia *f*
A (protuberancia) bump, protuberance (frml); (del terreno) rise
B (cualidad) prominence

prominente *adj* prominent; **tiene el mentón muy ~** she has a very prominent chin

promiscuidad *f* promiscuity

promiscuo -cua *adj* 1 ‹*persona/relación*› promiscuous 2 (mezclado) mixed, jumbled

promoción *f*
A 1 (de actividad, producto) promotion; **hacer la ~ de un producto** to promote a product; **~ de ventas** sales promotion 2 (ascenso) promotion
B (Educ): **somos de la misma ~** we graduated at the same time; **los médicos de la ~ de 1988** the doctors who qualified in 1988

promocional *adj* promotional

promocionar [A1] *vt* to promote

promontorio *m* (en tierra) hill, rise; (en el mar) promontory, headland

promotor[1] -tora *adj*: **la empresa ~a** (Const) the development company; (Espec) the promoters (*pl*)

promotor[2] -tora *m,f*
A (persona) 1 (Const) developer 2 (Espec) promoter 3 (de rebelión, huelga) instigator; **el ~ de la iniciativa** the man behind the initiative
B **promotora** *f* (compañía) *tb* **~ inmobiliaria** (property) developer, development company

promover [E9] *vt*
A 1 ‹*ahorro/turismo*› to promote, stimulate; ‹*plan*› to instigate, promote; ‹*conflicto/enfrentamientos*› to provoke; ‹*acuerdo*› to bring about, promote; **los que promovieron la manifestación** those who organized the demonstration 2 (Der) ‹*querella/pleito*› to bring
B ‹*oficial/funcionario*› to promote

promulgación *f* (de ley) enactment, promulgation (frml); (anuncio) announcement, promulgation (frml)

promulgar [A3] *vt* to enact, to promulgate (frml)

pronombre *m* pronoun

(Compuesto) **pronombre personal/posesivo/reflexivo** personal/possessive/reflexive pronoun

pronominal *adj* pronominal

pronosticar [A2] *vt* ‹*tiempo/resultado*› to forecast; **pronosticaban lluvias** rain was forecast; **pronosticó la muerte del rey** he predicted the king's death

pronóstico *m* 1 (predicción) forecast, prediction; **el ~ del tiempo** the weather forecast 2 (Med) prognosis; **sufrió lesiones de ~ grave/leve** he was seriously/slightly injured 3 (en carreras de caballos) tip

prontitud *f* promptness; **se agradece la ~ en el pago** (frml) prompt payment would be appreciated

pronto[1] -ta *adj*
A 1 (rápido) ‹*entrega/respuesta*› prompt; **le deseo una pronta mejoría** I wish you a speedy recovery, I hope you get well soon 2 (despierto, vivaz) sharp

B (RPl) (preparado) ready

pronto[2] *adv*

A (en poco tiempo) soon; **~ cumple 40 años** she'll soon be 40; **ven aquí ¡~!** come here, right now!; **¡hasta ~!** see you soon!; **lo más ~ posible** as soon as possible; **eso se dice muy ~** (fam) that's easy to say; **hizo los dos a la vez, que se dice ~** he made them both at the same time, which is not as easy as it sounds

B (Esp) (temprano) early

C (*en locs*) **de pronto** (repentinamente) suddenly; (a lo mejor) (AmS) perhaps, maybe; **por lo pronto** *or* **por de pronto** for the moment, for now; **tan pronto: tan ~ llueve, como hace sol** one minute it's raining and the next it's sunny; **tan pronto como** as soon as

pronto[3] *m* (fam): **le dio un ~ y me tiró el plato** he had a fit of temper and threw the plate at me; **tiene un ~ muy malo** she has a very quick temper

prontuariar [A1] *vt* (CS) to open a file on; **está prontuariada** she has a police record

prontuario *m* **1** (libro) handbook, guide **2** (CS) (Der): **abrirle ~ a algn** to open a file on sb; **tiene ~** she has a criminal record

pronunciación *f* pronunciation

pronunciado -da *adj* **1** ‹*curva*› sharp, pronounced; ‹*pendiente*› steep, pronounced **2** ‹*facciones/rasgos*› pronounced, marked **3** ‹*tendencia*› marked, noticeable

pronunciamiento *m* rebellion, military uprising

pronunciar [A1] *vt*

A **1** (Ling) to pronounce **2** ‹*discurso*› to deliver, give; **pronunció unas palabras de bienvenida** he said a few words of welcome

B (resaltar) to accentuate

■ **pronunciarse** *v pron*

A (dar una opinión) **~se A FAVOR/EN CONTRA DE algo** to declare oneself to be IN FAVOR OF/AGAINST sth; **no se ha pronunciado sobre el tema** he has not commented on the matter

B (acentuarse) to become marked, become more pronounced

C (Mil) to rebel, revolt

propagación *f* propagation; **la rápida ~ del fuego** the rapid spread of the fire

propaganda *f* **1** (Pol) (para promover o desprestigiar una causa) propaganda **2** (Com, Marketing) advertising; (en prensa): **hacer ~ de un producto/espectáculo** to advertise a product/show; **no trae más que ~** it has nothing but advertisements in it; **repartía ~ de la tienda** she was handing out advertising leaflets for the shop

propagandista *mf* propagandist

propagandístico -ca *adj* **1** (Pol) propaganda (*before n*) **2** (Com, Marketing) publicity (*before n*), advertising (*before n*)

propagar [A3] *vt* **1** ‹*doctrina/rumores*› to spread, to propagate **2** ‹*enfermedad*› to spread, propagate **3** ‹*especie*› to propagate

■ **propagarse** *v pron* **1** «*doctrina/rumores*» to spread, propagate **2** «*enfermedad*» to spread **3** «*fuego*» to spread **4** (Biol) to propagate **5** «*sonido/luz*» to propagate

propalar [A1] *vt* ‹*secreto*› to divulge, disclose; ‹*rumor*› to spread

propano *m* propane

propasarse [A1] *v pron* **1** (excederse) to go too far, overstep the mark; **no te propases bebiendo** don't overdo it with the drink **2** (en sentido sexual) **~ CON algn** to make a pass AT sb; **intentó ~ conmigo** he made a pass at me

propelente *m* propellant

propender [E1] *vi* **~ A algo** to be prone TO sth; **~ A + INF** to tend TO + INF

propensión *f* tendency, leaning, leanings (*pl*); **~ A + INF** tendency TO + INF; **tengo ~ a engordar** I have a tendency to put on weight; **tiene ~ a resfriarse** he is prone to colds

propenso -sa *adj* **~ A algo** prone TO sth; **es muy ~ a resfriarse** he catches colds very easily

propiamente *adv* exactly; **no vive en Londres ~ dicho** he doesn't live in London proper

propiciador -ra *m,f*: **los ~es del acuerdo de paz/del desarme** those in favor* of the peace agreement/of disarmament

propiciar [A1] *vt* (favorecer) to favor*; (causar) to bring about; **su muerte propició la unión de la familia** his death helped bring the family together; **las condiciones que propician una revolución** conditions that create a favorable atmosphere for revolution

■ **propiciarse** *v pron* to win, gain

propicio -cia *adj* ‹*momento*› opportune, propitious (frml); ‹*condiciones*› favorable*, propitious (frml); **no es un ambiente ~ para la meditación** the surroundings are not conducive to meditation

propiedad *f*

A **1** (pertenencia): **la casa no es de mi ~** I don't own the house; **la finca es ~ de mi hijo** the estate belongs to my son; **delito contra la ~** crime against property; **les dejó los terrenos en ~** she left them the freehold to the land; **los cuadros son ~ de la fundación** the paintings are the property of the foundation **2** (lo poseído) property

B (cualidad) property; (corrección): **hablar/expresarse con ~** to speak/express oneself correctly; **comportarse con ~** to behave with decorum

Compuestos

- **propiedad industrial** patent rights (*pl*)
- **propiedad inmobiliaria** real estate (AmE), property (BrE)
- **propiedad intelectual** copyright
- **propiedad privada/pública** private/public property

propietario -ria *m,f* **1** (de comercio) owner, proprietor; **es ~ de tres tiendas** he owns three shops **2** (de casa) owner, landlord/-lady **3** (de tierras) landowner

propina *f* **1** (a camarero, empleado) tip, gratuity (frml); **dejó 25 pesos de ~** she left a 25 peso tip; **¿cuánto se le da de ~?** what's the usual tip?, how much should I/do you usually tip him?; **dar ~ a algn** to tip sb **2** (Per) (de niño) pocket money

propinar [A1] *vt* ‹*patada/paliza*› to give; **le ~on cinco balazos** they shot him five times

propio -pia *adj*

A **1** (indicando posesión) own; **tienen piscina propia** they have their own swimming pool; **¿tu piso es ~ o alquilado?** do you own your flat or is it rented? **2** (*delante del n*) (uso enfático) own; **salió de la clínica por su ~ pie** she walked out of the clinic; **lo vi con mis ~s ojos** I saw it with my own two eyes *o* with my (very) own eyes **3** (no postizo) real **4** (de uno mismo): **lo hace todo en beneficio ~** everything he does is for selfish reasons

B (característico, típico) **~ DE algo/algn**: **esa actitud es muy ~ de él** that kind of attitude is very typical of him; **costumbres propias de los países orientales** customs characteristic of oriental countries

C **~ PARA algo** (adecuado, idóneo) suitable FOR sth; **es un vestido muy ~ para la ocasión** the dress is just right for the occasion

D (*delante del n*) (mismo): **fue el ~ presidente** it was the president himself; **debe ser el ~ interesado quien lo pida** it must be the person concerned who makes the request; **el ~ Juan se llevó una sorpresa** even Juan himself got a surprise

proponer [E22] *vt* **1** ‹*idea*› to propose, suggest; **nos propuso ir al campo** she suggested we go to the countryside; **te voy a ~ un trato** I'm going to make you a proposition; **propongo que se vote la moción** I propose that we vote on the motion **2** ‹*persona*› (para cargo) to put forward, nominate; (para premio) to nominate **3** ‹*moción*› to propose **4** ‹*teoría*› to propound

■ **proponerse** *v pron*: **cuando se propone algo, lo consigue** when he sets out to do something, he invariably achieves it; **me lo propuse como meta** I set myself that goal; **no me propongo insultar a nadie** it is not my intention to insult anybody; **se proponen alcanzar la cima** their aim *o* goal is to reach the summit; **me propuse decírselo** I made up my mind *o* I decided to tell her; **me había propuesto levantarme más temprano** I had intended to get up earlier; **te has propuesto que me enfade** you're determined to make me lose my temper

proporción *f*

A (relación) proportion; **guardar/no guardar ~ con algo** to be in/out of proportion to sth; **los sueldos no suben en**

P

~ a la inflación salaries are not keeping pace with inflation; **en ~ a los ingresos** in proportion to income; **en proporciones iguales** in equal proportions

B **proporciones** *fpl* (dimensiones) proportions (*pl*); **un edificio de grandes proporciones** a large building; **el horno es de proporciones gigantescas** the furnace is immense *o* massive; **un incendio de grandes proporciones** a huge *o* massive fire

proporcionado -da *adj*: **~ a la figura humana** in proportion to the human body; **mal ~** ‹*dibujo*› poorly proportioned; **es bajo pero bien ~** he's short but he's well-proportioned

proporcional *adj* proportional, proportionate; **los beneficios serán ~es a la inversión** profits will be directly related to investment

proporcionalmente *adv* proportionally, proportionately

proporcionar [A1] *vt* ‹*materiales/información/comida*› to provide; **~ algo A algn** to provide sb WITH sth; **les proporcionó un buen disgusto** it caused them great distress

proposición *f*

A 1 (sugerencia) proposal 2 (oferta) proposal, proposition; **~ de matrimonio** proposal of marriage; **le hizo proposiciones deshonestas** he made improper advances to her

B 1 (Mat, Fil) proposition 2 (Ling) clause

propósito *m* 1 (intención) intention, purpose; **tiene el firme ~ de dejar de fumar** she's determined to give up smoking; **se ha hecho el ~ de adelgazar** she's decided to lose weight; **buenos ~s** good intentions; **se fue con el firme ~ de volver** he left with the firm intention of returning; **se puso a ahorrar con el ~ de comprarse un coche** he started saving up to buy a car 2 **a propósito**: **no lo hice a ~** I didn't do it deliberately *o* on purpose; **se hizo un vestido a ~ para la ocasión** she had a dress made specially for the occasion; **a ~, Carlos te manda saludos** by the way, Carlos sends his regards; **a ~ de trenes ¿cuándo te vas?** speaking of trains *o* on the subject of trains, when are you leaving?

propuesta *f*

A (sugerencia) proposal; **formuló una ~ de diálogo** he made an offer to negotiate

B (oferta) offer; **varias ~s de trabajo** several job offers

propugnar [A1] *vt* (frml) (apoyar) to support; (proponer) to advocate, propose

propulsar [A1] *vt* ‹*desarrollo/actividad*› to promote, stimulate; ‹*avión/cohete*› to propel; ‹*vehículo*› to drive, propel

propulsión *f* propulsion; **~ a chorro** jet propulsion; **con ~ a chorro** jet-propelled

propulsor[1] -sora *adj* ‹*mecanismo*› driving (*before n*), propulsion (*before n*); ‹*cohete*› propulsion (*before n*)

propulsor[2] -sora *m,f* 1 (de actividad, idea) promoter; **fue el ~ de ese movimiento** he was the driving force behind that movement 2 **propulsor** *m* (Tec) propellant

propuse, propuso, etc *see* **proponer**

prorrata *f* pro rata amount; **a ~** pro rata

prórroga *f* 1 (extensión) extension; (Dep) overtime (AmE), extra time (BrE) 2 (aplazamiento) deferral, deferment

prorrogable *adj* 1 ‹*plazo/período*› extendable 2 (aplazable) deferrable; **la fecha no es ~** the date cannot be deferred *o* postponed *o* put back

prorrogar [A3] *vt* 1 (alargar) to extend; **~ el plazo de matrícula** to extend the registration period 2 (aplazar) ‹*fecha*› to postpone, put back

prorrumpir [I1] *vi* **~ EN algo**: **el público prorrumpió en aplausos** the audience burst *o* broke into applause; **prorrumpió en carcajadas** she burst out laughing; **prorrumpió en lágrimas** she burst into tears

prosa *f*

A (género literario) prose; (conjunto de obras) prose (writings) (*pl*)

B (Per fam) (pomposidad) pomposity

prosaico -ca *adj* ‹*existencia/vida*› mundane, prosaic; **le han dado un tratamiento muy ~** they have dealt with it in a very pedestrian *o* prosaic way

proscenio *m* proscenium

proscribir [I34] *vt* 1 (desterrar) to exile 2 ‹*costumbre/actividad*› to ban, outlaw, proscribe (frml); ‹*libro*› to ban; ‹*partido/organización*› to ban, proscribe (frml)

proscripción *f* 1 (destierro) exile 2 (prohibición) ban, proscription (frml)

proscrito[1] -ta *pp*: *see* **proscribir**

proscrito[2] -ta *m,f* (bandido) outlaw; (exiliado) political exile

prosecución *f* continuation

proseguir [I30] *vi* (frml) to continue; **prosiga, por favor** please continue, please proceed (frml); **~ CON algo** to continue WITH sth, proceed WITH sth (frml)

■ **proseguir** *vt* (frml) to continue; **prosiguió su camino** he continued on his way; **prosiguieron la discusión** they continued (with) the discussion

proselitismo *m* (Relig) proselytism (frml); (Pol) propaganda; **hacer ~** to proselytize (frml)

prosélito -ta *m,f* convert, proselyte (frml)

prosodia *f* prosody

prosódico -ca *adj* prosodic

prosopopeya *f* (Lit) prosopopeia

prospección *f* 1 (del subsuelo) prospecting; **~ petrolífera** oil prospecting, drilling for oil 2 (Com, Marketing) research; **~ de mercado** market research

prospecto *m* 1 (de fármaco) directions for use (*pl*), patient information leaflet 2 (de propaganda) pamphlet, leaflet 3 (Fin) prospectus

prosperar [A1] *vi* 1 «*negocio/país*» to prosper, thrive; «*persona*» to do well, make good 2 «*iniciativa/proyecto*» (aceptarse) to be accepted, prosper

prosperidad *f* prosperity

próspero -ra *adj* ‹*empresa/industria*› prosperous, thriving; ‹*región/comerciante/industrial*› prosperous; **¡Feliz Navidad y P~ Año Nuevo!** Merry Christmas and a Prosperous New Year!

próstata *f* prostate (gland)

prosternarse [A1] *v pron* (liter) to prostrate oneself

prostíbulo *m* brothel

prostitución *f* prostitution

prostituir [I20] *vt* to prostitute

■ **prostituirse** *v pron* to prostitute oneself

prostituto -ta *m,f* (*m*) male prostitute; (*f*) prostitute

protagonismo *m* prominence; **el ~ de los estudiantes en la revuelta** the leading *o* prominent role played by the students in the revolt; **tiene demasiado afán de ~** he always has to be center stage; **ganar ~** to become more prominent/important

protagonista *mf* 1 (Cin, Teatr): **el ~ de la nueva serie** the actor who is playing the leading role in the new series 2 (personaje) main character, protagonist 3 (de suceso): **los ~s de la revolución** those who played a leading role in the revolution; **los principales ~s de nuestra historia** the major figures of our history

protagonizar [A4] *vt* 1 (Cin, Teatr) to star in, play the lead *o* leading role in; **una película protagonizada por Marlon Brando** a film starring Marlon Brando 2 ‹*tiroteo*› to be involved in; ‹*debate*› to take part in; ‹*disturbios*› to be responsible for; **la marcha que ~on alumnos y profesores** the march staged by pupils and teachers

protección *f* protection; **brindar/dar ~ a algn** to offer/give protection to sb; **viviendas de ~ oficial** (Esp) subsidized housing

(Compuesto) **Protección Civil** civil defense* organization

proteccionismo *m* protectionism

proteccionista *adj/mf* protectionist

protector[1] -tora *adj* protective; **crema ~a** protective cream; **sociedad ~a de animales** society for the prevention of cruelty to animals

protector[2] -tora *m,f* 1 (defensor) protector; (benefactor) patron 2 **protector** *m* (en boxeo) gumshield, mouthpiece

(Compuesto) **protector de pantallas** screen saver

protectorado *m* protectorate

proteger [E6] *vt* 1 ‹*persona/ciudad*› to protect; ‹*derecho/propiedad*› to protect, defend; **el cerco de seguridad que los protegía** the security cordon around them; **~ algo/a algn DE *or* CONTRA algo/algn** to protect sth/sb FROM *o*

AGAINST sth/sb 2 ‹*industria/producto*› to protect 3 ‹*artes*› to champion, patronize; ‹*pintor/poeta*› to act as patron to

■ **protegerse** *v pron (refl)* **~se DE** *or* **CONTRA algo** to protect oneself FROM *o* AGAINST sth; **sirve para ~se contra las picaduras de mosquito** it protects against mosquito bites; **~se de la lluvia** to shelter from the rain; **se protegió la cara del golpe** he protected *o* shielded his face from the blow

protegido[1] -da *adj* 1 ‹*especie*› protected 2 ‹*vivienda*› subsidized 3 (Inf) write-protected

protegido[2] -da *m,f (m)* protegé; *(f)* protegée

proteína *f* protein; **rico en ~s** rich in protein

proteínico -ca *adj* proteinic (tech), protein (*before n*)

prótesis *f* prosthesis

protesta *f*

A 1 (queja) protest; **hacer una ~** to make *o* lodge a protest; **una campaña de ~** a protest campaign; **en señal de ~** in protest 2 (manifestación) demonstration, protest march (*o* rally *etc*)

B (Méx) (promesa) promise; (juramento) oath; **cumplieron con su ~** they kept their promise *o* word; **le tomaron la ~ al nuevo presidente** the new president was sworn in; **rendir ~** to take an oath; **bajo ~** under oath

protestante *adj/mf* Protestant

protestantismo *m* Protestantism

protestar [A1] *vi* 1 (mostrar desacuerdo) to protest; **~ CONTRA algo** to protest AGAINST *o* ABOUT sth; **¡protesto, su señoría!** objection, your Honor*, I object, your Honor*! 2 (quejarse) to complain; **~ POR** *or* **DE algo** to complain ABOUT sth; **nadie protestó cuando lo propuse** nobody complained *o* objected when I made the proposal

■ **protestar** *vt*

A 1 (Com, Fin) ‹*letra*› to protest; ‹*cheque*› to refer … to drawer, dishonor* 2 ‹*actuación/decisión*› to protest about *o* at

B (frml) ‹*inocencia*› to protest

protestón -tona *m,f* (fam) grouch (colloq), moaner (BrE colloq); **no seas ~** stop moaning *o* bellyaching (colloq)

protocolario -ria, protocolar *adj* formal

protocolo *m*

A 1 (etiqueta) protocol; **observar el ~** to observe protocol *o* convention; **vestimenta de ~** formal dress 2 (solemnidad): **me tratan con mucho ~** they treat me very formally *o* politely

B 1 (de acuerdo) protocol 2 (Der) registry

C (Inf) protocol

protón *m* proton

prototípico -ca *adj* typical, archetypal

prototipo *m* 1 (de especie) archetype, prototype; **es el ~ del español medio** he's a typical *o* an archetypal Spaniard 2 (Tec) prototype

protuberancia *f* bulge, protuberance (frml)

provecho *m* 1 (beneficio, utilidad) benefit; **no sacó ningún ~ del curso** he derived no benefit from the course; **le sacó mucho ~ a su estancia** she got a lot out of her stay; **sólo piensa en su propio ~** he's only out for himself (colloq); **un estudiante de ~** a hardworking student; **una experiencia/visita de ~** a worthwhile experience/visit 2 (en la mesa): **¡buen ~!** (dicho por uno mismo) bon appetit!; (dicho por camarero) enjoy your meal!

provechoso -sa *adj* profitable; **no ha hecho nada ~ en su vida** he's never done a useful thing in his life

proveedor -dora *m,f* supplier, purveyor (frml); **~ de fondos** financial backer; **pídalo a su ~ habitual** ask your local dealer *o* supplier for it

proveer [E14] *vt*

A (suministrar) to provide; **~ a algn DE algo** to provide sb WITH sth; **nos proveyeron de todo lo necesario** they supplied *o* furnished us with everything we needed; **iban provistos de botes salvavidas** they were equipped with *o* they carried lifeboats

B ‹*vacante*› to fill

C (Der) to give an interim ruling on

■ **proveer** *vi* to provide

■ **proveerse** *v pron (refl)*: **nos proveemos en la tienda del pueblo** we get our provisions at the village store; **~se DE algo** ‹*de herramientas, armas*› to equip oneself WITH sth; **tenemos que ~nos de suficiente comida** we must get *o* obtain enough food

proveniente *adj*: **estudiantes ~s de universidades extranjeras** students from foreign universities

provenir [I31] *vi* **~ DE algo/algn** to come FROM sth/sb

proverbial *adj* proverbial

proverbio *m* proverb

providencia *f*

A (Relig): **la (divina) P~** (divine) Providence

B (medida, precaución) precaution

C (Der) ruling

providencial *adj* 1 (oportuno) fortunate, lucky, providential (frml); **fue ~ que …** it was fortunate that … 2 (Relig) providential

provincia *f*

A 1 (Gob) province; **capital de ~** provincial capital 2 (Relig) province

B **provincias** *fpl* (por oposición a la capital) provinces *(pl)*; **una ciudad de ~s** a provincial city; **la vida de ~s** provincial life

> **provincia**
>
> Each of the 55 different administrative areas into which Spain is divided. Each *provincia* includes a main city or town, sometimes more, depending on its social and economic power. The provincial capital usually has the same name as the province.
>
> Most **comunidades autónomas** comprise at least two or more *provincias*, except Madrid, Murcia and Cantabria, which consist of just one

provincial *adj* provincial

provinciano[1] -na *adj* 1 (de provincias) provincial; **se crió en un ambiente ~** she had a provincial upbringing 2 (pey) (estrecho) parochial; **su actitud es muy provinciana** she's very parochial *o* provincial in her outlook 3 (pey) (paleto): **no seas ~** don't be such a hick (AmE) *o* (BrE) country bumpkin

provinciano[2] -na *m,f* 1 (de provincias): **los ~s** people from the provinces 2 (pey) (de mentalidad estrecha) provincial 3 (paleto) hick (AmE), country bumpkin (BrE)

provisión *f*

A 1 (suministro) provision 2 (de vacante): **concurso para la ~ de la vacante** competition to fill the vacancy

B (Ur) (almacén) store, shop (BrE)

C **provisiones** *fpl* (víveres) provisions *(pl)*

provisional *adj* provisional

provisionalidad *f* provisional *o* temporary nature

provisionalmente *adv* provisionally; **vive allí ~** he's living there for the time being

provisorio -ria *adj* (AmS) temporary, provisional, makeshift

provisto -ta *pp*: *ver* **proveer**

provocación *f*

A (incitación) provocation; **las provocaciones de los manifestantes** the demonstrators' taunts *o* provocative remarks

B (de parto) induction

provocador[1] -dora *adj* provocative

provocador[2] -dora *m,f* agitator

provocar [A2] *vt*

A 1 ‹*explosión*› to cause; ‹*incendio*› to start; ‹*polémica*› to spark off, prompt 2 (Med): **~ el parto** to induce labor*; **las pastillas le ~on una reacción cutánea** the pills caused *o* brought on a skin reaction

B ‹*persona*› (al enfado) to provoke; (sexualmente) to lead … on

■ **provocar** *vi* (Andes) (apetecer): **¿le provoca un traguito?** do you want a drink?, do you fancy a drink? (BrE colloq)

provocativo -va *adj*

A (insinuante) provocative

B (Col, Ven) (apetecible) tempting, mouthwatering

proxeneta *(m)* procurer (frml), pimp (colloq); *(f)* procuress (frml), pimp (colloq)

próximamente *adv* soon, shortly; ❸ **próximamente en esta sala** coming soon

proximidad *f* 1 (en el tiempo, espacio) closeness, proximity (frml); **su ~ me hace sentir incómodo** I feel uncomfortable when she's near me 2 **proximidades** *fpl*

P

(cercanías) vicinity; **en las ~es del aeropuerto** in the vicinity of the airport, around the airport

próximo -ma *adj*

A 1 (siguiente) next; **el ~ jueves** next Thursday 2 (*como pron*): **esto lo dejamos para la próxima** we'll leave this for next time; **tome la próxima a la derecha** take the next (on the) right; **me bajo en la próxima** I'm getting off at the next stop

B [ESTAR] (cercano) 1 (en el tiempo) close, near; **la fecha ya está próxima** the day is close *o* is drawing near; **en fecha próxima** in the near future; **estar ~ A + INF** to be close TO + ING, to be about TO + INF; **estaba ~ a morir** he was close *o* near to death 2 (en el espacio) near, close; **~ A algo** close *o* near TO sth

proyección *f*

A 1 (Cin) showing; **una ~ de diapositivas** a slide show; **el tiempo de ~ es de 95 minutos** the running time is 95 minutes 2 (de sombra) casting; (de luz) throwing 3 (Mat, Psic) projection

B (difusión, alcance — de ley) scope; (— de problema) implications (*pl*); **ha adquirido una ~ internacional** she has become a figure of international renown

C (de rocas, lava) discharge, throwing out

proyectar [A1] *vt*

A (planear) to plan; **~ + INF** to plan to + INF; **tiene proyectado ampliar su negocio** she is planning to expand her business

B 1 ‹*película*› to show, screen; ‹*diapositivas*› to project, show 2 ‹*sombra*› to cast; ‹*luz*› to throw, project 3 (Mat, Psic) to project

C (Arquit, Ing) to design

D (lanzar) (+ *compl*) to throw, hurl

■ **proyectarse** *v pron* «*sombra*» to be cast

proyectil *m* projectile, missile

proyecto *m* 1 (plan) plan; **tiene el ~ de formar su propia empresa** he plans to set up his own business; **¿qué ~s tienes para el próximo año?** what are your plans for next year?; **tiene varios trabajos/un viaje en ~** she has several projects in the pipeline/she's planning a trip 2 (trabajo) project; **el ~ se está retrasando** the project is falling behind schedule; **~ piloto** pilot project 3 (Arquit, Ing) plans and costing

(Compuesto) **proyecto de ley** bill

proyector *m*

A (Cin, Fot) projector; **~ de transparencias** *or* **diapositivas** slide projector

B (Teatr) spotlight; (para monumentos) floodlight; (Mil) searchlight

proyectora *f* (Chi) ▸ **proyector A**

prudencia *f* (cuidado) caution; (sabiduría) wisdom, prudence; **conduce con ~** drive carefully; **gracias a su ~ en cuestiones de dinero** thanks to her prudence *o* carefulness in money matters

prudencial *adj* prudent, sensible; **un tiempo ~** a reasonable *o* sensible length of time

prudente *adj* prudent, sensible; **se marchó a una hora ~** she left at a reasonable *o* sensible hour; ; **sea ~ con la bebida** don't drink too much; **consideró ~ no decir nada** she thought it wise *o* prudent not to say anything; **una mujer ~** a sensible woman

prueba *f*

A 1 (demostración, testimonio) proof; **esto es ~ concluyente de que nos mintió** this is conclusive proof that he lied to us; **no hay ~s de que eso sea verdad** there's no proof that that's true; **tendrá que presentar ~s de ello** he'll have to prove it; **eso es ~ de que le caes bien** that proves he likes you; **dio constantes ~s de su lealtad** he proved his loyalty again and again; **no dio la menor ~ de estar sufriendo** he didn't give the slightest hint *o* indication that he was suffering; **en** *or* **como ~ de mi agradecimiento** as a token of my gratitude 2 (Der) piece of evidence; **falta de ~s** lack of evidence

(Compuestos)

- **prueba de compra** proof of purchase
- **pruebas materiales** *fpl* material evidence

B (Educ) test; (Cin) screen test, audition; (Teatr) audition

(Compuestos)

- **prueba de aptitud** aptitude test
- **prueba de fuego** acid test

C 1 (ensayo, experimento): **haz la ~ de dejarlo en remojo** try leaving it to soak; **vamos a hacer la ~** let's try 2 (circunstancia difícil): **la enfermedad de su padre fue una dura ~ para ella** her father's illness was a testing time for her 3 (*en locs*) **a prueba**: **tomar a algn a ~** to take sb on for a trial period; **tener algo a ~** to have sth on trial; **poner algo a ~** to put sth to the test; **estás poniendo a ~ mi paciencia** you're trying my patience; **a prueba de**: **un reloj a ~ de golpes** a shockproof watch; **un dispositivo a ~ de ladrones** a burglarproof mechanism; **cristal a ~ de balas** bulletproof glass 3 (en costura) fitting

(Compuestos)

- **prueba de laboratorio** laboratory trial *o* test
- **prueba del alcohol** *or* **de la alcoholemia** Breathalyzer® test, sobriety test (AmE), drunkometer test (AmE)
- **prueba del embarazo** pregnancy test
- **prueba nuclear** nuclear test

D (Fot, Impr) proof; **corregir ~s** to proofread

E (Dep): **en las ~s de clasificación** in the qualifying heats; **la ~ de los 1.500 metros** the 1,500 meters (event *o* race); **las ~s de descenso** the downhill events

prurito *m* 1 (afán): **tiene el ~ de la imparcialidad** he's got a thing about impartiality 2 (Med) itching, pruritus (tech)

psicoanálisis *m* psychoanalysis

psicoanalista *mf* psychoanalyst

psicoanalítico -ca *adj* psychoanalytic, psychoanalytical

psicoanalizar [A4] *vt* to psychoanalyze

■ **psicoanalizarse** *v pron* (*caus*) to be psychoanalyzed, have *o* undergo psychoanalysis

psicodélico -ca *adj* psychedelic

psicolingüística *f* psycholinguistics

psicología *f* psychology

psicológico -ca *adj* psychological

psicólogo -ga *m,f* 1 (Psic) psychologist 2 (fam) (persona perspicaz): **mi madre es buena psicóloga** my mother's a good judge of character

psicomotor -motora, psicomotriz *adj* psychomotor (*before n*)

psicópata *mf* psychopath

psicopatología *f* psychopathology

psicosis *f* (*pl* ~) psychosis

psicosomático -ca *adj* psychosomatic

psicoterapeuta *mf* psychotherapist

psicoterapia *f* psychotherapy

psicótico -ca *adj/m,f* psychotic

psique *f* psyche

psiquiatra *mf* psychiatrist

psiquiatría *f* psychiatry

psiquiátrico[1] -ca *adj* psychiatric (*before n*)

psiquiátrico[2] *m* psychiatric hospital, mental hospital

psíquico -ca *adj* psychic

pss *interj* 1 (expresando indiferencia, duda) mm …, well … 2 (llamando la atención) psst!

ptas, pts = pesetas

Pte., pte.

A = **presente**

B (= **puente**) ≈ Br.

C (= **presidente**) Pres.

pto. (= **punto**) pt

púa *f*

A 1 (de erizo) spine, quill; (de alambre) barb; (de peine) tooth 2 (Chi, Ven) (en zapatos de atletismo) spike

B (para guitarra) plectrum, pick; (de tocadiscos) (RPl) needle

puaj, puah *interj* ugh! (colloq), yuck! (colloq)

pub /puβ, pʌβ/ *m* (*pl* **pubs** *or* **pubes**) bar (*gen with music, open late at night*)

púber *adj/mf* adolescent

pubertad *f* puberty

pubis *m* (*pl* ~) pubis

publicación *f* publication

públicamente *adv* publicly

publicar [A2] *vt* 1 ‹*artículo/noticia*› to publish 2 (divulgar) to divulge, disclose; **no lo publiques mucho** don't go around telling everybody

publicidad *f* 1▸ (de tema, suceso) publicity; **se le dió mucha ~** it has received a lot of publicity 2▸ (Com, Marketing) advertising; **agencia de ~** advertising agency; **hacer ~ de algo** to advertise sth; **hay demasiada ~ en la tele** there's too much advertising on TV

(Compuesto) **publicidad estática** billboard advertising

publicista *mf* 1▸ (AmL) (Com) advertising executive *o* agent, publicist 2▸ (Period) publicist

publicitario -ria *adj* advertising *(before n)*; **fue un montaje ~** it was a publicity stunt

público[1] -ca *adj* public; **hacer ~ algo** to announce sth; **es un peligro ~** he's a danger to the public

público[2] *m* (en teatro) audience, public; (Dep) spectators *(pl)*; (de publicación) readership; **asistió poco ~ al partido** few people attended the game, there were few spectators at the game; **Ⓢ horario de atención al público** (en oficinas públicas) opening hours; (en bancos) hours of business; **la exposición está abierta al ~** the exhibit (AmE) *o* (BrE) exhibition is open to the public; **película apta para todos los ~s** *or* (CS) **para todo ~** 'G' movie (AmE), 'U' film (BrE); **el ~ en general** the general public; **un manual escrito para el gran ~** a manual written for the layperson *o* non-specialist; **hablar en ~** to speak in public; **no le gusta tocar el piano en ~** she doesn't like playing the piano in front of an audience; ***salir al ~*** (Andes) «*periódico/revista*» to come out, appear; «*noticia/información*» to be published

pucará *m* pre-Columbian fortress

pucha, puchacay *interj* (AmS euf & fam) (expresando — sorpresa) wow! (colloq), jeez! (AmE colloq); (— fastidio) damn! (colloq), oh, no! (colloq); **~ digo** *or* (Chi) **~ Diego, me olvidé** damn *o* oh no, I forgot!

pucherazo *m* (fam) electoral rigging; **hubo ~** the election was fixed *o* rigged

puchero *m*

A (Coc) (recipiente) pot, stewpot; (cocido) stew; ***ganarse el ~*** (fam) to earn a crust (colloq)

B (mueca) pout; **hacer ~s** to pout

pucho *m* (AmL fam) 1▸ (cigarrillo — de tabaco) smoke (colloq), fag (BrE colloq); (— de marihuana) joint (colloq) 2▸ (resto — de cigarrillo) butt, fag end (BrE colloq); (— de comida) scrap; (— de bebida) drop; ***a ~s*** (AmL fam) bit by bit (colloq), a little at a time (colloq); **se tomó la sopa a ~s** he sipped his soup; ***no valer un ~*** (Chi fam) to be completely worthless

pude *see* **poder**

pudibundo -da *adj* prudish, prim and proper

púdico -ca *adj* ‹*ropa*› modest; ‹*comportamiento/beso*› chaste

pudiente *adj* (rico) wealthy, rich; (poderoso) powerful

pudiera, pudiese, etc *see* **poder**

pudín *m* ▸**budín**

pudiste, etc *see* **poder**

pudor *m* 1▸ (recato sexual) modesty (arch); **no se desnudó por ~** she was too embarrassed *o* shy to take her clothes off; **es una falta de ~** it shows a lack of (a sense of) decency 2▸ (reserva) reserve; **nos habló sin ~ de sus problemas** he talked to us very openly about his problems

pudoroso -sa *adj* ▸**púdico**

pudrir [I38] *vt*

A (descomponer) ‹*carne/fruta*› to rot, decay; ‹*madera/tela*› to rot

B (RPl fam) 1▸ (fastidiar, hartar): **me tiene podrida con sus quejas** I'm fed up to the back teeth of his complaining (colloq); **me pudre que me de todos los trabajos difíciles** I'm sick and tired of being given all the difficult jobs (colloq) 2▸ (aburrir) to bore … to death (colloq)

■ **pudrirse** *v pron*

A (descomponerse) «*fruta/carne*» to rot, decay; «*madera/tela*» to rot; «*cadáver*» to decompose, rot

B (fam) 1▸ (por el abandono): **~se en la cárcel** to rot in jail 2▸ (por el aburrimiento): **en ese pueblo te vas a ~** you'll die of boredom in that village (colloq) 3▸ (expresando enfado): **¡ahí te pudras!** go to hell! (colloq); **¡que se pudra!** he can go to hell! (colloq)

pueblerino -na *adj*: **¡qué ~ eres!** you're such a country bumpkin *o* (AmE colloq) hick!; **con su aire ~** with her provincial *o* small town ways

pueblo *m*

A (poblado) village; (más grande) small town; ***~ chico infierno grande*** living in a small town can be hell (colloq)

(Compuestos)

- **pueblo de mala muerte** dead-end town, one-horse town
- **pueblo joven** (Per) shantytown

B (comunidad) people; **un ~ nómada** a nomadic people; **~s primitivos** primitive peoples; **el ~ español/vasco** the Spanish/Basque people

C (clase popular): **el ~** the working class; **la voz del ~** the voice of the people; **una rebelión del ~** a popular uprising

(Compuesto) **pueblo llano**: **el ~ ~** the ordinary people

pueda, puedas, etc *see* **poder**

puente *m*

A (Ing) bridge; ***tender (un) ~*** to build bridges

(Compuestos)

- **puente aéreo** (servicio frecuente) shuttle (service); (Mil) airlift
- **puente colgante/giratorio** suspension/swing bridge
- **puente de barcas** *or* **pontones** pontoon bridge
- **puente levadizo** (en castillo) drawbridge; (en carretera) lifting bridge

B (Mús, Odont) bridge; (de anteojos) bridge

C (Elec) bridge (circuit); **le tuve que hacer el** *or* **un ~** (Auto) I had to hot-wire it

D (vacación) ≈ long weekend *(linked to a public holiday by an extra day's holiday in between)*

E (Náut) *tb* **~ de mando** bridge

> **puente**
>
> *Puentes* are very important in Spain and most of Latin America. *Hacer puente* means that when a working day falls between two public holidays, it too is taken as a holiday

puentear [A1] *vt* (Esp)

A (Elec) to install a bridge circuit in

B (fam) (obviando el orden jerárquico) to bypass

■ **puentear** *vi* (Dep) to go bungee jumping *(from a bridge)*

puenting /'puentin/ *m* (Esp) bungee jumping *(from a bridge)*

puerco[1] -ca *adj* (fam & pey) (sucio) dirty; (despreciable) low-down (colloq); **el muy ~** the dirty rat (colloq)

puerco[2] -ca *m,f*

A 1▸ (animal) *(m)* pig, hog, boar; *(f)* pig, hog, sow 2▸ (Méx) (carne) pork

(Compuesto) **puerco espín** porcupine

B (fam) (persona — sucia) pig (colloq); (— despreciable) swine (colloq)

puericultor -tora *m,f*: *nurse or doctor who specializes in babycare/childcare*

puericultura *f* babycare, childcare

pueril *adj* 1▸ (infantil) childish, puerile (frml); **comportarse de manera ~** to behave childishly 2▸ (ingenuo) naive, naïve

puerilidad *f* childishness

puerro *m* leek

puerta *f*

A (de casa, coche, horno) door; (en jardín, valla) gate; **llamar a la ~** to ring the doorbell/knock on the door; **te espero en la ~ del teatro** I'll meet you at the entrance of the theater; **te acompaño a la ~** I'll see *o* show you out; **servicio ~ a ~** door-to-door service; **de ~ a ~ tardo media hora** it takes me half an hour, door to door; **su intransigencia cerró las ~s a un acuerdo** her intransigence put an end to *o* put paid to any hope of an agreement; **un coche de dos ~s** a two-door car; ***a ~(s) cerrada(s)*** behind closed doors; ***coger la ~ (y largarse)*** (Esp fam) to leave; ***darle con la ~ en las narices a algn*** to slam the door in sb's face; ***de ~s (para) adentro*** in private, behind closed doors; ***de ~s para fuera*** *or* (AmL) ***~s afuera*** in public; ***en ~s***: **la Navidad está en ~s** Christmas is just around the corner; ***estar a las ~s de algo***: **el ejército estaba ya a las ~s de la ciudad** the army was already at the gates of the city; **estaba a las ~s de la muerte** he was at death's door; **se quedó a las ~s del triunfo** she narrowly missed winning; ***por la ~ grande***:

P

el torero salió por la ~ grande the bullfighter made a triumphal exit; **volvió a Hollywood por la ~ grande** she returned to Hollywood in triumph

(Compuestos)
- **puerta corredera** *or* **corrediza** sliding door
- **puerta de embarque** gate
- **puerta de servicio** service entrance, tradesman's entrance (BrE)
- **puerta giratoria** revolving door
- **puerta principal** *or* **de la calle** (de casa) front door; (de edificio público) main door *or* entrance
- **puerta trasera** back door

B (Dep) **1** (en fútbol): **un tiro** *or* **remate a ~** a shot (at goal); **saca de ~ Zubizarreta** Zubizarreta takes the goal kick; **marcó a ~ vacía** he put the ball into the empty net **2** (en esquí) gate

puerto *m*

A (Náut) port, harbor*; **entrar a ~** to enter port *o* harbor; ***llegar*** *or* ***arribar a buen ~*** «*expedición/barco*» to arrive safely; «*negociaciones/proyecto*» to reach a satisfactory conclusion

(Compuestos)
- **puerto artificial/natural** man-made/natural harbor*
- **puerto deportivo** marina
- **puerto fluvial/marítimo** river port/seaport
- **puerto franco** *or* **libre** free port
- **puerto pesquero** fishing port

B (Geog) *tb* **~ de montaña** (mountain) pass

Puerto Príncipe *m* Port-au-Prince

Puerto Rico *m* Puerto Rico

pues[1] *conj*

A **1** well; **~ mira, yo si fuera tú ...** well look, if I were you ... **2** (expresando duda, vacilación) well; **~ ... no sé** well ... I don't know **3** (en exclamaciones) well; **¡~ yo no sabía nada!** well, I didn't know anything about it!; **¿a ti te interesaría? — ¡~ claro!** would you be interested? — yes, of course! *o* why, yes! **4** (indicando consecuencia) then; **no me gusta — ~ no lo comas** I don't like it — well, don't eat it then; **~ si te gusta tanto, cómpralo** if you like it that much, then buy it

B (frml) (porque) as, since

pues[2] *adv* (liter *o* frml): **ésta es, ~, mi conclusión** this, then, is my conclusion; **llegamos, ~, fa nuestro destino** and so we arrived at our destination

puesta *f*

A (acción de poner): **la ~ en práctica del plan no fue fácil** putting the plan into practice wasn't easy; **hasta la ~ en servicio de los autobuses** until the buses come into service; **la ~ en libertad de los prisoneros** the freeing *o* release of the prisoners; **la fiesta de su ~ de largo** her coming-out party; **~ al día** updating

(Compuestos)
- **puesta a punto** (de vehículo) tune-up; (de máquina) adjustment
- **puesta de sol** sunset
- **puesta en escena** production;
- **puesta en marcha** (de vehículo, motor) starting (up)

B (de huevos) lay

puestero -ra *m,f* (AmL) **1** (vendedor) stallholder, market vendor **2** (en una estancia) farmer (*responsible for the running of part of a large ranch*)

puesto[1] **-ta** *adj*: **¿qué haces con el abrigo ~?** what are you doing with your coat on?; **la mesa estaba puesta** the table was laid; **iba muy ~** he was all dressed up; ***con lo ~***: **se marchó con lo ~** he left with nothing but the clothes he was wearing; ***estar ~*** (estar dispuesto) (Méx) to be ready *o* set; (estar borracho) (Chi fam) to be plastered *o* sloshed (colloq); *ver tb* **poner**

puesto[2] *m*

A **1** (lugar, sitio) place; **cada uno que ocupe su ~** (to your) places, everyone!, positions, everyone! **2** (en una clasificación) place, position; **sacó el primer ~ de su clase** she came top *o* (AmE) came out top of the class

B (empleo) position, job; **quedó vacante un ~ de mecanógrafa** there was a vacancy for a typist; **no es un ~ fijo** it isn't a permanent job *o* position

(Compuesto) **puesto de trabajo** (empleo) job; (Inf) workstation

C **1** (Com) (en mercado) stall; (quiosco) kiosk; (tienda) stand, stall **2** (de la policía, del ejército) post

(Compuestos)
- **puesto de observación** observation post
- **puesto de policía** police post
- **puesto de socorro** first-aid post/station
- **puesto fronterizo** border post

D **puesto que** (*conj*) (frml) since; **~ que así lo quieres ...** since that's the way you want it ...

puf[1] *m* (*pl* **pufs**) hassock (AmE), pouffe (BrE)

puf[2] *interj* (expresando — repugnancia) ugh! (colloq), pee-yoo! (AmE); (— cansancio, sofoco) whew!, oof!

púgil *m* (period) boxer, pugilist (frml)

pugilato *m* (period) boxing, pugilism (frml)

pugilístico -ca *adj* (period) boxing (*before n*)

pugna *f* **1** (lucha) struggle; **la ~ por el primer puesto** the battle for first place **2** (conflicto): **tendencias/intereses en ~** conflicting trends/interests; **facciones en ~ por el poder** factions vying for power; **están en ~ con la oposición** they are at odds with the opposition; **entrar en ~ con algo/algn** to clash *o* come into conflict with sth/sb

pugnar [A1] *vi* **1** (liter) (luchar) **~ POR + INF** to strive to + INF (frml) **2** (Chi frml) (contraponerse) **~ CON algo** to conflict WITH sth, run contrary TO sth

puja *f*

A (lucha) **~ POR + INF** struggle to + INF

B (Esp) (en subasta — acción) bidding; (— cantidad) bid

pujante *adj* booming (*before n*)

pujanza *f* vigor*, strength; **la industria ha cobrado gran ~** the industry is going from strength to strength

pujar [A1] *vi*

A (luchar) **~ POR + INF** to struggle to + INF

B (Esp) (en subasta) to bid

C (Méx fam) (gemir) to moan, whimper

pulcritud *f* **1** (cualidad de impecable): **la ~ de su aspecto** her immaculate appearance **2** (esmero): **trabajar con ~** to work meticulously *o* with great care

pulcro -cra *adj* ‹*persona/aspecto*› immaculate, neat and tidy; ‹*informe/trabajo*› meticulous

pulga *f* (Zool) flea; ***buscarle las ~s a algn*** (fam) to put sb on (AmE colloq), to wind sb up (BrE colloq); ***tener malas ~s*** (fam) to be bad-tempered, have a bad temper

pulgada *f* inch

pulgar *m* (de la mano) thumb; (del pie) big toe

pulgón *m* aphid, plant louse

pulgoso -sa, (CS) **pulguiento -ta** *adj* flea-ridden, flea-bitten

pulido -da *adj* **1** ‹*estilo/trabajo/lenguaje*› polished; ‹*modales*› refined **2** (Chi fam) ‹*persona*› affected

pulidor *m* (RPl) scouring powder

pulidora *f* polisher

pulimentar [A1] *vt* ▸ **pulir A**

pulir [I1] *vt*

A **1** ‹*metal/piedra/vidrio*› to polish **2** ‹*madera*› to sand **3** (lustrar) to polish

B (refinar) ‹*estilo/trabajo*› to polish up; ‹*persona*› to make ... more refined; **fue a Inglaterra a ~ su inglés** she went to England to brush up her English

■ **pulirse** *v pron* (refinarse) to improve oneself, become more refined

pulla *f* gibe, cutting comment *o* remark

pullover /pu'loβer/ *m* (*pl* **-vers**) ▸ **pulóver**

pulmón *m* lung; **gritar a pleno ~** to shout at the top of one's voice; ***tener buenos pulmones*** (fam) to have a good pair of lungs (colloq)

(Compuesto) **pulmón de acero** iron lung

pulmonar *adj* pulmonary (tech), lung (*before n*)

pulmonía *f* pneumonia; **~ doble** double pneumonia

pulóver *m* (*pl* **-vers**) (esp AmL) (suéter) pullover, sweater, jumper (BrE)

pulpa *f*

A (de fruta, vegetal) pulp; (de madera) (wood) pulp

B (Ur) (corte de carne) filet*

pulpejo *m* fleshy part

pulpería *f* (AmL) local store

pulpero -ra *m* (AmL) local storekeeper

P

púlpito *m* pulpit

pulpo *m*

A (Zool) octopus

B (Chi fam) (explotador) shark (colloq)

pulque *m* pulque (*drink made from fermented cactus sap*)

> **pulque**
>
> A thick, white, Mexican alcoholic drink made from fermented *maguey* juice; the sacred drink of the Aztecs. It is drunk without being aged, sometimes with added fruit or vegetable juice. *Pulquerías* are bars where it is drunk

pulquear [A1] *vi* (Méx) to drink pulque

▪ **pulquearse** *v pron* (Méx) to get drunk (*on pulque*)

pulquería *f* (Méx) bar, restaurant (*serving pulque*)

pulquero -ra *m,f* (Méx) *owner of a* **pulquería**

pulquérrimo -ma *adj* (liter) impeccable, immaculate

pulsación *f*

A (latido) beat

B (en mecanografía) keystroke; **¿cuántas pulsaciones piden por minuto?** ≈ how many words a minute do they want?

pulsador *m* (de timbre) (push) button; (de la luz) switch

pulsar [A1] *vt*

A **1** (Mús) ‹*cuerda*› to pluck; ‹*tecla*› to press **2** ‹*botón*› to push, press; ‹*timbre*› press, ring

B ‹*opinión/situación*› to gauge, assess

pulsear [A1] *vt* (CS) ▸**pulsar**

▪ **pulsear** *vi* (echar un pulso) to arm wrestle

pulsera *f* bracelet; **~ de tobillo** ankle bracelet, anklet

pulso *m* **1** (Med) pulse; **tomarle el ~ a algn** to take sb's pulse; ***tomarle el ~ a algo*** to gauge sth; **tomarle el ~ a la opinión pública** to gauge *o* sound out public opinion **2** (firmeza en la mano): **tengo muy mal ~** I have a very unsteady hand; **me temblaba el ~** my hand was shaking; **lo levantó a ~** he lifted it with his bare hands; **una línea hecha a ~** a line drawn freehand; ***echar un ~*** to arm wrestle; ***ganarse algo a ~*** to earn sth

pulular [A1] *vi* **1** (bullir) «*muchedumbre*» to mill around **2** (abundar): **por aquí pululan mosquitos nucleos** there are swarms of mosquitos here; **aquí pululan los rateros** this place is teeming *o* crawling with pickpockets

pulverización *f* (de líquidos) spraying; (de sólidos) pulverization, crushing; (destrucción) crushing

pulverizador *m* (de perfume) atomizer, spray; (de pintura) spray gun; (del carburador) jet

pulverizar [A4] *vt* **1** ‹*líquido*› to atomize, spray; ‹*sólido*› to pulverize, crush **2** (destruir) to crush, pulverize (colloq)

pum *m* bang

puma *m* (animal) cougar, mountain lion, puma

puna *f* **1** (páramo) *high Andean plateau* **2** (Andes) (soroche) mountain *o* altitude sickness

punción *f* puncture

pundonor *m*: **~ profesional** sense of professional pride; **su ~ no le permite pedir ayuda económica** he is too proud to ask for money

punga *mf*

A (CS arg) **1** (ladrón) thief **2** (carterista) pickpocket

B **punga** *f* (CS arg) (robo) theft; **vivir** *or* **tirar de la ~** to lead a life of crime, live by thieving

punible *adj* (frml) punishable

punir [I1] *vt* (frml) to punish

punitivo -va *adj* (frml) punitive

punki /'puŋki, 'pʌŋki/ *adj/mf* (fam) punk

punta¹ *adj inv*: **la hora ~** the rush hour; **un sector ~ de nuestra industria** a sector which is at the forefront of our industry; **velocidad ~** top speed

punta² *f*

A **1** (de lengua, dedos) tip; (de nariz) end, tip; (de pan) end; (de pincel) tip; **en la otra ~ de la mesa** at the other end of the table; **vivo en la otra ~ de la ciudad** I live on the other side *o* at the other end of town; **con la ~ del pie** with his toes; ***a ~ (de) pala*** (Esp fam) loads (colloq); ***a ~ de pistola*** *or* (Per) ***de bala*** at gunpoint; ***ir/ponerse de ~ en blanco*** to be/get (all) dressed up; ***la ~ del iceberg*** the tip of the iceberg; ***tener algo en la ~ de la lengua*** to have sth on the tip of one's tongue **2** **puntas** *fpl* (del pelo) ends (*pl*)

B (de aguja, clavo, cuchillo, lápiz) point; (de flecha, lanza) tip; **sácale ~ al lápiz** sharpen the pencil; **de ~** point first; **en ~** pointed; **por un extremo acaba en ~** it's pointed at one end; ***mandar a algn a la ~ del cerro*** (CS fam) to send sb packing (colloq), to tell sb to get lost (colloq)

(Compuesto) **punta de lanza** spearhead

C (de pañuelo) corner

D (Dep): **juega en la ~** he's a forward *o* striker

E (Geog) point

F (CS fam) (montón): **una ~ de plata** a lot of money, a fortune (colloq); **tiene una ~ de cosas que hacer** she has loads *o* stacks of things to do (colloq); **son una ~ de asesinos** they're a bunch of murderers (colloq)

G **a punta de** (AmL fam): **a ~ de repetírselo mil veces** by telling him it a thousand times; **a ~ de palos lo hicieron obedecer** they beat him until he did as he was told; **una dieta a ~ de líquidos** a liquid-based diet

puntabola *f* (Bol) ballpoint pen, Biro® (BrE)

puntada *f*

A (en costura) stitch; **le di unas ~s al dobladillo** I put a few stitches *o* a stitch in the hem; ***no da/dan ~ sin hilo*** (CS fam) he doesn't/they don't do anything for nothing; ***no dar ~*** (fam): **aún no has dado ~** you haven't done a stroke (of work) yet (colloq)

B (CS) (de dolor) stab of pain, sharp pain; **tengo una ~ en el costado** I have (a) stitch (in my side)

C (Méx fam) (comentario ingenioso) quip, witticism

puntaje *m* (AmL) score; **sacó el ~ más alto de la clase** she got the highest grades (AmE) *o* (BrE) marks in the class

puntal *m* **1** (Const) (vertical) prop, post; (inclinado) prop, shore **2** (Náut) (soporte de cubierta) stanchion; (altura desde la quilla) height **3** (sostén, apoyo) mainstay

puntapié *m* kick; **darle** *or* **pegarle un ~ a algo/algn** to kick sth/sb, to give sth/sb a kick; *para modismos ver* **patada**

punteado -da *adj* (de puntos) dotted; (de perforaciones) perforated, dotted

puntear [A1] *vt*

A ‹*melodía*› to pluck, play ... pizzicato; **~ la guitarra** to pluck the guitar

B (AmL) (Dep) to lead

punteo *m* plucking

puntera *f* (de zapato, calcetines) toe

puntería *f*: **¡qué ~!** what a shot!; **tener buena/mala ~** to be a good/bad shot; ***afinar la ~*** (apuntar con cuidado) to take careful aim; (poner cuidado) to take care, be careful

puntero¹ -ra *adj* ‹*empresa/sector/país*› leading (*before n*); **van ~s en la división** they are the division leaders

puntero² *m*

A (para señalar) pointer; (de reloj) (Andes) hand

B (Dep) **1** (equipo) leader, leaders (*pl*) **2** (Col, CS) (en fútbol) winger

puntiagudo -da *adj* (acabado en punta) pointed; (afilado) sharp; **una nariz puntiaguda** a pointed nose

puntilla *f*

A (Taur) dagger (*used to administer the coup de grâce in a bullfight*); ***dar la ~*** (Taur) to administer the coup de grâce; **se dio la ~ a esta práctica** they put an end to this practice; **aquello la dio la ~** that was the final blow

B (punta del pie): **de ~s** *or* (AmL) **en ~s** on tiptoe; **ponerse/andar de ~s** to stand/walk on tiptoe; **entró de ~s** she tiptoed into the room

C (encaje) lace edging

puntilloso -sa *adj* particular, punctilious

punto *m*

A **1** (señal, trazo) dot; **un ~ en el horizonte** a dot *o* speck on the horizon **2** (Ling) (sobre la 'i', la 'j') dot; (signo de puntuación) period (AmE), full stop (BrE); ***a ~ fijo*** exactly, for certain; ***... y punto***: **lo harás y ~** you'll do it and that's that; ***poner los ~s sobre las íes*** (aclarar algo) to make sth crystal clear; (detallar algo) to dot the i's and cross the t's; ▸**dos¹**

(Compuestos)

- **punto decimal** decimal point
- **punto final** period (AmE), full stop (BrE); ***poner ~ ~ a algo*** to end sth
- **puntos suspensivos** *mpl* ellipsis (tech), suspension points (*pl*) (AmE), dot, dot, dot

P

- **punto y aparte** period, new paragraph (AmE), full stop, new paragraph (BrE)
- **punto y coma** semicolon
- **punto y seguido** period (AmE), full stop (BrE) (*no new paragraph*)

B **1** (momento, lugar) point; **en ese ~ de la conversación** at that point in the conversation; **busca un local en un ~ céntrico** he's looking for premises somewhere central; **el ~ donde ocurrió el accidente** the spot *o* place where the accident happened **2** (en geometría) point

(Compuestos)

- **punto álgido** crucial moment *o* point
- **punto cardinal** cardinal point;
- **punto culminante** high point
- **punto de apoyo** (de palanca) fulcrum; **no hay ningún ~ de ~ para la escalera** there is nowhere to lean the ladder
- **punto débil** weak point
- **punto de caramelo**: ***a ~ de ~*** ‹*almíbar*› caramelized; (en su mejor momento) (fam): **este queso está a ~ de ~** this cheese is just right (for eating)
- **punto de congelación/ebullición/fusión** freezing/boiling/melting point
- **punto de mira** (de rifle) front sight; (blanco) target; (objetivo) aim, objective
- **punto de nieve**: **batir las claras a ~ de ~** beat the egg whites until they form stiff peaks
- **punto de partida** starting point
- **punto de penalty** *or* **penalti** penalty spot
- **punto de referencia** reference point
- **punto de venta** point of sale, sales outlet
- **punto de vista** (perspectiva) viewpoint, point of view; (opinión) views
- **punto fijo** (Chi) (lugar) *permanent or semi-permanent guard post*; (vigilante) guard; **estar en ~ ~** to be on guard duty
- **punto flaco/fuerte** weak/strong point
- **punto muerto** (Auto) neutral; (en negociaciones) deadlock; **llegar a un ~ ~** to reach deadlock *o* stalemate
- **punto neurálgico** (en ser vivo, organización) nerve center•; **uno de los ~s ~s de la ciudad** one of the busiest spots *o* points in the city

C (grado) point, extent; **hasta cierto ~ tiene razón** she's right, up to a point; **hasta tal ~ que ...** so much so that ...

D (asunto, aspecto) point; **los ~s a tratar en la reunión** the matters *o* items on the agenda for the meeting; **analizar algo ~ por ~** to analyze sth point by point

E (*en locs*) **a punto** (a tiempo) just in time; **a ~ DE + INF**: **estábamos a ~ de cenar** we were about to have dinner; **estuvo a ~ de caerse** he almost fell over; **a ~ de llorar** on the verge of tears; **en su punto** just right; **al punto** (Esp) at once; **en punto**: **te espero a las 12 en ~** I'll expect you at 12 o'clock sharp; **son las tres en ~** it's exactly three o'clock; **llegaron en ~** they arrived exactly on time; **de todo punto** absolutely, totally

F **1** (en costura, labores) stitch; **se me ha escapado un ~** I've dropped a stitch; **artículos de ~** knitwear; **hacer ~** (Esp) to knit; ***~ en boca*** (fam): **tú ~ en boca** keep your mouth shut **2** (en cirugía) *tb* **~ de sutura** stitch

(Compuestos)

- **punto (de) cruz** cross-stitch
- **punto del derecho** plain stitch
- **punto del revés** purl stitch
- **punto elástico** rib, ribbing

G (Dep, Jueg) point; (Educ) point, mark; (Fin) point; **vencer por ~s** to win on points; **tiene dos ~ de ventaja sobre Clark** he is two points ahead of Clark, he has a two point advantage over Clark; ***matarle el ~ a algn*** (CS fam) to go one better than sb

(Compuesto) **punto para partido/set** (Méx) match/set point

H (Per, RPl arg) (tonto) idiot; ***agarrar*** *or* ***tomar a algn de ~*** (Per, RPl arg): **lo agarraron de ~** (burlándose de él) they made him the butt of their jokes; (aprovechándose de él) they took him for a ride; **la profesora me ha agarrado de ~** the teacher has it in for me (colloq)

puntuable *adj*: **ser ~ para algo** to count towards sth

puntuación *f*

A (Impr, Ling) punctuation

B **1** (acción) (Educ) grading (AmE), marking (BrE); (Dep) scoring **2** (esp Esp) (puntos obtenidos) (Educ) grade (AmE), mark (BrE); (Dep) score

puntual *adj*

A **1** ‹*persona*› punctual; **es muy ~** she's very punctual, she's always on time **2** (*como adv*) punctually, on time

B (detallado) detailed; (exacto) precise

C (Ling) ‹*aspecto*› momentary, punctual

puntualidad *f* punctuality; **se ruega ~ en el pago** prompt payment is requested

puntualizar [A4] *vt* **1** (especificar) to state **2** (señalar) to point out

puntualmente *adv* (con puntualidad) punctually; (con exactitud) accurately; **siempre llega ~ al trabajo** she's always punctual *o* on time for work

puntuar [A18] *vt*

A ‹*examen/prueba*› to grade (AmE), to mark (BrE)

B ‹*texto*› to punctuate

■ **puntuar** *vi*

A **1** «*partido/prueba*» **~ PARA algo** to count TOWARD(S) sth **2** «*deportista*» score (points)

B (calificar): **puntúa muy bajo** she gives very low grades (AmE) *o* (BrE) marks

puntudo -da *adj* (Col, CS) ▸ **puntiagudo**

punzada *f* sharp pain, stab of pain; **me dio una ~ en el costado** I felt a sharp pain *o* a stab of pain in my side; **una ~ de remordimiento** a pang of remorse

punzante *adj* ‹*objeto*› sharp; ‹*dolor*› sharp, stabbing (*before n*); ‹*palabras/comentario*› biting, incisive; ‹*estilo*› caustic

punzar [A4] *vt* (agujerear) to punch a hole in; (Med) to puncture

punzón *m* (para hacer agujeros) bradawl, awl; (para hacer ojetes) hole punch; (de grabador, escultor) burin; (para monedas, medallas) stamp, die

puñado *m* handful; **había cucarachas a ~s** there were loads *o* hundreds of cockroaches

puñal[1] *adj* (Méx fam & pey) gay, faggoty (AmE colloq & pej), poofy (BrE colloq & pej)

puñal[2] *m* dagger; ***ponerle un ~ en el*** *or* ***al pecho a algn*** to hold a gun to sb's head

puñalada *f* **1** (navajazo) stab; **lo mató a ~s** she stabbed him to death; ***coser a algn a ~s*** to carve sb up (colloq) **2** (herida) stab wound

(Compuesto) **puñalada trapera** *or* **por la espalda** stab in the back

puñalearse [A1] *v pron* (Ven fam) to grind (AmE colloq), to swot up (BrE colloq)

puñeta *f* (Esp fam): **¿qué ~(s) hace él aquí?** what the hell's he doing here? (colloq); **¡qué resfriado ni qué ~s!** I don't give a damn if you have a cold! (colloq); ***hacerle la ~ a algn*** (Esp fam): **si no me lo trae hoy, me hace la ~** if she doesn't bring it for me today, I'll be in deep trouble; ***mandar a algn a hacer ~s*** (Esp fam) to tell sb to go to hell; **¡vete a hacer ~s!** go to hell! (colloq)

puñetazo *m* punch; **darle** *or* **pegarle un ~ a algn** to punch sb; **pegó un ~ en la mesa** he thumped the table with his fist; **terminaron la discusión a ~s** the argument degenerated into a brawl (colloq); **se dieron (de) ~s** they traded punches (colloq); **le rompió la cara de un ~** he smashed his face in (colloq)

puñetero -ra *adj* (fam) **1** (*delante del n*) (uso enfático) damn, blasted; **este ~ pueblo** this lousy *o* miserable town (colloq); **no nos hizo ni ~ caso** he didn't take a damned bit of notice of us (colloq); **vete de una puñetera vez** just get the hell out of here (colloq) **2** [SER] ‹*persona*›: **no seas ~** don't be a swine (colloq), don't be a jerk (colloq)

puño *m*

A (Anat) fist; **golpeé la mesa con el ~** I banged my fist on the table; **apretar los ~s** to clench one's fists; **cierre el ~** clench your fist; ***como ~s***: **dijo mentiras como ~s** he told some whopping great lies (colloq); ***de mi/tu/su ~ y letra*** in my/your/his own hand; ***pelear a ~ limpio*** to have a fistfight; ***tener a algn (metido) en un ~*** (fam) to have sb twisted around one's little finger

B (de camisa) cuff

C (de espada) hilt; (de bastón) handle, haft; (de moto) grip

pupa *f* **1** (fam) (en los labios) cold sore **2** (Esp leng infantil) (dolor, daño): **mamá, (tengo) ~** mummy, it hurts; **¿te has**

hecho ~? have you hurt yourself?

pupila *f* pupil; **tener ~ para los negocios** to have a good head for business

pupilo[1] -la *adj* (RPl): **está ~ en el colegio** he's a weekly boarder at the school

pupilo[2] -la *m,f*

A 1 (de maestro) pupil; (de tutor) ward, charge 2 (Chi frml) (Educ) (*m*) son; (*f*) daughter; (respecto del apoderado) ward 3 (RPl) (alumno interno) boarder

B (ant) (en pensión) boarder

pupitre *m* desk

puramente *adv* purely

purasangre *mf* thoroughbred

puré *m*: **~ de verduras** puréed vegetables; **~ de tomates** tomato purée *o* paste; **~ de papas** *or* (Esp) **patatas** mashed *o* creamed potatoes; (más líquido) potato purée; ***estar hecho ~*** (fam) to be beat *o* done in (colloq)

pureza *f* purity

purga *f* (Med) purgative, laxative; (Pol) purge

purgante *adj/m* purgative, laxative

purgar [A3] *vt*

A 1 (Med) to purge 2 (Tec) ‹*tubería/depósito*› to drain; ‹*frenos*› to bleed 3 (Pol) to purge

B ‹*pecados*› to purge, expiate

purgatorio *m* purgatory; **las almas** *or* **ánimas del ~** the souls in purgatory

puridad *f* (frml): **en ~** in all honesty

purificación *f* purification

purificador *m* purifier

(Compuesto) **purificador de ambientes** (Col) air freshener

purificadora *f* (Andes) *tb* **~ de agua** water treatment plant, waterworks (*sing or pl*)

purificar [A2] *vt* to purify

purismo *m* purism

purista *adj/mf* purist

puritanismo *m* puritanism

puritano[1] -na *adj* (Relig) Puritanical, Puritan (*before n*); (mojigato) puritanical

puritano[2] -na *m,f* (Relig) Puritan; (mojigato) puritan

puro[1] -ra *adj*

A 1 (limpio, sin mezcla) pure; **es de pura lana** it's pure wool; **el aire ~ del campo** the fresh *o* clean country air 2 (casto, inocente) ‹*mujer*› chaste, pure; ‹*niño*› innocent; ‹*mirada/amor*› innocent, pure

(Compuesto) **pura sangre** *mf* thoroughbred

B (mero, simple) (*delante del n*) ‹*verdad*› plain, honest (colloq); ‹*casualidad/coincidencia*› pure, sheer; **es ~ músculo** he's all muscle; **lo hizo por ~ capricho** she did it purely on a whim; **de ~ cansancio** from sheer exhaustion

C (AmL fam) (sólo): **a ese bar van ~s viejos** only old men go to that bar; **son puras mentiras** it's just a pack of lies (colloq)

puro[2] *adv*

A (AmL fam) (muy, tan): **se murió de ~ vieja** she just died of old age; **lo tiré de ~ sucio que estaba** it was so filthy I threw it out; **lo hizo de ~ egoísta** he did it out of sheer selfishness

B (Col fam) (justo) right

puro[3] *m* cigar

(Compuesto) **puro habano** Havana (cigar)

púrpura *f*: **(de) color ~** purple

purpúreo -rea *adj* purple

purpurina *f* (en pinturas) metallic powder; (para adornar) glitter

pus *m* pus

puse, pusiera, etc *see* **poner**

pusilánime[1] *adj* fainthearted, pusillanimous (frml)

pusilánime[2] *mf*: **este trabajo no es para los ~s** this job is not for the fainthearted

pusiste, etc *see* **poner**

puso *see* **poner**

pústula *f* pustule

puta *f* (vulg & pey) (prostituta) prostitute, whore (colloq & pej), hooker (colloq); **ir de ~s** to go whoring (colloq); **hijo (de) ~** son of a bitch (vulg), bastard (vulg)

putada *f* (vulg): **hacerle una ~ a algn** to play a dirty trick on sb (colloq); **¡qué ~! hemos perdido el tren** damn *o* shit! we've missed the train (sl)

putativo -va *adj* putative (frml), presumed

putear [A1] *vt*

A (AmL fam) (insultar) to tear into (AmE colloq), have a go at (BrE colloq)

B (Esp vulg) (maltratar, jorobar): **me putearon mucho** I had to take a lot of crap *o* shit (sl); **lo putean mucho en la oficina** they really screw him around (AmE) *o* (BrE) piss him about in the office

■ **putear** *vi*

A (vulg) 1 «*prostituta*» to work one's beat (colloq) 2 (ir de putas) to go whoring (colloq)

B (AmL vulg) (decir palabrotas) to swear, cuss (sl)

putero *m* (Méx fam *or* vulg) whorehouse (colloq), brothel, cathouse (AmE colloq)

puto[1] -ta *adj*

A (vulg) ‹*mujer*› loose (pej); **la puta madre que te parió** you son of a bitch! (vulg); ***de puta madre*** (Esp vulg) great (colloq), fantastic; **jugó de puta madre** he was bloody brilliant (colloq)

B (*delante del n*) (vulg) (uso expletivo): **no tengo ni puta idea** I don't have a goddamn (AmE) *o* (BrE) bloody clue (sl); **no te hacen ni ~ caso** they don't take the slightest notice of you (colloq); **¡acabemos de una puta vez** let's get this damn thing finished (colloq)

puto[2] *m* (vulg & pey) (prostituto) male prostitute, rent boy (BrE colloq)

putrefacción *f* putrefaction

putrefacto -ta, pútrido -da *adj* putrid

puya *f* 1 (Taur) point (*of the picador's lance*) 2 (comentario irónico) gibe; **lanzar** *or* **echar una ~** to make a gibe

puyar [A1] *vt* (Col, Ven) (con alfiler, púa) to prick; (para conseguir algo) (fam) to hassle (colloq)

■ **puyarse** *v pron* (Col, Ven) (con espina) to prick oneself

puyudo -da *adj* (Ven) pointed

puzzle /'pusle/ *m* (rompecabezas) (jigsaw) puzzle; (crucigrama) (Chi) crossword (puzzle)

PVP *m* (Com) (= **precio de venta al público**) retail price

Pza. *f* (= **Plaza**) Sq

Q, q *f (read as /ku/) the letter* **Q, q**

q.e.p.d., Q.E.P.D. (= **que en paz descanse**) R.I.P.

q.m. = quintal métrico/quintales métricos

quásar *m* quasar

que[1] *conj*

A (introduciendo complemento, sujeto) **1** ~ **+ INDIC** that; **demostró ~ estuvo allí** he proved (that) he was there; **creemos ~ ésta es la solución** we believe that this is the solution; **estoy seguro de ~ vendrá** I'm sure (that) she'll come; **¿cuántos años crees ~ tiene?** how old do you think she is?; **me preguntó ~ quién era yo** he asked me who I was; **está claro ~ no te gusta** it's obvious that you don't like it; **eso de ~ estaba enfermo es mentira** (fam) this business about him being ill is a lie **2** ~ **+ SUBJ**: **quiero ~ vengas** I want you to come; **lamento ~ no puedas quedarte** I'm sorry (that) you can't stay; **dice ~ no vayas** she says you're not to go; **ve a ~ te ayude tu padre** go and get your father to help you; **(el) ~ sea el jefe no significa ...** just because he's the boss doesn't mean ...; **es importante ~ quede claro** it's important that it should be clear; **sería una lástima ~ no vinieras** it would be a shame if you didn't come **3** **es que**: **es ~ hoy no voy a poder** I'm afraid (that) I won't be able to today; **es ~ no tengo dinero** the trouble is I don't have any money; **¿es ~ eres sordo?** are you deaf or something?

B **1** (en expresiones de deseo): **¡~ te mejores!** I hope you feel better soon; **¡~ se diviertan!** have a good time!; **por mí ~ se muera** he can drop dead for all I care **2** (en expresiones de mandato): **¡~ te calles!** shut up! (colloq); **¡~ no!** I said no!; **¡~ pase el siguiente!** next please! **3** (en expresiones de sorpresa): **¿~ se casa?** she's getting married?; **¿cómo ~ no vas a ir?** what do you mean, you're not going? **4** (en expresiones de indignación): **¡~ tengamos que aguantar esto!** to think we have to put up with this!; **¡~ se lo haya ido a contar!** I can't believe he went and told her!

C (uso enfático) **1** (reafirmando algo): **¡~ no, ~ no voy!** no! I'm not going!; **¡~ sueltes, te digo!** I said, let go! **2** (respondiendo a una pregunta): **¿~ dónde estaba? pues aquí** where was I? right here; **¿~ cómo me llamo?** what's *my* name? **3** (indicando persistencia): **se pasa dale ~ dale con lo mismo** he goes on and on about the same old thing; **y aquí llueve ~ llueve** and over here it just rains and rains

D **1** (introduciendo una razón): **escóndete, ~ te van a ver** hide or they'll see you; **ven, ~ te peino** come here and let me comb your hair **2** (introduciendo una consecuencia) that; **se parecen tanto ~ apenas los distingo** they're so alike (that) I can hardly tell them apart; **canta ~ da gusto** she sings beautifully

E (en comparaciones): **su casa es más grande ~ la mía** his house is bigger than mine; **tengo la misma edad ~ tú** I'm the same age as you

F (fam) (en oraciones condicionales) if; **yo ~ tú** if I were you

que[2] *pron*

A (refiriéndose a personas) **1** *(sujeto)* who; **los ~ viajan, que esperen aquí** those who are traveling, wait here; **es la/el ~ manda aquí** she's/he's the one who gives the orders here **2** *(complemento)*: **la mujer ~ amo** the woman (that) I love; **las chicas ~ entrevistamos** the girls (that *o* who) we interviewed; **es el único al ~ no le han pagado** he's the only one who hasn't been paid; **el paciente del ~ te hablé** the patient (that *o* who) I spoke to you about

B (refiriéndose a cosas, asuntos, etc) **1** *(sujeto)* that, which; **la pieza ~ se rompió** the part that *o* which broke; **eso es lo ~ me preocupa** that's what worries me; **me contaron lo ~ pasó** they told me what happened **2** *(complemento)*: **el disco ~ le regalé** the record (which *o* that) I gave her; **la casa en ~ vivo** the house (that) I live in; **la forma/el lugar en ~ ocurrió** the way/the place (in which) it happened; **¿sabes lo difícil ~ fue?** do you know how hard it was?; *ver tb* **lo**[1] **B, C**

qué[1] *pron*

A (interrogativo) **1** what; **¿~ es eso?** what's that?; **¿y ~?** so what?; **¿y a mí ~?** what does that have to do with me?; **¿a ~ fuiste a su casa?** what did you go to her house for?; **¿a ~ viene esa pregunta?** why do you ask that?; **¿de ~ habló?** what did she talk about?; **¿sabes ~?** you know what *o* something?; **no sé ~ hacer** I don't know what to do **2** (al pedir que se nos repita algo) what; **¿qué? what?**; **¿se olvidó de traer el/la ~?** she forgot to bring the what? **3** (en saludos): **¿~ tal?** how are you?; **¿~ es de tu vida?** how's life?; ▸**tal**[3], **tanto**[1]

B (en exclamaciones): **¡~ va a ser abogado ése!** him, a lawyer?; **¿crees que va a llover? — ¡~ va!** do you think it's going to rain? — no way! (colloq); **es difícil ¿verdad? — ¡~ va!** it's difficult, isn't it? — nonsense *o* rubbish!; **~ DE algo**: **¡~ de gente hay!** what a lot of people there are!; **¡~ de agua ha caído!** hasn't it rained heavily *o* a lot!

qué[2] *adj*

A (interrogativo) what, which; **¿~ color quieres?** what *o* which color do you want?

B (en exclamaciones) what; **¡~ noche!** what a night!; **¡~ casualidad!** what a coincidence!

qué[3] *adv*: **¡~ lindo/estupendo!** how lovely/wonderful!; **¡~ inteligente eres!** aren't you clever!; **¡~ hermosa vista!** what a beautiful view!; **¡~ bien (que) se está aquí!** it's so nice here!

quebracho *m* quebracho (*South American hardwood tree*)

quebrada *f* **1** (despeñadero) gully; (más profunda) ravine **2** (AmS) (arroyo) stream

quebradero de cabeza *m* problem, headache (colloq)

quebradizo -za *adj* **1** (frágil) fragile; ‹*uña/hueso*› brittle **2** (que se desmenuza con facilidad) crumbly

quebrado[1] **-da** *adj*

A **1** ‹*hueso*› broken; ‹*vaso/huevo*› (roto) broken; (rajado) cracked **2** ‹*voz*› faltering

B ‹*empresa/comerciante*› bankrupt

C **1** ‹*línea*› crooked, zigzag (*before n*) **2** ‹*terreno*› uneven **3** (Mat) **número ~** fraction

quebrado[2] *m* fraction

quebradora *f* (AmC fam): **la ~** dengue fever

quebradura *f* **1** (Geol) crack, fissure **2** (Med) hernia

quebrantahuesos *m* (*pl* ~) (de la montaña) lammergeier; (de la costa) white-tailed eagle

quebrantamiento *m* breaking

quebrantar [A1] *vt* (liter) ‹*salud*› to break (liter); ‹*paz/armonía*› (frml) to disturb; ‹*ley/promesa*› (frml) to break; **~le la moral a algn** to break sb's spirit

quebranto *m*

A (liter) (aflicción, dolor) suffering; **le causó penas y ~s** it caused him pain and suffering

B (liter) (debilitación, daño): **el ~ de sus esperanzas** the shattering of his hopes; **ha sufrido repetidos ~s de salud** she has suffered a series of problems with her health
C (Ven fam) (fiebre) mild *o* slight fever

quebrar [A5] *vt*
A (esp AmL) ‹*lápiz/rama*› to snap; ‹*vaso/plato*› (romper) to break; (rajar) to crack
B (AmL) ‹*cartulina*› to crease
C (Méx fam) (matar) to kill
■ **quebrar** *vi*
A (Com) «*empresa/persona*» to go bankrupt
B (cambiar de dirección) to turn
C (AmC) (romper una relación) to break up; **~ CON algn** to break up WITH sb
■ **quebrarse** *v pron*
A (esp AmL) **1** «*lápiz/rama*» to snap; «*vaso/plato*» (romperse) to break; (rajarse) to crack **2** ‹*pierna/brazo*› to break; **se quebró un diente** he chipped his tooth
B (Col) (arruinarse) to go bankrupt

quebrazón *f* (AmL fam) smashing; **escuchó una ~ de vidrios** he heard the sound of glass smashing

quechear [A1] *vi* to catch

quécher *mf* catcher

quechua[1] *adj* Quechua

quechua[2] *mf*
A (persona) Quechuan
B **quechua** *m* (idioma) Quechua

quechua

The language of the Incas, Quechua is spoken today by some 13 million people in Peru, Bolivia, Chile, Colombia, Ecuador, and Argentina. Since 1975 it has been an official language in Peru. The Quechua people are one of South America's most important ethnic minorities. Words derived from Quechua include *coca*, *cóndor*, *pampa*, and *puma*

quedado -da *adj* **1** (Ven fam) **estar ~** to be out of it (colloq) **2** **ser ~** (Chi, Ven fam) to be slow

quedar [A1] *vi*

Sentido I
A (en un estado, una situación): **~ viudo/viuda** to be widowed; **~ huérfano** to be orphaned; **quedó paralítico** he was left paralyzed; **~ sin hogar/en la miseria** to be left homeless/destitute; **el coche quedó como nuevo** the car is as good as new (now); **ha quedado precioso pintado de blanco** it looks beautiful painted white; **todo quedó solucionado** everything was sorted out; **ha quedado acordado que ...** it has been agreed that ...; **y que esto quede bien claro** and I want to make this quite clear; **¿dónde quedamos la clase pasada?** where did we get (up) to in the last class?; **¿quién quedó en primer/último lugar?** who was *o* came first/last?; (+ *me/te/le etc*) **me quedó muy claro que ...** it was quite clear to me that ...; **el postre le quedó riquísimo** that dessert (he made) was delicious
B (en la opinión de los demás): **para no ~ mal** so as not to lose face; **si no vamos, quedamos mal** it'll look bad if we don't go; **si no voy ~é mal con ellos** it won't go down very well if I don't turn up; **lo hice para ~ bien con el jefe** I did it to get in the boss's good books; **quedé muy bien con el regalo** I made a very good impression with my present; **me hiciste ~ muy mal diciendo eso** you really showed me up saying that; **nos hizo ~ mal a todos** he embarrassed us all; **quedó en ridículo** (por culpa propia) he made a fool of himself; (por culpa ajena) he was made to look a fool; **quedé como una ignorante** I made a fool of myself
C (permanecer): **¿queda alguien adentro?** is there anyone left inside?; **le quedó la cicatriz** she was left with a scar; **quedó sin solución** it remained unsolved; **esto no puede ~ así** we can't leave things like this; **quedamos a la espera de su confirmación** (frml) we await your confirmation (frml); **quedo a sus gratas órdenes** (frml) (Corresp) Sincerely yours (AmE), Yours faithfully (BrE); **~ EN algo**: **todo quedó en suspenso** everything was left in the air; **nuestros planes ~on en nada** our plans came to nothing; ***~ atrás*** «*persona*» to fall behind; «*rencillas/problemas*» to be in the past
D (+ *me/te/le etc*) **1** «*tamaño/talla*»: **me queda grande/largo/apretado** it's too big/long/tight for me; **la talla 12 le queda bien** the size 12 fits (you/him) fine **2** (sentar): **el azul/ese peinado te queda muy bien** blue/that hairdo really suits you

Sentido II **1** (acordar, convenir) **~ EN algo**: **¿en qué ~on?** what did you decide?; **¿entonces en qué quedamos?** so, what's happening, then?; **quedamos en que yo iría** we agreed *o* arranged that I would go; **~ EN** *or* (AmL) **DE + INF**: **~on en no decirle nada** they agreed *o* decided not to tell him anything; **quedó en venir a las nueve** she said she would come at nine **2** (citarse): **¿a qué hora/dónde quedamos?** what time/where shall we meet?; **quedé con unos amigos para cenar** I arranged to meet some friends for dinner

Sentido III (estar situado) to be; **queda justo enfrente de la estación** it's right opposite the station; (+ *me/te/le etc*) **me queda muy lejos/cerca** it's very far/near from where I live (*o* work *etc*)

Sentido IV (*en 3ª pers*)
A **1** (haber todavía): **¿queda café?** is there any coffee left?; **no quedan entradas** there are no tickets left; **sólo quedan las ruinas** only the ruins remain; (+ *me/te/le etc*) **¿te queda algo de dinero?** do you have any money left?; **¿te queda alguna duda?** is there anything you still don't understand?; **no nos queda más remedio que ir** we have no choice but to go; **ya no me quedan fuerzas** I've no more strength left **2** (sobrar) «*comida/vino*» to be left (over)
B (faltar): **queda poco para que acabe la clase** it's not long till the end of the class; **¿cuántos kilómetros quedan?** how many kilometers are there to go?; (+ *me/te/le etc*) **todavía le quedan dos años** he still has two years to go *o* do; **me queda poco para terminar** I've almost finished; **~ POR + INF**: **queda mucho por ver/visitar** there is still a lot to see/visit; **aún quedan estudiantes por pagar** there are still some students who haven't paid; (+ *me/te/le etc*) **aún me queda todo esto por hacer** I still have all this to do; ***no me/le queda otra*** (AmL fam) I have/he has no choice; ***por ... que no quede*** (Esp fam): **venga, por intentarlo que no quede** come on, let's at least give it a try; **hazlo, por mí que no quede** go ahead, don't let me stop you
■ **quedarse** *v pron*

Sentido I
A **1** (en un lugar) to stay; **quedarse en casa/en la cama** to stay at home/in bed; **se ~on en París/en un hotel** they stayed in Paris/in a hotel **2** (en un estado, una situación) (+ *compl*): **te estás quedando calvo** you're going bald; **quédate tranquilo, yo me ocuparé del asunto** relax, I'll take care of it; **~se dormido** to fall asleep; **¿te quedaste con hambre?** are you still hungry?; **me quedé sin postre** I didn't get any dessert; **~se sin trabajo** to lose one's job; **~se soltera** to stay single; **no me gusta ~me sola en casa** I don't like being alone in the house; **no te quedes ahí parado** don't just stand there!; **nos quedamos charlando toda la noche** we spent the whole night chatting; **se me quedó mirando** he sat/stood there staring at me, he just stared at me; **de repente el motor se quedó** (AmL) the engine suddenly died on me
B (+ *me/te/le etc*) **1** (fam) (memorizar): **no se me quedan los nombres** I don't retain names; **no se me queda nada** I don't retain a thing **2** (Andes) (olvidarse): **se me quedó el paraguas** I left my umbrella behind **3** (Esp) (llegar a ser): **la casa se les está quedando pequeña** the house is getting (to be) too small for them

Sentido II **~se CON algo**: **se quedó con mi libro** she kept my book; **entre él y su mujer no sé con cuál me quedo** there's not much to choose between him and his wife; **me quedo con éste** I'll take this one; ***~se con algn*** (Esp fam) (engañarlo) to take sb for a ride (colloq)

quedito *adv* **1** ‹*entrar/hablar*› quietly; **me lo dijo bien ~** she said it to me very quietly **2** ‹*tocar/cantar*› softly; **me besó ~** he kissed me softly

quedo[1] -da *adj* ‹*voz*› soft, quiet; ‹*paso*› quiet

quedo[2] *adv* softly, quietly

quehacer *m* **1** (actividad, tarea) work; **el ~ diario** the daily routine; **su ~ artístico** her art *o* work **2** **quehaceres** *mpl*: *tb* **~es domésticos** *or* **de la casa** housework, household chores (*pl*)

queja *f* **1** (protesta) complaint; **presentar una ~** to make a complaint; **no tengo ~ de él** I have no complaints

q

about him 2 (de dolor) *ver* **quejido**

quejarse [A1] *v pron* 1 (protestar) to complain; (refunfuñar) to grumble; **después no te quejes** don't go complaining afterward(s); ~ **DE algo/algn** to complain ABOUT sth/sb 2 (de una afección, un dolor) ~ **DE algo** to complain OF sth 3 (gemir) to moan, groan

quejica *adj/m,f* (Esp fam) ▸**quejón**[1,2]

quejido *m* groan, moan; (más agudo) whine; **un ~ de dolor** a cry of pain; **los ~s del viento** (liter) the wailing of the wind (liter)

quejón[1] **-jona** *adj* (fam) whining (*before n*) (colloq)

quejón[2] **-jona** *m,f* (fam) crybaby (colloq)

quejoso -sa *m,f* (Méx) (persona que protesta): **de acuerdo a los ~s** according to the people who complained

quejumbroso -sa *adj* 1 ‹*tono*› plaintive, querulous; (irritante) whining 2 ‹*persona*› querulous; **hoy estás muy ~** you're complaining a lot today

quema *f*

A (acción de quemar) burning; ***huir de la ~***: **trataron de huir de la ~** they tried to get out before things got too hot

B (AmL) (Agr) burn-off

C (Arg) (basural) garbage dump (AmE), rubbish dump *o* tip (BrE)

quemada *f* 1 (Andes, Ven fam) (del sol): **pegarse una ~** to get sunburned 2 (Méx) ▸**quemadura**

quemado -da *adj*

A [ESTAR] ‹*comida/tostada*› burnt; **esto sabe a ~** this tastes burnt; **aquí huele a ~** I can smell burning

B [ESTAR] 1 (rojo) ‹*cara/espalda*› burnt 2 (AmL) (bronceado) tanned, brown

C [ESTAR] 1 (desgastado, agotado) burned-out 2 (fam) (irritado) annoyed 3 (desprestigiado) ‹*político/cantante*› finished (colloq)

D [SER] (Chi fam) (con mala suerte) unlucky

quemador *m* burner

quemadura *f* 1 (herida causada — por fuego, ácido) burn; (— por líquido caliente) scald 2 (en prenda — de cigarrillo) cigarette burn; (— al planchar) scorch mark; (en mueble) burn mark

quemar [A1] *vt*

A 1 ‹*basura/documentos*› to burn 2 ‹*herejes/brujas*› to burn ... at the stake

B ‹*leña/combustible*› to burn; ‹*calorías*› to burn up; ‹*grasa*› to burn off

C (accidentalmente) 1 ‹*comida/mesa/mantel*› to burn; (con la plancha) to scorch; **me quemó con el cigarrillo** he burned me with his cigarette 2 «*líquido/vapor*» to scald 3 «*ácido*» ‹*ropa/piel*› to burn 4 ‹*motor*› to burn... out; ‹*fusible*› to blow 5 «*sol*» ‹*plantas*› to scorch; ‹*piel*› to burn; (broncear) (AmL) to tan

D (malgastar) ‹*fortuna/herencia*› to squander

■ **quemar** *vi*

A (estar muy caliente) «*plato/fuente*» to be very hot; «*café/sopa*» to be boiling (hot) (colloq)

B «*sol*» to burn

■ **quemarse** *v pron*

A 1 (*refl*) (con fuego, calor) to burn oneself; (con líquido, vapor) to scald oneself; ‹*mano/lengua*› to burn; ‹*pelo/cejas*› to singe 2 (fam) (en juegos): **caliente, caliente ... ¡te quemaste!** getting warmer, warmer ... you're burning! (colloq) 3 (al sol — ponerse rojo) to get burned; (— broncearse) (AmL) to tan

B 1 (destruirse) «*papeles*» to get burned; «*edificio*» to burn down 2 (sufrir daños) «*alfombra/vestido*» to get burned; «*comida*» to burn; (+ *me/te/le etc*) **se me ~on las tostadas** I burned the toast

C «*persona*» (desgastarse) to burn oneself out; (pasar de moda): **un cantante que se quemó en un par de años** a singer who disappeared from the scene after a couple of years

quemarropa **a ~** (*loc adv*) ‹*disparar*› at point-blank range; **se lo preguntó a ~** she asked him point-blank

quemazón *f* 1 (sensación de ardor) burning 2 (AmL) (quema): **salvé estos libros de la ~** I saved these books from being burned; **todavía quedan vestigios de la ~** traces of the fire can still be seen

quena *f* reed flute (*used in Andean music*)

quepa, etc *see* **caber**

quepis (*pl* ~), **quepi** *m* (Esp) kepi

quepo *see* **caber**

queque *m* (AmC, Andes) (pastel, torta) cake; (bizcocho) sponge cake

querella *f*

A (Der) lawsuit, action; **presentar ~ contra algn** to bring an action against sb, to take legal action against sb

B (disputa) dispute

querellado -da *m,f* defendant

querellante *mf* plaintiff

querellarse [A1] *v pron* ~ **CONTRA algn** to take legal action AGAINST sb, to sue sb

querencia *f* 1 (instinto, tendencia) homing instinct 2 (liter) (hogar) home; (terruño) homeland 3 (Taur) *spot to which the bull tends to return*

querendón -dona *adj* (AmL fam) (cariñoso) affectionate; (enamoradizo) flighty

querer[1] *m* love; **las penas del ~** the pangs of love

querer[2] [E24] *vt*

Sentido I (amar) to love; **se hace ~** she/he endears herself/himself to people; **sus alumnos lo quieren mucho** his pupils are very fond of him; **me quiere, no me quiere** (al deshojar una margarita) she loves me, she loves me not; **¡por lo que más quieras!** for pity's sake!, for God's sake!; ~ ***bien a algn*** to be fond of sb; ~ ***mal a algn*** to have it in for sb (colloq); ***quien bien te quiere te hará llorar*** sometimes you have to be cruel to be kind

Sentido II

A 1 (expresando deseo, intención, voluntad): **quiero una casa más grande** I want a bigger house; **no sabe lo que quiere** she doesn't know what she wants; **quisiera una cerveza/habitación doble** I'd like a beer/double room; **haz lo que quieras** do as you like; **¿qué más quieres?** what more do you want?; **hazlo cuando/como quieras** do it whenever/however you like; **quiera o no quiera** whether she/he likes it or not; **iba a hacerlo pero él no quiso** I was going to do it but he didn't want me to; **será muy listo y todo lo que tú quieras, pero ...** he may be very smart and all that, but ...; **tráemelo mañana ¿quieres?** bring it tomorrow, will you?; **no quiero** I don't want to; ~ **+ INF** to want to + INF; **quiero ir** I want to go; **quisiera reservar una mesa** I'd like to book a table; **quisiera poder ayudarte** I wish I could help you; **¡ya quisiera yo estar en su lugar!** I'd change places with him any day!; **no quiso comer nada** she wouldn't eat anything; ~ **QUE algn+ SUBJ** to want sb to + INF; **quiero que estudies más** I want you to study harder; **¿y qué querías que hiciera?** so what did you expect me to do *o* what was I supposed to do?; **¡qué quieres que te diga ...!** quite honestly *o* frankly ...; **¡qué quieres que (le) haga!** what can you do?; ~ ***es poder*** where there's a will there's a way 2 (al ofrecer algo): **¿quieres un café/algo de beber?** would you like *o* (less frml) do you want a coffee/something to drink? 3 (introduciendo un ruego) ~ **+ INF**: **¿quieres pasarme el pan?** could you pass me the bread, please?; **¿querrías hacerme un favor?** would you mind doing me a favor?; **¿te quieres callar?** be quiet, will you?

B (*en locs*) **como quiera que** (de cualquier manera que) however; **como quiera que haya sido ...** whatever happened *o* it doesn't matter what happened ...; **como quiera que se mire** whichever way you look at it; **cuando quiera que** whenever; **donde quiera que** wherever; **queriendo**: **lo hizo queriendo** she/he did it on purpose *o* deliberately; **sin querer** accidentally; **perdona, fue sin ~** sorry, it was an accident *o* I didn't mean to; **querer decir** to mean; **¿qué quieres decir con eso?** what do you mean by that?; ***¡está como quiere!*** (Esp, Méx fam) (es muy guapo, guapa) he's/she's hot stuff! (colloq); (tiene mucha suerte) some people have got it made (colloq)

C (como precio) ~ **algo POR algo**: **¿cuánto quieres por el coche?** how much do you want *o* are you asking for the car?

D (referido a cosas inanimadas): **el coche no quiere arrancar** the car won't start; **el destino así lo quiso** it was destined to be; **parece que quiere llover** it looks as if it's going to rain

■ **quererse** *v pron* (*recipr*): **se quieren mucho** they love each other very much; **se quieren como hermanos** they're so close, they're like brothers

querido[1] **-da** *adj* 1 (amado) ‹*patria*› beloved; **mis recuerdos más ~s** my fondest memories; **seres ~s** loved ones; **un profesor muy ~ por todos** a well-liked teacher 2 (Corresp) Dear 3 (Col fam) (simpático) nice

querido² -da *m,f* 1 (como apelativo) darling, dear, sweetheart 2 (amante) (*m*) fancy man; (*f*) fancy woman

querosén, queroseno *m* kerosene, paraffin (BrE)

querré, querría, etc *see* **querer²**

querubín *m* cherub

quesadilla *f* 1 (Méx) (tortilla): *tortilla filled with a savory mixture and topped with melted cheese* 2 (Ven) (panecillo) small roll (*flavored with cheese*)

quesera *f* (plato y campana) cheese dish; (para queso rallado) cheese bowl

quesería *f* (tienda) cheese shop; (fábrica) dairy (*specializing in cheese*)

quesero¹ -ra *adj* cheese (*before n*)

quesero² -ra *m,f* (fabricante) cheese maker; (vendedor) cheese seller

queso *m* (Coc) cheese

Compuestos

- **queso crema** (AmL) cream cheese
- **queso de bola** ≈ Edam
- **queso fresco** green cheese (*soft unripened cheese*)
- **queso fundido/rallado** processed/grated cheese
- **queso para untar** cheese spread

quetzal *m* (Fin) quetzal (*Guatemalan unit of currency*)

quevedos *mpl* (Esp) *small, round metal-rimmed glasses*

quicio *m* doorjamb; ***sacar de ~ a algn*** to drive sb crazy (colloq); ***sacar las cosas de ~*** (Esp) to blow things up out of all proportion

quid *m*: **el ~ de la cuestión es que ...** the crux *o* nub of the matter is that ...

quiebra *f* 1 (Com, Fin) (de empresa, individuo) bankruptcy; **la compañía se declaró en ~** the company went into liquidation 2 (de valores) breakdown

quiebre *m*

A 1 (AmL fam) (de relaciones) breaking off; **se produjo un ~ en las conversaciones** the talks were broken off 2 (de sistema, jerarquía) breakdown; **el ~ de valores tradicionales** the breakdown in traditional values

B (cambio de dirección) turn; **marcó un ~ en la historia del país** it marked a turning point in the country's history

C (Dep) 1 (en tenis) service break; **punto de ~** break point 2 (de marca, récord) **hubo varios ~s de marcas** several records were broken

quiebro *m* (regate) dodge; (balanceo) swaying movement

quien *pron*

A 1 (*sujeto*) who, that; (*complemento*) who, that, whom (frml); **tienes que ser tú misma ~ lo decida** *you* are the one who *o* that has to decide; **es a él a ~ debemos agradecérselo** he's the one (who) we must thank; **la chica con ~ salía** the girl (who) I was going out with 2 (frml *o* liter) (en frases explicativas) who, whom (frml); **su hermano, a ~ no había visto, ...** her brother, who *o* whom she had not seen, ...; **sus padres, para ~es esto había sido un duro golpe, ...** her parents, for whom this had been a severe blow, ...

B (la persona que): **~es hayan terminado pueden irse** those who have finished may go; **~ lo haya encontrado** the person who found it; **~ se lo haya dicho** whoever told him; **no encontré ~ me lo pudiera explicar** I didn't find anybody who could explain it to me

C **no ser quien**: **no soy ~ para opinar al respecto** I'm not the (right) person to comment on this matter; **tú no eres ~ para juzgarme** you're nobody to judge me

quién *pron* 1 who; **¿~ era/~es eran?** who was it/were they?; **¿~ de ustedes se atrevería?** which of you would dare?; **¿con ~es fuiste?** who did you go with?; **¿de ~ es esto?** whose is this?; **llegó una postal — ¿de ~?** there's a postcard — who's it from?; **~ más, ~ menos, todos somos egoístas** we're all selfish, to a greater or lesser degree; ***dime con ~ andas y te diré ~ eres*** you can tell a person by the company he keeps 2 (en exclamaciones) who; — **¡~ sabe!** — who knows!; **¡~ pudiera quedarse unos días más!** if only I could stay a few more days!

quienquiera *pron* (*pl* **quienesquiera**) whoever; **~ que se lo haya dicho** whoever told him

quiera, quieras, etc *see* **querer²**

quieto -ta *adj* still; **¡estáte** *or* **quédate ~!** keep still!; **¡todo el mundo ~!** everybody freeze!; **¡las manos quietas!** keep your hands to yourself!; **¡~!** (a un perro) down, boy!

quietud *f* (ausencia de movimiento) stillness; (tranquilidad, sosiego) calm, peace; **en la ~ de la noche** in the still of the night (liter)

quihubo *interj* (Chi, Méx fam) hi! (colloq), how's it going? (colloq)

quihúbole *interj* (Méx fam) ▸ **quihubo**

quijada *f* jaw (bone)

quijotada *f* quixotic act

quijote *m*: **es un ~** he's a hopeless idealist

Quijote *m*: **Don ~** Don Quixote

quijotería *f* (cualidad) quixotic nature; (acción) quixotic act

quijotesco -ca *adj* quixotic

quilate *m* karat (AmE), carat (BrE); **oro de 18 ~s** 18-karat gold

quilla *f* keel

quilombo *m* (Bol, RPl arg) 1 (burdel) whorehouse (colloq) 2 (lío, jaleo) mess

quiltro -tra *m,f* (Chi fam) mongrel

quimera *f*

A (ilusión) illusion, chimera (liter); **el proyecto no pasó de ser una ~** the plan was never anything but a pipe dream

B (Mit) chimera

quimérico -ca *adj* ‹*plan/idea*› fanciful, chimeric (liter)

química *f* chemistry

químico¹ -ca *adj* chemical

químico² -ca *m,f* chemist

quimioterapia *f* chemotherapy

quimono *m* kimono

quina *f* (corteza) cinchona bark

quincalla *f* 1 (ant) (Com) hardware 2 (baratijas) trash, junk

quincallería *f* (ant) hardware store

quincallero -ra *m,f* hardware dealer

quince¹ *adj inv/pron* fifteen; **dentro de ~ días** in two weeks' time, in a fortnight's time (BrE); *para ejemplos ver tb* **cinco**

quince² *m* (number) fifteen

quinceañero -ra *m,f* (de quince años) fifteen-year-old; (menos específico) teenager

quincena *f* 1 (dos semanas) two weeks (*pl*), fortnight (BrE); **la primera ~ del mes de marzo** the first two weeks in March 2 (paga) wages (*pl*) (*paid every two weeks*)

quincenal *adj* bimonthly (AmE), fortnightly (BrE)

quincha *f* (AmS) (de cañas y barro) wattle and daub; (de cañas) thatch, thatching

quincuagenario -ria *adj* 50-year-old

quincuagésimo -ma *adj/pron* 1 (ordinal) fiftieth; *para ejemplos ver* **vigésimo** 2 (partitivo): **la quincuagésima parte** a fiftieth

quiniela *f* 1 (Esp) (boleto) sports lottery ticket (AmE), pools coupon (BrE); (juego): **la ~** *or* **las ~s** the sports lottery (AmE), the football pools (BrE) 2 (RPl) *betting on the last two or three figures of the lottery*

quinientos¹ -tas *adj/pron* five hundred; **quinientas pesos** five hundred pesos; **~ cinco** five hundred and five; **~ mil** five hundred thousand; **~ y pico** five hundred odd; **el ~ aniversario** the five hundredth anniversary, the fifth centenary

quinientos² *m* (number) five hundred

quinina *f* quinine

quino *m* cinchona

quinqué *m* oil lamp

quinquenal *adj* ‹*revisión/censo*› five-yearly, quinquennial (frml); **un plan ~** a five-year plan

quinquenio *m* (frml) five-year period

quinta *f*

A 1 (casa) *house in its own grounds, usually in the country* 2 (Agr) estate, farm; ***~ del ñato*** (AmS fam) cemetery

B (Esp) (Mil) draft, call up; **lo llamaron a ~s** he was drafted *o* called up; **es de mi ~** (fam) he's my age
C (Mús) fifth

quintada *f* practical joke
quintaesencia *f* quintessence (frml); **la ~ DE algo** the quintessence OF sth
quintal *m* 100 lbs
(Compuesto) **quintal métrico** 100 kgs
quintar [A1] *vt* (Esp) to call up, draft
quintero -ra *m,f* (arrendatario) tenant farmer; (mozo) farm laborer*
quinteto *m* quintet
quintillizo -za *m,f* quintuplet
Quintín *se armó la de San ~* (fam) it was chaos (colloq)
quinto[1] -ta *adj/pron* **1** (ordinal) fifth; **llegó ~** *or* **en ~ lugar** he came fifth; **Carlos V** (*read as: Carlos quinto*) Charles V (*read as: Charles the fifth*); **vive en el ~ (piso)** she lives on the sixth (AmE) *o* (BrE) fifth floor; **eres el ~ de la lista** you're fifth on the list; **está en ~ de (la) carrera** she's in the fifth year of her college/university course **2** (partitivo): **la quinta parte** a fifth
quinto[2] *m*
A **1** (partitivo) fifth; **tres ~s** three-fifths; **un ~ del presupuesto** a fifth *o* one fifth of the budget **2** (en Méx) (moneda) five centavo coin; ***estar sin un ~*** (Méx fam) to be broke (colloq); ***ni un ~*** (Méx fam): **no traigo ni un ~** I don't have a penny on me *o* (AmE) a dime with me (colloq)
B (Esp) (Mil) conscript
quíntuple[1] *m* quintuple
quíntuple[2] *mf* (Chi, Ven) quintuplet
quintuplicar [A2] *vt* to quintuplicate
■ **quintuplicarse** *v pron*: **en dos años el precio llegó a ~se** there was a fivefold price increase in two years
quíntuplo[1] -pla *adj* quintuple, fivefold
quíntuplo[2] *m* quintuple
quiosco *m* ▸**kiosco**
quiosquero -ra *m,f* ▸**kiosquero**
quiquiriquí *m* (canto) cock-a-doodle-doo
quirófano *m* operating room (AmE), operating theatre (BrE)
quiromancia *f* palmistry, chiromancy (frml)
quiromántico -ca *m,f* palmist
quiromasaje *m* chiromassage
quirúrgico -ca *adj* surgical; **fue sometido a una intervención quirúrgica** (frml) he underwent surgery (frml)
quise, quisiera, etc *see* **querer[2]**
quisqui, quisque *m* (Esp fam): **todo ~** everybody
quisquilla *f* shrimp
quisquilloso -sa *adj* (meticuloso, exigente) fussy, picky (colloq); (susceptible) touchy
quiste *m* cyst
quita *f* deduction
quitaesmalte *m* nail polish remover
quitamanchas *m* (*pl* ~) stain remover
quitanieves *m* (*pl* ~) snowplow (AmE), snowplough (BrE)
quitar [A1] *vt*
A **1** (apartar, retirar): **¡quítalo de aquí!** get *o* take it out of here!; **¡quita esa silla de en medio!** get that chair out of the way!; **quita tus cosas de mi escritorio** take your things off my desk; **quitó los obstáculos de mi camino** he removed the obstacles from my path; **~ la mesa** (Esp) to clear the table; (+ *me/te/le etc*) **¡quítame las manos de encima!** take your hands off me!; **le quitó la piel al pollo** he skinned the chicken; **me quitó una pelusa del hombro** she picked a bit of fluff off my shoulder; **no le puedo ~ la tapa** I can't get the top off **2** ‹*prenda/anillo*› (+ *me/te/le etc*) to take off; **quítale los zapatos** take his shoes off
B (+ *me/te/le etc*) **1** (de las manos): **le quitó la pistola al ladrón** he got *o* took the gun off the thief; **se lo quitó de un manotazo** she swiped it out of his hand; **le quité el cuchillo** I took the knife (away) from her **2** (privar de): **la policía le quitó el pasaporte** the police took his passport away **3** (robar): **me ~on la cartera del bolsillo** someone took *o* stole my wallet from my pocket; **me quitó el asiento** he took my seat
C (restar) (+ *me/te/le etc*): **me estás quitando autoridad** you're undermining my authority; **me quita mucho tiempo** it takes up a lot of my time; **no le quites méritos** give him his due; **~le años a algn** to take years off sb; **~le importancia a algo** to play sth down; **le quita valor/credibilidad** it detracts from its value/credibility
D (hacer desaparecer) ‹*mancha*› to remove, get ... out; ‹*dolor*› to relieve, get rid of; ‹*sed*› to quench; ‹*apetito*› to take away; (+ *me/te/le etc*) **eso te ~á el hambre** that will stop you feeling hungry; **hay que ~le esa idea de la cabeza** we must get that idea out of his head
E **quitando** (*ger*) (fam) except for
■ **quitar** *vi*
A (Esp fam): **¡quita (de ahí)!** get out of the way!; **¡quita ya! ¡eso no se lo cree nadie!** oh come off it, nobody believes that!
B (*en locs*) **de quita y pon** ‹*funda/etiqueta*› removable; ***eso no quita que ...***: **pero eso no quita que se pueda hacer de otra manera** but that doesn't mean that there aren't other ways of doing it; ***ni ~ ni poner*** (fam): **yo aquí ni quito ni pongo** I don't count *o* my opinion doesn't count around here; ***quien quita y ...*** (Méx fam): **quien quita y me saco la lotería** maybe I'll even win the lottery; **quien quita y lo encontramos** we might still find it
■ **quitarse** *v pron*
A (desaparecer) «*mancha*» to come out; «*dolor*» go (away); «*viento*» to die down; (+ *me/te/le etc*) **se me quitó el dolor** I got rid of the pain; **ya se me ~on las ganas** I don't feel like it any more
B (apartarse, retirarse) to get out of the way; **¡quítate de mi vista!** get out of my sight!
C (*refl*) **1** ‹*prenda/alhaja/maquillaje*› to take off **2** ‹*dolor/resfriado*› to get rid of; ‹*miedo*› to overcome, get over; **se quita años** *or* **la edad** she lies about her age; **~se algo DE algo**: **¡quítate el dedo de la nariz!** stop picking your nose!; **¡quítate las manos de los bolsillos!** take your hands out of your pockets!; **~se algo/a algn de encima/en medio** to get rid of sth/sb; **te has quitado veinte años de encima** you look twenty years younger
quitasol *m* sunshade
quitasueño *m* (fam) nagging worry
quite *m* **1** (Taur) *move to draw the bull away from a bullfighter in difficulties*; ***estar al ~*** «*torero*» to be ready to draw the bull away; «*amigo/padre*» to be on hand (to help); ***hacerle el ~ a algn*** (Andes fam) to dodge sb **2** (en esgrima) parry
quiteño -ña *adj* of/from Quito
Quito *m* Quito
quiubo *interj* (Chi, Méx fam) ▸**quihubo**
quizá, quizás *adv* maybe, perhaps; **~ vengan mañana** maybe *o* perhaps they'll come tomorrow
quórum /'kworum/ *m* (*pl* **-rums**) quorum; **no hubo ~** they/we did not have a quorum, the meeting was inquorate (frml)

Rr

R, r *f (read as /'ere/) the letter* **R, r**

R/ = remite

rabadilla *f* (de ave) pope's nose (esp AmE), parson's nose (BrE); (de res) rump; (de persona) (fam) tailbone (colloq)

rábano *m* radish; ***tomar el ~ por las hojas*** to get the wrong end of the stick (colloq); ***¡y un ~!*** (fam) no way! (colloq); ▶**importar**

rabí *mf* (*pl* **-bíes**) rabbi

rabia *f*

A (enfermedad) rabies

B 1 (expresando fastidio): **¡me da una ~ tener que irme!** it's really annoying that I have to leave; **no sabes la ~ que me da que ...** you've no idea how much it annoys *o* irritates me that ...; **¡qué ~!** how annoying! 2 (furor, ira) anger, fury; **con ~** angrily, in a rage 3 (antipatía, manía): **tenerle ~ a algn** to have it in for sb (colloq)

rabiar [A1] *vi* 1 (de furor, envidia): **el jefe está que rabia contigo** the boss is furious with you; **no lo hagas ~** don't tease him; ***a ~*** (fam): ‹*aplaudir*› like crazy (colloq); **me gusta a ~** I'm crazy about him (colloq) 2 (de dolor): **rabiaba de dolor** she was in terrible pain 3 (desear ansiosamente) **~ POR algo** to be dying FOR sth (colloq)

rabieta *f* tantrum; **le dio una ~** he threw a tantrum

rabillo *m*

A (Zool) short tail

B (Bot) stem, stalk; (del ojo) corner; ***mirar a algn con el ~ del ojo*** to look at sb out of the corner of one's eye

rabino -na *m,f* rabbi

rabioso -sa *adj*

A (Med, Vet) rabid

B 1 (furioso) furious 2 (uso enfático): **un tema de rabiosa actualidad** a highly topical issue; **tengo unas ganas rabiosas de conocerlo** I'm dying to meet him

rabo *m*

A 1 (Zool) tail; ***irse con el ~ entre las piernas*** to go away with one's tail between one's legs 2 (de letra) tail

B (Bot) stem, stalk

rabón -bona *adj* 1 ‹*animal*› (sin rabo) tailless; (con rabo corto) short-tailed 2 (Méx) ‹*vestido/pantalones*› short

rabona *f* (prostituta) camp-follower; **hacerse (la) ~** (fam) to play hooky (esp AmE colloq), to skive off (school) (BrE colloq)

racanear [A1] *vi* (fam) to be stingy (colloq)

rácano¹ -na *adj* (fam) (tacaño) stingy (colloq)

rácano² -na *m,f* (fam) (tacaño) scrooge (colloq), tightwad (AmE colloq)

racha *f* 1 (secuencia): **ha pasado una ~ de mala suerte** she's had a run *o* spell of bad luck; **una ~ de enfermedades** a series *o* string of illnesses; **pasar una mala ~** to go through bad times *o* (BrE) a bad patch; **tengo una buena ~, voy a seguir jugando** I'm on a winning streak so I'm going to carry on playing; ***a*** *or* ***por ~s***: **llueve a ~s** it keeps raining on and off; **va por ~s** it goes in phases 2 (Meteo) gust of wind

racheado -da *adj* gusty

racial *adj* racial; **disturbios ~es** race riots

racimo *m* (de uvas) bunch, cluster; (de plátanos) bunch

raciocinio *m* (facultad) reason; (argumento) reasoning

ración *f* 1 (parte) share 2 (porción de comida) portion, helping 3 (en bar): **una ~ de calamares** a portion *o* plate of squid 4 (Mil) ration; **a media ~** on half rations

> **ración**
>
> In Spain, a *ración* is a serving of food eaten in a bar or café, generally with a drink. Friends or relatives meet in a bar or café, order a number of *raciones*, and share them. *Raciones* tend to be larger and more elaborate than *tapas*. They may be: Spanish omelet, squid, octopus, cheese, ham, or *chorizo*, among others. *See also* **pincho**

racional *adj* rational

racionalidad *f* rationality

racionalismo *m* rationalism

racionalista *adj/mf* rationalist

racionalización *f* rationalization

racionalizar [A4] *vt* to rationalize

racionalmente *adv* rationally, sensibly

racionamiento *m* rationing

racionar [A1] *vt* to ration

racismo *m* racism, racialism

racista *adj/mf* racist, racialist

radar, rádar *m* radar

radiación *f* radiation

radiactividad *f* radioactivity

radiactivo -va *adj* radioactive

radiado -da *adj* radiate

radiador *m* radiator

radial *adj*

A ‹*forma/neumático*› radial; ‹*carretera*› arterial

B (AmS) ‹*cadena/emisión/novela*› radio (*before n*)

radiante *adj* 1 (brillante) brilliant; **hace un sol ~** it's brilliantly *o* beautifully sunny; **un día ~** a bright, sunny day 2 [ESTAR] ‹*persona*› radiant; **~ de alegría** radiant with happiness 3 (Fís) radiant

radiar [A1] *vt*

A (period) (Rad) to broadcast (*on the radio*); **mensajes radiados** radio messages

B (Fís) to radiate; (Med) to irradiate, treat ... with radiation

radicado -da *adj*: **están ~s en París** they are based in Paris

radical¹ *adj* radical

radical² *mf*

A (Pol) radical

B 1 (Mat) root 2 (Ling) radical, root

radicalismo *m* radicalism

radicalizar [A4] *vt* to radicalize, toughen

■ **radicalizarse** *v pron* «*persona/partido*» to become more radical; «*situación/conflicto*» to intensify

radicar [A2] *vi* «*problema/dificultad*» to lie; **el problema radica en ...** the problem stems from *o* lies in ...

■ **radicarse** *v pron* to settle

radio¹ *m*

A 1 (Mat) radius 2 (distancia, área) range, radius; **en un ~ de diez kilómetros** within a ten kilometer radius 3 (de rueda) spoke

(Compuesto) **radio de acción** (de avión, barco) operational range; (de organización) area of operations

B (AmL exc CS) (Rad) radio; *ver tb* **radio²**

C (Anat) radius

D (Quím) radium

radio² *f* **1** (medio de comunicación) radio; **transmitir por (la) ~** to broadcast on the radio; **se pusieron en contacto por ~** they established radio contact; **escuchar la ~** to listen to the radio; **lo dijeron por la ~** they said it on the radio **2** (CS, Esp) (aparato) radio; **apaga la ~** turn off *o* switch off the radio **3** (emisora) radio station

(Compuesto) **radio pirata** pirate radio station

radioactividad *f* radioactivity

radioactivo -va *adj* radioactive

radioaficionado -da *m,f* radio ham

radiocassette /rraðioka'set/, **radiocasete** *m* radio cassette player

radiodespertador *m or f* radio alarm

radiodiagnóstico *m* X-ray diagnosis

radiodifusión *f* broadcasting

radiodifusor -sora *adj* (AmL) radio (*before n*)

radiodifusora *f* (AmL frml) radio station

radioemisora *f* radio station

radioescucha *mf* listener

radiofónico -ca *adj* radio (*before n*)

radiografía *f* X-ray; **hacerse** *or* **sacarse una ~** to have an X-ray taken, to be X-rayed; **le hicieron** *or* **sacaron una ~ del brazo** they took an X-ray of his arm

radiografiar [A17] *vt* to X-ray

radiográfico -ca *adj* X-ray (*before n*)

radiograma *m* radio message, radiogram

radiología *f* radiology

radiólogo -ga *m,f* radiologist

radionovela *f* radio serial

radiooperador -dora *m,f* (AmL) radio operator

radiopatrulla *m* radio patrol car

radio-taxi *m* radio taxi, radio cab

radioteléfono *m* radiotelephone

radiotelegrafista *mf* radio operator

radiotelescopio *m* radio telescope

radioterapia *f* radiotherapy

radiotransmisión *f* (acción) transmission; (mensaje) broadcast, transmission

radioyente *mf* listener

RAE *f* = **Real Academia Española**

raer [E16] *vt* ‹*superficie*› to scrape; ‹*barniz/pintura*› to scrape off

ráfaga *f* (de viento) gust; **una ~ de ametralladora** a burst of machine-gun fire

rafia *f* raffia

raid *m*
A (period) (ataque) raid
B (AmC) (en carro) ride; **pedir ~** to hitch a ride *o* lift

raído -da *adj* worn-out, threadbare

raigambre *f* **1** (tradición) roots (*pl*); **música de ~ popular** music which has its roots in the popular tradition; **una costumbre de profunda ~** a deeply-rooted custom **2** (Bot) root system, roots (*pl*)

raíz *f*
A **1** (Bot) root; ***de* ~**: **arrancar una planta de ~** to uproot a plant; **arranca el vello de ~** it removes the hair at the roots; **eliminaron de ~ el problema** they eradicated the problem; ***echar raíces*** «*planta*» to take root; «*persona*» to put down roots; «*costumbre/doctrina*» to take root **2** (de diente, pelo) root
B (Ling) root
C **1** (Mat) root; **~ cuadrada/cúbica** square/cube root **2** (Inf): **el directorio ~** the root directory
D **1** (origen) root; **atacar un problema en su ~** to attack the root causes of a problem; **la tradición tiene sus raíces en Francia** the tradition originated in France **2** **a raíz de** as a result of

raja *f*
A **1** (en pared, cerámica) crack **2** (rotura — en costura) split; (— en tela) tear, rip **3** (abertura — en falda) slit; (— en chaqueta) vent
B (de melón, salami) slice

rajá *m* rajah

rajado¹ -da *adj*
A (fam) (cobarde) cowardly
B (Chi fam) **1** (tarambana) wild (colloq) **2** ‹*conductor*› reckless; ***ir*** *or* ***andar* ~** (Chi fam) to go at top speed (colloq)

rajado² -da *m,f* (fam) coward, chicken (colloq)

rajadura *f* crack

rajar [A1] *vt*
A **1** (agrietar) to crack, cause ... to crack **2** (desgarrar) to tear, rip **3** (arg) ‹*persona*› to knife (colloq); **le rajó el cuello** he slit his throat (colloq)
B **1** (CS fam) (criticar) to run ... down **2** (Andes) (en examen) (fam) to fail, flunk (AmE colloq)
■ **rajar** *vi* **1** (Col, Per fam) (criticar) **~ DE algn** to badmouth sb (AmE colloq), to slag sb off (BrE colloq) **2** (Bol, CS fam) (huir rápido) to run away; **rajemos de aquí** let's get out of here (colloq), let's beat it (colloq)
■ **rajarse** *v pron*
A «*pared/cerámica*» to crack; «*tela*» to split, tear, rip
B **1** (fam) (echarse atrás) to back out **2** (Col, Per fam) (en examen) to fail, flunk (AmE colloq)

rajatabla: **a ~** (*loc adv*) strictly; **siguió las instrucciones a ~** he followed the instructions to the letter; **sigue la ley a ~** she keeps strictly to the letter of the law

rajón¹ *adj* **1** (Méx fam) (cobarde) cowardly **2** (Per fam) (maldiciente): **es muy ~** he's always badmouthing people (AmE colloq), he's always slagging people off (BrE colloq)

rajón² -jona *m,f* (Méx fam) (cobarde) coward, chicken (colloq)

RAL *f* (Inf) (= **Red de Área Local**) LAN

ralea *f* (pey): **yo no me mezclo con gente de su ~** I don't mix with his sort (pej); **son todos de la misma ~** they're all as bad as each other

ralear [A1] *vi* «*hojas*» to thin (out); **le empieza a ~ el cabello** his hair is beginning to thin

ralentí *m* **1** (Auto): **dejar el motor al ~** to leave the engine idling *o* (BrE) ticking over; **hay que ajustar/subir el ~** the timing needs adjusting **2** (Cin) slow motion

ralentización *f* **1** (de imagen) slowing down **2** (período de proceso/ritmo) slowing down

ralentizar [A4] *vt* to slow down

rallado -da *adj* ‹*queso/zanahoria*› grated; **pan ~** breadcrumbs

rallador *m* grater

ralladura *f*: **~ de limón** grated lemon rind

rallar [A1] *vt* to grate

rally /'rrali/ *m* (*pl* **-llys**) rally

ralo -la *adj* ‹*bosque*› sparse; ‹*monte*› bare; ‹*pelo/barba*› thin, sparse

rama *f* branch; **una ramita de perejil** a sprig of parsley; **algodón en ~** raw cotton; **un trozo de canela en ~** a cinnamon stick; ***andarse/irse por las* ~s** to beat about the bush

ramada *f* **1** (AmS) (cobertizo) shelter (*made from branches*) **2** (Chi) (pérgola) arbor, arbour (BrE)

ramaje *m* branches (*pl*)

ramal *m* (Ferr) branch line; (Geog) branch; (cuerda) strap

ramalazo *m* **1** (acometida): **un ~ de locura/pánico** a fit of madness/panic; **me dio el ~ poético** I started to wax poetic, I came over all poetic (BrE); **un ~ de frío** a shiver; **un ~ de dolor** a stabbing pain **2** (de viento) gust, blast; (de lluvia) blast

rambla *f* **1** (cauce seco) dry riverbed, watercourse **2** (RPl) (paseo marítimo) esplanade, promenade **3** (avenida) boulevard

ramera *f* prostitute

ramificación *f*
A **1** (de árbol, planta, nervios) ramification **2** (Inf) branch
B **ramificaciones** *fpl* (derivaciones) ramifications (*pl*)

ramificarse [A2] *v pron*
A **1** «*árbol/plantas/nervios*» to branch, ramify (tech) **2** «*carretera/ciencia*» to branch
B «*problema*» to ramify (frml), to become complex

ramillete *m* **1** (de flores) posy **2** (iró) (grupo selecto) bunch (colloq)

ramo *m*
A **1** (de flores) bunch; (para novia, dignatario) bouquet **2** (rama) branch
B (en industria) industry; **el ~ de la hostelería** the hotel and catering industry
C (Chi) (Educ) subject

rampa *f* (pendiente) ramp
(Compuesto) **rampa de lanzamiento** launch pad
rampante *adj* rampant
rampla *f* (rampa) ramp
ramplón -plona *adj* (pey) coarse, basic
rana *f* (Zool) frog; ***cuando las ∼s críen pelo*** (fam): **terminará cuando las ∼s críen pelo** he won't finish in a month of Sundays (colloq); ***salir ∼*** (Esp fam) to be a real disappointment
ranchera *f* (Mús) *Mexican folk song*
ranchería *f* **1** (Col) (poblado) settlement; (en suburbios) shanty town **2** (Méx) dairy
rancherío *m* (CS) settlement
ranchero[1] -ra *adj* (Méx) fam) shy
ranchero[2] -ra *m,f* (Méx) (hacendado) rancher; (peón) rancher, ranch hand
rancho *m*
A (comida) food (*for a group of soldiers, workers, etc*); ***hacer ∼ aparte***: **no te quedes aquí haciendo ∼ aparte** don't be so unsociable; **en las fiestas hacen ∼ aparte** at parties they form their own little clique
B **1** (AmL) (choza) hut; (casucha) hovel; (chabola) shack, shanty **2** (Méx) (hacienda) ranch
rancio -cia *adj*
A ‹*mantequilla/tocino*› rancid
B **1** ‹*vino*› mellow **2** (*delante del n*) ‹*abolengo/tradición*› ancient, long-established
rango *m*
A **1** (Mil) rank **2** (categoría, nivel) level
B (Chi) (lujo, pompa) luxury
rangoso -sa *adj* (Chi) luxurious
ránking /'rraŋkin/ *m* (*pl* **-kings**) **1** (en boxos) rankings (*pl*) **∼ de popularidad** popularity ranking **2** (en música) charts (*pl*)
ranura *f* **1** (para monedas) slot; **la ∼ del buzón** the mailbox slot *o* opening; **por la ∼ de la puerta** through the chink *o* gap in the door **2** (en ensambladura) groove; (en tornillo) groove, slot
rap *m* rap; **hacer ∼** to rap
rapacidad *f* rapacity
rapado -da *adj* ‹*cabeza*› shaven; ‹*persona*› shaven-headed; ‹*pelo*› closely-cropped
rapapolvo *m* (Esp) telling-off (colloq), talking-to (colloq)
rapar [A1] *vt* ‹*cabeza*› to shave; ‹*pelo*› to crop
rapaz[1] *adj* **1** (Zool) predatory; **ave ∼** bird of prey **2** (ávido) greedy, rapacious **3** (que roba) thieving (*before n*)
rapaz[2] -paza *m,f* (fam) kid (colloq)
rape *m* **1** (Coc, Zool) monkfish, goosefish (AmE) **2** **al ∼**: **tiene el pelo cortado al ∼** he has closely-cropped hair
rapé *m* snuff
rapel, rápel *m* ▸**rappel**
rapero -ra *adj* rap (*before n*)
rápidamente *adv* quickly
rapidez *f* speed; **con ∼** quickly; **¡qué ∼!** that was quick!
rápido[1] -da *adv* ‹*hablar/trabajar*› quickly, fast; ‹*conducir/ir*› fast; **¡vamos, ∼, que es tarde!** quick *o* hurry, we're late!; **tráemelo ¡∼!** bring it to me, quick!
rápido[2] *adj* ‹*aumento*› rapid; ‹*cambio*› quick, rapid, swift; ‹*desarrollo*› rapid, swift; **a paso ∼** quickly, swiftly; **comida rápida** fast food; **es muy ∼ de hacer** you can make it very quickly
rápido[3] *m*
A (Ferr) express train, fast train
B **rápidos** *mpl* (Geog) rapids (*pl*)
rapiña *f* robbery, pillage
raponero -ra *m,f* (Col fam) bag-snatcher
raposa *f* vixen
rappel *m* abseil, rappel; **bajar en/hacer un ∼** to abseil *o* rappel down
rapsodia *f* rhapsody
raptar [A1] *vt* (secuestrar) to kidnap, abduct (frml); (Hist, Mit) to rape (arch)
rapto *m*
A (secuestro) kidnapping, abduction (frml); (Hist, Mit) rape (arch)
B (arrebato) fit; **un ∼ de ira/celos** a fit of rage/jealousy
raptor -tora *m,f* kidnapper
raqueta *f* (de tenis, squash) racket; (para nieve) snowshoe
raquítico -ca *adj* **1** ‹*niño/animal*› rickety, rachitic (tech); ‹*árbol*› stunted **2** (fam) ‹*cantidad*› paltry, measly (colloq)
raquitismo *m* rickets, rachitis (tech)
rareza *f* **1** (peculiaridad) peculiarity; **todos tenemos nuestras ∼s** we all have our little quirks *o* idiosyncrasies **2** (cosa poco común) rarity **3** (cualidad) rareness
raro -ra *adj*
A **1** (extraño) strange, odd, funny (colloq); **es ∼ que ...** it's strange *o* odd *o* funny that ...; **¡qué cosa más rara!** *or* **¡qué ∼!** how odd *o* strange!; **es un poco rara** she's a bit odd *o* strange; **te noto muy ∼ hoy** you're acting very strangely today; *ver* **bicho B 2** (poco frecuente) rare; **salvo raras excepciones** with a few rare exceptions; **∼ es el día que ...** there's rarely *o* hardly a day when ...; **aquí es ∼ que nieve** it's very unusual *o* rare for it to snow here
B ‹*gas*› rare
ras *m* **1** **a ras de** (*loc prep*): **llega a ∼ del suelo** it reaches down to the floor; **volar a ∼ de tierra** to fly very low **2** **al ras** (*loc adj*) ‹*cucharada*› level (*before n*)
rasante[1] *adj*: **un avión en vuelo ∼** a low-flying aircraft; **disparó un tiro ∼** he hit a low, skimming shot
rasante[2] *f* slope, gradient
rasar [A1] *vt* to skim
rasca[1] *adj* (CS fam) **1** ‹*persona*› vulgar, common (pej); ‹*lugar*› tacky (colloq) **2** (de mala calidad) trashy (colloq)
rasca[2] *f* (Andes fam) (borrachera): **pegarse una ∼** to get plastered (colloq)
rascacielos *m* (*pl* **∼**) skyscraper
rascar [A2] *vt*
A **1** (con las uñas) to scratch **2** (con cuchillo) ‹*superficie*› to scrape; ‹*pintura*› to scrape off **3** ‹*violín*› to scrape away at
B (Col fam) (picar) to itch; **me rasca la pierna** my leg itches
■ **rascarse** *v pron* (*refl*) to scratch (oneself)
rasero *m* measuring stick; ***medir a algn por el mismo ∼*** to treat sb equally *o* the same
rasgado -da *adj*
A ‹*ojos*› almond (*before n*), almond-shaped
B (Col fam) (generoso) open-handed, generous
rasgadura *f* **1** (acción): **el tirón provocó la ∼ de la tela** the tug made the cloth tear **2** (efecto) tear; **para evitar que se produzcan ∼s** in order to prevent tearing
rasgar [A3] *vt* to tear, rip
■ **rasgarse** *v pron* to tear, rip
rasgo *m*
A **1** (característica) characteristic, feature **2** (gesto) gesture **3** (de la pluma) stroke; (en pintura) brushstroke; ***a grandes ∼s*** in outline, broadly speaking
B **rasgos** *mpl* (facciones) features (*pl*)
rasgón *m* tear, rip
rasguear [A1] *vt* to strum
rasguñar [A1] *vt* to scratch
■ **rasguñarse** *v pron* (*refl*) (con uña, púa) to scratch oneself; (con cosa áspera) to graze oneself; **me rasguñé la rodilla** I grazed my knee
rasguño *m* scratch; **sin un ∼** unscathed, without a scratch
rasmillarse [A1] *v pron* (Chi fam) to graze oneself
raso[1] -sa *adj*
A **1** ‹*taza/cucharada*› level (*before n*) **2** ‹*vuelo/tiro*› ▸**rasante[1]**
B (exterior) open country; **al ∼** out in the open
raso[2] *m* satin
raspa *f* (de pescado) backbone; (de cebada) beard
raspacachos (*pl* **∼**) *m* (Chi fam) telling-off (colloq)
raspado *m*
A (Med) scrape, curettage
B (Col, Méx) ▸**granizado 1**
raspadura *f* (arañazo) scratch; (ralladura de madera, metal, chocolate) shavings
raspaje *m* (CS) scrape, curettage
raspar [A1] *vt*
A **1** (con espátula) ‹*superficie*› to scrape; ‹*pintura*› to scrape off **2** (limar) to file, rasp

r

B ‹*brazo/piel*› to scrape, graze
■ **raspar** *vi* **1** «*toalla/manos*» to be rough; «*barba*» to scratch, be scratchy **2** «*garganta*» (+ *me/te/le etc*) to feel rough
■ **rasparse** *v pron* ‹*rodillas/codos*› (con algo puntiagudo) to scratch; (con algo áspero) to scrape, graze
raspón *m* (AmL) (por algo puntiagudo) scratch; (por algo áspero) graze, scrape; **lleva un ~ en el codo** he has a grazed elbow; **hay un ~ en la puerta** the door is scratched
rasposo -sa *adj* **1** (áspero) rough, scratchy **2** (RPl fam) (raído) ‹*ropa*› threadbare, shabby
rastacuero *m* (CS fam) upstart
rastafario -ria *adj/m,f* Rastafarian
rastra *f*
A **1** (Agr) harrow **2** (ristra) string **3** (cinturón de gaucho) wide belt (*decorated with silver coins*)
B **a rastras** (*loc adv*): **iba con la maleta a ~s** she was dragging her suitcase along behind her; **tuve que llevarlo a ~s al médico** I had to drag him to the doctor; **siempre va con los niños a ~s** she always has the children in tow
rastreador -dora *m,f* tracker
rastrear [A1] *vt* **1** ‹*zona*› to comb **2** ‹*persona/satélite*› to track **3** ‹*río/lago*› «*pescadores*» to trawl; «*la policía*» to drag, dredge **4** ‹*causas/orígenes*› to trace
rastreo *m* **1** (de zona) thorough search **2** (de río, lago — por pescadores) trawling; (— por la policía) dragging, dredging **3** (de satélite) tracking **4** (de causas, orígenes) investigation, research
rastrero -ra *adj* **1** (despreciable) despicable, contemptible **2** ‹*tallo*› creeping (*before n*); **plantas rastreras** creepers **3** ‹*animal*› crawling (*before n*)
rastrillar [A1] *vt* **1** ‹*tierra*› (con rastrillo) to rake; (con rastra) to harrow **2** ‹*césped*› to rake; ‹*hojas*› to rake up
rastrillo *m*
A (Agr) rake
B (Méx) (para afeitarse) safety razor
rastro *m*
A (pista, huella) trail; (señal, vestigio) trace, sign; **no dejaron ni ~ de la comida** they ate every last bit of the food; **sin dejar ~** without (a) trace
B (mercado) flea market
rastrojo *m* **1** (de cereales) stubble; (de hierba) cuttings (*pl*) **2** (Col) (maleza) weeds (*pl*)
rasurador *m*, **rasuradora** *f* (AmC, Méx) electric razor *o* shaver
rasurar [A1] *vt* (AmL) to shave
■ **rasurarse** *v pron* (AmL) to shave
rata¹ *adj* (fam) (tacaño) stingy (colloq), tightfisted (colloq)
rata² *mf* (fam) (tacaño) miser, stingy devil (colloq), tightwad (AmE colloq)
rata³ *f*
A (Zool) rat; ***hacerse la ~*** (RPl fam) to play hooky (esp AmE colloq), to skive off (school) (BrE colloq); ***no se salvó ni una ~*** no one escaped; ***ser más pobre que una ~*** to be as poor as a church mouse
B (Col) (Econ, Mat) (tasa) rate; (razón) ratio; (porcentaje) percentage
ratán *m* rattan
ratero -ra *m,f* (fam) (carterista) pickpocket; (ladrón) petty thief
raticida *m* rat poison
ratificación *f* ratification
ratificar [A2] *vt* ‹*tratado/contrato*› to ratify; ‹*persona*› (en un puesto) to confirm; ‹*noticia*› to confirm
■ **ratificarse** *v pron* **~se EN algo** to reaffirm sth
rato *m* **1** (tiempo breve) while; **hace un ~** a while ago; **ya hace ~ que volvieron** they've been back a while *o* some time now; **espera un ratito** wait a minute (colloq); **en mis ~s libres** *or* **de ocio** in my spare time; **pasé un mal ~** it was terrible; **iré dentro de un ~** I'll go shortly **2** (*en locs*) **a cada rato** (AmL): **me interrumpe a cada ~** he's always interrupting me; **al (poco) rato** shortly afterwards; **al poco ~ de irte tú** shortly *o* just after you left; **al ~ se me quitó el dolor** shortly afterward(s) the pain went; **sólo al ~ me di cuenta** I only realized a little while later; **a ratos** from time to time, now and again; **a ratos perdidos** now and again; ***para ~*** (fam): **tengo para ~** I'll be a while, I'll be some time; **todavía hay para ~** there's still a long way to go; ***pasar el ~*** to while away the time; ***un ~ (largo)*** (Esp fam) a lot; **saber un ~ largo de algo** to know a hell of a lot about sth (colloq)
ratón¹ -tona *m,f* (Zool) mouse
(Compuesto) **ratón de biblioteca** *m* (fam) bookworm
ratón² *m*
A (Inf) mouse
B (AmC) **1** (Coc) *sinewy cut of meat* **2** (fam) (bíceps) biceps; **sacar ~** to flex one's muscles
C (Ven fam) (resaca) hangover
D **ratones** *mpl* (Ur fam) (ínfulas) airs and graces (*pl*)
ratonera *f* **1** (trampa) mousetrap; (madriguera) mousehole **2** (Andes fam) (antro) dive (colloq)
raudal *m* **1** (de agua) torrent **2** **a raudales**: **la luz entraba a ~es** the light streamed in; **tiene dinero a ~es** he has pots *o* stacks of money (colloq); **tiene simpatía a ~es** he's incredibly nice
raudo -da *adj* swift; **bajaban ~s hacia el río** (liter) they rushed headlong toward(s) the river; **salgo hacia allá ~ y veloz** (hum) I'll be there in two shakes of a lamb's tail (colloq & hum)
ravioles, raviolis *mpl* ravioli
raya *f*
A **1** (línea) line; **un vestido a ~s** a striped dress; ***pasarse de la ~*** to overstep the mark, to go too far; ***tener*** *or* ***mantener a algn a ~*** to keep a tight rein on sb **2** (del pantalón) crease **3** (del pelo) part (AmE), parting (BrE); **llevar ~ al** *or* (Esp) **~ en medio** to have a center part *o* centre parting; **hacerse la ~** to part one's hair **4** (Impr) dash; (en morse) dash
B (Zool) ray, skate
rayado¹ -da *adj*
A ‹*papel*› lined, ruled (frml); ‹*tela/vestido*› striped, stripy (colloq)
B [ESTAR] (AmS fam) (loco) screwy (colloq), nutty (colloq)
rayado² *m* (en papel) lines (*pl*), ruling; (en tela, vestido) stripes (*pl*)
rayano -na *adj* **~ EN algo** bordering ON sth
rayar [A1] *vt* **1** ‹*pintura/mesa*› to scratch; **le ~on el coche** someone scratched her car **2** (garabatear) to scrawl
■ **rayar** *vi*
A (dejar marca) to scratch
B (aproximarse) **~ EN algo** to border ON sth, verge ON sth; **debe estar rayando (en) los cincuenta** he must be getting on for *o* pushing fifty (colloq)
C (liter) (amanecer): **al ~ el alba** at the break of day (liter)
D (Méx) «*obreros*» to get one's wages, get paid
■ **rayarse** *v pron*
A «*superficie*» to get scratched; **este suelo se raya con facilidad** this floor scratches easily
B (AmS fam) (volverse loco) to crack up (colloq)
rayo *m*
A (Fís) ray; **un ~ de luz** a ray *o* beam (of light); **un ~ de esperanza** a ray of hope; **un ~ de luna** a moonbeam
(Compuestos)
- **rayo láser** laser beam
- **rayos cósmicos** *mpl* cosmic rays (*pl*)
- **rayos gamma** *mpl* gamma rays (*pl*)
- **rayos infrarrojos/ultravioleta** *mpl* infrared/ultraviolet rays (*pl*)
- **rayos X** *mpl* X-rays (*pl*)

B (Meteo) bolt (of lightning); ***como un ~*** (fam) ‹*salir/pasar*› to go out/shoot by like greased lightning (colloq); ***echar ~s y centellas*** to fume (colloq); ***que te/lo parta un ~*** (fam) **¡que te parta un ~!** you can go to hell for all I care! (colloq)**ellos se van y a mí que me parta un ~** they go off and don't give a damn about me! (colloq)
C (fam) (persona viva, despierta): **es un ~** he's razor-sharp
D (AmL) (de rueda) spoke
rayón *m* rayon
rayuela *f* **1** (juego de adultos) *game similar to pitch-and-toss* **2** (RPl) (juego de niños) hopscotch
raza *f*
A (etnia) race; (Agr, Zool) breed; **un perro de ~** a pedigree dog
B (Per fam) (descaro) nerve (colloq)

r

razón *f*

A (motivo, causa) reason; **la ~ por la que te lo digo** the reason (that) I'm telling you; **¿por qué ~ lo hiciste?** why did you do it?; **no sé la ~ que lo movió a hacerlo** I don't know what made him do that; **se enojó y con ~** she got angry and rightly so; **con ~ o sin ella** rightly or wrongly; **se quejan sin ~/con ~** they're complaining for no good reason/they have good reason to complain; **¡con ~ no contestaban!** no wonder they didn't answer!; **por una u otra ~** for one reason or another; **~ de más para ...** all the more reason to ...; **por razones de seguridad** for security reasons; **en ~ de** because of; **en ~ de los últimos sucesos** in view of *o* owing to recent events; ***atender*** *or* ***atenerse*** *or* ***avenirse a razones*** to listen to reason

(Compuesto) **razón social** registered name

B (información): **Ⓢ razón: portería** inquiries to the doorman (AmE) *o* (BrE) porter; **Ⓢ razón: 874256** call 874256; ***dar ~ de algo/algn*** to give information about sth/sb; **nadie le dio ~** (fam) no one could help him

(Compuestos)
- **razón de ser** raison d'être (frml); **ese problema no tiene ~ de ~** there's no reason why there should be any problem
- **razones de Estado** *fpl* reasons of State (*pl*)

C (verdad, acierto): **la ~ está de su parte** he's in the right; **tener** *or* **llevar ~** to be right; **tuve que darle la ~** I had to admit she was right; **tienes toda la ~** (fam) you're absolutely right

D **1** (inteligencia) reason; **actuó guiado por la ~** he was guided by reason; **desde que tengo uso de ~** for as long as I can remember **2** (cordura) reason; **entrar en ~** to see reason *o* sense; **perder la ~** to go out of one's mind; (en sentido hiperbólico) to take leave of one's senses

E (Mat) ratio; **salimos a ~ de 500 pesos cada uno** it came out at 500 pesos each

razonable *adj* reasonable

razonado -da *adj* reasoned, well-reasoned

razonamiento *m* reasoning

razonar [A1] *vi* to reason
- **razonar** *vt*: **¿has razonado bien tu decisión?** have you thought carefully about your decision?; **razonó que ...** she reasoned that ...

razzia *f* (CS) raid

Rbo. = **recibo**

R.D. *m* = **Real Decreto**

RDSI *f* (= **Red Digital de Servicios Integrados**) ISDN

re *m* (nota) D; (en solfeo) re, ray; **~ bemol/sostenido** D flat/sharp; **en ~ mayor/menor** in D major/minor

reabastecer [E3] *vt* (de combustible) to refuel; (de víveres) to resupply
- **reabastecerse** *v pron* ‹‹*ejército*›› to replenish supplies (frml); ‹‹*familia*›› (fam) to get more supplies *o* provisions; **~se DE algo** ‹*de combustible*› to refuel; ‹*de víveres*› to get more supplies

reabrir [I33] *vt* to reopen
- **reabrirse** *v pron* to reopen

reacción *f*

A (Fís, Quím, Med) reaction

(Compuesto) **reacción en cadena/nuclear** chain/nuclear reaction

B (ante situación, noticia) reaction

C (Pol) (AmL) right wing

reaccionar [A1] *vi*

A (Fís, Quím) to react; **~ A/CON algo** to react TO/WITH sth

B (ante situación, noticia) to react; **~ A** *or* **FRENTE A** *or* **ANTE** *or* **A algo** to react TO sth; **~ CONTRA algo** to react AGAINST sth

reaccionario -ria *adj/m,f* reactionary

reacio -cia *adj* reluctant; **se mostró ~ a aceptarlo** he was unwilling *o* reluctant to accept it

reacondicionamiento *m* (de motor) reconditioning; (de edificio) conversion; (de vehículo) adaptation; **los trabajos de ~ del puente** the renovation work on the bridge

reacondicionar [A1] *vt* ‹*motor*› to recondition; **lo ~on como museo** they converted it into a museum

reactivar [A1] *vt* to reactivate, revive

reactor *m*

A (Fís) reactor

(Compuesto) **reactor nuclear** nuclear reactor

B (Aviac) (motor) jet engine; (avión) jet (plane)

readaptación *f* (a situación) readjustment; (de obrero) retraining

readaptar [A1] *vt* ‹*obrero*› to retrain
- **readaptarse** *v pron* **1** (a una situación) to readjust **2** ‹‹*obrero*›› to retrain

readmisión *f* (de empleado) reemployment; (de alumno) readmission

readmitir [I1] *vt* ‹*trabajador*› to reemploy; ‹*alumno*› to readmit

reafirmar [A1] *vt* to reaffirm, reassert

reagrupación *f* regrouping

reagrupar [A1] *vt* to regroup
- **reagruparse** *v pron* to regroup

reajustar [A1] *vt* (cambiar) to adjust; (cambiar de nuevo) to readjust

reajuste *m* adjustment

(Compuestos)
- **reajuste ministerial** cabinet reshuffle
- **reajuste salarial** wage settlement

real[1] *adj*

A (verdadero, no ficticio): **un hecho ~** a true story; **en la vida ~** in real life; **historias de la vida ~** real-life *o* true-life stories

B (de la realeza) royal; **la familia ~** the royal family

C (fam) (uso expletivo): **porque me da la ~ gana** because I damn well want to (colloq)

real[2] *m*

A **1** (Hist) real (*old Spanish coin*); ***no valer un ~*** (fam) to be worth nothing **2** (Fin) real (*Brazilian unit of currency*) **3** **reales** *mpl* (AmC fam) (dinero) cash (colloq)

B (Mil) camp; ***sentar*** *or* ***establecer sus*** *or* ***los ~es*** ‹‹*ejército*›› to set up camp; ‹‹*persona*›› to install oneself

realce *m*

A **1** **dar ~ A algo** ‹*a belleza/figura*› to enhance sth; **las estrellas invitadas dieron ~ al festival** the star guests added luster to the festival **2** (en costura) relief **3** (Tec) embossing

B (importancia) significance

realeza *f* **1** (cualidad) royalty **2** **la ~** (personas) the royal family

realidad *f* reality; **ésa es la dura ~** those are the harsh facts; **la ~ paraguaya** the reality of life *o* of the situation in Paraguay; **hacer frente a la ~** to face up to reality; **en ~** in reality, actually

realismo *m* realism

> **Realismo Mágico**
>
> A term applied to the work of certain twentieth-century Latin American novelists, in particular the Colombian Gabriel García Márquez, the Chilean Isabel Allende, the Argentinian Jorge Luis Borges and the Cuban Alejo Carpentier. The common characteristic, found for example in García Márquez's *Cien años de soledad* (One Hundred Years of Solitude), is the realistic treatment of unrealistic or fantasy situations

realista[1] *adj* (pragmático) realistic; (Art, Lit, Fil) realist

realista[2] *mf* realist

realizable *adj* feasible, practicable

realización *f*

A (de tarea) carrying out, execution (frml); (de sueños, deseos) fulfillment*, realization

B (Cin, TV) production

C (de bienes) realization, disposal; **~ de beneficios** *or* (AmL) **utilidades** profit-taking

realizado -da *adj* fulfilled*

realizador -dora *m,f* producer

realizar [A4] *vt*

A **1** ‹*tarea*› to carry out, execute (frml); ‹*viaje/visita*› to make; ‹*prueba/entrevista*› to conduct; ‹*encuesta*› to carry out; **realizan gestiones para ...** they are taking the necessary steps to ...; **realizó una magnífica labor** she did a magnificent job **2** ‹*ambiciones/ilusiones*› to fulfill*, realize

r

B (Cin, TV) to produce
C (Com, Fin) **1** ‹*bienes*› to realize, dispose of, sell **2** ‹*compra/inversión*› to make; **~ ventas por valor de ...** to sell goods to the value of ...
■ **realizarse** *v pron* «*sueños/ilusiones*» to come true, be realized; «*persona*» to fulfill* oneself

realmente *adv* really, in fact

realzar [A4] *vt* **1** ‹*belleza/figura*› to enhance, set off, ‹*color*› to highlight, bring out **2** (Tec) to emboss

reanimación *f* (restablecimiento) revival; (tras accidente, ataque) resuscitation

reanimar [A1] *vt* to revive
■ **reanimarse** *v pron* (recobrar fuerzas) to revive; (recobrar el conocimiento) to come to *o* around

reanudación *f* (frml) resumption

reanudar [A1] *vt* (frml) ‹*conversaciones/negociaciones/viaje*› to resume; ‹*hostilidades*› to renew, resume; **~án las clases mañana** they go back to school tomorrow; **~on el viaje** they resumed their journey
■ **reanudarse** *v pron* to resume

reaparecer [E3] *vi* «*publicación/persona*» to reappear; «*artista*» to make a comeback

reaparición *f* (de publicación, persona) reappearance; (de artista) comeback

reapertura *f* reopening

rearmar [A1] *vt* to rearm
■ **rearmarse** *v pron* to rearm

rearme *m* rearmament

reasumir [I1] *vt* ‹*poder/responsabilidad*› to reassume, take over ... again; ‹*cargo/funciones*› to resume

reata *f* **1** (Méx) (cuerda) rope **2** (Méx) (Agr) lasso **3** (Col) (correa) cartridge belt

reavivar [A1] *vt* to revive
■ **reavivarse** *v pron* to be revived

rebaja *f* **1** (descuento) discount, reduction; **nos hicieron una ~ del 10%** they gave us a 10% discount *o* reduction; **Ⓢ grandes rebajas** big reductions; **¿no me haría una rebajita?** couldn't you give me a discount?, couldn't you knock a bit off the price? (colloq); **de ~** reduced **2** **rebajas** *fpl* (saldos) sale, sales (*pl*); **las ~s de verano** the summer sales; **están en** *or* **de ~s** there's a sale on, they're having a sale

rebajar [A1] *vt*
A ‹*precio*› to lower, bring ... down; ‹*artículo*› to reduce; **me rebajó $200** he took $200 off; **me lo rebajó a $3.500** he brought the price down to $3,500
B ‹*pintura/solución*› to dilute, thin
C **1** (achicar, acortar): **~ un poco la puerta** to cut/saw/plane a little off the door **2** ‹*terreno*› to lower (the level of) **3** ‹*peso/kilos*› to lose
D (humillar) to humiliate; (bajar): **fue rebajado de categoría** it was relegated to a lower category *o* downgraded
■ **rebajar** *vi* (humillar) to degrade, be degrading
■ **rebajarse** *v pron* **~se A + INF** to lower oneself TO -ING; **no pienso ~me a pedirle perdón** I'm not going to lower myself to asking him to forgive me; **~se ANTE algn** to humble oneself BEFORE sb

rebalsar [A1] *vi* (CS) to overflow
■ **rebalsar** *vt* (CS): **las lluvias ~on el río** the rains caused the river to burst its banks; **lo llenó hasta ~lo** she filled it to overflowing
■ **rebalsarse** *v pron* (CS) «*agua/cauce/vaso*» to overflow; **se rebalsó el río** the river burst its banks

rebanada *f* slice

rebanar [A1] *vt* to slice, cut

rebañar [A1] *vt* ‹*salsa*› to mop up (colloq); ‹*plato/recipiente*› to wipe ... clean

rebaño *m* (de ovejas) flock; (de cabras) herd

rebasar [A1] *vt*
A (sobrepasar): **el agua ha rebasado el límite** the water has risen above the limit; **~ un punto** to go past *o* beyond a point; **~ el límite de velocidad** to exceed *o* go over the speed limit; **había rebasado los 40 años** he was over 40 years old; **los resultados rebasan todas las previsiones** the results exceed *o* surpass all predictions; **rebasa los límites de lo verosímil** it goes beyond the bounds of credibility; **su fama rebasa nuestras fronteras** her fame extends beyond our borders
B (Méx) (Auto) to pass, overtake
■ **rebasar** *vi* (Méx) to pass, overtake (BrE)

rebatinga *f* (Méx fam) ***andar*** *o* ***estar a la ~*** to argue, quarrel

rebatir [I1] *vt* to refute

rebato *m* surprise attack; ***tocar a ~*** to sound the alarm

rebeca *f* (Esp) cardigan

rebelarse [A1] *v pron* to rebel; **~ CONTRA algn/algo** to rebel AGAINST sb/sth

rebelde[1] *adj* **1** ‹*tropas/ejército*› rebel (*before n*) **2** ‹*niño/carácter*› unruly, rebellious **3** ‹*tos*› persistent; ‹*mancha*› stubborn **4** (Der) defaulting (*before n*)

rebelde[2] *mf* (Mil, Pol) rebel; (Der) defaulter

rebeldía *f* **1** (cualidad) rebelliousness **2** (Der): **declarar a algn en ~** to declare sb to be in default; **juzgar a algn en ~** to try sb in his/her abscence

rebelión *f* rebellion, uprising

rebenque *m* (CS) riding crop

reblandecer [E3] *vt* to soften
■ **reblandecerse** *v pron* to become *o* go soft

reblandecimiento *m* softening

rebobinar [A1] *vt* to rewind

reborde *m* (de tela) edging, border; (de mesa) edge; (de bandeja) rim

rebosante *adj* **~ DE algo** ‹*de alegría/optimismo*› brimming WITH sth; ‹*de vino/agua*› filled to the brim WITH sth

rebosar [A1] *vi* **1** **~ DE algo** ‹*de felicidad/entusiasmo*› to brim *o* bubble over WITH sth; **rebosa de salud** she's bursting *o* brimming with health **2** «*agua/embalse*» to overflow; «*lugar*»: **el estadio rebosaba de gente** the stadium was full to bursting
■ **rebosar** *vt* ‹*alegría/felicidad*›: **rebosaba felicidad** she was radiant with happiness

rebotado -da (fam) (*m*) ex-priest (*o* ex-monk *etc*); (*f*) ex-nun

rebotar [A1] *vi* «*pelota/piedra*» to bounce; «*bala*» to ricochet

rebote *m* **1** (al golpear algo): **la pelota dio un ~ en el poste** the ball bounced off the post; ***de ~***: **esta medida nos afecta de ~** this measure has an indirect effect on us; **la pelota entró de ~** the ball went in on the rebound **2** (en baloncesto) rebound

rebozar [A4] *vt* to coat ... in batter (*o* in egg and breadcrumbs *etc*)

rebozo *m* (AmL) (Indum) shawl, wrap; ***sin ~*** openly, frankly

rebrotar [A1] *vi* to produce *o* sprout new shoots

rebujo *m* (de papel) ball; (de trapos, hilos) mass, tangle

rebullir [I9] *vi* «*persona*» to move, stir
■ **rebullir** *vt* (Col) ‹*café/té*› to stir

rebuscado -da *adj* (complicado) over-elaborate, roundabout; (afectado) affected, recherché

rebuscar [A2] *vi*: **rebuscó entre los papeles** he searched through the papers; **rebusqué en sus bolsillos** I went through *o* searched his pockets; **rebuscaba en la basura** he was rummaging about in the garbage

rebuznar [A1] *vi* to bray

rebuzno *m* (sonido) bray; (sucesión de sonidos) braying

recabar [A1] *vt* **1** ‹*información/apoyo/votos*› to obtain, gather; ‹*ayuda*› to obtain, get; ‹*fondos*› to raise; ‹*firmas*› to collect; **recabó el respaldo de los ciudadanos** he asked the people to support him **2** ‹*derecho/libertad*› to claim

recadero *m* messenger, runner

recado *m*
A **1** (mensaje) message; **le mandó ~ de que volviera** she sent word that he should return **2** (Esp) (encargo, diligencia) errand; **hacer un ~** to run an errand
B (RPl) (Equ) tack

recaer [E16] *vi*
A «*enfermo*» to have *o* suffer a relapse
B **1** «*sospechas/responsabilidad*» **~ SOBRE algn** to fall ON sb **2** «*premio/nombramiento*» **~ EN algn** to go TO sb

recaída *f* relapse; **tener una ~** to have a relapse

recalcar [A2] *vt* to stress, emphasize; **les recalcó que ...** she stressed *o* she emphasized that...

r

recalcitrante *adj* ‹*persona/actitud*› recalcitrant; **es enemigo ~ de la música moderna** he is a declared *o* sworn enemy of modern music

recalentamiento *m* overheating

(Compuesto) **recalentamiento global** global warming

recalentar [A5] *vt* 1 ‹*motor*› to cause ... to overheat 2 ‹*comida*› to heat up, warm up; **¿puedes ~lo?** can you heat *o* warm it up?; **me dio un guiso recalentado** he gave me some reheated stew

■ **recalentarse** *v pron* to overheat, become overheated

recámara *f*

A (Méx) (dormitorio) bedroom; (muebles del dormitorio): **comprar una ~** to buy some bedroom furniture

B (Arm) chamber

recamarera *f* (Méx) chambermaid

recambio *m* 1 (Auto, Mec) spare (part); **rueda de ~** spare wheel 2 (de bolígrafo) refill

recapacitar [A1] *vi* to reconsider, think again; **~ SOBRE algo** to reconsider sth

recapitulación *f* summing up, recap

recapitular [A1] *vi* to sum up, recap

■ **recapitular** *vt* to sum up

recargable *adj* ‹*batería/pila*› rechargeable; ‹*encendedor/pluma*› refillable

recargado -da *adj* ‹*decoración*› overelaborate, excessively ornate; ‹*texto*› overwritten; (de trabajo) overloaded

recargar [A3] *vt*

A 1 ‹*decoración*› to overdo; **han recargado la habitación con cuadros** they've cluttered the room up with pictures 2 ‹*texto*› to overwrite

B ‹*batería*› to recharge; ‹*mechero/estilográfica*› to refill; ‹*arma/programa*› to reload

C 1 (en un pago) (+ *me/te/le etc*): **le ~on un 10%** they charged him 10% extra 2 **~ a algn DE algo** ‹*de trabajo*› to overload sb WITH sth

■ **recargarse** *v pron* (Col, Méx, Ven) (apoyarse) **~se CONTRA algo** to lean AGAINST sth

recargo *m*: **un ~ del veinte por ciento** a twenty per cent surcharge; **entrega a domicilio sin ~** home delivery service at no extra charge

recatado -da *adj* (pudoroso) demure, modest; (reservado) reserved

recatarse [A1] *v pron*: **lo dijo sin ~** he said it quite openly

recato *m* 1 (pudor) modesty 2 (reserva) reserve

recauchado, (Esp) **recauchutado** *m* retreading, remolding•

recauchar, (Esp) **recauchutar** [A1] *vt* to retread, remold•

recaudación *f* 1 (acción) collection 2 (ganancia — en tienda) takings (*pl*); (— en cine) box office receipts (*pl*); (— en estadio) gate

recaudador -dora *m,f*: *tb* **~ de impuestos** tax collector

recaudar [A1] *vt* to collect

recaudo: **a buen ~** in a safe place

recelar [A1] *vi* **~ DE algo/algn** to be suspicious OF sth/sb, distrust sth/sb

■ **recelar** *vt* to suspect

recelo *m* suspicion, distrust; **miran con ~ a sus líderes** they regard their leaders distrustfully

receloso -sa *adj*: **me miró ~** he looked at me suspiciously *o* distrustfully; **~ DE algo** suspicious OF sth, distrustful OF sth

recepción *f*

A 1 (de mercancías) receipt (frml) 2 (Rad, Telec) reception 3 (acogida) reception; **una calurosa ~** a warm reception

B (fiesta, ceremonia) reception

C (en hotel) reception; **pregunta en ~** ask at reception *o* at the desk

recepcionista *mf* receptionist

receptáculo *m* receptacle

receptividad *f* receptiveness, receptivity; **tener ~** to be receptive

receptivo -va *adj* receptive

receptor -tora *m,f*

A (Med, Ling) recipient

B (Dep) (en fútbol americano) receiver; (en béisbol) catcher

C **receptor** *m* (Rad) radio, receiver; (TV) television (receiver *o* set)

recesión *f* recession

recesivo -va *adj* recessive

receso *m* (AmL) recess; **estar/entrar en ~** to be/go into recess; **pidió al juez un ~** he asked the judge for an adjournment

receta *f* (Coc) recipe; (Med) prescription

recetar [A1] *vt* to prescribe

recetario *m* (Coc) recipe book, cookery book (BrE); (Farm, Med) prescription pad

rechazar [A4] *vt* 1 ‹*invitación/propuesta/individuo*› to reject; ‹*moción/enmienda*› to defeat; ‹*oferta/trabajo*› to turn down 2 ‹*ataque/enemigo*› to repel, repulse 3 (Med) ‹*órgano*› to reject

rechazo *m* (de invitación, individuo, órgano) rejection; (de moción, enmienda) defeat

rechifla *f* whistling (*as a sign of disapproval*), ≈ booing; **hubo una gran ~** there was a lot of booing from the audience

rechiflar [A1] *vt* to whistle at (*as a sign of disapproval*), ≈ to boo

rechinar [A1] *vi* «*polea/bisagra*» to creak, squeak; **le rechinan los dientes mientras duerme** he grinds his teeth in his sleep

rechinón *m* (Méx) screech

rechistar [A1] *vi* (en frases negativas): **cómetelo sin ~** eat it up and no arguments; **lo aguantó todo sin ~** he put up with it all without saying a word

rechoncho -cha *adj* (fam) dumpy (colloq), short and fat

rechupete (fam): **de ~** (*loc adj*) ‹*comida*› delicious, scrumptious (colloq)

recibí *m* receipt

recibidor *m* entrance hall

recibimiento *m* reception

recibir [I1] *vt*

A 1 ‹*carta/paquete*› to receive, get; ‹*mercancías*› to receive; **recibió muchos regalos** she got lots of gifts; **¿han recibido el libro que pedí?** has the book I ordered come in yet? 2 (Rad, TV) to receive 3 ‹*ayuda/llamada/oferta*› to receive; **¿recibiste mi recado?** did you get my message?; **ha recibido orden de ...** he has been ordered *o* he has received orders to...; **recibió muchas demostraciones de afecto** people showed her a great deal of kindness; **recibe el nombre de ...** it is called ...; **reciba un atento saludo de ...** (Corresp) sincerely yours (AmE), yours faithfully/sincerely (BrE); **recibe un fuerte abrazo...** (Corresp) best wishes; **reciba nuestra más cordial felicitación** (frml) please accept our warmest congratulations (frml)

B ‹*persona/visita*› to receive; **~ a algn con los brazos abiertos** to welcome sb with open arms; **van a ir a ~lo** they are going to meet him; **el encargado la ~á enseguida** the manager will see you right away

C (acoger) ‹*propuesta/oferta*› (+ *compl*) to receive; **recibieron la sugerencia fríamente** the suggestion met with *o* received a cold reception

D ‹*peso/carga*› to support

■ **recibir** *vi*: **recibe los jueves** she sees *o* receives visitors on Thursdays; **el doctor no recibe hoy** the doctor does not have office hours (AmE) *o* (BrE) surgery today

■ **recibirse** *v pron* (AmL) (Educ) to graduate; **~se DE algo** to qualify AS sth

recibo *m*

A (de pago) receipt; (justificante de compra) (sales) receipt; (de luz, teléfono) bill

B (acción de recibir) receipt; **al ~ de esta carta** (frml) on *o* upon receipt of this letter; ***no ser de ~*** to be unacceptable

reciclado[1] **-da** *adj* recycled

reciclado[2], **reciclaje** *m*

A (de papel, vidrio) recycling

B (de persona) retraining

recicladora *f* (planta) recycling plant; (empresa) recycling company *o* firm

reciclar [A1] *vt*

A ‹*papel/vidrio*› to recycle

r

B ‹*persona*› to retrain
■ **reciclarse** *v pron* «*persona*» to retrain

recién *adv*
A (con participio): **el ~ iniciado curso escolar** the school year that has just begun; **pan ~ hecho** freshly baked bread; **está ~ pintado** it's just been painted; **un huevo ~ puesto** a new-laid egg
(Compuestos)
• **recién casado -da** *m,f* recently married man/woman; **los ~ casados** the newlyweds
• **recién llegado -da** *m,f*: **los ~ ~s** (a población) newcomers; **lo repetiré para los ~ ~s** I'll go over it again for the benefit of the latecomers
• **recién nacido -da** *m,f* newborn baby
B (AmL) **1** (hace poco tiempo) just; **~ llegaron** they have just arrived **2** (sólo ahora) only just; **¿~ te enteras?** you mean you've only just found out? **3** (sólo) only; **¿~ vas por la página 20?** are you only on page 20?; **~ el lunes iré** the first day I'll be able to go is Monday

reciente *adj* recent; **en fecha ~** recently; **esos hechos están todavía ~s** those events are still fresh in people's minds

recinto *m*: **el público abandonó el ~** the public left the premises/building; **~ ferial** (de muestras) showground, exhibition site; (de atracciones) fairground; **el ~ diplomático** the grounds of the embassy; **el ~ donde los enterraban** the enclosure where they were buried

recio[1] -cia *adj* ‹*hombre/aspecto*› robust, sturdy; ‹*lucha*› hard, tough; **en lo más ~ del combate** at the height of the battle

recio[2] *adv* ‹*hablar*› loudly; ‹*llover*› hard

recipiente *m*
A (utensilio) container, receptacle (frml)
B **recipiente** *mf* (persona) recipient

reciprocar [A2] *vi* (AmL) to reciprocate
■ **reciprocar** *vt* (AmL) to return

recíproco -ca *adj* reciprocal; **un sentimiento ~** a mutual feeling

recital *m* (Mús) recital; (de poesía) reading, recital

recitar [A1] *vt* to recite

reclamación *f* **1** (petición, demanda) claim; **una ~ judicial** a legal claim **2** (queja) complaint; **hacer una ~** to lodge *o* make a complaint

reclamar [A1] *vt* **1** «*persona*» ‹*derecho/indemnización*› to claim; (con insistencia) to demand; **reclamó su parte** he claimed his share; **reclaman el derecho al voto** they demand the right to vote **2** «*situación/problema*» to require, demand
■ **reclamar** *vi* to complain; **reclamó ante los tribunales** she took the matter to court; **reclamé contra la multa** I appealed against the fine

réclame, reclame *m* (AmL) commercial, advertisement; **~ publicitario** advertising

reclamo *m*
A **1** (de pájaro) call **2** (para cazar — silbato) birdcall; (— señuelo) lure, decoy
B (esp AmL) (para atraer la atención, provocar interés) lure
C (AmL) (queja) complaint

reclinable *adj* reclining (*before n*)

reclinar [A1] *vt* to rest, lean
■ **reclinarse** *v pron*: **reclínate un poco** lean *o* lie back a little; **reclinado contra la pared** leaning against the wall

recluir [I20] *vt* (en prisión) to imprison; (en hospital psiquiátrico), to intern (frml)
■ **recluirse** *v pron* to shut oneself away; **desde la muerte de su mujer se ha recluido** since the death of his wife he has been a recluse/lived as a recluse; **se recluía en su cuarto para escribir** she would shut herself away in her room to write

reclusión *f* imprisonment
(Compuesto) **reclusión perpetua** life imprisonment

recluso[1] -sa *adj*: **la población reclusa** the prison population

recluso[2] -sa *m,f* prisoner, inmate

recluta *mf* (Mil) recruit; (en servicio militar) conscript, recruit

reclutamiento *m* recruitment, recruiting

reclutar [A1] *vt* to recruit

recobrar [A1] *vt* **1** ‹*confianza*› to regain; ‹*salud/vista*› to recover; **~ el conocimiento** *or* **el sentido** to come to *o* round, to regain consciousness; **~ las fuerzas** to recover one's strength; **la ciudad recobró la normalidad** the city returned to normal **2** ‹*dinero/botín/joyas*› to recover, retrieve **3** ‹*ciudad/plaza fuerte*› to recapture
■ **recobrarse** *v pron* **~se DE algo** ‹*de enfermedad/susto*› to recover FROM sth, get over sth; ‹*de pérdidas económicas*› to recoup sth

recocido -da *adj* overcooked, overdone

recodo *m* bend; **en un ~ del camino** at a bend in the road

recogedor *m* dustpan

recogepelotas *mf* (*pl* ~) (*m*) ball boy; (*f*) ball girl

recoger [E6] *vt*
A **1** (levantar) to pick up; **lo recogió del suelo** she picked it up off the floor; **recogí el agua con un trapo** I mopped the water up; **recoge estos vidrios** clear up this broken glass **2** ‹*casa/habitación*› to straighten (up) (AmE), to tidy (up) (BrE); **~ la mesa** to clear the table
B **1** ‹*dinero/firmas*› to collect **2** ‹*deberes/cuadernos*› to collect, take in; **~ la ropa del tendedero** to bring the washing in **3** ‹*trigo/maíz*› to harvest, gather in; ‹*fruta*› to pick; ‹*flores/hongos*› to pick, gather; **no llegó a ~ el fruto de su trabajo** he was unable to reap the fruits of his labor **4** ‹*tienda de campaña/vela*› to take down **5** ‹*pelo*›: **le recogió el pelo en una cola** he put her hair into a ponytail
C (recibir y retener) ‹*agua/polvo*› to collect
D (ir a buscar) ‹*persona*› to pick up, fetch, collect; ‹*paquete*› to collect, pick up; ‹*basura*› to collect; **el autobús pasará a ~nos a las ocho** the bus will come by to collect us *o* pick us up at eight; **¿puedes ~ el traje de la tintorería?** can you fetch *o* pick up the suit from the dry-cleaners?; **fui a ~ mis cosas** I went to get *o* to pick up my things
E ‹*huérfano/gatito*› to take in
F «*foto*» ‹*instantánea/momento*› to capture; «*novela*» ‹*ambiente/contexto social*› to depict; **el informe no recoge estas estadísticas** these statistics do not figure *o* appear in the report; **el espectáculo recoge tres de sus obras breves** the show brings together three of his short works
■ **recoger** *vi* (guardar) to clear up, to straighten up (AmE), to tidy up (BrE)
■ **recogerse** *v pron*
A (volver a casa) to go home; (ir a la cama) to go to bed, retire; (para meditar, rezar) to withdraw
B ‹*pelo*› to tie up; **~se el pelo en un moño** to put one's hair up in a bun

recogida *f* **1** (de basura, correo) collection **2** (Agr) harvest **3** (Col) (Mil) retreat

recogido -da *adj* ‹*vida*› quiet; ‹*lugar*› secluded

recogimiento *m* (meditación) withdrawal; (devoción) devotion; **una vida de ~** a secluded life

recolección *f* **1** (Agr) (acción) harvest; (temporada) harvest, harvest-time **2** (de fondos, dinero) collection

recolectar [A1] *vt* **1** ‹*trigo*› to harvest, gather in; ‹*fruta*› to pick, harvest **2** ‹*dinero*› to collect

recolector -tora *m,f* (de cereales) harvester; (de fruta) picker

recoleto -ta *adj* ‹*ambiente*› peaceful; ‹*playa*› secluded

recomendable *adj*: **es un lugar muy poco ~** it's not a place I'd recommend; **libros no ~s para niños** books not suitable for children; **es ~ reservar** it is advisable to book (in advance)

recomendación *f* **1** (consejo): **lo hizo por ~ mía** he did it on my recommendation *o* advice; **ignoró mis recomendaciones** she ignored my advice **2** (para empleo) reference, recommendation

recomendado -da *adj*
A ‹*método/producto*› recommended; **viene ~ por ...** he's been recommended by ...; **Ⓢ no recomendada para menores de 15 años** not suitable for under-15s
B (Col, Ur) ‹*carta*› registered

recomendar [A5] *vt* **1** ‹*libro/restaurante*› to recommend **2** (para empleo) to recommend, put forward **3** (aconsejar) to advise; **no te lo recomiendo** I wouldn't advise it

recomienda, recomiendas, etc *see* **recomendar**

recompensa *f* reward; **le dieron 200 dólares de ~** he was given a 200-dollar reward

recompensar [A1] *vt* to reward

reconcentrar [A1] *vt* **1** ‹*solución*› to concentrate, make ... more concentrated **2** ‹*ejército/tropas*› to concentrate **3** ‹*interés/cariño*› **~ algo EN algn/algo** to focus *o* concentrate sth ON sb/sth

reconciliación *f* reconciliation

reconciliar [A1] *vt* to reconcile

■ **reconciliarse** *v pron*

A **1** **~se CON algn** to make (it) up WITH sb **2** **~se CON algo** ‹*con idea/postura*› to reconcile oneself TO sth

B (*recípr*) ‹‹*amigos/novios*›› to be reconciled (frml), to make (it) up

recóndito -ta *adj* ‹*lugar/rincón*› remote; **en lo más ~ de su corazón** in the very depths of her heart (liter)

reconfortante *adj* ‹*palabras/pensamientos*› comforting; ‹*baño*› relaxing

reconfortar [A1] *vt* to comfort; **esta sopa te ~á** this soup will make you feel better

reconocer [E3] *vt*

A **1** ‹*hecho/error*› to admit; **hay que ~ que...** you can't deny that ..., you have to admit that ...; **reconoció que existían diferencias** he acknowledged that there were differences **2** ‹*hijo/gobierno/derecho*› to recognize; **los derechos que te reconoce la ley** the rights which are yours by law

B (identificar) ‹*persona/letra/voz*› to recognize; **no te había reconocido** I didn't recognize you

C **1** ‹*paciente/enfermo*› to examine **2** ‹*terreno*› to reconnoiter*

■ **reconocerse** *v pron* (confesarse) (+ *compl*): **se reconoció culpable** he admitted that he was guilty

reconocido -da *adj* (frml) indebted (frml), obliged (frml); **le estoy** *or* **quedo muy ~** I am very much obliged to you

reconocimiento *m*

A **1** (Med) *tb* **~ médico** medical (examination) **2** (de territorio) reconnaissance

B (frml) **1** (aprobación) recognition; **en ~ por** *or* **a algo** in recognition of sth; **nunca obtuvo el ~ que merecía** he never received the recognition *o* acknowledgment he deserved; **quiero manifestar mi ~ por ...** I should like to show my appreciation for ... **2** (de hecho) recognition

C (legitimación) recognition

reconquista *f* **1** (de territorio) reconquest **2** **la R~** the Reconquest

> **Reconquista**
>
> The period in Spain's history during which the Christian kingdoms slowly recovered the territories occupied by the Moslem Moors of North Africa. The Moorish invasion of the Iberian peninsula began in 711 AD and was halted at the Battle of Covadonga in Asturias, in 718. The expulsion of the last Moorish ruler of the kingdom of Granada in 1492 completed the Reconquest. The intervening 781 years saw periods of conflict and coexistence between Moors and Christians. Alliances of Moorish and Christian kingdoms against mutual enemies were not unknown

reconquistar [A1] *vt* ‹*territorio*› to reconquer, regain; ‹*cariño/afecto*› to win back

reconsiderar [A1] *vt* to reconsider

reconstituir [I20] *vt* **1** ‹*alimentos*› to reconstitute **2** ‹*escena*› to reconstruct

■ **reconstituirse** *v pron* ‹‹*tejidos*›› to regenerate

reconstituyente *m* tonic, restorative

reconstrucción *f* (de edificio, ciudad) reconstruction, rebuilding; (de suceso) reconstruction

reconstruir [I20] *vt* ‹*edificio/ciudad*› to reconstruct, rebuild; ‹*suceso/hechos*› to reconstruct

reconvenir [I31] *vt* ‹*persona*› to chide, scold

reconversión *f* (reestructuración) restructuring, rationalization; (de trabajador) *tb* **~ profesional** retraining

(Compuesto) **reconversión industrial** restructuring *o* rationalization of industry

reconvertir [I11] *vt* ‹*industria*› to rationalize, restructure; ‹*profesional*› to retrain

recopilación *f* compilation, collection

recopilador -dora *m,f* compiler

recopilar [A1] *vt* to compile, gather together

récord[1], **record** *adj inv* record (*before n*); **en un tiempo ~** in record time

récord[2], **record** *m* (*pl* **-cords**) record; **batir un ~** to break a record; **posee el ~ mundial en jabalina** she holds the world javelin record

recordar [A10] *vt*

A **1** ‹*nombre/fecha*› to remember, recall; **soy muy malo para ~ fechas** I'm very bad at remembering dates; **recuerdo que lo puse ahí** I remember *o* recall putting it there **2** (rememorar) to remember; **~ viejos tiempos** to remember old times; **recuerdo esa época con cariño** I have fond memories of that time

B **1** (traer a la memoria) **~le A algn/algo QUE + SUBJ** to remind sb ABOUT sth/to + INF; **recuérdale lo de la cena/que los llame** remind him about the supper/to call them about the supper; **les recuerdo que ...** I would like to remind you that ... **2** (por asociación, parecido) to remind; **su forma recuerda la de una calabaza** its shape reminds one of a pumpkin; **estos versos recuerdan a Neruda** these verses are reminiscent of Neruda; (+ *me/te/le etc*) **esto me recuerda que ...** this reminds me that ...; **me recuerdas a tu hermano** you remind me of your brother

■ **recordar** *vi* (acordarse) to remember; **que yo recuerde ...** as far as I remember ...; **si mal no recuerdo** if I remember right

■ **recordarse** *v pron* (Chi) (acordarse) to remember; **~se DE algo/algn** to remember sth/sb

recordatorio *m* (aviso) reminder; (de comunión, fallecimiento) card (*given as a memento of a first communion, etc*)

recorderis *m* (Col fam): **dame un ~ cuando sean las cinco** give me a shout *o* let me know when it's five o'clock

recorrer [E1] *vt* **1** ‹*país/ciudad*›: **recorrí toda España** I traveled *o* went all over Spain; **~ mundo** to travel all around the world; **recorrimos toda la costa** we went *o* traveled the whole length of the coast; **recorrimos toda la ciudad buscándolo** we scoured the whole city looking for it; **~la** (Chi fam) to live it up (colloq) **2** ‹*distancia/trayecto*› to cover, do **3** (con la mirada): **recorrió la sala con la mirada** he looked around the hall; **recorrí la carta con la vista** I ran my eyes over the letter

■ **recorrerse** *v pron* (*enf*) **1** ‹*ciudad/país*›: **se recorrió toda Europa** she went all over *o* around Europe **2** ‹*distancia/trayecto*› to cover, do

recorrido[1] **-da** *adj* (Andes fam): **es muy ~** he's been around (colloq); he's seen a thing or two (colloq)

recorrido[2] *m*

A **1** (viaje): **un ~ por Perú** a trip around Peru **2** (trayecto) route; **cubrir el ~** to cover the route

B (del émbolo) stroke; (de proyectil) trajectory; (de balón) path

C (en golf) round; (en esquí) run

recortable[1] *adj* cutout (*before n*)

recortable[2] *m* cutout

recortar [A1] *vt*

A **1** ‹*figura/artículo/anuncio*› to cut out; **la escopeta tenía los cañones recortados** the barrels of the shotgun had been sawed off (AmE) *o* (BrE) sawn off **2** ‹*pelo/puntas*› to trim

B ‹*gastos/plantilla*› to reduce

C (Méx fam) (criticar) to tear into (colloq), to pull ... apart (colloq)

■ **recortarse** *v pron* (liter) ‹‹*perfil/figura*›› **~se SOBRE algo** to be outlined *o* silhouetted AGAINST sth

recorte *m*

A (de periódico, revista) cutting, clipping

B (Fin) (acción) cutting; (efecto) cut, reduction; **~s presupuestarios** budget cuts

recostar [A10] *vt* (apoyar) to lean; **recostó la cabeza en la almohada** he laid his head back on the pillow

■ **recostarse** *v pron* **1** (acostarse) to lie down; **recuéstate en el almohadón** lie back on the pillow **2** (apoyarse) to lean; **recostados en el escritorio** leaning on the desk; **estaba recostado en un sillón** he was sitting back in an armchair

r

recoveco *m*: **un camino lleno de ~s** a road full of twists and turns; **en todos los ~s de la casa** in every nook and cranny of the house; **esta ley tiene muchos ~s** this law has lots of ins and outs

recrear [A1] *vt* to recreate
■ **recrearse** *v pron*: **se recreaba viéndolos jugar** she took pleasure in *o* she enjoyed watching them play

recreativo -va *adj* recreational

recreo *m* 1 (diversión): **nos servía de ~** it served as entertainment; **barco/viaje de ~** pleasure boat/trip; **en mis horas de ~** in my leisure time 2 (en el colegio) recess (AmE), break (BrE)

recriminación *f* recrimination, reproach

recriminar [A1] *vt* to reproach

recrudecerse [E3] *v pron* to intensify

recrudecimiento *m*: **se produjo un ~ de los combates** fighting intensified

recta *f* (Mat) straight line; (Dep) straight
(Compuesto) **recta final** (Dep) home stretch

rectal *adj* rectal

rectangular *adj* rectangular

rectángulo *m* rectangle

rectificación *f*
A (de información, error) correction, rectification (frml)
B (de carretera) straightening

rectificar [A2] *vt*
A ‹*persona*› to correct; ‹*información/error*› to correct, rectify (frml)
B ‹*carretera/trazado*› to straighten
■ **rectificar** *vi* (corregirse) to correct oneself

rectilíneo -nea *adj* rectilinear

rectitud *f* rectitude (frml), honesty

recto[1] -ta *adj* 1 ‹*línea/nariz/falda*› straight 2 (honrado) honest, upright

recto[2] *m*
A (Anat) rectum
B (Impr) right-hand page, recto (tech)
C (en boxeo): **un ~ de izquierda** a straight left

recto[3] *adv* straight; **todo ~** straight on

rector[1] -tora *adj* ‹*idea/principio*› guiding (*before n*); ‹*órgano*› governing (*before n*)

rector[2] -tora *m,f* (de universidad) rector (AmE), vice-chancellor (BrE)

rectorado *m* (cargo) rectorship (AmE), vice-chancellorship (BrE); (oficina) rector's (AmE) *o* (BrE) vice-chancellor's office

recua *f* (de caballerías) train; **una ~ de chiquillos** a string *o* drove of kids (colloq)

recuadro *m* box

recubrir [I33] *vt* **~ algo DE** *or* **CON algo** to cover sth WITH sth; **una pared recubierta de azulejos** a tiled wall

recuento *m* (de votos) recount; **al hacer ~ de la jornada ...** looking back at the day's events ...

recuerdo *m*
A 1 (reminiscencia) memory; **guardo un grato ~ de la infancia** I have fond childhood memories 2 (souvenir) souvenir; (regalo) memento, keepsake; **me dio una cajita de ~** she gave me a little box as a memento; **es un ~ de familia** it's a family heirloom
B **recuerdos** *mpl* regards (*pl*), best wishes (*pl*); **dale ~s** give him my regards

recular [A1] *vi*
A «*vehículo*» to reverse, back up; «*animal*» to move backward(s); «*persona*» to move back
B (ante tarea, reto) to back out, withdraw

recuperación *f*
A (de enfermo, economía) recovery
B 1 (de dinero, botín) recovery, recouping 2 (de la vista) recovery
C (Esp) (Educ) *tb* **examen de ~** retake, makeup (exam) (AmE)

recuperar [A1] *vt* 1 ‹*dinero/joyas/botín*› to recover, get back; ‹*pérdidas*› to recoup 2 ‹*vista*› to recover; **~ la salud** to get better, recover; **~ fuerzas** to get one's strength back; **~ la confianza en sí mismo** to regain *o* recover one's self-confidence 3 (compensar): **~ el tiempo perdido** to make up for lost time; **tuve que ~ los días que estuve enfermo** I had to make up (for) the days I was off sick 4 ‹*examen/asignatura*› to retake, make up (AmE)
■ **recuperarse** *v pron* **~se DE algo** ‹*de enfermedad*› to recover FROM sth, recuperate FROM sth (frml); ‹*de sorpresa/desgracia*› to get over sth, recover FROM sth

recurrente *adj* 1 (Med) recurring 2 ‹*idea/tema*› recurrent

recurrir [I1] *vi*
A (frente a problema) **~ A algn** to turn TO sb; **~ A algo** to resort TO sth, have recourse TO sth (frml); **~ a la fuerza** to resort to force
B (Der) **~ CONTRA algo** to appeal AGAINST sth
■ **recurrir** *vt* to appeal against

recursivo *adj* (Col) resourceful

recurso *m*
A (medio): **agoté todos los ~s** I exhausted all the options; **como último ~** as a last resort; **un hombre de ~s** a resourceful man
B **recursos** *mpl* (medios económicos — de país) resources (*pl*); (— de persona) means (*pl*); **una familia sin ~s** a family with no means of support
(Compuestos)
• **recursos económicos** *mpl* economic *o* financial resources (*pl*)
• **recursos humanos** *mpl* human resources (*pl*)
• **recursos naturales** *mpl* natural resources (*pl*)
C (Inf) facility, resource
D (Der) appeal; **presentar** *or* **interponer un ~** to lodge an appeal

recusar [A1] *vt* 1 ‹*juez/jurado*› to challenge 2 (rechazar) to reject

red *f*
A 1 (para pescar) net; ***caer en las ~es de algn*** to fall into sb's clutches 2 (Dep) net 3 (para pelo) hairnet 4 (en tren) (luggage) rack
B (de comunicaciones, emisoras, transportes) network; (de comercios, empresas) chain, network; (de espionaje, contrabando) ring; **~ hotelera** hotel chain
C (de electricidad) power supply, mains; (de gas) mains; **antes de conectarlo a la ~** before connecting it to the house current (AmE) *o* (BrE) to the mains
D **la Red** (Inf) the Net

redacción *f*
A 1 (de carta) writing; (de borrador) drafting; (de tratado) drawing-up, drafting 2 (lenguaje, estilo) wording, phrasing
B (Educ) composition, essay
C (Period) 1 (acción) writing 2 (equipo) editorial staff *o* team 3 (oficina) editorial department *o* office

redactar [A1] *vt* ‹*informe/artículo/composición*› to write; ‹*acuerdo/tratado*› to draw up; **una carta bien/mal redactada** a well-written/badly-written letter
■ **redactar** *vi*: **redacta muy bien** she writes very well

redactor -tora *m,f* editor; **~ político/deportivo** political/sports editor; **~ jefe** editor in chief

redada *f* 1 (de policía) raid; **efectuar una ~** to carry out a raid 2 (en pesca) haul, catch

redaños *mpl* (fam) (valor) guts (*pl*) (colloq)

redecilla *f* (para pelo) hairnet

rededor (ant): **en ~** (*loc adv*) around

redención *f* redemption

redentor[1] -tora *adj* redeeming

redentor[2] -tora *m,f* redeemer; **el R~** (Relig) The Redeemer *o* Savior*; ***meterse a ~*** (fam) to poke one's nose in (colloq)

redescubrir [I33] *vt* to rediscover

redicho -cha *adj* (fam): **es muy ~** he has a very affected way of speaking

redil *m* fold, enclosure; ***volver al ~*** to return to the fold

redimir [I1] *vt*
A 1 (Relig) to redeem 2 ‹*cautivos*› to redeem (frml), to ransom; ‹*esclavos*› to redeem 3 **~ a algn DE algo** ‹*de esclavitud/ignorancia*› to redeem *o* deliver sb FROM sth (frml); **no lo redime de responsabilidad** it does not absolve him from responsibility
B ‹*hipoteca*› to repay, redeem (frml); ‹*joya*› to redeem

rédito *m* return, yield

redoblado -da *adj* ‹*esfuerzo/entusiasmo*› redoubled

redoblar [A1] *vt* (aumentar) ‹*esfuerzos/críticas*› to redouble; ‹*vigilancia*› to step up, tighten
■ **redoblar** *vi* «*tambor*» to roll

redoble *m* drumroll

redoma *f*
A (recipiente) flask
B (Ven) (Auto) traffic circle (AmE), roundabout (BrE)

redomado -da *adj* utter, out-and-out

redonda *f*
A (Impr) Roman character
B (Mús) semibreve
C **a la redonda**: **en diez metros a la ~** within a ten meter radius; **se oyó a varios kilómetros a la ~** it could be heard for miles around

redondeado -da *adj* rounded

redondear [A1] *vt*
A (dar forma curva) to round (off)
B ‹*cifra/número*› to round off; (por lo alto) to round up; (por lo bajo) to round down
■ **redondear** *vi* (hablando de números): **digamos 200, para ~** let's make it a round 200

redondel *m*
A (figura circular) ring
B (Taur) bullring

redondela *f* (Andes) ▸**redondel A**

redondez *f* 1▸ (de superficie, formas) roundness 2▸ (de persona) (euf *o* hum) rotundity (euph *or* hum)

redondo -da *adj*
A ‹*cara/espejo*› round; ***caer(se)* ~** to keel over; **cayó ~ en la cama** he collapsed *o* slumped onto the bed; ***en* ~**: **girar en ~** to turn (right) around; **negarse en ~** to flatly *o* roundly refuse
B ‹*cifra/número*› round; **en números ~** in round figures
C (perfecto): **fue un negocio ~** it was a great *o* excellent deal; **nos salió todo ~** everything turned out perfectly for us
D (Méx) ‹*boleto/pasaje*› return (*before n*), round-trip (*before n*) (AmE)

reducción *f*
A 1▸ (disminución) reduction; **la ~ del precio del pan** the reduction in *o* lowering of the price of bread; **~ de impuestos** tax cuts, reduction in taxes; **se solicitó la ~ de la pena** they asked for the sentence to be commuted *o* reduced 2▸ (Fot) reduction
B (Mat, Quím, Med) reduction
C (Chi) (de indígenas) reservation

reducido -da *adj* ‹*espacio*› limited; ‹*tamaño*› small; **a precios ~s** at reduced prices; **un número ~ de personas** a small number of people; **un presupuesto muy ~** a very limited budget; **trabaja jornada reducida** she is on short-time (working)

reducidor -dora *m,f*
A (AmS) (de objetos robados) receiver, fence (colloq)
B (de cabezas) headshrinker

reducir [I6] *vt*
A 1▸ ‹*gastos/costos*› to cut, reduce; ‹*velocidad/producción/consumo*› to reduce; **~ al mínimo los riesgos** to minimize *o* to reduce the risks to a minimum; **debería ~ el consumo de sal** you should cut down on salt; **le redujeron la pena** they shortened *o* reduced his sentence; **~ algo A algo** to reduce sth TO sth; **la población quedó reducida a la mitad** the population was halved; **~ algo a su mínima expresión** (Mat) to reduce sth to its simplest form; **~ algo EN algo** to reduce sth BY sth; **~ el gasto en cinco millones** to reduce costs by five million 2▸ ‹*fotocopia/fotografía*› to reduce
B 1▸ (transformar) **~ algo A algo**: **~ los gramos a milígramos** to convert the grams to milligrams; **quedaron reducidos a cenizas** they were reduced to ashes; **mis ilusiones quedaron reducidas a la nada** my dreams came to nothing 2▸ (Quím) to reduce 3▸ (AmS) ‹*objeto robado*› to receive, fence (colloq)
C (dominar) ‹*enemigo/rebeldes*› to subdue; ‹*ladrón*› to overpower; **~ a un pueblo a la esclavitud** to reduce a people to slavery
D ‹*fractura/hernia*› to set, reduce (tech)
■ **reducir** *vi*
A (Coc) to reduce, boil down
B (Auto) to shift into a lower gear
■ **reducirse** *v pron* **~se A algo**: **todo se reduce a tener tacto** it all comes down to being tactful; **todo se redujo a un paseo por el río** in the end it was just a walk by the river

reducto *m* redoubt

redundancia *f* (Ling) tautology, redundancy; **valga la ~** if you'll forgive the repetition

redundante *adj* (superfluo) superfluous, redundant; (Ling) tautologous, redundant

redundar [A1] *vi* **~ EN algo**: **esto ~á en beneficio del consumidor** this will benefit *o* will be of advantage to the consumer; **~á en sus posibilidades de trabajo** it will have a bearing on his job prospects

reduplicar [A2] *vt* 1▸ (repetir) to reduplicate 2▸ ‹*esfuerzos*› to redouble

reedición *f* reissue, reprint

reedificar [A2] *vt* to rebuild

reeditar [A1] *vt* to reprint, reissue

reelección *f* reelection

reelegir [I8] *vt* to reelect

reembolsable *adj* refundable

reembolsar [A1] *vt* ‹*gastos*› to refund, reimburse (frml); ‹*depósito*› to refund; ‹*préstamo*› to repay

reembolso *m* (de gastos) refund, reimbursement (frml); (de depósito) refund; (de préstamo) repayment; **contra ~** cash on delivery, COD

reemplazar [A4] *vt*
A ‹*persona*› (durante período limitado) to substitute for, stand in for; (durante más tiempo) to replace; **~ a algn POR *or* CON algn** to replace sb WITH *o* BY sb
B ‹*aparato/pieza*› to replace; **nada puede ~ a la seda natural** there is no substitute for real silk; **~ algo POR *or* CON algo** to replace sth WITH sth; **la miel puede ~ al azúcar** honey can be used as a subtitute for sugar

reemplazo *m*
A (acción): **el ~ del secretario es inminente** the secretary is to be replaced in the very near future; **entró en ~ del jugador lesionado** he came on as a substitute for the injured player
B (persona) replacement, substitute; (Teatr) understudy
C (Esp) (quinta) draft (*annual intake of recruits*)

reemprender [E1] *vt* (liter): **reemprendió el camino/la marcha** he took to the road again, he set out again

reencarnación *f* reincarnation

reencarnarse [A1] *v pron* to be reincarnated; **~ EN algn/algo** to be reincarnated AS sb/sth

reencauchar [A1] *vt* (AmC, Col, Ven) ▸**recauchar**

reencontrarse [A10] *v pron* to meet again

reencuentro *m* reunion

reengancharse [A1] *v pron* (Esp fam) (Mil) to reenlist

reestrenar [A1] *vt* ‹*película*› to rerelease, show again; ‹*obra teatral*› to put … on again

reestreno *m* (de película) rerelease; (de obra teatral) revival

reestructuración *f* restructuring, reorganization

reestructurar [A1] *vt* to restructure

refacción *f*
A (AmS) (para ampliar, mejorar) refurbishment; Ⓢ **cerrado por refacciones** closed for alterations *o* for refurbishment
B (Méx) (pieza de repuesto) spare part; **llanta de ~** spare tire

refaccionar [A1] *vt* (AmS) to refurbish

refaccionaria *f* (Méx) (tienda) auto spares store; (taller) garage

refajo *m*
A (ant) (Indum) underskirt
B (Col) (bebida) shandy

refectorio *m* refectory

referencia *f*
A 1▸ (alusión) reference; **hacer ~ a algo** to refer to *o* mention sth 2▸ (relación) reference; **punto de ~** point of reference; **con ~ a ...** with reference to … 3▸ (en texto) reference; **número de ~** reference number
B (recomendación) reference

referéndum (*pl* **-dums**), **referendo** *m* referendum; **someter algo a ~** to hold a referendum on sth

referente *adj*: **las noticias ~s al golpe de estado** the news about the coup d'état; **en lo ~ a ...** regarding …

réferi, referí *mf* (AmL) referee

r

referir [I11] *vt*
A (liter) (relatar) to tell; **nos refirió sus experiencias** he told us of his experiences
B (remitir) ~ **a algn A algo** to refer sb TO sth
C (situar) ~ **algo A algo** to set sth IN sth; **refiere el suceso al siglo pasado** she sets the action in the last century
■ **referirse** *v pron* 1▸ (aludir) ~**se A algo/algn** to refer TO sth/sb; **no me refería a ti** I wasn't referring to you; **no se refirió a la nueva ley** he made no reference to the new law 2▸ (estar relacionado con) ~**se A algo**: **en** *or* **por lo que se refiere a tu pregunta ...** in reference to *o* with regard to your question ..., as far as your question is concerned ...; **las denuncias se refieren al hospital** the complaints refer to *o* concern the hospital

refilón de ~ (*loc adv*) 1▸ (oblicuamente): **el sol daba de ~ en la casa** the sun shone on the corner of the house; **la bala me tocó de ~** the bullet grazed me; **lo miré de ~** I gave him a sidelong glance 2▸ (de pasada): **tratamos el tema de ~** we just touched on the topic; **la vi sólo de ~** I just caught a glimpse of her

refinado -da *adj* ‹*persona/modales*› refined; ‹*crueldad*› consummate (frml), extreme; ‹*ironía*› subtle

refinamiento *m* 1▸ (del petróleo) refining 2▸ (de modales, costumbres) refinement; (de sistema) refinement

refinar [A1] *vt* 1▸ ‹*petróleo/azúcar*› to refine 2▸ ‹*modales/gustos*› to refine; ‹*estilo*› to polish; ‹*sistema*› to refine
■ **refinarse** *v pron* to become more refined

refinería *f* refinery

reflector *m*
A (pantalla reflectante) reflector
B (foco) (Teatr) spotlight; (Dep) floodlight; (Mil) searchlight; (en monumento) floodlight

reflejar [A1] 1▸ ‹*imagen/luz*› *vt* to reflect; **el espejo reflejaba su imagen** his image was reflected in the mirror 2▸ (mostrar)‹*ambiente*› to reflect; **en la película quedan reflejados los problemas de la sociedad actual** the problems of contemporary society are reflected in the movie
■ **reflejarse** *v pron* 1▸ «*imagen*» to be reflected 2▸ «*emoción/cansancio/duda*» to show

reflejo¹ -ja *adj* reflex (*before n*)

reflejo² *m*
A 1▸ (luz reflejada) reflected light; **los ~s del sol sobre su pelo** the reflected rays of the sun on her hair 2▸ (imagen) reflection; **es el ~ de su papá** (Col fam) he is the living *o* spitting image of his father 3▸ (de situación, sentimiento, época) reflection 4▸ **reflejos** *mpl* (en el pelo) highlights (*pl*)
B (Fisiol) reflex; **~s rápidos** fast reflexes; **es lento de ~s** he has slow reflexes

reflexión *f*
A 1▸ (acción) reflection; **entregado a la ~** deep in thought; **sin ~** without thinking 2▸ **reflexiones** *fpl* (consideraciones) reflections (*pl*); **después de muchas reflexiones** after much reflection *o* thought; **hizo unas reflexiones sobre ...** he made some observations on ...
B (Fís) reflection

reflexionar [A1] *vi* to reflect (frml); **reflexiona antes de tomar una decisión** reflect on it before you make a decision; **¿has reflexionado bien?** have you thought it over *o* through carefully?; **sin ~** without thinking; **~ SOBRE algo** to think ABOUT sth, reflect ON sth (frml)

reflexivo -va *adj*
A (Ling, Mat) reflexive
B ‹*persona*› thoughtful, reflective

reflexología *f* reflexology

reflexólogo -ga *m,f* reflexologist

reflotar [A1] *vt* to refloat

reflujo *m* (de marea) ebb (tide)

refocilarse [A1] *v pron* ▸**regodearse A**

reforestación *f* reforestation

reforestar [A1] *vt* to reforest

reforma *f*
A 1▸ (de ley, institución) reform 2▸ **la Reforma** (Relig) the Reformation
(Compuesto) **reforma agraria** agrarian reform
B (en edificio, traje) alteration; **S cerrado por reformas** closed for refurbishment *o* for alterations

reformar [A1] *vt*
A ‹*ley/institución*› to reform, change
B 1▸ ‹*casa/edificio*› to make alterations *o* improvements to 2▸ ‹*abrigo/vestido*› to alter
C ‹*delincuente*› to reform
■ **reformarse** *v pron* to mend one's ways

reformatorio *m* reformatory

reformismo *m* reformism

reformista¹ *adj* ‹*espíritu/impulso*› reforming (*before n*); ‹*político/partido*› reformist

reformista² *mf* reformist

reforzado -da *adj* reinforced

reforzar [A11] *vt* 1▸ ‹*puerta/costura*› to reinforce; ‹*guardia*› to increase, strengthen; ‹*relaciones*› to reinforce; **han reforzado las medidas de seguridad** security has been stepped up *o* tightened 2▸ (Fot) to intensify

refracción *f* refraction

refractario -ria *adj*
A ‹*materiales*› heat-resistant, refractory (tech); ‹*fuente/molde*› ovenproof
B ‹*persona*› ~ **A algo** opposed TO sth

refrán *m* saying, proverb; **como dice** *or* **según reza el ~** as the saying goes

refranero *m* collection of sayings *o* proverbs

refregar [A7] *vt* 1▸ ‹*puños/cuello*› to scrub 2▸ (reprochar): **me refregó todo lo que había hecho por mí** she went on about how much she'd done for me (colloq)

refrenar [A1] *vt* ‹*ímpetu/deseo*› to hold back, restrain; ‹*caballo*› to rein in
■ **refrenarse** *v pron* (*refl*) to restrain oneself

refrendar [A1] *vt*
A ‹*documento*› (frml) to countersign; ‹*decisión/declaración*› to endorse
B (Col, Méx) ‹*pasaporte*› to renew

refrescante *adj* refreshing

refrescar [A2] *vt* 1▸ ‹*bebida*› to cool; ‹*ambiente*› to make ... fresher *o* cooler 2▸ ‹*conocimientos*› to brush up (on); **te voy a ~ la memoria** let me refresh your memory
■ **refrescar** *v impers* to turn cooler
■ **refrescarse** *v pron* to cool (oneself) down

refresco *m* soft drink, soda (AmE)

refriega *f* (de poca importancia) scuffle; (más grave) clash, brawl; (Mil) clash, skirmish

refrigeración *f* 1▸ (de alimentos) refrigeration 2▸ (de motor) cooling; (aire acondicionado) air-conditioning

refrigerador *m* 1▸ (nevera) refrigerator, fridge 2▸ (del aire acondicionado) cooling unit

refrigeradora *f* (Col, Per) refrigerator, fridge

refrigerar [A1] *vt* 1▸ ‹*alimentos/bebidas*› to refrigerate 2▸ ‹*motor*› to cool; ‹*cine/bar*› to air-condition; **S local refrigerado** air-conditioned premises

refrigerio *m* (frml) light refreshments (*pl*)

refrito¹ -ta *adj* 1▸ (Coc) refried 2▸ ‹*obra*› rehashed

refrito² *m* (Coc): **un ~ de tomate y cebolla** fried onions and tomato

refuerzo *m*
A 1▸ (para puerta, pared, costura) reinforcement 2▸ (de vacuna) booster 3▸ **refuerzos** *mpl* (Mil) reinforcements (*pl*)
B (Ur) (sandwich) French-bread sandwich

refugiado¹ -da *adj* refugee (*before n*)

refugiado² -da *m,f* refugee

refugiar [A1] *vt* to give ... refuge
■ **refugiarse** *v pron* to take refuge; **se refugió en el trabajo** he took refuge in his work; **siempre se refugia en las mismas excusas** she always hides behind the same excuses; **~se DE algo** ‹*de bombardeo/ataque*› to take refuge FROM sth; ‹*de lluvia/tormenta*› to take shelter from sth

refugio *m* 1▸ (contra la lluvia, bombardeo) shelter; (en montaña) refuge, shelter 2▸ (contra perseguidores) refuge; **buscar ~** to seek shelter 3▸ (en calzada) traffic island
(Compuestos)
- **refugio antiaéreo** air-raid shelter
- **refugio antinuclear** *or* **antiatómico** fallout shelter

refulgencia *f* (liter) refulgence (liter); radiance

refulgente *adj* (liter) ‹*luz*› refulgent (liter), resplendent

refulgir [I7] *vi* (liter) to shine brightly
refundición *f*
A (Metal) recasting
B (Lit, Teatr) (acción) reworking; (obra) adaptation
refundir [I1] *vt*
A (Metal) to recast
B (revisar) to rework; (reunir, unir) to combine
C (Andes fam) (extraviar) to lose, mislay
■ **refundirse** *v pron* (Méx fam) to hole up (colloq), hide away
refunfuñar [A1] *vi* (fam) to grumble, grouch (colloq)
refunfuñón[1] **-ñona** *adj* (fam) grouchy (colloq), grumpy (colloq)
refunfuñón[2] **-ñona** *m,f* (fam) grouch (colloq), grumbler (colloq)
refutar [A1] *vt* to refute
regada *f*
A (fam) (con agua): **le hace falta una ~ al jardín** the garden needs watering
B (Chi, Méx fam) (metida de pata) blunder
regadera *f* **1** (para jardín) watering can; ***estar como una ~*** (Esp fam) to be crazy **2** (Col, Méx, Ven) (de ducha) rose, shower head (AmE); (ducha) shower
regadío *m* (sistema) irrigation; **tierras/cultivos de ~** irrigated land/crops
regalado -da *adj* **1** (dado como regalo): **todo lo que tengo es ~** everything I have has been given to me; **no lo quiero ni ~** I wouldn't want it even if they were giving it away **2** (fam) (muy barato): **precios ~s** giveaway prices (colloq); **esos zapatos están ~s** those shoes are dirt cheap *o* are a steal (colloq) **3** (Chi, Méx, Ven fam) (muy fácil) easy
regalar [A1] *vt* **1** (obsequiar): **¿qué te ~on para tu cumpleaños?** what did you get for your birthday?; **¿por qué no me lo regalas?** why don't you give it to me?; **le ~on un reloj de oro** he was given a gold watch **2** (vender muy barato) to sell ... at bargain prices
■ **regalar** *vi*
A (frml) (deleitar, agasajar) **~ a algn CON algo**: **nos regaló con algunas anécdotas** he regaled *o* entertained us with a few stories; **les regaló los oídos con una sonata** she delighted their ears with a sonata (frml)
B (CS) (vender muy barato) to sell things at bargain prices
regalía *f* **1** (por algún derecho) royalty **2** (de empleado) bonus, perquisite, perk **3** **regalías** *fpl* (de monarca) royal prerogative
regaliz *m* licorice (AmE), liquorice (BrE)
regalo *m* **1** (obsequio) gift, present; **compre dos y llévese otro de ~** buy two and get one free; ***un ~ del cielo*** a godsend **2** (cosa barata) steal (colloq); **es un ~** it's a steal (colloq), it's dirt cheap (colloq) **3** (deleite, festín) treat
regalón[1] **-lona** *adj* (CS fam) spoiled
regalón[2] **-lona** *m,f* (CS fam): **es la regalona de su padre** she's her daddy's pet (colloq); **es un ~** he's a spoiled brat (colloq)
regalonear [A1] *vt* (CS fam) to spoil
■ **regalonear** *vi* (CS fam): **le encanta ~ con su abuela** she loves being made a fuss of by her grandmother
regañada *f* (Col, Per, Ven fam) scolding, telling-off (colloq)
regañadientes: **a ~** (*loc adv*) reluctantly, unwillingly
regañar [A1] *vt* (esp AmL) to scold, to tell ... off (colloq)
■ **regañar** *vi* (Esp) (pelearse) to quarrel; **ha regañado con el novio** (ha discutido) she's had an argument with her boyfriend; (ha roto) she's split up *o* broken up with her boyfriend
regañina, (Méx) **regañiza** *f* (fam) scolding, talking-to (colloq), telling-off (colloq)
regaño *m* (AmL fam) scolding, telling-off (colloq)
regañón[1] **-ñona** *adj* (fam) grumpy (colloq)
regañón[2] **-ñona** *m,f* (fam) grumbler (colloq)
regar [A7] *vt*
A **1** ‹*planta/jardín*› to water; ‹*tierra/campo*› to irrigate; ‹*calle*› to hose down **2** «*río*» to water
B **1** (esparcir) ‹*azúcar/café*› to spill; ‹*objetos*› to scatter; **~on los juguetes por todas partes** they scattered the toys everywhere; ***~la*** (Chi, Méx fam) to blow it (colloq) **2** (AmC, Ven) ‹*noticia/versión*› to spread
regata *f*
A (carrera) yacht race; (serie de carreras) regatta
B (arroyo) irrigation channel
regate *m* (Esp) (en fútbol) feint
regatear [A1] *vi* (Com) to bargain, haggle
■ **regatear** *vt*
A (escatimar): **no han regateado esfuerzos para...** no efforts have been spared to...; **no hay que ~ horas en este trabajo** you can't rush *o* hurry this job; **sin ~ medios** whatever it takes
B (Dep) to get past, swerve past
regateo *m*
A (Com) bargaining, haggling
B (Dep) feinting
regazo *m* (liter) lap
regencia *f* (en lugar del soberano) regency
regeneración *f* regeneration
regenerar [A1] *vt* to regenerate
■ **regenerarse** *v pron* **1** (Biol, Tec) to be regenerated **2** «*persona*» to be reformed
regenta *f*
A (esposa del regente) wife of the regent
B (Chi) (de prostíbulo) madam, brothel owner
regentar [A1] *vt* ‹*negocio/hotel*› to run; **el banco que regentaba** the bank he managed *o* ran
regente *mf* regent
regicida *mf* regicide
regicidio *m* regicide
regidor *m* (Teatr) stage manager; (Hist) alderman
régimen *m*
A (dieta) diet; **estar a** *o* **hacer ~** to be on a diet; **el médico lo puso a ~** the doctor put him on a diet; **ponerse a ~** to go on a diet
B **1** (reglamento): **presos sometidos a ~ de alta seguridad** prisoners held under a high-security regime; **cárcel en ~ abierto** open prison; **alumnos en ~ de internado** boarding pupils; **en ~ de media pensión** half board **2** (de lluvias, vientos) pattern, regime (tech)
(Compuesto) **régimen de vida** lifestyle
C (Pol) regime
regimiento *m* **1** (Mil) regiment **2** (fam) (grupo, multitud) crowd (colloq)
regio -gia *adj*
A (majestuoso) regal
B (Col, CS fam) (estupendo) great (colloq); **te queda ~** it looks fantastic on you (colloq); **¿a las ocho? —¡~!** is eight o'clock OK? — great *o* fine!; **me viene ~** it suits me fine
región *f*
A **1** (Geog) region; **una ~ montañosa** a mountainous region *o* area; **la ~ andina** the Andean region **2** (Adm) region, district
B (Anat) region, area
regional *adj* regional
regionalismo *m* regionalism
regir [I8] *vt* **1** (gobernar) to govern **2** «*ley/disposición*» to govern; **los factores que rigen la economía** the factors governing *o* which control the economy **3** (Ling) to take
■ **regir** *vi* «*ley/disposición*» to be in force, be valid; **ese horario ya no rige** that timetable is no longer valid
■ **regirse** *v pron* **~se POR algo** «*sociedad*» to be governed BY sth; «*economía/mercado*» to be controlled BY sth *o* subject TO sth
registrar [A1] *vt*
A **1** ‹*nacimiento/defunción/patente*› to register **2** ‹*sonido*› to record **3** (marcar) ‹*temperatura*› to record; ‹*temblor*› to register; **países que registran una alta tasa de inflación** countries which have *o* register a high rate of inflation
B ‹*equipaje/lugar/persona*› to search; **los ~on** they were searched; **¡a mí que me registren!** (fam) don't look at me! (colloq); **¿quién ha estado registrando mis cajones?** (fam) who's been going through my drawers?
C (Méx) ‹*carta*› to register
■ **registrarse** *v pron*
A (apreciarse): **se ~on temperaturas de hasta 40 grados** temperatures of up to 40 degrees were recorded; **se registró un descenso en las temperaturas** temperatures dropped slightly
B (haber): **no se ~on incidentes de importancia** there

r

were no serious incidents; **no se ~on víctimas mortales** there were no fatalities
C (inscribirse) to register; (en hotel) to register, check in

registro *m*
A (libro) register; (acción de anotar) registration; (cosa anotada) record, entry
(Compuestos)
• **registro civil** (libro) register of births, marriages and deaths; (oficina) registry, registry office (BrE)
• **registro de la propiedad** (libro) land register; (oficina) land registration office, land registry (BrE)
• **registro de patentes y marcas** patent office
B (por la policía) search; **orden de ~** search warrant
(Compuesto) **registro domiciliario** search (*of a house*); **efectuar un ~ ~** to carry out a search (*of a house*)
C (de reloj) regulator
D (Mús) 1 (de voz, instrumento) range 2 (pieza — de órgano) register, stop; (— de piano, clavicordio) pedal 3 (tono) register
E (Ling) register
F (Tec) (abertura) inspection hatch; (de agua) (Col) stopcock, shutoff valve (AmE)

regla *f*
A (utensilio) ruler
(Compuestos)
• **regla de cálculo** slide rule
• **regla T** T square
B (norma) rule; **todo está en ~** everything is in order; **por ~ general** as a (general) rule
(Compuestos)
• **regla de oro** golden rule
• **regla de tres** (Mat) rule of three; **por esa ~ de ~ no trabajaría nadie** if we all followed that logic nobody would work
• **reglas del juego** *fpl* rules of the game (*pl*)
C (menstruación) period; **tengo la ~** I have my period

reglamentación *f* (reglas, normativa) regulations (*pl*), rules (*pl*); (acción) regulation

reglamentar [A1] *vt* to regulate

reglamentario -ria *adj* ‹*horario*› set (*before n*); ‹*uniforme/arma*› regulation (*before n*); **trabajar las horas reglamentarias** to work the set number of hours

reglamento *m* rules (*pl*), regulations (*pl*); **atenerse al ~** to abide by *o* obey the rules
(Compuesto) **reglamento de tráfico** *or* **del tránsito** traffic regulations (*pl*), highway code (BrE)

regleta *f* interlinear space, leading

reglón *m* (Chi) ▸**renglón**

regocijar [A1] *vt* to delight, fill … with joy
■ **regocijarse** *v pron* to rejoice; **~ DE** *or* **POR algo** (por buena noticia) to rejoice AT sth; (por mal ajeno) to take delight IN sth, delight IN sth

regocijo *m* 1 (júbilo, alborozo) rejoicing; (alegría) delight; **sintió gran ~ al verla** he was delighted to see her 2 (ante el mal ajeno) pleasure; **sintió cierto ~ al verlo sufrir** she took a certain delight in seeing him suffer

regodearse [A1] *v pron*
A (complacerse) to delight in, take great delight in; **~ EN** *or* **CON algo** to delight IN sth, gloat OVER sth
B (Chi) (al elegir) to hesitate; ***haber para ~*** (Chi): **hay comida para ~** there's plenty of food

regodeo *m* (alegría) delight; (acción) gloating

regordete -ta *adj* (fam) chubby

regresar [A1] *vi* to return, come/go back; **no sé cuándo va a ~** I don't know when he'll be back
■ **regresar** *vt* (AmL exc CS) 1 ‹*libro/llaves*› to return, give back; **se olvidó de ~me el cambio** she forgot to give me my change; **me ~on la carta** the letter was sent back *o* returned to me 2 ‹*persona*› to send …back
■ **regresarse** *v pron* (AmL exc RPl) to return, go/come back; **ya se regresó** she's back now

regresión *f* 1 (retorno) return, regression 2 (retroceso, disminución): **una especie en ~** a species in decline; **~ económica** economic recession; **una ~ en la producción** a drop in production 3 (Mat) regression

regresivo -va *adj* regressive

regreso *m*
A (vuelta) return; **emprendió el ~** she set off on the return journey *o* trip; **de ~ paramos en León** on the way back we stopped in León
B 1 (en fútbol americano) return; **~ de patada** kickoff return 2 (AmL) (devolución) return

reguero *m*
A (rastro) trail; ***correr*** *or* ***difundirse como un ~ de pólvora*** to spread like wildfire
B (Agr) irrigation channel

regulable *adj* adjustable

regulación *f* (de máquina, pieza) adjustment; (de flujo, temperatura) regulation, control; (mediante normas) regulation

regulador[1] -dora *adj* 1 ‹*válvula/sistema*› regulating (*before n*), control (*before n*) 2 (Der) regulatory

regulador[2] *m* regulator, governor
(Compuestos)
• **regulador de corriente/tensión** current/voltage regulator;
• **regulador de luz** dimmer

regular[1] *adj*
A 1 ‹*ritmo/movimiento*› regular; **a intervalos ~es** at regular intervals 2 ‹*verbo*› regular 3 (Mat) regular
B **por lo regular** (*loc adv*) as a (general) rule
C 1 (no muy bien): **¿qué tal te va? — regular** how's it going? — so-so; **¿qué tal la película? — regular** how was the movie? — nothing special; **su trabajo está bastante ~cillo** the work he produces is pretty run-of-the-mill 2 (de tamaño) medium-sized, middling

regular[2] [A1] *vt*
A 1 ‹*espejo/asiento*› to adjust 2 ‹*caudal/temperatura/velocidad*› to regulate, control
B «*ley/norma*» to regulate

regular[3] *m* (calificación) fair

regularidad *f* regularity; **con ~** regularly

regularización *f* (normalización) normalization; (legalización) regularization

regularizar [A4] *vt* (normalizar) to normalize; (legalizar) to regularize

regularmente *adv* regularly

regurgitar [A1] *vi* to regurgitate

regusto *m* aftertaste; **un ~ amargo** a bitter aftertaste

rehabilitación *f* 1 (de enfermo, delincuente) rehabilitation 2 (en cargo) reinstatement 3 (de vivienda) renovation, restoration 4 (vindicación) rehabilitation

rehabilitar [A1] *vt* 1 ‹*paciente/delincuente*› to rehabilitate 2 (en cargo) to reinstate 3 ‹*vivienda/local*› to renovate, restore 4 (vindicar) to rehabilitate

rehacer [E18] *vt*: **habrá que ~lo** it'll have to be redone; **trató de ~ su vida** she tried to rebuild her life
■ **rehacerse** *v pron* **~se DE algo** to get over sth

rehén *m* hostage; **tomar/tener a algn como** *or* **de ~** to take/hold sb hostage

rehilete *m*
A (dardo) dart
B (Dep) 1 (volante) shuttlecock, birdie (AmE) 2 (juego) badminton
C (Méx, Per) (molinete) pinwheel (AmE), windmill (BrE)

rehogar [A3] *vt* to fry … lightly

rehuir [I21] *vt* to shy away from

rehusar [A23] *vt* to refuse; **rehusé la oferta** I refused *o* (frml) declined the offer
■ **rehusar** *vi* to refuse
■ **rehusarse** (esp AmL) *v pron* to refuse; **~se A + INF** to refuse to + INF

reilón -lona *adj* (Per, Ven fam) smiley (colloq)

reimplantar [A1] *vt* 1 ‹*sistema*› to reintroduce, reestablish; ‹*norma*› to reimpose 2 (Med) to reimplant

reimpresión *f* (acción) reprinting; (obra) reprint

reimprimir [I36] *vt* to reprint

reina[1] *f*
A (monarca) queen; **¿dónde está mi ~?** (fam) where's my little princess? (colloq)
(Compuestos)
• **reina de belleza** beauty queen
• **reina de las fiestas** carnival queen
• **reina madre** queen mother
B (Zool) queen; (en ajedrez) queen

r

reina[2] *adj inv* blue-ribbon (*before n*); **la prueba ~** the top *o* the blue-ribbon event

reinado *m* reign

reinante *adj* 1 ‹*casa/dinastía*› reigning 2 ‹*frío/lluvias*› prevailing; **el malestar ~ en el partido** the unease prevailing in the party

reinar [A1] *vi* 1 «*monarca/dinastía*» to reign 2 «*silencio/paz*» to reign; «*temperatura/buen tiempo*» to prevail; **reinaba la confusión** everything was in total chaos; **reinaba un ambiente de terror** an atmosphere of terror prevailed

reincidencia *f* recidivism (frml); **el juez tuvo en cuenta su ~** the judge bore in mind his previous offenses *o* his previous record

reincidente[1] *adj* recidivist (frml), reoffending (*before n*)

reincidente[2] *mf* reoffender, recidivist (frml)

reincidir [I1] *vi* (Der) to reoffend; **~ en el mismo error** to repeat the same mistake

reincorporación *f* 1 (de empleado — espués de ausenciad) return; (— después de despido) reinstatement 2 (de territorio) restoration, return

reincorporar [A1] *vt* 1 ‹*empleado*› to reinstate 2 ‹*territorio*› to restore, return

■ **reincorporarse** *v pron* to return; **~se A algo** to return TO sth; **~se a filas** to rejoin the army

reingresar [A1] *vi* **~ EN algo** to return TO sth; **reingresó en el servicio activo** he returned to active service

■ **reingresar** *vt* (Med) to readmit

reingreso *m* 1 (en un país) reentry; (Espac) reentry; **~ EN** *or* (esp AmL) **A algo** reentry INTO sth; **visa** (AmL) *or* (Esp) **visado de ~** reentry visa 2 (en hospital) readmission

reino *m* kingdom, realm (liter); **el ~ de la fantasía** the realm of fantasy; ▸ **ciego**[2]

(Compuesto) **reino animal/mineral/vegetal** animal/mineral/vegetable kingdom

Reino Unido *m* United Kingdom

reinserción *f*: *tb* **~ social** social rehabilitation, reintegration into society

reinsertar [A1] *vt* to rehabilitate, reintegrate … into society

■ **reinsertarse** *v pron* to reintegrate into society

reintegración *f* 1 (de persona — en cargo) reinstatement; (— en comunidad) reintegration 2 (frml) (de depósito) refund, return; (de gastos) reimbursement

reintegrar [A1] *vt*

A ‹*persona*› (a cargo) to reinstate; (a comunidad) to reintegrate; **~ a algn A** *or* **EN algo**: **la reintegraron a** *or* **en su puesto** she was reinstated in her post; **~ a un paciente a** *or* **en la comunidad** to reintegrate a patient into the community

B (frml) ‹*depósito*› to refund, return; ‹*gastos*› to reimburse; ‹*préstamo*› to repay; ‹*propriedad/bien*› to hand back, return

■ **reintegrarse** *v pron* to return; **~se A algo** to return TO sth; **~se en la comunidad** to reintegrate into the community

reintegro *m*

A 1 (en banco) withdrawal; (de depósito) refund; (de gastos) reimbursement; (de préstamo) repayment; **se le hará el ~ de sus gastos** your expenses will be reimbursed; **se deberá efectuar el ~ del préstamo** the loan must be repaid 2 (en lotería) refund (*of the ticket price*)

B (a cargo — después de despido) reinstatement; (— después de ausencia) return

reír [I18] *vi* to laugh; **se echaron a ~** they burst out laughing; ***el que ríe último ríe mejor*** he who laughs last laughs longest

■ **reír** *vt* ‹*gracia/chiste*› to laugh at

■ **reírse** *v pron* to laugh; **~se a carcajadas** to guffaw; **~se con ganas** to laugh heartily; **~se DE algo/algn** to laugh AT sth/sb; **se rió de él en su propia cara** she laughed in his face

reiteración *f* reiteration, repetition

reiteradamente *adv* repeatedly

reiterado -da *adj* ‹*ataques*› (*delante del n*) repeated; ‹*ocasiones*› countless, numerous; ‹*uso*› repeated

reiterar [A1] *vt* to reiterate (frml), to repeat

reiterativo -va *adj* reiterative (frml)

reivindicación *f* 1 (demanda) demand, claim; **las reivindicaciones obreras** the workers' demands; 2 (reconocimiento) recognition; **luchan por la ~ de sus derechos** they are fighting for recognition of their rights; 3 (rehabilitación): **luchó por la ~ de su buen nombre** she fought to vindicate her good name; **la ~ del general como héroe nacional** the restoration *o* rehabilitation of the general as a national hero; 4 (de atentado): **la ~ del atentado** the claiming of responsibility for the attack

reivindicar [A2] *vt* 1 ‹*derecho*› to demand; ‹*tierras*› to claim 2 (rehabilitar) to restore, rehabilitate 3 ‹*atentado*› to claim responsibility for

■ **reivindicarse** *v pron* (AmS) to vindicate oneself

reja *f*

A 1 (de ventana) grille; ***estar entre ~s*** to be behind bars 2 (para cercar) railing

B (Agr) plowshare (AmE), ploughshare (BrE)

rejego *adj* (Méx fam) ‹*persona*› mouthy (AmE), cheeky (BrE)

rejilla *f*

A (de ventilación) grille; (Auto) grille; (del confesionario) screen; (del desagüe) grating

B (para equipajes) luggage rack; (de horno) rack; (base de chimenea) grate

C (varillas entrelazadas) wickerwork

rejo *m*

A (aguijón de hierro) spike; (de abeja) sting

B (Col) (látigo) whip

rejoneador -dora *m,f* mounted bullfighter (*who uses a lance*)

rejonear [A1] *vt* to wound … with a lance

■ **rejonear** *vi* to fight bulls from horseback

rejuntar [A1] *vt* (Méx fam) ‹*reses*› to round up; ‹*borregos*› to gather

rejuvenecedor -dora *adj* rejuvenating

rejuvenecer [E3] *vt* to rejuvenate

■ **rejuvenecer** *vi* to be rejuvenated

■ **rejuvenecerse** *v pron* to be rejuvenated

relación *f*

A 1 (conexión) connection; **con ~ a** *or* **en ~ con** (con respecto a) in connection with; (en comparación con) relative to; **en ~ con su carta …** with regard to *o* regarding your letter … 2 (correspondencia): **en una ~ de diez a uno** (Mat) in a ratio of ten to one; **tiene una excelente ~ calidad-precio** it is excellent value for money; **una ~ causa-efecto** a relationship of cause and effect

B 1 (trato): **tienen una buena ~** they have a good relationship; **relaciones sexuales** sexual relations; **relaciones prematrimoniales** premarital sex; **tener relaciones amorosas con algn** to have an affair with sb; **estoy en buenas relaciones con él** I'm on good terms with him; **relaciones diplomáticas/comerciales** diplomatic/trade relations; **es nulo en lo que respecta a las relaciones humanas** he's hopeless when it comes to dealing with people; **las relaciones entre padres e hijos** the relationship between parents and their children 2 **relaciones** *fpl* (influencias) contacts (*pl*), connections (*pl*)

(Compuesto) **relaciones públicas** 1 *fpl* (actividad) public relations (*pl*) 2 *mf* (persona) public relations officer; (de cantante, artista) PR

C 1 (exposición) account; **hizo una detallada ~ de los hechos** she gave a detailed account of the facts 2 (lista) list

relacionado -da *adj* 1 [ESTAR] ‹*temas/ideas*› related; **todo lo ~ con el cine** anything to do with *o* related to films 2 ‹*persona*›: **está muy bien ~** he is very well connected; **estar ~ CON algn** to be connected WITH sb; **está ~ con gente del gobierno** he has contacts in the government

relacionar [A1] *vt*

A (conectar) to relate; **~ algo A** *o* **CON algo** to relate sth TO sth; **si relacionamos los dos sucesos** if we link the two events

B (hacer una lista) to list

■ **relacionarse** *v pron* 1 **~se CON algo** ‹*con tema/asunto*› to be related TO sth 2 «*persona*» **~se CON algn** to mix WITH sb

relajación *f* (de músculos, mente) relaxation

relajado -da *adj*

A (tranquilo) relaxed

B ‹*costumbres*› dissolute, lax

relajamiento *m* (de las tensiones) easing; (de la moral) decline

relajante *adj*
A ‹*música/baño*› relaxing
B (CS fam) (empalagoso) sickly-sweet (pej)

relajar [A1] *vt*
A ‹*músculo/persona/mente*› to relax
B (RPl arg) (insultar) to lay into (colloq)
■ **relajar** *vi*
A «*ejercicio/música*» to be relaxing
B (CS fam) (empalagar): **es tan dulce que relaja** it's sickly sweet
■ **relajarse** *v pron*
A **1** (físicamente, mentalmente) to relax; (tras período de tensión) to relax, unwind **2** «*tensión*» to ease; «*ambiente*» to become more relaxed
B (degenerar) «*costumbres/moral*» to decline

relajo *m*
A (de la moral) decline
B (esp Esp fam) **1** (relax): **¡qué ~!** how relaxing! **2** (falta de seriedad) slack *o* lax attitude
C (AmL fam) (desorden, confusión): **esa clase es un ~** that class is bedlam *o* mayhem (colloq); **con tanto ~ la despertarás** you'll wake her up with that commotion; ***armar ~*** (AmL fam) (jugar) to clown around (colloq); (alborotarse) to kick up a din (colloq)
D (Méx fam) **1** (persona divertida) laugh (colloq); **eres un ~** you're such a laugh; ***de ~*** (Méx fam) for a laugh (colloq); ***echar ~*** (Méx fam) to clown around (colloq) **2** (persona problemática) troublemaker

relamerse [E1] *v pron* (por algo sabroso) to lick one's lips; (de satisfacción) to smack one's lips

relamido -da *adj* hoity-toity

relámpago *m* (Meteo) bolt *o* flash of lightning; ‹*salir/pasar*› **como un ~** like greased lightning; **pasó por mi mente como un ~** it flashed through my mind

relampaguear [A1] *v impers*: **estuvo relampagueando** there were some flashes of lightning; **relampagueó** the lightning flashed
■ **relampaguear** *vi* «*ojos*» to flash; **le relampagueaban los ojos de ira** her eyes flashed with anger

relanzamiento *m* relaunching, relaunch

relatar [A1] *vt*: **nos relató su viaje** he related *o* recounted the story of his journey (frml)

relatista *mf* (Chi) short story writer

relativamente *adv* relatively

relatividad *f* relativity

relativo¹ -va *adj*
A (no absoluto) relative; **eso es muy ~** that depends; **una dolencia de relativa gravedad** a relatively serious illness
B (concerniente) **~ A algo** relating TO sth; **todo lo ~ a la política** anything to do with *o* anything related to politics; **en lo ~ a este problema** with regard to this problem

relativo² *m* (Ling) relative

relato *m* **1** (historia, cuento) story, tale; **~s para niños** children's stories **2** (relación) account; **un ~ de lo ocurrido** an account of what had happened; **su ~ no coincide con el tuyo** his story *o* account does not tally with your version

relax *m* relaxation; **el lugar perfecto para el ~** the perfect place to relax in *o* to find relaxation; **Ⓢ relax** (Esp euf) (en anuncios de periódico) personal services (euph)

releer [E13] *vt* to reread, read again

relegación *f* relegation

relegar [A3] *vt*: **se siente relegado** he feels left out; **~ algo/a algn A algo**: **el problema quedó relegado a un segundo plano** the matter was pushed into the background; **relegado al olvido** consigned to oblivion

relente *m*: **el ~ de la noche** the cold (damp) night air; **dormir al ~** to sleep (out) in the open

relevante *adj* notable, outstanding; **ocupa un cargo ~ en la empresa** she has an important job in the company

relevar [A1] *vt*
A (sustituir) to relieve; **~ la guardia** (Mil) to change the guard; **relevó a Salinas como entrenador** he took over from *o* replaced Salinas as coach
B (destituir) to remove
C (eximir) to exempt; **~ a algn DE algo** to exempt sb FROM sth; **lo ~on de servicio** he was exempted from duty
■ **relevarse** *v pron* to take turns, take it in turn(s)

relevista *mf* relay runner

relevo *m* **1** (Mil): **el ~ de la guardia** the changing of the guard; **le hice el ~ a las dos** I relieved him at two o'clock **2** (Dep) *tb* **~s** relay (race); ***tomarle el ~ a algn*** (Dep) to take the baton from sb; (en tarea) to take over from sb

relicario *m* (para reliquias) reliquary; (para recuerdos sentimentales) locket

relieve *m*
A (Geog): **un mapa del ~ de España** a relief map of Spain; **la costa tiene un ~ muy accidentado** the coast is very rugged
B **1** (Art) relief; **en ~** in relief; **letras en ~** embossed letters **2** (parte que sobresale): **el marco tiene un centímetro de ~** the frame protrudes by a centimeter
C (importancia) prominence; **personas de ~** prominent people; **la institución de más ~ en ese campo** the leading institution in that field; **esta noticia da especial ~ a la reunión** this news makes the meeting especially important; **la presencia del Rey dio ~ a la ceremonia** the King's presence lent an added grandeur to the ceremony; ***poner de ~*** to highlight

religión *f* religion

religiosamente *adv* religiously

religiosidad *f* religiousness, religiosity

religioso¹ -sa *adj* religious

religioso² -sa *m,f* member of a religious order; **un ~ franciscano** a Franciscan friar *o* monk; **las religiosas del convento** the nuns in the convent

relinchar [A1] *vi* to neigh, whinny

reliquia *f* relic; **una ~ de familia** a family heirloom; **guardar algo como una ~** to treasure sth; **lo guardo como una ~ suya** I kept it in memory of him

rellano *m* (de escalera) landing; (de ladera, montaña) shelf

rellena *f* (Col, Méx fam) blood sausage, black pudding (BrE)

rellenar [A1] *vt*
A **1** ‹*pavo/pimientos*› to stuff; ‹*pastel*› to fill; **~ algo DE** *or* **CON algo** to stuff/fill sth WITH sth **2** ‹*cojín/muñeco*› to stuff **3** ‹*agujero/grieta*› to fill
B (volver a llenar) to refill
C ‹*impreso/formulario*› to fill out *o* in
D ‹*examen/discurso*› to pad out

relleno¹ -na *adj*
A ‹*pavo/pimientos*› stuffed; **caramelos ~s de chocolate** candies with a chocolate filling
B (regordete): **tiene la cara rellena** he has a full face; **es rellenita** she's quite plump

relleno² *m*
A (para pasteles, tortas) filling; (para pavo, pimientos) stuffing; (para cojines, muñecos) stuffing; (de ropa interior) padding; (para agujeros, grietas) filler
B (parte superflua): **dan un documental de ~** they fill up the time with a documentary; **estas estadísticas están aquí de ~** these statistics are here to pad things out

reloj *m* (de pared, mesa) clock; (de pulsera, bolsillo) watch; **mi ~ (se) adelanta/atrasa** my watch gains/loses; **funciona** *or* **marcha como un ~** it's going like clockwork; **contra ~** against the clock; ***ser un ~*** to be as regular as clockwork

Compuestos

- **reloj checador** (Méx) time clock
- **reloj de arena** hourglass
- **reloj de cuco** *or* (AmL) **cucú** cuckoo clock
- **reloj de pie** grandfather clock
- **reloj de pulsera** wristwatch
- **reloj de sol** sundial
- **reloj despertador/registrador** alarm/time clock

relojería *f* (tienda, taller) clockmaker's, watchmaker's; (actividad) watchmaking

relojero -ra *m,f* (de relojes — de pulsera) watchmaker; (— de pared, mesa) clockmaker

r

reluciente *adj* **1** (brillante): **su ~ coche nuevo** her shiny *o* gleaming new car; **una mañana ~** a bright, sunny morning; **los suelos estaban ~s** the floors gleamed **2** ‹*persona*› glowing, radiant

relucir [I5] *vi* «*sol*» to shine; «*estrellas*» to twinkle, glitter; «*plata/zapatos*» to shine, gleam; ***sacar a ~*** to bring up; ***salir a ~*** to come to the surface, come out

reluctancia *f* reluctance

relumbrante *adj* brilliant, dazzling

relumbrar [A1] *vi* to shine brightly; **cuando el sol más relumbra** when the sun is at its most dazzling

relumbrón *m*: **todo es puro ~** it's all a big show; **un cargo de ~** a job with a flashy-sounding title (colloq)

remachado *m* (de clavo) clinching; (de perno, chapa) riveting

remachador -dora *m,f*

A (jugador — en vóleibol) spiker; (— en tenis): **es un excelente ~** he's a master of the smash

B **1** (obrero) riveter **2** **remachadora** *f* (máquina) riveter, riveting machine

remachar [A1] *vt*

A ‹*clavo*› to clinch; ‹*perno/chapas*› to rivet

B (recalcar) to repeat, reiterate; (finalizar) to round off, finish off

■ **remachar** *vi* (en tenis) to smash; (en voleibol) to spike

remache *m*

A **1** (perno) rivet **2** (acción) ▸**remachado**

B (en tenis) smash; (en vóleibol) spike

remanente[1] *adj* ‹*mercancía*› surplus; ‹*líquido*› residual

remanente[2] *m*: **el ~ de la cosecha** the remainder of the crop; **liquidación de ~s** end-of-season sale

remangar [A3] *vt* ‹*pantalones*› to roll up; ‹*falda*› to hitch up

■ **remangarse** *v pron* (*refl*): **se remangó para lavar los platos** he rolled up his sleeves to wash the dishes; **se remangó los pantalones** he rolled up his trousers *o* (AmE) pants

remansarse [A1] *v pron* to form a pool

remanso *m* pool; **un ~ de paz** a haven of peace (liter)

remar [A1] *vi* (en bote) to row; (en canoa) to paddle

remarcar [A2] *vt*

A (hacer notar) to stress, emphasize

B (CS) (Com) to mark up

rematadamente *adv*: **juega ~ mal** he plays incredibly badly; **está ~ loco** he's completely *o* absolutely mad

rematado -da *adj* complete, absolute; **es un loco ~** he's a raving lunatic

rematador -dora *m,f*

A (en fútbol) goal scorer, striker

B (AmL) (subastador) auctioneer

rematante *mf* highest bidder

rematar [A1] *vt*

A **1** ‹*actuación/intervención*› to round off, finish off; ‹*negocio*› to conclude, close; ‹*torre/bastón*› to top, crown; ***y para ~la*** (fam) and to crown *o* cap it all (colloq) **2** ‹*costura*› to finish off **3** ‹*animal/persona*› to finish off

B (en tenis) to smash; (en vóleibol) to spike; (en fútbol): **remató el centro a la portería** he hit the cross straight into the goal

C (AmL) **1** (en subasta — vender) to auction; (— comprar) to buy … at an auction; **se remató en $80.000** it went for $80,000 **2** (liquidar) to sell … off cheaply

■ **rematar** *vi*

A (terminar) to end; **~ EN algo** to end IN sth

B (en tenis) to smash; (en vóleibol) to spike; (en fútbol) to shoot; **~ de cabeza** to head the ball

remate *m*

A **1** (de activades, esfuerzos) culmination; **esta cita sería un buen ~ para tu discurso** this quotation would be a nice way to round off your speech; ***y como ~*** *or* (Chi) ***y para (más) ~*** (fam) and to crown *o* cap it all (colloq) **2** (en costura) double stitch (*to finish off*)

B (en tenis) smash; (en vóleibol) spike; (en fútbol) shot; **~ de cabeza** header

C (AmL) (subasta) auction

rematista *mf* (Per) auctioneer

remb... ▸**reemb...**

remedar [A1] *vt* to mimic, ape

remediar [A1] *vt*

A ‹*situación/problema*› to remedy; ‹*daño*› to repair; **para ~ los efectos de la sequía** to repair the damage done by the drought; **sólo la muerte no se puede ~** there's a cure for everything except death; **¿qué piensas hacer para ~lo?** what are you going to do to put things right?; **con pedirle perdón no remedias nada** saying you're sorry won't solve anything

B (evitar): **no lo puedo ~** I can't help it; **perdí dinero, no pude ~lo** there was nothing else for it, I lost money

remedio *m*

A **1** (Med) (cura) remedy, cure **2** (esp AmL) (Farm) medicine; **un ~ natural/a base de hierbas** a natural/herbal remedy; ***es/fue peor el ~ que la enfermedad*** it is/was a case of the solution being worse than the problem; ***ni para (un) ~***: **no dejaron vino ni para (un) ~** they finished off every (last) drop of wine; **no encontré una habitación ni para un ~** I couldn't find a hotel room for love or money; ***santo ~*** (AmL): **hablé con él y santo ~, no me molestó más** I talked to him and that did the trick, he didn't bother me again

B (solución) solution; **no tiene ~** there's nothing we/they can do; **su matrimonio no tiene ~** her marriage is beyond hope; **poner ~ a un problema** to remedy a problem; **un caso sin ~** a hopeless case

C (alternativa, recurso) option; **no tuvo/no le quedó más ~ que ...** she had no option but ...; **no hay/no queda más** *or* **otro ~ que ...** we have no alternative *o* choice but ...; **iré si no hay otro ~** I'll go if I really have to *o* if I must; **como último ~** as a last resort

remedo *m* poor imitation, poor copy

rememorar [A1] *vt* (liter) to recall

remendar [A5] *vt* to mend

remera *f* (RPl) (camiseta) T-shirt

remero -ra (*m*) rower, oarsman; (*f*) rower, oarswoman

remesa *f* (de mercancías) consignment, shipment; (de dinero) remittance

remesar [A1] *vt* ‹*mercancías*› to consign, ship; ‹*dinero*› to remit;

remeter [E1] *vt* to tuck in

remezón *m* (Andes) (temblor) earth tremor; (sacudida brusca) shake; (suceso inesperado) shake-up

remiendo *m* (pedazo de tela, cuero) patch; **le hizo un ~** she mended *o* patched it

remilgado -da *adj* fussy

remilgo *m*: **déjate de ~s** don't be so fussy, don't be such a fusspot (colloq)

remilgón -gona, remilgoso -sa *adj* (delicado) (Andes, Méx) fussy; (difícil) (Méx) difficult

reminiscencia *f*: **un edificio de ~s moriscas** a building reminiscent of the Moorish style; **una carta llena de ~s literarias** letter full of literary references

remirado -da *adj* fastidious, fussy

remirar [A1] *vt*: **lo mira y remira** he keeps looking at it again and again; **miró y remiró en el bolso** she went through her bag again and again

remise /rre'mis/ *m* (RPl) chauffeur-driven car

remisión *m*

A **1** (frml) (envío): **prometió la ~ del proyecto a las Cortes** he promised to bring the bill before Parliament (frml); **la ~ del pedido se efectuó el día 19** your order was dispatched on the 19th **2** (en texto) reference; **~ A algo** reference TO sth

B (de enfermedad) remission

C (Relig, Der) remission; ***sin ~***: **van a la quiebra, sin ~** they're heading inexorably toward bankruptcy

remiso[1] **-sa** *adj* (reacio) reluctant; **~ A + INF** reluctant to + INF

remiso[2] *m* (Andes) draft dodger

remite *m* (persona) sender; (dirección) return address

remitente *mf* sender; Ⓢ **devuélvase al remitente** return to sender

remitido *m* (RPl) (paid) announcement (*o* article *etc*); **publicar un ~ en la prensa** to place a notice in the newspapers

remitir [I1] *vt*

A **1** (frml) (mandar) to send; **adjunto le remito los documentos** please find enclosed the documents **2** (Der)

r

(transferir) to remit, refer, transfer **3** ‹*lector/estudiante*› **~ A algn A algo** to refer sb TO sth
B (Der) (perdonar) to remit
■ **remitir** *vi*
A «*fiebre*» to drop, go down; «*tormenta*» to abate, subside; **la ola de violencia está remitiendo** the wave of violence is subsiding
B (a obra, nota) **~ A algo** to refer TO sth
■ **remitirse** *v pron* **~se A algo** to refer TO sth

remo *m* (con soporte) oar; (sin soporte) paddle

remoción *f* (frml) removal

remodelación *f* (Arquit) remodeling*, redesigning; (de organización) reorganization, restructuring; **una ~ del gabinete** a cabinet reshuffle

remodelar [A1] *vt* ‹*plaza/barrio*› to remodel, redesign; ‹*organización*› to reorganize, restructure

remojar [A1] *vt*
A ‹*ropa/lentejas*› to soak
B (fam) (festejar bebiendo): **¡esto hay que ~lo!** this calls for a celebration! (colloq)

remojo *m* (en agua): **poner a** *or* **en ~ algo** to put sth to soak; **dejar en ~ algo** to leave sth to soak

remojón *m*
A (fam) (en agua) soaking, drenching; **¿quién quiere darse un ~?** who's for a dip? (colloq)
B (Méx) (de algo nuevo): **nos dio el ~** (en el coche) he took us for a spin in his new car; (en la casa) he had us over for a housewarming party

remolacha *f* beet (AmE), beetroot (BrE)
(Compuesto) **remolacha azucarera** sugar beet

remolcador *m* (Náut) tug; (Auto) tow truck (AmE), breakdown van (BrE)

remolcar [A2] *vt* ‹*barco*› to tug; ‹*coche*› to tow

remoler [E9] *vi* (Chi fam) to live it up (colloq)

remolino *m*
A **1** (de viento) eddy, whirl **2** (de agua) eddy; (más violento) whirlpool
B (en el pelo) cowlick
C (CS) (juguete) pinwheel (AmE), windmill (BrE)

remolón¹ -lona *adj* (fam) idle, lazy

remolón² -lona *m,f* (fam) slacker (colloq)

remolonear [A1] *vi* to waste time

remolque *m* **1** (vehículo) trailer; **~ para transportar caballos** horsecar (AmE), horsebox (BrE) **2** (acción) towing; ***hacer algo a ~*** (fam) to do sth unwillingly; ***ir a ~*** (Auto) to be in tow **3** (Náut) (cuerda) towrope, towing line **4** (AmS) (grúa) tow truck (AmE), breakdown van (BrE)

remontadora *f* (Col) cobbler's, shoemaker's

remontar [A1] *vt*
A ‹*dificultad/problema*› to overcome, surmount (frml); **los Jets ~on un déficit de 20 puntos** the Jets came from 20 points behind
B **1** **~ el vuelo** «*avión*» to gain height; «*pájaro*» to fly *o* soar up; **2** **~ el río** to go upriver; **3** (RPl) ‹*barrilete*› to fly
C (Col) ‹*zapatos*› to mend
■ **remontarse** *v pron*
A «*avión*» to gain height; «*pájaro*» to soar up
B (en el tiempo) to go back

rémora *f*
A (Zool) remora
B (frml) (obstáculo, impedimento) hindrance

remorder [E9] *vi* (+ *me/te/le etc*): **me remuerde haberlo dicho** I feel guilty for *o* I feel bad about having said it; **¿no te remuerde la conciencia?** don't you feel guilty? don't you have a guilty conscience?

remordimiento *m* remorse; **sentir** *or* **tener ~s de conciencia** to suffer pangs of conscience

remotamente *adv* remotely; **no son ni ~ parecidos** they aren't even remotely alike; **lo recuerdo ~** I vaguely remember him

remoto -ta *adj*
A (en el tiempo): **en épocas remotas** in distant *o* far-off times
B **1** ‹*lugar/mares/tierras*› remote, far-off **2** (Inf) remote
C ‹*posibilidad*› remote, slim; ‹*esperanza*› faint; **no tengo (ni) la más remota idea** I haven't the remotest *o* faintest idea

remover [E9] *vt*
A ‹*líquido/salsa*› to stir; ‹*ensalada*› to toss; ‹*tierra/piedras*› to turn over; ‹*escombros*› to dig about in; ‹*brasas*› to poke, stir
B ‹*asunto*› to bring … up again; ‹*recuerdo/pasado*› to revive, stir up
C (frml) **1** ‹*impedimento/obstáculo*› to remove **2** (esp AmL) (destituir) **~ A algn DE algo** to remove sb FROM sth
■ **removerse** *v pron* to shift, shift around

remozar [A4] *vt* to renovate

rempl... ▸ **reempl...**

remunerable *adj* paid

remuneración *f* remuneration (frml); **~ a convenir** salary *o* remuneration to be agreed; **detallar las remuneraciones percibidas en el año** give details of income received during the year

remunerar [A1] *vt* to pay, remunerate (frml); **mal remunerado** badly paid

renacentista¹ *adj* Renaissance (*before n*)

renacentista² *mf* Renaissance artist

renacer [E3] *vi* to be reborn; **sentí ~ la esperanza** I felt renewed hope; **sintió ~ sentimientos que creía extinguidos** emotions stirred inside him which he thought were long dead

renaciente *adj* renewed, resurgent (frml)

renacimiento *m*
A (acción) revival, rebirth
B (Art, Hist) **el R~** the Renaissance

renacuajo *m* (Zool) tadpole; (niño, persona baja) (fam) shrimp (colloq)

renal *adj* renal (tech), kidney (*before n*)

rencilla *f* quarrel, row

renco -ca *adj* (Col, RPl) lame

rencor *m*: **no te guardo ~** I don't bear you any grudge; **sin ~es ¿de acuerdo?** no hard feelings, OK? (colloq); **aún siento ~ por lo que me hizo** I still feel bitter about what he did to me; **su ~ le impide perdonarlo** she still feels too bitter to forgive him

rencoroso -sa *adj* [SER] resentful

rendición *f* surrender

rendida *f* (Chi fam) stream of abuse, mouthful (colloq); **echarle una ~ a algn** to give sb a mouthful

rendido -da *adj* **1** [ESTAR] (exhausto) exhausted; **cayó ~ (de cansancio)** he collapsed from exhaustion; *ver tb* **rendir** **2** ‹*admirador*› devoted

rendidor -dora *adj* (AmL) ‹*tierra*› productive; **un detergente ~** a detergent that goes a long way

rendija *f* (grieta) crack, crevice; (hueco) gap

rendimiento *m*
A (de persona) performance; **el alto ~ de los alumnos** the pupil's excellent performance *o* high level of achievement
B (Auto) performance; (Mec, Tec) output; **funciona a pleno ~** it is working at full capacity
C (de terreno) yield
D (Fin) yield, return

rendir [I14] *vt*
A ‹*homenaje/tributo*› to pay; **~le culto a algn** to worship sb; **le rindieron honores militares** he was received with full military honors
B (Fin) to yield; (producir) to produce; **el esfuerzo rindió sus frutos** the efforts bore fruit
C ‹*persona*›: **me rindió el sueño** I was overcome by sleep; **tanto trabajo rinde a cualquiera** working that hard is enough to exhaust anyone
D **1** ‹*informe*› to present **2** (CS) (Educ) ‹*examen*› to take, sit (BrE)
E (Col, Ven) (diluir) to dilute, water down
■ **rendir** *vi*
A (cundir) (+ *me/te/le etc*): **me rindió mucho la mañana** I had a very productive morning; **trabaja mucho pero no le rinde** he works hard but he doesn't make much headway
B «*persona*» to perform well, get on well
C «*tela/arroz/jabón*» to go a long way
D (RPl) (Educ) to take *o* (BrE) sit an exam
■ **rendirse** *v pron* **1** (Mil) to surrender; **~se al enemigo** to surrender to the enemy; **vamos, no te rindas** come on,

don't give up; **~se ante la evidencia** to bow to *o* accept the evidence **2** (en adivinanzas) to give up

renegado -da *m,f* renegade; **un ~ social** a dropout

renegar [A7] *vi*
A **1** (Relig) to apostatize **2** (abjurar) **~ DE algo** ‹*de creencias/principios*› to renounce sth; **~ de Dios** to renounce God; **renegó de su familia** she disowned her family
B (maldecir) to swear, curse; (blasfemar) to blaspheme
C (quejarse, refunfuñar) to grumble; **~ DE algo** to grumble ABOUT sth
D (AmL) (enojarse) to get annoyed
■ **renegar** *vt* to deny … vigorously

renegón -gona *adj* (fam) grumpy (colloq), grouchy (colloq)

renglón *m* (línea) line; **un cuaderno sin renglones** a plain *o* an unlined notebook; ***a ~ seguido*** immediately afterward(s); **viene señalado a ~ seguido** it is detailed immediately below

rengo¹ -ga *adj* (AmL) lame

rengo² -ga *m,f* (AmL) lame person, cripple (pej)

renguear [A1] *vi* (AmL) to limp

renguera *f* (AmL) limp

reno *m* reindeer

renombrado -da *adj* well-known, renowned

renombre *m* renown

renovable *adj* renewable

renovación *f*
A (de pasaporte, contrato) renewal
B (del mobiliario) complete change; (de edificio, barrio) renovation; **la ~ del personal de la empresa** the restaffing of the company; **facilita la ~ celular** it aids cell renewal
C (de organización, sistema) updating
D (reanudación) renewal

renovador -dora *adj*: **el espíritu ~ que reina en la nación** the spirit of renewal *o* change in the country; **se necesita un empuje ~** a fresh impetus is needed

renovar [A10] *vt*
A ‹*pasaporte/contrato*› to renew
B ‹*mobiliario*› to change; ‹*edificio/barrio*› to renovate
C ‹*organización/sistema*› to update, bring up to date
D ‹*ataque/esperanza/promesa*› to renew; **el volver a verlo renovó mi dolor** seeing him again brought back the pain; **con renovadas fuerzas** with renewed energy
■ **renovarse** *v pron* **1** «*sospechas/dolor/interés*» to be renewed **2** «*persona*» to be revitalized; **~se o morir** *or* (RPl) **~se es vivir** (fr hecha) adapt or die

renquear [A1] *vi* to limp

renqueo *m* limp

renta *f*
A (beneficio) income; **~s derivadas de capitales/del trabajo personal** unearned/earned income; **inversiones de ~ fija** fixed interest investments; ***vivir de las ~s***: **tiene dinero/propiedades y vive de las ~s** she has some money and lives off the interest/some properties and lives off the rents; **un escritor que lleva años viviendo de las ~s** a writer who has been living off past glories for years

(Compuestos)
- **renta gravable** taxable income
- **renta nacional** national income
- **renta per cápita** income per capita
- **renta vitalicia** life annuity

B (esp Méx) (alquiler) rent

rentabilidad *f* profitability

rentabilizar [A4] *vt* ‹*inversión*› to achieve a return on; **~ los recursos de la zona** to make the most of the area's resources

rentable *adj* ‹*inversión/negocio*› profitable: **no me es ~ viajar hasta allí** it isn't worth my while *o* it doesn't make sense financially to go all that way

rentado -da *adj* (CS) paid; **un empleo muy bien ~** a very well-paid job

rentar [A1] *vt* (Méx) **1** ‹*departamento*› «*propietario*» to let, rent out; «*usuario*» to rent **2** ‹*coche*› to rent, hire (BrE)

rentista *mf* person who lives off the income from investments (*o* real estate *etc*)

renuente *adj* reluctant, unwilling

renuncia *f*
A (dimisión) resignation; **presentar la ~** to resign, tender one's resignation (frml)
B **1** (abandono) **~ A algo** renunciation OF sth **2** (Der) relinquishment
C (abnegación) self-sacrifice

renunciar [A1] *vi*
A (dimitir) to resign; **~ A algo** ‹*a puesto*› to resign sth; **~ a la corona** to renounce the throne
B (a derecho, proyecto) **~ A algo** to give up *o* relinquish sth; **~ a la violencia** to renounce violence

reñidero *m* cockpit

reñido -da *adj*
A ‹*partido/batalla*› hard-fought, tough
B **1** [ESTAR] (peleado) **~ CON algn**: **está ~ con su novia** he has fallen out with his girlfriend (colloq) **2** (en contradicción) [ESTAR] **~ CON algo** ‹*con principios*› against sth; **un espectáculo ~ con la moral tradicional** a show (which is) at odds with conventional moral standards

reñir [I15] *vi* (esp Esp) **1** (discutir) to argue, quarrel **2** **~ CON algn** (pelearse) to quarrel *o* have a row WITH sb; (enemistarse) to fall out WITH sb
■ **reñir** *vt* (Esp) (regañar) to scold, tell … off (colloq)

reo *mf* (en lo penal — acusado) accused, defendant; (— condenado) convicted offender; (en lo civil) (Méx) defendant

reojo: **de ~** (*loc adv*) **mirar a algn de ~** to look at sb out of the corner of one's eye

reorganización *f* reorganization

reorganizar [A4] *vt* to reorganize

reorientación *f* (de política, enfoque) reorientation; (de recursos) redeployment

reorientar [A1] *vt* ‹*política/enfoque*› to reorient (AmE), to reorientate (BrE); ‹*recursos*› to redeploy

Rep. (= **República**) Rep.

repanchigarse, repantingarse [A3] *v pron* (fam) to lounge, sprawl out

reparación *f*
A (arreglo) repair; **taller de reparaciones** repair shop; Ⓢ **reparación de calzado** shoe repairs
B (de daño, ofensa) redress, reparation; **exigió ~ de daños** she claimed damages

reparador -dora *adj* ‹*sueño/descanso*› refreshing

reparadora *f* (Chi) cobbler's, shoemaker's

reparar [A1] *vt*
A ‹*coche*› to repair, fix; ‹*gotera/avería*› to mend, fix
B ‹*fuerzas/energías*› to restore
C ‹*error*› to correct, put right; ‹*ofensa/agravio*› to make amends for, make up for; ‹*daño/perjuicio*› to make good, compensate for
■ **reparar** *vi*
A **1** (considerar, pensar) (*gen en frases negativas*) **~ EN algo**: **no repara en gastos** she spares no expense; **no ~on en sus advertencias** they took no notice of *o* paid no heed to his warnings **2** (darse cuenta) **~ EN algo** to notice sth; **les hizo ~ en la calidad del tejido** he drew their attention to the quality of the cloth
B (Méx) «*caballo/toro*» to rear, shy

reparo *m*
A **1** (inconveniente, objeción): **pone ~s a todo** she finds fault with everything; **no tengo ningún ~ en decírselo** I have no qualms about telling him **2** (duda) reservation; **accedió, pero no sin ~(s)** he agreed but not without reservation(s)
B (en esgrima) parry
C (Méx) (de caballo, toro): **el caballo dio un ~** the horse reared up *o* shied; **aguantó los ~s del caballo** he held on despite the horse's bucking/rearing

repartición *f*
A (división) distribution, share-out
B (CS) (departamento, sección) department; **las reparticiones del ejército** the army divisions

(Compuesto) **repartición pública** (CS) (institución) government department; (edificio) government building

repartidor -dora (*m*) delivery man; (*f*) delivery woman; **~ de periódicos** newspaper man (*o* boy *etc*); **~ de leche** (*m*) milkman; (*f*) milkwoman

repartimiento *m* distribution, share-out

r

repartir [I1] *vt*
A ‹*ganancias/trabajo*› to distribute, share out; **la riqueza está mal repartida** wealth is unfairly distributed
B ‹*panfletos/propaganda*› to hand out, give out; ‹*periódicos/correo*› to deliver; ‹*cartas/fichas*› to deal
C (esparcir) to spread, distribute
■ **repartir** *vi* (Jueg) to deal
■ **repartirse** *v pron* to share out

reparto *m*
A (distribución) distribution; ~ **de premios** prize-giving; **se hizo el ~ del dinero** the money was shared out *o* divided up; **le tocó poco en el ~** she didn't get very much in the share-out
(Compuesto) **reparto de utilidades** *or* (Esp) **beneficios** profit sharing
B (servicio de entrega) delivery; Ⓢ **reparto a domicilio** delivery service; ~ **de correo** mail delivery
C (Cin, Teatr) cast

repasador *m* (RPl) dish towel (AmE), tea towel (BrE)

repasar [A1] *vt*
A ‹*lección/tema*› to review (AmE), to revise (BrE); ‹*lista/cuenta*› to go over, check; **necesito ~ el discurso** I need to look *o* go over the speech; **estábamos repasando las fotos** we were looking through the photos
B ‹*ropa*› (con plancha) to iron; ‹*costura*› to reinforce; ‹*botones*› to sew … on more firmly
C (AmL) ‹*adornos/muebles*› to dust
■ **repasar** *vi* to review (AmE), to revise (BrE)

repaso *m* (revisión — para aprender algo) review (AmE), revision (BrE); (— para detectar errores) check; **hacer un ~ de un tema** to review (AmE) *o* (BrE) revise a subject; **dio un ~ a sus apuntes** she went *o* looked over her notes; **un ~ de las noticias más destacadas** a review *o* run-through of the main points of the news

repatear [A1] *vi* (Esp fam) to annoy

repatingarse [A3] *v pron* (AmL) ▸ **repanchigarse**

repatriación *f* repatriation

repatriado -da *m,f* repatriate

repatriar [A1 *or* A17] *vt* to repatriate

repecho *m* steep slope; **a ~** uphill

repelar [A1] *vi* (Méx fam) to grumble, to moan (BrE colloq)

repelente¹ *adj*
A (que ahuyenta): **una loción ~** a repellent
B ‹*persona*› repulsive, repellent; ‹*niño*› obnoxious

repelente² *m* insect repellent

repeler [E1] *vt*
A ‹*ataque/agresión*› to repel, repulse (frml)
B (rechazar) to resist; **una tela que repele el agua** a water-resistant fabric
C (Fís) to repel
■ **repeler** *vi* (+ *me/te/le etc*): **las serpientes me repelen** I find snakes repellent *o* repulsive; **me repele su actitud paternalista** I can't stand his paternalistic attitude

repente *m*
A (de ira, histeria) fit
B **de repente** (*loc adv*) 1 (de pronto) suddenly 2 (RPl, Per) (quizás) maybe, perhaps

repentino -na *adj* sudden

repercusión *f* 1 (de sonido) reverberation 2 (impacto): **sus diseños han tenido gran ~** her designs have made a great impact 3 (consecuencia) repercussion

repercutir [I1] *vi*
A «*sonido*» to reverberate
B (afectar) ~ **EN algo** to have an effect *o* an impact ON sth; **su fracaso repercutió en su matrimonio** his failure had repercussions on *o* affected their marriage

repertorio *m* repertoire

repesca *f* 1 (Dep) repechage 2 (Esp fam) (Educ) make up exam (AmE), resit (BrE)

repetición *f*
A (de hecho, palabra) repetition; **para evitar repeticiones** so as to avoid repetition; **la ~ de este tema en su obra** the recurrence of this theme in his work
B (de programa) repeat, rerun; (de experimento) repetition; **una ~ de las jugadas más importantes** (TV) edited highlights of the game

repetidamente *adv* repeatedly

repetido *adj*
A ‹*sello/disco*›: **éste lo tengo ~** I have two of these
B (*delante del n*) ‹*casos/avisos/intentos*› repeated (*before n*); **se lo había dicho en repetidas ocasiones** I'd told him again and again *o* time and again

repetidor -dora *m,f*
A (Educ) *student repeating a year*
B **repetidor** *m*, **repetidora** *f* (Rad, TV) relay station, booster station

repetir [I14] *vt*
A ‹*pregunta/explicación*› to repeat; **¿me lo puedes ~?** could you repeat it, please?; **hay que ~le las cosas diez veces** you have to tell her everything ten times; **se lo repetí hasta la saciedad** I told him until I was blue in the face (colloq); **¡que no te lo tenga que volver a ~!** don't let me have to tell you again!
B ‹*tarea*› to do … again; ‹*programa*› to repeat, rerun; ‹*experimento*› to repeat; ‹*curso/asignatura*› to repeat; **una experiencia que no quiero ~** an experience I don't want to repeat; **tuvo que ~ la pieza** he had to play the piece again
C ‹*plato*› have a second helping of, to have seconds of (colloq)
D ‹*ajo/pepino*›: **he estado repitiendo la cebolla** the onion's been repeating on me
■ **repetir** *vi*
A (volver a comer) have a second helping, to have seconds (colloq)
B «*pimientos/pepinos*» to repeat; **el ajo me repite** garlic repeats on me
C (Educ) to repeat a year/course
■ **repetirse** *v pron*
A «*fenómeno/incidente*» to recur, happen again; «*persona*» to repeat oneself; **la historia se repite** (fr hecha) history repeats itself
B (Chi) (volver a comer) to have a second helping, have seconds (colloq)

repetitivo -va *adj* repetitive

repicar [A2] *vi* to ring out, peal
■ **repicar** *vt* to ring

repipi *adj* (esp Esp fam) (cursi) affected, precious (pej); (sabihondo): **es tan ~** she's such a little know-it-all

repique *m* ringing, pealing

repiquetear [A1] *vi*
A «*campanas*» to peal, ring out; «*teléfono*» (Chi, Méx) to ring
B (golpear): **la lluvia repiqueteaba en los vidrios** the rain pattered on the window panes; **~ con los dedos en la mesa** to drum *o* tap one's fingers on the table

repiqueteo *m*
A (de campanas) ringing, pealing; (del teléfono) (Chi, Méx) ringing
B (de lluvia) pattering, pitter-patter (colloq); (con los dedos) drumming, tapping

repisa *f* (estante) shelf; (de chimenea) mantelpiece; (Arquit) corbel

repita, repitas, etc *see* **repetir**

repitente *mf* (Chi) (Educ) *student repeating the year*

replana *f* (Per) underworld slang

replantar [A1] *vt* ‹*terreno/bosque*› to replant; ‹*planta*› to transplant

replantear [A1] *vt*: **replanteó la necesidad de …** he again raised the question of the need to …; **debes ~ tu posición** you must redefine your position; **~on su sistema defensivo** they reorganized their defense
■ **replantearse** *v pron* to rethink

replegar [A7] *vt* ‹*alas*› to fold, draw in; ‹*tren de aterrizaje*› to retract, draw up
■ **replegarse** *v pron* (Dep, Mil) to withdraw, fall back

repleto -ta *adj*
A ‹*calle/vehículo/sala*› ~ **DE algo** packed WITH sth; **la ciudad está repleta de museos** the city is full of museums; **el tren iba ~** the train was packed *o* (colloq) jam-packed
B ‹*persona*› replete (frml *or* hum), full

réplica *f*
A (frml) (contestación) reply
B (copia) replica
C (Chi, Méx) (de terremoto) aftershock

r

replicar [A2] *vt* (frml) to retort, reply
■ **replicar** *vi*
A (argumentar) to argue
B (Der) to reply
repliegue *m*
A (en superficie) fold, furrow
B (Dep, Mil) withdrawal
repoblación *f* **1** (Agr) restocking; ~ **forestal** reforestation **2** (con personas) repopulation, resettlement
repoblar [A10] *vt* **1** ‹*río/lago*› to restock **2** (de árboles) to reforest **3** (de personas) to repopulate, resettle
repollo *m* cabbage
reponer [E22] *vt*
A **1** (reemplazar) ‹*existencias*› to replace; ‹*dinero*› to put back, repay; ~ **fuerzas** to get one's strength back **2** ‹*funcionario/trabajador*› to reinstate **3** ‹*obra*› to put ... on again, revive; ‹*serie*› to repeat, rerun; ‹*película*› to show ... again
B (replicar) to reply
■ **reponerse** *v pron* to recover; ~**se DE algo** to recover FROM sth
reportaje *m* (en periódico, revista) article, feature; (en televisión) report, item; (entrevista) (AmL) interview; **le hicieron un** ~ they interviewed him
(Compuesto) **reportaje gráfico** illustrated feature
reportar [A1] *vt*
A ‹*beneficios/pérdidas*› to produce, yield; (+ *me/te/le etc*) **le reportó grandes ganancias** it brought him large profits; **sólo me reportó disgustos** it brought *o* caused me nothing but trouble
B (AmL) (denunciar, dar cuenta de) to report
C (Méx) ▸**reportear**
■ **reportarse** *v pron* (AmL) (presentarse) to report
reporte *m* (Méx) (informe) report; (queja) complaint
reportear [A1] *vt* (Andes) to cover, report on
■ **reportear** *vi* (Andes) to report
reportero -ra *m,f* reporter
(Compuesto) **reportero gráfico** press photographer
reposacabezas *m* (*pl* ~) headrest
reposadamente *adv* unhurriedly, calmly; **se mueve** ~ her movements are unhurried
reposado -da *adj* [SER] ‹*persona/temperamento*› calm; ‹*ademanes/habla*› unhurried
reposar [A1] *vi*
A «*persona*» (descansar) to rest; **sus restos mortales reposan en Tijuana** his mortal remains lie in Tijuana; **la naturaleza reposa en invierno** (liter) in winter, nature lies dormant; **su mano reposaba sobre el libro** her hand was resting on the book
B «*líquido/solución*» to settle; **dejar** ~ **la masa** let the dough stand
■ **reposar** *vt*: ~ **la comida** to let one's food go down *o* settle
reposición *f*
A (reemplazo) replacement
B (de serie) repeat, rerun; (de obra) revival; (de película) reshowing
reposo *m*
A **1** (descanso) rest; **me recomendó guardar** ~ **absoluto** he recommended complete rest **2** (Coc): **dejar en** ~ leave to stand
B (Fís) rest; **moléculas en** ~ molecules at rest
repostar [A1] *vt* **1** ‹*gasolina*› to fill up with; **el avión repostó combustible en Caracas** the plane refueled in Caracas **2** ‹*provisiones*› to stock up with
■ **repostar** *vi* (Auto) to fill up, to get some gas (AmE) *o* (BrE) petrol; (Aviac, Náut) to refuel
repostería *f* confectionery, baking (*of pastries, desserts*)
repostero -ra *m,f*
A (persona) confectioner, pastrycook
B **repostero** *m* (Chi) (despensa) pantry; (comedor) kitchen diner
reprender [E1] *vt* to scold, tell ... off (colloq)
represa *f* **1** (en río — dique) dam; (— embalse) reservoir **2** (de molino) millpond
represalia *f* reprisal; **tomar** ~**s** to take reprisals; **como** ~ **por ...** in retaliation for ...

representación *f*
A (acción): **asistió en** ~ **del Rey** she attended as the King's representative; **en** ~ **de mis compañeros** on behalf of my companions; **tiene a su cargo la** ~ **de una editorial** he represents a publishing house
B (delegación) delegation
C (Teatr) performance, production
D **1** (símbolo) representation **2** (imagen) illustration; **hacerse una** ~ **mental de algo** to picture sth **3** (muestra) sample
representante *mf* representative; **es** ~ **de una editorial** she represents a publishing house; **ganó la** ~ **brasileña** the Brazilian contestant won
(Compuesto) **representante de la ley** (period) officer of the law
representar [A1] *vt*
A ‹*persona/organización/país*› to represent; **hacerse** ~ **por alguien** to send a representative *o* proxy
B ‹*obra*› to perform, put on; **representó el papel de Cleopatra** she played (the part of) Cleopatra
C (aparentar) to look; **no representa su edad** he doesn't look his age
D (simbolizar) to symbolize
E (reproducir) «*dibujo/fotografía/escena*» to show, depict; «*obra/novela*» to portray, depict
F (equivaler a, significar) to represent; **esto representa un aumento del 5%** this represents a 5% increase; **para él no representa ningún sacrificio** it's no sacrifice for him; **eso** ~**ía tres días de trabajo** that would mean *o* involve three days' work
■ **representarse** *v pron* to picture, imagine
representatividad *f*: **el gobierno carece de** ~ the government does not represent the will of the people
representativo -va *adj*
A ‹*muestra*› representative; **un autor** ~ **del período** a representative author of the period; **este cuadro es** ~ **de su época cubista** this picture is a good example of his Cubist period
B (Pol) representative; **sistema** ~ **de gobierno** representative system of government
represión *f* repression
represivo -va *adj* repressive
represor -sora *m,f* oppressor
reprimenda *f* reprimand
reprimido[1] **-da** *adj* repressed
reprimido[2] **-da** *m,f*: **es un** ~ he's repressed
reprimir [I1] *vt*
A ‹*rebelión*› to suppress, crush
B ‹*risa/llanto/bostezo*› to suppress, stifle; **tuvo que** ~ **su ira** he had to choke back his anger
C (Psic) to repress
■ **reprimirse** *v pron* (*refl*) to control oneself
reprise /rre'pris/, **repris** *m or f*
A (Auto) acceleration
B **reprise** *f* (AmL) (reposición) revival
reprobable *adj* reprehensible
reprobación *f* disapproval
reprobar [A10] *vt*
A ‹*actitud/conducta*› to condemn; **repruebo el favoritismo** I disapprove of any kind of favoritism
B (AmL) ‹*estudiante*› to fail; ‹*materia/curso*› to fail; **me** ~**on en física** I failed physics
réprobo -ba *adj/m,f* reprobate
reprochable *adj* reprehensible
reprochar [A1] *vt* to reproach; **no tengo nada que** ~**le** I have nothing to reproach him for
■ **reprocharse** *v pron* (*refl*) to reproach oneself
reproche *m*: **no merezco tus** ~**s** I do not deserve your reproaches; **una mirada de** ~ a look of reproach, a reproachful look; **siempre me hace** ~**s** he's always criticizing *o* reproaching me
reproducción *f*
A (Biol, Bot) reproduction; **los órganos de la** ~ the reproductive organs; **animales reservados para la** ~ animals kept solely for breeding
B (de sonido) reproduction; (de modelo) reproduction, copy; (de disco) copy

r

reproducir [I6] *vt*
A (volver a producir) to repeat, reproduce
B ‹*cuadro/ambiente*› to reproduce; **van a ~ una aldea íbera** they are going to reconstruct an Iberian village
C ‹*sonido/discurso/texto*› to reproduce
■ **reproducirse** *v pron*
A (Biol, Bot) to reproduce, breed
B «*fenómeno*» to recur, occur *o* happen again

reproductor -tora *adj* 1 ‹*animal*› breeding (*before n*); **caballo ~** stud horse 2 ‹*órgano*› reproductive

reptar [A1] *vi* «*serpiente*» to slither; «*cocodrilo*» to crawl, slide; **escaparon reptando por el túnel** they escaped by crawling along the tunnel

reptil[1] *adj* reptilian, reptile (*before n*)

reptil[2] *m* reptile

república *f* republic
(Compuestos)
• **república bananera** (pey) banana republic (pej)
• **república federal** federal republic

República Checa *f* Czech Republic

República Dominicana *f* Dominican Republic

República Eslovaca *f* Slovak Republic

republicanismo *m* republicanism

republicano -na *adj/m,f* republican

República Oriental del Uruguay *f* (frml) *official name of Uruguay*

repudiar [A1] *vt*
A ‹*atentado/violencia*› to condemn
B (Der) ‹*mujer*› to disown, repudiate (frml); ‹*herencia*› to repudiate

repudio *m* repudiation

repuesto *m* (pieza) (spare) part; (reserva): **de ~** spare (*before n*)

repugnancia *f*: **me causa ~** I find him repulsive *o* repugnant; **siento ~ por** *or* **hacia las culebras** I can't stand snakes, I have an aversion to snakes; **el atentado causó ~ en todo el país** the whole country felt revulsion at the attack; **me da ~ ver cómo le miente** it's horrible *o* it makes me sick the way he's always lying to her

repugnante *adj* ‹*olor*› disgusting, revolting; ‹*crimen*› abhorrent, repugnant; ‹*persona*› (físicamente) repulsive, revolting; (moralmente) repugnant

repugnar [A1] *vi*: **me repugna beber de un vaso sucio** I find having to drink out of a dirty glass disgusting; **me repugnan sus mentiras** I find his lies repugnant; **le repugna la injusticia** she finds any form of injustice abhorrent

repujado -da *adj* embossed, repoussé

repujar [A1] *vt* to emboss, to work ... in repoussé

repulsa *f* (condena) condemnation; (rechazo) rejection

repulsión *f* repulsion

repulsivo -va *adj* ‹*persona*› (físicamente) repulsive, revolting; (moralmente) repugnant; ‹*olor*› disgusting, revolting

repuntar [A1] *vi*
A 1 «*precio/cotización*» to rally, pick up 2 «*industria/economía*» to recover, pick up (colloq) 3 (AmL) «*equipo/jugador*» to recover, improve; «*estudiante/enfermo*» to improve, pick up (colloq)
B «*marea*» to turn; «*río*» (AmL) to rise

repunte *m* (Fin) (de precios, cotizaciones) recovery, rally; (de industria, economía) upturn, recovery

reputación *f* reputation; **tienes ~ de buen mecánico** you have a reputation as a good mechanic

reputado -da *adj* ‹*cantante/profesional*› famous, renowned; *ver tb* **reputar**

reputar [A1] *vt* to consider; **un país reputado como moderno** a country considered *o* held to be modern

requebrar [A5] *vt* (liter) to pay amorous compliments to

requemar [A1] *vt* to burn
■ **requemarse** *v pron* to burn; **el pollo se requemó** the chicken got *o* was burned

requerimiento *m*
A (Der) request; **a ~ del juez** at the judge's request
B (necesidad, requisito) requirement

requerir [I11] *vt*
A (necesitar) to require; **requiere paciencia** it requires *o* demands patience; Ⓢ **se requiere buena presencia** good appearance essential
B ‹*documento*› to require; ‹*persona*› to summon; **fue requerido de pago** he was ordered to pay

requesón *m* curd (cheese)

requiebro *m* amorous compliment

réquiem /'rrekjem/ *m* (*pl* **requiems**) requiem

requintar [A1] *vt*
A (Per fam) (regañar) to tell ... off
B (Méx) ‹*cuerda*› to tighten

requisa *f*
A (de vehículos, suministros) requisition; (de drogas, objetos robados) seizure
B (inspección) inspection; (registro) (AmL) search

requisar [A1] *vt*
A (expropiar) ‹*vehículo/suministros*› to requisition; (confiscar) ‹*drogas/objetos robados*› to seize
B (inspeccionar) to inspect; (cachear) (Col, Ven) to search

requisito *m* requirement; **reunir los ~s** to fulfill *o* meet the requirements; **es ~ indispensable** it is an essential requirement
(Compuesto) **requisito previo** prerequisite

requisitoria *f* 1 (dirigida — al acusado) summons; (— a otro juez) warrant 2 (AmL) (interrogatorio) interrogation

res *f* 1 (animal) animal; **tiene más de 100 ~es** she owns more than a hundred head of cattle; **~es bravas** fighting bulls 2 (Col, Méx, Ven) (Coc) *tb* **carne de ~** beef

resabiado -da *adj* 1 ‹*caballo/toro*› *which has acquired a particular habit* 2 ‹*persona*›: **quedé** *or* **salí ~** I learned my lesson

resabido -da *adj* 1 (fam) (bien sabido): **lo tengo sabido y ~** I know it backwards *o* inside out 2 (fam & pey) ‹*persona*›: **es muy ~** he's such a know-it-all (colloq)

resabio *m*
A (sabor desagradable) (unpleasant) aftertaste; **~s del pasado** unpleasant memories of the past
B (mala costumbre) bad habit

resaca *f*
A (de las olas) undertow
B (después de beber) hangover
C (RPl) (limo) silt; (en la orilla) jetsam; (de un grupo) (fam & pey) dregs (*pl*) (pej); **la ~ de la sociedad** the dregs of society

resaltador *m* (Col) highlighter

resaltante *adj* (AmL) outstanding

resaltar [A1] *vi*
A (sobresalir, destacarse) to stand out; **resaltaban sus grandes ojos negros** her big dark eyes were her most striking feature
B **hacer resaltar** ‹*color*› to bring out; ‹*importancia/necesidad*› to highlight, stress
■ **resaltar** *vt* ‹*cualidad/rasgo*› to highlight; ‹*importancia/necesidad*› to highlight, stress

resalte, resalto *m* projection, ledge

resarcimiento *m* (indemnización) compensation; (reembolso) reimbursement, repayment

resarcir [I4] *vt* **~ a algn DE algo** ‹*de daños/inconvenientes*› to compensate sb FOR sth; ‹*de gastos*› to reimburse sb FOR sth; **es difícil de leer pero te resarce del esfuerzo** it is difficult to read but it's worth the effort
■ **resarcirse** *v pron* **~se DE algo** (desquitarse) to get one's own back FOR sth; (compensar) to make up FOR sth

resbalada *f* (AmL) slip; **darse** *or* **pegarse una ~** to slip

resbaladilla *f* (Méx) slide, chute

resbaladizo -za *adj*
A ‹*superficie/carretera*› slippery
B ‹*asunto/tema*› delicate, tricky (colloq)

resbalar [A1] *vi*
A (caerse) to slip; **se dejó ~ por la barandilla** he slid down the banister; **las lágrimas le resbalaban por las mejillas** the tears ran *o* trickled down his cheeks
B (fam) (equivocarse) to slip up
C (fam) (ser indiferente): **todo lo que le digas le resbala** anything you say to him is just like water off a duck's back (colloq); **mis problemas/las críticas le resbalan** he couldn't care less about my problems/criticism (colloq)
■ **resbalarse** *v pron* to slip; **nos resbalamos por la pendiente** we slithered *o* slid down the slope

r

resbalín *m* (Chi) slide

resbalón *m* slip; ***dar(se)*** *or* ***pegar(se) un ~*** (literal) to slip; (meter la pata) to put one's foot in it (colloq)

resbaloso -sa *adj* (AmL) ‹*superficie*› slippery

rescatar [A1] *vt*

A (salvar — de prisión) to rescue, free; (— de peligro) to rescue, save; **intentaba ~ sus joyas** she was trying to save her jewels

B ‹*dinero/pulsera*› to recover, get back; ‹*tierra*› to reclaim; **~on el cadáver** they recovered the body

rescate *m*

A 1▸ (salvamento) rescue; **equipo/operación de ~** rescue team/operation 2▸ (precio) ransom

B 1▸ (de dinero, joya) recovery 2▸ (de tierras) reclamation

rescindir [I1] *vt* to rescind (frml), terminate

rescoldo *m* embers (*pl*); ***avivar el ~ de algo*** to rekindle sth

resecar [A2] *vt*

A ‹*piel/ambiente*› to make ... very dry; ‹*planta*› to dry up

B (Med) (extirpar) to remove, resect (tech)

■ **resecarse** *v pron* to dry up, get very dry

reseco -ca *adj* ‹*planta*› dried-up; ‹*pan*› dry; **la tierra estaba reseca** the earth was parched *o* had dried up

resentido¹ -da *adj*

A (dolorido) painful

B (disgustado) upset, hurt; (con rencor) resentful; **está ~ porque no lo ascendieron** he feels resentful that he wasn't promoted

resentido² -da *m,f*: **es un ~** he has a chip on his shoulder

resentimiento *m* resentment, bitterness

resentirse [I11] *v pron*

A 1▸ (sentir dolor) **~ DE algo**: **aún se resiente de la lesión** he is still suffering the effects of the injury; **ya no me resiento de la espalda** my back doesn't give me trouble any more (colloq); **aún se resienten de la derrota** they're still smarting from the defeat 2▸ (sufrir las consecuencias) to suffer; **su trabajo no se resentía** his work didn't suffer; **su salud se resentía con el clima** the weather was taking its toll on his health

B (ofenderse, molestarse) to get upset

reseña *f* 1▸ (de congreso, reunión) summary, report; (de libro) review; **hizo la ~ del partido** he wrote the report on the game; **una ~ histórica/biográfica** a historical/biographical outline 2▸ (descripción) description; (sobre escritor, deportista) profile

reseñar [A1] *vt* 1▸ ‹*obra literaria*› to review; ‹*acto/conferencia*› to report on, write a summary of; ‹*partido*› to report on 2▸ ‹*persona/animal*› to describe

resero *m* (RPl) cowhand, cowboy

reserva¹ *f*

A (de habitación, pasaje) reservation; (de mesa) booking, reservation; **¿tiene ~?** do you have a reservation?, have you booked?; **hacer una ~** to make a reservation

B 1▸ (cantidad guardada) reserve; **~s de trigo** reserves *o* stocks of wheat; **tengo otro par de ~** I have a spare pair; **este dinero lo tengo de ~ para ...** I'm keeping this money in reserve for ... 2▸ **reservas** *fpl* (Biol) reserves (of fat) (*pl*)

C 1▸ (Dep) (equipo) reserves (*pl*), reserve team; (conjunto de suplentes) substitutes (*pl*) 2▸ (Mil): **la ~** the reserve

D (de indígenas) reservation; (de animales) reserve

(Compuesto) **reserva natural** nature reserve

E (secreto, discreción): **en la más absoluta ~** in the strictest confidence; **mantener algo en la mayor ~** to keep sth absolutely secret

F **reservas** *fpl* 1▸ (dudas) reservations (*pl*); **lo aceptó, pero no sin ~s** he agreed, but not without reservations 2▸ (reparos): **habló sin ~s** he talked openly *o* freely; **díselo sin ~s** tell her everything, don't keep anything back

G (Méx) **a ~ DE QUE + SUBJ**: **iremos a ~ de que (no) llueva** we'll go as long as *o* provided it doesn't rain

reserva² *mf* (Dep) reserve

reserva³ *m*: *wine aged for at least three years*

> **reserva**
>
> *Vinos de reserva* are those of a better than average vintage. To qualify for this designation, red wines must have been aged in cask and bottle for a minimum of three years, and white wines for two years. *See also* **gran reserva**

reservación *f* (AmL) ▸**reserva¹ A**

reservadamente *adv* in confidence

reservado¹ -da *adj* ‹*persona/actitud*› reserved; ‹*asunto/tema*› confidential; *ver tb* **reservar**

reservado² *m*

A (en restaurante, bar) private room; (en tren) reserved compartment

B (CS) (vino) vintage wine

reservar [A1] *vt*

A ‹*asiento/habitación/mesa*› to reserve, book; ‹*pasaje/billete*› to book; Ⓢ **reservado** reserved

B (guardar): **nos reservaba una sorpresa** he had a surprise in store for us; **reservó lo mejor para el final** she kept the best till last; **reservó parte del dinero** he set aside part of the money; Ⓢ **reservado el derecho de admisión** the management reserves the right to refuse admission

■ **reservarse** *v pron*

A (para sí mismo) ‹*porción/porcentaje*› to keep ... for oneself; **~se la opinión** to reserve judgment

B (*refl*) (para otra tarea) to save oneself; **me reservo para el postre** I'm leaving some room for dessert

reservista *mf* reservist

reset /rri'set/ *m* reset

resfriado¹ -da *adj*: **estoy algo ~** I have a slight cold

resfriado² *m* cold; **pescar un ~** (fam) to catch a cold; **no te quiero pegar mi ~** I don't want you to catch my cold

resfriarse [A17] *v pron* to catch a cold

resfrío *m* (esp AmS) cold

resguardar [A1] *vt* 1▸ **~ algo/a algn DE algo** ‹*de peligro/frío*› to protect sth/sb FROM sth 2▸ ‹*derechos/privilegios*› to safeguard

■ **resguardarse** *v pron* (de peligro) to protect oneself; (de la lluvia, el frío) to shelter, take shelter; **se ~on de la lluvia** they sheltered *o* took shelter from the rain

resguardo *m*

A (Esp) (de depósito, de dinero, bienes) deposit slip; (en tintorería, zapatería) slip, ticket

B (cobertizo, protección) shelter; **se pusieron a ~ de la lluvia** they took shelter from the rain

C (Col) (reserva) reservation, reserve

D (Méx) (control, vigilancia) control

residencia *f*

A 1▸ (en país, ciudad) residence; **fijar ~** to take up residence; **dos alemanes con ~ en Florida** two Germans resident in Florida 2▸ (derecho) right of residence 3▸ (documento) *tb* **permiso de ~** residence permit

B 1▸ (casa) residence 2▸ (de estudiantes) dormitory (AmE), hall of residence (BrE); (de enfermeras) hostel, home; **la ~ de oficiales** the officers' quarters 3▸ (hostal, fonda) boarding house, guest house (*not providing meals*)

(Compuesto) **residencia de ancianos** old people's home

C (AmL) (Med) residency (AmE), time spent as a houseman (BrE)

residencial¹ *adj* residential

residencial² *f* (CS) guesthouse, boarding house

residente¹ *adj* resident

residente² *mf*

A (en país) resident

B (médico) resident (AmE), houseman (BrE)

residir [I1] *vi* 1▸ «*persona*» (vivir) to live, reside (frml) 2▸ «*encanto/interés*» (radicar) **~ EN algo** to lie IN sth; **la soberanía reside en el pueblo** sovereignty is vested in the people

residual *adj* ‹*sustancia/valor*› residual

residuo *m*

A (Mat) remainder; (Quím) residue

B **residuos** *mpl* (desperdicios) waste, waste materials *o* products (*pl*)

(Compuestos)
- **residuos nucleares/radiactivos/tóxicos** *mpl* nuclear/radioactive/toxic waste
- **residuos sólidos** *mpl* (frml) refuse, solid waste

resignación *f* resignation

resignado -da *adj* resigned; **~ A algo** resigned TO sth

resignarse [A1] *v pron* to resign oneself; **~ A + INF** to resign oneself to -ING

resina *f* resin

resinoso -sa *adj* resinous

resistencia *f*
A **1** (oposición) resistance; **sin ofrecer** *or* **oponer ~** without putting up *o* offering any resistance; **~ pasiva** passive resistance **2** **la Resistencia** (Hist, Pol) the Resistance
B **1** (aguante) **tiene una gran ~ física** she has tremendous stamina; **prueba de ~** endurance test **2** (a virus, enfermedad) resistance
C **1** (al aire, agua, a corriente eléctrica) resistance **2** (componente de circuito) resistor; (de secador, calentador) element

resistente *adj* ‹*material/metal*› resistant, tough; ‹*tela*› tough, hard-wearing; ‹*persona/animal/planta*› tough, hardy; **~ a la humedad** damp-proof; **~ al calor** heat-resistant; **~ al frío** resistant to cold

resistir [I1] *vt* **1** (aguantar) ‹*dolor/calor/presión*› to withstand, take; **¿~á otro invierno?** will it last *o* survive another winter?; **su corazón no ~ía un golpe tan fuerte** his heart couldn't take *o* stand a shock like that; **no la resisto** (Col, Per fam) I can't stand her **2** ‹*tentación/impulso*› to resist **3** ‹*ataque*› to resist, withstand; ‹*enemigo*› to resist, hold out against
■ **resistir** *vi* **1** (aguantar): **no resistió, era demasiado peso** it didn't take it *o* hold, it was too heavy; **ya no resisto más** I can't take (it) any more; **¿cuánto resistes debajo del agua?** how long can you stay underwater? **2** «*ejército*» to hold out, resist
■ **resistirse** *v pron*
A (oponer resistencia) to resist; **no hay mujer que se le resista** women find him irresistible
B (tener reticencia) **~se A + INF**: **se resiste a aceptarlo** she's unwilling *o* reluctant to agree to it; **me resisto a creerlo** I find it hard to believe; **no pude ~me a decírselo** I couldn't resist telling her
C (fam) (plantear dificultades): **la cerradura se me resistía** I couldn't get the lock open; **las cifras se me resisten** figures are beyond me (colloq)

resma *f* ream

resolana *f*, (Esp) **resol** *m* (brillo) glare of the sun; (luz) sunlight

resollar [A10] *vi* **1** (respirar fuertemente) to breathe heavily; (por agotamiento) to puff **2** (hablar): **sin ~** without (saying) a word

resolución *f*
A (de problema) solution; (de conflicto) settlement, resolution
B (decisión) decision; **tomar una ~** to make a decision; **tomaron la ~ de emigrar** they decided to emigrate
C (determinación) determination, resolve

resoluto -ta *adj* determined, resolute

resolver [E11] *vt*
A ‹*crimen/problema*› to solve; ‹*asunto/conflicto*› to resolve, settle; **¿me puedes ~ una duda?** could you clear up one point for me?; **tiene resuelto su futuro** his future is settled
B (decidir) to decide; **~ + INF** to decide *o* resolve to + INF
■ **resolver** *vi* «*juez*» to rule, decide
■ **resolverse** *v pron* to decide; **se resolvieron a aceptarlo** they decided to accept it; **no se resuelve a abandonarlo** she can't bring herself to leave him

resonancia *f* (Mús, Fís) resonance; (eco) echo; (de noticia, suceso): **tuvo gran ~** it had a huge impact

resonante *adj* ‹*sonido*› resonant; ‹*éxito*› resounding, tremendous

resonar [A10] *vi* (hacer eco) to echo, resound; **sus gritos aún resuenan en mis oídos** his cries still ring in my ears

resondrar [A1] *vt* (Per fam) to tell … off (colloq), to scold

resoplar [A1] *vi* (por cansancio) to puff; (por enfado) to snort

resoplido *m* **1** (de enfado) snort **2** (de cansancio): **dando ~s** puffing and panting **3** (de caballo) snort

resorte *m*
A (muelle) spring; (medio, influencia): **los ~s del poder** the reins of power; **tocó todos los ~s** she used all her influence
B (AmC, Col, Méx) (elástico) elastic

resortera *f* (Méx) slingshot (AmE), catapult (BrE)

respaldar [A1] *vt*
A **1** ‹*persona*› (apoyar) to support, back; (en discusión) to back … up **2** ‹*propuesta/plan*› to support, back; **respaldado por la experiencia** backed by *o* with the backing of experience
B (endosar) ‹*documento*› to endorse
■ **respaldarse** *v pron*
A (en sillón) to sit back; (contra árbol, pared) to lean back
B (depender): **se respalda mucho en sus padres** he relies heavily on his parents (for support)

respaldo *m*
A (de asiento) back
B (apoyo) support, backing; (Fin) backing
C (dorso de documento) back; (lo escrito) endorsement

respectar [A1] *vi* (*en 3ª pers*): **en** *or* **por lo que a mí respecta** as far as I'm concerned; **en lo que respecta al personal** as far as the staff is concerned, with regard to the staff

respectivo -va *adj*
A (correspondiente) respective
B **en lo respectivo a** (frml) as regards, with regard to

respecto *m*: **a este ~ dijo que ...** on this matter *o* (frml) in this regard he said that …; **hizo unos comentarios al ~** he made a few remarks on the matter; **no sé nada (con) ~ a este asunto** I know nothing about *o* regarding this matter; **~ de su petición** regarding *o* with regard to your request

respetabilidad *f* respectability

respetable¹ *adj* (digno de respeto) respectable; (considerable) considerable; **a una distancia ~ del centro** quite a distance *o* a fair distance from the center

respetable² *m* (period): **el ~** (Teatr) the audience; (Taur) the crowd, the spectators (*pl*)

respetar [A1] *vt* **1** ‹*persona*› to respect; **se hizo ~ de** *or* **por todos** he won *o* gained everyone's respect **2** ‹*opinión/tradiciones*› to respect; ‹*ley/norma*› to observe; **~ el medio ambiente** to respect the environment; **~ los límites de velocidad** to observe the speed restrictions; **lo reformaron respetando el diseño original** they renovated it conserving the original design
■ **respetarse** *v pron* (*refl*) to respect oneself, have self-respect; **un abogado que se respete no haría eso** no self-respecting lawyer would do that

respeto *m* **1** (consideración, deferencia) respect; **con ~** respectfully, with respect; **ella me merece mucho ~** I have the highest regard *o* respect for her; **por ~ a algn/algo** out of consideration *o* respect for sb/sth; **guardar el debido ~ a algn** to show due respect to sb; **faltarle al** *or* (CS) **el ~ a algn** to be rude *o* disrespectful to sb; **el ~ a los derechos humanos** respect *o* regard for human rights; **el ~ a la Constitución** respect for *o* observance of the Constitution; ***campar por sus ~s*** (Esp) to do as one pleases **2** (temor): **su presencia impone ~** her presence commands (a feeling of) respect; **les tengo mucho ~ a los perros** I have a healthy respect for dogs **3** **respetos** *mpl* respects (*pl*); **presentaron sus ~s a ...** they paid their repects to … (frml)

respetuoso -sa *adj* ‹*persona/silencio*› respectful; **le envía un ~ saludo** Sincerely yours (AmE), Yours respectfully (frml), Yours faithfully (BrE)

respingado -da *adj* (AmL) ‹*nariz*› turned-up

respingar [A3] *vi*
A «*falda*» to ride up
B «*caballo*» to buck
C (Méx fam) (replicar) to answer back

respingo *m* start; **dio un ~** he gave a start

respingón -gona *adj*
A ‹*nariz*› turned-up
B (Méx fam) ‹*persona*› touchy

respiración *f*
A (Fisiol) breathing, respiration (frml); **me quedé sin ~** I was out of breath; **recobrar la ~** to get one's breath back; **contener la ~** to hold one's breath

(Compuestos)
- **respiración artificial** artificial respiration
- **respiración boca a boca** mouth-to-mouth resuscitation, kiss of life

B (ventilación) ventilation

respiradero *m* (de chimenea) flue; (de mina) ventilation shaft; (Tec) vent; (para pesca submarina) snorkel

respirar [A1] *vi*
A **1** (Fisiol) to breathe; **~ por la boca** to breathe through one's mouth; **respire hondo** take a deep breath; **respiraba con dificultad** she was having difficulty breathing; **lo escuchaban casi sin ~** they listened to him with bated breath; ***no me/le deja ni ~*** (fam) she won't give me/him a minute's peace (colloq); ***no tengo tiempo ni de ~*** (fam) I hardly have time to breathe **2** «*vino*» to breathe
B (tranquilizarse): **cuando llegó respiré** when he finally arrived I breathed a sigh of relief
■ **respirar** *vt*
A **1** ‹*aire*› to breathe; **respiran el humo de los coches** they breathe in the exhaust fumes **2** ‹*tranquilidad*›: **la paz que se respira aquí** the feeling of peace that you get here
B (rebosar) ‹*felicidad/bondad*› to radiate

respiratorio -ria *adj* respiratory

respiro *m*
A (aliento) breath
B **1** (descanso) break; **tomarse un ~** to take a break *o* (colloq) have a breather; **dame un ~** give me a break (colloq) **2** (prórroga) respite; **conceder a algn un ~** to grant sb a respite; **pidieron un ~ para cubrir la deuda** they asked for a few months' (*o* weeks' *etc*) grace to pay off the debt **3** (alivio) respite; **este dolor no le da (un) ~** she gets no respite from the pain

resplandecer [E3] *vi* **1** «*sol*» to shine; «*luna/metal/cristal*» gleam; «*hoguera*» to blaze **2** (liter) (radiar): **resplandecía de felicidad** she radiated happiness

resplandeciente *adj* **1** ‹*luna/metal/cristal*› gleaming; **un sol ~** a dazzling sun; **tiene la cocina ~** his kitchen is sparkling clean **2** (radiante): **~ de orgullo** glowing with pride; **tenía la cara ~ de felicidad** her face radiated happiness

resplandor *m* (del sol) glare, brightness; (de luna, metal, cristal) gleam; (de relámpago, explosión) flash

responder [E1] *vi*
A **1** (contestar) to reply, answer, respond (frml); **respondió con una evasiva** he gave an evasive reply; **respondió afirmativamente** she said yes, she responded in the affirmative (frml); **~ A algo** to reply TO sth, to answer sth, to respond TO sth (frml) **2** (replicar) to answer back
B (reaccionar) to respond; **~ A algo** ‹*a amenaza/estímulo*› to respond TO sth; **no respondía a los mandos** it was not responding to *o* obeying the controls; **responde al nombre de Kurt** he answers to the name of Kurt
C **1** (corresponder) **~ A algo**: **no responden a la descripción** they do not answer the description; **las cifras no responden a la realidad** the figures do not reflect the true situation; **responde a las exigencias actuales de seguridad** it meets present-day demands for safety **2** (estar motivado por algo) **~ A algo**: **responde a la demanda actual** it is a response to the current demand; **su viaje respondía al deseo de verla** his trip was motivated by the desire to see her
D (responsabilizarse): **si ocurre algo yo no respondo** if anything happens I will not be held responsible; **~ ante la justicia** to answer for one's acts in a court of law; **~ DE algo**: **yo respondo de su integridad** I will vouch for his integrity; **no respondo de lo que hizo** I am not responsible for what he did; **yo respondo de que lo haga** I will be responsible for ensuring that he does it; **~ POR algn** to vouch FOR sb
■ **responder** *vt* **1** (contestar) to reply, answer, respond (frml); **respondió que no le interesaba** he replied that he was not interested **2** ‹*pregunta*› to answer **3** ‹*llamada/carta*› to answer, reply to, respond to (frml)

respondón[1] -dona *adj* (fam) ‹*niño*› mouthy (AmE colloq), cheeky (BrE colloq)

respondón[2] -dona *m,f* (fam): **es un ~** he's always answering back

responsabilidad *f*
A **1** (de cargo, tarea) responsibility; **un puesto de mucha ~** a post which involves a great deal of responsibility; **tiene la ~ de mantenerlos** he is responsible for supporting them **2** (conciencia de las obligaciones) responsibility; **tener sentido de la ~** to have a sense of responsibility
B (Der) (culpa) responsibility; (obligación de indemnizar) liability; **cargó con toda la ~** she took full responsibility; **exigen ~es al alcalde por ...** the mayor is being held accountable for ...

responsabilizar [A4] *vt* **~ a algn DE algo** to hold sb responsible *o* accountable FOR sth
■ **responsabilizarse** *v pron* **1** (de tarea) to take responsibility; **~se DE algo** to take responsibility FOR sth **2** **~se DE algo** ‹*de delito*› to admit responsibility FOR sth; ‹*de accidente*› to take responsibility FOR sth; **el periódico no se responsabiliza de ...** the newspaper accepts no responsibility *o* liability for ...

responsable[1] *adj*
A [SER] **1** (concienzudo) responsible **2** (de tarea) **~ DE algo** responsible FOR sth
B (culpable) responsible; (con obligación de indemnizar) liable; **~ DE algo** responsible/liable FOR sth; **no es ~ de sus actos** he's not responsible for his actions; **eres ~ ante mí del resultado** you're answerable *o* accountable to me for the result; **nadie se ha hecho ~ del atentado** no one has claimed responsibility for the attack

responsable[2] *mf* **1** (de tarea): **el ~ del área de auditoría** the person responsible for audits **2** (de delito, accidente): **los ~s serán castigados** those responsible *o* the people responsible will be punished

responso *m*: *prayer for the dead*

respuesta *f*
A **1** (a carta, mensaje) reply, answer, response (frml) **2** (reacción) response; (Psic) response
B (solución) answer, solution

resquebrajadura *f* (en roca) crack; (en madera) split

resquebrajar [A1] *vt* ‹*loza/roca*› to crack; ‹*madera*› to split
■ **resquebrajarse** *v pron* «*loza/roca*» to crack; «*madera*» to split

resquemor *m* feeling of suspicion; **sentí un cierto ~ por habérselo ocultado** I felt a little uneasy at having hidden it from him

resquicio *m*
A (grieta) crack; (abertura) gap
B (oportunidad) opportunity, opening
C (huella, resto) trace; **quedaba un ~ de esperanza** there was still a glimmer of hope

resta *f* subtraction; **hacer una ~** to do a subtraction

restablecer [E3] *vt* ‹*relaciones/comunicaciones*› to re-establish; ‹*orden/democracia*› to restore; **se restableció la normalidad** normality was restored
■ **restablecerse** *v pron* to recover

restablecimiento *m* (de relaciones, comunicaciones) re-establishment; (de orden, paz) restoration; (de enfermo) recovery

restallar [A1] *vi* «*látigo*» to crack; «*fuego*» to crackle; «*olas*» to crash
■ **restallar** *vt* ‹*naipes*› to flick; **~ la lengua** to click one's tongue

restallido *m* (de látigo) crack; (de leña) crackle, crack

restante *adj* remaining; **lo ~** the remainder

restantes *mpl/fpl*: **los/las ~s** the rest, the remainder

restañar [A1] *vt* (liter) to stanch (AmE), to staunch (BrE); **el tiempo ~á sus heridas** time will heal his wounds
■ **restañar** *vi* (liter) to heal

restar [A1] *vt* **1** (Mat) ‹*número*› to subtract, take away; **~ algo DE algo** to take (away) *o* subtract sth FROM sth **2** ‹*gastos/cantidad*› to deduct, take away; **~ algo A algo** to take away *o* deduct sth FROM sth **3** (quitar): **~le importancia a algo** to minimize *o* play down the importance of sth; **esto resta credibilidad a la hipótesis** this detracts from the credibility of the hypothesis; **~le méritos a algn** to take the credit away from sb
■ **restar** *vi*
A (Mat) to subtract, take away
B (frml) (faltar): **restan dos etapas para el final** there are two stages left before the end; **sólo me resta darles las gracias** it only remains for me to thank you all (frml); **sólo**

r

resta formalizarlo all that remains to be done is to formalize it
C (Esp) (Dep) to return (service)
restauración *f* restoration
restaurador -dora *m,f* restorer
restaurante, restaurant *m* restaurant
restaurar [A1] *vt* to restore
restitución *f* (frml) restitution (frml)
restituir [I20] *vt* 1 ‹*bienes/dinero*› to return; ‹*derechos*› to restore 2 (en cargo) to reinstate
resto *m*
A 1 (lo demás, lo que queda) **el ~** the rest; **el ~ del dinero** the rest *o* the remainder of the money; **el ~ de sus días** the rest of his days; **¿qué importa lo que haga el ~ (de la gente)?** what does it matter what everybody else does? 2 (Mat) remainder
B restos *mpl* 1 (despojos) remains (*pl*); **~s arqueológicos** archaeological remains; **los ~s del avión siniestrado** the wreckage of the airplane 2 (de comida) leftovers (*pl*)
(Compuesto) **restos mortales** *mpl* (frml) mortal remains (*pl*) (frml)
C (Esp) (Dep) return (of service)
D (Col, Méx fam) (montón): **falta un ~ para llegar** we won't be there for ages (colloq); **un ~ de gente** loads of people (colloq)
restorán *m* restaurant
restregar [A7] *vt* ‹*suelo*› to scrub; ‹*ropa*› to rub, scrub
■ **restregarse** *v pron* (*refl*) to rub; **~se los ojos** to rub one's eyes
restricción *f* restriction; **restricciones de agua** restrictions on the use of water; **sin ~ de edad** with no age limit
restrictivo -va *adj* restrictive
restringido -da *adj* ‹*libertad*› restricted, limited; ‹*posibilidades/cantidad*› limited
restringir [I7] *vt* ‹*gastos*› to restrict, cut; ‹*libertad*› to restrict
■ **restringirse** *v pron* to restrict *o* limit oneself
resucitar [A1] *vt* 1 (Relig) to raise ... from the dead, to bring ... back to life 2 (Med) to resuscitate, revive 3 ‹*costumbres/rencores*› to revive, resurrect
■ **resucitar** *vi* «*persona*» to rise (from the dead); «*costumbre/grupo*» to take on a new lease of life
resuello *m* 1 (respiración fuerte) heavy breathing; (por agotamiento) labored• breathing 2 (aliento): **sin ~** out of breath
resueltamente *adv* resolutely, with determination
resuelto -ta *adj* 1 [SER] ‹*persona*› decisive; **en tono ~** decisively 2 [ESTAR] (decidido) determined, resolved (frml); **~ A + INF** determined *o* resolved to + INF; *ver tb* **resolver**
resultado *m*
A (de examen, análisis) result; (Mat) result
B (consecuencia, efecto) result; **los ~s de sus acciones** the outcome *o* consequences of his actions; **mi idea dio ~** my idea worked; **eran baratos, pero me han dado un ~ buenísimo** they were cheap but they've turned out to be very good; **intentó convencerlo, pero sin ~** she tried to persuade him, but without success *o* to no avail
resultante *adj* resulting (*before n*), resultant (*before n*)
resultar [A1] *vi*
A (dar resultado) to work; **su idea no resultó** his idea didn't work (out); (+ *me/te/le etc*) **no creo que te resulte** I don't think it will work
B (+ *compl*) 1 **resultar + ADJ**: **resulta más barato así** it works out cheaper this way; **resultó más cara** it proved *o* turned out to be more expensive; **~on muertas dos personas** (period) two people were killed; **resultó tal como lo planeamos** it turned out *o* worked out just as we planned; (+ *me/te/le etc*) **me resulta simpático** I think he's very nice; **la película me resultó aburrida** I found the movie boring 2 **resultar + INF** to turn out + INF; **resultó ser un malentendido** it turned out to be *o* proved to be a misunderstanding
C (*en 3ª pers*): **ahora resulta que era periodista** now it turns out that he was a journalist; **ahora resulta que tengo yo la culpa** so now it's all *my* fault
D (derivar) **~ EN algo** to result IN sth, lead TO sth; **~ DE algo** to be the result OF sth; **¿qué va a ~ de todo esto?** what will come of all this?
resultas: **a ~ de** *or* **de ~ de** (*loc prep*) as a result of
resultón -tona *adj* (Esp fam) attractive
resumen *m* summary; **hacer un ~ de un texto** to précis *o* summarize a text; **en ~** in short
resumidero *m* (AmL) drain
resumido -da *adj* summarized; **en resumidas cuentas** in short, in a word
resumir [I1] *vt* 1 (condensar) ‹*texto/libro*› to summarize 2 (recapitular) ‹*discurso/argumento*› to sum up
■ **resumir** *vi*: **resumiendo ...** in short ..., to sum up ...
resurgimiento *m* resurgence; **el ~ de la economía** the resurgence in the economy, the economic revival
resurgir [I7] *vi* to reemerge; **este espíritu resurge en tiempos de crisis** this spirit reemerges in times of crisis; **resurge el interés por estos temas** there is a resurgence of interest in these subjects
resurrección *f* resurrection
retablo *m* (Art, Relig) altarpiece, reredos; (Teatr) tableau
retacarse [A2] *v pron* (Andes) 1 «*persona*» to back out 2 «*caballo*» to stop; (en competición) to refuse
retacear [A1] *vt* (RPl): **nos ~on los recursos** they kept a tight hold on the purse strings
retachar [A1] *vt* (Méx fam) 1 ‹*carta/trabajo*› to reject, refuse to accept 2 (no dejar entrar): **nos ~on** they turned us away
■ **retachar** *vi* (Méx) «*bala*» to ricochet
retaco *m*
A (fam) (persona): **es un ~** she's rather dumpy *o* (colloq) a real dumpling
B (escopeta) short-barrelled shotgun
retacón -cona *adj* (RPl fam) dumpy (colloq), short and fat
retador -dora *m,f* (AmL) challenger
retaguardia *f* (Mil) rearguard; **estar en la ~** (en carrera) to be at the back
retahíla *f* string; **una ~ de insultos** a stream *o* string of insults
retaliación *f* (AmL) retaliation
retama *f*, (Chi) **retamo** *m* broom
retar [A1] *vt*
A (desafiar) to challenge; **~ a algn A algo** to challenge sb TO sth; **~ a algn A + INF** to challenge sb to + INF
B (CS) (regañar) to tell ... off (colloq), to scold
retardado¹ -da *adj*
A (Tec) delayed; **de apertura retardada** with time-delay lock
B ‹*persona*› mentally handicapped *o* retarded
retardado² -da *m,f* mentally handicapped *o* retarded person, retard (AmE colloq & pej)
retardar [A1] *vt* (frenar) to delay, hold up, retard (tech); (posponer) to postpone
retazo *m* (de tela) remnant; (de texto, obra) snippet
retén *m*
A (patrulla) patrol; (pelotón) squad; (puesto de policía) police post
B (Ven) (correccional) reformatory (AmE), remand home (BrE)
retención *f*
A (de información) withholding, keeping back; (de pasaporte, tarjeta) retention; (Fin, Fisco) deduction, withholding (AmE), stoppage (BrE); **las retenciones que me hacen del sueldo** the money that is deducted from my salary
B (de preso) holding, detaining
C (de calor, carga, líquidos) retention
retener [E27] *vt*
A 1 ‹*datos/información*› to keep back, withhold 2 ‹*pasaporte/tarjeta*› to retain 3 (Fin, Fisco) ‹*dinero/cuota*› to deduct, withhold
B 1 «*policía*» ‹*persona*› to detain, hold 2 (hacer permanecer): **no te retendré mucho** I won't keep you long; **el maestro nos retuvo** the teacher kept us in after class; **tres reclusos retuvieron a un funcionario** three prisoners held a prison guard hostage; **no sabe cómo ~lo** she doesn't know what to do to stop him leaving
C ‹*calor/carga/líquidos*› to retain
D ‹*atención/interés*› to keep, retain
E (recordar) to retain, keep ... in one's head
■ **retenerse** *v pron* to restrain oneself

retentiva *f* memory

reticencia *f* 1 (renuencia) reluctance; **con ~** reluctantly 2 (reserva) reticence; **a pesar de su ~ inicial, ...** despite his initial reticence, ... 3 (indirecta) hint, insinuation

reticente *adj* 1 (reacio) reluctant; **~ a todo tipo de negociaciones** reluctant to get involved in any sort of negotiations; **~ A + INF** reluctant to + INF 2 (reservado) reticent 3 ‹*discurso*› full of hints *o* insinuations

retina *f* retina

retintín *m* 1 (fam) (tonillo sarcástico) sarcastic tone of voice; **lo dijo con ~** he said it sarcastically 2 (sonido) (de cascabeles) tinkling; (de pulseras) jingling, jangling

retinto -ta *adj* ‹*animal*› dark brown

retirada *f*

A 1 (separación, alejamiento) withdrawal; **esperan la ~ de las aguas** they are waiting for the waters to recede *o* retreat; 2 (Mil) retreat; **les cortamos la ~** we cut off their retreat; **batirse en ~** (Mil) to retreat, to beat a retreat; (ante situación desfavorable) to retreat 3 (de permiso, pasaporte) withdrawal

B (de propuesta) withdrawal; (de acusación) withdrawal, dropping

C (de fondos) withdrawal; (recogida) collection

D 1 (jubilación) retirement 2 (de actividad) withdrawal 3 (de competición — antes de iniciarse) withdrawal; (— una vez iniciada) retirement

retirado -da *adj*

A 1 ‹*lugar/casa*› remote, out-of-the-way; **~ DE algo**: **una casa retirada de la calle** a house set back from the road; **un barrio ~ del centro** an outlying district 2 ‹*vida*› secluded, quiet

B (jubilado) retired

retirar [A1] *vt*

A 1 (quitar) to remove, take away; (apartar) to move away; **retíralo de ahí un poco** move it a bit further away from there; **retiró la cacerola del fuego** he removed the saucepan from the heat, he took the saucepan off the heat; **el autobús fue retirado del servicio** the bus was withdrawn from service; **~ de la circulación** to withdraw from circulation 2 ‹*cabeza/mano*› to pull ... back; **retiré la mano de la bolsa** I took my hand out of the bag 3 ‹*embajador/tropas*› to withdraw, pull out 4 ‹*jugador*› to take off, pull ... out of the game; ‹*corredor/ciclista*› to withdraw, pull out 5 (+ *me/te/le etc*) ‹*apoyo*› to withdraw; ‹*pasaporte/carnet*› to withdraw, take away; **me retiró la palabra** she stopped speaking to me

B ‹*afirmaciones/propuesta*› to withdraw; **retiro lo dicho** I take back what I said

C 1 (de cuenta, fondo) ‹*dinero*› to withdraw 2 (recoger) ‹*carnet/entradas*› to collect

■ **retirarse** *v pron*

A 1 (apartarse) to move back *o* away; (irse) to leave, withdraw; **cuando las aguas se ~on** when the waters receded 2 «*ejército/tropas*» to withdraw, pull out 3 (irse a dormir) to go to bed, retire (frml)

B (jubilarse) to retire; (de actividad) to withdraw; **se retiró de la carrera** (antes de iniciarse) he pulled out of *o* withdrew from the race; (una vez iniciada) he pulled out of *o* retired from the race

retiro *m*

A (jubilación) retirement; (pensión) (retirement) pension

B (lugar tranquilo) retreat; (Relig) retreat

C (AmL) (de fuerzas, empleados) withdrawal; (de apoyo, fondos) withdrawal

reto *m*

A (desafío) challenge

B (CS) (regañina) telling-off (colloq), scolding

retobado -da *adj* (rebelde) (Méx, RPl fam) rebellious; (terco) (Méx fam) stubborn

retobar [A1] *vi* (Méx fam) to answer back

■ **retobarse** *v pron* (RPl fam) to be rude

retocar [A2] *vt* ‹*fotografía/maquillaje*› to touch up, retouch; **~ un texto** to put the finishing touches to a text

retomar [A1] *vt*: **retomó (el hilo de) la narrativa** she picked up the thread of the narrative; **el tema se retoma en el adagio** the theme is reintroduced in the adagio; **retomé mi carril** I got back in (the) lane

retoñar [A1] *vi* (Bot) to sprout, shoot; (reaparecer) to reappear

retoño *m*

A (Bot) shoot

B (fam) (hijo) little one (colloq), kid (colloq)

retoque *m*: **esta foto necesita unos ~s** this photo needs some retouching; **dar los últimos ~s a algo** to put the final *o* the finishing touches to sth

retorcer [E10] *vt*

A 1 ‹*alambre/cuerda*› to twist; ‹*alambres/hilos*› to twist ... together; ‹*ropa*› to wring 2 ‹*brazo*› (+ *me/te/le etc*) to twist; **le retorció el pescuezo** she wrung its neck

B ‹*palabras*› to twist

■ **retorcerse** *v pron*

A 1 (enrollarse) to become tangled (up) 2 «*serpiente*» to writhe 3 «*persona*»: **~se de dolor** to writhe in agony; **~se de risa** to fall about laughing

B (*refl*) ‹*manos*›: **se retorcía las manos con nerviosismo** she was wringing her hands nervously

retorcido -da *adj* ‹*persona/mente*› twisted, devious; ‹*estilo/argumento*› convoluted, involved; *ver tb* **retorcer**

retorcijón *m* (AmL) sharp pain (*in the stomach or gut*); **retorcijones de tripas** stomach cramps

retórica *f* (Lit) rhetoric; (manera de hablar) rhetoric; (palabrería) *tb* **~s** empty rhetoric

retórico -ca *adj* rhetorical

retornable *adj* returnable; **no ~** non-returnable

retornar [A1] *vi/vt* (frml *o* liter) to return

retorno *m*

A (frml *o* liter) (regreso, devolución) return; (viaje de regreso) return journey

B (Rad) return signal

retortero *m* twist; ***andar/ir al ~*** (fam) to be on the go (colloq); ***estar algo al ~*** (fam): **está toda la casa al ~** the whole house is in a mess (colloq); ***llevar a algn al ~*** (fam) to have sb wrapped around one's little finger (colloq); ***traer a algn al ~*** (fam) to keep sb on the go

retortijón *m* (Esp, Méx) ▸ **retorcijón**

retozar [A4] *vi* (liter) «*corderos*» to gambol, frolic; «*niños*» to frolic, gambol (liter)

retozón -zona *adj* ‹*cordero*› gamboling* (*before n*), frolicking (*before n*); ‹*niño*› playful

retractable *adj* retractable

retractarse [A1] *v pron*: **se retractó y admitió su equivocación** he backed down and admitted his mistake; **~ DE algo**: **se retractó de sus acusaciones/de lo dicho** he withdrew his accusations/what he said; **se retractaron de su error** they recanted

retráctil *adj* (Zool) retractile; (Tec) retractable

retraer [E23] *vt*

A (Zool) ‹*uñas*› to retract

B (traer de vuelta) to bring back

■ **retraerse** *v pron* 1 (retirarse) to withdraw; **se retrae de la gente que no conoce bien** when he's with people he doesn't know well he withdraws into his shell 2 «*demanda*» to reduce, fall

retraído -da *adj* withdrawn, retiring (*before n*)

retraimiento *m* 1 (timidez) shyness; (aislamiento) isolation, seclusion 2 (acción) withdrawal

retransmisión *f* 1 (transmisión) transmission; **~ en directo** live broadcast *o* transmission 2 (repetición) repeat

retransmisor *m* transmitter

retransmitir [I1] *vt*

A (repetir) to repeat, rebroadcast (frml)

B (Esp period) (TV) to broadcast, show; (Rad) to broadcast

retrasado[1] -da *adj* 1 [SER] (Med, Psic) mentally handicapped 2 [ESTAR] (en tarea, actividad): **va** *or* **está muy ~ con respecto a los demás** he lags a long way behind the others; **están ~s en los pagos** they are behind in their payments; **tengo trabajo ~** I have work to catch up on 3 ‹*país/sociedad*› backward 4 ‹*reloj*› slow

retrasado[2] -da *m,f*: *tb* **~ mental** mentally handicapped person, (mentally) retarded person, retard (AmE colloq & pej)

retrasar [A1] *vt*

A 1 ‹*persona*› to make ... late; **el tráfico nos retrasó** we got held up in the traffic 2 ‹*producción/proceso*› to delay, hold up; **la niebla retrasó la salida del avión** the departure (of the plane) was delayed by fog

r

B ‹*partida/fecha*› to postpone
C ‹*reloj*› to put back
■ **retrasar** *vi* «*reloj*» to run slow
■ **retrasarse** *v pron* **1** (llegar tarde) to be late; **el tren se retrasó** the train was *o* arrived late **2** «*producción/trámite*» to be delayed, be held up **3** (en trabajo, estudios, pagos) to fall behind; **se retrasó en presentarlo** she was late (in) submitting it; **me he retrasado con esta traducción** I'm behind with this translation

retraso *m* **1** (demora) delay; **viene con media hora de ~** it's (running) half an hour late; **llevamos un ~ de dos meses sobre lo previsto** we're two months behind schedule **2** (de país) backwardness **3** (Psic): **niños con ~ mental** mentally retarded *o* handicapped children

retratar [A1] *vt* **1** (pintar) to paint a portrait of; (fotografiar) to photograph; **se hizo ~ por un famoso pintor** she had her portrait painted by a famous artist **2** ‹*realidad/costumbres*› to portray, depict
■ **retratarse** *v pron* (*caus*) (en cuadro) to have one's portrait painted; (en foto) to have one's photograph taken

retratista *mf* (pintor) portrait artist *o* painter; (fotógrafo) portrait photographer

retrato *m* **1** (Art, Fot) portrait; **un ~ de cuerpo entero** a full-length portrait; ***ser el vivo ~ de algn*** to be the (spitting) image of sb (colloq) **2** (descripción) depiction, portrayal

(Compuesto) **retrato hablado** (AmS) *or* (Méx) **reconstruido** *or* (Esp) **robot** Identikit® picture, photofit® (picture) (BrE)

retreta *f*
A (Mil) **1** (toque) retreat; **tocar ~** to sound the retreat **2** (desfile) tattoo
B (AmL) (concierto) open-air concert

retrete *m* lavatory, W.C., bathroom (AmE)

retribución *f* (sueldo) salary; (recompensa) reward

retribuir [I20] *vt* **1** ‹*esfuerzos/trabajo*› to pay; **vacaciones retribuidas** paid vacation (AmE), paid holiday(s) (BrE) **2** (recompensar) to reward **3** (AmL) ‹*favor*› to return

retroactividad *f* (de ley) retroactive *o* retrospective nature

retroactivo -va *adj* retrospective, retroactive; **con efecto ~** retroactively, retrospectively; **un aumento con efecto ~ desde enero** an increase backdated to January

retroalimentación *f* feedback

retroceder [E1] *vi*
A «*persona/coche*» to go back, move back; «*ejército*» to withdraw, retreat; **al ver la pistola retrocedió** when he saw the pistol he stepped back *o* drew back; **el autor nos hace ~ tres siglos** the author takes us back three centuries
B (desistir) to give up; (volverse atrás) to back down
C (Arm) to recoil

retroceso *m* **1** (movimiento hacia atrás) backward movement; **esto supone un ~ para el equipo** this is a backward step for the team **2** (de ejército) withdrawal, retreat **3** (acción de volverse atrás) backing down **4** (Arm) recoil **5** (Ven) (Auto) reverse

retrógrado[1] **-da** *adj* ‹*persona/actitud*› reactionary; ‹*planteamiento/idea*› retrograde

retrógrado[2] **-da** *m,f* reactionary

retropropulsión *f* jet propulsion

retrospección *f* retrospection

retrospectiva *f* retrospective

retrospectivo -va *adj* ‹*análisis*› retrospective; **una escena retrospectiva** a flashback; **echó una mirada retrospectiva a su vida** she looked back over her life

retrotraer [E23] *vt* ‹*persona/sistema*› to take … back
■ **retrotraerse** *v pron* to go back

retrovisor *m* (interior) (rear-view) mirror; (lateral) (wing) mirror

retrucar [A2] *vi* (esp CS frml) to answer back
■ **retrucar** *vt*
A (replicar) to retort
B (en billar) to kiss

retruque *m* (Per fam) witty reply

retumbante *adj* booming (*before n*)

retumbar [A1] *vi* «*voz/explosión*» to boom; «*eco*» to resound; «*paso*» to echo; «*trueno*» to roll, boom; «*habitación*» to resound; **los golpes hacían ~ las paredes** the banging was making the walls shake

reubicar [A2] *vt* (AmL)
A ‹*trabajadores*› to relocate, redeploy; ‹*empresas*› to relocate; ‹*pobladores/damnificados*› to resettle
B (cambiar de lugar) to put … in a different place, change the position of

reuma, reúma *m or f* rheumatism

reumático -ca *adj* rheumatic

reumatismo *m* rheumatism

reunido -da *adj*: **estuvieron ~s tres horas** the meeting lasted three hours; **llevan más de una hora ~s** they've been in the meeting for over an hour; *ver tb* **reunir**

reunificar [A2] *vt* ‹*nación*› to reunify; ‹*familia*› to reunite, bring together

reunión *f*
A **1** (para discutir algo) meeting **2** (de carácter social) gathering; **~ de ex-alumnos** school reunion, old boys'/girls' reunion **3** (Dep) meeting, meet **4** (grupo de personas) meeting

(Compuesto) **reunión cumbre** summit (meeting)

B (de datos, información) gathering, collecting

reunir [I23] *vt*
A ‹*cualidades/características*› to have; ‹*requisitos*› to satisfy, meet; **reúne todas las condiciones necesarias** he fulfills all the requirements
B ‹*datos*› to gather; ‹*dinero/fondos*› to raise; ‹*información*› to gather together, collect; **reunió una colección excepcional de sellos** she built up an impressive stamp collection; **el volumen reúne sus mejores artículos** the volume is a collection of his best articles; **~ pruebas** to gather *o* assemble evidence
C ‹*personas*›: **reunió a su familia en su casa** she got her family together at her house; **reunió a los jefes de sección** he called a meeting of the heads of department; **los reunió y se lo dijo** he called them together and told them
■ **reunirse** *v pron* «*consejo/junta*» to meet; «*amigos/parientes*» to get together; **me reuní con él en Chicago** I met up with him in Chicago; **se va a ~ con los representantes** she's going to have a meeting with *o* meet the representatives

reválida *f* (RPl) (convalidación) validation; **no le dieron la ~** they didn't recognize her qualifications

revalidación *f* **1** (Chi, Méx) (convalidación) validation **2** (Col) (diploma) high-school diploma (*for mature students*) **3** (Col, Ven) (del pasaporte) renewal

revalidar [A1] *vt*
A ‹*campeonato/título*› to defend, win … again; ‹*victoria*› to repeat
B **1** (Chi, Méx) (convalidar) to validate **2** (Col, Ven) ‹*pasaporte*› to renew

revalorización *f* (de divisa) revaluation; (de pensión) increase, adjustment; (de activo) appreciation (frml), increase in value

revalorizar [A4] *vt*
A ‹*moneda*› to revalue, revaluate (AmE); ‹*pensiones*› to increase, adjust
B ‹*sistema/situación*› to reassess, reevaluate
■ **revalorizarse** *v pron* «*acciones/propiedad*» to appreciate; **~se en un 50 %** to appreciate by 50 %; **el euro se revalorizó** the euro gained in value

revaluación *f* (esp AmL) ▸**revalorización**

revaluar [A18] *vt* (esp AmL) ▸**revalorizar**

revancha *f* **1** (Dep, Jueg) return game; **pido la ~** I want a rematch *o* a chance to get even **2** (desquite): **¡me tomaré la ~!** I'll get my own back! (colloq)

revelación *f*
A (de secreto, noticia) revelation, disclosure
B (éxito, figura) revelation; **la ~ literaria del año** the literary sensation of the year; **el coche fue la ~ del salón** the car was the star attraction at the show
C (*como adj inv*): **los Tigers, el equipo ~ de la temporada** the Tigers, this season's surprise success story; **el coche ~ de este año** the car of the year

revelado *m* developing

revelador[1] **-dora** *adj* revealing

r

revelador² *m* developer

revelar [A1] *vt*
A ‹*secreto/verdad*› to reveal
B (Cin, Fot) to develop
■ **revelarse** *v pron* to show oneself; **se reveló como una gran actriz** she proved herself to be a great actress

revendedor -dora *m,f* (que vende al por menor) retailer; (de entradas) scalper (AmE), ticket tout (BrE)

revender [E1] *vt* ‹*alimentos/artículos*› to resell; ‹*entradas*› to scalp (AmE), to tout (BrE); ‹*acciones*› to sell off

revenido -da *adj* ‹*carne/pescado*› bad, off (colloq); ‹*mantequilla*› rancid; ‹*ensalada*› limp, soggy; ‹*vino*› vinegary, sour

revenirse [I31] *v pron* «*carne/pescado*» to go bad, to go off (colloq); «*mantequilla*» to go rancid; «*ensalada*» to go limp *o* soggy; «*vino*» to turn sour, go vinegary

reventa *f* (de alimentos, artículos) resale; (de entradas) scalping (AmE), touting (BrE)

reventado -da *adj* (fam) exhausted, beat (AmE colloq), shattered (BrE colloq)

reventar [A5] *vi*
A 1 «*globo*» to burst, pop; «*neumático*» to blow out, burst; «*ampolla/tubería*» to burst; «*ola*» to break; «*capullo*» to burst open 2 (fam) «*prenda*» to split
B 1 «*persona*» (uso hiperbólico): **si sigue comiendo así va a ~** if he carries on eating like that, he'll burst!; **¡que reviente!** he can go to hell! (colloq); **reventaba de indignación** she was bursting with indignation 2 (fam) (de ganas): **cuéntamelo, que si no vas a ~** come on, I can see you're bursting to tell me (colloq) 3 (de ganas de orinar): **estoy que reviento** I'm bursting (to go) (colloq) 4 (fam) (de cansancio): **trabajan hasta ~** they work their butts off (AmE colloq), they slog their guts out (BrE colloq)
C (fam) (molestar) to rile (colloq), to make … mad (colloq); **me revienta su tonito paternal** that patronizing tone of his really gets me (colloq)
■ **reventar** *vt* 1 ‹*globo/neumático*› to burst 2 (fam) (destrozar): **reventó la puerta a patadas** he kicked the door down; **le reventó la nariz de un puñetazo** he punched him and broke *o* smashed his nose 3 (fam) (agotar) ‹*caballo*› to ride … into the ground
■ **reventarse** *v pron*
A 1 «*globo, etc*» ▸**reventar** *vi* **A1** 2 (fam) (agotarse) to work one's butt off (AmE colloq), to slog one's guts out (BrE colloq)
B (*refl*) ‹*grano*› to squeeze; ‹*ampolla*› to burst

reventón *m*
A (de neumático) blowout; (de tubería) burst
B (Méx fam) (fiesta) party

reverberación *f* (de la luz) reflection; (del sonido) reverberation

reverberar [A1] *vi* 1 (destellar): **las estrellas reverberaban** the stars twinkled; **el sol reverberaba en los vidrios** the sun glittered *o* sparkled on the windowpanes 2 «*sonido*» to reverberate, echo

reverbero *m*
A (de luz, sonido) ▸**reverberación**
B (AmL) (cocinilla) spirit stove

reverdecer [E3] *vi* 1 «*prado/planta*» to become green again 2 «*costumbre/sistema*» to revive
■ **reverdecer** *vt* to revive

reverencia *f*
A (de hombre, niño) bow; (de mujer, niña) curtsy; **hacer una ~** «*hombre*» to bow; «*mujer*» to curtsy
B (veneración) reverence; (tratamiento): **Su Reverencia** Your/His Reverence

reverenciar [A1] *vt* to revere, venerate

reverendo¹ -da *adj*
A (Relig) reverend (*before n*)
B (esp AmL fam) (como intensificador) (*delante del n*): **eso es un ~ disparate** that's utter nonsense (colloq); **su trabajo es una reverenda porquería** his work is absolutely appalling

reverendo² -da *m,f* reverend

reverente *adj* reverent

reversa *f* (Col, Méx) reverse; ***meter** or **echar** ~* (en coche) to put the car into reverse; **iban a recortar el personal, pero metieron ~** they were going to cut staff numbers, but they reversed their decision

reversible *adj* reversible

reverso *m* 1 (de papel, cuadro) back; **ver al ~** see other side, see back, PTO 2 (de moneda, medalla) reverse; ***ser el ~ de la medalla** or **moneda*** to be the exact *o* complete opposite

revertir [I11] *vi*
A 1 «*propiedad*» **~ A algn** to revert TO sb 2 (a estado anterior) **~ A algo** to go back TO sth, revert TO sth
B (redundar) **~ EN algo**: **la decision ~á en beneficio/perjuicio de sus hijos** the decision will be to the benefit/detriment of their children

revés *m*
A 1 **el ~** (de prenda) the inside; (de tela) the back, the wrong side; (de papel, documento) the back 2 **al ~** (con lo de adelante atrás) back to front; (con lo de arriba abajo) upside down; (con lo de dentro fuera) inside out; (en sentido inverso) the other way around *o* (BrE) round; **te has puesto los zapatos al ~** you've put your shoes on the wrong feet; **hace la 'y' al ~** he writes his y's back to front *o* the wrong way round; **puso el cuadro al ~** he turned the picture to face the wall; **todo lo entiende al ~** she's always getting the wrong end of the stick; **todo me sale al ~** nothing goes right for me; **al ~ de lo que uno se imagina** contrary to what you might expect; **lo hizo al ~ de como le dije** she did it the opposite way to how I told her; ***saberse algo al ~ y al derecho*** to know sth (off) by heart
B 1 (bofetada) slap (*with the back of the hand*); **¡te voy a dar un ~!** you're going to feel the back of my hand! 2 (Dep) backhand
C (contratiempo) setback; **un ~ de fortuna** a reversal of fortune

revestimiento *m* (de suelo) covering, flooring; (de cable) sheathing; (de tubería) lining; **~ de madera** wooden paneling; **un ~ antiadherente** a nonstick surface; **un ~ aislante** a layer of insulating material

revestir [I14] *vt*
A (cubrir) ‹*pared/suelo*› to cover; ‹*cable*› to sheathe, cover; ‹*tubería*› to lag; **un volante revestido de cuero** a leather-covered steering wheel; **paredes revestidas de madera** wood-paneled walls; **una fachada revestida de mármol** a façade clad *o* faced with marble; **~ algo con material aislante** to line sth with insulating material
B (frml) (tener, presentar): **la ceremonia revistió gran solemnidad** the ceremony was marked by great solemnity; **su estado no revestía gravedad** her condition was not serious; **la situación reviste caracteres alarmantes** the situation has certain alarming aspects
■ **revestirse** *v pron*: **se revistieron de valor** they plucked up (their) courage; **se revistió de paciencia** she armed herself with patience

revienta, revientas, etc *see* **reventar**

revirado -da *adj* (RPl fam) (loco) loopy (colloq); (revoltoso) wild

revirarse *v pron* (RPl fam) to go loopy (colloq)

revisación *f* (RPl) (Med, Odont) examination; (periódica) checkup

revisar [A1] *vt*
A ‹*documento*› to go through, look through; ‹*traducción/cuenta*› to check, go through
B ‹*criterio/doctrina/edición*› to revise
C 1 ‹*máquina/instalación/frenos*› to check 2 (Esp) ‹*coche*› (hacer revisión periódica) to service
D (AmL) ‹*equipaje/bolsillos*› to search, go through
E (AmL) ‹*paciente*› to examine; ‹*dentadura*› to check; **se hizo ~ la dentadura** he had a dental checkup

revisión *f*
A (de trabajo, documento) checking, check; **la etapa de ~** the checking stage; **una ~ de los gastos** a check of *o* on expenses
B (de criterio, doctrina) revision; **se hace una ~ periódica de las tarifas aéreas** airfares are revised periodically
C (de instalación) inspection; (de frenos) check; **la ~ de los 5.000 kilómetros** (Esp) the 5,000 kilometer service
D (AmL) (de equipaje) inspection
E (Med, Odont) checkup
(Compuesto) **revisión médica** (Esp) (periódica) checkup; (para trabajo) medical examination
F (Der) review

revisionista *adj/mf* revisionist

revisor -sora *m,f* (Esp) ticket inspector

r

revista *f*
A (publicación ilustrada) magazine; (de profesión) journal; (crítica) review section
Compuestos
- **revista de chistes** (RPl) comic book (AmE), comic (BrE)
- **revista del corazón** real-life *o* true-romance magazine
- **revista de modas** fashion magazine

B (Espec, Teatr) revue; **teatro de ~** variety theater
C (inspección) review; **pasar ~ a las tropas** to inspect *o* review the troops; **pasó ~ a la situación** he reviewed the situation; **pasé ~ a los últimos detalles** I checked over the final details

revistero *m* magazine rack

revitalizante *adj* revitalizing

revitalizar [A4] *vt* to revitalize; **un intento de ~ las relaciones entre los dos países** an attempt to give (a) fresh impetus to relations between the two countries

revivir [I1] *vi* **1** «persona/planta» (físicamente) to revive; **cuando sale el sol uno revive** when the sun comes out you come alive again **2** «sentimiento» to revive
■ **revivir** *vt* to relive

revocar [A2] *vt*
A (Der) ‹consentimiento/testamento› to revoke; ‹fallo› to reverse, revoke
B (Const) ‹pared interior› to plaster; ‹pared exterior› to render

revolcar [A9] *vt*: **lo ~on por el suelo** they knocked him to the ground and pushed him around; **lo ~on en el debate** they wiped the floor with him in the debate (colloq)
■ **revolcarse** *v pron* to roll around; **los cerdos se revolcaban en el barro** the pigs were rolling *o* wallowing around in the mud; ***~se con algn*** (fam) to have a roll in the hay with sb (colloq); ***~se de la risa*** (fam) to roll around laughing *o* with laughter

revolcón *m*
A (caída) tumble; (vuelta) roll
B (fam) (derrota): **les dieron** *or* **pegaron un buen ~** they wiped the floor with them (colloq)
C (fam) (con amante) roll in the hay (colloq)

revolear [A1] *vt* (CS) to whirl ... round

revolotear [A1] *vi* «mariposa» to flutter; «polilla» to flit; «pájaro» to flutter around; «papeles/hojas» to fly *o* swirl around

revoloteo *m* (de mariposa, pájaro) fluttering; (de polilla) flitting

revoltijo, revoltillo *m*
A (fam) (desorden) mess, jumble
B (fam) (comida, bebida) mixture, concoction

revoltoso -sa *adj* ‹niño› naughty; ‹soldados/estudiantes› rebellious

revolución *f*
A (Hist, Pol) revolution
B (Tec) revolution; **revoluciones por minuto** revolutions *o* revs per minute

revolucionar [A1] *vt*
A ‹costumbres/industria› to revolutionize
B ‹niños› to get ... excited; ‹estudiantes/obreros› to stir up, create discontent among
■ **revolucionarse** *v pron* to rebel

revolucionario -ria *adj/m,f* revolutionary

revolver [E11] *vt*
A **1** ‹salsa/guiso› to stir; **me revuelve el estómago** it turns my stomach **2** (AmL) ‹dados› to shake
B ‹cajones/papeles› to rummage through, go through; **me revolvieron toda la casa** they turned the whole house upside down; ***~la(s)*** (Chi fam) to live it up (colloq)
■ **revolver** *vi*: **revolvió en mis cosas** he rummaged through my things
■ **revolverse** *v pron* **1** (moverse): **se revolvía inquieto sin poder dormir** he tossed and turned, unable to sleep **2** (dar la vuelta) to turn around **3** (con agresión) **~se CONTRA algn** to turn on sb

revólver *m* revolver; ***ponerle el ~ en el pecho a algn*** (CS) to hold a gun to sb's head

revoque *m* (material — para interior) plaster; (— para exterior) render, rendering

revuelo *m* (conmoción) stir; (de pájaros): **el disparo produjo un ~ de palomas** a mass *o* cloud of pigeons flew up when the shot was fired

revuelta *f* **1** (de civiles) uprising; (de tropas) uprising, revolt; **~s estudiantiles** student riots **2** (jaleo) commotion, row (colloq)

revuelto[1] **-ta** *adj*
A (desarreglado) in a mess; **iba con el pelo ~** her hair was all disheveled; **tener el estómago ~** to feel sick *o* nauseous
B **1** ‹mar› rough; ‹tiempo› unsettled **2** (agitado): **el ambiente está ~** there is an atmosphere of unrest; **los ánimos están ~s** people are restless *o* on edge

revuelto[2] *m* vegetables sautéed with egg

revulsivo *m* **1** (Med) counterirritant, revulsive (tech) **2** (sorpresa) salutary lesson

rey *m*
A **1** (monarca) king; **los R~es de Suecia** the King and Queen of Sweden; **los R~es y sus hijos** the royal couple and their children; **el ~ de la selva** the king of the jungle; **hablando del ~ de Roma ...** (fr hecha) talk of the devil!; ***a ~ muerto, ~ puesto*** no sooner has one gone than another comes along *o* comes to take their place **2** (en ajedrez, naipes) king **3** (como apelativo) pet (colloq), precious (colloq)
B **1** **Reyes** *m* Epiphany, January 6th **2** **los Reyes** *mpl*: *tb* **Los R~es Magos** the Three Wise Men, The Three Kings

> **Reyes Magos**
>
> The *cabalgata de los Reyes Magos* takes place in Spain on January 5, the day before Epiphany (*día de Reyes*). It is a parade of floats symbolizing the coming of the Three Wise Men to Bethlehem.
>
> In Spain and some Latin American countries, Epiphany is the day when gifts are exchanged

reyerta *f* brawl, fight

reyezuelo *m*
A (pey) (rey débil) kinglet (pej)
B (Zool) kinglet (AmE), goldcrest (BrE)

rezagado[1] **-da** *adj*: **quedar ~** to fall *o* drop behind; **iban** *or* **estaban ~s** they were lagging behind; **el trabajo está ~** the work is behind schedule; **los alumnos más ~s** the slower students

rezagado[2] **-da** *m,f* straggler

rezagarse [A3] *v pron* to fall behind, drop behind

rezago *m*
A **1** (material) unused *o* surplus material **2** **rezagos** *mpl* (mercancías) unsold *o* surplus stock; (en aduana) goods seized by customs (*resold at auction*)
B (Méx) **1** (atraso): **el ~ del campo** the backwardness of rural areas; **el ~ en los salarios** the falling behind of salaries **2** (de correos) backlog

rezar [A4] *vi*
A (Relig) to pray; **~ POR algn/algo** to pray FOR sb/sth; **reza por que todo salga bien** pray that everything turns out all right; **~le A algn** to pray TO sb
B (frml) «texto/cláusula» to state; **la orden reza así ...** the order reads as follows ...; **como reza el refrán** as the saying goes
C **1** (estar de acuerdo) **~ CON algo**: **eso no reza con su cargo** that is not in keeping with his post **2** (gustar) **~ CON algn**: **el soborno no reza conmigo** I don't go in for bribery (colloq)
■ **rezar** *vt* ‹oración› to say; **~ el rosario** to say *o* recite the rosary

rezo *m* prayer; **durante el ~ del rosario** while saying *o* reciting the rosary

rezongar [A3] *vi* to grumble
■ **rezongar** *vt* (AmC, Ur fam) (regañar) to tell ... off (colloq)

rezongo *m* (AmC, Ur fam) telling-off (colloq)

rezongón[1] **-gona** *adj* (fam) grumpy (colloq)

rezongón[2] **-gona** *m,f* (fam) grouch (colloq)

rezumar [A1] *vt* **1** ‹líquido› to ooze; **las paredes rezuman humedad** the walls are running with damp **2** (liter) ‹nostalgia/violencia› to ooze
■ **rezumar** *vi* to ooze; **~ DE algo** to ooze OUT OF *o* FROM sth

r

RFA *f* (= **República Federal de Alemania**) FRG

ría[1] *f* ria (*long, narrow, tidal inlet*)

ría[2], **rías, etc** *see* **reír**

riachuelo, riacho *m* stream, brook

riada *f* flood; (en área más extensa) flooding; **una ~ de gente** crowds of people

ribazo *m* steep bank *o* slope

ribera *f* 1 (Geog, Náut) (orilla — de río) bank; (— de lago, mar) shore 2 (vega) strand, riverside

ribereño -ña *m,f* person who lives by a river (*o* lake *etc*)

ribete *m*

A (adorno) trimming, edging; **un estilo sin ~s** a style with no embellishments

B **ribetes** *mpl* (visos, asomos): **una historia con ~s policíacos** a story with touches of crime fiction; **tiene ~s de escándalo** it has a hint of scandal

ribetear [A1] *vt* to edge, border

ricacho -cha, ricachón -chona *m,f* (fam & pey) rich guy/woman; **los ~s** the rich; **los ~s del lugar** the local fat cats (colloq)

ricamente *adv*

A (con opulencia) ‹*vestido*› splendidly; ‹*decorado*› richly

B (fam) (sin preocupación): **está durmiendo tan ~** she's sleeping like a baby; **la mandó a paseo, así, tan ~** he told her to get lost, just like that (colloq)

ricino *m* castor-oil plant

rico[1] **-ca** *adj*

A ‹*persona/país*› rich, wealthy

B 1 ‹*tierra*› rich; ‹*vegetación*› lush; ‹*lenguaje/historia*› rich 2 (abundante) **~ EN algo** rich IN sth

C 1 ‹*comida*› good, nice; **¡esto está riquísimo!** this is delicious! 2 (esp CS) ‹*perfume*› nice, lovely; **¡qué ~ olor tiene!** what a lovely smell!

D (fam) (mono) ‹*niño/chica*› lovely, cute; **es muy rica de cara** (CS) she has a very pretty *o* a lovely face

E (AmL exc RPl) (agradable) lovely, wonderful; **¿te vas a Acapulco? ¡ay, qué ~!** you're off to Acapulco? how lovely!

rico[2] **-ca** *m,f*

A (*m*) rich *o* wealthy man; (*f*) rich *o* wealthy woman; **los ~s** rich people, the rich

B (como apelativo) (fam & iró) sweetie (colloq & iro), honey (colloq & iro)

rictus *m* (liter) (de burla) grin; (de desprecio) sneer; **con un ~ de dolor** wincing with pain; **un ~ de amargura** a bitter smile

ricura *f* (fam): **tiene un bebé que es una ~** she has the cutest little baby (colloq); **ven, ~** come here, darling (colloq)

ridiculez *f* 1 (tontería, insignificancia): **lo que dijo fue una ~** what he said was ridiculous; **¡qué ~!** that's ridiculous!; **es una ~ pelearse por eso** it's ridiculous to fight over that; **le pagan una ~** they pay her a pittance; **pagué una ~ por esto** I paid next to nothing for this 2 (cualidad) ridiculousness

ridiculizar [A4] *vt* to ridicule; **lo ridiculizan por su acento** he is often ridiculed for his accent

ridículo[1] **-la** *adj* 1 ‹*persona/comentario*› ridiculous, absurd; ‹*vestimenta*› ridiculous; **lo ~ de la situación era que ...** the ridiculous thing about the situation was that ...; **es ~ decir que ...** it is an absurdity to say that ...; **no comprendía lo ~ de su situación** he didn't appreciate the absurdity of his situation 2 ‹*cantidad/precios*› ridiculous, ludicrous; ‹*sueldo*› ridiculous, laughable

ridículo[2] *m*: **sentido del ~** sense of the ridiculous *o* absurd; **dejar** *or* **poner a algn en ~** to make a fool of sb, to make sb look stupid *o* ridiculous; **hacer el ~** to make a fool of oneself

ríe, etc *see* **reír**

riega, riegas, etc *see* **regar**

riego *m* 1 (Agr) (de zona) irrigation; (de cultivos) irrigation, watering; **canales de ~** irrigation channels 2 (de calle) hosing, spraying

(Compuesto) **riego sanguíneo** blood flow; **falta de ~ ~** insufficient blood supply

riel *m* 1 (Ferr) rail; ***andar sobre ~es*** (fam) to go *o* run smoothly 2 (de cortina, puerta) rail

rienda *f* rein; ***aflojar*** *or* ***soltar las ~s*** to slacken the reins; ***dar ~ suelta a algo*** to give free rein to sth; **dio ~ suelta a su furia** he vented the full force of his anger; ***llevar*** *or* ***tener las ~s*** to be in charge *o* control; ***tener a algn con la ~ corta*** to keep sb on a tight rein; ***tomar*** *or* ***coger las ~s*** to take charge

riesgo *m* risk; **un ~ para la salud** a health hazard; **siempre existe el ~ de que ...** there's always a danger *o* a risk that ...; **aun a ~ de perder su amistad** even at the risk of losing his friendship; **heridas con ~ de muerte** injuries which could prove fatal; **correr el ~** to run the risk; **de alto ~** high-risk; **es un ~ que hay que correr** it's a risk you have to take; **por su cuenta y ~** at your own risk; **un seguro a** *or* **contra todo ~** an all-risks *o* a comprehensive insurance policy

riesgoso -sa *adj* (AmL) risky

rifa *f* (sorteo) raffle, draw; (papeleta) (RPl) raffle *o* draw ticket

rifar [A1] *vt* to raffle

■ **rifarse** *v pron* 1 (fam) (disputarse): **las chicas se lo rifan** all the girls are squabbling over him (colloq) 2 (Ur arg) ‹*tema/capítulo*›: **esa bolilla me la rifé** I didn't study that one

rifle *m* rifle

riflero -ra *m,f* (Mil) rifleman

rigidez *f* 1 (de material) stiffness, rigidity; (de un miembro) stiffness 2 (de ley, doctrina, horario) inflexibility; **la ~ de su educación** the strictness of his upbringing

rígido -da *adj* 1 ‹*material*› rigid, stiff 2 ‹*educación/dieta*› strict; ‹*regla/horario*› inflexible; ‹*carácter*› inflexible, unbending; ‹*actitud*› rigid, inflexible; ‹*moral/principios*› strict

rigor *m*

A (severidad) rigor*; **con todo el ~ de la ley** with the full rigor of the law; **el ~ de estas medidas** the harshness *o* severity of these measures; **el ~ del invierno** the rigors of winter

B (precisión) rigor*; **~ científico** scientific rigor; **con ~** rigorously, strictly; **los saludos de ~** the usual greetings; **en una ocasión así el frac es de ~** tails are de rigueur *o* are a must on such an occasion; **en ~** (honestamente) honestly, in all honesty; (estrictamente) strictly speaking; ***ser el ~ de las desdichas*** to be very unfortunate

rigor mortis *m* rigor mortis

rigurosamente *adv* 1 ‹*investigar*› thoroughly; **siguió ~ mis instrucciones** he followed my instructions to the letter; **es ~ cierto** it is strictly true 2 ‹*castigar*› severely; **aplicaron la ley ~** they applied the law rigorously

rigurosidad *f* (de investigación, inspección) thoroughness; (de medidas) severity, harshness; (del clima) harshness

riguroso -sa *adj* 1 ‹*método*› rigorous; ‹*dieta/control*› strict; **se vistieron de luto ~** they wore deep mourning; **rigurosas medidas de seguridad** tight security; **en ~ orden de llegada** strictly on a first come, first served basis; **en sentido ~ ...** strictly speaking ... 2 ‹*juez*› harsh; ‹*maestro*› strict; ‹*castigo*› severe, harsh 3 ‹*invierno*› hard; ‹*clima*› harsh

rima *f* 1 (de sonidos) rhyme 2 **rimas** *fpl* (composición) verse, poems (*pl*)

rimar [A1] *vi* to rhyme

rimbombante *adj* ‹*estilo*› grandiose, overblown; ‹*palabras*› high-flown; ‹*boda/fiesta*› ostentatious, showy

rímel *m* mascara

rin *m*

A (Col, Méx) (rueda) wheel; (llanta) rim

B (Per) (teléfono) public telephone; (ficha) (telephone) token

Rin *m*: **el ~** the (River) Rhine

rincón *m*

A (de habitación) corner

B (lugar): **bellos rincones de Perú** beautiful places *o* spots in Peru; **un ~ tranquilo** a peaceful spot *o* place; **registraron hasta el último ~ de la casa** they searched every nook and cranny of the house

C (en boxeo, lucha) corner

rinconera *f* (armario) corner cupboard; (sillón) corner unit *o* module

ring /rrin/ *m* (*pl* **rings**) (Dep) ring

rinoceronte *m* rhinoceros

riña *f* 1 (pelea) fight; **una ~ callejera** a street fight *o* brawl 2 (discusión) quarrel, argument, row (colloq)

(Compuesto) **riña de gallos** (AmS) cockfight

r

riñón *m* 1 (Anat) kidney; ***costar un ~*** (Esp fam) to cost an arm and a leg (colloq) 2 (Coc) kidney 3 **riñones** *mpl* (fam) (espalda baja) lower part of the back, kidneys (*pl*); **me duelen los riñones** my back hurts

riñonada *f* (carne) loin; (guiso) kidney stew

riñonera *f* money belt

río[1] *m* river; **~ abajo/arriba** downstream/upstream; **~ de lava** river *o* stream of lava; **~s de tinta/sangre** rivers of ink/blood; ***a ~ revuelto, ganancia de pescadores*** it's an ill wind that blows nobody any good; ***cuando el ~ suena agua*** *or* ***piedras trae*** there's no smoke without fire

(Compuesto) **Río de la Plata** River Plate

río[2], **rió, etc** *see* **reír**

Río de Janeiro *m* Rio de Janeiro

rioja *m* Rioja

rioplatense *adj* of/from the River Plate

R.I.P., RIP (= **Requiescat In Pace**) RIP

ripio *m*

A (escombro) rubble, debris; (grava) (CS, Per) gravel

B (en escritos, conversación) padding, waffle

riqueza *f*

A 1 (bienes) wealth; **la mala distribución de la ~** the uneven distribution of wealth; **una enorme ~ en joyas** a vast fortune in jewels; **las ~s del museo** the treasures of the museum 2 (recursos): **las ~s del suelo** the earth's riches; **las ~s naturales de un país** a country's natural resources

B (variedad, abundancia) richness

risa *f* laugh; **una risita nerviosa** a nervous giggle *o* laugh; **contener la ~** to contain one's laughter; **¡qué ~!** what a laugh!, how funny!; **entre las ~s del público** amid laughter from the audience; **soltar la ~** to burst out laughing; **¡me dio una ~ ...!** it was so funny!; **me entró la ~** I got the giggles; **da ~ oírla hablar** it's very funny hearing her talk; **no es motivo de ~** it is no laughing matter; **la situación es de ~** (iró) the whole situation is a joke (iro); ***mearse*** *or* ***cagarse de (la) ~*** (vulg) to wet oneself (laughing) (colloq); ***morirse*** *or* (CS) ***matarse de (la) ~*** (fam) to die laughing (colloq); **estábamos muertos de (la) ~** we were killing ourselves laughing (colloq); ***tomarse algo a ~*** (fam) to treat sth as a joke

risco *m* crag

risión *f* (burla) mockery, derision (frml); (objeto de burla) laughingstock

risotada *f* guffaw; **soltar una ~** to let out a guffaw

ríspido -da *adj* prickly

ristra *f* string; **me soltó una ~ de insultos** she hurled a string of insults at me

ristre *m*: **en ~** (*loc adv*) at the ready; **cámaras en ~ para captarlo** cameras at the ready to capture it on film; **apareció bastón en ~** he appeared wielding his cane

risueñamente *adv* smilingly, cheerfully

risueño -ña *adj* ‹*cara/expresión*› smiling; ‹*persona*› cheerful; ‹*porvenir/perspectivas*› bright; **le espera un futuro poco ~** his future doesn't look very bright

rítmico -ca *adj* rhythmic, rhythmical

ritmo *m*

A (cadencia, compás) rhythm; **al ~ de la música** to the rhythm of the music, in time to the music; **llevaba el ~ con los pies** he kept time with his feet; **seguir el ~** to keep in time, follow the beat; **marcar el ~** to beat time; **un ~ lento** a slow beat

B (velocidad) pace, speed; **llevan un buen ~ de trabajo** they work at a steady pace *o* speed; **a este ~ no terminaremos nunca** at this rate we'll never finish; **el ~ de crecimiento de la demanda interior** the rate of growth in the home market

rito *m* (Relig) rite; (costumbre) ritual

ritual *adj/m* ritual

rival[1] *adj* rival (*before n*)

rival[2] *mf* rival; **sin ~** unrivaled

rivalidad *f* rivalry

rivalizar [A4] *vi* **~ EN algo**: **los dos vinos rivalizan en calidad** the two wines rival each other in quality; **~ CON algo/algn** to compete WITH sth/sb

rivera *f* brook

rizado -da *adj* ‹*pelo*› curly; ‹*mar*› slightly choppy

rizador *m* (aparato eléctrico) curling tongs (*pl*); (rulo) curler

rizar [A4] *vt* ‹*pelo/melena*› to curl, perm; ‹*cinta*› to curl; ‹*lago/mar*› to ripple, ruffle the surface of

■ **rizarse** *v pron*

A 1 «*pelo*» (con la humedad) to frizz, go frizzy 2 (*refl*) ‹*pelo*› to curl

B «*lago/mar*» to ripple

rizo *m* 1 (de pelo) curl 2 (Tex) bouclé 3 (Aviac) loop; ***rizar el ~*** (Aviac) to loop the loop; (complicar) to complicate things unnecessarily 4 (Náut) reef

róbalo, robalo *m* sea bass

robar [A1] *vt*

A 1 ‹*dinero/bolso*› to steal; ‹*banco*› to rob; **~le algo A algn** to steal sth FROM sb; **les ~on todos los ahorros** all their savings were stolen; **me robó el corazón** she stole my heart; **no te quiero ~ más tiempo** I don't want to take up any more of your time 2 (raptar) ‹*niño*› to abduct, kidnap

B (estafar) to cheat, rip off (colloq); **¿$300? ¡te ~on!** $300? you were conned! (colloq)

C (Jueg) (en naipes, dominó) to draw, pick up (colloq)

■ **robar** *vi* to steal; **~on en la casa de al lado** the house next door was burglarized (AmE) *o* (BrE) was burgled; **¡me han robado!** I've been robbed!

roble *m* 1 (árbol) oak (tree); ***más fuerte que un ~*** as strong as an ox 2 (madera) oak; **una mesa de ~** an oak table

robledal, robledo *m* oak grove *o* wood

robo *m* 1 (en banco, museo) robbery; (hurto de dinero, objeto) theft 2 (en vivienda) burglary; (forzando la entrada) break-in 3 (fam) (estafa) rip-off (colloq)

(Compuesto) **robo a mano armada** armed robbery

robot *m* (*pl* **-bots**) robot

robótica *f* robotics

robotizar [A4] *vt* ‹*producción/fábrica*› to automate (*using robots*), to robotize

robustecer [E3] *vt* to strengthen

■ **robustecerse** *v pron* to become *o* grow stronger

robusto -ta *adj* ‹*árbol*› robust, strong; ‹*persona*› robust, sturdy; ‹*construcción*› sturdy

ROC *m* (= **Registro Óptico de Caracteres**) OCR

roca *f* rock; ***firme como una ~*** solid as a rock

rocalloso -sa *adj* rocky

rocambolesco -ca *adj* ‹*espectáculo/escena*› bizarre; ‹*estilo*› extravagant; ‹*imaginación*› wild; **una historia rocambolesca** a rather farfetched tale

rocanrolero -ra *adj* rock-and-roll (*before n*)

roce *m*

A (contacto) rubbing; **no soporta el ~ de la sábana** he can't bear the sheet rubbing against his skin; **el ~ de las dos piezas genera calor** friction between the two parts produces heat; **el ~ de su mejilla** the brush of her cheek; **tiene los puños gastados por el ~** his cuffs are worn

B (trato frecuente) regular contact; **de pequeños tuvimos mucho ~** when we were children we used to see a lot of each other

C (fricción, desacuerdo): **hay ~s dentro del partido** there is a lot of friction within the party; **tener un ~ con algn** to have a brush with sb

D (CS) (don de gentes) social graces (*pl*)

rociador *m* (para la ropa) spray; (para regar) sprinkler

rociar [A17] *vt*

A (humedecer): **rocía la camisa** sprinkle the shirt with water; **rocían la calle para que no se levante polvo** they spray the street with water to keep the dust down; **lo ~on de keroseno** they doused it with kerosene; **~ algo CON algo**: **~ las hojas con agua** to spray the leaves with water; **rocíelo con limón** sprinkle with lemon

B (acompañar una comida) to wash down

rocín *m* old horse, nag (colloq)

rocío *m* 1 (Meteo) dew; **una gota de ~** a dewdrop 2 (Fís) condensation, dew

rock[1] *adj inv* rock (*before n*)

rock[2] *m* rock music; **~ duro** *or* (AmL) **pesado** hard rock

rock and roll *m* rock and roll

rockero¹ -ra *adj* ‹*grupo/ambiente*› rock (*before n*); **jóvenes ~s** young rock fans

rockero² -ra *m,f* rock artist *o* musician, rocker (colloq)

rococó *adj inv/m* (Arquit) rococo

rocola *f* (AmL) jukebox

rocoso -sa *adj* rocky

rocote, rocoto *m* (AmS) hot pepper

rodaballo *m* turbot

rodachina *f* (Col) caster, roller

rodada *f*
A (de rueda) track; (más profunda) rut
B (CS fam) fall, tumble (colloq)

rodado¹ -da *adj*
A ‹*tráfico*› road (*before n*); ‹*vehículo*› wheeled (*before n*), road (*before n*); ***me/te/le vino ~*** it couldn't have come at a better time
B (experimentado) experienced; (cosmopolita) (Col, Ven fam) cosmopolitan

rodado² *m*
A **1** (CS frml) (vehículo) vehicle **2** (Chi frml) **el ~** (transporte) transportation (esp AmE), transport (esp BrE) **3** (CS) (para bebés) baby carriage (AmE), pram (BrE)
B (Chi) (de tierra, rocas) landslide; (de nieve) avalanche

rodaja *f* slice; **en** *or* **a ~s** sliced

rodaje *m*
A (Cin) filming, shooting
B (Auto) running-in
C (Aviac) taxiing

rodamiento *m* (Mec) bearing; (Auto) running, rolling

rodapié *m* baseboard (AmE), skirting board (BrE)

rodar [A10] *vi*
A «*moneda/pelota*» to roll; «*rueda*» to go round, turn; **rodaba por la cubierta** it was rolling around (on) the deck; **rodó escaleras abajo** she went tumbling down the stairs; **el jinete rodó por tierra** the jockey went tumbling *o* rolling along the ground; ***echar algo a ~*** to set sth in motion; ***mandarlo todo a ~*** (fam) to pack *o* (BrE) chuck it all in (colloq); **~ *bien/mal*** to go well *o* smoothly/badly
B «*automóvil/moto*»: **el coche casi no ha rodado** the car has hardly been used; **los ciclistas ruedan a gran velocidad** (period) the cyclists are going at great speed
C (Cin) to film, shoot; **¡se rueda!** action!
■ **rodar** *vt*
A (Cin) to shoot, film
B ‹*coche nuevo*› to run in
■ **rodarse** *v pron* (Andes): **se rodó el tornillo** I/you/he stripped the thread on the screw

rodeado -da *adj* **~ DE algo** surrounded BY sth; **murió ~ de su familia** he died with his family around him

rodear [A1] *vt*
A **1** (ponerse alrededor de) ‹*edificio/persona*› to surround; **todos ~on a los novios** they all crowded *o* gathered round the newlyweds **2** (poner alrededor) **~ algo DE algo** to surround sth WITH sth **3** (con los brazos): **le rodeó la cintura con los brazos** he put his arms around her waist **4** (AmL) ‹*ganado*› to round up
B (estar alrededor de) to surround; **las circunstancias que ~on su muerte** the circumstances surrounding his death; **todos los que lo rodean** everyone who works with him/knows him
■ **rodearse** *v pron* **~se DE algo/algn** to surround oneself WITH sth/sb

rodeo *m*
A (desvío) detour; **dar un ~** to make a detour; ***andar(se) con rodeos*** to beat about the bush
B (Agr) roundup; (Espec) rodeo

rodete *m* **1** (almohadilla) pad **2** (rueda) wheel, runner **3** (en el pelo) (RPl) bun

rodilla *f* knee; **ponerse de ~s** to kneel down, to get down on one's knees; ***hincar*** *or* ***doblar la ~*** to go down on one's knees *o* on bended knee

rodillazo *m*: **le di un ~** I kneed him

rodillera *f* **1** (Dep) kneepad; (Med) knee bandage **2** (parche) knee patch; (marca): **se me hicieron ~s en el pantalón** my pants (AmE) *o* (BrE) trousers went baggy at the knees

rodillo *m* (de cocina) rolling pin; (para pintar) paint roller; (de máquina de escribir) roller, platen; (de tinta) ink roller; (de lavadora) mangle, wringer

rododendro *m* rhododendron

roedor¹ -dora *adj* gnawing (*before n*)

roedor² -dora *m,f* rodent

roer [E13] *vt* **1** ‹*hueso/cable*› to gnaw (at); **los ratones han roído el queso** the mice have been nibbling the cheese; **un libro roído por los ratones** a book gnawed by mice **2** (atormentar) to gnaw at, eat away at

rogar [A8] *vt*: **te lo ruego** I beg you; **S** **se ruega no fumar** you are kindly requested not to smoke; **roguemos una oración por su alma** let us remember him in our prayers; **rogamos respondan a la brevedad** (frml) please reply as soon as possible; **te ruego que me perdones** please forgive me; **le rogó que tuviera misericordia** she begged him to have mercy
■ **rogar** *vi* (Relig) to pray; **roguemos al Señor** let us pray; ***hacerse (de)*** *or* (Méx) ***del ~***: **aceptó sin hacerse (de) ~** he accepted without any persuasion

rojizo -za *adj* reddish

rojo¹ -ja *adj*
A **1** ‹*color/vestido*› red; **ponerse ~** «*persona*» to blush, turn red; «*semáforo*» to turn red, go red (BrE); **ponerse ~ de ira** to turn *o* (BrE) go red with anger; **un vestido ~ chillón** a bright red dress **2** ‹*piel*› (por el sol) sunburnt, red
B (pey *o* hum) (Pol) **1** (de izquierda) red (pej *or* hum), commie (pej *or* hum) **2** (en la Guerra Civil española) Republican

rojo² *m* red; **el ~ te queda muy bien** you look good in red; ***al ~ vivo*** ‹*metal*› incandescent, red-hot; **la situación está al ~ vivo** the situation is at boiling point
(Compuesto) **rojo cereza** **1** *m* cherry (red) **2** *adj inv* cherry (*before n*), cherry-red

rojo³ -ja *m,f* (pey *o* hum) **1** (izquierdista) red (pej *or* hum), commie (pej *or* hum) **2** (en la Guerra Civil española) Republican

rol *m*
A (lista) roll, list; (Náut) crew list, muster roll
B (papel) role; **~ social** social role, role in society

rolar [A1] *vi*
A **1** «*viento*» (en sentido contrario a las manecillas del reloj) to back; (en sentido de las manecillas del reloj) to veer **2** «*barco*» to roll
B (Méx fam) (dar vueltas) to wander around
■ **rolar** *vt* (Méx fam) ‹*persona*› to move; **lo ~on de turno** he was put on a different shift; ***~la de algo*** (Méx fam) to work as sth
■ **rolarse** *v pron* (*recípr*) (Méx fam) (turnarse): **nos estamos rolando para cuidarlo** we're taking it in turns to look after him; **tenemos que ~nos el libro** we have to take turns with the book *o* pass the book around

rollero *adj* (Méx fam) **1** (hablador) talkative; **¡qué ~ es!** he sure does go on! (colloq) **2** (mentiroso): **es muy ~** he's a real fibber

rollista *adj* (Esp fam) ▸**rollero**

rollizo -za *adj* ‹*persona/brazo*› plump, chubby; ‹*bebé*› chubby

rollo¹ *adj inv* (Esp fam) boring; **¡qué tío más ~!** that guy's such a pain *o* bore! (colloq)

rollo² *m*
A **1** (de papel, tela, película) roll **2** (de cable, cuerda) reel **3** (fam) (de gordura) roll of fat **4** (Esp) (Coc) *tb* **~ pastelero** rolling pin
B **1** (Esp fam) (cosa aburrida) bore; **las clases son un ~** the classes are dead boring (colloq); **¡qué rollazo de conferencia!** what a boring lecture! **2** (Esp, Méx fam) (lata): **¡qué ~!** what a nuisance!
C (fam) **1** (perorata) speech (colloq), lecture (colloq); **todos los días nos suelta** *or* **nos echa** *or* (Ven) **nos arma el mismo ~** he gives us the same speech *o* sermon every day (colloq); **no me sueltes el ~** you can cut the lecture (colloq); **bueno, corta el ~ ya** OK, can it, will you? (AmE colloq), OK, put a sock in it, will you? (BrE colloq) **2** (mentira) story
D (Esp arg) (ambiente) scene (colloq); **a mí este ~ no me va** this isn't my scene (colloq)
E (Esp, Méx fam) **1** (asunto) business; **el ~ ese de los impuestos nuevos** that new tax business; **no sé de qué va el ~** I don't know what it's all about

Roma *f* (ciudad, imperio) Rome; (el Vaticano) Rome
romance[1] *adj* Romance (*before n*)
romance[2] *m*
A (aventura amorosa) romance
B (Lit) ballad, romance; (Ling) Romance
romancero *m* (Lit) collection of ballads
romaní *mf* Romany
románico[1] -ca *adj* ‹*arquitectura/columna*› Romanesque; ‹*lengua*› Romance (*before n*)
románico[2] *m* Romanesque
romano[1] -na *adj* (Hist) Roman; (de la ciudad) of/from Rome, Roman
romano[2] -na *m,f* (Hist) Roman; (de la ciudad) person from Rome
romanó *m* (arg) Romany
romanticismo *m* (Art, Lit, Mús) Romanticism; (sentimentalismo) romanticism
romántico -ca *adj/m,f* (Art, Lit, Mús) Romantic; (sentimental) romantic; **es un ~ empedernido** he's an incurable romantic
romanticón -cona *adj* (pey) ‹*persona*› sentimental, soppy (BrE colloq); ‹*película*› slushy (colloq & pej)
romanza *f* romance
rombo *m*
A (Mat) rhombus
B **1** (carta) diamond **2** **rombos** *mpl* (palo) diamonds (*pl*)
romería *f* **1** (Relig) procession (*to a local shrine, gen followed by festivities*) **2** (AmL fam) (multitud) mass, crowd
romero -ra *m,f*
A (Relig) *person taking part in a* **romería**
B **romero** *m* (Bot, Coc) rosemary
romo -ma *adj*
A ‹*cuchillo/tijeras*› blunt; ‹*nariz*› snub (*before n*)
B ‹*persona*› dull
rompecabezas *m* (*pl* ~) puzzle
rompecorazones *mf* (*pl* ~) (fam) heartbreaker (colloq)
rompefilas *m* (*pl* ~) (Chi) pass
rompehielos *m* (*pl* ~) icebreaker
rompehuelgas *mf* (*pl* ~) strikebreaker, blackleg (colloq)
rompeolas *m* (*pl* ~) breakwater
romper [E30] *vt*
A **1** ‹*loza/mueble*› to break; ‹*ventana*› to break, smash; ‹*lápiz/cuerda*› to break, snap **2** ‹*puerta*› (tirándola abajo) to break down; (para que quede abierta) to break open **3** ‹*hoja/póster*› (rasgar) to tear; (en varios pedazos) to tear up **4** ‹*camisa*› to tear, split
B **1** ‹*silencio/monotonía*› to break; ‹*tranquilidad*› to disturb **2** ‹*promesa/pacto*› to break; ‹*relaciones/compromiso*› to break off
■ **romper** *vi*
A **1** «*olas*» to break **2** (liter) «*alba*» to break; «*flores*» to open, burst open; **al ~ el día** at daybreak, at the crack of dawn **3** (empezar): **~ A + INF** to begin *o* start to + INF; **rompió a llorar/reír** she burst into tears/burst out laughing; **~ en llanto** to burst into tears
B «*novios*» to break up, split up; **~ CON algn** ‹*con novio*› to split *o* break up WITH sb; **~ CON algo** ‹*con el pasado*› to break WITH sth; ‹*con tradición*› to break away FROM sth; **este verso rompe con la estructura del poema** this verse departs from the structure of the poem; ***de rompe y rasga*** ‹*decidir*› suddenly; **mujeres de rompe y rasga** strong-minded women
■ **romperse** *v pron* **1** «*vaso/plato*» to break, smash, get broken *o* smashed; «*papel*» to tear, rip, get torn *o* ripped; «*televisor/ascensor*» (RPl) to break down **2** «*pantalones/zapatos*» to wear out **3** (*refl*) ‹*brazo/pierna*› to break
rompevientos *m* (*pl* ~) (Méx, RPl) (pulóver) sweater; (anorak) windbreaker (AmE), windcheater (BrE)
rompiente *m* (escollo) shoal, rocks (*pl*) (*where waves break*); (ola) breaker
ron *m* **1** (bebida) rum **2** (Per) (combustible) methanol, methylated spirits
roncar [A2] *vi*
A (al dormir) to snore; (dormir) (fam) to sleep
B (Chi fam) (mandar) to be the boss (colloq)
roncha *f* (Med): **las ~s del sarampión** the spots you get with measles; **me picó un mosquito y me salió una ~** I was bitten by a mosquito and I came up in a bump; **le salieron unas ~s en el cuello** she came out in a rash all over her neck
ronco -ca *adj* **1** ‹*persona*› hoarse; **se quedó ~ de tanto gritar** he shouted himself hoarse **2** ‹*voz*› husky
ronda *f*
A (de soldado, guarda) patrol; (de enfermera) round; (de policía) patrol, beat
B (vuelta, etapa) round; (de bebidas) round; **pidieron otra ~** they ordered another round
C (CS, Per) (de niños): **formaron una ~ tomándose de la mano** they held hands in a circle; **danzaban en ~** they were dancing around in a circle; ***hacerle la ~ a algn*** (fam) to be *o* chase after sb (colloq)
D (Esp, Méx) (serenata) serenade
rondalla *f* group of serenaders
rondar [A1] *vt*
A «*vigilante/patrulla*» to patrol
B «*pensamiento*»: **hace días que me ronda esa idea** that idea has been going round and round in my head for days
C ‹*lugar*› to hang around; **como si lo rondase la muerte** as if death were stalking him
D (cortejar) to court (dated *or* liter)
E (acercarse a): **debe estar rondando los 60** she must be getting on for 60; **la rentabilidad ronda el 3%** the yield is hovering around the 3% mark
F (dar serenata a) to serenade
■ **rondar** *vi*
A «*vigilante/patrulla*» to be on one's round *o* beat, be on patrol
B (merodear) to hang around
C (dar serenata) to serenade
rondín *m* (Andes) watchman
ronquera *f* hoarseness
ronquido *m* snore; **¡daba unos ~s ...!** he snored so loud(ly) ...! (colloq)
ronronear [A1] *vi* to purr
ronroneo *m* purring
ronzal *m* halter
roña[1] *adj* (fam) tight-fisted (colloq), stingy (colloq)
roña[2] *f*
A **1** (mugre) dirt, grime; **siempre van llenos de ~** they are always grubby **2** (en metal) rust
B (del ganado) mange
C (Col fam) (pereza): **dejen la ~** stop lazing about
D (Méx) (juego) tag; **jugar a la ~** to play tag
E **roña** *mf* (fam) (tacaño) scrooge (colloq), skinflint (colloq)
roñoso[1] -sa *adj*
A [ESTAR] **1** (mugriento) dirty; **lleva el cuello de la camisa ~** his shirt collar's really grubby **2** (oxidado) rusty
B [SER] (fam) (tacaño) tight-fisted (colloq), stingy (colloq)
C [ESTAR] (Vet) mangy
roñoso[2] -sa *m,f* ▸ **roña E**
ropa *f* clothes (*pl*); **cambiarse de ~** to get changed, to change (one's clothes); **la ~ sucia** the dirty laundry; **~ usada** secondhand clothes; **tengo un montón de ~ para planchar** I've got a stack of ironing to do; **comprar la ~ hecha** to buy ready-to-wear clothes; **iba ligera de ~(s)** she was scantily clad; **a quema ~** *ver* **quemarropa**; ***hay ~ tendida*** (fam) walls have ears; ***la ~ sucia se lava en casa*** one shouldn't wash one's dirty linen in public; ***nadar y guardar la ~*** (fam) to hedge one's bets

(Compuestos)

- **ropa blanca** (sábanas, mantelería) household linen; (ropa interior) underwear, underclothes (*pl*); (para un lavado) whites (*pl*)
- **ropa de baño** ▸ **traje de baño**
- **ropa de cama** bedclothes (*pl*), bed linen
- **ropa interior** underwear, underclothes (*pl*)

ropaje *m*, **ropajes** *mpl* apparel (liter) (*pl*)
ropavejero -ra *m,f* secondhand *o* used clothes dealer
ropero *m* (armario) wardrobe; (de caridad) *church organization that distributes old clothes among the poor*
roque *adj* (Esp fam): **quedarse ~** (fam) to nod *o* doze off (colloq); **estaba ~** he was out for the count (colloq)

r

roquedal, (Chi) **roquerío** *m* rocky place
roquero -ra *adj/m,f* ▸**rockero**
rosa¹ *f* 1 (flor) rose 2 (rosal) rosebush; ***(fresco) como una ~*** as fresh as a daisy; ***no hay ~ sin espinas*** there's no rose without a thorn 3 (Chi) (nudo) bow
(Compuesto) **rosa náutica** *or* **de los vientos** compass card, rose
rosa² *adj* (*gen inv*) pink; **un vestido (de color) ~** a pink dress; **verlo todo de color de ~** to see things through rose-colored glasses *o* (BrE) rose-tinted spectacles; **rayas ~ claro/fuerte** pale/bright pink stripes
rosa³ *m* pink; **un ~ pálido** a pale pink
rosáceo -cea *adj* pinkish
rosado¹ -da *adj* ‹*color/vestido*› pink; ‹*mejillas*› rosy; ‹*vino*› rosé
rosado² -da *m* (color) pink; (vino) rosé
rosal *m* (árbol) rosetree; (arbusto) rosebush
(Compuesto) **rosal silvestre** wild rose
rosaleda *f* rose garden
rosario *m* 1 (Relig) (rezo) rosary; (cuentas) rosary (beads); **rezar el ~** to say the rosary; ***acabar como el ~ de la aurora*** (fam) to end in disaster 2 (serie, sarta) string
rosca *f*
A (de tornillo, tuerca) thread; **tapón de ~** screw top; ***pasarse de ~*: el tornillo se pasó de ~** the screw isn't biting; **te has pasado de ~** (fam) you've gone too far
B (bollo) *type of doughnut*; (pan) bread roll (*baked in a ring shape*); ***hacerse una ~*** to curl up into a ball
(Compuesto) **rosca de Reyes** ▸**roscón de Reyes**
C (Bol, Col) (círculo, grupo) clique, set; **conocer a gente en la ~** to know the right people
D (Chi fam) (riña, pelea) fight
rosco *m*
A (bollo) *type of doughnut*; (pan) bread roll (*baked in a ring shape*)
B (Esp arg) (Educ) (cero) zero, zilch (AmE colloq)
roscón *m*: *large ring-shaped bun*
(Compuesto) **roscón de Reyes** *large ring-shaped cake baked for Epiphany*
rosedal *m* (CS, Méx) rose garden
roseta *f* (Arquit) rose, rosette; (de ducha) showerhead; (de regadera) spinkler (AmE), rose (BrE)
(Compuesto) **rosetas de maíz** *fpl* popcorn
rosetón *m* (ventana) rose window, rosette; (en el techo) ceiling rose
rosquear [A1] *vi* (Chi fam) to fight
rosquete *m* (Per fam & pey) fag (AmE colloq & pej), poof (BrE colloq & pej)
rosquilla *f*: *type of doughnut*
rosticería *f* (Méx) ▸**rotisería**
rostizar [A4] *vt* (Méx) to roast; **pollo rostizado** roast chicken
rostro *m*
A (cara) face; **entró con el ~ demudado** (liter) she came in looking distraught; **una muchacha de ~ infantil** (liter) a girl with a childlike countenance (liter)
B (Esp fam) (desfachatez) nerve (colloq), cheek (BrE colloq)
rotación *f* rotation; **el movimiento de ~ de la Tierra** the rotation of the Earth, the Earth's rotation
(Compuestos)
- **rotación de cultivos** crop rotation
- **rotación de existencias** *or* **stocks** stock turnover *o* rotation

rotar [A1] *vt/vi* to rotate
■ **rotarse** *v pron*: **hay cinco personas que se rotan** there are five people working on a rota system; **se rotaban para manejar** they took it in turns to drive; **se rotan el coche** (Méx) they take it in turns to use the car
rotativa *f* rotary press
rotativo¹ -va *adj* 1 ‹*máquina/movimiento*› rotary 2 ‹*equipo/turno*› *operating on a rota system*; **equipos ~s** teams working in shifts; **exposiciones rotativas** temporary exhibitions
rotativo² *m*
A (period) (diario) newspaper
B (Chi) (Cin) movie theater (AmE), cinema (BrE) (*showing a continuous performance*)
rotatorio -ria *adj* ▸**rotativo¹**
rotería *f* (Chi) 1 (fam) (hecho): **fue una ~ no invitarlo** it was incredibly rude not to invite him; **me hizo una ~** he was rude to me 2 (fam & pey) (clase baja) plebs (*pl*) (colloq & pej), rabble (pej)
rotisería *f* (CS) *delicatessen selling spit-roast chickens*
roto¹ -ta *adj*
A 1 ‹*camisa*› torn, ripped; ‹*zapato*› worn-out 2 ‹*vaso/plato*› broken 3 ‹*papel*› torn; **me devolvió el libro ~** the book was falling apart when he gave it back to me 4 ‹*pierna/brazo*› broken
B (RPl) ‹*televisor/heladera*› broken; ‹*coche*› broken down
C (Chi fam & pey) 1 ‹*barrio/gente*› lower-class (pej), plebby (colloq & pej) 2 (mal educado) rude
roto² -ta *m,f*
A (Chi) 1 (fam) (individuo) (*m*) man, guy (colloq); (*f*) woman, girl (colloq) 2 (fam & pey) (de clase baja) pleb (colloq & pej) 3 (fam & pey) (mal educado): **es una rota, nunca saluda** she's so rude, she doesn't even say hello
B (Per fam) (chileno) Chilean
C **roto** *m* (Esp) (agujero) hole
rotonda *f* 1 (glorieta) traffic circle (AmE), roundabout (BrE) 2 (Arquit) rotunda
rotor *m* rotor
rotoso -sa *adj* 1 (CS, Per fam) ‹*persona/ropa*› scruffy 2 (Chi fam & pey) ‹*barrio/gente*› lower-class (pej)
rótula *f* 1 (Anat) kneecap, patella (tech) 2 (Mec) ball-and-socket joint
rotulación *f* (de mapas, frascos, cajas) labeling*; (confección de letreros) sign-writing, sign-painting
rotulador *m* (Esp) felt-tip pen
rotular [A1] *vt* 1 ‹*mapa/plano*› to label 2 ‹*frasco/caja*› to label, put a label on
rotulista *mf* signwriter
rótulo *m*
A 1 (etiqueta) label 2 (logotipo) logo 3 (Impr) (título) title; (encabezamiento) heading
B (letrero) sign
(Compuesto) **rótulo luminoso** neon *o* electric sign
rotundamente *adv*: **contestó ~ que no** he answered with an emphatic 'no'; **se negó ~ a hacerlo** she flatly refused to do it; **fracasó ~** he failed completely
rotundidad *f* 1 (de negativa, respuesta): **desmintió con toda ~ esos rumores** he emphatically *o* categorically denied those rumors 2 (de lenguaje) polish
rotundo -da *adj* 1 ‹*respuesta*› categorical, emphatic; ‹*negativa*› categorical; **me contestó con un 'no' ~** his answer was an emphatic 'no' 2 ‹*éxito*› resounding 3 ‹*párrafo/lenguaje*› polished
rotura *f* 1 (acción): **la explosión provocó la ~ del oleoducto** the pipeline burst as a result of the explosion; **sufrió ~ de cadera** she fractured her hip 2 (efecto): **tiene ~ de ligamentos** she has torn ligaments; **tiene una ~ en la manga** (CS) it has a rip in the sleeve
roturadora *f* Rototiller® (AmE), Rotovator® (BrE)
roturar [A1] *vt* to plough up; (con roturadora) to rototill (AmE), to rotovate (BrE)
round /rraun/ *m* (Dep) round
rozado -da *adj* (gastado) worn; (sucio) grubby
rozadura *f* 1 (raspadura) scratch; **le hizo una ~ al coche** he scratched the car 2 (en la piel): **los zapatos nuevos le hicieron una ~** her new shoes rubbed
rozagante *adj* (AmL) healthy; **se ven ~s** they are a *o* the picture of health
rozamiento *m* friction
rozar [A4] *vt* 1 (tocar ligeramente): **sus labios ~on mi frente** her lips brushed my forehead; **la bala le rozó el brazo** the bullet grazed his arm; **su falda rozaba el suelo** her skirt was trailing on the floor; **me roza el zapato** my shoe's rubbing; **apenas lo rocé** I hardly touched him; **el coche pasó rozando la pared** the car just scraped past the wall 2 (aproximarse a): **debe estar rozando los 60** he must be getting on for 60 (colloq); **su actitud rozaba la impertinencia** his attitude verged upon *o* bordered on rudeness

r

■ **rozar** *vi*: ~ **con algo**: **eso ya roza con la grosería** that is bordering *o* verging on rudeness
■ **rozarse** *v pron*
A (*recípr*) «*cables/piezas*» to chafe; **sus labios se ~on** their lips touched
B (*refl*) ‹*brazo/rodillas*› to graze
C «*cuello/puños*» to wear
D (Méx) «*bebé*» to get diaper rash (AmE), get nappy rash (BrE); **el bebé está rozado** the baby has diaper (AmE) *o* (BrE) nappy rash

r.p.m. (= **revoluciones por minuto**) rpm
Rte. (= **remite** *or* **remitente**) sender
RTI *f* = **Radio y Televisión Interamericana**
ruana *f* ruana (*Colombian, Venezuelan poncho*)
rubéola, rubeola *f* German measles
rubí *m* (Min) ruby; (de reloj) jewel; **(de) color ~** ruby (red)
rubia *f* (Esp fam) (peseta) peseta
rubicundo -da *adj* ‹*persona*› ruddy-complexioned, rosy-cheeked; ‹*cara*› ruddy, rosy
rubio[1] -bia *adj* ‹*pelo*› fair, blonde; ‹*hombre*› fair-haired, blond; ‹*mujer*› fair-haired, blonde
rubio[2] -bia
A (persona): (*m*) blond *o* fair-haired man; (*f*) blonde *o* fair-haired woman, blonde (colloq)
B **rubio** *m* (color): **se tiñó de ~** she dyed her hair blonde
rublo *m* ruble*
rubor *m* **1** (liter) (sonrojo) flush; **el ~ de sus mejillas la delató** her flushed cheeks betrayed her **2** (Méx, RPl) (cosmética) rouge, blusher
ruborizarse [A4] *v pron* to blush, to turn red (in the face), to flush
ruboroso -sa *adj* **1** (propenso a ruborizarse): **ser ~** to blush easily **2** (ruborizado): **estar ~** to be blushing *o* red
rúbrica *f* (de firma) flourish, paraph; (firma) signing
rubricar [A2] *vt* **1** (frml) (firmar) to sign (*gen with a decorative flourish*) **2** (period) (suscribir, apoyar) to endorse
rubro *m* (esp AmL)
A **1** (área) area; **nuestro ~ de peletería** our line in furs; **en el ~ de la computación** in computers; **se encarga del ~ de alimentación** he is in charge of the food department **2** (en contabilidad — apartado) heading; (— renglón) item
B (Impr) (título) title; (encabezamiento) heading
ruca *f* (de indio) hut (*built by Araucanian Indians*)
rucio[1] -cia *adj* **1** ‹*caballo*› gray* **2** (Chi fam) ‹*pelo*› fair, blonde; ‹*hombre*› fair-haired, blond; ‹*mujer*› fair-haired, blonde
rucio[2] -cia *m,f* (Chi fam) (*m*) blond *o* fair-haired man; (*f*) blonde *o* fair-haired woman, blonde (colloq)
ruco -ca *adj* (Méx fam) old
rudeza *f* roughness; **la ~ de sus modales** his rough *o* unpolished manners
rudimentario -ria *adj* ‹*herramienta/método*› rudimentary, primitive; ‹*conocimientos*› rudimentary, basic
rudimento *m* rudiment
rudo -da *adj* (tosco) rough, rude (arch); (duro): **fue un ~ golpe para ella** it was a cruel blow for her
rueca *f* distaff
rueda *f* **1** (de vehículo) wheel; **~ delantera/trasera** front/back wheel; **patinar sobre ~s** to roller-skate; ***ir*** *or* ***marchar sobre ~s*** to go *o* run smoothly **2** (de mecanismo) wheel; (de mueble) caster, roller **3** (corro) ring, circle; **jugar a la ~** to play ring-around-a-rosy (AmE) *o* (BrE) ring-a-ring-a-roses **4** (en gimnasia) cartwheel
(Compuestos)
• **rueda de auxilio** (RPl) spare wheel
• **rueda de carro** (Méx, RPl) cartwheel
• **rueda de Chicago** (Andes) *or* (Méx) **de la fortuna** *or* (Chi, Urg) **gigante** Ferris wheel (AmE), big wheel (BrE)
• **rueda de identificación** *or* **de presos** line-up (AmE), identification *o* identity parade (BrE)
• **rueda de molino** millstone
• **rueda dentada** gear wheel, cogwheel
• **rueda de prensa** press conference
• **rueda de recambio** *or* **repuesto** spare wheel

ruedo *m* **1** (Taur) bullring **2** (esp AmL) (de falda, pantalón) hem
ruego *m* request; **atendiendo a numerosos ~s** in response to popular demand; **de nada te servirán tus ~s** your pleading will get you nowhere; **apartado de ~s y preguntas** (Esp) any other business, A.O.B.
rufián *m* (granuja) rogue, scoundrel (dated); (proxeneta) pimp
rugbista *mf* (CS) rugby player
rugby /'rruγbi/ *m* rugby
rugido *m* roar; **lanzó un ~** it let out a roar
rugir [I7] *vi* «*león/mar/viento*» to roar
rugosidad *f* pitted *o* bumpy texture
rugoso -sa *adj* rough, bumpy
ruibarbo *m* rhubarb
ruido *m* **1** (sonido) noise; **sin hacer ~** quietly; **no quiero oír ni un ~** I don't want to hear a sound; **no metas** *or* **hagas tanto ~** don't make so much noise; **lejos del mundanal ~** (liter *o* hum) far from the madding crowd (liter), away from it all; ***mucho ~ y pocas nueces*** all talk and no action **2** (Audio) noise
(Compuestos)
• **ruido de fondo** background noise
• **ruido de sables** saber-rattling*

ruidoso -sa *adj* ‹*calle/máquina/persona*› noisy; ‹*caso/proceso*› much talked-about
ruin *adj* **1** (mezquino, vil) despicable, contemptible; (avaro) miserly, mean (BrE) **2** ‹*animal*› bad-tempered
ruina *f*
A **1** (estado): **la región quedó sumida en la ~** the area was left in ruins *o* was devastated; **dejar a algn en la ~** to ruin sb; **eso lo condujo a la ~** that brought about his downfall; ***estar hecho una ~*** (fam) to be a wreck (colloq) **2** (bancarrota) ruin; **dejar a algn en la ~** to ruin sb; **la compañía está en la ~** the company has collapsed **3** (perdición) ruin; **el juego va a ser su ~** gambling will be the ruin of her
B (acción) collapse; **la casa amenaza ~** the house is on the point of collapse
C **ruinas** *fpl* (de edificio, ciudad) ruins (*pl*); **en ~** in ruins
ruinoso -sa *adj* ‹*edificio/vivienda*› dilapidated, rundown; ‹*economía/negocio*› ruinous, disastrous
ruiseñor *m* nightingale
rulemán *m* (RPl) roller bearing
rulero *m* (Per, RPl) curler
ruleta *f* roulette
(Compuesto) **ruleta rusa** Russian roulette
ruletear [A1] *vi* (Méx fam) to work as a cab *o* taxi driver, to hack (AmE colloq)
ruletero -ra *m,f* (Méx fam) cab *o* taxi driver, cabbie (colloq)
rulo *m*
A (para el pelo) curler, roller; (rizo) (CS, Per) curl
B (Chi) (Agr): **de ~** dry; ***ser de ~*** (fam) to be on the wagon (colloq)
rulot *f* (Esp) trailer (AmE), caravan (BrE)
ruma *f* (Chi) pile, heap
Rumania, Rumanía *f* Romania
rumano[1] -na *adj/m,f* Romanian, Rumanian
rumano[2] *m* (idioma) Romanian, Rumanian
rumba *f* rumba
rumbear [A1] *vi* **1** (Col, Ven fam) (irse de juerga) to go out on a spree **2** (RPl fam) (dirigirse) to make one's way
rumbero -ra *adj* (Col, Ven fam): **es muy ~** he really likes to party (colloq)
rumbo *m*
A (dirección) direction, course; (Náut) course; **caminar sin ~ fijo** to wander aimlessly; **partió (con) ~ a Toluca** he set off for Toluca; **navegar con ~ norte/sur** to sail a northerly/southerly course; **poner ~ a** to set a course for *o* head for; **los acontecimientos tomaron un ~ trágico** events took a tragic turn; **a partir de entonces su vida tomó un nuevo ~** that changed the whole course of his life
B (esplendidez) lavishness
rumboso -sa *adj* ‹*persona/fiesta*› lavish
rumiante *m* ruminant
rumiar [A1] *vt* **1** (liter) (cavilar) ‹*idea/problema*› to ponder (frml); ‹*venganza*› to brood over **2** (fam) (refunfuñar) to grumble about, moan about (BrE); **rumiaba entre murmullos**

r

que ... she muttered under her breath that ...
■ **rumiar** *vi* «*vaca*» to chew the cud, ruminate
rumor *m* 1 (murmuración) rumor*; **circulan ~es de que ...** rumors are circulating that ..., rumor has it that ... 2 (sonido) murmur; **el ~ del agua** the murmur of the water
rumorear [A1], (Col) **rumorar** [A1] *vt*: **se rumorea que ...** rumor has it that ...
rumoroso -sa *adj* (liter) ‹*aguas*› murmuring (*before n*) (liter); **un arroyo ~** a babbling brook (liter)
runrún *m* (de motor) purring, humming; (de voces) hum, murmur
rupestre *adj* ‹*pintura/dibujo*› cave (*before n*); ‹*planta*› rock (*before n*)
rupia *f* rupee
ruptura *f* 1 (de relaciones) breaking-off; (de contrato) breach, breaking; (de matrimonio) breakup; **eso provocó la ~ de las relaciones diplomáticas** that led to a break in diplomatic relations; **ésa fue la causa de la ~ de las negociaciones** that was what caused the negotiations to be broken off; **su ~ con Ernesto** her breakup with Ernesto; **esta ~ con el pasado** this break with the past 2 (Dep) (en tenis) service break
rural[1] *adj* rural
rural[2] *f* (RPl) station wagon (AmE), estate car (BrE)
Rusia *f* Russia
ruso[1] **-sa** *adj/m,f* Russian
ruso[2] *m* (idioma) Russian
rústica (esp Esp): **en rústica** (*loc adj*) ‹*edición*› paperback; **un libro en ~** a paperback
rústico[1] **-ca** *adj* (del campo) rustic; (basto) coarse
rústico[2] **-ca** *m,f* (Esp) country person
ruta *f* 1 (itinerario) route 2 (RPl) (carretera) road
rutilante *adj* (liter) ‹*estrella*› bright (liter), twinkling; ‹*perla*› gleaming; **de una belleza ~** of dazzling beauty
rutilar [A1] *vi* (liter) «*estrella*» to shine (brightly), twinkle; «*perla*» to gleam
rutina *f* 1 (hábito) routine; **por pura ~** out of habit; **inspección de ~** routine inspection 2 (Inf) routine
rutinario -ria *adj* 1 ‹*trabajo/vida*› monotonous; **¡qué ~ eres!** you're so unadventurous! 2 ‹*inspección/procedimiento*› routine (*before n*)
rutinizar [A4] *vt*: **debemos ~ la práctica del ejercicio** we must make taking exercise part of our routine; **la convivencia rutiniza las relaciones** living together makes relationships routine
■ **rutinizarse** *v pron* «*proceso/acto*» to become routine; «*persona*» to get into a rut

Ss

S, s *f (read as /'ese/) the letter* **S, s**

s *m* (= **segundo**) sec.

s. *m* (= **siglo**) C; **s.XX** C20

s/ = su/sus

S (= **sur**) S, South

S. (= **santo**) St

S.A. (= **Sociedad Anónima**) ≈ Inc (*in US*), ≈ Ltd (*in UK*), ≈ PLC (*in UK*)

sáb. (= **sábado**) Sat

sábado *m* Saturday; (Relig) Sabbath

Compuestos

- **sábado de Gloria** *or* **Santo** Easter Saturday
- **sábado inglés** (CS) *non-working Saturday*

sabana *f* (Geog) savanna*, grassland

sábana *f* sheet; **¿se te pegaron las ~s?** overslept, huh? (AmE colloq), overslept, did you? (BrE colloq)

Compuestos

- **sábana ajustable** *or* (Méx) **de cajón** fitted sheet
- **sábana bajera/encimera** bottom/top sheet

sabandija *f*

A (insecto) creepy-crawly (colloq), bug; (reptil) creepy-crawly (colloq)

B **sabandija** *mf* (AmL fam) (pícaro) rascal (colloq)

sabanear [A1] *vt* (AmC fam) [1] (aprehender) to catch [2] (adular) to flatter

sabañón *m* chilblain; ▸**comer**[1]

sabático -ca *adj* sabbatical

sabedor -dora *adj*: **~ de lo que ocurría ...** aware of *o* knowing what was happening ...

sabelotodo *mf* (fam) know-it-all (AmE colloq), know-all (BrE colloq)

saber[1] *m* knowledge; **una persona de gran ~** a person of great learning; ***el ~ no ocupa lugar*** one can never know too much

saber[2] [E25] *vt*

A [1] ‹*nombre/dirección/canción*› to know; **ya lo sé** I know; **no lo sé** I don't know; **no sé cómo se llama** I don't know his name; **así que** *or* **conque ya lo sabes** so now you know; **no sabía que tenía hijos** I didn't know he had (any) children; **para que lo sepas, yo no miento** (fam) for your information, I don't tell lies; **¡si lo sabré yo!** don't I know it!; **cállate ¿tú qué sabes?** shut up! what do you know about it?; **¡yo qué sé dónde está!** how (on earth) should I know where he/it is! (colloq); **no se sabe si ...** they don't know if ...; **no sé qué decirte** I really don't know what to say; **¿a que no sabes qué?** (fam) you'll never guess what; **tiene un no sé qué** she has a certain something; **me da no sé qué decirte esto** I feel very awkward saying this to you; **que yo sepa** as far as I know; **~ algo DE algo** to know sth ABOUT sth; **sé muy poco de ese tema** I know very little about the subject; **hacerle ~ algo a algn** (frml) to inform sb of sth; **nos hizo ~ su decisión** he informed us of his decision [2] (darse cuenta de) to know; **no sabe lo que dice** he doesn't know what he's talking about; **¡tú no sabes lo que es esto!** you can't imagine what it's like!

B (ser capaz de) **~ + INF** to know how to + INF; **¿sabes nadar/escribir a máquina?** can you swim/type?, do you know how to swim/type?; **ya sabe leer y escribir** she can already read and write; **sabe escuchar** she's a good listener; **sabe hablar varios idiomas** she can speak several languages; **no saben perder** they're bad losers; **sabe defenderse** she knows how to *o* she can look after herself

C (enterarse) to find out; **lo supe por mi hermana** I found out about it through my sister; **si es así, pronto se va a ~** if that's the case, we'll know *o* find out soon enough; **sin que lo supiéramos** without our knowing; **¡si yo lo hubiera sabido antes!** if I had only known before!; **¡cómo iba yo a ~ que ...!** how was I to know that ...!; **¿se puede ~ por qué?** may I ask why?; **¿y tú dónde estabas, si se puede ~?** and where were you, I'd like to know?

D **a saber** (frml) namely

■ **saber** *vi*

Sentido I [1] (tener conocimiento) to know; **vete tú/vaya usted a ~** but who knows; **¿quién sabe?** who knows?; **~ DE algo/algn** to know OF sth/sb; **yo sé de un sitio donde te lo pueden arreglar** I know of a place where you can get it fixed [2] (tener noticias, enterarse) **~ DE algn/algo**: **no sé nada de ella desde hace más de un mes** I haven't heard from her for over a month; **yo supe del accidente por la radio** I heard about the accident on the radio; **no quiero ~ de él** I want nothing to do with him

Sentido II [1] (tener sabor) (+ *compl*) to taste; **sabe dulce/bien/amargo** it tastes sweet/nice/bitter; **~ A algo** to taste OF sth; **sabe a ajo** it tastes of garlic; **no sabe a nada** it has no taste to it; **sabe a podrido** it tastes rotten [2] (causar cierta impresión) **~le mal/bien a algn**: **no le supo nada bien que ella bailara con otro** he wasn't at all pleased that she danced with someone else; **me sabe mal tener que decírselo** I don't like having to tell him

■ **saberse** *v pron* (*enf*) ‹*lección/poema*› to know; **se sabe todo el cuento de memoria** he knows the whole story off by heart; ***sabérselas todas*** (fam) to know every trick in the book (colloq)

sabido -da *adj* [SER] well-known; **es cosa sabida que ...** it's a well-known fact that ...; **como es ~** as everybody knows

sabiduría *f* wisdom; **la ~ popular** popular wisdom

sabiendas: **a ~** (*loc adv*) **lo hizo a ~ de que me molestaba** he did it knowing full well *o* perfectly well that it annoyed me

sabihondo -da *m,f* (fam) know-it-all (AmE colloq), know-all (BrE colloq)

sabio[1] **-bia** *adj* (con grandes concocimientos) learned, wise; (sensato) ‹*persona/medida*› wise; ‹*consejo*› sound, wise

sabio[2] **-bia** (*m*) wise man, sage (liter); (*f*) wise woman

sablazo *m* saber* slash; ***darle el*** *or* ***un ~ a algn*** (fam) (cobrar de más) to rip sb off (colloq); (pedir dinero) to scrounge money off sb (colloq)

sable *m*

A (Arm) saber*; (Náut) batten

B (en heráldica) sable

sablear [A1] *vt* (fam) ‹*persona*› to scrounge off (colloq); ‹*dinero*› to scrounge (colloq)

sablista *mf* (fam) scrounger (colloq), sponger (BrE colloq)

sabor *m* [1] (de comida, bebida, etc) taste, flavor*; **con ~ a menta** mint-flavoured; **viene en tres ~es** it comes in three flavors; **no tiene ~** it doesn't taste of anything; **me dejó un ~ amargo en la boca** it left a bitter taste in my mouth; ***dejar a algn con mal ~ de boca*** to leave a bad taste in one's mouth 2▸ (carácter) flavor*

saborear [A1] *vt* 1▸ ‹*comida/bebida*› to savor* 2▸ ‹*éxito/triunfo*› to relish, savor*; ‹*venganza*› to savor*, enjoy

sabotaje *m* sabotage

saboteador -dora *m,f* saboteur

sabotear [A1] *vt* to sabotage

sabré, sabría, etc *see* **saber**

sabroso -sa *adj*

A ‹*comida*› tasty, delicious; ‹*chisme/historia*› spicy (colloq), juicy (colloq)

B 1▸ (AmL fam) (agradable) ‹*música/ritmo*› pleasant, nice; ‹*clima/agua*› beautiful 2▸ (Andes fam) ‹*persona*› lively, fun

sabrosón -sona *adj* 1▸ (AmL fam) ‹*guiso*› tasty, delicious; ‹*fruta*› delicious 2▸ (AmL fam) ‹*clima*› mild 3▸ (Andes, Ven fam) ‹*mujer*› gorgeous (colloq), tasty (sl) 4▸ (Col, Méx, Ven fam) ‹*música*› pleasant 5▸ (Per fam) (divertido) fun

sabueso *m* 1▸ (Zool) bloodhound 2▸ **sabueso** *mf* (fam) (detective) sleuth (colloq), gumshoe (AmE colloq)

saca *f* sack

(Compuesto) **saca del correo** (Esp) mailbag

sacacorchos *m* (*pl* ~) corkscrew; ***sacarle algo a algn con ~*** (fam) to drag sth out of sb (colloq)

sacacuartos *m* (*pl* ~) (Esp fam) 1▸ (timo) rip-off (colloq) 2▸ **sacacuartos** *mf* (persona) con-artist (colloq)

sacadera *f* (Col, Per, Ven fam): **es una ~ de plata** it costs a fortune (colloq)

sacalagua *adj* (Per fam) *light-skinned mulatto*

sacapuntas *m* (*pl* ~) pencil sharpener

sacar [A2] *vt*

(Sentido I)

A (extraer) 1▸ ‹*billetera/lápiz*› to take out, get out; ‹*pistola/espada*› to draw; **~ algo DE algo** to take sth OUT OF sth; **lo saqué del cajón** I took *o* got it out of the drawer; **~on agua del pozo** they drew water from the well 2▸ ‹*muela*› to pull out, take out; ‹*riñón/cálculo*› to remove; **me ~on sangre** they took some blood 3▸ ‹*diamantes/cobre*› to extract, mine; **~ petróleo de debajo del mar** to get oil *o* (frml) extract petroleum from under the sea 4▸ ‹*carta/ficha*› to draw

B (poner, llevar fuera) 1▸ ‹*maceta/mesa/basura*› to take out; **saca las plantas al balcón** put the plants out on the balcony; **sácalo aquí al sol** bring it out here into the sun; **tuvimos que ~lo por la ventana** we had to get it out through the window; **~ el perro a pasear** to take the dog out for a walk; **los saqué a dar una vuelta en coche** I took them out for a ride (in the car); **~ algo/a algn DE algo** to get sth/sb OUT OF sth; **~ el coche del garaje** to get the car out of the garage; **¡sáquenme de aquí!** get me out of here! 2▸ (invitar): **el marido no la saca nunca** her husband never takes her out; **~ a algn a bailar** to ask sb to dance 3▸ ‹*parte del cuerpo*› to put out; **me sacó la lengua** he stuck *o* put his tongue out at me; **no saques la cabeza por la ventanilla** don't put your head out of the window

C (retirar) to take out; **~ dinero del banco** to take out *o* withdraw money from the bank; **sólo puede ~ tres libros** you can only take out *o* borrow three books

D (de una situación difícil) **~ a algn DE algo** to get sb OUT OF sth; **me sacó de un apuro** he got me out of a tight spot; **aquel dinero los sacó de la miseria** that money released them from their life of poverty

E (Esp) ‹*dobladillo*› to let down; ‹*pantalón/falda*› (alargar) to let down; (ensanchar) to let out

(Sentido II) (obtener)

A ‹*pasaporte/permiso*› to get; ‹*entrada*› to get, buy; **ya saqué el pasaje** *or* (Esp) **he sacado el billete** I've already bought the ticket *o* got my ticket

B 1▸ ‹*calificación/nota*› to get; **saqué un cinco en química** I got five out of ten in chemistry 2▸ ‹*votos/puntos*› to get 3▸ (en juegos de azar) ‹*premio*› to get, win; **tiró los dados y sacó un seis** she threw the dice and got a six 4▸ ‹*conclusión*› to draw 5▸ ‹*suma/cuenta*› to do, work out

C ‹*beneficio*› to get; ‹*ganancia*› to make; **no vas a ~ nada hablándole así** you won't get anywhere talking to him like that; **¿qué sacas con eso?** what do you gain by doing that?; **saco $3.000 mensuales** I take home $3,000 a month; **le sacó diez segundos (de ventaja) a Martínez** he took a ten-second lead over Martínez; **el hijo ya le saca 10 centímetros** (fam) his son is already 10 centimeters taller than he is; **~ algo DE algo**: **~on mucho dinero de la venta** they made a lot of money from the sale; **no ha sacado ningún provecho del curso** she hasn't got anything out of the course

D **~ algo DE algo** ‹*idea/información*› to get sth FROM sth; ‹*porciones/unidades*› to get sth OUT OF sth; **~le algo A algn** ‹*dinero/información*› to get sth OUT OF sb

E ‹*brillo*› to bring out; **~le brillo a algo** to polish sth to a shine

(Sentido III)

A 1▸ ‹*libro*› to publish, bring out; ‹*disco*› to bring out, release; ‹*modelo/producto*› to bring out; **~on el reportaje en primera plana** the report appeared on the front page 2▸ ‹*tema*› to bring up 3▸ ‹*foto*› to take; ‹*copia*› to make, take; ‹*apuntes*› to make, take 4▸ (Esp) ‹*defecto/falta*› (+ *me/te/le etc*) to find; **a todo le tiene que ~ faltas** he always has to find fault with everything

B **sacar adelante** ‹*proyecto*› (poner en marcha) to get sth off the ground; (salvar de la crisis) to keep sth going; **luché tanto para ~ adelante a mis hijos** I fought so hard to give my children a good start in life

C (Dep) ‹*tiro libre/falta*› to take

(Sentido IV) (quitar)

A (esp AmL) 1▸ **~le algo A algn** ‹*botas/gorro*› to take sth OFF sb; ‹*juguetes/plata*› (RPl) to take sth FROM sb; **no se lo saques, que es suyo** don't take it (away) from him, it's his; **¿cuánto te sacan en impuestos?** how much do they take off in taxes? 2▸ **~le algo A algo** ‹*tapa/cubierta*› to take sth OFF sth 3▸ (retirar): **saca esto de aquí** take this away; **saquen los libros de la mesa** take the books off the table

B (esp AmL) (hacer desaparecer) ‹*mancha*› to remove, get … out; **me sacas un peso de encima** you've taken a great weight off my mind

■ **sacar** *vi* (Dep) (en tenis, vóleibol) to serve; (en fútbol) to kick off; **~ de puerta/de esquina** to take the goal kick/to take the corner; **~ de banda** to take the throw-in

■ **sacarse** *v pron* (*refl*)

A (extraer): **ten cuidado, te vas a ~ un ojo** be careful or you'll poke *o* take your eye out; **me saqué la astilla con unas pinzas** I got the splinter out with a pair of tweezers; **me tengo que ~ una muela** (*caus*) I have to have a tooth out; **~se algo DE algo** to take sth OUT OF sth; **sácate las manos de los bolsillos** take your hands out of your pockets

B (AmL) (quitarse) ‹*ropa/zapatos*› to take off; ‹*maquillaje*› to remove, take off; **sácate el pelo de la cara** get *o* take your hair out of your eyes; **no pudimos sacárnoslo de encima** we just couldn't get rid of him

C 1▸ (*caus*) ‹*foto*›: **tengo que ~me una foto** I have to get a photo taken 2▸ (AmL) ‹*calificación/nota*› to get

sacarina *f* saccharin

sacerdocio *m* priesthood

sacerdote *m* priest

sacerdotisa *f* priestess

saciar [A1] *vt* ‹*hambre*› to satisfy; ‹*sed*› to quench; ‹*deseo*› (liter) to satiate (liter); ‹*ambición*› to fulfill*, realize

■ **saciarse** *v pron*: **comer/beber hasta ~se** to eat/drink one's fill

saciedad *f*: **comer/beber hasta la ~** to eat/drink one's fill; **repetir algo hasta la ~** to repeat sth ad nauseam

saco *m*

A (continente) sack; (contenido) sack, sackful; **comprar algo por ~s** to buy sth by the sackful *o* sack; ***echar a algn al ~*** (Chi fam) to swindle sb (colloq); ***caer en ~ roto*** «*consejo*» to go unheeded; **estos errores no deben caer en ~ roto** we should learn from these mistakes; ***echar algo en ~ roto*** ‹*esfuerzo/trabajo*› to let sth go to waste; ‹*consejos*› to ignore sth; ***~ de papas*** (Chi fam) fat lump (colloq); ***ser un ~ de huesos*** (fam & hum) to be all skin and bones (colloq)

(Compuesto) **saco de dormir** sleeping bag

B (AmL) (de tela) jacket; **al que le venga el ~ que se lo ponga** (fr hecha) if the cap fits, wear it

(Compuesto) **saco sport** (AmL) sports coat (AmE), sports jacket (BrE)

sacón[1] **-cona** *adj* (Méx fam) chicken (colloq)

S

sacón² *m* (RPl) three-quarter-length coat
sacralizar [A4] *vt* to idolize, regard ... as sacred
sacramento *m* sacrament; **administrar/recibir los ~s** to administer/receive the sacraments; **los últimos ~s** the last rites
sacrificado -da *adj* ‹*persona*› selfless, self-sacrificing; **tuvo una vida muy sacrificada** she had a really hard life
sacrificar [A2] *vt* 1 (Relig) ‹*cordero/víctimas*› to sacrifice 2 ‹*res/ganado*› to slaughter; ‹*perro/gato*› (euf) to put ... to sleep (euph), to put away (AmE), to put down (BrE) 3 ‹*carrera/juventud*› to sacrifice; **ha sacrificado los mejores años de su vida** he has given up *o* sacrificed the best years of his life
■ **sacrificarse** *v pron* to make sacrifices; **se sacrificó por sus hijos** she sacrificed everything for her children
sacrificio *m* 1 (privación, renuncia) sacrifice; **lo ha conseguido a costa de muchos ~s** she's achieved it by making a lot of sacrifices 2 (inmolación) sacrifice; **ofrecer algo/a algn en ~** to offer (up) sth/sb as a sacrifice 3 (de res) slaughter
sacrilegio *m* sacrilege
sacrílego -ga *adj* sacrilegious
sacristán *m* sacristan, verger
sacristía *f* vestry, sacristy
sacro -cra *adj* sacred
sacrosanto -ta *adj* sacrosanct
sacudida *f* 1 (agitando) shake, shaking; (golpeando) beating 2 (de terremoto) tremor; (de explosión) blast; (de tren, coche) jerk, jolt; **avanzaba dando ~s** it bumped *o* jolted along 3 (fam) (descarga) electric shock; **me dio una ~** I got a shock
sacudir [I1] *vt*
A 1 (agitar) ‹*toalla/alfombra*› to shake; (golpear) ‹*alfombra/colchón*› to beat; **sacudió la arena de la toalla** he shook the sand out of the towel 2 (fam) ‹*niño*› to clobber (colloq); **~ la cabeza** (para negar) to shake one's head; (para afirmar) to nod (one's head) 3 (hacer temblar) to shake; **un escalofrío la sacudió de pies a cabeza** a shiver ran through her 4 (CS, Méx) (limpiar) to dust, do the dusting
B (conmover, afectar) to shake; **una revolución que sacudió los cimientos de la sociedad** a revolution which shook society to its foundations
■ **sacudir** *vi* (CS, Méx) to dust
■ **sacudirse** *v pron (refl)* 1 (apartar de sí) ‹*problema*› to shrug off; ‹*sueño/modorra*› to shake off; **no sé cómo ~me a este tipo** I don't know how to get rid of this guy (colloq) 2 (quitarse) ‹*arena/polvo*› to shake off; **sacúdete los pelos del perro** (CS) brush the dog hairs off you
sacudón *m*
A (AmL fam) 1 (sacudida violenta) shake, shaking; **me dio un ~** he shook me 2 (de terremoto) tremor; (de vehículo) lurch; **el coche avanzaba a sacudones** the car lurched forward
B (Andes fam) 1 (revuelo, conmoción) upheaval, turmoil 2 (golpe) blow
sádico¹ -ca *adj* sadistic
sádico² -ca *m,f* sadist
sadismo *m* sadism
sadomasoquismo *m* sadomasochism
sadomasoquista *mf* sadomasochist
saeta *f*
A (dardo) dart; (flecha) arrow
B (copla) *Flamenco verse sung at processions in Holy Week*
safari *m* 1 (gira, viaje) safari; **ir de ~** to go on safari 2 (zoológico) safari park
saga *f* (Lit) saga
sagacidad *f* astuteness, shrewdness
sagaz *adj* shrewd, astute
Sagitario¹ *m* (signo, constelación) Sagittarius; **es (de) ~** she's (a) Sagittarian
Sagitario², sagitario *mf* (*pl* **~** *or* **-rios**) (persona) Sagittarian, Sagittarius
sagrado -da *adj*
A (Relig) ‹*altar*› holy; ‹*lugar*› holy, sacred; **te lo juro por lo más ~** I swear to God

(Compuestos)
• **Sagrada Familia** *f* Holy Family
• **Sagradas Escrituras** *fpl or* **Sagrada Escritura** *f* Holy Scriptures (*pl*)
B (fundamental, intocable) sacred; **el derecho a la vida es ~** the right to life is sacred
sagrario *m* (tabernáculo) tabernacle; (capilla) side chapel
Sahara /sa'ara/ *m*: **el (desierto del) ~** the Sahara (Desert)
saharaui /saxa'rawi/ *adj/mf* Saharan; **los ~s** the Saharan people
sainete *m* comic *o* comedy sketch, one-act farce
sajón -jona *adj/m,f* Saxon
sal¹ *f*
A (Coc) salt; **mantequilla sin ~** unsalted butter; ***caerle (la) ~ a algn*** (Méx fam): **le cayó la ~ con la venta de la casa** she was unlucky *o* she had bad luck when she sold the house; ***echarle la ~ a algn*** (Méx fam) to put a jinx on sb; ***la ~ de la tierra*** the salt of the earth
(Compuestos)
• **sal de mesa** *or* **fina** table salt
• **sal gorda** *or* (CS) **gruesa** *or* **de cocina** cooking salt
B (Quím) salt
(Compuestos)
• **sal de fruta** liver salts (*pl*)
• **sales de baño** *fpl* bath salts (*pl*)
C (fam) (gracia, chispa): **esa ~ que tiene para contar anécdotas** her witty *o* funny way of telling stories; **la ~ de la vida** the spice of life
sal² *see* **salir**
sala *f* 1 (de casa) *tb* **~ de estar** living room, lounge (BrE) 2 (de hotel) lounge 3 (en hospital) ward 4 (para reuniones, conferencias) hall; (Teatr) theater*; (Cin) movie theater (AmE), cinema (BrE); **la película se exhibe en la ~ 1** the movie is showing on Screen 1 5 (sede de tribunal) courtroom, court
(Compuestos)
• **sala cuna** (Chi) day nursery, creche
• **sala de clases** (CS frml) classroom
• **sala de conferencias** assembly *o* conference *o* lecture hall
• **sala de embarque** departure lounge
• **sala de espera** waiting room
• **sala de exposiciones** gallery, exhibition hall
• **sala de fiestas** night club (*usually featuring dancing and cabaret*)
• **sala de juntas** boardroom
• **sala de lectura** reading room
• **sala de profesores** staff room
salado -da *adj*
A (Coc) 1 (con sal) salted; **la carne está demasiado salada** the meat is too salty; **las anchoas son muy saladas** anchovies are very salty; **le gusta la comida poco salada** he doesn't like too much salt in his food 2 [SER] (no dulce) ‹*plato/comida*› savory*; **me gusta más lo ~** I prefer savory things
B 1 (fam) ‹*persona*› (gracioso) funny, witty 2 (fam) ‹*chiste*› risqué; ‹*anécdota*› spicy
C (CS fam) (caro) pricy; **la multa le salió bastante salada** the fine was pretty steep *o* heavy
D 1 (AmL fam) (desafortunado) jinxed (colloq) 2 (Méx fam) (que trae mala suerte) jinxed (colloq)
salamandra *f* (Zool) salamander; (estufa) salamander stove
salame *m* 1 (CS) (Coc) salami 2 (RPl fam) (tonto) idiot
salar¹ [A1] *vt* 1 (para conservar) ‹*carne/pescado*› to salt (down); ‹*pieles*› to salt 2 (para condimentar) to salt, add salt to
■ **salarse** *v pron* (Méx fam) (echarse a perder) «*planes*» to fall through; «*negocio*» to go bust; **se me ~on las vacaciones** my vacation plans fell through
salar² *m* (Chi) salt pan, salt flat
salarial *adj* wage (*before n*), salary (*before n*)
salario *m* (frml) wage, salary
(Compuesto) **salario base/mínimo** basic/minimum wage
salaz *adj* (frml) salacious (frml)
salazón *f* salting

S

salchicha *f* sausage

salchichón *m*: *spiced sausage similar to salami*

salchichonería *f* (Méx) delicatessen

saldar [A1] *vt* 1 ‹*cuenta*› to settle; ‹*deuda*› to settle, pay (off) 2 ‹*mercancías/productos*› to sell off

■ **saldarse** *v pron* (period) ~**se** CON **algo**: **el encuentro se saldó con un empate** the game ended in a tie; **el accidente se saldó con cinco víctimas mortales** five people died in the accident

saldo *m*

A 1 (de cuenta) balance; ~ **a (su favor/nuestro) favor** credit/debit balance; **el ~ es de $4.000 a nuestro favor** we are $4,000 in credit 2 (period) (de incidente, confrontación): **la pelea terminó con un ~ de tres heridos** the fight resulted in three people being injured

(Compuestos)

• **saldo acreedor** *or* **positivo** credit balance

• **saldo deudor** *or* **negativo** debit balance

B 1 (artículo): **los ~s no se cambian** sale goods cannot be exchanged; **precios de ~** sale prices; Ⓢ **venta de saldos** clearance sale 2 **saldos** *mpl* (rebajas) sales (*pl*); **las tiendas estaban de ~s** the sales were on

saldré, saldría, etc *see* **salir**

salero *m*

A (recipiente) salt shaker (AmE), saltcellar (BrE)

B (fam) (gracia): **tiene mucho ~ contando chistes** he's so funny when he starts telling jokes; **¡qué ~ tienes bailando!** you're a really stylish dancer! (colloq)

C (Méx) (persona): **yo estoy de ~ en (medio de) su discusión** they're arguing and I'm stuck in the middle

saleroso -sa *adj* ▸**salado B1**

salga, salgas, etc *see* **salir**

salida *f*

(Sentido I) (hacia el exterior)

A (lugar) 1 (de edificio, lugar) exit; Ⓢ **salida** exit; **dimos mil vueltas buscando la ~** we went round and round looking for the way out *o* the exit; **todas las ~s de Bilbao** all the roads out of Bilbao; **Bolivia no tiene ~ al mar** Bolivia has no access to the sea; **mi habitación tenía ~ a la terraza** my bedroom opened onto the terrace; **es una calle sin ~** it's a dead end 2 (de tubería) outlet, outflow; (de circuito) outlet

(Compuesto) **salida de emergencia/incendios** emergency/fire exit

B 1 (acción): **me lo encontré a la ~** I met him on my way out; **a la ~ del concierto** after the concert; **el gobierno les ha negado la ~ del país** the government has refused to allow them to leave the country; **impedir la ~ de divisas** to prevent currency being taken out of *o* leaving the country; **la ~ del primer toro** the entry of the first bull 2 (como distracción): **es su primera ~ desde que la operaron** it's the first time she's been out since her operation; **una ~ al campo** an outing *o* a trip to the country 3 (de líquido, gas, electricidad) output 4 **la ~ del sol** sunrise

(Sentido II) (partida)

A (de tren, avión) departure; **el tren efectuará su ~ por la vía cinco** the train will leave from track five; Ⓢ **salidas nacionales/internacionales** domestic/international departures

B (Dep) (en una carrera) start

(Sentido III)

A 1 (solución): **no le veo ninguna ~ a esta situación** I can see no way out of this situation; **no nos queda otra ~** we have no other option 2 (posibilidades): **la informática tiene muchas ~s** nowadays there are many job opportunities in computing; **esta prenda no tiene mucha ~** this garment doesn't sell very well

B (Com, Fin) (gasto) payment; **entradas y ~s** income and expenditure

C (ocurrencia): **este chico tiene cada ~ ...** this child comes out with the funniest things ...; **fue una ~ que nos hizo reír mucho** his remark *o* comment had us all in stitches

(Compuesto) **salida de tono fue una ~ de ~** it was a totally inappropriate thing to say/do

salido¹ -da *adj*

A ‹*ojos*› bulging; ‹*frente/mentón*› prominent; ‹*dientes*› projecting (*before n*), sticky-out (colloq)

B (fam) ‹*yegua/perra*› in heat (AmE), on heat (BrE); ‹*persona*› (Esp) horny (colloq), randy (BrE colloq)

salido² -da *m,f* 1 (Esp fam) (obseso sexual) sex maniac (colloq) 2 (Ven fam) (persona entrometida) busybody (colloq), nosy parker (BrE colloq)

salidor -dora *adj* (AmL fam): **estás muy ~a últimamente** you're always out on the town these days (colloq); **es muy ~a** she likes going out a lot (colloq)

saliente¹ *adj* ‹*pómulo/hueso*› prominent; ‹*cornisa/balcón*› projecting

saliente² *f or* (Esp) *m* (de edificio, muro) projection

salina *f* (instalación costera) saltworks (*sing or pl*), saltern; (mina) saltmine; (marisma) salt marsh

salinidad *f* salinity, saltiness

salino -na *adj* saline

salir [I29] *vi*

(Sentido I)

A (partir) to leave; **¿a qué hora sale tu tren/tu vuelo?** what time is your train/flight?; **el jefe había salido de viaje** the boss was away; **salió corriendo** *or* **disparada** (fam) she was off like a shot (colloq); ~ DE **algo** to leave FROM sth; **¿de qué andén sale el tren?** what platform does the train leave from?; **salgo de casa a las siete** I leave home at seven; ~ PARA **algo** to leave FOR sth

B (al exterior — acercándose al hablante) to come out; (— alejándose del hablante) to go out; **no salgas sin abrigo** don't go out without a coat; **no puedo ~, me he quedado encerrado** I can't get out, I'm trapped in here; ~ DE **algo** to come out/get out OF sth; **¡sal de ahí!** come out of there!; **¡sal de aquí!** get out of here!; **sal ya de la cama** get out of bed; **¿tú de dónde has salido?** where have you sprung from?; **¿de dónde salió este dinero?** where did this money come from?; **nunca ha salido de España** he's never been out of Spain; **no puede ~ del país** she can't leave the country; ~ POR **algo** to leave BY sth; **salió por la puerta de atrás** he went out *o* left by the back door; **tuvo que ~ por la ventana** she had to get out through the window; ~ A **algo**: **salieron al balcón/al jardín** they went out onto the balcony/into the garden; ~ A + INF to go out/come out to + INF; **¿sales a jugar?** are you coming out to play?; **salió a hacer las compras** she's gone out (to do the) shopping

C (habiendo terminado algo) to leave; **no salgo de trabajar hasta las siete** I don't finish *o* leave work until seven; **¿a qué hora sales de clase?** what time do you get out of class *o* finish your class?; **¿cuándo sale del hospital?** when is he coming out of (the) hospital?

D 1 (como entretenimiento) to go out; **estuvo castigado un mes sin ~** he wasn't allowed to go out for a month; **salieron a cenar fuera** they went out for dinner 2 (tener una relación) to go out; **salen juntos** they're going out together; ~ CON **algn** to go out WITH sb; **¿estás saliendo con alguien?** are you going out with anyone?

E (a calle, carretera): **¿por aquí se sale a la carretera?** can I get on to the road this way?; **¿esta calle sale al Paseo Colón?** does this street come out onto the Paseo Colón?

F «*clavo/tapón*» to come out; «*anillo*» to come off

(Sentido II)

A (aparecer, manifestarse) 1 «*cana/sarpullido*» to appear; (+ *me/te/le etc*) **me empiezan a ~ canas** I'm starting to go gray; **ya le ha salido el primer diente** her first tooth has already come through; **le están saliendo los dientes** she's teething; **me ha salió una ampolla** I've got a blister; **le salió un sarpullido** he came out in a rash; **me salieron granos** I broke out *o* (BrE) come out in spots; **¿te sale sangre?** are you bleeding *o* is it bleeding?; **me sale sangre de la nariz** my nose is bleeding; **a la planta le están saliendo hojas nuevas** the plant's putting out new leaves 2 «*sol*» (por la mañana) to rise, come up; (de detrás de una nube) to come out 3 (surgir) «*tema/idea*» to come up; **yo no se lo pedí, salió de él** I didn't ask him to do it, it was his idea *o* he offered; **ya salió aquello** you (*o* he *etc*) had to bring that up; (+ *me/te/le etc*) **le salió así, espontáneamente** he just came out with it quite spontaneously; **me salió en alemán** it came *o* I said it in German; **me salió otro compromiso** something (else) came up 4 «*carta*» (en naipes) to come up; **¿ha salido ya el 15?** have they called number 15 yet?

B 1 (tocar en suerte) (+ *me/te/le etc*): **me salió un tema que no había estudiado** I got a subject I hadn't studied

S

2 (en un reparto) ~ **A algo** to get sth; **salimos a dos pastelitos cada uno** we get two cakes each; **salen a tres mil el par** it works out at three thousand a pair
C «*mancha*» (aparecer) to appear; (quitarse) to come out
D **1** «*revista/novela*» to come out; «*disco*» to come out, be released; ~ **al mercado** to come on to the market **2** (en televisión, el periódico) to appear; **salió en primera página** it appeared on the front page; **salió por** *or* **en (la) televisión** she was *o* appeared on television **3** (en una foto) to appear; (+ *compl*) **¡qué bien saliste en esta foto!** this photo of you is really good **4** (desempeñando un papel): **sale de pastor** he plays *o* he is a shepherd
E (expresando irritación, sorpresa): **¡ya salió la niña!** her again!; ~ **CON algo**: **¡mira con qué sale éste ahora!** did you hear what he just said?; **no me salgas ahora con eso** don't give me that (colloq)

Sentido **III**

A (expresando logro) (+ *me/te/le etc*): **¿te salió el crucigrama?** did you finish the crossword?; **no me sale esta ecuación** I can't do this equation; **no te sale bien el acento** you haven't got the accent right; **ahora mismo no me sale su nombre** (fam) I can't think of her name right now; **no le salían las palabras** he couldn't get his words out
B (resultar): **de aquí no va a ~ nada bueno** no good is going to come of this; **¿a ti te da 40? a mí me sale 42** how do you get 40? I make it 42; (+ *compl*): **las cosas salieron bien** things turned out *o* worked out well; **el plan no salió como esperábamos** the plan didn't work out as we expected; **no salió ninguna de las fotos** none of the photographs came out; **la foto salió movida** the photograph has come out blurred; **tenemos que acabarlo salga como salga** we have to finish it no matter how it turns out; **sale muy caro** it works out *o* is very expensive; **salió elegido tesorero** he was elected treasurer; **¿qué número salió premiado?** what was the winning number?; ~ **bien/mal en un examen** (Chi fam) to pass/fail an exam; (+ *me/te/le etc*) **el postre no me salió bien** the dessert didn't come out right; **las cosas no nos han salido bien** things haven't gone right for us; **no lo hagas deprisa que te va a ~ todo mal** don't try to do it too quickly, you'll do it all wrong; **¿cómo te salió el examen?** how did you get on *o* do in the exam?; **el niño les salió muy inteligente** their son turned out (to be) really bright
C (de situación, estado) ~ **DE algo**: **para ~ del apuro** in order to get out of an awkward situation; **está muy mal, no sé si saldrá de ésta** she's very ill, I don't know if she'll pull through; **no sé cómo vamos a ~ de ésta** I don't know how we're going to get out of this one; **me ayudó a ~ de la depresión** he helped me get over my depression; (+ *compl*) **salió bien de la operación** she came through the operation well; **salieron ilesos del accidente** they were not hurt in the accident; **salió airosa del trance** she came through it with flying colors; ~ ***adelante*** «*negocio*» to stay afloat, survive; «*propuesta*» to prosper; **fue una época muy dura, pero lograron ~ adelante** it was a difficult period but they managed to get through it
D (con preposición) **1** **salir a** (parecerse a) to take after **2** **salir con** (Col) (combinar con) to go with **3** **salir de** (Col, Ven) (deshacerse de) to get rid of

■ **salirse** *v pron*

A **1** (de recipiente, límite): **cierra el grifo, que se va a ~ el agua** turn off the faucet (AmE) *o* (BrE) tap, the water's going to overflow; **vigila que no se salga la leche** don't let the milk boil over; **~se DE algo**: **el camión se salió de la carretera** the truck came/went off the road; **el río se salió de su cauce** the river overflowed its banks; **la pelota se salió del campo de juego** the ball went into touch *o* out of play; **procura no ~te del presupuesto** try to keep within the budget; **te estás saliendo del tema** you're getting off the point **2** (por orificio, grieta) «*agua/tinta*» to leak (out), come out; «*gas*» to escape, come out; **~se DE algo**: **se está saliendo el aire del neumático** the air's coming *o* leaking out of the tire; **se me salió el hilo de la aguja** the needle's come unthreaded **3** (Chi, Méx) «*pluma/recipiente*» to leak
B (soltarse) to come off; (+ *me/te/le etc*) **estos zapatos se me salen** these shoes are too big for me; **se le salían los ojos de las órbitas** his eyes were popping out of his head
C (irse) to leave; **~se DE algo** ‹*de asociación*› to leave sth; **se salió del cine a la mitad de la película** she walked out halfway through the movie; **~se *con la suya*** to get one's (own) way

salitre *m* **1** (Min, Quím) saltpeter•, niter• **2** (del agua de mar) salt residue

saliva *f* saliva, spit (colloq); ***gastar*** ~ to waste one's breath; ***tragar*** ~ to swallow hard

salivadera *f* (CS) spittoon

salivar [A1] *vi* to salivate

salmo *m* psalm

salmón¹ *adj inv* salmon-pink, salmon, salmon-colored•

salmón² *m* salmon

salmonelosis *f* salmonella (poisoning), salmonellosis

salmonete *m* red mullet, surmullet (AmE)

salmuera *f* brine

salobre *adj* briny, brackish

salón *m* **1** (en casa particular) living room, sitting room (BrE), lounge (BrE) **2** (en hotel) reception room, function room **3** (en palacio) hall **4** (de clases) classroom

Compuestos

- **salón de actos** auditorium (AmE), assembly hall (BrE)
- **salón de baile** ballroom
- **salón de belleza** beauty salon, beauty parlor
- **salón de exposiciones** exhibition hall
- **salón de fiestas** (AmL) function room, reception room
- **salón de té** tearoom, teashop
- **salón náutico/del automóvil** boat/motor show
- **salón recreativo** amusement arcade

salpicadera *f* (Méx) (de coche, bicicleta) fender (AmE), mudguard (BrE)

salpicadero *m* (Esp) dashboard

salpicado -da *adj* ~ **DE algo** dotted WITH sth; **un texto ~ de citas** a text sprinkled with quotations

salpicadura *f* splash; **había ~s de barro en el auto** the car was spattered *o* splashed with mud

salpicar [A2] *vt*

A **1** (de agua) to splash; (de barro, aceite) to splash, spatter **2** (afectar): **el escándalo salpicó a todos los ministros** all the ministers were implicated in the scandal
B ‹*discurso/conversación*› ~ **algo DE algo** to pepper sth WITH sth

salpicón *m* (de pescado, ave) *chopped seafood or meat with onion, tomato and peppers*

salsa *f*

A (Coc) sauce; (de jugo de carne) gravy; ***estar en su (propia)*** ~ to be in one's element

Compuestos

- **salsa bechamel** *or* **blanca** bechamel (sauce)
- **salsa de tomate** (sofrito) tomato sauce; (catsup) (Col) ketchup, catsup (AmE)
- **salsa verde** parsley sauce

B (Mús) salsa

salsamentaría *f* (Col) delicatessen

salsera *f* gravy boat, sauceboat

saltador -dora *m,f* jumper; ~ **de altura/longitud** high/long jumper; ~ **de pértiga** pole vaulter; ~ **de triple** triple jumper

saltamontes *m* (*pl* ~) grasshopper

saltante *adj* (Per) notable, salient (frml)

saltar [A1] *vi*

A **1** (brincar) to jump; (más alto, más lejos) to leap; ~ **a la cuerda** *or* (Esp) **comba** to jump rope (AmE), to skip (BrE); **saltaban de (la) alegría** they were jumping for joy; **salté por encima de las cajas** I jumped over the boxes; **miraba ~ las truchas en el río** he watched the trout leaping in the river; ~ **con** *or* **en una pierna** to hop **2** (en atletismo) to jump; **tendrá que ~ 1,85m** he will have to jump *o* clear 1.85m **3** «*pelota*» to bounce **4** (lanzarse) to jump; ~ **en paracaídas** to parachute; **saltó desde una ventana** he jumped from a window; ~ **a tierra/al suelo** to jump to the ground; ~ **al agua** to jump into the water; **¿sabes ~ del trampolín?** can you dive off the springboard?; **saltó al vacío** he leapt into space; ~ **SOBRE algo/algn** to jump ON sth/sb; **la pantera saltó sobre su presa** the panther jumped *o* leapt on its prey **5** (levantarse): ~ **de la cama/del sillón** to jump out of bed/off one's chair
B **1** (aparecer) ~ **A algo**: **ambos equipos saltan al terreno**

S

de juego the two teams are now coming out onto the pitch; **salta a la vista que ...** it's patently obvious that ...; **la noticia saltó a primera plana** the story hit the headlines *o* made front-page news **2** (pasar) ~ **DE algo A algo** to jump FROM sth TO sth; **saltaba de una idea a otra** she kept jumping from one idea to the next

C **1** «*botón*» to come off, pop off; «*chispas*» to fly; «*aceite*» to spit; «*corcho*» to pop out; «*fusibles*» to blow; **le hizo ~ tres dientes de un puñetazo** he knocked out three of his teeth with one punch; **hacer ~ la banca** to break the bank **2** (estallar): **la bomba hizo ~ el coche por los aires** the bomb blew the car into the air; **hicieron ~ el edificio con dinamita** they blew up the building with dynamite

D (fam) «*persona*» **1** (enojarse) to lose one's temper, get angry **2** (decir, soltar) to retort; **—eso no es verdad —saltó Julián** that's not true, retorted Julián; **~ CON algo**: **¿y ahora saltas con eso?** and now you come out with that?

■ **saltar** *vt* **1** ‹*obstáculo/valla/zanja*› to jump (over); (apoyándose) to vault (over); **el caballo se negó a ~ la valla** the horse refused the fence **2** (omitir) ‹*pregunta/página*› to skip, miss out; **me saltó al pasar lista** he missed me out when he was taking the register

■ **saltarse** *v pron*

A **1** (omitir) ‹*línea/página/nombre*› to skip; ‹*comida*› to miss, skip **2** ‹*semáforo/stop*› to jump; ‹*leyes*› to bypass, circumvent

B «*botón*» to come off, pop off; «*pintura*» to chip; **se le ~on las lágrimas** her eyes filled with tears

C (Chi) «*diente/loza*» to chip

saltarín -rina *adj* ‹*cordero*› frolicking (*before n*)

salteado -da *adj*: **¿se pueden contestar las preguntas salteadas?** can we answer the questions in any order?; **leí unos capítulos ~s** I read a few odd chapters

salteador *m* highwayman

saltear [A1] *vt*

A (Coc) to sauté

B (ant) (asaltar) to hold up

■ **saltearse** *v pron* (RPl) to skip, jump

salterio *m* **1** (libro) psalter **2** (Mús) psaltery

saltimbanqui *m* (Espec, Hist) tumbler, acrobat

salto *m*

A **1** (brinco) jump; **atravesó el arroyo de un ~** he jumped (over) the stream; **se levantó de un ~** (de la cama) he leapt *o* sprang out of bed; (del suelo) he leapt *o* jumped up from the floor; **se puso en pie de un ~** she leapt *o* sprang to her feet; **los pájaros se acercaban dando saltitos** the birds were hopping closer to me/us; **dar** *or* **pegar un ~** (dar un brinco) to jump; (de susto) to start, jump; **el corazón le daba ~s de la emoción** her heart was pounding with excitement; **daban ~s de alegría** they were jumping for joy; **dos años más tarde dio el ~ de productor a director** two years later he made the jump from producer to director; **el país ha dado un enorme ~ atrás** the country has taken a huge step backward(s); ***dar un ~ en el vacío*** to take a leap in the dark; ***hacer algo a ~ de mata*** to do sth in a haphazard way; ***vivir a ~ de mata*** to take each day as it comes **2** (Dep) (en atletismo, esquí, paracaidismo) jump; (en natación) dive

(Compuestos)

- **salto con pértiga** *or* (AmL) **garrocha** pole vault
- **salto de altura/longitud** high/long jump
- **salto de cama** (Indum) (ligero) negligée; (bata) (CS) dressing gown
- **salto (en) alto/(en) largo** (AmL) high/long jump
- **salto mortal** somersault

B (Geog) *tb* **~ de agua** waterfall

saltón -tona *adj*

A ‹*ojos*› bulging

B (Andes fam) (receloso, desconfiado) wary, jumpy

salubre *adj* healthy, salubrious (frml)

salubridad *f* healthiness, salubriousness (frml)

salucita *interj* (AmL fam) cheers!, your health!

salud *f*

A (Med) health; **estar bien de ~** to be in good health; **gozar de buena ~** to enjoy good health; ***curarse en ~*** to be on the safe side, play safe

(Compuesto) **salud pública** public health

B **¡~!** (al brindar) cheers!; (cuando alguien estornuda) (AmL) bless you!; **¡a su ~!** good health!

saludable *adj* ‹*clima/alimentación*› healthy; ‹*experiencia*› salutary

saludar [A1] *vt*

A ‹*persona*› **1** (de palabra) to greet, say hello to; **se acercó a ~lo** she went up to say hello to him *o* to greet him; **como pasaba por allí, fui a ~los** since I was passing, I dropped in on them; **saluda a tu hermano de mi parte** give my regards to your brother; **lo saluda atentamente** (Corresp) Sincerely (yours) (AmE), Yours sincerely (BrE), Yours faithfully (BrE) **2** (con un gesto): **los saludó con la mano** she waved to them; **los artistas salieron a ~ al público** the performers came out to take a bow **3** (Mil) to salute

B (aplaudir) ‹*innovación/medida*› to welcome

■ **saludar** *vi* **1** (de palabra) to say hello (*o* good morning *etc*) **2** (con un gesto) to wave **3** (Mil) to salute

■ **saludarse** *v pron* (*recípr*) to greet each other; **ya ni se saludan** they don't even say hello to each other now, they're not on speaking terms any more

saludo *m* **1** (fórmula verbal) greeting; **dirigió un cálido ~ a la concurrencia** he greeted the audience warmly; **~s a tu hermana** give my regards to your sister, say hello to your sister for *o* from me; **te mandan** *or* **envían ~s** they send (you) their regards *o* best wishes; **reciba un ~ cordial de** (Corresp) with best wishes; **~s** (Corresp) best wishes; ***retirarle*** *or* ***quitarle el ~ a algn*** to stop speaking to sb **2** (gesto) wave; **le hice un ~ con la mano** I gave him a wave *o* I waved to him **3** (Mil) salute

salva *f*: **una ~ de 21 cañonazos** a 21-gun salute *o* salvo; **una ~ de aplausos** a burst *o* round of applause

salvación *f* salvation; **ese dinero fue mi ~** that money saved my life (colloq); **no tiene ~** there is no hope for him

salvada *f*

A **1** (Chi fam) (de la muerte, un peligro) escape **2** (Per) (rescate) rescue

B (Chi fam) (Dep) save

salvado *m* bran

salvador -dora *m,f* savior•

Salvador *ver* **El Salvador**

salvadoreño -ña *adj/m,f* Salvadoran, Salvadorean

salvaguarda *f* ▸ **salvaguardia**

salvaguardar [A1] *vt* to safeguard

salvaguardia *f* safeguard, defense•

salvajada *f* **1** (acto) atrocity; **las ~s de los hinchas de fútbol** the mindless violence of the football fans **2** (fam) (grosería): **le soltó una ~** he said something nasty to her (colloq) **3** **ser una ~** (fam) (exageración, insensatez): **pagó una ~ por el coche** he paid an outrageous amount for the car; **es una ~ intentar acabarlo todo hoy** it's crazy to try to do it all today

salvaje[1] *adj*

A **1** ‹*animal*› wild **2** (primitivo) ‹*tribu*› savage **3** ‹*vegetación/terreno*› wild

B (cruel) ‹*persona/tortura*› brutal; ‹*ataque/matanza*› savage

salvaje[2] *mf* (primitivo) savage; (bruto) (pey) animal, savage

salvajismo *m* savagery

salvamanteles *m* (*pl* ~) (para platos, fuentes) tablemat; (para vasos) coaster

salvamento *m* rescue; **bote de ~** lifeboat; **equipo/operación de ~** rescue team/operation

salvapantalla *m* screen saver

salvar [A1] *vt*

A **1** (de la muerte, de un peligro) to save; **lograron ~le la vida** they managed to save her life; **~ algo/a algn DE algo** to save sth/sb FROM sth; **salvó al niño de perecer ahogado** she saved the child from drowning **2** (fam) (librar) to save; **~ a algn DE algo** to save sb FROM sth **3** (Relig) to save

B **1** ‹*dificultad/obstáculo*› to overcome **2** ‹*distancia*› to cover **3** (Per, Ur) ‹*examen*› to pass

■ **salvarse** *v pron* **1** (de la muerte, de un peligro): **sólo se ~on tres personas** only three people got out alive, only three people survived; **¡sálvese quien pueda!** every man for himself!; **~se DE algo** to escape FROM sth **2** (fam) (librarse): **de la familia, el único que se salva es Alejandro** the only one of the family who's all right is Alejandro; **sólo se salva él porque no lo sabía** he's the only one who

S

can be excused because he didn't know; **~se DE algo**: **se salvó de hacer el servicio militar** he got out of doing his military service **3** (Relig) to be saved

salvataje *m* (CS) ▸**salvamento**

salvavidas *mf* (*pl* ~) **1** (persona) lifeguard **2** **salvavidas** *m* (flotador) life jacket, life preserver (frml)

salvedad *f* **1** (excepción): **hechas estas ~es, ...** apart *o* aside from that, ...; **con la ~ de ...** apart from ..., except ... **2** (condición) condition, proviso (frml); **con una ~** on one condition, with one proviso **3** (aclaración): **quisiera hacer una ~** I would like to make one thing clear

salvia *f* sage

salvo¹ -va *adj* safe, unharmed

salvo²: **a ~** (*loc adv*) **poner algo a ~** to put sth in a safe place; **los niños están a ~** the children are safe *o* unharmed; **lograron ponerse a ~** they managed to get themselves to safety *o* to reach safety

salvo³ *prep* (excepto) except, apart from; **todos estaban presentes ~ el secretario** everyone was there except *o* apart from the secretary; **sus canciones son bastante malas ~ excepciones** with a few exceptions his songs are pretty poor; **~ que** unless; **no le des más ~ que empeore** don't give him any more unless he gets worse

salvoconducto *m* safe-conduct

samba *m or f* samba

sambenito *m* (fam) label; **me colgaron** *or* **pusieron el ~ de timador** they branded *o* labeled me a con man

San *adj* (*apócope de* **santo** *usado delante de nombres de varón excepto Domingo, Tomás y Tomé*) St, Saint; **el 19 de marzo es ~ José** March 19th is St Joseph's Day

sanar [A1] *vi* «*enfermo*» to get well, recover; «*herida*» to heal; **~ DE algo** to recover from sth

■ **sanar** *vt* to cure

sanatorio *m* **1** (para convalecientes) nursing home, sanitarium (AmE), sanatorium (BrE) **2** (hospital) clinic, hospital (*usually private*) **3** (Col, Ven) (hospital psiquiátrico) mental hospital, psychiatric hospital

sanción *f*

A (castigo): **una ~ de tres partidos** a three-game ban *o* suspension; **le será aplicada la ~ correspondiente** (a obrero) appropriate disciplinary measures will be taken; (Der) the appropriate sanction *o* penalty will be applied; **impusieron sanciones económicas a Sudáfrica** economic sanctions were imposed on South Africa

(Compuestos)
- **sanción económica** (multa) fine
- **sanciones económicas** (a país) economic sanctions

B (de ley) sanction; (de costumbre) sanction (frml), authorization; **ha dado su ~ a esta práctica** he has sanctioned this practice

sancionar [A1] *vt*

A (multar) to fine; (castigar): **está sancionado por tres partidos** he has been banned *o* suspended for three games

B ‹*ley/disposición/acuerdo/huelga*› to sanction; ‹*costumbre*› to approve, sanction

sancochar [A1] *vt* (AmL) (cocer a medias) to parboil

■ **sancocharse** *v pron* (AmS fam) «*persona*» (achicharrarse) to boil (colloq), to roast (colloq)

sancocho *m* (Coc) *soup/stew made with fish or chicken, plantain and cassava*

sandalia *f* sandal

sándalo *m* sandalwood

sandez *f* (fam) silly *o* stupid thing to say; **¡no digas sandeces!** don't talk nonsense!

sandía *f* watermelon

sánduche *m* (Andes, Ven) sandwich

sandunga *f*

A (fam): **¡qué poca ~ tienes!** you've got no spark *o* oomph! (colloq); **tiene tanta ~** he's a real live wire (colloq)

B (AmL) (juerga) party, rave-up (esp BrE colloq); **sus clases eran una ~** his classes were a riot (colloq)

C (baile) *Southern Mexican folk song/dance*

sandunguear [A1] *vi* to party

sandunguero -ra *adj*: **es muy ~** he's a real party animal *o* (esp BrE) raver (colloq)

sándwich /'saŋgwitʃ/ *m*, **sándwiche** /'saŋgwitʃe/ *m* (esp AmL) (de pan de molde) sandwich; (de pancito) (filled) roll

saneamiento *m*

A **1** (de empresa) reorganization, rationalization **2** (de zona, río) cleaning up **3** (Der) compensation

B (Esp) (fontanería) plumbing

sanear [A1] *vt* **1** ‹*empresa*› to reorganize, rationalize; **~ la economía** to get the economy into shape *o* on to a sound footing **2** ‹*edificio/barrio*› to clean up **3** (Der) to compensate

sanfasón *f* (RPl fam): **todo es un poco a la ~** it's all a bit hit-and-miss; **iba peinada a la ~** her hair was all over the place

sanfermines *mpl*: *festivity in Pamplona in which bulls are run through the streets*

sangrante *adj* ‹*herida*› bleeding; ‹*injusticia*› gross, flagrant

sangrar [A1] *vi* «*persona/herida/nariz*» to bleed

■ **sangrar** *vt*

A ‹*enfermo*› to bleed; ‹*árbol*› to tap

B ‹*renglón/texto*› to indent

sangre *f*

A (Biol) blood; **una transfusión de ~** a blood transfusion; **no me salió ~** it didn't bleed; **la ~ le salía a borbotones** (the) blood was pouring *o* gushing from him; **te sale ~ de** *or* **por la nariz** your nose is bleeding; **los ojos inyectados en ~** bloodshot eyes; **no hubo derramamiento de ~** there was no bloodshed; **corrió mucha ~** there was a lot of bloodshed; **animales de ~ fría/caliente** cold-blooded/warm-blooded animals; ***a ~ y fuego*** with great violence; ***chuparle la ~ a algn*** (fam) (explotarlo) to bleed sb white *o* dry; (hacerle pasar malos ratos) (Méx) to cause sb a lot of heartache; ***dar*** *or* ***derramar ~ por algo/algn*** to give one's life for sth/sb; ***hervirle a ~ a algn***: **me hierve/hirvió la ~** it makes/made my blood boil; ***lavar algo con ~*** to avenge sth with blood; ***no llegar la ~ al río***: **se gritaron mucho, pero no llegó la ~ al río** there was a lot of shouting, but it didn't go beyond that; ***no tener ~ en las venas*** to be a cold fish (colloq); ***~, sudor y lágrimas*** blood, sweat and tears; ***se me/le fue la ~ a los pies*** (Méx) my/his blood ran cold; ***se me/le heló la ~ (en las venas)*** my/his blood ran cold; ***se me/le sube la ~ a la cabeza*** it makes me/him see red; ***sudar ~*** to sweat blood; ***tener (la) ~ en el ojo*** (CS fam) to bear a grudge; ***tener la ~ ligera*** *or* (Méx) ***ser de ~ ligera*** *or* (Chi) ***ser liviano de ~*** to be easygoing; ***tener la ~ pesada*** *or* (Méx) ***ser de ~ pesada*** *or* (Chi) ***ser pesado de ~*** to be a nasty character *o* a nasty piece of work (colloq); ***tener ~ de horchata*** *or* (Méx) ***atole***: **Juan tiene la ~ de horchata, no se emociona por nada** Juan is such a cold fish, he never shows any emotion; ▸**malo¹**, **puro¹**

(Compuesto) **sangre fría** calmness, sangfroid; ***a ~ ~*** ‹*matar*› in cold blood; **ha sido una venganza a ~ ~** it was cold-blooded revenge

B (linaje) blood; **era de ~ noble** he was of noble blood *o* birth; **es de ~ mestiza** he is of mixed race; **no desprecies a los de tu misma ~** don't despise your own kind *o* your own family; **no son de la misma ~** they are not from the same family; ***la ~ tira*** blood is thicker than water; ***llevar*** *or* (Méx) ***traer algo en la ~*** to have sth in one's blood; **lo lleva en la ~** it's in his blood

(Compuesto) **sangre azul** blue blood

sangría *f*

A (bebida) sangria (*type of red wine punch*)

B **1** (Med) bleeding **2** (de capital, recursos) outflow, drain

C (Impr) indentation

D (acequia) irrigation channel; (zanja) ditch

sangriento -ta *adj* bloody

sangrón¹ -grona *adj* (Méx fam) annoying

sangrón² -grona *m,f* (Méx fam) nuisance

sangronada *f* (Méx fam) **1** (dicho inoportuno) silly remark **2** (hecho desagradable): **deja de hacer ~s** stop being so annoying, stop being such a pain in the neck (colloq)

sanguaraña *f*: *Peruvian folk dance*

sanguijuela *f* **1** (Zool) leech **2** (fam) (persona) leech, bloodsucker

sanguinario -ria *adj* ‹*persona*› cruel, bloodthirsty; ‹*animal*› vicious, ferocious

sanguíneo -nea *adj* **1** (Med) blood (*before n*) **2** ‹*persona*› sanguine, ruddy-complexioned

S

sanguinolento -ta *adj* 1 ‹*flujo/secreción*› bloody, containing blood; **su cara era una masa sanguinolenta** her face was covered in blood 2 ‹*ojos*› bloodshot 3 ‹*carne*› bloody, underdone

sanidad *f*
A (calidad de sano) health, healthiness
B 1 (salud pública) public health; **inspector de ~** public health inspector 2 **Sanidad** (*sin art*) (departamento) Department of Health

sanitario¹ -ria *adj* ‹*medidas*› public health (*before n*); **condiciones sanitarias** sanitary conditions; **servicios ~s** sanitation; **asistencia sanitaria** health-care

sanitario² -ria *m,f*
A (persona) health worker
B **sanitario** *m* (Col, Méx, Ven) (retrete) toilet, lavatory
C **sanitarios** *mpl* (para cuarto de baño) bathroom fittings (*pl*)

sanjacobo *m* (Esp) *breaded pork or ham slices stuffed with cheese and fried*

sano -na *adj*
A ‹*persona/planta/cabello*› healthy; ‹*clima*› healthy; ‹*alimentación*› healthy, wholesome; **lleva una vida muy sana** he leads a very healthy life; ***cortar por lo ~*** to take drastic action; ***~ y salvo*** safe and sound
B (en buen estado): **pon aquí las peras sanas** put the good pears here; **sólo quedaron dos vasos ~s** only two glasses were left intact
C (en sentido moral) ‹*lecturas/ideas*› wholesome; ‹*ambiente*› healthy; ‹*persona*› good

San Salvador *m* San Salvador

sánscrito *m* Sanskrit

sanseacabó *interj* (fam): **vas porque te lo digo yo y ~** you'll go because I say so and that's that!; **¡lo despides y ~!** fire him and have done with it *o* let that be an end to it!

Santa Sede *f*: **la ~ ~** the Vatican, the Holy See (frml)

santateresa *f* mantis, praying mantis

Santiago (de Chile) *m* Santiago

Santiago (de Compostela) *m* Santiago (de Compostela)

santiaguino -na *adj* of/from Santiago (*Chile*)

santiamén *m*: **en un ~** (fam) in no time at all

santidad *f* (de lugar) sanctity, holiness; (de persona) saintliness, godliness

santificación *f* sanctification

santificar [A2] *vt* 1 (venerar): **~ las fiestas** to observe feast days; **santificado sea tu nombre** hallowed be Thy name 2 ‹*matrimonio/unión*› to consecrate

santiguarse [A16] *v pron* (*refl*) to cross oneself, make the sign of the cross

santísimo -ma *adj*
A (Relig) most holy
B (fam) (uso enfático): **hay que hacer su santísima voluntad** we have to do everything he damn well wants

Santísimo *m*: **el ~** the Holy Sacrament

santo¹ -ta *adj*
A (Relig) 1 ‹*lugar/mujer/vida*› holy; **la santa misa** holy mass; **tu abuelo fue un ~ varón** your grandfather was a saint 2 (con nombre propio) St, Saint; **Santa Teresa** Saint Theresa; **S~ Domingo** Saint Dominic; *ver tb* **San**

(Compuestos)
- **santo patrón** *or* (AmL) **patrono** *m* patron saint
- **Santos Inocentes** *mpl* Holy Innocents (*pl*)

B (fam) (uso enfático): **llovió todo el ~ día** it rained the whole blessed day (colloq); **siempre tenemos que hacer su santa voluntad** we always have to do what *he* wants

santo² -ta *m,f*
A (persona) saint; **se ha portado como una santa** she's been a little angel; **no te hagas el ~** don't come over all virtuous; **se necesita una paciencia de ~** you need the patience of a saint; **¡por todos los ~s!** for Heaven's *o* goodness' sake!; ***¿a ~ de qué?*** (fam) why on earth? (colloq); ***darse de ~s*** (Méx fam) to think oneself lucky (colloq); ***desnudar a un ~ para vestir a otro*** to rob Peter to pay Paul; ***no es ~ de mi/tu/su devoción*** he/she is not my/your/his favorite person; ***quedarse para vestir ~s*** to be left on the shelf; ***se me/le fue el ~ al cielo*** it went right out of my/his head; ***ser llegar y besar el ~*** (fam) (ser rápido) to be incredibly quick; (ser fácil): **no te creas que fue llegar y besar el ~** don't think it was just handed to me/him on a plate

(Compuesto) **santo y seña** password

B **santo** *m* (festividad) name day, saint's day; (cumpleaños) (esp AmL) birthday

> **santo**
>
> Most first names in Spanish-speaking countries are those of saints. A person's *santo*, (also known as *onomástico* in Latin America and *onomástica* in Spain) is the saint's day of the saint that they are named for. Children were once usually named for the saint whose day they were born on, but this is less common now

Santo Domingo *m* Santo Domingo

santoral *m* (lista de santos) calendar of saints' (feast) days; (libro) hagiography

santuario *m* (Relig) sanctuary, shrine; (refugio) sanctuary

santurrón -rrona *m,f* (fam) overpious *o* excessively devout person

saña *f* viciousness, brutality; **con ~** brutally, viciously

São Paulo *m* São Paulo

sapear [A1] *vt*
A (Andes fam) (delatar) ‹*persona*› to squeal on (colloq); ‹*robo*› to squeal about (colloq)
B (Chi fam) (espiar) to spy on

sapo¹ -pa *adj*
A (Andes fam) (astuto) sharp (colloq)
B (Chi fam) (mirón) nosy (colloq)

sapo² *m* (Zool) toad; ***echar ~s y culebras por la boca*** (fam) to curse and swear

sapo³ -pa *m,f*
A (Andes fam) (astuto): **es una sapa** she's very sharp (colloq)
B (Andes fam) (delator) informer, grass (BrE colloq)

saque *m* 1 (en tenis, vóleibol) serve, service 2 (en fútbol) kickoff; ***tener buen ~*** (Esp fam) to have a good appetite

(Compuestos)
- **saque de banda** (en fútbol) throw-in; (en rugby) line-out
- **saque de esquina** corner (kick)
- **saque de puerta** *or* (CS) **valla** goal kick
- **saque inicial** kickoff

saquear [A1] *vt* ‹*ciudad/población*› to sack, plunder; ‹*tienda/establecimiento*› to loot

saqueo *m* (de pueblo) sacking, plundering; (de tienda) looting

S.A.R. (= **Su Alteza Real**) HRH

sarampión *m* measles

sarao *m* soirée, party

sarape *m* (Guat, Méx) ▸**zarape**

sarcasmo *m* 1 (cualidad) sarcasm; **lo dijo con ~** he said it sarcastically *o* in a sarcastic tone 2 (comentario) sarcastic remark

sarcástico -ca *adj* sarcastic

sarcófago *m* sarcophagus

sardina *f* sardine; **íbamos como ~s en lata en el tren** (fam) we were packed into the train like sardines (colloq)

sardinel *m* (Col) 1 (de la acera) curb (AmE), kerb (BrE) 2 (de ventana) windowsill

sardinero -ra *adj* ‹*barco/industria*› sardine (*before n*)

sardónico -ca *adj* sardonic, ironic

sargazo *m* gulfweed, sargasso

sargento *mf* 1 (Mil) (en el ejército) sergeant; (en las fuerzas aéreas) ≈ staff sergeant (*in US*), ≈ sergeant (*in UK*) 2 (fam & pey) (persona autoritaria) tyrant (colloq)

sari *m* sari

sarita *f* (Per) straw hat

sarmentoso -sa *adj* 1 ‹*planta*› sarmentous (tech), creeping (*before n*) 2 ‹*manos*› (liter) gnarled

sarmiento *m* vine shoot

sarna *f* (Med) scabies; (Vet) mange

sarnoso -sa *adj* ‹*persona*› suffering from scabies, scabious; ‹*perro*› mangy

sarpullido *m* rash, hives (*pl*)

sarraceno -na *adj/m,f* Saracen

sarro *m* (en los dientes) plaque, tartar; (en la lengua) fur; (en tetera eléctrica, cañería) scale, fur (BrE)

sarta *f* 1 (serie) string; **una ~ de insultos** a string of insults 2 (de perlas) string

sartén *f*, (AmL) *m or f* frying pan, fry pan (AmE), skillet; ***tener la ~ por el mango*** to call the shots (colloq)

sastre *mf*, **sastre -tra** *m,f* 1 (persona) tailor 2 **sastre** *m* (Col) (traje) woman's suit

sastrería *f* tailor's shop

Satanás, Satán *m* Satan

satánico -ca *adj* (del diablo) satanic; (malvado) evil, satanic

satélite *m* (Astron, Espac) satellite; (país) satellite (state)

(Compuestos)
- **satélite artificial/de comunicaciones** artificial/communications satellite
- **satélite meteorológico** meteorological *o* weather satellite

satén, (AmL) **satín** *m* satin

satinado -da *adj* ‹*papel*› satin (*before n*), satin-finish (*before n*); ‹*hilo/tela*› with a satin sheen

sátira *f* satire

satírico -ca *adj* satirical

satirizar [A4] *vt* to satirize

sátiro *m* (Mit) satyr

satisfacción *f*

A (agrado, placer) satisfaction; **la ~ del deber cumplido** the satisfaction of a job well done; **esperamos que sea de su entera ~** we hope it will be to your complete satisfaction; **es una ~ para mí estar aquí** it is a pleasure to be here; **recibió con ~ la noticia** she was pleased when she heard the news

B 1 (de necesidad, deseo) satisfaction, fulfillment* 2 (por ofensa) satisfaction; **exijo una ~** I demand satisfaction 3 (de deuda) payment, settlement

satisfacer [E20] *vt* 1 ‹*persona*› to satisfy; **su respuesta no me satisface** I am not satisfied *o* happy with your reply 2 ‹*necesidad/deseo*› to satisfy, fulfill*; ‹*instintos*› to satisfy; **~ el hambre/la curiosidad** to satisfy one's hunger/one's curiosity 3 (frml) ‹*requisitos/condiciones*› to satisfy, fulfill*, meet 4 (frml) ‹*cantidad/cuota*› to pay; ‹*deuda*› to pay off, settle

■ **satisfacerse** *v pron* 1 (contentarse) to be satisfied; **no se satisface con nada** she's never satisfied 2 (de agravio) to obtain satisfaction

satisfactorio -ria *adj* satisfactory

satisfaga, satisfará, etc *see* **satisfacer**

satisfecho -cha *adj*

A [ESTAR] (complacido, contento) satisfied, pleased; **los resultados me han dejado muy ~** I am very pleased *o* happy with the results

B [ESTAR] (saciado, lleno): **no, gracias, estoy ~** no thanks, I've had plenty; **no queda nunca ~** he never seems to be full

saturación *f* saturation

saturado -da *adj* 1 (Fís, Quím) saturated 2 ‹*mercado*› saturated; ‹*líneas telefónicas*› busy, engaged (BrE) 3 (fam) ‹*persona*›: **están ~s de trabajo** they're up to their eyes in work (colloq); **acabamos ~s de cine** we had our fill of cinema

saturar [A1] *vt* 1 (Fís, Quím) to saturate 2 ‹*mercado*› to saturate, flood

Saturno *m* Saturn

sauce *m* willow

(Compuesto) **sauce llorón** weeping willow

saudí, saudita *adj/mf* (Saudi) Arabian

sauna *f or* (AmL) *m* sauna

savia *f* 1 (Bot) sap 2 (energía, vitalidad) vitality, life

sávila *f* (Méx) aloe vera

saxo *m* (fam) 1 (instrumento) sax (colloq) 2 **saxo** *mf* (persona) sax player (colloq)

saxofón, saxófono *m* saxophone

saxofonista *mf* saxophonist

sayo *m* smock; ***al que le caiga*** *or* ***venga el ~ que se lo ponga*** (CS) if the cap fits, wear it;

sazón¹ *f*

A 1 (condimento) seasoning; (sabor) flavor* 2 (de la fruta) ripeness; **estar en ~** to be ripe

B **a la sazón** (liter) at that time

sazón² *m or f* (Méx) ▸**sazón¹ A**

sazonado -da *adj* 1 ‹*guiso/plato*› seasoned; **un guiso muy bien ~** a well-seasoned stew 2 ‹*discurso/relato*› **~ DE algo** peppered WITH sth

sazonar [A1] *vt* to season

s/c. 1 = **su cargo** 2 = **su cuenta**

schop /ʃop/ *m* (Chi) (vaso) beer mug; (cerveza) keg beer

Scotch® /(e)s'kotʃ/ *m* (Andes) Scotch® tape (AmE), Sellotape® (BrE)

scout /(e)s'kau(t)/ *mf* scout

se *pron pers*

A [*seguido de otro pronombre: sustituyendo a* **le**]: **ya ~ lo he dicho** (a él) I've already told him; (a ella) I've already told her; (a usted, ustedes) I've already told you; (a ellos) I've already told them; **el vestido tenía cuello pero ~ lo quité** the dress had a collar but I took it off

B (*en verbos pronominales*): **quejarse** to complain; **~ queja de todo** «*él/ella*» he/she complains about everything; «*usted*» you complain about everything; **¿no ~ arrepienten?** «*ellos/ellas*» aren't they sorry?; «*ustedes*» aren't you sorry?; **el barco ~ hundió** the ship sank; **~ cortó** (*refl*) he cut himself; **~ cortó el dedo** (*refl*) he cut his finger; **~ hizo un vestido** (*refl*) she made herself a dress; (*caus*) she had a dress made; **no ~ hablan** (*recípr*) they're not on speaking terms, they're not speaking to each other; **~ lo comió todo** (*enf*) he ate it all

C 1 (*voz pasiva*): **~ oyeron unos gritos** there were shouts, I (*o* we *etc*) heard some shouts; **~ estudiarán sus propuestas** your proposals will be studied; **~ publicó el año pasado** it was published last year; Ⓢ **se habla inglés** English spoken here 2 (*impersonal*): **aquí ~ está muy bien** it's very nice here; **~ iba poco al teatro** people didn't go to the theater very much; **~ ha llegado a un punto en que ...** we've/they've now reached a point where ..., a point has now been reached where ...; **~ los acusa de subversión** they are accused of subversion; **~ castigará a los culpables** those responsible will be punished 3 (en normas, instrucciones): **¿cómo ~ escribe tu nombre?** how is your name spelled?, how do you spell your name?; **~ pica la cebolla bien menuda** chop the onion finely; Ⓢ **sírvase bien frío** serve chilled

SE (= **sureste**) SE

S.E. (= **su excelencia**) H.E.

sé *see* **saber, ser**

sea, seas, etc *see* **ser**

sebáceo -cea *adj* sebaceous

sebo *m* (grasa) grease, fat; (para jabón, velas) tallow; (Coc) suet

seboso -sa *adj* (grasiento) greasy; (mugriento) grimy

secado *m* drying

secador *m*

A *tb* **~ de pelo** hairdryer

B (Per) (paño) dishtowel (AmE), tea towel (BrE); (toalla) towel

secadora *f* (de ropa, tabaco) dryer; (para el pelo) (Méx) hairdryer

secamanos *m* (*pl* **~s**) hand dryer

secamente *adv* curtly; **me trató muy ~** he was very curt *o* short with me

secano *m*: **de ~** ‹*campo/tierra*› dry, unirrigated

secante¹ *m* blotting paper

secante² *f* (Mat) secant

secar [A2] *vt* 1 ‹*ropa/pelo/platos*› to dry; ‹*pintura/arcilla*› to dry; **le secó las lágrimas con un pañuelo** she dried his tears with a handkerchief 2 ‹*tierra/plantas/hierba*› to dry up; **el sol seca la piel** the sun makes your skin dry

■ **secar** *vi* to dry

■ **secarse** *v pron*

A 1 «*ropa/pintura/pelo*» to dry; **se me secó la garganta** my throat is really dry; **se me seca mucho la piel** my skin gets very dry 2 «*herida*» to heal (up) 3 «*tierra/planta/hierba*» to dry up 4 «*río/pozo/fuente*» to dry up 5 «*arroz/guiso*» to go dry

B (*refl*) «*persona*» ‹*manos/pelo*› to dry; ‹*lágrimas*› to dry, wipe away; **se secó el sudor de la frente** he mopped his brow; **se secó con la toalla** she dried herself (off) with the towel

S

sección *f*
A (corte) section; ~ **longitudinal/transversal** longitudinal/cross section
B **1** (división, área — en general) section; (— de empresa) department, section; (— en grandes almacenes) department **2** (de periódico, orquesta) section
C (Mil) platoon

seccional *f*
A (Col, Ven) (de organización) section
B (RPl) *tb* ~ **de policía** (territorio) police district, precinct (AmE); (edificio) police station, precinct house (AmE)

seccionar [A1] *vt* (cortar) to cut off; (dividir en secciones) to section

secesión *f* secession; **la Guerra de S~** the (American) Civil War

seco -ca *adj*
A **1** [ESTAR] ‹*ropa/platos/pintura*› dry; **Ⓢ manténgase en lugar seco** store in a dry place; **tengo la boca/garganta seca** my mouth/throat is dry **2** [ESTAR] ‹*planta/río/comida*› dry **3** [SER] ‹*clima/región*› dry
B (disecado) ‹*higos/flores*› dried; **bacalao ~** stockfish, dried salt cod
C [SER] (no graso) ‹*piel/pelo*› dry
D [SER] (no dulce) ‹*vino/licor/vermut*› dry
E ‹*golpe/sonido*› sharp; ‹*tos*› dry
F **1** ‹*respuesta/carácter*› dry; **estuvo muy ~ conmigo** he was very short with me **2** (fam) (delgado) thin; **está más ~ que un palo** he's as thin as a rake **3** [ESTAR] (fam) (sediento) parched (colloq)
G (*en locs*) **en seco** ‹*frenar*› sharply, suddenly; **me paró en ~** he stopped me in my tracks; **limpieza en ~** dry cleaning; ***a secas*** (fam): **llámeme Roberto a secas** just call me (plain) Roberto; **comimos pan a secas** we ate bread on its own; ***dejar a algn ~*** (matar) (fam) to kill sb stone dead (colloq); «*noticia/respuesta*»: **la noticia me dejó ~** when I heard the news I was absolutely staggered

secoya *f* sequoia

secreción *f* (de glándula) secretion; (de herida) discharge

secretar [A1] *vt* to secrete

secretaría *f*
A **1** (cargo) office of secretary; **asumió la ~ del club** she took over as secretary of the club **2** (oficina) secretary's office **3** (departamento administrativo) secretariat
(Compuesto) **secretaría general** general secretariat
B (Méx) (ministerio) department, ministry (BrE)

secretariado *m* secretarial work; **estudia ~ bilingüe** she's doing a bilingual secretarial course

secretario -ria *m,f*
A **1** (trabajador administrativo) secretary; **soy secretaria bilingüe** I'm a bilingual secretary **2** (de asociación, sociedad) secretary
(Compuestos)
- **secretario -ria de dirección** *m,f* secretary to the director
- **secretario -ria general** *m,f* secretary general

B (Méx) (Gob, Pol) secretary of state, minister
(Compuestos)
- **Secretario -ria de Economía** *or* **de Hacienda** *m,f* (en Méx) Finance Minister, ≈ Treasury Secretary (*in US*), ≈ Chancellor of the Exchequer (*in UK*)
- **Secretario -ria de Gobernación** *m,f* (en Méx) Minister of the Interior, ≈ Home Secretary (*in UK*)

secretear [A1] *vi* (AmL fam) to whisper
■ **secretearse** *v pron* (AmL fam) to whisper

secreteo *m* (AmL fam) whispering; **estaban de mucho ~** they were whispering away

secreter *m* writing desk

secretismo *m* excessive secrecy

secreto[1] -ta *adj* secret

secreto[2] *m* **1** (información confidencial) secret; **guardar un ~** to keep a secret; **los preparamos en ~** we prepared them secretly *o* in secret; **revelar un ~** to give away *o* reveal a secret; **te lo dije en ~** I told you in confidence; **no es ningún ~ que ...** it is no secret that ... **2** (truco) secret; **el ~ está en la manera de doblarlo** the secret is in the way you fold it; **y no tiene más ~** and that's all there is to it
(Compuestos)
- **secreto a voces** open secret
- **secreto de confesión** secret of the confessional
- **secreto de estado** state secret
- **secreto de familia** family secret
- **secreto de sumario**: **el ~ de ~ me impide dar más detalles** I am unable to give further details because the matter is sub judice

secta *f* sect

sectario -ria *adj* sectarian

sectarismo *m* sectarianism

sector *m* **1** (grupo) sector, group; **ningún ~ social se va a beneficiar** no social group will benefit **2** (Mat) sector **3** (de ciudad) area; **el ~ norte de la ciudad** the northern area *o* part of the city **4** (Com, Econ) sector; **la empresa líder en su ~** the leading company in its field; **el ~ agrario** the agricultural sector *o* industry
(Compuestos)
- **sector de servicios** service *o* tertiary sector
- **sector industrial** (Col, Ven) industrial estate
- **sector privado/público** private/public sector

sectorial *adj* sectorial

secuaz (*m*) follower, henchman; (*f*) follower

secuela *f* (de guerra, decisión) consequence; **esta enfermedad tiene sus ~s** this illness has long-term effects

secuencia *f* **1** (Mat) sequence, series **2** (Cin, TV) sequence

secuestrador -dora *m,f* (de persona) kidnapper; (de avión) hijacker

secuestrar [A1] *vt* **1** ‹*persona*› to kidnap; ‹*avión*› to hijack **2** ‹*periódico/revista*› to seize; ‹*bienes*› to sequestrate, confiscate

secuestro *m* **1** (de persona) kidnapping; (de avión) hijacking **2** (de periódico) seizure; (de bienes) sequestration, confiscation

secular *adj*
A (laico) secular, lay (*before n*); **clero ~** lay clergy
B (antiguo) ‹*tradición/lucha*› centuries-old, age-old

secularizar [A4] *vt* to secularize

secundar [A1] *vt* **1** (en proyecto) ‹*persona/esfuerzos*› to support, back **2** ‹*moción/propuesta*› (al proponerla) to second; (en la votación) to support **3** ‹*huelga*› to join, support

secundaria *f* **1** (AmL) (enseñanza media) secondary education, high school (AmE) **2** (Méx) (instituto) middle school

secundario -ria *adj* ‹*factor/problema*› secondary; **una de las actrices secundarias** one of the supporting actresses

secuoya, secuoia *f* sequoia

sed *f* thirst; **el agua le quitó la ~** the water quenched his thirst; **tengo mucha ~** I'm very thirsty; **me da mucha ~** it makes me (feel) really thirsty; **su ~ de venganza/riqueza** her thirst for vengeance/riches

seda *f* silk; ***estar como la*** *or* ***una ~*** to be as meek as a lamb; ***ir/funcionar como la ~*** to go/work perfectly *o* like a dream
(Compuesto) **seda dental** dental floss

sedal *m* fishing line

sedán *m* sedan

sedante *adj/m* (Med) sedative

sedar [A1] *vt* to sedate

sede *f* **1** (del gobierno) seat **2** (Relig) see **3** (de organización internacional) headquarters (*sing or pl*); (de compañía) headquarters (*sing or pl*), head office **4** (de congreso, feria) venue; **México fue la ~ de los Juegos Olímpicos en 1968** Mexico was the venue for *o* Mexico hosted the Olympic Games in 1968
(Compuesto) **sede social** (de empresa) headquarters (*sing or pl*), head office; (de club) headquarters (*sing or pl*)

sedentario -ria *adj* sedentary

sedición *f* sedition, insurrection

sedicioso -sa *m,f* rebel, seditious element (frml)

sediento -ta *adj* thirsty; **~ de venganza/poder** thirsty for revenge/power

sedimentación *f* sedimentation

sedimento *m* sediment, deposit

S

sedoso -sa *adj* ‹*aspecto*› silky, sleek; (al tacto) silky, silky-smooth

seducción *f* seduction

seducir [I6] *vt* 1 (en sentido sexual) to seduce 2 (fascinar, cautivar) to captivate; **no te dejes ~ por sus palabras** don't be seduced by fine words 3 «*idea/proposición*» (atraer) to attract, tempt; **no me seduce nada la idea** the idea doesn't appeal to me at all

seductor[1] -tora *adj* 1 (en sentido sexual) ‹*persona*› seductive; ‹*manera/gesto*› seductive, alluring 2 (que cautiva, fascina) enchanting, charming 3 ‹*idea/proposición*› attractive, tempting

seductor[2] -tora (*m*) seducer; (*f*) seducer, seductress

sefardí[1], **sefardita** *adj* Sephardic

sefardí[2], **sefardita** *mf* Sephardi

seg. *m* (= **segundo/segundos**) sec.

segador -dora *m,f* 1 (persona) reaper, harvester 2 **segadora** *f* (máquina) harvester

segar [A7] *vt* 1 ‹*mies*› to reap (liter), to cut 2 (liter *o* period) ‹*cabeza/miembro*› to sever, cut off 3 (liter *o* period) ‹*esperanzas*› to shatter, dash; **una vida segada en la plenitud** a life cut short in its prime

seglar[1] *adj* lay (*before n*)

seglar[2] (*m*) layman; (*f*) laywoman

segmentación *f* segmentation

segmentarse [A1] *v pron* to divide into segments

segmento *m* (Mat) segment; (Zool) segment; (Com) sector

(Compuesto) **segmento de edad** age group

segregación *f*

A (de personas, grupos) segregation

(Compuesto) **segregación racial** racial segregation

B (secreción) secretion

segregacionismo *m* policy of segregation, segregationist policy

segregacionista *adj* ‹*grupo*› segregationist; **una política ~** a policy of segregation, a segregationist policy

segregar [A3] *vt*

A ‹*personas/grupos*› to segregate

B (secretar) to secrete

seguida: **en ~** (*loc adv*) immediately; **vinieron en ~** they came at once *o* right away; **en ~ voy/vuelvo** I'll be right there/straight back

seguidamente *adv*: **~ fue interrogado** (frml) he was interrogated immediately afterward(s)

seguido[1] -da *adj* consecutive; **ha faltado a clase tres días ~s** she's missed school three days running *o* three days in a row; **lleva dos semanas seguidas con fiebre** she's had a fever for two weeks now; **van a dar las dos obras seguidas** the two plays will be performed consecutively; **pasaron tres autobuses ~s** three buses went by one after the other; **~ DE algo/algn** followed BY sth/sb

seguido[2] *adv*

A (recto, sin desviarse) straight on; **vaya todo ~** go straight on *o* straight ahead

B (AmL) (a menudo) often; **viene ~ a visitarnos** he often comes to visit us

seguidor -dora *m,f* (de teoría, filósofo) follower; (Dep) supporter, fan; **su música tiene muchos ~es** her music has a large following; **los ~es del método escolástico** those who follow the scholastic method

seguimiento *m* (de animal, satélite) tracking; (de proceso) monitoring

seguir [I30] *vt*

A ‹*persona/vehículo/presa*› to follow; **la hizo ~ por un detective** he had her followed by a detective; **camina muy rápido, no la puedo ~** she walks very fast, I can't keep up with her; **creo que nos están siguiendo** I think we're being followed; **seguidos cada vez más de cerca por los japoneses** with the Japanese catching up on them all the time; **la mala suerte la seguía a todas partes** she was dogged by bad luck wherever she went; ***el que la sigue la consigue*** (fam) if at first you don't succeed, try, try again

B ‹*camino/ruta*›: **siga esta carretera hasta llegar al puente** go along *o* follow this road as far as the bridge; **la saludé y seguí mi camino** I said hello to her and went on (my way); **si se sigue este camino se pasa por Capileira** if you take this route you go through Capileira; **seguimos las huellas del animal hasta el río** we tracked the animal to the river; **la enfermedad sigue su curso normal** the illness is running its normal course

C (en el tiempo) to follow; **~ A algo/algn** to follow sth/sb; **el hermano que me sigue** the brother (who comes) after me

D 1 ‹*instrucciones/consejo/flecha*› to follow; **~ el dictamen de la conciencia** to be guided by one's conscience 2 (basarse en) ‹*autor/teoría/método/tradición*› to follow; **sus esculturas siguen el modelo clásico** her sculptures are in the classical style; **sigue a Kant** she's a follower of Kant's philosophy; **sigue los pasos de su predecesor** he follows in the footsteps of his predecessors

E 1 ‹*trámite/procedimiento*› to follow; **va a tener que ~ un tratamiento especial** you will have to undergo special treatment 2 (Educ) ‹*curso*› to take; **estoy siguiendo un curso de fotografía** I'm doing *o* taking a photography course

F 1 ‹*explicaciones/profesor*› to follow; **dicta demasiado rápido, no la puedo ~** she dictates too quickly, I can't keep up; **¿me siguen?** are you with me? 2 (permanecer atento a): **no sigo ese programa** I don't watch that program, I'm not following that program; **seguimos muy de cerca su desarrollo** we are following its development very closely

■ **seguir** *vi*

A 1 (por un camino) to go on; **siga derecho** *or* **todo recto hasta el final de la calle** keep *o* go straight on to the end of the street; **sigue por esta calle hasta el semáforo** go on down this street as far as the traffic lights; **desde allí hay que ~ en mula** from there you have to go on by mule; **~ de largo** (AmL) to go straight past 2 **seguir adelante** to carry on; **sigamos adelante** let's carry on; **resolvieron ~ adelante con los planes** they decided to go ahead with their plans 3 (Col, Ven) (entrar): **siga por favor** come in, please

B (en lugar, estado): **¿tus padres siguen en Ginebra?** are your parents still in Geneva?; **espero que sigan todos bien** I hope you're all keeping well; **sigo sin entender** I still don't understand; **sigue soltera/tan bonita como siempre** she's still single/as pretty as ever; **si las cosas siguen así ...** if things carry on like this ...; **si sigue así de trabajador, llegará lejos** if he carries on working as hard as this, he'll go a long way

C 1 «*tareas/buen tiempo/lluvia*» to continue; «*rumores*» to persist 2 **~ + GER: sigo pensando que deberíamos haber ido** I still think we ought to have gone; **sigue leyendo tú** you read now; **~é haciéndolo a mi manera** I'll go on *o* carry on doing it my way, I shall continue to do it my way (frml)

D 1 (venir después, estar contiguo): **lee lo que sigue** read what comes next; **el capítulo que sigue** the next chapter; **sigue una hora de jazz** there follows an hour of jazz; **un período de calma ha seguido a estos enfrentamientos** these clashes have been followed by a period of calm 2 «*historia/poema*» to continue; **¿cómo sigue la canción?** how does the song go on?; ⓢ **sigue en la página 8** continued on page 8; **la lista definitiva ha quedado como sigue** the final list is as follows

■ **seguirse** *v pron* (*en 3ª pers*) **~se DE algo** to follow FROM sth; **de esto se sigue que ...** it follows from this that ...

según[1] *prep*

A (de acuerdo con) according to; **~ la ley** according to the law; **~ parece ...** it would appear *o* seem (that) ...; **así que está en la India — ~ parece** so he's in India — so it seems *o* apparently; **~ las órdenes que me dieron** in accordance with the orders I was given; **~ me dijo, piensa quedarse** from what he told me, he intends to stay

B (dependiendo de) **~ + SUBJ: ~ te parezca** as you think best; **obtendrás distintos resultados ~ cómo lo hagas** you will get different results depending (on) how you do it; **¿me llevas a casa? — ~ dónde vivas** will you take me home? — (it) depends where you live

según[2] *adv* it depends; **este método puede resultar o no, ~** this method may or may not work, it depends

según[3] *conj* 1 (a medida que) as; **~ van entrando** as they come in 2 (en cuanto): **~ llegamos a la ventanilla,**

S

pusieron el cartel de cerrado just as we reached the window they put up the closed sign; **~ llegues sube a verme** come up and see me as soon as you arrive

segunda *f*
A 1 (Auto) (marcha) second (gear); **mete (la) ~** put it in second (gear) 2 (Transp) (clase) second class; **viajar en ~** to travel second class
B **segundas** *fpl*: **todo lo dice con ~s** there's a hidden meaning to everything he says
C (Ven) (en béisbol) bottom; **la ~ del noveno** the bottom of the ninth (inning)

segundero *m* second hand

segundo¹ -da *adj/pron* 1 (ordinal) second; **~ plano**: **en un ~ plano está ...** in the background is ...; **quedar relegado a un ~ plano** to be pushed into the background; *para ejemplos ver tb* **quinto** 2 ‹*categoría/clase*› second

segundo² -da *m,f* deputy, second-in-command
(Compuesto) **segundo -da de a bordo** *m,f* (Náut) first mate, first officer; (en empresa) (fam) second-in-command

segundo³ *m* 1 (de tiempo) second; **no tardo ni un ~** I won't be a second; **un ~, ahora te atiendo** just a second, I'll be right with you 2 (medida de ángulo) second

segundón -dona *m,f* (fam) second-rater (colloq)

seguramente *adv* (*indep*): **¿llegarán hoy? — seguramente** will they arrive today? — probably; **compramos veinte aunque, ~, gastaremos menos** we bought twenty although I'm sure they won't all be used

seguridad *f*
A (ausencia de peligro) safety; (protección contra robos, atentados) security; **cierre de ~** safety catch; **por razones de ~** for safety reasons; **medidas de ~** (contra accidentes, incendios) safety measures; (contra robos, atentados) security measures; **como medida de ~** as a safety precaution; **una prisión de alta ~** a high security prison
(Compuestos)
- **seguridad ciudadana** public safety
- **seguridad del estado**: **la ~ del ~** state *o* national security
- **seguridad vial** road safety

B (estabilidad, garantía) security
(Compuesto) **seguridad social** social security
C 1 (certeza): **no te lo puedo decir con ~** I can't tell you for certain *o* for sure 2 (confianza, aplomo) confidence, self-confidence; **tener ~ en uno mismo** to be sure of oneself, to be self-confident

seguro¹ -ra *adj*
A 1 [SER] (exento de riesgo) safe; **ese aeropuerto no es muy ~** it's not a very safe airport; **ese ascensor no es ~** that elevator is not safe; **ponlo en un lugar ~** put it in a safe place 2 (estable) secure; **un trabajo ~** a secure job; **una inversión segura** a safe *o* secure investment; **esa escalera no está segura** that ladder isn't safe *o* steady; ***sobre* ~**: **un político que sabe jugar sobre ~** a politician who knows how to play safe; **sabía que iba sobre ~** he knew he was onto a sure thing (colloq) 3 [SER] (fiable): **un método anticonceptivo poco ~** not a very reliable *o* safe method of birth control; **el cierre de la pulsera es muy ~** the fastener on the bracelet is very secure 4 [ESTAR] (a salvo) safe; **el dinero estará ~ aquí** the money will be safe here; **a su lado se siente ~** he feels safe when he's beside her
B 1 [ESTAR] (convencido) sure; **no estoy ~** I'm not sure; **~ DE algo** sure *o* certain OF sth; **estoy absolutamente ~ de haberlo dejado aquí** I'm absolutely sure *o* certain (that) I left it here; **no estaba ~ de haber elegido bien** he wasn't sure that he'd made the right choice 2 [SER] (que no admite duda): **su triunfo es ~** his victory is assured; **iban a una muerte segura** they were heading for certain death; **no me han dado fecha segura** they haven't given me a definite day; **todavía no es ~** it's not definite yet; **se da por ~** there seems to be little doubt about it; **no te preocupes, ~ que no es nada** don't worry, I'm sure it's nothing; **~ que se le olvida** he's sure *o* bound to forget; ***a buen* ~** (ciertamente) for certain; (a salvo) safe; **guárdalo a buen ~** keep it safe, put it away for safe keeping 3 (con confianza en sí mismo) self-assured, self-confident; **es una persona muy segura de sí misma** he's a very self-confident person

seguro² *m*
A 1 (mecanismo — de armas) safety catch; (— de una pulsera, un collar) clasp, fastener; **poner el ~** to do up the clasp *o* fastener; **echó el ~ antes de acostarse/arrancar** he locked the door before going to bed/starting the car 2 (Méx) (imperdible) safety pin
B 1 (contrato) insurance; **se sacó** *or* **se hizo un ~** she took out insurance *o* an insurance policy 2 (Seguridad Social): **el ~** *or* **el S~** the state health care system, ≈ Medicaid (*in US*), ≈ the National Health Service (*in UK*); **se operó por el ~** he had his operation through Medicaid/on the National Health; **me lo recetó el ~** I got the prescription on Medicaid (AmE), I got it on prescription (BrE)
(Compuestos)
- **seguro contra** *or* **a todo riesgo** comprehensive insurance, all-risks insurance
- **seguro contra** *or* **de incendios** fire insurance
- **seguro contra terceros** liability insurance (AmE), third-party insurance (BrE)
- **seguro de desempleo** unemployment benefit
- **seguro de enfermedad** medical insurance
- **seguro de vida** life assurance, life insurance

seguro³ *adv*: **dijo que llegaría mañana ~** she said she'd definitely be arriving tomorrow; **no lo sabe ~** she doesn't know for sure *o* certain; **~ que sospecha lo nuestro** I'm sure he suspects we're up to something; **¿~ que basta? — sí, ~** (are you) sure that's enough? — yes, positive; **esta vez dice la verdad — ¡sí, ~!** (iró) this time he's/she's telling the truth — oh yeah, sure (he/she is)! (colloq & iro)

seibó *m* (Ven) sideboard

seis¹ *adj inv/pron* six; *para ejemplos ver* **cinco**

seis² *m* (number) six; *para ejemplos ver* **cinco**

seiscientos -tas *adj/pron* six hundred

seísmo *m* (Esp) (temblor) tremor; (terremoto) earthquake

SELA /'sela/ *m* = **Sistema Económico Latinoamericano**

selección *f* selection; **la ~ de los candidatos fue muy difícil** selecting *o* choosing the candidates was very difficult; **hizo una ~ de los mejores** she selected the best ones; **la ~ nacional** (Dep) the national team; **hoy juega la ~** Spain (*o* Colombia *etc*) are playing today
(Compuesto) **selección natural** natural selection

seleccionador -dora *m,f* (Dep) 1 (entrenador) coach (AmE), manager (BrE) 2 (miembro de una junta) selector

seleccionar [A1] *vt* to select, choose

selectividad *f* (Educ) (en Esp) *university entrance examination*

selectivo -va *adj* selective

selecto -ta *adj* ‹*fruta/vino*› select, choice; ‹*ambiente/club*› select, exclusive; **lo más ~ de la sociedad** the cream *o* the elite of society

selector *m* selector

self-service /sel(f)'serβis/ *m* self-service restaurant

sellado *m* 1 (de pasaporte) stamping 2 (del oro) hallmarking

sellar [A1] *vt*
A 1 ‹*pasaporte*› to stamp 2 ‹*plata/oro*› to hallmark
B (cerrar) to seal

sello *m*
A (de correos) (postage) stamp; (útil de oficina) rubber stamp; (marca) stamp
(Compuesto) **sello fiscal** fiscal *o* revenue stamp
B 1 (en el oro) hallmark 2 (AmL) (de una moneda) reverse; **¿cara o ~?** (Andes, Ven) heads or tails? 3 (anillo) signet ring, seal ring 4 (elemento distintivo) hallmark 5 (Mús) *tb* **~ discográfico** record label
C (precinto) seal

selva *f* (bosque) forest; (de vegetación tropical) jungle; **~ virgen** virgin forest; **la ~ amazónica** the Amazonian jungle *o* rainforest
(Compuestos)
- **Selva Negra** Black Forest
- **selva tropical** tropical rainforest, selva

selvático -ca *adj* (del bosque) forest (*before n*); **la región selvática del Amazonas** the Amazonian jungle *o* rainforest

S

semáforo *m* 1 (Auto) traffic lights (*pl*); **se pasó un ~ en rojo** she went through *o* (AmE) ran a red light; **después encuentras otro ~** after that you come to another set of (traffic) lights 2 (Ferr) stop signal 3 (Náut) semaphore

semana *f*

A (periodo) week; **la ~ próxima** *or* **que viene** *or* (Méx) **que entra** next week; **una vez a la ~** *or* **por ~** once a week; **no salgo entre ~** I don't go out during the week; Ⓢ **semana del juguete en la Galería** toy week at the Galería

(Compuestos)

- **semana inglesa** five-day week
- **semana laboral** workweek (AmE), working week (BrE)
- **Semana Santa** Holy Week; **fuimos a Escocia en ~ ~** we went to Scotland at Easter

B (Col) (dinero) allowance, pocket money

Semana Santa

The most famous celebrations of Holy Week in the Spanish-speaking world are held in Seville. Lay brotherhoods, *cofradías*, process through the city in huge parades between Palm Sunday and Easter Sunday. *Costaleros* bear the *pasos*, huge floats carrying religious figures made of painted wood. Others, *nazarenos* (Nazarenes) and *penitentes* (penitents) walk alongside the *pasos*, in their distinctive costumes. During the processions they sing *saetas*, flamenco verses mourning Christ's passion. The Seville celebrations date back to the sixteenth century

semanal *adj* weekly

semanalmente *adv* every week, once a week

semanario *m* weekly magazine (*o* newspaper *etc*), weekly

semántica *f* semantics

semántico -ca *adj* semantic

semblante *m* (liter) countenance (liter)

semblantear [A1] *vt* (Méx fam): **~ a algn** to look at sb straight in the eye, to come face to face with sb

semblanza *f* biographical sketch

sembradío *m* (Andes) sown field

sembrado¹ *m* sown field

sembrado² -da *m,f* (Méx) (Dep) seed

sembrador -dora *m,f* 1 (persona) sower 2 **sembradora** *f* (máquina) seeder, sower

sembrar [A5] *vt* 1 ‹*terreno/campo*› to sow; ‹*trigo/hortalizas*› to sow, plant; **~ algo DE algo** to plant sth WITH sth; ***el que siembra recoge*** as you sow, so shall you reap 2 (liter) ‹*pánico/odio*› to sow (liter) 3 (llenar) **~ algo DE algo**: ‹*de flores/papeles*› strewn *o* covered WITH sth; **los huelguistas ~on de tachuelas la calle** the strikers scattered tacks across the road

sembrío *m* (Per) sown field

semejante¹ *adj* 1 (similar) similar; **~ A algo** similar TO sth; **sus costumbres son ~s a las nuestras** their customs are similar to ours 2 (Mat) similar 3 (*delante del n*) (para énfasis): **nunca había oído ~ estupidez** I'd never heard such nonsense *o* anything so stupid; **no pienso trabajar con ~ imbécil** I'm not going to work with an idiot like that

semejante² *m*: **tus/nuestros ~s** your/our fellow men

semejanza *f* similarity; **a ~ de sus antepasados** like his ancestors

semejar [A1] *vi* to resemble, look like

semen *m* semen

semental¹ *adj* stud (*before n*)

semental² *m* (caballo) stud horse; (toro) stud bull

sementera *f* (acción) sowing; (temporada) sowing season; (campo sembrado) sown field

semestral *adj* 1 (en frecuencia) ‹*exámenes/reuniones*› half-yearly, six-monthly; **una publicación ~** a publication which comes out every six months 2 (en duración) ‹*curso*› six-month (*before n*)

semestre *m* 1 (seis meses): **el balance del primer ~** the balance for the first half of the year; **cada curso dura un ~** each course lasts six months 2 (Educ) (en algunos países latinoamericanos) *tb* **~ lectivo** semester (AmE), term (BrE)

semiautomático -ca *adj* semiautomatic

semicircular *adj* semicircular

semicírculo *m* semicircle

(Compuesto) **semicírculo graduado** (RPl) protractor

semicircunferencia *f* semicircumference

semiconductor *m* semiconductor

semiconsonante *f* semiconsonant

semicorchea *f* sixteenth note (AmE), semiquaver (BrE)

semidescremado -da *adj* semi-skimmed

semidesnatado -da *adj* (Esp) semi-skimmed, half-cream (*before n*)

semifinal *f* semifinal

semifinalista *mf* semifinalist

semilla *f* 1 (Agr, Bot) seed; **uvas sin ~s** seedless grapes 2 (causa, origen) seed; **la ~ de la libertad/discordia** the seeds of liberty/discord

semillero *m* 1 (Agr, Bot) seedbed 2 (de discordias) source; (de delincuencia) hotbed, breeding ground

seminal *adj* seminal

seminario *m* 1 (Relig) seminary 2 (Educ) seminar

seminarista *m* seminarian

semiología *f* semiology

semiológico -ca *adj* semiotic, semiological

semiólogo -ga *m,f* semiologist

semiótica *f* semiotics

semiótico -ca *adj* semiotic

semiseco -ca *adj* demi-sec

semita¹ *adj* Semitic

semita² *mf* Semite

semítico -ca *adj* Semitic

semivocal *f* semivowel

semivolea *f* half volley

sémola *f* semolina

(Compuesto) **sémola de arroz** ground rice

sempiterno -na *adj* perennial

Sena *m*: **el ~** the Seine, the Seine River (AmE), the River Seine (BrE)

senado *m* (cámara alta) senate; (edificio) senate, senate building *o* (AmE) house

senador -dora *m,f* senator

S.en C. *f* = **Sociedad en Comandita**

sencillamente *adv* simply

sencillez *f* simplicity; **habla con ~** she uses plain language; **viste con ~** she dresses simply *o* modestly; **se comporta con gran ~** he behaves with great modesty

sencillo¹ -lla *adj*

A 1 ‹*ejercicio/problema*› simple, straightforward; **no fue ~ hacerlos entrar** it wasn't easy getting them in 2 ‹*persona*› modest, unassuming; ‹*vestido/estilo*› simple, plain; ‹*casa/comida*› simple, modest; **son gentes sencillas y trabajadoras** they are simple, hardworking people

B (Esp, Méx) ‹*billete*› one-way (AmE), single (BrE)

sencillo² *m*

A (disco) single

B (AmL) (dinero suelto) change

C (Esp, Méx) (Transp) one-way ticket (AmE), single (ticket) (BrE)

senda *f* 1 (camino) path; **siguió la ~ del bien** he followed the path of good 2 (Ur) (de carretera) lane

senderismo *m*

A (Dep) hiking, trekking

B (en Perú) *ideology of Sendero Luminoso*

senderista *mf*

A (Dep) hiker

B (en Per): *a member or follower of Sendero Luminoso*

sendero *m* path, track; **el ~ de la libertad** the path *o* way to freedom

sendos -das *adj pl* 1 (cada uno): **llevaban sendas pistolas** each of them was carrying *o* they were each carrying a gun; **con sendas fiestas en Madrid y Barcelona** with parties in both Madrid and Barcelona 2 (crit) (ambos) both

Senegal *m* Senegal

senegalés -lesa *adj/m,f* Senegalese

senil *adj* (liter) senile

senilidad *f* senility

sénior, senior /'senjor/ *adj inv* senior

seno *m*

A 1 (mama) breast; (pecho) bosom; **los ~s** the breasts; **le extirparon el ~ izquierdo** she had her left breast removed; **lo apretó contra su ~** she clutched him to her breast *o* bosom; **dar el ~** (Ven) to breastfeed; **que Dios lo acoja en su ~** may he be taken into the bosom of the Lord 2 (matriz) womb 3 (de organización, empresa) heart; **volvió al ~ de su familia** she returned to the bosom of her family

B (Mat) sine

sensación *f*

A (percepción, impresión) feeling; **una ~ de tristeza/impotencia** a feeling of sadness/impotence; **una vaga ~ de placer** a vague sensation of pleasure; **una ~ de pérdida/espacio** a sense of loss/space; **tengo** *or* **me da la ~ de que no vamos a ganar** I have a feeling we're not going to win

B 1 (furor) sensation; **la noticia causó ~** the news caused a sensation 2 (éxito) sensation; **ser una ~** to be a sensation

sensacional *adj* sensational; Ⓢ **¡sensacionales rebajas!** sensational *o* fantastic reductions!

sensacionalismo *m* sensationalism

sensacionalista *adj* ‹*artículo/foto*› sensationalistic; **la prensa ~** the sensationalist press, the tabloid press

sensatez *f* sense; **obró con ~** she acted sensibly; **demostraste ~** you were very sensible; **pusieron en duda la ~ del proyecto** they cast doubt on the wisdom of the project

sensato -ta *adj* sensible

sensibilidad *f*

A 1 (emotividad) sensitivity; **puede herir la ~ del espectador** it may offend viewers' sensibilities 2 (inclinación) sensitivity; **la ~ poética** a sensitivity to *o* feeling for poetry

B 1 (en brazo, pierna) feeling; **perdió la ~ en los dedos** she lost all feeling in her fingers 2 (de instrumento, aparato) sensitivity

sensibilización *f* (de la opinión pública): **una campaña de ~ ciudadana** a campaign to raise public awarenes

sensibilizado -da *adj*: **países ~s frente a la contaminación** countries that are aware of the problems of pollution; **es un hombre ~ ante el tema de los indígenas** he is a man who is aware of *o* sensitive to the problem of the Indian peoples

sensibilizar [A4] *vt*

A (concienciar) to raise … awareness; **una campaña para ~ a los ciudadanos** a campaign to raise public awareness; **~ al educador frente a las necesidades de los alumnos** to make the educator sensitive to the needs of students

B (Fot, Med) to sensitize

sensible *adj*

A (susceptible, impresionable) sensitive

B 1 ‹*piel/ojos*› (físicamente) sensitive; **~ A algo** sensitive TO sth 2 ‹*instrumento/aparato*› sensitive; (Fot) sensitive

C (*gen delante del n*) (frml) (ostensible) ‹*cambio/diferencia*› appreciable; ‹*mejoría*› noticiable; ‹*aumento/pérdida*› considerable

sensiblemente *adv* ‹*cambiar*› appreciably; ‹*mejorar/aumentar*› considerably, appreciably

sensiblería *f* (pey) sentimentality, mawkishness

sensiblero -ra *adj* (pey) ‹*persona*› overly sentimental, mawkish; ‹*novela/película*› mawkish, schmaltzy (colloq)

sensitivo -va *adj* ‹*órgano*› sensory, sense (*before n*); ‹*facultad*› sensory

sensor *m* sensor; **~es de humo** smoke detectors

sensorial *adj* sensory, sensorial

sensual *adj* ‹*boca/cuerpo*› sensual, sensuous; ‹*placeres/gesto*› sensual; ‹*descripción*› sensuous

sensualidad *f* (de boca, gesto) sensuality; (de descripción) sensuousness; **la ~ con la que bailaba** the sensual *o* sensuous way in which she danced

sentada *f* 1 (protesta) sit-in, sit-down protest 2 **de** *or* **en una sentada** ‹*leer/escribir*› in one go, at one sitting

sentaderas *fpl* (RPl fam) backside (colloq), butt (AmE colloq), bum (BrE colloq)

sentado -da *adj* sitting, seated (frml); **estaban ~s a la mesa** they were (sitting) at the table; **pueden permanecer ~s** (frml) you may remain seated (frml); **llevamos más de una hora aquí ~s** we've been sitting here for over an hour; ***dar algo por ~*** to assume sth; ***dejar algo ~***: **quiero dejar bien ~ que …** I would like to make it quite clear that …; ***esperar(se) ~*** (fam & iró): **si crees que voy a prestártelo, puedes esperar ~** if you think I'm going to lend it to you you've got another think coming (colloq)

sentador -dora *adj* (AmL) flattering, fetching

sentar [A5] *vi* (+ *me/te/le etc*) 1 «*ropa/color*» (+ *compl*): **ese vestido le sienta de maravilla** that dress really suits her 2 «*comida/bebida/clima*» (+ *compl*): **el café/este clima no le sienta bien** coffee/this climate doesn't agree with her; **esta sopita te ~á bien** this soup will make you feel better; **me sentó bien el descanso** the rest did me a lot of good 3 «*actitud/comentario*» (+ *compl*): **me sentó mal que no me invitaran** I was rather put out that they didn't ask me (colloq)

■ **sentar** *vt*

A ‹*niño/muñeca*› to sit; ‹*invitado*› to seat, sit

B (establecer) to establish; **~ jurisprudencia** to set *o* establish a legal precedent; **la firma del acuerdo sentó las bases para una mayor colaboración** the signing of the agreement laid the foundations for greater cooperation

■ **sentarse** *v pron* to sit; **~se a la mesa** to sit at (the) table, sit down to eat; **no había donde ~se** there was nowhere to sit; **siéntese, por favor** please sit down *o* take a seat, do sit down *o* take a seat; **siéntate bien** *or* **derechita** sit up (straight); **el bebé ya se sienta solo** the baby is sitting up on his own now

sentencia *f*

A (Der) judgement, ruling; **dictar** *or* **pronunciar ~** to pass *o* pronounce sentence; **visto para ~** ready for sentencing

B (máxima) motto, maxim

C (Inf) sentence

sentenciar [A1] *vt* to sentence; **lo ~on a dos años de prisión** (Der) he was sentenced to two years in prison, he was given a two-years sentence; **la ~on a muerte** (Der) she was sentenced to death; **la mafia lo tiene sentenciado a muerte** the mafia have got a contract out on him

■ **sentenciar** *vi*: **—más vale tarde que nunca —sentenció** better late than never, he declared sententiously

sentencioso -sa *adj* sententious

sentido[1] -da *adj*

A ‹*palabras/carta*› heartfelt; ‹*anhelo/dolor*› deep; **mi más ~ pésame** my deepest sympathy

B ‹*persona*› 1 [ESTAR] (AmL) (dolorido) hurt, offended 2 [SER] (Esp) (sensible) sensitive, touchy

sentido[2] *m*

A 1 (Fisiol) sense; ***poner los cinco ~s en algo*** to give sth one's full attention; (ante peligro) to keep one's wits about one 2 (noción, idea) **~ DE algo** sense OF sth; **su ~ del deber** her sense of duty; **tiene un gran ~ del ritmo** he has a great sense of rhythm

(Compuestos)

- **sentido común** common sense
- **sentido de (la) orientación** sense of direction
- **sentido del humor** sense of humor*
- **sentido del ridículo** sense of the ridiculous

B (conocimiento) consciousness; **el golpe lo dejó sin ~** he was knocked unconscious by the blow; **perder el ~** to lose consciousness; **recobrar el ~** to regain consciousness, to come to, to come round

C (significado): **en el buen ~ de la palabra** in the nicest sense of the word; **en el ~ más amplio del vocablo** in the broadest sense of the term; **en ~ literal/figurado** in a literal/figurative sense; **lo dijo con doble ~** he was intentionally ambiguous; **el ~ de la vida** the meaning of life; **en cierto ~ …** in a sense …; **no le encuentro ~ a lo que haces** I can't see any sense *o* point in what you're doing; **cobrar ~** to acquire significance; **sus palabras cobran ahora un nuevo ~** his words take on a new meaning now; **esa política ya no tiene ~** that policy doesn't make sense anymore *o* is meaningless now; **palabras sin ~** meaningless words; **no tiene ~ preocuparse por eso** it's pointless worrying about that

D (dirección) direction; **se mueve en el ~ de las agujas del**

reloj it moves clockwise; **gírese en ~ contrario al de las agujas del reloj** turn (round) in a counterclockwise (AmE) *o* (BrE) an anticlockwise direction; **venían en ~ contrario** *or* **opuesto al nuestro** they were coming in the opposite direction to us; **calle de ~ único** *or* (Méx) **de un solo ~** one-way street

sentimental *adj* 1 (relativo a los sentimientos) sentimental 2 ‹*persona/canción/novela*› sentimental; **ponerse ~** to get sentimental 3 ‹*aventura/vida*› love (*before n*); **tener problemas ~es** to have problems with one's love life

sentimentalismo *m* sentimentalism; **déjate de ~s** stop being so sentimental

sentimiento *m*

A 1 (emoción) feeling; **ser de buenos ~s** to be a caring person 2 (pasión): **no se deja llevar por los ~s** she doesn't let herself get carried away by her emotions; **canta con mucho ~** he sings with a lot of feeling 3 (pesar): **te/les acompaño en el ~** my commiserations

B sentimientos *mpl* 1 (amor): **no juegues con sus ~s** don't play with his emotions *o* feelings 2 (sensibilidad) feelings (*pl*); **herir los ~s de algn** to hurt sb's feelings

sentir[1] [I11] *vt*

A 1 ‹*dolor/pinchazo*› to feel; **~ hambre/frío/sed** to feel hungry/cold/thirsty; **sentí un dolor en la pierna** I felt a pain in my leg; **empecé a ~ los efectos de la droga** I started to feel the effects of the drug 2 ‹*emoción*› to feel; **sentimos una gran alegría** we were overjoyed; **lo hizo para que él sintiera celos** she did it to make him feel jealous; **se ve que siente lo que dice** you can tell he means what he says 3 (presentir): **sentí que nos iba a pasar algo** I had a feeling something was going to happen to us 4 (experimentar consecuencias): **los efectos de la crisis se dejarán ~ durante décadas** the effects of the crisis will be felt for decades; **el descontento se hizo ~ pronto** their discontent soon made itself felt

B 1 (oír) ‹*ruido/disparo*› to hear; **anoche te sentí llegar** I heard you come in last night 2 (esp AmL) (percibir): **siento olor a gas** I can smell gas; **le siento gusto a vainilla/ajo** I can taste vanilla/garlic

C (lamentar): **sentí mucho la muerte de tu padre** I was very sorry to hear of your father's death; **ha sentido mucho la pérdida de su madre** she has been very affected by her mother's death; **lo siento mucho** I'm really sorry; **lo siento en el alma** I'm terribly sorry, I'm so sorry; **sentí mucho no poder ayudarla** I was very sorry not to be able to help her; **el director siente no poder recibirlo** the director regrets that he is unable to see you (frml)

■ **sentirse** *v pron*

A (+ *compl*) to feel; **¿te sientes bien?** are you feeling *o* do you feel all right?; **me siento mal** I don't feel well, I'm not feeling well; **me siento enfermo/peor** I feel ill/worse; **se sintió desfallecer** she felt as if she were about to faint; **no me siento con ánimos** I don't feel up to it; **no tiene por qué ~se ofendida** she has no reason to feel hurt; **me siento vigilada** I feel as if I am being watched; **me siento identificada con él** I can identify with him

B (Chi, Méx) (ofenderse) to be offended *o* hurt; **~se CON algn** to be offended *o* upset WITH sb

sentir[2] *m* (sentimiento) feelings (*pl*), emotions (*pl*); (opinión, postura) feeling, view

seña *f*

A (gesto) sign; **hacer una ~** to make a sign, to signal; **por ~s le pedí más coñac** I gestured to him to give me more cognac; **les hice ~s de que se callaran** I gestured *o* motioned to them to keep quiet; **se comunican por ~s** they communicate by means of sign language *o* signs

B señas *fpl* (detalles): ***por*** *or* ***para más ~s*** to be more specific

(Compuesto) **señas personales** physical description

C señas *fpl* (dirección) address

D señas *fpl* (indicios): **dar ~s DE algo** to show signs OF sth

E (RPl) ▸**señal E**

señal *f*

A 1 (aviso, letrero) sign; **~es de tráfico** *or* **circulación** traffic signs; **~ de peligro/stop/estacionamiento prohibido** danger/stop/no parking sign; **~es de carretera** road signs 2 (signo) signal; **dio la ~ de salida** he gave the starting signal; **nos hacía ~es para que nos acercáramos** she was signaling *o* gesturing for us to come nearer; **~es de humo** smoke signals; **~ de auxilio** *or* **socorro** distress signal 3 (Ferr) signal

(Compuesto) **Señal de la Cruz** sign of the cross

B (marca, huella): **pon una ~ en la página por dónde vas** mark the page where you've got up to; **no presentaba ~es de violencia** it showed no signs of violence

C (Rad, TV) signal; (Telec): **la ~ para marcar** the dial (AmE) *o* (BrE) dialling tone; **la ~ de ocupado** *or* (Esp) **comunicando** the busy signal (AmE), the engaged tone (BrE)

(Compuesto) **señal horaria** time signal

D (indicio) sign; **eso es mala ~** that's a bad sign; **no daba ~es de vida** he showed no signs of life; **continuó sin dar ~es de cansancio** she carried on without showing any sign of tiring; **en ~ de protesta** as a sign *o* gesture of protest; **en ~ de amor** as a token of love

E (Esp) (Com) (depósito) deposit, down payment; **dar** *or* **dejar una ~** to leave a deposit *o* down payment

señalado -da *adj*: **en una fecha tan señalada como ésta** on such a special day as this; **una victoria señalada** a signal victory; *ver tb* **señalar**

señalador *m*: *tb* **~ de libros** bookmark(er)

señalar [A1] *vt*

A (indicar): **la flecha señalaba la salida** the arrow pointed to the exit; **me estaba señalando con el dedo** he was pointing at me (with his finger); **me señaló la ruta en un mapa** he showed me the route *o* pointed out the route (to me) on a map; **me señaló con el dedo qué pasteles quería** he pointed out (to me) which cakes he wanted; **las manecillas del reloj señalaban las doce** the hands of the clock showed twelve

B (marcar con lápiz, rotulador) to mark

C (afirmar) to point out; **señaló que ...** she pointed out that ...

D (fijar) ‹*fecha*› to fix, set; **a la hora señalada** at the appointed *o* arranged time; **en el lugar señalado** in the appointed *o* agreed place

E (anunciar) to mark

■ **señalar** *vi* to point; **¡no señales!** don't point!

■ **señalarse** *v pron* to distinguish oneself

señalización *f* 1 (en carretera, calle) signposting; (en edificio, centro comercial) signs (*pl*) 2 (Ferr) signaling•

señalizar [A4] *vt* 1 ‹*carretera/calle/ciudad*› to signpost; ‹*edificio/centro comercial*› to put up directions on/in 2 (Ferr) ‹*tramo/vía*› to install signals on

■ **señalizar** *vi* to signal, indicate (BrE)

señero -ra *adj* (liter) unique

señor[1] **-ñora** *adj* (*delante del n*) (fam) (uso enfático): **es un ~ puesto** it's a really good job; **aquello era un ~ cuadro** it was a huge picture

señor[2] **-ñora** *m,f*

A 1 (persona adulta) (*m*) man, gentleman; (*f*) lady; **te busca un ~** there's a man *o* gentleman looking for you; **la ~a del último piso** the lady who lives on the top floor; **peluquería de ~as** ladies' hairdresser's; **la ~a de la limpieza** the cleaning lady; **S señoras** ladies, women 2 (persona distinguida) (*m*) gentleman; (*f*) lady; **es todo un ~** he's a real gentleman; **tiene ínfulas de gran ~a** she gives herself airs and graces

(Compuesto) **señora de compañía** *f* companion

B (dueño, amo): **el ~/la ~a de la casa** the gentleman/the lady of the house (frml); **el ~ de estas tierras** (Hist) the lord of these lands

(Compuesto) **señor feudal** *m* feudal lord

C (Relig) 1 **Señor** *m* Lord; **Dios, nuestro S~** the Lord God; **Nuestro S~ Jesucristo** our Lord Jesus Christ 2 **Señora** *f*: **Nuestra S~a de Montserrat** Our Lady of Montserrat

D señora *f* (esposa) wife

E (tratamiento de cortesía) 1 (con apellidos) (*m*) Mr; (*f*) Mrs; **los ~es de Paz** Mr and Mrs Paz 2 (uso popular, con nombres de pila): **la ~a Cristina/el ~ Miguel** ≈ Mrs Fuentes/Mr López 3 (frml) (con otros sustantivos): **el ~ alcalde no podrá asistir** the mayor will not be able to attend; **la ~a directora está ocupada** the director is busy; **S~ Director** (Corresp) Dear Sir, Sir (frml) 4 (frml) (sin mencionar el nombre): **perdón, ~/~a ¿tiene hora?** excuse me, could you tell me the time?; **¿se lleva ésa, ~a?** will you take that one, Madam? (frml); **muy ~ mío/~es míos** (Corresp) Dear Sir/Sirs; **Teresa Chaves — ¿~a o ~ita?** Teresa Chaves —

Miss, Mrs or Ms?; **los ~es han salido** Mr and Mrs Paz (*o* López *etc*) are not at home **5** (uso enfático): **¿y lo pagó él?—sí ~** you mean he paid for it—he did indeed; **no ~, no fue así** no that is certainly not what happened; **no ~, no pienso ir** there's no way I'm going

Señor/Señora/Señorita

Titles used before someone's name when speaking to or about them. They are generally followed by the person's surname, or first name and surname. They can also be followed by the person's professional title, without the name: *señor arquitecto, señora doctora, señorita maestra.* They can be used on their own to attract attention. In letters they can be followed by the appropriate forms of **don/doña**: *Sr. Dn Juan Montesinos, Sra Dña. Ana Castellón*.

The full forms are written in lower case when used in the middle of a sentence; the abbreviated forms are always capitalized - for *señor, Sr.*, for *señora, Sra.*, and for *señorita, Srta.Señor* is used for men. *Señores*, can mean "sirs", "gentlemen", and "ladies and gentlemen", and when used of a married couple means "Mr and Mrs": *los señores Montesino. Señora* is used for married women and widows, and women of unknown marital status. *Señorita* is used for single women, young women of unknown marital status, and female teachers

señoría *f*: **su ~** (frml) (dirigiéndose a un juez) ≈ your Honor*; **sus ~s** (refiriéndose a diputados) ≈ the members of this house ≈ the Right Honorable* members

señorial *adj* ‹*casa*› stately; ‹*ciudad*› noble; **su porte ~** his noble bearing

señorío *m*
A **1** (Hist) (territorio) domain, manor, estate **2** (dominio) rule, dominion
B **1** (elegancia, distinción) class **2** (Esp) (gente bien): **el ~ de la capital** all the top people from the capital

señorita *f*
A **1** (mujer joven) young woman; **vino una ~ a preguntar por usted** there was a young lady *o* woman here asking for you; **residencia de ~s** hostel for young women **2** (empleada — joven) young lady; (— mayor) lady **3** (joven distinguida) young lady **4** (maestra) teacher
B (tratamiento de cortesía) **1** (con apellidos) Miss; **~ Chaves, teléfono** Miss Chaves, telephone call for you **2** (con nombres de pila): **~ Teresa ¿puede atender a la señora?** Teresa/Miss Chaves (*o* López *etc*), could you serve this lady please? **3** (maestra) Miss **4** (sin mencionar el nombre) (frml): (a una maestra) Miss; **¿qué deseaba, ~?** may I help you, miss?; **estimada ~** (Corresp) Dear Miss/Ms Chaves (*o* López *etc*)

señorito *m* **1** (ant) (tratamiento dado por subalternos) master (frml & dated); **sí, ~ Rafael** yes, Master Rafael (frml & dated) **2** (pey) rich young man, rich kid (colloq)

señorón -rona *m,f* (fam) bigwig (colloq), big shot (colloq)

señuelo *m* (persona) bait; (para aves) decoy; (en ganadería) ox (*used to lead other animals*)

sep. (= **septiembre**) Sep, Sept

sepa, sepas, etc *see* **saber**

separación *f*
A **1** (división) division; **el río sirve de ~ entre las dos fincas** the river marks the division between the two estates; **mamparas de ~** dividing *o* partition screens; **la ~ de la Iglesia y del Estado** the separation of the Church and the State **2** (espacio) space, gap
B **1** (ausencia): **se reunieron después de dos meses de ~** they met up again after being apart for two months **2** (del matrimonio) separation
(Compuesto) **separación de bienes** division *o* separation of property
C (frml) (de un cargo) dismissal

separado¹ -da *adj*
A ‹*persona*› separated
B **1** ‹*camas*› separate; **tiene los dientes muy ~s** her teeth are very widely spaced **2 por separado** separately

separado² -da *m,f*: **es hijo de ~s** his parents are separated, he's the child of separated parents

separador *m*
A (de carpeta) divider
B (Col) (Auto) median strip (AmE), central reservation (BrE)

separar [A1] *vt*
A **1** (apartar, alejar) to separate; ‹*boxeadores*› to separate, part; **separa la cama de la pared** move the bed away from the wall; **no se aconseja ~ a la madre de su ternero** it is not advisable to take the calf away from its mother **2** (dividir un todo) to divide; **~ las palabras en sílabas** divide the words into syllables
B **1** (deslindar) to separate, divide; **una valla separa los dos campos** there is a fence separating the two fields; **los separan profundas diferencias** they are divided by deepseated differences; **~ algo DE algo** to separate sth FROM sth **2** (despegar): **no puedo ~ estas dos fotos** I can't get these two photographs apart; **separa las lonchas de jamón** separate the slices of ham
C (frml) (destituir) to dismiss (frml); **fue separado de su cargo/sus funciones** he was removed from office/relieved of his duties (frml)
■ **separarse** *v pron* **1** «*matrimonio*» to separate; **se ~on hace un mes** they separated *o* split up a month ago; **es hijo de padres separados** his parents are separated; **~se DE algn** to separate FROM sb **2** (apartarse, alejarse) to split up; **a mitad de camino nos separamos** we split up half way; **no se separen, que los pequeños se pueden perder** please stay together in case the children get lost; **~se DE algo/algn**: **esta niña no se separa del televisor** this child is always glued to the television; **no me he separado nunca de mis hijos** I've never been away *o* apart from my children; **no se separen de su equipaje** do not leave your luggage unattended **3** (guardar, reservar) to put *o* set aside

separata *f* offprint

separatismo *m* separatism

separatista¹ *adj* separatist (*before n*)

separatista² *mf* separatist

separo *m* (Méx) cell

sepelio *m* burial, interment (frml)

sepia¹ *f* **1** (Coc, Zool) cuttlefish, sepia (tech) **2** (en pintura) sepia

sepia² *m* (color) sepia

septentrional *adj* northern

septicemia *f* septicemia* (tech), blood poisoning

séptico -ca *adj* septic

septiembre *m* September; *para ejemplos ver* **enero**

séptimo¹ -ma *adj/pron* **1** (ordinal) seventh; *para ejemplos ver* **quinto** **2** (partitivo): **la séptima parte** a seventh
(Compuesto) **séptimo arte** *m*: **el ~ ~** the movies (*pl*) (AmE), the cinema (BrE)

séptimo² *m* seventh

septuagenario -ria *adj/m,f* septuagenarian (frml)

septuagésimo -ma *adj/pron* **1** (ordinal) seventieth; *para ejemplos ver* **vigésimo** **2** (partitivo): **la septuagésima parte** a seventieth

sepulcral *adj* **1** (liter) ‹*silencio*› deathly; **hacía un frío ~** it was deathly cold **2** ‹*inscripción*›: **la inscripción ~** the inscription on the tomb; **piedras/túmulos ~es** tombstones/burial mounds

sepulcro *m* tomb, sepulcher* (liter)

sepultar [A1] *vt* **1** (frml) ‹*muerto*› to inter (frml), to bury **2** (period) (cubrir): **el pueblo quedó sepultado bajo las aguas** the town was totally submerged; **fue sepultado por un alud de nieve** he was buried by an avalanche

sepultura *f* **1** (acción) burial; **le dieron ~ en el panteón familiar** she was buried in the family vault **2** (tumba) tomb, grave

sepulturero -ra *m,f* gravedigger

sequedad *f* **1** (de terreno, región, piel) dryness **2** (de respuesta, tono) curtness; **nos saludó con ~** he greeted us curtly

sequía *f* drought

séquito *m* (de rey) retinue, entourage

ser¹ [E26] *cópula*
A (seguido de adjetivos) to be [**ser** *expresses identity or nature as opposed to condition or state, which is normally conveyed by* **estar**. *The examples given below should be contrasted with those to be found in* **estar¹** *cópula* **A**] **es bajo** he's short; **es muy callada** she's very quiet; **mi padre es calvo** my father's bald; **es sorda de nacimiento** she was born deaf; **es**

S

inglés/rubio/católico he's English/fair/(a) Catholic; **era cierto/posible** it was true/possible; **sé bueno, estáte quieto** be a good boy and keep still; **que seas muy feliz** I hope you'll be very happy; (+ *me/te/le etc*) **para ~te sincero** to be honest with you, to tell you the truth; **siempre le he sido fiel** I've always been faithful to her; *ver tb vi* **A E**; **¿éste es o se hace?/¿tú eres o te haces?** (AmL fam) is he/are you stupid or something? (colloq)

B (hablando de estado civil) to be; **el mayor es casado/divorciado** the oldest is married/divorced; **es viuda** she's a widow; *ver tb* **estar**[1] *cópula* **C**

C (seguido de nombre, pronombre, sintagma nominal) to be; **soy peluquera/abogada** I'm a hairdresser/a lawyer; **es madre de dos niños** she's a mother of two; **ábreme, soy Mariano/yo** open the door, it's Mariano/it's me; **el que fuera presidente** the former president; **años más tarde sería mi asistente** years later she would become my assistant; **por ~ usted, haremos una excepción** for you *o* since it's you, we'll make an exception; **dame cualquiera que no sea ése** give me any one except *o* but that one; **ya no soy lo que era** I'm not what I used to be

D (con predicado introducido por 'de'): **esos zapatos son de plástico** those shoes are (made of) plastic; **soy de Córdoba** I'm from Cordoba; **es de los vecinos** it belongs to the neighbors, it's the neighbors'; **este libro no es de aquí** this book doesn't go *o* belong here; **ésa es de las que ...** she's one of those people who ..., she's the sort of person who ...; **~ *de lo que no hay*** (fam) to be incredible (colloq)

E (hipótesis, futuro): **será un error** it must be a mistake; **¿será cierto?** can it be true?; **¡pero será animal!** he must be a complete idiot

■ **ser** *vi*

(*Sentido* **I**)

A **1** (existir) to be **2** (liter) (en cuentos): **érase una vez ...** once upon a time there was ...

B **1** (tener lugar, ocurrir): **la fiesta va a ~ en su casa** the party is going to be (held) at her house; **¿dónde fue el accidente?** where did the accident happen?; **el asunto fue así ...** it happened like this ... **2** (en preguntas) **~ DE algo/algn**: **¿qué habrá sido de él?** I wonder what happened to *o* what became of him; **¿qué es de Marisa?** (fam) what's Marisa up to (these days)? (colloq); **¿qué va a ser de nosotros?** what will become of us?

C (sumar): **¿cuánto es (todo)?** how much is that (altogether)?; **son 3.000 pesos** that'll be *o* that's 3,000 pesos; **cuatro y cuatro son ocho** four and four are *o* make eight; **somos diez en total** there are ten of us altogether

D (causar, significar) to be; **aquello fue su ruina** that was his downfall

E (resultar): **me va a ~ imposible venir** I'm not going to be able to come; **me fue muy difícil entenderlo** I found it very difficult to understand

F (consistir en) to be; **lo importante es participar** the important *o* main thing is to take part

G (indicando finalidad, adecuación) **~ PARA algo** to be FOR sth; **este agua es para beber** this water is for drinking; **este traje no es para usarlo mucho** this suit is not for frequent wear

(*Sentido* **II**)

A (usado para enfatizar): **así es como queda mejor** like that it looks best; **fue aquí donde lo vi** this is where I saw him, it was here that I saw him; **era él el que quería** he was the one who wanted to; **fueron los bancos los que se beneficiaron** it was the banks that benefited; **fui yo quien** *or* **la que lo dije, fui yo quien** *or* **la que lo dijo** I was the one who said it, it was me that said it

B **es que ...**: **¿es que no lo saben?** do you mean to say they don't know?; **es que no sé nadar** the thing is I can't swim; **díselo, si es que te atreves** tell him, if you dare

C **lo que es ...** (fam): **lo que es yo, no pienso hablarle más** I certainly have no intention of speaking to him again; **¡lo que es saber idiomas!** it sure is something to be able to speak languages! (AmE), what it is to be able to speak languages! (BrE)

D (*en locs*) **a no ser que** (+ *subj*) unless; **como debe ser**: **¿ves como me acordé? — ¡como debe ~!** see, I did remember— I should think so too!; **los presentó uno por uno, como debe ~** she introduced them one by one, as you should; **¿cómo es eso?** why is that?, how come? (colloq); **como/cuando/donde sea**: **tengo que conseguir ese trabajo como sea** I have to get that job no matter what; **hazlo como sea, pero hazlo** do it any way *o* however you want but get it done; **puedo dormir en el sillón o donde sea** I can sleep in the armchair or wherever you like *o* anywhere you like; **como ser** (CS) such as; **de no ser así** (frml) should this not be the case (frml); **de ser así** (frml) should this be so *o* the case (frml); **de no ser por ...**: **de no ~ por él, ...** if it hadn't been *o* if it weren't for him, ...; **¡eso es!** that's it!, that's right!; **lo que sea**: **cómete una manzana, o lo que sea** have an apple or something; **tú pagas tus mil pesos o lo que sea ...** you pay your thousand pesos or whatever ...; **estoy dispuesta a hacer lo que sea** I'm prepared to do whatever it takes *o* anything; **no sea que** *or* **no vaya a ser que** (+ *subj*) in case; **cierra la ventana, no sea** *or* **no vaya a ser que llueva** close the window in case it rains; **ten cuidado, no sea** *or* **no vaya a ~ que lo eches todo a perder** be careful or you'll ruin everything; **o sea**: **los empleados de más antigüedad, o sea los que llevan aquí más de ...** longer serving employees, that is to say those who have been here more than ...; **o sea que no te interesa** in other words, you're not interested; **o sea que nunca lo descubriste** so you never found out; **(ya) sea ..., (ya) sea ...** either ..., or ...; **(ya) sea por caridad, (ya) sea por otra razón, ...** whether he did it out of charity or for some other reason, ...; **sea como sea**: **hay que impedirlo, sea como sea** it must be prevented now matter how *o* at all costs; **sea cuando sea** whenever it is; **sea quien sea le dices que no estoy** whoever it is, tell them I'm not in; **si no fuera/hubiera sido por ...** if it wasn't *o* weren't/hadn't been for ...

(*Sentido* **III**), (en el tiempo) to be; **¿qué fecha es hoy?** what's the date today?, what's today's date; **¿qué día es hoy?** what day is it today?; **es miércoles** it's Wednesday; **serían las cuatro cuando llegó** it must have been (about) four (o'clock) when she arrived; *ver tb v impers*

■ **ser** *v impers* to be; **era primavera** it was spring(time); **es demasiado tarde para llamar** it's too late to phone

■ **ser** *v aux* (en la voz pasiva) **ser + PP** to be + PP; **fue construido en 1900** it was built in 1900

ser[2] *m*

A **1** (ente) being; **~es sobrenaturales** supernatural beings **2** (individuo, persona): **un ~ querido** a loved one; **un ~ muy especial** a very special person

(Compuesto) **ser humano/vivo** human/living being

B **1** (naturaleza): **desde lo más profundo de mi ~** from the bottom of my heart **2** (carácter esencial) essence

C (Fil) being; **la mujer que te dio el ~** the woman who brought you into this world

serafín *m* seraph

Serbia *f* Serbia

serbio[1] **-bia** *adj/m,f* Serbian

serbio[2] *m* (idioma) Serbian

serbocroata[1] *adj/mf* Serbo-Croat, Serbo-Croatian

serbocroata[2] *m* (idioma) Serbo-Croat

seré, seremos, etc *see* **ser**

serenar [A1] *vt* to soothe, calm

■ **serenarse** *v pron*

A (calmarse) to calm down

B (Col) (exponerse al sereno) to go out in the damp night air

serenata *f* serenade; **dar (una)** *or* (Méx) **llevar ~** to serenade

serenidad *f* calmness, serenity; **no pierdas la ~** keep calm

sereno[1] **-na** *adj*

A **1** ‹*rostro/expresión/belleza*› serene; ‹*persona*› serene, calm **2** ‹*cielo*› cloudless, clear; ‹*tarde*› still; ‹*mar*› calm, tranquil (liter)

B (no borracho) sober

sereno[2] *m*

A (vigilante nocturno) night watchman

B (Meteo) night dew; **dormir al ~** to sleep out in the open

sería, etc *see* **ser**

serial *m*, (CS) **serial** *f* ▸**serie B**

seriamente *adv* seriously

serie *f*

A **1** (sucesión) series; **~ numérica** (Mat) numerical sequence **2** (clase) series; **coches/motores de ~** production cars/

S

engines; **ofrece dirección hidráulica de ~** it offers power-assisted steering as standard; **producción** *or* **fabricación en ~** mass production; **producir/fabricar en ~** to mass produce; ***fuera de ~*** (fam) out of this world (colloq) **3▸** (Dep) heat

B (Rad, TV) series; (historia continua) serial

seriedad *f* **1▸** (falta de jocosidad) seriousness **2▸** (sensatez, responsabilidad): **se comportó con mucha ~** she behaved very sensibly *o* responsibly; **¡un poco de ~!** come on, let's be serious now!; **es una falta de ~ que nos tengan esperando así** it's no way to treat people keeping us waiting like this **3▸** (gravedad, importancia) seriousness

serigrafía *f* (proceso) silk screen printing; (cuadro) silk screen (print)

serio -ria *adj*

A (poco sonriente) serious; **qué cara más seria ¿qué te ha pasado?** what a long face, what's the matter? (colloq); **se puso muy ~** his expression became very serious *o* grave; **voy a tener que ponerme ~ con este niño** I'm going to have to start getting strict with this child

B ‹*empleado*› responsible, reliable; ‹*empresa*› reputable; **no confío en él, es muy poco ~** I don't trust him, he's very unreliable

C **1▸** ‹*cine/tema*› serious **2▸** (grave) ‹*enfermedad/problema*› serious; **tengo mis serias dudas acerca de él** I have serious doubts about him **3▸** **en serio** ‹*hablar*› seriously, in earnest; **¿lo dices en ~?** are you (being) serious?, do you really mean it?; **tomarse algo en ~** to take sth seriously; **esto es ~, está muriéndose** this is serious, he's dying; **y esto va en ~** and I really mean it

sermón *m* sermon; **me echó un ~ por llegar tarde** (fam) he gave me a lecture for being late (colloq)

sermonear [A1] *vi* (fam) to sermonize (colloq & pej), to lecture (colloq)

seronegativo -va *adj* (en general) seronegative; (sin el VIH) HIV negative

seropositivo -va *adj* (en general) seropositive; (con el VIH) HIV positive

serpenteante *adj* ‹*río/camino*› winding

serpentear [A1] *vi* «*río*» to meander, wind; «*camino*» to wind, twist

serpentín *m* coil

serpentina *f* streamer

serpiente *f* snake, serpent

(Compuestos)
- **serpiente (de) cascabel** rattlesnake
- **serpiente pitón** python

serrado -da *adj* serrated

serrallo *m* (ant) seraglio (dated), harem

serranía *f* mountain range

serrano -na *adj* **1▸** ‹*aire/gente*› mountain (*before n*); **un pueblo ~** a village in the mountains, a mountain village **2▸** (Esp fam) ‹*cuerpo*› shapely, attractive

serrar [A5] *vt* to saw (up)

serrín *m* sawdust; ***tener la cabeza llena de ~*** (fam) to be soft in the head (colloq)

serruchar [A1] *vt* (AmL) to saw; ***~le el piso a algn*** (AmL fam) to pull the rug out from under sb/sb's feet

serrucho *m* handsaw; ***hacer ~*** (Col fam) to have underhand dealings

servicentro *m* (Andes) service station

servicial *adj* helpful, obliging

servicio *m*

A **1▸** (acción de servir) service; **estaremos a su ~ de nuevo el próximo lunes** we will reopen (for business) next Monday; **estamos a su ~ las 24 horas del día** we are at your service 24 hours a day; **prestó ~ como médico en el frente** he served as a doctor at the front; **cumplió 20 años de ~** he completed 20 years' service; **estar de ~** to be on duty; **un policía libre de ~** an off-duty policeman; **S servicio permanente** *or* **de 24 horas** round-the-clock *o* 24-hour service **2▸** (favor) favor*, service; **me prestó un ~ inestimable** she did me a really good turn *o* a very great service **3▸** **servicios** *mpl* (asistencia) services (*pl*); **recurrieron a los ~s de un abogado** they sought the advice of a lawyer; **les agradecemos los ~s prestados** we would like to thank you for all your work *o* help

(Compuestos)
- **servicio a domicilio** (home) delivery service
- **servicio diplomático/secreto/de inteligencia** diplomatic/secret/intelligence service
- **servicio postventa** after-sales service
- **servicio público** public service
- **servicios informativos** *mpl* broadcasting services (*pl*)
- **servicios mínimos** *mpl* minimum *o* skeleton service
- **servicios sociales** *mpl* social services (*pl*)

B **1▸** (funcionamiento) service, use; **han puesto en ~ el nuevo andén** the new platform is now in use *o* is now open; **¿cuándo entra en ~ la nueva estación depuradora?** when is the new purifying plant coming into operation *o* service?; **S fuera de servicio** out of service **2▸** (sistema) service; **~ postal** postal service; **el ~ de la línea 19 es pésimo** the number 19 is a terrible service

C **1▸** (en hospital) department; **~ de urgencias** accident and emergency department, casualty department; **es jefe del ~ de cirugía** he is the chief surgeon **2▸** **servicios** *mpl* (Econ) public services (*pl*); **el sector (de) ~s** the public service sector

D (en restaurante, hotel) **1▸** (atención al cliente) service **2▸** (propina) service (charge); **S servicio e impuestos incluidos** tax and service included

E (servidumbre): **sólo hablan de los problemas del ~** all they talk about is the problems of having servants; **escalera de ~** service staircase; **entrada de ~** tradesman's entrance; **habitación** *or* **cuarto de ~** servant's quarters (frml), maid's room

(Compuesto) **servicio doméstico** (actividad) domestic service; (personas) servants (*pl*), domestic staff; **las habitaciones destinadas al ~ ~** the servants' quarters

F (Mil) service; **estar en ~** to be in service

(Compuesto) **servicio activo/militar** active/military service

G (retrete) restroom (AmE), bathroom (esp AmE), toilet (esp BrE)

H **1▸** (juego de loza): **~ de café** coffee set; **~ de té** tea service *o* set **2▸** (juego de cubiertos) set of cutlery; (cubierto para cada comensal): **una cubertería de doce ~s** a set of cutlery for twelve people; **este juego no tiene ~ de pescado** there are no fish knives in this set; **pon otro servicio en la mesa** set another place

I (en tenis) service, serve; **~ de Fortín** Fortín to serve; **tiene que mejorar su ~** she needs to work on her serve

A (Relig) service

A (AmL) (Auto) service

servidor -dora *m,f*

A **1▸** (sirviente) servant **2▸** (en fórmulas de cortesía): **¿quién se encarga de esto? — (su/un) ~** (frml *or* hum) who is in charge of this? — I am, Sir (*o* Madam *etc*) (frml), yours truly (hum); **su (atento y) seguro ~** (Corresp) (frml) your humble servant (frml); **Chaves — servidora** (frml) (al pasar lista) Chaves — present; **¿quién es el último? — servidor** who's last in line (AmE) *o* (BrE) in the queue? — I am

B **servidor** *m* (Inf) server

servidumbre *f*

A (esclavitud) servitude

B (conjunto de criados) (domestic) staff, servants (*pl*)

servil *adj* **1▸** ‹*persona/actitud*› servile, obsequious (frml) **2▸** ‹*trabajo*› menial

servilismo *m* servility, obsequiousness (frml)

servilleta *f* napkin, serviette (esp BrE); **~ de papel** paper napkin, paper serviette (BrE)

servilletero *m* napkin ring, serviette ring (BrE)

servir [I14] *vi*

A (ser útil): **esta caja no sirve** this box won't do *o* is no good; **tíralo, ya no me sirve** throw it away, it's (of) no use to me anymore; **~ PARA algo**: **¿para qué sirve este aparato?** what's this device for?; **no lo tires, puede ~ para algo** don't throw it away, it might come in useful for something; **este cuchillo no sirve para cortar pan** this knife is no good for cutting bread; **no sirves para nada** you're useless; **no creo que sirva para este trabajo** I don't think he's right *o* suitable for this job; **yo no sirvo para mentir** I'm a hopeless liar, I'm not good at lying; **~ DE algo**: **de nada sirve llorar** it's no use *o* good crying; **¿de qué sirve hablarle si no te escucha?** what's the point in *o* the use of talking to him if he doesn't listen to

S

you?; **esto te puede ~ de mesa** you can use this as a table

B 1 (en la mesa) to serve; **se sirve a los invitados primero** guests are served first 2 (trabajar de criado) to be in (domestic) service; **empezó a ~ a los catorce años** she went into service at the age of fourteen 3 (Mil) to serve (frml)

C (Dep) (en tenis) to serve

■ **servir** *vt*

A ‹*comida*› to serve; ‹*bebida*› to serve, pour; **~ la comida** to serve (out) *o* (colloq) dish out the food; **la cena está servida** dinner is served; **~ a temperatura ambiente** serve at room temperature

B 1 (estar al servicio de) **~ A algo/algn** to serve sth/sb; **se cree que todos la tienen que ~** she expects to be waited on hand and foot; **¿en qué puedo ~le?** (frml) how can I help you?; **para ~le** at your service; ***no se puede ~ a Dios y al diablo*** no man can serve two masters 2 (Com) ‹*pedido*› to process; ‹*cliente*› to serve; ‹*mercancías*› to send

■ **servirse** *v pron*

A (*refl*) ‹*comida*› to help oneself to; ‹*bebida*› to pour oneself, help oneself to; **sírvete otro trozo** help yourself to another piece

B (frml) (hacer uso) **~se DE algo** to make use of sth, use sth

C (frml) (hacer el favor de) **~se + INF: sírvase rellenar la solicitud** please fill in the application form; **les rogamos se sirvan enviarnos esta información** we would ask you to send us this information (frml)

servodirección *f* power(-assisted) steering

servofreno *m* power-assisted brake, servoassisted brake

(Compuesto) **servofreno de emergencia** brake assist system, BAS

sésamo *m* sesame

sesear [A1] *vi*: *to pronounce the Spanish* [θ] *as* [s], *eg* /ser 'βesa/ *instead of* /θer'βeθa/ *for* **cerveza**

sesenta[1] *adj inv/pron* sixty; *para ejemplos ver* **cincuenta**

sesenta[2] *m* (number) sixty

sesentón -tona *m,f* sexagenarian (frml); **un ~** a man in his sixties

seseo *m*: *pronunciation of the Spanish* [θ] *as* /s/, *eg* /ser'βesa/ *instead of* /θer'βeθa/ *for* **cerveza**

sesera *f* (fam) brains (*pl*) (colloq); **estar mal de la ~** to be soft in the head (colloq); **no tiene nada en la ~** he's got nothing up top at all (colloq)

sesgado -da *adj*

A 1 (al bies): **la falda tiene un corte ~** the skirt is cut on the bias 2 (inclinado, ladeado): **cabe si la colocamos sesgada** it should fit if we put it in crosswise *o* at an angle

B (parcial) biased, slanted

sesgar [A3] *vt* 1 ‹*tela/paño*› (cortar al bies) to cut ... on the bias; (colocar al bies) to place ... diagonally *o* at an angle 2 (liter) ‹*vida*› to cut short

sesgo *m*

A 1 (de falda) bias; **se corta al ~** you cut it on the bias 2 (diagonal): **al ~** crosswise, diagonally

B (tendencia, enfoque) bias, slant; (rumbo) direction

sesión *f* 1 (reunión) session; **abrir/levantar/cerrar la ~** to open/adjourn/close the session *o* meeting; **~ inaugural** *or* **de apertura** inaugural *o* opening session; **~ de clausura** closing session 2 (de tratamiento, actividad) session; (de fotografía, pintura) sitting 3 (Cin, Teatr) (de cine) showing, performance; (de teatro) show, performance; **~ de tarde/noche** evening/late evening performance

(Compuestos)

- **sesión continua** continuous performance
- **sesión de espiritismo** séance
- **sesión numerada** separate performances (*pl*)
- **sesión solemne** (Col) prizegiving

sesionar [A1] *vi* (AmL) to be in session

seso *m* 1 (Anat, Zool) brain; ***devanarse*** *or* ***estrujarse los ~s*** (fam) to rack one's brains (colloq); ***haber perdido el ~ por algn*** (fam) to be crazy about sb (colloq); ***sorberle el ~ a algn*** (fam) to bowl sb over (colloq); **esa chica le tiene sorbido el ~** he's completely bowled over by that girl; ***tener poco ~*** (fam) to be brainless (colloq) 2 **sesos** *mpl* (Coc) brains (*pl*)

sesquicentenario *m* sesquicentennial (frml), 150th anniversary

sesudo -da *adj* (fam) (sensato) sensible, wise; (inteligente) bright, brainy (colloq)

set *m* (*pl* **sets**)

A (en tenis) set

B (escenografía) set

seta *f* (comestible) mushroom; (venenosa) toadstool

setecientos -tas *adj/pron* seven hundred; *para ejemplos ver* **quinientos**

setenta[1] *adj inv/pron* seventy; *para ejemplos ver* **cincuenta**

setenta[2] *m* (number) seventy

setentón -tona *m,f* septuagenarian (frml); **es un ~** he is a man in his seventies

setiembre *m* September; *para ejemplos ver* **enero**

seto *m* hedge

seudónimo *m* (de artista) pseudonym; (de escritor) pen name, pseudonym

severidad *f* (de castigo, pena) severity, harshness; (de padre, educador) strictness; **la ~ del clima** the harshness of the climate

severo -ra *adj* ‹*padre/profesor*› strict; ‹*castigo*› severe, harsh; ‹*invierno*› hard, severe; **sigue un régimen muy ~** he's on a very strict diet

Sevilla *f* Seville; ***el que se fue a ~, perdió su silla*** if you go off you lose your place

sexagenario -ria *adj/m,f* sexagenarian

sexagésimo -ma *adj/m,f* sixtieth

sexismo *m* sexism

sexista *adj/mf* sexist

sexo *m* 1 (condición, género) sex; **~ masculino/femenino** male/female sex 2 (órganos genitales) sexual organs (*pl*) 3 (sexualidad) sex

(Compuestos)

- **sexo débil**: **el ~ ~** the weaker sex
- **sexo seguro** safe sex

sexología *f* sexology

sexólogo -ga *m,f* sexologist

sextante *m* sextant

sexto[1] **-ta** *adj/pron* 1 (ordinal) sixth; *para ejemplos ver* **quinto** 2 (partitivo): **la sexta parte** a sixth

(Compuesto) **sexto sentido** sixth sense

sexto[2] *m* sixth

sexual *adj* ‹*relaciones/órganos/comportamiento*› sexual; ‹*educación/vida*› sex (*before n*)

sexualidad *f* sexuality

sexy /'seksi, 'sesi/ *adj* (fam) ‹*persona/vestido*› sexy; ‹*espectáculo*› titillating

s/f = su favor

SFC *m* (= **síndrome de fatiga crónica**) CFS, ME

Sgto. *m* (= **sargento**) Sgt

sh, shh *interj* shush!, ssh!, hush!

sha, shah *m* shah

sheriff /'ʃerif/ *mf* sheriff

shock /ʃok/ *m* 1 (Med) shock; **en estado de ~** in (a state of) shock 2 (sorpresa desagradable) shock

show /ʃou, tʃou/ *m* (*pl* **shows**) show; ***montar/dar un ~*** (fam) to make a scene (colloq)

si[1] *conj*

A 1 (introduciendo una condición) if; **~ lo sé, no vengo** (fam) if I'd known, I wouldn't have come; **~ pudiera, se lo compraba** (fam) if I could, I'd buy it for him; **~ lo hubiera** *or* **hubiese sabido ...** if I'd known ..., had I known ...; **empezó a decir que ~ esto, que ~ lo otro** he said this, that and the other 2 (*en locs*) **si bien**: **~ bien el sueldo es bueno, el horario es malísimo** the pay may be good but the hours are terrible; **si no** otherwise; **pórtate bien, ~ no, te vas a la cama** behave yourself, or else you're going straight to bed; **date prisa, que ~ no nos vamos sin ti** hurry up, otherwise we're going without you

B 1 (planteando un hecho) if; **~ no ha venido por algo será** if she hasn't come there must be some reason for it 2 (cada vez que) if; **~ hacía sol salíamos a pasear** if *o* when it was sunny we used to go out for a walk

C 1 (en frases que expresan deseo) **~ + SUBJ: ¡~ yo lo supiera!** if only I knew!; **¡~ me hubieras avisado a tiempo!** if only you had let me know in time! 2 (en frases que expresan protesta, indignación, sorpresa): **¡~ tendrá cara!** she really has a nerve!; **¡pero ~ te avisé ...!** but I warned you ...! 3 (fam) (uso enfático): **¡~ lo sabré yo!** don't I know it!, you're telling me! 4 (planteando eventualidades, sugerencias): **y ~ no quiere hacerlo ¿qué?** and if she doesn't want to do it, what then?; **¿y ~ lo probáramos?** why don't we give it a try?

D (en interrogativas indirectas) whether; **no sé ~ marcharme o quedarme** I don't know whether to go or to stay; **me pregunto ~ lo encontrarán** I wonder if *o* whether they'll find it

si² *m* (nota) B; (en solfeo) ti, te (BrE); **~ bemol/sostenido** B flat/sharp; **en ~ mayor/menor** in B major/minor

sí¹ *adv*

A (respuesta afirmativa) yes; **¿has terminado? — sí** have you finished? — yes *o* yes, I have; **¿te sirvo un poco más? — ~, gracias** do you want a bit more? — yes, please; **decir que ~ con la cabeza** to nod; **¿por qué lo hiciste? — porque ~** why did you do it? — because I felt like it; **¿por qué lleva tanto tiempo? — porque ~** why does it take so long? — it just does

B (uso enfático): **ahora ~ que lo has hecho bien** now you've really done it! (colloq); **tú ~ que sabes vivir** you certainly know how to live!; **lo que ~ quiero es que lo pienses bien** what I *do* want you to do is to think it over carefully; **no puedo — ¡~ que puedes!** I can't — yes, you can! *o* of course, you can!; **que ~ cabe** it does fit; **no es tuyo — ~ que lo es** it isn't yours — oh yes, it is!; **¡ah, no! ¡eso ~ que no!** oh no! I'm not having that! (colloq) (colloq); **es de muy buena calidad — eso ~** it's very good quality — (yes,) that's true; **son pobres pero, eso ~, comen bien** they are poor, but they certainly eat well

C (sustituyendo a una cláusula): **creo que ~** I think so; **me temo que ~** I'm afraid so; **¿lloverá? — puede que ~** do you think it will rain? — it might; **un día ~ y otro no** every other day; **se fue sin permiso — ¿ah ~?** he left without asking permission — is that so? *o* did he now?; **¿te gusta? a mí ~** do you like it? *I* do; **no puedo ir pero María ~** I can't go but María can; **¡que no vas! — ¡que ~!** you're not going! — oh, yes I am!; **¿a que no te atrees? — a que ~v** I bet you wouldn't dare — (do you) want to bet?

sí² *m* yes; **con el ~ del encargado** with the manager's approval; ***darle el ~ a algn*** to accept sb's proposal; **aún no me ha dado el ~** she still hasn't said yes; ***no tener (ni) un ~ ni un no*** (CS, Méx): **nunca he tenido (ni) un ~ ni un no con él** we've never had a cross word

sí³ *pron pers*

A (3ª *pers sing*) 1 (*refl*): **sólo piensa en ~ mismo** he only thinks of himself; **lo hizo por ~ mismo** *or* **por ~ solo** he did it by himself *o* on his own; **parece muy segura de ~ misma** she seems very sure of herself; **cerró la puerta tras de ~** (liter) she closed the door behind her 2 (*impers*): **uno tiene que ver por ~ mismo** you have to see it for yourself

B (3ª *pers pl*) 1 (*refl*): **lo hacen para convencerse a ~ mismos** they do it just to convince themselves; **saben reírse de ~ mismos** they know how to laugh at themselves 2 **entre sí** (entre dos) between themselves; (en un grupo) among themselves; **todos son muy diferentes entre ~** they are all very different (from one another); **no se respetan entre ~** they don't have respect for each other *o* respect each other

C (*refl*) 1 (usted) yourself; **guárdese los comentarios para ~** keep your comments to yourself 2 (ustedes): **léanlo para ~ (mismos)** read it (for) yourselves

D (*en locs*) **de por sí**: **es de por ~ nervioso** he is nervous by nature; **el sistema es de por ~ complicado** the system is in itself complicated; **en sí**: **el hecho en ~ (mismo) no tenía demasiada importancia** this in itself was not so important; **el sueldo en ~ no es maravilloso, pero ...** the salary itself isn't great but ...

siamés¹ -mesa *adj* Siamese

siamés² -mesa *m,f* (gemelo) Siamese twin

sibarita *mf* (amante de los lujos) lover of luxury, sybarite (frml); (en cuestiones de comida) gourmet, epicure (frml)

Siberia *f* Siberia; **ahí fuera hace más frío que en ~** it's like the North Pole out there!

sibilante *adj* sibilant

sibilino -na *adj* (liter) (profético) sibylline; (misterioso) enigmatic, sibylline (liter)

sicario -ria *m,f* hired assassin

Sicilia *f* Sicily

siciliano -na *adj/m,f* Sicilian

sicómoro, sicomoro *m* sycamore

sida *m* (= **Síndrome de Inmunodeficiencia Adquirida**) AIDS

sidecar /siðe'kar, 'saikar/ *m* (*pl* **-cares** *or* **-cars**) sidecar

sideral *adj*, **sidéreo -rea** *adj* 1 (Astron) sidereal 2 (CS fam) ‹*suma/precio*› astronomical (colloq)

siderometalúrgico -ca *adj* iron and steel (*before n*)

siderurgia *f* iron and steel industry

siderúrgico -ca *adj* iron and steel (*before n*)

sidra *f* hard cider (AmE), cider (BrE)

siega *f* 1 (acción — de cortar a mano) reaping, cutting; (— de cortar a máquina) mowing; (— de cosechar) harvesting 2 (época) harvest time

siembra *f* (acción) sowing; (época) sowing season

siempre *adv*

A always; **~ se sale con la suya** he always gets his own way; **casi ~ acierta** he's almost always right; **como ~** as usual; **pasó lo de ~** the usual thing happened; **a la hora de ~** at the usual time; **los amigos de ~** the usual crowd; **los conozco desde ~** I've known them for as long as I can remember; **¿regresas para ~?** are you back for good?; **por ~ jamás** for ever and ever

B (en todo caso) always; **~ podemos modificarlo después** we can always modify it later

C (AmL) (todavía) still; **¿~ viven en Malvín?** do they still live in Malvín?

D (*en locs*) **siempre que** (cada vez que) whenever; (a condición de que) (+ *subj*) provided (that), providing (that); **podrá entrar ~ que llegue antes de las siete** she'll be able to get in provided *o* as long as she arrives before seven; **siempre y cuando** (+ *subj*) provided (that)

E (Méx) (uso enfático) after all

sien *f* temple

sienta, sientas, etc *see* **sentar, sentir**

sierpe *f* (liter) serpent (liter)

sierra *f*

A (Tec) saw

(Compuestos)

- **sierra de cadena** chain saw
- **sierra de mano** handsaw
- **sierra de marquetería** coping saw
- **sierra eléctrica/mecánica** electric/power saw

B (Geog) (cordillera) mountain range; (zona montañosa): **la ~** the mountains

Sierra Leona *f* Sierra Leone

sierraleonés -nesa *adj* of/from Sierra Leone

siervo -va *m,f* serf, slave

(Compuesto) **siervo de la gleba** serf

siesta *f* siesta, nap; **dormir la ~** *or* **echar una ~** to have a siesta *o* nap; **a la hora de la ~** during siesta-time

siete¹ *adj inv/pron* seven; *para ejemplos ver* **cinco**; ***de la gran ~*** (CS fam) ‹*resfrío/carácter*› terrible; **hace un frío de la gran ~** it's absolutely freezing

siete² *m* 1 (cardinal) (number) seven; *para ejemplos ver* **cinco** 2 (rotura) tear (*L-shaped*); **se hizo un ~ en la chaqueta** he tore his jacket

sietemesino¹ -na *adj* premature (*esp two months premature*)

sietemesino² -na *m,f* premature baby (*esp when born two months early*)

sífilis *f* syphilis

sifilítico¹ -ca *adj* syphilitic

sifilítico² -ca *m,f* person with *o* suffering from syphilis, syphilitic

sifón *m*

A 1 (botella) siphon* 2 (Esp fam) (soda) soda (water) 3 (Col) (cerveza) draft* beer

B (para trasvasar líquidos) siphon; (en fontanería) U-bend, trap

sifrino -na *adj* (Ven fam) grand, posh (BrE colloq)

S

sig. (= **siguiente/siguientes**) following; **los ~ productos** the following *o* foll. products; **pág. 48 y ~** p. 48 et seq, p. 48 ff

siga, sigas, etc *see* **seguir**

sigilo *m* stealth; **se acercó con ~** he crept up stealthily; **se negoció con mucho ~** the negotiations were carried out amid great secrecy

sigiloso -sa *adj* stealthy

sigla *f* abbreviation; (pronunciado como una palabra) acronym; **SDN son las ~s de Secretaría de la Defensa Nacional** SDN stands for Secretaría de la Defensa Nacional

siglo *m* century; **data del ~ XV** it dates from *o* is from the 15th century; **mi madre es de otro ~** my mother is really old-fashioned; **hace ~s** *or* **un ~ que no le escribo** (fam) I haven't written to her for ages (colloq); ***por los ~s de los ~s*** for ever and ever

(Compuestos)
- **Siglo de las Luces** Age of Enlightenment
- **Siglo de Oro** Golden Age

signatario[1] -ria *adj* (frml) signatory (*before n*) (frml)

signatario[2] -ria *m,f* (frml) signatory (frml)

signatura *f* (en bibliotecas) catalog* *o* call number; (Impr) signature

significación *f* (importancia) significance, importance; **los hechos de mayor ~** the most significant *o* important events

significado[1] -da *adj* (frml) ‹*político/científico*› noted (*before n*), well known, renowned

significado[2] *m*
A (de palabra) meaning; (de símbolo) meaning, significance
B (importancia) ▸**significación**

significante *m* signifier

significar [A2] *vt*
A **1** (querer decir) «*palabra/símbolo*» to mean; «*hecho*» to mean, signify (frml) **2** (suponer, representar) ‹*mejora/ruina*› to represent; ‹*esfuerzo/riesgo*› to involve; **para mí no significa ningún sacrificio** it's no sacrifice for me **3** (valer, importar) to mean; **no significo nada para ti** I mean nothing to you
B (frml) (expresar) ‹*condolencias*› to express; ‹*importancia*› to stress; ‹*opinión*› to state, make clear
C (frml) (distinguir, destacar) **~ A algo/algn COMO algo** to establish sth/sb AS sth
■ **significarse** *v pron* (frml) (destacarse — positivamente) to distinguish oneself; (— negativamente) to draw attention to oneself

significativo -va *adj*
A ‹*cambio/detalle*› significant
B ‹*gesto/sonrisa*› meaningful

signo *m*
A (señal, indicio) sign
B (Mat) sign

(Compuestos)
- **signo de admiración** exclamation point (AmE), exclamation mark (BrE)
- **signo de igual** equal sign (AmE), equals sign (BrE)
- **signo de interrogación** question mark
- **signo de la victoria** V-sign
- **signo (de) más/menos** plus/minus sign
- **signo de puntuación** punctuation mark
- **signo ortográfico** diacritic

C (Astrol) *tb* **~ del zodiaco** sign; **¿de qué ~ eres?** what sign are you?
D (frml) (carácter): **dos sucesos de ~ positivo** two positive events; **dos exposiciones de muy distinto ~** two very different exhibitions

sigo, sigue, etc *see* **seguir**

siguiente *adj*
A **1** (en el tiempo) following (*before n*); **al día ~** the next *o* the following day; **el jueves ~** the following Thursday **2** (en secuencia) next; **en el capítulo ~** in the next *o* following chapter **3** (*como n*): **¡(que pase) el ~!** next please!; **este jueves no, ¿qué tal el ~?** not this Thursday, how about next Thursday?
B (que se va a nombrar) following (*before n*); **con los ~s jugadores** with the following players

sílaba *f* syllable

silabear [A1] *vt* pronounce … syllable by syllable

silábico -ca *adj* syllabic

silbante *adj* (que silba) whistling (*before n*); **su respiración ~** his wheezing

silbar [A1] *vt* **1** ‹*melodía*› to whistle **2** ‹*cantante/obra*› (en señal de desaprobación) to whistle at, catcall
■ **silbar** *vi* **1** (Mús) to whistle **2** «*viento*» to whistle; **la bala pasó silbando** the bullet whistled past **3** «*oídos*»: **me silban los oídos** I've got a ringing *o* whistling in my ears

silbato *m* **1** (pito) whistle; **tocar el ~** to blow the whistle **2** (Col period) (árbitro) referee

silbido *m* **1** (con la boca, un silbato) whistle; **dio un ~** he whistled **2** (del viento) whistling; (de respiración) wheezing; **el ~ de las balas** the whistling of the bullets **3** (en los oídos) ringing, whistling **4** **~s** (en señal de desaprobacion) catcalls

silenciador *m* **1** (Auto) muffler (AmE), silencer (BrE) **2** (de arma) silencer

silenciar [A1] *vt* **1** ‹*persona/opinión/prensa*› to silence **2** (period) ‹*suceso*› to keep … secret, hush up (colloq) **3** ‹*motor*› to muffle (AmE), to silence (BrE), to fit a muffler *o* silencer to **4** ‹*pistola*› to silence, fit a silencer to

silencio *m*
A **1** (ausencia de ruido) silence; **se hizo un ~ sepulcral** there was a deathly silence; **se guardó un minuto de ~** there was a minute's silence; **deben guardar ~** you must remain silent; **¡qué ~ hay!** isn't it quiet?; **Ⓢ silencio, hospital** quiet, hospital; **en el ~ más absoluto** in dead *o* total silence; **el ~ de la noche** the silence *o* quiet of the night **2** (ausencia de declaraciones) silence
B (Mús) rest

silencioso -sa *adj*
A ‹*máquina/motor*› quiet, silent, noiseless; ‹*persona*› silent, quiet
B ‹*calle/barrio*› quiet

sílex *m* (*pl* **~**) silex, flint

sílfide *f* sylph; **es una ~** (liter *o* hum) she has a sylphlike figure (liter *or* hum)

silicato *m* silicate

sílice *f* silica

silicio *m* silicon

silicona *f* silicone

silicosis *f* silicosis

silla *f* **1** (mueble) chair **2** (Equ) *tb* **~ de montar** saddle

(Compuestos)
- **silla abuelita** (AmC) *or* (AmL) **de hamaca** rocking chair
- **silla de ruedas** wheelchair
- **silla eléctrica** electric chair
- **silla giratoria** swivel chair
- **silla plegable** *or* **de tijera** folding chair
- **silla presidencial** (Ven): **la ~ ~** the Presidency

sillar *m*
A (Const) ashlar
B (Equ) back

sillería *f*
A **1** (de salón, comedor) chairs (*pl*) **2** (del coro) stalls (*pl*) **3** (taller) chairmaker's workshop
B (Arquit, Const) masonry

sillín *m* (de bicicleta) saddle

sillón *m* armchair, easy chair

silo *m* silo

silogismo *m* syllogism

silueta *f* **1** (cuerpo) figure; **tenía una ~ perfecta** she had a perfect figure **2** (contorno) silhouette; **en el horizonte se recortaba la ~ de un velero** a sailing boat was silhouetted against the horizon **3** (Art) silhouette

silvestre *adj* ‹*flor/fruta*› wild

silvicultura *f* forestry, silviculture (frml)

sima *f*
A (grieta) sink, sinkhole, pothole; (cueva) pothole, cave; (abismo) chasm, pit
B (roca) sima, mantle

simbiosis *f* symbiosis

simbiótico -ca *adj* symbiotic

simbólico -ca *adj* symbolic; **un paro ~** a token strike

S

simbolismo *m* (Art, Lit) symbolism; (movimiento) Symbolism

simbolista *adj/mf* symbolist

simbolizar [A4] *vt* to symbolize, represent

símbolo *m* symbol

simbología *f* symbols (*pl*), system of symbols, symbology (frml)

simetría *f* symmetry; **plano/eje de ~** plane/axis of symmetry

simétrico -ca *adj* symmetric, symmetrical

simiente *f* (en algunas regiones: liter) seed

símil *m* 1▸ (comparación) comparison; **establecer** *or* **hacer un ~** to draw *o* make a comparison 2▸ (Lit) simile

similar *adj* similar; **~ A algo** similar TO sth

similitud *f* similarity, resemblance

simio *m* ape, simian (tech)

simonía *f* simony

simpatía *f*

A 1▸ (de una persona) friendliness; **los conquistó a todos con su ~** she won everyone over with her warm, friendly personality 2▸ (sentimiento): **se ganó** *or* **granjeó la(s) ~(s) de todos** everyone came to like him; **no le tengo mucha ~** I don't really like him

B (Fís, Med) sympathy

C **simpatías** *fpl* (Pol) sympathies (*pl*); **~s POR algo**: **sus ~s por la izquierda** her left-wing sympathies

simpático -ca *adj* 1▸ ‹*persona*› nice; **me cae** *or* **me resulta muy ~** I really like him, I think he's really nice; **es un hombre de lo más ~** he's a very nice *o* pleasant man; **estuvo de lo más ~** he was extremely nice *o* pleasant 2▸ ‹*gesto/detalle*› nice, lovely 3▸ ‹*ambiente*› pleasant, congenial; ‹*paseo*› pleasant, delightful, nice

simpatizante *mf*: **un ~ del partido comunista** a communist party sympathizer *o* supporter; **es ~ de la extrema derecha** he has extreme right-wing sympathies

simpatizar [A4] *vi* 1▸ (caerse bien): **~ CON algn** to get on well WITH sb; **la persona con quien más simpatizaba** the person I got on best with; **~on desde el primer momento** they took to each other right from the start 2▸ (sentir simpatía) **~ CON algn** to like sb 3▸ (Pol) **~ CON algo** to be sympathetic TO sth, to sympathize WITH sth

simple[1] *adj*

A 1▸ (sencillo, fácil) ‹*sistema/procedimiento*› simple; **no puede ser más ~** it couldn't be (any) simpler *o* more straightforward; ▸**llanamente** 2▸ (Quím) ‹*sustancia*› simple 3▸ (Ling) ‹*tiempo*› simple

B (*delante del n*) (mero) simple; **es un ~ resfriado** it's just a common cold; **un ~ soldado** an ordinary soldier

C (tonto) simple, simple-minded; **no seas ~** don't be silly

simple[2] *mf* simpleton

simplemente *adv* just, simply; **~ hay que extremar las precauciones** it's simply a question of taking better precautions; **dile, ~, que no vas a poder ir** just *o* simply tell him you won't be able to go

simpleza *f* 1▸ (falta de inteligencia) simpleness; (ingenuidad) gullibility 2▸ (tontería): **deja de hacer/decir ~s** stop being silly; (insignificancia): **no voy a discutir por esa ~** I'm not going to argue over such a trifling matter

simplicidad *f* simplicity; **es de una ~ impresionante** it's amazingly simple *o* straightforward

simplificación *f* simplification

simplificar [A2] *vt* to simplify

simplismo *m* oversimplification

simplista *adj* simplistic

simplón[1] **-plona** *adj* (fam) gullible, dumb (colloq)

simplón[2] **-plona** *m,f* (fam) dope (colloq); gullible fool

simposio, simposium *m* symposium

simulación *f* simulation

simulacro *m* 1▸ (cosa fingida): **no era de verdad, sólo fue un ~** it wasn't for real, they (*o* he *etc*) were (*o* was *etc*) just pretending 2▸ (farsa) sham; **las elecciones fueron un ~** the elections were just a sham

(Compuestos)

- **simulacro de ataque/combate** mock attack/battle
- **simulacro de incendio** fire drill, fire practice

simulador *m* simulator

(Compuesto) **simulador de vuelo** flight simulator

simular [A1] *vt* ‹*sentimiento*› to feign; ‹*accidente*› to fake; ‹*efecto/sonido*› to simulate

simultánea *f*

A (en ajedrez) simultaneous match

A (Espec): **en ~** (AmL) simultaneously

simultáneamente *adv* simultaneously

simultanear [A1] *vt*: **quiere ~ sus estudios con un trabajo** he wants to get a job and go on studying at the same time; **es imposible ~ los dos cargos** it is impossible to hold *o* do both jobs at the same time

simultaneidad *f* simultaneity; **con ~** simultaneously

simultáneo -nea *adj* simultaneous

sin *prep*

A without; **lo tomo ~ azúcar** I don't take sugar; **seguimos ~ noticias** we still haven't had any news; **~ previo aviso** with no advance warning; **¡salta! ¡~ miedo!** jump! don't be scared!; **agua mineral ~ gas** still mineral water; **cerveza ~ alcohol** non-alcoholic beer, alcohol-free beer; **una pareja ~ hijos** a couple with no children, a childless couple; **me quedé ~ pan** I ran out of bread; **se quedó ~ trabajo** he lost his job

B 1▸ **~ + INF** (con significado activo) without -ING; **se fue sin pagar** he left without paying; **son diez ~ contar éstos** there are ten not counting these (ones); **estuvo una semana ~ hablarme** she didn't speak to me for a week; **sigo ~ entender** I still don't understand; **la pisé ~ querer** I accidentally trod on her foot; **a la cama ~ cenar** off to bed without dinner 2▸ **~ + INF** (con significado pasivo): **preguntas ~ contestar** unanswered questions; **esto está aún ~ terminar** it still isn't finished

C **~ QUE + SUBJ**: **no voy a ir ~ que me inviten** I'm not going if I haven't been invited; **quítaselo ~ que se dé cuenta** get it off him without his *o* without him noticing

sinagoga *f* synagogue

sinalefa *f* synaloepha, elision

sinceramente *adv* ‹*hablar*› sincerely; **~, me parece un disparate** (*indep*) to be honest, I think it's crazy

sincerarse [A1] *v pron* **~ CON algn** to open one's heart TO sb

sinceridad *f* sincerity; **te voy a contestar con toda ~** I'm going to be quite honest *o* frank with you; **con toda ~ no te lo recomendaría** in all honesty *o* sincerity I wouldn't recommend him

sincero -ra *adj* sincere

síncopa *f* (Ling) syncope; (Mús) syncopation

sincopar [A1] *vt* to syncopate

síncope *m*

A (Med) syncope; **casi me da un ~** (fam) I nearly fainted (colloq)

B (Ling) syncope

sincronía *f* synchrony

sincrónico -ca *adj* 1▸ ‹*sucesos*› simultaneous, synchronous 2▸ (Ling) synchronic

sincronismo *m* sychronism

sincronización *f* synchronization

sincronizar [A4] *vt* 1▸ ‹*frecuencias/relojes*› to synchronize; **~ algo CON algo** to synchronize sth WITH sth 2▸ (Col) ‹*carro*› to tune

sindicación *f*

A (esp Esp) (Rels Labs) unionization

B (Fin) syndication

C (AmL frml) (acusación) accusation, charge

sindicado -da *m,f* (AmL frml) defendant, accused

sindical *adj* union (*before n*), labor union (*before n*) (AmE), trade union (*before n*) (BrE)

sindicalismo *m* 1▸ (movimiento) labor union movement (AmE), trade union movement (BrE) 2▸ (sistema, ideología) unionism, trade unionism (BrE) 3▸ (doctrina) *tb* **~ revolucionario** syndicalism

sindicalista[1] *adj* ‹*teoría*› syndicalist

sindicalista[2] *mf* 1▸ (Rels Labs) member of the unions, trade unionist (BrE) 2▸ (Pol) syndicalist

sindicalización *f* unionization

sindicalizar [A4] *vt* to unionize

■ **sindicalizarse** *v pron* (formar un sindicato) to unionize,

S

form a union; (afiliarse a un sindicato) to join a union

sindicar [A2] *vt*

A (Rels Labs) ▸**sindicalizar**

B (AmL frml) (acusar) **~ a algn DE algo** to accuse sb OF sth; (formalmente) to charge sb WITH sth

■ **sindicarse** *v pron*

A (Rels Labs) ▸**sindicalizarse**

B (Fin) to form a syndicate

sindicato *m*

A (Rels Labs) union, labor union (AmE), trade union (BrE)

B (Fin) syndicate

síndico *m* trustee; (de quiebras) receiver

síndrome *m* syndrome

(Compuestos)

- **síndrome de abstinencia** withdrawal symptoms (*pl*)
- **síndrome de inmunodeficiencia adquirida** Acquired Immune Deficiency Syndrome, AIDS
- **síndrome del shoc tóxico** toxic shock syndrome
- **síndrome de muerte infantil súbita** sudden infant death syndrome
- **síndrome premenstrual**: **el ~ ~** premenstrual syndrome *o* (BrE) tension, PMS, PMT (BrE)

sinfín *m*: **un ~ de** a great many; **hemos tenido un ~ de problemas** we've had no end of problems

sinfonía *f* symphony

sinfónica *f* symphony orchestra

sinfónico -ca *adj* ‹*música*› symphonic; ‹*orquesta*› symphony (*before n*)

Singapur *m* Singapore

singladura *f* **1** (Náut) (jornada) nautical day; (recorrido) day's run **2** (de persona, partido, país): **su ~ como coreógrafa** her career as a choreographer; **la larga ~ hacia la recuperación** the long road to recovery

single /'siŋgel/ *m*

A (Mús) single

B (en tenis) **1** (CS) (partido) singles (match) **2** **singles** *mpl* (AmL) (partido) singles (match)

singular¹ *adj*

A **1** (frml) (extraordinario, especial) singular (frml); **un cuadro de ~ colorido** a singularly colorful picture **2** (peculiar, raro) peculiar, odd **3** (frml) (excepcionalmente bueno) singularly good (frml)

B (Ling) singular

singular² *m* singular; **en ~** (Ling) in the singular

singularidad *f* (cualidad de especial) special nature, singularity (frml); (rareza, peculiaridad) peculiarity, singularity (frml)

singularizar [A4] *vt* (frml) to make ... special

■ **singularizarse** *v pron* (frml) (por una acción) to distinguish oneself

siniestrado -da *adj* (frml): **los restos del avión ~** the wreckage of the airplane; **los vehículos ~s** the vehicles involved in the accident *o* crash

siniestro¹ -tra *adj*

A (liter) ‹*mano/lado*› left (*before n*)

B ‹*mirada/aspecto*› sinister; ‹*intenciones*› sinister, evil

siniestro² *m* (frml) (accidente) accident; (causado por una fuerza natural) disaster, catastrophe; **el coche fue declarado ~ total** the car was declared a total wreck (AmE) *o* (BrE) a write-off

sinnúmero *m* ▸**sinfín**

sino¹ *conj* **1** (corrigiendo una impresión errónea): **se comió no uno, ~ tres** he ate not one, but three; **no vino, ~ que llamó** he didn't come, he telephoned; **no nos ayudó, ~ todo lo contrario, ...** he didn't help us, on the contrary *o* quite the opposite, ... **2** (nada más que): **en toda la tarde no ha entrado ~ un cliente** in the whole of the afternoon we've only had one customer; **no hace ~ criticar a los demás** he does nothing but criticize everybody else **3** **no sólo ... sino que** not only ... but; **no sólo baila ~ que también canta** she not only sings but she also dances

sino² *m* (liter) fate

sínodo *m* synod

sinonimia *f* synonymity, synonymy

sinónimo¹ -ma *adj* synonymous; **~ DE algo** synonymous WITH sth

sinónimo² *m* synonym; **~ DE algo** synonym FOR sth

sinopsis *f* (*pl* **~**)

A (resumen) synopsis

B (CS) (Cin) preview, trailer

sinóptico -ca *adj* synoptic

sinrazón *f* injustice, wrong

sinsabores *mpl* (problemas) troubles (*pl*); (experiencias tristes) heartaches (*pl*), upsetting experiences (*pl*)

sinsonte *m* mockingbird

sintáctico -ca *adj* syntactic

sintagma *m* syntagm, syntagma

(Compuesto) **sintagma nominal** noun phrase

sintaxis *f* syntax

síntesis *f* (*pl* **~**)

A **1** (resumen) summary; **hacer una ~ de algo** to summarize sth; **en ~** in short **2** (deducción) synthesis

B (Fil, Quím) synthesis; (combinación) synthesis, combination

sintético -ca *adj*

A ‹*fibra*› synthetic, man-made; ‹*suelas*› man-made

B ‹*análisis/explicación*› synthetic

sintetizador *m* synthesizer

sintetizar [A4] *vt*

A **1** (resumir) to summarize **2** (combinar) to synthesize, combine

B (Fil, Quím) to synthesize

sintiera, sintió, etc *see* **sentir**

síntoma *m* (Med) symptom; (señal) sign, indication

sintomático -ca *adj* symptomatic

sintonía *f* **1** (Rad, TV): **botón de ~** tuning knob; **están ustedes en la ~ de Radio Victoria** you are listening to Radio Victoria; **para una mejor ~** for better reception; **la música de ~** the theme music *o* tune **2** (audiencia): **un programa de mucha ~** a popular program **3** (armonía): **en ~ con el pueblo** in tune with the people

sintonización *f* (Rad, TV) tuning

sintonizador *m* tuner

sintonizar [A4] *vt* ‹*emisora*› to tune (in) to

■ **sintonizar** *vi* **1** (Rad, TV) to tune in; **~ con una emisora** to tune in to a station **2** (con persona, idea): **un político que sintoniza con la sensibilidad popular** a politician who is in tune with people's feelings

sinuosidad *f* (liter) **1** (de camino) sinuosity (liter) **2** (de intenciones, conducta) deviousness

sinuoso -sa *adj* (liter) **1** ‹*camino/carretera*› winding, sinuous (liter) **2** ‹*personalidad/conducta*› devious

sinusitis *f* sinusitis

sinvergüenza¹ *adj* **1** (canalla): **¡qué tipo más ~!** what a swine! (colloq) **2** (hum) (pícaro) naughty

sinvergüenza² *mf* **1** (canalla) swine (colloq), scoundrel (dated); (estafador, ladrón) crook (colloq) **2** (hum) (pícaro) rascal (hum), little devil *o* rascal (hum)

sionismo *m* Zionism

sionista *adj/mf* Zionist

síper *m* (Méx) zipper (AmE), zip (BrE)

siquiera¹ *adv*

A (por lo menos) at least; **dile ~ adiós** at least say goodbye to her; **¡si (tan) ~ me hubiera avisado ...!** if only you'd warned me ...!; **dale (tan) ~ unos centavos** give him something, even if it's only a few cents

B (en frases negativas) even; **ni ~ nos saludó** he didn't even say hello to us

siquiera² *conj* **~ + SUBJ** even if; **que descanse ~ sea una hora** let him rest even if it's only for an hour

sirena *f*

A (Mit) mermaid; (en mitología clásica) siren

B (de fábrica, ambulancia, alarma) siren

C (Col) (en pirotecnia) rocket

Siria *f* Syria

sirio -ria *adj/m,f* Syrian

siroco *m* sirocco

sirope *m* syrup

sirviente -ta (*m*) servant; (*f*) maid, servant; **los ~s** the servants

sisa *f*

A (en ropa) armhole

B (Esp fam) (acción de robar) pilfering, petty thieving; (robo individual) petty theft

S

sisar [A1] *vt* (Esp fam): **me sisaba unas pesos en la compra** she used to diddle me out of a few pesos from the shopping money

sisear [A1] *vi* to hiss

siseo *m* hiss

sísmico -ca *adj* seismic

sismo *m* (terremoto) earthquake; (temblor) earth tremor

sismografía *f* seismography

sismógrafo *m* seismograph

sistema *m*

A (método) system; **trabajar con ~** to work systematically *o* methodically; **por ~** as a matter of course

B (conjunto organizado) system; **el ~ educativo/impositivo** the education/tax system

(Compuestos)

- **sistema métrico decimal** metric system
- **Sistema Monetario Europeo** European Monetary System
- **sistema montañoso** mountain range
- **sistema nervioso** nervous system
- **sistema operativo de disco** disk operating system
- **sistema solar** solar system

sistemático -ca *adj* ‹*persona*› systematic, methodical; ‹*método*› systematic

sistematizar [A4] *vt* to systematize

sitial *m* seat *o* place of honor*

sitiar [A1] *vt* **1** (Mil) to besiege; **estamos sitiados** we are under siege **2** (acorralar) to corner

sitio *m*

A **1** (lugar) place; **pon ese libro en su ~** put that book back in its place; **cambié la tele de ~** you moved the TV; **déjalo en cualquier ~** leave it anywhere; **tiene que estar en algún ~** it must be around somewhere; ***en el ~*** (Esp fam) dead; **lo dejaron en el ~ de un balazo** they shot him dead; **le dio un infarto y se quedó en el ~** he dropped dead of a heart attack; ***poner a algn en su ~*** (fam) to put sb in his/her place **2** (espacio) room, space; **¿hay ~ para todos?** is there (enough) room for everyone?; ***hacer ~*** to make room **3** (plaza, asiento): **guárdame el ~** keep my seat *o* place; **le cambié el ~** I changed places with him; **déjale el ~ a esa señora** let the lady sit down; **no hay ~ para estacionarse** there's nowhere to park **4** (Méx) (parada de taxis) taxi stand *o* rank **5** (Chi) (terreno urbano) vacant lot

B (Mil) siege; **levantar el ~** to raise *o* lift the siege; **poner ~ a una ciudad** to lay siege to a city, to besiege a city

sito -ta *adj* (frml) situated (frml), located (frml)

situación *f*

A **1** (coyuntura) situation; **no está en ~ de poder ayudarnos** she is not in a position to be able to help us; ***salvar la ~*** to save the day **2** (en la sociedad) position, standing

B (emplazamiento) position, situation (frml), location (frml); **la ~ del local es excelente** the premises are ideally situated *o* located

situado -da *adj* **1** (ubicado) situated; **está ~ al oeste del río** it lies *o* is situated to the west of the river **2** ‹*persona*›: **estar bien ~** to have a good position in society

situar [A18] *vt*

A **1** (colocar, ubicar) ‹*fábrica/aeropuerto*› to site, to locate (frml); **esta novela la sitúa entre los grandes de la literatura** this novel places her among the greatest writers **2** (Lit) ‹*obra/acción*› to set **3** ‹*soldados*› to post, station

B (Fin) to invest, place

■ **situarse** *v pron*

A **1** (colocarse, ubicarse): **con esta victoria se sitúan en primer lugar** this victory puts them in first place; **ha logrado ~se entre los cinco mejores** she has succeeded in establishing a position for herself among the top five **2** (socialmente): **se ha situado muy bien** he has done very well for himself

B (frml) (cifrarse): **la tasa de desempleo se sitúa en un 22%** unemployment stands at 22%; **el precio podría llegar a ~se en 20 dólares** the price could reach 20 dollars

siútico -ca *adj/m,f* (Chi) ▸**cursi**

skai®, **skay**® /(e)s'kai/ *m* imitation leather

S.L. *f* = **Sociedad Limitada**

slalom /(e)s'lalom/ *m* (*pl* **-loms**) slalom

(Compuesto) **slalom gigante** giant slalom

slip /(e)s'lip/ (*pl* **slips**) *m*

A (prenda interior) **1** (de hombre) underpants (*pl*), briefs (*pl*) (frml), pants (*pl*) (BrE) **2** (de mujer) panties (*pl*), briefs (*pl*) (frml), knickers (*pl*) (BrE)

B (bañador) swimming trunks (*pl*)

s.m. = **siglo** C; **s. XX** C20

S.M. = **Su Majestad**

SME *m* (= **Sistema Monetario Europeo**) EMS

SMIS *m* = **síndrome de muerte infantil súbita** SIDS

smog /(e)s'moɣ/ *m* (AmL) smog

s/n = **sin número**

s.n.m. = **sobre el nivel de mar**

snob /(e)s'noβ/ *adj/mf* (*pl* **snobs**) ▸**esnob**[1,2]

so[1] *prep*: **~ pena de ser expulsado/de muerte** on pain of expulsion/of death (frml); **~ pretexto de ...** (frml) under the pretext of ...

so[2] *interj* **1** (para detener a un caballo) whoa! **2** (*delante del n*) (intensificando un insulto): **¡~ animal!** you great *o* big brute!

s/o = **su orden**

SO (= **sudoeste**) SW

soba *f* (fam) beating (colloq), walloping (colloq)

sobaco *m* armpit

sobado -da *adj* **1** ‹*tapizado/cortinas/prenda*› worn, shabby; ‹*libro*› dog-eared, well-thumbed **2** ‹*excusa*› well-worn; ‹*cliché*› hackneyed, well-worn

sobajear [A1] *vt* (AmL fam) ▸**sobar A1, 2**

sobaquera *f*

A (Indum) (sisa) armhole; (para proteger la prenda) dress shield

B (arg) (para pistola) shoulder holster

sobar [A1] *vt*

A **1** (manosear) ‹*tela/ropa/tapizado*› to handle, finger, dirty (*through excessive handling*) **2** (fam) ‹*chica*› to feel up (colloq), to grope (esp BrE colloq) **3** (Méx, Per fam) (adular) to suck up to (colloq)

B (Col, Ven) (dar masajes) to massage

■ **sobar** *vi* (Esp fam) to sleep

soberanamente *adv*: **aburrirse ~** to be bored to death *o* tears

soberanía *f* sovereignty

soberano[1] **-na** *adj*

A ‹*estado/pueblo/poder*› sovereign

B (fam) (enorme) tremendous; **eso es una soberana estupidez** that's an absolutely ridiculous thing to say/do

soberano[2] **-na** *m,f* (Gob, Pol) sovereign

soberano[3] *m* (moneda) sovereign

soberbia *f* (orgullo) pride; (altivez) arrogance, haughtiness

soberbio -bia *adj*

A ‹*persona/carácter*› (orgulloso) proud; (altivo) arrogant, haughty

B (magnífico) superb, magnificent

sobornar [A1] *vt* to bribe, suborn (frml)

soborno *m* (acción) bribery; (dinero, regalo) bribe

sobra *f*

A **de sobra** **1** (mucho): **hay comida de ~** there's plenty of food; **tiene dinero de ~** he has plenty of money; **tengo motivos de ~ para pensarlo** I have every reason to think so **2** (de más): **tengo una entrada de ~** I have a spare *o* an extra ticket; ***estar de ~***: **tú aquí estás de ~** you're not wanted/needed here **3** (muy bien): **saber de ~ que ...** to know full well *o* perfectly well that ...

B **sobras** *fpl* (de comida) leftovers (*pl*)

sobradamente *adv*: **ayer hablamos ~ de esto** we went through all this yesterday in detail; **es ~ conocido que ...** it is common knowledge that ...; **sabes ~ que ...** you know perfectly well *o* full well that ...

sobrado[1] **-da** *adj*

A **1** ‹*experiencia*›: ample, more than enough; **un escritor con ~s méritos para el premio** a writer who is more than worthy of the prize; **tengo ~s motivos para sospechar** I have every reason to be suspicious **2** [ESTAR] ‹*persona*› **~ DE algo**: **está sobrada de dinero** she has plenty of money; **no ando muy ~ de dinero** I'm a bit short of money at the moment; **no estoy muy ~ de tiempo** I'm a bit short of time

B (Andes fam) (engreído) full of oneself (colloq)

S

sobrado² *adv* (Andes): **llegó ~ a la meta** he crossed the finishing line well ahead of the rest; **lo sé ~** I know that only too well
sobrado³ -da *m,f* (Andes fam) bighead (colloq)
sobrados *mpl* (Col, Ven fam) (sobras) leftovers (*pl*)
sobrante¹ *adj* remaining; **el material ~** the spare *o* surplus material; **con la masa de pan ~** with the leftover dough
sobrante² *m* remainder, surplus
sobrar [A1] *vi* 1 (quedar, restar): **sobró mucha comida** there was a lot of food left over; **¿te ha sobrado dinero?** do you have any money left?; **no me sobra el tiempo** I don't have all that much time 2 (estar de más): **ya veo que sobro** I can see I'm not wanted/needed here; **a mí no me sobra el dinero** I don't have money to burn (colloq); **sobra un cubierto** there's an extra place; ***salir sobrando*** (Méx) to be superfluous *o* unnecessary
sobrasada *f*: *spicy pork sausage*
sobre¹ *m*
A 1 (Corresp) envelope; **~ aéreo** *or* **(de) vía aérea** airmail envelope 2 (envase): **un ~ de sopa** a package of soup (AmE), a packet of soup (BrE)
B (AmL) (cartera) clutch bag
sobre² *prep*
A (indicando posición) 1 (con contacto): **lo dejé ~ la mesa** I left it on the table; **los puso uno ~ otro** she placed them one on top of the other; **letras en azul ~ (un) fondo blanco** blue letters on *o* upon a white background; **prestar juramento ~ la Biblia** to swear on the Bible; **se abalanzaron ~ él** they leapt on him; **estamos ~ su pista** we're on their trail 2 (sin contacto) over; **en el techo justo ~ la mesa** on the ceiling right above *o* over the table; **4.000 metros ~ el nivel del mar** 4,000 meters above sea level; ***estar ~ algn*** (vigilar) to check up on sb 3 (alrededor de) on; **gira ~ su eje** it spins on its axis
B (en relaciones de jerarquía): **su victoria ~ el equipo local** their victory over the local team; **amar a Dios ~ todas las cosas** to love God above all else
C 1 (en relaciones de efecto, derivación, etc) on; **su influencia ~ él** her influence on him; **una opereta ~ libreto de Sierra** an operetta with libretto by Sierra 2 (Com, Fin) on; **un incremento del 11% ~ los precios del año pasado** an increase of 11% on *o* over last year's prices; **la hipoteca que pesa ~ la casa** the mortgage on the house
D (acerca de) on; **legislación ~ impuestos** tax legislation, legislation on taxes; **escribió ~ el espinoso tema de ...** she wrote on *o* about the thorny topic of ...
E (Esp) (con cantidades, fechas, horas) around, about (BrE); **~ unos 70 kilos** around *o* about 70 kilos
F **sobre todo** above all
sobreabundancia *f* superabundance, overabundance
sobreabundante *adj* superabundant, overabundant
sobreactuar [A18] *vi/vt* to overact
sobrealimentación *f* (de persona) overfeeding; (de motor) supercharging
sobrealimentar [A1] *vt* ‹*persona*› to overfeed; ‹*motor*› to supercharge
sobrecalentar [A5] *vt* to overheat
sobrecama *f or m* (AmL exc CS) bedspread, counterpane
sobrecarga *f* 1 (en vehículo) excess load *o* weight 2 (de circuito, motor) overload; (de batería) overcharging
sobrecargado -da *adj* 1 ‹*vehículo*› overloaded 2 ‹*circuito*› overloaded 3 ‹*persona*› **~ DE algo** ‹*de trabajo*› overburdened WITH sth; ‹*de deudas*› weighed down WITH sth
sobrecargar [A3] *vt* 1 ‹*vehículo/animal*› to overload 2 ‹*circuito/motor*› to overload; ‹*batería*› to overcharge; ‹*órgano*› to overtax; **las líneas telefónicas están sobrecargadas** the lines are all jammed 3 ‹*persona*› **~ a algn DE algo** ‹*de trabajo/responsabilidad*› to overburden sb WITH sth
sobrecargo *mf* 1 (Aviac) (supervisor) purser, chief flight attendant; (auxiliar de vuelo) flight attendant 2 (Náut) purser
sobrecogedor -dora *adj* shocking, horrific
sobrecoger [E6] *vt* 1 (conmover) to move 2 (asustar) to strike fear into
■ **sobrecogerse** *v pron* 1 (conmoverse) to be moved 2 (asustarse) to be terrified
sobrecubierta *f* dust jacket, dustcover
sobredorar [A1] *vt* to gild, gold plate
sobredosis *f* (*pl* ~) overdose
sobreentender [E8] *vt*: **no lo dijeron, pero quedó sobreentendido** they didn't say so, but it was implied *o* understood; **se sobreentiende que lo tendrá que pagar** it goes without saying that he will have to pay for it
sobreestimar [A1] *vt* to overestimate
sobregirado -da *adj* (esp AmL) overdrawn; **su cuenta está sobregirada en** *or* (Méx) **por 4.000 pesos** she is 4,000 pesos overdrawn
sobregirar [A1] *vt* (esp AmL) to overdraw (on)
■ **sobregirarse** *v pron* to overdraw; **se sobregiró en** *or* (Méx) **por $1.000** he overdrew by $1,000
sobregiro *m* (esp AmL) overdraft
sobrehumano -na *adj* superhuman
sobrellevar [A1] *vt* ‹*dolor/enfermedad*› to endure, bear; ‹*tragedia*› to bear; ‹*soledad*› to endure
sobremanera *adv* (frml) exceedingly (frml); **me molesta ~** I find it really annoying
sobremesa *f* 1 (período): **se emitirá en la ~** it will be shown in the afternoon slot; **programación de ~** afternoon viewing 2 (conversación) after-lunch/after-dinner conversation; **estuvimos de ~** we sat around the table chatting
sobrenatural *adj* supernatural; **lo ~** the supernatural
sobrenombre *m* nickname, sobriquet (frml)
sobrepasar [A1] *vt* 1 ‹*nivel/cantidad*› to exceed, go above; **~ el límite de velocidad** to exceed *o* go over *o* break the speed limit; **sobrepasó el tiempo permitido en 2 segundos** she went over *o* exceeded the time allowed by 2 seconds 2 ‹*persona*› (en capacidad) to outstrip; (en altura) to overtake 3 (Aviac) ‹*pista*› to overshoot
■ **sobrepasarse** *v pron* 1 (excederse): **me sobrepasé en los gastos** I overspent; **no te vayas a ~ con el vino** go easy with the wine 2 (propasarse) to go too far
sobrepelliz *f* surplice
sobrepeso *m* 1 (AmL) (exceso — de equipaje) excess (baggage); (— de carga) excess load *o* weight 2 (Chi, Méx) (de persona): **tiene un ~ de 7 kilos** he's seven kilos overweight
sobreponer [E22] *vt* to superimpose
■ **sobreponerse** *v pron* (recuperarse) to pull oneself together; **~se A algo** to get over sth, recover FROM sth
sobreprecio *m* surcharge
sobreproducción *f* overproduction
sobrepuesto *pp*: *see* **sobreponer**
sobrepujar [A1] *vt* (en subasta) to outbid; (exceder) to outdo
sobresaliente¹ *adj* ‹*actuación*› outstanding; ‹*noticia/hecho*› most significant *o* important
sobresaliente² *m*
A (Educ) *grade between 8.5 and 10 on a scale of 10*
B **sobresaliente** *mf* (Taur) understudy, reserve bullfighter; (Teatr) understudy
sobresalir [I29] *vi* 1 «*alero/viga*» to project, overhang; **el borde sobresale unos tres centímetros** the edge protrudes about three centimeters 2 (ser más alto) to stand out 3 **~ EN algo** ‹*en deportes, idiomas*› to excel *o* shine AT sth; **sobresale por su talento musical** his talent for music sets him apart from the rest
sobresaltar [A1] *vt* to startle, make ... jump
■ **sobresaltarse** *v pron* to jump, be startled
sobresalto *m* fright; **llevarse un ~** to get a fright
sobreseer [E13] *vt* to dismiss
sobreseimiento *m* dismissal
sobresueldo *m* supplementary wage
sobretasa *f* surcharge
sobretiempo *m* (Chi, Per) 1 (horas extra, pago) overtime 2 (Dep) overtime (AmE), extra time (BrE)
sobretodo *m* overcoat
sobrevenir [I31] *vi* «*desgracia/accidente*» to strike; **me sobrevino una extraña sensación** a strange feeling came over me; **le sobrevino la muerte** he was struck down
sobrevida *f* (CS) survival

S

sobrevivencia *f* survival
sobreviviente *adj/mf* ▸ **superviviente**
sobrevivir [I1] *vi* to survive; ~ **A algo** to survive sth
■ **sobrevivir** *vt* ‹*persona*› to outlive, survive
sobrevolar [A10] *vt* to fly over; (Mil) to fly over, overfly
sobriedad *f* (de persona) sobriety, moderation; (de estilo) sobriety, simplicity; **viste con** ~ she dresses simply
sobrino -na (*m*) nephew; (*f*) niece; **mis** ~**s** (sólo varones) my nephews; (varones y mujeres) my nephews and nieces
sobrio -bria *adj*
A [SER] **1** ‹*persona*› sober, restrained, moderate; ‹*hábitos*› frugal; **era** ~ **en la bebida** he drank in moderation **2** ‹*decoración/estilo/color*› sober
B [ESTAR] (no borracho) sober
sobros *mpl* (AmC) leftovers (*pl*)
soca *f*
A (Col, Méx) (de caña) ratoon; (de arroz) shoot; (tabaco) top leaf *o* shoot
B (AmC) (Mús) soca
socaire *m* (fam): **al** ~ **del promontorio** in the shelter of the headland; (Náut) in the lee of the headland; **al** ~ **de algn** under sb's wing, protected by sb
socarrar [A1] *vt* to burn
■ **socarrarse** *v pron* «*comida*» to burn; **se socarró las pestañas** she burned *o* singed her eyelashes
socarrón -rrona *adj* (sarcástico) sarcastic, snide; (taimado) sly, crafty
socarronería *f* sarcastic *o* snide humor•
sócate *m* (Ven) lampholder, socket
socavar [A1] *vt* to undermine
socavón *m* (hoyo) hole; (excavación) shaft, tunnel; (cueva) cave
sociabilidad *f* **1** (cualidad) sociability **2** (Ur) (vida social) socializing; **hacer** ~ to socialize
sociable *adj* sociable
social *adj*
A **1** ‹*problemas/clase/lucha*› social; **las reivindicaciones** ~**es de los trabajadores** the workers' demands for improvements in social conditions **2** ‹*reunión/compromiso*› social
B (Fin) company (*before n*)
socialdemocracia *f* social democracy
socialdemócrata¹ *adj* social democratic
socialdemócrata² *mf* social democrat
socialdemocrático -ca *adj* social democratic
sociales *fpl*
A (Esp fam) (Educ) social sciences (*pl*)
B (Col, Ven, RPl fam) (Period) society column/pages (*pl*)
socialismo *m* socialism
socialista *adj/mf* socialist
socializar [A4] *vt* to socialize
sociedad *f*
A (Sociol) society
(Compuestos)
- **sociedad de consumo** consumer society
- **Sociedad Protectora de Animales** Society for the Prevention of Cruelty to Animals

B (asociación, club) society; **una** ~ **secreta** a secret society; ~ **deportiva** sports club
C (Der, Fin) company
(Compuestos)
- **sociedad anónima** ≈ public corporation (*in US*), ≈ public limited company (*in UK*)
- **sociedad comanditaria** *or* **en comandita** limited partnership
- **sociedad de crédito hipotecario** ≈ savings and loan institution (*in US*), ≈ building society (*in UK*)
- **sociedad de responsabilidad limitada** ≈ limited corporation (*in US*), ≈ (private) limited company (*in UK*)
- **sociedad estatal** state corporation
- **sociedad inmobilaria** (Esp) (que construye) construction company; (que administra) real estate (AmE) *o* (BrE) property management company
- **sociedad mercantil** trading company
- **sociedad mixta** joint venture

D (clase alta) (high) society; **presentarse en** ~ to come out (*as a debutante*)

socio -cia *m,f*
A (miembro) member; **hacerse** ~ **de un club** to join a club
(Compuestos)
- **socio -cia de número** *m,f* full member
- **socio fundador -cia fundadora** *m,f* founding member, founder member
- **socio honorario -cia honoraria** *m,f* honorary member

B (Der, Fin) partner
(Compuestos)
- **socio -cia accionista** *m,f* shareholder
- **socio -cia capitalista** *m,f* silent partner (AmE), sleeping partner (BrE)
- **socio mayoritario -cia mayoritaria** *m,f* majority shareholder

C (fam) (camarada) buddy (AmE colloq), mate (BrE colloq)
sociocultural *adj* sociocultural
socioeconómico -ca *adj* socioeconomic
sociolingüística *f* sociolinguistics
sociología *f* sociology
sociológico -ca *adj* sociological
sociólogo -ga *m,f* sociologist
sociopolítico -ca *adj* sociopolitical
socorrer [E1] *vt* to help, come to the aid of
socorrido -da *adj* ‹*excusa/recurso*› handy, useful
socorrismo *m* (en el agua) lifesaving; (en la montaña) mountain rescue; (primeros auxilios) first aid
socorrista *mf* (en el agua) lifeguard, lifesaver; (en la montaña) mountain rescue worker; (de primeros auxilios) first-aider
socorro *m* help; **pedir** ~ to ask for help; **¡~!** help!; **acudir en** ~ **de algn** to come to sb's aid; **un grito de** ~ a cry for help
soda *f* **1** (bebida) soda water, soda (AmE) **2** (Quím) *tb* ~ **cáustica** caustic soda, sodium hydroxide **3** (AmC) (cafetería) coffee bar
sódico -ca *adj* sodium (*before n*); **cloruro** ~ sodium chloride
sodio *m* sodium
sodomía *f* sodomy
sodomita *mf* sodomite
soez *adj* rude, crude, coarse
sofá *m* sofa, settee, couch
sofá-cama *m* sofa bed
sófero -ra *adj* (Per fam) almighty (colloq), huge (colloq)
sofisma *m* sophism
sofisticación *f* sophistication
sofisticado -da *adj* sophisticated
soflama *f* harangue, fiery speech
soflamero -ra *adj* (Méx fam) melodramatic
sofocación *f* suffocation
sofocante *adj* ‹*calor/temperaturas*› suffocating, stifling; ‹*relación*› stifling
sofocar [A2] *vt* ‹*fuego*› to smother, put out; ‹*motín/revolución*› to stifle, put down
■ **sofocarse** *v pron* (acalorarse) to get upset *o* (colloq) worked up
sofoco *m* **1** (fam) (disgusto): **estaba con un** ~ **terrible** I was so upset **2** (por el calor) suffocation; (en la menopausia) hot flash (AmE), hot flush (BrE)
sofocón *m* (fam): **¡vaya ~!** it was terrible!; **¡se lleva cada** ~ **por nada!** he gets into a terrible state about nothing (colloq), he gets very upset about nothing
sofreír [I35] *vt* to sauté, fry lightly
sofrito *m*: *lightly fried tomatoes, onion, garlic, etc*
software /'sofwer/ *m* software
soga *f* (cuerda) rope; ***estar con la*** ~ ***al cuello*** to have one's back to the wall, be in a real fix (colloq)
sois *see* **ser**
soja *f* (Esp) soy (AmE), soya (BrE)
sojuzgar [A3] *vt* (frml) to subjugate (frml)
sol *m*
A **1** (Astron) sun; **al salir/ponerse el** ~ at sunrise/sunset **2** (Meteo) sun; **brillaba el** ~ the sun was shining; **ayer**

S

hizo *or* **hubo** ~ it was sunny yesterday; **a pleno** ~ in the sun; **un día de** ~ a sunny day; **en esa habitación no da el** ~ that room doesn't get any sunlight *o* sun; **sentémonos al** ~ let's sit in the sunshine; **ayer hubo siete horas de** ~ we had seven hours of sunshine yesterday; ***arrimarse al*** ~ ***que más calienta*** to keep in with the right people; ***de*** ~ ***a*** ~ from morning to *o* till night; ***no dejar a algn ni a*** ~ ***ni a sombra***: **no la deja ni a** ~ **ni a sombra** he doesn't leave her alone for a minute; ***tomar el*** ~ *or* (CS) ***tomar*** ~ to sunbathe; ***un*** ~ ***de justicia*** a blazing sun [3] (Espec, Taur): **localidades de** ~ cheaper seats (*in the sun*)

(Compuesto) **sol naciente/poniente** rising/setting sun

B (fam) [1] (persona encantadora): **es un** ~ she's an angel (colloq) [2] (como apelativo cariñoso): **ven aquí,** ~ **mío** *or* **mi** ~ come here, sweetie *o* darling (colloq)

C (Mús) (nota) G; (en solfeo) so*, sol; ~ **bemol/sostenido** G flat/sharp; **en** ~ **mayor/menor** in G major/minor

D (moneda) sol (*Peruvian unit of currency*)

solamente *adv* ▸**sólo**

solana *f* [1] (sol fuerte) strong sun; **¡qué** ~ **hace!** the sun is really strong [2] (de casa — galería) balcony; (— terraza) sun terrace; (lugar) sunny spot, suntrap

solapa *f* (de chaqueta) lapel; (de bolsillo, libro, sobre) flap

solapado -da *adj* ‹*persona*› sly, underhand (BrE); ‹*maniobra*› surreptitious, sly

solar¹ *adj* ‹*energía/año/placa*› solar; **los rayos** ~**es** the sun's rays

solar² *m*

A (terreno) piece of land, site

B [1] (casa solariega) ancestral home [2] (linaje) lineage

C (Per) (casa de vecindad) tenement building

D (Col, Ven) (patio) backyard

solariego -ga *adj* ancestral

solario, solárium *m* solarium

solaz *m* (liter) (consuelo) solace; (descanso) relaxation, repose

solazarse [A4] *v pron* (liter) to relax

soldadera *f* (Méx) camp follower

soldadesca *f* (pey) (soldados indisciplinados) violent/unruly soldiers (*pl*)

soldado *mf* soldier; ~ **de caballería** cavalryman; ~ **de infantería** infantryman; **alistarse como** ~ to enlist, to join up, to join the army; **el S**~ **Desconocido** the Unknown Soldier

(Compuestos)
- **soldado raso** private
- **soldado** *or* **soldadito de plomo** tin soldier

soldador -dora *m,f*

A (operario) welder

B (utensilio) [1] **soldador** *m* (para soldar con estaño) soldering iron [2] **soldadora** *f* (para soldar sin estaño) welder, welding equipment

soldadura *f* (Tec) [1] (acción — con estaño) soldering; (— sin estaño) welding [2] (efecto) (con estaño) solder; (sin estaño) weld

(Compuesto) **soldadura autógena** autogenous welding

soldar [A10] *vt* (con estaño) to solder; (sin estaño) to weld
■ **soldarse** *v pron* «*metales*» to weld

soleado -da *adj* sunny

solear [A1] *vt* to put … out in the sun

solecismo *m* solecism

soledad *f*: **en la** ~ **de su cuarto** in the solitude of his room; **bebe para olvidar su** ~ she drinks to forget her loneliness; **no soporta la** ~ he can't stand being alone; **pasó sus últimos años en** ~ she spent her last years alone

solemne *adj*

A [1] ‹*acto*› formal, solemn; ‹*promesa*› solemn; ‹*tono*› solemn [2] (Der) ‹*contrato*› solemn

B (*delante del n*) (fam) ‹*mentira*› complete, downright; **una** ~ **estupidez** an extremely stupid remark

solemnidad *f*

A (cualidad) solemnity; ***de*** ~ (fam) extremely, seriously (colloq); **son pobres de** ~ they are extremely poor

B (requisito — formal) formality, solemnity; (— legal) solemnity (tech), legal requirement

solenoide *m* solenoid

soler [E9] *vi* ~ + INF: **suele venir una vez a la semana** she usually comes once a week; **no suele retrasarse** he's not usually late; **lo que se suele olvidar es que …** what tends to be forgotten is …; **solía correr todos los días** he used to go for a run every day; **como suele decirse en estos casos …** as is usually *o* normally said in these cases …; **es, como suele decirse, …** it is, as they say, …

solera *f*

A (tradición, calidad): **calles con mucha** ~ streets which have a lot of character; **una familia con** ~ a family with a long pedigree, a long-established family

B (CS) (Indum) sundress

C (Chi) (de la acera) curb (AmE), kerb (BrE)

D (Per) (sábana) undersheet

> **solera**
>
> A system of blending used in the production of fortified wines such as **jerez**. Only a quarter of a cask of mature wine is drawn off for bottling at any one time, and the cask is then topped up from a cask of younger wine of the same variety. This second cask is topped up with a third, younger wine, and so on up to the fourth cask

solfa *f* sol-fa (syllables); ***darle una*** ~ ***a algn*** (fam) to give someone a hiding (colloq); ***poner algo en*** ~ (fam) (ridiculizar) to poke fun at sth; (poner en duda) to call sth into question

solfear [A1] *vt* to sol-fa

solfeo *m* (asignatura) music theory, sol-fa

solicitado -da *adj* ‹*persona*› in demand; ‹*canción*› popular

solicitante *mf* applicant

solicitar [A1] *vt* ‹*empleo/plaza*› to apply for; ‹*permiso/entrevista/información*› to request, ask for; ‹*servicios/apoyo/cooperación*› to request, ask for; **la oposición solicitó su dimisión** the opposition called for his resignation; **solicite mayor información en nuestras oficinas** further information is available on request from our offices

solícito -ta *adj* (dispuesto a ayudar) attentive, solicitous (frml); (amable) thoughtful, kind; **se mostró muy** ~ he was very attentive *o* obliging

solicitud *f*

A [1] (para trabajo) application; (para licencia) application, request; (para información, ayuda) request; **presentar una** ~ to submit an application/a request; **denegar una** ~ (frml) to reject an application/a request; **recurrieron a la ONU en** ~ **de ayuda** they turned to the UN for help [2] (formulario) application form

B (preocupación) concern, solicitude (frml); (amabilidad) kindness, thoughtfulness

solidaridad *f* [1] solidarity; **en** *or* **por** ~ **con algn** in solidarity with *o* in sympathy with sb [2] (Der) joint and several liability

solidario -ria *adj* [1] (fraterno) supportive; **un gesto** ~ a gesture of solidarity; **recibió el apoyo** ~ **de sus compañeros** she received warm support from her colleagues [2] (Der) ‹*obligación*› binding on all parties; ‹*deudor*› jointly and severally liable

solidarizar [A4] *vi* ~ CON **algn** to support sb
■ **solidarizarse** *v pron* ~**se** CON **algn** to support sb; **se** ~**on con los mineros en huelga** they gave their support to the striking miners; ~**se** CON **algo** to support sth, to back sth

solidez *f* (de muro, edificio) solidity; (de argumento) soundness, solidness; (de empresa) soundness; (de relación) strength

solidificación *f* solidification

solidificarse [A2] *v pron* to solidify, harden

sólido¹ -da *adj*

A [1] ‹*estado/alimentos*› solid [2] ‹*muro/edificio*› solid; ‹*base*› solid, firm; ‹*mueble/zapatos*› solid, sturdy [3] ‹*terreno*› solid, hard [4] ‹*color*› fast

B [1] ‹*argumento/razonamiento*› solid, sound; ‹*preparación/principios*› sound [2] ‹*empresa*› sound; ‹*relación*› steady, strong

sólido² *m* [1] (Fís, Mat) solid [2] **sólidos** *mpl* (Med) solids (*pl*)

soliloquio *m* soliloquy

solista *mf* soloist

solitaria *f* tapeworm

solitario¹ -ria *adj* 1 ‹*persona/animal*› solitary; **lleva una vida muy solitaria** he leads a very solitary existence; **tuvo una niñez muy solitaria** she had a very lonely childhood; **canta en ~** he sings solo 2 ‹*calles*› empty, deserted; ‹*paraje/lugar*› lonely, solitary

solitario² -ria *m,f*
A (persona) loner, solitary (liter)
B **solitario** *m* 1 (Jueg) solitaire (AmE), patience (BrE); **hacer un ~** to play solitaire *o* patience 2 (diamante) solitaire

soliviantar [A1] *vt* ‹*tropas*› to incite ... to mutiny; ‹*masas/trabajadores*› to stir up, incite
■ **soliviantarse** *v pron* «*tropas*» to mutiny; «*masas/trabajadores*» to rebel, rise up

sollozar [A4] *vi* to sob

sollozo *m* sob; **prorrumpió en ~s** he began sobbing

solo¹ -la *adj* 1 (sin compañía): **estar/sentirse ~** to be/feel lonely; **no tiene amigos allí, está muy ~** he doesn't have any friends out there, he's all alone; **lo dejaron ~** (sin compañía) they left him on his own *o* by himself; (para no molestar) they left him alone; **el niño ya camina ~** the baby's walking on his own now; **¡qué bonito! ¿lo hiciste tú solito?** isn't that lovely! did you do it all by yourself?; **es mentirosa como ella sola** she's the biggest liar I know; **baila como ella sola** nobody dances like her; **hablar ~** to talk to oneself; **a solas** alone; ***quedarse más ~ que la una*** (fam & hum) to be left all by oneself; ***más vale (estar) ~ que mal acompañado*** it's better to be on your own than with people you don't like 2 ‹*café/té*› black; ‹*whisky*› straight, neat; ‹*pan*› dry 3 (*delante del n*) (único): **lo haré con una sola condición** I'll do it on one condition; **no puso ni una sola objeción** she didn't raise one *o* a single objection; **su sola presencia me molestaba** her very *o* mere presence upset me

solo² *m*
A (Mús) solo; **un ~ de violín** a violin solo
B (Esp) (café) black coffee

sólo *adv* [*The accented spelling remains the norm despite the Real Academica Española's recommended form* **solo**] only; **~ quería ayudarte** I only wanted to help, I was only *o* just trying to help; **~ quiero que me lo expliques** I just want you to explain it to me; **es ~ un momento** it will only take a moment; **¡pero si es ~ un niño!** but he's just *o* only a child!; **~ de pensarlo me dan escalofríos** just *o* merely thinking about it makes me shudder; **no ~ estudia sino que también trabaja** she isn't just studying, she's working as well; **~ con mencionar su nombre me dejaron pasar** I only had to mention his name and they let me through; **podríamos ir ~ que no tengo coche** we could go except that I don't have a car

solomillo *m* fillet/tenderloin/sirloin steak

solsticio *m* solstice; **~ de invierno/de verano** winter/summer solstice

soltar [A10] *vt*
A (dejar ir) to release; **~on varios toros en las fiestas** during the festivities they let several bulls loose in the streets; **soltó al perro** he let the dog off the leash; **le solté el perro** I set the dog on him
B (dejar de tener agarrado) to let go; **aguanta esto y no lo sueltes** hold this and don't let go of it; **soltó el dinero y huyó** he dropped/let go of the money and ran; **suéltame, que me haces daño** let (me) go *o* let go of me, you're hurting me; **no suelta un peso** you can't get a penny out of him; **¡suelta la pistola!** drop the gun!; **no pienso ~ este puesto** I've no intention of giving up this position
C 1 (desatar) ‹*cuerda/cable*› to undo, untie; **~ amarras** to cast off 2 (aflojar): **suelta la cuerda poco a poco** let *o* pay out the rope gradually 3 ‹*freno*› to release; ‹*embrague*› to let out 4 (desatascar) ‹*cable/cuerda*› to free; ‹*tuerca*› to ondo, get ... undone
D (desprender) ‹*calor/vapor*› to give off; ‹*pelo*› to shed; ‹*jugo*›: **cuando la carne ha soltado el jugo** when the juice has come out from the meat
E 1 ‹*carcajada*› to let out; ‹*palabrotas/disparates*› to come out with; ‹*grito*› to let out, give; **no soltó palabra** he didn't say *o* utter a word; **siempre suelta el mismo rollo** (fam) she always comes out with the same old stuff (colloq) 2 (dar) (+ *me/te/le etc*): **le solté un tortazo** I clobbered him (colloq)
F (fam) ‹*vientre*› (+ *me/te/le etc*): **te suelta el vientre** it loosens your bowels
■ **soltarse** *v pron*
A (*refl*) «*persona/animal*» (desasirse): **no te sueltes (de la mano)** don't let go of my hand; **el perro se soltó** the dog got loose; **el prisionero consiguió ~se** the prisoner managed to free himself *o* get free
B (desatarse) «*nudo*» to come undone, come loose; (aflojarse) «*nudo*» to loosen, come loose; «*tornillo*» to work loose; **~se el pelo** let one's hair down
C (adquirir desenvoltura): **necesita práctica para ~se** she needs practice to gain confidence; **se soltó más con el francés** his French became more fluent

soltería *f*: *the fact or state of being unmarried*; (en hombre) bachelorhood (frml); (en mujer) spinsterhood (frml)

soltero¹ -ra *adj* single; **soy** *or* (esp Esp) **estoy soltera** I'm single *o* I'm not married; **quedarse ~** to stay single

soltero² -ra (*m*) single man, bachelor; (*f*) single woman, spinster (dated *or* pej)

solterón -rona (pey) (*m*) old *o* confirmed bachelor; (*f*) old maid (pej)

soltura *f* (de una persona): **habla dos idiomas con ~** he speaks two languages fluently; **se desenvuelve con ~ en cualquier situación** she is at ease in any situation

solubilidad *f* solubility

soluble *adj*
A (Quím) soluble; **~ en agua** water-soluble
B ‹*problema*› soluble, solvable

solución *f* 1 (Mat, Quim) solution 2 (salida, remedio) solution; **encontrar una ~ a algo** to resolve sth, to find a solution to sth; **una ~ negociada** a negotiated settlement *o* solution; **son asuntos de difícil ~** there are no easy answers to these problems; **este chico no tiene ~** (fam) this kid is a hopeless case (colloq)
(Compuesto) **solución de continuidad** break, interruption

solucionar [A1] *vt* ‹*problema*› to solve; ‹*asunto/conflicto*› to settle, resolve
■ **solucionarse** *v pron* «*problema*» to be resolved; **a ver si se soluciona lo de la casa** let's hope we get the problem of the house resolved *o* (colloq) sorted out; **al final todo se solucionó** everything worked out in the end

solvencia *f* (Fin) solvency

solventar [A1] *vt* 1 ‹*gastos*› to pay; ‹*cuenta*› to pay, settle; ‹*deuda*› to pay (off), settle 2 ‹*dificultad/asunto*› to resolve, settle

solvente¹ *adj* (Fin) solvent

solvente² *m* solvent

somalí *adj/mf* Somali

Somalia *f* Somalia

somanta *f* (Esp fam): **le voy a dar una ~ de palos** I'm going to give him a good thrashing *o* hiding (colloq)

somático -ca *adj* somatic

sombra *f*
A 1 (lugar sin sol) shade; (proyección) shadow; **las ~s de los árboles** the shadows of the trees; **sentarse a** *or* **en la ~** to sit in the shade; **este árbol casi no da ~** this tree gives hardly any shade; **quítate que me haces** *or* **das ~** move out of the way, you're blocking (out) the sun; **parece mi ~, me sigue a todas partes** he's like my shadow, he follows me everywhere; **no es (ni) ~ de lo que era** he's a shadow of his former self; ***a la ~ de algn*** under the protection *o* the wing of sb; ***hacerle ~ a algn*** to put sb in the shade; ***tener mala ~*** to be a nasty piece of work (colloq) 2 (Espec, Taur): **localidades a la ~** more expensive seats (*in the shade*) 3 (atisbo, indicio): **sin la menor ~ de duda** without a shadow of a doubt 4 (mancha) blemish; **en su historial no hay ninguna ~** his record is spotless
(Compuestos)
• **sombra de** *or* **para ojos** eyeshadow
• **sombras chinescas** *fpl* shadow play
B (Art) shade
C (fam) (cárcel) cooler (AmE colloq), nick (BrE colloq); **se pasó ocho años a la ~** he spent eight years inside (colloq)

sombreado *m* shading

sombrear [A1] *vt* to shade in

S

sombrerera *f* (caja) hatbox; (percha) (Per) hat rack

sombrerería *f* 1 (tienda — de caballeros) hat shop; (— de señoras) hat shop, milliner's 2 (fábrica) hat factory

sombrerero -ra *m,f* (de mujer) milliner, hatter; (de hombre) hatter

sombrero *m* hat; **entró sin ~** he came in bareheaded *o* without a hat; ***hay que sacarle el ~*** (CS) I take my hat off to him/her; ***pasar el ~*** to pass the hat around; ***quitarse el ~*** (para saludar) to raise one's hat; (en señal de admiración): **me quito el ~** I take my hat off to her/him

Compuestos

- **sombrero de copa** top hat
- **sombrero de jipijapa** Panama (hat)
- **sombrero de tres picos** three-cornered hat, cocked hat
- **sombrero hongo** derby (AmE), bowler (hat) (BrE)
- **sombrero jarano** Mexican sombrero

sombrilla *f* 1 (de mano) parasol; (de playa) sunshade, beach umbrella 2 (Col, Ven) (paraguas) lady's umbrella

sombrío -bría *adj* (liter) ‹*lugar*› (umbrío) dark 2 (lúgubre) cheerless, dismal; ‹*persona*› gloomy

somero -ra *adj* superficial, summary (frml)

someter [E1] *vt*

A 1 (dominar): **logró ~ a todo el país** he managed to subjugate *o* conquer the whole country; **fue necesario usar la fuerza para ~lo** they had to use force to subdue him 2 (subordinar): **los sometió a su autoridad** he forced them to submit to his authority; **quieren ~ nuestros intereses a los suyos** they are trying to put their interests before ours

B 1 (a torturas, presiones) to subject 2 (a tratamiento): **fue sometido a una intervención quirúrgica** he had surgery *o* an operation 3 (a prueba) to subject; **someten los productos a pruebas de calidad** the products are subjected to *o* undergo quality control tests; **el avión fue sometido a una minuciosa revisión** the aircraft was given a thorough overhaul 4 (a votación, aprobación): **el proyecto de ley será sometido a votación** the bill will be put to the vote; **la propuesta será sometida a la aprobación de los socios** the proposal will be submitted to *o* put before the members for approval

■ **someterse** *v pron* 1 (a autoridad) to submit to, yield to; (a capricho) to give in to; (a ley) to comply with 2 (a prueba, exámen, operación) to undergo

sometimiento *m*

A (de un pueblo) subjection, subjugation

B 1 (a autoridad) submission; (a ley) compliance 2 (a prueba, proceso) subjection; **para su ~ a pruebas bacteriológicas** so that they can undergo bacteriological tests

somier /so'mje(r)/ *m* (*pl* **-miers** *or* **-mieres**) sprung bed base

somnífero *m* sleeping pill, soporific (frml)

somnolencia *f* drowsiness, sleepiness; **me entró una ~ terrible** I started to feel terribly sleepy *o* drowsy; **el vino le produce ~** wine makes him sleepy; **este fármaco puede provocar ~** this drug may cause drowsiness

somnoliento -ta *adj* sleepy, drowsy

somos *see* **ser**

son[1] *m*

A 1 (sonido) sound; **al ~ del violín** to the strains *o* to the sound of the violin; ***bailar al ~ de la música que me/te/le tocan*** to toe the line 2 **en son de**: **lo dijo en ~ de burla** she said it mockingly *o* in a mocking tone; **venimos en ~ de paz** we come in peace

B (canción latinoamericana) *song with a lively, danceable beat*

son[2] *see* **ser**

sonado -da *adj*

A ‹*boda/suceso/noticia*› much-talked-about; **fue muy ~** everybody was talking about it

B 1 ‹*boxeador*› punch-drunk 2 (fam) (torpe) stupid (colloq)

C (AmL fam) (en dificultades) [ESTAR] in a mess (colloq), in trouble (colloq); **si no hay nadie en casa, estoy ~** if there's nobody home, I've had it (colloq)

sonaja *f* (Méx) rattle

sonajero *m* rattle

sonambulismo *m* sleepwalking, somnambulism (frml)

sonámbulo[1] **-la** *adj* somnambulistic (frml); **es ~** he sleepwalks, he walks in his sleep

sonámbulo[2] **-la** *m,f* sleepwalker, somnambulist (frml)

sonar[1] [A10] *vi*

A «*teléfono/timbre*» to ring; «*disparo*» to ring out; **el despertador sonó a las cinco** the alarm went off at five o'clock; **cuando suena la sirena** when the siren goes; **~on las doce en el reloj** the clock struck twelve; **¡cómo me suenan las tripas!** (fam) my tummy's rumbling (colloq)

B (+ *compl*) 1 «*motor/instrumento*» to sound; «*persona*» to sound; **suena a hueco/a metal** it sounds hollow/metallic *o* like metal 2 «*palabra/expresión*» to sound; **se escribe como suena** it's spelled as it sounds; ***(así) como suena*** just like that, as simple as that

C 1 (resultar conocido) (+ *me/te/le etc*): **me suena tu cara** your face is *o* looks familiar; **¿de qué me suena ese nombre?** where do I know that name from?; **¿te suena este refrán?** does this proverb ring a bell (with you) *o* sound familiar to you? 2 (parecer) **~ A algo** to sound like sth; **me suena a una de sus invenciones** it sounds to me like one of his stories

D 1 (AmL fam) (fracasar): **soné en el examen** I blew the exam (colloq), I blew it in the exam (colloq); **sonamos** we've had it now, we've blown it now (colloq) 2 (CS fam) (descomponerse, estropearse) to pack up (colloq) 3 (CS fam) (morirse) to kick the bucket (colloq)

■ **sonar** *vt*

A 1 (+ *me/te/le etc*) ‹*nariz*› to wipe; **suénale la nariz** wipe her nose for her, will you? 2 ‹*trompeta*› to play

B (Méx fam) 1 (pegar) ‹*persona*› to thump (colloq), to clobber (colloq) 2 (en competición) to beat, thrash (colloq)

■ **sonarse** *v pron*: *tb* **~se la nariz** to blow one's nose

sonar[2] *m* sonar

sonata *f* sonata

sonda *f* 1 (Med) catheter; **le pusieron una ~** he was fitted with a catheter 2 (para perforar) drill 3 (Náut) sounding line, lead line 4 (Espac, Meteo) probe

Compuesto **sonda espacial** space probe

sondar [A1] *vt* 1 (Med) to catheterize 2 (Min, Tec) to test drill, sink a borehole in 3 (Náut) to sound 4 (Espac, Meteo) to explore, probe

sondear [A1] *vt* ‹*opinión*› to sound out; ‹*mercado*› to test; ▸ **sondar 2, 3, 4**

sondeo *m*

A (encuesta) poll, survey

Compuesto **sondeo de opinión** opinion poll

B (perforación) test drilling; (Náut) sounding; (Espac, Meteo) exploration

soneto *m* sonnet

sónico -ca *adj* sonic

sonido *m* sound

soniquete *m* droning

sonoridad *f* 1 (de instrumento) tone; (de voz) sonority, tone 2 (Ling) voice

sonorización *f* 1 (de película) addition of a soundtrack 2 (de lugar, recinto) installation of a sound system 3 (Ling) voicing

sonorizar [A4] *vt* ‹*local/recinto*› to install a sound system in; (Ling) to voice

sonoro -ra *adj* ‹*golpe*› resounding, loud; ‹*voz/lenguaje*› sonorous, resonant; (Ling) voiced

sonreír [I18] *vi* 1 «*persona*» to smile; **~(le) A algn** to smile AT sb 2 «*vida/fortuna*» (+ *me/te/le etc*) to smile on; **el futuro le sonríe** his future is bright

■ **sonreírse** *v pron* to smile

sonriente *adj* ‹*ojos/expresión*› smiling (*before n*); **hoy estás muy ~** you're looking very happy today

sonrisa *f* smile; **siempre tiene la ~ en los labios** she's always smiling; **con una ~ de oreja a oreja** grinning from ear to ear

sonrojar [A1] *vt* to make … blush

■ **sonrojar** *vi*: **hacer ~ a algn** to make sb blush

■ **sonrojarse** *v pron* to blush

sonrosado -da *adj* rosy, pink

sonsacar [A2] *vt*: **me costó trabajo ~le la verdad** I had a hard time getting the truth out of her; **le ~on el secreto** they wormed *o* got the secret out of him

sonsera *f* (Col, RPl fam): **no digas ~s** don't talk nonsense *o* (BrE colloq) rubbish!; **¡qué ~!** that was a really stupid *o* that was a (AmE) dumb thing to do (colloq)

sonso -sa *adj/m,f* ▸**zonzo**

sonsonete *m* 1 (tono monótono) drone, droning 2 (cantaleta): **me tienes harta con ese ~** I'm fed up with your constant nagging (*o* complaining *etc*)

soñado -da *adj* (AmL fam) divine (colloq), heavenly (colloq); *ver tb* **soñar**

soñador¹ -dora *adj* ‹*mirada*› dreamy, faraway; **soy muy ~** I'm a real dreamer

soñador² -dora *m,f* dreamer

soñar [A10] *vt* 1 (durmiendo) to dream; ***ni lo sueñes*** *or* ***ni ~lo*** (fam) no way! (colloq) 2 (fantasear) to dream; **la casa soñada** her/his/their dream house

■ **soñar** *vi* 1 (durmiendo) to dream; **~ con algo/algn** to dream ABOUT sth/sb; **anoche soñé contigo** I dreamed *o* I had a dream about you last night; **que sueñes con los angelitos** (fr hecha) sweet dreams 2 (fantasear) to dream; **~ despierto** to daydream; **~ con algo** to dream OF sth; **sueña con volver a su país** he dreams about *o* of going back home

soñolencia *f* ▸**somnolencia**

soñoliento -ta *adj* ▸**somnoliento**

sopa *f* (caldo) soup; **~ de verduras** vegetable soup; **~ de sobre** packaged soup (AmE), packet soup (BrE); ***comer*** *or* ***vivir a la ~ boba*** (Esp fam) to live at sb else's expense, live off sb; ***hasta en la ~*** (fam) all over the place (colloq); ***hecho una ~*** (fam) soaked to the skin (colloq), drenched

sopapo *m* (fam) (bofetón) slap, smack (colloq); **darle un ~ a algn** to slap *o* smack sb

sope *m* (Méx) *fried tortilla topped with refried beans, onion and hot sauce*

sopear [A1] *vt* (Chi, Méx) to mop up (*with bread etc*)

sopera *f* soup tureen

sopero -ra *adj* soup (*before n*)

sopesar [A1] *vt* ‹*situación/ventajas*› to weigh up; ‹*palabras*› to weigh

soplagaitas *mf* twit (colloq), twerp (colloq)

soplamocos *m* (*pl* ~) (fam) slap, smack (colloq)

soplar [A1] *vi*

A 1 (con la boca) to blow; **sopla fuerte** blow hard 2 «*viento*» to blow; **sopla un viento muy fuerte** there's a strong wind (blowing)

B (fam) (en examen) to whisper (*answers in an exam*)

■ **soplar** *vt*

A 1 ‹*vela*› to blow out; ‹*fuego/brasas*› to blow on; **sopló el polvo que había sobre los libros** she blew the dust off the books 2 ‹*vidrio*› to blow

B 1 (fam) ‹*respuesta*› (en examen) to whisper 2 (arg) (a la policía) to give … away; **alguien debió ~les el lugar donde se escondían** someone must have squealed and told the police where they were hiding (sl)

C (fam) 1 (robar) to swipe (colloq), to pinch (BrE colloq); (cobrar) to sting (colloq); **me ~on 10.000 pesos** they stung me (for) 10,000 pesos 2 ‹*pieza/ficha*› to take

■ **soplarse** *v pron*

A (fam) ‹*bebida*› to down (colloq); ‹*plato*› to wolf down (colloq)

B (AmL fam) (vencer) to beat

C (Méx, Per fam) (aguantar) ‹*persona*› to put up with; ‹*discurso/película*› to sit through, suffer

D (Méx, RPl fam) (matar) to do … in (colloq)

soplete *m* 1 (para soldar) gas welding torch; (para quitar pintura) blowtorch 2 (CS) (para pintar) spray gun; **pintar a ~** to spray-paint

soplido *m* puff

soplo *m*

A 1 (soplido) puff; **de un ~** with one puff, in one go; ***como un ~*** (fam): **la mañana se me ha pasado como un ~** the morning has flown past *o* whizzed by (colloq) 2 (de aire) puff; (más fuerte) blast 3 (de viento) puff; (más fuerte) gust 4 (Metal) blast

B (fam) (chivatazo): **alguien dio el ~ a la policía** someone tipped off the police (colloq); **me dieron un ~ para la carrera** they gave me a hot tip for the race (colloq)

C (Med) heart murmur

soplón -plona *m,f* 1 (fam) (en colegio) tittle-tattle (AmE colloq), telltale (BrE colloq) 2 (fam) (a la policía) informer, stoolie (AmE colloq), grass (BrE colloq)

soponcio *m* (fam) 1 (desmayo): **le dio un ~** she fainted 2 (ataque de nervios) fit (colloq); **le va a dar un ~ cuando se entere** he'll have a fit when he finds out (colloq)

sopor *m* 1 (somnolencia) drowsiness, sleepiness 2 (letargo) torpor

soporífero¹ -ra *adj* ‹*efecto/discurso/clase*› soporific

soporífero² *m* sleeping pill, soporific (frml)

soportable *adj* bearable

soportal *m* 1 (de casa) porch 2 **soportales** *mpl* (de calle) arcade, colonnade

soportar [A1] *vt*

A 1 ‹*situación/frío/dolor*› to put up with, bear, endure (frml); ‹*persona*› to put up with; **no soporto este calor/la gente así** I can't stand this heat/people like that; **soportó el dolor sin quejarse** she put up with *o* bore the pain without complaint

B ‹*peso/carga*› to support, withstand; ‹*presión*› to withstand

soporte *m* 1 (de estante) bracket; (de viga) support; (de maceta, portarretratos) stand 2 (Inf) medium

(Compuesto) **soporte físico/lógico** (Inf) hardware/software

soprano *mf* soprano

soquete *m*

A (CS) (Indum) ankle sock

B (Chi) (Elec) lampholder, socket

C (Col, Méx, RPl fam) (tonto) fool, idiot

sor *f* (Relig) sister

sorber [E1] *vt* 1 (beber) to suck in *o* up; (tomar poco a poco) to sip 2 «*esponja*» to absorb, soak up

■ **sorberse** *v pron*: **~se los mocos** (fam) to sniff *o* sniffle

sorbete *m* sherbet (AmE), sorbet (esp BrE)

sorbo *m* 1 (cantidad pequeña) sip; **bébetelo a sorbitos** sip it 2 (trago grande) gulp; **de un ~** in one gulp

sordera *f* deafness

sordidez *f* (suciedad) squalor, sordidness; (de tema, negocio) sordidness

sórdido -da *adj* ‹*lugar/ambiente*› squalid; ‹*asunto/libro*› sordid

sordina *f* (de trompeta, violín) mute; (de piano) damper

sordo¹ -da *adj*

A (Med) deaf; **se quedó ~** he went deaf; **es ~ de nacimiento** he was born deaf

B ‹*ruido/golpe*› dull, muffled; ‹*dolor*› dull; (Ling) voiceless

sordo² -da *m,f* deaf person; **una escuela para ~s** a school for the deaf; ***hacerse el ~*** to pretend not to hear

sordomudo¹ -da *adj* deaf-mute (*before n*), deaf and dumb (BrE)

sordomudo² -da *m,f* deaf-mute

sorgo *m* sorghum

soriasis *f* psoriasis

sorna *f* sarcasm; **se lo dijo con ~** she said it in a sarcastic *o* sardonic way

sorocharse [A1] *v pron* (Andes) (en la montaña) to get altitude *o* mountain sickness

soroche *m* (Andes) (en la montaña) mountain sickness, altitude sickness

sorprendente *adj* surprising

sorprender [E1] *vi* to surprise; **me sorprende que no lo sepas** I'm surprised you don't know

■ **sorprender** *vt* 1 (coger desprevenido) to surprise, catch … unawares; **nos sorprendió la lluvia** we got caught in the rain 2 ‹*mensaje*› to intercept; ‹*conversación*› to overhear

■ **sorprenderse** *v pron* to be surprised; **¿de qué te sorprendes?** what are you so surprised about?

sorprendido -da *adj* surprised; **me miró ~** he looked at me in surprise; **quedarse ~** to be surprised; **yo fui el primer ~** nobody was more surprised than me; *ver tb* **sorprender**

sorpresa¹ *f* 1 (emoción) surprise; **¡qué ~!** what a surprise!; **se va a llevar una ~** she's going to be surprised, she's in for a surprise (colloq); **causar ~** to come as a surprise; **me miró con cara de ~** he looked at me in surprise; **para mi gran ~** *or* **con gran ~ por mi parte** to my great surprise; ***tomar*** *or* (esp Esp) ***coger a algn de*** *or*

S

por ~ to take sb by surprise **2** (regalo) surprise; **te he traído una ~** I've brought you a surprise

sorpresa² *adj inv* ‹*fiesta/ataque*› surprise (*before n*)

sorpresivo -va *adj* (AmL) surprise (*before n*), unexpected

sortear [A1] *vt*

A ‹*premio/puesto*› to draw lots for; **~on los puestos de salida** they drew lots to decide the starting positions; **se ~á un coche** there will be a prize draw for a car

B **1** ‹*bache/obstáculo*› to avoid, negotiate **2** ‹*problema/dificultad*› to get around; **sorteó las preguntas con habilidad** he dealt with the questions skillfully

sorteo *m* **1** (de premio) draw; **por ~** by drawing lots **2** (Mil) (de quintos) *drawing of lots to decide draft postings*

sortija *f* **1** (anillo) ring **2** (en el pelo) ringlet

sortilegio *m* (embrujo) spell, charm; (brujería) sorcery; (adivinación) fortune-telling

sos: *equivalent of 'eres' in Central America and the River Plate area*

SOS *m* SOS, distress call

sosa *f* soda; **~ cáustica** caustic soda

sosegado -da *adj* ‹*vida*› quiet, peaceful; ‹*persona*› calm; **lo encontré más ~** he seemed calmer

sosegar [A7] *vt* to calm

■ **sosegarse** *v pron* ‹‹*persona/ánimos*›› to calm down; ‹‹*niños*›› to quieten down; ‹‹*mar*›› (liter) to become calm

sosiego *m* peace; **un día de ~** a quiet day

soslayar [A1] *vt* ‹*dificultad/obstáculo*› to avoid, get around; ‹*pregunta*› to dodge, avoid

soslayo *m*: **mirar a algn de ~** to give sb a sidelong glance

soso -sa *adj* **1** ‹*comida*› (sin sabor) bland, tasteless; **está ~** (sin sabor) it's bland *o* tasteless; (sin sal) it needs more salt **2** ‹*persona/película*› boring, dull; ‹*estilo*› flat, drab

sospecha *f* suspicion; **tengo la ~ de que ...** I suspect *o* I have a feeling that ...; **despertar las ~s de algn** to arouse sb's suspicions; **estar por encima de toda ~** to be above suspicion

sospechar [A1] *vt* to suspect; **¡ya me lo sospechaba!** just as I suspected!

■ **sospechar** *vi*: **me hizo ~** it made me suspicious; **~ DE algn** to suspect sb, have one's suspicions ABOUT sb

sospechoso¹ -sa *adj* ‹*movimiento/comportamiento*› suspicious; ‹*paquete*› suspicious, suspect; **tres hombres de aspecto ~** three suspicious-looking men; **relojes de origen ~** watches of dubious origin; **me parece muy ~** I find it very *o* highly suspicious

sospechoso² -sa *m,f* suspect

sostén *m* **1** (físico) support; (económico) means of support **2** (Indum) bra, brassiere

sostener [E27] *vt*

A (apoyar) **1** ‹*estructura/techo*› to hold up, support; ‹*carga/peso*› to bear; **tenían que ~lo los dos** it needed both of them to support him *o* hold him up *o* prop him up **2** (en un estado) to keep; **lo único que la sostiene es su fuerza de voluntad** it's sheer willpower that keeps her going **3** (sustentar) ‹*familia*› to support, maintain

B (sujetar, tener cogido) ‹*paquete*› to hold; **no tengas miedo, yo te sostengo** don't be afraid, I've got you *o* I'm holding you; **sostén la puerta** hold the door open

C ‹*conversación/relación/reunión*› to have; **la polémica que sostiene con Godoy** the dispute that he and Godoy are engaged in

D **1** (opinar) to hold; **yo siempre he sostenido que ...** I have always maintained *o* held that ... **2** ‹*argumento/afirmación*› to support, back up

E **1** ‹*lucha/ritmo/resistencia*› to keep up, sustain; **ella sostuvo mi mirada** she held my gaze **2** (Mús) ‹*nota*› to hold, sustain

■ **sostenerse** *v pron*

A **1** (no caerse): **la estructura se sostiene sola** the structure stays up without support; **apenas se sostenía en pie** he could hardly stand **2** (en un estado) to remain; **se sostuvo en el poder** she managed to stay *o* remain in power; **la economía se ha sostenido firme** the economy has held firm; **se sostuvo en su negativa** he stuck firmly to his refusal

B (mantenerse): **no puede ~se con lo que gana** he can't support himself on what he earns; **se sostiene a base de leche** she lives on *o* survives on milk

sostenible *adj* sustainable

sostenido -da *adj* sharp; **re ~** D sharp

sostuve, sostuvo, etc *see* **sostener**

sota *f* jack (*in Spanish pack of cards*)

sotana *f* cassock, soutane

sótano *m* (habitable) basement; (para almacenamiento) cellar, basement

sotavento *m* leeward; **a ~** to leeward

soterrar [A5] *vt* ‹*objeto*› to bury; ‹*recuerdo/sentimiento*› to bury, hide

soto *m* (arboleda) grove, copse; (matorral) thicket

sotobosque *m* undergrowth

sotol *m* (Méx) **1** (planta) sotol **2** (bebida) *type of pulque*

soufflé /su'fle/ *m* (*pl* **-fflés**) soufflé

souvenir /suβe'nir/ *m* (*pl* **-nirs**) souvenir

soviético -ca *adj/m,f* (Hist) Soviet

soy *see* **ser**

soya *f* (AmL) soy (AmE), soya (BrE)

sport /(e)s'por/ *m*: **ropa (de) ~** leisure wear, casual clothes (*pl*); **iban vestidos de ~** they were casually dressed

spot /(e)s'pot/ *m* (*pl* **spots**) *tb* **~ publicitario** (espacio) slot; (anuncio) commercial, advertisement (BrE)

spray /(e)s'prai/ *m* (*pl* **sprays**) spray; **desodorante en ~** spray *o* spray-on deodorant

Sr. *m* (**= señor**) Mr; **~ (Don) Miguel López Ríos** (Corresp) Mr M. López Ríos, Miguel López Ríos, Esq (frml)

Sra. *f* (**= señora**) Mrs; **~ (Doña) Ana Fuentes de Luengo** (Corresp) Mrs A. Luengo

S.R.C. (**= se ruega contestación**) RSVP

S/ref. (**= su referencia**) your ref

Sres. *mpl* **= señores**

S.R.L. *f* (**= Sociedad de Responsabilidad Limitada**) Ltd

Srta. *f* (**= señorita**) Miss

ss.

A **= siguientes**

B **= siglos**

SS **1** (**= Su Santidad**) H.H. **2** (Mil) **la ~** *or* **las ~** the SS **3** (Servs Socs) (en Méx) **= Secretaría de Salud**

SS.MM. **= Sus Majestades**

S.S.S. (ant) (Corresp) **= su seguro servidor**

Sta. (**= Santa**) St

standing /(e)s'tandin/ *m* standing; **un piso de alto ~** luxury *o* top quality apartment

status /(e)s'tatus/ *m* (*pl* **~**) status

status quo *m* status quo

Sto. (**= Santo**) St

stock /(e)s'tok/ *m* (*pl* **stocks**) stock

stop /(e)s'top/ *m* (disco) stop sign; **se saltó un ~** he went through *o* (AmE) ran the stop sign

su *adj* (*delante del n*) **1** (de él) his; (de ella) her; (de usted, ustedes) your; (de ellos, ellas) their; (de animal, cosa) its; **cuando uno ha perdido ~ última esperanza** when one's last hope is gone **2** (uso enfático): **pesará ~s buenos 90 kilos** he must weigh a good 90 kilos

suave *adj*

A ‹*piel/cutis*› smooth, soft; ‹*pelo*› soft; ‹*superficie/pasta*› smooth; **~ al tacto** smooth to the touch

B **1** ‹*tono*› gentle; ‹*acento/música*› soft **2** ‹*color*› soft, pale **3** ‹*sabor*› (no fuerte) delicate, mild; (sin acidez) smooth

C **1** ‹*movimiento/gesto*› gentle, slight **2** ‹*temperaturas/clima*› mild; ‹*brisa*› gentle **3** ‹*modales/carácter/reprimenda*› mild, gentle **4** ‹*cuesta/curva*› gentle, gradual **5** ‹*jabón/champú*› gentle, mild **6** ‹*laxante/sedante*› mild

D (Méx fam): ***llevársela ~ con algo*** to go easy on sth (colloq)

E (Méx fam) (fantástico): **¡qué ~!** great! (colloq), fantastic! (colloq)

suavemente *adv* gently; **se deslizaba ~ por el agua** it slid smoothly through the water; **me habló ~** she talked softly to me

S

suavidad *f* (de la piel) smoothness, softness; (de jabón, champú) gentleness, mildness; (de tono, acento) gentleness, softness; (de color) softness, paleness; (de movimiento) gentleness; (de carácter) mildness, gentleness

suavizante *m* (para el pelo) conditioner; (para la ropa) fabric softener *o* conditioner

suavizar [A4] *vt* ‹*piel*› to leave … smooth/soft; ‹*color*› to soften, tone down; ‹*sabor*› to tone down; ‹*carácter*› to mellow, make … gentler; ‹*dureza/severidad*› to soften, temper; ‹*situación*› to calm, ease; **~on el régimen penitenciario** they relaxed the prison regulations

■ **suavizarse** *v pron* «*piel*» to become smoother/softer; «*carácter*» to mellow, become gentler; «*situación*» to calm down, ease

subacuático -ca *adj* underwater (*before n*)

subalimentación *f* undernourishment

subalimentado -da *adj* undernourished, underfed

subalterno¹ -na *adj* (Adm, Mil) subordinate; (secundario) secondary

subalterno² -na *m,f* 1 (en jerarquía) subordinate 2 (Taur) *member of a matador's support team*

subarrendar [A5] *vt* to sublease, sublet

subarrendatario -ria *m,f* subtenant, sublessee (frml)

subarriendo *m* (acción) subleasing, subletting; (acuerdo) sublease, subtenancy, sublet

subasta *f* 1 (venta) auction; **sacar algo a ~** to put sth up for auction 2 (de obras) invitation to tender

subastador -dora *m,f* 1 (persona) auctioneer 2 **subastadora** *f* (empresa) auction-house

subastar [A1] *vt* ‹*cuadro*› to auction, sell … at auction; ‹*contrato/obra pública*› to put … out to tender

subcampeón -peona *m,f* (en liga) runner-up; (en torneo eliminatorio) losing finalist

subcomisión *f* subcommittee

subcomité *m* subcommittee

subconjunto *m* subset

subconsciente *adj/m* subconscious

(Compuesto) **subconsciente colectivo** collective subconscious

subcontinente *m* subcontinent

subcontratación *f* subcontracting

subcontratar [A1] *vt* to subcontract

subcontratista *mf* subcontractor

subcutáneo -nea *adj* subcutaneous

subdesarrollado -da *adj* underdeveloped

subdesarrollo *m* underdevelopment

subdirector -ra *m,f* (de organización) deputy director; (de comercio) assistant manager, deputy manager

súbdito -ta *m,f* subject

subdividir [I1] *vt* to subdivide

subdivisión *f* subdivision

subempleado -da *adj* ‹*personas*› underemployed; ‹*recursos*› underused, underemployed

subespecie *f* subspecies

subestimar [A1] *vt* to underestimate

subfusil *m* automatic rifle

subgénero *m* subgenus

subida *f* 1 (pendiente) rise, climb 2 (a montaña) ascent, climb; (al poder) rise; **la ~ fue muy dura** going up was very hard 3 (de temperatura, precios, salarios) rise, increase; **la fuerte ~ del yen** the sharp rise in the value of the yen

subido -da *adj* ‹*color*› intense, deep

subíndice *m* subscript

subinquilino -na *m,f* subtenant, sublessee (frml)

subir [I1] *vi*

A 1 «*ascensor/persona*» (alejándose) to go up; (acercándose) to come up; **hay que ~ a pie** you have to walk up; **ahora subo** I'll be right up; **los autobuses que suben al pueblo** the buses that go up to the village; **el camino sube hasta la cima** the path goes up to *o* leads to the top of the hill 2 **~ A algo** ‹*a autobús/tren/avión*› to get ON *o* ONTO sth; ‹*a coche*› to get IN *o* INTO sth; ‹*a caballo/bicicleta*› to get ON *o* ONTO sth, to mount sth (frml); **~ a bordo** to go *o* get on board 3 (de categoría) to go up; (en el escalafón) to be promoted; **han subido a primera división** they've been promoted to *o* they've gone up to the first division 4 (en tenis) **~ a la red** to go up to the net

B 1 «*marea*» to come in; «*aguas/río*» to rise 2 «*fiebre/tensión*» to go up, rise; «*temperatura*» to rise 3 «*leche materna*» to come in

C «*precio/valor/cotización/salario*» to rise, go up

■ **subir** *vt*

A ‹*montaña*› to climb; ‹*cuesta*› to go up, climb; ‹*escaleras*› to go up, climb; **subió corriendo la escalera** she ran upstairs

B 1 ‹*objeto/niño*› (llevar arriba — acercándose) to bring up; (— alejándose) to take up; **voy a ~ la compra** I'm just going to take the shopping upstairs; **tengo que ~ unas cajas al desván** I have to put some boxes up in the attic 2 ‹*objeto/niño*› (poner más alto): **sube al niño al caballo** lift the child onto the horse; **voy a ~ un poco este cuadro** I'm going to put this picture up a bit higher; **traía el cuello del abrigo subido** he had his coat collar turned up 3 ‹*persiana/telón*› to raise; ‹*pantalones*› to pull up; **¿me subes la cremallera?** will you zip me up?, will you fasten my zipper (AmE) *o* (BrE) zip?; **subió la ventanilla** she raised the window 4 ‹*dobladillo*› to take up; ‹*falda*› to take *o* turn up

C (Inf) to upload

D 1 ‹*precios/salarios*› to raise, put up; **¿cuánto te han subido este año?** how much did your salary go up this year? 2 ‹*volumen/radio*› to turn up; **sube un poco la calefacción** turn the heating *o* heat up a little

■ **subirse** *v pron*

A 1 (a coche, autobús, etc) ▸ *vi* **A2** 2 (trepar) to climb; **se subió al árbol/al muro** she climbed up the tree/(up) onto the walls; **estaba subido a un árbol/caballo** he was up a tree/sitting on a horse 3 (a la cabeza, cara) (+ *me/te/le etc*): **el éxito se le subió a la cabeza** the success went to his head; **se me subieron los colores** I went red *o* blushed

B (*refl*) ‹*calcetines/pantalones*› to pull up

súbitamente *adv* suddenly

súbito -ta *adj* 1 (repentino) sudden; **de ~** suddenly, all of a sudden 2 (precipitado) hasty

subjetividad *f* subjectivity

subjetivo -va *adj* subjective

subjuntivo *m* subjunctive

sublevación *f* uprising, revolt, rebellion

sublevar [A1] *vt* 1 ‹*tropas/presos*› to incite … to rebellion, stir up revolt among 2 (indignar) to infuriate

■ **sublevarse** *v pron* to revolt, rise up, rebel

sublimación *f* sublimation

sublimar [A1] *vt* ‹*deseos/instintos*› to sublimate; (Quím) to sublime, sublimate

sublime *adj* ‹*acción/sacrificio*› noble; ‹*cuadro/música*› sublime

subliminal *adj* subliminal

submarinismo *m* scuba diving

submarinista *mf* (buzo) scuba diver; (tripulante de submarino) submariner

submarino¹ -na *adj* underwater (*before n*), submarine (*before n*)

submarino² *m* submarine

subnormal¹ *adj* 1 (Psic) mentally handicapped, subnormal 2 (fam & pey) (como insulto) moronic (colloq & pej)

subnormal² *mf* 1 (Psic) mentally handicapped person 2 (fam & pey) (cretino) moron (colloq & pej), cretin (colloq & pej)

suboficial *m* noncommissioned officer, NCO

subordinado -da *adj/mf* subordinate

subordinar [A1] *vt* to subordinate; **~ algo A algo** to subordinate sth TO sth

subproducto *m* byproduct, spin-off

subrayado *m* (con línea — acción) underlining; (— texto) underlined text; (texto en cursiva) text in italics

subrayar [A1] *vt* 1 ‹*texto*› to underline, underscore 2 (poner énfasis en) to underline, emphasize, stress

subrepticio -cia *adj* surreptitious

subrogante *mf*

A (Der) (en relación jurídica) subrogating party

B (AmC, CS) (en un cargo) temporary office-holder

S

subsanar [A1] *vt* ‹*error*› to rectify, correct; ‹*carencia*› to make up for; ‹*obstáculo/dificultad*› to overcome

subsecretario -ria *m,f* undersecretary

subsidiario -ria *adj* subsidiary, secondary

subsidio *m* subsidy; ~ **de enfermedad** sickness benefit; ~ **de desempleo** unemployment compensation (AmE), unemployment benefit (BrE)

subsiguiente *adj* subsequent

subsistencia *f* subsistence, survival

subsistir [I1] *vi* «*persona/planta*» to survive, subsist (frml); «*creencia/tradición*» to persist, survive

subsuelo *m* (Geol) subsoil

subte *m* (RPl fam) subway (AmE), tube (BrE colloq)

subteniente *m* ≈ second lieutenant (*in US*), ≈ sub-lieutenant (*in UK*)

subterfugio *m* subterfuge

subterráneo[1] **-nea** *adj* underground, subterranean

subterráneo[2] *m* 1 (pasaje) subway, tunnel 2 (RPl) (Transp) subway (AmE), underground (BrE)

subtitular [A1] *vt* to subtitle; **versión original subtitulada** original version with subtitles

subtítulo *m* subtitle; **~s en francés** French subtitles

subtropical *adj* subtropical

suburbano -na *adj* suburban

suburbio *m* (extrarradio) suburb; (barrio pobre) depressed area (*on the outskirts of town*)

subvención *f* subsidy, subvention (frml)

subvencionar [A1] *vt* to subsidize

subversivo -va *adj* subversive

subvertir [I11] *vt* to subvert (frml)

subyacente *adj* underlying

subyacer [E5] *vi* ~ **(EN algo)** to underlie (sth)

subyugación *f* subjugation

subyugar [A3] *vt* ‹*pueblo/enemigo*› to subjugate; (fascinar) to enthrall, captivate

succión *f* suction

succionar [A1] *vt* to suck (up)

sucedáneo *m* substitute; **un ~ del café** a coffee substitute

suceder [E1] *vi*

A (ocurrir) to happen; **¿qué sucede?** what's happening?, what's going on?; **¿le ha sucedido algo?** has something happened to him?; **lo peor** *or* (fam) **lo más que puede ~ es que ...** the worst that can happen is that ...; **le expliqué lo sucedido** I explained to him what had happened; **no te abandonaré, suceda lo que suceda** I'll never leave you, come what may; **suceda lo que suceda no te muevas de aquí** whatever happens *o* no matter what happens don't move from here; **por lo que pueda ~** just in case

B (en el tiempo) «*hecho/época*» ~ **A algo** to follow sth

■ **suceder** *vt* (en trono, cargo) to succeed

■ **sucederse** *v pron* to follow; **los acontecimientos se sucedían de manera vertiginosa** events followed *o* succeeded each other at a dizzy pace

sucesión *f*

A 1 (al trono, en un cargo) succession; **es el segundo en la línea de ~ al trono** he is second in line to the throne 2 (herederos) heirs (*pl*), issue (frml); **murió sin ~** he died without issue 3 (Der) (herencia) estate, inheritance

B (serie) succession, series

sucesivamente *adv* successively; **y así ~** and so on (and so forth)

sucesivo -va *adj* consecutive; **tres días ~s** three consecutive days, three days running; **~s gobiernos han intentado resolverlo** successive governments have tried to resolve it; **en lo ~** from now on, in future

suceso *m* 1 (acontecimiento) event 2 (accidente, crimen): **el lugar del ~** the scene of the incident/crime/accident

sucesor -sora *m,f* (al trono, en un puesto) successor; (heredero) heir, successor (frml)

suciedad *f* 1 (mugre) dirt; **¿cómo puedes vivir aquí, con toda esta ~?** how can you live in such a filthy place? 2 (estado) dirtiness

sucinto -ta *adj* succinct, concise

sucio[1] **-cia** *adj*

A 1 [ESTAR] ‹*ropa/casa/vaso*› dirty; **tengo las manos sucias** my hands are dirty; **¿de quién es este cuaderno tan ~?** whose is this grubby exercise book?; **hacer algo en ~** to do a rough draft of sth (AmE), do sth in rough (BrE) 2 ‹*lengua*› furred, coated

B [SER] 1 (que se ensucia fácilmente): **el blanco es muy sucio** white really shows the dirt terribly 2 ‹*color*› dirty (*before n*) 3 ‹*trabajo*› dirty; ‹*dinero/negocio/juego*› dirty 4 ‹*lenguaje*› filthy; ‹*mente*› dirty; **tener la conciencia sucia** to have a guilty conscience; **una jugada sucia** a dirty trick

sucio[2] *m* (Ven fam) dirty mark

sucre *m* sucre (*Ecuadorean unit of currency*)

suculento -ta *adj* succulent

sucumbir [I1] *vi* 1 «*ejército/plaza*» to succumb, surrender; ~ **A algo** to succumb TO sth 2 (a tentación) to succumb; ~ **A algo** to succumb TO sth

sucursal *f* (de banco, comercio) branch; (de empresa) office

sudaca *mf* (Esp) *pejorative term used to refer to a Latin American*

sudadera *f* (Dep, Indum) (suéter) sweatshirt; (conjunto) (Col, Ven) tracksuit

sudado -da *adj* sweaty

Sudáfrica *f* South Africa

sudafricano -na *adj/m,f* South African

Sudamérica *f* South America

sudamericano -na *adj/m,f* South American

Sudán *m*: *tb* **el ~** (the) Sudan

sudanés -nesa *adj/m,f* Sudanese

sudar [A1] *vi* 1 (transpirar) to sweat, perspire (frml) 2 (fam) (trabajar duro) to work flat out (colloq)

■ **sudar** *vt* ‹*camiseta*› to make ... sweaty; ***me la suda*** (Esp vulg) I couldn't give a damn (colloq) *o* (sl) a toss; **~ *tinta*** *or* ***la gota gorda*** to sweat blood (colloq)

sudario *m* shroud

sudeste[1] *adj inv* ‹*región*› southeastern; **iban en dirección ~** they were heading southeast

sudeste[2] *m* 1 (parte, sector): **el ~** the southeast, the Southeast 2 (punto cardinal) southeast, Southeast; **vientos del ~** southeasterly winds

sudoeste[1] *adj inv* ‹*región*› southwestern; **iban en dirección ~** they were heading southwest

sudoeste[2] *m* 1 (parte, sector): **el ~** the southwest, the Southwest 2 (punto cardinal) southwest, Southwest; **vientos del ~** southwesterly winds

sudor *m* 1 (transpiración) sweat, perspiration (frml); **un ~ frío** a cold sweat; **se lo ganó con el ~ de su frente** she earned it by the sweat of her brow 2 **sudores** *mpl* (fam) (gran esfuerzo): **le costó ~es terminarlo** it took him blood, sweat and tears to finish it (colloq)

sudoración *f* (frml) perspiration (frml)

sudoroso -sa *adj* sweaty

Suecia *f* Sweden

sueco[1] **-ca** *adj* Swedish

sueco[2] **-ca** *m,f*

A (persona) Swede; ***hacerse el ~*** (fam) to pretend not to have heard (*o* seen *etc*)

B **sueco** *m* (idioma) Swedish

suegro -gra (*m*) father-in-law; (*f*) mother-in-law; **mis ~s** my in-laws, my mother-and father-in-law

suela *f* (de zapato) sole; **medias ~s** half soles; **la carne está dura como una ~** the meat is as tough as shoeleather (AmE colloq) *o* (BrE colloq) as old boots; ***no te llega ni a la ~ del zapato*** he's not even fit to tie your shoelaces

suelazo *m* (Andes fam) (al caerse) bang, thud; **se dio un ~** she crashed to the ground; **hacer ~** (Per fam) to sleep on the floor

sueldo *m* 1 (nivel de retribución — de funcionario, oficinista) salary; (— de obrero) wage; **aumento de ~** salary/wage increase, pay raise (AmE), pay rise (BrE) 2 (dinero recibido — por funcionario, oficinista) salary; (— por obrero) wages (*pl*); **cobra un buen ~** she earns good wages *o* a good wage/a good salary; **un asesino a ~** a paid *o* hired killer

Compuestos

- **sueldo base** base salary (AmE), basic salary (BrE)
- **sueldo vital** (CS) living wage

suelo *m* 1 (tierra) ground; **se echaron** *or* **tiraron al ~** they threw themselves to the ground; **se cayó al ~** she fell over; ***arrastrarse por los ~s*** (fam) to grovel; ***estar por los ~s*** *or* ***el ~*** (fam) «*precios*» to be rock bottom (colloq); «*moral/ánimos*» to be at rock bottom (colloq); ***poner algo/a algn por los ~s*** *or* ***el ~*** (fam) to run sth/sb down (colloq) 2 (en casa) floor 3 (en calle, carretera) road (surface) 4 (Agr) land 5 (territorio) soil; **en ~ americano** on American soil; **el ~ patrio** one's native soil *o* land

suelta, sueltas, etc *see* **soltar**

suelto¹ -ta *adj*

A 1 ‹*animal/perro*›: **el perro está ~ en el jardín** the dog's loose in the garden; **el asesino anda ~** the murderer is on the loose 2 ‹*vestido/abrigo*› loose-fitting, full; **déjate el pelo ~** leave your hair loose *o* down 3 (separado, aislado): **ejemplares ~s** individual *o* single issues; **no los vendemos ~s** ‹*yogures/sobres*› we don't sell them individually *o* separately; ‹*caramelos/tornillos*› we don't sell them loose; Ⓢ **pares sueltos** loose pairs; **encontré un arete ~** I found an odd earring

B ‹*tornillo/tabla*› loose; ‹*cordones*› loose, untied; **esta hoja está suelta** this page has come loose *o* fallen out

C 1 ‹*dinero*› (fraccionado): **¿tienes mil pesos sueltas?** do you have a thousand pesos in change? 2 ‹*lenguaje/estilo*› fluent; ‹*movimientos*› fluid 3 (euf) ‹*vientre*› loose

suelto² *m* (Esp, Méx) (monedas) (small) change; **no tengo ~** I don't have any (loose) change

suena, suenan, etc *see* **sonar**

sueño *m*

A 1 (estado) sleep; **conciliar el ~** to get to sleep; **oyó un ruido entre ~s** she heard a noise in her sleep; **tener el ~ ligero/pesado** to be a light/heavy sleeper; **el ~ eterno** (euf) eternal rest (euf); ***descabezar*** *or* ***echar un sueñecito*** (fam) to have forty winks, have a (little) nap; ***perder el ~ (por algo)*** to lose sleep (over sth); ***quitarle el ~ a algn*** to keep sb awake; ***tener (el) ~ atrasado***: **tengo ~ atrasado** I have missed out on a lot of sleep 2 (ganas de dormir): **¿tienes ~?** are you tired/sleepy?; **¡qué ~ (tengo)!** I'm so sleepy!; **me empezó a entrar ~** I started feeling sleepy; **me estoy cayendo** *or* **muriendo de ~** I'm falling asleep on my feet; **se me ha quitado el ~** I've woken up again now, I don't feel sleepy any more; **lo venció el ~** (liter) sleep overcame him, he was overcome by sleep

B 1 (representación) dream; **que tengas dulces ~s** sweet dreams!; ***ni en ~s***: **no pienso prestarle ese dinero ni en ~s** I wouldn't dream of lending him that money 2 (ilusión) dream; **la mujer de sus ~s** the woman of his dreams; **sus ~s se hicieron realidad** her dreams came true; ***ser un ~*** (fam) to be divine (colloq)

(Compuesto) **sueño dorado**: **su ~ ~ es llegar a ser actriz** her (greatest) dream is to become an actress

suero *m* 1 (Med) (para alimentar) saline solution; (para inmunizar) serum 2 (de la sangre) blood serum 3 (de la leche) whey

suerte *f*

A 1 (azar) chance; **dejar algo en manos de la ~** to leave sth to chance; **me cayó** *or* **tocó en ~** it fell to my lot (frml *o* hum); ***echar algo a ~s*** (con monedas) to toss for sth; (con pajitas) to draw straws for sth; **la ~ está echada** (fr hecha) the die is cast 2 (fortuna) luck; **buena/mala ~** good/bad luck; **ha sido una ~ que vinieras** it was lucky you came; **¡qué mala ~!** how unlucky!; **¡qué ~ tienes!** you're so lucky!; **tiene la ~ de vivir en una casa grande** she is lucky *o* fortunate enough to live in a big house; **estamos de ~** we're in luck; **número/hombre de ~** lucky number/man; **deséame (buena) ~** wish me luck; **por ~ no estaba sola** luckily *o* fortunately I wasn't alone; **¡(que tengas) buena ~!** good luck!; ***probar ~*** to try one's luck; ***traer*** *or* ***dar mala ~*** to bring bad luck 3 (destino) fate; **quiso la ~ que nos volviéramos a encontrar** as fate would have it we met again; ***tentar a la ~*** to tempt fate *o* providence

B (tipo, clase) sort, kind; **vino toda ~ de gente** all sorts *o* kinds of people came; **de (tal) ~ que** (frml) so that

C (Taur) *each of the phases into which a bullfight is divided*

suertero¹ *adj* (Méx fam) ▸**suertudo¹**

suertero² -tera *m,f* (Per) lottery ticket seller

suertudo¹ -da *adj* (fam) lucky, jammy (BrE colloq)

suertudo² -da *m,f* (fam) lucky *o* (BrE) jammy devil (colloq)

suéter *m* sweater, pullover, jersey (BrE), jumper (BrE)

suficiencia *f* 1 (aptitud) aptitude; **prueba de ~** aptitude test 2 (presunción) self-satisfaction, smugness; **sonrió con ~** she smiled smugly *o* complacently; **aire de ~** air of self-satisfaction

suficiente¹ *adj* 1 (bastante) enough; **con esto hay más que ~** there's more than enough here; **hay pruebas ~s para condenarlo** there is enough *o* sufficient evidence to convict him 2 ‹*persona*› self-satisfied, smug

suficiente² *m* pass (*equivalent to a grade of 5 on a scale from 0-10*)

suficientemente *adv* sufficiently; **no estaba (lo) ~ caliente** it wasn't hot enough

sufijo *m* suffix

suflé *m* soufflé

sufragar [A3] *vt* (frml) ‹*gastos/costos*› to defray (frml)

■ **sufragar** *vi* (AmL) (votar) to vote; **~ POR algn** to vote FOR sb

sufragio *m* (sistema) suffrage; (voto) (frml) vote

(Compuesto) **sufragio universal** universal suffrage

sufragista *mf* 1 (*mf*) suffragist; 2 (*f*) suffragette

sufrido -da *adj* ‹*persona*› long-suffering, uncomplaining; ‹*ropa/tejido*› hard-wearing; **un color ~** a color that doesn't show the dirt

sufrimiento *m* suffering; **después de muchos ~s** after much suffering; **pasar ~s** to suffer

sufrir [I1] *vt* 1 ‹*dolores/molestias*› to suffer; **sufre lesiones de gravedad** he has serious injuries; **sufrió una grave enfermedad** she had a serious illness 2 ‹*derrota/persecución/consecuencias*› to suffer; ‹*cambio*› to undergo; ‹*accidente*› to have; **sufrió un atentado** there was an attempt on his life; **el coche sufrió una avería** the car broke down; **son los que más sufren la crisis económica** they are the ones hardest hit by the economic crisis 3 (soportar) (*en frases negativas*) to bear; **no puedo ~ que se ría de mí** I can't bear *o* stand him laughing at me

■ **sufrir** *vi* to suffer; **~ DE algo** to suffer FROM sth; **sufre del hígado** she suffers from *o* has a liver complaint

sugerencia *f* suggestion

sugerente *adj* ‹*mirada/pose*› suggestive; ‹*vestido/blusa*› sexy

sugerir [I11] *vt*

A (aconsejar, proponer) to suggest; **me sugirió que lo probara** he suggested that I (should) try it; **sugiero dejarlo para mañana** I suggest we leave it *o* I suggest leaving it until tomorrow

B (suscitar): **¿qué te sugiere este cuadro?** what does this picture make you think of?; **aquel episodio le sugirió el argumento** that incident gave him the idea for the plot

sugestión *f* (convencimiento): **es pura ~** it's all in your (*o* his/her *etc*) mind; **tiene gran poder de ~** he is very persuasive

sugestionable *adj* impressionable, suggestible

sugestionar [A1] *vt*: **no la sugestiones** don't put ideas *o* thoughts like that into her head; **se dejó ~ por el vendedor** he allowed himself to be influenced by the salesman

■ **sugestionarse** *v pron* to get ideas into one's head; **se sugestionó con (la idea de) que iba a morir** she got the idea into her head that he was going to die

sugestivo -va *adj* ‹*mirada*› suggestive; ‹*escote*› sexy; ‹*libro/idea*› stimulating

suicida¹ *adj* suicidal

suicida² *mf* suicide victim; **un ~ no haría eso** a person about to commit suicide would not do that

suicidarse [A1] *v pron* to commit suicide

suicidio *m* suicide; **un intento de ~** a suicide attempt

suite /swit/ *f*

A (Mús) suite

B (en hotel) suite; **la ~ nupcial** the bridal suite

Suiza *f* Switzerland

suizo¹ -za *adj* Swiss

suizo² -za *m,f*

A (persona) Swiss

B **suizo** *m* AmC, Ven fam) (paliza) thrashing, beating

sujeción *f*

A (fijación): **puntos de ~** fixing points; **este cinturón ofrece mejor ~** this belt holds you in your seat better

S

B **1▸** (dominación) subjugation, subjection **2▸** (a ley): **con ~ a las normas** in accordance with the regulations

sujetador *m* (Esp) bra, brassiere

sujetalibros *m* (*pl* ~) bookend

sujetapapeles *m* (*pl* ~) (clip) paper clip; (con resorte) binder clip, bulldog clip (BrE)

sujetar [A1] *vt*

A **1▸** (mantener sujeto) to hold; **sujétalo mientras se pega** hold it in place while it sticks; **sujétalo bien, que no se escape** hold it tight, don't let it go; **tuvimos que ~los para que no se pegaran** we had to hold them back to stop them hitting each other; **sujétalo mientras llamo a la policía** keep hold of him while I call the police **2▸** (sostener) to hold; **sujétame los paquetes** hold on to the packages for me **3▸** (fijar, trabar): **sujeta los documentos con un clip** fasten the documents together with a paper clip; **sujetó el dobladillo con alfileres** she pinned up the hem

B (dominar) to subdue, conquer

■ **sujetarse** *v pron*

A **1▸** (agarrarse) **~se A algo** to hold on TO sth **2▸** (trabar, sostener): **se sujetaba los pantalones con la mano** he held his trousers up with his hand; **se sujetó la falda con un imperdible** she fastened her skirt with a safety pin; **se sujetó el pelo en un moño** she put *o* pinned her hair up in a bun

B (someterse) **~se A algo** ‹*a ley/reglas*› to abide BY sth

sujeto¹ -ta *adj*

A (sometido) **~ A algo** subject TO sth; **el programa está ~ a modificaciones** the program is subject to change

B (fijo) secure; **asegúrate de que la cuerda está bien sujeta** check that the rope is secure

sujeto² *m*

A (individuo) character, individual

B (Fil, Ling) subject

sulfamida *f* sulfonamide (AmE), sulphonamide (BrE)

sulfatar [A1] *vt* to sulfurize (AmE), to sulphurize (BrE)

sulfato *m* sulfate (AmE), sulphate (BrE)

sulfurarse [A1] *v pron* (fam) to blow one's top (colloq)

sulfúrico -ca *adj* sulfuric (AmE), sulphuric (BrE)

sulfuro *m* sulfur (AmE), sulphur (BrE)

sulfuroso -sa *adj* sulfurous (AmE), sulphurous (BrE)

sultán *m* sultan

sultana *f* sultana, sultan's wife

suma *f*

A (cantidad) sum

B **1▸** (Mat) addition; **hacer ~s** to do addition, to do sums (BrE); **hagamos la ~ de los gastos** let's add up all the expenses **2▸** (conjunto) combination; **la ~ de estos incidentes** the combination of these events; **en ~** in short

sumamente *adv* extremely, exceedingly (frml)

sumando *m* addend

sumar [A1] *vt*

A **1▸** ‹*cantidades*› to add (up) **2▸** (totalizar) to add up to; **8 y 5 suman 13** 8 and 5 add up to *o* make 13

B (agregar) ‹*apoyo/éxito/interés*› to add

■ **sumar** *vi* to add up; **suma y sigue** (a pie de página) balance carried forward

■ **sumarse** *v pron* **1▸** (agregarse) **~se A algo**: **esto se suma a los problemas ya existentes** this comes on top of *o* is in addition to any already existing problems; **a su falta de experiencia se suma su poca habilidad** he lacks both experience and ability **2▸** (adherirse) **~se A algo** (a protesta, celebración) to join sth

sumario¹ -ria *adj* **1▸** ‹*exposición*› brief, concise, summary (frml) **2▸** (Der) summary

sumario² *m*

A (Der) **1▸** (en lo penal) indictment; **abrir** *or* **instruir un ~** to conduct a preliminary investigation into a case **2▸** (juicio administrativo) disciplinary action

B (índice) (table of) contents

sumergible *adj* ‹*reloj*› waterproof; ‹*nave*› submersible

sumergido -da *adj* **1▸** ‹*submarino*› submerged; ‹*ciudad*› submerged, sunken **2▸** (sumido) **~ EN algo**: **vive ~ en su trabajo** he's always buried in his work; **estaban ~s en la apatía** they had sunk into a state of apathy

sumergir [I7] *vt* **1▸** (en líquido) to immerse, submerge; **sumergí la cabeza en el agua** I put my head under the water **2▸ ~ a algn EN algo** ‹*en pobreza/guerra*› to plunge sb INTO sth; (en ambiente) to immerse sb IN sth

■ **sumergirse** *v pron* **1▸** «*submarino/buzo*» to dive, submerge **2▸** ‹*en ambiente*› to immerse oneself; **~se EN algo** to immerse oneself IN sth

sumersión *f* submersion

sumidero *m* drain

sumido -da *adj*

A (sumergido) **~ EN algo**: **~ en un mar de dudas** wracked by doubt; **me dejó ~ en la tristeza** it plunged me into sadness; **estaba ~ en un profundo sueño** he was in a deep sleep; **seguía sumida en sus reflexiones** she was still deep in thought

B (Col, Méx) (abollado) dented

suministrador -dora *m,f* supplier

suministrar [A1] *vt* (frml) **1▸** ‹*gas/mercancías*› to supply; **~ algo A algn** to supply sth TO sb, supply sb WITH sth **2▸** ‹*datos/información*› to provide, supply; **~ algo A algn** to provide sb WITH sth, provide sth FOR sb, supply sb WITH sth

suministro *m* **1▸** (acto de proveer) supply; **el ~ de gas/agua** the gas/water supply **2▸** (cosa provista) supply **3▸ suministros** *mpl* (Mil) supplies (*pl*)

sumir [I1] *vt*

A (sumergir) **~ algo/a algn EN algo** ‹*en tristeza, desesperación*› to plunge sth/sb INTO sth; **lo sumió en un mar de dudas** it threw him into confusion

B (Col, Méx) (abollar) to dent, make a dent in

■ **sumirse** *v pron*

A (hundirse) **~se EN algo** ‹*en sueño*› to sink INTO sth; ‹*en tristeza*› to plunge INTO sth; ‹*en pensamientos*› to become lost IN sth

B (Col, Méx) (abollarse) to get dented

sumisión *f* (acción) submission; (actitud dócil) submissiveness

sumiso -sa *adj* submissive; **con actitud sumisa** submissively

súmmum *m*: **el ~** the ultimate; **es el ~ de la estupidez** he's as stupid as they come (colloq)

sumo -ma *adj* great; **me interesa en grado ~** I find it extremely interesting; **con ~ cuidado** with great *o* extreme care; **a lo ~** at the most; **la suma autoridad** the supreme authority

(Compuesto) **Sumo Sacerdote** *m* high priest

suntuosidad *f* sumptuousness, magnificence

suntuoso -sa *adj* ‹*palacio*› magnificent, splendid; ‹*decoración*› sumptuous, lavish; ‹*vestimentas*› sumptuous, splendid

supe *see* **saber**

supeditar [A1] *vt*: **supeditó todo a su trabajo** she put her work before everything else; **está supeditado a ...** it is subject to *o* conditional on ...

■ **supeditarse** *v pron* (a reglas, decisión) to abide by; **se ha supeditado a la voluntad de los padres** she has given in to her parents' wishes; **no sabe ~se a un horario** he's not good at keeping to fixed hours

super¹, súper *adj inv* (fam) super

super², súper *adv* (fam): **lo pasamos ~ bien** we had a great *o* fantastic time (colloq); **lo hizo ~ rápido** he did it incredibly quickly

super³, súper *f* ≈ premium grade gasoline (*in US*), ≈ four-star petrol (*in UK*)

superable *adj* ‹*problema*› that can be overcome, surmountable

superabundancia *f* superabundance, overabundance

superabundante *adj* superabundant

superación *f* (de problema) surmounting, overcoming; (de récord) breaking, beating; (de teoría) superseding

superar [A1] *vt*

A **1▸** (ser superior a, mayor que) to exceed, go beyond; **nadie lo supera en experiencia** no one has more experience than him; **supera en estatura a su hermano** he's taller than his brother; **nos superan en número** they outnumber us; **supera en tres puntos la cifra de ayer** it is three points higher than yesterday's figure **2▸** (mejorar) ‹*marca*› to beat; **ese método está totalmente superado** that method has been completely superseded

B **1▸** (vencer, sobreponerse a) ‹*timidez/dificultad/etapa*› to over-

come; ‹*trauma*› to get over; **ya hemos superado la etapa más difícil** we've already got(ten) through *o* over the most difficult stage **2** (frml) ‹*examen/prueba*› to pass
■ **superarse** *v pron* to better oneself
superávit *m* (*pl* ~ *or* **-vits**) surplus
superbloque *m* (Ven) large apartment building
supercarburante *m* high-octane petrol
supercheria *f* trick, fraud
superconductor *m* superconductor
superdotado¹ -da *adj* highly gifted
superdotado² -da *m,f* highly-gifted person
superestructura *f* superstructure
superficial *adj*
A (frívolo) ‹*persona*› superficial, shallow; ‹*charla/comentario*› superficial
B ‹*herida*› superficial; ‹*marca/grieta*› surface (*before n*)
superficialidad *f*
A (de persona) superficiality, shallowness; (de charla, comentario) superficiality
B (de herida) superficiality, superficial nature
superficialmente *adv* superficially; **lo leí sólo muy ~** I just skimmed through it
superficie *f*
A (parte expuesta, aparente) surface; **la ~ terrestre** the earth's surface; **salir a la ~** to surface, come to the surface
B (Mat) (área) area; **una ~ de diez metros cuadrados** a surface area of ten square metres
superfluo -flua *adj* superfluous, unnecessary; ‹*gastos*› unnecessary; **no gastes dinero en cosas superfluas** don't waste money on things you don't need
superior¹ *adj*
A **1** ‹*parte/piso*› top (*before n*), upper (*before n*); ‹*nivel*› higher; **el ángulo ~ derecho** the top right-hand corner **2** ‹*labio/mandíbula*› upper (*before n*)
B **1** (en calidad) superior; **~ A algo/algn** superior TO sth/sb; **se siente ~ a los demás** he thinks he's better than everyone else; **una inteligencia ~ a la media** above-average intelligence **2** (en jerarquía) ‹*oficial*› superior; ‹*clase social*› higher **3** (en cantidad, número): **los atacantes eran ~es en número** the attackers were greater *o* more in number; **~ A algo** above sth; **un número ~ a 9** a number greater than *o* higher than *o* above 9; **es ~ a mis fuerzas** it's more than I can bear
superior² -riora *m,f* **1** (Relig) (*m*) Superior; (*f*) Mother Superior **2** **superior** *m* (en rango) superior
superioridad *f* superiority; **~ SOBRE algn/algo** superiority OVER sb/sth
superlativo¹ -va *adj* superlative
superlativo² *m* superlative
supermercado *m* supermarket
supermodelo *f* supermodel
supernumerario -ria *adj/m,f* supernumerary
superpetrolero *m* supertanker
superpoblación *f* (de región) overpopulation; (de ciudad) overcrowding
superpoblado -da *adj* ‹*mundo/país*› overpopulated; ‹*barrio/ciudad*› overcrowded
superponer [E22] *vt* to superimpose, place … on top
superposición *f* superimposition
superpotencia *f* superpower
superproducción *f*
A (Econ) overproduction
B (Cin) blockbuster
supersónico -ca *adj* supersonic
superstición *f* superstition
supersticioso -sa *adj* superstitious
supervigilancia *f* (Andes) supervision
supervigilar [A1] *vt* (Andes) to oversee, supervise
supervisar [A1] *vt* to supervise
supervisión *f* supervision
supervisor -sora *m,f* supervisor
supervivencia *f* survival
superviviente¹ *adj* surviving (*before n*)
superviviente² *mf* survivor
supiera, supiste, etc *see* **saber**

supino -na *adj*
A ‹*posición*› supine
B ‹*ignorancia/tontería*› crass
súpito -ta *adj* **1** (Col, Méx fam) (atónito, perplejo) stunned; **quedarse ~** to be stunned *o* dumbstruck *o* taken aback **2** (Méx fam) (dormido) fast asleep
suplantación *f* (de personalidad) impersonation; (de objeto) switch
suplantar [A1] *vt*
A ‹*objeto*› to supplant (frml), to replace; ‹*persona*› to impersonate, pass oneself off as
B (CS) (suplir) to act as a replacement for
suplementario -ria *adj* **1** ‹*información/ingresos*› additional, supplementary; ‹*trabajo*› extra; **trenes ~s** extra *o* relief trains **2** ‹*ángulo*› supplementary
suplemento *m* supplement; **~ dominical** Sunday supplement
suplencia *f* **1** (sustitución): **hacer una ~** «*profesor*» to do substitute teaching (AmE), to do supply teaching (BrE); **le está haciendo la ~ al Dr. Suárez** she's standing in for Dr Suárez **2** (trabajo) temporary job
suplente¹ *adj*: **profesor ~** substitute teacher (AmE), supply teacher (BrE); **médico ~** covering doctor (AmE), locum (BrE); **el guardameta ~** the substitute *o* reserve goalkeeper
suplente² *mf* **1** (de médico) covering doctor (AmE), locum (BrE) **2** (de actor) understudy **3** (Dep) substitute **4** (de profesor) substitute (teacher) (AmE), supply teacher (BrE); **el ~ del señor Beardo** Mr Beardo's stand-in *o* replacement
supletorio¹ -ria *adj* ‹*cama*› extra, additional; **teléfono ~** extension
supletorio² *m* extension
súplica *f* (ruego) entreaty, plea; (Der) petition
suplicante *adj* imploring (*before n*); **—¡ayúdeme! —dijo en tono ~** help me! — he implored
suplicar [A2] *vt* (rogar) to beg; **~le a algn QUE + SUBJ** to beg *o* implore *o* (liter) beseech sb to + INF; **te suplico que no se lo digas** I beg you not to tell him
suplicio *m* **1** (tortura) torture; **es un verdadero ~** (fam) it's absolute torture *o* a real nightmare (colloq) **2** (castigo) punishment
suplir [I1] *vt*
A (compensar, remediar) to make up for; ‹*dieta*› to supplement
B (reemplazar) ‹*profesor/médico*› to stand in for, substitute for; ‹*jugador*› to replace, substitute
C (Col, Ven) (dotar, proveer) **~ algo/a algn DE** *or* **CON algo** to provide *o* supply sth/sb WITH sth
suponer¹ *m*: **si quebraran, es un ~, …** suppose *o* supposing they were to go bankrupt, …; **si, es un ~, perdieses tu trabajo …** just supposing for the sake of argument that you were to lose your job
suponer² [E22] *vt*
A **1** (tomar como hipótesis) to suppose, assume; **supongamos que lo que dice es cierto** let's suppose *o* assume what he says is true; **suponiendo que todo salga bien** assuming everything goes OK; **supongamos que los dos ángulos son iguales** let us suppose *o* assume that both angles are equal **2** (imaginar): **supongo que tienes razón** I suppose you're right; **nada hacía ~ que …** there was nothing to suggest that …; **¿va a venir hoy? — supongo que sí** is she coming today? — I should think so *o* I imagine so; **es de ~ que se lo habrán dicho** presumably *o* I should think *o* I would imagine he's been told; **se supone que empieza a las nueve** it's supposed to start at nine **3** (atribuir) (+ *me/te/le etc*) **le suponía más edad** I imagined *o* thought he was older; **se le suponía un valor aproximado de …** it was thought to be worth approximately …
B (significar, implicar) to mean; **supuso mucho trabajo** it involved a great deal of work; **eso supondría tener que empezar desde el principio** that would mean having to start from the beginning again; (+ *me/te/le etc*): **ese negocio no le supuso ningún beneficio** that deal didn't make him any profit; **no me supone ninguna molestia** it's no trouble at all
suposición *f* supposition
supositorio *m* suppository

S

supranacional *adj* supranational

supremacía *f* supremacy

supremo -ma *adj* supreme

supresión *f* 1 (de impuesto) abolition; (de restricción) lifting; (de servicio) withdrawal 2 (de párrafo, capítulo) deletion 3 (de noticias, detalles) suppression

suprimir [I1] *vt* 1 ‹*impuesto/ley/costumbre*› to abolish; ‹*restricción*› to lift; ‹*servicio*› to withdraw; **debemos ~ gastos superfluos** we must eliminate *o* cut out unnecessary expenses; **le suprimieron la medicación** they stopped his medication 2 (Impr) ‹*párrafo/capítulo*› to delete 3 ‹*noticia/detalles*› to suppress

supuestamente *adv* supposedly

supuesto[1] **-ta** *adj* 1 (falso) false; **el ~ electricista** the so-called *o* supposed electrician 2 (que se rumorea): **la radio desmintió su supuesta muerte** reports of his death were denied on the radio; **su supuesta enfermedad** her supposed illness 3 **por supuesto** of course; **¿lo sabías? — ¡por ~ que sí!** did you know? — of course I did!; ***dar algo por ~*** to take sth for granted

supuesto[2] *m* supposition; **partiendo del ~ de que no sabían nada** working on the assumption that they knew nothing; **en el ~ de que tenga un accidente** should you have an accident, in the event of an accident

supuración *f* suppuration

supurar [A1] *vi* to weep, ooze, suppurate (tech)

supuse, supuso, etc *see* **suponer**

sur[1] *adj inv* ‹*región*› southern; **en la parte ~ del país** in the southern part *o* the south of the country; **conducían en dirección ~** they were driving south *o* southward(s); **el ala/la costa ~** the south wing/coast

sur[2] *m* 1 (parte, sector): **el ~** the south; **en el ~ de la provincia** in the south of the province; **al ~ de Cartagena** to the south of Cartagena 2 (punto cardinal) south, South; **vientos del ~** southerly winds; **viajábamos hacia el ~** we were travelling south *o* southward(s); **las ventanas dan al ~** the windows face south

Suráfrica *f* South Africa

surafricano -na *adj/m,f* South African

Suramérica *f* South America

suramericano -na *adj/m,f* South American

surazo *m* (CS) strong southerly wind

surcar [A2] *vt* 1 ‹*tierra*› to plow through (AmE), to plough through (BrE) 2 (liter) ‹*agua*› to cleave (liter), to cut through; ‹*aire/espacio*› to fly through 3 ‹*superficie*› to score

surco *m*
A 1 (en la tierra) furrow 2 (en el agua) wake, track 3 (en disco) groove; (en superficie) groove, line; (marca de rueda) ruts, track
B (Col) (de flores) flowerbed

sureño[1] **-ña** *adj* southern

sureño[2] **-ña** *m,f* southerner

sureste *adj inv/m* ▸ **sudeste**

surf /'surf/, **surfing** /'surfin/ *m* surfing

surfear [A1] *vi* (AmL) 1 (Dep) to surf 2 (Inf): **~ en Internet/la web** to surf the Internet/the World Wide Web

surfista *mf* surfer

surgir [I7] *vi* 1 «*manantial*» to rise 2 (aparecer, salir) «*problema/dificultad*» to arise, come up, emerge; «*interés/sentimiento*» to develop, emerge; «*idea*» to emerge, come up; «*tema*» to come up, crop up; «*movimiento/partido*» to come into being, arise; **me ha surgido un problema y no podré ir** something has cropped up and I won't be able to go; **el amor que surgió entre ellos** the love that sprang up between them; **han surgido muchas empresas de este tipo** a lot of companies of this kind have sprung up *o* emerged; **~ DE algo**: **una silueta surgió de entre las sombras** a shape rose up from *o* loomed up out of the shadows

suroeste *adj inv/m* ▸ **sudoeste**

surrealismo *m* surrealism

surrealista[1] *adj* ‹*artista/exposición*› surrealist (*before n*); ‹*estilo/efecto*› surrealistic

surrealista[2] *mf* surrealist

surtido[1] **-da** *adj* 1 ‹*bombones/galletas*› assorted 2 (provisto) stocked; **una tienda bien/mal surtida** a well-stocked/poorly-stocked shop

surtido[2] *m* (de bombones, galletas) assortment; (de herramientas, ropa) range, selection, assortment; **un gran ~ de muebles** a large selection of furniture

surtidor *m* (aparato) gas pump (AmE), petrol pump (BrE); (estación de servicio) gas station (AmE), petrol station (BrE)

surtir [I1] *vt* 1 (proveer) **~ a algn DE algo** to supply sb WITH sth 2 **surtir efecto** to take effect: **el tratamiento no surtió efecto** the treatment had no effect *o* didn't work

■ **surtirse** *v pron* **~se DE algo** ‹*de provisiones*› to stock up WITH sth; **allí puede ~se de todo lo necesario** you can stock up with *o* get everything you need there

susceptibilidad *f* sensitivity, touchiness

susceptible *adj*
A ‹*persona*› sensitive, touchy; **~ A algo** sensitive TO sth
B (frml) (capaz) **~ DE algo**: **es ~ de mejora** there is room for improvement; **órganos ~s de ser transplantados** organs which can be transplanted; **es ~ de alteraciones** it's subject to alterations

suscitar [A1] *vt* (frml) ‹*curiosidad/interés*› to arouse; ‹*dudas*› to raise; ‹*escándalo/polémica*› to provoke, cause; ‹*debate*› to give rise to

suscribir [I34] *vt*
A 1 (frml) ‹*tratado/convenio*› to sign; **el que suscribe** (frml) the undersigned (frml) 2 (frml) ‹*opinión*› to endorse, subscribe to (frml)
B ‹*bonos/acciones*› to subscribe for
C (a publicación) **~ a algn A algo** to take out a subscription TO sth FOR sb

■ **suscribirse** *v pron* (*refl*) **~ A algo** to subscribe TO sth; **me he suscrito a varias revistas** I've taken out subscriptions to various magazines

suscripción *f*
A (a publicación) subscription; **abrir una ~** to take out a subscription
B (de tratado) signing
C (de bonos, acciones) subscription

suscriptor -tora *m,f* subscriber

susodicho -cha *adj* (frml) (*delante del n*) aforementioned (frml), aforesaid (frml)

suspender [E1] *vt*
A 1 (suprimir) ‹*pagos*› to suspend; ‹*garantía/derecho*› to suspend, withdraw; ‹*sesión*› to adjourn; ‹*viaje*› (para siempre) to call off; (temporalmente) to put off; ‹*tratamiento*› to stop, suspend; ‹*servicio*› to suspend, discontinue; ‹*programa*› to cancel 2 (de sus funciones) ‹*empleado/jugador*› to suspend; ‹*alumno*› (AmL) to suspend; **fueron suspendidos sin sueldo** they were suspended without pay
B (colgar) **~ algo DE algo** to hang sth FROM sth; **estaba suspendido de una rama** he was hanging from a branch
C (Esp) ‹*asignatura/examen/alumno*› to fail

■ **suspender** *vi* (Esp) to fail

suspense *m* (Esp) ▸ **suspenso A1**

suspensión *f*
A 1 (de garantías) withdrawal, suspension; (de servicio) suspension, discontinuation 2 (de empleado, jugador) suspension; (de alumno) (AmL) suspension

Compuestos

- **suspensión de empleo y sueldo** suspension without pay
- **suspensión de pagos** bankruptcy protection

B (de partículas) suspension
C (Auto) suspension

suspenso *m*
A 1 (AmL) (Cin, Lit) suspense; **película/novela de ~** thriller 2 **en suspenso** ‹*sentencia*› suspended
B (Esp) (Educ) fail, failure; **no he tenido ningún ~** I haven't failed anything

suspensor *m* 1 (Per, RPl) (Dep) ▸ **suspensorio** 2 **suspensores** *mpl* (Chi) (tirantes) suspenders (*pl*) (AmE), braces (*pl*) (BrE)

suspensorio *m* jockstrap, athletic supporter (AmE), athletic support (BrE)

suspicacia *f* suspicion

suspicaz *adj* suspicious

S

suspirar [A1] *vi* 1 (de pena, alivio) to sigh 2 (anhelar) **~ POR algo** to yearn *o* long FOR sth

suspiro *m* sigh; **un ~ de alivio** a sigh of relief; ***exhalar el último ~*** (liter) to breathe one's last (liter)

sustancia *f*
A (materia) substance
B (contenido) substance; **el libro no tiene ninguna ~** the book has no substance to it
C (de comida) substance, goodness

sustancial *adj*
A (referente a la sustancia) substantial, fundamental
B (considerable) substantial, considerable

sustancioso -sa *adj* ‹*comida/plato*› substantial; ‹*ganancias*› substantial, considerable

sustantivo[1] -va *adj* 1 (frml) (fundamental) substantive (frml), fundamental 2 (Ling) noun (*before n*), substantive (*before n*) (frml)

sustantivo[2] *m* noun, substantive (frml)

sustentación *f*
A (mantenimiento económico) maintenance, support
B 1 (Arquit) support 2 (Aviac) lift

sustentar [A1] *vt*
A 1 ‹*peso*› to support 2 ‹*persona/familia*› to support, maintain
B ‹*opinión/teoría*› to hold, maintain; ‹*moral/esperanza*› to sustain, keep up
■ **sustentarse** *v pron* 1 (mantenerse) to support oneself 2 (alimentarse) **~se DE** *or* **CON algo** to sustain oneself WITH sth, to subsist ON sth

sustento *m* 1 (apoyo) means of support; **ganarse el ~** (liter) to earn one's living, to support oneself 2 (alimento) sustenance

sustitución *f* 1 (permanente) replacement; **fue nombrado en ~ de Ana Tamayo** he was appointed to replace Ana Tamayo; **~ DE algo/algn POR algo/algn** replacement OF sth/sb BY sth/sb 2 (transitoria) substitution; **le hice la ~ porque estaba enfermo** I stood in for him because he was ill; **~ DE algo/algn POR algo/algn**: **la ~ de Merino por Juárez** the substitution of Juárez for Merino

sustituir [I20] *vt* 1 (permanentemente) to replace; **sustituyó a Morán como líder** he replaced *o* took over from Morán as leader; **~ A algo** to replace sth; **~ algo/a algn POR algo/algn** to replace sth/sb WITH sth/sb; **sustituyó a Rubio por Guerra** he replaced Rubio with Guerra, he substituted Guerra for Rubio 2 (transitoriamente) ‹*trabajador/profesor*› to stand in for; ‹*deportista*› to come on as a substitute for; **me pidió que lo sustituyera** he asked me to stand in for him

sustituto -ta *m,f* 1 (permanente) replacement 2 (transitorio) substitute; (de médico) covering doctor (AmE), locum (BrE); (de actor) understudy; **el ~ de la profesora de alemán** the substitute (AmE) *o* (BrE) stand-in for the German teacher

sustitutorio -ria, **sustitutivo -va** *adj* (frml) substitute (*before n*); **una declaración sustitutoria del certificado** a declaration in place of the certificate

susto *m* 1 (impresión momentánea) fright; **¡qué ~ me has dado** *or* (fam) **pegado!** you gave me such a fright!; **me di** *or* **llevé un ~ de padre y señor mío** (fam) I got the fright of my life (colloq); ***no ganar para ~s*** (Esp fam): **con este niño no ganamos para ~s** it's just one thing after another with this boy 2 (miedo) fear; **está con un ~ que se muere** she's frightened *o* scared to death

sustracción *f* (frml)
A (Mat) subtraction
B (robo) theft, robbery

sustraer [E23] *vt*
A (Mat) to subtract
B (frml) 1 (robar) to steal; **le fue sustraída la cartera** his wallet was stolen 2 (llevarse) to remove, take away
■ **sustraerse** *v pron* (frml) **~se A algo** to avoid sth; **intentó ~se a las miradas del público** he tried to stay *o* keep out of the public eye; **intentó ~se a sus preguntas** she tried to elude his questions

sustrato *m* (Ling, Geol) substratum

susurrante *adj* 1 ‹*voz*› whispering (*before n*) 2 (liter) ‹*riachuelo*› murmuring (*before n*); ‹*viento*› sighing (*before n*); ‹*hojas*› rustling (*before n*)

susurrar [A1] *vi* 1 «*persona*» to whisper 2 (liter) «*agua*» to murmur; «*viento*» to sigh; «*hojas*» to rustle
■ **susurrar** *vt* to whisper; **le susurró algo al oído** she whispered something in his ear

susurro *m* 1 (murmullo) whisper 2 (liter) (del agua) murmuring; (del viento) sighing; (de las hojas) rustling

sutil *adj* 1 ‹*diferencia*› subtle, fine; ‹*ironía*› subtle; ‹*mente/inteligencia*› keen, sharp 2 ‹*gasa/velo*› fine; ‹*fragancia*› subtle, delicate

sutileza *f* subtlety

sutura *f* (Med) suture

suturar [A1] *vt* to suture, stitch

suyo[1] -ya *adj* (de él) his; (de ella) hers; (de usted, ustedes) yours; (de ellos, ellas) theirs; **Marta y un amigo ~** Marta and a friend of hers; ***ser muy ~***: **eso es muy ~** that's typical of him/her; **es muy suya** she's an odd sort (colloq)

suyo[2] -ya *pron* **el ~, la suya** *etc* (de él) his; (de ella) hers; (de usted, ustedes) yours; (de ellos, ellas) theirs; **él me prestó el ~** he lent me his; ***hacer (una) de las suyas*** (fam) to get up to one's usual *o* old tricks; ***ir a lo ~*** to look after number one; ***lo ~***: **tuvo que trabajar lo ~** he had to work very hard; **pesa lo ~** it weighs a ton; ***salirse con la suya*** to get one's own way

svástica *f* swastika

switch /(e)'switʃ/ *m* 1 (Col, Ven, Méx) (interruptor) light switch 2 (Méx) (Auto) ignition switch

Tt

T, **t** *f (read as /te/) the letter* **T, t**
t. (= **tonelada**) t, ton
T.
A (= **tara**) tare
B (= **tonelada**) t, ton
taba *f* **1** (Anat) anklebone **2** (Jueg) jacks
tabacal *m* tobacco plantation
tabacalera *f* cigarette factory
tabacalero¹ -ra *adj* tobacco (*before n*)
tabacalero² -ra *m,f* tobacco grower
tabaco *m* **1** (planta, producto) tobacco **2** (Esp) (cigarrillos) cigarettes (*pl*) **3** (Col) (puro) cigar
(Compuestos)
• **tabaco de hebra/de mascar/de pipa** loose/chewing/pipe tobacco
• **tabaco negro/rubio** dark/Virginia tobacco
tabalear [A1] *vi* to drum, tap
tabanco *m* **1** (puesto) stall (*selling food*) **2** (AmC) (desván) attic
tábano *m* horsefly
tabaquera *f* **1** (para tabaco) tobacco pouch; (para cigarrillos) cigarette case; (para cigarros) cigar case **2** (de la pipa) bowl
tabaquismo *m* nicotine poisoning
(Compuesto) **tabaquismo pasivo** passive smoking
tabarra *f* (Esp fam) nuisance, pest (colloq); **deja de dar la ~** stop pestering *o* (colloq) bugging me
tabasco *m* Tabasco® (sauce)
taberna *f* bar, tavern (arch), pub (BrE)
tabernáculo *m* tabernacle
tabernero -ra *m,f* (propietario) (*m*) bar owner, landlord (BrE); (*f*) bar owner, landlady (BrE); (camarero) (*m*) bartender; (*f*) barmaid
tabicar [A2] *vt* (con ladrillos) to wall up, brick up
tabique *m* **1** (pared) partition **2** (Méx) (ladrillo) brick
tabla *f*
A (de madera) plank; **las ~s del suelo** the floorboards; ***salvarse en** or **por una tablita*** (Méx fam) to have a narrow escape (colloq)
(Compuestos)
• **tabla de lavar** washboard
• **tabla de picar/planchar** chopping/ironing board
• **tabla de salvación** salvation
• **tabla rasa** tabula rasa; ***hacer* ~ ~** to wipe the slate clean
• **tablas de la ley** *fpl* tables of the law (*pl*)
B **tablas** *fpl* **1** (Teatr) stage; ***tener* ~s** ‹‹*actor, cantante*›› (fam) to be an old hand *o* an expert, to have presence **2** (Taur) barrier
C (de surfing) surfboard; (de windsurf) sailboard, windsurfer; (para natación) float
D **1** (gráfico, listado) table; **las ~s (de clasificación) de la liga** the division *o* league tables **2** (Mat) *tb* **~ de multiplicar** multiplication table; **la ~ del 6** the 6 times table
(Compuestos)
• **tabla de logaritmos** log table
• **tabla de materias** table of contents
• **tabla periódica** *or* **de los elementos** periodic table
E (de falda) pleat; **una falda de ~s** a pleated skirt
F (de terreno) plot, lot (AmE)
G *tb* **~ de gimnasia** (serie de ejercicios) circuit training; (en competición) routine
H **tablas** *fpl* (en ajedrez): **hacer ~s** to draw; **acabar** *or* **quedar en ~s** to end in a draw; ***estar* ~s** (Méx fam) to be even *o* quits (colloq)
tablado *m* (para discursos) platform; (para espectáculos) stage
tablao *m*: *tb* **~ flamenco** *bar or club where flamenco is performed*
tablear [A1] *vt*
A ‹*tela/falda*› to pleat
B (Agr) to level
tablero *m* **1** (para anuncios, fotos) bulletin board (AmE), noticeboard (BrE) **2** (Jueg) board; **un ~ de ajedrez** a chessboard; **un ~ de damas** a checkerboard (AmE), a draughtboard (BrE) **3** (pizarra) blackboard **4** (de mesa) top **5** (Taur) barrier
(Compuestos)
• **tablero chino** Chinese checkerboard
• **tablero de dibujo** drawing board
• **tablero de instrumentos** *or* **de mandos** instrument panel
tableta *f* **1** (Farm) tablet, pill **2** (de chocolate) bar
tabletear [A1] *vi* to rattle, clack
tableteo *m* rattling, clickety-clack
tablilla *f*
A (Med) splint
B (Méx) (de chocolate) bar
tablón *m* **1** (de madera) plank **2** *tb* **~ de anuncios** (Esp) bulletin board (AmE), noticeboard (BrE)
tabú¹ *adj inv* taboo; **un tema ~** a taboo subject
tabú² *m* (*pl* **-búes** *or* **-bús**) taboo
tabulador *m* tabulator, tab
tabular¹ *adj* tabular
tabular² [A1] *vt* to tabulate
taburete *m* stool
tacada *f* (en billar) shot; ***de una* ~** (Jueg), with a single shot; (de un tirón): **lo escribió de una ~** he dashed it off
tacañería *f* stinginess, meanness (colloq)
tacaño¹ -ña *adj* stingy, mean
tacaño² -ña *m,f* miser, tightwad (AmE colloq)
tacar [A2] *vt* (Col) ‹*pipa*› to fill; ‹*cigarrillo*› to tap; ‹*cañón*› to tamp
■ **tacar** *vi* (Col, Ven) to hit the ball
taca-taca *m* (Chi) table football
tacha *f* stain, blemish; **sin ~** ‹*reputación*› unblemished, spotless; ‹*conducta*› irreproachable; **es una persona sin ~** he is beyond reproach
tachadura *f* crossing out, correction
tachar [A1] *vt*
A (en escrito) to cross out; **tacha éstas de la lista** cross these off the list
B (tildar) **~ a algn DE algo** to brand *o* label sb AS sth
C (Der) to impeach, discredit
tacho *m* **1** (CS) (recipiente) (metal) container **2** (CS, Per) (papelero) wastebasket (AmE), wastepaper basket (BrE); **el ~ de la basura** (en la cocina) garbage can (AmE), rubbish bin (BrE); (para la calle) garbage *o* trash can (AmE), dustbin (BrE); ***irse al* ~** (CS fam) ‹‹*negocio*›› to go to the wall; ‹‹*planes*›› to fall through

tachón *m*
A (en escrito) crossing out
B (tachuela) stud, boss
C (Ven) (en costura) pleat
tachonado -da *adj* studded; **un cielo ~ de estrellas** a sky studded with stars
tachuela *f* **1** (clavo) tack; (en cinturón) stud **2** (Chi, Méx fam) (persona baja) shrimp (colloq), shorty (colloq)
tácito -ta *adj* ‹*acuerdo*› tacit, unspoken; **la idea está tácita en el libro** the idea is implicit in the book; **el verbo está ~** the verb is understood
taciturno -na *adj* **1** [SER] (callado, silencioso) taciturn, uncommunicative **2** [ESTAR] (triste) glum, gloomy
tacle *m* (AmL) tackle
taclear [A1], **tacklear** [A1] *vt* (AmL) to tackle
taco *m*
A **1** (de madera) plug; ***a todo ~*** (Col fam) (a todo lujo) in the lap of luxury; (a todo volumen) on full blast **2** (de billetes) book; (de folletos) wad
B **1** (en billar) cue **2** (Col) (de golf) tee
C **1** (Dep) (de botas) cleat (AmE), stud (BrE) **2** (CS, Per) (tacón) heel; **zapatos de ~ alto/bajo** *or* **chato** high-heeled/low-heeled *o* flat shoes
(Compuesto) **taco aguja** *or* **alfiler** (CS) spike heel
D **1** (Coc) taco; ***hacerse ~*** (Méx) to wrap (oneself) up; ***hacer ~ a algn*** (Méx) to wrap sb up **2** (Méx) (comida ligera) snack, bite to eat (colloq); ***darse ~*** (Méx fam): **se da mucho ~** he really thinks he's it (colloq); ***echarse un ~ de ojo*** (Méx fam) to ogle the men/women (colloq), to eye up the talent (BrE colloq)
E (Esp fam) (palabrota) swearword
F (Esp fam) **1** (confusión) mess (colloq) **2** (alboroto) racket (colloq)
G (Chi) (embotellamiento) traffic jam; (en conducto, canal) blockage
tacón *m* heel; **zapatos de ~ alto/bajo** high-heeled/low-heeled *o* flat shoes
(Compuesto) **tacón de aguja** *or* **alfiler** spike heel
taconazo *m* (golpe) kick (*with the heel*); (contra el suelo) stamp (*with the heel*); (en fútbol) backheel; **dar un ~** to click one's heels
taconear [A1] *vi* **1** (al andar): **iba taconeando por la calle** she walked down the street, her heels clicking as she went **2** (en baile) to stamp (one's heel)
taconeo *m* **1** (al andar): **oíamos el ~ de la vecina de arriba** we could hear the woman upstairs walking about in her heels **2** (en baile) heel stamping
táctica *f* tactic, strategy
táctico¹ -ca *adj* tactical
táctico² -ca *m,f* tactician
táctil *adj* tactile
tacto *m*
A **1** (sentido) sense of touch **2** (acción) touch; **mecanografía al ~** touch-typing **3** (cualidad) feel
B (delicadeza) tact; **¡qué falta de ~!** how tactless!; **tiene mucho ~** he's very tactful
TAE *f*
A (= **tasa anual efectiva**) APR
B (= **trastorno afectivo estacional**) SAD
tafetán *m* taffeta
tafilete *m* morocco (leather)
taguara *f* (Ven) cheap restaurant
Tahití *m* Tahiti
tahona *f* (panadería) bakery; (molino) flourmill
tahúr *mf* gambler, cardsharp (colloq)
tailandés¹ -desa *adj/m,f* Thai
tailandés² *m* (idioma) Thai
Tailandia *f* Thailand
taimadamente *adv* craftily, cunningly
taimado -da *adj*
A (astuto) crafty, cunning
B (Chi) (malhumorado) sulky, huffy
taimarse [A1] *v pron* (Chi fam) **1** «*persona*» to get into a huff (colloq) **2** «*mula*» to balk
taita *m* (fam) (papá) dad (colloq), daddy (colloq)
taiwanés -nesa *adj/m,f* Taiwanese
tajada *f*
A **1** (de melón, queso) slice; ***sacar ~ de algo*** (fam) to take/get one's cut of sth (colloq) **2** (Ven) (de plátano frito) slice of fried plantain
B (Esp arg) (borrachera): **¡vaya ~ que llevaba!** she was smashed! (arg)
tajamar *m* **1** (Náut) cutwater **2** (de puente) cutwater **3** (CS) (malecón) breakwater
tajante *adj* ‹*respuesta*› categorical, unequivocal; ‹*tono*› sharp; **un 'no' ~** an emphatic *o* a categorical 'no'
tajantemente *adv* categorically
tajar [A1] *vt* (Col, Per) to sharpen
tajear [A1] *vt* (AmL) to slash
tajo *m*
A **1** (corte) cut **2** (CS) (en falda) slit
B **1** (Geolg) gorge, ravine **2** (en mina) face
C (Hist) block
D (Esp) (obra) site
tal¹ *adj*
A (dicho) such; **no existía ~ tesoro** there was no such treasure; **nunca dije ~ cosa** I never said anything of the kind *o* such a thing
B (seguido de consecuencia): **era ~ su desesperación que ...** such was his despair that ...; **se llevó ~ disgusto que ...** she was so upset (that) ...; **había ~ cantidad de gente que ...** there were so many people that ...
C (con valor indeterminado) such-and-such; **~ día, en ~ lugar** such-and-such a day, at such-and-such a place; **llamó un ~ Méndez** a Mr Méndez phoned
tal² *pron*: **si quieres trato de adulto, compórtate como ~** if you want to be treated like an adult, behave like one; **y como ~ es responsable** and as such he is responsible; **que si ~ y que si cual** and so on and so forth; ***son ~ para cual*** (fam) he's just as bad as she is, they're as bad as each other
(Compuesto) **tal por cual** *mf* (fam) so-and-so (colloq)
tal³ *adv*
A (fam) (en preguntas): **hola ¿qué ~?** hello, how are you?; **¿qué ~ es Marisa?** what's Marisa like?; **¿qué ~ lo pasaron?** how did it go?
B (*en locs*) **con tal de + INF**: **hace cualquier cosa con ~ de llamar la atención** he'll do anything to get attention; **con ~ de no tener que volver** as long as I don't have to come back; **con tal (de) que + SUBJ**: **con ~ (de) que nadie se entere** as long as no one finds out; **con ~ (de) que me lo devuelvas** as long as *o* provided you give it back (to me); **tal (y) como**: **~ (y) como están las cosas** the way things are; **hazlo ~ (y) como te indicó** do it exactly as she told you; **tal cual**: **me lo dijo así, ~ cual** those were her exact words; **lo dejé todo ~ cual** I left everything exactly as it was *o* just as it was; **tal vez** maybe; **~ vez venga** maybe he'll come; **pensé que ~ vez querrías** I thought you might want to
tala *f* felling, cutting
talabartería *f* saddlery
talabartero -ra *m,f* saddler, leather worker
talacha *f* **1** (Méx) (reparación de llantas) flat *o* puncture repair **2** (Méx fam) (trabajo manual) work; **hacer la ~** to do the donkey work (colloq)
talachero -ra (Méx fam) (*m*) handyman; (*f*) handywoman
talador -dora *m,f* woodcutter, lumberjack
taladradora *f* pneumatic drill
taladrar [A1] *vt* **1** ‹*pared/madera*› to drill (through) **2** ‹*oído*›: **un ruido que taladra los oídos** an earsplitting *o* earpiercing noise
taladro *m* **1** (mecánico) hand drill; (eléctrico) electric *o* power drill; (neumático) pneumatic drill **2** (agujero) drill hole
talaje *m*
A (AmC, Méx) (ácaro) tick
B (Chi) (pasto) grass; (lugar) pasture
tálamo *m* (liter) (lecho) bed; **el ~ nupcial** the nuptial bed (liter)
talán, talán *m* ding, dong
talante *m* **1** (humor) mood; **estar de buen/mal ~** to be in a good/bad mood **2** (voluntad, disposición) willingness; **me ayudó de buen ~** he helped me willingly

t

talar [A1] *vt* ‹*árbol*› to fell, cut down
■ **talar** *vi* (Chi) «*ganado*» to graze

talco *m* talc; **polvos de ~** talcum powder

talega *f*
A (saco) sack
B **talegas** *fpl* (Méx vulg) (testículos) nuts (*pl*) (sl), balls (*pl*) (vulg)

talegada *f*, **talegazo** *m*: **se dio/pegó una buena ~** she took *o* had a nasty fall

talego *m* (saco) sack; (bolsa) (Col, Ven) bag

taleguilla *f* bullfighter's breeches (*pl*)

talento *m* **1** (aptitud) talent; **un escritor de gran ~** a very talented *o* gifted writer; **es un joven de ~** he's a talented *o* able young man **2** (persona) talented person

talentoso -sa *adj* talented, gifted

TALGO /'talɣo/ *m* (= **Tren Articulado Ligero Goicoechea Oriol**) *air-conditioned express train*

> **Talgo – Tren Articulado Ligero Goicoechea Oriol**
> This was Spain's fastest train, until the **AVE** came into service in 1992

talismán *m* talisman, lucky charm

talla *f*
A **1** (Indum) size; **¿cuál es su ~?** what size are you?; **de** *o* **en todas las ~s** in all sizes **2** (estatura) size, height; **de ~ mediana** of medium height; ***dar la ~*** (en altura) to be tall enough; (mostrarse competente) to make the grade, measure up **3** (categoría): **un escritor de ~ internacional** a writer of international stature; **una revista de la ~ de 'Semana'** a magazine as important as 'Semana'
B (escultura) sculpture; (de madera) carving; (de piedras preciosas) cutting
C (AmL) (Jueg) **1** (repartición) deal **2** (banca) bank
D (Chi fam) **1** (dicho) joke, wisecrack (colloq) **2** (broma) practical joke

tallado *m* (de madera) carving; (de piedras preciosas) cutting

tallador -dora *m,f*
A (de madera) carver; (de piedras preciosas) cutter
B (AmL) (en naipes) dealer

tallar [A1] *vt*
A ‹*madera*› to carve; ‹*escultura/mármol*› to sculpt; ‹*piedras preciosas*› to cut
B (Esp) ‹*reclutas*› to measure (*and kit out*)
C (Méx) **1** (para limpiar) to scrub **2** (para aliviar) to rub
■ **tallar** *vi* (Col) «*zapatos*» (+ *me/te/le etc*) to be too tight
■ **tallarse** *v pron*
A (Méx) (para limpiarse) to scrub oneself; (para aliviar) to rub oneself
B (Méx fam) (batallar mucho) to work one's butt off (AmE colloq), to slog one's guts out (BrE colloq)

tallarín *m* noodle

talle *m* **1** (cintura) waist; **de ~ esbelto** slim-waisted **2** (figura) figure **3** (en costura) trunk measurement; **es corta de ~** she's short-waisted

taller *m*
A **1** (Auto) garage, repair shop (AmE) **2** (de carpintero, técnico) workshop
(Compuestos)
• **taller de reparación de calzado** shoe repairer's
• **taller mecánico** *or* **de reparaciones** garage, vehicle repair shop (AmE frml)
• **talleres gráficos** *mpl* printing works
B (Educ) workshop

tallista *mf* woodcarver

tallo *m* stem, stalk

talludito -ta *adj* (fam) ‹*adulto*›: **ya estás ~ para esas cosas** you're getting a bit old for that sort of thing; **se casó cuando ya estaba talludita** she was getting on a bit when she married (colloq)

talón *m*
A **1** (del pie) heel; (de zapato, calcetín) heel; ***no llegarle ni a los talones a algn*** (Andes, Méx) *ver* **tobillo**; ***pisarle a algn los talones*** (fam) to be hot on sb's heels (colloq) **2** (de caballo) heel
(Compuesto) **talón de Aquiles** Achilles' heel
B **1** (AmL) (matriz) stub, counterfoil **2** (Esp) (cheque) check (AmE), cheque (BrE); (vale) chit; **~ de compra** receipt
C (Méx fam) **1** (prostitución): **anda en el** *or* **le da al ~** she's a hooker (colloq), she's on the game (BrE colloq) **2** (crédito) credit (colloq)

talonador -dora *m,f* (en rugby) hooker

talonar [A1] *vt* (en rugby) to hook

talonario *m* (de cheques) checkbook (AmE), chequebook (BrE); (de recibos) receipt book; (de volantes) book of vouchers

talonazo *m* (golpe) kick (*with the heel*); (en rugby) heel; (en fútbol) backheel

talonear [A1] *vi*
A (Méx fam) (dedicarse a la prostitución), to hustle (AmE colloq), to be on the game (BrE colloq)
B (Méx fam) (Equ) to spur one's horse on; **~le** (Méx fam) to step on it (colloq)
■ **talonear** *vt* (AmL) ‹*caballo*› to spur (on)

talonera *f*
A (de bota) heelpiece
B (Méx fam) (prostituta) whore (colloq), hooker (colloq)

talquera *f* (recipiente) talcum powder dispenser; (con borla) compact

talud *m* slope, incline, bank

tamal *m* tamale

tamaño¹ -ña *adj* (*delante del n*): **nunca vi tamaña injusticia** I've never seen such injustice; **me llevé ~ susto** I got a terrible fright

tamaño² *m* size; **de todos los ~s** in all sizes
(Compuesto) **tamaño bolsillo/carné/familiar/natural** pocket-/passport-/family-/life-size

tamarindo *m* **1** (Bot) tamarind **2** (Méx fam) (agente) traffic cop (colloq)

tambache *m* (Méx fam) (bulto) bundle; (montón) pile; ***hacer ~ a algn*** (Méx fam) to do the dirty on sb (colloq)

tambaleante *adj*: **entró con andar ~** he staggered into the room; **un anciano de paso ~** a doddery old man; **un régimen ya ~** an already shaky regime

tambalearse [A1] *v pron*, **tambalear** [A1] *vi* «*silla/botella*» to wobble; «*persona*» (de adelante a atrás) to stagger, totter; (de lado a lado) to sway; **(se) tambaleó y cayó** she tottered and fell; **caminaba tambaleándose** he was staggering *o* lurching ; **el régimen empezó a ~** the regime began to teeter; **todo empezó a ~** everything began to shake

tambaleo *m* (de persona) staggering; (de lámpara) swinging; (de mueble) shaking, rocking

también *adv* too, as well **~ habla ruso** she speaks Russian too *o* as well, she also speaks Russian; **está de baja — ¿él ~?** he's off sick — him too *o* him as well?; **que te diviertas — tú ~** have fun! — you too *o* and you; **estás invitado y tu mujer ~** you're invited and so is your wife *o* and your wife, too; **Pilar fuma — yo ~** Pilar smokes — so do I; **el ~ cirujano López Saura** (period) López Saura, (who is) also a surgeon

tambo *m*
A (RPl) (establecimiento) dairy farm; (corral) milking yard
B (Méx) **1** (recipiente) can (AmE), bin (BrE); ***mover el ~*** (Méx fam & hum) to boogie (colloq) **2** (fam) (cárcel) slammer (sl), can (AmE sl)
C (Per) **1** (Hist) (posada) wayside inn **2** (tienda) wayside stall

tambor *m*
A (Mús) **1** (instrumento) drum; **un redoble de ~es** a drum roll; ***a ~ batiente***: **el equipo volvió a ~ batiente** the team returned to a heroes' welcome **2** (persona) drummer
(Compuesto) **tambor mayor** drum major
B **1** (de freno, lavadora, revólver) drum **2** (Méx) (colchón) spring mattress
C **1** (de detergente) drum **2** (AmL) (barril, bidón) drum
D (para bordar) tambour
E (Anat) eardrum

tambora *f* bass drum

tamboril *m* tabor

tamborilear [A1] *vi* to drum, tap

tamborileo *m* drumming, tapping

tamborilero -ra *m,f* drummer

Támesis *m*: **el ~** the (River) Thames

t

tamiz *m* sieve; **pasar algo por el ~** ‹*harina*› to sift sth; ‹*salsa*› to sieve sth

tamizar [A4] *vt* ‹*harina*› to sift; ‹*salsa*› to sieve

tampoco *adv* 1 not ... either; **yo ~ entendí** I didn't understand either; **él no va, ni yo ~** he isn't going and neither am I; **no he estado en Roma ni ~ en París** I've never been to Rome or Paris; **no lo conoce — (ni) yo ~** she doesn't know him — neither do I *o* I don't either 2 (uso expletivo): **bueno, ~ es para ponerse así** come on, there's no need to get like *that* about it; **~ estaría mal recordárselo** it wouldn't be a bad idea to remind him

tampón *m* 1 (para entintar) ink pad 2 (Farm, Med) tampon

tan *adv*: *apocopated form of* **tanto** *used before adjectives (except some comparatives), adverbs, and adjectival or adverbial phrases*

tanatorio *m* morgue

tanda *f*

A (grupo): **llegó otra ~ de excursionistas** another group *o* party of tourists arrived; **la nueva ~ de alumnos** the new intake of pupils; **en dos ~s** in two sittings; **cada dos minutos hay una ~ de avisos** (AmL) every couple of minutes there's another lot of commercials; **los horneamos en dos ~s** we baked them in two batches; **una buena ~ de azotes** a good thrashing

B (AmC, Méx fam) 1 (terreno) cactus plot 2 (función — de teatro) performance; (— de cine) showing, performance

C (Col, Méx) (ronda) a round (of drinks)

tandear [A1] *vi* (Chi fam) to joke

tándem *m* 1 (bicicleta) tandem 2 (dos personas) duo; **un ~ de famosos** a famous duo; **trabajan en ~** they work together *o* as a team

tanga *f* tanga

tangencial *adj* tangential

tangente *f* tangent; ***irse*** *or* ***salirse por la ~*** to go off at a tangent

tangerina *f* tangerine

tangible *adj* tangible, concrete

tango *m* tango

tanguear [A1] *vi* to tango

tanguista *m,f*

A tango singer

B **tanguista** *f* nightclub hostess

tano -na *adj/m,f* (RPl fam & pey) Italian

tanque *m*

A (Arm) (carro) tank

B (de agua, gasolina) tank; (de gas, oxígeno) cylinder, bottle

tanqueta *f* armored personnel carrier

tanquista *mf* (oficial) tank officer; (soldado) soldier in a tank unit; **hizo su servicio militar de ~** he did his military service in tanks/in a tank unit

tantarantán *m* (del tambor) rat-a-tat-tat

tanteador *m* scoreboard

tantear [A1] *vt* 1 (con el tacto) to feel 2 ‹*situación*› to weigh up, size up; ‹*persona*› to sound out 3 (calcular aproximadamente) to estimate

■ **tantear** *vi* to feel one's way

tanteo *m*

A (de situación) sizing up; **a** *or* **al** *or* **por ~** by trial and error

B (Dep) score

tantito *adv* (Méx fam) a bit; **espérame ~, ya voy** just wait a bit, I'm coming; **hazte ~ para allá** move up a bit

tanto[1] *adv*

A [*see note under* **tan**] (aplicado a adjetivo o adverbio) so; (aplicado a verbo) so much; **es tan difícil de describir** it's so difficult to describe; **¡es una chica tan amable!** she's such a nice girl!; **si es así, ~ mejor** if that's the case, so much the better; **y si no te gusta, ~ peor para ti** and if you don't like it, too bad *o* (colloq) tough!; **la tan esperada boda** the long-awaited wedding; **no es tan difícil** it's not *that* difficult; **ya no salimos ~** nowadays we don't go out so often *o* so much; **tan/tanto ... QUE** so ... (THAT); **~ insistió que me quedé** he was so insistent that I stayed; **no lo reconocí de tan viejo que estaba** he had aged so much I didn't recognize him; **tan/tanto ... como** as ... as; **no es tan tímida como parece** she's not as shy as she looks; **sale ~ como tú** he goes out as much *o* as often as you do; **tan pronto como le sea posible** as soon as you can; **no han mejorado ~ como para poder ganar** they haven't improved enough to win; **~ Suárez como Vargas votaron en contra** both Suárez and Vargas voted against

B (AmL exc RPl) **qué tanto/qué tan**: **¿qué tan alto es?** how tall is he?; **¿qué ~ hay de cierto en eso?** how much of it is true?

C *para locs ver* **tanto**[3] **B**

tanto[2] **-ta** *adj*

A 1 (*sing*) so much; (*pl*) so many; **había ~ espacio/~s niños** there was so much space/there were so many children; **¡tiene tanta fuerza ...!** she has such strength ...!; **¡~ tiempo sin verte!** it's been so long!; **tanto/tantos ... COMO** as much/as many...as; **sufro ~ como ella** I suffer as much as she does; **no hubo ~s turistas como el año pasado** there weren't been as many *o* so many tourists as last year; **tengo tanta suerte como tú** I'm as lucky as you are 2 (fam) (expresando cantidades indeterminadas): **tenía setenta y ~s años** he was seventy something, he was seventy-odd (colloq); **cincuenta y ~s pesos** fifty and something pesos

B (*sing*) (fam) (con valor plural) so many; **había ~ mosquitos** there were so many mosquitoes

tanto[3] **-ta** *pron*

A 1 (*sing*) so much; (*pl*) so many; **quería azúcar, pero no tanta** I wanted sugar but not that much; **es uno de ~s** he's one of many; **¡tengo ~ que hacer!** I've so much to do!; **¿de verdad gana ~?** does he really earn that much?; ***ni ~ ni tan calvo*** *or* ***tan poco*** there's no need to go *that* far; ***no ser para ~*** (fam): **no te pongas así, no es para ~** come on, there's no need to get like that about it; **duele, pero no es para ~** it hurts, but it's not *that* bad; **~ *tienes* ~ *vales*** you are what you own 2 (fam) (expresando cantidades indeterminadas): **hasta las tantas de la madrugada** until the early hours of the morning; **en mil ochocientos treinta y ~s** in eighteen thirty-something; **cincuenta y tantas** fifty-odd, fifty or so 3 **tanto** (refiriéndose a tiempo) so long; **hace ~ que no me llama** it's been so long since she called me; **aún faltan dos horas — ¿~?** there's still two hours to go — what? that long?

B (*en locs*) **en tanto** while; **en ~ + SUBJ** as long as, so long as; **en ~ tú estés aquí** as long as you're here; **entre tanto** meanwhile, in the meantime; **hasta tanto + SUBJ** (frml): **hasta ~ (no) se solucione este conflicto** until this conflict is solved; **otro tanto** as much again; **me queda otro ~ por hacer** I have as much again still to do; **cuesta $15 y las pilas, casi otro ~** it costs $15 and then the batteries cost nearly as much again; **otro ~ cabe decir de ...** the same can be said of ...; **por (lo) tanto** therefore; **tan siquiera**: **no pudo ni tan siquiera gritar** he couldn't even shout; **cómprale tan siquiera unas flores** at least buy her some flowers; **¡si tan siquiera me hubieras prevenido!** if only you'd warned me!; **tan sólo** only; **tanto es así que ...** so much so that ...; **tanto más cuanto que ...** especially since ...

tanto[4] *m*

A (cantidad): **un ~ por ciento** a certain percentage; **hay que dejar un ~ de depósito** you have to put down a certain amount as a deposit

B (punto — en fútbol) goal; (— en fútbol americano) point; (— en tenis, en juegos) point; ***apuntarse un ~*** to score a point

C (*en locs*) **al tanto**: **me puso al ~** she put me in the picture; **mantenerse al ~ de** to keep up to date with; **te mantendré al ~** I'll keep you informed; **estar al ~** (pendiente, alerta) to be on the ball (colloq); **ya está al ~ de lo ocurrido** he already knows what's happened; **un tanto triste** somewhat *o* rather *o* a little sad

tañer [E7] *vt* (liter) ‹*arpa*› to strum

■ **tañer** *vi* «*campana*» to peal, ring out

tañido *m* 1 (de guitarra) strumming 2 (de campanas) pealing, ringing

taoísmo *m* Taoism

tapa *f*

A 1 (de caja, pupitre) lid 2 (de bote, cacerola) lid; (de botella, frasco) top 3 (de lente) cap; **la ~ del tanque de gasolina** the gas (AmE) *o* (BrE) petrol cap; ***levantarle*** *or* ***volarle la ~ de los sesos a algn*** (fam) to blow sb's brains out; ***ser la ~*** (Per fam) to be the latest thing (colloq)

(Compuesto) **tapa de rosca** screw top

B 1 (de libro, revista) cover; (para fascículos) binder; (de disco) sleeve; **no te lo has mirado ni por las ~s** you haven't

t

even opened the book **2** (de tacón) heelpiece; **estos zapatos necesitan ~s nuevas** these shoes need reheeling **3** (de bolsillo) flap **4** (Auto) head

C (Esp) (para acompañar la bebida) tapa, bar snack

tapas

In Spain, these are small portions of food served in bars and cafés with a drink. There is a wide variety, including Spanish omelet, seafood, different kinds of cooked potatoes, salads, cheese, ham, and *chorizo*. They can be very elaborate, and people often order several to make a meal.*Tapas* are part of a lifestyle and the social aspect is very important. The practice of going out for a drink and *tapas* is known as *tapeo*

tapabarros *m* (*pl* ~) (Chi, Per) (de coche) fender (AmE), wing (BrE); (de bicicleta) splashguard (AmE), mudguard (BrE)

tapada *f* (Andes fam) save, stop

tapadera *f* **1** (de cazo) lid **2** (de fraude, engaño) cover, front **3** (Méx) (de botella) cap, top

tapadillo: **de ~** (*loc adv*) (fam) on the quiet (colloq), secretly

tapado[1] *m*

A (RPl, Ven) (abrigo) (winter) coat

B (Méx) (Pol) potential candidate (*with official support*)

tapado[2] -da *adj* **1** (Col, Méx, Ven) (torpe) dim (colloq), dumb (colloq), thick (BrE colloq) **2** (Col fam) (taimado) sly

tapado[3] -da *m,f* (fam) **1** (Col, Ven) (persona torpe) dimwit (colloq) **2** (Col) (persona taimada) slyboots (colloq), sneaky devil (colloq)

tapadura *f* (Andes, Méx) filling

tapar [A1] *vt*

A (cubrir) ‹*caja*› to put the lid on; ‹*botella/frasco*› to put the top on; ‹*olla*› to cover, put the lid on; **tapó al niño con una manta** she covered the child with a blanket; **le tapó la boca** he put his hand over her mouth

B **1** ‹*agujero/hueco*› to fill in; ‹*puerta/ventana*› to block up **2** (Andes, Méx) ‹*muela*› to fill; **me ~on dos muelas** I had two fillings **3** ‹*defecto/error*› to cover up

C **1** ‹*vista/luz*› to block; **nos tapa todo el sol** it completely blocks out the sun **2** ‹*salida/entrada*› to block; ‹*excusado/cañería*› (AmL) to block

■ **tapar** *vi* (Per) (Dep) to keep goal, play in goal

■ **taparse** *v pron*

A (*refl*) (cubrirse) to cover oneself up; **se tapó la cara** he covered his face

B **1** «*oídos/nariz*» (+ *me/te/le etc*) to get *o* become blocked; **tengo la nariz tapada** my nose is blocked **2** (AmL) «*cañería/excusado*» to get blocked

taparrabos *m* (*pl* ~) loincloth

tapatío -tía *adj* of/from Guadalajara (*in Mexico*)

tapete *m*

A **1** (para mesa) decorative table cloth; (para sofá) antimacassar **2** (Jueg) *tb* **~ verde** card table; ***estar sobre*** *or* ***en el ~*** to be under discussion *o* at issue; ***poner algo sobre el ~*** to bring up *o* raise sth

B (Col, Méx, Ven) (alfombra) rug

tapia *f* (muro) wall; (cerca) fence; ***ser/estar más sordo que una ~*** (fam) to be as deaf as a post (colloq)

tapiar [A1] *vt* **1** ‹*espacio*› to wall in **2** ‹*puerta/ventana*› to brick up

tapicería *f* **1** (de coches, muebles) upholstery **2** (arte) tapestry making; (tapiz) tapestry

tapicero -ra *m,f* (de muebles) upholsterer; (de tapices) tapestry maker

tapilla *f* (Chi) heelpiece

tapir *m* tapir

tapisca *f* (AmC) maize harvest

tapiz *m* (para pared) tapestry; (para suelo) carpet

tapizado *m* upholstery

tapizar [A4] *vt* ‹*sillón*› to upholster; ‹*pared*› to line; **el sendero estaba tapizado de hojas** the path was carpeted with leaves

tapón *m*

A **1** (de vidrio, goma) stopper; (de corcho) cork; (del lavabo) plug; (de botella) (Esp) top **2** (para los oídos) earplug; (en cirujía) tampon; (de cerumen) plug

B (fam) (persona) shorty (colloq)

C **1** (fam) (atasco) traffic jam, tailback (BrE) **2** (en baloncesto) block

D (CS) (Elec) fuse

taponamiento *m* **1** (de cañería) blockage **2** (Med) plugging **3** (Col, RPl) (Auto) (embotellamiento) traffic jam, tailback (BrE)

taponar [A1] *vt* **1** ‹*agujero*› to block **2** ‹*herida*› to plug

■ **taponarse** *v pron* **1** «*oídos/nariz*» (+ *me/te/le etc*) to get blocked; **se me taponó la nariz** my nose got blocked **2** «*cañería*» to get blocked **3** (Col, RPl) «*ciudad/zona*» to block

taponazo *m* (AmL) shot

tapujos *mpl*: **sin ~** openly, honestly; **no te andes con ~** don't try to pull the wool over my/his eyes (colloq)

taquear [A1] *vi*

A (Méx) (comer) to eat tacos, have a snack

B (Per fam) (Jueg) to shoot pool (colloq)

taquería *f* (Méx) taco stall/restaurant

taquicardia *f* tachycardia

taquigrafía *f* shorthand, stenography (AmE)

taquígrafo -fa *m,f* shorthand clerk (*o* typist *etc*), stenographer (AmE)

taquilla *f* **1** (de cine) box office; (en estación, estadio) ticket office **2** (cantidad recaudada) takings (*pl*); ***hacer ~*** *or* ***tener buena ~*** «*película/obra*» to be a box-office hit **3** (casillero) rack, pigeonholes (*pl*)

taquillaje *m* takings (*pl*)

taquillero[1] -ra *adj* **1** (Cin, Teatr) box-office (*before n*); **un actor ~** a box-office draw **2** (Chi fam) (de moda) trendy (colloq)

taquillero[2] -ra *m,f* box-office clerk

taquimecanógrafo -fa *m,f* shorthand typist, stenographer (AmE)

tara *f*

A (peso) tare

B (defecto) defect

tarabilla *mf* (fam) **1** (persona habladora) chatterbox (colloq) **2** (persona inquieta): **es una ~** she gets really hyped up (colloq)

tarado[1] -da *adj* **1** (minusválido) handicapped **2** (fam & pey) (tonto) stupid

tarado[2] -da *m,f* **1** (minusválido) handicapped person **2** (fam & pey) (imbécil), moron (colloq & pej)

tarambana *mf* (fam) good-for-nothing (colloq)

tarantela *f* tarantella

tarántula *f* tarantula

tarar [A1] *vt* (pesar) to tare

tararear [A1] *vt* to la-la-la

tarasca *f* **1** (fam) (mujer de carácter violento) battle-ax* (colloq) **2** (Chi fam) (boca) mouth

tarascón *m* (CS) bite

tardado -da *adj* (Méx) ‹*proceso/tarea*› time-consuming; ‹*persona*› slow; **¡qué ~!** what a slowpoke! (AmE colloq), slow coach (BrE colloq)

tardanza *f* delay; **sin ~** without delay; **perdona la ~ en contestar** forgive my delay in replying; **me preocupa su ~** I'm worried that he's so late; **su ~ se debió a ...** his lateness was due to ...

tardar [A1] *vt* (emplear cierto tiempo): **tardó tres horas más de lo previsto** she took three hours longer than expected; **no tardo ni un minuto** I won't be a minute; **¿cuánto se tarda de Moscú a Berlín?** how long does it take from Moscow to Berlin?; **está tardando mucho** she's taking a long time; **~án varios días en dármelo** it'll be several days before they give it to me; **tarda una hora en hacerse** it takes about an hour to cook; ***a más ~*** at the (very) latest

■ **tardar** *vi* (retrasarse) to be late; (emplear demasiado tiempo) to take a long time; **la obra empieza a las seis, así que espero que no tarden** the play starts at six so I hope they won't be late; **sólo ha salido a comprar pero parece que tarda** he's only gone to do some shopping but he seems to be taking a long time; **¡no tardo!** I won't be long!; **~ EN + INF**: **aún ~á en llegar** it'll be a while yet before he gets here; **no ~on en detenerlo** it didn't take them long to arrest him

■ **tardarse** *v pron* (Méx, Ven) ▸**tardar** *vt, vi*

tarde[1] *adv* late; **llegar ~** to be late; **es ~ para eso** it's too late for that; **se está haciendo ~** it's getting late; **más ~** later; **tuvo los hijos muy ~** she had her children very late in life; ***~ o temprano*** sooner or later; ***más vale ~ que nunca*** better late than never

tarde[2] *f* (temprano) afternoon; (hacia el anochecer) evening; **a las seis de la ~** at six in the evening; **¡buenas ~s!** (temprano) good afternoon!; (hacia el anochecer) good evening!; **en la** *or* (esp Esp) **por la** *or* (RPl) **a la ~** in the afternoon/evening; ***de ~ en ~*** occasionally

tardío -día *adj* ‹*fruto*› late (*before n*); ‹*decisión/acuerdo*› belated; **uno de sus poemas ~s** one of his later poems; **tuvo un amor ~** he had a romance in his later life

tardo -da *adj* (liter) slow

tardón[1] **-dona** *adj* (fam) slow; **¡qué ~ es!** what a slowpoke (AmE) *o* (BrE) slowcoach he is! (colloq)

tardón[2] **-dona** *m,f* (fam) slowpoke (AmE colloq), slowcoach (BrE colloq)

tarea *f* **1** (trabajo) task, job; **las ~s de la casa** the housework **2** (deberes escolares) homework

tarifa *f* **1** (baremo, escala) rate; **~s eléctricas** electricity charges; **¿cuál es su ~?** what rate *o* how much do you charge? **2** (Transp) fare **3** (lista de precios) price list **4** (arancel) tariff; **~s aduaneras** customs tariffs *o* duties

Compuestos
- **tarifa económica** economy fare
- **tarifa plana** flat rate

tarima *f* (plataforma) dais

tarjar [A1] *vt* (Andes) to cross out, delete (frml)

tarjeta *f* card; **marcar** (AmL) *or* (Méx) **checar ~** to clock in/out, punch in/out (AmE)

Compuestos
- **tarjeta amarilla/roja** yellow/red card; **mostrar** *or* **sacar a algn la ~ amarilla/roja** to show sb the yellow/red card
- **tarjeta de crédito** credit card
- **tarjeta de embarque** boarding pass *o* card
- **tarjeta de Navidad** Christmas card
- **tarjeta de visita** *or* (Méx) **de presentación** (personal) visiting card; (de negocios) business card
- **tarjeta inteligente** smart card
- **tarjeta postal/telefónica** postcard/phonecard
- **tarjeta prepago** top-up card

tarjetahabiente *mf* (Méx, Ven) cardholder

tarjetero *m*, (AmL) **tarjetera** *f* credit card holder *o* wallet

tarquín *m* mud, silt

tarro *m*

A (recipiente— de vidrio) jar; (— de cerámica) pot; (— de metal) (Chi) can, tin (BrE)

B (Méx, Ven) (taza) mug

C (Esp arg) (cabeza) head

tarso *m* tarsus

tarta *f* (Esp) cake

Compuestos
- **tarta de cumpleaños** birthday cake
- **tarta de queso** cheesecake

tartaja *mf* (fam) stammerer, stutterer

tartajear [A1] *vi* (tartamudear) to stammer, stutter; (mezclar sílabas) to make spoonerisms

tartajoso -sa *adj/m,f* ▸**tartamudo**[1,2]

tartaleta *f* **1** (tarta individual) tartlet **2** (porción) piece of cake

tartamudear [A1] *vi* to stutter, stammer

tartamudeo *m* stuttering, stammering

tartamudez *f*: **superó su ~** he overcame his stutter *o* stammer

tartamudo[1] **-da** *adj* stuttering (*before n*), stammering (*before n*); **es ~** he has a stutter *o* stammer

tartamudo[2] **-da** *m,f* stammerer; **tengo un ~ en mi clase** one of the boys in my class has a stutter *o* stammer

tartán *m* tartan

tartana *f* covered trap

tártaro -ra *adj/m,f* Tartar

tartera *f* (para cocinar) cake tin; (fiambrera) lunch pail (AmE), lunch box (BrE)

tartufo -fa *m,f* (liter) Tartuffe (liter), hypocrite

tarugo *m* **1** (de madera) piece; (de pan duro) piece, hunk **2** (clavija) peg, dowel **3** (fam) (persona torpe) blockhead (colloq)

tarumba *adj* crazy (colloq); **me vuelve ~** he drives me crazy (colloq); **volverse ~** (fam) to go crazy (colloq)

tasa *f* **1** (valoración) valuation **2** (impuesto) tax **3** (medida) moderation **4** (índice) rate

Compuestos
- **tasa de desempleo** rate of unemployment
- **tasa de interés** interest rate
- **tasa de mortalidad/natalidad** mortality rate/birthrate

tasación *f* valuation

tasador -dora *m,f* valuer, assessor

tasajear [A1] *vt* (Méx, Per) to slash

tasar [A1] *vt*

A ‹*objeto/coche*› to value

B (racionar) ‹*dinero/comida*› to ration, limit

tasca *f* (taberna) bar, tavern; (bar de poca categoría) cheap bar

tasqueo *m* (Esp fam): **ir(se) de ~** to go drinking, go pubbing (BrE colloq)

tata[1] *m* (AmL fam)

A (padre) dad (colloq), pop (AmE colloq)

B (abuelo) grandpa (colloq)

tata[2] *f* (Esp fam) (niñera) nanny

tatarabuelo -la (*m*) great-great-grandfather; (*f*) great-great-grandmother; **mis ~s** my great-great-grandparents

tataranieto -ta (*m*) great-great-grandson; (*f*) great-great-granddaughter; **mis ~s** my great-great-grandchildren

tate *interj* (fam) **1** (¡despacio!) slowly!, easy does it! (colloq) **2** (al darse cuenta de algo) so that's it!, now I see!

ta-te-ti *m* (RPl) tic-tac-toe (AmE), noughts and crosses (BrE)

tatuaje *m* (acción) tattooing; (dibujo) tattoo

tatuar [A18] *vt* to tattoo

taumaturgo -ga *m,f* miracle worker

taurino[1] **-na** *adj*

A ‹*temporada/afición*› bullfighting (*before n*), taurine (frml)

B (Astrol) Taurean

taurino[2] **-na** *m,f* (Astrol) Taurean, Taurus

Tauro[1] *m* (signo, constelación) Taurus; **es (de) ~** he's (a) Taurus, he's a Taurean

Tauro[2], **tauro** *mf* (*pl* **~ -ros**) (persona) Taurean, Taurus

tauromaquia *f* (the art of) bullfighting

tautología *f* tautology

tautológico -ca *adj* tautological, redundant

taxativamente *adv* (frml) specifically

taxativo -va *adj* (frml) restricted, specific

taxi *m* taxi, cab

Compuesto **taxi colectivo** (Col) minibus

taxímetro *m* taximeter

taxista *mf* taxi driver, cabdriver

taxonomía *f* taxonomy

taxonómico -ca *adj* taxonomical

taza *f* **1** (recipiente) cup; **~ de café/té** coffee cup/teacup **2** (contenido) cupful; **tomar una ~ de té** to have a cup of tea **3** (del retrete) (toilet) bowl **4** (de fuente) basin

tazón *m* bowl

tb. = también

te[1] *f*: *name of the letter* **t**

te[2] *pron pers* **1** you; **¿~ ha mandado la cuenta?** has he sent you the bill?; **no ~ lo quiero prestar** I don't want to lend it to you; **¿~ lo paso a máquina?** shall I type it for you?; **~ lo quiere quitar** he wants to take it away from you; **voy a serte sincera** I'll be frank with you; **cuídate** (*refl*) look after yourself; **¿~ has cortado el pelo?** (*refl*) have you cut your hair?; (*caus*) have you had your hair cut?; **¿~ sientes bien?** are you feeling all right?; **no ~ muevas** don't move **2** (*impers*): **cuando ~ pasa eso ...** when that happens ...

t

té *m* **1** (infusión, planta) tea; **me invitó a tomar el ~** she invited me for tea; ***a la hora del ~*** (literal) at tea-time; (a la hora de la verdad) (Col fam) when it comes to the crunch (colloq) **2** (AmL) (reunión) tea party
(Compuesto) **té canasta** (AmL) charity tea and canasta party

tea *f* torch; ***arder como una ~*** to go up like a torch

teatral *adj* **1** (Teatr) ‹*grupo/temporada*› theater* (*before n*); **una obra ~** a play; **vi la producción ~** I saw the stage version; **un autor ~** a playwright **2** ‹*persona*› theatrical; ‹*gesto/tono*› theatrical, dramatic

teatro *m*
A (Teatr) **1** (arte, actividad) theater*; **~ de vanguardia** avant-garde theater; **el ~ de Calderón** Calderon's theater *o* plays; **una obra de ~** a play; **adaptado para el ~ por ...** adapted for the stage by ...; **actor de ~** stage actor; **el mundo del ~** the theater **2** (local) theater* **3** (cine) movie theater (AmE), cinema (BrE)
(Compuestos)
- **teatro de aficionados** amateur dramatics
- **teatro de guiñol** puppet theater*
- **teatro de la ópera** opera house
- **teatro de variedades** vaudeville (AmE), music hall (BrE)

B (fam) (exageración): **es puro ~** it's all an act
C (de batalla, guerra) theater*
(Compuesto) **teatro de operaciones** theater* of operations

tebeo *m* (Esp) comic (*for children*)

techado *m* roof

techador -dora *m,f* (de tejas) roofer; (de paja) thatcher

techar [A1] *vt* (con tejas) to roof; (con paja) to thatch

techo *m*
A **1** (cielo raso) ceiling **2** (AmL) (tejado, cubierta) roof; **bajo ~** indoors *o* under cover **3** (hogar, casa) house; **bajo el mismo ~** under the same roof; **sin ~** homeless
(Compuesto) **techo corredizo** sunroof
B (nivel, cota) ceiling; **rebasó el ~ del 8%** it exceeded the 8% ceiling *o* limit; **tratan de elevar su ~ electoral** they are trying to raise their quota of seats; **los precios tocaron ~** prices reached their highest point

techumbre *f* roof

tecla *f* **1** (Mús) key; ***dar en la ~*** to hit the nail on the head (colloq) **2** (de ordenador) key **3** (fam) (para conseguir un fin): **no me queda ninguna ~ por tocar** I've tried every avenue *o* approach; **tocaré todas las ~s** I'll pull out all the stops; **alguna ~ habrá tocado** I bet she pulled some strings (colloq)
(Compuesto) **tecla de función** function key

teclado *m* keyboard; **~ numérico** numeric keypad

tecleado *m* keyboarding, keying

teclear [A1] *vt* ‹*palabra/texto*› to key in, type in
■ **teclear** *vi* (en máquina de escribir) to type; (en ordenador) to key

tecleo *m* **1** (en máquina de escribir) typing; (en ordenador) keying, keyboarding **2** (ruido) clicking, tapping

teclista *mf* **1** (Impr, Inf) keyboarder **2** (Mús) keyboard player

técnica *f*
A **1** (método) technique **2** (destreza) skill
B (tecnología) technology
C (en baloncesto) technical foul

tecnicismo *m* (cualidad) technical nature; (palabra) technical term

técnico[1] **-ca** *adj* technical

técnico[2] **-ca** *m,f*, **técnico** *mf* **1** (en fábrica) technician **2** (de lavadoras, etc) repairman (AmE), engineer (BrE) **3** (Dep) trainer, coach (AmE), manager (BrE)

tecnicolor *m* Technicolor®

tecnificar [A2] *vt* to introduce the use of modern technology in

tecnócrata *mf* technocrat

tecnofobia *f* technophobia

tecnología *f* technology
(Compuesto) **tecnología punta** up-to-the-minute technology

tecnológico -ca *adj* technological

tecnólogo -ga *m,f* technologist

tecolines *mpl* (Méx fam) cash (colloq)

tecolote *m*
A (Méx) (Zool) owl
B (Méx fam) (policía) cop (colloq)

tedeum, Te Deum *m* thanksgiving service

tedio *m* boredom, tedium; **me produce ~** I find it boring *o* tedious

tedioso -sa *adj* tedious, boring

tegua *mf* (Col) quack

teipe *m* (Ven) sticky tape

teísmo *m* theism

teísta *adj/mf* theist

teja *f* tile; **~s de pizarra** slates; ***corrérsele a algn la ~*** (Andes) to flip one's lid (colloq); ***pagar a toca ~*** (Esp) to pay cash on the nail (colloq)

tejado *m* (esp Esp) roof

tejano -na *adj/m,f* Texan

tejar [A1] *vt* (con tejas — de barro) to tile; (— de pizarra) to slate

Tejas *m* Texas

tejaván *m* (Méx) shed

tejedor -dora *m,f* **1** (con telar) weaver **2** (con agujas, máquina) knitter

tejemaneje *m* (fam) **1** (maquinación) intrigue; **~s** skulduggery, scheming **2** (Esp) (actividad): **¿qué ~s se traen?** what are they up to?

tejer [E1] *vt*
A **1** (en telar) to weave; **tejido a mano** hand-woven **2** (con agujas, a máquina) to knit; (con ganchillo) to crochet; **máquina de ~** knitting machine **3** «*araña*» to spin
B (elaborar) ‹*plan*› to devise; **tejió una gran mentira** she spun an elaborate yarn
■ **tejer** *vi* (en telar) to weave; (con agujas, a máquina) to knit; (con ganchillo) to crochet

tejido *m* **1** (tela) fabric; **~s sintéticos** synthetic fabrics *o* textiles **2** (de tela) weave **3** (AmL) (con agujas, máquina) knitting; (con ganchillo) crochet **4** (Anat) tissue

tejo *m* **1** (disco) disc **2** (juego — de niños) hopscotch; (— de adultos) *game similar to pitch-and-toss*

tejolote *m* (Méx) pestle

tejón *m* badger

Tel. (= **teléfono**) Tel.

tela *f*
A (Tex) (material) material, fabric, cloth; **~ de lana** wool (fabric); **~ de algodón** cotton (fabric); **~ sintética** man-made *o* synthetic material; **un libro encuadernado en ~** a clothbound book; ***allí hay (mucha) ~ de donde*** *or* ***para cortar*** there's plenty that could be said about that; ***poner algo en ~ de juicio*** to call sth into question; ***tener ~ (marinera)*** (Esp fam) «*asunto*» to be tricky; **tenemos ~ para rato** we have a lot of work on our hands
(Compuestos)
- **tela de araña** spiderweb (AmE), spider's web (BrE); (polvorienta) cobweb
- **tela metálica** wire mesh

B (Art) (cuadro) canvas, painting
C (membrana) skin, film

telar *m* **1** (máquina) loom **2** **telares** *mpl* (fábrica) textile mill

telaraña *f* spiderweb (AmE), spider's web (BrE); (polvorienta) cobweb; ***mirar las ~s*** to have one's head in the clouds; ***sacudirse las ~s*** to blow the cobwebs away; ***tener ~s en los ojos*** to be blind

tele *f* (fam) TV (colloq), telly (BrE colloq)

teleadicto -ta *m,f* (fam) TV addict (colloq),telly addict (BrE colloq)

telebanco *m* cash machine *o* dispenser

teleco *f* telco

telecomedia *f* sitcom

telecomunicación *f* telecommunication

teleconferencia *f* conference call, teleconference

teleculebra *f* (Ven fam) soap opera (colloq)

telediario *m* (Esp) (television) news

t

teledifusión *f* television broadcasting

teledirigido -da *adj* ‹coche› radio-controlled, remote-controlled; **misiles ~s** guided missiles

telefax *m* fax, telefax (AmE)

teleférico *m* cable railway

telefilm (*pl* **-films**), **telefilme** *m* TV movie

telefonazo *m* (fam) buzz (colloq), ring, call; **darle un ~ a algn** to give sb a buzz (colloq)

telefonear [A1] *vt* to telephone, phone, call; **¿puedo ~ a Londres?** can I make a (telephone) call to London?

■ **telefonear** *vi* to telephone, phone; **telefoneé para pedir un taxi** I phoned *o* telephoned for a cab

telefónico -ca *adj* telephone (*before n*)

telefonista *mf* telephone operator

teléfono *m*

A (Telec) telephone, phone; **número de ~** phone number; **¿tienes ~?** are you on the phone?; **contestar el ~** to answer *o* (colloq) get the phone; **me colgó el ~** she hung up on me; **hablé por ~ con ella** I spoke to her on the phone; **está hablando por ~** he's on the phone; **llamar a algn por ~** to call sb (up), phone sb, ring sb (up) (BrE)

Compuestos

- **teléfono celular** *or* (Esp) **móvil** mobile telephone
- **teléfono inalámbrico** cordless telephone
- **teléfono interno** extension
- **teléfono rojo** hotline

B (de la ducha) shower head

telegénico -ca *adj* telegenic

telegrafía *f* telegraphy

telegrafiar [A17] *vi/vt* to telegraph

telegráfico -ca *adj* telegraphic

telegrafista *mf* telegraphist

telégrafo *m* telegraph

telegrama *m* telegram

teleimpresor *m*, **teleimpresora** *f* teletypewriter (AmE), teleprinter (BrE)

telele *m* (fam & hum): **darle un ~ a algn** (desmayarse) to faint; (enfurecerse) to have a fit (colloq)

telenovela *f* soap opera

teleobjetivo *m* telephoto lens

telépata *mf* telepathist

telepatía *f* telepathy

telepático -ca *adj* telepathic

teleplatea *f* (CS) television audience

telequinesia *f* telekinesis

telescópico -ca *adj* telescopic

telescopio *m* telescope

teleserie *f* television series

telesilla *f or m* chair lift

telespectador -dora *m,f* viewer

telesquí *m* ski lift

teleteatro *m* (Teatro, TV) play produced for TV; (culebrón) television drama series (*usually of poor quality*)

teletexto, teletex *m* teletext, videotex

teletipo *m* teletypewriter (AmE), teleprinter (BrE)

teletrabajo *m* teleworking, telecommuting

televentas *fpl* telesales

televidente *mf* viewer

televisar [A1] *vt* to televise

televisión *f* **1** (sistema) television; **lo transmitieron por ~** it was broadcast on television **2** (programación) television; **ver ~** to watch television **3** (televisor) television (set)

Compuestos

- **televisión a** *or* **en color(es)** color* television
- **televisión por cable/por satélite** cable/satellite television

televisivo -va *adj* television (*before n*)

televisor *m* television (set)

télex *m* (*pl* ~) telex; **enviar algo por ~** to telex sth

telilla *f* film, skin

telón *m* curtain

Compuestos

- **telón de acero** (Esp) Iron Curtain
- **telón de fondo** (Teatr) backdrop; **sobre el ~ de ~ de la guerra civil** against the backdrop of the civil war

telonero[1] -ra *adj* ‹artista/grupo› support (*before n*), supporting (*before n*)

telonero[2] -ra *m,f* supporting artist (*o* band *etc*); **los ~s** the support

telúrico -ca *adj* telluric, of the earth

tema *m*

A **1** (asunto, cuestión) matter; (de conferencia, composición) topic; (de examen) subject; (Art, Cin, Lit) subject; **un ~ delicado** a delicate matter *o* subject; **~ de conversación** topic of conversation; **~s de actualidad** current affairs; **el ~ de la novela** the subject matter of the novel; **cambiar de ~** to change the subject; **no se trató ese ~** that topic wasn't discussed **2** (Mús) (motivo) theme

B (Ling) stem

temario *m* **1** (para examen) syllabus, list of topics **2** (en congreso) agenda

temática *f* subject matter

temático -ca *adj* thematic

temblar [A5] *vi* **1** «*persona*» (de frío) to shiver; (por nervios, miedo) to shake, tremble; **tiemblo de pensar lo que podría haber pasado** I shudder to think what might have happened; (+ *me/te/le etc*) **me tiembla el párpado** my eyelid is twitching; **le temblaba la mano** his hand was shaking; **la voz le temblaba de emoción** her voice was trembling with emotion; **~ *como un flan*** to shake like a jelly *o* leaf **2** «*edificio/tierra*» to shake

■ **temblar** *v impers*: **¡está temblando!** (AmL) it's an earthquake!

tembleque[1] *adj* (fam) shaky (colloq)

tembleque[2] *m* shaking; **me dio** *or* **entró un ~** (fam) I got the shakes (colloq)

temblequear [A1] *vi* (fam) to shake, tremble

temblor *m*

A (de frío, fiebre) shivering; (de miedo, nervios) trembling, shaking; **habló con un ligero ~ en la voz** he spoke in a tremulous voice

B *tb* **~ de tierra** earth (tremor)

tembloroso -sa *adj* **1** ‹manos› trembling, shaking; ‹voz› trembling, tremulous; **~ de miedo** shaking with fear; **~ de frío** shivering with cold **2** ‹llama/luz› flickering, quivering

temer [E1] *vt* ‹castigo/reacción› to fear, dread; ‹persona› to be afraid of; **sus hijos le temen** her children are afraid of her; **todos temían lo peor** they all feared the worst; **~ + INF** to be frightened *o* afraid OF -ING; **~ QUE + SUBJ**: **teme que le echen la culpa a él** he's afraid that they'll blame him for it

■ **temer** *vi* to be afraid; **no temas** don't be afraid; **estos niños son de ~** (fam) these kids are terrible! (colloq); **~ POR algo/algn** to fear FOR sth/sb

■ **temerse** *v pron* **1** (sospechar) to fear; **ya me lo temía** I knew this/that would happen; **me temo que ...** I fear that ... **2** (en fórmulas de cortesía) to be afraid; **me temo que no ha llegado** I'm afraid he hasn't arrived

temerario -ria *adj* bold

temeridad *f* **1** (acción): **eso fue una ~** that was a very rash *o* bold thing to do **2** (cualidad) temerity; **conduce con ~** she drives recklessly

temeroso -sa *adj* frightened; **huyeron ~s** they fled in fear (liter); **~ DE algn/algo** fearful OF sb/sth (liter), afraid OF sb/sth; **~ de Dios** God-fearing

temible *adj* fearsome, fearful

temor *m* fear; **no le dije nada por ~ a ofenderlo** I didn't say anything for fear of offending him

Compuesto **temor de Dios** fear of God

témpano *m* (plancha de hielo) ice floe; **ser como un ~ (de hielo)** to have a heart of ice; ***quedarse como un*** **~** to be chilled to the marrow *o* bone

témpera *m* tempera

temperamental *adj* (irascible, cambiable) temperamental; (de mucho carácter) spirited

temperamento *m*

A **1** (manera de ser) temperament; **son de ~s muy diferen-**

t

tes they have very different temperaments; **tiene un ~ violento** she has a violent nature 2 (vigor de carácter): **un chico/torero con mucho ~** a boy/bullfighter with a lot of spirit

B (Mús) temperament

temperancia *f* temperance

temperante[1] *adj* (Méx fam) teetotal

temperante[2] *mf* (Méx fam) teetotaler•

temperar [A1] *vt* 1 (moderar) to temper 2 (Mús) to temper

■ **temperar** *vi* (Col) to have a change of air

temperatura *f* 1 (Fís, Med) temperature; **tomar la ~ a algn** to take sb's temperature; **tiene ~** (CS) she has a fever (AmE) *o* (BrE) a temperature 2 (Meteo) temperature; **un descenso de las ~s** a drop in temperatures

(Compuesto) **temperatura ambiente** room temperature

tempestad *f* storm, tempest (liter)

(Compuesto) **tempestad de arena** sandstorm

tempestuoso -sa *adj* stormy, tempestuous

templado -da *adj*

A 1 ‹*clima*› mild, temperate; ‹*zona*› temperate; ‹*temperatura*› warm 2 ‹*agua*› warm, lukewarm; ‹*comida*› lukewarm

B ‹*ánimo*› bold, courageous; **tiene los nervios bien ~s** she has nerves of steel

C (Col) (duro, difícil) tough

templanza *f* temperance

templar [A1] *vt*

A (Tec) ‹*acero*› to temper

B (Mús) ‹*violín/cuerda*› to tune

C (entibiar — enfriando) to cool down; (— calentando) to warm up

■ **templar** *vi* (hacer más calor) to get warmer *o* milder; (refrescar) to get cooler

■ **templarse** *v pron* (enfriarse) to cool down; (calentarse) to get warmer, warm up

templario *m* (Knight) Templar

temple *m*

A (Tec) (acción) tempering; (efecto) temper

B (coraje) mettle (liter), courage; ***estar de buen/mal ~*** to be in a good/bad mood

C (Art) tempera

templo *m* temple; **un ~ del saber** a seat of learning

tempo *m* tempo

temporada *f*

A (época establecida) season; **verduras de ~** seasonal vegetables; **fuera de/en ~** out of/in season; **en plena ~ turística** at the height of the tourist season

(Compuesto) **temporada alta/baja** high/low season

B (período de tiempo) spell; **una ~ de mucho trabajo** a very busy spell *o* period

temporal[1] *adj*

A (transitorio) temporary

B (relativo al tiempo) temporal

C ‹*poder*› temporal; ‹*bienes*› worldly

temporal[2] *m* (Meteo) storm; ***capear el ~*** to ride out *o* weather the storm

(Compuesto) **temporal de nieve** snowstorm, blizzard

temporalero -ra *m,f* (Méx) seasonal worker

temporalidad *f*

A (transitoriedad) transient nature, transience

B 1 (secularidad) temporality 2 **temporalidades** *fpl* (beneficios) temporalities (*pl*)

C (por oposición al espacio) temporality

temporalmente, (AmL) **temporariamente** *adv* temporarily

temporario -ria *adj* (AmL) temporary

temporero[1] -ra *adj* ‹*trabajador*› seasonal

temporero[2] -ra *m,f* (trabajador) seasonal worker

temporizador *m* timer

tempranero -ra *adj* early (*before n*)

temprano[1] -na *adj* early; **a la temprana edad de ...** at the early age of ...

temprano[2] *adv* early; **levantarse ~** to get up early; **todavía es ~ para saberlo** it's still too early to know

ten *see* **tener**

tenacidad *f* 1 (perseverancia) tenacity 2 (de material) toughness, resilience

tenacillas *fpl* hair crimper

tenaz *adj*

A 1 ‹*persona*› tenacious; **su ~ propósito de ganar** in his determined bid to win 2 ‹*dolor*› persistent; ‹*mancha*› stubborn

B (Col fam) 1 ‹*problema/situación*› tough 2 (*como interj*) oh no!, that's too bad! (AmE colloq)

tenaza *f*, **tenazas** *fpl* 1 (Mec, Tec) pliers (*pl*) 2 (de chimenea, cocina) tongs (*pl*) 3 (del cangrejo) pincer 4 (Méx) (de pelo) curling iron (AmE), hair crimper (BrE)

tenca *f* (Zool) tench

ten con ten *m* (Esp fam) (tacto) tact

tendajón *m* (Méx) shack (*serving as a store or stall*)

tendal *m* 1 (AmL) (para el café) drying area 2 (RPl fam) (reguero) trail

tendalada *f* (Chi fam): **una ~ de gente** loads of people (colloq); ***dejar/quedar la ~*** (Chi fam): **el derrumbe dejó la ~** the landslide wreaked havoc; **quedó la ~** there was absolute chaos

tendedero *m* (cuerda) clothesline;(caballete) clotheshorse

tendencia *f* tendency; **~s homosexuales** homosexual tendencies *o* leanings; **~ A algo** trend TOWARD(s) sth; **~ a la baja/al alza** downward/upward trend; **~ A + INF** tendency to + INF; **tiene ~ a exagerar** she has a tendency to exaggerate

tendencioso -sa *adj* tendentious

tender [E8] *vt*

A ‹*ropa*› (afuera) to hang out; (dentro de la casa) to hang (up); **tengo ropa tendida** I have some washing on the line

B 1 (extender) ‹*manta*› to spread out, lay out; ‹*mantel*› to spread 2 (AmL) ‹*cama*› to make; ‹*mesa*› to lay, set 3 ‹*persona*› to lay; ‹*cadáver*› to lay out

C 1 ‹*cable*› (sobre superficie) to lay; (suspendido) to hang 2 ‹*vía férrea*› to lay

D (extender): **le tendió la mano** he held out his hand to him; ▸**amno[1] H**

E ‹*emboscada*› to lay, set; ‹*trampa*› to set

■ **tender** *vi* (inclinarse) **~ A + INF** to tend TO + INF; **~ A algo**: **tiende a la introversión** she tends to be introverted

■ **tenderse** *v pron*

A (tumbarse) to lie down

B (Jueg) (en naipes) to show

tenderete *m* 1 (en mercado) stall 2 (para tender la ropa) airer, clotheshorse

tendero -ra *m,f* storekeeper (esp AmE), shopkeeper (esp BrE)

tendido *m*

A (Elec) 1 (acción de tender cable — sobre superficie) laying; (— suspendido) hanging 2 (cables) cables (*pl*), wires (*pl*)

B (de puente) building; (de vía férrea) laying

C (Taur) section

D (Col, Ven) (ropa de cama) bedclothes (*pl*)

tendiente *adj* (esp AmL): **medidas ~s a la creación de empleos** measures aimed at creating jobs; **~ A + INF** designed to + INF

tendón *m* tendon; **~ de Aquiles** Achilles' tendon

tendré, tendría, etc *see* **tener**

tenebrosidad *f* (de lugar) darkness, gloom; (de asunto) sinisterness

tenebroso -sa *adj* ‹*lugar*› dark, gloomy; ‹*asunto/maquinaciones*› sinister; ‹*porvenir/situación*› dismal, gloomy

tenedor -dora *m,f*

A (Com, Der) holder

(Compuesto) **tenedor -dora de libros** *m,f* bookkeeper

B **tenedor** *m* (cubierto) fork

teneduría de libros *f* bookkeeping

tenencia *f*

A 1 (de valores) holding 2 (Der) possession

(Compuesto) **tenencia ilícita de armas** illegal possession of arms

B (de cargo) tenure

C (Méx) (Auto) road tax

tener [E27] *vt* [*El uso de 'got' en frases como 'I've got a new dress' está mucho más extendido en el inglés británico que en el americano. Éste prefiere la forma 'I have a new dress'*]

(Sentido I)

A (poseer, disponer de) ‹*dinero/trabajo/tiempo*› to have; **¿tienen hijos?** do they have any children?, have they got any children?; **no tenemos pan** we don't have any bread, we haven't got any bread; **no tengo a quién recurrir** I have nobody to turn to; **tú no tienes idea de lo que fue** you've no idea what it was like; **aquí tienes al culpable** here's *o* this is the culprit; **¡ahí tienes! yo te lo dije** there you are! I told you so; ***¿conque ésas tenemos?*** so that's the way things are, is it?

B 1▸ (llevar encima) to have; **¿tiene hora?** have you got the time? 2▸ (llevar puesto) to be wearing; **¡qué traje más elegante tienes!** that's a smart suit you're wearing!

C (hablando de actividades, obligaciones) to have; **tengo invitados a cenar** I have *o* I've got some people coming to dinner; **tenemos clases mañana** we've got school tomorrow; **tener ... QUE + INF** to have ... TO + INF; **tengo cosas que hacer** I have *o* I've got things to do

D 1▸ (señalando características, atributos) to have; **tiene el pelo largo** she has *o* she's got long hair; **tiene mucho tacto** he's very tactful; **la casa tiene mucha luz** the house is very light *o* gets a lot of light; **tiene un metro de largo** it is one meter long; **tiene mucho de su padre** he's very much like his father; **¿y eso qué tiene de malo?** and what's so bad about that?; **no tiene nada de extraño** there's nothing strange about it; **le lleva 15 años — ¿y eso qué tiene?** (AmL fam) she's 15 years older than he is — so what does that matter? 2▸ (expresando edad): **¿cuántos años tienes?** how old are you?; **tengo veinte años** I'm twenty (years old) 3▸ (con idea de posibilidad): **no creo que tenga arreglo** I don't think it can be fixed; **el problema tiene solución** there is a solution to the problem

E (dar a luz) ‹*bebé/gemelos*› to have

(Sentido II)

A (sujetar, sostener) to hold; **tenlo derecho** hold it upright

B (tomar): **ten la llave** take *o* here's the key

(Sentido III)

A (recibir) to have; **no hemos tenido noticias de él** we haven't heard from him; **la propuesta tuvo una acogida favorable** the proposal was favorably received

B 1▸ (sentir): **tengo hambre/sueño/frío** I'm hungry/tired/cold; **tiene celos de su hermano** she's jealous of her brother; **no tiene interés por nada** she's not interested in anything; **le tengo mucho cariño** I'm very fond of him; **tengo el placer de ...** it gives me great pleasure to ...; **¿qué tienes?** what's wrong?, what's the matter? 2▸ (refiriéndose a síntomas, enfermedades) to have; **tengo dolor de cabeza** I have *o* I've got a headache; **no saben lo que tiene** they don't know what's wrong with him 3▸ (refiriéndose a experiencias, sucesos) to have; **que tengas buen viaje** have a good trip; **~ una discusión con algn** to have an argument with sb

C (refiriéndose a actitudes): **ten más respeto** have a little more respect; **ten paciencia/cuidado** be patient/careful

(Sentido IV)

A (indicando estado, situación) (+ *compl*): **la mesa tiene una pata rota** one of the table legs is broken; **tengo las manos sucias** my hands are dirty; **tienes el cinturón desabrochado** your belt's undone; **lo tiene dominado** she has him under her thumb; **lo tengo terminado** I've already finished it; **me tiene muy preocupada** I'm very worried about it; **nos tuvo allí esperando** he kept us waiting there; **me tienen de sirvienta** they treat me like a maid; **tengo a la niña enferma** my little girl's sick

B (considerar) **~ algo/a algn POR algo**: **se lo tiene por el mejor** he/it is considered (to be) the best; **siempre lo tuve por tímido** I always thought he was shy; **ten por seguro que lo hará** you can be sure he'll do it

■ **tener** *v aux*

(Sentido I)

A 1▸ (expresando obligación, necesidad) **~ QUE + INF** to have (got) to + INF; **tengo que estudiar hoy** I have to *o* I must study today; **no tienes más que apretar este botón** all you have to do is press this button; **no tengo por qué darte cuentas a ti** I don't have to explain anything to you; **tienes que comer más** you ought to eat more 2▸ (expresando propósito, recomendación) **~ QUE + INF**: **tenemos que ir a verla** we must go and see her; **tengo que hacer ejercicio** I must get some exercise; **tendrías que llamarlo** you should ring him

B (expresando certeza) **~ QUE + INF**: **tiene que estar en este cajón** it must be in this drawer; **tiene que haber sido él** it must have been him; **¡tú tenías que ser!** it had to be you!

(Sentido II)

A (con participio pasado): **¿tiene previsto asistir?** do you plan to attend?; **tengo entendido que sí viene** I understand he *is* coming; **te tengo dicho que eso no me gusta** I've told you before I don't like that; **teníamos pensado irnos hoy** we intended leaving today; **tiene bastante dinero ahorrado** she has quite a lot of money saved up

B (AmL) (en expresiones de tiempo): **tienen tres años de casados** they've been married for three years; **tenía un año sin verlo** she hadn't seen him for a year

■ **tenerse** *v pron*

A (sostenerse): **no podía ~se en pie** he couldn't stand; **no ~se de sueño** to be dead *o* asleep on one's feet

B (*refl*) (considerarse) **~se POR algo**: **se tiene por muy inteligente** he considers himself to be very intelligent

tenga, tengas, etc *see* **tener**

tenia *f* (Med) tapeworm, taenia (tech)

tenida *f* (Chi) outfit

teniente *mf* 1▸ (en ejército) lieutenant 2▸ (en fuerzas aéreas) ≈ first lieutenant (*in US*), ≈ flying officer (*in UK*)

(Compuestos)

- **teniente coronel** 1▸ (en ejército) lieutenant colonel 2▸ (en fuerzas aéreas) ≈ lieutenant colonel (*in US*), ≈ wing commander (*in UK*)
- **teniente general** (en ejército) lieutenant general; (en fuerzas aéreas) ≈ lieutenant general (*in US*), ≈ Air Marshal (*in UK*)

tenis *m* (*pl* ~)

A (deporte) tennis

(Compuesto) **tenis de mesa** table tennis

B (Indum) (con suela fina) sneaker (AmE), plimsoll (BrE); (con suela más gruesa) sneaker (AmE), trainer (BrE)

tenista *mf* tennis player

tenístico -ca *adj* tennis (*before n*)

tenor *m*

A (Mús) tenor

B (de discurso, texto) meaning; **~ literal** literal meaning; **el ~ de sus declaraciones** the tone of his statement; **a ~ de** according to

tenorio *m* (fam) womanizer, Don Juan

tensar [A1] *vt* ‹*músculo*› to tense; ‹*cuerda/cable*› to tighten; ‹*arco*› to draw; ‹*relaciones/lazos*› to strain

tensión *f*

A 1▸ (de cuerda, cable) tautness, tension; (de músculo) tension 2▸ *tb* **~ arterial** blood pressure; **tomarle la ~ a algn** to take sb's blood pressure

(Compuestos)

- **tensión nerviosa** nervous tension
- **tensión premenstrual** premenstrual syndrome *o* (BrE) tension

B (estrés) strain, stress; (en relaciones, situación) tension

C (Elec) voltage

tensionado -da *adj* ‹*músculo/persona*› tense; ‹*región/país*› troubled

tenso -sa *adj*

A ‹*cuerda/cable*› taut, tight; ‹*músculo*› tense

B ‹*persona*› tense; ‹*relación*› strained, tense; ‹*situación*› tense

tensor *m* 1▸ (Anat) tensor 2▸ (Dep) chest pull (AmE), chest expander (BrE)

tentación *f* 1▸ (impulso) temptation; **~ DE + INF** temptation to + INF; **no resistió la ~ de comérselo** he couldn't resist the temptation to eat it 2▸ (cosa, persona): **los bombones son mi ~** I can't resist chocolates (colloq)

tentáculo *m* tentacle

tentado -da *adj* tempted; **~ DE + INF** tempted to + INF; **estuve ~ de decírselo** I was tempted to tell him

tentador[1] **-dora** *adj* tempting

t

tentador² **-dora** *m,f* 1 (Taur) *person who assesses the fighting potential of young bulls* 2 **tentadora** *f* (seductora) temptress

tentar [A5] *vt*
A (atraer, seducir) «*plan/idea*» to tempt; «*persona*» to tempt; **me tienta tu propuesta** I am very tempted by your proposal; **no me tientes con esos bombones** don't tempt me with those chocolates; **~ a algn A + INF** to tempt sb to + INF; **~ *a Dios*** *or* ***al diablo*** to tempt fate *o* providence
B (probar) 1 ‹*cuerda/tabla*› to test 2 (ant) ‹*comida*› to try, taste 3 ‹*becerro*› to test
C (palpar) to feel
■ **tentarse** *v pron* (CS fam) (caer en la tentación) to give in to temptation

tentativa *f* attempt; **~ de robo** attempted robbery

tentempié *m* (bocado) snack

tenue *adj* 1 ‹*luz*› faint, weak; ‹*voz/sonido*› faint; ‹*neblina/llovizna*› light; ‹*línea*› faint, fine; **una ~ sonrisa** a faint smile 2 ‹*color*› subdued, pale 3 (liter) ‹*hilo*› fine, slender; ‹*tela*› flimsy, fine 4 ‹*razón/relación*› tenuous, insubstantial 5 ‹*estilo*› simple, plain

teñido *m* dyeing

teñir [I15] *vt* 1 ‹*ropa/zapatos/pelo*› to dye 2 (manchar) to stain; **~ algo DE algo** to stain sth WITH sth; **sus manos estaban teñidas de sangre** their hands were stained with blood 3 (matizar): **palabras teñidas de amargura** words tinged with bitterness; **un país con una historia teñida de sangre** a country with a bloodstained history
■ **teñirse** *v pron (refl)* to dye; **no me tiño (el pelo)** I don't dye my hair

teocracia *f* theocracy

teocrático -ca *adj* theocratic

teología *f* theology

teológico -ca *adj* theological

teólogo -ga *m,f* theologian

teorema *m* theorem

teoría *f* theory; **en ~** in theory
(Compuesto) **teoría de la evolución/relatividad** theory of evolution/relativity

teóricamente *adv* theoretically

teórico¹ -ca *adj* ‹*existencia/valor/curso*› theoretical; **no pasó el examen ~** he didn't pass the theory (exam)

teórico² -ca *m,f* theoretician, theorist

teorizar [A4] *vi* to theorize; **~ SOBRE algo** to theorize ON *o* ABOUT sth

Teotihuacán

A pre-Columbian city, the ruins of Teotihuacán lie northeast of Mexico City. The Nahuatl name means "city of the gods" or "where men became gods". Little is known about the city's founders or inhabitants, but it reached its peak between 300 and 600 AD. It includes the Pyramids of the Sun and Moon, the temple of Quetzalcóatl, the Great Compound, and the central complex, the *Ciudadela*. The two main groups of buildings are linked by a road known as the Way of the Dead.

By 650 AD Teotihuacán was in decline; it was in ruins when the Aztecs found it in the fifteenth century

TEPT *m* (= **trastorno por estrés postraumático**) PTSD

tequila *m* tequila

terapeuta *mf* therapist

terapéutica *f* therapeutics

terapéutico -ca *adj* therapeutic

terapia *f* therapy
(Compuestos)
- **terapia de pareja** marriage counseling*
- **terapia intensiva** (Méx, RPl) intensive care
- **terapia ocupacional** occupational therapy

tercer *ver* **tercero¹**

tercera *f* 1 (Auto) third (gear); **mete (la) ~** put it into third (gear) 2 (Transp) (clase) third class

tercermundismo *m* backwardness (*conditions, attitudes, etc, considered typical of a third-world country*)

tercermundista *adj* third-world (*before n*)

tercero¹ -ra *adj/pron* [**tercer** *is used before masculine singular nouns*] 1 (ordinal) third; **en el tercer piso** on the third floor; **sin que intervengan terceras personas** without other people getting involved; ***la tercera es la vencida*** *or* ***a la tercera va la vencida*** third time lucky 2 (partitivo) **la tercera parte** a third; *para ejemplos ver* **quinto**
(Compuestos)
- **tercera edad** *f*: **la ~ ~** (frml) retirement years, the third age (frml); **personas de la ~ ~** senior citizens
- **Tercer Mundo** *m*: **el ~ ~** the Third World

tercero² *m* third party; **seguro contra ~s** third party insurance; **se enteró por ~s** he found out from someone else

terceto *m* (Lit) tercet; (Mús) trio

terciado -da *adj* 1 ‹*bolso/rifle*› slung, hung; **se puso la boina terciada** he put on his beret at a tilt *o* slant 2 (Taur) medium-sized 3 (Méx) ‹*bebida*› mixed

terciana *f* tertian (fever)

terciar [A1] *vt* 1 ‹*bolso/rifle*› to sling; ‹*sombrero*› to tilt 2 (decir, opinar) to interject
■ **terciar** *vi* (intervenir) to intervene
■ **terciarse** *v pron* (Esp): **si se tercia** if the opportunity arises; **si se tercia el tema** if the subject arises

terciario -ria *adj* 1 ‹*era*› Tertiary 2 ‹*sector/economía*› tertiary

tercio *m*
A 1 (tercera parte) third; ***hacer mal ~*** (Méx) to be a fifth wheel (AmE colloq), to play gooseberry (BrE colloq) 2 (Taur) *each of the three main stages of a bullfight*; ***cambiar de ~*** (Taur) to enter the next stage of the bullfight; (pasar a otra cosa) to move on to something else
B (Ven arg) (hombre): **mi ~** my man *o* guy (colloq)

terciopelo *m* velvet

terco -ca *adj* stubborn, obstinate; ***ser ~ como una mula*** (fam) to be as stubborn as a mule

tergiversación *f* distortion, twisting

tergiversar [A1] *vt* to distort, twist

termal *adj* thermal

termalista *mf* 1 (comerciante) spa manager/owner 2 (usuario): *person taking cures at a spa*

termas *fpl* 1 (baños) hot *o* thermal baths (*pl*); (manantial) hot *o* thermal springs (*pl*) 2 (Hist) thermae (*pl*)

térmica *f* thermal

térmico -ca *adj* thermal

terminación *f* 1 (finalización) termination (frml); **la ~ de las obras estaba prevista para 1990** the work was due to be finished by 1990 2 (acabado) finish 3 (Ling) ending

terminado -da *adj* finished; *ver tb* **terminar**

terminal¹ *adj*
A (Bot) terminal
B ‹*enfermedad/caso*› terminal; **los enfermos ~es** the terminally ill

terminal² *m*
A (Elec) terminal
B (*en algunas regiones f*) (Inf) terminal
C (Chi) ▸**terminal³**

terminal³ *f* (de autobuses) terminus, bus station; (Aviac) terminal

terminante *adj* ‹*respuesta*› categorical; ‹*orden*› strict

terminantemente *adv* strictly

terminar [A1] *vt* ‹*trabajo/estudio*› to finish; ‹*casa/obras*› to finish, complete; **terminó sus días en Sicilia** he ended his days in Sicily; **dar por terminado algo** ‹*discusión/conflicto*› to put an end to sth; **dieron por terminada la sesión** they brought the session to a close; **termina esa sopa** finish up that soup
■ **terminar** *vi*
A «*persona*» 1 (de hacer algo) to finish; **~ DE + INF** to finish -ING; **déjame ~ de hablar** let me finish (speaking); **salió nada más ~ de comer** he went out as soon as he'd finished eating 2 (en estado, situación) to end up; **terminé muy cansada** I ended up feeling very tired; **va a ~ mal** he's going to come to a bad end; **~ DE algo**: **terminó de camarero** he ended up (working) as a waiter; **~ + GER** *or* **~ POR + INF** to end up -ING; **terminó marchándose** *or* **por marcharse** he ended up leaving
B 1 «*reunión/situación*» to end, come to an end; **todo ha**

terminado it's all over; **el caso terminó en los tribunales** the case ended up in court; **esto va a ~ mal** this is going to turn out *o* end badly; **y para ~ nos sirvieron ...** and to finish we had ... **2▸** (rematar) **~ EN algo** to end IN sth; **la palabra termina en consonante** the word ends in a consonant

C terminar con 1▸ (acabar, consumir) **~ CON algo** ‹*con libro/tarea*› to finish WITH sth; ‹*con problema/abuso*› to put an end to sth; **~on con todo lo que había en la nevera** they polished off everything in the fridge **2▸ ~ CON algn** (pelearse) to finish WITH sb; (destruir) to kill sb; **ocho años de cárcel ~on con él** eight years in prison destroyed him

D (llegar a) **~ DE + INF: no termina de convencerme** I'm not totally convinced; **no terminaba de gustarle** she wasn't totally happy about it

■ **terminarse** *v pron*

A «*azúcar/pan*» to run out; (+ *me/te/le etc*) **se me terminó la lana** I've run out of wool

B «*curso/reunión*» to come to an end, be over

C (*enf*) ‹*libro/comida*› to finish, polish off

término *m*

A (frml) (final) end, conclusion (frml); **llevar algo a buen ~** to bring sth to a successful conclusion; **dio ~ a sus vacaciones** he ended his vacation; **poner ~ a algo** to put an end to sth

B (plazo) period; **en el ~ de un mes** within a month; **a ~ fijo** (Col) ‹*contrato/inversión*› fixed-term (*before n*); ***en el ~ de la distancia*** (Col fam) in the time it takes me/him to get there

C (posición, instancia): **fue relegado a un segundo ~** he was relegated to second place; **en último ~** as a last resort; **en primer ~** first *o* first of all

(Compuesto) **término medio** happy medium; ***por*** *or* ***como ~ ~*** on average

D (Ling) term; **en ~s de costos** in terms of costs; **en ~s generales** generally speaking; **en ~s reales** in real terms

E (Fil, Mat) term; **invertir los ~s** (Mat) to invert the terms; **invirtió los ~s de manera que ...** he twisted the facts in such a way that ...

F términos *mpl* (condiciones, especificaciones) terms (*pl*); ***estar en buenos/malos ~s con algn*** to be on good/bad terms with sb

G (Col, Méx, Ven) (Coc): **¿qué ~ quiere la carne?** how would you like your meat (done)?

terminología *f* terminology

terminológico -ca *adj* terminological

termita *f* termite

termo® *m* (recipiente) Thermos®, vacuum flask

termoeléctrico -ca *adj* thermoelectric

termómetro *m* thermometer

termonuclear *adj* thermonuclear

termostato *m* thermostat

terna *f* short list (*of three candidates*)

ternario[1] **-ria** *adj* ternary

ternario[2] *m: three days of devotion*

ternera *f* veal

ternero -ra *m,f* calf

terneza *f* **1▸** (ternura) tenderness **2▸ ternezas** *fpl* (fam) (palabras) endearments (*pl*)

terno *m* (AmS) suit (*in some countries specifically a three-piece suit*)

ternura *f* tenderness; **me trata con mucha ~** he's very kind to *o* gentle with me

terquedad *f* obstinacy, stubbornness

terracería *f* (Méx) **1▸** (camino) rough dirt track **2▸** (tierra) earth (*used for filling in holes, etc*)

terracota *f* terra-cotta

terrado *m* flat roof

terraje *m* rent

terraplén *m* embankment, bank

terráqueo -quea *adj* earth (*before n*)

terrateniente[1] *adj* landowning (*before n*)

terrateniente[2] *mf* landowner

terraza *f*

A 1▸ (balcón) balcony **2▸** (azotea) terrace **3▸** (de bar) *area outside a bar or café where tables are placed*; **sentémonos en la ~** let's sit outside

B (Agr) terrace

terrazo *m* terrazzo

terregal *m* (Méx) loose topsoil

terremoteado -da *adj* (Chi fam) *damaged or destroyed by an earthquake*

terremotear [A1] *v impers* (Chi fam): **en Chile terremotea mucho** in Chile there are frequent earthquakes

terremoto *m* earthquake

terrenal *adj* worldly, earthly

terreno[1] **-na** *adj* **1▸** (Relig) earthly **2▸** (no marino o aéreo) terrestrial (frml), land (*before n*)

terreno[2] *m*

A (lote, parcela) plot of land, lot (AmE); **heredó unos ~s en Sonora** she inherited some land in Sonora; **un ~ plantado de viñas** a field planted with vines; **el ~ cuesta tanto como la casa** the land costs as much as the house; **el ~ llega hasta el río** the land *o* plot *o* lot extends as far as the river

(Compuesto) **terreno de juego** field, pitch; **perdieron en su propio ~ de ~** they lost at home

B (extensión de tierra) land; **una casa con mucho ~** a house with a lot of land

C 1▸ (Geog) (refiriéndose al relieve) terrain; (refiriéndose a la composición) land, soil; ***allanarle el ~ a algn*** to smooth the way *o* path for sb; ***ceder/ganar/perder ~*** to give/gain/lose ground; ***estar en su (propio) ~*** to be on one's own ground; ***minarle*** *or* ***socavarle el ~ a algn*** to cut the ground from under sb's feet; ***pisar ~ firme/peligroso*** to tread on safe/dangerous ground; ***prepararle el ~ a algn/algo*** to pave the way for sb/sth; ***recuperar ~*** to recover lost ground; ***sobre el ~*:** **estudiar sobre el ~ una situación** to make an on-the-spot assessment of a situation; **haremos planes sobre el ~** we'll plan things as we go along; ***tantear el ~*** to see how the land lies **2▸** (Geol) terrane, terrain

(Compuestos)

- **terreno abonado** *or* **propicio**: **es ~ ~ para la delincuencia** it is a breeding ground for crime; **es un ~ ~ para la especulación** it gives rise to a great deal of speculation
- **terreno conocido** familiar ground

D (esfera, campo de acción) sphere, field; **en el ~ laboral** at work; **en el ~ de las artes** in the arts

terrestre *adj* **1▸** ‹*transportes/comunicaciones*› land (*before n*), terrestrial (frml); **por vía ~** overland *o* by land; **fuerzas ~s** ground *o* land forces; **la superficie ~** the earth's surface **2▸** (Relig) ‹*vida*› earthly

terrible *adj* **1▸** ‹*tortura/experiencia*› terrible, horrific **2▸** (uso hiperbólico) terrible; **tengo un sueño ~** I'm terribly tired; **este niño es ~** this child is terrible

terriblemente *adv* terribly

terrícola *mf* earthling

territorial *adj* territorial

territorialidad *f* territoriality

territorio *m* (área, superficie) territory; (división administrativa) region, territory

terrón *m* (de azúcar) lump; (de tierra) clod, lump

terror *m* **1▸** (miedo) terror; **me da ~** *or* **le tengo ~** it terrifies me, I find it terrifying **2▸** (persona) terror; **es el ~ de la ciudad** he is terrorizing the city

terrorífico -ca *adj* horrific

terrorismo *m* terrorism

terrorista *adj/mf* terrorist

terroso -sa *adj* **1▸** ‹*color*› earthy **2▸** ‹*aguas*› muddy

terruño *m* **1▸** (tierra natal): **volver al ~** to return to one's native land *o* (liter) soil **2▸** (tierras propias) land, plot of land (*which is the source of one's livelihood*)

terso -sa *adj* **1▸** ‹*piel/cutis*› smooth **2▸** ‹*lenguaje/estilo*› flowing, smooth

tersura *f* **1▸** (de la piel) smoothness **2▸** (del estilo) smoothness, flow

tertulia *f* (reunión) gathering (*to discuss philosophy, politics, art, etc*)

(Compuesto) **tertulia literaria** (grupo) literary circle; (reunión) literary gathering

tertulia

A discussion group. Formerly, *tertulias* were groups of men who met in a café to talk about soccer, bullfighting, literature, cinema, politics, etc. Some of these became very famous, as they included important political and cultural figures. Now *tertulias* are often televized discussion programs

tertuliano -na *m,f* member of a **tertulia**
tesauro *m* thesaurus
tesina *f* dissertation (*submitted as part of a first degree*)
tesis *f* (*pl* ~) 1 (Educ, Fil) thesis 2 (opinión): **los dos sostienen la misma ~** they are both of the same opinion; **esto confirma la ~ inicial** this confirms the initial theory
(Compuesto) **tesis doctoral** doctoral thesis
tesitura *f* 1 (actitud) frame of mind 2 (Mús) tessitura
tesón *m* tenacity, determination; **se opusieron con ~ al cierre de la fábrica** they resisted the closure of the factory tenaciously *o* with determination
tesonero -ra *adj*: **es aplicado y ~** he works hard and is determined; **un llanto ~** a persistent crying
tesorería *f* 1 (oficina) treasury; (cargo) post of treasurer 2 (Fin) (activo disponible) liquid assets (*pl*)
tesorero -ra *m,f* treasurer
tesoro *m* 1 (cosa valiosa) treasure; **un ~ escondido** hidden treasure 2 (persona) treasure, gem (colloq); **eres un ~** you're a real gem; **¿qué te pasa, ~?** what's the matter, darling? 3 (libro) thesaurus 4 **el Tesoro** *tb* **el T~ público** the Treasury
test *m* (*pl* **tests**) test; **un examen tipo ~** a multiple-choice exam
testa *f* (fam) head
testado -da *adj* testate
testador -dora (*m*) testator; (*f*) testatrix
testaferro *m* figurehead, straw man (AmE)
testamentario¹ -ria *adj* testamentary
testamentario² -ria (*m*) executor; (*f*) executrix
testamento *m* will, testament (frml); **hacer** *or* **otorgar ~** to make one's will
testar [A1] *vi* to make one's will; **testó en favor de sus hijos** he willed everything to his children
testarada *f*, **testarazo** *m* (fam) bump on the head; **darse** *or* **pegarse una ~** to bump one's head
testarudez *f* stubbornness, pigheadedness
testarudo -da *adj* stubborn, pigheaded
testículo *m* testicle
testigo *mf*
A 1 (que presencia algo) witness; (Der) witness; **Pablo es ~ de que no lo toqué** I didn't touch it, Pablo can vouch for me; **ser ~ de algo** to witness sth; **la historia será ~ de que ...** history will bear witness to the fact that ... 2 (en boda) witness; **fui ~ en su casamiento** I was a witness at their wedding
(Compuestos)
- **testigo de cargo/descargo** witness for the prosecution/defense
- **testigo de oídas** hearsay witness
- **testigo ocular** *or* **presencial** eyewitness

B **testigo** *m* (en carreras de relevos) baton
testimonial *adj* 1 (Der) testimonial 2 (simbólico) token (*before n*), symbolic
testimoniar [A1] *vi* to testify
■ **testimoniar** *vt* to bear witness to, testify to
testimonio *m* 1 (Der) (declaración) testimony, statement 2 (prueba) proof, testimony (frml); **como ~ de su agradecimiento** as a token of his gratitude; **cifras que dan ~ de este hecho** figures which bear witness to this fact
teta *f* (fam *o* vulg) (de mujer) tit (colloq *or* vulg), boob (colloq); (de mamífero) teat
tétanos, tétano *m* tetanus
tetera *f* 1 (para servir té) teapot 2 (Andes, Méx) (para hervir agua) kettle 3 (Méx) (biberón) baby's bottle
tetero *m* (Col, Ven) baby's bottle
tetilla *f* 1 (Anat) nipple; (Zool) teat 2 (del biberón) teat
tetina *f* teat
tetona *adj* (fam) busty (colloq)
tetralogía *f* tetralogy
tétrico -ca *adj* dismal, gloomy
teutón -tona, **teutónico -ca** *adj* Teutonic
texano -na *adj/m,f* Texan
textil¹ *adj* textile (*before n*)
textil² *m* textile
texto *m*
A (escrito) text
B (libro) text, book
textual *adj* 1 ‹*traducción*› literal; ‹*palabras*› exact; ‹*cita*› direct 2 ‹*análisis*› textual
textualmente *adv* ‹*traducir*› literally; ‹*citar/repetir*› verbatim, word for word; **dice ~ 'bajo ningún concepto'** it says, and I quote, 'under no circumstances'
textura *f* texture
tez *f* complexion
tezontle *m* (Méx) red volcanic rock
ti *pron pers* 1 you; **para ~** for you; **delante de ~** in front of you; **está interesado en ~** he's interested in you; **a mí me gusta ¿y a ~?** I like it, do you? 2 (uso enfático): **¿y a ~ qué te importa?** what business is it of yours? 3 (en oposición a otro): **¿a ~ qué te tocó?** what did he get *you*? 4 (*refl*): **piensa en ~ mismo** just think of yourself 5 (*impers*) you; **si a ~ te cuentan que ...** if someone tells you that ...
tianguis *m* (Méx) street market
TIAR /ti'ar/ *m* = **Tratado Interamericano de Asistencia Recíproca**
tiara *f* tiara
Tíbet *m*: **el ~** Tibet
tibetano -na *adj* Tibetan
tibia *f* tibia
tibieza *f* (calor) warmth; (falta de calor) lukewarmness, tepidness; (de persona) halfheartedness
tibio -bia *adj* 1 ‹*agua/baño*› lukewarm, tepid 2 ‹*atmósfera/ambiente*› warm 3 ‹*relación*› lukewarm; ‹*acogida*› unenthusiastic, cool
tiburón *m* 1 (Zool) shark 2 (fam) (persona) shark 3 (Fin) raider
tic *m*
A (movimiento) *tb* **~ nervioso** nervous tic
B (marca en escrito) tick
tico -ca *adj/m,f* (AmL fam) Costa Rican
tic-tac, tictac *m* tick-tock, ticking
tiempo *m*
(*Sentido* I)
A (que transcurre) time; **el ~ pasa** time passes *o* goes by; **¡cómo pasa el ~!/¡el ~ vuela!** how time flies!; **te acostumbrarás con el ~** you'll get used to it in time; **el ~ dirá** time will tell; **el ~ apremia** time is short, time is of the essence (frml); **perder el ~** to waste time; **no hay ~ que perder!** there's no time to lose!; **recuperar el ~ perdido** to make up for lost time; **pérdida de ~** waste of time; **para ganar ~** (in order) to gain time
(Compuestos)
- **tiempo compartido** time-sharing
- **tiempo universal** universal time

B 1 (duración, porción de tiempo) time; **¿cuánto ~ hace que no lo ves?** how long is it since you last saw him?; **hace (mucho) ~ que no sé de él** I haven't heard from him for a long time; **ya hace ~ que se marchó** she left quite some time ago *o* quite a while ago; **¡cuánto ~ sin verte!** I haven't seen you for ages; **estudió todo el ~** she studied the whole time; **la mayor parte del ~** most of the time; **al poco ~** soon after; **dentro de muy poco ~** very soon; **¿cada cuánto ~?** how often?; **cada cierto ~** every so often; **de ~ en ~** from time to time; **me llevó mucho ~** it took me a long time; **no pude quedarme más ~** I couldn't stay any longer; **hace algún ~ que no viene** he hasn't been around for some time; **nos quedaremos (por) un ~** we'll stay for a while; **un** *or* **algún ~ atrás** some time ago *o* back; **viene de ~ atrás** this goes back a long way; **poco ~ después** a short time after; **de un ~ a esta parte está insoportable** he's been quite unbearable for some time now; **de un ~ a esta parte ha estado muy triste** he's been very sad recently; **a ~ completo/parcial** full time/part time; **de ~ completo** full-time **2▸** (período disponible, tiempo suficiente) time; **no tenemos mucho ~** we don't have much time; **tengo todo el ~ del mundo** I've got all the time in the world; **no sé de dónde voy a sacar el ~** I don't know where I'm going to find the time; **hay ~ de sobra** there's plenty of time; **me va a faltar ~** I'm not going to have enough time **3▸** (Dep) (marca) time **4▸** (de bebé): **¿cuánto ~ tiene?** how old is he?

(Compuesto) **tiempo libre** spare time, free time

C (*en locs*) **a tiempo** in time; **no vamos a llegar a ~** we won't get there in time; **todavía estás a ~** you still have time; **al mismo tiempo** *or* **a un tiempo** at the same time; **al tiempo que** at the same time as *o* that; **con tiempo** in good time; ***con (el) ~ y una caña ...*** everything in good time; ***dar(le) ~ al ~*** to be patient; ***hacer ~*** to while away the time; (Dep) to play for time; ***matar el ~*** (fam) to kill time; ***robarle ~ al sueño*** to burn the candle at both ends; ***el ~ es oro*** time is precious *o* money; ***el ~ todo lo cura*** time is a great healer

D **1▸** (época): **en mi(s) ~(s)** in my day *o* my time; **eran otros ~s** things were different then; **¡qué ~s aquellos!** those were the days!; **es del ~ de mi abuela** from my grandmother's time; **en aquellos ~s** at that time, in those days; **los problemas de nuestro ~** the problems of our time *o* age; **en los ~s que corren** these days, nowadays; ***ser del ~ de Maricastaña*** (fam) to have come out of the ark (colloq) **2▸** (temporada) season **3▸** (momento propio, oportuno): **a su (debido) ~** in due course; **cada cosa a su ~** everything in (its own) good time; **nació antes de ~** he was premature

E (Dep) (en partido) half; **primer/segundo ~** first/second half

(Compuestos)
- **tiempo extra** *or* **suplementario** (Dep) overtime (AmE), extra time (BrE); (Com) period of inactivity
- **tiempo muerto** time out

F (Mús) (compás) tempo, time; (de sinfonía) movement

G (Ling) tense

(*Sentido* **II**) (Meteo) weather; **hace buen/mal ~** the weather's good/bad; **mal ~** bad weather; **el pronóstico del ~** the weather forecast; **¿qué tal el ~ por ahí?** what's the weather like over there?; **del** *or* (Méx) **al ~** at room temperature; ***a mal ~, buena cara*** I/you/we may as well look on the bright side

tienda *f*

A (Com) (en general) store (esp AmE), shop (esp BrE); (de comestibles) grocery store (AmE), grocer's (shop) (BrE); **la ~ de la esquina** the local convenience store, the corner shop (BrE); **ir de ~s** to go shopping

(Compuestos)
- **tienda de comestibles** *or* (AmC, Andes, Méx) **abarrotes** grocery store (AmE), grocer's (shop) (BrE)
- **tienda de departamentos** (Méx) department store
- **tienda de regalos** gift shop *o* (AmE) store

B (Dep, Mil, Ocio) *tb* **~ de campaña** tent; **poner** *or* **montar** *or* **armar una ~** to put up *o* pitch a tent; **quitar** *or* **desmontar** *or* **desarmar una ~** to take down a tent

tiene, tienes, etc *see* **tener**

tienta *f*

A (tacto) **a tientas**: **andar** *or* **ir a ~s** to feel one's way; **subió las escaleras a ~s** he felt his way up the stairs; **buscó el timbre a ~s** he fumbled *o* felt around for the bell

B (Taur) trial (*to test fighting spirit of young bulls*)

tiento *m*

A (tacto, cuidado) tact, care; **andarse con ~** to tread carefully

B (afinación) tuning up

C (Esp): **darle un ~ a algo** (tocar) ‹*aguacate/melón*› to feel; (probar) ‹*vino*› to take a swig of; ‹*arroz/guiso*› to taste

D (Méx) (Equ) tether; ***está/estaba con la vida en un ~*** (Méx) his life hangs/hung by a thread

tierno -na *adj*

A ‹*carne*› tender; ‹*pan*› fresh; ‹*brote/planta*› young, tender; **un niño de tierna edad** a child of tender years (liter); **en la más tierna infancia** in early childhood

B ‹*persona*› affectionate, loving; ‹*mirada/corazón*› tender

tierra *f*

A (campo, terreno) land; **~s fértiles/áridas** fertile/arid land; **~ labrantía** *or* **de cultivo** arable *o* cultivated land; **~s baldías** wasteland; ***poner ~ de por medio*** to make oneself scarce (colloq)

B (suelo, superficie) ground; (materia, arena) earth; **clavó la estaca en la ~** he drove the stake into the ground; **ésta es muy buena ~** this is very good land *o* soil; **no juegues con ~** don't play in the dirt; **un camino de ~** a dirt road *o* track; **¡cuerpo a ~!** hit the ground! (colloq); ***echar algo por ~*** ‹*edificio/monumento*› to pull *o* knock down; ‹*planes*› to wreck, ruin; ‹*argumentos*› to demolish, destroy; ‹*esperanzas*› to dash; ***echarle ~ a algo/algn*** (Col fam) to put sth/sb to shame, make sth/sb look bad; ***echarse ~ encima*** to do oneself down; ***echar ~ a*** *or* ***sobre algo*** (ocultarlo) to cover *o* hush sth up; (olvidarlo) to forget about sth; ***tragarse la ~ a algn***: **como si se lo hubiera tragado la ~** as if he'd vanished off the face of the earth; **deseé que me tragara la ~** I just wanted the earth to open and swallow me up

C (AmL) (polvo) dust

(Compuesto) **tierra batida** (Esp) clay

D (Elec) ground (AmE), earth (BrE); **estar conectado a ~** *or* (AmL) **hacer ~** to be grounded *o* earthed

E (por oposición al mar, al aire) land; **¡~ a la vista!** land ho *o* ahoy!; **viajar por ~** to travel overland *o* by land; **gentes de ~ adentro** people from inland; **el ejército de ~** the army; **~ firme** solid ground; ***quedarse en ~*** to be left behind; ***tocar ~*** to land, put into port; ***tomar ~*** to land, touch down

F **1▸** (país, lugar): **decidió volver a su ~** he decided to return to his homeland *o* to his native land; **costumbres de aquellas ~s** customs in those places *o* countries **2▸** (territorio) soil

(Compuestos)
- **tierra de nadie** no-man's-land
- **tierra natal** native land, land of one's birth
- **Tierra Prometida/Santa** Promised/Holy Land

G (planeta) **la Tierra** (the) Earth *o* earth

tierral *m* (Andes, Méx) dustbowl

tierrero *m* (Col, Ven fam) **1▸** (polvareda) dustbowl **2▸** (montón de tierra) pile of dirt *o* earth **3▸** (fam) (discusión, lío) fuss (colloq); **va a armar un ~** he's going to kick up a real fuss (colloq)

tieso[1] -sa *adj*

A **1▸** (rígido) stiff; **con las orejas tiesas** with ears pricked up **2▸** (Col, Ven) (duro) ‹*pan*› hard; ‹*carne*› tough

B ‹*persona*› **1▸** (erguido) upright, erect; (orgulloso) stiff **2▸** (fam) (muerto) stone dead (colloq); ***dejar a algn ~*** (fam) (matarlo) to bump sb off (sl); (pasmarlo) to leave sb speechless; ***quedarse ~*** (fam) (morirse) to kick the bucket (colloq); (helarse) to freeze to death (colloq)

tieso[2] *adv* (Andes fam) (lleno) full up (colloq)

tiesto *m* **1▸** (para plantas) flowerpot **2▸** (Chi) (palangana) basin; ***fuera de ~*** (Chi fam) out of place

tiesura *f* (rigidez) stiffness; (dureza) hardness

tifón *m* typhoon

tifus *m* **1▸** (transmitido por parásitos) typhus (fever) **2▸** (fiebre tifoidea) typhoid

tigre -gresa *m,f*

A **1▸** (animal asiático) (*m*) tiger; (*f*) tigress **2▸** (AmL) (jaguar) jaguar

B **tigre** *m* (Ven fam) (trabajo ocasional) casual job

tigresa *f* (fam) vamp (colloq)

tijeras *fpl*, **tijera** *f* (para cortar papel, tela, etc) scissors (*pl*); (para uñas) nail scissors (*pl*); (para césped) shears (*pl*); **unas ~s** a pair of scissors; ***estar cortados por la misma ~*** (AmL) to be cut from the same cloth; **de ~** ‹*silla/cama*› folding (*before n*); **escalera de ~** stepladder

(Compuesto) **tijeras de podar** *fpl* pruning shears (*pl*)

tijereta *f*

A (Zool) earwig

B (en gimnasia) scissors (*pl*); (en fútbol) scissors kick, overhead kick

tijeretada *f*, **tijeretazo** *m* snip, cut

tijeretear [A1] *vt* to hack

tila *f* (infusión) lime (blossom) tea; (flor) lime blossom

t

tildar [A1] *vt* ~ **algo a algn DE algo** to brand sth/sb (AS) sth; **me ~on de reaccionario** I was branded *o* called a reactionary; **lo ~on de tacaño** they said he was mean

tilde *f* (acento) accent; (sobre la ñ) tilde, swung dash

tiliches *mpl* (Méx fam) stuff (colloq)

tilín *m* ting-a-ling, tinkle; ***en un*** ~ (Col) in a flash; ***hacerle ~ a algn*** (fam): **me hizo ~** I took a liking to him

tilo *m* 1 (árbol) lime (tree) 2 (Chi) ▸**tila**

timador -dora *m,f* swindler, cheat

timar [A1] *vt* to swindle, cheat

timba *f* (fam) 1 (partida) game; **están de ~** they're gambling 2 (garito) gambling den

timbal *m*

A (Mús) kettledrum; **los ~es** the timpani, the timps (colloq)

B (Coc) timbale

timbero -ra *adj* (RPl fam): **es muy ~** he loves to gamble

timbrado -da *adj* ‹voz› well-pitched

timbrar [A1] *vt* ‹*documento*› to stamp; ‹*carta*› to frank; ***dejar timbrado a algn*** (Col, Ven fam) to bowl sb over (colloq)

■ **timbrar** *vi* (Col, Méx) to ring the bell

■ **timbrarse** *v pron* (Col, Ven fam) (ponerse nervioso) to get jumpy *o* edgy (colloq)

timbrazo *m* ring; **dar un ~** to ring the bell

timbre *m*

A (para llamar) (door)bell; **tocar el ~** to ring the bell; **~ de alarma** alarm bell

B (de sonido, voz) tone, timbre; **~ agudo** high pitch

C 1 (sello) fiscal stamp 2 (renta del estado) stamp duty *o* tax 3 (Chi) (utensilio) rubber stamp 4 (Méx) (sello postal) (postage) stamp

tímidamente *adv* (de manera retraída) shyly; (titubeando, sin atreverse) timidly

timidez *f* (retraimiento) shyness; (falta de decisión, coraje) timidity

tímido -da *adj* (retraído) shy; (falto de decisión, coraje) timid

timo *m* (fam) con (colloq), scam (colloq); **¡vaya ~ de coche!** this car has been a real rip-off! (colloq)

(Compuesto) **timo de la estampita** *con trick involving forged banknotes*; ***ser el ~ de la ~*** to be an absolute rip-off (colloq)

timón *m* 1 (Aviac, Náut) rudder; **tomó el ~ de la empresa** she took over the helm of the company 2 (Col, Per) (volante) steering wheel; **ir al ~** to be at the wheel

timonear [A1] *vt* 1 ‹*barco*› to helm 2 (dirigir) to guide, steer 3 (Col, Per) (Auto) to steer

timonel (*m*) helmsman; (*f*) helmswoman

timonera *f* wheelhouse

timorato¹ -ta *adj*

A (temeroso) spineless, gutless

B (mojigato) prudish

timorato² -ta *m,f*

A (temeroso) coward

B (mojigato) prude

tímpano *m* (Anat) eardrum

tina *f* (bañera) bathtub, tub; (palangana) washtub; (Tec) vat

tinaco *m* (Méx) water tank

tinaja *f* large earthenware jar

tinca *f* (Andes) (fam) (empeño) effort; **ponle un poco más de ~** put a bit more effort *o* (colloq) put your back into it

tincada *f* (Andes fam) feeling, hunch (colloq)

tincado -da *adj* (Andes fam): **es muy ~** he likes to act on hunches (colloq)

tincar [A2] *vi* (Andes fam) (+ *me/te/le etc*) 1 (parecer): **me tinca que ya no viene** I get the feeling she's not coming 2 (parecer bien, gustar): **ese pescado me tinca** I like the look of that fish; **¿te tinca ir al cine?** do you feel like going *o* how about going to the movies?

tinglado *m*

A (tablado) platform; (cobertizo) shed; (puesto) stall

B (Esp fam) 1 (montaje) set-up (colloq); **conocer el ~** to know the set-up; **todo el ~** the whole caboodle (colloq) 2 (embrollo, lío) mess 3 (asunto turbio) racket (colloq); **el ~ de la droga** the drugs racket

tinieblas *fpl* 1 (oscuridad) darkness 2 (ignorancia): **estar en ~ (sobre algo)** to be in the dark (about sth)

tino *m* 1 (sentido común) sound judgment, good sense; **has tenido mucho ~ al no aceptar** you showed good sense *o* judgment in not accepting; **gastar sin ~** to spend money foolishly 2 (tacto) tact, sensitivity; **que poco ~ tiene** she is so tactless

tinta *f* 1 (Art, Impr) ink; **escribir con ~** to write in ink; ***medias ~s*** half-measures; **él no se anda con medias ~s** (al hablar) he doesn't beat about the bush; (al actuar) he never does things by halves; **políticos de medias ~s** wishy-washy politicians; ***saber algo de buena ~*** to have sth on good authority; ***sudar ~*** to sweat blood 2 (del calamar, pulpo) ink

(Compuesto) **tinta China** India ink (AmE), Indian ink (BrE)

tintar *vt* (fam) ‹*pelo, ropa*› to dye

tinte *m*

A (acción) dyeing; (sustancia) dye; (color) color*

B (Esp) (establecimiento) dry cleaner's

C (matiz, rasgo) overtone

tinterillo *m* (Andes) (abogado) pettifogger; (sin título) unqualified lawyer

tintero *m* inkwell; ***quedarse en el ~*** «*asunto*» to fail to get a mention; **se me quedó en el ~** I forgot to mention it

tintín *m* (de campanilla) tinkling, jingling; (de copa) clinking

tintinear [A1] *vi* «*campanilla*» to tinkle, jingle; «*copa*» to clink

tinto¹ -ta *adj* ‹*vino/uva*› red; **~ en sangre** (liter) bloodied (liter)

tinto² *m*

A (Vin) red wine

B (Col) (café) black coffee

tintorería *f* dry cleaner's

tintorero -ra *m,f* dry cleaner

tintorro *m* (fam) cheap red wine

tintura *f* dye, tincture (frml)

tiña *f*

A (Med) ringworm; ***más viejo que la ~*** as old as the hills

B (fam) (mugre) grime, filth

tiñoso -sa *adj*

A (Med) scabby, mangy

B (fam) (mugriento) filthy

tío, **tía** *m,f*

A 1 (pariente) (*m*) uncle; (*f*) aunt; **mis ~s** (sólo varones) my uncles; (varones y mujeres) my aunts and uncles 2 (fam) (delante de nombre propio, como apelativo cariñoso) (*m*) Uncle; (*f*) Aunt, Auntie (colloq)

(Compuestos)

- **tía abuela** *f* great-aunt, grandaunt
- **tío abuelo** *m* great-uncle, granduncle
- **tío Sam** *m*: **el ~ ~** Uncle Sam

B (Esp) (individuo) (fam) ▸**tipo¹**

tiovivo *m* (Esp) merry-go-round, carousel (AmE)

tipazo *m* (fam): **mi jefe es un ~** my boss is a real hunk (colloq)

tipear [A1] *vt* (AmS) to type

tipejo -ja *m,f* (fam) (persona — tonta) idiot; (— despreciable) nasty piece of work (colloq)

típico -ca *adj* typical; ‹*plato/traje*› typical, traditional; **volvió a llegar tarde — ~ de él** he was late again — typical!; **los turistas buscan lo ~** tourists are always looking for local color*

tipificación *f* 1 (clasificación) classification, categorization 2 (de productos, calidades) standardization

tipificar [A2] *vt* 1 (clasificar) to categorize 2 (ser representativo de) to typify, epitomize 3 ‹*producto/calidad*› to standardize

tipismo *m* 1 (cualidad): **un lugar que atrae por su ~** a place famous for the local style and architecture of its buildings 2 (costumbre y caracteres típicos) local color*

tiple *mf* (persona) soprano

tipo¹ -pa *m,f* (fam) (*m*) guy (colloq), bloke (BrE colloq); (*f*) woman

tipo² *m*

A (clase) kind, type, sort; **todo ~ de plantas** all kinds of plants; **no es mi ~** he's not my type

B 1 (figura — de mujer) figure; (— de hombre) physique; ***jugarse el ~*** (Esp fam) to risk one's neck (colloq) 2 (aspecto)

t

appearance; **una mujer de ~ distinguido** a distinguished-looking woman; ***dar el*** ~ (Esp) to be the type

C (Fin) rate

(Compuesto) **tipo de cambio/interés** exchange/interest rate

D (Impr) type

E (*como adj inv*) typical; **una serie ~ 'Dallas'** a 'Dallas'-type series

F (*como adv*) (CS fam) around, about; **vénganse ~ cuatro** come around about four o'clock

tipografía *f* typography

tipógrafo -fa *m,f* typographer

tique, tiquet *m* [1] (de tren, bus) ticket [2] (recibo) receipt, sales slip (AmE)

tiquete *m* (Col) ▸**tique**

tiquismiquis *mf* (Esp, Méx fam) [1] (persona) fusspot (colloq); **es un ~ para comer** he's a very fussy *o* picky eater (colloq); **es un ~ para el orden** he's a stickler for order [2] **tiquismiquis** *m* (reparos) fussing

tira[1] *f* (de papel, tela) strip; (de zapato) strap; ***hacer ~s algo*** (fam) ‹*libro*› to tear sth to shreds; ‹*vaso*› to smash sth to smithereens (colloq); ***la*** ~ (Esp fam): **me divertí la ~** I had a whale of a time (colloq); **¿gastaste mucho? — sí, la ~** did you spend a lot? — yes, I spent a fortune (colloq); **hace la ~ de tiempo que ...** it's ages since ... (colloq)

(Compuesto) **tira cómica** comic strip, strip cartoon

tira[2] *mf*

A [1] (Chi, Méx fam) (agente) cop (colloq) [2] (Per, RPl arg) (detective infiltrado) police plant (colloq), undercover cop (colloq) [3] **la tira** *f* (Méx fam) (cuerpo) the cops (colloq)

B *ver* **tira y afloja**

tirabuzón *m*

A (sacacorchos) corkscrew; ***sacarle algo a algn con*** ~ to drag sth out of sb (colloq)

B (rizo, bucle) ringlet

C (en béisbol) screwball

tirada *f*

A (Jueg) (en juegos de mesa) throw; **tiró todos los bolos a la primera ~** she knocked all the pins down with her first ball; ***de una*** ~ (fam) in one go

B (Impr) print run; **un periódico con una ~ de 300.000 ejemplares diarios** a newspaper with a daily circulation of 300,000 copies

C (fam) (distancia) distance: **de aquí a Medina hay una buena ~** it's a fair stretch from here to Medina (colloq)

D (Méx fam) (propósito) aim, plan

tiradero *m* (Méx) (basurero) garbage (AmE) *o* (BrE) rubbish dump; (casa, habitación) mess, pigsty

tirado -da *adj*

A (en desorden): **lo dejan todo ~** they leave everything lying around; **había ropa tirada en el suelo** there were clothes all over the floor; ***dejar a algn*** ~ to leave sb behind

B (fam) [ESTAR] [1] (muy fácil) dead easy (colloq) [2] (muy barato) dirt cheap (colloq)

tirador[1] *m* [1] (de cajón, puerta) knob, handle [2] (tirachinas) slingshot (AmE), catapult (BrE) [3] **tiradores** *mpl* (Arg, Bol) (de pantalón) suspenders (*pl*) (AmE), braces (*pl*) (BrE)

tirador[2] **-dora** (*m*) marksman; (*f*) markswoman; **es un buen ~** he's a good shot

tiraje *m* [1] (AmL) (Impr) ▸**tirada B** [2] (CS) (de la chimenea) damper

tiralíneas *m* (*pl* ~) drawing pen

tiranía *f* tyranny

tiránico -ca *adj* tyrannical

tirano[1] **-na** *adj* tyrannical

tirano[2] **-na** *m,f* tyrant

tirantas *fpl* (Col) suspenders (*pl*) (AmE), braces (*pl*) (BrE)

tirante[1] *adj* [1] ‹*piel/costura/cuerda*› taut [2] ‹*situación*› tense; ‹*relaciones*› tense, strained

tirante[2] *m*

A (Const) strut, brace

B (Indum) [1] (de prenda) strap, shoulder strap; **falda de ~s** jumper (AmE), pinafore dress (BrE); **pantalones de ~s** overalls (*pl*) (AmE), dungarees (*pl*) (BrE) [2] **tirantes** *mpl* (Esp, Méx, Ven) (de pantalón) suspenders (*pl*) (AmE), braces (*pl*) (BrE)

tirantez *f* [1] (de cuerda, la piel) tautness, tightness [2] (en relaciones) tension, strain

tirar [A1] *vt*

A [1] (arrojar) to throw; **tiró la pelota al aire** he threw the ball up in the air; **no tires los papeles al suelo** don't throw *o* drop the wrappers on the ground; **~le algo A algn** (para que lo agarre) to throw sb sth; (con agresividad) to throw sth AT sb; **tírame las llaves** throw me the keys; **me tiró una piedra** she threw a stone at me; **le tiró los brazos** he stretched his arms out to her; **~le un beso a algn** to blow sb a kiss [2] (desechar, deshacerse de) to throw out *o* away; **estos zapatos ya están para ~(los)** these shoes are about ready to be thrown away *o* out [3] (desperdiciar) to waste; **¡qué manera de ~ el dinero!** what a waste of money!

B [1] (hacer caer) to knock over; **¡cuidado, que vas a ~ la leche!** be careful, you're going to knock the milk over!; **tiró el jarrón al suelo de un codazo** he knocked the vase off the table (*o* shelf *etc*) with his elbow [2] (derribar) to knock down; **van a ~ (abajo) esta pared** they're going to knock this wall down; **~on la puerta abajo** they broke the door down

C [1] ‹*bomba*› to drop; ‹*cohete*› to fire, launch; ‹*flecha*› to shoot; ‹*tiros*› to fire [2] ‹*foto*› to take

D (AmL) (atrayendo hacia sí) to pull; **tiró la cadena** he pulled the chain; **no le tires el pelo** don't pull her hair; **le tiró la oreja** she tweaked his ear; **le tiraba la manga** he was tugging at her sleeve

E (Impr) to print, run off

F (Mat) ‹*línea*› to draw

G (Chi) ‹*lotería*› to draw the winning number in; ‹*rifa*› to draw

■ **tirar** *vi*

A (atrayendo hacia sí) to pull; **~ DE algo** to pull sth; **~ de la cadena** to pull the chain; **no le tires del pelo** don't pull her hair; **dos caballos tiraban del carro** the cart was drawn by two horses; **le tiró de la oreja** she tweaked his ear

B (atraer): **le sigue tirando México** she misses Mexico; **la sangre tira** blood is thicker than water; **no le tira el deporte** he's not interested in sports

C [1] (disparar) to shoot; **¡no tiren!** don't shoot!; **le tiró a traición** she shot him in the back; **~ a dar** to shoot to wound (*not to kill*); **~ al blanco** to aim at the target; **~ a matar** to shoot to kill [2] (Dep) to shoot; **~ al arco** (AmL) *or* (Esp) **a puerta** to shoot at goal; ***tirando por lo bajo/alto*** at the (very) least/most [3] (Jueg) (descartarse) to throw away; (en juegos de dados) to throw; (en dardos) to throw; (en bolos) to bowl

D [1] «*chimenea/cigarro*» to draw [2] «*coche/motor*» to pull

E [1] (fam) (arreglárselas) to get by; **con $100 podemos ~** with $100 we could get by [2] **tirando** *ger* (fam): **ganamos poco pero vamos tirando** we don't earn much but we're managing; **¿qué tal andas? — tirando ...** how are things? — not too bad

F (Esp fam) (desplazarse): **vamos, tira** get a move on; **si tiras para atrás cabe otro coche** if you back up a bit we can get another car in; **tira (p'alante) no te pares** keep going don't stop now; **tira por esta calle abajo** go *o* turn down this street

G (AmL vulg) (en sentido sexual) to screw (vulg), to fuck (vulg)

H **tirar a** (tender a): **tira más bien a azul** it's more of a bluish color; **un erotismo que tira a pornográfico** an eroticism which verged on the pornographic; **es de estatura normal, tirando a bajito** he's average to short in height; **los niños tiran más a la madre** the children take after their mother more

■ **tirarse** *v pron*

A [1] (lanzarse, arrojarse) (+ *compl*) to throw oneself; **~se en paracaídas** to parachute; (en emergencia) to bale out; **~se al agua** to dive/jump into the water; **~se del trampolín** to dive off the springboard; **~se de cabeza** to dive in, to jump in headfirst; **se le tiró a los brazos** she threw herself into his arms [2] (AmL) (tumbarse) to lie down; ***tirárselas de algo*** (AmL fam): **se las tira de valiente** he makes out he's so brave

B (fam) ‹*horas/días*› to spend; **se tiró dos años escribiéndolo** he spent two years writing it

C (vulg) (en sentido sexual) **~se a algn** to screw sb (vulg), to lay sb (sl)

t

D (fam) (expulsar): **~se un pedo** to fart (sl); **~se un eructo** to burp (colloq)
E (Col fam) (echar a perder) to ruin; **el aguacero se tiró el paseo** the downpour ruined our walk; **se tiró el examen** he flunked the exam (colloq)

tira y afloja *m* hard bargaining

tirita *f* (Esp) Band-Aid® (AmE), sticking plaster (BrE)

tiritar [A1] *vi* to shiver, tremble; **~ de frío** to shiver with cold

tiritón *m* shiver

tiritona *f* (fam): **le dio** *or* **entró una ~** she started shivering; **tener una ~** to have the shivers (colloq)

tiro *m*
A (disparo) shot; **le dispararon un ~ en la pierna** they shot him in the leg; **lo mató de un ~/a ~s** she shot him dead; **disparó tres ~s al aire** he fired three shots into the air; **ejercicios de ~** shooting practice; ***al ~*** (Chi fam) right away, straightaway (BrE); ***andar echando ~s*** (Méx fam): **anda echando ~s con su traje nuevo** he's strutting around in his new suit; ***a ~*** (Mil) within *o* in range; ***a ~ de piedra*** (Esp fam): **la playa estaba a ~ de piedra** the beach was a stone's throw away; ***como un ~*** (Esp fam): **esa hamburguesa me sentó como un ~** that hamburger really disagreed with me; **lo que dijo le sentó como un ~** what he said really upset her; **ese vestido me sienta como un ~** I look awful in that dress; **salir/pasar como un ~** (Col, RPl, Ven) to shoot out/past; ***de a ~*** (Méx fam) absolutely; ***de ~s largos*** (fam): **se puso de ~s largos** she got all dressed up (colloq); ***errar el ~*** (literal) to miss; (equivocarse) to get it wrong; ***estar a ~ de hacer algo*** (Col fam) to be about to do sth; ***me/le salió el ~ por la culata*** (fam) my/his plan backfired on me/him; ***ni a ~s*** (fam): **no va a aprobar ni a ~s** there's no way he's going to pass (colloq); ***saber por dónde van los ~s*** to have an idea of sth; ***ser un ~ al aire*** (AmL fam) to be scatterbrained (colloq)
(Compuesto) **tiro de gracia** coup de grâce
B (en fútbol, baloncesto) shot; (deporte) shooting
(Compuestos)
- **tiro al arco** (deporte) archery; (en fútbol) (AmL) shot at goal
- **tiro al blanco** (deporte) target shooting; (lugar) shooting gallery
- **tiro al plato** skeet shooting (AmE), clay-pigeon shooting (BrE)
- **tiro a puerta** shot at goal
- **tiro de esquina** (AmL) corner (kick)
- **tiro libre** (en fútbol) free kick; (en baloncesto) free shot *o* throw
- **tiro pasado** (en tenis) passing shot

C (de pantalón) top block (frml)
D (de chimenea) flue; **tiene muy buen ~** it draws well
E **animal/caballo de ~** draught animal/horse

tiroides *f* thyroid (gland)

tirón *m* **1** (movimiento) tug, pull; **pégale un ~ fuerte a la cuerda** give the string a good hard pull *o* tug; **dale un ~ de orejas** tweak his ears for him (colloq); **me dio un ~ de pelo** he pulled my hair; **el autobús avanzaba a tirones** the bus jerked along; ***de un ~***: **me arrancó la cadena de un ~** he ripped the chain from my neck; **hicimos el viaje de un ~** (fam) we did the journey without stopping; **lo leyó/bebió de un ~** (fam) she read/downed it in one go; **trabajamos 12 horas de un ~** (fam) we worked 12 hours at a stretch **2** (de músculo): **sufrió un ~ en la pierna** he pulled a muscle in his leg; **sentí un ~ en la espalda** I felt something pull in my back **3** (forma de robo): **le dieron un** *or* **el ~** they snatched her bag

tironear [A1] *vi* (AmL fam) to tug, pull
■ **tironear** *vt* (AmL fam) to tug (at)

tironero -ra *m,f*, **tironista** *mf* bag-snatcher

tirotear [A1] *vt* to shoot … repeatedly; **murió tiroteado en la calle** he was gunned down in the street

tiroteo *m* (tiros) shooting (intercambio de tiros) shoot-out, exchange of shots

tirria *f* (fam) grudge; **tenerle ~ a algn** to have a grudge against sb; **tomarle ~ a algn** to take against sb (colloq)

tisana *f* tisane, herbal tea

tísico -ca *m,f* (ant) consumptive (dated)

tisis *f* (ant) tuberculosis, consumption (dated)

tisú *m* (*pl* **-sús** *or* **-súes**) (pañuelo) tissue; (tela) lamé

titán *m* titan; **una obra de titanes** a mammoth task

titánico -ca *adj* huge, colossal (*before n*)

títere *m*
A **1** (marioneta) puppet; ***no dejar ~ con cabeza*** to spare nobody; ***no quedar ~ con cabeza***: **tras el reajuste no quedó ~ con cabeza** nobody escaped the reshuffle unscathed **2** **títeres** *mpl* (función) puppet show
B (persona) puppet

titilar [A1] *vi* **1** «*estrella*» to twinkle; «*luz*» to flicker **2** «*párpado*» to twitch

titipuchal *m* (Méx fam) (gran cantidad): **un ~ de algo** loads of sth (colloq)

tititar [A1] *vi* to shiver, tremble

titiritero -ra *m,f* (de marionetas) puppeteer; (acróbata) acrobat

titubeante *adj* ‹*voz/respuesta*› faltering, halting; ‹*actitud*› hesitant

titubear [A1] *vi* **1** (dudar, vacilar) to hesitate; **sin ~** without hesitation **2** (balbucear) to stutter

titubeo *m* (duda, vacilación) hesitancy, hesitation; **el ~ de su voz** the hesitancy in his voice

titulación *f* qualifications (*pl*); **personas con ~ universitaria** university graduates, college graduates (AmE)

titulado[1] -da *adj* qualified

titulado[2] -da *m,f* graduate
(Compuestos)
- **titulado medio** *graduate with a qualification obtained after a three-year degree course as opposed to a five-year course*
- **titulado superior** *or* **universitario** university graduate, college graduate (AmE)

titular[1] *adj* ‹*médico/profesor*› permanent; **jugadores ~es** first-team players

titular[2] *mf*
A **1** (de pasaporte, cuenta) holder; (de bien, vivienda) owner, titleholder (frml) **2** (de cargo, plaza) holder, incumbent (frml); **el ~ de la cartera de Defensa** the Defense Secretary; **el ~ de la comisaría de la localidad** the chief of the local police
B **titular** *m* **1** (en periódico) headline **2** (Rad, TV) main story; **los ~es** the main stories, the news headlines

titular[3] [A1] *vt* ‹*obra*›: **su novela titulada 'Julia'** his novel called *o* (frml) entitled 'Julia'; **¿cómo vas a ~ la canción?** what's the title of the song going to be?
■ **titularse** *v pron*
A «*obra/película*» to be called, be entitled (frml)
B (Educ) to graduate, get one's degree; **~se EN/DE algo** to graduate IN/AS sth

titularidad *f* **1** (de bien, vivienda) ownership, title (frml) **2** (de cargo, plaza): **obtener la ~** to become permanent; **intenta recuperar la ~** he's trying to regain his place on the team

título *m*
A (de libro, película) title, name; (de capítulo) heading, title; (de una ley) title; **un poema que lleva por ~ …** a poem called *o* (frml) entitled …
(Compuesto) **título de crédito** credits (*pl*)
B (Educ) degree; (diploma) certificate
(Compuestos)
- **título académico** academic qualification
- **título universitario** university degree, college degree (AmE)

C (que refleja honor, mérito, etc) title; **el ~ de campeón juvenil** the junior title
D *tb* **~ nobiliario** title
E (en locs) **a título**: **esto lo digo a ~ personal** I'm speaking personally here; **les daré algunas cifras a ~ orientativo** I'll give you a few figures to put you in the picture *o* to give you an idea; **a título de** (a manera de) by way of; (en calidad de): **asiste a ~ de observador** he's here as an observer; **lo recibió a ~ de préstamo** he received it as a loan; **¿a ~ de qué me dices eso ahora?** (fam) what are you telling me that for now?
F (Der) title, (Econ, Fin) security, bond
(Compuestos)
- **título al portador** bearer bond
- **título de crédito** credit instrument

• **título de propiedad** title deed

tiza *f* (material) chalk; (barra) (piece of) chalk; (en billar) chalk

tiznajo *m* (mancha) smudge; (partícula) smut

tiznar [A1] *vt* to blacken (*with soot/coal*)

■ **tiznarse** *v pron* (*refl*) to blacken oneself (*with soot/coal*)

tizne *m* (hollín) soot; (mancha) smut

tizón *m* (leño) charred stick/log; ***más negro que un ~*** as black as coal

tlapalería *f* (Méx) hardware store

TLCAN *m* (**= Tratado de Libre Comercio de América del Norte**) NAFTA

Tm., tm. (**= tonelada métrica**) tonne

Tn. (**= tonelada**) t, ton

TNT *m* (**= trinitrotolueno**) TNT

toalla *f* 1 (tejido) toweling* 2 (para secarse) towel; ***tirar*** *or* ***arrojar la ~*** to throw in the towel

(Compuesto) **toalla higiénica** sanitary napkin (AmE), sanitary towel (BrE)

toallero *m* (barra) towel rail; (aro) towel ring

tobillera *f* 1 (Med) ankle support 2 (de ciclista) cycle clip

tobillo *m* ankle; ***no llegarle a algn ni al ~*** *or* ***a los ~s***: **no le llega ni al ~ a Ricardo** he is nowhere near as good as Ricardo, he can't hold a candle to Ricardo

tobogán *m* 1 (en parque) slide; (en piscina) water chute 2 (Aviac) escape chute 3 (trineo) toboggan

toca *f* (de religiosa) wimple; (de tocado) circlet

tocadiscos *m* (*pl* ~) record player

tocado[1] **-da** *adj*

A 1 (fam) (loco) touched (colloq); **está ~ (de la cabeza)** he's not all there (colloq) 2 (fam) ‹*boxeador*› punch drunk

B (frml) (con la cabeza cubierta): **iba tocada con mantilla española** she was wearing a Spanish mantilla

C ‹*fruta*› bruised

tocado[2] *m* (en la cabeza) headdress

tocador *m* (mueble) dressing table; (habitación) (ant) boudoir (dated)

tocante *adj*: **en lo ~ a** (frml) with regard to, regarding (frml)

tocar [A2] *vt*

(Sentido I)

A 1 «*persona*» to touch; (palpar) to feel; (manosear) to handle; **¡no vayas a ~ ese cable!** don't touch that cable!; **si le toca un pelo al niño ...** if he lays a hand *o* finger on that child ...; **no ha tocado los libros** he hasn't opened the books; **no puede ~ el alcohol** he mustn't touch a drop of alcohol; **mis ahorros no los quiero ~** I don't want to touch my savings; **a los hijos no se los toques** don't say a word against her children 2 (entrar en contacto con) to touch; **la planta ya toca el techo** the plant is already touching the ceiling; **la pelota tocó la red** the ball clipped the net; **el avión tocó tierra** the plane touched down

B (Aviac) to make a stopover in; (Náut) to put in; **no toca puerto en Lisboa** it doesn't call at Lisbon

C (en béisbol) to bunt

D ‹*tema*› (tratar) to touch on, refer to; (sacar) to bring up

E 1 (conmover, impresionar) to touch; **tu comentario tocó su amor propio** your comment hurt his pride 2 (atañer, concernir) to affect; **un problema que nos toca de cerca** a problem which affects us directly; **que ese tema no me toca en lo más mínimo** that subject doesn't concern me at all 3 (Esp fam) (estar emparentado con): **¿Victoria te toca algo?** is Victoria related to you?

(Sentido II) 1 (hacer sonar) ‹*timbre/campana*› to ring; ‹*claxon*› to blow, sound 2 (Mús) ‹*instrumento/pieza*› to play

■ **tocar** *vi*

(Sentido I)

A (concernir): **por** *or* **en lo que toca a la ecología** (frml) as far as ecology is concerned

B (rayar) ~ **EN algo** to border *o* verge ON sth

(Sentido II) 1 (AmL) (llamar) «*persona*» to knock at the door; **alguien está tocando (a la puerta)** there's somebody at the door 2 «*campana/timbre*» to ring; **las campanas tocaban a misa** the bells were ringing for mass; **~ a rebato/a retirada** (Mil) to sound the alarm/the retreat 3 (Mús) (hacer música) to play

(Sentido III)

A 1 (corresponder en reparto, concurso, sorteo) (+ *me/te/le etc*): **a ella le toca la mitad de la herencia** she gets half of the inheritance; **le tocó el primer premio** she won the first prize; **nos tocó (en suerte)** it fell to our lot; **me tocó la maestra más antipática del colegio** I got the most horrible teacher in the school; **nos tocó hacer la práctica en el mismo colegio** we happened to do our teaching practice at the same school; **me tocó a mí comunicárselo** I was the one who had to tell him 2 (ser el turno) (+ *me/te/le etc*): **te toca a ti** it's your turn; **¿a quién le toca cocinar?** whose turn is it to do the cooking?

B (*en 3ª pers*) (fam): **vamos, toca ponerse a estudiar** come on, it's time we/you got down to some studying; **mañana toca historia** we've got history tomorrow

■ **tocarse** *v pron* 1 (*refl*) ‹*herida/grano*› to touch; **siempre se toca la barba/la nariz** he always plays with his beard/touches his nose 2 (*recípr*) «*personas*» to touch each other; «*cables*» to touch

tocateja (Esp fam): **pagar a ~** to pay (in) cash

tocayo -ya *m,f* namesake; **es ~ mío** he's my namesake; **somos ~s** we have *o* share the same name

tocho *m* (fam) weighty tome (hum)

tocino *m* (para guisar) pork fat; (con vetas de carne) fatty salt pork; (para freír) bacon

tocología *f* obstetrics

tocólogo -ga *m,f* obstetrician

tocón *m* stump

toc toc *m* knock knock

tocuyo *m* (AmS) calico

todavía *adv*

A 1 (aún) still; **¿~ estás aquí?** are you still here?; **~ la quiero** I still love her 2 (en frases negativas) yet; **¿~ no has terminado?** haven't you finished yet?; **~ no** — not yet; **~ no está lista** she isn't ready yet

B (en comparaciones) even, still; **sus primos son ~ más ricos** her cousins are even richer *o* still richer

C (fam) (encima, aun así) still; **¡le pagan hasta el alquiler y ~ se queja!** they even pay his rent and he still complains!

todero -ra *m,f* (Col, Ven fam) Jack-of-all-trades (colloq)

todo[1] **-da** *adj*

A (la totalidad de) all; **nos comimos ~ el pan/~s los bombones** we ate all the bread/chocolates; **toda la mañana** all morning, the whole morning; **invitó a toda la clase** she invited the whole class; **se recorrió ~ México** she traveled all over Mexico; **por ~s lados** all over the place; **dedicó toda su vida a la investigación** he dedicated his entire life to research; **~s ustedes lo sabían** you all knew

B (cualquier, cada): **~ artículo importado** all imported items, any imported item; **~ aquél que quiera** anyone who wishes to; **~s los días/los años** every day/year; **~s los que estaban presentes** all those who were present

C (uso enfático): **a toda velocidad** at top speed; **a ~ correr** as fast as possible; **con toda inocencia** in all innocence; **le dieron ~ tipo de facilidades** they gave him all kind of facilities; **está fuera de toda duda** it's beyond all doubt; ***a ~ esto*** (mientras tanto) meanwhile, in the meantime; (a propósito) incidentally, by the way

todo[2] *m*: **el/un ~** the/a whole; ***jugarse el ~ por el ~*** to risk *o* gamble everything on one throw

todo[3] **-da** *pron*

A 1 (sin excluir nada) everything; **lo perdieron ~** they lost everything; **a pesar de ~** despite everything; **~ le parece poco** he's never satisfied; **hazlo ~ lo largo que quieras** make it as long as you like; **¿eso es ~?** is that all?; **~ o nada** all or nothing 2 **~s/todas** (referido a — cosas) all; (— a personas) all, everybody; **se rompieron ~s** they all broke; **los compró ~s** she bought all of them; **vinieron ~s** they all came, everybody came; **son todos muy simpáticos** they're all very friendly; **buena suerte a ~s** good luck to everybody; **es el más alto de ~s** he's the tallest of the lot *o* of them all; **¿están ~s?** is everyone *o* everybody here?; **¿estamos ~s?** are we all here?; **~s y cada uno** each and every one

B (*en locs*) **con todo (y eso)** (fam) (aun así) all the same, even so; **con ~, sigo pensando que ...** all the same *o* even so I

t

still think that …; **de todo**: **come de ~** she'll eat anything; **venden de ~** they sell everything *o* all sorts of things; **hace de ~ un poco** he does a bit of everything; **del todo** totally; **no es del ~ cierto** it's not entirely *o* totally true; **y todo**: **enfermo y ~, vino a trabajar** sick as he was, he still came to work; **tuvo que venir la policía y ~** (fam) the police had to come and everything (colloq); ***de todas, todas*** (fam): **¿es verdad? — de todas, todas** is it true? — you bet it is! (colloq); **ganó de todas, todas** he won by a mile (colloq); ***me las pagará todas juntas*** one of these days I'll get even with him for all of this; ***no tenerlas todas consigo*** to be a little worried *o* uneasy

C (*como adv*) **1** (completamente) all; **está ~ mojado** it's all wet; **está toda entusiasmada con el viaje** she's all *o* terribly excited about the trip **2** (en frases ponderativas) quite; **fue ~ un espectáculo** it was quite a show! **3** (indicando cualidad predominante): **el pescado era ~ espinas** the fish was full of bones; **soy toda oídos** I'm all ears

todopoderoso -sa *adj* all-powerful; **Dios T~** Almighty God

Todopoderoso *m*: **el ~** the Almighty

todoterreno *m* (Auto) four-wheel-drive vehicle, 4 x 4; (*léase: four by four*)

toga *f* (Hist) toga; (de magistrados) gown

toilette[1] /twa'le(t)/ *m* washroom (AmE), bathroom (esp AmE), toilet (esp BrE)

toilette[2] /twa'le(t)/ *f* (fam): **hacerse la ~** to perform *o* do one's ablutions (hum)

Tokio *m* Tokyo

tokiota *adj* of/from Tokyo

tolda *f* (Col) (tienda) tent; (mosquitero) mosquito net

tolderío *m*, **toldería** *f* Indian camp/village

toldo *m* **1** (de terraza) canopy; (de tienda) awning; (en la playa) awning; (en camión) tarpaulin **2** (para fiestas) tent (AmE), marquee (BrE) **3** (de los indios) hut

tolerable *adj* tolerable

tolerancia *f* **1** (respeto) tolerance; (aguante, paciencia) tolerance; **~ religiosa/política** religious/political tolerance **2** (Med, Tec) tolerance

tolerante *adj* tolerant

tolerar [A1] *vt* **1** ‹*comportamiento/persona*› to tolerate; **no pienso ~ su insolencia** I don't intend to put up with *o* to tolerate his rudeness; **¡eso no se puede ~!** that's intolerable!; **no tolera el calor** she can't stand *o* take the heat **Ⓢ tolerada (para menores de 14 años)** (Esp) ≈ PG **2** ‹*medicamento*› to tolerate

toletole *m* rumpus, commotion; **se armó un ~** (AmS fam) there was a terrible rumpus *o* ruckus *o* commotion

tolva *f* **1** (recipiente) hopper **2** (Ferr) hopper wagon

tolvanera *f* dust storm

toma *f*

A **1** (Mil) capture, taking; **la ~ de la Bastilla** the storming of the Bastille **2** (de universidad, fábrica) occupation; (de tierras) seizure

B (Cin, Fot) shot; **el director quiere repetir esa ~** the director wants to do that take again

C (de medicamento) dose

D (de datos) gathering; (de muestras) taking; **la ~ de decisiones** the decision-making

E (en yudo) hold

F (AmL) (acequia) irrigation channel

(Compuestos)

- **toma de agua** (de máquina) intake, inlet; (grifo) faucet (AmE), tap (BrE); (para incendios) hydrant
- **toma de aire** air intake *o* inlet
- **toma de conciencia**: **esta ~ de ~ del problema** this new awareness of the problem; **crear una ~ de ~ entre la población** to make the public aware
- **toma de contacto** (contacto) contact; (contacto inicial) first *o* initial contact
- **toma de corriente** (wall) socket, power point (BrE)
- **toma de posesión** (de presidente) inauguration; (de ministros) swearing-in ceremony; **el día de mi ~ de ~** the day I took up my post
- **toma de tierra** **1** (Elec) ground (wire) (AmE), earth (wire) (BrE) **2** (Aviac) landing, touchdown

tomado -da *adj*

A ‹*voz*›: **tengo la voz tomada** I'm hoarse

B (AmL fam) ‹*persona*› drunk

tomador -dora *m,f*

A **1** (Fin) payee **2** (de seguro): **el ~** the insured

B (AmL) (bebedor) drunkard, drinker

tomadura de pelo *f* **1** (broma, chiste) joke **2** (burla): **esto es una ~ de ~** they're just messing around with us (AmE) *o* (BrE) messing us around

tomar [A1] *vt*

(*Sentido* **I**)

A (asir, agarrar) to take; **toma lo que te debo** here's what I owe you; **¿lo puedo ~ prestado?** can I borrow it?; **la tomé de la mano** I took her by the hand; **~ las armas** to take up arms; **~ algo DE algo** to take sth FROM sth

B **1** (Mil) ‹*pueblo/ciudad*› to take, capture; ‹*tierras*› to seize **2** ‹*universidad/fábrica*› to occupy

C (hacerse cargo de): **tomó el asunto en sus manos** she took charge of the matter; **tomó la responsabilidad del negocio** he took over the running of the business; **tomó a su cuidado a las niñas** she took the girls into her care

D **1** (beber) to drink; **tomó un sorbito** she took a sip; **el niño toma (el) pecho** the baby's being breast-fed **2** (servirse, consumir) to have; **ven a ~ una copa** come and have a drink; **¿vamos a ~ algo?** shall we go for a drink? **3** ‹*medicamento/vitaminas*› to take

E ‹*tren/taxi/ascensor*› to take; ‹*calle/atajo*› to take

F **1** (medir, registrar) to take; **~le la temperatura/la tensión a algn** to take sb's temperature/blood pressure **2** ‹*notas/apuntes*› to take; **~ algo por escrito** to write sth down; **~le declaraciones a algn** to take a statement from sb; **la maestra me tomó la lección** the teacher made me recite the lesson **3** ‹*foto*› to take

G (adoptar) ‹*medidas/actitud*› to take, adopt; ‹*precauciones*› to take; ‹*decisión*› to make, take; **tomó la determinación de no volver a verlo** she decided not to see him again

H **1** **~ a algn por esposo/esposa** (frml) to take sb as *o* to be one's husband/wife **2** (esp AmL) (contratar) to take on; **lo ~on a prueba** they took him on for a trial period **3** «*profesor*» ‹*alumnos/clases*› to take on **4** «*colegio*» ‹*niño*› to take

I (confundir) **~ algo/a algn POR algo/algn** to take sth/sb FOR sth/sb; **¿por quién me has tomado?** who *o* what do you take me for?; **te van a ~ por tonto** they'll take you for a fool, they'll think you're stupid; **me tomó por mi hermana** he mistook me for my sister

J (reaccionar frente a) ‹*noticia/comentario*› to take; **tómalo como de quien viene** take it with a grain (AmE) *o* (BrE) pinch of salt; **lo tomó a mal/a broma** he took it the wrong way/as a joke

K ‹*tiempo*› to take; **eso toma demasiado tiempo** that takes up too much time

L (en costura) to take in

(*Sentido* **II**)

A (adquirir) **1** ‹*forma*› to take; ‹*aspecto*› to take on; **el pollo está empezando a ~ color** the chicken's beginning to brown; **dado el cariz que están tomando las cosas ...** the way things are going … **2** ‹*velocidad/altura*› to gain; **3** ‹*costumbre*› to get into

B (cobrar) ‹*cariño/asco*› **~le algo A algo/algn**: **le he tomado cariño a esta casa/a la niña** I've become quite attached to this house/quite fond of the girl; **les ha tomado asco a los mejillones** he's gone right off mussels (colloq); **justo ahora que le estoy tomando el gusto** just when I was getting to like it; ***~la con algn/algo*** (fam) to take against sb/sth

(*Sentido* **III**)

A **1** (exponerse a): **~ el aire** *or* **el fresco** to get some (fresh) air; **~ (el) sol** to sunbathe; **vas a ~ frío** (RPl) you'll get *o* catch cold **2** ‹*baño/ducha*› to take, have

B (recibir) ‹*clases*› to take; ‹*curso*› to take, do (BrE)

■ **tomar** *vi*

A (asir): **toma, léelo tú misma** here, read it yourself; **toma, aquí tienes tus tijeras** here are your scissors; **tome, yo no lo necesito** take it, I don't need it

B (esp AmL) (beber alcohol) to drink

C (AmL) (ir) to go; **~on para el norte/por allí** they went north/that way; **~ a la derecha** to turn *o* go right

D «*injerto*» to take

■ **tomarse** *v pron*

t

A ‹*vacaciones/tiempo*› to take; **se tomó el día libre** he took the day off; **tómate todo el tiempo que quieras** take as long as you like
B ‹*molestia/libertad*› to take; **~se la molestia/libertad de + INF** to take the trouble to + INF/the liberty of + GER; **ya me ~é la revancha** I'll get even one of these days
C (*enf*) **1▸** ‹*café/vino*› to drink; **se toma todo lo que gana** (AmL) he spends everything he earns on drink **2▸** ‹*medicamento/vitaminas*› to take **3▸** ‹*desayuno/merienda/sopa*› to eat, have; ‹*helado/yogur*› to have
D ‹*autobús/tren/taxi*› to take
E (Med) **1▸** (*refl*) to take; **se tomó la temperatura** she took her temperature **2▸** (*caus*): **~se la presión** *or* **la tensión** to have one's blood pressure taken
F (*caus*) (esp AmL) ‹*foto*› to have … taken
G (*enf*) (reaccionar frente a) ‹*comentario/noticia*› to take; **no te lo tomes a mal** don't take it the wrong way
H (Chi) ‹*universidad/fábrica*› to occupy

tomatal *m* field of tomatoes

tomate *m*
A (Bot, Coc) tomato; ***estar/ponerse (colorado) como un ~*** (de vergüenza) to be/turn as red as a beet (AmE), to be/go as red as a beetroot (BrE); (por el sol) to be/turn as red as a lobster
(Compuesto) **tomate (de) pera** plum tomato
B (Esp fam) (agujero) hole

tomatera *f*
A (Bot) tomato plant
B (Chi fam) (juerga) bender (colloq)

tomavistas *m* (*pl* ~) movie camera

toma y daca *m* (intercambio de favores, servicios) give-and-take; (en combate, prueba) cut-and-thrust

tombo *m* (Col, Ven fam) (policía) cop (colloq)

tómbola *f* tombola

tomillo *m* thyme

tomo *m* volume; ***de ~ y lomo*** (fam) out-and-out (*before n*)

ton *m*: **hacer algo sin ~ ni son** to do sth for no reason; **una decisión tomada sin ~ ni son** a decision taken without rhyme or reason

tonada *f* **1▸** (melodía) tune; (canción) ballad, song **2▸** (AmL) (acento) accent

tonadilla *f* popular song

tonal *adj* tonal

tonalidad *f* (Art, Mús) tonality

tonel *m* barrel; ***estar como/ser un ~*** to be like a barrel

tonelada *f* ton

tonelaje *m* tonnage

tonelero -ra *m,f* cooper, barrel-maker

tongo *m*
A (fam) (en partido, pelea) fix (colloq); **hubo ~** it was fixed (colloq)
B (Andes) (sombrero) bowler hat

toni *m* (Chi) circus clown

tónica *f*
A (bebida) tonic (water)
B (tendencia, tono) trend, tendency; **ésa es la ~ general** that is the general trend; **la ~ de su discurso** the tone of his speech

tonicidad *f* tonicity

tónico¹ -ca *adj*
A (Med) tonic (*before n*)
B **1▸** ‹*sílaba/vocal*› tonic (*before n*), stressed **2▸** (Mús) tonic

tónico² *m* (Med) tonic; (en cosmética) toner

tonificante *adj* invigorating, tonic (*before n*)

tonificar [A2] *vt* to tone up

tonillo *m* tone of voice (*often sarcastic*); **lo dijo con cierto ~** there was something about the way he said it

tono *m*
A (altura de la voz) pitch, tone; (manera de expresarse) tone; **~ grave** serious tone; **en ~ cariñoso** in an affectionate tone of voice; **se lo he dicho en todos los ~s** I've tried telling him every way I can think of; **en ~ de reproche** reproachfully; **el ~ en que lo dijo** the way he said it
B (tendencia, matiz) tone; **a ~ con la ocasión** in keeping with the occasion; **para estar a ~ con los tiempos** to keep up with the times; ***fuera de ~*** ‹*reacción*› uncalled-for; ‹*comentario*› inopportune; ***no venir a ~*** to be out of place; ***ponerse a ~*** (fam) to get in the mood (colloq); ***ser de buen/mal ~*** to be in good/bad taste
C (de color) shade; ***subido de ~*** risqué
D (Mús) key
E (Audio, Rad, TV) tone; ***bajar el ~*** (reducir el volumen) to turn the volume down; (hablar con menos arrogancia): **baja el tonito conmigo** don't take that tone with me; ***subir el ~*** (elevar el volumen) to turn up the volume; (insolentarse) to raise one's voice
F (del teléfono) tone; **este teléfono no tiene ~** I can't get a dial tone (AmE) *o* (BrE) dialling tone on this phone
(Compuestos)
- **tono de marcar** *or* (AmL) **de discado** *or* (AmS) **de discar** dial tone (AmE), dialling tone (BrE)
- **tono de ocupado** busy signal (AmE), engaged tone (BrE)

G (de músculos) tone

tontamente *adv* stupidly, foolishly

tontear [A1] *vi* **1▸** (hacer el tonto) to play the fool; (decir tonterías) to talk nonsense **2▸** (flirtear) to fool around (colloq)

tontera *f* ▸**tontería**

tontería *f* **1▸** (cosa tonta) silly *o* stupid thing; (dicho tonto) silly remark; **¡déjate de ~s!** stop fooling around; **¡~s!** nonsense! **2▸** (cosa insignificante) silly thing, small thing; **se enoja por cualquier ~** she gets angry over the slightest little thing; **oye, que cien mil pesos no son ninguna ~** come on, a hundred thousand pesos is no small sum **3▸** (cualidad) stupidity

tonto¹ -ta *adj*
A **1▸** [SER] ‹*persona*› (falto de inteligencia) stupid, dumb (colloq); (ingenuo) silly; **¡no seas tonta!** don't be silly!; **fui tan ~ como para decirle que sí** I was stupid *o* foolish enough to say yes **2▸** [ESTAR] (intratable) difficult, silly; (disgustado) upset; ***a tontas y a locas*** without thinking; **gasta el dinero a tontas y a locas** she spends money like there's no tomorrow (colloq); ***dejar ~ a algn*** (Esp fam) to leave sb speechless; ***hacer ~ a algn*** (Chi fam) to fool sb; ***ser ~ del bote*** to be a complete idiot
B ‹*excusa/error/historia*› silly

tonto² -ta *m,f* (falto de inteligencia) idiot, dummy (colloq); (ingenuo) idiot, fool; ***hacer el ~*** (hacer payasadas) to play *o* act the fool; (actuar con necedad) to make a fool of oneself; ***hacerse el ~*** to act dumb
(Compuestos)
- **tonto de capirote** prize idiot, utter fool
- **tonto útil** stooge

tontorrón¹ -rrona *adj* (fam) silly

tontorrón² -rrona *m,f* silly twit (colloq)

topacio *m* topaz

topar [A1] *vi*
A ▸**toparse**
B ‹‹*toro/carnero*›› to butt
■ **toparse** *v pron* **~se con algn** (tropezarse) to bump into sb; (encontrarse) to bump *o* run into sb; **~se con algo** (tropezarse) to bump into sth; (encontrarse) to come across sth

tope *m*
A **1▸** (límite) limit; **~ máximo** upper limit; ***hasta el ~*** *or* ***los ~s***: **llené la taza hasta el ~** I filled the cup to the brim; **tenía la maleta hasta el ~** her suitcase was full to bursting; **el estadio estaba hasta los ~s** the stadium was jam-packed; **estoy hasta el ~ de trabajo** I'm snowed under with work **2▸** **a tope** (Esp fam) ‹*trabajar*› flat out (colloq); **vivir a ~** to live life to the full; **el club estaba a ~** the club was packed out (colloq) **3▸** (*como adj inv*) ‹*edad/precio*› maximum (*before n*); **fecha ~** deadline
B **1▸** (para las puertas) doorstop; (en trenes, estaciones) buffer **2▸** (Méx) (Auto) speed bump
C (Andes) (cima) top
D **1▸** (Andes) (golpe, choque) bump **2▸** (Méx fam) (cabezazo): **me di un ~** I bumped my head

topetada *f* ▸**topetazo**

topetazo *m* bump; (más fuerte) bang; **se dio un ~ contra la pared** he bumped/banged into the wall

topetear [A1], **topetar** [A1] *vt* (golpear levemente) to bump; (dar con los cuernos) to butt
■ **topetear** *vi*: **~ contra algo** to bump *o* knock against sth

topetón *m* ▸**topetazo**

t

tópico[1] -ca *adj*
A ‹*comentario/afirmación*› trite
B (Farm): **Ⓢ uso tópico** for external use only

tópico[2] *m* **1** (tema, asunto) topic, subject **2** (tema trillado) hackneyed subject; (expresión) cliché

top-less, topless /'toples/ *m*: **se bañaba en ~** she was bathing topless; **el ~ es habitual aquí** it is quite normal for people to go topless here

topo *m* **1** (Zool) mole; ***ser más ciego que un ~*** to be as blind as a bat **2** (agente infiltrado) mole **3** (Col fam) (persona torpe) klutz (AmE colloq), clumsy clod (BrE colloq) **4** (Col) (pendiente) earring

topografía *f* topography, surveying

topógrafo -fa *m,f* topographer, surveyor

toque *m*
A **1** (de timbre) ring; (de campana) stroke, chime; **al ~ de las doce** when the clock strikes twelve; ***a ~ de campana***: **aquí hay que hacerlo todo a ~ de campana** it's like being in the army here **2** (fam) (llamada) call, ring (BrE colloq)

(Compuestos)
- **toque de atención** warning; **darle un ~ de ~ a algn** to rap sb on the knuckles
- **toque de diana** reveille
- **toque de difuntos** (de trompeta) taps (*pl*) (AmE), last post (BrE); (de campanas) death knell
- **toque de queda** curfew

B **1** (golpe suave) touch; **se aplica con unos toquecitos** you dab it on **2** (Med): **hacerse** *or* **darse unos ~s** to paint one's throat (*with antiseptic*) **3** (en béisbol) bunt
C (detalle) touch; **sólo falta darle los últimos ~s** we just have to put the finishing touches to it
D **1** (Méx arg) (de marihuana) joint (colloq), spliff (arg) **2** (Méx fam) (descarga) electric shock

toquetear [A1] *vt* (fam) to touch; (sexualmente) to touch up; **estos niños todo lo toquetean** these children get their hands on everything

toquilla *f* shawl

torácico -ca *adj* ‹*región*› thoracic

tórax *m* thorax

torbellino *m* **1** (de viento) whirlwind, twister (AmE); (de polvo) dust storm **2** (de actividad) whirl; **un ~ de sentimientos** a turmoil of emotions **3** (persona inquieta) bundle of energy

torcedura *f* sprain

torcer [E10] *vt*
A ‹*cuerpo*› to twist; ‹*cabeza*› to turn; **me torció el brazo** she twisted my arm; **tuerce un ojo** he has a squint in one eye; **torció el gesto de dolor** she grimaced in *o* winced with pain
B ‹*esquina*› to turn
C ‹*ropa*› to wring (out)
D ‹*curso/rumbo*› to change
■ **torcer** *vi* (girar) «*persona/vehículo*» to turn; **el sendero tuerce a la izquierda** the path bends *o* curves round to the left
■ **torcerse** *v pron*
A ‹*tobillo/muñeca*› to twist
B «*madera/viga*» to warp
C «*planes*» to fall through

torcido -da *adj*
A **1** [ESTAR] (con respecto a otra cosa) crooked; **tiene la nariz torcida** he has a crooked nose; **llevas la falda torcida** your skirt's twisted; **el cuadro está ~** the picture isn't straight **2** (curvo) bent; **tiene la columna torcida** she has curvature of the spine; **tiene las piernas torcidas** (para adentro) he is knock-kneed; (para afuera) he is bow-legged
B ‹*intenciones*› devious, crooked

torcijón *m* stomach cramp

tordo[1] -da *adj* dappled, dapple-gray*

tordo[2] -da *m,f* **1** (caballo) dapple, dapple-gray* **2** (pájaro) thrush

toreador -dora *m,f* (ant) toreador, bullfighter

torear [A1] *vi* to fight; **torea desde los 18 años** he has been a bullfighter since he was eighteen
■ **torear** *vt*
A ‹*toro/novillo*› to fight
B (fam) **1** ‹*persona*› (para evitar algo) to dodge **2** (AmL) (provocar) to torment, needle

toreo *m* bullfighting

torera *f* bolero; ***saltarse algo a la ~*** (fam) to flout sth

torero[1] -ra *adj* bullfighting (*before n*)

torero[2] -ra *m,f* bullfighter, matador

toril *m* bull pen

tormenta *f*
A (Meteo) storm; ***hacer frente a la ~*** to weather the storm; ***una ~ en un vaso de agua*** a tempest in a teapot (AmE), a storm in a teacup (BrE)
(Compuesto) **tormenta de nieve** snowstorm; (con viento) blizzard
B (de pasiones) storm; (de celos) frenzy
(Compuesto) **tormenta de ideas** brainstorming

tormento *m* **1** (angustia, dolor) torment; **vivía con el ~ de los celos** she lived tormented by jealousy; **ir al dentista es un ~** going to the dentist is a nightmare *o* is hell (colloq) **2** (malos tratos) torture

tormentoso -sa *adj* stormy

torna *f* **1** (regreso) return **2** (en un cauce) gate; ***se han vuelto las ~s*** it's a different story now; ***volverle las ~s a algn*** to turn the tables on sb

tornadizo[1] -za *adj* fickle

tornadizo[2] -za *m,f*: **es una tornadiza** she's always changing her mind

tornado *m* tornado

tornamesa *f or m* (Col, Méx) (plato giratorio) turntable

tornar [A1] *vi* (liter) **1** (regresar) to return; **tornó a nevar** it snowed again **2** (volver, hacer) to make, render
■ **tornarse** *v pron* (liter) to become; **~se EN algo** to turn INTO sth

tornasol *m*
A (reflejo) reflected light
B (Bot) sunflower; (Quím) litmus

tornasolado -da *adj* ‹*color/destello*› iridescent; ‹*tela*› shot

torneado -da *adj* ‹*cuerpo/piernas*› shapely; ‹*brazos*› nicely-shaped

tornear [A1] *vt* (en carpintería) to turn; (en alfarería) to throw

torneo *m* (Dep) tournament, competition

tornero -ra *m,f* lathe operator

tornillo *m* (Tec) screw; ***apretarle los ~s a algn*** (fam) to put the screws on sb (colloq); ***te/le falta un ~*** you have/he has a screw loose (colloq); ***tener un ~ flojo*** *or* ***suelto*** (fam) to have a screw loose (colloq)
(Compuesto) **tornillo sin fin** worm gear

torniquete *m* **1** (Med) tourniquet **2** (de acceso) turnstile **3** (Ven) (en béisbol) screwball

torno *m*
A **1** (de carpintero) lathe; **~ de ceramista** *or* **alfarero** potter's wheel **2** (Odont) drill **3** (para alzar pesos) winch
B **en torno a** around; **la conversación giró en ~ a ...** the conversation revolved around...

toro *m*
A (animal) bull; ***agarrar al ~ por las astas*** *or* ***los cuernos*** (AmL) *or* (Esp) ***coger el ~ por los cuernos*** to take the bull by the horns; ***fuerte como un ~*** as strong as an ox; ***ver los ~s desde la barrera*** to watch from the sidelines
(Compuesto) **toro bravo** *or* **de lidia** fighting bull
B **los toros** *mpl* (el espectáculo) bullfighting; **nunca he ido a los ~s** I've never been to a bullfight

> **(la fiesta de) los toros**
>
> Bullfighting is popular in Spain, Mexico, Colombia, Peru, and Venezuela. For some Spaniards it is crucial to Spanish identity. The season runs from March to October in Spain, from November to March in Latin America.
>
> The art of bullfighting is given the name *tauromaquia*. The bullfighters in a corrida gather in *cuadrillas*. The principal bullfighter, or *matador*, is assisted by *peones*. Their outfit, the *traje de luces*, consists of a tight silk jacket and trousers, decorated with embroidery and epaulettes, and a black, two-cornered hat known as a *montera*

toronja *f* (AmL) grapefruit

torpe *adj* 1 (en las acciones) clumsy; (al andar) awkward; **un animal lerdo y ~** a slow, ungainly animal 2 (de entendimiento) slow (colloq) 3 (sin tacto) ‹*persona/comentario*› clumsy; **de manera ~** clumsily

torpedear [A1] *vt* to torpedo

torpedero *m*
A (Mil) torpedo boat
B (en béisbol) shortstop

torpedo *m*
A (Arm) torpedo
B (Chi fam) (de estudiante) crib (note) (colloq)

torpemente *adv* 1 ‹*caminar/moverse*› clumsily; ‹*expresarse/actuar*› clumsily 2 (tontamente) stupidly

torpeza *f*
A (cualidad) 1 (en las acciones) clumsiness; (al andar) awkwardness 2 (falta de inteligencia) stupidity; **perdona mi ~, pero no entiendo** I'm sorry to be so stupid *o* dim, but I don't understand 3 (falta de tacto) clumsiness
B (dicho desacertado) gaffe; (acción desacertada) blunder

torpor *m* torpor

torrar [A1] *vt* to roast

torre *f* 1 (de castillo) tower; (de iglesia) tower; (en punta) steeple, spire 2 (de cables de alta tensión) pylon; (de pozo de petróleo) derrick 3 (en ajedrez) rook, castle 4 (edificio alto) apartment block (AmE), tower block (BrE)
(Compuestos)
- **torre de control/observación** control/observation tower
- **torre de marfil** ivory tower

torrefacción *f* roasting

torreja *f*
A (AmL) (pan frito) ▸**torrija**
B (Chi) (rodaja) slice

torrencial *adj* torrential

torrencialmente *adv* torrentially

torrente *m*
A (Geog) torrent
(Compuesto) **torrente sanguíneo** bloodstream
B (de insultos) stream, torrent; (de lágrimas) flood

torrentoso -sa *adj* (AmL) fast-flowing

torreón *m* tower

torrero *m* lighthouse keeper

torreta *f* (de submarino) conning tower, bridge; (de avión, tanque) turret

tórrido -da *adj* torrid

torrija *f* piece *o* slice of French toast; **~s** French toast

torsión *f* torsion; **con una leve ~ del tronco** with a slight twist of the upper body

torso *m* (Anat) torso, trunk; (Art) bust

torta *f*
A (Coc) 1 (AmL) (de verduras) pie; (sin tapa de masa) pie, flan, tart 2 (CS, Ven) (de cumpleaños, etc) cake; (decorada, con crema, etc) gateau
B (Méx) (bocadillo) sandwich
C (esp Esp) (bizcocho basto) sponge cake; ***me/te salió la ~ un pan*** things didn't work out the way I/you had planned; ***ni ~*** (Esp fam) not a thing; **no entiendo ni ~** I don't understand a thing; ***nos/les está costando la ~ un pan*** it's costing us/them more than we're/they're saving
D (fam) (golpe): **darle una ~ a algn** to hit *o* wallop sb (colloq); **pegarse una ~** to bang one's head (*o* arm *etc*); **liarse a ~s** to come to blows

tortazo *m* (fam) ▸**torta D**

tortícolis *f* stiff neck, torticollis (tech)

tortilla *f*
A (de huevos) omelet*; ***se ha dado (la) vuelta*** *or* ***se ha vuelto la ~*** the shoe (AmE) *o* (BrE) boot is on the other foot now
(Compuesto) **tortilla de papas** *or* (Esp) **de patatas** Spanish omelet* (*made with potatoes and sometimes onion*)
B (de maíz) tortilla

tortillera *f* (fam) dyke (sl), lesbian

tortillero -ra *m,f* tortilla seller

tórtola *f* turtledove

tórtolo *m* (fam) lovebird (colloq)

tortuga *f* (Zool) (de tierra) tortoise, turtle (AmE); (de mar) turtle; ***ser*** *or* ***parecer una ~*** (fam) to be a slowpoke (AmE) *o* (BrE) slowcoach (colloq)

tortuguismo *m* (Méx) go-slow

tortuosidad *f* 1 (sinuosidad) tortuousness (liter); **la ~ del camino** the twists and turns in the road 2 (de la mente, conducta) deviousness

tortuoso -sa *adj* 1 ‹*sendero*› tortuous, winding 2 ‹*maquinaciones/conducta*› devious; ‹*mente*› devious

tortura *f* torture; **los exámenes son una ~** (fam) exams are a real nightmare (colloq)

torturado -da *m,f* torture victim

torturar [A1] *vt* (con violencia física) to torture; (angustiar) to torment, torture
■ **torturarse** *v pron* (*refl*) to torture *o* torment oneself

torvo -va *adj* ‹*mirada*› baleful; ‹*intenciones*› grim

tos *f* cough; **tener ~** to have a cough
(Compuestos)
- **tos convulsa** *or* **convulsiva** whooping cough
- **tos de perro** (AmL) barking cough

tosco -ca *adj* 1 ‹*utensilio/mueble/construcción*› crude, basic; ‹*tela*› coarse, rough 2 ‹*persona/manos*› rough; ‹*lenguaje*› unrefined; ‹*modales*› coarse

toser [E1] *vi* to cough; ***a ése no hay quien le tosa*** (Esp fam) he can't take criticism

tosquedad *f* 1 (de objeto) crudeness; (de tela) coarseness, roughness 2 (de persona) roughness; (de modales) coarseness; (del lenguaje) lack of refinement

tostada *f* 1 (de pan) piece *o* slice of toast; **~s** toast 2 (Méx) (de tortilla) tostada (*fried corn/maize tortilla*) 3 (Ven) (arepa frita) fried corn cake

tostado[1] -da *adj* ‹*pan/almendras*› toasted; ‹*café*› roasted; ‹*piel*› tanned; **(de) color ~** ‹*guantes/bolso*› tan

tostado[2] *m* 1 (de pan, almendras) toasting; (de café) roasting 2 (de la piel) suntan, tan 3 (Coc) toasted sandwich

tostadora *f*, **tostador** *m* (para pan) toaster; (para café) roaster

tostadura *f* (de café, cacao) roasting; (de otras semillas) toasting

tostar [A10] *vt* 1 ‹*pan/almendras*› to toast; ‹*café*› to roast 2 ‹*piel/persona*› to tan
■ **tostarse** *v pron* (broncearse) to tan

tostón *m*
A 1 (Esp) (pan frito) crouton 2 (Ven) (plátano frito) fried plantain
B (Esp fam) (cosa fastidiosa) drag (colloq); ***darle el ~ a algn*** (Esp fam) to pester somebody
C (Méx fam) (moneda) fifty-cent coin; (billete) fifty-peso bill *o* note

total[1] *adj* 1 (absoluto) ‹*desastre/destrucción*› total; ‹*éxito*› resounding, total; **un cambio ~** a complete change 2 (global) ‹*costo/importe*› total

total[2] *m* total; **¿cuánto es el ~?** how much is it altogether?; **el ~ de sus ahorros** the whole of her savings; **en ~** altogether

total[3] *adv* (*indep*) (fam) 1 (al resumir una narración) so, in the end; **~, que me di por vencida** so in the end I gave up 2 (expresando indiferencia, poca importancia): **~, a mí qué** (fam) what do I care anyway; **~, mañana no tienes que trabajar** after all, you don't have to go to work tomorrow

totalidad *f*: **la ~ de la población** the whole *o* entire population; **fue destruido en su ~** it was totally destroyed; **el acuerdo fue aprobado en su ~** the agreement was approved in its entirety; **la deuda se pagó en su ~** the debt was paid in full

totalitario -ria *adj* totalitarian

totalitarismo *m* totalitarianism

totalizar [A4] *vt* «*persona*» to total, add up, totalize (frml); «*cifras*» to total

totalmente *adv* totally; **estoy ~ de acuerdo** I agree entirely; **construido ~ en madera** built entirely of wood

totogol *m* (Col) sports lottery (AmE), football pools (*pl*) (BrE)

totopo *m* (Méx) tortilla chip

totora *f* reed mace, bulrush

t

touch /tutʃ, tuʃ/ *m* touch; **el balón va a ~** the ball goes into touch
tour /tur/ *m* (*pl* **tours**) tour
tournée, tourné /tur'ne/ *f* tour
tour operador -dora *m,f*, **tour-operator** *m,f* 1 (persona) tour operator 2 **tour operador** *m* (empresa) tour operator
toxicidad *f* toxicity
tóxico¹ -ca *adj* toxic
tóxico² *m* poison, toxin
toxicodependencia *f* (frml) drug addiction
toxicomanía *f* (frml) drug addiction
toxicómano¹ -na *adj* addicted to drugs
toxicómano² -na *m,f* drug addict
tozudez *f* obstinacy, stubbornness; **¡qué ~ la tuya!** you're so obstinate *o* stubborn!
tozudo¹ -da *adj* obstinate, stubborn
tozudo² -da *m,f*: **es un ~** he's extremely stubborn *o* obstinate
traba *f*
A (en ventana) catch; (entre dos vigas) tie; (para caballo) hobble; (para preso) shackles (*pl*); (de cinturón) belt loop
B (dificultad, impedimento) obstacle; **me puso muchas ~s** he made things really difficult for me
C (Col, Ven arg) (efecto) high (colloq)
trabajado -da *adj* ‹*diseño/bordado/plan*› elaborate; **una novela muy bien trabajada** an extremely well-crafted novel
trabajador¹ -dora *adj* (que trabaja mucho) hard-working
trabajador² -dora *m,f* worker; **un ~ no calificado** (AmL) *or* (Esp) **cualificado** an unskilled worker *o* laborer
Compuestos
- **trabajador autónomo -dora autónoma** *m,f* self-employed worker *o* person
- **trabajador -dora de medio tiempo** (AmL) *or* (Esp) **a tiempo parcial** *m,f* part-time worker
- **trabajador -dora independiente** *or* **por cuenta propia** *m,f* self-employed worker *o* person
- **trabajador -dora social** *m,f* (Méx) social worker

trabajar [A1] *vi*
A (en empleo) to work; **~ por cuenta propia** to be self-employed; **~ jornada completa** *or* **a tiempo completo** to work full-time; **~ media jornada** *or* (AmL) **medio tiempo** *or* (Esp) **a tiempo parcial** to work part-time; **trabaja bien** she does her job well; **~ mucho** to work hard; **¿en qué trabajas?** what do you do (for a living)?; **trabaja en publicidad** she works *o* is in advertising; **~ DE** *or* **COMO algo** to work AS sth
B (en tarea, actividad) to work; **deja de perder el tiempo y ponte a ~** stop wasting time and start doing some work; **estoy trabajando en una novela** I'm working on a novel; **~ por la paz** to promote peace; **~ *como una bestia* or *un negro* or *(un) chino*** to work like a slave
C (actuar) to act, perform; **¿quién trabaja en la película?** who are the actors *o* who's in the movie?
D (operar, funcionar) to work; **la fábrica está trabajando a tope** the factory is working *o* operating at full capacity; **haga ~ su dinero** make your money work for you; **hacer ~ el cerebro** to exercise one's mind
■ **trabajar** *vt*
A 1 ‹*campo/tierra*› to work 2 ‹*madera/cuero*› to work 3 ‹*masa*› (con las manos) to knead, work; (con tenedor) to mix
B ‹*género/marca*› to sell, stock
C (perfeccionar, pulir) to work on
D (fam) (intentar convencer) ‹*persona*› to work on (colloq)
■ **trabajarse** *v pron* (fam) 1 ‹*premio/ascenso*› to work for 2 (*enf*) (fam) ‹*persona*› to work on (colloq)

trabajo *m*
A 1 (empleo) job; **conseguir ~** to get *o* find work, to get *o* find a job; **buscar ~** to look for work *o* for a job; **quedarse sin ~** to lose one's job; **no tiene ~ fijo** he doesn't have a steady job; **un ~ de media jornada** *or* (AmL) **de medio tiempo** *or* (Esp) **a tiempo parcial** a part-time job; **~ de jornada completa** *or* **de** *or* **a tiempo completo** full-time work *o* job 2 (lugar) work; **está en el ~** she's at work; **ir al ~** to go to work
B (actividad, labor) work; **requiere años de ~** it takes years of work; **~ en equipo** teamwork; **el ~ de la casa** housework; **este bordado tiene mucho ~** a lot of work has gone into this embroidery; **los niños dan mucho ~** children are hard work; **¡buen ~!** well done!; **fue premiado por su ~ en esa película** he was given an award for his performance in that movie
Compuestos
- **trabajo a destajo** piece work
- **trabajo a reglamento** (CS) work-to-rule
- **trabajo de campo** fieldwork
- **trabajo de chinos** fiddly *o* laborious job
- **trabajo de parto** labor•
- **trabajo de práctica** practical work
- **trabajos forzados** *mpl* hard labor•
- **trabajos manuales** *mpl* handicrafts (*pl*)
- **trabajo voluntario** voluntary *o* (AmE) volunteer work

C 1 (tarea) job; **limpiar el horno es un ~ que odio** cleaning the oven is a job *o* chore I hate 2 (obra escrita) piece of work; **hice un ~ sobre Lorca** I did a paper on Lorca
D (esfuerzo): **con mucho ~ consiguió levantarse** with great effort she managed to get up; **me cuesta ~ creerlo** I find it hard to believe; **se tomó/dio el ~ de venir** she took the trouble to come
E (Econ) labor•
trabajoadicto -ta *m,f* workaholic
trabajosamente *adv*: **subió ~ las escaleras** he struggled up the stairs; **~ logró hacerse entender** with effort she managed to make herself understood; **respiraba ~** his breathing was labored
trabajoso -sa *adj* ‹*subida*› arduous; ‹*tarea*› laborious; **su letra es muy trabajosa de leer** it's very hard work to read his writing
trabalenguas *m* (*pl* ~) tongue twister
trabar [A1] *vt*
A 1 ‹*puerta/ventana*› (para que no se abra) to hold … shut; (para que no se cierre) to hold … back *o* open 2 ‹*vigas*› to tie, connect 3 ‹*caballo*› to hobble
B 1 ‹*conversación*› to strike up, start; ‹*amistad/relación*› to strike up; **han trabado una gran amistad** they've become great friends 2 ‹*historia*› to weave together
C ‹*proceso/negociaciones*› to impede *o* hamper the progress of
■ **trabarse** *v pron*
A «*cajón/cierre*» to get jammed *o* stuck; **se le traba la lengua** he gets tongue-tied
B (enzarzarse) **~se EN algo** to get involved IN sth
C (Col, Ven arg) (con droga) to get high *o* stoned (colloq)
trabazón *f* linking together
trabilla *f* (de pantalón) stirrup; (de chaqueta, abrigo) belt loop
trabucar [A2] *vt* to mix up, confuse
■ **trabucarse** *v pron* to get one's words jumbled up *o* mixed up
trabuco *m* blunderbuss
trácala¹ *m* (Méx, Ven fam) cheat
trácala² *f* (Méx, Ven fam) trick, swindle; **se la pasa haciendo ~** he's always cheating people
tracalada *f* (Andes fam) bunch (colloq); **una ~ de amigos/mentiras** a whole bunch of friends/lies (colloq)
tracalear [A1] *vt* (Méx, Ven fam) to cheat, swindle
traçalero -ra *adj* (Méx, Ven fam) dishonest; **no seas ~** don't be a cheat, don't cheat
tracción *f* (Auto, Mec) traction, drive
Compuestos
- **tracción a cuatro ruedas** *f* four-wheel drive; **un vehículo con** *or* **de ~ a ~ ~** a four-wheel-drive vehicle
- **tracción animal** *f* draft (frml)
- **tracción delantera/trasera** *f* front-wheel/rear-wheel drive

tractor *m* tractor
trad. = traducido
tradición *f* (costumbre) tradition; **seguir la ~** to keep up the tradition; **romper con la ~** to break with tradition
tradicional *adj* traditional; **mañana, como es ya ~, …** tomorrow, as is customary …
tradicionalismo *m* traditionalism
tradicionalista *adj/mf* traditionalist
tradicionalmente *adv* traditionally

traducción *f* translation; **~ del inglés al español** translation from English into Spanish

(Compuestos)

- **traducción directa** *translation into one's native language*
- **traducción inversa** *translation into a foreign language*
- **traducción simultánea** simultaneous translation

traducible *adj* translatable

traducir [I6] *vt* ‹*texto/escritor*› to translate; **~ DE algo A algo** to translate FROM sth INTO sth
■ **traducirse** *v pron* **~se EN algo** ‹*en un ahorro/un beneficio*› to result IN sth

traductor -tora *m,f* translator

traductorado *m* (CS) translator's exams (*pl*)

traer [E23] *vt*
A (de un lugar a otro) to bring; **me trajo un recuerdo de su viaje** she brought me back a souvenir from her trip; **tráigame la cuenta por favor** could I have *o* would you bring me the check (AmE) *o* (BrE) bill, please?; **me trajo en la moto** he brought me on his motorbike; **traía al niño sobre los hombros** he was carrying the child on his shoulders; **¿qué te trae por aquí?** what brings you here?; ***muy traído y llevado***: **el muy traído y llevado tema de su divorcio** the tired old story about his divorce
B (ocasionar, causar) ‹*problemas/dificultades*› to cause; **la guerra trajo mucha pobreza** the war brought *o* caused much poverty; **esto trajo aparejados muchos cambios** this entailed many changes; **~ buena suerte** to bring good luck; ***tener a algn a mal*** **~** to give sb a hard time (colloq)
C (contener) to have; **trae un artículo sobre computación** it has *o* contains an article on computing; **este diccionario no lo trae** it's not in this dictionary
D **1** ‹*ropa/sombrero*› to wear **2** (tener consigo) to bring; **traje poco dinero** I didn't bring much money (with me)
■ **traerse** *v pron*
A (*enf*) (a un sitio) to bring (along); **lo invité a él y se trajo a toda la familia** I invited him and he brought the whole family along
B (fam) (tramar) to be up to (colloq); **¿qué se ~án esas dos?** what are those two up to?; ***traérselas*** «*problema/asunto/examen*» to be tough (colloq) *o* difficult

trafagar [A3] *vi* to be on the go (colloq)

traficante *mf* dealer, trafficker; **~ de drogas** drug dealer *o* trafficker; **~ de esclavos** slave trader

traficar [A2] *vi* **~ EN** *or* **CON algo** to deal IN sth

tráfico *m*
A (de vehículos) traffic; **accidente de ~** road accident

(Compuestos)

- **tráfico aéreo** air traffic
- **tráfico marítimo** shipping

B (de mercancías) trade; **~ de armas** arms trade *o* dealing; **~ de drogas** drug dealing *o* trafficking; **~ de esclavos** slave trade

(Compuesto) **tráfico de influencias** influence peddling, spoils system (AmE)

tragaderas *fpl* (fam) gullet; ***tener buenas*** **~** (fam) (comer mucho) to eat anything and everything; (tener mucho aguante) to be prepared to put up with a lot

tragaldabas *mf* (*pl* **~**) (fam) glutton (colloq)

tragaluz *m* (en el techo) skylight; (en una puerta) fanlight

tragamonedas *m or f* (*pl* **~**) (Jueg) slot machine; (de discos) jukebox

traganíqueles *m* (*pl* **~**) (AmC) slot machine

tragantona *f* (Esp fam) binge (colloq); **darse una ~** to go on a binge

tragaperras *m or f* (*pl* **~**) (Esp fam) slot machine

tragar [A3] *vt*
A **1** ‹*comida/agua/medicina*› to swallow **2** ‹*lágrimas*› to choke back
B (fam) (soportar) to put up with; ***no (poder)*** **~** ***a algn*** (fam): **no lo trago/traga** I/she can't stand him
■ **tragar** *vi*
A **1** (Fisiol) to swallow **2** (fam) (engullir): **¡cómo traga este niño!** this kid really puts away his food! (colloq)
B (RPl fam) (estudiar) to cram
■ **tragarse** *v pron*
A (*enf*) **1** ‹*comida*› to swallow; **~se el humo** to inhale **2** ‹*lágrimas*› to choke back; ‹*orgullo*› to swallow; ‹*angustia*› to suppress **3** «*mar*» to swallow up **4** «*máquina*» ‹*dinero/tarjeta*› to swallow up **5** (fam) (engullirse) to put away (colloq)
B (fam) **1** (soportar) ‹*insulto*› to put up with; ‹*obra/recital*› to sit through **2** (creerse) ‹*excusa/cuento*› to fall for (colloq)

tragasables *mf* (*pl* **~**) sword swallower

tragedia *f* tragedy

trágicamente *adv* tragically

trágico[1] -ca *adj* **1** ‹*actriz/obra*› tragic (*before n*); **lo ~ del caso es que ...** the tragedy of it all is that ... **2** ‹*vida/final/consecuencia*› tragic; **no te pongas ~** don't be so melodramatic

trágico[2] *m* tragedian

tragicomedia *f* tragicomedy

tragicómico -ca *adj* tragicomic

trago *m*
A **1** (de líquido) drink, swig; **dame un traguito para probar** let me try a sip *o* a drop; **de un ~** in one gulp **2** (esp AmL fam) (bebida alcohólica) drink; **¿vamos a tomar un ~?** shall we go for a drink?
B (experiencia): **ha pasado un ~ amargo** he's had a rough time; **fue un mal ~** it was an awful experience

tragón[1] -gona *adj* (fam) greedy

tragón[2] -gona *m,f* (fam) glutton

traición *f* **1** (delito) treason; **fue acusado de ~ a la patria** he was accused of treason *o* of betraying his country **2** (acto desleal) treachery, betrayal; **lo mataron a ~** they killed him by treachery

traicionar [A1] *vt* **1** ‹*patria/amigo*› to betray **2** (delatar) «*mirada/nerviosismo*» to give ... away

traicionero -ra *adj* **1** ‹*persona/acción*› treacherous **2** ‹*mar/tiempo*› treacherous, dangerous

traidor[1] -dora *adj* traitorous, treacherous

traidor[2] -dora *m,f* traitor; **~ A algo** traitor TO sth

traiga, traigas, etc *see* **traer**

trailer /'trajler/ *m*
A **1** (AmL) (casa rodante) trailer (AmE), caravan (BrE) **2** (para caballos) horsebox
B (Méx) (camión) semitrailer (AmE), articulated lorry (BrE)

tráiler *m*
A (Esp) (Cin) trailer
B ▸**trailer A**

trailero -ra *m,f* (Méx) truck driver

trainera *f* fishing boat (*with oars*)

traje[1] *m* (de dos, tres piezas) suit; (vestido de mujer) dress; (Teatr) costume; (de país, región) dress; **~ típico** typical dress

(Compuestos)

- **traje de baño** (de hombre) swimming trunks (*pl*); (de mujer) bathing suit, swimsuit
- **traje de calle** business suit (AmE), lounge suit (BrE)
- **traje de campaña** battledress
- **traje de etiqueta/gala** formal/evening dress
- **traje de luces** bullfighter's costume
- **traje largo** evening dress

traje[2], etc *see* **traer**

trajeado -da *adj* (bien vestido) smart; **¡qué ~ has venido hoy!** you're looking very smart today!

trajera, trajese, etc *see* **traer**

trajimos, trajiste, etc *see* **traer**

trajín *m*: **un día de mucho ~** a very hectic day; **con el ~ de las Navidades/la mudanza** with all the hustle and bustle of Christmas/the commotion of the move; **con todo este ~ ...** with all this coming and going...; **el ~ de las grandes ciudades** the hustle and bustle of big cities

trajinar [A1] *vi* (fam) to rush about (colloq); **se pasa el día trajinando** she's on the go all day (colloq)

trajinera *f* (Méx) canoe

trajiste, etc *see* **traer**

tralla *f* (látigo) whip

trallazo *m* (latigazo) lash; (chasquido) crack (*of a whip*)

trama *f*
A (de tejido) weave, weft
B **1** (Lit) plot **2** (intriga) plot

t

tramador -dora *adj* (Col) ‹*película/libro*› gripping; ‹*conferencia*› absorbing

tramar [A1] *vt* ‹*engaño*› to devise; ‹*venganza*› to plot; ‹*complot*› to hatch, lay; **¿qué andan tramando?** what are you up to? (colloq)

■ **tramarse** *v pron* (*enf*) to plot, scheme

tramitación *f* processing; **los documentos necesarios para la ~ de un permiso** the documents you need to have a permit application processed; **la ~ del divorcio tardó años** the divorce proceedings took years

tramitar [A1] *vt* ‹*préstamo*› «*funcionario*» to deal with; «*interesado*» to arrange; **tengo que ~ algunos asuntos** I have a few matters to attend to *o* to deal with; **están tramitando el divorcio** «*cónyuges*» they have started divorce proceedings; **~ un permiso de trabajo** «*organismo*» to deal with a work permit application; «*interesado*» to apply for one's work permit

trámite *m* (proceso) procedure; (etapa) step, stage; **el préstamo está en ~** the loan application is being processed; **los ~s necesarios para su obtención** all the steps *o* formalities required to obtain it; **se iniciaron los ~s para su extradición** extradition proceedings were begun; **tengo que hacer unos ~s en el centro** I have some business to attend to in the centre

tramo *m* (de carretera, vía) stretch; (de escalera) flight; **el ~ final de la campaña** the final phase of the campaign

tramontana *f* north wind

tramoya *f* 1 (Teatr) piece of stage machinery 2 (fam) (enredo, trama) scam (colloq)

tramoyista *mf* 1 (Teatr) sceneshifter, stagehand 2 (fam) (enredador) schemer; (estafador) con artist

trampa *f* 1 (para animales) trap; (de lazo) snare 2 (ardid) trap; **caer en la ~** to fall into the trap; **le tendieron una ~** they laid *o* set a trap for him 3 (en el juego): **hacer ~(s)** to cheat

trampear [A1] *vi* to cheat

trampilla *f* trapdoor

trampolín *m*

A (Dep) (en natación — flexible) springboard; (— rígido) diving board; (en gimnasia) trampoline; (en esquí) ski jump

B (para obtener algo): **ese puesto fue un ~ para llegar a la directiva** that job was a springboard to a place on the board; **esa película fue su ~ a la fama** she was catapulted to fame by that movie

tramposo¹ -sa *adj*: **ser ~** to be a cheat

tramposo² -sa *m,f* cheat

tranca *f*

A 1 (de puerta, ventana) bar; **poner la ~ a la puerta** to bar the door 2 (palo) cudgel, club; ***a ~s y barrancas*** (fam) with great difficulty

B (esp AmL fam) (borrachera) bender (colloq); **pegarse** *or* **agarrarse una ~** to get plastered *o* smashed (colloq)

C (Ven fam) (Auto) holdup, tailback

trancar [A2] *vt* ‹*puerta/ventana*› to bar

trancazo *m* (golpe) blow

trance *m*

A (momento crítico): **pasar por un ~ difícil** to go through a difficult time; **ya han salido de ese ~** they've come through it *o* got over it now; **en ~ DE algo**: **estar en ~ de muerte** to be at death's door; **estas costumbres están en ~ de desaparición** these customs are (in the process of) disappearing *o* are dying out; ***a todo ~*** at any cost

B (Psic, Relig) trance; **estar/entrar en ~** to be in/go into a trance

tranco *m* 1 (paso largo) stride; **andaba a ~s** she was striding along; **en dos ~s** in two shakes (AmE) *o* (BrE) in two ticks (colloq) 2 (CS) (ritmo) rate, pace; ***agarrarle el ~ a algo*** to get the hang *o* knack of sth

tranque *m* (CS) reservoir

tranquera *f* (AmL) gate

tranquilamente *adv* ‹*hablar/actuar*› calmly; ‹*descansar*› peacefully; **te los pruebas ~ en casa** you can try them on at your leisure in your own home

tranquilidad *f* 1 (calma) peace; **la ~ del campo** the peace *o* tranquility of the countryside; **ni un minuto de ~** not a moment's peace; **paz y ~** peace and quiet; **léelo con ~** read it at your leisure; **respondió con ~** she replied calmly 2 (falta de preocupación): **llámame a la hora que sea, con toda ~** feel free to call me at any time; **lo hice para mi propia ~** I did it for my own peace of mind

tranquilizador -dora *adj* ‹*palabras/noticia*› reassuring; ‹*música*› soothing; **la droga tiene un efecto ~** the drug has a tranquilizing *o* calming effect

tranquilizante¹ *adj* 1 ▸**tranquilizador** 2 (Med) tranquilizing*

tranquilizante² *m* tranquilizer*

tranquilizar [A4] *vt* ‹*persona/animal*› to calm … down; **intenté ~lo** I tried to calm him down; **sus palabras la ~on** his words reassured her; **la noticia nos tranquilizó a todos** we were all relieved to hear the news; **eso me tranquiliza mucho** that makes me feel a lot better

■ **tranquilizarse** *v pron* «*persona*» to calm down

tranquillo *m* (Esp) knack; ***cogerle el ~ a algo*** (fam) to get the hang *o* knack of sth (colloq)

tranquilo¹ -la *adj*

A 1 [SER] ‹*persona*› (pacífico) calm 2 ‹*mar/ambiente*› calm; ‹*lugar*› quiet, peaceful, tranquil

B [ESTAR] 1 (libre de preocupacion): **ahora que trabaja estoy más ~** I feel better *o* happier now that he's found a job; **viven ~s allí en su granjita** they lead a peaceful *o* tranquil life on their little farm; **¡tranquilo!** relax!; **tú, ~, que de eso me encargo yo** there's no need for you to worry, I'll take care of that; **lo hice para quedarme ~** I did it for my own peace of mind; **déjalo ~** leave him alone; **tengo la conciencia tranquila** my conscience is clear 2 (sin inmutarse): **su hermano en el hospital y él tan ~** his brother's in hospital and he doesn't seem at all bothered; **…y se quedó tan tranquila** …and she didn't bat an eyelash (AmE) *o* (BrE) eyelid

tranquilo² *adv* (Méx fam): **te cuesta ~ unas 2,000 libras** it costs 2,000 pounds easily (colloq)

tranquiza *f* (Méx fam) hiding (colloq)

transa *adj/mf* (Méx fam) ▸**tranza**¹'²

transacción *f*

A (Com, Fin) transaction, deal

B (Der) settlement, agreement

transandino¹ -na *adj* trans-Andean

transandino² *m* trans-Andean railroad *o* railway

transar [A1] *vi* (AmL) 1 (hacer concesiones) ▸**transigir (a)** 2 (llegar a un acuerdo) to reach an agreement *o* a compromise; **~ EN algo** to settle FOR sth; **no ~emos por menos del 10%** we will not settle for *o* accept less than 10%; **~on en un 5%** they settled for *o* accepted 5%

■ **transar** *vt*

A (AmL) (Com, Fin) to buy and sell; **pocas acciones se ~on hoy en la bolsa** there was little activity *o* little buying and selling on the stock market today

B (Méx) (engañar) ▸**tranzar**

transatlántico¹ -ca *adj* transatlantic; **países ~s** countries on the other side of the Atlantic

transatlántico² *m* ocean liner

transbordador *m* ferry

(Compuesto) **transbordador espacial** space shuttle

transbordar [A1] *vt* ‹*mercancías/equipajes*› to transfer

■ **transbordar** *vi* «*pasajeros*» to change

transbordo *m* 1 (de viajeros) change; **hacer ~** to change 2 (de equipaje, mercancías) transfer

transcribir [I34] *vt* to transcribe

transcripción *f* 1 (acción) transcription; (resultado) transcript 2 (Mús) transcription

transcultural *adj* transcultural, cross-cultural

transcurrir [I1] *vi* 1 «*tiempo/años*» to pass, go by; **han transcurrido varios meses desde …** it's (been) several months now since …; **transcurría el minuto 20 cuando se anotó el primer gol** the first goal was scored in the 20th minute 2 «*acontecimiento/acto*» to take place; **la marcha transcurrió pacíficamente** the march went *o* passed off peacefully

transcurso *m* course; **en el ~ del año** during the course of the year; **con el ~ del tiempo** as time goes/went by

transeúnte *mf* (peatón) passer-by; (no residente) non-resident

transexual *adj/mf* transsexual

transexualidad *f*, **transexualismo** *m* transsexualism

transferencia *f*
A (de propiedad, derecho) transfer, handing over; (de jugador) transfer
(Compuesto) **transferencia bancaria** credit *o* bank transfer
B (Psic) transference
transferible *adj* transferable
transferir [I11] *vt* to transfer
transfiguración *f* **1** (cambio radical) transformation **2** (Relig) Transfiguration
transfigurar [A1] *vt* to transform
■ **transfigurarse** *v pron* to be transformed
transformación *f* **1** (cambio) transformation, change **2** (en rugby) conversion **3** (Ling) transformation
transformador *m* transformer
transformar [A1] *vt* **1** (convertir) to convert; **~ algo EN algo** to convert sth INTO sth **2** (cambiar radicalmente) ‹*persona/situación/país*› to transform, change *o* alter ... radically **3** (en rugby) to convert; (en fútbol) (period) to score
■ **transformarse** *v pron* **1** (convertirse) **~se EN algo**: **los carbohidratos se transforman en azúcar** the carbohydrates are converted into sugar; **la calabaza se transformó en un carruaje** the pumpkin turned into *o* was transformed into a carriage **2** (cambiar radicalmente) «*persona/país*» to change completely, be transformed
transformista *mf* quick-change artist
tránsfuga *mf*
A (Pol) turncoat
B (Col, RPl fam) (sinvergüenza) rogue (colloq)
transfundir [I1] *vt* to transfuse (frml)
transfusión *f* transfusion; **~ de sangre** blood transfusion
transgénico -ca *adj* genetically modified, transgenic
transgredir [I1] *vt* (frml) to transgress (frml)
transgresión *f* (frml) transgression (frml)
transgresor -sora *m,f* transgressor
transición *f* transition; **~ DE algo A algo** transition FROM sth TO sth; **período de ~** period of transition
transido -da *adj* (liter) racked; **~ de dolor/de pena** racked with pain/grief
transigencia *f* (acto) compromise; (cualidad) accommodating attitude
transigente *adj* accommodating
transigir [I7] *vi* **1** (hacer concesiones) to compromise, give way; **~ EN algo** to compromise ON sth; **en cuestiones de principios no voy a ~** I'm not going to compromise on matters of principle **2** (tolerar) **~ CON algo** to tolerate sth, put up WITH sth **3** (Der) to reach a settlement
transistor *m* transistor
transitable *adj* passable
transitar [A1] *vi* (frml) «*vehículo*» to travel, go; «*peatón*» to go, walk
transitivo -va *adj* transitive
tránsito *m*
A (tráfico) traffic; **las horas de máximo ~** peak hours; **una calle de mucho ~** a very busy road; **un accidente de ~** (AmL) a road accident; **infracción de ~** (AmL) traffic violation (AmE), motoring offense (BrE)
(Compuesto) **tránsito rodado** vehicular traffic
B (paso) passage, movement; **sólo están de ~** they're just passing through; **pasajeros en ~** passengers in transit
C (liter) (muerte) passing (euph), death
transitoriedad *f* **1** (provisionalidad) temporary *o* provisional nature **2** (cualidad efímera) transience
transitorio -ria *adj* **1** ‹*medida*› provisional; ‹*situación*› temporary; ‹*período*› transitional **2** (efímero) transitory, fleeting
translación *f* ▸**traslación**
translucir [I5] *vi* ▸**traslucir**
transmigración *f* (de personas) migration; (de almas) transmigration
transmigrar [A1] *vi* «*personas*» to migrate; «*almas*» to transmigrate
transmisible *adj* transmissible
transmisión *f*
A (Rad, TV) **1** (señal) transmission; (programa) broadcast; **una ~ en directo/en diferido** a live/prerecorded broadcast **2** (de señal) transmission; (de programa) broadcasting, transmission
B **1** (de sonido, movimiento) transmission **2** (Med) transmission; **enfermedades de ~ oral** orally transmitted diseases **3** (de derecho) transfer
(Compuestos)
- **transmisión de datos** data transfer
- **transmisión de dominio** transfer of ownership
- **transmisión de mando** transfer of power; **ceremonia de ~ de ~** (AmL) inauguration ceremony
- **transmisión de pensamiento** thought transference

transmisor[1] **-sora** *adj* transmitting (*before n*); **aparato ~** transmitter; **estación ~a** transmitter, radio/TV station
transmisor[2] *m* transmitter
(Compuesto) **transmisor-receptor** transceiver; (portátil) walkie-talkie
transmitir [I1] *vt*
A (Rad, TV) ‹*señal*› to transmit; ‹*programa*› to broadcast
B **1** ‹*sonido/movimiento*› to transmit **2** ‹*enfermedad/tara*› to transmit, pass on **3** (Der) to transfer **4** ‹*lengua/costumbres*› to transmit, pass on; ‹*conocimientos*› to pass on **5** ‹*saludos/felicidades*› to pass on
■ **transmitir** *vi* (Rad, TV) to transmit
transmutar [A1] *vt* to transmute
transnacional *adj/f* transnational
transoceánico -ca *adj* transoceanic
transparencia *f* **1** (cualidad) transparency **2** (Fot) slide, transparency; (para retroprojector) transparency
transparentar [A1] *vt* ‹*sentimientos/intenciones*› to reveal
■ **transparentarse** *v pron* **1** ‹*tela/blusa*›: **una tela/blusa que se transparenta** a see-through material/blouse; **con ese vestido se le transparenta el viso** her petticoat shows through that dress **2** ‹*intenciones*› to be evident, be apparent
transparente *adj* **1** ‹*cristal/agua*› transparent, clear; ‹*aire*› clear **2** ‹*tela/papel*› transparent; ‹*blusa*› see-through **3** ‹*persona/carácter*› transparent; ‹*intenciones*› clear, plain; **eres tan ~** I can see right through you
transpiración *f* (Fisiol) perspiration; (Bot) transpiration
transpirar [A1] *vi* (Fisiol) to perspire, sweat; (Bot) to transpire
transpirenaico -ca *adj* trans-Pyrenean
transportable *adj* transportable; **fácilmente ~** easily transported *o* transportable
transportación *f* transportation
transportador *m*
A (Mat) protractor
B (Mec) conveyor
(Compuesto) **transportador de correa** *or* **cinta** conveyor (belt)
transportar [A1] *vt*
A **1** ‹*personas/mercancías*› to transport; **~ algo por aire** to ship sth by air **2** ‹*energía/sonido*› to transmit; **la sangre transporta el oxígeno** oxygen is carried by the blood
B (embelesar) to mesmerize
■ **transportarse** *v pron* to be transported; **se transportó con el pensamiento al pasado** his thoughts took him back *o* transported him back to the past
transporte *m*
A **1** (de pasajeros) transportation (esp AmE), transport (esp BrE); **sistema de ~** transport *o* (AmE) transit system; **me pagan el ~** they pay my traveling expenses **2** (de mercancías) transportation (esp AmE), transport (esp BrE); **~ aéreo** airfreight; **~ por carretera** haulage; **el ~ corre por cuenta nuestra** we pay the freight
(Compuesto) **transporte público** public transportation (AmE), public transport (BrE)
B (medio, vehículo) means of transport
(Compuesto) **transporte de tropas** troop carrier
transportista *mf* haulage contractor
transposición *f* transposition
transversal[1] *adj* ‹*eje/línea*› transverse; **una calle ~ al Paseo de Recoletos** a street which crosses the Paseo de Recoletos; **un corte ~** a cross section

t

transversal² *f* 1 (calle); **la calle Colonia y sus ~es** Colonia street and all the streets that cross it *o* (AmE) and its cross streets 2 (Mat) transversal

tranvía *m* 1 (vehículo urbano) streetcar (AmE), tram (BrE) 2 (Esp) (Ferr) local train

tranza¹ *adj* (Méx fam) crooked

tranza² *mf* 1 (Méx fam) (persona) con artist (colloq), shark (colloq) 2 **tranza** *f* (Méx fam) (engaño, fraude) scam (colloq)

tranzar [A4] *vt* (Méx fam) ‹*persona*› to con (colloq); **le ~on todos sus ahorros** they conned him out of all his savings

trapacear [A1] *vi* to fiddle (colloq)

trapacero -ra *m,f* racketeer

trapeador *m* (AmL) mop

trapear [A1] *vt* (AmL) to mop

trapecio *m* 1 (Mat) trapezoid (AmE), trapezium (BrE) 2 (Espec) trapeze

trapecista *mf* trapeze artist

trapería *f* 1 (tienda) thrift store (AmE), secondhand clothes shop (BrE) 2 (trapos) rags (*pl*)

trapero -ra *m,f*

A 1 (ropavejero) junkman (AmE), rag and bone man (BrE) 2 (CS fam) (aficionado a la ropa): **es una trapera** she's crazy about clothes (colloq)

B **trapero** *m* (AmL) (para el suelo) floorcloth

trapiche *m* (de caña de azúcar) sugar mill; (de aceitunas) olive press; (de uvas) winepress

trapichear [A1] *vi* (fam) to buy and sell stolen goods

trapicheo *m* 1 (fam) (negocio) shady deal 2 **trapicheos** *mpl* (fam) (tejemanejes) scheming, dealing

trapío *m* 1 (Taur) power 2 (garbo, brío) grace

trapisonda *f* trickery, scheming

trapo *m*

A (para limpiar) cloth; ***a todo ~*** (sin ahorrar) (AmS fam) with no expense spared; **llorar a todo ~** to cry one's eyes out; ***dejar a algn hecho un ~*** (fam) to tear sb to shreds (colloq); ***los ~s sucios se lavan en casa*** you shouldn't wash your dirty linen in public; ***sacar los ~s sucios al sol*** *or* ***a relucir*** (fam) to reveal personal secrets (*o* inside information *etc*); ***soltar el ~*** (fam) to burst into tears

Compuestos

- **trapo de cocina** dishtowel (AmE), tea towel (BrE)
- **trapo de sacudir** dust cloth (AmE), duster (BrE)

B (fam) (Taur) cape

C **trapos** *mpl* (fam) (ropa) clothes (*pl*); (ropa vieja) rags (*pl*)

tráquea *f* windpipe, trachea

traquear [A1] *vi* (Col fam) to creak

traqueteado -da *adj* (fam) hectic, busy

traquetear [A1] *vi*

A «*tren/coche*» to clatter, jolt

B (fam) «*persona*» (ir de un sitio a otro) to rush around

traqueteo *m*

A (de tren, automóvil — movimiento) jolting; (— ruido) clatter, clattering

B (fam) (de persona) rushing around

tras *prep*

A 1 (frml) (después de) after; **~ + INF** after -ING; **~ interrogarlo lo pusieron en libertad** after questioning him they released him 2 (indicando repetición) after; **día ~ día** day after day

B (detrás de) behind; **la puerta se cerró ~ él** the door closed behind him; **la policía anda/salió ~ él** the police are/went after him

trasandino -na *adj* ▸**transandino¹**

trascendencia *f* 1 (importancia) significance, importance; (repercusión, alcance) implication; **no reconocían la ~ de estos sucesos** they did not recognize the implications of these events 2 (Fil) transcendence

trascendental *adj* 1 (importante) ‹*noticia/ocasión*› momentous; (de gran alcance) ‹*decisión/cambio/efecto*› far-reaching; **una decisión ~** a decision which has far-reaching implications 2 (Fil) transcendental

trascendente *adj* 1 (importante) ‹*hecho/suceso*› significant, important 2 (Fil) transcendent

trascender [E8] *vi* 1 (period) (darse a conocer): **según ha trascendido** according to reports; **ha trascendido que ...** it has emerged that ...; **el caso ha trascendido a la opinión pública** the case has come to public notice; **desean evitar que la noticia trascienda** they want to avoid the news leaking out 2 (frml) (extenderse) **~ A algo** «*influencia/popularidad*» to extend TO sth 3 (ir más allá) **~ DE algo** to transcend sth (frml), to go beyond sth; **esto trasciende de lo puramente filosófico** this transcends *o* goes beyond the purely philosophical

■ **trascender** *vt* to go beyond, transcend (frml)

trascendido *m* (CS) leak

trasegar [A7] *vt* 1 ‹*vino/líquido*› to decant 2 ‹*papeles/documentos*› to shuffle, move ... around; ‹*libros*› to move ... around

■ **trasegar** *vi* (moverse) to go backward(s) and forward(s), to go to and fro

trasero¹ -ra *adj* ‹*puerta/habitación/asiento*› back (*before n*); ‹*rueda*› rear, back (*before n*); ‹*motor*› rear-mounted

trasero² *m* (fam) (de persona) bottom, backside (colloq); (de animal) hindquarters (*pl*)

trasfondo *m* background; **había un ~ de resentimiento en lo que dijo** there was an undertone of resentment in her words

trasgo *m* imp, goblin

trashumar [A1] *vi* to move to winter/summer pastures

trasiego *m* 1 (de líquido) decanting; (de objetos) moving *o* shuffling around 2 (fam) (ir y venir) coming and going

traslación *f* (Astron) movement, passage; (Mat) translation

trasladar [A1] *vt*

A (cambiar de sitio) ‹*objeto/oficina/tienda*› to move; ‹*preso/enfermo*› to move, transfer; ‹*información*› to transfer; **los heridos fueron trasladados al hospital** the injured were taken to hospital

B (cambiar de destino) ‹*empleado/funcionario*› to transfer

■ **trasladarse** *v pron* 1 (mudarse) to move 2 (period) (ir) to go, travel 3 (Fís) «*luz*» to travel

traslado *m*

A (cambio de sitio — de prisioneros transferal; (— de oficina) removal; **el ~ de víveres se efectuará en avión** supplies will be taken by air; **el ~ del cuadro se llevó a cabo ayer** the picture was moved yesterday; **gastos de ~** relocation expenses; **mañana tendrá lugar el ~ de sus restos mortales al Cementerio** (period) ≈ the funeral will take place tomorrow at the Cemetery

B (cambio de destino) transfer

C (Der) (de una actuación judicial) notification

traslúcido -da *adj* translucent

traslucir [I5] *vt* to reveal; **dejar ~ algo** (insinuar) to suggest sth; (dejar ver) to reveal, betray

■ **traslucirse** *v pron* 1 (notarse, percibirse): **en sus declaraciones se traslucía el miedo** his statement betrayed his fear 2 «*ropa interior*» to show through

trasluz *m*: **al ~** against the light

trasmano: **a ~** out of the way; **vivía muy a ~** she lived in a very out-of-the-way *o* remote place

trasminar [A1] *vt/vi* to seep through

■ **trasminarse** *v pron* to seep through

trasnochada *f*: **pegarse una ~** (fam) (no acostarse) to be up all night; (acostarse de madrugada) to stay up until the early hours of the morning

trasnochado -da *adj* 1 ‹*chiste/noticia*› old, stale; ‹*idea/teoría*› outdated 2 ‹*persona*›: **está/anda ~** (no se acostó) he's been up all night; (se acostó de madrugada) he stayed up until the early hours of the morning

trasnochador -dora *adj*: **es muy ~** he's often out all night/until the early hours

trasnochar [A1] *vi* (no acostarse) to be up all night; (acostarse de madrugada): **ha trasnochado varias veces este mes** she's had several late nights this month

■ **trasnocharse** *v pron* (Col, Per, Ven) ▸**trasnochar**

trasnoche *m*: **de ~** late-night (*before n*)

traspapelar [A1] *vt* (extraviar) to mislay

■ **traspapelarse** *v pron* (extraviarse) to be/get mislaid

traspasar [A1] *vt*

A 1 «*bala/espada*» to pierce, go through; «*líquido*» to go through, soak through; **lo traspasó con la espada** he ran him through (with his sword); **unos pitidos que traspasan el oído** ear-piercing whistles; **su rostro afligido le**

traspasó el corazón her grief-stricken expression pierced him to the heart (liter) **2▸** (sobrepasar) to go beyond

B **1▸** ‹*bar/farmacia*› (vender) to sell; (arrendar) to let, lease; **Ⓢ se traspasa local** to let *o* for rent **2▸** ‹*negocio*› to transfer

C ‹*poderes/fondos*› to transfer

D (Dep) ‹*jugador*› to transfer, trade (AmE)

traspaso *m*

A **1▸** (de bar, farmacia — venta) sale; (— arrendamiento) leasing, letting; **el ~ del local** the transfer of the lease on the premises **2▸** (suma) premium

B (de poderes, fondos) transfer

C (Dep) **1▸** (de jugador) transfer **2▸** (suma) transfer fee

traspatio *m* (AmL) backyard

traspié *m*

A (tropezón) stumble; **dio un ~ y se cayó** she stumbled and fell

B (fam) (metedura de pata) blunder, slip-up (colloq)

trasplantable *adj* (Bot, Med) transplantable

trasplantar [A1] *vt* **1▸** (Bot, Med) to transplant **2▸** ‹*instituciones/costumbres*› to transfer

trasplante *m* (Bot, Med) transplant

trasponer [E22] *vt* (liter *o* period) ‹*límite*› to surpass; ‹*obstáculo*› to surmount; ‹*umbral*› to cross

traspontín *m*

A (asiento) tip-up *o* fold-down seat

B (fam) (trasero) seat (colloq), backside (colloq)

traspuesto -ta *adj* (fam) dazed; **quedarse ~** to go into a daze

traspunte *mf* (apuntador) prompter, prompt; (que da la entrada) callboy

trasquilador -dora *m,f* shearer, clipper

trasquilar [A1] *vt* **1▸** ‹*ovejas*› to shear, clip **2▸** (fam) ‹*pelo*› to hack … about (colloq); ‹*persona*› to scalp (colloq)

trastabillar [A1] *vi* (dar tropezones) to stumble; (tartamudear) to stutter, stammer

trastabillón *m* stumble; **dio un ~ al subir la escalera** she tripped as she went up the stairs

trastada *f* **1▸** (fam) (mala pasada) dirty trick; **hacerle** *or* **jugarle una ~ a algn** to play a dirty trick on sb **2▸** (travesura) prank

trastazo *m* (fam) bump

traste *m*

A (Mús) fret

B (fam) (trasero) backside (colloq); ***dar al ~ con algo*** to put paid to sth; ***irse al ~*** «*plan/idea*» to fall through; «*esperanzas*» to be dashed

C (AmC, Méx) (utensilio) utensil; **lavar los ~s** to do the dishes *o* (BrE) the washing-up

trastear [A1] *vt*

A (revolver) to rummage through, rifle through (colloq)

B (Col) ‹*muebles/cajas*› to move … around; ‹*oficina/casa*› to move

■ **trastear** *vi*

A (revolver) to rummage

B (Col) (en una mudanza) to move

■ **trastearse** *v pron* (Col) to move

trastero¹ -ra *adj*: **el cuarto ~** the junk *o* lumber room

trastero² *m* junk room, lumber room (AmE)

trastienda *f* back room (*of a shop*); ***tener mucha ~*** to be crafty

trasto *m*

A (fam) (cosa inservible) piece of junk (colloq); **tienen la casa llena de ~s** their house is full of junk; **el cuarto de los ~s** the junk room; ***tirarse los ~s a la cabeza*** (fam) to have a fight

B **trastos** *mpl* (Esp fam) (pertenencias): **mis/tus ~s** my/your stuff (colloq)

trastocar [A2] *vt* ‹*papeles/objetos*› to disarrange; ‹*planes*› to upset, disrupt

■ **trastocarse** *v pron* **1▸** «*folios/fichas*» to get out of order; «*planes*» to be ruined **2▸** (enloquecerse) to go out of one's mind

trastornado -da *adj*: **su muerte lo dejó ~** she was deeply disturbed *o* traumatized by his death; **~ por las drogas** drug-crazed

trastornar [A1] *vt*

A ‹*persona*› to disturb; **la muerte de su hijo la trastornó** her son's death left her deeply disturbed; **esa chica lo ha trastornado** (fam) he's lost his head over that girl (colloq)

B (alterar la normalidad) to upset, disrupt

■ **trastornarse** *v pron*

A «*persona*» to become disturbed

B «*planes*» to be upset

trastorno *m*

A (Med, Psic) disorder

(Compuestos)

- **trastorno afectivo estacional** seasonal affective disorder
- **trastorno biopolar** manic depression
- **trastorno por estrés postraumático** post-traumatic stress disorder

B (alteración de la normalidad) disruption; **los ~s provocados por el cambio** the upheavals *o* disruption caused by the change; **me ocasionó muchos ~s** it caused me a great deal of inconvenience

trastrocar [A9] *vt* to alter, change; **~ algo EN algo** to transform *o* change sth INTO sth

■ **trastrocarse** *v pron* **1▸** **se han trastrocado los papeles** their roles have been reversed **2▸** **~se EN algo** to be transformed INTO sth

trasuntar [A1] *vt* (frml) to reflect

trasunto *m* (frml) reflection

trasvasar [A1] *vt* **1▸** ‹*vino/aceite*› to decant **2▸** (Ing) to transfer **3▸** (Inf) to download

trasvase *m* **1▸** (de líquidos) decanting **2▸** (Ing) transfer **3▸** (de divisas, población) transfer **4▸** (Inf) downloading

trasvestismo *m* ▸**travestismo**

trata *f* trade

(Compuestos)

- **trata de blancas** white slavery
- **trata de esclavos** slave trade

tratable *adj* **1▸** ‹*persona*›: **es bastante ~** he's fairly easy to get on with **2▸** ‹*enfermedad*› treatable

tratadista *mf* writer (*of a treatise*)

tratado *m*

A (Der, Pol) treaty

(Compuestos)

- **tratado de comercio** trade agreement
- **tratado de paz** peace treaty

B (libro) treatise

tratamiento *m*

A **1▸** (Med) treatment; **estoy en** *or* **bajo ~ médico** I am undergoing medical treatment **2▸** (de material, sustancia) treatment **3▸** (de tema) treatment; (de problema) handling; **le ha dado un ~ muy superficial al tema** he has dealt very superficially with the subject

(Compuestos)

- **tratamiento de datos/de la información** data processing
- **tratamiento de textos** text processing

B (comportamiento hacia alguien) treatment

C (título de cortesía) form of address; **le dieron el ~ de señoría** they addressed him as 'your Lordship'

tratante *mf* dealer, trader

(Compuestos)

- **tratante de blancas** white slaver
- **tratante de esclavos** slave dealer *o* trader

tratar [A1] *vi*

A (intentar) to try; **~ DE + INF** to try to + INF; **traten de no llegar tarde** try not to be late; **~ DE QUE + SUBJ**: **trata de que queden a la misma altura** try to get them level; **~é de que no vuelva a suceder** I'll try to make sure it doesn't happen again

B «*obra/libro/película*» **~ DE algo** to be ABOUT sth; **¿de qué trata el libro?** what's the book about?; **~ SOBRE algo** to deal WITH sth; **la conferencia ~á sobre medicina alternativa** the lecture will deal with alternative medicine

C (tener contacto, relaciones) **~ CON algn** to deal WITH sb; **~ con él no es nada fácil** he's not at all easy to get on with

D (Com) **~ EN algo** to deal IN sth

■ **tratar** *vt*

A **1▸** ‹*persona/animal/instrumento*› (+ *compl*) to treat; **me**

t

tratan muy bien they treat me very well; **trata la guitarra con más cuidado** be more careful with the guitar 2 (llamar) ~ **a algn DE algo** to call sb sth; ~ **a algn de usted/tú** *to address sb using the polite* **usted** *or the more familiar* **tú** *form*
B (frecuentar): **lo trataba cuando era joven** I saw quite a lot of him when I was young; **lo traté un par de veces** I met him a couple of times; **nunca lo he tratado** I have never actually spoken to him
C ‹*tema/asunto*› to deal with; **no podemos ~lo delante de ellos** we can't discuss this in front of them
D 1 ‹*paciente/enfermedad*› to treat 2 ‹*sustancia/metal*› to treat
■ **tratarse** *v pron*
A 1 **~se CON algn**: (ser amigo de) to be friendly WITH sb; (alternar) to socialize *o* mix WITH sb 2 (*recípr*): **somos parientes pero no nos tratamos** we're related but we are not in contact with each other
B (+ *compl*) 1 (*recípr*): **se tratan de usted/tú** they address each other as 'usted'/'tu'; **se tratan sin ningún respeto** they have *o* show no respect for each other 2 (*refl*) (cuidarse): **~se bien/mal** to look after oneself well/not to look after oneself
C (Med) to have *o* undergo treatment
D **tratarse de** (*en 3ª pers*) 1 (ser acerca de) to be about; **¿de qué se trata?** what's it about? 2 (ser cuestión de): **se trata de arreglar la situación, no de discutir** we're supposed to be settling things, not arguing; **si sólo se trata de eso ...** if that's all it is ...; **sólo porque se trata de ti** just because it's you

tratativas *fpl* (CS): **estar en ~ con algn** to be in negotiation with sb; **estar en ~s** to be negotiating *o* talking

trato *m*
A 1 (acuerdo) deal; **hacer/cerrar un ~** to make/finalize a deal; **¡~ hecho!** it's a deal! 2 **tratos** *mpl* (negociaciones): **estamos en ~s con otra compañía** we are talking to *o* negotiating with another company
B 1 (relación): **no tiene ~ (social) con los empleados** she doesn't socialize with her staff; **tengo poco ~ con ella** I don't really have much contact with her *o* much to do with her 2 (cualidad) manner: **tiene un ~ muy agradable** she has a very pleasant manner; 3 (manera de tratar) treatment; **le dan un ~ preferencial** they give him preferential treatment; **el ~ que les da a los juguetes** the way he treats his toys 4 *tb* **~ carnal** carnal knowledge

trauma *m* trauma

traumado -da *adj* traumatized

traumar [A1] *vt* to traumatize

traumático -ca *adj* traumatic

traumatismo *m* traumatism

traumatizado -da *adj* traumatized

traumatizar [A4] *vt* to traumatize
■ **traumatizarse** *v pron* (fam) to be traumatized

travelling /'traβelin/, **travelín** *m* (Cin, TV) tracking shot

través 1 **a través de** (*loc prep*) (de lado a lado) across; (por medio de) through; **pusieron barricadas a ~ de la calle** they erected barricades across the street; **se enteró a ~ de un amigo** she heard about it through a friend; **el agua pasa a ~ de un filtro** the water passes through a filter 2 **al través** (*loc adv*) ‹*cortar*› crossways, diagonally; **de través** (Méx) (*loc adv*) diagonally

travesaño *m* 1 (Const) crossbeam 2 (Dep) crossbar

travesear [A1] *vi* (fam) to kid *o* mess around (colloq)

travesía *f*
A (viaje) crossing
B (Esp) (callejuela) alleyway, side street

travesti, travestí *m* transvestite

travestido *m* transvestite, cross-dresser

travestismo *m* transvestism, cross-dressing

travesura *f* prank; **hacer ~s** to play pranks

travieso -sa *adj* naughty, mischievous

trayecto *m* 1 (viaje) journey; **cubrir el ~** to do the journey; **el tren cubría el ~ Madrid-Barcelona** the train was traveling between Madrid and Barcelona; **durmió durante todo el ~** he slept all the way 2 (ruta) route; **final de ~** end of the line 3 (trayectoria) trajectory, path

trayectoria *f* 1 (de proyectil, pelota) trajectory, path; **describir una ~** to describe a trajectory (frml) 2 (de persona, institución): **una brillante ~ profesional** a brilliant career; **tienen una amplia ~ en este campo** they have many years' experience in this field; **una larga ~ democrática** a long democratic tradition

trayendo *see* **traer**

traza *f*
A (de línea, etc) ▸**trazado**
B 1 (aspecto) appearance; **un individuo de mala ~** a rough-looking individual 2 **trazas** *fpl* (indicios) signs (*pl*); **no había ~s de vida** these were no signs of life; **esto lleva** *or* **tiene ~s de ir para largo** this looks as if it's going to drag on and on; **tiene ~s de ser obra de Jaime** this has all the signs of being Jaime's handiwork

trazado *m* 1 (de línea, dibujo) drawing, tracing 2 (de carretera) route; (de ciudad) layout; **de ~ antiguo/moderno** of ancient/modern design 3 (de edificio) plan

trazador *m* tracer

trazar [A4] *vt*
A 1 ‹*línea*› to trace, draw; ‹*plano*› to draw ‹*ruta*› to plot; **~ el contorno de algo** to outline sth 2 (Arquit) ‹*puente/edificio*› to design
B 1 ‹*plan/proyecto/estrategia*› to draw up, devise 2 (describir) to draw; **~ un paralelo entre los dos casos** to draw a parallel between the two cases; **trazó una semblanza de la vida y obra del artista** he drew *o* sketched a picture of the life and work of the artist
■ **trazarse** *v pron* (*refl*) (frml) ‹*meta*› to set oneself

trazo *m* stroke; **está descrito con ~ magistral** it's described with a masterful touch; **escribe con ~ firme y seguro** she writes with a steady and sure hand

trébol *m*
A (Bot) clover
B (Transp) cloverleaf
C (Jueg) 1 (carta) club 2 **tréboles** *mpl* (palo) clubs (*pl*)

trece[1] *adj inv/pron* thirteen; *para ejemplos ver* **cinco**; ***mantenerse/seguir en sus*** **~** to stand one's ground

trece[2] *m* (number) thirteen

treceavo[1] **-va** *adj/pron* 1 (partitivo): **la treceava parte** a thirteenth 2 (crit) (ordinal) thirteenth; *para ejemplos ver* **veinteavo**

treceavo[2] *m* thirteenth

trecho *m* 1 (tramo) stretch; **su carrera ha tenido ~s difíciles** her career has been through difficult periods; ***a*** **~s** here and there; ***de*** **~ *en*** **~** every so often, at intervals 2 (distancia) distance; **aún nos queda un buen ~** we still have a good distance *o* a fair way to go; **eres joven y aún te queda un ~ por recorrer** you're still young and you have a lot of years ahead of you

tregua *f* 1 (Mil) truce; **acordar una ~** to agree to a truce 2 (interrupción): **sin ~** relentlessly; ***no dar*** **~**: **el dolor no le daba ~** the pain didn't let up for a moment; **los niños no le dan ~** she doesn't get a moment's rest with the children

treinta[1] *adj inv/pron* thirty; *para ejemplos ver* **cinco, cincuenta**

treinta[2] *m* (number) thirty

treintavo[1] **-va** *adj/pron* 1 (partitivo): **la treintava parte** a thirtieth 2 (crit) (ordinal) thirtieth; *para ejemplos ver* **veinteavo**

treintavo[2] *m* thirtieth

treintena *f*: **una ~ de personas** about 30 people; **ya entró en la ~** she's already turned 30

tremebundo -da *adj* ‹*insulto/cólera*› terrible; ‹*grito*› terrifying, fearful

tremenda *f*: **tomarse algo a la ~** (fam) to take sth to heart

tremendo -da *adj*
A (terrible) terrible, dreadful; **se hallan en una situación tremenda** they're in a terrible *o* dreadful situation; **la película tiene unas escenas tremendas** the film has some horrific scenes; **tiene (un) tremendo chichón** (AmL) he has a huge *o* massive *o* terrible bump on his head; **me dio (una) tremenda patada** (AmL) he kicked me really hard
B (fam) (travieso) terrible, naughty; (desobediente) disobedient, terrible

tremolar [A1] *vi* (liter) to flutter

tremolina *f* (fam) rumpus, commotion; **se armó una ~ ...** there was a terrible rumpus *o* commotion

t

trémulo -la *adj* (liter) ‹*manos*› trembling; ‹*voz*› tremulous; ‹*llama/luz*› flickering; **trémula de gozo** (liter) trembling with pleasure

tren *m*
A (Ferr) train; **tomar** *or* (esp Esp) **coger el ~** to take *o* catch the train; **ir en ~** to go by train; **cambiar de ~** to change trains; ***estar como un ~*** (Esp fam) to be gorgeous (colloq), to be hot stuff (colloq); ***perder el ~*** (refiriéndose a oportunidad) to miss the boat; ***subirse al ~ de algo***: **quieren subirse al ~ de las nuevas tecnologías** they want to jump on the new technology bandwagon; **¡hay que subirse al ~ del progreso!** we must keep up with the times
(Compuestos)
- **tren correo** *or* **postal** mail train
- **tren de alta velocidad** high-speed train
- **tren de carga** *or* **de mercancías** freight train, goods train (BrE)
- **tren de cercanías** local *o* suburban train
- **tren (de) cremallera** rack *o* cog railway
- **tren directo/de largo recorrido** through/long-distance train
- **tren expreso** *or* **rápido** express train

B (fam) (ritmo) rate; **a este ~** at this rate (colloq); **~ de vida** lifestyle; ***a todo ~*** (fam): **vivir a todo ~** to have a luxurious lifestyle; **una boda a todo ~** a lavish wedding; **lo hicimos a todo ~** we did it at top speed; ***estar en ~ de hacer algo*** (CS) to be in the process of doing sth
C (conjunto) assembly
(Compuestos)
- **tren de aterrizaje** undercarriage, landing gear
- **tren de lavado** carwash
- **tren de montaje** assembly line
- **tren nocturno** night train

trenazo *m* (Méx) train crash

trenca *f* (Esp) duffle *o* duffel coat

trenza *f* (de cintas, fibras) plait; (de pelo) braid (AmE), plait (BrE)

trenzado *m* (de cuerdas, fibras) plaiting; (de pelo) braiding (AmE), plaiting (BrE)

trenzar [A4] *vt* ‹*cuerdas/fibras*› to plait; ‹*pelo*› to braid (AmE), to plait (BrE)
■ **trenzarse** *v pron*
A (*refl*) ‹*pelo*› to braid (AmE), to plait (BrE)
B **1** (AmL) (enzarzarse) **~se EN algo** to get involved IN sth **2** (RPl fam) (pelearse) «*persona*» to get into a fight

trepada *f* climb

trepador¹ -dora *adj* **1** ‹*planta*› climbing (*before n*): **rosal ~** rambling rose **2** (Col, CS, Ven): **es ambicioso y ~** he's an ambitious social climber

trepador² -dora *m,f*
A (Col, CS, Ven) social climber
B **trepadora** *f* **1** (Bot) climber **2** (Zool) nuthatch

trepadores *mpl* climbing irons (*pl*), crampons (*pl*)

trepar [A1] *vi* to climb; **~ a un árbol** to climb (up) a tree; **~ a la cima de una montaña** to climb to the top of a mountain; **~ por la escala social** to climb (up) the social ladder
■ **trepar** *vt* (fam): **el equipo ha trepado varios puestos** the team has gone up *o* climbed several places
■ **treparse** *v pron* **~se A algo** ‹*a árbol*› to climb sth; ‹*a silla*› to climb ONTO sth

trepidación *f* vibration

trepidante *adj* ‹*ritmo*› fast; **un partido ~ de emoción** a furiously-paced game

trepidar [A1] *vi*
A «*suelo/máquina*» to vibrate
B (Chi) (dudar, vacilar) to hesitate; **sin ~** without hesitation

tres¹ *adj inv/pron* three; *para ejemplos ver* **cinco**; ***ni a la de ~*** (Esp fam): **no lo termino ni a la de ~** there's no way I can finish this; **no me salía ni a la de ~** I just couldn't work it out

tres² *m* (number) three; *para ejemplos ver* **cinco**
(Compuestos)
- **tres cuartos** *m,f* (en rugby) three-quarter
- **tres en raya** *or* (Col) **en línea** tic-tac-toe (AmE), noughts and crosses (BrE)

trescientos -tas *adj/pron* three hundred; *para ejemplos ver* **quinientos**

tresillo *m*
A (Esp) (sofá) three-seater sofa; (juego de muebles) suite
B (Jueg) ombre
C (Mús) triplet

treta *f* **1** (ardid) trick, ruse; **se valió de una ~ para convencernos** she tricked us into believing her **2** (en esgrima) feint

tríada *f* triad

trial /'trial/ *m* motocross

triangular *adj* triangular

triángulo *m*
A (Mat) triangle
(Compuesto) **triángulo rectángulo** right-angled triangle
B **1** (en relaciones amorosas) (love) triangle **2** (Mús) triangle **3** (Auto) *tb* **~ reflectante** advance-warning triangle

tribal *adj* tribal

tribu *f* tribe

tribulaciones *fpl* tribulations (*pl*)

tribuna *f* **1** (para orador) platform, rostrum **2** (para autoridades) platform; (para espectadores) grandstand, stand; **la ~ de la prensa** the press box **3** (de iglesia) gallery
(Compuesto) **tribuna pública** public gallery

tribunal *m*
A (Der) **1** (lugar) court; (jueces) judges (*pl*); **comparecer ante un ~** to appear in court **2** **tribunales** *mpl* (justicia): **acudir/recurrir a los ~es** to go to court
(Compuestos)
- **tribunal constitucional** constitutional court
- **tribunal de apelación** court of appeals (AmE), court of appeal (BrE)
- **tribunal militar** court martial, military court
- **tribunal supremo** ≈ supreme court (*in US*), ≈ high court (*in UK*)
- **tribunal (tutelar) de menores** juvenile court

B (en examen) examining board; (en concurso) panel of judges

tribuno *m*: *tb* **~ de la plebe** tribune

tributación *f* (acción) payment; (impuesto) taxation; (régimen) tax system

tributar [A1] *vt*
A **1** (Fisco) to pay **2** (rendir, ofrecer) ‹*sacrificio*› to offer (up); **~ un homenaje a algn** to pay tribute to sb
B ‹*afecto/respeto*› to profess, show
■ **tributar** *vi* to pay taxes

tributario¹ -ria *adj*
A (Fisco) tax (*before n*); **el sistema ~** the tax system
B ‹*río*› tributary (*before n*)

tributario² *m* tributary

tributo *m* **1** (Fisco) tax **2** (Hist) tribute **3** (ofrenda, homenaje) tribute; **rendirle ~ a algn/algo** to pay tribute to sb/sth **4** (precio) price

tricampeón -peona *m,f* triple champion

tricentenario *m* tricentenary, tricentennial

triciclo *m* tricycle

tricolor¹ *adj* tricolored•, tricolor• (*before n*)

tricolor² *f or m* tricolor•

tricornio *m* (Indum) tricorn

tricota *f* (RPl) (abierta) cardigan; (cerrada) sweater

tricotar [A1] *vt* (Esp) to knit

tridente *m* trident

tridimensional *adj* three-dimensional

trienal *adj* triennial

trienio *m* (período) three-year period; (bonificación) three-yearly *o* three-year increment

trifásico -ca *adj* three-phase

trifulca *f* (fam) rumpus, commotion

trifurcación *f* trifurcation

trifurcarse [A2] *v pron* to branch into three

trigal *m* wheat field

trigésimo -ma *adj* thirtieth

trigo *m* wheat; ***no es/son ~ limpio*** he's/they're not totally trustworthy

trigonometría *f* trigonometry

trigueño -ña *adj* ‹*pelo*› light brown; ‹*persona*› dark; **una niña de tez trigueña** an olive-skinned girl

t

triguero -ra *adj* ‹*tierras*› wheat-producing; ‹*producción*› wheat (*before n*)
trilingüe *adj* trilingual
trilla *f* (acción) threshing; (temporada) threshing season
trillado -da *adj* hackneyed, trite
trilladora *f* threshing machine
trillar [A1] *vt* to thresh
trillizo -za *m,f* triplet
trillo *m* thresher
trillón *m* quintillion (AmE), trillion (BrE)
trilogía *f* trilogy
trimestral *adj* ‹*publicación/pago*› quarterly; **examen ~** end-of-semester examination (AmE), end-of-term examination (BrE)
trimestralmente *adv* every three months
trimestre *m* 1 quarter, three-month period; **pago por ~s** I pay quarterly *o* every three months 2 (Educ) term, ≈ semester (*in US*)
trinar [A1] *vi* «*pájaro*» to sing; ***estar que trina*** (fam) to be seething (colloq)
trinca *f* (de objetos) trio; (de personas) trio, threesome
trincar [A2] *vt* 1 (Esp fam) (agarrar) to pick up, nab (colloq); (inmovilizar) to hold 2 (Col fam) (inmovilizar) to hold 3 (Méx fam) (estafar) to swindle
trinchante *m* (Coc) (cuchillo) carving knife; (tenedor) carving fork
trinchar [A1] *vt* to carve
trinche *m* (Méx fam) fork
trinchera *f* 1 (Mil) trench; **guerra de ~s** trench warfare 2 (Indum) trench coat
trineo *m* 1 (Dep, Jueg) sled (AmE), sledge (BrE) 2 (tirado por perros, caballos) sleigh
trinidad *f* trinity; **La T~** (Relig) the Trinity
trino *m* 1 (de pájaro) trill 2 (Mús) trill
trinomio *m* trinomial
trinquete *m*
A (palanca) pawl; (mecanismo) ratchet
B (Méx fam) (trampa, engaño) swindle; **hubo ~ en la pelea** the fight was rigged; **hace ~ en las cartas** she cheats at cards
trinquetear [A1] *vt* (Méx fam) to rig
trío *m* 1 (Mús) (composición) trio; (conjunto) trio 2 (fam) (de personas) trio, threesome
trip *m* (arg) (dosis) fix; (alucinación) trip
tripa *f*
A 1 *tb* **tripas** *fpl* (intestino) intestine, gut; (vísceras) (fam) innards (*pl*) (colloq); **se me revuelven las ~s sólo de verlo** just looking at it turns my stomach; ***echar las ~s*** (fam) (esforzarse) to work one's butt off (AmE colloq), to bust a gut (BrE sl); (vomitar) to throw up (colloq); ***hacer de ~s corazón*** to pluck up courage 2 (material) gut; **cuerda de ~** catgut
B (Esp fam) (barriga) belly (colloq); **tener/echar ~** to have/get a bit of a paunch *o* (colloq) belly
tripería *f*: *market stall or store selling offal*
triplano *m* triplane
triple[1] *adj* triple
triple[2] *m*
A (Mat): **el precio aumentó al ~** the price tripled *o* trebled; **tardó el ~** it took him three times as long; **el ~ de tres es nueve** three times three equals nine; **es el ~ de grande que el nuestro** it's three times the size of ours
B (Elec) three-way adapter *o* adaptor
C (en béisbol) three-base hit; **pegó un ~** he hit a triple
triple[3] *f* triple vaccine
triplicación *f* triplication, trebling
triplicado: **por ~** (*loc adv*) in triplicate
triplicar [A2] *vt* ‹*capacidad/precio/ventas*› to treble; ‹*longitud/cifra*› to triple; **nos triplicaban en número** they outnumbered us by three to one
■ **triplicarse** *v pron* to treble, triple
trípode *m* tripod
tripón[1] **-pona** *adj* (fam) pudgy (AmE); podgy (BrE colloq)
tripón[2] **-pona** *m,f* 1 (fam) (persona) fatty (colloq) 2 **tripón** *m* (fam) (tripa grande) potbelly, (big) belly

tríptico *m* (Art) triptych
triptongo *m* triphthong
tripulación *f* crew
tripulado -da *adj* crewed
tripulante *mf* crew member; **los ~s** the crew
tripular [A1] *vt* to crew, man
triquiñuela *f* (fam) trick, dodge (colloq); **saberse las ~s del oficio** to know the tricks of the trade; **conseguir algo por medio de ~s** to obtain something through trickery
triquitraque *m*
A (fam) (ruido) clatter
B (en pirotecnia) firecracker
tris *m*: ***estar en un ~ de algo*** to be within a hair's breadth of sth; **estuve en un ~ de perder el empleo** I came very close to losing my job
triscar [A2] *vi* «*cabra/cordero*» to gambol, frolic; «*persona*» to romp, frolic
trisílabo -ba *adj* trisyllabic
triste *adj*
A 1 [ESTAR] (afligido) ‹*persona*› sad; **esa música me pone ~** that music makes me sad; **se puso muy ~ cuando se lo dije** he was very sad *o* unhappy when I told him 2 ‹*expresión/mirada*› sad, sorrowful 3 [SER] (que causa tristeza) ‹*historia/película/noticia*› sad; ‹*paisaje/color*› dismal, gloomy; ‹*lugar/ambiente*› gloomy; **un día nublado y ~** a miserable, cloudy day
B (*delante del n*) (miserable, insignificante) miserable; **es la ~ realidad** it's the sad truth; **hizo un ~ papel** he performed poorly
tristemente *adv* sadly
tristeza *f* sadness, sorrow; **qué ~ que haya terminado** how sad it's all over; **sólo me ha dado ~** he's given me nothing but heartache; **hemos compartido alegrías y ~s** we've shared good times and bad
tris tras *m*
A (ruido de las tijeras) snip snip
B (momentito) flash (colloq); **en un ~ ~** in no time
trituración *f* (al moler) crushing, grinding; (al mascar) chewing
triturador[1] **-dora** *adj* crushing, grinding (*before n*)
triturador[2] *m*: **~ de basura** garbage disposal unit (AmE), waste disposal unit (BrE); **~ de ajos** garlic press
trituradora *f* crushing machine, crusher
triturar [A1] *vt* 1 ‹*almendras/ajo*› to crush; ‹*minerales*› to grind, crush; **la crítica lo trituró** the critics tore him to shreds (colloq) 2 (mascar) to chew
triunfador[1] **-dora** *adj* ‹*ejército*› triumphant; ‹*equipo*› winning (*before n*), triumphant
triunfador[2] **-dora** *m,f* winner
triunfal *adj* ‹*marcha/arco*› triumphal; ‹*gesto/sonrisa/entrada*› triumphant
triunfalismo *m* triumphalism
triunfalista *adj* triumphalist
triunfante *adj* triumphant; **salir ~** to emerge triumphant
triunfar [A1] *vi* 1 (derrotar, ganar) **~ SOBRE algo/algn** to triumph OVER sth/sb; **~ EN algo**: **triunfó en el concurso** she won the competition; **México triunfó en los campeonatos** Mexico triumphed in the championships 2 (tener éxito) to succeed, be successful 3 «*justicia/verdad/razón*» (prevalecer) to prevail, win out (AmE) *o* (BrE) through 4 (en naipes): **triunfan picas** spades are trumps
triunfo *m*
A 1 (victoria) victory; **el ~ del equipo irlandés** the Irish team's victory; ***costar un ~*** (fam): **me costó un ~ llegar** I had terrible trouble getting there (colloq); **costó un ~ convencerlo** it was very difficult convincing him 2 (éxito): **sus muchos ~s discográficos** his many hits *o* chart successes; **clasificarme ya es todo un ~** just qualifying is a triumph in itself
B (en naipes) trump; **palo del ~** trumps (*pl*)
triunvirato *m* triumvirate
trivalente *f* (vacuna) triple vaccine
trivial *adj* trivial

t

trivialidad *f* 1 (cualidad) triviality 2 (dicho) trivial *o* trite remark; (cosa) triviality; **hablamos de ~es** we just made small talk

trivializar [A4] *vt* ‹*asunto*› to trivialize; ‹*éxito*› to play down

trizarse [A4] *v pron* (Chi) (rajarse) «*anteojos/vaso*» to crack; «*diente*» to chip

trizas *fpl*: **hacer ~ algo/a algn** to tear sth/sb to shreds; **el jarrón se cayó y se hizo ~** the vase fell and smashed (to bits *o* smithereens); **tengo los nervios hechos ~** my nerves are in shreds *o* tatters

trocar [A9] *vt* 1 (liter) (convertir) **~ algo EN algo** to turn sth INTO sth 2 (Com) to barter, trade
■ **trocarse** *v pron* (liter): **su amor se trocó en odio** his love turned to hatred

trocha *f*
A (sendero) path; **abrieron ~** they blazed a trail, they led the way
B (AmL) (Ferr) gauge

troche (fam): **a ~ y moche**: **gastar a ~ y moche** to spend like there's no tomorrow (colloq); **repartió golpes a ~ y moche** he lashed out left and right (AmE), he lashed out left, right and centre (BrE)

trofeo *m* 1 (premio) trophy 2 (Taur) *the ears and/or tail, awarded to a successful bullfighter* 3 (Arm) panoply

troglodita *mf* 1 (cavernícola) troglodyte 2 (fam) (bruto) lout

trola *f* (Esp fam) lie, whopper (colloq)

trole *m* (varilla) trolley; (trolebús) (fam) trolleybus

trolebús *m* trolleybus

trolero¹ -ra *adj* (Esp fam) lying (*before n*)

trolero² -ra *m,f* (Esp fam) liar, fibber (colloq)

trolley *m* (AmL) trolleybus

tromba *f* (terrestre) whirlwind, tornado; (marina) waterspout; **en ~** ‹*entrar/salir*› en masse; **entraron en la discoteca en ~** they poured *o* flooded into the discotheque (en masse); **los Saints se lanzaron en ~** the Saints stormed forward
(Compuesto) **tromba de agua** downpour

trombón *m*
A (instrumento) trombone
B **trombón** *mf* (músico) trombonist

trombonista *mf* trombonist

trombosis *f* thrombosis
(Compuesto) **trombosis venosa profunda** deep vein thrombosis

trompa *f*
A 1 (de elefante) trunk; (de insecto) proboscis 2 (Esp fam) (nariz) nose, conk (BrE colloq)
B (Mús) 1 (instrumento) horn 2 **trompa** *mf* (persona) hornplayer
(Compuesto) **trompa de caza** hunting horn
C (Esp fam) (borrachera): **coger una ~** to get plastered
D 1 (AmL fam) (boca) lips (*pl*), mouth; **¡qué ~ tiene ese tipo!** that guy has such thick lips! 2 (AmS fam) (gesto, expresión): **andar con ~** to go around with a long face; **no pongas esa ~** stop looking so miserable *o* grumpy (colloq)

trompada *f* (AmS fam) (puñetazo) punch; **agarrarse a ~s** to come to blows; **darle** *or* **pegarle una ~ a algn** to punch sb

trompazo *m* (fam): **me di un ~ con la puerta** I walked (*o* ran *etc*) smack into the door (colloq); **darle un ~ a algn** to punch sb

trompear [A1] *vt* (AmL fam) to thump (colloq), to punch
■ **trompearse** *v pron* (*recípr*) to have a fight

trompeta *f* 1 (instrumento) trumpet 2 **trompeta** *mf* (persona) trumpet player; (Mil) trumpeter

trompetilla *f* (Med) ear trumpet

trompetista *mf* trumpet player

trompicar [A2] *vi* to stumble

trompicón *m*: **iba dando trompicones** he was staggering; **a trompicones** in fits and starts

trompo *m* 1 (Jueg) (spinning) top 2 (Auto) spin; ***bailar como un ~*** (AmL fam) to dance very well

trompudo -da *adj* (AmL fam) (de labios gruesos) thick-lipped

trona *f* (Esp) high chair

tronado -da *adj* 1 (fam) (loco) crazy (colloq) 2 ‹*vestido/zapatos*› worn-out

tronador -dora *adj* ‹*cañón*› thundering; ‹*cohete*› cracking, banging

tronar [A10] *v impers* to thunder
■ **tronar** *vi*
A «*cañones*» to thunder; «*voz/persona*» to thunder, roar; **salió tronando de la reunión** he was seething when he came out of the meeting; ***por lo que pueda ~*** (fam) just in case
B (Méx fam) 1 (en relación) to split up (colloq) 2 (fracasar) to flop (colloq); (en examen) to fail
■ **tronar** *vt*
A (AmC, Méx fam) (fusilar) to shoot
B (Méx fam) ‹*examen/alumno*› to fail, flunk (AmE colloq)

troncal *adj* ‹*carretera/línea*› main (*before n*)

tronchante *adj* (Esp fam) hilarious

tronchar [A1] *vt* 1 ‹*tallo/rama*› to snap 2 (truncar) ‹*vida/relación*› to cut short; ‹*esperanza/ilusión*› to shatter
■ **troncharse** *v pron* 1 «*tallo/rama*» to break *o* snap off 2 ‹*muñeca/tobillo*› to sprain, twist; ***~se de (la) risa*** (Esp fam) to die laughing (colloq)

tronco *m*
A 1 (Bot) trunk 2 (leño) log; ***dormir como un ~*** to sleep like a log; ***estar como un ~*** to be dead to the world (colloq) 3 (Coc): **~ de Navidad** chocolate yule log
B (en genealogía) stock
C (Ling) branch
D (Anat) trunk, torso
E (Andes, RPl fam) (persona inepta): **es un ~** he's useless; (colloq); **es un ~ para los idiomas** he's hopeless at languages

tronera *f* 1 (Mil) (en fortificación) embrasure, porthole; (en barco) gun port 2 (en billar) pocket 3 (Col, Ven) (agujero) hole

tronío *m* extravagance

trono *m* 1 (de monarca) throne; **subir al ~** to come to *o* (frml) ascend the throne 2 (Dep period) crown

tropa *f*
A (Mil) 1 (soldados rasos): **la ~** the troops (*pl*) 2 **tropas** *fpl* (ejército, soldados) troops
(Compuesto) **tropa de asalto** assault troops (*pl*)
B (fam) (muchedumbre) horde

tropel *m* 1 (de personas) mob; **entraron al estadio en ~** they poured into the stadium 2 (de cosas) jumble; **un ~ de ideas revueltas** a mass of confused ideas

tropezar [A6] *vi* 1 (al caminar, correr) to stumble, trip; **~ CON algo** ‹*con piedra/escalón*› to trip OVER sth; ‹*con árbol/muro*› to walk (*o* run *etc*) INTO sth 2 (encontrarse) **~ CON algo** ‹*con dificultad/problema*› to come up AGAINST sth; **~ CON algn** to run *o* bump INTO sb (colloq)
■ **tropezarse** *v pron* (encontrarse) **~se CON algn** to run *o* bump INTO sb (colloq)

tropezón *m* 1 (acción de tropezar) stumble; **dio un ~ y cayó** he stumbled and fell; **a tropezones** (fam) in fits and starts 2 (equivocación) mistake, slip

tropical *adj* tropical

trópico *m* tropic
(Compuesto) **trópico de Cáncer/de Capricornio** tropic of Cancer/of Capricorn

tropiece, tropieces, etc *see* **tropezar**

tropieza, tropiezas, etc *see* **tropezar**

tropiezo *m* (contratiempo) setback, hitch; (equivocación) mistake, slip

tropo *m* trope

trotacalles *mf* (*pl* ~) (fam & pey) bum (AmE colloq & pej), layabout (BrE pej)

trotamundos *mf* (*pl* ~) globetrotter

trotar [A1] *vi* 1 «*caballo/jinete*» to trot 2 (fam) (ir de un lado a otro) to rush around 3 (CS, Méx) (como ejercicio) to jog

trote *m*
A (Equ) trot; **al ~** (Equ) at a trot; **terminó el trabajo al ~** (fam) he finished the job in double-quick time (colloq); **se marchó al ~** (fam) she rushed off
B 1 (fam) (ajetreo): **¡que ~ he tenido hoy!** I've been rushing around like crazy *o* mad today (colloq); **esta semana me**

t

espera un ∼ bárbaro this week is going to be really hectic; ***no estar para esos/estos ∼s***: **ya no estoy para esos ∼s** I'm not up to that sort of thing any more **2** (fam) (uso): **este vestido tiene bastante ∼** this dress has seen a lot of service; **zapatos de** *or* **para mucho ∼** shoes which will stand up to a lot of wear and tear

troupe /trup/ *f* (Espec) troupe; (pandilla) (fam) gang (colloq)

trova *f* **1** (verso, poesía) poem (*composed by medieval poet or minstrel*) **2** (canción) ballad (*composed and sung by medieval minstrel*)

trovador *m* troubadour, minstrel

Troya *f* Troy; **el caballo/la guerra de ∼** the Trojan Horse/War; ***allí fue ∼*** there was a hell of a fuss!; ***arda ∼*** to hell with the consequences!

trozar [A4] *vt* (AmL) to cut … into pieces, cut up

trozo *m* **1** (de pan, pastel) piece, bit, slice; (de madera, papel, tela) piece, bit; (de vidrio, cerámica) piece, fragment; **cortar la zanahoria en trocitos** dice the carrot **2** (Lit, Mús) passage

trucaje *m* **1** (en un juego) fixing, rigging **2** (Fot) trick photography

trucar [A2] *vt* **1** ‹*dados/juego/elecciones*› to fix, rig **2** ‹*fotografía*› to touch up

trucha[1] *f* (Coc, Zool) trout

(Compuesto) **trucha arco iris** rainbow trout

trucha[2] *adj* (Méx fam) smart (colloq); **ponte ∼** watch out, keep on your toes

truco *m* trick; **debe de haber algún ∼** there must be a catch; **el ∼ está en...** the trick *o* secret is…; **pillarle el ∼ a algo** to get the hang of sth

truculencia *f* gruesomeness, horror

truculento -ta *adj* horrifying, gruesome

trueno *m* **1** (Meteo) thunderclap, clap of thunder; **∼s** thunder **2** (de cañones) thunder

trueque *m* (cambio) barter; **el ∼ de maíz por frijoles** the bartering *o* exchange of corn for beans

trufa *f* truffle

trufar [A1] *vt* to stuff … with truffles

truhán[1] **-hana** *adj* (arc) knavish (arch)

truhán[2] *m* (arc) knave (arch)

trullo *m*

A (Zool) teal

B (Vin) winepress

truncado -da *adj* truncated

truncar [A2] *vt* **1** ‹*frase/discurso/texto*› to cut short **2** ‹*vida*› to cut short; ‹*planes*› to frustrate, thwart; ‹*ilusiones*› to shatter

trunco -ca *adj* truncated, incomplete

trusa *f* **1** (RPl) (faja) girdle **2** (Per) (calzoncillos) underpants (*pl*)

tu *adj* (*delante del n*) your; **∼s amigos** your friends

tú *pron pers* [*familiar form of address*]

A **1** (como sujeto) you; **¿quién lo va a hacer? — tú** who's going to do it? — you are; **tratar de ∼ a algn** *to address sb using the familiar* **tú** *form* **2** (en comparaciones, con ciertas preposiciones) you; **llegó después que ∼** he arrived after you (did); **es tan capaz como ∼** he's as capable as you (are); **entre ∼ y yo** between you and me; **según ∼** according to you

B (uno) you; **te dan varias opciones y ∼ eliges una** you're given several options and you choose one

tuba *f* tuba

tubazo *m* (Ven Dep) scoop

tubei *m* (Ven Dep) double

tuberculina *f* tuberculin

tubérculo *m* (Bot) tuber; (Anat, Med) tubercule

tuberculosis *f* tuberculosis

tuberculoso[1] **-sa** *adj* tubercular

tuberculoso[2] **-sa** *m,f* tuberculosis sufferer (*o* patient *etc*)

tubería *f* (cañería) pipe; (conjunto de tubos) piping, pipes (*pl*)

tubo *m*

A **1** (cilindro hueco) tube; ***como por un ∼*** (AmL fam): **pasó la prueba como por un ∼** he sailed *o* waltzed through the test (colloq); **fue como por un ∼** it was dead easy *o* a cinch (colloq); ***por un ∼*** (Esp fam): **sabe inglés por un ∼** he speaks really good English; **había gente por un ∼** there were loads of people **2** (del órgano) pipe

(Compuestos)
- **tubo capilar** capillary
- **tubo de escape** exhaust (pipe)
- **tubo digestivo** alimentary canal

B (Elec, Fís) tube

(Compuestos)
- **tubo de imagen** picture tube
- **tubo fluorescente** fluorescent tube

C (RPl) (del teléfono) receiver

D (Chi, Méx) (para el pelo) roller, curler

tubular *adj* tubular

tuco *m* (Per, RPl) (Coc) tomato sauce

tudesco -ca *adj/m,f* (fam) German

tuerca *f* nut; ***apretarle a algn las ∼s*** (fam) to clamp down on sb (colloq)

(Compuesto) **tuerca mariposa** wingnut

tuerce, tuerces, etc *see* **torcer**

tuerto[1] **-ta** *adj* one-eyed; **es ∼** (sin un ojo) he only has one eye; (ciego de un ojo) he's blind in one eye

tuerto[2] **-ta** *m,f*: *person blind in one eye or with only one eye*

tuerza, tuerzas, etc *see* **torcer**

tueste *m* (de pan) toasting; (de café) roasting

tuétano *m* marrow; ***estar mojado hasta el ∼*** *or* ***los ∼s*** to be soaked to the skin; ***hasta el ∼*** *or* ***los ∼s***: through and through; **estaba enamorado hasta el ∼ de ella** he was head over heels in love with her

tufarada *f* (fam) nasty smell, whiff (colloq); **una ∼ nauseabunda** a nauseating stench

tufo *m* **1** (fam) (olor — a sucio, podrido) stink (colloq); (— a cerrado): **aquí dentro hay un ∼ horrible** it smells really stuffy in here; **llegó con un ∼ a vino tremendo** he arrived reeking of wine (colloq) **2** (fam) (gas, humo) fumes (*pl*)

tugurio *m* **1** (vivienda) hovel; (bar) dive **2** **tugurios** *mpl* (barrio pobre) slums (*pl*)

tul *m* tulle

tulipa *f* lampshade

tulipán *m* tulip

tullido[1] **-da** *adj* crippled

tullido[2] **-da** *m,f* cripple

tumba *f* (excavada) grave; (construida) tomb; **estos niños me van a llevar a la ∼** (fam & hum) these kids will be the death of me (colloq & hum); ***ser (como) una ∼*** (fam) to be the soul of discretion

tumbaburros *m* (*pl* ∼) (Méx fam) dictionary

tumbar [A1] *vt*

A **1** (derribar) to knock down; **lo tumbó al suelo de un golpe** he punched him to the floor; **un olor que te tumbaba** a smell that was enough to knock you out **2** (AmL) ‹*árbol*› to fell, cut down; ‹*muro/casa*› to knock down

B (Esp arg) (en un examen) to fail, flunk (AmE colloq)

C (Col fam) **1** (matar) to bump off (colloq) **2** (timar) to rip … off (colloq); **me tumbó las vueltas** he shortchanged me

■ **tumbarse** *v pron* to lie down

tumbo *m*

A (vaivén): **salió del bar dando ∼s** he staggered out of the bar; **el coche no paraba de dar ∼** the car was constantly jolting *o* bumping around; ***a (los) ∼s*** with great difficulty

B (Bol) (fruta) passion fruit

tumbona *f* (Esp) sun lounger, deck chair

tumefacción *f* tumefaction, swelling

tumefacto -ta *adj* tumescent, swollen

tumido, túmido *adj* tumid, swollen

tumor *m* tumor*

tumoral *adj* tumoral, tumorous

túmulo *m* (sepultura elevada) burial mound; (catafalco) catafalque

tumulto *m* (multitud) crowd; (alboroto) commotion; **la policía sofocó los ∼s** the police quelled the disturbances

tumultuoso -sa *adj* tumultuous

tuna *f*

A (Bot, Coc) (planta, fruto) prickly pear

B (Mús) tuna (*musical group made up of university students*)

tuna

A *tuna*, also called an *estudiantina*, is a group of strolling student players. They play in bars and restaurants, or at parties and weddings. *Tunas* are one of the most deeply rooted traditions at Spanish universities dating from the seventeenth or eighteenth centuries. *Tunas* wear black velvet costumes, with doublets and capes. The instruments played are the lute, the guitar, the violin, and the tambourine. *Tunos* wear ribbons on their capes, showing the faculties that they belong to

tunda *f* (fam) thrashing (colloq)

tundir [I1] *vt* **1** ‹*pieles*› to shear, clip **2** (golpear): **~ a algn** to give sb a thrashing (colloq)

tundra *f* tundra

tunecino -na *adj/m,f* Tunisian

túnel *m* tunnel; ***hacerle el ~ a algn*** (Dep) to thread the ball through sb's legs

(Compuestos)
- **túnel de lavado** car wash
- **túnel del tiempo** time tunnel

Túnez *m* (país) Tunisia; (ciudad) Tunis

túnica *f* (Hist) tunic; (Relig) robe

tuno -na *m,f*
A (Esp fam) (bribón) rascal (colloq)
B **tuno** *m* (Mús) *member of a* **tuna B**

tuntún *m* (fam): **al ~** ‹*elegir*› at random; **contestó al ~** he just said the first thing that came into his head

tupamaro -ra *adj/m,f* Tupamaro

tupé *m*
A (fam) (descaro) nerve
B (Esp) (peluquín) toupee; (mechón de pelo) forelock

tupido¹ -da *adj*
A ‹*follaje/vegetación*› dense; ‹*tela*› closely-woven; ‹*cejas*› bushy; ‹*niebla*› thick
B (Col, RPl) (tapado) ‹*cañería*› blocked; ‹*nariz*› blocked

tupido² *adv* (Méx) intensely

turba *f*
A (carbón) peat
B (muchedumbre) mob

turbación *f* (liter *o* period) **1** (aturdimiento, confusión) confusion **2** (agitación) concern, alarm

turbante *m* turban

turbar [A1] *vt*
A (liter *o* period) ‹*orden/silencio*› to disturb
B (liter *o* period) **1** (aturdir, confundir): **sus insistentes miradas la ~on** the way he kept looking at her embarrassed and confused her; **su presencia lo turbó** her presence made him uncomfortable **2** (preocupar) to worry, alarm

■ **turbarse** *v pron* (liter *o* period) **1** (aturdirse, confundirse): **la besó en la mejilla y se turbó** he kissed her on the cheek and she was covered with confusion (liter); **se turbó ante tantos elogios** such praise confused and embarrassed him **2** (preocuparse): **se turbó cuando oyó las noticias** he was worried when he heard the news

turbina *f* turbine

turbio -bia *adj* **1** ‹*agua*› cloudy; **el río baja ~** the waters of the river are muddy **2** ‹*visión/ojos*› blurred, misty **3** ‹*asunto/negocio*› shady, murky

turbión *m* (Meteo) (aguacero) downpour; (aluvión) flood

turbo¹ *adj inv* turbocharged

turbo² *m* (turbocompresor) turbocharger; (automóvil) turbo

turbulencia *f* **1** (de las aguas) turbulence **2** (Aviac, Meteo) turbulence **3** (confusión, disturbios) turmoil

turbulento -ta *adj* ‹*río/atmósfera*› turbulent; ‹*reunión/romance*› stormy, turbulent; ‹*época*› turbulent, troubled

turco¹ -ca *adj* (Geog) Turkish

turco² -ca *m,f*
A **1** (Geog) (persona) Turk; ***celoso como un ~*** madly jealous **2** (AmL) (árabe) *term used (often pejoratively) to refer to someone of Middle Eastern origin*
B **turco** *m* (idioma) Turkish

turf /turf/ *m* **1** (deporte): **el ~** horseracing, the turf **2** (pista) racetrack (AmE), racecourse (BrE)

turfista¹ *adj* horseracing (*before n*)

turfista² *mf* racegoer

turgente *adj*, **túrgido -da** *adj* turgid

turismo *m* (Com, Ocio) tourism; **los ingresos del ~** income from tourism *o* from the tourist industry; **dependen del ~ alemán** they rely on German tourists; **oficina de ~** tourist office; **hacer ~** to travel (around)

turista¹ *adj* tourist (*before n*); **clase ~** economy class

turista² *mf* tourist

turistear [A1] *vi* (Andes, Méx) (en país) to tour around; (en ciudad) to do some sightseeing

turístico -ca *adj* ‹*información/folleto*› tourist (*before n*); ‹*viaje*› sightseeing (*before n*); ‹*empresa*› travel (*before n*); ‹*atracción/actividad/lugar*› tourist (*before n*)

turma *f* **1** (testículo) testicle **2** (Bot, Coc) truffle

turnarse [A1] *v pron* to take turns

turnio -nia *adj* (Chi fam) ‹*persona*› cross-eyed; ‹*ojos*› squint

turno *m* **1** (horario): **trabajar por ~s** to work (in) shifts; **~ de día/noche** day/night shift; **estar de ~** to be on duty **2** (personas) shift **3** (en un orden): **pedir ~** (Esp) *to ask who is last in the line* (AmE) *o* (BrE) *queue*; **cuando te toque el ~ a ti ...** when your turn comes ...; **cuidémoslo por ~s** let's take turns looking after him; **llegó con el novio de ~** she turned up with her boyfriend of the moment

(Compuesto) **turno de preguntas** question-and-answer session

turquesa *adj/f* turquoise

Turquía *f* Turkey

turrón *m*: *type of candy traditionally eaten at Christmas*

turulato -ta *adj* (fam) (atontado) stunned, dazed; (pasmado) stunned (colloq), flabbergasted (colloq)

turupe *m* (Col fam) lump

tusa *f*
A (Col, Ven) corncob (*stripped of its kernels*)
B (Chi) (de un caballo) mane; ***hasta la ~*** (fam) fed up to the back teeth

tusar [A1] *vt* (Col, RPl) **1** ‹*caballo*› to clip **2** (fam) (trasquilar) to scalp (colloq)

tute *m*: *card game in which the object is to win all the kings or queens*; ***darle un ~ a algo*** to give sth a lot of use *o* wear; ***darse un ~*** (darse un golpe) to bang one's head (*o* arm *etc*); (esforzarse) to sweat blood

tutear [A1] *vt*: *to address sb using the familiar* **tú** *form*

tutela *f* **1** (Der) guardianship, tutelage **2** (protección) protection

tutelado -da *m,f* (Der) ward; (Educ) tutee, student

tutelaje *m* (AmL) ▸**tutela**

tutelar¹ *adj* (Der) tutelary; (protector) guardian (*before n*)

tutelar² [A1] *vt* to have the charge of (frml)

tuteo *m*: *use of the familiar* **tú** *form*

tuto *m* (Chi, Per leng infantil): **hacer ~** to go bye-byes (used to or by children); **tengo ~, mamá** I'm sleepy, mommy

tutor -tora *m,f*
A (Educ) (encargado de curso) course tutor, class teacher; (en la universidad) tutor
B (Der) guardian

tutoría *f*
A (Educ) tutorship
B (Der) guardianship, tutelage

tutti frutti *m* tutti frutti

tutú *m* (Indum) tutu

tuve, tuviera, etc *see* **tener**

tuyo¹ -ya *adj* yours; **esto es ~** this is yours; **¿es amigo ~?** is he a friend of yours?; **fue idea tuya** it was your idea

tuyo² -ya *pron*: **el ~, la tuya** *etc* yours; **son parecidos a los ~s** they're similar to yours; **la música no es lo ~** music isn't your strong point *o* your forte; **los ~s** (tu familia) your family and friends

tweed /'twi(ð)/ *m* (*pl* ~) tweed

twist /twis(t)/ *m* twist

U, u *f* (*pl* **úes**) *(read as /u/) the letter* **U, u**

u *conj* [*used instead of* **o** *before* **o-** *or* **ho-**] or; **siete u ocho** seven or eight

ubérrimo -ma *adj* (liter) bountiful (liter)

ubicación *f* 1 (esp AmL) (situación, posición) location 2 (AmL) (localización): **se hizo difícil la ~ del avión** locating the airplane was very difficult

ubicado -da *adj* 1 (esp AmL) (en lugar) located, situated; **quedé mal ~** I didn't get a good place; **una casa bien ubicada** a well-situated house; **esto está mal ~ en este lugar** (AmL) this is in the wrong place here 2 (AmL) (en empleo): **está muy bien ~** he's really well set up in his job

ubicar [A2] *vt* (AmL) 1 (colocar, situar): **me ~on a su lado** they placed me next to him; **el triunfo ubicó al equipo en segundo lugar** the victory put the team in second place; **~on las sillas para la reunión** they arranged the chairs for the meeting 2 (localizar) ‹*persona/lugar*› to find, locate; **no lo he podido ~ en todo el día** I haven't been able to get hold of him all day 3 (identificar): **lo ubico sólo de nombre** I only know him by name; **lo ubiqué por el color** I recognized it by the color; **me suena el nombre, pero no lo ubico** the name rings a bell, but I can't quite place him

■ **ubicarse** *v pron*

A (AmL) 1 (colocarse, situarse): **se ubicó en la primera fila** he sat in the front row; **nos ubicamos en un buen lugar** we got really good seats 2 (en empleo) to get oneself a good job 3 (orientarse) to find one's way around; **¿te ubicas?** have you got your bearings?

B (esp AmL) (estar situado) to be, be situated *o* located; **el equipo se ubica en primer puesto** the team is in first place

ubicuidad *f* (liter) ubiquity (frml); **no tengo el don de la ~** (hum) I can't be in two places *o* everywhere at once

ubicuo -cua *adj* (liter) ubiquitous (frml)

ubre *f* udder

UCI /'usi, 'uθi/ *f* (= **Unidad de Cuidados Intensivos**) ICU

UCP *f* (= **Unidad Central de Proceso**) CPU

ud. = **usted**

uds. = **ustedes**

UE *f* (= **Unión Europea**) EU

UEFA /'wefa/ *f* UEFA

uf *interj* (expresando — cansancio, sofocación) whew! (colloq); (— repugnancia) yuck (colloq)

ufanarse [A1] *v pron* **~ DE** *or* **CON algo** to boast ABOUT *o* OF sth

ufano -na *adj* 1 (satisfecho, orgulloso) proud; **iba muy ~ con su hija** he walked proudly along with his daughter 2 (engreído) self-satisfied, smug

ufología *f* study of UFOs, ufology

ujier *m* uniformed doorman; (en tribunales) usher

ukelele *m* ukulele

úlcera *f* ulcer

ulceración *f* ulceration

ulcerar [A1] *vt* to ulcerate

■ **ulcerarse** *v pron* to ulcerate

ulceroso -sa *adj* ulcerous

ulpo *m* (Chi) *cold drink made with roasted flour and sugar*

ulterior *adj* (frml) subsequent, later

ulteriormente *adv* (frml) later, subsequently

ultimación *f* (de preparativos) conclusion, completion; (de detalles) finalization

últimamente *adv* recently, lately

ultimar [A1] *vt*

A ‹*preparativos*› to complete; ‹*detalles*› to finalize

B (AmL frml) (matar) to kill, murder; **lo ~on a balazos** they shot him dead

ultimátum *m* (*pl* **~** *or* **-tums**) ultimatum

último[1] -ma *adj* (*delante del n*)

A 1 (en el tiempo) last; **hasta últimas horas de la noche** until late at night; **en el ~ momento** *or* **a última hora** at the last minute *o* moment 2 (más reciente): **¿cuándo fue la última vez que lo usaste?** when did you last use it?; **su ~ libro** his latest book; **en los ~s tiempos** recently, in recent years (*o* months *etc*)

B 1 (en una serie) last; **estar en ~ lugar** to be last; **~ aviso a los pasajeros del vuelo ...** last *o* final call for passengers on flight ...; **en el ~ puesto de la división** at the bottom of the division; **por última vez** for the last time; **como ~ recurso** as a last resort; ***ser lo ~*** (fam) (el colmo) to be the last straw *o* the limit; (lo más reciente) to be the latest thing 2 (*como adv*) (CS) ‹*salir/terminar*› last; **llegó ~ en la carrera** he finished last in the race

C (en el espacio): **el ~ piso** the top floor; **la última fila** the back row; **la última página del periódico** the back page of the newspaper; **aunque tenga que ir al ~ rincón del mundo** even if I have to go to the ends of the earth

D (definitivo): **es mi última oferta** it's my final offer; **siempre tiene que decir la última palabra** he always has to have the last word

Compuestos

- **Última Cena** *f* Last Supper
- **última hora** *f* late item (of news)
- **última morada** *f* (period) last resting place (frml)
- **última voluntad** *f* last wishes (*pl*)

último[2] -ma *m,f* last one; **era el ~ que me quedaba** it was my last one; **el ~ de la lista** the last person on the list; **es el ~ de la clase** he's bottom of the class; **¿sabes la última que me hizo?** do you know what he's done to me now?; **¿te cuento la última?** (fam) do you want to hear the latest? (colloq); **a últimos de** (Esp) toward(s) the end of; **por último** finally, lastly; **en** (Col) *or* (Ven) **de últimas** as a last resort, if the worst comes to the worst; ***a la última*** (fam): **siempre va a la última** she always wears trendy clothes; ***estar en las últimas*** (estar a punto de morir) to be at death's door; (no tener dinero) (fam) to be broke (colloq); ***tomar la última*** (fam) to have one for the road (colloq)

ultra *mf* (Esp) right-wing extremist

ultraderecha *f*: **la ~** the far *o* extreme right

ultrafino -na *adj* ultrafine, superfine

ultraizquierda *f*: **la ~** the far *o* extreme left

ultrajante *adj* (frml) ‹*acto/palabras*› offensive, insulting

ultrajar [A1] *vt* (frml) ‹*persona*› to outrage, offend ... deeply; ‹*bandera*› to insult; ‹*honor*› to offend against

ultraje *m* outrage, insult; **un ~ a la bandera** an insult to the flag

ultraligero *m* ultralite, microlight

ultramar *m*: **de ~** overseas; **los países de ~** the overseas countries; **productos de ~** foreign products

ultramarinos *m* 1 (tienda) grocery store (AmE), grocer's shop (BrE) 2 **ultramarinos** *mpl* (comestibles) groceries

ultramoderno -na *adj* ultramodern

ultranza *f* 1 **a ultranza** (*loc adj*) out-and-out, fanatical; **es nacionalista a ~** he's a fanatical nationalist 2 **a ultranza** (*loc adv*): **luchó a ~ por sus ideales** she fought tooth and nail to defend her ideals

ultrasónico -ca *adj* ultrasonic

ultrasonido *m* ultrasound

ultratumba *f*: **la vida de ~** life after death; **una voz de ~** a voice from the beyond

ultravioleta *adj* (*pl* ~ *or* **-tas**) ultraviolet

ulular [A1] *vi* «*búho*» to hoot; «*viento*» to howl; «*persona*» to wail

ululato *m* (del búho) hoot; (de persona) wail

umbilical *adj* umbilical

umbral *m* 1 (de puerta) threshold 2 (borde, frontera) *tb* **~es** threshold; **en el ~** *or* **los ~es de la muerte** at death's door; **en el ~** *or* **los ~es de la locura** on the verge of madness; **en los ~es de la civilización** at the dawn of civilization 3 (Econ, Fin) threshold

(Compuesto) **umbral de rentabilidad** break-even point

umbría *f* (liter) shady place *o* spot

umbrío -bría, **umbroso -sa** *adj* (liter) shady

un (*pl* **unos**), **una** (*pl* **unas**) *art* [*the masculine article* **un** *is also used before feminine nouns which begin with stressed* **a** *or* **ha** *e.g.* **un arma poderosa, un hambre feroz**]

A (*sing*) a; (*delante de sonido vocálico*) an; (*pl*) some; **una nueva droga** a new drug; **un asunto importante** an important matter; **hay unas cartas para ti** there are some letters for you; **los hijos son unas lumbreras** the children are very bright; **tiene unos ojos preciosos** he has lovely eyes

B (con valor ponderativo): **tú haces unas preguntas ...** you do ask some questions!; **me dio una vergüenza ...** I was so embarrassed!

C (con nombres propios) a; **es un Miró** it's a Miró

D (*sing*) (como genérico): **un geranio no necesita tanta agua** geraniums don't need so much water

E (*pl*) (expresando aproximación) about; **tiene unos 30 años** she's about 30

una *pron* (*ver tb* **un, uno**) 1 (fam) (mala pasada): **me hizo ~ gordísima** she played a really dirty trick on me (colloq) 2 (fam) (paliza, bofetada, etc): **te voy a dar ~** you're going to get a good thumping (*o* whack *etc*) (colloq) 3 (fam) (con valor ponderativo): **¡había ~ de gente ...!** there was such a crowd (colloq) 4 **a una** together 5 **a la ~, a las dos, ¡a las tres!** ready, steady, go!

unánime *adj* unanimous

unanimidad *f* unanimity; **por ~** unanimously

unción *f* unction

uncir [I4] *vt* to yoke

UNCTAD /uŋk'tað/ *f*: **la ~** UNCTAD

undécimo -ma *adj/pron* eleventh; *para ejemplos ver* **quinto**

UNESCO /u'nesko/ *f*: **la ~** UNESCO

ungir [I7] *vt* to anoint

ungüento *m* ointment

únicamente *adv* only

unicameral *adj* single-chamber (*before n*), unicameral (frml)

UNICEF /uni'sef, uni'θef/ *f*: **la ~** UNICEF

unicelular *adj* unicellular, single-cell (*before n*)

unicidad *f* (frml) (de producto, fenómeno) uniqueness

único[1] -ca *adj*

A (solo) only; **lo ~ que quiero** the only thing I want, all I want; **¡es lo ~ que faltaba!** that's all we needed!; **un sistema de partido ~** a single-party *o* one-party system; **soy hijo ~** I'm an only child; **un acontecimiento ~** a once-in-a-lifetime *o* a unique event; **tarifa única** flat rate; **talla única** one size

B (extraordinario) extraordinary; **¡este hombre es ~** *or* **es un caso ~!** (fam) this guy is something else! (colloq)

único[2] -ca *m,f*: **el ~/las únicas que tengo** the only one/ones I have

unicornio *m* unicorn

unidad *f*

A 1 (Com, Mat) unit; **~es y decenas** units and tens; **costo por ~** unit cost; **precio por ~: 20 euros** 20 euros each 2 (de ejército) unit; (de flota) vessel; (Aviac) aircraft; (de tren) carriage 3 (de magnitud) unit; **~ métrica** metric unit; **~ de peso** unit of weight 4 (en libro, texto) unit; **Primera U~** Unit One

(Compuestos)
- **unidad central de proceso** central processing unit
- **unidad de cuidados intensivos** *or* (Esp) **de vigilancia intensiva** *or* (Arg, Méx) **de terapia intensiva** *or* (Chi) **de tratamiento intensivo** intensive care unit
- **unidad monetaria** monetary unit
- **unidad móvil** outside broadcasting unit

B (unión, armonía) unity; **la ~ de estilo de la plaza** the overall style of the square

unidimensional *adj* one-dimensional

unidireccional *adj* unidirectional

unido -da *adj* 1 ‹*familia/amigos*› close 2 (sobre un tema) united

unifamiliar *adj*: **viviendas ~es** houses (*as opposed to apartments in a block*)

unificación *f* unification

unificador -dora *adj*: **una política ~a** a unifying policy

unificar [A2] *vt* ‹*país*› to unify; ‹*precios*› to standardize

uniformado -da *adj* uniformed; **iban ~s** they were in uniform

uniformar [A1] *vt* to standardize

uniforme[1] *adj* ‹*velocidad/temperaturas*› constant, uniform; ‹*superficie*› even, uniform; ‹*terreno*› even, level; ‹*paisaje/estilo*› uniform; ‹*criterios/precios*› standard, uniform

uniforme[2] *m* uniform

uniformidad *f* (del paisaje) sameness, uniformity; (de estilo, criterios, precios) uniformity; (de terreno) evenness

unilateral *adj* ‹*desarme/decisión*› unilateral; ‹*criterio/opinión*› one-sided

unión *f*

A 1 (acción): **la ~ de las dos empresas** the merger of the two companies; **la ~ de estos factores** the combination of these factors; ***la ~ hace la fuerza*** united we stand 2 (agrupación) association 3 **la Unión Americana** (Méx) (Period) (Estados Unidos) the United States

B (relación) union, relationship; (matrimonio) union, marriage

C (juntura) joint

Unión Europea *f* European Union

Unión Soviética *f* (Hist) Soviet Union

unipartidismo *m* one-party system, single-party system

unipersonal *adj* individual (*before n*)

unir [I1] *vt*

A 1 ‹*cables*› to join; (con cola, pegamento) to stick ... together; ‹*esfuerzos*› to combine; **unió los trozos con un pegamento** she glued the pieces together; **los unió en matrimonio** (frml) he joined them in matrimony (frml) 2 «*sentimientos/intereses*» to unite; **unida sentimentalmente a ...** (period) romantically involved with ... 3 ‹*características/cualidades/estilos*› to combine; **~ algo A algo** to combine sth WITH sth

B (comunicar) ‹*lugares*› to link

C (fusionar) ‹*empresas/organizaciones*› to merge

D ‹*salsa*› to mix

■ **unirse** *v pron*

A 1 (aliarse) «*personas/colectividades*» to join together; **se unieron para hacer un frente común** they joined forces *o* united in a common cause; **~se en matrimonio** to be joined in matrimony (frml); **se unió a nuestra causa** he joined our cause 2 «*características/cualidades*» to combine; **a su belleza se une una gran simpatía** she combines beauty and a very pleasant personality

B (juntarse) «*caminos*» to converge, meet

C (fusionarse) «*empresas/organizaciones*» to merge

unisex /'uniseks/ *adj inv* unisex

unísono[1] -na *adj* unisonous

unísono[2] *m* unison; **al ~** in unison

unitario[1] -ria *adj* ‹*política*› unitary; (Relig) Unitarian

unitario[2] -ria *m,f* Unitarian

Univ. (= **universidad**) U, Univ.
universal *adj* 1 ‹*ley/principio*› universal; **una marca de fama ~** a world-famous brand; **no tiene validez ~** it is not universally valid 2 ‹*llave/enchufe*› universal
universalidad *f* universality
universalizar [A4] *vt* to universalize
universiada *f* student games (*pl*)
universidad *f* university
(Compuestos)
- **universidad a distancia** *or* (Méx) **abierta** open university
- **universidad laboral** ≈ technical college (*school with emphasis on vocational training*)

universitario[1] **-ria** *adj* university (*before n*)
universitario[2] **-ria** *m,f* (estudiante) undergraduate, (university) student; (licenciado) (university) graduate
universo *m* universe
unívoco -ca *adj* ‹*palabra/frase*› univocal (frml)
uno[1], **una** *adj*
A 1 (refiriéndose al número) one; **no había ni un asiento libre** there wasn't one empty seat *o* a single empty seat; **me costó un dólar y pico** it cost me a dollar something; **treinta y un pasajeros** thirty-one passengers; **cuarenta y una mujeres** forty-one women 2 **uno** (*pospuesto al n*) one; **el capítulo/número uno** chapter/number one
B (único): **la solución es una** there's only one solution; **Dios es uno** God is one; ***ser uno y lo mismo*** *or* ***ser todo uno***: **vernos y empezar a pelear es uno y lo mismo** as soon as we see each other we start arguing
uno[2], **una** *pron*
A (numeral) one; **entraban de a uno/una** they were going in one at a time *o* one by one; **es de tres por uno** it is three meters (long) by one (wide); **uno a** *or* **por uno** one by one; **es la una** it's one o'clock; ***más de uno/una*** (fam): **más de una va a lamentar su partida** there'll be quite a few sorry to see him go (colloq); **eso le molestó a más de uno** that annoyed quite a few people *o* a number of people; ***(ni) una*** (fam) not a thing (colloq); ***no dar una*** (fam): **los meteorólogos no dan una** the weathermen just never get it right (colloq); **no doy ni una** I can't get a thing right (colloq); ***una de dos*** one thing or the other; *ver tb* **una**
B (personal) (*sing*) one; (*pl*) some; **uno es profesor y el otro estudiante** one's a teacher and the other's a student; **¿te gustaron? — unos sí, otros no** did you like them? — some I did, others I didn't; **se envidian el uno al otro** they're jealous of each other; **se ayudan los unos a los otros** they help one another; ***ser uno/una de tantos/tantas*** to be nothing special
C (fam) (alguien) (*m*) some guy (colloq); (*f*) some woman (colloq); **les pregunté a unos que estaban allí** I asked some people who were there
D (uso impersonal) 1 (como sujeto) you; **uno no sabe qué decir** you don't *o* (frml) one doesn't know what to say; **aquí se sirve uno mismo** here you serve yourself 2 (como complemento) you; **nunca le dicen nada a uno** they don't tell you anything; **los demás lo critican a uno** people like to criticize (one)
uno[3] *m* (number) one; *para ejemplos ver* **cinco**; ***del uno*** (Chi fam): **pasarlo del uno** to have a great time (colloq); **estar del uno** (hablando — de persona) to be hot stuff; (— de comida) to be delicious; ***hacer del uno*** (Méx, Per fam) to have a pee (colloq)
untar [A1] *vt*
A 1 (cubrir): **~ las galletas con miel** spread honey on the cookies; **se unta el molde con mantequilla** grease the cake tin (with butter) 2 (empapar) **~ algo EN algo** to dip sth IN sth; **untó el pan en la salsa** he dipped his bread in the sauce
B (fam) (sobornar) to bribe
■ **untarse** *v pron* 1 (ensuciarse): **se untó las manos de pintura** he got paint all over his hands 2 (ponerse): **se untó los hombros con bronceador** she rubbed suntan lotion on her shoulders
unto *m* (ungüento) ointment; (Coc) lard, pig fat
untuoso -sa *adj* sticky, glutinous; ‹*voz*› sickly sweet
uña *f*
A 1 (Anat) (de la mano) nail, fingernail; (del pie) nail, toenail; ***arreglarse*** *or* ***hacerse las ~s*** (*refl*) to do one's nails; (*caus*) to have one's nails done; ***dejarse las ~s en algo*** (fam) to work very hard at sth; ***enseñar*** *or* ***mostrar*** *or* ***sacar las ~s*** to show one's teeth; ***rascarse con las propias ~s*** (Méx fam) to fend for oneself; ***ser largo de ~s*** *or* ***tener las ~s largas*** (fam) to be light-fingered (colloq); ***ser ~ y carne*** *or* ***carne y ~*** (fam) to be as thick as thieves (colloq) 2 (de oso, gato) claw; (de caballo, oveja) hoof; (de alacrán) sting; ***afilarse las ~s*** to sharpen one's claws; ***a ~ de caballo*** at top speed
B (Mec, Tec) toe; (de ancla) fluke
C (Méx, Ven) (Mús) plectrum
uñalarga *mf* (Per fam) (ladrón) thief; (carterista) pickpocket
uñero *m* (inflamación) whitlow; (uña encarnada) ingrowing nail
uñeta *f* (CS) plectrum
uperización *f* UHT treatment, sterilization
uperizado -da *adj* UHT (*before n*)
uralita® *f* asbestos
uranio *m* uranium
(Compuesto) **uranio enriquecido** enriched uranium
Urano *m* Uranus
urbanidad *f* courtesy, urbanity (frml); **las más elementales nociones de ~** the most basic social graces
urbanismo *m* city (AmE) *o* (BrE) town planning
urbanista *mf* city (AmE) *o* (BrE) town planner
urbanístico -ca *adj* urban development (*before n*)
urbanita *mf* urbanite, city dweller
urbanizable *adj*: **tierras ~s** building land
urbanización *f* (acción) urbanization, development; (núcleo residencial) (Esp) (housing) development
urbanizado -da *adj* built-up; **esta zona está muy poco urbanizada/muy urbanizada** this area has hardly been developed/is heavily developed; **una zona urbanizada** a built-up area
urbanizar [A4] *vt* ‹*zona, terreno*› to develop, urbanize; **una zona sin ~** an undeveloped area
urbano -na *adj* ‹*núcleo/transporte*› urban, city (*before n*); ‹*población*› urban
urbe *f* (frml) large *o* major city, metropolis
urdimbre *f* 1 (Tex) warp 2 (intriga) intrigue; **la ~ de la novela** the intricate workings of the novel
urdir [I1] *vt* 1 (en telar) to warp; ‹*puntos*› to cast on 2 ‹*plan*› to devise, hatch
urea *f* urea
uréter *m* ureter
uretra *f* urethra
urgencia *f* 1 (cualidad) urgency; **con ~** urgently; **con la máxima ~** with the utmost urgency 2 (Med) (emergencia) emergency; (caso urgente) emergency (case); **sala de ~s** casualty department *o* ward; Ⓢ **urgencias** accident and emergency; **lo operaron de ~** he had an emergency operation; **lo hospitalizaron de ~** he was rushed into hospital
urgente *adj* ‹*asunto*› pressing, urgent; ‹*mensaje*› urgent; ‹*caso/enfermo*› emergency (*before n*); ‹*carta*› express (*before n*)
urgido -da *adj* (AmL) **estar ~ DE algo**: **estaban ~s de dinero** they were in urgent need of money; **estamos ~s de tiempo** we are pressed for time
urgir [I7] *vi* (*en 3ª pers*): **urge la finalización del proyecto** the project must be finished as soon as possible; **urge acabar con el conflicto** the conflict must be brought to an end as speedily as possible; Ⓢ **urge vender piso** apartment for quick sale; (+ *me/te/le/etc*): **me urge estar allí el martes** I absolutely must be there on/by Tuesday; **le urge el préstamo** he needs the loan urgently
■ **urgir** *vt*: **urgido por la necesidad/el hambre** driven by necessity/hunger; **~ a algn A + INF/A QUE + SUBJ** to urge sb to do sth; **los urgieron a abandonar el país** they were urged to leave the country
úrico -ca *adj* uric
urinario *m* urinal
urna *f*
A (vasija) urn; (de exposición) display case; (para votar) ballot box; ***acudir a las ~s*** (period) to go to the polls (journ)
(Compuesto) **urna cineraria** funerary urn
B (Chi, Ven) (ataúd) coffin, wooden box (euph)

urogallo *m* capercaillie; (como nombre genérico) grouse

urología *f* urology

urólogo -ga *m,f* urologist

urraca *f* magpie

URSS /urs/ *f* (Hist) (= **Unión de Repúblicas Socialistas Soviéticas**) USSR

urticaria *f* nettlerash, hives

urubú *m* black vulture

Uruguay *m* 1 (país) *tb* **el ~** Uruguay 2 (río): **el (río) ~** the Uruguay River

uruguayismo *m* Uruguayan word/expression

uruguayo -ya *adj/m,f* Uruguayan

USA /'usa/ (fam) USA

usado -da *adj* 1 [SER] (de segunda mano) secondhand; Ⓢ **se venden coches usados** used cars for sale 2 [ESTAR] (gastado, viejo) worn

usanza *f* (liter): **bailes a la antigua ~** old-style dances; **vestidos a la ~ india** dressed in Indian costume

usar [A1] *vt*

A 1 (emplear, utilizar) to use; **¿cómo se usa esto?** ‹*máquina*› how does this work?; ‹*diccionario/herramienta*› how do you use this?; **~ algo/a algn DE** *or* **COMO algo** to use sth/sb AS sth 2 ‹*instalaciones/servicio*› to use 3 ‹*producto/combustible*› to use

B (llevar) ‹*alhajas/ropa*› to wear; ‹*perfume*› to use, wear; **estos zapatos están sin ~** these shoes are unworn, these shoes have never been worn

C (esp AmL) ‹*persona*› to use; **me sentí usada** I felt used

■ **usar** *vi*

A *ver* **abusar B**

B **usar de** (frml) (hacer uso de) ‹*influencia/autoridad*› to use

■ **usarse** *v pron* (*en 3ª pers*) (esp AmL) (estar de moda) ‹‹*color/ropa*›› to be in fashion; **se usan mucho las prendas de cuero** leather clothing is very popular; **ya no se usa hacer fiestas de compromiso** people don't tend to have engagement parties any more

Usía *pron pers* (arc) your Lordship (frml)

usina *f* (AmS) (fábrica) large factory; (industria) industry

(Compuesto) **usina eléctrica** (AmS) power station

uslero *m* (Chi) rolling pin

uso *m*

A (utilización) 1 (de producto, medicamento) use; (de máquina, material) use; **desgastarse con el ~** to wear out with use; **instrucciones para su ~** instructions for use; **de ~ personal** for personal use; **métodos de ~ extendido en ...** methods widely used in ...; **los trenes todavía no han entrado en ~** the trains are not in service yet; **hacer ~ de algo** to use sth; **su ~ prolongado puede producir dependencia** it can be habit-forming if taken over a long period; Ⓢ **de uso externo** (Farm) for external use only 2 (de idioma, expresión) use; **una expresión sancionada por el ~** (frml) an expression that has gained acceptance through usage 3 (de facultad, derecho): **en pleno ~ de sus facultades mentales** in full possession of his mental faculties; **hacer ~ de un derecho** to exercise a right; **hacer ~ de la palabra** (frml) to speak; ***hacer ~ y abuso de algo*** (de privilegio) to abuse sth; **se ha hecho ~ y abuso de esta metáfora** this metaphor has been used time and again

B (de prenda): **estos zapatos tienen años de ~** I've had years of wear out of these shoes; **ropa de ~ diario** everyday clothes; **los zapatos ceden con el ~** shoes give with wear

(Compuesto) **uso de razón** use of reason; **desde que tengo ~ de ~** ever since I can remember

C (utilidad, aplicación) use; **una batidora con múltiples ~s** a multi-purpose mixer

D (usanza) custom; **~s aztecas que aún sobreviven** Aztec customs which still survive

usted *pron pers* [*Polite form of address but also used in some areas, eg Colombia and Chile, instead of the familiar* **tú** *form*]

A 1 (como sujeto) you; **¿quién lo va a hacer? — ¿usted?** who's going to do it? — you (are); **lo que ~ diga** whatever you say; **tratar a algn de ~** to address sb using the **usted** form 2 (en comparaciones, con preposiciones) you; **no es tan alta como ~** she isn't as tall as you; **muchas gracias — a ~** thank you very much — thank *you*; **con/contra/para ~** with/against/for you; **son de ~** they're yours

B (uno) you, one (frml); **le dicen eso y ~ no sabe qué contestar** when they say that you just don't know *o* one just doesn't know what to say in reply

ustedes *pron pers pl* [*Polite plural form of address also used in Latin American countries as the familiar plural form*] 1 (como sujeto) you; **¿quién lo va a hacer? — ustedes** who's going to do it? — you (are); **~ mismos lo dijeron** you said so yourselves 2 (en comparaciones, con preposiciones) you; **no tienen tantos como ~** they don't have as many as you; **con/contra/para ~** with/against/for you; **son de ~** they're yours; **sabe lo de ~** she knows about you two

usual *adj* usual, normal; **no es ~ que venga tanta gente** it's unusual for there to be so many people here

usuario -ria *m,f* user

usufructo *m* usufruct

usufructuario -ria *adj/m,f* usufructuary

usura *f* usury

usurero -ra *m,f* usurer

usurpación *f* (frml) (de propiedad, título) misappropriation; (de territorio) seizure; (del poder) usurpation

usurpador -dora *m,f* usurper

usurpar [A1] *vt* (frml) ‹*propiedad/título*› to misappropriate; ‹*territorio*› to seize; ‹*poder*› to usurp

utensilio *m* (instrumento) utensil; (herramienta) tool; **~s de cocina** kitchen *o* cooking utensils; **~s de laboratorio** laboratory apparatus; **~s de pesca** fishing tackle

uterino -na *adj* uterine

útero *m* womb, uterus (tech); **alquiler de ~s** commercial surrogacy

útil *adj* useful

utilería *f* (esp AmL) (Cin, Teatr) props (*pl*)

utilero -ra *m,f* (esp AmL) (Cin, Teatr) props manager

útiles *mpl* 1 (herramientas, instrumentos) tools (*pl*), implements (*pl*); **~ de labranza** agricultural equipment; **~ de pesca** fishing tackle; **~ de jardinería** gardening tools 2 (AmL) (artículos escolares) *tb* **~ escolares** *pencils, pens, rulers, etc for school*

utilidad *f* 1 (de aparato) usefulness; **no es de mucha ~ práctica** it doesn't have much practical use; **un coche me sería de mucha ~** a car would be of great use to me 2 **utilidades** *fpl* (AmL) (ganancia, beneficio) profits (*pl*)

utilitario *m* small (economical) car

utilización *f* use, utilization (frml); **la ~ de los recursos naturales** the exploitation *o* utilization of natural resources; **la ~ de la energía solar** the harnessing of solar energy

utilizar [A4] *vt* to use, utilize (frml); **~ los recursos naturales indiscriminadamente** to make indiscriminate use of natural resources; **la están utilizando** she's being used

utillaje *m* tools (*pl*), implements (*pl*)

utopía *f* Utopia

utópico -ca *adj* Utopian

utopista *mf* Utopian

UV /u'βe/ (= **ultravioleta**) UV

uva *f* grape; ***de ~s a peras*** (fam) once in a blue moon; ***estar de mala ~*** (fam) to be in a (foul) mood (colloq); ***tener mala ~*** (fam) to be a nasty piece of work (colloq); ***tomar las ~s*** to see the New Year in (*by eating one grape on each chime of the clock*)

(Compuestos)

- **uva blanca/negra** white/black grape
- **uva de mesa** dessert grape

uve *f* (Esp) *name of the letter* **v**

(Compuesto) **uve doble** (Esp) *name of the letter* **w**

UVI /'uβi/ *f* (Esp) = **Unidad de Vigilancia Intensiva**

uxoricidio *m* uxoricide

uy *interj* (expresando — asombro) ooh! (colloq); (— malestar, disgusto) oh!; (— emoción súbita) ah!, oh!; (— dolor) ow!, ouch!

U

Vv

V, **v** *f* (*read as* /be/, /be 'korta/, /be 'tʃika/, /be pe'keɲa/ *or* (Esp) /'uβe/) *the letter* **V, v**

V, v
A (= **varón**) M, male
B (= **versus**) v, vs, versus
C (= **verso**) v, verse

va, vas, etc *see* **ir**

vaca *f* 1▸ (Zool) cow; ***estar/ponerse como una*** ~ (fam) to be/get very fat; ***hacerse la*** ~ (Per fam) to play hooky (esp AmE colloq), to skive off (school) (BrE colloq); ***hacer una*** ~ (AmL fam) to make a collection; ***las*** **~*s gordas/flacas***: **la época de las ~s gordas/flacas** the boom/lean years 2▸ (Coc): **(carne de)** ~ beef; **filete de** ~ fillet steak

(Compuestos)
- **vaca lechera** dairy cow
- **vaca marina** manatee, sea cow
- **vaca sagrada** sacred cow

vacacional *adj* (frml) vacation (*before n*)

vacacionar [A1] *vi* (Méx) to spend one's vacation(s) *o* holidays

vacaciones *fpl* vacation(s) (esp AmE), holiday(s) (esp BrE); ~ **de verano/Navidad** summer/Christmas vacation *o* holidays; ~ **escolares** school vacation(s) *o* holidays; **irse** *or* **marcharse de** ~ to go away on vacation *o* on holiday; **estamos de** ~ we're on vacation *o* holiday; **tomarse unas** ~ to take a vacation *o* holiday; **este año no tengo** ~ I don't get any vacation *o* holiday this year

vacacionista *mf* (Méx) vacationer (AmE), holidaymaker (BrE)

vacada *f* herd of cows *o* cattle

vacante[1] *adj* ‹*puesto/plaza*› vacant; ‹*piso/asiento*› empty, unoccupied

vacante[2] *f* vacancy; **proveer** *or* **cubrir una** ~ to fill a vacancy

vacar [A2] *vi* «*puesto*» to fall vacant; «*local*» to be left vacant

vaciado *m* 1▸ (de depósito, cañería) emptying 2▸ (Art) (acción) casting; (figura) cast, casting; ~ **de yeso** plaster cast

vaciar [A17] *vt*
A 1▸ ‹*vaso/botella*› to empty; ‹*radiador*› to drain; ‹*bolsillo/cajón*› to empty; **me ~on la casa** they cleaned my house out (colloq) 2▸ ‹*contenido*› to empty (out)
B ‹*estatua*› to cast
C (ahuecar) to hollow out
■ **vaciarse** *v pron* to empty

vacilación *f* hesitation, vacillation (frml); **sin** ~ without any hesitation; **tras un momento de** ~ after a moment's hesitation

vacilada *f*
A (Esp fam) (timo) con (colloq); **la exposición es una** ~ the exhibition is garbage (AmE) *o* (BrE) is a load of rubbish
B (Méx fam) 1▸ (jolgorio) merrymaking; **irse de** ~ to go out on the town 2▸ (broma) joke

vacilante *adj* 1▸ (oscilante) unsteady, shaky; **entró con paso** ~ he came in, walking unsteadily 2▸ (dubitativo) ‹*expresión*› doubtful; ‹*voz*› hesitant 3▸ ‹*luz*› flickering

vacilar [A1] *vi*
A 1▸ (dudar) to hesitate; **sin** ~ without hesitating; **vaciló antes de entrar** he hesitated before going in; **vacila entre irse o quedarse** she's hesitating over whether to go or stay; **no vaciles más, hazlo** stop dithering and do it; ~ EN + INF to hesitate TO + INF; **no vaciló en aceptar** he accepted without hesitation 2▸ «*fe/determinación*» to waver 3▸ «*luz*» to flicker
B (oscilar) «*persona*» to stagger, totter; **vacilaba al andar** he swayed from side to side as he walked
C (Esp, Méx fam) (bromear) to joke, to kid (colloq)
D (AmL exc CS fam) (divertirse) to have fun
■ **vacilar** *vt* (Esp, Méx fam) to tease

vacile *m* (fam) (tomadura de pelo) joke; **basta de** ~ that's enough kidding (colloq)

vacilón -lona *m,f*
A (Esp, Méx fam) (bromista) joker (colloq), clown (colloq)
B **vacilón** *m* (AmL fam) 1▸ (diversión): **le encanta el** ~ he loves having a good time; **la fiesta fue un** ~ the party was great fun 2▸ (tomadura de pelo) joke; **es puro** ~ it's just a joke

vacío[1] **-cía** *adj* 1▸ ‹*botella/caja*› empty; ‹*calle/ciudad*› empty, deserted; ‹*casa*› empty, unoccupied; ‹*palabras/retórica*› empty; **con el estómago** ~ on an empty stomach; **los envases ~s** the empty bottles, the empties (colloq); **la despensa está vacía** there's no food in the house; ***volver de*** ~ (Esp) «*camión*» to come back empty; «*persona*» to come back empty-handed 2▸ (frívolo) ‹*persona*› shallow; ‹*vida/frase*› empty, meaningless

vacío[2] *m* 1▸ (Fís) vacuum; **envasado al** ~ vacuum-packed; ***hacerle el*** ~ ***a algn*** to give sb the cold shoulder 2▸ (espacio vacío) space; **mirar al** ~ to gaze into space; **saltó al** ~ he leapt into the void *o* into space; ***caer en el*** ~ to fall on deaf ears 3▸ (falta, hueco) gap; **dejó un** ~ **en su vida** she left a gap *o* a void in his life; **una sensación de** ~ a feeling of emptiness

(Compuesto) **vacío de poder** power vacuum

vacuidad *f* (frml) vacuity (frml)

vacuna *f* vaccine; **me tengo que poner la** ~ I have to have my vaccination; ~ **oral** oral vaccine

(Compuestos)
- **vacuna antigripal** flu vaccine
- **vacuna contra la viruela/difteria** smallpox/diphtheria vaccine

vacunación *f* vaccination

vacunar [A1] *vt* to vaccinate; ~ **a algn** CONTRA **algo** to vaccinate sb AGAINST sth; **me ~on contra la difteria** I was vaccinated against diphtheria; **estoy vacunado contra sus insultos** I've become immune to his insults

vacuno -na *adj* bovine; **ganado** ~ cattle (*pl*)

vacuo -cua *adj* (frml) vacuous (frml), inane

vadear [A1] *vt* to ford, cross, wade across

vado *m* (de río) ford; (en vías públicas) entrance, access; ⓢ **vado permanente** no parking

vagabundear [A1] *vi* to drift (around)

vagabundeo *m* drifting

vagabundería *f* (Ven) crooked deal, dirty business; **las ~s de su marido** her husband's appalling behavior

vagabundo[1] **-da** *adj* ‹*perro*› stray; **niños ~s** street urchins

vagabundo[2] **-da** *m,f* tramp, vagrant

vagancia *f* 1▸ (pereza, holgazanería) laziness, idleness; **no lo hizo por** ~ she was too lazy *o* idle to do it 2▸ (Der) vagrancy

vagar [A3] *vi* to wander, roam

vagido *m* cry (*of a new-born child*)
vagina *f* vagina
vaginal *adj* vaginal
vago¹ -ga *adj*
A (fam) ‹*persona*› lazy, idle
B ‹*recuerdo/idea*› vague, hazy; ‹*contorno/forma*› vague, indistinct; ‹*explicación*› vague; **un ~ parecido** a vague resemblance
vago² -ga *m,f* (fam) layabout, slacker (colloq); **deja ya de hacer el ~** stop lazing around (colloq)
vagón *m* (de pasajeros) coach, car (AmE), carriage (BrE)
(Compuestos)
- **vagón cisterna** tank car (AmE) *o* (BrE) wagon
- **vagón de carga** (abierto) freight car (AmE), goods *o* freight wagon (BrE); (cerrado) boxcar (AmE), goods van (BrE)
- **vagón de cola** caboose (AmE), guard's van (BrE)
- **vagón de ganado** stock car (AmE), cattle truck (BrE)
- **vagón de primera** first-class car (AmE) *o* (BrE) carriage
- **vagón restaurante** dining *o* (BrE) restaurant car

vagoneta *f* **1** (Ferr) tipping skip, dump car **2** (Méx) (para pasajeros) van, minibus
vaguada *f* (Geog) river bed
vaguear [A1] *vi* to laze around
vaguedad *f* (de palabras, ideas) vagueness; (expresión imprecisa) vague remark
vahído *m* dizzy spell; **le dio un ~** he had a dizzy turn
vaho *m* **1** (aliento) breath **2** (vapor) steam, vapor* **3** (inhalación): **hacer ~s** to inhale
vaina *f*
A (de espada) scabbard; (de navaja) sheath
B (Bot) (de habas, etc) pod; (del tallo) leaf sheath
C (Col, Per, Ven fam) **1** (problema, contrariedad): **¡qué ~!** what a drag *o* pain (colloq); **la ~ es que no sé cómo** the thing *o* problem is that I don't know how; **estoy metida en una ~** I'm in a spot of trouble (colloq) **2** (cosa, asunto) thing, thingamajig (colloq); **aquí esa ~ no existe** you won't find anything like that round here; ***echarle una ~ a algn*** (Ven fam) to shaft sb (AmE colloq), to do the dirty on sb (BrE colloq); ***echar ~*** (Ven fam) (molestar) to be a pest; (divertirse) to have a good time (colloq) **3** (comportamiento sospechoso): **tenían una ~** they were up to something funny; **¿qué ~ te traes tú?** what are you up to?
vainilla *f* (Bot, Coc) vanilla
vais *see* **ir**
vaivén *m* (de columpio, péndulo) swinging; (de tren) rocking; (de barco) rolling; (de mecedora) rocking; (de gente) toing and froing; **los vaivenes de la fortuna** the swings of fortune
vajilla *f* (en general) dishes (*pl*); (juego) dinner service *o* set
valdré, valdría, etc *see* **valer**
vale¹ *m*
A **1** (para adquirir algo) voucher; (por devolución) credit note *o* slip; **un ~ de descuento** a money-off coupon **2** (pagaré) IOU
B (Per) (apuesta) *tb* **~ triple** treble
vale² *interj*: *ver* **valer D**
valedero -ra *adj* (frml) valid; **~ hasta ...** valid until ...
valedor -dora *m,f*
A (frml) (defensor) defender, champion
B (Méx fam) (compañero) buddy, mate (BrE colloq)
valenciana *f* (Méx) cuff (AmE), turn-up (BrE)
valenciano¹ -na *adj/m,f* Valencian
valenciano² *m* (Ling) Valencian

> **valenciano**
> The variety of **catalán** spoken in the autonomous region of Valencia. Some people regard it as a separate language from Catalan, which enjoys official status, but it is not officially recognized as such

valentía *f* bravery, courage; **con ~** courageously
valer [E28] *vt*
A **1** (tener un valor de) to be worth; (costar) to cost; **no vale mucho dinero** it isn't worth much; **¿cuánto valen?** how much are they?, what do they cost? **2** (equivaler a): **si x vale 8 ¿cuánto vale y?** if x is 8, what is the value of y?; **¿cuánto vale un dólar en pesos?** how many pesos are there to the dollar?
B (+ *me/te/le etc*) **1** (ganar): **le valió una bofetada** it earned him a slap in the face; **esta obra le valió un premio** this play earned *o* won her a prize **2** (causar): **sus declaraciones le valieron un gran disgusto** his statement brought him a lot of trouble
■ **valer** *vi*
A **1** (+ *compl*) (tener cierto valor) to be worth; (costar) to cost; **vale más, pero es mejor** it costs more but it's better **2** (equivaler) **~ POR algo** to be worth sth; **vale por un regalo** it can be exchanged for a gift
B (tener valor no material): **ha demostrado que vale** he has shown his worth; **como profesor no vale (nada)** as a teacher he's useless; **vales tanto como él** you're as good as he is; **no valgo nada para él** I mean nothing to him; **la novela no vale gran cosa** the novel isn't much good; ***hacerse ~*** to assert oneself; ***hacer ~ algo*** ‹*derecho*› to assert sth, enforce sth; **hizo ~ su autoridad** he used *o* imposed his authority
C (servir): **ésta no vale, es muy ancha** this one's no good, it's too wide; **no ~ PARA algo** to be useless *o* no good AT sth; **¡no vales para nada!** you're completely useless; **~ DE algo** (+ *me/te/le etc*): **no le valió de nada protestar** protesting got him nowhere; **sus consejos me valieron de mucho** her advice was very useful *o* valuable to me
D **vale** (Esp fam) **1** (expresando acuerdo) OK; **¡~!** sure, fine, OK!; **¿~?** OK?, all right?; **que llegues tarde una vez ~, pero...** being late once is one thing, but... **2** (basta): **¿~ así?** is that OK *o* enough?; **ya ~ ¿no?** don't you think that's enough?
E **más vale**: **más vale que no se entere** she'd better not find out; **más vale así** it's better that way; (+ *me/te/le etc*) **más te vale ir** you'd better go; **dijo que vendría — ¡más le vale!** he said he'd come — he'd better!; ***más vale prevenir que curar*** better safe than sorry
F **1** (ser válido) «*entrada/pasaporte*» to be valid; «*jugada/partido*» to count; **no hay excusa que valga** I don't want to hear any excuses; **valga la comparación** if you know *o* see what I mean; **... y valga la expresión** ... for want *o* lack of a better expression; **valga la redundancia** if you'll excuse the repetition **2** (estar permitido): **eso no vale, estás haciendo trampa** that's not fair, you're cheating; **no vale mirar** you're not allowed to look
G (Méx fam) **1** (no importar) (+ *me/te/le etc*): **a mí eso me vale** I don't give a damn about that (colloq) **2** (no tener valor) to be useless *o* no good (colloq) **3**) (estropearse): **mi coche ya valió** my car's had it (colloq)
■ **valerse** *v pron*
A (servirse) **~se DE algo/algn** to use sth/sb; **se valió de sus apellidos para conseguirlo** he took advantage of *o* used the family name to obtain it; **~se de mentiras** to lie
B «*anciano/enfermo*»: **~se solo** *or* **por sí mismo** to look after oneself
C (estar permitido, ser correcto): **no se vale golpear abajo del cinturón** hitting below the belt is not allowed; **¡no se vale!** that's not fair!
valeriana *f* valerian
valeroso -sa *adj* brave, courageous, valiant (liter)
valet *m* (*pl* **-lets**) (Chi, Méx) (ayuda de cámara) valet, manservant
valga, valgas, etc *see* **valer**
valía *f* worth; **un joven de gran ~** a young man of great worth; **según ~ del candidato** according to the merits of the candidate
validación *f* validation
validar [A1] *vt* to validate
validez *f* validity; **tiene ~ hasta 1996** it is valid until 1996; **sin ~** invalid; **falta de ~** invalidity; **dar ~** to validate
valido *m* (Hist) favorite*
válido -da *adj* ‹*documento/excusa/argumento*› valid; **~ por/hasta ...** valid for/until ...
valiente¹ *adj*
A ‹*persona*› brave, courageous, valiant (liter); **se las da de ~** he makes out that he's brave
B (*delante del n*) (iró) (en exclamaciones): **¡~ sinvergüenza estás hecho!** you have some nerve (AmE colloq), you've got a nerve (BrE colloq); **¡~ amigo que tienes!** some friend *he* is! (colloq & iro)

V

valiente² *mf* brave person; **los ~s** the brave (frml)

valija *f* (RPl) suitcase

(Compuesto) **valija diplomática** diplomatic bag

valioso -sa *adj* ‹*joya/cuadro*› valuable; ‹*consejo/experiencia*› valuable; **un hombre ~** a man of great worth

valla *f* 1 (cerca) fence 2 (Dep) (en atletismo) hurdle; **100 metros ~s** 100 meters hurdles 3 (en fútbol) goal

(Compuesto) **valla publicitaria** billboard (AmE), hoarding (BrE)

vallado *m* fence

valle *m* valley

(Compuesto) **valle de lágrimas** vale of tears (liter)

vallista *mf* hurdler

valona *f*: *traditional Mexican song*

valor *m*

(*Sentido* I)

A 1 (Com, Fin) value; **libros por ~ de $150** books to the value of $150; **droga por (un) ~ de ...** drugs worth *o* with a value of ...; **objetos de ~** valuables 2 (importancia, mérito) value; **~ artístico** artistic merit; **~ sentimental** sentimental value; **su palabra tiene un gran ~ para mí** I set great store by what he says; **¿qué ~ tiene si lo copió?** what merit is there in it if he copied it? 3 (validez) validity; **sin la firma no tiene ningún ~** it's not valid without the signature

(Compuestos)

- **valor adquisitivo** purchasing power
- **valor alimenticio** *or* **nutritivo** food *o* nutritional value
- **valor añadido** value added, added value
- **valor nominal** par *o* nominal value

B **valores** *mpl* (Econ, Fin) securities (*pl*), stocks (*pl*), shares (*pl*)

C (persona): **los ~es del tenis** the tennis stars; **los nuevos ~es de nuestra música** our up-and-coming musicians

D **valores** *mpl* (principios morales) values (*pl*)

(*Sentido* II)

A (coraje, valentía) courage; **me faltó ~** I didn't have the courage; **hay que tener ~ para hacer algo así** it takes courage to do a thing like that; **armarse de ~** to pluck up courage

B (fam) (descaro, desvergüenza) nerve (colloq)

valoración *f* 1 (de bienes, joyas) valuation; (de pérdidas, daños) assessment 2 (frml) (de suceso, trabajo) assessment, appraisal (frml); **hacer una ~ de algo** to assess *o* (frml) appraise sth

valorar [A1] *vt* 1 ‹*joya/cuadro*› to value; ‹*pérdida/daño*› to assess; **~ algo EN algo** to value sth at sth; **la casa está valorada en ...** the house is valued at ...; **las pérdidas se valoran en varios millones de dólares** the damage is estimated at several million dollars; **eso no se puede ~ en dinero** you cannot put a value on it 2 (frml) ‹*trabajo/actuación*› to assess; **~ algo positivamente/negativamente** to consider sth to be positive/negative 3 ‹*amistad/lealtad*› to value; **valoraba muy poco su dedicación** he attached very little value to her dedication; Ⓢ **se valorará experiencia** experience an advantage

valorización *f* 1 (tasación) ▸**valoración 1** 2 (AmL) (aumento de valor) increase in value, appreciation

valorizar [A4] *vt* ▸**valorar 1**

■ **valorizarse** *v pron* to appreciate, increase in value

vals *m* waltz; **bailar un ~** to waltz

valuar *vt* [A18] (AmL) to value

valva *f* (Bot, Zool) valve

válvula *f* valve

(Compuesto) **válvula de escape** (Tec) exhaust valve; (de nervios) safety valve

vamos *see* **ir**

vampiresa *f* femme fatale, vamp (dated)

vampiro *m* 1 (en historias de horror) vampire; (explotador) vampire, bloodsucker 2 (Zool) vampire (bat)

van *see* **ir**

vanagloriarse [A1] *v pron* **~ DE algo** to boast *o* brag ABOUT sth

vandálico -ca *adj* 1 (Hist) Vandalic 2 ‹*acción/comportamiento*› vandalistic

vandalismo *m* vandalism, hooliganism

vándalo¹ -la *adj* (Hist) Vandal (*before n*), Vandalic

vándalo² -la *m,f* 1 (Hist) Vandal 2 (gamberro) vandal, hooligan

vanguardia *f* (Mil) vanguard; (Art, Lit) avant-garde; **teatro de ~** avant-garde theater; **ir** *or* **estar a la ~ (de algo)** to be in the vanguard (of sth)

vanguardismo *m* avant-gardism

vanguardista *adj* avant-garde

vanidad *f* (presunción) vanity, conceit; (en cuanto al aspecto físico) vanity; (Relig) vanity

vanidoso¹ -sa *adj* (presumido) vain, conceited; (en cuanto al aspecto físico) vain

vanidoso² -sa *m,f*: **es un ~** he's so vain *o* conceited

vano¹ -na *adj* 1 (ineficaz) ‹*discusión/intento*› vain, futile; ‹*amenazas*› idle; ‹*esfuerzo*› futile; ‹*excusa*› pointless; **en ~** in vain 2 (falto de realidad) vain; **ilusiones vanas** wishful thinking 3 ‹*palabra/promesa*› empty

vano² *m* opening, space

vapor *m* 1 (Fís, Quím) vapor*, steam; ***a todo* ~** at full tilt *o* steam 2 (Coc): **al ~** steamed 3 (Náut) steamer, steamship

(Compuesto) **vapor de agua** water vapor*

vaporización *f* vaporization

vaporizador *m* vaporizer

vaporizar [A4] *vt* to vaporize

■ **vaporizarse** *v pron* to vaporize

vaporoso -sa *adj* filmy, diaphanous (liter)

vapulear [A1] *vt* to beat, give ... a beating

vapuleo *m* beating

vaquería *f* (ant) dairy

vaqueriza *f* (recinto) winter enclosure; (edificio) cowshed

vaquero¹ -ra *adj* 1 ‹*falda/cazadora*› denim; **un pantalón ~** a pair of jeans *o* denims 2 ‹*estilo*› cowboy (*before n*)

vaquero² -ra *m,f*

A (Agr) (*m*) cowboy, cowhand; (*f*) cowgirl, cowhand

B (Per fam) (Educ) truant, skiver (BrE colloq)

C **vaquero** *m* (Indum) *tb* **~s**: **unos ~s nuevos** a new pair of jeans *o* denims

vaqueta *f* (Col, RPl) calfskin, leather

vaquetón -tona *adj* (Méx fam) shameless

vaquilla *f* heifer; **corrida de ~s** *amateur bullfight with young bulls*

vaquillona *f* (CS, Per) heifer (*of between two and three years*)

vara *f*

A 1 (palo) stick, pole; (patrón) yardstick; **depende de la ~ con que lo midas** it depends on the standards *o* criteria you're judging it by 2 (bastón de mando) staff of office 3 (Taur) lance, pike 4 (del trombón) slide 5 (medida de longitud) *unit of length approximately equivalent to one yard*

B (Per fam) (influencia) connections (*pl*) (colloq)

varadero *m* dry dock

varado -da *adj*

A 1 (Náut) ‹*barco*› aground; **quedar ~** to run aground; **una ballena varada** a beached whale 2 (AmL) (detenido): **quedarse ~** to be left stranded; **se quedaron ~s subiendo la cuesta** they had a breakdown halfway up the hill

B 1 (Col, Méx fam) (sin dinero) broke (colloq) 2 (Andes) (sin empleo) out of work

varar [A1] *vt* to beach, careen

■ **varar** *vi* to run aground

■ **vararse** *v pron* to run aground

varear [A1] *vt* ‹*almendros/olivos*› to knock down; ‹*lana*› to beat

variable¹ *adj* ‹*carácter/humor*› changeable; **tiempo ~** unsettled *o* changeable weather

variable² *f* variable

variación *f*

A (cambio) change, variation; **no habrá variaciones en la temperatura** there won't be much variation in temperature

B (Mat, Mús) variation

V

variado -da *adj* [1] ‹*programa/vida/trabajo*› varied [2] (diverso): **ropa de colores ~s** clothes in a variety of *o* in various colors; Ⓢ **aperitivos/postres variados** choice of aperitifs/desserts; **hubo opiniones variadas** there were a variety of opinions

variante *f*
A (de palabra) variant
B (carretera) turnoff; **con la nueva ~, el puerto quedará a una hora de aquí** when the new road is opened, the port will only be an hour's drive from here

variar [A17] *vi* ‹‹*precio/temperatura*›› to change; **las temperaturas varían entre 20°C y 25°C** temperatures range between 20°C and 25°C; **para ~** (iró) (just) for a change (iro); **el viento varió de dirección** the wind changed direction; **~ de opinión** to change one's mind
■ **variar** *vt*
A (hacer variado) ‹*menú*› to vary; ‹*producción*› to vary, diversify
B (cambiar) to change, alter

varicela *f* chicken pox

várices, (Esp) **varices** *fpl* ▸**variz**

varicoso -sa *adj* varicose

variedad *f* [1] (diversidad) variety; **~ de opiniones** variety of opinions; ***en la ~ está el gusto*** variety is the spice of life [2] (clase, especie) variety [3] **variedades** *fpl* (Espec) vaudeville (AmE), variety (BrE); **espectáculo de ~es** vaudeville *o* variety show

varilla *f* (en general) rod; (de abanico, paraguas) rib; (de jaula) bar; (de rueda de bicicleta) spoke; (para medir el aceite) dipstick

varillo *m* (Col arg) joint (colloq), spliff (sl)

vario -ria *adj*
A **~s/varias** (más de dos) several; **sucedió varias veces/hace ~s años** it happened several times/several years ago; **una o varias circunstancias atenuantes** one or more mitigating circumstances
B (variado, diverso) various; **asuntos ~s** various matters; (en el orden del día) (any) other business

variopinto -ta *adj*: **el público asistente era de lo más ~** there was a really mixed audience; **objetos ~s** miscellaneous objects

varios -rias *pron* several; **lo compraron entre ~s** several of them got together to buy it

varita[1] *f* wand
(Compuesto) **varita mágica** magic wand

varita[2] *mf* (RPl fam) traffic cop (colloq)

variz (*pl* **várices** *or* (Esp) **varices**) *f* varicose vein

varo *m* (Méx fam) peso; **no traigo ni un ~** I don't have a penny on me (colloq)

varón[1] *adj* ‹*heredero/descendiente*› male; **un hijo ~** a son

varón[2] *m* (niño) boy; (hombre) man, male; **es un santo ~** he's a real saint (colloq)

varonera *f* (Arg fam) tomboy

varonil *adj* [1] (viril) manly, masculine; **voz/aspecto ~** masculine voice/appearance [2] ‹*mujer*› (hombruna) mannish, masculine

vas *see* **ir**

vasallaje *m* vassalage; **rendir ~** to pay homage and fealty

vasallo *m* vassal

vasco[1] **-ca** *adj/m,f* Basque

vasco[2] *m* (idioma) Basque

> **vasco** *or* **vascuence**
> ▸**euskera**

Vascongadas *adj*: **las (Provincias) ~** (Hist) the Basque Country

vascular *adj* vascular

vasectomía *f* vasectomy

vaselina *f* Vaseline®, petroleum jelly

vasija *f* (Arqueol) vessel (frml); **una ~ de barro** an earthenware pot

vaso *m*
A [1] (recipiente) glass; **un ~ de vino** a wine glass; **~ de papel** paper cup [2] (contenido) glass; **se bebió el ~ de un trago** he drank the whole glassful *o* glass down in one go; **añadir dos ~s de agua** ≈ add two cups of water; **un ~ de vino** a glass of wine; ***ahogarse en un ~ de agua*** (fam) to make a mountain out of a molehill [3] (Arqueol) vase, urn
(Compuesto) **vasos comunicantes** *mpl* communicating vessels (*pl*)
B (Anat) vessel
(Compuesto) **vaso sanguíneo** blood vessel

vástago *m*
A (Bot) shoot
B (liter) (descendiente) scion (liter), descendant, offspring; **el último ~ de su estirpe** the last (descendant) of his line
C (de copa) stem

vastedad *f* vastness, immensity

vasto -ta *adj* (*gen delante del n*) ‹*mar/llanura*› vast, immense; ‹*conocimientos/experiencia*› vast, enormous

vate *m* (liter) bard (liter)

váter *m* (Esp fam) (inodoro) toilet, lavatory; (cuarto) bathroom (esp AmE), lavatory, toilet

vaticano -na *adj* Vatican (*before n*)

Vaticano *m*: **el ~** the Vatican; **Ciudad del ~** Vatican City

vaticinar [A1] *vt* (period) ‹*victoria/fracaso*› to forecast

vaticinio *m* (period) prediction, forecast

vatio *m* watt

vaya, vayas, etc *see* **ir**

Vd. = usted

Vda. = viuda

ve[1] *f* (AmL) *tb* **~ corta** *or* **chica** *or* **pequeña** *name of the letter* **v**

ve[2] *see* **ir, ver**

VE = Vuestra Excelencia

vea, veas, etc *see* **ver**

vecinal *adj* ‹*asociación/comisión*› neighborhood* (*before n*), local (*before n*)

vecindad *f*
A (lugar, barrio) neighborhood*, area; (vecinos) residents (*pl*)
B (Méx) (edificio) tenement house

vecindario ▸**vecindad A**

vecino[1] **-na** *adj* [1] (contiguo) neighboring*; **los países ~s** the neighboring countries; **~ A algo** bordering ON sth, adjoining sth [2] (cercano) neighboring*, nearby

vecino[2] **-na** *m,f* [1] (persona que vive cerca) neighbor*; **mi ~ de al lado** my next-door neighbor [2] (habitante — de población, municipio) inhabitant; (— de barrio, edificio) resident

veda *f* (en caza y pesca) closed (AmE) *o* (BrE) close season; **la perdiz está en ~** it is the closed *o* close season for partridge

vedado *m* reserve
(Compuesto) **vedado de caza** game reserve

vedar [A1] *vt* [1] ‹*caza/pesca*› to prohibit, ban (*during the closed season*); **desde mañana queda vedada la pesca** the fishing season ends today [2] (prohibir) to ban; **tiene la entrada vedada allí** he's been banned from there; **ese tema está vedado** that subject is taboo *o* banned; **placeres que les están vedados** pleasures which are forbidden to them

vedette /be'ðet/ *f* cabaret star

vega *f*
A (Geog) ≈ meadow (*area of low-lying fertile land*)
B (Chi) (mercado de abastos) market

vegetación *f* [1] (Bot) vegetation [2] (Med) **vegetaciones** *fpl* adenoids (*pl*)

vegetal[1] *adj* ‹*vida*› plant (*before n*); ‹*aceite*› vegetable (*before n*)

vegetal[2] *m* plant, vegetable

vegetar [A1] *vi* [1] (Bot) to grow [2] (fam) ‹‹*persona*›› to vegetate (colloq & pej)

vegetarianismo *m* vegetarianism

vegetariano -na *adj/m,f* vegetarian

vegetativo -va *adj* vegetative

vehemencia *f* vehemence; **con ~** vehemently

vehemente *adj* vehement

vehicular *adj* ‹*control*› traffic (*before n*); **el movimiento ~** the traffic

V

vehículo *m* vehicle
(Compuestos)
- **vehículo automóvil** car, automobile (AmE)
- **vehículo espacial** spacecraft

veía, veíamos, etc *see* ver
veinte¹ *adj inv/pron* twenty; *para ejemplos ver* **cinco, cincuenta**; ***caer el ~*** (Méx fam): **no me cayó el ~ de que ...** it didn't dawn on me that ... (colloq)
veinte² *m* (number) twenty
veinteavo¹ -va *adj* [1] (partitivo): **la veinteava parte** a twentieth [2] (crit) (ordinal) twentieth; **llegó en ~ lugar** she came twentieth; **es la veinteava edición del premio** the prize is in its twentieth year; **en el ~ piso** on the twentieth floor
veinteavo² *m* twentieth
veintena *f*: **una ~ de personas** about 20 people
veintitantos -tas *adj/pron* twenty-odd
veintiuna *f* blackjack
veintiuno¹ -na *adj/pron* [**veintiún** *is used before masculine nouns and before feminine nouns which begin with accented* **a** *or* **ha**] twenty-one; **veintiún años/armas** twenty-one years/weapons; *para ejemplos ver tb* **cinco**
veintiuno² *m* (number) twenty-one
vejación *f*, **vejamen** *m* humiliation
vejar [A1] *vt* to ill-treat
vejatorio -ria *adj* humiliating, degrading
vejestorio *m* [1] (fam) (persona): **la profesora es un ~** the teacher is ancient (colloq) [2] (AmL fam) (cosa) old relic (colloq), piece of old junk (colloq)
vejete *m* (fam) old guy (colloq)
vejez *f* old age; ***a la ~, viruela(s)*** (fam) you're only as young as you feel
vejiga *f* (Anat) bladder
vejucón *m* (Ven pey) dirty old man (pej)
vejucona *f* (Ven fam) middle-aged woman
vela *f*
A (para alumbrar) candle; ***darle a algn ~ en este entierro***: **nadie te ha dado ~ en este entierro** nobody asked for your opinion; ***hasta que las ~s no ardan*** (Chi fam) forever (colloq)
B (vigilia): **pasé la noche en ~ estudiando** I was up all night studying; **estuvo en ~ hasta que llegué** he couldn't get to sleep until I arrived
C [1] (de barco) sail; ***arriar*** *or* ***recoger ~s*** (Náut) to take down the sails; (dar marcha atrás) to back down; ***a toda ~*** ‹*navegar*› under full sail; ‹*trabajar/ir*› flat out; ***estar a dos ~s*** (fam) (sin dinero) to be broke (colloq); (sin entender) to be completely lost; ***hacerse a la ~*** to set sail [2] (deporte) sailing; **hacer ~** to go sailing
(Compuesto) **vela mayor** mainsail
D (fam) (de moco): **andar con la(s) ~(s) colgando** to have a runny nose
velación *f*, **velaciones** *fpl* (a difunto) wake
velada *f* evening; **una ~ literaria** a literary evening *o* soirée
velado -da *adj* ‹*película*› fogged; ‹*amenaza/referencia*› veiled; ‹*sonido*› muffled
velador¹ *m* [1] (mesa) pedestal table [2] (AmS) (mesilla de noche) bedside table, night stand (AmE) [3] (Col, RPl, Ven) (lámpara) bedside lamp
velador² -dora *m,f* (Méx) (de fábrica) watchman, guard
veladora *f* [1] (Méx, RPl) (lámpara) bedside lamp [2] (Méx) (vela) candle
velamen *m* sails (*pl*)
velar [A1] *vt*
A [1] ‹*difunto*› to hold a wake over; **lo ~on en su casa** they held the wake at his home [2] ‹*enfermo*› to watch over
B ‹*película*› to fog, expose; ‹*crítica*› to mask, veil
■ **velar** *vi*
A (permanecer despierto) to stay up *o* awake
B (cuidar) **~ POR algo/algn** to watch OVER sth/sb; **un organismo que vela por los derechos de ...** an organization which safeguards *o* protects the rights of ...
■ **velarse** *v pron* «*película*» to get fogged *o* exposed
velatorio *m* [1] (acción, reunión) wake, vigil (frml) [2] (establecimiento) funeral parlor*; (sala) chapel of rest

veleidad *f* [1] (volubilidad, ligereza) flightiness, fickleness; **~es de juventud** youthful follies [2] (RPl) (aire de grandeza): **tiene unas ~es ...** she really gives herself airs
veleidoso -sa *adj* fickle, capricious; (en relaciones amorosas) flighty, fickle
velero *m* [1] (Náut) (grande) sailing ship; (pequeño) sailboat (AmE), sailing boat (BrE) [2] (Aviac) glider
veleta *f* [1] (para el viento) weather vane, weathercock [2] **veleta** *mf* (fam) (persona inconstante) fickle person
vello *m*
A (pelusa) down; (en las piernas, etc) hair
(Compuesto) **vello púbico** pubic hair
B (Bot) bloom
vellocino *m* fleece
(Compuesto) **vellocino de oro** Golden Fleece
vellón *m* (piel) sheepskin; (de lana) fleece
vellosidad *f* (con pelusa) downiness; (de las piernas, etc) hairiness
velloso -sa, **velludo -da** *adj* [1] (con pelusa) downy [2] ‹*piernas*› hairy
velludo -da *adj* hairy; **es muy ~** he's very hairy
velo *m* veil; **~ de novia/monja** bridal/nun's veil; ***correr*** *or* ***echar un tupido ~ sobre algo*** to draw a veil over sth; ***descorrer el ~ sobre algo*** to uncover sth; ***tomar el ~*** to take the veil
velocidad *f*
A [1] (medida, relación) speed; **¿a qué ~ iba?** how fast was he going?; **cobrar ~** to pick up *o* gather speed; **disminuir la ~** to slow down; **a toda/gran ~** at top/high speed; **de alta ~** high-speed [2] (rapidez) speed; **la ~ con que lo hizo** the speed with which he did it
(Compuestos)
- **velocidad de crucero** cruising speed
- **velocidad de subida** rate of climb
- **velocidad máxima** *or* **punta** maximum *o* top speed

B (Auto, Mec) gear; **un modelo de cinco ~es** a five-gear model; **en primera ~** in first (gear)
velocímetro *m* speedometer
velocípedo *m* velocipede
velocista *mf* sprinter
velódromo *m* cycle track, velodrome
velomotor *m* moped
velorio *m* wake
veloz *adj* ‹*corredor*› fast; ‹*movimiento*› swift, quick; **~ *como un rayo*** *or* ***relámpago*** as quick as a flash
ven *see* **venir, ver**
vena *f*
A (Anat) vein; **inyectar en ~** to inject into a vein; **cortarse las ~s** to slash *o* cut one's wrists
(Compuesto) **vena coronaria/yugular** cardiac/jugular vein
B (Geol, Min) vein, seam
C (de madera) grain; (de piedra) vein, stripe
D [1] (disposición) vein, disposition; **en ~ poética** in a poetic vein; ***darle la ~ a algn*** (fam): **le dio la ~ y dejó el trabajo** she upped and left her job on an impulse (colloq); **cuando le da la ~ de pintar ...** when he's in the mood to paint ...; ***estar en ~*** (fam) to be in the mood; ***tener ~ de algo*** to have the makings of sth [2] (talento) talent
venado *m* [1] (Zool) deer; ***pintar ~*** (Méx fam) to play hooky (esp AmE colloq), skive off (school) (BrE colloq) [2] (Coc) venison
venal *adj* (frml) venal (frml)
venalidad *f* (frml) venality (frml)
vencedor¹ -dora *adj* ‹*ejército/país*› victorious; ‹*equipo/jugador*› winning (*before n*)
vencedor² -dora *m,f* (en guerra) victor; (en competición) winner; **no habrá ~es ni vencidos** (frml) there will be no victors and no vanquished (frml)
vencejo *m* swift
vencer [E2] *vt* [1] ‹*enemigo*› to defeat, vanquish (liter); ‹*rival/competidor*› to defeat, beat; **no te dejes ~** don't give in [2] ‹*miedo/pesimismo/obstáculo*› to overcome [3] (dominar): **me venció el sueño/el cansancio** I was overcome by sleep/tiredness
■ **vencer** *vi*

V

A «*ejército/equipo*» to win, be victorious; **¡~emos!** we shall overcome!
B **1** «*pasaporte/garantía*» to expire; **el lunes vence el plazo** Monday is the deadline; **antes de que venza la garantía** before the guarantee runs out *o* expires **2** «*letra*» to be due for payment
■ **vencerse** *v pron*
A «*tabla/rama*» to give way, break
B (AmL) «*pasaporte/garantía*» to expire; **se me venció el carnet** my card expired *o* ran out

vencido¹ -da *adj*
A ‹*ejército/país*› defeated, vanquished (liter); ‹*equipo/jugador*› losing (*before n*), beaten; ***darse por*** **~** to give up *o* in
B **1** ‹*visa/pasaporte*› expired, out-of-date; **pagar a mes ~** to pay a month in arrears; **estos antibióticos están ~s** (AmL) these antibiotics are past their expiration (AmE) *o* (BrE) expiry date **2** ‹*boleto/cheque*› out-of-date **3** ‹*letra/intereses*› due for payment
C (doblado, torcido): **la viga está vencida** the beam is weak *o* is sagging; **era ~ de espaldas** he had a stoop

vencido² -da *m,f*: **los ~s** the defeated, the vanquished (liter); ***jugar a las vencidas*** (Méx) to armwrestle

vencimiento *m* (de letra, pago) due date; (de carnet, licencia) expiration (AmE) *o* (BrE) expiry date

venda *f* bandage; **~ elástica** elastic bandage; ***caérsele a algn la ~ de los ojos***: **se le cayó la ~ de los ojos** the scales fell from his eyes; ***tener una ~ en los ojos*** to be blind (colloq); **tiene una ~ en los ojos y cree que es perfecto** she's blind (to his faults) and thinks he's perfect

vendaje *m* dressing; **poner un ~** to put on a dressing

vendar [A1] *vt* to bandage; **un brazo vendado** a bandaged arm

vendaval *m* gale, strong wind

vendedor -dora *m,f* **1** (en mercado) stallholder, stallkeeper (AmE); (en tienda) salesclerk (AmE), shop assistant (BrE); (viajante, representante) sales representative **2** (Der) (propietario que vende) vendor

Compuestos
- **vendedor -dora a domicilio** *m,f* door-to-door sales agent
- **vendedor -dora ambulante** *m,f* peddler, hawker
- **vendedor -dora de periódicos** *m,f* newspaper vendor *o* seller

vendepatria *mf* (fam) traitor

vender [E1] *vt*
A ‹*mercancías/casa*› to sell; **vendió la casa muy bien** she got a very good price for her house; **le vendí el reloj** I sold him the watch; **se vende muy bien/poco** it sells very well/doesn't sell very well; **Ⓢ se vende** for sale; **~ al por mayor/menor** to sell wholesale/retail; **~ algo A algo** to sell sth AT sth; **lo venden a $500 el kilo** they sell it at $500 a kilo; **~ algo EN** *or* **POR algo** to sell sth FOR sth; **vendí el cuadro en** *or* **por $20.000** I sold the painting for $20,000; **~ algo POR algo**: **se vende por kilo(s)/unidad(es)** it's sold by the kilo/unit
B **1** (traicionar) to betray **2** (delatar) to give … away; **el acento lo vende** his accent gives him away
■ **vender** *vi* «*producto*» to sell; **una escritora que vende** a best-selling author
■ **venderse** *v pron* to sell out; **se vendió por un ascenso** he sold out to get promotion

vendible *adj* salable*

vendimia *f* grape harvest, wine harvest

vendimiador -dora *m,f* grape harvester *o* picker

vendimiar [A1] *vt* to pick, harvest

vendré, vendría, etc *see* **venir**

venduta *f* (Col) public sale (*of household goods*)

Venecia *f* Venice

veneciano -na *adj/m,f* Venetian

veneno *m* **1** (sustancia tóxica) poison; (de culebra) venom; **el tabaco es un ~ para la salud** tobacco *o* smoking is very harmful to your health **2** (malevolencia) venom

venenosidad *f* toxicity

venenoso -sa *adj* ‹*sustancia/planta*› poisonous; ‹*araña/serpiente*› poisonous, venomous; ‹*palabras/mirada*› venomous

venera *f* scallop (shell)

venerable *adj/m,f* venerable

veneración *f* **1** (adoración) adoration, veneration (frml); **siente ~ por su hija** he worships his daughter **2** (Relig) veneration

venerar [A1] *vt* (adorar, reverenciar) to revere, worship; (Relig) to venerate

venéreo -rea *adj* venereal

venero *m* (yacimiento) vein, seam, lode; (manantial) (frml & liter) spring; **un ~ de datos** a mine of information

venezolanismo *m* Venezuelan word (*o* phrase *etc*), Venezuelanism

venezolano -na *adj/m,f* Venezuelan

Venezuela *f* Venezuela

venga *interj* (Esp fam) **1** (para animar) come on; ***¡~ ya!*** (fam) come off it! (colloq) **2** (para exigir algo): **~ el lápiz que me quitaste** let's have the pencil you took off me (colloq) **3** (expresando insistencia) **~ A + INF** (fam): **y ~ a protestar** and they just kept *o* went on (and on) complaining

vengador¹ -dora *adj* avenging (*before n*)

vengador² -dora *m,f* avenger

vengáis, vengamos, etc *see* **venir**

venganza *f* revenge, vengeance (liter); **actuó por ~** she acted out of a desire for revenge

vengar [A3] *vt* ‹*insulto/derrota*› to take revenge for, to avenge; ‹*persona*› to avenge
■ **vengarse** *v pron* to take revenge; **~se DE** *or* **POR algo** to take revenge FOR sth; **~se DE/EN algn** to take (one's) revenge ON sb

vengativo -va *adj* vindictive, vengeful (liter)

vengo *see* **venir**

venia *f*
A **1** (frml) (autorización) consent, authorization **2** (para pedir la palabra) permission, leave; **con la ~ de la sala** with the permission of the court
B **1** (Andes, RPl, Ven) (inclinación de cabeza) bow **2** (RPl) (saludo militar) salute; **hacer la ~** to salute

venial *adj* venial

venialidad *f* veniality

venida *f* **1** (llegada) arrival **2** (AmL) (vuelta): **a la** *or* **de ~** on the way back

venidero -ra *adj* future (*before n*)

venir [I31] *vi*
A **1** (a un lugar) to come; **vine en tren/avión** I came by train/plane; **¿a qué vino?** what did he come by *o* around for?; **¿ha venido el electricista?** has the electrician been?; **¡que venga el encargado!** I want to see the person in charge!; **vine dormida todo el tiempo** I slept (for) the whole journey; **~ POR** *or* (Esp) **A POR algn/algo** to come FOR sb/sth, come to pick sb/sth up; **~ A + INF** to come to + INF; **ven a ver esto** come and see this **2** (volver) to come back; **ahora vengo** I'll be back in a moment; **no vengas tarde** don't be late home *o* back **3** (salir) **~ CON algo**: **me vino con un cuento** he came up with some excuse; **no me vengas con exigencias** don't start making demands; **no me vengas con eso ahora** don't give me that (colloq); **y ahora viene con que necesita el doble** and now he says he needs double **4** (sobrevenir) (+ *me/te/le etc*): **me vino una gripe** I came *o* went down with flu; **me vinieron unas ganas de reír …** I felt like bursting out laughing
B **1** (tener lugar): **ahora viene esa escena que te conté** that scene I told you about is coming up now; **entonces vino la guerra** then the war came; **¿qué viene después de las noticias?** what's on after the news?; **ya vendrán tiempos mejores** things will get better **2** (indicando procedencia) **~ DE algo** to come FROM sth; **viene de la India** it comes from India; **le viene de familia** it runs in his family; **de ahí viene que tenga deudas** that's why he has debts; **¿a qué viene eso?** why do you say that?; **¿a qué vienen esos gritos?** what's all the shouting about? **3** (indicando presentación) to come; **viene en tres tamaños** it comes in three sizes; **el folleto viene en inglés** the brochure is available in English **4** (estar incluido): **viene en primera página** it's on the front page; **no viene nada sobre la huelga** there's nothing about the strike
C (+ *me/te/le etc*) **1** (quedar) (+ *compl*): **la camisa te viene ancha** the shirt's too big for you; **ese abrigo le viene mal** that coat doesn't suit her; **el cargo le viene grande**

V

he isn't up to the job 2 (convenir) (+ *compl*): **estas cajas me vendrían muy bien** these boxes would come in handy; **¿te viene bien a las ocho?** is eight o'clock all right *o* OK for you?; **el jueves no me viene bien** Thursday's no good for me; **me vendría bien un descanso** I could do with a rest

D (*como aux*) 1 **~ A + INF**: **esto viene a confirmar mis sospechas** this confirms my suspicions; **vendrá a tener unos 30 años** she must be about 30; **el precio viene a ser el mismo** the price works out (about) the same 2 **~ + GER**: **hace mucho que lo venía diciendo** I'd been saying so all along; **viene trabajando aquí desde hace muchos años** he has been working here for many years

■ **venirse** *v pron* (*enf*) 1 (a un lugar) to come; **se vinieron a pie** they came on foot; **¿te vienes al parque?** are you coming to the park?; ***~se abajo*** «*persona*» to go to pieces; «*techo*» to fall in, collapse; «*estante*» to collapse; «*ilusiones*» to go up in smoke; «*proyectos*» to fall through 2 (volver) to come back

venoso -sa *adj* ‹*sangre/enfermedades*› venous; ‹*manos/hoja*› veined

venta *f*

A (Com) sale; **se dedica a la compra y ~ de coches usados** he's in the used car business; **Ⓢ prohibida su venta** not for sale; **Ⓢ prohibida la venta ambulante** no hawkers; **pronto saldrá a la ~** it will be on sale soon; **de ~ en kioscos** on sale at newsstands; **estar en** *or* **a la ~** «*coche/bicicleta*» to be for sale; «*casa*» to be (up) for sale

(Compuestos)
- **venta al contado** cash sale
- **venta al por mayor/menor** wholesale/retail
- **venta a plazos** installment plan (AmE), hire purchase (BrE)
- **venta de garaje** garage sale
- **venta piramidal** pyramid selling
- **venta por catálogo** *or* **correo** mail order

B (posada) (arc) inn, hostelry (arch)

ventaja *f* 1 (beneficio) advantage; **tiene la ~ de que está cerca** it has the advantage of being near; **tienes ~ por tu experiencia** you have an advantage because of your experience 2 (en carrera): **lleva** *or* **tiene una ~ de diez segundos** she has a ten-second lead; **te doy una ~ de tres metros** I'll give you a three-meter head start; **sacó ~ en la curva** he pulled ahead on the bend; **estaba jugando con ~** he was at an advantage

ventajero -ra *m,f* (RPl) opportunist

ventajista[1] *adj* opportunistic, opportunist (*before n*)

ventajista[2] *mf* opportunist

ventajoso[1] **-sa** *adj* 1 ‹*negocio*› profitable; ‹*acuerdo/situación*› favorable*, advantageous 2 (Col) ‹*persona*› opportunistic

ventajoso[2] **-sa** *m,f* (Col) opportunist

ventana *f*

A 1 (Arquit, Const) window; ***tirar algo por la ~*** (literal) to throw sth out of the window; (desperdiciar) to throw sth away 2 (Inf) window

(Compuestos)
- **ventana de guillotina** sash window
- **ventana de socorro** emergency exit

B (de la nariz) nostril

ventanal *m* large window

ventanilla *f* 1 (de coche, tren) window; **Ⓢ prohibido asomarse por la ventanilla** do not lean out of the window 2 (en oficinas) window; (en cines, teatros) box office; **horario de ~** opening hours 3 (Inf) window

ventanillo *m* small window

ventarrón *m* (fam) strong wind

ventear [A1] *vt*

A «*animal*» to sniff

B ‹*ropa*› to air

■ **ventear** *v impers*: **está venteando mucho** it's very windy

ventero -ra *m,f* innkeeper

ventilación *f* 1 (posibilidad de ventilarse) ventilation; **la única ~ era un extractor** the only means of ventilation was an extractor fan 2 (acción de ventilar) airing

ventilador *m* (aparato) fan; (abertura) ventilator, air vent

(Compuesto) **ventilador hélice** *or* **de aspas** ceiling fan

ventilar [A1] *vt*

A ‹*habitación*› to air, ventilate; ‹*ropa/colchón*› to air

B 1 ‹*secreto*› to spread around; **siempre ventilan sus problemas matrimoniales delante de todos** they're forever airing their marital differences in front of everyone 2 ‹*asunto/problema*› to talk about

■ **ventilarse** *v pron*

A «*habitación/ropa*» to air

B (fam) (tomar el aire) to get a breath of fresh air, get some air

ventisca *f* snowstorm; (con más viento) blizzard

ventiscar [A2], **ventisquear** [A1] *v impers*: **está ventiscando** there is a blizzard blowing

■ **ventiscar** *vi* «*nieve*» to drift

ventisquero *m* (lugar expuesto) *place exposed to blizzards*; (nevero) snowfield, icefield; (nieve) snowdrift

ventolera *f* gust of wind; ***darle a algn la ~*** (fam): **le dio la ~ de casarse** he suddenly decided that he ought to get married

ventolina *f* (viento flojo) light wind; (ráfaga) (CS) gust of wind

ventosa *f* 1 (de goma, plástico) suction pad 2 (Zool) sucker 3 (Med) cupping glass

ventosidad *f* wind, flatulence

ventoso -sa *adj* windy

ventrículo *m* ventricle

ventrílocuo -cua *m,f* ventriloquist

ventriloquismo *m* ventriloquy

ventura *f*

A (liter) 1 (suerte) fortune; **tiene la ~ de tenerlo a usted para ayudarlo** he is fortunate *o* he has the good fortune to have you to help him; **tuvo la buena ~ de que no le ocurriese nada** she was fortunate that nothing happened to her; **quiso la ~ que ...** as chance *o* luck would have it ...; ***echarle la buena ~ a algn*** to tell sb's fortune 2 (satisfacción, dicha) happiness; **le deseo la mayor de las ~s** I wish him every happiness

B (*en locs*) **a la ventura**: **viven a la ~** they take each day as it comes; **salieron a la ~** they set out with no fixed plan; **no había estudiado, fue a la ~** he hadn't studied, he just went along hoping for the best; **por ventura** (frml) (afortunadamente) fortunately; (acaso) perhaps

venturoso -sa *adj* (*delante del n*) (liter) happy; **ese ~ encuentro** that fortunate meeting (liter); **el ~ día en que la conocí** the happy day that I met her (liter)

ventuta *f* (Col) garage sale

venus *f* beauty, goddess

Venus 1 *m* (Astron) Venus 2 *f* (Art, Mit) Venus

veo *see* **ver**[2]

ver[1] *m*

A (aspecto): **de buen ~** good-looking, attractive; **no es de mal ~** she's not bad-looking

B (opinión): **a mi/su ~** in my/his view

ver[2] [E29] *vt*

A 1 (percibir con la vista) to see; **¿ves algo?** can you see anything?; **no se ve nada aquí** you can't see a thing in here; **tú ves visiones** you're seeing things; **es como si lo estuviera viendo** it's as if I were seeing him/it now; **~ algo/a algn + INF** to see sth/sb + INF; **la vi bailar hace años** I saw her dance years ago; **lo vi hablando con ella** I saw him talking to her; ***si te he visto no me acuerdo*** (fam) he/she doesn't/didn't want to know; ***~ venir algo*** to see sth coming 2 (mirar) ‹*programa/partido*› to watch; **~ (la) televisión** to watch television; **esa película ya la he visto** I've seen that movie before; **déjame ~** let me see; ***no poder (ni) ~ a algn***: **no puede ni ~la** *or* **no la puede ~** he can't stand her 3 (imaginar) to see, picture

B (entender, notar) to see; **¿no ves lo que está pasando?** don't *o* can't you see what's happening?; **no quiere ~ la realidad** he won't face up to reality; **sólo ve sus problemas** he's only interested in his own problems; **se te ve en la cara** I can tell by your face; **se la ve feliz/preocupada** she looks happy/worried; **ya lo veo** I can see that; ***hacerse ~*** (RPl) to show off; ***echar de ver*** (Esp) to realize

C 1 (constatar, comprobar) to see; **ve a ~ quién es** go and see

V

who it is; **¡ya ~ás lo que pasa!** you'll see what happens; **habrá que ~ si lo hace** it remains to be seen whether he does it; **¡eso ya se ~á!** we'll see; **¡eso está por ~!** we'll see about that!; **no me olvidé ¡para que veas!** I didn't forget, see?; **le gané ¡para que veas!** I beat him, so there! **2▸** (ser testigo de) to see; **vieron confirmadas sus sospechas** they saw their suspicions confirmed; **¡nunca he visto cosa igual!** I've never seen anything like it!; **¡habráse visto semejante desfachatez!** what a nerve! (colloq); **¡si vieras lo mal que lo pasé!** you can't imagine how awful it was!; **es tan bonita, si vieras ...** she's so pretty, you should see her; **¡vieras** *or* **hubieras visto cómo se asustaron ...!** (AmL) you should have seen the fright they got!; **ya ves, aquí me tienes** well, here I am; **¡hay que ~!** would you believe it!; **¡hay que ~ lo que ha crecido!** wow *o* gosh! hasn't he grown!; **hay que ~ lo grosera que es** she's incredibly rude; ***que no veas*** (Esp fam): **me echó una bronca que no veas** you wouldn't believe the earful she gave me! (colloq); ***que no veo*** (AmL fam): **tengo un hambre que no veo** (fam) I'm absolutely starving (colloq); **tengo un sueño que no veo** I'm so tired I can hardly keep my eyes open

D **a ver**: **(vamos) a ~ ¿de qué se trata?** OK *o* all right, now, what's the problem?; **aquí está en el periódico — ¿a ~?** it's here in the newspaper — let's see; **¿a ~ qué tienes ahí?** let me see what you've got there; **apriétalo a ~ qué pasa** press it and let's see what happens; **a ~ si me entienden** (justificando) don't get me wrong; (explicando) let me make myself clear; **a ~ si estudias más** I'd think about studying harder; **a ~ si escribes pronto** make sure you write soon; **¡cállate, a ~ si alguien te oye!** shut up, somebody might hear you; **a ~ cuándo vienes a visitarnos** come and see us soon

E **1▸** (estudiar): **esto mejor que lo veas tú** you'd better have a look at this; **tengo que ~ cómo lo arreglo** I have to work out how I can fix it; **ya ~é qué hago** I'll decide what to do later; **véase el capítulo anterior** see (the) previous chapter; **no vimos ese tema en clase** we didn't cover that topic in class **2▸** ‹‹*médico*›› (examinar) to see; **¿la ha visto un médico?** has she been seen by a doctor yet?; **se hizo ~ por un especialista** (AmS) she saw a specialist **3▸** (Der) ‹*causa*› to try, hear

F **1▸** (juzgar, considerar): **yo eso no lo veo bien** I don't think that's right; **cada uno ve las cosas a su manera** everybody sees things differently; **a mi modo** *or* **manera de ~** the way I see it **2▸** (encontrar) to see; **no le veo salida a esto** I can't see any way out of this; **no le veo la gracia** I don't think it's funny; **no le veo nada de malo** I can't see anything wrong in it

G (visitar, entrevistarse con) ‹*amigo/pariente*› to see, visit; ‹*médico/jefe*› to see; **¡cuánto tiempo sin ~te!** I haven't seen you for ages!, long time, no see (colloq); **ahora lo vemos menos** we don't see so much of him now

H **tener ... que ver**: **¿y eso qué tiene que ~?** and what does that have to do with it?; **no tengo nada que ~ con él** I have nothing to do with him; **¿tuviste algo que ~ en esto?** did you have anything to do with this?; **¿qué tiene que ~ que sea sábado?** what difference does it make that it's Saturday?; **¿tendrán algo que ~ con los Zamora?** are they related in any way to the Zamoras?

■ **ver** *vi*

A (percibir con la vista) to see; **enciende la luz que no veo** turn on the light, I can't see; **no veo bien de lejos/de cerca** I'm shortsighted/longsighted

B (constatar): **¿hay cerveza? — no sé, voy a ~** is there any beer? — I don't know, I'll have a look; **¿está Juan? — voy a ~** is Juan in? — I'll go and see; **~ás, no quería decírtelo, pero ...** look, I didn't want to tell you, but ...; **pues ~ás, todo empezó cuando ...** well you see, the whole thing began when ...; **~ *para creer*** seeing is believing

C (pensar) to see; **¿vas a decir que sí? — ya ~é** are you going to accept? — I'll see; ***estar/seguir en ~emos*** (AmL fam): **todavía está en ~emos** it isn't certain yet; **seguimos en ~emos** we still don't know anything

■ **verse** *v pron*

A (*refl*) **1▸** (percibirse) to see oneself; **se vio reflejado en el agua** he saw his reflection in the water **2▸** (imaginarse) to see oneself

B **1▸** (hallarse) (+ *compl*) to find oneself; **me vi en un aprieto** I found myself in a tight spot; **me vi obligado a despedirlo** I had no choice but to dismiss him; ***vérselas venir*** (fam): **me las veía venir** I could see it coming; ***~se venir algo*** to see sth coming **2▸** (frml) (ser): **este problema se ha visto agravado por ...** this problem has been made worse by ...; **el país se ~á beneficiado** the country will benefit

C (dejar ver) (+ *me/te/le etc*): **se te ve todo** you're showing everything

D (esp AmL) (parecer): **se ve bien con esa falda** she looks good in that skirt; **no se ve bien con ese peinado** that hairdo doesn't suit her

E (*recípr*) (encontrarse) to meet; (visitarse) to see each other; **nos vemos a las siete** I'll meet *o* see you at seven; **no nos vimos durante un tiempo** we didn't see each other for a while; **¡nos vemos!** (esp AmL) see you!; **~se CON algn** to see sb; ***vérselas con algn***: **tendrá que vérselas conmigo** he'll have me to deal with

vera *f* (ant) (de río) bank; **a la ~ del camino** by the roadside

veracidad *f* veracity (frml), truthfulness; **la ~ de sus palabras** the truth of his words

veranda *f* (galería) veranda, verandah; (de vidrio) conservatory

veraneante *mf* vacationer (AmE), holidaymaker (BrE)

veranear [A1] *vi*: **solía ~ en un pueblo** she used to spend her summer vacation (AmE) *o* (BrE) holidays in a small town

veraneo *m*: **fuimos de ~ al campo** we spent our summer vacation (AmE) *o* (BrE) holidays in the country; **lugar de ~** summer resort

veraniego -ga *adj* summer (*before n*); **vas muy ~** you're looking very summery

verano *m* summer; (en la zona tropical) dry season; **en ~** in summertime; **ropa de ~** summer clothes; **en pleno ~** at the height of summer, in high summer

veras: **de ~** (*loc adv*) really; **lo siento de ~** I really am sorry; **esta vez va de ~** this time it's serious *o* (colloq) it's for real; **¡no lo dirás de ~!** you can't be serious!

veraz *adj* truthful

verbal *adj* verbal

verbalizar [A4] *vt* to verbalize, put ... into words

verbena *f*

A (Bot) verbena

B (fiesta popular) festival; (baile) open-air dance

verbenero -ra *adj* festive

verbigracia *loc adv* (frml) for example, eg

verbo *m*

A (Ling) verb

B (lenguaje) speech; **un hombre de ~ fluido** an articulate *o* eloquent man; **con dominio del ~** eloquently

C **el Verbo** (Relig) the Word

verborrea *f* verbiage, verbosity; **sufre de ~** (fam & hum) he has verbal diarrhea* (colloq & hum)

verbosidad *f* verbosity

verboso -sa *adj* verbose, wordy

verdad *f*

A **1▸** (veracidad) truth; **es la pura ~** it's the gospel truth; **a decir ~ ...** to tell you the truth ...; **me dijo la ~ a medias** she only told me half the truth; **la ~, no lo sé** I don't honestly know; **la ~ es que ...** the truth is that ...; **en honor a la ~** in all fairness; **¡eso no es ~!** that's not true!; **si bien es ~ que ...** it might well be true that ...; **faltar a la ~** to be untruthful; ***creer que se está en posesión de la ~*** to think one is always right **2▸** **de verdad** (*loc adv*) really; (*loc adj*) real; **¡de ~ que me gusta!** I really do like it!; **de ~ que lo siento** I really am sorry; **una pistola de ~** a real gun **3▸** (buscando corroboración): **¡es muy guapa ¿~?** she's very beautiful, isn't she?; **¿~ que tú me entiendes?** you understand me, don't you?

B (enunciado verdadero) truth; **eso es una gran ~** that is *so* true!; ***cantarle*** *or* ***decirle cuatro ~es a algn*** to tell sb a few home truths; ***ser una ~ como un templo*** to be self-evident; ***~es como puños***: **dice ~es como puños** he isn't afraid to tell the truth

verdaderamente *adv* **1▸** ‹*feliz/asqueroso/difícil*› really **2▸** (*indep*) honestly; **~, no sé qué hacer** I honestly *o* really don't know what to do

V

verdadero -ra *adj*
A [1] ‹*premisa/historia*› true; ‹*caso/nombre*› real [2] ‹*pieles/joyas*› real
B (*delante del n*) (uso enfático) real; **se portó como un ~ imbécil** he behaved like a real *o* (colloq) proper idiot; **fue un ~ padre para mí** he was like a father to me

verde[1] *adj*
A ‹*color/ojos/vestido*› green; **zapatos ~ claro/oscuro** light/dark green shoes; **ojos ~ azulado** bluish *o* (BrE) bluey green eyes; ***estar ~ de envidia*** (CS) to be green with envy
B ‹*fruta*› green, unripe; ‹*leña*› green; ***estar ~*** (fam) (no tener experiencia) to be green (colloq); (en una asignatura): **está ~ en historia** he doesn't know the first thing about history (colloq); **el plan todavía está ~** the plan is still in its very early stages
C (Pol) Green
D (fam) ‹*chiste*› dirty, blue (colloq); ▸**viejo[2]A**

verde[2] *m*
A (color) green; (Bot) greenery
(Compuestos)
- **verde botella** *adj inv* bottle-green
- **verde esmeralda** *adj inv* emerald-green, emerald
- **verde oliva** *adj inv* olive-green
- **verde perico** (Col) *adj inv* bright-green

B **verde** *mf* (Pol) Green; **los ~s** the Greens

verdear [A1] *vi* (aparecer de color verde) to look green; (ponerse verde) to turn green

verdín *m* [1] (musgo) moss [2] (moho) mold*; (en el agua) slime; (en metal) verdigris

verdor *m* greenness

verdoso -sa *adj* greenish

verdugo *m*
A [1] (en ejecuciones) executioner; (en la horca) hangman [2] (persona cruel) tyrant
B (Indum) balaclava; (para el esquí) ski mask
C [1] (vástago) shoot [2] (látigo) whip, lash; (espada) rapier

verdugón *m* welt, weal

verdulería, verdurería *f* fruit and vegetable store, greengrocer's (BrE)

verdulero -ra, **verdurero -ra** *m,f* (persona) greengrocer; **habla como una verdulera** (fam) she talks like a real fishwife (colloq)

verdura *f* (Bot, Coc) vegetable; (verdor) (liter) greenness (liter)

vereda *f* [1] (senda) path; ***entrar en ~*** to toe the line; ***hacer entrar a algn en ~*** to make sb toe the line [2] (CS, Per) (acera) sidewalk (AmE), pavement (BrE) [3] (Col) (distrito) district

veredicto *m* (Der) verdict; (dictamen) opinion, verdict
(Compuesto) **veredicto de culpabilidad/inocencia** verdict of guilty/not guilty

verga *f*
A [1] (Náut) spar, yard [2] (varilla) rod
B (Zool) penis; (pene) (vulg) cock (vulg)

vergel *m* (liter) (huerto) orchard; (jardín) garden

verglás *m* (en roca, superficie) verglas; (en autopista, camino) black ice

vergonzante *adj* ‹*enfermedad/error*› embarrassing

vergonzoso -sa *adj*
A (tímido) shy, bashful
B ‹*asunto/comportamiento*› disgraceful, shameful

vergüenza *f*
A (turbación) embarrassment; **no lo hagas pasar ~** don't embarrass him; **se puso colorado de ~** he blushed with embarrassment; **me da ~ pedírselo otra vez** I'm embarrassed to ask him again; **sentí ~ ajena** I felt embarrassed for him/her/them
B (sentido del decoro) (sense of) shame; **¡no tienes ~!** you should be ashamed of yourself!; **¡qué falta de ~ tienes!** have you no shame?; ***perder la ~*** to lose all sense of shame
C (escándalo, motivo de oprobio) disgrace; **una ~ nacional** a national disgrace; **ser una ~ para algo/algn** to be a disgrace to sth/sb; **estos precios son una ~** these prices are outrageous; **¿perdiste otra vez? ¡qué ~!** (hum) you mean you lost again? shame on you!
D **vergüenzas** *fpl* (euf & hum) (genitales) privates (*pl*) (euph & hum)

vericuetos *mpl* (terreno abrupto) rough terrain; (vueltas) twists and turns (*pl*); **los ~s de la vida** the ups and downs of life

verídico -ca *adj* true

verificable *adj* verifiable

verificación *f* (de hechos) verification, establishment; (de resultados) checking; (de máquina) testing, checking

verificar [A2] *vt* ‹*hechos*› to establish, verify; ‹*resultado*› to check; ‹*pagos/cuentas*› to check, audit; ‹*máquina/instrumento*› to check, test
■ **verificarse** *v pron* [1] (period) «*suceso/acto*» to take place, be held [2] «*pronóstico/predicción*» to come true

verificativo *m* (Méx frml): **tener ~** to take place

verismo *m* (realismo) realism; (Art, Lit) verism

verja *f* (cerca) railings (*pl*); (puerta) wrought-iron gate; (de ventana) (wrought-iron) grille

vermut[1] /ber'mu(t)/ *m* (*pl* **-muts**) vermouth

vermut[2] /ber'mu(t)/ *f* (*pl* **-muts**) (CS) early evening performance

vernáculo -la *adj* vernacular

verónica *f* (Taur) *pass made with feet apart and cape held in both hands*

verosímil *adj* ‹*excusa/versión*› plausible; **las situaciones que narra no resultan muy ~es** the situations he writes about are not very realistic *o* true to life

verosimilitud *f* (de excusa, historia) plausibility; (de versión, personaje) credibility

verraco[1] -ca *adj* (Col fam) [1] (estupendo) fantastic (colloq) [2] (valiente) plucky (colloq), gutsy (colloq)

verraco[2] *m* boar

verruga *f* [1] (Med) (en la mano, cara) wart; (en los pies) verruca [2] (Bot) wart

versado -da *adj* [SER] **~ EN algo**: **es ~ en la materia** he's an authority on the subject; **un hombre muy ~ en filosofía** a man who is well versed in philosophy

versalita *f* small capital

versar [A1] *vi* (liter) «*tratado/discurso*» **~ SOBRE algo** to deal with sth

versátil *adj* [1] (polifacético) versatile [2] (inconstante) fickle, changeable

versatilidad *f*
A [1] (diversidad) versatility [2] (inconstancia) fickleness, changeability
B (Zool) versatility

versículo *m* verse

versificación *f* versification

versificar [A2] *vi/vt* to versify

versión *f* [1] (de obra, suceso) version; **~ cinematográfica** movie version [2] (traducción) translation [3] (modelo) model
(Compuesto) **versión original** *movie in its original language*

verso *m*
A (Lit) (línea) line, verse; (poema) poem; (género) verse; **en ~** in verse
(Compuesto) **verso blanco/libre** blank/free verse
B (RPl fam) (mentira): **es todo ~** it's all lies; ***hacerle el ~ a algn*** (RPl) to try to con sb (colloq)

versus *prep* versus, against

vértebra *f* vertebra

vertebrado[1] -da *adj* vertebrate

vertebrado[2] *m* vertebrate; **los ~s** the vertebrates

vertebral *adj* vertebral; ▸**columna**

vertedero *m*
A (para basura) dump; **un ~ de residuos nucleares** a dumping site for nuclear waste
B (desagüe) outlet

vertedor *m* (de depósito) outlet; (de presa) spillway

verter [E31] *or* [E8] *vt*
A [1] (echar) ‹*agua/vino/trigo*› to pour; **~ residuos radiactivos** to dump radioactive waste [2] (derramar) ‹*líquido*› to spill; ‹*lágrimas/sangre*› (liter) to shed (liter)
B (period) (expresar) ‹*opiniones*› to voice, state
C (frml) [1] (traducir) **~ algo A algo** to translate *o* (frml) render sth INTO sth; **vertió el poema al francés** he translated the poem into French [2] (trasladar): **vertió sus sentimientos al papel** he put his feelings down on paper

■ **verter** *vi* to flow; **el Ebro vierte al Mediterráneo** the Ebro flows into the Mediterranean

vertical[1] *adj*
A 1▸ ‹*línea/madero*› vertical; **en posición ~** in an upright *o* a vertical position 2▸ (en crucigramas): **el tres ~** three down
B (Pol, Rels Labs) vertical

vertical[2] *f* 1▸ (Mat, Tec) vertical line, vertical (tech); **una caída en ~** a sheer drop 2▸ (Dep) handstand

vertical[3] *m* (Dep) post, upright

verticalidad *f* verticality

verticalista *adj* (AmS) vertical

vértice *m* (de ángulo, figura) vertex, apex; (coronilla) crown

vertido *m* (accidental) spilling, spillage; (deliberado) dumping

vertiente *f* 1▸ (de montaña, tejado) slope 2▸ (faceta, aspecto) aspect 3▸ (CS) (manantial) spring

vertiginoso -sa *adj* ‹*velocidad*› dizzy, giddy, vertiginous (frml); **una vertiginosa caída del dólar** a dramatic *o* vertiginous fall in the value of the dollar

vértigo *m* 1▸ (por la altura) vertigo; **padecer de/tener ~** to suffer from/have vertigo; **me da** *or* **produce ~** it makes me dizzy *o* giddy; ***de*** **~: a una velocidad de ~** at breakneck speed; **precios de ~** skyhigh prices 2▸ (actividad intensa) frenzy; **el ~ de la vida moderna** the frantic pace of modern life

ves *see* **ver**

vesícula *f* vesicle
(Compuesto) **vesícula biliar** gallbladder

vesicular *adj* vesicular

vespa® *f* Vespa®, scooter

vespertina *f* (Col) early evening performance

vespertino[1] -na *adj* evening (*before n*); **diario ~** evening newspaper

vespertino[2] *m* 1▸ (period) (periódico) evening newspaper 2▸ (Chi) (Educ) night school

vespino® *m* moped

vestal[1] *adj* vestal

vestal[2] *f* vestal virgin

vestíbulo *m* (de casa particular) hall; (de edificio público) lobby; (de teatro, cine) foyer

vestido[1] -da *adj* dressed; **bien/mal ~** well/badly dressed; **¿cómo iba ~?** what was he wearing?; **~ DE algo: iba vestida de azul** she was wearing blue; **~ de calle/uniforme** in casual clothes/uniform; **¿de qué vas a ir ~?** what are you going to go as?

vestido[2] *m* 1▸ (ropa) clothes (*pl*), dress; **la historia del ~** the history of costume 2▸ (de mujer) dress 3▸ (Col) (de hombre) suit
(Compuestos)
- **vestido de baño** (Col) swimsuit
- **vestido de fiesta** party dress *o* frock
- **vestido de noche** evening dress
- **vestido de novia** wedding dress *o* gown

vestidor[1] -dora *adj* (Andes, Méx) dressy

vestidor[2] *m* (en casa) dressing room; (en club, gimnasio) (Chi, Méx) locker room (AmE), changing room (BrE)

vestiduras *fpl* 1▸ (ant) (ropa, prendas) clothes (*pl*); ***rasgarse las ~*** to throw up one's hands in horror 2▸ (Relig) *tb* **~ sacerdotales** vestments (*pl*)

vestier *m* (Col) (en tienda) fitting room; (en club, gimnasio) locker room (AmE), changing room (BrE)

vestigio *m* trace; **no quedan ~s de aquella civilización** no trace remains of that civilization; **~s de una antigua cultura** remains of an ancient culture; **en su rostro aún quedaban ~s de su belleza** (liter) her face still bore vestiges of her beauty (liter)

vestimenta *f* clothes (*pl*); **¿dónde vas con esa ~?** (pey) where are you going in that get-up? (pej)

vestir [I14] *vt*
A 1▸ ‹*niño/muñeca*› to dress 2▸ (proporcionar ropa a) to clothe (frml); **los viste la abuela** their grandmother buys their clothes for them 3▸ (confeccionar ropa a) «*modisto*» to dress 4▸ ‹*casa/pared*› to decorate
B (liter *o* period) (llevar puesto) to wear; **viste un traje verde** she is wearing a green suit

■ **vestir** *vi*
A «*persona*» to dress, get dressed; **~ bien/mal** to dress well/badly; **~ DE algo** to wear sth; ***el mismo que viste y calza*** (fam) the very same
B (ser elegante): **no sabe ~** he has no dress sense; **el negro viste mucho** black looks very smart; **de ~** ‹*traje/zapatos*› smart

■ **vestirse** *v pron* (*refl*)
A 1▸ (ponerse ropa) to dress, get dressed 2▸ (de cierta manera): **se viste bien/mal** he dresses well/badly; **se viste a la última moda** she wears the latest styles; **~se DE algo** to wear sth; **siempre se viste de verde** she always wears green 3▸ (disfrazarse) **~se DE algo** to dress up AS sth
B (liter) (engalanarse): **los campos se vistieron de flores** the fields were carpeted in flowers; **la ciudad se vistió de gala** the city was all decked out
C (comprarse la ropa) to buy one's clothes

vestón *m* (CS) jacket

vestuario *m*
A (conjunto de ropa) wardrobe; (Cin, Teatr) wardrobe
B (en club, gimnasio) locker room (AmE), changing room (BrE)

veta *f*
A 1▸ (filón — en madera) streak; (— en mármol) vein 2▸ (veteado — en la madera) grain; (— en el mármol) veining 3▸ (en la carne) streak 4▸ (en la roca) vein, seam
B (inclinación) bent, leanings (*pl*)

vetar [A1] *vt* to veto

vetarro -rra (Méx fam & hum) (*m*) old codger (colloq & hum); (*f*) old biddy (colloq & hum)

veteado[1] -da *adj* ‹*madera*› grained; ‹*mármol*› veined; **verde ~ de gris** green with streaks of gray

veteado[2] *m* (de la madera) grain; (del mármol) veining

veteranía *f* (experiencia) experience; (antigüedad) seniority

veterano[1] -na *adj* veteran (*before n*); **es ~ en esas lides** he has a great deal of experience in these matters

veterano[2] -na *m,f* veteran

veterinaria *f* (ciencia) veterinary science *o* medicine; (clínica) veterinary surgery

veterinario[1] -ria *adj* ‹*clínica*› veterinary (*before n*); **médico ~** vet, veterinarian (AmE), veterinary surgeon (BrE)

veterinario[2] -ria *m,f* vet, veterinarian (AmE), veterinary surgeon (BrE)

veto *m* veto; **derecho de** *or* **al ~** right of veto; **poner el ~ a algo** to veto sth

vetustez *f* (liter) great age

vetusto -ta *adj* (liter) ancient, very old

vez *f*
A (ocasión) time; **una ~/dos veces** once/twice; **una ~ por semana/año** once a week/year; **me acuerdo de una/aquella ~ cuando ...** I remember once/that time when ...; **la última/primera ~ que lo vi** the last/first time I saw him; **mil veces** *or* **miles de veces** a thousand times *o* thousands of times; **alguna ~ me he sentido tentada** there have been times when I've been tempted; **algunas veces** sometimes; **¿te has arrepentido alguna ~?** have you ever regretted it?; **¡la de veces** *or* **las veces que se lo dije!** the (number of) times I told him!; **érase** *or* **había una ~** (liter) once upon a time (liter); **por primera ~** for the first time; **otra ~** again; **¿por qué no lo dejamos para otra ~?** why don't we leave it for another time *o* day?; **repetidas veces** again and again, time and again; **por esta ~ pase** we'll forget it this time; **otra ~ será** maybe next time; **una ~ más** once again *o* more; **las más de las veces** more often than not
B (*en locs*) **a la vez** at the same time; **a mi/tu/su vez** for my/your/his part; **... quien a su ~ depende del director** ... who in turn reports to the director; **a veces** sometimes; **cada vez** every *o* each time; **lo encuentro cada ~ más viejo** he looks older every time I see him; **se utiliza cada ~ más** it's being used increasingly *o* more and more; **cada ~ menos** less and less; **de una vez** (expresando impaciencia) once and for all; (simultáneamente) in one go; **de vez en cuando** from time to time, every now and then; **en vez de** instead of; **rara vez** seldom, hardly ever; **una vez** once; **una ~ que hayan terminado** once *o* when you have finished; ***hacer las veces de algo*** «*caja/libro*» to serve as sth; «*persona*» to act as sth

C (Mat): **cabe una ~ y sobran dos** it goes once and two left over
D (Esp) (turno en una cola): **¿quién tiene** *or* **me da la ~?** who's last?; **pedir la ~** to ask who's last

v.g., v.gr. eg

vi *see* **ver**

vía[1] *f*
A **1** (ruta, camino): **una ~ urbana** (frml) an urban thoroughfare (frml); **la ~ rápida** the fast route; **~ navegable** waterway; **una ~ al diálogo** a channel *o* an avenue for dialogue; **¡dejen ~ libre!** clear the way!; ***dar ~ libre a algo*** to give sth the go-ahead *o* the green light; ***tener ~ libre*** to have a free hand **2** (medio de transporte): **por ~ aérea/marítima/terrestre** by air/by sea/by land; Ⓢ **vía aérea** airmail **3** (medio, procedimiento) channels (*pl*); **por la ~ diplomática/política** through diplomatic/political channels; **por la ~ de la violencia** by using violent methods *o* means **4** (Der) proceedings (*pl*)
(Compuestos)
- **vía de comunicación** road (*o* rail *etc*) link
- **Vía Láctea** Milky Way
- **vía marítima** sea route, seaway
- **vía pública** (frml) public highway
- **vías respiratorias/urinarias** *fpl* respiratory/urinary tract

B **en vías de**: **está en ~s de solucionarse** it's in the process of being resolved; **países en ~s de desarrollo** developing countries; **una especie en ~s de extinción** an endangered species; **el plan está en ~s de ejecución** the plan is now being carried out
C (Ferr) track; **saldrá por la ~ dos** (frml) it will depart from track (AmE) *o* (BrE) platform two (frml); **un tramo de ~ única/de doble ~** a single-track/double-track section
(Compuestos)
- **vía estrecha** *or* (Méx) **angosta** narrow gauge
- **vía férrea** railroad track (AmE), railway track *o* line (BrE)
- **vía muerta** siding

D (Anat, Med): **por ~ oral/venosa** orally/intravenously; **por ~ renal** by *o* through the kidneys

vía[2] *prep* via; **~ Miami** via Miami; **un enlace ~ satélite** a link via satellite

viabilidad *f* (de proyecto) viability, feasibility; (de bebé) viability

viable *adj* ‹*proyecto/plan*› viable, feasible; ‹*bebé*› viable

vía crucis *m* (*pl* **~**) **1** (Relig) Stations of the Cross (*pl*) **2** (aflicción) terrible ordeal

viada *f* (Per fam) speed; **a toda ~** flat out

viaducto *m* viaduct

viajante *mf* traveling* salesman/saleswoman

viajar [A1] *vi* to travel; **~ en avión** to travel by plane; **~on hacia el norte** they traveled north; **~ en primera clase** to travel *o* go first class

viaje *m*
A (a un lugar) trip, journey; **hacer un ~** to go on a trip *o* journey; **un ~ en tren** a train journey; **hace frecuentes viajes al extranjero** he makes frequent trips abroad; **hizo el ~ en coche/bicicleta** he drove/cycled; **estar de ~** to be away; **salir de ~** to go on a trip; **en el ~ de vuelta** on the way back; **¡buen ~!** have a good trip!, bon voyage!; **hicimos un ~ por todo Chile** we traveled all around Chile; **el segundo ~ de Colón** Columbus' second voyage; **en sus ~s por Sudamérica** on her travels through South America
(Compuestos)
- **viaje de estado** state visit
- **viaje de negocios** business trip
- **viaje de novios** honeymoon
- **viaje de placer**: **es un ~ de ~ y no de negocios** it's a vacation *o* (BrE) holiday, not a business trip
- **viaje organizado** package tour
- **viaje relámpago** quick trip; (de trabajo) flying *o* lightning visit

B (ida y venida) trip, journey (esp BrE); **hice varios ~s para llevarlas todas** I made several trips to take them all; ***de un (solo) ~*** (Andes fam) in one go
C (con drogas) trip (colloq)

viajero[1] -ra *adj*: **son muy ~s** they're great travelers*, they like traveling*

viajero[2] -ra *m,f* traveler*; (pasajero) passenger

vial *adj* road (*before n*)

vialidad *f* highway administration

vianda *f* **1** (carne, pescado) food; **~s** food **2** (CS) (fiambrera) lunch pail (AmE) *o* (BrE) box

viandante *mf* (transeúnte) passerby; (peatón) pedestrian

viático *m*
A (Relig) viaticum
B **viáticos** *mpl* (esp AmL) (dinero) travel allowance

víbora *f* **1** (Zool) viper **2** (fam & pey) (persona): **es una ~** he has a vicious tongue
(Compuesto) **víbora de cascabel** (Méx) rattlesnake

vibración *f* vibration

vibrante *adj* **1** ‹*voz*› vibrant, resonant; ‹*discurso*› vibrant; **con la voz ~ de emoción** in a voice quivering *o* vibrating with emotion **2** (Ling) ‹*sonido*› trilled, rolled

vibrar [A1] *vi* «*cuerdas/cristales*» to vibrate; **~ de emoción** to quiver *o* vibrate with emotion

vibrátil *adj* vibratile

vibrato *m* vibrato

vicaría *f* vicariate; ***pasar por la ~*** (fam) to get hitched in church (colloq)

vicario -ria *m,f* (párroco) vicar; **el ~ de Dios** the Vicar of God
(Compuestos)
- **vicario castrense** army chaplain
- **vicario general** vicar-general

vicealmirante *m* vice admiral

vicecampeón -peona *m,f* runner-up

vicecónsul *mf* vice-consul

vicegobernador -dora *m,f* deputy governor

vicepresidencia *f* (Gob, Pol) vice presidency; (de empresa) vice presidency (AmE), deputy chairmanship (BrE)

vicepresidente -ta *m,f*, **vicepresidente** *mf* (Gob, Pol) vice president; (de empresa) vice president (AmE), deputy chairman/chairwoman (BrE)

vice versa *adv* vice versa

vichar [A1] *vi* (RPl fam) to peep (colloq)
■ **vichar** *vt* to peep at; **me vichaba a través de las cortinas** he was peeking out at me from behind the curtains

viciado -da *adj*
A ‹*atmósfera*› stuffy; **aquí dentro el aire está ~** it's very stuffy in here
B ‹*estilo/dicción*› marred

viciar [A1] *vt*
A ‹*persona*› to get ... into a bad habit; ‹*estilo/lenguaje*› to mar
B (Der) to invalidate, vitiate (frml)
■ **viciarse** *v pron* **1** «*persona*»: **~ con algo** to become addicted to sth **2** «*estilo/lenguaje*» to deteriorate

vicio *m*
A (corrupción) vice; **darse al ~** to give oneself over to vice *o* evil ways
B (hábito): **el juego es un ~ para él** he's a compulsive gambler; **tiene el ~ de la bebida** she's a heavy drinker; **el único ~ que tengo** my only vice *o* bad habit; **se queja de ~** (fam) she complains for the sake of it
C (defecto) fault, defect
D (Der) flaw, error

vicioso[1] -sa *adj* ‹*persona*› depraved, debauched

vicioso[2] -sa *m,f* dissolute person

vicisitud *f* vicissitude (liter); **llegué tras muchas ~es** I arrived after many difficulties *o* mishaps; **las ~es de la vida** life's ups and downs

víctima *f* **1** (persona perjudicada) victim; **no hubo que lamentar ~s mortales** (period) nobody was killed *o* fatally injured; **~ de algo** victim of sth; **fue ~ de una emboscada** he was the victim of an ambush; **~s del cáncer** cancer victims; **falleció ~ de un accidente** he died as a result of an accident; **el terremoto cobró miles de ~s** the earthquake claimed thousands of lives **2** (en sacrificio) victim

victimar [A1] *vt* (AmL frml) to kill

victimario -ria *m,f* (AmL period) (asesino) murderer, killer

victimismo *m* victim mentality; **tiene tendencia al ~** he tends to see himself as a victim

V

victoria *f* victory; **el equipo local se alzó con la ~** the home team won *o* was victorious; **no cantes ~ antes de tiempo** don't count your chickens before they're hatched; **conseguir ese puesto fue una gran ~ para ella** getting that job was a big achievement for her

victorioso -sa *adj* victorious

vicuña *f* vicuna

vid *f* vine

vida *f*

A [1] (Biol) life; **la ~ marina** marine life; **a los tres meses de ~** at three months (old); **el derecho a la ~** the right to life; **una cuestión de ~ o muerte** a matter of life and death; **se debate entre la ~ y la muerte** she's fighting for her life; **140 personas perdieron la ~** (period) 140 people lost their lives (journ); **quitarse la ~** to take one's (own) life (frml); **eso le costó la ~** (period) that cost him his life; **como si le fuera la ~ en ello** as if his life depended on it; **salir con ~** to escape alive; **dieron la ~ por la patria** they gave *o* sacrificed their lives for their country; **la mujer que te dio la ~** the woman who brought you into this world; ***mientras hay ~ hay esperanza*** where there is life there is hope [2] (viveza, vitalidad) life; **lleno de ~** full of life; **le falta ~** it's/she's/he's not very lively

B (extensión de tiempo) life; **a lo largo de su ~** throughout his life; **toda una ~** a lifetime; **en ~ de tu padre** when your father was alive; **la relación tuvo una ~ muy corta** the relationship was very short-lived; **la ~ de un coche** the life-span of a car; **un amigo de toda la ~** a lifelong friend; **el hombre de su ~** the man of her dreams; **el amor de mi ~** the love of my life; ***amargarle la ~ a algn*** to make sb's life a misery; ***amargarse la ~*** to make oneself miserable; ***complicarle la ~ a algn*** to make sb's life difficult; ***complicarse la ~*** to make life difficult for oneself; ***de por ~*** for life; ***en la/mi ~***: **¡en la** *or* **en mi ~ he visto cosa igual!** I've never seen anything like it in my life!; **¡en la** *or* **mi ~ haría una cosa así!** I'd never dream of doing something like that!; ***hacerle la ~ imposible a algn*** to make sb's life impossible; ***tener siete ~s*** to have nine lives

C [1] (manera de vivir, actividades) life; **lleva una ~ muy ajetreada** she leads a very busy life; **la música es toda su ~** she lives for music; **¿qué es de tu ~?** what have you been up to?; **hace** *or* **vive su ~** he gets on with *o* lives his own life; **¡esto sí que es ~!** this is the life!; **¡(así) es la ~!** that's life, such is life; **¡qué ~ ésta!** what a life!; ***darse la gran ~*** to live the life of Riley (colloq); ***estar encantado de la ~*** to be thrilled, to be over the moon (colloq); ***estar/quedar loco de la ~*** (CS fam) to be over the moon (colloq); ***la ~ y milagros de algn*** (CS fam) sb's life story; ***pasar a mejor ~*** (hum) ‹*persona*› to kick the bucket (colloq); ‹*traje/botas*› to bite the dust (colloq); ***pegarse la ~ padre*** (fam) to live the life of Riley (colloq) [2] (en determinado aspecto) life; **~ privada** private life; **su ~ sentimental** his love life [3] (biografía) life

Compuestos

- **vida alegre** (euf): **una mujer de ~ ~** a woman of easy virtue
- **vida de perros** (fam) dog's life; **¡que ~ de ~!** it's a dog's life!
- **vida eterna**: **la ~ ~** eternal *o* everlasting life
- **vida social** social life; **hacer ~ ~** to socialize

D (necesidades materiales): **tiene la ~ resuelta** she's set up for life; **la ~ está carísima** the cost of living is very high; **ganarse la ~** to earn one's *o* a living; ***buscarse la ~*** (fam) to make a living

E (como apelativo) darling; **¡mi ~!** (my) darling!

vidente *mf* (que ve) sighted person; (que adivina) clairvoyant

video, (Esp) **vídeo** *m* [1] (medio, sistema) video; **en ~** on video; **cinta de ~** videotape [2] (cinta) videocassette, videotape, video (colloq); (grabación) video [3] (aparato) video (cassette recorder), VCR

Compuestos

- **video compuesto/inverso** (Inf) composite/reverse video
- **video doméstico** video

videocámara *f* video camera, camcorder

videocassette *m*, **videocinta** *f* videocassette, videotape, video (colloq)

videoclip *m* video

videoclub *m* (*pl* **-clubs** *or* **-clubes**) videoclub

videoconsola *f* games console

videodisco *m* videodisk, videodisc

videófono *m* videophone

videograbación *f* video recording

videograbador *m*, **videograbadora** *f* video recorder

videograbar [A1] *vt* to videotape, video

videojuego *m* video game

videopiratería *f* video piracy

videoteca *f* video library

videoteléfono *m* videophone

videoterminal *f* terminal, VDU

videotex *m* videotex(t), teletext

vidorra *f* (Esp fam) easy life

vidriado[1] -da *adj* glazed

vidriado[2] *m* (barniz) glaze; (cerámica vidriada) piece of glazed pottery; **~s** glazed pottery

vidriar [A1] *vt* to glaze

vidriera *f* [1] (puerta) glazed door; (ventana) window; (en iglesia) *tb* **~ de colores** stained glass window [2] (AmL) (escaparate) shop window; **mirar ~s** to window-shop

vidriería *f* glassworks

vidrierismo *m* (AmL) window dressing

vidrierista *mf* (AmL) window dresser

vidriero *m* glazier

vidrio *m* [1] (material) glass; **fábrica de ~** glassworks; **una botella de ~** a glass bottle [2] (esp AmL) (objeto): **limpiar los ~s** to clean the windows; **cambié uno de los ~s** I replaced one of the panes *o* windowpanes; **me corté con un ~** I cut myself on a piece of glass; **hay ~s rotos en la calle** there is broken glass in the street [3] (de reloj) crystal, glass; ***ahí nos ~s*** (Méx fam) see you around! (colloq); ***pagar los ~s rotos*** to take the responsibility *o* blame

vidrioso -sa *adj* [1] ‹*material*› glassy [2] ‹*ojos*› glassy; ‹*mirada*› glassy, glazed [3] ‹*asunto*› delicate

vidurria *f* (RPl fam) easy life

vieira *f* (molusco) scallop; (concha) scallop shell

vieja *f* (Col, Méx, Ven fam) (mujer) broad (AmE sl), bird (BrE sl); *ver tb* **viejo[2]**

viejazo *m*: ***dar el ~*** (Méx fam) to age *o* grow old suddenly

viejo[1] -ja *adj*

A [SER] ‹*persona/animal*› old; ‹*coche/ropa/casa*› old; **hacerse ~** to get old; **ese peinado te hace vieja** that hairstyle makes you look old; ***ser más ~ que Matusalén*** to be as old as the hills

B [1] [ESTAR] ‹*persona/animal*› (envejecido) old; **ya está ~** he's got(ten) old; **¡qué vieja estoy!** I look so old! [2] [ESTAR] ‹*zapatos/pantalones*› (desgastado) old

C (*delante del n*) (antiguo) ‹*costumbre/amigo*› old; **los ~s tiempos** the old days

Compuestos

- **Viejo Continente** *m*: **el ~ ~** Europe
- **Viejo Mundo** *m*: **el ~ ~** the Old World
- **Viejo Testamento** *m* Old Testament

viejo[2] -ja *m,f*

A (*m*) old man; (*f*) old woman; **los ~s** old people, the elderly; **llegar a ~** to reach old age; **un ~ gruñón** a grumpy old man; **un viejecito** *or* **viejito encantador** a delightful old man; ***de viejo***: **se casó de ~** he was an old man when he got married; **se murió de ~** he died of old age

Compuestos

- **Viejo Pascuero** *m* (Chi) ▸ **Papá Noel**
- **viejo verde** *or* (Méx) **viejo rabo verde** *m* (fam) dirty old man

B (fam) (refiriéndose a los padres): **mi ~/mi vieja** my old man/lady (colloq); **tus ~s** your folks, your Mom and Dad

C (AmL) (hablándole a un niño, al cónyuge etc) darling (colloq), love (colloq); (a un amigo) buddy (AmE), mate (BrE)

D (Méx fam) (esposo) (*m*) old man (colloq); (*f*) old woman *o* lady (colloq)

Viena *f* Vienna

viendo *see* **ver**

viene, vienes, etc *see* **venir**

vienés -nesa *adj/m,f* Viennese

V

viento *m*
A (Meteo) wind; **correr** *or* **hacer ~** to be windy; **un ~ helado** an icy wind; **~ en contra/a favor** *or* **de cola** head/tail wind; ***a los cuatro ~s*: lo proclamó a los cuatro ~s** she announced it to all and sundry; ***beber los ~s por algn*** to be crazy about sb (colloq); ***contra ~ y marea*: lo haré contra ~ y marea** I'll do it come hell or high water; **luchó contra ~ y marea para salvarlo** she fought against all the odds to save it; ***correr*** *or* ***soplar malos ~s*: corren malos ~s para la inversión** it's a bad time for investment; ***echar a algn con ~ fresco*** (fam) to throw sb out on his/her ear; ***mandar a algn a tomar ~*** (fam) to tell sb to get lost (colloq); ***tomarse los ~s*** (RPl fam) to clear off (colloq); **~ *en popa*: con el ~ en popa** (Náut) with a following wind; **todo va ~ en popa** everything's going extremely well; ***quien siembra ~s recoge tempestades*** he who sows the wind shall reap the whirlwind
(Compuesto) **vientos alisios** *mpl* trade winds (*pl*)
B (Mús): **instrumento/cuarteto de ~** wind instrument/quartet
C (de tienda de campaña) guy (rope)

vientre *m*
A (Anat) **1** (cavidad) abdomen; **el bajo ~** the lower abdomen **2** (órganos): **hacer de ~** to have a bowel movement **3** (región exterior) stomach, belly (colloq)
B (de mujer embarazada) womb, belly (colloq)
C (de barco, vasija) belly

viera, vieras, etc *see* **ver**

viern. (= **viernes**) Fri

viernes *m* (*pl* ~) Friday; *para ejemplos ver* **lunes**
(Compuesto) **Viernes Santo** Good Friday

viese, vieses, etc *see* **ver**

Vietnam *m* Vietnam
(Compuesto) **Vietnam del Norte/Sur** North/South Vietnam

vietnamita[1] *adj/mf* Vietnamese

vietnamita[2] *m* (idioma) Vietnamese

viga *f* (de madera) joist, beam; (de metal) beam, girder

vigencia *f* **1** (de ley) validity; **entrar en ~** to come into force *o* effect; **estar en ~** to be in force **2** (de costumbre) validity; (de pasaporte, contrato) validity

vigente *adj* **1** ‹*pasaporte/contrato*› valid; **la legislación ~** the legislation currently in force, the current legislation; **estar ~** ‹*ley*› to be in force; **precios ~s** current prices **2** ‹*argumento/razón*› valid

vigésimo -ma *adj/pron* **1** (ordinal) twentieth; **~ primero/sexto** twenty-first/twenty-sixth; **el ~ aniversario** the twentieth anniversary **2** (partitivo): **la vigésima parte** a twentieth

vigía *mf*
A (persona) lookout
B **vigía** *f* (atalaya) watchtower

vigilancia *f* **1** (atención, cuidado) vigilance, watchfulness; (por guardias, la policía): **habrá que extremar la ~** security will have to be tightened up; **estar bajo ~** to be under surveillance *o* watch; **servicio de ~** security patrol; **~ policial** police surveillance **2** (servicio) security service

vigilante[1] *adj* vigilant, on the alert; **en actitud ~** on the alert

vigilante[2] *mf* (en tienda) store detective; (en banco, edificio público) security guard
(Compuesto) **vigilante jurado/nocturno** security guard/night watchman

vigilar [A1] *vt* **1** (cuidar, atender) to watch, keep an eye on **2** ‹*preso/local*› to guard, keep watch on; ‹*frontera/zona*› to guard, patrol; ‹*examen*› to proctor (AmE), to invigilate at (BrE) **3** (fam) (espiar) to watch
■ **vigilar** *vi* to keep watch

vigilia *f*
A (vela) wakefulness; **de ~** awake
B (Relig) (víspera) vigil; (abstinencia) abstinence; (tiempo de abstinencia) day/period of abstinence

vigor *m* **1** (fuerza, energía) vigor*, energy; **con ~** vigorously **2** ***en vigor*: entrar en ~** to come into effect *o* force; **estar en ~** to be in force

vigorizar [A4] *vt* to invigorate

vigoroso -sa *adj* ‹*persona/movimiento*› vigorous, energetic; ‹*esfuerzo*› strenuous

vigueta *f* tie-beam, tie

VIH *m* (= **virus de inmunodeficiencia humana**) HIV

vihuela *f* vihuela (*early form of guitar*)

vikingo[1] **-ga** *adj* Viking (*before n*)

vikingo[2] **-ga** *m,f* Viking

vil *adj* (liter) ‹*acto/persona*› vile, despicable

vileza *f* (liter) (cualidad) vileness; (acción) vile act, despicable deed

vilipendiar [A1] *vt* (frml) (insultar) to vilify (frml), to insult; (humillar) to revile (frml), to humiliate

vilipendio *m* (frml) (insultos) vilification (frml), abuse; (humillación) humiliation

vilipendioso -sa *adj* (frml) insulting

villa *f*
A (Hist) (población) town; **la V~ y Corte** Madrid
(Compuesto) **villa miseria** (Arg) shantytown
B (casa) villa; **una ~ romana** a Roman villa

Villadiego *m*: ***tomar(se) las de ~*** to clear off

villancico *m* (Christmas) carol

villano[1] **-na** *adj* **1** (ruin) villainous **2** (Hist) peasant (*before n*)

villano[2] **-na** *m,f* **1** (persona ruin) rogue, scoundrel **2** (Hist) villein, peasant

villorrio *m* dump (colloq), one-horse town (colloq)

vilo: **en ~** (*loc adv*): **la levantó en ~** he lifted her up (off the ground/floor); **se mantienen en ~ esperando el resultado** they're on tenterhooks awaiting the result

vinagre *m* vinegar

vinagrera *f*
A **1** (para vinagre) vinegar bottle **2** **vinagreras** *fpl* (para aceite y vinagre) cruet set *o* stand
B (Chi, Per fam) (acidez estomacal) indigestion

vinagreta *f* vinaigrette

vinatería *f* wineshop, liquor store (*specializing in wines*)

vinatero[1] **-ra** *adj* wine (*before n*)

vinatero[2] **-ra** *m,f* vintner (AmE), wine merchant (BrE)

vincha *f* (AmS) (elástica, rígida) hairband; (hebilla del pelo) barrette (AmE), hair slide (BrE)

vinculación *f*
A (relación) links (*pl*), connections (*pl*); **~ CON** *or* **A algo/algn** links *o* connections WITH sth/sb
B (de bienes) entailment

vincular [A1] *vt*
A **1** (conectar, relacionar): **están vinculados por lazos de amistad** they are linked by bonds *o* ties of friendship; **los vincula una pasión por el arte** they are united by a passion for art; **grupos estrechamente vinculados** closely linked groups; **~ algo/a algn A** *or* **CON algo/algn** to link sth/sb TO *o* WITH sth/sb **2** (comprometer) to bind, be binding on
B ‹*bienes*› to entail

vínculo *m*
A (unión, relación) tie, bond; **~s familiares** family ties; **el ~ matrimonial** the bond of matrimony
B (Der) entailment

vindicación *f*
A (frml) **1** (de derecho) ▸**reivindicación** **2** (de persona) vindication
B (frml) (venganza) vengeance, revenge

vindicar [A2] *vt*
A (frml) **1** ‹*derecho*› ▸**reivindicar** **2** ‹*persona/buen nombre*› to vindicate
B (frml) (vengar) to avenge

vine *see* **venir**

vinería *f* (AmL) wineshop, liquor store (*specializing in wines*)

vinero -ra *adj* (Chi, Per) wine (*before n*)

vinícola *adj* ‹*industria/producción*› wine (*before n*); ‹*región*› wine-producing, wine-growing

vinicultor -tora *m,f* wine producer, winegrower

vinicultura *f* wine production, wine growing

viniera, viniese, etc *see* **venir**

vinificación *f* vinification

vinilo, (Méx) **vinil** *m* vinyl
viniste, etc *see* **venir**
vino¹ *m*
A (bebida) wine; ~ **dulce/seco** sweet/dry wine; ***bautizar el*** ~ (fam) to water down the wine
(Compuestos)
- **vino blanco/rosado/tinto** white/rosé/red wine
- **vino de la casa** house wine
- **vino del país** local wine
- **vino de mesa** table wine
- **vino espumoso** *or* (CS) **espumante** sparkling wine

B (recepción) reception
(Compuesto) **vino de honor** reception
vino² *see* **venir**
vinoso -sa *adj* (aroma/sabor) of/like wine, vinous (frml); (color) like wine; **color rojo** ~ blood red, dark red
viña *f* vineyard; **de todo hay en la** ~ **del Señor** (fr hecha) it takes all sorts to make a world
viñatero¹ -ra *adj* (AmL) wine (*before n*), wine-growing (*before n*)
viñatero² -ra *m,f* (AmL) 1 (propietario) winegrower 2 (trabajador) vineyard worker
viñedo *m* vineyard
viñeta *f* (Impr) vignette
viola *f* 1 (instrumento) viola 2 **viola** *mf* (persona) viola player, violist (AmE)
violáceo -cea *adj* purplish
violación *f* 1 (de persona) rape 2 (de ley, acuerdo, derecho) violation; (de templo) violation
(Compuesto) **violación de domicilio** (CS, Ven) unlawful entry
violador -dora *m,f* 1 (de persona) rapist 2 (de ley, acuerdo) violator
violar [A1] *vt* 1 ‹*persona*› to rape 2 ‹*ley*› to violate, break; ‹*tratado/derecho*› to violate; ‹*templo*› to violate
violatorio -ria *adj* (frml) ~ **DE algo**: **actos** ~**s del acuerdo/de los derechos humanos** acts in violation of the agreement/of human rights
violencia *f* violence; **recurrir a la** ~ to resort to violence *o* force
violentar [A1] *vt* 1 (forzar) ‹*cerradura/puerta*› to force; ‹*persona*› to rape 2 (distorsionar) ‹*texto*› to distort 3 (poner en situación embarazosa) to make … feel awkward
■ **violentarse** *v pron* to get embarrassed
violentismo *m: advocacy of violence for political ends*
violento -ta *adj*
A ‹*choque/deporte/muerte*› violent; ‹*discurso*› vehement; ‹*persona/tono/temperamento*› violent
B (incómodo) ‹*situación*› embarrassing, awkward; **le es** *or* **resulta** ~ **hablar del tema** she finds it embarrassing *o* difficult to talk about it; **estaba muy** ~ I felt very awkward *o* embarrassed
violeta¹ *f* violet
violeta² *adj inv* ‹*color/tela*› violet; **flores** ~ violet flowers
violín *m* 1 (instrumento) violin; ***pintarle*** *o* ***hacerle violines*** *or* ***un*** ~ ***a algn*** (Méx fam) ≈ to give sb the finger (AmE), to make a V sign at sb (BrE); ***tocar el*** ~ (Chi fam) to be a third wheel (AmE colloq), to play gooseberry (BrE colloq); ***yo,*** ~ ***en bolsa*** (RPl fam) I'm keeping well out of it 2 **violín** *mf* (persona) violinist
violinista *mf* violinist
violón *m* 1 (instrumento) double bass 2 **violón** *mf* (persona) double bass player
violoncelista, violonchelista *mf* cellist
violoncelo, violonchelo *m* 1 (instrumento) cello, violoncello 2 **violoncelo** *mf* (persona) cellist
vira *f* (de zapato) welt
virago *f* virago
viraje *m*
A 1 (Náut) tack, tacking maneuver* 2 (de vehículo) turn; **un** ~ **brusco** a swerve 3 (de gobierno, persona) change, switch
B (Fot) toning
viral *adj* viral
virar [A1] *vi* 1 (Náut) to tack, go about 2 «*vehículo/conductor*» to turn; **viró bruscamente** she swerved 3 «*política/partido*» to veer
■ **virar** *vt*
A 1 (Náut) to tack 2 ‹*traje/cuello*› to turn
B (Fot) to tone
virgen¹ *adj* 1 ‹*persona*›: **una mujer/un hombre** ~ a virgin; **ser** ~ to be a virgin 2 ‹*cinta*› blank; ‹*película*› unexposed 3 ‹*selva*› virgin
virgen² *f* 1 (persona) virgin 2 **la Virgen** (Relig) the Virgin; **la Santísima V**~ the Blessed Virgin; **¡V**~ **Santa** *or* **Santísima!** my goodness!
virginal *adj* virginal
virginidad *f* virginity
virgo *m* virginity
Virgo¹ *m* (signo) Virgo; **es (de)** ~ she's (a) Virgo, she's a Virgoan
Virgo², virgo *mf* (*pl* ~ *or* **-gos**) (persona) Virgo, Virgoan
vírico -ca *adj* viral
viril *adj* ‹*cualidades*› virile, manly
virilidad *f* virility
virología *f* virology
virreina *f* vicereine
virreinato *m* (cargo) viceroyship, viceroyalty; (territorio) viceroyalty
virrey *m* viceroy
virtual *adj* 1 (potencial) virtual; **es ya el** ~ **campeón** he is already virtually the champion 2 (tácito) implicit
virtud *f* 1 (cualidad) virtue 2 (capacidad) power; **con** ~**es curativas** with healing powers; **tiene la** ~ **de exasperarme** (iró) he has a knack of driving me up the wall; **en** ~ **de** by virtue of
virtuosismo *m* virtuosity
virtuoso¹ -sa *adj* virtuous
virtuoso² -sa *m,f* virtuoso
viruela *f* (enfermedad) smallpox; (marca) pockmark; **picado de** ~**s** pockmarked
virulé *f*: **a la** ~ (*loc adv*) (Chi) (desordenadamente) haphazardly; ▸**ojo**
virulencia *f* virulence
virulento -ta *adj* virulent
virus *m* (*pl* ~) virus; ~ **de inmunodeficiencia humana** human immunodeficiency virus, HIV
viruta *f* shaving
vis *f*: ~ **cómica** comic talent
visa *f*, (Esp) **visado** *m* visa
visaje *m* (funny) face; **hizo un** ~ **cómico** he pulled a funny face
visar [A1] *vt* ‹*documento*› to endorse; ‹*pasaporte*› to visa
visceral *adj* 1 (Anat) visceral 2 ‹*odio/impresión*› visceral, deep; **un sentimiento** ~ a gut feeling
vísceras *fpl* entrails (*pl*), viscera (*pl*)
visconde -desa (*m*) viscount; (*f*) viscountess
viscosa *f* viscose
viscosidad *f* viscosity
viscoso -sa *adj* viscous
visera *f* (de casco) visor; (de gorra) peak; (de jugador) eyeshade
visibilidad *f* visibility
visible *adj* 1 [SER] (que puede verse) visible 2 [SER] (manifiesto) visible, clear 3 (fam) [ESTAR] (presentable) presentable, decent
visillo *m* net curtain, lace curtain
visión *f*
A 1 (vista) vision, sight; **pérdida de** ~ loss of vision *o* sight; **perdió la** ~ **de un ojo** she lost the sight of one eye 2 (acción de ver): **la** ~ **de aquella escena lo impresionó** seeing *o* witnessing that scene shocked him 3 (aparición) vision; ***ver visiones*** to be seeing things
B (enfoque, punto de vista) view; **una** ~ **de futuro** a forward-looking approach; **una** ~ **de conjunto** an overview
visionar [A1] *vt* «*crítico*» to view; «*espectador*» to see
visionario -ria *adj/m,f* visionary
visir *m* vizier

V

visita *f* 1 (acción) visit; **hacer(le) una ~ (a algn)** to pay (sb) a visit; **ir de ~** to go visiting; **devolver una ~** to return a visit; **sólo estoy/vine de ~** I'm just visiting; **horario de ~** visiting hours *o* times; ***~ de médico*** (fam) flying visit 2 (visitante) visitor, caller; (invitado) guest; **tener ~** to have visitors/guests

(Compuestos)
- **visita a domicilio** house call
- **visita de cortesía** courtesy call, duty visit
- **visita de pésame** visit to offer one's condolences
- **visita guiada** (AmL) guided tour
- **visita relámpago** flying visit

visitador social, **-dora social** *m,f* (AmL) social worker

visitante¹ *adj* visiting (*before n*)

visitante² *mf* visitor

visitar [A1] *vt* 1 ‹*persona*› to visit, visit with (AmE) 2 ‹*lugar*› to visit

■ **visitarse** *v pron* (*recípr*) to visit each other

vislumbrar [A1] *vt* to make out, discern (frml); **a lo lejos se vislumbraba una iglesia** a church could just be made out in the distance; **lo alcancé a ~ entre los arbustos** I just managed to glimpse it amongst the bushes; **se vislumbra una solución** there is a solution in sight

vislumbre *f* 1 (resplandor) glimmer 2 (indicio) sign

viso *m*

A (Indum) petticoat, underskirt

B visos *mpl* 1 (apariencia): **tiene ~s de tragedia** it could have tragic consequences; **no tiene ~s de resolverse** it shows no sign of being solved; **una historia con pocos ~s de verosimilitud** a story which seems to bear little resemblance to reality 2 (refulgencia): **la piedra daba ~s de colores** the gem sparkled with different colors; **los ~s incandescentes del atardecer** (liter) the glowing rays of evening 3 (en tela) sheen; **azul con ~s verdes** blue shot with green *o* with a greenish sheen

visón *m* mink

visor *m* 1 (en cámara) viewfinder; (para diapositivas) slide viewer 2 (Arm) sight

víspera *f*

A (día anterior): **la ~** the day before, the eve (liter *o* journ); **~s de fiesta** days prior to public holidays

B vísperas *fpl* 1 (tiempo anterior): **en ~s de algo** days before sth, on the eve of sth (liter *o* journ) 2 (Relig) vespers (*pl*)

vista¹ *mf* customs officer *o* official

vista² *f*

A 1 (sentido) sight, eyesight; **tener buena/mala ~** to have good/bad eyesight; **ser corto de ~** to be near-sighted; **perdió la ~** he lost his sight 2 (ojos) eyes; **le hace daño a la ~** it hurts his eyes; **lo operaron de la ~** he had an eye operation 3 (perspicacia) vision

(Compuesto) **vista cansada** eyestrain

B 1 (mirada): **alzar** *or* **levantar/bajar la ~** to look up/down; **torcer la ~** to be cross-eyed, to have a squint; **fijó la ~ en el horizonte** she fixed her eyes on the horizon 2 (espectáculo) sight

C (*en locs*) **a la vista**: **¡tierra a la ~!** land ho!; **ponlo bien a la ~** put it where it can be seen easily; **estar/no estar a la ~** to be within/out of sight; **pagar al portador y a la ~** pay the bearer at sight; **cuenta corriente a la ~** sight account; **a la ~ de todos** in full view of everyone; **¿tienes algún proyecto a la ~?** do you have any projects in view?; **a primera** *or* **a simple vista** at first sight *o* glance; **se notaba a simple ~** you could tell just by looking; **con vistas a** with a view to; **de vista** by sight; **en vista**: **tener algo/a algn en ~** to have sth/sb in mind; **en vista de** in view of; **en ~ de que ...** in view of the fact that ...; **¡hasta la vista!** see you!, so long! (colloq); ***a ~ de pájaro***: **ver algo a ~ de pájaro** to get a bird's-eye view of sth; ***a ~ y paciencia de algn*** (Chi, Per fam) in front of sb; ***hacer la ~ gorda*** to turn a blind eye; ***perder algo/a algn de ~*** to lose sight of sth/sb; **al terminar la carrera los perdí de ~** I lost touch with them when we graduated; ***perderse de ~*** to disappear from view; ***saltar a la ~***: **lo primero que salta a la ~ es el color que tiene** the first thing that hits *o* strikes you is the color; **salta a la ~ que hicieron trampa** it's obvious they cheated; ***tener la ~ puesta en algo/algn*** to have one's eye on sth/sb; ***tener ~ de águila*** *or* ***lince*** to have eyes like a hawk; ***volver la ~ atrás*** to look back

D (panorama) view; **con ~ al mar** with a sea view; **~ aérea** aerial view

E (Der) hearing; **la ~ del juicio se celebrará el ...** the hearing will take place on ...

F (Com, Fin): **a 20 días ~** within 20 days

vistazo *m* look; **darle** *or* **echarle un ~ a algo** to have a look at sth; **échale un ~ rápido** just have a quick look at it

viste¹, **visteis** *see* **ver**

viste², **visten, etc** *see* **vestir**

visto¹ -ta *adj*

A 1 (claro, evidente) obvious, clear; **está/estaba ~ que ...** it is/was clear *o* obvious that ... 2 (*en locs*) **por lo visto** apparently; **visto que** given that, in view of the fact that

B 1 [ESTAR] (común, trillado): **esa blusa está muy vista** everybody's wearing blouses like that; **un truco que está muy ~** an old trick; **eso ya está muy ~** that's not very original, that's old hat 2 **nunca visto**: **la cantidad de gente que había allí, fue lo** *or* **algo nunca ~** never before had such a large number of people been seen there; **cosa nunca vista antes, nevó en Montevideo** it snowed in Montevideo, which was unheard of

C (considerado) **estar bien/mal ~**: **en ciertos círculos eso no está bien ~** in some circles that is not considered correct; **estaba mal ~ que las mujeres fumaran** it was not the done thing *o* it was frowned upon for women to smoke

visto² *m* (Esp) check (AmE), tick (BrE)

(Compuesto) **visto bueno** *m* approval; **tiene que dar el ~ ~** she has to give her approval *o* (colloq) has to give it the go ahead

visto³ *see* **vestir, ver**

vistosidad *f*: **la ~ del plumaje** the brilliant colors of the plumage; **un espectáculo de una ~ extraordinaria** an amazingly spectacular show

vistoso -sa *adj* bright and colorful•

visual¹ *adj* visual; ▸ **campo**

visual² *f* line of sight *o* vision

visualización *f* (Inf) display

visualizador *m* VDU, visual display unit

visualizar [A4] *vt* 1 (formarse una imagen) to visualize 2 (Inf) to display

vital *adj*

A (fundamental) vital; **de ~ importancia** of vital importance; **bombardearon puntos ~es** they bombarded strategic *o* key points

B 1 (Biol, Med) ‹*órgano*› vital (*before n*) 2 ‹*persona*› dynamic, full of life

vitalicio -cia *adj* ‹*miembro/presidente*› life (*before n*); **cargo ~** post held for life

vitalidad *f* vitality

vitamina *f* vitamin

vitaminado -da *adj* vitamin-enriched

vitamínico -ca *adj* vitamin (*before n*)

vitela *f* vellum

vitícola *adj* vine-growing (*before n*)

viticultivo *m* vine-growing

viticultor -tora *m,f* vine-grower

viticultura *f* vine-growing

vitivinícola *adj* wine (*before n*)

vitivinicultor -tora *m,f* grape grower and wine producer

vitivinicultura *f* grape growing and wine production

vitola *f* cigar band

vítor *m* cheer; **fue recibido entre ~es y aplausos** he was cheered and applauded

vitorear [A1] *vt* to cheer

vitral *m* stained-glass window

vitraux *m* /bi'tro/ (CS) stained-glass window

vítreo -trea *adj* ‹*porcelana*› vitreous; ‹*ojos/mirada*› glassy

vitrificar [A2] *vt* to vitrify

vitrina *f* 1 (mueble — en tienda) showcase; (— en casa) glass cabinet, display cabinet 2 (AmL) (escaparate) shop window

vitrinear [A1] *vi* (Andes fam) to window-shop

vitrinista *mf* (AmL) window dresser

vitrola *f* (AmS) phonograph (AmE), gramophone (BrE)

vituallas *fpl* (arc) provisions (*pl*), victuals (*pl*) (arch)

vituperar [A1] *vt* (frml) to vituperate against (frml)

vituperio *m* (frml) criticism, vituperation (frml); **lo llenó de ~s** she vituperated against him (frml)

viudedad *f* 1 (de mujer) widowhood; (de hombre) widowerhood 2 (pensión) widow's/widower's pension

viudez *f* ▸**viudedad 1**

viudo[1] **-da** *adj* ‹*persona*›: **su madre es** *or* (Esp) **está viuda** her mother is a widow; **(se) quedó ~ a los 40 años** he lost his wife *o* he was widowed when he was 40

viudo[2] **-da** *m,f* (*m*) widower; (*f*) widow

(Compuesto) **viudo de verano** *m* grass widower

viva *m*: **dar ~s** to cheer; **fuera se oían ~s** cheering *o* shouts of 'viva' could be heard outside; **dar ~s al Rey** to shout 'Long live the King!'

vivacidad *f* (de persona) liveliness, vivacity; (de ojos) brightness

vivamente *adv* ‹*recordar/describir*› vividly; **le interesa ~** he is extremely *o* deeply interested; **me impresionó ~** she made a deep *o* strong impression on me

vivar[1] [A1] *vt* (AmS) to cheer

vivar[2] *m* (de conejos) warren; (de peces) hatchery

vivaracho -cha *adj* 1 ‹*ojos*› sparkling; ‹*niño*› lively 2 (AmL) (espabilado) crafty

vivaz *adj* ‹*persona*› lively, vivacious; ‹*ojos*› bright; ‹*imaginación*› vivid, lively

vivencia *f* experience

víveres *mpl* provisions (*pl*), supplies (*pl*)

vivero *m* (de plantas) nursery; (de peces) hatchery; (de moluscos) bed; **un ~ de ostras** an oyster bed *o* bank

viveza *f*

A 1 (rapidez, agilidad) liveliness; **~ de ingenio** readiness *o* sharpness of wit 2 (de recuerdo) vividness; **lo describió con gran ~** she described it very vividly 3 (de color) brightness; (de ojos, mirada) liveliness, brightness; (de emoción, deseo) strength, intensity

B (astucia) sharpness; **fue una de sus ~s** it was one of his little schemes

(Compuesto) **viveza criolla** (AmS hum & pey) native wit and cunning

vivido -da *adj* (experimentado): **los momentos ~s** the times we (*o* they *etc*) have had *o* experienced; **una experiencia vivida por el autor** an experience which the author went *o* lived through

vívido -da *adj* vivid, lively

vividor -dora *m,f* pleasure seeker

vivienda *f*: **el problema de la ~** the housing *o* accommodation problem; **la escasez de ~s** the housing shortage; **perdió su ~** she lost her home; **quedarse sin ~** to be made *o* left homeless; **un bloque de ~s** an apartment building, a block of flats (BrE); **la construcción de 50 ~s** the construction of 50 homes *o* (frml) dwellings

(Compuesto) **vivienda de protección oficial** *or* (Méx, Per) **de interés social** state-subsidized apartment (*o* house *etc*)

viviente *adj* living

vivificador, vivificante *adj* ‹*experiencia*› invigorating, revitalizing; ‹*lluvia/brisa*› refreshing; ‹*baño*› invigorating, refreshing

vivificar [A2] *vt* «*experiencia*» to revitalize; «*brisa/lluvia*» to refresh, revitalize; «*baño*» to refresh, invigorate

vivíparo[1] **-ra** *adj* viviparous

vivíparo[2] **-ra** *m,f* viviparous mammal

vivir[1] *m* (way of) life; ***de mal ~***: **una mujer de mal ~** a loose woman; **es gente de mal ~** they are all undesirable characters

vivir[2] [I1] *vi*

A (estar vivo) to be alive; **su recuerdo ~á siempre** his memory will live for ever; ***¿quién vive?*** (Mil) who goes there?

B 1 (pasar la vida): **vive ilusionada pensando que él volverá** she spends her life dreaming that he'll come back; **~ para algo/algn** to live for sth/sb; **~ en paz** to live in peace; **déjalo ~** leave him be; ***no dejar ~ a algn***: **los dolores de cabeza no la dejan ~** the headaches are making her life a misery; **este niño no me deja ~** this child doesn't give me a moment's peace; ***¡~ para ver!*** who would believe *o* credit it!; ***vive y deja ~*** live and let live 2 (gozar de la vida) to live

C (subsistir): **la pintura no da para ~** you can't make a living from painting; **~ con honradez** to make an honest living; **el sueldo no le alcanza para ~** his salary isn't enough (for him) to live on; **~ DE algo** to live ON sth; **viven de la caridad** they live on charity; **viven de la pesca** they live from *o* by fishing; **~ de ilusiones** to live on dreams *o* hopes

D (residir) to live; **vive solo** he lives alone *o* on his own; **vive con sus padres** she lives at home; **no vive nadie ahí** there's no one living there

E (*como interj*): **¡viva el Rey!** long live the King!; **¡vivan los novios!** three cheers for the bride and groom!; **¡viva!** hurray!

■ **vivir** *vt* 1 (pasar por): **~ momentos difíciles** to live in difficult times; **los que vivimos la guerra** those of us who lived through the war; **el país vive una semana de violencia** the country is experiencing a week of violence 2 ‹*personaje/música*› to live 3 ‹*vida*› to live

vivisección *f* vivisection

vivito -ta *adj*: **~ y coleando** (fam) alive and kicking (colloq)

vivo[1] **-va** *adj*

A 1 (con vida) alive; **no quedó nadie ~** no one was left alive; **es una leyenda viva** he is a living legend; **mantener ~ un recuerdo** to keep a memory alive; ***a lo ~*** (fam) without anesthetic*; ***en ~*** ‹*actuación/transmisión*› live 2 ‹*lengua*› living (*before n*)

B 1 ‹*persona*› (despierto, animado) vivacious, bubbly; ‹*descripción*› vivid, graphic; ‹*relato/imaginación*› lively 2 ‹*color*› bright, vivid; ‹*llama/fuego*› bright; ‹*ojos/mirada*› lively, bright 3 ‹*sentimiento/deseo*› intense, strong; ***en lo más ~***: **me hirió en lo más ~** he cut me to the quick; **me afectó en lo más ~** it affected me very deeply

C (avispado, astuto) sharp; **no seas tan ~** don't try to be clever; **esos vendedores son muy ~s** those salesmen are razor-sharp (colloq)

vivo[2] **-va** *m,f* (oportunista) sharp *o* smooth operator (colloq); (aprovechado) freeloader

vizcacha *f* viscacha

vizcondado *m* viscounty

vizconde -desa (*m*) viscount; (*f*) viscountess

V°B° *m* = **visto bueno**

vocablo *m* (frml) word

vocabulario *m* vocabulary; **¡qué ~!** what language!; **¡modera tu ~!** mind your language!

vocación *f* 1 (inclinación) vocation; **tiene ~ de músico/para las artes** he has a vocation for music/for the arts 2 (Relig) vocation, calling

vocacional[1] *adj* vocational

vocacional[2] *f* (Chi, Méx) *post-school vocational training*

vocal[1] *adj* vocal

vocal[2] *f*

A (Ling) vowel

B **vocal** *mf* (de consejo, tribunal) member

vocalía *f* (cargo): *position as a member of a council, court, or committee*; (local): *office of member of a council, court, or committee*

vocalista *mf* vocalist, singer

vocalizar [A4] *vi* to vocalize

voceador *m* 1 (pregonero) town crier 2 (Col, Méx) (de periódicos) newspaper vendor

vocear [A1] *vt* 1 ‹*mercancías*› to cry (dated); ‹*noticias*› to shout out 2 (hacer público) to spread 3 (corear) to shout 4 (Méx) ‹*persona*› to page

■ **vocear** *vi* to shout (out)

vocería *f* (AmL) position of spokesperson

vocerío *m* clamor*, shouting

vocero -ra (esp AmL) (*m*) spokesman, spokesperson; (*f*) spokeswoman, spokesperson

V

vociferar [A1] *vi* to shout, vociferate (frml)
vocinglero -ra *adj* ‹*niños*› noisy; **una mujer vocinglera** a loud *o* loudmouthed woman
vodevil *m* vaudeville (AmE), variety (BrE)
vodka *m or f* /'bo(ð)ka/ vodka
voduismo *m* (esp AmL) voodooism
vol. (= **volumen**) vol.
volada *f*
A (Col) **1** (demolición) blowing-up **2** (fam) (escapada): **pegarse una ~** «*preso*» to escape; «*alumno*» to play hooky (esp AmE colloq), to skive off (school) (BrE colloq)
B **1** (AmS fam): **en una ~** in no time; ***aprovechar la ~*** (RPl fam) to take one's chance **2** (Méx fam): **de ~** (*loc adv*) quickly
voladizo -za *adj* projecting
volado¹ -da *adj*
A **1** [ESTAR] (fam) (loco) crazy (colloq); (fumado) high (colloq) **2** [SER] (distraído) (Chi fam) absentminded; (irascible) (Col fam) irritable, quick-tempered
B (Col fam) (salido) protruding; **dientes ~s** protruding teeth
volado² -da *m,f*
A **1** (fam) (loco) crazy fool **2** (Chi fam) (distraído) absent-minded person
B **volado** *m* **1** (Méx fam) (con moneda): **te lo juego a un ~** I'll toss you for it; **echar un ~** to toss *o* flip a coin; ***ser un ~*** to be a gamble **2** (RPl, Ven) (en costura) flounce
volado³ -da *adv* (Esp, Méx) in a rush, in a hurry
volador¹ -dora *adj* flying (*before n*)
volador² *m*
A (pez) flying fish
B (en pirotecnia) rocket

> **voladores**
>
> A Mexican pre-Columbian ritual dance, originally an agricultural fertility rite. Four or six men are attached by ropes to a platform on top of a 60 to 90 foot (17 to 27 meter) high pole. They dance on the platform and at the end of the dance, come circling down to the ground, hanging by their feet, as the ropes attaching them unwind

voladura *f* blowing-up
volandas *fpl* **1** **en ~s**: **llevar a algn en ~s** to carry sb shoulder-high **2** (Col fam) **a las ~s** in a rush *o* hurry
volandera *f* (de molino) upper millstone, runner; (Mec) bush, bushing
volandero -ra *adj*
A (suelto) loose
B ‹*pájaro*› full-fledged
volanta *f* (RPl) horse-drawn carriage
volantazo *m* (Esp, Méx) swerve; **dar un ~** to swerve
volante¹ *adj* flying (*before n*)
volante² *m*
A **1** (Auto) steering wheel; **ir/ponerse al ~** to be at/to take the wheel **2** (Mec, Tec) flywheel; (para regular altura, velocidad) wheel, handwheel **3** (de reloj) balance wheel
B **1** (AmL) (de propaganda) leaflet, flier **2** (Esp) (para el médico) referral note *o* slip
C (en costura) flounce
D (Dep) shuttlecock
E **volante** *mf* (Chi) (conductor) racing driver; (en fútbol) winger
volantín *m*
A (Chi) (cometa) kite; **encumbrar un ~** to fly a kite
B (Per) (en gimnasia) somersault
volar [A10] *vi*
A «*pájaro/avión*» to fly
B **1** «*tiempo*» to fly; **¡cómo vuela el tiempo!** doesn't time fly!; **las malas noticias vuelan** bad news travels fast **2** **volando** *ger* ‹*comer/cambiarse*› in a rush, in a hurry; **se fue volando** he/she rushed off; **las entradas se acaban volando** the tickets sell out very quickly *o* in no time at all; ***quedar(se) volando*** (Méx fam) «*asunto/persona*» to be left up in the air
C **1** (con el viento): **~on todos los papeles** my papers blew all over the place; **le voló el sombrero** his hat blew off **2** (fam) (desaparecer) to vanish, disappear; **los bombones ~on** the chocolates vanished *o* disappeared **3** (Méx fam) **a ~**: **niños, a ~** OK you kids, go away *o* get out of here; **toma el dinero y a ~** take the money and run; ***mandar a ~ a algn*** (Méx) to tell sb to get lost (colloq)
■ **volar** *vt*
A ‹*puente/edificio*› to blow up; ‹*caja fuerte*› to blow
B (Méx, Ven fam) (robar) to swipe (colloq), to nick (BrE colloq)
■ **volarse** *v pron*
A (AmS fam) (de rabia, fiebre): **estaba que se volaba de rabia** she was beside herself with rage *o* anger; **tiene una fiebre que se vuela** he has a really high temperature
B **1** (Col fam) «*preso*» to escape **2** (Col, Méx fam) «*alumno*» to play hooky (esp AmE colloq), to skive off (school) (BrE colloq)
C (Méx fam) **1** (coquetear) to flirt **2** (robar) to swipe (colloq), nick (BrE colloq); **se voló un lápiz** he swiped a pencil
volátil *adj* volatile
volatilidad *f* volatility
volatilizar [A4] *vt* to volatilize
■ **volatilizarse** *v pron* **1** (Fís, Quím) to volatilize **2** «*dinero/persona*» to vanish into thin air
volatín *m*: **hacer volatines** to perform *o* do acrobatics
volatinero -ra *m,f* acrobat
volcado *m* (Inf) *tb* **~ de memoria** dump
volcán *m* volcano; **un ~ de pasiones** a hotbed of passion; ***estar sobre un ~*** to be sitting on a time bomb
volcánico -ca *adj* volcanic
volcar [A9] *vt*
A **1** (tumbar) to knock over **2** ‹*carga*› to tip, dump **3** ‹*molde*› to turn over **4** (vaciar) to empty (out) **5** (Inf) to dump
B (poner, depositar) **~ algo EN algn/algo**: **volcó todas sus esperanzas en él** she pinned all her hopes on him; **vuelca toda su energía en el trabajo** she puts all her energy into her work
■ **volcar** *vi* «*automóvil/camión*» to overturn, turn over; «*embarcación*» to capsize
■ **volcarse** *v pron*
A **1** «*vaso/botella*» to get knocked *o* tipped over **2** ▸**volcar** *vi*
B **1** (entregarse, dedicarse) **~se EN/A algo** to throw oneself INTO sth; **se ~on a la tarea** they threw themselves into the task **2** (lanzarse): **el pueblo se volcó a las calles** the people poured onto the streets
C (desvivirse) **~se PARA** *or* **POR + INF** to go out of one's way to + INF; **se vuelca por hacer que te sientas cómodo** she goes out of her way to make you feel at home; **~se CON algn**: **se ~on conmigo** they bent over backwards to make me feel welcome
volea *f* volley; **marcó de ~** (en fútbol) he volleyed the ball into the net; (en tenis) he won the point with a volley
volear [A1] *vt/vi* (Dep) to volley
vóleibol, voleibol *m* volleyball
voleo *m*: **a** *or* **al ~** at random; **sembrar a ~** to scatter seeds; **contesté al ~** I said the first thing that came into my head
volibol *m* (Col, Méx, Ven) volleyball
volición *f* volition
volován *m* vol-au-vent
volquete *m*, **volqueta** *f* dump truck (AmE), dumper truck (BrE)
voltaico -ca *adj* galvanic, voltaic
voltaje *m* voltage
volteada *f* (RPl) (de animales) roundup
volteado¹ -da *adj* (Col, Méx fam & pey) bent (pej), queer (pej)
volteado² -da *m,f* (Col, Méx fam & pey) (*m*) (homosexual) fag (AmE colloq & pej), bender (BrE colloq & pej); (*f*) (lesbiana) dyke (colloq & pej)
voltear [A1] *vt*
A **1** ‹*mies*› to winnow; ‹*tierra*› to turn (over) **2** (por el aire) «*toro*» to toss; «*caballo*» to throw
B ‹*campanas*› to ring
C (AmL exc CS) **1** ‹*tortilla/disco*› to turn over; ‹*cuadro*› to turn … around; ‹*copa/jarrón*› (poner — boca arriba) to turn … the right way up; (— boca abajo) to turn … upside down **2** ‹*calcetín/manga*› (poner del revés) to turn … inside out; (poner del derecho) to turn … the right way round; **el viento me volteó el paraguas** the wind blew my umbrella inside out; **~ la página** to turn the page

D (AmL exc CS) (dar la vuelta): **me volteó la espalda** she turned her back on me; **al oír su voz volteó la cara** when she heard his voice she turned her head
E (CS) (tumbar, echar abajo) ‹*bolos/botella*› to knock over; ‹*puerta*› to knock down
■ **voltear** *vi* «*campanas*» to peal, ring out
■ **voltearse** *v pron* **1** (AmL exc CS) (volverse, darse la vuelta) to turn around; (cambiar de ideas) to change one's ideas; **se ha volteado contra mí** he's turned against me **2** (Méx) «*vehículo*» to overturn, turn over

voltereta *f* somersault

voltímetro *m* voltmeter

voltio *m* volt

volubilidad *f* changeableness, fickleness

voluble *adj* (inconstante) changeable, fickle

volumen *m*
A **1** (de un cuerpo) volume; **bultos de ese ~** pieces of luggage that size **2** (magnitud, cantidad) volume; **~ de ventas** volume of sales, turnover
B (de sonido) volume; **bajar/subir el ~** to turn the volume down/up; **a todo ~** on full volume, at full blast (colloq)
C (tomo) volume

voluminoso -sa *adj* ‹*paquete*› sizeable, bulky; ‹*deuda*› massive, enormous; ‹*mangas*› voluminous; **senos ~s** ample bosom

voluntad *f*
A **1** (facultad) will **2** (deseo) wish; **por expresa ~ de los familiares** by express wish of the family; **hace su santa ~** she does whatever she likes *o* pleases; **lo hizo por (su) propia ~** he did it of his own free will *o* of his own volition; **~ DE + INF** wish to + INF; **manifestó su ~ de renunciar** he expressed his wish to resign; **por causas ajenas a su ~** for reasons beyond his control; **hágase tu ~** (Relig) Thy will be done; ***a ~***: **se puede comer a ~** you can eat to your heart's content; **la donación es a ~** donations are at one's discretion
(Compuesto) **voluntad divina** divine will, God's will
B (firmeza de intención) *tb* **fuerza de ~** willpower
(Compuesto) **voluntad de hierro** will of iron
C (disposición, intención): **con la mejor ~** with the best of intentions; **paz a los hombres de buena ~** peace to all men of goodwill; **agradezco tu buena ~** I appreciate your willingness to help; **lo dijo con mala ~** she was trying to cause trouble when she said it; ***ganarse la ~ de algn*** to win sb's favor*; ***tenerle mala ~ a algn*** to dislike sb

voluntariedad *f* **1** (cualidad de voluntario) voluntary nature **2** (Der) (intencionalidad) (wilful) intent

voluntario[1] -ria *adj* **1** ‹*acto/donación*› voluntary; **fue una elección voluntaria** I/he did it of my/his own free will **2** (*como adv*) voluntarily

voluntario[2] -ria *m,f* volunteer

voluntarioso -sa *adj* **1** (esforzado, bien intencionado) willing, keen **2** (obstinado, caprichoso) self-willed, stubborn

voluntarista *adj* **1** (con fuerza de voluntad) strong-willed **2** (obstinado) self-willed, stubborn

voluptuosidad *f* voluptuousness

voluptuoso -sa *adj* voluptuous

voluta *f* (Arquit) scroll, volute; (de humo) spiral, column

volver [E11] *vi*
A (regresar — al lugar donde se está) to come back; (— a otro lugar) to go back; **no sé a qué hora ~é** I don't know what time I'll be back; **¿cómo vas a ~?** how are you getting back?; **volvió muy cambiada** she came back *o* returned a different person; **¿cuándo piensas ~ por aquí?** when do you think you'll be *o* come back this way?; **ha vuelto con su familia** she's gone back to her family; **~ A algo** ‹*a un lugar*› to go back TO sth; ‹*a una situación/actividad*› to return TO sth; **no había vuelto a su pueblo** he hadn't been back to his home town; **~ a clases** to go back to school; **volviendo a lo que decía ...** to get *o* go back to what I was saying ...; **ya volvemos a lo de siempre** so we're back to the same problem; **~ DE algo**: **¿cuándo volviste de las vacaciones?** when did you get back from your vacation?; **ha vuelto de Roma** she's back from Rome; **volvió cansado del trabajo** he was tired when he got home from work; **~ *atrás*** (literal) to go *o* turn back; (al pasado) to turn back the clock
B **1** (repetirse) «*momento*» to return **2** «*calma/paz*» to return; **~ A algo** to return TO sth
C **volver en sí** to come to *o* round
D (reconciliarse) **~ CON algn** to make up WITH sb
■ **volver** *v aux*: **~ A + INF**: **~ a empezar** to start again *o* (AmE) over; **no ~á a ocurrir** it won't happen again; **no lo volví a ver** I never saw him again; **lo tuve que ~ a llevar al taller** I had to take it back to the workshop
■ **volver** *vt*
A (dar la vuelta) **1** ‹*colchón/tortilla*› to turn (over); ‹*tierra*› to turn *o* dig over; ‹*calcetín/chaqueta*› (poner del revés) to turn ... inside out; (poner del derecho) to turn ... the right way round; ‹*cuello*› to turn; **~ la página** to turn the page **2** ‹*cabeza/mirada*›: **volvió la cabeza** she turned her head; **volvió la mirada hacia mí** he turned his gaze toward(s) me **3** ‹*esquina*› to turn
B (convertir en, poner): **la ha vuelto muy egoísta** it has made her very selfish; **me está volviendo loca** it's/he's/she's driving me mad; **lo vuelve de otro color** it turns it a different color
C (Méx) **~ el estómago** to be sick
■ **volverse** *v pron*
A (girar) to turn (around); **se volvió hacia él** she turned to face him; **no te vuelvas, que nos están siguiendo** don't look back, we're being followed; **se volvió de espaldas** he turned his back on me (*o* her *etc*); **~se boca arriba/abajo** to turn over onto one's back/stomach; ***~se atrás*** to back out; ***~se contra algn*** to turn against sb
B (convertirse en, ponerse): **se ha vuelto muy antipático** he's become very unpleasant; **se está volviendo muy quisquillosa** she's getting very fussy; **se vuelve agrio** it turns *o* goes sour; **se volvió loca** she went mad

vomitar [A1] *vi* to vomit, be sick; **tengo ganas de ~** I think I'm going to vomit *o* be sick, I feel nauseous *o* sick
■ **vomitar** *vt* **1** ‹*comida*› to bring up; **~ sangre** to cough up blood **2** ‹*fuego/lava*› to spew (out); ‹*smoke*› to belch out **3** ‹*insultos/maldiciones*› to hurl
■ **vomitarse** *v pron* (Col, Méx, Ven) to vomit, be sick

vomitivo[1] -va *adj* (Med) emetic; (repugnante) (fam) revolting, disgusting

vomitivo[2] *m* emetic

vómito *m* **1** (acción) vomiting; **¿ha tenido ~s?** have you been vomiting *o* (BrE) sick? **2** (cosa vomitada) vomit
(Compuesto) **vómito de sangre** coughing up of blood

voracidad *f* voracity

vorágine *f* (liter) (en el mar) whirlpool; (situación confusa) maelstrom (liter)

voraz *adj* ‹*persona/animal/apetito*› voracious; ‹*incendio/fuego*› fierce

vórtice *m* (remolino — de viento) whirlwind; (— de agua) whirlpool, vortex; (de un ciclón) eye, center*

vos *pron pers*
A [*Familiar form of address which is widely used instead of* **tú** *mainly in the River Plate area and parts of Central America*] **1** (como sujeto) you; **¿quién lo va a hacer? — vos** who's going to do it? — you (are); **che, ~** hey, you; **~ misma lo dijiste** you said so yourself **2** (en comparaciones, con preposiciones) you; **más/menos que ~** more/less than you; **para/sin ~** for/without you **3** (uno) you; **te dan tres opciones y ~ elegís** they give you three options and you choose
B (arc) (*sing*) thou (arch *or* dial); (con preposiciones) thee (arch *or* dial); (*pl*) ye (arch); **en V~ confío** (Relig) In Thee I trust

vosear [A1] *vt* to address sb using the **vos** form

voseo *m* use of the **vos** form instead of **tú**

vosotros -tras *pron pers pl* [*Familiar form of address not normally used in Latin America or in certain parts of Spain, where* **ustedes** *is used instead*] **1** (como sujeto) you; **¿quién lo va a hacer? — vosotros** who's going to do it? — you (are); **lo podéis hacer ~ mismos** you can do it yourselves **2** (en comparaciones, con preposiciones) you; **más/mejor que ~** more/better than you; **con/contra/para ~** with/against/for you

votación *f* (acción) voting; (método) vote; **la ~ arrojó los siguientes resultados** the voting produced the following results; **decidir por ~** to decide by ballot; **fue elegida por ~** she was elected *o* voted in; **se sometió a ~** it was put to the vote; **hagamos una ~** let's vote on it; **una ~ a mano alzada** a vote by a show of hands; **~ secreta** secret ballot *o* vote

votante *mf* voter

votar [A1] *vi* to vote; **~ en blanco** to spoil one's vote (*by returning a blank ballot paper*); **~ POR algo/algn** to vote FOR sth/sb; **~ A FAVOR DE/EN CONTRA DE algo** to vote FOR/AGAINST sth
■ **votar** *vt* ‹*candidato*› to vote for; ‹*reforma/aumento*› to approve, vote to approve

voto *m*
A 1 (de elector) vote; **el electorado emite hoy su ~** (period) the electorate will go to the polls today; **~s a favor/en contra** votes for/against 2 (votación) vote; **~ secreto** secret ballot *o* vote; **por ~ a mano alzada** on *o* by a show of hands 3 (derecho) vote
(Compuestos)
- **voto de calidad** casting vote, tiebreaker (AmE)
- **voto de confianza/censura** vote of confidence/no confidence
- **voto en blanco** blank ballot paper
- **voto por correo** postal vote, absentee ballot (AmE)

B (Relig) vow; **hacer los ~s solemnes** to take solemn vows
(Compuesto) **voto de castidad/obediencia/pobreza** vow of chastity/obedience/poverty
C (frml) (expresión de un deseo): **hacemos ~s por su pronta mejoría** we wish him a speedy recovery; **con mis mejores ~s para el futuro** with best wishes for the future

vox populi *loc adj*: **ser ~ ~** to be common knowledge

voy *see* **ir**

voyeurismo /bwaʏe'rismo, boɲer'ismo/ *m* voyeurism

voyeurista /bwaʏe'rista, boɲer'ista/ *mf* voyeur

vóytelas *interj* (Méx fam) wow (colloq)

voz *f*
A 1 (sonido) voice; **le temblaba la ~** her voice shook; **levantar la ~** to raise one's voice; **aclararse la ~** to clear one's throat; **tener la ~ tomada** to be hoarse; **hablar en ~ baja** to speak quietly; **en ~ alta** ‹*hablar*› loudly; ‹*leer*› aloud, out loud; **me lo dijo a media ~** he whispered it to me; **la ~ de la conciencia** the voice of one's conscience; ***a ~ en grito*** *or* ***cuello*** at the top of one's voice; ***de viva ~*** personally, in person 2 (capacidad de hablar) voice; **quedarse sin ~** to lose one's voice
B (opinión) voice; **la ~ del pueblo** the voice of the people; ***no tener ni ~ ni voto***: **no tiene ni ~ ni voto en esto** he has no say in the matter
C 1 **voces** *fpl* (gritos) shouting, shouts (*pl*); **a voces**: **hablar a voces** to talk in loud voices; **llamar a voces** to call out, to shout; **pedir algo a voces** to cry out for sth; ***dar la ~ de alarma*** to raise the alarm 2 (rumor) rumor*; **corre la ~ de que ...** word *o* rumor has it that ...
D (Mús) 1 (persona) voice 2 (línea melódica): **una pieza a cuatro voces** a piece for four voices, a four-part piece; **cantar a dos voces** to sing a duet; ***llevar la ~ cantante*** (fam) to call the tune *o* shots (colloq)
E (Ling) 1 (frml) (palabra) word 2 (forma verbal) voice
(Compuesto) **voz activa/pasiva** active/passive (voice)

vozarrón *m* booming voice

v.s. (Cin) = **versión subtitulada**

vudú *m* voodoo

vuela, vuelan, etc *see* **volar**

vuelco *m*
A (sobre sí mismo): **dar un ~** «*coche*» to overturn, turn over; «*embarcación*» to capsize; ***me/le dio un ~ el corazón*** my/his heart missed *o* skipped a beat
B (cambio radical): **las cosas pueden dar un ~** things could change *o* alter drastically; **el mercado dio un ~ favorable** the market registered a favorable upturn
C (Inf) dump

vuelo¹ *m*
A 1 (acción): **el ~ de las gaviotas** the seagulls' flight; **remontar el ~** to soar up; **horas de ~** (Aviac) flying time; ***agarrarlas*** *or* ***cogerlas al ~*** to be very quick on the uptake; ***alzar*** *or* ***levantar el ~*** «*pájaro*» to fly away *o* off; «*avión*» to take off; «*persona*» to fly *o* leave the nest; ***a ~ de pájaro*** (AmL): **un cálculo a ~ de pájaro** a rough estimate; **lo leí a ~ de pájaro** I just skimmed through it; ***de alto ~*** «*proyecto*» big, important; «*ejecutivo*» high-flying (*before n*); ***no se oía ni el ~ de una mosca*** you could have heard a pin drop (colloq); ***tomar ~*** to take flight 2 (trayecto, viaje) flight; **son dos horas de ~** it is a two-hour flight 3 (avión) flight
(Compuestos)
- **vuelo a vela** gliding, soaring (AmE)
- **vuelo charter/regular** charter/schedule flight
- **vuelo espacial** spaceflight
- **vuelo internacional/nacional** international/domestic *o* internal flight
- **vuelo libre** hang-gliding
- **vuelo rasante** low-level flight
- **vuelo sin motor** gliding, soaring (AmE)

B (en costura) 1 (amplitud): **la falda tiene mucho ~** it is a very full skirt 2 (Chi) (adorno) flounce
C (pluma) flight (feather)

vuelo² *see* **volar**

vuelta *f*
(*Sentido* **I**)
A 1 (circunvolución): **dar ~s alrededor de algo** to go around sth; **da ~s alrededor de su eje** it spins *o* turns on its axis; **dar la ~ al mundo** to go around the world; **todo/la cabeza me da ~s** everything's/my head's spinning; **dar una ~ a la manzana** to go around the block; **dar toda la ~** to go all the way around; **¡las ~s que da la vida!** isn't life strange!; **me pasé el día dando ~s tratando de encontrarlo** I spent the whole day going from pillar to post trying to find it; ***andarse con ~s*** (fam) to beat about the bush (colloq); ***buscarle las ~s a algn*** (fam) to try to catch sb out; ***buscarle la ~ a algo*** (CS fam) to try to find a way of doing sth; ***darle cien (mil) ~s a algn*** (fam) to be miles *o* heaps better than sb (colloq); ***no tener ~*** (Chi fam) to be a hopeless case 2 (Dep) (en golf) round; (en carreras) lap 3 (en carretera) bend; **el camino da muchas ~s** the road winds about a lot; **el autobús da muchas ~s** the bus takes a very roundabout route
(Compuestos)
- **vuelta al ruedo** (Taur) lap of honor
- **vuelta ciclista** cycle race, tour
- **vuelta de honor** lap of honor*

B (giro): **darle ~ a algo** ‹*llave/manivela*› to turn sth; **dale otra ~** give it another turn; ***darle ~s a algo*** to think about sth; **no le des más ~s al asunto** stop agonizing about it; ***poner a algn de ~ y media*** (fam) to tear into sb (AmE colloq), to tear sb off a strip (BrE colloq)
(Compuestos)
- **vuelta de campana**: **el coche dio una ~ de ~** the car turned (right) over
- **vuelta (de) carnero** (CS) somersault
- **vuelta en redondo** (vuelta completa) 360 degree turn, complete turn; (cambio radical) U-turn

C 1 **darle la ~ A algo** ‹*a disco/colchón*› to turn ... (over); ‹*a calcetín*› (ponerlo — del derecho) turn ... the right way out; (— del revés) turn ... inside out; ‹*a copa*› (ponerla — boca arriba) to turn ... the right way up; (— boca abajo) to turn ... upside down; **dar la ~ a la página** to turn the page, turn over; ***no hay ~ que darle*** (fam) there are no two ways about it; ***no tener ~ de hoja***: **sus argumentos no tienen ~ de hoja** you can't argue with the things she says; **eso no tiene ~ de hoja** there are no two ways about it 2 (para cambiar de dirección, posición): **dar la ~** (Auto) to turn (around); **darse la ~** to turn (around); **el paraguas se me dio la ~** my umbrella blew inside out
D (CS) **dar vuelta** ‹*disco/colchón*› to turn ... over; ‹*calcetín*› (ponerlo — del derecho) to turn ... the right way out; (— del revés) to turn ... inside out; ‹*copa*› (ponerla — boca arriba) to turn ... the right way up; (— boca abajo) to turn ... upside down; **dar ~ la página** to turn the page, turn over; **dio ~ la cara** she looked away; **¿damos ~ aquí?** (Auto) shall we turn (around) here?; **darse ~** «*persona*» to turn (around); «*vehículo*» to overturn; «*embarcación*» to capsize; **se me dio ~ el paraguas** my umbrella blew inside out
E 1 (paseo): **dar una ~** (a pie) to go for a walk; (en coche) to go for a drive; (en bicicleta) to go for a ride 2 (con un propósito): **date una ~ por la oficina** drop into the office (colloq); **a ver cuándo te das una ~ por casa** drop in and see us some time
F 1 **a la vuelta**: **escríbelo a la ~** write it on the other side *o* on the back; **vive a la ~** she lives around the corner; ***a la ~ de la esquina*** just around the corner 2 **vuelta y vuelta** (Coc) rare

V

(*Sentido* **II**)

A **1** (regreso) return; (viaje de regreso) return journey; **a la ~ paramos para almorzar** on the way back we stopped for lunch; **a la ~ se encontró con una sorpresa** when he got back he found a surprise; **¡hasta la ~!** see you when you get back!; **su ~ a las tablas** her return to the stage; ***estar de*** ~ to be back; **yo ya estoy de ~ de esas cosas** I've seen it all before; **cuando tú vas yo ya estoy de ~** I'm way ahead of you **2** **a ~ de correo** by return mail (AmE), by return (of post) (BrE)

B **1** (a un estado anterior) ~ A **algo** return TO sth; **la ~ a la normalidad** the return to normality **2** (fam) (indicando repetición): **¡~ con lo mismo!** there you/there they go again! (colloq)

(*Sentido* **III**) **1** (Esp) (cambio) change; **quédese con la ~** keep the change **2** **vueltas** (Col) (cambio, dinero suelto) change

(*Sentido* **IV**)

A **1** (en elecciones) round **2** (de bebidas) round; **esta ~ la pago yo** this round's on me

B (Per, RPl fam) **1** (vez) time; **esta ~ les ganamos** we'll beat them this time **2** **de vuelta** (de nuevo) again

(*Sentido* **V**)

A **1** (de collar) strand **2** (en labores de punto) row; (en costura) facing; (de pantalones) cuff (AmE), turn-up (BrE)

B (Náut) bend

vuelto[1] -ta *pp: see* **volver**

vuelto[2] *m* (AmL) change; **quédese con el ~** keep the change

vuelva, vuelvas, etc *see* **volver**

vuesa merced *pron pers* (arc) thou (arch)

vuestro[1] -tra *adj* **1** (Esp) (de vosotros) your; **~s libros** *or* **los libros ~s** your books; **un amigo ~** a friend of yours; **la responsabilidad es vuestra** it's your responsibility **2** (frml) your; **Vuestra Majestad/Excelencia** Your Majesty/Excellency

vuestro[2] -tra *pron* (Esp): **el ~, la vuestra,** *etc* yours; **sabe lo ~** he knows about the two of you

vulcanización *f* vulcanization

vulcanizadora *f* (Chi, Méx) tire* repairshop

vulcanizar [A4] *vt* to vulcanize

vulgar *adj* **1** (corriente, común) common; **un ~ resfríado** a common cold; **~ *y corriente*** ordinary **2** (poco refinado) vulgar, coarse **3** (no técnico) common, popular

vulgaridad *f* **1** (cualidad) vulgarity, coarseness; **la ~ de sus modales** his vulgar *o* coarse manners **2** (dicho, hecho): **no hagas/digas esas ~es** don't be so vulgar

vulgarismo *m* vulgarism

vulgarización *f* popularization, vulgarization

vulgarizar [A4] *vt* **1** (hacer popular) to popularize, vulgarize (frml) **2** (quitar refinamiento a) to vulgarize

vulgo[1] *adv* commonly known as

vulgo[2] *m*: **el ~** ordinary people (*pl*), the masses (*pl*)

vulnerabilidad *f* vulnerability

vulnerable *adj* vulnerable

vulneración *f* violation, infringement

vulnerar [A1] *vt* (frml) **1** ‹*derecho/ley*› to violate **2** ‹*dignidad*› to wound, hurt; ‹*posición*› to damage

vulva *f* vulva

vv (= **versos**) vv

Ww

W, w *f* (*read as* /'doβle βe/, /'doβle u/ *or* (Esp) /'doβle 'uβe/, /'uβe 'ðoβle/) *the letter* **W, w**
w. (= **watio**) w, watt
wachimán /ɣwatʃi'man/ *m* (AmL) watchman
wafle /'(g)wafle/ *m* (AmL) waffle
waflera *f* (AmL) waffle iron
wagneriano -na *adj* Wagnerian
walkie-talkie /'wo(l)ki 'to(l)ki/ *m* (*pl* **-kies**) walkie-talkie
walkman® *m* (*pl* **-mans**) Walkman®
warfarina *f* warfarin
wáter /'(g)water *or* (Esp) 'bater/ *m* (inodoro) toilet; (cuarto) (Esp) toilet, bathroom (esp AmE)
waterpolista *mf* water polo player
waterpolo /'(g)waterpolo/ *m* water polo
watt /bat, ɣwat/ *m* (*pl* **~s**) watt
WC /'be θe, 'uβe 'ðoβle θe/ *m* WC
wedge /(g)wedʒ/ *m* (Dep) wedge
weekend /'wiken/ *m* weekend
welter *m* (*pl* **~**) welterweight
western *m* (*pl* **~** *or* **-terns**) western
whiskería *f* bar (*selling a large range of whiskies*)
whisky /'(g)wiski/ *m* (*pl* **-kies** *or* **-kys**) whiskey*
(Compuesto) **whisky americano** bourbon
Winchester® /'wintʃeste(r)/ *m* (*pl* **-ters**) Winchester® (rifle)
windsurf /'winsurf/ *m* (deporte) windsurfing; (tabla) windsurfer, sailboard
windsurfing /'winsurfin/ *m* windsurfing
windsurfista *mf* windsurfer
wolframio *m* wolfram

X, **x** *f (read as /'ekis/) the letter* **X, x**

xenofobia *f* xenophobia

xenófobo -ba *adj* xenophobic

xenón *m* xenon

xerocopia *f* photocopy, xerox®

xerocopiar [A1] *vt* to photocopy, xerox

xerografía *f* xerography

xilema *m* xylem

xilofón, xilófono *m* xylophone

xilografía *f* (arte) xylography; (impresión) xylograph

xoconostle *m* (en Méx) *type of prickly pear*

Y, **y** *f* (*read as* /i 'ɤrjeɤa/, /je/ *or* (RPl) /ʒe/) *the letter* **Y, y**

y *conj*

A 1▸ (indicando conexión, añadidura) and; **habla inglés y alemán** he speaks English and German; **un cielo azul y sin nubes** a cloudless blue sky 2▸ (con valor adversativo) while, and; **¡yo gano el dinero y él lo gasta!** I earn the money and he spends it!

B 1▸ (indicando acumulación) and; **iba llegando gente y más gente** more and more people kept arriving; **habla y habla todo el día** he just talks and talks all day long 2▸ (introduciendo una consecuencia) and; **atrévete y verás** just you dare and you'll see!

C 1▸ (en preguntas): **¿y tu padre? ¿qué tal está?** and how's your father?; **¿y Mónica? ¿no viene?** what about Monica? isn't she coming?; **yo no oigo nada ¿y tú?** I can't hear anything, can you?; **a mí me regaló dinero ¿y a ti?** she gave me money, what did she give *you*?; **¿y? ¿qué resolvieron?** well? *o* so? what did you decide?; **¿cómo estás? — bien ¿y tú?** how are you? — I'm fine, and you?; **a mí me encanta ¿y a ti?** I love it, what about you? 2▸ (fam) (expresando indiferencia) so (colloq); **no hay trenes — ¿y?** *or* **¿y qué?** there are no trains — so what?; **¿y a mí qué?** so, what's it to me?

D (esp RPl fam) (encabezando respuestas) well; **¿y fuiste? — y sí, no tuve más remedio** and did you go? — well yes, I had no choice; **y bueno** oh well

E (en números): **cuarenta y cinco** forty-five; **doscientos treinta y tres** two hundred and thirty-three; **uno y medio** one and a half

ya¹ *adv* [*Both the simple past* **ya terminé** *and the present perfect* **ya he terminado** *are used to refer to the recent indefinite past. The former is the preferred form in Latin America while in Spain there is a tendency to use the latter*]

A 1▸ (en frases afirmativas o interrogativas) already; **¿~ te has gastado todo el dinero?** have you spent all the money already?; **~ terminé** I've (already) finished; **~ te dije que no** I've already said no; **¿~ ha llegado Ernesto?** has Ernesto arrived yet?, did Ernesto arrive yet? (AmE); **~ lo sé** I (already) know; **aprietas este botón ¡y ~ está!** you press this button, and that's it!; **le teníamos tanta fe y ~ ves, nos ha defraudado** we had such faith in him and look what happened, he's let us down 2▸ (expresando que se ha comprendido) yes, sure (colloq); **dile que venga — ~, pero ¿si no quiere?** tell her to come — yes, but what if she doesn't want to?; **me he pasado el día estudiando — ¡~, ~!** (iró) I spent the whole day studying — oh sure! (iro)

B 1▸ (en frases negativas) any more; **ese color ~ no se lleva** nobody wears that color any more; **~ ni siquiera me escribe** he doesn't even write (to) me any more; **estaba muy segura pero ~ no sé qué pensar** I was very sure about it, but now I don't know what to think; **creo que ~ no vienen** I don't think they'll come now 2▸ **no ya ... sino** not (just) ... but; **estamos hablando no ~ de cambios sino de una total reestructuración** we are not (just) talking about changes but about a total restructuring

C (enseguida, ahora) right now; **¡~ voy!** coming!; **la comida ~ va a estar** the meal's almost ready; **preparados listos ¡~!** on your mark(s), get set, go!; **~ puedes ir haciéndote a la idea** you'd better start getting used to the idea; **desde ~ te digo que no puede ser** (esp AmL) I can tell you right now that it's not possible; **~ mismo** (esp AmL) right away, straightaway (BrE)

D (con verbo en futuro): **~ te contaré** I'll tell you all about it; **~ lo entenderás** you'll understand one day

E (en comparaciones): **éste ~ no me gusta tanto** I don't like this one so much; **pintado de blanco ~ es otra cosa** it really does look much better painted white

F (uso enfático): **¡~ quisiera yo!** I should be so lucky!; **~ era hora** about time (too)!; **¡~ me tienes harta!** I'm (just about) fed up with you!; **¿te parece que allí se vive mejor? — ¡~ lo creo!** do you think people live better there? — you bet! (colloq)

G **ya que** since, as; **~ que estás aquí** since *o* as you're here; **~ que estoy, limpio éste también** while I'm at it I may as well clean this one too

ya² *conj*: **~ por tierra, ~ por mar** (liter) whether by land or by sea; **se puede solicitar ~ sea en persona o por teléfono** it can be ordered either in person or by telephone

yacaré *m* cayman

yacente *adj* (liter) reclining (*before n*), recumbent (liter)

yacer [E5] *vi* 1▸ (frml) (estar enterrado) to lie (frml); **aquí yacen sus restos mortales** here lie her mortal remains 2▸ (liter) (estar tendido) to lie; **~ con algn** (arc) to lie with sb (arch)

yacimiento *m* 1▸ (de mineral) deposit; **~ petrolífero** oilfield 2▸ (Arqueol) site

yacuzzi /ja'kusi/ *m* jacuzzi®

yagua *f* royal palm

yagual *m* padded ring (*used to carry heavy objects on the head*)

yaguareté *m* jaguar

yak *m* yak

Yakarta *f* Jakarta

yámbico -ca *adj* iambic

yambo *m*

A (Lit) iamb

B (Bot) rose apple

yámper *m* (Per) jumper (AmE), pinafore dress (BrE)

yanacón -cona *m,f* (Hist) Indian servant

yanacona *mf* (Per) sharecropper

yanqui¹ *adj* (*pl* **-quis**) (fam) Yankee (colloq)

yanqui² *mf* (*pl* **-quis**) (fam) Yank (colloq), Yankee (colloq)

Yanquilandia *f* (fam) the States (colloq)

yantar [A1] *vi* (arc) to eat

yapa *f* (CS, Per fam) *small amount of extra goods given free*, lagniappe (AmE); **dar algo de ~** to throw sth in (for free) (colloq); **me dio dos de ~** she threw in a couple extra; **te cobraron con ~** they really ripped you off (colloq)

yarará *f* pit viper

yarda *f* yard

yate *m* yacht

yaya *f* (Chi, Per fam): **tengo ~** it hurts; **hacerse ~** to hurt oneself; **estar con ~** to be sick *o* ill

yayo -ya *m,f* (fam) (*m*) grandpa (colloq), granddad (colloq); (*f*) granny (colloq), grandma (colloq)

ye *f*: *name of the letter* **y**

yedra *f* ivy

yegua *f*

A (Zool) mare

B (Chi fam) 1▸ (persona torpe) bonehead (colloq) 2▸ (puta) whore (sl)

yeguada *f* 1 (ganado caballar) horses (*pl*) 2 (caballeriza) stable, stables (*pl*) 3 (CS) (manada de yeguas) group *o* herd of mares

yeísmo *m: the pronunciation of 'll' in many parts of Spain and Latin America as 'y'*

yelmo *m* helmet

yema *f* 1 (de huevo) yolk 2 (dulce) *sweet made with egg yolk and sugar* 3 (del dedo) fingertip 4 (Bot) leaf bud

Yemen *m* Yemen

(Compuesto) **Yemen del Sur** South Yemen

yen *m* yen

yendo *see* **ir**

yerba *f* 1 *tb* ~ **mate** maté 2 (Andes, Méx, Ven fam) (marihuana) grass (sl) 3 ▸**hierba A**

yerbatero¹ -ra *adj* maté (*before n*)

yerbatero² -ra *m,f* (Andes) (curandero) witch doctor; (que vende hierbas medicinales) herbalist

yerga, yergue *see* **erguir**

yermo¹ -ma *adj* (liter) (despoblado) uninhabited; (estéril) barren

yermo² *m* wasteland

yerno *m* son-in-law

yerra, yerras, etc *see* **errar**

yerro *m* error, mistake

yerto -ta *adj* stiff, rigid

yesca *f* (madera) punk, tinder; (piedra) flint

yesería *f* (fábrica) plaster factory, plaster works (*sing or pl*); (obra) plasterwork, plastering

yesero -ra *m,f* plasterer

yeso *m* 1 (Art, Const) plaster 2 (AmL) (Med) plaster 3 (Min) gypsum

yesquero *m* (Col, RPl, Ven) cigarette lighter

yeta *f* (RPl fam) (mala suerte) bad luck; (influencia adversa) jinx

yeti *m* yeti

ye-ye *adj* (ant) trendy (colloq)

yídish, yiddish /'yiðiʃ/ *m* Yiddish

yihad *m or f* jihad

yira *f* (RPl arg) hooker (colloq)

yirar [A1] *vi* (RPl arg) to hustle (AmE colloq), to tout for business (BrE euph)

yo¹ *pron pers* 1 (como sujeto) I; **¿quién quería verme? — ~ no** who wanted to see me? — not me *o* it wasn't me; **¿quién quiere más? — ¡~!** who wants some more? — me! *o* I do!; **soy ~** it's me; **fui ~ el que llamó** it was me *o* (frml) I who called; **¿quién, ~?** who?, me?; **~ misma** myself; **estoy cansada — ~ también** I'm tired — so am I *o* me too; **¿y ~ qué?** what about me?; **~ que tú/él** if I were you/him; **~ misma** myself 2 (en comparaciones, con ciertas preposiciones) me; **come más que ~** he eats more than me *o* more than I do; **es tan alto como ~** he's as tall as me *o* as tall as I am; **llegó después que ~** she arrived after me; **se sentó entre Isabel y ~** he sat between Isabel and me; **lo preparamos entre Charo y ~** Charo and I prepared it between us

yo² *m*: **el ~** the ego

yodo *m* iodine

yoga *m* yoga

yogui *m* yogi

yogur, yogurt *m* (*pl* **-gurts**) yogurt, yoghurt

yogurtera *f* yogurt maker

yonqui *mf* (*pl* **-quis**) (fam) junkie (colloq)

yo-yo *m* (*pl* **-yos**) yo-yo

yuca *f* (tubérculo comestible) cassava, manioc; (planta ornamental) yucca

yudo *m* judo

yudoca *mf* judoka, judoist

yugo *m* 1 (de bueyes) yoke; **mañana de vuelta al ~** (fam) it's back to the grindstone tomorrow (colloq) 2 (opresión) yoke

Yugoslavia, Yugoeslavia *f* (Hist) Yugoslavia

yugoslavo -va, yugoeslavo -va *adj/m,f* (Hist) Yugoslavian

yugular *adj/f* jugular

yuju *interj* yoo-hoo!

yungas *mpl or fpl* warm valleys (*pl*) (*in Bolivia and Peru*)

yunque *m* anvil

yunta *f* 1 (de bueyes) yoke 2 (Chi fam) (de personas): **forman una buena ~** the two of them make a good team; **hacer ~ con alguien** to join forces *o* team up with sb

yuntero -ra *m,f* plowman (AmE), ploughman (BrE)

yupi¹ *adj/mf* (*pl* **-pis**) yuppie

yupi² *interj* (fam) hooray!, yippee! (colloq), whoopee! (colloq), wahey! (colloq)

yute *m* jute

yuxtaponer [E22] *vt* to juxtapose

yuxtaposición *f* juxtaposition

yuyo *m* 1 (Per, RPl) (hierba) herb; **té de ~s** herbal tea 2 (RPl) (mala hierba) weed 3 (Per) (alga) seaweed

Zz

Z, z *f* (*read as* /'seta/ *or* (Esp) /'θeta/) *the letter* **Z, z**
zacate *m* (AmC, Méx) 1 (hierba) grass; (heno) hay 2 (esponja) sponge; (estropajo) scourer
zácatelas *interj* (Méx, RPl fam) all of a sudden (colloq)
zafacoca *f* (Chi fam) commotion
zafado¹ -da *adj* (fam) 1 (AmL) loopy (colloq), crazy (colloq) 2 (CS) (descarado) fresh (AmE colloq), cheeky (BrE colloq)
zafado² -da *m,f* (AmL fam) crazy fool
zafar [A1] *vt* 1 (Chi, Méx) ‹*brazo/dedo*› to dislocate 2 (Col, Ven) ‹*nudo*› to untie; ‹*tuerca*› to unscrew; ‹*persona/animal*› to let ... loose
■ **zafarse** *v pron* 1 (de compromiso) **~se DE algo** to get *o* wriggle OUT OF sth 2 (soltarse) «*persona/animal*» to get loose, get away 3 «*lazo/nudo*» to come undone 4 (*refl*) (Chi, Méx) (dislocarse): **~se la muñeca** to dislocate one's wrist
zafarrancho *m* (fam) 1 (caos) chaos; (alboroto) commotion; **se armó un ~ tremendo** all hell broke loose 2 (desastre) (fam): **hacer un ~** to make a mess
(Compuesto) **zafarrancho de combate** call to action *o* battle stations
zafio -fia *adj* coarse, crude
zafiro *m* sapphire
zafra *f*
A (cosecha) sugarcane harvest; (temporada) harvest time
B (Arg) (esquila) shearing
zaga *f* 1 (Dep) defense* 2 **a la zaga** ‹*ir/quedarse*› in the rear, behind; **él será grosero pero tú no te quedas a la ~** he may be rude but you're not far behind
zagal -gala *m,f* 1 (fam) (joven) (*m*) lad, boy; (*f*) girl, lass 2 (ant) (pastor) (*m*) shepherd boy; (*f*) shepherd girl
zaguán *m* hallway
zaguero -ra *m,f* (Dep) defender
zaherir [I11] *vt* to hurt, wound
zahorí *mf* dowser
zaino -na *adj* ‹*caballo*› chestnut; ‹*toro*› black
Zaire *m* (Hist): *tb* **el ~** Zaire
zalamería *f*: *tb* **~s** sweet talk, flattery; **hacerle ~s a algn** to sweet-talk sb
zalamero -ra *adj* ‹*palabras*› flattering; **¡qué ~ estás!** you're being very nice (to me)! (iro)
zalema *f* (reverencia) salaam, bow
zamaquear [A1] *vt* (Per) to rock
zamarra *f* (chaqueta) leather/sheepskin jacket; (chaleco) leather/sheepskin jerkin
zamarrear [A1] *vt* ‹*persona*› to shake ‹*presa*› to shake ... in its jaws
zamarro -rra *m,f*
A (Bol, Per) (pillo) sharp customer (colloq)
B **zamarros** *mpl* (pantalones) (Col) chaps (*pl*)
zamba *f* zamba (*South American folk dance*)
zambo¹ -ba *adj* bowlegged
zambo² -ba *m,f* (AmL) *person of mixed black and Amerindian origin*
zambomba *f*
A (Mús) *traditional drum-like instrument*
B (*como interj*) **¡~!** wow! (colloq)
zambra *f* (fiesta) gypsy festivity (*with dancing*); (jaleo, pelea) commotion
zambullida *f* (salto) dive, plunge; (baño) dip
zambullirse [I9] *v pron* (lanzarse) to dive (in); (sumergirse) to duck *o* dive underwater
zambullón *m* (AmS) ▸**zambullida**
zampar [A1] *vt*
A (esp AmL fam) 1 (poner) to put, stick (colloq); **lo zampé en el suelo de un golpe** I floored him with one blow 2 (pegar): **~le una trompada/cachetada a algn** to thump/slap sb; **le zampó tremenda patada** she kicked him really hard
B (AmL) (decir): **así nomás le zampó que ...** she just came right *o* straight out and said that ...
■ **zampar** *vi* (Esp) to stuff one's face (colloq)
■ **zamparse** *v pron*
A (fam) ‹*comida*› to wolf down (colloq); ‹*bebida*› to knock back (colloq)
B (AmL fam) (tirarse, lanzarse) to throw oneself, to leap
zampoña *f* panpipes (*pl*)
zamuro *m* (Ven) turkey vulture
zanahoria¹ *adj* 1 (RPl fam) (tonto) stupid 2 (Ven fam) (anticuado) square (colloq)
zanahoria² *f*
A (Bot, Coc) carrot
B **zanahoria** *mf* 1 (RPl fam) (tonto) idiot, nerd (colloq) 2 (Ven fam) (mojigato) strailaced person; (anticuado) old fogey (colloq)
zanahorio -ria *adj* (Col fam) (mojigato) straitlaced; (anticuado) square (colloq)
zanca *f* leg
zancada *f* stride; **bajaba la cuesta a ~s** he came striding down the hill; ***en dos ~s*** in no time
zancadilla *f* trip; **me hizo una ~** he tripped me (up)
zancón -cona *adj* (Méx fam) ‹*falda*› short
zancos *mpl* stilts (*pl*)
zancuda *f* wader, wading bird
zancudero *m* (Col, Ven) swarm of mosquitoes
zancudo¹ -da *adj* 1 ‹*ave*› wading (*before n*) 2 (fam) ‹*persona*› long-legged
zancudo² *m* (típula) crane fly, daddy longlegs; (mosquito) (AmL) mosquito
zandunga *f*
A (baile) ▸**sandunga C**
B (AmL) (juerga) ▸**sandunga B**
zanganear [A1] *vi* (fam) to loaf *o* laze around (colloq)
zángano -na *m,f*
A (fam) (persona) lazybones (colloq)
B **zángano** *m* (abeja) drone
zangolotear [A1] *vt* (fam) to shake
■ **zangolotearse** *v pron* (fam): **el avión se zangoloteó mucho** the plane was buffeted (about) a lot; **deja de ~te** stop jumping up and down (colloq)
zangoloteo *m* (de tren) jolting; (de persona) shaking; **nadie pudo dormir con el ~ del avión** no one could sleep because the plane was being buffeted about
zanja *f* (para desagüe) ditch; (para cimientos, tuberías) trench; (acequia) irrigation channel
zanjar [A1] *vt* ‹*polémica/diferencias*› to settle, resolve; ‹*deuda*› to settle, pay off
zanjón *m* (Chi) gorge
zapa *f* (pala) spade; (Mil) sap

zapador *m* (Mil) sapper

zapallito *m* (CS): *tb* ~ **largo** *or* **italiano** zucchini (AmE), courgette (BrE)

zapallo *m* (CS, Per) (Bot, Coc) pumpkin

zapapico *m* pickax*

zapata *f* (Auto, Mec) brake shoe

zapatazo *m* (golpe) blow with a shoe; ***tratar a algn a ~s*** to be rude to sb

zapateado *m* (baile español) zapateado; (en baile) foot stamping (*in time to the music*)

zapatear [A1] *vi* 1 (en danza) to tap one's feet; (más fuerte) to stamp (*in time to the music*) 2 (para protestar, vitorear) to stamp (one's feet)

zapateo *m* tapping; (más fuerte) stamping

(Compuesto) **zapateo americano** (CS) tap dancing

zapatería *f* (tienda) shoe store (AmE), shoe shop (BrE); (taller — de fabricación) shoemaker's, cobbler's; (— de reparación) shoe repairer's, cobbler's

zapatero -ra *m,f* shoemaker, cobbler; ***~, a tus zapatos*** stick to what you know, let the cobbler stick to his last

(Compuesto) **zapatero remendón** cobbler

zapatilla *f* 1 (de lona) canvas shoe; (para deportes) sneaker (AmE), trainer (BrE); (alpargata) espadrille; (para ballet) ballet shoe; (pantufla) slipper 2 (Méx) (zapato de mujer) lady's shoe; **~ de piso** flat shoe

zapato *m* shoe; **~s bajos/de tacón** *or* (CS) **de taco alto** low-heeled/high-heeled shoes; ***como un niño*** *or* ***chico con ~s nuevos*** like a child with a new toy; ***cada uno sabe dónde le aprieta el ~*** each person knows where his own problems lie

(Compuestos)

- **zapato de cordón/golf** lace-up/golf shoe
- **zapato de goma** (Ven) sneaker (AmE), trainer (BrE)

zapatón *m* (para la lluvia) (Col) galosh, overshoe; (para caminar) (Chi) walking shoe

zapear [A1] *vt* (Per fam) to gawk at (colloq)

zaperoco *m* (Ven fam) riot

zapote *m* (árbol) sapodilla; (fruto) sapodilla plum, naseberry

zapoteca *adj/mf* Zapotec

zapping /'sapin, 'θapin/ *m* channel-hopping, channel-surfing (AmE); **hacer ~** to channel-hop, channel-surf (AmE)

zar *m* tsar, czar

zarabanda *f* 1 (Mús) sarabande 2 (fam) (jaleo) racket (colloq), row (colloq) 3 (Méx) (paliza) beating

zaragata *f* (pelea) fight; (ajetreo) bustle; (jaleo) hullabaloo

zaragatero¹ -ra *adj* rowdy, noisy

zaragatero² -ra *m,f* (jaranero) reveler*; (peleador) thug, hooligan

Zaragoza *f* Saragossa

zaranda *f* sieve

zarandajas *fpl* (Esp fam): **cotilleos y otras ~** gossip and other tittle-tattle (colloq); **lleva un montón de papeleo y demás ~** it involves filling out loads of forms and other fiddly little things (colloq)

zarandear [A1] *vt* (de un lado a otro) to shake; (para arriba y para abajo) to shake *o* jog up and down; **la vida lo ha zarandeado mucho** he has taken some hard knocks in his life

■ **zarandearse** *v pron* (esp AmL): **nos zarandeamos mucho durante el vuelo** we got shaken around *o* buffeted a lot during the flight; **¡qué manera de ~se este tren!** this train's shaking around like anything (colloq); **el barco se zarandeó mucho** the boat rocked *o* tossed about a lot

zarandeo *m* 1 (sacudida): **con tanto ~ se cayeron las maletas** all the jolting brought the suitcases down 2 (esp AmL) (trajín): **el ~ de fin de año** the end-of-year hustle and bustle; **pasó el día en ~s para acá y para allá** he spent the day rushing around from one place to another (colloq)

zarape *m* (en AmC, Méx) serape (*colorful blanket-like shawl worn esp by men*)

zarcillo *m*

A (arete) earring

B (Bot) tendril

zarco -ca *adj* light blue, azure (liter)

zarigüeya *f* opossum, possum

zarina *f* czarina

zarista *adj/mf* czarist

zarpa *f* 1 (Zool) paw 2 (fam) (mano) paw (colloq); ***echarle la ~ a algn/algo*** «*animal*» to pounce on sb/sth; «*persona*» to get one's hands on sb/sth

zarpar [A1] *vi* to set sail, weigh anchor

zarpazo *m* 1 (de gato, león) swipe; **me dio un ~** it took a swipe at me (with its paw) 2 (de persona) snatch; **se lo quitó de un ~** she snatched it from him; **los ~s de la fatalidad** (liter) fate's cruel blows (liter)

zarrapastroso¹ -sa *adj* (fam) shabby

zarrapastroso² -sa *m,f* (fam) scruffy person (colloq)

zarza *f* bramble, blackberry bush

zarzal *m* bramble patch

zarzamora *f* (fruto) blackberry; (arbusto) bramble, blackberry bush

zarzo *m* (Col) loft, attic; ***ser como caído del ~*** (Col fam) to be a sucker (colloq)

zarzuela *f* (Espec, Mús) *traditional Spanish operetta*

> **zarzuela**
>
> A musical drama consisting of alternating passages of dialogue, songs, choruses, and dancing, that originated in Spain in the seventeenth century. Its name comes from the Palacio de la Zarzuela, Madrid. It is also popular in Latin America. *Zarzuela* declined in the eighteenth century but revived in the early nineteenth century. The revived *zarzuela* dealt with more popular themes and was called *género chico*. A more serious version developed, known as *género grande*

> **(Palacio de) la Zarzuela**
>
> The Madrid palace where the Spanish Royal Family now lives

zas *interj* (en la mejilla) smack!

zascandil *mf* (Esp fam) good-for-nothing (colloq)

zascandilear [A1] *vi* (Esp fam) (hacer cosas sin utilidad) to mess around

zenit *m* zenith

zeppelin /sepe'lin, θepe'lin/, **zepelín** *m* zeppelin, airship

zeta¹ *f*: *name of the letter* **z**

zeta² *m* (Esp fam) patrol car, police car

zigoto *m* zygote

zigzag *m* (*pl* **-zags** *or* **-zagues**) zigzag

zigzaguear [A1] *vi* to zigzag

zigzagueo *m* zigzagging, zigzag movement

Zimbabwe, Zimbabue *m* Zimbabwe

zinc *m* zinc; **techo de chapa de ~** corrugated iron roof

zíngaro -ra *adj/m,f* gypsy (*especially from Central Europe*)

zíper *m* (AmC, Méx, Ven) zipper (AmE), zip (BrE)

zipizape *m* (Esp fam) commotion

zócalo *m*

A (rodapié) baseboard (AmE), skirting board (BrE)

B (de columna) base, plinth

C (Méx) (plaza) main square

zoco¹ -ca *adj* (Col fam) left-handed

zoco² *m* souk

zodíaco *m* zodiac

zombi *mf* zombie

zona *f*

A (área, región) area; **fue declarada ~ neutral** it was declared a neutral zone; **~ de influencia** sphere of influence; Ⓢ **zona de carga y descarga** loading and unloading only

(Compuestos)

- **zona catastrófica** *or* (Chi) **de emergencia** disaster area
- **zona cero** ground zero
- **zona comercial** commercial district
- **zona de castigo** penalty area

- **zona del euro** euro zone
- **zona de libre comercio** free-trade zone
- **zona desnuclearizada** *or* **no nuclear** nuclear-free zone
- **zona de tolerancia** (AmL) red-light district
- **zona franca** duty-free zone
- **zona industrial** industrial park
- **zona parachoque** *or* **tampón** buffer zone
- **zona peatonal** pedestrian precinct
- **zona roja** (AmL) (zona de prostitución) red-light district
- **zona verde** park, green space

B (en baloncesto) free-throw lane, three-second area

zonal *adj* zonal, area (*before n*)

zoncear [A1] *vi* (AmL fam) to fool around (colloq), to mess around (colloq)

zoncera *f* **1** (AmL fam) (cualidad) stupidity **2** (RPl) ▸**sonsera** **3** (Col) (fatiga) drowsiness

zonificar [A2] *vt* to zone, divide *o* mark off into zones

zonzo¹ -za *adj* **1** (AmL fam) (tonto) silly **2** (Col, Méx fam) (atontado) dazed, stunned

zonzo² -za *m,f* (AmL fam) idiot, fool

zoo *m* zoo

zoología *f* zoology

zoológico¹ -ca *adj* zoological

zoológico² *m* zoo, zoological garden (frml)

zoólogo -ga *m,f* zoologist

zoom /sum, θum/ *m* zoom (lens); **hay un acercamiento con ~** the camera zooms in

zopenco¹ -ca *adj* (fam) stupid, idiotic

zopenco² -ca *m,f* (fam) blockhead (colloq)

zopilote *m* (AmC, Méx) turkey vulture

zoquete¹ *adj* (fam) dim, dense (colloq)

zoquete² *m*

A (CS) (Indum) sock, ankle sock

B **zoquete** *mf* (fam) (persona) dimwit (colloq), blockhead (colloq)

zorongo *m* (baile) *Andalusian dance*

zorra *f*

A (fam & pey) (prostituta) whore (colloq & pej); ***no tener ni ~ idea (de algo)*** (Esp fam): **no tengo ni ~ idea (de política)** I don't have a clue (about politics); *ver tb* **zorro²**

B **1** (carro) cart **2** (RPl) (Ferr) handcar

zorrear [A1] *vi* (fam) to be up to no good

zorrera *f* (Zool) earth

zorrería *f* (fam) (cualidad) slyness; (acto) sly trick

zorrillo *m* **1** (AmL) (mofeta) skunk **2** (Méx fam) (tonto) idiot, silly fool

zorrino *m* (CS) skunk

zorro¹ -rra *adj* (fam) sly, crafty; *ver tb* **zorra A**

zorro² -rra *m,f*

A **1** (Zool) (*m*) fox; (*f*) vixen **2** (AmC, Méx fam) (oposum) opossum **3** **zorro** *m* (piel) fox (fur); ***estar hecho unos ~s*** (Esp fam) to be dog-tired

B (fam) (persona astuta) sly *o* crafty person; *ver tb* **zorra**

zorruno -na *adj* (del zorro) fox (*before n*); (parecido al zorro) fox-like, foxy

zorzal *m* (Zool) thrush

zote¹ *adj* (fam) stupid

zote² *mf* (fam) dimwit (colloq), blockhead (colloq)

zozobra *f* anxiety; **nos llenó de ~** it made us very anxious *o* uneasy

zozobrar [A1] *vi*

A «*barco*» (hundirse) to founder; (volcar) to capsize

B «*proyecto/negocio*» to founder

zueco *m* clog

zulo *m* (Esp) cache

zulú¹ *adj/mf* Zulu

zulú² *m* (idioma) Zulu

zumaque *m* sumac, sumach

zumba *f* (AmL fam) (good) hiding (colloq)

zumbadera *f* (Col fam) (ruido molesto) noise, racket (colloq); (zumbido) buzzing, humming

zumbado -da *adj*

A [ESTAR] (Esp arg) **1** (loco) crazy **2** (despistado): **no sé lo que hago, estoy ~** I haven't (got) a clue what I'm doing, I've lost it

B [ESTAR] (Ven fam) (osado) fresh (AmE), cheeky (BrE)

zumbador *m* buzzer

zumbar [A1] *vi* **1** «*insecto*» to buzz; «*motor*» to hum, whirr; **pasar zumbando** «*bala/coche*» to whizz by; **la bala me pasó zumbando** the bullet whizzed past me; ***hacer ~ a algn*** (Chi fam) to beat sb to a pulp (colloq); ***hacer ~ algo*** (Chi, Ven fam) ‹*aparato/casa*› to wreck; ‹*plata/herencia*› to blow (colloq); ***~le a algn los oídos***: **me zumbaban los oídos** my ears were buzzing *o* ringing; **le estarán zumbando los oídos ...** his ears must be burning ... (colloq) **2** (Col fam) (molestar): **váyanse a ~ a otro lado** go and bother *o* pester someone else

■ **zumbar** *vt*

A **1** (fam) ‹*persona*› to give ... a good hiding (colloq) **2** (RPl fam) ‹*paliza/bofetada*›: **le ~on una paliza** they beat him up (colloq); **me zumbó una bofetada** she slapped me **3** ‹*pandero*› to bang

B (Ven fam) (tirar) to chuck (colloq), to throw

zumbido *m* (de insecto) buzzing, droning; (de motor) humming, whirring; **siento un ~ en los oídos** I have a buzzing *o* ringing in my ears

zumbón -bona *adj* **1** ‹*ruido*› (de motor) humming (*before n*); (de insecto) buzzing (*before n*) **2** (burlón) ‹*tono*› teasing (*before n*)

zumo *m* (esp Esp) juice

zuncho *m* metal hoop *o* band

zurcido *m* (acción) darning, mending; (arreglo) darn, mend

zurcir [I4] *vt* ‹*calcetines*› to darn, mend; ***¡que te zurzan!*** (Esp fam) get lost! (colloq)

zurda *f* (mano) left hand; (pie) left foot

zurdazo *m* (en boxeo) left; (en fútbol) shot *o* cross with the left foot

zurdo¹ -da *adj* **1** ‹*persona*› left-handed; ‹*futbolista*› left-footed; ‹*boxeador/lanzador*› southpaw (*before n*); ***no soy/es ~*** (Esp fam) I'm/he's not stupid **2** ‹*mano/pie*› left

zurdo² -da *m,f* (persona) left-handed person; (tenista) left-hander; (boxeador) southpaw

zuro *m* spike, ear

zurra *f* (fam) (good) hiding (colloq)

zurrapa *f* (posos) dregs (*pl*); (del café) grounds (*pl*)

zurrar [A1] *vt* (fam) to wallop (colloq), to give ... a (good) thrashing *o* hiding (colloq); ***~le a algn*** (Méx fam): **esas cosas me zurran** things like that really bug me (colloq); **me zurra escribir a máquina** I find typing a real pain in the neck (colloq)

zurriagazo *m* (fam) lash, stroke

zurriago *m*, **zurriaga** *f* whip

zurrón *m* (de pastor) leather bag; (de cazador) hunter's pouch

zurullo *m* (Chi fam) turd (vulg)

zutano -na *m,f ver* **fulano**

Correspondence
Correspondencia

Vacations and travel plans

Holiday postcard

- Beginning (quite informal): this formula is used among young people, very close friends, and, generally speaking, when addressee and sender address each other using the familiar form *tú*. *Querido Juan* can also be used, or *Querida Ana* if the addressee is a woman. If addressed to two or more people, males and females or only males, the masculine plural *Queridos* is always used: *Queridos Juan y Ana, Queridos amigos, Queridos Juan y Pedro*. *Queridas* is used if the card or letter is addressed to more than one female: *Queridas chicas, Queridas Ana y Conchita.*

- Address: Note that the title (*Sr., Sra., Srta.*) is always followed by a full stop and stands next to the name.

  The house number (sometimes also N° ...) comes after the street name. In addresses of apartments in Spain, this is often followed by a floor number and sometimes the apartment's position on the landing:
  c/ Hermosilla 98, 6° Dcha.

  The zip code comes before the place.

Bath, 8 de octubre 2004 [1]

Hola Juan

¿Qué tal? Hemos llegado a esta maravilla de ciudad hace dos días y estamos disfrutando muchísimo de todo lo que vemos, ¡a pesar del tiempo! Ya sabes tú como es el clima por aquí.

Hemos visitado los baños romanos (por supuesto), la catedral y sus alrededores. Hicimos un paseo por el río en barca y hemos recorrido la ciudad a pie. Es la mejor forma de apreciar la increíble arquitectura de este lugar.

¡Ah! También tomamos un té inglés como es debido, con sándwichs de pepino incluidos, en la elegante "Pump Room". Mañana regresamos a Londres y luego de vuelta a la dura realidad.

Esperamos que todo te haya ido bien con el cambio de trabajo. Ya nos contarás.

Hasta pronto.

Ana y Eduardo

Sr. Juan Elizalde
Po Pintor Rosales 101
28008 Madrid
Spain

- Endings (informal): *Un fuerte abrazo, Muchos saludos, Muchos besos y abrazos*. Also in Latin America: *Cariños* (NB not between men), *Hasta pronto* (See you soon).

[1] Not only on postcards, but on most personal letters, Spanish speakers do not put the address at the top, but just the name of the place and the date. The sender's address is recorded on the back of the envelope.

Vacaciones y viajes

Postal desde un lugar de vacaciones

- Por tratarse de una postal, el encabezamiento es muy simple, siempre *Dear*, seguido del primer nombre del destinatario.

- En la dirección, el título (*Mr*, *Mrs*, *Miss*, *Ms*) precede al nombre del destinatario en la primera línea. Las abreviaturas *Mr*, *Mrs* y *Ms* no van seguidas de punto. En Gran Bretaña muchas casas suelen tener un nombre, el que aparece encima del de la calle. Tanto en Norteamérica como en Gran Bretaña, el número de la casa se coloca antes del nombre de la calle. Debajo le siguen, en Gran Bretaña, el barrio, la ciudad o el condado y el código postal (postcode), cada uno en una línea. En Norteamérica debajo del número de la casa y el nombre de la calle, se incluyen la ciudad, las iniciales del Estado y el código postal (*zip code*), todo en una línea:

  Mr John Spaline Jr
  100 Irving Palace
  New York, NY 10001
  USA

6. 8. 2004 **1**

Dear John

Greetings from Mexico City! Got here a couple of days ago, but already in love with the place (in spite of the traffic and smog). Everything is so different and the food sometimes a bit too hot for us. Delicious though. We have visited the Archaeological Museum (out of this world), the Zócalo, the Cathedral, an Aztec temple and other places. Last night we went to Plaza Garibaldi to see the mariachis sing. Very atmospheric. Tomorrow we're visiting Teotihuacán and the pyramids, and then on Thursday we head home. Hope **2** *your mother is fully recovered by now.*

See you soon,

Mark and Juliet.

Mr J. Roberts
The Willows
49 North Terrace
Kings Barton
Nottinghamshire
NG8 42l
England

- Fórmula de despedida informal empleada cuando el destinatario es un amigo íntimo o un pariente cercano. Otras alternativas pueden ser: *All the best*, *With love from*, *Much love*, o simplemente *Love (from)*.

1 No sólo en postales sino también en la mayoría de las cartas de tipo personal, tanto los norteamericanos como los británicos colocan la fecha en el ángulo superior derecho.

2 Estilo telegrama, típico de una postal, en el que se suprime el pronombre: *Got here ...* y *Hope you're ...* en lugar de *We got here ...* y *We hope you're ...* respectivamente.

Inquiry to a tourist office

- This is a standard formula for starting a business letter addressed to a firm or organization, and not to a particular person. Alternatively, *Estimados señores* and, also in Latin America, *De nuestra mayor consideración*, could be used.
  More formal openings: *Distinguido señor, Distinguida señora, Distinguidos señores, Muy señor mío.*

- A simple business-style letter. The sender's address is on the top left-hand corner, the date is on the right, and the recipient's address is on the left, beneath the sender's address.

Sally McGregor
16 Victoria Road
Brixton
London SW2 5HU

4 de mayo de 2004

Oficina de Información y Turismo
Princesa 5
Oviedo

Muy señores míos

Les agracedería me remitieran a la mayor brevedad una lista de hoteles y pensiones, de precio medio, en Oviedo y los pueblos de la provincia.

También me interesaría obtener información acerca de excursiones en autocar [1] a los lugares de interés de la zona durante la segunda mitad de agosto.

Agradeciendo de antemano su atención, les saluda atentamente,

Sally McGregor

- *Les* (*Los* in Latin America) *saluda atentamente* is the standard ending for a formal or business letter. Other possibilities are: *Me despido de ustedes atentamente, Reciban un atento saludo de, Atentamente, Muy atentamente.*

[1] In Latin America: *autobús*.

Carta a una oficina de turismo

■ Encabezamiento típico de una carta de negocios cuando no se sabe si el destinatario es hombre o mujer. Otra alternativa sería *Dear Sirs*, si el destinatario fuese una empresa u organización (como por ejemplo si, en este caso, la carta estuviese dirigida a *The Regional Tourist Office* en lugar de a *The Manager*)

C/Antonio
Cedaceros 9
05002 Ávila
Spain

4th May 2004

The Manager
Regional Tourist Office
3 Virgin Road
Canterbury
CT1 3AA

Dear Sir or Madam,

Please send me a list of hotels and guesthouses in Canterbury in the medium price range.

I would also like details of coach trips to local sights in the second half of August.

Yours faithfully

Antonio López A.

■ En el inglés británico, fórmula típica de despedida de cartas formales dirigidas a un destinatario a quien no se conoce personalmente. En el inglés norteamericano se utiliza *Sincerely yours*. En ambos, es la fórmula que debe emplearse cuando el encabezamiento de la carta es *Dear Sir or Madam*, *Dear Sirs*, *Dear Sir* o *Dear Madam*.

Booking a campsite

Urbanización El Molino
Chalet 88
Villanueva de la Cañada
Madrid

25 de abril de 2004

Camping Loredo
Sr. Roberto Loredo
Nájera
La Rioja

Muy señor mío

Un amigo que suele acampar en la zona me ha recomendado su camping, por lo que quisiera reservar una plaza para una tienda, preferiblemente en un lugar abrigado. Dos amigos y yo queremos pasar una semana allí, desde el 18 al 25 de julio inclusive.

Le agracedería que me confirmara la reserva lo antes posible y que me dijera si se requiere depósito. También le estaría muy agradecido si me enviara indicaciones para llegar al camping desde la carretera.

A la espera de su confirmación, le saluda atentamente,

Pedro Salguedo

Booking a hotel room

200 W. 34th Street
New York, NY 10019

12 de abril de 2004

Hotel Villadiego
c/Orense s/n
28080 MADRID

Muy señores míos

Rogamos nos reserven una habitación doble con baño desde el día 15 de mayo hasta la noche del 20 de mayo inclusive.

Nuestro vuelo llega a Barajas a la 23:00 horas, por lo cual les agradeceríamos mantuviesen la reserva aunque llegáramos a altas horas de la noche. Sírvanse cobrar el depósito correspondiente con cargo a nuestra tarjeta de crédito

EXTRACARD Nº 2222 0056 2335 0088
FECHA DE CADUCIDAD 11.06
TITULAR P.W. GORMAN

Los saludamos atentamente, a la espera de su confirmación

Peter y Patricia Gorman

Renting a holiday cottage

Sagasta 45
CADIZ
Tel. (956) 253467

21 de enero de 2004

Agencia Larrea
Plaza de San Antonio 7
CADIZ

Señores

Les escribo en relación con el anuncio aparecido en el diario 'La Provincia' del pasado domingo, en el que ofrecen chalets en alquiler en Benaoján. Les agradecería me enviaran más detalles al respecto.

Tenemos pensado pasar el puente de Semana Santa en la sierra con mi hija y su marido y me interesaría saber si tienen un chalet libre para cuatro personas para esas fechas.

A la espera de sus prontas noticias los saludo atentamente

Francisca González Ortega

Complaining to the agent

Sagasta 45
CADIZ
Tel. (956) 253467

30 de abril de 2004

Agencia Larrea
Plaza de San Antonio 7
CADIZ

Señores

Durante las pasadas vacaciones de Semana Santa alquilé uno de sus chalets en Benaoján. Lamento decir que no quedé en absoluto satisfecha con la calidad del alojamiento que nos proporcionaron. La calefacción no funcionaba bien y nunca se llegó a calentar bien la casa, con el agravante de que la ventana del cuarto de estar no cerraba bien y por lo tanto entraba mucho frío. Tampoco había suficiente agua caliente. Las que deberían haber sido unas vacaciones maravillosas, se convirtieron en poco menos que una pesadilla y sólo fue gracias a la amabilidad de la gente del pueblo, que nos prestó mantas y un calentador eléctrico, que no regresamos a casa el segundo día.

Huelga decir que no volveré a utilizar los servicios de su agencia, pero sería de esperar que se subsanaran los inconvenientes mencionados para que otros turistas pudieran disfrutar de sus vacaciones como corresponde.

Atentamente

Francisca González Ortega

Reserva de camping

22 Daniel Avenue
Caldwood
Leeds LS8 7RR

Tel. 01132 998767

25th April 2004

Mr Joseph Vale
Lakeside Park
Rydal
Cumbria
LA22 9RZ

Dear Mr Vale,

Your campsite was recommended to me by James Dallas, who knows it from several visits. I and two friends would like to come for a week from July 18th to 25th. Could you please reserve us a pitch for one tent, preferably close to the shore?

Please confirm the booking and let me know if you require a deposit. Would you also be good enough to send me instructions on how to reach you from the motorway?

Yours sincerely,

Frances Good

Reserva de habitación en un hotel

321 Belvedere Place
Philadelphia, PA 19001

June 2, 2004

Autumn Inn
286 Lisle Hill Road
Wilmington, VT 05208

Dear Sir

We found your hotel listed in the *Inns of New England* guide for last year and would be interested in reserving a double room for the week of August 2nd to 8th (six nights). We would prefer a room at the back to ensure quiet.

Please could you let me know whether you have a room available for this period, what the price would be, and whether a deposit is required?

Thank you.

Sincerely yours

George McCormack

George McCormack

Alquiler de una casa de vacaciones

23a Colonial Drive
Montpelier, VT 05624

June 4, 2004

Mr and Mrs A. Murchfield
12 Main Street
Chatham, MA 02601

Dear Mr and Mrs Murchfield

I am writing in response to the advertisement you placed in *Home Today* (May issue). I am very interested in renting your Cape Cod cottage for any two weeks between July 24th and August 28th. Please telephone me (053-123-4567), collect, to let me know which dates are available.

If all dates are taken, perhaps you could let me know whether you are likely to be renting the cottage next year, as this is an area I know well and want to return to.

I look forward to hearing from you.

Sincerely yours

Michael Settle

Michael Settle

Queja a una agencia de viajes

674 Chestnut Street
Philadelphia, PA 19098

August 21, 2004

REF: 2347/PP./990

The Director
SunFun Co.
251 Walnut Street
Philadelphia, PA 19029

Dear Sir/Madam

This July my husband and I spent a week, from July 12 to July 19, in your SunFun "luxury hotel" in Miami. Our room was hardly luxurious. The shower did not work and was not repaired until the last day of our vacation, despite persistent complaints. The room was directly above the kitchen, so we were unable to sleep at night because of the noise, and there was a heavy smell of cooking at all times. The hotel was not, as your brochure described, 5 minutes' walk from the sea, but nearly 30 minutes.

Our tour representative refused to move us to another room, and would not even listen to our complaints. I wish to claim $250 (half the cost of the vacation), which I am sure you will agree is fair compensation for our ruined vacation. I await your prompt reply.

Sincerely yours,

Mrs R. Divine Ruby Divine

Personal and social correspondence

Invitación (informal)

Madrid, 22 de abril de 2004

Querido James

Te escribo para preguntarte si te apetecería **1** pasar las vacaciones de verano con nosotros. A Tito y a Pilar les haría mucha ilusión (y también a Juan y a mí, por supuesto) **2**. Pensamos ir al noreste del país a finales de julio o a principios de agosto. Es una región realmente hermosa y nos encantaría que tú también vinieras. Es muy probable que llevemos tiendas de campaña ¡espero que no te importe dormir en el suelo!

Te agradecería que me avisaras lo más pronto posible si puedes venir.

Un cariñoso saludo,

Ana de Salas

1 Or (in Latin America and also in Spain): *si te gustaría.*

2 Or (in Latin America and also in Spain): *Tito y Pilar estarían muy felices (también Juan y yo, por supuesto).*

Invitation (formal)

Invitations to parties are usually by word of mouth, while for weddings announcements are usually sent out.

Carmen S.de Pérez y Ramón Pérez Arrate, Lucía N.de Salas y Mario Salas Moro
Participan a Ud. de la boda de sus hijos

Consuelo y Hernán

Y le invitan a la ceremonia religiosa que se efectuará en la Capilla del Sagrado Corazón, de Mirasierra, Madrid, el sábado 24 de julio de 2004 a las 7 p.m.

Y luego a una recepción en la Sala de Banquetes del Restaurante Galán en C/Los Santos 10 de Majadahonda, Madrid.

S.R.C. **3**

- In Latin America invitations to the reception are sent to relatives and close friends in a separate smaller card enclosed with the announcement.

- In Spanish-speaking countries, the answer is not usually given in writing.

3 In Latin America: R.S.V.P.

Correspondencia de carácter personal

Invitación (informal)

- La fecha también se puede escribir de la siguiente manera: *April 22, 22 April*. En el inglés norteamericano, el orden de las fechas suele ser de la siguiente manera: mes, día y año.
- La dirección del remitente va en el ángulo superior derecho de la carta y la fecha va inmediatamente debajo.

35 Winchester Drive
Stoke Gifford
Bristol
BS34 8PD

22nd April 2004

Dear Luis,

Is there any chance of your coming to stay with us in the summer holidays? Roy and Debbie would be delighted if you could (as well as David and me, of course). We hope to go to North Wales at the end of July/beginning of August, and you'd be very welcome to come too. It's really beautiful up there. We'll probably take tents – I hope that's OK by you.

Let me know as soon as possible if you can manage it.

All best wishes

Rachel Hemmings

Invitación (formal)

Invitación a una boda con recepción:

Mr and Mrs Peter Thompson
request the pleasure of your company
at the marriage of their daughter
Hannah Louise
to
Steven David Warner
at St Mary's Church, Little Bourton
on Saturday 26th July 2004 at 2 p.m.
and afterwards at the Golden Cross Hotel, Billing

23 Santers Lane
Little Bourton
Northampton
NN6 1AZ

R.S.V.P

- En la actualidad es cada vez más corriente que la invitación se haga por los futuros contrayentes.

■1 Since this is a letter from a younger person writing to the mother of a friend, he uses the formal *usted* form and the possessive *su*, and writes to her as *Sra. de Salas* and *Estimada*, which is normally used to begin a letter when the relationship is not too close. *Querida* ... could also be used (*Estimado Sr.* ... or *Querido Sr.* ... if the addressee is a man).
On the other hand it was quite natural for *Sra. de Salas* to use the informal *tú* form to him.

■2 In Latin America: *acompañarlos*.

■3 In Latin America: *verlos*.

■ Ending: This is normally used when the relationship is not too close, generally when the person is known to you but the *usted* form would be used. *Un saludo muy afectuoso* is also possible.

Accepting an invitation

Winchester, 2 de mayo de 2004

Estimada Sra. de Salas

Muchísimas gracias por su amable carta y su invitación ■1.

No tengo nada planeado para las vacaciones de verano, así es que me encantaría acompañarles ■2 al norte. Desgraciadamente, no podré quedarme más de cinco o seis días debido a que mi madre no se encuentra muy bien y no me gustaría estar mucho tiempo fuera de casa.

Por favor dígame lo que tengo que llevar. ¿Hace mucho calor en la región adonde vamos? ¿Hay mar o río donde se pueda nadar? En cuanto a hacer camping, no tengo ningún problema. Nosostros siempre llevamos nuestras tiendas de campaña a todas partes.

Esperando verles ■3 pronto otra vez.

Un afectuoso saludo.

James

■1 In Latin America: *les*

Congratulations on engagement

30 de mayo de 2004

Querida Eva:

No sabes cuánto me alegré al enterarme de que te casabas pronto con Diego.

Desde aquí os ■1 hago llegar a ambos mis mejores deseos de felicidad para el futuro.

Afectuosamente,

Carolina

Aceptación de una invitación (informal)

Luis Villegas
Las Acacias 30
28020 Madrid

2 May 2004

Dear Mrs Hemmings **1**,

Many thanks for your letter and kind invitation. Since I don't have anything fixed yet for the summer holidays, I'd be delighted to come. However I mustn't be away for more than four or five days since my mother hasn't been very well.

You must let me know what I should bring. How warm is it in North Wales? Can you swim in the sea? Camping is fine as far as I'm concerned, we take our tents everywhere.

Looking forward to seeing you soon,

Yours **2**,

Luis

1 Éste es un encabezamiento relativamente formal, puesto que se trata de una carta de una persona joven dirigida a la madre de un amigo.

2 Otras alternativas para este tipo de carta: *With best wishes, Yours sincerely, Kind/Kindest regards.*

Felicitaciones por compromiso matrimonial

30 May 2004

Dear Jane

I was delighted to hear that you and Peter are getting married soon.

Please accept my very best wishes for your future life together.

Fondest regards

Eve

Respuesta a una invitación (formal)

Aceptando: *Richard Willis has great pleasure in accepting Mr and Mrs Peter Thompson's kind invitation to the marriage of their daughter Hannah Louise to Steven Warner at St Mary's Church, Little Bourton, on Saturday 24th July.*

No aceptando: *Richard Willis regrets that he is unable to accept Mr and Mrs Peter Thompson's kind invitation to ..., owing to a prior engagement.*

- Se repiten los datos de la invitación, pero no en forma detallada.
- Si no se acepta la invitación, es de buena educación enviar una carta a los padres de la novia, si se conocen personalmente.

Christmas and New Year Wishes

On a card:

Feliz Navidad 1 y Próspero Año Nuevo 2

Feliz Navidad 1 y los mejores deseos para el Año Nuevo 3

1 Or: *Felices Pascuas, Felices Navidades.*

2 Or: *Próspero Año 2004.*

3 Or: *para el Año 2004.*

In a letter:

- Beginning: the name on the first line is followed by a colon if the traditional indented format is used. When block style is used, the colon is omitted.

Barcelona, 18 de diciembre de 2004

Queridos Juan y Elsa:

4 Antes que nada, os* deseamos a vosotros* y a los niños 5 unas muy felices Navidades y os* enviamos nuestros mejores deseos para el año 2005. Esperamos que estéis** todos estupendamente 6. No sabéis** cómo nos alegramos con el anuncio de vuestro* viaje para enero. Ya tenemos pensado todo lo que podemos hacer durante vuestra* estancia aquí. Os* esperamos.

Conchita hizo los exámenes del último año de su carrera y sacó muy buenas notas. Ahora tiene que hacer su trabajo de práctica. Elena está bien y muy contenta en el colegio. Tiene muchísimos amigos y es muy buena chica. Luis y yo estamos bien también y sumamente felices con la reciente noticia del próximo ascenso de Luis. En definitiva, el 2004 ha sido un buen año y no nos podemos quejar. Confiamos en que el próximo será aún mejor.

Decidnos** con antelación la fecha de vuestro* viaje para que podamos ir a esperaros* al aeropuerto.

Recibid** todo nuestro cariño y un fuerte abrazo.

Luis y Ana.

4 This is a letter to friends who are addressed as *vosotros*, the plural of the familiar form *tú*. However, Latin American Spanish uses the formal plural *ustedes* instead of this form, so would replace the words marked * in the letter as follows: *vosotros* by *ustedes*, *vuestro* and *vuestra* by *su* or *de ustedes*, *os* by *les* or *los*. The verbs, marked **, should be replaced by the formal plural form, e.g. *estéis* by *estén*.

5 Or (if the children are older): *para vosotros y los chicos* (or y *las chicas* if there are only females), *para vosotros y para toda la familia*.

6 Or: *todos muy bien*.

Saludos de Navidad y Año Nuevo

En una tarjeta:

[Best wishes for a] Happy **1** Christmas and a Prosperous New Year

Best wishes for Christmas and the New Year

Wishing you every happiness this Christmas and in the New Year

1 O: *Merry.*

En una carta:

44 Louis Gardens
London NW6 4GM

20th December 2004

Dear Peter and Claire,

First of all, a very happy Christmas and all the best for the New Year to you and the children. **2** We hope you're all well **3** and that we'll see you again. It seems ages since we last met up.

We've had a very eventful year. Last summer Gavin came off his bike and broke his arm and collarbone. Kathy scraped through her A Levels and is now at Sussex doing European Studies. Poor Tony was made redundant in October and is still looking for a job.

Do come and see us next time you are over this way. Just give us a ring a couple of days before so we can fix something.

All best wishes

Tony and Ann

2 O (si los hijos son mayores): *to you and your family.*

3 O (coloquial): *flourishing.*

The world of work

Replying to a job advertisement

- In Spain when the full address is given it is usually written in the top left-hand corner and in Latin America in the bottom left-hand corner, beneath the signature.

- This is the most commonly used opening for a formal or business letter, or when the addressee is not personally known to you. Alternatively *Estimado Sr.* and, in Latin America, *De mi mayor consideración*, can also be used.
- When the full address is given, the name of the town or city is not repeated with the date.

David Baker
67 Whiteley Avenue
St George
Bristol
BS5 6TW

26 de septiembre de 2004

Gerente del Personal
Renos Software S.A.
Alcalá 52
28014 Madrid

Muy señor mío

Con referencia al puesto de programador anunciado recientemente en El País del 15 de septiembre del presente, les agradecería me enviaran información más detallada acerca de la plaza vacante **1**.

Actualmente estoy trabajando para una empresa de Bristol, pero mi contrato termina a finales de este mes y querría aprovechar esta oportunidad para **2** trabajar en Madrid. Como se desprende del currículum vitae que adjunto, viví durante algún tiempo en España, tengo perfecto dominio del idioma español y también las cualificaciones **3** y experiencia requeridas.

Estaré disponible para asistir a una entrevista, en cualquier momento desde el 6 de octubre, fecha a partir de la cual se me puede contactar en la siguiente dirección en Madrid:

C/ Sevilla 25
28020 Madrid
Teléf. 91 429-96-67

Sin otro particular, quedo a la espera de su respuesta, **4**

Atentamente, **5**

1 Or if you have enough details and want to apply for the job right away: *quisiera solicitar la plaza vacante*.

2 Or if you are unemployed: *Actualmente estoy buscando trabajo y quisiera ...*

3 In Latin America: *calificaciones*.

4 Or: *Agradeciendo de antemano su atención* or *En espera de su respuesta*.

5 Or: *Le (Lo* in Latin America*) saluda atentamente. Me despido de usted atentamente, Muy atentamente*, or *Esperando su respuesta, se despide atentamente* are also possible.

El mundo del trabajo

Respuesta a un anuncio de trabajo

C/Islas Baleares 18. 2º B
FUENCARRAL
28080 Madrid
Spain

13th February 2004

The Personnel Manager **1**
Patterson Software plc
Milton Estate
Bath BA6 8YZ

Dear Sir or Madam, **1**

I am interested in the post of programmer advertised in The Guardian of 12 February and would be very grateful if you could send me further particulars. **2**

I am currently working for the Sempo Corporation, but my contract finishes at the end of the month, and I would like **3** to come and work in Britain. As you can see from my CV (enclosed), I have an excellent command of English and also the required qualifications and experience.

I will be available for interview any time after 6th March, from which date I can be contacted at the following address in the UK:

c/o Lewis
51 Dexter Road
London N7 6BW
Tel. 020 7607 5512

I look forward to hearing from you. **4**

Yours sincerely

María Luisa Márquez Blanco

Encl.

1 Otra alternativa puede ser *Ms Angela Summers*, ..., si en el anuncio aparece *Reply to Angela Summers* o *Dear Ms Summers*, *Dear Mrs Wright*, si en el anuncio sólo se indica el apellido.

2 O *and would like to apply for this position*, si en el anuncio se incluye suficiente información acerca del puesto.

3 O si se encuentra desempleado: *I am currently looking for work and I would like* ...

4 También: *Thanking you in anticipation/advance.*

Resumé (AmE), Curriculum Vitae (BrE)

CURRÍCULUM VITAE

Nombre y apellidos	David Baker
Fecha de nacimiento	30/6/71
Lugar	Londres
Estado civil	Soltero [1]
Domicilio actual	67 Whiteley Avenue St George Bristol BS5 6TW Gran Bretaña
Teléfono	+44 (0)117 945 3421

DATOS ACADÉMICOS

1986–88 GCSE (equivalente a la ESO en España) en 7 asignaturas.

1988–90 A Levels (equivalente al Bachillerato Superior en España) en Matemáticas, Informática y Español, Croydon Sixth Form College.

1990–91 Trabajos temporales de oficina en España y estudios de Español para los negocios en clases nocturnas.

1991–95 Universidad de Aston, Birmingham, BSc en Informática (equivalente a Licenciatura en Ciencias de la Información).

EXPERIENCIA PROFESIONAL

1995–1996 Trabajo de práctica como programador de software para IBM, desarrollo de programas para la industria, con especialidad en infografía.

1996–al presente Programador para Wondersoft plc, Bristol.

IDIOMAS

Inglés Lengua materna.

Español Dominio total, hablado y escrito.

Francés Bueno.

AFICIONES

Leer, viajar, esquí, tenis.

[1] Or: *Casado* (*sin hijos* or *con un hijo*/*dos*/*tres* etc, *hijos*), *Divorciado* (*sin hijos* or *con un hijo*/*dos*/*tres* etc, *hijos*).

Currículum Vitae

RESUMÉ [1]

Name:	María Luisa Márquez Blanco
Address:	C/Islas Baleares 18. 2ºB FUENCARRAL 28080 Madrid Spain
Telephone:	(+34) 91. 243 53 94
Nationality:	Spanish
Date of Birth: [2]	11/3/73

EDUCATION:

1990–95	Degree Course in Information Technology and English at Universidad Complutense of Madrid.
1987–1991	BUP (secondary education)/COU (equivalent to A levels) at the Instituto de Enseñanza Media in Fuencarral.

EMPLOYMENT:

1996–present	Program development engineer with Sempo Informática, Madrid, specializing in computer graphics.
1995–1996	Trainee programmer with Oregón-España, Madrid.

FURTHER SKILLS:

Languages:	Spanish (mother tongue), English (fluent, spoken and written), French (good).
Interests:	Travel, fashion, tennis.

[1] O: *Curriculum Vitae* (*BrE*). [2] En Estados Unidos se suele omitir la fecha de nacimiento.

Request for a catalog

FERRETERIA TEJADA Ltda.
Av. Vicuña Mackenna 1093
SANTIAGO
Fono 5561621

PRODUCTOS DELTA
San Diego 277
VALPARAISO

18 de enero de 2004

Señores

Les rogamos que se sirvan remitirnos su catálogo de herramientas y equipos para jardinería, así como información completa sobre precios y entregas.

Los saluda atentamente

Gonzalo Albrecht

Encargado de Compras

Complaining about delivery

Luis Román y Cía
Avda. Italia 42
47010 VALLADOLID

INDUSTRIAS METALURGICAS S.A.
Ctra. de Barcelona Km. 12
MADRID

28 de mayo de 2004

Señores

Acusamos recibo de su envío de fecha 24 del corriente, que da cumplimiento a nuestro pedido nº 157/03 del 30 de abril.

Al efectuar la correspondiente comprobación, hemos advertido que ha quedado pendiente de entrega el siguiente artículo que, si bien estaba incluido en el pedido arriba mencionado, no ha sido recibido.

Artículo: 300 tornillos Ref 6/322.

Aguardando sus prontas noticias, los saludamos atentamente

Andrés Merino

Fax message

Página 1 de 1

TRANSPORTES INTERNACIONALES RODRIGUEZ
Apartado 334
28080 Madrid
ESPAÑA

Teléf. (91) 429-96-67

Fax No: (91) 429-90-80

A: Antonio Costa..(Valencia)..............

Copia a: ....

De: Santiago Pérez ....

Asunto: NARANJAS DESTINO LONDRES

Número de páginas (incluida ésta) .1..

Fecha: 26/03/04....

Mensaje: Conforme a lo hablado hoy por teléfono, te confirmo que hay dos camiones frigoríficos en tránsito, que llegarán a Valencia mañana hacia el mediodía.

Saludos cordiales

Santiago

Sending payment check

Librería Fantástica
Alvaro Obregón 22
Colonia Cuauhtémoc
MEXICO D.F.

EDICIONES INTERNACIONALES
Pirineos 59
ACAPULCO
Guerrero

5 de noviembre de 2004

Señores

Adjunto les envío cheque a su favor del Banco de Fomento, Agencia no 2, por la suma de $100.000 (cien mil pesos), que cancela su factura nº 415 del 5 de octubre pasado.

Rogando que se sirvan acusar recibo, los saluda atentamente

Sara Ballinas

Anexo: 1 cheque.

Solicitud de catálogo

601 W.12th Street
New York, NY 10014

July 7, 2004

Hemingway & Sons
Lumber & Construction Supplies
1220 Arthur Avenue
Bronx, NY 10499

Dear Sirs:

Thank you for sending me your catalog of timber building materials as requested. However, the catalog you sent is last year's and does not contain the current list of prices.

Please send me the up-to-date catalog plus this year's price list.

Thank you.

Sincerely,

Daniel Schwinger

Dr D. Schwinger

Queja sobre la entrega de un pedido

The Hough Company
125 Exchange Street
New Orleans, LA 50325

October 5, 2004

Mrs J. Halliwell
Jessop & Johnson
1650 Washington Boulevard
New Orleans, LA 70199

Dear Mrs Halliwell

Order no. 54.77.PO

Further to our phone call, we are writing to complain about various items which are either missing or wrong in the above order.

I enclose a list of both categories of items and would remind you that we were obliged to complain of mistakes in the two previous orders as well. We hesitate to change our supplier, particularly as we have no complaints as to the quality of the goods, but your errors are affecting our production schedules.

We hope that you will give this matter your immediate, urgent attention.

Sincerely yours

Jane Schott

Jane Schott
Manager, Procurements
Enc.

Fax

Swan Publishing
34 Paulton Street
Los Angeles, CA 90047

FACSIMILE NUMBER: 213 789 6544

Message for: Charles Fairbank
Address: 650 Bush Avenue
San Francisco, CA 94107
Fax number: 510.33.43455
From: Emma Wallis, Swan Publishing
Date: May 20, 2004
Number of pages including this page: ONE

Thank you for your letter of May 18, 2004.

1. Please confirm meeting on June 8th at 10:00 a.m.

2. Two packages of brochures and two boxes of samples sent on March 23rd. Please confirm receipt.

3. Guidelines on government policy apparently to be issued next week. Will try to get copies for discussion at June 6th meeting.

Look forward to seeing you then.

Emma Wall..

Emma Wallis,
Vice President, Marketing

Envío de cheque en pago de trabajo realizado

George Moreson
1114 El Rancho Drive
Scottsdale, AZ 85299

September 6, 2004

Mr L. Farquharson
11 Silver Street
Phoenix, AZ 84214

Dear Mr Farquharson,

Thank you for carrying out the carpentry work on our window frames so quickly and efficiently.

Enclosed is my check for $312.33 in full settlement of your account (invoice no. 334PP). I would be grateful if you could provide me with a receipt.

Sincerely yours,

George Moreson

G. Moreson (Mr)

Enc.

SMS (electronic text messaging)

The basic principles governing Spanish SMS abbreviations are similar to those governing English SMS. Certain words or syllables can be represented by letters or numbers that sound the same but take up less space. Also, points, accents, and other diacritics are omitted altogether. For example, the syllable '-ca' can be replaced by 'k', the word 'por' by 'x', the syllable or conjunction 'que' by 'q' and the syllable 'es-' at the start of a word can be substituted by 's'. Another way of shortening words is simply to omit certain letters, especially vowels. For example, 'bastante' becomes 'bstnt', 'gente' becomes 'gnt', and 'hola' can be replaced by 'hl'.

As in English, 'emoticons' are very popular, and some of the more established ones are included in the table below.

Glossary of Spanish SMS abbreviations

Abbreviation	Full word
a2	adiós
aa	años
archvo	archivo
artclo	artículo
bstnt	bastante
b	beso
cia	compañía
compljo	complejo
complikdo	complicado
comnikr	comunicar
d	de
dcir	decir
dd	días
dir	dirección
do	domingo
exclnt	excelente
fsta	fiesta
fvor	favor
garntzr	garantizar
gf	jefe
gral	general
grduar	graduar
gralmnt	generalmente
gnt	gente
hab	habitación
hcer	hacer
hno	hermano
hr	hora
hl	hola
infrmal	informal
info	información
jf	jefe
ju	jueves
klidad	calidad
kntidad	cantidad
kpaz	capaz
kro	caro

Abbreviation	Full word
lgr	lugar
lu	lunes
mar	martes
mñna/mñn	mañana
mktg	marketing
+	más
+tikr	masticar
mjr	mejor
msj/sms	mensaje/ mens.móvil
msjr	mensajero
mm	meses
mi	miércoles
‘	minuto
‘s	minutos
nd	nada
-	negativo, no
0/ning	ninguno
nka	nunca
pers	personas
prblm	problema
prpar2	preparados
q	que
qn	quien
qndo	cuando
s	ese
sa	sábado
salu2	saludos
“	segundos
stndar	estándar
st	este
s3	estrés
tb	también
thanx	gracias
tx	taxi
txt	texto
t2	todos

Abbreviation	Full word
vi	viernes
xa	para
x	por
xfa	por favor
xq	porque
xtrangro	extranjero

Emoticons*

<table>
<tr><td>:-)</td><td>Cara feliz</td></tr>
<tr><td>:-|</td><td>Ceñudo</td></tr>
<tr><td>:-e</td><td>Desilusión</td></tr>
<tr><td>:-(</td><td>Cara triste</td></tr>
<tr><td>%-)</td><td>Confundido</td></tr>
<tr><td>:~(o :'-(</td><td>Llorando</td></tr>
<tr><td>;-)</td><td>Guiñando el ojo</td></tr>
<tr><td>|-o</td><td>Aburrido, durmiendo</td></tr>
<tr><td>:-\</td><td>Escéptico</td></tr>
<tr><td>:-D</td><td>Sonrisa grande, cara sonriente</td></tr>
<tr><td>:-<></td><td>Asombrado</td></tr>
<tr><td>:-@</td><td>Enfadado</td></tr>
<tr><td>:-p</td><td>Sacando la lengua</td></tr>
<tr><td>:-O</td><td>Gritando</td></tr>
<tr><td>O:-)</td><td>Ángel</td></tr>
<tr><td>:-* o :-x</td><td>Un beso</td></tr>
<tr><td>:-o</td><td>Shock</td></tr>
<tr><td>@}-,-'—</td><td>Una rosa</td></tr>
</table>

* NB: the '-' which depicts the nose is often omitted or replaced by an 'o' eg., :) or :o)

SMS (mensajería electrónica de texto)

SMS es la abreviatura inglesa de "Short Message (o Messaging) Service", que se traduce como "Servicio de Mensajes Cortos".

Los principios básicos que rigen el uso de las abreviaturas SMS en inglés son bastante simples. Se pueden utilizar todas las abreviaturas y signos convencionales ingleses establecidos, pero sin puntos. Algunas palabras o sílabas se pueden representar con una letra o un número que suene igual o parecido. Por ejemplo, la letra 'C' suena igual que la palabra 'see' (o tambien 'sea'), 'U' suena igual que 'you', el número '8' ('eight') se puede sustituir por el sonido /-ayt/. De este modo,'see you later' se abrevia como CUL8R, a lo cual se podría contestar GR8 ('great'). Tambien es común simplemente omitir ciertas letras, especialmente las vocales. Por ejemplo, 'message' se convierte en MSG, 'please' se sustituye por PLS y 'speak' se cambia por SPK. La mayoría de las abreviaturas SMS se derivan de las letras iniciales de frases comúnes, como por ejemplo FYI 'for your information', TTYL 'talk to you later'. Estas abreviaturas pueden parecer un poco crípticas al principio, pero con la práctica es fácil aprender a identificar su significado.

Igual que en español los 'emoticonos' son muy populares en los mensajes SMS. Algunos de los más comunes se incluyen más abajo.

Glosario de abreviaturas en inglés de SMS

Abreviatura	Palabra completa
@	at
ADN	any day now
AFAIK	as far as I know
ATB	all the best
B	be
B4	before
B4N	bye for now
BBL	be back late(r)
BCNU	be seeing you
BFN	bye for now
BRB	be right back
BTW	by the way
BWD	backward
C	see
CU	see you
CUL8R	see you later
F2F	face to face
F2T	free to talk
FWD	forward
FWIW	for what it's worth
FYI	for your information
GAL	get a life
GR8	great
H8	hate
HAND	have a nice day
HTH	hope this helps
IC	I see
ILUVU	I love you
IMHO	in my humble opinion
IMO	in my opinion
IOW	in other words
JIC	just in case
JK	just kidding
KIT	keep in touch
KWIM	know what I mean?
L8	late

Abreviatura	Palabra completa
L8R	later
LOL	lots of luck/ laughing out loud
MOB	Mobile
MSG	message
MYOB	mind your own business
NE	any
NE1	anyone
NO1	no one
OIC	oh, I see
OTOH	on the other hand
PCM	please call me
PLS	please
PPL	people
R	are
ROFL	rolling on the floor, laughing
RU	are you
RUOK	are you OK?
SIT	stay in touch
SOM1	someone
SPK	speak
THKQ	thank you
TTYL	talk to you later
TX	thanks
U	you
UR	you are
W/	with
WAN2	want to
WAN2TLK	want to talk?
WERV U BIN	where have you been?
WKND	weekend
WOT	what
WU	what's up?
X	kiss

Abreviatura	Palabra completa
XLNT	excellent
XOXOX	hugs and kisses
YR	your
1	one
2	to, too
2DAY	today
2MORO	tomorrow
2NITE	tonight
3SUM	threesome
4	for

Emoticonos*	
:-)	Smiling, happy face
:-|	Frowning
:-e	Disappointed
:-(	Unhappy face
%-)	Confused
:-(or :'-(	Crying
;-)	Winking happy face
|-o	Tired, asleep
:-	Sceptical
:-D	Big smile, laughing face
:-<>	Amazed
X=	Fingers crossed
:-p	Tongue sticking out
:-O	Shouting
O:-)	Angel
:-* or :-x	Big kiss!
:-o	"Oooh!", shocked face
@}-,-'—	A rose

*NB: el '-' que representa la nariz se puede omitir o sustituir por una 'o', por ej., :) o :o)

diccionario Inglés–Español
English–Spanish dictionary

Aa

A, a /eɪ/ *n*
A **1** (letter) A, a *f*; **the A to Z of Gardening** el abecé de la jardinería; **he knows his subject from A to Z** conoce el tema perfectamente *or* de cabo a rabo; ***to get from A to B*** ir* de un sitio a otro **2** (Mus) la *m*; **A flat/sharp/natural** la bemol/sostenido/natural; **A major/minor** la mayor/menor; **the piece is in A** la pieza es en la mayor
B **1** (in house numbers) **35A** ≈ 35 bis, ≈ 35 duplicado **2** (in sizes of paper) (BrE) **A3** A3 (*420 x 297mm*); **A4** A4 (*297 x 210mm*); **A5** A5 (*210 x 148mm*) **3** (Transp) (in UK) (*before n*) **A road** ≈ carretera *f or* ruta *f* nacional

a /ə, *stressed form* eɪ/ (*before vowel* **an**) *indef art*
A un, una; **a problem/an idea** un problema/una idea; **a Mrs Smith called** llamó una tal señora Smith; **she's a lawyer** es abogada; **she's a famous lawyer** es una famosa abogada; **have you got a car?** ¿tienes coche?; **he didn't say a word** no dijo ni una palabra; **half a dozen/an hour** media docena/hora; **what a pity!** ¡qué lástima!; **what a huge dog!** ¡qué perro más enorme!; **half a cup** media taza
B (per) por; **twice a week** dos veces por semana *or* a la semana; **50 miles an hour** 50 millas por hora; **they're six dollars a pound** están a seis dólares la libra

A1 /'eɪ'wʌn/ *adj* excelente, de primera calidad

AA *n*
A (*no art*) **= Alcoholics Anonymous**
B (in US) **= Associate in Arts**
C (in UK) **= Automobile Association**

AAA *n* **= American Automobile Association**

aback /ə'bæk/ *adv see* **take aback**

abacus /'æbəkəs/ *n* (*pl* **-cuses** *or* **-ci** /-saɪ/) ábaco *m*

abandon¹ /ə'bændən/ *vt* **1** (leave behind) ‹*home/equipment*› abandonar, dejar; **to ~ ship** abandonar el barco **2** (desert) ‹*family/friend*› abandonar **3** (give up) ‹*project/idea*› renunciar a; **to ~ hope** perder* *or* abandonar las esperanzas; **the search was ~ed** se abandonó la búsqueda
■ *v refl* (liter) **to ~ oneself TO sth** abandonarse A algo; **she ~ed herself to despair** se dejó llevar por la desesperación

abandon² *n* [u]: **they were dancing with wild** *o* **gay ~** bailaban desenfrenadamente

abandoned /ə'bændənd/ *adj* (deserted) abandonado

abandonment /ə'bændənmənt/ *n* [u] (frml) abandono *m*

abase /ə'beɪs/ *v refl* **to ~ oneself** humillarse, rebajarse

abasement /ə'beɪsmənt/ *n* [u] (liter) humillación *f* (liter)

abashed /ə'bæʃt/ *adj* (*pred*) avergonzado

abate /ə'beɪt/ (frml) *vi* «*storm/wind*» amainar, calmarse; «*anger*» aplacarse*, calmarse; «*noise/violence*» disminuir*; «*pain*» calmarse, ceder
■ **abate** *vt* (calm) ‹*anger*› aplacar*, mitigar*; ‹*pain*› calmar, mitigar*

abatement /ə'beɪtmənt/ *n* (frml) (of wind, fever) disminución *f*, (of pain) alivio *m*; (of anger) aplacamiento *m*; (of noise, pollution) disminución *f*, reducción *f*

abattoir /'æbətwɑ:r || 'æbətwɑ:(r)/ *n* matadero *m*

abbess /'æbəs || 'æbes/ *n* abadesa *f*

abbey /'æbi/ *n* (*pl* **abbeys**) abadía *f*

abbot /'æbət/ *n* abad *m*

abbreviate /ə'bri:vieɪt/ *vt* abreviar

abbreviation /ə'bri:vi'eɪʃən/ *n* **1** [c] (shortened word) abreviatura *f* **2** [u] (shortening of word) abreviación *f*

ABC *n*
A **1** (alphabet) abecé *m* **2** (rudiments) abecé *m*
B (in US) (*no art*) (**= American Broadcasting Company**) la ABC

abdicate /'æbdɪkeɪt/ *vt* **1** ‹*throne*› abdicar* **2** (frml) ‹*responsibility*› abdicar* de (frml), no asumir
■ **abdicate** *vi* «*monarch/pope*» abdicar*

abdication /'æbdɪ'keɪʃən/ *n* [u c] abdicación *f*

abdomen /'æbdəmən/ *n* abdomen *m*, vientre *m*

abdominal /æb'dɑ:mənḷ || æb'dɒmɪnl/ *adj* abdominal

abduct /æb'dʌkt || əb'dʌkt/ *vt* (frml) raptar, secuestrar, plagiar (AmL)

abduction /æb'dʌkʃən || əb'dʌkʃən/ *n* [c u] (frml) rapto *m*, secuestro *m*, plagio *m* (AmL)

abductor /æb'dʌktər || əb'dʌktə(r)/ *n* (frml) raptor, -tora *m,f*, secuestrador, -dora *m,f*

aberrant /æ'berənt || ə'berənt/ *adj* (frml) ‹*behavior*› aberrante; (in statistics) atípico, anómalo

aberration /'æbə'reɪʃən/ *n* [c u] aberración *f*, anomalía *f*

abet /ə'bet/ *vt* **-tt-** ▸ **aid²**

abeyance /ə'beɪəns/ *n* [u]: **to be in ~** estar* suspendido *or* en suspenso; **to fall into ~** caer* en desuso

abhor /əb'hɔ:r || əb'hɔ:(r)/ *vt* **-rr-** (frml) detestar, aborrecer*

abhorrence /əb'hɔ:rəns || əb'hɒrəns/ *n* [u] (frml) aversión *f*, aborrecimiento *m*

abhorrent /əb'hɔ:rənt || əb'hɒrənt/ *adj* (frml) detestable, aborrecible; **the idea is ~ to me** la idea me resulta repugnante

abide /ə'baɪd/ *vt* tolerar, soportar
Phrasal verb
• **abide by** [v ▸ prep ▸ o] ‹*verdict*› acatar; ‹*rules*› acatar, atenerse* a; ‹*promise*› cumplir

abiding /ə'baɪdɪŋ/ *adj* (frml) (*before n*) ‹*interest/joy*› duradero, perdurable; ‹*fear/hatred*› pertinaz

ability /ə'bɪləti/ *n* (*pl* **-ties**) (talent) capacidad *f*, aptitud *f*; (faculty, power) capacidad *f*; **to the best of one's ~** lo mejor que uno pueda

abject /'æbdʒekt/ *adj* (frml) (*before n*) **1** ‹*slave/flattery/cowardice*› abyecto, vil (liter) **2** ‹*condition*› lamentable; **in ~ poverty** en la mayor miseria

abjure /æb'dʒʊr || əb'dʒʊə(r)/ *vt* (frml) ‹*belief*› abjurar de (frml); ‹*activity/claims*› renunciar a

ablative /'æblətɪv/ *n* ablativo *m*

ablaze /ə'bleɪz/ *adj* (*pred*): **to be ~** arder, estar* en llamas; **to set sth ~** prenderle fuego a algo; **to be ~ WITH sth**: **her eyes were ~ with indignation** tenía los ojos encendidos de indignación; **the street was ~ with color** la calle resplandecía de color

able /'eɪbəl/ *adj*
A (*pred*) **to be ~ to + INF** poder* + INF; (referring to particular skills) saber* + INF; **to be ~ to see/hear** poder* ver/oír; **to be ~ to sew/swim** saber* coser/nadar; **will you be ~ to go?** ¿podrás ir?; **those least ~ to afford it** aquellos que menos pueden permitírselo
B **abler** /'eɪblər || 'eɪblə(r)/, **ablest** /'eɪbləst || 'eɪblɪst/ (proficient) hábil, capaz

able-bodied /'eɪbəl'bɑ:did || ˌeɪbəl'bɒdid/ *adj* sano, no discapacitado

a

ablution /əˈbluːʃən/ n (Relig) (usu pl) ablución f; **to perform one's ~s** (hum) hacerse* la toilette (hum)

ably /ˈeɪbli/ adv (frml) hábilmente, con mucha habilidad

abnormal /æbˈnɔːrməl || æbˈnɔːməl/ adj anómalo, anormal

abnormality /ˈæbnərˈmæləti || ˌæbnɔːˈmæləti/ n [c u] (pl **-ties**) anomalía f, anormalidad f

abnormally /ˈæbˈnɔːrməli || æbˈnɔːməli/ adv 1 (Med) anormalmente, de modo anormal 2 (unusually) desacostumbradamente

aboard[1] /əˈbɔːrd || əˈbɔːd/ adv (on ship, aircraft) a bordo; (on train) en el tren; (on bus) en el autobús; **to go ~** subir a bordo, embarcar*, embarcarse*; **all ~!** (ship) ¡pasajeros a bordo!; (train) ¡pasajeros (suban) al tren!

aboard[2] prep a bordo de

abode /əˈbəʊd/ n 1 [c] (dwelling-place) (liter or hum) morada f (liter o hum) 2 [u] (Law): **place of ~** domicilio m (frml), residencia f (frml); **of no fixed ~** sin domicilio fijo

abolish /əˈbɑːlɪʃ || əˈbɒlɪʃ/ vt ‹institution/practice› abolir*; ‹law› derogar*, abolir*

abolition /ˈæbəˈlɪʃən/ n [u] (of institution, practice) abolición f, supresión f; (of law) derogación f, abolición f

abominable /əˈbɑːmənəbəl || əˈbɒmɪnəbəl/ adj 1 (horrible) ‹deed› abominable 2 (awful) (colloq) ‹weather/food› espantoso, terrible

abominably /əˈbɑːmənəbli || əˈbɒmɪnəbli/ adv ‹behave› de una manera abominable or detestable; ‹perform/write› pésimamente

abomination /əˈbɑːməˈneɪʃən || əˌbɒmɪˈneɪʃən/ n 1 [c] (act, thing) (frml or hum) abominación f 2 [u] (disgust) (frml) abominación f, repugnancia f

aboriginal[1] /ˈæbəˈrɪdʒənl̩/ adj 1 (indigenous) aborigen, indígena 2 **Aboriginal** (in Australia) de los aborígenes australianos

aboriginal[2] n 1 (indigenous inhabitant) aborigen mf 2 ▸**Aborigine**

Aborigine /ˈæbəˈrɪdʒəni/ n aborigen australiano, -na m,f

abort /əˈbɔːrt || əˈbɔːt/ vt 1 (Med) abortar 2 ‹flight/process› suspender, abandonar; ‹efforts/plans› malograr; (Comput) abortar

■ **abort** vi

A (Med) abortar

B 1 (abandon mission) abandonar 2 (fail) malograrse

abortifacient /əˌbɔːrtəˈfeɪʃənt || əˌbɔːtɪˈfeɪʃənt/ adj abortivo

abortion /əˈbɔːrʃən || əˈbɔːʃən/ n [c u] aborto m (provocado); **to have an ~** hacerse* un aborto, abortar

abortionist /əˈbɔːrʃənəst || əˈbɔːʃənɪst/ n abortista mf

abortive /əˈbɔːrtɪv || əˈbɔːtɪv/ adj frustrado

abound /əˈbaʊnd/ vi abundar; **to ~ IN o WITH sth** abundar EN algo

about[1] /əˈbaʊt/ adv

A (approximately) más o menos, aproximadamente; **she must be ~ 60** debe (de) tener alrededor de or unos 60 años, debe (de) andar por los 60 (fam); **at ~ six o'clock** alrededor de or a eso de las seis, sobre las seis (Esp); **there were ~ 12 of us** éramos unos 12, éramos como 12; **in ~ three hours** en unas tres horas; **~ a month ago** hace cosa de un mes, hará un mes

B **to be about to + INF**: **I was ~ to say something** iba a decir algo; **we were just ~ to start** estábamos a punto de empezar; **I'm not ~ to mention it to her** no tengo la más mínima intención de mencionárselo

C (movement): **the dog followed him ~** el perro lo seguía a todas partes; **she can't get ~ very easily** le cuesta desplazarse; **he glanced ~ nervously** miraba nervioso a su alrededor

D (in the vicinity, in circulation) (esp BrE): **is Teresa ~?** ¿Teresa anda por aquí?; **there's a lot of flu ~** hay mucha gente con gripe

about[2] prep

A 1 (concerning) sobre, acerca de; **what's the play ~?** ¿de qué se trata la obra?; **he wants to see you about something** quiere verte acerca de or por algo; **~ tonight: are you coming?** (con) respecto a lo de esta noche ¿vas a venir?; **what's so unusual ~ that?** ¿qué tiene eso de raro?; **what was all that shouting ~?** ¿a qué venían todos esos gritos?; **what ~ Helen? isn't she coming?** ¿y Helen? ¿no viene?; **I don't know what to buy her — what ~ a record?** no sé qué comprarle — ¿qué te parece or qué tal un disco?; **she won — how ~ that!** ganó — ¡pues qué te parece! or ¡pues mira tú! 2 (pertaining to): **there's something ~ him that I don't like** tiene un no sé qué or algo que no me gusta

B (engaged in): **while you're ~ it, could you fetch my book?** ¿ya que estás me traes el libro?; **why did you take so long ~ it?** ¿por qué tardaste or (esp AmL) demoraste tanto (en hacerlo)?

C 1 (in, on, through) (esp BrE): **they were playing ~ the house** estaban jugando en la casa; **do you have a pencil ~ you?** ¿tienes un lápiz? 2 (encircling) (liter) alrededor de

about: ~face /əˈbaʊtˈfeɪs/, (BrE also) **~-turn** /-ˈtɜːrn || -ˈtɜːn/ n cambio m radical de postura; **to do an ~face** cambiar radicalmente de postura; **~ face**, (BrE also) **~ turn** interj (Mil) ¡media vuelta!

above[1] /əˈbʌv/ prep

A 1 (on top of, over) encima de; **the room ~ mine** la habitación encima de la mía; **~ sea level** sobre el nivel del mar; **we were flying ~ the clouds** volábamos por encima de las nubes; **her voice rose ~ the noise** su voz se elevó por encima del ruido 2 (upstream of) más allá or más arriba de

B (superior to) por encima de; **a lieutenant is ~ a sergeant** un teniente está por encima de un sargento; **she went ~ me and complained to my boss** me pasó por encima y se quejó a mi jefe; **she's not ~ telling a lie** es muy capaz de decir una mentira; **he's ~ suspicion** está por encima de toda sospecha; ***to get ~ oneself*** (pej) subirse a la parra

C (more than): **~ average** por encima de la media; **~ and beyond** más allá de

above[2] adv

A (on top, higher up, overhead) arriba; **the room ~** la habitación de arriba; **seen from ~** visto desde arriba; **orders from ~** órdenes fpl superiores or (fam) de arriba

B (in text): **as shown ~** como se demostró anteriormente or más arriba; **see ~, page 43** véase página 43

above[3] adj (frml) (before n): **for the ~ reasons** por dichas razones, por lo antedicho

above[4] n (frml) **the ~** (facts, text) lo anterior (frml)

aboveboard /əˈbʌvˈbɔːrd || əˌbʌvˈbɔːd/ adj (pred) legítimo, limpio; **open and ~** sin tapujos

abovementioned[1] /əˈbʌvˈmentʃənd || əˌbʌvˈmenʃənd/ adj antedicho, citado anteriormente, susodicho (frml o hum)

abovementioned[2] n (pl ~) **the ~** el antedicho, la antedicha; (pl) los antedichos, las antedichas

abrasion /əˈbreɪʒən/ n [c] (Med) escoriación f (frml)

abrasive[1] /əˈbreɪsɪv/ adj 1 (rough) ‹powder› abrasivo; ‹surface› áspero 2 ‹tone/manner› áspero, brusco

abrasive[2] n [c u] abrasivo m

abrasively /əˈbreɪsɪvli/ adv ‹say› ásperamente, de modo brusco y desagradable

abreast /əˈbrest/ adv 1 (side by side): **to march four ~** marchar en columna de cuatro en fondo 2 (up to date): **to be/keep o stay ~ of sth** estar*/mantenerse* al día en or al corriente de algo

abridge /əˈbrɪdʒ/ vt ‹book› compendiar, condensar; **~d edition** edición f condensada or abreviada

abridgment, abridgement /əˈbrɪdʒmənt/ n resumen m, compendio m

abroad /əˈbrɔːd/ adv

A (in/to other countries) ‹live/work› en el extranjero or el exterior; **to go ~** irse* al extranjero or al exterior; **when he's ~** cuando está fuera del país; **I've never been ~** nunca he salido del país

B (in circulation) (arch or liter): **there are unpleasant rumors ~** corren rumores desagradables

abrogate /ˈæbrəgeɪt/ vt (frml) (Law) abrogar* (frml), derogar*

abrogation /ˈæbrəˈgeɪʃən/ n [c u] (frml) (Law) abrogación f (frml), derogación f

abrupt /əˈbrʌpt/ adj 1 (sudden) ‹departure/conclusion› repentino, súbito; ‹rise/decline› abrupto, brusco 2 (brusque) ‹manner› brusco, cortante

abruptly /ə'brʌptli/ *adv* 1 (suddenly) ‹*end/stop*› repentinamente, súbitamente; ‹*rise/fall*› bruscamente, abruptamente 2 (curtly) ‹*speak/act*› abruptamente, con brusquedad

abscess /'æbses/ *n* absceso *m*

abscond /æb'skɑːnd || əb'skɒnd/ *vi* (frml) fugarse*, huir*

absconder /æb'skɑːndər || əb'skɒndə(r)/ *n* evadido, -da *m,f*, fugado, -da *m,f*

abseil /'æbseɪl/ *vi* (BrE Sport) descender* en rappel

abseiling /'æbseɪlɪŋ/ *n* (BrE Sport) rappel *m*

absence /'æbsəns/ *n* 1 (of person) ausencia *f*; ~ ***makes the heart grow fonder*** la ausencia es al amor lo que al fuego el aire: que apaga el pequeño y aviva el grande 2 (lack) ~ OF **sth** falta *f* DE algo; **in the ~ of suitable alternatives** a falta de alternativas adecuadas

absent[1] /'æbsənt/ *adj* 1 (not present) ausente; **the teacher marked her ~** el profesor le puso falta *or* la anotó ausente; **to be ~ FROM sth** faltar A algo; **his sense of humor was conspicuously ~** su sentido del humor brilló por su ausencia 2 (vague) (*before n*) ‹*look*› distraído, ausente

absent[2] /æb'sent || əb'sent/ *v refl* **to ~ oneself (FROM sth)** (frml) ausentarse (DE algo) (frml)

absentee /'æbsən'tiː/ *n* (*pl* **-tees**) ausente *mf*; (*before n*) ~ **ballot** (AmE) voto *m* por correo; ~ **landlord** propietario, -ria *m,f* ausentista *or* (Esp) absentista

absenteeism /'æbsən'tiːɪzəm/ *n* [u] ausentismo *m or* (Esp) absentismo *m*

absently /'æbsəntli/ *adv* distraídamente

absentminded /'æbsənt'maɪndəd || ˌæbsənt'maɪndɪd/ *adj* (temporarily) distraído; (habitually) despistado, distraído

absentmindedly /'æbsənt'maɪndədli || ˌæbsənt'maɪndɪdli/ *adv* distraídamente

absinth, absinthe /'æbsɪnθ/ *n* [c u] ajenjo *m*

absolute /'æbsəluːt/ *adj*

A 1 (complete) ‹*trust/confidence*› absoluto, pleno; **the ~ truth** la pura verdad; **an ~ beginner** un principiante que no sabe absolutamente nada 2 (*as intensifier*) total; **it was an ~ disaster** fue un absoluto desastre *or* un desastre total; **~ chaos** el caos más absoluto; **he's an ~ idiot** es un tonto redomado; **a look of ~ hatred** una mirada de odio reconcentrado

B 1 (unconditional) ‹*right*› incuestionable; ‹*pardon/freedom*› incondicional; ‹*guarantee*› absoluto 2 ‹*monarch/rule*› absoluto

absolutely /'æbsə'luːtli/ *adv* 1 (completely) ‹*deny/reject*› rotundamente, terminantemente; **I'm ~ certain** estoy segurísima *or* absolutamente segura; **she's not ~ convinced** no está totalmente convencida 2 (*as intensifier*) ‹*impossible*› absolutamente; **it's ~ revolting** es de lo más asqueroso; **it's ~ true** es la pura verdad; **you're ~ right!** ¡tienes toda la razón! 3 (*as interj*): **do you agree? — oh, ~!** ¿estás de acuerdo? — ¡claro *or* por supuesto (que sí)!

absolution /'æbsə'luːʃən/ *n* [u] absolución *f*

absolve /əb'zɑːlv || əb'zɒlv/ *vt* **to ~ sb OF sth** absolver* a algn DE algo; **to ~ sb FROM sth** eximir *or* dispensar a algn DE algo

absorb /əb'sɔːrb || əb'zɔːb/ *vt* 1 ‹*light/energy*› absorber 2 ‹*impact/shock*› amortiguar* 3 ‹*information*› asimilar 4 ‹*time*› absorber, llevar

absorbed /əb'sɔːrbd || əb'zɔːbd/ *adj* ‹*expression/look*› absorto; **to be ~ IN sth** estar* absorto EN algo

absorbency /əb'sɔːrbənsi || əb'zɔːbənsi/ *n* [u] absorbencia *f*

absorbent /əb'sɔːrbənt || əb'zɔːbənt/ *adj* absorbente

absorbent cotton *n* [u] (AmE) algodón *m* (hidrófilo)

absorbing /əb'sɔːrbɪŋ || əb'zɔːbɪŋ/ *adj* absorbente

absorption /əb'sɔːrpʃən || əb'zɔːpʃən/ *n* [u]

A (being engrossed) concentración *f*, ensimismamiento *m*

B (of liquid, gas, light) absorción *f*; (of shock) absorción *f*, amortiguamiento *m*

abstain /əb'steɪn/ *vi*

A (in vote) abstenerse*

B (refrain) **to ~ (FROM sth/-ING)** abstenerse* (DE algo/+ INF)

abstainer /əb'steɪnər || əb'steɪnə(r)/ *n* 1 (non-drinker) abstemio, -mia *m,f* 2 (non-voter) abstencionista *mf*

abstemious /əb'stiːmiəs/ *adj* (frml) sobrio, frugal

abstention /əb'stentʃən || əb'stenʃən/ *n* [c u] (refusal to vote) abstención *f*

abstinence /'æbstənəns || 'æbstɪnəns/ *n* [u] abstinencia *f*

abstract[1] /'æbstrækt/ *adj* abstracto

abstract[2] /'æbstrækt/ *n* 1 (summary) resumen *m*, compendio *m* 2 (painting) cuadro *m* abstracto

abstract[3] /æb'strækt || əb'strækt/ *vt* (frml) ‹*idea*› abstraer*; ‹*substance*› extraer*

abstruse /æb'struːs || əb'struːs/ *adj* abstruso

absurd /əb'sɜːrd || əb'sɜːd/ *adj* absurdo; **don't be ~!** ¡no seas ridículo!

absurdity /əb'sɜːrdəti || əb'sɜːdəti/ *n* [c u] (*pl* **-ties**) lo absurdo, absurdez *f*

absurdly /əb'sɜːrdli || əb'sɜːdli/ *adv* ‹*behave*› de manera absurda; ‹*generous/complicated*› ridículamente, absurdamente

abundance /ə'bʌndəns/ *n* [u] abundancia *f*; **an ~ OF sth** abundancia DE algo

abundant /ə'bʌndənt/ *adj* ‹*resources*› abundante; ‹*enthusiasm*› desbordante; **she has ~ energy** tiene energías de sobra

abundantly /ə'bʌndəntli/ *adv* ‹*grow*› abundantemente, en abundancia; ‹*supplied*› con abundancia; **to be ~ clear/obvious** estar* perfectamente claro; **they made that ~ clear** no dejaron ningún lugar a dudas al respecto

abuse[1] /ə'bjuːs/ *n*

A [u] (insulting language) insultos *mpl*, improperios *mpl*; **to shout ~ at sb** insultar a algn, lanzar* improperios contra algn; **a stream of ~** una sarta de insultos; **a term of ~** un insulto *or* una grosería

B [c u] (misuse) abuso *m*; **to be open to ~** prestarse al abuso; **physical ~** malos tratos *mpl*; **sexual ~** abusos *mpl* deshonestos; (rape) violación *f*; **child ~** malos tratos *mpl* a la infancia; (sexual) abusos *mpl* deshonestos (*a un niño*); **drug ~** consumo *m* de drogas *or* (frml) estupefacientes

abuse[2] /ə'bjuːz/ *vt*

A 1 (use wrongly) ‹*power/hospitality*› abusar de 2 ‹*child/woman*› maltratar; (sexually) abusar de; **the children had been sexually ~d** los niños habían sufrido abusos deshonestos

B (insult) insultar

abuser /ə'bjuːzər || ə'bjuːzə(r)/ *n* 1 (of rights) violador -dora *m,f* 2 (of rules, norms) infractor -tora *m,f* 3 (of substance — drugs) toxicómano -na *m,f*; (— alcohol) alcohólico -ca *m,f* 4 (of child) pedófilo -la *m,f* 5 (of woman) culpable *m* de malos tratos

abusive /ə'bjuːsɪv/ *adj* insultante, grosero; **he began to use ~ language** empezó a lanzar improperios (frml); **to become ~** empezar* a soltar groserías

abut /ə'bʌt/ *vi* **-tt-** (frml) **to ~ ON sth** «*land*» lindar CON algo; **to ~ AGAINST o ON sth** «*building*» estar* contiguo A algo, colindar CON algo

abysmal /ə'bɪzməl/ *adj* pésimo, desastroso

abysmally /ə'bɪzməli/ *adv* ‹*fail*› desastrosamente (mal)

abyss /ə'bɪs/ *n* (liter) abismo *m*

a/c 1 **= air conditioning** 2 (**= account**) cta.

AC /'eɪ'siː/ 1 (**= alternating current**) CA 2 (esp AmE) **= air conditioning**

academic[1] /'ækə'demɪk/ *adj*

A 1 ‹*career/record*› académico; **~ year** (in universities) año *m* académico; (in schools) año *m* escolar 2 ‹*child/student*› intelectualmente capaz

B (abstract) ‹*question/debate*› puramente teórico; **that's ~ now** eso ya no tiene ninguna trascendencia

academic[2] *n* académico, -ca *m,f*

academy /ə'kædəmi/ *n* (*pl* **-mies**) academia *f*; **~ of art** escuela *f* de bellas artes; **~ of music** conservatorio *m*; (*before n*) **A~ Award** Oscar *m*

ACAS /'eɪkæs/ *n* (in UK) (*no art*) **= Advisory Conciliation and Arbitration Service**

accede /ək'siːd/ *vi* (frml) 1 (grant) **to ~ TO sth** ‹*to demand/request*› acceder A algo 2 (ascend): **to ~ to the throne** subir *or* acceder al trono

accelerate /ək'seləreɪt/ *vi* «*vehicle*» acelerar; «*person*» acelerar; (Auto) apretar* el acelerador; «*process/growth*» acelerarse

a

a

■ **accelerate** *vt* 1 ‹*process*› acelerar, apresurar 2 **accelerated** *past p* acelerado

acceleration /ək'seləˈreɪʃən/ *n* [u c] aceleración *f*

accelerator /ək'seləreɪtər || ək'seləreɪtə(r)/ *n* (Auto) acelerador *m*; **to step on the ~** apretar* el acelerador

accent¹ /'æksent || 'æksent, 'æksənt/ *n*
A (pronunciation) acento *m*; **with a German/southern ~** con acento alemán/del sur
B 1 (stress) (Ling, Mus) acento *m* 2 (emphasis) énfasis *m*; **to put the ~ on sth** poner* énfasis en algo
C (symbol) (Ling) acento *m*, tilde *f*

accent² /æk'sent/ *vt* ‹*syllable/word*› acentuar*

accentuate /ək'sentʃueɪt/ *vt* 1 ‹*difference*› hacer* resaltar; ‹*fact/necessity*› subrayar, recalcar*; ‹*eyes/features*› realzar*, hacer* resaltar 2 ‹*syllable/word*› acentuar*

accept /ək'sept/ *vt* 1 ‹*gift/invitation/argument/credit card*› aceptar; ‹*evidence*› aceptar, admitir; **it is ~ed practice in this sort of case** es la práctica establecida en este tipo de casos 2 (recognize) reconocer*; **do you ~ that you were wrong?** ¿reconoces *or* admites que estabas equivocado?

acceptability /ək'septə'bɪləti/ *n* [u] aceptabilidad *f*

acceptable /ək'septəbəl/ *adj* 1 ‹*conduct*› (satisfactory) aceptable; (tolerable) admisible; **socially ~** socialmente admisible *or* aceptable; **to be ~ TO sb** resultarle aceptable A algn 2 (welcome) ‹*gift*› muy adecuado; **that would be most ~** eso me (*or* nos *etc*) resultaría muy grato

acceptably /ək'septəbli/ *adv* de forma aceptable

acceptance /ək'septəns/ *n*
A [u c] (of offer, responsibility) aceptación *f*; **this does not imply our ~ of your terms** eso no implica que aceptemos sus condiciones
B [u] (approval) aprobación *f*; **it met with universal ~** obtuvo la aprobación de todos

access¹ /'ækses/ *n* [u]
A (to building, room) acceso *m*; **both bedrooms have direct ~ to the bathroom** ambos dormitorios tienen acceso directo al baño *or* comunican con el baño; **how did the thieves gain ~?** ¿cómo entraron los ladrones?
B (to person, information) **~ TO sb/sth** acceso *m* A algn/algo; **to grant a parent ~ to her/his children** conceder a la madre/al padre el derecho de visita; **do you have ~ to a telephone?** ¿hay algún teléfono que puedas usar?

access² *vt* (Comput) obtener* acceso a, entrar a

accessibility /ək'sesə'bɪləti/ *n* [u] 1 (of place) fácil acceso *m* 2 (openness) (frml) **~ TO sth** receptividad *f* A algo

accessible /ək'sesəbəl/ *adj* 1 (reachable) accesible; **museums should be made more ~ to disabled visitors** se debería facilitar el acceso de los minusválidos a los museos 2 (approachable) ‹*leader/politician*› accesible, asequible 3 (available) ‹*information*› accesible

accession /ək'seʃən, æk'seʃən/ *n* (frml)
A [u] (to position, office): **on the ~ of Prince Rupert** al subir al trono el príncipe Rupert
B [u c] (acquisition) adquisición *f*

accessory /ək'sesəri/ *n* (*pl* **-ries**)
A 1 (extra) accesorio *m* 2 **accessories** *pl* (Clothing) accesorios *mpl*, complementos *mpl*
B (Law) **~ (TO sth)** cómplice *mf* (EN algo)

access provider *n* (Comput) proveedor *m* de acceso

accident /'æksədənt || 'æksɪdənt/ *n* 1 [c] (mishap) accidente *m*; **to have an ~** tener* *or* sufrir un accidente; **their third child was an ~** su tercer hijo fue un descuido; **~s *will happen*** a cualquiera le puede pasar 2 [c u] (chance) casualidad *f*; **it is no ~ that ...** no es una casualidad *or* un hecho fortuito que ...; **by ~** (by chance) por casualidad; (unintentionally) sin querer

accidental /'æksə'dentl̩ || ˌæksɪ'dentl̩/ *adj* 1 ‹*discovery/meeting*› fortuito; ‹*blow*› accidental 2 ‹*injury/damage*› producido por accidente; **~ death** muerte *f* por caso fortuito

accidentally /'æksə'dentli || ˌæksɪ'dentəli/ *adv* 1 (by chance) por casualidad, de manera fortuita 2 (unintentionally) sin querer; **he did it ~ on purpose** (colloq & hum) lo hizo sin queriendo (fam & hum)

Accident and Emergency Department *n* servicio *m* de urgencias

accident-prone /'æksədəntprəʊn || 'æksɪdəntprəʊn/ *adj* propenso a los accidentes

acclaim¹ /ə'kleɪm/ *vt* 1 (praise) aclamar 2 (proclaim) (frml) aclamar, proclamar

acclaim² *n* [u] aclamación *f*, elogio *m*

acclamation /'æklə'meɪʃən/ *n* [u] aclamación *f*

acclimate /'ækləmeɪt/ *vt* (AmE) ▸ **acclimatize**

acclimation /'æklə'meɪʃən/ *n* [u] (AmE) ▸ **acclimatization**

acclimatization /ə'klaɪmətə'zeɪʃən || əˌklaɪmətaɪ'zeɪʃən/ *n* [u] **~ (TO sth)** aclimatación *f* (A algo)

acclimatize /ə'klaɪmətaɪz/ *vt* aclimatar; **to ~ oneself** aclimatarse; **to become ~d TO sth** aclimatarse A algo

accolade /'ækəleɪd/ *n* (praise) elogio *m*; (honor) honor *m*; (award) galardón *m*

accommodate /ə'kɑːmədeɪt || ə'kɒmədeɪt/ *vt*
A 1 (provide lodging for) ‹*guests*› alojar, hospedar 2 (have room for) tener* cabida para
B (cater to) ‹*wish*› tener* en cuenta, complacer*; ‹*need*› tener* en cuenta, satisfacer*; **I will not change the date to ~ him** no voy a cambiar la fecha para su conveniencia
C (adapt) (frml) **to ~ sth TO sth** adaptar *or* acomodar algo A algo

accommodating /ə'kɑːmədeɪtɪŋ || ə'kɒmədeɪtɪŋ/ *adj* complaciente

accommodation /ə'kɑːmə'deɪʃən || əˌkɒmə'deɪʃən/ *n*
A 1 [u] (AmE also) **accommodations** (lodgings) alojamiento *m*, hospedaje *m*; **I can provide ~ for five** puedo alojar *or* dar alojamiento a cinco personas 2 [c] (seat, berth) (AmE) plaza *f*
B [u c] (agreement, compromise) acuerdo *m*

accompaniment /ə'kʌmpənimənt/ *n* [u c] acompañamiento *m*

accompanist /ə'kʌmpənəst || ə'kʌmpənɪst/ *n* acompañante *mf*

accompany /ə'kʌmpəni/ *vt* **-nies, -nying, -nied** 1 (go with) acompañar; **she was accompanied by her family** iba acompañada de su familia; **the ~ing instructions** las instrucciones adjuntas 2 (Mus) acompañar; **she accompanies herself on the guitar/piano** se acompaña con la guitarra/al piano

accomplice /ə'kɑːmpləs || ə'kʌmplɪs/ *n* cómplice *mf*; **~ IN/TO sth** cómplice EN algo

accomplish /ə'kɑːmplɪʃ || ə'kʌmplɪʃ/ *vt* ‹*task*› llevar a cabo, realizar*; ‹*goal*› lograr, conseguir*; **mission ~ed!** ¡misión cumplida!

accomplished /ə'kɑːmplɪʃt || ə'kʌmplɪʃt/ *adj* ‹*performer*› consumado; ‹*performance*› logrado; ‹*liar/thief*› consumado, hábil; **he is a very ~ speaker** es muy buen orador

accomplishment /ə'kɑːmplɪʃmənt || ə'kʌmplɪʃmənt/ *n* 1 [u] (of aim) logro *m*, consecución *f* (frml) 2 [c] (success) logro *m* 3 [c u] (skill) habilidad *f*, destreza *f*

accord¹ /ə'kɔːrd || ə'kɔːd/ *n*
A [u] (agreement, harmony) acuerdo *m*; **to be in ~ with sb/sth** estar* de acuerdo con algn/algo; ***of one's own* ~** (de) motu proprio, voluntariamente; ***with one* ~** de común acuerdo
B [c] (treaty, understanding) acuerdo *m*

accord² *vt* (frml) ‹*honor*› conceder, otorgar*, conferir*; ‹*welcome*› dar*; ‹*priority/significance*› conceder, dar*

Phrasal verb

• **accord with** [v ▸ prep ▸ o] (frml) coincidir *or* concordar* con

accordance /ə'kɔːrdn̩s || ə'kɔːdn̩s/ *n*: **in ~ with** de acuerdo con *or* a, conforme a, según

according /ə'kɔːrdɪŋ || ə'kɔːdɪŋ/ **according to** *prep* según; **~ to you/him** según tú/él; **it all went ~ to plan** todo salió conforme a *or* según lo planeado

accordingly /ə'kɔːrdɪŋli || ə'kɔːdɪŋli/ *adv* 1 (correspondingly) en consecuencia; **you must accept the reponsibility and act ~** debe asumir la responsabilidad y obrar en consecuencia 2 (so, therefore) (*as linker*) por lo tanto, por consiguiente

accordion /ə'kɔːrdiən || ə'kɔːdiən/ *n* acordeón *m*

accost /ə'kɔːst || ə'kɒst/ *vt* abordar; **he was ~ed by a man in the street** un hombre lo abordó en la calle

a

account[1] /ə'kaʊnt/ *n*

Sense I

A (explanation) explicación *f*; (version) versión *f*; (report) informe *m*; **by his own ~** según él mismo cuenta; **by all ~s** a decir de todos, por lo que dicen todos; ***to bring*** *o* ***call sb to ~ for sth*** pedirle* cuentas a algn sobre algo; ***to give a good ~ of oneself*** dar* lo mejor de sí; ***to hold sb to ~ for sth*** responsabilizar* a algn de algo

B (consideration): **to take sth into ~** tener* algo en cuenta

C (importance) (frml): **to be of no/little ~ (to sb)**: **it's of no ~** no tiene importancia; **it is of little ~ (to me) whether he agrees or not** a mí me importa muy poco que esté o no de acuerdo

D (*in phrases*) **on account of** (*as prep*) debido a; **on ~ of his being too old** debido a que es demasiado mayor; **on this/that ~** por esta/esa razón; **on ~ of she was late** (*as conj*) (AmE colloq) debido a que llegó tarde; **on no account, not on any account** de ningún modo, de ninguna manera, bajo ningún concepto; **on one's own account** (for oneself) por cuenta propia; **on sb's account** por algn

Sense II (Fin)

A (with bank, at shop) cuenta *f*; **checking** *o* (BrE) **current ~** cuenta *f* corriente; **savings** *o* **deposit ~** cuenta *f* de ahorros; **put it on/charge it to my ~** cárguelo a mi cuenta; **I gave her $200 on ~** le di 200 dólares a cuenta *or* de anticipo; **to have an ~ with** *o* **at a bank** tener* una cuenta en un banco; **to keep (an) ~ of sth** llevar (la) cuenta de algo; **to settle one's ~** pagar* *or* saldar su (*or* mi *etc*) cuenta; ***to put*** *o* ***turn sth to (good) ~*** sacar* (buen) provecho de algo; ***to settle*** *o* ***square an ~ with sb*** ajustarle (las) cuentas a algn

B accounts 1 (Busn, Fin) (+ *pl vb*) contabilidad *f*; **to keep the ~s** llevar la contabilidad *or* las cuentas 2 (BrE) (+ *sing vb*) (department) contaduría *f*

account[2] *vt* (frml) considerar

Phrasal verb

• **account for** [v ▸ prep ▸ o]

A 1 (provide record of, justify) ‹*expenditure/time*› dar* cuentas de; **$500 remains to be ~ed for** aún no se han dado explicaciones sobre el destino de 500 dólares; **is everyone ~ed for?** ¿falta alguien (*or* algún pasajero *etc*)? 2 (explain) explicar*; ***there's no ~ing for taste*** sobre gustos no hay nada escrito

B (add up to): **wages ~ for 70% of the total** los sueldos representan un *or* el 70% del total

accountability /ə'kaʊntə'bɪləti/ *n* [u] responsabilidad *f*; **~ TO sb** responsabilidad *f* ANTE algn

accountable /ə'kaʊntəbəl/ *adj* (*pred*) responsable; **to be ~ TO sb (FOR sth)** ser* responsable ANTE algn (DE algo); **I'm not ~ to anybody** yo no tengo por qué darle cuentas a nadie

accountancy /ə'kaʊntnsi/ *n* [u] contabilidad *f*

accountant /ə'kaʊntn̩t/ *n* contador, -dora *m,f* (AmL), contable *mf* (Esp)

accounting /ə'kaʊntɪŋ/ *n* [u] 1 (Busn, Fin) contabilidad *f*, teneduría *f* de libros 2 (reckoning) cálculos *mpl*, estimaciones *fpl*

accouterments /ə'ku:tərmənts/, (BrE) **accoutrements** /ə'ku:trəmənts/ *pl n* (frml) equipo *m*

accredit /ə'kredət || ə'kredɪt/ *vt* (*usu pass*) 1 acreditar 2 **accredited** *past p* ‹*representative*› acreditado; ‹*qualification*› reconocido; ‹*agent*› autorizado

accrue /ə'kru:/ *vi* (build up) acumularse

■ **accrue** *vt* ‹*interest/profits*› acumular

acct (= **account**) cta.

accumulate /ə'kju:mjəleɪt || ə'kju:mjʊleɪt/ *vt* ‹*wealth/interest*› acumular; ‹*information/evidence*› reunir*, acumular; **these ornaments just ~ dust** estos adornos no hacen más que juntar polvo

■ **accumulate** *vi* acumularse

accumulation /ə'kju:mjə'leɪʃən || əˌkju:mjʊ'leɪʃən/ *n* 1 [c] (collection, mass) montón *m* 2 [u] (growth, increase) acumulación *f*

accumulator /ə'kju:mjəleɪtər || ə'kju:mjʊleɪtə(r)/ *n* (Comput) acumulador *m*

accuracy /'ækjərəsi/ *n* [u] (of measurement, map, instrument) exactitud *f*, precisión *f*; (of weapon) precisión *f*; (of aim, blow) lo certero; (of description, prediction) exactitud *f*; (of translation) exactitud *f*, fidelidad *f*

accurate /'ækjərət/ *adj* ‹*measurement/instrument*› exacto, preciso; ‹*weapon/aim/blow*› certero; ‹*description/assessment*› exacto; ‹*translation*› exacto, fiel; **to be strictly ~, it was 2.15** para ser preciso *or* exacto, eran las 2.15

accurately /'ækjərətli/ *adv* ‹*measure/describe/aim*› con exactitud *or* precisión; ‹*copy*› fielmente; ‹*translate*› con exactitud, fielmente

accursed /ə'kɜ:rst , ə'kɜ:rsɪd || ə'kɜ:sɪd/ *adj* (liter) 1 (hateful) (*before n*) execrable (liter), detestable 2 (under a curse) maldito

accusation /'ækjə'zeɪʃən || ˌækju:'zeɪʃən/ *n* [c u] acusación *f*; **what is the ~ against him?** ¿de qué se lo acusa?

accusative /ə'kju:zətɪv/ *n* acusativo *m*

accuse /ə'kju:z/ *vt* acusar; **to ~ sb OF sth/-ING** acusar a algn DE algo/+INF; **they stand ~d of murder/robbery** se les acusa de asesinato/robo

accused /ə'kju:zd/ *n* (*pl* ~) (Law) **the ~** el acusado, la acusada; (*pl*) los acusados, las acusadas

accuser /ə'kju:zər || ə'kju:zə(r)/ *n* acusador, -dora *m,f*

accusing /ə'kju:zɪŋ/ *adj* acusador, acusatorio

accusingly /ə'kju:zɪŋli/ *adv* ‹*say*› en tono acusador *or* acusatorio; **she looked at me ~** me lanzó una mirada acusadora *or* acusatoria

accustom /ə'kʌstəm/ *vt* **to ~ sb TO sth/-ING** acostumbrar *or* habituar* a algn A algo/+INF; **to ~ oneself TO sth/-ING** acostumbrarse *or* habituarse* A algo/+ INF

accustomed /ə'kʌstəmd/ *adj* 1 (habituated) (*pred*) **to be ~ TO sth/-ING** estar* acostumbrado A algo/+ INF; **to become** *o* **get ~ TO sth/-ING** acostumbrarse *or* habituarse* A algo/+ INF 2 (usual, customary) (*before n*) acostumbrado

AC/DC /'eɪsi:'di:si:/ *adj* 1 (Elec) CA/CC 2 (bisexual) (sl) bisexual

ace[1] /eɪs/ *n* 1 (in cards, dice) as *m*; ***to be/come within an ~ of sth***: **he came within an ~ of beating the champion** estuvo a punto de ganarle al campeón; ***to have*** *o* ***hold all the ~s*** tener* todas las de ganar 2 (in tennis) ace *m* 3 (expert, champion) as *m*

ace[2] *adj* 1 (colloq) (*before n*) ‹*reporter/negotiator*› de primera, destacado; **an ~ driver/pilot** un as del volante/de la aviación 2 (BrE sl) ‹*party/bike*› bárbaro (fam), guay (Esp arg)

acerbic /ə'sɜ:rbɪk || ə'sɜ:bɪk/ *adj* mordaz, acerbo

acetate /'æsəteɪt || 'æsɪteɪt/ *n* [u] acetato *m*

acetic acid /ə'si:tɪk/ *n* [u] ácido *m* acético

acetone /'æsətəʊn || 'æsɪtəʊn/ *n* [u] acetona *f*

ache[1] /eɪk/ *vi*

A 1 (give pain) «*tooth/ear/leg*» doler*; **my back ~s** me duele la espalda; **I'm aching all over** me duele todo el cuerpo 2 **aching** *pres p* ‹*shoulders/muscles*› dolorido; **with an aching heart** con gran dolor de corazón

B (yearn) **to ~ to + INF** ansiar* + INF; **to ~ FOR sth** suspirar POR algo

ache[2] *n* dolor *m* (*sordo y continuo*); **~s and pains** achaques *mpl*

achievable /ə'tʃi:vəbəl/ *adj* ‹*target/goal*› alcanzable

achieve /ə'tʃi:v/ *vt* 1 (accomplish) lograr; **the meeting didn't ~ much** no se logró demasiado en la reunión 2 (attain) ‹*success/victory*› conseguir*, obtener*; ‹*aim*› lograr, conseguir*, alcanzar*; ‹*ambition*› hacer* realidad

achievement /ə'tʃi:vmənt/ *n* 1 [c] (feat) logro *m*; **it was quite an ~** fue toda una hazaña *or* todo un logro 2 [u] (success) éxito *m*, logro *m*; **a sense of ~** la satisfacción de haber logrado algo; **high/low ~** (Educ) buen/mal rendimiento

achiever /ə'tʃi:vər || ə'tʃi:və(r)/ *n*: **he's a high ~** siempre obtiene excelentes resultados

Achilles /ə'kɪli:z/: **~ heel** *n* talón *m* de Aquiles; **~ tendon** *n* tendón *m* de Aquiles

acid[1] /'æsəd || 'æsɪd/ *n* 1 [u c] (Chem) ácido *m* 2 [u] (LSD) (sl) ácido *m*

acid[2] *adj* 1 (Chem) ácido 2 ‹*taste*› ácido, agrio 3 (spiteful) ‹*voice/reply*› agrio, mordaz

acidic /ə'sɪdɪk/ *adj* ▸ **acid**[2] **1, 2**

acidity /ə'sɪdəti/ *n* [u] acidez *f*

acidly /'æsədli || 'æsɪdli/ *adv* agriamente, mordazmente

acid: **~ paper** *n* [u] papel *m* ácido; **~ rain** *n* [u] lluvia *f* ácida; **~ test** *n* **the ~ test** la prueba de fuego

a

acknowledge /ək'nɑːlɪdʒ || ək'nɒlɪdʒ/ *vt*
A **1** (admit) ‹*mistake/failure*› admitir, reconocer* **2** (recognize) ‹*achievement/authority/right*› reconocer*; ‹*quotations/sources*› hacer* mención de; **to ~ sb AS sth** reconocer* a algn COMO algo **3** (express appreciation of) agradecer*
B ‹*letter/order*› acusar recibo de; ‹*greeting*› responder a; ‹*person*› saludar

acknowledgment, acknowledgement /ək'nɑːlɪdʒmənt || ək'nɒlɪdʒmənt/ *n* [c u] **1** (recognition) reconocimiento *m* **2** (confirmation, response): **I've had no ~ of my letter** no han acusado recibo de mi carta **3** **acknowledgments** *pl* (in book) lista *f* de menciones

ACLU *n* = **American Civil Liberties Union**

acme /'ækmi/ *n* **the ~ OF sth** el súmmum *or* el colmo DE algo

acne /'ækni/ *n* [u] acné *m or f*, acne *f*‡

acolyte /'ækəlaɪt/ *n* acólito *m*

acorn /'eɪkɔːrn || 'eɪkɔːn/ *n* bellota *f*; (*before n*) **~ squash** *calabaza pequeña de corteza verde y forma de bellota*; ▸**oak**

acoustic /ə'kuːstɪk/ *adj* acústico

acoustics /ə'kuːstɪks/ *n* **1** (Phys) (+ *sing vb*) acústica *f* **2** (of room) (+ *pl vb*) acústica *f*

acquaint /ə'kweɪnt/ *vt* **to ~ sb WITH sth** (inform of) poner* a algn al corriente DE algo; (familiarize with) familiarizar* a algn CON algo; **to ~ oneself WITH sth** familiarizarse* CON algo

acquaintance /ə'kweɪntṇs/ *n* **1** [c] (person) conocido, -da *m,f*; **we're old ~s** nos conocemos desde hace tiempo **2** [u c] (with person) relación *f*; **to make the ~ of sb, to make sb's ~** conocer* a algn **3** [u c] (knowledge) **~ WITH sth** conocimiento *m* DE algo

acquainted /ə'kweɪntəd || ə'kweɪntɪd/ *adj* (*pred*) **1** **to be ~ WITH sb** conocer* a algn; **we need time to become** *o* **get ~** necesitamos tiempo para (llegar a) conocernos **2** **to be ~ WITH sth** (be informed of) estar* al corriente DE algo; (be familiar with) estar* familiarizado CON algo

acquiesce /ˌækwi'es/ *vi* **to ~ IN sth/-ING** consentir* algo/EN + INF

acquiescence /ˌækwi'esṇs/ *n* [u] consentimiento *m*, aquiescencia *f* (frml)

acquiescent /ˌækwi'esṇt/ *adj* aquiescente (frml), conforme

acquire /ə'kwaɪr || ə'kwaɪə(r)/ *vt* ‹*collection/skill*› adquirir*; ‹*reputation*› hacerse*, adquirir*; ‹*fortune*› hacer*; ‹*territories*› hacerse* con, apoderarse de; **I've ~d a taste for ...** le he tomado el gusto a ...; **he'd ~d a British accent** se le había pegado el acento británico

acquired /ə'kwaɪrd || ə'kwaɪəd/ *adj* ‹*characteristic*› adquirido; **it's an ~ taste** es algo a lo que se le va tomando el gusto con el tiempo

acquisition /'ækwə'zɪʃən || ˌækwɪ'zɪʃən/ *n* [c u] adquisición *f*

acquisitive /ə'kwɪzətɪv/ *adj* (greedy) codicioso; (inclined to acquire): **I'm not at all ~** no tengo interés en poseer cosas materiales

acquit /ə'kwɪt/ **-tt-** *vt* **to ~ sb (OF sth)** absolver* a algn (DE algo)
■ *v refl* **to ~ oneself** desenvolverse*, desempeñarse (AmL)

acquittal /ə'kwɪtḷ/ *n* [c u] (Law) absolución *f*

acre /'eɪkər || 'eɪkə(r)/ *n* acre *m* (*0,405 hectáreas*); **we had ~s of space** teníamos muchísimo lugar *or* sitio

acrid /'ækrəd || 'ækrɪd/ *adj* acre

acrimonious /'ækrə'məʊniəs || ˌækrɪ'məʊniəs/ *adj* ‹*words*› áspero, cáustico; ‹*dispute*› enconado

acrobat /'ækrəbæt/ *n* acróbata *mf*

acrobatic /'ækrə'bætɪk/ *adj* acrobático

acrobatics /'ækrə'bætɪks/ *pl n* acrobacia *f*

acronym /'ækrənɪm/ *n* sigla *f*

across¹ /ə'krɔːs || ə'krɒs/ *adv* **1** (indicating movement): **the boatman ferried them ~** el barquero los cruzó; **seven ~** (crossword clue) siete horizontal **2** (indicating position) del otro lado; **they're already ~** ya están del otro lado; **she sat ~ from me** estaba sentada frente a mí *or* enfrente de mí **3** (in width, diameter): **it is 20m ~** tiene *or* mide 20m de ancho

across² *prep* **1** (from one side to other): **they ran ~ the road** cruzaron la calle corriendo; **he shouted to her ~ the room** le gritó desde el otro lado de la habitación; **a tree had fallen ~ the road** un árbol se había caído en mitad de la carretera **2** (on the other side of): **they live just ~ the road** viven justo enfrente

acrylic /ə'krɪlɪk/ *n* [u c] acrílico *m*; (*before n*) acrílico

act¹ /ækt/ *vi*
A **1** (take action, do sth) actuar* **2** (function, work) «*drug/chemical*» hacer* efecto, actuar* **3** (serve) **to ~ AS sth** servir* DE algo; **she will ~ as interpreter** hará de intérprete **4** **acting** *pres p* ‹*chairman/director*› interino
B (behave) comportarse, actuar*; **just ~ as if nothing had happened** haz como si no hubiera pasado nada; **don't ~ dumb** ¡no te hagas el tonto!
C (perform) actuar*, trabajar; (as profession) ser* actor/actriz
■ **act** *vt* **1** (perform) ‹*role/part*› interpretar, hacer*; **the play was very well ~ed** la obra estuvo muy bien interpretada *or* actuada **2** (behave like, play role of) hacerse*

Phrasal verbs

- **act for** [v ▸ prep ▸ o] (represent) representar
- **act on** [v ▸ prep ▸ o] **1** (follow) ‹*advice*› seguir*; ‹*orders*› cumplir; **~ing on information received, the police ...** actuando sobre la base de información recibida, la policía ...; **she took a decision, but failed to ~ on it** tomó una decisión pero no obró en consecuencia **2** (affect) «*drug/chemical*» actuar* sobre
- **act out** [v ▸ o ▸ adv, v ▸ adv ▸ o] representar; **the drama was ~ed out before our eyes** la tragedia ocurrió *or* se desarrolló ante nuestros propios ojos
- **act up** [v ▸ adv] (cause trouble) (colloq) «*child/machine*» dar* guerra (fam)
- **act upon** ▸**act on**

act² *n*
A (deed) acto *m*; **an ~ of aggression/treason** una agresión/traición; **destroying the animal was an ~ of kindness** sacrificar al animal fue un acto piadoso; **the A~s of the Apostles** los Hechos de los Apóstoles; ***to catch sb in the ~*** agarrar *or* (esp Esp) coger* a algn con las manos en la masa
B (Govt) ley *f*; **an ~ of Parliament/Congress** una ley aprobada por el Parlamento/Congreso
C **1** (division of play) acto *m* **2** (routine) número *m*; ***to be a hard*** *o* ***difficult ~ to follow*** ser* difícil de igualar; ***to do a disappearing*** *o* ***vanishing ~*** esfumarse como por arte de magia; ***to get into*** *o* ***in on the ~*** meterse en el asunto; ***to get one's ~ together*** organizarse*; ***to smarten up one's ~*** enmendarse*
D (pretense): **it was all a big ~** era puro cuento *or* puro teatro (fam); ***to put on an ~*** hacer* teatro (fam), fingir*

ACT *n* = **American College Test**

> **ACT – American College Test**
>
> Una prueba que los estudiantes de la mayoría de los estados que forman Estados Unidos deben aprobar para ser admitidos en la universidad. Normalmente tiene lugar al final de la **high school** y cubre un número de materias principales, p.ej. inglés y matemáticas

acting /'æktɪŋ/ *n* [u] **1** (performance) interpretación *f*, actuación *f* **2** (as activity): **have you done any ~ before?** ¿has hecho teatro/cine alguna vez?; **I want to go into ~** quiero ser actor

action /'ækʃən/ *n*
A [u] **1** (practical measures): **prompt ~ by the police saved several lives** la rápida actuación de la policía salvó varias vidas; **~ is needed now** hay que actuar inmediatamente; **we demand ~!** ¡exigimos que se haga algo!; **which course of ~ do you recommend?** ¿qué medidas recomienda?; **disciplinary ~** medidas *fpl* disciplinarias; **to take ~ (against sb/sth)** tomar medidas (contra algn/algo); **~!** (Cin) ¡acción! **2** (*in phrases*) **in action** en acción; **I'm back in ~ again** (colloq) ya estoy de nuevo al pie del cañón (fam); **to go into ~** entrar en acción; **to put sth into ~** poner* algo en práctica; **out of action**: **my car is out of ~** tengo el coche averiado *or* (AmL tb) descompuesto; **he'll be out of ~ for a few weeks** va a estar fuera de circulación durante unas semanas (hum)
B [c] (deed) acto *m*; **I won't be responsible for my ~s if it happens again** si vuelve a suceder, yo no respondo de mí; ***~s speak louder than words*** obras son amores y no buenas razones

C [u] (Mil) acción *f* (de guerra); **wounded in ~** herido en combate

D [u] 1 (plot of play, movie) acción *f* 2 (exciting activity) animación *f*; ***to get a piece*** *o* ***slice of the ~*** (colloq) sacar* tajada (fam)

E 1 [c] (movement) movimiento *m* 2 [u] (operation) funcionamiento *m* 3 [u] (of drug, chemical) **~** (**ON sth**) acción *f* or efecto *m* (SOBRE algo)

action: **~-packed** *adj* lleno de acción; **~ replay** *n* (BrE Sport, TV) repetición *f* de la jugada; **~ stations** *pl n* (BrE) puestos *mpl* (de combate); (*as interj*) ¡a sus puestos!

activate /'æktəveɪt || 'æktɪveɪt/ *vt* 1 ‹*alarm/bomb*› activar 2 (AmE Mil) ‹*troops/unit*› movilizar*

active¹ /'æktɪv/ *adj*

A 1 (energetic, busy) ‹*person/life*› activo; **we had a very ~ holiday** pasamos unas vacaciones llenas de actividad 2 (Chem, Pharm) activo 3 ‹*volcano*› en actividad

B 1 (practising) activo; **sexually ~ teenagers** adolescentes que mantienen relaciones sexuales; **to be politically ~** militar políticamente 2 (positive, keen) ‹*member/role*› activo; **he takes an ~ interest in sport** sigue con mucho interés todo lo relacionado con el deporte 3 (Mil) (*before n*) ‹*service/duty*› activo

C (Ling) activo

active² *n* (Ling) **the ~** la voz activa

actively /'æktɪvli/ *adv* ‹*encourage/support*› activamente; **to be ~ involved in sth** tomar parte activa en algo

activist /'æktəvəst || 'æktɪvɪst/ *n* activista *mf*

activity /æk'tɪvəti/ *n* (*pl* **-ties**) 1 [c u] (work, doings) actividad *f*; **leisure activities** pasatiempos *mpl*; **they offer many different leisure activities** ofrecen diversas actividades para ocupar el tiempo 2 [u] (action, movement) actividad *f*, movimiento *m*; (noisy) bullicio *m*

activity holiday *n* (BrE) *vacaciones con actividades programadas*

actor /'æktər || 'æktə(r)/ *n* actor, actriz *m,f*

actress /'æktrəs/ *n* actriz *f*

actual /'æktʃuəl/ *adj* (*before n*) 1 (real) real; **he cited ~ cases** citó casos reales *or* de la vida real; **there was no ~ written agreement** no hubo un acuerdo escrito propiamente dicho; **in ~ fact** en realidad 2 (precise, very) mismo; **on the ~ day of the election** el mismo día de las elecciones; **those were her ~ words** ésas fueron sus palabras textuales

actuality /'æktʃu'æləti/ *n* [u c] (*pl* **-ties**) (frml) realidad *f*

actually /'æktʃuəli/ *adv*

A (really, in fact) en realidad; **she's ~ very bright** la verdad es que *or* en realidad es muy inteligente; **I never believed I'd ~ win** nunca creí que llegaría a ganar; **she did 20 lengths — 22, ~** se hizo 20 largos — 22, para ser exactos; **~, I'd rather not go** la verdad es que preferiría no ir

B (for emphasis): **the Queen ~ waved to me** la Reina hasta me saludó y todo; **it's ~ stopped raining!** aunque parezca mentira, ha parado de llover

actuary /'æktʃueri || 'æktʃʊəri/ *n* (*pl* **-ries**) actuario, -ria *m,f* de seguros

acumen /ə'kju:mən || 'ækju:mən/ *n* [u] sagacidad *f*, perspicacia *f*; **business ~** visión *f* para los negocios

acupuncture /'ækjə,pʌŋktʃər || 'ækjʊ,pʌŋktʃə(r)/ *n* [u] acupuntura *f*

acute /ə'kju:t/ *adj*

A 1 (Med) agudo 2 ‹*crisis/shortage*› grave

B 1 ‹*pain*› agudo; ‹*anxiety*› profundo 2 ‹*sense of smell*› fino, muy desarrollado; ‹*sight, hearing*› agudo

C (perceptive) agudo, perspicaz

D (Ling) ‹*accent*› agudo

acutely /ə'kju:tli/ *adv* 1 ‹*painful/embarrassing*› extremadamente, sumamente 2 (keenly) plenamente; **to be ~ aware of sth** ser* *or* (Chi, Méx) estar* plenamente consciente de algo

ad /æd/ *n* (colloq) ▸ **advertisement**

AD (= **Anno Domini**) después de Cristo; (written form) d. de C., d. de J.C.

adage /'ædɪdʒ/ *n* (liter) dicho *m*, adagio *m*

Adam /'ædəm/ *n* Adán; **~'s apple** nuez *f* (de Adán); ***I don't know him from ~*** no lo conozco de nada *or* para nada

adamant /'ædəmənt/ *adj* ‹*refusal*› firme, categórico; **I asked him to reconsider, but he was ~** le pedí que lo reconsiderara pero se mantuvo inflexible; **she was ~ that she wouldn't go** se mantuvo firme en su decisión de no ir

adamantly /'ædəməntli/ *adv* ‹*deny*› categóricamente; ‹*insist/say*› con firmeza

adapt /ə'dæpt/ *vt* adaptar; **to ~ oneself** adaptarse, amoldarse

■ **adapt** *vi* adaptarse; **to ~ TO sth/-ING** adaptarse A algo/+ INF

adaptability /ə'dæptə'bɪləti/ *n* [u] capacidad *f* de adaptación, adaptabilidad *f*

adaptable /ə'dæptəbəl/ *adj* adaptable

adaptation /'ædæp'teɪʃən/ *n* [u c] adaptación *f*

adapter, adaptor /ə'dæptər || ə'dæptə(r)/ *n* (Elec) (plug — with several sockets) enchufe *m* múltiple, ladrón *m*; (— for different sockets) adaptador *m*

ADC *n* = **aide-de-camp**

add /æd/ *vt*

A (put in in addition) añadir, agregar*; **this will ~ a touch of class** esto le dará un toque extra de distinción; **we were soaked, ~ed to which, it was starting to snow** estábamos empapados y por si esto fuera poco, empezaba a nevar; **at least I think so, she ~ed** —al menos eso creo —añadió *or* agregó; **there's nothing to ~** no hay más que decir

B (Math) sumar; **~ (on) 20** súmale veinte; **~ the four numbers (together)** suma los cuatro números

C **added** *past p* ‹*bonus/incentive*› adicional, extra; **with ~ed vitamins** con vitaminas; **no ~ed sugar** sin azúcar

■ **add** *vi* sumar

Phrasal verbs

- **add to** [v ▸ prep ▸ o] (increase, extend) ‹*building*› ampliar*; ‹*confusion/difficulties*› aumentar
- **add up**

A [v ▸ adv] 1 (Math) ‹‹*numbers/sum/accounts*›› cuadrar; **it seems to ~ up differently every time** cada vez que lo sumo me da (un resultado) diferente 2 (make sense) (colloq) ‹‹*facts/story*›› cuadrar; **it just doesn't ~ up** no tiene sentido

B [v ▸ o ▸ adv, v ▸ adv ▸ o] (Math) ‹*figures*› sumar; ‹*bill*› hacer*, preparar; **when you ~ it all up ...** si se tiene todo en cuenta ...

- **add up to** [v ▸ adv ▸ prep ▸ o] ‹‹*figures*›› sumar en total; ‹‹*total*›› ascender* a; **it ~s up to quite a lot of money** en total es *or* resulta una buena cantidad de dinero; **it doesn't ~ up to much** no es gran cosa

adder /'ædər || 'ædə(r)/ *n* víbora *f*

addict /'ædɪkt/ *n* adicto, -ta *m,f*; **drug ~** drogadicto, -ta *m,f*, toxicómano, -na *m,f* (frml); **I'm a real TV ~** (colloq) soy fanático de la televisión

addicted /ə'dɪktəd || ə'dɪktɪd/ *adj* **to be ~** (**TO sth**) ser* adicto (A algo); **she became ~ to heroin** se hizo adicta a la heroína; **he's ~ to video games** es un adicto de los videojuegos; **I've become ~ to chocolate** (colloq) me he enviciado con el chocolate

addiction /ə'dɪkʃən/ *n* [u c] adicción *f*; **heroin ~** adicción a la heroína; **drug ~** drogadicción *f*, toxicomanía *f* (frml)

addictive /ə'dɪktɪv/ *adj* ‹*drug*› que crea adicción *or* dependencia; ‹*activity*› que crea hábito

Addis Ababa /'ɑ:dɪs'ɑ:bəbə || 'ædɪs'æbəbə/ *n* Addis-Abeba *m*

addition /ə'dɪʃən/ *n*

A 1 [u] (Math) suma *f*, adición *f* (frml) 2 [u] (adding) adición *f*; **she recommends the ~ of brandy** recomienda que se le añada *or* que se le agregue brandy 3 (*in phrases*) **in addition** además; **in addition to** además de

B [c] (extra thing, person): **these rooms are later ~s** estas habitaciones se construyeron después; **a useful ~ to your toolkit** un práctico complemento para su caja de herramientas; **we're expecting an ~ to the family** dentro de poco aumentará la familia

additional /ə'dɪʃn̩əl || ə'dɪʃənl̩/ *adj* ‹*cost/weight*› extra, adicional; **it's an ~ reason for not telling her** es razón de más para no decírselo

additionally /ə'dɪʃnəli/ *adv* 1 (also) además 2 (even more) ‹*difficult/complicated*› aún más

additive /'ædətɪv || 'ædɪtɪv/ *n* [c u] aditivo *m*

additive-free /'ædətɪv'fri: || ,ædɪtɪv'fri:/ *adj* sin aditivos

a

addled /'ædld/ *adj* 1 (confused) confundido, aturullado (fam) 2 ‹*egg*› podrido

address¹ /'ædres || ə'dres/ *n*
A 1 (of house, offices etc) dirección *f*, señas *fpl*; **home ~** dirección particular; Ⓢ **address** (on form) domicilio; **they're no longer at this ~** ya no viven aquí; (*before n*) **~ book** libreta *f* de direcciones 2 (Comput) dirección *f*
B [c] (speech) discurso *m*, alocución *f* (frml)
C **form of ~** tratamiento *m*

address² /ə'dres/ *vt*
A (AmE also) /'ædres/ ‹*mail*› ponerle* la dirección a; **the package was ~ed to you** el paquete estaba dirigido a ti
B 1 (speak to) ‹*person*› dirigirse* a; ‹*assembly*› pronunciar un discurso ante 2 **to ~ sb AS sth**: **they ~ her as "madam"** la llaman "madam" 3 (direct) (frml) ‹*question/remark*› dirigir*; **to ~ sth TO sb** dirigir* algo A algn
C (deal with, confront) ‹*problem/issue*› tratar
■ *v refl* 1 (speak to) **to ~ oneself TO sb** dirigirse* A algn 2 (turn one's attention to) (frml) **to ~ oneself TO sth** dedicarse* A algo

adenoids /'ædnɔɪdz || 'ædənɔɪdz/ *pl n* vegetaciones *fpl* (adenoideas)

adept¹ /ə'dept/ *adj* experto, hábil; **to be ~ AT sth/-ING** ser* experto EN algo/+ INF

adept² /'ædept/ *n* (frml) experto, -ta *m,f*, maestro, -tra *m,f*

adeptly /ə'deptli/ *adv* con destreza *or* habilidad

adequacy /'ædɪkwəsi/ *n* 1 (of resources, facilities) suficiencia *f* 2 (of person in given capacity) aptitud *f*

adequate /'ædɪkwət/ *adj* 1 ‹*help/funding*› suficiente 2 ‹*standard/explanation*› adecuado, aceptable

adequately /'ædɪkwətli/ *adv* 1 (sufficiently) suficientemente 2 (well enough) de forma aceptable *or* adecuada

adhere /æd'hɪr || əd'hɪə(r)/ *vi* (frml) 1 (stick) **to ~ (TO sth)** adherirse* (A algo) 2 **to ~ TO sth** ‹*to principles/cause*› adherirse* A algo; ‹*to regulations*› observar algo

adherence /æd'hɪrəns || əd'hɪərəns/ *n* [u] (frml) **~ (TO sth)** ‹*to principles/customs*› adhesión *f* (A algo); ‹*to rules*› observancia *f* (DE algo)

adherent /æd'hɪrənt || əd'hɪərənt/ *n* (frml) partidario, -ria *m,f*, adepto, -ta *m,f*

adhesion /æd'hi:ʒən || əd'hi:ʒən/ *n* [u] (with glue) (frml) adhesión *f*, adherencia *f*

adhesive¹ /æd'hi:sɪv || əd'hi:sɪv/ *adj* adhesivo

adhesive² *n* [c u] adhesivo *m*, pegamento *m*

ad hoc /'æd'hɑ:k || ,æd'hɒk/ *adj* ‹*arrangement/measure*› ad hoc, a propósito para el caso; **the problems are dealt with on an ~ ~ basis** los problemas se van tratando según van surgiendo; **~ ~ committee** comisión *f* especial *or* ad hoc

adieu /ə'du: || ə'dju:/ *n* (*pl* **adieus** *or* **adieux** /-z/) (arch) adiós *m*; (*as interj*) ¡adiós!

ad infinitum /'æd,ɪnfɪ'naɪtəm/ *adv* indefinidamente

adjacent /ə'dʒeɪsnt/ *adj* ‹*territories/fields*› adyacente, colindante; ‹*rooms/buildings*› contiguo

adjective /'ædʒɪktɪv/ *n* adjetivo *m*

adjoin /ə'dʒɔɪn/ *vt* (frml) 1 (be adjacent to) lindar con, colindar con 2 **adjoining** *pres p* ‹*houses*› contiguo, colindante; **the ~ing room** el cuarto de al lado, el cuarto contiguo

adjourn /ə'dʒɜ:rn || ə'dʒɜ:n/ *vt* ‹*talks/trial*› suspender; **the meeting was ~ed** se levantó la sesión
■ **adjourn** *vi* (stop): **the court ~ed** el tribunal levantó la sesión; **let's ~ to the garden** (frml *or* hum) pasemos al jardín

adjournment /ə'dʒɜ:rnmənt || ə'dʒɜ:nmənt/ *n* [u c] suspensión *f*

adjudicate /ə'dʒu:dɪkeɪt/ *vi* (give judgment) arbitrar
■ **adjudicate** *vt* (frml) ‹*competition*› juzgar*; ‹*claim*› decidir sobre

adjudication /ə'dʒu:dɪ'keɪʃən/ *n* [u c] (Law) laudo *m*, fallo *m*, decisión *f*; (appraisal) evaluación *f*

adjudicator /ə'dʒu:dɪkeɪtər || ə'dʒu:dɪkeɪtə(r)/ *n* (in competition) juez *mf*

adjunct /'ædʒʌŋkt/ *n* **~ (TO/OF sth)** (addition) complemento *m* (DE algo); (appendage) apéndice *m* (DE algo)

adjust /ə'dʒʌst/ *vt* 1 ‹*instrument*› ajustar, poner* a punto; ‹*volume/temperature/speed*› regular 2 (modify) ‹*prices/wages*› ajustar 3 (straighten, correct) arreglar; **he ~ed his tie** se arregló la corbata
■ **adjust** *vi* ‹‹*seat/strap*›› poderse* ajustar; ‹‹*person*›› **to ~ (oneself) (TO sth/-ING)** adaptarse *or* amoldarse (A algo/+ INF)

adjustable /ə'dʒʌstəbəl/ *adj* ‹*focus/temperature*› regulable, graduable; **~ wrench** *o* (BrE also) **spanner** llave *f* inglesa

adjustment /ə'dʒʌstmənt/ *n*
A [c] (to machine, instrument) ajuste *m*; (to figures) ajuste *m*, reajuste *m*; (to clothes) arreglo *m*; (to plan, system) cambio *m*, modificación *f*; **we had to make some ~s to our lifestyle** tuvimos que cambiar *or* adaptar un poco
B [u] (act, process) 1 (of machine, instrument) ajuste *m* 2 (of person) adaptación *f*

ad lib /'æd'lɪb/ *adv* improvisando

ad-lib¹ /'æd'lɪb/ *vt/i* **-bb-** improvisar

ad-lib² *adj* (*pred* **ad lib**) improvisado

Adm (title) = **Admiral**

admin /'ædmɪn/ *n* (BrE colloq) 1 [u] (activity) papeleo *m* (fam), administración *f* 2 (department) (*no art*) administración *f*

administer /əd'mɪnəstər || əd'mɪnɪstə(r)/ *vt*
A (manage) administrar
B (frml) ‹*punishment/drug*› **to ~ sth (TO sb)** administrar(le) algo (A algn) (frml)

administration /əd'mɪnə'streɪʃən || əd,mɪnɪ'streɪʃən/ *n*
A [u] (managing) (— of institution, business) administración *f*, dirección *f*; (— of estate, fund) administración *f*
B [c] (managing body) administración *f*; (Pol) gobierno *m*, administración *f*
C [u] (of justice, medicine) administración *f*

administrative /əd'mɪnəstreɪtɪv || əd'mɪnɪstrətɪv/ *adj* administrativo; **~ staff** personal *m* de administración

administrator /əd'mɪnəstreɪtər || əd'mɪnɪstreɪtə(r)/ *n* administrador, -dora *m,f*

admirable /'ædmərəbəl/ *adj* ‹*honesty/work*› digno de admiración, admirable; ‹*plan*› excelente

admirably /'ædmərəbli/ *adv* admirablemente, de forma admirable

admiral /'ædmərəl/ *n* almirante *mf*

Admiralty /'ædmərəlti/ *n* (in UK) **the ~ (Board)** el Almirantazgo, el ministerio de marina del Reino Unido

admiration /'ædmə'reɪʃən/ *n* [u] admiración *f*

admire /əd'maɪr || əd'maɪə(r)/ *vt* ‹*skill/work/scenery*› admirar; **I was just admiring your tablecloth** me estaba fijando en lo bonito que es el mantel

admirer /əd'maɪrər || əd'maɪərə(r)/ *n* admirador, -dora *m,f*

admiring /əd'maɪrɪŋ || əd'maɪərɪŋ/ *adj* (*before n*) ‹*look/tone*› de admiración, admirativo

admiringly /əd'maɪrɪŋli || əd'maɪərɪŋli/ *adv* con admiración

admissible /əd'mɪsəbəl/ *adj* (frml) ‹*conduct/language*› aceptable, admisible; **~ evidence** (Law) pruebas *fpl* admisibles

admission /əd'mɪʃən/ *n*
A 1 [u] (to building, exhibition) entrada *f*, admisión *f*; (price) (precio *m* de) entrada *f* 2 [u] (into college, society) ingreso *m*, admisión *f* 3 [c] (into hospital) ingreso *m*
B [c u] (confession) admisión *f*, reconocimiento *m*; **he was, on** *o* **by his own ~, a poor father** él mismo admitía *or* reconocía que no era un buen padre

admit /əd'mɪt/ **-tt-** *vt*
A 1 (allow entry) dejar entrar, admitir (frml); ‹*light/air*› permitir *or* dejar entrar; Ⓢ **admit one** entrada individual 2 ‹*patient*› ingresar
B 1 (confess) ‹*crime/mistake*› admitir, reconocer*; **to ~ sth TO sb** confesarle* algo A algn; **I must ~ that ...** tengo que admitir *or* reconocer que ...; **he ~ted stealing the money** admitió haber robado el dinero 2 (acknowledge) ‹*truth/validity*› reconocer* 3 ▸ **admit of**

Phrasal verbs

- **admit of** [v ▸ prep ▸ o] (frml) admitir
- **admit to** [v ▸ prep ▸ o] (confess) ‹*error*› admitir, reconocer*; ‹*crime*› declararse culpable de; **to ~ to -ING**: **she won't ~ to loving him** no quiere admitir *or* reconocer que lo quiere

admittance /əd'mɪtn̩s/ *n* [u] (frml) ~ **(TO sth)** acceso *m or* entrada *f* (A algo); ⊗ **no admittance** prohibida la entrada

admittedly /əd'mɪtədli || əd'mɪtɪdli/ *adv* (*indep*): ~, **it wasn't an easy task, but ...** hay que reconocer *or* admitir que no era una tarea fácil pero ...

admonish /æd'mɑːnɪʃ || əd'mɒnɪʃ/ *vt* (frml) **to ~ sb (FOR sth/-ING)** amonestar *or* reprender a algn (POR algo/+ INF)

admonition /'ædmə'nɪʃən/ *n* (frml) (scolding) amonestación *f*, admonición *f* (frml); (warning) advertencia *f*

ad nauseam /æd'nɔːziəm || ˌæd'nɔːziæm/ *adv* hasta la saciedad

ado /ə'duː/ *n* [u]: **without further** *o* **more ~** sin más (preámbulos); **much ~ about nothing** mucho ruido y pocas nueces

adolescence /'ædə'lesn̩s/ *n* [u] adolescencia *f*

adolescent[1] /'ædə'lesn̩t/ *n* adolescente *mf*

adolescent[2] *adj* adolescente

adopt /ə'dɑːpt || ə'dɒpt/ *vt* 1 ‹*child*› adoptar 2 ‹*idea/custom/title*› adoptar 3 ‹*recommendation*› aprobar*

adopted /ə'dɑːptəd || ə'dɒptɪd/ *adj* ‹*son/country*› adoptivo; **she's ~** es adoptada

adoption /ə'dɑːpʃən || ə'dɒpʃən/ *n* 1 [u c] (of child) adopción *f* 2 [u] (of approach, custom, title) adopción *f* 3 [u] (of report, motion) aprobación *f*

adoptive /ə'dɑːptɪv || ə'dɒptɪv/ *adj* (*before n*) adoptivo

adorable /ə'dɔːrəbəl/ *adj* ‹*house/hat*› divino, monísimo (fam); ‹*child*› adorable

adoration /'ædə'reɪʃən/ *n* [u] adoración *f*

adore /ə'dɔːr || ə'dɔː(r)/ *vt* 1 (love) adorar 2 **adoring** *pres p* ‹*gaze*› lleno de adoración; ‹*mother*› amantísimo 3 (like, enjoy): **I ~ figs** me encantan *or* me enloquecen los higos 4 (worship) adorar

adoringly /ə'dɔːrɪŋli/ *adv* con adoración

adorn /ə'dɔːrn || ə'dɔːn/ *vt* (frml *or* liter) adornar, ornar (liter)

adornment /ə'dɔːrnmənt || ə'dɔːnmənt/ *n* [uc] adorno *m*; **without ~** sin adornos *or* embellecimientos

ADP *n* [u]
A (= **adenosine diphosphate**) ADP *m*
B (= **automatic data processing**) PAD *m*

adrenaline /ə'drenl̩ən || ə'drenəlɪn/ *n* [u] adrenalina *f*

Adriatic /'eɪdri'ætɪk/ *n* **the ~ (Sea)** el (mar) Adriático

adrift /ə'drɪft/ *adj* (*pred*) (Naut) a la deriva; ***to come*** *o* ***go*** **~** ‹‹*plans*›› fallar, salir* mal

adroit /ə'drɔɪt/ *adj* 1 ‹*answer/speaker*› hábil; **to be ~ AT -ING** ser* hábil PARA + INF 2 ‹*movement*› ágil; ‹*player*› diestro

adroitly /ə'drɔɪtli/ *adv* 1 ‹*question*› hábilmente, con habilidad 2 ‹*move*› con agilidad, ágilmente

adulation /'ædʒə'leɪʃən || ˌædjʊ'leɪʃən/ *n* [u] adulación *f*

adult[1] /ə'dʌlt, 'ædʌlt/ *n* adulto, -ta *m,f*

adult[2] *adj* 1 (physically mature) adulto; **all my ~ life** toda mi vida de adulto 2 (mature) ‹*behavior/approach*› maduro, adulto 3 (suitable for adults) para mayores *or* adultos

adult education *n* [u] educación *f* para adultos

adulterate /ə'dʌltəreɪt/ *vt* adulterar

adultery /ə'dʌltəri/ *n* [u] adulterio *m*

adulthood /ə'dʌlthʊd || 'ædʌlthʊd/ *n* [u] edad *f* adulta, adultez *f*

advance[1] /əd'væns || əd'vɑːns/ *vi* 1 ‹‹*person/vehicle/troops*›› avanzar*; ‹‹*science/project/society*›› avanzar*, progresar; **to ~ ON sb/sth** avanzar* HACIA algn/SOBRE algo 2 **advancing** *pres p*: **a man of advancing years** un hombre entrado en años

■ **advance** *vt*
A (move forward) avanzar*, adelantar; (further) ‹*knowledge*› fomentar, potenciar; ‹*interests/cause*› promover*
B (suggest) ‹*idea*› presentar, proponer*; ‹*opinion*› dar*
C 1 ‹*date/meeting*› adelantar 2 ‹*money/wages*› anticipar, adelantar

advance[2] *n*
A [c u] (of person, army, vehicle) avance *m*; (of civilization, science) avance *m*, progreso *m*, adelanto *m*; **with the ~ of old age** con el paso de los años, a medida que envejece (*or* envejecía *etc*)
B **advances** *pl* (overtures) insinuaciones *fpl*; **to make ~s to sb** hacerle* insinuaciones a algn, insinuársele* a algn
C [c] 1 (early payment) anticipo *m*, adelanto *m*; **~ ON sth**: **they gave me an ~ of £100 on my salary** me dieron un adelanto *or* anticipo de 100 libras a cuenta del sueldo 2 (loan) préstamo *m*
D (*in phrases*) **in advance**: **to pay in ~** pagar* por adelantado *or* por anticipado; **tickets are $10 in ~** las entradas cuestan 10 dólares si se compran por adelantado; **it was planned well in ~** se planeó con mucha antelación *or* anticipación; **thanking you in ~** agradeciéndole de antemano su atención

advance[3] *adj* (*before n*) 1 (ahead of time): **the ~ publicity for a product** la promoción previa al lanzamiento de un producto; **~ booking is essential** es imprescindible hacer la reserva por anticipado *or* con anticipación; **without any ~ warning** *o* **notice** sin previo aviso; **~ payment** pago *m* anticipado *or* (por) adelantado 2 **~ man** (AmE Pol) relaciones *m* públicas; **~ man** *o* **agent** (AmE Theat) agente *m*

advanced /əd'vænst || əd'vɑːnst/ *adj* ‹*civilization/technology/course*› avanzado; ‹*student*› avanzado, adelantado; **to be ~ in years** ser* entrado en años; **the project isn't very far ~** el proyecto no está muy adelantado

Advanced level *n* (frml) ▸**A level**

Advanced Supplementary level *n* (in UK) ▸**AS Level**

advancement /əd'vænsmənt || əd'vɑːnsmənt/ *n* [u] 1 (furtherance) fomento *m* 2 (in rank) (frml) ascenso *m*

advantage /əd'væntɪdʒ || əd'vɑːntɪdʒ/ *n* 1 [c] (superior factor) ventaja *f*; **to have an ~ over sb** tener* ventaja sobre algn; ⊗ **knowledge of German an advantage** se valorarán conocimientos de alemán 2 [u] (gain): **to turn sth to (one's) ~** sacar* provecho *or* partido de algo; **this vase shows off the roses to their best ~** las rosas lucen al máximo en este florero; **to take ~ of sth** aprovechar algo; (pej) aprovecharse de algo; **to take ~ of sb** (exploit) aprovecharse de algn 3 (in tennis) (*no pl*) ventaja *f*

advantageous /ˌædvæn'teɪdʒəs || ˌædvən'teɪdʒəs/ *adj* ‹*arrangement*› ventajoso, favorable; ‹*position/situation*› de ventaja, ventajoso; **to be ~ TO sb** ser* ventajoso *or* favorable PARA algn

advent /'ædvent/ *n* 1 (arrival) llegada *f*, advenimiento *m* (frml) 2 **Advent** (Relig) Adviento *m*

adventure /əd'ventʃər || əd'ventʃə(r)/ *n* [c u] aventura *f*; **the spirit of ~** el espíritu aventurero *or* de aventura; (*before n*) ‹*story/film*› de aventuras

adventurer /əd'ventʃərər || əd'ventʃərə(r)/ *n* aventurero, -ra *m,f*

adventurous /əd'ventʃərəs/ *adj* 1 ‹*film/design*› atrevido, audaz; ‹*architect/composer*› audaz, innovador 2 ‹*traveler*› intrépido; ‹*spirit/person*› aventurero

adverb /'ædvɜːrb || 'ædvɜːb/ *n* adverbio *m*

adversary /'ædvərseri || 'ædvəsəri/ *n* (*pl* **-ries**) (frml) adversario, -ria *m,f*

adverse /'ædvɜːrs, æd'vɜːrs || 'ædvɜːs/ *adj* ‹*criticism/consequences*› adverso, desfavorable; ‹*wind*› en contra, adverso; ‹*effect*› adverso, negativo; **~ weather conditions** condiciones *fpl* climatológicas adversas

adversely /'ædvɜːrsli, æd'vɜːrsli || 'ædvɜːsli/ *adv* adversamente, negativamente, desfavorablemente

adversity /æd'vɜːrsəti || əd'vɜːsəti/ *n* [u c] (*pl* **-ties**) adversidad *f*; **in ~** en la adversidad

advert /'ædvɜːrt || 'ædvɜːt/ *n* (BrE colloq) ▸**advertisement**

advertise /'ædvərtaɪz || 'ædvətaɪz/ *vt*
A ‹*product*› hacerle* publicidad *or* propaganda a, hacerle* réclame a (AmL); **I saw it ~d on TV** lo vi anunciado en la tele; **the job was ~d in yesterday's paper** el trabajo salió anunciado en el diario de ayer
B ‹*intentions*› anunciar, revelar

■ **advertise** *vi* hacer* publicidad *or* propaganda; **to ~ FOR sb/sth**: **they're advertising for nurses/antiques** han puesto un anuncio *or* (AmL tb) aviso solicitando enfermeras/para comprar antigüedades

advertisement /'ædvər'taɪzmənt || əd'vɜːtɪsmənt/ *n* [c] (on radio, television) anuncio *m*, spot *m* (publicitario), aviso *m* (AmL); (in newspaper) anuncio *m*, aviso *m* (AmL); **she's a good ~ for vegetarianism** su salud dice mucho en favor del vegetarianismo

advertiser /'ædvərtaɪzər || 'ædvətaɪzə(r)/ *n* anunciante *mf*

advertising /'ædvərtaɪzɪŋ || 'ædvətaɪzɪŋ/ *n* [u] 1 (action, business) publicidad *f*; (*before n*) ‹*campaign/slot*› publicitario; ~ **agency** agencia *f* de publicidad 2 (advertisements) propaganda *f*, publicidad *f*

advice /əd'vaɪs/ *n* 1 [u] (counsel) consejos *mpl*; (professional) asesoramiento *m*; **a piece of ~** un consejo; **he gave me some good ~** me dio buenos consejos, me aconsejó bien; **~ ON** *o* **ABOUT sth**: **I'd like some ~ on these contracts** quisiera que se me aconsejara *or* se me asesorara sobre estos contratos; **to give sb ~** aconsejar a algn; **to seek medical ~** consultar a un médico; **to take** *o* **follow sb's ~** seguir* los consejos de algn; **take my ~** hazme caso 2 [u c] (notification) aviso *m*, notificación *f*

advisable /əd'vaɪzəbəl/ *adj* aconsejable, conveniente; **it is ~ to book a seat** es aconsejable *or* se aconseja reservar un asiento

advise /əd'vaɪz/ *vt*

A 1 (recommend) aconsejar, recomendar*; **he ~d starting at once** aconsejó que se empezara inmediatamente; **to ~ sb to + INF** aconsejar(le) A algn QUE (+ *subj*); **he ~d me to wait** me aconsejó que esperara; **you would be well ~d to see a lawyer** sería aconsejable que se asesorara con un abogado; **to ~ sb AGAINST sth/-ING**: **they ~d him against marrying so young** le aconsejaron que no se casara tan joven; **the committee ~d them against it** el comité se lo desaconsejó 2 (give advice to) aconsejar; (professionally) asesorar

B (inform) (frml) informar; (in writing) notificar* (frml)

■ **advise** *vi* aconsejar; (professionally) asesorar; **to ~ AGAINST sth/-ING** desaconsejar algo/+ INF

advisedly /əd'vaɪzədli || əd'vaɪzɪdli/ *adv* (frml) ‹*act/say*› con conocimiento de causa; **I use the term ~** utilizo el término intencionadamente

adviser, advisor /əd'vaɪzər || əd'vaɪzə(r)/ *n* consejero, -ra *m,f*; (professional) asesor, -sora *m,f*

advisory /əd'vaɪzəri/ *adj* ‹*body/service*› consultivo; **in an ~ capacity** en calidad de asesor

advocate¹ /'ædvəkət/ *n* 1 (supporter, defender) **~ (OF sth)** defensor, -sora *m,f* (DE algo) 2 (in a court of law) abogado, -da *m,f*

advocate² /'ædvəkeɪt/ *vt* ‹*idea*› recomendar*, abogar* por, propugnar (frml); **to ~ -ING** recomendar* + INF

Aegean /ɪ'dʒiːən/ *n* **the ~ (Sea)** el (mar) Egeo

aegis, (AmE also) **egis** /'iːdʒəs || 'iːdʒɪs/ *n*: **under the ~ of sth/sb** (frml) bajo los auspicios de algo/algn (frml)

aeon, (AmE also) **eon** /'iːən, 'iːɑːn || 'iːən/ *n* siglo *m*

aerial¹ /'eriəl || 'eəriəl/ *adj* (*before n*) aéreo; **~ photograph** aerofoto *f*

aerial² *n* antena *f*

aerialist /'eriələst || 'eəriəlɪst/ *n* (AmE) (on trapeze) trapecista *mf*; (on tightrope) equilibrista *mf*, funámbulo, -la *m,f*

aerie, eyrie /'eri || 'eəri/ *n* aguilera *f*

aero- /'erəʊ || 'eərəʊ/ *pref* aero-

aerobatics /'erə'bætɪks || ˌeərə'bætɪks/ *pl n* acrobacia *f* aérea

aerobic /e'rəʊbɪk, ə- || eə'rəʊbɪk/ *adj* 1 (Biol) aerobio 2 ‹*exercise*› aeróbico

aerobics /e'rəʊbɪks, ə- || eə'rəʊbɪks/ *n* (+ *sing or pl vb*) aerobic(s) *m*, aerobismo *m* (CS)

aerodynamic /'erəʊdaɪ'næmɪk || ˌeərəʊdaɪ'næmɪk/ *adj* aerodinámico

aerodynamics /'erəʊdaɪ'næmɪks || ˌeərəʊdaɪ'næmɪks/ *n* [u] aerodinámica *f*

aerogram, aerogramme /'erəgræm || 'eərəgræm/ *n* aerograma *m*

aeronautics /'erə'nɔːtɪks || ˌeərə'nɔːtɪks/ *n* [u] aeronáutica *f*

aeroplane /'erəpleɪn || 'eərəpleɪn/ *n* (BrE) avión *m*

aerosol /'erəsɑːl || 'eərəsɒl/ *n* (can, contents) aerosol *m*, spray *m*

aerospace /'erəʊspeɪs || 'eərəʊspeɪs/ *adj* (*before n*) ‹*research/industry*› aeroespacial

aesthete, (AmE also) **esthete** /'esθiːt || 'iːsθiːt/ *n* esteta *mf*

aesthetic, (AmE also) **esthetic** /es'θetɪk || iːs'θetɪk/ *adj* estético

aesthetics, (AmE also) **esthetics** /es'θetɪks || iːs'θetɪks/ *n* [u] estética *f*

afar /ə'fɑːr || ə'fɑː(r)/ *adv* (liter) lejos

affable /'æfəbəl/ *adj* afable

affably /'æfəbli/ *adv* afablemente

affair /ə'fer || ə'feə(r)/ *n*

A 1 (case) caso *m*, affaire *m*; **the Watergate ~** el caso *or* affaire Watergate 2 (event): **the wedding was a small, family ~** la boda se celebró en la intimidad; **it was a very formal ~** fue una ocasión muy ceremoniosa; **the last outing was a very different ~** la última excursión fue muy diferente 3 (business, concern) asunto *m*; **that's my ~!** ¡eso es asunto mío! 4 **affairs** *pl* (matters) asuntos *mpl*

B (liaison) affaire *m*, aventura *f* (amorosa), lío *m* (fam); **she's having an ~** tiene un amante; **they're having an ~** tienen relaciones, tienen un lío (fam)

C (thing) (colloq): **her dress was a very elaborate ~** su vestido era un modelo super complicado (fam)

affect /ə'fekt/ *vt*

A 1 (have effect on) afectar a; **your pension will not be ~ed** su pensión no se verá afectada 2 (attack) ‹*organ/nervous system*› comprometer, afectar a 3 (move, touch) (frml) afectar a

B ‹*indifference/interest*› afectar; ‹*accent*› afectar, adoptar

affectation /'æfek'teɪʃən/ *n* [c u] afectación *f*

affected /ə'fektəd || ə'fektɪd/ *adj*

A (false) ‹*manner/person*› afectado; ‹*interest/grief*› fingido

B ‹*area/organ*› afectado

affection /ə'fekʃən/ *n* 1 [c u] (fondness) cariño *m*, afecto *m* 2 **affections** *pl* (feelings): **to trifle with sb's ~s** jugar* con los sentimientos de algn; **she has a special place in my ~s** le tengo un cariño muy especial

affectionate /ə'fekʃn̩ət/ *adj* cariñoso, afectuoso; **your ~ son, Peter** (Corresp) tu hijo que te quiere, Peter; **to be ~ TOWARD sb** ser* cariñoso CON algn

affectionately /ə'fekʃn̩ətli/ *adv* cariñosamente

affidavit /'æfə'deɪvət || ˌæfɪ'deɪvɪt/ *n* declaración *f* jurada, affidávit *m*

affiliate /ə'fɪlieɪt/ *vt* (*often pass*) afiliar; **to be ~d TO sth** estar* afiliado A algo

■ **affiliate** *vi* afiliarse; **to ~ TO/WITH sth** afiliarse A algo

affiliation /ə'fɪli'eɪʃən/ *n* [c u] **~ (TO/WITH sth)** afiliación *f* (A algo); **her political ~s** su filiación política

affinity /ə'fɪnəti/ *n* (*pl* **-ties**) [c u] afinidad *f*

affirm /ə'fɜːrm || ə'fɜːm/ *vt* declarar

affirmation /'æfər'meɪʃən || ˌæfə'meɪʃən/ *n* [c u] afirmación *f*

affirmative¹ /ə'fɜːrmətɪv || ə'fɜːmətɪv/ *adj* afirmativo; **~ action** (AmE) discriminación *f* positiva

affirmative² *n*: **her answer was in the ~** respondió afirmativamente

affix¹ /ə'fɪks/ *vt* (frml) ‹*stamp/seal*› poner*; ‹*notice*› fijar

affix² /'æfɪks/ *n* afijo *m*

afflict /ə'flɪkt/ *vt* «*disease/problem*» aquejar; **to be ~ed BY** *o* **WITH a disease** estar* aquejado DE una enfermedad; **don't mock the ~ed** (hum) no te burles de las desgracias de otros

affliction /ə'flɪkʃən/ *n* 1 [u] (suffering) aflicción *f* 2 [c] (cause of suffering) desgracia *f*; (ailment) mal *m*, dolencia *f* (frml)

affluence /'æfluəns/ *n* [u] prosperidad *f*, bienestar *m* económico

affluent /'æfluənt/ *adj* ‹*suburb/country*› próspero; ‹*person*› acomodado, rico; **the ~ society** la sociedad de la abundancia

afford /ə'fɔːrd || ə'fɔːd/ *vt*

A ‹*money/time*›: **I can't ~ a new car** no me alcanza el dinero para comprarme un coche nuevo; **I just can't ~ the time to do it** es que no dispongo de tiempo para hacerlo; **to ~ to + INF**: **I can't ~ to pay for it** no tengo con qué pagarlo, no puedo pagarlo; **you can't ~ to miss this opportunity** no puedes perderte esta oportunidad

B (frml) ‹*view/protection*› ofrecer*

affordable /ə'fɔːrdəbəl || ə'fɔːdəbəl/ *adj* asequible

afforestation /əˈfɔːrəˈsteɪʃən || əˌfɒrɪˈsteɪʃən/ *n* [u] forestación *f*

affray /əˈfreɪ/ *n* (frml) riña *f;* (Law) alteración *f* del orden público

affront /əˈfrʌnt/ *n* (frml) **~ (TO sb/sth)** afrenta *f* (A algn/algo)

Afghan¹ /ˈæfgæn/ *adj* afgano

Afghan² *n* afgano, -na *m,f*

Afghanistan /æfˈgænəstæn || æfˈgænɪstɑːn/ *n* Afganistán *m*

afield /əˈfiːld/ *adv*: **she travels as far ~ as China** viaja a lugares tan distantes como la China; **we had to look further ~ for help** tuvimos que buscar ayuda en otra parte

aflame /əˈfleɪm/ *adj* (liter) (*pred*) en llamas; **her eyes were ~ with jealousy** los celos encendían su mirada (liter)

AFL-CIO /ˈeɪefˈelˈsiːaɪˈəʊ/ *n* **= American Federation of Labor and Congress of Industrial Organizations**

afloat /əˈfləʊt/ *adj* (*pred*) [1] (on water) a flote; **to stay ~** mantenerse* a flote [2] (operational) a flote; **to keep a business ~** mantener* un negocio a flote

afoot /əˈfʊt/ *adj* (*pred*): **plans are ~ to create ...** hay planes *or* proyectos de crear ...; **what's ~?** ¿qué se está tramando?

aforementioned /əˈfɔːrˈmentʃənd || əˌfɔːˈmenʃənd/, **aforesaid** /əˈfɔːrsed || əˈfɔːsed/ *adj* (frml: used esp in legal texts) (*before n*) ‹*clause/statement*› anteriormente mencionado, antedicho (frml); **the ~ person** el susodicho, la susodicha (frml *o* hum)

afraid /əˈfreɪd/ *adj* (*pred*)

A (scared): **to be ~ OF sb/sth/-ING**: **he is ~ of the dark** le tiene miedo a la oscuridad; **he's ~ of her** le tiene miedo; **there's nothing to be ~ of** no tienes nada que temer; **I was ~ of falling** tenía miedo de caerme; **I'm not ~ of hard work** a mí el trabajo no me asusta; **to be ~ to + INF**: **he's ~ to go into the cellar** le da miedo entrar en el sótano; **never be ~ to ask for help** si necesitas ayuda, no tengas miedo de pedirla; **to be ~ (THAT)** tener* miedo DE QUE (+ *subj*); **I was ~ you'd be offended** tenía miedo de que te ofendieras

B (sorry) **to be ~ (THAT)**: **I'm ~ (that) that won't be possible** (me) temo que no va a ser posible; **she's not in, I'm ~** lo siento pero no está; **is that all? — I'm ~ so** ¿eso es todo? — sí, lo siento; **I'm ~ not** me temo que no

afresh /əˈfreʃ/ *adv*: **to start ~** empezar* de nuevo, volver* a empezar

Africa /ˈæfrɪkə/ *n* África *f*‡

African¹ /ˈæfrɪkən/ *adj* africano

African² *n* africano, -na *m,f*

African-American¹ /ˈæfrɪkənəˈmerɪkən/ *adj* norteamericano de origen africano

African-American² *n* norteamericano, -na *m,f* de origen africano

> **African–American**
>
> El término de más amplia aceptación en Estados Unidos para referirse a norteamericanos de origen africano

Afrikaans /ˈæfrɪˈkɑːns/ *n* [u] afrikaans *m*

Afrikaner /ˈæfrɪˈkɑːnər || ˌæfrɪˈkɑːnə(r)/ *n* afrikaner *mf*, afrikánder *mf*

Afro /ˈæfrəʊ/ *n* peinado *m* afro

Afro- /ˈæfrəʊ/ *pref* afro-

Afro-American¹ /ˈæfrəʊəˈmerɪkən/ *adj* afroamericano

Afro-American² *n* afroamericano, -na *m,f*

Afro-Caribbean /ˈæfrəʊˌkærɪˈbiːən/ *adj* (BrE) afroantillano, afrocaribeño

> **Afro–Caribbean**
>
> El término de más amplia aceptación en Gran Bretaña para referirse a gente con antepasados africanos que procede del Caribe o que vive allí

aft /æft || ɑːft/ *adv* ‹*go*› a popa; ‹*sit/be*› en la popa

after¹ /ˈæftər || ˈɑːftə(r)/ *prep*

A (following in time) después de; **I'll be at home ~ eight o'clock** estaré en casa después de *or* a partir de las ocho; **~ a few days** después de *or* al cabo de unos días; **it's just ~ midnight** son las doce pasadas; **it's a quarter ~ two** (AmE) son las dos y cuarto; **they arrived ~ us** llegaron más tarde *or* después que nosotros; **the day ~ the party** al día siguiente de la fiesta

B (in sequence, rank) tras; **day ~ day** día tras día; **one ~ the other** uno tras otro; **do go in — ~ you!** pase — ¡primero usted!

C [1] (behind): **shut the door ~ you** cierra la puerta al salir/entrar [2] (in pursuit of) tras; **he ran ~ them** corrió tras ellos; **the police are ~ him** la policía anda tras él; **he's just ~ my money** sólo le interesa mi dinero; **I think she's ~ something** creo que anda tras algo [3] (about, concerning) por; *see also* **ask after, inquire**

D [1] (in view of, considering) después de; **~ all I've done for you?** ¿después de *or* con todo lo que he hecho por ti? [2] **after all** después de todo

E (in the style of) al estilo de, a la manera de; (in honor of) por, en honor de; ▸**heart B**

after² *conj*: **it happened ~ you left** ocurrió después de que tú te fuiste; **~ examining it** después de examinarlo; **~ he died, the house remained empty** al morir él *or* cuando él murió, la casa quedó vacía; **the day ~ we arrived** al día siguiente de nuestra llegada; **~ you've washed it, hang it out to dry** cuando *or* una vez que lo hayas lavado, tiéndelo para que se seque

after³ *adv* [1] (afterward, following) después; **soon ~** poco después; **the day ~** al día siguiente [2] (behind) detrás

after⁴ *adj* (*before n*) posterior

after: **~birth** *n* [u] placenta *f*; **~care** *n* [u] (Med) asistencia *f* post-operatoria; **~-dinner** /ˈæftərˈdɪnər || ˌɑːftəˈdɪnə(r)/ *adj* ‹*speech*› de sobremesa; **~effect** *n* (of drug) efecto *m* secundario; (of problem) secuela *f*, repercusión *f*; **~-hours** /ˈæftərˈaʊrz || ˌɑːftəˈaʊəz/ *adj/adv* después de horas, fuera de horas; **~life** *n* [u] vida *f* después de la muerte; **in the ~life** en la otra vida

aftermath /ˈæftərmæθ || ˈɑːftəmæθ, ˈɑːftəmɑːθ/ *n* [1] (subsequent period): **in the ~** en el período subsiguiente; **in the ~ of the riots** tras los disturbios, en el período que siguió a los disturbios [2] (consequence) repercusiones *fpl*, secuelas *fpl*

afternoon /ˈæftərˈnuːn || ˌɑːftəˈnuːn/ *n* tarde *f*; **on Friday ~** el viernes por *or* (AmL) en la tarde; **at four o'clock in the ~** a las cuatro de la tarde; **he came in the ~** vino por la tarde, vino en la tarde (AmL); **good ~!** ¡buenas tardes!; (*before n*) **~ nap** siesta *f*; **~ tea** (BrE) té *m* (de las cinco)

afters /ˈæftərz || ˈɑːftəz/ *n* (*pl* ~) (BrE colloq) (+ *sing or pl vb*) postre *m*

after: **~-sales service** *n* servicio *m* post-venta; **~shave (lotion)** *n* [u] loción *f* para después de afeitarse, aftershave *m*; **~taste** *n* [u] regusto *m*, dejo *m*; **~thought** *n*: **it occurred to me as an ~thought that ...** después se me ocurrió que ...; **it was added on as an ~thought** fue una idea de último momento

afterward /ˈæftərwərd || ˈɑːftəwəd/, (BrE also) **afterwards** /-z/ *adv* después; **you'll regret it ~** después *or* luego te vas a arrepentir; **it was only ~ that I realized** no me di cuenta hasta después

again /əˈgen, əˈgeɪn/ *adv*

A (another time) otra vez, de nuevo; **I had to do it ~** tuve que hacerlo otra vez *or* de nuevo, tuve que volver a hacerlo; **I've told you time and time ~** *o* **~ and ~!** ¡te lo he dicho mil veces *or* una y otra vez!; **I'll never speak to you ~** no te vuelvo a hablar en la vida; **never ~!** ¡nunca más!, ¡(es) la última vez!; **not ~!** ¡otra vez!

B (in comparisons): **I'd like as much ~** quisiera otro tanto

C **(then** *o* **there) again** (on the other hand) (*as linker*): **they might go, but (then) ~ they might not** puede que vayan, pero también puede que no; **(there) ~, what do they know about art?** además *or* por otro lado ¿ellos qué saben de arte?

against¹ /əˈgenst, əˈgeɪnst/ *prep*

A (in opposition to) en contra de, contra; **personally, I've nothing ~ her** personalmente, no tengo nada contra ella *or* en contra suya *or* en contra de ella; **have you got something ~ going by train?** ¿tienes algún problema en ir en tren?; **he succeeded ~ all expectations** contrariamente a lo que se esperaba, lo logró

B (in opposite direction) contra; **~ the current** contra la corriente

C [1] (alongside) contra; **the table stood ~ the wall** la mesa

a

estaba contra la pared; **they checked the list ~ the original** cotejaron la lista con el original; **he put a cross ~ my name** puso una cruz al lado de mi nombre [2] (on, onto) contra; **to lean ~ sth** apoyarse contra algo

D [1] (in contrast to) contra; **it stands out ~ the dark background** resalta contra el fondo oscuro [2] (in relation to): **the pound dropped to a new low ~ the dollar** la libra registró un nuevo mínimo frente al dólar

E (as protection from) contra; **it's insured ~ theft** está asegurado contra robo

against² *adv* en contra

agate /'ægət/ *n* [u c] ágata *f*

age¹ /eɪdʒ/ *n*

A [c u] (of person, animal, thing) edad *f*; **what ~ was she when she died?** ¿qué edad *or* cuántos años tenía cuando murió?; **at the ~ of 17** a la edad de *or* a los 17 años; **from an early ~** desde pequeño, desde temprana edad (liter); **when you're my ~** cuando tengas mi edad *or* mis años; **I have a son your ~** tengo un hijo de tu edad; **he is six years of ~** tiene seis años; **he's starting to look his ~** se le están empezando a notar los años; **to act one's ~**: **it's time he acted his ~** ya es hora de que siente cabeza *or* de que empiece a actuar con madurez; (*before n*) **~ discrimination** discriminación *f* por razones de edad; **~ group** grupo *m* etario (frml); **the 12 to 15 ~ group** el grupo de edades comprendidas entre los 12 y los 15 años; **~ limit** límite *m* de edad

B [u] (maturity): **to be of/under ~** ser* mayor/menor de edad; **to come of ~** llegar* a la mayoría de edad

C [c] [1] (epoch, period) era *f*; **down** *o* **through the ~s** a través de los tiempos [2] (long time) (colloq): **I've been waiting ~s** *o* **an ~** llevo siglos *or* un siglo esperando (fam); **I haven't seen her for ~s** hace siglos que no la veo (fam)

age² (*pres p* **aging** *or* **ageing**; *past p* **aged** /eɪdʒd/) *vi* ‹‹*person*›› envejecer*; ‹‹*cheese*›› madurar; **this wine ~s well** este vino se conserva muy bien

■ **age** *vt* ‹*person*› hacer* envejecer, avejentar; ‹*wine*› añejar, criar*

aged¹ *adj*

A /'eɪdʒəd || 'eɪdʒɪd/ (elderly) anciano

B /eɪdʒd/ (*pred*): **he was ~ 20** tenía 20 años de edad; **she died ~ 60** murió a los 60 años

aged² /'eɪdʒəd || 'eɪdʒɪd/ *pl n* **the ~** los ancianos, las personas de la tercera edad (frml)

ageing *adj/n* ▸ **aging**

ageism /'eɪdʒɪzəm/ *n* [u] discriminación *f* por razones de edad

ageist /'eɪdʒɪst/ *adj* discriminatorio por motivo de edad

ageless /'eɪdʒləs || 'eɪdʒlɪs/ *adj* ‹*man/woman*› eternamente joven, por el/la que no pasan los años; ‹*beauty*› clásico

agency /'eɪdʒənsi/ *n* (*pl* **-cies**)

A [c] [1] (office) agencia *f* [2] (branch) sucursal *f*, filial *f* [3] (department) organismo *m*

B [u] (means): **through the ~ of friends** a través de *or* por medio de amigos

agenda /ə'dʒendə/ *n* orden *m* del día, agenda *f*

agent /'eɪdʒənt/ *n*

A [c] [1] (for person) agente *mf*; **you're a free ~** eres libre *or* tienes total libertad (de hacer lo que quieras) [2] (for company — person) agente *mf*, representante *mf*; (— firm) agencia *f* [3] (government officer in US) agente *mf*

B [c] (spy) agente *mf*

C [c u] (substance) agente *m*

age-old /'eɪdʒ'əʊld/ *adj* añejo, antiquísimo

agglomeration /ə'glɑːmə'reɪʃən || əˌglɒmə'reɪʃən/ *n* aglomeración *f*

aggravate /'ægrəveɪt/ *vt* [1] (make worse) agravar, empeorar [2] (annoy) (colloq) exasperar, sacar* de quicio

aggravating /'ægrəveɪtɪŋ/ *adj* (colloq) ‹*manner/noise*› enervante (fam)

aggravation /'ægrə'veɪʃən/ *n* [1] [u] (of situation, illness) empeoramiento *m* [2] [u c] (annoyance) (colloq) fastidio *m*

aggregate /'ægrɪgət/ *n* [u] (whole, total) (frml) total *m*; **to win/lose on ~** (in soccer) ganar/perder* por puntos

aggression /ə'greʃən/ *n* [1] [u] (feeling, attitude) agresividad *f* [2] [c] (unprovoked attack) agresión *f*

aggressive /ə'gresɪv/ *adj* [1] (hostile) ‹*person/country*› agresivo; ‹*tactics/strategy*› de agresión [2] (assertive, forceful) con empuje y dinamismo, agresivo

aggressively /ə'gresɪvli/ *adv* [1] ‹*behave/react/play*› agresivamente [2] ‹*sell*› con empuje y dinamismo

aggressiveness /ə'gresɪvnəs || ə'gresɪvnɪs/ *n* [u] agresividad *f*

aggressor /ə'gresər || ə'gresə(r)/ *n* agresor, -sora *m,f*

aggrieved /ə'griːvd/ *adj* ‹*air/tone*› ofendido; **to be ~ AT/ABOUT/OVER sth** sentirse* herido POR algo

aggro /'ægrəʊ/ *n* [u] (BrE sl) [1] (fighting) bronca *f* (fam) [2] (annoyance) lata *f* (fam)

aghast /ə'gæst || ə'gɑːst/ *adj* (*pred*) aterrado, horrorizado; **to be ~ AT sth**: **we were ~ at the very thought** sólo pensarlo nos aterraba *or* horrorizaba

agile /'ædʒəl || 'ædʒaɪl/ *adj* ágil

agility /ə'dʒɪləti/ *n* [u] agilidad *f*

aging¹ /'eɪdʒɪŋ/ *adj* (*before n*) ‹*person*› envejecido, avejentado

aging² *n* [u] envejecimiento *m*; (*before n*) **the ~ process** el (proceso de) envejecimiento

agitate /'ædʒəteɪt || 'ædʒɪteɪt/ *vt* [1] (disturb) ‹*surface/liquid*› agitar [2] (upset) inquietar

■ **agitate** *vi* **to ~ FOR/AGAINST sth** hacer* campaña A FAVOR DE/EN CONTRA DE algo

agitated /'ædʒəteɪtəd || 'ædʒɪteɪtɪd/ *adj* ‹*movements/gestures*› nervioso, agitado; **to become/get ~** ponerse* nervioso, inquietarse

agitation /'ædʒə'teɪʃən || ˌædʒɪ'teɪʃən/ *n* [u] agitación *f*

agitator /'ædʒəteɪtər || 'ædʒɪteɪtə(r)/ *n* (Pol) agitador, -dora *m,f*

AGM *n* (BrE) = **annual general meeting**

agnostic¹ /æg'nɑːstɪk || æg'nɒstɪk/ *n* agnóstico, -ca *m,f*

agnostic² *adj* agnóstico

ago /ə'gəʊ/ *adv*: **five days ~** hace cinco días; **a long time ~** hace mucho (tiempo); **how long ~ was it that you wrote to him?** ¿cuánto (tiempo) hace que le escribiste?; **as long ~ as 1960** ya en 1960

agog /ə'gɑːg || ə'gɒg/ *adj* (*pred*): **I was all ~** estaba que me moría de curiosidad

agonize /'ægənaɪz/ *vi*: **stop agonizing, just do it** no le des más vueltas al asunto y hazlo; **to ~ OVER sth**: **he ~d over the decision** le costó muchísimo decidirse

agonized /'ægənaɪzd/ *adj* ‹*expression*› de angustia

agonizing /'ægənaɪzɪŋ/ *adj* ‹*experience*› angustioso, desesperante; ‹*pain*› atroz, terrible; ‹*decision*› muy difícil

agonizingly /'ægənaɪzɪŋli/ *adv* ‹*painful*› terriblemente; ‹*slow*› exasperantemente

agony /'ægəni/ *n* [u c] (*pl* **-nies**) [1] (pain): **he was in ~** estaba desesperado de dolor; **these shoes are absolute ~** estos zapatos me están matando [2] (anxiety): **she's going through agonies of doubt** las dudas la están atormentando *or* martirizando; **to prolong the ~** alargar* el martirio

agoraphobia /'ægərə'fəʊbiə/ *n* agorafobia *f*

agoraphobic /'ægərə'fəʊbɪk/ *adj* agorafóbico

agree /ə'griː/ *vt*

A [1] (be in agreement over) **to ~ (THAT)** estar* de acuerdo (EN QUE); **yes, it must feel odd, he ~d** —sí, debe resultar extraño —asintió [2] (reach agreement over) decidir; **it was ~d that he should go on his own** se decidió que fuera él solo; **to ~ WHEN/WHAT/HOW** *etc* ponerse* de acuerdo EN CUÁNDO/EN QUÉ/EN CÓMO *etc*; **to ~ to + INF** quedar EN + INF; **they ~d to meet at six** quedaron en encontrarse a las seis; **let's ~ to differ** *o* **disagree, shall we?** no vale la pena discutir: ni tú me vas a convencer a mí ni yo a ti [3] (decide on) ‹*price*› acordar*

B (admit, concede) **to ~ (THAT)** reconocer* *or* admitir *or* aceptar (QUE)

■ **agree** *vi*

A (be of same opinion) estar* de acuerdo; **I couldn't ~ more** estoy completamente de acuerdo; **don't you ~?** ¿no te parece?, ¿no crees?; **to ~ ABOUT sth** estar* de acuerdo *or* coincidir EN algo; **to ~ WITH sb/sth** estar* de acuerdo CON algn/algo

B [1] (get on well) congeniar [2] (tally) ‹‹*statements/figures*›› **to ~ (WITH sth)** concordar* (CON algo)

Phrasal verbs
- **agree on** [v ▸ prep ▸ o] ‹*date/details*› acordar*, ponerse* de acuerdo en; **one thing we ~ on is ...** en lo que estamos de acuerdo *or* coincidimos es en que ...
- **agree to** [v ▸ prep ▸ o] (consent to) ‹*terms/conditions*› aceptar; **they wanted to get married, but their parents wouldn't ~ to it** se querían casar, pero sus padres no lo consentían
- **agree with** [v ▸ prep ▸ o] 1 ‹‹*food/drink/climate*››: **wine doesn't ~ with him** el vino le sienta mal *or* no le sienta bien; **the heat didn't ~ with me** el calor no me sentaba 2 (approve of) estar* de acuerdo con, aprobar*

agreeable /ə'gri:əbəl/ *adj*
A (pleasant) agradable
B (*pred*) 1 (willing) **to be ~ TO sth/-ING**: **bring her along, if she's ~** tráela, si quiere venir; **he seemed quite ~ to coming** parecía dispuesto a venir 2 (acceptable) **to be ~ (TO sb)**: **if that's ~ to you** si te parece bien, si no te importa

agreeably /ə'gri:əbli/ *adv* agradablemente

agreed /ə'gri:d/ *adj* 1 (in agreement) (*pred*) de acuerdo; **to be ~ ON sth**: **we're all ~ on that point** en eso *or* sobre ese punto estamos todos de acuerdo; **we're ~ on leaving tomorrow** quedamos en salir *or* en que saldremos mañana; **to be ~ THAT** estar* de acuerdo EN QUE 2 (prearranged)(*before n*) ‹*price/terms*› acordado; **we met at ten, as ~** nos encontramos a las diez como habíamos quedado *or* acordado

agreement /ə'gri:mənt/ *n*
A 1 [u] (shared opinion) acuerdo *m*; **to be in ~ (with sb)** estar* de acuerdo (con algn); **she nodded in ~** asintió con la cabeza 2 [c] (written arrangement) acuerdo *m*; (Busn) contrato *m*; (Lab Rel) convenio *m*, acuerdo *m*; **to come to** *o* **reach an ~ (with sb)** llegar* a un acuerdo (con algn); **to enter into an ~** aceptar los términos de un acuerdo
B [u] (consent) consentimiento *m*
C [u] (harmony, concord): **to be in ~ (with sth)** concordar* *or* estar* en concordancia (con algo)

agribusiness /'ægrə,bɪznəs || 'ægrɪ,bɪznɪs/ *n* industria *f* agropecuaria, agroindustria *f*

agrichemical /,ægrə'kemɪkəl || ,ægrɪ'kemɪkəl/ *adj* agroquímico

agricultural /'ægrɪ'kʌltʃərəl/ *adj* agrícola; **~ college** ≈ escuela *f* de agricultura *or* de agronomía

agricultural engineering *n* [u] ingeniería *f* agrícola

agriculture /'ægrɪkʌltʃər || 'ægrɪkʌltʃə(r)/ *n* [u] agricultura *f*

agrobusiness /'ægrəʊ,bɪznəs || 'ægrəʊ,bɪznɪs/ *n* [u c] ▸**agribusiness**

agronomy /ə'grɑ:nəmi || ə'grɒnəmi/ *n* [u] agronomía *f*

aground /ə'graʊnd/ *adv*: **to go** *o* **run ~ (ON sth)** encallar (EN algo)

aha /ɑ:'hɑ:/ *interj* ¡ajá!

ahead /ə'hed/ *adv*
A 1 (indicating movement): **go straight ~** siga todo recto *or* derecho; **I'll go on ~** yo iré delante *or* adelante; **full speed** *o* **steam ~!** (Naut) ¡avante a toda máquina! 2 (indicating position): **the post office is straight ~** la oficina de correos está siguiendo recto 3 (in race, competition): **our team was ~** nuestro equipo llevaba la delantera; **we're only one goal ~** vamos ganando por sólo un gol; **the Japanese are way ~ in that field** los japoneses están a la cabeza en ese campo 4 (in time): **the months ~** los meses venideros, los próximos meses; *see also* **go, think** *etc* **ahead**
B **ahead of** 1 (in front of) delante de 2 (in race, competition) por delante de 3 (before): **she got there an hour ~ of him** llegó una hora antes que él; **Athens is two hours ~ of London** Atenas va dos horas por delante de Londres

ahem /ə'hem/ *interj* ¡ejem!

ahoy /ə'hɔɪ/ *interj*: **ship ~!** ¡barco a la vista!; **~ there!** ¡ah del barco!

AI *n* [u] 1 (Comput) (**= artificial intelligence**) IA 2 (Agr) **= artificial insemination**

aid¹ /eɪd/ *n* 1 [u] (assistance, support) ayuda *f*; **to come/go to sb's ~** venir*/ir* en ayuda *or* (liter) auxilio de algn 2 [u] (monetary) ayuda *f*, asistencia *f*; **a concert in ~ of ...** un concierto a beneficio de ...; **what's all this in ~ of?** (BrE colloq) ¿a qué viene todo esto? (fam) 3 [c] (apparatus, tool): **teaching ~s** material *m* didáctico; **visual ~s** soporte *m* (de material) visual

aid² *vt* ayudar; **~ed by ...** con la ayuda de ...; **to ~ and abet sb** (Law) instigar* *or* secundar a algn (*en la comisión de un delito*)

aide /eɪd/ *n* asesor, -sora *m,f*

-aided /'eɪdəd || 'eɪdɪd/ *suff* 1 (assisted): **computer~** asistido por computadora 2 (funded): **state~** subvencionado por el estado

aide-de-camp /'eɪddə'kɑ:m || ,eɪddə'kɒm/ *n* (*pl* **aides-de-camp** /'eɪdz-/) ayuda *m* de campo, edecán *m*

AIDS /eɪdz/ *n* [u] (**= acquired immune deficiency syndrome**) sida *m*, SIDA *m*

ail /eɪl/ *vt* (arch *or* journ) aquejar (frml)

ailing /'eɪlɪŋ/ *adj* ‹*person*› enfermo; ‹*industry/economy*› renqueante, aquejado de problemas

ailment /'eɪlmənt/ *n* enfermedad *f*, dolencia *f* (frml), achaque *m* (fam)

aim¹ /eɪm/ *vt* 1 **to ~ sth (AT sb/sth)**: **he ~ed the gun at her** le apuntó con la pistola; **their missiles are ~ed at the capital** sus misiles apuntan a la capital; **she ~ed a blow at his head** intentó darle en la cabeza 2 (*usu pass*) **to be ~ed AT sb/sth/-ING**: **the talks were ~ed at ending the strike** las conversaciones tenían como objetivo acabar con la huelga; **the movie is ~ed at a young audience** la película está *or* va dirigida a un público joven
■ **aim** *vi* 1 (point weapon) apuntar; **to ~ AT sth/sb** apuntar(le) A algo/algn; **to ~ FOR sth** apuntar(le) A algo 2 (aspire) aspirar; **to ~ high** aspirar a mucho; **to ~ FOR sth**: **we must ~ for peace** nuestro objetivo debe ser la paz 3 (intend, plan) **to ~ to + INF** querer* + INF, proponerse* + INF; **we ~ to please** nuestro objetivo es satisfacer a nuestros clientes

aim² *n* 1 [c] (goal, object) objetivo *m*, propósito *m*; **her main ~ in life is to get rich** su principal objetivo es enriquecerse; **with the ~ of -ING** con la intención *or* el propósito de + INF 2 [u] (with weapon) puntería *f*; **to take ~** hacer* puntería, apuntar

aimless /'eɪmləs || 'eɪmlɪs/ *adj* ‹*wandering*› sin rumbo (fijo); ‹*existence*› sin norte

aimlessly /'eɪmləsli || 'eɪmlɪsli/ *adv* ‹*walk*› sin rumbo (fijo); ‹*live*› sin objeto, sin norte

ain't /eɪnt/ (colloq & dial) 1 **= am not** 2 **= is not** 3 **= are not** 4 **= has not** 5 **= have not**

air¹ /er || eə(r)/ *n*
A [u] aire *m*; **to get some fresh ~** tomar el fresco; **the ~ was thick with smoke** la atmósfera estaba cargada de humo; **to take to the ~** alzar* *or* levantar el vuelo; **to go by ~** ir* en avión; ***a change of ~*** un cambio de aire(s); ***to be in the ~*** (hinted at) respirarse en el ambiente; (uncertain, undecided) estar* en el aire; **revolution was in the ~** corrían vientos de revolución; **spring is in the ~** se respiran aires primaverales; ***to be up in the ~*** ‹‹*plans*›› estar* en el aire; ***to clear the ~*** ‹‹*talk/argument*›› aclarar las cosas; (lit) ‹‹*storm*›› despejar el ambiente; ***to vanish*** *o* ***disappear into thin ~*** esfumarse, desaparecer*; ***to walk on ~*** estar* *or* sentirse* en las nubes; (*before n*) ‹*route/attack*› aéreo; **~ pressure** presión *f* atmosférica
B [u] (Rad, TV): **to be on the ~** estar* en el aire; **to come** *o* **go on the ~** salir* al aire; **we go off the ~ at 12** cerramos la emisión a las 12
C 1 [c] (manner, look, atmosphere) aire *m*; **an ~ of mystery** un aire de misterio 2 **airs** *pl* (affectations) aires *mpl*; **to put on/give oneself ~s** darse* aires; **~s and graces** afectación *f*

air² *vt*
A 1 ‹*clothes/linen*› airear, orear; ‹*bed/room*› ventilar, airear 2 ‹*opinion/grievance*› manifestar*, ventilar; ‹*knowledge*› hacer* alarde de
B (broadcast) (AmE) ‹*program*› transmitir, emitir
■ **air** *vi* ‹‹*clothes/sheets*›› airearse

air: **~ bag** *n* (Auto) bolsa *f* de aire; **~ base** *n* base *f* aérea; **~borne** *adj* 1 ‹*seeds/dust*› transportado por el aire; ‹*troops/units*› aerotransportado 2 (off the ground): **the plane is now ~borne** el avión ha despegado; **I realized we were ~borne** me di cuenta de que volábamos; **~bus** *n* aerobús *m*; **~-conditioned** /'erkən'dɪʃənd || 'eəkəndɪʃənd/ *adj* con aire acondicionado, climatizado;

a

~ **conditioner** *n* acondicionador *m* de aire; ~ **conditioning** *n* [u] aire *m* acondicionado; **~-cooled** /ˈer ˈku:ld || ˈeəku:ld/ *adj* refrigerado por aire

aircraft /ˈerkræft || ˈeəkrɑ:ft/ *n* (*pl* ~) avión *m*, aparato *m*

aircraft carrier *n* portaaviones *m*

air: **~crew** *n* tripulación *f* del avión (*or* aparato *etc*); **~drop** *n* suministro *m* por paracaídas; **~fare** *n* precio *m* del pasaje *or* (Esp tb) del billete de avión; **~fares are set to rise** van a subir las tarifas aéreas; **~field** *n* aeródromo *m*, campo *m* de aviación; **~foil** *n* (AmE) plano *m* aerodinámico; ~ **force** *n* (of nation) fuerza *f* aérea, ejército *m* del aire; (unit) (AmE) *división de la fuerza aérea estadounidense*; ~ **freshener** /ˈfreʃnər || ˈfreʃnə(r)/ *n* ambientador *m*, desodorante *m* ambiental *or* de ambientes (CS); ~ **gun** *n* (revolver) pistola *f* de aire comprimido; (rifle) escopeta *f or* rifle *m* de aire comprimido; ~ **hostess** *n* azafata *f*, aeromoza *f* (AmL)

airily /ˈerəli || ˈeərɪli/ *adv* sin darle importancia, con ligereza *or* displicencia

airing /ˈerɪŋ || ˈeərɪŋ/ *n*: **to give sth an ~** ‹*clothes*› airear *or* orear algo; ‹*room*› ventilar *or* airear algo; ‹*issue*› ventilar algo

airing cupboard *n* (BrE) *armario para orear la ropa, donde suele estar el tanque de agua caliente*

airless /ˈerləs || ˈeəlɪs/ *adj* ‹*room*› mal ventilado; **it was a hot, ~ day** hacía mucho calor y no corría nada el aire

air: ~ **letter** *n* aerograma *m*; **~lift** *n* puente *m* aéreo; **~line** *n* línea *f* aérea, aerolínea *f*, compañía *f* aérea; **~liner** *n* avión *m* (*de pasajeros*); **~lock** *n* (chamber) cámara *f* estanca; (in pipe) burbuja *f* de aire; **~mail** *n* [u] correo *m* aéreo; **to send sth (by) ~mail** mandar *or* enviar* algo por avión *or* por vía aérea; (*before n*) ‹*paper/envelope*› de avión; ~ **mile** *n* 1 (measurement) milla *f* aérea 2 (for frequent flyers) milla *f* aérea, punto *m* (aéreo) (Esp); ~ **pistol** *n* pistola *f* de aire comprimido; **~plane** *n* (AmE) avión *m*; ~ **pocket** *n* (Meteo) bache *m*, bolsa *f* de aire; **~port** *n* aeropuerto *m*; ~ **raid** *n* ataque *m* aéreo; (*before n*) **~-raid shelter** refugio *m* antiaéreo; ~ **rifle** *n* escopeta *f or* rifle *m* de aire comprimido; **~-sea rescue** /ˈerˈsi:/ *n* [c u] operación *f* de salvamento *or* rescate aeronaval; **~ship** *n* dirigible *m*, zepelín *m*; ~ **show** *n* demostración *f* de acrobacia aérea; ~ **shuttle** *n* puente *m* aéreo; **~sick** *adj*: **to be ~sick** estar* mareado (*en un avión*); **to get ~sick** marearse (*al viajar en avión*); **~sickness** *n* [u] mareo *m* (*al viajar en avión*); **~side**[1] /ˈersaɪd || ˈeəsaɪd/ *n* [u] zona *f* de embarque (*en un aeropuerto*); **~side**[2] *adv* en la zona de embarque; **~space** *n* [u] espacio *m* aéreo; **~speed** *n* velocidad *f* relativa de vuelo; **~stream** *n* (Meteo) corriente *f* de aire; **~strip** *n* pista *f* de aterrizaje; **~tight** *adj* ‹*room/box*› hermético; ‹*alibi/argument*› a toda prueba; **~time** *n* [u] tiempo *m* de emisión *or* en antena; **~-to-air** /ˈertəˈer || ˌeətəˈeə(r)/ *adj* ‹*missile/rocket*› aire-aire; **~-to-ground** /ˈertəˈgraʊnd || ˌeətə ˈgraʊnd/ *adj* ‹*missile*› aire-superficie, aire-tierra; ~ **traffic** *n* [u] tráfico *m* aéreo; (*before n*) ~ **traffic control** control *m* del tráfico aéreo; ~ **traffic controller** controlador aéreo, controladora aérea *m,f*; **~waves** *pl n* **the ~waves** (Rad) la radio; (TV) la pequeña pantalla; **~worthy** *adj*: **to be ~worthy** estar* en condiciones de vuelo *or* de volar

airy /ˈeri || ˈeəri/ *adj* **airier, airiest** 1 ‹*room/house*› espacioso y aireado 2 ‹*manner/reply*› displicente 3 (light, insubstantial) etéreo

aisle /aɪl/ *n* (gangway) pasillo *m*; (Archit) nave *f* lateral; **to lead sb up the ~** llevar a algn al altar; ***to be rolling in the ~s***: **the audience was rolling in the ~s** el público estaba muerto de risa *or* se desternillaba de risa

ajar /əˈdʒɑ:r || əˈdʒɑ:(r)/ *adj* (*pred*) entreabierto, entornado

AK = Alaska

aka (**= also known as**) alias

akimbo /əˈkɪmbəʊ/ *adj* (*after n*): **(with) arms ~** con los brazos en jarras

akin /əˈkɪn/ *adj* (*pred*) **to be ~ (TO sth)** ser* similar (A algo)

AL *n* 1 **= Alabama** 2 (**= American League**) *la liga estadounidense de béisbol*

Ala = Alabama

alabaster /ˈæləˌbæstər || ˈæləˌbɑ:stə(r)/ *n* [u] alabastro *m*

à la carte /ˈɑ:ləˈkɑ:rt || ˌɑ:lɑ:ˈkɑ:t/ *adj/adv* a la carta

alacrity /əˈlækrəti/ *n* [u] (frml *or* liter) presteza *f* (liter), prontitud *f* (frml)

à la mode /ˈæləˈməʊd || ˌɑ:lɑ:ˈməʊd/ *adj* (*pred*) 1 (fashionable) (liter) de moda, al último grito 2 (AmE) (Culin) con helado

alarm[1] /əˈlɑ:rm || əˈlɑ:m/ *n*

A [u] (apprehension) gran preocupación *f*, gran inquietud *f*; **he fled in ~** huyó asustado

B [c] 1 (warning) alarma *f*; **to raise the ~** dar* la (voz de) alarma 2 (device) alarma *f*; (*burglar/fire* ~) alarma antirrobo/contra incendios 3 (clock) despertador *m*

alarm[2] *vt* (worry) alarmar, inquietar; (scare) asustar

alarm: ~ **bell** *n* alarma *f*; **her words set off ~ bells in his mind** lo que dijo lo puso en guardia; ~ **clock** *n* (reloj *m*) despertador *m*

alarmed /əˈlɑ:rmd || əˈlɑ:md/ *adj* (*pred*) (apprehensive): **don't be ~** no te asustes; **I began to be ~** empecé a alarmarme *or* inquietarme

alarming /əˈlɑ:rmɪŋ || əˈlɑ:mɪŋ/ *adj* alarmante, preocupante

alarmist[1] /əˈlɑ:rməst || əˈlɑ:mɪst/ *adj* alarmista

alarmist[2] *n* alarmista *mf*

alas /əˈlæs/ *interj* (liter *or* frml) ¡ay! (liter); **~, he didn't come** lamentablemente no vino

Alaskan[1] /əˈlæskən/ *adj* de Alaska, alaskeño

Alaskan[2] *n* habitante *mf* de Alaska, alaskeño, -ña *m,f*

Albania /ælˈbeɪniə/ *n* Albania *f*

Albanian[1] /ælˈbeɪniən/ *adj* albanés

Albanian[2] *n* 1 [c] (person) albanés, -nesa *m,f* 2 [u] (language) albanés *m*

albatross /ˈælbətrɔ:s || ˈælbətrɒs/ *n* albatros *m*

albeit /ɔ:lˈbi:ɪt/ *conj* (frml) si bien es cierto que (frml), aunque

albino /ælˈbaɪnəʊ || ælˈbi:nəʊ/ *n* (*pl* **-nos**) albino, -na *m,f*; (*before n*) albino

album /ˈælbəm/ *n* 1 (book) álbum *m*; **photograph ~** álbum de fotos 2 (Audio) álbum *m*

albumen /ælˈbju:mən || ˈælbjʊmən/ *n* [u] 1 (egg white) clara *f* (de huevo) 2 (Chem) albúmina *f* 3 (Bot) albumen *m*

alchemist /ˈælkəməst || ˈælkəmɪst/ *n* alquimista *mf*

alchemy /ˈælkəmi/ *n* [u] alquimia *f*

alcohol /ˈælkəhɔ:l || ˈælkəhɒl/ *n* [u] alcohol *m*

alcoholic[1] /ˈælkəˈhɔ:lɪk || ˌælkəˈhɒlɪk/ *adj* alcohólico

alcoholic[2] *n* alcohólico, -ca *m,f*

alcoholism /ˈælkəhɔ:lɪzəm || ˈælkəhɒlɪzəm/ *n* [u] alcoholismo *m*

alcove /ˈælkəʊv/ *n* (recess) hueco *m*; (niche) hornacina *f*, nicho *m*

alderman /ˈɔ:ldərmən || ˈɔ:ldəmən/ *n* (*pl* **-men** /-mən/) 1 (in US) concejal *m* 2 (in UK) (Hist) regidor, -dora *m,f*

alderwoman /ˈɔ:ldərˌwʊmən || ˈɔ:ldəˌwʊmən/ *n* (*pl* **-women**) (in US) concejala *f*

ale /eɪl/ *n* [u c] cerveza *f*

alert[1] /əˈlɜ:rt || əˈlɜ:t/ *adj* alerta *adj inv*; **to be ~** (vigilant) estar* alerta; (lively-minded) ser* despierto; **to stay ~** mantenerse* alerta *or* en guardia; **to be ~ TO sth** estar* atento A algo

alert[2] *n* alerta *f*; **to put sb on the ~** poner* a algn en guardia, alertar a algn; **be on the ~ for any suspicious visitors** estáte alerta *or* al tanto por si viene alguien sospechoso

alert[3] *vt* ‹*police*› alertar, poner* sobre aviso; **to ~ sb TO sth** alertar a algn DE algo, poner* a algn sobre aviso DE algo

A level *n* (in UK) *estudios de una asignatura a nivel de bachillerato superior*

A level – Advanced level

Es el término genérico para referirse a los exámenes que hacen los estudiantes que desean acceder a la enseñanza superior. En el sistema reformado, el examen se divide en dos partes: *AS level* y *A2*. Por lo general los estudiantes hacen el *A2* en el último año de la enseñanza secundaria para así completar íntegramente el programa del *A level*.

Las universidades u otras instituciones seleccionan a los alumnos en razón de las calificaciones que hayan obtenido, especialmente en aquellas materias que tienen relación directa con el área de estudio terciario que se ha elegido. *Ver tb* **AS level**

alfresco /æl'freskəʊ/ *adj/adv* al aire libre

alga /'ælgə/ *n* (*pl* **algae** /'ældʒiː, 'ælgiː/) alga *f*‡

algebra /'ældʒəbrə || 'ældʒɪbrə/ *n* [u] álgebra *f*‡

Algeria /æl'dʒɪriə || æl'dʒɪəriə/ *n* Argelia *f*

Algerian¹ /æl'dʒɪriən || æl'dʒɪəriən/ *adj* argelino

Algerian² *n* argelino, -na *m,f*

Algiers /æl'dʒɪrz || æl'dʒɪəz/ *n* Argel *m*

alias¹ /'eɪliəs/ *adv* alias

alias² *n* alias *m*, nombre *m* falso

alibi /'æləbaɪ || 'ælɪbaɪ/ *n* (Law) coartada *f*

alien¹ /'eɪliən/ *n* **1** (foreigner) extranjero, -ra *m,f*; **illegal ~** inmigrante *mf* ilegal **2** (in science fiction) extraterrestre *mf*

alien² *adj* **1** (strange, foreign) extraño, foráneo; **to be ~ TO sb/sth** serle* ajeno A algn/algo **2** (of foreign power) (*before n*) ‹*passport/airspace*› extranjero **3** (in science fiction) (*before n*) extraterrestre

alienate /'eɪliəneɪt/ *vt* (Pol, Psych) alienar; (estrange): **this has ~d all his friends** esto ha hecho que todos sus amigos se alejen *or* se distancien de él; **to ~ sb FROM sb/sth** alejar a algn DE algn/algo; **to ~ oneself from sb/sth** alejarse *or* distanciarse de algn/algo

alienated /'eɪliəneɪtəd || 'eɪliəneɪtɪd/ *adj* alienado

alienation /'eɪliə'neɪʃən/ *n* [u] (Pol, Psych) alienación *f*; (estrangement) **~ (FROM sb)** alejamiento *m* *or* distanciamiento *m* (DE algn)

alight¹ /ə'laɪt/ *adj* (*pred*) **to be ~** estar* ardiendo; **to set sth ~** prender(le) fuego a algo

alight² *vi* (frml) **1** (disembark) apearse (frml), descender* (frml) **2** (land) «*bird/insect*» posarse

Phrasal verb

- **alight on** [v ▸ prep ▸ o] (find by chance) (liter) ‹*solution/method*› dar* con, encontrar*

align /ə'laɪn/ *vt* alinear; **they ~ed themselves with the left** se alinearon con la izquierda

alignment /ə'laɪnmənt/ *n* **1** [u] (Tech) alineación *f*; **to be out of/in ~** no estar*/estar* alineado **2** [c u] (Pol) **~ (WITH sb/sth)** alineamiento *m* (CON algn/algo)

alike¹ /ə'laɪk/ *adj* (*pred*) parecido; **they don't look ~** no se parecen *or* no son parecidos; **you men are all ~!** ¡los hombres son *or* (Esp) sois todos iguales!

alike² *adv* ‹*think/act*› igual, del mismo modo; **popular with young and old ~** popular tanto entre los jóvenes como entre los mayores

alimentary /ælə'mentəri || ˌælɪ'mentəri/ *adj* (*before n*) alimenticio; **~ canal** *o* **tract** tubo *m* digestivo

alimony /'æləməʊni || 'ælɪməni/ *n* [u] pensión *f* alimenticia

alive /ə'laɪv/ *adj* (*pred*) **1** (living) vivo; **is he still ~?** ¿todavía vive *or* está vivo?; **to stay ~** sobrevivir; **it's great to be ~!** ¡qué maravilloso es vivir!; **the richest man ~** el hombre más rico del mundo; **to bury sb ~** enterrar* vivo a algn; **~ and kicking** (colloq) vivito y coleando (fam); **they were relieved to learn that she was ~ and well** se enteraron con alivio de que estaba sana y salva **2** (animated): **the party came ~ when they arrived** la fiesta se animó cuando llegaron ellos; **the place is ~ with insects** el lugar está plagado de insectos **3** (active, in existence): **to keep sth ~** ‹*tradition/memory*› mantener* vivo algo **4** (aware) **to be ~ TO sth** ‹*to problem/possibility*› ser* sensible A algo, ser* *or* (Chi, Méx) estar* consciente DE algo

alkali /'ælkəlaɪ/ *n* (*pl* **-lis**) álcali *m*

alkaline /'ælkəlaɪn/ *adj* alcalino

all¹ /ɔːl/ *adj*

A (*before n*) todo, -da; (*pl*) todos, -das; **~ those present** todos los presentes; **~ good teachers know it** todo buen profesor lo sabe; **~ four of us went** fuimos los cuatro; **~ kinds** *o* **sorts of people** todo tipo de gente; **~ morning** toda la mañana, la mañana entera; **what's ~ this we hear about you leaving?** ¿qué es eso de que te vas?; **of ~ the stupid things to do!** ¡qué estupidez!; **I might as well not bother for ~ the notice he takes** para el caso que me hace, más vale que ni me moleste; **it isn't as bad as ~ that** no es para tanto; **he's not ~ that rich** tan rico no es; **we were dabbling in drink, drugs and ~ that** flirteábamos con la bebida, las drogas y todo eso *or* y todo lo demás; *see also* **all³ C4**

B **1** (the greatest possible): **in ~ innocence** con toda inocencia; **with ~ possible care** con el mayor cuidado posible **2** (any): **beyond ~ doubt** fuera de toda duda; **they denied ~ knowledge of it** negaron tener conocimiento alguno de ello

all² *pron*

A (everything) (+ *sing vb*) todo; **~ I can say is ...** todo lo que puedo decir es ..., lo único que puedo decir es ...; **will that be ~, madam?** ¿algo más señora?, ¿eso es todo, señora?; **they did ~ they could** hicieron todo lo que pudieron; **it was ~ I could do to stop him from hitting her** apenas pude impedir que le pegara; **~ in good time** todo a su debido tiempo, cada cosa a su tiempo; **when ~ is said and done** a fin de cuentas; **for ~ I care** por lo que a mí me importa; **for ~ I know** que yo sepa

B **1** (everyone) (+ *pl vb*) todos, -das; **~ together now** ahora todos juntos **2** (*with superl*): **she is the cleverest of ~** es la más inteligente de todos/todas; **I don't intend to tell anyone, least of ~ her!** no pienso decírselo a nadie y a ella menos todavía

C **all of**: **now that ~ of the children go to school** ahora que todos los niños van al colegio; **~ of the cheese** todo el queso; **it took ~ of 20 years to complete it** se tardó 20 años enteros en acabarlo

D (*after n, pron*) todo, -da; (*pl*) todos, -das; **she helped us ~** nos ayudó a todos; **it was ~ gone** no quedaba nada; **the unfairness of it ~** la injusticia del caso *or* del asunto; **now I've seen it ~!** ¡vivir para ver!; **that says it ~** eso ya te lo dice todo

E (*in phrases*) **1** **all in all** en general **2** **all told** en total **3** **and all** y todo; **he ate it, skin and ~** se lo comió con la cáscara y todo **4** **at all**: **they don't like him at ~** no les gusta nada; **I'm not at ~ worried** *o* **worried at ~** no estoy preocupada en absoluto, no estoy para nada preocupada; **thank you — not at ~** gracias — de nada *or* no hay de qué; **she didn't feel at ~ well** no se sentía nada bien; **it's not bad at ~, it's not at ~ bad** no está nada mal; **they'll come late, if they come at ~** vendrán tarde, si es que vienen; **if (it's) at ~ possible** si fuera posible **5** **in all** en total

all³ *adv*

A (completely): **there were flags ~ along the road** había banderas todo a lo largo del camino; **~ through the ceremony** durante toda la ceremonia; **you've gone ~ red** te has puesto todo colorado/toda colorada; **she was ~ alone** estaba completamente sola; **I got ~ wet** me mojé todo/toda; **I'm ~ ears** soy todo/toda oídos; **he won ~ the same** igual ganó; **it's ~ the same to me** a mí me da igual *or* lo mismo

B (each, apiece) (Sport): **the score was one ~** iban (empatados) uno a uno; **30 ~** 30 iguales

C (*in phrases*) **1** **all along** desde el primer momento **2** **all but** casi; **the game had ~ but finished** prácticamente *or* ya casi había terminado el partido **3** **all for**: **to be ~ for sth**: **I'm ~ for sex education** estoy totalmente a favor de la educación sexual **4** **all that** (particularly) (*usu neg*): **I don't know her ~ that well** no la conozco tan bien; **I don't care ~ that much** no me importa demasiado **5** **all the** (+ *comp*): **it is ~ the more remarkable if you consider ...** resulta aún *or* todavía más extraordinario si se tiene en cuenta ...; **~ the more reason to fire them!** ¡más razón para echarlos!; **~ the more so because ...** tanto más cuanto que ...; *see also* **all out**

all⁴ *n*: ***to give one's ~*** (make supreme effort) dar* todo de sí; (sacrifice everything) darlo* todo, dar* todo lo que se tiene

a

all- /ɔːl/ *pref*: **~wool** de pura lana; **with an ~Spanish cast** con un reparto integrado exclusivamente por españoles; *see also* **all-consuming, all-important** *etc*

Allah /'ælə/ *n* Alá

all-American¹ /ˌɔːlə'merəkən || ˌɔːlə'merɪkən/ *adj* ‹*boy/girl*› típicamente americano

all-American² *n* (Sport) atleta *mf* (*or* jugador *etc*) de clase internacional

all-around /'ɔːlə'raʊnd/ *adj* (AmE) (*before n*) **1** (versatile) ‹*athlete/scholar*› completo **2** (comprehensive) ‹*experience/visibility*› amplio

allay /ə'leɪ/ *vt* ‹*doubt/fear*› disipar; ‹*anger*› aplacar*

all: **~-clear** /'ɔː'l'klɪr || 'ɔː'l'klɪə(r)/ *n*: **to give sb/sth the ~-clear** dar* luz verde a algn/algo; **~-consuming** /'ɔːlkən'suːmɪŋ || 'ɔːlkən'sjuːmɪŋ/ *adj* ‹*passion*› devorador

allegation /'ælɪ'geɪʃən/ *n* acusación *f*, imputación *f* (frml); **to make an ~** hacer* una acusación

allege /ə'ledʒ/ *vt* (state) afirmar; **she is ~d to have accepted bribes** se dice que aceptó sobornos

alleged /ə'ledʒd/ *adj* (*before n*) ‹*thief/violation*› presunto

allegedly /ə'ledʒədli || ə'ledʒɪdli/ *adv* (*indep*) supuestamente, según se dice; **she ~ visited him that morning** supuestamente *or* según se dice lo habría visitado esa mañana

allegiance /ə'liːdʒəns/ *n* [u c] lealtad *f*; **political ~s** filiaciones *fpl* políticas

allegorical /'ælə'gɔːrɪkəl || ˌælɪ'gɒrɪkəl/ *adj* alegórico

allegory /'æləgɔːri || 'ælɪgəri/ *n* [c u] (*pl* **-ries**) alegoría *f*

all-embracing /'ɔːlɪm'breɪsɪŋ/ *adj* ‹*love/knowledge*› que todo lo abarca

allergen /'ælərdʒən || 'ælədʒən/ *n* alérgeno *m*

allergic /ə'lɜːrdʒɪk || ə'lɜːdʒɪk/ *adj* alérgico; **to be ~ TO sth** ser* alérgico A algo

allergy /'ælərdʒi || 'ælədʒi/ *n* (*pl* **-gies**) **~ (TO sth)** alergia *f* (A algo)

alleviate /ə'liːvieɪt/ *vt* ‹*pain*› aliviar, calmar; ‹*problem*› paliar

alleviation /ə'liːvi'eɪʃən/ *n* [u] (of pain) alivio *m*; (of problem) paliación *f*

alley /'æli/ *n* (*pl* **alleys**) **1** (lane) callejón *m*; ***to be right up sb's ~*** (AmE colloq): **the job was right up her ~** era un trabajo ideal para ella **2** (*bowling ~*) (lane) pista *f*; (building) bolera *f*

alley: **~ cat** *n* gato *m* callejero; **~way** *n* callejón *m*

alliance /ə'laɪəns/ *n* alianza *f*; (of political parties, countries) coalición *f*, alianza *f*; **to enter into** *o* **form an ~** aliarse*, formar una alianza

allied /'ælaɪd/ *adj*

A (combined) (*pred*) **~ WITH** *o* **TO sth** unido *or* sumado A algo

B **1** ‹*nations/groups*› aliado **2** **Allied** (of the Allies) aliado

C (related) ‹*subjects/industries*› relacionado, afín; **to be ~ TO sth** estar* relacionado CON algo, ser* afín A algo

alligator /'æləgeɪtər || 'ælɪgeɪtə(r)/ *n* [c] aligátor *m*, caimán *m*

alligator pear *n* (AmE) ▸**avocado**

all: **~-important** /'ɔːlɪm'pɔːrtṇt || ˌɔːlɪm'pɔːtṇt/ *adj* de suma *or* fundamental importancia, importantísimo; **~ in** *adj* (*pred*) (colloq) (*pred*) **to be ~ in** estar* molido (fam), estar* hecho polvo (fam); **~-in** /'ɔː'l'ɪn/ *adj* (esp BrE) (*before n*) **1** (Sport) **~-in wrestling** lucha *f* libre **2** (inclusive) ‹*price*› total, con todo incluido; **~-inclusive** /'ɔːlɪn'kluːsɪv/ *adj* ‹*price*› total, con todo incluido

alliteration /ə'lɪtə'reɪʃən/ *n* [u] aliteración *f*

all-night /'ɔː'l'naɪt/ *adj* ‹*party/show*› que dura toda la noche; ‹*café/store*› que está abierto toda la noche

allocate /'æləkeɪt/ *vt* (give) ‹*seats/resources*› asignar, adjudicar*; ‹*task/duty*› asignar; (distribute) repartir, distribuir*; **within the time ~d** dentro del plazo concedido *or* establecido; **to ~ sth TO sb** asignarle algo A algn; **£3 million has been ~d for** *o* **to research** se han destinado tres millones de libras a investigación

allocation /'ælə'keɪʃən/ *n* **1** [u] (distribution) reparto *m*, distribución *f*; (assignment) asignación *f* **2** [c] (amount) asignación *f*

allot /ə'lɑːt || ə'lɒt/ *vt* **-tt-** (distribute) repartir, distribuir*; (assign) asignar; **to ~ sth TO sb** asignarle algo A algn

allotment /ə'lɑːtmənt || ə'lɒtmənt/ *n* [c] (in UK) (Hort) huerto *m* (*que el ayuntamiento alquila a particulares*)

all: **~out** /'ɔː'l'aʊt/ *adj* ‹*effort*› total, supremo; ‹*attack*› con todo; ‹*opposition*› acérrimo; ‹*strike*› general; ‹*war*› total; **~ out** *adv*: **they worked ~ out to finish it** trabajaron a destajo *or* a toda máquina para terminarlo; **~ over** *adv* **1** (everywhere): **I've been looking for you ~ over** te he estado buscando por todas partes; **people come from ~ over** viene gente de todas partes **2** (in every respect): **that's her ~ over** es muy típico de ella

allow /ə'laʊ/ *vt*

A **1** (permit) permitir; **smoking is not ~ed** no se permite fumar; **S** **no dogs allowed** no se admiten perros; **to ~ sb to + INF** permitirle A algn + INF/QUE (+ *subj*); **they were ~ed out once a week** se les permitía salir una vez por semana; **I can't go, I'm not ~ed** no puedo ir, no me dejan **2** (give, grant) dar*; **they are ~ed an hour for lunch** les dan una hora para comer; **within the time ~ed** dentro del plazo concedido

B (plan for): **~ (yourselves) a good two hours to reach the coast** calculen *or* tengan en cuenta que les va a llevar por lo menos dos horas llegar a la costa; **~ two weeks for delivery** la entrega se hará dentro de un plazo de dos semanas; **I generally ~ about £50 for spending money** normalmente calculo unas 50 libras para gastos

C (Sport) «*referee*» ‹*goal*› dar* por bueno

Phrasal verb

- **allow for** [v ▸ prep ▸ o] ‹*contingency*› tener* en cuenta; **don't forget to ~ for leakage** no te olvides de dejar un margen para pérdidas

allowable /ə'laʊəbəl/ *adj* ‹*expense*› deducible

allowance /ə'laʊəns/ *n*

A **1** (from employer) complemento *m*, sobresueldo *m* **2** (from state) prestación *f* **3** (private) asignación *f*; (from parents) mensualidad *f*, mesada *f* (AmL)

B **to make ~(s) for sb/sth**: **you have to make ~s for him: he's very young** tienes que ser indulgente con él, es muy joven; **we've made ~(s) for delays** hemos tenido en cuenta posibles retrasos

alloy /'ælɔɪ/ *n* aleación *f*

all: **~-powerful** /'ɔː'l'paʊərfəl || ˌɔːl'paʊəfəl/ *adj* todopoderoso, omnipotente; **~-purpose** /'ɔː'l'pɜːrpəs || ˌɔːl'pɜːpəs/ *adj* ‹*knife/bag*› multiuso *adj inv*

all right¹ *adj* (*pred*)

A **1** (good enough, unobjectionable): **the weather was ~ ~** hizo buen tiempo; **the hotel looks ~ ~** el hotel no parece estar mal; **do I look ~ ~ in this dress?** ¿estoy bien con este vestido?; **the movie was all right but ...** la película no estuvo mal pero ... **2** (permissible): **I'll pay you back tomorrow: is that ~ ~?** mañana te devuelvo el dinero ¿okey? *or* (Esp) ¿vale?; **would Monday be ~ ~ (for you)?** ¿te viene bien el lunes?; **I'm sorry — that's ~ ~** lo siento — no tiene importancia; **I'll leave early today, if that's ~ ~** si no te importa, hoy me voy a ir temprano; **is it ~ ~ to swim here?** ¿se puede nadar aquí?; **to be ~ ~ WITH** *o* **BY sb**: **we'll meet on Friday, if that's ~ ~ with everybody** nos reuniremos el viernes, si nadie tiene ningún inconveniente

B **1** (well) bien; **are you ~ ~?** ¿estás bien?; **I'll be ~ ~ in a minute** enseguida se me pasa; **~ ~?** (as greeting) (colloq) ¿qué tal? (fam) **2** (in order) bien; **the brakes are ~ ~** los frenos están bien **3** (safe): **will the bikes be ~ ~ here?** ¿podemos dejar las bicis aquí? ¿no les pasará nada?; **it's ~ ~: I'm not going to hurt you** tranquilo, que no te voy a hacer daño **4** (content): **are you ~ ~ in that chair?** ¿estás bien en esa silla?; **are you ~ ~ for cash?** ¿qué tal andas de dinero? (fam); **are they ~ ~ for blankets?** ¿tienen suficientes mantas?; ▸**jack D**

all right² *adv* **1** (satisfactorily) bien; **he did ~ ~ in his exams** le fue bien en los exámenes; **we found the place ~ ~** encontramos el sitio sin problemas **2** (without a doubt) (colloq): **it's serious ~ ~** es bien grave; **yes, that's him ~ ~** sí, seguro que es él

all right³ *interj* (colloq): **I won't be home till late, ~ ~?** volveré tarde ¿okey *or* (Esp) vale? (fam); **can I come too? — all right** ¿puedo ir yo también? — bueno; **~ ~, ~ ~, I'm coming!** ¡ya voy! ¡ya voy!; **a new world record! ~ ~!** (AmE) ¡un nuevo récord mundial, sí señor!

all: **~-risk** /'ɔː'l'rɪsk/, (BrE) **~-risks** /'ɔː'l'rɪsks/ *adj* contra todo riesgo; **~-round** /'ɔː'l'raʊnd/ *adj* (esp BrE) ▸**all-**

around; **~-rounder** /ˈɔːlˈraʊndər || ˌɔːlˈraʊndə(r)/ *n* (BrE Sport): **he's a good ~-rounder** juega bien en todas las posiciones; **~ Saints' Day** *n* día *m* de Todos los Santos; **~spice** *n* [u] pimienta *f* de Jamaica; **~-star** /ˈɔːlˈstɑːr || ˈɔːlstɑː(r)/ *adj* (*before n*): **an ~-star cast** un reparto estelar *or* de primeras figuras; **~-time** /ˈɔːltaɪm/ *adj* ‹*record*› sin precedentes; ‹*favorite*› de todos los tiempos

allude /əˈluːd/ *vi* **to ~ TO sth/sb** aludir *or* referirse* A algo/algn

allure /əˈlʊr || əˈlʊə(r)/ *n* [u] atractivo *m*, encanto *m*

alluring /əˈlʊrɪŋ || əˈlʊərɪŋ/ *adj* seductor, atrayente

allusion /əˈluːʒən/ *n* alusión *f*; **to make an ~ to sth** hacer* alusión a algo

all-weather /ˈɔːlˈweðər || ˌɔːlˈweðə(r)/ *adj* ‹*clothing*› para todo tiempo

ally¹ /ˈælaɪ/ *n* (*pl* **allies**) aliado, -da *m,f*; **the Allies** los Aliados

ally² *v refl* **allies, allying, allied**: **to ~ oneself WITH** *o* **TO sb** aliarse CON *or* A algn; *see also* **allied**

alma mater /ˈælməˈmɑːtər || ˌælməˈmɑːtə(r)/ *n* (frml): **my ~ ~** mi (antigua) universidad

almanac /ˈɔːlmənæk/ *n* (yearbook) anuario *m*; (calendar) almanaque *m*

almighty /ɔːlˈmaɪti/ *adj* 1 (all-powerful) todopoderoso; **A~ God, God A~** Dios Todopoderoso 2 (huge) ‹*bang/row*› (colloq) tremendo (fam)

Almighty *n* **the ~** el Todopoderoso

almond /ˈɑːmənd/ *n* almendra *f*

almost /ˈɔːlməʊst/ *adv* casi; **you ~ killed me!** ¡casi me matas!

alms /ɑːmz/ *pl n* limosnas *fpl*

aloft /əˈlɔːft || əˈlɒft/ *adv* 1 (high up) en el aire; **he held the cup ~** levantó la copa en alto 2 (Naut) en la jarcia

alone¹ /əˈləʊn/ *adj* 1 (without others) solo; **I want to be ~ with you** quiero estar a solas contigo; **I felt all ~** me sentí muy solo 2 **to leave sth/sb ~** dejar algo/a algn en paz; ***to leave*** *o* ***let well (enough)*** **~**: **I'd leave well ~ if I were you** yo que tú no me metería (en camisa de once varas) 3 **let alone**: **I can't afford beer, let ~ champagne** no puedo comprar ni cerveza, para qué hablar de champán; **she can't sew a button on, let ~ make a dress** no sabe ni pegar un botón menos aún hacer un vestido 4 (unique) **to be ~ IN -ING**: **am I ~ in finding the novel a bore?** ¿soy la única que encuentra la novela aburrida?

alone² *adv* 1 (without others) solo; ***to go it*** **~**: **he decided to go it ~** decidió establecerse/hacerlo por su cuenta 2 (exclusively): **you and you ~ are responsible** tú eres el único responsable 3 (without addition) sólo; **their kitchen ~ is bigger than my apartment** ya sólo la cocina *or* (AmL) la cocina nomás es más grande que todo mi apartamento

along¹ /əˈlɔːŋ || əˈlɒŋ/ *adv*

A 1 (forward): **it's a bit further ~ on the right** está un poco más adelante, a mano derecha; **I was walking ~** iba caminando; *see also* **come, get, move** *etc* **along** 2 (with one): **why don't you come ~?** ¿por qué no vienes conmigo/con nosotros?; **she brought her brother ~** trajo a su hermano; **take an umbrella ~** llévate un paraguas; *see also* **sing along**

B (*in phrases*) 1 **along with** (junto) con 2 **along about** (AmE colloq): **~ about five o'clock** a eso de *or* como a las cinco

along² *prep*: **we walked ~ the shore** caminamos por la playa; **all ~ the coastline** a lo largo de la costa; **a bit further ~ the road** un poco más adelante

alongside¹ /əˈlɔːŋsaɪd || əˈlɒŋsaɪd/ *prep* al lado de; **they worked ~ one another** trabajaban juntos *or* codo con codo

alongside² *adv* al costado, al lado

aloof /əˈluːf/ *adj* ‹*person/attitude*› distante

aloofness /əˈluːfnəs || əˈluːfnɪs/ *n* [u] actitud *f* distante

aloud /əˈlaʊd/ *adv* en alto, en voz alta

alpaca /ælˈpækə/ *n* [c u] (Tex, Zool) alpaca *f*

alphabet /ˈælfəbet/ *n* alfabeto *m*

alphabetic /ˈælfəˈbetɪk/, **-ical** /-ɪkəl/ *adj* alfabético; **in ~ order** en *or* por orden alfabético

alphabetically /ˈælfəˈbetɪkli/ *adv* alfabéticamente, en *or* por orden alfabético

alpine /ˈælpaɪn/ *adj* 1 (of high mountains) alpino 2 **Alpine** ‹*scenery/people*› de los Alpes, alpino

Alps /ælps/ *pl n* **the ~** los Alpes

already /ɔːlˈredi/ *adv* ya; **I've ~ been there, I've been there ~** ya he estado allí, ya estuve allí (AmL); **I've ~ seen** *o* (AmE also) **I ~ saw the play** ya he visto *or* (AmL tb) ya vi la obra; **they've ~ met** ya se conocen

alright /ɔːlˈraɪt/ *adj/adv/interj* ▸ **all right**

Alsatian /ælˈseɪʃən/ *n* (esp BrE) ▸ **German shepherd**

also /ˈɔːlsəʊ/ *adv* 1 (as well) también 2 (moreover) (*as linker*) además

also-ran /ˈɔːlsəʊˌræn/ *n* (Sport) (horse) caballo *m* no clasificado; (person) nulidad *f*

altar /ˈɔːltər || ˈɔːltə(r)/ *n* altar *m*

alter /ˈɔːltər || ˈɔːltə(r)/ *vt* 1 (change) ‹*text/situation*› cambiar, modificar*, alterar; ‹*garment*› arreglar 2 (castrate) (AmE colloq & euph) capar

■ **alter** *vi* cambiar

alteration /ˈɔːltəˈreɪʃən/ *n* [c u] (to text) cambio *m*, modificación *f*, alteración *f*; (to building) reforma *f*; (to garment) arreglo *m*; **she made major ~s to the plan** cambió radicalmente los planes

altercation /ˈɔːltərˈkeɪʃən || ˌɔːltəˈkeɪʃən/ *n* altercado *m*

alter ego /ˈɔːltərˈiːgəʊ, -ˈegəʊ || ˌɔːlterˈiːgəʊ, ˌæltərˈegəʊ/ *n* 1 (other self) alter ego *m*, otro yo *m* 2 (intimate friend—man) amigo *m* íntimo; (— woman) amiga *f* íntima

alternate¹ /ˈɔːltərnət || ɔːlˈtɜːnət/ *adj* (*before n*) 1 (every second): **she works ~ Tuesdays** trabaja un martes sí y otro no; **write on ~ lines** escriba dejando un renglón por medio 2 (happening by turns) alterno 3 (AmE) ▸ **alternative¹ 1**

alternate² /ˈɔːltərneɪt || ˈɔːltəneɪt/ *vt* alternar

■ **alternate** *vi* alternar; **he ~d between hope and despair** oscilaba entre la esperanza y la desesperación

alternate³ /ˈɔːltərnət || ɔːlˈtɜːnət/ *n* (AmE) suplente *mf*

alternately /ˈɔːltərnətli || ɔːlˈtɜːnətli/ *adv*: **he and she take the class ~** se turnan para dar la clase

alternating /ˈɔːltərneɪtɪŋ || ˈɔːltəneɪtɪŋ/ *adj* alterno

alternating current *n* [u] corriente *f* alterna

alternation /ˈɔːltərˈneɪʃən || ˌɔːltəˈneɪʃən/ *n* [u c] alternancia *f*

alternative¹ /ɔːlˈtɜːrnətɪv || ɔːlˈtɜːnətɪv/ *adj* (*before n*) 1 (other): **an ~ plan/method** un plan/método diferente; **they offered her ~ accommodation** le ofrecieron alojamiento en otro sitio 2 (progressive) ‹*lifestyle/medicine*› alternativo

alternative² *n* alternativa *f*; **you have no (other) ~ but to resign** no te queda otra alternativa que dimitir; **there's no ~** no hay más remedio; **there are ~s to flying** volar no es la única forma de viajar

alternatively /ɔːlˈtɜːrnətɪvli || ɔːlˈtɜːnətɪvli/ *adv* (*indep*): **you can eat in the hotel or, ~, go to a restaurant** puedes comer en el hotel o bien ir a un restaurante; **~, you could stay with us** si no, te podrías quedar con nosotros

alternator /ˈɔːltərneɪtər || ˈɔːltəneɪtə(r)/ *n* alternador *m*

although /ɔːlˈðəʊ/ *conj* aunque; **~ he wasn't well, he went to work** aunque *or* a pesar de que no estaba bien, fue a trabajar

altitude /ˈæltətuːd || ˈæltɪtjuːd/ *n* [u c] altitud *f*; (*before n*) **~ sickness** mal *m* de alturas *or* de montaña, soroche *m* (Andes)

alto¹ /ˈæltəʊ/ *n* (*pl* **altos**) contralto *f*

alto² *adj* alto

altogether¹ /ˈɔːltəˈgeðər || ˌɔːltəˈgeðə(r)/ *adv* 1 (completely) totalmente; **that system is ~ simpler** ese sistema es mucho más sencillo; **the decision wasn't ~ wise** la decisión no fue del todo acertada 2 (*as intensifier*): **it would involve ~ too much effort** supondría un esfuerzo mayúsculo 3 (in total) en total 4 (on the whole) (*indep*) en general

altogether² *n*: ***in the*** **~** (colloq & hum) en cueros (fam & hum)

altruism /ˈæltruɪzəm/ *n* [u] altruismo *m*

altruistic /ˈæltruˈɪstɪk/ *adj* altruista

aluminosis /əˌluːməˈnəʊsəs || əˌluːmɪˈnəʊsɪs/ *n* [u] aluminosis *f*

aluminum /əˈluːmɪnəm/, (BrE) **aluminium** /ˈæljəˈmɪniəm/ *n* [u] aluminio *m*

alumna /əˈlʌmnə/ *n* (*pl* **-nae** /-niː/) (AmE) ex-alumna *f*

alumnus /əˈlʌmnəs/ *n* (*pl* **-ni** /-naɪ/) (esp AmE) ex-alumno *m*

always /ˈɔːlweɪz/ *adv* **1** (at all times, invariably) siempre **2** (alternatively) siempre, en todo caso

Alzheimer's disease /ˈɑːltshaɪmərz || ˈæltshaɪməz/ *n* [u] enfermedad *f* de Alzheimer

am¹ /æm, *weak form* əm/ *1st pers sing of* **be**

am² (before midday) a.m.; **at 7 ~** a las 7 de la mañana *or* 7 a.m.

AM *n* (Rad) (= **amplitude modulation**) AM *f*

AMA *n* = **American Medical Association**

amalgam /əˈmælgəm/ *n* [c] (combination) amalgama *f*

amalgamate /əˈmælgəmeɪt/ *vt* ‹*collections/indexes*› unir, amalgamar; ‹*companies/departments*› fusionar
■ **amalgamate** *vi* «*companies*» fusionarse

amalgamation /əˈmælgəˈmeɪʃən/ *n* [u c] (Busn) fusión *f*

amass /əˈmæs/ *vt* ‹*fortune*› amasar; ‹*arms/information/debts*› acumular

amateur¹ /ˈæmətər || ˈæmətə(r)/ *n* **1** (Sport) amateur *mf* **2** (person lacking in professionalism): **a bunch of ~s** un grupo de gente sin ninguna profesionalidad

amateur² *adj* **1** (not professional) ‹*athlete/musician*› amateur; ‹*sport/competition*› para amateurs; **an ~ photographer** un aficionado a la fotografía **2** ▸**amateurish**

amateurish /ˈæmətərɪʃ/ *adj* (pej) de aficionados, poco serio

amaze /əˈmeɪz/ *vt* asombrar

amazed /əˈmeɪzd/ *adj* ‹*expression*› de asombro; **he was ~ at her reaction** su reacción lo dejó atónito *or* (fam) pasmado; **I'm ~ (at) how little you've changed** estoy asombrado de lo poco que has cambiado

amazement /əˈmeɪzmənt/ *n* [u] asombro *m*; **he listened in ~** escuchó asombrado; **to his ~, she turned down the offer** rechazó la oferta, lo cual le causó gran asombro

amazing /əˈmeɪzɪŋ/ *adj* increíble, asombroso, alucinante (fam)

amazingly /əˈmeɪzɪŋli/ *adv* **1** (*as intensifier*) ‹*cheap/difficult*› increíblemente; **~ quickly** con una rapidez asombrosa **2** (astonishingly) (*indep*): **~ enough, I won** aunque parezca mentira, gané yo

Amazon /ˈæməzɑːn || ˈæməzən/ *n* **1** (Myth) amazona *f* **2** (Geog) **the ~** el Amazonas; (*before n*) **the ~ rain forest** la selva tropical amazónica

Amazonian /ˈæməˈzəʊniən/ *adj* amazónico

ambassador /æmˈbæsədər || æmˈbæsədə(r)/ *n* embajador, -dora *m,f*; **the Italian ~** el embajador de Italia

amber /ˈæmbər || ˈæmbə(r)/ *n* [u] **1** (substance) ámbar *m* **2** (color) ámbar *m* **3** (BrE Aut) amarillo

ambiance *n* ▸**ambience**

ambidextrous /ˈæmbɪˈdekstrəs/ *adj* ambidiestro, ambidextro

ambience /ˈæmbiəns/ *n* ambiente *m*, atmósfera *f*

ambiguity /ˈæmbəˈgjuːəti || ˌæmbɪˈgjuːəti/ *n* [u c] (*pl* **-ties**) ambigüedad *f*

ambiguous /æmˈbɪgjuəs/ *adj* ambiguo

ambit /ˈæmbət || ˈæmbɪt/ *n* (frml) ámbito *m* (frml)

ambition /æmˈbɪʃən/ *n* **1** [c u] (drive, desire) ambición *f*; **he is totally lacking in ~** no es nada ambicioso **2** [u] (energy, vitality) (AmE colloq) energía *f*

ambitious /æmˈbɪʃəs/ *adj* **1** ‹*person/plan*› ambicioso; **to be ~ FOR sth/to + INF**: **she's ~ for power** tiene ambición de poder; **he's ~ to get to the top** ambiciona llegar a la cima; **you could be a bit more ~** podrías aspirar a más **2** (overadventurous) (*pred*): **aren't you being a bit ~?** ¿no estás pretendiendo hacer demasiado?

ambitiously /æmˈbɪʃəsli/ *adv* (with greed) ambiciosamente; (boldly): **he tried, rather ~, to do both** intentó hacer las dos cosas, lo que quizás fue querer abarcar demasiado

ambivalence /æmˈbɪvələns/ *n* [u] ambivalencia *f*

ambivalent /æmˈbɪvələnt/ *adj* ambivalente; **she felt ~ toward her sister** tenía sentimientos encontrados hacia su hermana

amble /ˈæmbəl/ *vi*: **to ~ along** ir* tranquilamente *or* sin ninguna prisa

ambulance /ˈæmbjələns/ *n* ambulancia *f*

ambulanceman /ˈæmbjələnsmən || ˈæmbjʊlənsmən/ *n* (*pl* **-men** /-mən/) (BrE) ambulanciero *m*

ambush¹ /ˈæmbʊʃ/ *vt* tenderle* una emboscada a

ambush² *n* emboscada *f*; **to lay an ~ (for sb/sth)** tender(le)* una emboscada (a algn/algo)

ameba /əˈmiːbə/ (AmE) ▸**amoeba**

ameliorate /əˈmiːljəreɪt/ *vt* (frml) mejorar

amen /ˈɑːˈmen, ˈeɪˈmen/ *interj* amén, así sea

amenable /əˈmiːnəbəl/ *adj* ‹*temperament*› dócil; **if they're ~** si ellos están de acuerdo *or* si a ellos les parece bien; **to be ~ TO sth**: **they proved quite ~ to the idea** se mostraron bien dispuestos frente a la idea

amend /əˈmend/ *vt* **1** ‹*text*› corregir* **2** (Law) enmendar*

amendment /əˈmendmənt/ *n* [c] **1** (alteration) corrección *f* **2** (Law) enmienda *f*

amends /əˈmendz/ *pl n*: **to make ~ to sb** desagraviar a algn; **I tried to make ~ for the damage I had done** intenté reparar el daño que había hecho

amenity /əˈmiːnəti/ *n* (*pl* **-ties**) [c] (convenience, service) servicio *m*; **close to all amenities** cercano a todo tipo de servicios públicos

America /əˈmerəkə || əˈmerɪkə/ *n* (USA) Norteamérica *f*, Estados *mpl* Unidos, América *f*; (continent) América *f*

American¹ /əˈmerəkən || əˈmerɪkən/ *adj* (of USA) estadounidense, norteamericano, americano

American² *n* [c] (from USA) estadounidense *mf*, norteamericano, -na *m,f*, americano, -na *m,f*

the American Dream

En Estados Unidos, el sueño americano es la creencia, que cualquier persona que trabaje duro puede alcanzar el éxito económico o social. Para los inmigrantes y las minorías, este sueño también incluye libertad e igualdad de derechos

American Football

El fútbol americano se juega con dos equipos de once jugadores cada uno y con una pelota de forma ovalada. Es un deporte violento por lo que los jugadores usan cascos y almohadillas de protección. Un equipo marca 7 puntos cuando se produce un *touchdown*, es decir al llevar la pelota hacia el campo contrario y cruzar la línea de gol del equipo adversario. Se pueden marcar puntos extra si después, con un puntapié, se introduce la pelota por entre los postes de la portería

American Indian¹ *adj* amerindio, de los indios americanos

American Indian² *n* indio americano, india americana *m,f*, amerindio, -dia *m,f*

American Indian

▸ **Native American**

Americanism /əˈmerəkənɪzəm || əˈmerɪkənɪzəm/ *n* (Ling) americanismo *m*; (characteristic) costumbre *f* (norte)-americana, americanada *f* (pey)

Americanization /əˈmerəkənəˈzeɪʃən || əˌmerɪkənaɪˈzeɪʃən/ *n* [u] americanización *f*

Americanize /əˈmerəkənaɪz || əˈmerɪkənaɪz/ *vt* americanizar*, agringar* (AmL pey); **to become ~d** americanizarse*, agringarse* (AmL pey)

Amerindian¹ /ˈæmərˈɪndiən/ *adj* amerindio

Amerindian² *n* amerindio, -dia *m,f*

amethyst /ˈæməθəst || ˈæməθɪst/ *n* [u c] amatista *f*

Amex /ˈæmeks/ (*no art*) **1** = **American Stock Exchange** **2** = **American Express**®

amiable /ˈeɪmiəbəl/ *adj* ‹*person/nature*› afable, amable

amiably /ˈeɪmiəbli/ *adv* afablemente, amablemente

amicable /ˈæmɪkəbəl/ *adj* ‹*person*› amigable; ‹*relations*› cordial, amistoso; ‹*agreement*› amistoso

amicably /'æmɪkəbli/ *adv* amigablemente, cordialmente

amid /ə'mɪd/, **amidst** /ə'mɪdst/ *prep* en medio de, entre

amiss[1] /ə'mɪs/ *adj* (*pred*): **there was nothing ~** no había ningún problema, todo estaba bien; **there's something ~** pasa algo

amiss[2] *adv*: **to take sth ~** tomarse algo a mal; **a little courtesy would not come** *o* **go ~** un poco de cortesía no estaría de más

ammo /'æməʊ/ *n* [u] (colloq) munición *f*

ammonia /ə'məʊniə/ *n* [u] amoníaco *m*

ammunition /'æmjə'nɪʃən || ˌæmjʊ'nɪʃən/ *n* [u] munición *f*; **this provided further ~ for her opponents** esto proporcionó nuevos argumentos a sus contrincantes

amnesia /æm'ni:ʒə || æm'ni:ziə/ *n* [u] amnesia *f*

amnesty /'æmnəsti/ *n* (*pl* **-ties**) amnistía *f*

amoeba, (AmE also) **ameba** /ə'mi:bə/ *n* ameba *f*, amiba *f*

amok /ə'mʌk || ə'mɒk/ *adv* **to run ~** ‹‹*person*›› empezar* a comportarse como un enajenado

among /ə'mʌŋ/, **amongst** /ə'mʌŋst/ *prep* **1** (in midst of) entre; **~ other things** entre otras cosas **2** (with each other) entre; **share it ~ yourselves** repártanselo entre ustedes

amoral /'eɪ'mɔ:rəl || eɪ'mɒrəl/ *adj* amoral

amorous /'æmərəs/ *adj* ‹*look/mood*› apasionado; **to get ~** ponerse* demasiado cariñoso

amorphous /ə'mɔ:rfəs || ə'mɔ:fəs/ *adj* amorfo

amount /ə'maʊnt/ *n* **1** (quantity) cantidad *f*; **any ~ of sth** grandes cantidades de algo; **no ~ of sth**: **no ~ of arguing will change their opinions** por más que discutamos no van a cambiar de opinión **2** (sum of money) cantidad *f*, suma *f*

Phrasal verb

- **amount to** [v ▸ prep ▸ o] **1** (add up to) ‹‹*debt/assets*›› ascender* a; ***not to ~ to anything/much***: **she'll never ~ to anything** nunca llegará a nada; **what he said didn't ~ to much** no dijo gran cosa **2** (be equivalent to): **it ~s to stealing** equivale a robar; **it all ~s to the same thing** viene a ser lo mismo

amp /æmp/ *n* **1** (Elec) amperio *m* **2** (amplifier) (colloq) amplificador *m*

ampere, ampère /'æmpɪr || 'æmpeə(r)/ *n* amperio *m*

ampersand /'æmpərsænd || 'æmpəsænd/ *n*: *el signo &*

amphetamine /æm'fetəmi:n/ *n* anfetamina *f*

amphibian /æm'fɪbiən/ *n* (Zool) anfibio *m*

amphibious /æm'fɪbiəs/ *adj* anfibio

amphitheater, (BrE) **amphitheatre** /'æmfɪˌθi:ətər || 'æmfɪˌθɪətə(r)/ *n* anfiteatro *m*

ample /'æmpəl/ *adj* **1** ‹*space*› amplio; ‹*funds/resources*› abundante; ‹*helping*› generoso; **you had ~ warning** se te avisó con sobrada anticipación **2** (plenty) (*pred*) más que suficiente

amplification /'æmpləfə'keɪʃən || ˌæmplɪfɪ'keɪʃən/ *n* [u] (Audio) amplificación *f*

amplifier /'æmpləfaɪər || 'æmplɪfaɪə(r)/ *n* amplificador *m*

amplify /'æmpləfaɪ || 'æmplɪfaɪ/ *vt* **-fies, -fying, -fied** ‹*sound*› amplificar*

amplitude /'æmplətu:d || 'æmplɪtju:d/ *n* [u] (frml) amplitud *f*

amply /'æmpli/ *adv* **1** (generously): **an ~ proportioned house** una casa amplia *or* espaciosa; **her ~ proportioned figure** su figura de generosas proporciones **2** (adequately) ‹*demonstrated*› ampliamente, suficientemente

ampoule, ampule /'æmpu:l/ *n* ampolla *f*, ampolleta *f*

amputate /'æmpjəteɪt || 'æmpjʊteɪt/ *vt* amputar

amputation /'æmpjə'teɪʃən || ˌæmpjʊ'teɪʃən/ *n* [u c] amputación *f*

Amtrak /'æmtræk/ *n* (in US) Ferrocarriles *mpl* de los EEUU

amuck /ə'mʌk/ *adv* ▸**amok**

amulet /'æmjələt || 'æmjʊlɪt/ *n* amuleto *m*

amuse /ə'mju:z/ *vt* **1** (entertain) entretener*; **the game kept them ~d for a while** el juego los tuvo entretenidos un rato **2** (make laugh) divertir*, hacer* reír

■ *v refl* **to ~ oneself** entretenerse*; (have fun) divertirse*; (relax) distraerse*

amused /ə'mju:zd/ *adj* ‹*expression*› divertido; **to be ~ AT sth**: **she was ~ at the look on his face** le hizo gracia la cara que puso

amusement /ə'mju:zmənt/ *n* **1** [u] (entertainment) distracción *f*, entretenimiento *m*, entretención *f* (AmL) **2** [u] (mirth) diversión *f*; **they watched in ~** miraban divertidos; **to our great ~** *o* **much to our ~ ...** para nuestro gran regocijo ...; (*before n*) **~ arcade** sala *f* de juegos recreativos; **~ park** parque *m* de diversiones *or* (Esp) atracciones

amusing /ə'mju:zɪŋ/ *adj* divertido, gracioso, entretenido

amusingly /ə'mju:zɪŋli/ *adv* de forma muy entretenida *or* divertida

an /æn, *weak form* ən/ *indef art before vowel* ▸**a**

anabolic steroid /'ænə'bɑ:lɪk || ˌænə'bɒlɪk/ *n* esteroide *m* anabólico

anachronism /ə'nækrənɪzəm/ *n* anacronismo *m*

anachronistic /ə'nækrə'nɪstɪk/ *adj* anacrónico

anaemia *etc* (BrE) ▸**anemia** *etc*

anaesthesia *etc* (BrE) ▸**anesthesia** *etc*

anagram /'ænəgræm/ *n* anagrama *m*

anal /'eɪnl̩/ *adj* anal

analgesic /'ænl̩'dʒi:zɪk || ˌænæl'dʒi:sɪk, -zɪk/ *n* [u c] analgésico *m*

analog[1] /'ænəlɔ:g || 'ænəlɒg/ *n* (AmE) análogo *m*

analog[2] *adj* (Comput) analógico

analogous /ə'næləgəs/ *adj* (frml) análogo; **to be ~ TO** *o* **WITH sth** ser* análogo A algo

analogue[1] /'ænəlɔ:g || 'ænəlɒg/ *n* (frml) análogo *m*

analogue[2] *adj* analógico

analogy /ə'nælədʒi/ *n* [c u] (*pl* **-gies**) analogía *f*; **to draw an ~ with sth** establecer* una analogía con algo

analyse *vt* (BrE) ▸**analyze**

analysis /ə'næləsəs || ə'nælɪsɪs/ *n* (*pl* **-lyses** /-lɪsi:z/) **1** [c u] (examination) análisis *m*; **on closer ~ ...** tras haberlo analizado más detenidamente ...; **in the final ~** bien considerado, a fin de cuentas **2** [u] (Psych) psicoanálisis *m*, análisis *m*; **he's still in ~** todavía ve a un psicoanalista

analyst /'ænl̩əst || 'ænəlɪst/ *n* **1** (of data) analista *mf* **2** (Psych) psicoanalista *mf*, analista *mf*

analytic /'ænə'lɪtɪk/, **-ical** /-ɪkəl/ *adj* analítico

analyze, (BrE) **analyse** /'ænəlaɪz/ *vt* **1** ‹*data*› analizar* **2** (Psych) psicoanalizar*, analizar*

anarchist /'ænərkəst || 'ænəkɪst/ *n* anarquista *mf*

anarchy /'ænərki || 'ænəki/ *n* [u] anarquía *f*

anathema /ə'næθəmə/ *n* (*pl* **-mas**) (*no art*) **to be ~ TO sb**: **liberal ideas are ~ to them** les repugnan *or* les resultan odiosas las ideas liberales

anatomical /'ænə'tɑ:mɪkəl || ˌænə'tɒmɪkəl/ *adj* anatómico

anatomy /ə'nætəmi/ *n* (*pl* **-mies**) **1** [u] (science) anatomía *f* **2** [c] (body) (hum) anatomía *f* (hum)

ANC *n* (= **African National Congress**) **the ~** el CNA

ancestor /'ænsestər || 'ænsestə(r)/ *n* (forefather) antepasado, -da *m,f*; (forerunner) antecesor, -sora *m,f*

ancestral /æn'sestrəl/ *adj*: **the ~ home** la casa solariega

ancestry /'ænsestri/ *n* [u] ascendencia *f*; **of noble ~** de noble linaje; **to trace one's ~** hacerse* el árbol genealógico

anchor[1] /'æŋkər || 'æŋkə(r)/ *n* **1** (Naut) ancla *f*‡; **to be** *o* **lie at ~** estar* anclado; **to cast** *o* **drop ~** echar anclas **2** (mainstay, support) sostén *m*

anchor[2] *vt* ‹*ship*› anclar, fondear; ‹*rope/tent*› sujetar, asegurar

anchorage /'æŋkərɪdʒ/ *n* **1** [c u] (place) fondeadero *m* **2** [u] (fee) anclaje *m*

anchor: **~man** /'æŋkərmæn || 'æŋkəmæn/ *n* (*pl* **-men** /-men/) (TV) presentador *m*; **~woman** *n* (TV) presentadora *f*

anchovy /'æntʃəʊvi || 'æntʃəvi/ *n* (*pl* **-vies** *or* **-vy**) anchoa *f*

ancient /'eɪnʃənt/ *adj* **1** ‹*civilizations/ruin*› antiguo; **A~ Greek** griego *m* clásico; **my divorce? that's all**

~ **history now** ¿mi divorcio? eso ya ha pasado a la historia **2** (colloq) (old) ‹*car*› del año de la pera (fam)

ancillary /'ænsəleri || æn'sɪləri/ *adj* (frml) **1** (supplementary) ‹*service/worker*› auxiliar **2** (subordinate) ‹*road*› secundario

and /ænd, *weak form* ənd/ *conj* [*The usual translation* **y** *becomes* **e** *when it precedes a word beginning with* **i, hi** *or* **y**]
A **1** y; **black ~ white** blanco y negro; **father ~ son** padre e hijo; **bread ~ butter** pan con mantequilla; **during June ~/or July** durante junio y/o julio **2** **and so on** etcétera; **~ so on, ~ so forth** etcétera, etcétera
B (in numbers): **one ~ a half** uno y medio; **two hundred ~ twenty** doscientos veinte
C (showing continuation, repetition): **faster ~ faster** cada vez más rápido; **he just eats ~ eats** no hace más que comer; **weeks ~ weeks passed** pasaron semanas y más semanas
D (*with inf*): **try ~ finish this today** trata de terminar esto hoy; **go ~ help your father** anda a ayudar a tu padre

Andalusia /ændə'lu:ʒə || ˌændə'lu:siə/ *n* Andalucía *f*

Andalusian[1] /ændə'lu:ʒən || ˌændə'lu:siən/ *adj* andaluz

Andalusian[2] *n* andaluz, -luza *m,f*

Andean /'ændiən/ *adj* andino

Andes /'ændi:z/ *pl n* **the ~** los Andes

Andorra /æn'dɔ:rə/ *n* Andorra *f*

androgynous /æn'drɑ:dʒənəs || æn'drɒdʒənəs/ *adj* andrógino

android /'ændrɔɪd/ *n* androide *m*

anecdotal /ænɪk'dəʊtl/ *adj* ‹*material*› anecdótico; ‹*biography/talk*› lleno de anécdotas; **~ evidence suggests that ...** los casos de los que se tiene conocimiento parecen indicar que ...

anecdote /'ænɪkdəʊt/ *n* anécdota *f*

anemia, (BrE) **anaemia** /ə'ni:miə/ *n* [u] anemia *f*

anemic, (BrE) **anaemic** /ə'ni:mɪk/ *adj* anémico

anemone /ə'neməni/ *n*
A (Bot) anémona *f*
B (*sea ~*) (Zool) anémona *f* de mar

anesthesia, (BrE) **anaesthesia** /ænəs'θi:ʒə || ˌænɪs'θi:ziə/ *n* [u] anestesia *f*

anesthesiologist /ænəsθi:zi'ɑ:lədʒəst || ˌænəsθi:zi'ɒlədʒɪst/ *n* (AmE) anestesiólogo, -ga *m,f*

anesthetic, (BrE) **anaesthetic** /ænəs'θetɪk || ˌænɪs'θetɪk/ *n* [c u] anestésico *m*; **to be under ~** estar* bajo los efectos de la anestesia

anesthetist, (BrE) **anaesthetist** /ə'nesθətəst || ə'ni:sθətɪst/ *n* **1** (AmE) (other than a physician) anestesista *mf* **2** (BrE) (qualified doctor) anestesista *mf*, anestesiólogo, -ga *m,f*

anesthetize, (BrE) **anaesthetize** /ə'nesθetaɪz || ə'ni:sθətaɪz/ *vt* anestesiar

anew /ə'nu: || ə'nju:/ *adv* (liter) de nuevo, otra vez

angel /'eɪndʒəl/ *n* ángel *m*; **thanks, you're an ~** gracias, eres un ángel *or* un cielo

angelic /æn'dʒelɪk/ *adj* angelical

anger[1] /'æŋgər || 'æŋgə(r)/ *n* [u] ira *f*, enojo *m* (esp AmL), enfado *m* (esp Esp); **words spoken in ~** palabras dichas en un momento de ira

anger[2] *vt* (hacer*) enojar (esp AmL), (hacer*) enfadar (esp Esp)

angina (pectoris) /æn'dʒaɪnə('pektərəs) || æn'dʒaɪnə (ˌpektərɪs)/ *n* [u] angina *f* (de pecho)

angiogram /'ændʒiəʊgræm/ *n* angiograma *m*

angle[1] /'æŋgəl/ *n*
A **1** ángulo *m*; **at an ~**: **she wore her hat at an ~** llevaba el sombrero ladeado; **at an ~ to the wall** formando un ángulo con la pared **2** (corner) arista *f*
B **1** (position) ángulo *m* **2** (point of view) perspectiva *f*, punto *m* de vista; **we need a new ~ on the subject** tenemos que darle un nuevo enfoque al tema

angle[2] *vt* ‹*pass/shot*› sesgar*; ‹*lamp*› orientar, dirigir*
■ **angle** *vi* (fish) pescar* (con caña)

Phrasal verb

• **angle for** [v ▸ prep ▸ o] (colloq): **she's angling for an invitation** anda buscando que la inviten

angler /'æŋglər || 'æŋglə(r)/ *n* pescador, -dora *m,f* (de caña)

Anglican[1] /'æŋglɪkən/ *n* anglicano, -na *m,f*

Anglican[2] *adj* anglicano; **the ~ Church** la Iglesia Anglicana

Anglicism, anglicism /'æŋglɪsɪzəm/ *n* anglicismo *m*

Anglicize, anglicize /'æŋglɪsaɪz/ *vt* anglicanizar*

angling /'æŋglɪŋ/ *n* [u] pesca *f* (con caña)

Anglo- /'æŋgləʊ/ *pref* anglo-

Anglo-Saxon[1] /'æŋgləʊ'sæksən/ *adj* anglosajón

Anglo-Saxon[2] *n* **1** [c] (person) anglosajón, -jona *m,f* **2** [u] (language) anglosajón *m*

Angola /æŋ'gəʊlə/ *n* Angola *f*

Angolan /æŋ'gəʊlən/ *adj* angoleño

angora /æŋ'gɔ:rə/ *n* angora *f*

angrily /'æŋgrəli || 'æŋgrɪli/ *adv* con ira, furiosamente; **no!, he shouted ~** —¡no! —gritó enojado (esp AmL) *or* (esp Esp) enfadado

angry /'æŋgri/ *adj* **angrier, angriest** **1** ‹*person*› enojado (esp AmL), enfadado (esp Esp); ‹*look*› de enojo (esp AmL), de enfado (esp Esp); ‹*animal*› furioso; ‹*silence*› cargado de ira *or* furia; **to get ~** enojarse (esp AmL), enfadarse (esp Esp); **to be ~ AT** *o* **WITH sb** estar* enojado *or* enfadado CON algn; **to be ~ ABOUT/AT sth**: **I'm really ~ about losing those keys** me da mucha rabia haber perdido las llaves; **I'm very ~ at the way I've been treated** estoy muy enojada *or* enfadada por cómo me han tratado **2** ‹*sea*› embravecido **3** (Med) inflamado, irritado

angst /ɑ:ŋst || æŋst/ *n* [u] angustia *f*

anguish /'æŋgwɪʃ/ *n* [u] angustia *f*; **to cause sb ~** angustiar a algn

anguished /'æŋgwɪʃt/ *adj* angustiado

angular /'æŋgjələr || 'æŋgjʊlə(r)/ *adj* ‹*shape*› angular; ‹*features*› anguloso

animal[1] /'ænəməl || 'ænɪməl/ *n* **1** (creature) animal *m*; (*before n*) **~ lover** amante *mf* de los animales **2** (brute) animal *mf*, bestia *f*

animal[2] *adj* ‹*desires*› carnal, de la carne; ‹*behavior*› propio de un animal

animate /'ænəmeɪt || 'ænɪmeɪt/ *vt* **1** (enliven) animar **2** (Cin) animar

animated /'ænəmeɪtəd || 'ænɪmeɪtɪd/ *adj* animado

animation /ænə'meɪʃən || ˌænɪ'meɪʃən/ *n* [u] **1** (liveliness) animación *f*, vivacidad *f* **2** (Cin) animación *f*

animator, animater /'ænəmeɪtər || 'ænɪmeɪtə(r)/ *n* animador, -dora *m,f*

animosity /ænə'mɑ:səti || ˌænɪ'mɒsəti/ *n* [u c] (*pl* **-ties**) animosidad *f*

aniseed /'ænəsi:d || 'ænɪsi:d/ *n* [u] anís *m*

ankle /'æŋkəl/ *n* tobillo *m*; (*before n*) **~ boot** botín *m*; **~ sock** calcetín *m* corto, soquete *m* (CS); **~ strap** tobillera *f*

ankle deep *adj*: **the street was ~ ~ in mud** el barro en la calle llegaba hasta los tobillos

anklet /'æŋklət || 'aŋklɪt/ *n* **1** (bracelet) ajorca *f*, cadenita *f* (*para el tobillo*) **2** (sock) (AmE) calcetín *m* corto

annals /'ænlz/ *pl n* (Hist) anales *mpl*, crónica *f*

annex[1] /ə'neks/ *vt* **1** ‹*territory/area*› anexar, anexarse **2** ‹*document*› adjuntar como anexo; ‹*clause*› añadir

annex[2], (BrE) **annexe** /'æneks/ *n* **1** (building) anexo *m*, anejo *m* **2** (to document) anexo *m*, anejo *m*, apéndice *m*

annihilate /ə'naɪəleɪt/ *vt* ‹*army/city*› aniquilar; (Sport) (colloq) darle* una paliza a

annihilation /ə'naɪə'leɪʃən/ *n* [u] aniquilación *f*

anniversary /ænə'vɜ:rsəri || ˌænɪ'vɜ:səri/ *n* (*pl* **-ries**) aniversario *m*; **the 100th ~ of his death** el primer centenario de su muerte; **it's their 10th wedding ~** es su décimo aniversario de boda *or* de casados

annotate /'ænəteɪt/ *vt* anotar

announce /ə'naʊns/ *vt* **1** ‹*flight/guest/marriage*› anunciar; **the mayor will ~ the winner** el alcalde dará a conocer el nombre del ganador **2** (declare) anunciar **3** (AmE Rad, TV) ‹*game/race*› comentar
■ **announce** *vi* (declare candidacy) (AmE Pol) **to ~ (FOR sth)** anunciar su (*or* mi *etc*) candidatura (A algo)

announcement /ə'naʊnsmənt/ *n* anuncio *m*; **an official ~** un comunicado oficial

announcer /ə'naʊnsər || ə'naʊnsə(r)/ *n* (Rad, TV) 1 (commentator) (AmE) comentarista *mf* 2 (between programs) (BrE) locutor, -tora *m,f* de continuidad

annoy /ə'nɔɪ/ *vt* (irritate, bother) molestar, irritar, fastidiar; (anger): **it ~s me to think that …** me da rabia pensar que …

annoyance /ə'nɔɪəns/ *n* 1 [u] (irritation) irritación *f*, fastidio *m*; (anger) enojo *m* (esp AmL), enfado *m* (esp Esp); **much to our ~ they didn't turn up** no aparecieron, lo cual nos dio mucha rabia 2 [c] (cause of irritation) molestia *f*, fastidio *m*

annoyed /ə'nɔɪd/ *adj* enojado (esp AmL), enfadado (esp Esp); **to get ~** enojarse (esp AmL), enfadarse (esp Esp); **they were ~ at having to wait** les dio mucha rabia tener que esperar; **I was ~ with her for not telling me** me enojé *or* enfadé con ella porque no me lo dijo

annoying /ə'nɔɪɪŋ/ *adj* ‹*person*› pesado; **it's very ~ to have to pay** da mucha rabia tener que pagar; **he has the ~ habit of …** tiene la maldita costumbre de …; **how ~!** ¡qué rabia *or* fastidio!

annoyingly /ə'nɔɪɪŋli/ *adv* ‹*repetitive*› irritantemente

annual¹ /'ænjuəl/ *adj* (*before n*) anual

annual² *n*
A (plant) planta *f* anual
B (publication) anuario *m*

annual general meeting *n* (BrE) junta *f* general ordinaria annual, asamblea *f* general ordinaria anual

annually /'ænjuəli/ *adv* anualmente, cada año

annul /ə'nʌl/ *vt* **-ll-** anular

annulment /ə'nʌlmənt/ *n* [c u] anulación *f*

Annunciation /ə'nʌnsi'eɪʃən/ *n* **the ~** la Anunciación

anodyne /'ænədaɪn/ *adj* anodino

anoint /ə'nɔɪnt/ *vt* ungir*

anomalous /ə'nɑːmələs || ə'nɒmələs/ *adj* (frml) anómalo

anomaly /ə'nɑːməli || ə'nɒməli/ *n* (*pl* **-lies**) anomalía *f*

anon¹ /ə'nɑːn || ə'nɒn/ *adv* (arch *or* liter): **(I'll) see you ~** (colloq) te veo luego

anon² = anonymous

anonymity /'ænə'nɪməti/ *n* [u] anonimato *m*

anonymous /ə'nɑːnəməs || ə'nɒnɪməs/ *adj* anónimo; **to remain ~** permanecer* en *or* conservar el anonimato; **~ letter** anónimo *m*

anonymously /ə'nɑːnəməsli || ə'nɒnɪməsli/ *adv* anónimamente, de manera anónima

anorexia (nervosa) /'ænə'reksiə(nər'vəʊsə) || ˌænə'reksiə(nɜː'vəʊsə)/ *n* [u] anorexia *f* (nerviosa)

anorexic /'ænə'reksɪk/ *adj* anoréxico

another¹ /ə'nʌðər || ə'nʌðə(r)/ *adj* 1 (different, alternative) otro, otra; **I can't make it this weekend; ~ time, perhaps?** este fin de semana no puedo, quizá(s) en otra ocasión 2 (in addition) otro, otra; (*pl*) otros, otras; **we need ~ three chairs** nos hacen falta otras tres sillas *or* tres sillas más; **can I have ~ one?** ¿me das otro/otra?; **he could be ~ Picasso** podría ser otro Picasso; **only ~ ten miles to go** sólo faltan diez millas; **it's just ~ job** es un trabajo como cualquier otro *or* como otro cualquiera

another² *pron* 1 (different, alternative) otro, otra; **he says one thing and does ~** dice una cosa y hace otra; **at one time or ~** en algún momento 2 (in addition) otro, otra; **would you like ~?** ¿quieres otro/otra? 3 (person) otro, otra; **I love ~** (liter) amo a otro/a otra

ANSI /'ænsi/ *n* = **American National Standards Institute**

answer¹ /'ænsər || 'ɑːnsə(r)/ *n*
A 1 (reply) respuesta *f*, contestación *f*; **what was their ~?** ¿qué respondieron *or* contestaron?; **there's no ~** (to doorbell, phone) no contestan; **in ~ to your question** para contestar tu pregunta; ***to be the ~ to sb's prayers*** llegar* como caído del cielo; ***to know all the ~s*** (colloq) saberlo* todo 2 (response) **~ (TO sth)**: **her ~ to his rudeness was to ignore it** respondió a su grosería ignorándola; **Britain's ~ to Elvis Presley** el Elvis Presley británico 3 (plea) (Law) contestación *f*
B 1 (in exam, test, quiz) respuesta *f* 2 (solution) solución *f*; **~ TO sth** solución DE algo

answer² *vt*
A 1 (reply to) ‹*person/letter*› contestar; **~ your father!** ¡contéstale a tu padre!; **because it's too far, she ~ed** —porque está muy lejos —contestó *or* respondió 2 ‹*telephone*› contestar, atender* (AmL), coger* (Esp); **will you ~ the door?** ¿vas tú (a abrir)? 3 ‹*critic/criticism*› responder a
B 1 ‹*need*› satisfacer*; **their prayers were ~ed** el cielo escuchó sus plegarias 2 (fit): **to ~ (to) a description** responder a una descripción

■ **answer** *vi* contestar, responder; **I phoned but no one ~ed** llamé por teléfono pero no contestaron; **if the doorbell rings, don't ~** si tocan el timbre, no contestes/abras

Phrasal verbs

• **answer back**
A [v ▸ adv] 1 (rudely) contestar 2 (defend oneself) responder a las acusaciones (*or* a sus críticos *etc*)
B [v ▸ o ▸ adv]: **her son ~ed her back** su hijo le contestó mal *or* de mala manera

• **answer for** [v ▸ prep ▸ o] 1 (accept responsibility for) ‹*conduct/consequences*› responder de; **his parents have a lot to ~ for** sus padres tienen mucha culpa 2 (guarantee) ‹*truth/integrity*› garantizar*, responder de; ‹*person*› responder por

• **answer to** [v ▸ prep ▸ o] 1 (be accountable) **to ~ to sb (FOR sth)** responder ante algn (DE algo) 2 ‹‹*dog/cat*››: **it ~s to the name of Bob** responde al nombre de Bob 3 ▸ **answer²** *vt* **B2**

answerable /'ænsərəbəl || 'ɑːnsərəbəl/ *adj* (*pred*) **to be ~ (TO sb/sth) (FOR sth)**: **she said she was not ~ for his behavior** dijo que ella no era responsable de lo que él hiciera; **I'm ~ to no one** no tengo que rendirle cuentas a nadie

answering machine /'ænsərɪŋ || 'ɑːnsərɪŋ/ *n* contestador *m* (automático)

ant /ænt/ *n* hormiga *f*; ***he has ~s in his pants*** (colloq) es muy inquieto

antacid /'ænt'æsəd || ænt'æsɪd/ *n* [c u] antiácido *m*

antagonism /æn'tægənɪzəm/ *n* [u c] antagonismo *m*; **~ TO/TOWARD sb/sth** antagonismo HACIA algn/algo

antagonist /æn'tægənəst || æn'tægənɪst/ *n* antagonista *mf*, contrincante *mf*

antagonistic /æn'tægə'nɪstɪk/ *adj* hostil, antagonista

antagonize /æn'tægənaɪz/ *vt* (irritate) fastidiar, hacer* enojar (esp AmL); (make hostile) suscitar el antagonismo de, antagonizar*

Antarctic¹ /ænt'ɑːrktɪk || æn'tɑːktɪk/ *adj* antártico; **the ~ Ocean** el Océano Antártico; **the ~ Circle** el Círculo Polar Antártico

Antarctic² *n* **the ~** la región antártica

Antarctica /ænt'ɑːrktɪkə || æn'tɑːktɪkə/ *n* la Antártida

ante /'ænti/ *n* **the ~** la apuesta inicial, la entrada (Méx); **to up** *o* **raise the ~** subir la apuesta inicial

anteater /'ænt,iːtər || 'ænt,iːtə(r)/ *n* oso *m* hormiguero

antecedent /ˌæntə'siːdn̩t || ˌæntɪ'siːdənt/ *n* antecedente *m*, precursor, -sora *m,f*

antechamber /'ænti,tʃeɪmbər || 'ænti,tʃeɪmbə(r)/ *n* antecámara *f*

antediluvian /'æntɪdə'luːviən || ˌæntɪdɪ'luːviən/ *adj* antediluviano, antidiluviano

antelope /'æntələʊp || 'æntɪləʊp/ *n* (*pl* **~s** *or* **~**) antílope *m*

antenatal /'ænti'neɪtl̩/ *adj* prenatal; **~ clinic** *consulta médica para mujeres embarazadas*

antenna /æn'tenə/ *n* 1 (*pl* **-nae** /-niː/) (Zool) antena *f* 2 (*pl* **-nas**) (Rad, TV) antena *f*

anterior /æn'tɪriər || æn'tɪəriə(r)/ *adj* anterior

anthem /'ænθəm/ *n* (song) himno *m*; **national ~** himno nacional

anthill /'ænthɪl/ *n* hormiguero *m*

anthology /æn'θɑːlədʒi || æn'θɒlədʒi/ *n* (*pl* **-gies**) antología *f*

anthrax /'ænθræks/ *n* [u] ántrax *m*, carbunclo *m* (maligno)

anthropological /'ænθrəpə'lɑːdʒɪkəl || ˌænθrəpə'lɒdʒɪkəl/ *adj* antropológico

anthropologist /'ænθrə'pɑːlədʒəst || ˌænθrə'pɒlədʒɪst/ *n* antropólogo, -ga *m,f*

a

anthropology /ˌænθrəˈpɑːlədʒi || ˌænθrəˈpɒlədʒi/ *n* [u] antropología *f*

anti /ˈæntaɪ, ˈænti || ˈænti/ *prep* (colloq) en contra de

anti- /ˈæntaɪ, ˈænti || ˈænti/ *pref* anti-

anti-abortion /ˈæntaɪəˈbɔːrʃən || ˌæntiəˈbɔːʃən/ *adj* antiabortista

antiaircraft /ˈæntaɪˈerkræft || ˌæntiˈeəkrɑːft/ *adj* antiaéreo

antibiotic /ˈæntɪbaɪˈɑːtɪk || ˌæntibaɪˈɒtɪk/ *n* [c u] antibiótico *m*; **he's on ~s** está tomando antibióticos

antibody /ˈænti,bɑːdi || ˈænti,bɒdi/ *n* (*pl* **-dies**) anticuerpo *m*

Antichrist /ˈæntikraɪst/ *n* **(the) ~** el Anticristo

anticipate /ænˈtɪsəpeɪt || ænˈtɪsɪpeɪt/ *vt*

A **1** (expect) ‹*consequences*› prever*; **I don't ~ any problems** no creo que vaya a haber ningún problema; **it was more difficult than ~d** resultó más difícil de lo que se había previsto *or* de lo que se esperaba; **to ~ -ING** tener* previsto + INF **2** (look forward to) esperar

B **1** (foresee and act accordingly) ‹*movements/objections/needs*› prever*; **I ~d the blow** vi venir* el golpe **2** (preempt) anticiparse a, adelantarse a

anticipation /ænˈtɪsəˈpeɪʃən || æn,tɪsɪˈpeɪʃən/ *n* [u] **1** (foresight) previsión *f*; **thanking you in ~** agradeciéndole de antemano su atención **2** (expectation) expectativa *f*

anticlimax /ˈæntaɪˈklaɪmæks || ˌæntiˈklaɪmæks/ *n* [c u] *suceso caracterizado por un descenso de la tensión*; (Lit) anticlímax *m*; (disappointment) decepción *f*

anticlockwise /ˈæntɪˈklɑːkwaɪz || ˌæntiˈklɒkwaɪz/ *adj/adv* (BrE) en sentido contrario a las agujas del reloj

antics /ˈæntɪks/ *pl n* (clowning) payasadas *fpl*, gracias *fpl*; (of naughty children) travesuras *fpl*

anticyclone /ˈæntɪˈsaɪkləʊn/ *n* anticiclón *m*

antidepressant /ˈæntaɪdɪˈpresn̩t || ˌæntidɪˈpresənt/ *n* antidepresivo *m*

antidote /ˈæntɪdəʊt/ *n* **~ (TO** *o* **FOR sth)** antídoto *m* (CONTRA algo)

antifreeze /ˈæntɪfriːz/ *n* [u] anticongelante *m*

antihero /ˈæntɪ,hiːrəʊ || ˈænti,hɪərəʊ/ *n* (*pl* **-roes**) antihéroe *m*

antihistamine /ˈæntɪˈhɪstəmiːn || ˌæntiˈhɪstəmɪn/ *n* [c u] antihistamínico *m*

Antilles /ænˈtɪliːz/ *pl n* **the (Greater/Lesser) ~** las Antillas (Mayores/Menores)

anti-lock /ˈæntɪˈlɑːk || ˈæntilɒk/ *adj* antibloque *adj inv*; **~ brakes** frenos *mpl* antibloque

antimatter /ˈænti,mætər || ˈæntɪ,mætə(r)/ *n* [u] antimateria *f*

antinuclear /ˈæntɪˈnuːkliər || ˌæntiˈnjuːkliə(r)/ *adj* antinuclear

antipathy /ænˈtɪpəθi/ *n* [c u] (*pl* **-thies**) **~ (TO/TOWARD sb/sth)** antipatía *f or* aversión *f* (HACIA algn/algo)

antiperspirant /ˈæntɪˈpɜːrspərənt || ˌæntiˈpɜːspɪrənt/ *n* [c u] antitranspirante *m*

antipodean /ænˈtɪpəˈdiːən/ *adj* de las antípodas

antipodes /ænˈtɪpədiːz/ *pl n* **the ~** las antípodas; **the A~** (BrE) Australia y Nueva Zelanda *or* Zelandia

antiquarian¹ /ˈæntəˈkweriən || ˌæntɪˈkweəriən/ *adj* ‹*book*› antiguo; ‹*bookseller*› especializado en libros antiguos

antiquarian², **antiquary** /ˈæntəkweri || ˈæntɪkwəri/ *n* anticuario, -ria *m,f*

antiquated /ˈæntəkweɪtəd || ˈæntɪkweɪtɪd/ *adj* anticuado

antique¹ /ænˈtiːk/ *n* antigüedad *f*; (*before n*) **~ dealer** anticuario, -ria *m,f*; **~ shop** tienda *f* de antigüedades, anticuario *m*

antique² *adj* ‹*lace/jewelry*› antiguo; ‹*furniture*› antiguo, de época

antiquity /ænˈtɪkwəti/ *n* (*pl* **-ties**)

A [u] **1** (ancient times) antigüedad *f* **2** (age) antigüedad *f*; **of great ~** muy antiguo *or* de gran antigüedad

B **antiquities** *pl* antigüedades *fpl*

anti-Semitic /ˈæntɪsəˈmɪtɪk || ˌæntisɪˈmɪtɪk/ *adj* antisemita

anti-Semitism /ˈæntɪˈsemətɪzəm || ˌæntɪˈsemɪtɪzəm/ *n* [u] antisemitismo *m*

antiseptic¹ /ˈæntɪˈseptɪk/ *n* [c u] antiséptico *m*

antiseptic² *adj* **1** (Pharm) antiséptico **2** (sterile, lifeless) aséptico

antisocial /ˈæntɪˈsəʊʃəl/ *adj* **1** (offensive to society) antisocial **2** (unsociable) poco sociable

antistatic /ˈæntɪˈstætɪk || ˌæntiˈstætɪk/ *adj* antiestático

anti-terrorist /ˈæntaɪˈterərəst || ˌæntiˈterərɪst/ *adj* antiterrorista

antithesis /ænˈtɪθəsəs || ænˈtɪθəsɪs/ *n* (*pl* **-eses** /-əsiːz/) antítesis *f*

antitrust /ˈæntɪˈtrʌst || ˌæntiˈtrʌst/ *adj* (in US) antimonopolio *adj inv*, antitrust *adj inv*

antler /ˈæntlər || ˈæntlə(r)/ *n* cuerno *m*, asta *f*‡; **the animal's ~s** la cornamenta del animal

antonym /ˈæntənɪm/ *n* antónimo *m*

anus /ˈeɪnəs/ *n* ano *m*

anvil /ˈænvəl || ˈænvɪl/ *n* yunque *m*

anxiety /æŋˈzaɪəti/ *n* (*pl* **-ties**) **1** [u] (distress, concern) preocupación *f*, ansiedad *f* **2** [c] (problem, worry) preocupación *f* **3** [u] (Med, Psych) ansiedad *f*, angustia *f* **4** [u] (eagerness) ansias *fpl*, afán *m*

anxious /ˈæŋkʃəs/ *adj* **1** (worried) preocupado, inquieto; **to be ~ ABOUT/FOR sth** estar* preocupado POR algo **2** (worrying) ‹*time/moment*› (lleno) de preocupación **3** (eager) deseoso, ansioso; **to be ~ to + INF**; **he's very ~ to please** tiene mucho afán de agradar; **my parents are ~ to meet you** mis padres están ansiosos por conocerte

anxiously /ˈæŋkʃəsli/ *adv* **1** (worriedly) con preocupación *or* inquietud **2** (eagerly) ansiosamente, con ansiedad

any¹ /ˈeni/ *adj*

Sense **I**

A (*in questions*) **1** (+ *pl n*): **are there ~ questions?** ¿alguien tiene alguna pregunta?; **does she have ~ children?** ¿tiene hijos? **2** (+ *uncount n*): **do you need ~ help?** ¿necesitas ayuda?; **do you want ~ more coffee?** ¿quieres más café? **3** (+ *sing count n: as indef art*) algún, -guna; **is there ~ chance they'll come?** ¿existe alguna posibilidad de que vengan?

B (*in if clauses and suppositions*) **1** (+ *pl n*): **call me if there are ~ changes** llámame si hay algún cambio; **if you see ~ flowers, buy some** si ves flores, compra algunas; **report ~ accidents to me** infórmeme de cualquier accidente que ocurra **2** (+ *uncount n*): **let me know if you have ~ pain** avíseme si siente dolor; **~ rivalry between them soon disappeared** si había existido entre ellos alguna rivalidad, pronto desapareció; **take ~ money you need** toma el dinero que necesites **3** (+ *sing count n*): **if ~ lawyer can help you, she can** si hay un abogado que te pueda ayudar, es ella; **~ upset could kill him** cualquier disgusto podría matarlo; **~ act of disobedience will be punished** toda desobediencia será castigada

C (*with neg and implied neg*) **1** (+ *pl n*): **don't buy ~ more eggs** no compres más huevos; **aren't there ~ apples left?** ¿no queda ninguna manzana?, ¿no quedan manzanas? **2** (+ *uncount n*): **don't make ~ noise** no hagas ruido; **didn't he give you ~ money at all?** ¿no te dio nada de dinero?; **it doesn't make ~ sense** no tiene ningún sentido **3** (+ *sing count n*) ningún, -guna; **he didn't leave ~ telephone number** no nos dejó ningún número de teléfono; **I didn't say ~ such thing!** ¡yo no dije tal cosa!

Sense **II**

A **1** (no matter which): **take ~ book you want** llévate cualquier libro *or* el libro que quieras; **take ~ books you want** llévate los libros que quieras; **call me ~ time** llámame cuando quieras; **~ day now** cualquier día de éstos **2** (every, all): **in ~ large school, you'll find that ...** en cualquier *or* todo colegio grande, verás que ...

B (countless, a lot): **~ number/amount of sth** cualquier cantidad de algo

any² *pron*

A (*in questions*) **1** (*referring to pl n*) alguno, -na; **those chocolates were nice, are there ~ left?** ¡qué ricos esos bombones! ¿queda alguno? **2** (*referring to uncount n*): **we need sugar; did you buy ~?** nos hace falta azúcar ¿compraste?; **is there ~ of that cake left?** ¿queda algo de ese pastel?

B (*in if clauses and suppositions*) **1** (*referring to pl n*): **buy some**

a

red ones if you can find ~ compra algunas rojas si encuentras; **the advantages, if ~, are marginal** las ventajas, si (es que) las hay, son marginales; **if ~ of my friends calls, take a message** si llama alguno de mis amigos, toma el recado **2** (*referring to uncount n*): **help yourself to cake if you want ~** sírvete pastel si quieres

C (*with neg and implied neg*) **1** (*referring to pl n*): **some children were here — I didn't see ~** aquí había algunos niños — yo no vi (a) ninguno *or* no los vi; **you'll have to go without cigarettes; I forgot to buy ~** te vas a tener que arreglar sin cigarrillos porque me olvidé de comprar **2** (*referring to uncount n*): **she offered me some wine, but I didn't want ~** me ofreció vino, pero no quise; **I didn't understand ~ of that lecture** no entendí nada de esa conferencia

D (no matter which) cualquiera; **which would you like? — ~ will do** ¿cuál quieres? — cualquiera (sirve)

any³ *adv*

A (*with comparative*): **do you feel ~ better now?** ¿te sientes (algo) mejor ahora?; **things aren't ~ better** las cosas no andan (nada) mejor; **they don't live here ~ more** ya no viven aquí

B (at all) (AmE): **have you thought about it ~ since then?** ¿has pensado en ello desde entonces?; **it doesn't seem to have affected him ~** no parece haberlo afectado en absoluto *or* (para) nada

anybody /ˈeni,bɑːdi || ˈeni,bɒdi/ *pron*

A **1** (somebody) (*in interrog, conditional sentences*) alguien; **~ at home?** ¿hay alguien en casa?; **will ~ be seeing Emma today?** ¿alguno de ustedes va a ver a Emma hoy?; **she'll know, if ~ does** si alguien lo sabe, va a ser ella **2** (a single person) (*with neg*) nadie; **don't tell ~!** ¡no se lo digas a nadie!

B **1** (whoever, everybody): **~ that wants a ticket** quien quiera una entrada; **give it to ~ you like** dáselo a quien quieras; **~ who's been to Paris knows ...** cualquier persona *or* cualquiera que haya estado en París sabe ...; **~ interested should contact ...** los interesados pónganse en contacto con ...; **~ married to a British citizen** toda persona casada con un ciudadano británico; **before ~ could stop her** antes de que nadie pudiera detenerla **2** (no matter who) cualquiera **3** (a person of importance) alguien; **everybody who is ~ was there** toda la gente importante estaba allí

anyhow /ˈenihaʊ/ *adv*

A ▸**anyway**

B (haphazardly) de cualquier manera

anyone /ˈeniwʌn/ *pron* ▸**anybody**

anyplace /ˈenipleɪs/ *adv* (AmE) ▸**anywhere¹ A**

anything /ˈeniθɪŋ/ *pron*

A **1** (something) (*in interrog, conditional sentences*) algo; **do you want ~ from the shop?** ¿quieres algo de la tienda?; **have you seen ~ of Dick lately?** ¿has visto a Dick últimamente?; **have you ever heard ~ so ridiculous?** ¡habráse oído semejante ridiculez!; **if ~, he seemed slightly worse** en todo caso, parecía que estaba algo peor; **before ~ is decided** antes de decidir nada **2** (something similar) (colloq): **do you need a hammer or ~?** ¿necesitas un martillo o algo por el estilo? **3** (a single thing) (*with neg*) nada; **don't say ~!** ¡no digas nada!; **hardly ~** casi nada

B **1** (whatever): **~ you like** lo que te guste, lo que prefieras; **~ you say!** ¡lo que tú digas!; **we'll do ~ we can to help** haremos todo lo que podamos para ayudar; **don't attempt ~ too demanding** no intentes hacer nada demasiado agotador; **it lasts for ~ up to three weeks** dura hasta tres semanas **2** (no matter what): **~ is possible** todo es posible; **~ could happen** podría pasar cualquier cosa; **I'll try ~ once** estoy siempre dispuesto a probar cosas nuevas; **I'd do ~ for you** haría lo que fuera *or* cualquier cosa por ti; **he eats ~** come de todo; **I wouldn't do that for ~** no haría eso por nada del mundo

C (*used for emphasis*): **was it interesting? — ~ but!** ¿fue interesante? — ¡qué va!; **he will be ~ but pleased** no le va a hacer gracia ni mucho menos; **the portrait doesn't look ~ like her** el retrato no se parece en nada a ella

anyway /ˈeniweɪ/ *adv*

A **1** (in any case) de todos modos, de todas formas, igual; **who's this Jack Simmons, ~?** ¿y a todo esto, quién es el tal Jack Simmons?; **who needs dictionaries, ~?** igual *or* total ¿para qué sirven los diccionarios? **2** (at least) al menos, por lo menos; **it was a good movie; I thought so ~** la película era buena; al menos *or* por lo menos a mí me lo pareció **3** (regardless) de todos modos, igual; **I'm going ~** de todos modos *or* aún así voy a ir

B (changing the subject, moving conversation on) (*as linker*) bueno; **~, to cut a long story short, ...** bueno, en resumidas cuentas ...

anywhere¹ /ˈenihwer || ˈeniweə(r)/ *adv*

A **1** (no matter where) en cualquier sitio *or* lugar *or* lado; **you can sit ~ you like** te puedes sentar donde quieras **2** (in, to any unspecified place): **have you seen my book ~?** ¿has visto mi libro por alguna parte *or* por algún lado?; **we never go ~ together** nunca vamos juntos a ningún lado *or* sitio; **that won't get you ~** con eso no vas a conseguir *or* lograr nada

B **anywhere near**: **is it ~ near Portland?** ¿queda cerca de Portland?; **we aren't ~ near ready yet** todavía no estamos listos ni mucho menos

anywhere² *pron*: **is there ~ that sells oysters?** ¿hay algún sitio *or* lugar donde vendan ostras?; **she hasn't ~ to stay** no tiene donde quedarse; **miles from ~** en un lugar muy alejado *or* apartado

AOB (**= any other business**) otros temas

aorta /eɪˈɔːrtə || eɪˈɔːtə/ *n* (*pl* **-tas** *or* **-tae** /-taɪ/) aorta *f*

apace /əˈpeɪs/ *adv* (liter *or* journ) a paso *or* ritmo acelerado

apart /əˈpɑːrt || əˈpɑːt/ *adv*

A **1** (separated): **keep them ~** manténgalos separados; **her intelligence set her ~** se destacaba por su inteligencia; *see also* **tell apart** **2** (into pieces): *see* **come, fall, pull, take** *etc* **apart**

B (distant): **in places as far ~ as Tokyo and Paris** en lugares tan alejados el uno del otro como Tokio y París; **the first and second interviews are weeks ~** hay varias semanas entre la primera y la segunda entrevista

C (excluded) (*after n*): **these faults ~ ...** aparte de *or* fuera de estos defectos ...; **joking ~ ...** bromas aparte ...

D **apart from** (*as prep*) **1** (except for) excepto, menos, aparte de; **~ from him we're all satisfied** aparte de él *or* exceptuándolo a él, todos estamos satisfechos **2** (discounting) aparte de; **quite ~ from the time it would take, I can't afford it** aparte *or* independientemente del tiempo que me tomaría, no puedo permitírmelo **3** (separated from): **she always sits ~ from the rest of the group** siempre se sienta apartada del resto del grupo

apartheid /əˈpɑːrteɪt || əˈpɑːteɪt/ *n* [u] apartheid *m*

apartment /əˈpɑːrtmənt || əˈpɑːtmənt/ *n* (set of rooms) apartamento *m*, departamento *m* (AmL), piso *m* (Esp); (*before n*) **~ house** *o* **building** edificio *m* de apartamentos *or* (AmL tb) de departamentos; **~ hotel** (AmE) apartotel *m*

apathetic /ˈæpəˈθetɪk/ *adj* apático

apathy /ˈæpəθi/ *n* [u] apatía *f*

ape¹ /eɪp/ *n* (Zool) simio *m*, mono *m*; ***to go ~*** (colloq) (lose temper) ponerse* hecho un basilisco *or* una furia (fam); (go crazy) ponerse* como loco

ape² *vt* remedar, imitar

aperitif, apéritif /əˈperəˈtiːf || əˈperətif/ *n* aperitivo *m*

aperture /ˈæpərtʃər || ˈæpətʃə(r)/ *n* **1** (Opt, Phot) apertura *f* **2** (hole, opening) (frml) orificio *m*; (long and narrow) rendija *f*

apex /ˈeɪpeks/ *n* (*pl* **apexes** *or* **apices**) **1** (Math) vértice *m* **2** (pinnacle, high point) cúspide *f*, cima *f* **3** (pointed end, tip) ápice *m*

APEX /ˈeɪpeks/ *adj* (**= advance purchase excursion**) (*before n*) ‹*ticket/booking*› Apex *adj inv*

aphid /ˈeɪfəd || ˈeɪfɪd/ *n* afidido *m*, áfido *m*

aphorism /ˈæfərɪzəm/ *n* aforismo *m*

aphrodisiac¹ /ˈæfrəˈdɪziæk/ *n* afrodisíaco *m*

aphrodisiac² *adj* afrodisíaco

apiary /ˈeɪpieri/ *n* (*pl* **-ries**) colmenar *m*, apiario *m* (AmL)

apices /ˈeɪpəsiːz || ˈeɪpɪsiːz/ *pl of* **apex**

apiculture /ˈeɪpəkʌltʃər || ˈeɪpɪkʌltʃə(r)/ *n* [u] (tech) apicultura *f*

apiece /əˈpiːs/ *adv* cada uno

aplenty /əˈplenti/ *adj* (*after n*) en abundancia

aplomb /əˈplɑːm || əˈplɒm/ *n* [u] aplomo *m*

apocalypse /əˈpɑːkəlɪps || əˈpɒkəlɪps/ *n* **1** (Bib) **Apocalypse the A~** el Apocalipsis **2** (disaster) apocalipsis *m*

apocalyptic /əˈpɑːkəˈlɪptɪk || ə,pɒkəˈlɪptɪk/ *adj* apocalíptico

a

apocryphal /ə'pɑːkrəfəl || ə'pɒkrɪfəl/ *adj* ‹*text/author*› apócrifo; ‹*tale*› espurio, inventado

apogee /'æpədʒiː/ *n* apogeo *m*

apolitical /'eɪpə'lɪtɪkəl/ *adj* apolítico

apologetic /ə'pɑːlə'dʒetɪk || ə,pɒlə'dʒetɪk/ *adj* ‹*letter/look*› de disculpa; **she was very ~** se deshizo en disculpas

apologetically /ə'pɑːlə'dʒetɪkli || ə,pɒlə'dʒetɪkli/ *adv*: **I'm really tired, she said ~** —estoy muy cansada —dijo disculpándose *or* excusándose

apologize /ə'pɑːlədʒaɪz || ə'pɒlədʒaɪz/ *vi* pedir* perdón, disculparse; **to ~ (TO sb) FOR sth**: **we ~ for the delay** rogamos disculpen el retraso; **you must ~ to her for being so rude** tienes que pedirle perdón por haber sido tan grosero; **I must ~ for my son** quisiera disculparme por el comportamiento de mi hijo

apology /ə'pɑːlədʒi || ə'pɒlədʒi/ *n* (*pl* **-gies**)
A **1** (expression of regret) (*often pl*) disculpa *f*, excusa *f*; **please accept my apologies** le ruego me disculpe; **to offer one's apologies** disculparse, excusarse (frml), presentar sus (*or* mis *etc*) disculpas *or* excusas (frml); **I owe you an ~** le debo una disculpa; **to make no ~ for sth**: **I make no ~ for bringing up the subject** no tengo ningún reparo en sacar el tema a colación **2** (for not attending meeting) (BrE): **apologies from J Brown** J Brown envía sus excusas por no poder asistir
B (poor specimen) **~ FOR sth**: **it's an ~ for a team** es un remedo de equipo

apoplectic /'æpə'plektɪk/ *adj* (Med) apoplético; **she was ~ with rage** (colloq) estaba que trinaba (fam)

apoplexy /'æpəpleksi/ *n* [u] apoplejía *f*

apostle /ə'pɑːsəl || ə'pɒsəl/ *n* apóstol *m*

apostolic /'æpə'stɑːlɪk || ,æpə'stɒlɪk/ *adj* apostólico

apostrophe /ə'pɑːstrəfi || ə'pɒstrəfi/ *n* **1** [c] (Ling, Print) apóstrofo *m* **2** [u c] (Lit) apóstrofe *m or f*

apothecary /ə'pɑːθəkeri || ə'pɒθəkəri/ *n* (*pl* **-ries**) (arch) boticario, -ria *m,f* (ant)

apotheosis /ə'pɑːθi'əʊsəs || ə,pɒθi'əʊsɪs/ *n* (*pl* **-ses** /-siːz/) **1** [u] (deification) apoteosis *f* **2** [c] (extreme manifestation) (liter) súmmum *m*, quintaesencia *f*

Appalachian Mountains /'æpə'leɪtʃən/, **Appalachians** /-z/ *pl n* **the ~ ~** los (montes) Apalaches

appall, (BrE) **appal** /ə'pɔːl/ *vt* (BrE) **-ll-** horrorizar*, consternar; **I'm ~ed by their attitude** me horroriza su actitud

appalling /ə'pɔːlɪŋ/ *adj* ‹*conditions*› atroz, terrible; ‹*language/behavior*› vergonzoso; **the play is absolutely ~** la obra es pésima

appallingly /ə'pɔːlɪŋli/ *adv* ‹*bad/ignorant*› terriblemente; **to behave ~** portarse terriblemente mal

apparatus /'æpə'rætəs || ,æpə'reɪtəs/ *n* [u c] (*pl* **~**)
1 (equipment) aparatos *mpl*; **a piece of ~** un aparato
2 (Pol) aparato *m*

apparel /ə'pærəl/ *n* [u] (Clothing) **1** (finery) (liter) atavío *m* (liter) **2** (AmE Busn) ropa *f*; **intimate ~** lencería *f*

apparent /ə'pærənt/ *adj* **1** (evident): **there's no ~ difference** no se advierte *or* nota ninguna diferencia; **for no ~ reason** sin motivo aparente; **it was ~ that ...** estaba claro que ..., era evidente *or* obvio que ...; **to become ~** hacerse* patente, empezar* a verse **2** (seeming) ‹*interest/concern*› aparente

apparently /ə'pærəntli/ *adv* **1** (*indep*) al parecer, por lo visto, según parece; **is she pregnant? — apparently** ¿está embarazada? — pues eso parece *or* por lo visto sí **2** (seemingly) ‹*intelligent/happy*› aparentemente

apparition /'æpə'rɪʃən/ *n* aparición *f*

appeal¹ /ə'piːl/ *n*
A [c] (call) llamamiento *m*, llamado *m* (AmL); (request) solicitud *f*, petición *f*, pedido *m* (AmL); (plea) ruego *m*, súplica *f*; **~ (TO sb) FOR sth**: **an ~ for calm** un llamamiento *or* un llamado a la calma; **they made an urgent ~ for food** hicieron un llamamiento *or* un llamado urgente solicitando alimentos; **an ~ to reason** un llamamiento *or* un llamado a la razón
B [c] (Law) apelación *f*, recurso *m* de apelación; **to have the right of ~** tener* derecho a apelar
C [c] (fund, organization) *campaña para recaudar fondos*
D [u] (attraction) atractivo *m*

appeal² *vi*
A (call) **to ~ FOR sth** ‹*for funds*› pedir* *or* solicitar algo; **the Minister went on television to ~ for calm** el ministro apareció en televisión para hacer un llamamiento *or* (AmL tb) un llamado a la calma; **to ~ TO sb/sth**: **the police ~ed to witnesses to come forward** la policía hizo un llamamiento *or* (AmL tb) un llamado para que se presentaran testigos del hecho; **to ~ to sb's better nature** apelar a la bondad de algn
B **1** (Law) apelar **2** (Sport) recurrir *or* apelar al árbitro (*or* al juez *etc*)
C (be attractive) **to ~ TO sb** atraerle* A algn; **teaching never ~ed to me** nunca me atrajo la enseñanza; **fishing doesn't ~** pescar no tiene mucho atractivo
■ **appeal** *vt* (AmE) ‹*decision/verdict*› apelar contra *or* de

appealing /ə'piːlɪŋ/ *adj* atractivo, atrayente

appealingly /ə'piːlɪŋli/ *adv* de manera atractiva *or* atrayente

appear /ə'pɪr || ə'pɪə(r)/ *vi*
(Sense I)
A **1** (come into view) aparecer*; **he suddenly ~ed from behind the door** de pronto salió de detrás de la puerta **2** «*spirit*» aparecerse*
B (be published) aparecer*, salir*; **to ~ in print** publicarse*
C (on television) aparecer*, salir*; (Theat) actuar*
D (Law) comparecer*; **to ~ in court** comparecer*
(Sense II) (seem) parecer*; **that's how he ~s to a lot of people** ésa es la impresión que le da a mucha gente; **so it ~s** *0* **so it would ~** eso parece; **it ~s not** *0* **it would ~ not** parecería que no; **to ~ to + INF** parecer* + INF; **she ~ed to be busy** parecía (estar) ocupada; **we ~ to be lost** parece que nos hemos perdido; **it ~s THAT**: **it ~s that she was the only one not to know** parece ser que era la única que no lo sabía

appearance /ə'pɪrəns || ə'pɪərəns/ *n*
A **1** [u c] (coming into view) aparición *f*; **he made a personal ~** apareció en persona; **she made an unexpected ~ at the party** apareció *or* se presentó inesperadamente en la fiesta; **to put in an ~** hacer* acto de presencia **2** (Law) comparecencia *f* **3** [u] (of book) aparición *f*, publicación *f*
B [u] **1** (look) aspecto *m*; **she gives the ~ of being quite contented** da la impresión de estar contenta con la vida **2** **appearances** *pl* apariencias *fpl*; **~s can be deceptive** las apariencias engañan; **to keep up ~s** guardar las apariencias; **for the sake of ~s** para salvar las apariencias

appease /ə'piːz/ *vt* ‹*person*› apaciguar*; ‹*anger*› aplacar*; ‹*hunger*› mitigar*

appeasement /ə'piːzmənt/ *n* [u] (Pol): **policy of ~** la política contemporizadora *or* de contemporización

append /ə'pend/ *vt* (frml) (add) **to ~ sth TO sth** agregar* *or* añadir algo A algo; (enclose) adjuntar *or* acompañar algo A algo

appendage /ə'pendɪdʒ/ *n* (frml) añadidura *f*, apéndice *m*

appendectomy /'æpen'dektəmi/ *n* (*pl* **-mies**) apendicectomía *f* (frml), apendectomía *f* (frml)

appendices /ə'pendəsiːz || ə'pendɪsiːz/ *pl of* **appendix**

appendicitis /ə'pendə'saɪtəs || ə,pendɪ'saɪtɪs/ *n* [u] apendicitis *f*

appendix /ə'pendɪks/ *n* (*pl* **-dixes** *or* **-dices**) **1** (Anat) apéndice *m*; **she had her ~ out** la operaron del apéndice **2** (in book) apéndice *m*

appertain /'æpər'teɪn || ,æpə'teɪn/ *vi* (frml) **to ~ TO sth** tener* relación CON algo

appetite /'æpətaɪt || 'æpɪtaɪt/ *n* [c u] apetito *m*; **the walk gave us an ~** la caminata nos abrió el apetito; **he has an enormous ~ for knowledge** tiene una enorme sed de sabiduría

appetizer /'æpətaɪzər || 'æpɪtaɪzə(r)/ *n* **1** (drink) aperitivo *m* **2** (snack) aperitivo *m*, tapa *f* (Esp), botana *f* (Méx)

appetizing /'æpətaɪzɪŋ || 'æpɪtaɪzɪŋ/ *adj* apetitoso

applaud /ə'plɔːd/ *vt* **1** ‹*person/performance*› aplaudir **2** (agree with, admire) ‹*decision/action*› aplaudir, aprobar*, celebrar
■ **applaud** *vi* aplaudir

applause /ə'plɔːz/ *n* [u] aplausos *mpl*; **let's have a round of ~ for ...** un aplauso para ...

apple /'æpəl/ *n* [c u] manzana *f*; **the Big A~** (colloq) la Gran Manzana, Nueva York; ***to be the ~ of sb's eye*** ser* la niña de los ojos de algn; (*before n*) **~ tree** manzano *m*

apple: **~cart** *n*: ***to upset the ~cart*** desbaratar los planes; **~ pie** *n* [c u] pastel *m* de manzana, pay *m* de manzana (Méx)

applet /'æplət || 'æplɪt/ *n* (Comput) applet *m*

appliance /ə'plaɪəns/ *n* (device) aparato *m*; **electrical ~s** (large) electrodomésticos *mpl*; (small) aparatos *mpl* eléctricos

applicable /'æplɪkəbəl, ə'plɪkəbəl/ *adj* (frml): **delete as ~** tache lo que no corresponda; **~ TO sb/sth**: **this part's not ~ to us** esta parte no nos atañe; **these regulations are only ~ to foreigners** estas normas se refieren *or* se aplican únicamente a los extranjeros

applicant /'æplәkənt || 'æplɪkənt/ *n* (for job) candidato, -ta *m,f*, aspirante *mf*, postulante *mf* (CS), aplicante *mf* (Ven)

application /'æplə'keɪʃən || ˌæplɪ'keɪʃən/ *n*

A [c u] (request) solicitud *f*; **~ FOR sth** ‹*for loan/grant/visa*› solicitud DE algo; **~ for bail** petición *f* de fianza; (*before n*) **~ form** (impreso *m* de) solicitud *f*

B **1** [c u] (use — of method, skills, theory) aplicación *f*; (— of force) uso *m*; **the machine has many ~s** la máquina tiene muchos usos **2** [u c] (of paint, ointment) aplicación *f*; **for external ~ only** para uso externo **3** [c] (Comput) aplicación *f*

C [u] (diligence) diligencia *f*, aplicación *f*

applicator /'æpləkeɪtər || 'æplɪkeɪtə(r)/ *n* aplicador *m*

applied /ə'plaɪd/ *adj* aplicado

appliqué /'æplə'keɪ || æ'pli:keɪ/ *n* [u c] (technique) *labor que consiste en hacer aplicaciones o apliques en una tela*; (decoration) aplicación *f*, aplique *m*, apliqué *m*

apply /ə'plaɪ/ **applies, applying, applied** *vt* **1** (put on) aplicar* **2** ‹*method/theory/rules*› aplicar*; **he applied his mind to the task** se concentró en la tarea; **to ~ the brakes** frenar; **to ~ pressure** usar fuerza; **she applied herself to her work** se puso a trabajar con diligencia *or* empeño

■ **apply** *vi* **1** (make application): **please ~ in writing to ...** diríjase por escrito a ...; **to ~ FOR sth** ‹*for loan/permission*› solicitar *or* pedir* algo; **to ~ for a job** solicitar un trabajo, presentarse para un trabajo, aplicar* a un trabajo (Ven), postular para un trabajo (CS); **to ~ TO sb FOR sth** solicitarle algo A algn; **Ⓢ apply within** infórmese aquí, razón aquí; **he applied to join the police** presentó una solicitud de ingreso en la policía **2** (be applicable, relevant) «*regulation/criterion*» aplicarse*

appoint /ə'pɔɪnt/ *vt*

A (name, choose) **to ~ sb (TO sth)** ‹*to post/committee*› nombrar *or* designar a algn (PARA algo); **she was ~ed director in 1987** fue nombrada directora en 1987

B (frml) ‹*date*› designar (frml), fijar; ‹*task*› asignar; **at the ~ed hour** a la hora señalada

C (BrE) **appointed** *past p*: **beautifully ~ed house** casa terminada con hermosos detalles, casa con hermoso terminado

appointment /ə'pɔɪntmənt/ *n*

A [c] (arrangement to meet) cita *f*; (with doctor, hairdresser) hora *f*, cita *f*; **I phoned the doctor's to make an ~** llamé al médico para pedir hora *or* una cita; **do you have an ~?** ¿tiene cita/hora?; **he failed to keep the ~** no acudió *or* no se presentó a la cita; **viewing by ~ only** concertar cita para visitar

B **1** [u c] (act of appointing) nombramiento *m*; **Ⓢ by appointment to Her Majesty Queen Elizabeth II** (in UK) proveedores de SM la reina Isabel II **2** [c] (post) (frml) puesto *m*; **publishing ~s** ofertas *fpl* de empleo en el campo editorial

apportion /ə'pɔ:rʃən || ə'pɔ:ʃən/ *vt* ‹*duties/time*› distribuir*; ‹*costs/sum*› prorratear, repartir; **the blame was ~ed to them both equally** se los culpó *or* se les imputó la culpa a ambos por partes iguales

apportionment /ə'pɔ:rʃənmənt || ə'pɔ:ʃənmənt/ *n* (AmE Pol) *determinación del número de escaños que corresponde proporcionar a cada estado*

apposite /'æpəzət || 'æpəzɪt/ *adj* (frml) apropiado, pertinente

appraisal /ə'preɪzəl/ *n* (of situation, employee) evaluación *f*; (of work, novel) valoración *f*, evaluación *f*; (of property) tasación *f*

appraise /ə'preɪz/ *vt* ‹*situation/employee*› evaluar*; ‹*novel/painting*› valorar; ‹*property*› tasar, avaluar* (AmL)

appreciable /ə'pri:ʃəbəl/ *adj* ‹*change/difference*› apreciable, sensible; ‹*loss/sum*› importante, considerable

appreciably /ə'pri:ʃəbli/ *adv* sensiblemente, perceptiblemente

appreciate /ə'pri:ʃieɪt/ *vt* **1** (value) ‹*food/novel*› apreciar; **someone who ~s good wine** una persona que aprecia *or* que sabe apreciar el buen vino; **she's not ~d here** aquí no se la valora **2** (be grateful for) agradecer*; **I ~ your help** (te) agradezco tu ayuda; **I'd ~ it if you could let me know** le agradecería que me avisara **3** (understand) ‹*danger/difficulties*› darse* cuenta de; **I (can) ~ that, but ...** te entiendo *or* lo comprendo *or* me hago cargo, pero ...

■ **appreciate** *vi* «*shares/property*» (re)valorizarse*, apreciarse (frml)

appreciation /ə'pri:ʃi'eɪʃən/ *n*

A **1** [u] (gratitude) agradecimiento *m*, reconocimiento *m*; **in ~ of your help** como muestra de nuestro agradecimiento por su ayuda **2** [u] (discriminating enjoyment): **he showed a genuine ~ of music** demostró saber apreciar la música; **art ~ classes** clases *fpl* de iniciación al arte *or* de apreciación artística **3** [c] (review) crítica *f*

B (Fin) (re)valorización *f*

appreciative /ə'pri:ʃətɪv/ *adj* **1** (grateful) ‹*smile/gesture*› de agradecimiento; **he wasn't very ~** no se mostró muy agradecido; **to be ~ OF sth** estar* agradecido POR algo **2** (of art, good food) apreciativo **3** (admiring) ‹*look*› de admiración; ‹*comment*› elogioso

appreciatively /ə'pri:ʃətɪvli/ *adv*: **she smiled at him ~** le sonrió agradecida; **the audience applauded ~** el público aplaudió en señal de apreciación

apprehend /'æprɪ'hend/ *vt* (frml) (arrest) apresar, detener*

apprehension /'æprɪ'hentʃən || ˌæprɪ'henʃən/ *n* [u]

A (anxiety) aprensión *f*, temor *m*

B (arrest) (frml) detención *f*, arresto *m*

apprehensive /'æprɪ'hensɪv/ *adj* ‹*look*› aprensivo, de aprensión; **to be ~ ABOUT sth**: **I'm rather ~ about the consequences** estoy algo inquieto *or* preocupado por lo que pueda pasar; **to grow ~** inquietarse

apprehensively /'æprɪ'hensɪvli/ *adv* con aprensión

apprentice[1] /ə'prentəs || ə'prentɪs/ *n* aprendiz, -diza *m,f*

apprentice[2] *vt*: **to be ~d TO sb** estar* de aprendiz CON algn

apprenticeship /ə'prentəsʃɪp || ə'prentɪsʃɪp/ *n* aprendizaje *m* (*de un oficio*)

apprise /ə'praɪz/ *vt* (frml) **to ~ sb OF sth** informar a algn DE algo; **he was ~d of the facts** se lo informó *or* se lo puso al tanto de los hechos

approach[1] /ə'prəʊtʃ/ *vi* acercarse*, aproximarse; **the time is fast ~ing when ...** se acerca rápidamente el momento en que ...

■ **approach** *vt* **1** (draw near to) aproximarse *or* acercarse* a; **he was ~ing 50** se acercaba a los 50; **something ~ing half a kilo** casi medio kilo **2** (talk to): **have you ~ed her about it?** ¿ya se lo ha planteado?, ¿ya ha hablado con ella del asunto?; **he ~ed me for a loan** se dirigió a mí para pedirme un préstamo; **several companies ~ed us** varias compañías se pusieron en contacto con nosotros; **to be easy/difficult to ~** ser*/no ser* muy accesible **3** (tackle) ‹*problem/question*› enfocar*, abordar

approach[2] *n*

A [c] (method, outlook) enfoque *m*; **~ TO sth**: **to adopt a new ~ to sth** dar un nuevo enfoque a algo; **let's try a different ~ to the problem** enfoquemos el problema de otra manera

B [c] (overture — offering sth) propuesta *f*; (— requesting sth) solicitud *f*, petición *f*, pedido *m* (AmL); **to make ~es** *o* **an ~ to sb** hacerle* una propuesta (*or* una solicitud *etc*) a algn

C [u] (drawing near): **he looked up at my ~** levantó la vista cuando me acerqué; **at the ~ of winter** al acercarse el invierno; **the pilot made his ~** el piloto efectuó las maniobras de aproximación

D [c] (means of entering) acceso *m*; (*before n*) **~ road** (BrE) camino *m* de acceso

a

approachable /ə'prəʊtʃəbəl/ *adj* 1 ‹*person*› accesible 2 ‹*place*› accesible

approaching /ə'prəʊtʃɪŋ/ *adj*: **he didn't see the ~ car** no vio el coche que se acercaba *or* se aproximaba; **he viewed his ~ retirement with concern** se acercaba el momento de su jubilación y esto lo inquietaba

approbation /'æprə'beɪʃən/ *n* [u] (frml) aprobación *f*

appropriate¹ /ə'prəʊpriət/ *adj* apropiado; **it would not be ~ for me to comment** no estaría bien que hiciera algún comentario; **take the ~ action** tome las medidas pertinentes; **delete as ~** tachar lo que no corresponda

appropriate² /ə'prəʊprieɪt/ *vt* 1 (take illegally) ‹*possessions*› apropiarse de 2 (set aside) ‹*money*› destinar, asignar

appropriately /ə'prəʊpriətli/ *adv* de manera apropiada, apropiadamente

appropriateness /ə'prəʊpriətnəs || ə'prəʊpriətnɪs/ *n* [u] lo apropiado

appropriation /ə'prəʊpri'eɪʃən/ *n* 1 [c u] (Govt) (in US) partida *f*, asignación *f*; (*before n*) **the House/Senate A~s Committee** el Comité de gastos de la Cámara de Representantes/del Senado 2 [u] (taking) apropiación *f* 3 [u] (of funds) asignación *f*

approval /ə'pru:vəl/ *n* [u] 1 (agreement) aprobación *f*; **to seek sb's ~ (for sth)** tratar de obtener la aprobación de algn (para algo); **I've drafted a letter for your ~** he escrito la carta en borrador para que usted le dé el visto bueno 2 **on ~** a prueba

approve /ə'pru:v/ *vi* 1 (agree): **to ~ (OF sth/sb)**: **mother seems to ~ of him** a mamá parece gustarle; **they didn't ~ of us getting married** no les pareció bien que nos casáramos; **I don't ~ of his methods** no estoy de acuerdo con sus métodos; **they don't ~ of my smoking** les parece mal que fume; **do you ~?** ¿le parece bien? 2 (agree formally) dar* su (*or* mi *etc*) aprobación *or* visto bueno

■ **approve** *vt* 1 (sanction, agree) ‹*decision/plan*› aprobar* 2 (officially recognize) ‹*institution*› acreditar; **an ~d method** un método autorizado

approving /ə'pru:vɪŋ/ *adj* ‹*smile/look*› de aprobación, aprobatorio

approvingly /ə'pru:vɪŋli/ *adv* con aprobación; **she nodded ~** asintió con la cabeza en señal de aprobación

approx /ə'prɑ:ks || ə'prɒks/ (**= approximate/approximately**) aprox.

approximate¹ /ə'prɑ:ksəmət || ə'prɒksɪmət/ *adj* aproximado

approximate² /ə'prɑ:ksəmeɪt || ə'prɒksɪmeɪt/ *vi* **to ~ TO sth** aproximarse A algo

approximately /ə'prɑ:ksəmətli || ə'prɒksɪmətli/ *adv* aproximadamente

approximation /ə'prɑ:ksə'meɪʃən || ə,prɒksɪ'meɪʃən/ *n* 1 (rough calculation) aproximación *f* 2 (rough equivalent): **at best it's an ~ to the truth** como mucho podría decirse que se acerca a la verdad

Apr (**= April**) abr.

APR *n* (**= annual percentage rate**) TAE

apricot /'æprəkɑ:t || 'eɪprɪkɒt/ *n* albaricoque *m* *or* (Méx) chabacano *m* *or* (CS) damasco *m*; (*before n*) **~ tree** albaricoquero *m* *or* (Méx) chabacano *m* *or* (AmS) damasco *m*

April /'eɪprəl || 'eɪprɪl/ *n* abril *m*; (*before n*) **~ fool!** ¡inocente!; **to play an ~ fool on sb** gastarle *or* hacerle* una inocentada a algn; **~ Fools' Day** ≈ el día de los (Santos) Inocentes (*en EEUU y GB se celebra el 1º de abril*); ***~ showers bring May flowers*** ≈ en abril, aguas mil; **an ~ shower** ≈ una nube *or* un chaparrón de verano; *see also* **January**

apron /'eɪprən/ *n* (for domestic use) delantal *m*, mandil *m* (Esp); (workman's) mandil *m*; ▸**string¹ A2**

apropos /'æprə'pəʊ/ *adj* 1 ‹*remark*› pertinente, acertado 2 **~ (of)** (*as prep*) a propósito de

apse /æps/ *n* ábside *m*

apt /æpt/ *adj* 1 (fitting, suitable) acertado, apropiado 2 (likely) **to be ~ to + INF** ser* propenso *or* tener* tendencia *or* tender* A + INF 3 (clever, quick) listo, capaz, despierto

aptitude /'æptətu:d || 'æptɪtju:d/ *n* [c u] **~ (FOR sth)** aptitud *f* (PARA algo); **she showed an early ~ for music** muy pronto mostró tener aptitudes musicales *or* talento para la música

aptly /'æptli/ *adv* acertadamente

aptness /'æptnəs || 'æptnɪs/ *n* [u] lo acertado

aqua /'ækwə, 'ɑ:kwə || 'ækwə/ *n* [u] (esp AmE) ▸**aquamarine 2**

Aqua-Lung® /'ækwəlʌŋ, 'ɑ:kwəlʌŋ || 'ækwəlʌŋ/ *n* escafandra *f* autónoma

aquamarine /'ækwəmə'ri:n, 'ɑ:kwəmə'ri:n || ,ækwəmə'ri:n/ *n* 1 [c u] (Min) aguamarina *f*‡ 2 [u] (color) color *m* aguamarina

aquarium /ə'kweriəm || ə'kweəriəm/ *n* (*pl* **-riums** *or* **-ria** /-riə/) acuario *m*

Aquarius /ə'kweriəs || ə'kweəriəs/ *n* 1 (sign) (*no art*) Acuario; **he was born under ~** nació bajo el signo de Acuario; **I'm ~** soy (de) Acuario 2 (person) Acuario *or* acuario *mf*, acuariano, -na *m,f*

aquatic /ə'kwætɪk, ə'kwɑ:tɪk || ə'kwætɪk/ *adj* acuático

aqueduct /'ækwədʌkt || 'ækwɪdʌkt/ *n* acueducto *m*

aquiline /'ækwəlaɪn || 'ækwɪlaɪn/ *adj* aguileño, aquilino (liter)

AR = Arkansas

Arab¹ /'ærəb/ *adj* árabe

Arab² *n* árabe *mf*

arabesque /'ærə'besk/ *n* arabesco *m*

Arabian /ə'reɪbiən/ *adj* árabe; **the ~ Nights** Las mil y una noches; **the ~ Sea** el Mar de Omán

Arabic¹ /'ærəbɪk/ *adj* árabe; **a~ numerals** números *mpl* arábigos

Arabic² *n* [u] árabe *m*

arable /'ærəbəl/ *adj* arable, cultivable; **~ farming** agricultura *f*; **~ land** tierras *fpl* de cultivo

Aragon /'ærəgɑ:n || 'ærəgən/ *n* Aragón *m*

arbiter /'ɑ:rbətər || 'ɑ:bɪtə(r)/ *n* árbitro, -tra *m,f*

arbitrarily /'ɑ:rbə'trerəli || 'ɑ:bɪtrərɪli/ *adv* arbitrariamente

arbitrary /'ɑ:rbə,treri || 'ɑ:bɪtrəri/ *adj* arbitrario

arbitrate /'ɑ:rbətreɪt || 'ɑ:bɪtreɪt/ *vt* ‹*dispute*› arbitrar (en)

■ **arbitrate** *vi* arbitrar

arbitration /'ɑ:rbə'treɪʃən || ,ɑ:bɪ'treɪʃən/ *n* [u] arbitraje *m*; **to go to ~** recurrir *or* someterse al arbitraje

arbitrator /'ɑ:rbətreɪtər || 'ɑ:bɪtreɪtə(r)/ *n* árbitro, -tra *m,f*

arbor, (BrE) **arbour** /'ɑ:rbər || 'ɑ:bə(r)/ *n* pérgola *f*, cenador *m*

arc /ɑ:rk || ɑ:k/ *n* (Astron, Math) arco *m*

arcade /ɑ:r'keɪd || ɑ:'keɪd/ *n* 1 (Archit) arcada *f*; (around square, along street) soportales *mpl*, recova *f* (Arg) 2 (of shops) galería *f* comercial 3 (*video ~*) sala *f* de juegos

arcane /ɑ:r'keɪn || ɑ:'keɪn/ *adj* ‹*knowledge/symbol*› arcano, misterioso; ‹*language*› críptico

arch¹ /ɑ:rtʃ || ɑ:tʃ/ *n* 1 (Archit) arco *m* 2 (of foot) arco *m*; **he has fallen ~es** tiene (los) pies planos

arch² *vt* ‹*eyebrows/back*› arquear

■ **arch** *vi* (form arch) formar un arco

arch³ *adj* 1 (mischievous) ‹*remark/smile*› malicioso, pícaro 2 (superior) ‹*tone*› de superioridad

arch- /ɑ:rtʃ || ɑ:tʃ/ *pref* archi-; **~traitor** architraidor; *see also* **archbishop** *etc*

archaeological *etc* (BrE) ▸**archeological** *etc*

archaic /ɑ:r'keɪɪk || ɑ:'keɪɪk/ *adj* arcaico

archangel /'ɑ:rk,eɪndʒəl || 'ɑ:k,eɪndʒəl/ *n* arcángel *m*

archbishop /'ɑ:rtʃ'bɪʃəp || ,ɑ:tʃ'bɪʃəp/ *n* arzobispo *m*

arched /ɑ:rtʃt || ɑ:tʃt/ *adj* ‹*window*› en forma de arco; ‹*eyebrows/back*› arqueado

archenemy /'ɑ:rtʃ'enəmi || ,ɑ:tʃ'enəmi/ *n* (*pl* **-mies**) archienemigo, -ga *m,f*

archeological, (BrE) **archaeological** /'ɑ:rkiə'lɑ:dʒɪkəl || ,ɑ:kiə'lɒdʒɪkl/ *adj* arqueológico

archeologist, (BrE) **archaeologist** /'ɑ:rki'ɑ:lədʒəst || ,ɑ:ki'ɒlədʒɪst/ *n* arqueólogo, -ga *m,f*

archeology, (BrE) **archaeology** /'ɑ:rki'ɑ:lədʒi || ,ɑ:ki'ɒlədʒi/ *n* [u] arqueología *f*

archer /'ɑ:rtʃər || 'ɑ:tʃə(r)/ *n* arquero, -ra *m,f*

archery /'ɑːrtʃəri || 'ɑːtʃəri/ *n* [u] tiro *m* con/al arco

archetypal /'ɑːrkɪ'taɪpəl || ,ɑːkɪ'taɪpəl/ *adj* arquetípico

archetype /'ɑːrkɪtaɪp || 'ɑːkɪtaɪp/ *n* arquetipo *m*

archipelago /'ɑːrkə'peləgəʊ || ,ɑːkɪ'peləgəʊ/ *n* (*pl* **-gos** *or* **-goes**) archipiélago *m*

architect /'ɑːrkətekt || 'ɑːkɪtekt/ *n* arquitecto, -ta *m,f*; (of idea, event) artífice *mf*

architectural /'ɑːrkə'tektʃərəl || ,ɑːkɪ'tektʃərəl/ *adj* arquitectónico

architecture /'ɑːrkətektʃər || 'ɑːkɪtektʃə(r)/ *n* [u] arquitectura *f*

archive /'ɑːrkaɪv || 'ɑːkaɪv/ *n* (*often pl*) archivo *m*; **film ~(s)** filmoteca *f*

archly /'ɑːrtʃli || 'ɑːtʃli/ *adv* 1 (mischievously) maliciosamente 2 (arrogantly) con aire de superioridad

archway /'ɑːrtʃweɪ || 'ɑːtʃweɪ/ *n* (entrance) arco *m* (de entrada); (passageway) pasadizo *m* abovedado

Arctic[1] /'ɑːrktɪk || 'ɑːktɪk/ *adj* 1 ‹*flora/fauna*› ártico; **the ~ Ocean** el Océano (Glacial) Ártico, el Ártico; **the ~ Circle** el Círculo Polar Ártico 2 **arctic** ‹*temperatures/conditions*› glacial

Arctic[2] *n* **the ~** la región ártica, las tierras árticas, el Ártico

ardent /'ɑːrdn̩t || 'ɑːdn̩t/ *adj* ‹*supporter*› apasionado; ‹*lover*› apasionado, fogoso; ‹*plea/desire*› ferviente; ‹*prayer*› ferviente, fervoroso

ardently /'ɑːrdn̩tli || 'ɑːdəntli/ *adv* ardientemente, fervientemente

ardor, (BrE) **ardour** /'ɑːrdər || 'ɑːdə(r)/ *n* [u] (liter) (zeal) fervor *m*, ardor *m*; (love) pasión *f*

arduous /'ɑːrdʒuəs || 'ɑːdjuːəs/ *adj* ‹*task*› arduo; ‹*training/conditions*› duro, riguroso; ‹*march/climb*› difícil

are /ɑːr || ɑː(r), *weak form* ər/ *2nd pers sing, 1st, 2nd & 3rd pers pl pres of* **be**

area /'eriə || 'eəriə/ *n*

A 1 (geographical) zona *f*, área *f*‡, región *f*; **in the New York ~** en la zona *or* el área de Nueva York; (*before n*) ‹*manager*› regional 2 (urban) zona *f*; **the ~ we live in** el barrio en el que vivimos

B (part of room, building) zona *f*; **the library is a no-smoking ~** en la biblioteca no se puede fumar

C (expanse, patch): **the shaded ~ represents ...** el área sombreada representa ...; **apply the ointment to the affected ~s** aplicar el ungüento a las partes afectadas; **the wreckage was scattered over a wide ~** los restos del siniestro quedaron esparcidos sobre une extensa zona

D (Math) superficie *f*, área *f*‡; (of room, land) superficie *f*

E (field, sphere) terreno *m*; (of knowledge) campo *m*, terreno *m*; **to identify problem ~s** identificar* problemas

F (Sport) (*penalty ~*) área *f*‡ (de castigo)

area: **~ code** *n* (AmE) código *m* de la zona (AmL), prefijo *m* (local) (Esp); **~way** *n* (AmE) patio *m*

arena /ə'riːnə/ *n* 1 (of stadium) arena *f*, ruedo *m* 2 (scene of activity) ruedo *m*; **the political ~** el ruedo político, la arena política

aren't /ɑːrnt || ɑːnt/ 1 **= are not** 2 (*with 1st person sing*) (esp BrE) **= am not**: **~ I clever?** ¡qué lista soy! ¿no?; **I'm right, ~ I?** tengo razón ¿no?

Argentina /'ɑːrdʒən'tiːnə || ,ɑːdʒən'tiːnə/ *n* Argentina *f*

Argentine[1] /'ɑːrdʒəntaɪn || 'ɑːdʒəntaɪn/ *adj* argentino

Argentine[2] *n* (country) (dated) **the ~** (la) Argentina

Argentinian[1] /'ɑːrdʒən'tɪniən || ,ɑːdʒən'tɪniən/ *adj* argentino

Argentinian[2] *n* argentino, -na *m,f*

arguable /'ɑːrgjuəbəl || 'ɑːgjʊəbəl/ *adj* discutible; **it is ~ that ...** podría decirse que ...

arguably /'ɑːrgjuəbli || 'ɑːgjʊəbli/ *adv* (*indep*): **this is ~ his best novel** podría decirse que ésta es su mejor novela

argue /'ɑːrgjuː || 'ɑːgjuː/ *vi*

A (disagree, quarrel) discutir; (more heatedly) pelear(se), reñir* (esp Esp); **to ~ ABOUT/OVER sth** discutir *or* pelear POR algo; **don't ~ with me!** ¡no me discutas!; **$10,000 tax-free? you can't ~ with that!** ¿10.000 dólares libres de impuestos? ¡no es como para quejarse!

B (reason): **she ~s convincingly** sabe expresar su punto de vista de manera muy convincente; **to ~ FOR/AGAINST sth**: **she ~d for his reinstatement** abogó por que fuera restituido a su cargo; **he ~s against changing the law** da razones en contra de que se cambie la ley

■ **argue** *vt* 1 (put forward) ‹*case*› exponer*, presentar 2 (adduce) alegar*; (present as argument) argüir*, sostener*; **supporters of the bill ~ that ...** los partidarios del proyecto arguyen *or* sostienen que ... 3 (debate) ‹*issue*› discutir, debatir

Phrasal verb

• **argue out** [v ▸ o ▸ adv, v ▸ adv ▸ o] discutir

argument /'ɑːrgjəmənt || 'ɑːgjʊmənt/ *n*

A [c u] (quarrel, disagreement) discusión *f*; (more heated) pelea *f*, riña *f* (esp Esp); **to have an ~ with sb** tener* una discusión con algn, discutir con algn; (more heatedly) pelearse *or* (esp Esp) reñir* con algn; **I've only heard her side of the ~** sólo he oído su versión del asunto

B [u c] (debate) polémica *f*; **let's say, for the sake of ~ that ...** pongamos por caso que ...

C [c] 1 (case) razones *fpl*, argumentos *mpl*; **~ FOR/AGAINST sth** razones *or* argumentos A FAVOR/EN CONTRA DE algo; **there is a good ~ for postponing the decision** existen sobradas razones *or* sobrados motivos para postergar la decisión 2 (line of reasoning) razonamiento *m*

argumentative /'ɑːrgjə'mentətɪv || ,ɑːgjʊ'mentətɪv/ *adj* discutidor

aria /'ɑːriə/ *n* aria *f*‡

arid /'ærəd || 'ærɪd/ *adj* árido

aridity /ə'rɪdəti/ *n* [u] aridez *f*

Aries /'eriːz || 'eəriːz/ *n* 1 (sign) (*no art*) Aries 2 [c] (person) Aries *or* aries *mf*, ariano, -na *m,f*; *see also* **Aquarius**

arise /ə'raɪz/ *vi* (*past* **arose** /ə'rəʊz/; *past p* **arisen** /ə'rɪzən/)

A (occur) «*difficulty/opportunity*» surgir*, presentarse; **if the need ~s** si fuera necesario; **should the question ~** si se plantea la cuestión; **to ~ FROM *o* OUT OF sth** surgir* (a raíz) DE algo

B 1 (rise up) (liter) «*wind*» levantarse; «*cry*» alzarse* (liter) 2 (get up) (arch) levantarse

aristocracy /'ærə'stɑːkrəsi || ,ærɪ'stɒkrəsi/ *n* (*pl* **-cies**) aristocracia *f*

aristocrat /ə'rɪstəkræt || 'ærɪstəkræt/ *n* aristócrata *mf*

aristocratic /ə'rɪstə'krætɪk || ,ærɪstə'krætɪk/ *adj* aristocrático

arithmetic[1] /ə'rɪθmətɪk/ *n* [u] aritmética *f*; **I did some quick ~** hice un cálculo rápido

arithmetic[2] /'ærɪθ'metɪk/, **-ical** /-ɪkəl/ *adj* aritmético

Ariz = Arizona

Ark[1] = Arkansas

Ark[2] /ɑːrk || ɑːk/ *n* arca *f*‡; **Noah's ~** el arca de Noé; ***out of the ~*** (colloq) antediluviano *or* antidiluviano (fam)

arm[1] /ɑːrm || ɑːm/ *n*

A (Anat) brazo *m*; **they walked along ~ in ~** iban del brazo; **he had a newspaper under his ~** traía un periódico bajo el *or* debajo del brazo; **to put one's ~s around sb** abrazar* a algn; **to throw one's ~s around sb** echarle los brazos al cuello a algn; **they walked with their ~s around each other** iban abrazados; **within ~'s reach** al alcance de la mano; ***as long as your o my ~*** (colloq) más largo que un día sin pan (fam); ***the long ~ of the law*** el brazo de la ley; ***to cost an ~ and a leg*** (colloq) costar* un ojo de la cara *or* un riñón (fam); ***to keep sb at ~'s length*** guardar las distancias con algn; ***to twist sb's ~*** presionar a algn; ***to welcome sb with open ~s*** recibir a algn con (los) brazos abiertos; ▸**tie[2] A2**

B 1 (of chair, crane) brazo *m* 2 (of garment) manga *f*

C (of organization) sección *f*; (Pol) brazo *m*

D **arms** *pl* (weapons) armas *fpl*; **to lay down one's ~s** deponer* las armas; ***to be up in ~s (about o over sth)***: **the locals are up in ~s about the plan** los lugareños están furiosos con el plan

arm[2] *vt* armar; **to ~ sb WITH sth** ‹*with weapons*› armar a algn DE *or* CON algo; ‹*with tools/information*› proveer* a algn DE algo; **to ~ oneself (with sth)** armarse de *or* con algo; *see also* **armed**

armada /ɑːr'mɑːdə || ɑː'mɑːdə/ *n* armada *f*, flota *f*; **the (Spanish) A~** (Hist) la Armada Invencible

Armageddon /'ɑːrmə'gedn̩ || ,ɑːmə'gedn̩/ *n* 1 (battle) el Apocalipsis 2 (place) Harmaguedón

armament /ˈɑːrməmənt || ˈɑːməmənt/ *n* armamento *m*

arm: **~band** *n* (to denote rank, as sign of mourning etc) brazalete *m*; (for swimming) flotador *m* (*que se coloca en el brazo*), alita *f* (AmS); **~chair** *n* sillón *m*, butaca *f*; (*before n*) ‹*revolutionary*› de salón, de café

armed /ɑːrmd || ɑːmd/ *adj* ‹*resistance/struggle*› armado; **~ robbery** robo *m* *or* atraco *m* a mano armada; **~ WITH sth** armado DE algo; **~ with these statistics, he demanded to see the director** con estas estadísticas en mano, exigió ver al director

-armed /ˈɑːrmd || ɑːmd/ *suff*: **long~** de brazos largos; **one~** manco

Armenia /ɑːrˈmiːniə || ɑːˈmiːniə/ *n* Armenia *f*

Armenian¹ /ɑːrˈmiːniən || ɑːˈmiːniən/ *adj* armenio

Armenian² *n* **1** (person) armenio, -nia *m,f* **2** [u] (language) armenio *m*

armful /ˈɑːrmfʊl || ˈɑːmfʊl/ *n*: **an ~ of firewood** una brazada de leña; **she went into the room with an ~ of clothes** entró en la habitación con un montón de ropa

armhole /ˈɑːrmhəʊl || ˈɑːmhəʊl/ *n* sisa *f*

armistice /ˈɑːrməstəs || ˈɑːmɪstɪs/ *n* armisticio *m*; (*before n*) **A~ Day** el día del Armisticio (*día en que se conmemora el fin de la primera guerra mundial*)

armor, (BrE) **armour** /ˈɑːrmər || ˈɑːmə(r)/ *n* [u] (to protect body) armadura *f*, coraza *f*; **suit of ~** armadura *f*; **knights in ~** caballeros *mpl* con armaduras

armored, (BrE) **armoured** /ˈɑːrmərd || ˈɑːməd/ *adj* ‹*vehicle*› blindado

armor-plated, (BrE) **armour-plated** /ˈɑːrmər ˈpleɪtəd || ˌɑːməˈpleɪtɪd/ *adj* blindado

armory, (BrE) **armoury** /ˈɑːrməri || ˈɑːməri/ *n* (*pl* **-ries**) **1** (stock of arms) arsenal *m* **2** (storehouse) arsenal *m* **3** (factory) (AmE) fábrica *f* de armas

armour *etc* (BrE) ▸ **armor** *etc*

arm: **~pit** *n* axila *f*, sobaco *m*; **~rest** *n* (of chair, sofa) brazo *m*; (of car, airplane seat) apoyabrazos *m*; **~s dealer** *n* (legal) comerciante *mf* de armas; (illegal) traficante *mf* de armas; **~s factory** *n* fábrica *f* de armas; **~s race** *n* carrera *f* armamentista *or* de armamentos; **~ wrestling** *n* [u]: **he's very good at ~ wrestling** es muy bueno echando pulsos *or* (CS) pulseando *or* (Méx) jugando a las vencidas

army /ˈɑːrmi || ˈɑːmi/ *n* (*pl* **armies**) ejército *m*; **to be in the ~** ser* militar; **to join the ~** alistarse en el ejército; (*before n*) ‹*barracks/discipline*› militar; **~ officer** militar *mf*, oficial *mf* del ejército (de tierra)

aroma /əˈrəʊmə/ *n* aroma *m*

aromatherapy /əˈrəʊməˈθerəpi/ *n* [u] aromaterapia *f*

aromatic /ˈærəˈmætɪk/ *adj* aromático

arose /əˈrəʊz/ *past of* **arise**

around¹ /əˈraʊnd/ *adv*

A **1** (in a circle): **~ and ~ they drove** estuvieron dando vueltas y vueltas con el coche **2** (so as to face in different direction): **she glanced ~** echó un vistazo a su alrededor; *see also* **look, turn** *etc* **around** **3** (on all sides): **there's nothing for miles ~** no hay nada en millas a la redonda; **everyone crowded ~** todo el mundo se apiñó alrededor **4** (in circumference) de circunferencia; **it is 12m ~** tiene 12m de circunferencia

B **1** (in the vicinity): **is John ~?** ¿anda *or* está John por ahí?; **there's no one ~** aquí no hay nadie; **(I'll) see you ~!** (colloq) ¡nos vemos! **2** (in existence) (colloq): **computers weren't ~ in those days** en aquellos tiempos no había computadoras; **the idea had been ~ for quite a while** la idea no era nueva; **it's the best one ~** es lo mejor que hay (en plaza)

C (from one place, person to another): **the dog followed us ~** el perro nos seguía a todas partes; **she showed us ~** nos mostró *or* enseñó la casa (*or* la fábrica *etc*); **he knows his way ~** conoce la ciudad (*or* la zona *etc*); **there's a rumor going ~** corre un rumor; **I phoned ~** hice unas cuantas llamadas, llamé a varios sitios; **he's been ~** (colloq) tiene mucho mundo; **he prefers to travel ~ on his own** prefiere viajar solo

D (at, to different place): **I'll be ~ at Angela's** estaré en casa de Angela; **we had some friends ~ for a meal** invitamos a unos amigos a comer

E (approximately) más o menos, aproximadamente; **he must be ~ 35** debe (de) tener unos 35, debe (de) andar por los 35; **at ~ five thirty** alrededor de *or* a eso de *or* sobre las cinco y media; **~ two million people** unos dos millones de personas; **~ 1660** alrededor de 1660; **~ the turn of the century** hacia finales de siglo

around² *prep*

A (encircling) alrededor de; **he put his arm ~ her** la rodeó con el brazo; **they sailed ~ the world** dieron la vuelta al mundo en un velero; **the myths that have grown up ~ these events** los mitos que han surgido en torno a estos acontecimientos

B **1** (in the vicinity of) alrededor de; **do you live ~ here?** ¿vives por *or* cerca de aquí? **2** (within, through): **I had things to do ~ the house** tenía cosas que hacer en casa; **they traveled ~ Europe** viajaron por Europa; **she took them ~ the house** les mostró *or* enseñó la casa

arousal /əˈraʊzəl/ *n* [u] (awakening) despertar *m*; (sexual) excitación *f* (sexual)

arouse /əˈraʊz/ *vt* ‹*curiosity/interest/suspicion*› despertar*, suscitar; (sexually) excitar

arr **1** (Transp) = **arrives/arrival** **2** (Mus) (= **arranged by**) arr.

arrange /əˈreɪndʒ/ *vt*

A **1** (put in certain order, position) ‹*furniture*› arreglar, disponer*; ‹*flowers*› arreglar; **I ~d the cards in alphabetical order** coloqué *or* puse las fichas en orden alfabético, ordené las fichas alfabéticamente **2** (put in order) arreglar, ordenar; **to ~ one's hair/clothes** arreglarse el pelo/la ropa; **I needed time to ~ my thoughts** necesitaba tiempo para poner mis ideas en orden

B (fix up in advance) ‹*meeting/party*› organizar*; ‹*date/fee*› fijar; ‹*deal/appointment*› concertar*; ‹*loan*› tramitar; **we'll ~ your accommodation** nos encargaremos de conseguirle alojamiento; **we ~d between us who would do what** acordamos *or* arreglamos entre los dos quién se encargaría de cada cosa; **she had ~d to meet them for lunch** había quedado en encontrarse con ellos para comer, había quedado con ellos para comer (Esp)

C (Mus) arreglar

■ **arrange** *vi* **to ~ FOR sb/sth to + INF**: **could you ~ for the carpets to be cleaned?** ¿podría encargarse de que alguien venga a limpiar las alfombras?; **we've ~d for you to see the specialist** le hemos pedido hora *or* una cita con el especialista

arranged marriage *n*: *boda concertada por las familias de los contrayentes*

arrangement /əˈreɪndʒmənt/ *n*

A [c u] (of furniture) disposición *f*; **a flower ~** un arreglo floral

B [c] (agreement): **what's the ~ for tomorrow?** ¿cómo hemos/se ha quedado para mañana?, ¿cuál es el plan para mañana?; **we made an ~ to meet the next day** quedamos en encontrarnos al día siguiente; **I have an ~ with the bank** tengo un acuerdo *or* arreglo con el banco; **group visits by ~** se ruega concertar de antemano las visitas en grupo

C **arrangements** *pl* (plans) planes *mpl*; (for a funeral) preparativos *mpl*; **what are the sleeping ~s?** ¿cómo vamos (*or* van *etc*) a dormir?; **she made ~s for her mail to be sent on** dispuso que le reexpidieran la correspondencia; **I can't come, I've already made other ~s** no puedo venir, ya tengo otro compromiso

D [c] (Mus) arreglo *m*

arrant /ˈærənt/ *adj* (frml) (*before n, no comp*) ‹*fool/liar*› redomado; **~ nonsense** la estupidez más absoluta

array¹ /əˈreɪ/ *n* **1** [c] (range, display) selección *f*, despliegue *m* **2** [c] (Comput, Math) matriz *f* **3** [c] (Mil) formación *f*; **in battle ~** en orden de batalla

array² *vt* (liter) (spread out) exponer*, exhibir, presentar

arrears /əˈrɪrz || əˈrɪəz/ *pl n* atrasos *mpl*; **to be in ~ with the rent** estar* atrasado en el pago del alquiler; **salaries are paid monthly in ~** los sueldos se pagan mensualmente, una vez cumplido cada mes de trabajo; **to fall** *o* **get into ~ with** *o* **on sth** atrasarse *or* retrasarse en los pagos de algo

arrest¹ /əˈrest/ *n* detención *f*, arresto *m*; **to be under ~** estar* detenido *or* arrestado; **you're under ~** queda detenido *or* arrestado; **to put** *o* **place sb under ~** detener* *or* arrestar a algn

arrest[2] *vt*
A (detain) detener*, arrestar
B **1** ‹*progress/growth*› (hinder) dificultar, poner* freno a; (halt) detener*; ‹*decline*› atajar **2** (hold, detain) (liter) atraer*

arresting /ə'restɪŋ/ *adj* ‹*beauty/smile*› deslumbrante; ‹*image/thought*› fascinante

arrival /ə'raɪvəl/ *n*
A [u c] (coming) llegada *f*, arribo *m* (esp AmL frml); **on ~** al llegar, a su (*or* mi *etc*) llegada
B [c] (person or thing): **the latest ~s in our fashion department** las últimas novedades en nuestra sección de modas; **congratulations on your new ~** felicitaciones por el nacimiento *or* la llegada de vuestro hijo

arrive /ə'raɪv/ *vi* (come) «*person/train/letter*» llegar*; «*baby*» nacer*, llegar*; **flight 1702 arriving from Athens** el vuelo 1702 procedente de Atenas; **to ~ home** llegar* a casa; **to ~ AT/IN** llegar* A; **how did you ~ at that figure?** ¿cómo llegaste a *or* cómo obtuviste ese resultado?; **to ~ on the scene** aparecer*, llegar*

arrogance /'ærəgəns/ *n* [u] arrogancia *f*

arrogant /'ærəgənt/ *adj* arrogante

arrogantly /'ærəgəntli/ *adv* con arrogancia, arrogantemente

arrow /'ærəʊ/ *n* flecha *f*

arse /ɑːrs || ɑːs/ *n* (BrE vulg) **1** (part of body) culo *m* (fam: en algunas regiones vulg); ***he can't tell his ~ from his elbow*** no tiene ni puta idea (vulg); *see also* **ass B 2** (idiot): **you silly ~!** ¡tonto del culo! (fam), ¡pendejo! (AmL exc CS fam)

Phrasal verb
• **arse about, arse around** [v ▸ adv] (BrE vulg) gansear (fam)

arsehole /'ɑːrshəʊl || 'ɑːshəʊl/ *n* (BrE) ▸**asshole**

arsenal /'ɑːrsn̩əl || 'ɑːsənl̩/ *n* (store) arsenal *m*

arsenic /'ɑːrsənɪk || 'ɑːsənɪk/ *n* [u] arsénico *m*

arson /'ɑːrsn̩ || 'ɑːsn̩/ *n* [u] incendiarismo *m*; **it was ~** el incendio fue provocado

arsonist /'ɑːrsn̩əst || 'ɑːsənɪst/ *n* incendiario, -ria *m,f*

art[1] /ɑːrt || ɑːt/ *n*
A **1** [u] (object of aesthetics) arte *m*; **~ for ~'s sake** el arte por el arte; **she's studying ~** estudia Bellas Artes; (*before n*) ‹*class*› de arte; (in school) de dibujo; **~ exhibition** exposición *f* de obras de arte; **~ gallery** (museum) museo *m* de arte; **~ school** *o* **college** escuela *f* de Bellas Artes; (for minor arts) escuela *f* de Artes y Oficios **2** [u c] (artwork) trabajos *mpl* artísticos; **~s and crafts** artesanía
B **arts** *pl* **1** **the ~s** la cultura y las artes **2** (BrE Educ) letras *fpl*
C (skill, craft) (*no pl*) arte *m*; **a dying ~** un arte que se está perdiendo; **the ~ of conversation** el arte de la conversación

art[2] (arch) eres; **thou ~** (tú) eres

artefact /'ɑːrtɪfækt || 'ɑːtɪfækt/ *n* (BrE) artefacto *m*

arterial /ɑːr'tɪriəl || ɑː'tɪəriəl/ *adj* (*usu before n*) ‹*blood*› arterial; ‹*river/road*› importante

artery /'ɑːrtəri || 'ɑːtəri/ *n* (*pl* **-ries**) (Anat) arteria *f*; (Transp) carretera *f* importante

artesian well /ɑːr'tiːʒən || ɑː'tiːziən/ *n* pozo *m* artesiano

art form *n* arte *m*, medio *m* de expresión artística

artful /'ɑːrtfəl || 'ɑːtfəl/ *adj* ‹*scheme*› ingenioso; ‹*person*› astuto, taimado, artero

arthritic /ɑːr'θrɪtɪk || ɑː'θrɪtɪk/ *adj* artrítico

arthritis /ɑːr'θraɪtəs || ɑː'θraɪtɪs/ *n* [u] artritis *f*

artichoke /'ɑːrtətʃəʊk || 'ɑːtɪtʃəʊk/ *n* (*globe ~*) alcachofa *f*, alcaucil *m* (RPl); (*Jerusalem ~*) aguaturma *f*, pataca *f*

article /'ɑːrtɪkəl || 'ɑːtɪkəl/ *n*
A (thing, item) artículo *m*, objeto *m*; **an ~ of clothing** una prenda (de vestir); **this is malt whisky, the genuine ~** esto es auténtico whisky de malta
B (in newspaper, encyclopedia) artículo *m*
C (Ling) artículo *m*
D **articles** *pl* (apprenticeship) (*no art*) aprendizaje *m*

articulate[1] /ɑːr'tɪkjəleɪt || ɑː'tɪkjʊleɪt/ *vt*
A **1** (express) ‹*idea/feeling*› expresar; ‹*policy/project*› articular **2** ‹*word/sound*› articular
B (connect by joint) articular

articulate[2] /ɑːr'tɪkjələt || ɑː'tɪkjʊlət/ *adj* ‹*utterance*› articulado; **he was barely ~** apenas podía articular palabra; **he's very ~** se expresa muy bien, sabe expresar sus ideas

articulated lorry /ɑːr'tɪkjəleɪtəd || ɑː'tɪkjəleɪtɪd/ *n* (BrE) camión *m* articulado, trailer *m* (Méx)

articulately /ɑːr'tɪkjələtli || ɑː'tɪkjʊlətli/ *adv* ‹*speak*› elocuentemente

articulation /ɑːr'tɪkjə'leɪʃən || ɑː,tɪkjʊ'leɪʃən/ *n* **1** [u] (of sound) articulación *f*; (of idea, feeling) expresión *f* **2** [u c] (Anat, Mech Eng) articulación *f*

artifact /'ɑːrtɪfækt/, (BrE) **artefact** *n* artefacto *m*

artifice /'ɑːrtəfəs || 'ɑːtɪfɪs/ *n* [u c] artificio *m*

artificial /'ɑːrtə'fɪʃəl || ,ɑːtɪ'fɪʃəl/ *adj* **1** ‹*cream/flowers/silk*› artificial; ‹*leather*› sintético; ‹*insemination/intelligence/respiration*› artificial; ‹*arm/leg*› ortopédico **2** (contrived) ‹*situation*› artificial; ‹*distinction/objection*› rebuscado **3** (insincere, unnatural) afectado

artificially /'ɑːrtə'fɪʃəli || ,ɑːtɪ'fɪʃəli/ *adv* **1** ‹*produce/prolong*› artificialmente **2** (in a contrived way) rebuscadamente **3** ‹*smile*› con afectación

artillery /ɑːr'tɪləri || ɑː'tɪləri/ *n* [u] artillería *f*

artisan /'ɑːrtəzən || ,ɑːtɪ'zæn/ *n* artesano, -na *m,f*

artist /'ɑːrtəst || 'ɑːtɪst/ *n* **1** (writer, musician, painter, sculptor) artista *mf*; **landscape ~** paisajista *mf*; **portrait ~** retratista *mf* **2** (performer) (Mus) intérprete *mf*; (Theat) actor, -triz *m,f*, artista *mf*

artiste /ɑːr'tiːst || ɑː'tiːst/ *n* (esp BrE) artista *mf*

artistic /ɑːr'tɪstɪk || ɑː'tɪstɪk/ *adj* artístico; **he was ~** tenía dotes artísticas

artistically /ɑːr'tɪstɪkli || ɑː'tɪstɪkli/ *adv* artísticamente; (*indep*) artísticamente, desde el punto de vista artístico

artistry /'ɑːrtəstri || 'ɑːtɪstri/ *n* [u] arte *m*

artless /'ɑːrtləs || 'ɑːtlɪs/ *adj* **1** (innocent, natural) ingenuo, sin malicia **2** (crude) (liter) tosco

artsy /'ɑːrtsi || 'ɑːtsi/ *adj* **-sier, -siest** (BrE) **arty** (colloq) ‹*book/style*› con veleidades de artístico; **she's terribly ~** se las da de artista bohemia

artwork /'ɑːrtwɜːrk || 'ɑːtwɜːk/ *n* [u] (illustrations) ilustraciones *fpl*, material *m* gráfico

arty /'ɑːrti || 'ɑːti/ *adj* **artier, artiest** (BrE) ▸**artsy**

Aryan[1] /'eriən || 'eəriən/ *adj* ario

Aryan[2] *n* ario, aria *m,f*

as[1] /æz, *weak form* əz/ *conj*
A **1** (when, while) cuando; **~ she was eating breakfast ...** cuando *or* mientras tomaba el desayuno ...; **~ you go toward the bank, it's the first house on the left** yendo hacia el banco, es la primera casa a mano izquierda **2** (indicating progression) a medida que; **~ (and when) we need them** a medida que *or* según los vamos necesitando; **he mellowed ~ he grew older** se fue ablandando con los años
B (because, since) como; **~ it was getting late, we decided to leave** como se hacía tarde, decidimos irnos
C (though): **try ~ he might, he could not open it** por más que trató, no pudo abrirlo; **(~) strange ~ it may seem** por extraño que parezca; **much ~ I agree with you...** aun estando de acuerdo contigo como estoy...
D **1** (expressing comparison, contrast) igual que, como; **in the 1980s, ~ in the 30s** en la década de los 80, al igual que en la de los 30 **2** (in generalizations) como; **it's quite reasonable, ~ restaurants go** para como están los restaurantes, es bastante razonable **3** (in accordance with) como; **~ I was saying** como iba diciendo; **the situation, ~ we understand it, is ...** la situación, tal como nosotros la entendemos, es ...
E **1** (in the way that) como; **I love her ~ I would my own daughter** la quiero como a una hija; **do ~ you wish** haz lo que quieras *or* lo que te parezca; **do ~ I say** haz lo que te digo; **she sang ~ never before** cantó como nunca; **she arrived the next day, ~ planned/expected** llegó al día siguiente como se había planeado/como se esperaba; **use form A or B ~ appropriate** use el formulario A o B, según corresponda; **~ things stand** tal (y) como están las cosas **2** (defining): **it would be the end of civilization ~ we know it** significaría el fin de la civilización tal y como la conocemos; **I'm only interested in the changes ~ they affect me** sólo me interesan los cambios en la

a

medida en que me afectan a mí; **Sri Lanka, or Ceylon, ~ it used to be known** Sri Lanka, o Ceilán, como se llamaba antes **3** (*in phrases*) **as it is**: **we can't publish it ~ it is** no podemos publicarlo tal y como está, no podemos publicarlo así como está; **we've got too much work ~ it is** ya tenemos demasiado trabajo; **as it were** por así decirlo; **as was**: **our new president, our secretary ~ was** el nuevo presidente, ex secretario de nuestra organización

F (in comparisons of equal degree) **as ... as** tan ... como; **I am ~ tall ~ you (are)** soy tan alta como tú; **I left ~ soon ~ I could** me fui en cuanto pude; **there weren't ~ many people ~ (there were) last time** no había tanta gente como la última vez; **she ran ~ fast ~ she could** corrió tan rápido como pudo *or* lo más deprisa que pudo

G **as if/as though** como si (+ *subj*); **he acts ~ if** *o* **~ though he didn't care** se comporta como si no le importara; **she made ~ if to open the door** hizo como si fuera a abrir la puerta; **he looks ~ if** *o* **~ though he's had enough** tiene cara de estar harto

as² *adv*

A (equally): **it's not ~ cold today** hoy no hace tanto frío; **I can't run ~ quickly now** no puedo correr tan rápido ahora; **I have lots of stamps, but he has just ~ many/twice ~ many** yo tengo muchos sellos, pero él tiene tantos como yo/el doble (que yo); **I was disgusted and said ~ much** estaba asqueado y lo dije

B **as ... as**: **these animals grow to ~ much ~ 12ft long** estos animales llegan a medir 12 pies de largo; **~ recently ~ 1976** aún en 1976; **~ many ~ 400 people** hasta 400 personas; **~ long ago ~ 1960** ya en 1960

as³ *prep*

A **1** (in the condition, role of): **~ a child she adored dancing** de pequeña *or* cuando era pequeña le encantaba bailar; **~ a teacher ...** como maestro ...; **she was brilliant ~ Cleopatra** estuvo genial en el papel de Cleopatra; **he works ~ a clerk** trabaja de oficinista **2** (like) como; **they answered ~ one man** respondieron como un solo hombre

B (*in phrases*) **as against** frente a; **as for** en cuanto a, respecto a; **and ~ for you ...** y en cuanto a ti ..., y en lo que a ti respecta ...; **as of** *o* (BrE) **as from** desde, a partir de; **as to** en cuanto a, respecto a

ASA = American Standards Association

ASAP = as soon as possible

asbestos /æs'bestəs/ *n* [u] asbesto *m*, amianto *m*

ascend /ə'send/ *vi* (frml) **1** ‹‹*person/rocket*›› ascender* (frml); **He ~ed into heaven** subió a los cielos **2** **ascending** *pres p* ‹*slope/spiral/scale*› ascendente

■ **ascend** *vt* (frml) ‹*steps*› subir; ‹*mountain*› escalar, subir a

ascendancy, ascendency /ə'sendənsi/ *n* [u] (frml) ascendiente *m* (frml)

ascendant, ascendent /ə'sendənt/ *n*: **to be in the ~** ‹‹*reputation/party*›› estar* en alza; ‹‹*star*›› (Astrol) estar* en su fase ascendente

ascension /ə'sentʃən || ə'senʃən/ *n* [u] **1** **the A~** (Relig) la Ascensión **2** (Astron) ascensión *f*

ascent /ə'sent/ *n* **1** [u c] (of mountain) escalada *f*, ascensión (frml) **2** [u c] (rise) ascenso *m* **3** [c] (slope) subida *f*, cuesta *f*

ascertain /'æsər'tem/ *vt* establecer*, determinar

ascetic¹ /ə'setɪk/ *adj* ascético

ascetic² *n* asceta *mf*

asceticism /ə'setəsɪzəm || ə'setɪsɪzəm/ *n* [u] ascetismo *m*

ASCII /'æski/ (*no art*) (**= American standard code for information interchange**) ASCII *m*

ascribe /ə'skraɪb/ *vt* **to ~ sth TO sth/sb** atribuirle* algo A algo/algn

ASE *n* **= American Stock Exchange**

aseptic /eɪ'septɪk/ *adj* aséptico

asexual /eɪ'sekʃuəl/ *adj* ‹*reproduction*› asexuado, asexual; ‹*person*› asexuado

ash /æʃ/ *n*

A (*often pl*) ceniza *f*; **to rise from the ~es** (liter) renacer* de las cenizas (liter); **~es to ~es, dust to dust** polvo eres y en polvo te convertirás

B **ashes** *pl* (cremated remains) cenizas *fpl*

C [c] **~ (tree)** fresno *m*

ashamed /ə'ʃeɪmd/ *adj* (*pred*) avergonzado, apenado (AmL exc CS); **to be ~ OF sth**: **she was ~ of what she'd done** estaba avergonzada de *or* (AmL exc CS) apenada por lo que había hecho; **it's nothing to be ~ of** no tienes por qué avergonzarte *or* (AmL exc CS) apenarte; **to be ~ OF sb** avergonzarse* DE algn; **you ought to be ~ of yourself** debería darte vergüenza *or* (AmL exc CS) pena; **to be ~ to + INF**: **he's ~ to ask** le da vergüenza *or* (AmL exc CS) pena preguntar

ashamedly /ə'ʃeɪmədli || ə'ʃeɪmɪdli/ *adv* con vergüenza

ash: **~-blond** /'æʃ'blɑːnd || ,æʃ'blɒnd/ *adj* rubio ceniza *adj inv*; **~can** *n* (AmE) ▸ **garbage can**

ashen /'æʃən/ *adj* lívido, ceniciento (liter)

ashore /ə'ʃɔːr/ *adv* en tierra; **to go ~** desembarcar*; **to put sb ~** desembarcar* a algn; **we swam ~** nadamos hasta la orilla

ash: **~tray** *n* cenicero *m*; **~ Wednesday** *n* miércoles *m* de Ceniza

Asia /'eɪʒə, 'eɪʃə || 'eɪʃə/ *n* Asia *f*‡; **Southeast ~** el Sudeste asiático

Asian¹ /'eɪʒən, 'eɪʃən || 'eɪʃən/ *adj* **1** (of Asia) asiático **2** (from the Indian subcontinent) (BrE) *de India, Pakistán etc*

Asian² *n* **1** (from Asia) asiático, -ca *m,f* **2** (from the Indian subcontinent) (BrE) *persona proveniente de India, Pakistán etc*

Asian American¹ *n* asiático *m* americano, asiática *f* americana

Asian American² *adj* asiático-americano

> **Asian American**
>
> El término de más amplia aceptación hoy en día para referirse a norteamericanos de origen asiático, especialmente del Extremo Oriente

Asiatic /'eɪʒi'ætɪk, 'eɪʃi'ætɪk || ,eɪʃi'ætɪk/ *adj* asiático

aside¹ /ə'saɪd/ *adv*

A a un lado; *see also* **cast aside, put aside, set aside, stand² B1, step aside, take aside**

B **aside from** (*as prep*) (esp AmE) **1** (except for) aparte de **2** (as well as) aparte de, además de

aside² *n* (line, comment) aparte *m*

asinine /'æsṇaɪn || 'æsɪnaɪn/ *adj* (liter) ‹*person*› necio; **~ remark** necedad *f*

ask /æsk || ɑːsk/ *vt*

A (inquire) preguntar; (inquire of) preguntarle a; **~ your mother** pregúntale a tu madre; **to ~ a question** hacer* una pregunta; **to ~ sb sth** preguntarle algo A algn; **I ~ed him his name** le pregunté cómo se llamaba; **don't ~ me!** (colloq) ¡yo qué sé! (fam); **honestly, I ~ you!** (colloq) ¿no te parece increíble?; **I often ~ myself ...** muchas veces me pregunto ...; **to ~ sb ABOUT sth/sb/-ING**: **have you ~ed him about his trip/his mother?** ¿le has preguntado por el viaje/por su madre?; **~ her about doing overtime** pregúntale si sería posible hacer horas extras

B (request) ‹*approval/advice/favor*› pedir*; **nobody ~ed your opinion** nadie te ha pedido tu opinión; **what more can you ~?** ¿qué más se puede pedir?; **is that ~ing too much?** ¿es mucho pedir?; **to ~ sb FOR sth** pedirle* algo A algn; **I'm going to ~ him for it back** le voy a pedir que me lo devuelva; **to ~ sth OF sb**: **she ~s too much of her students** les exige demasiado a sus alumnos; **to ~ sb to + INF** pedirle* A algn QUE (+ *subj*); **they ~ed me to help out** me pidieron que les diera una mano; **I must ~ you to leave** haga el favor de irse; **I ~ed her to dance** la saqué a bailar; **to ~ to + INF**: **I ~ed to see the manager** pedí hablar con el director; **he's ~ing to be slapped** se está buscando una bofetada

C (invite) invitar; **to ~ sb (TO sth)** invitar a algn (A algo); **we'll ~ them to dinner** los invitaremos a cenar; **~ him along** invítalo *or* dile que venga: **~ them in** diles que pasen; **haven't you ~ed her out yet?** ¿todavía no la has invitado a salir?

D (demand) ‹*price*› pedir*; **to ~ sth FOR sth** pedir* algo POR algo; **how much is he ~ing for the car?** ¿cuánto pide por el coche?

■ **ask** *vi*

A (inquire) preguntar; **how are things? — don't ~!** (colloq & hum) ¿qué tal? — ¡mejor ni hablar!; **you may well ~!** ¡buena pregunta!; **to ~ ABOUT sth/sb**: **he ~ed about your health/you** preguntó por tu salud/por ti

B (request): **it's yours for the ~ing** está a tu disposición;

there's no harm in ~ing con preguntar no se pierde nada; **to ~ FOR sth**: **I ~ed for his phone number** le pedí el número de teléfono; **he ~ed for it** (colloq) se lo buscó (fam); **to ~ FOR sb** preguntar POR algn

Phrasal verbs

- **ask after** [v ▸ prep ▸ o] preguntar por; **he ~ed after your health** preguntó por tí, se interesó por tu salud
- **ask around**

A [v ▸ adv] (make inquiries): **I don't have one, but I'll ~ around** yo no tengo, pero preguntaré por ahí *or* preguntaré a ver si alguien tiene uno

B [v ▸ o ▸ adv] (invite) invitar; **I ~ed them around for a meal** los invité a comer

- **ask back** [v ▸ o ▸ adv] **1** (invite home) invitar a casa **2** (invite again) volver* a invitar **3** (reciprocate invitation) devolverle* la invitación a
- **ask round** ▸**ask around B**

askance /ə'skæns/ *adv*: **to look ~ at sth/sb** mirar algo/a algn con recelo

askew /ə'skju:/ *adv* torcido

asleep /ə'sli:p/ *adj* (*pred*): **to be ~** estar* dormido; **fast** *o* **sound ~** profundamente dormido; **to fall ~** dormirse*; **are you ~?** ¿duermes?, ¿estás dormido *or* durmiendo?

AS level *n* (*in UK exc Scotland*)

> **AS level – Advanced Supplementary level**
>
> En el sistema reformado de *A level*, el *AS* representa la primera etapa de las dos en que se divide el programa de *A level*, *ver* **A level**. El *AS* tiene lugar en el penúltimo año de la enseñanza secundaria. Los estudiantes se examinan en más asignaturas para un *AS level* que para un *A2*, adquiriendo de esta manera, una educación más amplia antes de especializarse en las asignaturas que seleccionan para estudiar en la enseñanza superior. *Ver tb* **A level**

asp /æsp/ *n* áspid *m*

asparagus /ə'spærəgəs/ *n* [u c] espárrago *m*

ASPCA *n* = **American Society for the Prevention of Cruelty to Animals**

aspect /'æspekt/ *n*

A (feature, facet) aspecto *m*; **the security ~** la cuestión *or* el asunto de la seguridad

B (appearance) (liter) aspecto *m*

C (frml) (orientation) orientación *f*; **the room had a north-facing ~** la habitación estaba orientada al norte

aspen (tree) /'æspən/ *n* álamo *m* temblón

as per *prep* de acuerdo con, según; **~ ~ usual** (colloq) como de costumbre

aspersions /ə'spɜ:rʒənz || ə'spɜ:ʃənz/ *pl n* (*sometimes sing*): **to cast ~ on** *o* **upon sth/sb** poner* algo/a algn en entredicho

asphalt /'æsfɔ:lt || 'æsfælt/ *n* [u] asfalto *m*; (*before n*) **~ jungle** jungla *f* de asfalto

asphyxiate /æs'fɪksieɪt/ *vt* asfixiar

asphyxiation /æs'fɪksi'eɪʃən/ *n* [u] asfixia *f*

aspic /'æspɪk/ *n* [u] aspic *m*, galantina *f*

aspirant /'æspərənt, ə'spaɪərənt/ *n* (frml) aspirante *mf*

aspirate /'æspəreɪt || 'æspɪreɪt/ *vt* ‹*sound/consonant*› aspirar

aspiration /'æspə'reɪʃən || ,æspɪ'reɪʃən/ *n*

A [c] (desire, ambition) aspiración *f*; **to have ~s TO sth** aspirar A algo, ambicionar algo

B [u] (Ling) aspiración *f*

aspire /ə'spaɪr || ə'spaɪə(r)/ *vi* **1** **to ~ TO sth/ + INF** aspirar A algo/+ INF **2** **aspiring** *pres p*: **they're aspiring artists** aspiran a ser reconocidos como artistas

aspirin /'æsprən || 'æsprɪn/ *n* [c u] (*pl* **~** *or* **-rins**) aspirina *f*

ass /æs/ *n*

A **1** (donkey) (liter) asno *m*, jumento *m* (liter) **2** (idiot) (colloq) imbécil *mf*, idiota *mf*; **you silly ~!** ¡zopenco! (fam), ¡burro! (fam); **he made an ~ of himself** quedó en ridículo

B (part of body) (AmE vulg) culo *m* (fam: en algunas regiones vulg); **get your ~ over here!** ¡ven aquí, carajo *or* coño! (vulg)

assail /ə'seɪl/ *vt* (frml) atacar*; **she was ~ed by a group of journalists** un grupo de periodistas se abalanzó sobre ella *or* la asedió; **I was ~ed by doubts** me asaltaron las dudas

assailant /ə'seɪlənt/ *n* (frml) agresor, -sora *m,f*, atacante *mf*

assassin /ə'sæsn̩ || ə'sæsɪn/ *n* asesino, -na *m,f* (*de un personaje importante*)

assassinate /ə'sæsn̩eɪt || ə'sæsɪneɪt/ *vt* asesinar (*a un personaje importante*)

assassination /ə'sæsə'neɪʃən || ə,sæsɪ'neɪʃən/ *n* [c u] asesinato *m* (*de un personaje importante*)

assault[1] /ə'sɔ:lt/ *n*

A [u c] (Law) (violence) agresión *f*; (molestation) agresión *f* sexual; (rape) violación *f*; **~ and battery** agresión con lesiones

B [c] **1** (Mil) asalto *m*, ataque *m*; **to make an ~ on sth** atacar* algo **2** (onslaught) **~ (ON sth)** ataque *m* (A algo), arremetida *f* (CONTRA algo)

assault[2] *vt* (use violence against) agredir*, atacar*; (sexually) agredir* sexualmente

assemble /ə'sembəl/ *vt* **1** (construct) montar, ensamblar; ‹*model*› armar **2** (get together) reunir* **3** (gather) ‹*facts*› recopilar, recoger*; ‹*collection*› reunir*, acumular **4** (Comput) ensamblar

■ **assemble** *vi* (gather) reunirse*, congregarse* (frml)

assembly /ə'sembli/ *n* (*pl* **-blies**)

A **1** [u] (coming together) reunión *f* **2** [c] (group) concurrencia *f* **3** [c] (Govt) asamblea *f* **4** (Educ) (*no art*) *reunión de profesores y alumnos, al iniciarse la jornada escolar*

B (Tech) [u] (process) montaje *m*, ensamblaje *m*; (*before n*) **~ line** cadena *f* de montaje; **~ plant** planta *f* de montaje

assembly: **~man** /ə'semblimən/ *n* (*pl* **-men** /-mən/) (in US) miembro *m* de una asamblea legislativa; **~woman** *n* (in US) miembro *f* de una asamblea legislativa

assent[1] /ə'sent/ *n* [u] asentimiento *m*, aprobación *f*, asenso (frml); **to give one's ~ to sth** dar* su (*or* mi *etc*) conformidad a algo

assent[2] *vi* asentir*, expresar su (*or* mi etc) conformidad; **to ~ TO sth** acceder A algo, consentir* EN algo

assert /ə'sɜ:rt || ə'sɜ:t/ *vt* **1** (declare) afirmar **2** (demonstrate, enforce) ‹*superiority*› reafirmar, dejar sentado; ‹*rights/claims*› hacer* valer, reivindicar*; **to ~ one's authority** imponer* su (*or* mi *etc*) autoridad

■ *v refl* **to ~ oneself** hacerse* valer

assertion /ə'sɜ:rʃən || ə'sɜ:ʃən/ *n* **1** [c u] (declaration) afirmación *f*, aseveración *f* **2** [u] (demonstration) reafirmación *f*

assertive /ə'sɜ:rtɪv || ə'sɜ:tɪv/ *adj* ‹*tone*› autoritario; **try to be ~ without being aggressive** trata de ser firme y enérgico sin ser agresivo

assertively /ə'sɜ:rtɪvli || ə'sɜ:tɪvli/ *adv* con firmeza, con seguridad en sí mismo

assertiveness /ə'sɜ:rtɪvnəs || ə'sɜ:tɪvnɪs/ *n* [u] seguridad *f* en sí mismo; (*before n*) **~ course** cursillo *m* de reafirmación personal

assess /ə'ses/ *vt* ‹*value/amount*› calcular; ‹*student/performance*› evaluar*; ‹*situation*› aquilatar, formarse un juicio sobre; **to ~ sth AT sth**: **the value of the property was ~ed at ...** la propiedad fue tasada *or* valorada *or* (AmL tb) avaluada en ...

assessment /ə'sesmənt/ *n* [c u] (of performance, results) evaluación *f*, valoración *f*; (of amount) cálculo *m*; **what is your ~ of the situation?** ¿cómo ve usted la situación?; **continuous ~** (Educ) evaluación *f* continua (*a lo largo del curso*)

assessor /ə'sesər || ə'sesə(r)/ *n* (Educ) evaluador, -dora *m,f*

asset /'æset/ *n* **1** (valuable quality): **the city's greatest ~** el mayor atractivo de la ciudad; **her intelligence is her greatest ~** su inteligencia es su gran baza; **knowledge of French would be an ~** se valorarán conocimientos de francés; **~ TO sth/sb**: **she's an ~ to the company** es una empleada muy valiosa para la compañía; **your degree will always be an ~ to you** la carrera siempre será un punto a tu favor **2** **assets** *pl* (Fin) activo *m*

asset: **~ strip** *vt* vaciar*; **~ stripping** /'strɪpɪŋ/ *n* [u] vaciamiento *m*

asshole /'æshəʊl/, (BrE) **arsehole** *n* (vulg) (idiot) imbécil *mf*, pendejo, -ja *m,f* (AmL exc CS fam), gilipollas *mf* (Esp vulg), huevón, -vona *m,f* (Andes, Ven vulg), pelotudo, -da *m,f* (AmS vulg)

assiduous /ə'sɪdʒuəs ‖ ə'sɪdjʊəs/ *adj* (frml) ‹*student*› diligente, aplicado

assiduously /ə'sɪdʒuəsli ‖ ə'sɪdjʊəsli/ *adv* (frml) ‹*study*› diligentemente, aplicadamente

assign /ə'saɪn/ *vt* 1 (appoint) **to ~ sb TO sth** nombrar *or* designar a algn PARA algo, asignar a algn A algo; **a detective was ~ed to the case** se nombró a un detective para que se ocupara del caso 2 (allocate) asignar; **he was ~ed three assistants** le asignaron tres ayudantes

assignation /'æsɪg'neɪʃən/ *n* (frml) cita *f*

assignment /ə'saɪnmənt/ *n*
A [c] 1 (mission) misión *f* 2 (task) función *f*, tarea *f* 3 (schoolwork) tarea *f*, deberes *mpl*
B [u] 1 (posting) nombramiento *m* 2 (allocation) asignación *f*

assimilate /ə'sɪməleɪt ‖ ə'sɪmɪleɪt/ *vt* asimilar

assimilation /ə'sɪmə'leɪʃən ‖ ə,sɪmɪ'leɪʃən/ *n* [u] asimilación *f*

assist /ə'sɪst/ *vt* ayudar, asistir (frml); **to ~ sb WITH/IN sth** ayudar *or* (frml) asistir a algn EN algo; **to ~ sb IN -ING** ayudar a algn A + INF
■ **assist** *vi* (help) **to ~ WITH/IN sth** ayudar EN algo

assistance /ə'sɪstəns/ *n* [u] ayuda *f*, asistencia *f* (frml); **to give ~ to sb** prestarle ayuda *or* (frml) asistencia a algn; **they came to her ~** vinieron en su ayuda; **may I be of ~?** (frml) ¿puedo servirle en algo? (frml)

assistant¹ /ə'sɪstənt/ *n* 1 (in shop) dependiente, -ta *m,f*, empleado, -da *m,f* (AmL) 2 (subordinate, helper) ayudante *mf*; **clerical ~** auxiliar administrativo, -va *m,f* 3 (*language* ~) (BrE) (in university) ayudante *mf or* (Esp) lector, -tora *m,f*; (in school) auxiliar *mf* de lengua

assistant² *adj* (*before n*): **~ manager** subdirector, -tora *m,f*, director adjunto, directora adjunta *m,f*

-assisted /ə'sɪstəd ‖ ə'sɪstɪd/ *suff* 1 (aided): **computer~** asistido por computadora 2 (funded): **government~** subvencionado por el gobierno

assizes /ə'saɪzəz ‖ ə'saɪzɪz/ *pl n*: *sesiones que solían celebrar los tribunales superiores de los condados de Inglaterra y Gales*

assn (= **association**) Asoc.

associate¹ /ə'səʊʃieɪt, -sieɪt/ *vt* 1 (involve, connect) (*usu pass*) vincular; **he refused to be ~d with the scheme** no quiso tener nada que ver con el asunto 2 (link in mind) asociar, relacionar
■ **associate** *vi* **to ~ (WITH sb)** relacionarse (CON algn)

associate² /ə'səʊʃiət, -siət/ *n* 1 (in business, profession) colega *mf*; **a business ~** un asociado (*or* socio *etc*) 2 (member of professional body) colegiado, -da *m,f*

associate³ /ə'səʊʃiət, -siət/ *adj* (*before n*) ‹*member*› no numerario; ‹*editor/professor*› (AmE) adjunto

association /ə'səʊʃi'eɪʃən, -si'eɪʃən/ *n* 1 [c] (organization) asociación *f* 2 [c u] (relationship) relación *f*; **in ~ with** (*as prep*) en asociación con 3 [c u] (mental link) asociación *f*; **what ~s does the word have for you?** ¿con qué asocias la palabra?

assorted /ə'sɔ:rtəd ‖ ə'sɔ:tɪd/ *adj* (*before n*) surtido

assortment /ə'sɔ:rtmənt ‖ ə'sɔ:tmənt/ *n* (Busn) surtido *m*; (collection) colección *f*; **they have an ~ of ties** tienen una variedad de corbatas

assuage /ə'sweɪdʒ/ *vt* (liter) 1 (satisfy) ‹*hunger/desire*› saciar (liter) 2 (ease) ‹*pain/grief*› aliviar, mitigar* 3 (calm) ‹*anxiety*› calmar; ‹*fear*› disipar

assume /ə'su:m ‖ ə'sju:m/ *vt*
A (suppose) suponer*; **let's ~ they're right** supongamos que tienen razón; **assuming that everything goes as planned** suponiendo que todo salga de acuerdo con lo previsto; **she ~s far too much** presupone demasiado
B (frml) ‹*duties/command/role/title/responsibility*› asumir; **~d name** nombre *m* ficticio
C (frml) 1 (acquire) ‹*importance*› adquirir*, cobrar 2 (feign) (liter) adoptar; **he ~d an air of cheerfulness** adoptó un aire de falsa alegría

assumption /ə'sʌmpʃən/ *n*
A [c] (supposition): **the ~ was that ...** se suponía que ...; **his reasoning is based on the ~ that ...** su razonamiento se basa en el supuesto *or* la suposición de que ...; **she agreed on the ~ that ...** accedió suponiendo que ...
B [u] (frml) (of duties, leadership, responsibility, right) asunción *f*; **~ of office** toma *f* de posesión del cargo

assurance /ə'ʃʊrəns ‖ ə'ʃʊərəns, ə'ʃɔ:rəns/ *n*
A [c] (guarantee): **she gave me her ~ that ...** me aseguró *or* me garantizó que ...
B [u] 1 (self-confidence) seguridad *f* en sí mismo 2 (certainty) convicción *f*
C [u] (insurance) (BrE) seguro *m*

assure /ə'ʃʊr ‖ ə'ʃʊə(r), ə'ʃɔ:(r)/ *vt*
A 1 (guarantee) asegurar, garantizar*; **I ~ you** se lo aseguro, se lo garantizo; **to ~ sb OF sth** garantizarle* algo a algn 2 (convince) convencer*
B (make certain) **to ~ sb (OF) sth**: **this work will ~ me (of) a regular income** este trabajo me asegurará una entrada fija
C (insure) (BrE) ‹*life*› asegurar

assured /ə'ʃʊrd ‖ ə'ʃʊəd, ə'ʃɔ:d/ *adj* 1 (certain) ‹*income*› seguro; **the play's success was ~** la obra tenía el éxito asegurado 2 (confident) ‹*person*› seguro (de sí mismo); **her ~ manner** su aplomo; **rest ~: you'll never be troubled by him again** ten la seguridad de que *or* ten por seguro que no te volverá a molestar

asterisk /'æstərɪsk/ *n* asterisco *m*

astern /ə'stɜ:rn ‖ ə'stɜ:n/ *adv* 1 (backward) hacia atrás 2 **~ of** (behind) detrás de, a popa de

asteroid /'æstərɔɪd/ *n* asteroide *m*

asthma /'æzmə ‖ 'æsmə/ *n* [u] asma *f*‡; (*before n*) **~ sufferer** asmático, -ca *m,f*

asthmatic¹ /æz'mætɪk ‖ æs'mætɪk/ *n* asmático, -ca *m,f*

asthmatic² *adj* asmático

astigmatism /ə'stɪgmətɪzəm/ *n* [u c] astigmatismo *m*

astir /ə'stɜ:r ‖ ə'stɜ:(r)/ *adj* (*pred*) (on the move) (liter) **to be ~** bullir*

astonish /ə'stɑ:nɪʃ ‖ ə'stɒnɪʃ/ *vt* (surprise) asombrar; (amaze) dejar helado *or* pasmado *or* estupefacto

astonished /ə'stɑ:nɪʃt ‖ ə'stɒnɪʃt/ *adj*: **the ~ look on their faces** la cara de asombro que pusieron; **I'm ~ (that) he got so far** me asombra que haya llegado tan lejos; **I was ~ to learn that...** me quedé helada *or* estupefacta *or* pasmada cuando me enteré de que...; **to be ~ AT sth**: **I was ~ at his nerve** su descaro me dejó helado *or* estupefacto *or* pasmado

astonishing /ə'stɑ:nɪʃɪŋ ‖ ə'stɒnɪʃɪŋ/ *adj* (surprising) asombroso; (amazing) pasmoso, increíble

astonishingly /ə'stɑ:nɪʃɪŋli ‖ ə'stɒnɪʃɪŋli/ *adv* ‹*good/expensive*› (surprisingly) asombrosamente; (amazingly) increíblemente; **~ enough ...** (*indep*) aunque parezca asombroso ...

astonishment /ə'stɑ:nɪʃmənt ‖ ə'stɒnɪʃmənt/ *n* [u] (surprise) asombro *m*; (amazement) estupefacción *f*; **to my ~** para mi gran asombro; **~ AT sth** asombro ANTE algo

astound /ə'staʊnd/ *vt* dejar estupefacto *or* atónito

astounded /ə'staʊndəd ‖ ə'staʊndɪd/ *adj* atónito, pasmado; **they were ~ to learn of her resignation** se quedaron atónitos *or* pasmados al enterarse de su dimisión

astounding /ə'staʊndɪŋ/ *adj* increíble, pasmoso

astral /'æstrəl/ *adj* astral

astray /ə'streɪ/ *adv*: **to go ~** (get lost) ‹‹*letter/person*›› extraviarse*, perderse*; (do wrong) (euph *or* hum) descarriarse*; **to lead sb ~** (euph *or* hum) llevar a algn por mal camino

astride /ə'straɪd/ *prep*: **he sat ~ the fence/horse** estaba sentado en la valla/montado en el caballo a horcajadas

astringent¹ /ə'strɪndʒənt/ *adj* ‹*lotion*› astringente; ‹*comment*› mordaz, cáustico

astringent² *n* [c u] astringente *m*

astrologer /ə'strɑ:lədʒər ‖ ə'strɒlədʒə(r)/ *n* astrólogo, -ga *m,f*

astrologist /ə'strɑ:lədʒəst ‖ ə'strɒlədʒɪst/ *n* ▸**astrologer**

astrology /ə'strɑ:lədʒi ‖ ə'strɒlədʒi/ *n* [u] astrología *f*

astronaut /'æstrənɔ:t/ *n* astronauta *mf*

astronomer /ə'strɑ:nəmər ‖ ə'strɒnəmə(r)/ *n* astrónomo, -ma *m,f*

astronomical /'æstrə'nɑ:mɪkəl ‖ ,æstrə'nɒmɪkəl/ *adj* astronómico; **of ~ proportions** de proporciones gigantescas

astronomically /'æstrə'nɑ:mɪkli ‖ ,æstrə'nɒmɪkli/ *adv*: **they're ~ expensive** tienen unos precios astronómicos

astronomy /ə'strɑ:nəmi ‖ ə'strɒnəmi/ *n* [u] astronomía *f*

astrophysicist /ˌæstrəʊˈfɪzəsəst || ˌæstrəʊˈfɪzɪsɪst/ *n* astrofísico, -ca *m,f*

Asturian[1] /æˈstuːriən || æˈstjʊəriən/ *adj* asturiano

Asturian[2] *n* 1 (person) asturiano -na *m,f* 2 (language) asturiano *m*

astute /əˈstuːt || əˈstjuːt/ *adj* ‹*person*› sagaz, perspicaz; ‹*decision*› inteligente; **that was very ~ of you** en eso estuviste muy listo

asunder /əˈsʌndər || əˈsʌndə(r)/ *adv* (arch *or* frml): **to be rent** *o* **torn ~** partirse por la mitad *or* en dos

asylum /əˈsaɪləm/ *n* 1 [u c] (refuge) asilo *m*; **to seek political ~** pedir* *or* solicitar asilo político 2 [c] (*lunatic ~*) manicomio *m*

asymmetric /ˈeɪsɪˈmetrɪk/, **-ical** /-ɪkəl/ *adj* asimétrico

at /æt, *weak form* ət/ *prep*
A (location) en; **~ Daniel's** en casa de Daniel, donde Daniel, en lo de Daniel (RPl); **don't call me ~ the office** no me llames a la oficina; **who was ~ the wedding?** ¿quién estuvo en la boda?; ***where it's ~*** (colloq): **Dino's is where it's ~** el lugar del momento es Dino's
B (direction): **to point ~ sth/sb** señalar algo/a algn; **she aimed the gun ~ him** le apuntó con la pistola; **he smiled ~ me** me sonrió
C (time): **~ 6 o'clock** a las seis; **~ Christmas** en Navidad, por Navidades (Esp); **~ night** por la noche, de noche; **~ that very moment** en ese mismo momento
D 1 (indicating state): **~ a disadvantage** en desventaja; **~ war/peace** en guerra/paz 2 (occupied with): **people ~ work** gente trabajando; **children ~ play** niños jugando; ***to be ~ it*** (colloq): **she's been hard ~ it studying all morning** ha estado toda la mañana dale que dale estudiando (fam); **they're ~ it again!** ¡han vuelto a empezar!; **while you're ~ it you can wipe the table** ya que estás (en ello) pásale un trapo a la mesa; ***to be ~ sth***: **she's been ~ my things** ha estado hurgando en mis cosas; **Joe's been ~ the brandy again** Joe le ha vuelto a dar al brandy (fam); ***to be (on) ~ sb*** darle* la lata a algn (fam); **she's been on ~ him to stop smoking** le ha estado dando la lata para que deje de fumar
E 1 (with measurements, numbers, rates etc): **they sell them ~ around $80** las venden a alrededor de $80; **three ~ a time** de tres en tres; **~ 80 mph** a 80 mph; **~ high temperatures** a altas temperaturas; **~ a depth of 200m** a una profundidad de 200m 2 (with superlative): **~ the latest** a más tardar; **bureaucracy ~ its most exasperating** la burocracia en su forma más exasperante; **French cooking ~ its best** lo mejor de la cocina francesa
F (because of): **he was surprised ~ the decision** le sorprendió la decisión; **they fled ~ the sound of footsteps** huyeron al oír pasos
G (concerning): **she's good ~ her job** hace bien su trabajo; **I'm bad ~ organizing things** no sirvo para organizar cosas

atavistic /ˈætəˈvɪstɪk/ *adj* atávico

ate /eɪt/ *past of* **eat**

atheism /ˈeɪθiɪzəm/ *n* [u] ateísmo *m*

atheist /ˈeɪθiəst || ˈeɪθiɪst/ *n* ateo, atea *m,f*

Athens /ˈæθənz/ *n* Atenas *f*

athlete /ˈæθliːt/ *n* atleta *mf*

athlete's foot *n* [u] pie *m* de atleta

athletic /æθˈletɪk/ *adj* atlético

athletics /æθˈletɪks/ *n* (+ *sing or pl vb*) 1 (active sports) (AmE) deportes *mpl* 2 (track and field) (esp BrE) atletismo *m*

Atlantic[1] /ətˈlæntɪk/ *adj* atlántico

Atlantic[2] *n* **the ~ (Ocean)** el (océano) Atlántico

Atlantis /ətˈlæntəs || ətˈlæntɪs/ *n* Atlántida *f*

atlas /ˈætləs/ *n* atlas *m*

Atlas Mountains /ˈætləs/ *pl n* **the ~ ~** los Atlas

ATM *n* (**= automated teller machine**) cajero *m* automático *o* permanente

atmosphere /ˈætməsfɪr || ˈætməsfɪə(r)/ *n* 1 (of planet) atmósfera *f* 2 (feeling, mood) ambiente *m*

atmospheric /ˈætməsˈferɪk/ *adj* atmosférico

atmospherics /ˈætməsˈferɪks/ *pl n* (Rad) interferencias *fpl*

atoll /ˈætɔːl || ˈætɒl/ *n* atolón *m*

atom /ˈætəm/ *n* (Nucl Phys) átomo *m*; (tiny piece) pizca *f*

atomic /əˈtɑːmɪk || əˈtɒmɪk/ *adj* ‹*warfare/energy*› atómico; **~ bomb** bomba *f* atómica

atomizer /ˈætəmaɪzər || ˈætəmaɪzə(r)/ *n* atomizador *m*, pulverizador *m*

atone /əˈtəʊn/ *vi* (frml) **to ~ FOR sth** ‹*for sins*› expiar* algo; ‹*for crime/harm*› reparar algo

atonement /əˈtəʊnmənt/ *n* [u] (frml) (for sins) expiación *f*; **in ~ for his rudeness** en desagravio por su grosería

atrocious /əˈtrəʊʃəs/ *adj* 1 (very bad) (colloq) ‹*spelling/manners*› espantoso (fam) 2 (horrifying) ‹*injuries/conditions*› atroz

atrociously /əˈtrəʊʃəsli/ *adv* 1 (very badly) (colloq) ‹*sing/behave*› muy mal, pésimamente 2 (horrifyingly) ‹*treat/suffer*› atrozmente

atrocity /əˈtrɑːsəti || əˈtrɒsəti/ *n* [c u] (*pl* **-ties**) atrocidad *f*

atrophy[1] /ˈætrəfi/ *vi* **-phies, -phying, -phied** atrofiarse

atrophy[2] *n* [u] atrofia *f*

at sign *n* (Comput) arroba *f*

attach /əˈtætʃ/ *vt* 1 (fasten) sujetar; (tie) atar, amarrar (AmL exc RPl); (stick) pegar*; (to letter, document) adjuntar, acompañar; **to ~ sth (TO sth)**: **it is ~ed to the wall with screws** está sujeto a la pared con tornillos; **a sports center with a restaurant ~ed** un centro deportivo con un restaurante anexo; **he ~ed a name tag to the case** le puso una etiqueta a la maleta; **please fill in the ~ed form** sírvase rellenar el formulario adjunto; **we ~ed ourselves to a group of tourists** nos unimos *or* (fam) nos pegamos a un grupo de turistas 2 (assign) (*usu pass*) **to be ~ed TO sth** estar* adscrito A algo 3 (attribute) **to ~ sth TO sth**: **he ~ed no importance to it** no le dio *or* concedió ninguna importancia

attaché /ˌætæˈʃeɪ || əˈtæʃəɪ/ *n* agregado, -da *m,f*

attaché case *n* maletín *m*

attached /əˈtætʃt/ *adj* (*pred*) (fond) **to be ~ TO sb/sth** tenerle* mucho cariño *or* apego A algn/algo; **to become ~ TO sb/sth** encariñarse CON algn/algo, tomarle cariño A algn/algo

attachment /əˈtætʃmənt/ *n*
A [c] (part) accesorio *m*
B 1 [u] (fondness) **~ (TO sb/sth)** cariño *m* (POR algn/algo), apego *m* (A algn/algo) 2 [c] (relationship) relación *f*; **to form an ~** entablar una relación

attack[1] /əˈtæk/ *n*
A 1 [c u] (physical, verbal) ataque *m*; **to launch an ~** lanzar* un ataque; **terrorist ~s** atentados *mpl* terroristas; **~ ON/AGAINST sth/sb** ataque A/CONTRA algo/algn; **to come/be under ~** ser* atacado 2 [c] (Med) ataque *m*; **heart ~** infarto *m*, ataque *m* cardíaco *or* al corazón; **an anxiety ~** un ataque de ansiedad
B [u c] (part of team) (BrE Sport) delantera *f*

attack[2] *vt*
A ‹*army/target/policy*› atacar*; ‹*person*› atacar*, agredir*
B 1 (begin enthusiastically) ‹*food*› atacar*; ‹*task*› acometer 2 (deal with) ‹*problem*› combatir
■ **attack** *vi* (Mil, Sport) atacar*

attacker /əˈtækər || əˈtækə(r)/ *n* agresor, -sora *m,f*, atacante *mf*

attain /əˈteɪn/ *vt* (frml) ‹*position/goal*› alcanzar*, lograr, conseguir*; ‹*ambition*› realizar*, lograr

attainable /əˈteɪnəbəl/ *adj* alcanzable; **set yourself an ~ goal** fíjate una meta que puedas alcanzar *or* que esté a tu alcance

attainment /əˈteɪnmənt/ *n* (frml) 1 [u] (of position) logro *m*, consecución *f*; (of objective) logro *m* 2 [c] (accomplishment) logro *m*

attempt[1] /əˈtempt/ *vt* 1 (try) **to ~ to + INF/-ING** tratar DE *or* intentar + INF 2 (have a try at) ‹‹*student*›› ‹*exam question*› intentar responder a (frml); **she ~ed a smile** intentó sonreír 3 **attempted** *past p*: **~ed suicide** intento *m* de suicidio; **~ed murder/robbery** tentativa *f* de asesinato/robo; **~ed coup** intentona *f* golpista

attempt[2] *n* intento *m*; **at** *o* (esp AmE) **on the first ~** a la primera (tentativa), al primer intento; **~ to + INF**: **in my ~ to avoid the other car ...** al tratar de *or* intentar esquivar el otro coche ...; **they made no ~ to be polite** no hicieron ningún esfuerzo para ser corteses; **~ AT sth/-ING**: **I made an ~ at conversation** traté de *or* intenté entablar conversación; **she had another ~ at the record** volvió a intentar batir el récord; **to make an ~ on sb's life** atentar contra la vida de algn

attend /ə'tend/ *vt*

A (frml) **1** (be present at) asistir a (frml); **the meeting was well ~ed** asistió mucha gente a la reunión **2** (go to regularly) ‹*church/school*› ir* a; ‹*classes*› ir* a, asistir a

B (take care of) ‹*patient*› atender*, ocuparse de; ‹*king/guests*› atender*

■ **attend** *vi*

A (be present) asistir

B (pay attention) **to ~ (TO sth)** atender* *or* prestar atención (A algo), poner* atención (A algo) (AmL)

Phrasal verb

- **attend to** [v ▸ prep ▸ o] **1** (look after) ‹*patient/customer*› atender*, ocuparse de **2** (deal with) ‹*correspondence/filing*› ocuparse de

attendance /ə'tendəns/ *n* **1** [u c] (presence) asistencia *f*; **to be in ~** estar* presente; (*before n*) **she has a poor ~ record** falta con frecuencia **2** [u] (service) atención *f*; **to be in ~** ‹‹*doctor*›› estar* de guardia; ***to dance ~ on sb*** estar* pendiente de algn **3** [c] (people present): **what was the ~?** ¿cuántos asistentes hubo?, ¿cuántas personas asistieron?; **to take ~** (AmE) pasar lista

attendant¹ /ə'tendənt/ *n* **1** (in museum, parking lot) guarda *m*; (in pool, toilets) encargado, -da *m,f* **2** (of royalty) miembro *m* del séquito; **the Queen and her ~s** la reina y su séquito

attendant² *adj* (accompanying) (frml): **parenthood and its ~ responsibilities** la paternidad y las responsabilidades que comporta *or* conlleva

attention¹ /ə'tentʃən || ə'tenʃən/ *n*

A [u] **1** (concentration) atención *f*; **(could I have your) ~, please!** ¡atención, por favor!; **to hold sb's ~** mantener* la atención de algn; **to pay ~ to sth/sb** prestarle atención a algo/algn; **he doesn't pay ~** no presta atención, no atiende; (*before n*) **~ span** capacidad *f* de concentración **2** (notice) atención *f*; **to attract ~** llamar la atención; **to attract** *o* **catch sb's ~** atraer* la atención de algn; **to be the center of ~** ser* el centro de atención; **don't pay any ~ to her, she's only teasing** no le hagas caso, te está tomando el pelo; **to bring** *o* **call sth to sb's ~** informar a algn DE algo; **it has been brought to my ~** *o* **it has come to my ~ that ...** me han informado *or* me he enterado de que ...; **I'd like to draw ~ to the fact that ...** quisiera hacerles notar que ... **3** (care) atención *f*; **he needs to show greater ~ to detail** tiene que ser más minucioso; **the engine needs ~** el motor necesita algunos ajustes *or* arreglos

B **attentions** *pl* (of admirer) atenciones *fpl*

C [u] (Mil): **to come** *o* **stand to ~** ponerse* en posición de firme(s); **to stand at ~** estar* firme(s)

attention² *interj* ¡atención!; (Mil) ¡firme(s)!

attentive /ə'tentɪv/ *adj* **1** (caring, considerate) atento; **to be ~ TO sb** ser* atento CON algn **2** (concentrating) atento

attentively /ə'tentɪvli/ *adv* atentamente, con atención

attenuate /ə'tenjueɪt/ *vt* atenuar*; **attenuating circumstances** circunstancias *fpl* atenuantes

attest /ə'test/ *vt* **1** (certify) ‹*fact*› atestiguar*, dar* fe de; ‹*signature*› autenticar*, autorizar* **2** (be proof of) atestiguar*, avalar

■ **attest** *vi* (be evidence) **to ~ TO sth** dar* fe DE algo, atestiguar* algo

attic /'ætɪk/ *n* desván *m*, ático *m*, altillo *m* (esp AmL)

attire¹ /ə'taɪr || ə'taɪə(r)/ *n* [u] (liter) atuendo *m* (frml), atavío *m* (liter)

attire² *vt* (liter) (*usu pass*) ataviar* (liter)

attitude /'ætətu:d || 'ætɪtju:d/ *n*

A (way of feeling, thinking) actitud *f*; **she takes the ~ that ...** para ella ..., ella opina *or* piensa que ...; **if you're going to take that ~** si te vas a poner así; **~ TO** *o* **TOWARD sth/sb** actitud HACIA algo/algn

B (posture) (frml) pose *f*, postura *f*; **to strike an ~** adoptar una pose

attn (= attention): **~ G Green** para entregar al Sr G Green

attorney /ə'tɜ:rni || ə'tɜ:ni/ *n* (*pl* **-neys**) (AmE) abogado, -da *m,f*; **prosecuting ~** fiscal *mf*; *see also* **power of attorney**

Attorney General *n* (*pl* **~ ~s** *or* **~s ~**) (in US — at national level) ≈ Ministro, -tra *m,f* de Justicia; (— at state level) ≈ Fiscal *mf* General

attract /ə'trækt/ *vt* **1** (Phys) atraer*; **I'm not very ~ed to the idea** la idea no me atrae demasiado; **I don't feel ~ed to him** no me atrae, no siento atracción por él **2** ‹*interest*› suscitar; **to ~ customers** *o* **business** atraer* clientes

attraction /ə'trækʃən/ *n* **1** [u c] (Phys) atracción *f* **2** [u] (interest): **I still feel a great ~ toward the place** todavía me atrae mucho el lugar; **babies hold no ~ for me** los bebés no me atraen; **what's the ~?** ¿qué atractivo tiene? **3** [c] (attractive feature) atractivo *m*; **tourist ~** atracción *f* turística

attractive /ə'træktɪv/ *adj* **1** (person) atractivo; ‹*personality/smile*› atractivo, atrayente **2** ‹*offer/price*› atractivo, tentador, interesante

attractively /ə'træktɪvli/ *adv* ‹*decorated/dressed*› con mucho gusto; **the products are ~ packaged** los productos vienen en envases muy atractivos

attributable /ə'trɪbjətəbəl/ *adj* (*pred*) **to be ~ TO sth** ser* atribuible *or* imputable A algo

attribute¹ /ə'trɪbjət || ə'trɪbju:t/ *vt* **to ~ sth TO sth/sb** atribuirle* algo A algo/algn

attribute² /'ætrəbju:t || 'ætrɪbju:t/ *n* atributo *m*

attributive /ə'trɪbjətɪv || ə'trɪbjʊtɪv/ *adj* atributivo

attrition /ə'trɪʃən/ *n* [u]

A (destruction) desgaste *m*; **war of ~** guerra *f* de desgaste

B (AmE Lab Rel) bajas *fpl* vegetativas

attune /ə'tu:n || ə'tju:n/ *vt* (*usu pass*) **to be/become ~d TO sth**: **he's very well ~d to her way of thinking** está muy en sintonía con su manera de pensar; **her ear soon became ~d to these sounds** su oído pronto aprendió a reconocer estos sonidos

atypical /'eɪ'tɪpɪkəl/ *adj* atípico

aubergine /'əʊbərʒi:n || 'əʊbəʒi:n/ *n* (BrE) berenjena *f*

auburn /'ɔ:bərn || 'ɔ:bən/ *adj* castaño rojizo *adj inv*, (de) color caoba

auction¹ /'ɔ:kʃən/ *n* [c u] subasta *f*, remate *m* (AmL); **to put sth up for ~** subastar *or* (AmL tb) rematar algo; (*before n*) **~ room(s)** sala(s) *f(pl)* de subasta *or* (AmL tb) de remate

auction² *vt* subastar, rematar (AmL)

Phrasal verb

- **auction off** [v ▸ o ▸ adv, v ▸ adv ▸ o] subastar, rematar (AmL)

auctioneer /'ɔ:kʃə'nɪr || ˌɔ:kʃə'nɪə(r)/ *n* subastador, -dora *m,f*, rematador, -dora *m,f* (AmL)

audacious /ɔ:'deɪʃəs/ *adj* **1** (daring) ‹*act/plan*› audaz, atrevido **2** (impudent) ‹*behavior/person*› atrevido, descarado

audacity /ɔ:'dæsəti/ *n* [u] **1** (daring) audacia *f* **2** (impudence) atrevimiento *m*, descaro *m*; **he had the ~ to say ...** tuvo el descaro *or* el tupé de decir ...

audible /'ɔ:dəbəl/ *adj* ‹*sigh/whisper*› audible; **it was barely ~** apenas se oía

audibly /'ɔ:dəbli/ *adv* de forma audible

audience /'ɔ:diəns/ *n*

A (at play, film) público *m*, espectadores *mpl*; (at concert, lecture) auditorio *m*, público *m*; (TV) audiencia *f*, telespectadores *mpl*; **how will American ~s react to the play?** ¿cómo reaccionará el público americano ante la obra?; **the book appealed to a wide ~** el libro era de interés para muchos tipos de lectores; (*before n*) **~ participation** participación *f* del público

B (interview) audiencia *f*

audio /'ɔ:diəʊ/ *adj* (*before n*) ‹*equipment/system*› de sonido, de audio

audio- /'ɔ:diəʊ/ *pref* audio-

audiovisual /'ɔ:diəʊ'vɪʒuəl/ *adj* audiovisual

audit¹ /'ɔ:dət || 'ɔ:dɪt/ *vt* **1** (Busn, Fin) ‹*accounts*› auditar **2** (AmE Educ) ‹*classes/course*› asistir como oyente a

audit² *n* [c u] (Busn, Fin) **1** (inspection) auditoría *f* **2** (report) (AmE) informe *m* de auditoría

audition¹ /ɔ:'dɪʃən/ *vi*: **to ~ (FOR sth)** dar* una audición *or* prueba (PARA algo)

■ **audition** *vt* **to ~ sb (FOR sth)** hacerle* una audición *or* prueba a algn (PARA algo)

a

audition² *n* ~ **(FOR sth)** audición *f or* prueba *f* (PARA algo); **to hold ~s** hacer* audiciones *or* pruebas

auditor /'ɔːdətər || 'ɔːdɪtə(r)/ *n* 1 (Busn, Fin) auditor, -tora *m,f* 2 (AmE Educ) oyente *mf*

auditorium /'ɔːdə'tɔːriəm || ˌɔːdɪ'tɔːriəm/ *n* (*pl* **-riums** *or* **-ria** /-riə/) auditorio *m*

au fait /'əʊ'feɪ/ *adj* (*pred*) **to be ~ ~ WITH sth** estar* al tanto DE algo

Aug (= **August**) ago.

aught /ɔːt/ *pron* (arch): **for ~ I know** que yo sepa; **for ~ I care** por mí

augment /ɔːg'ment/ *vt* (frml) aumentar, incrementar (frml)

au gratin /əʊ'grætn̩ || ˌəʊ'grætæn/ *adj* gratinado, al gratén

augur /'ɔːgər || 'ɔːgə(r)/ *vi*: **to ~ well/ill** ser* de buen/mal agüero; **this vote does not ~ well** *o* **~s ill for the government** esta votación no augura *or* no presagia nada bueno para el gobierno

■ **augur** *vt* (liter) augurar, presagiar

august /ɔː'gʌst/ *adj* augusto

August /'ɔːgəst/ *n* agosto *m*; *see also* **January**

aunt /ænt || ɑːnt/ *n* tía *f*; **A~ Mary** tía Mary; **my ~ and uncle** mis tíos

auntie, aunty /'ænti || 'ɑːnti/ *n* (colloq) tía *f*, tiíta *f* (fam)

au pair /'əʊ'per || ˌəʊ'peə(r)/ *n* au pair *mf*; (*before n*) **~ ~ girl** chica *f* au pair

aura /'ɔːrə/ *n* halo *m*, aura *m*

aural /'ɔːrəl/ *adj* auditivo

aurora /ɔː'rɔːrə/ *n* aurora *f*; **~ australis/borealis** aurora austral/boreal

auspices /'ɔːspəsəz || 'ɔːspɪsɪz/ *pl n* (frml) (patronage): **under the ~ of sb/sth** bajo los auspicios de algn/algo

auspicious /ɔː'spɪʃəs/ *adj* (frml) prometedor, auspicioso (CS); **on this ~ occasion** en esta feliz ocasión

auspiciously /ɔː'spɪʃəsli/ *adv* con buenos auspicios, de manera prometedora

Aussie¹ /'ɔːsi || 'ɒzi/ *n* (colloq) (Australian) (BrE) australiano, -na *m,f*

Aussie² *adj* (colloq) australiano

austere /ɔː'stɪr || ɒ'stɪə(r), ɔː'stɪə(r)/ *adj* ‹*person/lifestyle/decor*› austero; ‹*features*› severo

austerity /ɔː'sterəti || ɒ'sterəti, ɔː'sterəti/ *n* [u] (of lifestyle, landscape) austeridad *f*; (of features) severidad *f*; **economic ~** austeridad económica

Australasia /'ɔːstrə'leɪʒə, -'leɪʃə || ˌɒstrə'leɪʒiə, -'leɪʃə/ *n* Australasia *f*

Australia /ɔː'streɪliə || ɒ'streɪliə/ *n* Australia *f*

Australian¹ /ɔː'streɪliən || ɒ'streɪliən/ *adj* australiano

Australian² *n* australiano, -na *m,f*

Austria /'ɔːstriə || 'ɒstriə/ *n* Austria *f*

Austrian¹ /'ɔːstriən || 'ɒstriən/ *adj* austriaco, austríaco

Austrian² *n* austriaco, -ca *m,f*, austríaco, -ca *m,f*

authentic /ə'θentɪk || ɔː'θentɪk/ *adj* 1 (genuine) auténtico 2 (realistic) ‹*atmosphere*› realista, verosímil

authentically /ə'θentɪkli || ɔː'θentɪkli/ *adv* fielmente

authenticate /ə'θentɪkeɪt || ɔː'θentɪkeɪt/ *vt* 1 (declare genuine) autenticar*, autentificar* 2 (prove, confirm) probar*; **his story was ~d by eye-witnesses** su relato fue corroborado por testigos oculares

authenticity /'ɔːθen'tɪsəti/ *n* [u] (of manuscript, painting) autenticidad *f*

author /'ɔːθər || 'ɔːθə(r)/ *n*

A (writer) escritor, -ra *m,f*; (in relation to her/his works) autor, -tora *m,f*

B (originator) autor, -tora *m,f*, creador, -dora *m,f*

authoritarian /ɔː'θɔːrə'teriən || ɔːˌθɒrɪ'teəriən/ *adj* autoritario

authoritative /ə'θɔːrəteɪtɪv || ɔː'θɒrətətɪv/ *adj*

A (reliable, respected) ‹*source*› fidedigno, autorizado; ‹*work/study*› autorizado

B (commanding) autoritario

authority /ə'θɔːrəti || ɔː'θɒrəti/ *n* (*pl* **-ties**)

A [u] 1 (power) autoridad *f*; **those in ~** los que tienen la autoridad, los que mandan; **I have no ~ in the matter** no tengo competencia en el asunto 2 (authorization) **~ to + INF** autorización *f* PARA + INF; **he acted without proper ~** actuó sin la debida autorización 3 (authoritativeness) autoridad *f*; **I can speak with some ~ on this subject** puedo hablar del tema con cierta autoridad

B [c] (person, body) autoridad *f*; **the proper ~** *o* **authorities** la(s) autoridad(es) competente(s); **she was detained by the Belgian authorities** fue detenida por las autoridades belgas

C [c] 1 (expert) **~ (ON sth)** autoridad *f* (EN algo); **he is an ~ on the subject** es una autoridad en la materia 2 (source) autoridad *f*; **to have sth on good ~** saber* algo de buena fuente

authorization /'ɔːθərə'zeɪʃən || ˌɔːθəraɪ'zeɪʃən/ *n* [u c] autorización *f*; **~ FOR sth/to + INF** autorización PARA algo/PARA + INF

authorize /'ɔːθəraɪz/ *vt* 1 ‹*publication/demonstration/transaction*› autorizar*; ‹*funds*› aprobar* 2 (empower) **to ~ sb to + INF** autorizar* a algn PARA + INF; **you are not ~d to enter this area** usted no está autorizado *or* no tiene autorización para entrar en esta zona 3 **authorized** *past p* autorizado; **~d agent** agente *m* oficial; **~d dealer** distribuidor *m* autorizado

authorship /'ɔːθərʃɪp || 'ɔːθəʃɪp/ *n* [u] autoría *f*

autistic /ɔː'tɪstɪk/ *adj* autista

auto /'ɔːtəʊ/ *n* (AmE) ▸**automobile**

auto- /'ɔːtəʊ/ *pref* (self-) auto-

autobiographical /'ɔːtəˌbaɪə'græfɪkəl/ *adj* autobiográfico

autobiography /'ɔːtəbaɪ'ɑːgrəfi/ *n* [u c] (*pl* **-phies**) autobiografía *f*

autocade /'ɔːtəʊkeɪd/ *n* ▸**motorcade**

autocratic /'ɔːtə'krætɪk/ *adj* autocrático

Autocue® /'ɔːtəʊkjuː/ *n* (BrE) autocue® *m*, teleprompter *m*

autograph¹ /'ɔːtəgræf || 'ɔːtəgrɑːf/ *n* autógrafo *m*

autograph² *vt* autografiar*

automat /'ɔːtəmæt/ *n* (in US) cafetería *f* (*donde máquinas automáticas despachan la comida*)

automata /ɔː'tɑːmətə || ɔː'tɒmətə/ *pl of* **automaton**

automate /'ɔːtəmeɪt/ *vt* automatizar*; **~d teller machine** cajero *m* automático

automatic¹ /ɔːtə'mætɪk/ *adj*

A ‹*machine*› automático; **~ pilot** piloto *m* automático

B (inevitable): **you'll receive an ~ pay increase** recibirá automáticamente un aumento salarial

automatic² *n* (car) coche *m* automático; (pistol) automática *f*, revólver *m* automático; (washing machine) lavadora *f* automática, lavarropas *m* automático (RPl)

automatically /'ɔːtə'mætɪkli/ *adv* automáticamente; **people ~ assume we're married** la gente da por hecho *or* por sentado que estamos casados

automatic: **~ pencil** *n* (AmE) portaminas *m*; **~ pilot** *n* [c u] piloto *m* automático

automation /'ɔːtə'meɪʃən/ *n* [u] automatización *f*

automaton /ɔː'tɑːmətən || ɔː'tɒmətən/ *n* (*pl* **automata** *or* **-tons**) autómata *m*

automobile /'ɔːtəməbiːl/ *n* (esp AmE) coche *m*, carro *m* (AmL exc CS), auto *m* (esp CS), automóvil *m* (frml); (*before n*) **~ industry** industria *f* automotriz *or* del automóvil

autonomous /ɔː'tɑːnəməs || ɔː'tɒnəməs/ *adj* autónomo

autonomy /ɔː'tɑːnəmi || ɔː'tɒnəmi/ *n* [u] autonomía *f*

autopilot /'ɔːtəʊˌpaɪlət/ *n* piloto *m* automático

autopsy /'ɔːtɑːpsi || 'ɔːtɒpsi/ *n* (*pl* **-sies**) autopsia *f*; **to perform** *o* **carry out an ~ on sb** hacerle* la autopsia a algn

autoreverse /'ɔːtəʊrɪ'vɜːrs || ˌɔːtəʊrɪ'vɜːs/ *n* [u] rebobinado *m* automático

autumn /'ɔːtəm/ *n* (esp BrE) otoño *m*; **in (the) ~** en (el) otoño; (*before n*) ‹*day/weather*› de otoño, otoñal; **~ term** primer trimestre *m* (*del año académico*)

autumnal /ɔː'tʌmnəl/ *adj* otoñal

auxiliary¹ /ɔːg'zɪljəri/ *adj* auxiliar

auxiliary² *n* (*pl* **-ries**) 1 (helper, additional person) auxiliar *mf*, ayudante *mf*; **nursing ~** enfermero, -ra *m,f* auxiliar 2 **auxiliaries** *pl* (Mil) tropas *fpl* auxiliares

avail¹ /ə'veɪl/ *v refl* (frml) **to ~ oneself OF sth** aprovechar algo

a

avail² *n* [u] (liter): **to no ~** en vano; **it is of no ~** no sirve de nada, es inútil

availability /ə'veɪlə'bɪləti/ *n* [u] 1 (of funds) disponibilidad *f*; (of goods) existencias *fpl*; (of labor) oferta *f*; **subject to ~** siempre y cuando los/las tengamos en existencias 2 (being free) **~ FOR sth** disponibilidad *f* PARA algo

available /ə'veɪləbəl/ *adj* 1 (obtainable) (*pred*): **to be easily** *o* **readily ~** ser* fácil de conseguir; **cigarettes are ~ in packs of 10 or 20** los cigarrillos vienen *or* se venden en paquetes de 10 o 20; **brochures are ~ on request** hay folletos a disposición de quien los solicite; **food and drink will be ~ at the fair** en la feria habrá comida y bebida; ⓢ **available only on prescription** venta bajo receta médica 2 (at sb's disposal) ‹*resources/manpower*› disponible; **he uses every ~ minute for studying** aprovecha cada minuto que tiene para estudiar; **book me on the earliest ~ flight** consígame un billete en el primer vuelo que pueda; **to make sth ~ to sb** poner* algo a disposición de algn 3 (free, contactable) (*pred*) libre; **Mr Smith is not ~ for comment** el señor Smith no está dispuesto a formular declaraciones 4 (sexually) (euph) (*pred*) libre y dispuesto

avalanche /'ævəlæntʃ || 'ævəlɑːnʃ/ *n* alud *m*, avalancha *f*

avant-garde¹ /'ɑːvɑːn'gɑːrd || ,ævɒn'gɑːd/ *n* **the ~** la vanguardia

avant-garde² *adj* vanguardista, de vanguardia

avarice /'ævərəs || 'ævərɪs/ *n* [u] (liter) codicia *f* (liter), avaricia *f*

avaricious /'ævə'rɪʃəs/ *adj* (liter) codicioso, avaro

Ave (**= Avenue**) Avda., Av.

avenge /ə'vendʒ/ *vt* vengar*

■ *v refl* **to ~ oneself (ON sb) (FOR sth)** vengarse* (EN algn) (POR algo)

avenue /'ævənuː || 'ævənjuː/ *n*

A 1 (tree-lined walk) paseo *m* (*arbolado*) 2 (broad street) avenida *f*; **Fifth A~** la Quinta Avenida

B (means, method) vía *f*

aver /ə'vɜːr || ə'vɜː(r)/ *vt* **-rr-** (frml) afirmar, asegurar

average¹ /'ævrɪdʒ , 'ævərɪdʒ/ *n* (Math) promedio *m*, media *f*; **$600 a week on (an) ~** un promedio *or* una media de 600 dólares a la *or* por semana; **above/below (the) ~** por encima/por debajo de la media

average² *adj* 1 (Math) ‹*time/age*› medio, promedio *adj inv*; **he is of ~ height** es de estatura mediana *or* regular 2 (typical): **that's about ~ for a man of your height** eso es lo normal en *or* para un hombre de tu estatura; **the ~ family** la familia tipo; **she's not your ~ pop singer** (colloq) no es la típica cantante pop 3 (ordinary): **how was the movie? — average** ¿qué tal la película? — normal *or* nada del otro mundo

average³ *vt* (do, get on average): **we ~d 80 miles a day** hicimos un promedio *or* una media de 80 millas al día

Phrasal verb

• **average out**

A [v ▸ o ▸ adv, v ▸ adv ▸ o] calcular el promedio *or* la media de

B [v ▸ adv] **to ~ out AT/TO sth**: **our speed ~d out at about 60mph** hicimos una media *or* un promedio de 60 millas por hora

averse /ə'vɜːrs || ə'vɜːs/ *adj* (*pred*) **to be ~ TO sth** ‹*to an idea*› ser* reacio A algo; **I'm not ~ to the occasional cigar** me gusta fumarme un puro de vez en cuando

aversion /ə'vɜːrʒən, -ʃən || ə'vɜːʃən/ *n* 1 (dislike) (*no pl*) **~ TO sth/sb** aversión *f* A algo/algn; **he has an ~ to getting up early** le tiene aversión a levantarse temprano 2 [c] (hated object): **pop music is her pet ~** aborrece la música pop

avert /ə'vɜːrt || ə'vɜːt/ *vt* 1 ‹*eyes/gaze*› **to ~ sth FROM sth** apartar algo DE algo 2 ‹*danger/suspicion*› evitar; ‹*accident/strike*› impedir*, evitar; ‹*threat*› conjurar

aviary /'eɪvieri/ *n* (*pl* **-ries**) pajarera *f*

aviation /'eɪvi'eɪʃən/ *n* [u] aviación *f*

avid /'ævəd || 'ævɪd/ *adj* 1 (enthusiastic) (*before n*) ‹*reader/interest*› ávido; ‹*fan/follower*› ferviente 2 (greedy) (*pred*) **to be ~ FOR sth** estar* ávido DE algo

avidly /'ævədli || 'ævɪdli/ *adv* con avidez, ávidamente

avocado /'ævə'kɑːdəʊ/ *n* (*pl* **-dos**) 1 [u c] **~ (pear)** aguacate *m or* (Bol, CS, Per) palta *f* 2 [c u] (tree) aguacate *m or* (Bol, CS, Per) palto *m or* palta *f or* paltero *m* 3 [u] (color) verde *m* pino

avoid /ə'vɔɪd/ *vt* ‹*obstacle/place*› evitar; ‹*topic/question*› evitar, eludir; ‹*blow*› esquivar, eludir; **why are you ~ing me?** ¿por qué me rehúyes?; **she ~ed his eyes** evitó mirarlo a los ojos; **to ~ -ING** evitar + INF

avoidable /ə'vɔɪdəbəl/ *adj* evitable

avoirdupois /'ævərdə'pɔɪz || ,ævədə'pɔɪz, ,ævwɑːdjʊ'pwɑː/ *n*: *sistema de medidas de peso usado en el mundo anglosajón*

avow /ə'vaʊ/ *vt* (liter) reconocer*, confesar*

avowal /ə'vaʊəl/ *n* (liter) reconocimiento *m*, confesión *f*

avowed /ə'vaʊd/ *adj* (*before n*) declarado, confesado

avuncular /ə'vʌŋkjələr || ə'vʌŋkjələ(r)/ *adj* paternal y amistoso

aw /ɔː/ *interj* (AmE) ¡ah!

await /ə'weɪt/ *vt* 1 (wait for) esperar; **~ further instructions** espere a recibir nuevas instrucciones; **prisoners ~ing trial** detenidos a la espera de juicio; **a long ~ed event** un acontecimiento muy esperado 2 (be in store for) esperar, aguardar

awake¹ /ə'weɪk/ *adj* (*pred*) despierto; **to stay ~** no dormirse*, mantenerse* despierto; **you kept me ~ all night** no me dejaste dormir en toda la noche; **to be wide ~** estar* totalmente despierto

awake² (*past* **awoke**; *past p* **awoken**) *vi* 1 (wake up) despertar*; **I awoke to find him gone** cuando (me) desperté, él se había ido 2 (become aware) **to ~ TO sth** ‹*to danger/reality*› darse* cuenta DE algo

■ **awake** *vt* despertar*

awaken /ə'weɪkən/ *vi* ▸**awake²**

■ **awaken** *vt* 1 (wake up) despertar* 2 (make aware) **to ~ sb TO sth** abrirle* los ojos a algn SOBRE algo

awakening /ə'weɪkənɪŋ/ *n* despertar *m*; ***a rude ~*** una sorpresa muy desagradable

award¹ /ə'wɔːrd || ə'wɔːd/ *vt* 1 ‹*prize/medal*› conceder, otorgar*; ‹*honor*› conferir*; ‹*pay increase/grant*› conceder 2 (Sport) ‹*penalty/free kick*› conceder

award² *n* 1 [c] (prize) galardón *m*, premio *m*; (medal) condecoración *f* 2 [c] (sum of money) asignación *f*, suma *f* de dinero 3 [u] (awarding — of prize, grant, pay increase) concesión *f*

award-winning /ə'wɔːrd'wɪnɪŋ || ə'wɔːd,wɪnɪŋ/ *adj* (*before n*) galardonado, premiado

aware /ə'wer || ə'weə(r)/ *adj* 1 (conscious) (*pred*) **to be ~ OF sth** ser* consciente DE algo, darse* cuenta DE algo; **I'm well ~ of that** soy *or* (Chi, Méx) estoy muy consciente *or* tengo plena conciencia de eso, me doy perfecta cuenta de eso; **he's not even ~ of my existence** ni siquiera sabe que existo; **as far as I'm ~** que yo sepa; **we want to make people ~ of their rights** queremos que la gente tome conciencia de sus derechos; **to be ~ THAT**: **is your father ~ that you drink?** ¿sabe tu padre que bebes?; **he became ~ that something was wrong** se dio cuenta de que pasaba algo 2 (alert, knowledgeable): **they are very politically ~** tienen mucha conciencia política

awareness /ə'wernəs || ə'weənɪs/ *n* [u] conciencia *f*; **~ OF sth**: **we want to increase public ~ of the dangers of smoking** queremos que haya una mayor conciencia de los peligros del tabaco

awash /ə'wɔːʃ || ə'wɒʃ/ *adj* (*pred*) (flooded) **to be ~ (WITH sth)** estar* inundado (DE algo)

away /ə'weɪ/ *adv*

A 1 (from place, person): **I looked ~** aparté la vista; **he limped ~** se alejó cojeando; **they dragged the fallen tree ~** se llevaron el árbol caído arrastrándolo 2 (indicating removal): **the bark had been stripped ~** habían quitado la corteza; *see also* **blow, take, wash, wipe** *etc* **away**

B 1 (in the distance): **it isn't far ~** no queda lejos; **a long way ~** muy lejos; **Easter is a long way ~** falta mucho para Pascua; **it's 20 miles ~** queda a 20 millas; **she lives an hour's drive ~** vive a una hora de aquí en coche 2 (absent): **she's ~ in Canada** está en Canadá; **I'll be ~ all next week** toda la semana que viene no voy a estar *or* voy a estar fuera 3 (Sport esp BrE): **to play ~** jugar* fuera (de casa)

C (on one's way): **we were ~ before sunrise** partimos *or* salimos antes del amanecer
D (continuously): **he's been painting ~ all morning** se ha pasado toda la mañana pintando; **I could hear him singing ~** lo oía cantar
E **1** (into nothing) *see* **die, fade, waste** *etc* **away** **2** (indicating use of time): **you're dreaming your life ~** se te está yendo la vida en sueños
F **away from** (*as prep*) **1** (in opposite direction to): **the hotel faces ~ from the sea** el hotel da hacia el lado opuesto al mar; **she pulled the child ~ from the cliff edge** apartó al niño del borde del acantilado **2** (at a distance, separated from) lejos de; **stand well ~ from the fire** no te acerques al fuego; **to get ~ from it all** alejarse del mundanal ruido

awe /ɔː/ *n* [u] sobrecogimiento *m*; **they were filled with ~** se sobrecogieron; **to be in ~ of sb** sentirse* intimidado por algn

awed /ɔːd/ *adj* sobrecogido, turbado; **they are somewhat ~ by their son's achievements** se sienten un tanto intimidados por los éxitos de su hijo

awe-inspiring /'ɔːɪn'spaɪrɪŋ || 'ɔːɪn,spaɪərɪŋ/ *adj* impresionante, imponente

awesome /'ɔːsəm/ *adj* **1** imponente, formidable **2** (*as interj*) (AmE) ¡impresionante!

awestruck /'ɔːstrʌk/ *adj* atemorizado

awful¹ /'ɔːfəl/ *adj*
A (colloq) **1** ‹*journey/weather/day*› horrible, espantoso, atroz; ‹*clothes*› horroroso, espantoso; ‹*joke/movie*› malísimo, pésimo; **it smells ~** huele muy mal; **he's an ~ man** es un repugnante; **I know it sounds ~, but ...** te parecerá una barbaridad, pero ...; **I felt ~** me sentía fatal *or* muy mal; **for one ~ moment I thought he had seen me** pasé un momento horrible *or* espantoso creyendo que me había visto; **you are ~!** ¡qué malo eres!; **how ~!** ¡qué horror! **2** (*as intensifier*): **she's an ~ bore** es terriblemente aburrida; **there were an ~ lot of people there** había muchísima gente; **he doesn't eat an ~ lot** no come mucho
B (terrible) (liter) ‹*revenge/destruction*› atroz

awful² *adv* (AmE colloq) (*as intensifier*): **I'm ~ hot** tengo un calor espantoso; **it's an ~ long way to Tulsa** Tulsa está lejísimos

awfully /'ɔːfli/ *adv* **1** (*as intensifier*) (colloq): **he's ~ rich** es riquísimo; **that's ~ nice of you** es muy amable de tu parte; **I'm ~ sorry** lo siento de veras *or* en el alma; **it's not ~ difficult** no es terriblemente difícil **2** (badly) espantosamente

awhile /ə'hwaɪl || ə'waɪl/ *adv* (arch) un rato

awkward /'ɔːkwərd || 'ɔːkwəd/ *adj*
A (clumsy) ‹*movement/person*› torpe; ‹*phrase*› poco elegante
B **1** (difficult, inconvenient) ‹*shape/angle*› incómodo, poco práctico; **it's an ~ place to get to by rail** es difícil llegar allí en tren; **you've called at a rather ~ moment, I'm afraid** me temo que llamas en mal momento; **she could make things very ~ for you** te podría hacer la vida imposible **2** (difficult to deal with) difícil; **he's at an ~ age** está en una edad difícil
C **1** (delicate, embarrassing) ‹*decision/subject*› delicado; **you've put me in a very ~ position** me has puesto en una situación muy violenta *or* embarazosa **2** (embarrassed) ‹*silence*› incómodo, violento; **I feel ~ in his company** no estoy a gusto con él

awkwardly /'ɔːkwərdli || 'ɔːkwədli/ *adv* **1** (clumsily) ‹*move*› torpemente, con torpeza; ‹*express oneself*› con poca fluidez *or* elegancia **2** (with embarrassment): **he fidgeted ~ with his tie** violento *or* incómodo, jugueteaba con su corbata

awning /'ɔːnɪŋ/ *n* toldo *m*

awoke /ə'wəʊk/ *past of* **awake²**

awoken /ə'wəʊkən/ *past p of* **awake²**

AWOL /'eɪwɔːl || 'eɪwɒl/ *adj* (*pred*) (= **absent without leave**) ausente sin permiso; **to go ~** ausentarse sin permiso

awry /ə'raɪ/ *adj* (*pred*) torcido; **to go ~** salir* mal, fracasar

ax¹, (BrE) **axe** /æks/ *n* hacha *f*‡; ***to give sb the ~*** despedir* *or* echar a algn; **the series was given the ~** suprimieron *or* cancelaron la serie; ***to have an ~ to grind*** tener* un interés personal

ax², (BrE) **axe** *vt* (journ) ‹*expenditure/costs*› recortar, reducir*; ‹*project/services*› suprimir, cancelar; ‹*jobs*› suprimir, eliminar; ‹*employee*› despedir*

axiom /'æksiəm/ *n* axioma *m*

axiomatic /'æksiə'mætɪk/ *adj* (Math, Phil) axiomático

axis /'æksəs || 'æksɪs/ *n* (*pl* **axes** /'æksiːz/) eje *m*

axle /'æksəl/ *n* eje *m*

ay(e) /aɪ/ *interj* (dial) sí; **~, ~, sir** (Naut) a la orden, mi capitán (*or* almirante *etc*)

ayes /aɪz/ *pl n*: **the ~ have it** gana el sí

AZ = Arizona

Azerbaijan /'æzərbaɪ'dʒɑːn || ,æzəbaɪ'dʒɑːn/ *n* Azerbaiyán *m*, Azerbaiján *m*

Azerbaijani¹ /'æzərbaɪ'dʒɑːni || ,æzəbaɪ'dʒɑːni/ *adj* azerbaiyaní

Azerbaijani² *n* azerbaiyaní *mf*

Aztec¹ /'æztek/ *adj* azteca

Aztec² *n* azteca *mf*

azure¹ /'æʒər || 'æzjə(r), 'æzjʊə(r)/ *adj* (liter) azur (liter), azul celeste

azure² *n* [u] (liter) azur *m* (liter)

Bb

B, b /biː/ *n*
A **1** (letter) B, b *f* **2** (Mus) si *m*; *see also* **A A2**
B **1** (in sizes of paper) (BrE) **B4** B4 (*250 x 353mm*); **B5** B5 (*176 x 250mm*) **2** (in UK) (Transp) (*before n*) **B road** carretera *f* comarcal *or* local *or* secundaria

b (= **born**) n.

BA *n* = **Bachelor of Arts**

baa /bæ || bɑː/ *vi* balar

babble¹ /'bæbəl/ *n* (*no pl*) (of voices) murmullo *m*; (foolish talk) parloteo *m*; (of water) susurro *m* (liter), murmullo *m* (liter)

babble² *vi* (talk foolishly) parlotear (fam); (talk unintelligibly) farfullar; «*baby*» balbucear; **he ~d on** siguió parloteando ; **a babbling brook** (liter) un arroyo rumoroso (liter)

babe /beɪb/ *n* **1** (little child) (liter) criatura *f*; **a ~ in arms** un bebé **2** (esp AmE colloq) (*as form of address*) nena (fam), ricura (fam)

baboon /bæ'buːn || bə'buːn/ *n* babuino *m*

baby¹ /'beɪbi/ *n* (*pl* **babies**) **1** (infant) bebé *m*, niño, -ña *m,f*, bebe, -ba *m,f* (Per, RPl), guagua *f* (Andes); **to have a ~** tener* un hijo *or* un niño; **don't be such a ~!** ¡no seas niño!; **to leave sb holding the ~** (BrE) cargarle* el muerto a algn (fam); ***to throw the ~ out with the bathwater*** tirar las frutas frescas con las podridas *or* (Esp tb) las pochas **2** (animal) cría *f* **3** (youngest member) benjamín, -mina *m,f* **4** (pet concern) (colloq): **the campaign is her ~** la campaña es su proyecto *or* su criatura

baby² *adj* ‹*corn/car*› pequeño

baby³ *vt* **-bies, -bying, -bied** mimar, malcriar*

baby: **~-blue** /'beɪbi'bluː/ *adj* (*pred* **~ blue**) azul celeste *or* claro *adj inv*, celeste (AmL); **~ boom** *n* boom *m* de la natalidad; **~ buggy**, **~ carriage** *n* (AmE) cochecito *m* de bebé, carriola *f* (Méx); **~ face** *n* cara *f* de niño/niña; **~-faced** /'beɪbi'feɪst/ *adj* con cara de niño/niña; **~ grand** *n* piano *m* de media cola

Babygro® /'beɪbigrəʊ/ *n* (BrE) mameluco *m* (AmL), pelele *m* (Esp), enterito *m* (RPl), osito *m* (Chi)

babyhood /'beɪbihʊd/ *n* [u] primera infancia *f*

babyish /'beɪbiɪʃ/ *adj* infantil

Babylon /'bæbəlɑːn || 'bæbɪlən/ *n* Babilonia *f*

baby: **~-sit** *vi* (*pres p* **-sitting**; *past & past p* **-sat**) cuidar niños, hacer* de canguro (Esp); **~-sitter** *n* baby sitter *mf*, canguro *mf* (Esp); **~ talk** *n* [u] *lenguaje de bebé*

bachelor /'bætʃələr || 'bætʃələ(r)/ *n*
A (single man) soltero *m*; (*before n*) **~ apartment** *o* (BrE) **flat** departamento *m or* (Esp) piso *m* de soltero; **~ pad** *n* (colloq) apartamento *m* de soltero, departamento *m* de soltero (AmL), piso *m* de soltero (Esp), bulín *m* (RPl fam)
B (Educ) licenciado, -da *m,f*; **B~ of Arts/Science** (degree) licenciatura *f* en Filosofía y Letras/en Ciencias

bachelorette /,bætʃələ'ret/ *n* (AmE) soltera *f*

back¹ /bæk/ *n*
A [c] (Anat) (of human) espalda *f*; (of animal) lomo *m*; **he was lying on his ~** estaba tumbado boca arriba; **he had his ~ to the door** estaba de espaldas a la puerta; **to break one's ~ working** deslomarse trabajando; **I was glad to see the ~ of him** me alegré de que se fuera; ***behind sb's ~***: **they laugh at him behind his ~** se ríen de él a sus espaldas; ***to be on sb's ~*** (colloq) estarle* encima a algn; **get off my ~!** déjame en paz (fam); ***to break the ~ of sth*** hacer* la parte más difícil/la mayor parte de algo; ***to get*** *o* ***put sb's ~ up*** (colloq) irritar a algn; ***to put one's ~ into sth*** poner* empeño en algo; ***to turn one's ~ on sb*** volverle* la espalda a algn; ▸**scratch²** *vt* **4**
B [c] **1** (of chair) respaldo *m*; (of dress, jacket) espalda *f*; (of electrical appliance, watch) tapa *f* **2** (reverse side — of envelope, photo) dorso *m*, revés *m*; (— of head) parte *f* posterior *or* de atrás; (— of hand) dorso *m*; **read the instructions on the ~** lea las instrucciones al dorso **3** **back to front**: **your sweater is on ~ to front** te has puesto el suéter al revés; ▸**hand¹ B**
C [c u] (rear part): **the ~ of the hall** el fondo de la sala; **the ~ of the house** la parte de atrás de la casa; **at the ~ of the drawer** en el fondo del cajón; **we sat at the ~** nos sentamos al fondo; **I'll sit in the ~** (of car) yo me siento detrás *or* (en el asiento de) atrás; **there's a yard at the ~** hay un patio atrás; **we stood at the ~ of the line** nos pusimos al final de la cola; **(in) ~ of the sofa** (AmE) detrás del sofá; **he's out ~ in the yard** (AmE) está en el patio, al fondo; ***in the ~ of beyond*** quién sabe dónde, donde el diablo perdió el poncho (AmS fam), en el quinto pino (Esp fam)
D [c] (Sport) defensa *mf*, zaguero, -ra *m,f*

back² *adj* (*before n, no comp*)
A (at rear) trasero, de atrás; **the ~ row** la última fila
B (of an earlier date): **~ number** *o* **issue** número *m* atrasado; **~ pay** atrasos *mpl*

back³ *adv*
A (indicating return, repetition): **we can get there and ~ in an hour** podemos ir y volver en una hora; **the journey ~** el viaje de vuelta; **I'll be ~ tomorrow** volveré mañana; **he's ~ from Paris** ha vuelto de París; **it's ~ to work on Monday** el lunes hay que volver al trabajo; **the Democrats are ~ in power** los demócratas han vuelto al poder; **long hair is ~ (in fashion)** vuelve (a estar de moda) el pelo largo; **meanwhile, ~ at the house ...** mientras tanto, en la casa ...; **to run/fly ~** volver* corriendo/en avión; **I'll drive you ~** te llevo de vuelta en coche; **we arrived ~ in York at six** regresamos a York a las seis; **she came ~ out** volvió a salir; **he asked for the ring ~** pidió que le devolviera el anillo; **he invited me ~ for coffee** me invitó a su casa a tomar un café; **they had us ~ the following week** nos devolvieron la invitación la semana siguiente; *see also* **go, take** *etc* **back**
B (in reply, reprisal): **he slapped her and she slapped him ~** él la abofeteó y ella le devolvió la bofetada
C **1** (backward): **take two steps ~** da dos pasos atrás; **to travel ~ in time** viajar hacia atrás en el tiempo **2** (toward the rear) atrás; **we can't hear you ~ here** aquí atrás no te oímos; *see also* **hold, keep** *etc* **back**
D (in, into the past): **~ in 1972** (ya) en 1972; **a few years ~** hace unos años; **as far ~ as last June** ya en junio
E **back and forth** = **backward(s) and forward(s)**: *see* **backward² 4**

back⁴ *vt*
A **1** ‹*person/decision*› respaldar, apoyar **2** (bet money on) ‹*horse/winner*› apostar* por
B (reverse): **he ~ed the car out of the garage** sacó el coche del garaje dando marcha atrás *or* (Col, Méx) en reversa
C (lie behind): **a house ~ed by open fields** una casa cuyo fondo da a campo abierto
D (Mus) acompañar
■ **back** *vi* «*vehicle/driver*» dar* marcha atrás, echar *or* meter reversa (Col, Méx); **he ~ed into a lamppost** se dio contra una farola al dar marcha atrás *or* al meter reversa

(Phrasal verbs)

- **back away** [v ▸ adv] echarse atrás; **to ~ away FROM sth** evitar algo
- **back down** [v ▸ adv] volverse* atrás, echarse para atrás
- **back off** [v ▸ adv] 1 ▸**back away** 2 (physically) (sl) retroceder
- **back on to** [v ▸ adv ▸ prep ▸ o]: **the house ~s on to the river** el fondo de la casa da al río
- **back out** [v ▸ adv] 1 (withdraw) volverse* atrás, echarse para atrás; **to ~ out OF sth**: **they ~ed out of the deal** no cumplieron el trato 2 (Auto) salir* dando marcha atrás, salir* en reversa (Col, Méx)
- **back up**

A [v ▸ o ▸ adv, v ▸ adv ▸ o] 1 (support) respaldar, apoyar; **her account is ~ed up by evidence** hay pruebas que respaldan *or* confirman su versión 2 (Comput) ‹*file*› hacer* una copia de seguridad de

B [v ▸ adv] 1 (reverse) dar* marcha atrás, echar *or* meter reversa (Col, Méx) 2 (form tailback): **the traffic was ~ed up as far as ...** la cola *or* la caravana de coches se extendía hasta ...

back: **~ache** *n* [u] dolor *m* de espalda; **~bencher** /'bæk'bentʃər || ˌbæk'bentʃə(r)/, **~ bench MP** *n* (in UK) diputado, -da *m,f* (*sin cargo específico en el gobierno o la oposición*); **~biting** *n* [u] murmuraciones *fpl*; **~bone** *n* (Anat) columna *f* (vertebral), espina *f* dorsal; (main strength) columna *f* vertebral, eje *m*; **~breaking** *adj* agotador; **it's ~breaking work** este trabajo te deja deslomado; **~chat** *n* [u] (colloq) impertinencia *f*, insolencia *f*; **~cloth** *n* (BrE) telón *m* de fondo; **~comb** *vt* (BrE) cardar, hacerse* crepé (Méx); **~date** /'bæk'deɪt/ *vt* ‹*wage increase*› pagar* con retroactividad *or* con efecto retroactivo; ‹*check*› ponerle* una fecha anterior a, antedatar; **an increase ~dated to April** un aumento con retroactividad desde abril; **~ door** *n* puerta *f* trasera *or* de atrás; ***through** o **by the ~ door*** a escondidas, furtivamente; **~drop** *n* telón *m* de fondo

backer /'bækər || 'bækə(r)/ *n* patrocinador, -dora *m,f*

backfire /'bækfaɪr || bæk'faɪə(r)/ *vi* 1 «*car*» producir* detonaciones en el escape, petardear (fam) 2 (fail) fracasar, fallar, salir* mal; **his plan ~fired on him** le salió el tiro por la culata (fam)

background¹ /'bækgraʊnd/ *n* 1 (of picture, scene) fondo *m*; **against a white ~** sobre un fondo blanco; **she prefers to stay in the ~** prefiere permanecer en un segundo plano 2 (of events) **~ (TO sth)** antecedentes *mpl* (DE algo); **against a ~ of rising inflation** en un momento de creciente inflación 3 (of person — origin) origen *m*; (— education) formación *f*, currículum *m*; (— previous activities) experiencia *f*; **he comes from a working-class/a religious ~** es de clase obrera/creció en un ambiente religioso

background² *adj* (*before n*) ‹*noise/music*› de fondo; **~ reading** lecturas *fpl* preparatorias (*acerca del momento histórico, antecedentes etc*)

back: **~hand** *n* revés *m*; (*before n*) **~hand shot** revés *m*; **~handed** /'bæk'hændəd || ˌbæk'hændɪd/ *adj* ‹*blow*› con el revés, de revés; **a ~handed compliment** un cumplido de esos que no sabes cómo *or* por dónde tomarlo; **~hander** /'bæk'hændər || 'bækˌhændə(r)/ *n* 1 (blow, stroke) revés *m* 2 (bribe) (BrE colloq) soborno *m*

backing /'bækɪŋ/ *n* 1 [u] (support) respaldo *m*, apoyo *m* 2 [c] (Mus) acompañamiento *m*

backlash /'bæklæʃ/ *n* [c] reacción *f* violenta; (Mech Eng) contragolpe *m*

backless /'bækləs || 'bæklɪs/ *adj* sin espalda

back: **~log** *n* atraso *m*; **a ~log of work** trabajo atrasado; **~lot** /'bæklɑːt || 'bæklɒt/ *n* 1 (of house) ▸**back yard**; 2 (waste ground) terreno *m* baldío; 3 (Cin) plató *m* de exteriores (*junto a un estudio*); **~ matter** *n* [u] apéndices *mpl*; **~ office** *n* (of shop) trastienda *f*; (in stock trading) back office *m* (*procesamiento administrativo y contable generado por la confirmación de una operación bursátil*); (*before n*) ‹*operations/personnel*› de back office; **~-of-the-envelope**/ ˌbækəvðiˈenvəlәʊp/ *adj* ‹*calculation/estimates*› aproximado; **~pack** *n* mochila *f*; **~packer** *n* mochilero, -ra *m,f*; **~packing** *n* [u] *excursionismo con mochila*; **~pedal** *vi*, (BrE) **-ll-** (retreat) dar* marcha atrás, echarse atrás; **~rest** *n* respaldo *m*; **~ seat** *n* asiento *m* trasero *or* de atrás; ***to take a ~ seat*** (colloq) mantenerse* al margen, dejar que otros asuman las responsabilidades (*or* tomen las decisiones *etc*); (*before n*) **~-seat driver** *pasajero que importuna al conductor con sus indicaciones*; **~side** /'bæk'saɪd/ *n* 1 (colloq) trasero *m* (fam) 2 (reverse) (AmE) parte *f* posterior; **~slapping** /'bækˌslæpɪŋ/ *n* [u] palmaditas *fpl* en la espalda (fam); **~slash** /'bækslæʃ/ *n* barra *f* invertida, barra *f* inversa; **~sliding** *n* [u] recaída *f*, reincidencia *f*; **~stage** /'bæk'steɪdʒ/ *adj/adv* entre bastidores; **~stairs** /ˌbæk'sterz || ˌbæk'steəz/ *pl n* escalera *f* de servicio; (*before n*) ‹*deal/arrangement/lobbying*› clandestino; **~street** *n* callejuela *f*; **the ~streets** los barrios pobres; (*before n*) ‹*abortion*› clandestino, ilegal; **~stroke** *n* [u] estilo *m* espalda; **to do (the) ~stroke** nadar de espaldas *or* (Esp) a espalda *or* (Méx) de dorso; **~ talk** *n* (AmE) ▸**backchat**; **~-to-back** /'bæktə'bæk/ *adj* (*pred* **~ to ~**) 1 (consecutive) consecutivo; **the films are run ~ to ~** (*as adv*) dan las películas en sesión continua 2 **~-to-~ house** *casa adosada modesta, sin jardín trasero, de las ciudades industriales*; **~track** *vi* 1 (retrace one's steps) retroceder 2 (reverse opinion, plan) dar* marcha atrás; **~-up** *n* 1 [u] (support) respaldo *m*, apoyo *m*; (*before n*) ‹*team/equipment*› de refuerzo 2 [c] (Comput) copia *f* de seguridad; (*before n*) ‹*disk/file*› de reserva, de seguridad

backward¹ /'bækwərd || 'bækwəd/ *adj*

A (*before n*) ‹*movement*› hacia atrás; **a ~ glance** una mirada atrás

B ‹*child*› retrasado; ‹*nation*› atrasado; ***she's not exactly ~ in coming forward*** no es de las que se quedan atrás

backward², (esp BrE) **backwards** *adv* 1 (toward rear) hacia atrás; ***to bend** o **lean over ~*** hacer* lo imposible; ▸**know¹** *vt* **A1** 2 ‹*run/walk*› hacia atrás 3 (back to front, in reverse order) al revés; **you've put your sweater on ~** (AmE) te has puesto el suéter al revés 4 **backward(s) and forward(s)** para atrás y para adelante; **I've been going ~(s) and forward(s) all day between the house and the hospital** me he pasado el día de acá para allá *or* para arriba y para abajo entre la casa y el hospital; **he ran ~ and forward(s) along the clifftop** corrió de un lado para otro del acantilado

backwards /'bækwərdz || 'bækwədz/ *adv* (esp BrE) ▸**backward²**

back: **~water** *n* 1 [u c] (stagnant water) agua *f‡* estancada 2 [c] (backward place) lugar *m* atrasado; **~woods** *pl n* **the ~woods** (the countryside) el campo; (isolated, provincial place) la Cochinchina (fam); (*before n*) ‹*politician/town*› provinciano; **~woodsman** /'bækwʊdzmən/ *n* (*pl* **-men** /-mən/) (AmE) (forest dweller) *habitante de un bosque*; (rustic person) (colloq) provinciano, -na *mf*; **~ yard** *n* (paved) patio *m* trasero; (grassed) (AmE) jardín *m* trasero, fondo *m* (RPl); ***in one's own ~ yard*** (colloq) en su (*or* mi *etc*) patio trasero *or* misma puerta

bacon /'beɪkən/ *n* [u] tocino *m* *or* (Esp) bacon *m* *or* (RPl) panceta *f*; ***to save sb's ~*** (colloq) salvarle el pellejo a algn (fam)

bacteria /bæk'tɪriə || bæk'tɪəriə/ *pl of* **bacterium**

bacteriology /bæk'tɪri'ɑːlədʒi || bækˌtɪəri'ɒlədʒi/ *n* [u] bacteriología *f*

bacterium /bæk'tɪriəm || bæk'tɪəriəm/ *n* bacteria *f*

bad¹ /bæd/ *adj* (*comp* **worse**; *superl* **worst**) [*The usual translation*, **malo**, *becomes* **mal** *when it is used before a masculine singular noun*]

A 1 (of poor quality) malo; **~ example** mal ejemplo *m* 2 (unreliable, incompetent) (*pred*) **to be ~ AT sth/-ING** ser* malo PARA algo/+ INF; **I'm ~ at names** soy malo *or* no tengo cabeza para los nombres; **to be ~ ABOUT -ING**: **he's ~ about apologising** le cuesta pedir disculpas; **to be ~ ON sth**: **I'm ~ on punctuation** la puntuación no es mi fuerte

B 1 (unpleasant) malo; **I've had a ~ day** he tenido (un) mal día; **to go from ~ to worse** ir* de mal en peor; **it tastes/smells ~** sabe/huele mal 2 (unsatisfactory) malo; **you've come at a ~ moment** vienes en (un) mal momento; **that's not ~ at all!** ¡no está nada mal!; **it'll look ~ if you don't turn up** queda mal *or* feo que no vayas; **it's too ~ you can't come** es una lástima *or* una pena que no puedas venir; **if she doesn't like it, that's just too ~** (colloq) si no le gusta, peor para ella 3 (harmful) malo; **to be ~ FOR sb/sth**: **too much food is ~ for you** comer

b

demasiado es malo *or* hace mal; **smoking is ~ for your health** fumar es malo *or* perjudicial para la salud

C **1** ‹*behavior/manners*› malo **2** (evil) malo; **anyone who likes children can't be all ~** si le gustan los niños no puede ser tan malo

D ‹*mistake/injury*› grave; ‹*headache*› fuerte; **he has a ~ cough** tiene mucha tos

E (rotten) ‹*egg/fruit*› podrido; **to go ~** echarse a perder

F (afflicted): **she's got a ~ knee** tiene problemas con la rodilla; **how are you? — not (too) ~!** (colloq) ¿qué tal estás? — aquí ando, tirando (fam); ***to be in a ~ way*** (colloq) estar* fatal (fam)

G (sorry): **I feel ~ about not having written to her** me da no sé qué no haberle escrito; **it's not your fault; there's no need to feel ~ about it** no es culpa tuya, no tienes por qué preocuparte

bad² *n* [u]: **all the ~ that he's done** todo el mal que ha hecho; **there's good and ~ in everybody** todos tenemos cosas buenas y malas; **you have to learn to take the ~ with the good** hay que aprender a aceptar lo bueno y lo malo

bad³ *adv* (esp AmE colloq): **to need sth real ~** necesitar algo desesperadamente; **if you want it ~ enough** si de verdad lo quieres; ***she's got it ~ for him*** está loca por él, se derrite por él (fam)

baddie, baddy /'bædi/ *n* (*pl* **-dies**) (BrE colloq) malo, -la *m,f* (de la película) (fam)

bade /bæd, beɪd/ *past of* **bid¹** *vt* **B**

badge /bædʒ/ *n* (pin-on) chapa *f*, botón *m* (AmL); (sew-on) insignia *f*; **policeman's ~** (in US) placa *f* *or* chapa *f* de policía

badger¹ /'bædʒər || 'bædʒə(r)/ *n* tejón *m*

badger² *vt* fastidiar, darle* la lata a (fam); **they've been ~ing me to take them to the park** me han estado dando la lata para que los lleve al parque (fam)

Badlands /'bædlændz/ *pl n* **the ~** *zona desértica de Dakota del Sur y Nebraska*

badly /'bædli/ *adv* (*comp* **worse**; *superl* **worst**)

A (poorly) ‹*play/sing*› mal; **~ organized** mal organizado; **to do ~: our team did ~** a nuestro equipo le fue mal; **we're not doing ~** vamos bastante bien

B (improperly) ‹*behave/treat*› mal

C (*as intensifier*) ‹*fail*› miserablemente, estrepitosamente; **~ injured** gravemente herido; **you're ~ mistaken** estás muy equivocado; **you ~ need a haircut** te hace mucha falta cortarte el pelo

badly off *adj* (*comp* **worse off**; *superl* **worst off**) (*pred*) mal de dinero

bad-mannered /'bæd'mænərd || ˌbæd'mænəd/ *adj* maleducado

badminton /'bædmɪntn/ *n* [u] bádminton *m*

badmouth /'bædmaʊθ/ *vt* (AmE sl) hablar pestes de (fam)

badness /'bædnəs || 'bædnɪs/ *n* [u] **1** (poor quality) mala calidad *f*, pobreza *f* **2** (of behavior) maldad *f*

bad-tempered /'bæd'tempərd || ˌbæd'tempəd/ *adj* ‹*reply/tone*› malhumorado; ‹*person*› (as permanent characteristic) de mal genio; (in a bad mood) de mal humor

baffle /'bæfəl/ *vt* **1** (perplex) desconcertar*; **it ~s me how they escaped** no alcanzo a entender cómo se escaparon **2** (frustrate) ‹*efforts*› frustrar

baffled /'bæfəld/ *adj* perplejo; ‹*expression*› de perplejidad

baffling /'bæflɪŋ/ *adj* ‹*problem*› desconcertante; **her disappearance is totally ~** su desaparición nos tiene perplejos

bag¹ /bæg/ *n*

A **1** (container, bagful) bolsa *f*; **a paper/plastic ~** una bolsa de papel/plástico; (*hand~*) (esp BrE) cartera *f* *or* (Esp) bolso *m* *or* (Méx) bolsa *f*; ***to leave sb holding the ~*** (AmE) cargarle* el muerto a algn; ***a mixed ~***: **today's concert is a mixed ~** en el concierto de hoy habrá un poco de todo; **my students are a very mixed ~** tengo un grupo de alumnos muy heterogéneo; ***in the ~*** (colloq): **the contract is in the ~** el contrato es un hecho; ▸**cat¹, nerve¹ B2** **2** (piece of luggage) maleta *f*, valija *f* (RPl), petaca *f* (Méx)

B (of skin) bolsa *f*; **to have ~s under one's eyes** (of skin) tener* bolsas en los ojos; (dark rings) tener* ojeras

C **bags** *pl* (a lot) (colloq) cantidad *f* (fam), montones *mpl* (fam), pilas *fpl* (RPl fam); **there's ~s of room** (BrE colloq) hay cantidad de lugar (fam)

D (unpleasant woman) (colloq) bruja *f* (fam)

bag² *vt* **-gg-**

A **~ (up)** (put in bag) meter en una bolsa

B ‹*pheasant/rabbit*› cazar*, cobrar

C ‹*seat*› (BrE colloq) agarrar *or* (esp Esp) coger*

bagatelle /'bægə'tel/ *n* (liter) bagatela *f*

bagel /'beɪgəl/ *n*: *bollo con forma de rosquilla*

bagful /'bægfʊl/ *n* bolsa *f*

baggage /'bægɪdʒ/ *n* [u] equipaje *m*; (*before n*) **~ allowance** límite *m* de equipaje; **~ carousel** (AmE) cinta *f* transportadora (de equipajes), banda *f* transportadora (Méx); **~ room** (AmE) consigna *f*

baggy /'bægi/ *adj* **-gier, -giest** ancho, suelto, guango (Méx)

Baghdad /'bægdæd || bæg'dæd/ *n* Bagdad *m*

bag: **~ lady** *n* vagabunda *f* (*que lleva todas sus pertenencias en bolsas*); **~man** /'bægmæn/ *n* **1** (AmE colloq) (of extortionist) cobrador *m* de extorsionadores; **2** (Austral colloq) (tramp) vagabundo *m*; **~pipes** *pl n* gaita *f*; **~-snatcher** *n* ladrón, -drona *m,f* de bolsos (*mediante el procedimiento del tirón*), tironero, -ra *m,f* (Esp)

Bahamas /bə'hɑːməz/ *pl n* **the ~** las Bahamas

bail /beɪl/ *n* [u] (Law) fianza *f*; **he was released on ~** fue puesto en libertad bajo fianza; **~ bond** *n* compromiso *m* de fianza

Phrasal verb

• **bail out**

A [v ▸ o ▸ adv, v ▸ adv ▸ o] **1** (Law): **to ~ sb out** pagarle* la fianza a algn **2** (Naut) ‹*water*› achicar*

B [v ▸ o ▸ adv, v ▸ adv ▸ o] (rescue) sacar* de apuros, echarle un cable a (fam)

C [v ▸ adv] (Aviat) tirarse en paracaídas

bailiff /'beɪləf || 'beɪlɪf/ *n* (Law) **1** (in UK) alguacil *mf* **2** (in US) *funcionario que custodia al acusado en el juzgado*

bait¹ /beɪt/ *n* [u] cebo *m*, carnada *f*; ***to rise to the ~*** picar*, morder* el anzuelo

bait² *vt*

A ‹*hook/trap*› cebar

B (persecute, torment) acosar

bake /beɪk/ *vt*: **~ in a hot oven** hornear en horno caliente; **do you fry it or ~ it?** ¿lo fríes o lo haces al horno?; **she ~s her own bread** hace el pan en casa; **~d potato** papa *f* *or* (Esp) patata *f* asada

■ **bake** *vi* hacer* pasteles (*or* pan *etc*)

baked beans /beɪkt/ *pl n* **1** (in can) frijoles *mpl* *or* (Esp) judías *fpl* *or* (CS) porotos *mpl* en salsa de tomate **2** (dish) (AmE) *el mismo plato preparado con cerdo*

baker /'beɪkər || 'beɪkə(r)/ *n* panadero, -ra *m,f*; **~'s (shop)** panadería *f*

bakery /'beɪkəri/ *n* (*pl* **-ries**) panadería *f*

baking¹ /'beɪkɪŋ/ *n* [u]: **we do a lot of ~** hacemos muchos pasteles (*or* pan *etc*); (*before n*) **~ dish** fuente *f* para el horno; **~ powder** polvo *m* de hornear, Royal® *m*, levadura *f* en polvo (Esp)

baking² *adj* (colloq): **I'm ~!** ¡me muero de calor! (fam), ¡me estoy asando! (fam); **it's ~ hot** (*as adv*) hace un calor achicharrante (fam)

balance¹ /'bæləns/ *n*

A [c] (apparatus) balanza *f*; ***to be*** *o* ***hang in the ~*** estar* en el aire; ▸**tip² B1**

B [u] **1** (physical) equilibrio *m*; **to keep/lose one's ~** mantener*/perder* el equilibrio; **the blow caught him off ~** el golpe lo agarró *or* (Esp) lo cogió desprevenido; ***to throw sb off ~*** (disconcert) desconcertar* a algn; (lit: topple) hacer* que algn pierda el equilibrio **2** [u] (equilibrium) equilibrio *m*; ***to strike a ~*** dar* con el justo medio

C [c] **1** (in accounting) balance *m*; **on ~** en general **2** (*bank ~*) saldo *m* **3** (difference, remainder) resto *m*; (of sum of money) saldo *m*

balance² *vt*

A **1** ‹*load*› equilibrar; ‹*object*› mantener* *or* sostener* en equilibrio; **he put out his arms to ~ himself** extendió los brazos para no perder el equilibrio **2** (weigh up) sopesar; **to ~ sth AGAINST sth**: **you have to ~ the risks against the likely profit** tienes que sopesar los riesgos y los posibles beneficios

B (Fin) ‹*account*› hacer* el balance de; **to ~ the books** hacer* cuadrar las cuentas

■ **balance** *vi* 1 (hold position) mantener* el equilibrio 2 (Fin) «*account*» cuadrar

(Phrasal verb)

- **balance out**

A [v ▸ adv] compensarse; **it all ~s out in the end** al final una cosa compensa la otra

B [v ▸ o ▸ adv, v ▸ adv ▸ o] compensar; **the losses and the gains ~ each other out** las pérdidas y las ganancias se compensan

balanced /'bælənst/ *adj* equilibrado

balancing act /'bælənsıŋ/ *n*: **to perform a ~ ~** hacer* malabarismos

balcony /'bælkəni/ *n* (*pl* **-nies**) 1 (Archit) balcón *m*; (large) terraza *f* 2 (Theat) (in US) platea *f* alta; (in UK) galería *f*, gallinero *m* (fam)

bald /bɔ:ld/ *adj* **-er, -est**

A 1 ‹*man*› calvo, pelón (AmC, Méx), pelado (CS); **he's ~** es calvo (*or* pelón *etc*); **to go ~** quedarse calvo (*or* pelón *etc*); **~ patch** calva *f* 2 (worn) ‹*tire*› gastado, liso

B (plain): **the ~ truth** la verdad pura y simple

balding /'bɔ:ldıŋ/ *adj*: **he's ~** se está quedando calvo

baldness /'bɔ:ldnəs || 'bɔ:ldnıs/ *n* [u] calvicie *f*

bale /beıl/ *n* paca *f*, fardo *m*, bala *f*

Balearic Islands /bæli'ærık/ *pl n* **the ~ ~** las (Islas) Baleares

baleful /'beılfəl/ *adj* torvo

bale out (BrE) ▸**bail out**

balk /bɔ:k/ *vt* 1 ‹*attempt/plan*› obstaculizar* 2 (avoid) (BrE) ‹*question/issue*› evitar, eludir

■ **balk** *vi* **to ~ AT -ING** mostrarse reacio A + INF; **he ~ed at the suggestion** se mostró reacio a aceptar la sugerencia

Balkan /'bɔ:lkən/ *adj* balcánico; **the ~ states** los países balcánicos

Balkans /'bɔ:lkənz/ *pl n* **the ~** los países balcánicos

ball /bɔ:l/ *n*

A [c] 1 (in baseball, golf) pelota *f*, bola *f*; (in basketball, football) pelota *f* (esp AmL), balón *m* (esp Esp); (in billiards) bola *f*; ***the ~ is in your court*** te corresponde a ti dar el próximo paso; ***to be on the ~*** (colloq) ser* muy espabilado, tener* los ojos bien abiertos; ***to carry the ~*** (AmE) llevar la batuta *or* la voz cantante; ***to drop o fumble the ~*** (lit: in US football) fumblear; **you know he won't drop o fumble the ~** ya sabes que no nos va a fallar; ***to set o start/keep the ~ rolling*** poner*/mantener* las cosas en marcha *or* en movimiento 2 (delivery by pitcher) bola *f*

B [u] 1 **to play ~ (with sb)** (lit: play game) jugar* a la pelota (con algn); **we tried to persuade him but he wouldn't play ~** (colloq) intentamos convencerlo, pero no quiso saber de nada 2 (*base~*) (AmE) béisbol *m*

C 1 [c] (round mass) bola *f*; (of string, wool) ovillo *m*; **she was curled up in a ~** estaba hecha un ovillo; ***the whole ~ of wax*** (AmE) toda la historia (fam) 2 [c] (Anat): **the ~ of the foot** la parte anterior de la planta del pie

D **balls** *pl* (vulg) 1 (testicles) huevos *mpl* (vulg), pelotas *fpl* (vulg), cojones *mpl* (vulg), tanates *mpl* (Méx vulg) 2 (nonsense) pendejadas *fpl or* (Andes, Ven) huevadas *fpl or* (Esp) gilipolleces *fpl or* (Col, RPl) boludeces *fpl* (vulg)

E [c] (dance) baile *m*; ***to have a ~*** (colloq) divertirse* de lo lindo *or* como loco (fam)

(Phrasal verb)

- **ball up**, (BrE) **balls up** [v ▸ o ▸ adv, v ▸ adv ▸ o] (spoil) (sl) ‹*plans/task*› joder (vulg), fastidiar (fam)

ballad /'bæləd/ *n* (narrative poem, song) romance *m*; (sentimental song) balada *f*

ballast /'bæləst/ *n* [u] (Aviat, Naut) lastre *m*

ball boy *n* recogepelotas *m*, recogebolas *m* (Col, Méx), pelotero *m* (Chi)

ballerina /'bælə'ri:nə/ *n* bailarina *f* (de ballet)

ballet /'bæleı/ *n* [u c] ballet *m*; (*before n*) **~ dancer** bailarín, -rina *m,f* de ballet

ball: **~ game** *n* juego *m* de pelota; (baseball game) (AmE) partido *m* de béisbol; (US football game) (AmE) partido *m* de fútbol *or* (AmC, Méx) futbol americano; Ⓢ **no ball games** prohibido jugar a la pelota; ***it's a whole new ~ game*** (colloq) ha cambiado totalmente el panorama; **~ girl** *n* recogepelotas *f*, recogebolas *f* (Col, Méx), pelotera *f* (Chi)

ballistic /bə'lıstık/ *adj* balístico; ***to go ~*** (colloq) ponerse* hecho un basilisco (fam), ponerse* hecho una furia (fam)

ballistics /bə'lıstıks/ *n* (+ *sing vb*) balística *f*

balloon[1] /bə'lu:n/ *n* 1 (toy) globo *m*, bomba *f* (Col), chimbomba *f* (AmC) 2 (Aviat) globo *m*, aeróstato *m*; **meteorological o weather ~** globo *m* sonda; ***to go over o*** (BrE) ***down like a lead balloon*** (colloq) caer* muy mal (fam); ***when the ~ goes up*** (BrE) cuando estalle *or* (fam) reviente el asunto 3 (in comic strip) globo *m*, bocadillo *m*

balloon[2] *vi* 1 (Aviat): **to go ~ing** (ir* a) pasear en globo 2 (swell) hincharse

ballot[1] /'bælət/ *n* 1 [u] (system of voting) votación *f*; **to decide by ~** decidir por votación; (*before n*) **~ box** urna *f* 2 [c] (instance of voting) votación *f*; **to hold o take a ~ on sth** someter algo a votación 3 [c] (number of votes cast) número *m* de votos 4 [c] **~ (paper)** papeleta *f*, boleta *f* electoral (Méx, RPl)

ballot[2] *vt* ‹*members*› invitar a votar; **to ~ sb ON sth** someter algo a la votación de algn

ball: **~park** *n* (AmE Sport) estadio *m or* (Méx) parque *m* de béisbol; ***to be in the ~park***: **total costs will be in the 5 million ~park** el costo total será del orden de cinco millones; **several of the bids are in our ~park** varias de las ofertas están a nuestro alcance; (*before n*) **a ~park figure** una cifra aproximada; **~player** *n* (AmE) (in baseball) jugador, -dora *m,f* de béisbol, beisbolista *mf*; (in US football) jugador, -dora *m,f* de fútbol *or* (Méx) de futbol americano; (in basketball) jugador, -dora *m,f* de baloncesto, baloncestista *mf*, basquetbolista *mf* (AmL); **~point** *n* [c u] **~point (pen)** bolígrafo *m*, esfero(gráfico) *m* (Col), pluma *f* atómica (Méx), birome *f* (RPl), lápiz *m* de pasta (Chi); **~room** *n* sala *f or* salón *m* de baile; **~room dancing** *n* [u] baile *m* de salón; **~s-up** *n* (BrE sl) cagada *f* (vulg), despelote *m* (AmL fam); **he made a complete ~s-up of the arrangements** la cagó con la organización (vulg)

ballyhoo[1] /'bælihu:/ *n* [u] (colloq) propaganda *f*, bombo *m* (fam)

ballyhoo[2] *vt* (esp AmE colloq) ‹*event*› anunciar con bombos y platillos *or* (Esp) a bombo y platillo

balm /bɑ:m/ *n* [u c] bálsamo *m*

balmy /'bɑ:mi/ *adj* **-mier, -miest** 1 ‹*evening/air*› templado y agradable 2 (crazy) (esp AmE colloq) chiflado (fam), rayado (AmS fam)

baloney /bə'ləʊni/ *n* 1 [u] (nonsense) (colloq) tonterías *fpl*, chorradas *fpl* (Esp fam), macanas *fpl* (RPl fam) 2 [u c] (AmE) ▸**bologna**

Baltic[1] /'bɔ:ltık/ *adj* báltico

Baltic[2] *n* **the ~ (Sea)** el (mar) Báltico

bamboo /'bæm'bu: || bæm'bu:/ *n* [u c] (*pl* **-boos**) bambú *m*; (*before n*) **~ shoots** (Culin) brotes *mpl* de bambú

bamboozle /bæm'bu:zəl/ *vt* (colloq) enredar (fam); **to ~ sb (INTO sth)**: **he was ~d into financing their plan** lo engatusaron para que financiara su plan

ban[1] /bæn/ *vt* **-nn-** ‹*book/smoking*› prohibir*; ‹*organization*› proscribir*; **~ the bomb!** ¡no a la bomba atómica!; **to ~ sb FROM sth/-ING**: **he was ~ned from the club** le prohibieron la entrada al club; **he was ~ned from playing for one year** (Sport) lo suspendieron por un año

ban[2] *n*

A (prohibition) prohibición *f*; **to put o impose a ~ on sth** prohibir* algo

B **bans** *pl* ▸**banns**

banal /bə'næl, 'beınəl || bə'nɑ:l/ *adj* banal

banality /bə'næləti/ *n* [u c] (*pl* **-ties**) banalidad *f*

banana /bə'nænə || bə'nɑ:nə/ *n* plátano *m*, banana *f* (Per, RPl), banano *m* (AmC, Col), cambur *m* (Ven); ***to be top/second ~*** (AmE colloq) ser* el mandamás/el segundo de a bordo (fam); (*before n*) **~ tree** (plátano *m*) bananero *m*, banano *m* (AmL), cambur *m* (Ven)

banana: **~ peel** *n* (AmE) ▸**banana skin**; **~ republic** *n* república *f* banana *or* bananera

bananas /bə'nænəz || bə'nɑ:nəz/ *adj* (sl) (*pred*): **she's completely ~** está chiflada (fam); **to go ~** perder* la chaveta (fam)

banana skin *n* (esp BrE) cáscara *f* de plátano *or* (Per, RPl) de banana *or* (AmC, Col) de banano, piel *f* de plátano (Esp), concha *f* de cambur (Ven)

band /bænd/ *n*

A 1 (group) grupo *m*; (of thieves, youths) pandilla *f*, banda *f*

b

b

2 (Mus) (*jazz* ~) grupo *m or* conjunto *m* de jazz; (*rock* ~) grupo *m or* banda *f* de rock
B **1** (ribbon) cinta *f*; (strip — of cloth) banda *f*, tira *f*; (— for hat) cinta *f* **2** (stripe) franja *f*
C (*wave*~) (banda *f* de) frecuencia *f*
D (ring) anillo *m*; (*wedding* ~) alianza *f*, argolla *f* (AmL)
(Phrasal verb)
• **band together** [v ▸ adv] unirse, hacer* causa común

bandage¹ /ˈbændɪdʒ/ *n* venda *f*

bandage² *vt* vendar; **she ~d (up) my ankle** me vendó el tobillo

Band-Aid® /ˈbændeɪd/ *n* (AmE) curita® *f or* (Esp) tirita® *f*

bandanna, bandana /bænˈdænə/ *n* pañuelo *m* (*de colores*)

B & B /ˈbiːənˈbiː/ *n* = **bed and breakfast**

bandit /ˈbændət || ˈbændɪt/ *n* bandido, -da *m,f*, bandolero, -ra *m,f*

band: **~stand** *n* quiosco *m* de música; **~wagon** *n*: ***to jump on the ~wagon*** subirse al carro *or* al tren

bandy¹ /ˈbændi/ *adj* **-dier, -diest** arqueado, torcido

bandy² **-dies, -dying, -died** *vt* ‹*remarks/jokes*› intercambiar; ***to ~ words with sb*** discutir con algn
(Phrasal verb)
• **bandy about,** (AmE also) **bandy around** [v ▸ o ▸ adv]: **a phrase that's bandied about a lot nowadays** una frase que se maneja mucho hoy en día

bandy-legged /ˈbændiˈlegd/ *adj* patizambo, zambo

bane /beɪn/ *n* ruina *f*, pesadilla *f*; **to be the ~ of sb's life** *o* **existence** ser* la cruz de algn

bang¹ /bæŋ/ *n*
A **1** [c] (loud noise) estrépito *m*; (explosion) explosión *f*, estallido *m*; ***to go over*** *o* (BrE) ***off with a ~***, ***to go with a ~*** ser* todo un éxito; **she returned to politics with a ~** volvió a la política a lo grande **2** (pleasure) (AmE colloq) (*no pl*): **to get a ~ out of sth** disfrutar como loco con algo (fam)
B [c] (blow) golpe *m*, trancazo *m*, golpetazo *m*
C [c] **bangs** *pl* (AmE) (fringe) flequillo *m*, cerquillo *m* (AmL), chasquilla *f* (Chi), capul *f* (Col), fleco *m* (Méx), pollina *f* (Ven)

bang² *vt* **1** (strike) golpear; **she ~ed her forehead on the shelf** se golpeó la frente con el estante; **he was ~ing his fist on the table** golpeaba la mesa con el puño **2** (slam): **he ~ed the door** dio un portazo (fam)
■ **bang** *vi* **1** (strike) **to ~ ON sth** golpear algo; **he started ~ing on the door** empezó a aporrear la puerta; **to ~ INTO sth** darse* CONTRA algo **2** (slam) «*door*» cerrarse* de un golpe, dar* un portazo; **the gate was ~ing in the wind** la puerta daba golpes *or* (AmL tb) se golpeaba con el viento **3** (move noisily): **he was ~ing about the kitchen** andaba por la cocina haciendo ruido
(Phrasal verbs)
• **bang away** [v ▸ adv] **1** (hit hard, work hard) (colloq): **she's been ~ing away at the typewriter all day** se ha pasado todo el día dale que (te) dale con la máquina de escribir; **he was ~ing away on the piano** aporreaba el piano **2** (fire continually) «*guns*» retumbar
• **bang out** [v ▸ o ▸ adv, v ▸ adv ▸ o] **1** (play) ‹*tune*› (colloq) aporrear (fam) **2** (type) (colloq) escribir* (*a máquina*)
• **bang up** [v ▸ o ▸ adv, v ▸ adv ▸ o] (damage, injure) (AmE colloq) dejar hecho polvo (fam)

bang³ *adv*
A : **to go ~** «*gun*» dispararse, hacer* ¡bang! *or* ¡pum!; **~ went our holiday** (BrE colloq) nuestras vacaciones se fueron al garete *or* al diablo (fam)
B (*as intensifier*) (esp BrE colloq): **~ in the middle** justo *or* exactamente en el medio; **to be ~ up to date** estar* muy al día; **~ on time** a la hora justa *or* exacta; ***to be ~ on*** dar* en el blanco, acertar* de lleno

bang⁴ *interj* ¡pum!, ¡bang!; **~! ~! you're dead!** (used to or by children) ¡pum! ¡pum! ¡te maté!

banger /ˈbæŋər || ˈbæŋə(r)/ *n* (BrE colloq) **1** (sausage) salchicha *f* **2** (firework) petardo *m* **3** (car) (*old* ~) cacharro *m* (fam)

Bangkok /ˈbæŋkɑːk || ˌbæŋˈkɒk/ *n* Bangkok *m*

Bangladesh /ˈbɑːŋgləˈdeʃ || ˌbæŋgləˈdeʃ/ *n* Bangladesh *m*

Bangladeshi¹ /ˈbɑːŋgləˈdeʃi || ˌbæŋgləˈdeʃi/ *adj* bangladesí

Bangladeshi² *n* bangladesí *mf*

bangle /ˈbæŋgəl/ *n* pulsera *f*, brazalete *m*; (thin, of gold or silver) esclava *f*, aro *m*

banish /ˈbænɪʃ/ *vt* **1** (exile) desterrar*; ‹*fear/doubts*› hacer* olvidar, desvanecer* (liter) **2** (prohibit) prohibir*

banister /ˈbænəstər || ˈbænɪstə(r)/ *n* pasamanos *m*, baranda *m*

bank¹ /bæŋk/ *n*
A **1** (Fin) banco *m*; ***to laugh all the way to the ~*** morirse* de risa (fam); (*before n*) **~ balance** saldo *m*; **~ statement** estado *m or* extracto *m* de cuenta **2** (in gambling) **the ~** la banca; **to break the ~**: **one evening at the theater isn't going to break the ~** ir una noche al teatro no nos va a arruinar **3** (store, supply) banco *m*; **blood/sperm ~** banco de sangre/semen
B (edge of river) orilla *f*, ribera *f*
C **~ of earth/snow** montículo *m* de tierra/nieve; **~ of clouds** masa *f* de nubes

bank² *vt*
A (Fin) depositar *or* (esp Esp) ingresar (en el banco)
B (deflect) (AmE) hacer* rebotar
■ **bank** *vi*
A (Fin): **I ~ with the National** tengo la cuenta en el National
B (Aviat) ladearse
(Phrasal verb)
• **bank on** [v ▸ prep ▸ o] ‹*victory/help*› contar* con; **I wouldn't ~ on it** yo no me confiaría demasiado; **we were ~ing on them accepting our offer** contábamos con *or* confiábamos en que aceptarían nuestra oferta

> **Bank of England**
> El Banco de Inglaterra es el banco central del Reino Unido. Asesora al gobierno en asuntos financieros y actúa como banquero del gobierno y otros bancos

bank: **~ account** *n* cuenta *f* bancaria; **~book** *n* libreta *f* de ahorros; **~card** *n* (AmE) tarjeta *f* de crédito (*expedida por un banco*); (BrE) tarjeta *f* bancaria; **~ clerk** *n* (BrE) empleado, -da *m,f* de banco *or* banca

banker /ˈbæŋkər || ˈbæŋkə(r)/ *n* **1** (Fin) banquero, -ra *m,f* **2** (in gambling) banca *f*

banker: **~'s draft** *n* (BrE) cheque *m or* efecto *m* bancario; **~'s order** *n* orden *f* de débito bancario (AmL), orden *m* de domiciliación bancaria (Esp)

bank holiday *n* (BrE) día *m* festivo, feriado *m* (esp AmL)

> **bank holiday**
> Día festivo de carácter oficial en el Reino Unido, en el que cierran los bancos, correos, la mayoría de las oficinas y muchas tiendas. Siempre cae en lunes

banking /ˈbæŋkɪŋ/ *n* [u] (business) banca *f*; (*before n*) ‹*charges/system*› bancario

bank: **~ note** *n* **1** (promissory note) (AmE) pagaré *m* **2** (paper money) (BrE) billete *m* de banco; **~ rate** *n* tasa *f or* (esp Esp) tasa *f* de interés; **~roll** *n* (AmE colloq) (funds) fondos *mpl*; (roll of money) fajo *m* de billetes

bankrupt¹ /ˈbæŋkrʌpt/ *adj* en quiebra, en bancarrota; **to be ~** estar* en quiebra *or* en bancarrota; **to go ~** quebrar*, ir* a la bancarrota; **a morally ~ country** un país en (la) bancarrota moral

bankrupt² *vt* llevar a la quiebra *or* a la bancarrota

bankruptcy /ˈbæŋkrʌptsi/ *n* [u c] (*pl* **-cies**) quiebra *f*, bancarrota *f*; **to go into ~** quebrar

banner¹ /ˈbænər || ˈbænə(r)/ *n* (flag) estandarte *m*; (in demonstration) pancarta *f*

banner² *adj* (AmE) excepcional

banning /ˈbænɪŋ/ *n* prohibición *f*

bannister *n* ▸**banister**

banns /bænz/ *pl n* amonestaciones *fpl*; **to read the ~** leer* las amonestaciones

banquet /ˈbæŋkwət || ˈbæŋkwɪt/ *n* banquete *m*

bantam /ˈbæntəm/ *n* gallinita *f* de Bantam

bantamweight /ˈbæntəmweɪt/ *n* peso *m* gallo

banter /ˈbæntər || ˈbæntə(r)/ *n* [u] bromas *fpl*

baptism /ˈbæptɪzəm/ *n* [c u] bautismo *m*

Baptist¹ /ˈbæptəst || ˈbæptɪst/ *n* baptista *mf*, bautista *mf*

Baptist² *adj* baptista, bautista

baptize /bæpˈtaɪz/ *vt* bautizar*

bar¹ /bɑ:r || bɑ:(r)/ *n*
A 1 (rod, rail) barra *f*; (— on cage, window) barrote *m*, barra *f*; (— on door) tranca *f*; **to put sb/to be behind ~s** meter a algn/estar* entre rejas 2 (of electric fire) (BrE) resistencia *f*
B 1 (Sport) (*cross~*) (in soccer) larguero *m*, travesaño *m*; (in rugby) travesaño *m*; (in high jump) barra *f or* (Esp) listón *m*; (*horizontal ~*) barra *f* (fija) 2 (in ballet) barra *f*
C (block) barra *f*; **~ of chocolate** barra *f or* tableta *f* de chocolate; **gold ~** lingote *m* de oro; **~ of soap** pastilla *f or* (CS) barra *f* de jabón
D 1 (establishment) bar *m*; (counter) barra *f*, mostrador *m* 2 (stall) puesto *m*; **heel ~** (BrE) *puesto de reparación rápida de calzado*
E (Law) 1 **the Bar** (legal profession) (AmE) la abogacía; (barristers) (BrE) *el conjunto de* **barristers**; **to be called to the B~** (BrE) obtener* el título de **barrister** 2 (in court) banquillo *m*; **the prisoner at the ~** el acusado, la acusada
F (Mus) compás *m*
G (impediment) **~ TO sth** obstáculo *m or* impedimento *m* PARA algo
H (band of light, color) franja *f*

bar² *vt* **-rr-**
A (secure) ‹*door/window*› atrancar*, trancar*
B (block) ‹*path/entrance*› bloquear; **a tree was ~ring our way** un árbol nos cortaba *or* bloqueaba *or* impedía el paso
C (prohibit) ‹*smoking/jeans*› prohibir*; **reporters were ~red from the meeting** se excluyó a los periodistas de la reunión; **his criminal record ~s him from the job** sus antecedentes penales le impiden acceder al puesto

bar³ *prep* salvo, excepto, a *or* con excepción de; **~ none** sin excepción

barb /bɑ:rb || bɑ:b/ *n* (of fishhook, arrow) lengüeta *f*

Barbados /bɑ:r'beɪdəʊs || bɑ:'beɪdɒs/ *n* Barbados *m*

barbarian¹ /bɑ:r'beriən || bɑ:'beəriən/ *adj* bárbaro

barbarian² *n* bárbaro, -ra *m,f*

barbaric /bɑ:r'bærɪk || bɑ:'bærɪk/ *adj* 1 (primitive) primitivo 2 (brutal) brutal

barbarity /bɑ:r'bærəti || bɑ:'bærəti/ *n* (*pl* **-ties**) 1 [u c] (brutality) brutalidad *f*; **the barbarities of the regime** las atrocidades del régimen 2 [u] (lack of cultivation) barbarie *f*

barbarous /'bɑ:rbərəs || 'bɑ:bərəs/ *adj* 1 ‹*tribes/rites*› bárbaro 2 ‹*punishment/captors*› brutal

barbecue¹ /'bɑ:rbɪkju: || 'bɑ:bɪkju:/ *n*
A (grid and fireplace) barbacoa *f*, parrilla *f*, asador *m* (AmL)
B (social occasion) barbacoa *f*, parrillada *f*, asado *m* (AmL)

barbecue² *vt* asar a la parrilla *or* a la brasa

barbed /bɑ:rbd || bɑ:bd/ *adj* mordaz

barbed wire *n* [u] alambre *m* de púas *or* (Esp tb) de espino

barber /'bɑ:rbər || 'bɑ:bə(r)/ *n* peluquero *m*, barbero *m* (ant); **the ~('s)** la peluquería

barbiturate /bɑ:r'bɪtʃərət || bɑ:'bɪtjʊrət/ *n* [u c] barbitúrico *m*

barbwire /'bɑ:rb'waɪr || ,bɑ:b'waɪə(r)/ *n* [u] (AmE) ▸**barbed wire**

bar: **~ chart** *n* gráfico *m* de barras; **~ code** *n* código *m* de barras

bard /bɑ:rd || bɑ:d/ *n* (poet) (liter) bardo *m* (liter), vate *m* (liter)

bare¹ /ber || beə(r)/ *adj* **barer** /berər/, **barest** /berəst/
A 1 (uncovered) ‹*blade/flesh*› desnudo; ‹*head*› descubierto; ‹*foot*› descalzo; ‹*floorboards*› sin alfombrar; ‹*tree*› pelado, desnudo; ‹*wire*› pelado *or* (Esp) desnudo; **to lay sth ~** poner* *or* dejar algo al descubierto 2 ‹*walls*› desnudo; ‹*room*› con pocos muebles
B (*before n*) 1 (without details) ‹*statement*› escueto; **he gave me the ~ facts** se ciñó a los hechos 2 (mere): **the ~ essentials** lo estrictamente esencial; **they earn the ~ minimum** ganan lo justo para vivir

bare² *vt*: **to ~ one's head** descubrirse* (la cabeza); **to ~ one's chest** mostrar* el pecho; **the dog ~d its teeth** el perro enseñó *or* mostró los dientes; **he ~d his soul** *o* **heart to me** me abrió su corazón

bare: **~back** *adv* ‹*ride*› a pelo; **~-chested** /,ber 'tʃestəd || ,beə'tʃestɪd/ *adj* desnudo de la cintura para arriba, sin camisa; **~faced** *adj* ‹*liar/lie*› descarado

barefoot¹ /'berfʊt || 'beəfʊt/ *adj* descalzo

barefoot² *adv*: **she ran ~** corrió descalza

bare: **~footed** /'ber'fʊtəd || ,beə'fʊtɪd/ *adj/adv* ▸**barefoot**; **~headed** /'ber'hedəd || ,beə'hedɪd/ *adj* sin sombrero, con la cabeza descubierta; **~-legged** /'ber'legd || ,beə'legd/ *adj* con las piernas descubiertas; (without stockings) sin medias

barely /'berli || 'beəli/ *adv* 1 (hardly) apenas 2 (scantily): **a ~ furnished room** una habitación con pocos muebles

bareness /'bernəs || 'beənɪs/ *n* [u] (of body, walls, tree) desnudez *f*; (of room) lo vacío

bargain¹ /'bɑ:rgən || 'bɑ:gən/ *n*
A (cheap purchase) ganga *f*; (*before n*) ‹*counter/rail*› de ofertas, de oportunidades
B (deal, agreement) trato *m*, acuerdo *m*; **it's a ~!** ¡trato hecho!; **to make a ~ with sb** hacer* un trato *or* pacto con algn; **to strike a ~** llegar a un acuerdo; ***into*** *o* (AmE also) ***in the ~*** encima, por si fuera poco; ***to drive a hard ~***: **he drives a hard ~** sabe cómo conseguir lo que quiere

bargain² *vi* 1 (haggle) **to ~ (WITH sb) (OVER sth)** regatear (CON algn) (POR algo) 2 (negotiate) negociar

Phrasal verbs
- **bargain for** [v ▸ prep ▸ o]: **we hadn't ~ed for such an eventuality** no habíamos tenido en cuenta esa posibilidad; **I got more than I had ~ed for** no me esperaba algo así
- **bargain on** ▸**bargain for**

bargain: **~ basement** *n* sección *f* de ofertas *or* oportunidades; **~ hunter** *n* cazador, -dora *m,f* de gangas; **~ hunting** *n* [u]: **to go ~ hunting** ir* en busca de gangas

bargaining /'bɑ:rgənɪŋ || 'bɑ:gənɪŋ/ *n* [u] 1 (haggling) regateo *m* 2 (negotiating) negociaciones *fpl*; (*before n*) ‹*strategy/position*› negociador, de negociación

barge¹ /bɑ:rdʒ || bɑ:dʒ/ *n* barcaza *f*, gabarra *f*

barge² *vi* (+ *adv compl*): **she ~d through the crowd** se abrió paso a empujones entre la multitud; **he ~d past (me)** me dio un empujón para pasar; **he always ~s in when we're trying to talk** siempre se entromete cuando queremos hablar; **to ~ into sb** chocar* con algn

bargepole /'bɑ:rdʒpəʊl || 'bɑ:dʒpəʊl/ *n* (BrE) pértiga *f*, bichero *m*; ***I wouldn't touch him/it with a ~*** (colloq) yo con él no me metería/eso no lo compraría (*or* aceptaría *etc*) ni que me pagaran

bar: **~ graph** *n* gráfico *m* de barras; **~hop** *vi* **-pp-** (AmE) ir* de bar en bar, ≈ ir* de tascas (*en Esp*)

baritone /'bærətəʊn || 'bærɪtəʊn/ *n* barítono *m*

bark¹ /bɑ:rk || bɑ:k/ *n*
A [u] (on tree) corteza *f*
B [c] (of dog, seal) ladrido *m*; ***her/his ~ is worse than her/his bite*** perro que ladra no muerde *or* (Esp) perro ladrador, poco mordedor

bark² *vi* ladrar; **to ~ AT sb/sth** ladrarle A algn/algo
■ **bark** *vt* (shout) ‹*instructions/question*› espetar; **to ~ (out) an order** gritar una orden, dar* una orden a gritos

barkeep /'bɑ:rki:p || 'bɑ:ki:p/, **barkeeper** /-,ki:pər || -,ki:pə(r)/ *n* (AmE) (bar owner) tabernero, -ra *m,f*; (male bartender) barman *m*, camarero *m* (Esp); (female bartender) mesera *f or* (Esp) camarera *f or* (Col, CS) moza *f*

barley /'bɑ:rli || 'bɑ:li/ *n* [u] cebada *f*

bar: **~maid** *n* mesera *f or* (Esp, Ven) camarera *f or* (Col, RPl) moza *f*; **~man** /'bɑ:rmən || 'bɑ:mən/ *n* (*pl* **-men** /-mən/) (BrE) barman *m*, camarero *m* (Esp, Ven)

barmy /'bɑ:rmi || 'bɑ:mi/ *adj* **-ier, -iest** (BrE colloq) ▸**balmy 2**

barn /bɑ:rn || bɑ:n/ *n* 1 (for crops) granero *m*; (for livestock) establo *m*; ▸**door 1** 2 (for vehicles) (AmE) cochera *f*

barnacle /'bɑ:rnɪkəl || 'bɑ:nəkəl/ *n* percebe *m*

barn: **~ dance** *n* (dance party) *fiesta donde se baila música folclórica*; (country dance) (BrE) *baile folclórico inglés*; **~ owl** *n* lechuza *f*; **~storm** *vi* (esp AmE) *recorrer zonas rurales durante una campaña electoral*; **~storming** /'bɑ:rnstɔ:rmɪŋ || 'bɑ:nstɔ:mɪŋ/ *adj* (BrE) arrollador

barometer /bə'rɑ:mətər || bə'rɒmɪtə(r)/ *n* barómetro *m*

baron /'bærən/ *n* 1 (nobleman) barón *m* 2 (magnate) magnate *m*; **press ~** magnate de la prensa

baroness /'bærə'nes, 'bærənes/ *n* baronesa *f*

baronet /'bærənet/ *n* baronet *m*

b

b

baroque¹ /bəˈrəʊk || bəˈrɒk/ *adj also* **Baroque** (Archit, Art, Mus) barroco

baroque², Baroque *n* **the ∼** el barroco

barrack /ˈbærək/ *vt*

A ‹*soldiers*› alojar en barracones

B (jeer) (BrE) ‹*speaker/performer*› abuchear

barracking /ˈbærəkɪŋ/ *n* [u c] (BrE) abucheo *m*, silbatina *f* (AmS)

barrack room *n* (BrE) barracón *m*, barraca *f*

barracks /ˈbærəks/ *n* (*pl* ∼) (+ *sing or pl vb*) cuartel *m*

barrage /bəˈrɑːʒ || ˈbærɑːʒ/ *n* **1▸** (Mil) (action) descarga *f*; (fire) cortina *f or* barrera *f* de fuego **2▸** (deluge) aluvión *m*; **a ∼ of criticism** un aluvión de críticas

barred /bɑːrd || bɑːd/ *adj* ‹*windows*› con barrotes

barrel /ˈbærəl/ *n*

A (container) barril *m*, tonel *m*; ***a ∼ of laughs***: **it wasn't exactly a ∼ of laughs** no fue de lo más divertido; ***it's like shooting fish in a ∼*** (AmE) es pan comido (fam); ***to have sb over a ∼*** tener* a algn entre la espada y la pared; ***to scrape (the bottom of) the ∼*** no quedarle a uno más recursos; **have you seen her new boyfriend? she's really scraping the ∼!** ¿has visto con quién sale ahora? ¡tiene que estar muy desesperada!

B (of gun) cañón *m*; (of cannon) tubo *m*

(Phrasal verb)

- **barrel along** [v ▸ adv] (AmE) ir* disparado *or* (fam) como un bólido

barrel organ *n* organillo *m*

barren /ˈbærən/ *adj* **-er, -est** (infertile) ‹*land/soil*› estéril, yermo (liter); ‹*tree/plant/animal*› (*no comp*) estéril; ‹*woman*› (dated *or* liter) infecunda, estéril

barrette /bɑːˈret || bəˈret/ *n* (AmE) pasador *m*, broche *m* (Méx, Ur), hebilla *f* (Arg)

barricade¹ /ˈbærəkeɪd || ˌbærɪˈkeɪd/ *n* barricada *f*

barricade² *vt* cerrar* con barricadas; **they ∼d themselves in the building** se atrincheraron en el edificio

barrier /ˈbæriər || ˈbæriə(r)/ *n*

A **1▸** (wall) barrera *f*, muro *m*; **crash ∼** valla *f* protectora **2▸** (gate) (BrE) barrera *f*; (*ticket ∼*) *punto de acceso al andén, donde hay que presentar el billete*

B **1▸** (obstacle) barrera *f*; **language ∼** barrera idiomática **2▸** (crucial point) barrera *f*; **the sound ∼** la barrera del sonido

Barrier Reef *n* **the Great ∼ ∼** el Gran Arrecife Coralino, la Gran Barrera Coral

barring /ˈbɑːrɪŋ/ *prep*: **∼ accidents** a menos que suceda algo imprevisto; **he said that, ∼ delays, ...** dijo que, a menos que *or* salvo que hubiera algún retraso, ...

barrio /ˈbɑːriəʊ || ˈbæriəʊ/ *n* (*pl* **-os**) (in US) *barrio de hispanohablantes en una ciudad norteamericana*

barrister /ˈbærəstər || ˈbærɪstə(r)/ *n* (BrE) abogado, -da *m,f* (*habilitado para alegar ante un tribunal superior*)

barrow /ˈbærəʊ/ *n*

A (*wheel∼*) carretilla *f*

B (grave mound) (Archeol) túmulo *m*

bar: ∼stool *n* taburete *m*; **∼tender** *n* (esp AmE) (male) barman *m*, camarero *m* (Esp, Ven); (female) mesera *f or* (Esp, Ven) camarera *f or* (Col, CS) moza *f*

barter¹ /ˈbɑːrtər || ˈbɑːtə(r)/ *vt* cambiar, trocar*

■ **barter** *vi* hacer* trueques

barter² *n* [u] trueque *m*, permuta *f*

base¹ /beɪs/ *n*

A **1▸** (of column, wall) base *f*, basa *f*; (of mountain, tree) pie *m*; (of spine, skull) base *f* **2▸** (of lamp) pie *m*

B (foundation, basis) base *f*

C **1▸** (of patrol, for excursion) base *f* **2▸** **∼ (camp)** (for expedition) campamento *m* base **3▸** (of organization) sede *f*

D (Culin) (main ingredient) base *f*; **dishes with a rice ∼** platos *mpl* a base de arroz

E (Chem, Math) base *f*

F (in baseball) base *f*; ***to be off ∼*** (wrong) (AmE) estar* equivocado; (lit: in baseball) estar* fuera de (la) base; ***to catch sb off ∼*** (by surprise) (AmE) pillar *or* (AmL) agarrar a algn desprevenido; (lit: in baseball) pillar *or* (AmL) agarrar a algn fuera de (la) base; ***to touch ∼***: **I called them, just to touch ∼** los llamé, para mantener el contacto

base² *vt*

A (found) **to ∼ sth ON** *o* **UPON sth** ‹*opinion/conclusion*› basar *or* fundamentar algo EN algo; **the movie is ∼d on a real event** la película se basa *or* está basada en una historia real

B (locate) basar; **he's/the company is ∼d in Madrid** tiene/la compañía tiene su base en Madrid; **where are you ∼d now?** ¿dónde estás (*or* vives *etc*) ahora?

base³ *adj* **baser, basest** **1▸** ‹*conduct/motive*› abyecto, innoble, vil **2▸** (inferior): **∼ metal** metal *m* de baja ley

baseball /ˈbeɪsbɔːl/ *n* **1▸** [u] (game) béisbol *m*; (*before n*) **∼ bat** bate *m* de béisbol **2▸** [c] (ball) pelota *f* de béisbol

> **baseball**
>
> El béisbol, deporte nacional de EEUU, se juega con dos equipos de nueve jugadores cada uno que corren entre tres *bases* (bolsas llenas de arenas) y un plato (*home plate*) que forman un rombo. El lanzador (*pitcher*) tira una pelota de cuero al bateador (*batter*), que debe golpearla con un bate para lanzarla fuera del alcance de los fildeadores (*fielders*), correr a las bases y volver al plato para obtener una carrera (*run*). Si la pelota, lanzada por alguno de los *fielders*, alcanza cualquiera de las bases antes de que el bateador llegue allí, éste queda fuera del juego. El torneo anual de béisbol más importante es la Serie Mundial (**World Series**)

baseboard /ˈbeɪsbɔːrd || ˈbeɪsbɔːd/ *n* (AmE) zócalo *m*, rodapié *m*

-based /beɪst/ *suff* **1▸** (having its base in): **London∼** con sede en Londres **2▸** (having as basis): **acrylic∼** con base de acrílico

base hit *n* sencillo *m*

baseless /ˈbeɪsləs || ˈbeɪslɪs/ *adj* infundado

base: ∼line /ˈbeɪslaɪn/ *n* **1▸** (starting point) línea *f* base; **2▸** (in tennis, volleyball) línea *f* de saque; (in baseball) línea *f* de bases; **∼man** /ˈbeɪsmæn/ *n* (*pl* **-men** /-men/) (AmE): **first/second/third ∼man** jugador *m* de primera/segunda/tercera base

basement /ˈbeɪsmənt/ *n* sótano *m*

base: ∼ pay *n* [u] (AmE) sueldo *m* base *or* básico; **∼ rate** *n* (BrE) tasa *f or* (esp Esp) tipo *m*

bases¹ /ˈbeɪsiːz/ *pl of* **basis**

bases² /ˈbeɪsəz || ˈbeɪsɪz/ *pl of* **base¹**

bash¹ /bæʃ/ *n* (colloq)

A **1▸** (blow) golpe *m*, madrazo *m* (Méx fam) **2▸** (dent) (BrE) abolladura *f*, madrazo *m* (Méx fam)

B (party) juerga *f* (fam)

C (attempt) (BrE): **come on, have a ∼!** ¡vamos, inténtalo *or* haz la prueba!; **I'll give it a ∼** lo intentaré, haré la prueba

bash² *vt* (colloq) (hit) pegarle* a; **I ∼ed my knee on** *o* **against the door** me golpeé *or* (fam) me reventé la rodilla contra la puerta

(Phrasal verbs)

- **bash around,** (BrE) **bash about** [v ▸ o ▸ adv] (colloq) tratar a golpes *or* (AmL tb fam) a las patadas
- **bash in** (colloq)

A [v ▸ o ▸ adv, v ▸ adv ▸ o] **1▸** ‹*door*› echar abajo **2▸** (dent) ‹*box/car*› abollar

B [v ▸ o ▸ adv]: **to ∼ sb's head in** romperle* la cabeza *or* (fam) la crisma a algn

bashful /ˈbæʃfəl/ *adj* tímido, vergonzoso, penoso (AmL exc CS)

bashfully /ˈbæʃfəli/ *adv* con timidez

basic /ˈbeɪsɪk/ *adj*

A (fundamental) fundamental; **to be ∼ TO sth** ser* fundamental PARA algo

B (simple, rudimentary) ‹*knowledge*› básico, elemental; ‹*need*› básico, esencial; ‹*hotel/food*› sencillo

C (Econ) ‹*pay*› básico

basically /ˈbeɪsɪkli/ *adv* fundamentalmente; **I was lucky, ∼** más que nada *or* fundamentalmente tuve suerte; **what went wrong? — ∼, we made a mistake** ¿qué pasó? — en dos palabras: nos equivocamos

basics /ˈbeɪsɪks/ *pl n* lo básico, lo esencial; **we must get back to ∼** tenemos que replantearnos todo desde cero

basil /ˈbeɪzəl || ˈbæzəl/ *n* [u] albahaca *f*

basilica /bəˈsɪlɪkə, bəˈzɪlɪkə/ *n* (*pl* **-cas**) basílica *f*

basin /ˈbeɪsn̩/ *n* 1 (for liquid, food) cuenco *m*, bol *m*, tazón *m* 2 (*hand* ~) (BrE) lavamanos *m*, lavabo *m*, pileta *f* (RPl) 3 (Geog, Geol) cuenca *f*

basis /ˈbeɪsəs || ˈbeɪsɪs/ *n* (*pl* **bases** /ˈbeɪsiːz/)
A [c u] (foundation, grounds) base *f*; **on what ~ do you make these assertions?** ¿en qué se basa usted para afirmar eso?; **on the ~ that ...** partiendo de la base de que ...
B (system, level) (*no pl*): **we meet on a regular/monthly ~** nos reunimos regularmente/mensualmente; **on a regional/national ~** a nivel regional/nacional

bask /bæsk || bɑːsk/ *vi*: **to ~ in the sun** disfrutar (del calor) del sol; **she ~ed in their adulation** se deleitaba *or* se regodeaba con su adulación

basket /ˈbæskət || ˈbɑːskɪt/ *n*
A (for shopping) canasta *f* (esp AmL), cesta *f* (esp Esp); (*before n*) **~ making** cestería *f*
B (in basketball) 1 (goal) canasta *f*, cesto *m* 2 (score) canasta *f*, enceste *m*

basketball /ˈbæskətbɔːl || ˈbɑːskɪtbɔːl/ *n* 1 [u] (game) baloncesto *m*, básquetbol *m* (AmL) 2 [c] (ball) pelota *f* de básquetbol *or* (Esp) balón *m* de baloncesto

Basque[1] /bæsk || bæsk, bɑːsk/ *adj* vasco; **the ~ Country** el País Vasco, Euskadi *m*

Basque[2] *n* 1 [c] (person) vasco, -ca *m,f* 2 [u] (language) euskera *m*, vasco *m*, vascuence *m*

bas-relief /ˌbɑːrɪˈliːf || ˈbæsrɪˌliːf/ *n* [uc] bajorrelieve *m*

bass[1] *n*
A /beɪs/ (*pl* **~es**) (Mus) 1 [u c] (voice, singer) bajo *m* 2 [c] (double bass or bass guitar) (contra)bajo *m*; (*before n*) **~ player** (contra)bajo *mf*, (contra)bajista *mf* 3 [u] (Audio) graves *mpl*
B [c] /bæs/ (*pl* ~) (*sea* ~) lubina *f*

bass[2] /beɪs/ *adj* ‹*voice*› de bajo; **~ clef** clave *f* de fa; **~ drum** bombo *m*; **~ guitar** contrabajo *m*

basset hound /ˈbæsət || ˈbæsɪt/ *n* basset *m*

bassinet /ˈbæsəˈnet || ˌbæsɪˈnet/ *n* (AmE) (cradle) moisés *m*

bassoon /bəˈsuːn/ *n* fagot *m*

bastard[1] /ˈbæstərd || ˈbɑːstəd/ *n*
A (illegitimate child) bastardo, -da *m,f*
B (colloq *or* vulg) cabrón *m* (fam *o* vulg), hijo *m* de puta (vulg)

bastard[2] *adj* (*before n*) ‹*child/son*› bastardo

bastardize /ˈbæstərdaɪz || ˈbɑːstədaɪz/ *vt* envilecer*, prostituir*

baste /beɪst/ *vt* 1 (Culin) *rociar con su jugo o con mantequilla etc durante la cocción* 2 (sew loosely) hilvanar 3 (thrash) (AmE colloq) pegarle* una paliza a

bastion /ˈbæstʃən || ˈbæstiən/ *n* 1 (Archit) bastión *m* 2 (stronghold) baluarte *m*, bastión *m*

bat[1] /bæt/ *n*
A (in baseball, cricket) bate *m*; (in table tennis) (BrE) paleta *f*, raqueta *f*; **to be at ~** (in baseball) (AmE) ser* bateador; ***off one's own ~*** (BrE) (de) motu proprio, por su (*or* mi *etc*) cuenta, por iniciativa propia; ***right off the ~*** (AmE) de buenas a primeras; ***to go to ~ for sb*** (AmE) echarle* una mano a algn
B 1 (Zool) murciélago *m*; ***like a ~ out of hell*** (colloq) como alma que lleva el diablo; ***to be (as) blind as a ~*** ser* más ciego que un topo 2 (hag) (colloq): **old ~** vieja *f*

bat[2] **-tt-** *vi* (Sport) batear
■ **bat** *vt*
A 1 (hit) ‹*ball*› golpear, darle* a 2 (average in baseball) tener* un promedio de
B (flutter): **to ~ one's eyelashes** *o* (BrE) **eyelids at sb** hacerle* ojitos *or* caídas de ojo a algn; ***not to ~ an eyelash*** *o* (BrE) ***an eyelid*** *o* ***an eye*** no pestañear, no inmutarse

batch /bætʃ/ *n* (of cakes) hornada *f*, tanda *f*; (of goods) (Busn) lote *m*; (of trainees, candidates) grupo *m*, tanda *f*; (of mail, paperwork) pila *f*, montón *m*; (Comput) lote *m*

batch processing *n* [u] (Comput) procesamiento *m* por lotes

bated /ˈbeɪtəd || ˈbeɪtɪd/ *adj*: **with ~ breath** con ansiedad, conteniendo la respiración

bath[1] /bæθ || bɑːθ/ *n* (*pl* **baths** /bæðz || bɑːðz/)
A 1 (wash) baño *m*; **to have** *o* (AmE also) **take a ~** bañarse, darse* un baño; **to give sb a ~** bañar a algn 2 (tub) bañera *f*, tina *f* (AmL); **I was in the ~ when you rang** me estaba bañando cuando llamaste 3 (bathwater): **to run a** *o* **the ~** preparar un baño
B **baths** *pl* 1 (*swimming ~s*) (BrE) piscina *f*, alberca *f* (Méx), pileta *f* (RPl) 2 (*public ~s*) (for washing) baños *mpl* públicos

bath[2] (BrE) *vt* bañar
■ **bath** *vi* bañarse

bathe[1] /beɪð/ *vt* 1 (wash) ‹*wound/eyes*› lavar; ‹*baby/dog*› (AmE) bañar 2 (drench) (*usu pass*) **to be ~d IN sth** ‹*in tears/light*› estar* bañado EN algo
■ **bathe** *vi* 1 (take bath) (AmE) bañarse 2 (go swimming) (BrE) bañarse

bathe[2] *n* (BrE colloq) (*no pl*) baño *m* (*en el mar etc*)

bather /ˈbeɪðər || ˈbeɪðə(r)/ *n* (esp BrE) bañista *mf*

bathing /ˈbeɪðɪŋ/ *n* [u] (BrE): Ⓢ **bathing prohibited** prohibido bañarse; (*before n*) **~ suit** *o* (BrE also) **costume** traje *m* de baño, bañador *m* (Esp), malla *f* (de baño) (RPl), vestido *m* de baño (Col)

bathmat /ˈbæθmæt || ˈbɑːθmæt/ *n* alfombrilla *f* *or* alfrombrita *f* *or* tapete *m* *or* (Chi) piso *m* de baño

bathos /ˈbeɪθɑːs || ˈbeɪθɒs/ *n* [u] *paso repentino de lo sublime a lo prosaico y trivial*

bath: **~robe** *n* bata *f* de baño, albornoz *m* (Esp); **~room** *n* 1 (room with bath) (cuarto *m* de) baño *m* 2 (toilet) (esp AmE) baño *m*, servicio *m*; **to go to the ~room** ir* al baño *or* al servicio; **~tub** *n* bañera *f*, tina *f* (AmL), bañadera *f* (Arg)

baton /bəˈtɑːn || ˈbætən/ *n* 1 (Mus) batuta *f* 2 (truncheon) (BrE) bastón *m* 3 (in relay race) testigo *m* 4 (officer's) (BrE Mil) bastón *m* de mando 5 (drum major's) bastón *m*

batsman /ˈbætsmən/ *n* (*pl* **-men** /-mən/) bateador *m*

battalion /bəˈtæljən/ *n* batallón *m*

batten down /ˈbætn̩ˈdaʊn/[v ▸ adv ▸ o] (Naut): **to ~ down the hatches** cerrar* las escotillas

batter[1] /ˈbætər || ˈbætə(r)/ *vt*
A (beat) ‹*victim/opponent*› apalear, aporrear; ‹*child/wife*› maltratar, pegarle* a; **boats ~ed by the storm** barcos azotados por la tormenta
B (cover with batter) rebozar*

Phrasal verbs
- **batter around**, (BrE) **batter about** [v ▸ o ▸ adv] maltratar, pegarle* a
- **batter down** [v ▸ o ▸ adv, v ▸ adv ▸ o] derribar a golpes

batter[2] *n*
A [u] (for fried fish, etc) rebozado *m*, pasta *f* para rebozar; (for pancakes) masa *f*; (for cake) (AmE) masa *f*
B [c] (in baseball) (AmE) bateador, -dora *m,f*

battered /ˈbætərd || ˈbætəd/ *adj* ‹*car*› abollado; ‹*hat/suitcase*› estropeado; ‹*reputation/image*› maltrecho; ‹*baby/wife*› maltratado, que recibe (*or* ha recibido *etc*) malos tratos; **her ~ pride** su orgullo herido

battering /ˈbætərɪŋ/ *n* paliza *f*

battering ram *n* ariete *m*

battery /ˈbætəri/ *n* (*pl* **-ries**)
A [c] (in radio, lamp) pila *f*; (in car, motorcycle) batería *f*; ***to recharge one's batteries*** cargar* las baterías, recuperar la energía; (*before n*) **~ acid** electrolito *m*; **~ charger** cargador *m* de pilas; (Auto) cargador *m* de baterías
B [c] (artillery) batería *f*
C [c] (Agr) batería *f* (*conjunto de jaulas instaladas para la explotación avícola intensiva*); (*before n*) ‹*eggs/hens*› de criadero, de batería; **~ farm** *n* granja *f* de cría intensiva; **~ farming** cría *f* intensiva
D [c] (array, set): **a ~ of tests** una serie de tests; **a ~ of questions** una sarta de preguntas
E [u] (Law) lesiones *fpl*

batting /ˈbætɪŋ/ *n* [u] bateo *m*

battle[1] /ˈbætl̩/ *n* [c u]
A (Mil) batalla *f*; **to do ~** luchar; (*before n*) **~ cry** grito *m* de guerra
B (struggle) lucha *f*; **a ~ of wits** una lucha de ingenio; **that's half the ~ (won)** eso ya es un gran paso adelante; **to fight a losing ~** luchar por una causa perdida

battle[2] *vi* (struggle) luchar
■ **battle** *vt* (oppose) (AmE) combatir

Phrasal verbs
- **battle on** [v ▸ adv] seguir* luchando
- **battle out** [v ▸ o ▸ adv]: ***to ~ it out*** luchar hasta el final

battle: **~-ax**, (BrE) **~-axe** *n* (weapon) hacha *f*‡ de guerra; (woman) (colloq) sargenta *f* (fam), sisebuta *f* (RPl fam); **~field**

n campo *m* de batalla; **~front** *n* frente *m* de batalla; **~ground** *n* campo *m* de batalla

battlements /ˈbætl̩mənts/ *pl n* almenas *fpl*

battleship /ˈbætl̩ʃɪp/ *n* acorazado *m*

batty /ˈbæti/ *adj* **-tier, -tiest** (colloq) chiflado (fam), rayado (AmS fam); **to go ~** chiflarse (fam), rayarse (AmS fam)

bauble /ˈbɔːbəl/ *n* (for decoration) chuchería *f*; (on Christmas tree) adorno *m*

baud /bɔːd/ *n* (Comput) baudio *m*; (*before n*) **~ rate** velocidad *f* media de transferencia

baulk /bɔːk/ *vt/i* (esp BrE) ▸**balk**

bawdy /ˈbɔːdi/ *adj* **-dier, -diest** ‹*language/scene*› subido de tono; ‹*joke*› subido de tono

bawl /bɔːl/ *vi* 1▸ (shout) vociferar, desgañitarse; **to ~ AT sb** gritarle A algn 2▸ (cry noisily) berrear

■ **bawl** *vt* ‹*insults*› gritar; ‹*order*› dar* a gritos

(Phrasal verb)

• **bawl out** [v ▸ o ▸ adv, v ▸ adv ▸ o] 1▸ ‹*insults*› gritar; ‹*order*› dar* a gritos 2▸ (scold) (colloq) regañar, retar (CS)

bay¹ /beɪ/ *n*

A (Geog) bahía *f*

B 1▸ (*loading ~*) muelle *m or* plataforma *f* de carga 2▸ (Archit) (*before n*) **~ window** ventana *f* en saliente 3▸ (area, recess) espacio *m*; **parking ~** (BrE) plaza *f* de estacionamiento *or* (Esp) de aparcamiento

C : **at ~** acorralado; **to bring sth/sb to ~** acorralar algo/a algn; **to keep** *o* **hold sth/sb at ~** mantener* algo/a algn a raya, contener* algo/a algn

D **~ (tree)** laurel *m*

bay² *vi* «*hounds*» aullar*

bay³ *adj* ‹*horse*› zaino, castaño

bayleaf /ˈbeɪliːf/ *n* (*pl* **-leaves**) hoja *f* de laurel

bayonet /ˈbeɪənət/ *n* bayoneta *f*

bayou /ˈbaɪuː, -əʊ/ *n* (*pl* **-ous**) pantano *m* (*en el sur de los EEUU*)

bazaar /bəˈzɑːr || bəˈzɑː(r)/ *n* 1▸ (oriental market) bazar *m* 2▸ (charity sale) venta *f* benéfica

bazooka /bəˈzuːkə/ *n* bazuka *m*

BBC *n* (**= British Broadcasting Corporation**) **the ~** la BBC; **~ English** *n* [u] inglés *m* de la BBC (*hablado por sus locutores y considerado estándar*)

> **BBC – British Broadcasting Corporation**
>
> Una de las principales cadenas emisoras británicas. La BBC transmite principalmente a través de sus dos canales de televisión, BBC 1 y BBC 2. También opera un número de canales digitales y de retransmisión vía satélite. Cuenta con cinco emisoras nacionales de radio: Radio 1 (música pop y de rock), Radio 2 (música popular, programas de entretenimiento), Radio 3 (música clásica), Radio 4 (noticias, programas informativos, drama) y Radio 5 (deportes), además de numerosas emisoras locales

BC 1▸ (**= before Christ**) antes de Cristo; (written form) aC, a. de C., a. de J.C. 2▸ **= British Columbia**

be /biː, *weak form* bi/ (*pres* **am, are, is**; *past* **was, were**; *past p* **been**) *vi* [*See notes at* **ser** *and* **estar**]

(Sense I)

A 1▸ (*followed by an adjective*): **she's French/intelligent** es francesa/inteligente; **he's worried/furious** está preocupado/furioso; **he's blind** es *or* (Esp tb) está ciego; **he's short and fat** es bajo y gordo; **he's so fat he can't get into his clothes any more** está tan gordo que ya no le cabe la ropa; **these shoes are new** estos zapatos son nuevos; **have you never had gazpacho? it's delicious!** ¿nunca has comido gazpacho? ¡es delicioso!; **the gazpacho is delicious, did you make it yourself?** el gazpacho está delicioso ¿lo hiciste tú?; **she was very rude to me** estuvo *or* fue muy grosera conmigo; **she's very rude** es muy grosera; **~ good** sé bueno; **don't ~ silly!** ¡no seas tonto! 2▸ (talking about marital status): **Tony is married/divorced/single** Tony está *or* (esp AmL) es casado/divorciado/soltero; **to ~ married to sb** estar* casado con algn; **we've been married for eight years** llevamos ocho años casados

B 1▸ (*followed by a noun*) ser*; **she's a lawyer** es abogada; **he's a Catholic** es católico; **she was Prime Minister for 11 years** fue Primera Ministra durante 11 años; **who was Prime Minister at the time?** ¿quién era Primer Ministro en ese momento?; **it's me/Daniel** soy yo/es Daniel; **if I were you, I'd stay** yo que tú *or* yo en tu lugar me quedaría 2▸ (play the role of) hacer* de; **I was Juliet in the school play** hice de Julieta en la obra del colegio

C 1▸ (talking about mental and physical states): **how are you?** ¿cómo estás?; **I'm much better** estoy *or* me encuentro mucho mejor; **she's pregnant/tired** está embarazada/cansada; **I'm cold/hot/hungry/thirsty/sleepy** tengo frío/calor/hambre/sed/sueño; **she has been ill** ha estado enferma; **he's dead** está muerto 2▸ (talking about age) tener*; **how old are you?** ¿cuántos años tienes?; **I'm 31** tengo 31 años; **Paul was four last Monday** Paul cumplió cuatro años el lunes pasado; **he's a lot older/younger** es mucho mayor/menor; **our house is over 100 years old** nuestra casa tiene más de 100 años 3▸ (giving cost, measurement, weight): **how much is that? — that'll ~ $15, please** ¿cuánto es? — (son) 15 dólares, por favor; **they are $15 each** cuestan *or* valen 15 dólares cada una; **two plus two is four** dos más dos son cuatro; **how tall/heavy is he?** ¿cuánto mide/pesa?; **Jim's over six feet (tall)** Jim mide más de seis pies

(Sense II)

A 1▸ (exist, live): **I think, therefore I am** pienso, luego existo; **to ~ or not to ~** ser o no ser; **to let sth/sb ~** dejar tranquilo *or* en paz algo/a algn; **her husband-to-~** su futuro marido 2▸ (in expressions of time): **don't ~ too long** no tardes mucho, no (te) demores mucho (esp AmL); **I'm drying my hair, I won't ~ long** me estoy secando el pelo, enseguida estoy; **how long will dinner ~?** ¿cuánto falta para la cena? 3▸ (take place) ser*; **the party is tomorrow** la fiesta es mañana

B (be situated, present) estar*; **where is the library?** ¿dónde está *or* queda la biblioteca?; **where are you?** ¿dónde estás?; **what's in that box?** ¿qué hay en esa caja?; **who's in the movie?** ¿quién actúa *or* trabaja en la película?; **he's here for two weeks** va a estar aquí dos semanas; **how long are you in Chicago (for)?** (colloq) ¿cuánto (tiempo) te vas a quedar en Chicago ?

C (*only in perfect tenses*) (visit) estar*; **I've never been to India** nunca he estado en la India; **have you been to the exhibition yet?** ¿ya has estado en *or* has ido a la exposición?

■ **be** *v impers*

A 1▸ (talking about physical conditions, circumstances): **it's sunny/cold/hot** hace sol/frío/calor; **it's cloudy** está nublado; **it was three degrees below zero** hacía tres grados bajo cero; **it's so noisy/quiet in here!** ¡qué ruido/silencio hay aquí!; **I have enough problems as it is, without you ...** yo ya tengo suficientes problemas sin que tú encima ... 2▸ (in expressions of time) ser*; **it's three o'clock** son las tres; **it's one o'clock** es la una; **it was still very early** todavía era muy temprano; **it's Wednesday today** hoy es miércoles; **hi, Joe, it's been a long time** qué tal, Joe, tanto tiempo (sin verte) 3▸ (talking about distance) estar*; **it's 500 miles from here to Detroit** Detroit queda *or* está a 500 millas de aquí

B 1▸ (introducing person, object) ser*; **it was me who told them** fui yo quien se lo dije *or* dijo, fui yo el que se lo dije *or* dijo 2▸ (*in conditional use*) ser*; **if it hadn't been** *o* **had it not been for Juan, we would have been killed** si no hubiera sido por Juan *or* de no ser por Juan, nos habríamos matado

■ **be** *v aux*

A **to ~ -ING** 1▸ (used to describe action in progress) estar* + GER; **what was I saying?** ¿qué estaba diciendo?; **she was leaving when ...** se iba cuando ...; **how long have you been waiting?** ¿cuánto (tiempo) hace que esperas?, ¿cuánto (tiempo) llevas esperando? 2▸ (with future reference): **he is** *o* **will ~ arriving tomorrow** llega mañana; **when are you seeing her?** ¿cuándo la vas a ver *or* la verás?; **she'll ~ staying at the Plaza** se va a alojar en el Plaza

B (*in the passive voice*) ser* [*The passive voice, however, is less common in Spanish than it is in English*] **it was built in 1903** fue construido en 1903, se construyó en 1903, lo construyeron en 1903; **she was told that ...** le dijeron *or* se le dijo que ...; **it is known that ...** se sabe que ...

C **to ~ to + INF** 1▸ (with future reference): **I'm to ~ met at the airport by Joe** Joe me irá a buscar al aeropuerto; **the dessert is (still) to come** todavía falta el postre; **if a solution is to ~ found ...** si se quiere encontrar *or* si se ha de encontrar una solución ... 2▸ (expressing possibility): **what are we to do?** ¿qué podemos hacer?; **he wasn't to know** no tenía cómo saberlo; **it was nowhere to ~ found**

no se lo pudo encontrar por ninguna parte **3** (expressing obligation) deber* + INF, tener* que + INF, haber* de + INF; **tell her she's to stay here** dile que debe quedarse *or* tiene que quedarse aquí, dile que se quede aquí; **you are not to tell Carol!** ¡no debes decírselo a Carol!; **am I to understand that ... ?** ¿debo entender que ... ?; **I'm not to ~ disturbed!** ¡que nadie me moleste!

D (in hypotheses): **what would happen if she were** *o* **was to die?** ¿qué pasaría si ella muriera?

E **1** (*in tag questions*): **she's right, isn't she?** tiene razón, ¿no? *or* ¿verdad? *or* ¿no es cierto?; **so that's what you think, is it?** de manera que eso es lo que piensas **2** (*in elliptical uses*): **are you disappointed? — yes, I am/no, I'm not** ¿estás desilusionado? — sí (, lo estoy)/no (, no lo estoy); **she was told the news, and so was he/but I wasn't** a ella le dieron la noticia, y también a él/pero a mí no; **I'm surprised, are/aren't you?** estoy sorprendido, ¿y tú?/¿tú no?

beach[1] /bi:tʃ/ *n* playa *f*; **a day at the ~** un día en la playa; (*before n*) **~ ball** pelota *f* de playa

beach[2] *vt* ‹*boat*› arrastrar a la playa; ‹*whale*› hacer* embarrancar

beacon /'bi:kən/ *n* (light) faro *m*; (fire) almenara *f*

bead /bi:d/ *n* **1** (on necklace, bracelet) cuenta *f*, abalorio *m* **2** (drop) gota *f*; **~s of sweat** gotas de sudor

beady /'bi:di/ *adj*: **~ eyes** ojos redondos y brillantes

beagle /'bi:gəl/ *n* beagle *m*

beak /bi:k/ *n* **1** (of bird, animal) pico *m* **2** (nose) (colloq & hum) napia(s) *f(pl)* (fam & hum)

beaker /'bi:kər || 'bi:kə(r)/ *n* **1** (Chem) vaso *m* de precipitados **2** (cup) (BrE) taza *f* (*gen alta y sin asa*)

be-all and end-all /'bi:ɔ:lən'endɔ:l/ *n*: **it is the ~ ~ of his life** es su razón de ser; **work isn't the ~ ~** el trabajo no lo es todo

beam[1] /bi:m/ *n*

A **1** (in building) viga *f*; (in ship) bao *m*; (in gymnastics) barra *f* sueca *or* de equilibrio **2** (widest part of ship) manga *f*; ***to be broad in the ~*** (colloq) ser* culón (fam), tener* un buen trasero (fam)

B (ray) rayo *m*; (broad) haz *m* de luz; **a ~ of light** un rayo de luz; **keep the headlights on high** *o* (BrE) **full** *o* **main ~** (Auto) deja las (luces) largas *or* (Chi) altas

beam[2] *vi* **1** (shine) brillar **2** (smile) sonreír* (*abiertamente*); **a ~ing smile** una sonrisa radiante

■ **beam** *vt* (broadcast) transmitir

bean[1] /bi:n/ *n*

A **1** (fresh, in pod) ▸**green bean** **2** (dried) frijol *m or* (Esp) alubia *f or* judía *f or* (CS) poroto *m or* (Ven) caraota *f*; ***to be full of ~s*** (colloq) estar* lleno de vida; ***to spill the ~s*** descubrir* el pastel, levantar la liebre *or* (RPl) la perdiz **3** (*coffee ~*) grano *m* (de café)

B (colloq) **1** (scrap, trace) (esp BrE) (*with neg*): **it isn't worth a ~** no vale nada; ***not to have a ~*** (BrE) estar* pelado (fam); ***not to know ~s about sth*** (AmE) no saber* ni papa de algo (fam) **2** (head) (AmE) coco *m* (fam), mate *m* (AmS fam)

bean[2] *vt* (AmE colloq): **to ~ sb** darle* un porrazo *or* un mamporro en la cabeza a algn (fam)

bean: **~bag** *n* **1** **~bag (chair)** *sillón formado por una gran bolsa rellena de cuentas de poliestireno etc* **2** (toy) *pequeño saco relleno que se arroja para que otro lo ataje*; **~ curd** *n* tofu *m*, queso *m* de soya (AmL) *or* (Esp) soja; **~pole** *n* (Hort) rodrigón *m*; (person) (colloq): **she's a ~pole** es un espárrago, es muy larguirucha; **~shoot**, **~ sprout** *n* frijol *m* germinado *or* (Esp) judía *f* germinada *or* (CS) poroto *m* germinado; (of soy bean) brote *m or* germinado *m* de soya (AmL) *or* (Esp) soja

beanie, beanie cap /'bi:ni/ *n* gorrita *f* (*que se fija en la parte de atrás de la cabeza*)

bear[1] /ber || beə(r)/ (*past* **bore**; *past p* **borne**) *vt*

A **1** (support) ‹*weight*› aguantar, resistir; ‹*cost*› correr con; ‹*responsibility*› cargar* con **2** (endure) ‹*pain/uncertainty*› soportar, aguantar; **the pain was too much to ~** el dolor se hizo insoportable **3** (put up with, stand) (colloq) (*with can*) ‹*person*› aguantar (fam), soportar; ‹*noise*› aguantar, soportar; **I can't ~ her** no la soporto, no la aguanto *or* no la puedo ver (fam); **he can't ~ being criticized** no soporta que lo critiquen; **to ~ to + INF**: **I can't ~ to watch!** no puedo mirar **4** (stand up to): **his work ~s comparison with the best** su obra puede compararse con las mejores; **her argument doesn't ~ close scrutiny** su razonamiento no resiste un análisis cuidadoso; **it doesn't ~ thinking about** da miedo sólo de pensarlo

B **1** (carry) (liter) ‹*banner/coffin*› llevar, portar (liter); **our raft was borne along by the current** la corriente arrastraba nuestra balsa; **a letter ~ing good news** una carta portadora de buenas noticias **2** (harbor): **she's not one to ~ a grudge** no es rencorosa *or* resentida; **I ~ him no ill will** no le deseo ningún mal

C (have, show) ‹*title/signature*› llevar; ‹*scars*› tener*; ‹*resemblance*› tener*, guardar; **his account ~s little relation to the truth** su versión tiene poco que ver *or* guarda poca relación con la verdad

D **1** (produce) ‹*fruit/crop*› dar*; ‹*interest*› devengar* **2** (give birth to) ‹*child*› dar* a luz; **she bore him six children** (liter) le dio seis hijos (liter); *see also* **born**[1]

■ **bear** *vi* **1** (turn) torcer*; **~ left/right** tuerza *or* doble a la izquierda/derecha **2** (weigh down) (frml) **to ~ ON sb**: **the responsibility bore heavily on her** la responsabilidad pesaba sobre sus hombros; ▸**bring B1**

■ *v refl* (frml) **1** (hold, carry): **there's something very distinguished about the way he ~s himself** tiene un porte muy distinguido **2** (behave) **to ~ oneself** comportarse, conducirse* (frml)

Phrasal verbs

- **bear down** [v ▸ adv] (in childbirth) empujar, pujar
- **bear down on** [v ▸ adv ▸ prep ▸ o]: **to ~ down on sth** hacer* presión sobre algo; **the locomotive was ~ing down on them** la locomotora se les venía encima
- **bear out** [v ▸ o ▸ adv, v ▸ adv ▸ o] ‹*theory*› confirmar; **the results seem to ~ him out** los resultados parecen confirmar que está en lo cierto
- **bear up** [v ▸ adv]: **I'm ~ing up, thanks** voy tirando *or* (Méx) ahí la llevo *or* (Col, Ven tb) ahí, llevándola, gracias (fam); **she bore up well under the strain** sobrellevó muy bien la situación
- **bear with** [v ▸ prep ▸ o] tener* paciencia con; **if you'll just ~ with me a moment, ...** (asking to wait) si tienen la bondad de esperar un momento, ...; (asking for patience) si puedo poner a prueba su paciencia, ...

bear[2] *n* oso, osa *m,f*; **he's a regular ~ in the morning** (AmE) por las mañanas está de un humor de perros; ***to be like a ~ with a sore head*** (colloq) estar* de un humor de perros (fam); ***to be loaded for ~*** (AmE colloq) estar* listo para el ataque; (*before n*) **~ cub** osezno *m*

bearable /'berəbəl || 'beərəbəl/ *adj* soportable

beard /bɪrd || bɪəd/ *n* (of person) barba *f*; **a man with a ~** un hombre con *or* de barba; **to have** *o* **wear a ~** tener* barba

bearded /'bɪrdəd || 'bɪədɪd/ *adj* ‹*man*› con *or* de barba, barbado (liter)

bearer /'berər || 'beərə(r)/ *n* **1** (of news) portador, -dora *m,f* **2** (carrier, porter) portador, -dora *m,f*, porteador, -dora *m,f* **3** (holder — of check) portador, -dora *m,f*; (— of passport) titular *mf*

bear hug *n*: **he gave me a ~ ~** me estrechó fuertemente entre sus brazos

bearing /'berɪŋ || 'beərɪŋ/ *n*

A **1** [c] (Aviat, Naut) demora *f*; ***to find/get one's ~s*** orientarse; ***to lose one's ~s*** desorientarse, perderse* **2** [u c] (relevance) **~ ON sth**: **that has no ~ on the subject** eso no tiene ninguna relación con el tema

B [c] (way of standing) porte *m*

beast /bi:st/ *n* **1** (animal) bestia *f*, fiera *f*; **~ of burden** bestia *or* animal *m* de carga **2** (unkind person) (BrE colloq): **don't be such a ~!** ¡no seas malo *or* asqueroso! (fam)

beastly /'bi:stli/ *adj* **-lier, -liest** (colloq & dated): **that ~ brother of hers** el asqueroso de su hermano (fam); **what a ~ thing to say!** ¡qué cosa más horrorosa de decir!

beat[1] /bi:t/ (*past* **beat**; *past p* **beaten** /'bi:tn̩/) *vt*

A **1** (hit repeatedly) golpear; ‹*carpet*› sacudir; ‹*wings*› batir; **she ~ her fists against the door** aporreó la puerta con los puños **2** (inflict blows on): **he ~s his children** les pega a sus hijos, maltrata a sus hijos; **he was ~en to death** lo mataron a golpes **3** (hammer) ‹*metal*› batir **4** (Culin) batir

B **1** (defeat) ‹*opponent*› ganarle a, derrotar, vencer*; **he always ~s me at chess** siempre me gana al ajedrez; **you've got to know when you're ~en** hay que saber reconocer la derrota; **the government has ~en inflation** el gobierno ha vencido la inflación; **(it) ~s me how anyone can do such a thing!** no logro entender cómo se puede llegar a hacer una cosa así; **if you can't ~ them, join them** si no puedes con ellos, únete a ellos [2] (be better than) ‹*record*› batir, superar; **our prices can't be ~en** nuestros precios son imbatibles; **I scored 470, ~ that!** yo saqué 470 ¿a que no me ganas?; **you can't ~ home-made apple pie** no hay como el pastel de manzana casero; **it ~s working any day** (colloq) siempre es más divertido que trabajar

C (arrive before, anticipate): **if we go early we should ~ the traffic** si vamos temprano nos evitamos el tráfico; **to ~ sb TO sth**: **I ~ him to the telephone** llegué antes que él al teléfono; **I'll ~ you to the shop** te echo *or* (RPl) te juego una carrera hasta la tienda; ***to ~ sb to it*** adelantársele a algn

D (Mus) ‹*time*› marcar*

E (tread): **they had ~en a path across the field** habían dejado marcado un sendero en el campo; **~ *it!*** (colloq) ¡lárgate! (fam)

■ **beat** *vi* [1] (strike) **to ~ ON sth**: **he could hear them ~ing on the door** los oía golpear la puerta; **the sun ~ down on them** el sol caía de lleno sobre ellos [2] (pulsate) «*heart*» latir, palpitar; «*drum*» redoblar; «*wings*» batir

Phrasal verbs

- **beat back** [v ▸ o ▸ adv, v ▸ adv ▸ o] rechazar*
- **beat down** [v ▸ o ▸ adv, v ▸ adv ▸ o] [1] (when bargaining): **we ~ him down to half the original figure** conseguimos que nos lo dejara a mitad de precio [2] (flatten) ‹*door*› tirar *or* echar abajo, derribar; ‹*crop*› aplastar
- **beat in** [v ▸ o ▸ adv] (colloq): **to ~ sb's head/brains in** romperle* la cabeza *or* (fam) la crisma a algn
- **beat off** [v ▸ o ▸ adv, v ▸ adv ▸ o] rechazar*
- **beat out**

A [v ▸ o ▸ adv, v ▸ adv ▸ o] [1] ‹*rhythm*› marcar* [2] ‹*fire*› apagar* (*a golpes*)

B [v ▸ o ▸ adv] (smash) (colloq): **to ~ sb's brains out** romperle* la cabeza *or* (fam) la crisma a algn

- **beat up** [v ▸ o ▸ adv, v ▸ adv ▸ o] (colloq) darle* una paliza a (fam)
- **beat up on** [v ▸ adv ▸ prep ▸ o] (AmE colloq) darle* una paliza a

beat[2] *n*

A (of heart) latido *m*; (of drum) golpe *m*; **his heart skipped** *o* **missed a ~** le dio un vuelco el corazón

B (Mus) (rhythmic accent) tiempo *m*; (rhythm) ritmo *m*

C (of policeman) ronda *f*; **on the ~** de ronda

beat[3] *adj* (colloq) (*pred*) (exhausted) reventado (fam), molido (fam); **to be dead ~** estar* reventado *or* molido

beaten /ˈbiːtn̩/ *past p of* **beat**[1]

beater /ˈbiːtər || ˈbiːtə(r)/ *n* [1] (*egg ~*) batidor *m*, batidora *f* [2] (*carpet ~*) sacudidor *m*

beating /ˈbiːtɪŋ/ *n* [1] [c] (thrashing) paliza *f* [2] [c] (defeat) paliza *f* (fam); **they gave us/we took a ~** nos dieron una paliza [3] [u] (surpassing): **to take some/a lot of ~**: **her time will take some/a lot of ~** va a ser difícil/muy difícil superar su marca

beatitude /biːˈætətuːd || biˈætɪtjuːd/ *n* [u] beatitud *f*; **the B~s** las bienaventuranzas

beat-up /ˈbiːtʌp/ *adj* (*pred* **beat up**) (AmE colloq) ‹*car/furniture*› destartalado; ‹*clothes*› andrajoso

beautician /bjuːˈtɪʃən/ *n* esteticista *mf*

beautiful /ˈbjuːtəfəl || ˈbjuːtɪfəl/ *adj* [1] ‹*scenery/poem/colors*› precioso, hermoso, bello (liter); ‹*woman/child*› precioso, guapísimo, hermoso, bello (liter); ‹*hair/voice*› precioso, hermoso, bello (liter) [2] (very good) (colloq) ‹*meal/weather*› estupendo, buenísimo; ‹*shot/serve*› magnífico; **small is ~** (set phrase) lo bueno viene en frascos pequeños *or* (AmL tb) chicos [3] (kind) (esp AmE) ‹*person*› encantador

beautifully /ˈbjuːtəfli || ˈbjuːtɪfəli/ *adv* [1] (excellently, very well) ‹*sing/dance*› maravillosamente (bien); **she was ~ dressed** iba elegantísima; **it was ~ cooked** estaba hecho a la perfección; **the children behaved ~** los niños se portaron estupendamente *or* a las mil maravillas [2] (*as intensifier*): **it was ~ quiet** había un maravilloso silencio; **the water was ~ cool** el agua estaba deliciosamente fresca

beautify /ˈbjuːtəfaɪ || ˈbjuːtɪfaɪ/ *vt* embellecer*

beauty /ˈbjuːti/ *n* (*pl* **-ties**)

A [1] [u] (quality) belleza *f*, hermosura *f*; ***~ is in the eye of the beholder*** todo es según el color del cristal con que se mira; (*before n*) **~ contest** *o* (esp AmE) **pageant** concurso *m* de belleza; **~ queen** reina *f* de la belleza [2] [c] (advantage) (colloq): **the ~ of the plan is that ...** lo bueno del plan es que ...

B [c] [1] (woman) belleza *f*, beldad *f*; **B~ and the Beast** la Bella y la Bestia [2] (fine specimen) (colloq) preciosidad *f*, preciosura *f* (AmL), maravilla *f*

beauty: **~ parlor**, (BrE) **parlour** *n* salón *m* de belleza; **~ salon** *n* salón *m* de belleza; **~ shop** *n* (AmE) salón *m* de belleza; **~ sleep** *n* [u] (colloq & hum): **I need my ~ sleep** tengo que acostarme temprano para estar guapa y fresca; **~ spot** *n* [1] (place) lugar *m* pintoresco [2] (on face) lunar *m*

beaver /ˈbiːvər || ˈbiːvə(r)/ *n* [c] (Zool) castor *m*; ***to be an eager ~*** ser* muy entusiasta y trabajador

Phrasal verb

- **beaver away** [v ▸ adv] (colloq) trabajar como una hormiguita

became /bɪˈkeɪm/ *past of* **become**

because /bəˈkɔːz, bɪˈkɒz/ *conj*

A porque; **~ he loves her, he doesn't see it** como la quiere, no se da cuenta; **but why? — because!** (colloq) ¿pero por qué? — ¡porque sí!

B **because of** (*as prep*) por, a *or* por causa de (frml); **I was late ~ of him** llegué con retraso por su culpa

beck /bek/ *n* (summons): ***to be at sb's ~ and call*** estar* siempre a entera disposición de algn

beckon /ˈbekn̩/ *vt*: **to ~ sb in/over** hacerle* señas a algn para que entre/se acerque

■ **beckon** *vi* hacer* una seña; **she ~ed and he went over to her** le hizo una seña y (él) se acercó; **she ~ed to him to follow** le hizo señas para que la siguiera

become /bɪˈkʌm/ (*past* **became**; *past p* **become**) *vi*: **to ~ arrogant/distant** volverse* arrogante/distante; **to ~ famous** hacerse* famoso; **to ~ accustomed to sth** acostumbrarse a algo; **she soon became bored/tired** pronto se aburrió/se cansó; **eating out has ~ so expensive** comer fuera se ha puesto carísimo; **the heat became unbearable** el calor se hizo insoportable; **to ~ a lawyer** hacerse* abogado; **he was later to ~ manager** más tarde llegaría a ser gerente; **they became friends** se hicieron amigos; **she's becoming a nuisance** se está poniendo muy fastidiosa; **when she became President** cuando asumió la presidencia

■ **become** *vt* [1] (befit) (frml) (*often neg*) ser* apropiado para [2] (suit) favorecer*

Phrasal verb

- **become of** (*usu interrog*) ser* de; **whatever became of that friend of yours?** ¿qué fue de (la vida de) aquella amiga tuya?; **what's to ~ of me?** ¿qué va a ser de mí?

becoming /bɪˈkʌmɪŋ/ *adj* [1] (fitting) (frml) apropiado [2] ‹*outfit/hat*› favorecedor, sentador (AmL)

bed[1] /bed/ *n*

A (for sleeping) cama *f*; **to make the ~** hacer* *or* (AmL tb) tender* la cama; **to get into ~** acostarse*, meterse en la cama; **to get out of ~** levantarse; **to go to ~** acostarse*; **he's in ~ with measles** está en cama con sarampión; **time for ~!** ¡ya es hora de acostarse *or* irse a la cama!; **you look ready for ~** tienes cara de sueño; **to take to one's ~** (frml) caer* en cama; **we put the children to ~ early** acostamos a los niños temprano; **to go to ~ with sb** (euph) acostarse* con algn (euf); ***a ~ of roses*** un lecho de rosas; ***to get up on the wrong side of the ~*** (AmE) *o* (BrE) ***to get out of ~ (on) the wrong side*** levantarse con el pie izquierdo; ***you've made your ~ and now you must lie in it*** con tu pan te lo comas; ***early to ~ and early to rise (makes a man healthy, wealthy and wise)*** a quien madruga, Dios lo ayuda

B (for plants) arriate *m*, cantero *m* (RPl)

C (of river) lecho *m*, cauce *m*; (of sea) fondo *m*

D [1] (base, support) base *f*; **on a ~ of rice** sobre arroz [2] (stratum) capa *f*

bed[2] **-dd-** *vt* (have sex with) (dated) llevarse a la cama

Phrasal verb

- **bed down** [v ▸ adv] acostarse*

BEd /ˈbiːˈed/ *n* (in UK) = **Bachelor of Education**

bed and breakfast /ˈbedn̩ˈbrekfəst/ *n* **1** [u] (service): **they do ~ ~ ~** dan alojamiento y desayuno **2** [c] (establishment) ≈ pensión *f*

> **bed and breakfast**
>
> Los *bed & breakfast* o *B&B* son casas privadas o pequeños hoteles que ofrecen alojamiento y desayuno a precios generalmente módicos

bedazzle /bɪˈdæzəl/ *vt* (*often pass*) deslumbrar

bed: **~bug** *n* chinche *f or m*; **~clothes** *pl n* ropa *f* de cama; **to change the ~clothes** cambiar las sábanas

bedding /ˈbedɪŋ/ *n* [u] **1** ▸**bedclothes** **2** (for animals) cama *f*

bedding plant *n* planta *f* de arriate, planta *f* parterre (Esp), planta *f* de cantero (RPl)

bedeck /bɪˈdek/ *vt* (liter) (*usu pass*): **to be ~ed with sth** estar* adornado *or* engalanado con algo

bedevil /bɪˈdevl̩/ *vt*, (BrE) **-ll-**: **the project was ~ed with** *o* **by problems** el proyecto estaba plagado de problemas

bedfellow /ˈbedˌfeləʊ/ *n*: **to make strange ~s** hacer* una extraña pareja

bedlam /ˈbedləm/ *n* [u] (colloq): **there was ~ when he announced the news** se armó la de San Quintín cuando anunció la noticia (fam); **it was ~ in there!** aquello era una locura *or* (fam) un loquero

Bedouin /ˈbedum/ *n* (*pl* **~s** *or* **~**) beduino, -na *m,f*

bedpan /ˈbedpæn/ *n* (Med) cuña *f*, chata *f*

bedraggled /bɪˈdrægəld/ *adj* desaliñado; ‹*hair*› despeinado, enmarañado

bed: **~ridden** *adj* postrado en cama; **~rock** *n* [u] lecho *m* de roca, roca *f* firme; **the ~rock of his theory** los cimientos *or* la base de su teoría; **~room** *n* dormitorio *m*, cuarto *m*, pieza *f* (esp AmL), recámara *f* (esp Méx); (*before n*) **~room slippers** pantuflas *fpl*, zapatillas *fpl*; **~side** *n*: **they sat at his ~side throughout the night** pasaron toda la noche junto a su cabecera; (*before n*) **~side manner**: **she has a nice ~side manner** tiene una forma de tratar a los pacientes muy agradable; **~side table** mesita *f* de noche, velador *m* (AmS), mesa *f* de luz (RPl); **~sit, ~sitter** /ˈbedˌsɪtər || ˌbedˈsɪtə(r)/ *n* (BrE colloq) habitación *f* amueblada (*cuyo alquiler suele incluir el uso de baño y cocina comunes*); **~sore** *n* escara *f*, úlcera *f* de decúbito (frml) (*llaga que se produce por estar mucho tiempo en cama*); **~spread** *n* cubrecama *m*, colcha *f*; **~stead** *n* cama *f* (*sólo el armazón*), catre *m* (CS); **~time** *n* [u] hora *f* de acostarse *or* de irse a la cama; **it's way past your ~time** hace rato que deberías estar durmiendo; (*before n*) **~time story** cuento *m* (*que se cuenta a los niños cuando se van a la cama*)

bee /biː/ *n*
A (Zool) abeja *f*; **you have been a busy ~, haven't you?** ¡cómo has trabajado!; ***to have a ~ in one's bonnet about sth*** (colloq) tener* monomanía con algo, tener* algo metido entre ceja y ceja; ***to think one is the ~'s knees*** (colloq) creerse* lo máximo *or* el no va más (fam)
B (social gathering) (esp AmE) círculo *m*; **sewing ~** círculo de costura

beech /biːtʃ/ *n* **~ (tree)** haya *f*

beef¹ /biːf/ *n*
A [u] (meat) carne *f* de vaca *or* (AmC, Méx) de res, ternera *f* (Esp)
B (Agr) **1** [u] (beef cattle) ganado *m* vacuno/bovino **2** [c] (*pl* **beeves** /biːvz/) (animal) (AmE) cabeza *f* de ganado vacuno/bovino
C [c] (*pl* **beefs**) (complaint) (colloq) queja *f*

beef² *vi* (colloq) **to ~ (ABOUT sth)** refunfuñar (POR algo) (fam)

beef: **~burger** *n* (esp BrE) hamburguesa *f*; **~eater** *n*: *alabardero de la Torre de Londres*; **~steak** *n* [u c] ▸**steak B**

beefy /ˈbiːfi/ *adj* **-fier, -fiest** (colloq) fornido

bee: **~hive** *n* colmena *f*; **~line** *n*: ***to make a ~line for sb/sth*** (colloq) irse* derechito a algn/algo (fam)

been /bɪn || biːn/ **1** *past p of* **be** **2** *past p of* **go¹** *vi Sense* **I B**

beep¹ /biːp/ *n* (colloq) pitido *m*

beep² *vt*
A ‹*horn*› (colloq) pitar; **to ~ one's horn** pitar
B (AmE Telec) ‹*person*› llamar con un buscapersonas *or* (AmL) bíper *or* beeper
■ **beep** *vi* pitar

beeper /ˈbiːpər || ˈbiːpə(r)/ *n* (colloq) buscapersonas *m*, busca *m* (Esp fam), bip *m* (Méx fam), bíper *m* (Chi)

beer /bɪr || bɪə(r)/ *n* [u c] cerveza *f*

beer: **~ belly, ~ gut** *n* (colloq) panza *f* (fam) (*de bebedor de cerveza*); **~ garden** *n*: *jardín o patio abierto de un bar*; **~ mat** *n* posavasos *m* (*de cartón*)

beeswax /ˈbiːzwæks/ *n* [u] cera *f* de abeja

beet /biːt/ *n* **1** [u c] (*pl* **~**) (*sugar* **~**) remolacha *f* azucarera **2** [c] (*pl* **~s**) (beetroot) (AmE) remolacha *f or* (Méx) betabel *m or* (Chi) betarraga *f*; **as red as a ~** rojo *or* colorado como la grana *or* (fam) como un tomate

beetle /ˈbiːtl/ *n* (Zool) escarabajo *m*

beetroot /ˈbiːtruːt/ *n* [c u] (BrE) ▸**beet 2**

beeves /biːvz/ *pl of* **beef¹ B2**

befall /bɪˈfɔːl/ *vt* (*past* **befell** /bɪˈfel/ *past p* **befallen** /bɪˈfɔːlən/) (liter) sucederle *or* ocurrirle a

befit /bɪˈfɪt/ *vt* **-tt-** (frml): **with a magnificence ~ting the occasion** con un esplendor acorde con *or* a la ocasión; **as ~s a princess** como corresponde a una princesa

before¹ /bɪˈfɔːr || bɪˈfɔː(r)/ *prep*
A (preceding in time) antes de; **~ dinner** antes de la cena; **~ long** dentro de poco; **they arrived ~ us** llegaron antes que nosotros; **~ going in** antes de entrar; **ten minutes ~ the end of the match** diez minutos antes de que terminara el partido; **the day ~ her departure** el día anterior a su partida
B **1** (in front of) delante de, ante (frml) **2** (in rank, priority): **she puts her work ~ her family** antepone el trabajo a su familia; **safety comes ~ anything else** la seguridad (está) ante todo

before² *conj* **1** (earlier than) antes de que (+ *subj*), antes de (+ *inf*); **~ it gets dark** antes de que anochezca; **he died ~ he was 30** murió antes de cumplir los 30 años **2** (rather than) antes que; **she would die ~ ...** prefería morir antes que ...

before³ *adv* (preceding) antes; **this has never happened ~** esto no había sucedido nunca antes; **the day/year ~** el día/año anterior; **have you been to Canada ~?** ¿ya has estado en el Canadá?; **not that page, the one ~** esa página no, la anterior

beforehand /bɪˈfɔːrhænd || bɪˈfɔːhænd/ *adv* (earlier) antes; (in advance) de antemano, con anticipación *or* antelación

befriend /bɪˈfrend/ *vt* hacerse* amigo de

befuddle /bɪˈfʌdl̩/ *vt* (*often pass*) aturdir, ofuscar*; **he was ~d by drink** estaba ofuscado por la bebida

beg /beg/ **-gg-** *vt*
A ‹*money/food*› pedir*, mendigar*
B (frml) **1** (entreat) ‹*person*› suplicarle* a, rogarle* a; **I ~ you!** ¡te lo suplico!, ¡te lo ruego!; **to ~ sb to + INF** suplicarle* *or* rogarle* A algn QUE (+ *subj*) **2** (ask for) ‹*forgiveness*› suplicar*, rogar*; **to ~ sth OF sb** suplicarle* algo A algn; ▸**differ** *vi* **B**
■ **beg** *vi* **1** ‹‹*beggar*›› pedir*, mendigar*; **to ~ FOR sth** mendigar* algo; **they live by ~ging** viven de la mendicidad; **she taught the dog to ~** le enseñó al perro a levantar las patitas **2** (ask) (frml) **to ~ FOR sth**: **she ~ged for more time** pidió por favor que le dieran una prórroga; **to ~ for mercy** pedir* *or* suplicar* clemencia

Phrasal verb

• **beg off** [v ▸ adv] dar* una excusa

began /bɪˈgæn/ *past of* **begin**

beget /bɪˈget/ *vt* (*pres p* **begetting**; *past* **begot** *or* (arch) **begat** /bɪˈgæt/; *past p* **begotten**) (liter) (father) engendrar; (give rise to) provocar*, engendrar (liter)

beggar¹ /ˈbegər || ˈbegə(r)/ *n* **1** mendigo, -ga *m,f*; ***~s can't be choosers*** a veces no se está en situación de exigir nada **2** (fellow): **you lucky ~!** (BrE colloq) ¡qué suertudo eres! (AmL fam), ¡qué potra tienes! (Esp fam)

beggar² *vt* arruinar, empobrecer*; (stronger) pauperizar*; **to ~ description** ser* indescriptible

begin /bɪˈgɪn/ (*pres p* **beginning**; *past* **began**; *past p* **begun**) *vt* empezar*, comenzar*; **to ~ work on sth** empezar* *or* comenzar* a trabajar en algo; **to ~ -ING/to + INF** empezar* *or* comenzar* A + INF; **he began talking** *o* **to talk about his work** empezó a hablar sobre su trabajo;

she began to cry empezó *or* se puso a llorar; **I can't ~ to thank you** no sé cómo agradecerte; **that won't even ~ to cover the cost** eso no alcanza ni remotamente para cubrir los gastos

■ **begin** *vi* 1▸ (start) empezar*, comenzar*, iniciarse (frml); **I don't know where to ~** no sé por dónde empezar *or* comenzar; **the author ~s by describing ...** el autor empieza por describir ...; **to ~ with** para empezar 2▸ (originate) «*river*» nacer*; «*custom*» originarse, empezar*

beginner /bɪ'gɪnər || bɪ'gɪnə(r)/ *n* principiante *mf*; **~'s luck** la suerte del principiante

beginning /bɪ'gɪnɪŋ/ *n* 1▸ (in time, place) principio *m*, comienzo *m*; **the ~ of the end** (set phrase) el principio del fin; **at the ~ of the year/of June** a principios del año/de junio; **I'll start again from the ~** volveré a empezar desde el principio; **from ~ to end** de principio a fin 2▸ (origin, early stage) (*often pl*) comienzo *m*, inicio *m* 3▸ (start, debut) (*no pl*) comienzo *m*

begot /bɪ'gɑːt || bɪ'gɒt/ *past of* **beget**

begotten /bɪ'gɑːtn̩ || bɪ'gɒtn̩/ *past p of* **beget**

begrudge /bɪ'grʌdʒ/ *vt* 1▸ (envy) envidiar; **I don't ~ you your success** no te envidio el éxito que tienes 2▸ (resent) **to ~ -ING**: **I ~ paying so much** me da rabia *or* me duele pagar tanto

beguile /bɪ'gaɪl/ *vt* 1▸ (deceive) **to ~ sb INTO -ING**: **he was ~d into signing the contract** lo engatusaron para que firmara el contrato 2▸ (charm) cautivar, seducir*

beguiling /bɪ'gaɪlɪŋ/ *adj* cautivador, seductor

begun /bɪ'gʌn/ *past p of* **begin**

behalf /bɪ'hæf || bɪ'hɑːf/ *n*: **on** *o* (AmE also) **in ~ of sb, on** *o* (AmE also) **in sb's ~**: **he argued on her ~ that ...** alegó en su defensa *or* en su favor que ...; **I'd like to thank you on ~ of the team** quisiera darle las gracias en nombre de *or* de parte de todo el equipo; **he accepted the award on her ~** aceptó el premio en su nombre; **I'm ringing on ~ of a friend** llamo de parte de un amigo; **don't worry on my ~** por mí no te preocupes

behave /bɪ'heɪv/ *vi* 1▸ (act) comportarse; (esp of children) portarse; **he has no idea how to ~** no sabe comportarse; **he's very badly ~d** se porta muy mal; **she ~d in a suspicious manner** actuó de forma sospechosa 2▸ (be good) «*child/animal*» portarse bien, comportarse 3▸ (function) (+ *adv compl*): **to ~ AS sth** funcionar COMO algo

■ *v refl* **to ~ oneself** portarse bien, comportarse; **~ yourself!** ¡pórtate bien!

behavior, (BrE) **behaviour** /bɪ'heɪvjər || bɪ'heɪvjə(r)/ *n* [u] (conduct) conducta *f*, comportamiento *m*; **he was on his best ~** se portó mejor que nunca; **his ~ toward his wife was disgraceful** fue vergonzoso como se portó con su mujer

behavioral, (BrE) **behavioural** /bɪ'heɪvjərəl/ *adj* de conducta, conductual; **~ science** ciencia *f* de la conducta

behead /bɪ'hed/ *vt* decapitar

beheld /bɪ'held/ *past and past p of* **behold**

behest /bɪ'hest/ *n*: **at the ~ of sb, at sb's ~** (frml) a instancia(s) de algn (frml)

behind¹ /bɪ'haɪnd/ *prep*

A 1▸ (to the rear of) detrás de, atrás de (AmL); **~ me** detrás de mí; **we're ten years ~ the Japanese in microelectronics** en microelectrónica llevamos un retraso de diez años respecto a los japoneses; **she's well ~ the rest of the class** está muy atrasada con respecto al resto de la clase 2▸ (on the other side of) detrás de, atrás de (AmL)

B 1▸ (responsible for) detrás de; **I know who's ~ this** yo sé quién está detrás de esto 2▸ (underlying): **the theory ~ it is that ...** la teoría sobre la que se basa es que ...; **the motives ~ his decision** los motivos que lo llevaron a esa decisión

C (in support of): **we're all ~ the police** todos respaldamos a la policía; **I'm ~ you all the way** tienes todo mi apoyo

D 1▸ (to one's name) a sus (*or* mis *etc*) espaldas, en su (*or* mi *etc*) haber; **she has four years' experience ~ her** tiene cuatro años de experiencia a sus espaldas *or* en su haber 2▸ (in time): **all that is ~ us now** todo eso ha quedado atrás; **I'm ~ schedule** voy retrasado *or* atrasado (con el trabajo *or* los preparativos *etc*)

behind² *adv* 1▸ (to the rear, following): **I want the small children here and the taller ones ~** que los niños pequeños se pongan aquí y los más altos detrás *or* (AmL tb) atrás; **I was attacked from ~** me atacaron por la espalda; **keep an eye on the car ~** no pierdas de vista al coche de atrás; *see also* **stay behind** 2▸ (in race, competition): **England were two goals ~** Inglaterra iba perdiendo por dos goles 3▸ (in arrears): **I'm ~ with my work/payments** estoy atrasada con el trabajo/en los pagos; *see also* **fall, get** *etc* **behind** 4▸ (in time): **Buenos Aires is five hours ~** Buenos Aires tiene cinco horas más temprano

behind³ *n* (colloq & euph) trasero *m* (fam)

behind-the-scenes /bɪˌhaɪndðə'siːnz/ *adj* ‹*footage*/*role*› de entre bambalinas, de entre bastidores

behold /bɪ'həʊld/ (*past and past p* **beheld**) *vt* (liter) contemplar (liter)

■ **behold** *vi* (*only in imperative*) mirar; *see also* **lo**

beholden /bɪ'həʊldn̩/ *adj* (*pred*) **to be ~ TO sb (FOR sth)** estar* en deuda CON algn (POR algo)

beholder /bɪ'həʊldər || bɪ'həʊldə(r)/ *n*: *see* **beauty**

behoove /bɪ'huːv/, (BrE) **behove** /bɪ'həʊv/ *v impers* (frml) **it ~s sb to + INF**: **it ~s us to support him** nos corresponde apoyarlo

beige¹ /beɪʒ/ *adj* beige *adj inv*, beis *adj inv* (Esp)

beige² *n* [u] beige *m*, beis *m* (Esp)

Beijing /'beɪ'dʒɪŋ/ *n* Beijing *m*

being /'biːɪŋ/ *n* 1▸ [c] (person, creature) ser *m* 2▸ [u] (existence, life) ser *m*; **to come into ~** nacer*

bejeweled, (BrE) **bejewelled** /bɪ'dʒuːəld/ *adj* (liter) enjoyado

belabor, (BrE) **belabour** /bɪ'leɪbər || bɪ'leɪbə(r)/ *vt* (liter) fustigar* (liter)

Belarus /'belə'ruːs/ *n* Bielorrusia *f*

belated /bɪ'leɪtəd || bɪ'leɪtɪd/ *adj* tardío

belatedly /bɪ'leɪtədli || bɪ'leɪtɪdli/ *adv* ‹*arrive*› con retraso; ‹*respond*› tardíamente

belch¹ /beltʃ/ *vi* 1▸ «*person*» eructar 2▸ **to ~ FROM sth**: **flames ~ed from the mouth of the cannon** la boca del cañón escupía llamas

■ **belch** *vt* **~ (out)** escupir

belch² *n* eructo *m*; **he gave/let out a ~** eructó

beleaguer /bɪ'liːgər || bɪ'liːgə(r)/ *vt* 1▸ (besiege) asediar, sitiar 2▸ **beleaguered** *past p* (harassed) atribulado

Belgian¹ /'beldʒən/ *adj* belga

Belgian² *n* belga *mf*

Belgium /'beldʒəm/ *n* Bélgica *f*

Belgrade /'bel'greɪd/ *n* Belgrado *m*

belie /bɪ'laɪ/ *vt* **belies, belying, belied** 1▸ (disguise) no dejar traslucir, ocultar 2▸ (show to be false): **this ~s the notion that ...** esto demuestra que no es cierto que ...

belief /bə'liːf || bɪ'liːf/ *n* 1▸ [u c] (conviction, opinion) creencia *f*; **contrary to popular ~** contrariamente a lo que comúnmente se cree; **it is my ~ that he lied** (frml) creo que mintió; **she acted in the ~ that ...** actuó convencida de que ...; **their attitude irritated me beyond ~** su actitud me irritó increíblemente *or* sobremanera 2▸ [u] (confidence) **~ IN sb/sth** confianza *f or* fe *f* EN algn/algo 3▸ [uc] (Relig) fe *f*

believable /bə'liːvəbəl || bɪ'liːvəbəl/ *adj* ‹*story*/*account*› verosímil, creíble

believe /bə'liːv || bɪ'liːv/ *vt* 1▸ ‹*statement*/*story*› creer*; ‹*person*› creerle* a; **I don't ~ a word she says** no le creo ni una palabra; **I don't ~ she's capable of that** no la creo capaz de eso; **~ it or not** aunque no lo creas, aunque parezca mentira; **I could hardly ~ my ears/eyes** no daba crédito a mis oídos/mis ojos; **don't you ~ it!** (colloq) ¡créetelo! (fam & iró); **would you ~ it!** (colloq) ¡habráse visto!, ¡será posible!; **I don't ~ it!** ¡no puedo creerlo!; **~ you me!** (colloq) ¡te lo juro!; **you'd better ~ it!** (esp AmE) ¡como lo oyes!; **you won't ~ who I've just seen** ¡no te imaginas a quién acabo de ver!; ***to make ~ (that)*** hacer* de cuenta que 2▸ (think) creer*; **I ~ so/not** creo que sí/no, tengo entendido que sí/no; **to ~ sb/sth to + INF** (*often pass*): **the police ~ him to be dangerous** la policía cree que es peligroso; **it was ~d to be harmless** se creía que era inofensivo

■ **believe** *vi* creer*; **to ~ IN sth/sb** creer* EN algo/algn; **to ~ in God** creer* en Dios; **I ~ in discipline** soy partidario de la disciplina

believer /bəˈliːvər || brˈliːvə(r)/ *n* **1** (Relig) creyente *mf* **2** ~ **IN sth** partidario, -ria *m,f* DE algo

Belisha beacon /bəˈliːʃə/ *n* (in UK) *señal luminosa intermitente en un cruce peatonal*

belittle /brˈlɪtl/ *vt* ‹*achievements*› menospreciar; ‹*person*› denigrar, rebajar; **to ~ oneself** menospreciarse, tenerse* en menos

Belize /bəˈliːz/ *n* Belice *m*

bell /bel/ *n*
A (of church, clock) campana *f*; (on cat, toy) cascabel *m*; (on door, bicycle) timbre *m*; (of telephone, timer) timbre *m*; **his voice was as clear as a ~** lo oía como si estuviera a mi lado; ***to give sb a ~*** (BrE colloq) darle* un telefonazo a algn (fam); ***to ring a ~***: **the name rings a ~** me suena el nombre; (*before n*) **~ tower** campanario *m*
B (Sport) **the ~** la campana; ***to be saved by the ~***: **he was saved by the ~** lo salvó la campana

bell: **~-bottoms** *pl n* pantalones *mpl* de pata de elefante; **~boy** *n* botones *m*

belle /bel/ *n* belleza *f*, beldad *f*; **the ~ of the ball** la reina de la fiesta

bellhop /ˈbelhɑːp || ˈbelhɒp/ *n* (AmE) botones *m*

bellicose /ˈbelɪkəʊs/ *adj* belicoso

belligerence /bəˈlɪdʒərəns/ *n* [u] agresividad *f*

belligerent /bəˈlɪdʒərənt/ *adj* agresivo

belligerently /bəˈlɪdʒərəntli/ *adv* agresivamente

bellow¹ /ˈbeləʊ/ *vi* «*bull*» bramar; **to ~ AT sb** gritarle A algn
■ **bellow** *vt* bramar

bellow² *n* bramido *m*

bellows /ˈbeləʊz/ *n* (*pl* ~) (for fire) fuelle *m*; **a pair of ~** un fuelle

bell pepper *n* (AmE) ▸**capsicum**

belly /ˈbeli/ *n* (*pl* **-lies**) **1** (of person) vientre *m*, barriga *f* (fam); (of animal) panza *f*, vientre *m*; **he's got a bit of a ~** (colloq) es un poco barrigón *or* panzón *or* (Andes) guatón (fam); (*before n*) **~ button** (colloq) ombligo *m*; **~ dance** danza *f* del vientre; **to do a ~ flop** darse* un planchazo *or* (Andes) un guatazo (fam); **a ~ laugh** una sonora carcajada

bellyache¹ /ˈbelieɪk/ *n* [c u] (colloq) dolor *m* de barriga (fam)

bellyache² *vi* (colloq & pej) rezongar*, refunfuñar; **to ~ ABOUT sb/sth** quejarse constantemente DE algn/algo

bellyful /ˈbelifʊl/ *n*: **to have had a ~ (of sb/sth)** (colloq) estar* hasta la coronilla (de algn/algo) (fam)

belong /brˈlɔːŋ || brˈlɒŋ/ *vi*
A **1** (be property) **to ~ TO sb** ser* DE algn, pertenecerle* A algn; **it ~s to her** es suyo, es de ella, le pertenece (a ella); **does this ~ to you?** ¿esto es tuyo?; **who does that car ~ to?** ¿de quién es ese coche? **2** (be member) **to ~ TO sth** ‹*to a club*› ser* socio DE algo; ‹*to a union/political party*› estar* afiliado A algo **3** (be part) **to ~ TO sth** ser* DE algo, pertenecer* A algo
B **1** (have as usual place) ir*; **that jug ~s in the cupboard** esa jarra va en el armario; **put them back where they ~** vuélvelos a poner en su lugar **2** (in category) pertenecer*; **it ~s to the reptile family** pertenece a la familia de los reptiles **3** (be suitable): **we ~ together** estamos hechos el uno para el otro **4** (socially): **I don't feel I ~ here** no me siento a gusto aquí

belongings /brˈlɔːŋɪŋz || brˈlɒŋɪŋz/ *pl n* pertenencias *fpl*; **personal ~** efectos *mpl or* objetos *mpl* personales

beloved¹ /brˈlʌvəd || brˈlʌvɪd/ *adj* (*before n*) ‹*person*› querido, amado, bienamado (liter); ‹*place*› querido

beloved² *n* amado, -da *m,f* (liter), bienamado, -da *m,f* (liter); ▸**dearly A**

below¹ /brˈləʊ/ *prep*
A (under) debajo de, abajo de (AmL); **the room directly ~ this one** la habitación justo debajo *or* (AmL tb) abajo de ésta; **500m ~ the surface** a 500m bajo la superficie *or* por debajo de la superficie
B (inferior, junior to) por debajo de
C (less than) por debajo de; **~ average** inferior a *or* por debajo de la media; **if you earn ~ $15,000 a year** si ganas menos de 15.000 dólares al año; **~ zero** bajo cero; **~ standard** por debajo del nivel exigido

below² *adv*
A (underneath) abajo; **put it on the shelf ~** ponlo en el estante de abajo; **down ~ we could see ...** abajo veíamos ...
B (in text) más abajo; **see diagram ~** véase el diagrama más abajo
C (of temperature): **20 (degrees) ~** 20 (grados) bajo cero

below-the-line /bɪˌləʊðəˈlaɪn/ *adj*
A (in bridge) por debajo de la raya, por debajo de la línea
B (in accounts) extraordinario

belt¹ /belt/ *n*
A (Clothing) cinturón *m*; ***to have sth under one's ~*** tener* algo a sus (*or* mis *etc*) espaldas, tener* algo en su (*or* mi *etc*) haber; ***to hit below the ~*** dar* un golpe bajo; **that was a bit below the ~** ¡ése fue un golpe bajo!; ***to tighten one's ~*** apretarse* el cinturón
B (Mech Eng) correa *f*
C (area): **a ~ of low pressure** un frente de bajas presiones; **the industrial ~** el cinturón industrial; **the cotton ~** la zona *or* región algodonera; ▸**Bible Belt**

belt² *vt* (colloq) darle* una paliza a; **he ~ed me on the ear** (AmE) *o* (BrE) **round the ear** me dio un tortazo *or* (Méx) un trancazo (fam)
■ **belt** *vi* **to ~ along/in** ir*/entrar zumbando (fam)

Phrasal verbs
- **belt down** [v ▸ o ▸ adv, v ▸ adv ▸ o] (AmE colloq): **to ~ one down** tomarse una; **he's ~ing them down** está empinando el codo (fam)
- **belt out** [v ▸ o ▸ adv, v ▸ adv ▸ o] (colloq) (sing) cantar a grito pelado (fam); (play) tocar* muy fuerte
- **belt up** [v ▸ adv] (BrE colloq) **1** (be quiet) callarse la boca, cerrar* el pico (fam) **2** (Auto) ponerse* el cinturón

belting /ˈbeltɪŋ/ *n* (colloq) paliza *f*

beltway /ˈbeltweɪ/ *n* (AmE) carretera *f or* ronda *f* de circunvalación, periférico *m* (AmC, Méx)

bemoan /brˈməʊn/ *vt* lamentarse de

bemuse /brˈmjuːz/ *vt* **1** (puzzle) desconcertar* **2** **bemused** *past p* ‹*expression*› de desconcierto

bench¹ /bentʃ/ *n*
A [c] **1** (seat) banco *m* **2** (*work~*) mesa *f* de trabajo
B (Law) **the bench** *or* **the Bench** (judges collectively) la judicatura; (tribunal) el tribunal
C (Sport): **the ~** el banquillo *or* (AmL tb) la banca

bench² *vt* (esp AmE) mandar al banquillo *or* (AmL tb) a la banca

benchmark /ˈbentʃmɑːrk || ˈbentʃmɑːk/ *n* **1** (in surveying) cota *f* de referencia **2** (criterion) punto *m* de referencia

bend¹ /bend/ *n* **1** (in road, river) curva *f*; **to take a ~** tomar *or* (esp Esp) coger* una curva; ***to be round the ~*** (esp BrE colloq) estar* chiflado (fam); **I'm going round the ~** me estoy volviendo loco; **that noise is driving me round the ~** ese ruido me está volviendo loco **2** **bends** *pl* **the ~s** la enfermedad del buzo

bend² (*past and past p* **bent**) *vt*
A ‹*wire/branch*› torcer*, curvar; ‹*back/leg*› doblar, flexionar; ❸ **do not bend** no doblar; **he was bent double with pain** se retorcía de dolor; **~ your head back/forward** inclina *or* echa la cabeza hacia atrás/adelante
B (direct) (frml) ‹*energies/attention*› concentrar
■ **bend** *vi*
A **1** «*pipe/wire*» torcerse*; **he had to ~ to get through the door** tuvo que agacharse para pasar por la puerta; **to ~ forward/backward** inclinarse hacia adelante/atrás; ▸**backward² 1** **2** «*road/river*» hacer* una curva; **the road ~s to the right** la carretera tuerce a la derecha
B (submit) ceder; **to ~ (TO sth)** ceder (A algo)

Phrasal verbs
- **bend down** [v ▸ adv] agacharse
- **bend over** [v ▸ adv] inclinarse

bender /ˈbendər || ˈbendə(r)/ *n* (colloq) juerga *f* (fam); **to go on a ~** irse* de juerga

beneath¹ /brˈniːθ/ *prep*
A (under) bajo; **the city lay spread out ~ us** la ciudad se extendía a nuestros pies
B **1** (inferior to): **those ~ him** los que están (*or* estaban *etc*) por debajo de él; **she married ~ her** no se casó bien **2** (unworthy of): **it's ~ her** es indigno de ella; **you're ~ contempt** no mereces ni desprecio

beneath² *adv*: **I wondered what lay ~** me preguntaba qué habría debajo *or* abajo

Benedictine /ˈbenəˈdɪktən, -tiːn|| ˌbenrˈdɪktɪn, -tiːn/ *adj* benedictino

b

benediction /'benə'dɪkʃən || ˌbenɪ'dɪkʃən/ *n* bendición *f*

benefactor /'benəfæktər || 'benɪfæktə(r)/ *n* benefactor, -tora *m,f*

beneficial /'benə'fɪʃəl || ˌbenɪ'fɪʃəl/ *adj* beneficioso; **to be ~ TO sb/sth** ser* beneficioso PARA algn/algo

beneficiary /'benə'fɪʃieri || ˌbenɪ'fɪʃəri/ *n* (*pl* **-ries**) beneficiario, -ria *m,f*

benefit¹ /'benəfɪt || 'benɪfɪt/ *n*

A (good) beneficio *m*, bien *m*; (advantage) provecho *m*, ventaja *f*; **she is exploiting the situation for her own ~** está explotando la situación en beneficio propio *or* para su provecho; **it will be of great ~ to them** será muy beneficioso para ellos *or* les beneficiará mucho; ***to give sb the ~ of the doubt*** darle* a algn el beneficio de la duda

B [1] (Soc Adm) prestación *f*; **he's on unemployment ~s** *o* (BrE) **~** recibe subsidio de desempleo *or* (Chi) de cesantía, está cobrando el paro (Esp) [2] [c] (perk) beneficio *m* *or* ventaja *f* (extrasalarial)

C (concert, performance) beneficio *m*, función *f* benéfica; (*before n*) con fines benéficos

benefit² **-t-** *or* (AmE also) **-tt-** *vt* beneficiar

■ **benefit** *vi* beneficiarse; **to ~ FROM sth**: **he didn't ~ much from the experience** no sacó mucho (provecho) de la experiencia; **you will all ~ from the change** todos se van a beneficiar con el cambio

Benelux /'benlʌks || 'benɪlʌks/ *n* Benelux *m*

benevolence /bə'nevələns/ *n* [u] benevolencia *f*, bondad *f*

benevolent /bə'nevələnt/ *adj* [1] ‹*person/smile*› benévolo; ‹*gesture*› de benevolencia [2] ‹*society/organization*› benéfico, de beneficencia

benevolently /bə'nevələntli/ *adv* con benevolencia

Bengali¹ /beŋ'gɔːli/ *adj* bengalí

Bengali² *n* [1] [c] (person) bengalí *mf* [2] [u] (language) bengalí *m*

benign /bɪ'naɪn/ *adj* [1] ‹*person/attitude*› benévolo [2] (Med) benigno

benignly /bɪ'naɪnli/ *adv* con benevolencia, benévolamente

bent¹ /bent/ *past and past p of* **bend²**

bent² *adj*

A ‹*pipe*› curvado, torcido

B (determined) **to be ~ ON doing sth** estar* empeñado EN hacer algo

C (BrE sl) [1] (corrupt) corrupto, chueco (AmL fam) [2] (homosexual): **to be ~** ser* del otro bando (fam)

bent³ *n* (*no pl*) [1] (inclination) inclinaciones *fpl*; **people of (an) artistic ~** personas con inclinaciones artísticas [2] (aptitude) aptitud *f*

bequeath /bɪ'kwiːð, -'kwiːθ/ *vt* **to ~ sth TO sb, to ~ sb sth** legarle* algo A algn

bequest /bɪ'kwest/ *n* legado *m*

berate /bɪ'reɪt/ *vt* (frml) **to ~ sb (FOR sth)** reprender *or* amonestar a algn (POR algo)

bereaved¹ /bɪ'riːvd/ *adj* desconsolado, afligido (*por la muerte de un ser querido*)

bereaved² *n* (*pl* **~**) **the ~** los deudos, la familia del difunto/de la difunta

bereavement /bɪ'riːvmənt/ *n* [c u] dolor *m*, pesar *m* (*por la muerte de un ser querido*); **they have suffered** *o* **had a ~ in the family** han sufrido la pérdida de un familiar

bereft /bɪ'reft/ *adj* (*pred*) **to be ~ OF sth** verse* privado DE algo; **totally ~ of inspiration** desprovisto de toda inspiración

beret /bə'reɪ || 'bereɪ/ *n* boina *f*

berk /bɜːrk || bɜːk/ *n* (BrE sl) imbécil *mf*

Berlin /'bɜːr'lɪn || bɜː'lɪn/ *n* Berlín *m*

Bermuda /bər'mjuːdə || bə'mjuːdə/ *n* las (islas) Bermudas; (*before n*) **~ shorts** bermudas *fpl*; **the ~ Triangle** el triángulo de las Bermudas

Bermudas /bər'mjuːdəz || bə'mjuːdəz/ *pl n* bermudas *fpl*

Bern, Berne /bɜːrn || bɜːn/ *n* Berna *f*

berry /'beri/ *n* (*pl* **-ries**) (Bot) baya *f*; (Culin) *fresas, frambuesas, moras etc*; ***as brown as a ~*** negro como el carbón

berserk /bər'sɜːrk || bə'sɜːk/ *adj*: **to go ~** ponerse* como una fiera *or* como un loco

berth¹ /bɜːrθ || bɜːθ/ *n* [1] (couchette, bunk) litera *f*, cucheta *f* (RPl); (cabin) camarote *m* [2] (mooring) atracadero *m*; ***to give sb a wide ~*** eludir *or* rehuir* a algn [3] (AmE Sport) **a starting ~** un puesto de (jugador) titular

berth² *vt/i* atracar*

beseech /bɪ'siːtʃ/ *vt* (*past & past p* **beseeched** *or* **besought**) (liter) suplicar*, rogar*; **to ~ sb TO + INF** suplicarle* *or* rogarle* a algn QUE (+ *subj*)

beset /bɪ'set/ *vt* (*pres p* **besetting**; *past & past p* **beset**) «*anxieties/fears*» acuciar; **he was ~ by doubts** lo acosaban las dudas; **the way ahead is ~ with difficulties** tenemos (*or* tienen *etc*) muchos obstáculos por delante

beside¹ /bɪ'saɪd/ *prep* [1] (at the side of) al lado de, junto a; **she's the one ~ me in the photograph** es la que está a mi lado *or* junto a mí en la foto; ***to be ~ oneself*: he was ~ himself with rage** estaba fuera de sí (de la rabia); **she's ~ herself with happiness** está que no cabe en sí de la alegría [2] (compared with) comparado con [3] (extraneous to): **that's ~ the point** eso no tiene nada que ver, eso no viene al caso [4] ▸ **besides¹**

beside² *adv* [1] (alongside) al lado [2] ▸ **besides²**

besides¹ /bɪ'saɪdz/ *prep* [1] (in addition to) además de; **there are five others coming ~ you** además de *or* aparte de ti, vienen otros cinco [2] (apart from) excepto, aparte de, fuera de; **no one knows ~ you** nadie lo sabe excepto tú *or* aparte de ti *or* fuera de ti

besides² *adv* además; **and plenty more ~** y mucho más todavía

besiege /bɪ'siːdʒ/ *vt* sitiar, asediar, cercar*; **an angry crowd ~d the embassy** una muchedumbre enfurecida rodeó *or* cercó la embajada; **the village was ~d by reporters** el pueblo se vio asediado por periodistas; **they were ~d with letters of protest** los inundaron con cartas de protesta

besmirch /bɪ'smɜːrtʃ || bɪ'smɜːtʃ/ *vt* (frml) ensuciar, mancillar (liter)

besotted /bɪ'sɑːtəd || bɪ'sɒtɪd/ *adj* (*usu pred*) **to be ~ WITH sb**: **he's totally ~ with her** está perdidamente enamorado de ella, está loco por ella

besought /bɪ'sɔːt/ *past & past p of* **beseech**

bespatter /bɪ'spætər || bɪ'spætə(r)/ *vt* **to ~ sth WITH sth** salpicar* algo DE algo

bespectacled /bɪ'spektɪkəld/ *adj* de anteojos *or* lentes (AmL), con gafas (esp Esp)

bespoke /bɪ'spəʊk/ *adj* (*before n*) (esp BrE) Ⓢ **bespoke tailor** trajes a medida

best¹ /best/ *adj* (*superl of* **good¹**) mejor; **he was (the) ~** él era el mejor; **this year's carnival will be the ~ ever** el carnaval de este año estará mejor que nunca; **for the ~ part of an hour** durante casi una hora; **~ of all was the windsurfing** lo mejor de todo fue el windsurf; **the ~ things in life are free** (set phrase) los mejores placeres no cuestan dinero; **may the ~ man/team win** (set phrase) que gane el mejor; Ⓢ **best before July 29** consumir preferentemente antes del 29 de julio; **she knows what's ~ for you** ella sabe qué es lo que más te conviene; **the ~ thing (to do) is to wait** lo mejor es esperar; **she's not very tolerant at the ~ of times** la tolerancia no es precisamente una de sus características

best² *adv*

A (*superl of* **well¹,²**) mejor; **which color suits me (the) ~?** ¿qué color me queda mejor?; **I like this painting (the) ~ (of all)** éste es el cuadro que más me gusta; **I did it as ~ I could** lo hice lo mejor que pude; **he's ~ remembered for his poems** se lo recuerda sobre todo por sus poesías; **it's ~ forgotten** más vale olvidarlo

B **had best** (ought): **we'd ~ leave that decision to him** lo mejor va a ser que dejemos que eso lo decida él; *see also* **better¹,²**

best³ *n*

A **the ~** [1] (+ *sing vb*) lo mejor; **choose ABC hotels when only the ~ will do** si usted exige lo mejor, escoja hoteles ABC; **he's in the ~ of health** está en excelente estado de salud; **I don't look my ~ in the mornings** por la mañana no es cuando me veo mejor; **to do** *o* **try one's (level) ~** hacer* todo lo posible; **it's the ~ I can do** no lo puedo hacer mejor; **to make the ~ of sth**: **we'll just have to make the ~ of what we've got** tendremos que arreglarnos con lo que tenemos; **they had to make the ~ of a**

bad job tuvieron que hacer lo que pudieron; **it all turned out for the ~ in the end** al final todo fue para bien; **he did it to the ~ of his ability** lo hizo lo mejor que pudo; **to the ~ of my knowledge** que yo sepa **2** (+ *pl vb*): **even the ~ of us are wrong sometimes** todos nos equivocamos; **she can ski with the ~ of them** (colloq) esquía tan bien como el mejor; **they're (the) ~ of friends** son de lo más amigos

B **1** **at best**: **at ~, we'll just manage to cover costs** como mucho, podremos cubrir los gastos; **at ~, she's irresponsible** lo menos que se puede decir es que es una irresponsable **2** **at/past one's best**: **she's not at her ~ in the morning** la mañana no es su mejor momento del día; **at his ~, his singing rivals that of Caruso** en sus mejores momentos puede compararse a Caruso; **it's British theater at its ~** es un magnífico exponente de lo mejor del teatro británico; **the roses were past their ~** las rosas ya no estaban en su mejor momento

C **1** (in greetings): **all the ~!** ¡buena suerte!, ¡que te (*or* les *etc*) vaya bien! **2** (Sport) récord *m*; **a personal ~ for Flynn** un récord para Flynn

best-before date /ˌbestbɪˈfɔːr || ˌbestbɪˈfɔː(r)/ *n* fecha *f* de consumo preferente

bestial /ˈbestʃəl || ˈbestiəl/ *adj* ‹*cruelty/crime*› brutal, salvaje

bestiality /ˈbestʃiˈæləti || ˌbestiˈæləti/ *n* [u]
A (cruelty) brutalidad *f*, bestialidad *f*
B (sex with animals) bestialidad *f*

best man *n*: *amigo que acompaña al novio el día de la boda*, ≈ padrino *m*, testigo *m*

bestow /bɪˈstəʊ/ *vt* (frml *or* liter) **to ~ sth ON** *o* **UPON sb** ‹*title/award*› conferirle* *or* otorgarle* algo A algn (frml); **he ~ed his affections on her** la hizo depositaria de su amor (liter)

best: **~-seller** /ˈbestˈselər || ˌbestˈselə(r)/ *n* (book) bestseller *m*, superventas *m*; (product) superventas *m*; (author) autor, -tora *m,f* de bestsellers; **~-selling** /ˈbestˈselɪŋ/ *adj* (*before n*): **a ~-selling book** un libro de gran éxito de ventas, un superventas; **a ~-selling writer** un escritor que tiene gran éxito de ventas

bet¹ /bet/ *n* **1** (wager) apuesta *f*; **I had** *o* **made a ~ with Charlie that Brazil would win** le aposté a Charlie que ganaría Brasil **2** (option): **your best ~ is to stay here** lo mejor que puedes hacer es quedarte aquí; **it's a pretty good** *o* **fair ~ that someone here speaks English** es casi seguro que aquí alguien habla inglés; ***to hedge one's ~s*** cubrirse*

bet² (*pres p* **betting**; *past & past p* **bet**) *vt* **1** (gamble) apostar*; **David ~ him £5 the Liberals would win** David le apostó cinco libras (a) que ganaban los liberales **2** (be sure) jugarse*, apostar*; **I ~ he doesn't even remember my name** apuesto (a) que ni se acuerda de mi nombre; **I had a hard time persuading him — I'll ~ you did!** me costó mucho convencerlo — ¡me lo puedo imaginar!; **I can do it! — (I) ~ (you) you can't!** ¡a que puedo hacerlo!, —¡a que no!; **I ~ you any money** *o* **anything you like, they're late** me juego *or* te apuesto lo que quieras (a) que llegan tarde; ***you can ~ your life*** *o* ***your bottom dollar*** (colloq) apuesto *or* me juego la cabeza *or* camisa (fam)

■ **bet** *vi* **1** (gamble) jugar*; **I'm not a ~ting man, but ...** yo no soy jugador, pero ...; **to ~ ON sth/sb** apostarle* A algo/algn **2** (be sure): **I wouldn't ~ on it** yo no estaría tan seguro, yo no me fiaría; **(do you) want to ~?** (colloq) ¿qué *or* cuánto (te) apuestas?, ¿quieres apostar?; **will you be there? — you ~!** (colloq) ¿irás? — ¡por supuesto!; **I ~!** (colloq & iro) sí, seguro (iró), sí, ya (iró)

beta-test /ˈbiːtəˌtest/ *vt* ‹*product/software*› realizar* una prueba beta de, realizar* un beta test de *o* (AmL tb) un testeo beta de

bête noire /ˈbetˈnwɑːr || ˌbetˈnwɑː(r)/ *n* (*pl* **~s ~s** /ˈbet ˈnwɑːr || ˌbetˈnwɑː(r), -ˈnwɑːrz/) bestia *f* negra (period), bête noire *f* (period)

Bethlehem /ˈbeθləhem || ˈbeθlɪhem/ *n* Belén *m*

betide /bɪˈtaɪd/ *vi* (liter & arch) ▸**woe 1**

betray /bɪˈtreɪ/ *vt* **1** ‹*ally*› traicionar; **to ~ sb's trust** defraudar la confianza que algn ha puesto en uno; **he ~ed us to the enemy** nos vendió al enemigo **2** (reveal) revelar, delatar; **her voice ~ed her nervousness** su voz revelaba *or* delataba el miedo que sentía

betrayal /bɪˈtreɪəl/ *n* [c u] traición *f*; (of secrets) delación *f*; **a ~ of trust** un abuso de confianza

betroth /bɪˈtrəʊð/ *vt* (frml) prometer en matrimonio (frml)

betrothal /bɪˈtrəʊðəl/ *n* [u c] (frml) esponsales *mpl* (frml), compromiso *m* (matrimonial)

better¹ /ˈbetər || ˈbetə(r)/ *adj*

A (*comp of* **good¹**) mejor; **he's ~ at playing the guitar than at singing** toca la guitarra mejor de lo que canta; **fruit's much ~ for you than candy** la fruta es mucho más sana que los caramelos; **things couldn't be ~** todo va de maravilla; **what do you think of the wine? — I've tasted ~** ¿qué te parece el vino? — los he probado mejores; **to get ~** mejorar; **the bigger the ~** cuanto más grande mejor; **the less said about it the ~** cuanto menos se hable del tema mejor; **the garden looks all the ~ for the rain** la lluvia le ha venido bien al jardín; **if they can both come, so much the ~** si pueden venir los dos, mucho *or* tanto mejor; **she's little ~ than a thief** es poco menos que una ladrona; **he's moved on to ~ things since then** desde entonces se ha superado mucho; **I can go one ~: I'll give you interest-free credit** yo puedo hacerle una oferta aún mejor: le doy crédito sin interés

B (*pred*) (recovered from illness) **to be ~** estar* mejor; **to get ~** recuperarse

better² *adv*

A (*comp of* **well¹·²**) mejor; **she swims ~ than I do** *o* **than me** nada mejor que yo; **we get on ~ than before** nos llevamos mejor que antes; **I can see ~ from here** desde aquí veo mejor; **we'd've done ~ to wait** hubiera sido mejor esperar; **at the last moment he thought ~ of it** a último momento cambió de idea

B **had better** (ought): **hadn't you ~ phone them?** ¿no deberías llamarlos?; **I'd ~ leave before it gets dark** va a ser mejor que me vaya antes de que oscurezca; **well, I'd ~ be off** bueno, me tengo que ir; **you'd ~ do as I say** más te vale hacer lo que yo te diga; **you'd ~ not complain!** ¡más te vale no quejarte!; **you'd ~ believe it!** (colloq) sí señor

C (more) (AmE) más; **it cost me ~ than $100** me costó más de 100 dólares

better³ *n* **1** (superior of two) **the ~ of the two** el mejor de los/las dos; **for the ~** para bien, para mejor; **things took a turn for the ~** las cosas dieron un giro positivo; ***to get the ~ of sb/sth*** ganarle la batalla a algn/algo; **my curiosity got the ~ of me** la curiosidad fue más fuerte que yo *or* pudo más que yo **2** **betters** *pl* (superiors) superiores *mpl*; **his elders and ~s** sus mayores

better⁴ *vt* **1** (improve) mejorar; **to ~ oneself** superarse **2** (surpass) ‹*score/record*› mejorar, superar

betterment /ˈbetərmənt || ˈbetəmənt/ *n* [u] mejoramiento *m*, mejora *f*

better-off /ˌbetərˈɔːf || ˌbetərˈɒf/ *adj* (*pred* **better off**) **1** (financially) de mejor posición económica; **he's ~ ~ than her** tiene mejor posición económica que ella, es de posición más acomodada que ella **2** (emotionally, physically) (*pred*) mejor; **I'm ~ ~ divorced** estoy mejor divorciado

betting /ˈbetɪŋ/ *n* [u] (BrE): **what's the ~ he won't turn up?** ¿qué (te) apuestas (a) que no viene?; (*before n*) **~ shop** agencia *f* de apuestas

between¹ /bɪˈtwiːn/ *prep*

A (between two points, times, numbers) entre; **~ now and Thursday** de aquí al jueves; **it is closed ~ 1 and 3** está cerrado de 1 a 3; **~ 80 and 100 guests** entre 80 y 100 invitados; **nothing can come ~ us** nada podrá separarnos

B (among) entre; **they divided** *o* **shared the money ~ them** se dividieron el dinero entre ellos; **this is strictly ~ you and me** *o* **~ ourselves** esto debe quedar entre nosotros

C **1** (jointly, in combination) entre; **we spent $250 ~ us** gastamos 250 dólares entre los dos; **~ them they managed to lift it** entre los dos consiguieron levantarlo **2** (what with) (colloq) entre; **~ working and training I've no time for reading** entre el trabajo y el entrenamiento no tengo tiempo para leer

between² *adv*: **the one ~** el/la de en medio; **there are very large houses and very small apartments and nothing (in) ~** hay casas muy grandes o apartamentos muy pequeños pero no hay nada intermedio

betwixt¹ /bɪˈtwɪkst/ *prep* (liter & arch) entre

betwixt[2] *adv*: **~ and between: they're ~ and between, neither children nor adults** no son ni una cosa ni otra, ni niños ni adultos

bevel /ˈbevəl/ *vt*, (BrE) **-ll-** biselar; **~ed edge** borde *m* biselado

b

beverage /ˈbevərɪdʒ/ *n* bebida *f*

bewail /bɪˈweɪl/ *vt* ‹*lack/decline*› lamentarse de, lamentar; ‹*loss*› llorar

beware /bɪˈwer || bɪˈweə(r)/ *vi* (*only in inf and imperative*): **~!** ¡(ten) cuidado!, ¡atención!; **to ~ OF sth/sb**: Ⓢ **beware of the dog** cuidado con el perro; **he was told to ~ of pickpockets** le dijeron que se cuidara de los carteristas *or* (Méx) bolsistas; **~ of imitations** desconfíe de las imitaciones

■ **beware** *vt* guardarse *or* cuidarse de

bewilder /bɪˈwɪldər || bɪˈwɪldə(r)/ *vt* (confuse) desconcertar*, dejar perplejo; (overwhelm) apabullar

bewildered /bɪˈwɪldərd || bɪˈwɪldəd/ *adj* desconcertado, perplejo; (overwhelmed) apabullado

bewildering /bɪˈwɪldərɪŋ/ *adj* desconcertante; (overwhelming) apabullante

bewilderment /bɪˈwɪldərmənt || bɪˈwɪldəmənt/ *n* [u] perplejidad *f*, desconcierto *m*; **the child looked around in ~** el niño miraba perplejo a su alrededor

bewitch /bɪˈwɪtʃ/ *vt* (cast spell on) embrujar, hechizar*; (entrance, delight) cautivar

bewitching /bɪˈwɪtʃɪŋ/ *adj* ‹*beauty*› cautivador; ‹*smile*› hechicero, cautivador

beyond[1] /bɪˈɑːnd || bɪˈjɒnd/ *prep*

A (on other side of): **I live just ~ the station** vivo justo pasando la estación; **~ this point** de aquí en adelante, más allá

B **1** (further than): **try to think ~ the immediate future** trata de pensar más allá del futuro inmediato; **I didn't read ~ the first chapter** no pasé del primer capítulo; **this has gone ~ a joke** esto pasa de ser una broma **2** (later than): **I didn't stay ~ the opening speeches** sólo estuve para los discursos inaugurales **3** (more than, apart from): **I can't tell you anything ~ that** no te puedo decir nada más que eso

C **1** (past, no longer permitting): **it's ~ repair** ya no tiene arreglo **2** (outside reach, scope of): **~ the reach of the law** fuera del alcance de la ley; **circumstances ~ our control** circunstancias ajenas a nuestra voluntad; **his integrity is ~ question** su integridad está fuera de toda duda; **it's ~ me what she sees in him** (colloq) no puedo entender qué es lo que ve en él **3** (surpassing): **to live ~ one's means** vivir por encima de sus (*or* mis *etc*) posibilidades; **it's ~ belief** es increíble, es de no creer; **it has succeeded ~ our wildest expectations** ha tenido un éxito que ha superado en mucho nuestras expectativas más optimistas

beyond[2] *adv* **1** (in space) más allá **2** (in time): **we're planning for the year 2000 and ~** estamos haciendo planes para el 2000 y más allá del 2000

beyond[3] *n* (liter) **1** (Occult) **the ~** el más allá **2** (unexplored territory) **the great ~** lo desconocido

bhp = brake horsepower

bi- /baɪ/ *pref* bi-

biannual /ˈbaɪˈænjuəl/ *adj* ‹*report*› semestral; ‹*event/festival*› que se celebra dos veces al año

biannually /ˈbaɪˈænjuəli/ *adv* dos veces al año

bias[1] /ˈbaɪəs/ *n*

A [u c] **1** (prejudice, unfairness) parcialidad *f*, sesgo *m*; **to be without ~** ser* imparcial, no ser* tendencioso *or* parcial; **the firm's ~ in favor of younger applicants** la preferencia de la compañía por los candidatos más jóvenes **2** (leanings, tendency): **his scientific ~** su inclinación por las ciencias; **the course has a scientific ~** el curso tiene un enfoque científico

B [u] (in sewing): **to cut sth on the ~** cortar algo al bies *or* al sesgo

bias[2] *vt* ‹*judgment*› influir* en, afectar

biased, biassed /ˈbaɪəst/ *adj* ‹*report/criticism*› tendencioso, parcial; ‹*judge*› parcial; **to be ~ AGAINST sth/sb** estar* predispuesto EN CONTRA DE algo/algn, tener* prejuicio EN CONTRA DE algo/algn; **to be ~ TOWARD(S) sth/sb** estar* predipuesto A FAVOR DE algo/algn

bib /bɪb/ *n* **1** (for baby) babero *m* **2** (on dungarees) peto *m*; ***to put on one's best ~ and tucker*** ponerse* sus mejores galas

Bible /ˈbaɪbəl/ *n* Biblia *f*; **the Holy ~** la Sagrada *or* Santa Biblia; **the feminist's b~** la biblia *or* el libro de cabecera de las feministas

Bible Belt *n* (in US) **the ~** ~ *zona de los EEUU donde impera un fundamentalismo protestante*

biblical /ˈbɪblɪkəl/ *adj* bíblico

bibliographic /ˈbɪbliəˈgræfɪk/, **-ical** /-ɪkəl/ *adj* bibliográfico

bibliography /ˈbɪbliˈɑːgrəfi || ˌbɪbliˈɒgrəfi/ *n* (*pl* **-phies**) bibliografía *f*

bicarbonate of soda /baɪˈkɑːrbəneɪt || baɪˈkɑːbəneɪt/ *n* [u] bicarbonato *m* de sodio *or* de soda *or* (Esp) de sosa

bicentenary /ˈbaɪsenˈtenəri || ˌbaɪsenˈtiːnəri/, **bicentennial** /ˈbaɪsenˈteniəl/ *n* bicentenario *m*

biceps /ˈbaɪseps/ *n* (*pl* ~) bíceps *m*

bicker /ˈbɪkər || ˈbɪkə(r)/ *vi* pelear, discutir

bickering /ˈbɪkərɪŋ/ *n* [u] peleas *fpl*, discusiones *fpl*

bicycle[1] /ˈbaɪsɪkəl/ *n* bicicleta *f*; **to ride a ~** andar* *or* (Esp) montar en bicicleta; (*before n*) **~ race** carrera *f* ciclista *or* de bicicletas

bicycle[2] *vi* ir* en bicicleta

bid[1] /bɪd/ *vt*

A (*pres p* **bidding**; *past & past p* **bid**) **1** (at auction) ofrecer*; **what am I ~ for this vase?** ¿cuánto ofrecen por este jarrón? **2** (in bridge) declarar

B (*pres p* **bidding**; *past* **bade** *or* **bid**; *past p* **bidden** *or* **bid**) (liter) **1** (wish, say): **to ~ sb welcome** darle* la bienvenida a algn; **to ~ sb farewell** despedirse* de *or* decirle* adiós a algn **2** (request) **to ~ sb (to) + INF** pedirle* a algn QUE + SUBJ

■ **bid** *vi* (*pres p* **bidding**; *past & past p* **bid**) **1** (at auction) hacer* ofertas, pujar; **to ~ FOR sth** pujar POR algo; **a woman was ~ding against me** una mujer estaba haciendo ofertas *or* pujando por el mismo lote que yo **2** (in bridge) declarar

bid[2] *n*

A **1** (at auction) oferta *f*, puja *f* **2** (in bridge) declaración *f*; **no ~** paso

B (attempt) intento *m*, tentativa *f*; (unsuccessful) intentona *f*, conato *m*, intento *m*, tentativa *f*; **an escape ~** un conato *or* una intentona de fuga; **~ FOR sth: their ~ for power** su intento de hacerse con el poder; **he made one last ~ for freedom** hizo un último intento de escapar; **~ to + INF** intento *m* DE + INF; **his ~ to topple the regime** su intento de derribar al gobierno

bidden /ˈbɪdn̩/ *past p of* **bid**[1] *vt* **B**

bidder /ˈbɪdər || ˈbɪdə(r)/ *n* postor, -tora *m,f*, interesado, -da *m,f*; **the highest ~** el mejor postor

bidding /ˈbɪdɪŋ/ *n* [u]

A **1** (at auction): **who'll open the ~ at $1,000?** ¿quién ofrece 1.000 dólares para empezar?; **the ~ opened at $100** la subasta abrió con una oferta de $100; **~ was brisk** la puja estaba muy animada **2** (in bridge) declaración *f*

B (wishes): **they had servants to do their ~** tenían criados para lo que se les antojara; **at his father's ~** a petición de su padre

biddy /ˈbɪdi/ *n* (*pl* **-dies**) (colloq): **an old ~** una viejecita; (less polite) una vieja

bide /baɪd/ *vt*: ***to ~ one's time*** esperar *or* aguardar el momento oportuno

bidet /bɪˈdeɪ || ˈbiːdeɪ/ *n* bidet *m*, bidé *m*

biennial[1] /baɪˈeniəl/ *adj* bienal

biennial[2] *n* planta *f* bienal *or* bianual

bier /bɪr || bɪə(r)/ *n* andas *fpl*; **on a ~** en andas

biff[1] /bɪf/ *n* (colloq) puñetazo *m*

biff[2] *vt* (colloq) pegarle* un puñetazo a

bifocals /ˈbaɪˈfəʊkəlz/ *pl n* anteojos *mpl or* (esp Esp) gafas *fpl* bifocales

big[1] /bɪg/ *adj* **-gg-** [*the usual translation,* **grande**, *becomes* **gran** *when it is used before a singular noun*]

A **1** (in size) grande; **a ~ garden** un jardín grande, un gran jardín; **her ~ blue eyes** sus grandes ojos azules; **how ~ is the table?** ¿cómo es de grande *or* qué tamaño tiene

la mesa? **2** (in scale, intensity) grande; **a ~ explosion** una gran explosión; **a ~ hug/kiss** un abrazote/besote (fam)
B **1** (major) grande, importante; **Acme Corp is our ~gest customer** Acme Corp es nuestro cliente más importante **2** (great) grande; **I'm a ~ fan of his** soy un gran admirador suyo; ***to be ~ on sth*** (colloq) ser* entusiasta *or* fanático de algo
C (significant, serious) grande; **a ~ decision** una gran decisión, una decisión importante; **it was a ~ mistake** fue un gran *or* grave error; **the ~ question now is ...** el quid del asunto *or* de la cuestión ahora es ...
D (older, grown up) grande; **my ~ brother** mi hermano mayor
E (magnanimous) generoso; **it was ~ of her** fue muy generoso de su parte; **that's ~ of you!** (iro) ¡qué generoso eres! (iró)
F (boastful): **~ talk** fanfarronada *f*; ***to get too ~ for one's boots*** *o* ***breeches***: **he's getting too ~ for his boots** *o* **breeches** se le han subido los humos a la cabeza
G (popular) (colloq) (*pred*) conocido, famoso; **she's really ~ in Europe** es muy conocida *or* famosa en Europa

big² *adv* (colloq) **1** (ambitiously): **to think ~** ser* ambicioso, planear las cosas a lo grande **2** (boastfully): **to talk ~** darse* importancia *or* ínfulas, fanfarronear **3** (with great success): **the movie went over ~ in Europe** la película tuvo un gran éxito *or* (fam) fue un exitazo en Europa; ***to make it ~*** tener* un gran éxito

bigamist /'bɪgəməst || 'bɪgəmɪst/ *n* bígamo, -ma *m,f*

bigamous /'bɪgəməs/ *adj* bígamo

bigamy /'bɪgəmi/ *n* [u] bigamia *f*

big: **~ bang** *n* **the ~ bang** el big bang, la gran explosión; **~-boned** /'bɪg'bəʊnd/ *adj* de huesos grandes; **~ business** *n* [u] el gran capital; **to be ~ business** ser* un gran negocio; **~ cheese** *n* (sl) pez *m* gordo (fam); **~ dipper** *n* **1** (AmE Astron) **B~ Dipper** la Osa Mayor **2** (in amusement park) (BrE) montaña *f* rusa; **~ gun** *n* (colloq) pez *m* gordo (fam); **~head** *n* (colloq) **1** [c] (person) creído, -da *m,f* (fam), engreído, -da *m,f* **2** [u] (conceit) (AmE) engreimiento *m*; **~-headed** /'bɪg'hedəd || ˌbɪg'hedɪd/ *adj* (colloq) creído (fam), engreído; **~-hearted** /'bɪg'hɑːrtəd || ˌbɪg'hɑːtɪd/ *adj* de buen corazón, generoso; **~ league** *n* (AmE) (Sport) liga *f* mayor; (top rank) los grandes; **~-league** /'bɪg'liːg/ *adj* (AmE) (*before n*) ‹*baseball/player*› de las ligas mayores; ‹*business/politician*› de alto(s) vuelo(s); ‹*crook*› de marca mayor (fam); **~mouth** *n* (colloq) (boaster) fanfarrón, -rrona *m,f*; (gossip) chismoso, -sa *m,f*, cotilla *mf* (Esp fam), hocicón, -cona *m,f* (Chi, Méx fam); **~-name** /'bɪg'neɪm/ *adj* (*before n*) de renombre, importante

bigot /'bɪgət/ *n* intolerante *mf*

bigoted /'bɪgətəd || 'bɪgətɪd/ *adj* intolerante, prejuicioso

bigotry /'bɪgətri/ *n* [u] intolerancia *f*

big: **~-screen** /'bɪg'skriːn/ *adj* (*before n*) ‹*version*› para la pantalla grande; ‹*actor*› de la pantalla grande; **~ shot** *n* (colloq) pez *m* gordo (fam); **~-ticket** /'bɪg'tɪkət/ *adj* (AmE colloq) caro, costoso; **~ time** *n* (colloq) **the ~ time** el estrellato; **to make** *o* **reach** *o* **hit the ~ time** alcanzar* el estrellato, triunfar; **~ top** *n* carpa *f* de circo; **~ wheel** *n* (BrE) rueda *f* gigante *or* (Méx) de la fortuna *or* (Andes) de Chicago, noria *f* (Esp), vuelta *f* al mundo (Arg); **~wig** *n* (colloq) pez *m* gordo (fam)

bijou /'biːʒuː/ *adj* (BrE) (*before n*) monísimo

bike /baɪk/ *n* (colloq) (bicycle) bici *f* (fam); (motorcycle) moto *f*

biker /'baɪkər || 'baɪkə(r)/ *n* motociclista *mf*, motorista *mf* (Esp)

bikini /bɪ'kiːni/ *n* bikini *m or* (RPl) *f*; (*before n*) **~ bottom/top** parte *f* de abajo/arriba del bikini; **~ line** entrepierna *f*, ingle *f*

bilateral /'baɪ'lætərəl/ *adj* bilateral

bilberry /'bɪlˌberi || 'bɪlbəri/ *n* (*pl* **-ries**) arándano *m*

bile /baɪl/ *n* [u] **1** (Physiol) bilis *f* **2** (bad temper) (liter) mal genio *m*

bilge /bɪldʒ/ *n*
A (Naut) [c] (part of hull) pantoque *m*
B [u] **1** **~ (water)** agua *f‡* de pantoque **2** (nonsense) (BrE colloq) paparruchas *fpl* (fam)

bilingual /baɪ'lɪŋgwəl/ *adj* bilingüe

bilious /'bɪliəs/ *adj*: **to feel ~** sentirse* descompuesto; **~ attack** ataque *m* al *or* de hígado

bill¹ /bɪl/ *n*
A **1** (invoice) factura *f*, cuenta *f*; **the telephone ~** la cuenta *or* (Esp tb) el recibo del teléfono **2** (in restaurant) (esp BrE) cuenta *f*, nota *f*, adición *f* (RPl) **3** (costs) gastos *mpl*; ▸**foot²**
B (Fin) (banknote) (AmE) billete *m*; **a dollar ~** un billete de un dólar
C (Govt) proyecto *m* de ley; **private ~** (BrE) *proyecto de ley presentado por un diputado*
D **1** (poster) (dated) cartel *m*, anuncio *m* **2** (program) programa *m*; **to head** *o* **top the ~** encabezar* el reparto; ***to fill*** *o* (BrE also) ***fit the ~*** reunir* las condiciones, satisfacer* los requisitos
E (certificate): **~ of sale** contrato *m or* escritura *f* de venta; **a clean ~ of health** (favorable report) el visto bueno; ***to sell sb a ~ of goods*** (AmE colloq) darle* *or* (Chi) pasarle *or* (Col) meterle gato por liebre a algn (fam)
F (beak) pico *m*

bill² *vt*
A (invoice, charge) pasarle la cuenta *or* la factura a
B (advertise) ‹*play/performer*› anunciar
■ **bill** *vi*: ***to ~ and coo*** estar* como dos tortolitos

billboard /'bɪlbɔːrd || 'bɪlbɔːd/ *n* (AmE) cartelera *f*, valla *f* (publicitaria)

billet¹ /'bɪlət || 'bɪlɪt/ *n* alojamiento *m*

billet² *vt* alojar

billfold /'bɪlfəʊld/ *n* (AmE) billetera *f*, cartera *f*

billiard /'bɪljərd || 'bɪljəd/ *adj* (*before n*) de billar; **a ~ ball/table** una bola/mesa de billar

billiards /'bɪljərdz || 'bɪljədz/ *n* [u] (+ *sing vb*) billar *m*

billing /'bɪlɪŋ/ *n* [u] *orden de importancia en un reparto*; **to be given top ~** encabezar* el reparto

billion /'bɪljən/ *n* **1** (10^9) mil millones *mpl*, millar *m* de millones **2** (BrE) (10^{12}) billón *m*

billionaire /'bɪljə'ner || ˌbɪljə'neə(r)/ *n* multimillonario, -ria *m,f*

bill of rights *n* (*pl* **~s ~ ~**) declaración *f* de derechos

billow /'bɪləʊ/ *vi* **1** **~ (out)** «*sail/parachute*» hincharse, inflarse **2** «*smoke*»: **smoke ~ed from the window** nubes de humo salían de *or* por la ventana **3** **billowing** *pres p* ‹*sails*› hinchado, inflado; **~ing smoke** nubes *fpl* de humo

billposter /'bɪlˌpəʊstər || 'bɪlˌpəʊstə(r)/, (BrE also) **billsticker** /'bɪlˌstɪkər || 'bɪlˌstɪkə(r)/ *n*: *persona que pega carteles*

billy /'bɪli/ *n* (*pl* **-lies**) **~ (goat)** macho *m* cabrío

billy: **~can** *n* (BrE) cacerola *f*, cazo *m*; **~ club** *n* (AmE colloq) porra *f*, cachiporra *f*

bimbo /'bɪmbəʊ/ *n* (*pl* **-os**) (colloq) *joven bonita y tonta*

bimonthly¹ /'baɪ'mʌnθli/ *adj* (every two months) bimestral; (twice a month) bimensual, quincenal

bimonthly² *adv* (every two months) bimestralmente; (twice a month) bimensualmente, quincenalmente

bin /bɪn/ *n* (for kitchen refuse etc) (BrE) cubo *m or* (CS) tacho *m or* (Méx) bote *m or* (Col) caneca *f or* (Ven) tobo *m* de la basura; (wastepaper basket) (BrE) papelera *f*, papelero *m*, caneca *f* (Col); (*litter ~*) papelera *f*, basurero *m* (Chi, Méx), caneca *f* (Col)

binary /'baɪnəri/ *adj* binario; **~ code** código *m* binario

bin bag *n* (BrE) bolsa *f* de basura

bind¹ /baɪnd/ (*past & past p* **bound**) *vt*
A (tie, fasten) ‹*person*› atar, amarrar; **the ties that ~ us** los lazos que nos unen; ▸**bound⁴ A1**
B **1** (wrap) envolver* **2** **~ (up)** ‹*wound*› vendar **3** (in sewing) ribetear
C (Law) obligar*
D ‹*book*› encuadernar, empastar
E (Culin) ligar*, unir

Phrasal verb

• **bind over** [v ▸ o ▸ adv, v ▸ adv ▸ o]: **the judge had him bound over to the sheriff** (AmE) quedó bajo la custodia del sheriff por disposición judicial; **they were bound over to keep the peace** (BrE) quedaron bajo apercibimiento

bind² *n* (colloq) **1** (difficult situation) aprieto *m*, apuro *m*; **to be in a ~** estar* en un aprieto *or* apuro, estar* metido en un lío (fam) **2** (nuisance) (BrE) lata *f* (fam), plomo *m* (fam), rollo *m* (Esp fam)

b

b

binder /'baɪndər || 'baɪndə(r)/ *n* (file, folder) carpeta *f*
binding¹ /'baɪndɪŋ/ *n* 1 [c] (book cover) tapa *f*, cubierta *f* 2 [u] (tape) ribete *m*
binding² *adj* ‹*promise/commitment*› que hay que cumplir; (Law) vinculante
bindweed /'baɪndwi:d/ *n* [u] convólvulo *m*, correhuela *f*
binge¹ /bɪndʒ/ *n* (colloq): **to go on a ~** irse* de juerga *or* parranda *or* farra (fam); **she dieted for two weeks and then had a huge ~** estuvo dos semanas a régimen y después se dio tremenda comilona (fam)
binge² *vi* (colloq) darse* una comilona (fam); **to ~ ON sth** atiborrarse *or* hartarse DE algo
bingo¹ /'bɪŋgəʊ/ *n* [u] bingo *m*, lotería *f* (de cartones)
bingo² *interj* (describing sudden effect) ¡zas!, ¡sorpresa!
binliner /'bɪn,laɪnər || 'bɪn,laɪnə(r)/ *n* (BrE) bolsa *f* de la basura
binoculars /bə'nɑ:kjələrz || bɪ'nɒkjʊləz/ *pl n* binoculares *mpl*, gemelos *mpl*, prismáticos *mpl*, largavistas *m*, anteojos *fpl* de larga vista (esp AmL)
bio- /'baɪəʊ/ *pref* bio-
biochemical /'baɪəʊ'kemɪkəl/ *adj* bioquímico
biochemist /'baɪəʊ'keməst || ,baɪəʊ'kemɪst/ *n* bioquímico, -ca *m,f*
biochemistry /'baɪəʊ'keməstri || ,baɪəʊ'kemɪstri/ *n* [u] bioquímica *f*
biodegradable /'baɪəʊdɪ'greɪdəbəl/ *adj* biodegradable
biographer /baɪ'ɑ:grəfər || baɪ'ɒgrəfə(r)/ *n* biógrafo, -fa *m,f*
biographic /'baɪə'græfɪk/, **-ical** /-ɪkəl/ *adj* biográfico
biography /baɪ'ɑ:grəfi || baɪ'ɒgrəfi/ *n* [u c] (*pl* **-phies**) biografía *f*
biological /'baɪə'lɑ:dʒɪkəl || ,baɪə'lɒdʒɪkəl/ *adj* biológico
biologist /baɪ'ɑ:lədʒəst || baɪ'ɒlədʒɪst/ *n* biólogo, -ga *m,f*
biology /baɪ'ɑ:lədʒi || baɪ'ɒlədʒi/ *n* [u] biología *f*
bionic /baɪ'ɑ:nɪk || baɪ'ɒnɪk/ *adj* biónico
biophysics /'baɪəʊ'fɪzɪks/ *n* (+ *sing vb*) biofísica *f*
biopsy /'baɪɑ:psi || 'baɪɒpsi/ *n* (*pl* **-sies**) biopsia *f*
biorhythm /'baɪəʊ,rɪðəm/ *n* biorritmo *m*
biotechnology /'baɪəʊtek'nɑ:lədʒi || ,baɪəʊtek'nɒlədʒi/ *n* [u] 1 (in industry) biotecnología *f* 2 (ergonomics) (AmE) ergonomía *f*
bioterrorism /'baɪəʊ'terərɪzəm / *n* [u] bioterrorismo *m*
bipartisan /'baɪ'pɑ:rtəzən || ,baɪpɑ:tɪ'zæn, ,baɪ'pɑ:tɪzən/ *adj* de dos partidos
bipartite /'baɪ'pɑ:rtaɪt || ,baɪ'pɑ:taɪt/ *adj* 1 (in two parts) dividido en dos partes, bipartido (frml) 2 (bilateral) ‹*contract/treaty*› bipartito
biped /'baɪped/ *n* bípedo *m*
biplane /'baɪpleɪn/ *n* biplano *m*
birch /bɜ:rtʃ || bɜ:tʃ/ *n* **~ (tree)** abedul *m*
bird /bɜ:rd || bɜ:d/ *n*
A (small) pájaro *m*; (large) ave *f*‡; **a little ~ told me** me lo dijo un pajarito; **the ~ has flown** (set phrase) el pájaro ha volado; ***the ~s and the bees***: **he told us about the ~s and the bees** nos contó de dónde venían los niños; ***to be (strictly) for the ~s*** (colloq) no valer* nada; ***to kill two ~s with one stone*** matar dos pájaros de un tiro; ***~s of a feather flock together*** Dios los cría y ellos se juntan; **they're ~s of a feather** son tal para cual; ***a ~ in the hand is worth two in the bush*** más vale pájaro en mano que ciento volando; ***it's the early ~ that catches the worm*** a quien madruga Dios lo ayuda
B 1 (person): **he's an odd ~** es un bicho raro (fam) 2 (woman) (BrE sl) chica *f*
bird: **~brained** /'bɜ:rd'breɪnd || 'bɜ:dbreɪnd/ *adj* (colloq) lelo (fam); **~cage** *n* jaula *f* de pájaros; (large) pajarera *f*; **~dog** *vt* **-gg-** (AmE colloq) controlar, vigilar; **~ dog** *n* (AmE) 1 (in hunting) perro, -rra *m,f* de caza 2 (person) (colloq) guardián, -diana *m,f*
birdie /'bɜ:rdi || 'bɜ:di/ *n* 1 (bird) (used esp to or by children) pajarito *m* 2 (in golf) birdie *m*
bird: **~ of paradise** *n* (*pl* **~s of paradise**) ave *f*‡ del Paraíso; **~ of prey** *n* (*pl* **~s of prey**) ave *f*‡ rapaz *or* de rapiña *or* de presa; **~seed** *n* [u] alpiste *m*; **~'s-eye view** *n* vista *f* aérea *or* a vuelo de pájaro; **~watcher** /'bɜ:rd'wɑ:tʃər || 'bɜ:d,wɒtʃə(r)/*n* observador, -dora *m,f* de aves; **~watching** /'bɜ:rd,wɑ:tʃɪŋ || 'bɜ:d,wɒtʃɪŋ/ *n* [u] observación *f* de las aves (*como hobby*)
Biro®, **biro** /'baɪrəʊ || 'baɪərəʊ/ *n* (*pl* **biros**) (BrE) bolígrafo *m*, pluma *f* atómica (Méx), birome *f* (RPl), esfero *m* (Col), lápiz *m* de pasta (Chi), boli *m* (Esp fam)
birth /bɜ:rθ || bɜ:θ/ *n* [u c] nacimiento *m*; (childbirth) parto *m*; **at ~** al nacer; **he's Irish by ~** es irlandés de nacimiento; **date of ~** fecha *f* de nacimiento; **to be of humble/noble ~** (liter) ser* de humilde cuna/de noble linaje (liter); **to give ~** dar* a luz, parir; ***to give ~ to sth*** dar* origen a algo
birth: **~ certificate** *n* partida *f or* certificado *m or* (Méx) acta *f* de nacimiento; **~ control** *n* [u] control *m* de la natalidad
birthday /'bɜ:rθdeɪ || 'bɜ:θdeɪ/ *n* (of person) cumpleaños *m*; (of institution etc) aniversario *m*; **it'll be his fifth ~** cumple cinco años; **happy ~!** ¡feliz cumpleaños!; (*before n*) ‹*cake/card/party*› de cumpleaños; **the ~ boy/girl** el (niño)/la (niña) del cumpleaños, el cumpleañero/la cumpleañera (AmL)
birthday suit *n*: **in one's ~ ~** (hum) tal como Dios lo trajo al mundo, tal como uno vino al mundo, en traje de Adán/Eva (hum)
birth: **~mark** *n* mancha *f or* marca *f* de nacimiento, antojo *m*; **~place** *n* (of person) lugar *m* de nacimiento; (of movement, fashion, idea) cuna *f*; **~rate** *n* (índice *m or* tasa *f* de) natalidad *f*; **~right** *n* derecho *m* de nacimiento; (of eldest child) primogenitura *f*
Biscay /'bɪskeɪ/ *n* **the Bay of ~** el Golfo de Vizcaya
biscuit /'bɪskɪt/ *n* [c] (Culin) 1 (AmE) bollo *m*, panecillo *m*, bísquet *m* (Méx) 2 (cookie, cracker) (BrE) galleta *f*, galletita *f* (RPl); ***to take the ~*** (BrE colloq) ser* el colmo *or* el acabóse (fam); «*person*» llevarse la palma
bisect /baɪ'sekt/ *vt* bisecar*
bisexual¹ /,baɪ'sekʃuəl/ *adj* bisexual
bisexual² *n* bisexual *mf*
bishop /'bɪʃəp/ *n* 1 (Relig) obispo *m* 2 (in chess) alfil *m*
bison /'baɪsn/ *n* (*pl* **~**) bisonte *m*
bit¹ /bɪt/ *past of* **bite¹**
bit² *n*
A 1 (fragment, scrap) pedazo *m*, trozo *m*; **in tiny ~s** en pedacitos *or* trocitos; **to smash sth to ~s** hacer* pedazos *or* añicos algo; **the critics pulled the book to ~s** los críticos destrozaron el libro; ***~s and pieces*** (assorted items) cosas *fpl*; (belongings) cosas *fpl*, bártulos *mpl* (fam); (broken fragments) pedazos *mpl*; ***to be thrilled to ~s*** (BrE colloq) estar* contentísimo, no caber* en sí de alegría 2 (small piece) (esp BrE) trocito *m*, pedacito *m*; **a ~ of paper** un trocito de papel *or* un papelito 3 (component part) (BrE) pieza *f*; **to take sth to ~s** desarmar algo
B (section, piece) parte *f*; ***to do one's ~*** (BrE) aportar *or* poner* su (*or* mi *etc*) granito de arena, hacer* lo suyo (*or* mío *etc*)
C **a bit of** 1 (some, a little) (+ *uncount noun*) un poco de; **a ~ of peace** un poco de paz; **we had a ~ of difficulty finding a hotel** nos resultó algo difícil encontrar un hotel; **it takes a ~ of getting used to** cuesta un poco acostumbrarse; **they have a fair ~** *o* **quite a ~ of work to do** tienen bastante trabajo que hacer; **whether you come or not won't make a ~ of difference** da exactamente lo mismo que vengas o no 2 (rather) (BrE): **we had a ~ of an argument** tuvimos una pequeña discusión; **she's a ~ of an expert** es casi una experta; **was he ashamed? not a ~ of it!** (also AmE) ¿que si estaba avergonzado? ¡para nada! *or* ¡en absoluto! *or* ¡ni lo más mínimo!
D **a bit** (*as adv*) 1 (somewhat) un poco; **a ~ faster** un poco más rápido; **the town's changed a ~** la ciudad ha cambiado algo *or* un poco; **I drank a ~ too much** bebí un poco más de la cuenta *or* un poco demasiado; **that must be worth a ~!** ¡eso debe de valer mucho *or* lo suyo!; **we spent quite a ~** gastamos bastante; **were you worried? — not a ~** ¿estabas preocupado? — en absoluto; **I wouldn't be a ~ surprised** no me sorprendería para nada *or* en lo más mínimo; **she hasn't changed a ~** no ha cambiado (para) nada 2 (a while) un momento *or* rato
E (*in adv phrases*) 1 **bit by bit** poco a poco, de a poco (AmL) 2 **every bit**: **I'm every ~ as disappointed as you** estoy absolutamente tan decepcionado como tú; **he looks every ~ the young executive** tiene todo el aspecto del joven ejecutivo
F 1 (in US): **two ~s** veinticinco centavos de dólar; **his**

promise isn't worth two ~s su promesa no vale ni cinco *or* (Méx) ni un quinto; **I don't care** *o* **give two ~s what she thinks** me importa un bledo *or* un comino lo que piense (fam) **2** (coin) (BrE colloq) moneda *f*; **a 50p ~** una moneda de 50 peniques

G (Comput) bit *m*

H (of bridle) freno *m*, bocado *m*; ***to champ at the ~***: **he was champing at the ~** lo consumía la impaciencia, estaba que no se podía aguantar; ***to have the ~ between one's teeth***: **she has the ~ between her teeth** está que no la para nadie (fam)

bitch¹ /bɪtʃ/ *n*

A (female dog) perra *f*

B **1** (spiteful woman) (AmE vulg, BrE sl) puta *f* (vulg), bruja *f* (fam), arpía *f* (fam) **2** (difficult, unpleasant thing) (colloq) lata *f* (fam), coñazo *m* (Esp fam), chingadera *f* (Méx arg)

C **1** (malicious talk) (colloq): **to have a good ~** chismear de lo lindo (fam) **2** (complaint) (AmE colloq) queja *f*

bitch² *vi* (colloq) **1** (complain) (AmE) quejarse, refunfuñar; **to ~ ABOUT sth/sb** quejarse DE algo/algn **2** (talk maliciously) (BrE) chismear (fam); **to ~ ABOUT sth/sb** hablar pestes DE algo/algn, criticar* algo/a algn

bitchy /'bɪtʃi/ *adj* **bitchier, bitchiest** (colloq) ‹*remark*› malicioso, incidioso, de mala leche (Esp fam); **she was really ~ about her friend** habló pestes de su amiga

bite¹ /baɪt/ (*past* **bit**; *past p* **bitten**) *vt* «*person/dog*» morder*; «*bug*» picar*; **to ~ one's nails** comerse *or* morderse* las uñas; **the dog bit his finger off** el perro le arrancó el dedo de un mordisco; ***to ~ off more than one can chew*** tratar de abarcar más de lo que se puede; ***once bitten, twice shy*** el gato escaldado del agua fría huye

■ **bite** *vi*

A **1** «*person/dog*» morder*; «*mosquito*» picar*; «*wind/frost*» cortar; **to ~ INTO sth** darle* un mordisco A algo, hincarle* el diente A algo; **to ~ ON sth** morder* algo **2** (take bait) «*fish*» picar*

B «*law/recession*» hacerse* sentir

Phrasal verb

- **bite back** [v ▸ o ▸ adv, v ▸ adv ▸ o] ‹*anger*› contener*; **he bit back his words** se mordió la lengua (fam), fue a decir algo pero se contuvo

bite² *n*

A [c] (act) mordisco *m*; (fierce) tarascada *f*; **take a ~ of this** prueba esto; ***to have*** *o* ***get two ~s at the cherry*** (BrE) tener* una segunda oportunidad

B [c] (wound — from insect) picadura *f*; (— from dog, snake) mordedura *f*

C [c] (snack) (colloq) (*no pl*) bocado *m*; **to have a ~ (to eat)** comer un bocado, comer algo

D [u] **1** (of flavor) lo fuerte **2** (sharpness) mordacidad *f*

biting /'baɪtɪŋ/ *adj* ‹*wind*› cortante, penetrante; ‹*sarcasm/criticism*› mordaz, cáustico

bit: **~map** *n* mapa *m* de bits; **~ part** *n* papel *m* pequeño

bitten /'bɪtn̩/ *past p of* **bite¹**

bitter¹ /'bɪtər || 'bɪtə(r)/ *adj*

A **1** (in taste) amargo **2** (very cold) ‹*weather*› glacial, muy frío; ‹*wind/frost*› cortante, penetrante, glacial; **it's ~** hace un frío glacial

B **1** (painful, hard) ‹*disappointment*› amargo; **they fought on to the ~ end** lucharon valientemente hasta el final **2** ‹*person*› resentido, amargado **3** ‹*enemies/hatred*› implacable, a muerte; ‹*struggle*› enconado

bitter² *n* [u] (BrE) *tipo de cerveza ligeramente amarga*

bitterly /'bɪtərli || 'bɪtəli/ *adv*

A ‹*cold*›: **it was ~ cold** hacía un frío glacial

B **1** ‹*disappointed/resentful*› tremendamente; ‹*weep/complain*› amargamente; ‹*say*› amargamente, con amargura **2** (implacably) implacablemente, a muerte

bitterness /'bɪtərnəs || 'bɪtənɪs/ *n* [u]

A (of taste) amargor *m*

B (of disappointment) amargura *f*; (of person) amargura *f*, resentimiento *m*

bittersweet /'bɪtərswi:t || ˌbɪtə'swi:t/ *adj* agridulce; ‹*chocolate*› (AmE) amargo

bitty /'bɪti/ *adj* **-tier, -tiest** **1** (disjointed, scrappy) deshilvanado, sin cohesión **2** (in texture) (BrE) granuloso **3** (tiny) (AmE colloq): **it's just a little ~ spider!** ¡es una arañita de nada! (fam)

bitumen /bɪ'tu:mən || 'bɪtjʊmən/ *n* [u] betún *m*

bivouac¹ /'bɪvuæk/ *n* vivac *m*, campamento *m*

bivouac² *vi* **-ck-** vivaquear, acampar

biweekly¹ /'baɪ'wi:kli/ *adj* (every two weeks) quincenal; (twice a week) bisemanal

biweekly² *adv* (every two weeks) quincenalmente, cada dos semanas; (twice a week) bisemanalmente, dos veces por semana

bizarre /bɪ'zɑ:r || bɪ'zɑ:(r)/ *adj* ‹*story/coincidence*› extraño; ‹*appearance/behavior*› estrambótico, estrafalario

blab /blæb/ **-bb-** *vi* (colloq) **1** (prattle) parlotear (fam) **2** (reveal secrets) descubrir* el pastel (fam)

■ **blab** *vt* **to ~ sth TO sb** soplarle algo A algn

blabbermouth /'blæbərmaʊθ || 'blæbəmaʊθ/ *n* (colloq) bocazas *mf* (fam)

black¹ /blæk/ *adj* **-er, -est**

A **1** ‹*dress/hair/ink*› negro; ‹*sky*› oscuro, negro; **~ cloud** nubarrón *m*, nube *f* negra; ***to beat sb ~ and blue*** (colloq) darle* una tremenda paliza a algn (fam) **2** (dirty) (*pred*) negro, sucísimo **3** ‹*coffee*› negro (AmL), solo (Esp), tinto (Col), puro (Chi); ‹*tea*› solo, sin leche, puro (Chi)

B *also* **Black** ‹*person/community*› negro; **a ~ man** un (hombre) negro

C (sad, hopeless) negro; **things were looking pretty ~** las cosas tomaban mal cariz *or* se estaban poniendo feas; ▸**paint²** *vt* **3**

D (illegal): **the ~ economy** la economía informal *or* paralela (AmL), la economía sumergida (Esp)

black² *n*

A [u] (color) negro *m*

B [c] *also* **Black** (person) negro, -gra *m,f*

C (freedom from debt): ***to be in the ~*** no estar* en números rojos

black³ *vt* **1** (bruise): **to ~ sb's eye** ponerle* un ojo morado a algn **2** (boycott) (BrE) boicotear

Phrasal verb

- **black out**

A [v ▸ adv] (lose consciousness) perder* el conocimiento

B [v ▸ o ▸ adv, v ▸ adv ▸ o] **1** (in wartime) ‹*windows*› tapar; ‹*lights*› apagar* **2** (by accident) ‹*town/district*› dejar sin luz *or* a oscuras **3** ‹*transmission/show*› cortar

black: **~ and white** *n* (Cin, Phot, TV) blanco y negro *m*; ***in ~ and white***: **it's here in ~ and white** aquí está escrito bien claro; **she sees things in ~ and white** para ella no hay términos medios; **~-and-white** /'blækən 'hwaɪt || 'blækən'waɪt/ *adj* (*pred* **~ and white**) en blanco y negro; **~ bear** *n* oso *m* negro americano; **~ belt** *n* (belt) cinturón *m* negro, cinto *m* negro, cinta *f* negra (Méx); (person) cinturón *mf* negro, cinta *mf* negra (Méx)

blackberry¹ /'blækˌberi || 'blækbəri/ *n* (*pl* **-ries**) mora *f*; (*before n*) **~ bush** zarzamora *f*, moral *m*

blackberry² *vi* (*only in -ing form*): **to go ~ing** ir* a recoger moras

black: **~bird** *n* (European) mirlo *m*; (N American) totí *m*; **~board** *n* pizarra *f*, pizarrón *m* (AmL), tablero *m* (Col); **~ box** *n* (Aviat) caja *f* negra; **~ consciousness** *n* [u] conciencia *f* negra; **~currant** /'blæk'kɜ:rənt || ˌblæk 'kʌrənt/ *n* grosella *f* negra; **~ Death** *n* **the B~ Death** la Peste Negra

blacken /'blækən/ *vt* **1** (make black) ennegrecer* **2** (defame) ‹*person*› deshonrar, desacreditar; ‹*reputation*› manchar, mancillar (liter)

■ **blacken** *vi* ennegrecerse*

black: **~ eye** *n* **1** (bruise) ojo *m* morado, ojo *m* a la funerala (Esp fam), ojo *m* en compota (CS fam), ojo *m* en tinta (Chi fam); **to give sb a ~ eye** ponerle* un ojo morado (*or* a la funerala *etc*) a algn **2** (bad reputation) (AmE) mala fama *f*; **~ Forest** *n* **the B~ Forest** la Selva Negra; **~ Forest gateau**, **Black Forest cake** *n* pastel *m* selva negra, tarta *f* (Esp) *or* torta *f* (CS, Ven) selva negra; **~guard** /'blægərd || 'blægɑ:d/ *n* (dated) villano *m* (ant), canalla *m*; **~head** *n* espinilla *f*, punto *m* negro, comedón *m* (frml); **~ hole** *n* agujero *m* negro; **~ ice** *n* [u] *capa fina de hielo en las carreteras*; **~jack** *n* **1** [u] (Games) black-jack *m* **2** [c] (weapon) (AmE) cachiporra *f*

blacklist¹ /'blæklɪst/ *n* lista *f* negra

blacklist² *vt* poner* en la lista negra

blackmail¹ /'blækmeɪl/ *n* [u] chantaje *m*

blackmail² *vt* chantajear, hacerle* chantaje a; **to ~ sb INTO -ING** chantajear a algn PARA QUE (+ *subj*)

black: **~mailer** /ˈblæk,meɪlər || ˈblæk,meɪlə(r)/ *n* chantajista *mf*; **~ Maria** /məˈraɪə/ *n* (colloq) coche *m or* furgón *m* celular, cuca *f* (Chi fam), jaula *f* (Col fam), julia *f* (Méx fam); **~ mark** *n* punto *m* en contra; **~ market** *n* mercado *m* negro

blackness /ˈblæknəs || ˈblæknɪs/ *n* [u] **1** (black color) negrura *f* **2** (darkness) oscuridad *f*

blackout /ˈblækaʊt/ *n*

A (loss of consciousness) desvanecimiento *m*, desmayo *m*; **to have a ~** tener* *or* sufrir un desvanecimiento

B (in wartime) *oscurecimiento de la ciudad para que ésta no sea visible desde los aviones enemigos*

C **1** (power failure) apagón *m* **2** (embargo): **a news ~** un bloqueo informativo

black: **~ Sea** *n* **the B~ Sea** el Mar Negro; **~ sheep** *n* oveja *f* negra; **~smith** *n* herrero *m*; **~ tie** *n* (on invitation) traje *m* de etiqueta, smoking *m*, esmoquin *m*

blacktop¹ /ˈblæktɑːp || ˈblæktɒp/ *n* [u] (AmE) **1** (material) asfalto *m* **2** (surface) (colloq) pista *f*

blacktop² *vt* **-pp-** (AmE) asfaltar, pavimentar

black widow *n* viuda *f* negra

bladder /ˈblædər || ˈblædə(r)/ *n* (Anat) vejiga *f*

blade /bleɪd/ *n*

A (of knife, razor) hoja *f*

B (of propeller) pala *f*, paleta *f*

C (Bot) (of grass) brizna *f*

blag -gg- (BrE colloq) *vt* **1** (obtain by deception) conseguir* con camelos (fam), conseguir* con chamullos (Chi fam) **2** (rob with violence) atracar*, asaltar

blah¹ /blɑː/ *n* [u] **1** (nonsense) (colloq) pamplinas *fpl* (fam) **2** (*as interj*) **~, ~, ~** bla, bla, bla (fam), etcétera, etcétera **3** **blahs** *pl*: **to have the ~s** (AmE colloq) estar* con la depre (fam)

blah² *adj* (AmE colloq) pesado, plomizo (fam)

blame¹ /bleɪm/ *vt* **1** echarle la culpa a, culpar; **don't ~ me** no me eches la culpa a mí *or* no me culpes a mí; **to ~ sb FOR sth** culpar a algn DE algo, echarle la culpa DE algo A algn; **she ~s herself for the accident** se siente culpable del accidente; **to be to ~ for sth** tener* la culpa de algo; **no one's to ~** no es culpa de nadie, nadie tiene la culpa; **you have only yourself to ~** tú tienes toda la culpa; **to ~ sth ON sb/sth** echarle la culpa DE algo A algn/algo **2** (disagree with, criticize) (colloq): **I'm not having any more to do with him — I don't ~ you** no quiero saber nada más de él — y con toda la razón; **you can't ~ me for getting upset** es normal que me molestara ¿no?

blame² *n* [u] **1** (responsibility) culpa *f*; **it's always me that gets the ~** siempre me echan la culpa a mí; **to put *o* lay the ~ on sb** culpar a algn, echarle la culpa a algn; **to take the ~ for sth** asumir la responsabilidad de algo **2** (reproach) (frml): **without ~** libre de culpa (frml)

blameless /ˈbleɪmləs || ˈbleɪmlɪs/ *adj* **1** (irreproachable) ‹*life*› intachable, sin tacha **2** (guiltless) ‹*victim*› inocente

blameworthy /ˈbleɪm,wɜːrði || ˈbleɪm,wɜːði/ *adj* (frml) ‹*person*› culpable; ‹*act*› censurable

blanch /blæntʃ || blɑːntʃ/ *vt* (Culin) escaldar, blanquear

■ **blanch** *vi* «*person*» palidecer*; **he ~ed at the sight of the body** palideció al ver el cadáver

bland /blænd/ *adj* **-er, -est** **1** ‹*colors/music*› soso, insulso, desabrido; ‹*food/taste*› insípido, soso, desabrido; ‹*statement/reply*› anodino, que no dice nada; ‹*smile/manner*› insulso **2** (mild) ‹*diet/food*› suave

blandishments /ˈblændɪʃmənts/ *pl n* (liter) **1** (inducements) incentivos *mpl* **2** (flatteries) lisonjas *fpl* (liter)

blandly /ˈblændli/ *adv* ‹*smile*› de manera insulsa

blank¹ /blæŋk/ *adj* **1** (empty) ‹*page/space*› en blanco; ‹*tape*› virgen; **the screen went ~** se fue la imagen (de la pantalla); **my mind went ~** me quedé en blanco; *see also* **blank check** **2** (lifeless): **a ~ expression** un rostro carente de expresión **3** (uncomprehending): **he stared at me in ~ amazement** me miró perplejo **4** (uncompromising) ‹*refusal/rejection*› rotundo, tajante **5** (Mil) ‹*ammunition*› de fogueo

Phrasal verb

• **blank out** [v ▸ o ▸ adv, v ▸ adv ▸ o] borrar

blank² *n* **1** (empty space) espacio *m* en blanco; **can you guess the word? A, ~, ~, C, E** ¿puedes adivinar la palabra? A, raya, raya, C, E; **my mind was a complete ~** me quedé totalmente en blanco **2** ***to draw a ~*** no obtener* ningún resultado **3** (Mil) cartucho *m* de fogueo

blank check, (BrE) **cheque** *n* cheque *m* en blanco; ***to give sb a ~*** darle* a algn carta blanca

blanket¹ /ˈblæŋkət || ˈblæŋkɪt/ *n* **1** (cover) manta *f*, cobija *f* (AmL), frazada *f* (AmL) **2** (layer) manto *m*; **a ~ of snow** un manto de nieve

blanket² *adj* (*before n, no comp*) ‹*measure*› global

blanket³ *vt* cubrir*

blankly /ˈblæŋkli/ *adv*: **to look at sb ~** mirar a algn sin comprender

blank verse *n* [u] verso *m* blanco

blare¹ /bler || bleə(r)/ *n* estridencia *f*, estruendo *m*

blare² *vi* atronar*; **blaring horns** bocinas atronadoras

Phrasal verb

• **blare out**

A [v ▸ adv ▸ o]: **the radio was blaring out music** el radio emitía música retumbante; **to ~ out an order** dar una orden a gritos

B [v ▸ adv] «*voice*» resonar*, bramar

blarney /ˈblɑːrni || ˈblɑːni/ *n* [u] (colloq) labia *f* (fam)

blasé /blɑːˈzeɪ || ˈblɑːzeɪ/ *adj* ‹*manner/remark*› displicente; **you sound very ~ about your exams** no parecen preocuparte mucho tus exámenes

blaspheme /blæsˈfiːm/ *vi* blasfemar

blasphemous /ˈblæsfəməs/ *adj* blasfemo

blasphemy /ˈblæsfəmi/ *n* [u c] (*pl* **-mies**) blasfemia *f*

blast¹ /blæst || blɑːst/ *n*

A (of air, wind) ráfaga *f*; (of water) chorro *m*

B **1** (explosion) (journ) explosión *f* **2** (shock wave) onda *f* expansiva

C (of sound) toque *m*; ***(at) full ~***: **he had the TV on full ~** tenía la tele a todo lo que daba (fam)

D (enjoyable event) (AmE colloq): **it'll be a ~** será el desmadre (fam)

blast² *vt*

A **1** (blow) ‹*rock*› volar*; **they used dynamite to ~ the safe open** usaron dinamita para volar *or* hacer saltar la caja fuerte **2** (shoot) (journ) acribillar **3** (attack) (journ) atacar*, arremeter contra

B (expressing annoyance) (esp BrE colloq): **~ it!** ¡maldición! (fam); **~ the exam!** ¡al diablo con el examen!

Phrasal verbs

• **blast off** [v ▸ adv] despegar*

• **blast out** [v ▸ prep ▸ o] ‹*message*› emitir a todo volumen; ‹*music*› tocar* a todo lo que da (fam)

blast³ *interj* (BrE colloq) ¡maldición! (fam)

blasted /ˈblæstəd || ˈblɑːstɪd/ *adj* (colloq) maldito (fam), condenado (fam)

blast-off /ˈblæstɔːf || ˈblɑːstɒf/ *n* despegue *m*

blatant /ˈbleɪtn̩t/ *adj* **1** (unconcealed) ‹*prejudice/disrespect*› descarado, ostensible; ‹*lie*› flagrante; **to be ~ ABOUT sth**: **they're so ~ about it** lo hacen (*or* dicen *etc*) con tanto descaro *or* tanta desfachatez **2** (obvious) ‹*incompetence*› patente

blatantly /ˈbleɪtn̩tli/ *adv* **1** (openly) descaradamente, abiertamente, ostensiblemente **2** (clearly): **it's ~ untrue** está claro que no es cierto; **it's ~ obvious that ...** está clarísimo que ...

blather /ˈblæðər || ˈblæðə(r)/ *vi* (colloq) parlotear (fam); **what are you ~ing (on) about?** ¿qué tonterías dices? (fam)

blaze¹ /bleɪz/ *n*

A **1** [c] (in grate) fuego *m*; (bonfire) fogata *f*, hoguera *f*; (flames) llamaradas *fpl* **2** [c] (dangerous fire) (journ) incendio *m*

B (dazzling display) (*no pl*): **a ~ of color** un derroche de color; **in a ~ of glory** cubierto de gloria

C **blazes** *pl* (hell) (colloq & euph): **how/what the ~s ... ?** ¿cómo/qué demonios *or* diablos ... ? (fam); ***like ~s*** (very fast) como un bólido (fam)

blaze² *vi* **1** «*fire*» arder; «*lights*» brillar, resplandecer*; **the sun ~d down** el sol abrasaba **2** «*eyes*» centellear; **she ~d with anger** ardía de indignación

blazer /ˈbleɪzər || ˈbleɪzə(r)/ *n* blazer *m*

blazing /'bleɪzɪŋ/ *adj* ‹*building*› en llamas; ‹*torch*› encendido; ‹*sun*› abrasador; ‹*lights*› resplandeciente; ‹*eyes*› centelleante; ‹*row*› (colloq) violento

bleach[1] /bli:tʃ/ *n* [u c] lejía *f*, blanqueador *m* (Col, Méx), lavandina *f* (Arg), agua *f*‡ Jane® (Ur), cloro *m* (AmC, Chi)

bleach[2] *vt* ‹*cloth*› (in the sun) blanquear; (with bleach) poner* en lejía (*or* blanqueador *etc*)

bleachers /'bli:tʃərz || 'bli:tʃəz/ *pl n* (AmE) tribuna *f* descubierta

bleak /bli:k/ *adj* **-er, -est** 1 ‹*landscape*› inhóspito; ‹*room*› lóbrego 2 ‹*winter*› crudo; ‹*day*› gris y deprimente 3 (miserable, cheerless) ‹*prospects/news*› sombrío, funesto

bleakly /'bli:kli/ *adv* sombríamente

bleary /'blɪri || 'blɪəri/ *adj* **-rier, -riest**: **her eyes were ~ with tears** tenía los ojos empañados *or* nublados de lágrimas

bleary-eyed /'blɪri'aɪd || 'blɪəri'aɪd/ *adj* con cara de sueño; **to be ~ from sleep** tener* cara de sueño

bleat[1] /bli:t/ *vi* balar

bleat[2] *n* balido *m*

bleed /bli:d/ (*past & past p* **bled** /bled/) *vi* sangrar; **my nose is ~ing** me sale sangre de la nariz; **he bled to death** murió desangrado; **my heart ~s for you** ¡qué lástima me das!

■ **bleed** *vt* 1 (Med) sangrar; ***to ~ sb dry*** chuparle la sangre a algn (fam) 2 ‹*brakes/radiator*› purgar*

bleeding[1] /'bli:dɪŋ/ *n* [u] hemorragia *f*

bleeding[2] *adj* (BrE sl) ▸**bloody**[1] **B**

bleeding[3] *adv* (BrE sl) ▸**bloody**[2]

bleep[1] /bli:p/ *n* pitido *m*

bleep[2] *vi* (BrE) emitir un pitido

bleeper /'bli:pər || 'bli:pə(r)/ *n* (BrE buscapersonas *m*, busca *m* (Esp fam), bip *m* (Méx fam), bíper *m* (Chi)

blemish[1] /'blemɪʃ/ *n* (on skin) imperfección *f*; **a ~ on his reputation** una mancha en su reputación; **a life without ~** (liter) una vida intachable *or* sin tacha

blemish[2] *vt* ‹*honor/reputation*› manchar

blench /blentʃ/ *vi* 1 (recoil) estremecerse* 2 (turn pale) palidecer*

blend[1] /blend/ *n* combinación *f*, mezcla *f*

blend[2] *vt* ‹*ingredients/colors*› mezclar, combinar; (in blender) licuar*, pasar por la licuadora

■ **blend** *vi* 1 **~ (together)** ‹‹*flavors/colors*›› armonizar* 2 (merge) **to ~ WITH/INTO sth**: **the house ~s (in) well with its surroundings** la casa forma un conjunto armonioso con su entorno; **he learned to ~ into the background** aprendió a pasar desapercibido

(Phrasal verb)

• **blend in**

A [v ▸ o ▸ adv, v ▸ adv ▸ o] ‹*ingredients*› añadir *or* agregar* y mezclar; ‹*make-up*› difuminar, extender*

B [v ▸ adv] (merge, harmonize) armonizar*, no desentonar

blended /'blendəd || 'blendɪd/ *adj* ‹*whisky*› de mezcla

blender /'blendər || 'blendə(r)/ *n* licuadora *f*

bless /bles/ *vt* (*past* **blessed**; *past p* **blessed** *or* (arch) **blest**) 1 (give benediction) bendecir* 2 (favor) (*usu pass*) **to be ~ed WITH sth**: **he is ~ed with good health** goza de buena salud 3 (*in interj phrases*) **~ you!** (to sb who sneezes) ¡salud! *or* (Esp) ¡Jesús!; (expressing gratitude) (colloq) muchísimas gracias; (as benediction) (que) Dios te (*or* los *etc*) bendiga; **he's done all the ironing, ~ him!** (colloq) ha planchado toda la ropa ¡qué tierno! (fam); **Jane, ~ her heart, has offered to put us up** la buena de Jane nos ha ofrecido alojamiento; **~ me/my soul!** (colloq) ¡válgame Dios! 4 (consecrate) ‹*wine/bread/marriage*› bendecir* 5 (adore) bendecir*; **~ the Lord!** ¡bendito *or* alabado sea el Señor!

blessed[1] /blest/ *past & past p of* **bless**

blessed[2] /'blesəd || 'blesɪd/ *adj* 1 (hallowed) bienaventurado; **the B~ Virgin (Mary)** la Santísima Virgen (María) 2 (fortunate, happy) (arch): **~ are the poor** (Bib) bienaventurados los pobres 3 (damn) (colloq) bendito (fam), dichoso (fam); **it's a ~ nuisance** es un latazo (fam)

blessing /'blesɪŋ/ *n*

A 1 (benediction) bendición *f* 2 (approval) aprobación *f*, consentimiento *m* 3 (of marriage) bendición *f*; (of bread, wine) consagración *f*

B (fortunate thing) bendición *f* (del cielo); ***a ~ in disguise***: **this may turn out to be a ~ in disguise** puede que todo sea para bien *or* para mejor; ***to be a mixed ~*** tener* sus pros y sus contras; ***you should count your ~s*** deberías dar gracias por lo que tienes

blest /blest/ (arch) *past & past pt of* **bless**

blether /'bleðər || 'bleðə(r)/ *vi* ▸**blather**

blew /blu:/ *past of* **blow**[2]

blight[1] /blaɪt/ *n* [u] 1 (Agr, Hort) añublo *m*; (loosely) peste *f* 2 (curse) plaga *f*, cáncer *m*

blight[2] *vt* 1 ‹*plant/crop*› arruinar, infestar; ‹*region*› asolar* 2 ‹*career/health*› arruinar; ‹*hopes*› malograr

blighter /'blaɪtər || 'blaɪtə(r)/ *n* (BrE colloq) tipo *m* (fam); **you lucky ~!** ¡qué suertudo eres! (AmL fam), ¡qué potra tienes! *m* (Esp fam)

blimey /'blaɪmi/ *interj* (BrE colloq) ¡caray! (fam), ¡(la) pucha! (esp AmL fam)

blind[1] /blaɪnd/ *adj*

A 1 (Med) ciego; **~ man** ciego *m*; **~ woman** ciega *f*; **to be ~ in one eye** ser* tuerto; **he's been ~ since birth** es ciego de nacimiento; **to go ~** quedarse ciego; **to be ~ TO sth** no ver* algo; **how could I have been so ~?** ¿cómo pude haber sido tan ciego? 2 (Auto) ‹*corner*› de poca visibilidad

B (lacking reason, judgment) ‹*faith/fury*› ciego

C (BrE colloq) (*as intensifier*): **nobody took a ~ bit of notice** nadie le hizo ni pizca de caso (fam)

blind[2] *vt* 1 (permanently) dejar ciego; **he was ~ed in an accident** perdió la vista en un accidente 2 ‹‹*ambition/passion*›› cegar*, enceguecer* (AmL); ‹‹*light/wealth*›› deslumbrar, encandilar; **he was ~ed by her beauty** su belleza lo deslumbró *or* encandiló; **love ~ed her to his faults** el amor le impedía ver sus defectos

blind[3] *n*

A (outside window) persiana *f*; (*roller ~*) persiana *f* (de enrollar), estor *m* (Esp); (*venetian ~*) persiana *f* veneciana *or* de lamas

B (blind people) (+ *pl vb*) **the ~** los ciegos, los invidentes (frml); ***it's a case of the ~ leading the ~*** tan poco sabe el uno como el otro

blind[4] *adv* (BrE colloq) (*as intensifier*): **to swear ~ that ...** jurar y perjurar que ...; **to be ~ drunk** estar* más borracho que una cuba (fam)

blind date *n* cita *f* con un desconocido/una desconocida

blinders /'blaɪndərz || 'blaɪndə(r)z/ *n pl* (AmE) (on horse) anteojeras *fpl*

blindfold[1] /'blaɪndfəʊld/ *vt* vendarle los ojos a

blindfold[2] *n* venda *f* (*para tapar los ojos*)

blindfold[3] *adv* con los ojos vendados; **I could do it ~** podría hacerlo con los ojos cerrados

blindfolded /'blaɪndfəʊldəd || 'blaɪndfəʊldɪd/ *adj* con los ojos vendados

blinding /'blaɪndɪŋ/ *adj* ‹*light*› cegador, deslumbrador, enceguecedor (AmL); ‹*headache/pain*› atroz

blindly /'blaɪndli/ *adv* 1 (without seeing) ‹*grope*› a ciegas, a tientas 2 (without reasoning) ‹*follow*› ciegamente

blind man's buff *n* [u] la gallina ciega

blindness /'blaɪndnəs || 'blaɪndnɪs/ *n* [u] ceguera *f*

blind: **~ spot** *n* 1 (weak point) punto *m* flaco *or* débil 2 (Auto) punto *m* ciego; **~ test** *n* prueba *f* a ciegas, test *m* ciego

blink[1] /blɪŋk/ *n* parpadeo *m*, pestañeo *m*; ***to be on the ~*** (colloq) no marchar, no andar* bien (AmL); ***to go on the ~*** estropearse, descomponerse* (AmL)

blink[2] *vi* ‹‹*eye/person*›› pestañear, parpadear; ‹‹*light*›› parpadear; **if you ~, you'll miss it!** (colloq & hum) si te descuidas, te lo pierdes

■ **blink** *vt* ‹*eye*› guiñar, picar* (Col); **to ~ back tears** contener* las lágrimas

blinker /'blɪŋkər || 'blɪŋkə(r)/ *n*

A 1 (Auto colloq) intermitente *m*, direccional *f* (Col, Méx), señalizador *m* (*de viraje*) (Chi) 2 (AmE Transp) señal *f* intermitente

B **blinkers** *pl* (on horse) anteojeras *fpl*

blinkered /'blɪŋkərd || 'blɪŋkəd/ *adj* ‹*attitude*› de miras estrechas; ‹*view/outlook*› estrecho

blinking /'blɪŋkɪŋ/ *adj* 1 ‹*light*› intermitente 2 (BrE colloq): **what a ~ nerve!** ¡qué cara! (fam); **what a ~ idiot!** ¡qué tipo más imbécil! (fam)

b

blip /blɪp/ *n* 1 (sound) bip *m*, pitidito *m* 2 (irregularity) accidente *m*; (problem) problema *m* pasajero

bliss /blɪs/ *n* [u] dicha *f*, felicidad *f* absoluta

blissful /'blɪsfəl/ *adj* ‹*smile*› de gozo, de gran felicidad; **she babbled on, in ~ ignorance of the fact that ...** siguió parloteando tan tranquila, sin percatarse de que ...

blissfully /'blɪsfəli/ *adv* ‹*smile/sigh*› con gran felicidad; **she was ~ unaware of what was going on** ella, muy tranquila, ni cuenta se daba de lo que estaba pasando; **they were ~ happy** eran completamente felices

blister[1] /'blɪstər || 'blɪstə(r)/ *n* 1 (Med) ampolla *f*; **these shoes give me ~s** estos zapatos me hacen ampollas 2 (on paintwork) ampolla *f*, burbuja *f*

blister[2] *vi* «*skin/paint*» ampollarse
■ **blister** *vt* ampollar

blistering /'blɪstərɪŋ/ *adj* 1 (hot) ‹*heat/sun*› abrasador; **a ~ hot day** (colloq) un día de calor achicharrante (fam) 2 (harsh, angry) ‹*attack*› virulento

blithe /blaɪð/ *adj* 1 (unconcerned) despreocupado 2 (happy, carefree) risueño

blithely /'blaɪðli/ *adv* alegremente; **he seemed ~ unconcerned** tenía un aire risueño y despreocupado

blithering /'blɪðərɪŋ/ *adj* (colloq) (*before n*): **you ~ idiot!** ¡imbécil! (fam)

blitz[1] /blɪts/ *n* 1 (Aviat, Mil) bombardeo *m* aéreo; **the B~** *el bombardeo alemán de Londres en 1940-41* 2 (intense attack) **~ ON sth**: **this weekend we're going to have a ~ on the garden** (colloq) este fin de semana vamos a atacar el jardín 3 (in US football) carga *f* (defensiva)

blitz[2] *vt* 1 ‹*area*› bombardear (desde el aire) 2 (AmE Sport) ‹*quarterback*› hacerle* una carga (defensiva) a

blizzard /'blɪzərd || 'blɪzəd/ *n* ventisca *f*, tormenta *f* de nieve

bloated /'bləʊtəd || 'bləʊtɪd/ *adj* ‹*body/face*› hinchado, abotagado; **I feel ~ after all that food** me siento hinchado de tanto comer

blob /blɑ:b || blɒb/ *n* 1 (drip) gota *f*, goterón *m* (fam) 2 (indistinct shape) mancha *f*, borrón *m*

bloc /blɑ:k || blɒk/ *n* (Pol) bloque *m*

block[1] /blɑ:k || blɒk/ *n*

A 1 (of stone, wood) bloque *m*; **the executioner's ~** el tajo del verdugo; ***to knock sb's ~ off*** (colloq) romperle* la crisma a algn (fam) 2 (*starting ~*) (Sport) taco *m* de salida; **to be first off the ~s** ser* el primero en la salida 3 (of paper) bloc *m*

B 1 (space enclosed by streets) manzana *f*; (distance between two streets): **to go for a walk around the ~** dar* una vuelta a la manzana; **it's eight ~s from here** (AmE) está a ocho cuadras (AmL) *or* (Esp) calles de aquí 2 (building): **a ~ of flats** (BrE) un edificio de apartamentos *or* de departamentos (AmL), una casa de pisos (Esp); **an office ~** un edificio de oficinas

C (section of text) sección *f*, bloque *m*

D (Comput) bloque *m*

E 1 (blockage) obstrucción *f*, bloqueo *m*; **I have a mental ~ about physics** tengo un bloqueo mental con la física 2 (obstacle) **~ TO sth** obstáculo *m* PARA algo 3 (embargo) bloqueo *m*; **to put a ~ on sth** bloquear algo

F (Sport) bloqueo *m*

block[2] *vt*

A 1 (obstruct) ‹*road/entrance*› bloquear; **you're ~ing my way** me estás impidiendo *or* bloqueando el paso; **that fat man is ~ing my view** ese gordo no me deja ver 2 ‹*drain/sink*› atascar*, tapar (AmL); **my nose is ~ed** tengo la nariz tapada

B 1 (prevent) ‹*progress*› obstaculizar*, impedir*; ‹*funds/sale*› congelar, bloquear 2 (Sport) bloquear
■ **block** *vi* (Sport) bloquear

Phrasal verbs

- **block in** [v ▸ o ▸ adv, v ▸ adv ▸ o] (hem in) cerrarle* el paso a
- **block off** [v ▸ o ▸ adv, v ▸ adv ▸ o] ‹*street*› cortar
- **block out** [v ▸ o ▸ adv, v ▸ adv ▸ o] 1 (shut out) ‹*thought*› ahuyentar, borrar de la mente 2 (obstruct) ‹*light*› tapar
- **block up**

A [v ▸ o ▸ adv, v ▸ adv ▸ o] 1 (seal) ‹*entrance/window*› tapiar, cerrar* 2 (cause obstruction in) ‹*drain/sink*› atascar*, tapar (AmL); **my nose is ~ed up** tengo la nariz tapada

B [v ▸ adv] (become obstructed) atascarse*, taparse (AmL)

blockade[1] /blɑ:'keɪd || blɒ'keɪd/ *n* bloqueo *m*

blockade[2] *vt* bloquear

blockage /'blɑ:kɪdʒ || 'blɒkɪdʒ/ *n* (in pipe, road) obstrucción *f*; (Med) oclusión *f*

block: **~buster** /'blɑ:k,bʌstər || 'blɒk,bʌstə(r)/ *n* (movie) éxito *m* de taquilla; (book) bestseller *m*, superventas *m*; **~ capitals** *pl n* (letras *fpl*) mayúsculas *fpl* de imprenta

blocked /blɑ:kt || 'blɒkt/ *adj* 1 ‹*pipe/artery*› obstruido; ‹*road*› bloqueado, cerrado; **I have a ~ nose** tengo la nariz tapada 2 ‹*account/currency*› bloqueado *or* congelado

blocked-up /'blɑ:kt'ʌp || ,blɒkt'ʌp/ *adj* (*pred* **blocked up**) ‹*pipe/drain*› atascado, tapado (AmL); **to be ~ ~** «*person*» estar* congestionado

block: **~head** *n* (colloq) burro, -rra *m,f* (fam), bruto, -ta *m,f* (fam); **~ letters** *pl n* ▸**block capitals**

bloke /bləʊk/ *n* (BrE colloq) tipo *m* (fam), tío *m* (Esp fam)

blond[1] /blɑ:nd || blɒnd/ *adj* (*f* **blonde**) rubio *or* (Méx) güero *or* (Col) mono *or* (Ven) catire

blond[2] *n* (*f* **blonde**) rubio, -bia *m,f or* (Méx) güero, -ra *m,f or* (Col) mono, -na *m,f or* (Ven) catire *mf*

blood /blʌd/ *n* [u]

A sangre *f*; **music is in his ~** lleva la música en la sangre; ***bad ~*** resentimiento *m*, animosidad *f*; ***~ and guts*** (colloq) violencia *f*; ***fresh* o *new* o *young ~*** sangre *or* savia *f* nueva; ***in cold ~*** a sangre fría; ***to be out for ~*** estar* buscando con quién desquitarse; **they're out for** *o* **after her ~** se la tienen jurada (fam); ***to draw ~*** (lit: wound) sacar* *or* hacer* salir sangre; ***to get ~ out of* o *from a stone*** sacar* agua de las piedras; **trying to get information from him is like trying to get ~ out of a stone** a él hay que sacarle la información con sacacorchos *or* con tirabuzón; **you can't get ~ out of a stone** no se le puede pedir peras al olmo; ***to have sb's ~ on one's hands*** tener* las manos manchadas con la sangre de algn; ***to make sb's ~ boil***: **it makes my ~ boil to think that ...** me hierve la sangre cuando pienso que ...; ***to make sb's ~ run cold***: **his laugh made my ~ run cold** su risa hizo que se me helara la sangre (en las venas); ***to sweat ~*** (colloq) (work hard) sudar sangre *or* tinta (fam); (be anxious) sudar la gota gorda (fam); (*before n*) **~ cell** *o* **corpuscle** glóbulo *m*; **~ donor** donante *mf* de sangre; **~ group** *o* **type** grupo *m* sanguíneo; **~ poisoning** septicemia *f*; **~ test** análisis *m* de sangre; **~ transfusion** transfusión *f* de sangre

B (lineage, family) sangre *f*; **of noble ~** de sangre noble; **it runs in their ~** lo llevan en la sangre; ***~ is thicker than water*** la familia siempre tira, la sangre tira; (*before n*) **we're not ~ relations** no tenemos lazos de sangre

blood: **~ bath** *n* masacre *f*; **~curdling** /'blʌd,kɜ:rdlɪŋ || 'blʌd,kɜ:dlɪŋ/ *adj* espeluznante, aterrador; **~hound** *n* sabueso *m*

bloodily /'blʌdḷi || 'blʌdɪli/ *adv*: **the rebellion was ~ suppressed** la rebelión fue sofocada de forma sangrienta

bloodless /'blʌdləs || 'blʌdlɪs/ *adj* 1 (without bloodshed) ‹*coup*› sin derramamiento de sangre 2 (lacking vitality) ‹*person*› sin sangre en las venas

blood: **~mobile** /'blʌdməbi:l/ *n* (AmE) unidad *f* móvil de extracción de sangre; **~ money** *n* [u] dinero *m* sucio (*obtenido a costa de la muerte de algn*); **~ orange** *n* naranja *f* sanguina *or* de sangre; **~ pressure** *n* [u] tensión *f or* presión *f* (arterial); **to have high/low ~ pressure** tener* la tensión *or* presión alta/baja; **~red** /'blʌd'red/ *adj* (*pred* **~ red**) ‹*sky*› teñido de rojo; ‹*rose*› encarnado; **~shed** *n* [u] derramamiento *m* de sangre; **~shot** *adj* rojo, inyectado de sangre; **~ sport** *n* deporte *m* sangriento; **~stain** *n* mancha *f* de sangre; **~-stained** *adj* manchado de sangre; **~stream** *n* **the ~stream** el torrente sanguíneo; **~sucker** *n* (Zool) hematófago *m*; (person) sanguijuela *f* (fam); **~thirsty** *adj* 1 (cruel) sanguinario 2 ‹*story/description*› sangriento; **~ vessel** *n* vaso *m* sanguíneo; ***to burst a ~ vessel*** (colloq): **she nearly burst a ~ vessel when he told her** casi le dio un ataque cuando se enteró (fam)

bloody[1] /'blʌdi/ *adj* **-dier, -diest**

A 1 ‹*hands/clothes*› ensangrentado; ‹*wound*› que sangra, sangrante 2 ‹*battle*› sangriento

B (esp BrE vulg *or* colloq) (*no comp*) (expressing annoyance, surprise, shock etc): **where's that ~ dog?** ¿dónde está ese maldito *or* puñetero *or* (Méx) pinche perro? (fam); **I didn't understand a ~ word!** no entendí ni jota (fam); **turn that ~ television off!** ¡apaga esa televisión, carajo! (vulg); **~ hell!** ¡coño! (vulg), ¡chingado! (Méx vulg), ¡hostias! (Esp vulg)

bloody[2] *adv* (BrE vulg *or* colloq) (*as intensifier*): **the weather was ~ awful!** ¡hizo un tiempo de mierda! (vulg); **not ~ likely!** ¡ni loco! (fam)

bloody[3] *vt* **-dies, -dying, -died** manchar de sangre

bloody-minded /ˈblʌdiˈmaɪndəd || ˌblʌdiˈmaɪndɪd/ *adj* (esp BrE colloq) difícil, empecinado, atravesado (AmL fam)

bloody-mindedness /ˈblʌdiˈmaɪndədnəs || ˌblʌdiˈmaɪndɪdnɪs/ *n* [u] (esp BrE colloq) empecinamiento *m*; **he did it out of sheer ~** lo hizo sólo para fastidiar

bloom[1] /bluːm/ *n*
A **1** [c] (flower) flor *f* **2** [u] **to be in ~** estar* en flor; **to be in full ~** estar* en plena floración
B [u] (on fruits, leaves) vello *m*, pelusa *f*; ***to lose one's ~*** ajarse

bloom[2] *vi* «*plant/garden*» florecer*; «*flower*» abrirse*

bloomer /ˈbluːmər || ˈbluːmə(r)/ *n*
A (mistake) (BrE colloq) metedura *f or* (AmL tb) metida *f* de pata
B **bloomers** *pl* (garment) bombachos *mpl*

blooming /ˈbluːmɪŋ/ *adj* **1** (BrE colloq) (*before n*): **I missed the ~ bus!** ¡perdí el condenado *or* maldito autobús! (fam) **2** (happy and healthy) (*pred*) radiante

blooper /ˈbluːpər || ˈbluːpə(r)/ *n* (esp AmE) metedura *f or* (AmL tb) metida *f* de pata (fam)

blossom[1] /ˈblɑːsəm || ˈblɒsəm/ *n* **1** [u] (mass of flowers) flores *fpl* **2** [c] (by single bloom) flor *f*

blossom[2] *vi* **1** (flower) «*tree*» florecer*, dar* flor **2** (flourish) «*arts*» florecer*; «*person/relationship*» alcanzar* su plenitud; **to ~ INTO sth**: **our friendship ~ed into love** nuestra amistad se transformó en amor; **Helen has ~ed (out) into a delightful young woman** Helen se ha convertido en una chica encantadora

blot[1] /blɑːt || blɒt/ *n* **1** (of ink) borrón *m*, manchón *m* **2** (blemish) **~ (ON sth)**: **the factory is a ~ on the landscape** la fábrica afea *or* estropea el paisaje

blot[2] **-tt-** *vt* **1** (stain, smear) ‹*page/word*› emborronar, borronear **2** (dry) ‹*ink*› secar* (*con papel secante*)

(Phrasal verb)
• **blot out** [v ▸ o ▸ adv, v ▸ adv ▸ o] ‹*word*› tachar; ‹*view*› tapar; ‹*memory*› borrar

blotch[1] /blɑːtʃ || blɒtʃ/ *n* **1** (on skin) mancha *f* **2** (of paint) borrón *m*, manchón *m*

blotch[2] *vt* ‹*page*› emborronar, borronear

blotchy /ˈblɑːtʃi || ˈblɒtʃi/ *adj* **blotchier, blotchiest** ‹*skin*› lleno de manchas

blotter /ˈblɑːtər || ˈblɒtə(r)/ *n* **1** (sheet) hoja *f* de papel secante; (on desktop) carpeta *f*, cartapacio *m* **2** (record book) (AmE) registro *m*; **police ~** fichero *m* de la policía

blotting paper /ˈblɑːtɪŋ || ˈblɒtɪŋ/ *n* [u] papel *m* secante

blotto /ˈblɑːtəʊ || ˈblɒtəʊ/ *adj* (colloq) (*pred*) como una cuba (fam), tomado (AmL fam)

blouse /blaʊs || blaʊz/ *n* blusa *f*

blow[1] /bləʊ/ *n*
A **1** (stroke) golpe *m*; **to come to ~s** llegar* a las manos; ***at a (single) ~*** de un golpe, a la vez **2** (shock, setback) golpe *m*; **~ TO sb** golpe PARA algn; **his death came as a ~ to us** su muerte fue un duro golpe para nosotros
B (action) soplo *m*, soplido *m*; **to give one's nose a ~** sonarse* la nariz

blow[2] (*past* **blew**; *past p* **blown**) *vt*
A (propel) soplar; **she blew the ash onto the floor** sopló y echó la ceniza al suelo; **stop ~ing smoke in my face!** ¡no me eches el humo a la cara!; **a gust blew the door shut** una ráfaga de viento cerró la puerta de golpe; **her umbrella was ~n away by the wind** el viento tiro lejos su paraguas; **her hat was ~n off** se le voló el sombrero; **the plane was ~n off course** el viento sacó el avión de su curso; ▸**wind**[1] **A**
B **1** (make by blowing): **to ~ bubbles** hacer* pompas de jabón **2** (clear): **to ~ one's nose** sonarse* la nariz **3** (play) ‹*note*› tocar*; ‹*signal*› dar*; **the referee blew the whistle** el árbitro tocó *or* hizo sonar el silbato *or* pito; ***to ~ one's own trumpet*** *o* (AmE) ***horn*** darse* bombo, tirarse flores
C **1** (smash) ‹*bridge/safe*› volar*, hacer* saltar; **the car was ~n to pieces** el coche voló en pedazos; **to ~ sb's head off** volarle* la tapa de los sesos a algn; ***to ~ sth sky high***: **this ~s his theory sky high** esto echa por tierra su teoría; **if this goes off, we'll be ~n sky high** como explote, saltamos por los aires **2** (burn out) ‹*fuse*› fundir, hacer* saltar, quemar **3** (burst) ‹*gasket*› reventar*; ***to ~ one's top*** *o* ***lid*** (colloq) explotar, ponerse* hecho una furia
D (colloq) **1** (squander) ‹*money*› despilfarrar, tirar **2** (spoil): **they were getting on well, but he blew it by starting to ...** se estaban llevando bien, pero él lo echó todo a perder cuando empezó a ...; **I blew the oral test** la pifié en el oral (fam), la regué en el oral (Méx fam)
E (*past p* **blowed**) (BrE colloq): **~ me if she didn't make the same mistake!** ¿y no va y se equivoca otra vez?; **I'll be ~ed if I'll apologize!** ¡ya pueden esperar sentados a que pida perdón! (fam)

■ **blow** *vi*
A **1** «*wind*» soplar; ***to ~ hot and cold*** dar* una de cal y otra de arena **2** «*person*» soplar; **she came up the stairs, puffing and ~ing** subió las escaleras bufando y resoplando
B (be driven by wind): **litter was ~ing everywhere** volaba basura por todas partes; **sand had ~n in under the door** con el viento se había colado arena por debajo de la puerta; **his hat blew off** se le voló el sombrero; **the door blew open** la puerta se abrió con el viento
C (produce sound) «*whistle*» sonar*
D (burn out) «*fuse*» fundirse, saltar, quemarse

(Phrasal verbs)
• **blow away** [v ▸ o ▸ adv] (sl) **1** (kill) liquidar (fam) **2** (have strong effect on) (AmE): **that kind of music just ~s me away** ese tipo de música me enloquece (fam); **the tragedy blew me away** la tragedia me dejó anonadado; *see also* **blow**[2] *vt* **A**
• **blow down**
A [v ▸ o ▸ adv, v ▸ adv ▸ o] tirar (abajo), derribar
B [v ▸ adv] caerse* (*con el viento*)
• **blow in** [v ▸ adv] (colloq) aparecer*, caer* (fam)
• **blow out**
A [v ▸ o ▸ adv, v ▸ adv ▸ o] **1** (extinguish) ‹*match/flame*› apagar* (*soplando*) **2** (shoot) (colloq): **to ~ sb's brains out** saltarle *or* volarle* la tapa de los sesos a algn (fam)
B [v ▸ adv] (become extinguished) «*candle*» apagarse*
• **blow over** [v ▸ adv] **1** (be forgotten) «*trouble*» caer* en el olvido **2** «*storm*» pasar
• **blow up**
A [v ▸ adv] **1** (explode) «*bomb*» estallar, hacer* explosión; «*car*» saltar por los aires **2** (begin) «*wind/storm*» levantarse; «*conflict*» estallar; **to ~ up INTO sth**: **the affair blew up into a major scandal** el caso terminó en un gran escándalo **3** (become angry) (colloq) explotar (fam)
B [v ▸ o ▸ adv, v ▸ adv ▸ o] **1** ‹*mine/car*› volar* **2** ‹*balloon*› inflar **3** (colloq) ‹*incident*› exagerar, sacar* de quicio; **it's been ~n up out of all proportion** lo han sacado totalmente de quicio **4** ‹*photo*› ampliar*

blow-by-blow /ˈbləʊbaɪˈbləʊ/ *adj* (*before n*) ‹*account*› con pelos y señales (fam)

blow-dry[1] /ˈbləʊdraɪ/ *vt* **-dries, -drying, -dries**: **to ~ one's hair** hacerse* un brushing (*secarse el pelo con secador de mano y cepillo*)

blow-dry[2] *n* (*pl* **-dries**) brushing *m*

blower /ˈbləʊər || ˈbləʊə(r)/ *n* **1** (fan) calefactor *m* **2** (telephone) (BrE colloq & dated) teléfono *m*

blow: **~gun** *n* (AmE) cerbatana *f*; **~hard** *n* (AmE colloq) fanfarrón, -rrona *m,f*

blown /bləʊn/ *past p of* **blow**[2]

blow: **~out** *n* **1** (feast) (colloq) comilona *f* (fam) **2** (burst tire) reventón *m*; **we had a ~out** se nos reventó un neumático; **~pipe** *n* cerbatana *f*

blowsy *adj* **-sier, -siest** ▸**blowzy**

blow: **~torch** *n* soplete *m*; **~up** *n* (colloq) (Phot) ampliación *f*

blowy /ˈbləʊi/ *adj* **-wier, -wiest** (colloq) ‹*day*› ventoso, de mucho viento

blowzy /ˈblaʊzi/ *adj* **-zier, -ziest**: **a ~ woman** una mujer con pinta de ordinaria (fam)

blubber[1] /ˈblʌbər || ˈblʌbə(r)/ *n* [u] (whale fat) grasa *f* de ballena; (on person) (colloq) grasa *f*

blubber[2] *vi* (colloq & pej) lloriquear

bludgeon /ˈblʌdʒən/ *vt* (strike) aporrear; (bully) coaccionar

blue¹ /bluː/ *adj* **bluer, bluest**

A ‹*dress/sea/sky*› azul; **~ with cold** amoratado de frío; **she went ~ in the face** se le amorató la cara

B (pornographic) (colloq) verde, porno *adj inv*, colorado (Méx)

C (unhappy) (esp AmE) triste, deprimido

blue² *n* azul *m*; ***out of the*** **~** ‹*call/arrive*› cuando menos se (*or* me *etc*) lo esperaba

blue: **~bell** *n* jacinto *m* silvestre; **~berry** /ˈbluːˌberi || ˈbluːbəri/ *n* arándano *m*; **~-blooded** /ˈbluːˈblʌdəd || ˌbluːˈblʌdɪd/ *adj* de sangre azul; **~bottle** *n* mosca *f* azul, moscarda *f*; **~-collar** /ˈbluːˈkɑːlər || ˌbluːˈkɒlə(r)/ *adj* ‹*union*› obrero; ‹*job*› manual; **~-collar workers** los obreros; **~-eyed** *adj* de ojos azules; **~-eyed boy** niño *m* mimado; **~ grass** *n* [u] (Bot) *hierba que se usa como forraje*; **~ jay** *n* urraca *f* de América; **~ jeans** *pl n* (esp AmE) vaqueros *mpl*, (blue) jeans *mpl*, bluyines *mpl* (Andes); **~ law** *n* (AmE Law) *ley que prohíbe la realización de ciertas actividades los domingos*; **~nose** *n* (AmE colloq) puritano, -na *m,f*; **~print** *n* (of technical drawing) plano *m*, proyecto *m*; (plan of action) programa *m*; **~-ribbon** /ˈbluːˈrɪbən/ *adj* (elite) (esp AmE) ‹*group/panel*› de élite, selecto

blues /bluːz/ *pl n*

A (depression) (colloq): **the ~** la depre (fam); **to have the ~** estar* con la depre (fam)

B (Mus) blues *m*; **to play/sing (the) ~** tocar*/cantar blues

blue: **~ shark** *n* tiburón *m* azul; **~ tit** *n* alionín *m*, herrerillo *m*

bluff¹ /blʌf/ *vi* hacer* un bluff *or* (Col, Méx) blof

■ **bluff** *vt*: **he managed to ~ his way out of it** logró salir del apuro embaucándolos

bluff² *n*

A [u c] (pretense) bluff *m*, blof *m* (Col, Méx); **to call sb's ~** poner* a algn en evidencia

B [c] (cliff) risco *m*, acantilado *m*

bluff³ *adj* **-er, -est** ‹*person*› francote (fam), campechano

bluish /ˈbluːɪʃ/ *adj* azulado

blunder¹ /ˈblʌndər || ˈblʌndə(r)/ *vi*

A (move clumsily, stumble): **he ~ed into the table** se topó con el jefe en el pasillo; **he ~ed around in the dark** andaba dando tumbos en la oscuridad

B **1** (make mistake) cometer un error garrafal **2** **blundering** *pres p*: **that ~ing idiot!** ¡ese idiota perdido! (fam)

blunder² *n* (mistake) error *m* garrafal; (faux pas) metedura *f or* (AmL tb) metida *f* de pata (fam)

blunderbuss /ˈblʌndərbʌs || ˈblʌndəbʌs/ *n* trabuco *m*

blunt¹ /blʌnt/ *adj* **-er, -est** **1** (not sharp) ‹*pencil*› desafilado, que no tiene punta, mocho (esp AmL); ‹*tip/edge*› romo; ‹*knife*› (BrE) desafilado; **a ~ instrument** un objeto contundente **2** (straightforward) ‹*person/manner*› directo, franco; ‹*refusal*› rotundo, categórico

blunt² *vt* **1** ‹*pencil*› despuntar; ‹*knife/scissors*› desafilar **2** (make dull) ‹*senses/intellect*› embotar

bluntly /ˈblʌntli/ *adv* ‹*say*› sin rodeos, claramente; ‹*refuse*› rotundamente; **to put it ~, you bore me** hablando en plata, me aburres (fam)

bluntness /ˈblʌntnəs || ˈblʌntnɪs/ *n* [u] **1** (of blade) falta *f* de filo; (of point) lo poco afilado, lo mocho (esp AmL) **2** (straightforwardness) franqueza *f*

blur¹ /blɜːr || blɜː(r)/ **-rr-** *vt* ‹*outline*› desdibujar, hacer* borroso; ‹*distinction*› hacer* menos claro; ‹*memory*› hacer* borroso

■ **blur** *vi* «*outline*» desdibujarse, hacerse* borroso

blur² *n*: **everything became a ~** todo se volvió borroso; **a ~ of colors** una masa de colores indistintos

blurb /blɜːrb || blɜːb/ *n* propaganda *f*, nota *f* publicitaria (*en folleto, tapa de libro etc*)

blurred /blɜːrd || blɜːd/ *adj* ‹*outline/vision*› borroso; **the photos were ~** las fotos habían salido mal enfocadas; **I felt dizzy and then everything went ~** me mareé y empecé a verlo todo borroso; **the distinction had become ~ in her mind** ya no veía claramente la diferencia

blurry /ˈblɜːri/ *adj* borroso

blurt /blɜːrt || blɜːt/ *vt* **to ~ sth (out)** espetar algo, soltar* algo (fam)

blush¹ /blʌʃ/ *vi* ruborizarse*, ponerse* colorado *or* rojo, sonrojarse

blush² *n* (*often pl*) rubor *m*; **spare my ~es!** no me hagas pasar vergüenza, no hagas que me ruborice

blusher /ˈblʌʃər || ˈblʌʃə(r)/ *n* [u c] colorete *m*, rubor *m* (Méx, RPl)

bluster¹ /ˈblʌstər || ˈblʌstə(r)/ *vi* **1** (talk threateningly) bravuconear **2** «*wind*» rugir*, bramar

bluster² *n* [u] bravatas *fpl*, bravuconería *f*

blustery /ˈblʌstəri/ *adj* ‹*wind*› borrascoso; ‹*night*› tempestuoso

Blvd (esp AmE) (**= Boulevard**) Blvar., Br.

BMA *n* **= British Medical Association**

B-movie /ˈbiːˌmuːvi/ *n* película *f* de serie B *or* de bajo presupuesto

bn = billion

BNP *n* **= British National Party**

BO *n* [u] (colloq) (**= body odor** *or* (BrE) **odour**) olor *m* a transpiración

boa /ˈbəʊə/ *n* **1** (Zool) boa *f*; **a ~ constrictor** una boa constrictor **2** (Clothing) boa *m or f*

boar /bɔːr || bɔː(r)/ *n* (*pl* **~s** *or* **~**) **1** (male pig) cerdo *m* macho, verraco *m* **2** (*wild* **~**) jabalí *m*

board¹ /bɔːrd || bɔːd/ *n*

A [c] **1** (plank) tabla *f*, tablón *m*; (*floor*~) tabla *f* (del suelo); ***as stiff as a*** **~** más tieso que un palo *or* que una tabla; ***to tread the*** **~s** pisar las tablas **2** (for chopping etc) tabla *f* (de madera) **3** (*circuit* **~**) placa *f* base

B [c] **1** (*diving* **~**) trampolín *m* **2** (for surfing, windsurfing) tabla *f* (de surf) **3** (Games) tablero *m*; ***to sweep the*** **~** arrasar con *or* llevarse todos los premios

C [c] **1** (*notice*~) tablero *m or* (Esp) tablón *m* de anuncios, cartelera *f* (AmL), diario *m* mural (Chi) **2** (sign) letrero *m*, cartel *m* **3** (*score*~) marcador *m* **4** (blackboard) pizarra *f*, pizarrón *m* (AmL), tablero *m* (Col)

D [c] **1** (committee) junta *f*, consejo *m* **2** (administrative body): **the Water/Gas B~** la compañía del agua/gas **3** **~ (of directors)** (Busn) junta *f* directiva, consejo *m* de administración **4** (of examiners) tribunal *m*

E [u] (provision of meals): **~ and lodging** comida y alojamiento; **full/half ~** pensión *f* completa/media pensión *f*

F [u] (*in phrases*) **across the board**: **they have promised to reduce taxation across the ~** han prometido una reducción general de impuestos; **on board** a bordo; **on ~ the ship/plane** a bordo del barco/avión; **to go on ~** embarcarse*; (*before n*) **on-board** ‹*entertainment*› de a bordo; ***to go by the*** **~**: **all these precautions tend to go by the ~** todas estas precauciones suelen dejarse a un lado; ***to take sth on*** **~** ‹*idea*› (BrE) asumir algo

board² *vt*

A (go aboard): **to ~ a ship** embarcar(se)*, abordar (Méx)

B (accommodate) hospedar

■ **board** *vi*

A (go aboard) embarcar(se)*, abordar (Col, Méx)

B (be accommodated) **to ~ WITH sb** alojarse *or* hospedarse en casa de algn

(Phrasal verb)

• **board up** [v ▸ o ▸ adv, v ▸ adv ▸ o] cerrar* con tablas

boarder /ˈbɔːrdər || ˈbɔːdə(r)/ *n* **1** (lodger) huésped *mf* **2** (at boarding school) (esp BrE) interno, -na *m,f*

board game *n* juego *m* de mesa

boarding /ˈbɔːrdɪŋ || ˈbɔːdɪŋ/: **~ card** *n* ▸**~ pass**; **~ house** *n* pensión *f*, casa *f* de huéspedes; **~ pass** *n* tarjeta *f* de embarque, pase *m* de abordar (Chi, Méx); **~ school** *n* internado *m*

board: **~room** *n* sala *f or* salón *m* de juntas; **~walk** *n* (AmE) *paseo marítimo entarimado*

boast¹ /bəʊst/ *vi* presumir, fanfarronear; **to ~ ABOUT/OF sth** alardear *or* jactarse *or* vanagloriarse DE algo

■ **boast** *vt* **1** (brag): **I won, he ~ed** —gané yo —dijo vanagloriándose **2** (possess) contar* con

boast² *n* (claim) alarde *m*, fanfarronada *f* (fam); (cause of pride): **it is her proud ~ that ...** se jacta de que ...

boaster /ˈbəʊstər || ˈbəʊstə(r)/ *n* presumido, -da *m,f*

boastful /ˈbəʊstfəl/ *adj* jactancioso

boat /bəʊt/ *n* barco *m*; (small, open) bote *m*, barca *f*; **by ~** en barco; ***to be in the same*** **~** estar* en la misma situación; ***to rock the*** **~** hacer* olas; ▸**burn¹** *vt* **A1**, **miss²** *vt Sense* **IB**

boathouse /ˈbəʊthaʊs/ *n* cobertizo *m* (*para botes*)

boating /'bəʊtɪŋ/ *n* [u]: **to go ~** ir* a dar un paseo en bote (*or* barca *etc*)

boat: **~load** *n* cargamento *m*; **a ~load of tourists** un barco cargado de turistas; **~man** /'bəʊtmən/ *n* (*pl* **-men** /-mən/) barquero *m*; **~ race** *n* regata *f*; **~swain** /'bəʊsn̩/ *n* contramaestre *m*

bob¹ /bɑːb || bɒb/ *n*
A **1** (movement of head) inclinación *f* **2** (curtsy) reverencia *f*
B (haircut) melena *f*
C (*pl* **~**) (BrE Fin colloq & dated) chelín *m*; **she's not short of a few ~** *o* **of a ~ or two** está forrada (fam)

bob² **-bb-** *vi* (move abruptly): **the cork ~bed up and down on the water** el corcho cabeceaba en el agua
■ **bob** *vt* ‹*head*› inclinar
Phrasal verb
• **bob up** [v ▸ adv] (colloq) aparecer*

Bob /bɑːb || bɒb/: **~'s your uncle!** (BrE colloq) ¡listo!, ¡ya está!

bobbin /'bɑːbən || 'bɒbɪn/ *n* bobina *f*, carrete *m*

bobble /'bɑːbəl || 'bɒbəl/ *n* **1** (on hat etc) borla *f*, pompón *m* **2** (AmE Sport) fomble *m*

bobby /'bɑːbi || 'bɒbi/ *n* (*pl* **-bies**) (BrE colloq) bobby *m* (*policía británico*)

bobby: **~ pin** *n* (AmE) horquilla *f*, pasador *m* (Méx), pinche *m* (Chi); **~ socks**, (AmE also) **bobby sox** /sɑːks || sɒks/ *pl n* calcetines *mpl* cortos

bobbysoxer /'bɑːbi,sɑːksər || 'bɒbi,sɒksə(r)/ *n* (AmE colloq) quinceañera *f* (fam), calcetinera *f* (Chi)

bobcat /'bɑːbkæt || 'bɒbkæt/ *n* lince *m* rojo

bobsled /'bɑːbsled || 'bɒbsled/, (BrE also) **bobsleigh** /'bɑːbsleɪ || 'bɒbsleɪ/ *n* bobsleigh *m*

bod /bɑːd || bɒd/ *n* **1** (body) (AmE colloq) cuerpo *m*, figura *f* **2** (person) (BrE colloq) tipo, -pa *m,f* (fam); **an odd ~** un bicho raro (fam)

bodacious /bəʊ'deɪʃəs/ *adj* (AmE dial & hum) ‹*appetite*› voraz; ‹*hurry*› espantoso (fam)

bode /bəʊd/ *vi* (liter): **to ~ well/ill** ser* buena/mala señal
■ **bode** *vt* presagiar, augurar

bodega /bəʊ'deɪgə || bə'dɪːgə/ *n* (grocery store) (AmE) tienda *f* de comestibles *or* (Méx) de abarrotes, almacén *m* (CS)

bodice /'bɑːdəs || 'bɒdɪs/ *n* (of dress) canesú *m*; (undergarment) corpiño *m*

-bodied /'bɑːdid || 'bɒdid/ *suff*: **big~** corpulento; **green~** de cuerpo verde; *see also* **able-bodied**

bodily¹ /'bɑːdl̩i || 'bɒdɪli/ *adj* (*before n*) corporal, del cuerpo; **~ functions** funciones *fpl* fisiológicas

bodily² *adv*: **they dragged him ~ into the car** lo agarraron y lo metieron en el coche a la fuerza

body /'bɑːdi || 'bɒdi/ *n* (*pl* **bodies**)
A [c] **1** (of human, animal) cuerpo *m*; **~ *and soul*** en cuerpo y alma; ***to keep ~ and soul together*** subsistir, sobrevivir; (*before n*) **~ language** lenguaje *m* corporal **2** (trunk) cuerpo *m* **3** (corpse) cadáver *m*; **a dead ~** un cadáver; ***over my dead ~!*** ¡tendrán (*or* tendrá *etc*) que pasar por encima de mi cadáver!
B **1** [c] (main part — of plane) fuselaje *m*; (— of ship) casco *m*; (Auto) carrocería *f*; (*before n*) **~ shop** taller *m* de carrocería **2** (majority, bulk): **the ~ of sth** el grueso de algo
C **1** [c] (organization) organismo *m* **2** (unit) (*no pl*): **they walked out in a ~** salieron en masa *or* en bloque; **we must act together as a ~** tenemos que actuar unidos **3** [c] (collection): **a ~ of evidence** un conjunto de pruebas; **a growing ~ of opinion** una creciente corriente de opinión **4** [c] (of water) masa *f*
D [c] (object) cuerpo *m*; **foreign ~** cuerpo *m* extraño; **heavenly ~** (poet) cuerpo *m* celeste
E [u] (density — of wine) cuerpo *m*; (— of hair) volumen *m*, cuerpo *m*
F [c] (body stocking) body *m*

body: **~ builder** *n* fisiculturista *mf*; **~ building** *n* [u] fisiculturismo *m*; **~ clock** *n* reloj *m* biológico; **~guard** *n* guardaespaldas *mf*; (group) escolta *f*; **~ search** *n* cacheo *m*; **~ shirt** *n* (AmE) (blouse) blusa *f*; (leotard) body *m*, maillot *m*; **~ stocking** *n* body *m*; **~work** *n* [u] (body) carrocería *f*; (repairing) (AmE) trabajo *m* de carrocería

boffin /'bɑːfən || 'bɒfɪn/ *n* (BrE colloq) cerebrito *mf* (fam)

bog /bɔːg, bɑːg || bɒg/ *n*
A [c u] (swamp) ciénaga *f*; (*peat* **~**) tremedal *m*
B [c] (lavatory) (BrE sl) retrete *m*
Phrasal verb
• **bog down**: **-gg-** [v ▸ o ▸ adv] (*usu pass*): **to be ~ged down with work** estar* inundado de trabajo; **don't get ~ged down in too much detail** no te enredes con demasiados detalles

bogey /'bəʊgi/ *n* (*pl* **bogeys**)
A (evil spirit) ▸**bogeyman**
B (nasal mucus) (BrE sl) moco *m* (seco)

bogeyman /'bəʊgimæn/ *n* (*pl* **-men** /-men/) coco *m* (fam), cuco *m* (CS, Per fam)

boggle /'bɑːgəl || 'bɒgəl/ *vi*: **the mind ~s** (hum) uno se queda helado *or* pasmado, uno alucina (Esp, Méx fam)

boggy /'bɔːgi, 'bɑːgi || bɒgi/ *adj* **-gier, -giest** cenagoso

bogus /'bəʊgəs/ *adj* ‹*claim/name*› falso; ‹*argument*› falaz; **a ~ company** una empresa fantasma

Bohemian /bəʊ'hiːmiən/ *adj also* **bohemian** (unconventional) bohemio

boil¹ /bɔɪl/ *n*
A (Med) furúnculo *m*
B (boiling point): ***on the ~***: **the vegetables are on the ~** las verduras se están haciendo; **he has another project on the ~** tiene otro proyecto entre manos; ***to bring sth to the ~***: **bring the water to the ~** dejar que el agua rompa el hervor; **they have brought the issue back to the ~** han vuelto a poner el tema sobre el tapete; ***to go off the ~***: **interest in the affair has gone off the ~** ha decaído el interés en el asunto

boil² *vi* **1** (be at boiling point) «*water/vegetables*» hervir*; **the kettle's ~ing!** ¡hierve el agua!; **~ing water** agua hirviendo; **the rice has ~ed dry** el arroz se ha quedado sin agua **2** (be excited): **he was ~ing with rage** le hervía la sangre de rabia
■ **boil** *vt*
A (bring to boiling point) hervir*; (keep at boiling point) hervir*, dejar hervir; (cook in boiling water) ‹*vegetables*› cocer*, hervir*; **~ the eggs for three minutes** cocer *or* hervir los huevos tres minutos
B **boiled** *past p* ‹*potatoes/rice*› hervido; ‹*ham*› cocido; ‹*egg*› (soft) pasado por agua; (hard) duro; **~ed sweet** (BrE) caramelo *m* de fruta
Phrasal verbs
• **boil down** [v ▸ o ▸ adv, v ▸ adv ▸ o] ‹*stock/sauce*› reducir*
• **boil down to** [v ▸ adv ▸ prep ▸ o] reducirse* a; **what it ~s down to is this** en resumidas cuentas, lo que pasa es esto
• **boil over** [v ▸ adv] «*milk*» irse* por el fuego, salirse*; «*pan*» desbordarse; «*person*» perder* el control
• **boil up** [v ▸ adv] (colloq) estarse* preparando

boiler /'bɔɪlər || 'bɔɪlə(r)/ *n* **1** (water heater) (BrE) caldera *f*, calentador *m* **2** (in steam engine) caldera *f*

boiler: **~maker** *n* (AmE colloq) *whisky con cerveza*; **~ room** *n* (BrE) sala *f* de calderas; **~ suit** *n* (BrE) mono *m*, overol *m* (AmL)

boiling /'bɔɪlɪŋ/ *adj* (colloq): **this coffee is ~** este café está hirviendo; **I'm ~** estoy asado (fam); **it's ~ hot today/in here** (*as adv*) hace un calor espantoso hoy/aquí

boiling point *n* punto *m* de ebullición; ***to be at/reach ~ ~*** «*situation*» estar*/ponerse* al rojo vivo

boisterous /'bɔɪstərəs/ *adj* ‹*game*› bullicioso, escandaloso; ‹*child*› bullicioso

bold /bəʊld/ *adj* **-er, -est**
A (daring) audaz, atrevido
B (impudent) ‹*smile/advances*› descarado, atrevido; **if I may be so ~ as to ...** si me permite el atrevimiento de ...; ***to make ~ with sth*** usar algo como si fuera propio
C ‹*pattern*› llamativo; ‹*color*› fuerte, vivo

bold (face) *n* [u] negrita *f*

boldly /'bəʊldli/ *adv* **1** (daringly) con audacia *or* atrevimiento, audazmente **2** (impudently) descaradamente

boldness /'bəʊldnəs || 'bəʊldnɪs/ *n* [u] **1** (daring) audacia *f* **2** (impudence) descaro *m*, atrevimiento *m* **3** (of colors, design) fuerza *f*

Bolivia /bə'lɪviə/ *n* Bolivia *f*

Bolivian¹ /bə'lɪviən/ *adj* boliviano

b

Bolivian² *n* boliviano, -na *m,f*

bollard /'bɑːlərd || 'bɒlɑːd/ *n* **1▸** (on quay) noray *m*, bolardo *m* **2▸** (by road) (BrE) baliza *f*

bollix /'bɑːlɪks || 'bɒlɪks/ *vt* **~ (up)** (AmE sl): **try not to ~ it up this time!** ¡esta vez intenta no cagarla! (vulg); **the numbers are all ~ed (up)** los números están todos liados (fam)

bollocking /'bɑːləkɪŋ || 'bɒləkɪŋ/ *n* (BrE sl): **to give sb a ~** echarle una bronca a algn (fam)

bollocks /'bɑːləks || 'bɒləks/ *pl n* (BrE vulg) **1▸** (testicles) huevos *mpl* (vulg), pelotas *fpl* (vulg), cojones *mpl* (vulg), tanates *mpl* (Méx vulg) **2▸** (nonsense) pendejadas *fpl or* (Esp) gilipolleces *fpl or* (AmS) pelotudeces *or* (Col, RPl) boludeces *fpl or* (Andes, Ven) huevadas *fpl* (vulg)

bologna /bə'ləʊni || bə'ləʊnjə/ *n* [u] (AmE) *tipo de salchicha ahumada*

bolognese /'bəʊlə'niːz || ˌbɒlə'neɪz/ *adj*: **~ sauce** salsa *f* boloñesa, ≈ tuco *m* (RPl)

Bolshevik¹ /'bəʊlʃəvɪk || 'bɒlʃəvɪk/ *n* bolchevique *mf*

Bolshevik² *adj* bolchevique

bolshie, bolshy /'bəʊlʃi || 'bɒlʃi/ *adj* **-shier, -shiest** (BrE colloq) rebelde, díscolo

bolster¹ /'bəʊlstər || 'bəʊlstə(r)/ *vt* **to ~ (up)** ‹*popularity/economy*› reforzar*; ‹*argument*› reafirmar; ‹*morale*› levantar

bolster² *n* cabezal *m* (*almohada de forma cilíndrica*)

bolt¹ /bəʊlt/ *n*

A (Tech) tornillo *m*, perno *m*

B **1▸** (on door) pestillo *m*, pasador *m*, cerrojo *m* **2▸** (on firearm) cerrojo *m*

C **~ (of lightning)** relámpago *m*, rayo *m*

D (dash) **to make a ~ for sth: I made a ~ for the door** corrí *or* me lancé hacia la puerta

bolt² *vt*

A (fasten with bolt) atornillar, sujetar con un tornillo *or* perno; **the tables are ~ed to the floor** las mesas están atornilladas al suelo

B ‹*door*› echarle el pestillo *or* el pasador *or* el cerrojo a

C **~ (down)** ‹*food/meal*› engullir*

▪ **bolt** *vi* «*horse*» desbocarse*; «*person*» salir* disparado

bolt³ *adv*: **~ upright** muy erguido; **he suddenly sat ~ upright in bed** se irguió de repente en la cama

bomb¹ /bɑːm || bɒm/ *n*

A (Mil) (explosive device) bomba *f*; **the room looked as if a ~ had hit it** (colloq) la habitación estaba toda patas arriba (fam); (*before n*) **~ scare** amenaza *f* de bomba; **~ squad** (colloq) brigada *f* antiexplosivos *or* de explosivos

B (flop) (AmE colloq) desastre *m* (fam)

C (large sum) (BrE colloq) (*no pl*): ***to cost a ~*** costar* un dineral

bomb² *vt*

A (from air) bombardear; (plant bomb in) colocar* una bomba en

B (condemn) (AmE colloq) poner* por los suelos (fam)

▪ **bomb** *vi* (colloq)

A (flop) «*play*» ser* un fracaso, tronar* (Méx fam)

B (go fast) (BrE) **to ~ along** ir* a todo lo que da (fam)

bombard /bɑːm'bɑːrd || bɒm'bɑːd/ *vt* **1▸** (Mil) bombardear **2▸** (assail) **to ~ sb WITH sth: she was ~ed with questions** la acribillaron *or* bombardearon a preguntas

bombardment /bɑːm'bɑːrdmənt || bɒm'bɑːdmənt/ *n* [u c] bombardeo *m*

bombastic /bɑːm'bæstɪk || ˌbɒm'bæstɪk/ *adj* (frml) grandilocuente, bombástico

bomb disposal *n* [u] desactivación *f* de explosivos; (*before n*) **~ ~ expert** artificiero, -ra *m,f*

bombed /bɑːmd || bɒmd/ *adj* (AmE colloq) (*pred*): **to be ~** estar* como una cuba (fam), estar* tomado (AmL fam)

bomber /'bɑːmər || 'bɒmə(r)/ *n* **1▸** (aircraft) bombardero *m* **2▸** (terrorist) terrorista *mf* (*que perpetra atentados colocando bombas*)

bomber jacket *n* chaqueta *f or* (Esp) cazadora *f or* (Méx) chamarra *f or* (RPl) campera *f* de aviador

bombing /'bɑːmɪŋ || 'bɒmɪŋ/ *n* [c u] **1▸** (from aircraft) bombardeo *m* **2▸** (by terrorists) atentado *m* (terrorista)

bombshell /'bɑːmʃel || 'bɒmʃel/ (shocking news) *n* bomba *f*; **the news of their divorce came as a ~** la noticia de su divorcio cayó como una bomba; **a blonde ~** (colloq) una rubia explosiva (fam & period)

bona fide /'bəʊnəfaɪd || ˌbəʊnə'faɪdi/ *adj* genuino, auténtico

bonanza /bə'nænzə/ *n* **1▸** (piece of luck) filón *m*, mina *f* de oro **2▸** (plentiful supply) superabundancia *f*, gran oferta *f*

bond¹ /bɑːnd || bɒnd/ *n*

A [c] **1▸** (link) vínculo *m*; **the ~ between mother and child** el vínculo afectivo entre madre e hijo **2▸** **bonds** *pl* (fetters) cadenas *fpl*

B [u] (adhesion) adherencia *f*

C (Fin) [c] (debt certificate) bono *m*, obligación *f*; **my word is my ~** puedes fiar de *or* confiar en mi palabra

bond² *vi* **1▸** (stick) adherirse* **2▸** (form relationship) establecer* vínculos *or* lazos afectivos

▪ **bond** *vt* (stick) **to ~ sth TO sth** adherir* *or* pegar* algo A algo

bondage /'bɑːndɪdʒ || 'bɒndɪdʒ/ *n* [u] (enslavement) (liter) cautiverio *m* (liter), esclavitud *f*

bonded /'bɑːndəd || 'bɒndɪd/ *adj* **1▸** (esp AmE) ‹*guard/salesperson*› protegido por seguro de infidelidad **2▸** ‹*goods*› en depósito aduanero; **~ warehouse** (almacén *m* de) depósito *m*

bonding /'bɑːndɪŋ || 'bɒndɪŋ/ *n* [u] (Psych) vinculación *f* afectiva *or* emocional

bondsman /'bɑːndzmən || 'bɒndzmən/ *n* (*pl* **-men** /-mən/) (AmE Law) aval *m*, fiador *m*

bone¹ /bəʊn/ *n* **1▸** [c u] (Anat) hueso *m*; **I can feel it in my ~s** tengo ese presentimiento; **meat on/off the ~** carne *f* con/sin hueso; **the bare ~s (of sth)** lo básico (de algo); **he cut his finger to the ~** se cortó el dedo hasta el hueso; ***as dry as a ~*** requeteseco; ***to be a ~ of contention*** ser* la manzana de la discordia; ***to be close to the ~*** pasarse de castaño oscuro (fam); ***to have a ~ to pick with sb*** tener* que ajustar cuentas con algn; ***to make no ~s about sth*: she makes no ~s about being an atheist** no esconde *or* no oculta que es atea **2▸** [c] (of fish) espina *f* **3▸** [c] **bones** *pl* (of dead person) restos *mpl*, huesos *mpl* (fam)

bone² *vt* ‹*meat*› deshuesar; ‹*fish*› quitarle las espinas a

Phrasal verb

• **bone up on** [v ▸ adv ▸ prep ▸ o] (colloq) estudiar

bone: **~ china** *n* [u] porcelana *f* fina; **~-dry** /'bəʊn 'draɪ/ (*pred* **~ dry**) *adj* completamente seco; **~head** *n* (colloq) estúpido, -da *m,f*; **~headed** /'bəʊn'hedəd || 'bəʊn 'hedɪd/ *adj* (colloq) estúpido; **~ idle** *adj* (BrE colloq) haragán, flojo (fam)

boner /'bəʊnər || 'bəʊnə(r)/ *n* (AmE colloq) metedura *f or* (AmL tb) metida *f* de pata (fam)

bonfire /'bɑːnfaɪr || 'bɒnfaɪə(r)/ *n* hoguera *f*, fogata *f*; (*before n*) **~ night** (in UK) ▸**Guy Fawkes Night**

Bonfire Night

Cada 5 de noviembre los británicos celebran *Bonfire Night* para conmemorar la Conspiración de la Pólvora (*the Gunpowder Plot*). En esa misma fecha en 1605, un grupo de conspiradores católicos, encabezado por Guy Fawkes, intentaron volar el Parlamento inglés cuando el rey Jaime I se encontraba en su interior. Sin embargo, fueron descubiertos y ejecutados. En la actualidad es un acontecimiento que carece de significado político o religioso. Se lanzan fuegos artificiales y se encienden hogueras en las que se quema un muñeco de trapo (*guy*) que representa a Guy Fawkes

bonhomie /'bɑːnə'miː || 'bɒnəmiː/ *n* [u] cordialidad *f*

bonk /bɑːŋk || bɒŋk/ *vt* (hit) (colloq): **to ~ sb on the nose** pegarle* *or* darle* un golpe en la nariz a algn

▪ **bonk** *vi* (BrE sl) echar(se) un polvo (fam)

bonkers /'bɑːŋkərz || 'bɒŋkəz/ *adj* (BrE sl & hum) (*pred*) **to be ~** estar* chiflado (fam); **to go ~** perder* la chaveta (fam)

bonnet /'bɑːnət || 'bɒnɪt/ *n*

A (Clothing) sombrero *m*; (for baby) gorrito *m*

B (BrE Auto) capó *m*, capote *m* (Méx)

bonus /'bəʊnəs/ *n*

A **1▸** (payment to employee) plus *m*, prima *f*, bonificación *f* **2▸** (in competition): **for a ~ of two points** para ganar dos puntos extra

B (added advantage): **(added) ~** ventaja *f*

bony /'bəʊni/ *adj* **bonier, boniest** 1 ‹*knee*› huesudo 2 (made of bone) óseo

boo¹ /bu:/ *interj* ¡bu!; ***he/she wouldn't say ~ to a goose*** (BrE) es incapaz de matar una mosca

boo² *n* ≈ silba *f*, ≈ rechifla *f*

boo³, **boos, booing, booed** *vt* abuchear; **she was ~ed off the stage** la abuchearon y tuvo que abandonar el escenario

■ **boo** *vi* abuchear

boob /bu:b/ *n* (colloq)

A (blunder) metedura *f or* (AmL tb) metida *f* de pata (fam); **to make a ~** meter la pata (fam)

B (breast) teta *f* (fam *o* vulg), pechuga *f* (fam & hum)

C (foolish person) (AmE) bobo, -ba *m,f* (fam)

boo-boo /'bu:bu:/ *n* ▸**boob A**

booby /'bu:bi/: **~ hatch** *n* (AmE sl) loquero *m* (fam); **~ prize** *n* premio *m* al peor; **~ trap** *n* (Mil) trampa *f*; (bomb) bomba *f* trampa; **~-trap** *vt* **-pp-** (Mil): **his car was ~-trapped** le pusieron una bomba en el coche

booger /'bʊgər || 'bu:gə(r)/ *n* (AmE colloq) moco *m* (seco)

boogey-man /'bʊgimæn || 'bu:gimæn/ *n* (AmE) ▸**bogeyman**

boogie /'bʊgi || bu:gi/ *vi* **-gies, -gying, -gied** (colloq) bailar

boo-hoo /'bu:'hu:/ *interj* ¡buuah!

booing /'bu:ɪŋ/ *n* [u] abucheo *m*

book¹ /bʊk/ *n*

A (printed work) libro *m*; **it sounds like something out of a ~** parece de cuento; **the good B~** (frml) la Biblia; **by** *o* **according to the ~** ciñéndose a las reglas *or* normas; **to go by the ~** ceñirse* (estrictamente) a las normas *or* reglas; **in my ~** a mi modo de ver; ***to be a closed ~ to sb*** ser* un misterio para algn; ***to be an open ~*** ser* (como) un libro abierto; ***to be in sb's good/bad ~s***: (colloq) **I'm in her bad ~s now** en este momento no soy santo de su devoción; **try to get into her good ~s** trata de conquistártela; ***to bring sb to ~*** pedirle* cuentas a algn; **to be brought to ~** tener* que rendir cuentas; ***to read sb like a ~***: **don't tell me stories, I can read you like a ~** a mí no me vengas con cuentos, que yo ya te conozco; ***to throw the ~ at sb*** castigar* duramente a algn; (*before n*) **~ club** club *m* del libro, círculo *m* de lectores; **~ review** reseña *f* (*de un libro*)

B 1 (*exercise* ~) cuaderno *m* 2 (*note~*) libreta *f or* cuaderno *m* (de apuntes) 3 (*telephone* ~) (colloq) guía *f*, directorio *m* (AmL exc CS)

C (set — of samples) muestrario *m*; (— of matches, stamps) librito *m*

D **books** *pl* 1 (Busn, Fin): **the ~s** los libros; **to keep** *o* **do the ~s** llevar los libros *or* la contabilidad 2 (of club, agency) registro *m*; **are you on our ~s?** ¿está inscrito aquí?

E (betting) (AmE): **I'd make ~ they'll lose the game!** me apuesto *or* me juego la cabeza a que pierden el partido

book² *vt*

A 1 ‹*room/seat/flight*› reservar; ‹*appointment*› concertar*; **the hotel/flight is fully ~ed** el hotel/vuelo está completo; **we're fully ~ed until June** hasta junio no nos queda nada; **I'm ~ed (up) all this week** tengo toda la semana ocupada 2 ‹*performer*› contratar

B (record) ‹*order*› asentar*

C 1 (record charge against) multar, ponerle* una multa a 2 (in soccer) (BrE) amonestar

■ **book** *vi* hacer* una reserva

(Phrasal verbs)

• **book in** (esp BrE)

A [v ▸ adv] (register arrival) (BrE) inscribirse*, registrarse

B [v ▸ o ▸ adv, v ▸ adv ▸ o] (reserve room for): **she'd ~ed us in at the Hilton** nos había reservado habitación en el Hilton

• **book up** [v ▸ o ▸ adv, v ▸ adv ▸ o] (reserve) (*often pass*): **the hotels are all ~ed up** los hoteles están todos completos; **tonight's performance is ~ed up** no quedan localidades para la función de esta noche

bookable /'bʊkəbəl/ *adj* (BrE) 1 ‹*seat*› que se puede reservar 2 (Sport) ‹*offense*› que se sanciona con tarjeta amarilla

book: **~binding** *n* [u] encuadernación *f* (de libros); **~case** *n* biblioteca *f*, estantería *f*, librería *f* (Esp), librero *m* (Méx); **~end** *n* sujetalibros *m*

bookie /'bʊki/ *n* (colloq) ▸**bookmaker**

booking /'bʊkɪŋ/ *n* (esp BrE) 1 [c u] (reservation) reserva *f*, reservación *f* (AmL); (*before n*) **~ fee** suplemento *m*, recargo *m* 2 [c] (engagement) compromiso *m*

booking office *n* (BrE Theat) taquilla *f*, boletería *f* (AmL)

bookish /'bʊkɪʃ/ *adj* ‹*style*› libresco; **one of those ~ types** un ratón de biblioteca (fam)

book: **~keeper** *n* tenedor, -dora *m,f* de libros, contable *mf* (Esp); **~keeping** *n* [u] contabilidad *f*, teneduría *f* de libros

booklet /'bʊklət || 'bʊklɪt/ *n* folleto *m*

book: **~list** *n* (of bookseller, publisher) catálogo *m* de libros; (reading list) bibliografía *f*; **~maker** *n* corredor, -dora *m,f* de apuestas; **~mark** *n* señalador *m*, marcador *m*; **~mobile** /'bʊkməbi:l/ *n* (AmE) biblioteca *f* ambulante; **~plate** *n* ex libris *m*; **~seller** *n* librero, -ra *m,f*; **~shelf** *n* 1 (shelf) estante *m*, balda *f* (Esp) (*para libros*) 2 **~shelves** ▸**bookcase**; **~shop** *n* librería *f*; **~stall** *n* (in station) quiosco *m* (*de prensa y libros*); **~store** *n* (AmE) librería *f*; **~ token** *n* (BrE) cheque *m* regalo *m*, vale *m* (*canjeable por libros*); **~worm** *n* ratón *m* de biblioteca (fam)

boom¹ /bu:m/ *n*

A (Econ, Fin) boom *m*; (*before n*) **~ industry** industria *f* en auge

B (sound — of waves, wind) bramido *m*; (— of guns, explosion) estruendo *m*

boom² *vi*

A «*guns*» tronar*; «*voice/thunder*» retumbar

B (*usu in -ing form*) «*market/industry*» vivir un boom

(Phrasal verb)

• **boom out** [v ▸ adv] retumbar, resonar*

boomerang¹ /'bu:məræŋ/ *n* bumerang *m*

boomerang² *vi* tener* el efecto contrario al buscado

booming /'bu:mɪŋ/ *adj* 1 ‹*sound*› retumbante 2 ‹*industry*› en auge

boon /bu:n/ *n* (blessing) gran ayuda *f*

boondocks /'bu:ndɑ:ks || 'bu:ndɒks/ *pl n* (AmE colloq & hum), **boonies** /'bu:ni:z/ *pl n* (AmE sl): **the ~** los quintos infiernos (fam)

boondoggle /'bu:nˌdɑ:gəl || 'bu:nˌdɒgəl/ *n* (AmE colloq) despilfarro *m*

boor /bʊr || bʊə(r), bɔ:(r)/ *n* grosero, -ra *m,f*

boorish /'bʊrɪʃ || 'bʊərɪʃ, 'bɔ:-/ *adj* zafio, grosero

boost¹ /bu:st/ *n* [c] (uplift): **to give a ~ to sth** dar* empuje a algo, estimular algo; **it was a tremendous ~ to her confidence** le dio mucha más confianza en sí misma

boost² *vt* ‹*economy/production*› estimular; ‹*sales*› aumentar, incrementar; ‹*morale*› levantar; **to ~ sb's confidence** darle* más confianza en sí mismo a algn

booster /'bu:stər || 'bu:stə(r)/ *n* 1 (Rad, Telec, TV) repetidor *m* 2 (Auto) booster *m* 3 (Med) **~ (shot)** (vacuna *f* de) refuerzo *m*

booster cable *n* (AmE) cable *m* de arranque

boot¹ /bu:t/ *n*

A (Clothing) bota *f*; (short) botín *m*; **a pair of ~s** unas botas, un par de botas; ***the ~'s on the other foot now*** se ha vuelto la tortilla; ***to be as tough as an old ~*** *o* (BrE) ***old ~s*** (colloq) «*meat*» estar* como una suela de zapato; «*person*» ser* muy fuerte; ***to die with one's ~s on*** *o* ***in one's ~s*** morir* con las botas puestas; ***to lick sb's ~s*** (colloq) adular a algn, hacerle* la pelota *or* (Méx) la barba *or* (Chi) la pata a algn (fam), chuparle las medias a algn (RPl fam), lambonear a algn (Col fam); ***to put*** *o* ***stick the ~ in*** (BrE colloq) dar* patadas; ▸**big¹ F**

B (kick) (colloq) (*no pl*) patada *f*, puntapié *m*; ***to give sb the ~*** (colloq) echar a algn, darle* la patada a algn (fam)

C (BrE Auto) maletero *m*, portamaletas *m*, cajuela *f* (Méx), baúl *m* (Col, CS, Ven), maleta *f* (Chi), maletera *f* (Per)

D **to boot** (hum) (*as linker*) para rematarla, por si fuera poco

boot² *vt* 1 (kick) (colloq) darle* un puntapié a; **he ~ed the ball into the net** metió el balón en la red de una patada 2 (Comput) **~ (up)** cargar*, hacer* el cebado de

(Phrasal verb)

• **boot out** [v ▸ o ▸ adv, v ▸ adv ▸ o] (colloq) echar, poner* de patitas en la calle (fam)

boot camp *n* (AmE) *campamento de entrenamiento de reclutas de Marina*

bootee, (AmE also) **bootie** /'bu:ti: || bu:'ti:/ *n* (for baby) botita *f* (*de punto*); (for woman) botín *m*

booth /bu:θ || bu:ð, bu:θ/ *n* **1** (cabin) cabina *f*; **ticket ~** taquilla *f*, boletería *f* (AmL); **photo ~** fotomatón *m* **2** (*polling ~*) cabina *f* de votación **3** (*telephone ~*) cabina *f* (de teléfono) **4** (stall — at fair) barraca *f*, caseta *f*; (— at exhibition) stand *m*

bootleg¹ /'bu:tleg/ *vt* **-gg-** ‹*liquor*› dedicarse* al contrabando de; **to ~ tapes** grabar y vender cintas piratas

bootleg² *adj* (*before n*) ‹*liquor*› de contrabando; ‹*tape*› pirata *adj inv*

bootlegger /'bu:t,legər || 'bu:t,legə(r)/ *n* contrabandista *mf*

booty /'bu:ti/ *n* [u] botín *m*

booze¹ /bu:z/ *n* [u] (colloq) bebida *f*, trago *m* (esp AmL fam)

booze² *vi* (colloq) beber, tomar (esp AmL)

boozer /'bu:zər || 'bu:zə(r)/ *n* (colloq) **1** (drinker) borrachín, -china *m,f* (fam) **2** (pub) (BrE) bar *m*

booze-up /'bu:zʌp/ *n* (BrE colloq) juerga *f* (fam)

boozy /'bu:zi/ *adj* **-zier, -ziest** (colloq) ‹*person*› borrachín (fam); **a ~ meal** una comida regada con abundante alcohol

bop¹ /bɑ:p || bɒp/ *n*

A (dance) (BrE colloq): **to go for a ~** ir* a bailar

B (blow) (colloq): **a ~ on the head** un coscorrón (fam)

bop² **-pp-** (colloq) *vi* (BrE) bailar

■ **bop** *vt* (hit): **to ~ sb** pegarle* un coscorrón a algn (fam)

bordello /bɔ:r'deləʊ || bɔ:'deləʊ/ *n* burdel *m*

border¹ /'bɔ:rdər || 'bɔ:də(r)/ *n*

A (Pol) frontera *f*; **Paraguay has ~s with three countries** Paraguay limita con tres países; (*before n*) ‹*dispute/town*› fronterizo

B **1** (edge) borde *m* **2** (edging — on fabric, plate) cenefa *f*

C (in garden) arriate *m*, cantero *m* (RPl)

border² *vt* **1** ‹*country/state*› limitar con; ‹*fields/lands*› lindar con; **~ing states** estados *mpl* limítrofes *or* fronterizos **2** (edge — with ribbon, binding) ribetear; **the plates were ~ed with a blue band** los platos tenían una cenefa azul

Phrasal verb

• **border on**, **border upon** [v ▸ prep ▸ o] **1** «*country*» limitar con **2** (verge on) rayar en, lindar con

border: **~land** *n* [u c] zona *f* fronteriza; **~line** *adj* ‹*case/score*› dudoso; ‹*candidate*› en el límite entre el aprobado y el reprobado *or* (Esp) el suspenso; **a ~line pass** un aprobado muy justo

bore¹ /bɔ:r || bɔ:(r)/ *past of* **bear¹**

bore² *vt*

A ‹*shaft/tunnel*› hacer*, abrir*; **they ~d a hole into the rock** hicieron una perforación en la roca

B (weary) aburrir

■ **bore** *vi* perforar, taladrar; **they are boring for oil** están haciendo perforaciones en busca de petróleo

bore³ *n*

A (person) pesado, -da *m,f* (fam), pelmazo *m* (fam), plomo *m* (fam); (thing) aburrimiento *m*, pesadez *f* (fam), lata *f* (fam)

B (of cylinder, gun barrel) calibre *m*; **12-~ shotgun** (BrE) escopeta *f* de calibre 12

bored /bɔ:rd || bɔ:d/ *adj* aburrido; **to be ~ WITH sth** estar* aburrido DE algo; **to get ~** aburrirse

boredom /'bɔ:rdəm || 'bɔ:dəm/ *n* [u] aburrimiento *m*

boring /'bɔ:rɪŋ/ *adj* aburrido, aburridor (AmL)

born¹ /bɔ:rn || bɔ:n/ (*past p of* **bear¹**): **to be ~** nacer*; **when was she ~?** ¿cuándo nació?; **to be ~ lucky** nacer* con suerte; **poets are ~ not made** los poetas nacen, no se hacen; **with the confidence ~ of experience** con la confianza que da la experiencia; **to be ~ TO sth/to + INF**: **he was ~ to (a life of) luxury** nació para (ser) rico; **this is what I was ~ for** *o* **what I was ~ to do** yo he nacido para esto; **I wasn't ~ yesterday, you know!** ¡oye, que no nací ayer!; **there's one ~ every minute!** (set phrase) hay tontos para repartir

born² *adj* (*before n*) ‹*teacher/leader*› nato; **in all my ~ days** (colloq) en toda mi vida; **he's a ~ loser** siempre ha sido y será un perdedor

-born /'bɔ:rn || bɔ:n/ *suff*: **Austrian~/Dallas~** nacido en *or* oriundo de Austria/Dallas

born-again /'bɔ:rnə'gen || ,bɔ:nə'gen/ *adj* (*before n*): **~ Christian** *cristiano convertido, especialmente a una secta evangélica*

borne /bɔ:rn || bɔ:n/ *past p of* **bear¹**

borough /'bɜ:rəʊ || 'bʌrə/ *n* **1** (in New York, London) ≈ municipio *m*; **the Five B~s** la ciudad de Nueva York **2** (in US) distrito *m* municipal **3** (in UK) municipio *m* **4** (in Alaska) condado *m*

borrow /'bɑ:rəʊ || 'bɒrəʊ/ *vt*

A **1** (have on loan): **may I ~ your pencil?** ¿me prestas *or* (Esp tb) me dejas el lápiz?; **the ladder is ~ed** la escalera es prestada; **to ~ sth FROM sb** pedirle* prestado algo A algn; **I ~ed a ladder from Tim** le pedí una escalera prestada a Tim; **I ~ed $5,000 from the bank** pedí un préstamo de 5.000 dólares al banco; **he was living on ~ed time** tenía los días contados **2** (from library) sacar*

B ‹*idea*› sacar*; ‹*word*› tomar; **a term ~ed from German** un préstamo del alemán, una palabra tomada del alemán

borrower /'bɑ:rəʊər || 'bɒrəʊə(r)/ *n* **1** (Fin) prestatario, -ria *m,f* **2** (from library) usuario, -ria *m,f*

borrowing /'bɑ:rəʊɪŋ || 'bɒrəʊɪŋ/ *n* [u] (Fin) préstamos *mpl*

borstal /'bɔ:rstl̩ || 'bɔ:stəl/ *n* (formerly in UK) reformatorio *m*

Bosnia Herzegovina /'bɑ:zniə,hertsəgəʊ'vi:nə || ,bɒzniə,hɜ:tsəgəʊ'vi:nə/ *n* Bosnia Herzegovina *f*

Bosnian¹ /'bɑ:zniən || 'bɒzniən/ *adj* bosnio

Bosnian² *n* bosnio, -nia *m,f*

bosom /'bʊzəm/ *n* **1** (breast, chest) (liter) pecho *m*; (*before n*) ‹*friend*› del alma, íntimo **2** (of woman — bust) pecho *m*, busto *m*; (— breast) pecho *m*, seno *m* **3** (heart, center) (liter) seno *m*

boss /bɑ:s || bɒs/ *n* (colloq) **1** (superior) jefe, -fa *m,f*; (employer, factory owner) patrón, -trona *m,f*; **you decide, you're the ~** decídelo tú, que eres el que manda; **I want to be my own ~** quiero ser mi propio patrón **2** (leader) dirigente *mf*; **union ~es** dirigentes *mpl* sindicales; **a Mafia ~** un capo de la Mafia

Phrasal verb

• **boss around**, (BrE also) **boss about** [v ▸ o ▸ adv] (colloq) mandonear (fam)

bossily /'bɑ:sl̩i || 'bɒsɪli/ *adv* ‹*say*› en tono autoritario; ‹*behave*› de manera autoritaria

bossy /'bɑ:si || 'bɒsi/ *adj* **bossier, bossiest** (colloq) mandón (fam)

bosun /'bəʊsn̩/ *n* ▸**boatswain**

botanic /bə'tænɪk/, **-ical** /-ɪkəl/ *adj* botánico, de botánica; **~ gardens** jardín *m* botánico

botanist /'bɑ:tn̩əst || 'bɒtənɪst/ *n* botánico, -ca *m,f*

botany /'bɑ:tn̩i || 'bɒtəni/ *n* [u] **1** (subject) botánica *f* **2** (of particular place) flora *f*

botch¹ /bɑ:tʃ || bɒtʃ/ *vt* (colloq) **~ (up)** ‹*repair*› hacer* una chapuza de (fam); ‹*plan*› estropear

botch², **botch-up** /'bɑ:tʃʌp || 'bɒtʃʌp/ *n* (colloq) chapuza *f* (fam); **to make a ~ of sth** hacer* una chapuza de algo (fam)

both¹ /bəʊθ/ *adj* ambos, -bas, los dos, las dos; **~ the girls live nearby** ambas *or* las dos chicas viven cerca; **~ their fathers were truck drivers** los padres de los dos *or* de ambos eran camioneros; **on ~ sides of the street** a ambos lados de la calle

both² *pron* **1** ambos, -bas, los dos, las dos; **~ of them wanted to go** los dos *or* ambos querían ir; **~ of my brothers can swim** mis dos hermanos saben nadar **2** (*after n, pron*): **we ~ like chess** a los dos nos gusta el ajedrez; **her parents ~ like jazz** tanto a su padre como a su madre les gusta el jazz; **the coats are ~ too big** los dos abrigos son demasiado grandes; **she sends her love to you ~** les manda recuerdos a los dos

both³ *conj* **both ... and ...**: **~ Paul and John are in Italy** tanto Paul como John están en Italia, Paul y John están los dos en Italia; **~ young and old will enjoy this movie** esta película les gustará tanto a los niños como a los mayores; **she ~ wrote and played the music** compuso y tocó la música ella misma

bother¹ /ˈbɑːðər || ˈbɒðə(r)/ *vt* **1** (irritate) molestar; (pester) molestar, fastidiar; **does my smoking ~ you?** ¿te molesta que fume?; **sorry to ~ you** perdone (que lo moleste) **2** (trouble) preocupar; **what's ~ing you?** ¿qué es lo que te preocupa?; **she's very quiet, but don't let it ~ you** es muy callada, no te inquietes por ello; **to ~ oneself about sth/sb** preocuparse por algo/algn **3** (make effort) **not to ~ -ING**: **don't ~ writing a long letter** no hace falta que escribas una carta larga; **I don't ~ cooking any more** ya no me molesto en cocinar; **to ~ to + INF** tomarse la molestia DE + INF, molestarse EN + INF

■ **bother** *vi* **1** (make effort) molestarse; **you shouldn't have ~ed** no debiste haberte molestado; **why ~?** ¿para qué (molestarse)?; **I don't usually ~ with lunch** normalmente no como nada al mediodía **2** (worry) **to ~ ABOUT sth/sb** preocuparse POR algo/algn

bother² *n* **1** [u] (trouble) molestia *f*; (work) trabajo *m*; (problems) problemas *mpl*; **it isn't worth the ~** no vale la pena; **a spot of ~** (BrE colloq) un problemita (fam) **2** (nuisance) (*no pl*): **if it isn't too much of a ~ for you** si no es mucho problema *or* demasiada molestia para usted

bother³ *interj* (BrE): **~ (it)!** ¡maldito sea! (fam)

bothered /ˈbɑːðərd || ˈbɒðəd/ *adj* (*pred*): **I can't be ~ to go** me da pereza ir; **she yelled at him, but he wasn't a bit ~** le pegó un berrido, pero él ni se inmutó; **I'm not ~** (I don't mind) (BrE) me da igual *or* lo mismo; ▸**hot A1**

bothersome /ˈbɑːðərsəm || ˈbɒðəsəm/ *adj* ‹*demands*› molesto; ‹*person*› pesado, fastidioso

bottle¹ /ˈbɑːtl̩ || ˈbɒtl̩/ *n*

A [c] **1** (container, contents) botella *f*; (of perfume) frasco *m*; **return empty ~s** devuelva los envases *or* (Esp tb) los cascos; **a milk ~** una botella de leche (*el envase*); **baby's** *o* **feeding ~** biberón *m*, mamadera *f* (CS, Per), tetero *m* (Col), mamila *f* (Méx); (*before n*) **~ brush** cepillo *m or* escobilla *f* para limpiar botellas; **~ opener** abrebotellas *m*, destapador *m* (AmL) **2** (alcohol) (colloq): ***to hit the ~*** darle* a la bebida *or* (esp AmL) al trago (fam)

B [u] (courage, nerve) (BrE colloq) agallas *fpl* (fam); **to lose one's ~** achicarse* (fam)

bottle² *vt* **1** ‹*wine/milk*› embotellar; **~d milk** leche *f* en *or* de botella; **~d water** agua *f*‡ embotellada **2** (BrE) ‹*fruit/vegetables*› poner* en conserva

Phrasal verbs

- **bottle out** [v ▸ adv] (BrE sl) rajarse (fam), acobardarse
- **bottle up** [v ▸ o ▸ adv, v ▸ adv ▸ o] (colloq) ‹*emotion*› reprimir; **don't ~ it all up inside you** no te lo guardes dentro

bottle: **~ bank** *n* contenedor *m* de recogida de vidrio; **~feed** *vt* (*past & past p* **-fed**) alimentar *or* criar* con biberón *or* (Méx) con mamila *or* (CS, Per) con mamadera *or* (Col) con tetero; **~-green** /ˈbɑːtl̩ˈgriːn || ˌbɒtl̩ˈgriːn/ *adj* (*pred* **~ green**) verde botella *adj inv*

bottleneck¹ /ˈbɑːtl̩nek || ˈbɒtl̩nek/ *n* (narrow stretch of road) cuello *m* de botella; (hold-up) embotellamiento *m*

bottleneck² *vt* (AmE) obstaculizar*

bottom¹ /ˈbɑːtəm || ˈbɒtəm/ *n*

A **1** (of box, bottle, drawer) fondo *m*; (of hill, stairs) pie *m*; (of page) final *m*, pie *m*; (of pile) parte *f* de abajo; **at the ~ of the list** al final de la lista; **~s up!** (colloq) ¡al centro y pa'dentro! (fam); **I wonder what's/who's at the ~ of it all** me pregunto qué es lo que hay/quién está detrás de todo esto; ***from the ~ of one's heart*** de todo corazón; ***to get to the ~ of sth*** llegar* al fondo de algo **2** (underneath — of box) parte *f* de abajo; (— of ship) fondo *m*; ***the ~ has fallen out of the market*** los precios han caído en picada *or* picado; ***to knock the ~ out of sth*** echar por tierra algo **3** (of bed) pies *mpl*; (of garden) fondo *m*; (of road) final *m* **4** (of sea, river, lake) fondo *m*; ***to hit*** *o* ***touch ~*** tocar* fondo

B (of hierarchy): **he is at the ~ of the class** es el último de la clase; **the team is at the ~ of the league** el equipo está a la cola de la liga; **she started out at the ~** empezó desde abajo

C **1** (of person) trasero *m* (fam), traste *m* (CS fam); ▸**smooth¹ A1** **2** (of pyjamas, tracksuit) (*often pl*) pantalón *m*, pantalones *mpl*; (of bikini) parte *f* de abajo

D **bottoms** *pl* (river valley) (AmE) valle *m*, vega *f*

E (in baseball) parte *f* baja, segunda *f*

Phrasal verb

- **bottom out** [v ▸ adv] tocar* fondo

bottom² *adj* (*before n*) ‹*shelf/layer*› de más abajo; ‹*grade*› más bajo; ‹*part/edge/lip*› inferior, de abajo; **the ~ left-hand corner** el ángulo inferior izquierdo

bottomless /ˈbɑːtəmləs || ˈbɒtəmlɪs/ *adj* ‹*well/shaft*› sin fondo; **he's a ~ pit** tiene la solitaria (fam), es un barril sin fondo (AmL fam)

bottom line *n* (result): **the ~ ~ is that ...** en pocas palabras *or* en resumidas cuentas, esto implica que ...

botulism /ˈbɑːtʃəlɪzəm || ˈbɒtjʊlɪzəm/ *n* [u] botulismo *m*

boudoir /ˈbuːdwɑːr || ˈbuːdwɑː(r)/ *n* tocador *m*

bough /baʊ/ *n* rama *f*

bought /bɔːt/ *past & past p of* **buy¹**

boulder /ˈbəʊldər || ˈbəʊldə(r)/ *n* roca *f* (*grande, alisada por la erosión*)

boulevard /ˈbʊləvɑːrd || ˈbuːləvɑːd/ *n* bulevar *m*

bounce¹ /baʊns/ *vi* **1** «*ball/object*» rebotar, picar* (AmL), botar (Esp, Méx); **the box was bouncing around on the back seat** la caja iba dando tumbos en el asiento de atrás; **the child was bouncing up and down on the sofa** el niño saltaba *or* daba brincos en el sofá **2** (move jauntily) (+ *adv compl*): **she ~d into the room** entró a la habitación saltando *or* brincando *or* dando brincos **3** «*check*» (colloq) ser* devuelto *or* rechazado, rebotar (fam) **4** **bouncing** *pres p* ‹*baby*› sano, rozagante

■ **bounce** *vt*

A **1** ‹*ball/object*› hacer* rebotar, darle* botes a, hacer* picar (AmL), (hacer*) botar (Esp, Méx); **she ~d the child on her knee** le hacía (el) caballito al niño **2** ‹*check*› (colloq) devolver*, rechazar*

B (get rid of) (esp AmE colloq) ‹*drunk/employee*› echar, botar (AmL exc RPl fam)

Phrasal verb

- **bounce back** [v ▸ adv] (recover) (colloq) levantarse, recuperarse

bounce² *n*

A **1** [c] (action) rebote *m*, bote *m*, pique *m* (AmL); **he hit the ball on the ~** le dio a la pelota de rebote **2** [u] (springiness, vitality): **this shampoo puts the ~ back into your hair** este champú les da nueva vida a sus cabellos; **she's full of ~** es una persona llena de vida

B (dismissal) (AmE colloq): **to give sb the ~** poner* a algn de patitas en la calle (fam), botar a algn (AmE excl RPl fam)

bouncer /ˈbaʊnsər || ˈbaʊnsə(r)/ *n* (colloq) gorila *m* (fam), sacabullas *m* (Méx fam)

bouncy /ˈbaʊnsi/ *adj* **-cier, -ciest** **1** ‹*ball*› que rebota *or* (Esp, Méx) bota bien; ‹*mattress*› firme y elástico; ‹*ride*› movido **2** (lively, cheerful) ‹*person*› animado, lleno de vida; ‹*tune*› alegre

bound¹ /baʊnd/ *n*

A **bounds** *pl* (limits) límites *mpl*; **her generosity knows no ~s** su generosidad no tiene límite(s); **within the ~s of possibility** dentro de lo posible; **the shop is out of ~s to schoolchildren** los niños tienen prohibido entrar en la tienda

B (jump) salto *m*, brinco *m*

bound² *vi* **1** (leap) saltar **2** (move) (+ *adv compl*): **the dog ~ed along behind the bicycle** el perro iba dando saltos detrás de la bicicleta; **to ~ in/out/away** entrar/salir*/irse* dando saltos

■ **bound** *vt* ‹*area/country*› delimitar

bound³ *past & past p of* **bind¹**

bound⁴ *adj*

A **1** (tied up) atado, amarrado (AmL exc RPl); **my hands were ~** tenía las manos atadas *or* (AmL exc RPl) amarradas **2** (obliged) **to be ~ BY sth (to + INF)**: **you are still ~ by your promise** sigues estando obligado a cumplir lo que prometiste; **they are ~ by law to supply the goods** están obligados por ley a suministrar los artículos; **to be ~ to + INF**: **he felt ~ to tell his mother what had happened** se sintió obligado a decirle a su madre lo que había sucedido; **I'm duty/honor ~ to tell you the truth** es mi deber/obligación decirte la verdad; **~ and determined** (AmE) empeñado

B (*pred*) (certain) **to be ~ to + INF**: **it was ~ to happen sooner or later** tarde o temprano tenía que suceder; **she's ~ to be elected** seguro que sale elegida; **it was ~ to go wrong** no cabía duda de que iba a salir mal; **they're up to no good, I'll be ~** (colloq & dated) estoy seguro de que están haciendo algo que no deben

C (headed) (*pred*) ~ FOR: **a ship ~ for New York** un barco con rumbo a Nueva York; **the truck was ~ for Italy** el camión iba rumbo a Italia

-bound /baʊnd/ *suff* **1** (heading for): **passengers for the Birmingham~ train** los pasajeros con destino a Birmingham; **it crashed into the Moscow~ train** chocó con el tren que se dirigía a Moscú **2** (Publ): **leather~** encuadernado en cuero **3** (immobilized by): **snow~** paralizado por la nieve **4** (confined to): **wheelchair~** confinado a una silla de ruedas

boundary /ˈbaʊndri, -dəri/ *n* (*pl* **-ries**) límite *m*; **the ~ between fiction and fact** la frontera *or* la línea divisoria entre la ficción y la realidad; (*before n*) **~ line** línea *f* divisoria, linde *m or f*

boundless /ˈbaʊndləs || ˈbaʊndlɪs/ *adj* ‹*love/patience*› sin límites; ‹*resources*› ilimitado, inagotable; ‹*universe*› infinito

bountiful /ˈbaʊntɪfəl/ *adj* (liter) ‹*king/nature*› munificente (liter), pródigo (liter); ‹*harvest/gifts*› copioso, abundante; ***to play Lady B~*** (BrE) hacerse* la dadivosa

bounty /ˈbaʊnti/ *n* (*pl* **-ties**)
A [u c] (liter) (generosity) munificencia *f* (liter)
B [c] (reward) recompensa *f*; (*before n*) **~ hunter** cazador, -dora *m,f* de recompensas

bouquet /bəʊˈkeɪ, buːˈkeɪ || bʊˈkeɪ, bəʊˈkeɪ/ *n*
A (of flowers) ramo *m*; (small) ramillete *m*
B (of wine) bouquet *m*, aroma *m*

bouquet garni /buːˈkeɪgɑːrˈniː, ˈbəʊkeɪ- || buːˈkeɪˈgɑːni/ *n* (*pl* **~s ~s** /-keɪz/) ramito *m* compuesto

bourbon /ˈbɜːrbən || ˈbɜːbən/ *n* [u c] bourbon *m*

bourgeois[1] /ˈbʊrʒwɑː || ˈbɔːʒwɑː, ˈbʊəʒ-/ *adj* burgués

bourgeois[2] *n* burgués, -guesa *m,f*

bourgeoisie /ˈbʊrʒwɑːˈziː || ˌbɔːʒwɑːˈziː, ˌbʊəʒ-/ *n* [u] burguesía *f*

bout /baʊt/ *n*
A (period, spell): **I had a ~ of flu** tuve una gripe *or* (Col, Méx) una gripa muy mala; **~s of depression** frecuentes depresiones; **a ~ of activity** una racha de actividad; **a drinking ~** una borrachera *or* juerga
B (in boxing, wrestling) combate *m*, encuentro *m*

boutique /buːˈtiːk/ *n* boutique *f*

bovine /ˈbəʊvaɪn/ *adj* bovino

bow[1] /baʊ/ *n*
A (movement) reverencia *f*; **the actress took a ~** la actriz salió a saludar al público/hizo una reverencia
B (of ship) (*often pl*) proa *f*

bow[2] /baʊ/ *vi* hacer* una reverencia; **to ~ TO sb** hacerle* una reverencia A algn, inclinarse ANTE algn; **to ~ TO sth**: **we must ~ to her experience** debemos tratarla con la deferencia que su experiencia merece; **they ~ed to government pressure** cedieron ante la presión del gobierno
■ **bow** *vt* ‹*head*› inclinar, agachar

(Phrasal verbs)
- **bow down** [v ▸ adv] doblegarse*; **to ~ down TO sb/sth** someterse A algn/algo
- **bow out** [v ▸ adv] retirarse

bow[3] /bəʊ/ *n*
A (knot) lazo *m*, moño *m* (esp AmL); **to tie a ~** hacer* un lazo (*or* moño *etc*); **to tie sth in a ~** hacer* un lazo (*or* moño *etc*) con algo
B (weapon) arco *m*; **~ and arrow** arco y flecha
C (Mus) arco *m*

bow[4] /bəʊ/ *vi* «*branch/plank*» arquearse, doblarse, pandearse (esp AmL)
■ **bow** *vt* ‹*branch/beam*› arquear

bowdlerize /ˈbaʊdləraɪz/ *vt* (pej) expurgar*

bowel /ˈbaʊəl/ *n*
A (Anat) *also* **large ~** intestino *m* grueso
B **bowels** *pl* (liter): **in the ~s of the earth** en las entrañas de la tierra

bower /baʊr || ˈbaʊə(r)/ *n* enramada *f*

bowl[1] /bəʊl/ *n*
A **1** (container) (Culin) bol *m*, tazón *m*, cuenco *m*; (for washing etc) palangana *f*, barreño *m*; **fruit ~** frutero *m*, frutera *f* (CS); **soup ~** sopero *m* **2** (contents) bol *m*, tazón *m* **3** (of toilet) taza *f*, inodoro *m*
B (in game of bowls) bola *f*, bocha *f*; *see also* **bowls**

bowl[2] *vi* (throw) lanzar*; **to go ~ing** *ir a jugar a los bolos, la petanca, las bochas etc*
■ **bowl** *vt* **1** ‹*ball*› lanzar* **2** (in cricket) ‹*batsman*› eliminar

(Phrasal verb)
- **bowl over** [v ▸ o ▸ adv, v ▸ adv ▸ o] **1** (knock down) derribar, tirar al suelo **2** (impress): **we were ~ed over by the beauty of the island** la belleza de la isla nos dejó pasmados *or* boquiabiertos

bowlegged /ˈbəʊˈlegd/ *adj* patizambo

bowler /ˈbəʊlər || ˈbəʊlə(r)/ *n*
A (in cricket) lanzador, -dora *m,f*; (in bowling, bowls) jugador, -dora *m,f*
B **~ (hat)** bombín *m*, sombrero *m* de hongo

bowling /ˈbəʊlɪŋ/ *n* [u]
A **1** (in bowling alley) bolos *mpl* **2** (on grass) ▸ **bowls**
B (in cricket) lanzamiento *m*

bowling: **~ alley** *n* bolera *f*, bowling *m*; **~ green** *n*: *pista donde se juega a los* **bowls**

bowls /bəʊlz/ *n* (+ *sing vb*) *juego semejante a la petanca que se juega sobre césped*

bow tie /bəʊ/ *n* corbata *f* de moño (AmL), pajarita *f* (Esp)

box[1] /bɑːks || bɒks/ *n*
A (container, contents) caja *f*; (large) cajón *m*; (for watch, pen) estuche *m*; (*ballot ~*) urna *f*; (*collection ~*) alcancía *f* (AmL), hucha *f* (Esp); (*jewelry ~*) joyero *m*, alhajero *m* (AmL); (*tool ~*) caja *f* de herramientas
B **1** (*penalty ~*) (in ice hockey) banquillo *m* (*de castigo*); (in soccer) área *f*‡ (de penalty *or* de castigo) **2** (in baseball) área *f*‡
C (on form) casilla *f*
D **1** (in theater) palco *m* **2** (booth) cabina *f*; **witness ~** estrado *m*
E (television) (esp BrE colloq): **the ~** la tele (fam); **what's on the ~?** ¿qué dan en la tele? (fam)
F (thump): **a ~ around the ears** un sopapo

box[2] *vi* boxear
■ **box** *vt*
A (put in boxes) poner* en una caja, embalar
B **1** (hit): **to ~ sb around the ear(s)** darle* un sopapo a algn **2** (fight) (Sport) boxear *or* pelear con *or* contra

(Phrasal verb)
- **box in** [v ▸ o ▸ adv, v ▸ adv ▸ o] **1** (restrict, surround) cerrarle* el paso a **2** (enclose) ‹*pipes*› esconder (*tapando con una tabla etc*)

boxcar /ˈbɑːkskɑːr || ˈbɒkskɑː(r)/ *n* (AmE) vagón *m* de carga, furgón *m*

boxer /ˈbɑːksər || ˈbɒksə(r)/ *n* **1** (person) boxeador, -dora *m,f* **2** (dog) bóxer *mf*

boxer shorts *pl n* calzoncillos *mpl*, calzones *mpl* (Méx), interiores *mpl* (Col, Ven)

boxing /ˈbɑːksɪŋ || ˈbɒksɪŋ/ *n* [u] boxeo *m*; (*before n*) **~ ring** ring *m*, cuadrilátero *m*

Boxing Day /ˈbɑːksɪŋ || ˈbɒksɪŋ/ *n*: *el 26 de diciembre, día festivo en Gran Bretaña*

> **Boxing Day**
>
> En Gran Bretaña es el 26 de diciembre, día festivo oficial en que se llevan a cabo actividades deportivas y de caza. Antiguamente era la ocasión en que se regalaban pequeñas sumas de dinero (*Christmas boxes*) a los comerciantes y a sus empleados. En Irlanda se denomina *(Saint) Stephen's Day*

box: **~ number** *n* (at post office) apartado *m* (de correos), apartado *m* postal (Méx), casilla *f* postal *or* de correo (CS); **~ office** *n* taquilla *f*, boletería *f* (AmL)

boy[1] /bɔɪ/ *n* **1** (baby, child) niño *m*, chico *m*; **is it a ~ or a girl?** ¿es niño o niña?, ¿es varón o nena? (esp AmL); **~s will be ~s** así son los chicos *or* los niños; **the little ~s' room** (AmE euph) el (cuarto de) baño, el váter (Esp fam) **2** (son) hijo *m*, chico *m*; **she has three ~s** tiene tres hijos *or* chicos *or* (esp AmL) varones; **one of the Smith ~s** uno de los hijos *or* chicos de los Smith **3** (young man) (colloq) muchacho *m*, chico *m*; **a good old ~** (AmE) un sureño típico; **a night out with the ~s** una noche de juerga con los muchachos; **jobs for the ~s** (BrE colloq) amiguismo *m*; **the ~s in blue** (BrE colloq) la policía **4** (servant) criado *m*, mozo *m*

boy² *interj* (esp AmE colloq) ¡vaya!
boycott¹ /'bɔɪkɑ:t || 'bɔɪkɒt/ *n* boicot *m*
boycott² *vt* boicotear
boyfriend /'bɔɪfrend/ *n* novio *m*, pololo *m* (Chi fam)
boyhood /'bɔɪhʊd/ *n* [u c] niñez *f*
boyish /'bɔɪɪʃ/ *adj* [1] ‹*enthusiasm/smile*› de chico, de niño; **his ~ looks** su aspecto juvenil *or* de chico [2] (used of woman) de muchacho, de chico
boy: **~ racer** (colloq) *automovilista joven que conduce demasiado rápido*; **~ scout** *n* boy scout *m*, explorador *m*
bozo /'bəʊzəʊ/ *n* (*pl* **bozos**) (AmE sl & pej) sujeto *m* (pey)
BR = British Rail
bra /brɑ:/ *n* sostén *m*, sujetador *m* (Esp), brasier *m* (Col, Méx), corpiño *m* (RPl), soutien *m* (Ur)
brace¹ /breɪs/ *n*
A (support) abrazadera *f*
B (Dent) ▸ **D2**
C (drill) berbiquí *m*; **~ and bit** berbiquí y barrena
D **braces** *pl* [1] (BrE Clothing) tirantes *mpl*, cargaderas *fpl* (Col), tiradores *mpl* (RPl), suspensores *mpl* (Chi) [2] (esp AmE Dent) aparato(s) *m(pl)*, frenos *mpl* (Méx), fierros *mpl* (Méx, Per), frenillos *mpl* (Chi)
E (*pl* ~) (pair) (BrE) par *m*
brace² *vt* (support) apuntalar
■ *v refl* **to ~ oneself for sth** prepararse para algo
■ **brace** *vi* (AmE) **to ~ (FOR sth)** preparse (PARA algo)
(Phrasal verb)
• **brace up** [v ▸ adv] (AmE) animarse; **~ up!** ¡arriba ese ánimo!
bracelet /'breɪslət || 'breɪslɪt/ *n* pulsera *f*, brazalete *m*
bracing /'breɪsɪŋ/ *adj* vigorizante
bracken /'brækən/ *n* [u] helechos *mpl*
bracket¹ /'brækət || 'brækɪt/ *n*
A [1] (Print) (square bracket) corchete *m* [2] (parenthesis) (BrE) paréntesis *m*; **in ~s** entre paréntesis
B (category): **tax ~** ≈ banda *f* impositiva; **income ~** nivel *m* de ingresos; **the best car in this price ~** el mejor coche dentro de esta gama de precios; **the 25-30 age ~** el grupo etario de entre 25 y 30 años
C (support) soporte *m*; (for shelves) escuadra *f*
bracket² *vt* [1] ‹*word/phrase*› poner* entre corchetes; (in parentheses) (BrE) poner* entre paréntesis [2] (categorize) catalogar*; **you can't ~ these two cases together** no se puede equiparar estos dos casos
brackish /'brækɪʃ/ *adj* salobre
brag /bræg/ **-gg-** *vi* fanfarronear (fam); **to ~ ABOUT** *o* **OF sth/-ING** alardear *or* jactarse DE algo/+ INF; **that's nothing to ~ about** eso no es como para enorgullecerse
■ **brag** *vt* fanfarronear (fam); **to ~ THAT** hacer* alarde *or* jactarse DE QUE
braggart /'brægərt || 'brægət/ *n* fanfarrón, -rrona *m,f*, jactancioso, -sa *m,f*
braid¹ /breɪd/ *n* [1] [c] (of hair) (esp AmE) trenza *f*; **she wears her hair in ~s** lleva el pelo trenzado [2] [u] (Tex) galón *m*
braid² *vt* trenzar*
braille, Braille /breɪl/ *n* [u] braille *m*, Braille *m*
brain¹ /breɪn/ *n*
A (organ) cerebro *m*; (*before n*) **~ damage** lesión *f* cerebral; **~ surgeon** neurocirujano, -na *m,f*; **~ surgery** neurocirugía *f*; **~ tumor** tumor *m* cerebral
B (intellect): **she's got a good ~** es muy inteligente; ***to have sth on the ~*** (colloq) tener* algo metido en la cabeza
C (clever person) cerebro *m*; (*before n*) **the ~ drain** la fuga de cerebros; *see also* **brains**
brain² *vt* (colloq) romperle* la crisma a (fam)
brain: **~box** *n* (BrE colloq) cerebrito *m* (fam); **~child** *n* creación *m*; **~-dead** *adj* clínicamente muerto
brainless /'breɪnləs || 'breɪnlɪs/ *adj* (colloq) estúpido
brains /breɪnz/ *n*
A (+ *pl vb*) [1] (substance) sesos *mpl*; (Culin) sesos *mpl*; ***to blow sb's ~ out*** levantarle la tapa de los sesos a algn [2] (intelligence) inteligencia *f*; ***to pick sb's ~***: **I'd like to pick your ~ about sth** quisiera hacerte unas preguntas *or* consultas acerca de algo; ***to rack one's ~ (over sth)*** devanarse los sesos (con algo)
B (+ *sing vb*) (mastermind) cerebro *m*, autor, -tora *m,f* intelectual (AmL); **she's the ~ behind the operation** es el cerebro *or* (AmL tb) la autora intelectual de la operación; **he's the ~ of the family** es la lumbrera de la familia
brain: **~storm** *n* (colloq) [1] (confusion) (BrE): **I/he had a ~storm** se me/le cruzaron los cables (fam) [2] (AmE) ▸ **~wave**; **~teaser** /'breɪn,ti:zər || 'breɪn,ti:zə(r)/ *n* rompecabezas *m*; **~ trust** *n* (AmE) grupo *m* de expertos; **~wash** *vt* hacerle* un lavado de cerebro a, lavarle el cerebro a; **~wave** *n* (colloq) idea *f* genial *or* brillante, lamparazo *m* (Col fam)
brainy /'breɪni/ *adj* **-nier, -niest** (colloq) inteligente, listo
braise /breɪz/ *vt* estofar
brake¹ /breɪk/ *n* [1] (on vehicle) freno *m*; ***to put the ~s o a ~ on sth*** (colloq) poner* freno a algo; (*before n*) **~ lights** luces *fpl* de freno *or* de frenado [2] (*hand~*) freno *m* de mano; **to put on** *o* **apply the ~** poner* el freno de mano
brake² *vi/t* frenar
braking /'breɪkɪŋ/ *n* [u] frenado *m*; (*before n*) **~ distance** distancia *f* de frenado
bramble /'bræmbəl/ *n* zarza *f*; (blackberry bush) (BrE) zarzamora *f*
bran /bræn/ *n* [u] salvado *m*, afrecho *m*
branch¹ /bræntʃ || brɑ:ntʃ/ *n* (of tree) rama *f*; (of river, road, railway) ramal *m*; (of family, field of study) rama *f*; (of computer program) bifurcación *f*, ramificación *f*; (of company, bank) sucursal *f*; **the American ~ of the company** la división americana de la compañía; **the three ~es of the armed forces** los tres cuerpos del ejército
branch² *vi* «*river/family*» ramificarse*; «*road*» bifurcarse*; **a path ~es (off) to the right** un sendero sale a la derecha
(Phrasal verb)
• **branch out** [v ▸ adv] [1] (take on new activity) diversificar* sus (*or* nuestras *etc*) actividades; **to ~ out INTO sth**: **the company has ~ed out into publishing** la compañía ha diversificado sus actividades lanzándose al campo editorial [2] (become independent): **he has ~ed out on his own** «*business partner*» se ha establecido por su cuenta
brand¹ /brænd/ *n*
A [1] (Busn) marca *f* [2] (type) tipo *m*; (style) estilo *m*; **her ~ of socialism** su tipo de socialismo
B (identification mark) marca *f* (*hecha a fuego*), hierro *m*
C (torch) (liter) tea *f*, hacha *f*‡ (liter)
brand² *vt* [1] (mark) ‹*cattle*› marcar* (*con hierro candente*) [2] (label) **to ~ sth/sb AS sth** tachar *or* tildar algo/a algn DE algo
branding iron /'brændɪŋ/ *n* hierro *m* (de marcar)
brandish /'brændɪʃ/ *vt* blandir
brand: **~ name** *n* marca *f*; **~-new** /'brænd'nu: || ,brænd'nju:/ *adj* ‹*toy/car*› nuevo, flamante
brandy /'brændi/ *n* [u c] (*pl* **-dies**) coñac *m*, brandy *m*
brash /bræʃ/ *adj* **-er, -est** excesivamente desenvuelto, de gran desparpajo
brass /bræs || brɑ:s/ *n*
A [u] [1] (Metall) latón *m*; ***to be as bold as ~*** ser* muy descarado; (*before n*) ‹*button*› dorado [2] (Mus) (+ *sing or pl vb*) bronces *mpl*, metales *mpl*; (*before n*) **~ instrument** instrumento *m* de metal; **the ~ section** los bronces, los metales
B [c] (in church) *placa conmemorativa o mortuoria de latón grabada con inscripciones o figuras*
brass band *n* banda *f* de música, tambora *f* (Méx)
brassiere /brə'zɪr || 'bræziə(r)/ *n* ▸ **bra**
brass: **~ knuckles** *pl n* (AmE) nudilleras *fpl* de metal, manoplas *fpl* (AmL); **~ rubbing** *n* [1] [u] (activity) *técnica de calcar por frotación un* **brass B** [2] [c] (product) *calco por frotación de un* **brass B**
brassy /'bræsi || 'brɑ:si/ *adj* **-sier, -siest** (colloq) ordinario, chabacano
brat /bræt/ *n* (pej) (child) mocoso, -sa *m,f* (pey); (spoilt person) niño mimado, niña mimada *m,f*
bravado /brə'vɑ:dəʊ/ *n* [u] bravuconadas *fpl*, bravatas *fpl*
brave¹ /breɪv/ *adj* **-ver, -vest** valiente, valeroso; **that was ~ of you!** ¡qué valiente!
brave² *vt* ‹*peril*› afrontar, hacer* frente a; **to ~ the weather** hacerle frente al mal tiempo

b

brave³ *n*
A (North American Indian) guerrero *m* piel roja
B (liter) (+ *pl vb*) **the ~** los valientes

bravely /ˈbreɪvli/ *adv* valientemente, con valor

bravery /ˈbreɪvəri/ *n* [u] valentía *f*, valor *m*, coraje *m*

bravo /ˈbrɑːvəʊ || brɑːˈvəʊ/ *interj* ¡bravo!

brawl¹ /brɔːl/ *n* pelea *f*, reyerta *f*

brawl² *vi* pelearse, armar camorra (fam)

brawn /brɔːn/ *n* [u] (strength) músculos *mpl*

brawny /ˈbrɔːni/ *adj* **-nier, -niest** musculoso

bray /breɪ/ *vi* «*donkey*» rebuznar; «*person*» cacarear

brazen /ˈbreɪzn̩ || ˈbreɪzən/ *adj* descarado; **the ~ hussy!** ¡esa fresca *or* descarada!

Phrasal verb

• **brazen out** [v ▸ o ▸ adv, v ▸ adv ▸ o]: **to ~ it out** negar* descaradamente lo evidente

brazier /ˈbreɪʒər, ˈbreɪziər || ˈbreɪziə(r)/ *n* brasero *m*

Brazil /brəˈzɪl/ *n* Brasil *m*

Brazilian¹ /brəˈzɪliən/ *adj* brasileño

Brazilian² *n* brasileño, -ña *m,f*

brazil (nut) /brəˈzɪl/ *n* coquito *m* del Brasil, castaña *f* de Pará (RPl)

breach¹ /briːtʃ/ *n*
A [c u] (of law) infracción *f*, violación *f*; **~ of contract** incumplimiento *m* de contrato; **a ~ of confidence** *o* **trust** un abuso de confianza, una infidencia; **she was arrested for ~ of the peace** la detuvieron por alterar el orden público
B [c] (gap, opening) (frml) brecha *f*; ***to step into/fill the ~*** llenar el hueco
C [c] (break) (frml) ruptura *f*

breach² *vt* **1** ‹*rule*› infringir*, violar; ‹*security*› poner* en peligro **2** (frml) ‹*defenses*› abrir* una brecha en

bread /bred/ *n* [u]
A (Culin) pan *m*; **sliced ~** pan de molde; **~ and butter** pan con mantequilla *or* (RPl) manteca; ***the greatest/best thing since sliced ~*** (colloq) lo mejor que hay; ***to be sb's ~ and butter***: **teaching is his ~ and butter** se gana la vida enseñando; ***to earn one's ~ (and butter)*** ganarse la vida *or* (liter) el pan; ***to know which side one's ~ is buttered (on)*** saber* lo que conviene (a uno); ***to take the ~ out of sb's mouth*** quitarle el pan de la boca a algn; ***to want one's ~ buttered on both sides*** querer* el oro y el moro; (*before n*) **~ knife** cuchillo *m* del pan
B (money) (sl & dated) guita *f* (arg), lana *f* (AmL fam), pasta *f* (Esp fam)

bread: **~basket** *n* (container) panera *f*; **~bin** *n* (BrE) ▸ **~box**; **~board** *n* tabla *f* de cortar el pan; **~box** *n* (AmE) panera *f* (*para guardar el pan*); **~crumb** *n* miga *f* (de pan); **~crumbs** (Culin) pan *m* rallado *or* (Méx) molido; **~line** *n*: ***they're on the ~line*** (colloq) apenas tienen *or* apenas les alcanza para vivir

breadth /bredθ/ *n* **1** [c u] (width) anchura *f*, ancho *m* **2** [u] (extent) amplitud *f*; **~ of vision** amplitud de miras

breadwinner /ˈbredˌwɪnər || ˈbredˌwɪnə(r)/ *n*: **she's the ~ of the family** es la que mantiene *or* sostiene a la familia; **he's the sole ~** es el único sostén de la familia

break¹ /breɪk/ (*past* **broke**; *past p* **broken**) *vt*
A ‹*window/plate*› romper*; ‹*stick*› partir, romper*, quebrar* (AmL); **I've broken my pencil** se me ha roto la punta del lápiz; **he broke his wrist** se rompió la muñeca; **she broke the chocolate into four pieces** partió el chocolate en cuatro trozos
B (render useless) ‹*machine*› romper*, descomponer* (AmL)
C (violate) ‹*rule*› infringir*, violar; ‹*promise*› no cumplir, faltar a; ‹*contract*› incumplir, romper*; ‹*strike*› romper*; ▸ **law A2, word¹ C**
D (end) ‹*strike*› poner* fin a; ‹*drug ring*› desarticular; ‹*impasse*› salir* de; ‹*habit*› dejar
E **1** (ruin) ‹*person/company*› arruinar a **2** (crush) ‹*person*› destrozar*, deshacer*; ▸ **heart B, spirit¹ C, will² A2**
F (impart) **to ~ sth (TO sb)**: **Sue broke the news to him** Sue le dio la noticia; **they broke it to her gently** se lo dijeron con mucho tacto
G (exceed) ‹*record*› batir
H **1** (interrupt) ‹*circuit*› cortar; ‹*fast/silence*› romper* **2** (disrupt) ‹*pattern/monotony*› romper*
I (breach, pierce) ‹*soil*› roturar; **I haven't broken the skin** no me he abierto la piel
J **1** (get into) ‹*safe*› forzar*; **we broke the toolbox open** abrimos la caja de herramientas forzándola **2** (escape from) (AmE) ‹*jail*› escaparse *or* fugarse* de **3** (decipher) ‹*code*› descifrar
K (tame) ‹*horse*› domar

■ **break** *vi*
A **1** «*window/plate*» romperse*; «*stick*» partirse, romperse*, quebrarse* (AmL); **my watch broke** se me rompió el reloj **2** (separate): **a splinter group which broke from the party** un grupo disidente que se escindió del partido; ▸ **loose¹ B**
B (give in) «*resistance*» desmoronarse, venirse* abajo; **she broke under constant interrogation** no resistió el constante interrogatorio
C **1** (begin) «*storm*» estallar; «*day*» romper*, apuntar, despuntar **2** (change) «*weather*» cambiar; **his voice is ~ing** le está cambiando *or* mudando la voz; **his voice broke** (with emotion) se le entrecortó la voz **3** (become known) «*story*» hacerse* público
D «*wave/surf*» romper*
E (adjourn) parar, hacer* una pausa; **to ~ for lunch** parar para almorzar
F (happen) (AmE colloq): **things are ~ing well for me** me están saliendo bien las cosas; ▸ **even² B**
G (in snooker, pool) abrir* el juego

Phrasal verbs

• **break away** [v ▸ adv] **to ~ away (FROM sth)** «*piece*» desprenderse (DE algo); «*faction/region*» escindirse *or* separarse (DE algo); **the boat broke away from its moorings** el barco se soltó de las amarras; **to ~ away from tradition** romper* con la tradición; **he broke away from the pack** (Sport) se adelantó al pelotón

• **break down**

Sense I [v ▸ adv]
A «*vehicle/machine*» estropearse, averiarse*, descomponerse* (AmL), quedarse en pana (Chi), quedarse varado (Col); «*system*» fallar, venirse* abajo; «*talks*» fracasar
B (lose composure) perder* el control
C (divide into components): **it ~s down as follows** el total puede desglosarse de la siguiente manera

Sense II [v ▸ o ▸ adv, v ▸ adv ▸ o]
A ‹*door/barrier*› echar abajo, derribar
B **1** (divide up) ‹*expenditure*› desglosar; ‹*sentence*› descomponer*; **the process can be broken down into three steps** el proceso puede dividirse en tres pasos **2** (Chem) descomponer*

• **break in**
A [v ▸ adv] **1** «*intruder*» entrar, meterse (*para robar etc*) **2** (interrupt) interrumpir; **I didn't mean to ~ in on your conversation** no quería interrumpirles la conversación
B [v ▸ o ▸ adv, v ▸ adv ▸ o] ‹*horse*› domar; ‹*shoes*› ablandar, domar (hum)

• **break into** [v ▸ prep ▸ o]
A **1** ‹*building*› entrar en, meterse en (*para robar etc*); **our house was broken into** nos entraron a robar **2** (start on) ‹*banknote*› cambiar; **they had to ~ into their savings** tuvieron que echar mano de sus ahorros
B (begin): **to ~ into a run** echarse a correr; **to ~ into applause** romper* *or* prorrumpir en aplausos

• **break off**
A [v ▸ o ▸ adv, v ▸ adv ▸ o] **1** (detach) partir **2** ‹*engagement/diplomatic relations*› romper*
B [v ▸ adv] **1** (snap off, come free) «*piece of ice*» desprenderse; **the handle broke off** se le rompió el asa **2** (stop talking) parar (de hablar), detenerse*

• **break out** [v ▸ adv]
A **1** (start) «*war/epidemic/rioting*» estallar **2** (appear): **a rash broke out on his face** le salió un sarpullido en la cara **3** (develop) **to ~ out (IN sth)**: **he broke out in spots** le salieron granos; **to ~ out in a sweat** empezar* a sudar; **chocolate makes me ~ out** (AmE) el chocolate me hace salir granos
B (escape) «*prisoner*» escaparse, fugarse*

• **break through**
A [v ▸ adv] (penetrate) (Mil) penetrar en las defensas enemigas; «*sun*» salir*
B [v ▸ prep ▸ o] ‹*barrier*› atravesar*, romper*; **they broke through our defenses** penetraron en nuestras defensas;

the sun broke through the clouds el sol se abrió paso entre las nubes

- **break up**

(Sense I) [v ▸ o ▸ adv, v ▸ adv ▸ o]

A 1 ‹*ship*› desguazar* 2 (divide) ‹*land*› dividir; ‹*sentence*› descomponer*; **~ it up into four pieces** divídelo *or* rómpelo en cuatro pedazos; **it helps ~ up the long mornings** ayuda a que las mañanas no parezcan tan largas

B 1 ‹*demonstration*› disolver*; **he broke up the fight** separó a los niños (*or* hombres *etc*) que se estaban peleando; **come on, ~ it up!** ¡vamos, basta ya! 2 (wreck, ruin) ‹*home*› deshacer*; **he felt responsible for ~ing up their marriage** se sentía responsable del fracaso de su matrimonio

(Sense II) [v ▸ adv]

A 1 «*lovers/band*» separarse; **their marriage broke up** su matrimonio fracasó; **to ~ up WITH sb** romper* *or* terminar CON algn 2 «*meeting*» terminar; «*crowd*» dispersarse 3 (BrE Educ): **we ~ up on the 21st** las clases terminan el 21

B «*boat/ship*» romperse*, deshacerse*

- **break with** [v ▸ prep ▸ o] ‹*tradition*› romper* con

break² *n*

A 1 (Rad, TV) pausa *f* (comercial); (Theat) entreacto *m*, intermedio *m* 2 (rest period) descanso *m*; (at school) (BrE) recreo *m*; **we have a coffee ~ at 11** a las 11 paramos para tomar un café; **we worked without a ~** trabajamos sin parar *or* descansar 3 (short vacation) vacaciones *fpl* 4 (change, respite) cambio *m*; **I need a ~ from all this** necesito descansar de todo esto; (a holiday) necesito un cambio de aires; ***give me a ~!*** (colloq) ¡déjame en paz!, ¡no me embromes! (AmL fam)

B 1 (gap) interrupción *f* 2 (in circuit) ruptura *f*, corte *m*

C (fracture) fractura *f*, rotura *f*

D (chance, opportunity) (colloq) oportunidad *f*; **he got a ~** se le presentó una oportunidad

E (separation, rift) ruptura *f*; **to make a clean ~** cortar por lo sano; **he made a ~ with his past life** rompió *or* cortó con su pasado

F (sudden move): **he made a ~ for the door** corrió hacia la puerta

G (escape) fuga *f*, evasión *f* (frml)

H (in snooker, pool) tacada *f*, serie *f*; (in tennis) ruptura *f*, quiebre *m*

I (beginning) (liter): **at (the) ~ of day** al rayar el alba (liter)

J (discount) (AmE colloq) descuento *m*

breakable /ˈbreɪkəbəl/ *adj* frágil

breakables /ˈbreɪkəbəlz/ *pl n* objetos *mpl* frágiles

breakage /ˈbreɪkɪdʒ/ *n* 1 [u] (action) rotura *f* 2 **breakages** *pl* (objects broken) roturas *fpl*

break: ~away *n* 1 (separation) ruptura *f*, escisión *f*; (*before n*) ‹*faction*› disidente, escindido 2 (Sport) escapada *f*; **~down** *n* 1 (failure — of car, machine) avería *f*, descompostura *f* (Méx), varada *f* (Col), pana *f* (Chi); (—of service, communications) interrupción *f*; (— of negotiations) fracaso *m*, ruptura *f*; **the system suffered a complete ~down** (Comput) el sistema colapsó; **a ~down in traditional values** un desmoronamiento de los valores tradicionales; **they had a ~down on the motorway** se les estropeó el coche en la autopista; (*before n*) **~down service** servicio *m* de asistencia en carretera; **~down truck** grúa *f* 2 (*nervous ~down*) crisis *f* nerviosa; 3 (analysis): **a ~down of expenditure** un desglose de los gastos; **a complete ~down of the report** un análisis punto por punto del informe 4 (into constituent elements) descomposición *f*

breaker /ˈbreɪkər ‖ ˈbreɪkə(r)/ *n*

A (wave) gran ola *f*

B (BrE Auto) **~'s yard** cementerio *m* de automóviles

breakfast /ˈbrekfəst/ *n* desayuno *m*; **to have ~** desayunar, tomar el desayuno; (*before n*) **~ television** televisión *f* matinal

break: ~front *n* (AmE) *mueble con estantes en la parte superior y armarios cerrados debajo*; **~-in** *n* robo *m* (*con escalamiento*); **they had a ~-in next door** entraron a robar en la casa de al lado

breaking /ˈbreɪkɪŋ/: **~ and entering** /ˈbreɪkɪŋənd ˈentərɪŋ/ *n* [u] allanamiento *m* de morada; **~ point** *n* [u] límite *m*; **the soldiers were at ~ point** los soldados habían llegado al límite de sus fuerzas

break: ~neck *adj* (*before n*): **at ~neck speed** a una velocidad vertiginosa; **~out** *n* (from prison) fuga *f*, evasión *f*; **~through** *n* gran avance *m*, gran adelanto *m*; **a major ~through** un avance *or* adelanto importantísimo; **~up** *n* (of structure, family) desintegración *f*; (of empire, company) desmembramiento *m*; (of political party) disolución *f*; (of talks) fracaso *m*; **the ~up of their marriage** su separación *or* ruptura; **~water** *n* rompeolas *m*

breast /brest/ *n* 1 [c] (of woman) pecho *m*, seno *m*; (*before n*) **~ cancer** cáncer *m* de mama *or* de pecho 2 [c] (chest) (liter) pecho *m*; ***to beat one's ~*** darse* golpes de pecho; ***to make a clean ~ of sth*** confesar* algo; (*before n*) **~ pocket** bolsillo *m* superior (*de una chaqueta*) 3 [c u] (Culin) (of chicken, turkey) pechuga *f*; **~ of lamb** pecho *m* de cordero

breast: ~feed (*past & past p* **-fed**) *vt* darle* el pecho a, darle* de mamar a, amamantar; **a ~fed baby** un niño amamantado; *vi* dar* el pecho, dar* de mamar; **~plate** *n* peto *m*; **~stroke** *n* (estilo) pecho *m* (AmL), braza *f* (Esp)

breath /breθ/ *n* [c u] (air exhaled or inhaled) aliento *m*; **to have bad ~** tener* mal aliento; **to take a ~** aspirar, inspirar; **take a deep ~** respire hondo; **just let me get my ~ back** déjame recobrar el aliento; **he gets short of ~** se queda sin aliento; **out of ~** sin aliento; ***in the same*** *o* ***next ~*** a continuación, a renglón seguido; ***to be a ~ of fresh air*** ser* (como) una bocanada de aire fresco; ***to draw ~*** (lit: breathe) respirar; (live) (liter) vivir; ***to draw one's last ~*** (liter) exhalar el último suspiro (liter); ***to hold one's ~*** contener* la respiración *or* el aliento; **he promised — well, don't hold your ~** (colloq & hum) lo prometió — sí, pero mejor espera sentado (fam & hum); ***to say sth under one's ~*** decir* algo entre dientes; ***to take sb's ~ away*** dejar a algn sin habla; ***to waste one's ~*** gastar saliva; ***with bated ~*** con el corazón en un puño; ▸**save¹ C1**

breathalyze /ˈbreθəlaɪz/ *vt* (BrE) hacerle* la prueba del alcohol *or* de la alcoholemia a

Breathalyzer®, **Breathalyser®** /ˈbreθəlaɪzər ‖ ˈbreθəlaɪzə(r)/ *n* alcohómetro *m*, alcoholímetro *m*; (*before n*) **~ test** prueba *f* del alcohol *or* de la alcoholemia

breathe /bri:ð/ *vi* 1 «*person/animal*» respirar; **to ~ deeply** respirar hondo; ***to ~ again/easily/freely*** respirar tranquilo 2 «*fabric/leather*» dejar pasar el aire

■ **breathe** *vt* 1 ‹*air/fumes*› aspirar, respirar; ***to ~ one's last*** (liter) exhalar el último suspiro (liter) 2 (exhale): **she ~d garlic all over me** me echó todo su aliento a ajo 3 (instill, inspire) infundir; **to ~ new life into sth** infundirle nueva vida a algo 4 (utter) ‹*sigh*› dejar escapar; **don't ~ a word of this to anyone** no le digas una palabra de esto a nadie

(Phrasal verbs)

- **breathe in**

A [v ▸ adv] aspirar

B [v ▸ o ▸ adv, v ▸ adv ▸ o] ‹*air/fumes*› aspirar, respirar

- **breathe out**

A [v ▸ adv] espirar

B [v ▸ o ▸ adv, v ▸ adv ▸ o] ‹*smoke*› expeler; ‹*air*› exhalar, expulsar

breather /ˈbri:ðər ‖ ˈbri:ðə(r)/ *n* (colloq): **to have** *o* **take a ~** tomar un respiro *or* descanso

breathing /ˈbri:ðɪŋ/ *n* [u] respiración *f*

breathing space *n* [u] respiro *m*

breathless /ˈbreθləs ‖ ˈbreθlɪs/ *adj*: **the blow left me ~** el golpe me dejó sin aliento; **he arrived ~** llegó jadeando

breathlessly /ˈbreθləsli ‖ ˈbreθlɪsli/ *adv* entrecortadamente, jadeando

breathlessness /ˈbreθləsnəs ‖ ˈbreθlɪsnɪs/ *n* [u] dificultad *f* al respirar

breathtaking /ˈbreθˌteɪkɪŋ/ *adj* impresionante, imponente

bred /bred/ *past & past p of* **breed²**

breech /bri:tʃ/ *adj* ‹*birth*› de nalgas

breeches /ˈbrɪtʃəz ‖ ˈbrɪtʃɪz/ *pl n* (*knee ~*) (pantalones *mpl*) bombachos *mpl*; (*riding ~*) pantalones *mpl* de montar

b

b

breed¹ /bri:d/ *n* (of animals) raza *f*; (of plants) variedad *f*; **a new ~ of athletes** una nueva generación de atletas; **a dying ~** una especie en vías de extinción; **a ~ apart** un mundo aparte

breed² (*past & past p* **bred**) *vt* 1 ‹*animals*› criar* 2 (raise, educate): **I'm a Londoner born and bred** nací y me crié en Londres 3 ‹*violence*› engendrar, generar; **success ~s success** el éxito llama al éxito

■ **breed** *vi* (reproduce) reproducirse*

breeder /ˈbri:dər || ˈbri:də(r)/ *n* (of animals) criador, -dora *m,f*; (of plants) cultivador, -dora *m,f*

breeding /ˈbri:dɪŋ/ *n* [u] 1 (reproduction) reproducción *f* 2 (raising — of animals) cría *f*; (— of plants) cultivo *m* 3 (upbringing): **a woman of ~** una mujer de buena cuna; **politeness is a sign of good ~** la cortesía es señal de buena educación

breeding ground *n* (Zool) lugar *m* de cría; **a ~ ~ for revolutionaries** un semillero de revolucionarios; **a ~ ~ for violence** un caldo de cultivo para la violencia

breeze¹ /bri:z/ *n*
A [c u] (light wind) brisa *f*
B (sth easy) (colloq): **to be a ~** ser* pan comido (fam), ser* un bollo (RPl fam)

breeze² *vi* (colloq): **to ~ in/out** entrar/salir* tan campante *or* tan pancho (fam); **he ~d into the office** entró en la oficina como Pedro *or* Perico por su casa (fam)

Phrasal verb
• **breeze through** [v ▸ prep ▸ o] (colloq): **they ~d through the exam** el examen les resultó un paseo (fam)

breezily /ˈbri:zəli || ˈbri:zɪli/ *adv* (cheerfully) alegremente, jovialmente

breezy /ˈbri:zi/ *adj* **-zier, -ziest**
A (windy) ‹*spot*› ventoso; **it was pleasantly ~** soplaba una agradable brisa; **it's a bit ~ today** hace un poco de vientecito hoy
B (lively) (colloq) ‹*person*› dinámico; ‹*smile/greeting*› alegre y simpático

brethren /ˈbreðrən/ *pl n* (arch *or* liter) hermanos *mpl*

Breton¹ /ˈbretn̩/ *adj* bretón

Breton² *n* 1 [c] (person) bretón, -tona *m,f* 2 [u] (language) bretón *m*

brevity /ˈbrevəti/ *n* [u] 1 (shortness) (frml) brevedad *f* 2 (conciseness) brevedad *f*, concisión *f*; **~ is the soul of wit** lo bueno, si breve, dos veces bueno

brew¹ /bru:/ *n* brebaje *m*

brew² *vt* ‹*beer*› fabricar*, hacer*; ‹*tea*› preparar, hacer*; ‹*mischief*› tramar, maquinar

■ **brew** *vi* 1 (make beer) fabricar* cerveza 2 «*tea*»: **the tea is ~ing** el té se está haciendo 3 «*storm*» avecinarse; «*trouble*» gestarse

brewer /ˈbru:ər || ˈbru:ə(r)/ *n* cervecero, -ra *m,f*

brewery /ˈbru:əri/ *n* (*pl* **-ries**) fábrica *f* de cerveza, cervecería *f*

briar /ˈbraɪər || ˈbraɪə(r)/ *n* [c] ▸**brier**

bribe¹ /braɪb/ *n* soborno *m*; **to take** *o* **accept a ~** dejarse sobornar, aceptar un soborno

bribe² *vt* sobornar; **to ~ sb to + INF** sobornar a algn PARA QUE (+ *subj*)

bribery /ˈbraɪbəri/ *n* [u] soborno *m*

bric-a-brac /ˈbrɪkəbræk/ *n* [u] baratijas *fpl*, chucherías *fpl*

brick /brɪk/ *n* 1 (Const) ladrillo *m*; ***to drop a ~*** (BrE) meter* la pata (fam) 2 (toy) cubo *m*

Phrasal verb
• **brick in, brick up** [v ▸ o ▸ adv, v ▸ adv ▸ o] tabicar*, tapiar

brick: **~layer** *n* albañil *m*; **~red** /ˈbrɪkˈred/ *adj* (*pred* **~ red**) rojo teja *adj inv*, rojo ladrillo *adj inv*; **~s and mortar** *n* [u] (buildings) propiedad *f* inmobiliaria; (*before n*) ‹*investment/company*› inmobiliario; **~work** *n* [u] (bricks) enladrillado *m*, ladrillos *mpl*; (way bricks are laid) aparejo *m*

bridal /ˈbraɪdl̩/ *adj* ‹*procession*› nupcial; ‹*shop*› para novias; **~ gown** traje *m* de novia

bride /braɪd/ *n* novia *f*; **the ~ and groom** los novios; (after ceremony) los recién casados, los novios

bride: **~groom** *n* novio *m*; **~smaid** *n* dama *f* de honor; (child) *niña que acompaña a la novia*

bridge¹ /brɪdʒ/ *n*
A [c] 1 puente *m*; ***to build ~s*** tender* un puente (de unión); ***we'll cross that ~ when we come to it*** ese problema lo resolveremos cuando llegue el momento; ▸**burn¹** *vt* **A1**, **water¹ A** 2 (on ship) puente *m* (de mando) 3 (of nose) caballete *m*; (of glasses) puente *m*
B [c] (Dent) puente *m*
C [u] (card game) bridge *m*

bridge² *vt* ‹*river*› tender* *or* construir* un puente sobre; ‹*differences*› salvar

bridle¹ /ˈbraɪdl̩/ *n* brida *f*

bridle² *vi* **to ~ (AT sth)** molestarse (POR algo)

■ **bridle** *vt* ‹*horse*› embridar, ponerle* la brida a

bridle path *n* camino *m* de herradura

brief¹ /bri:f/ *adj* 1 ‹*reign/interlude*› breve 2 ‹*statement/summary*› breve, sucinto; **his report was ~ and to the point** su informe era breve e iba al grano; **in ~** en resumen 3 (scanty) diminuto

brief² *n* 1 (Law) *expediente entregado por el abogado al* **barrister** 2 (instructions) instrucciones *fpl*; (area of responsibility) competencia *f*

brief³ *vt* ‹*lawyer*› instruir*; ‹*pilot/spy*› darle* instrucciones *or* órdenes a; ‹*committee*› informar; **the president had been badly ~ed for the meeting** el presidente no había sido bien preparado para la reunión

briefcase /ˈbri:fkeɪs/ *n* maletín *m*, portafolio(s) *m* (esp AmL)

briefing /ˈbri:fɪŋ/ *n* 1 (~ *session*) sesión *f* para dar instrucciones 2 (*press* ~) reunión *f* informativa (para la prensa)

briefly /ˈbri:fli/ *adv* 1 ‹*visit/rule*› por poco tiempo; **she ~ wondered what he was doing there** se preguntó por un momento qué hacía él allí 2 ‹*reply/speak*› brevemente, sucintamente 3 (*indep*) en resumen, en pocas palabras

briefs /bri:fs/ *pl n* (man's) calzoncillos *mpl*, slip *m*; (woman's) calzones *mpl* (esp AmL), bragas *fpl* (Esp), bombachas *fpl* (RPl), pantaletas *fpl* (AmC, Ven)

brier /ˈbraɪər || ˈbraɪə(r)/ *n* (wild rose) rosal *m* silvestre; (thornbush) zarza *f*

brig /brɪg/ *n* (AmE) (prison) calabozo *m*

brigade /brɪˈgeɪd/ *n* brigada *f*; **the brown rice ~** (colloq) los fanáticos de la cocina macrobiótica

brigadier /ˈbrɪgəˈdɪr || ˌbrɪgəˈdɪə(r)/ *n* (in UK) general *mf* de brigada

brigadier general *n* (in US) general *mf* de brigada

bright /braɪt/ *adj* **-er, -est**
A 1 ‹*star*› brillante; ‹*light*› brillante, fuerte; ‹*room*› con mucha luz; **draw the curtains, it's too ~** corre las cortinas, hay demasiada luz; **it was a ~, sunny day** era un día de sol radiante 2 ‹*color*› fuerte, vivo, brillante; **a ~ red shirt** una camisa de un rojo fuerte *or* vivo *or* brillante
B 1 (cheerful) ‹*eyes*› lleno de vida, vivaracho; **to get up ~ and early** (colloq) levantarse tempranito (fam) 2 (hopeful) ‹*future*› prometedor; **the prospects are not very ~** las perspectivas no son muy prometedoras; **things are looking ~er now** las cosas tienen mejor cara ahora; ***to look on the ~ side of sth*** mirar *or* ver* el lado bueno de algo
C (intelligent) ‹*person*› inteligente; **whose ~ idea was it to ...?** (iro) ¿quién tuvo la brillante idea de ...? (iró)

brighten /ˈbraɪtn̩/ *vi* 1 (become brighter) «*light*» hacerse* más brillante *or* más fuerte; **her eyes ~ed** se le iluminaron los ojos 2 **~ (up)** (become cheerful, hopeful) «*person*» animarse, alegrarse; «*situation/prospects*» mejorar; **it ~ed up in the afternoon** por la tarde salió el sol *or* aclaró; **her face ~ed (up)** se le iluminó la cara

■ **brighten** *vt* 1 (make brighter) iluminar 2 **~ (up)** ‹*room*› alegrar; ‹*occasion/party*› animar

bright-eyed /ˈbraɪtˈaɪd/ *adj* de ojos vivos *or* vivarachos; ***~ and bushy-tailed*** (hum) lleno de vida y energía

brightly /ˈbraɪtli/ *adv* 1 ‹*shine*› intensamente, vivamente; **a ~ polished table** una mesa resplandeciente 2 ‹*say/smile*› alegremente

brightness /ˈbraɪtnəs || ˈbraɪtnɪs/ *n* [u]
A (of light, star) brillo *m*, resplandor *m*; (of morning) claridad *f*, luminosidad *f*
B (cheerfulness) alegría *f*

C (intelligence) inteligencia *f*

brights /braɪts/ *pl n* (Auto) (AmE colloq) (luces *fpl*) largas *or* (Andes, Méx) altas *fpl*

bright spark *n* (BrE iro) lumbrera *f* (iró), genio *m* (iró)

brilliance /ˈbrɪljəns/ *n* [u] **1** (brightness) resplandor *m*, fulgor *m* **2** (skill, intelligence) brillantez *f*

brilliant /ˈbrɪljənt/ *adj* **1** ‹*light*› brillante; ‹*sunshine*› radiante; ‹*red/green*› brillante, luminoso **2** ‹*student/performance*› brillante **3** (BrE colloq) ‹*person/party*› genial (fam), fenomenal (fam); **¡~!** ¡genial! (fam)

brilliantine /ˈbrɪljəntiːn/ *n* [u] brillantina *f*

brilliantly /ˈbrɪljəntli/ *adv* **1** ‹*shine*› intensamente **2** ‹*write*› con brillantez; ‹*funny*› extraordinariamente; **he played ~** (colloq) jugó genial *or* fenomenal (fam)

brim¹ /brɪm/ *n*
A (of hat) ala *f*‡
B (of vessel) borde *m*

brim² -mm- *vi*: **to ~ WITH sth: her eyes were ~ming with tears** tenía los ojos llenos de lágrimas; **to be ~ming with happiness** estar* rebosante *or* desbordante de felicidad

(Phrasal verb)

- **brim over** [v ▸ adv] «*cup*» desbordarse, rebosar; **he was ~ming over with enthusiasm** estaba rebosante *or* desbordante de entusiasmo

brimful /ˈbrɪmˈfʊl/ *adj* (*pred*) **to be ~ OF sth** ‹*of ideas*› estar* repleto DE algo; ‹*of energy*› estar* rebosante *or* desbordante DE algo

brimstone /ˈbrɪmstəʊn/ *n* [u] (arch) azufre *m*; *see also* **fire¹ A1**

brine /braɪn/ *n* [u] **1** (saltwater) salmuera *f* **2** (seawater) agua *f*‡ salada *or* de mar **3** (the sea) (liter) **the ~** el piélago (liter)

bring /brɪŋ/ (*past & past p* **brought**) *vt*
A **1** (convey, carry) traer*; **~ this to the kitchen** (AmE) lleva esto a la cocina; **she's ~ing Lucy with her** va a venir con Lucy, va a traer a Lucy; **~ your passport with you** traiga el pasaporte; **that ~s me to my next point: ...** esto me lleva a lo siguiente: ...; **~ the chair inside/outside** mete (dentro) *or* (AmL) entra/saca la silla; **~ her in** hazla pasar *or* entrar **2** (attract, cause to come) atraer*; **what ~s you here?** ¿qué te trae por aquí?
B **1** (result in, produce) traer*; **it will ~ enormous benefits** va a traer *or* reportar enormes beneficios; **these benefits ~ with them certain responsibilities** estas ventajas conllevan ciertas responsabilidades; **you've brought so much happiness to those poor children** les has dado tanta alegría a esos pobres niños; **to ~ a smile to sb's face** hacer* sonreír a algn; **it brought tears to my eyes** hizo que se me llenaran los ojos de lágrimas; ***to ~ sth to bear*:** **to ~ pressure to bear on sb** ejercer* presión sobre algn; **he brought his experience to bear on the problem** hizo uso de toda su experiencia para resolver el problema **2** (persuade): **I couldn't ~ myself to do it** no pude hacerlo
C (earn) ‹*profit/return*› dejar

(Phrasal verbs)

- **bring about** [v ▸ o ▸ adv, v ▸ adv ▸ o] (cause) ‹*downfall/crisis*› dar* lugar a, ocasionar; **to try to ~ about change in society** tratar de lograr que se produzcan cambios en la sociedad
- **bring along** [v ▸ o ▸ adv, v ▸ adv ▸ o] traer*
- **bring around**
A [v ▸ o ▸ adv, v ▸ adv ▸ o] (take along) traer*
B [v ▸ o ▸ adv] **1** (persuade) convencer*; **we finally brought her around to our point of view** finalmente conseguimos convencerla **2** (steer): **I brought the conversation around to James** llevé la conversación al tema de James **3** (restore consciousness) hacer* volver en sí
- **bring back** [v ▸ o ▸ adv, v ▸ adv ▸ o] **1** (return): **I'll ~ your book back tomorrow** te devolveré *or* (AmL exc CS) te regresaré el libro mañana; **crying won't ~ him back** con llorar no vas a conseguir que vuelva; **this ~s us back to the question of money** esto nos vuelve a llevar al tema del dinero; **to ~ sb back to life** devolverle* la vida a algn **2** ‹*gift/souvenir*› traer* **3** (reintroduce) ‹*custom*› volver* a introducir **4** (recall) recordar*; **it brought back memories** me (*or* le *etc*) trajo recuerdos
- **bring down** [v ▸ o ▸ adv, v ▸ adv ▸ o] **1** (lower) ‹*price*› reducir*, hacer* bajar; ‹*temperature*› hacer* bajar **2** (cause to fall) ‹*tree/wall*› tirar, echar abajo; ‹*player/opponent/plane*› derribar; ‹*government*› derrocar*, hacer* caer
- **bring forth** [v ▸ adv ▸ o] (arch *or* liter) ‹*fruit*› dar*; ‹*child*› dar* a luz
- **bring forward** [v ▸ o ▸ adv, v ▸ adv ▸ o] **1** ‹*witness*› hacer* comparecer; ‹*evidence/idea*› presentar **2** (to earlier time) ‹*appointment*› adelantar
- **bring home** [v ▸ o ▸ adv, v ▸ adv ▸ o]: **her letter brought home to me the seriousness of the situation** su carta me hizo dar cuenta cabal de la gravedad de la situación
- **bring in** [v ▸ o ▸ adv, v ▸ adv ▸ o]
A **1** (earn): **his job doesn't ~ in much money** no saca mucho dinero con su trabajo **2** (attract) ‹*customers*› atraer* **3** (involve, use): **they had to ~ the police in** tuvieron que hacer intervenir a la policía; **we have to ~ in extra staff in the summer** tenemos que contratar personal extra en verano
B **1** (introduce) ‹*regulation/system*› introducir*, implantar; ‹*bill*› presentar **2** (Law): **to ~ in a verdict of guilty** declarar culpable a algn
- **bring off** [v ▸ o ▸ adv, v ▸ adv ▸ o] ‹*feat/victory*› conseguir*, lograr; ‹*plan*› llevar a cabo; ‹*deal*› conseguir*
- **bring on**
A [v ▸ o ▸ adv, v ▸ adv ▸ o] **1** (cause) ‹*attack/breakdown*› provocar*; **what brought this on?** ¿esto a qué se debe? **2** (introduce) ‹*player*› hacer* salir
B [v ▸ o ▸ prep ▸ o] (cause to befall): **he brought it all on himself** él (mismo) se lo buscó
- **bring out**
A [v ▸ o ▸ adv, v ▸ adv ▸ o] **1** ‹*product/model*› sacar* (al mercado); ‹*edition/book*› publicar*, sacar* **2** (accentuate): **children ~ out the best in her** el trato con niños hace resaltar *or* pone de manifiesto sus mejores cualidades **3** (make bloom) hacer* florecer **4** (BrE) **to ~ sb out IN sth: it brought me out in spots** hizo que me salieran granos
B [v ▸ o ▸ adv] (make less shy): **I tried to ~ her out a bit** traté de ayudarla a vencer su timidez
- **bring round** (BrE) ▸**bring around**
- **bring together** [v ▸ o ▸ adv, v ▸ adv ▸ o]: **the conference will ~ together scientists from all over the world** el congreso reunirá *or* congregará a científicos de todo el mundo; **a tragedy like this can ~ a family together** una tragedia así puede unir a una familia; **they were brought together by chance** el destino quiso que se conocieran (*or* se encontraran *etc*)
- **bring up** [v ▸ o ▸ adv, v ▸ adv ▸ o] **1** (rear) ‹*child*› criar*; **I was brought up in India** me crié en la India; **you were badly brought up** te criaron muy mal; **they brought us up to respect authority** desde niños nos enseñaron a respetar la autoridad **2** (mention) ‹*subject*› sacar*; **did you have to ~ that up?** ¿por qué tuviste que sacar ese tema?; **I wanted to ~ up the matter of ...** quería mencionar el asunto de ... **3** (vomit) vomitar, devolver*
- **bring upon** ▸**bring on B**

brink /brɪŋk/ *n* borde *m*; **the country stood on the ~ of war** el país estaba al borde de la guerra; **to be on the ~ of -ING** estar* a punto de +INF

brinkmanship /ˈbrɪŋkmənʃɪp/ *n* [u] política *f* arriesgada *or* suicida

briny /ˈbraɪni/ *adj* **-nier, -niest** salobre

brisk /brɪsk/ *adj* **1** (lively, quick) ‹*pace*› rápido y enérgico, brioso; ‹*walk*› a paso ligero; **ice-cream sellers did a ~ trade** los vendedores de helados vendieron muchísimo **2** (efficient) ‹*person/manner*› enérgico *or* dinámico y eficiente **3** ‹*wind/morning*› fresco

brisket /ˈbrɪskət ‖ ˈbrɪskɪt/ *n* [u] pecho *m* (*corte de carne del cuarto delantero*)

briskly /ˈbrɪskli/ *adv* ‹*walk*› con brío; ‹*say*› con tono de eficiencia; **it's selling ~** se está vendiendo muy bien

bristle¹ /ˈbrɪsəl/ *n* [c u] **1** (on animal) cerda *f* **2** (on person): **his face was covered in ~(s)** tenía la barba crecida

bristle² *vi* **1** (stand up) «*hair*» erizarse*, ponerse* de punta **2** (show annoyance) erizarse*; **to ~ AT sth: she ~d at his rudeness** su grosería la irritó **3** (have many) **to ~ WITH sth: the place was bristling with tourists** el lugar estaba repleto *or* (pey) plagado de turistas; **to ~ with difficulties** estar* erizado de dificultades

bristly /ˈbrɪsli/ *adj* ‹*beard*› hirsuto; **don't kiss me, you're too ~** no me beses, que tu barba está muy rasposa

Brit /'brɪt/ *n* (colloq) británico, -ca *m,f*

Britain /'brɪtn̩ || 'brɪtən/ *n* Gran Bretaña *f*

britches /'brɪtʃəz || 'brɪtʃɪz/ *pl n* ▸**breeches**

British¹ /'brɪtɪʃ/ *adj* británico

British² *pl n* **the ~** los británicos

> **British Council**
>
> Una organización que corresponde en algunos aspectos al Instituto Cervantes español, financiada por el gobierno británico para promover la difusión de la lengua inglesa en el mundo y el conocimiento de la cultura, literatura y costumbres de las distintas naciones y regiones del Reino Unido. Tiene sedes en 227 ciudades en 109 países. En EEUU no existe ningún equivalente exacto del *British Council*, pero en cada embajada norteamericana existe una filial del Departamento de Estado llamada *Information Resource Center*, que desempeña algunas de las mismas funciones culturales

Britisher /'brɪtɪʃər || 'brɪtɪʃə(r)/ *n* (AmE) británico, -ca *m,f*

British: **~ Isles** *pl n* **the ~ Isles** las Islas Británicas; **~ Summer Time** *n* [u] *hora de verano en Gran Bretaña, adelantada en una hora con respecto a la hora de Greenwich*

> **British Isles**
>
> Las Islas Británicas comprenden Gran Bretaña (**Great Britain**), Irlanda (tanto Irlanda del Norte como la República de Irlanda) y las islas más pequeñas que están a su alrededor, como las Islas Shetlands (*the Shetlands*), la Isla de Man (*Isle of Man*) y las Islas Anglonormandas (*the Channel Islands*)

> **British Library**
>
> La Biblioteca Nacional Británica, antiguamente la biblioteca del *British Museum* (Museo Nacional Británico), existe desde 1973 como entidad independiente. Cuenta hoy con una de las colecciones más prestigiosas de libros, periódicos, revistas, mapas, partituras, grabaciones sonoras y manuscritos del mundo entero. Su modernísima nueva sede, cerca de la estación londinense de *Saint Pancras*, fue inaugurada en 1997

Briton /'brɪtn̩ || 'brɪtən/ *n* ciudadano británico, ciudadana británica *m,f*; **the ancient ~s** los antiguos britanos

Brittany /'brɪtn̩i || 'brɪtəni/ *n* Bretaña *f*

brittle /'brɪtl̩/ *adj* **1** ‹*twigs/bones*› quebradizo; ‹*peace*› frágil, precario **2** ‹*laugh/voice*› crispado

broach /brəʊtʃ/ *vt* ‹*subject*› mencionar

broad¹ /brɔːd/ *adj*

A ‹*avenue*› ancho; ‹*valley*› grande; ‹*forehead*› despejado, amplio; ‹*grin*› de oreja a oreja; **she has ~ hips** es ancha de caderas

B **1** (extensive) ‹*syllabus*› amplio; ‹*interests*› numeroso, variado; **in its ~est sense** en su sentido más amplio **2** (general) ‹*guidelines/conclusions*› general

C **1** **a ~ hint** una indirecta muy clara *or* (hum) muy directa **2** ‹*accent*› cerrado

broad² *n* (woman) (AmE sl) tipa *f* (fam), vieja *f* (Col, Méx, Ven fam)

broadband¹ /'brɔːdbænd/ *adj* de banda ancha

broadband² *n* [u] banda *f* ancha

broad bean *n* haba *f*

broadcast¹ /'brɔːdkæst || 'brɔːdkɑːst/ (*past & past p* **broadcast**) *vt* **1** ‹*program*› transmitir, emitir; **the fight was ~ live** la pelea se transmitió *or* (Esp) se retransmitió en directo **2** (make known) difundir, divulgar*

■ **broadcast** *vi* transmitir, emitir

broadcast² *n* programa *m*, emisión *f* (frml)

broadcaster /'brɔːdkæstər || 'brɔːdkɑːstə(r)/ *n*: *presentador, locutor etc de radio o televisión*

broadcasting /'brɔːdkæstɪŋ || 'brɔːdkɑːstɪŋ/ *n* [u] (Rad) radiodifusión *f*; (TV) televisión *f*

broaden /'brɔːdn̩/ *vt* ‹*scope/horizons/interests*› ampliar*; **travel ~s the mind** los viajes amplían los horizontes

■ **broaden** *vi* ‹‹*scope/interests*›› ampliarse*; ‹‹*river*›› ensancharse

broadly /'brɔːdli/ *adv*

A (generally, approximately): **the two systems are ~ similar** en líneas generales, los dos sistemas son similares; **~ speaking** en líneas generales, hablando en términos generales

B ‹*grin*› de oreja a oreja

broad: **~minded** /'brɔːd'maɪndəd || ,brɔːd'maɪndɪd/ *adj* de criterio amplio; **~sheet** *n*: *periódico de formato grande*; **~-shouldered** /'brɔːd'ʃəʊldərd || ,brɔːd'ʃəʊldəd/ *adj* ancho de espaldas

broadside¹ /'brɔːdsaɪd/ *n* **1** (volley) andanada *f* **2** (verbal or written attack) ataque *m*, invectiva *f*

broadside², **broadside on** *adv* de lado, de costado

> **Broadway**
>
> Una calle famosa por sus teatros que atraviesa el barrio neoyorquino de Manhattan. El término a menudo se usa para referirse al teatro y al mundo del espéctaculo de EEUU en general. Antes del surgimiento de la industria del cine, era el lugar principal donde los actores podían hacerse famosos

brocade /brəʊ'keɪd || brə'keɪd/ *n* [u] brocado *m*

broccoli /'brɑːkəli || 'brɒkəli/ *n* [u] brócoli *m*, brécol *m*

brochure /brəʊ'ʃʊr || 'brəʊʃə(r)/ *n* folleto *m*

brogan /'brəʊgən/ *n* (AmE) ▸**brogue**

brogue /brəʊg/ *n*

A (shoe) *zapato bajo de cuero*

B (Irish accent) (*no pl*) acento *m* irlandés

broil /brɔɪl/ (esp AmE) *vt* asar a la parrilla *or* al grill

broiler /'brɔɪlər || 'brɔɪlə(r)/ *n* (AmE) parrilla *f*, grill *m*

broke¹ /brəʊk/ *past of* **break¹**

broke² *adj* (colloq) (*pred*): **to be ~** estar* pelado; **to be flat** *o* **stony** *o* (AmE) **stone ~** estar* pelado *or* (Chi) planchado *or* (Esp) sin un duro *or* (Col) en la olla

broken¹ /'brəʊkən/ *past p of* **break¹**

broken² *adj*

A **1** ‹*window/vase/chair*› roto; ‹*bone*› roto, quebrado (AmL); **~ glass** vidrios *mpl or* (esp Esp) cristales *mpl* rotos; **do not apply to ~ skin** no aplicar si hay cortes, rasguños etc **2** (not working) roto

B (emotionally) ‹*voice*› quebrado, entrecortado; **she died of a ~ heart** murió de pena; **he's a ~ man** está destrozado

C **1** ‹*home/marriage*› deshecho **2** (not fulfilled) ‹*promise/contract*› roto; ‹*trust*› defraudado

D (interrupted): **she'd only had a few hours' ~ sleep** había dormido poco y mal, despertándose cada dos por tres; **a ~ line** una línea discontinua

E (irregular, rough) ‹*ground*› accidentado

F (imperfect): **in ~ English** en inglés chapurreado

broken: **~-down** /'brəʊkən'daʊn/ *adj* ‹*car/machine*› averiado, descompuesto (AmL), en pana (Chi), varado (Col); ‹*shed/gate*› destartalado; **~-hearted** /'brəʊkən'hɑːrtəd || ,brəʊkən'hɑːtɪd/ *adj* destrozado, deshecho

broker¹ /'brəʊkər || 'brəʊkə(r)/ *n* **1** (agent) agente *mf*; **insurance ~** agente *mf* de seguros **2** (*stock~*) corredor, -dora *m,f* de bolsa

broker² *vt* (AmE) ‹*bonds/commodities*› hacer* corretaje de

brolly /'brɑːli || 'brɒli/ *n* (*pl* **-lies**) (BrE colloq) paraguas *m*

bromide /'brəʊmaɪd/ *n* [c u] bromuro *m*

bronchial /'brɑːŋkiəl || 'brɒŋkiəl/ *adj* bronquial; **~ tubes** bronquios *mpl*

bronchitis /brɑːŋ'kaɪtəs || brɒŋ'kaɪtɪs/ *n* [u] bronquitis *f*

bronco /'brɑːŋkəʊ || 'brɒŋkəʊ/ *n* (*pl* **-cos**) (AmE) potro *m* salvaje

bronze /brɑːnz || brɒnz/ *n*

A **1** [u] (Metall) bronce *m*; (*before n*) **the B~ Age** la Edad de bronce **2** [c] **~ (medal)** medalla *f* de bronce

B [u] (color) color *m* bronce

bronzed /brɑːnzd || brɒnzd/ *adj* bronceado

brooch /brəʊtʃ/ *n* prendedor *m*, broche *m*

brood¹ /bruːd/ *n* **1** (of birds) nidada *f*; (of mammals) camada *f* **2** (of children) (hum) prole *f* (fam & hum)

brood² *vi* (reflect): **she sat ~ing on the unfairness of life** rumiaba lo injusta que era la vida; **stop ~ing on** *o* **over it** deja de darle vueltas al asunto

broody /'bruːdi/ *adj* **-dier, -diest**

A : **~ hen** gallina *f* clueca; **it makes me feel ~** (BrE colloq & hum) me despierta el instinto maternal

B (moody) meditabundo

brook¹ /brʊk/ *n* arroyo *m*

brook² *vt* (frml) (*usu with neg*) tolerar, admitir

broom /bru:m/ *n*
A [c] (brush) escoba *f*; ***a new ~ sweeps clean*** escoba nueva barre bien; (*before n*) **~ cupboard** *o* (AmE) **closet** armario *m* de los artículos de limpieza
B [u] (plant) retama *f*, hiniesta *f*

broomstick /'bru:mstɪk/ *n* palo *m* de escoba; (of a witch) escoba *f*

broth /brɔ:θ || brɒθ/ *n* [u] caldo *m*

brothel /'brɑ:θəl || 'brɒθəl/ *n* burdel *m*

brother¹ /'brʌðər || 'brʌðə(r)/ *n* **1▸** (relative) hermano *m*; **do you have any ~s and sisters?** ¿tienes hermanos?; **the Jones ~s** los hermanos Jones **2▸** (comrade) compañero *m* **3▸** (*as form of address*) (AmE colloq) hermano (fam), tío (Esp fam), mano (AmL exc CS fam)

brother² *interj* (esp AmE colloq): **(oh) ~!** ¡Dios mío!

brotherhood /'brʌðərhʊd || 'brʌðəhʊd/ *n* **1▸** [u] (fellowship) fraternidad *f* **2▸** [c] (association) hermandad *f*, (Relig) cofradía *f*

brother-in-law /'brʌðərɪn,lɔ:/ *n* (*pl* **brothers-in-law**) cuñado *m*

brotherly /'brʌðərli || 'brʌðəli/ *adj* fraternal

brought /brɔ:t/ *past & past p of* **bring**

brow /braʊ/ *n* **1▸** (forehead) (liter) frente *f* **2▸** (*eye~*) ceja *f* **3▸** (of hill) cima *f*

browbeat /'braʊbi:t/ *vt* (*past* **browbeat**; *past p* **browbeaten** /'braʊ,bi:tn̩/) intimidar; **they tried to ~ me into joining them** intentaron intimidarme para que me uniera a ellos

brown¹ /braʊn/ *adj* **-er, -est** ‹*shoe/dress/eyes*› marrón, café *adj inv* (AmC, Chi, Méx), carmelito (Col); ‹*hair*› castaño; ‹*skin/person*› (naturally) moreno; (suntanned) bronceado, moreno; **to get ~** broncearse, ponerse* moreno

brown² *n* [u] marrón *m*, café *m* (AmC, Chi, Méx), carmelito *m* (Col)

brown³ *vt* **1▸** (Culin) dorar **2▸** (tan) broncear
■ **brown** *vi* **1▸** (Culin) dorarse **2▸** (tan) broncearse, ponerse* moreno

brown: **~ bear** *n* oso *m* pardo; **~ bread** *n* pan *m* negro *or* (Esp) moreno

browned-off /'braʊnd'ɔ:f || ,braʊnd'ɒf/ *adj* (BrE colloq) (*pred*) **to be ~** estar* harto

brownie /'braʊni/ *n*
A (cake) *bizcocho de chocolate y nueces*
B (in UK) **Brownie** alita *f*; ***to earn B~ points*** (colloq) marcarse* *or* anotarse puntos

brown: **~out** *n* (AmE) apagón *m* (parcial); **~ paper** *n* [u] papel *m* de estraza; **~ rice** *n* arroz *m* integral; **~ sauce** *n* [u c] **1▸** (thickened stock) salsa *f* (*hecha con jugo de carne*) **2▸** (spicy relish) (BrE) *salsa agridulce con especias*; **~stone** *n* (AmE) **1▸** [u] (stone) piedra *f* rojiza **2▸** [c] (building) casa *f* de piedra rojiza; **~ sugar** *n* [u] azúcar *m* moreno, azúcar *f* morena

browse /braʊz/ *vi* (look) mirar (*en una tienda, catálogo etc*); **to ~ THROUGH sth**: **she was browsing through the records/a magazine** estaba echando un vistazo a los discos/hojeando una revista
■ **browse** *vt* (Comput) explorar

browser /'braʊzər || 'braʊzə(r)/ *n*
A (Comput) navegador *m*
B (person) curioso, -sa *m,f*

bruise¹ /bru:z/ *n* moretón *m*, cardenal *m*, morado *m* (Esp, Ven)

bruise² *vt* ‹*body/arm*› contusionar (frml); ‹*fruit*› magullar, mallugar* (Méx, Ven); ‹*feelings/ego*› herir*
■ **bruise** *vi* «*fruit*» magullarse, mallugarse* (Méx, Ven); **he ~s very easily** le salen moretones (*or* cardenales *etc*) con mucha facilidad

bruiser /'bru:zər || 'bru:zə(r)/ *n* (colloq) muchachote *m* (fam); (aggressive) matón *m*

bruit /bru:t/ *vt* (esp AmE liter) pregonar, divulgar*

brunch /brʌntʃ/ *n* [u c] (colloq) brunch *m* (*combinación de desayuno y almuerzo*)

brunette /bru:'net/ *n* morena *f*, morocha *f* (CS)

brunt /brʌnt/ *n*: **to bear** *o* **take the ~ of sth** sufrir algo; **I had to bear the ~ of his anger** tuve que sufrir su cólera; **the city has taken the full ~ of the recession** la ciudad es la que más ha sufrido la crisis económica

brush¹ /brʌʃ/ *n*
A [c] (for cleaning) cepillo *m*; (for hair) cepillo *m*; (*paint~*) pincel *m*; (large) brocha *f*; ***to be tarred with the same ~*** (colloq) estar* cortados por la misma tijera *or* por el mismo patrón
B [c] (of fox) cola *f*
C [c] **1▸** (act): **I gave my hair a ~** me cepillé el pelo **2▸** (faint touch) roce *m* **3▸** (encounter) **~ WITH sth/sb** ‹*with the law/the police*› roce *m* CON algo/algn; **she has had several ~es with death** ha visto la muerte de cerca en varias ocasiones
D [u] **1▸** (scrub) maleza *f* **2▸** (cut branches) broza *f*

brush² *vt* **1▸** (clean, groom) ‹*jacket/hair*› cepillar; **to ~ one's teeth** lavarse *or* cepillarse los dientes; **she ~ed his hair** le cepilló el pelo **2▸** (sweep): **he ~ed the crumbs off the table** quitó las migas de la mesa **3▸** (touch lightly) rozar*
■ **brush** *vi* **to ~ AGAINST sth/sb** rozar* algo/a algn

Phrasal verbs

- **brush aside** [v ▸ o ▸ adv, v ▸ adv ▸ o] ‹*person/obstacle*› apartar; ‹*objection/suggestion*› desdeñar
- **brush down** [v ▸ o ▸ adv, v ▸ adv ▸ o] (BrE) cepillar
- **brush off**

A [v ▸ o ▸ adv, v ▸ adv ▸ o] **1▸** ‹*mud/hair*› quitar (*cepillando*) **2▸** ‹*advances/suggestions*› no hacer* caso de, hacer* caso omiso de
B [v ▸ adv] «*dirt/mark*» salir*, quitarse (*al cepillarlo*)

- **brush up 1▸** [v ▸ o ▸ adv, v ▸ adv ▸ o] (colloq) darle* un repaso a **2▸** [v ▸ adv] **to ~ up ON sth** darle* un repaso A algo

brush: **~-off** *n* (colloq): **to give sb the ~-off** darle* calabazas a algn (fam); **~stroke** *n* pincelada *f*; **~-up** *n* (BrE) (*no pl*) (grooming): **to have a wash and ~-up** lavarse y arreglarse un poco; **~wood** *n* [u] (cut branches) broza *f*; (scrub) maleza *f*; **~work** *n* [u] manejo *m* del pincel

brusque /brʌsk || brʊsk/ *adj* brusco

brusquely /'brʌskli || 'brʊskli/ *adv* con brusquedad

Brussels /'brʌsəlz/ *n* Bruselas *f*

brussels sprout, Brussels Sprout /'brʌsəlz/ *n* col *f or* (AmS) repollito *m* de Bruselas

brutal /'bru:tl̩/ *adj* **1▸** (cruel, savage) ‹*killer/attack*› brutal; **a ~ sport** un deporte salvaje **2▸** (harsh) ‹*truth/frankness*› crudo **3▸** (severe) ‹*conditions*› atroz

brutality /bru:'tæləti/ *n* [u c] (*pl* **-ties**) brutalidad *f*; **police ~** malos tratos *mpl* por parte de la policía

brutalize /'bru:tl̩aɪz/ *vt* insensibilizar*, endurecer*

brutally /'bru:tl̩i/ *adv* **1▸** (cruelly) ‹*attack/treat*› brutalmente **2▸** (mercilessly) ‹*frank/honest*› crudamente, despiadadamente

brute¹ /bru:t/ *n* (colloq) **1▸** (person) animal *mf* (fam), bestia *f or mf*, bruto, -ta *m,f*; **he is a big ~ of a man** es un animal, es una *or* un bestia **2▸** (animal) bestia *f* (fam)

brute² *adj* (*before n*) **~ force** fuerza *f* bruta

brutish /'bru:tɪʃ/ *adj* (coarse) bruto; (cruel) brutal, salvaje

BS *n* (AmE) **= Bachelor of Science**

BSc *n* (BrE) **= Bachelor of Science**

BSE (**= bovine spongiform encephalopathy**) encefalopatía *f* espongiforme bovina

BSI *n* **= British Standards Institution**

BST = British Summer Time

bubble¹ /'bʌbəl/ *n* (of air, gas) burbuja *f*; (of soap) pompa *f*; (in paintwork) ampolla *f*; **to blow ~s** hacer* pompas; **speech/thought ~** bocadillo *m*, globito *m* (*en una historieta*)

bubble² *vi*
A (form bubbles) «*lava*» bullir*; «*champagne*» burbujear
B «*person*»: **she ~s with enthusiasm** rebosa (de) *or* desborda entusiasmo, el entusiasmo le sale por los poros

Phrasal verb

- **bubble over** [v ▸ adv] (colloq): **she was bubbling over with enthusiasm** no cabía en sí de entusiasmo

bubble: **~ bath** *n* [c u] baño *m* de burbujas *or* espuma; **~ gum** *n* [u] chicle *m* (de globos), chicle *m* de bomba (Col, Ven), chicle *m* globero (Ur)

bubblejet printer /'bʌbəldʒet/ *n* impresora *f* de inyección (de tinta) por burbujas

b

bubbly¹ /ˈbʌbli/ *adj* **-lier, -liest** 1 ‹*person*› lleno de vida; ‹*personality*› efervescente 2 (full of bubbles) burbujeante
bubbly² *n* [u] (colloq) champán *m*, champaña *m or f*
bubonic plague /buːˈbɑːnɪk || bjuːˈbɒnɪk/ *n* [u] peste *f* bubónica
buccaneer /ˈbʌkəˈnɪr || ˌbʌkəˈnɪə(r)/ *n* bucanero *m*
Bucharest /ˈbuːkərest || ˌbuːkəˈrest/ *n* Bucarest *m*
buck¹ /bʌk/ *n*
A (male deer) ciervo *m* (macho); (male rabbit) conejo *m* (macho)
B (dollar) (esp AmE colloq) dólar *m*, verde *m* (AmL fam); ***to make a fast o quick*** ~ hacer* dinero *or* (AmL fam tb) plata fácil
C (responsibility): ***to pass the*** ~ (colloq) pasar la pelota (fam); **the ~ stops here** la responsabilidad es mía (*or* nuestra *etc*)
buck² *vi* 1 «*horse*» corcovear 2 (move jerkily) (AmE) «*car/deck*» dar* sacudidas 3 (resist, oppose) (esp AmE) **to ~ AGAINST sth/sb** rebelarse CONTRA algo/algn; **to ~ AGAINST** *o* **AT -ING** resistirse A + INF
■ **buck** *vt* ‹*trend*› resistirse *or* oponerse* a; **to ~ the system** ir* contra la corriente
Phrasal verb
• **buck up** (colloq)
A [v ▸ adv] 1 (become cheerful) levantar el ánimo; **~ up!** ¡levanta el ánimo!, ¡arriba ese ánimo! (fam) 2 (make effort) (BrE) esforzarse* 3 (hurry) (BrE) moverse* (fam), acelerar (fam)
B [v ▸ o ▸ adv, v ▸ adv ▸ o] (cheer up) ‹*person*› levantarle el ánimo a; ***to ~ one's ideas up*** (BrE) mejorar el comportamiento/ponerse* a trabajar en serio
bucket¹ /ˈbʌkət || ˈbʌkɪt/ *n* balde *m or* (Esp) cubo *m or* (Méx) cubeta *f or* (Ven) tobo *m*; **a ~ of water** un balde (*or* un cubo *etc*) de agua; **to rain ~s** llover* a cántaros; **to cry ~s** llorar a lágrima viva *or* (fam) a moco tendido; ***to kick the*** ~ (colloq & hum) estirar la pata (fam & hum)
bucket² *vi* (esp BrE colloq) **~ (down)**: **it's ~ing (down)** está lloviendo a cántaros
bucket shop *n* (BrE colloq) agencia *f* de viajes (*que vende boletos de avión a precios reducidos*)
buckle¹ /ˈbʌkəl/ *n* hebilla *f*
buckle² *vt*
A (fasten) abrochar
B (bend) torcer*, combar
■ **buckle** *vi* (bend, crumple) «*wheel/metal*» torcerse*, combarse; **his knees ~d beneath him** se le doblaron las rodillas
Phrasal verbs
• **buckle down** [v ▸ adv] ponerse* a trabajar en serio
• **buckle up** [v ▸ adv] (AmE) ponerse* *or* abrocharse el cinturón de seguridad
buck: **~shot** *n* [u] perdigón *m*; **~skin** *n* [u] gamuza *f*; **~teeth** /ˈbʌkˈtiːθ/ *pl n*: **to have ~teeth** tener* los dientes salidos; **~wheat** *n* [u] trigo *m* rubión *or* sarraceno, alforfón *m*
bud¹ /bʌd/ *n*
A (Bot) brote *m*, yema *f*; (of flower) capullo *m*; **to be in ~** tener* brotes; ***to nip sth in the*** ~ (colloq) cortar algo de raíz
B (*as form of address*) (AmE colloq) ▸**buddy**
bud² *vi* **-dd-** echar brotes
Budapest /ˈbuːdəpest/ ˌbuːdəˈpest/ *n* Budapest *m*
Buddha /ˈbuːdə || ˈbʊdə/ *n* Buda *m*
Buddhism /ˈbuːdɪzəm || ˈbʊdɪzəm/ *n* [u] budismo *m*
Buddhist¹ /ˈbuːdəst || ˈbʊdɪst/ *n* budista *mf*
Buddhist² *adj* budista
budding /ˈbʌdɪŋ/ *adj* (*before n*) ‹*artist/genius*› en ciernes
buddy /ˈbʌdi/ *n* (*pl* **-dies**) (AmE colloq) amigo *m*, compinche *m* (fam), cuate *m* (Méx fam); (*as form of address*) hermano (fam), macho (Esp fam), güey (Méx fam), gallo (Chi fam)
buddy-buddy /ˈbʌdiˈbʌdi/ *adj* (esp AmE colloq) (*pred*) muy compinche *or* (Méx) cuate (fam); **to be ~ WITH sb** estar* a partir un piñón *or* (CS) a partir (de) un confite con algn (fam)
budge /bʌdʒ/ *vi* (*usu with neg*) 1 (move) moverse*; **he stood there and refused to ~** se plantificó ahí y no hubo quien lo moviera 2 (change opinion) cambiar de opinión
■ **budge** *vt* 1 (move) correr 2 (persuade) convencer*, hacer* cambiar de opinión
budgerigar /ˈbʌdʒərigaːr || ˈbʌdʒərigɑː(r)/ *n* periquito *m*
budget¹ /ˈbʌdʒət || ˈbʌdʒɪt/ *n* presupuesto *m*; **the B~** (in UK) los presupuestos generales del Estado; **the project ran over ~** el proyecto costó más de lo presupuestado *or* excedió el presupuesto; **a big-/low-~ production** una producción con un gran presupuesto/con un presupuesto reducido; **how to eat well on a (tight) ~** cómo comer bien económicamente *or* con un presupuesto reducido
budget² *vi* administrarse; **to learn to ~** aprender a administrar el dinero; **to ~ FOR sth/-ING**: **I hadn't ~ed for staying in a hotel** no había contado con *or* no había previsto gastos de hotel
budgie /ˈbʌdʒi/ *n* (BrE colloq) periquito *m*
buff¹ /bʌf/ *n*
A [u] 1 **~ (leather)** gamuza *f* 2 (color) beige *m* 3 (bare skin): **in the ~** (colloq & hum) en cueros (fam & hum)
B [c] (enthusiast) (colloq) aficionado, -da *m,f*; **film ~** cinéfilo, -la *m,f*; **jazz ~** aficionado al jazz
buff² *adj* 1 (made of buff) (*before n*) de gamuza 2 (buff-colored) beige *adj inv*, beis *adj inv* (Esp)
buff³ *vt* ‹*metal*› pulir; ‹*shoes*› sacar* brillo a
buffalo /ˈbʌfələʊ/ *n* (*pl* **-loes** *or* **-los**) 1 (wild ox) búfalo *m*; (*water* ~) búfalo *m* de agua, carabao *m* 2 (bison) (AmE) bisonte *m*
buffer /ˈbʌfər || ˈbʌfə(r)/ *n*
A 1 (AmE Auto) parachoques *m*, paragolpes *m* (RPl) 2 (BrE Rail) (on train) tope *m*; (in station) parachoques *m*, amortiguador *m* de choques; (*before n*) **~ state** estado *m* tapón; **~ zone** zona *f* parachoques
B (Comput) memoria *f* intermedia *or* interfaz, tampón *m*
buffet¹ /bəˈfeɪ || ˈbʊfeɪ, ˈbʌfeɪ/ *n*
A (meal) buffet *m*
B (BrE) 1 (in train) bar *m*; (*before n*) **~ car** (also AmE) coche *m* restaurante, coche *m* comedor, vagón *m* restaurante 2 (cafeteria) bar *m* (*en una estación*)
buffet² /ˈbʌfət || bʌfɪt/ *vt* zarandear, sacudir
buffeting /ˈbʌfətɪŋ || ˈbʌfɪtɪŋ/ *n* (*no pl*): **the ~ of the waves** el embate de las olas; **the area took a ~ during the storm** la zona fue azotada *or* castigada por la tormenta
buffoon /bəˈfuːn/ *n* payaso, -sa *m,f*, bufón, -fona *m,f*
bug¹ /bʌg/ *n*
A 1 (biting insect) chinche *f or m*; ***to be as snug as a ~ in a rug*** (colloq) estar* en la gloria (fam) 2 (any insect) (esp AmE) bicho *m*
B (germ, disease) (colloq): **he caught** *o* **picked up a stomach ~** se agarró algo al estómago
C (colloq) 1 (obsession): **she got the travel ~** le entró la fiebre de los viajes 2 (enthusiast) (AmE): **a movie ~** un cinéfilo, un amante del cine
D (listening device) (colloq) micrófono *m* oculto
E (fault) problema *m*
F (Comput) error *m* (de programación), bug *m*
bug² **-gg-** *vt* (colloq)
A ‹*room/telephone*› colocar* micrófonos ocultos en
B (bother, irritate) fastidiar; **it really ~s me when you do that** me saca de quicio que hagas eso; **what's ~ging you?** ¿qué mosca te ha picado?
■ **bug** *vi* (AmE) «*eyes*» salirse* de las órbitas
bugbear /ˈbʌgber || ˈbʌgbeə(r)/ *n* pesadilla *f*
bugger¹ /ˈbʌgər || ˈbʌgə(r)/ *n*
A (BrE) 1 (unpleasant person) (vulg) hijo, -ja *m,f* de puta (vulg) 2 (person) (sl): **poor ~!** ¡pobre tipo! (fam)
B (sth difficult, unpleasant) (BrE sl): **the exam was a real ~** el examen fue jodidísimo (vulg); **~ *all***: **she did ~ all** no hizo un carajo (vulg)
bugger² *vt*
A (BrE) 1 (*in interj phrases*) (vulg): **(I'm) ~ed if I know!** ¡no tengo ni puta idea! (vulg) 2 (ruin, spoil) (sl) joder (vulg), chingar* (Méx vulg)
B (commit buggery with) sodomizar*
Phrasal verbs
• **bugger about** (BrE vulg)
A [v ▸ adv] (act foolishly) joder (vulg)
B [v ▸ o ▸ adv, v ▸ adv ▸ o] (inconvenience) joder (vulg)
• **bugger off** [v ▸ adv] (BrE vulg): **~ off!** ¡vete a la mierda! (vulg); **he ~ed off** se largó (fam)
• **bugger up** [v ▸ o ▸ adv, v ▸ adv ▸ o] (BrE vulg) joder (vulg); **I ~ed up my exam** la cagué en el examen (vulg)

bugger³ *interj* (BrE vulg) ¡carajo! (vulg)

buggery /'bʌgəri/ *n* [u] sodomía *f*

bugging device /'bʌgɪŋ/ *n* micrófono *m* oculto

buggy /'bʌgi/ *n* (*pl* **-gies**)
A (horse-drawn vehicle) calesa *f*
B (*baby* ~) (baby carriage) (AmE) cochecito *m*; (pushchair) (BrE) sillita *f* de paseo (*plegable*)

bugle /'bju:gəl/ *n* clarín *m*, corneta *f*

build¹ /bɪld/ (*past & past p* **built**) *vt* ‹*house*› construir*, edificar*, hacer*; ‹*bridge/road/ship*› construir*; ‹*wall*› construir*, levantar, hacer*; ‹*fire/nest*› hacer*; ‹*career*› forjarse; ‹*empire*› levantar, construir*
■ **build** *vi* **1** (erect buildings) edificar* **2** (increase) «*tension/pressure*» aumentar

Phrasal verbs
• **build on** [v ▸ prep ▸ o] ‹*extension/kitchen*› agregar*
• **build up**
A [v ▸ o ▸ adv, v ▸ adv ▸ o] **1** (make bigger, stronger) ‹*muscles*› fortalecer*; **to ~ up one's strength** fortalecerse* **2** (accumulate) ‹*supplies/experience*› acumular; ‹*reserves*› acrecentar*; **they are ~ing up their forces in the area** están intensificando su presencia militar en la zona **3** (develop) ‹*reputation*› forjarse; ‹*confidence*› desarrollar; ‹*speed*› agarrar *or* (Esp) coger*; **to ~ up one's hopes** hacerse* ilusiones; **he built the firm up from nothing** levantó la empresa de la nada **4** (praise) (colloq) poner* por las nubes (fam)
B [v ▸ adv] **1** (accumulate) «*dirt*» acumularse, juntarse; **their debts had built up** sus deudas se habían ido acumulando **2** (increase) «*pressure/noise*» ir* en aumento; **to ~ up TO sth**: **the tension ~s up to a climax** la tensión va en aumento hasta llegar a un punto culminante

build² *n* complexión *f*; **with a slim ~** de complexión delgada; **the ~ of a swimmer** el físico de un nadador

builder /'bɪldər || 'bɪldə(r)/ *n* albañil *mf*; (contractor) contratista *mf*

building /'bɪldɪŋ/ *n* **1** [c] (edifice) edificio *m*, inmueble *m* (frml) **2** [u] (construction) construcción *f*; (*before n*) **~ contractor** contratista *mf* (de obras); **~ site** obra *f*; **the ~ trade** la industria de la construcción

building society *n* (in UK) sociedad *f* de crédito hipotecario

buildup /'bɪldʌp/ *n* **1** (accumulation) acumulación *f*; (of tension, pressure) aumento *m*, intensificación *f*, concentración *f* **2** (of troops) concentración *f* **3** (publicity) propaganda *f*, bombo *m* (fam)

built¹ /bɪlt/ *past & past p of* **build**¹

built² *adj* (*pred*) **1** (constructed): **the school is ~ around a courtyard** la escuela está construida alrededor de un patio; **to be ~ OF/OUT OF sth** estar hecho* DE algo; **to be ~ INTO sth**: **the aquarium is ~ into the wall** el acuario está empotrado en la pared **2** (physically): **he's ~ like an ox** es muy corpulento; **she's heavily ~** es de complexión robusta; **athletically ~** con físico de atleta

-built /bɪlt/ *suff* (constructed): **brick~/stone~** hecho de ladrillo/piedra; **sturdily~** de construcción sólida

built: **~ environment** *n* urbanismo *m*, planificación *f* urbana; **~-in** /'bɪlt'ɪn/ *adj* (*before n*) **1** ‹*bookcase/desk*› empotrado, encastrado; ‹*equipment*› fijo; ‹*mechanism/feature*› incorporado **2** (inherent) ‹*weakness/tendency*› intrínseco; **~-up** /'bɪlt'ʌp/ *adj* (*before n*) ‹*area*› urbanizado

bulb /bʌlb/ *n*
A (Bot, Hort) (of flower) bulbo *m*, papa *f* (Chi); (of garlic) cabeza *f*
B (*light* ~) bombilla *f or* (Méx) foco *m or* (Col, Ven) bombillo *m or* (RPl) bombita *f or* lamparita *f or* (Chi) ampolleta *f or* (AmC) bujía *f*

bulbous /'bʌlbəs/ *adj* ‹*growth*› bulboso; ‹*nose*› protuberante

Bulgaria /bʌl'geriə || bʌl'geəriə/ *n* Bulgaria *f*

Bulgarian¹ /bʌl'geriən || bʌl'geəriən/ *adj* búlgaro

Bulgarian² *n* **1** [c] (person) búlgaro, -ra *m,f* **2** [u] (language) búlgaro *m*

bulge¹ /bʌldʒ/ *n* bulto *m*

bulge² *vi* **1** (protrude) sobresalir*; **her eyes ~d at the thought** los ojos se le salían de las órbitas de sólo pensarlo; **the bag was bulging with books** la bolsa estaba repleta de libros **2** **bulging** *pres p* ‹*pocket/bag*› repleto; ‹*eyes*› saltón

bulimia (nervosa) /bju:'li:miə(nɜ:r'vəʊsə) || bju:'lɪmiə (nɜ:'vəʊsə)/ *n* [u] bulimia *f* (nerviosa)

bulimic /bju:'li:mɪk || bjʊ'lɪmɪk/ *adj* bulímico

bulk /bʌlk/ *n* [u]
A **1** (Busn) (large quantity): **in ~** en grandes cantidades **2** (large mass) mole *f*
B (largest part): **the ~ of sth** la mayor parte de algo, gran parte de algo

bulky /'bʌlki/ *adj* **-kier, -kiest** ‹*package*› voluminoso, grande; ‹*person*› corpulento; ‹*sweater*› (AmE) grueso, gordo (fam)

bull /bʊl/ *n*
A [c] **1** (male bovine) toro *m*; ***to be like a ~ in a china shop*** ser* como chivo *or* elefante en cristalería (fam); ***to take the ~ by the horns*** agarrar *or* (esp Esp) coger* al toro por los cuernos *or* las astas **2** (male of other species) macho *m*; (*before n*) macho *adj inv*
B [u] (sl) (boasting, lying) estupideces *fpl*, chorradas *fpl* (Esp fam), macanas *fpl* (RPl fam), jaladas *fpl* (Méx arg); ▸**shoot**² *vt* **A1**

bull: **~dog** *n* bul(l)dog *m*; **~doze** *vt* demoler*, derribar; **to ~doze sb INTO sth/-ING** forzar* a algn A algo/+ INF; **~dozer** /'bʊldəʊzər || 'bʊldəʊzə(r)/ *n* bulldozer *m*, topadora *f* (Arg)

bullet /'bʊlət || 'bʊlɪt/ *n* bala *f*

bulletin /'bʊlətn || 'bʊlətɪn/ *n* (notice) anuncio *m*, comunicado *m*; (newsletter) boletín *m*; (report) (Journ) boletín *m* (informativo)

bulletin board *n* (AmE) tablero *m or* (Esp) tablón *m* de anuncios, cartelera *f* (AmL), diario *m* mural (Chi)

bulletproof /'bʊlətpru:f || 'bʊlɪtpru:f/ *adj* ‹*vest*› antibalas *adj inv*, a prueba de balas; ‹*vehicle*› blindado

bull: **~fight** *n* corrida *f* de toros; **~fighter** *n* torero, -ra *m,f*; **~fighting** *n* [u] (deporte *m* de) los toros; (art) toreo *m*, tauromaquia *f*; **~fighting is very popular here** los toros *or* las corridas de toros son muy populares aquí; **~frog** *n* rana *f* toro; **~horn** *n* (AmE) megáfono *m*

bullion /'bʊljən || 'bʊliən/ *n* [u]: **gold/silver ~** oro/plata en lingotes

bullock /'bʊlək/ *n* (castrated bull) buey *m*; (young bull) (esp AmE) novillo *m*

bull: **~pen** *n* (AmE) **1** (in baseball) (place) bull pen *m*, zona *f* de calentamiento (*en un diamante de béisbol*) **2** (pitchers) pítchers *mpl or* lanzadores *mpl* de reserva; **3** (prison cell) (colloq) calabozo *m*; **~ring** *n* plaza *f* de toros; **~ session** *n* (AmE colloq) charla *f* (fam); **~seye** *n* diana *f*; **to score a ~seye** dar* en el blanco, hacer* diana

bullshit¹ /'bʊlʃɪt/ *n* [u] (vulg) (nonsense) sandeces *fpl* (fam), pendejadas (AmL exc CS vulg), gilipolleces *fpl* (Esp arg), huevadas *fpl* (Andes, Ven vulg), boludeces *fpl* (Col, RPl vulg), mamadas *fpl* (Méx vulg)

bullshit² *vi* **-tt-** (vulg) **1** (talk nonsense) decir* sandeces (*or* gilipolleces *etc*); *see* **bullshit**¹ **2** (boast, brag) tirarse un farol (fam), mandarse la(s) parte(s) (CS fam)

bull: **~shitter** /'bʊl,ʃɪtər || 'bʊl,ʃɪtə(r)/ *n* (sl) farolero, -ra *m,f* (fam), fantasma *mf* (Esp fam), mandaparte *mf* (RPl fam), hocicón, -cona *m,f* (Méx fam), mandador, -dora *m,f* de parte (Chi fam); **~ terrier** *n* bulterrier *m*

bully¹ /'bʊli/ *n* (*pl* **-lies**) **1** [c] (thug, tyrant) matón, -tona *m,f*, bravucón, -cona *m,f* **2** [c] (in field hockey) bully *m*, salida *f*

bully², **-lies, -lying, -lied** *vt* intimidar, matonear (AmL fam); **to ~ sb INTO sth**: **she bullied him into doing it** lo acosó hasta que lo hizo

Phrasal verb
• **bully off** [v ▸ adv] (in field hockey) sacar*

bully³ *interj*: **~ for you/him!** (dated *or* iro) ¡bravo!

bullying /'bʊliɪŋ/ *n* [u] intimidación *f*, acoso *m*

bulrush /'bʊlrʌʃ/ *n* **1** [c] (cattail) (BrE) enea *f*, anea *f*, totora *f* **2** [c u] (rush) junco *m* (marinero)

bulwark /'bʊlwərk || 'bʊlwək/ *n* **1** (defense) baluarte *m* **2** **bulwarks** *pl* (Naut) macarrones *mpl*

bum¹ /bʌm/ *n* (colloq)
A **1** (worthless person) vago, -ga *m,f* (fam) **2** (vagrant) (AmE) vagabundo, -da *m,f* **3** (enthusiast) (AmE): **ski/tennis ~** loco, -ca *m,f* del esquí/tenis (fam); **he's/she's a beach ~** se pasa la vida en la playa
B (buttocks) (BrE) trasero *m* (fam), culo *m* (fam *o* vulg), traste *m* (CS fam), poto *m* (Chi, Per fam)

b

bum² -mm- *vt* (sl) **to ~ sth FROM** *o* **OFF sb** gorronearle *or* gorrearle algo A algn, pecharle algo A algn (CS fam)

■ **bum** *vi* 1 (drift): **to ~ around** vagabundear 2 (cadge) **to ~ OFF sb** gorronearle *or* gorrearle *or* (RPl) garronearle *or* (CS) pecharle a algn (fam)

bum³ *adj* (sl) (*before n*) 1 ‹*job/place*› de porquería (fam) 2 (AmE): **a ~ rap** una acusación falsa; **it turned out to be a ~ deal** resultó ser un chanchullo (fam)

bumblebee /ˈbʌmbəlˌbiː/ *n* abejorro *m*

bumbling /ˈbʌmblɪŋ/ *adj* torpe, incompetente

bumf /bʌmf/ *n* [u] (BrE colloq) papelerío *m* (fam), papeles *mpl*

bummer /ˈbʌmər || ˈbʌmə(r)/ *n* (sl) latazo *m* (fam), plomo *m* (fam), plomazo *m* (fam), coñazo *m* (Esp arg)

bump¹ /bʌmp/ *n*

A 1 (blow) golpe *m*; (jolt) sacudida *f*; (collision) topetazo *m*, golpe *m*; **that brought me back to reality with a ~** eso me devolvió de golpe a la realidad 2 (sound) golpe *m*; **things that go ~ in the night** cosas que dan miedo

B (lump — in surface) bulto *m*, protuberancia *f*; (— on head) chichón *m*; (— on road) bache *m*

bump² *vt*

A (hit, knock lightly): **I ~ed my elbow on** *o* **against the door** me di en el codo con *or* contra la puerta; **I ~ed the post as I was reversing** choqué con *or* contra el poste al dar marcha atrás

B (remove, throw out) (AmE colloq) echar; **we got ~ed from the flight** nos quedamos sin plaza en el vuelo

■ **bump** *vi* (hit, knock) **to ~ (AGAINST sth/sb)** darse* *or* chocar* (CONTRA *or* CON algo/algn)

(Phrasal verbs)

- **bump into** [v ▸ prep ▸ o] 1 (collide with) darse* *or* chocar* contra 2 (meet by chance) (colloq) toparse *or* tropezarse* con, encontrarse* con
- **bump off** [v ▸ o ▸ adv, v ▸ adv ▸ o] (sl) liquidar (fam)
- **bump up** [v ▸ o ▸ adv, v ▸ adv ▸ o] (colloq) aumentar

bumper¹ /ˈbʌmpər || ˈbʌmpə(r)/ *n* (Auto) parachoques *m*, paragolpes *m* (RPl); **the cars were ~ to ~** los coches iban pegados unos a otros

bumper² *adj* (*before n*) ‹*crop/year*› récord *adj inv*, extraordinario; ‹*edition*› extra; ‹*pack*› gigante

bumper car *n* coche *m* de choque, carrito *m* chocón (Méx, Ven), autito *m* chocador (RPl), carro *m* loco (Andes)

bumph /bʌmf/ *n* [u] ▸**bumf**

bumpkin /ˈbʌmpkɪn/ *n*: **(country) ~** pueblerino, -na *m,f*, paleto, -ta *m,f* (Esp fam), pajuerano, -na *m,f* (RPl fam)

bumptious /ˈbʌmpʃəs/ *adj* engreído

bumpy /ˈbʌmpi/ *adj* **-pier, -piest** 1 (uneven) ‹*surface*› desigual, con desniveles; ‹*road*› lleno de baches 2 (rough): **we had a ~ flight** el avión se movió mucho; **it was a ~ ride and she felt sick** se mareó con el traqueteo del autobús (*or* el coche *etc*)

bun /bʌn/ *n*

A 1 (sweetened) bollo *m*; **currant ~** bollo con pasas 2 (bread roll) panecillo *m*, pancito *m* (CS), bolillo *m* (Méx)

B (hairstyle) moño *m*, rodete *m* (RPl), chongo *m* (Méx)

C **buns** *pl* (AmE colloq) trasero *m* (fam), culo *m* (fam *o* vulg), traste *m* (CS fam), poto *m* (Chi, Per fam)

bunch¹ /bʌntʃ/ *n*

A 1 (of flowers) ramo *m*, bonche *m* (Méx); (small) ramillete *m*; (of bananas) racimo *m*, penca *f* (Méx), cacho *m* (RPl); (of grapes) racimo *m*; (of keys) manojo *m* 2 (group) grupo *m*; **they're a ~ of idiots** son una panda *or* (AmL) una punta de idiotas (fam); **they're an odd ~** son gente de lo más rara 3 (a lot) (AmE colloq) montón *m*, porrón *m* (Esp fam), chorro *m* (Méx fam); **thanks a ~!** (colloq & iro) ¡gracias mil! (iró)

B **bunches** *pl* (hairstyle) (BrE) coletas *fpl*

bunch² *vi* 1 **~ (together)** ‹‹*runners/cars*›› amontonarse 2 ‹‹*cloth*›› fruncirse*

bundle¹ /ˈbʌndḷ/ *n* 1 (of clothes) lío *m*, fardo *m*, atado *m* (AmL); (of newspapers, letters) paquete *m*; (of money) fajo *m*; (of sticks) haz *m*, atado *m* (AmL); **software ~** paquete *m* de software; **that child is a ~ of mischief** ese niño es un diablillo; **she's a ~ of nerves** es un manojo de nervios; **the play isn't exactly a ~ of laughs** la obra no es precisamente muy cómica 2 (large sum of money): **a ~** (colloq) un dineral, un platal (AmS fam), un pastón (Esp fam), un lanón (Méx fam)

bundle² *vt* 1 (make into a bundle) liar*, atar 2 (push) (+ *adv compl*): **she ~d them off to school** los despachó al colegio; **they ~d him into the car** lo metieron a empujones en el coche

(Phrasal verb)

- **bundle up** 1 [v ▸ adv ▸ o] ‹*clothes/papers*› liar* 2 [v ▸ adv] (AmE colloq) abrigarse*

bung¹ /bʌŋ/ *n* tapón *m*

bung² *vt* 1 (put bung in) taponar 2 (BrE colloq) (put) poner*, meter; **just ~ it out** tíralo (a la basura)

(Phrasal verb)

- **bung up** [v ▸ o ▸ adv, v ▸ adv ▸ o] (BrE colloq) ‹*sink/pipe*› atascar*, tapar (AmL); **I'm really ~ed up** tengo la nariz tapada

bungalow /ˈbʌŋgələʊ/ *n* casa *f* de una planta

bungee jumping /ˈbʌndʒi/ *n* banyi *m*

bungle /ˈbʌŋgəl/ *vt* echar a perder; **a ~d attempt** un intento fallido

bungling /ˈbʌŋglɪŋ/ *adj* (*before n, no comp*) torpe

bungy jumping *n* ▸**bungee jumping**

bunion /ˈbʌnjən/ *n* juanete *m*

bunk /bʌŋk/ *n*

A [c] (bed) litera *f*

B ***to do a ~*** (BrE sl) largarse* (fam)

(Phrasal verb)

- **bunk off** ▸**skive off**

bunk bed *n* litera *f*

bunkum /ˈbʌŋkəm/ *n* [u] (colloq) bobadas *fpl* (fam)

bunny (*pl* **-nies**), **bunny rabbit** /ˈbʌni/ *n* (used to or by children) conejito *m* (fam); **~ girl** *n* conejita *f*

bunting /ˈbʌntɪŋ/ *n* [u] (fabric) (esp AmE) *tela usada para la confección de banderas*

buoy /bɔɪ, ˈbuːi || bɔɪ/ *n* boya *f*

(Phrasal verb)

- **buoy up** [v ▸ o ▸ adv, v ▸ adv ▸ o] 1 ‹*boat/person*› mantener* a flote 2 (keep cheerful) animar

buoyancy /ˈbɔɪənsi/ *n* [u] 1 (ability to float) flotabilidad *f*; (of liquid) sustentación *f* hidráulica 2 (resilience) optimismo *m* 3 (Fin) (of currency) solidez *f*; (of market) tendencia *f* alcista

buoyant /ˈbɔɪənt/ *adj* 1 (able to float) flotante, boyante 2 ‹*mood/spirits*› optimista 3 (Fin) ‹*currency*› fuerte; ‹*market*› alcista

burble /ˈbɜːrbəl || ˈbɜːbəl/ *vi* 1 ‹‹*stream/spring*›› borbotar, borbotear 2 (talk meaninglessly) parlotear (fam), cotorrear (fam); (talk excitedly) hablar atropelladamente

burden¹ /ˈbɜːrdn || ˈbɜːdn/ *n* 1 (load) (liter) carga *f* 2 (encumbrance) carga *f*; **the ~ of responsibility** el peso de la responsabilidad; **to be a ~ to** *o* **on sb** ser* una carga para algn

burden² *vt* cargar*; **to ~ sb WITH sth** ‹*with work*› cargarle* a algn CON algo; **I don't want to ~ you with my problems** no te quiero preocupar con mis problemas

burdensome /ˈbɜːrdṇsəm || ˈbɜːdṇsəm/ *adj* oneroso

bureau /ˈbjʊrəʊ || ˈbjʊərəʊ/ *n* (*pl* **bureaus** *or* **bureaux** /-z/)

A 1 (agency) agencia *f* 2 (government department) (AmE) departamento *m*

B 1 (chest of drawers) (AmE) cómoda *f* 2 (desk) (BrE) buró *m*, escritorio *m*

bureaucracy /bjʊˈrɑːkrəsi || bjʊəˈrɒkrəsi/ *n* [u c] (*pl* **-cies**) burocracia *f*

bureaucrat /ˈbjʊrəkræt || ˈbjʊərəkræt/ *n* burócrata *mf*

bureaucratic /ˈbjʊrəˈkrætɪk || ˌbjʊərəˈkrætɪk/ *adj* burocrático

bureau de change /ˈbjʊrəʊdəˈʃɑːnʒ || ˈbjʊərəʊdəˈʃɑ̃ʒ/ *n* (*pl* **bureaux de change**) (casa *f* de) cambio *m*

burgeon /ˈbɜːrdʒən || ˈbɜːdʒən/ *vi* 1 (grow, flourish) (liter) florecer* 2 **burgeoning** *pres p* ‹*demand*› creciente; ‹*market*› pujante, floreciente

burger /ˈbɜːrgər || ˈbɜːgə(r)/ *n* (colloq) hamburguesa *f*

burglar /ˈbɜːrglər || ˈbɜːglə(r)/ *n* ladrón, -drona *m,f*; (*before n*) **~ alarm** alarma *f* antirrobo

burglarize /ˈbɜːrgləraɪz || ˈbɜːgləraɪz/ *vt* (AmE) robar

burglary /ˈbɜːrgləri || ˈbɜːgləri/ *n* [c u] (*pl* **-ries**) robo *m* (*con allanamiento de morada o escalamiento*)

burgle /ˈbɜːrgəl || ˈbɜːgəl/ *vt* robar; **our house was/we were ~d** nos entraron ladrones en casa, nos entraron a robar

burgundy /ˈbɜːrgəndi || ˈbɜːgəndi/ *n* (color) burdeos *m or* (RPl) bordó *m or* (Chi) concho *m* de vino

burial /ˈberiəl/ *n* [c u] entierro *m*; (*before n*) **~ ground** cementerio *m*; **~ rites** ritos *mpl* funerarios

Burkina Faso /bɜːrˈkiːnəˈfæsəʊ || ˌbɜːkiːnəˈfæsəʊ/ *n* Burkina Faso *m*

burlesque /bɜːrˈlesk || bɜːˈlesk/ *n* [c u] obra *f* burlesca

burly /ˈbɜːrli || ˈbɜːli/ *adj* **-lier, -liest** fornido, corpulento

Burma /ˈbɜːrmə || ˈbɜːmə/ *n* Birmania *f*

Burmese[1] /bɜːrˈmiːz || bɜːˈmiːz/ *adj* birmano

Burmese[2] *n* (*pl* ~) **1** [c] (person) birmano, -na *m,f* **2** [u] (language) birmano *m*

burn[1] /bɜːrn || bɜːn/ (*past & past p* **burned** *or* **burnt**) *vi*

A **1** «*fire/flame/building*» arder; «*wood/coal*» arder, quemarse; **something's ~ing!** se está quemando algo; **I can smell ~ing** huele *or* hay olor a quemado; **the smell of ~ing rubber** el olor a goma quemada *or* (Méx) hule quemado **2** «*food*» quemarse **3** (in sun) «*skin*» quemarse

B **1** (be hot) arder; **my cheeks were ~ing** me ardían las mejillas **2** (sting) «*eyes/wound*» escocer*, arder (esp AmL); **a ~ing sensation** un escozor, un ardor (esp AmL)

C (be consumed) arder; **she was ~ing with curiosity** ardía de curiosidad; **she ~ed for revenge** (liter) deseaba ardientemente vengarse

■ **burn** *vt*

A **1** ‹*letter/rubbish*› quemar; ‹*building/town*› incendiar, quemar; **I ~ed a hole in my sleeve** me quemé la manga (*con un cigarrillo etc*); ***to ~ one's boats*** *o* ***bridges*** quemar las naves **2** (overcook) quemar; **I've ~ed the cake** se me ha quemado el pastel; ▸**candle, oil**[1] **A4**

B **1** (injure) quemar; **to ~ oneself (ON sth)** quemarse (CON algo); **I've ~ed my tongue** me he quemado la lengua; **to be ~ed to death** morir* abrasado **2** (swindle) (AmE sl) estafar, timar (fam)

(Phrasal verbs)

- **burn down**

A [v ▸ o ▸ adv, v ▸ adv ▸ o] incendiar
B [v ▸ adv] incendiarse

- **burn off** [v ▸ o ▸ adv, v ▸ adv ▸ o] ‹*paint/varnish*› quitar (*con llama*); ‹*gas/calories*› quemar

- **burn out**

A [v ▸ adv] **1** «*fire/candle*» apagarse* **2** «*motor*» quemarse
B [v ▸ o ▸ adv]: **to ~ itself out** «*fire*» apagarse*; **he's ~t himself out** está acabado *or* (fam) quemado

- **burn up**

A [v ▸ o ▸ adv, v ▸ adv ▸ o] **1** (consume) ‹*fuel*› consumir; ‹*calories*› quemar **2** (annoy, anger) (AmE colloq) enfermar (AmL fam), poner* enfermo (Esp fam)
B [v ▸ adv] «*meteorite/rocket*» desintegrarse

burn[2] *n*

A (on skin, surface) quemadura *f*
B (stream) (dial *or* poet) arroyo *m*

burner /ˈbɜːrnər || ˈbɜːnə(r)/ *n* quemador *m*

burning /ˈbɜːrnɪŋ || ˈbɜːnɪŋ/ *adj* (*before n*) **1** (hot) ‹*sand*› ardiente; ‹*sun*› abrasador **2** (*as adv*): **it's ~ hot** está muy caliente, está ardiendo; **the ~ hot sand** la arena ardiente **3** (intense) ‹*desire*› ardiente; ‹*hatred*› violento **4** (urgent) ‹*question/issue*› candente

burnish /ˈbɜːrnɪʃ || ˈbɜːnɪʃ/ *vt* bruñir*

burnout /ˈbɜːrnaʊt || ˈbɜːnaʊt/ *n* [c u] (colloq) agotamiento *m*, surmenage *m*

> **Burns Night**
>
> Cada 25 de enero los escoceses en todo el mundo celebran el día del nacimiento del poeta Robert Burns, preparando una cena llamada *Burns Supper*, cuyo plato principal es *haggis* (estómago de oveja relleno con una mezcla de hígado y otras vísceras, avena, cebollas y especias). También se bebe whisky y se suelen leer poemas de Burns

burnt[1] /bɜːrnt || bɜːnt/ *past & past p of* **burn**[1]

burnt[2] *adj* ‹*food/toast*› quemado; ‹*smell/taste*› a quemado

burnt-out /ˈbɜːrntˈaʊt || ˈbɜːntˌaʊt/ *adj* calcinado

burp[1] /bɜːrp || bɜːp/ *n* eructo *m*

burp[2] *vi* eructar, soltar* un eructo (fam)

burrow[1] /ˈbərəʊ || ˈbʌrəʊ/ *n* madriguera *f*; (of rabbits) conejera *f*

burrow[2] *vi* (in sand, soil) cavar; (in handbag, drawer) hurgar*, escarbar

bursar /ˈbɜːrsər || ˈbɜːsə(r)/ *n* administrador, -dora *m,f*

burst[1] /bɜːrst || bɜːst/ (*past & past p* **burst**) *vi*

A «*balloon/tire*» reventarse*; «*pipe*» reventar*, romperse*; «*dam*» romperse*; **to ~ open** abrirse* de golpe

B (move suddenly) (+ *adv compl*): **they ~ into the room** entraron de sopetón en la habitación; **the demonstrators ~ through the police cordon** los manifestantes rompieron el cordón policial

■ **burst** *vt* ‹*balloon/bubble*› reventar*; **the river ~ its banks** el río se desbordó *or* se salió de madre

(Phrasal verbs)

- **burst in** [v ▸ adv] entrar (de sopetón); **don't come ~ing in like that!** ¡no se entra así de sopetón, sin llamar!; **to ~ in ON sb**: **he ~ in on us** entró de sopetón donde estábamos; **they ~ in on the meeting** irrumpieron en la reunión

- **burst into** [v ▸ prep ▸ o]: **to ~ into tears** echarse *or* ponerse* *or* (liter) romper* a llorar; **to ~ into song** ponerse* a cantar; **to ~ into flames** estallar en llamas

- **burst out** [v ▸ adv] **1** (cry): **you're lying!, she ~ out suddenly** —¡estás mintiendo! —saltó de repente **2** (exit) salir* **3** (start): **he ~ out laughing** se echó a reír

burst[2] *n*

A **1** (short surge) (of applause) salva *f*; (of activity) arrebato *m*, arranque *m*; **a ~ of energy** un arranque de energía; **there was a ~ of laughter from the table in the corner** se oyeron carcajadas en la mesa del rincón **2** (of gunfire) ráfaga *f*

B (of pipe) rotura *f*

bursting /ˈbɜːrstɪŋ || ˈbɜːstɪŋ/ *adj* (*pred, no comp*) **1** (overflowing) **to be ~ (WITH sth)** estar* repleto (DE algo); **he was ~ with energy** rebosaba (de) energía; **I'm ~** (colloq) (have eaten too much) estoy que reviento (fam) **2** (anxious, impatient) (colloq) **to be ~ to + INF** morirse* POR + INF

bursting (point) *n*: **to be filled** *o* **full to ~ with sth** estar* (lleno) hasta los topes *or* hasta el tope de algo

burton /ˈbɜːrtn̩ || ˈbɜːtn̩/ *n*: ***to go for a ~*** (BrE colloq) «*plan*» irse* al traste *or* al diablo *or* al cuerno (fam)

bury /ˈberi/ **buries, burying, buried** *vt*

A enterrar*, sepultar (frml); **to ~ sb at sea** dar* sepultura a algn en el mar (frml); **the village was buried by the avalanche** el pueblo fue sepultado por la avalancha; **a little village buried away in the Pyrenees** un pueblecito de algún rincón de los Pirineos

B (plunge, thrust) **to ~ sth (IN sth)**: **she buried the knife in his chest** le enterró *or* le hundió *or* le clavó el cuchillo en el pecho; **he buried his head in his hands** ocultó la cabeza entre las manos

■ *v refl* **1** (immerse oneself) **to ~ oneself IN sth** ‹*in one's work/one's books*› enfrascarse* EN algo **2** (become lodged) «*bullet*» alojarse

bus[1] /bʌs/ *n* (*pl* **buses** *or* (AmE also) **busses**) (Transp) **1** (local) autobús *m*, bus *m* (AmL), camión *m* (AmC, Méx), colectivo *m* (Arg), ómnibus *m* (Per, Ur), micro *f* (Chi), guagua *f* (Cu); ***to look like*** *o* ***have a face like the back (end) of a ~*** (colloq) ser* feo con ganas (fam); (*before n*) **~ conductor** cobrador, -dora *m,f*, guarda *mf* (RPl) de autobuses; **~ driver** conductor, -tora *m,f or* chofer *mf or* (Esp) chófer *mf* de autobús, camionero, -ra *m,f* (AmC, Méx), colectivero, -ra *m,f* (Arg), microbusero, -ra *m,f* (Chi); **~ stop** parada *f or* (AmL exc RPl) paradero *m* de autobús (*or* bus *etc*); ▸**miss**[2] *Sense* **I B** **2** (long-distance) autobús *m*, autocar *m* (Esp), pullman *m* (CS)

bus[2] *vt* **-s-** *or* **-ss-** llevar *or* transportar en autobús (*or* bus *etc*); ‹*schoolchildren*› (in US) *transportar a colegios fuera de su zona para favorecer la integración racial*

busboy /ˈbʌsbɔɪ/ *n* (AmE) ayudante *m* de camarero

bush[1] /bʊʃ/ *n*

A **1** [c] (shrub) arbusto *m*, mata *f*; ***to beat about the ~*** andarse* con rodeos; **stop beating about the ~!** ¡déjate de rodeos! **2** **bushes** *pl* (thicket) matorrales *mpl*, maleza *f*; ***to beat the ~es for sth*** (AmE) buscar* algo por todas partes

B [u] (wild country) **the ~** el monte

b

bush² *adj* (AmE colloq) poco profesional

bushbaby /ˈbʊʃˌbeɪbi/ *n* (*pl* **-bies**) gálago *m*

bushed /bʊʃt/ *adj* (colloq) (*pred*) hecho polvo (fam), agotado

bushel /ˈbʊʃəl/ *n* ≈ fanega *f* (*EEUU: 35,23dm³, RU: 36,37dm³*); ▸**light¹ A**

bush league *n* (AmE) liga *f* menor

bushy /ˈbʊʃi/ *adj* **bushier, bushiest** ‹*beard*› poblado, espeso; ‹*eyebrows*› tupido, poblado; ‹*undergrowth*› espeso

busily /ˈbɪzəli || ˈbɪzɪli/ *adv*: **they were all working ~** todos trabajaban afanosamente; **she was ~ writing her journal** estaba muy ocupada escribiendo en su diario

business /ˈbɪznəs || ˈbɪznɪs/ *n*

A [u] (Busn) **1** (world of commerce, finance) negocios *mpl*; (*before n*) **~ studies** (ciencias *fpl*) empresariales *fpl*; **~ school** escuela *f* de administración *or* gestión de empresas; **a course in ~ German** un curso de alemán comercial **2** (commercial activity, trading) comercio *m*; **to be in ~**: **the firm has been in ~ for 50 years** la empresa tiene 50 años de actividad comercial; **the factory is back in ~ again** la fábrica ha reanudado sus operaciones; **to set up in ~** montar *or* poner* un negocio; **go into ~**: **they went into ~ together** montaron *or* pusieron un negocio juntos; **to go out of ~** cerrar*; **~ is good** el negocio anda *or* marcha bien; **the company lost two million dollars' worth of ~** la compañía perdió ventas (*or* contratos *etc*) por valor de dos millones de dólares; **we open for ~ at nine o'clock** abrimos al público a las nueve **3** (custom, clients): **to lose ~** perder* clientes *or* clientela

B [c] **1** (firm) negocio *m*, empresa *f* **2** (branch of commerce): **I'm in the insurance/antiques ~** trabajo en el ramo de los seguros/en la compra y venta de antigüedades; **the fashion/music ~** la industria *or* el negocio de la moda/música; **she's the best designer in the ~** es la mejor diseñadora del ramo

C [u] **1** (transactions): **it's been a pleasure to do ~ with you** ha sido un placer trabajar con usted; **she's here/away on ~** está aquí/de viaje por negocios; **to mix ~ with pleasure** mezclar el trabajo con la diversión; **unfinished ~** asuntos *mpl* pendientes; **~ *before pleasure*** antes es la obligación que la devoción, primero el deber (y después el placer); ***to get down to* ~** ir* al grano, entrar en materia; ***to mean* ~** decir* algo muy en serio; ***to talk* ~** hablar de negocios; (*before n*) ‹*appointment/lunch*› de trabajo, de negocios; **~ letter** carta *f* comercial; **~ trip** viaje *m* de negocios **2** (items on agenda) asuntos *mpl*, temas *mpl*; **any other ~** otros asuntos, ≈ ruegos y preguntas **3** (rightful occupation, concern) asunto *m*, incumbencia *f*; **mind your own ~!** ¡no te metas en lo que no te importa!; **that's none of your ~** eso no es asunto tuyo, eso no te incumbe; **you had no ~ apologizing on my behalf** no te correspondía a ti disculparte de mi parte; **I shall make it my ~ to find out** yo me ocuparé *or* me encargaré de averiguarlo; ***like nobody's* ~** (colloq): **she was getting through those chocolates like nobody's ~** les estaba dando duro a los bombones (fam); **he was dashing around like nobody's ~** estaba corriendo como un loco de aquí para allá

D (affair, situation, activity) (colloq) (*no pl*) asunto *m*; **what's all this ~ about you leaving?** ¿qué es eso de que te vas?; ***to give sb the* ~** (AmE) (reprimand) echarle la bronca a algn (fam); (tease) tomarle el pelo a algn (fam)

business: **~-class** *adv* en clase preferente *or* business-class; **~like** *adj* ‹*person/manner*› (serious) formal, serio; (efficient) eficiente; ‹*discussion*› serio; **~man** /ˈbɪznəsmæn || ˈbɪznɪsmən/ *n* (*pl* **-men** /-men || -mən/) empresario *m*, hombre *m* de negocios; **~-to-~** /ˌbɪznəstəˈbɪznəs || ˌbɪznɪstəˈbɪznɪs/ *adj* empresa-empresa *adj inv*; **~ commerce** comercio *m* empresa-empresa; **~woman** *n* empresaria *f*, mujer *f* de negocios

busk /bʌsk/ *vi* (BrE colloq) *cantar o tocar un instrumento en la calle o en estaciones del transporte público*

busker /ˈbʌskər || ˈbʌskə(r)/ *n* (BrE) músico *m* callejero

busload /ˈbʌsləʊd/ *n*: **a ~ of schoolchildren** un autobús (lleno) de escolares; **tourists were arriving by the ~/in ~s** iban llegando autocares (*or* autobuses *etc*) llenos de turistas

bust¹ /bʌst/ *vt* **1** (*past & past p* **busted** *or* (BrE also) **bust**) (break) (colloq) romper* **2** (*past & past p* **busted**) (raid) (sl) ‹*person*› agarrar (fam), trincar* (Esp fam); ‹*premises*› hacer* una redada en **3** (*past & past p* **busted**) (bankrupt) (AmE colloq) dejar sin un centavo *or* (Esp tb) sin blanca *or* (Méx tb) sin un quinto **4** (*past & past p* **busted**) (punch) (AmE colloq) darle* un puñetazo a **5** (*past & past p* **busted**) **~ (down)** (demote) (AmE sl) degradar

■ **bust** *vi* (*past & past p* **busted** *or* (BrE also) **bust**) (colloq) ‹‹*object/machine*›› romperse*, estropearse, sonar* (CS fam)

bust² *n*

A **1** (sculpture) busto *m* **2** (bosom) busto *m*, pecho *m*

B (collapse) (esp AmE) caída *f*, descalabro *m*

bust³ *adj*

A **1** (bankrupt) (colloq): **to go ~** quebrar*, ir(se)* a la bancarrota, fundirse (Per, RPl fam) **2** (Games) (*pred*): **it's a gold medal or ~** o la medalla de oro o nada

B (broken) (BrE) roto, estropeado

busted /ˈbʌstəd || ˈbʌstɪd/ *adj* (esp AmE colloq) roto, estropeado

buster /ˈbʌstər || ˈbʌstə(r)/ *n* (AmE colloq) (*as form of address*) fulano (fam), macho (Esp fam), güey (Méx fam), gallo (Chi fam), che (RPl fam)

bustle¹ /ˈbʌsəl/ *vi* **1** (move busily): **I could hear her bustling along the corridor** la oía ir y venir afanosamente por el corredor; **to ~ around** ir* de aquí para allá, trajinar **2** (be crowded, lively) ‹‹*street/store*›› **to ~ (WITH sth)** bullir* (DE algo)

bustle² *n*

A [u] (activity) ajetreo *m*, bullicio *m* (fam)

B [c] (Clothing, Hist) polisón *m*, miriñaque *m*

bustling /ˈbʌslɪŋ/ *adj* ‹*street/shop*› animado, de mucho movimiento

bust-up /ˈbʌstʌp/ *n* **1** (breakup) ruptura *f* **2** (quarrel) (BrE colloq) pelea *f*, bronca *f* (fam)

busty /ˈbʌsti/ *adj* **bustier, bustiest** (colloq) pechugona (fam)

busy¹ /ˈbɪzi/ *adj* **busier, busiest**

A (occupied) ‹*person*› ocupado; **the children keep me very ~** los niños me tienen muy atareada *or* me dan mucho que hacer; **to get ~** ponerse* a trabajar; **I was ~ writing a letter** estaba ocupada escribiendo una carta

B ‹*street/market*› concurrido, de mucho movimiento; **I've had a ~ day** he tenido un día de mucho trabajo; **I have a ~ schedule** tengo un programa muy apretado; **a ~ road** una carretera con mucho tráfico *or* muy transitada

C (Telec) ocupado (AmL), comunicando (Esp)

busy² *v refl* **busies, busying, busied**: **to ~ oneself -ING** ponerse* A + INF; **to ~ oneself WITH sth** entretenerse* CON algo

busy: **~body** *n* (colloq) entrometido, -da *m,f*, metomentodo *mf* (fam), metiche *mf* (AmL fam); **~ signal** *n* (AmE) tono *m* *or* señal *f* de ocupado (AmL), señal *f* de comunicando (Esp)

but¹ /bʌt, *weak form* bət/ *conj*

A **1** (however) pero; **she was fired, ~ they were not** la despidieron a ella pero no a ellos; **everybody, ~ everybody knows that** eso no hay nadie que no lo sepa; **you're really bugging me ~ good!** (AmE colloq) ¡qué manera de darme la lata! (fam) **2** (used for introductory emphasis) pero; **~ what made you say it?** ¿pero por qué lo dijiste?; **surely he doesn't believe that? — oh, ~ he does!** no puede ser que se crea eso — pues sí que se lo cree **3** **but then** (*as linker*) (however, still) pero; (in that case) pero entonces; **~ then you never were very ambitious, were you?** pero la verdad es que tú nunca fuiste muy ambicioso ¿no?; **I don't want to, ~ then again I do** no quiero, pero a la vez *or* al mismo tiempo sí quiero

B : **not ... but ...** no ... sino ...; **it appears that she's not Greek ~ Albanian** parece que no es griega, sino albanesa; **not only did she hit him, ~ she also ...** no sólo le pegó, sino que también ...

but² *prep* **1** (except): **everyone ~ me** todos menos *or* excepto *or* salvo yo; **the last street ~ one** la penúltima calle; **the next street ~ one** la próxima calle no: la siguiente; **I had no alternative ~ to leave** no me quedó otra alternativa que irme; **there's nothing we can do ~ wait** no podemos hacer otra cosa sino esperar, lo único que podemos hacer es esperar **2** **but for**: **~ for them, we'd have lost everything** de no haber sido *or* si no hubiera sido por ellos, habríamos perdido todo

but³ *adv* (frml): **we can ~ try** con intentarlo no se pierde nada; **he's ~ a child** no es más que un niño; **one can't**

help ~ admire her audacity uno no puede (por) menos que admirar su audacia

but[4] /bʌt/ *n* pero *m*; **no ~s: come here at once!** no hay pero que valga, ¡ven aquí inmediatamente!

butane /'bju:teɪn/ *n* [u] butano *m*

butch /bʊtʃ/ *adj* (colloq) ‹*man*› machote (fam); ‹*woman*› hombruna, machota (fam)

butcher[1] /'bʊtʃər || 'bʊtʃə(r)/ *n* **1** (meat dealer) carnicero, -ra *m,f*; **~'s (shop)** carnicería *f* **2** (murderer) asesino, -na *m,f*

butcher[2] *vt* **1** ‹*cattle/pig*› matar, carnear (CS) **2** ‹*people*› masacrar

butchery /'bʊtʃəri/ *n* [u] matanza *f*, carnicería *f*

butler /'bʌtlər || 'bʌtlə(r)/ *n* mayordomo *m*

butt[1] /bʌt/ *n*

A **1** (of rifle) culata *f* **2** **~ (end)** (blunt end) extremo *m* **3** (of cigarette) colilla *f*, bacha *f* (Méx fam) **4** (cigarette) (AmE colloq) cigarrillo *m*, pucho *m* (AmL fam)

B (target of jokes or criticism) blanco *m*

C **1** (from goat) topetazo *m* **2** (*head* ~) cabezazo *m*, topetazo *m*

D (buttocks) (AmE colloq) trasero *m* (fam), culo *m* (fam *o* vulg), traste *m* (CS fam), poto *m* (Chi, Per fam); **to get off one's ~** ponerse* a trabajar

butt[2] *vt* «*goat*» topetar, darle* un topetazo a

(Phrasal verb)

- **butt in** [v ▸ adv] interrumpir, meter la cuchara (fam)

butter[1] /'bʌtər || 'bʌtə(r)/ *n* [u] mantequilla *f*, manteca *f* (RPl); **apple ~** (AmE) mermelada *f or* (CS tb) dulce *m* de manzana; **~ *wouldn't melt in her/his mouth*** es una mosquita muerta

butter[2] *vt* ‹*bread*› untar con mantequilla *or* (RPl) manteca, ponerle* mantequilla *or* (RPl) manteca a; **~ed toast** tostadas con mantequilla *or* (RPl) manteca

(Phrasal verb)

- **butter up** [v ▸ o ▸ adv, v ▸ adv ▸ o] (colloq) darle* jabón a (fam), hacerle* la barba a (Méx fam), hacerle* la pata a (Chi fam)

butter: **~ bean** *n* **1** (dried bean) *tipo de frijol blanco*, poroto *m* de manteca (RPl) **2** (wax bean) (AmE) *tipo de frijol fresco con vaina amarilla*; **~cup** *n* ranúnculo *m*; **~fingers** *n* (*pl* ~) (colloq) torpe *mf*, patoso, -sa *m,f* (Esp fam); **~fly** *n* **1** [c] (Zool) mariposa *f* **2** [u] (swimming stroke) estilo *m* mariposa **3** **~flies** *pl* (nervous feeling) nervios *mpl*; **to get/have ~flies (in one's stomach)** ponerse*/estar* nervioso; **~milk** *n* [u] suero *m* (de la leche); **~scotch** *n* [u] *caramelo duro hecho con azúcar y mantequilla*

buttock /'bʌtək/ *n* nalga *f*

button[1] /'bʌtn̩/ *n*

A (Clothing) botón *m*; ***on the ~*** (esp AmE): **his answer was right on the ~** dio en el clavo con su respuesta; **she arrived on the ~** llegó en punto *or* muy puntual; ***to be as bright as a ~*** ser* muy despierto, ser* más listo que el hambre (fam); (*before n*) **~ mushroom** champiñón *m* pequeño; **~ nose** nariz *f* chata y pequeña

B (switch) botón *m*

button[2] *vt* abotonar, abrochar

■ **button** *vi* abotonarse, abrocharse

(Phrasal verb)

- **button up** [v ▸ o ▸ adv, v ▸ adv ▸ o] abotonar, abrochar

button-down /'bʌtn̩daʊn/ *adj* (*before n*): **~ collar** *cuello cuyas puntas se abotonan a la camisa*

buttoned-down /'bʌtn̩ddaʊn/ *adj* (*before n*) (staid, conventional) (AmE colloq) acartonado

buttonhole /'bʌtn̩həʊl/ *n* **1** (Clothing) ojal *m* **2** (flower) (BrE) *flor que se lleva en el ojal*

buttress[1] /'bʌtrəs || 'bʌtrɪs/ *n* (Archit) contrafuerte *m*; **flying ~** arbotante *m*

buttress[2] *vt* **1** (Archit) ‹*wall*› reforzar* con un contrafuerte **2** (support) ‹*argument/case*› respaldar, apoyar

butty /'bʌti/ *n* (*pl* **-ties**) (BrE colloq) sandwich *m*, bocata *m* (Esp fam)

buxom /'bʌksəm/ *adj* con mucho busto *or* pecho

buy[1] /baɪ/ (*past & past p* **bought**) *vt*

A (purchase) comprar; **money can't ~ happiness** el dinero no hace la felicidad; **to ~ sb sth** comprarle algo a algn; **let me ~ you a drink** déjame invitarte a una copa; **I bought myself a hat** me compré un sombrero; **I bought this mirror for $50** compré este espejo por 50 dólares; **to ~ sth FROM sb** comprarle algo A algn; **I bought the radio from** *o* (colloq) **off a friend** le compré la radio a un amigo; **to ~ sth FOR sb** comprar algo PARA algn

B (accept, believe) (colloq) tragarse* (fam)

■ **buy** *vi* comprar; **to ~ FROM sb** comprarle A algn

(Phrasal verbs)

- **buy in** (BrE) [v ▸ o ▸ adv, v ▸ adv ▸ o] ‹*food/supplies*› comprar (*para abastecerse*)
- **buy into** [v ▸ prep ▸ o] ‹*company*› adquirir* participación en, comprar acciones en
- **buy off** [v ▸ o ▸ adv, v ▸ adv ▸ o] sobornar, comprar (fam)
- **buy out** [v ▸ o ▸ adv, v ▸ adv ▸ o] ‹*partner/shareholder*› comprarle su parte a
- **buy up** [v ▸ adv ▸ o] comprarse todas las existencias de

buy[2] *n* compra *f*

buyer /'baɪər || 'baɪə(r)/ *n* **1** (customer) comprador, -dora *m,f* **2** (buying agent) encargado, -da *m,f* de compras

buzz[1] /bʌz/ *n*

A **1** (of insect) zumbido *m* **2** (of voices) rumor *m*, murmullo *m*; **there was a ~ of excitement in the hall** hubo un murmullo de agitación en la sala **3** (as signal) zumbido *m*

B (phone call) (colloq): **to give sb a ~** darle* *or* pegarle* *or* (Méx) echarle un telefonazo a algn (fam), darle* un toque a algn (Esp fam)

C (thrill): **I get a ~ out of surfing** el surf me vuelve loco

buzz[2] *vi* **1** «*insect*» zumbar; **my ears were ~ing** me zumbaban los oídos **2** «*telephone/alarm clock*» sonar* **3** (be animated) (*usu in -ing form*) **to ~ WITH sth: the town was ~ing with rumors** la ciudad era un hervidero de rumores; **the Boston arts scene is really ~ing** hay una actividad febril en el mundo artístico de Boston

■ **buzz** *vt* **1** (call on intercom) llamar por el interfono **2** (call on phone) (AmE colloq) darle* *or* pegarle* *or* (Méx) echarle un telefonazo a (fam), darle* un toque a (Esp fam)

(Phrasal verb)

- **buzz off** [v ▸ adv] (colloq) (*usu in imperative*) largarse* (fam), picar* (RPl fam)

buzzard /'bʌzərd || 'bʌzəd/ *n* **1** (hawk) (esp BrE) águila *f*‡ ratonera **2** (vulture) (AmE) aura *f*‡, gallinazo *m*, zopilote *m* (AmC, Méx)

buzzer /'bʌzər || 'bʌzə(r)/ *n* timbre *m*, chicharra *f*

buzz: **~ saw** *n* (AmE) sierra *f* circular; **~word** *n* palabra *f* de moda

BVD® /'bi:vi:'di:/ *n* (AmE) *prenda interior de hombre*

BVM *n* (= **Blessed Virgin Mary**) Ntra. Sra.

b/w = black and white

by[1] /baɪ/ *prep*

A **1** (not later than): **he told her to be home ~ 11** le dijo que volviera antes de las 11; **they should be there ~ now** ya deberían estar allí; **will it be ready ~ 5?** ¿estará listo para las 5?; **~ the time he arrived, Ann had left** cuando llegó, Ann se había ido **2** (during, at) **~ day/night** de día/noche; **Rome ~ night** Roma de noche

B **1** (at the side of, near to) al lado de, junto a; **come and sit ~ me** ven a sentarte a mi lado *or* junto a mí; **it's right ~ the door** está justo al lado de la puerta **2** (to hand) (AmE): **I always keep some money ~ me** siempre llevo algo de dinero encima

C **1** (past): **I said hello, but he walked right ~ me** lo saludé pero él pasó de largo **2** (via, through) por; **I came in ~ the back door** entré por la puerta de atrás; **~ land/sea/air** por tierra/mar/avión

D (indicating agent, cause) (*with passive verbs*) por [*The passive voice is, however, less common in Spanish than it is in English*] **she was brought up ~ her grandmother** la crió su abuela, fue criada por su abuela; **she was accompanied ~ her father** iba acompañada de su padre; **a play ~ Shakespeare** una obra de Shakespeare; **it was written ~ Pinter** fue escrita por Pinter

E **1** (indicating means, method): **made ~ hand** hecho a mano; **to travel ~ car/train** viajar en coche/tren; **to pay ~ credit card** pagar* con tarjeta de crédito; **to navigate ~ the stars** guiarse* por las estrellas; **~ moonlight** a la luz de la luna; **~ -ING: you won't get anywhere ~ shouting** no vas a conseguir nada con gritar; **I'll begin ~ introducing myself** empezaré por presentarme **2** (owing to, from): **~ chance** por casualidad; **she is Spanish ~ birth** es española de nacimiento; **he had two children ~ his second wife** tuvo dos hijos con *or* de su segunda mujer; **~ -ING**: **~ specializing, she has limited her options** al especializarse, ha restringido sus posibilidades; **they have lost public support ~ being too extreme** han perdido apoyo popular por ser demasiado extremistas

F **1▸** (according to): **~ that clock it's almost half past** según ese reloj son casi y media; **~ the look of things** por lo visto *or* al parecer; **that's fine ~ me** por mí no hay problema **2▸** (*in oaths*): **I swear ~ Almighty God ...** juro por Dios Todopoderoso ...; **~ God, you'll be sorry you said that!** te juro que te vas a arrepentir de haber dicho eso

G **1▸** (indicating rate) por; **we are paid ~ the hour** nos pagan por hora(s); **they make them ~ the thousand** hacen miles y miles de ellos **2▸** (indicating extent of difference): **she broke the record ~ several seconds** batió el récord en *or* por varios segundos; **we missed the train ~ seconds** perdimos el tren por unos segundos; **I'm taller than you ~ an inch or two** soy una pulgada o dos más alto que tú **3▸** (indicating gradual progression): **one ~ one** uno por uno; **they went in two ~ two** entraron de dos en dos; **little ~ little** poco a poco, de a poco (CS)

H (Math) por; **multiply two ~ three** multiplica dos por tres; **divide six ~ three** divide seis por *or* entre tres; **a room 20ft ~ 12ft** una habitación de 20 pies por 12

I (in compass directions): **north ~ northeast** nornor(d)este

A **by oneself** (alone, without assistance) solo; **I need to be ~ myself** necesito estar solo *or* a solas; **they do their homework ~ themselves** hacen los deberes solos

by² *adv* **1▸** (past): **let me ~!** ¡déjenme pasar!; **she rushed ~ without seeing me** pasó corriendo y no me vio; **they watched the parade march ~** vieron pasar el desfile **2▸** (aside, in reserve): **I put a little money ~ each week** ahorro un poco de dinero cada semana **3▸** (to sb's residence): **call** *o* **stop ~ on your way to work** pasa por casa de camino al trabajo **4▸** (*in phrases*) **by and by**: **~ and ~ they came to the clearing** al poco rato llegaron al claro; **it's going to rain ~ and ~** va a llover dentro de poco; **by and large** por lo general, en general; **by the by** *see* **bye¹**

bye¹ /baɪ/ *n*: ***by the ~***: **he mentioned it by the ~** lo mencionó de pasada

bye², (AmE) **'bye** /baɪ/ *interj* (colloq) ¡adiós!, ¡chao *or* chau! (esp AmL fam)

bye-bye /'baɪ'baɪ/ *interj* (colloq) ¡adiós!, ¡chaucito! (AmL fam), ¡chaíto! (Chi fam)

by: **~gone** *adj* (liter) (*before n*) ‹*age/days*› de antaño (liter), pasado; ***to let ~gones be ~gones*** olvidar el pasado; **let ~gones be ~gones** lo pasado, pasado está; **~law** *n* (BrE) ordenanza *f* municipal

bypass¹ /'baɪpæs || 'baɪpɑːs/ *n* **1▸** (road) (BrE) carretera *f* de circunvalación, bypass *m*, libramiento *m* (Méx), carretera *f* circunvalar (Col) **2▸** (Med) bypass *m*

bypass² *vt* **1▸** (circumvent) ‹*person/difficulty*› eludir **2▸** (Transp) «*road*» circunvalar; «*driver*» evitar entrar en

bypath /'baɪpæθ || 'baɪpɑːθ/ *n*

A (side path, indirect route) desvío *m*

B (minor branch of a subject) subrama *f*

by: **~-product** *n* (in manufacture) subproducto *m*, producto *m* secundario, derivado *m*; (consequence) consecuencia *f*; **~road** *n* carretera *f* secundaria *or* vecinal; **~stander** /'baɪˌstændər || 'baɪˌstændə(r)/ *n*: **they opened fire, killing innocent ~standers** abrieron fuego y mataron a varias personas inocentes *or* a varios transeúntes

byte /baɪt/ *n* byte *m*, octeto *m*

by: **~way** *n* camino *m* (*apartado*); **~word** *n*: **to be a ~word FOR sth** ser* sinónimo DE algo; **~-your-leave** /'baɪjər'liːv || ˌbaɪjɔː'liːv/ *n*: ***without so much as a ~-your-leave*** sin (ni) siquiera pedir permiso

Byzantine /'bɪzn̩tiːn, -taɪn || bɪ'zæntaɪn, baɪ'zæntaɪn/ *adj* bizantino

Byzantium /bə'zæntiəm || bɪ'zæntiəm, baɪ-/ *n* Bizancio *m*

Cc

C, c /siː/ *n* **1** (letter) C, c *f* **2** (Mus) do *m*; *see also* **A A2**
c **1** (Corresp) (**= copy to**): **c H. Palmer** copia a H. Palmer **2** (in US) (**= cent(s)**) centavo(s) *m(pl)* **3** (**= circa**): **c. 800 B.C.** hacia el 800 aC
C (**= Celsius** *or* **centigrade**) C; **20°C** 20°C
ca = circa
CA, Ca = California
CAA *n* (in UK) **= Civil Aviation Authority**
cab /kæb/ *n*
A (taxi) taxi *m*; **to call a ~** llamar a un taxi; (*before n*) **~ driver** taxista *mf*
B (driver's compartment) cabina *f*
CAB *n*
A (in US) **= Civil Aeronautics Board**
B (in UK) **= Citizens' Advice Bureau**
cabal /kəˈbæl/ *n* **1** (group) conciliábulo *m* **2** (plot) conspiración *f*
cabaret /ˌkæbəˈreɪ || ˈkæbəreɪ/ *n* [c u] cabaret *m*
cabbage /ˈkæbɪdʒ/ *n* **1** [c u] (vegetable) repollo *m*, col *f*; (*before n*) **I found her/him in the ~ patch** (AmE euph & hum) la/lo trajo la cigüeña (euf & hum) **2** [c] (person) (BrE colloq) vegetal *m* (fam)
cabby, cabbie /ˈkæbi/ *n* (colloq) taxista *mf*, ruletero, -ra *m,f* (Méx fam), tachero, -ra *m,f* (RPl fam)
cabin /ˈkæbən || ˈkæbɪn/ *n*
A (hut) cabaña *f*; (in motel) bungalow *m*
B (Naut) camarote *m*
C (Aerosp, Auto, Aviat) cabina *f*
cabin: **~ boy** *n* grumete *m*; **~ cruiser** *n* yate *m* de motor
cabinet /ˈkæbənət || ˈkæbɪnɪt/ *n*
A (cupboard) armario *m*; **(glass) ~** vitrina *f*; **medicine ~** botiquín *m*
B *also* **Cabinet** (Govt) gabinete *m* (ministerial); (*before n*) **~ minister** ≈ ministro, -tra *m,f*, ≈ secretario, -ria *m,f* de Estado
cable¹ /ˈkeɪbəl/ *n*
A [c] (Elec, Naut) cable *m*
B [c] (Telec) cable *m*, telegrama *m*
C [u] ▸**cable television**
cable² *vt* (Telec) ‹*message/news*› cablegrafiar*, telegrafiar*; **she ~d me $2,000** me envió un giro (telegráfico) de 2.000 dólares
cable: **~ car** *n* (suspended) teleférico *m*; (funicular) funicular *m*; (streetcar) (AmE) tranvía *m*; **~gram** *n* (frml) cablegrama *m* (frml); **~ railway** *n* funicular *m*; **~ television** *n* [u] televisión *f* por cable, cablevisión *f* (esp AmL)
caboodle /kəˈbuːdl/ *n*: **the whole ~** (colloq) absolutamente todo
caboose /kəˈbuːs/ *n* (AmE Rail) furgón *m* de cola, cabús *m* (Méx)
cache /kæʃ/ *n*
A (of provisions) alijo *m*
B (Comput) cache *m*
cackhanded /ˈkækˈhændəd || ˌkækˈhændɪd/ *adj* (BrE colloq) torpe, patoso (Esp fam)
cackle¹ /ˈkækəl/ *vi* «*hen*» cacarear; «*person*» (laugh) reírse* socarronamente
cackle² *n* (of hen) cacareo *m*; (laugh) risa *f* socarrona; ***cut the ~!*** (colloq) ¡menos charla! (fam)
cacophony /kəˈkɑːfəni || kəˈkɒfəni/ *n* **1** (dissonance) disonancia *f*, algarabía *f* **2** (Ling) cacofonía *f*
cactus /ˈkæktəs/ *n* (*pl* **-ti** /-taɪ/ *or* **-tuses**) cactus *m*
cad /kæd/ *n* (colloq & dated) canalla *m*, sinvergüenza *m*
CAD *n* [u] (**= computer-aided design**) CAD *m*
cadaver /kəˈdævər || kəˈdɑːvə(r)/ *n* cadáver *m*
cadaverous /kəˈdævərəs/ *adj* (liter) cadavérico
caddie¹ /ˈkædi/ *n* caddie *mf*
caddie² *vi* **-dies, -dying, -died** hacer* de caddie; **to ~ for sb** ser* el caddie de algn
caddy¹ /ˈkædi/ *n* **1** ▸**tea caddy** **2** ▸**caddie¹** **3** (for shopping) (AmE) carrito *m* de la compra
caddy² *vi* ▸**caddie²**
cadence /ˈkeɪdns/ *n* cadencia *f*
cadet /kəˈdet/ *n* cadete *mf*
cadge /kædʒ/ (colloq) *vt* **to ~ sth FROM** *o* **OFF sb** gorronearle *or* gorrearle *or* (RPl) garronearle *or* (Chi) bolsearle algo A algn (fam)
■ **cadge** *vi* **to ~ FROM** *o* **OFF sb** gorronearle *or* gorrearle *or* (RPl) garronearle *or* (Chi) bolsearle A algn (fam)
Cadiz /kəˈdɪz/ *n* Cádiz *m*
cadre /ˈkædri || ˈkɑːdə(r)/ *n* cuadro *m*
Caesar /ˈsiːzər || ˈsiːzə(r)/ *n* César
Caesarean (section) /sɪˈzæriən || sɪˈzeəriən/ *n* ▸**Cesarean (section)**
café, cafe /kæˈfeɪ || ˈkæfeɪ/ *n* (coffee bar) café *m*, cafetería *f*; (restaurant) *restaurante económico*
cafeteria /ˌkæfəˈtɪriə || ˌkæfəˈtɪəriə/ *n* (in hospital, college) cantina *f*, cafetería *f*; (restaurant) restaurante *m* autoservicio, self-service *m*
cafetière /ˌkæfəˈtjer || ˌkæfəˈtjeə(r)/ *n* cafetera *f* de émbolo *or* de pistón
caffeine /kæˈfiːn || ˈkæfiːn/ *n* [u] cafeína *f*
cage¹ /keɪdʒ/ *n* jaula *f*; (Anat) **rib ~** caja *f* torácica; (in basketball) canasta *f*, cesta *f*; (in ice hockey) portería *f*, meta *f*, arco *m* (Col, CS)
cage² *vt* (*usu pass*) enjaular
cagey /ˈkeɪdʒi/ *adj* **cagier, cagiest** (colloq) ‹*reply*› reservado, cauteloso
cagily /ˈkeɪdʒəli || ˈkeɪdʒɪli/ *adv* ‹*reply*› cautelosamente
cagy /ˈkeɪdʒi/ *adj* **cagier, cagiest** ▸**cagey**
cahoots /kəˈhuːts/ *n*: ***to be in ~ (with sb)*** (colloq) estar* confabulado *or* (fam) conchabado (con algn)
Cain /keɪn/ *n* Caín; ***to raise ~*** (colloq) armar la de Dios es Cristo (fam)
Cairo /ˈkaɪrəʊ || ˈkaɪərəʊ/ *n* El Cairo
cajole /kəˈdʒəʊl/ *vt* convencer* con zalamerías *or* halagos
Cajun¹ /ˈkeɪdʒən/ *adj* cajún
Cajun² *n* **1** [c] (person) cajún *mf* (*descendiente de inmigrantes franceses en el estado norteamericano de Luisiana*) **2** [u] (Ling) *dialecto del francés hablado por los* **Cajun**
cake¹ /keɪk/ *n*
A [u c] (Culin) (large) pastel *m*, tarta *f* (Esp), torta *f* (esp CS); (small, individual) pastel *m*, masa *f* (RPl); **sponge ~** bizcocho *m*, queque *m* (AmL exc RPl), bizcochuelo *m* (CS), ponqué *m* (Col, Ven), panque *m* (Méx); ***the icing*** *o* (AmE also) ***frosting on the ~*** un extra; ***to be a piece of ~*** (colloq) ser* pan comido (fam); ***to take the ~*** (colloq) ser el colmo (fam); «*person*»

llevarse la palma (fam); ***to go** o **sell like hot ~s*** venderse como pan caliente *or* como rosquillas; ***to have one's ~ and eat it*****: you can't have your ~ and eat it too** no puedes tenerlo todo, tienes que elegir

B [c] **~ of soap** pastilla *f* de jabón

cake² *vt* (*usu pass*) **to be ~d WITH sth: our shoes were ~d with mud** teníamos los zapatos cubiertos de barro endurecido

cake tin *n* (BrE) (for baking) molde *m* (para pastel); (for storage) lata *f* (*para guardar pasteles*)

cal (= **calorie(s)**) cal.

Cal **1** (= **Calorie(s)**) kcal **2** = **California**

CAL *n* [u] = **computer-aided learning**

calabash /'kæləbæʃ/ *n* calabaza *f*, güira *f* (AmC), totumo *m* (Col, Ven)

calabrese /'kæləbri:z/ *n* [u] brócoli *m* calabrés

calamine (lotion) /'kæləmaın/ *n* [u] loción *f* de calamina

calamity /kə'læməti/ *n* (*pl* **-ties**) calamidad *f*, desastre *m*

calcify /'kælsəfaı || 'kælsıfaı/ **-fies, -fying, -fied** *vt* calcificar*

■ **calcify** *vi* calcificarse*

calcium /'kælsiəm/ *n* [u] calcio *m*

calculate /'kælkjəleıt || 'kælkjʊleıt/ *vt*

A (compute, estimate) calcular

B (aim) **to be ~d to + INF: his remarks were ~d to offend** lo dijo con la intención *or* el próposito de ofender

■ **calculate** *vi* calcular

calculated /'kælkjəleıtəd || 'kælkjʊleıtıd/ *adj* (*before n*) ‹*risk*› calculado; ‹*act*› deliberado; ‹*insult*› dicho con toda intención

calculating /'kælkjəleıtıŋ || 'kælkjʊleıtıŋ/ *adj* calculador

calculation /'kælkjə'leıʃən || ˌkælkjʊ'leıʃən/ *n* [c u] cálculo *m*; **according to my ~(s)** según mis cálculos

calculator /'kælkjəleıtər || 'kælkjʊleıtə(r)/ *n* calculadora *f*; **pocket ~** calculadora *f* de bolsillo

caldron, (BrE) **cauldron** /'kɔ:ldrən/ *n* caldero *m*

calendar /'kæləndər || 'kælındə(r)/ *n* [c] calendario *m*, almanaque *m*; **~ of events** programa *m* de actos; **the sporting ~** el calendario deportivo; (*before n*) **~ month** mes *m* (del calendario)

calf /kæf || kɑ:f/ *n* (*pl* **calves**)

A (Zool) **1** [c] (animal) ternero, -ra *m,f*, becerro, -rra *m,f*; ***to kill the fatted ~*** (liter) celebrar una gran fiesta de bienvenida **2** [u] (leather) (piel *f* or cuero *m* de) becerro *m*

B (Anat) pantorrilla *f*

calfskin /'kæfskın || 'kɑ:fskın/ *n* [u] (piel *f* or cuero *m* de) becerro *m*

caliber, (BrE) **calibre** /'kæləbər || 'kælıbə(r)/ *n* **1** [c] (diameter) calibre *m* **2** [u] (quality) calibre *m*; **a writer of his ~** un escritor de su calibre

calibrate /'kæləbreıt || 'kælıbreıt/ *vt* calibrar

calibration /'kælə'breıʃən || ˌkælı'breıʃən/ *n* [c u] calibrado *m*

calibre *n* (BrE) ▸ **caliber**

calico /'kælıkəʊ/ *n* [u c] (*pl* **-coes** *or* **-cos**) (printed cotton) algodón *m* estampado, percal *m*; (white cotton) (BrE) lienzo *m*, percal *m*

Calif = **California**

California /'kælə'fɔ:rniə || ˌkælı'fɔ:niə/ *n* California *f*

Californian /'kælə'fɔ:rniən || ˌkælı'fɔ:niən/ *adj* californiano

calipers, (BrE) **callipers** /'kæləpərz || 'kælıpəz/ *pl n* **1** (for measuring) calibrador *m* **2** (Med) aparato *m* ortopédico (*para la pierna*)

calisthenics, (BrE) **callisthenics** /'kæləs'θenıks || ˌkælıs'θenıks/ *n* (+ *sing* o *pl vb*) calistenia *f*

call¹ /kɔ:l/ *n*

A (by telephone) llamada *f*; **to make a ~** hacer* una llamada (telefónica); **to give sb a ~** llamar a algn (por teléfono); **will you take the ~?** (talk to sb) ¿le paso la llamada?; (accept charges) ¿acepta la llamada?; **local/long-distance ~** llamada urbana/interurbana

B **1** (of person — cry) llamada *f*, llamado *m* (AmL); (— shout) grito *m* **2** (of animal) grito *m*; (of bird) reclamo *m*

C **1** (summons): **to be on ~** estar* de guardia; **beyond the ~ of duty** más de lo que el deber exigía (*or* exige *etc*) (frml); **to answer** o **obey the ~ of nature** (euph) hacer* sus (*or* mis *etc*) necesidades (euf) **2** (lure) llamada *f*, atracción *f*

D (demand) llamamiento *m*, llamado *m* (AmL); **there were ~s for his resignation** pidieron su dimisión

E (claim): **there are too many ~s on my time** muchas cosas reclaman mi atención

F (*usu with neg*) **1** (reason) motivo *m*; **he had no ~ to be rude** no tenía por qué ser grosero **2** (demand) demanda *f*; **there's not much ~ for this product** no hay mucha demanda para este producto

G (visit) visita *f*; **to pay a ~ on sb** hacerle* una visita a algn

H (Sport) decisión *f*, cobro *m* (Chi)

call² *vt*

A (shout) llamar; **to ~ sb's name** llamar a algn

B ‹*police/taxi/doctor*› llamar; ‹*strike*› llamar a, convocar*

C (contact — by telephone, radio) llamar; **for more information ~ us on** o **at 341-6920** para más información llame *or* llámenos al (teléfono) 341-6920; **don't ~ us, we'll ~ you** (set phrase) ya lo llamaremos

D (name, describe as) llamar; **we ~ her Betty** la llamamos *or* (esp AmL) le decimos Betty; **what are you going to ~ the baby?** ¿qué nombre le van a poner al bebé?; **what is this ~ed in Italian?** ¿cómo se llama esto en italiano?; **are you ~ing me a liar?** ¿me estás llamando mentiroso?; **he ~s himself an artist, but ...** se dice *or* se considera un artista pero ...; **what sort of time do you ~ this?** ¿éstas son horas de llegar?; **I don't ~ that difficult** yo no diría que es difícil; **shall we ~ it $30?** digamos *or* pongamos que treinta dólares

E (in poker) ver*; (in bridge) declarar

■ **call** *vi*

A «*person*» llamar; **to ~ TO sb: she ~ed to me for help** me llamó para que la ayudara

B (by telephone, radio) llamar; **who's ~ing, please?** ¿de parte de quién, por favor?; **Madrid ~ing** aquí Madrid

C (visit) pasar

Phrasal verbs

- **call around** [v ▸ adv] **1** (Telec) llamar (*a varias personas*) **2** (visit) pasar (por casa)
- **call at** [v ▸ prep ▸ o]: **this train ~s at all stations** este tren para en todas las estaciones; **I ~ed at your place yesterday** ayer pasé por tu casa
- **call away** [v ▸ o ▸ adv, v ▸ adv ▸ o]: **she was ~ed away from the meeting** la llamaron y tuvo que salir de la reunión; **he was ~ed away on business** tuvo que ausentarse por motivos de trabajo
- **call back**

A (Telec) [v ▸ o ▸ adv]: **can I ~ you back?** ¿puedo llamarte más tarde?

B [v ▸ adv] (Telec) volver* a llamar

- **call for** [v ▸ prep ▸ o] **1** (require) ‹*skill/courage*› requerir*, exigir*; **you won? this ~s for champagne!** ¿ganaste? ¡esto hay que celebrarlo con champán! **2** (demand) pedir* **3** (shout for) pedir* (*a gritos*) **4** (collect) ‹*goods/person*› pasar a buscar *or* a recoger
- **call forth** [v ▸ adv ▸ o] (frml) ‹*protest/criticism*› provocar*, dar* lugar a; ‹*emotion*› inspirar
- **call in**

A [v ▸ o ▸ adv, v ▸ adv ▸ o] **1** (summon) ‹*expert/doctor*› llamar **2** (withdraw) retirar de circulación

B [v ▸ adv] **1** (visit) **to ~ in (ON sb): I'll ~ in later** me paso luego (fam); **shall we ~ in on the Rowsons?** ¿por qué no pasamos a ver *or* a visitar a los Rowson? **2** (telephone) llamar

- **call off** [v ▸ o ▸ adv, v ▸ adv ▸ o] **1** (cancel) suspender; **if that's how you feel, let's ~ the whole thing off** mira, si eso es lo que piensas mejor olvidémoslo **2** (order to stop) ‹*men*› retirar; ‹*dog*› llamar
- **call on** [v ▸ prep ▸ o] **1** (visit) pasar a ver *or* a visitar a, visitar **2** ▸ **call upon**
- **call out** [v ▸ o ▸ adv, v ▸ adv ▸ o] **1** (summon) ‹*fire brigade*› llamar; ‹*army*› hacer* intervenir a; ‹*doctor*› llamar, hacer* venir **2** (on strike) (BrE) llamar a la huelga **3** (utter): **he ~ed out her name** la llamó, pronunció su nombre (liter)
- **call round** [v ▸ adv] **1** (visit) (BrE) pasar **2** (Telec) (esp BrE) llamar (*a varias personas*)
- **call up** [v ▸ o ▸ adv, v ▸ adv ▸ o] **1** (cause to return) ‹*memory/image*› traer* a la memoria, evocar* (liter); ‹*spirits*› invocar*,

llamar **2** (telephone) (esp AmE) llamar **3** (Mil) (*often pass*) llamar (a filas)

- **call upon** [v ▸ prep ▸ o] **1** (invite): **to ~ upon sb to speak** dar* la palabra a algn **2** (appeal to) apelar a

call box *n* (BrE) cabina *f* telefónica

caller /'kɔ:lər || 'kɔ:lə(r)/ *n*: **we didn't have many ~s** no vino mucha gente; (Telec) no tuvimos *or* no hubo muchas llamadas; **the ~ didn't leave her name** la persona que llamó no dejó su nombre

callgirl /'kɔ:lgɜ:rl || 'kɔ:lgɜ:l/ *n* (colloq) call-girl *f* (*prostituta que da citas por teléfono*)

calligraphy /kə'lɪgrəfi/ *n* [u] caligrafía *f*

call-in /'kɔ:lɪn/ *n* (AmE) *programa de radio o TV en el que el público participa por teléfono*

calling /'kɔ:lɪŋ/ *n* (vocation) vocación *f*

calling card *n* (AmE) tarjeta *f* de visita

callipers *pl n* (BrE) ▸**calipers**

callisthenics *n* (BrE) ▸**calisthenics**

callous /'kæləs/ *adj* insensible, cruel

callously /'kæləsli/ *adv* cruelmente

call-out /'kɔ:laʊt/ *adj* (BrE) ‹*charge/fee*› por desplazamiento; ‹*service*› a domicilio

callow /'kæləʊ/ *adj* inmaduro, inexperto

callus /'kæləs/ *n* (*pl* **-luses**) (Med) callo *m*, callosidad *f*

calm[1] /kɑ:m/ *adj* **-er, -est** ‹*sea*› en calma, tranquilo, calmo (esp AmL); ‹*person/voice*› tranquilo, calmado, calmo (esp AmL); **keep ~!** ¡tranquilo!, ¡calma!

calm[2] *vt* tranquilizar*, calmar; **I had a drink to ~ my nerves** me tomé una copa para tranquilizarme *or* calmarme

(Phrasal verb)

- **calm down**

A [v ▸ o ▸ adv, v ▸ adv ▸ o] tranquilizar*, calmar
B [v ▸ adv] tranquilizarse*; **~ down!** ¡tranquilízate!, ¡tranquilo!

calm[3] *n* **1** (stillness) (*no pl*) calma *f*; **the ~ before the storm** la calma que precede a la tormenta **2** [u] (peace, tranquillity) calma *f*, tranquilidad *f*

calming /'kɑ:mɪŋ/ *adj* tranquilizante

calmly /'kɑ:mli/ *adv* con calma

calmness /'kɑ:mnəs || 'kɑ:mnɪs/ *n* [u] **1** (of person) calma *f*, tranquilidad *f* **2** (of sea, wind) calma *f*

Calor Gas® /'kælər || 'kælə(r)/ *n* [u] (BrE) (gas *m*) butano *m*, supergás® *m* (RPl)

calorie /'kæləri/ *n* **1** (Phys) caloría *f* **2** *also* **Calorie** (Culin) (kilo)caloría *f*; (*before n*) **a ~-controlled diet** una dieta *or* un régimen bajo en calorías

calorific /ˌkælə'rɪfɪk/ *adj* calorífico; **~ value** (of food) contenido *m* calórico

calumny /'kæləmni/ *n* [c u] (*pl* **-nies**) (frml) calumnia *f*

calves /kævz || kɑ:vz/ *pl of* **calf**

Calvinist /'kælvənəst || 'kælvɪnɪst/ *n* calvinista *mf*

calypso /kə'lɪpsəʊ/ *n* (*pl* **-soes** *or* (BrE) **-sos**) (Mus) calipso *m*

camaraderie /'kɑ:mə'rɑ:dəri || ˌkæmə'rɑ:dəri/ *n* [u] camaradería *f*, compañerismo *m*

camcorder /'kæmˌkɔ:rdər || 'kæmˌkɔ:də(r)/ *n* videocámara *f*, camcórder *m*

came /keɪm/ *past of* **come**

camel /'kæməl/ *n*

A [c] (Zool) camello *m*
B [u] (color) beige *m*

cameo /'kæmiəʊ/ *n*

A (jewelry) camafeo *m*
B (Cin, TV) actuación *f* especial; (*before n*) **a ~ performance** una actuación especial

camera /'kæmərə/ *n* (Phot) cámara *f* (fotográfica), máquina *f* fotográfica *or* de fotos; (Cin, TV) cámara *f*

camera: **~man** /'kæmərəmæn/ *n* (*pl* **-men** /-men/) camarógrafo, -fa *m,f*, cameraman *mf* (esp AmL), cámara *mf* (Esp); **~-shy** *adj*: **he's ~-shy** se cohíbe frente a una cámara; **~work** *n* [u] fotografía *f*

Cameroon /'kæmə'ru:n/ *n* Camerún *m*

camisole /'kæməsəʊl || 'kæmɪsəʊl/ *n* camisola *f*

camomile /'kæməmaɪl/ *n* ▸**chamomile**

camouflage[1] /'kæməflɑ:ʒ/ *n* [c u] camuflaje *m*

camouflage[2] *vt* camuflar, camuflajear (AmL)

camp[1] /kæmp/ *n*

A [c] (collection of tents, huts) campamento *m*; **(summer) ~** (in US) campamento *m* de verano, colonia *f* de vacaciones *or* verano; **army ~** campamento *m* militar
B [c] (group, position) bando *m*
C [u] (affected behavior, style) amaneramiento *m*, afectación *f*

camp[2] *vi* acampar; **to go ~ing** ir* de camping *or* de campamento *or* de acampada

(Phrasal verbs)

- **camp out** [v ▸ adv] acampar
- **camp up** (*v + o + adv*): **to ~ *it up*** actuar* amaneradamente *or* con afectación

camp[3] *adj* **1** (effeminate) amanerado, afeminado **2** ‹*performance*› afectado, exagerado

campaign[1] /kæm'peɪn/ *n* campaña *f*

campaign[2] *vi* (Pol, Sociol) **to ~ FOR/AGAINST sth** hacer* una campaña A FAVOR DE/EN CONTRA DE algo

campaigner /kæm'peɪnər || kæm'peɪnə(r)/ *n* (Pol, Sociol) defensor, -sora *m,f*; **an old ~** un veterano

camper /'kæmpər || 'kæmpə(r)/ *n*

A (in tent) campista *mf*, acampante *mf*
B (Transp) cámper *f*

camp: **~fire** *n* fogata *f*, hoguera *f*, fogón *m* (AmL); **~ follower** *n* (sympathizer) simpatizante *mf*; (Mil) (prostitute) prostituta *f*; **~ground** *n* (AmE) camping *m*

camphor /'kæmfər || 'kæmfə(r)/ *n* [u] alcanfor *m*

camping /'kæmpɪŋ/ *n* [u]: **I like ~** me gusta ir de camping *or* de campamento *or* de acampada; **Ⓢ no camping** prohibido acampar

campsite /'kæmpsaɪt/ *n* camping *m*

campus /'kæmpəs/ *n* (*pl* **-puses**) campus *m*

can[1] /kæn/ *n*

A **1** (container) lata *f*, bote *m* (Esp), tarro *m* (Chi); ***a ~ of worms*** (colloq) un problema complicado; (*before n*) **~ opener** abrelatas *m* **2** (for petrol, water) bidón *m*; (for garbage) (AmE) cubo *m or* (CS) tacho *m or* (Col) caneca *f or* (Méx) bote *m or* (Ven) tobo *m* de la basura; ***to carry the ~*** (BrE colloq) pagar* el pato (fam)
B (AmE sl) **1** (prison) cárcel *f*, cana *f* (AmS arg), bote *m* (Méx, Ven arg), trullo *m* (Esp arg); **to be in the ~** estar* a la sombra (fam) **2** (toilet) trono *m* (fam) **3** (buttocks) culo *m* (fam *o* vulg), trasero *m* (fam)

can[2] *vt* **-nn-**

A (put in cans) enlatar; (bottle) (AmE) ‹*fruit*› preparar conservas de
B (AmE colloq) (dismiss) echar (fam), correr (fam); (stop) (*usu in impera*): **~ it!** ¡basta ya!

can[3] /kæn, *weak form* kən/ *v mod* (*past* **could**)

A (indicating ability) poder*; (referring to particular skills) saber*; **she couldn't answer the question** no pudo contestar la pregunta; **we ~ but try** con intentarlo no se pierde nada; **~ you swim/speak German?** ¿sabes nadar/(hablar) alemán?
B **1** (with verbs of perception): **I ~'t see very well** no veo muy bien; **~ you hear me?** ¿me oyes? **2** (with verbs of mental activity): **I ~'t understand it** no lo entiendo, no logro *or* no puedo entenderlo; **~'t you tell he's lying?** ¿no te das cuenta de que está mintiendo?
C **1** (indicating, asking etc permission) poder*; **~ I come with you?** ¿puedo ir contigo?; **you ~ stay as long as you like** te puedes quedar todo el tiempo *or* todo lo que quieras **2** (in requests) poder*; **~ you turn that music down, please?** ¿puedes bajar esa música, por favor?; **~ I have two salads, please?** ¿me trae dos ensaladas, por favor? **3** (in offers): **~ I help you?** ¿me permite?; (in shop) ¿lo/la atienden?, ¿qué desea?; **~ I carry that for you?** ¿quieres que (te) lleve eso?
D **1** (allow oneself to) (*with neg or interrog*) poder*; **you ~'t blame her** no puedes echarle la culpa; **I couldn't very well tell him just then** no se lo podía decir justo en ese momento; **how *could* you?** pero ¿cómo se te ocurrió hacer (*or* decir *etc*) una cosa así?, pero ¿cómo pudiste hacer (*or* decir *etc*) una cosa así? **2** (in suggestions, advice): **~'t you give it another try?** ¿por qué no lo vuelves a intentar? **3** (in orders): **for a start, you ~ clean all this up** puedes empezar por limpiar todo esto
E **1** (indicating possibility) poder*; **anything ~ happen now**

C

ahora puede pasar cualquier cosa; **what *can* she be doing in there?** ¿qué estará haciendo ahí?, ¿qué puede estar haciendo ahí?; **it ~'t be true!** ¡no puede ser!, ¡no es posible!; **you ~'t be serious!** ¡no lo dirás en serio! 2 (indicating characteristic): **she ~ be charming when she wants to** es encantadora cuando quiere *or* cuando se lo propone; **she's as happy as ~ be** está contentísima, está de lo más contenta; *see also* **could**

Canada /ˈkænədə/ *n* (el) Canadá *m*

Canadian¹ /kəˈneɪdiən/ *adj* canadiense

Canadian² *n* canadiense *mf*

canal /kəˈnæl/ *n* (for transport, irrigation) canal *m*; (Anat) canal *m*

Canaries /kəˈneriz || kəˈneəriz/ *pl n* **the ~** (las) Canarias

canary /kəˈneri || kəˈneəri/ *n* (*pl* **-ries**) 1 (bird) canario *m* 2 (informer) (AmE sl) soplón, -plona *m,f* (fam), chivato, -ta *m,f* (Esp fam)

canary: **~ Islands** *pl n* **the C~ Islands** las Islas Canarias; **~-yellow** /kəˈneriˈjeləʊ || kəˈneəriˈjeləʊ/ *adj* (*pred* **~ yellow**) amarillo canario *or* (AmL tb) patito *adj inv*

cancel /ˈkænsəl/, (BrE) **-ll-** *vt*

A ‹*meeting/subscription/flight*› cancelar; ‹*command/decree/check*› anular

B (Math) eliminar

■ **cancel** *vi* (call off): **he ~ed at the last minute** a último momento canceló la cita (*or* el viaje *etc*)

(Phrasal verb)

• **cancel out** [v ▸ o ▸ adv, v ▸ adv ▸ o] 1 (Math) anular 2 (offset) ‹*deficit/loss*› compensar; ‹*debt*› cancelar; **those advantages are ~ed out by the practical difficulties** las dificultades de orden práctico anulan esas ventajas

cancellation /ˌkænsəˈleɪʃən/ *n* [u c] cancelación *f*; (Theat) **there may be some ~s on the night** quizás haya alguna devolución esa misma noche

cancer /ˈkænsər || ˈkænsə(r)/ *n*

A [u c] (disease) (Med) cáncer *m*

B **Cancer** (Astrol) 1 (sign) (*no art*) Cáncer 2 [c] (person) Cáncer *or* cáncer *mf*, canceriano, -na *m,f*; *see also* **Aquarius**

cancerous /ˈkænsərəs/ *adj* canceroso

candelabra /ˈkændəˈlɑːbrə/ *n* (*pl* **-bras**) candelabro *m*

candid /ˈkændəd || ˈkændɪd/ *adj* (frank) franco, sincero

candidacy /ˈkændədəsi || ˈkændɪdəsi/ *n* (*pl* **-cies**) candidatura *f*

candidate /ˈkændədeɪt || ˈkændɪdət/ *n* candidato, -ta *m,f*

candied /ˈkændid/ *adj* confitado, abrillantado (RPl)

candle /ˈkændl/ *n* (for domestic use) vela *f*; (for altar) cirio *m*; ***to burn the ~ at both ends*** tratar de abarcar demasiado, hacer* de la noche día; ***to hold a ~ to sb***: **she can't** *o* **doesn't hold a ~ to her sister** no le llega ni a la suela del zapato a la hermana; (*before n*) **~ holder** palmatoria *f*; (for birthday cakes *etc*) portavela *m*

candle: **~light** *n* [u]: **by ~light** a la luz de una vela/de las velas; **~lit** *adj* ‹*room/restaurant*› alumbrado con velas; **a ~lit dinner** una cena íntima a la luz de las velas; **~stick** *n* candelero *m*; (flat) palmatoria *f*; **~wick** *n* [u] (Tex) chenilla *f*

candor, (BrE) **candour** /ˈkændər || ˈkændə(r)/ *n* [u] franqueza *f*

C & W /ˈsiːənˈdʌbəljuː/ *n* [u] **= country and western**

candy /ˈkændi/ *n* (*pl* **-dies**) (AmE) 1 [u] (confectionery) golosinas *fpl*, dulces *mpl* (AmL exc RPl); (*before n*) **~ bar** *golosina en barra* 2 [c] (individual piece) caramelo *m*, dulce *m* (AmL exc RPl)

candy: **~ apple** *n* (AmE) manzana *f* acaramelada; **~floss** *n* [u] (BrE) algodón *m* (de azúcar); **~striped** *adj* (Tex) a *or* de rayas

cane¹ /keɪn/ *n*

A 1 [c] (of bamboo) caña *f* 2 [c] (*sugar ~*) caña *f* de azúcar 3 [u] (for wickerwork) mimbre *m*

B [c] (walking stick) bastón *m*; (for punishment) palmeta *f*; (for supporting plants) rodrigón *m*, tutor *m*; **he got the ~** le dieron con la palmeta

cane² *vt* castigar* con la palmeta

canine¹ /ˈkeɪnaɪn/ *n*

A (Zool) canino *m*, cánido *m*

B **~ (tooth)** (diente *m*) canino *m*, colmillo *m*

canine² *adj* canino

caning /ˈkeɪnɪŋ/ *n*: **to give sb a ~** castigar* a algn con la palmeta

canister /ˈkænəstər || ˈkænɪstə(r)/ *n* 1 (for tea, coffee) lata *f*, bote *m* (Esp) 2 (Mil) bote *m* (*de humo, metralla etc*)

canker /ˈkæŋkər || ˈkæŋkə(r)/ *n* [u c] (*before n*) **~ sore** (AmE) afta *f*‡

cannabis /ˈkænəbəs || ˈkænəbɪs/ *n* [u] (drug) hachís *m*, cannabis *m*; (*before n*) **~ plant** cáñamo *m* índico

canned /kænd/ *adj* 1 ‹*food*› enlatado, en *or* de lata, en conserva 2 (pre-recorded) (colloq) ‹*music*› enlatado (fam); ‹*laughter*› grabado

cannelloni /ˌkænəˈləʊni/ *n* [u c] canelones *mpl*

cannery /ˈkænəri/ *n* (*pl* **-ries**) fábrica *f* de conservas *or* enlatados

cannibal /ˈkænəbəl || ˈkænɪbəl/ *n* caníbal *mf*, antropófago, -ga *m,f*

cannibalism /ˈkænəbəlɪzəm || ˈkænɪbəlɪzəm/ *n* [u] canibalismo *m*, antropofagia *f*

cannibalize /ˈkænəbəlaɪz || ˈkænɪbəlaɪz/ *vt* ‹*machine/car*› canibalizar*; ‹*material*› fusilarse (fam), plagiar

cannon /ˈkænən/ *n* (*pl also* **~**) cañón *m*; (*before n*) **~ fodder** carne *f* de cañón

cannonball /ˈkænənbɔːl/ *n* (Mil) bala *f* de cañón

cannot /ˈkænɑːt || ˈkænɒt/ **= can not**

canny /ˈkæni/ *adj* **-nier, -niest** (shrewd) astuto

canoe¹ /kəˈnuː/ *n* canoa *f*, piragua *f*

canoe² *vi* **-noes, -noeing, -noed** ir* en canoa *or* piragua

canoeing /kəˈnuːɪŋ/ *n* [u] piragüismo *m*, canotaje *m*

canoeist /kəˈnuːəst || kəˈnuːɪst/ *n* piragüista *mf*, remero, -ra *m,f* de canoas, canoero, -ra *m,f*

canon /ˈkænən/ *n*

A 1 (church decree) canon *m*; (*before n*) **~ law** derecho *m* canónico 2 (standard, criterion) (frml) canon *m*

B (clergyman) canónigo *m*

canonize /ˈkænənaɪz/ *vt* canonizar*

canoodle /kəˈnuːdl/ *vi* (colloq) besuquearse (fam)

canopy /ˈkænəpi/ *n* (*pl* **-pies**) (over bed, throne) dosel *m*, baldaquín *m*, baldaquino *m*; (over person) palio *m*, dosel *m*

canst /kænst/ (arch) *2nd pers sing pres of* **can³**

cant /kænt/ *n* [u] 1 (insincere talk) hipocresía *f* 2 (jargon) jerga *f*

can't /kænt || kɑːnt/ **= can not**

cantankerous /kænˈtæŋkərəs/ *adj* cascarrabias *adj inv*

canteen /kænˈtiːn/ *n*

A (dining hall) (BrE) cantina *f*, comedor *m*, casino *m* (Chi) (*en un lugar de trabajo, colegio etc*)

B (water bottle) cantimplora *f*

C (for cutlery) (BrE) *estuche para guardar un juego de cubiertos*; **~ of cutlery** juego *m* de cubiertos, cubertería *f*

canter¹ /ˈkæntər || ˈkæntə(r)/ *n* medio galope *m*

canter² *vi* ir* a medio galope

cantilever /ˈkæntl̩iːvər || ˈkæntɪliːvə(r)/ *n* viga *f* voladiza; (*before n*) **~ bridge** puente *m* voladizo

Canuck /kəˈnʌk, kəˈnək/ *n* (AmE sl & often pej) canadiense *mf*

canvas /ˈkænvəs/ *n*

A [u] (cloth) lona *f*; **under ~** (in a tent) en una tienda de campaña *or* (AmL) en una carpa

B (Art) 1 [c u] (for painting) lienzo *m*, tela *f* 2 [c] (painting) cuadro *m*, lienzo *m* (frml), tela *f* (frml)

canvass /ˈkænvəs/ *vt*

A 1 (Pol): **to ~ voters in an area** hacer* campaña entre los votantes de una zona 2 ‹*opinion*› sondear, hacer* un sondeo de

B (scrutinize) (AmE): **to ~ the votes** hacer* el escrutinio de los votos

■ **canvass** *vi* (Pol) hacer* campaña, hacer* propaganda electoral; **to ~ FOR sb** hacer* campaña A *or* EN FAVOR DE algn

canvasser /ˈkænvəsər || ˈkænvəsə(r)/ *n* (Pol) *persona que solicita votos durante una campaña electoral*

canvassing /ˈkænvəsɪŋ/ *n* [u] (Pol) solicitación *f* de votos

canyon /ˈkænjən/ *n* cañón *m*

canyoning /'kænjənɪŋ/ *n* [u] barranquismo *m*, cañonismo *m*

cap[1] /kæp/ *n*

A (hat) gorra *f*; **swimming ~** gorro *m or* (esp AmL) gorra *f* de baño; **baseball/golf ~** gorra de béisbol/golf; **~ and gown** (Educ) toga *f* y birrete *m*; ***if the ~ fits wear it*** al que le caiga *or* le venga el sayo *or* saco, que se lo ponga (AmL), el que se pica ajos come (Esp); ***to put one's thinking ~ on*** (colloq) usar la materia gris (fam); ▸**hand[1] B**

B **1** (of bottle) tapa *f*, tapón *m*; (metal) chapa *f*, tapa *f*; (of pen) capuchón *m*, tapa *f*; **gas** *o* (BrE) **petrol ~** tapa *f* del depósito *or* tanque de gasolina **2** (diaphragm) (BrE) diafragma *m*

C (for toy gun) fulminante *m*

D (upper limit) tope *m*; **to put a ~ on sth** poner* un tope a algo

cap[2] *vt* **-pp-**

A ‹*bottle/tube*› tapar

B **1** (outdo): **they were always trying to ~ each other's jokes** estaban siempre tratando de contar un chiste mejor que el del otro **2** (crown, complete) rematar, coronar; **to ~ it all off** *o* (BrE) **to ~ it all ...** para colmo (de desgracias *or* de males) ..., para rematarla ... (fam)

C (set upper limit) ‹*expenditure*› poner* un tope a, limitar

D (Dentistry): **to have a tooth ~ped** ponerse* una funda *or* una corona

cap[3] (**= capital city**) Cap.

CAP *n* (**= Common Agricultural Policy**) PAC *f*

capability /'keɪpə'bɪləti/ *n* (*pl* **-ties**) **1** [u] (ability) capacidad *f*; **~ to + INF** capacidad PARA + INF **2** **capabilities** *pl* (potential) aptitudes *fpl*

capable /'keɪpəbəl/ *adj*

A (competent) capaz, competente; **I'll leave you in the ~ hands of Mr Smith** lo dejo con el Sr Smith que lo ayudará en todo lo que necesite

B (*pred*) (able) **to be ~ OF -ING** ser* capaz DE + INF

capably /'keɪpəbli/ *adv* competentemente

capacity /kə'pæsəti/ *n* (*pl* **-ties**)

A [u c] **1** (maximum content) capacidad *f*; (*before n*) **a ~ crowd** un lleno completo *or* total **2** (output) capacidad *f*; **to operate at full ~** funcionar al límite de capacidad *or* a pleno rendimiento

B [u] (ability) capacidad *f*; **~ FOR sth** capacidad DE algo; **~ to + INF** capacidad PARA + INF; **the job was beyond her ~** el trabajo estaba por encima de su capacidad

C [c] (role) calidad *f*; **in his ~ as union delegate** en su calidad de delegado del sindicato

cape /keɪp/ *n*

A (Clothing) capa *f*

B (Geog) cabo *m*

cape: **~ Horn** *n* el Cabo de Hornos; **~ of Good Hope** *n* **the C~ of Good Hope** el Cabo de Buena Esperanza

caper[1] /'keɪpər || 'keɪpə(r)/ *n*

A (jump) salto *m*

B (prank) travesura *f*, broma *f*

C (Bot, Culin) alcaparra *f*

caper[2] *vi* correr y brincar*, dar* saltos *or* brincos

Cape Town *n* Ciudad *f* del Cabo

capful /'kæpfʊl/ *n* contenido *m* de una tapa (*or* un tapón *etc*)

capillary[1] /'kæpəleri || kə'pɪləri/ *adj* (*before n*) capilar

capillary[2] *n* (*pl* **-ries**) (vaso *m*) capilar *m*

capital[1] /'kæpətḷ || 'kæpɪtḷ/ *n*

A [c] (city) capital *f*

B [c] (letter) mayúscula *f*

C [u] (Fin) capital *m*; **to make ~ (out) of sth** sacar* provecho *or* partido de algo; (*before n*) **~ expenditure/investment** gasto *m*/inversión *f* de capital; **~ gains tax** impuesto *m* sobre la plusvalía

capital[2] *adj*

A (Law) ‹*offense*› que está sancionado con la pena de muerte; **~ punishment** pena *f* capital *or* de muerte

B **1** (major) primordial **2** (Geog, Pol): **~ city** capital *f*

C (Print) ‹*letter*› mayúscula; **he's into art with a ~ A** (iro) le interesa el Arte con mayúscula

capitalism /'kæpətḷɪzəm || 'kæpɪtəlɪzəm/ *n* [u] capitalismo *m*

capitalist[1] /'kæpətḷəst || 'kæpɪtəlɪst/ *n* capitalista *mf*

capitalist[2] *adj* capitalista

capitalize /'kæpətḷaɪz || 'kæpɪtəlaɪz/ *vt*

A (Fin) capitalizar*

B (Print) *imprimir o escribir con mayúsculas*

Phrasal verb

• **capitalize on** [v ▸ prep ▸ o] sacar* provecho *or* partido de, capitalizar*

Capitol /'kæpətḷ || 'kæpɪtḷ/ *n* **the ~** el Capitolio

Capitol – The Capitol

El Capitolio o sede del Congreso (**Congress**) de Estados Unidos, en Washington DC. Situado en *Capitol Hill*, a menudo la prensa emplea este nombre para hacer referencia al Congreso de EEUU

Capitol Hill /'kæpətḷ || 'kæpɪtḷ/ *n* (in US) *el Congreso de los EEUU*

capitulate /kə'pɪtʃəleɪt || kə'pɪtjʊleɪt/ *vi* capitular

capitulation /kə'pɪtʃə'leɪʃən || kə,pɪtjʊleɪʃən/ *n* [u] capitulación *f*

Caplet® /'kæplət/ *n* (AmE) comprimido *m* (*de forma ovalada*)

capo /'keɪpəʊ || 'kæpəʊ/ *n* (*pl* **-pos**) (for guitar) capotasto *m*, ceja *f*

capon /'keɪpən/ *n* capón *m*

cappuccino /,kæpə'tʃiːnəʊ/ *n* (*pl* **-nos**) capuchino *m*

caprice /kə'priːs/ *n* [c u] capricho *m*

capricious /kə'prɪʃəs/ *adj* ‹*person*› caprichoso; ‹*weather*› variable

Capricorn /'kæprɪkɔːrn || 'kæprɪkɔːn/ *n* **1** (sign) (*no art*) Capricornio **2** [c] (person) Capricornio *or* capricornio *mf*, capricorniano, -na *m,f*; *see also* **Aquarius**

caps = capital letters

capsicum /'kæpsɪkəm/ *n* pimiento *m*, pimentón *m* (AmS exc RPl), ají *m* (RPl)

capsize /'kæpsaɪz || kæp'saɪz/ *vi* volcarse*; (right over) dar* una vuelta de campana

■ **capsize** *vt* hacer* volcar; (right over) hacer* dar una vuelta de campana

capsule /'kæpsəl || 'kæpsjuːl/ *n* **1** (Pharm) cápsula *f* **2** (*space* ~) cápsula *f* espacial

Capt (title) **= Captain**

captain[1] /'kæptən || 'kæptɪn/ *n* **1** (rank) capitán *m* **2** (person in command) capitán, -tana *m,f*; (of airline plane) comandante *mf* **3** (headwaiter) (AmE) maître *m*, jefe *m* de comedor, capitán *m* de meseros (Méx)

captain[2] *vt* (Naut, Sport) capitanear

captaincy /'kæptənsi || 'kæptɪnsi/ *n* [u c] (*pl* **-cies**) capitanía *f*

caption /'kæpʃən/ *n* (under picture) leyenda *f*, pie *m* de foto (*or* ilustración *etc*); (headline) título *m*

captivate /'kæptəveɪt || 'kæptɪveɪt/ *vt* cautivar

captivating /'kæptəveɪtɪŋ || 'kæptɪveɪtɪŋ/ *adj* encantador, cautivador

captive[1] /'kæptɪv/ *n* (liter) cautivo, -va *m,f*

captive[2] *adj*: **to hold sb ~** mantener* cautivo *or* prisionero a algn; **to have a ~ audience** tener* un público que no tiene más remedio que escuchar

captivity /kæp'tɪvəti/ *n* [u] cautiverio *m*, cautividad *f*

captor /'kæptər || 'kæptə(r)/ *n* (of person) captor, -tora *m,f*

capture[1] /'kæptʃər || 'kæptʃə(r)/ *vt*

A (seize by force) ‹*person/animal*› capturar; ‹*ship*› apresar; ‹*city*› tomar

B **1** (attract, hold) ‹*attention/interest*› captar, atraer* **2** (preserve, record) ‹*mood/atmosphere*› captar, reproducir*

capture[2] *n* [u] (of person, animal) captura *f*; (of city) conquista *f*, toma *f*; (of ship) apresamiento *m*

car /kɑːr || kɑː(r)/ *n* **1** (Auto) coche *m*, automóvil *m* (frml), carro *m* (AmL exc CS), auto *m* (esp CS); **to go by ~** ir* en coche (*or* carro *etc*); (*before n*) **~ bomb** coche *m* bomba; **~ seat** (part of car) asiento *m* del coche; (for infant) asiento *m* de bebé (*para el coche*) **2** (Rail, Transp) vagón *m*, coche *m* **3** (of elevator) cabina *f*

carafe /kə'ræf/ *n* (for wine) garrafa *f*; (for water) *botella de boca ancha*

caramel /'kɑːrmḷ || 'kærəmel, -mel/ *n* **1** [u] (burnt sugar) caramelo *m*; (*before n*) **~ sauce** caramelo *m* **2** [c u] (confectionery) *caramelo hecho a base de leche y azúcar*

C

carat /ˈkærət/ *n* **1** (for gold) (AmE also **karat**) quilate *m*; **18-~ gold** oro *m* de 18 quilates **2** (for precious stones) quilate *m*

caravan /ˈkærəvæn/ *n* **1** (group) caravana *f* **2** (vehicle) (BrE) caravana *f*, rulot *f* (Esp), casa *f* rodante (CS), tráiler *m* (Andes, Méx); **gypsy ~** carromato *m* de gitanos; (*before n*) **~ park** *o* **site** camping *m* para caravanas

caraway /ˈkærəweɪ/ *n* alcaravea *f*; (*before n*) **~ seed** carvi *m*

carbohydrate /ˈkɑːrbəʊˈhaɪdreɪt || ˌkɑːbəˈhaɪdreɪt/ *n* [c u] hidrato *m* de carbono, carbohidrato *m*

carbon /ˈkɑːrbən || ˈkɑːbən/ *n*

A [u] (Chem) carbono *m*

B [c] **1** (paper) ▸**carbon paper** **2** (copy) ▸**carbon copy**

carbonate /ˈkɑːrbəneɪt || ˈkɑːbəneɪt/ *n* carbonato *m*

carbonated /ˈkɑːrbəneɪtəd || ˈkɑːbəneɪtɪd/ *adj* ‹*water*› carbonatado; ‹*drink*› gaseoso

carbon: **~ copy** *n* copia *f* (*hecha con papel carbón*); ***to be a ~ copy of sb/sth*** ser* un calco de algn/algo; **~-date** /ˌkɑːrbənˈdeɪt || ˌkɑːbənˈdeɪt/ *vt* datar mediante la técnica del carbono; **~ dating** /ˈdeɪtɪŋ/ *n* [u] *datación mediante el método del carbono 14*; **~ dioxide** *n* [u] anhídrido *m* carbónico, bióxido *m* or dióxido *m* de carbono

carbonize /ˈkɑːrbənaɪz || ˈkɑːbənaɪz/ *vt* carbonizar*

carbon: **~ monoxide** /məˈnɑːksaɪd || məˈnɒksaɪd/*n* [u] monóxido *m* de carbono; **~ paper** *n* papel *m* carbón, papel *m* de calco, papel *m* carbónico (RPl)

car boot sale *n* (BrE): *mercadillo improvisado en el que particulares venden o intercambian objetos que ya no usan y que colocan en el maletero del coche para que puedan ser vistos*

carbuncle /ˈkɑːrbʌŋkəl || ˈkɑːbʌŋkəl/ *n* (Med) forúnculo *m*, furúnculo *m*, carbunco *m*

carburetor, (BrE) **carburettor** /ˌkɑːrbəˈreɪtər || ˌkɑːbəˈretə(r)/ *n* carburador *m*

carcass, (BrE also) **carcase** /ˈkɑːrkəs || ˈkɑːkəs/ *n* (dead animal) *cuerpo de animal muerto*; (for meat) res *f* (*muerta*); (of poultry) huesos *mpl*

carcinogenic /ˈkɑːrsṇəˈdʒenɪk || ˌkɑːsɪnəˈdʒenɪk/ *adj* cancerígeno, carcinógeno

carcinoma /ˈkɑːrsəˈnəʊmə || ˌkɑːsɪˈnəʊmə/ *n* carcinoma *m*

card¹ /kɑːrd || kɑːd/ *n*

A [c] **1** (for identification, access) tarjeta *f*; (*business* **~**) tarjeta (de visita); (*credit* **~**) tarjeta (de crédito); ***to give sb their ~s*** (BrE colloq) echar a algn, darle* la patada a algn (fam) **2** (*greeting* **~**) tarjeta *f* (de felicitación); **birthday ~** tarjeta de cumpleaños; **Christmas ~** tarjeta de Navidad, tarjeta de Pascua (Chi, Per), crismas *m* (Esp) **3** (*index* **~**) ficha *f*; (*before n*) **~ catalog/index** fichero *m* **4** (*post***~**) (tarjeta *f*) postal *f* **5** (for collecting) cromo *m*, estampa *f* (Méx), lámina *f* (Andes), figurita *f* (RPl)

B [u] (thin cardboard) cartulina *f*

C [c] (playing card) carta *f*, naipe *m*, baraja *f* (AmC, Col, Méx, RPl); **a deck** *o* (BrE) **pack of ~s** una baraja, un mazo (esp AmL); ***to be in*** *o* (BrE) ***on the ~s***: **it was in** *o* **on the ~s that something like this would happen** se veía venir *or* era seguro que iba a pasar algo así; **to play ~s** jugar* a las cartas *or* (Col) jugar* cartas; ***to lay*** *o* ***put one's ~s on the table*** poner* las cartas boca arriba *or* sobre la mesa; ***to play one's ~s right*** jugar* bien sus (*or* mis *etc*) cartas; ▸**chest A**

card² *vt* (Tex) cardar

cardamom /ˈkɑːrdəməm || ˈkɑːdəməm/ *n* [u] cardamomo *m*

cardboard /ˈkɑːrdbɔːrd || ˈkɑːdbɔːd/ *n* [u] (stiff) cartón *m*; (thin) cartulina *f*; (*before n*) **~ box** caja *f* de cartón

card: **~carrying** *adj*: **he's a ~carrying member of the party** está afiliado al partido, es un miembro activo del partido; **~holder** *n* titular *mf* (*de una tarjeta de crédito*), tarjetahabiente *mf* (Méx, Ven)

cardiac /ˈkɑːrdiæk || ˈkɑːdiæk/ *adj* ‹*condition*› cardíaco; **~ arrest** paro *m* cardíaco

cardigan /ˈkɑːrdɪgən || ˈkɑːdɪgən/ *n* cárdigan *m*, chaqueta *f* de punto, rebeca *f* (esp Esp), saco *m* (tejido) (RPl), chaleca *f* (Chi)

cardinal¹ /ˈkɑːrdṇəl || ˈkɑːdɪnḷ/ *n*

A (Relig) cardenal *m*

B **~ (number)** número *m* cardinal

cardinal² *adj* ‹*rule/idea*› fundamental, esencial; **~ sin** pecado *m* capital; **~ virtue** virtud *f* cardinal; **~ point** punto *m* cardinal

cardiologist /ˈkɑːrdiˈɑːlədʒəst || ˌkɑːdiˈɒlədʒɪst/ *n* cardiólogo, -ga *m,f*

cardiology /ˈkɑːrdiˈɑːlədʒi || ˌkɑːdiˈɒlədʒi/ *n* [u] cardiología *f*

card: **~phone** *n* (BrE) *teléfono público que funciona mediante tarjetas prepagadas y/o de crédito*; **~sharp**, (AmE also) **~shark** *n* tahúr *mf*, tramposo, -sa *m,f*, fulero, -ra *m,f* (Esp fam)

care¹ /ker || keə(r)/ *n*

A [u] (attention, carefulness) cuidado *m*, atención *f*; **Ⓢ handle with care** frágil; **to take ~** tener* cuidado; **take ~!** ¡ten cuidado!; **to take ~ over** *o* **with sth** poner* cuidado en algo, cuidar algo; **he took ~ that all the figures were correct** se aseguró de que todas las cifras eran las correctas

B [u] (of people): **medical ~** asistencia *f* médica; (of animals, things) cuidado *m*; **her children were taken into ~** (BrE Soc Admin) le quitaron la patria potestad; **in ~ of** (AmE), **~ of** (BrE) (on letters) en casa de

C **to take ~ of sb/sth** **1** (look after) ‹*of patient*› atender* a algn, cuidar de algn; ‹*of children*› cuidar a *or* de algn, ocuparse *or* encargarse* de algn; ‹*of pet/plant/machine*› cuidar algo; **take ~!** (saying goodbye) ¡cuídate!, ¡que estés bien!; (as a warning) ¡ten cuidado!; **I can take ~ of myself** yo sé cuidarme **2** (deal with) ocuparse *or* encargarse* de algn/algo; **that takes ~ of that!** ¡listo!, ¡eso ya está!

D [c u] (worry) preocupación *f*

care² *vi* **to ~ (ABOUT sth/sb)** preocuparse (POR algo/algn); **all he ~s about is sport** lo único que le interesa es el deporte; **I don't ~** no me importa, me es *or* me da igual; **who ~s!** ¡y a mí qué!; **see if I ~!** ¡me da igual!

■ **care** *vt* **1** (feel concern) (*usu neg, interrog*): **I couldn't ~ less what he does** me tiene *or* me trae sin cuidado lo que haga, no me importa en absoluto lo que haga; **who ~s what she thinks?** ¿y a quién le importa lo que ella piense? **2** (wish) (frml) **to ~ to + INF**: **would you ~ to join us for dinner?** ¿le gustaría cenar con nosotros?; **he needs her more than he ~s to admit** la necesita más de lo que está dispuesto a reconocer

Phrasal verb

• **care for** [v ▸ prep ▸ o] **1** (look after) ‹*patient*› cuidar (de), atender*; ‹*house/garden*› cuidar, ocuparse *or* encargarse* de; **well ~d for** bien cuidado **2** (be fond of) querer*, sentir* afecto *or* cariño por **3** (like) (*usu neg*): **the house was lovely, but I didn't ~ for the furniture** la casa era preciosa, pero los muebles no me gustaron *or* no eran de mi gusto **4** (in offers) (frml): **would you ~ for a cigar?** ¿puedo ofrecerle un puro?

careen /kəˈriːn/ *vi* (AmE) ir* a toda velocidad

career¹ /kəˈrɪr || kəˈrɪə(r)/ *n* carrera *f*; **he made a ~ for himself as a journalist** se forjó una carrera como periodista; (*before n*) **~ girl/woman** mujer *f* de carrera

career² *vi* ir* a toda velocidad

carefree /ˈkerfriː || ˈkeəfriː/ *adj* despreocupado

careful /ˈkerfəl || ˈkeəfəl/ *adj*

A (cautious) cuidadoso, prudente; **you should be more ~ in future** tendrías que tener más cuidado en el futuro; **you can't be too ~** toda prudencia es poca; **(be) ~** (ten) cuidado; **(be) ~ you don't fall!** ¡cuidado, no vayas a caerte!; **be ~ what you say** (ten) cuidado con lo que dices; **to be ~ OF sb/sth** tener* cuidado CON algn/algo; **to be ~ to + INF** procurar + INF; **to be ~ WITH sth** tener* cuidado CON algo

B (painstaking) ‹*planning*› cuidadoso; ‹*work*› cuidado, esmerado, bien hecho; ‹*worker*› meticuloso; **after ~ consideration of all the options** después de considerar detenidamente todas las opciones

carefully /ˈkerfli || ˈkeəfəli/ *adv* ‹*handle/drive*› con cuidado; ‹*plan/examine*› cuidadosamente, detenidamente; ‹*designed/chosen*› con esmero; **think it over ~** piénsatelo bien; **listen ~** presta atención

careless /ˈkerləs || ˈkeəlɪs/ *adj* **1** (inattentive, negligent) ‹*person*› descuidado, poco cuidadoso; ‹*work*› poco cuidado; ‹*driving*› negligente; **you made some ~ mistakes** cometiste errores por descuido **2** (indifferent) **to be ~ OF**

sth: **she seems ~ of the danger** no parece importarle *or* preocuparle el peligro

carelessly /ˈkerləsli || ˈkeəlɪsli/ *adv* 1 (inattentively) sin la debida atención 2 (casually) de manera despreocupada

carelessness /ˈkerləsnəs || ˈkeəlɪsnɪs/ *n* [u] falta *f* de atención *or* de cuidado

carer /ˈkerər || ˈkeərə(r)/ *n*: *persona que tiene a su cuidado a un anciano o a un incapacitado sin recibir por ello remuneración*

caress[1] /kəˈres/ *n* caricia *f*

caress[2] *vt* acariciar

care: **~taker** *n* conserje *mf*; (*before n*) ‹*government*› provisional; **~worn** *adj* agobiado por las preocupaciones

carfare /ˈkɑːrfer || ˈkɑːfeə(r)/ *n* (AmE) precio *m* del boleto *or* (Esp) del billete

carful /ˈkɑːrfʊl || ˈkɑːfʊl/ *n* ▸ **carload 1**

cargo /ˈkɑːrgəʊ || ˈkɑːgəʊ/ *n* (*pl* **-goes** *or* **-gos**) 1 [c] (load) cargamento *m* 2 [u] (goods) carga *f*; (*before n*) **~ ship** carguero *m*, barco *m* de carga

carhop /ˈkɑːrhɑːp || ˈkɑːhɒp/ *n* (in US) (in drive-in restaurants) *persona que atiende a los clientes en sus coches*

Caribbean[1] /ˌkærəˈbiːən, kəˈrɪbiən || ˌkærɪˈbiːən/ *adj* caribeño, del Caribe

Caribbean[2] *n* **the ~ (Sea)** el (mar) Caribe; **the ~** (region) el Caribe, las Antillas

caribou /ˈkærəbuː || ˈkærɪbuː/ *n* (*pl* **~**) caribú *m*

caricature[1] /ˈkærɪkətʃʊr || ˈkærɪkətʃʊə(r)/ *n* caricatura *f*

caricature[2] *vt* caricaturizar*

caring /ˈkerɪŋ || ˈkeərɪŋ/ *adj* ‹*society/approach*› humanitario; ‹*person*› (kindly) bondadoso, generoso; (sympathetic) comprensivo; **in the ~ professions** en las profesiones de vocación social

carload /ˈkɑːrləʊd || ˈkɑːləʊd/ *n* 1 (Auto): **we were driving with a ~ of children** íbamos con el coche lleno de niños 2 (AmE Rail): **a ~ of oranges** un vagón lleno *or* cargado de naranjas

carnage /ˈkɑːrnɪdʒ || ˈkɑːnɪdʒ/ *n* [u] carnicería *f*

carnal /ˈkɑːrnl̩ || ˈkɑːnl/ *adj* carnal

carnation /kɑːrˈneɪʃən || kɑːˈneɪʃən/ *n* clavel *m*

carnival /ˈkɑːrnəvəl || ˈkɑːnɪvəl/ *n* 1 (festival) carnaval *m* 2 (traveling fair) (AmE) feria *f* ambulante

carnivore /ˈkɑːrnəvɔːr || ˈkɑːnɪvɔː(r)/ *n* carnívoro, -ra *m,f*

carnivorous /kɑːrˈnɪvərəs || kɑːˈnɪvərəs/ *adj* carnívoro

carol /ˈkærəl/ *n* villancico *m*

carom /ˈkærəm/ *vi* (AmE) (in billiards) hacer* carambola; **the car ~ed off the fence into a tree** el coche rebotó contra la valla y dio contra un árbol

carouse /kəˈraʊz/ *vi* (liter *or* hum) estar* de juerga *or* jarana (fam)

carousel /ˈkærəˈsel/ *n* 1 (AmE) ▸ **merry-go-round 1** 2 (for baggage) cinta *f or* correa *f* transportadora, carrusel *m* (Esp) 3 (in shops) (AmE) expositor *m* giratorio

carp[1] /kɑːrp || kɑːp/ *n* (*pl* **~** *or* **~s**) carpa *f*

carp[2] *vi* (find fault) criticar* por criticar; (complain) quejarse

car park *n* (BrE) (open space) ▸ **parking lot**; (building) ▸ **parking garage**

Carpathians /kɑːrˈpeɪθiənz || kɑːˈpeɪθiənz/ *pl n* **the ~** los (montes) Cárpatos

carpenter /ˈkɑːrpəntər || ˈkɑːpəntə(r)/ *n* carpintero, -ra *m,f*

carpentry /ˈkɑːrpəntri || ˈkɑːpəntri/ *n* [u] carpintería *f*

carpet[1] /ˈkɑːrpət || ˈkɑːpɪt/ *n* 1 [c] (rug) alfombra *f*, tapete *m* (Col, Méx, Ven); (*before n*) **~ beater** sacudidor *m* (de alfombras); ▸ **pull**[1] *vt* **A2**, **sweep**[2] *vt* **A2** 2 [u c] (wall-to-wall) alfombra *f*, moqueta *f* (Esp), moquette *f* (RPl) 3 [c] (of flowers, leaves, moss) (liter) alfombra *f* (liter)

carpet[2] *vt* ‹*floor/room*› alfombrar, enmoquetar (Esp)

carpet: **~bagger** /ˈkɑːrpətˌbægər || ˈkɑːpɪtˌbægə(r)/ *n*: *político oportunista que logra o pretende representar a una localidad que no es la suya*; **~ bombing** *n* bombardeo *m* por *or* de saturación

carpeting /ˈkɑːrpətɪŋ || ˈkɑːpɪtɪŋ/ *n* [u] alfombras *fpl*, alfombrado *m*

carpet: **~ slipper** *n* zapatilla *f or* pantufla *f* de felpa; **~ sweeper** *n* cepillo *m* mecánico (*para barrer alfombras*); **~ tile** *n* loseta *f* de alfombra *or* (Esp) de moqueta

carphone /ˈkɑːrfəʊn || ˈkɑːfəʊn/ *n* teléfono *m* de automóvil

carping /ˈkɑːrpɪŋ || ˈkɑːpɪŋ/ *adj* criticón

car: **~ pool** *n*: *acuerdo entre varias personas que se trasladan juntas al lugar de trabajo etc utilizando por turnos el coche de cada una*; **~-pool** *vi* (AmE) *organizar o formar un* **~ pool**

carriage /ˈkærɪdʒ/ *n*

A [c] 1 (horse-drawn) carruaje *m*, coche *m* 2 (BrE Rail) vagón *m* 3 (*baby* **~**) (AmE) cochecito *m*, carriola *f* (Méx)

B [u] (transport) transporte *m*, porte *m*

C [u] (bearing) (frml) porte *m*

carrier /ˈkæriər || ˈkæriə(r)/ *n*

A (company) compañía *f or* empresa *f* de transportes; (Aviat) línea *f* aérea

B (of disease, gene) portador, -dora *m,f*

C **~ (bag)** (BrE) bolsa *f* (de plástico *or* papel)

carrier pigeon *n* paloma *f* mensajera

carrion /ˈkæriən/ *n* [u] carroña *f*

carrot /ˈkærət/ *n* 1 [c u] (Bot, Culin) zanahoria *f* 2 [c] (incentive) incentivo *m*; **a ~-and-stick policy** una política de incentivos y amenazas

carry /ˈkæri/ **-ries, -rying, -ried** *vt*

A 1 (bear, take) llevar; **I can't ~ this, it's too heavy** no puedo cargar con esto, pesa demasiado; **she was ~ing her baby in her arms** llevaba a su hijo en brazos 2 (have with one) llevar encima 3 (be provided with) ‹*guarantee*› tener*; **every pack carries the logo of the company** todos los paquetes vienen con *or* traen el logotipo de la compañía 4 (be pregnant with) estar* embarazada *or* encinta de

B 1 (convey) ‹*goods/passengers*› llevar, transportar, acarrear; **the car can ~ four people** el coche tiene cabida para cuatro personas, en el coche caben cuatro personas; **she was carried along by the crowd** fue arrastrada por la multitud; **as fast as his legs would ~ him** tan rápido como pudo 2 (channel, transmit) ‹*oil/water/sewage*› llevar; **the wind carried her voice to him** el viento le hizo llegar su voz 3 ‹*disease*› ser* portador de

C 1 (support) ‹*weight*› soportar, resistir 2 (take responsibility for) ‹*cost/blame*› cargar* con 3 (sustain): **the lead actress carried the play** la protagonista sacó la obra adelante

D (involve, entail) ‹*responsibility*› conllevar; ‹*consequences/penalty*› acarrear, traer* aparejado

E (extend, continue): **the fighting was carried over the border** la lucha se extendió más allá de la frontera; **never ~ a diet too far** no hay que exagerar con los regímenes

F 1 (gain support for) ‹*bill/motion*› aprobar* 2 (Pol) (win) ‹*constituency/city*› hacerse* con; ***to ~ all before one*** arrasar con todo

G 1 (stock) ‹*model*› tener*, vender 2 (include) (Journ) traer*, publicar*

■ *v refl* **to ~ oneself** 1 (in bearing): **she carries herself well** tiene buen porte 2 (behave) comportarse, actuar*

■ **carry** *vi*: **sound carries further in the mountains** en la montaña los sonidos llegan más lejos; **her voice carries well** su voz tiene mucha proyección

Phrasal verbs

• **carry away** [v ▸ o ▸ adv, v ▸ adv ▸ o] (*usu pass*): **they were carried away by the excitement of the occasion** se dejaron llevar por lo emocionante de la ocasión; **I got carried away and painted the window as well** me entusiasmé y pinté la ventana también; **there's no need to get carried away** no te pases

• **carry forward** [v ▸ o ▸ adv, v ▸ adv ▸ o] ‹*total*› llevar (*a la columna o página siguiente*); Ⓢ **carried forward** suma y sigue

• **carry off** [v ▸ o ▸ adv, v ▸ adv ▸ o]

A (abduct) ‹*victim/hostage*› llevarse; (kill) ‹‹*disease*›› (dated) llevarse

B 1 (win) ‹*trophy/cup*› llevarse, hacerse* con; **she carried off all the prizes** barrió *or* arrasó con todos los premios 2 (succeed with): **she carried the interview off very well** salió muy airosa *or* muy bien parada de la entrevista; **she tried to appear disinterested but failed to ~ it off** intentó aparentar desinterés pero no lo logró *or* consiguió

C

- **carry on**
A 1 [v ▸ o ▸ adv, v ▸ adv ▸ o] ‹*practice*› seguir* *or* continuar* con 2 [v ▸ adv ▸ o] ‹*conversation/correspondence*› mantener*
B [v ▸ adv] 1 (continue) seguir*, continuar*; **to ~ on -ING** seguir* + GER; **to ~ on WITH sth** seguir* CON algo 2 (make a fuss) (colloq): **what a way to ~ on!** ¡qué manera de hacer escándalo, por favor!; **there's no need to ~ on about it!** ¡no hay necesidad de seguir dale que dale con el asunto! (fam) 3 (have affair) (colloq): **they'd been ~ing on for years** hacía años que tenían un enredo (fam)
- **carry out** [v ▸ o ▸ adv, v ▸ adv ▸ o] ‹*work/repairs*› llevar a cabo, realizar*, hacer*; ‹*order*› cumplir; ‹*duty*› cumplir con
- **carry over** [v ▸ o ▸ adv, v ▸ adv ▸ o] ‹*business*› postergar*, posponer*; ‹*surplus/debt*› transferir*
- **carry through**
A [v ▸ o ▸ adv] [v ▸ o ▸ prep ▸ o] (enable to survive): **enough supplies to ~ them through the winter** suficientes provisiones que les permitan sobrevivir el invierno; **his determination carried him through** su resolución lo alentó a seguir
B [v ▸ o ▸ adv, v ▸ adv ▸ o] (bring to completion) ‹*plan*› llevar a cabo *or* a término, ejecutar; ‹*reform*› realizar*, llevar a cabo *or* a término; ‹*idea*› poner* en práctica

carry: **~all** *n* (AmE) bolso *m* de viaje, bolsón *m* (RPl); **~cot** *n* (BrE) cuna *f* portátil, capazo *m*

carryings-on /'kæriɪŋz'ɑːn || 'kæriɪŋz'ɒn/ *pl n* (colloq) enredos *mpl* (fam), líos *mpl* (fam)

carry-on[1] /'kæriɑːn || 'kæriɒn/ *n* [u] (BrE colloq) lío *m* (fam), jaleo *m* (fam), follón *m* (Esp fam)

carry-on[2] *adj* (AmE) (*before n*) ‹*bag/baggage*› de mano

carryout /'kæriaʊt/ *n*: *comida preparada o bebida que se vende para consumir fuera del lugar de venta*

carsick /'kɑːrsɪk || 'kɑːsɪk/ *adj* mareado; **I get ~** me mareo (cuando viajo) en coche

cart[1] /kɑːrt || kɑːt/ *n* 1 (waggon) carro *m*, carreta *f*; ***to put the ~ before the horse*** empezar* la casa por el tejado 2 (*hand~*) carretilla *f* 3 (in supermarket, airport) (AmE) carrito *m*

cart[2] *vt* (colloq): **I had to ~ the books around all day** tuve que cargar con los libros todo el día; **they were ~ed off to prison** se los llevaron a la cárcel

carte blanche /kɑːrt'blɑːnʃ || ˌkɑːt'blɑːnʃ/ *n* [u]: **to give sb/have ~ ~** darle* a algn/tener* carta blanca

cartel /kɑːr'tel || kɑː'tel/ *n* cártel *m*

carthorse /'kɑːrthɔːrs || 'kɑːthɔːs/ *n* caballo *m* de tiro

cartilage /'kɑːrtḷɪdʒ || 'kɑːtɪlɪdʒ/ *n* [u c] cartílago *m*

cartographer /kɑːr'tɑːgrəfər || kɑː'tɒgrəfə(r)/ *n* cartógrafo, -fa *m,f*

cartography /kɑːr'tɑːgrəfi || kɑː'tɒgrəfi/ *n* [u] cartografía *f*

carton /'kɑːrtn̩ || 'kɑːtn̩/ *n* (of milk, fruit juice, eggs) (envase *m* de) cartón *m*; (of cigarettes) cartón *m*

cartoon /kɑːr'tuːn || kɑː'tuːn/ *n* 1 (humorous drawing) chiste *m* (*gráfico*), viñeta *f* (Esp), mono *m* (Chi) 2 (Cin) dibujos *mpl* animados 3 (*strip ~*) (BrE) historieta *f*, tira *f* cómica, monitos *mpl* (Chi, Méx)

cartridge /'kɑːrtrɪdʒ || 'kɑːtrɪdʒ/ *n* (for gun, pen) cartucho *m*; (*before n*) **~ belt** cartuchera *f*

cartwheel /'kɑːrthwiːl || 'kɑːtwiːl/ *n* (in gymnastics) voltereta *f* lateral, rueda *f*, vuelta *f* de carro (Méx), rueda *f* de carro (Ur), medialuna *f* (Arg)

carve /kɑːrv || kɑːv/ *vt*
A (Art) ‹*wood/stone*› tallar; ‹*figure/bust*› esculpir, tallar; ‹*initials*› grabar
B (Culin) ‹*meat*› cortar, trinchar
■ **carve** *vi* (Culin) cortar *or* trinchar la carne (*or* el pollo *etc*)

(Phrasal verbs)
- **carve out** [v ▸ o ▸ adv, v ▸ adv ▸ o] ‹*reputation*› forjarse; ‹*name*› hacerse*
- **carve up** [v ▸ o ▸ adv, v ▸ adv ▸ o] (divide) (colloq & pej) ‹*country/company*› dividir, repartir

carving /'kɑːrvɪŋ || 'kɑːvɪŋ/ *n* talla *f*, escultura *f*

carving knife *n* trinchante *m*, cuchillo *m* de trinchar

car wash *n* túnel *m* *or* tren *m* de lavado

Casanova /'kæzə'nəʊvə || ˌkæsə'nəʊvə/ *n* Casanova; **he's a real ~** (colloq) es un casanova *or* un Don Juan

cascade[1] /kæs'keɪd/ *n* cascada *f*

cascade[2] *vi* caer* en cascada

case[1] /keɪs/ *n*
A (matter) caso *m*; **the Greene ~** el caso Greene; **to lose/win a ~** perder*/ganar un pleito *or* juicio; ***an open-and-shut ~*** un caso claro; ***to be on sb's ~*** (AmE) estar* encima de algn; **get off my ~!** ¡déjame tranquilo *or* en paz!; ***to make a federal ~ out of sth*** (AmE colloq) hacer* un drama de algo
B 1 (Med, Soc Adm) caso *m*; **a hopeless ~** (colloq) un caso perdido 2 (eccentric) (colloq) caso *m* (fam)
C (instance, situation) caso *m*; **it was a ~ of doing what we were told** era cuestión de hacer lo que se nos mandara; **a ~ in point** un ejemplo que viene al caso, un buen ejemplo; **as the ~ may be** según (sea) el caso; **he won't go — in that ~, neither will I** no quiere ir — (pues) en ese caso, yo tampoco; **that is the ~** así es, esa es la cuestión; **if that's the ~** si es así; **in that ~, I'm not interested** en ese caso, no me interesa
D (*in phrases*) **in any case** de todas maneras *or* formas, en cualquier caso, de cualquier modo; **in case** (*as conj*): **make a note in ~ you forget** apúntalo por si te olvidas, apúntalo en caso de que se te olvide; **just in case** por si acaso; **in case of** en caso de
E (argument): **the ~ for the prosecution/defense** la acusación/la defensa; **she has a good/strong ~** sus argumentos son buenos/poderosos; **there is a ~ for doing nothing** hay razones para no hacer nada; **to make (out) a ~ for sth/-ING** exponer* los argumentos a favor de algo/para + INF; **to put/state one's ~** dar*/exponer* sus (*or* mis *etc*) razones; ***I rest my ~*** a las pruebas me remito
F 1 (*suit~*) maleta *f*, petaca *f* (Méx), valija *f* (RPl) 2 (*attaché ~*) maletín *m* 3 (crate) caja *f*, cajón *m*, jaba *f* (Chi, Per); (of wine, liquor) *caja de 12 botellas* 4 (hard container — for small objects) estuche *f*; (— for large objects) caja *f*; (soft container) funda *f*

case[2] *vt* (sl): **to ~ the joint** reconocer* el terreno (*antes de cometer un delito*)

case: **~book** *n* registro *m*; **~ history** *n* (Med) historial *m* clínico *or* médico, historia *f* clínica (AmL); **~ load** *n* número *m* de casos (*atendidos por un médico, abogado etc*)

casement /'keɪsmənt/ *n* marco *m* (*de ventana con bisagras*); (*before n*) **~ window** *ventana cuya hoja u hojas se abren por medio de bisagras*

case: **~ notes** *pl n* notas *fpl* sobre el caso

case-sensitive /ˌkeɪs'sensətɪv/ *adj* (Comput) 1 (of a program, function) sensible a las mayúsculas y minúsculas, que distingue las mayúsculas de las minúsculas 2 (of input) que trata de forma diferente a las mayúsculas y a las minúsculas

case: **~ study** *n* estudio *m*, monografía *f*, trabajo *m*; **~work** *n* [u] *trabajo de asistencia social individual*; **~worker** *n* asistente *mf* social

cash[1] /kæʃ/ *n* [u] 1 (notes and coins) dinero *m* (en) efectivo; **we pay ~ for gold** compramos oro al contado; **(in) ~** en efectivo, en metálico; **~ on delivery** entrega *f* contra reembolso; **~ in hand** (saldo *m* de) caja *f*; ***~ on the barrelhead*** (AmE colloq) dinero contante y sonante (fam), dinero en mano (fam); (*before n*) ‹*payment*› en efectivo; ‹*refund*› al contado; **a ~ sale** una venta pagada en efectivo 2 (funds) (colloq) dinero *m*, lana *f* (AmL fam), plata *f* (AmL fam), tela *f* (Esp fam)

cash[2] *vt* ‹*check*› cobrar

(Phrasal verb)
- **cash in**
A [v ▸ o ▸ adv, v ▸ adv ▸ o] (exchange for money) canjear, cobrar
B [v ▸ adv] (profit) **to ~ in (ON sth)** aprovecharse *or* sacar* provecho (DE algo), sacar* tajada (DE algo) (fam)

cash: **~ and carry** *n*: *tienda de venta al por mayor*; **~book** *n* libro *m* de caja; **~box** *n* caja *f* (*del dinero*); **~card** *n* (BrE) tarjeta *f* del cajero automático; **~ crop** *n* cultivo *m* industrial *or* comercial; **~ desk** *n* (BrE) caja *f*; **~ dispenser** *n* cajero *m* automático *o* permanente

cashew (nut) /'kæʃuː/ *n* anacardo *m*, castaña *f* de cajú (CS, Ven), nuez *f* de la India (Méx)

cash flow *n* flujo *m* de caja, cash-flow *m*; (*before n*) **~ ~ problem** problema *m* de liquidez

cashier /kæ'ʃɪr || kæ'ʃɪə(r)/ *n* cajero, -ra *m,f*

cashier's check *n* (AmE) cheque *m* bancario *or* de caja *or* de gerencia

cash machine *n* cajero *m* automático *or* permanente

cashmere /'kæʒmɪr || ,kæʃ'mɪə(r)/ *n* [u] cachemir *m*, cachemira *f*

cash: **~point** *n* (BrE) cajero *m* automático *or* permanente; **~ register** *n* caja *f* registradora

casing /'keɪsɪŋ/ *n* (cover) cubierta *f*; (case) caja *f*

casino /kə'si:nəʊ/ *n* (*pl* **-nos**) casino *m*

cask /kæsk || kɑ:sk/ *n* barril *m*, tonel *m*

casket /'kæskət || 'kɑ:skɪt/ *n* 1 (for jewels) cofre *m* 2 (coffin) (AmE) ataúd *m*

Caspian Sea /'kæspiən/ *n* **the ~ ~** el mar Caspio

cassava /kə'sɑ:və/ *n* [u] mandioca *f*

casserole /'kæsərəʊl/ *n* 1 [c] (dish) cazuela *f*, fuente *f* de horno (*con tapa*) 2 [c u] (food) guiso *m*, guisado *m* (Méx)

cassette /kə'set/ *n* 1 (Audio) cassette *f or m*; (*before n*) **~ deck** platina *f*, pletina *f*; **~ player** pasacintas *m*, cassette *m* (Esp), pasacassettes *m* (RPl), tocacassettes *m* (Chi); **~ recorder** grabadora *f or* grabador *m* (de cassettes), cassette *m* (Esp) 2 (Video) videocassette *m*, (cinta *f* de) video *m or* (Esp) vídeo *m*, videocinta *f*

cassock /'kæsək/ *n* (of priest) sotana *f*

cast[1] /kæst || kɑ:st/ *n*

A 1 (molded object) (Art) vaciado *m*; (Metall) pieza *f* fundida; **a plaster ~ of the footprint** un molde de yeso de la huella 2 (mold) molde *m* 3 (for broken limb) yeso *m or* (Esp) escayola *f*

B (Cin, Theat) (+ *sing or pl vb*) reparto *m*, elenco *m* (esp AmL); **she met the ~** le presentaron a los actores (*or* bailarines *etc*)

cast[2] (*past & past p* **cast**) *vt*

A 1 ‹*stone*› arrojar, lanzar*, tirar; ‹*line*› lanzar*; ‹*net*› echar 2 ‹*shadow/light*› proyectar; **to ~ doubt on sth** poner* algo en duda; **~ your eye over this** échale una mirada *or* una ojeada *or* un vistazo a esto 3 ‹*vote*› emitir

B (shed) «*snake*» ‹*skin*› mudar de, mudar; **the horse ~ a shoe** al caballo se le salió una herradura

C (mold) (Art) vaciar*; (Metall) fundir

D (Cin, Theat) ‹*role*› asignar; **she was ~ as the princess** le dieron el papel de la princesa; **he's well ~ as Iago** está bien elegido para el papel de Yago

■ **cast** *vi* (in angling) lanzar*

(Phrasal verbs)

- **cast about for** [v ▸ adv ▸ prep ▸ o] ‹*for idea/excuse*› tratar de encontrar, buscar*
- **cast aside** [v ▸ o ▸ adv, v ▸ adv ▸ o] (abandon) ‹*person*› hacer* a un lado, dejar de lado; ‹*doubts/worries*› desechar, apartar de sí
- **cast away** [v ▸ o ▸ adv]: **they were ~ away on a desert island** llegaron a una isla desierta tras naufragar
- **cast back** [v ▸ o ▸ adv]: **~ your mind back** trata de recordar, rememora (liter)
- **cast off**

A [v ▸ adv] 1 (in knitting) cerrar* 2 (Naut) soltar* amarras

B [v ▸ o ▸ adv, v ▸ adv ▸ o] 1 (in knitting) ‹*stitch*› cerrar* 2 (abandon) ‹*friend/lover*› dejar, abandonar

- **cast on**

A [v ▸ adv] (in knitting) poner* *or* montar los puntos

B [v ▸ o ▸ adv, v ▸ adv ▸ o] ‹*stitch*› montar, poner*

- **cast out** [v ▸ o ▸ adv, v ▸ adv ▸ o] (expel) (liter) expulsar

castanets /'kæstə'nets/ *pl n* castañuelas *fpl*

castaway /'kæstəweɪ || 'kɑ:stəweɪ/ *n* náufrago, -ga *m,f*

caste /kæst || kɑ:st/ *n* [c u] casta *f*

caster /'kæstər || 'kɑ:stə(r)/ *n* (wheel) ruedecita *f*, ruedita *f* (esp AmL)

caster sugar *n* (BrE) *azúcar blanca de granulado muy fino*

castigate /'kæstəgeɪt || 'kæstɪgeɪt/ *vt* (frml) ‹*pupil*› reprender; ‹*government*› fustigar* (liter), criticar* severamente

Castile /kæs'ti:l || kæ'sti:l/ *n* Castilla *f*

Castilian[1] /kæs'tɪljən || kə'stɪliən/ *adj* castellano

Castilian[2] *n* 1 [c] (person) castellano, -na *m,f* 2 [u] (language) castellano *m*

casting vote /'kæstɪŋ || 'kɑ:stɪŋ/ *n* voto *m* de calidad

cast: **~ iron** *n* [u] hierro *m* fundido *or* colado; **~-iron** *adj* (*before n*) (Metall) de hierro fundido *or* colado; ‹*guarantee*› sólido; ‹*will*› férreo; ‹*evidence*› irrefutable; ‹*alibi*› a toda prueba; **a ~-iron constitution** una salud de hierro

castle /'kæsəl || 'kɑ:səl/ *n*

A (Archit) castillo *m*; ***(to build) ~s in the air*** *o* ***in Spain*** (construir*) castillos en el aire

B (in chess) torre *f*

castoff /'kæstɔ:f || 'kɑ:stɒf/ *n*: **she gave me her ~s** me dio la ropa que ya no quería

castor /'kæstər || 'kɑ:stə(r)/ *n* ▸ **caster**

castor oil *n* [u] aceite *m* de ricino *or* (CS tb) (de) castor

castrate /'kæstreɪt || kæ'streɪt/ *vt* castrar

casual /'kæʒuəl/ *adj*

A 1 (superficial) (*before n*) ‹*inspection*› superficial; **a ~ acquaintance** un conocido, una conocida; **~ sex** relaciones *fpl* sexuales promiscuas 2 (chance) (*before n*) ‹*visit/caller/reader*› ocasional 3 (informal) ‹*chat*› informal; ‹*clothes*› de sport, informal

B (unconcerned) ‹*attitude/tone*› despreocupado; ‹*remark*› hecho al pasar; **she seemed very ~ about the whole thing** parecía como si no tuviera nada que ver con ella

C (not regular) ‹*employment/labor*› eventual, ocasional; **~ worker** (on farm) jornalero, -ra *m,f*; (in factory) obrero, -ra *m,f* eventual

casually /'kæʒuəli/ *adv*

A (informally) ‹*dressed*› de manera informal, informalmente; ‹*chat*› informalmente

B (with indifference) con indiferencia

casuals /'kæʒuəlz/ *pl n* (Clothing) ropa *f* de sport

casualty /kæʒuəlti/ *n* (*pl* **-ties**)

A (injured person) herido, -da *m,f*; (dead person) víctima *f*; (Mil) baja *f*

B (hospital department) (BrE) (*no art*) urgencias *fpl*

casuistry /'kæʒuəstri || 'kæzjʊɪstri, -ʒʊɪ-/ *n* [u] casuística *f*

cat /kæt/ *n* (domestic animal) gato, -ta *m,f*; (lion, tiger) felino *m*; **the big ~s** los felinos mayores; ***has the ~ got your tongue?*** (colloq) ¿te comieron la lengua los ratones? (fam); ***he thinks he's the ~'s whiskers*** *o* ***pajamas*** se cree el súmmum; ***you look like something the ~ dragged in*** ¡parece que vinieras de la guerra!; ***not to have a ~ in hell's chance*** (BrE colloq) no tener* la más mínima posibilidad; ***there's not enough*** *o* ***no room to swing a ~*** (colloq) no cabe ni un alfiler (fam); ***to fight like ~ and dog*** andar* como (el) perro y (el) gato; ***to grin like a Cheshire ~*** sonreír* de oreja a oreja; ***to let the ~ out of the bag*** descubrir* el pastel, levantar la liebre *or* (RPl) la perdiz; ***to play ~ and mouse (with sb)*** jugar* al gato y al ratón (con algn); ***to rain ~s and dogs*** llover* a cántaros *or* a mares; ***to set*** *o* ***put the ~ among the pigeons*** levantar un revuelo

cataclysm /'kætəklɪzəm/ *n* cataclismo *m*

catacombs /'kætəkəʊmz || 'kætəku:mz/ *pl n* catacumbas *fpl*

Catalan[1] /'kætl̩æn || 'kætəlæn/ *adj* catalán

Catalan[2] *n* 1 [c] (person) catalán, -lana *m,f* 2 [u] (language) catalán *m*

catalog[1], **catalogue** /'kætlɔ:g || 'kætəlɒg/ *n* (list, book) catálogo *m*; **a ~ of disasters** un desastre detrás de otro

catalog[2], **catalogue** *vt* catalogar*

Catalonia /'kætl̩'əʊniə || ,kætə'ləʊniə/ *n* Cataluña *f*

Catalonian /'kætl̩'əʊniən || ,kætə'ləʊniən/ *adj* catalán

catalyst /'kætl̩əst || 'kætəlɪst/ *n* catalizador *m*

catalytic converter /'kætl̩'ɪtɪk || ,kætə'lɪtɪk/ *n* catalizador *m*

catamaran /'kætəmə'ræn/ *n* catamarán *m*

catapult[1] /'kætəpʊlt || 'kætəpʌlt/ *n* (Aviat, Mil) catapulta *f*; (used by children) (BrE) tirachinas *m*, honda *f* (CS, Per), resortera *f* (Méx), cauchera *f* (Col), china *f* (Ven)

catapult[2] *vt* catapultar; **the crash ~ed her through the windshield** el choque la hizo salir disparada por el parabrisas

cataract /'kætərækt/ *n*

A (over a precipice) catarata *f*; (in a river) rápido *m*

B (Med) catarata *f*

catarrh /kə'tɑ:r || kə'tɑ:(r)/ *n* [u] catarro *m*

catastrophe /kə'tæstrəfi/ *n* catástrofe *f*

catastrophic /'kætə'strɑ:fɪk || ,kætə'strɒfɪk/ *adj* catastrófico

catatonic /ˈkætəˈtɑːnɪk || ˌkætəˈtɒnɪk/ *adj* catatónico

cat: **~ burglar** *n* ladrón, -drona *m,f* (*que escala paredes para entrar a un edificio*); **~call** *n* silbido *m*; **~calls** abucheo *m*, silbatina *f* (AmS)

catch¹ /kætʃ/ (*past & past p* **caught**) *vt*

A ‹*ball/object*› agarrar, coger* (esp Esp); **he caught her by the arm** la agarró *or* (esp Esp) cogió del brazo

B (capture) ‹*mouse/lion*› atrapar, coger* (esp Esp); ‹*fish*› pescar*, coger* (esp Esp); ‹*thief*› atrapar

C **1** (take by surprise) agarrar, pillar (fam), pescar* (fam); **to ~ sb in the act** agarrar (*or* pillar *etc*) a algn infraganti *or* con las manos en la masa; **she caught him reading her mail** lo pilló leyendo sus cartas (fam); **you won't ~ me going there again!** (colloq) ¡a mí no me vuelven a ver el pelo por ahí! (fam); **we got caught in the rain** nos sorprendió *or* (fam) nos pilló *or* pescó la lluvia **2** (intercept) ‹*person*› alcanzar*; **~ you later** (AmE colloq) nos vemos

D **1** ‹*train/plane*› (take) tomar, coger* (esp Esp); (be in time for) alcanzar*; **I only just caught it** lo alcancé con el tiempo justo, por poco lo pierdo **2** (manage to see, hear): **we'll just ~ the end of the game** todavía podemos pescar el final del partido (fam); **we could ~ a movie before dinner** (AmE) podríamos ir al cine antes de cenar

E (entangle, trap): **I caught my skirt on a nail** se me enganchó *or* (Méx tb) se me atoró *or* (Chi) se me pescó la falda en un clavo; **I caught my finger in the drawer** me pillé *or* (AmL tb) me agarré el dedo en el cajón; **I got caught in a traffic jam** me agarró *or* (esp Esp) me cogió un atasco

F **1** (attract): **try to ~ his attention** trata de atraer su atención; **the dress caught her fancy** se encaprichó con el vestido **2** (hear or understand clearly): **did you ~ what she said?** ¿oíste *or* entendiste lo que dijo? **3** ‹*mood/likeness*› captar, reflejar

G (become infected with) ‹*disease*› contagiarse de; **to ~ a cold** resfriarse*, agarrar *or* (esp Esp) coger* *or* (fam) pescar* *or* pillar un resfriado; **I caught (the) measles from him** me contagió *or* (fam) me pegó el sarampión

H (hit): **he caught his head on the beam** se dio en la cabeza con la viga; ***to ~ it*** *o* (AmE also) **~ *hell*** (colloq): **you'll really ~ it if he sees you!** ¡si te ve, te mata!

I **1** (hold back): **he caught his breath in surprise** se le cortó la respiración de sorpresa **2** (restrain): **to ~ oneself** contenerse*

■ **catch** *vi*

A **1** (grasp) agarrar, coger* (esp Esp), cachar (Méx) **2** (bite, take hold) «*mechanism*» engranar **3** (become hooked) engancharse

B (ignite) «*fire*» prender, agarrar (AmL)

Phrasal verbs

- **catch on** [v ▸ adv] (colloq) **1** (become popular) «*fashion/idea*» imponerse*; «*game/style*» ponerse* de moda **2** (understand) caer* (fam); **to ~ on TO sth** darse* cuenta DE algo, entender* algo
- **catch out** [v ▸ o ▸ adv, v ▸ adv ▸ o] **1** **to ~ sb out** pillar *or* agarrar a algn desprevenido **2** (trick) pillar (fam), agarrar (CS fam)
- **catch up**

A [v ▸ adv] (draw level): **I missed three weeks' classes, and it was a struggle to ~ up** perdí tres semanas de clase y me costó ponerme al día; **to ~ up WITH sb/sth** (physically) alcanzar* a algn/algo; ‹*on gossip/news*› ponerse* al corriente DE algo; **she had to ~ up with** *o* **on the rest of the class/the work she'd missed** tuvo que ponerse al nivel del resto de la clase/al día con el trabajo; **all those late nights eventually caught up on** *o* **with me** todas esas trasnochadas finalmente pudieron más que yo

B **1** [v ▸ o ▸ adv] (draw level with) (BrE) alcanzar* **2** [v ▸ o ▸ adv, v ▸ adv ▸ o] (pick up) recoger*

C (trap, involve) **to be/get caught up in sth** ‹*in barbed wire/thorns*› estar*/quedar enganchado/atrapado en algo; ‹*in scandal/dispute*› verse* envuelto en algo; ‹*in thoughts*› estar* absorto *or* ensimismado en algo; ‹*in excitement/enthusiasm*› contagiarse de algo; **I got caught up in the traffic** me agarró *or* (esp Esp) me cogió el tráfico

catch² *n*

A **1** (Sport) atrapada *f*, parada *f*, atajada *f* (CS) **2** (potential partner): **he's/she's a good ~** (colloq) es un buen partido **3** (of fish) pesca *f*

B (fastening device — on door) pestillo *m*, pasador *m* (AmL); (— on window, box, necklace) cierre *m*; **safety ~** seguro *m*

C (hidden drawback) trampa *f*; **I knew there'd be a ~ in** *o* **to it somewhere** ya sabía yo que tenía que haber gato encerrado; **it's a C~-22 situation** es una situación sin salida

D (in voice) temblor *m*; **with a ~ in her voice** con la voz entrecortada *or* temblorosa

catchall /ˈkætʃɔːl/ *n* cajón *m* de sastre; (*before n*) ‹*clause/phrase/term*› comodín *adj inv*

catcher /ˈkætʃər || ˈkætʃə(r)/ *n* (in baseball) receptor, -tora *m,f*, catcher *mf*

catching /ˈkætʃɪŋ/ *adj* (*pred*) contagioso

catchment area /ˈkætʃmənt/ *n* (of hospital, school) zona *f* de captación (*distrito que corresponde a un hospital, colegio etc*)

catch: **~phrase** *n* (of person) latiguillo *m*; (of political party) eslogan *m*; **~word** *n* **1** (slogan) eslogan *m* **2** ▸**~phrase**

catchy /ˈkætʃi/ *adj* **catchier, catchiest** pegadizo, pegajoso (AmL exc RPl)

catechism /ˈkætəkɪzəm/ *n* **1** [u] (instruction) catequesis *f* **2** [c] (book) catecismo *m*

categoric /ˈkætəˈgɔːrɪk || ˌkætəˈgɒrɪk/, **-ical** /-ɪkəl/ *adj* categórico, terminante; ‹*refusal*› rotundo

categorically /ˈkætəˈgɔːrɪkli || ˌkætəˈgɒrɪkli/ *adv* ‹*state/say*› categóricamente; ‹*refuse/deny*› rotundamente

categorize /ˈkætəgəraɪz/ *vt* ‹*things*› clasificar*; ‹*people*› catalogar*, calificar*

category /ˈkætəgɔːri || ˈkætəgəri/ *n* (*pl* **-ries**) categoría *f*

cater /ˈkeɪtər || ˈkeɪtə(r)/ *vi* (Culin) *encargarse del servicio de comida y bebida para fiestas, cafeterías etc*

■ **cater** *vt* (AmE) encargarse* del buffet de

Phrasal verb

- **cater to**, (BrE) **cater for** [v ▸ prep ▸ o]: **to ~ to** *o* **for people of all ages** ofrecer* servicios para gente de todas las edades; **we try to ~ to** *o* **for all needs** tratamos de satisfacer todas las necesidades

cater-corner /ˈkætər,kɔːrnər || ˈkætə,kɔːnə(r)/, **cater-cornered** /-,kɔːrnərd || -,kɔːnəd/ *adj* (AmE) diagonal

caterer /ˈkeɪtərər || ˈkeɪtərə(r)/ *n*: *persona o firma que se encarga del servicio de comida y bebida para fiestas, cafeterías etc*

catering /ˈkeɪtərɪŋ/ *n* [u] **1** (provision of food): **to do the ~** encargarse* del servicio de comida y bebida (*or* del buffet *etc*) **2** (trade, department) restauración *f*

caterpillar /ˈkætərpɪlər || ˈkætəpɪlə(r)/ *n*

A (Zool) oruga *f*, azotador *m* (Méx), cuncuna *f* (Chi)

B **C~® (track)** (Mil, Transp) oruga *f*

caterwaul /ˈkætərwɔːl || ˈkætəwɔːl/ *vi* «*cat*» maullar*; «*person*» aullar*, dar* aullidos

cat: **~fish** *n* (*pl* **~fish** *or* **~fishes**) siluro *m*, bagre *m*; **~flap** *n* gatera *f*

catharsis /kəˈθɑːrsəs || kəˈθɑːsɪs/ *n* [u c] (*pl* **catharses** /-siːz/) catarsis *f*

cathedral /kəˈθiːdrəl/ *n* catedral *f*

catherine wheel /ˈkæθrən || ˈkæθrɪn/ *n* (BrE) rueda *f* (*de fuegos artificiales*), girándula *f*

catheter /ˈkæθətər || ˈkæθɪtə(r)/ *n* catéter *m*

cathode /ˈkæθəʊd/ *n* cátodo *m*

cathode ray *n* rayo *m* catódico

Catholic¹ /ˈkæθəlɪk/ *n* católico, -ca *m,f*

Catholic² *adj*

A (Relig) católico; **the Roman ~ Church** la iglesia católica (apostólica romana)

B **catholic** ‹*tastes/interests*› variado

Catholicism /kəˈθɑːləsɪzəm || kəˈθɒlɪsɪzəm/ *n* [u] catolicismo *m*

catkin /ˈkætkən || ˈkætkɪn/ *n* amento *m*, candelilla *f*

cat: **~nap** *n* siestecita *f*, cabezada *f*; **to have** *o* **take a ~nap** echarse una siestecita *or* cabezada; **~nip** *n* [u] nébeda *f*; **~-o'-nine-tails** /ˈkætəˈnaɪnteɪlz/ *n* (*pl* **~**) (+ *sing vb*) azote *m* (*de tiras con nueve nudos*); **~'s cradle** *n* [u]: **to play ~'s cradle** (jugar* a) hacer* cunitas; **~'s-eye**® *n* (Transp) catafaros *m*, ojo *m* de gato (CS), estoperol *m* (Col); **~ suit** *n* (BrE) malla *f* (entera)

catsup /ˈkætsəp/ *n* [u c] (AmE) ▸**ketchup**

cattail /ˈkætteɪl/ *n* (AmE) enea *f*, totora *f*

cattle /ˈkætl/ *pl n* ganado *m*, reses *fpl*; (*before n*) **~ breeder** ganadero, -ra *m,f*; **~ breeding** ganadería *f*; **~ guard** *o* (BrE)

grid *rejilla en la carretera que permite pasar a los vehículos pero no al ganado*

cattle: **~ car** *n* (AmE Rail) vagón *m* de ganado; **~ market** *n* feria *f* de ganado; **~ truck** *n* (AmE Transp) camión *m* de ganado; (BrE Rail) vagón *m* de ganado

catty /ˈkæti/ *adj* **-tier, -tiest** (colloq) malicioso, venenoso

catwalk /ˈkætwɔːk/ *n* (for models, on scaffolding) pasarela *f*

Caucasian¹ /kɔːˈkeɪʒən/ *adj* (Geog, Ling) caucasiano, caucásico; (Anthrop) caucásico

Caucasian² *n* (Anthrop) caucásico, -ca *m,f*; **the suspect is a male ~** el sospechoso es un hombre de raza blanca

Caucasus /ˈkɔːkəsəs/ *n* **the ~ (Mountains)** el Cáucaso

caught /kɔːt/ *past & past p of* **catch¹**

cauldron *n* (BrE) ▸ **caldron**

cauliflower /ˈkɑːlɪflaʊər || ˈkɒlɪflaʊə(r)/ *n* [c u] coliflor *f*; (*before n*) **~ cheese** (BrE) *coliflor gratinada con queso*; **to have a ~ ear** tener* la oreja deformada (por golpes)

causal /ˈkɔːzəl/ *adj* causal

causality /kɔːˈzæləti/ *n* [u] causalidad *f*

cause¹ /kɔːz/ *n*

A **1** [c] (of accident, event, death) causa *f*; **~ and effect** causa y efecto **2** [u] (reason, grounds) motivo *m*, razón *f*; **there's some ~ for concern** existen motivos *or* razones para preocuparse; **there's no ~ for concern** no hay por qué preocuparse; **without (good) ~** sin causa (justificada) *or* motivo (justificado)

B [c] (ideal, movement) causa *f*; **to fight/die for the ~** luchar/morir* por la causa; **it's a good ~** es una buena causa; **they fought in the ~ of freedom** lucharon en pro de la libertad

cause² *vt* causar; **to ~ sb problems** causarle *or* ocasionarle problemas a algn; **to ~ sb/sth TO + INF** hacer* que algn/algo (+ *subj*)

cause célèbre /ˈkəʊzsəˈlebrə || ˌkɔːzseˈlebrə/ *n* (*pl* **~s ~s** /ˈkəʊzsəˈlebrə || ˈkɔːzselebrə/) caso *m* famoso *or* célebre; **the strike became a ~ ~** la huelga dio mucho que hablar

causeway /ˈkɔːzweɪ/ *n* (path) paso *m* elevado; (road) carretera *f* elevada

caustic /ˈkɔːstɪk/ *adj* (Chem) cáustico; ‹*wit/remark*› cáustico, mordaz

cauterize /ˈkɔːtəraɪz/ *vt* cauterizar*

caution¹ /ˈkɔːʃən/ *n* **1** [u] (care, prudence) cautela *f*, prudencia *f*; **to use** *o* **exercise ~** tener* mucho cuidado; ***to throw ~ to the wind(s)*** echar la precaución por la borda **2** [c] (warning) advertencia *f*, aviso *m*; (Law, Sport) amonestación *f*

caution² *vt* **1** (warn) advertir* **2** (inform of rights) informar de sus derechos **3** (reprimand) **to ~ sb ABOUT sth** llamarle la atención a algn POR algo; **to ~ sb FOR -ING** (Law, Sport) amonestar a algn POR + INF

cautionary /ˈkɔːʃəneri || ˈkɔːʃənəri/ *adj*: **~ words** *o* **remarks** advertencias *fpl*; **~ tale** cuento *m* con moraleja

cautious /ˈkɔːʃəs/ *adj* cauteloso, cauto; **the senator was ~ about committing himself** el senador se cuidó de comprometerse

cautiously /ˈkɔːʃəsli/ *adv* cautelosamente; **I'm ~ optimistic** soy prudentemente optimista

cavalcade /ˈkævəlkeɪd/ *n* cabalgata *f*

cavalier¹ /ˈkævəˈlɪr || ˌkævəˈlɪə(r)/ *n* (liter) caballero *m*

cavalier² *adj* displicente

cavalry /ˈkævəlri/ *n* [u] caballería *f*

cave /keɪv/ *n* cueva *f*; (*before n*) **~ dweller** (prehistoric) cavernícola *mf*, troglodita *mf*; (modern) habitante *mf* de las cuevas; **~ painting** pintura *f* rupestre

(Phrasal verb)

• **cave in** [v ▸ adv] **1** (collapse) «*roof/tunnel*» derrumbarse, hundirse **2** (yield) (colloq) «*person*» ceder

caveat /ˈkɑːviɑːt || ˈkæviæt/ *n* (warning) (frml) advertencia *f*; **with the ~ that ...** con la salvedad de que ...

caveman /ˈkeɪvmæn/ *n* (*pl* **-men** /-men/) (prehistoric) hombre *m* de las cavernas

cavern /ˈkævərn || ˈkævən/ *n* caverna *f*

cavernous /ˈkævərnəs || ˈkævənəs/ *adj* ‹*building/hall*› grande y tenebroso; ‹*pit*› profundo y oscuro, como la boca de un lobo

caviar, caviare /ˈkæviɑːr || ˈkæviɑː(r)/ *n* [u] caviar *m*

cavil /ˈkævəl || ˈkævɪl/ *vi*, (BrE) **-ll-**: **to ~ AT** *o* **ABOUT sth** ponerle* reparos A algo

caving /ˈkeɪvɪŋ/ *n* [u] espeleología *f*

cavity /ˈkævəti/ *n* (*pl* **-ties**) cavidad *f*; (Dent) caries *f*

cavort /kəˈvɔːrt || kəˈvɔːt/ *vi* retozar*; **he's ~ing with his secretary** está tonteando con su secretaria (fam)

caw¹ /kɔː/ *vi* graznar

caw² *n* graznido *m*

cayenne (pepper) /keɪˈen/ *n* [u] (pimienta *f* de) cayena *f*

CB *n* [u c] = **citizens' band**

CBE *n* (in UK) = **Commander of the British Empire** (*condecoración*)

CBI *n* (in UK) = **Confederation of British Industry**

CBS *n* (in US) (*no art*) (= **Columbia Broadcasting System**) la CBS

cc **1** (= **cubic centimeter** *o* (BrE) **centimetre**) c.c. **2** (Corresp) (= **copies to**): **~ H. Palmer, T. Rees** copias a H. Palmer y T. Rees

CD *n* (= **compact disc** *or* (AmE also) **disk**) CD *m*; (*before n*) **~ burner** quemador *m* de CDs; **~ changer** cambiador *m* de CDs; **~ writer** (Comput) grabadora *f* de CDs

cease /siːs/ *vt* **1** **to ~ to + INF**/ **to ~ -ING** dejar DE + INF; **his naiveté never ~s to amaze me** no me explico cómo puede ser tan ingenuo **2** ‹*production/publication*› interrumpir, suspender

■ **cease** *vi* «*noise*» cesar; «*production*» interrumpirse; «*work*» detenerse*

cease-fire /ˈsiːsˈfaɪr || ˈsiːsfaɪə(r)/ *n* alto *m* el fuego, cese *m* del fuego (AmL)

ceaseless /ˈsiːsləs || ˈsiːslɪs/ *adj* incesante

cedar /ˈsiːdər || ˈsiːdə(r)/ *n* (tree) cedro *m*

cede /siːd/ *vt* **to ~ sth (TO sb)** ceder(le) algo (A algn)

ceilidh /ˈkeɪli/ *n*: *fiesta tradicional escocesa o irlandesa con música y baile*

ceiling /ˈsiːlɪŋ/ *n* (Const) techo *m*, cielo *m* raso; (upper limit) límite *m*, tope *m*

celebrate /ˈseləbreɪt || ˈselɪbreɪt/ *vt* **1** ‹*birthday/success*› celebrar, festejar **2** (praise) (frml) ‹*virtues/deeds*› celebrar (liter), loar (liter)

■ **celebrate** *vi*: **we won: let's ~!** ¡ganamos, vamos a celebrarlo *or* festejarlo!

celebrated /ˈseləbreɪtəd || ˈselɪbreɪtɪd/ *adj* célebre, famoso

celebration /ˈseləˈbreɪʃən || ˌselɪˈbreɪʃən/ *n* **1** [c u] (event) fiesta *f*; **he attended the ~s** asistió a los festejos *or* las festividades; **we ought to have a little ~** deberíamos celebrarlo *or* festejarlo **2** [u] (praise) celebración *f* (liter), loa *f* (liter); **the play is a ~ of life** la obra es un canto *or* (liter) una loa a la vida

celebratory /səˈlebrətɔːri, ˈselə- || ˈselɪˌbreɪtəri/ *adj*: **we had a ~ drink** nos tomamos una copa para celebrarlo *or* festejarlo

celebrity /səˈlebrəti || sɪˈlebrəti/ *n* (*pl* **-ties**) (person) famoso, -sa *m,f*, celebridad *mf*

celery /ˈseləri/ *n* [u] apio *m*; **a stick/head of ~** una rama/mata de apio

celestial /səˈlestʃəl || sɪˈlestiəl/ *adj* (Astron) celeste; (liter) celestial (liter)

celibacy /ˈseləbəsi || ˈselɪbəsi/ *n* [u] celibato *m*

celibate /ˈseləbət || ˈselɪbət/ *adj* célibe

cell /sel/ *n*

A (in prison, monastery, honeycomb) celda *f*

B (Biol) célula *f*; (*before n*) ‹*division/wall*› celular

C (Elec) célula *f*; (in battery) elemento *m*, pila *f*

cellar /ˈselər || ˈselə(r)/ *n* sótano *m*; (for coal) carbonera *f*; (for wine) bodega *f*; ***to be/finish in the ~*** (AmE colloq) estar*/llegar* en el último lugar

cellist /ˈtʃeləst || ˈtʃelɪst/ *n* violoncelista *mf*, violonchelista *mf*, chelista *mf*

cello /ˈtʃeləʊ/ *n* (*pl* **-los**) violoncelo *m*, violonchelo *m*, chelo *m*

cellophane, (BrE) **Cellophane**® /ˈseləfeɪn/ *n* [u] celofán *m*

cellphone /ˈselfəʊn/ *n* teléfono *m* celular

C

C

cellular /'seljələr || 'seljʊlə(r)/ *adj* celular
cellulite /'seljəlaɪt || 'seljʊlaɪt/ *n* [u] celulitis *f*
celluloid /'seljəlɔɪd || 'seljʊlɔɪd/ *n* [u] celuloide *m*
cellulose /'seljələʊs || 'seljʊləʊs/ *n* [u] celulosa *f*
Celsius /'selsiəs/ *adj*: **20 degrees ~** 20 grados centígrados *or* Celsio(s)
Celt /kelt/ *n* celta *mf*
Celtic /'keltɪk/ *adj* celta
cement¹ /sɪ'ment/ *n* [u] cemento *m*
cement² *vt* 1 (Const) unir con cemento; **to ~ sth (over)** revestir* algo de cemento, cementar algo (AmL) 2 (make firm) ‹*friendship/alliance*› consolidar, fortalecer*
cement mixer *n* hormigonera *f*
cemetery /'seməteri || 'semətri/ *n* (*pl* **-ries**) cementerio *m*
cenotaph /'senətæf || 'senətɑ:f/ *n* cenotafio *m*
censor¹ /'sensər || 'sensə(r)/ *n* censor, -sora *m,f*
censor² *vt* censurar
censorship /'sensərʃɪp || 'sensəʃɪp/ *n* [u] censura *f*
censure¹ /'sentʃər || 'sensjə(r)/ *vt* censurar
censure² *n* [u] censura *f*
census /'sensəs/ *n* (*pl* **-suses**) censo *m*
cent /sent/ *n* (of euro) céntimo *m*; (of dollar) centavo *m*; ***I don't have/it isn't worth a red ~*** (AmE colloq) no tengo/no vale ni un céntimo *or* centavo; ***to put in one's two ~s' worth*** (AmE colloq) meter baza *or* (fam *o* pey) cuchara, dar* su (*or* mi *etc*) opinión
centenarian /'sentṇ'eriən || ˌsentɪ'neəriən/ *n* centenario, -ria *m,f*
centenary /sen'tenəri || sen'ti:nəri/ *n* (*pl* **-ries**) centenario *m*
centennial¹ /sen'teniəl/ *adj* del centenario
centennial² *n* (esp AmE) centenario *m*
center¹, (BrE) **centre** /'sentər || 'sentə(r)/ *n*
A 1 (middle point, area) centro *m*; **to be the ~ of attention** ser* el centro de atención 2 (Pol) centro *m*; **he's left of ~** es de centro izquierda 3 (filling) relleno *m*
B (site of activity) centro *m*; **community ~** centro cívico
C (Sport) (in US football, rugby) centro *mf*; (in basketball) pivot *mf*, pivote *mf* (AmL)
center², (BrE) **centre** *vt*
A 1 (position) centrar 2 (Sport) ‹*ball*› lanzar* un centro con
B 1 (concentrate, focus) **to ~ sth ON sth/sb** centrar algo EN algo/algn 2 (base around): **the major industries are ~ed on Chicago** las principales industrias están concentradas en Chicago y sus alrededores
■ **center** *vi* 1 (focus on) **to ~ ON** *o* **UPON sth/sb** centrarse EN algo/algn; **his hopes ~ed on being promoted** cifraba todas sus esperanzas en que lo ascendieran 2 (revolve around) **to ~ ON** *o* **AROUND sth/sb** girar ALREDEDOR DE *or* EN TORNO A algo/algn
center: **~ field** *n* (AmE) (in baseball) (area) jardín *m* central, centro *m* campo; **~ fielder** *n* (AmE) (in baseball) jardinero *mf* centro, centro *mf* campo; **~fold** *n* póster *m or* encarte *m* central; **~ forward** *n* delantero *mf* centro; **~ half** (*pl* **halfs** *or* **halves**) *n* medio *mf* centro; **~ of gravity** *n* centro *m* de gravedad; **~piece** *n* (decoration) centro *m* (de mesa); (main feature) eje *m*
centi- /'senti/ *pref* centi-
centigrade /'sentɪgreɪd/ *adj* centígrado; **20 degrees ~** 20 grados centígrados
centiliter, (BrE) **centilitre** /'sentəˌli:tər || 'sentɪˌli:tə(r)/ *n* centilitro *m*
centimeter, (BrE) **centimetre** /'sentəˌmi:tər || 'sentɪˌmi:tə(r)/ *n* centímetro *m*
centipede /'sentəpi:d || 'sentɪpi:d/ *n* ciempiés *m*
central /'sentrəl/ *adj*
A (main) central; ‹*problem*› fundamental, principal; **to be ~ TO sth**: **this is ~ to the success of the project** esto es fundamental para que el proyecto sea un éxito
B (in the center) ‹*area/street*› céntrico; **our office is very ~** nuestra oficina está en una zona céntrica *or* en un lugar muy céntrico; **in ~ Chicago** en el centro de Chicago
central: **~ African Republic** *n* **the C~ African Republic** la República Centroafricana; **~ America** *n* Centroamérica *f*, América *f* Central
Central American¹ *adj* centroamericano, de (la) América Central
Central American² *n* centroamericano, -na *m,f*
Central Europe *n* Europa *f* Central
Central European¹ *adj* centroeuropeo, de (la) Europa Central
Central European² *n* centroeuropeo, -pea *m,f*
central heating *n* [u] calefacción *f* central
centrally /'sentrəli/ *adv*: **~ heated** con calefacción central; **it's ~ located** está en una zona céntrica *or* en un lugar céntrico
central: **~ reservation** *n* (BrE) mediana *f*, bandejón *m* (central) (Chi), camellón *m* (Méx); **~ Standard Time** *n* [u] horario *m* de la zona central
centre *etc* (BrE) ▸**center** *etc*
centrifugal /sen'trɪfjəgəl || ˌsentrɪ'fju:gəl, ˌsen'trɪfjʊgəl/ *adj* centrífugo
centrifuge /'sentrəfju:dʒ || 'sentrɪfju:dʒ/ *n* centrifugador *m*
century /'sentʃəri/ *n* (*pl* **-ries**) 1 (100 years) siglo *m*; **in the 19th ~** en el siglo XIX; **a centuries-old tradition** una tradición secular *or* de siglos 2 (in cricket) centena *f*
CEO *n* (esp AmE) **= chief executive officer**
ceramic /sə'ræmɪk || sɪ'ræmɪk/ *adj* ‹*pot*› de cerámica; **~ tile** (for walls) azulejo *m*; (for floors) baldosa *f* (de cerámica)
ceramics /sə'ræmɪks || sɪ'ræmɪks/ *n* 1 (art, process) (+ *sing vb*) cerámica *f* 2 (objects) (+ *pl vb*) objetos *mpl* de cerámica, cerámicas *fpl*
cereal /'sɪriəl || 'sɪəriəl/ *n* [c u] 1 (plant, grain) cereal *m* 2 (*breakfast ~*) cereales *mpl*
cerebral /sə'ri:brəl || 'serɪbrəl/ *adj* cerebral
cerebral palsy *n* [u] parálisis *f* cerebral
ceremonial /ˌserə'məʊniəl || ˌserɪ'məʊniəl/ *adj* ‹*robes*› ceremonial; ‹*occasion*› solemne
ceremonious /ˌserə'məʊniəs || ˌserɪ'məʊniəs/ *adj* ceremonioso
ceremony /'serəməʊni || 'serɪməni/ *n* [c u] (*pl* **-nies**) ceremonia *f*; ***to stand on ~*** ser* muy ceremonioso; **don't stand on ~** déjate de ceremonias
cerise /sə'ri:s, -ri:z/ *n* [u] color *m* guinda; (*before n*) color guinda *adj inv*
cert /sɜ:rt || sɜ:t/ *n* (BrE sl): **she's a dead ~ to win an award** seguro que se lleva un premio
certain¹ /'sɜ:rtṇ || 'sɜ:tṇ/ *adj*
A 1 (definite) seguro; **they were heading for ~ death** iban a una muerte segura; **she made ~ of a good seat by arriving early** llegó temprano para asegurarse una buena localidad; **it's not ~ (that) they'll approve of the idea** no es seguro que aprueben la idea; **one thing** *o* **this much is ~ ...** de lo que no cabe la menor duda es de que ...; **to be ~ to + INF**: **it's ~ to rain** seguro que llueve; **for ~** con certeza; **I can't say for ~** no lo puedo decir a ciencia cierta; **she won't do that again, that's (for) ~** no volverá a hacerlo, eso es seguro *or* de eso no cabe duda 2 (convinced) (*pred*) **to be ~ (OF sth)** estar* seguro (DE algo); **I feel ~ (that) it was a mistake** tengo la seguridad *or* la certeza de que fue un error; **I checked the list to make ~ (that) ...** revisé la lista para asegurarme de que ...
B (particular) (*before n*) cierto; **it's only open on ~ days** está abierto solamente ciertos días; **he has a ~ something** tiene un no sé qué *or* (un) algo especial; **a ~ person refused to go** cierta persona se negó a ir, alguien que yo conozco se negó a ir; **a ~ Jill Brown** una tal Jill Brown
certain² *pron* (frml) (+ *pl vb*): **~ of his colleagues/her works** ciertos colegas suyos/ciertas obras suyas
certainly /'sɜ:rtṇli || 'sɜ:tṇli/ *adv* 1 (definitely): **we're almost ~ going to win** es casi seguro que vamos a ganar; **do you see what I mean? — certainly** ¿te das cuenta de lo que quiero decir? — desde luego; **he's ~ intelligent, but ...** no hay duda de que es inteligente, pero ..., es cierto que es inteligente, pero ... 2 (emphatic): **I ~ won't be buying anything there again!** por cierto que *or* por supuesto que no voy a volver a comprar nada allí; **he may be rich, but he ~ isn't generous** será rico, pero de generoso no tiene nada; **it's cold today — it ~ is!** hoy

hace frío — ¡ya lo creo! 3 (responding to request): **~, sir** por supuesto *or* cómo no, señor; **~ not!** ¡de ninguna manera!, ¡por supuesto que no!

certainty /'sɜːrtn̩ti || 'sɜːtn̩ti/ *n* (*pl* **-ties**) 1 [u c] (belief, conviction) certeza *f*, seguridad *f* 2 [c] (certain event): **defeat is now a ~** la derrota es algo seguro *or* es cosa segura

certifiable /'sɜːrtəfaɪəbəl || 'sɜːtɪfaɪəbəl/ *adj* demente

certificate /sər'tɪfɪkət || sə'tɪfɪkət/ *n* certificado *m*

certification /ˌsɜːrtəfə'keɪʃən || ˌsɜːtɪfɪ'keɪʃən/ *n* [u] certificación *f*

certify /'sɜːrtəfaɪ || 'sɜːtɪfaɪ/ *vt* **-fies, -fying, -fied** 1 ‹*facts/claim/death*› certificar*; **this is to ~ that ...** por la presente certifico que *or* doy fe de que ... 2 (declare insane) (*usu pass*) declarar demente 3 (license) (AmE): **he isn't certified to teach in this state** no está habilitado para ejercer la docencia en este estado 4 **certified** *past p* (AmE) certificado; **certified milk** leche *f* con garantía sanitaria; **certified public accountant** contador público, contadora pública *m,f* (AmL), censor jurado, censora jurada *m,f* de cuentas (Esp)

cervical /'sɜːrvɪkəl || 'sɜːvɪkəl, sɜː'vaɪkəl/ *adj* del cuello del útero; **~ smear** (BrE) citología *f*, Papanicolau *m* (AmL)

cervix /'sɜːrvɪks || 'sɜːvɪks/ *n* (*pl* **-vixes** *or* **-vices** /-vəsiːz/) cuello *m* del útero

Cesarean (section), Cesarian (section) /sɪ'zæriən || sɪ'zeəriən/ *n* (AmE) cesárea *f*

cessation /se'seɪʃən/ *n* [u c] (frml) cese *m*, cesación *f*

cesspit /'sespɪt/, **cesspool** /-puːl/ *n* pozo *m* negro *or* séptico *or* ciego

Ceylon /sɪ'lɑːn || sɪ'lɒn/ *n* (Hist) Ceilán *m*

cf (compare) cf.

CFC *n* **= chlorofluorocarbon**

ch *n* (*pl* **chs**) (**= chapter**) c.

chad /tʃæd/ *n*: *trocito redondo de papel que se desprende al usar una perforadora*

chafe /tʃeɪf/ *vt* rozar*

■ **chafe** *vi* 1 (rub) rozar* 2 (be frustrated) irritarse; **he ~d at the restrictions** lo irritaban las trabas

chaff /tʃæf || tʃɑːf/ *n* [u] (husks) barcia *f*, ahechaduras *fpl*, granzas *fpl*; (worthless material) paja *f*, broza *f*

chaffinch /'tʃæfɪntʃ/ *n* pinzón *m*

chagrin /ʃə'grɪn || 'ʃægrɪn/ *n* [u] (liter) disgusto *m*, desilusión *f*; **to my/his ~** para mi/su disgusto

chain¹ /tʃeɪn/ *n* 1 cadena *f*; **to be in ~s** estar* encadenado; **~ of office** *collar que es atributo de un cargo oficial* 2 (series) cadena *f*; **a ~ of events** una cadena *or* (frml) concatenación de acontecimientos; **mountain ~** cadena montañosa *or* de montañas 3 (Busn) cadena *f*

chain² *vt* **to ~ sth/sb TO sth** encadenar algo/a algn A algo

(Phrasal verb)

• **chain up** [v ▸ o ▸ adv, v ▸ adv ▸ o] encadenar

chain: **~ gang** *n* cuerda *f* *or* cadena *f* de presos; **~ letter** *n* carta *f* (*de una cadena*); **~ mail** *n* [u] cota *f* de malla; **~ reaction** *n* reacción *f* en cadena; **~saw** *n* motosierra *f*, sierra *f* de cadena; **~smoke** *vi* fumar un cigarrillo tras otro; **~smoker** *n*: *persona que fuma un cigarrillo tras otro*; **~ store** *n* tienda *f* de una cadena

chair¹ /tʃer || tʃeə(r)/ *n*

A 1 (seat) silla *f*; (*arm~*) sillón *m*, butaca *f* (esp Esp) 2 (*electric ~*) (AmE colloq): **the ~** la silla eléctrica

B 1 (at university) cátedra *f* 2 (in meeting) presidencia *f*; **to be in/take the ~** presidir 3 (person) presidente, -ta *m,f*

chair² *vt* ‹*meeting/committee*› presidir

chair: **~lift** *n* telesilla *f* *or* (Esp) telesquí *m*; **~man** /'tʃermən || 'tʃeəmən/ *n* (*pl* **-men** /-mən/) presidente, -ta *m,f*; **~person** *n* (*pl* **-persons**) presidente, -ta *m,f*; **~woman** *n* presidenta *f*

chalet /ʃæ'leɪ/ *n* 1 (cabin) chalet *m* (*de montaña*) 2 (in motel) (BrE) bungalow *m*

chalice /'tʃæləs || 'tʃælɪs/ *n* cáliz *m*

chalk¹ /tʃɔːk/ *n*

A [u] (Geol) creta *f*, caliza *f*; ***to be as different as ~ and cheese*** (BrE) ser* (como) la noche y el día *or* (como) el día y la noche

B [c u] (for writing) tiza *f*, gis *m* (Méx); **a piece of ~** una tiza, un gis (Méx); ***not by a long ~*** (BrE colloq) ni mucho menos

chalk² *vt* (write with chalk) escribir* con tiza *or* (Méx) gis

(Phrasal verb)

• **chalk up**

A [v ▸ adv ▸ o] 1 (write on blackboard) escribir*, anotar 2 ‹*win/success*› apuntarse, anotarse

B [v ▸ o ▸ adv] (charge) (colloq) **to ~ sth up TO sb** anotar algo en la cuenta de algn

chalkboard /'tʃɔːkbɔːrd || 'tʃɔːkbɔːd/ *n* (AmE) ▸**blackboard**

chalky /'tʃɔːki/ *adj* **-kier, -kiest** (containing chalk) calcáreo; (like chalk) terroso; (covered in chalk) lleno de tiza *or* (Méx) de gis

challenge¹ /'tʃæləndʒ || 'tʃælɪndʒ/ *vt*

A 1 (summon) desafiar*, retar; **to ~ sb to + INF** desafiar* a algn A QUE (+ *subj*) 2 (offer competition to): **no one can ~ the leaders now** nadie puede hacer peligrar la posición de los líderes 3 (question) ‹*authority/findings*› cuestionar; ‹*assumption/theory*› cuestionar, poner* en entredicho *or* en duda *or* en tela de juicio

B (stimulate) ‹‹*job*›› suponer* *or* constituir* un reto *or* un desafío para

C (stop) (Mil) darle* el alto a

challenge² *n*

A [c] 1 (to duel, race) desafío *m*, reto *m*; **to issue a ~ to sb** desafiar* *or* retar a algn 2 (competition) rival *m*

B [c u] (stimulation) reto *m*, desafío *m*

C [c] (by policeman, sentry) alto *m*

challenger /'tʃæləndʒər || 'tʃælɪndʒə(r)/ *n* contendiente *mf*, rival *mf*; **the ~ for the title** el/la aspirante al título

challenging /'tʃæləndʒɪŋ || 'tʃælɪndʒɪŋ/ *adj* 1 ‹*movie/book*› que da que pensar, que cuestiona ideas establecidas 2 ‹*task*› que supone *or* constituye un reto *or* un desafío 3 ‹*look/tone*› desafiante, retador

chamber /'tʃeɪmbər || 'tʃeɪmbə(r)/ *n*

A (room) (arch) cámara *f* (arc)

B (of gun) recámara *f*

chamberlain /'tʃeɪmbərlən || 'tʃeɪmbəlɪn/ *n* chambelán *m*

chamber: **~maid** *n* camarera *f* (*en un hotel*); **~ music** *n* [u] música *f* de cámara; **~ of commerce** *n* cámara *f* de comercio; **~ pot** *n* orinal *m* *or* (AmL exc RPl) bacinilla *f* *or* (CS) escupidera *f*

chameleon /kə'miːliən/ *n* camaleón *m*

chamois 1 /'ʃæmi, 'ʃæmwɑː || 'ʃæmwɑː/ *n* (Zool) gamuza *f* 2 **~ (leather)** /'ʃæmi/ gamuza *f*

chamomile /'kæməmaɪl/ *n* manzanilla *f*, camomila *f*; **~ tea** manzanilla *f*

champ¹ /tʃæmp/ *vi* (chew) masticar*, mascar*; ▸**bit² H**

champ² *n* (colloq) campeón, -peona *m,f*

champagne /ʃæm'peɪn/ *n* 1 [u c] (Culin) champán *m*, champaña *f* *or* *m* 2 [u] (color) color *m* champán *or* champaña

champion¹ /'tʃæmpiən/ *n*

A (Sport) campeón, -peona *m,f*

B (Hist) paladín *m*, campeón *m*; **she's a ~ of lost causes** es una defensora de pleitos perdidos *or* de causas perdidas

champion² *vt* abogar* por, defender*

championship /'tʃæmpiənʃɪp/ *n* [c] (Sport) (*often pl*) campeonato *m*

chance¹ /tʃæns || tʃɑːns/ *n*

A [u] (fate) casualidad *f*, azar *m*; **it was pure ~ that we met** nos encontramos de *or* por pura casualidad; **to leave nothing to ~** no dejar nada (librado) al azar; **by ~** por *or* de casualidad; **have you seen my hat, by any ~?** ¿has visto mi sombrero por casualidad?; (*before n*) ‹*meeting/occurrence*› casual, fortuito

B [c] (risk) riesgo *m*; **don't take any ~s** no te arriesgues, no corras riesgos

C [c] 1 (opportunity) oportunidad *f*, ocasión *f*; **to jump** *o* **leap at the ~** aprovechar *or* no dejar escapar la oportunidad *or* ocasión; **the ~ of a lifetime** la oportunidad de su (*or* mi *etc*) vida; **finished yet? — give me a ~!** ¿has acabado ya? — ¡espera un poco!; **give them half a ~ and they'll fleece you** en cuanto te descuidas te despluman 2 (raffle ticket) (AmE) número *m*, boleto *m*

D [c] (likelihood) posibilidad *f*, chance *f* *or* *m* (esp AmL); **they don't stand much of a ~** lo tienen (bien) difícil; **not a** *o* **no ~!** (colloq) ¡ni de casualidad *or* ni en broma! (fam); **it's a million-to-one ~** *o* **a ~ in a million** las posibilidades son muy remotas; **(the) ~s are (that) ...** (colloq) lo más probable es que ...; ***to be in with a ~*** (BrE) tener* posibilidades *or* chances

chance² *vt* [1] (risk): **to ~ it** arriesgarse*, correr el riesgo [2] (happen) **to ~ to + INF: I just ~d to be passing your office** pasaba por tu oficina por casualidad

(Phrasal verb)

• **chance on, chance upon** [v ▸ prep ▸ o] ‹*object*› encontrar* por casualidad; ‹*person*› encontrarse* por casualidad con

chancellor /ˈtʃænslər || ˈtʃɑːnsələ(r)/ *n* [1] **Chancellor (of the Exchequer)** (in UK) ≈ ministro, -tra *m,f* de Economía/Hacienda [2] (premier) canciller *mf* [3] (of university) rector, -tora *m,f*

chancery /ˈtʃænsəri || ˈtʃɑːnsəri/ *n* (*pl* **-ries**) (in US) *tribunal de justicia que conoce de casos no contemplados por el derecho consuetudinario o el escrito*

chancy, chancey /ˈtʃænsi || ˈtʃɑːnsi/ *adj* **-cier, -ciest** (colloq) arriesgado

chandelier /ˈʃændəˈlɪr || ˌʃændəˈlɪə(r)/ *n* araña *f* (*de luces*)

change¹ /tʃeɪndʒ/ *n*

A [1] [u c] (alteration) cambio *m*; **a ~ in temperature** un cambio de temperatura; **there's been a ~ in the weather** ha cambiado el tiempo; **to make ~s to sth** hacerle* cambios a algo; **a ~ for the better/worse** un cambio para mejor/para peor; **the ~ (of life)** (euph) la menopausia [2] [c] (replacement) cambio *m*; **a ~ of address** un cambio de dirección; ***to have a ~ of heart*** cambiar de idea [3] (of clothes) muda *f* [4] [c] (sth different from usual) cambio *m*; **at least it's** *o* **it makes a ~ from chicken** por lo menos no es pollo; **for a ~** para variar; ***to ring the ~s*** introducir* variaciones; ***a ~ is as good as a rest*** con un cambio de actividad se renuevan las energías

B [u] [1] (coins) cambio *m*, monedas *fpl*, sencillo *m* (AmL), feria *f* (Méx fam), menudo *m* (Col); **one dollar in ~** un dólar en monedas [2] (money returned) cambio *m*, vuelto *m* (AmL), vuelta *f* (Esp), vueltas *fpl* (Col); **keep the ~** quédese con el cambio (*or* vuelto *etc*); **you won't get much ~ from** *o* **out of $1,000** no te costará mucho menos de 1.000 dólares

change² *vt*

A [1] ‹*appearance/rules/situation*› cambiar; **the sorcerer ~d her into a stone** el mago la convirtió en una piedra [2] ‹*tire/oil/sheets*› cambiar; **to ~ one's address/doctor** cambiar de dirección/médico; **to ~ one's clothes** cambiarse de ropa; **to ~ color** cambiar de color; **let's ~ the subject** cambiemos de tema; **she ~d her name from Bronowski to Brown** se cambió el apellido de Bronowski a Brown [3] (exchange) cambiar(se) de; **I wouldn't want to ~ places with her** no quisiera estar *or* verme en su lugar; **he ~d it for a red one** lo cambió por uno rojo [4] ‹*baby*› cambiar

B ‹*money*› [1] (into smaller denominations) cambiar; **can anyone ~ $20?** ¿alguien me puede cambiar 20 dólares? [2] (into foreign currency) **to ~ sth (INTO sth)** cambiar algo (A *or* (Esp tb) EN algo)

C (Transp): **you have to ~ train(s) at Nice** tienes que hacer transbordo *or* cambiar (de trenes) en Niza

■ **change** *vi*

A [1] (become different) cambiar; **I can't believe how much she's ~d** me parece increíble lo mucho que ha cambiado; **to ~ INTO sth** convertirse* *or* transformarse EN algo [2] (from one thing to another) cambiar; **the scene ~s to wartime Rome** la escena pasa *or* se traslada a Roma durante la guerra [3] **changing** *pres p* ‹*needs/role/moods*› cambiante

B [1] (put on different clothes) cambiarse; **she ~d into a black dress** se cambió y se puso un vestido negro; **I'm going to ~ into something more comfortable** me voy a poner algo más cómodo; **to get ~d** cambiarse [2] (Transp) cambiar, hacer* transbordo

(Phrasal verbs)

• **change around**

A [v ▸ o ▸ adv, v ▸ adv ▸ o] (rearrange) cambiar de sitio *or* de lugar

B [v ▸ adv] cambiar

• **change over** [v ▸ adv] (change function, system) cambiar; **to ~ over TO sth** cambiar A algo, adoptar algo

• **change round** (esp BrE) ▸ **change around**

changeable /ˈtʃeɪndʒəbəl/ *adj* cambiante, variable

changeling /ˈtʃeɪndʒlɪŋ/ *n*: *niño sustituido por otro al nacer*

change: ~over *n* (transition) **~ (FROM sth)(TO sth)** cambio *m* (DE algo) (A algo); **~ purse** *n* (AmE) monedero *m*, portamonedas *m*

changing room /ˈtʃeɪndʒɪŋ/ *n* (BrE) [1] (Sport) vestuario *m*, vestidor *m* (Chi, Méx) [2] (in shop) probador *m*

channel¹ /ˈtʃænl̩/ *n*

A (strait) canal *m*; (course of river) cauce *m*; (navigable course) canal *m*; **the (English) C~** el Canal de la Mancha

B (for irrigation) canal *m*, acequia *f*

C (system, method) vía *f*; **through diplomatic ~s** por la vía diplomática; **you must go through the official ~s** tiene que hacer el trámite por los conductos *or* las vías oficiales; **distribution ~s** canales *mpl* de distribución

D (Comput, TV) canal *m*

channel² *vt*, (BrE) **-ll-** canalizar*, encauzar*, dirigir*

channel: ~ Islands *pl n* **the C~ Islands** las Islas Anglonormandas, las islas del Canal de la Mancha; **~-surf** *vi* (TV) hacer* zapping; **~ Tunnel** *n* **the C~ Tunnel** el Eurotúnel, el túnel del Canal de la Mancha

chant¹ /tʃænt || tʃɑːnt/ *n* (of demonstrators) consigna *f*; (of sports fans) alirón *m*, canción *f*

chant² *vt/i* [1] (Mus, Relig) salmodiar [2] «*crowd*» gritar

Chanukah /ˈhɑːnəkə/ *n* ▸ **Hanukkah**

chaos /ˈkeɪɑːs || ˈkeɪɒs/ *n* [u] caos *m*

chaotic /keɪˈɑːtɪk || keɪˈɒtɪk/ *adj* caótico

chap /tʃæp/ *n*

A (man) (colloq) tipo *m* (fam); **the poor little ~!** ¡pobrecito!

B (Med) grieta *f*

chap. *n* (*pl* **chaps**) (= **chapter**) c., cap.

chaparral /ˈtʃæpəˈræl, ˈʃæ-/ *n* (AmE) chaparral *m*

chapel /ˈtʃæpəl/ *n* (Relig) (building, area in church) capilla *f*; (Nonconformist church) templo *m*

chaperon¹, chaperone /ˈʃæpərəʊn/ *n* (of young lady) acompañante *f*, chaperona *f*; (for children) (AmE) acompañante *mf*

chaperon², chaperone *vt* acompañar

chaplain /ˈtʃæplən || ˈtʃæplɪn/ *n* capellán *m*

chapped /tʃæpt/ *adj* ‹*lips*› agrietado, partido

chaps /tʃæps/ *pl n* zahones *mpl*, chaparreras *fpl* (Méx), p(i)erneras *fpl* (CS), zamarros *mpl* (Col)

chapter /ˈtʃæptər || ˈtʃæptə(r)/ *n* (of book) capítulo *m*; **to quote ~ and verse** citar textualmente *or* palabra por palabra

char¹ /tʃɑːr || tʃɑː(r)/ *vt* **-rr-** carbonizar*

char² *n* (BrE) (cleaner) mujer *f* de la limpieza, asistenta *f* (Esp)

character /ˈkærəktər || ˈkærəktə(r)/ *n*

A (of person) [1] (temperament, nature) carácter *m*; **to be in/out of ~** ser*/no ser* típico; **she's a good judge of ~** es buena psicóloga [2] (*good* ~) reputación *f*; (*before n*) **~ assassination** (public slander) difamación *f*; **~ reference** referencias *fpl* [3] (strength of personality) carácter *m*

B (of place, thing) carácter *m*; **her face is full of ~** tiene una cara con mucha personalidad

C [c] [1] (in novel, play, movie) personaje *m*, carácter *m* (Col, Méx); **he doesn't react in ~** su reacción no es la que cabría esperar de su personaje [2] (person) tipo *m* (fam); **he's a nasty ~** es un mal tipo (fam) [3] (eccentric person) caso *m*

D [c] (symbol) carácter *m*

characteristic¹ /ˈkærəktəˈrɪstɪk/ *n* característica *f*

characteristic² *adj* característico

characterize /ˈkærəktəraɪz/ *vt* [1] (be typical of) caracterizar* [2] (describe) calificar*; **to ~ sth/sb AS sth** calificar* algo/a algn DE algo

characterless /ˈkærəktərləs || ˈkærəktəlɪs/ *adj* ‹*restaurant/town*› sin carácter

charade /ʃəˈreɪd || ʃəˈrɑːd/ *n* (farse) farsa *f*, payasada *f*; **~s** (+ *sing vb*) (game) charada *f*

charbroiled /ˈtʃɑːrbrɔɪld || ˈtʃɑːbrɔɪld/ *adj* (AmE) (hecho) a la brasa *or* a las brasas

charcoal /ˈtʃɑːrkəʊl || ˈtʃɑːkəʊl/ *n* [u] carbón *m* (vegetal); (Art) carboncillo *m*, carbonilla *f* (RPl)

charge¹ /tʃɑːrdʒ || tʃɑːdʒ/ *n*

A [c] (Law) cargo *m*, acusación *f*; **he's being tried on a ~ of**

murder se lo juzga por homicidio; **to bring** *o* **press ~s against sb** formular *or* presentar cargos contra algn; **to drop ~s** retirar la acusación *or* los cargos
B [c] (price) precio *m*; (fee) honorario *m*; **there is no ~ for the service** no se cobra por el servicio, el servicio es gratis; **free of** *o* **without ~** gratuitamente, gratis, sin cargo; **at no extra ~** sin cargo adicional; **electricity ~s are going up again** las tarifas eléctricas vuelven a subir
C **1** [c] (command, commission) orden *f*, instrucción *f* **2** (responsibility): **who is in ~?** ¿quién es el/la responsable?; **I left Paul in ~** dejé a Paul a cargo; **to be in ~ of sth/sb** tener* algo/a algn a su (*or* mi *etc*) cargo; **in the ~ of sb, in sb's ~** a cargo de algn; **to take ~ of sb/sth/-ING**: **she took ~ of the situation** se hizo cargo de la situación; **Sarah took ~ of the guests/of buying the food** Sarah se encargó de los invitados/de comprar la comida **3** [c] (sb entrusted): **a nanny with her young ~s** una niñera con los niños a su cargo *or* cuidado
D [c u] (Elec, Phys) carga *f*
E [c] (of explosive) carga *f*
F [c] **1** (attack) carga *f* **2** (in US football) ofensiva *f* (*en la que se gana mucho terreno*)

charge² *vt*
A (accuse) **to ~ sb WITH sth/-ING** acusar a algn DE algo/+ INF
B (ask payment) cobrar; **they ~d him $15 for a haircut** le cobraron 15 dólares por el corte de pelo
C (obtain on credit): **she never carries cash, she just ~s everything** (AmE) nunca lleva dinero, lo compra todo con tarjeta (de crédito)/lo carga todo a su cuenta; **to ~ sth TO sb** cargar* algo a la cuenta de algn
D **1** (entrust) (frml) **to ~ sb WITH sth/-ING** encomendarle* A algn algo/QUE (+ *subj*) **2** (command) (liter) **to ~ sb to + INF** ordenarle A algn + INF *or* QUE (+ *subj*) **3** (allege) (AmE) aducir*
E (attack) (Mil) cargar* contra; «*animal*» embestir* *or* arremeter contra
F (Elec) ‹*battery*› cargar*
■ **charge** *vi* **1** **to ~** **(AT sth/sb)** (Mil) cargar* (CONTRA algo/algn); «*animal*» arremeter *or* embestir* (CONTRA algo/algn); **~!** ¡al ataque!, ¡a la carga! **2** (rush) (colloq) (+ *adv compl*): **he ~d straight into me** se abalanzó hacía mí; **don't all ~ off at the end of the lesson** no salgan en estampida al acabar la clase

charge: **~ account** *n* cuenta *f* de crédito; **~ card** *n* tarjeta *f* de pago

charged /tʃɑːrdʒd || tʃɑːdʒd/ *adj* cargado; **a voice ~ with emotion** una voz cargada de emoción

chargé d'affaires /ʃɑːrˈʒeɪdəˈfer || ˌʃɑːdʒeɪdæˈfeə(r)/ *n* (*pl* **chargés d'affaires** /-z/) encargado, -da *m,f* de negocios

charger /ˈtʃɑːrdʒər || ˈtʃɑːdʒə(r)/ *n*
A (*battery* ~) cargador *m*
B (horse) (liter) caballo *m* (de batalla), corcel *m* (liter)

chariot /ˈtʃæriət/ *n* carro *m* (de guerra)

charioteer /tʃærɪəˈtɪr || ˌtʃærɪəˈtɪə(r)/ *n* auriga *m*

charisma /kəˈrɪzmə/ *n* [u] carisma *m*

charismatic /ˈkærəzˈmætɪk || ˌkærɪzˈmætɪk/ *adj* carismático

charitable /ˈtʃærətəbəl || ˈtʃærɪtəbəl/ *adj* **1** (generous, giving) caritativo **2** (kind) ‹*person*› bueno; ‹*interpretation*› benévolo, generoso **3** (for charity): **a ~ organization** una organización de beneficencia, una obra benéfica

charitably /ˈtʃærətəbli || ˈtʃærɪtəbli/ *adv* caritativamente, con caridad *or* generosidad

charity /ˈtʃærəti/ *n* (*pl* **-ties**)
A **1** [c] (organization) organización *f* benéfica *or* de beneficencia, obra *f* benéfica **2** [u] (relief) obras *fpl* de beneficencia; **to raise money for ~** recaudar dinero para un fin benéfico; (*before n*) ‹*work*› de beneficencia, benéfico; **a ~ performance** una función benéfica *or* de beneficencia, un beneficio
B [u] (generosity, kindness) caridad *f*, amor *m* al prójimo; **~ *begins at home*** la caridad bien entendida empieza por casa *or* (Esp) por uno mismo

charlady /ˈtʃɑːrˌleɪdi || ˈtʃɑːˌleɪdi/ *n* (*pl* **-ladies**) (BrE) mujer *f* de la limpieza

charlatan /ˈʃɑːrlətən || ˈʃɑːlətən/ *n* charlatán, -tana *m,f*

charley horse /ˈtʃɑːrli || ˈtʃɑːli/ *n* (AmE colloq) calambre *m*

charm¹ /tʃɑːrm || tʃɑːm/ *n*
A **1** [u] (attractiveness) encanto *m*, atractivo *m*; **to turn on the ~** ponerse* encantador **2** [c] (attractive quality, feature) encanto *m*
B [c] (spell) hechizo *m*; ***to work/go like a ~*** funcionar/ir* *or* andar* a las mil maravillas
C [c] (amulet) amuleto *m*, fetiche *m*; (on bracelet) dije *m*

charm² *vt*
A (delight) cautivar, embelesar; **he can ~ the birds off** *o* **out of the trees** es capaz de convencer a cualquiera con sus encantos
B **1** (bewitch) ‹*snake*› encantar **2** **charmed** *past p*: **to lead a ~ed life** tener* mucha suerte en la vida

charmer /ˈtʃɑːrmər || ˈtʃɑːmə(r)/ *n* persona *f* encantadora, encanto *m*

charming /ˈtʃɑːrmɪŋ || ˈtʃɑːmɪŋ/ *adj* ‹*person*› encantador; ‹*room/house*› precioso, encantador

charm school *n* (AmE) *escuela para señoritas donde se enseña a comportarse en sociedad*

chart¹ /tʃɑːrt || tʃɑːt/ *n*
A (Aviat, Naut) carta *f* de navegación; (Meteo) mapa *m*, carta *f*; (diagram, graph) gráfico *m*; (table) tabla *f*
B **charts** *pl* (best-selling records) **the ~s** la lista de éxitos, el hit parade

chart² *vt* **1** (make map of) trazar* el mapa de **2** (plan, plot) trazar* **3** ‹*progress/changes*› (follow closely) seguir* atentamente; (record) registrar gráficamente

charter¹ /ˈtʃɑːrtər || ˈtʃɑːtə(r)/ *n*
A [c] **1** (of university) estatutos *mpl*; (of city) fuero *m*; (of company) escritura *f* de constitución; **by royal ~** por cédula real **2** (constitution) carta *f* **3** (guarantee of rights) fuero *m*, privilegio *m*
B [u] (hire) (Transp) (contrato *m* de) fletamento *m*; (*before n*) ‹*flight/plane*› chárter *adj inv*

charter² *vt*
A **1** (grant charter to) aprobar* los estatutos de **2** (BrE) **chartered** *past p* ‹*engineer/surveyor*› colegiado; **~ed accountant** contador público, contadora pública *m,f* (AmL), censor jurado, censora jurada *m,f* de cuentas (Esp)
B (hire) ‹*plane/ship/bus*› fletar, alquilar

charwoman /ˈtʃɑːrwʊmən || ˈtʃɑːwʊmən/ *n* (*pl* **-women**) (BrE) mujer *f* de la limpieza

chary /ˈtʃeri || ˈtʃeəri/ *adj* **charier, chariest** (*pred*) **to be ~ OF -ING**: **she's ~ of making commitments** es reacia a contraer compromisos

chase¹ /tʃeɪs/ *n* **1** (pursuit) persecución *f*; **car ~** persecución en coche; **to give ~** salir* en persecución de algn/algo, ir* tras algn/algo, darle* caza a algn/algo **2** (hunting) **the ~** la caza

chase² *vt* (follow, pursue) ‹*thief*› perseguir*, darle* caza a; **they're both chasing the same woman** (colloq) ambos andan detrás de la misma mujer
■ **chase** *vi*: **we ~d after the thief** fuimos *or* salimos tras el ladrón; **to ~ after girls** ir* *or* andar* detrás de las chicas

Phrasal verb

• **chase up** [v ▸ o ▸ adv, v ▸ adv ▸ o] (colloq): **~ up this order for me, please** averíguame qué pasó con este pedido, por favor; **I'll have to ~ him up about the report** voy a tener que recordarle lo del informe

chaser /ˈtʃeɪsər || ˈtʃeɪsə(r)/ *n*: *bebida de bajo contenido en alcohol que se toma después de otra más fuerte*

chasm /ˈkæzəm/ *n* sima *f*, abismo *m*

chassis /ˈtʃæsi || ˈʃæsi/ *n* (*pl* **chassis** /ˈtʃæsiz || ˈʃæ-/) (Auto) chasis *m*, bastidor *m* (Esp)

chaste /ˈtʃeɪst/ *adj* **chaster, chastest** casto

chasten /ˈtʃeɪsn̩/ *vt* hacer* escarmentar

chastise /tʃæsˈtaɪz/ *vt* (frml) (verbally) reprender, reprobar*; (physically) castigar*

chastity /ˈtʃæstəti/ *n* [u] castidad *f*; (*before n*) **~ belt** cinturón *m* de castidad

chat¹ /tʃæt/ *n* charla *f*, conversación *f* (esp AmL), plática *f* (AmC, Méx); **to have a ~ with sb** charlar *or* hablar *or* (esp AmL) conversar *or* (AmC, Méx) platicar* con algn

chat² **-tt-** *vi* **1** (talk) **to ~ (TO** *o* **WITH sb)** charlar *or* hablar *or* (esp AmL) conversar *or* (AmC, Méx) platicar* (CON algn) **2** (on Internet) **to ~ (TO** *or* **WITH) sb** chatear (CON algn)

(Phrasal verb)

- **chat up** [v ▸ o ▸ adv, v ▸ adv ▸ o] (BrE colloq) tratar de ligar con (fam), llevarle la carga a (RPl fam)

chat show *n* (BrE) programa *m* de entrevistas

chatter¹ /ˈtʃætər || ˈtʃætə(r)/ *vi* «*person*» charlar, chacharear (fam), parlotear (fam), cotorrear (fam); «*monkeys*» parlotear; «*birds*» cotorrear; **his teeth are ~ing** le castañetean los dientes

chatter² *n* [u] (idle talk) cháchara *f* (fam), parloteo *m* (fam)

chatterbox /ˈtʃætərbɑːks || ˈtʃætəbɒks/ *n* charlatán, -tana *m,f*, cotorra *f* (fam)

chatty /ˈtʃæti/ *adj* **-tier, -tiest** ‹*person*› conversador, hablador; ‹*style*› informal, llano; ‹*letter*› simpático y lleno de noticias

chauffeur¹ /ˈʃəʊfər || ˈʃəʊfə(r)/ *n* chofer *mf or* (Esp) chófer *mf*; **a ~-driven limousine** una limusina con chofer *or* (Esp) con chófer

chauffeur² *vt* 1 ‹*person*› hacer* de chofer *or* (Esp) de chófer para 2 (AmE): **a ~ed car** un coche con chofer *or* (Esp) con chófer

chauvinism /ˈʃəʊvənɪzəm || ˈʃəʊvɪnɪzəm/ *n* [u] 1 (jingoism) chovinismo *m*, patriotería *f* 2 (sexism): **male ~** machismo *m*

chauvinist /ˈʃəʊvənəst || ˈʃəʊvɪnɪst/ *n* 1 (jingoist) chovinista *mf*, patriotero, -ra *m,f* 2 (sexist): **(male) ~** machista *m*

cheap¹ /tʃiːp/ *adj* **-er, -est**

A 1 (inexpensive) barato; ‹*restaurant/hotel*› económico; ‹*fare/ticket*› (BrE) económico, de precio reducido; **it's ~ at the price** a ese precio es barato, a ese precio resulta económico; **~ and cheerful** bonito y barato; ***on the* ~** gastando lo menos posible 2 (shoddy) ‹*merchandise/jewelry*› ordinario, de baratillo; ‹*mechanic/electrician*› (AmE) chapucero

B 1 (vulgar, contemptible) ‹*joke/gimmick*› de mal gusto; ‹*trick/tactics*› bajo, rastrero; ‹*liar/crook*› vil 2 (worthless) ‹*flattery/promises*› fácil; **words are ~** es fácil hablar 3 (stingy) (AmE colloq) agarrado (fam), apretado (fam)

cheap² *adv* **-er, -est**: **the house was going ~** la casa se vendía barata

cheapen /ˈtʃiːpən/ *vt* quitarle valor a, degradar; **to ~ oneself** rebajarse, degradarse

cheaply /ˈtʃiːpli/ *adv* ‹*buy/sell/get*› barato, a bajo precio; ‹*dress/eat/live*› con poco dinero, económicamente

cheap: **~ shot** *n* (AmE) golpe *m* bajo; **~skate** *n* (colloq) agarrado, -da *m,f* (fam), apretado, -da *m,f* (fam)

cheat¹ /tʃiːt/ *vt* 1 (deceive) estafar, engañar, timar; **to ~ sb (OUT) OF sth**: **they were ~ed (out) of their land** los estafaron *or* engañaron *or* timaron quitándoles las tierras 2 (avoid) burlar; **he ~ed death** (liter) burló a la muerte (liter)

■ **cheat** *vi* 1 (act deceitfully) hacer* trampas 2 (be unfaithful) **to ~ ON sb** engañar a algn

cheat² *n* 1 (AmE also) **cheater** /ˈtʃiːtər || ˈtʃiːtə(r)/ (swindler) estafador, -dora *m,f*; (at cards) tramposo, -sa *m,f*, fulero, -ra *m,f* (Esp fam); (in exam) tramposo, -sa *m,f* (fam) 2 (trick, fraud) trampa *f*, estafa *f*

check¹ /tʃek/ *n*

A [c] (stop, restraint) control *m*, freno *m*; **to keep** *o* **hold sth/sb in ~** controlar *or* contener* algo/a algn; **to put a ~ to sth** (AmE) impedir* algo

B [c] 1 (inspection — of passport, documents) control *m*, revisión *f*; (— of work) examen *m*, revisión *f*; (— of machine, product) inspección *f*; **to keep a ~ on sth/sb** controlar *or* vigilar algo/a algn 2 (of facts) verificación *f*

C [c u] (cloth) tela *f* a *or* de cuadros; (*before n*) ‹*jacket/shirt*› a *or* de cuadros

D [u] (in chess) jaque *m*

E (Fin), (BrE) **cheque** cheque *m*, talón *m* (Esp); **to pay by ~** pagar* con cheque *or* (Esp) con talón; **a ~ for $50** un cheque de 50 dólares *or* por valor de 50 dólares

F [c] (restaurant bill) (AmE) cuenta *f*, adición *f* (RPl)

G [c] (tick) (AmE) marca *f*, tic *m*, visto *m* (Esp), palomita *f* (Méx fam)

check² *vt*

A (restrain) ‹*enemy advance*› frenar; ‹*anger/impulse*› contener*, controlar

B 1 (inspect) ‹*passport/ticket*› revisar, controlar, checar* (Méx); ‹*machine/product*› inspeccionar; ‹*quality*› controlar; ‹*temperature/pressure/volume*› comprobar*, chequear, checar* (Méx) 2 (verify) ‹*facts/information*› comprobar*, verificar*, chequear, checar* (Méx); ‹*accounts/bill*› revisar, comprobar*; **to ~ sth AGAINST sth** cotejar *or* chequear algo CON algo; **~ that it's closed** asegúrate de que *or* comprueba que esté cerrado

C (AmE) 1 (deposit — in cloakroom) dejar en el guardarropa; (— in baggage office) dejar *or* (frml) depositar en consigna 2 (register) (Aviat) ‹*baggage*› facturar, chequear (AmL)

D (tick) (AmE) marcar*, hacer* un tic *or* (Méx fam) una palomita en, poner* un visto en (Esp)

■ **check** *vi* 1 (verify, make sure) comprobar*, verificar*, chequear, checar* (Méx); **just ~ing!** sólo me quería asegurar 2 (tally) (AmE) **to ~ WITH sth** coincidir *or* concordar* CON algo

(Phrasal verbs)

- **check in**

A [v ▸ adv] 1 (register) (at airport) facturar *or* (AmL tb) chequear el equipaje; (at hotel) registrarse 2 (make routine contact) (AmE): **he usually ~s in after lunch** generalmente llama/pasa después de comer

B [v ▸ o ▸ adv, v ▸ adv ▸ o] 1 (register) ‹*luggage*› facturar, chequear (AmL); **the girl who ~ed us in** la chica que nos atendió (*or* nos facturó el equipaje *etc*) 2 (return) (AmE) ‹*book/equipment*› devolver*

- **check off** [v ▸ o ▸ adv, v ▸ adv ▸ o] ‹*items/details*› ir* marcando

- **check out**

A [v ▸ adv (▸ prep ▸ o)] (leave): **he ~ed out (of the hotel) this morning** dejó el hotel esta mañana (*habiendo pasado la factura etc*)

B [v ▸ adv] (tally) (AmE) «*story*» cuadrar

C [v ▸ o ▸ adv, v ▸ adv ▸ o] 1 ‹*facts/story*› verificar*, comprobar*, chequear, checar* (Méx); **we must ~ out the new film** (colloq) tenemos que ir a ver qué tal es la nueva película 2 (esp AmE) ‹*shopping*› «*customer*» pagar*; «*cashier*» cobrar

- **check up** [v ▸ adv]: **to ~ up (ON sb/sth)**: **have you been ~ing up on me?** ¿me has estado vigilando *or* espiando?; **we ~ed up and found out he was lying** hicimos averiguaciones y comprobamos que mentía; **can you ~ up on that?** ¿puedes comprobarlo *or* confirmarlo?

check³ *interj* 1 (in chess) ¡jaque! 2 (expressing confirmation) (AmE colloq) ¡sí, señor!

checkbook, (BrE) **chequebook** /ˈtʃekbʊk/ *n* chequera *f*, talonario *m* de cheques (esp Esp)

checked /tʃekt/ *adj* (*no comp*) ‹*material/shirt*› a *or* de cuadros

checker /ˈtʃekər || ˈtʃekə(r)/ *n* (AmE) (cashier) cajero, -ra *m,f*

checkerboard /ˈtʃekərbɔːrd || ˈtʃekəbɔːd/ *n* (AmE) tablero *m* de ajedrez/damas

checkered, (BrE) **chequered** /ˈtʃekərd || ˈtʃekəd/ *adj* 1 ‹*career/history*› accidentado, con altibajos 2 ‹*pattern/design*› a *or* de cuadros

checkers /ˈtʃekərz || ˈtʃekəz/ *n* (AmE) (+ *sing vb*) damas *fpl*

check-in /ˈtʃekɪn/ *n* (at airport) (place & act) facturación *f* de equipajes; (*before n*) **~ desk** *o* **counter** (at airport) mostrador *m* de facturación; (in hotel) (AmE) recepción *f*; **~ time** hora *f* de facturación

checking account /ˈtʃekɪŋ/ *n* (AmE) cuenta *f* corriente

check: **~list** *n* lista *f* de control; **~mate** *n* [c u] (jaque *m*) mate *m*; **~out** *n* 1 (in supermarket) caja *f*; (*before n*) **~out counter** caja *f*; **~out girl** cajera *f* 2 (in hotel) (*before n*) **~out time** *hora en que se debe dejar libre la habitación*; **~point** *n* control *m*; **~room** *n* (AmE) guardarropa *m*; **~up** *n* 1 (Med) chequeo *m*, revisión *f*, reconocimiento *m* (médico) (frml); **to have a ~up** hacerse* un chequeo 2 (Dent) chequeo *m*, revisión *f* 3 (AmE Auto) revisión *f*, servicio *m* (AmL)

cheddar /ˈtʃedər || ˈtʃedə(r)/ *n* [u] queso *m* (de) Cheddar

cheek /tʃiːk/ *n*

A [c] (Anat) 1 (of the face) mejilla *f*, cachete *m* (AmL fam); ***~ by jowl with sb*** uno junto al otro; ***to turn the other ~*** dar* la otra mejilla 2 (buttock) (colloq) nalga *f*, cachete *m* (CS fam)

B [u] (colloq) (impudence) descaro *m*, frescura *f*, cara *f* (fam); **what (a) ~!** ¡qué cara (más dura)! (fam), ¡qué caradura es! (fam)

cheekbone /ˈtʃi:kbəʊn/ *n* pómulo *m*

cheekily /ˈtʃi:kəli || ˈtʃi:kɪli/ *adv* descaradamente

cheeky /ˈtʃi:ki/ *adj* **-kier, -kiest** ‹*boy/girl*› fresco, atrevido, descarado; ‹*grin*› pícaro; ‹*remark*› impertinente

cheep¹ /tʃi:p/ *vi* piar*

cheep² *n* piada *f*, piído *m*

cheer¹ /tʃɪr || tʃɪə(r)/ *n*

A [c] **1** (of encouragement, approval) ovación *f*, aclamación *f*; **to give three ~s for sb** vitorear *or* (AmS tb) vivar a algn; **three ~s for Fred!** ¡viva Fred! **2** (cheerleaders' routine) (AmE) hurra *m*

B **cheers** *pl* (*as interj*) **1** (drinking toast) ¡salud! **2** (thanks) (BrE colloq) gracias

C [u] (cheerfulness) (liter) alegría *f*, animación *f*; **be of good ~** ¡ánimo!, ¡levanta el ánimo!

cheer² *vt*

A **1** (shout in approval) aclamar, vitorear **2** **~ (on)** (shout encouragement at) animar, darle* ánimos a

B (gladden, comfort) alegrar, reconfortar

■ **cheer** *vi* aplaudir, gritar entusiasmadamente

Phrasal verb

• **cheer up**

A [v ▸ adv] animarse

B [v ▸ o ▸ adv, v ▸ adv ▸ o] ‹*person*› animar, levantarle el ánimo a; **some bright curtains would ~ the room up** unas cortinas en colores vivos alegrarían el cuarto

cheerful /ˈtʃɪrfəl || ˈtʃɪəfəl/ *adj* alegre; ‹*news/prospect*› alentador

cheerfully /ˈtʃɪrfəli || ˈtʃɪəfəli/ *adv* alegremente; **I could have ~ murdered him** lo hubiera matado

cheerily /ˈtʃɪrəli || ˈtʃɪərɪli/ *adv* con alegría

cheering¹ /ˈtʃɪrɪŋ || ˈtʃɪərɪŋ/ *adj* alentador

cheering² *n* ovaciones *fpl*, aplausos *mpl*, vítores *mpl*

cheerio /ˈtʃɪriˈəʊ || ˌtʃɪəriˈəʊ/ *interj* (BrE colloq) (goodbye) hasta luego, chao *or* chau (esp AmL fam)

cheerleader /ˈtʃɪrˌli:dər || ˈtʃɪəˌli:də(r)/ *n* animador, -dora *m,f* (*en encuentros deportivos, mítines políticos*), porrista *mf* (Col, Méx)

cheerless /ˈtʃɪrləs || ˈtʃɪələs/ *adj* ‹*room/house*› triste, sin alegría; ‹*day/landscape*› triste

cheery /ˈtʃɪri || ˈtʃɪəri/ *adj* **-rier, -riest** ‹*smile*› de felicidad, alegre; ‹*greeting*› lleno de alegría; ‹*manner*› risueño y optimista

cheese /tʃi:z/ *n* [u c] queso *m*; **say ~!** (Phot) ¡sonría (*or* sonrían *etc*)!; ***hard ~*** mala pata (fam)

Phrasal verb

• **cheese off** [v ▸ o ▸ adv, v ▸ adv ▸ o] (BrE colloq) (*usu pass*): **to be ~d off** estar* mosqueado (fam)

cheese: **~board** *n* (course) tabla *f* de quesos; **~burger** *n* hamburguesa *f* con queso; **~cake** *n* [u c] (Culin) tarta *f* de queso; **~cloth** *n* [u] estopilla *f*, bambula *f*

cheeseparing /ˈtʃi:zˌperɪŋ || ˈtʃi:zˌpeərɪŋ/ *adj* tacaño (fam)

cheesy /ˈtʃi:zi/ *adj* **-sier, -siest** **1** ‹*smell/taste*› (como) a queso **2** (shoddy) (AmE sl) de mala calidad, rasca (CS fam)

cheetah /ˈtʃi:tə/ *n* guepardo *m*, chita *f*

chef /ʃef/ *n* chef *m*, jefe, -fa *m,f* de cocina

chemical¹ /ˈkemɪkəl/ *n* [c u] sustancia *f* química, producto *m* químico

chemical² *adj* químico

chemist /ˈkeməst || ˈkemɪst/ *n* **1** (scientist) químico, -ca *m,f* **2** (pharmacist) (BrE) farmacéutico, -ca *m,f*; **dispensing ~** farmacéutico, -ca *m,f*; **at the ~'s** en la farmacia

chemistry /ˈkeməstri || ˈkemɪstri/ *n* [u] **1** (science) química *f* **2** (interaction) sintonía *f*, vibraciones *fpl*; **good/bad ~** buena/mala sintonía

chemotherapy /ˈki:məʊˈθerəpi/ *n* [u] quimioterapia *f*

cheque /tʃek/ *n* (BrE) ▸**check¹ E**; (*before n*) **~ (guarantee) card** tarjeta *f* bancaria

chequebook /ˈtʃekbʊk/ *n* (BrE) ▸**checkbook**

chequered /ˈtʃekərd || ˈtʃekəd/ *adj* (BrE) ▸**checkered**

cherish /ˈtʃerɪʃ/ *vt* **1** (care for, value) apreciar, valorar **2** (cling to) ‹*memory/hope*› conservar, mantener*; ‹*illusion/dream*› abrigar*, acariciar **3** **cherished** *past p* preciado; **a long ~ed ambition** una ambición albergada durante largo tiempo

cheroot /ʃəˈru:t/ *n* puro *m* (*cortado en ambos extremos*)

cherry /ˈtʃeri/ *n* (*pl* **-ries**) **1** (fruit) cereza *f*; **black ~** guinda *f*; (*before n*) **~ brandy** aguardiente *m* de cerezas **2** (tree) cerezo *m*; (*before n*) **~ blossom** flor *f* de cerezo; **~ orchard** cerezal *m*

cherry-pick /ˈtʃeriˌpɪk/ *vt* hacer* una cuidadosa selección de, seleccionar cuidadosamente

cherry-red /ˈtʃeriˈred/ *adj* (*pred* **cherry red**) rojo cereza *adj inv*, color guinda *adj inv*

cherub /ˈtʃerəb/ *n* querubín *m*

chess /tʃes/ *n* [u] ajedrez *m*

chessboard /ˈtʃesbɔ:rd || ˈtʃesbɔ:d/ *n* tablero *m* de ajedrez

chest /tʃest/ *n*

A (Anat) pecho *m*; ***to get sth off one's ~*** desahogarse* contando/confesando algo; ***to play o keep one's cards close to one's ~*** no soltar* prenda (fam)

B (box) arcón *m*

C (AmE) (treasury) tesorería *f*; (funds) fondos *mpl*

chestnut¹ /ˈtʃesnʌt/ *n*

A [c] **1** (nut) castaña *f* **2** **~ (tree)** castaño *m* **3** (old story) (colloq): **an old ~** una historia muy vieja *or* pasada

B [u] (color) castaño *m*

chestnut² *adj* ‹*horse*› castaño, zaino; ‹*hair*› castaño

chest of drawers *n* (*pl* **~s ~ ~**) cómoda *f*

chesty /ˈtʃesti/ *adj* **-tier, -tiest** (BrE Med) ‹*cough/cold*› de pecho

chew /tʃu:/ *vt* ‹*food*› mascar*, masticar*; ‹*nails/pencil*› morder*; ‹*tobacco/gum*› mascar*; ***to ~ the fat o rag*** (colloq) charlar *or* (esp AmL) conversar *or* (AmC, Méx) platicar*

■ **chew** *vi* **to ~ AT/ON sth** mordiscar* algo, mordisquear algo

Phrasal verbs

• **chew out** [v ▸ o ▸ adv, v ▸ adv ▸ o] (scold, reprimand) (AmE colloq) regañar, reñir* (Esp, Méx), retar (CS fam)

• **chew over** [v ▸ o ▸ adv, v ▸ adv ▸ o] (colloq) ‹*suggestion/offer*› considerar; ‹*problem*› darle* vueltas a

• **chew up** [v ▸ o ▸ adv, v ▸ adv ▸ o] (when eating) masticar* *or* mascar* bien; **the dog had ~ed up the carpet** el perro había destrozado la alfombra a mordiscos

chewing gum /ˈtʃu:ɪŋ/ *n* [u] chicle *m*

chewy /ˈtʃu:i/ *adj* **chewier, chewiest** ‹*meat*› duro, correoso, latigudo (Chi fam); ‹*candy*› masticable

chic /ʃi:k/ *adj* **-er, -est** chic

chicane /ʃɪˈkeɪn/ *n* chicane *f*

chicanery /ʃɪˈkeɪnəri/ *n* [u c] (*pl* **-eries**) (liter) argucia *f*

Chicano /tʃɪˈkɑ:nəʊ/ *n* (*pl* **-nos**) chicano *m*

> **Chicano**
>
> Estadounidense de origen mexicano. En un principio el término se usaba como insulto, pero en la actualidad ha dejado de serlo e incluso los propios mexicoamericanos lo prefieren

chick /tʃɪk/ *n* **1** (young bird) polluelo, -la *m,f*, pichón, -chona *m,f*; (young chicken) pollito, -ta *m,f* **2** (young woman) (sl) muchacha *f*, chavala *f* (Esp fam), pebeta *f* (RPl fam), cabra *f* (Chi fam)

chickadee /ˈtʃɪkədi:/ *n* (AmE) paro *m*, herrerillo *m*

chicken¹ /ˈtʃɪkən || ˈtʃɪkɪn/ *n* **1** [c] (hen) gallina *f*; (as generic term) pollo *m*; **to play ~** jugar* a ver quién es más gallito; ***don't count your ~s (before they're hatched)*** no cantes victoria antes de tiempo; ***she's no (spring) ~*** no es ninguna niña *or* nena; ▸**roost²** **2** [u] (Culin) pollo *m*; (hen) gallina *f*

Phrasal verb

• **chicken out** [v ▸ adv (▸ prep ▸ o)] (colloq) acobardarse, achicarse* (fam), rajarse (fam); **to ~ out OF sth**: **she ~ed out of telling him** no se atrevió a decírselo

chicken² *adj* (colloq) (*pred*) gallina (fam)

chicken: **~ feed** *n* [u] (colloq) una miseria (fam), calderilla *f* (fam); **~hearted** /ˈtʃɪkənˈhɑ:rtəd || ˌtʃɪkɪnˈhɑ:tɪd/ *adj* cobarde, miedoso; **~pox** /ˈtʃɪkənpɑ:ks || ˈtʃɪkɪnpɒks/ *n* [u] varicela *f*, peste *f* cristal (Chi); **~ wire** *n* [u] alambrera *f*

chickpea /ˈtʃɪkpi:/ *n* garbanzo *m*

chicory /ˈtʃɪkəri/ *n* [u] (Bot) endivia *f*; (in coffee) achicoria *f*

C

chide /tʃaɪd/ *vt* (*past* **chided** *or* **chid** /tʃɪd/; *past p* **chided** *or* **chid** *or* **chidden** /ˈtʃɪdn̩/) (frml *or* lit in BrE) **to ~ sb (FOR sth/-ING)** reprender *or* censurar a algn (POR algo/+ INF)

chief[1] /tʃiːf/ *n* (head) jefe, -fa *m,f*, líder *mf*; **~ of police** jefe de policía

chief[2] *adj* (*before n, no comp*) (main) principal; (highest in rank): **~ constable** jefe, -fa *m,f* de policía

chief justice *n* (in US) presidente, -ta *m,f* del tribunal

chiefly /ˈtʃiːfli/ *adv* principalmente

chieftain /ˈtʃiːftən/ *n* (of tribe) cacique *m*

chiffon /ʃɪˈfɑːn || ˈʃɪfɒn/ *n* [u] chiffón *m*

chilblain /ˈtʃɪlbleɪn/ *n* sabañón *m*

child /tʃaɪld/ *n* (*pl* **children** /ˈtʃɪldrən/) 1 (boy) niño *m*; (girl) niña *f*; ***to be ~'s play*** ser* un juego de niños; (*before n*) ‹*psychology*› infantil; **~ benefit** (in UK) *prestación que se recibe del Estado por cada hijo independientemente del ingreso de los padres*, ≈ asignación *f* familiar (*en CS*); **~ labor** trabajo *m* de menores; *see also* **abuse**[1] **B** 2 (son) hijo *m*; (daughter) hija *f*; **have you any ~ren?** ¿tiene hijos?; **to be with ~** (liter) estar* encinta

child: **~bearing** *n* [u] maternidad *f*; (*before n*) **to be of ~bearing age** estar* en edad fértil; **~birth** *n* [u] parto *m*, alumbramiento *m* (frml); **she died in ~birth** murió de parto; **~care** *n* cuidado *m* de los niños, puericultura *f*

childhood /ˈtʃaɪldhʊd/ *n* [u c] niñez *f*, infancia *f*

childish /ˈtʃaɪldɪʃ/ *adj* (immature) infantil, pueril; (typical of a child) infantil

childishly /ˈtʃaɪldɪʃli/ *adv* de una manera infantil *or* pueril, como un niño

childless /ˈtʃaɪldləs || ˈtʃaɪldlɪs/ *adj* sin hijos

child: **~like** *adj* ingenuo, de niño; **~minder** *n* (BrE) ≈ niñero, -ra *m,f* (*que cuida a un niño mientras sus padres trabajan*), madre *f* del día (Esp); **~ molester** /məˈlestər || məˈlestə(r)/ *n*: *persona que somete a un niño a abusos deshonestos*; **~proof** *adj* a prueba de niños

children /ˈtʃɪldrən/ *pl of* **child**

Chile /ˈtʃɪli/ *n* Chile *m*

Chilean[1] /ˈtʃɪliən/ *adj* chileno

Chilean[2] *n* chileno, -na *m,f*

chili, chilli /ˈtʃɪli/ *n* (*pl* **-lies**) ají *m*, chile *m*; (*before n*) **~ powder** ají *or* chile en polvo

chill[1] /tʃɪl/ *n* 1 [u] (coldness — of weather) frío *m*, fresco *m*; **to take the ~ off/out of sth** templar *or* calentar* algo 2 [c] (Med) enfriamiento *m*, resfriado *m*; **to catch a ~** resfriarse*

chill[2] *vt* enfriar*; ‹*wine/food*› poner* a enfriar; Ⓢ **serve chilled** sírvase frío; **we were ~ed to the bone** estábamos congelados (de frío)

chiller /ˈtʃɪlər || ˈtʃɪlə(r)/ *n*

A (refrigerator) refrigerador *m*

B (colloq) película *f* de suspenso *or* (Esp) de suspense y terror

chill factor *n* [u] sensación *f* térmica (*por efecto de la exposición al viento*)

chilli *n* (*pl* **-lies**) ▸ **chili**

chilling /ˈtʃɪlɪŋ/ *adj* escalofriante, espeluznante

chill-out /ˈtʃɪl,aʊt/ *adj* (colloq) ‹*area/room*› de descanso, de chill-out (fam)

chilly /ˈtʃɪli/ *adj* **-lier, -liest** 1 ‹*room/weather*› frío; **~ today, isn't it?** hace fresquito hoy ¿no? 2 ‹*greeting*› frío

chime[1] /tʃaɪm/ *n* 1 (sound — of bells) repique *m*; (— of clock) campanada *f*; (— of doorbell) campanilla *f* 2 (device) (*usu pl*) carillón *m*

chime[2] *vt* ‹*tune*› tocar*

■ **chime** *vi* «*bell*» sonar*, repicar*; «*clock*» dar* la hora, sonar*

Phrasal verb

• **chime in** [v ▸ adv] (colloq) meter (la) cuchara (fam)

chimera /kaɪˈmɪrə || kaɪˈmɪərə/ *n* quimera *f*

chimney /ˈtʃɪmni/ *n* chimenea *f*; ***to smoke like a ~*** (colloq) fumar como un carretero *or* una chimenea (fam)

chimney sweep *n* deshollinador, -dora *m,f*

chimp /tʃɪmp/ *n* (colloq) chimpancé *m*

chimpanzee /ˈtʃɪmpænˈziː || ˌtʃɪmpənˈziː/ *n* chimpancé *m*

chin /tʃɪn/ *n* barbilla *f*, mentón *m*, pera *f* (CS fam); ***to keep one's ~ up*** no perder* el ánimo; **~ up!** (colloq) ¡ánimo! (fam); ***to take it on the ~*** (AmE) sufrir las consecuencias, pagar* el pato (fam); ***to take sth on the ~*** (suffer stoically) (BrE) aguantar algo con resignación

china /ˈtʃaɪnə/ *n* [u] (ceramic ware) loza *f*; (fine) porcelana *f*

China /ˈtʃaɪnə/ *n* China *f*

Chinese[1] /tʃaɪˈniːz/ *adj* chino

Chinese[2] *n* (*pl* ~) 1 [c] (person) chino, -na *m,f* 2 [u] (language) chino *m*

Chinese whispers *n* (+ *sing vb*) juego *m* del teléfono

chink[1] /tʃɪŋk/ *n*

A (crack — in fence, wall) grieta *f*, abertura *f*; (— of door) rendija *f*, resquicio *m*; **a ~ of light entered through the shutters** la luz entraba por las rendijas de la persiana

B ***a ~ in sb's armor***: **they found a ~ in his armor** le encontraron un punto flaco *or* débil

C (of coins, glasses) tintineo *m*

chink[2] *vt* ‹*glasses*› hacer* tintinear; ‹*coins*› hacer* sonar *or* tintinear

■ **chink** *vi* «*glasses*» tintinear; «*coins*» sonar*

chintzy /ˈtʃɪntsi/ *adj* **-zier, -ziest** 1 (shoddy, cheap) (AmE colloq) barato, ordinario 2 (flowery, pretty) (BrE) ‹*decor/furnishings*› coquetón (fam)

chinwag /ˈtʃɪnwæg/ *n* (colloq) (*no pl*) cháchara *f* (fam); **to have a ~** chacharear (fam)

chip[1] /tʃɪp/ *n*

A 1 (of wood) astilla *f*; (of stone) esquirla *f*; ***he's/she's a ~ off the old block*** de tal palo tal astilla; ***to have a ~ on one's shoulder*** ser* un resentido 2 (crack, break) desportilladura *f*, muesca *f*

B (Culin) 1 (thin, crisp slice): **(potato) ~s** (AmE) papas *fpl or* (Esp) patatas *fpl* fritas, patatas *fpl* a la inglesa (Esp), papas *fpl* chip (Ur) 2 (French fry) (BrE) papa *f or* (Esp) patata *f* frita; (*before n*) **~ shop** pescadería *f* (*donde se vende pescado frito y papas fritas*)

C (counter) (Games) ficha *f*; ***to be in the ~s*** (AmE) estar* rico *or* boyante; ***to have had one's ~s*** (BrE colloq): **I thought I'd had my ~s** creí que me había llegado la hora; ***when the ~s are down*** (colloq) a la hora de la verdad

D (Comput, Electron) chip *m*; **silicon ~** pastilla *f* de silicio

chip[2] **-pp-** *vt*

A 1 (damage) ‹*crockery*› desportillar, cascar* (RPl), saltar (Chi); ‹*tooth*› romper* un trocito de 2 (cut, break) ‹*hole*› hacer*, abrir*; **I ~ped off the old plaster** quité el yeso viejo quebrándolo *or* rompiéndolo

B (slice) (Culin) cortar; **~ped beef** (AmE) *carne de vaca ahumada y cortada en rodajas finas*

C (in golf, tennis, soccer) *levantar la pelota mediante un golpe corto y preciso*

■ **chip** *vi* «*china/cup*» desportillarse, cascarse* (RPl), saltarse (Chi); «*paint/varnish*» saltarse, desconcharse

Phrasal verb

• **chip in** [v ▸ adv] (colloq) 1 (speak) meter (la) cuchara (fam) 2 (contribute) contribuir*

chipboard /ˈtʃɪpbɔːrd || ˈtʃɪpbɔːd/ *n* [u] 1 (of wood) madera *f* prensada *or* aglomerada, aglomerado *m* 2 (of paper) (AmE) cartón *m* prensado

chipmunk /ˈtʃɪpmʌŋk/ *n* ardilla *f* listada

chippings /ˈtʃɪpɪŋz/ *pl n* (BrE) gravilla *f*, cascajo *m*

chiropodist /kəˈrɑːpədəst || kɪˈrɒpədɪst/ *n* pedicuro, -ra *m,f*, podólogo, -ga *m,f*, callista *mf*

chiropody /kəˈrɑːpədi || kɪˈrɒpədi/ *n* [u] podología *m*

chirp[1] /tʃɜːrp || tʃɜːp/ *vi* «*bird*» piar*

■ **chirp** *vt* decir* alegremente

chirp[2] *n* [c u] (of bird) piada *f*, piído *m*

chirpy /ˈtʃɜːrpi || ˈtʃɜːpi/ *adj* **-pier, -piest** (BrE colloq) alegre, animado

chirrup /ˈtʃɪrəp/ *n/vi/t* ▸ **chirp**[1,2]

chisel[1] /ˈtʃɪzəl/ *n* (for stone) cincel *m*; (for wood) formón *m*, escoplo *m*

chisel[2] *vt*, (BrE) **-ll-** 1 ‹*stone*› cincelar; ‹*wood*› labrar, tallar 2 **chiseled** *past p*: **his finely ~ed features** sus finamente cincelados *or* dibujados rasgos

chit /tʃɪt/ *n* (receipt) recibo *m*, resguardo *m*; (note) nota *f*; (to exchange for sth) vale *m*

chitchat /ˈtʃɪttʃæt/ *n* [u] (colloq) cháchara *f* (fam)

chivalrous /ˈʃɪvəlrəs/ *adj* cortés, caballeroso

chivalry /ˈʃɪvəlri/ *n* [u] (in conduct) caballerosidad *f*, cortesía *f*; (Hist) caballería *f*

chives /tʃaɪvz/ *pl n* cebollinos *mpl*, cebolletas *fpl*

chivvy /ˈtʃɪvi/ *vt* **chivvies, chivvying, chivvied** ▸**chivy**

chivy /ˈtʃɪvi/ *vt* **chivies, chivying, chivied** (colloq) ‹*person*› meterle prisa a, apurar (AmL); **she had to ~ me into applying** me tuvo que empujar para que hiciera la solicitud

chlorinate /ˈklɔːrəneɪt || ˈklɔːrɪneɪt/ *vt* clorar, tratar con cloro

chlorine /ˈklɔːriːn/ *n* [u] cloro *m*

chlorofluorocarbon /ˈklɔːrəʊˈflʊrəʊˈkɑːrbən || ˌklɔːrəʊˌflʊərəʊˈkɑːbən, -flɔːrə-/ *n* clorofluorocarbono *m*

chloroform /ˈklɔːrəfɔːrm || ˈklɒrəfɔːm/ *n* [u] cloroformo *m*

chlorophyl, (BrE) **chlorophyll** /ˈklɔːrəfɪl || ˈklɒrəfɪl/ *n* [u] clorofila *f*

choc-ice /ˈtʃɑːkaɪs || ˈtʃɒkaɪs/ *n* (BrE) bombón *m* helado

chock-a-block /ˈtʃɑːkəˈblɑːk || ˌtʃɒkəˈblɒk/ *adj* (colloq) (*pred*) **to be ~ (WITH sth/sb)** estar* hasta los topes (DE algo/algn) (fam)

chock-full /ˈtʃɑːkˈfʊl || ˌtʃɒkˈfʊl/ *adj* (*pred*) **to be ~ OF** *o* **WITH sth/sb** estar* hasta los topes DE algo/algn (fam)

chocolate¹ /ˈtʃɑːklət || ˈtʃɒklət/ *n*

A **1** [u c] chocolate *m*; (candy, sweet) bombón *m*; **milk/dark** *o* (BrE) **plain ~** chocolate con/sin leche; (*before n*) ‹*egg/cake*› de chocolate; **~ bar** chocolatina *f*, chocolatín *m* (RPl); **~-chip cookie** *galleta con pedacitos de chocolate*; **~ liqueur** bombón de licor **2** [u] (*drinking ~*) chocolate *m* en polvo; **a cup of hot ~** una taza de chocolate

B [u] (color) color *m* chocolate, marrón *m* *or* (Chi, Méx) café *m* *or* (Col) carmelito *m* oscuro

chocolate² *adj* (in color) color chocolate *adj inv*, marrón *or* (Chi, Méx) café *or* (Col) carmelito oscuro *adj inv*

choice¹ /tʃɔɪs/ *n*

A [c u] (act, option) elección *f*; **I had no ~ but to obey** no tuve más remedio *or* alternativa que obedecer; **to make one's ~** elegir*, escoger*; **I'm single by ~** no me he casado porque no he querido *or* por decisión propia; **you can take any two books of your ~** puede llevarse dos libros a elección

B **1** [c] (person, thing chosen): **she's a possible ~ for the job** es una de las candidatas posibles para el puesto; **it was an unfortunate ~ of words** no fue la mejor manera de decirlo **2** (variety) (*no pl*) surtido *m*, selección *f*; **to be spoiled for ~** (BrE) tener* mucho de donde elegir

choice² *adj* **choicer, choicest**

A (high-quality) ‹*fruit/vegetables/wine*› selecto, escogido; ‹*beef/veal*› (in US) de primera

B ‹*language/phrase*› (liter) exquisito; **he used some ~ language when he found out** (iro) soltó unas perlitas cuando se enteró (iró)

choir /kwaɪr || ˈkwaɪə(r)/ *n* coro *m*

choirboy /ˈkwaɪrbɔɪ || ˈkwaɪəbɔɪ/ *n*: *niño que canta en un coro de iglesia*

choke¹ /tʃəʊk/ *vt*

A (stifle) estrangular, ahogar*, asfixiar; **a voice ~d by sobs** una voz ahogada en llanto

B (overwhelm): **the garden is ~d with weeds** el jardín está invadido de malezas

■ **choke** *vi* ahogarse*, asfixiarse; **to ~ ON sth** atragantarse *or* (AmL tb) atorarse CON algo

Phrasal verbs

- **choke back** [v ▸ adv ▸ o] ‹*tears*› contener*, tragarse*; **I ~d back my anger** me contuve
- **choke up**

A [v ▸ o ▸ adv, v ▸ adv ▸ o] (block) ‹*drain/pipe*› obstruir*, atascar*, tapar (AmL)

B [v ▸ adv] (colloq) (fail) (AmE) fallar

choke² *n* [c u] (Auto) choke *m*, estárter *m*, cebador *m* (RPl), chupete *m* (Chi)

choked /tʃəʊkt/ *adj* (husky): **goodbye, he said in a ~ voice** —adiós —dijo, con la voz entrecortada por la emoción

choker /ˈtʃəʊkər || ˈtʃəʊkə(r)/ *n* (necklace) gargantilla *f*

cholera /ˈkɑːlərə || ˈkɒlərə/ *n* [u] cólera *m*

cholesterol /kəˈlestərəʊl || kəˈlestərɒl/ *n* [u] colesterol *m*

chomp /tʃɑːmp || tʃɒmp/ *vt/i* mascar*, masticar*

choose /tʃuːz/ (*past* **chose**; *past p* **chosen**) *vt* **1** (select) elegir*, escoger*; ‹*candidate*› elegir* **2** (decide) **to ~ to + INF** decidir + INF, optar POR + INF

■ **choose** *vi* elegir*, escoger*; **you can ~ from this range** puede elegir *or* escoger dentro de esta gama; **there's little** *o* **not much to ~ between them** no hay gran diferencia entre ellos

choosy /ˈtʃuːzi/ *adj* **-sier, -siest** (colloq) exigente, difícil de contentar

chop¹ /tʃɑːp || tʃɒp/ *n*

A **1** (with ax, cleaver) hachazo *m*; (with hand) manotazo *m*; (Sport) golpe *m* cortado; (in karate) golpe *m* **2** (dismissal, cancellation) (BrE colloq): **to give sb the ~** echar a algn; **they all got the ~** los echaron a todos

B (Culin) chuleta *f*, costilla *f* (AmS)

C **chops** *pl* (colloq) (of person) boca *f*, jeta *f* (fam), morro *m* (fam); **to lick** *o* **smack one's ~s** relamerse; **to bust sb's ~s** (AmE sl) arremeter contra algn

chop² -pp- *vt* **1** (cut) ‹*wood*› cortar; ‹*meat/apple*› cortar (*en trozos pequeños*); ‹*parsley/onion*› picar* **2** **chopped** *past p* ‹*onions/herbs*› picado; ‹*meat*› (AmE) molido *or* (Esp, RPl) picado

■ **chop** *vi* (strike) golpear, cortar; **to ~ and change** (BrE colloq) cambiar continuamente

Phrasal verbs

- **chop down** [v ▸ o ▸ adv, v ▸ adv ▸ o] ‹*tree*› cortar, talar; ‹*branch/pole*› cortar
- **chop off** [v ▸ o ▸ adv, v ▸ adv ▸ o] ‹*branch*› cortar; ‹*finger*› cortar, cercenar
- **chop up** [v ▸ o ▸ adv, v ▸ adv ▸ o] ‹*onion/parsley*› picar*; ‹*meat/apple*› cortar (*en trozos pequeños*)

chopper /ˈtʃɑːpər || ˈtʃɒpə(r)/ *n*

A (hatchet) hacha *f*‡ pequeña

B (helicopter) (colloq) helicóptero *m*

C **choppers** *pl* (colloq) dientes *mpl* postizos, comedor *m* (fam & hum)

chopping board /ˈtʃɑːpɪŋ || ˈtʃɒpɪŋ/ *n* tabla *f* de picar

choppy /ˈtʃɑːpi || ˈtʃɒpi/ *adj* **-pier, -piest** ‹*sea*› picado

chopstick /ˈtʃɑːpstɪk || ˈtʃɒpstɪk/ *n* palillo *m* (*para comer comida oriental*)

choral /ˈkɔːrəl/ *adj* coral

chord /kɔːrd || kɔːd/ *n* (Mus) acorde *m*; ***to strike a ~***: **that struck a ~ with her** eso le tocó la fibra sensible; **his speech struck the right ~ with the audience** su discurso estuvo en perfecta sintonía con el sentir del público

chore /tʃɔːr || tʃɔː(r)/ *n* (routine task) tarea *f*; (tedious task) lata *f* (fam)

choreographer /ˈkɔːriˈɑːgrəfər || ˌkɒriˈɒgrəfə(r)/ *n* coreógrafo, -fa *m,f*

choreography /ˈkɔːriˈɑːgrəfi || ˌkɒriˈɒgrəfi/ *n* [u] coreografía *f*

chortle¹ /ˈtʃɔːrtl̩ || ˈtʃɔːtl̩/ *vi* **to ~ (OVER sth)** reírse* (DE algo) (*con satisfacción*)

chortle² *n* risa *f* (*de satisfacción*)

chorus /ˈkɔːrəs/ *n*

A (+ *sing o pl vb*) (in musical, opera, tragedy) coro *m*; (*before n*) **~ girl** corista *f*; **~ line** coro *m*

B **1** (refrain) estribillo *m*; (choral piece) coral *m* **2** (outburst) coro *m*; **a ~ of protest** un coro de protestas

chose /tʃəʊz/ *past of* **choose**

chosen¹ /ˈtʃəʊzən/ *past p of* **choose**

chosen² *adj* (*before n*): **only a ~ few were invited to attend** sólo invitaron a una selecta minoría; **God's ~ people** el pueblo elegido

chow /tʃaʊ/ *n* [u] (food) (sl) comida *f*

chowder /ˈtʃaʊdər || ˈtʃaʊdə(r)/ *n* [u] *sopa o guiso de pescado*

Chrissake /ˈkraɪsseɪk/ *interj*: **for ~** (sl) ¡por Dios!, ¡por favor!

Christ /kraɪst/ *n* **1** (Relig) Cristo **2** (*as interj*) (colloq) ¡Jesús! (fam); **for ~'s sake!** ¡por amor de Dios!

christen /ˈkrɪsn̩/ *vt* **1** (baptize) bautizar* **2** (use for first time) (esp BrE colloq) estrenar

Christendom /ˈkrɪsn̩dəm/ *n* (frml) la Cristiandad

christening /'krɪsn̩ɪŋ/ *n* [u c] bautismo *m*, bautizo *m*

Christian¹ /'krɪstʃən/ *n* cristiano, -na *m,f*

Christian² *adj* cristiano

Christian Democrat *n* cristiano, -na *m,f* demócrata

Christianity /'krɪsti'ænəti, 'krɪstʃi- || ˌkrɪsti'ænətɪ/ *n* [u] (faith) cristianismo *m*; (believers) los cristianos, el cristianismo

Christian: ~ **name** *n* nombre *m* de pila; ~ **Scientist** *n* Cientista Cristiano, -na *m,f*, Científico Cristiano, Científica Cristiana *m,f*

Christmas /'krɪsməs/ *n* Navidad *f*, Pascua *f* (Chi, Per); (~*time*) las Navidades, la Navidad, la Pascua (Chi, Per); **merry** *o* (BrE also) **happy** ~**!** ¡Feliz Navidad!, ¡Felices Pascuas!; (*before n*) ~ **cake** pastel *m* de Navidad (*pastel de frutas cubierto de mazapán y azúcar glaseado*); ~ **card** tarjeta *f* de Navidad, tarjeta *f* de Pascua (Chi, Per), crismas *m* (Esp); ~ **carol** villancico *m*; ~ **cracker** (BrE) *sorpresa que se abre durante la comida de Navidad*; ~ **Day** día *m* de Navidad *or* (Chi, Per tb) de Pascua; ~ **dinner** comida *f* de Navidad; ~ **Eve** (day) la víspera de Navidad; (evening) Nochebuena *f*; ~ **present** *o* (esp AmE) **gift** regalo *m* de Navidad *or* (Chi, Per tb) de Pascua; ~ **pudding** (esp BrE) pudding *m* de Navidad (*hecho a base de frutas confitadas y coñac*), plum pudding *m*; ~ **tree** árbol *m* de Navidad *or* (Chi, Per tb) de Pascua

chrome /krəʊm/ *n* [u] cromo *m*

chromium /'krəʊmiəm/ *n* [u] cromo *m*; (*before n*) ~ **plating** cromado *m*

chromosome /'krəʊməsəʊm/ *n* cromosoma *m*

chronic /'krɑːnɪk || 'krɒnɪk/ *adj* **1** (Med) crónico; ‹*unemployment/shortages*› crónico; ‹*smoker/liar*› empedernido; ~ **fatigue syndrome** [u] síndrome *m* de fatiga crónica, SFC *m* **2** (terrible) (BrE colloq) pésimo, terrible

chronicle /'krɑːnɪkəl || 'krɒnɪkəl/ *n* crónica *f*

chronological /'krɑːnə'lɑːdʒɪkəl || ˌkrɒnə'lɒdʒɪkəl/ *adj* cronológico; **in** ~ **order** en *or* por orden cronológico

chronology /krə'nɑːlədʒi || krə'nɒlədʒi/ *n* [u c] (*pl* **-gies**) cronología *f*

chronometer /krə'nɑːmətər || krə'nɒmɪtə(r)/ *n* cronómetro *m*

chrysalis /'krɪsələs || 'krɪsəlɪs/ *n* crisálida *f*

chrysanthemum /krɪ'sænθəməm/ *n* crisantemo *m*

chubby /'tʃʌbi/ *adj* **-bier, -biest** (colloq) ‹*legs/cheeks/face*› regordete (fam); ‹*person*› gordinflón (fam), regordete (fam); ~**-cheeked** mofletudo

chuck¹ /tʃʌk/ *vt*

A (colloq) **1** (throw) tirar, aventar* (Col, Méx, Per) **2** (throw away) tirar, botar (AmL exc RPl) **3** (give up) (colloq) ‹*job*› dejar, plantar (fam); ‹*boyfriend/girlfriend*› plantar (fam), botar (AmC, Chi fam), largar* (RPl fam)

B **to** ~ **sb under the chin** darle* una palmadita en la barbilla a algn

Phrasal verbs

- **chuck away** [v ▸ o ▸ adv, v ▸ adv ▸ o] **1** (squander, waste) (colloq) ‹*money*› derrochar, despilfarrar, tirar; ‹*opportunity*› desperdiciar **2** ▸**chuck out A 1**
- **chuck in** [v ▸ o ▸ adv, v ▸ adv ▸ o] ‹*job/studies*› (BrE colloq) dejar, mandar al diablo (fam)
- **chuck out** (colloq)

A [v ▸ o ▸ adv, v ▸ adv ▸ o] **1** (get rid of) ‹*rubbish*› tirar, botar (AmL exc RPl) **2** (reject) (BrE) ‹*plan/suggestion*› rechazar*

B [v ▸ o ▸ adv, v ▸ adv ▸ o] (expel) echar

- **chuck up** [v ▸ adv] (vomit) (sl) lanzar* (fam), guacarear (Méx fam), buitrear (Chi, Per fam)

chuck² *n* [u] *corte de carne vacuna del cuarto delantero*

chuckle¹ /'tʃʌkəl/ *vi* reírse*

chuckle² *n* risita *f*; **they had a** ~ **over** *o* **about that** se estuvieron riendo de eso

chuck wagon *n* (AmE) *furgón en el que se transportan víveres y utensilios de cocina*

chuffed /tʃʌft/ *adj* (BrE colloq) (*pred*) contento

chug /tʃʌg/ *vi* **-gg-** (+ *adv compl*): **the engine** ~**ged up the hill** la locomotora subió la cuesta dando resoplidos; **the project is** ~**ging along** el proyecto sigue marchando

chugalug /'tʃʌgəlʌg/ *vt* **-gg-** (AmE colloq) beberse *or* tomarse de un trago

chum /tʃʌm/ *n*

A [c] (friend) (colloq) amigo, -ga *m,f*, compinche *mf* (fam), cuate *m* (Méx fam), pata *m* (Per fam), pana *mf* (Ven fam)

B [u] (bait) (AmE) carnada *f*, cebo *m*

chunk /tʃʌŋk/ *n* (of bread, meat) pedazo *m*, trozo *m*, cacho *m* (fam)

chunky /'tʃʌŋki/ *adj* **-kier, -kiest** **1** ‹*person*› fornido, macizo; ‹*sweater*› grueso, gordo (fam) **2** ‹*marmalade*› con trozos grandes de cáscara

Chunnel /'tʃʌnl̩/ *n* (colloq) **the** ~ el Eurotúnel, el túnel del Canal de la Mancha

chunter on /'tʃʌntər || 'tʃʌntə(r)/[v ▸ adv ▸ prep ▸ o] (BrE colloq): **to** ~ **on about sth** darle* al tema de (fam)

church /tʃɜːrtʃ || tʃɜːtʃ/ *n* (building) iglesia *f*; **the C**~ (as organization) la Iglesia; **the C**~ **of England/Scotland** la Iglesia Anglicana/Presbiteriana Escocesa; **to go to** ~ ir* a la iglesia, ≈ ir* a misa; (*before n*) **a** ~ **service** un oficio religioso; **he wants a** ~ **wedding** quiere casarse por la Iglesia *or* (Bol, Per, RPl) por iglesia

> **Church of England**
>
> La Iglesia Anglicana, protestante, es la Iglesia oficial de Inglaterra. Fue creada en 1534, bajo el reinado de Enrique VIII, por una ley suprema (*Act of Supremacy*) mediante la cual el rey reemplazó al Papa como jefe de la Iglesia en Inglaterra. En la actualidad el monarca lo sigue siendo, pero sus obispos y arzobispos son designados a propuesta del Primer Ministro (*Prime Minister*). El jefe espiritual de la Iglesia es el Arzobispo de Canterbury. Inglaterra está dividida en 44 diócesis y 13.000 parroquias (*parishes*) cada una de las cuales está a cargo de un párroco (*vicar*). En 1992, el *General Synod* u organismo rector de la Iglesia, permitió a las mujeres ser párrocos. En muchos países del mundo donde existen comunidades miembros de la *Anglican Communion*, como EEUU o Escocia, los anglicanos se autodenominan *Episcopalians*

> **Church of Scotland**
>
> La Iglesia Presbiteriana Escocesa es la Iglesia oficial de Escocia. Tuvo sus inicios en 1560, encabezada por John Knox y Andrew Melville y fue aceptada oficialmente en 1690. No tiene obispos y los miembros de su clero se denominan *ministers* o pastores en lugar de sacerdotes. Tanto los hombres como las mujeres pueden ser *ministers*

churchgoer /'tʃɜːrtʃˌgəʊər || 'tʃɜːtʃˌgəʊə(r)/ *n* practicante *mf*

churlish /'tʃɜːrlɪʃ || 'tʃɜːlɪʃ/ *adj* grosero, maleducado

churn¹ /tʃɜːrn || tʃɜːn/ *n* (for making butter) mantequera *f*

churn² *vt* **1** ‹*milk*› batir; ‹*butter*› hacer*; ‹*water/mud*› agitar, revolver* **2** (Fin) ‹*account/portfolio*› hacer* rotar en exceso (*para incrementar comisiones*)

■ **churn** *vi* «*water*» arremolinarse; **my stomach was** ~**ing** (with nerves) tenía un nudo en el estómago; (with nausea) tenía el estómago revuelto

Phrasal verbs

- **churn out** [v ▸ o ▸ adv, v ▸ adv ▸ o] (colloq) producir* como salchichas (fam)
- **churn up** [v ▸ o ▸ adv, v ▸ adv ▸ o] revolver*

chute /ʃuːt/ *n* tolva *f*, vertedor *m*; (in swimming pool, amusement park) tobogán *m*, rodadero *m* (Col)

chutes and ladders *n* (AmE) juego *m* de la oca, serpientes y escaleras *fpl*

chutney /'tʃʌtni/ *n* [u] chutney *m* (*conserva agridulce que se come con carnes, queso etc*)

CIA *n* (= **Central Intelligence Agency**) CIA *f*

CID *n* (in UK) = **Criminal Investigation Department**

cider /'saɪdər || 'saɪdə(r)/ *n* [u c] **1** (alcoholic) sidra *f*; **hard** ~ (AmE) sidra fermentada **2** (non-alcoholic) (AmE): **(sweet)** ~ jugo *m or* (Esp) zumo *m* de manzana

cigar /sɪ'gɑːr || sɪ'gɑː(r)/ *n* cigarro *m*, puro *m*, tabaco *m* (Col)

cigarette /'sɪgə'ret/ *n* cigarrillo *m*; (*before n*) ~ **butt** *o* **end** colilla *f*; ~ **holder** boquilla *f*; ~ **lighter** encendedor *m*, mechero *m* (Esp)

cinch¹ /sɪntʃ/ *n* (colloq) (*no pl*) **1** (easy task): **it's a** ~ es pan comido (fam), es tirado (Esp fam), es una papa *or* un bollo (RPl fam), es botado (Chi fam) **2** (certainty) (AmE): **it's a**

~ **that she'll get the part** (de) fijo que le dan el papel (fam)

cinch² *vt* (AmE) (make sure of) (colloq) asegurar

cinder /'sɪndər || 'sɪndə(r)/ *n* **1** [c] (ember) carbonilla *f*, carboncillo *m*; **the dinner was burnt to a ~** la cena estaba carbonizada **2** **cinders** *pl* (ashes) ceniza *f*, rescoldo *m*

Cinderella /'sɪndə'relə/ *n* (Lit) (la) Cenicienta

cinder track *n* pista *f* de ceniza

cinecamera /'sɪni,kæmərə/ *n* (BrE) filmadora *f* (AmL), tomavistas *m* (Esp); (large, professional) cámara *f* cinematográfica

cinema /'sɪnəmə || 'sɪnəmɑː/ *n* **1** [c] (building) (BrE) cine *m*; **what's on at the ~?** ¿qué dan en el cine? **2** [u] (films) cine *m*; **French ~** el cine francés

cinemagoer /'sɪnəmə,gəʊər || 'sɪnəmə,gəʊə(r)/ *n*: **he's a keen ~** es muy aficionado al cine

cinnamon /'sɪnəmən/ *n* [u] **1** (Culin) canela *f*; (*before n*) ~ **stick** trozo *m* de canela en rama **2** (color) canela *m*

cipher /'saɪfər || 'saɪfə(r)/ *n* [c u] (code) clave *f*, cifra *f*

circa /'sɜːrkə || 'sɜːkə/ *prep* alrededor de, hacia

circle¹ /'sɜːrkəl || 'sɜːkəl/ *n*

A **1** (shape) círculo *m*; ***to come/go full ~*** volver* al punto de partida; ***to go around in ~s***: **the negotiations seem to be going around in ~s** las negociaciones están estancadas *or* en un (*or* una) impasse; ***to run around in ~s***: **I was running around in ~s trying to get everything ready** estaba (dando vueltas) como loco tratando de tenerlo todo listo **2** (of trees, houses) círculo *m*, cinturón *m* **3** (around eye) ojera *f*

B (BrE Theat): **dress ~** primer piso *m*, platea *f* alta; **upper ~** segundo piso *m*

C (group) círculo *m*; **their ~ of friends** su círculo de amigos; **in business ~s** en el mundo de los negocios

circle² *vt*

A (move around) dar* vueltas alrededor de; (be around) rodear, cercar*; **we ~d the landing site** sobrevolamos en círculo el lugar de aterrizaje

B (draw circle around) trazar* un círculo alrededor de

■ **circle** *vi* dar* vueltas; ‹‹*aircraft/bird*›› volar* en círculos, circunvolar* (frml); **to ~ AROUND sth** dar* vueltas ALREDEDOR DE algo

circuit /'sɜːrkət || 'sɜːkɪt/ *n*

A (passage around) recorrido *m*, vuelta *f*; **the athlete ran six ~s of the track** el atleta dio seis vueltas a la pista

B (Elec) circuito *m*

C (motor racing track) autódromo *m*, pista *f*

circuit board *n* placa *f* base

circuitous /sər'kjuːətəs || sɜː'kjuːɪtəs/ *adj* (frml) ‹*route*› poco directo; ‹*argument*› que no conduce a nada

circuitry /'sɜːrkətri || 'sɜːkɪtrɪ/ *n* [u] sistema *m* de circuitos

circuit training *n* [u] tabla *f* (de gimnasia)

circular¹ /'sɜːrkjələr || 'sɜːkjʊlə(r)/ *adj* **1** (round) circular, redondo **2** (making a circuit) ‹*route*› de circunvalación; **a ~ tour** un circuito **3** ‹*argument*› viciado

circular² *n* circular *f*

circular saw *n* sierra *f* circular

circulate /'sɜːrkjəleɪt || 'sɜːkjʊleɪt/ *vi* circular

■ **circulate** *vt* (disseminate) ‹*report/news*› hacer* circular, divulgar*

circulation /'sɜːrkjə'leɪʃən || ,sɜːkjʊ'leɪʃən/ *n* [u] circulación *f*; **to be in/out of ~** estar* en/fuera de circulación

circumcise /'sɜːrkəmsaɪz || 'sɜːkəmsaɪz/ *vt* circuncidar

circumcision /'sɜːrkəm'sɪʒən || ,sɜːkəm'sɪʒən/ *n* [c u] circuncisión *f*

circumference /sər'kʌmfərəns || sə'kʌmfərəns/ *n* circunferencia *f*

circumflex (accent) /'sɜːrkəmfleks || 'sɜːkəmfleks/ *n* (acento *m*) circunflejo *m*

circumnavigate /'sɜːrkəm'nævəgeɪt || ,sɜːkəm'nævɪgeɪt/ *vt* circunnavegar*

circumscribe /'sɜːrkəmskraɪb || 'sɜːkəmskraɪb/ *vt* (frml) limitar, restringir*

circumspect /'sɜːrkəmspekt || 'sɜːkəmspekt/ *adj* (frml) circunspecto (frml), cauto

circumstance /'sɜːrkəmstæns || 'sɜːkəmstəns/ *n*

A (condition, fact) circunstancia *f*; **~s beyond our control** circunstancias ajenas a nuestra voluntad; **in *o* under the ~s** dadas las circunstancias; **in *o* under no ~s** bajo ningún concepto, bajo ninguna circunstancia

B **circumstances** *pl* (financial position): **a person in my ~s** una persona en mi situación *or* posición económica

circumstantial /'sɜːrkəm'stæntʃəl || ,sɜːkəm'stænʃəl/ *adj* ‹*evidence*› circunstancial

circumvent /'sɜːrkəm'vent || ,sɜːkəm'vent/ *vt* ‹*law/rule*› burlar; ‹*difficulty/obstacle*› sortear, salvar

circus /'sɜːrkəs || 'sɜːkəs/ *n* (Theat) circo *m*

cirrhosis /sə'rəʊsəs || sɪ'rəʊsɪs/ *n* [u] cirrosis *f*; **~ of the liver** cirrosis hepática

cirrus /'sɪrəs/ *n* (*pl* **cirri** /'sɪraɪ/) cirro *m*

CIS *n* (= **Commonwealth of Independent States**) CEI *f*

cissy /'sɪsi/ *n* (*pl* **-sies**) (BrE) ▸**sissy**

cistern /'sɪstərn || 'sɪstən/ *n* (water tank) cisterna *f*, tanque *m* del agua; (of lavatory) (BrE) cisterna *f*

citadel /'sɪtədl, -del/ *n* ciudadela *f*

citation /saɪ'teɪʃən/ *n* **1** [c u] (quotation) cita *f* **2** [c] (commendation) mención *f*

cite /saɪt/ *vt* (quote) citar, mencionar

citizen /'sɪtəzən || 'sɪtɪzən/ *n* **1** (of country) ciudadano, -na *m,f* **2** (of town, city): **the ~s of Cuenca** los habitantes *or* vecinos de Cuenca, los conquenses

citizen: **~'s arrest** *n*: *detención llevada a cabo por un ciudadano común*; **~s' band** *n* (Rad) banda *f* ciudadana

citizenship /'sɪtəzənʃɪp || 'sɪtɪzənʃɪp/ *n* [u] ciudadanía *f*

citric acid /'sɪtrɪk/ *n* [u] ácido *m* cítrico

citrus /'sɪtrəs/ *adj* (*before n*) cítrico

city /'sɪti/ *n* (*pl* **cities**) **1** ciudad *f*; (*before n*) **~ center** centro *m* de la ciudad; **~ council** ayuntamiento *m*, municipio *m*; **~ planner** (AmE) urbanista *mf*; **~ planning** (AmE) urbanismo *m* **2** **City** (in UK) **the C~** la City (de Londres) (*el centro financiero londinense*)

> **City – The City**
>
> Es el área que se encuentra dentro de los límites de la antigua ciudad de Londres. Hoy en día es el centro financiero y de negocios de la capital. Allí tienen sus sedes centrales muchos bancos e instituciones financieras. A menudo, cuando se habla de *The City*, se está refiriendo a estas instituciones y no a la zona propiamente dicha

city: **~ fathers** *pl n* concejales *mpl* y mandatarios *mpl* municipales; **~ hall** *n* (AmE) ayuntamiento *m*, municipio *m*; **~ slicker** *n* (colloq) urbanita *mf* (hum), futre *mf* (Chi fam); **~-state** /'sɪti'steɪt/ *n* ciudad *f* estado

citywide /'sɪtiwaɪd/ *adj* ‹*network*› que abarca toda la ciudad

civet /'sɪvət || 'sɪvɪt/ *n* [c] **~ (cat)** civeta *f*, gato *m* de algalia

civic /'sɪvɪk/ *adj* ‹*authorities*› civil; ‹*leader*› de la ciudad; ‹*duty/virtues*› cívico; **~ center** edificios *mpl* municipales

civies *pl n* ▸**civvies**

civil /'sɪvəl || 'sɪvl/ *adj*

A **1** (of society, citizens) civil; **~ unrest** malestar *m* social **2** (not military) civil **3** (Law) civil

B (polite) cortés; **that's very ~ of you** es muy gentil de su parte

> **Civil War (en Estados Unidos)**
>
> La Guerra de Secesión (1861-1865), entre los estados del norte y los del sur de EEUU, se inició principalmente a raíz del problema de los esclavos. Abraham Lincoln, elegido presidente en 1860, se oponía a la esclavitud, pero sostenía que no le pondría fin. Once estados del sur, donde la economía agrícola dependía del trabajo de los esclavos, no lo creyeron así y en 1861 formaron la **Confederate States of America**, a menudo llamada *The Confederacy* (La Confederación) para separarse de la Unión. La Guerra estalló el 12 de abril. Al rendirse la Confederación el 9 de abril de 1865 habían muerto 620.000 personas. Lincoln fue asesinado cinco días más tarde. Se abolió la esclavitud y en 1870, posteriores enmiendas a la Constitución otorgaron a los negros, al menos en teoría, los mismos derechos de los blancos

C

Civil War (en Inglaterra)

Muchas de las causas que provocaron la guerra civil (1642-1651) entre los *Royalists* (monárquicos) o *Cavaliers* (partidarios del rey Carlos I) y las fuerzas parlamentarias (apodadas *Roundheads*), encabezadas por Oliver Cromwell, tenían que ver con los problemas religiosos y económicos de la época. Desde tiempos del rey Enrique VIII el parlamento había luchado por conseguir más poder frente al monarca, y el intento de Carlos I de arrestar a los miembros del cuerpo legislativo, al negarle éste los fondos necesarios para seguir gobernando como autócrata, fue lo que desencadenó el conflicto militar. Vencido en las batallas de Marston Moor (1644) y Naseby (1645), el rey se entregó al ejército escocés un año más tarde. Condenado a muerte por una comisión parlamentaria bajo Cromwell, fue ajusticiado en 1649. Durante los años de la *Commonwealth* que siguieron, el *Protector* (Cromwell) se mostró tan intolerante como su predecesor. Disolvió el Parlamento en varias ocasiones y gobernó durante varios años como dictador. La monarquía fue restaurada en 1660 bajo Carlos II, hijo de Carlos I

civil: **~ defense**, (BrE) **defence** *n* [u] defensa *f* civil; **~ engineer** *n* ingeniero, -ra *m,f* civil *or* (Esp tb) de caminos

civilian¹ /sə'vɪljən || sɪ'vɪljən/ *n* civil *mf*

civilian² *adj* ‹*casualties*› entre la población civil; **in ~ dress** (Mil) vestido de civil *or* de paisano

civility /sə'vɪləti || sɪ'vɪlətɪ/ *n* (*pl* **-ties**) **1** [u] (courtesy) educación *f*, cortesía *f*, urbanidad *f* **2** [c] (act, utterance) cortesía *f*, cumplido *m*

civilization /'sɪvələ'zeɪʃən || ˌsɪvəlaɪ'zeɪʃən/ *n* [u c] civilización *f*

civilize /'sɪvəlaɪz/ *vt* civilizar*

civilized /'sɪvəlaɪzd/ *adj* ‹*society*› civilizado; ‹*person*› educado; **please call back at a more ~ hour** por favor llame a una hora más decente

civil: **~ liberties** *pl n* derechos *mpl* civiles; **~ list** *n* **the ~ list** (in UK) *presupuesto anual asignado por el Parlamento a la familia real*; **~ rights** *pl n* derechos *mpl* civiles; **~ servant** *n* funcionario, -ria *m,f* (del Estado); **~ service** *n* **the ~ service** la administración pública; (employees) el funcionariado (del Estado); **~ war** *n* [u c] guerra *f* civil; **the C~ War** la guerra civil; (in US) la guerra de Secesión

civvies /'sɪviz/ *pl n* (colloq): **in ~** de civil, de paisano

CJD *n* [u] (= **Creutzfeld-Jakob disease**) ECJ *f*

cl (= **centiliter(s)** *or* (BrE) **centilitre(s)**) cl.

clack /klæk/ *vi* tabletear; «*high heels*» taconear

clad¹ /klæd/ (arch *or* liter) *past and past p of* **clothe 2**

clad² *adj* (liter *or* hum) vestido; **scantily ~** ligero de ropa (hum); **~ IN sth** vestido DE algo

-clad /klæd/ *suff*: **leather~** con ropa de cuero

claim¹ /kleɪm/ *n*

A (demand): **wage** *o* **pay ~** reivindicación *f* salarial, demanda *f* de aumento salarial; **insurance ~** reclamación *f* al seguro; **~ FOR sth**: **to put in a ~ for expenses** presentar una solicitud de reembolso de gastos; **she makes enormous ~s on my time** me quita muchísimo tiempo

B (to right, title) **~ (TO sth)** derecho *m* (A algo); **that's her only ~ to fame** eso es lo único por lo que se destaca; **to lay ~ to sth** reivindicar* algo

C (allegation) afirmación *f*

D (piece of land) concesión *f*; *see also* **stake² B 1**

claim² *vt*

A **1** (assert title to) ‹*throne/inheritance/land*› reclamar; ‹*right*› reivindicar*; **to ~ diplomatic immunity** alegar* inmunidad diplomática **2** (demand as being one's own) ‹*lost property*› reclamar; **the earthquake ~ed many lives** el terremoto se cobró muchas vidas **3** ‹*social security/benefits*› (apply for) solicitar; (receive) cobrar; **he's going to ~ compensation** va a exigir que se lo indemnice, va a reclamar una indemnización; **you can ~ your expenses back** puedes pedir que te reembolsen los gastos

B (allege, profess): **no one has ~ed responsibility for the attack** nadie ha reivindicado el atentado; **no one can yet ~ victory** nadie puede cantar victoria todavía; **he ~ed (that) he knew nothing about it** aseguraba *or* afirmaba no saber nada de ello; **to ~ to + INF**: **they ~ to have found the cure** dicen *or* aseguran haber encontrado la cura; **I can't ~ to be an intellectual** no pretendo ser un intelectual

C ‹*attention/interest*› reclamar

■ **claim** *vi* presentar una reclamación; **to ~ FOR sth** reclamar algo; **to ~ ON**: **you can ~ on the insurance** puedes reclamar al seguro

claimant /'kleɪmənt/ *n* **1** (Soc Adm) solicitante *mf* **2** (to throne) pretendiente, -ta *m,f*

clairvoyant /kler'vɔɪənt || kleə'vɔɪənt/ *n* clarividente *mf*

clam /klæm/ *n* almeja *f*; ***to shut up like a ~*** (colloq) quedarse como una tumba (fam)

(Phrasal verb)

• **clam up**: **-mm-** [v ▸ adv] (colloq) ponerse* muy poco comunicativo

clambake /'klæmbeɪk/ *n* (in US) *picnic en la playa en el que se cuecen almejas*

clamber /'klæmbər || 'klæmbə(r)/ *vi* trepar; **they ~ed over the wall** treparon *or* se encaramaron al muro y saltaron

clammy /'klæmi/ *adj* **-mier, -miest** ‹*handshake*› húmedo; ‹*weather*› bochornoso, pegajoso (fam)

clamor¹, (BrE) **clamour** /'klæmər || 'klæmə(r)/ *n* [u] clamor *m*

clamor², (BrE) **clamour** *vi* gritar; **to ~ FOR sth**: **to ~ for justice** clamar por justicia

clamp¹ /klæmp/ *n* **1** (Const) abrazadera *f*; (in carpentry) tornillo *m* de banco **2** (Med) pinza *f*, clamp *m* **3** (*wheel ~*) (BrE) cepo *m*

clamp² *vt* **1** (join, fasten) sujetar con abrazaderas **2** (BrE Auto colloq) **to ~ a car** ponerle* el cepo a un coche

(Phrasal verb)

• **clamp down** [v ▸ adv] **to ~ down ON sth/sb** tomar medidas drásticas CONTRA algo/algn

clampdown /'klæmpdaʊn/ *n* (colloq) **~ ON sth/sb**: **a ~ on illegal immigrants** medidas *fpl* drásticas contra los inmigrantes ilegales; **there's been a ~ on loans** se ha restringido severamente la concesión de créditos

clan /klæn/ *n* clan *m*

clandestine /klæn'destən || klæn'destɪn/ *adj* clandestino

clang¹ /klæŋ/ *vi* «*bells*» sonar*, repicar*; **the gate ~ed shut** la verja se cerró con gran estruendo

■ **clang** *vt* hacer* sonar, tocar*

clang² *n* [u c] sonido *m* metálico (*fuerte*)

clanger /'klæŋər || 'klæŋə(r)/ *n* (BrE colloq) metedura *f* *or* (AmL tb) metida *f* de pata; ***to drop a ~*** meter la pata (fam)

clank¹ /klæŋk/ *vi* hacer* ruido

■ **clank** *vt* hacer* sonar

clank² *n* [u c] ruido *m* metálico (*de cadenas etc*)

clap¹ /klæp/ *n* **1** (applause): **to give sb a ~** aplaudir a algn **2** (slap) palmada *f* **3** (noise): **a ~ of thunder** un trueno

clap² **-pp-** *vt*

A **1** (applaud) aplaudir **2** (slap): **he ~ped me on the back** me dio una palmada en la espalda; **she ~ped her hands (together)** batió palmas *or* dio una palmada de alegría (*or* satisfacción *etc*)

B (put, place) (colloq): **he was ~ped in prison** lo metieron en la cárcel; **he ~ped his hand over my eyes** me tapó los ojos con la mano; ▸ **eye¹ A2**

■ **clap** *vi* **1** (applaud) aplaudir **2** (strike hands together) dar* una palmada

clapped-out /'klæpt'aʊt/ *adj* (*pred* **clapped out**) (BrE colloq) ‹*machine*› destartalado (fam); **a ~ car** un cacharro (fam), una carcacha (Chi, Méx fam), una tartana (Esp fam); **to be/feel ~ ~** estar* reventado *or* hecho polvo (fam)

clapper /'klæpər || 'klæpə(r)/ *n* (of bell) badajo *m*; ***like the ~s*** (BrE colloq): **it was going like the ~s** iba como una bala *or* como un bólido (fam)

clapperboard /'klæpərbɔːrd || 'klæpəbɔːd/ *n* claqueta *f*

clapping /'klæpɪŋ/ *n* [u] aplausos *mpl*

claptrap /'klæptræp/ *n* [u] (colloq) paparruchas *fpl* (fam)

claret /'klærət/ *n* **1** [u c] (wine) burdeos *m*, clarete *m* **2** [u] (color) granate *m*

clarification /'klærəfə'keɪʃən || ˌklærɪfɪ'keɪʃən/ *n* [u] (explanation) aclaración *f*

clarify /'klærəfaɪ || 'klærɪfaɪ/ **-fies, -fying, -fied** *vt* 1 (explain, make clear) aclarar 2 (purify) ‹*fat/wine*› clarificar*

clarinet /'klærə'net/ *n* clarinete *m*

clarity /'klærəti/ *n* [u] (of thought, expression) claridad *f*

clash¹ /klæʃ/ *n*

A [c] (of interests) conflicto *m*; (of cultures, personalities) choque *m*; (of opinions, views) disparidad *f*; **I missed the lecture because of a timetable ~** me perdí la conferencia porque tenía otra cosa a la misma hora *or* por un problema de coincidencia de horarios

B [c] (between armies, factions) enfrentamiento *m*, choque *m*

C (noise): **the ~ of swords** el sonido del choque de espadas; **the ~ of the cymbals** el sonido de los platillos

clash² *vi*

A 1 «*aims/interests*» estar* en conflicto *or* en pugna; «*personalities*» chocar* 2 «*colors/patterns*» desentonar

B «*armies/factions/leaders*» chocar*; **to ~ WITH sb (OVER sth)** chocar* con algn (ACERCA DE algo); **police ~ed with demonstrators** hubo choques entre la policía y los manifestantes

C «*dates*» coincidir; **the concert ~es with the film tonight** el concierto y la película de esta noche son a la misma hora

D 1 (make noise) «*cymbals/swords*» sonar* (*al entrechocarse*) 2 (collide) chocar*

■ **clash** *vt* ‹*cymbals*› tocar*; ‹*weapons*› entrechocar*

clasp¹ /klæsp || klɑːsp/ *n* (fastening) broche *m*, cierre *m*

clasp² *vt* (grip, embrace): **she ~ed her bag firmly** sujetó *or* agarró firmemente el bolso; **they ~ed hands** se dieron un fuerte apretón de manos; **he ~ed her in his arms** la estrechó entre sus brazos

class¹ /klæs || klɑːs/ *n*

A [c u] (social stratum) clase *f*; (*before n*) **the ~ struggle** la lucha de clases

B [c] (group of students) clase *f*; (lesson) clase *f*; **the ~ of '86** la promoción del 86

C [c] (group, type) clase *f*; **to be in a ~ of one's/its own** ser* único *or* inigualable; **they're not in the same ~ as their opponents** no están a la altura de sus contrincantes

D [u] 1 (Transp) clase *f* 2 (in UK) (Post): **send the letter first/second ~** manda la carta por correo preferente/normal 3 (in UK) (Educ) *tipo de título que se concede según las calificaciones obtenidas durante la carrera y/o exámenes finales*; (*before n*) **he got a first ~ degree** ≈ se recibió con la nota más alta (*en AmL*), ≈ sacó matrícula de honor en la carrera (*en Esp*)

E [u] (style) (colloq) clase *f*, estilo *m*

class² *vt* catalogar*

class-conscious /'klæs'kɑːntʃəs || ˌklɑːs'kɒnʃəs/ *adj* (Pol, Sociol) con conciencia de clase; (classist) clasista, consciente de las distinciones sociales

classic¹ /'klæsɪk/ *adj* clásico; ‹*scene/line*› memorable

classic² *n* 1 (play, film, book) clásico *m*; *see also* **classics** 2 (Clothing) prenda *f* clásica

classical /'klæsɪkəl/ *adj* 1 (of Greece, Rome) clásico; **a ~ scholar** un humanista especializado en lenguas clásicas 2 (traditional) clásico; **~ music** música *f* clásica

classics /'klæsɪks/ *n* [u] (+ *sing vb*) clásicas *fpl*

classification /'klæsəfə'keɪʃən || ˌklæsɪfɪ'keɪʃən/ *n* [c u] clasificación *f*

classified /'klæsəfaɪd || 'klæsɪfaɪd/ *adj* 1 (categorized) clasificado; **~ advertising** anuncios *mpl* por palabras, avisos *mpl* clasificados (AmL) 2 (secret) ‹*information*› secreto, confidencial

classify /'klæsəfaɪ || 'klæsɪfaɪ/ *vt* **-fies, -fying, -fied** (categorize) ‹*books/data*› clasificar*

classist /'klæsist || 'klɑːsɪst/ *adj* clasista

classless /'klæsləs || 'klɑːslɪs/ *adj* ‹*society*› sin clases

class: **~mate** *n* compañero, -ra *m,f* de clase; **~room** *n* aula *f*‡, clase *f*, sala *f or* salón *m* de clase (frml)

classy /'klæsi || 'klɑːsɪ/ *adj* **-sier, -siest** (colloq) con estilo *or* clase

clatter¹ /'klætər || 'klætə(r)/ *vi* «*pans*» hacer* ruido; «*hooves*» chacolotear, hacer* ruido; «*typewriter*» repiquetear

■ **clatter** *vt* ‹*pans/cutlery*› hacer* ruido con

clatter² *n* [u] (of trains) traqueteo *m*; (of typewriters) repiqueteo *m*; (of hooves) chacoloteo *m*

clause /klɔːz/ *n* 1 (in contract) cláusula *f* 2 (Ling) oración *f*, cláusula *f*

claustrophobia /'klɔːstrə'fəʊbiə || ˌklɒstrə'fəʊbiə/ *n* [u] claustrofobia *f*

claustrophobic /'klɔːstrə'fəʊbɪk || ˌklɒstrə'fəʊbɪk/ *adj* claustrofóbico

claw¹ /klɔː/ *n* (of tiger, lion) zarpa *f*, garra *f*; (of eagle) garra *f*; (of crab, lobster) pinza *f*; ***to get one's ~s into sb*** (colloq): **he won't stand a chance if she gets her ~s into him** es hombre muerto si cae en sus garras

claw² *vt*: **the cat had ~ed the rug to shreds** el gato había destrozado la alfombra con las uñas; ***to ~ one's way***: **they ~ed their way through the rubble** se abrieron camino como pudieron entre los escombros; **he ~ed his way to the top** no reparó en medios para llegar a la cima

■ **claw** *vi* arañar; **to ~ AT sth** arañar algo

Phrasal verb

• **claw back** [v ▸ o ▸ adv, v ▸ adv ▸ o] (esp BrE) ‹*money/revenue*› recuperar

clay /kleɪ/ *n* [u c] arcilla *f*; (for children) (AmE) plastilina® *f*, plasticina® *f* (CS); (*before n*) **~ court** (Sport) cancha *f* de arcilla (AmL), pista *f* de tierra batida (Esp); **~ pipe** pipa *f* de cerámica *or* barro

clay pigeon *n* plato *m* (*de tiro*); (*before n*) **~ ~ shooting** tiro *m* al plato

clean¹ /kliːn/ *adj* **-er, -est**

A 1 (not soiled) limpio; **are your hands ~?** ¿tienes las manos limpias?; **she wiped the table ~** limpió la mesa 2 (not used) ‹*clothes/towel*› limpio; **use a ~ sheet of paper** usa una hoja de papel nueva 3 (pure, non-polluting) ‹*air/water*› limpio, puro; ‹*smell*› a limpio; ‹*taste*› refrescante

B 1 (morally) ‹*joke*› inocente; **keep it ~** no te pases 2 (fair) ‹*game/player*› limpio

C (unblemished) ‹*driver's license*› donde no constan infracciones; **to come ~ about sth** (colloq) confesar* algo

D (well defined) ‹*stroke/features*› bien definido, nítido; **a ~ break** una fractura limpia; **she made a ~ break with the past** cortó radicalmente con el pasado

clean² *adv* (colloq) 1 (completely): **I ~ forgot about it** se me olvidó por completo; **they got ~ away** se escaparon sin dejar ni rastro 2 (fairly) ‹*fight/play*› limpio, limpiamente

clean³ *vt* 1 (remove dirt from) limpiar; ‹*blackboard*› borrar, limpiar; **to ~ one's teeth** lavarse los dientes; **to ~ sth OFF sth**: **he ~ed the splashes off the windows** limpió las salpicaduras que había en las ventanas 2 (dry-clean) limpiar en seco, llevar a la tintorería 3 ‹*fish/chicken*› limpiar

■ **clean** *vi* (remove dirt) «*substance/device*» limpiar

Phrasal verbs

• **clean out**

A [v ▸ o ▸ adv, v ▸ adv ▸ o] (clean thoroughly) vaciar* y limpiar (*a fondo*)

B [v ▸ o ▸ adv, v ▸ adv ▸ o] (colloq) (leave with no money) dejar pelado; (steal everything from) desplumar

• **clean up**

A [v ▸ o ▸ adv, v ▸ adv ▸ o] 1 (make clean) ‹*room/garden*› limpiar; **I'll just ~ myself up a bit** voy a arreglarme *or* lavarme un poco 2 (morally) limpiar

B [v ▸ adv] (make clean) limpiar; **I'm tired of ~ing up after you** estoy harto de limpiar lo que tú ensucias

clean⁴ *n* (colloq) (*no pl*) limpieza *f*; **just give it a quick ~** dale una repasadita (fam)

clean-cut /'kliːn'kʌt/ *adj* ‹*outline*› bien definido, nítido; ‹*appearance*› muy cuidado

cleaner /'kliːnər || 'kliːnə(r)/ *n* 1 (person) limpiador, -dora *m,f* 2 (substance) producto *m* de limpieza 3 (*dry ~*) tintorero, -ra *m,f*; **take it to the ~'s** *o* **~s** llévalo a la tintorería; ***to take sb to the ~s*** *o* **~'s** (colloq) dejar limpio *or* pelado *or* (CS tb) pato a algn (fam)

cleaning /'kliːnɪŋ/ *n* [u] limpieza *f*; (*before n*) **~ fluid** líquido *m* limpiador; **the ~ lady** *o* **woman** la señora *or* mujer de la limpieza

cleanliness /'klenlinəs || 'klenlinɪs/ *n* [u] (bodily hygiene) aseo *m*; (of surroundings) limpieza *f*; **personal ~** el aseo personal

clean-living /'kli:n'lɪvɪŋ/ *adj* sin vicios, de vida sana

cleanly /'kli:nli/ *adv*

A (evenly) ‹*cut/snap*› limpiamente

B (fairly) ‹*fight/play*› limpio, limpiamente, con limpieza

cleanness /'kli:nnəs || 'kli:nnɪs/ *n* [u] **1** (absence of dirt) limpieza *f* **2** (of air, water) pureza *f*

cleanse /klenz/ *vt* limpiar

cleanser /'klenzər || 'klenzə(r)/ *n* [c u] (for household use) producto *m* de limpieza; (for skin) leche *f* (*or* crema *f etc*) limpiadora *or* de limpieza

clean-shaven /'kli:n'ʃeɪvən/ *adj* ‹*face*› bien afeitado *or* (esp Méx) rasurado; **a ~ man** un hombre sin barba ni bigote

cleansing¹ /'klenzɪŋ/ *adj* limpiador; **~ lotion** loción *f* limpiadora *or* de limpieza

cleansing² *n* limpieza *f*

cleanup /'kli:nʌp/ *n* (*no pl*) **1** (clean) limpieza *f* **2** (large profit) (AmE colloq) tajada *f* (fam)

clear¹ /klɪr || klɪə(r)/ *adj* **-er, -est**

A ‹*sky*› despejado, claro; ‹*day*› despejado; ‹*liquid/glass*› transparente; **~ soup** consomé *m*; **to have a ~ conscience** tener* la conciencia tranquila *or* limpia; **she has very ~ skin** tiene muy buen cutis; **to keep a ~ head** mantener* la mente despejada

B (distinct) ‹*outline/picture*› nítido, claro; ‹*voice*› claro

C **1** (plain, evident): **it's a ~ case of suicide** es un caso evidente *or* claro de suicidio; **the Bears are ~ favorites** los Bears son, sin lugar a dudas, el equipo favorito; **it became ~ that ...** se hizo evidente *or* patente que ... **2** ‹*explanation/instructions*› claro; **is that ~?** ¿está *or* queda claro?; **let's get this ~** entendámonos bien; **do I make myself ~?** ¿me explico?, ¿está claro?

D (free, unobstructed) ‹*space/road*› despejado; Ⓢ **keep clear** no obstruya el paso; **all ~!** ¡el campo está libre!

E (entire): **we've got two ~ days** tenemos dos días enteros; **he makes a ~ $450 a week** saca 450 dólares netos *or* limpios a la semana

F ***to be in the ~*** (free — from danger) estar* fuera de peligro; (— from debt) estar* libre de deudas; (— from suspicion) estar* libre de toda sospecha

G (in showjumping) ‹*round*› sin faltas

clear² *adv*

A (beyond, outside): **once you're ~ of the town** una vez que hayas salido de la ciudad; **stand ~ of the doors** manténganse alejados de las puertas; **he leapt ~ of the oncoming car** se apartó de un salto del coche que venía; **the curtains should hang ~ of the radiators** las cortinas no deben tocar los radiadores

B (as intensifier): **the cargo sank ~ to the bottom** la carga se fue a pique hasta el fondo; **he fell ~ through the ceiling** se cayó y atravesó el techo

C **to keep/stay/steer ~ (of sth)** (lit) mantenerse* alejado (de algo); **keep ~!** ¡no se acerquen!; **I advised her to steer ~ of him** le aconsejé que no tuviera nada que ver con él

D (distinctly) ▸**loud²**

clear³ *vt*

A **1** (make free, unobstructed) ‹*room*› vaciar*; ‹*surface*› despejar; ‹*drain/pipe*› desatascar*, destapar (AmL); ‹*building*› desalojar; ‹*land*› despoblar de árboles, desmontar; **to ~ the table** levantar *or* (Esp tb) quitar la mesa; **to ~ one's throat** carraspear, aclararse la voz; **to ~ a space for sth** hacer* sitio *or* lugar para algo; **an agreement that ~s the way for increased trade** un acuerdo que abre camino para un mayor intercambio comercial; **police ~ed the area** la policía evacuó la zona; **let's ~ all this paper off the desk** quitemos todos estos papeles del escritorio; ▸**air¹ A** **2** (Comput) ‹*screen*› despejar; ‹*data*› borrar

B ‹*fence/ditch*› salvar, saltar por encima de; **the plane just ~ed the trees** el avión pasó casi rozando los árboles; **to ~ customs** pasar por la aduana

C (free from suspicion): **he was ~ed of all charges** lo absolvieron de todos los cargos; **she is determined to ~ her name** está decidida a limpiar su nombre

D **1** (authorize) autorizar*, darle* el visto bueno a; **you'll have to ~ that with Tom** tendrás que obtener autorización *or* el visto bueno de Tom **2** (Fin) compensar

E **1** (settle) ‹*debt/account*› liquidar, saldar **2** (earn) sacar* **3** (sell off) ‹*stock*› liquidar; Ⓢ **reduced to clear** (BrE) rebajas por liquidación

F (Sport) ‹*ball/puck*› despejar

■ **clear** *vi*

A **1** «*sky/weather*» despejarse; «*water*» aclararse; **her head began to ~** se le empezó a despejar la cabeza **2** (disperse) «*fog/smoke*» levantarse, disiparse; «*traffic/congestion*» despejarse

B (Fin) «*check*» ser* compensado

Phrasal verbs

• **clear off**

A [v ▸ adv] (go away) (colloq) largarse* (fam)

B [v ▸ o ▸ adv, v ▸ adv ▸ o] **1** (pay) ‹*debt*› liquidar **2** (remove) echar de

• **clear out**

A [v ▸ o ▸ adv, v ▸ adv ▸ o] ‹*cupboard/drawer*› vaciar* y ordenar

B [v ▸ adv] (leave) (colloq) largarse* (fam)

• **clear up**

A [v ▸ o ▸ adv, v ▸ adv ▸ o] **1** (resolve) ‹*crime*› esclarecer*, resolver*; ‹*misunderstanding/doubts*› aclarar **2** (tidy) ‹*rubbish*› recoger*; **can you ~ up this mess?** ¿puedes ordenar todo esto?

B [v ▸ adv] **1** (tidy) ordenar **2** «*weather*» despejar **3** (get better) «*cough/cold*» mejorarse, irse*; **the rash has ~ed up** se le (*or* me *etc*) ha ido el sarpullido

clearance /'klɪrəns || 'klɪərəns/ *n* [u]

A (authorization) autorización *f*; (from customs) despacho *m* de aduana

B (free space) espacio *m* (libre)

C (of building land) desmonte *m*, despeje *m*

D (of stock) liquidación *f*

E (of check) compensación *f*

clear: **~-cut** /'klɪr'kʌt || ˌklɪə'kʌt/ *adj* claro, bien *or* netamente definido; **~-headed** /'klɪr'hedəd || ˌklɪə'hedɪd/ *adj* lúcido

clearing /'klɪrɪŋ || 'klɪərɪŋ/ *n* (in forest) claro *m*

clearing: **~ bank** *n* (in UK) banco *m* de compensación; **~ house** *n* (Fin) cámara *f* de compensación

clearly /'klɪrli || 'klɪəli/ *adv*

A **1** (distinctly) ‹*visible/marked*› claramente; ‹*speak/write/think*› con claridad, claramente **2** (without ambiguity) ‹*speak/show*› claramente

B (obviously): **it's ~ impossible** es a todas luces imposible, está claro que es imposible; **~, this must stop** (*indep*) evidentemente *or* desde luego, esto se tiene que terminar

clear: **~-out** *n* (BrE colloq) limpieza *f* (*deshaciéndose de trastos etc*); **~-sighted** /'klɪr'saɪtəd || 'klɪə'saɪtɪd/ *adj* de gran lucidez, perspicaz; **~way** *n* (in UK) *tramo de carretera en el que está prohibido detenerse*

cleavage /'kli:vɪdʒ/ *n* [c u] (bosom) escote *m*

cleave /kli:v/ *vt* (*past* **cleaved** *or* **cleft** *or* (arch) **clove**; *past p* **cleaved** *or* **cleft** *or* (arch) **cloven**) (arch *or* liter) hender* (liter), partir

■ **cleave** *vi* (*past & past p* **cleaved**)

A (cut through): **to ~ through sth** ‹*crowd/enemy*› abrirse* camino a través de algo; ‹*waves*› surcar*

B (be faithful) (liter) **to ~ TO sb/sth** serle* fiel A algn/algo

cleaver /'kli:vər || 'kli:və(r)/ *n* cuchilla *f* de carnicero

clef /klef/ *n* clave *f*

cleft¹ /kleft/ *past & past p of* **cleave** *vt*

cleft² *adj* ‹*chin*› partido; **~ palate** paladar *m* hendido, fisura *f* del paladar

cleft³ *n* hendidura *f*, grieta *f*

clematis /'klemətəs || 'klemətɪs/ *n* [u c] clemátide *f*

clemency /'klemənsi/ *n* [u] **1** (mercy) clemencia *f* **2** (of weather) benignidad *f*

clementine /'kleməntiːn || 'kleməntaɪn/ *n* (BrE) clementina *f*

clench /klentʃ/ *vt* **1** (close) ‹*fist/jaw*› apretar*; **he spoke through ~ed teeth** masculló algo, dijo algo entre dientes **2** (grip) apretar*, agarrar

clergy /'klɜ:rdʒi || 'klɜ:dʒi/ *n* (+ *sing or pl vb*) clero *m*

clergyman /'klɜ:rdʒimən || 'klɜ:dʒimən/ *n* (*pl* **-men** /-mən/) clérigo *m*

cleric /'klerɪk/ *n* clérigo, -ga *m,f*, eclesiástico, -ca *m,f*

clerical /'klerɪkəl/ *adj*

A (Relig) clerical

B (of a clerk) ‹*job/work*› de oficina; **~ assistant** oficinista *mf*, empleado, -da *m,f*; ~ **staff** personal *m* administrativo

clerk[1] /klɜ:rk || klɑ:k/ *n* (in office) empleado (administrativo), empleada (administrativa) *m,f*, oficinista *mf*; (in bank) empleado, -da *m,f*, bancario, -ria *m,f* (CS); (*sales*~) (AmE) vendedor, -dora *m,f*, dependiente, -ta *m,f*; (*desk* ~) (AmE) recepcionista *mf*

clerk[2] *vi* (AmE colloq) trabajar de dependiente (*or* de oficinista, *etc*)

clever /'klevər || 'klevə(r)/ *adj* **-verer, -verest** 1 (intelligent) inteligente, listo 2 (artful) (pej) listo; **don't try to be ~ with me** no te hagas el listo conmigo 3 (skillful, adept) ‹*player/politician*› hábil; ‹*invention/solution*› ingenioso; **to be ~ AT sth** ser* bueno PARA algo; **she's ~ with her hands** es hábil con las manos

clever dick, **clever Dick** *n* (BrE colloq) sabelotodo *mf*, sabihondo, -da *m,f*

cleverly /'klevərli || 'klevəli/ *adv* hábilmente, ingeniosamente

cleverness /'klevərnəs || 'klevənɪs/ *n* [u] 1 (of design, plan) lo ingenioso 2 (of person — intelligence) inteligencia *f*; (— skill) habilidad *f*

cliché /kli:'ʃeɪ || 'kli:ʃeɪ/ *n* [c u] lugar *m* común, cliché *m*, tópico *m*

clichéd /kli:'ʃeɪd || 'kli:ʃeɪd/ *adj* estereotipado

click[1] /klɪk/ *vt* ‹*fingers*› chasquear, tronar* (Méx); ‹*tongue*› chasquear; **to ~ one's heels** dar* un taconazo

■ **click** *vi*

A (make clicking sound) hacer* un ruidito seco, hacer* 'clic'; **it ~s into place** encaja en su lugar haciendo 'clic'

B (colloq) 1 (strike home): **it suddenly ~ed: ...** de repente caí en la cuenta *or* lo vi todo claro: ... 2 (relate well) congeniar; **we just ~ed** congeniamos *or* nos entendimos desde un principio 3 (succeed) (esp AmE) tener* éxito

click[2] *n* (sound — of fingers, tongue) chasquido *m*; (— of heels) taconazo *m*; (— of camera, switch) clic *m*

client /'klaɪənt/ *n* cliente, -ta *m,f*

clientele /'klaɪən'tel || ˌkli:ɒn'tel, ˌkli:ən'tel/ *n* (+ *sing or pl vb*) clientela *f*

cliff /klɪf/ *n* acantilado *m*; (not by sea) precipicio *m*

cliffhanger /'klɪfˌhæŋər || 'klɪfˌhæŋə(r)/ *n* (at end of episode) situación *f* de suspenso *or* (Esp) de suspense

climate /'klaɪmət || 'klaɪmɪt/ *n* clima *m*

climate control *n* [u] 1 (of car) climatizador *m* 2 (of the environment) control *m* del clima 3 (of micro-environment) climatización *f*

climatic /klaɪ'mætɪk/ *adj* climático, climatológico

climax /'klaɪmæks/ *n* (*pl* **-maxes**) clímax *m*, punto *m* culminante; (orgasm) orgasmo *m*

climb[1] /klaɪm/ *vt* ‹*mountain*› escalar, subir a; ‹*tree*› trepar a, subirse a, treparse a (esp AmL); ‹*stairs*› subir

■ **climb** *vi* 1 (clamber) trepar, treparse; **to go ~ing** (Sport) hacer* alpinismo *or* (AmL tb) andinismo, ir* a escalar *or* de escalada; **she ~ed onto the table** se subió a la mesa, trepó *or* se trepó a la mesa; **to ~ into/out of bed** meterse en/levantarse de la cama; **he ~ed into his pajamas** se puso el pijama 2 (rise) subir, ascender* (frml)

Phrasal verbs

• **climb down**

A [v ▸ prep ▸ o] (descend) ‹*rope*› bajarse por; ‹*tree*› bajarse de

B [v ▸ adv] 1 (descend) bajar(se), descender* (frml) 2 (withdraw, concede) (colloq) ceder

• **climb up**

A [v ▸ prep ▸ o] ‹*tree*› trepar a, treparse a (esp AmL); ‹*hill*› subir; ‹*rockface*› escalar; ‹*rope*› subir *or* trepar por

B [v ▸ adv] subir

climb[2] *n* 1 (ascent) subida *f*; (Sport) escalada *f* 2 (gradient) ascenso *m*, subida *f* 3 (Aviat) ascenso *m*

climb-down /'klaɪmdaʊn/ *n* (BrE) marcha *f* *or* vuelta *f* atrás

climber /'klaɪmər || 'klaɪmə(r)/ *n* 1 (*rock* ~) escalador, -dora *m,f*; (mountaineer) alpinista *mf*, andinista *mf* (AmL) 2 (Hort) enredadera *f*, trepadora *f* 3 (*social* ~) (pej) arribista *mf*, trepador, -dora *m,f*

climbing[1] /'klaɪmɪŋ/ *adj* trepador

climbing[2] *n* [u] (Sport) alpinismo *m*, montañismo *m*, andinismo *m* (AmL)

clinch[1] /klɪntʃ/ *vt* ‹*deal*› cerrar*; ‹*title*› ganar, hacerse* con; **this ~ed the argument** esto resolvió la discusión de forma contundente

■ **clinch** *vi* (assure victory) (AmE) ganar

clinch[2] *n* (in boxing) clinch *m*; (embrace) (colloq) abrazo *m*, achuchón *m* (Esp fam), apercolle *m* (Col fam), apapacho *m* (Méx fam)

cling /klɪŋ/ *vi* (*past & past p* **clung**)

A 1 (hold fast) **to ~ TO sth/sb** estar* aferrado A algo/algn; **she still ~s to that hope/belief** sigue aferrada a esa esperanza/creencia; **the boy clung on to her hand** el niño no le soltaba la mano 2 (be dependent) (pej) **to ~ (TO sb)** pegársele* A algn

B (stick) **to ~ (TO sth)** pegarse* *or* adherirse* (A algo)

clingfilm /'klɪŋfɪlm/ *n* [u] (BrE) film *m* transparente (*para envolver alimentos*)

clinging /'klɪŋɪŋ/ *adj* 1 ‹*child*› poco independiente; ‹*person*› (pej) pegajoso, pesado 2 ‹*dress*› que se pega *or* se ciñe al cuerpo

clinic /'klɪnɪk/ *n* (in state hospital) consultorio *m*; (private hospital) clínica *f*

clinical /'klɪnɪkəl/ *adj* 1 (Med) (*before n*) clínico 2 (unemotional) ‹*manner/detachment*› frío

clink[1] /klɪŋk/ *vt* hacer* tintinear; **we ~ed glasses** entrechocamos los vasos

■ **clink** *vi* tintinear

clink[2] *n*

A (sound) (*no pl*) tintineo *m*

B [c] (prison) (sl) cárcel *f*, trullo *m* (Esp arg), bote *m* (Méx arg), cana *f* (AmS arg)

clinker /'klɪŋkər || 'klɪŋkə(r)/ *n* [c] (AmE sl) 1 (gaffe) metedura *f* *or* (AmL tb) metida *f* de pata (fam), pifia *f* (fam), pifiada *f* (fam) 2 (bad product) porquería *f* (fam), basura *f*

clip[1] /klɪp/ *n*

A (device) clip *m*, gancho *m*; *see also* **hairclip, paperclip**

B (from film) fragmento *m*, clip *m*

C (foul) (AmE) bloqueo *m* por la espalda (*fuera de la zona legal*)

D (blow): ***to give sb a ~ on o round the ear*** (colloq) darle* una torta *or* un tortazo a algn (fam)

E (item): **a ~** (AmE colloq) cada uno

clip[2] **-pp-** *vt*

A 1 (cut) ‹*hair/nails/grass/hedge*› cortar; ‹*sheep*› trasquilar, esquilar; ‹*dog*› recortarle el pelo a 2 (punch) ‹*ticket*› picar*, perforar

B (cut out) (AmE) recortar

C (hit) golpear; **to ~ sb round the ear** (BrE colloq) darle* una torta *or* un tortazo a algn (fam)

D (attach) sujetar (*con un clip*)

■ **clip** *vi*: **the lid ~s on** la tapa se ajusta con unos ganchos

clip: **~board** *n* tablilla *f* con sujetapapeles; **~-clop** /'klɪp'klɑ:p || 'klɪp,klɒp/ *n* (*no pl*) ruido *m* de cascos; **~-on** *adj* (*before n*) ‹*brooch/sunglasses*› que se engancha; ‹*earrings*› de clip

clipped /klɪpt/ *adj* ‹*accent/speech*› cortado

clippers /'klɪpərz || 'klɪpəz/ *pl n* (for nails) cortaúñas *m*; (for hair) maquinilla *f* (*para cortar el pelo*); (for hedge, lawn) podadera *f*, tijeras *fpl* de podar

clipping /'klɪpɪŋ/ *n* 1 (*press* ~) recorte *m* de prensa 2 **clippings** *pl* (clipped pieces) recortes *mpl*, pedazos *mpl*; **grass ~s** hierba *f* cortada; **nail ~s** pedazos *mpl* de uñas

clique /kli:k/ *n* camarilla *f*

clitoris /'klɪtərəs || 'klɪtərɪs/ *n* clítoris *m*

cloak[1] /kləʊk/ *n* (Clothing) capa *f*; (disguise) tapadera *f*

cloak[2] *vt* ‹*purpose/activities*› encubrir*; **to be ~ed IN sth** (in darkness, mist) estar* envuelto EN algo; **the whole affair was ~ed in secrecy** todo el asunto estuvo rodeado de un velo *or* un manto de secreto

cloakroom /'kləʊkru:m, -rʊm/ *n* 1 (for coats) guardarropa *m* 2 (lavatory) (BrE) lavabo *m*, baño *m* (de las visitas) (AmL)

clobber[1] /'klɑ:bər || 'klɒbə(r)/ *vt* (colloq) darle* una paliza a, cascar* (fam); (defeat heavily) darle* una paliza a (fam)

clobber[2] *n* [u] (BrE colloq) bártulos *mpl* (fam)

clock[1] /klɑ:k || klɒk/ *n* 1 (timepiece) reloj *m*; **to work around o round the ~** trabajar las veinticuatro horas del día, trabajar día y noche; **around-the-~** *o* **round-**

the-~ surveillance vigilancia f las veinticuatro horas del día; **to put the ~s back/forward** atrasar/adelantar los relojes; ***to turn** o **put the ~ back*** volver* atrás [2] (time ~) reloj m registrador or (Méx) checador [3] (Auto) (odometer) (colloq) cuentakilómetros m; (speedometer) velocímetro m [4] (in taxi) (colloq) taxímetro m

clock² vt (colloq) [1] (achieve, reach) ‹*speed/time*› registrar, hacer* [2] (time) ‹*athlete/race*› cronometrar

Phrasal verbs

- **clock in**, (BrE) **clock on** [v ▸ adv] [1] (register time of arrival) fichar, marcar* or (Méx) checar* tarjeta (*al entrar al trabajo*) [2] (arrive at work) entrar (al trabajo)
- **clock out**, (BrE) **clock off** [v ▸ adv] [1] (register time of departure) fichar, marcar* or (Méx) checar* tarjeta (*al salir del trabajo*) [2] (leave work) salir* del trabajo
- **clock up** [v ▸ adv ▸ o] (accumulate) (colloq) ‹*miles/hours*› hacer*; ‹*successes*› apuntarse, anotarse (AmL)

clock: **~ radio** n radiodespertador f or m; **~ speed** n [u] velocidad f operativa; **~tower** n torre f de(l) reloj

clockwise¹ /'klɑːkwaɪz || 'klɒkwaɪz/ adj ‹*direction*› de las agujas del reloj

clockwise² adv en el sentido de las agujas del reloj

clockwork /'klɑːkwɜːrk || 'klɒkwɜːk/ n [u] mecanismo m de relojería; **the organization runs like ~** la organización funciona como un reloj; ***as regular as ~*** (colloq) como un reloj (fam); (before n) **~ toy** (esp BrE) juguete m de cuerda

clod /klɑːd || klɒd/ n [1] (of earth) terrón m [2] (oaf) (colloq) zoquete mf (fam), zopenco, -ca m,f (fam)

clodhopper /'klɑːd,hɑːpər || 'klɒdhɒpə(r)/ n (colloq) [1] (yokel) patán m [2] (heavy shoe) zapatón m (fam)

clog¹ /klɑːg || klɒg/ n zueco m

clog² **-gg- ~ (up)** vt ‹*pipe/filter*› obstruir*, atascar*; ‹*wheels*› atascar*

■ **clog** vi «*pipe*» obstruirse*, atascarse*; «*wheel*» atascarse*

cloister /'klɔɪstər || 'klɔɪstə(r)/ n (*often pl*) claustro m

cloistered /'klɔɪstərd || 'klɔɪstəd/ adj (Archit) (*before n*) enclaustrado; **he had led a ~ existence** había vivido muy enclaustrado

clone¹ /kləʊn/ n clon m

clone² vt clonar

close¹ /kləʊs/ adj **closer, closest**

A [1] (near) próximo, cercano; **at ~ range** o **quarters** de cerca; **~ TO sth/sb** próximo or cercano A algo/algn, cerca DE algo/algn [2] ‹*shave*› al ras, apurado; ***that was a ~ shave** o **call*** (colloq) se salvó (or me salvé etc) por un pelo or por los pelos (fam)

B ‹*link/connection*› estrecho; ‹*contact*› directo; ‹*relative*› cercano; **they are ~ friends** son muy amigos, son amigos íntimos; **they've always been very ~** siempre han sido or (Esp) estado muy unidos; **sources ~ to the government** fuentes allegadas or cercanas al gobierno

C (in similarity): **it's not the same color but it's a ~ match** no es el mismo color pero es casi igual; **he bears a ~ resemblance to his brother** tiene un gran parecido a or con su hermano, se parece mucho a su hermano; **that's the ~st thing to a hammer I've got** esto es lo más parecido a un martillo que tengo

D ‹*fit*› ajustado, ceñido

E (strictly guarded): **it was kept a ~ secret** se mantuvo en el más absoluto or riguroso secreto

F (careful) ‹*examination*› detenido, detallado; **to pay ~ attention to sth** prestar mucha atención a algo; **to keep a ~ watch on sth/sb** vigilar algo/a algn de cerca

G ‹*contest/finish*› reñido; **he finished a ~ second** llegó en segundo lugar, muy cerca del ganador

H ‹*weather/atmosphere*› pesado, bochornoso

close² /kləʊs/ adv **closer, closest**

A (in position) cerca; **to draw/get/come ~** acercarse*; **~ TO sth/sb** cerca DE algo/algn; **to hold sb ~** abrazar* a algn; **they're following ~ behind** nos siguen de cerca; **phew, that was ~!** ¡uf, nos salvamos por poco or por los pelos!

B (in intimacy): **the tragedy brought them ~r together** o **to each other** la tragedia los acercó or unió más

C (in approximation): **it's not my favorite, but it comes pretty ~** no es mi favorito pero casi; **~ TO sth**: **the temperature is ~ to ...** la temperatura es de casi ...; **he must be ~ to 50** debe tener cerca de or casi 50 años; **that's the ~st to an apology you'll get** eso es lo más parecido a una disculpa que vas a recibir; **he was ~ to tears** estaba a punto de llorar

D (*in phrases*) **close by** cerca; **close on**: **there were ~ on 10,000 present** había cerca de or casi 10.000 asistentes; **close together** (physically) juntos; **our birthdays are ~ together** nuestros cumpleaños caen por las mismas fechas or muy cerca; **close up** de cerca

close³ n

Sense I /kləʊz/ (conclusion, end) fin m; **to come/draw to a ~** llegar*/acercarse* a su fin; **to bring sth to a ~** poner* or dar* fin a algo; **at the ~ of day** (liter) al caer el día (liter)

Sense II /kləʊs/ (in residential area) (BrE) calle f (*sin salida*)

close⁴ /kləʊz/ vt

A ‹*window/book/valve*› cerrar*; **he ~d his mouth/eyes** cerró la boca/los ojos

B (block) ‹*road*› cerrar*

C (terminate, wind up) ‹*branch/file/account*› cerrar*

D (conclude) ‹*deal*› cerrar*; ‹*debate/meeting*› cerrar*, poner* fin a

■ **close** vi

A «*door/window*» cerrar(se)*; «*gap/wound*» cerrarse*; **her eyes ~d and she fell asleep** se le cerraron los ojos y se quedó dormida

B «*shop/library/museum*» cerrar*

C [1] (finish, end) «*lecture/book*» terminar, concluir* [2] **closing** pres p último

D (get closer) acercarse*; **to ~ ON sth/sb** acercarse* A algo/algn

Phrasal verbs

- **close down**

A [v ▸ o ▸ adv, v ▸ adv ▸ o] ‹*shop/factory*› cerrar*

B [v ▸ adv] (cease operations) «*shop/factory*» cerrar*

- **close in** [v ▸ adv] [1] «*pursuers/enemy*» acercarse*, aproximarse; **to ~ in ON sth/sb** cercar* algo/a algn [2] «*winter*» acercarse*; **night was closing in** estaba oscureciendo or anocheciendo, caía la noche (liter) [3] (get shorter) «*days*» acortarse
- **close off** [v ▸ o ▸ adv, v ▸ adv ▸ o] clausurar, cerrar*

Phrasal verbs

- **close out** [v ▸ o ▸ adv, v ▸ adv ▸ o] (AmE) liquidar
- **close up**

A [v ▸ adv] «*shop/museum*» cerrar*; «*wound/gash*» cerrarse*, cicatrizar*; **come on, everybody, ~ up a bit!** ¡vamos, pónganse un poco más juntos!

B [v ▸ o ▸ adv, v ▸ adv ▸ o] ‹*shop/museum*› cerrar*

- **close with** [v ▸ prep ▸ o] (engage) ‹*enemy*› enfrentarse a

closecropped /'kləʊs'krɑːpt || ,kləʊs'krɒpt/ adj ‹*grass*› muy corto; **to have ~ hair, to be ~** llevar el pelo (cortado) al rape

closed /kləʊzd/ adj

A ‹*door/book/flower*› cerrado; **his eyes were ~** tenía los ojos cerrados

B (not operating, trading) cerrado

C ‹*road*› cerrado; ‹*meeting*› a puerta(s) cerrada(s)

D ‹*case/matter*› cerrado

closed: **~ circuit** n circuito m cerrado; (*before n*) **~-circuit television** televisión f en circuito cerrado; **~-door** adj (AmE) ‹*meeting/briefing*› a puerta(s) cerrada(s)

close-down /'kləʊzdaʊn/ n (of factory) cierre m

closed shop n: *empresa que tiene un convenio con un sindicato determinado por el cual todo empleado debe estar afiliado a éste*

close /kləʊs/: **~-fisted** /'kləʊs'fɪstəd || ,kləʊs'fɪstɪd/ adj tacaño, agarrado (fam), amarrete (AmS fam); **~-fitting** adj ajustado, ceñido; **~-knit** adj unido

closely /'kləʊsli/ adv

A ‹*connected/associated*› estrechamente; **we are ~ related** somos parientes cercanos; **they worked ~ with the French** trabajaron en estrecha colaboración con los franceses

B [1] (at a short distance) ‹*follow/mark*› de cerca [2] (carefully) ‹*study/examine*› detenidamente; ‹*watch*› de cerca, atentamente; ‹*question*› a fondo; **a ~ guarded secret** un secreto muy bien guardado

C [1] (in approximation): **somebody who resembled her ~** alguien que se le parecía mucho [2] (nearly equally): **a ~ fought** o **contested game** un partido muy reñido

closeout /'kləʊzaʊt/ n (AmE) liquidación f

close: **~-run** /ˈkləʊsˈrʌn/ *adj* ‹*race*› muy reñido; **~-set** /ˈkləʊsˈset/ *adj* ‹*eyes*› junto

closet¹ /ˈklɑːzət || ˈklɒzɪt/ *n* (AmE) (cupboard) armario *m*, placard *m* (RPl); (for clothes) armario *m*, closet *m* (AmL exc RPl), placard *m* (RPl); ***to come out of the ~*** (colloq) destaparse (fam), declararse abiertamente homosexual

closet² *adj* ‹*gay/racist*› encubierto, de closet (Méx fam), de tapadillo (Esp fam)

closet³ *vt* (*usu pass*): **to be ~ed (WITH sb)** estar* encerrado (CON algn)

close-up /ˈkləʊsʌp/ *n* primer plano *m*

closing /ˈkləʊzɪŋ/: **~ date** *n* fecha *f* límite, fecha *f* tope; **~ time** *n* hora *f* de cierre

closure /ˈkləʊʒər || ˈkləʊʒə(r)/ *n* [u c] (of factory, hospital, road) cierre *m*

clot¹ /klɑːt || klɒt/ *n*

A (of blood) coágulo *m*

B (idiot) (BrE colloq) bobalicón, -cona *m,f* (fam)

clot² *vi* **-tt-** «*blood*» coagularse

cloth /klɔːθ || klɒθ/ *n*

A **1** [u] (fabric) tela *f*, género *m*; (thick, woolen) paño *m*; ***to be made (up) out of whole ~*** (AmE) ser* pura invención *or* puro invento; ▸**coat¹ A1** **2** [c] (for cleaning) trapo *m* **3** [c] (*table~*) mantel *m*

B (Relig): **the ~** el clero; **a man of the ~** un clérigo

clothe /kləʊð/ *vt* **1** (provide clothes for) vestir* **2** (*past & past p* **clothed** *or* **clad**) (dress) (liter) vestir*, ataviar* (liter); *see also* **clad²**

cloth-eared /ˈklɔːθˈɪrd || ˌklɒθˈɪəd/ *adj* (colloq) sordo (como una tapia)

clothes /kləʊðz/ *pl n* ropa *f*; **to put on/take off one's ~** ponerse*/quitarse la ropa; **she jumped in with her ~ on** se metió vestida; **he had no ~ on** estaba desnudo; (*before n*) **~ brush** cepillo *m* para *or* de la ropa, escobilla *f* de ropa (Chi); **~ horse** tendedero *m* (*plegable*); **~ line** cuerda *f* de tender; **~ pin** *o* (BrE) **peg** pinza *f or* (Arg) broche *m or* (Chi) perrito *m or* (Col, Ven) gancho *or* (Ur) palillo *m* (de tender la ropa); **~ shop** tienda *f or* casa *f* de modas; **~ tree** (AmE) perchero *m*

clothing /ˈkləʊðɪŋ/ *n* [u] ropa *f*; (*before n*) **the ~ industry** la industria de la confección

clotted cream /ˈklɑːtəd || ˈklɒtɪd/ *n* [u] *crema muy espesa, típica del sudoeste de Inglaterra*

cloud¹ /klaʊd/ *n* **1** [c u] (Meteo) (single) nube *f*; (mass) nubes *fpl*, nubosidad *f*; **there's not a ~ in the sky** está totalmente despejado; **the only ~ on the horizon is my exam** la única nube en el horizonte *or* el único nubarrón es mi examen; ***to be on ~ nine*** (colloq) estar* en el séptimo cielo *or* en la gloria; ***under a ~*** en circunstancias sospechosas *or* poco claras; ***every ~ has a silver lining*** no hay mal que por bien no venga **2** [c] (of gas, smoke, dust) nube *f*; (of suspicion, ambiguity) halo *m*, nube *f*

cloud² *vt* **1** (dim, blur) ‹*view/vision*› nublar; **emotion ~ed his judgment** la emoción lo ofuscaba, estaba obnubilado por la emoción; **to ~ the issue** embrollar el asunto, crear confusión **2** (spoil, mar) ‹*enjoyment/relationship*› empañar

Phrasal verb

- **cloud over** [v ▸ adv] nublarse

cloud: **~burst** *n* chaparrón *m*, aguacero *m*; **~-cuckoo-land** /ˈklaʊdˈkuːkuːlænd || ˌklaʊdˈkʊkuːlænd/ *n*: **she lives in ~-cuckoo-land** vive en las nubes *or* en otro mundo

cloudless /ˈklaʊdləs || ˈklaʊdlɪs/ *adj* totalmente despejado, sin una nube

cloudy /ˈklaʊdi/ *adj* **-dier, -diest** **1** (Meteo) ‹*day*› nublado; ‹*sky*› nublado, nuboso **2** ‹*liquid*› turbio; ‹*memory*› poco claro

clout¹ /klaʊt/ *n* (colloq)

A [c] (blow) tortazo *m* (fam)

B [u] (power, influence) peso *m*, influencia *f*

clout² *vt* (colloq): **to ~ sb** darle* un tortazo a algn (fam)

clove¹ /kləʊv/ *n* **1** (spice) clavo *m* (de olor) **2** (of garlic) diente *m*

clove² (arch) *past of* **cleave** *vt*

cloven /ˈkləʊvən/ (arch) *past p of* **cleave** *vt*

cloven hoof *n* pezuña *f* partida *or* hendida

clover /ˈkləʊvər || ˈkləʊvə(r)/ *n* [u c] trébol *m*; **four-leaf** *o* **four-leaved ~** trébol de cuatro hojas; ***to be*** *o* ***live in ~*** vivir a lo grande, darse* la gran vida

clown¹ /klaʊn/ *n* payaso, -sa *m,f*

clown² *vi* **~ (around** *o* **about)** hacer* payasadas, payasear (AmL fam), hacer* el payaso (Esp)

cloy /klɔɪ/ *vi* empalagar*

cloying /ˈklɔɪɪŋ/ *adj* empalagoso

cloze test /kləʊz/ *n* prueba *f* cloze, ejercicio *m* de comprensión (*en el que hay que rellenar blancos*)

club¹ /klʌb/ *n*

A **1** (cudgel) garrote *m*, cachiporra *f* **2** (*golf ~*) palo *m* de golf

B (society, association) club *m*; **sports ~** club deportivo; **to join a ~** hacerse* socio de un club; **I'm fed up — join the ~!** estoy harto — ¡no eres el único! *or* ¡ya somos dos!

C **1** (Games) **clubs** *pl* (suit) (+ *sing or pl vb*) tréboles *mpl*; (in Spanish pack) bastos *mpl* **2** (for dancing) discoteca *f*

club² **-bb-** *vt* aporrear, darle* garrotazos a

■ **club** *vi* (visit dancing venues): **to go clubbing** ir* de discoteca, ir* de marcha (Esp fam), carretear (Chi fam)

Phrasal verb

- **club together** [v ▸ adv] (contribute money) (BrE): **they ~bed together to buy her a present** le compraron un regalo entre todos

clubber /ˈklʌbər || ˈklʌbə(r)/ *n* discotequero, -ra *m,f*, clubero, -ra *m,f* (AmL), marchoso, -sa *m,f* (Esp fam), carretero, -ra *m,f* (Chi fam)

club: **~foot** /ˈklʌbˈfʊt/ *n* pie *m* deforme; **~house** *n* (building for club) casa *f* club; (of grandstand, stadium) (AmE) club *m* de tribuna; **~ sandwich** *n* sandwich *m* club *or* de dos pisos

cluck¹ /klʌk/ *vi* «*hen*» cloquear; «*person*» chascar* *or* chasquear la lengua

cluck² *n*

A (of hen) cloqueo *m*; (of person) chasquido *m* (de la lengua)

B (fool) (AmE colloq) idiota *mf* (fam)

clue /kluː/ *n* (indication) pista *f*; (in crosswords) clave *f*; ***not to have a ~*** (colloq) (not know, be incompetent) no tener* ni (la más mínima *or* la menor) idea (fam)

clued-up /ˈkluːdˈʌp/ *adj* (*pred* **clued up**) (colloq) ‹*person*› bien informado; **to be ~ ~ ABOUT sth** estar* muy al tanto DE algo

clueless /ˈkluːləs || ˈkluːlɪs/ *adj* **1** (not having found clue) (AmE journ) sin pistas **2** (incompetent) (BrE colloq) negado (fam)

clump¹ /klʌmp/ *n* **1** (of trees) grupo *m*; (of flowers) macizo *m* **2** (of earth) terrón *m*

clump² *vi* (walk heavily) (colloq) caminar pisando fuerte

clumsily /ˈklʌmzəli || ˈklʌmzɪli/ *adv* **1** ‹*handle/apologize*› torpemente, con torpeza **2** ‹*made*› toscamente; ‹*written*› con poca fluidez

clumsiness /ˈklʌmzinəs || ˈklʌmzɪnɪs/ *n* [u] **1** (of movement, words) torpeza *f* **2** (of construction, design) tosquedad *f*

clumsy /ˈklʌmzi/ *adj* **-sier, -siest** **1** ‹*person/movement*› torpe, patoso (Esp fam) **2** ‹*tool/shape*› tosco; ‹*translation/forgery*› burdo; ‹*writing*› falto de fluidez

clung /klʌŋ/ *past & past p of* **cling**

clunk¹ /klʌŋk/ *vi* golpetear

clunk² *n* golpetazo *m* (metálico)

clunky /ˈklʌŋki/ *adj* **1** (out of date) anticuado **2** (clumsy, awkward) tosco y pesado

cluster¹ /ˈklʌstər || ˈklʌstə(r)/ *n* (of people, buildings) grupo *m*; (of berries, bananas) racimo *m*; (of stars) grupo *m*

cluster² *vi* (bunch) apiñarse, agruparse

■ **cluster** *vt*: **all the hotels are ~ed around the station** todos los hoteles están agrupados *or* concentrados alrededor de la estación

clutch¹ /klʌtʃ/ *n*

A **1** **clutches** *pl* garras *fpl*; **to be in/fall into sb's/sth's ~es** estar*/caer* en las garras de algn/algo **2** (difficult, crucial situation) (AmE): **in the ~** (colloq) en las emergencias; (*before n*) **~ situation** situación *f* de emergencia

B **1** (device) embrague *m*, clutch *m* (AmC, Col, Méx, Ven) **2** **~ (pedal)** (pedal *m* del) embrague *m*, clutch *m* (AmC, Col, Méx, Ven); **to let out the ~** desembragar*, soltar* el embrague

C **1** (of eggs) nidada *f* **2** (group, bunch) puñado *m*

clutch² *vt* tener* firmemente agarrado; **she ~ed the child to her breast** estrechó *or* apretó al niño contra su pecho
▪ **clutch** *vi* **to ~ AT sth** tratar de agarrarse DE algo
clutch bag *n: bolso sin asas*, sobre *m* (AmL)
clutter¹ /'klʌtər || 'klʌtə(r)/ *n* [u]: **the room was full of ~** la habitación estaba abarrotada *or* atestada de cosas; **a ~ of books and papers** un revoltijo de libros y papeles
clutter² *vt* **~ (up)** abarrotar; **to ~ sth WITH sth** abarrotar algo DE algo; **don't ~ your essay with unnecessary detail** no recargues el trabajo con detalles superfluos
cluttered /'klʌtərd || 'klʌtəd/ *adj* abarrotado *or* atestado de cosas
cm (= **centimeter(s)** *or* (BrE) **centimetre(s)**) cm.
Cmdr (title) = **Commander**
CND *n* (in UK) (= **Campaign for Nuclear Disarmament**) Campaña *f* pro Desarme Nuclear
co- /'kəʊ/ *pref* co-
c/o (= **in care of** *or* (BrE) **care of**): **John Smith, c/o Ana Mas** John Smith, en casa de Ana Mas, Ana Mas, para entregar a John Smith
Co 1 /kəʊ/ (= **company**) Cía. 2 (Geog) = **County**
CO
A (Geog) = **Colorado**
B (Mil) = **Commanding Officer**
coach¹ /kəʊtʃ/ *n*
A 1 (horse-drawn carriage) coche *m* (de caballos), carruaje *m*; (*stage* ~) diligencia *f* 2 (long-distance bus) (BrE) autobús *m*, autocar *m* (Esp), pullman *m* (CS)
B (Rail) 1 (AmE) vagón *m* de tercera (clase); (*before n*) ‹*fare/passenger*› de tercera 2 (BrE) vagón *m*
C 1 (tutor) profesor, -sora *m,f* particular 2 (team manager) entrenador, -dora *m,f*, director técnico, directora técnica *mf* (AmL)
coach² *vt* ‹*team/player*› entrenar; ‹*pupil/student/singer*› preparar, darle* clases a
coaching /'kəʊtʃɪŋ/ *n* [u] 1 (training) entrenamiento *m* 2 (tutoring) preparación *f*, clases *fpl* 3 (prompting) (AmE colloq) ayuda *f*
coachload /'kəʊtʃləʊd/ *n* (BrE) ▸**busload**
coagulate /kəʊ'ægjəleɪt || kəʊ'ægjʊleɪt/ *vi* «*blood*» coagularse
coal /kəʊl/ *n* [u c] carbón *m*; ***to carry ~s to Newcastle*** llevar leña al monte, ir* a vendimiar y llevar uvas de postre; ***to haul sb over the ~s*** reprender severamente a algn, poner* a algn como chupa de dómine; (*before n*) **~ bin** *o* (BrE) **bunker** carbonera *f*; **~ cellar** carbonera *f*; **~ dust** carbonilla *f*; **~ fire** fuego *m* de *or* a carbón; **~ mine** mina *f* de carbón; **~ miner** minero, -ra *m,f* del carbón; **~ shed** carbonera *f*
coal: **~-black** /'kəʊl'blæk/ *adj* (*pred* **~ black**) negro como el carbón; **~face** *n* tajo *m*, frente *m* de explotación del carbón; **~field** *n* yacimiento *m* de carbón; (area of working mines) área *f*‡ *or* zona *f* de minas de carbón
coalition /'kəʊə'lɪʃən/ *n* [u c] coalición *f*
coal: **~man** /'kəʊlmæn/ *n* (*pl* **-men** /-men/) carbonero *m*; **~ mining** *n* [u] explotación *f* hullera *or* de las minas de carbón; (*before n*) **~-mining area** zona *f* minera; **~ scuttle** /'kəʊl,skʌtl̩/ *n* cubo *m* del carbón; **~ tar** *n* alquitrán *m* de hulla; (*before n*) **~ tar soap** jabón *m* de brea
coarse /kɔːrs || kɔːs/ *adj* **coarser, coarsest** 1 ‹*sand/filter*› grueso; ‹*cloth*› basto, ordinario, burdo; ‹*bread*› basto; ‹*features*› tosco 2 ‹*person*› basto, ordinario, burdo; ‹*manners*› ordinario, basto, tosco; ‹*language/joke*› ordinario, basto, grosero
coarsely /'kɔːrsli || 'kɔːsli/ *adv* 1 ‹*chop*› en trozos grandes; ‹*weave*› toscamente 2 ‹*speak/behave*› de manera ordinaria, con ordinariez
coarsen /'kɔːrsn̩ || 'kɔːsən/ *vt* 1 ‹*skin*› poner* áspero 2 ‹*person/manners*› volver* ordinario *or* tosco *or* basto
▪ **coarsen** *vi* 1 «*skin*» volverse* áspero 2 «*person/language*» volverse* más ordinario *or* basto
coast¹ /kəʊst/ *n* 1 (shoreline) costa *f*; ***the ~ is clear*** no hay moros en la costa 2 (region) costa *f*, litoral *m*; **from ~ to ~** de costa a costa
coast² *vi* 1 (freewheel) «*car*» deslizarse* (*sin llevar el motor en marcha*) 2 (proceed effortlessly): **she ~ed through her exams** superó fácilmente los exámenes
coastal /'kəʊstl̩/ *adj* (*before n*) costero
coaster /'kəʊstər || 'kəʊstə(r)/ *n* 1 (ship) barco *m* de cabotaje 2 (drink mat) posavasos *m*
coast: **~guard** *n* 1 (organization) **the C~guard** los guardacostas 2 [c] (person) guardacostas *mf*; **~guardsman** /'kəʊstgɑːrdzmən || 'kəʊstgɑːdzmən/ *n* (*pl* **-men** /-mən/) (AmE) ▸**~guard 2**; **~line** *n* [u c] costa *f*, litoral *m*; **~ to coast** *adv* (AmE) a lo largo y ancho del país; **~-to-coast** /'kəʊsttə'kəʊst/ *adj* (AmE) de costa a costa
coat¹ /kəʊt/ *n*
A (Clothing) 1 (*over~*) (for men) abrigo *m or* (RPl) sobretodo *m*; (for women) abrigo *m or* (RPl) tapado *m*; **white ~** (doctor's etc) bata *f* blanca; ***to cut one's ~ according to one's cloth*** (BrE) vivir según sus (*or* mis *etc*) posibilidades, adaptarse a las circunstancias; (*before n*) **~ hanger** percha *f*; **~ stand** perchero *m* 2 (jacket) chaqueta *f*; (heavier) chaquetón *m*
B (of animals) pelaje *m*
C (layer) capa *f*; (of paint) capa *f*, mano *f*
coat² *vt* cubrir*
-coated /'kəʊtəd || 'kəʊtɪd/ *suff* (Culin): **sugar~** cubierto de azúcar; **chocolate~** cubierto de chocolate, bañado en chocolate
coating /'kəʊtɪŋ/ *n* (of dust, grease) capa *f*; (Culin) capa *f*, baño *m*; **protective ~** revestimiento *m* de protección
coat of arms *n* (*pl* **~s ~ ~**) escudo *m* de armas
coax /kəʊks/ *vt* **to ~ sb/sth INTO -ING**: **I ~ed the child into going to bed** convencí al niño para que se acostara; **I ~ed the animal into the cage** con paciencia logré que el animal se metiera en la jaula; **to ~ sb TO + INF**: **she ~ed them to eat** con paciencia intentó que comieran; **to ~ sth FROM** *o* **OUT OF sb** sonsacarle* algo A algn; **a ~ing voice** una voz persuasiva
coaxing /'kəʊksɪŋ/ *n* [u] persuasión *f*, mano *f* izquierda
cob /kɑːb || kɒb/ *n* (*corn~*) mazorca *f* (de maíz), choclo *m* (AmS), elote *m* (AmC, Méx)
cobalt /'kəʊbɔːlt/ *n* [u] cobalto *m*
cobble /'kɑːbəl || 'kɒbəl/ *vt* 1 ‹*shoe*› arreglar 2 **cobbled** *past p* ‹*street*› adoquinado
Phrasal verb
• **cobble together** [v ▸ o ▸ adv, v ▸ adv ▸ o] (colloq) ‹*meal*› improvisar; ‹*essay/speech*› redactar a las carreras (fam)
cobbler /'kɑːblər || 'kɒblə(r)/ *n*
A (shoe repairer) zapatero *m* (remendón)
B **cobblers** *pl* (nonsense) (BrE sl) estupideces *fpl*
cobblestone /'kɑːbəlstəʊn || 'kɒbəlstəʊn/ *n* adoquín *m*
cobra /'kəʊbrə/ *n* cobra *f*
cobweb /'kɑːbweb || 'kɒbweb/ *n* telaraña *f*
cocaine /kəʊ'keɪn/ *n* [u] cocaína *f*
coccyx /'kɑːksɪks || 'kɒksɪks/ *n* (*pl* **coccyges** /'kɑːksədʒiːz || 'kɒksɪdʒiːz/ *or* **coccyxes**) coxis *m*, cóccix *m*
cochineal /'kɑːtʃəniːl || ,kɒtʃɪ'niːl/ *n* [u] cochinilla *f*
cock¹ /kɑːk || kɒk/ *n*
A [c] (male fowl) gallo *m*; (male bird) macho *m*
B [c] (penis) (vulg) verga *f*, pija *f* (RPl vulg), polla *f* (Esp vulg), pico *m* (Chi vulg)
cock² *vt*
A ‹*gun*› montar, amartillar
B ‹*head*› ladear; ‹*ears*› levantar, parar (AmL); **the dog ~ed its leg at each tree** el perro levantaba la pata en cada árbol
Phrasal verb
• **cock up** [v ▸ o ▸ adv, v ▸ adv ▸ o] (BrE sl) fastidiar (fam), joder (vulg)
cock-a-doodle-doo /'kɑːkə'duːdl̩'duː || ,kɒkə,duːdl̩'duː/ *interj* ¡quiquiriquí!
cock-a-hoop /'kɑːkə'huːp || ,kɒkə'huːp/ *adj* (exultant) (*usu pred*) **to be ~ ABOUT sth** estar* contentísimo *or* como unas castañuelas CON algo
cockamamy /'kɑːkə'meɪmi || ,kɒkə'mæmi/ *adj* (AmE colloq) absurdo, disparatado
cock-and-bull /'kɑːkən'bʊl || ,kɒkən'bʊl/ *adj* (colloq): **~ story** *o* **tale** cuento *m* (chino) (fam), camelo *m* (fam)
cockatoo /'kɑːkətuː || ,kɒkə'tuː/ *n* (*pl* **-toos**) cacatúa *f*
cocked hat *n*: ***to knock sb/sth into a ~ ~*** darle* cien *or* cien mil vueltas a algn/algo (fam), ser* muchísimo mejor que algn/algo

cockerel /'kɑːkrəl || 'kɒkərəl/ *n* gallito *m*

cocker spaniel /'kɑːkər || 'kɒkə(r)/ *n* cocker *mf* (spaniel)

cockeyed /'kɑːkaɪd || 'kɒkaɪd/ *adj* **1** (ridiculous) disparatado **2** (askew) torcido, chueco (AmL)

cock: **~fight** *n* pelea *f* de gallos, riña *f* de gallos (AmS); **~fighting** *n* [u] peleas *fpl* de gallos, riñas *fpl* de gallos (AmS)

cockle /'kɑːkəl || 'kɒkəl/ *n* (Zool) berberecho *m*; ***to warm the ~s of sb's heart*** enternecer* a algn

Cockney, cockney /'kɑːkni || 'kɒkni/ *n* (*pl* **-neys**) cockney *mf* (*persona nacida en el East End, tradicionalmente de clase obrera*)

cockpit /'kɑːkpɪt || 'kɒkpɪt/ *n*

A (Aviat) cabina *f* de mando; (Naut) puente *m* de mando; (in racing car) cabina *f*

B (for cockfights) gallera *f*, reñidero *m*, palenque *m* (Méx)

cockroach /'kɑːkrəʊtʃ || 'kɒkrəʊtʃ/ *n* cucaracha *f*

cocksure /'kɑːk'ʃʊr || kɒk'ʃʊə(r), ˌkɒk'ʃɔː(r)/ *adj* (colloq) creído (fam), petulante, engreído

cocktail /'kɑːkteɪl || 'kɒkteɪl/ *n* **1** [c] (drink) cóctel *m*, coctel *m*, combinado *m*; (*before n*) **~ bar** bar *m*, coctelería *f*; **~ cabinet** mueble-bar *m*; **~ party** cóctel *m*, coctel *m*; **~ stick** palillo *m*, mondadientes *m*, escarbadientes *m* **2** [c u] (food): **shrimp** *o* (BrE) **prawn ~** cóctel *m* de camarones *or* (Esp) de gambas *or* (CS) de langostinos, langostinos *mpl* con salsa golf (RPl)

cock-up /'kɑːkʌp || 'kɒkʌp/ *n* (BrE colloq) lío *m*, follón *m* (Esp fam); **I made a ~ of it** la fastidié (fam), la embarré (AmS fam)

cocky /'kɑːki || 'kɒkɪ/ *adj* **cockier, cockiest** (colloq) gallito (fam), chulo (Esp fam)

cocoa /'kəʊkəʊ/ *n* [u c] (powder) cacao *m*, cocoa *f* (AmL); (drink) chocolate *m*, cocoa *f* (AmL)

coconut /'kəʊkənʌt/ *n* [c u] coco *m*

coconut: **~ milk** *n* agua *f*‡ de coco; **~ palm** *n* cocotero *m*, palma *f* de coco (Col); **~ shy** *n* (in UK) tiro *m* al coco; **~ tree** *n* ▸ **~ palm**

cocoon[1] /kə'kuːn/ *n* (Zool) capullo *m*

cocoon[2] *vt* **to ~ sb IN sth** arrebujar *or* arropar a algn EN *or* CON algo

cod /kɑːd || 'kɒd/ *n* [c u] (*pl* **~** *or* **~s**) bacalao *m*

COD *adv* (= **cash** *or* (AmE also) **collect on delivery**) contra reembolso

coddle /'kɑːdl̩ || 'kɒdl̩/ *vt* mimar

code[1] /kəʊd/ *n*

A **1** [c u] (cipher) clave *f*, código *m*; **in ~** en clave, cifrado **2** [c] (for identification) código *m* **3** [u] (Comput) código *m* **4** [c] (Telec) código *m*, prefijo *m*

B [c] **1** (social, moral) código *m*; **~ of practice** código de práctica **2** (Law) código *m*

code[2] *vt* **1** (encipher) cifrar, poner* en clave **2** (give identifying number, mark) codificar*; (Comput) codificar*

codeine /'kəʊdiːn/ *n* [u] codeína *f*

codger /'kɑːdʒər || 'kɒdʒə(r)/ *n* (colloq): **old ~** vejete *m* (fam)

coding /'kəʊdɪŋ/ *n* [u c] **1** (use of ciphers) cifrado *m*, notación *f* en clave **2** (Comput) codificación *f*

cod-liver oil /'kɑːdˌlɪvər || 'kɒdˌlɪvə(r)/ *n* [u] aceite *m* de hígado de bacalao

co-driver /'kəʊ'draɪvər || 'kəʊˌdraɪvə(r)/ *n* copiloto *mf*

codswallop /'kɑːdzwɑːləp || 'kɒdzwɒləp/ *n* [u] (BrE colloq) paparruchas *fpl* (fam)

coed /'kəʊed/, **coeducational** /kəʊ'edʒə'keɪʃnəl || ˌkəʊˌedjʊ'keɪʃənəl/ *adj* mixto

coefficient /'kəʊə'fɪʃənt || ˌkəʊɪ'fɪʃənt/ *n* coeficiente *m*

coerce /kəʊ'ɜːrs || kəʊ'ɜːs/ *vt* **to ~ sb (INTO -ING)** coaccionar a algn (PARA QUE (+ *subj*), compeler a algn (A + INF) (frml)

coercion /kəʊ'ɜːrʒən || kəʊ'ɜːʃən/ *n* [u] coacción *f*

coexist /'kəʊɪg'zɪst/ *vi* **to ~ (WITH sb/sth)** coexistir *or* convivir (CON algn/algo)

coexistence /'kəʊɪg'zɪstəns/ *n* [u] coexistencia *f*, convivencia *f*

C of E *adj* (BrE colloq) (= **Church of England**) anglicano

coffee /'kɔːfi || 'kɒfi/ *n*

A [u] (beans, granules, drink) café *m*; **black ~** café negro *or* (Esp) solo *or* (Chi) puro *or* (Col) tinto; **white ~** (BrE) café con leche; (*before n*) **~ break** pausa *f* del café; **~ mill** *o* **grinder** molinillo *m* de café; **~ percolator** cafetera *f* de filtro

B (color) (color *m*) café *m* con leche

coffee: **~ bar** *n* (BrE) café *m*, cafetería *f*; **~ cake** *n* [u c] (in US) *bizcocho con fruta seca*; (in UK) pastel *m* de café; **~ house** *n* café *m*, cafetería *f*; **~ klatsch** /klætʃ, klɑːtʃ / *n* (AmE) tertulia *f*; **~ maker** *n* cafetera *f*, máquina *f* para preparar café; **~pot** *n* cafetera *f*; **~ table** *n* mesa *f* de centro, mesa *f* ratona (RPl); (*before n*) **~-table book** *libro ilustrado de gran formato*

coffer /'kɔːfər || 'kɒfə(r)/ *n* **1** (chest) cofre *m* **2** **coffers** *pl* (funds) fondos *mpl*

coffin /'kɔːfən || 'kɒfɪn/ *n* ataúd *m*, féretro *m*, cajón *m* (AmL)

cog /kɑːg || kɒg/ *n* **1** (tooth) diente *m* **2** (wheel) piñón *m*, rueda *f* dentada; **to be a ~ in the machine** ser* una pieza más en el engranaje del organismo (*or* del partido *etc*)

cogent /'kəʊdʒənt/ *adj* convincente, contundente

cogitate /'kɑːdʒəteɪt || 'kɒdʒɪteɪt/ *vi* **to ~ (ON** *o* **UPON sth)** cavilar *or* meditar (SOBRE algo)

cogitation /'kɑːdʒə'teɪʃən || ˌkɒdʒɪ'teɪʃən/ *n* [u] (frml) (*often pl*) cavilación *f*, meditación *f*

cognac /'kɑːnjæk || 'kɒnjæk/ *n* [u c] coñac *m*, coñá *m*

cognitive /'kɑːgnətɪv || 'kɒgnɪtɪv/ *adj* cognoscitivo

cohabit /kəʊ'hæbət || kəʊ'hæbɪt/ *vi* (frml) **to ~ (WITH sb)** cohabitar (CON algn) (frml)

cohere /kəʊ'hɪr || kəʊ'hɪə(r)/ *vi* **1** (form unit) formar una unidad **2** (be consistent) **to ~ (WITH sth)** ser* coherente *or* congruente (CON algo)

coherence /kəʊ'hɪrəns || kəʊ'hɪərəns/, **coherency** /-si/ *n* [u] **1** (logical connection) coherencia *f*, congruencia *f* **2** (of group) cohesión *f*

coherent /kəʊ'hɪrənt || kəʊ'hɪərənt/ *adj* coherente, congruente

cohesion /kəʊ'hiːʒən/ *n* [u] cohesión *f*

cohesive /kəʊ'hiːsɪv/ *adj* ‹*group*› unido

cohort /'kəʊhɔːrt || 'kəʊhɔːt/ *n* **1** (Hist, Mil) cohorte *f* **2** (follower) (AmE) seguidor, -dora *m,f*

coiffure /kwɑː'fjʊr || kwɑː'fjʊə(r)/ *n* peinado *m*

coil[1] /kɔɪl/ *n*

A **1** (series of loops — of rope, wire) rollo *m*; (— of smoke) espiral *f*, volutas *fpl*; (— of hair) moño *m*, chongo *m* (Méx), rodete *m* (RPl) **2** (single loop) lazada *f*, vuelta *f*

B (contraceptive) (BrE) espiral *f*

coil[2] *vt* ‹*rope/wire*› enrollar; **to ~ sth/oneself AROUND sth** enrollar algo/enrollarse *or* enroscarse* ALREDEDOR DE algo

■ **coil** *vi*: **smoke ~ed into the air** el humo se alzaba en volutas *or* en espiral

coin[1] /kɔɪn/ *n* [c] moneda *f*; ***the other side of the ~*** la otra cara de la moneda

coin[2] *vt* **1** (invent) ‹*word/expression*› acuñar; **to ~ a phrase** (set phrase) como se suele decir **2** (mint) acuñar

coinage /'kɔmɪdʒ/ *n*

A [u] (system) sistema *m* monetario

B [c] (invented word, phrase) palabra *f* (*or* frase *f etc*) de nuevo cuño

coin box *n* depósito *m* de monedas

coincide /'kəʊən'saɪd || ˌkəʊɪn'saɪd/ *vi* **to ~ (WITH sth)** coincidir (CON algo)

coincidence /kəʊ'ɪnsədəns || kəʊ'ɪnsɪdəns/ *n* [c u] casualidad *f*, coincidencia *f*; **by ~ he was there** dio la casualidad de que estaba allí

coincidental /kəʊ'ɪnsə'dentl̩ || kəʊ'ɪnsɪdentl̩/ *adj* casual, fortuito

coincidentally /kəʊ'ɪnsə'dentl̩i || kəʊˌɪnsɪ'dentəli/ *adv* por casualidad, casualmente

coin-operated /'kɔɪn'ɑːpəreɪtəd || 'kɔɪnˌɒpəreɪtɪd/ *adj* que funciona con monedas

coitus /'kəʊətəs || 'kəʊɪtəs/, **coition** /kəʊ'ɪʃn̩/ *n* [u] (frml) coito *m* (frml)

coke /kəʊk/ *n* [u]

A (fuel) (carbón *m* de) coque *m*

B (cocaine) (colloq) coca *f* (fam)

C

C **Coke**® (colloq) Coca-Cola® *f*

Col (title) (= **Colonel**) Cnel.

colander /ˈkʌləndər ‖ ˈkʌləndə(r)/ *n* colador *m*, escurridor *m* (*de pasta, verduras*)

cold¹ /kəʊld/ *adj*

A ‹*water/weather/drink*› frío; **I'm ~** tengo frío; **my feet are ~** tengo los pies fríos, tengo frío en los pies; **it's ~ today/in here** hoy/aquí hace frío; **the soup is ~** la sopa está fría; **I'm getting ~** me está entrando frío; **it's getting ~** está empezando a hacer frío; **the engine starts straight from ~** el motor arranca en frío; **no, you're still ~, getting ~er** (in game) no, frío, más frío; **the trail had gone ~** se habían borrado las huellas; ▸**blow²** *vi* **A1**

B [1] (unfriendly, unenthusiastic) frío; **I got a very ~ reception** me recibieron con mucha frialdad *or* muy fríamente; **to be ~ TO** *o* **WITH sb** tratar a algn con frialdad, estar*/ser* frío con algn; ***to leave sb ~***: **that leaves me ~** (colloq) (eso) me deja frío *or* tal cual (fam), (eso) no me da ni frío ni calor (fam) [2] (impersonal) ‹*logic*› frío

C (unconscious) ▸**out² A2**

D (without preparation) sin ninguna preparación; **I came to the job ~** empecé el trabajo sin ninguna preparación

cold² *n*

A [u] (low temperature) frío *m*; **to shiver with ~** temblar* de frío; **to feel the ~** ser* friolento *or* (Esp) friolero, sentir* el frío; ***to leave sb/be left out in the ~*** dejar a algn/quedarse al margen

B [c] (Med) resfriado *m*, catarro *m*, constipado *m* (Esp), resfrío *m* (CS); **to have a ~** estar* resfriado; **to catch a ~** resfriarse*, coger* un resfriado (Esp), agarrarse un resfrío (CS)

cold³ *adv* (*as intensifier*): **I've got the part down ~ now** (AmE) ahora me sé el papel perfectamente *or* (fam) de pe a pa

cold: **~-blooded** /ˈkəʊldˈblʌdəd ‖ ˌkəʊldˈblʌdɪd/ *adj* [1] ‹*murder*› a sangre fría; ‹*killer*› despiadado, cruel, desalmado [2] (Zool) de sangre fría; **~ calling** *n* [u] venta *f* en frío; **~ cream** *n* [u] crema *f* limpiadora *or* de limpieza, cold cream *f*; **~ cuts** *pl n* (AmE) fiambres *mpl*; **~-hearted** /ˈkəʊldˈhɑːrtəd ‖ ˌkəʊldˈhɑːtɪd/ *adj* frío, insensible

coldly /ˈkəʊldli/ *adv* con frialdad, fríamente

coldness /ˈkəʊldnəs ‖ ˈkəʊldnɪs/ *n* [u] [1] (of person, attitude) frialdad *f* [2] (temperature) frío *m*

cold: **~-shoulder** /ˈkəʊldˈʃəʊldər ‖ ˌkəʊldˈʃəʊldə(r)/ *vt* (colloq) hacerle* el vacío a; **~ sore** *n* herpes *m* (labial), boquera *f*, fuego *m* (AmL), pupa *f* (Esp fam); **~ storage** *n* [u] almacenamiento *m* en cámaras frigoríficas; **~ turkey** *adv* (sl): **to go ~ turkey** estar* con el mono (arg); **~ war** *n* guerra *f* fría

coleslaw /ˈkəʊlslɔː/ *n* [u] *ensalada de repollo, zanahoria y cebolla con mayonesa*

colic /ˈkɑːlɪk ‖ ˈkɒlɪk/ *n* [u] cólico *m*

collaborate /kəˈlæbəreɪt/ *vi* colaborar

collaboration /kəˈlæbəˈreɪʃən/ *n* [u] (cooperation) colaboración *f*; (with enemy) colaboracionismo *m*; **in ~ with** en colaboración con

collaborator /kəˈlæbəreɪtər ‖ kəˈlæbəreɪtə(r)/ *n* (partner) colaborador, -dora *m,f*; (with enemy) colaboracionista *mf*

collage /kəˈlɑːʒ ‖ ˈkɒlɑːʒ/ *n* [c u] collage *m*

collapse¹ /kəˈlæps/ *vi*

A (fall down) «*building*» derrumbarse, desmoronarse, desplomarse

B [1] (fall) «*person*» desplomarse; **we ~d with laughter** nos desternillamos de risa [2] (Med) «*person*» sufrir un colapso

C (fail) fracasar, venirse* abajo

D [1] (fold up) «*table/chair*» plegarse* [2] **collapsing** *pres p* ‹*table/chair*› plegable

collapse² *n* [c u] [1] (of building) derrumbe *m*, desmoronamiento *m* [2] (Med) colapso *m* [3] (of plan) fracaso *m*; (of company) quiebra *f*

collapsible /kəˈlæpsəbəl/ *adj* ‹*table/bed*› plegable

collar¹ /ˈkɑːlər ‖ ˈkɒlə(r)/ *n* [1] (Clothing) cuello *m*; (Med) collarín *m*, cuello *m* ortopédico; ***to get hot under the ~*** sulfurarse, ponerse* hecho una furia [2] (for animal) collar *m*

collar² *vt* (colloq): **he ~ed me as I was leaving** me agarró *or* me pescó cuando salía (fam)

collarbone /ˈkɑːlərbəʊn ‖ ˈkɒləbəʊn/ *n* clavícula *f*

collate /kɑːˈleɪt ‖ kəˈleɪt/ *vt* [1] (assemble) reunir*, recopilar [2] (order) poner* en orden, compaginar

collateral /kəˈlætərəl/ *n* [u] (Fin) garantía *f*, fianza *f*

collateral damage *n* [u] daños *mpl* colaterales

colleague /ˈkɑːliːg ‖ ˈkɒliːg/ *n* colega *mf*, compañero, -ra *m,f* (de trabajo)

collect¹ /kəˈlekt/ *vt*

A [1] (gather together) ‹*information/evidence/data*› reunir*, recopilar; **we're ~ing old clothes for charity** estamos juntando ropa usada para una obra benéfica; **we ~ed (up) our belongings** recogimos nuestras cosas [2] (attract, accumulate) ‹*dust*› acumular, juntar [3] (earn) (colloq) sacar(se)* (fam), ganarse

B (as hobby) coleccionar, juntar (esp AmL)

C (fetch, pick up) recoger*; **they ~ the garbage every Monday** todos los lunes pasan a recoger la basura; **she ~s her from school every day** la recoge del colegio *or* la va a buscar al colegio todos los días

D (obtain payment) ‹*rent/fine/subscription*› cobrar; ‹*taxes*› recaudar

E (put in order): **give me some time to ~ my thoughts** déjame pensar un momento; ***to ~ oneself*** recobrar la calma, serenarse

■ **collect** *vi*

A [1] (gather, assemble) «*people*» reunirse*, congregarse* [2] (accumulate) «*dust/water*» acumularse, juntarse

B (solicit contributions) recaudar dinero, hacer* una colecta

collect² *adj* (AmE) ‹*call/cable*› a cobro revertido, por cobrar (Chi, Méx)

collect³ *adv* (AmE) ‹*call*› a cobro revertido, por cobrar (Chi, Méx)

collected /kəˈlektəd ‖ kəˈlektɪd/ *adj* [1] (composed) sereno, compuesto [2] (Lit): **the ~ works of Jane Austen** las obras completas de Jane Austen

collectible, collectable *n* [1] (publication) coleccionable *m* [2] (antique) objeto *m* coleccionable

collection /kəˈlekʃən/ *n*

A [1] [u] (of evidence) recopilación *f*; (of rent, debts) cobro *m*; (of taxes) recaudación *f*; (*before n*) **a debt ~ agency** una agencia de cobro a morosos [2] [u] (act of fetching): **the goods are ready for ~** puede recoger *or* pasar a buscar las mercancías [3] [c] (of mail, refuse) recogida *f*

B [c] (of money) colecta *f*; **to make** *o* **hold a ~ for sth** hacer* una colecta para algo; (*before n*) **~ box** alcancía *f* (AmL), hucha *f* (Esp); **~ plate** (Relig) bandeja *f*, cepillo *m*

C [c] (group — of objects) colección *f*; (— of people) grupo *m*

collective¹ /kəˈlektɪv/ *adj* (*usu before n*) colectivo

collective² *n* (Econ) colectivo *m*, cooperativa *f*

collector /kəˈlektər ‖ kəˈlektə(r)/ *n* [1] coleccionista *mf*; **a ~'s item** *o* **piece** una pieza de colección [2] (official) cobrador, -dora *m,f*; **tax ~** recaudador, -dora *m,f* de impuestos

college /ˈkɑːlɪdʒ ‖ ˈkɒlɪdʒ/ *n* [1] (university) (esp AmE) universidad *f*; (*before n*) ‹*education/life/lecturer*› universitario [2] (for vocational training) escuela *f*, instituto *m*; *see also* **teachers college** [3] (department of university) facultad *f*, departamento *m*; (in Britain) colegio *m* universitario

collegiate /kəˈliːdʒət, -dʒiət/ *adj* (esp AmE) universitario

collide /kəˈlaɪd/ *vi* [1] (crash) «*vehicle*» chocar*, colisionar (frml); **to ~ WITH sth/sb** chocar* CON algo/algn [2] (disagree) **to ~ (WITH sb/sth) (OVER sth)** tener* un enfrentamiento (CON algn/algo) (SOBRE *or* ACERCA DE algo)

collie /ˈkɑːli ‖ ˈkɒli/ *n* collie *mf*, pastor escocés, pastora escocesa *m,f*

collier /ˈkɑːljər ‖ ˈkɒliə(r)/ *n* minero, -ra *m,f* (*de carbón*)

colliery /ˈkɑːljəri ‖ ˈkɒlɪəri/ *n* (*pl* **-ries**) mina *f* de carbón

collision /kəˈlɪʒən/ *n* [c u] [1] (crash — of cars, trains) choque *m*, colisión *f* (frml); (— of boats) abordaje *m*, colisión *f* (frml); **to be in ~ with sth** chocar* *or* (frml) colisionar CON algo; (*before n*) **the two ships were on a ~ course** los dos barcos llevaban rumbo de colisión [2] (disagreement) enfrentamiento *m*, confrontación *f*

colloquial /kəˈləʊkwiəl/ *adj* coloquial

colloquialism /kəˈləʊkwiəlɪzəm/ *n* palabra *f*/expresión *f* coloquial

colloquially /kəˈləʊkwiəli/ *adv* coloquialmente

collusion /kəˈluːʒən/ *n* [u] colusión *f*, connivencia *f*; **to be in ~ with sb** estar* coludido con algn, estar* en colusión *or* connivencia con algn

collywobbles /ˈkɑːliˈwɑːbəlz || ˈkɒlɪwɒblz/ *pl n* (nerves) (colloq): **to have the ~** estar* nerviosísimo, tener* canguelo (Esp fam), tener* culillo (Col, Ven fam), tener* ñáñaras (Méx fam)

Colo = Colorado

cologne /kəˈləʊn/ *n* [u c] (*eau de ~*) colonia *f*

Colombia /kəˈlʌmbiə/ *n* Colombia *f*

Colombian¹ /kəˈlʌmbiən/ *adj* colombiano

Colombian² *n* colombiano, -na *m,f*

colon /ˈkəʊlən/ *n*

A (Anat) colon *m*

B (in punctuation) dos puntos *mpl*

colonel /ˈkɜːrnl || ˈkɜːnl/ *n* coronel, -nela *m,f*

colonial /kəˈləʊniəl/ *adj* colonial

colonialism /kəˈləʊniəlɪzəm/ *n* [u] colonialismo *m*

colonist /ˈkɑːlənəst || ˈkɒlənɪst/ *n* colono, -na *m,f*

colonize /ˈkɑːlənaɪz || ˈkɒlənaɪz/ *vt* colonizar*

colony /ˈkɑːləni || ˈkɒləni/ *n* (*pl* **-nies**) colonia *f*

color¹, (BrE) **colour** /ˈkʌlər || ˈkʌlə(r)/ *n*

A **1** [c u] (shade) color *m*; **what ~ is the ball?** ¿de qué color es la pelota?; **her hair is reddish-brown in ~** tiene el pelo (de color) castaño-rojizo **2** [u] (not monochrome) color *m*; **in full ~** a todo color; (*before n*) ‹*photograph*› en colores *or* (Esp) en color; ‹*television*› en colores *or* (Esp) en color *or* (Andes, Ven) a color; **~ supplement** suplemento *m* a todo color *or* en color **3** [u] (vividness) color *m*, colorido *m*; **local ~** el color local

B [u] (racial feature) color *m*; (*before n*) **~ prejudice** prejuicio *m* racial

C [u] (complexion) color *m*; **to bring the ~ back to sb's cheeks** devolverle* el color *or* los colores a algn; *see also* **off-color**

D **colors** *pl* **1** (flag) bandera *f*; **the ~s of the regiment** el estandarte del regimiento; ***one's true ~s***: **she showed her true ~s** se mostró tal cual era en realidad; ***with flying ~s***: **he passed his exams with flying ~s** le fue estupendamente en los exámenes; **she passed the test with flying ~s** pasó airosa la prueba **2** (BrE Sport): **the team ~s** los colores del equipo

color², (BrE) **colour** *vt* **1** (Art) pintar, colorear; **to ~ sth blue** colorear algo de azul **2** (dye) teñir* **3** (influence, bias) ‹*atmosphere*› empañar; **you shouldn't let that ~ your judgment** no deberías dejar que eso influya en tu opinión

■ **color** *vi* (flush) ruborizarse*, sonrojarse, ponerse* colorado

(Phrasal verb)

• **color in** [v ▸ o ▸ adv, v ▸ adv ▸ o] colorear

Colorado beetle /ˈkɑːləˈrɑːdəʊ || ˌkɒləˈrɑːdəʊ/ *n* escarabajo *m* de la papa *or* (Esp) patata

color: **~-blind** *adj* daltónico, daltoniano; **~-coded** /ˈkʌlərˈkəʊdəd || ˌkʌləˈkəʊdɪd/ *adj* codificado con colores; **~-coordinated** /ˈkʌlərkəʊˈɔːrdn̩eɪtəd || ˈkʌləkəʊˈɔːdɪneɪtɪd/ *adj* haciendo juego, con colores coordinados

colored¹, (BrE) **coloured** /ˈkʌlərd || ˈkʌləd/ *adj*

A ‹*walls/blouse*› de color

B (non-white) (often offensive) de color; (in S Africa) mestizo

C (biased) parcial

colored², (BrE) **coloured** /ˈkʌlərd || ˈkʌləd/ *n*

A *also* **Colored** (non-white) (often offensive) persona *f* de color; (*Cape C~*) (in S Africa) persona *f* de color (*hijo de padres de distinta raza*)

B **coloreds** *pl* ropa *f* de color

-colored, (BrE) **-coloured** /ˌkʌlərd || ˈkʌləd/ *suff*: **slate~/coral~** de color pizarra/coral; **a dark~ hat** un sombrero de (un) color oscuro

colorfast, (BrE) **colourfast** /ˈkʌlərfæst || ˈkʌləfɑːst/ *adj* que no destiñe, de colores sólidos *or* inalterables

colorful, (BrE) **colourful** /ˈkʌlərfəl || ˈkʌləfəl/ *adj* ‹*clothes/plumage*› de colores muy vivos *or* vistosos; ‹*parade*› lleno de color *or* de colorido, vistoso; ‹*description*› lleno de color *or* de colorido; **he's a very ~ character** es un hombre de lo más pintoresco *or* original

colorfully, (BrE) **colourfully** /ˈkʌlərfəli || ˈkʌləfəli/ *adv* (with bright colors) vistosamente, con colores vivos *or* brillantes; (in vivid terms) con gran colorido

coloring, (BrE) **colouring** /ˈkʌlərɪŋ/ *n* [u]

A (of picture) colorido *m*; (*before n*) **~ book** libro *m* de *or* para colorear

B (of skin) color *m*, tono *m*; (of fur, plumage) colorido *m*

C (*food ~*) colorante *m*

colorless, (BrE) **colourless** /ˈkʌlərləs || ˈkʌləlɪs/ *adj* incoloro, sin color; (dull) ‹*person/life*› anodino, gris

color scheme, (BrE) **colour scheme** *n* (combinación *f* de) colores *mpl*

colossal /kəˈlɑːsəl || kəˈlɒsəl/ *adj* (colloq) colosal, descomunal

colossus /kəˈlɑːsəs || kəˈlɒsəs/ *n* (*pl* **-suses** *or* **-si** /-saɪ/) coloso *m*

colour *etc* (BrE) ▸ **color** *etc*

colt /kəʊlt/ *n* (Equ) potro *m*

Columbus /kəˈlʌmbəs/ *n* **(Christopher** /krɪstəfər/**) ~** (Cristóbal) Colón

Columbus Day *n* (in US) el día de la Raza *or* de la Hispanidad

column /ˈkɑːləm || ˈkɒləm/ *n* **1** (Archit) columna *f* **2** (on grid, chart, screen) columna *f* **3** (Journ, Print) columna *f*; **he writes a ~ for 'The Globe'** es columnista de 'The Globe' **4** (Mil) columna *f*

columnist /ˈkɑːləmnəst, ˈkɑːləməst || ˈkɒləmnɪst, ˈkɒləmɪst/ *n* columnista *mf*, articulista *mf*

coma /ˈkəʊmə/ *n* (*pl* **~s**) (Med) coma *m*; **to be in/to go into a ~** estar*/entrar *or* caer* en coma

comatose /ˈkəʊmətəʊs/ *adj* (Med) comatoso

comb¹ /kəʊm/ *n*

A (for hair) peine *m*, peinilla *f* (AmL), peineta *f* (Chi); (worn in hair) peineta *f*; ***to go over sth with a fine-tooth(ed) ~*** examinar *or* revisar algo minuciosamente *or* con lupa

B (act) (*no pl*): **your hair needs a ~** tienes que peinarte

comb² *vt*

A (pass a comb through): **to ~ sb's hair** peinar a algn; **to ~ one's hair** peinarse

B (search) ‹*area/field*› peinar, rastrear; ‹*files/archives*› rebuscar* en; **to ~ sth FOR sth**: **they ~ed the area for survivors** peinaron *or* rastrearon la zona en busca de supervivientes

combat¹ /kəmˈbæt || ˈkɒmbæt/ *vt*, (BrE) **-tt-** combatir, luchar contra

combat² /ˈkɑːmbæt || ˈkɒmbæt/ *n* [c u] combate *m*; (*before n*) **~ jacket** guerrera *f*

combatant /kəmˈbætn̩t || ˈkɒmbətənt/ *n* combatiente *mf*

combination /ˌkɑːmbəˈneɪʃən || ˌkɒmbɪˈneɪʃən/ *n*

A [c u] (mixture) combinación *f*

B [c] (of lock) combinación *f*; (*before n*) **~ lock** cerradura *f* de combinación

combine¹ /kəmˈbaɪn/ *vt* ‹*elements*› combinar; ‹*ingredients*› (Culin) mezclar; ‹*efforts*› aunar*; **she ~s charm and intelligence** reúne encanto e inteligencia; **this, ~d with the fact that ...** esto, unido *or* sumado al hecho de que ...

■ **combine** *vi* «*elements*» combinarse; «*ingredients*» mezclarse; «*teams/forces*» unirse

combine² /ˈkɑːmbaɪn || ˈkɒmbaɪn/ *n*

A **~ (harvester)** (Agr) cosechadora *f*

B (coalition) (AmE) alianza *f*, coalición *f*

combined /kəmˈbaɪnd/ *adj* conjunto; **our ~ efforts led to success** la suma de nuestros esfuerzos nos condujo al éxito; **it's a pen, watch and calculator ~** es bolígrafo, reloj y calculadora a la vez

combustible /kəmˈbʌstəbəl/ *adj* combustible, inflamable

combustion /kəmˈbʌstʃən/ *n* [u] combustión *f*; (*before n*) **~ engine** motor *m* de combustión

come /kʌm/ *vi* (*past* **came**; *past p* **come**)

A **1** (advance, approach, travel) venir*; **~ here** ven (aquí); **have you ~ far?** ¿vienes de lejos?; **as I was coming up/down the stairs** cuando subía/bajaba (por) las escaleras; **we've ~ a long way since ...** (made much progress) hemos avanzado mucho desde que ...; (many things have happened) ha llovido mucho desde que ...; **he came running into the room** entró corriendo en la habitación; **~ (and) look at this** ven a ver esto; **~ and get it!** (colloq) ¡a comer! **2** (be present, visit, accompany) venir*; **can I ~ with you?** ¿puedo ir contigo?, ¿te puedo acompañar?; **to ~ AS sth**: **Sue's**

C

coming as a clown Sue va a venir (vestida) de payaso

B 1 (arrive): **what time are you coming?** ¿a qué hora vas a venir?; **after a while, you'll ~ to a crossroads** al cabo de un rato, llegarás a un cruce; **I'm coming, I won't be a moment** enseguida voy; **to ~ ABOUT sth** venir* POR algo; **to ~ FOR sth/sb** venir* a buscar algo/a algn, venir* A POR algo/algn (Esp) 2 **to come and go** ir* y venir*; **you can ~ and go as you please** puedes salir y entrar a tu antojo; **she doesn't know whether she's coming or going** está hecha un lío (fam); **Presidents ~ and go, the problems remain the same** los presidentes cambian pero los problemas son siempre los mismos; **three o'clock came and went and he still hadn't arrived** pasaron las tres y no llegaba

C 1 (occur in time, context): **Christmas ~s but once a year** sólo es Navidad una vez al año; **Christmas is coming** ya llega la Navidad; **this coming Friday** este viernes que viene; **it came as a complete surprise** fue una sorpresa total; **to take life as it ~s** aceptar la vida tal (y) como se presenta; **~ what may** pase lo que pase; **he had it coming (to him)** se lo tenía merecido 2 (*as prep*) para; **I'll be tired out ~ Friday** estaré agotado para el viernes 3 **to come** (in the future) (*as adv*): **in years to ~** en años venideros, en el futuro; **a taste of things to ~** una muestra de lo que nos espera; **the best is yet to ~** todavía nos queda lo mejor

D (extend, reach) (+ *adv compl*) llegar*; **the water only came up to our knees** el agua sólo nos llegaba a las rodillas

E (be gained): **it'll ~, just keep practicing** ya te va a salir *or* lo vas a lograr; sigue practicando; **driving didn't ~ easily to me** aprender a manejar *or* (Esp) conducir no me fue *or* no me resultó fácil

F (be available, obtainable) (+ *adv compl*) venir*; **sugar ~s in half-pound bags** el azúcar viene en paquetes de media libra; **to ~ WITH sth**: **the car ~s with the job** el coche te lo dan con el trabajo; **it ~s with instructions** viene con *or* trae instrucciones; **these watches don't ~ cheap** estos relojes no son nada baratos; **he's as silly as they ~** es de lo más tonto que hay

G (+ *adv compl*) 1 (in sequence, list, structure): **Cancer ~s between Gemini and Leo** Cáncer está entre Géminis y Leo 2 (in race, competition) llegar*; **to ~ first** (in a race) llegar* el primero; (in an exam) quedar *or* salir* el primero 3 (be ranked) estar*; **my children ~ first** primero están mis hijos

H 1 (become) (+ *adj compl*): **it's ~ loose** se ha aflojado; **my dream has ~ true** mi sueño se ha hecho realidad 2 (reach certain state) **to ~ to + INF** llegar* a + INF; **how do you ~ to be here?** ¿cómo es que estás aquí?; **I could have done it yesterday, ~ to think of it** lo podría haber hecho ayer, ahora que lo pienso

I (have orgasm) (colloq) venirse* *or* (Esp) correrse *or* (AmS) acabar (arg)

A (*in phrases*) **come, come!** ¡vamos, vamos!, ¡dale! (CS fam); **come again?** (colloq) ¿qué? *or* (AmL fam) ¿qué qué?; **how come?** (colloq) ¿cómo?; **how ~ you didn't know?** ¿cómo es que no sabías?

■ **come** *vt* (BrE): **don't ~ the victim with me!** no te hagas la víctima conmigo

Phrasal verbs

• **come about** [v ▸ adv] (happen) ocurrir, suceder; **how does it ~ about that... ?** ¿cómo es que ...?

• **come across**

A [v ▸ prep ▸ o] (find) encontrar(se)*; (meet) ‹*person*› encontrarse* con; **I'd never ~ across the word before** era la primera vez que oía/leía la palabra

B [v ▸ adv] (communicate, be communicated) «*meaning*» ser* comprendido; «*feelings*» transmitirse; **he came across very well in the interview** hizo muy buena impresión en la entrevista

• **come after** [v ▸ prep ▸ o] seguir*

• **come along** [v ▸ adv]

A (*in imperative*) 1 (hurry up): **~ along, children** ¡vamos, niños!, ¡de prisa, niños!, ¡apúrense, niños! (AmL), ¡órale, niños! (Méx fam) 2 (as encouragement, rebuke) **~ along!** ¡vamos!

B 1 (accompany): **we're going to the exhibition — can I ~ along?** vamos a la exposición — ¿puedo ir (yo) también?; **~ along with me** ven conmigo, acompáñame 2 (arrive): **you came along just at the right time** llegaste justo en el momento adecuado; **grab the first taxi that ~s along** toma el primer taxi que pase *or* venga

C (progress) ir*, marchar

• **come apart** [v ▸ adv] 1 (fall apart) deshacerse* 2 (have detachable parts) desmontarse, desarmarse

• **come around**, (BrE also) **come round**

A [v ▸ prep ▸ o] (turn) ‹*bend*› tomar; ‹*corner*› doblar

B [v ▸ adv] 1 (visit) (esp BrE) venir* 2 (recover consciousness) volver* en sí 3 (change mind): **he'll ~ around eventually** ya se va a convencer; **to ~ around to sb's point of view** aceptar el punto de vista de algn 4 (occur): **winter is coming around again** ya vuelve el invierno

• **come away** [v ▸ adv]

A (leave, depart) **to ~ away (FROM sth)** ‹*from meeting/stadium*› salir* (DE algo); **I came away with the impression that ...** me quedé con la impresión de que ...; **~ away from there!** ¡apártate de ahí!, ¡no te acerques ahí!

B (become detached) «*handle*» salirse*; «*wallpaper*» despegarse*

• **come back** [v ▸ adv]

A 1 (return) volver*; **would you like to ~ back to my place for a drink?** ¿quieres venir a casa a tomar algo? 2 (be remembered) **to ~ back (TO sb)**: **it's all coming back (to me)** estoy volviendo a recordarlo todo

B (with reply, comment): **I'll ~ back to you with the results** ya le comunicaré los resultados

• **come between** [v ▸ prep ▸ o] interponerse* entre, separar

• **come by** [v ▸ prep ▸ o] (get, acquire) conseguir*, hacerse* con; **to be easy/hard to ~ by** ser* fácil/difícil de conseguir

• **come down** [v ▸ adv]

A 1 (descend) bajar 2 (reach) llegar*; **her hair came down to her waist** el pelo le llegaba hasta *or* a la cintura 3 (collapse) «*ceiling/wall*» caerse*, venirse* abajo 4 «*plane*» aterrizar*; (in accident) caer*

B (decrease) «*price*» bajar; **she's ~ down in my estimation** ha bajado en mi estima; **they've ~ down in the world** (se) han venido a menos

C (from the north) venir*

D (decide) **to ~ down against/in favor of sth/sb** «*judge/court*» fallar en contra/a favor de algo/algn

E (be passed down, inherited): **the ring came down to her from her mother** heredó el anillo de su madre

F (deal with) **to ~ down ON sb/sth**: **the firm ~s down severely on absenteeism** la empresa trata el ausentismo con mano dura

• **come down to** [v ▸ adv ▸ prep ▸ o] (be a question of) (*impers*) ser* cuestión de

• **come down with** [v ▸ adv ▸ prep ▸ o] (become ill with) caer* enfermo de

• **come forward** [v ▸ adv] «*witness*» presentarse; «*volunteer*» ofrecerse*, presentarse; «*culprit*» darse* a conocer, presentarse; **to ~ forward with a solution** ofrecer* *or* sugerir* una solución

• **come from** [v ▸ prep ▸ o]

A (originate from) venir* de; «*person*» ser* de; **where do you ~ from?** ¿de dónde eres?; ***I want to know where you're coming from on this*** (AmE colloq) quiero saber qué te propones con esto

B (result from) resultar de, surgir* de

• **come home to** [v ▸ adv ▸ prep ▸ o] (strike, convince): **it suddenly came home to him that ...** de pronto se dio cuenta de que ...

• **come in** [v ▸ adv]

A (enter) entrar; **~ in!** ¡adelante!, ¡pase!

B 1 (arrive) «*boat*» llegar* 2 «*tide*» subir 3 (to work) venir* 4 (in race) llegar*; **she came in last** llegó la última

C 1 (be received) «*signal*» recibirse; «*applications/reports/donations*» llegar* 2 (as income) «*revenue*» entrar, recibirse; **they have $600 coming in each month** les entran 600 dólares al mes

D 1 (be implemented) «*law*» entrar en vigor; «*regulations*» entrar en vigencia 2 (become fashionable) ponerse* de moda

E 1 (join in) intervenir*; **they came in on the deal** participaron en el negocio 2 (play useful role): **where do I ~ in?** ¿cuál es mi papel?; **that's where these boxes ~ in** para eso están estas cajas; **to ~ in handy** venir* bien, resultar útil

F (come to power) (Govt) subir al poder

- **come in for** [v ▸ adv ▸ prep ▸ o] (be subject to) ‹*criticism*› ser* objeto de
- **come into** [v ▸ prep ▸ o] 1 (enter into) entrar en, entrar a (AmL) 2 (inherit) heredar 3 (be, become relevant): **principles don't ~ into it** no es cuestión de principios; **I want to know where I ~ into this** quiero saber cuál es mi papel en todo esto
- **come of** [v ▸ prep ▸ o] (result): **it was a good idea, but nothing came of it** era una buena idea, pero todo quedó en la nada; **no good can ~ of it** nada bueno puede salir de ello
- **come off**

A 1 [v ▸ adv] (detach itself) «*handle*» soltarse*; «*button*» desprenderse, caerse*; «*wallpaper*» despegarse*; «*dirt/grease*» quitarse, salir* 2 [v ▸ prep ▸ o] (fall off) ‹*horse/motorcycle*› caerse* de

B [v ▸ adv] 1 (take place) suceder 2 (succeed) tener* éxito 3 (fare, acquit oneself): **to ~ off badly** salir* mal parado; **he always ~s off worst** siempre sale perdiendo 4 (appear, seem) (AmE colloq) **to ~ off AS sth**: **she doesn't ~ off as very bright** no da la impresión de ser muy inteligente

C [v ▸ prep ▸ o] 1 (stop taking) ‹*drug*› dejar de tomar 2 (be serious): **~ *off it!*** (colloq) ¡anda! ¡no digas tonterías! (fam)

- **come on** [v ▸ adv]

A 1 (urging sb) (*only in imperative*): **~ on!** ¡vamos! ¡date prisa! *or* (AmL tb) ¡apúrate!, ¡órale! (Méx fam); **~ on! you can do it!** ¡vamos, que lo puedes hacer! 2 (inviting sb) (*usu in imperative*): **hi! ~ on in/up** hola, pasa/sube 3 (advance) avanzar*

B 1 (begin) «*night/winter*» entrar, empezar*; **I can feel a headache coming on** me está empezando un dolor de cabeza 2 (begin to operate) «*heating/appliance*» encenderse*, ponerse* en funcionamiento; «*light*» encenderse*

C (progress) avanzar*

D 1 «*actor/perfomer*» aparecer*, salir* a escena 2 (Rad, TV) «*program/show*» empezar*, salir* al aire 3 (Sport) «*player*» entrar

- **come on to** [v ▸ adv ▸ prep ▸ o] pasar a
- **come out**

(Sense I) [v ▸ adv (▸ prep ▸ o)]

A 1 (from inside, indoors) salir*; **to ~ out OF sth** salir* DE algo; **if you take this route, you ~ out at Park Lane** por este camino se sale a Park Lane 2 (from prison, hospital) salir*

B «*tooth/hair*» caerse*; «*stain*» salir*

(Sense II) [v ▸ adv]

A (appear) «*sun/stars*» salir*; «*flowers*» florecer*, salir*

B 1 (be said, spoken) salir*; **I tried to say it in French but it came out all wrong** quise decirlo en francés pero me salió mal; **I didn't mean to say it, it just came out** no lo dije a propósito, se me escapó 2 (be revealed, emphasized) «*secret/truth*» revelarse, salir* a la luz

C 1 (declare oneself) declararse; **to ~ out (on strike)** declararse en huelga, ir* a la huelga 2 (as being gay) destaparse (fam), declararse abiertamente homosexual

D (be published, become available) «*newspaper/record/product*» salir*

E 1 (have as outcome, total) salir*; **everything came out right in the end** al final todo salió bien 2 (fare, acquit oneself): **to ~ out well/badly** salir* bien/mal parado

F (Phot) salir*

- **come out in** [v ▸ adv ▸ prep ▸ o]: **I/she came out in spots** me/le salieron granos; **he came out in a cold sweat** le entró un sudor frío
- **come out with** [v ▸ adv ▸ prep ▸ o] (say) ‹*excuse/allegation*› salir* con
- **come over**

A [v ▸ adv] 1 (to sb's home): **telephone me or, better still, ~ over** llámame o, mejor aún, pásate por casa *or* ven a casa 2 (from overseas) venir* 3 (change sides, opinions): **she came over to our side** se pasó a nuestro bando 4 (have sudden feeling): **he came over all shivery** de repente le dieron escalofríos 5 ▸**come across B**

B [v ▸ prep ▸ o] (affect, afflict): **a feeling of nausea came over her** le dieron náuseas; **I don't know what came over me** no sé qué me pasó

- **come round** (BrE) ▸**come around**
- **come through**

A [v ▸ adv] 1 (into room, office etc) (BrE) pasar 2 (be received) «*message/news/supplies*» llegar*; **you're coming through loud and clear** te recibimos *or* oímos muy bien 3 (not fail) (AmE): **in the end they came through with the money** al final pusieron el dinero; **when the chips were down, you came through for me** a la hora de la verdad, tú no me fallaste

B [v ▸ adv] (penetrate) «*water/light*» penetrar, entrar; «*sound/noise*» oírse*

C [v ▸ prep ▸ o] (survive) ‹*ordeal/illness*› salir* de; ‹*war*› sobrevivir; **he came through the ordeal greatly scarred** salió de la experiencia muy marcado

- **come to**

(Sense I) [v ▸ prep ▸ o]

A 1 (reach) llegar* a; **what's the world coming to!** ¡hasta dónde vamos a llegar!, ¡adónde vamos a ir a parar! 2 (occur) «*idea/answer/name*» ocurrirse; **it came to me in a flash** se me ocurrió de repente 3 (be a question of): **when it ~s to ...** cuando se trata de ...; **or you could do it yourself, ~ to that** o lo podrías hacer tú misma ¿por qué no?

B (amount to) «*total*» ascender* a (frml); **it ~s to $15 exactly** son 15 dólares justos; **the plan never came to anything** el plan nunca llegó a nada; **it ~s to the same thing** viene a ser lo mismo

(Sense II) [v ▸ adv] (recover consciousness) volver* en sí, recobrar el conocimiento

- **come together** [v ▸ adv] 1 «*group/people*» reunirse* 2 «*plan/idea*» cuajar
- **come under** [v ▸ prep ▸ o] 1 ‹*domination/spell*› caer* bajo 2 (be classified under) ir* bajo
- **come up** [v ▸ adv]

A 1 (ascend, rise) «*person*» subir; «*sun/moon*» salir* 2 (approach) acercarse*; **to ~ up TO sb** acercársele* A algn

B 1 (grow) «*seed/plant*» crecer* 2 (after cleaning) quedar; **the sheets have ~ up beautifully** las sábanas han quedado muy bien 3 (swell) (BrE) hincharse

C 1 (occur, arise) «*problem*» surgir*, presentarse; **something important has just ~ up** acaba de surgir algo importante; **two hamburgers, coming up** dos hamburguesas, marchando *or* marchan dos hamburguesas 2 (be raised, mentioned) «*subject/point*» surgir*; «*name*» ser* mencionado 3 (Law): **my case ~s up next Wednesday** mi caso se ve el próximo miércoles

- **come up against** [v ▸ adv ▸ prep ▸ o] ‹*opposition/prejudice*› enfrentarse a, toparse *or* tropezarse* con
- **come up for** [v ▸ adv ▸ prep ▸ o]: **the car is coming up for its annual service** dentro de poco hay que hacerle la revisión anual al coche; **I should ~ up for promotion next year** me deberían considerar para un ascenso el año que viene; **to ~ up for re-election** presentarse a la re-elección
- **come upon** [v ▸ prep ▸ o] (arch *or* liter) (encounter, reach) encontrarse* con
- **come up to** [v ▸ adv ▸ prep ▸ o] 1 (reach as far as) llegar* a *or* hasta; **the water came up to my chest** el agua me llegaba al pecho 2 (attain) ‹*standard*› alcanzar*, llegar* a; **her performance didn't ~ up to expectations** su actuación no estuvo a la altura de lo que se esperaba 3 (be nearly): **it's coming up to four o'clock** son cerca de las cuatro; **we're coming up to the end of this stage** nos estamos acercando al final de esta etapa
- **come up with** [v ▸ adv ▸ prep ▸ o] (find) ‹*plan/scheme*› idear; ‹*proposal*› presentar, plantear; ‹*money*› conseguir*; **if you can ~ up with a better idea** si a ti se te ocurre algo mejor

comeback /'kʌmbæk/ *n*

A (return, revival) vuelta *f*, retorno *m*; **he made** *o* **staged a ~ at 60** volvió a la escena (*or* a la política *etc*) a los 60 (años); **70s fashion is making a ~** vuelve la moda de los años 70

B (redress) (*no pl*): **the trouble is (that) you have no ~ at all** el problema es que no puedes hacer ninguna reclamación *or* no puedes exigir reparación

C (retort) respuesta *f*, réplica *f*

comedian /kə'mi:diən/ *n* humorista *mf*, cómico, -ca *m,f*

comedienne /kə'mi:di'en/ *n* 1 (comic) humorista *f*, cómica *f* 2 (actress) actriz *f* cómica

comedown /'kʌmdaʊn/ *n* degradación *f*, humillación *f*

comedy /'kɑ:mədi || 'kɒmədi/ *n* [c u] (*pl* **-dies**) 1 (play, film) comedia *f* 2 (comic entertainment) humorismo *m*; (*before n*) ‹*show/program*› humorístico, de humor 3 (of situation) comicidad *f*, lo cómico

C

C

comely /ˈkʌmli/ *adj* **-lier, -liest** (liter) bonito, lindo

come-on /ˈkʌmɑːn || ˈkʌmɒn/ *n* (sexual) (colloq): **to give sb the ~** insinuársele* a algn, tirarle los tejos a algn (Esp fam)

comer /ˈkʌmər || ˈkʌmə(r)/ *n* 1 **all ~s: the contest is open to all ~s** el certamen está abierto al público en general *or* a todos los que quieran participar 2 (promising person, thing) (AmE colloq): **she/he/it looks like a ~** parece que tiene posibilidades *or* futuro, parece prometedora/prometedor

comet /ˈkɑːmət || ˈkɒmɪt/ *n* cometa *m*

come-uppance /ˈkʌmˈʌpəns/ *n* [u] (colloq): **to get one's ~** recibir *or* llevarse su (*or* mi *etc*) merecido

comfort¹ /ˈkʌmfərt || ˈkʌmfət/ *n*

A 1 [u] (physical, material) comodidad *f*, confort *m*; **to live in ~** vivir desahogadamente *or* con holgura 2 [c] (sth pleasant, luxury) comodidad *f*; ▸**home³ 1**

B [u] (mental) consuelo *m*; **he was a great ~ to me** me sirvió de mucho consuelo; **to give aid and ~ to terrorists** (in US) cooperar con terroristas; **to take ~ from sth** consolarse* con algo; **too close for ~** peligrosamente cerca; ***to be cold ~*** no servir* de consuelo

comfort² *vt* ‹*child*› consolar*; ‹*bereaved person*› consolar*, confortar; **I was ~ed by the knowledge that you'd be there** me reconfortó saber que estarías allí

comfortable /ˈkʌmftərbəl || ˈkʌmftəbəl/ *adj*

A 1 ‹*chair/clothes*› cómodo; ‹*house/room*› confortable, cómodo; **I'm not very ~ in this dress** no estoy muy cómoda con este vestido; **make yourself ~!** ¡ponte cómodo! 2 (Med) estable 3 (at ease) (*pred*) cómodo; **to feel ~ with sb** sentirse* cómodo *or* a gusto con algn

B ‹*income*› bueno; **a ~ lifestyle** una vida desahogada

C ‹*margin/majority*› amplio, holgado

comfortably /ˈkʌmftərbli || ˈkʌmftəbli/ *adv* 1 ‹*lie/sit*› cómodamente, confortablemente 2 ‹*live*› holgadamente, con holgura; **to be ~ off** vivir holgadamente, tener* una posición desahogada 3 ‹*win*› holgadamente, sin problemas

comforter /ˈkʌmfərtər || ˈkʌmfətə(r)/ *n* 1 (bedcover) (AmE) edredón *m* 2 (for baby) (BrE) ▸**pacifier**

comforting /ˈkʌmfərtɪŋ || ˈkʌmfətɪŋ/ *adj* ‹*words*› de consuelo, reconfortante; **it's a ~ thought** es reconfortante *or* es un consuelo pensarlo

comfort station *n* (AmE euph) baño *m* (público), servicios *mpl* (públicos) (Esp)

comfy /ˈkʌmfi/ *adj* **-fier, -fiest** (colloq) cómodo

comic¹ /ˈkɑːmɪk || ˈkɒmɪk/ *adj* ‹*actor/scene*› cómico; ‹*writer*› humorístico; **~ opera** ópera *f* bufa *or* cómica; **~ relief** toque *m* de humor

comic² *n*

A (comedian) cómico, -ca *m,f*, humorista *mf*

B 1 (BrE) (book) comic *m*, libro *m* de historietas; (magazine) ▸**comic book** 2 **comics** *pl* (comic strips) (AmE) tiras *fpl* cómicas, historietas *fpl*, monitos *mpl* (Andes, Méx)

comical /ˈkɑːmɪkəl || ˈkɒmɪkəl/ *adj* cómico

comic: **~ book** *n* (AmE) revista *f* de historietas, tebeo *m* (Esp), revista *f* de chistes (RPl); (for adults) comic *m*; **~ strip** *n* tira *f* cómica, historieta *f*

coming¹ /ˈkʌmɪŋ/ *adj* (*before n*) (approaching) ‹*week/year*› próximo, entrante; **this ~ Monday** este lunes, el lunes que viene, el lunes próximo; **the ~ election** las próximas elecciones

coming² *n* [u c] llegada *f*; (Relig) advenimiento *m*; **there was a lot of ~ and going** había mucho ir y venir de gente, había mucho movimiento

coming: **~-of-age** /ˈkʌmɪŋəvˈeɪdʒ/ *n* mayoría *f* de edad; **~-out** /ˈkʌmɪŋˈaʊt/ *n* (of debutante) presentación *f* en sociedad, puesta *f* de largo

comma /ˈkɑːmə || ˈkɒmə/ *n* coma *f*

command¹ /kəˈmænd || kəˈmɑːnd/ *vt*

A 1 (order) **to ~ sb to + INF** ordenarle A algn QUE (+ *subj*) 2 ‹*army/ship*› estar* al *or* tener* el mando de, comandar

B ‹*wealth/resources*› contar* con, disponer* de

C ‹*respect*› imponer*, infundir, inspirar; ‹*fee*› exigir*; ‹*price*› alcanzar*

command² *n*

A 1 [c] (order) orden *f* 2 [u] (authority) mando *m*; **to be at sb's ~** estar* a las órdenes de algn; **who's in ~ on this ship?** ¿quién está al mando de este barco?, ¿quién manda en este barco?; **she's in ~ of the situation** es dueña de la situación; **under sb's ~** bajo las órdenes de algn 3 [c] (leadership) (+ *sing or pl vb*) mando *m*; (*before n*) **~ post** puesto *m* de mando

B [u] (mastery) dominio *m*

C [c] (Comput) orden *f*, comando *m*

commandant /ˈkɑːməndænt || ˈkɒməndænt/ *n* comandante *mf*

commandeer /ˈkɑːmənˈdɪr || ˌkɒmənˈdɪə(r)/ *vt* 1 (Mil) ‹*vehicle/building/supplies*› requisar; ‹*personnel*› reclutar (*por la fuerza*) 2 (take arbitrarily) apropiarse (de)

commander /kəˈmændər || kəˈmɑːndə(r)/ *n* 1 (officer in command) comandante *mf* 2 (navy rank) ≈ capitán *m* de fragata

commander-in-chief /kəˈmændərənˈtʃiːf || kəˈmɑːndərɪnˈtʃiːf/ *n* (*pl* **commanders-in-chief**) comandante *mf* en jefe

commanding /kəˈmændɪŋ || kəˈmɑːndɪŋ/ *adj* 1 (dominant) ‹*position*› de superioridad, dominante; ‹*lead*› considerable 2 (authoritative) ‹*presence*› que impone; ‹*tone*› autoritario, imperioso 3 (overlooking) ‹*position*› prominente

commanding officer *n* oficial *mf* al mando

commandment /kəˈmændmənt || kəˈmɑːndmənt/ *n* precepto *m*; **the Ten C~s** los diez mandamientos

commando /kəˈmændəʊ || kəˈmɑːndəʊ/ *n* (*pl* **-dos** *or* **-does**) (unit, soldier) comando *m*

commemorate /kəˈmeməreɪt/ *vt* conmemorar

commemoration /kəˈmeməˈreɪʃən/ *n* [c u] conmemoración *f*

commemorative /kəˈmemərətɪv/ *adj* conmemorativo

commence /kəˈmens/ *vi* (frml) ‹‹*session/celebration*›› dar* comienzo (frml), iniciarse; ‹‹*person*›› comenzar*

■ **commence** *vt* (frml) ‹*work/discussion*› dar* comienzo a (frml), iniciar (frml), comenzar*; **to ~ + -ING** comenzar* A + INF

commencement /kəˈmensmənt/ *n* [u c] 1 (beginning) (frml) inicio *m*, comienzo *m* 2 (graduation) (AmE) (ceremonia *f* de) graduación *f*

commend /kəˈmend/ *vt*

A 1 (praise) elogiar; **to ~ sb FOR sth** elogiar a algn POR algo; Ⓢ **highly commended** mención de honor, accésit 2 (recommend) recomendar*; **it has little/much to ~ it** tiene pocos/muchos méritos; **to ~ sth TO sb** recomendar(le)* algo A algn

B (frml) (entrust) **to ~ sb/sth TO sb** encomendar(le)* algn/algo A algn

commendable /kəˈmendəbəl/ *adj* loable, encomiable

commendation /ˈkɑːmənˈdeɪʃən || ˌkɒmenˈdeɪʃən/ *n* 1 [u c] (praise) (frml) encomio *m* (frml), elogios *mpl* 2 [c] (award) mención *f* de honor, accésit *m*

commensurate /kəˈmensərət || kəˈmenʃərət, -sjə-/ *adj* (frml) acorde; **~ WITH sth** acorde *or* en proporción CON algo

comment¹ /ˈkɑːment || ˈkɒment/ *n* 1 [c] (remark) comentario *m*, observación *f*; **~ ON sth**: **the film is a ~ on modern society** la película es una reflexión sobre la sociedad actual 2 [u] (reaction) comentarios *mpl*; **to pass ~ on sth** hacer* comentarios sobre algo; **the minister is unavailable for ~** (journ) el ministro no desea hacer ningún comentario; **no ~** sin comentarios

comment² *vi* **to ~ (ON sth)** hacer* comentarios (SOBRE algo)

■ **comment** *vt* comentar, observar

commentary /ˈkɑːmənteri || ˈkɒməntəri, -tri/ *n* (*pl* **-ries**) 1 (Rad, Sport, TV) comentarios *mpl*, crónica *f* 2 (analysis) comentario *m*

commentate /ˈkɑːmənteɪt || ˈkɒmənteɪt/ *vi* **to ~ (ON sth)** hacer* los comentarios *or* la crónica (DE algo)

commentator /ˈkɑːmənteɪtər || ˈkɒmənteɪtə(r)/ *n* comentarista *mf*

commerce /ˈkɑːmərs || ˈkɒmɜːs/ *n* [u] 1 (trade) comercio *m* 2 **Commerce** (in US) (Govt colloq) (*no art*) departamento *m* de Comercio

commercial¹ /kəˈmɜːrʃəl || kəˈmɜːʃəl/ *adj* comercial; **~ law** derecho *m* mercantil *or* comercial

commercial² *n* (Rad, TV) spot *m* publicitario, anuncio *m*, aviso *m* (AmL), comercial *m* (AmL)

commercialism /kəˈmɜːrʃəlɪzəm || kəˈmɜːʃəlɪzəm/ *n* [u] comercialismo *m*

commercialize /kəˈmɜːrʃəlaɪz || kəˈmɜːʃəlaɪz/ *vt* comercializar*

commercially /kəˈmɜːrʃəli || kəˈmɜːʃəli/ *adv* ‹*manufacture/sell*› comercialmente; **~ viable** rentable

commercial: **~ paper** *n* [u] (AmE) efectos *mpl* negociables, papel *m* comercial; **~ traveller** *n* (BrE) viajante *mf* de comercio, corredor, -dora *m,f* (RPl)

Commie, commie /ˈkɑːmi || ˈkɒmi/ *n* (sl & pej) rojo, -ja *m,f* (fam & pey), comunista *mf*

commiserate /kəˈmɪzəreɪt/ *vi*: **I ~d with him about losing his job** le dije cuánto sentía que se hubiera quedado sin trabajo

commiseration /kəˈmɪzəˈreɪʃən/ *n* [u] (*often pl*) conmiseración *f*

commission¹ /kəˈmɪʃən/ *n*

A [c] (group) comisión *f*; **the European C~** la Comisión Europea *or* de las Comunidades Europeas

B [c u] (for sales) comisión *f*; **to sell sth on ~** vender algo a comisión

C [c] **1** (for music, painting, building) encargo *m*, comisión *f* (esp AmL) **2** (office) (Govt) cargo *m*

D [u] (use) servicio *m*; **to be out of ~** «*ship*» estar* fuera de servicio; «*machine*» no funcionar

commission² *vt*

A **1** **to ~ sb to + INF** ‹*artist/writer/researcher*› encargarle* a algn que (+ *subj*) **2** ‹*painting/novel/study*› encargar*, comisionar (esp AmL)

B **1** (Mil) nombrar oficial; **~ed officer** oficial *mf* (del ejército) (*con grado de teniente o superior a teniente*) **2** (Naut) ‹*ship*› poner* en servicio

commissionaire /kəˈmɪʃəˈner || kəˌmɪʃəˈneə(r)/ *n* (BrE) conserje *m*, portero *m*

commissioner /kəˈmɪʃənər || kəˈmɪʃənə(r)/ *n* **1** (commission member) comisionado, -da *m,f*, miembro *mf* de la comisión; **EC C~** comisario, -ria *m,f* de la CE **2** (of police) (BrE) inspector, -tora *m,f* jefe **3** (AmE Sport) presidente, -ta *m,f* (*de una federación deportiva*)

commit /kəˈmɪt/ **-tt-** *vt*

A (perpetrate) ‹*crime/error/sin*› cometer; **to ~ suicide** suicidarse

B (assign) ‹*funds/time/resources*› asignar, consignar (frml); **to ~ sth to sb's care** confiar* algo al cuidado de algn; **to ~ sth to memory** memorizar* algo; **to ~ sth to paper** *o* **writing** poner* *or* (frml) consignar algo por escrito

C (send): **to ~ sb to an asylum** internar a algn en un manicomio; **she was ~ted to trial** se dictó auto de procesamiento *or* (en Méx) auto de sujeción a proceso contra ella

D (bind) comprometer, obligar*; **to ~ sb TO -ING/+ INF** comprometer *or* obligar* a algn A + INF

■ *v refl* **to ~ oneself** **1** (bind) comprometerse; **to ~ oneself TO -ING/+ INF** comprometerse A + INF **2** (state views) comprometerse; **he wouldn't ~ himself** no quiso comprometerse

commitment /kəˈmɪtmənt/ *n*

A [c] **1** (responsibility) responsabilidad *f*; (obligation) obligación *f*; **family ~s** obligaciones *fpl or* cargas *fpl* familiares; **there's no ~ to join** no hay (ninguna) obligación de afiliarse **2** (engagement) compromiso *m*

B [u] (dedication) **~ (TO sth)** dedicación *f or* entrega *f* (A algo)

committed /kəˈmɪtəd || kəˈmɪtɪd/ *adj* **1** (dedicated) ‹*Christian/Communist/feminist*› comprometido; ‹*teacher/worker*› entregado a su trabajo, dedicado **2** (under obligation, pledged) comprometido; **I am ~ to helping her** me he comprometido a ayudarla

committee /kəˈmɪti/ *n* (of club, society) comité *m*, comisión *f*; (of parliament) comisión *f*; **to be on a ~** ser* miembro de un comité *or* una comisión; (*before n*) ‹*meeting/member*› del comité *or* de la comisión

committee: **~man** /kəˈmɪtimən/ *n* (*pl* **-men** /-mən/) (AmE) miembro *m* de una comisión *or* de un comité; **~woman** *n* (AmE) miembro *f* de una comisión *or* de un comité

commode /kəˈməʊd/ *n* **1** (chest of drawers) cómoda *f* **2** (for invalid) *silla con orinal* **3** (toilet) (AmE) inodoro *m*, taza *f*

commodious /kəˈməʊdiəs/ *adj* (frml) espacioso, amplio

commodity /kəˈmɑːdəti || kəˈmɒdəti/ *n* (*pl* **-ties**) **1** (product) artículo *m*, producto *m*, mercancía *f*, mercadería *f* (AmS) **2** (Fin) materia *f* prima

common¹ /ˈkɑːmən || ˈkɒmən/ *adj*

A **1** (widespread, prevalent) común, corriente; **the ~ cold** el resfriado común; **(to be) in ~ use** (ser*) de uso corriente **2** (average, normal) ‹*soldier*› raso; **the ~ man** el hombre medio *or* de la calle; **the ~ people** la gente común y corriente; **I was treated like a ~ criminal** me trataron como a un vulgar delincuente; **it's ~ decency** es una cuestión de elemental (buena) educación **3** (low class, vulgar) ordinario

B **1** (shared, mutual) común; **~ ground** puntos *mpl* en común *or* de coincidencia; **to be ~ TO sth** ser* común A algo **2** (public): **it's ~ knowledge** todo el mundo lo sabe; **by ~ consent he's the best** todos coinciden en que es el mejor; **the ~ good** el bien común *or* de todos

common² *n*

A [u] (*in phrases*) **in common** en común; **to have sth in ~ (with sb)** tener* algo en común (con algn); **in common with** (*as prep*) al igual que; *see also* **Commons**

B [c] (in UK) *terreno perteneciente al municipio*

commoner /ˈkɑːmənər || ˈkɒmənə(r)/ *n* plebeyo, -ya *m,f*

common law *n* [u] derecho *m* consuetudinario; (*before n*) **common-law wife** concubina *f*, conviviente *f* (Chi)

commonly /ˈkɑːmənli || ˈkɒmənli/ *adv* comúnmente; **a ~ held belief** una creencia muy generalizada *or* extendida

Common Market *n* **the ~ ~** el Mercado Común

commonness /ˈkɑːmənnəs || ˈkɒmənnɪs/ *n* [u] **1** (frequency) frecuencia *f* **2** (vulgarity) ordinariez *f*

common-or-garden /ˈkɑːmənɔːrˈgɑːrdn̩ || ˈkɒmənɔːˈgɑːdn/ *adj* (BrE colloq) vulgar *or* común y corriente

commonplace¹ /ˈkɑːmənpleɪs || ˈkɒmənpleɪs/ *adj* **1** (ordinary) común, corriente **2** (trite) banal, trillado

commonplace² *n* **1** (common occurrence) cosa *f* frecuente *or* común *or* corriente **2** (platitude) lugar *m* común, tópico *m*

Commons /ˈkɑːmənz || ˈkɒmənz/ *n* (in UK) (+ *sing or pl vb*) **the ~** la Cámara de los Comunes

common: **~sense** /ˈkɑːmənˈsens || ˌkɒmənˈsens/ *adj* (*before n*) lleno de sentido común; **he has a ~sense attitude to things** ve las cosas con mucho sentido común; **~ sense** *n* [u] sentido *m* común

Commonwealth /ˈkɑːmənwelθ || ˈkɒmənwelθ/ *n* **the (British) ~** la *or* el Commonwealth

> **Commonwealth**
>
> La *Commonwealth* o Comunidad Británica de Naciones, creada en 1931, es una asociación de estados independientes, en su mayoría ex colonias, más algunas dependencias británicas, tales como Las Bermudas, Las Islas Malvinas y Gibraltar. Los miembros trabajan juntos para lograr ciertos fines como la paz mundial, fomento del comercio y la defensa de la democracia. Cada dos años se celebra una reunión de todos los jefes de gobierno de la Comunidad (*the Commonwealth Conference*), para debatir asuntos de carácter político y económico. Cada cuatro años se celebran los *Commonwealth Games*, competencia deportiva en el que uno de los miembros es el anfitrión

commotion /kəˈməʊʃən/ *n* (*no pl*) **1** (outrage) conmoción *f*; **to cause (a) ~** producir* *or* causar una conmoción **2** (noise) alboroto *m*, jaleo *m* (fam)

communal /kəˈmjuːnl̩ || ˈkɒmjʊnl, kəˈmjuːnl/ *adj* **1** (shared) ‹*land/ownership*› comunal; ‹*kitchen/bathroom*› común **2** (in community) ‹*life*› comunitario **3** (between groups) ‹*violence*› interno, intestino (frml)

communally /kəˈmjuːnl̩i || ˈkɒmjʊnəli, kəˈmjuːnəli/ *adv* en comunidad

commune¹ /ˈkɑːmjuːn || ˈkɒmjuːn/ *n* comuna *f*

commune² /kəˈmjuːn/ *vi* (liter): **to ~ with God/nature** estar* en íntima comunión con Dios/la naturaleza

communicable /kəˈmjuːnɪkəbəl/ *adj* comunicable; (Med) transmisible

communicate /kəˈmjuːnɪkeɪt/ *vi*

A «*person/aircraft*» comunicarse*

B 1 (connect) ‹‹*room*›› **to ~ (WITH sth)** comunicar(se)* (CON algo) 2 **communicating** *pres p* ‹*rooms*› que se comunican; ‹*doors*› de comunicación
■ **communicate** *vt* 1 (make known) **to ~ sth (TO sb)** ‹*knowledge/idea*› comunicar(le)* algo (A algn) 2 (transmit) **to ~ sth TO sb** ‹*feeling*› transmitirle *or* comunicarle* algo A algn

communication /kə'mju:nə'keɪʃən || kə,mju:nɪ'keɪʃən/ *n*
A [u] (act) comunicación *f*; **to be in/get into ~ (with sb)** estar*/ponerse* en comunicación *or* en contacto (con algn); (*before n*) **~ skills** (Educ) aptitud *f* para comunicarse
B **communications** *pl* (means of communicating) comunicaciones *fpl*; (*before n*) **~s satellite** satélite *m* de telecomunicaciones

communicative /kə'mju:nəkeɪtɪv || kə'mju:nɪkətɪv/ *adj* comunicativo

communion /kə'mju:njən/ *n*
A (Relig) [u] **Communion**: **Holy C~** la Santa *or* Sagrada Comunión; **to take C~** recibir la comunión *or* la eucaristía, comulgar*
B [u] (exchange of ideas, fellowship) (frml) comunión *f*

communiqué /kə'mju:nəkeɪ || kə'mju:nɪkeɪ/ *n* comunicado *m*

communism, Communism /'kɑ:mjənɪzəm || 'kɒmjʊnɪzəm/ *n* [u] comunismo *m*

communist¹, **Communist** /'kɑ:mjənəst || 'kɒmjʊnɪst/ *adj* comunista

communist², **Communist** *n* comunista *mf*

community /kə'mju:nəti/ *n* (*pl* **-ties**)
A 1 (people in a locality) comunidad *f* 2 (society at large) **the ~** la comunidad; (*before n*) **~ service** trabajo *m* comunitario (*prestado en lugar de cumplir una pena de prisión*); **~ spirit** espíritu *m* de comunidad
B 1 (large grouping) comunidad *f*, colectividad *f*; **the city's black ~** la población *or* comunidad negra de la ciudad 2 (people living together) comuna *f*

community: **~ center**, (BrE) **~ centre** *n* centro *m* social; **~ chest** *n* (in US) *fondos reunidos voluntariamente por la comunidad, destinados a beneficencia y bienestar social*; **~ college** *n* (in US) *establecimiento donde se imparten cursos de nivel terciario de dos años de duración*; **~ property** *n* (in US) bien *m* ganancial

commutation /'kɑ:mjə'teɪʃən || ,kɒmju:'teɪʃən/ *n* [c u] conmutación *f*

commutation ticket *n* abono *m* de viaje

commute /kə'mju:t/ *vi* viajar todos los días (*entre el lugar de residencia y el de trabajo*)
■ **commute** *vt* ‹*sentence/punishment*› conmutar; **to ~ sth TO sth** conmutar algo POR algo

commuter /kə'mju:tər || kə'mju:tə(r)/ *n*: *persona que viaja diariamente una distancia considerable entre su lugar de residencia y el de trabajo*; (*before n*) **the ~ belt** los barrios periféricos

compact¹ /kəm'pækt/ *adj* 1 (small and neat) compacto 2 (tightly packed) ‹*soil*› compacto 3 (concise) ‹*style of writing*› conciso

compact² /'kɑ:mpækt || 'kɒmpækt/ *n*
A **(powder) ~** polvera *f*
B **~ (car)** (AmE) coche *m* compacto
C (agreement) (frml) pacto *m*, acuerdo *m*

compact³ /kəm'pækt/ *vt* (*usu pass*) ‹*soil/snow*› compactar, comprimir

compact disc, **compact disk** /'kɑ:mpækt || 'kɒmpækt/ *n* disco *m* compacto, compact-disc *m*; (*before n*) **~ ~ player** (reproductor *m* de) compact-disc *m*

companion /kəm'pænjən/ *n*
A 1 (associate, comrade) compañero, -ra *m,f*; **a traveling ~** un compañero de viaje 2 (employee) dama *f* de compañía, señorita *f*/señora *f* de compañía
B (accompanying item) compañero *m*, pareja *f*
C (guide) guía *f*, manual *m*

companionable /kəm'pænjənəbəl/ *adj* sociable, amigable

companionship /kəm'pænjənʃɪp/ *n* [u] 1 (fellowship) camaradería *f*, compañerismo *m* 2 (company of others) compañía *f*

company /'kʌmpəni/ (*pl* **-nies**) *n*
A [u] 1 (companionship) compañía *f*; **in sb's ~** en compañía de algn; **to keep sb ~** hacerle* compañía a algn; **to keep ~ with sb** andar* en compañía de algn; **to part ~ (with sb/sth)** separarse (de algn/algo) 2 (companion, companions): **the dog will be ~ for her** el perro le hará compañía; **she's excellent ~** es muy agradable (*or* divertido *etc*) estar con ella; **to keep bad ~** andar* en malas compañías; **present ~ excepted** exceptuando a los presentes, mejorando lo presente 3 (guests) visita *f*; **we've got ~** tenemos visita
B [c] (Busn) compañía *f*, empresa *f*; (*before n*) ‹*car*› de la compañía *or* empresa
C [c] 1 (Theat) compañía *f* 2 (Mil) compañía *f* 3 (Naut): **ship's ~** tripulación *f*, dotación *f*

comparable /'kɑ:mpərəbəl || 'kɒmpərəbəl/ *adj* comparable, equiparable; **~ WITH** *o* **TO sth** comparable *or* equiparable A algo

comparably /'kɑ:mpərəbli || 'kɒmpərəbli/ *adv* de modo análogo *or* similar

comparative¹ /kəm'pærətɪv/ *adj* 1 (relative) relativo 2 ‹*literature/linguistics*› comparado; ‹*analysis/study*› comparativo, comparado 3 (Ling) comparativo

comparative² *n* (Ling) comparativo *m*

comparatively /kəm'pærətɪvli/ *adv* relativamente

compare¹ /kəm'per || kəm'peə(r)/ *vt* 1 (make comparison between) comparar; **to ~ sth/sb TO** *o* **WITH sth/sb** comparar algo/a algn CON algo/algn; **it's tiny ~d to your house** es pequeñísima comparada con tu casa *or* en comparación con tu casa 2 (liken) **to ~ sth/sb TO sth/sb** comparar algo/a algn CON *or* A algo/algn
■ **compare** *vi*: **how do the two models ~ for speed?** en cuanto a velocidad ¿qué diferencia hay entre los dos modelos?; **to ~ WITH sth**: **nothing ~s with good home cooking** la comida casera no se puede comparar con nada; **it ~s favorably with your previous efforts** este trabajo está mejor que los anteriores

compare² *n* [u] (liter): **beyond ~** sin comparación, incomparable

comparison /kəm'pærəsən || kəm'pærɪsən/ *n* [u c] comparación *f*; **there is no ~ between them** no tienen comparación, no hay (ni punto de) comparación entre ellos; **by/in ~ (with sth/sb)** en comparación (con algo/algn)

compartment /kəm'pɑ:rtmənt || kəm'pɑ:tmənt/ *n* 1 (of bag, desk, refrigerator) compartimento *m*, compartimiento *m* 2 (in train) (BrE Rail) compartimento *m*, compartimiento *m*

compartmentalize /kəm,pɑ:rt'mentḷaɪz || ,kɒmpɑ:t'mentəlaɪz/ *vt* compartimentar

compass /'kʌmpəs/ *n*
A [c] (*magnetic* ~) brújula *f*; **the points of the ~** los puntos cardinales
B [c] (Math) (*often pl*) compás *m*; **a pair of ~es** un compás
C [u] (limits, scope) (frml) alcance *m*; **it falls within the ~ of the board** cae dentro de la competencia de la junta

compassion /kəm'pæʃən/ *n* [u] compasión *f*, piedad *f*; **~ TOWARD sb** compasión CON algn

compassionate /kəm'pæʃənət/ *adj* compasivo; **~ leave** (BrE) permiso *m* por motivos familiares

compatibility /kəm'pætə'bɪləti/ *n* [u] compatibilidad *f*

compatible /kəm'pætəbəl/ *adj* 1 ‹*people/ideas/principles*› compatible; **to be ~ WITH sb/sth** ser* compatible CON algn/algo 2 (Comput) compatible; **an IBM ~ computer** una computadora *or* (Esp tb) un ordenador compatible con IBM

compatriot /kəm'peɪtriət || kəm'pætriət/ *n* compatriota *mf*

compel /kəm'pel/ *vt* **-ll-** 1 (force) **to ~ sb to + INF** obligar* *or* forzar* a algn A + INF; **I feel ~led to warn you that ...** me veo en la obligación de advertirle que ... 2 (command) (frml) ‹*obedience/respect*› imponer*

compelling /kəm'pelɪŋ/ *adj* ‹*argument/evidence*› convincente, persuasivo; ‹*book*› absorbente; ‹*need*› imperioso

compendium /kəm'pendiəm/ *n* (*pl* **-diums** *or* **-dia** /-dɪə/) (BrE) 1 (book) compendio *m* 2 (of games) juegos *mpl* reunidos

compensate /'kɑ:mpənseɪt || 'kɒmpenseɪt/ *vt* (indemnify) indemnizar*, compensar; **to ~ sb FOR sth** indemnizar* *or* compensar a algn POR algo, resarcir* a algn DE algo

■ **compensate** *vi* **to ∼ FOR sth** compensar algo

compensation /ˈkɑːmpənˈseɪʃən || ˌkɒmpenˈseɪʃən/ *n* 1 [u c] (recompense) **∼ (FOR sth)** indemnización *f or* compensación *f* (POR algo); **I received $20,000 as** *o* **in ∼ for the damage** me dieron 20.000 dólares de indemnización *or* en compensación por los daños 2 [u] (remuneration) (AmE) remuneración *f*, retribución *f*; (*before n*) **∼ package** paquete *m* salarial

compere[1], **compère** /ˈkɑːmper || ˈkɒmpeə(r)/ *n* (BrE) presentador, -dora *m,f*, animador, -dora *m,f*

compere[2], **compère** *vt* (BrE) presentar, animar

compete /kəmˈpiːt/ *vi* competir*, participar; **to ∼ FOR sth** competir* POR algo, disputarse algo; **to ∼ AGAINST sb/sth** competir* CONTRA algn/algo; **we can't ∼ with the big firms** no podemos competir con las grandes firmas, no podemos hacerles la competencia a las grandes firmas

competence /ˈkɑːmpətəns || ˈkɒmpɪtəns/ *n* [u] 1 (ability) competencia *f*, capacidad *f*; **level of ∼ in French** nivel *m* (de conocimientos) de francés 2 (jurisdiction) (Law) competencia *f*

competent /ˈkɑːmpətənt || ˈkɒmpɪtənt/ *adj* 1 ‹*person*› competente, capaz; **to be ∼ to + INF** estar* capacitado PARA + INF 2 (adequate) aceptable 3 (Law) ‹*court*› competente; ‹*witness*› hábil

competently /ˈkɑːmpətəntli || ˈkɒmpɪtəntli/ *adv* competentemente

competition /ˈkɑːmpəˈtɪʃən || ˌkɒmpəˈtɪʃən/ *n*

A [u] 1 (competing) competencia *f*; **to be in ∼ with sb/sth** competir* con algn/algo 2 (opposition) competencia *f*

B [c] (contest) concurso *m*; (literary) certamen *m*, concurso *m*; (Sport) competencia *f* (AmL), competición *f* (Esp)

competitive /kəmˈpetətɪv || kəmˈpetɪtɪv/ *adj* competitivo; **∼ examination** concurso *m* de *or* por oposición, oposición *f* (Esp)

competitively /kəmˈpetətɪvli || kəmˈpetɪtɪvli/ *adv* 1 ‹*play*› con espíritu competitivo 2 (Busn): **∼ priced** a precios competitivos

competitor /kəmˈpetətər || kəmˈpetɪtə(r)/ *n* 1 (contestant) participante *mf*, concursante *mf* 2 (rival) (Busn) competidor, -dora *m,f*, rival *mf*; (Sport) contrincante *mf*, rival *mf*

compilation /ˈkɑːmpəˈleɪʃən || ˌkɒmpɪˈleɪʃən/ *n* 1 [u] (of list) compilación *f*; (of information) recopilación *f* 2 [c] (collection) recopilación *f*

compile /kəmˈpaɪl/ *vt* 1 ‹*dictionary/index*› compilar 2 ‹*information*› recopilar, reunir*, recabar 3 (Comput) ‹*program*› compilar

complacency /kəmˈpleɪsn̩si/ *n* [u] autocomplacencia *f*

complacent /kəmˈpleɪsn̩t/ *adj* ‹*person*› satisfecho de sí mismo; ‹*attitude*› displicente

complacently /kəmˈpleɪsn̩tli/ *adv* ‹*smile*› con suficiencia

complain /kəmˈpleɪn/ *vi* quejarse, reclamar; **to ∼ TO sb ABOUT sth** quejarse A algn POR algo; **I can't ∼** no me puedo quejar; **to ∼ OF sth** quejarse DE algo

■ **complain** *vt*: **you're hurting me, she ∼ed** —me haces daño —protestó *or* se quejó; **he ∼ed that ...** se quejó de que ...

complaint /kəmˈpleɪnt/ *n* 1 (grievance) queja *f*, reclamo *m* (AmL); **to make a ∼** quejarse, reclamar; **to lodge a ∼** presentar una queja, hacer* una reclamación *or* (AmL tb) presentar un reclamo; **cause/grounds for ∼** motivo *m* de queja 2 (ailment) dolencia *f* (frml)

complement[1] /ˈkɑːmpləmənt || ˈkɒmplɪmənt/ *n*

A **∼ (TO sth)** complemento *m* (DE algo)

B (full number): **the orchestra had the full ∼ of strings** la orquesta contaba con una sección de cuerdas completa; **the ship's ∼** (Naut) la tripulación *or* dotación completa

complement[2] *vt* complementar; **those colors ∼ each other** esos colores se complementan (entre sí)

complementary /ˈkɑːmpləˈmentri || ˌkɒmplɪˈmentri/ *adj* complementario

complete[1] /kəmˈpliːt/ *adj*

A 1 (entire) ‹*set/edition*› completo; **it comes ∼ with batteries** viene con las pilas incluidas 2 (finished) terminado, concluido

B (thorough, absolute) (*as intensifier*) total, completo; **it came as a ∼ surprise** fue una auténtica sorpresa; **a ∼ waste of time** una pérdida de tiempo total y absoluta

complete[2] *vt* 1 (finish) ‹*building/education*› acabar, terminar; ‹*sentence*› cumplir; ‹*investigations*› completar, concluir* 2 (make whole) ‹*set/collection*› completar 3 (fill in) (frml) ‹*form*› llenar, rellenar

completely /kəmˈpliːtli/ *adv* completamente, totalmente; **I ∼ forgot** me olvidé completamente

completion /kəmˈpliːʃən/ *n* [u] finalización *f*, terminación *f*; **to bring sth to ∼** terminar algo, llevar algo a término (frml); **the building is nearing ∼** falta poco para terminar el edificio

complex[1] /ˈkɑːmpleks || ˈkɒmpleks/ *adj* 1 (complicated) ‹*person/issue/situation*› complejo, complicado 2 (intricate) ‹*system/pattern/design*› complejo

complex[2] *n*

A (buildings) complejo *m*

B (Psych) complejo *m*

complexion /kəmˈplekʃən/ *n* 1 (skin type) cutis *m*; (in terms of color) tez *f* 2 (aspect) cariz *m*; **to put a different/new ∼ on sth** darle* otro/un nuevo cariz a algo

complexity /kəmˈpleksəti/ *n* [u c] (*pl* **-ties**) complejidad *f*

compliance /kəmˈplaɪəns/ *n* [u] 1 (acquiescence) conformidad *f*; **in ∼ with your wishes ...** conforme a *or* en conformidad con sus deseos ... 2 (submissiveness) docilidad *f*

compliant /kəmˈplaɪənt/ *adj* ‹*person*› dispuesto a acatar los deseos de otros

complicate /ˈkɑːmpləkeɪt || ˈkɒmplɪkeɪt/ *vt* complicar*

complicated /ˈkɑːmpləkeɪtəd || ˈkɒmplɪkeɪtɪd/ *adj* complicado

complication /ˈkɑːmpləˈkeɪʃən || ˌkɒmplɪˈkeɪʃən/ *n* complicación *f*; **∼s set in** (Med) surgieron complicaciones

complicity /kəmˈplɪsəti/ *n* [u] **∼ (IN sth)** complicidad *f* (EN algo)

compliment[1] /ˈkɑːmpləmənt || ˈkɒmplɪmənt/ *n* 1 (expression of praise) cumplido *m*, halago *m*; **to pay sb a ∼** hacerle* un cumplido a algn, halagar* a algn; **she returned the ∼** me devolvió el cumplido; **my ∼s to the chef** felicitaciones al cocinero 2 **compliments** *pl* (best wishes) saludos *mpl*; **with the ∼s of the management** gentileza *or* cortesía de la casa, con los mejores deseos de la dirección; (*before n*) **∼s slip** ≈ tarjeta *f*

compliment[2] *vt* **to ∼ sb (ON sth)** felicitar a algn (POR algo); **she ∼ed him on his new suit** le alabó el traje nuevo

complimentary /ˈkɑːmpləˈmentəri || ˌkɒmplɪˈmentri/ *adj* 1 (flattering) ‹*remark/review*› elogioso, halagüeño; **she wasn't very ∼ about her teacher** no habló muy bien de su profesora 2 (free) ‹*copy*› de obsequio *or* regalo; **∼ ticket** invitación *f*

comply /kəmˈplaɪ/ *vi* **-plies, -plying, -plied to ∼ WITH sth**: **to ∼ with a request** acceder a una solicitud; **to ∼ with an order** cumplir una orden; **to ∼ with the law** acatar la ley; **all machinery must ∼ with safety regulations** toda la maquinaria debe cumplir con *or* llenar los requisitos de seguridad

component[1] /kəmˈpəʊnənt/ *n* 1 (constituent part) componente *m* 2 (Auto) pieza *f*; (Electron) componente *m*

component[2] *adj* componente; ‹*element*› constituyente; **∼ part** componente *m*, parte *f* integrante

comportment /kəmˈpɔːrtmənt || kəmˈpɔːtmənt/ *n* [u] (frml) conducta *f*, comportamiento *m*

compose /kəmˈpəʊz/ *vt*

A (constitute) (*usu pass*) **to be ∼d OF sth** estar* compuesto DE algo, componerse* DE algo

B ‹*music*› componer*; ‹*letter*› redactar

C (calm, control) (liter): **to ∼ one's thoughts** poner* en orden sus (*or* mis *etc*) ideas; **to ∼ oneself** serenarse, recobrar la compostura

composed /kəmˈpəʊzd/ *adj* sereno, tranquilo

composer /kəmˈpəʊzər || kəmˈpəʊzə(r)/ *n* compositor, -tora *m,f*

composition /ˈkɑːmpəˈzɪʃən || ˌkɒmpəˈzɪʃən/ *n* [u c] composición *f*

compos mentis /ˈkɑːmpəsˈmentəs || ˌkɒmpəsˈmentɪs/ *adj* (frml) (*pred*) en plena posesión de sus (*or* mis *etc*) facultades (mentales) (frml)

compost /'kɑːmpəʊst || 'kɒmpɒst/ *n* [u] abono *m* orgánico *or* vegetal; (*before n*) ~ **heap** *lugar donde se amontonan desechos para preparar abono*

composure /kəm'pəʊʒər || kəm'pəʊʒə(r)/ *n* [u] compostura *f*, calma *f*, serenidad *f*; **to lose/regain one's ~** perder*/recobrar la compostura (*or* la calma *etc*)

compound¹ /'kɑːmpaʊnd || 'kɒmpaʊnd/ *adj* ‹*number/interest/leaf*› compuesto

compound² /'kɑːmpaʊnd || 'kɒmpaʊnd/ *n*
A **1** (Chem) compuesto *m* **2** (word) palabra *f* compuesta
B (residence) complejo *m* habitacional; (for prisoners etc) barracones *mpl*

compound³ /kɑːm'paʊnd || kəm'paʊnd/ *vt*
A (make worse) ‹*problem*› agravar, exacerbar; ‹*risk/difficulties*› acrecentar*, aumentar
B (*usu pass*) (combine) (liter) **to be ~ed WITH sth** ir* acompañado DE algo

comprehend /'kɑːmprɪ'hend || ˌkɒmprɪ'hend/ *vt*
A (understand) comprender
B (include) (frml) abarcar*, comprender

comprehensible /'kɑːmprɪ'hensəbəl || ˌkɒmprɪ'hensəbəl/ *adj* comprensible

comprehension /'kɑːmprɪ'hentʃən || ˌkɒmprɪ'henʃən/ *n* **1** [u] (understanding) comprensión *f*; **it's beyond my ~** me resulta incomprensible **2** [c u] (school exercise) (BrE) ejercicio *m* de comprensión

comprehensive /'kɑːmprɪ'hensɪv || ˌkɒmprɪ'hensɪv/ *adj* **1** ‹*survey/report*› exhaustivo, global; ‹*view*› integral, de conjunto; ‹*list/range*› completo; ‹*insurance/cover*› contra todo riesgo **2** (Educ) (in UK) *relativo al sistema educativo en el cual no se separa a los alumnos según su nivel de aptitud*

comprehensives /ˌkɑːmprɪ'hensɪvz || ˌkɒmprɪ'hensɪvz/ *pl n* (in US) exámenes *mpl* finales (*en asignaturas de todo el curso o la carrera*)

comprehensive (school) *n* (in UK) *instituto de segunda enseñanza para alumnos de cualquier nivel de aptitud*

compress¹ /kəm'pres/ *vt* comprimir; **~ed air** aire *m* comprimido

compress² /'kɑːmpres || 'kɒmpres/ *n* compresa *f*

compression /kəm'preʃən/ *n* [u] compresión *f*

comprise /kəm'praɪz/ *vt* **1** (consist of) comprender, constar de **2** (constitute, make up) componer*

compromise¹ /'kɑːmprəmaɪz || 'kɒmprəmaɪz/ *n* [c u] (agreement) acuerdo *m* mutuo, arreglo *m*, compromiso *m*; **to come to** *o* **reach a ~** llegar* a un acuerdo mutuo

compromise² *vi* **1** (make concessions) transigir*, transar (AmL) **2** (give way): **we cannot ~ on this point** en este punto no podemos ceder *or* transigir
■ **compromise** *vt* **1** (discredit) ‹*person/organization/reputation*› comprometer; **to ~ oneself** ponerse* en una situación comprometida **2** (endanger) comprometer, poner* en peligro

compromising /'kɑːmprəmaɪzɪŋ || 'kɒmprəmaɪzɪŋ/ *adj* ‹*evidence*› comprometedor; ‹*situation*› comprometido

comptroller /kən'trəʊlər || kən'trəʊlə(r)/ *n* (frml) interventor, -tora *m,f*, contralor, -lora *m,f* (AmL)

compulsion /kəm'pʌlʃən/ *n* **1** [u] (force, duress) coacción *f* **2** [c] (obsession) compulsión *f*

compulsive /kəm'pʌlsɪv/ *adj* **1** (compelling): **the book is ~ reading** es uno de esos libros que se empiezan y no se pueden dejar; **the film is ~ viewing** es una película que no hay que perderse **2** (obsessive) ‹*behavior*› compulsivo; **he's a ~ eater/liar** come/miente por compulsión; **a ~ gambler** un jugador *m* empedernido

compulsory /kəm'pʌlsəri/ *adj* ‹*attendance*› obligatorio; ‹*retirement*› forzoso

compulsory purchase *n* (BrE) expropiación *f*

compunction /kəm'pʌŋkʃən/ *n* [u] reparo *m*; **to have no ~ about -ING** no tener* ningún reparo en + INF

computation /'kɑːmpju'teɪʃən || ˌkɒmpjuː'teɪʃən/ *n* [u c] cálculo *m*, cómputo *m*

compute /kəm'pjuːt/ *vt* calcular, computar

computer /kəm'pjuːtər || kəm'pjuːtə(r)/ *n* computadora *f* (esp AmL), computador *m* (esp AmL), ordenador *m* (Esp); **all the data is on ~** todos los datos están computarizados *or* computerizados; (*before n*) ‹*society/age/revolution*› de la informática; ‹*program/game*› de computadora (*or* ordenador *etc*); ‹*graphics/animation*› por computadora (*or* ordenador *etc*); **~ programmer** programador, -dora *m,f*; **~ programming** programación *f*; **~ science** informática *f*; **~ studies** informática *f*, computación *f*

computer: **~-aided** /kəm'pjuːtər'eɪdəd || kəmˌpjuːtər'eɪdɪd/, **~-assisted** /-ə'sɪstəd || -ə'sɪstɪd/ *adj* ‹*learning/design*› asistido por computadora (*or* ordenador *etc*); **~-friendly** /kəmˌpjuːtər'frendli || kəmˌpjuːtə'frendli/ *adj* **1** (compatible with IT) ‹*systems/methods*› compatible con computadoras (*or* ordenadores *etc*) **2** (able to use IT) ‹*employee/work force*› con conocimientos de informática

computerization /kəm'pjuːtərə'zeɪʃən || kəmˌpjuːtəraɪ'zeɪʃən/ *n* [u] (of data) computarización *f*, computerización *f*; (of business) informatización *f*

computerize /kəm'pjuːtəraɪz/ *vt* computarizar*, computerizar*; ‹*company/department*› informatizar*

computer: **~-literate** /kəmˌpjuːtər'lɪtərət || kəmˌpjuːtə'lɪtərət/ *adj* con conocimientos de informática *or* de computación, con competencia en informática *or* en computación; **~-operated** /kəm'pjuːtər'ɑːpəreɪtəd || kəmˌpjuːtər'ɒpəreɪtɪd/ *adj* operado por computadora (*or* ordenador *etc*), computarizado, computerizado; **~ virus** *n* virus *m* informático

computing /kəm'pjuːtɪŋ/ *n* [u] informática *f*, computación *f*; (*before n*) **~ skills** competencia *f* en el uso de computadoras (*or* ordenadores *etc*)

comrade /'kɑːmræd || 'kɒmreɪd/ *n* compañero, -ra *m,f*, camarada *mf*

comradeship /'kɑːmrædʃɪp || 'kɒmreɪdʃɪp/ *n* [u] camaradería *f*

con¹ /kɑːn || kɒn/ *n*
A (fraud) (colloq) timo *m* (fam), estafa *f*
B (prisoner, convict) (sl) preso, -sa *m,f*
C (colloq) (objection) contra *m*; *see also* **pro¹ B**

con² *vt* **-nn-** (colloq) (deceive) timar (fam), estafar; (sweet-talk) engatusar, embaucar*, camelar (fam); **to ~ sb INTO/OUT OF sth**: **I was ~ned into it** me embaucaron *or* (fam) me camelaron para que lo hiciera (*or* para que fuera *etc*); **I was ~ned into thinking that …** me engatusaron haciéndome creer que …; **he ~ned the old ladies out of their savings** embaucó a las ancianas y les quitó los ahorros

concave /'kɑːnkeɪv || 'kɒŋkeɪv/ *adj* cóncavo

conceal /kən'siːl/ *vt* **1** ‹*object/facts/truth*› ocultar; ‹*emotions*› disimular, ocultar; **with barely ~ed hatred** con mal disimulado odio; **to ~ sth FROM sb** ocultar(le) algo A algn **2** **concealed** *past p* ‹*door/camera*› oculto; ‹*lighting*› indirecto

concede /kən'siːd/ *vt* **1** (admit) reconocer*; **to ~ defeat** admitir la derrota, darse* por vencido **2** (allow) ‹*right/privilege*› conceder **3** (give away) ‹*game/penalty*› conceder
■ **concede** *vi* (admit defeat) admitir la derrota, darse* por vencido

conceit /kən'siːt/ *n* engreimiento *m*, presunción *f*

conceited /kən'siːtəd || kən'siːtɪd/ *adj* engreído, presuntuoso, creído (fam)

conceivable /kən'siːvəbəl/ *adj* imaginable; **every ~ means** todos los medios imaginables; **it's just ~ that he forgot** cabe la posibilidad de que se haya olvidado

conceivably /kən'siːvəbli/ *adv* (*indep*): **they may ~ have decided to sell it** cabe la posibilidad de que hayan decidido venderlo

conceive /kən'siːv/ *vt*
A **1** (devise) ‹*plan*› concebir* **2** (imagine) imaginar, pensar*; (consider) considerar; **I can't ~ why you did it** no concibo *or* no me cabe en la cabeza por qué lo hiciste
B ‹*child*› concebir*
■ **conceive** *vi* (become pregnant) concebir*

Phrasal verb
• **conceive of** [v ▸ prep ▸ o] (frml) imaginar, concebir*

concentrate¹ /'kɑːnsəntreɪt || 'kɒnsəntreɪt/ *vt*
A ‹*energies/attention*› **to ~ sth (ON sth)** concentrar algo (EN algo)
B (gather, bring together) **to ~ sth IN/INTO sth** concentrar algo EN algo
■ **concentrate** *vi*
A (focus attention) «*person*» concentrarse; «*talks*» centrarse; **~ on getting this finished** concéntrate en terminar esto
B (converge) «*people*» concentrarse

concentrate² *n* [u] concentrado *m*

concentrated /ˈkɑːnsəntreɪtəd || ˈkɒnsəntreɪtɪd/ *adj* 1 ‹*effort*› intenso y continuado 2 ‹*solution/juice*› concentrado

concentration /ˌkɑːnsənˈtreɪʃən || ˌkɒnsənˈtreɪʃən/ *n* [c u] concentración *f*

concentration camp *n* campo *m* de concentración

concept /ˈkɑːnsept || ˈkɒnsept/ *n* concepto *m*

conception /kənˈsepʃən/ *n*
A [c u] (idea) noción *f*, concepción *f*; **they have no ~ of ...** no tienen noción *or* idea de ...
B [u] (of baby, plan) concepción *f*

concern¹ /kənˈsɜːrn || kənˈsɜːn/ *n*
A [c] (business, affair) asunto *m*; **that's no ~ of yours** eso no es asunto tuyo
B [u] 1 (anxiety) preocupación *f*, inquietud *f*; **cause for ~** motivos *mpl* de preocupación *or* para preocuparse 2 (interest) **~ FOR sb/sth** interés *m* POR algn/algo; **to be of ~ to sb** importarle *or* preocuparle a algn; **it's of no great ~ to me what he does** no me importa *or* no me preocupa mucho lo que haga
C [c] (firm) empresa *f*, negocio *m*; ▸**going²**

concern² *vt*
A (affect, involve) concernir*, incumbir; **the people ~ed** la gente en cuestión; **those ~ed know who they are** los interesados ya saben quiénes son; **to be ~ed WITH sth** ocuparse DE algo; **where money is ~ed ...** en lo que respecta al dinero ...; **as far as I'm ~ed** en lo que a mí respecta, por mi parte; **to whom it may ~** (frml) a quien corresponda (frml)
B 1 (interest) interesar; **I'm more ~ed with quality than quantity** me interesa más la calidad que la cantidad 2 (worry, bother) preocupar, inquietar
C (relate to): **my fears ~ing her health were unfounded** mis temores en cuanto a *or* respecto a su salud eran infundados; **item one ~s the new office** el primer punto trata de la nueva oficina
■ *v refl* **to ~ oneself (ABOUT sb/sth)** preocuparse (POR algn/algo); **to ~ oneself WITH sth** (be busy with sth) ocuparse DE algo; (interest) **I don't ~ myself with their affairs** yo no me inmiscuyo en sus asuntos

concerned /kənˈsɜːrnd || kənˈsɜːnd/ *adj* ‹*person*› preocupado; ‹*look*› de preocupación; **to be ~ ABOUT/FOR sb/sth** estar* preocupado POR algn/algo; *see also* **concern²**

concerning /kənˈsɜːrnɪŋ || kənˈsɜːnɪŋ/ *prep* sobre, acerca de, con respecto a

concert¹ /ˈkɑːnsərt || ˈkɒnsət/ *n* 1 (performance) concierto *m*; (*before n*) **~ hall** sala *f* de conciertos, auditorio *m*; **~ pianist** concertista *mf* de *or* en piano 2 **in concert** (performing live) en vivo, en concierto

concert² /kənˈsɜːrt || kənˈsɜːt/ *vt* (frml) concertar*, coordinar; **we made a ~ed effort to ...** coordinamos *or* concertamos nuestros esfuerzos para ...

concertina¹ /ˌkɑːnsərˈtiːnə || ˌkɒnsəˈtiːnə/ *n* concertina *f*

concertina² *vi* aplastarse como un acordeón

concertmaster /ˈkɑːnsərtˌmæstər || ˈkɒnsətˌmɑːstə(r)/ *n* (AmE) primer violín *mf*, concertino *mf*

concerto /kənˈtʃertəʊ || kənˈtʃɜːtəʊ, kənˈtʃeətəʊ/ *n* (*pl* **-tos** *or* **-ti**) concierto *m*; **violin ~** concierto para violín

concession /kənˈseʃən/ *n* [c u] concesión *f*; ⓢ **admission £3; concessions £2** (BrE) entrada £3; estudiantes, jubilados *etc* £2

concessionary /kənˈseʃəneri || kənˈseʃənəri/ *adj* ‹*fare/ticket*› a precio reducido, con descuento

conch (shell) /kɑːŋk, kɑːntʃ || kɒŋk, kɒntʃ/ *n* caracola *f*

conciliate /kənˈsɪlieɪt/ *vt* conciliar

conciliation /kənˌsɪliˈeɪʃən/ *n* [u] conciliación *f*

conciliatory /kənˈsɪliətɔːri || kənˈsɪliətəri/ *adj* conciliador, conciliatorio

concise /kənˈsaɪs/ *adj* ‹*instructions/writing*› conciso; **~ dictionary** diccionario *m* abreviado

conclude /kənˈkluːd/ *vt*
A 1 (end) concluir* (frml), finalizar* 2 (settle) ‹*deal*› cerrar*; ‹*agreement*› llegar* a; ‹*treaty*› firmar; ‹*alliance*› pactar
B (infer) concluir* (frml)
■ **conclude** *vi* 1 (come to an end) concluir* (frml), terminar; **to ~, I would like to ...** para concluir, querría ... 2 **concluding** *pres p* ‹*remarks/chapter*› final

conclusion /kənˈkluːʒən/ *n*
A [c] (end) conclusión *f*; **in ~** (*as linker*) para concluir, como conclusión
B [c] (decision, judgment) conclusión *f*; **to come to** *o* **reach a ~** llegar* a una conclusión; **I've come to the ~ that ...** he llegado a la conclusión de que ...; **to draw a ~** sacar* una conclusión; ***to jump to ~s*** precipitarse (a sacar conclusiones)

conclusive /kənˈkluːsɪv/ *adj* ‹*evidence/argument*› concluyente; ‹*victory*› decisivo, contundente

conclusively /kənˈkluːsɪvli/ *adv* de manera concluyente, concluyentemente

concoct /kənˈkɑːkt || kənˈkɒkt/ *vt* ‹*meal/drink*› preparar; ‹*excuse/story*› inventarse; ‹*plan*› tramar

concoction /kənˈkɑːkʃən || kənˈkɒkʃən/ *n* [c u] (food, drink): **I'm not eating/drinking that ~** (pej) yo no me como ese mejunje/bebo ese brebaje (pey); **one of Pierre's delicious ~s** una de las exquisitas creaciones de Pierre

concord /ˈkɑːnkɔːrd || ˈkɒŋkɔːd/ *n* [u c] (harmony) (frml) concordia *f*

concordance /kənˈkɔːrdn̩s || kənˈkɔːdn̩s/ *n* concordancia *f*; (index) concordancias *fpl*

concourse /ˈkɑːnkɔːrs || ˈkɒŋkɔːs/ *n*
A (large hall) explanada *f*
B (gathering) (liter) concurrencia *f*

concrete¹ /kɑːnˈkriːt, ˈkɑːnkriːt || ˈkɒnkriːt/ *adj* concreto

concrete² /ˈkɑːnkriːt || ˈkɒnkriːt/ *n* [u] hormigón *m*, concreto *m* (AmL); (in loose usage) cemento *m*; (*before n*) ‹*building*› de hormigón *or* (AmL tb) concreto

concrete³ /ˈkɑːnkriːt || ˈkɒnkriːt/ *vt* ‹*path*› pavimentar con hormigón *or* (AmL tb) con concreto

concubine /ˈkɑːŋkjʊbaɪn || ˈkɒŋkjʊbaɪn/ *n* concubina *f*

concur /kənˈkɜːr || kənˈkɜː(r)/ *vi* **-rr-** (frml) (agree) **to ~ (WITH sb/sth)** coincidir (CON algn/algo), estar* de acuerdo (CON algn/algo)

concurrent /kənˈkɜːrənt || kənˈkʌrənt/ *adj* (frml) ‹*event*› concurrente (frml), simultáneo

concurrently /kənˈkɜːrəntli || kənˈkʌrəntli/ *adv* (frml) simultáneamente

concuss /kənˈkʌs/ *vt* (*usu pass*): **to be ~ed** sufrir una conmoción (cerebral) *or* una concusión

concussion /kənˈkʌʃən/ *n* [u] conmoción *f* cerebral, concusión *f*

condemn /kənˈdem/ *vt*
A 1 (sentence) condenar; **he was ~ed to death** lo condenaron *or* fue condenado a muerte; **the ~ed man** el condenado a muerte 2 (censure) condenar
B 1 (declare unusable) ‹*building*› declarar ruinoso 2 (in US: convert to public use) ‹*building*› expropiar (*por causa de utilidad pública*)

condemnation /ˌkɑːndemˈneɪʃən || ˌkɒndemˈneɪʃən/ *n* [u] condena *f*, repulsa *f*

condemnatory /kənˈdemnətɔːri || ˌkɒndemˈneɪtərɪ/ *adj* condenatorio

condensation /ˌkɑːndenˈseɪʃən || ˌkɒndenˈseɪʃən/ *n* [u]
A 1 (process) condensación *f* 2 (on windows etc) vapor *m*, vaho *m*
B (abridgment) condensación *f*

condense /kənˈdens/ *vt*
A (abridge) ‹*book/article*› condensar, compendiar, resumir
B (Chem) condensar
■ **condense** *vi* (Chem) condensarse

condensed /kənˈdensd/ *adj* condensado, resumido; **~ milk** leche *f* condensada; **~ soup** sopa *f* concentrada

condescend /ˌkɑːndɪˈsend || ˌkɒndɪˈsend/ *vi* 1 (deign) **to ~ to + INF** dignarse *or* condescender* A + INF 2 (patronize) **to ~ TO sb** tratar a algn con condescendencia

condescending /ˌkɑːndɪˈsendɪŋ || ˌkɒndɪˈsendɪŋ/ *adj* ‹*tone/smile*› condescendiente; **to be ~ TO** *o* **TOWARD(S) sb** tratar a algn con condescendencia

condescension /ˌkɑːndɪˈsentʃən || ˌkɒndɪˈsenʃən/ *n* [u] condescendencia *f*

condiment /ˈkɑːndəmənt || ˈkɒndɪmənt/ *n* (seasoning) condimento *m*, aliño *m*; (relish) salsa *f* (*para condimentar*)

C

condition¹ /kən'dɪʃən/ *n*
A (stipulation, requirement) condición *f*; **on one ~** con una condición; **on ~ that** con la condición de que, a condición de que
B **1** (state) (*no pl*) estado *m*, condiciones *fpl*; **to be in no ~ to + INF** no estar* en condiciones de + INF **2** (state of fitness): **to be in/out of ~** estar*/no estar* en forma **3** (Med) afección *f* (frml), enfermedad *f*; **a heart/liver ~** una afección cardíaca/hepática (frml)
C **conditions** *pl* **1** (circumstances) condiciones *fpl*; **working/housing ~s** condiciones de trabajo/vivienda **2** (Meteo): **weather ~s are good** el estado del tiempo es bueno

condition² *vt*
A (influence, determine) condicionar; **to ~ sb to + INF** condicionar a algn A + INF
B (make healthy) ‹*hair*› acondicionar

conditional /kən'dɪʃn̩əl || kən'dɪʃənl/ *adj* **1** (provisional) ‹*agreement/acceptance*› condicional, con condiciones; **to be ~ ON** *o* **UPON sth** estar* condicionado *or* supeditado A algo **2** (Ling) condicional

conditioner /kən'dɪʃn̩ər || kən'dɪʃn̩ə(r)/ *n* (*hair ~*) acondicionador *m*, enjuague *m* (AmL), suavizante *m* (Esp), bálsamo *m* (Chi); (*fabric ~*) suavizante *m*

conditioning /kən'dɪʃn̩ɪŋ/ *n* [u] (Psych) condicionamiento *m*

condo /'kɑːndəʊ || 'kɒndəʊ/ *n* (AmE colloq) ▸**condominium**

condolence /kən'dəʊləns/ *n* (frml) **1** [u] (sympathy): **letter of ~** carta *f* de condolencia (frml) **2** **condolences** *pl* condolencias *fpl* (frml), pésame *m*; **he offered/sent his ~s to the widow** le dio/envió el pésame *or* (frml) sus condolencias a la viuda

condom /'kɑːndəm || 'kɒndɒm/ *n* preservativo *m*, condón *m*

condominium /'kɑːndə'mɪniəm || ˌkɒndə'mɪniəm/ *n* (*pl* **~s**) (AmE) **1** [u] (ownership) régimen de propiedad horizontal **2** [c] (building) condominio *m* (AmL), bloque *m* de pisos (Esp) **3** [c] (apartment) apartamento *m*, piso *m* (Esp) (*en régimen de propiedad horizontal*)

condone /kən'dəʊn/ *vt* ‹*violence/conduct*› aprobar*

conducive /kən'duːsɪv || kən'djuːsɪv/ *adj* (*pred*) **to be ~ TO sth** ser* propicio PARA algo

conduct¹ /'kɑːndʌkt || 'kɒndʌkt/ *n* [u] **1** (behavior) conducta *f*, comportamiento *m* **2** (management): **her ~ of the investigation** la manera *or* el modo en que condujo la investigación

conduct² /kən'dʌkt/ *vt*
A ‹*inquiry/experiment*› llevar a cabo, realizar*; ‹*conversation*› mantener*; **to ~ business** llevar a cabo actividades comerciales
B (Mus) dirigir*
C ‹*visitor/tour/party*› guiar*
D ‹*heat/electricity*› conducir*
■ *v refl* **to ~ oneself** conducirse* (frml), comportarse
■ **conduct** *vi* (Mus) dirigir*

conduction /kən'dʌkʃən/ *n* [u] conducción *f*

conductor /kən'dʌktər || kən'dʌktə(r)/ *n*
A (Mus) director, -tora *m,f* (de orquesta)
B **1** (on bus) cobrador, -dora *m,f*, guarda *mf* (RPl) **2** (on train) (AmE) cobrador, -dora *m,f*
C (Elec, Phys) conductor *m*

conductress /kən'dʌktrəs || kən'dʌktrɪs/ *n* **1** (on bus) cobradora *f*, guarda *f* (RPl) **2** (on train) (AmE) cobradora *f*

conduit /'kɑːnduːət || 'kɒndjʊɪt/ *n* conducto *m*

cone /kəʊn/ *n*
A (Auto, Math) cono *m*; **~-shaped** cónico
B (*ice-cream ~*) cucurucho *m or* barquillo *m or* (Ven) barquilla *f or* (Col) cono *m*

confab /'kɑːnfæb || 'kɒnfæb/ *n* (colloq) charla *f*

confectioner /kən'fekʃnər || kən'fekʃənə(r)/ *n* pastelero, -ra *m,f*, confitero, -ra *m,f*

confectionery /kən'fekʃəneri || kən'fekʃənəri/ *n* [u] productos *mpl* de confitería

confederacy /kən'fedərəsi/ *n* confederación *f*

confederate¹ /kən'fedərət/ *adj* confederado

confederate² *n* **1** (state) confederado *m* **2** (accomplice) (liter) cómplice *mf*

> **Confederate States of America**
>
> Los once estados norteamericanos, Carolina del Norte y del Sur, Misisipí, Florida, Georgia, Luisiana, Alabama, Tejas, Virginia, Arkansas, Tennessee, que se apartaron de la Unión en 1861, provocando el comienzo de la Guerra de Secesión (**Civil War**)

confederation /kən'fedə'reɪʃən/ *n* confederación *f*

confer /kən'fɜːr || kən'fɜː(r)/ **-rr-** *vt* (bestow) conceder, conferir* (frml); **to ~ sth ON** *o* **UPON sb/sth** concederle *or* (frml) conferirle* algo A algn/algo
■ **confer** *vi* (discuss) consultar; **to ~ WITH sb (ABOUT sth)** consultar (algo) CON algn

conference /'kɑːnfrəns || 'kɒnfərəns/ *n* **1** [c] (large assembly, convention) congreso *m*, conferencia *f*; (*before n*) **~ center** *o* (BrE) **centre** centro *m* de conferencias **2** [c u] (meeting, discussion) conferencia *f*; **to be in ~ with sb** estar* reunido *or* en reunión *or* (frml) en conferencia con algn; (*before n*) **~ room** sala *f* de juntas *or* reuniones; **at the ~ table** en la mesa de las negociaciones **3** (esp AmE Sport) liga *f*

confess /kən'fes/ *vt* confesar*
■ **confess** *vi*
A **1** (admit) confesar*; **he ~ed to five murders** confesó haber cometido cinco asesinatos **2** **confessed** *past p* ‹*thief/liar*› declarado
B (Relig) confesarse*

confession /kən'feʃən/ *n*
A [c] (statement) confesión *f*; **to make a ~** confesar*, hacer* una confesión; **a signed ~** una confesión por escrito
B [c u] (of sins) confesión *f*; **to go to ~** ir* a confesarse

confessional /kən'feʃn̩əl/ *n* confesionario *m*, confesonario *m*

confessor /kən'fesər || kən'fesə(r)/ *n* confesor *m*

confetti /kən'feti/ *n* [u] confeti *m or* (Chi) chaya *f or* (RPl) papel *m* picado *or* (Ven) papelillos *mpl*

confidant /'kɑːnfədænt || 'kɒnfɪˌdænt/ *n* confidente *m*

confidante /'kɑːnfədænt || ˌkɒnfɪ'dænt/ *n* confidente *f*

confide /kən'faɪd/ *vi* **1** (tell secrets) **to ~ IN sb** confiarse* A algn **2** (trust) (liter) **to ~ IN sb/sth** confiar* EN algn/algo
■ **confide** *vt* **to ~ sth TO sb** confiarle* algo A algn

confidence /'kɑːnfədəns || 'kɒnfɪdəns/ *n*
A [u] **1** (trust, faith) confianza *f*; **~ IN sb/sth** confianza EN algn/algo **2** (self-confidence) confianza *f* en sí mismo, seguridad *f* en sí mismo
B **1** [u] (confidentiality): **he took her into his ~** se confió a ella; **in ~** en confianza; **in strict ~** con absoluta reserva **2** [c] (secret) confidencia *f*; **they exchanged ~s** se hicieron confidencias

confidence game *n* (AmE), **confidence trick** *n* estafa *f*, timo *m* (fam)

confident /'kɑːnfədənt || 'kɒnfɪdənt/ *adj* **1** (sure) ‹*statement/forecast*› hecho con confianza *or* seguridad; **I am ~ that she won't disappoint us** tengo (la) plena confianza de que no nos defraudará; **to be ~ OF sth** confiar* EN algo **2** (self-confident) ‹*person*› seguro de sí mismo

confidential /'kɑːnfə'dentʃəl || ˌkɒnfɪ'denʃəl/ *adj* **1** (secret) ‹*information*› confidencial **2** (private) (*before n*) ‹*secretary*› de confianza **3** (intimate) ‹*tone*› confidencial

confidentiality /'kɑːnfə'dentʃi'æləti || ˌkɒnfɪdenʃɪ'æləti/ *n* [u] confidencialidad *f*

confidentially /'kɑːnfə'dentʃəli || ˌkɒnfɪ'denʃəli/ *adv* confidencialmente

confidently /'kɑːnfədəntli || 'kɒnfɪdəntli/ *adv* con seguridad *or* confianza

configuration /kən'fɪgjə'reɪʃən || kənˌfɪgə'reɪʃən/ *n* configuración *f*

confine /kən'faɪn/ *vt* **1** (limit, restrict) **to ~ sth TO sth** limitar *or* restringir* algo A algo; **drug addiction is not ~d to large cities** la drogadicción no afecta únicamente a las grandes ciudades; **the fire was ~d to the basement** el incendio sólo afectó al sótano **2** (shut in, imprison) ‹*person*› confinar, recluir*; ‹*animal*› encerrar*; **he was ~d to bed for several months** tuvo que guardar cama varios meses

confined /kən'faɪnd/ *adj* ‹*space*› limitado, reducido

confinement /kən'faɪnmənt/ *n* **1** [u] (act, state) reclusión *f*, confinamiento *m* **2** [u c] (in childbirth) parto *m*

confines /'kɑːnfaɪnz || 'kɒnfaɪnz/ *pl n* confines *mpl*, límites *mpl*

confirm /kən'fɜːrm || kən'fɜːm/ *vt*

A 1 (substantiate) ‹*report/reservation*› confirmar 2 (ratify) (frml) ‹*treaty/agreement*› ratificar* 3 **confirmed** *past p* ‹*bachelor/liar*› empedernido

B (Relig) confirmar

confirmation /ˌkɑːnfər'meɪʃən || ˌkɒnfə'meɪʃən/ *n*

A [u] 1 (substantiation) confirmación *f* 2 (ratification) (frml) ratificación *f*

B [u c] (Relig) confirmación *f*

confiscate /'kɑːnfəskeɪt || 'kɒnfɪskeɪt/ *vt* confiscar*, decomisar; **to ~ sth FROM sb** confiscarle* *or* decomisarle algo A algn

confiscation /ˌkɑːnfə'skeɪʃən || ˌkɒnfɪ'skeɪʃən/ *n* [u c] confiscación *f*, decomiso *m*

conflate /kən'fleɪt/ *vt* refundir, combinar

conflict¹ /'kɑːnflɪkt || 'kɒnflɪkt/ *n* [c u] conflicto *m*; **to come into ~ with sth/sb** entrar en conflicto con algo/algn; **a ~ of interests** un conflicto de intereses

conflict² /kən'flɪkt/ *vi* discrepar, estar* reñido

conflicting /kən'flɪktɪŋ/ *adj* ‹*interests*› opuesto, encontrado; ‹*views/accounts/emotions*› contradictorio

conform /kən'fɔːrm || kən'fɔːm/ *vi* 1 (be in accordance) **to ~ TO** *o* **WITH sth** ajustarse A *or* cumplir CON algo 2 (act in a conformist way) ser* conformista; **to ~ TO sth: he usually ~s to their wishes** por lo general se aviene a sus deseos

conformist¹ /kən'fɔːrməst || kən'fɔːmɪst/ *adj* conformista

conformist² *n* conformista *mf*

conformity /kən'fɔːrməti || kən'fɔːməti/ *n* [u] conformidad *f*; **in ~ with** (frml) conforme a, en conformidad con (frml)

confound /kən'faʊnd/ *vt* 1 (perplex) ‹*person*› confundir, desconcertar* 2 (thwart) ‹*attempt*› frustrar; ‹*plan*› echar por tierra 3 (damn) (colloq & dated): **~ it!** ¡maldita sea!

confounded /kən'faʊndəd || kən'faʊndɪd/ *adj* (*before n*) (colloq & dated) maldito, condenado

confront /kən'frʌnt/ *vt* 1 (come face to face with) ‹*danger/problem*› afrontar, enfrentar, hacer* frente a; **police were ~ed by a group of demonstrators** la policía se vio enfrentada a un grupo de manifestantes 2 (face up to) ‹*enemy/fear/crisis*› hacer* frente a, enfrentarse a; **I decided to ~ him on the matter** decidí plantearle la cuestión cara a cara; **to ~ sb WITH sth: I intend to ~ him with it tomorrow** pienso encararme con él mañana y decírselo

confrontation /ˌkɑːnfrʌn'teɪʃən || ˌkɒnfrʌn'teɪʃən/ *n* 1 [c u] (conflict) enfrentamiento *m*, confrontación *f* 2 [c] (encounter) confrontación *f*

confuse /kən'fjuːz/ *vt*

A 1 (bewilder) confundir, desconcertar* 2 (blur) ‹*situation*› complicar*, enredar

B (mix up, be unable to distinguish) ‹*ideas/sounds*› confundir; **to ~ sth/sb WITH sth/sb** confundir algo/a algn CON algo/algn

confused /kən'fjuːzd/ *adj* 1 (perplexed) confundido; **to get ~** confundirse; **what are you ~ about?** ¿qué es lo que te tiene confundido? 2 (unclear) ‹*argument*› confuso

confusing /kən'fjuːzɪŋ/ *adj* confuso, poco claro

confusion /kən'fjuːʒən/ *n* [u]

A 1 (turmoil) confusión *f*; **the meeting ended in ~** la reunión terminó en medio de la confusión general 2 (disorder) desorden *m*

B 1 (perplexity) confusión *f*, desconcierto *m* 2 (embarrassment) turbación *f*; **her presence threw him into ~** su presencia lo turbó

con game *n* (AmE) timo *m* (fam), estafa *f*

congeal /kən'dʒiːl/ *vi* «*fat*» solidificarse*, cuajar; **~ed blood** sangre *f* coagulada

congenial /kən'dʒiːniəl/ *adj* ‹*person*› simpático, agradable; **a ~ atmosphere** un ambiente amigable

congenital /kən'dʒenɪtl̩/ *adj* congénito

congested /kən'dʒestəd || kən'dʒestɪd/ *adj* 1 (with traffic) congestionado; (with people) abarrotado *or* repleto de gente 2 (Med) congestionado

congestion /kən'dʒestʃən/ *n* [u] 1 (with traffic) congestión *f*; (with people) abarrotamiento *m* 2 (Med) congestión *f*

conglomerate /kən'glɑːmərət || kən'glɒmərət/ *n* (Busn) conglomerado *m* (de empresas)

conglomeration /kənˌglɑːmə'reɪʃən || kənˌglɒmə'reɪʃən/ *n* acumulación *f*, conglomerado *m*

Congo /'kɑːŋgəʊ || 'kɒŋgəʊ/ *n* el Congo

congratulate /kən'grætʃəleɪt || kən'grætjʊleɪt/ *vt* felicitar; **to ~ sb ON sth/-ING** felicitar *or* darle* la enhorabuena a algn POR algo/+ INF

■ *v refl* **to ~ oneself ON sth** felicitarse POR *or* DE algo, congratularse POR *or* DE algo (frml)

congratulation /kənˌgrætʃə'leɪʃən || kənˌgrætjʊ'leɪʃən/ *n* 1 [u] (praise) felicitación *f* 2 **congratulations** *pl* enhorabuena *f*, felicitaciones *fpl*; (*as interj*) **(my) ~s!** ¡enhorabuena!, ¡felicitaciones! (AmL)

congratulatory /kən'grætʃələtɔːri || kən'grætjʊlətəri/ *adj* (frml) de enhorabuena *or* felicitación

congregate /'kɑːŋgrɪgeɪt || 'kɒŋgrɪgeɪt/ *vi* congregarse*

congregation /ˌkɑːŋgrɪ'geɪʃən || ˌkɒŋgrɪ'geɪʃən/ *n* (Relig) (attending service) fieles *mpl*; (parishioners) feligreses *mpl*

congress /'kɑːŋgrəs || 'kɒŋgres/ *n* 1 (conference) congreso *m* 2 **Congress** (in US) el Congreso (de los Estados Unidos)

> **Congress**
>
> El Congreso es el organismo nacional legislativo de Estados Unidos. Se reúne en el Capitolio (**Capitol**) y está compuesto por dos cámaras: el Senado (**Senate**) y la Cámara de Representantes (**House of Representatives**). Se renueva cada dos años y su función es elaborar leyes. Toda nueva ley debe ser aprobada primero por las dos cámaras y posteriormente por el Presidente

congressional /kən'greʃn̩l || kən'greʃənl/ *adj* (in US) ‹*committee*› del Congreso; **~ district** distrito *m* electoral; **~ elections** elecciones *fpl* parlamentarias; **the C~ Record** las Actas del Congreso (de los EEUU)

congress: ~man /'kɑːŋgrəsmən || 'kɒŋgresmən/ *n* (*pl* **-men** /-mən/) (in US) miembro *m* del Congreso; **~woman** *n* (in US) miembro *f* del Congreso

conical /'kɑːnɪkəl || 'kɒnɪkəl/ *adj* cónico

conifer /'kɑːnəfər || 'kɒnɪfə(r)/ *n* conífera *f*

coniferous /kəʊ'nɪfərəs || kə'nɪfərəs/ *adj* conífero; ‹*forest*› de coníferas; **a ~ tree** una conífera

conjecture¹ /kən'dʒektʃər || kən'dʒektʃə(r)/ *n* 1 [u] (guesswork): **it's pure ~** no son más que conjeturas *or* suposiciones 2 [c] (guess) (frml) conjetura *f*

conjecture² *vt/i* (frml) conjeturar

conjugal /'kɑːndʒəgəl || 'kɒndʒʊgəl/ *adj* (frml) conyugal

conjugate /'kɑːndʒəgeɪt || 'kɒndʒʊgeɪt/ *vt* conjugar*

■ **conjugate** *vi* «*verb*» conjugarse*

conjugation /ˌkɑːndʒə'geɪʃən || ˌkɒndʒʊ'geɪʃən/ *n* [c u] (Ling) conjugación *f*

conjunction /kən'dʒʌŋkʃən/ *n* 1 [c] (Ling) conjunción *f* 2 [c u] (combination) conjunción *f*

conjunctivitis /kənˌdʒʌŋktɪ'vaɪtəs || kənˌdʒʌŋktɪ'vaɪtɪs/ *n* [u] conjuntivitis *f*

conjure /'kɑːndʒər || 'kʌndʒə(r)/ *vt*: **to ~ sth out of thin air** hacer* aparecer algo como por arte de magia

■ **conjure** *vi* (perform tricks) hacer* magia

(Phrasal verb)

• **conjure up** [v ▸ o ▸ adv, v ▸ adv ▸ o] (evoke) evocar*, traer* a la memoria; **it ~s up images of ...** hace pensar en ...

conjurer /'kɑːndʒərər || 'kʌndʒərə(r)/ *n* prestidigitador, -dora *m,f*, mago, -ga *m,f*

conjuring /'kɑːndʒərɪŋ || 'kʌndʒərɪŋ/ *n* [u] prestidigitación *f*, magia *f*; (*before n*) **~ trick** truco *m* de magia

conjuror *n* ▸ **conjurer**

conker /'kɑːŋkər || 'kɒŋkə(r)/ *n* (BrE colloq) castaña *f* (de Indias)

conk out /kɑːŋk || kɒŋk/*vi* (colloq) «*engine/car*» averiarse*, descomponerse* (AmL)

con man *n* estafador *m*, timador *m*

Conn = Connecticut

connect /kə'nekt/ *vt*

A 1 (attach) **to ~ sth (TO sth)** conectar algo (A algo) 2 (link together) ‹*rooms/buildings*› comunicar*; ‹*towns*› conectar **3** (Telec): **I'm trying to ~ you** un momento que lo comunico *or* (Esp) le pongo con el número **4** ‹*phone/gas*› conectar

B (associate) ‹*people/ideas/events*› relacionar, asociar

■ **connect** *vi*

A **1** (be joined together) ‹‹*rooms*›› comunicarse*; ‹‹*pipes*›› empalmar **2** (be fitted) **to ~ (TO sth)** estar* conectado (a algo)

B (Transp) **to ~ WITH sth** ‹‹*train/flight*›› enlazar* CON algo, conectar CON algo (AmL)

C

Phrasal verb

• **connect up**

A [v ▸ o ▸ adv, v ▸ adv ▸ o] ‹*wires/apparatus*› conectar

B [v ▸ adv] ‹‹*wires*›› conectarse; **it all ~s up** todo está relacionado

connected /kə'nektəd || kə'nektɪd/ *adj* ‹*ideas/events*› relacionado; **the two firms are in no way ~** las dos empresas no tienen conexión *or* relación alguna; **she's very well ~** está muy bien relacionada *or* conectada, tiene muy buenas conexiones (AmL); **to be ~ed WITH sth** estar* relacionado *or* conectado CON algo

connecting /kə'nektɪŋ/ *adj* (*before n*): **~ rooms** habitaciones *fpl* que se comunican (entre sí); **the ~ door was locked** la puerta que comunicaba las dos habitaciones estaba cerrada con llave; **~ flight** vuelo *m* de enlace

connection /kə'nekʃən/ *n*

A [c] **1** (link) **~ (WITH sth)** enlace *m or* conexión *f* (CON algo) **2** (Elec) conexión *f*

B [c] (Transp) **~ (WITH sth)** conexión *f or* enlace *m* (CON algo); **I missed my ~** perdí la combinación *or* conexión

C [c u] **1** (relation) relación *f or* conexión *f*; **she is wanted in ~ with the killing** se la busca en relación *or* en conexión con el asesinato **2** (relationship) conexión *f*

E **connections** *pl* **1** (links, ties) lazos *mpl* **2** (influential people) contactos *mpl*, conexiones *fpl* (AmL) **3** (relations) familiares *mpl*, parientes *mpl*

connexion /kə'nekʃən/ *n* [c u] (esp BrE) ▸**connection**

connivance /kə'naɪvəns/ *n* [u] complicidad *f*, connivencia *f* (frml)

connive /kə'naɪv/ *vi* **1** (plot) **to ~ (WITH sb)** actuar* en complicidad *or* (frml) en connivencia (CON algn) **2** (cooperate) **to ~ AT sth** ser* cómplice EN algo

conniving /kə'naɪvɪŋ/ *adj* maniobrero, maquinador

connoisseur /'kɑːnə'sɜːr || ˌkɒnə'sɜː(r)/ *n* entendido, -da *m,f*

connotation /'kɑːnə'teɪʃən || ˌkɒnə'teɪʃən/ *n* [u c] connotación *f*

conquer /'kɑːŋkər || 'kɒŋkə(r)/ *vt* ‹*country/mountain*› conquistar; ‹*enemy*› vencer*; ‹*fear*› vencer, superar; **the ~ing army** el ejército victorioso

conqueror /'kɑːŋkərər || 'kɒŋkərə(r)/ *n* conquistador, -dora *m,f*

conquest /'kɑːŋkwest || 'kɒŋkwest/ *n* [c u] conquista *f*

conquistador /kɔːŋ'kiːstədɔːr || kɒn'kwɪstədɔː(r)/ *n* (*pl* **-dors** *or* **-dores** /-'dɔːriːz || -'dɔːrez/) conquistador *m*

conscience /'kɑːntʃəns || 'kɒnʃəns/ *n* [c u] conciencia *f*; **to have a clear ~** tener* la conciencia tranquila *or* limpia; **she has a guilty ~** no tiene la conciencia tranquila, le remuerde la conciencia; **her ~ was troubling her** le remordía la conciencia; **I don't want that on my ~** no quiero tener ese cargo de conciencia

conscientious /'kɑːntʃi'entʃəs || ˌkɒnʃi'enʃəs/ *adj* ‹*work*› concienzudo, serio; ‹*student*› aplicado, serio

conscientiously /'kɑːntʃi'entʃəsli || ˌkɒnʃi'enʃəsli/ *adv* a conciencia, concienzudamente

conscientious objector *n* objetor, -tora *m,f* de conciencia

conscious /'kɑːntʃəs || 'kɒnʃəs/ *adj*

A **1** (awake, alert) (*no comp*) consciente **2** (aware) (*pred*) **to be ~ OF sth** ser* *or* (Chi, Méx) estar* consciente DE algo, tener* conciencia DE algo; **to become ~ of sth** tomar conciencia de algo

B (deliberate) ‹*decision*› deliberado; **she made a ~ effort to be nice** se esforzó por ser amable

-conscious /ˌkɑːntʃəs || ˌkɒnʃəs/ *suff*: **safety~** preocupado por la seguridad; **a fashion~ girl** una chica que sigue *or* siempre va a la última moda; *see also* **class-conscious**

consciously /'kɑːntʃəsli || 'kɒnʃəsli/ *adv* ‹*choose/avoid*› deliberadamente

consciousness /'kɑːntʃəsnəs || 'kɒnʃəsnɪs/ *n* [u]

A (state of being awake, alert) conocimiento *m*; **to lose/regain ~** perder*/recobrar el conocimiento *or* el sentido

B (awareness) conciencia *f*; **to raise sb's ~** concientizar* *or* (Esp) concienciar a algn

consciousness-raising /'kɑːntʃəsnəsˌreɪzɪŋ || 'kɒnʃəsnɪsˌreɪzɪŋ/ *n* [u] concientización *f* (AmL), concienciación *f* (Esp)

conscript¹ /'kɑːnskrɪpt || 'kɒnskrɪpt/ *n* recluta *mf*, conscripto, -ta *m,f* (AmL)

conscript² /kən'skrɪpt/ *vt* ‹*soldiers/army*› reclutar; **he was ~ed into the army** lo llamaron a filas; (for national service) lo llamaron a cumplir el servicio militar

conscription /kən'skrɪpʃən/ *n* [u] conscripción *f* (esp AmL), reclutamiento *m* (*para el servicio militar obligatorio en casos de guerra*)

consecrate /'kɑːnsəkreɪt || 'kɒnsɪkreɪt/ *vt* consagrar

consecration /'kɑːnsə'kreɪʃən || ˌkɒnsɪ'kreɪʃən/ *n* [u c] consagración *f*

consecutive /kən'sekjətɪv || kən'sekjʊtɪv/ *adj* (successive) ‹*numbers*› consecutivo; **he was absent on three ~ days** faltó tres días seguidos

consensus /kən'sensəs/ *n* [c u] **1** (agreement) consenso *m* **2** (opinion) opinión *f* general; **the ~ (of opinion) is that ...** la opinión general *or* más generalizada es que ...

consent¹ /kən'sent/ *vi* acceder; **to ~ TO sth** acceder A *or* consentir* EN algo; **~ing adult** (Law) *adulto que realiza un acto por su propia y libre voluntad*

consent² *n* [u] consentimiento *m*; **by mutual ~** de común acuerdo; **he gave his ~ to their marriage** dio su consentimiento para que se casaran; **age of ~** (Law) *edad a partir de la cual es válido el consentimiento que se da para tener relaciones sexuales*

consequence /'kɑːnsəkwens || 'kɒnsɪkwəns/ *n*

A [c] (result) consecuencia *f*; **to be a ~ of sth** ser* consecuencia *or* resultado de algo; **to have ~s** tener* *or* traer* consecuencias; **to take the ~s** atenerse* a *or* aceptar las consecuencias; **he neglected the business, with the ~ that ...** descuidó el negocio y a consecuencia de ello ...

B [u] (importance) trascendencia *f*, importancia *f*; **to be of ~ to sb** tener* trascendencia *or* ser* de importancia para algn; **that's of no ~** eso no tiene importancia

consequent /'kɑːnsəkwənt || 'kɒnsɪkwənt/ *adj* consiguiente

consequential /'kɑːnsə'kwentʃəl || ˌkɒnsɪ'kwenʃəl/ *adj* **1** (resultant) consiguiente, resultante **2** (important) (frml) trascendental, importante

consequently /'kɑːnsəkwentli || 'kɒnsɪkwentli/ *adv* consiguientemente, por consiguiente

conservation /'kɑːnsər'veɪʃən || ˌkɒnsə'veɪʃən/ *n* [u] (Ecol) protección *f or* conservación *f* del medio ambiente; (*before n*) ‹*group/scheme*› conservacionista; **~ area** (BrE) zona *f* protegida (*por su interés ecológico o arquitectónico*)

conservationist /'kɑːnsər'veɪʃənəst || ˌkɒnsə'veɪʃənɪst/ *n* conservacionista *mf*

conservatism /kən'sɜːrvətɪzəm || kən'sɜːvətɪzəm/ *n* [u] conservadurismo *m*

conservative¹ /kən'sɜːrvətɪv || kən'sɜːvətɪv/ *adj* **1** (traditional) conservador **2** **Conservative** (in UK) (*before n*) conservador; **the C~ (and Unionist) Party** el Partido Conservador **3** (cautious) cauteloso, prudente; **at a ~ estimate** calculando por lo bajo

conservative² *n* **1** (traditionalist) conservador, -dora *m,f* **2** **Conservative** (in UK) conservador, -dora *m,f*; **the C~s** los conservadores, el Partido Conservador

Conservative Party

El Partido Conservador es uno de los principales partidos políticos británicos. Se sitúa a la derecha del espectro político que apoya el sistema capitalista, la libre empresa y la privatización de la industria y los servicios públicos. Surgió alrededor de 1830 como resultado de la evolución del *Tory Party* y a menudo se le denomina aún por este nombre

conservatory /kən'sɜːrvətɔːri || kən'sɜːvətri/ *n* (*pl* **-ries**)
A (greenhouse) jardín *m* de invierno
B (school of music) conservatorio *m*

conserve[1] /kən'sɜːrv || kən'sɜːv/ *vt* **1** (preserve) ‹*wildlife/rivers*› proteger*, conservar **2** (save) ‹*energy/resources*› conservar; **to ~ one's strength** ahorrar energías

conserve[2] /'kɑːnsɜːrv || 'kɒnsɜːv/ *n* [u c] conserva *f*; (jam) confitura *f*

consider /kən'sɪdər || kən'sɪdə(r)/ *vt* **1** (examine) ‹*advantages/offer*› considerar; **it is my ~ed opinion that ...** lo he pensado mucho y considero *or* opino que ... **2** (contemplate) ‹*possibility*› considerar, plantearse, contemplar; **I wouldn't even ~ it!** ¡yo ni me lo plantearía!; **we're ~ing Ann for the job** estamos pensando en Ann para el puesto; **to ~ + -ING**: **we're ~ing moving house** estamos pensando en mudarnos; **would you ~ selling it if ... ?** ¿le interesaría venderlo si ... ? **3** (take into account) tener* en cuenta, considerar; **all things ~ed, I think that ...** bien considerado *or* bien mirado, creo que ... **4** (regard as) considerar; **they ~ themselves (to be) above such things** consideran que están por encima de ese tipo de cosas; **what do you ~ a lot of money?** ¿tú qué entiendes por mucho dinero?; **~ it done!** ¡dalo por hecho!; **~ yourself lucky** puedes darte por afortunado; **it's ~ed to be the best of its class** está considerado como el mejor de su clase; *see also* **considering**

considerable /kən'sɪdərəbəl/ *adj* ‹*achievement/risk*› considerable; ‹*sum*› importante, considerable; **with ~ difficulty** con bastante dificultad; **to a ~ extent** en gran parte

considerably /kən'sɪdərəbli/ *adv* bastante, considerablemente

considerate /kən'sɪdərət/ *adj* atento, considerado

consideration /kən'sɪdə'reɪʃən/ *n*
A **1** [u] (attention, thought): **their case has been given careful ~** su caso ha sido estudiado *or* considerado detenidamente; **to take sth into ~** tener* algo en cuenta, considerar algo; **the report is under ~** el informe está siendo estudiado; **in ~ of** (frml) en consideración a **2** [c] (factor): **a major ~ is the cost** un factor muy a tener en cuenta es el costo
B (thoughtfulness) consideración *f*
C (importance): **of little/no ~** de poca/ninguna importancia *or* trascendencia
D (payment): **for a small ~** por una módica suma *or* cantidad

considering[1] /kən'sɪdərɪŋ/ *prep* teniendo en cuenta

considering[2] *conj*: **~ (that) she's only two years old** teniendo en cuenta que tiene sólo dos años

considering[3] *adv* (colloq): **it's not too bad ~** no está tan mal, si te pones a pensar *or* después de todo

consign /kən'saɪn/ *vt* **1** (hand over) (frml) **to ~ sb TO sth**: **the boy was ~ed to the care of his aunt** el niño fue encomendado a su tía, el niño fue confiado al cuidado de su tía **2** (send) ‹*goods*› consignar

consignment /kən'saɪnmənt/ *n* **1** [c] (goods sent) envío *m*, remesa *f* **2** [u] (sending) envío *m*

consist /kən'sɪst/ *vi* **to ~ OF sth** constar DE algo, estar* compuesto DE algo

consistency /kən'sɪstənsi/ *n* (*pl* **-cies**) **1** [u] (regularity) regularidad *f* **2** [u c] (of mixture) consistencia *f* **3** [u] (coherence) coherencia *f*

consistent /kən'sɪstənt/ *adj* **1** (compatible) **to be ~ (WITH sth)** «*statements/beliefs*» concordar* (CON algo) **2** (constant) ‹*excellence/failure*› constante; ‹*denial*› sistemático, constante; **we have to be ~ in our approach** tenemos que ser coherentes *or* consecuentes en el enfoque

consistently /kən'sɪstəntli/ *adv* **1** (without change) ‹*argue*› coherentemente; ‹*behave*› consecuentemente, coherentemente **2** (constantly) ‹*claim/refuse*› sistemáticamente, constantemente

consolation /'kɑːnsə'leɪʃən || ˌkɒnsə'leɪʃən/ *n* [c u] consuelo *m*; **if it's any ~ to you** si te sirve de consuelo; (*before n*) **~ prize** premio *m* de consolación, premio *m* (de) consuelo (CS)

consolatory /kən'səʊlətɔːri || kən'sɒlətri/ *adj* (frml) de consuelo

console[1] /'kɑːnsəʊl || 'kɒnsəʊl/ *n* (control panel) consola *f*

console[2] /kən'səʊl/ *vt* consolar*; **I ~d myself with the thought that ...** me consolé pensando que ...

consolidate /kən'sɑːlədeɪt || kən'sɒlɪdeɪt/ *vt* **1** (reinforce) ‹*support/position*› consolidar **2** (combine) ‹*companies*› fusionar; ‹*debts*› consolidar

consolidation /kənˌsɑːlə'deɪʃən || kənˌsɒlɪ'deɪʃən/ *n* **1** [u] (reinforcement) consolidación *f* **2** [u c] (merging of companies) fusión *f*

consoling /kən'səʊlɪŋ/ *adj* ‹*words*› de consuelo

consommé /'kɑːnsə'meɪ || kən'sɒmeɪ/ *n* [u c] consomé *m*

consonant /'kɑːnsənənt || 'kɒnsənənt/ *n* consonante *f*

consort /'kɑːnsɔːrt || 'kɒnsɔːt/ *n* (spouse) (frml) consorte *mf* (frml); **prince ~** príncipe *m* consorte

(Phrasal verb)

• **consort with** /kən'sɔːrt || kən'sɔːt/ [v ▸ prep ▸ o] (frml) (associate with) tener* trato con; **to ~ with the enemy** confraternizar* con el enemigo

consortium /kən'sɔːrʃəm || kən'sɔːtiəm/ *n* (*pl* **-tia** /-tiə/ *or* **-tiums**) consorcio *m*

conspicuous /kən'spɪkjuəs/ *adj* ‹*hat/badge*› llamativo; ‹*differences/omissions*› manifiesto, evidente; **to make oneself ~** llamar la atención; **to be ~ by one's absence** brillar por su (*or* mi *etc*) ausencia; **to be ~ FOR sth** ‹*for bravery/loyalty*› destacar(se)* POR algo

conspicuously /kən'spɪkjuəsli/ *adv*: **she was ~ dressed** iba vestida de forma muy llamativa

conspiracy /kən'spɪrəsi/ *n* [c u] (*pl* **-cies**) conspiración *f*; **~ to + INF** conspiración PARA + INF

conspirator /kən'spɪrətər || kən'spɪrətə(r)/ *n* conspirador, -dora *m,f*

conspiratorial /kən'spɪrə'tɔːriəl/ *adj* de complicidad

conspire /kən'spaɪr || kən'spaɪə(r)/ *vi* (plot) conspirar; **to ~ to + INF** conspirar PARA + INF; **to ~ AGAINST sb** conspirar CONTRA algn

constable /'kɑːnstəbəl || 'kʌnstəbəl/ *n* (BrE) agente *mf* de policía

constabulary /kən'stæbjəleri/ *n* (*pl* **-ries**) (BrE) policía *f*

constancy /'kɑːnstənsi || 'kɒnstənsi/ *n* [u] **1** (steadfastness) constancia *f* **2** (fidelity) (liter) fidelidad *f*, lealtad *f*

constant[1] /'kɑːnstənt || 'kɒnstənt/ *adj* **1** (continual) ‹*pain/complaints*› constante, continuo; **it is in ~ use** se usa continuamente **2** (unchanging) ‹*temperature/speed*› constante **3** (loyal) (liter) fiel, leal

constant[2] *n* constante *f*

constantly /'kɑːnstəntli || 'kɒnstəntli/ *adv* constantemente; **a ~ changing world** un mundo en constante cambio

constellation /'kɑːnstə'leɪʃən || ˌkɒnstə'leɪʃən/ *n* constelación *f*

consternation /'kɑːnstər'neɪʃən || ˌkɒnstə'neɪʃən/ *n* [u] consternación *f*

constipated /'kɑːnstəpeɪtəd || 'kɒnstɪpeɪtɪd/ *adj* estreñido

constipation /ˌkɑːnstə'peɪʃən || ˌkɒnstɪ'peɪʃən/ *n* [u] estreñimiento *m*

constituency /kən'stɪtʃuənsi || kən'stɪtjʊənsi/ *n* (*pl* **-cies**) **1** (area) circunscripción *f or* distrito *m* electoral **2** (supporters) electores *mpl* potenciales (*de una circunscripción electoral*)

constituent[1] /kən'stɪtʃuənt || kən'stɪtjʊənt/ *n*
A (Pol) elector, -tora *m,f*
B (component) (frml) componente *m*, elemento *m* constitutivo *or* constituyente

constituent[2] *adj* (*before n*) ‹*part/element*› constituyente, constitutivo

constitute /'kɑːnstətuːt || 'kɒnstɪtjuːt/ *vt* (frml)
A **1** (represent) constituir* (frml) **2** (compose, make up) constituir* (frml), formar
B (establish) (*often pass*) constituir* (frml)

constitution /'kɑːnstə'tuːʃən || ˌkɒnstɪ'tjuːʃən/ *n*
A **1** (of country) constitución *f* **2** (of association, party) estatutos *mpl*
B (of person) constitución *f*, complexión *f*

constitutional[1] /'kɑːnstə'tuːʃn̩əl || ˌkɒnstɪ'tjuːʃənl̩/ *adj* constitucional

C

constitutional[2] *n* (dated *or* hum) paseo *m*

constrain /kən'streɪn/ *vt* (compel) (*often pass*) obligar*, constreñir* (frml); **she felt ~ed to be polite** se sintió obligada a ser cortés

constraint /kən'streɪnt/ *n* **1** [u] (compulsion) coacción *f* **2** [u c] (restriction) (*often pl*) restricción *f*, limitación *f*; **without ~** sin restricciones *or* limitaciones

constrict /kən'strɪkt/ *vt* ‹*opening/channel*› estrechar; ‹*flow/breathing*› dificultar; ‹*freedom*› coartar, restringir*

constricted /kən'strɪktəd || kən'strɪktɪd/ *adj* **1** ‹*opening/channel*› estrecho, angosto **2** (inhibited) coartado

constriction /kən'strɪkʃən/ *n* **1** [c] (narrow part) estrechamiento *m* **2** [u] (tightness) opresión *f*; (Med) constricción *f* **3** [u c] (limitation, hampering) restricción *f*, limitación *f*

construct /kən'strʌkt/ *vt* **1** (build) (frml) construir* **2** (put together) ‹*model*› armar, montar

construction /kən'ʃtrʌkʃən/ *n*
A [u] **1** (of building) construcción *f*; (*before n*) ‹*industry/worker*› de la construcción **2** (Ling, Math) construcción *f*
B [c] (structure) estructura *f*, construcción *f*
C [c] (interpretation) interpretación *f*

constructive /kən'strʌktɪv/ *adj* ‹*criticism/suggestion*› constructivo

construe /kən'stru:/ *vt* interpretar

consul /'kɑ:nsəl || 'kɒnsəl/ *n* cónsul *mf*

consulate /'kɑ:nsələt || 'kɒnsjʊlət/ *n* consulado *m*

consult /kən'sʌlt/ *vt* consultar; **we were not ~ed about the office move** no se nos consultó (sobre) el traslado de la oficina
■ **consult** *vi*: **they ~ed and decided to leave** se consultaron entre sí y decidieron irse; **I ought to ~ with my wife first** primero debería consultárselo a *or* consultarlo con mi mujer

consultancy /kən'sʌltənsi/ *n* [c u] (*pl* **-cies**) (Busn) asesoría *f*, consultoría *f*; (*before n*) **~ fees** honorarios *mpl* por asesoría

consultant /kən'sʌltənt/ *n*
A (adviser) asesor, -sora *m,f*, consultor, -tora *m,f*
B (BrE Med) especialista *mf*

consultation /'kɑ:nsəl'teɪʃən || ,kɒnsəl'teɪʃən/ *n* [u c] **1** (with doctor, lawyer) consulta *f* **2** (of dictionary, notes) consulta *f* **3** (discussion): **there was no ~ with the tenants** no se consultó a los inquilinos; **in ~ with sb** en conferencia con algn

consultative /kən'sʌltətɪv/ *adj* consultivo

consulting /kən'sʌltɪŋ/ *adj* (*before n*) (Med): **~ hours** horario *m or* horas *fpl* de consulta; **~ room** consultorio *m*, consulta *f*

consume /kən'su:m || kən'sju:m/ *vt* **1** (eat, drink) (frml) consumir **2** (use up) ‹*electricity/energy/resources*› consumir **3** (Econ) ‹*commodity/product*› consumir **4** (destroy) ‹‹*fire*›› reducir* a cenizas; **he was ~d by** *o* **with jealousy** lo consumían los celos

consumer /kən'su:mər || kən'sju:mə(r)/ *n* consumidor, -dora *m,f*; (*before n*) **~ demand** demanda *f* de consumo; **~ goods** artículos *mpl or* bienes *mpl* de consumo; **~ research** estudio *m* de mercado; **~ rights** derechos *mpl* del consumidor; **the ~ society** la sociedad de consumo

Consumer Price Index *n* (AmE) índice *m* de precios al consumo *or* al consumidor

consuming /kən'su:mɪŋ || kən'sju:mɪŋ/ *adj* (*before n*) ‹*passion*› devorador; ‹*interest*› arrollador, absorbente

consummate[1] /'kɑ:n,səmət || 'kɒnsəmət/ *adj* (frml) (*before n*) ‹*actor/liar*› consumado

consummate[2] /'kɑ:nsəmeɪt || 'kɒnsəmeɪt/ *vt* consumar

consumption /kən'sʌmpʃən/ *n* [u]
A **1** (eating, drinking) consumo *m*; **it is fit/unfit for human ~** es/no es apto para el consumo **2** (use) consumo *m*; **water ~** consumo de agua
B (tuberculosis) (dated) tisis *f* (ant), consunción *f* (ant)

consumptive /kən'sʌmptɪv/ *adj* (dated) tísico (ant)

cont (**= continued**) sigue

contact[1] /'kɑ:ntækt || 'kɒntækt/ *n*
A **1** [u] (physical) contacto *m*; **to come in/into ~ with sth** hacer* contacto con algo; **the plane's wheels made ~ with the ground** las ruedas del avión tocaron tierra; **point of ~** punto *m* de contacto; (*before n*) **~ sport** deporte *m* de choque **2** [u c] (communication) contacto *m*; **to come in/into ~ with sb** tratar a algn; **to be/get in ~ with sb** estar*/ponerse* en contacto con algn; **to lose ~ with sb** perder* (el) contacto con algn
B (Elec) [u c] contacto *m*
C [c] (influential person) contacto *m*

contact[2] *vt* ponerse* en contacto con, contactar (con)

contact: **~ lens** *n* lente *f or* (AmL) lente *m* de contacto, lentilla *f* (Esp); **~ print** *n* contacto *m*

contagious /kən'teɪdʒəs/ *adj* contagioso

contain /kən'teɪn/ *vt*
A (hold) contener*
B **1** ‹*enemy/fire/epidemic*› contener* **2** ‹*anger/laughter*› contener*; **to ~ oneself** contenerse*, aguantarse

container /kən'teɪnər || kən'teɪnə(r)/ *n* **1** (receptacle) recipiente *m*; (as packaging) envase *m* **2** (Transp) contenedor *m*, contáiner *m*; (*before n*) **~ ship** buque *m* portacontenedores

containment /kən'teɪnment/ *n* [u] contención *f*

contaminate /kən'tæməneɪt || kən'tæmɪneɪt/ *vt* contaminar; **to become ~d** contaminarse

contamination /kən'tæmə'neɪʃən || kən,tæmɪ'neɪʃən/ *n* [u] contaminación *f*

contd (**= continued**) sigue

contemplate /'kɑ:ntəmpleɪt || 'kɒntəmpleɪt/ *vt* **1** (look at) contemplar **2** (ponder) ‹*position/alternatives*› contemplar, considerar **3** (consider possibility of) **to ~ sth/-ING**: **she is contemplating a trip to China** está pensando *or* proyectando hacer un viaje a la China; **I ~d phoning her** pensé (en) llamarla

contemplation /'kɑ:ntəm'pleɪʃən || ,kɒntem'pleɪʃən/ *n* **1** [u c] (reflection) reflexión *f*, meditación *f* **2** [u] (observation) contemplación *f*

contemplative /kən'templətɪv/ *adj* pensativo, meditabundo

contemporary[1] /kən'tempəreri || kən'tempərəri/ *adj* **1** (of the same period) ‹*person*› contemporáneo, coetáneo; ‹*object*› de la época; **to be ~ WITH sb/sth** ser* contemporáneo *or* coetáneo DE algn/algo **2** (present-day) contemporáneo, actual

contemporary[2] *n* (*pl* **-ries**) **1** (sb living at same time) contemporáneo, -nea *m,f*, coetáneo, -nea *m,f* **2** (sb of same age): **he looks older than his contemporaries** parece mayor que la gente de su edad *or* generación

contempt /kən'tempt/ *n* [u]
A (scorn) desprecio *m*, desdén *m*; **to hold sth/sb in ~** despreciar *or* desdeñar algo/a algn; **to be beneath ~** ser* despreciable *or* deleznable
B **~ (of court)** (Law) desacato *m* al tribunal

contemptible /kən'temptəbəl/ *adj* despreciable, deleznable

contemptuous /kən'temptʃuəs || kən'temptjʊəs/ *adj* despectivo, desdeñoso; **to be ~ OF sth/sb** despreciar *or* desdeñar algo/a algn

contemptuously /kən'temptʃuəsli || kən'temptjʊəsli/ *adv* con desdén, desdeñosamente

contend /kən'tend/ *vi* **1** (compete) **to ~ (WITH sb) (FOR sth)** competir* (CON algn) (POR algo) **2** (face) **to ~ WITH sth** lidiar CON *or* enfrentarse A algo **3** **contending** *pres p* ‹*teams*› contrario, rival; ‹*interests*› en pugna, antagónico, opuesto
■ **contend** *vt* argüir*, sostener*

contender /kən'tendər || kən'tendə(r)/ *n* **~ (FOR sth)** aspirante *mf* (A algo)

content[1] /'kɑ:ntent || 'kɒntent/ *n*
A **contents** *pl* (of box, bottle, book) contenido *m*; **she read the ~s of the letter** leyó la carta; **(table of) ~s** (of book) índice *m* de materias, sumario *m*; (in magazine) sumario *m*
B [u] **1** (amount contained) contenido *m*; **sugar ~** contenido de azúcar **2** (substance) contenido *m*
C [u] /kən'tent/ (contentment) (liter) contento *m* (liter)

content[2] /kən'tent/ *adj* (*pred*) contento; **to be ~ WITH sth** estar* contento CON algo; **not ~ with raising taxes ...** no contentos con subir los impuestos ...

content³ /kən'tent/ *vt* contentar, satisfacer*
■ *v refl* **to ~ oneself WITH sth/-ING** contentarse *or* conformarse CON algo/+ INF

contented /kən'tentəd || kən'tentɪd/ *adj* ‹*sigh/purr*› de satisfacción; ‹*person/workforce*› satisfecho; **to be ~ WITH sth** contentarse *or* conformarse CON algo

contentedly /kən'tentədli || kən'tentɪdli/ *adv* con satisfacción

contention /kən'tentʃən || kən'tenʃən/ *n*
A (dispute): **there is considerable ~ over ...** existe un gran desacuerdo sobre ...
B [c] (assertion) opinión *f*; **it is her ~ that ...** ella sostiene que ...
C [u] (competition): **all three cyclists are in ~ for the title** los tres ciclistas compiten por el título

contentious /kən'tentʃəs || kən'tenʃəs/ *adj* **1** ‹*issue/decision*› polémico, muy discutido **2** ‹*person*› discutidor

contentment /kən'tentmənt/ *n* [u] satisfacción *f*

contest¹ /'kɑːntest || 'kɒntest/ *n* **1** (competition) (Games) concurso *m*; (Sport) competencia *f*, competición *f* (Esp); (in boxing) combate *m* **2** (struggle) lucha *f*, contienda *f*

contest² /kən'test/ *vt* **1** ‹*allegation*› refutar; ‹*will*› impugnar; ‹*decision*› protestar contra **2** ‹*election*› presentarse como candidato a

contestant /kən'testənt/ *n* concursante *mf*

context /'kɑːntekst || 'kɒntekst/ *n* [u c] contexto *m*; **out of ~** fuera de contexto

continent /'kɑːntṇənt || 'kɒntɪnənt/ *n*
A (land mass) continente *m*
B **the Continent** Europa *f* (continental)

continental /'kɑːntṇ'entḷ || ˌkɒntɪ'nentḷ/ *adj*
A (Geog) continental
B **Continental** (European) de Europa (continental)

continental: **~ breakfast** *n* [u] desayuno *m* continental (*desayuno de café o té y bollos con mantequilla y mermelada*); **~ quilt** *n* (BrE) ▸**duvet**

contingency /kən'tɪndʒənsi/ *n* [c] (*pl* **-cies**) (eventuality) contingencia *f*, eventualidad *f*; (*before n*) ‹*fund*› (para casos) de emergencia, para imprevistos; **we've made ~ plans** hemos tomado medidas previendo cualquier contingencia *or* eventualidad

contingent¹ /kən'tɪndʒənt/ *n* contingente *m*

contingent² *adj* (dependent) **to be ~ ON sth** estar* supeditado A algo, depender DE algo

continua /kən'tɪnjuə/ *pl of* **continuum**

continual /kən'tɪnjuəl/ *adj* continuo, constante

continually /kən'tɪnjuəli/ *adv* continuamente, constantemente

continuation /kən'tɪnju'eɪʃən/ *n* **1** [u] (maintenance) mantenimiento *m* **2** [c] (resumption) reanudación *f*, continuación *f* **3** [c] (extension — of street, canal) prolongación *f*, continuación *f*; (— of story, film) continuación *f*

continue /kən'tɪnjuː/ *vi* **1** (carry on) continuar*, seguir*; **we ~d on our way** reanudamos el camino **2** (resume) continuar*, seguir*, proseguir* (frml) **3** (go, extend) ‹‹*road/canal*›› continuar*, seguir*
■ **continue** *vt* **1** (keep on) continuar*, seguir* con; **to ~ -ING/to + INF** continuar* *or* seguir* + GER; **her health ~s to improve** su salud continúa *or* sigue mejorando **2** (resume) continuar*, seguir* con, proseguir* (frml); **to be ~d** continuará; **~d on p 96** continúa en la pág 96 **3** (extend, prolong) prolongar*

continued /kən'tɪnjuːd/ *adj* (*before n*) ‹*success*› ininterrumpido; ‹*support*› constante

continuing /kən'tɪnjuɪŋ/ *adj* (*before n*) continuado

continuity /'kɑːntṇ'uːəti || ˌkɒntɪ'njuːɪti/ *n* [u] continuidad *f*

continuous¹ /kən'tɪnjuəs/ *adj*
A ‹*line*› continuo; **~ assessment** evaluación *f* continua; **~ performance** (Cin) función *f* continua (AmL exc CS), sesión *f* continua (Esp), función *f* continuada (CS)
B (Ling) continuo

continuous² *n* (Ling) **the ~** el continuo

continuously /kən'tɪnjuəsli/ *adv* continuamente, sin interrupción

continuum /kən'tɪnjuəm/ *n* (*pl* **~s** *or* **-nua** /-njuə/) continuo *m*

contort /kən'tɔːrt || kən'tɔːt/ *vt* ‹*face*› contraer*, crispar; **to ~ one's body** contorsionarse; *see also* **contorted**
■ **contort** *vi* crisparse, contraerse*; **his face ~ed with pain** se le crispó *or* se le contrajo el rostro de dolor

contorted /kən'tɔːrtəd || kən'tɔːtɪd/ *adj* (twisted): **his face was ~ with pain** tenía el rostro contraído *or* crispado de dolor

contortion /kən'tɔːrʃən || kən'tɔːʃən/ *n* contorsión *f*

contortionist /kən'tɔːrʃənəst || kən'tɔːʃənɪst/ *n* contorsionista *mf*

contour /'kɑːntʊr || 'kɒntʊə(r)/ *n* **1** (outline) contorno *m* **2** **contours** *pl* (curves) curvas *fpl* **3** **~ (line)** curva *f* de nivel, cota *f*; (*before n*) **~ map** mapa *m* acotado *or* topográfico

contraband /'kɑːntrəbænd || 'kɒntrəbænd/ *n* [u] contrabando *m*

contraception /'kɑːntrə'sepʃən || ˌkɒntrə'sepʃən/ *n* [u] anticoncepción *f*, contracepción *f*

contraceptive /'kɑːntrə'septɪv || ˌkɒntrə'septɪv/ *n* anticonceptivo *m*, contraconceptivo *m*

contract¹ /'kɑːntrækt || 'kɒntrækt/ *n*
A [c] (agreement, document) contrato *m*; (for public works, services) contrata *f*; **to be under ~ to sb/sth** estar* bajo contrato con algn/algo; **to put sth out to ~** otorgar* la contrata de *or* para algo; **to exchange ~s** (in UK: on property deal) suscribir* el contrato de compraventa; (*before n*) **~ law** derecho *m* contractual; **to sign a ~** firmar *or* (frml) suscribir* un contrato
B (for murder) (sl): **to put out a ~ on sb** ponerle* precio a la cabeza de algn; (*before n*) **~ killer** asesino, -na *m,f* a sueldo, sicario, -ria *m,f*

contract² /kən'trækt/ *vt also* /'kɑːntrækt/ (place under contract) ‹*person*› contratar; ‹*debt*› contraer* (frml); ‹*disease*› contraer* (frml); ‹*muscle*› contraer*
■ **contract** *vi*
A *also* /'kɑːntrækt/ (enter into an agreement) **to ~ (WITH sb) FOR sth** celebrar un contrato (CON algn) PARA algo
B (become smaller) contraerse*

Phrasal verb
• **contract out** /'kɑːntrækt || 'kɒntrækt/ [v ▸ o ▸ adv, v ▸ adv ▸ o] ‹*job/work*› subcontratar

contraction /kən'trækʃən/ *n* [c u] contracción *f*

contractor /kən'træktər || kən'træktə(r)/ *n* contratista *mf*; **a firm of building ~s** una empresa de construcciones

contradict /'kɑːntrə'dɪkt || ˌkɒntrə'dɪkt/ *vt* **1** (assert the opposite of) ‹*statement/person*› contradecir*; **to ~ oneself** contradecirse* **2** (be inconsistent with) ‹*principles/spirit*› contradecirse* con

contradiction /'kɑːntrə'dɪkʃən || ˌkɒntrə'dɪkʃən/ *n* [c u] contradicción *f*; **a ~ in terms** un contrasentido

contradictory /'kɑːntrə'dɪktəri || ˌkɒntrə'dɪktəri/ *adj* contradictorio

contralto /kən'træltəʊ/ *n* (*pl* **~s**) contralto *f*

contraption /kən'træpʃən/ *n* (colloq) artilugio *m*, artefacto *m*

contrarian *n* inversor, -ra *mf* que va contra corriente

contrarily /'kɑːntrerəli || kən'treərɪli/ *adv*: **she behaves so ~** hace todo lo contrario de lo que se le dice

contrary¹ *adj*
A /'kɑːntreri || 'kɒntrəri/ **1** (opposed, opposite) contrario; **to be ~ TO sth** ir* en contra DE algo **2** **contrary to** (*as prep*) contrariamente a, al contrario de
B /'kɑːntreri, kən'treri || kən'treəri/ ‹*person/child*›: **he's so ~** siempre tiene que llevar la contraria

contrary² /'kɑːntreri || 'kɒntrəri/ *n* (*pl* **-ries**) **1** (opposite) **the ~** lo contrario; **unless you hear to the ~ ...** a menos de que se les informe lo contrario ...; **despite his assertions to the ~ ...** a pesar de sus declaraciones en sentido contrario ... **2** **on the contrary** (*as linker*) al contrario, todo lo contrario, por el contrario

contrast¹ /'kɑːntræst || 'kɒntrɑːst/ *n*
A **1** [c] (difference) contraste *m* **2** [u] (Art, Cin, Phot) contraste *m*
B **1** [c] (different person, thing) **to be a ~ TO sb/sth** contrastar CON algn/algo **2** [u c] (comparison) comparación *f*
C (*in phrases*) **by contrast** (*as linker*) por contraste, en compa-

ración; **in contrast to** *o* **with** (*as prep*) en contraste con, a diferencia de

contrast² /kən'træst || kən'trɑːst/ *vt* contrastar, comparar; **to ~ sth/sb WITH sth/sb** comparar algo/a algn CON algo/algn

■ **contrast** *vi* 1 (differ) contrastar 2 **contrasting** *pres p* ‹*opinions/approaches*› contrastante, opuesto

contravene /'kɑːntrə'viːn || ˌkɒntrə'viːn/ *vt* contravenir*, infringir*, violar

contravention /'kɑːntrə'ventʃən || ˌkɒntrə'venʃən/ *n* [u c] contravención *f*, infracción *f*

contretemps /'kɑːntrətɑːn || 'kɒntrətɑ̃/ *n* (*pl* ~) contratiempo *m*

contribute /kən'trɪbjət, -bjuːt/ *vt* 1 ‹*money/time*› contribuir* con, aportar, hacer* una aportación *or* (esp AmL) un aporte de; ‹*suggestions/ideas*› aportar 2 ‹*article/poem/paper*› escribir*

■ **contribute** *vi* 1 (play significant part) **to ~ (TO sth)** contribuir* (A algo) 2 (give money) contribuir*; **to ~ TO sth**: **they all ~d to his present** todos contribuyeron con dinero para su regalo 3 (participate) **to ~ TO sth** participar EN algo 4 (Journ) **to ~ TO sth** escribir* PARA algo

contribution /'kɑːntrə'bjuːʃən || ˌkɒntrɪ'bjuːʃən/ *n* 1 [c] (participation, part played) contribución *f*; **to make a ~ to sth** hacer* una contribución a algo; **his ~ to the debate** su intervención en el debate 2 [c u] (payment, donation) contribución *f*; (to a fund) aportación *f*, aporte *m* (esp AmL)

contributor /kən'trɪbjətər || kən'trɪbjʊtə(r)/ *n* 1 (writer) colaborador, -dora *m,f*; **he is a regular ~ to the local paper** escribe regularmente para el periódico local 2 (donor) donante *mf*

contributory /kən'trɪbjətɔːri || kən'trɪbjʊtəri/ *adj* 1 ‹*factor/circumstance*› que contribuye 2 ‹*pension plan*› de aportación obligatoria por parte del empleado

con trick *n* (colloq) timo *m* (fam), estafa *f*

contrite /'kɑːntraɪt || 'kɒntraɪt, kən'traɪt/ *adj* arrepentido, contrito (liter)

contrition /kən'trɪʃən/ *n* [u] arrepentimiento *m*, contrición *f* (liter)

contrivance /kən'traɪvəns/ *n* 1 [c] (device) artilugio *m*, aparato *m* 2 [c u] (stratagem) artimaña *f*, treta *f*

contrive /kən'traɪv/ *vt* 1 (manage) **to ~ to + INF** lograr + INF/QUE (+ *subj*), ingeniárselas *or* arreglárselas PARA + INF/PARA QUE (+ *subj*) 2 (create) ‹*method/device*› idear; ‹*meeting*› arreglar

contrived /kən'traɪvd/ *adj* artificioso; **her reaction seemed a little ~** su reacción pareció un poco afectada

control¹ /kən'trəʊl/ *vt* **-ll-**

A 1 (command) ‹*country/people*› controlar, ejercer* control sobre 2 (regulate) ‹*temperature/flow*› controlar, regular; ‹*traffic*› dirigir*; ‹*inflation/growth*› controlar

B 1 (curb, hold in check) ‹*animal/fire*› controlar; ‹*emotion*› controlar, dominar; **to ~ oneself** controlarse, dominarse 2 (manage, steer) ‹*vehicle/boat*› controlar; ‹*horse*› controlar, dominar

control² *n*

A [u] 1 (command) control *m*; **who's in ~ here?** ¿quién manda aquí?; **to be in ~ of sth** dominar *or* controlar algo; **to gain/take ~ of sth** hacerse* con el control de algo; **to have/lose ~ of sth** tener*/perder* el control de algo; **the zone was under Arab ~** la zona estaba bajo el control *or* el dominio de los árabes 2 (ability to control, restrain) control *m*; (authority) autoridad *f*; **to be beyond sb's ~** estar* fuera del control de algn; **circumstances beyond our ~** circunstancias ajenas a nuestra voluntad; **to be out of ~** estar* fuera de control; **to get out of ~** descontrolarse; **the epidemic is under ~** la epidemia está bajo control; **he lost ~ of the car** perdió el control del coche

B [u c] (regulation, restriction) **~(s) ON/OF sth** control *m* DE algo; **price ~(s)** control *m* de precios

C 1 [u] (knob, switch) botón *m* de control, control *m* 2 **controls** *pl* (of vehicle) mandos *mpl*

D 1 (headquarters) (*no art*) control *m* 2 [c] (checkpoint) control *m*

E [c] (in experiment) patrón *m* (de comparación); (*before n*) **~ group** grupo *m* de control

F [u] (skill, mastery) dominio *m*

control: **~ column** *n* palanca *f* de mando; **~ key** *n* tecla *f* de control

controlled /kən'trəʊld/ *adj* 1 (contained) ‹*voice/emotion*› contenido; ‹*response*› mesurado 2 (regulated) ‹*conditions/experiment*› controlado

controller /kən'trəʊlər || kən'trəʊlə(r)/ *n* 1 (director) director, -tora *m,f* 2 (device) controlador *m*

controlling /kən'trəʊlɪŋ/ *adj* (*before n*): **~ interest** participación *f* mayoritaria *or* de control

control: **~ room** *n* (Mil, Naut) centro *m* de operaciones; (Audio, Rad, TV) sala *f* de control; **~ tower** *n* torre *f* de control

controversial /'kɑːntrə'vɜːrʃəl || ˌkɒntrə'vɜːʃəl/ *adj* controvertido, polémico

controversy /'kɑːntrəvɜːrsi || 'kɒntrevɜːsi, kən'trɒvəsi/ *n* [u c] (*pl* **-sies**) controversia *f*, polémica *f*

conundrum /kə'nʌndrəm/ *n* adivinanza *f*, acertijo *m*

conurbation /'kɑːnɜːr'beɪʃən || ˌkɒnɜː'beɪʃən/ *n* conurbación *f*

convalesce /'kɑːnvə'les || ˌkɒnvə'les/ *vi* recuperarse, convalecer*; **to ~ AFTER** *o* **FROM sth** convalecer* *or* recuperarse DE algo

convalescence /'kɑːnvə'lesns || ˌkɒnvə'lesns/ *n* [u] convalecencia *f*

convalescent¹ /'kɑːnvə'lesnt || ˌkɒnvə'lesnt/ *n* convaleciente *mf*; (*before n*) **~ home** clínica *f* de reposo

convalescent² *adj* (*no comp, pred*) convaleciente

convection /kən'vekʃən/ *n* [u] convección *f*; (*before n*) **~ heater** estufa *f or* calentador *m* de convección

convector /kən'vektər || kən'vektə(r)/ *n* estufa *f or* calentador *m* de convección

convene /kən'viːn/ *vt* convocar*

■ **convene** *vi* reunirse*

convenience /kən'viːniəns/ *n* 1 [u] (comfort, practicality) conveniencia *f*, comodidad *f*; **at your ~** cuando le resulte conveniente; **at your earliest ~** (Corresp) a la mayor brevedad posible, a la brevedad 2 [c] (amenity, appliance): **with every modern ~** con todas las comodidades modernas

convenience food *n* [c u] comida *f* de preparación rápida

convenient /kən'viːniənt/ *adj* 1 (opportune, suitable) conveniente; **would it be ~ for me to call tomorrow?** ¿estaría bien que pasara mañana?; **his resignation was most ~ for the firm** su dimisión fue muy oportuna para la empresa 2 (neat, practical) práctico, cómodo 3 (handy, close): **it's very ~ having the school so near** resulta muy práctico tener la escuela tan cerca

conveniently /kən'viːniəntli/ *adv* 1 (handily) convenientemente; **it's ~ situated** está convenientemente situada 2 (expediently): **the government ~ forgets its election promises** le resulta muy cómodo al gobierno olvidarse de sus promesas electorales; **~ for him, the banks were closed** le vino muy bien *or* le convino que los bancos estuvieran cerrados

convent /'kɑːnvənt || 'kɒnvənt/ *n* convento *m*; (*before n*) **~ school** colegio *m* de monjas

convention /kən'ventʃən || kən'venʃən/ *n*

A 1 [u] (social code) convencíónes *fpl*, convencionalismos *mpl*; **~ dictates that one should wear black on such occasions** es costumbre vestir de negro en tales ocasiones 2 [c] (established practice) convención *f*; **literary ~** convención literaria

B [c] (agreement) convención *f*

C [c] (conference) convención *f*, congreso *m*

conventional /kən'ventʃnəl || kən'venʃənl/ *adj* ‹*behavior/method/arms*› convencional; ‹*design/style*› tradicional, clásico

conventionally /kən'ventʃnəli || kən'venʃnəli/ *adv* ‹*dress/behave*› de manera convencional; ‹*built/designed*› de manera tradicional *or* clásica

converge /kən'vɜːrdʒ || kən'vɜːdʒ/ *vi* «*lines/roads*» converger*, convergir*; «*crowd/armies*» reunirse*; **they all ~d on the square** todos se reunieron en la plaza

conversant /kən'vɜːrsnt || kən'vɜːsnt/ *adj* (*pred*) **to be ~ WITH sth** ser* versado EN algo

conversation /'kɑːnvər'seɪʃən || ˌkɒnvə'seɪʃən/ *n* [u c] conversación *f*; **they were deep in ~** estaban en plena conversación; **to make polite ~** conversar como un gesto de amabilidad; **to have a ~ (about sth)** hablar de *or* conversar sobre algo; (*before n*) ~ **piece** tema *m* de conversación; **his remark was a real ~ stopper** (colloq) su comentario los (*or* nos *etc*) dejó a todos callados

conversational /ˌkɑːnvərˈseɪʃn̩əl || ˌkɒnvəˈseɪʃənl/ *adj* ‹*manner/tone*› familiar, coloquial

conversationalist /ˈkɑːnvərˈseɪʃn̩ələst || ˌkɒnvəˈseɪʃn̩əlɪst/ *n* conversador, -dora *m,f*; **he's not much of a ~** no es muy buen conversador

converse¹ /kənˈvɜːrs || kənˈvɜːs/ *vi* **to ~ (ON** *o* **ABOUT sth)** conversar (SOBRE *or* ACERCA DE algo)

converse² /ˈkɑːnvɜːrs || ˈkɒnvɜːs/ *n*: **the ~** lo contrario *or* lo opuesto

converse³ /kənˈvɜːrs, ˈkɑːnvɜːrs || ˈkɒnvɜːs/ *adj* (*before n*) contrario, inverso

conversely /kənˈvɜːrsli, ˈkɑːnvɜːrsli || ˈkɒnvɜːsli/ *adv* (*as linker*) a la inversa

conversion /kənˈvɜːrʒən || kənˈvɜːʃən/ *n* [u c] **1** (transformation) ~ **(INTO/TO sth)** conversión *f or* transformación *f* (EN algo); (*before n*) ~ **table** tabla *f* de conversión *or* de equivalencias **2** (change, switch) ~ **(FROM sth TO sth)** conversión *f* (DE algo A algo) **3** (Relig) conversión *f*

convert¹ /ˈkɑːnvɜːrt || ˈkɒnvɜːt/ *n* converso, -sa *m,f*

convert² /kənˈvɜːrt || kənˈvɜːt/ *vt*

A ‹*building*› remodelar, reformar; ‹*vehicle*› transformar; **to ~ sth INTO sth** convertir* *or* transformar algo EN algo; **a ~ed barn** un granero convertido en vivienda; **to ~ pounds into** *o* **to kilos** convertir* libras a *or* en kilos

B (cause to change view) convertir*; **to ~ sb TO sth** convertir* a algn A algo; **a ~ed Jew** un judío converso

C (Sport) transformar, convertir*

■ **convert** *vi*

A (change into) **to ~ INTO** *o* **TO sth** convertirse* *or* transformarse EN algo

B (Pol, Relig) **to ~ TO sth** convertirse* A algo

converter /kənˈvɜːrtər || kənˈvɜːtə(r)/ *n* convertidor *m*

convertible¹ /kənˈvɜːrtəbəl || kənˈvɜːtəbəl/ *adj* convertible

convertible² *n* **1** (Auto) descapotable *m*, convertible (AmL) *m* **2** (sofa bed) (AmE) sofá-cama *m*

convex /ˈkɑːnveks || ˈkɒnveks/ *adj* convexo

convey /kənˈveɪ/ *vt* ‹*goods/people/electricity*› transportar, conducir*; ‹*sound*› transmitir, llevar; ‹*opinion/feeling*› expresar, transmitir; ‹*thanks*› hacer* llegar, transmitir; **try to ~ to him that ...** trata de hacerle ver que ...

conveyance /kənˈveɪəns/ *n* **1** [u] (transport) transporte *m* **2** [c] (vehicle) vehículo *m*, medio *m* de transporte

conveyor (belt) /kənˈveɪər || kənˈveɪə(r)/ *n* cinta *f or* correa *f* transportadora, banda *f* transportadora (Méx)

convict¹ /ˈkɑːnvɪkt || ˈkɒnvɪkt/ *n* recluso, -sa *m,f*, presidiario, -ria *m,f*

convict² /kənˈvɪkt/ *vt* (*often pass*) declarar culpable, condenar; **a ~ed murderer** un asesino convicto; **to be ~ed OF sth** ser* condenado POR algo

conviction /kənˈvɪkʃən/ *n* [u c]

A (Law) ~ **(FOR sth)** condena *f* (POR algo)

B (certainty, strong belief) convicción *f*; **to speak without ~** hablar sin convicción; **their claims carry little ~** lo que sostienen es poco convincente

convince /kənˈvɪns/ *vt* convencer*; **to ~ sb OF sth** convencer* a algn DE algo; **to ~ sb THAT** convencer* a algn DE QUE; **to ~ sb to + INF** convencer* a algn PARA QUE (+ *subj*)

convinced /kənˈvɪnst/ *adj* (persuaded) (*pred*): **to be ~ OF sth** estar* convencido DE algo; **to be ~ THAT** estar* convencido DE QUE

convincing /kənˈvɪnsɪŋ/ *adj* convincente

convincingly /kənˈvɪnsɪŋli/ *adv* convincentemente

convivial /kənˈvɪviəl/ *adj* ‹*atmosphere*› cordial, de camaradería; ‹*person*› simpático, sociable

convoke /kənˈvəʊk/ *vt* (frml) convocar*

convoluted /ˈkɑːnvəluːtəd || ˈkɒnvəluːtɪd/ *adj* ‹*story/argument*› intrincado, enrevesado

convoy /ˈkɑːnvɔɪ || ˈkɒnvɔɪ/ *n* (of ships, vehicles) convoy *m*

convulse /kənˈvʌls/ *vt* **1** (contort) (*usu pass*): **he was ~d with pain** se retorcía del dolor; **their antics ~d the audience** el público se desternillaba (de risa) con sus payasadas (fam) **2** (shake, rock) convulsionar, sacudir

convulsion /kənˈvʌlʃən/ *n* (spasm) convulsión *f*; **their antics had us in ~s** (colloq) nos desternillamos de risa con sus payasadas (fam)

convulsive /kənˈvʌlsɪv/ *adj* convulsivo; **he collapsed into ~ laughter** le dio un ataque de risa

coo /kuː/ *vi* «*dove/pigeon*» arrullar, zurear; **everyone was ~ing over the baby** todos estaban bobos con el bebé (fam)

■ **coo** *vt* susurrar

cook¹ /kʊk/ *n* cocinero, -ra *m,f*; **he's a good ~** cocina muy bien, es muy buen cocinero; ***too many ~s spoil the broth*** muchas manos en un plato hacen mucho garabato

cook² *vt* **1** ‹*food/meal*› hacer*, preparar **2** (falsify) (colloq) ‹*books/accounts*› amañar (fam)

■ **cook** *vi* **1** (prepare food) cocinar, guisar **2** (become ready) «*food*» hacerse*

Phrasal verb

• **cook up** [v ▸ o ▸ adv, v ▸ adv ▸ o] (colloq) ‹*excuse/alibi*› inventarse; ‹*scheme*› tramar

cookbook /ˈkʊkbʊk/ *n* libro *m* de cocina *or* de recetas, recetario *m*

cooked /kʊkt/ *adj* ‹*ham*› cocido; ‹*meal/breakfast*› caliente; **it's not quite ~ yet** le falta un poco todavía; **~ meats** fiambres *mpl*

cooker /ˈkʊkər || ˈkʊkə(r)/ *n* (BrE) (stove) cocina *f or* (Col, Méx) estufa *f*

cookery /ˈkʊkəri/ *n* [u] cocina *f*; (*before n*) ~ **book** (BrE) ▸**cookbook**

cookie /ˈkʊki/ *n* **1** (biscuit) (AmE Culin) galleta *f*, galletita *f* (RPl); ***that's the way the ~ crumbles*** ¡qué se le va a hacer!, ¡así es la vida!; (*before n*) ***to be caught with one's hand in the ~ jar***: **he was caught with his hand in the ~ jar** lo agarraron *or* lo pillaron con las manos en la masa (fam) **2** (person) (colloq): **she's a smart ~** es más lista que el hambre (fam); **he's a tough ~** es un tipo durísimo (fam); **3** (Comput) cookie *f or m*, galleta *f*

cooking /ˈkʊkɪŋ/ *n* [u]: **to do the ~** cocinar; **it is used in ~** se usa para cocinar *or* en cocina; **home ~** la comida casera; **his ~ is awful** cocina muy mal; **Spanish ~** la cocina *or* la gastronomía española; (*before n*) ‹*oil*› comestible; ‹*sherry/apple*› para cocinar; ‹*utensils*› de cocina

cookout /ˈkʊkaʊt/ *n* (AmE) comida *f* al aire libre

cooky *n* ▸**cookie**

cool¹ /kuːl/ *adj* **-er, -est**

A (cold) ‹*climate/air/clothes*› fresco; ‹*drink*› fresco, frío; **it's ~ outside** hace *or* está fresco (a)fuera

B (reserved, hostile) ‹*reception/behavior*› frío; **to be ~ TO** *o* **TOWARD sb** estar* frío CON algn

C **1** (calm) sereno, tranquilo; **keep ~!** ¡tranquilo!, no te pongas nervioso; **~, calm and collected** (set phrase) tranquilo y sereno; ***to play it ~*** (colloq) tomarse las cosas con calma **2** (unperturbed) impasible; **he's a very ~ customer** tiene una sangre fría impresionante

D (sl) (trendy, laid-back): **he's really ~** es muy en la onda (fam)

E (with numbers) (colloq): **a ~ one million dollars** la friolera de un millón de dólares (fam)

cool² *n*

A (low temperature): **let's stay here in the ~** quedémonos aquí al fresco; **in the ~ of the evening** por la tarde cuando está *or* hace fresco

B [u] (composure) calma *f*; **to keep/lose one's ~** mantener*/perder* la calma

cool³ *vt* ‹*air/room*› refrigerar; ‹*engine/food/enthusiasm*› enfriar*; **to ~ sb's temper** apaciguar* a algn; ***to ~ it*** (colloq): **~ it, you two! we don't want any fights in here** ya está bien, que aquí no queremos peleas; **~ it! he's watching us!** (AmE) disimula, que nos está mirando

■ **cool** *vi* «*air/room*» refrigerarse; «*engine/food/enthusiasm*» enfriarse*; **to ~ TOWARD sb/sth** (AmE) perder* el entusiasmo POR algn/algo

Phrasal verbs

• **cool down**

A [v ▸ adv] **1** (become cooler) «*food/iron*» enfriarse*; «*person*» refrescarse* **2** (become calmer) «*temper/person*» calmarse

B [v ▸ o ▸ adv, v ▸ adv ▸ o] **1** (make cooler) ‹*food*› enfriar*; ‹*person*› refrescar* **2** (make calmer) ‹*person*› calmar

• **cool off** [v ▸ adv] **1** (become cooler) «*person*» refrescarse*

C

2 (become calmer) calmarse **3** (lose enthusiasm, passion) enfriarse*

coolant /'ku:lənt/ *n* [c u] (líquido *m*) refrigerante *m*

-cooled /ku:ld/ *suff* **air/water~** enfriado por aire/por agua; **gas~ reactor** reactor *m* enfriado por gas

cooler /'ku:lər || 'ku:lə(r)/ *n*
A (container, device) (Tech) refrigerador *m*
B (sl): **in the ~** (in jail) a la sombra (fam); (in a cell) en el calabozo

C

cool-headed /'ku:l'hedəd || ˌku:l'hedɪd/ *adj* sereno

cooling /'ku:lɪŋ/ *adj* ‹*drink/swim*› refrescante

cooling: **~-off** /'ku:lɪŋ'ɔ:f || ˌku:lɪŋ'ɒf/ *n* (*no pl*) enfriamiento *m*; (*before n*) **~-off period** período *m* de reflexión; **~ tower** *n* torre *f* de refrigeración

coolly /'ku:lli/ *adv* **1** (calmly) con serenidad *or* calma **2** (boldly) descaradamente, con la mayor frescura **3** (with reserve, hostility) fríamente, con frialdad

coolness /'ku:lnəs || 'ku:lnɪs/ *n* [u]
A (in temperature) frescor *m*, frescura *f*
B **1** (calmness) serenidad *f*, sangre *f* fría **2** (boldness) descaro *m*, frescura *f*
C (reserve, hostility) frialdad *f*

coop /ku:p/ *n*: **chicken/hen ~** gallinero *m*

(Phrasal verb)
• **coop up** [v ▸ o ▸ adv, v ▸ adv ▸ o] (*usu passive*) encerrar*

co-op /'kəʊɑ:p || 'kəʊɒp/ *n* cooperativa *f*

cooperate /kəʊ'ɑ:pəreɪt || kəʊ'ɒpəreɪt/ *vi* cooperar, colaborar

cooperation /kəʊ'ɑ:pə'reɪʃən || kəʊˌɒpə'reɪʃən/ *n* [u] cooperación *f*, colaboración *f*

cooperative¹ /kəʊ'ɑ:pərətɪv || kəʊ'ɒpərətɪv/ *adj* **1** (obliging) ‹*attitude*› de colaboración, cooperativo; **he was very ~** se mostró muy dispuesto a cooperar *or* a colaborar **2** ‹*effort/venture*› conjunto **3** (collective) ‹*farm*› en régimen de cooperativa; **~ society/store** cooperativa *f*

cooperative² *n* cooperativa *f*

co-opt /kəʊ'ɑ:pt || kəʊ'ɒpt/ *vt*: **to ~ sb onto a committee** invitar a algn a formar parte de una comisión

coordinate¹ /kəʊ'ɔ:rdneɪt || ˌkəʊ'ɔ:dɪneɪt/ *vt*
A (make function together) coordinar
B ‹*clothes*› combinar, coordinar

coordinate² /kəʊ'ɔ:rdṇət || kəʊ'ɔ:dɪnət/ *n*
A (Math) coordenada *f*
B **coordinates** *pl* prendas *fpl* para combinar, coordinados *mpl*

coordination /kəʊ'ɔ:rdṇ'eɪʃən || kəʊˌɔ:dɪ'neɪʃən/ *n* [u] coordinación *f*

coordinator /kəʊ'ɔ:rdṇeɪtər || kəʊ'ɔ:dɪneɪtə(r)/ *n* coordinador, -dora *m,f*

coot /ku:t/ *n* (*pl* **~s** *or* **~**) focha *f*, fúlica *f*

cootie /'ku:ti/ *n* (AmE sl) (louse) piojo *m*

cop¹ /kɑ:p || kɒp/ *n* (colloq)
A (police officer) poli *mf* (fam), tira *mf* (Méx fam), cana *mf* (RPl arg), cachaco, -ca *m,f* (Per fam), paco, -ca *m,f* (Chi fam); **to play ~s and robbers** jugar* a policías y ladrones
B (good, use) (BrE): **to be not much ~** no ser* nada del otro mundo *or* del otro jueves (fam)

cop² **-pp-** *vt* **1** (win) (AmE journ) ‹*medal/prize*› llevarse **2** (get) (esp BrE colloq): **~ (a load of) this/him/her!** ¡no te lo/la pierdas! (fam); ***to ~ it*** (BrE): **you'll ~ it if they find out** como se enteren, estás arreglado *or* te vas a llevar una buena (fam) **3** (catch, seize) (BrE colloq) ‹*person*› agarrar, pillar (fam), pescar* (fam)

(Phrasal verb)
• **cop out** [v ▸ adv] (sl) rajarse (fam), evadirse; **to ~ out OF sth** ‹*of responsibility/task*› escabullirse* DE algo, sacarle* el cuerpo A algo (fam)

cope /kəʊp/ *vi* **to ~ (WITH sth/sb)**: **to ~ with stress** saber* sobrellevar el estrés; **I can't ~ with all this work** no doy abasto *or* no puedo con tanto trabajo; **how do you ~ without a washing machine?** ¿cómo te las arreglas sin lavadora?; **I just can't ~ any more** ya no puedo más; **how is he coping on his own?** ¿qué tal se las arregla *or* se defiende solo?; **these are some of the problems they have to ~ with** éstos son algunos de los problemas a los que tienen que enfrentarse

Copenhagen /'kəʊpən'heɪgən/ *n* Copenhague *m*

copier /'kɑ:piər || 'kɒpiə(r)/ *n* fotocopiadora *f*

copilot /'kəʊˌpaɪlət/ *n* copiloto *mf*

copious /'kəʊpiəs/ *adj* copioso, abundante

cop-out /'kɑ:paʊt || 'kɒpaʊt/ *n* (colloq): **that's just a ~** eso es evadirse

copper /'kɑ:pər || 'kɒpə(r)/ *n*
A **1** [u] (metal) cobre *m* **2** **coppers** *pl* (coins) (colloq) peniques *mpl*, perras *fpl* (Esp fam), quintos *mpl* (Méx fam), chauchas *fpl* (Chi fam), vintenes *mpl* (Ur fam) **3** (color) color *m* cobre; (*before n*) cobrizo
B (police officer) (colloq) ▸ **cop¹ A**

copperplate /'kɑ:pərpleɪt || 'kɒpəpleɪt/ *n* [u] **~ (handwriting)** letra *f* de caligrafía

coppice /'kɑ:pəs || 'kɒpɪs/, **copse** /kɑ:ps || kɒps/ *n* bosquecillo *m*

copulate /'kɑ:pjəleɪt || 'kɒpjʊleɪt/ *vi* copular

copy¹ /'kɑ:pi || 'kɒpi/ *n* (*pl* **copies**)
A [c] (of painting, document) copia *f*
B [c] (of newspaper, book) ejemplar *m*; **back ~** número *m* atrasado
C [u] **1** (text): **good news doesn't make good ~** las buenas noticias no se venden bien **2** (unprinted matter) manuscrito *m*

copy² **copies, copying, copied** *vt*
A **1** (reproduce, transcribe) copiar; **to ~ sth FROM o OFF sb** copiarle algo A algn; **to ~ sth FROM o OUT OF sth** copiar algo DE algo **2** (photocopy) fotocopiar
B (imitate) ‹*painter/singer*› copiarle a; ‹*style/behavior*› copiar
■ **copy** *vi* copiar

copy: **~book** *n* cuaderno *m*; ***to blot one's ~book*** (BrE) manchar su (*or* mi *etc*) reputación; **~cat** *n* (colloq) copión, -piona *m,f* (fam), imitamonos *mf* (Méx fam); (*before n*) ‹*murder*› (journ) inspirado en otros; **~right** *n* [u] copyright *m*, derechos *mpl* de reproducción; (*before n*) **~right law** ley *f* de propiedad intelectual; **~right library** biblioteca *f* de depósito legal; **~writer** *n* redactor publicitario, redactora publicitaria *m,f*

coquettish /kəʊ'ketɪʃ || kɒ'ketɪʃ/ *adj* (liter) coqueto

coral /'kɔ:rəl || 'kɒrəl/ *n* [u] **1** (substance) coral *m*; (*before n*) **~ reef** arrecife *m* de coral, barrera *f* coralina **2** (color) (color *m*) coral *m*

cord /kɔ:rd || kɔ:d/ *n*
A [c u] **1** (string, rope) cuerda *f*; (of pajamas, curtains) cordón *m* **2** (AmE Elec) cordón *m*, cable *m* **3** (Anat) ▸ **spinal cord, umbilical cord, vocal cords**
B **1** [u] (Tex) pana *f*, corderoy *m* (AmS), cotelé *m* (Chi) **2** **cords** *pl* (Clothing) pantalones *mpl* de pana (*or* corderoy *etc*)

cordial¹ /'kɔ:rdʒəl || 'kɔ:diəl/ *adj* cordial

cordial² *n* [c u] (soft drink) refresco *m* (*concentrado*)

cordially /'kɔ:rdʒəli || 'kɔ:diəli/ *adv* cordialmente

cordless /'kɔ:rdləs || 'kɔ:dlɪs/ *adj* inalámbrico

cordon /'kɔ:rdṇ || 'kɔ:dṇ/ *n* cordón *m*

(Phrasal verb)
• **cordon off** [v ▸ o ▸ adv, v ▸ adv ▸ o] acordonar

corduroy /'kɔ:rdərɔɪ || 'kɔ:dərɔɪ/ *n* **1** [u] (Tex) pana *f*, corderoy *m* (AmS), cotelé *m* (Chi) **2** **corduroys** *pl* (Clothing) pantalones *mpl* de pana (*or* corderoy *etc*)

core¹ /kɔ:r || kɔ:(r)/ *n* **1** (of apple, pear) corazón *m*, centro *m*; (of Earth) centro *m*, núcleo *m*; (of nuclear reactor) núcleo *m*; ***to the ~***: **the organization is rotten to the ~** la organización está totalmente corrompida **2** (central, essential part) núcleo *m*; (of problem) meollo *m*; **a hard ~ of resistance** un foco de resistencia férrea; (*before n*) ‹*subject/vocabulary*› (Educ) básico; **~ curriculum** plan *m* de estudios común **3** (Comput) núcleo *m* magnético; (*before n*) **~ memory** memoria *f* central **4** (of electric cable) alma *f*‡

core² *vt* ‹*apple*› quitarle el corazón *or* el centro a

coriander /'kɔ:riændər || ˌkɒri'ændə(r)/ *n* cilantro *m*, culantro *m*

cork¹ /kɔ:rk || kɔ:k/ *n* [u c] corcho *m*

cork² *vt* ‹*bottle*› ponerle* un (tapón de) corcho a

corkage /'kɔ:rkɪdʒ || 'kɔ:kɪdʒ/ *n* [u] *precio que cobra un restaurante por abrir botellas que el cliente trae consigo*

corkscrew /'kɔ:rkskru: || 'kɔ:kskru:/ *n* sacacorchos *m*, tirabuzón *m*

corm /kɔːrm || kɔːm/ *n* bulbo *m*

cormorant /ˈkɔːrmərənt || ˈkɔːmərənt/ *n* cormorán *m*

corn /kɔːrn || kɔːn/ *n*

A [u] **1** (cereal crop — in general) grano *m*; (maize) (AmE) maíz *m*; (wheat) (BrE) trigo *m*; (oats) (BrE) avena *f* **2** (foodstuff) maíz *m*, choclo *m* (AmS); ~ **on the cob** mazorca *f* de maíz *or* (AmS) de choclo, elote *m* (AmC, Méx); (*before n*) ‹*oil*› de maíz; ~ **meal** harina *f* de maíz

B [c] (on toe) callo *m*

corncob /ˈkɔːrnkɑːb || ˈkɔːnkɒb/ *n* mazorca *f* de maíz *or* (AmS) de choclo, elote *m* (AmC, Méx)

cornea /ˈkɔːrniə || ˈkɔːniə/ *n* córnea *f*

corned beef /kɔːrnd || kɔːnd/ *n* [u] corned beef *m* (*carne en conserva*)

corner¹ /ˈkɔːrnər || ˈkɔːnə(r)/ *n*

A **1** (inside angle — of room, cupboard) rincón *m*; (— of field) esquina *f*; (— of mouth) comisura *f*; **in the top righthand ~ of the page** en el ángulo superior derecho de la página; **a quiet ~ of Hampshire** un tranquilo rincón de Hampshire; **out of the ~ of one's eye** con el rabillo del ojo; ***from all*** *o* ***the four ~s of the earth*** *o* ***world*** de todas partes (del mundo); ***to be in a (tight) ~*** estar* en un aprieto; ***to drive/force sb into a ~*** acorralar a algn **2** (outside angle — of street, page) esquina *f*; (— of table) esquina *f*, punta *f*; (bend in road) curva *f*; **he took the ~ too fast** tomó la curva demasiado rápido; ***around the ~*** a la vuelta de la esquina; ***to cut ~s***: **we could produce a cheaper article, but only by cutting ~s** podríamos producir un artículo más barato, pero sólo si cuidáramos menos los detalles; (*before n*) ~ **shop** (BrE) tienda *f* de la esquina; (local shop) tienda *f* de barrio

B (in soccer) (~ *kick*) córner *m*, tiro *m or* saque *m* de esquina

C (in boxing) esquina *f*

corner² *vt*

A (trap) acorralar; **I ~ed her in the corridor** la abordé en el pasillo

B (monopolize) acaparar

■ **corner** *vi* tomar una curva; **this car ~s well** este coche tiene buen agarre en las curvas

cornerstone /ˈkɔːrnərstəʊn || ˈkɔːnəstəʊn/ *n* piedra *f* angular

cornet /kɔːrˈnet || ˈkɔːnɪt/ *n* **1** (Mus) corneta *f* **2** (BrE Culin) cucurucho *m*, barquillo *m*

corn: **~field** *n* (in US) maizal *m*; (in UK — of wheat) trigal *m*; (— of oats) avenal *m*; **~flakes** *pl n* copos *mpl or* hojuelas *fpl* de maíz; **~flour** *n* [u] (BrE) maizena® *f*; **~flower** *n* aciano *m*

Cornish¹ /ˈkɔːrnɪʃ || ˈkɔːnɪʃ/ *adj* de Cornualles

Cornish² *n* [u] córnico *m*

cornstarch /ˈkɔːrnstɑːrtʃ || ˈkɔːnstɑːtʃ/ *n* [u] (AmE) maizena® *f*

cornucopia /ˈkɔːrnəˈkəʊpiə || ˌkɔːnjʊˈkəʊpiə/ *n* cornucopia *f*, cuerno *m* de la abundancia

Cornwall /ˈkɔːrnwɔːl || ˈkɔːnwɔːl/ *n* Cornualles *m*

corny /ˈkɔːrni || ˈkɔːni/ *adj* **-nier, -niest** (colloq) **1** ‹*song/movie*› cursi, sensiblero **2** (BrE) ‹*joke*› malo

corollary /ˈkɔːrəleri || kəˈrɒləri/ *n* (*pl* **-ries**) ~ (**OF** *o* **TO sth**) corolario *m* (DE algo)

coronary¹ /ˈkɔːrəneri || ˈkɒrənri/ *adj* coronario

coronary² *n* (*pl* **-ries**) infarto *m* (de miocardio)

coronation /ˈkɔːrəˈneɪʃən || ˌkɒrəˈneɪʃən/ *n* [u c] coronación *f*

coroner /ˈkɔːrənər || ˈkɒrənə(r)/ *n*: *funcionario encargado de investigar las causas de muertes violentas, repentinas o sospechosas*, ≈ juez *mf* de instrucción

coronet /ˈkɔːrəˈnet || ˈkɒrənet/ *n* **1** (small crown) corona *f* (*de príncipe, duque etc*) **2** (tiara) diadema *f*

corp = corporation

corporal /ˈkɔːrprəl || ˈkɔːpərəl/ *n* cabo *m*

corporal punishment *n* [u] castigos *mpl* corporales

corporate /ˈkɔːrpərət || ˈkɔːpərət/ *adj*

A **1** (of a company) ‹*headquarters/lawyer*› de la empresa *or* compañía; **the ~ image** la imagen de la empresa *or* compañía **2** ‹*mentality/jargon*› empresarial

B (joint, collective) ‹*action/decision*› colectivo

corporate raider *n* tiburón *m* (empresarial)

corporation /ˈkɔːrpəˈreɪʃən || ˌkɔːpəˈreɪʃən/ *n*

A (company — in US) sociedad *f* anónima; (— in UK) compañía *f*, empresa *f*, corporación *f*

B (municipal council) (BrE) corporación *f* (municipal), municipio *m*, ayuntamiento *m*

corps /kɔːr || kɔː(r)/ *n* (*pl* ~ /-z/) (+ *sing or pl vb*) cuerpo *m*

corpse /kɔːrps || kɔːps/ *n* cadáver *m*

corpulent /ˈkɔːrpjələnt || ˈkɔːpjʊlənt/ *adj* corpulento

corpuscle /ˈkɔːrpʌsəl || ˈkɔːpʌsəl/ *n* corpúsculo *m*

corral /kəˈræl || kɒˈrɑːl/ *n* corral *m*

correct¹ /kəˈrekt/ *vt* corregir*; **~ me if I'm wrong, but ...** perdón, pero yo creo que ...; **I stand ~ed** (frml *or* hum) reconozco mi error

correct² *adj* **1** ‹*answer/time/figures*› correcto **2** (proper) ‹*manners/dress*› correcto

correction /kəˈrekʃən/ *n* [u c] corrección *f*; **~ fluid** (líquido *m*) corrector *m*

correctional /kəˈrekʃnəl || kəˈrekʃənl/ *adj* (AmE): **~ institution** correccional *m or f*; **~ regime** sistema *m* penitenciario

correctly /kəˈrektli/ *adv* correctamente

correlate /ˈkɔːrəleɪt || ˈkɒ-/ *vt* correlacionar, establecer* una correlación entre

■ **correlate** *vi* **to ~ (WITH sth)** estar* correlacionado (CON algo), guardar correlación (CON algo)

correlation /ˌkɔːrəˈleɪʃən || ˌkɒrəˈleɪʃən/ *n* [c u] correlación *f* (frml)

correspond /ˈkɔːrəˈspɑːnd || ˌkɒrəˈspɒnd/ *vi*

A **1** (tally) **to ~ (WITH sth)** corresponderse *or* concordar* (CON algo) **2** (be equivalent) **to ~ (TO sth)** equivaler* *or* corresponder (A algo)

B (communicate by letter) **to ~ (WITH sb)** mantener* correspondencia (CON algn)

correspondence /ˈkɔːrəˈspɑːndəns || ˌkɒrəˈspɒndəns/ *n*

A [u c] (agreement) correspondencia *f*

B [u] (letters, letter-writing) correspondencia *f*; **to be in ~ with sb** escribirse* *or* cartearse con algn

correspondence course *n* curso *m* por correspondencia

correspondent /ˈkɔːrəˈspɑːndənt || ˌkɒrəˈspɒndənt/ *n* **1** (letter writer) corresponsal *mf* **2** (Journ) corresponsal *mf*

corresponding /ˈkɔːrəˈspɑːndɪŋ || ˌkɒrəˈspɒndɪŋ/ *adj* (*before n*) correspondiente

correspondingly /ˈkɔːrəˈspɑːndɪŋli || ˌkɒrəˈspɒndɪŋli/ *adv* (proportionately) en proporción, en la misma medida; (as a result) en consecuencia

corridor /ˈkɔːrədər || ˈkɒrɪdɔː(r)/ *n* pasillo *m*, corredor *m*

corroborate /kəˈrɑːbəreɪt || kəˈrɒbəreɪt/ *vt* corroborar

corroboration /kəˈrɑːbəˈreɪʃən || kəˌrɒbəˈreɪʃən/ *n* [u] corroboración *f*

corrode /kəˈrəʊd/ *vt* corroer*

■ **corrode** *vi* corroerse*

corrosion /kəˈrəʊʒən/ *n* [u] **1** (action) corrosión *f* **2** (substance) herrumbre *f*, orín *m*

corrosive /kəˈrəʊsɪv/ *adj* corrosivo

corrugated /ˈkɔːrəgeɪtəd || ˈkɒrəgeɪtɪd/ *adj* ondulado; **~ cardboard** cartón *m* corrugado; **~ iron** chapa *f* de zinc, calamina *f* (Chi, Per)

corrupt¹ /kəˈrʌpt/ *vt* (deprave) corromper; (bribe) sobornar; ‹*text*› viciar; (Comput) corromper

corrupt² *adj* ‹*person/government*› corrompido, corrupto; ‹*text*› viciado; **~ practices** (Govt, Law) corrupción *f*, corruptela *f* (fam)

corruptible /kəˈrʌptəbəl/ *adj* corruptible

corruption /kəˈrʌpʃən/ *n* [u c] (of morals, language) corrupción *f*; (of text) deformación *f*

corset /ˈkɔːrsət || ˈkɔːsɪt/ *n* (*often pl*) corsé *m*

Corsica /ˈkɔːrsɪkə || ˈkɔːsɪkə/ *n* Córcega *f*

cortege, cortège /kɔːrˈteʒ || kɔːˈteɪʒ/ *n* cortejo *m*

cortex /ˈkɔːrteks || ˈkɔːteks/ *n* (*pl* **-tices** /-təsiːz/) corteza *f*

cortisone /ˈkɔːrtəzəʊn || ˈkɔːtɪzəʊn/ *n* [u] (Pharm, Physiol) cortisona *f*

cosh¹ /kɑːʃ || kɒʃ/ *n* (BrE) porra *f*, cachiporra *f*, macana *f* (AmL)

cosh² *vt* (BrE): **to ~ sb over the head** aporrear a algn en la cabeza

cosignatory /ˈkəʊˈsɪgnətɔːri || ˌkəʊˈsɪgnətəri/ *n* (*pl* **-ries**) **~ (OF o TO sth)** cosignatario, -ria *m,f* (DE algo)

cosmetic /kɑːzˈmetɪk || kɒzˈmetɪk/ *adj* 1 (beautifying) (*before n*) ‹*powder/cream*› cosmético; **~ surgery** cirugía *f* estética 2 (superficial) ‹*reforms/changes*› superficial

cosmetics /kɑːzˈmetɪks || kɒzˈmetɪks/ *pl n* cosméticos *mpl*, productos *mpl* de belleza

cosmic /ˈkɑːzmɪk || ˈkɒzmɪk/ *adj* cósmico

cosmology /kɑːzˈmɑːlədʒi || kɒzˈmɒlədʒi/ *n* [u] cosmología *f*

cosmonaut /ˈkɑːzmənɔːt || ˈkɒzmənɔːt/ *n* cosmonauta *mf*

cosmopolitan /ˈkɑːzməˈpɑːlətn̩ || ˌkɒzməˈpɒlɪtn̩/ *adj* cosmopolita

cosmos /ˈkɑːzməʊs || ˈkɒzmɒs/ *n* **the ~** el cosmos

cosset /ˈkɑːsət || ˈkɒsɪt/ *vt* mimar

cost¹ /kɔːst || kɒst/ *n*

A 1 (expense) (*often pl*) costo *m* (esp AmL), coste *m* (Esp); **at no additional** *o* **extra ~** sin cargo adicional; **he has no idea of the ~ of running a car** no tiene idea de cuánto cuesta mantener un coche; **to cover/cut ~s** cubrir*/reducir* los gastos; (*before n*) **~ accounting** contabilidad *f* analítica de costos *or* (Esp) costes 2 **costs** *pl* (Law) costas *fpl*; **to pay ~s** pagar* las costas 3 [u] (price) costo *m*, coste *m* (Esp); **at ~** (Busn) a precio de costo *or* (Esp) coste, al costo (AmL)

B [u] (loss, sacrifice): **at the ~ of sth** a costa *or* a expensas de algo; **she helped me out, at great ~ to herself** sacrificó mucho al ayudarme; **he did it without stopping to count the ~** lo hizo sin detenerse a pensar en sí mismo; **at all ~s** a toda costa, a cualquier precio

cost² *vt*

A (*past & past p* **cost**) 1 «*article/service*» costar*; **how much did it ~ you?** ¿cuánto te costó?; **how much does it ~?** ¿cuánto cuesta?, ¿cuánto vale?; **it'll ~ you!** (colloq) ¡mira que te va a salir caro! 2 (cause to lose) costar*; **one slip ~ him the title** un error le costó el título

B (*past & past p* **costed**) 1 (calculate cost of) calcular el costo *or* (Esp) coste de; **she ~ed the project** hizo un presupuesto para el proyecto 2 (find out price of) averiguar* el precio de

co-star¹ /ˈkəʊstɑːr || ˈkəʊstɑː(r)/ *n* coprotagonista *mf*

co-star² **-rr-** *vt*: **~ring Peter Lorre** con Peter Lorre (*en un papel secundario*)

■ **co-star** *vi* **to ~ (WITH sb)** actuar* (CON algn)

Costa Rica /ˈkɔːstəˈriːkə || ˌkɒstəˈriːkə/ *n* Costa Rica *f*

Costa Rican¹ /ˈkɔːstəˈriːkən || ˌkɒstəˈriːkən/ *adj* costarricense

Costa Rican² *n* costarricense *mf*, tico, -ca *m,f* (fam)

cost-effective /ˈkɔːstɪˈfektɪv || ˌkɒstɪˈfektɪv/, **cost-efficient** /-ɪˈfɪʃənt/ *adj* rentable, económico

costing /ˈkɔːstɪŋ || ˈkɒstɪŋ/ *n* [u c] presupuesto *m*, cálculo *m* de costos *or* (Esp) costes

costly /ˈkɔːstli || ˈkɒstli/ *adj* **-lier, -liest** costoso

cost: **~ of living** *n*: **the ~ of living** el costo *or* (Esp) coste de (la) vida; **~ price** *n* precio *m* de costo *or* (Esp) de coste

costume /ˈkɑːstuːm || ˈkɒstjuːm/ *n* 1 [u] (style of dress) traje *m*; (for parties, disguise) disfraz *m*; **in ~** disfrazado 2 [c] (wardrobe) (Theat) vestuario *m*; (individual outfit) traje *m* 3 [c] (*swimming ~*) traje *m* de baño

costume jewelry, (BrE) **costume jewellery** *n* [u] bisutería *f*, alhajas *fpl* de fantasía

cosy¹ /ˈkəʊzi/ *adj* **cosier, cosiest** (BrE) ▸ **cozy¹**

cosy² *n* (*pl* **cosies**) (BrE) ▸ **cozy²**

cot /kɑːt || kɒt/ *n* 1 (campbed) (AmE) catre *m* 2 (for child) (BrE) cuna *f*, cama *f* (*con barandas*)

cot death *n* [u c] (BrE) muerte *f* de cuna, muerte *f* súbita (infantil)

coterie /ˈkəʊtəri/ *n* círculo *m*

cottage /ˈkɑːtɪdʒ || ˈkɒtɪdʒ/ *n* casita *f*

cottage: **~ cheese** *n* [u] requesón *m*; **~ industry** *n* industria *f* artesanal

cotton /ˈkɑːtn̩ || ˈkɒtn̩/ *n* [u]

A 1 (cloth) algodón *m*; (*before n*) ‹*dress/sheet/print*› de algodón 2 (thread) (BrE) hilo *m* (de coser) 3 (*absorbent ~*) (AmE) algodón *m* (hidrófilo *or* en rama)

B (plant, fiber) algodón *m*; (*before n*) **~ gin** almarrá *m*; **~ mill** fábrica *f* de tejidos (*de algodón*)

Phrasal verbs

- **cotton on** [v ▸ adv] (colloq) **to ~ on (TO sth)** darse* cuenta (DE algo), caer* en la cuenta (DE algo)
- **cotton to** [v ▸ prep ▸ o] (AmE) 1 (take a liking to) (colloq) simpatizar* con 2 (realize, understand) ‹*implications/dangers*› darse* cuenta de, caer* en la cuenta de

cotton: **~ bud** *n* (BrE) bastoncillo *m*, cotonete *m* (Méx); **~ candy** *n* [u] (AmE) algodón *m* de azúcar; **~-picking** *adj* (AmE colloq) (*as intensifier*) maldito (fam), condenado (fam); **~ swab** *n* (BrE) bastoncillo *m*, cotonete *m* (Méx); **~ wool** *n* [u] (BrE) algodón *m* (hidrófilo *or* en rama)

couch¹ /kaʊtʃ/ *n* (sofa) sofá *m*; (doctor's, psychoanalyst's) diván *m*

couch² *vt* expresar, formular

couchette /kuːˈʃet/ *n* (BrE) litera *f*

couch: **~grass** /ˈkaʊtʃgræs, ˈkuːtʃ- || ˈkaʊtʃgrɑːs, ˈkuːtʃ-/ *n* [u] grama *f*; **~ potato** *n* (colloq) teleadicto, -ta *m,f* (fam)

cougar /ˈkuːgər || ˈkuːgə(r)/ *n* puma *m*

cough¹ /kɔːf || kɒf/ *n* tos *f*; **to have a ~** tener* tos; **he gave a loud ~** tosió ruidosamente; (*before n*) **~ drop** pastilla *f* para la tos; **~ mixture** *o* **syrup** jarabe *m* para la tos; **~ sweet** (BrE) caramelo *m* para la tos

cough² *vi* toser

■ **cough** *vt* **~ (up)** expectorar, esputar

Phrasal verb

- **cough up**

A [v ▸ adv ▸ o] (pay) (colloq) ‹*money*› soltar* (fam), aflojar (fam)

B [v ▸ adv] (pay) soltar* la plata (AmS fam) *or* (Esp) la pasta *or* (AmL tb) la lana (fam)

could /kʊd/ *v mod*

A *past of* **can³**

B (indicating possibility) poder*; **if I took a taxi, I ~ get there on time** si tomara un taxi, podría llegar a tiempo; **I would help you if I ~** te ayudaría si pudiera; **you ~ have killed us all!** ¡podrías *or* podías habernos matado a todos!; **you ~ be right** puede (ser) que tengas razón; **she ~n't have got there before six even if she'd tried** no podría haber llegado antes de las seis aunque lo hubiera intentado; **they ~n't be happier** están contentos a más no poder

C 1 (asking permission): **~ I use your bathroom?** ¿podría *or* me permitiría pasar al baño? 2 (in requests): **~ you sign here please?** ¿quiere firmar aquí, por favor?

D 1 (in suggestions) poder*; **you ~ try doing it this way** podrías tratar de hacerlo de esta manera; **you ~ at least apologize!** ¡al menos podrías pedir perdón! 2 (indicating strong desire) poder*; **I ~ have killed her** la hubiera matado, la podría *or* podía haber matado

couldn't /ˈkʊdn̩t/ = **could not**

coulee /ˈkuːliː/ *n* (AmE) barranco *m*, quebrada *f*

council /ˈkaʊnsəl/ *n* 1 (advisory group) consejo *m* 2 (Govt) ayuntamiento *m*, municipio *m*; **~ housing** (BrE) *viviendas de alquiler subvencionadas por el ayuntamiento*

councillor *n* (BrE) ▸ **councilor**

council: **~man** /ˈkaʊnsəlmən/ *n* (*pl* **-men** /-mən/) (AmE) concejal *m*; **~ of Europe** *n* **the C~ of Europe** el Consejo de Europa

councilor, (BrE) **councillor** /ˈkaʊnsələr || ˈkaʊnsələ(r)/ *n* concejal, -jala *m,f*

council: **~ tax** *n* (in UK) ≈ contribución *f* (municipal *or* inmobiliaria); **~woman** *n* (AmE) concejala *f*

counsel¹ /ˈkaʊnsəl/ *n* 1 [u c] (advice) (frml *or* liter) consejo *m*; **to hold/take ~ with sb** asesorarse *or* aconsejarse con algn; ***to keep one's own ~*** reservarse la opinión 2 (*pl* ~) (*no art*) (Law) abogado, -da *m,f*; **~ for the defense** abogado defensor, abogada defensora *m,f*; **~ for the prosecution** fiscal *mf*

counsel² *vt*, (BrE) **-ll-** (frml) aconsejar, recomendar*; **to ~ sb to + INF** aconsejarle a algn QUE (+ *subj*)

counseling, (BrE) **counselling** /ˈkaʊnsəlɪŋ/ *n* [u] (Educ, Psych) orientación *f* psicopedagógica

counselor, (BrE) **counsellor** /ˈkaʊnsələr || ˈkaʊnsələ(r)/ *n* 1 (Educ, Psych) consejero, -ra *m,f*, orientador, -dora *m,f* 2 (AmE Law) abogado, -da *m,f*

counselor-at-law /ˈkaʊnsələrətˈlɔː/ *n* (*pl* **counselors-at-law**) (AmE) abogado, -da *m,f*

count¹ /kaʊnt/ *n*

A 1 (act of counting) recuento *m*, cómputo *m*; (of votes) escrutinio *m*, recuento *m*, cómputo *m*, conteo *m* (Andes, Ven); (in boxing) cuenta *f*, conteo *m* (Andes, Ven); **to make** *o* (colloq) **do a ~ of sth** hacer* un recuento de algo; **at the last ~** en el último recuento; **we'll begin on the ~ of four** a los cuatro empezamos; **to keep/lose ~ of sth** llevar/perder* la cuenta de algo; ***to be out for the ~*** estar* fuera de combate 2 (total) total *m*; **the final ~** (of votes) el recuento *or* cómputo final

B (point): **to be found guilty on all ~s** (Law) ser* declarado culpable de todos los cargos; **it's been criticized on several ~s** ha sido criticado por varios motivos

C (rank) conde *m*

count² *vt*

A (enumerate, add up) contar*; **I'm ~ing the hours till he arrives** no veo la hora de que llegue

B (include) contar*; **not ~ing the driver** sin contar al conductor; **there'll be fourteen of us, ~ing you and me** seremos catorce, tú y yo incluidos

C (consider) considerar; **to ~ oneself lucky** darse* por afortunado; **to ~ sb among one's friends** contar* a algn entre sus (*or* mis *etc*) amigos

■ **count** *vi*

A (enumerate) contar*

B (be valid, matter) contar*; **that doesn't ~** eso no cuenta *or* no vale; **every minute ~s** cada minuto cuenta

Phrasal verbs

- **count against** [v ▸ prep ▸ o] perjudicar*; **his age ~ed against him** su edad fue un factor negativo *or* lo perjudicó
- **count for** [v ▸ prep ▸ o] contar*; **your opinion ~s for a great deal/won't ~ for much** tu opinión importa mucho/no va a contar mucho
- **count in** [v ▸ o ▸ adv] incluir*; **you can ~ me in** yo me apunto (fam), yo me anoto (CS fam), cuenten conmigo
- **count on** [v ▸ prep ▸ o] 1 (rely on) ‹*friend/help*› contar* con; **I wouldn't ~ on it** yo que tú no me confiaría; **we were ~ing on her for support** contábamos con que nos apoyaría 2 (expect) esperar; **we hadn't ~ed on that happening** no esperábamos que fuera a pasar eso
- **count out**

A [v ▸ o ▸ adv]: **you can ~ me out** a mí no me incluyan, no cuenten conmigo

B [v ▸ o ▸ adv, v ▸ adv ▸ o] ‹*money/objects*› contar* (*uno por uno*)

- **count toward,** (BrE) **count towards** [v ▸ adv ▸ o] contar* para

countable /ˈkaʊntəbəl/ *adj* (Ling) numerable

countdown /ˈkaʊntdaʊn/ *n* cuenta *f* atrás *or* regresiva, conteo *m* regresivo (Andes, Ven); **in the ~ to the Olympic Games** en los días que precedieron (*or* preceden *etc*) al inicio de los Juegos Olímpicos

countenance¹ /ˈkaʊntṇəns || ˈkaʊntənəns/ *n* [c] (face, expression) (liter) semblante *m* (liter), rostro *m* (liter)

countenance² *vt* (frml) (*usu neg*) tolerar, aceptar

counter¹ /ˈkaʊntər || ˈkaʊntə(r)/ *n*

A (in shop) mostrador *m*; (in café) barra *f*; (in bank, post office) ventanilla *f*; (in kitchen) (AmE) encimera *f*; **that drug is not available over the ~** esa medicina no se puede comprar sin receta

B (Games) ficha *f*

counter² *vt* 1 (oppose) ‹*deficiency/trend*› contrarrestar 2 (in debate) ‹*idea/statement*› rebatir, refutar; **to ~ THAT** responder *or* replicar* QUE

counter³ *adv* **~ TO sth**: **to run** *o* **go ~ to sth** ser* contrario a *or* oponerse* a algo

counter- /ˈkaʊntər || ˈkaʊntə(r)/ *pref* contra-

counteract /ˈkaʊntərˈækt/ *vt* contrarrestar

counterattack¹ /ˈkaʊntərəˈtæk/ *n* contraataque *m*

counterattack² *vi* contraatacar*

counterbalance¹ /ˈkaʊntərˈbæləns || ˈkaʊntəˌbæləns/ *n* contrapeso *m*

counterbalance² *vt* contrapesar, servir* de contrapeso a

counter: **~ clerk** *n* (in post office) empleado, -da *m,f*; (in bank) (BrE) cajero, -ra *m,f*; **~clockwise** /ˈkaʊntərˈklɑːkwaɪz || ˌkaʊntəˈklɒkwaɪz/ *adj/adv* (AmE) en sentido contrario a las agujas del reloj

counterespionage /ˈkaʊntərˈespiənɑːʒ/ *n* [u] contraespionaje *m*

counterfeit¹ /ˈkaʊntərfɪt || ˈkaʊntəfɪt/ *n* falsificación *f*

counterfeit² *vt* ‹*money*› falsificar*

counterfeit³ *adj* ‹*money*› falso

counterfeiter /ˈkaʊntərfɪtər || ˈkaʊntəfɪtə(r)/ *n* falsificador, -dora *m,f*

counter: **~foil** *n* talón *m* (AmL), matriz *f* (Esp); **~intelligence** /ˈkaʊntərɪnˈteləd͡ʒəns || ˌkaʊntərɪnˈtelɪd͡ʒəns/ *n* [u] contraespionaje *m*; **~part** *n* (person) homólogo, -ga *m,f*; (thing) equivalente *m*; **~point** *n* [u c] (Mus) contrapunto *m*; **~productive** /ˈkaʊntərprəˈdʌktɪv || ˌkaʊntəprəˈdʌktɪv/ *adj* contraproducente; **~revolution** /ˈkaʊntərrevəˈluːʃən || ˌkaʊntəˌrevəˈluːʃən/ *n* contrarrevolución *f*; **~revolutionary** /ˈkaʊntərrevəˈluːʃəneri || ˌkaʊntəˌrevəˈluːʃənəri/ *adj* contrarrevolucionario; **~sign** *vt* ‹*document*› refrendar; **~terrorism** /ˈkaʊntərˌterərɪzəm || ˈkaʊntəˌterərɪzəm/ *n* [u] contraterrorismo *m*; (*before n*) ‹*coordinator/expert*› en contraterrorismo; **~top** *n* (AmE) encimera *f*

countess /ˈkaʊntəs || ˈkaʊntes/ *n* condesa *f*

countless /ˈkaʊntləs || ˈkaʊntlɪs/ *adj* ‹*stars/hours*› incontables, innumerables

countrified /ˈkʌntrɪfaɪd/ *adj* rústico, rural

country /ˈkʌntri/ *n* (*pl* **-tries**)

A [c] (nation) país *m*; (people) pueblo *m*; (native land) patria *f*

B [u] (rural area) **the ~** el campo; (*before n*) ‹*life/lane*› rural; ‹*people*› del campo; ‹*cottage*› de campo

C [u] (region) terreno *m*, territorio *m*; **cattle-farming ~** región *f* ganadera

D [u] (Mus) (música *f*) country *m*

country: **~-and-western** /ˈkʌntriənˈwestərn || kʌntriənˈwestən/ *n* [u] (música *f*) country *m*; **~ bumpkin** *n* pueblerino, -na *m,f*, paleto, -ta *m,f* (Esp), pajuerano, -na *m,f* (RPl fam); **~ cousin** *n* pueblerino, -na *m,f*; **~ dancing** *n* [u] (esp BrE) danzas *fpl* folklóricas; **~ house** *n* casa *f* solariega; **~man** /ˈkʌntrimən/ *n* (*pl* **-men** /-mən/) (compatriot) (liter) compatriota *m*; **~ mile** *n* (AmE colloq): ***to miss sth by a ~ mile*** errar* por mucho *or* por una legua, errarle* feo (RPl fam); **~side** *n* [u] campiña *f*, campo *m*; **~ store** *n* (AmE) tienda *f* de pueblo (*en la que se vende de todo*); **~wide** /ˈkʌntriˈwaɪd/ *adj/adv* a escala nacional; **~woman** *n* (*pl* **-women**) (compatriot) (liter) compatriota *f*

county /ˈkaʊnti/ *n* (*pl* **-ties**) 1 (in US) condado *m*; (*before n*) **~ line** límite *m* del condado; **~ seat** cabeza *f* de partido 2 (in UK) condado *m*; (*before n*) **~ town** capital *f* del condado

> **county**
>
> Región administrativa de Gran Bretaña que agrupa un número de distritos (*districts*). Los condados son las principales unidades administrativas de Gran Bretaña y muchos tienen demarcaciones que se remontan a muchos años atrás. Sin embargo, en las últimas décadas, éstas y sus nombres han cambiado mucho, y el término *county* a menudo ya no se usa. La mayoría de los estados en EEUU también están divididos en condados. Hay alrededor de 3.000 condados en EEUU

county: **~ council** *n* (in UK) *corporación de gobierno a nivel de condado*; **~ court** *n* (in US) juzgado *m* comarcal; (in UK) juzgado *m* comarcal (*que conoce de causas de derecho civil*)

coup /kuː/ *n* (*pl* **~s** /kuːz/)

A (successful action) golpe *m* maestro

B **~ (d'état)** /deɪtɑː/(Pol) golpe *m* (de estado)

coup de grâce /ˈkuːdəˈgrɑːs/ *n* (*pl* **~s ~ ~**) golpe *m* de gracia

couple¹ /ˈkʌpəl/ *n*

A (two people) (+ *sing o pl vb*) pareja *f*; **a married ~** un matrimonio; **the happy ~** los recién casados, los novios

B (two or small number): **a ~ (of sth)** (+ *pl vb*) un par (de algo); **I think he'd had a ~** (colloq & euph) creo que tenía unas copas de más (fam & euf); **a ~ hundred books** (AmE colloq) unos doscientos libros

couple² *vt* **1** (connect) (Rail) enganchar; ‹*theories/events*› asociar; **to ~ sth/sb WITH sth/sb** asociar algo/a algn CON algo/algn **2** (combine) (*often pass*): **the fall in demand, ~d with competition from abroad** el descenso de la demanda, unido a la competencia extranjera

Phrasal verb

• **couple up** [v ▸ o ▸ adv, v ▸ adv ▸ o] enganchar

couplet /ˈkʌplət || ˈkʌplɪt/ *n* pareado *m*, dístico *m*

coupon /ˈku:pɑ:n || ˈku:pɒn/ *n* **1** (voucher — for discount) vale *m*; (— in rationing) cupón *m* de racionamiento **2** (form — in advertisement) cupón *m*; (— for competition) boleto *m*

courage /ˈkərɪdʒ || ˈkʌrɪdʒ/ *n* [u] valor *m*, coraje *m*; **to have/lack the ~ of one's convictions** ser*/no ser* fiel a sus (*or* mis *etc*) convicciones; **to lose (one's) ~** acobardarse; **he took ~ from her smile** su sonrisa le dio ánimo; ***to pluck up ~ (to + INF)*** armarse de valor *or* de coraje (para + INF); ***to take one's ~ in both hands*** hacer* de tripas corazón (fam)

courageous /kəˈreɪdʒəs/ *adj* ‹*person*› valiente, corajudo; ‹*words*› valiente; ‹*act*› valeroso, de valor *or* de valentía

courageously /kəˈreɪdʒəsli/ *adv* con valor *or* valentía

courgette /kʊrˈʒet || kɔ:ˈʒet/ *n* [c u] (BrE) ▸**zucchini**

courier /ˈkʊriər || ˈkʊriə(r)/ *n* **1** (guide) guía *mf* **2** (messenger) (BrE) mensajero, -ra *m,f*, correo *mf*, rutero, -ra *m,f*; (*before n*) **~ service** servicio *m* de mensajero

course¹ /kɔ:rs || kɔ:s/ *n*

A **1** (of river) curso *m*; (of road) recorrido *m* **2** (way of proceeding): **the only ~ open to us** el único camino que tenemos, nuestra única opción **3** (progress) (*no pl*): **in the normal ~ of events** normalmente, en circunstancias normales; **in due ~** a su debido tiempo; **in the ~ of time** con el tiempo; **in** *o* **during the ~ of our conversation** en el curso *or* transcurso de nuestra conversación; **it changed the ~ of history** cambió el curso de la historia; ***to run*** *o* ***take its ~*** seguir* su curso

B **of course** claro, desde luego, por supuesto; **am I invited? — of ~ you are!** ¿estoy invitado? — ¡claro *or* desde luego *or* por supuesto que sí!; **of ~ not** claro que no; **I'm not always right, of ~** claro que no siempre tengo razón

C (Aviat, Naut) rumbo *m*; **to set ~ for** poner* rumbo a; **to go off ~** desviarse* de rumbo; **to change ~** cambiar de rumbo

D **1** (Educ) curso *m*; **a short ~** un cursillo; **~ IN/ON sth** curso DE/SOBRE algo; **to take** *o* (BrE also) **do a ~** hacer* un curso; **to go on a ~** ir* a hacer un curso; (*before n*) **~work** trabajo *m* **2** (Med): **a ~ of treatment** un tratamiento

E (part of a meal) plato *m*; **main ~** plato principal *or* fuerte *or* (Ven) central; **as a** *o* **for the first ~** de primer plato, de entrada; **a three-~ meal** una comida de dos platos y postre

F (Sport) (*race~*) hipódromo *m*, pista *f* (de carreras); (*golf ~*) campo *m* *or* (CS tb) cancha *f* (de golf); ***to last*** *o* ***stay the ~*** (persist to the end) aguantar hasta el final

course² *vi* (flow swiftly) (liter): **he felt the blood coursing through his veins** sentía correr la sangre por sus venas (liter)

court¹ /kɔ:rt || kɔ:t/ *n*

A (Law) **1** (tribunal) tribunal *m*; **to appear in ~** comparecer* ante el tribunal *or* los tribunales; **I'll see you in ~!** ¡te voy a demandar!; **to settle out of ~** transigir* extrajudicialmente, llegar* a una transacción extrajudicial; **to go to ~** acudir a los tribunales; **to take sb to ~** demandar a algn, llevar a algn a juicio; **the ~ is adjourned** se levanta la sesión; ***to laugh sb/sth out of ~*** reírse* de algn/algo; (*before n*) **~ case** causa *f*, juicio *m*; **~ order** orden *f* judicial **2** (building) juzgado *m*

B **1** (of sovereign) corte *f* **2** (palace) palacio *m*

C (Sport) cancha *f* (AmL), pista *f* (Esp)

D (courtyard) patio *m*

court² *vt* **1** ‹*girl*› (dated) cortejar (ant), hacerle* la corte a (ant) **2** (seek) ‹*danger/favor*› buscar*; ‹*disaster*› exponerse* a

■ **court** *vi* «*couple*» (dated) estar* de novios, noviar (AmL fam), pololear (Chi fam)

courteous /ˈkɜ:rtiəs || ˈkɜ:tiəs/ *adj* ‹*person/behavior*› cortés, educado, fino; ‹*reply/letter*› cortés

courteously /ˈkɜ:rtiəsli || ˈkɜ:tiəsli/ *adv* cortésmente, con cortesía

courtesan /ˈkɔ:rtəzən || ˌkɔ:trˈzæn/ *n* (liter) cortesana *f*

courtesy /ˈkɜ:rtəsi || ˈkɜ:təsi/ *n* (*pl* **-sies**) **1** [u] (politeness) cortesía *f*; **it is common ~** es de (simple) cortesía *or* de buena educación; **you could have had the ~ to inform us** podría haber tenido la gentileza de avisarnos **2** [c] (greeting): **they exchanged courtesies** se saludaron con las cortesías de rigor **3** [c] (favor) atención *f*, gentileza *f*; **by ~ of** por atención *or* gentileza de

courthouse /ˈkɔ:rthaʊs || ˈkɔ:thaʊs/ *n* juzgado *m*

courtier /ˈkɔ:rtiər || ˈkɔ:tiə(r)/ *n* cortesano, -na *m,f*

courtly /ˈkɔ:rtli || ˈkɔ:tli/ *adj* **-lier, -liest** distinguido, fino; **~ love** (Lit) (el) amor cortés

court-martial¹ /ˈkɔ:rtˈmɑ:rʃəl || ˌkɔ:tˈmɑ:ʃəl/ *n* (*pl* **courts-martial** /ˈkɔ:rts-/) consejo *m* de guerra

court-martial² *vt*, (BrE) **-ll-** ‹*soldier*› formarle consejo de guerra a

courtroom /ˈkɔ:rtru:m, -rʊm || ˈkɔ:tru:m, -rʊm/ *n* sala *f* (*de un tribunal*)

courtship /ˈkɔ:rtʃɪp || ˈkɔ:tʃɪp/ *n*

A (of people) noviazgo *m*

B (Zool) cortejo *m*

court: ~ shoe *n* (BrE) zapato *m* (de) salón; **~yard** *n* patio *m*

cousin /ˈkʌzn̩/ *n* primo, -ma *m,f*; **first ~** primo hermano *or* carnal, prima hermana *or* carnal; **second ~** primo segundo, prima segunda

cove /kəʊv/ *n* (Geog) cala *f*, caleta *f*

coven /ˈkʌvn̩/ *n* aquelarre *m*

covenant /ˈkʌvənənt/ *n* **1** (contract) pacto *m*, cláusula *f* **2** (Bib) alianza *f*

Coventry /ˈkʌvəntri || ˈkɒvəntri/ *n*: ***to send sb to ~*** hacerle* el vacío a algn

cover¹ /ˈkʌvər || ˈkʌvə(r)/ *n*

A [c] **1** (lid, casing) tapa *f*, cubierta *f*; (for cushion, sofa, typewriter) funda *f*; (for book) forro *m*; (*bed ~*) cubrecama *m*, colcha *f* **2** **covers** *pl* (bedclothes) **the ~s** las mantas, las cobijas (AmL), las frazadas (AmL)

B [c] **1** (of book) tapa *f*, cubierta *f*; (of magazine) portada *f*, carátula *f* (Andes); (*front ~*) portada *f*; **back ~** contraportada *f*; **to read sth from ~ to ~** leer* algo de cabo a rabo **2** (envelope): **under separate ~** por separado

C **1** [u] (shelter, protection): **to take ~** guarecerse*, ponerse* a cubierto; **to run for ~** correr a guarecerse *or* a ponerse a cubierto; **under ~ of darkness** *o* **night** al abrigo *or* amparo de la oscuridad *or* de la noche **2** [c u] (front, pretense) tapadera *f*, pantalla *f*; **to blow** *o* **break sb's ~** desenmascarar a algn

D [u] (insurance) (BrE) cobertura *f*

E [c] **~ (charge)** (in restaurant) cubierto *m*; (in nightclub) (AmE) ≈ consumición *f* mínima

cover² *vt*

A **1** (overlay) cubrir*; **to be ~ed IN sth** estar* cubierto DE algo **2** ‹*hole/saucepan*› tapar **3** ‹*cushion*› ponerle* una funda a; ‹*book*› forrar; ‹*sofa*› tapizar*, recubrir* **4** ‹*passage/terrace*› techar, cubrir*

B **1** (extend over) ‹*area/floor*› cubrir*; ‹*page*› llenar **2** (travel) ‹*distance*› recorrer, cubrir*

C **1** (deal with) ‹*syllabus*› cubrir*; ‹*topic*› tratar; ‹*eventuality*› contemplar **2** (report on) (Journ) cubrir*

D **1** (hide) tapar; **she ~ed her eyes** se tapó los ojos; **to ~ one's head** cubrirse* (la cabeza) **2** (mask) ‹*surprise/ignorance*› disimular; ‹*mistake*› ocultar, tapar (fam)

E **1** (guard, protect) cubrir*; **I'll keep you ~ed** yo te cubro **2** (point gun at) apuntarle a; **we've got you ~ed!** ¡te estamos apuntando! **3** (Sport) ‹*opponent*› marcar*; ‹*shot/base*› cubrir*

F (Fin) **1** ‹*costs/expenses*› cubrir*; ‹*liabilities*› hacer* frente a; **will $100 ~ it?** ¿alcanzará con 100 dólares? **2** (insurance) cubrir*, asegurar

■ **cover** *vi* **1** (deputize) **to ~ FOR sb** sustituir* *or* suplir a algn **2** (conceal truth) **to ~ FOR sb** encubrir* a algn

■ *v refl* **to ~ oneself** cubrirse* las espaldas

Phrasal verbs

• **cover over** [v ▸ o ▸ adv, v ▸ adv ▸ o] **1** (roof) techar, cubrir* **2** (conceal) tapar, cubrir*

• **cover up**

A [v ▸ o ▸ adv, v ▸ adv ▸ o] **1** (cover completely) cubrir*, tapar **2** (conceal) ‹*facts/truth*› ocultar, tapar (fam); ‹*mistake*› disimular

B [v ▸ adv] (conceal error) disimular; (conceal truth) **to ~ up FOR sb** encubrir* a algn

coverage /'kʌvərɪdʒ/ *n* [u] (Journ) cobertura *f*; **press/television/news ~** cobertura periodística/televisiva/informativa; **there will be live ~ of the game** el partido será transmitido *or* (Esp) retransmitido en directo

cover: **~-alls** /'kʌvərɔːlz/ *pl n* (AmE) overol *m* (AmL), mono *m* (de trabajo) (Esp); **~ girl** *n* modelo *f* de portada

covering /'kʌvərɪŋ/ *n*: **use it as a ~ for the floor** úsalo para cubrir *or* tapar el suelo; **a ~ of dust** una capa de polvo

covering letter *n* carta *f* adjunta

coverlet /'kʌvərlət || 'kʌvəlɪt/ *n* cobertor *m*

cover story *n* (in magazine) tema *m* de portada; (in newspaper) noticia *f* de primera plana

covert /'kəʊvərt || 'kʌvət, 'kəʊ-/ *adj* encubierto

covertly /'kəʊvərtli || 'kʌvətli, 'kəʊ-/ *adv* encubiertamente

cover-up /'kʌvərʌp/ *n* (of crime) encubrimiento *m*; **there has been a ~** ha habido una maniobra para encubrir el asunto

covet /'kʌvət/ *vt* codiciar

coveted /'kʌvətəd || 'kʌvətɪd/ *adj* codiciado

covetous /'kʌvətəs/ *adj* codicioso; **to be ~ OF sth** (frml) codiciar algo

cow¹ /kaʊ/ *n* **1** (Agr) vaca *f*; ***till** o **until the ~s come home*** (colloq) hasta el día del juicio final **2** (female whale, elephant, seal) hembra *f* **3** (woman) (BrE colloq & pej): **stupid ~!** ¡imbécil! (fam)

cow² *vt* intimidar; **he wasn't ~ed by their threats** no se dejó acobardar *or* intimidar por sus amenazas; **a ~ed look** una mirada acobardada

coward /'kaʊərd || 'kaʊəd/ *n* cobarde *mf*

cowardice /'kaʊərdəs || 'kaʊədɪs/ *n* [u] cobardía *f*

cowardly /'kaʊərdli || 'kaʊədli/ *adj* cobarde

cowboy /'kaʊbɔɪ/ *n* **1** (in Western US) vaquero *m*; (in Wild West) vaquero *m*, cowboy *m*; **to play ~s and Indians** jugar* a indios y vaqueros; (*before n*) ‹*hat*› de vaquero, de cowboy; **~ boots** botas *fpl* camperas *or* tejanas **2** (unscrupulous trader) (BrE colloq) pillo, -lla *m,f* (fam), pirata *mf* (fam)

cower /'kaʊər || 'kaʊə(r)/ *vi* encogerse* (de miedo)

cow: **~girl** *n* vaquera *f*; **~hand** *n* peón *m* (de campo); **~herd** *n* vaquero, -ra *m,f*; **~hide** *n* [c u] cuero *m or* (Esp tb) piel *f* de vaca

cowl /kaʊl/ *n* (monk's cloak) hábito *m* (*con capucha*)

cow: **~lick** *n* (AmE) remolino *m*; **~man** /'kaʊmən/ *n* (*pl* **-men** /-mən/) (in US) (ranch owner) ganadero *m*; (ranch worker) vaquero *m*, peón *m*

coworker /'kəʊ'wɜːrkər || kəʊ'wɜːkə(r)/ *n* (esp AmE) (workmate) colega *mf*, compañero, -ra *m,f* de trabajo; (collaborator) colaborador, -dora *m,f*

cow: **~pat** *n* boñiga *f*, bosta *f* (esp AmL) (*de vaca*); **~poke** *n* (AmE colloq) vaquero *m*; **~puncher** /'kaʊpʌntʃər || 'kaʊpʌntʃə(r)/ *n* (AmE colloq) vaquero *m*, cowboy *m*; **~shed** *n* establo *m* (de las vacas); **~slip** *n* prímula *f*

coxswain /'kɑːksən || 'kɒksən/ *n* (Naut) timonel *m*

coy /kɔɪ/ *adj* **coyer, coyest** (shy) tímido; (evasive) evasivo; **a ~ little smile** una sonrisita tímida y coqueta

coyly /'kɔɪli/ *adv* con (coqueta) timidez

coyote /kar'əʊti || kɔɪ'əʊti/ *n* (*pl* **-otes** *or* **-ote**) coyote *m*

coypu /'kɔɪpuː/ *n* coipo *m*

cozy¹, (BrE) **cosy** /'kəʊzi/ *adj* **cozier, coziest** **1** ‹*room*› acogedor; **in her ~ bed** en su cama cómoda y calentita **2** ‹*chat*› íntimo y agradable **3** (convenient) (pej) de lo más conveniente (pey)

cozy², (BrE) **cosy** *n* (*pl* **-ies**): **tea ~** cubreteteras *m*

(Phrasal verb)

- **cozy up to**: **cozies, cozying, cozied** [v ▸ adv ▸ prep ▸ o] (AmE) adular, tratar de quedar bien con

CPA *n* (in US) **= Certified Public Accountant**

Cpl (title) **= Corporal**

CPU *n* (**= central processing unit**) CPU *f*

crab /kræb/ *n*

A [c u] (animal, meat) cangrejo *m*, jaiba *f* (AmL)

B crabs *pl* (pubic lice) (colloq) ladillas *fpl*

crab apple *n* (fruit) manzana *f* silvestre; (tree) manzano *m* silvestre

crabby /'kræbi/ *adj* **-bier, -biest** (colloq) rezongón (fam), refunfuñón (fam)

crack¹ /kræk/ *n*

A [c] **1** (in ice, wall, pavement) grieta *f*; (in glass, china) rajadura *f*; ***to paper** o **paste over the ~s*** ponerle* parches al problema (*or* a la situación *etc*) **2** (chink, slit) rendija *f*

B [c] (sound — of whip, twig) chasquido *m*; (— of rifle shot) estallido *m*; (— of thunder) estruendo *m*; (— of bones) crujido *m*; ***to give sb a fair ~ of the whip*** (BrE) darle* todas las oportunidades a algn

C [c] (blow) golpe *m*

D (instant): **at the ~ of dawn** al amanecer, al despuntar el día (liter)

E [c] (attempt) (colloq) intento *m*; **to have a ~ at sth** intentar algo

F (colloq) (wisecrack) comentario *m* socarrón

G [u] (drug) crack *m*

crack² *adj* (*before n*) ‹*shot/troops*› de primera

crack³ *vt*

A ‹*cup/glass*› rajar; ‹*ground/earth*› agrietar, resquebrajar; ‹*skin*› agrietar; **he ~ed a rib** se fracturó una costilla

B **1** (break open) ‹*egg*› cascar*, romper*; ‹*nut*› cascar*, partir; ‹*safe*› forzar*; ‹*drugs ring/spy ring*› desmantelar, desarticular; ***to ~ a book*** (AmE colloq) abrir* un libro; ***to ~ open a bottle*** (colloq) abrir* *or* descorchar una botella; ***to ~ a smile*** sonreír* **2** (decipher, solve) ‹*code*› descifrar, dar* con; ‹*problem*› resolver*; **I've ~ed it!** (colloq) ¡ya lo tengo!

C (make cracking sound with) ‹*whip*› (hacer*) chasquear *or* restallar; ‹*finger/knuckle*› hacer* crujir; ▸**whip¹**

D (hit sharply) pegar*

E ‹*joke*› (colloq) contar*

■ **crack** *vi*

A **1** «*cup/glass*» rajarse; «*rock/paint/skin*» agrietarse **2** (make cracking sound) «*whip*» chasquear, restallar; «*bones/twigs*» crujir **3** «*voice*» quebrarse* **4** (break down): **she ~ed under the strain** sufrió una crisis nerviosa a causa de la tensión

B (be active, busy): **to get ~ing** (colloq) poner(se)* manos a la obra; **come on, get ~ing!** ¡vamos, muévete! (fam)

(Phrasal verbs)

- **crack down** [v ▸ adv] **to ~ down ON sb/sth** tomar medidas enérgicas CONTRA algn/algo
- **crack up**

A [v ▸ adv] **1** (break down) (colloq) «*person*» sufrir un ataque de nervios, sucumbir a la presión **2** (burst out laughing) (colloq) soltar* una carcajada

B [v ▸ o ▸ adv] (colloq) (make laugh) matar de la risa (fam)

C [v ▸ o ▸ adv] (praise) (colloq) (*usu pass*): **it isn't all it's ~ed up to be** no es tan bueno como lo pintan (fam)

crackdown /'krækdaʊn/ *n* **~ (ON sth/sb)** ofensiva *f or* campaña *f* (CONTRA algo/algn), medidas *fpl* enérgicas (CONTRA algo/algn)

cracked /krækt/ *adj* **1** ‹*cup/glass*› rajado; ‹*rib*› fracturado; ‹*wall/ceiling*› con grietas, resquebrajado; ‹*lips*› partido, agrietado; ‹*skin*› agrietado **2** (crazy) (colloq) ‹*person*› loco, chiflado (fam) **3** ‹*voice*› cascado

cracker /'krækər || 'krækə(r)/ *n*

A (biscuit) cracker *f*, galleta *f* (*salada*)

B **1** (*fire~*) petardo *m* **2** (BrE) sorpresa *f* (*que estalla al abrirla*)

cracker: **~-barrel** *adj* (AmE) ‹*humor/philosopher*› sin sofisticaciones; **~jack** *n* (AmE colloq) as *m* (fam); (*before n*) ‹*person/idea/car*› fuera de serie (fam)

crackers /'krækərz || 'krækəz/ *adj* (BrE colloq) (*pred*) (crazy) chiflado (fam)

cracking /'krækɪŋ/ *adj* (colloq): **at a ~ pace** a toda pastilla (fam), a un ritmo endemoniado (fam); *see also* **crack³** *vi* **B**

crackle¹ /'krækəl/ *vi* «*fire*» crepitar, chisporrotear; «*twigs/paper*» crujir; **the line's crackling a lot** hay mucho ruido en la línea

crackle² *n* [u] (of twigs, paper) crujido *m*; (of fire) chisporroteo *m*

crackling /'kræklɪŋ/ *n*

A [u] (noise — of paper) crujido *m*; (— of fire) chisporroteo *m*

B (Culin) **1** [u] (crisp pork rind) *piel crujiente y tostada del cerdo asado* **2** **cracklings** *pl* (AmE) chicharrones *mpl*

crack: **~pot** *n* (colloq) chiflado, -da *m,f* (fam), chalado, -da *m,f* (fam); (*before n*) **a ~pot idea** una idea descabellada; **~up** *n* (colloq) 1 (mental breakdown) crisis *f* nerviosa 2 (collision) (AmE) choque *m*

cradle[1] /ˈkreɪdl/ *n*
A (for baby) cuna *f*
B (for telephone receiver) horquilla *f*

C

cradle[2] *vt* ‹*baby*› acunar, mecer*; ‹*guitar*› sostener* contra el pecho

cradle robber /ˈkreɪdl,rɑːbər || ˈkreɪdl,rɒbə(r)/ *n* (AmE colloq), **cradle-snatcher** /ˈkreɪdl,snætʃər || ˈkreɪdl ,snætʃə(r)/ *n* (BrE colloq) corruptor, -tora *m,f* de menores (hum), asaltacunas *mf* (Méx fam)

craft[1] /kræft || krɑːft/ *n*
A 1 [u c] (trade) oficio *m*; (skill) arte *m*; (*before n*) **~ fair** feria *f* artesanal *or* de artesanía 2 **crafts** *pl* artesanía *f*; *see also* **art[1] A2**
B [u] (guile, deceit) (liter) artimañas *fpl*
C [c] (*pl* ~) (Naut) embarcación *f*; (Aerosp, Aviat) nave *f*

craft[2] *vt* trabajar

craftily /ˈkræftəli || ˈkrɑːftili/ *adv* ‹*act*› con astucia, astutamente

craftsman /ˈkræftsmən || ˈkrɑːftsmən/ *n* (*pl* **-men** /mən/) artesano *m*, artífice *m*

craftsmanship /ˈkræftsmənʃɪp || ˈkrɑːftsmənʃɪp/ *n* [u] 1 (skill) destreza *f*, conocimiento *m* del oficio 2 (workmanship) trabajo *m*

crafty /ˈkræfti || ˈkrɑːfti/ *adj* **-tier, -tiest** ‹*person*› astuto, zorro (fam); ‹*methods/tactics*› hábil, artero

crag /kræg/ *n* peñasco *m*, risco *m*

craggy /ˈkrægi/ *adj* **-gier, -giest** ‹*rocks/mountains*› escarpado; **he had a ~, weather-beaten face** tenía un rostro curtido y de facciones bien marcadas

cram /kræm/ **-mm-** *vt* (stuff) meter; **I ~med all my things into a case** metí *or* embutí todas mis cosas en una maleta; **the room was ~med with people/books** la habitación estaba abarrotada *or* atiborrada de gente/libros; **to ~ oneself with food** atiborrarse de comida
■ **cram** *vi*
A (for exam) empollar (Esp fam), zambutir (Méx), tragar* (RPl fam), matearse (Chi fam), empacarse* (Col fam)
B (get in) meterse; **we all ~med into the room** nos metimos todos en la habitación

cramp[1] /kræmp/ *n* [u c] calambre *m*, rampa *f* (Esp); **I've got (a) ~ in my leg** me ha dado un calambre *or* (Esp tb) (una) rampa en la pierna; **(stomach) ~s** retorcijones *mpl or* (Esp) retortijones *mpl* en el estómago

cramp[2] *vt* (limit) ‹*work/progress*› entorpecer*; ***to ~ sb's style*** cortarle los vuelos a algn

cramped /kræmpt/ *adj* ‹*handwriting*› apretado; **I'm ~ (for space)** tengo poco sitio *or* lugar; **they work in ~ conditions** están muy estrechos en el trabajo; **we were a bit ~ in the car** íbamos algo apretujados *or* apretados en el coche

cranberry /ˈkræn,beri || ˈkrænbəri/ *n* (*pl* **-ries**) arándano *m* (*rojo y agrio*)

crane[1] /kreɪn/ *n*
A (for lifting) grúa *f*
B (Zool) grulla *f*

crane[2] *vt*: **to ~ one's neck** estirar el cuello
■ **crane** *vi* estirarse

cranefly /ˈkreɪnflaɪ/ *n* (*pl* **-flies**) típula *f*

cranium /ˈkreɪniəm/ *n* (*pl* **-nia** /-nɪə/) cráneo *m*

crank[1] /kræŋk/ *n*
A 1 (Mech Eng) cigüeñal *m* 2 **~ (handle)** (Auto) manivela *f* (de arranque)
B (colloq) 1 (eccentric) maniático, -ca *m,f*, raro, -ra *m,f* 2 (bad-tempered person) (AmE) cascarrabias *mf*

crank[2] *vt* ‹*car*› (hacer*) arrancar* con la manivela

crankshaft /ˈkræŋkʃæft || ˈkræŋkʃɑːft/ *n* (eje *m or* árbol *m* del) cigüeñal *m*

cranky /ˈkræŋki/ *adj* **-kier, -kiest** (colloq) 1 (eccentric) maniático, raro; ‹*idea*› estrafalario, raro 2 (bad-tempered) (AmE) malhumorado

cranny /ˈkræni/ *n* (*pl* **-nies**) ranura *f*; ▸**nook**

crap /kræp/ *n* [u] 1 (excrement) (vulg) mierda *f* (vulg) 2 (nonsense) (sl) estupideces *fpl*, gilipolleces *fpl* (Esp fam *o* vulg), pendejadas *fpl* (AmL exc CS fam), huevadas *fpl* (Andes, Ven vulg), boludeces *fpl* (Col, RPl vulg)

crap game *n* (AmE) ▸**craps**

crappy /ˈkræpi/ *adj* **-pier, -piest** (sl) malo, de porquería (fam), de mierda (vulg)

craps /kræps/ *n* (AmE) (+ *sing vb*) crap *m* (*juego de azar que se juega con dos dados*); **to shoot ~** jugar* al crap

crash[1] /kræʃ/ *n* 1 (loud noise) estrépito *m*; **the ~ of the waves** el estruendo de las olas al romper 2 (collision, accident) accidente *m*, choque *m*; **plane/car ~** accidente aéreo/de automóvil 3 (financial failure) crac *m*, crack *m*

crash[2] *vt*
A (smash): **he ~ed the car** tuvo un accidente con el coche, chocó
B (colloq) **to ~ a party** colarse* en una fiesta (fam)
■ **crash** *vi*
A 1 (collide) **to ~ (INTO sth)** estrellarse *or* chocar* (CONTRA algo) 2 (make loud noise) «*thunder*» retumbar; **the dishes ~ed to the floor** los platos se cayeron al suelo estrepitosamente 3 (Fin) «*shares*» caer* a pique, colapsar
B (spend the night) (esp AmE colloq) quedarse a dormir
C (Comput) fallar

Phrasal verb
• **crash out** [v ▸ adv] quedarse a dormir*

crash[3] *adj* (*before n*) ‹*program/course*› intensivo; **~ diet** régimen *m* muy estricto

crash: **~ barrier** *n* barrera *f* de protección; **~ helmet** *n* casco *m* (protector); **~-landing** /ˈkræʃ ˈlændɪŋ/ *n* aterrizaje *m* forzoso *or* de emergencia

crash pad *n*
A (shock-absorbing material) material *m* amortiguador
B (place to sleep) (colloq) lugar *m* donde quedarse a dormir (*sólo una noche*)

crass /kræs/ *adj* **-er, -est** 1 ‹*joke*› burdo; ‹*remark*› grosero, de muy poco gusto (*or* tacto *etc*) 2 ‹*ignorance*› craso, supino; ‹*stupidity*› extremo

crate /kreɪt/ *n* 1 (container) cajón *m* (de embalaje), jaula *f*, jaba *f* (Chi) 2 (old plane, car) (sl) cascajo *m* (fam), cacharro *m* (fam)

crater /ˈkreɪtər || ˈkreɪtə(r)/ *n* cráter *m*

cravat /krəˈvæt/ *n* pañuelo *m* de cuello (de caballero)

crave /kreɪv/ *vt* ‹*admiration/flattery*› ansiar*; ‹*affection*› tener* ansias de; ‹*food/drink*› morirse* por (fam)

craving /ˈkreɪvɪŋ/ *n* [u c] 1 (strong desire) ansias *fpl*, ansia *f*‡, sed *f* (liter) 2 (in pregnancy) antojo *m*

crawfish /ˈkrɔːfɪʃ/ *n* (*pl* **-fish** *or* **-fishes**) ▸**crayfish**

crawl[1] /krɔːl/ *vi*
A 1 (creep) arrastrarse; «*baby*» gatear, ir* a gatas; «*insect*» andar*; ▸**flesh 1** 2 (go slowly) «*traffic/train*» avanzar* muy lentamente
B (teem): **the beach was ~ing with tourists** la playa estaba plagada de turistas, la playa hervía de turistas
C (demean oneself) (colloq) arrastrarse, rebajarse; **to ~ TO sb** arrastrarse *or* rebajarse ANTE algn

crawl[2] *n*
A (slow pace) (*no pl*): **to go at a ~** avanzar* muy lentamente, ir* a paso de tortuga (fam)
B (swimming stroke) crol *m*

crawler /ˈkrɔːlər || ˈkrɔːlə(r)/ *n* (person) (colloq) pelota *mf* (Esp fam), chupamedias *mf* (CS, Ven fam), lambiscón, -cona *m,f* (Méx fam), lambón, -bona *m,f* (Col fam)

crayfish /ˈkreɪfɪʃ/ *n* (*pl* **-fish** *or* **-fishes**) 1 (freshwater) ástaco *m*, cangrejo *m* de río 2 (marine) langosta *f* (*pequeña*), cigala *f*

crayon /ˈkreɪɑːn || ˈkreɪən/ *n* (pencil) lápiz *m* de color; (*wax* ~) crayola® *f*, crayón *m* (Méx, RPl), lápiz *m* de cera (Chi)

craze /kreɪz/ *n* (fashion) moda *f*; (fad) manía *f*

crazed /kreɪzd/ *adj* ‹*expression*› de loco; ‹*person*› enloquecido

crazy /ˈkreɪzi/ *adj* **-zier, -ziest** 1 (mad, foolish) loco; **that's ~** es una locura; **to go ~** volverse* loco, enloquecerse*; **to drive sb ~** volver* loco a algn; **like ~** como (un) loco 2 (very enthusiastic) (colloq) (*pred*) **to be ~ ABOUT** *o* (AmE) **FOR** *o* (AmE) **OVER sb** estar* loco POR algn (fam); **I'm not ~ about the idea** la idea no me enloquece *or* no me vuelve loco

crazy: **~ paving** *n* [u] (BrE) *enlosado de diseño irregular*; **~ quilt** *n* (AmE) colcha *f* de patchwork *or* de retazos, centón *m*

creak¹ /kri:k/ *vi* «*door*» chirriar*; «*bedsprings/floorboards/joints*» crujir

creak² *n* (of door) chirrido *m*; (of bedsprings, floorboards, joints) crujido *m*

creaky /'kri:ki/ *adj* **-kier, -kiest** ‹*door*› que chirría, chirriante; ‹*stairs*› que cruje

cream¹ /kri:m/ *n*

A (Culin) crema *f* (de leche) (esp AmL), nata *f* (Esp); **light** *o* (BrE) **single ~** crema líquida (AmL), nata líquida (Esp); **heavy** *o* (BrE) **double ~** crema doble (AmL), doble crema (Méx), nata para montar (Esp); **whipped ~** crema batida (AmL), nata montada (Esp); **~ of mushroom soup** crema *f* de champiñones; (*before n*) **~ tea** (in UK) *té servido con* **scones**, *mermelada y crema batida*

B [c u] (lotion) crema *f*; **face ~** crema para la cara

C [u] (elite) **the ~ of society** la flor y nata *or* la crema de la sociedad

D (color) color *m* crema

cream² *adj* color crema *adj inv*

cream³ *vt* ‹*butter/sugar*› batir (*hasta obtener una consistencia cremosa*); **~ed potatoes** puré *m* de papas *or* (Esp) patatas

Phrasal verb

• **cream off** [v ▸ o ▸ adv, v ▸ adv ▸ o] (BrE colloq) ‹*profits*› llevarse, quedarse con

cream: ~ cake *n* 1 [c u] (gateau) tarta *f* *or* (CS) torta *f* con crema *or* (Esp) con nata 2 [c] (individual) pastel *m* *or* bollo *m* de crema *or* (Esp) de nata, masa *f* de crema (RPl); **~ cheese** *n* [u] queso *m* crema (AmL), queso *m* para untar (Esp); **~ cracker** *n* (BrE) galleta *f* (*salada*), cracker *f*

creamer /'kri:mər || 'kri:mə(r)/ *n*

A [c] (jug) (AmE) jarrita *f* para crema

B [u] (powder) leche *f* en polvo

cream soda *n* [u] *gaseosa con sabor a vainilla*

creamy /'kri:mi/ *adj* **-mier, -miest** 1 (containing cream) con crema 2 (smooth) cremoso

crease¹ /kri:s/ *n* (in paper, clothes) arruga *f*; (in trousers) raya *f*, pliegue *m* (Méx, Ven)

crease² *vi* arrugarse*

■ **crease** *vt* ‹*clothes*› arrugar*; ‹*paper*› doblar, plegar*

Phrasal verb

• **crease up** (BrE colloq) [v ▸ adv] (laugh) desternillarse *or* partirse de risa

create /kri'eɪt/ *vt* 1 (bring into existence) crear; **to ~ jobs** crear *or* generar empleo 2 (cause) ‹*problem/confusion*› crear; ‹*impression*› producir*, causar

■ **create** *vi* (make a fuss) (BrE colloq) armar jaleo (fam)

creation /kri'eɪʃən/ *n* [u c] creación *f*

creative /kri'eɪtɪv/ *adj* creativo; **~ writing** creación *f* literaria

creativity /'krieɪ'tɪvəti/ *n* [u] creatividad *f*

creator /kri'eɪtər || kri'eɪtə(r)/ *n* creador, -dora *m,f*

creature /'kri:tʃər || 'kri:tʃə(r)/ *n* 1 (animate being) criatura *f*; **sea ~** animal *m* marino; (*before n*) **~ comforts** las comodidades 2 (person) ser *m*, criatura *f*

creche, crèche /kreʃ/ *n*

A 1 (hospital for foundlings) (AmE) orfanato *m*, orfelinato *m*, orfanatorio *m* 2 (day nursery) (BrE) guardería *f* (infantil) (*puede ser en el lugar de trabajo para los empleados etc*)

B (Nativity scene) (AmE) nacimiento *m*, pesebre *m*, belén *m* (Esp)

credence /'kri:dns/ *n* [u] (frml): **to give** *o* **lend ~ to sth** dar* crédito a algo

credentials /krɪ'dentʃəlz || krɪ'denʃəlz/ *pl n* (of ambassador) cartas *fpl* credenciales; (references) referencias *fpl*; (identifying papers) documentos *mpl* (de identidad)

credibility /'kredə'bɪləti/ *n* [u] credibilidad *f*

credible /'kredəbəl/ *adj* creíble

credit¹ /'kredət || 'kredɪt/ *n*

A (Fin) 1 [u] (in store) crédito *m*; **on ~** a crédito; (*before n*) **~ account** (BrE) credicuenta *f*, cuenta *f* de *or* a crédito 2 [u] (in banking): **if your account is in ~ ...** si está en números negros ..., si tiene fondos en su cuenta ...; **to keep one's account in ~** mantener* un saldo positivo; (*before n*) **~ balance** saldo *m* positivo; **~ limit** límite *m* de crédito; **~ memorandum** *o* (BrE) **note** (given by store) vale *m* de devolución; **~ rating** calificación *f* crediticia 3 [c] (on balance sheet) saldo *m* acreedor *or* a favor

B [u] (honor, recognition) mérito *m*; **she deserves some ~ for trying** merece que se le reconozca el mérito de haberlo intentado; **he's brighter than I gave him ~ for** es más listo de lo que yo lo creía; **Jim must take the ~ for the excellent organization** la excelente organización es obra de Jim; **your children are a ~ to you** puedes estar orgulloso de tus hijos; **to her ~, she's very modest** dicho sea en su honor, es muy modesta; **the results do ~ to the school** los resultados hablan muy bien del colegio *or* (le) hacen honor al colegio; **~ where it's due, she's a good cook** en honor a la verdad, hay que reconocer que cocina muy bien

C [c] (Educ) 1 (for study) crédito *m* (*unidad de valor de una asignatura dentro de un programa de estudios*) 2 (grade) ≈ notable *m*

D **credits** *pl* (Cin, TV, Video) créditos *mpl*, rótulos *mpl* (de crédito)

credit² *vt*

A ‹*sum/funds*› **to ~ sth TO sth** abonar *or* ingresar algo EN algo

B 1 (ascribe to) **to ~ sb WITH sth/-ING**: **I'd ~ed you with more common sense** te creía con más sentido común; **please, ~ me with *some* intelligence** reconóceme algo de inteligencia, por favor; **they are ~ed with having invented the game** se les atribuye la invención del juego 2 (believe) creer*, dar* crédito a; **can you ~ it?** ¿te lo puedes creer?, ¿no te parece increíble?

creditable /'kredətəbəl || 'kredɪtəbəl/ *adj* encomiable, meritorio

credit card *n* tarjeta *f* de crédito

creditor /'kredətər || 'kredɪtə(r)/ *n* acreedor, -dora *m,f*

creditworthy /'kredət,wɜ:rði || 'kredɪt,wɜ:ði/ *adj* con capacidad de pago, solvente (*para que se le conceda un crédito*)

credulity /krɪ'du:ləti || krɪ'dju:ləti/ *n* [u] credulidad *f*

credulous /'kredʒələs || 'kredjʊləs/ *adj* crédulo

creed /kri:d/ *n* credo *m*

creek /kri:k/ *n* 1 (stream) (AmE) arroyo *m*, riachuelo *m*; ***to be up the ~*** estar* mal, estar* equivocado; ***to be up the ~*** (colloq) *o* (vulg) ***up shit ~ (without a paddle)*** (in difficulty) estar* en aprietos *or* en apuros, estar* jodido (vulg) 2 (inlet) (BrE) cala *f*

creep¹ /kri:p/ (*past & past p* **crept**) *vi*

A (+ *adv compl*) 1 (crawl) arrastrarse 2 (move stealthily): **to ~ into a room** entrar en un cuarto sigilosamente; **a note of suspicion crept into his voice** se empezó a notar un elemento de sospecha en su voz; **several mistakes have crept in** se han deslizado varios errores 3 (move slowly): **the water crept higher** el agua iba subiendo poco a poco; **~ing inflation/unrest** creciente inflación/malestar 4 «*plant/vine*» trepar

B (ingratiate oneself) (BrE colloq) **to ~ TO sb** adular a algn, hacerle* la pelota a algn (Esp fam), hacerle* la pata a algn (Chi fam), chuparle las medias a algn (RPl fam); ▸ **flesh 1**

Phrasal verb

• **creep up on** (*past & past p* **crept**) [v ▸ adv ▸ prep ▸ o]: **they crept up on him** se le acercaron sigilosamente; **old age ~s up on you** vas envejeciendo sin darte cuenta

creep² *n*

A [c] (colloq) 1 (unpleasant person) asqueroso, -sa *m,f* 2 (favor-seeking person) adulador, -dora *m,f*, pelota *mf* (Esp fam), chupamedias *mf* (CS, Ven fam), lambiscón, -cona *m,f* (Méx fam), lambón, -bona *m,f* (Col fam)

B **creeps** *pl* (colloq): ***to give sb the ~s*** ponerle* los pelos de punta a algn (fam), darle* escalofríos a algn

creeper /'kri:pər || 'kri:pə(r)/ *n* (plant) planta *f* trepadora, enredadera *f*

creepy /'kri:pi/ *adj* **-pier, -piest** (colloq) 1 ‹*story/film*› escalofriante, espeluznante 2 ‹*person*› repulsivo, asqueroso

creepy-crawly /'kri:pi'krɔ:li/ *n* (*pl* **-lies**) (colloq) bicho *m* (fam)

cremate /'kri:meɪt || krɪ'meɪt/ *vt* incinerar, cremar

cremation /krɪ'meɪʃən/ *n* [c u] incineración *f*, cremación *f*

crematorium /'kri:mə'tɔ:riəm || ˌkremə'tɔ:riəm/ *n* (*pl* **-riums** *or* **-ria** /-riə/) crematorio *m*

crème /krem/: ~ **caramel** *n* flan *m*; ~ **de la crème** /'kremdəlɑ:'krem/ *n* **the ~ de la ~** la flor y nata, la crema, la crème de la crème; ~ **de menthe** /'kremdə'menθ || 'kremdə'mɒnθ/ *n* [u] crema *f* de menta

Creole¹ /'kri:əʊl/ *adj* criollo

Creole² *n* 1▸ (person) criollo, -lla *m,f* 2▸ **creole** (Ling) criollo *m*

creosote /'kri:əsəʊt/ *n* [u] creosota *f*

crepe, crêpe /kreɪp/ *n*
A [u] (fabric) crep *m*, crepé *m*
B [u] ~ **(rubber)** crep *m*, crepé *m*
C [c] (pancake) (Culin) crep *m*, crêpe *f*, panqueque *m* (AmC, CS), crepa *f* (Méx)

crepe paper *n* [u] papel *m* crepé *or* crep

crept /krept/ *past & past p of* **creep¹**

crescendo /krə'ʃendəʊ || krɪ'ʃendəʊ/ *n* (*pl* **-dos**) (Mus) crescendo *m*; (climax) punto *m* culminante

crescent¹ /'kresnt/ *n*
A (moon) creciente *m*
B 1▸ (shape) media luna *f* 2▸ (street) *calle en forma de media luna*

crescent² *adj* creciente

cress /kres/ *n* [u] mastuerzo *m*; (*water*~) berro *m*

crest /krest/ *n*
A (Zool) (of skin) cresta *f*; (of feathers) penacho *m*
B (in heraldry) emblema *m*, divisa *f*
C (of wave) cresta *f*; (of mountain) cima *f*; ***to be on*** *o* ***ride (on) the ~ of a wave*** estar* en la cresta de la ola

crested /'krestəd || 'krestɪd/ *adj*
A ‹*notepaper*› con emblema *or* escudo
B (Zool) con cresta

crestfallen /'krestˌfɔ:lən/ *adj* alicaído

cretin /'kri:tn̩ || 'kretɪn/ *n* 1▸ (stupid person) estúpido, -da *m,f*, imbécil *mf* 2▸ (Med) cretino, -na *m,f*

crevasse /krə'væs/ *n* grieta *f* (*en un glaciar*)

crevice /'krevəs || 'krevɪs/ *n* grieta *f*

crew /kru:/ *n* 1▸ (Aviat, Naut) tripulación *f*; **cabin/flight/ground ~** personal *m* de cabina/vuelo/tierra; (*before n*) **~ member** miembro *mf* de la tripulación, tripulante *mf* 2▸ (team) equipo *m*; **film ~** (Cin) equipo *m* de rodaje *or* filmación 3▸ (gang, band) banda *f*, pandilla *f*

crew: ~ **cut** *n* pelo *m* cortado al rape; ~ **neck** *n* cuello *m* redondo

crib¹ /krɪb/ *n*
A 1▸ (child's bed) (AmE) cuna *f* 2▸ (Nativity scene) nacimiento *m*, pesebre *m*, belén *m* (Esp)
B (Agr) 1▸ (manger) pesebre *m* 2▸ (for storing grain) (AmE) granero *m*
C (colloq) 1▸ (for cheating in exam) chuleta *f or* (Méx) acordeón *m or* (Chi) torpedo *m* (fam) 2▸ (plagiarism) refrito *m* (fam), plagio *m* 3▸ (translation) traducción *f*

crib² **-bb-** *vt* (colloq) ‹*answer*› copiar
■ **crib** *vi* copiar

cribbage /'krɪbɪdʒ/ *n* [u] *juego de naipes*

crib death *n* (AmE) muerte *f* de cuna, muerte *f* súbita (infantil)

crick¹ /krɪk/ *n* calambre *m*; **I've got a ~ in my neck** me ha dado tortícolis

crick² *vt*: **to ~ one's neck** hacer* un mal movimiento con el cuello

cricket /'krɪkət || 'krɪkɪt/ *n*
A [c] (Zool) grillo *m*
B [u] (game) (Sport) críquet *m*; ***that's not ~*** (BrE colloq) eso no es jugar limpio; (*before n*) ‹*ball/match/bat*› de críquet

> **cricket**
>
> El críquet se juega principalmente en Gran Bretaña y los países de la **Commonwealth**. Se juega en un campo de césped, entre dos equipos de once jugadores cada uno. Se emplean bates (*bats*) y una pelota de cuero. Cada equipo batea en una entrada (*innings*) para marcar carreras (*runs*). Los jugadores del equipo contrario (*bowlers*) lanzan (*bowl*) la pelota al bateador y fildean (*field*), es decir interceptan la pelota, con el objetivo, si lo logran, de dejar al bateador fuera del juego (*out*) o que obtenga el menor número de carreras posibles. Hay dos bateadores (*batsmen*) a la vez en el campo, cada uno defendiendo un *wicket*, que son de tres palos verticales (*stumps*) que sostienen a su vez dos palos cortos (*bails*). Los *wickets* se encuentran uno frente al otro y están separados por una distancia de 22 yardas (20,1 metros aproximadamente). Las carreras se marcan cuando los bateadores corren de un wicket a otro

cricketer /'krɪkətər || 'krɪkɪtə(r)/ *n* jugador, -dora *m,f* de críquet

crikey /'kraɪki/ *interj* (BrE colloq & dated) ¡caramba! (fam)

crime /kraɪm/ *n* 1▸ [c] (wrongful act) delito *m*; (murder) crimen *m*; **it's a ~ to waste such talent** (colloq) es un crimen *or* un pecado desperdiciar un talento así 2▸ [u] (criminal activity) delincuencia *f*; **~ doesn't pay** (set phrase) no hay crimen sin castigo (fr hecha); (*before n*) ‹*rate/figures*› de criminalidad; **~ wave** ola *f* delictiva

criminal¹ /'krɪmənl || 'krɪmɪnl/ *n* delincuente *mf*; (serious offender) criminal *mf*

criminal² *adj* 1▸ (of crime) (Law) ‹*act*› delictivo; ‹*organization/mind*› criminal; **~ court** juzgado *m* en lo penal; **~ law** derecho *m* penal; **~ lawyer** abogado, -da *m,f* criminalista *or* penalista; **~ negligence** negligencia *f* criminal; **~ offense** delito *m*; **to start ~ proceedings against sb** iniciar proceso penal *or* enjuiciamiento contra algn 2▸ (shameful) (colloq) vergonzoso (fam)

criminally /'krɪmənl̩i || 'krɪmɪnəli/ *adv*: **an institution for the ~ insane** una institución penitenciaria para delincuentes psicóticos

criminal record *n* antecedentes *mpl* penales, prontuario *m* (CS)

criminology /'krɪmə'nɑ:lədʒi || ˌkrɪmɪ'nɒlədʒi/ *n* [u] criminología *f*

crimp¹ /krɪmp/ *vt* ‹*hair*› rizar*, ondular (*con tenacillas*)

crimp² *n*: ***to put a ~ in sth*** (AmE colloq) obstaculizar* *or* dificultar algo

crimson¹ /'krɪmzən/ *n* [u] carmesí *m*

crimson² *adj* carmesí *adj inv*; **to turn** *o* **flush ~** ponerse* colorado *or* rojo

cringe /krɪndʒ/ *vi* 1▸ (shrink, cower) encogerse*; **I ~d at his jokes** sus chistes me hacían sentir vergüenza ajena 2▸ (grovel) arrastrarse

crinkle¹ /'krɪŋkəl/ *n* arruga *f*

crinkle² ~ **(up)** *vt* arrugar*
■ **crinkle** *vi* arrugarse*

crinkly /'krɪŋkli/ *adj* **-klier, -kliest** ‹*material/face*› arrugado; ‹*hair*› rizado

crinoline /'krɪnl̩ən || 'krɪnəlɪn/ *n* crinolina *f*, miriñaque *m*

cripple¹ /'krɪpəl/ *n* lisiado, -da *m,f*, tullido, -da m,f

cripple² *vt* 1▸ (lame, disable): **he was ~d for life** quedó lisiado de por vida; **he's ~d with arthritis** la artritis lo tiene casi inmovilizado; **a ~d arm** un brazo tullido 2▸ (make inactive, ineffective) ‹*ship/plane*› inutilizar*; ‹*industry*› paralizar*

crippling /'krɪplɪŋ/ *adj* ‹*costs/debts*› agobiante; ‹*losses/strike*› de consecuencias catastróficas; ‹*pain*› atroz

crisis /'kraɪsəs || 'kraɪsɪs/ *n* (*pl* **-ses** /-si:z/) crisis *f*; **an identity ~** una crisis de identidad; **she's good in a ~** reacciona bien en los momentos difíciles; (*before n*) **to reach ~ point** hacer* crisis

crisp¹ /krɪsp/ *adj* **-er, -est**
A 1▸ (brittle) ‹*toast/bacon*› crujiente, crocante (RPl) 2▸ (fresh) ‹*lettuce*› fresco; ‹*apple/snow*› crujiente; ‹*sheets*› limpio y almidonado 3▸ (cold) ‹*air*› frío y vigorizante
B (brisk, concise) ‹*manner*› seco; ‹*style*› escueto

crisp² *n* (*potato* ~) (BrE) papa *f* *or* (Esp) patata *f* frita (*de bolsa*), papa *f* chip (Ur); ***to burn sth to a*** ~ achicharrar algo

crispbread /ˈkrɪspbred/ *n* [u] *galleta delgada y crujiente, generalmente de centeno*

crisscross¹ /ˈkrɪskrɔːs || ˈkrɪskrɒs/ *adj* entrecruzado

crisscross² *vt* entrecruzar*

criterion /kraɪˈtɪriən || kraɪˈtɪəriən/ *n* (*pl* **-ria** /-riə/) criterio *m*

critic /ˈkrɪtɪk/ *n* 1 (Art, Theat, Lit) crítico, -ca *m,f* 2 (detractor) detractor, -tora *m,f*

critical /ˈkrɪtɪkəl/ *adj*
A 1 (censorious) ‹*remark/report*› crítico; **to be ~ OF sth/sb** criticar* algo/a algn 2 (journalistic, academic) crítico
B 1 (very serious) ‹*condition/shortage*› crítico 2 (decisive, crucial) ‹*period*› crítico; ‹*decision*› de importancia fundamental

critically /ˈkrɪtɪkli/ *adv*
A ‹*ill*› gravemente
B 1 (as a critic): **she looked ~ at her reflection** miró con ojo crítico la imagen que le devolvía el espejo 2 (censoriously): **she spoke rather ~ of him** habló de él en tono de crítica

critical: **~ mass** *n* [u] masa *f* crítica; **to achieve ~ mass** alcanzar* la masa crítica; **~ path analysis** *n* [u] análisis *m* del camino crítico

criticism /ˈkrɪtəsɪzəm || ˈkrɪtɪsɪzəm/ *n* [c u] crítica *f*

criticize /ˈkrɪtəsaɪz || ˈkrɪtɪsaɪz/ *vt* (censure) criticar*

critique /krɪˈtiːk/ *n* crítica *f*

critter /ˈkrɪtər || ˈkrɪtə(r)/ *n* (AmE sl) bicho *m* (fam)

croak¹ /krəʊk/ *n* (of frog) croar *m*, canto *m*; (of raven) graznido *m*; (of person) voz *f* ronca, graznido *m*

croak² *vi*
A «*frog*» croar; «*raven*» graznar; «*person*» hablar con voz ronca
B (die) (sl) estirar la pata (fam)
■ **croak** *vt* (utter) decir* con voz ronca

Croat /ˈkrəʊæt/ *n* croata *mf*

Croatia /krəʊˈeɪʃə/ *n* Croacia *f*

Croatian¹ /krəʊˈeɪʃən/ *adj* croata

Croatian² *n* croata *mf*

crochet¹ /krəʊˈʃeɪ || ˈkrəʊʃeɪ/ *vt* tejer a crochet *or* a ganchillo
■ **crochet** *vi* hacer* crochet *or* ganchillo, tejer a crochet

crochet² *n* [u] crochet *m*, ganchillo *m*

crock /krɑːk || krɒk/ *n*
A (earthen vessel) vasija *f* de barro
B 1 (nonsense) (AmE sl): **ain't that a ~!** (set phrase) ¡qué estupidez! (fam) 2 (decrepit thing) antigualla *f* (fam), cacharro *m* (fam); (decrepit person) (esp BrE colloq) vejestorio *m* (fam)

crockery /ˈkrɑːkəri || ˈkrɒkəri/ *n* [u] vajilla *f*, loza *f*

crocodile /ˈkrɑːkədaɪl || ˈkrɒkədaɪl/ *n* cocodrilo *m*; (*before n*) ***(to shed*** *o* ***weep) ~ tears*** (derramar *or* llorar) lágrimas de cocodrilo

crocus /ˈkrəʊkəs/ *n* (*pl* **-cuses**) azafrán *m* de primavera

croissant /krwɑːˈsɑːn || ˈkrwʌsɒŋ/ *n* croissant *m*, medialuna *f* (Arg), cachito *m* (Ven), cuernito *m* (Méx)

crone /krəʊn/ *n* vieja *f* bruja

crony /ˈkrəʊni/ *n* (*pl* **-nies**) (colloq) compinche *mf* (fam), amigote, -ta *m,f* (fam)

crook¹ /krʊk/ *n*
A (criminal) sinvergüenza *mf*, pillo, -lla *m,f* (fam)
B (of the arm) *parte interior del codo*

crook² *vt* ‹*finger/arm*› doblar

crooked /ˈkrʊkəd || ˈkrʊkɪd/ *adj* 1 ‹*line/legs*› torcido, chueco (AmL); ‹*back*› encorvado; ‹*path*› sinuoso, lleno de curvas; ‹*smile*› torcido; **she gave me a ~ grin** me hizo una mueca 2 (dishonest) (colloq) ‹*person/deal*› deshonesto, chueco (Chi, Méx fam)

croon /kruːn/ *vi* cantar con voz suave
■ **croon** *vt* cantar suavemente

crooner /ˈkruːnər || ˈkruːnə(r)/ *n* cantante melódico, -ca *m,f*

crop¹ /krɑːp || krɒp/ *n*
A 1 (quantity of produce) cosecha *f* 2 (type of produce) cultivo *m*; (*before n*) **~ rotation** rotación *f* de cultivos 3 (batch) (colloq) tanda *f* (fam)
B (haircut) corte *m* de pelo muy corto
C (*riding* ~) fusta *f*, fuete *m* (AmL exc CS)

crop² **-pp-** *vt* (cut) ‹*hair*› cortar muy corto; **to ~ grass** pastar, pacer*

Phrasal verb
• **crop up** [v ▸ adv] (occur, present itself) (colloq) surgir*; **something must have ~ped up at work** debe haber surgido algún problema en el trabajo; **one phrase that ~s up again and again** una frase que se repite constantemente

cropper /ˈkrɑːpər || ˈkrɒpə(r)/ *n*: ***to come a*** ~ (colloq) (fall) darse* *or* pegarse* un porrazo (fam); (suffer defeat, disaster) fracasar por completo

croquet /krəʊˈkeɪ || ˈkrəʊkeɪ/ *n* [u] croquet *m*

croquette /krəʊˈket/ *n* (*potato* ~) *rollito de puré de papa envuelto en pan rallado y frito*

cross¹ /krɔːs || krɒs/ *n*
A 1 (Relig) cruz *f*; **to make the sign of the ~** hacer* la señal de la cruz; (cross oneself) persignarse, santiguarse*, hacerse* la señal de la cruz; **we all have our ~ to bear** todos cargamos con *or* llevamos nuestra cruz 2 (mark, sign) cruz *f*
B (hybrid) (Biol) cruce *m*, cruza *f* (AmL); **a ~ between anger and disbelief** una mezcla de ira e incredulidad
C (Sport) 1 (in soccer) pase *m* cruzado 2 (in boxing) cruzado *m*, cross *m*

cross² *vt*
A (go across) ‹*road*› cruzar*; ‹*river/desert*› cruzar*, atravesar*; **it ~ed my mind that ...** se me ocurrió que ..., me pasó por la cabeza que ...
B ‹*arms/legs*› cruzar*; **we have a ~ed line** (Telec) se han cruzado las líneas, está ligado (Arg, Ven); ***to have one's lines*** *o* ***wires ~ed*** (colloq): **I think maybe we've got our wires ~ed** me parece que no hablamos de lo mismo
C (put line through): **to ~ the t** ponerle* el palito a la t
D (BrE Fin) ‹*cheque*› cruzar*
E ‹*plants/breeds*› cruzar*; **to ~ sth WITH sth** cruzar* algo CON algo
F (go against) ‹*person*› contrariar*; ‹*plans*› frustrar
G (Sport) ‹*ball*› cruzar*, tirar cruzado
■ **cross** *vi* 1 (walk across road) cruzar*; **to ~ over (the road)** cruzar* (la calle) 2 «*paths/roads*» cruzarse*; «*letters*» cruzarse*
■ *v refl* **to ~ oneself** persignarse, santiguarse*, hacerse* la señal de la cruz

Phrasal verbs
• **cross off** [v ▸ o ▸ adv, v ▸ adv ▸ o, v ▸ o ▸ prep ▸ o] ‹*name/item*› tachar; **she ~ed it off the list** lo tachó de la lista
• **cross out** [v ▸ o ▸ adv, v ▸ adv ▸ o] ‹*name/item*› tachar

cross³ *adj* **-er, -est** (esp BrE) enojado (esp AmL), enfadado (esp Esp); **to get ~** enojarse (esp AmL), enfadarse (esp Esp); **it makes me ~** me da rabia; **to be ~ ABOUT sth** estar* enojado *or* (esp Esp) enfadado POR algo

cross: **~bar** *n* (on bicycle) barra *f*; (of goal) larguero *m*, travesaño *m*, horizontal *m* (Andes); (in pole vaulting, high jump) listón *m*; **~bones** *pl n*: *see* **skull**; **~bow** /ˈkrɔːsbəʊ || ˈkrɒsbəʊ/ *n* ballesta *f*; **~bred** *adj* cruzado

crossbreed¹ /ˈkrɔːsbriːd || ˈkrɒsbriːd/ *n* cruce *m*, cruza *f* (AmL)

crossbreed² *vt* (*past & past p* **-bred**) cruzar*

cross-Channel /ˈkrɔːsˈtʃænl̩ || ˌkrɒsˈtʃænl̩/ *adj* (*before n*) ‹*ferry/traffic*› que cruza el Canal de la Mancha

cross-check¹ /ˈkrɔːsˈtʃek || ˌkrɒsˈtʃek/ *vt* ‹*facts/references*› verificar* (*consultando otras fuentes*); **to ~ sth AGAINST sth** cotejar algo CON algo
■ **cross-check** *vi* hacer* una comprobación *or* verificación

cross-check² *n* comprobación *f*, verificación *f*

cross-country¹ /ˈkrɔːsˈkʌntri || krɒsˈkʌntri/ *adj* (across countryside) ‹*route/drive*› campo a través, a campo traviesa, a campo través; ‹*skiing*› de fondo; **~ race** cross *m*

cross-country² *adv* (across countryside) ‹*travel/drive*› campo a través, a campo traviesa, a campo través

cross: **~-cultural** /ˈkrɔːsˈkʌltʃərəl || ˌkrɒsˈkʌltʃərəl/ *adj* intercultural, transcultural; **~-examination** /ˈkrɔːsɪɡˌzæməˈneɪʃən || ˌkrɒsɪɡˌzæmɪˈneɪʃən/ *n* [c u] repreguntas *fpl*, contrainterrogación *f* (Chi); **~-examine** /ˈkrɔːsɪɡˈzæmən || ˈkrɒsɪɡˈzæmɪn/ *vt* ‹*witness*› repreguntar; **~-eyed** /ˈkrɔːsˈaɪd || ˈkrɒsaɪd/ *adj* bizco; **to be/go**

C

~-eyed ser*/ponerse* bizco; **~fire** *n* [u] fuego *m* cruzado

crossing /'krɔ:sɪŋ || 'krɒsɪŋ/ *n*
A (across sea) travesía *f*, cruce *m* (AmS)
B (for pedestrians) cruce *m* peatonal *or* de peatones

cross-legged /'krɔ:s'legd|| ˌkrɒs'legd/ *adv* con las piernas cruzadas (*en el suelo*)

crossly /'krɔ:sli || 'krɒsli/ *adv*: **no, she said ~** —no— dijo enojada (esp AmL) *or* (esp Esp) enfadada

cross: **~-purposes** /'krɔ:s'pɜ:rpəsəz || ˌkrɒs'pɜ:pəsɪz/ *pl n*: **we're (talking) at ~-purposes** estamos hablando de cosas distintas; **~-question** /'krɔ:s'kwestʃən || ˌkrɒs 'kwestʃən/ *vt* interrogar*; **~-reference** /'krɔ:s'refrəns || ˌkrɒs'refrəns/ *n* remisión *f*; **~roads** *n* (*pl* **~roads**) cruce *m*, encrucijada *f* (liter); ***to be at a*** *o* ***the ~roads*** estar* en una encrucijada; **~ section**, (BrE) **~-section** /'krɔ:s'sekʃən || ˌkrɒs'sekʃən/ *n* [c u] (Biol, Eng) sección *f*, corte *m* transversal; **a ~ section of society** una muestra representativa de los distintos estratos sociales; **~town** /'krɔ:s'taʊn || ˌkrɒs'taʊn/ *adj* (AmE) que cruza *or* atraviesa la ciudad; **~walk** *n* (AmE) cruce *m or* (Esp) paso *m* de peatones

crossways /'krɔ:sweɪz || 'krɒsweɪz/ *adv*, **crosswise** /'krɔ:swaɪz || 'krɒswaɪz/ *adv* transversalmente, en diagonal

crossword (puzzle) /'krɔ:swɜ:rd || 'krɒswɜ:d/ *n* crucigrama *f*, palabras *fpl* cruzadas (CS)

crotch /krɑ:tʃ || krɒtʃ/ *n* entrepierna *f*

crotchet /'krɑ:tʃət || 'krɒtʃɪt/ *n*
A (idiosyncrasy) (AmE): **it/he has its/his little ~s!** ¡tiene sus mañas!
B (BrE Mus) negra *f*

crotchety /'krɑ:tʃəti || 'krɒtʃɪti/ *adj* (colloq) cascarrabias *adj inv*, malhumorado

crouch /kraʊtʃ/ *vi* «*person*» agacharse, ponerse* en cuclillas; **to ~ down** agacharse

croup /kru:p/ *n* [u] (Med) crup *m*

croupier /'kru:piər || 'kru:piə(r)/ *n* crupier *mf*, croupier *mf*

crouton /'kru:tɑ:n || 'kru:tɒn/ *n* crutón *m*, picatoste *m* (Esp)

crow¹ /krəʊ/ *n*
A (Zool) cuervo *m*; ***as the ~ flies*** en línea recta; **▸eat** *vt* **A, stone²**
B (cry — of rooster) cacareo *m*

crow² *vi* **1** «*cock*» cacarear **2** (exult) alardear, pavonearse; **to ~ ABOUT/OVER sth** alardear *or* jactarse DE algo
■ **crow** *vt* alardear

crowbar /'krəʊbɑ:r || 'krəʊbɑ:(r)/ *n* palanca *f*

crowd¹ /kraʊd/ *n* **1** (gathering of people) muchedumbre *f*, multitud *f*, gentío *m*; **the game attracted a good ~** el partido atrajo mucho público; **there was quite a ~** había mucha gente; **~s of shoppers** multitud de clientes **2** (masses, average folk) (pej): ***to go with*** *o* ***follow the ~*** seguir* (a) la manada, dejarse arrastrar *or* llevar por la corriente; ***to stand out from/rise above the ~*** destacar(se)* **3** (group, set) (colloq): **they are a nice ~** son gente simpática; **I thought she was one of Jane's ~** creí que era de la pandilla *or* del grupo de Jane **4** (large number) (colloq) (*no pl*) montón *m*

crowd² *vi* aglomerarse; **they ~ed around him** se aglomeraron a su alrededor; **they ~ed into the hall** entraron en tropel a la sala
■ **crowd** *vt* «*people*» ‹*hall/entrance*› llenar, abarrotar; **don't try to ~ everything onto one page** no trates de meter todo en una página; *see also* **crowded**

crowded /'kraʊdəd || 'kraʊdɪd/ *adj* ‹*street/room/bus*› abarrotado, atestado, lleno de gente; **the beach gets very ~** la playa se llena de gente

crowd-puller /'kraʊdˌpʊlər || 'kraʊdˌpʊlə(r)/ *n* (colloq) gran atracción *f* (*espectáculo o persona que atrae mucho público*)

crown¹ /kraʊn/ *n*
A **1** [c] (of monarch) corona *f* **2** (Govt, Law) **the C~** la corona
B [c] (top — of hill) cima *f*; (— of tree) copa *f*; (— of tooth) corona *f*; (— of head) coronilla *f*; (— of hat) copa *f*; (— of road) centro *m*
C [c] (Fin) corona *f*

crown² *vt*
A (make monarch) coronar
B **1** (surmount) coronar, rematar **2** (be culmination of) coronar; **to ~ it all, I lost my wallet** y para rematarla, perdí la billetera
C (Dent) ‹*tooth*› poner* una corona en
D (hit) (colloq) darle* un coscorrón a (fam)

crown court *n* (in UK) juzgado *m* (*que conoce de causas de derecho penal*)

crowning /'kraʊnɪŋ/ *adj* (*before n*) ‹*success/achievement*› supremo, mayor

crown: **~ jewels** *pl n* joyas *fpl* de la corona; **~ prince** *n* príncipe *m* heredero; **~ princess** *n* princesa *f* heredera

crow: **~'s feet** *pl n* patas *fpl* de gallo; **~'s nest** *n* cofa *f*

crucial /'kru:ʃəl/ *adj* crucial, decisivo

crucifix /'kru:səfɪks || 'kru:sɪfɪks/ *n* crucifijo *m*

crucifixion /ˌkru:sə'fɪkʃən || ˌkru:sɪ'fɪkʃən/ *n* [u c] crucifixión *f*

crucify /'kru:səfaɪ || 'kru:sɪfaɪ/ (*past & past p* **-fied**) *vt* **1** (execute) crucificar* **2** (treat severely) (colloq): **they were crucified in the press** la prensa los destrozó; **the other team crucified us** los del otro equipo nos dieron una paliza (fam)

crud /krʌd/ *n* [u] (impurities) porquería *f*

crude¹ /kru:d/ *adj* **-der, -dest** **1** (vulgar) ordinario, grosero **2** (unsophisticated) rudimentario, burdo **3** (containing impurities) (*before n*) ‹*oil*› crudo

crude² *n* [u c] crudo *m*

crudely /'kru:dli/ *adv* **1** (vulgarly) groseramente; **to put it ~** hablando en plata (fam) **2** (roughly) de un modo rudimentario

cruel /'kru:əl/ *adj* **crueller, cruellest** cruel; ‹*winter*› crudo; ‹*blow*› duro; **to be ~ TO sb** ser* cruel CON algn; ***to be ~ to be kind*** hacer* sufrir a algn para hacerle un bien

cruelly /'kru:əli/ *adv* cruelmente

cruelty /'kru:əlti/ *n* [u c] (*pl* **-ties**) crueldad *f*; **~ TO sb** crueldad CON algn

cruet /'kru:ət || 'kru:ɪt/ *n* (Culin) vinagrera *f*, aceitera *f*, alcuza *f* (Chi)

cruise¹ /kru:z/ *vi*
A **1** (Naut) hacer* un crucero, navegar* **2** «*police car*» patrullar
B (travel at steady speed) «*plane*» volar*, desplazarse*; «*car*» ir* (*a una velocidad constante*); **cruising speed** velocidad *f* de crucero

cruise² *n* crucero *m*; **to go on a ~** hacer* un crucero

cruise missile *n* misil *m* de crucero

cruiser /'kru:zər || 'kru:zə(r)/ *n* **1** (warship) crucero *m* **2** (*cabin ~*) lancha *f*, barco *m*

crumb /krʌm/ *n* [c] (of bread, cake) miga *f*; **a ~ of comfort** unas migajas algo de consuelo

crumble /'krʌmbəl/ *vi* «*cake/soil*» desmenuzarse*; «*wall*» desmoronarse; «*democracy/resolve*» desmoronarse, derrumbarse
■ **crumble** *vt* ‹*earth/cake*› desmenuzar*; ‹*bread*› desmigajar

crummy /'krʌmi/ *adj* **-mier, -miest** (colloq) malo, horrible

crumpet /'krʌmpət || 'krʌmpɪt/ *n* (Culin) *panecillo de levadura que se come tostado*

crumple /'krʌmpəl/ *vt* ‹*paper/clothes*› arrugar*; ‹*metal*› abollar; **she ~d the sheet of paper into a ball** hizo una bola estrujando la hoja de papel; **to ~ sth up** arrugar* algo
■ **crumple** *vi* (become creased) «*fabric/shirt*» arrugarse*

crunch¹ /krʌntʃ/ *vt* **1** (eat noisily) mascar*, ronchar, ronzar* **2** (crush) aplastar (*haciendo crujir*); **to ~ sth up** triturar algo
■ **crunch** *vi* **1** (eat noisily) mascar*, ronchar, ronzar* **2** (make grinding sound): **our footsteps ~ed on the gravel** nuestros pasos hacían crujir la grava

crunch² *n*
A (noise) crujido *m*

B (crisis): **when it comes/came to the ~** a la hora de la verdad

crunchy /ˈkrʌntʃi/ *adj* **-chier, -chiest** crujiente

crusade¹ /kruːˈseɪd/ *n* **1** (Hist) *also* **Crusade** cruzada *f* **2** (campaign) cruzada *f*, campaña *f*

crusade² *vi* **to ~ (against/for sth)** hacer* una cruzada *or* campaña (contra algo/a favor de algo)

crusader /kruːˈseɪdər || kruːˈseɪdə(r)/ *n* **1** (Hist) *also* **Crusader** cruzado *m* **2** (campaigner) defensor, -sora *m,f*

crush¹ /krʌʃ/ *vt*
A **1** (squash) ‹*box/car/person/fingers*› aplastar; ‹*garlic*› machacar*; ‹*grapes*› prensar, pisar; ‹*dress/suit*› arrugar* **2** **~ (up)** (pound, pulverize) triturar; **~ed ice** hielo *m* picado *or* (Méx) frappé
B (subdue) ‹*resistance/enemy*› aplastar
■ **crush** *vi* «*fabric*» arrugarse*

crush² *n*
A (crowd) (*no pl*) aglomeración *f*; **three people were injured in the ~** tres personas resultaron heridas en el tumulto
B [c] (infatuation) (colloq) enamoramiento *m*; **to have a ~ on sb** estar* chiflado por algn (fam)
C [u c] (drink) (BrE): **orange ~** naranjada *f*; **lemon ~** limonada *f*

crush barrier *n* valla *f* de protección *or* de contención

crushing /ˈkrʌʃɪŋ/ *adj* ‹*defeat*› aplastante; ‹*reply/contempt*› apabullante

crust /krʌst/ *n* **1** (on bread) corteza *f*; **a ~ of bread** un mendrugo; ***to earn a o one's ~*** (colloq) ganarse el pan *or* (fam) los garbanzos **2** (on pie) tapa *f* de masa **3** (thin outer layer) costra *f*, corteza *f*; **the earth's ~** la corteza terrestre

crustacean /krʌˈsteɪʃən/ *n* crustáceo *m*

crusty /ˈkrʌsti/ *adj* **-tier, -tiest** **1** (crispy) ‹*bread*› crujiente **2** (irascible) malhumorado

crutch /krʌtʃ/ *n*
A **1** (walking aid) muleta *f*; **to be/walk on ~es** andar* con muletas **2** (support) muleta *f*, apoyo *m*
B (BrE) ▸ **crotch**

crux /krʌks/ *n* (*no pl*) quid *m*; **the ~ of the matter** el quid de la cuestión

cry¹ /kraɪ/ *n* (*pl* **cries**)
A [c] **1** (exclamation) grito *m*; **to give/let out a ~** dar*/soltar* un grito; **she heard cries for help** oyó gritos de socorro; ***to be a far ~ from sth*** ser* muy distinto de *or* a algo **2** (of street vendor) pregón *m* **3** (*no pl*) (call — of seagull) chillido *m*
B (weep) (colloq) (*no pl*) llanto *m*; **to have a ~** llorar
C (slogan) lema *m*, slogan *m*

cry² **cries, crying, cried** *vi*
A (weep) llorar
B (call) «*bird*» chillar; «*person*» gritar; ***for ~ing out loud!*** (colloq) ¡por el amor de Dios!
■ **cry** *vt*
A (weep) llorar; **he cried himself to sleep** lloró hasta quedarse dormido
B (call) gritar

Phrasal verbs
- **cry off** [v ▸ adv] (esp BrE) echarse atrás; **several of the guests cried off at the last minute** a último momento varios de los invitados dijeron que no podían venir
- **cry out** [v ▸ adv] **1** (call out) gritar **2** (need) **to ~ out FOR sth** pedir* algo a gritos

crybaby /ˈkraɪˌbeɪbi/ *n* (*pl* **-babies**) (colloq) llorón, -rona *m,f* (fam), lloretas *mf* (Col fam), chillón, -llona *m,f* (Méx)

crying /ˈkraɪɪŋ/ *adj* (*before n*) ‹*need/urgency*› apremiante; **it's a ~ shame!** es una verdadera pena *or* lástima

cryogenic /ˌkraɪəˈdʒenɪk/ *adj* criogenético

cryosurgery /ˌkraɪəʊˈsɜːrdʒəri || ˌkraɪəʊˈsɜːdʒəri/ *n* [u] criocirugía *f*

crypt /krɪpt/ *n* cripta *f*

cryptic /ˈkrɪptɪk/ *adj* ‹*remark/reference*› enigmático, críptico; ‹*crossword*› críptico

crystal¹ /ˈkrɪstl̩/ *n*
A [c] (Chem) cristal *m*
B [u] **~ (glass)** cristal *m*

crystal² *adj* (liter) (*before n*) cristalino

crystal: **~ ball** *n* bola *f* de cristal; **~-clear** /ˈkrɪstl̩ˈklɪr || ˌkrɪstl̩ˈklɪə(r)/ *adj* ‹*water*› (liter) cristalino; ‹*sound/image*› nítido, claro; **it is ~-clear that ...** está clarísimo que ..., está más claro que el agua que ...

crystallize /ˈkrɪstəlaɪz/ *vi* cristalizarse*
■ **crystallize** *vt* **1** (Chem, Geol) cristalizar* **2** ‹*idea/plan*› materializar* **3** (Culin) ‹*fruit*› confitar, escarchar, abrillantar (RPl), cristalizar* (Méx)

CS gas /ˈsiːˈes/ *n* [u] gas *m* lacrimógeno

CST (in US) = **Central Standard Time**

CT = **Connecticut**

cu = **cubic**

cub /kʌb/ *n* **1** (young animal) cachorro *m* **2** **Cub (Scout)** lobato *m*

Cuba /ˈkjuːbə/ *n* Cuba *f*

Cuban¹ /ˈkjuːbən/ *adj* cubano

Cuban² *n* cubano, -na *m,f*

cubbyhole /ˈkʌbihəʊl/ *n* (for storage) cuchitril *m*

cube¹ /kjuːb/ *n* (solid, shape) cubo *m*; (of meat, cheese) dado *m*, cubito *m*; (of sugar) terrón *m*

cube² *vt*
A (cut into cubes) cortar en dados *or* cubitos
B (Math) elevar al cubo, cubicar*

cube root *n* raíz *f* cúbica

cubic /ˈkjuːbɪk/ *adj* (of measure, shape) cúbico; **~ capacity** volumen *m*; (of engine) cilindrada *f*, cubicaje *m*

cubicle /ˈkjuːbɪkəl/ *n* (in dormitory, toilets) cubículo *m*; (booth) cabina *f*; (in store) probador *m*

cubism, Cubism /ˈkjuːbɪzəm/ *n* [u] cubismo *m*

cubist, Cubist /ˈkjuːbəst || ˈkjuːbɪst/ *adj* cubista

cuckold¹ /ˈkʌkəʊld/ *n* cornudo *m*

cuckold² *vt* ponerle* los cuernos a

cuckoo¹ /ˈkuːkuː || ˈkʊkuː/ *n* (*pl* **cuckoos**) **1** (bird) cuco *m*, cucú *m*, cuclillo *m*; ***a ~ in the nest*** un usurpador **2** (call) cucú *m*

cuckoo² *adj* (colloq) chiflado (fam), chalado (fam)

cuckoo clock *n* reloj *m* de cuco *or* cucú

cucumber /ˈkjuːkʌmbər || ˈkjuːkʌmbə(r)/ *n* [c u] pepino *m*; ***(as) cool as a ~*** tan fresco *or* pancho (fam)

cud /kʌd/ *n* [u]: ***to chew the ~*** (lit) «*cow*» rumiar; «*person*» rumiar el asunto

cuddle¹ /ˈkʌdl̩/ *vt* abrazar*
■ **cuddle** *vi* abrazarse*; **to ~ up TO sb** acurrucarse* CONTRA algn

cuddle² *n* abrazo *m*

cuddly /ˈkʌdli/ *adj* **-dlier, -dliest** ‹*baby/person*› adorable; **~ toy** muñeco *m* de peluche

cudgel /ˈkʌdʒəl/ *n* garrote *m*, porra *f*

cue¹ /kjuː/ *n*
A (Mus) entrada *f*; (Theat) pie *m*; **to miss one's ~** no salir* a escena en el momento debido; **right on ~** en el momento justo; ***to take one's ~ from sb*** seguir* el ejemplo de algn
B (in snooker, billiards) taco *m*; (*before n*) **~ ball** bola *f* blanca

cue² **cues, cuing, cued** *vt* ‹*actor*› darle* el pie a; ‹*musician*› darle* la entrada a

cuff¹ /kʌf/ *n*
A **1** (of sleeve) puño *m*; (of pants) (AmE) vuelta *f or* (Chi) bastilla *f or* (Méx) valenciana *f or* (RPl) botamanga *f* **2** (*in phrases*) **off the cuff** (*as adv*): **he spoke off the ~** habló improvisando; (*as adj*): **an off-the-~ speech** un discurso improvisado; **on the cuff** (AmE): **he let me have the beer on the ~** me fió la cerveza **3** **cuffs** *pl* (handcuffs) (colloq) esposas *fpl*, pulseras *fpl* (arg)
B (blow — on face) cachete *m*, bofetón *m*, cachetada *f* (AmL); (— on head) coscorrón *m*; **a ~ on** *o* (BrE) **round the ear** un bofetón

cuff² *vt* (strike) darle* un cachete (*or* coscorrón *etc*) a

cuff link *n* gemelo *m or* (Col) mancorna *f or* (Chi) collera *f or* (Méx) mancuernilla *or* mancuerna *f*

cuisine /kwɪˈziːn/ *n* [u c] cocina *f*

cul-de-sac /ˈkʌldɪsæk/ *n* calle *f* sin salida *or* (Col) ciega *or* (RPl) cortada

culinary /ˈkʌləneri || ˈkʌlɪnəri/ *adj* culinario

cull /kʌl/ *vt* **1** ‹*seals/deer*› *sacrificar de forma selectiva* **2** ‹*facts/information*› seleccionar

culminate /ˈkʌlmənet || ˈkʌlmɪneɪt/ *vi* (reach peak) **to ~ IN sth** culminar EN algo

C

■ **culminate** *vt* (AmE) ser* la culminación de

culmination /ˈkʌlməˈneɪʃən || ˌkʌlmɪˈneɪʃən/ *n* [u] (of events, efforts) culminación *f*, punto *m* culminante

culottes /ˈku:lɑ:ts || ˈkju:lɒts/ *pl n* falda *f* pantalón, pollera *f* pantalón (CS, Per)

culpable /ˈkʌlpəbəl/ *adj* (frml) ‹*person*› culpable; ‹*action*› culposo

culprit /ˈkʌlprət || ˈkʌlprɪt/ *n* culpable *mf*

cult /kʌlt/ *n* 1 (belief, worship) culto *m* 2 (sect) secta *f* 3 (craze) culto *m*; **personality ~** el culto a la personalidad; (*before n*) **~ figure** ídolo *m*; **~ movie** película *f* de culto

cultivate /ˈkʌltəveɪt / *vt* cultivar; **she ~d an air of indifference** adoptaba un estudiado aire de indiferencia

cultivated /ˈkʌltəveɪtəd || ˈkʌltɪveɪtɪd/ *adj* cultivado

cultivation /ˈkʌltəˈveɪʃən || ˌkʌltɪˈveɪʃən/ *n* [u] 1 (Agr, Hort) cultivo *m*; **under ~** en cultivo 2 (of friendship) cultivo *m* 3 (refinement) refinamiento *m*

cultural /ˈkʌltʃərəl/ *adj* cultural

culture[1] /ˈkʌltʃər || ˈkʌltʃə(r)/ *n*
A [c u] (civilization) cultura *f*; (*before n*) **~ shock** choque *m* cultural *or* de culturas
B [u] (intellectual activity) cultura *f*
C [c u] (Agr, Biol) cultivo *m*

culture[2] *vt* cultivar

cultured /ˈkʌltʃərd || ˈkʌltʃəd/ *adj* 1 ‹*person/mind*› culto; ‹*tastes*› refinado, propio de una persona culta 2 (Agr, Biol) de cultivo; **~ pearls** perlas *fpl* cultivadas *or* de cultivo

culture vulture *n* (colloq & hum) devorador, -dora *m,f* de cultura

cum /kʌm/ *prep*: **a study-~-library** un estudio-biblioteca; **my secretary-~-assistant** mi secretaria y ayudante a la vez

cumbersome /ˈkʌmbərsəm || ˈkʌmbəsəm/ *adj* ‹*movements/gait*› pesado y torpe

cumin /ˈkʌmən || ˈkʌmɪn/ *n* [u] comino *m*

cum laude /kʊmˈlaʊdə / *adv* (AmE) cum laude

cummerbund /ˈkʌmərbʌnd / *n* faja *f* (*de smoking*)

cumulative /ˈkju:mjələtɪv / *adj* acumulativo

cumulus /ˈkju:mjələs / *n* (*pl* **-li** /-laɪ/) cúmulo *m*

cunning[1] /ˈkʌnɪŋ/ *adj*
A 1 (clever, sly) astuto; ‹*smile*› malicioso 2 (ingenious) ‹*device*› ingenioso
B (cute, attractive) (AmE): **a ~ guy** un tipo guapo *or* (esp AmL) buen mozo

cunning[2] *n* [u] astucia *f*

cunt /kʌnt/ *n* (vulg) coño *m* (vulg), concha *f* (AmS vulg), pucha *f* (Méx vulg)

cup[1] /kʌp/ *n*
A [c] 1 (container, contents, cupful) taza *f*; **paper ~** vaso *m* de papel; ***to be sb's ~ of tea***: **he isn't my ~ of tea** no es santo de mi devoción; **this might be more your ~ of tea** quizás esto te guste más *or* esto sea más de tu gusto 2 (goblet) copa *f*
B [c] (trophy) copa *f*; (*before n*): **the ~ final** la final de copa

cup[2] *vt* **-pp-**: **to ~ one's hands** (to drink) ahuecar* las manos; (to shout) hacer* bocina (con las manos)

cupboard /ˈkʌbərd || ˈkʌbəd/ *n* 1 (cabinet) armario *m*; (in dining-room) aparador *m* 2 (full-length, built-in) (BrE) armario *m* *or* (AmL exc RPl) clóset *m* *or* (RPl) placard *m*

cupboard love *n* [u] (BrE) cariño *m* interesado

cupcake /ˈkʌpkeɪk/ *n* ≈ magdalena *f*

cupful /ˈkʌpfʊl/ *n* (*pl* **cupfuls** *or* **cupsful** /ˈkʌpsfʊl/) taza *f*

Cupid /ˈkju:pəd || ˈkju:pɪd/ *n* Cupido

cuppa /ˈkʌpə/ *n* (BrE colloq) (taza *f* de) té *m*

cur /kɜ:r || kɜ:(r)/ *n* (liter & dated) 1 (dog) (pej) perro *m* callejero 2 (despicable man) bellaco *m*

curable /ˈkjʊrəbəl / *adj* curable, que tiene cura

curate /ˈkjʊrət || ˈkjʊərət/ *n* coadjutor *m*

curator /kjʊˈreɪtər || kjʊəˈreɪtə(r)/ *n* (of museum, art gallery) conservador, -dora *m,f*; (of exhibition) comisario, -ria *m,f*

curb[1] /kɜ:rb || kɜ:b/ *n*
A (restraint) freno *m*; **to put a ~ on sth** poner* freno *or* coto a algo
B **curb**, (BrE) **kerb** (in street) bordillo *m* (de la acera), borde *m* de la banqueta (Méx), cuneta *f* (Chi), sardinel *m* (Col), cordón *m* de la vereda (RPl)

curb[2] *vt* (control) ‹*anger*› dominar, refrenar; ‹*spending/prices*› poner* freno a, frenar; Ⓢ **curb your dog** (AmE) controle a su perro

curd /kɜ:rd || kɜ:d/ *n* [u] 1 (from milk) (*often pl*) cuajada *f* 2 (paste) (esp BrE): **bean ~** tofu *m*, queso *m* de soya (AmL) *or* (Esp) soja ; **lemon ~** crema *f* de limón

curdle /ˈkɜ:rdl || ˈkɜ:dl/ *vi* 1 (go bad, separate) «*milk/sauce*» cortarse 2 (form curds) «*milk*» cuajarse
■ **curdle** *vt* 1 (cause to go bad, separate) cortar 2 (cause to form curds) cuajar

cure[1] /kjʊr || ˈkjʊə(r)/ *vt*
A 1 (Med) curar; **to ~ sb OF sth** ‹*of illness/shyness*› curar a algn DE algo; ‹*of habit/idea*› quitarle algo A algn 2 ‹*problem*› remediar, poner* remedio a
B 1 ‹*meat*› curar 2 ‹*rubber*› vulcanizar*

cure[2] *n* 1 (remedy — for disease) cura *f*; (— for problem) remedio *m* 2 (return to health) restablecimiento *m*, curación *f*

cure-all /ˈkjʊrɔ:l || ˈkjʊərɔ:l/ *n* panacea *f*

curfew /ˈkɜ:rfju: || ˈkɜ:fju:/ *n* toque *m* de queda

curio /ˈkjʊriəʊ || ˈkjʊəriəʊ/ *n* (*pl* **-os**) curiosidad *f*

curiosity /ˈkjʊriˈɑ:səti || ˌkjʊəriˈɒsəti/ *n* (*pl* **-ties**)
A [u] (inquisitive interest) curiosidad *f*; ***~ killed the cat*** por querer saber, la zorra perdió la cola
B [c] (novelty) curiosidad *f*; (*before n*) **~ value** valor *m* de pieza rara

curious /ˈkjʊriəs || ˈkjʊəriəs/ *adj* 1 (inquisitive) curioso; **why do you ask? — oh, I'm just ~** ¿por qué lo preguntas? — sólo por curiosidad; **to be ~ to + INF** tener* curiosidad POR + INF 2 (strange) curioso, extraño

curiously /ˈkjʊriəsli || ˈkjʊəriəsli/ *adv* 1 (with curiosity) con curiosidad 2 (strangely) curiosamente; **~ enough, ...** (*indep*) curiosamente, ..., aunque parezca mentira, ...

curl[1] /kɜ:rl || kɜ:l/ *n* 1 (of hair) rizo *m*, rulo *m* (CS), chino *m* (Méx); (ringlet) bucle *m*, tirabuzón *m* 2 (of smoke) voluta *f*

curl[2] *vt* 1 ‹*hair*› rizar*, encrespar (CS), enchinar (Méx), enrular (RPl) 2 (twist, bend): **to ~ one's lip** hacer* una mueca, torcer* el gesto; **the snake ~ed itself around the branch** la serpiente se enroscó en la rama
■ **curl** *vi* 1 «*hair*» rizarse*, ensortijarse (liter), encresparse (CS), enchinarse (Méx), enrularse (RPl) 2 «*paper/leaf/edge*» ondularse, rizarse* 3 «*smoke*» formar *or* hacer* volutas, subir en espirales

Phrasal verb
• **curl up** [v ▸ adv] (twist) «*leaf/pages*» ondularse, rizarse*; **the cat ~ed up in front of the fire** el gato se hizo un ovillo frente a la chimenea; **to ~ up in a chair** acurrucarse* en un sillón; **I just wanted to ~ up and die** (colloq) quería que la tierra me tragara

curler /ˈkɜ:rlər || ˈkɜ:lə(r)/ *n* (for hair) rulo *m*, rulero *m* (RPl), marrón *m* (Col), tubo *m* (Chi, Méx)

curling /ˈkɜ:rlɪŋ || ˈkɜ:lɪŋ/ *n* [u] (Sport) curling *m*

curling irons, **curling tongs** *pl n* tenacillas *fpl* (*para rizar el pelo*)

curly /ˈkɜ:rli || ˈkɜ:li/ *adj* **-lier, -liest** ‹*hair*› rizado, ensortijado (liter), crespo (CS), chino (Méx); ‹*tail*› enroscado

currant /ˈkɜ:rənt || ˈkʌrənt/ *n* pasa *f* de Corinto

currency /ˈkɜ:rənsi || ˈkʌrənsi/ *n* (*pl* **-cies**)
A (Fin) [c u] (type of money) moneda *f*; **foreign ~** moneda *f* extranjera, divisas *fpl*
B (prevalence) difusión *f*; **to gain ~** «*view/fashion*» extenderse*, ganar adeptos

current[1] /ˈkɜ:rənt || ˈkʌrənt/ *adj*
A (*before n*) 1 (existing) ‹*situation/prices*› actual; ‹*year*› en curso 2 (most recent) ‹*issue*› último
B 1 (valid) ‹*license/membership*› vigente 2 (prevailing) ‹*opinion/practice*› corriente, común, habitual

current[2] *n*
A [c] 1 (flow of water, air) corriente *f*; **against the ~** contra la corriente; **with the ~** en el sentido de la corriente 2 (general trend) corriente *f*; **to go with the ~** dejarse llevar por la corriente
B [c u] (Elec) corriente *f*; **to run off household ~** (AmE) funcionar con electricidad

current: **~ account** *n* (BrE) cuenta *f* corriente; **~ affairs** *pl n* sucesos *mpl* de actualidad; **~ events**

pl n sucesos *mpl or* acontecimientos *mpl* de actualidad

currently /'kɜːrəntli || 'kʌrəntli/ *adv* [1] (at present) actualmente [2] (commonly) comúnmente

curriculum /kə'rɪkjələm || kə'rɪkjʊləm/ *n* (*pl* **-lums** *or* **-la** /-lə/) [1] (range of courses) plan *m* de estudios [2] (for single course) programa *m* (de estudio), currículo *m*, curriculum *m* (AmL)

curriculum vitae /'viːtaɪ/ *n* (*pl* **curricula vitae**) (BrE) currículum *m* (vitae), historial *m* personal

curry[1] /'kɜːri || 'kʌri/ *n* (*pl* **curries**) [1] [c u] (dish) curry *m* [2] [u] ~ **(powder)** curry *m*

curry[2] *vt* **-ries, -rying, -ried**

A (Culin) preparar al curry; **curried chicken** pollo *m* al curry

B ▸**favor**[1] **A1**

curse[1] /kɜːrs || kɜːs/ *n* [1] (evil spell) maldición *f*; **to put a ~ on sb** echarle una maldición a algn [2] (oath) maldición *f*, palabrota *f* [3] (burden) maldición *f*; **the ~ of unemployment** la lacra del desempleo [4] (menstruation) (colloq & euph) **the ~** la regla

curse[2] *vt* [1] (put spell on) maldecir* [2] (express annoyance at) maldecir*; **~ her!** ¡maldita sea! [3] (swear at) insultar [4] (afflict) (*usu pass*) **to be ~d WITH sth** estar* aquejado DE algo, padecer* DE algo

■ **curse** *vi* maldecir*, soltar* palabrotas

cursor /'kɜːrsər || 'kɜːsə(r)/ *n* cursor *m*

cursory /'kɜːrsəri || 'kɜːsəri/ *adj* ‹*glance*› rápido; ‹*description*› somero; ‹*interest*› superficial

curt /kɜːrt || kɜːt/ *adj* cortante, seco

curtail /kɜːr'teɪl || kɜː'teɪl/ *vt* [1] (cut short) abreviar, acortar [2] (restrict) restringir*; (reduce) reducir*

curtailment /kɜːr'teɪlmənt || kɜː'teɪlmənt/ *n* [u] [1] (cutting short) acortamiento *m* [2] (of freedom) restricción *f*; (of spending) reducción *f*

curtain /'kɜːrtn̩ || 'kɜːtn̩/ *n* [1] (at window) cortina *f*; **a pair of ~s** unas cortinas [2] (Theat) telón *m*; ***it's ~s for you*** (colloq) estás acabado [3] (of rain) cortina *f*; (of fog) manto *m*; (of mystery, secrecy) halo *m*, velo *m*

Phrasal verb

• **curtain off** [v ▸ o ▸ adv, v ▸ adv ▸ o] separar con una cortina

curtain call *n* salida *f* a escena *or* al escenario (*para saludar*), telón *m* (Méx)

curtly /'kɜːrtli || 'kɜːtli/ *adv* de manera cortante

curtsey[1] *n* (*pl* **-seys**) (esp BrE) ▸**curtsy**[1]

curtsey[2] *vi* **-seys, -seying, -seyed** (BrE) ▸**curtsy**[2]

curtsy[1] /'kɜːrtsi || 'kɜːtsi/ *n* (*pl* **-sies**) reverencia *f* (*que hacen las mujeres agachándose*)

curtsy[2] *vi* **-sies, -sying, -sied** hacer* una reverencia

curvaceous /kɜːr'veɪʃəs / *adj* curvilíneo, escultural

curvature /'kɜːrvətʃʊr || 'kɜːvətʃə(r)/ *n* [u] curvatura *f*; **~ of the spine** desviación *f* de columna

curve[1] /kɜːrv || kɜːv/ *n* curva *f*; ***to throw sb a ~*** (AmE) agarrar *or* (esp Esp) coger* a algn desprevenido

curve[2] *vi* [1] «*surface*» estar* curvado *or* combado [2] «*river/ball*» describir* una curva; **the path ~s down to the sea** el sendero tuerce y baja hacia el mar

curved /kɜːrvd || kɜːvd/ *adj* curvo

curvy /'kɜːrvi || 'kɜːvi/ *adj* **-vier, -viest** ‹*line*› curvo; ‹*figure*› curvilíneo

cushion[1] /'kʊʃən/ *n* [1] (on chair) almohadón *m*, cojín *m*; (*before n*) **~ cover** funda *f* de almohadón *or* cojín [2] (padding) colchón *m*

cushion[2] *vt* [1] ‹*blow*› amortiguar*, suavizar* [2] (protect) **to ~ sth/sb AGAINST sth** proteger* algo/a algn CONTRA algo

cushy /'kʊʃi/ *adj* **cushier, cushiest** (colloq) cómodo, fácil

cuspidor /'kʌspədɔːr || 'kʌspɪdɔː(r)/ *n* (AmE) escupidera *f*

cuss[1] /kʌs/ *n* (esp AmE colloq) [1] (curse) palabrota *f*, mala palabra *f* (esp AmL), taco *m* (Esp fam); ***not to give o care a ~***: **I don't give** *o* **care a ~** me importa un comino (fam) [2] (person) tipo, -pa *m,f* (fam)

cuss[2] (esp AmE colloq) *vt*: **she ~ed us for being late** nos puso de vuelta y media por llegar tarde (fam)

■ **cuss** *vi* [1] (complain) despotricar* [2] (swear) maldecir*, soltar* palabrotas

cuss word *n* (AmE colloq) palabrota *f*, mala palabra *f* (esp AmL), taco *m* (Esp fam)

custard /'kʌstərd || 'kʌstəd/ *n* [1] (sauce) (BrE) crema *f*; (cold, set) ≈ natillas *fpl* [2] (*egg ~*) *especie de flan*; (*before n*) **~ tart** tarta *f* de crema

custodian /kʌ'stəʊdiən/ *n* conservador, -dora *m,f*

custody /'kʌstədi/ *n* [u]

A (detention): **to be in (police) ~** estar* detenido; **to take sb into ~** detener* a algn

B [1] (of child) custodia *f* [2] (safekeeping) (frml) custodia *f*, cuidado *m*

custom[1] /'kʌstəm/ *n*

A [c u] (convention, tradition, habit) costumbre *f*; **he broke with ~** rompió con la tradición

B [u] (patronage) (esp BrE): **if they value our ~** si no nos quieren perder como clientes; **I'll take my ~ elsewhere** dejaré de ser su cliente

C **customs** *pl* [1] (organization, place) aduana *f*; **to go through ~s** pasar por la aduana; (*before n*) **~s officer** *o* **official** agente *mf or* oficial *mf* de aduanas [2] (tax) derechos *mpl* arancelarios *or* de aduana

custom[2] *adj* (*before n*) (esp AmE) ‹*tailor*› que trabaja por encargo; ‹*suit*› a (la) medida; ‹*car*› (hecho) de encargo

customarily /'kʌstə'merəli / *adv* habitualmente

customary /'kʌstəməri/ *adj* [1] (traditional) tradicional; **it is ~ to + INF** es la costumbre + INF [2] (habitual) habitual, acostumbrado, de costumbre

custom-built /'kʌstəm'bɪlt/ *adj* hecho de encargo

customer /'kʌstəmər || 'kʌstəmə(r)/ *n* [1] (client) cliente, -ta *m,f*; (*before n*) Ⓢ **customer services** información y reclamaciones [2] (fellow) (colloq) tipo, -pa *m,f* (fam), tío, -tia *m,f* (Esp fam)

customize /'kʌstəmaɪz/ *vt* ‹*car/program*› hacer* (*or* adaptar *etc*) según los requisitos del cliente

custom-made /'kʌstəm'meɪd/ *adj* ‹*furnishings/furniture*› hecho de encargo; ‹*suit/shoes*› a la medida

cut[1] /kʌt/ *n*

A [1] (wound) tajo *m*, corte *m* [2] (incision) corte *m*

B [1] (reduction): **a wage ~** un recorte salarial; **to make ~s in essential services** hacer* recortes en los servicios esenciales; **to take a ~ in salary** aceptar un sueldo más bajo [2] (in text, film) corte *m* [3] (*power ~*) apagón *m*

C [1] (*hair~*) corte *m* de pelo [2] (of suit) corte *m*; ***to be a ~ above sb/sth*** (colloq): **he thinks himself a ~ above the rest** se cree superior a los demás; **this hotel is a ~ above the Ambassador** este hotel es de mayor categoría que el Ambassador

D (of meat — type) corte *m*; (— piece) trozo *m*

E (share) (colloq) tajada *f* (fam), parte *f*

F (blow — with knife) cuchillada *f*; **~ *and thrust***: **the ~ and thrust of politics** el toma y daca de la vida política

cut[2] (*pres p* **cutting**; *past & past p* **cut**) *vt*

A ‹*wood/paper/wire/rope*› cortar; **to ~ sth/sb loose** soltar* algo/a algn; **~ the top off it** córtale la parte de arriba; **they ~ a path through the undergrowth** abrieron un camino a través de la maleza; ***to ~ it fine*** (colloq) calcular muy justo, dejar poco margen; **to ~ sth in half** cortar algo por la mitad; **I ~ my finger** me corté el dedo; *see also* **short**[2] **A**

B [1] (trim) ‹*hair/nails*› cortar; ‹*grass/corn*› cortar, segar*; **to get one's hair ~** cortarse el pelo [2] (shape) ‹*glass/stone*› tallar; ‹*key*› hacer*

C (excavate) **to ~ sth (INTO sth)**: **a tunnel ~ into the mountain** un túnel excavado en la montaña

D (reduce) ‹*level/number*› reducir*; ‹*budget*› recortar; ‹*price/rate*› rebajar, reducir*; ‹*service/workforce*› hacer* recortes en

E [1] (shorten) ‹*text*› acortar [2] (remove) ‹*scene*› cortar [3] ‹*film*› (edit) editar; «*censors*» hacer* cortes en

F (in cards) ‹*deck*› cortar

G (colloq) (ignore): ***to ~ sb dead*** dejar a algn con el saludo en la boca

H (colloq) [1] (cease): **~ the sob story!** ¡deja ya de dar pena!; **~ the wisecracks!** ¡basta ya de bromas! [2] (switch off) ‹*engine/lights*› apagar*

■ **cut** *vi*

A [1] «*knife/scissors*» cortar; **to ~ INTO sth**: **the rope ~ into her wrists** la cuerda le estaba cortando *or* lastimando las muñecas; ***to ~ loose*** (colloq) (break free) romper* las ataduras; (lose restraint) (esp AmE): **he ~ loose with a string of**

insults soltó una sarta de insultos 2 «*words*» herir*; **her remarks ~ deep** sus palabras lo (*or* la *etc*) hirieron en lo más vivo 3 (be cuttable): **it ~s easily** se corta fácilmente
B (Cin, Rad): **~!** ¡corte(n)!
C (in cards) cortar

(Phrasal verbs)

- **cut across** [v ▸ prep ▸ o] 1 (take shortcut across) cortar por, tomar un atajo a través de 2 (cross boundaries of) trascender*
- **cut back**

A [v ▸ o ▸ adv, v ▸ adv ▸ o] 1 (prune) ‹*hedge*› podar, recortar 2 (reduce) ‹*spending*› recortar, reducir*
B [v ▸ adv] (make reductions) hacer* economías, constreñirse*; **to ~ back ON sth** reducir* algo

- **cut down**

A [v ▸ o ▸ adv, v ▸ adv ▸ o] 1 (fell) ‹*tree*› cortar, talar 2 (kill) matar; **he was ~ down in his prime** (liter) su vida fue segada en flor (liter) 3 (reduce) ‹*expenditure*› reducir*, recortar; ‹*consumption*› reducir*, disminuir*
B [v ▸ adv] (make reductions): **cigarette? — no, thanks, I'm trying to ~ down** ¿un cigarrillo? — no, gracias, estoy tratando de fumar menos; **to ~ down ON sth**: **you should ~ down on carbohydrates** debería reducir el consumo de hidratos de carbono

- **cut in** [v ▸ adv] 1 (interrupt) interrumpir 2 (Auto) atravesarse*
- **cut off**

A [v ▸ o ▸ adv, v ▸ adv ▸ o] (sever) ‹*branch/limb*› cortar
B [v ▸ o ▸ adv, v ▸ adv ▸ o] (interrupt, block) ‹*supply/route*› cortar
C [v ▸ o ▸ adv] 1 (separate, isolate) aislar*; **to feel ~ off** sentirse* aislado; **the town was ~ off** la ciudad quedó sin comunicaciones 2 (on telephone): **we were ~ off** se cortó la comunicación

- **cut out**

A [v ▸ o ▸ adv, v ▸ adv ▸ o] ‹*article/photograph*› recortar
B [v ▸ o ▸ adv, v ▸ adv ▸ o] 1 ‹*dress/cookies*› cortar 2 (exclude) ‹*noise/carbohydrates*› eliminar, suprimir; **he ~ me out of his will** me excluyó de su testamento; **~ it out!** (colloq) ¡basta ya!; ▸**work**[1] **A**
C (suit): **to be ~ out FOR sth** estar* hecho para algo; **I'm not ~ out to be a teacher** no estoy hecho para la enseñanza
D [v ▸ adv] 1 (stop working) «*engine*» pararse, calarse 2 (switch off) apagarse*

- **cut through** [v ▸ prep ▸ o] 1 (overcome) abrirse* camino por entre 2 (take shortcut) cortar camino por, atajar por
- **cut up**

A [v ▸ o ▸ adv, v ▸ adv ▸ o] ‹*vegetables/wood*› cortar en pedazos
B (upset) (colloq): **to be ~ up about sth** estar* disgustado por algo

cut[3] *adj* (*before n*) ‹*flowers*› cortado; ‹*glass*› tallado

cut: **~-and-dried** /ˈkʌtn̩ˈdraɪd/ *adj* (*pred* **~ and dried**) ‹*arrangements*› preparado de antemano; ‹*opinions*› preconcebido; **her election isn't ~ and dried** no se puede dar por sentado que vaya a salir elegida; **~-and-paste** /ˌkʌtən(d)ˈpeɪst/ *vt* cortar y pegar; **~back** *n* (reduction) recorte *m*, reducción *f*

cute /kjuːt/ *adj* **cuter, cutest** 1 (sweet) ‹*baby/face*› mono (fam), cuco (fam), rico (CS fam) 2 (attractive) (AmE) guapo 3 (clever) (AmE) ‹*person*› listo, vivo (AmL fam) 4 (contrived) (AmE) afectado, efectista

cutesy /ˈkjuːtsi/ *adj* **-sier, -siest** (AmE) cursi

cut-glass /ˈkʌtˈglæs || kʌtˈglɑːs/ *adj* de cristal tallado

cuticle /ˈkjuːtɪkəl/ *n* cutícula *f*

cutie /ˈkjuːti/ *n* (esp AmE colloq) (woman) bombón *m* (fam), churro *m* (AmS fam); **she's/he's a little ~** (child) es una monada (fam)

cutlery /ˈkʌtləri/ *n* [u] cubiertos *mpl*, cubertería *f*, cuchillería *f* (Chi)

cutlet /ˈkʌtlət || ˈkʌtlɪt/ *n* (chop) chuleta *f* (*pequeña*)

cut: **~off** *n* 1 **~off (point)** límite *m*; (*before n*) **~off date** fecha *f* límite *or* tope; 2 (shortcut) (AmE) atajo *m*; 3 **~offs** *pl* shorts *mpl* vaqueros; **~out** *n* (image, silhouette) recortable *m*, figura *f* para recortar; **~-price** /ˈkʌtˈpraɪs/ (BrE), **~-rate** /ˈkʌtˈreɪt/ (AmE) *adj* ‹*goods/travel*› a precio rebajado; ‹*shop*› de ocasión

cutter /ˈkʌtər || ˈkʌtə(r)/ *n*
A (tool — for wire) tenazas *fpl*
B (worker) cortador, -dora *m,f*

cutthroat[1] /ˈkʌtθrəʊt/ *n* 1 (murderer) (liter) degollador, -dora *m,f*, asesino, -na *m,f* 2 **~ (razor)** (BrE) navaja *f*

cutthroat[2] *adj* ‹*competition*› feroz, salvaje

cutting[1] /ˈkʌtɪŋ/ *n*
A [c] 1 (from newspaper) (BrE) recorte *m* 2 (from plant) esqueje *m*
B [c] (for road, railway) (BrE) zanja *f*
C [u] (Cin, Rad, TV) montaje *m*, edición *f*

cutting[2] *adj* 1 (*before n*) ‹*tool/blade*› cortante; ***the ~ edge***: **at the ~ edge of technology** a la vanguardia de la tecnología 2 (cold) ‹*wind*› cortante 3 (hurtful) ‹*remark*› hiriente

cuttlefish /ˈkʌtlfɪʃ/ *n* (*pl* **-fishes** *or* **-fish**) jibia *f*, sepia *f*

CV *n* = **curriculum vitae**

cwt *n* = **hundredweight**

cyanide /ˈsaɪənaɪd/ *n* [u] cianuro *m*

cybercafé /ˈsaɪbərˌkæfeɪ || ˈsaɪbəˌkæfeɪ/ *n* cibercafé *m*

cybernaut /ˈsaɪbərnɔːt || ˈsaɪbənɔːt/ *n* 1 (person who wears sensory devices) usuario, -ria de casco de realidad virtual 2 (Internet user) cibernauta *mf*, internauta *mf*

cybernetics /ˈsaɪbərˈnetɪks || ˌsaɪbəˈnetɪks/ *n* (+ *sing vb*) cibernética *f*

cyberspace /ˈsaɪbərspeɪs / *n* [u] ciberespacio *m*

cycle[1] /ˈsaɪkəl/ *n*
A 1 (process) ciclo *m*; **the life ~** el ciclo de la vida 2 (of washing machine) programa *m*
B (Elec, Comput) ciclo *m*
C (bicycle) bicicleta *f*

cycle[2] *vi* «*person*» ir* en bicicleta

cycling /ˈsaɪklɪŋ/ *n* [u] ciclismo *m*; **to go ~** salir* en bicicleta, ir* a andar en bicicleta (AmL)

cyclist /ˈsaɪkləst || ˈsaɪklɪst/ *n* ciclista *mf*

cyclo-cross /ˈsaɪkləʊkrɔːs || ˈsaɪkləʊkrɒs/ *n* [u] ciclocross *m*

cyclone /ˈsaɪkləʊn/ *n* 1 (storm) ciclón *m* 2 (low-pressure area) zona *f* de bajas presiones

cygnet /ˈsɪgnət || ˈsɪgnɪt/ *n* pollo *m* de cisne

cylinder /ˈsɪləndər || ˈsɪlɪndə(r)/ *n*
A (Math) cilindro *m*
B 1 (of engine) cilindro *m* 2 (container — for liquid gas) tanque *m* *or* (Esp) bombona *f* *or* (RPl) garrafa *f* *or* (Chi) balón *m* 3 (component — of gun) tambor *m*

cylindrical /səˈlɪndrɪkəl || sɪˈlɪndrɪkəl/ *adj* cilíndrico

cymbal /ˈsɪmbəl/ *n* platillo *m*, címbalo *m*

cynic /ˈsɪnɪk/ *n* cínico, -ca

cynical /ˈsɪnɪkəl/ *adj* cínico

cynically /ˈsɪnɪkli/ *adv* cínicamente

cynicism /ˈsɪnəsɪzəm/ *n* [u] cinismo *m*

cypher *n* (esp BrE) ▸**cipher**

cypress /ˈsaɪprəs/ *n* ciprés *m*

Cypriot[1] /ˈsɪpriət/ *n* chipriota *mf*; **Greek/Turkish ~** greco-/turco-chipriota *mf*

Cypriot[2] *adj* chipriota

Cyprus /ˈsaɪprəs/ *n* Chipre *f*

Cyrillic /səˈrɪlɪk || sɪˈrɪlɪk/ *adj* cirílico

cyst /sɪst/ *n* quiste *m*

cystic fibrosis /ˈsɪstɪkfaɪˈbrəʊsəs || ˌsɪstɪkfaɪˈbrəʊsɪs/ *n* [u] fibrosis *f* cística *or* pancreática

cystitis /sɪˈstaɪtəs || sɪˈstaɪtɪs/ *n* [u] cistitis *f*

czar /zɑːr || zɑː(r)/ *n* (esp AmE) ▸**tsar**

Czech[1] /tʃek/ *adj* checo

Czech[2] *n* 1 [c] (person) checo, -ca *m,f* 2 [u] (language) checo *m*

Czechoslovakia /ˈtʃekəsləˈvɑːkiə || ˌtʃekəsləˈvækiə/ *n* (Hist) Checoslovaquia *f*

Czechoslovakian /ˈtʃekəsləˈvɑːkiən || ˌtʃekəsləˈvækiən/ *adj* (Hist) checoslovaco

Czech Republic *n* **the ~ ~** la Républica Checa

Dd

d

D, d /diː/ *n* **1** (letter) D, d *f* **2** (Mus) re *m*; *see also* **A A2** **3** (AmE Pol) = **Democrat**

d (= **died**) m., fallecido en

d' = do; **d'you go there often?** ¿vas ahí a menudo?

'd /d/ **1** = **had** **2** = **would** **3** = **did**

DA *n* (in US) = **district attorney**

dab¹ /dæb/ *n* **1** (small amount — of cream, paint) toque *m* **2** (pat): **he gave his tie a ~ with a damp cloth** se frotó un poco la corbata con un trapo húmedo

dab² -bb- *vt*: **~ the stain with a damp cloth** frote suavemente la mancha con un trapo húmedo; **~ antiseptic on the cut** dése unos toques de antiséptico en la herida

dabble /ˈdæbəl/ *vt*: **we ~d our hands/feet in the river** chapoteamos en el río

■ **dabble** *vi* **to ~ IN sth**: **to ~ in politics/journalism** tener* escarceos con la política/el periodismo

dabbler /ˈdæblər/ *n* diletante *mf*

dab hand *n* (BrE colloq): **to be a ~ ~ at sth** tener* (buena) mano para algo

dachshund /ˈdɑːksʊnt || ˈdækshʊnd/ *n* teckel *mf*, perro, -rra *m,f* salchicha (fam)

Dacron® /ˈdeɪkrɑːn || ˈdækrɒn, ˈdeɪkrɒn/ *n* [u] (AmE) Dacrón® *m*

dad /dæd/ *n* (colloq) papá *m* (fam)

daddy /ˈdædi/ *n* papi *m* (fam)

daddy longlegs /ˈlɔːŋlegz || ˈlɒŋlegz/ *n* (*pl* ~ ~) (colloq) **1** (harvestman) (AmE) segador *m*, falangio *m* **2** (cranefly) (BrE) típula *f*

daffodil /ˈdæfədɪl/ *n* narciso *m*

daft /dæft || dɑːft/ *adj* **-er, -est** (esp BrE colloq) tonto, bobo (fam); **that was a ~ thing to do/say** hiciste una tontería/decir eso fue una tontería

dagger /ˈdægər || ˈdægə(r)/ *n* daga *f*, puñal *m*; ***to be at ~s drawn with sb*** (BrE) estar* a matar con algn; ***to look ~s at sb*** lanzarle* una mirada asesina a algn

dahlia /ˈdæljə || ˈdeɪliə/ *n* dalia *f*

daily¹ /ˈdeɪli/ *adj* (*before n*) ‹*newspaper/prayers*› diario; ‹*walk/visit*› diario, cotidiano; **employed/paid on a ~ basis** contratado/pagado por día(s)

daily² *adv* a diario, diariamente

daily³ *n* (*pl* **-lies**) diario *m*, periódico *m*

daintily /ˈdeɪntḷi || ˈdeɪntɪli/ *adv* con delicadeza, delicadamente

dainty /ˈdeɪnti/ *adj* **-tier, -tiest** **1** (delicate) ‹*flowers/vase*› delicado; ‹*appearance*› delicado, refinado; ‹*physique*› delicado **2** (delicious) exquisito

dairy /ˈderi || ˈdeəri/ *n* (*pl* **-ries**) **1** (on farm) lechería *f*; (*before n*) ‹*produce*› lácteo; ‹*butter/cream*› de granja; ‹*cow/industry*› lechero; **~ farm** granja *f* lechera, tambo *m* (RPl) **2** (shop) lechería *f*; (company) central *f* lechera

dais /ˈdaɪəs || ˈdeɪɪs/ *n* (*pl* **daises**) tarima *f*; (rostrum) estrado *m*

daisy /ˈdeɪzi/ *n* (*pl* **-sies**) (cultivated) margarita *f*; (wild) margarita *f* de los prados, maya *f*; ***as fresh as a ~*** tan fresco como una lechuga; ***to be pushing up (the) daisies*** (colloq & hum) estar* criando malvas; (*before n*) **~ chain** guirnalda *f* de margaritas

daisy wheel *n* margarita *f*; (*before n*) **daisy-wheel printer** impresora *f* de margarita

dale /deɪl/ *n* (liter) valle *m*

dalliance /ˈdæliəns/ *n* [u] (liter) devaneo *m* (liter), escarceos *mpl*

dally /ˈdæli/ *vi* **-lies, -lying, -lied** perder* el tiempo

Dalmatian /dælˈmeɪʃən/ *n* dálmata *mf*

dam¹ /dæm/ *n* dique *m*, presa *f*, represa *f* (AmS)

dam² *vt* **-mm-** construir* una presa *or* (AmS) una represa en

Phrasal verb

• **dam up** [v ▸ o ▸ adv, v ▸ adv ▸ o] ▸**dam²**

damage¹ /ˈdæmɪdʒ/ *n*

A [u] (to object) daño *m*; (to reputation, cause) daño *m*, perjuicio *m*; **storm/fire ~** daños ocasionados por una tormenta/un incendio; **the ~ is done** el daño ya está hecho; ***what's the ~?*** (sl) ¿cuánto se debe?

B **damages** *pl* (Law) daños y perjuicios *mpl*

damage² *vt* **1** ‹*building/vehicle*› dañar; ‹*health*› perjudicar*, ser* perjudicial para; ‹*reputation/cause*› perjudicar*, dañar **2** **damaged** *past p* ‹*stock*› dañado, averiado

damage limitation *n* [u] (*before n*) **~ ~ exercise** (for accidents, fires) acción *f* para minimizar los daños; (in public relations) operación *f* de lavado de imagen

damaging /ˈdæmɪdʒɪŋ/ *adj* perjudicial; **to be ~ TO sb/sth** ser* perjudicial PARA algn/algo

Damascus /dəˈmæskəs/ *n* Damasco *m*

damask /ˈdæməsk/ *n* [u] damasco *m*

dame /deɪm/ *n*

A **Dame** (title in UK) Dame (*título honorífico*)

B (woman) (AmE sl) tipa *f* (fam), tía *f* (Esp fam)

dammit /ˈdæmɪt/ *interj* (colloq) ¡caray! (fam & euf); ***as near as ~*** (BrE colloq) poco más o menos

damn¹ /dæm/ *vt*

A **1** (Relig) condenar **2** (condemn) condenar

B (colloq) (*in interj phrases*): **(God) ~ it!** ¡caray! (fam & euf), ¡maldita sea! (fam); **well, I'll be ~ed!** ¡vaya! (fam)

damn² *n* (colloq) (*no pl*): ***not to give a ~***: **I don't give a ~ what they think** me importa un bledo *or* un pito *or* un comino lo que piensen (fam)

damn³ *interj* (colloq) ¡caray! (fam & euf)

damn⁴ *adj* (colloq) (*before n*) (*as intensifier*) condenado (fam), maldito (fam), pinche (Méx fam)

damn⁵ *adv* (colloq) (*as intensifier*): **you know ~ well what I mean!** ¡sabes de sobra lo que quiero decir!

damnation /dæmˈneɪʃən/ *n* [u] condenación *f*

damned¹ /dæmd/ *pl n* **the ~** los condenados

damned² /dæmnd/ *adj* **1** ‹*souls*› condenado **2** ▸**damn⁴**

damned³ *adv* ▸**damn⁵**

damnedest /ˈdæmdəst || ˈdæmdɪst/ *n* (colloq): ***to do one's ~***: **she did her ~ to stop it** hizo todo lo que pudo para impedirlo

damning /ˈdæmɪŋ/ *adj* **1** (condemnatory) ‹*evidence*› condenatorio **2** (critical) ‹*appraisal*› crítico

damp¹ /dæmp/ *adj* **-er, -est** húmedo; **there are ~ patches on the ceiling** hay manchas de humedad en el techo; **to smell ~** oler* a humedad

damp² *n* [u] humedad *f*

damp³ *vt* **~ (down)** ‹*fire*› sofocar*; ‹*enthusiasm/excitement*› apagar*, enfriar*

d

damp course *n* membrana *f* aislante
dampen /'dæmpən/ *vt*
A (moisten) humedecer*, mojar
B (discourage) ‹*hopes*› hacer* perder; ‹*enthusiasm*› hacer* perder, apagar*; **to ∼ sb's spirits** desanimar *or* desalentar* a algn
damper /'dæmpər || 'dæmpə(r)/ *n* (of piano) sordina *f*; ***to put a ∼ on sth*** (colloq): **the bad news put a ∼ on the celebrations** la mala noticia estropeó las fiestas
damp: **∼-proof** *vt* proteger* contra la humedad; **∼-proof course** *n* ▸**damp course**
damsel /'dæmzəl/ *n* (arch *or* poet) damisela *f* (arc *o* liter), doncella *f* (arc *o* liter); **a ∼ in distress** (hum) una señorita en apuros (hum)
damson /'dæmzən/ *n* ciruela *f* damascena
dance[1] /dæns || dɑːns/ *n*
A **1** [c] (act) baile *m*; ***to lead sb a merry ∼*** (BrE) darle* quebraderos de cabeza a algn **2** [c] (set of steps) baile *m*, danza *f* **3** [u] (art form) danza *f*, baile *m*
B (occasion) baile *m*; (*before n*) ‹*music*› de baile, bailable
dance[2] *vi*
A **1** (to music) bailar **2** (skip) dar* saltos
B «*eyes/flames*» (liter) bailar, danzar* (liter);
■ **dance** *vt* ‹*waltz/tango*› bailar; **they ∼d the night away** bailaron durante toda la noche; ▸**attendance 2**
dancer /'dænsər || 'dɑːnsə(r)/ *n* bailarín, -rina *m,f*
dancing /'dænsɪŋ || 'dɑːnsɪŋ/ *n* [u] baile *m*; **he loves ∼** le encanta bailar; (*before n*) ‹*lesson/shoes*› de baile
dandelion /'dændəlaɪən || 'dændɪlaɪən/ *n* diente *m* de león
dandle /'dændḷ/ *vt* ‹*baby*› mecer* (*sobre las rodillas*)
dandruff /'dændrʌf/ *n* [u] caspa *f*; (*before n*) **∼ shampoo** champú *m* anti-caspa
dandy[1] /'dændi/ *n* dandi *m*, dandy *m*
dandy[2] *adj* **-dier, -diest** (AmE colloq) súper (fam), chulo (Esp fam)
Dane /deɪn/ *n* danés, -nesa *m,f*, dinamarqués, -quesa *m,f*
danger /'deɪndʒər || 'deɪndʒə(r)/ *n* [u c] peligro *m*; **there's no ∼ of that** no hay peligro de que eso suceda; **in ∼** en peligro *or* en riesgo; **out of ∼** fuera de peligro; **to be in ∼ of -ING** correr peligro *or* riesgo de + INF; **∼ TO sb/sth** peligro PARA algn/algo; (*before n*) **to be on/off the ∼ list** encontrarse* en estado grave/estar* fuera de peligro; **∼ signal/zone** señal *f*/zona *f* de peligro
danger money *n* [u] (esp BrE) plus *m* *or* prima *f* de peligrosidad
dangerous /'deɪndʒərəs/ *adj* peligroso; **∼ driving** conducción *f* con imprudencia temeraria
dangerously /'deɪndʒərəsli/ *adv* peligrosamente; **to live ∼** llevar una vida arriesgada; **she came ∼ close to losing her life** estuvo a un paso de la muerte
dangle /'dæŋgəl/ *vi* colgar*, pender
■ **dangle** *vt* hacer* oscilar; **he ∼d the possibility of promotion in front of her** quiso tentarla con la posibilidad de un ascenso
Danish[1] /'deɪnɪʃ/ *adj* danés, dinamarqués
Danish[2] *n* [u] danés *m*
Danish: **∼ blue** *n* [u] *tipo de queso azul*; **∼ (pastry)** *n*: *bollo cubierto de azúcar glaseado*
dank /dæŋk/ *adj* frío y húmedo
Danube /'dænjuːb/ *n* **the ∼** el Danubio
dapper /'dæpər || 'dæpə(r)/ *adj* atildado, pulcro
dappled /'dæpəld/ *adj* ‹*horse*› rodado, pinto; ‹*pattern*› veteado
dapple-gray, (BrE) **dapple-grey** /'dæpḷ'greɪ/ *adj* (*pred* **dapple gray**) tordo rodado, tordillo, tordo
dare[1] /der || deə(r)/ *n* reto *m*, desafío *m*; **she did it on** *o* (BrE) **for a ∼** lo hizo porque la retaron *or* la desafiaron
dare[2] *v mod* atreverse a, osar (liter); **just you ∼!** ¡atrévete y verás!; **don't you ∼ go in there!** ¡ni se te ocurra entrar ahí!; **how ∼ you!** ¡cómo te atreves!; **I ∼n't tell her** (esp BrE) no me atrevo *or* no me animo a decírselo; **I ∼ say you've had enough** estarás harto(, me imagino)
■ **dare** *vt*
A (be so bold) **to ∼ to + INF** atreverse a + INF, osar + INF (liter)
B (challenge) **to ∼ sb to + INF** retar *or* desafiar* a algn a + INF *or* A QUE (+ *subj*); **go on, dive in, I ∼ you!** ¡anda, tírate! ¿a que no te atreves *or* a que no eres capaz?
daredevil /'der,devḷ || 'deə,devḷ/ *n* corajudo, -da *m,f* (fam); (*before n*) ‹*feat/exploit*› temerario
daring[1] /'derɪŋ || 'deərɪŋ/ *adj* **1** ‹*explorer/pilot*› osado, temerario; ‹*plan*› audaz **2** ‹*dress/film*› atrevido
daring[2] *n* [u] **1** (courage) arrojo *m*, coraje *m* **2** (audacity) audacia *f*
dark[1] /dɑːrk || dɑːk/ *adj* **-er, -est**
A (unlit) ‹*room/night*› oscuro; **it's getting ∼** está oscureciendo, se está haciendo de noche; **the ∼ side of the moon** el lado oculto de la luna
B **1** (in color) oscuro; **∼ chocolate** chocolate *m* sin leche; **∼ glasses** anteojos *mpl* oscuros (esp AmL), gafas *fpl* negras (Esp) **2** (in complexion) moreno
C **1** (evil, sinister) (liter) ‹*deeds/threats*› oscuro; **there's a ∼ side to his nature/his activities** hay algo (de) siniestro en él/sus actividades **2** (somber) ‹*thoughts*› sombrío **3** (mysterious, obscure) ‹*allusion*› oscuro; ***to keep sth ∼*** mantener* algo en secreto
dark[2] *n* [u] **1** (absence of light) **the ∼** la oscuridad; ***to keep sb in the ∼ about sth*** ocultarle algo a algn; **to be in the ∼ about sth** estar* a oscuras sobre algo **2** (nightfall): **to wait until ∼** esperar hasta que anochezca; **before ∼** antes de que anochezca; **after ∼** de noche
Dark Ages *pl n* **the ∼ ∼** la Alta Edad Media, la Edad de las tinieblas; **they're living in the ∼ ∼** viven en la prehistoria
darken /'dɑːrkən || 'dɑːkən/ *vt* **1** (make dark) oscurecer*; ▸**door 1** **2** (make somber) ensombrecer*
■ **darken** *vi* **1** (grow dark) «*room/color*» oscurecerse*; «*sky*» oscurecerse*, nublarse **2** (grow somber) ensombrecerse*
dark horse *n* **1** (surprise victor) (AmE) ganador, -dora *m,f* sorpresa **2** (unknown quantity) enigma *m*
darkly /'dɑːrkli || 'dɑːkli/ *adv* ‹*hint*› misteriosamente
darkness /'dɑːrknəs || 'dɑːknɪs/ *n* [u] **1** (of night, room) oscuridad *f*; **the building was in complete** *o* **total ∼** el edificio estaba totalmente a oscuras; **when ∼ falls** al caer la noche **2** (evil) tinieblas *fpl*; **the powers of ∼** los poderes del mal
dark: **∼room** *n* cuarto *m* oscuro; **∼-skinned** /'dɑːrk 'skɪnd || ,dɑːk'skɪnd/ *adj* de piel oscura
darling[1] /'dɑːrlɪŋ || 'dɑːlɪŋ/ *n* (*as form of address*) cariño; **she was the ∼ of the public** era la niña mimada del público
darling[2] *adj* **1** (beloved) (*before n*) querido **2** (delightful) (dated) mono (fam)
darn[1] /dɑːrn || dɑːn/ *vt*
A (mend) zurcir*
B (colloq & euph) (*in interj phrases*): **∼ it!** ¡caray! (fam & euf)
darn[2] *n* zurcido *m*
darn[3] *interj* ¡caray! (fam & euf)
darn[4], **darned** /dɑːrnd || dɑːnd/ *adj* (colloq & euph) (*as intensifier*) maldito (fam); **I can't see a ∼ thing** no veo ni medio (fam)
darn[5], **darned** *adv* (colloq & euph) (*as intensifier*): **he's too ∼ clever** se pasa de listo
darning /'dɑːrnɪŋ || 'dɑːnɪŋ/ *n* [u] **1** (action) zurcido *m* **2** (things to be darned) ropa *f* para zurcir
dart[1] /dɑːrt || dɑːt/ *n* **1** (weapon) dardo *m* **2** (Games) dardo *m* **3** (Clothing) pinza *f*
dart[2] *vi*: **to ∼ into/out of a room** entrar como una flecha en/salir* como una flecha de una habitación
■ **dart** *vt* ‹*look*› lanzar*
dartboard /'dɑːrtbɔːrd || 'dɑːtbɔːd/ *n* diana *f*
darts /dɑːrts || dɑːts/ *n* (+ *sing vb*) dardos *mpl*
dash[1] /dæʃ/ *n*
A (sudden movement) (*no pl*): **to make a ∼ for safety/shelter** correrse a ponerse a salvo/a cobijarse; ***to make a ∼ for it*** (colloq) salir* a toda mecha (fam)
B [c] (small amount) poquito *m*; **a ∼ of milk/salt** un chorrito de leche/una pizca de sal
C [c] **1** (punctuation mark) guión *m* **2** (in Morse code) raya *f*
D [u] (spirit, nerve) brío *m*
E [c] (Sport): **the 100 m ∼** los 100m planos *or* (Esp) lisos *or* (RPl) llanos

dash² *vt*
A (hurl) tirar; **she ~ed the plate to pieces** hizo añicos *or* trizas el plato; **the ship was ~ed against the rocks** el barco se estrelló contra las rocas
B (disappoint) ‹*hopes*› (*usu pass*) defraudar
■ **dash** *vi*
A (rush): **I ~ed to the rescue** me lancé al rescate; **she ~ed out** salió disparada; **I must ~** (colloq) tengo que irme corriendo
B (crash) «*waves*» romper*
Phrasal verb
• **dash off**
A [v ▸ o ▸ adv, v ▸ adv ▸ o] (write hurriedly) escribir* corriendo
B [v ▸ adv] (leave hastily) irse* corriendo

dashboard /ˈdæʃbɔːrd || ˈdæʃbɔːd/ *n* tablero *m* de mandos, salpicadero *m* (Esp)

dashing /ˈdæʃɪŋ/ *adj* **1** (lively) gallardo **2** (smart) elegante

dastardly /ˈdæstərdli || ˈdæstədli/ *adj* (liter *or* hum) ‹*deed*› ruin (liter)

data /ˈdeɪtə/ *n* (*pl of* **datum**)
A (facts, information) (+ *pl vb*) datos *mpl*, información *f*
B (Comput) (+ *sing vb*) datos *mpl*; **a piece of ~** un dato; (*before n*) **~ bank** banco *m* de datos; **~ capture** toma *f* de datos; **~ file** archivo *m* de datos; **~ input** introducción *f* de datos; **~ processing** procesamiento *m* *or* proceso *m* de datos; **~ protection** protección *f* de datos *or* de la información; **~ retrieval** rescate *m* de datos

database /ˈdeɪtəbeɪs/ *n* base *f* de datos; **~ management system** sistema *m* de gestión *or* (AmL tb) de manejo de bases de datos

date¹ /deɪt/ *n*
A (of appointment, battle) fecha *f*; **what's the ~ today?** ¿a qué fecha estamos?; **to ~** hasta la fecha, hasta el momento
B (colloq) **1** (appointment) cita *f*; **Greg has a ~ with Ana on Sunday** Greg sale con Ana el domingo **2** (person) (esp AmE): **he's my regular ~** estoy saliendo con él **3** (booking): **he's playing three ~s in London** va a actuar tres veces en Londres
C (fruit) dátil *m*

date² *vt*
A **1** (mark with date) fechar **2** (give date to) ‹*remains/pottery/fossil*› datar, determinar la antigüedad de
B (betray age) (colloq): **that song really ~s you** eso delata tu edad, eso demuestra lo viejo que eres
C (go out with) (esp AmE colloq) salir* con (fam)
■ **date** *vi*
A (originate in) datar; **it ~s from the 14th century** data del siglo XIV; **his title ~s back to the 14th century** los orígines de su título se remontan al siglo XIV
B (become old-fashioned) pasar de moda
C (go on dates) (esp AmE colloq) salir* con chicas/chicos *or* (AmL tb) a noviar, pololear (Chi fam)

dated /ˈdeɪtəd || ˈdeɪtɪd/ *adj* ‹*fashion/word*› anticuado; **his plays are ~** sus obras han perdido actualidad

date: **~line** *n* (Journ) data *f* (*línea de un texto periodístico en la que constan fecha y lugar de origen del mismo*); **~ Line** *n* **the (International) D~ Line** línea *f* del cambio de fecha; **~ rape** *n* violación *f* (*cometida durante una cita*); **~ stamp** *n* (instrument) fechador *m*; (date) fecha *f*; **~-stamp** *vt* fechar

dating agency /ˈdeɪtɪŋ/ *n* agencia *f* matrimonial *or* de contactos

dative /ˈdeɪtɪv/ *n* dativo *m*

datum /ˈdeɪtəm/ *n* (*pl* **data**) (frml) dato *m*; *see also* **data**

daub¹ /dɔːb/ *vt* (smear) **to ~ sth WITH sth** embadurnar algo DE algo

daub² *n* (smear) mancha *f*; *see also* **wattle**

daughter /ˈdɔːtər || ˈdɔːtə(r)/ *n* hija *f*

daughter-in-law /ˈdɔːtərɪnlɔː/ *n* (*pl* **daughters-in-law**) nuera *f*

daunt /dɔːnt/ *vt* (*usu pass*) amilanar, intimidar; **nothing ~ed, we carried on** (liter) impertérritos, seguimos adelante

daunting /ˈdɔːntɪŋ/ *adj* ‹*prospect*› desalentador, sobrecogedor; ‹*task*› de enormes proporciones

dauntless /ˈdɔːntləs || ˈdɔːntlɪs/ *adj* (liter) intrépido

davenport /ˈdævənpɔːrt || ˈdævənpɔːt/ *n* (AmE) sofá *m* (*grande*)

dawdle /ˈdɔːdl̩/ *vi* entretenerse*; **to ~ OVER sth**: **she ~d over her meal** comió con gran parsimonia

dawdler /ˈdɔːdlər || ˈdɔːdlə(r)/ *n* persona *f* lenta *or* (fam) cachazuda, lerdo, -da *m,f*

dawn¹ /dɔːn/ *n* [u c] (daybreak) amanecer *m*; **at ~** al amanecer, al alba (liter); **from ~ till dusk** de sol a sol, de la mañana a la noche; **since the ~ of civilization** desde los albores de la civilización; (*before n*) ‹*patrol/start*› de madrugada

dawn² *vi* (liter) «*day*» amanecer*, clarear, alborear (liter); «*new age*» alborear (liter), nacer*
Phrasal verb
• **dawn on** [v ▸ prep ▸ o]: **it gradually ~ed on me that ...** fui cayendo en la cuenta de que ...

dawn chorus *n* **the ~ ~** el trino de los pájaros al amanecer

day /deɪ/ *n*
A (unit of time) día *m*; **twice a ~** dos veces al día; **a three-~-old chick** un pollito de tres días; **he's arriving in two ~s** *o* **in two ~s' time** llega dentro de dos días; **he's forty if he's a ~** tiene cuarenta años como poco; ***a nine ~s' wonder***: **the case was a nine ~s' wonder** el interés en el caso duró lo que un suspiro; ***from ~ one*** desde el primer momento
B (daylight hours) día *m*; **all ~** todo el día; **we went to the beach for the ~** fuimos a pasar el día a la playa; **~ and night** día y noche; ▸**happy A1, light¹ A**
C **1** (point in time) día *m*; **what ~ is (it) today?** ¿qué día es hoy?; **every ~** todos los días; **every other ~** un día sí y un día no, día por medio (CS, Per); **the ~ before** el día anterior; **(on) the following ~** al día siguiente; **the ~ before yesterday** anteayer, antes de ayer; **the ~ after tomorrow** pasado mañana; **any ~ (now)** cualquier día de éstos; **one ~** un día; **one of these ~s** un día de éstos; **~ after ~** día tras día; **~ by ~** día a día, de día en día; **~ in, ~ out** todos los días; **from ~ to ~** de día en día, día a día; **from one ~ to the next** de un día para (el) otro; **from this ~ on(ward)** de hoy *or* de ahora en adelante; **it's 12 years to the ~ since we met** hoy hace exactamente 12 años que nos conocimos; **to this ~** hasta el día de hoy; **it's not my/his ~** no es mi/su día; **that'll be the ~** (colloq & iro) cuando las ranas críen cola; **did you have a good/bad ~?** ¿te fue *or* te ha ido bien/mal hoy?; **have a good** *o* **nice ~!** (esp AmE) ¡que le vaya bien!; ***any ~*** (colloq): **caviar? I'd rather have a hamburger any ~** ¿caviar? prefiero mil veces una hamburguesa; ***at the end of the ~*** a *or* en fin de cuentas, al fin y al cabo; ***to call it a ~*** (temporarily) dejarlo para otro día; (permanently) dejar de trabajar (*or* estudiar *etc*); ***to make sb's ~*** (colloq) alegrarle la vida a algn; ***to save for a rainy ~*** ahorrar para cuando lleguen las vacas flacas **2** (specified day, date) día *m*; **it's her ~ for doing the washing** hoy le toca lavar (la ropa) *or* (Esp) hacer la colada **3** (working day) jornada *f*, día *m*; **to take a ~ off (from) work** tomarse un día libre
D **1** (period of time) día *m*; **up to the present ~** hasta el día de hoy; **the burning issues of the ~** los temas candentes del día; **in ~s gone by** (liter) antaño (liter); **in ~s to come** (liter) en días venideros (liter); **in ~s of old, in olden ~s** (liter) antaño (liter); **in the old ~s** antiguamente; **the good old ~s** los viejos tiempos; **in this ~ and age** hoy (en) día, el día de hoy; **in those ~s** en aquellos tiempos, en aquella época; **these ~s** hoy (en) día; **those were the ~s!** ¡qué tiempos aquéllos!; ***it's early ~s yet*** (BrE) aún es pronto; ***to have seen*** *o* ***known better ~s*** haber* visto tiempos mejores **2** (period of youth, success) (*no pl*) día *m*; **your ~ will come** ya te llegará el día; **he was the leading politician of his ~** en su día fue el político de mayor influencia; ***to have had one's ~***: **the steam engine has had its ~** la locomotora de *or* a vapor ha pasado a la historia **3** **days** *pl n* (lifetime) días *mpl*; **to end one's ~s** acabar mis (*or* sus *etc*) días; ***his ~s are numbered*** tiene los días contados
E (contest): ***to carry*** *o* ***win the ~*** prevalecer*; ***to save the ~***: **her quick thinking saved the ~** su rapidez mental nos (*or* los *etc*) sacó del apuro
F **days** (*as adv*): **to work ~s** trabajar durante el día

day: **~break** *n* [u] alba *f*‡ (liter), amanecer *m*; **at ~break** al alba (liter), al amanecer; **~ care** *n* [u] (for children) (AmE) servicio *m* de guardería infantil; (for old/disabled people) (BrE) *atención prestada durante el día a ancianos, minusválidos etc*; **~-care center** *n* (AmE) guardería *f* infantil; **~ centre** *n* (BrE) *centro diurno para ancianos minusválidos etc*

daydream¹ /ˈdeɪdriːm/ *n* ensueño *m*, ensoñación *f*

daydream² *vi* soñar* despierto, fantasear

day: **~ laborer**, (BrE) **labourer** *n* jornalero, -ra *m,f*; **~light** *n* [u] luz *f* (del día); **in broad ~light** a plena luz del día; **before ~light** antes de que amanezca; ***to beat/ scare the (living) ~lights out of sb*** (colloq): **that dog scares the (living) ~lights out of me** ese perro me da pánico *or* terror; **he beat the (living) ~lights out of him** le dio una paliza tremenda; ▸**robbery**; **~light (saving) time** *n* [u] (AmE) hora *f* de verano; **~ patient** *n* paciente ambulatorio, -ria *mf*, paciente externo, -na *mf*; **~ release** *n* [u] (in UK) *sistema que permite a un empleado ausentarse regularmente de su trabajo para seguir estudios relacionados con el mismo*; **~room** *n*: *sala de estar comunal en hospitales, prisiones etc*; **~time** *n*: **in** *o* **during the ~time** de día *or* durante el día; **~-to-day** /ˈdeɪtəˈdeɪ/ *adj* (*before n*) ‹*occurrence*› cotidiano, diario; ‹*chores/difficulties*› de cada día; ‹*existence*› diario; **~ trip** *n* excursión *f* de un día; **~-tripper** *n* excursionista *mf*

daze¹ /deɪz/ *n* (*no pl*) aturdimiento *m*; **to go about in a ~** estar* en las nubes

daze² *vt* (*usu pass*) aturdir

dazed /deɪzd/ *adj* aturdido

dazzle¹ /ˈdæzəl/ *vt* «*light*» deslumbrar, encandilar; «*beauty/wit*» deslumbrar

dazzle² *n* [u] (of lights) resplandor *m*, brillo *m*; (of publicity) hechizo *m*

dazzling /ˈdæzlɪŋ/ *adj* (bright) ‹*light/glare*› deslumbrante, resplandeciente, que encandila; (impressive) ‹*wit/looks*› deslumbrante, deslumbrador

db, dB (= **decibel**) dB

DBE *n* (in UK) = **Dame of the British Empire**

DC 1▸ (= **direct current**) CC 2▸ = **District of Columbia**

D-day /ˈdiːdeɪ/ *n* 1▸ (in World War II) día *m* D (*día del desembarco aliado en Normandía*) 2▸ (important day) el día señalado

DE = **Delaware**

DEA *n* (= **Drug Enforcement Administration**) DEA *f*

deacon /ˈdiːkən/ *n* diácono *m*

deaconess /ˈdiːkənəs || ˌdiːkəˈnes, ˈdiːkənɪs/ *n* diaconisa *f*

deactivate /diːˈæktəveɪt || diːˈæktɪveɪt/ *vt* desactivar

dead¹ /ded/ *adj*

A (no longer alive) muerto; **he's ~** está muerto; **she has been ~ for 50 years** hace 50 años que murió; **~ body** cadáver *m*, cuerpo *m* sin vida; **he was ~ on arrival at the hospital** cuando llegó al hospital ya había muerto, ingresó cadáver (Esp); **to drop ~** caerse* muerto; **drop ~!** ¡vete al demonio *or* al diablo!; ***as ~ as a dodo*** *o* ***doornail*** requetemuerto (fam); **~ *and gone***: **when I'm ~ and gone** cuando yo me muera; ***not to be seen*** *o* ***caught ~*** (colloq): **I wouldn't be seen** *o* **caught ~ in that dress** yo no me pondría ese vestido ni muerta *or* ni loca; ▸**body A3**

B 1▸ (numb) (*usu pred*) dormido; **to go ~** «*limb*» dormirse* 2▸ (unresponsive) **to be ~ TO sth** ser* sordo A algo

C (very tired, ill) (colloq) muerto (fam)

D 1▸ (obsolete) ‹*language*› muerto; ‹*custom*› en desuso 2▸ (past, finished with) ‹*issue*› pasado

E 1▸ (not functioning) ‹*wire/circuit*› desconectado; ‹*telephone*› desconectado, cortado; ‹*battery*› descargado; **the line went ~** se cortó (la comunicación) 2▸ (not alight) ‹*fire/ match*› apagado 3▸ (not busy) ‹*town/hotel/party*› muerto

F (*as intensifier*): **in ~ silence** en un silencio absoluto *or* total; **a ~ calm** una calma chicha

dead² *adv*

A 1▸ (exactly) justo; **she was ~ on time** (esp BrE) llegó puntualísima 2▸ (directly) justo, directamente; **~ ahead** justo delante 3▸ (suddenly): **to stop ~** parar en seco

B 1▸ (absolutely) (colloq) ‹*straight/level*› completamente; **~ slow** lentísimo; **~ tired** muerto (de cansancio) (fam), cansadísimo; **you're ~ right** tienes toda la razón; **to be ~ certain** *o* **sure** estar* totalmente seguro 2▸ (*as intensifier*) (sl): **it was ~ easy** estuvo regalado *or* tirado (fam); **~ boring/expensive** aburridísimo/carísimo

dead³ *n*

A (+ *pl vb*) **the ~** los muertos

B (depth): **in the** *o* (BrE also) **at ~ of night** a altas horas de la noche *or* de la madrugada

deadbeat /ˈdedbiːt/ *n* (colloq) 1▸ (lazy person) vago, -ga *m,f*, bueno, -na *m,f* para nada, flojo, -ja *m,f* (fam) 2▸ (scrounger) (AmE) aprovechado, -da *m,f*, gorrón, -rrona *m,f* (Esp fam), aprovechador, -dora *m,f* (CS fam)

deaden /ˈdedn/ *vt* ‹*impact*› amortiguar; ‹*noise/vibration*› reducir*; ‹*pain*› atenuar*, aliviar; ‹*nerve*› insensibilizar*; ‹*faculties*› entorpecer*

dead: **~ end** *n* callejón *m* sin salida; **~-end** /ˈdedˈend/ *adj* ‹*street*› sin salida, ciego (Andes, Ven); **a ~-end job** (colloq) un trabajo sin porvenir *or* futuro; **~head** *n* (AmE colloq) pánfilo, -la *m,f* (fam); **~ heat** *n* empate *m*; **~ letter** *n* (Law) letra *f* muerta; (undelivered letter) carta *f* no reclamada; (*before n*) **~-letter office** departamento *m* de cartas no reclamadas; **~line** *n* fecha *f* tope *or* límite, plazo *m* de entrega; **to meet a ~line** entregar* un trabajo dentro del plazo previsto; **~lock** *n* (*no pl*) punto *m* muerto, impasse *m*

deadly¹ /ˈdedli/ *adj* **-lier, -liest**

A 1▸ (fatal) ‹*disease/poison*› mortal; ‹*weapon*› mortífero 2▸ (*as intensifier*) ‹*seriousness*› enorme; ‹*enemy/rival*› a muerte; **a ~ silence** un silencio sepulcral

B (dull) (colloq) aburridísimo, terriblemente aburridor (AmL)

deadly² *adv* (*as intensifier*) ‹*dull*› terriblemente; **I'm ~ serious** lo digo muy en serio

deadly nightshade /ˈnaɪtʃeɪd/ *n* [c u] belladona *f*

dead: **~pan** *adj* ‹*expression*› de póquer *or* (fam) de palo; ‹*voice/delivery*› deliberadamente inexpresivo; **~ Sea** *n* **the D~ Sea** el Mar Muerto; **~ weight** *n* peso *m* muerto; **~ wood**, (AmE also) **~wood** *n* [u] (dead branches) ramas *fpl* secas; **to get rid of the ~ wood among the staff** sacarse* de encima al personal inútil

deaf¹ /def/ *adj* 1▸ sordo; **to go ~** quedarse sordo; **~ and dumb** sordomudo 2▸ (unwilling to hear) **to be ~ TO sth** hacer* oídos sordos A algo

deaf² *pl n* **the ~** los sordos

deaf-aid /ˈdefeɪd/ *n* (BrE) audífono *m*

deafen /ˈdefən/ *vt* ensordecer*

deafening /ˈdefənɪŋ/ *adj* ensordecedor

deaf-mute /ˈdefˈmjuːt/ *n* sordomudo, -da *m,f*

deafness /ˈdefnəs || ˈdefnɪs/ *n* [u] sordera *f*

deal¹ /diːl/ *n*

A 1▸ (indicating amount): **it makes a great/good** *o* **fair ~ of difference** cambia mucho/bastante las cosas; **I've given it a great ~ of thought** he reflexionado mucho sobre el asunto; **a great ~ of money** mucho dinero 2▸ **a great/ good ~** (*as adv*): **we've seen a great ~ of her lately** la hemos visto mucho *or* muy a menudo últimamente

B [c] 1▸ (agreement) trato *m*, acuerdo *m*; **it's a ~!** ¡trato hecho!; **to do** *o* **make a ~ with sb** llegar* a un acuerdo con algn, hacer* un trato *or* un pacto con algn; **what's the ~?** (AmE colloq) ¿qué pasa?; ***to make a big ~ out of sth***: **she made such a big ~ out of choosing a hat** hizo tantos aspavientos para elegir un sombrero; **it's no big ~** no es nada del otro mundo 2▸ (financial arrangement) acuerdo *m*; **she got a very good ~ when she left the company** llegó a un buen arreglo económico al dejar la compañía 3▸ (bargain): **you'll get a better ~ if you shop around** lo conseguirás más barato si vas a otras tiendas

C (treatment) trato *m*; **she's had a raw ~ in life** la vida la ha tratado muy mal

D (Games) (*no pl*) reparto *m* (*de las cartas*); **it's my ~** me toca a mí dar *or* repartir, doy *or* reparto yo

deal² (*past & past p* **dealt**) *vt*

A ‹*cards*› dar*, repartir

B **to ~ sb/sth a blow** asestarle un golpe a algn/algo

■ **deal** *vi* (Games) dar*, repartir

Phrasal verbs

- **deal in** [v ▸ prep ▸ o] (Busn) dedicarse* a la compra y venta de, comerciar en
- **deal out** [v ▸ o ▸ adv, v ▸ adv ▸ o] ‹*gifts/money*› repartir, distribuir*; **the punishment that was ~t out to them** el castigo que se les aplicó *or* impuso
- **deal with** [v ▸ prep ▸ o]

A 1▸ (do business with) ‹*company*› tener* relaciones comerciales con; **I prefer to ~ with her** yo prefiero tratar con ella

[2] (behave): **to ~ fairly with sb** tratar a algn con justicia
B [1] (tackle, handle) ‹*complaint*› ocuparse de, atender*; ‹*situation*› manejar; **the problem must be ~t with now** hay que ocuparse del *or* hay que resolver el problema ahora mismo; **I don't know how to ~ with this problem** no sé qué hacer con *or* no sé cómo atacar este problema; **I know how to ~ with him** yo sé cómo tratarlo; **let me ~ with her** yo me encargo de ella [2] (be responsible for) ocuparse *or* encargarse* de [3] (punish): **your mother will ~ with you** ya te las verás con tu madre; **the judge ~t with her severely** el juez fue severo con ella
C ‹*issue*› (discuss, treat) tratar; (have as subject) tratar de

dealer /'di:lər || 'di:lə(r)/ *n*
A [1] (trader): **a ~ in livestock** un consignatario *or* tratante de ganado; **she's a car ~** se dedica a la compra-venta de coches; **visit your local Ford/Hoover ~** visite a su concesionario Ford/representante Hoover más próximo; **drug ~** traficante *mf* de drogas [2] (Fin) corredor, -dora *m,f* de bolsa *or* de valores
B (Games): **the ~** el que da *or* reparte las cartas

dealership /'di:lərʃɪp || 'di:ləʃɪp/ *n* concesión *f*, representación *f*

dealing /'di:lɪŋ/ *n*
A [1] [u] (business methods): **the company has a reputation for honest/shady ~** la empresa tiene fama de honradez en los negocios/de hacer negocios turbios [2] **dealings** *pl* (contacts, relations) relaciones *fpl*, trato *m*; **the company has ~s with the Far East** la compañía tiene negocios con el Lejano Oriente
B [u] [1] (trafficking) tráfico *m* [2] (on stock exchange) (BrE) transacciones *fpl*

dealt /delt/ *past & past p of* **deal²**

dean /di:n/ *n*
A (Relig) deán *m*
B [1] (in university) decano, -na *m,f* [2] (in college, secondary school) (AmE) *docente a cargo del asesoramiento y de la disciplina de los estudiantes*

dear¹ /dɪr, || dɪə(r)/ *adj* **dearer, dearest**
A (loved) querido; **~ (old) Jane** la buena de Jane; **his ~est wish/possession** su mayor deseo/su bien más preciado; **to be ~ TO sb**: **memories that are very ~ to him** recuerdos que le son muy caros *or* que significan mucho para él; **to hold sb ~** (frml) tener* a algn en mucha estima
B (in direct address) [1] (in speech): **my ~ Mrs Harper, I can assure you that ...** mi buena señora (Harper), le aseguro que ... [2] (in letter-writing): **D~ Mr Jones** Estimado Sr. Jones; **D~ Jimmy** Querido Jimmy; **D~ Sir or Madam** Estimado/a Señor(a), Muy señor mío/señora mía
C (lovable) adorable; **he's such a ~ little thing!** ¡es una ricura *or* monada (de niño)!
D (expensive) caro; **was it very ~?** ¿te costó muy caro?

dear² *interj*: **oh ~!** ¡ay!, ¡qué cosa!

dear³ *n*
A (*as form of address*) querido, -da, cariño
B (nice person) (colloq): **he's/she's such a ~** es un ángel *or* un cielo; **(you) poor ~!** ¡pobre ángel!, ¡pobrecito!

dear⁴ *adv* caro

dearly /'dɪrli || 'dɪəli/ *adv*
A (*as intensifier*): **I love him ~** lo quiero mucho *or* de verdad; **I should ~ like to get my revenge** ¡cómo me gustaría vengarme!; **~ beloved** (frml) (*as form of address*) (Relig) (amados) hermanos
B (at great cost) caro *adj*; **he paid ~ for his generosity** pagó cara su generosidad

dearth /dɜ:rθ || dɜ:θ/ *n* (lack) (*no pl*) **a ~ (OF sth)** escasez *f* (DE algo)

death /deθ/ *n* [u c] muerte *f*, fallecimiento *m* (frml); **he died a horrible ~** tuvo una muerte horrible; **to put sb to ~** ejecutar a algn; **he was beaten to ~** lo mataron a golpes; **that was the ~ of my ambitions** eso acabó con mis ambiciones; **to ~** (*as intensifier*) (colloq): **to be scared to ~** estar* muerto de miedo; **to be worried to ~** estar* preocupadísimo; ***at ~'s door*** a las puertas de la muerte; ***to be the ~ of sb*** acabar con algn; ***to catch one's ~ (of cold)*** agarrarse *or* (Esp) coger* una pulmonía doble; ***to do sth to ~***: **that play has been done to ~** esa obra está muy trillada; ***to hang on like grim ~*** aferrarse con todas sus fuerzas; **you look like ~ warmed over** *o* (BrE) **up** (hum) ¡tienes muy mala cara!

death: **~bed** *n* lecho *m* de muerte; (*before n*) ‹*confession*› in extremis, in artículo mortis; **~ benefit** *n* [u c] indemnización *f* por muerte *or* fallecimiento, compensación *f* por muerte *or* fallecimiento; **~ blow** *n* golpe *m* mortal; **~ cell** *n* celda *f* de la muerte, celda *f* de los condenados a muerte; **~ certificate** *n* certificado *m* de defunción; **~-dealing** *adj* (liter) mortífero; **~ duties** *pl n* (BrE) impuesto *m* sobre sucesiones *or* a la herencia

deathly¹ /'deθli/ *adj* ‹*silence*› de muerte, sepulcral; ‹*pallor*› cadavérico

deathly² *adv*: **she looked ~ white** *o* **pale** estaba blanca como el *or* un papel, estaba lívida

death: **~ penalty** *n* **the ~ penalty** la pena de muerte; **~ row** /rəʊ/ *n* (*no art*) pabellón *m* de los condenados a muerte, corredor *m* de la muerte; **~ sentence** *n*: **the ~ sentence** la pena de muerte; **~ squad** *n* escuadrón *m* de la muerte; **~ throes** *pl n* agonía *f*; **to be in one's ~ throes** agonizar*; **~ toll** *n* número *m* de víctimas (mortales) *or* de muertos; **~ trap** *n*: *edificio, vehículo etc muy poco seguro*; **~ warrant** *n* sentencia *f* de muerte; **~watch beetle** *n* carcoma *f*; **~ wish** *n* (*no pl*) (Psych) pulsión *f* de muerte

deb /deb/ *n* (colloq) debutante *f*

debacle, débâcle /deɪ'bɑ:kəl/ *n* debacle *f*, descalabro *m*

debar /dɪ'bɑ:r || dɪ'bɑ:(r)/ *vt* **-rr-** (frml) **to ~ sb FROM sth/-ING**: **the fact that she didn't have a degree ~red her from promotion** el hecho de no tener un título universitario le impedía ascender; **he was ~red from taking his final exam** se le prohibió rendir el examen final

debase /dɪ'beɪs/ *vt* [1] (devalue) ‹*ideal/principle*› degradar, envilecer*; ‹*language*› corromper, viciar [2] (demean) ‹*person*› degradar, rebajar

debatable /dɪ'beɪtəbəl/ *adj* discutible

debate¹ /dɪ'beɪt/ *n* [1] [c] (public, parliamentary) debate *m* [2] [u] (discussion) debate *m*, discusión *f*

debate² *vt* [1] ‹*question/topic/motion*› debatir, discutir [2] (weigh up) ‹*idea/possibility*› darle* vueltas a, considerar

debating /dɪ'beɪtɪŋ/ *n* [u] discusión *f*; (*before n*) **~ society** círculo *m* de debate y discusión

debauch /dɪ'bɔ:tʃ/ *vt* (liter) pervertir*, corromper

debauched /dɪ'bɔ:tʃt/ *adj* vicioso, libertino

debauchery /dɪ'bɔ:tʃəri/ *n* [u] disipación *f*, libertinaje *m*; **to lead a life of ~** llevar una vida disipada *or* disoluta

debenture /dɪ'bentʃər || dɪ'bentʃə(r)/ *n* **~ (bond)** (Fin) obligación *f*, bono *m*

debilitate /dɪ'bɪləteɪt || dɪ'bɪlɪteɪt/ *vt* (*often pass*) debilitar

debilitating /dɪ'bɪləteɪtɪŋ || dɪ'bɪlɪteɪtɪŋ/ *adj* ‹*disease*› debilitante; ‹*climate*› extenuante; **her ~ shyness** su timidez enfermiza

debility /dɪ'bɪləti/ *n* [u] debilidad *f*

debit¹ /'debət || 'debɪt/ *n* débito *m*, cargo *m*; (*before n*) **~ balance** saldo *m* deudor; **~ card** tarjeta *f* de cobro automático; **~ note** nota *f* de cargo

debit² *vt* (Fin) debitar, cargar*

debonair /ˌdebə'ner || ˌdebə'neə(r)/ *adj* (suave) elegante y desenvuelto; (courteous) cortés, afable

debrief /'di:'bri:f/ *vt*: **he was ~ed by his captain** rindió informe *or* dio parte de su misión al capitán

debriefing /'di:'bri:fɪŋ/ *n* [u c]: **they were sent for ~** los llamaron para que rindiesen informe *or* diesen parte de su misión

debris /də'bri: || 'debri:, 'deɪbri:/ *n* [u] [1] (rubble) escombros *mpl*; (of plane, ship) restos *mpl*; (rubbish) desechos *mpl* [2] (Geol) detritos *mpl*

debt /det/ *n* [1] [u] (indebtedness) endeudamiento *m*; **I'm $200 in ~** debo 200 dólares, tengo deudas por 200 dólares; **to be in sb's ~** *o* **in ~ to sb** (frml) estarle* en deuda a algn, estar* en deuda con algn; **to get** *o* **run into ~** endeudarse, llenarse *or* cargarse* de deudas; **to get/be out of ~** salir* de/no tener* deudas [2] [c] (money owing) deuda *f*; **foreign ~** deuda externa; **a ~ of honor** una deuda de honor; **bad ~s** deudas incobrables

debt collector *n* cobrador, -dora *m,f* de deudas *or* de morosos

debtor /'detər || 'detə(r)/ *n* deudor, -dora *m,f*

debug /diːˈbʌg/ *vt* **-gg-**
A (Comput) depurar
B ‹*room/building*› localizar* y retirar los micrófonos ocultos de

debunk /diːˈbʌŋk/ *vt* (colloq) desacreditar

debut, début /ˈdeɪbjuː, ˈde-/ (*pl* **-buts** /-bjuːz/) *n* debut *m*; **to make one's ~** (on stage etc) debutar, hacer* su (*or* mi *etc*) debut

debutante /ˈdebjutɑːnt, ˈdeɪ-/ *n* debutante *f*

Dec (= **December**) dic.

decade /ˈdekeɪd/ *n* década *f*

decadence /ˈdekədəns/ *n* [u] decadencia *f*

decadent /ˈdekədənt/ *adj* decadente

decaffeinated /ˈdiːˈkæfəneɪtəd || ˌdiːˈkæfɪneɪtɪd/ *adj* descafeinado

decal /ˈdiːkæl/ *n* (AmE) calcomanía *f*

decamp /dɪˈkæmp/ *vi* 1 (abscond) (hum) esfumarse (fam), hacerse* humo (AmL fam) 2 (Mil frml) levantar campamento

decant /dɪˈkænt/ *vt* ‹*wine*› decantar

decanter /dɪˈkæntər || dɪˈkæntə(r)/ *n* licorera *f*

decapitate /dɪˈkæpɪteɪt/ *vt* decapitar

decathlon /dɪˈkæθlən/ *n* decatlón *m*

decay¹ /dɪˈkeɪ/ *vi*
A (rot) «*foodstuffs/corpse*» descomponerse*, pudrirse*; «*wood*» pudrirse*; «*tooth*» cariarse, picarse*
B (deteriorate) «*building/machine*» deteriorarse; «*empire/culture/civilization*» decaer*, declinar
■ **decay** *vt* (rot) ‹*food/corpse*› descomponer*; ‹*wood*› pudrir*; ‹*tooth*› picar*, cariar

decay² *n* [u]
A (of organic matter) descomposición *f*; (*tooth* ~) caries *f*
B (of building) deterioro *m*; (of culture) decadencia *f*

deceased¹ /dɪˈsiːst/ *n* (*pl* ~) (frml) **the ~** el difunto, la difunta; (*pl*) los difuntos, las difuntas (frml)

deceased² *adj* (frml) difunto; **her ~ husband** su difunto marido; **William Jones, ~** el difunto William Jones

deceit /dɪˈsiːt/ *n* [u c] engaño *m*

deceitful /dɪˈsiːtfəl/ *adj* ‹*person*› falso, embustero; ‹*action*› engañoso

deceive /dɪˈsiːv/ *vt* engañar; **he was ~d by her story** se dejó engañar por lo que le contó; **to ~ sb INTO -ING** engañar a algn PARA QUE (+ *subj*); **to ~ oneself** engañarse

deceiver /dɪˈsiːvər || dɪˈsiːvə(r)/ *n* impostor, -tora *m,f*

decelerate /ˈdiːˈseləreɪt/ *vi* (frml) «*vehicle/driver*» reducir* *or* aminorar la velocidad

December /dɪˈsembər || dɪˈsembə(r)/ *n* diciembre *m*; *see also* **January**

decency /ˈdiːsn̩si/ *n* 1 [u] (of dress, conduct) decencia *f*, decoro *m* 2 [u] (propriety) buena educación *f*, consideración *f*; **she didn't even have the ~ to ask me** ni siquiera tuvo la consideración de preguntarme 3 **decencies** *pl* (proper conduct) (frml): **to observe the decencies** guardar las formas

decent /ˈdiːsn̩t/ *adj*
A 1 (appropriate) ‹*language/conduct/dress*› decente, decoroso; **are you ~?** ¿estás presentable?; **to do the ~ thing** hacer* lo que corresponde *or* es correcto 2 (respectable) decente
B (acceptable) ‹*person*› pasable, aceptable; ‹*meal/housing*› decente, como es debido
C (kind) amable; **he's being very ~ about it all** se está portando muy bien

decently /ˈdiːsn̩tli/ *adv*
A 1 (respectably) ‹*dress/behave*› decentemente, con decencia 2 (reasonably): **we couldn't ~ refuse** hubiera sido descortés *or* una descortesía el no aceptar
B (acceptably) ‹*perform/cook*› bastante bien
C (kindly) amablemente

decentralization /diːˈsentrələˈzeɪʃən || diːˌsentrəlaɪˈzeɪʃən/ *n* [u] descentralización *f*

decentralize /diːˈsentrəlaɪz/ *vt* descentralizar*

deception /dɪˈsepʃən/ *n* [u c] engaño *m*; **to obtain sth by ~** obtener* algo mediante *or* valiéndose de engaños

deceptive /dɪˈseptɪv/ *adj* engañoso; **appearances can be ~** las apariencias engañan

deceptively /dɪˈseptɪvli/ *adv*: **it's ~ simple** es aparentemente simple

decibel /ˈdesəbel || ˈdesɪbel/ *n* decibelio *m*, decibel *m*

decide /dɪˈsaɪd/ *vt*
A (make up one's mind) decidir; **I can't ~ which I prefer** no puedo decidir cuál prefiero, no sé por cuál decidirme; **to ~ to + INF** decidir *or* resolver + INF; **what finally ~d me was the price** lo que me decidió *or* me hizo decidir fue el precio
B (settle) ‹*question/issue*› decidir; ‹*outcome*› determinar
■ **decide** *vi* decidirse; **to ~ IN FAVOR OF/AGAINST sth/sb**: **we ~d in favor of the cheaper one** nos decidimos por el más barato; **the judge ~d in favor of/against the plaintiff** el juez resolvió a favor/en contra del demandante; **she ~d against buying** decidió no comprarlo

Phrasal verb
• **decide on, decide upon** [v ▸ prep ▸ o] ‹*date/venue*› decidir; ‹*candidate*› decidirse por

decided /dɪˈsaɪdəd || dɪˈsaɪdɪd/ *adj* 1 (definite) (*before n*) ‹*improvement/advantage*› claro, marcado 2 (determined) ‹*character/tone*› decidido

decidedly /dɪˈsaɪdədli || dɪˈsaɪdɪdli/ *adv* 1 (definitely) decididamente 2 (determinedly) ‹*speak/act*› con decisión

decider /dɪˈsaɪdər || dɪˈsaɪdə(r)/ *n* (Sport) **the ~** (match) el (partido de) desempate; (point, goal) el tanto (*or* el set *etc*) decisivo

deciding /dɪˈsaɪdɪŋ/ *adj* ‹*factor*› decisivo

deciduous /dɪˈsɪdʒuəs || dɪˈsɪdjuəs/ *adj* de hoja caduca, caducifolio (téc)

decimal¹ /ˈdesəməl || ˈdesɪməl/ *adj* decimal; **accurate to three ~ places** exacto hasta la tercera cifra decimal

decimal² *n* decimal *m*

decimalization /desəmələˈzeɪʃən || ˌdesɪməlaɪˈzeɪʃən/ *n* decimalización *f*, conversión *f* al sistema decimal

decimalize /ˈdesəmәlaɪz || ˈdesɪməlaɪz/ *vt* decimalizar*, convertir* al sistema decimal

decimal point *n* ≈ coma *f* (*decimal o de los decimales*), punto *m* decimal

decimate /ˈdesəmeɪt || ˈdesɪmeɪt/ *vt* diezmar

decipher /dɪˈsaɪfər || dɪˈsaɪfə(r)/ *vt* descifrar

decision /dɪˈsɪʒən/ *n* [c u] decisión *f*; **to make** *o* (BrE also) **take a ~** tomar una decisión; **on** *o* **by a ~** (in boxing) por puntos, por decisión (AmL)

decision-making /dɪˈsɪʒənˌmeɪkɪŋ/ *n* [u] toma *f* de decisiones; (*before n*) ‹*body/process*› decisorio

decisive /dɪˈsaɪsɪv/ *adj*
A (conclusive) ‹*battle/factor*› decisivo; ‹*victory*› contundente
B (purposeful) ‹*person*› decidido, resuelto; ‹*leadership/answer*› firme

decisively /dɪˈsaɪsɪvli/ *adv* 1 (convincingly) ‹*beat/win*› contundentemente 2 (purposefully) ‹*speak/act*› con decisión

deck¹ /dek/ *n*
A 1 (Naut) cubierta *f*; **below ~(s)** bajo cubierta; **to go up on ~** salir* a cubierta; ***to be on ~*** (AmE) (in baseball) estar* esperando turno, estar* en el círculo de espera; (ready, to hand) estar* a mano; ***to clear the ~(s)***: **let's clear the ~s before we start the new project** despejemos el camino antes de embarcarnos en el nuevo proyecto 2 (of stadium) (AmE) nivel *m* 3 (*sun* ~) terraza *f* 4 (of bus) (BrE) piso *m*
B (ground) (sl): ***to hit the ~*** (fall flat) caerse* al suelo
C (Audio) deck *m* (AmL), pletina *f* (Esp)
D 1 (AmE Games) ~ **(of cards)** baraja *f*, mazo *m* (esp AmL) 2 (Comput) lote *m*, paquete *m*

deck² *vt*
A (adorn) **to ~ sth (out) WITH sth** engalanar *or* adornar algo CON algo; **he was all ~ed out in his Sunday best** iba muy endomingado, iba de punta en blanco
B (knock down) (AmE colloq) tumbar (fam)

deck: **~chair** *n* silla *f* de playa, perezosa *f* (Col, Per), reposera *f* (RPl); **~hand** *n* marinero *m*

decking /ˈdekɪŋ/ *n* [u] 1 (of ship) material *m* de cubierta 2 (material for floors, doors etc) tablones *mpl* 3 (embellishment) embellecimiento *m*

declaim /dɪˈkleɪm/ *vt/i* declamar

declaration /ˈdekləˈreɪʃən/ *n*
A (statement) declaración *f*; **a customs ~** una declaración de aduanas
B (Law) (finding) pronunciamiento *m* (oficial); (statement) declaración *f*

declare /dɪ'kler || dɪ'kleə(r)/ *vt* 1 (state, announce) ‹*intention*› declarar; ‹*opinion*› manifestar*; **to ~ war** declarar la guerra; **to ~ war on** *o* **against sb/sth** declararle la guerra a algn/algo; **the museum was officially ~d open** el museo fue inaugurado oficialmente 2 (Tax) ‹*goods/income*› declarar; **nothing to ~** nada que declarar

■ **declare** *vi*

A (AmE Pol) 1 (announce candidacy) anunciar su (*or* mi *etc*) candidatura 2 (take sides) **to ~ FOR/AGAINST sb/sth** declararse *or* pronunciarse A FAVOR/EN CONTRA DE algn/algo

B (*as interj*) (dated): **well, I (do) ~!** ¡válgame Dios! (ant)

declared /dɪ'klerd || dɪ'kleəd/ *adj* (*before n*) ‹*aim/motive*› declarado

declassify /'di:'klæsəfaɪ || ˌdi:'klæsɪfaɪ/ *vt* **-fies, -fying, -fied**: **the information has been declassified** el público tiene ahora libre acceso a la información

declension /dɪ'klentʃən || dɪ'klenʃən/ *n* [c u] (Ling) declinación *f*

decline¹ /dɪ'klaɪn/ *n* (*no pl*) 1 (decrease) descenso *m*, disminución *f* 2 (downward trend) declive *m*, decadencia *f*, deterioro *m*; **to be in ~** estar* en declive *or* en decadencia; **to fall into ~** entrar en decadencia; **to go into a ~** entrar en decadencia; (Med) empezar* a empeorar

decline² *vi*

A 1 (decrease) «*production/strength*» disminuir*, decrecer*; «*interest*» disminuir*, decaer*; **to ~ in importance** perder* importancia 2 (deteriorate) «*health*» deteriorarse; «*industry/region/standards*» decaer* 3 **declining** *pres p* ‹*industry/region/standards*› en declive, en decadencia; **in his declining years** en sus últimos años

B (refuse): **I invited him, but he ~d** lo invité, pero rehusó *or* declinó mi invitación

■ **decline** *vt*

A (refuse) ‹*offer/invitation*› rehusar, declinar; **he ~d to comment** declinó hacer declaraciones

B (Ling) declinar

declutch /'di:'klʌtʃ/ *vi* desembragar*, sacar* el clutch (Col, Méx)

decode /'di:'kəʊd/ *vt* ‹*signal*› descodificar*; ‹*message*› descifrar

decoder /'di:'kəʊdər || ˌdi:'kəʊdə(r)/ *n* descodificador *m*

decolonize /di:'kɑ:lənaɪz || di:'kɒlənaɪz/ *vt* descolonizar*

decommission /ˌdi:kə'mɪʃən/ *vt* 1 (take out of service) ‹*ship*› retirar del servicio a 2 (make safe, dismantle) ‹*weapons/nuclear reactor*› desmantelar

decompose /'di:kəm'pəʊz/ *vi* descomponerse*, pudrirse*

decomposition /'di:kɑ:mpə'zɪʃən || ˌdi:kɒmpə'zɪʃən/ *n* [u] descomposición *f*

decompress /ˌdi:kəm'pres/ *vt*

A ‹*diver*› someter a descompresión

B ‹*data*› descomprimir*

decompression /'di:kəm'preʃən/ *n* [u]

A (Naut) descompresión *f*; (*before n*) **~ chamber** cámara *f* de descompresión

B (expansion of compressed data) descompresión *f*

decongestant /'di:kən'dʒestənt/ *n* [u c] descongestionante *m*, anticongestivo *m*

decor, décor /deɪ'kɔ:r || 'deɪkɔ:(r)/ *n* [u c] 1 (furnishings) decoración *f* 2 (Theat) decorado *m*, escenografía *f*

decorate /'dekəreɪt/ *vt*

A 1 ‹*room/house*› (with paint) pintar; (with wallpaper) empapelar 2 ‹*Christmas tree*› adornar, decorar (AmL); ‹*cake*› decorar

B (award medal to) (*usu pass*) **to ~ sb (FOR sth)** condecorar a algn (POR algo)

■ **decorate** *vi* (paint) pintar; (hang wallpaper) empapelar

decorating /'dekəreɪtɪŋ/ *n* [u]: **he helped me with the ~** me ayudó a decorar la casa (*or* la habitación *etc*)

decoration /'dekə'reɪʃən/ *n*

A 1 [u] (act) decoración *f* 2 [u] (ornamentation) decoración *f*; **for ~** de adorno 3 [c] (ornament) adorno *m*

B [u c] (Mil) condecoración *f*

decorative /'dekərətɪv/ *adj* ‹*object*› ornamental, de adorno; **the ~ arts** las artes decorativas

decorator /'dekəreɪtər || 'dekəreɪtə(r)/ *n* 1 (painter) pintor, -tora *m,f*; (paperhanger) empapelador, -dora *m,f* 2 (designer) decorador, -dora *m,f*, interiorista *mf*

decorous /'dekərəs/ *adj* (frml) decoroso

decorum /dɪ'kɔ:rəm/ *n* [u] decoro *m*

decoy /'di:kɔɪ/ *n* (lure) señuelo *m*; (in hunting) señuelo *m*, reclamo *m*

decrease¹ /dɪ'kri:s, 'di:kri:s/ *vi* 1 (in quantity) «*amount/numbers*» disminuir*, decrecer*; «*prices*» bajar; «*speed*» disminuir* 2 (in intensity) «*quality*» disminuir*, bajar; «*power/effectiveness*» disminuir*, decrecer*; «*interest*» disminuir*, decaer*

■ **decrease** *vt* disminuir*, reducir*

decrease² /'di:kri:s, dɪ'kri:s/ *n* [c u] disminución *f*, descenso *m*; **crime is on the ~** la delincuencia está disminuyendo

decreasing /dɪ'kri:sɪŋ/ *adj* decreciente

decree¹ /dɪ'kri:/ *n* 1 (command) decreto *m* 2 (Law): **~ nisi/absolute** sentencia *f* provisional/definitiva (*en un juicio de divorcio*)

decree² *vt* decretar

decrepit /dɪ'krepət || dɪ'krepɪt/ *adj* 1 (dilapidated) ‹*bus/furniture*› destartalado; ‹*house*› deteriorado, viejo y en mal estado 2 (infirm) ‹*person/animal*› decrépito

decrepitude /dɪ'krepətu:d || dɪ'krepɪtju:d/ *n* [u] 1 (dilapidation) deterioro *m* 2 (infirmity) decrepitud *f*

decriminalize /'di:'krɪmɪnəlaɪz/ *vt* despenalizar*

decry /dɪ'kraɪ/ *vt* **decries, decrying, decried** (condemn) condenar, censurar; (disparage) menospreciar

decryption /di:'krɪpʃən/ *n* desciframiento *m*, descodificación *f*

dedicate /'dedɪkeɪt/ *vt*

A 1 (devote) **to ~ sth TO sth/-ING** dedicar* algo A algo/+ INF 2 ‹*poem/book*› dedicar*; **to ~ sth TO sb** dedicarle* algo A algn

B 1 (consecrate) ‹*church/shrine/memorial*› dedicar* 2 (declare open) (AmE) ‹*building/fair*› inaugurar

dedicated /'dedɪkeɪtəd || 'dedɪkeɪtɪd/ *adj*

A ‹*musician/nurse/teacher*› de gran dedicación, dedicado *or* entregado a su (*or* mi *etc*) trabajo; **to be ~ TO sth** estar* dedicado *or* entregado A algo

B (Comput) (*before n*) dedicado

dedication /'dedɪ'keɪʃən/ *n*

A [u] (devotion) **~ (TO sth)** dedicación *f or* entrega *f* (A algo)

B [c] (written message) dedicatoria *f*

C [u] 1 (consecration) dedicación *f* 2 (opening) (AmE) inauguración *f*

deduce /dɪ'du:s || dɪ'dju:s/ *vt*: **to ~ sth FROM sth** deducir* *or* inferir* algo DE algo

deduct /dɪ'dʌkt/ *vt* **to ~ sth (FROM sth)** deducir* *or* descontar* algo (DE algo)

deductible¹ /dɪ'dʌktəbəl/ *adj* deducible; (*tax-~*) desgravable

deductible² *n* (AmE) franquicia *f*

deduction /dɪ'dʌkʃən/ *n*

A [u c] (subtraction) deducción *f*, descuento *m*; **he gets $260 a week after ~s** gana 260 dólares semanales netos

B [u c] (reasoning, conclusion) deducción *f*

deed¹ /di:d/ *n*

A (action) hecho *m*; **~s, not words** hechos y no palabras; **good ~s** buenas acciones *fpl*, buenas obras *fpl*; **in word and in ~** de palabra y obra

B (Law) escritura *f*; **the ~** *o* **~s to the house** la escritura de la casa

deed² *vt* (AmE) ceder, transferir*

deed poll *n* (BrE): **to change one's name by ~ ~** ≈ cambiarse el apellido oficialmente

deejay /'di:ˌdʒeɪ/ *n* (colloq) disc-jockey *mf*, pinchadiscos *mf* (Esp fam)

deem /di:m/ *vt* (frml) considerar, juzgar*

deep¹ /di:p/ *adj* **-er, -est**

A 1 ‹*water*› profundo; ‹*hole/pit*› profundo, hondo; ‹*gash*› profundo; ‹*dish*› hondo; ‹*pan*› alto; **the ditch is 6 ft ~** la zanja tiene 6 pies de profundidad; *see also* **deep end** 2 (horizontally) ‹*shelf*› profundo; **the soldiers were standing 12 ~** los soldados formaban columnas de 12 en fondo 3 (broad) ‹*edge*› ancho

B ‹*sigh/groan*› profundo, hondo; **take a ~ breath** respire hondo

C 1 ‹*voice*› profundo, grave; ‹*note*› grave 2 ‹*color*› intenso, subido

D **1** (intense) ‹*sleep/love/impression*› profundo; **it is with ~ regret that ...** es con gran *or* profundo pesar que ...; **to be in ~ trouble** estar* en un serio apuro *or* (fam) en un buen lío **2** ‹*thoughts*› profundo **3** ‹*mystery/secret*› profundo; **she's a ~ one** (colloq) es un enigma

deep² *adv* **-er, -est**

A **1** (of penetration): **to dig ~** cavar hondo; **he thrust his hands ~ in(to) his pockets** hundió las manos en los bolsillos; **feelings run very ~ among the population** hay un sentir muy fuerte entre la población; **he looked ~ into her eyes** la miró fijamente a los ojos **2** (thoroughly): **to go ~er (into sth)** ahondar *or* profundizar* más (en algo)

B **1** (situated far from edge): **~ in the forest** en lo profundo del bosque; **~ down you know I'm right** en el fondo sabes que tengo razón **2** (greatly involved) **to be ~ IN sth**: **I found her ~ in her book** la encontré absorta *or* ensimismada en su libro; **you're in this too ~** (colloq) estás metido en esto hasta el cuello (fam)

C (extensively): **to drink ~ of sth** (liter) embeberse de *or* en algo

deep³ *n* (liter) (*no pl*) (sea) **the ~** el piélago (liter)

deepen /'di:pən/ *vt*

A ‹*canal/well*› hacer* más profundo *or* hondo

B ‹*knowledge*› profundizar* *or* ahondar en; ‹*concern*› aumentar; ‹*friendship*› estrechar

■ **deepen** *vi*

A «*gorge/river*» hacerse* *or* volverse* más hondo *or* profundo

B «*concern/love*» hacerse* más profundo, aumentar; «*friendship*» estrecharse; «*mystery*» crecer*, aumentar; «*crisis*» acentuarse*; «*darkness*» hacerse* más profundo

deep end *n* **the ~ ~** (of swimming pool) la parte honda, lo hondo (fam); ***to go o jump off the ~ ~*** (colloq) ponerse* hecho una furia (fam); ***to throw sb in (at) the ~ ~*** meter a algn de lleno en lo más difícil

deepening /'di:pənɪŋ/ *adj* ‹*waters/darkness/mystery*› cada vez más profundo; ‹*dismay/crisis*› creciente, cada vez mayor

deep: **~ freeze** *n* **1** [c] (in shop, home) congelador *m*, freezer *f* (AmL); **2** [u] (state): **the proposal is in ~ freeze** la propuesta ha sido congelada; **~-freeze** /'di:p'fri:z/ *vt* (*past* **-froze**; *past p* **-frozen**) congelar; (commercially) ultracongelar; **~-frozen cod** bacalao *m* ultracongelado; **~ freezer** *n* ▸ **~ freeze A**; **~-fry** /'di:p'fraɪ/ *vt* **-fries, -frying, -fried** freír* (*en abundante aceite*); **~ fryer** *n* freidora *f*

deeply /'di:pli/ *adv*

A ‹*sigh*› profundamente; **to breathe ~** respirar hondo; **he cut ~ into the wood** hizo un corte profundo en la madera

B ‹*think*› a fondo; ‹*concerned*› profundamente; ‹*interested*› sumamente; **I was ~ offended by his remarks** me sentí muy ofendida por sus comentarios

deep: **~-rooted** /'di:p'ru:təd || ˌdi:p'ru:tɪd/ *adj* ‹*belief*› profundamente arraigado; **~-sea** /'di:p'si:/ *adj* (*before n*) **~-sea diving** buceo *m* de altura *or* en alta mar; **~-sea fishing** pesca *f* de altura; **~-seated** /'di:p'si:təd || ˌdi:p'si:tɪd/ *adj* ‹*prejudice/conviction*› profundamente arraigado; ‹*problem*› de raíces profundas; **~-set** /'di:p'set/ *adj* ‹*eyes*› hundido; **~ South** *n* **the D~ South** *el sureste de Estados Unidos, Carolina del Sur, Georgia, Alabama, Misisipí y Luisiana*; **~ space** *n* [u] espacio *m* interplanetario; **~-vein thrombosis** /'di:p'veɪn/ *n* trombosis *f* venosa profunda, TVP *f*

deer /dɪr || dɪə(r)/ *n* (*pl* **~**) ciervo *m*, venado *m*

deerstalker /'dɪrˌstɔ:kər || 'dɪəˌstɔ:kə(r)/ *n* gorra *f* de cazador

de-escalate /di:'eskəleɪt/ *vt* ‹*bombing*› desescalar, reducir*; ‹*crisis*› desacelerar

■ **de-escalate** *vi* «*violence*» disminuir*, reducirse*; «*situation*» mejorar

deface /dɪ'feɪs/ *vt* ‹*wall/notice*› pintarrajear

de facto /deɪ'fæktəʊ/ *adj/adv* (frml) de facto

defamation /'defə'meɪʃən/ *n* [u] (frml) difamación *f*

defamatory /dɪ'fæmətɔ:ri || dɪ'fæmətri/ *adj* difamatorio

defame /dɪ'feɪm/ *vt* (frml) difamar

default¹ /dɪ'fɔ:lt/ *n* [u]

A (omission) omisión *f*; (on payments) mora *f*; (failure to appear) incomparecencia *f*; (Law) rebeldía *f*; **she won by ~** (Sport) ganó por incomparecencia de su rival

B (lack) falta *f*; **he was elected by ~** fue elegido por ausencia de otros candidatos; (*before n*) **~ option** (Comput) opción *f* por defecto

default² *vi* **1** (Fin) **to ~ (ON sth)** no pagar* (algo) **2** (Law) estar* en rebeldía **3** (Sport) no presentarse

defaulter /dɪ'fɔ:ltər || dɪ'fɔ:ltə(r)/ *n* **1** (Fin) moroso, -sa *m,f* **2** (Law) rebelde *mf*

defeat¹ /dɪ'fi:t/ *n* [u c] **1** (by opponent) derrota *f*; **to accept** *o* **admit ~** darse* por vencido **2** (of motion, bill) (Adm, Govt) rechazo *m*

defeat² *vt*

A ‹*opponent*› derrotar, vencer*

B ‹*hopes/plans*› frustrar; **that would ~ the object of the exercise** eso iría en contra de lo que se pretende lograr

C (Adm, Govt) ‹*opposition*› derrotar; ‹*bill/motion*› rechazar*

D (baffle) (colloq): **it ~s me** no alcanzo a comprenderlo

defeatism /dɪ'fi:tɪzəm/ *n* [u] derrotismo *m*

defeatist¹ /dɪ'fi:təst || dɪ'fi:tɪst/ *adj* derrotista

defeatist² *n* derrotista *mf*

defecate /'defɪkeɪt || 'defəkeɪt/ *vi* (frml) defecar* (frml)

defect¹ /'di:fekt/ *n* defecto *m*; **a speech/birth ~** un defecto en el habla/de nacimiento

defect² /dɪ'fekt/ *vi* (Pol) desertar*, defeccionar (period); **their key man has ~ed to a rival team** su mejor hombre se ha pasado a un equipo rival

defection /dɪ'fekʃən/ *n* [u c] deserción *f*; (Pol) defección *f*

defective /dɪ'fektɪv/ *adj*

A (imperfect) defectuoso

B (Ling) defectivo

defector /dɪ'fektər || dɪ'fektə(r)/ *n* desertor, -tora *m,f*

defence *etc* (BrE) ▸ **defense** *etc*

defend /dɪ'fend/ *vt* defender*; **to ~ oneself** defenderse*; **to ~ sth/sb FROM/AGAINST sth/sb** defender* algo/a algn DE algo/algn

■ **defend** *vi*

A (Law) actuar* por la defensa

B (Sport): **he's better at ~ing** juega mejor como defensa

defendant /dɪ'fendənt/ *n* (Law) (in civil case) demandado, -da *m,f*; (in criminal case) acusado, -da *m,f*

defender /dɪ'fendər || dɪ'fendə(r)/ *n* **1** (of cause, course of action, opinion) defensor, -sora *m,f* **2** (Sport) defensa *mf*

defending /dɪ'fendɪŋ/ *adj*: **the ~ champion** el actual campeón (*que defiende su título*); **~ counsel** (Law) abogado defensor, abogada defensora *m,f*

defense, (BrE) **defence** /dɪ'fens, 'di:fens || dɪ'fens/ *n*

A [u] **1** (Mil) defensa *f*; **Secretary of D~** (in US) Ministro, -tra *m,f* *or* (Méx) Secretario, -ria *m,f* de Defensa; (*before n*) **Defence Minister** (in UK) Ministro, -tra *m,f* *or* (Méx) Secretario, -ria *m,f* de Defensa **2** (on personal level) defensa *f*; **to come to sb's ~** salir* *or* acudir en defensa de algn

B [c] **1** (protection) defensa *f*, protección *f* **2** (apologia) defensa *f*

C **defenses** *pl* (Mil, Med, Psych) defensas *fpl*; **to lower** *o* **drop one's ~s** bajar la guardia

D [c] (Law) defensa *f*; (*before n*) **~ counsel** abogado defensor, abogada defensora *m,f*

E **1** [u] (Sport) defensa *f* **2** [c] (in chess) defensa *f*

defenseless, (BrE) **defenceless** /dɪ'fensləs || dɪ'fenslɪs/ *adj* indefenso

defense mechanism, (BrE) **defence mechanism** *n* (Physiol, Psych) mecanismo *m* de defensa

defensible /dɪ'fensəbəl/ *adj* **1** (Mil) defendible **2** ‹*theory/conduct*› defendible, justificable

defensive /dɪ'fensɪv/ *adj* defensivo; **to get ~** ponerse* a la defensiva; ***to be on the ~*** (Mil, Psych) estar* a la defensiva

defer /dɪ'fɜ:r || dɪ'fɜ:(r)/ **-rr-** *vt* **1** (postpone) (frml) diferir* (frml), aplazar*, postergar* (esp AmL) **2** **deferred** *past p* ‹*charges/taxation*› (Fin) diferido; ‹*shares*› (Fin) de dividendo diferido; ‹*sentence*› (Law) aplazado **3** (AmE Mil): **he was ~red on medical grounds** le concedieron una prórroga por razones médicas

Phrasal verb

• **defer to** [v ▸ prep ▸ o] (frml) deferir* a (frml)

deference /'defərəns/ *n* [u] (frml) deferencia *f*; **in/out of ~ to sb/sth** por deferencia a algn/algo

deferential /'defə'rentʃəl || ˌdefə'renʃəl/ *adj* deferente; **to be ~ TO sb** ser* deferente (PARA) CON algn

deferment /dɪ'fɜːrmənt || dɪ'fɜːmənt/ *n* [u c] 1 (of decision, payment) (frml) aplazamiento *m* 2 (AmE Mil) prórroga *f*

defiance /dɪ'faɪəns/ *n* [u]: **an act of ~** un desafío, un acto de rebeldía; **in ~ of her orders** haciendo caso omiso de sus órdenes

defiant /dɪ'faɪənt/ *adj* ‹*attitude/tone*› desafiante; ‹*person*› rebelde

defiantly /dɪ'faɪəntli/ *adv* con actitud desafiante

defibrillator /diː'fɪbrəleɪtər || diː'fɪbrɪleɪtə(r)/ *n* desfibrilador *m*

deficiency /dɪ'fɪʃənsi/ *n* (*pl* **-cies**)
A [c u] 1 (Med) deficiencia *f* 2 (shortage) escasez *f*, déficit *m*
B [c] (shortcoming) deficiencia *f*

deficient /dɪ'fɪʃənt/ *adj* (frml) deficiente, insuficiente; **~ IN sth: foods ~ in vitamins** alimentos de bajo contenido vitamínico; **a plan ~ in imagination** un plan carente de imaginación

deficit /'defəsɪt || 'defɪsɪt/ *n* déficit *m*

defile /dɪ'faɪl/ *vt* 1 (Relig) profanar 2 (liter) ‹*mind/spirit*› envilecer* (liter), corromper*; ‹*memory*› profanar; ‹*woman*› deshonrar (liter)

definable /dɪ'faɪnəbəl/ *adj* definible

define /dɪ'faɪn/ *vt*
A 1 (state meaning of, describe) ‹*word/position*› definir 2 ‹*powers/duties*› delimitar 3 (characterize) distinguir*
B (outline) (*usu pass*) definir

definite /'defənət, 'defnət || 'defɪnɪt/ *adj*
A 1 (final) ‹*date/price/offer*› definitivo, en firme 2 (certain) seguro, confirmado 3 (firm, categorical) ‹*tone*› firme, terminante; **she was very ~ about wanting to come** dijo categóricamente que quería venir 4 (distinct): **it's a ~ advantage/possibility** es, sin duda, una ventaja/posibilidad
B (Ling): **~ article** artículo *m* determinado *or* definido

definitely /'defənətli, 'defnətli || 'defɪnɪtli/ *adv* 1 (without doubt): **it's ~ true/an improvement** es indudablemente cierto/una mejora; **he ~ said we should meet here** seguro que dijo que nos encontráramos aquí 2 (definitively) ‹*arrange/agree*› definitivamente 3 (firmly) ‹*speak/say*› terminantemente, categóricamente; ‹*act*› con firmeza

definition /'defə'nɪʃən || ˌdefɪ'nɪʃən/ *n*
A [c u] 1 (statement of meaning) definición *f*; **what's your ~ of good music?** ¿tú qué entiendes por buena música?; **by ~** por definición 2 (categorization) definición *f*, delimitación *f*
B [u] 1 (focus): **the plot lacked ~** la trama argumental no estaba bien definida 2 (Cin, Phot, TV) nitidez *f*, definición *f*

definitive /dɪ'fɪnətɪv/ *adj* (*no comp*) 1 (final) ‹*verdict/victory*› definitivo 2 (authoritative) ‹*biography/study*› de mayor autoridad

definitively /dɪ'fɪnətɪvli/ *adv* definitivamente

deflate /dɪ'fleɪt/ *vt*
A 1 ‹*balloon/tire*› desinflar 2 (humble): **to ~ sb** *o* **sb's ego** bajarle los humos a algn 3 (depress) deprimir; **I felt ~d** me sentí por los suelos
B (Econ) deflactar
■ **deflate** *vi* «*balloon/tire*» desinflarse

deflation /dɪ'fleɪʃən/ *n* [u] deflación *f*

deflationary /dɪ'fleɪʃəneri || dɪ'fleɪʃənəri/ *adj* deflacionario

deflect /dɪ'flekt/ *vt* **to ~ sth (FROM sth)** desviar* algo (DE algo)
■ **deflect** *vi* desviarse*

deflection /dɪ'flekʃən/ *n* [u c] (of ball, bullet) desviación *f*; (of light) refracción *f*; (of particle) deflexión *f*

deflower /'diː'flaʊər || ˌdiː'flaʊə(r)/ *vt* (liter) desflorar (liter), desvirgar*

defog /'diː'fɔːg || ˌdiː'fɒg/ *vt* **-gg-** (AmE) desempañar

defogger /'diː'fɔːgər || ˌdiː'fɒgə(r)/ *n* (AmE) desempañador *m*

defoliate /'diː'fəʊlieɪt/ *vt* defoliar

defoliation /'diː'fəʊli'eɪʃən/ *n* [u] defoliación *f*

deforestation /'diː'fɔːrə'steɪʃən || ˌdiːfɒrɪ'steɪʃən/ *n* [u] deforestación *f*, despoblación *f* forestal (Esp)

deform /dɪ'fɔːrm || dɪ'fɔːm/ *vt* deformar

deformation /'diːfɔːr'meɪʃən || ˌdiːfɔː'meɪʃən/ *n* [u c] deformación *f*

deformed /dɪ'fɔːrmd || dɪ'fɔːmd/ *adj* deforme

deformity /dɪ'fɔːrməti || dɪ'fɔːməti/ *n* [u c] (*pl* **-ties**) 1 (disfigurement, malformation) deformidad *f* 2 (of mind, character) deformación *f*

defraud /dɪ'frɔːd/ *vt* ‹*person*› estafar; **to ~ the state** defraudar al estado; **to ~ sb OF sth** estafarle algo A algn

defray /dɪ'freɪ/ *vt* (frml) ‹*cost*› sufragar* (frml), costear

defrock /'diː'frɑːk || ˌdiː'frɒk/ *vt* (Relig): **he was ~ed** lo apartaron del sacerdocio

defrost /'diː'frɔːst || ˌdiː'frɒst/ *vt* 1 ‹*food*› descongelar; ‹*refrigerator*› deshelar*, descongelar 2 (AmE) ‹*windshield*› desempañar
■ **defrost** *vi* «*meat*» descongelarse; «*refrigerator*» deshelarse*, descongelarse

deft /deft/ *adj* **-er, -est** ‹*movement*› hábil, diestro; **to be ~ AT sth/-ING** ser* hábil PARA algo/+ INF

deftly /'deftli/ *adv* hábilmente, con destreza

defunct /dɪ'fʌŋkt/ *adj* 1 (extinct) ‹*idea/theory*› caduco; ‹*institution*› desaparecido, extinto, fenecido (frml) 2 (dead) (frml) difunto (frml)

defuse /'diː'fjuːz/ *vt* ‹*bomb*› desactivar; ‹*situation*› distender*; ‹*crisis*› calmar

defy /dɪ'faɪ/ *vt* **defies, defying, defied**
A 1 (disobey) ‹*order/authority*› desacatar, desobedecer* 2 (resist): **to ~ understanding/description** ser* incomprensible/indescriptible; **to ~ all logic** *o* **reason** no tener* ninguna lógica, ir* en contra de toda lógica 3 (ignore) ‹*danger/death*› desafiar*
B (challenge) **to ~ sb to + INF** desafiar* a algn A QUE (+ *subj*)

degenerate¹ /dɪ'dʒenəreɪt/ *vi* degenerar; «*health*» deteriorarse; **to ~ INTO sth** degenerar EN algo

degenerate² /dɪ'dʒenərət/ *adj* degenerado

degenerate³ /dɪ'dʒenərət/ *n* (frml) degenerado, -da *m,f*

degeneration /dɪ'dʒenə'reɪʃən/ *n* [u] 1 (deterioration) degeneración *f*, deterioro *m* 2 (Med) (of tissue, organs) degeneración *f*

degenerative /dɪ'dʒenərətɪv/ *adj* degenerativo

degradation /'degrə'deɪʃən/ *n* [u] degradación *f*

degrade /dɪ'greɪd/ *vt* degradar; **to ~ oneself** degradarse, rebajarse

degrading /dɪ'greɪdɪŋ/ *adj* degradante

degree /dɪ'griː/ *n*
A (level, amount) grado *m*, nivel *m*; **it's a matter** *o* **question of ~** es cuestión de grados; **there's a ~ of truth in what she says** hay cierta verdad en lo que dice; **to a certain** *o* **limited ~** hasta cierto punto; **to a high ~** en alto grado; ***to a ~*** (extremely) en grado sumo; (to some extent) hasta cierto punto
B (grade, step) grado *m*; **first/third ~ burns** quemaduras *fpl* de primer/tercer grado; **first/second ~ murder** (in US) homicidio *m* en primer/segundo grado; ***by ~s*** gradualmente, paulatinamente; *see also* **third degree**
C (Math, Geog, Meteo, Phys) grado *m*; **it was 40 ~s in the shade** hacía 40 grados a la sombra; **12 ~s below zero** 12 grados bajo cero; **this wine is 12 ~s proof** este vino es de *or* tiene 12 grados
D (Educ) título *m*; **first ~** licenciatura *f*; **he has** *o* (frml) **holds a ~ in chemistry** es licenciado en química; **to take a philosophy ~** hacer* la carrera de filosofía, licenciarse en filosofía; (*before n*) **~ course** licenciatura *f*

dehumanize /'diː'hjuːmənaɪz/ *vt* deshumanizar*

dehydrate /'diː'haɪdreɪt/ *vt* deshidratar

dehydrated /'diːhaɪ'dreɪtəd || ˌdiːhaɪ'dreɪtɪd/ *adj* deshidratado; **to become ~** deshidratarse

dehydration /'diːhaɪ'dreɪʃən/ *n* [u] deshidratación *f*

deice /'diː'aɪs/ *vt* deshelar*

deicer /'diː'aɪsər || ˌdiː'aɪsə(r)/ *n* [c u] descongelante *m*

deify /'diːəfaɪ || 'diːɪfaɪ/ *vt* **-fies, -fying, -fied** deificar*

deign /deɪn/ *vi* **to ~ to + INF** dignarse (A) + INF

deity /'diːəti/ *n* (*pl* **-ties**) deidad *f*; **the D~** Dios

déjà vu /'deɪʒɑː'vuː/ *n* [u] déjà vu *m*
dejected /dɪ'dʒektəd || dɪ'dʒektɪd/ *adj* abatido, desalentado
dejectedly /dɪ'dʒektədli || dɪ'dʒektɪdli/ *adv* con desaliento *or* desánimo
dejection /dɪ'dʒekʃən/ *n* [u] abatimiento *m*, desánimo *m*
de jure *adj/adv* de jure
Del = Delaware
delay¹ /dɪ'leɪ/ *vt*
A **1** (make late, hold up) retrasar, demorar (esp AmL); **I don't want to ~ you** no quiero entretenerte **2** **delaying** *pres p* ‹*action/tactics*› dilatorio
B **1** (defer) ‹*decision/payment*› retrasar, demorar (esp AmL); **to ~ -ING: we ~ed signing the contract** retrasamos *or* (AmL tb) demoramos la firma del contrato **2** **delayed** *past p* ‹*action/effect/reaction*› retardado
■ **delay** *vi* tardar, demorar (esp AmL); **there's no point in ~ing any longer** no tiene sentido esperar más tiempo
delay² *n*
A **1** [u] (waiting) tardanza *f*, dilación *f*, demora *f* (esp AmL); **and now, without further ~ ...** y ahora, sin más preámbulos ... **2** [c] (holdup) retraso *m*, demora *f* (esp AmL); **~s can be expected on major roads** se puede esperar embotellamientos en las principales carreteras
B [c] **1** (extra time) (Law) aplazamiento *m*, prórroga *f* **2** (interval) lapso *m*, intervalo *m*
delayed action /dɪ'leɪd/ *n* [u] acción *f* retardada; (*before n*) **delayed-action mechanism** mecanismo *m* de accion retardada
delectable /dɪ'lektəbəl/ *adj* **1** (delicious) delicioso, exquisito **2** (delightful) delicioso, encantador
delectation /'diːlek'teɪʃən/ *n* [u] (liter) deleite *m*, delectación *f* (frml)
delegate¹ /'delɪgeɪt/ *vt* **1** ‹*duties/powers/responsibility*› **to ~ sth (TO sb)** delegar* algo (EN algn) **2** (depute) **to ~ sb to + INF** delegar* a algn PARA QUE (+ *subj*)
■ **delegate** *vi* delegar*
delegate² /'delɪgət/ *n* delegado, -da *m,f*
delegation /'delɪ'geɪʃən/ *n*
A [c] **1** (deputation) delegación *f* **2** (in US) (Govt) *grupo de representantes de un estado en el Congreso*
B [u] (act of delegating) delegación *f*
delete /dɪ'liːt/ *vt* suprimir, eliminar; (by crossing out) tachar
deleterious /'delə'tɪriəs || ˌdelɪ'tɪəriəs/ *adj* (frml) nocivo, perjudicial
deletion /dɪ'liːʃən/ *n* [u c] supresión *f*
deli /'deli/ *n* (colloq) ▸**delicatessen**
deliberate¹ /dɪ'lɪbərət, -brət/ *adj*
A (intentional) ‹*act/attempt*› deliberado, intencionado; **it was a ~ insult** lo dijo (*or* hizo *etc*) con (la) intención de insultar
B **1** (considered) reflexivo **2** (unhurried) pausado, lento
deliberate² /dɪ'lɪbəreɪt/ *vi* (frml) **to ~ (ABOUT/ON sth)** deliberar (SOBRE algo)
■ **deliberate** *vt* (frml) deliberar sobre
deliberately /dɪ'lɪbərətli, -brətli/ *adv*
A (intentionally) adrede, a propósito
B (unhurriedly) pausadamente, con parsimonia
deliberation /dɪ'lɪbə'reɪʃən/ *n* (frml)
A **1** [u] (consideration) deliberación *f*; **after long ~** tras largas deliberaciones *or* una larga deliberación **2** **deliberations** *pl* (decision-making) deliberaciones *fpl*
B [u] (unhurried manner) parsimonia *f*, calma *f*
delicacy /'delɪkəsi/ *n* (*pl* **-cies**)
A [u] **1** (fineness, intricacy) delicadeza *f*, lo delicado; (fragility) fragilidad *f*, lo delicado **2** (tact) delicadeza *f* **3** (subtleness) lo delicado
B [c] (choice food) manjar *m*, exquisitez *f*
delicate /'delɪkət/ *adj*
A **1** (fine, intricate) ‹*lace/features*› delicado; ‹*workmanship*› fino, esmerado **2** (fragile, needing care) delicado; **a ~ child** un niño delicado (de salud)
B **1** (needing skill) delicado **2** (needing tact) delicado **3** (tactful) delicado, discreto
C (subtle) ‹*shade/taste*› delicado
delicately /'delɪkətli/ *adv*
A ‹*carve/paint*› con delicadeza, delicadamente
B ‹*behave/treat*› con delicadeza
C ‹*patterned/perfumed*› delicadamente
delicatessen /'delɪkə'tesən/ *n* charcutería *f*, rotisería *f* (CS), salsamentaria *f* (Col), salchichonería *f* (Méx)
delicious /dɪ'lɪʃəs/ *adj* **1** ‹*food/smell*› delicioso, exquisito, riquísimo; **it tastes** *o* **it's ~** está delicioso *or* exquisito *or* riquísimo **2** (delightful) ‹*breeze/feeling*› delicioso
deliciously /dɪ'lɪʃəsli/ *adv* deliciosamente
delight¹ /dɪ'laɪt/ *n* **1** [u] (joy) placer *m*, deleite *m*; **to take ~ in sth** disfrutar *or* gozar* con algo **2** [c] (source of joy) placer *m*; **her happiness was a ~ to see** era un placer *or* daba gusto verla tan feliz
delight² *vt* **1** (make very happy) llenar de alegría; **his success ~ed them** su éxito los llenó de alegría **2** (give pleasure to) deleitar; **the clown ~ed the children** el payaso hizo las delicias de *or* deleitó a los niños
■ **delight** *vi* **to ~ IN -ING** deleitarse + GER
delighted /dɪ'laɪtəd || dɪ'laɪtɪd/ *adj* ‹*grin/look*› de alegría; **to be ~: I told him the news and he was ~** le di la noticia y se alegró muchísimo; **I'm ~ (that) you can come** me alegra mucho que puedas venir; **to be ~ AT sth: we were ~ at the news** la noticia nos causó una enorme alegría *or* nos llenó de alegría; **to be ~ WITH sth/sb** estar* encantado CON algo/algn; **to be ~ to + INF: I am ~ to hear it** no sabes cuánto *or* cómo me alegro; **will you come? — (I should be) ~ (to)** ¿vendrá? — con mucho gusto
delightful /dɪ'laɪtfəl/ *adj* ‹*weather/evening*› muy agradable, delicioso; ‹*person*› encantador; ‹*dress*› precioso
delightfully /dɪ'laɪtfəli/ *adv* ‹*sing/paint*› divinamente, de maravilla
delimit /'diː'lɪmət, dɪ- || di'lɪmɪt/ *vt* delimitar
delineate /dɪ'lɪnieɪt/ *vt* (frml) **1** (draw) trazar*, delinear **2** (describe) ‹*problem*› definir
delinquency /dɪ'lɪŋkwənsi/ *n* [u] (Law, Sociol) delincuencia *f*
delinquent¹ /dɪ'lɪŋkwənt/ *n* delincuente *mf*
delinquent² *adj* ‹*youth*› delincuente; ‹*activities*› delictivo
delirious /dɪ'lɪriəs/ *adj* **1** (Med) delirante; **to be ~** delirar, desvariar* **2** (wildly excited, happy) (colloq) loco de alegría (fam)
deliriously /dɪ'lɪriəsli/ *adv* **1** ‹*mutter*› delirantemente **2** (colloq): **she was ~ happy** estaba loca de alegría (fam)
delirium /dɪ'lɪriəm/ *n* [u] (Med) delirio *m*, desvarío *m*
delirium tremens /'triːmənz/ *n* delírium tremens *m*
deliver /dɪ'lɪvər || dɪ'lɪvə(r)/ *vt*
A **1** (hand over) entregar*; *see also* **good² C1** **2** (distribute) repartir (*a domicilio*); **we have our paper ~ed every day** nos traen el periódico a casa todos los días
B (save) (liter) librar; **to ~ sb FROM sth** librar a algn DE algo
C **1** (administer) ‹*blow/punch*› propinar, asestar **2** (issue) ‹*ultimatum/lecture/sermon*› dar*; ‹*warning*› hacer*; ‹*speech*› pronunciar; ‹*judgment*› dictar, pronunciar, emitir **3** (produce, provide): **he promised much, but ~ed little** cumplió muy poco de lo mucho que había prometido **4** (Sport) ‹*ball*› lanzar* **5** (in elections) (AmE) ‹*state*› ganar
D (Med): **her husband ~ed the baby** su marido la asistió en el parto
■ **deliver** *vi*
A (Busn): **we ~ free of charge** hacemos reparto(s) a domicilio gratuitamente
B (produce the necessary) (colloq) cumplir
deliverance /dɪ'lɪvərəns/ *n* [u] (liter) liberación *f*
delivery /dɪ'lɪvəri/ *n* (*pl* **-ries**)
A **1** [u] (act) entrega *f*; **how much do you charge for ~?** ¿cuánto cobran por el envío *or* transporte?; **cash on ~** entrega contra reembolso; **to take ~ of sth** recibir algo; (*before n*) **~ charges** gastos *mpl* de envío *or* transporte; **~ man** repartidor *m*; **~ note** (esp BrE) nota *f* de entrega, albarán *m* (de entrega) (Esp); **~ period** plazo *m* de entrega; **~ service** servicio *m* de reparto a domicilio; **~ truck** *o* (BrE) **van** camioneta *f or* furgoneta *f* de los repartos **2** [c] (occasion) reparto *m*; **is there a ~ on Saturdays?** ¿hay reparto los sábados? **3** [c] (consignment) partida *f*, remesa *f*
B [u] (freeing) (liter) liberación *f*
C [c] (of baby) parto *m*, alumbramiento *m* (frml); (*before n*) **~ room** sala *f* de partos
D [u] (manner of speaking) expresión *f* oral

B (Sport) **1▸** [c] (throw) lanzamiento *m* **2▸** [u] (manner of throwing) (AmE) estilo *m* de lanzamiento

dell /del/ *n* (poet) hondonada *f*

delouse /ˈdiːˈlaʊs/ *vt* despiojar

delta /ˈdeltə/ *n* delta *m*

delude /dɪˈluːd/ *vt* engañar; **to ~ sb INTO -ING**: **they ~d him into believing that he had talent** le hicieron creer que tenía talento
■ *v refl* **to ~ oneself** engañarse

deluded /dɪˈluːdəd || dɪˈluːdɪd/ *adj* engañado

deluge[1] /ˈdeljuːdʒ/ *n*
A **1▸** (flood) inundación *f*; **the D~** el diluvio (universal) **2▸** (downpour) diluvio *m*
B (of protests, questions, letters) aluvión *m*, avalancha *f*

deluge[2] *vt*
A (overwhelm): **they were ~d with protests/letters** recibieron un aluvión de protestas/cartas; **he was ~d with offers** le llovieron las ofertas
B (flood) inundar

delusion /dɪˈluːʒən/ *n* **1▸** (mistaken idea) error *m*; (vain hope) falsa ilusión *f* **2▸** (Psych) idea *f* delirante; **he has ~s of grandeur** tiene delirios de grandeza

deluxe /dəˈlʊks/ *adj* de lujo

delve /delv/ *vi* **1▸** (research) (liter) **to ~ INTO sth** ahondar EN algo; **to ~ into the past** hurgar* en el pasado **2▸** (rummage) hurgar*, escarbar

Dem (in US) = **Democrat**

demagog, (BrE) **demagogue** /ˈdeməgɑːg || ˈdeməgɒg/ *n* demagogo, -ga *m,f*

demagogue, (AmE) **demagog** /ˈdeməgɑːg || ˈdeməgɒg/ *n* demagogo, -ga *m,f*

demand[1] /dɪˈmænd || dɪˈmɑːnd/ *vt*
A ‹*person*› (call for, insist on) exigir*; **the unions are ~ing better conditions** los sindicatos reclaman mejores condiciones; **what have I done? he ~ed** —¿qué he hecho yo? —preguntó; **to ~ to + INF** exigir* + INF *or* QUE (+ *subj*); **she ~ed to know the reason** quiso saber el porqué, exigió que se le dijera por qué; **to ~ sth OF sb** exigirle* algo A algn
B (require) ‹*determination/perseverance*› exigir*, requerir*

demand[2] *n*
A [c] (claim) exigencia *f*; (Lab Rel, Pol) reivindicación *f*, reclamo *m*; (request) petición *f*, pedido *m* (AmL); **by popular ~** a petición *or* (AmL tb) pedido del público; **the ~s of the job** las exigencias del trabajo; **abortion on ~** libre aborto *m*; **payable on ~** pagadero a la vista
B [u] (requirement) demanda *f*; **these shoes are much in ~** estos zapatos tienen gran demanda *or* se venden mucho; **he's in great ~** está muy solicitado, es popular

demanding /dɪˈmændɪŋ || dɪˈmɑːndɪŋ/ *adj* ‹*job*› que exige mucho; ‹*book/music*› difícil; ‹*teacher*› exigente; **she's a very ~ child** es una niña que exige mucha atención; **it's physically ~** es agotador

demarcate /ˈdiːmɑːrkeɪt || ˈdiːmɑːkeɪt/ *vt* (frml) ‹*frontier/area/limit*› demarcar*; ‹*concept*› delimitar

demarcation /ˈdiːmɑːrˈkeɪʃən || ˌdiːmɑːˈkeɪʃən/ *n* [u] **1▸** (delimitation) demarcación *f*; (*before n*) **~ line** línea *f* de demarcación **2▸** (BrE Lab Rel) delimitación *f* de atribuciones

demean /dɪˈmiːn/ *vt* (frml) degradar; **to ~ oneself** rebajarse, degradarse

demeaning /dɪˈmiːnɪŋ/ *adj* degradante

demeanor, (BrE) **demeanour** /dɪˈmiːnər || dɪˈmiːnə(r)/ *n* [u] (frml) **1▸** (behavior) comportamiento *m*, conducta *f* **2▸** (bearing) porte *m*

demented /dɪˈmentəd || dɪˈmentɪd/ *adj* **1▸** (insane) ‹*person*› demente; ‹*screams/mutterings*› enloquecido, de demente **2▸** (very worried, irritated) (colloq) histérico (fam)

dementia /dɪˈmentʃə || dɪˈmenʃə/ *n* [u] demencia *f*

demerara (sugar) /ˈdeməˈrɑːrə || ˌdeməˈreərə/ *n* [u] (BrE) azúcar *f* morena, azúcar *m* moreno

demerge /diːˈmɜːrdʒ || diːˈmɜːdʒ/ *vt* (BrE) escindir

demerger /diːˈmɜːrdʒər || diːˈmɜːdʒə(r)/ *n* escisión *f*

demerit /diːˈmerət || diːˈmerɪt/ *n* **1▸** (fault) (frml) demérito *m* (frml) **2▸** (black mark) (AmE) sanción *f*

demigod /ˈdemɪgɑːd || ˈdemɪgɒd/ *n* semidiós *m*

demilitarize /ˈdiːˈmɪlɪtəraɪz/ *vt* desmilitarizar*; **~d zone** zona *f* desmilitarizada

demise /dɪˈmaɪz/ *n* (*no pl*) (frml) **1▸** (death) fallecimiento *m* (frml), deceso *m* (AmL frml) **2▸** (end) desaparición *f*

demist /ˈdiːˈmɪst/ *vt* (BrE) desempañar

demister /ˈdiːˈmɪstər || ˌdiːˈmɪstə(r)/ *n* (BrE) desempañador *m*

demo /ˈdeməʊ/ *n* (*pl* **demos**)
A (Mus) demostración *f*; (*before n*) **~ tape** cinta *f* de demostración
B (protest) (BrE colloq) manifestación *f*

demob /ˈdiːˈmɑːb || ˌdiːˈmɒb/ *vt* **-bb-** (BrE) desmovilizar*

demobilization /dɪˈməʊbələˈzeɪʃən || diːˌməʊbɪlaɪˈzeɪʃən/ *n* [u] desmovilización *f*

demobilize /ˈdɪˈməʊbəlaɪz || diːˈməʊbɪlaɪz/ *vt* desmovilizar*

democracy /dɪˈmɑːkrəsi || dɪˈmɒkrəsi/ *n* [u c] (*pl* **-cies**) democracia *f*

democrat /ˈdeməkræt/ *n* **1▸** (believer in democracy) demócrata *mf* **2▸** **Democrat** (in US) demócrata *mf*

democratic /ˈdeməˈkrætɪk/ *adj* **1▸** ‹*country/election*› democrático **2▸** **Democratic** (in US) demócrata

> **Democratic Party**
>
> El Partido Demócrata, creado en 1792, es uno de los dos principales partidos políticos de Estados Unidos. El otro es el Partido Republicano (**Republican Party**). El Partido Demócrata está considerado como el propulsor de políticas más liberales, especialmente referidas a temas que afectan a la sociedad. Por esta razón, consigue el apoyo de sindicatos y grupos minoritarios

democratically /ˈdeməˈkrætɪkli/ *adv* democráticamente

democratization /dɪˈmɑːkrətəˈzeɪʃən || dɪˌmɒkrətaɪˈzeɪʃən/ *n* [u] democratización *f*

democratize /dɪˈmɑːkrətaɪz || dɪˈmɒkrətaɪz/ *vt* democratizar*

demographer /dɪˈmɑːgrəfər || dɪˈmɒgrəfə(r)/ *n* demógrafo, -fa *m,f*

demographic /ˈdeməˈgræfɪk/ *adj* demográfico

demography /dɪˈmɑːgrəfi || dɪˈmɒgrəfi/ *n* [u] demografía *f*

demolish /dɪˈmɑːlɪʃ || dɪˈmɒlɪʃ/ *vt*
A ‹*structure/building*› demoler*, derribar, echar abajo; ‹*argument/theory*› demoler*, echar por tierra
B (colloq) **1▸** (defeat) hacer* polvo (fam) **2▸** (eat up) zamparse (fam)

demolition /ˈdeməˈlɪʃən/ *n* [u c] (of building) demolición *f*, derribo *m*; (of theory) demolición *f*, destrucción *f*

demon /ˈdiːmən/ *n* demonio *m*; **she worked like a ~ all week** (colloq) trabajó como una bestia toda la semana (fam)

demonstrably /dɪˈmɑːnstrəbli || ˈdemɒnstrəbli/ *adv* (frml): **a ~ true/false statement** una afirmación cuya verdad/falsedad es demostrable

demonstrate /ˈdemənstreɪt/ *vt* **1▸** (show) ‹*need/ability*› demostrar* **2▸** (Marketing) hacer* una demostración de
■ **demonstrate** *vi* (Pol) manifestarse*

demonstration /ˈdemənˈstreɪʃən/ *n*
A **1▸** (expression) muestra *f*, demostración *f* **2▸** (display) demostración *f*
B (Pol) manifestación *f*

demonstrative /dɪˈmɑːnstrətɪv || dɪˈmɒnstrətɪv/ *adj*
A (expressive) efusivo, expresivo, demostrativo (AmL)
B (Ling) demostrativo

demonstrator /ˈdemənstreɪtər || ˈdemənstreɪtə(r)/ *n*
A (Pol) manifestante *mf*
B (Marketing) demostrador, -dora *m,f*

demoralize /dɪˈmɔːrəlaɪz || dɪˈmɒrəlaɪz/ *vt* desmoralizar*

demoralizing /dɪˈmɔːrəlaɪzɪŋ || dɪˈmɒrəlaɪzɪŋ/ *adj* desalentador, desmoralizante

demote /dɪˈməʊt, ˈdiː-/ *vt* (in organization) bajar de categoría; (Mil) degradar

demotion /dɪˈməʊʃən, diː-/ *n* [u c] (in organization) descenso *m* de categoría; (Mil) degradación *f*

demotivate /diːˈməʊtɪveɪt/ *vt* desmotivar

demur¹ /dɪˈmɜːr || dɪˈmɜː(r)/ *vi* **-rr-** (frml) objetar; **to ~ AT sth** poner*(le) objeciones *or* reparos A algo

demur² *n* (frml): **without ~** sin poner objeciones *or* reparos

demure /dɪˈmjʊr || dɪˈmjʊə(r)/ *adj* recatado

demurely /dɪˈmjʊrli || dɪˈmjʊəli/ *adv* recatadamente, con recato

demystify /ˈdiːˈmɪstəfaɪ || ˌdiːˈmɪstɪfaɪ/ *vt* **-fies, -fying, -fied** desmitificar*

den /den/ *n* [1] (lair) guarida *f*, cubil *m*; (of thieves) guarida *f*; **a ~ of iniquity** un antro de perdición [2] (room) (colloq) cuarto *m* de estar; (for study, work) estudio *m*, gabinete *m*

denationalize /ˈdiːˈnæʃn̩əlaɪz/ *vt* desnacionalizar*

denatured alcohol /ˈdiːˈneɪtʃərd || ˌdiːˈneɪtʃəd/ *n* [u] alcohol *m* desnaturalizado

denial /dɪˈnaɪəl/ *n*
A [u c] (of accusation, fact): **to issue a ~ of sth** desmentir* algo
B [u c] (of request, rights) denegación *f*
C [u c] (repudiation) negación *f*, rechazo *m*
D [u] (abstinence) renuncia *f*, abnegación *f*

denier /ˈdenjər || ˈdenɪə(r)/ *n* denier *m*

denigrate /ˈdenɪgreɪt/ *vt* (frml) [1] ‹*character/person*› denigrar [2] ‹*effort*› menospreciar

denim /ˈdenəm || ˈdenɪm/ *n*
A [u] (Tex) tela *f* vaquera *or* de jeans, mezclilla *f* (Chi, Méx); (*before n*) ‹*jacket/skirt*› vaquero, tejano (Esp), de mezclilla (Chi, Méx)
B **denims** *pl* (colloq) [1] (jeans) vaqueros *mpl*, jeans *mpl*, bluyines *mpl* (Andes) [2] (overalls) (AmE) pantalón *m* de peto, mono *m*, overol *m* (AmL)

denizen /ˈdenəzən || ˈdenɪzən/ *n* (liter *or* hum) morador, -dora *m,f*, habitante *mf*

Denmark /ˈdenmɑːrk || ˈdenmɑːk/ *n* Dinamarca *f*

denominate /dɪˈnɑːməneɪt || dɪˈnɒmɪneɪt/ *vt* (frml) denominar

denomination /dɪˈnɑːməˈneɪʃən || dɪˌnɒmɪˈneɪʃən/ *n*
A (Relig) confesión *f*
B (of currency) valor *m*, denominación *f* (AmL); **bills in $10 and $20 ~s** billetes de 10 y 20 dólares

denominational /dɪˈnɑːmɪˈneɪʃn̩əl || dɪˌnɒmɪˈneɪʃənl/ *adj* confesional

denominator /dɪˈnɑːməneɪtər || dɪˈnɒmɪneɪtə(r)/ *n* (Math) denominador *m*; *see also* **lowest common denominator**

denote /dɪˈnəʊt/ *vt* denotar

denouement, dénouement /ˈdeɪmuːˈmɑːn || deɪˈnuːmɒŋ/ *n* desenlace *m*

denounce /dɪˈnaʊns/ *vt* denunciar

dense /dens/ *adj* **denser, densest**
A [1] (closely spaced) ‹*forest/jungle*› espeso; ‹*population/traffic*› denso; ‹*crowd*› compacto, apretado [2] (thick) ‹*fog/mist/smoke*› denso, espeso [3] (Phys) denso [4] (complicated) ‹*prose/article*› denso
B (stupid) (colloq) burro (fam), duro de entendederas (fam)

densely /ˈdensli/ *adv* ‹*populated/forested*› densamente; ‹*packed*› apretadamente

density /ˈdensəti/ *n* [u c] (*pl* **-ties**) densidad *f*; (of fog) lo espeso, densidad *f*

dent¹ /dent/ *n* (in metal) abolladura *f*, abollón *m*; (in wood) marca *f*; **it's made a big ~ in our savings** (colloq) se ha llevado *or* se ha comido una buena parte de nuestros ahorros (fam)

dent² *vt* ‹*metal*› abollar; ‹*wood*› hacer* una marca en; ‹*popularity*› afectar; ‹*pride*› hacer* mella en
■ **dent** *vi* «*metal*» abollarse

dental /ˈdentl/ *adj* dental; ‹*school*› de odontología

dental: **~ floss** *n* [u] hilo *m or* seda *f* dental; **~ surgeon** *n* (frml) cirujano, -na *m,f* dentista

dentist /ˈdentəst || ˈdentɪst/ *n* dentista *mf*, odontólogo, -ga *m,f* (frml); **to go to the ~('s)** ir* al dentista

dentistry /ˈdentəstri || ˈdentɪstri/ *n* [u] odontología *f*

denture /ˈdentʃər || ˈdentʃə(r)/ *n* [1] (dental plate) (frml) prótesis *f* dental (frml) [2] **dentures** *pl* dentadura *f* postiza; **a set of ~s** una dentadura postiza

denude /dɪˈnuːd || dɪˈnjuːd/ *vt* [1] (Geog) ‹*land*› denudar [2] (strip) (liter) **to ~ sth/sb OF sth** despojar algo/a algn DE algo (liter)

denunciation /dɪˈnʌnsiˈeɪʃən/ *n* [u c] denuncia *f*

deny /dɪˈnaɪ/ *vt* **denies, denying, denied**
A ‹*accusation/fact*› negar*; ‹*rumors*› desmentir*; **there's no ~ing that ...** es innegable *or* no se puede negar que ...; **he denied (that) other people had been present** negó que hubiera habido alguien más presente; **to ~ -ING**: **she denied stealing** *o* **having stolen it** negó haberlo robado
B (refuse) ‹*request*› denegar*; **to ~ sb sth** negarle* algo a algn; ***to ~ oneself*** sacrificarse*
C (disavow) (liter) ‹*faith/country*› renegar* de

deodorant /diːˈəʊdərənt/ *n* [c u] desodorante *m*

deodorize /diːˈəʊdəraɪz/ *n* desodorizar*

dep = departs/departure

depart /dɪˈpɑːrt || dɪˈpɑːt/ *vi*
A (leave) (Transp) salir*, partir (frml); «*person*» (frml) partir (frml), salir*
B (deviate) (frml) **to ~ FROM sth** apartarse DE algo; **his version ~s from the truth at several points** su versión se aparta *or* se aleja de la verdad en varios puntos
■ **depart** *vt* (liter): **she ~ed this life** *o* **world at the age of 87** (euph) dejó de existir a los 87 años de edad (frml)

departed¹ /dɪˈpɑːrtəd || dɪˈpɑːtɪd/ *adj* [1] (dead) (frml & euph) difunto (frml) [2] (past) (liter) ‹*happiness/joys/youth*› perdido

departed² *n* (*pl* ~) (frml & euph) **the ~** el difunto, la difunta; (*pl*) los difuntos, las difuntas (frml)

department /dɪˈpɑːrtmənt || dɪˈpɑːtmənt/ *n*
A (of store) sección *f*; (of company) departamento *m*, sección *f*
B [1] (Govt) ministerio *m*, secretaría *f* (Méx); **the D~ of Education** el Ministerio de Educación [2] (AmE Adm): **the police/fire ~** el cuerpo de policía/bomberos
C (Educ) departamento *m*
D (area of competence, responsibility) (colloq): **cooking is my husband's ~** la cocina es cosa de mi marido (fam)

departmental /ˈdiːpɑːrtˈmentl̩ || ˌdiːpɑːtˈmentl/ *adj* departamental

department store *n* (grandes) almacenes *mpl*, tienda *f* de departamentos (Méx)

departure /dɪˈpɑːrtʃər || dɪˈpɑːtʃə(r)/ *n*
A [1] [u c] (Transp) salida *f*, partida *f* (frml); **point of ~** punto *m* de partida; (*before n*) **~ time** hora *f* de salida; **~ gate/lounge** puerta *f*/sala *f* de embarque [2] [u] (of person) (frml) partida *f* (frml), ida *f*
B (deviation) (*no pl*): **a ~ from the norm** una desviación de la norma; **it is a new ~ for this government** es una nueva orientación de este gobierno

depend /dɪˈpend/ *vi*
A [1] (rely, be dependent) **to ~ ON sb/sth** depender DE algn/algo [2] (be determined by) **to ~ ON sth** depender DE algo; **are you going to the cinema tonight? — it ~s** ¡vas a ir al cine esta noche? —depende
B (count on) **to ~ ON** *o* **UPON sb/sth** contar* CON algn/algo; **you can't ~ on him to tell the truth** no puedes estar seguro de que va a decir la verdad

dependable /dɪˈpendəbəl/ *adj* ‹*person*› formal, digno de confianza; ‹*ally/workman*› digno de confianza, con el que se puede contar

dependant, (AmE also) **dependent** /dɪˈpendənt/ *n*: **your children and other ~s** sus hijos y otras personas a su cargo *or* y otras cargas familiares

dependence /dɪˈpendəns/ *n* [u] [1] (reliance) dependencia *f* [2] (addiction) (Med) dependencia *f*; **drug ~** drogodependencia *f* (frml)

dependency /dɪˈpendənsi/ *n* (*pl* **-cies**) (Govt) dependencia *f*, dominio *m*

dependent¹ /dɪˈpendənt/ *adj* [1] (reliant) (*pred*) **to be ~ ON sth/sb** depender DE algo/algn [2] (Soc Adm) (*before n*): **~ relative** carga *f* familiar, familiar *mf* a su (*or* mi *etc*) cargo [3] (Govt) (*usu before n*) ‹*territory*› dependiente [4] (Ling) subordinado [5] (conditional) (*pred*) **to be ~ ON sth** depender DE algo

dependent² *n* (AmE) ▸**dependant**

depersonalize /ˈdiːˈpɜːrsn̩əlaɪz || ˌdiːˈpɜːsn̩əlaɪz/ *vt* despersonalizar*

depict /dɪˈpɪkt/ *vt* (frml) [1] (portray) representar [2] (describe) describir*, pintar

depiction /dɪˈpɪkʃən/ *n* [u c] (frml) 1 (representation) representación *f* 2 (description) descripción *f*
depilate /ˈdepəleɪt || ˈdepɪleɪt/ *vt* depilar
depilatory[1] /dɪˈpɪlətɔːri || dɪˈpɪlətri/ *adj* depilatorio
depilatory[2] *n* [c u] (*pl* **-ries**) depilatorio *m*
deplane /ˈdiːˈpleɪn/ *vi* (AmE) desembarcar*, descender* del avión (frml)
deplete /dɪˈpliːt/ *vt* (reduce) ‹*supply/stock*› reducir*; (exhaust) ‹*energy source*› agotar
depletion /dɪˈpliːʃən/ *n* [c u] (reduction) reducción *f*, disminución *f*; (exhaustion) agotamiento *m*
deplorable /dɪˈplɔːrəbəl/ *adj* 1 (disgraceful) deplorable, vergonzoso 2 (regrettable) lamentable
deplore /dɪˈplɔːr || dɪˈplɔː(r)/ *vt* (frml) 1 (condemn) deplorar, condenar 2 (regret) deplorar, lamentar
deploy /dɪˈplɔɪ/ *vt*
A (position) (Mil) desplegar*
B (distribute, use) (frml) utilizar*, hacer* uso de
deployment /dɪˈplɔɪmənt/ *n* [u c]
A (Mil) despliegue *m*
B (distribution, use) (frml) utilización *f*
depopulate /ˈdiːˈpɑːpjəleɪt || ˌdiːˈpɒpjʊleɪt/ *vt* despoblar*
depopulation /ˈdiːˈpɑːpjəˈleɪʃən || diːˌpɒpjʊˈleɪʃən/ *n* [u] despoblación *f*
deport /dɪˈpɔːrt || dɪˈpɔːt/ *vt* deportar
deportation /ˈdiːpɔːrˈteɪʃən || ˌdiːpɔːˈteɪʃən/ *n* [u c] deportación *f*
deportment /dɪˈpɔːrtmənt || dɪˈpɔːtmənt/ *n* [u] (frml) 1 (carriage) porte *m* 2 (conduct) conducta *f*
depose /dɪˈpəʊz/ *vt*
A (overthrow, unseat) ‹*dictator/ruler*› deponer*, derrocar*; ‹*champion/king*› destronar
B (Law) declarar, deponer* (frml)
deposit[1] /dɪˈpɑːzət || dɪˈpɒzɪt/ *vt*
A 1 (set down) depositar, poner* 2 (Geol) ‹*silt*› depositar
B 1 (leave) depositar; **I ~ed the will with my lawyer** dejé el testamento en manos de mi abogado 2 ‹*money*› depositar, ingresar (Esp)
deposit[2] *n*
A 1 (payment into account) depósito *m*, ingreso *m* (Esp); (*before n*) **~ slip** comprobante *m* or (RPl) boleta *f* de depósito, resguardo *m* de ingreso (Esp) 2 (down payment — on large amounts) depósito *m*, entrega *f* inicial; (— on small amounts) depósito *m*, señal *f*, seña *f* (RPl) 3 (security) depósito *m*, fianza *f*; **is there a ~ on this bottle?** ¿cobran el envase *or* (Esp, Méx) casco?
B (accumulation — of silt, mud) depósito *m*; (— of dust) capa *f*
C (Min) (of gas) depósito *m*; (of gold, copper) yacimiento *m*
deposit account *n* (BrE) cuenta *f* de ahorro(s)
deposition /ˈdepəˈzɪʃən/ *n*
A [c u] (Law) deposición *f* (frml), declaración *f*
B [u] (of leader) destitución *f*; (of king) destronamiento *m*
depositor /dɪˈpɑːzətər || dɪˈpɒzɪtə(r)/ *n* inversionista *mf*, ahorrista *mf* (RPl), ahorrante *mf* (Chi)
depot /ˈdiːpəʊ || ˈdepəʊ/ *n*
A 1 (storehouse) depósito *m*, almacén *m* 2 (Mil) depósito *m*
B (esp AmE) (bus station) terminal *f* or (Chi) *m*, estación *f* de autobuses; (train station) estación *f*
C (esp BrE) (storage area) 1 (for buses) garage *m* (esp AmL), cochera *f* (Esp), depósito *m* (Chi) 2 (for trains) depósito *m* de locomotoras
depraved /dɪˈpreɪvd/ *adj* depravado
depravity /dɪˈprævəti/ *n* [u] depravación *f*
deprecate /ˈdeprɪkeɪt/ *vt* (frml) 1 (express disapproval of) reprobar*, criticar* 2 (belittle) menospreciar, despreciar
deprecating /ˈdeprɪkeɪtɪŋ/ *adj* (frml) 1 (disapproving) ‹*remark*› de desaprobación, reprobatorio 2 (belittling) ‹*smile/laugh*› de desprecio
deprecatory /ˈdeprəkətɔːri || ˈdeprəkət(ə)ri, ˈdeprəkeɪt(ə)ri/ *adj*
A (disapproving) de desaprobación, reprobatorio
B (apologetic) de disculpa
depreciate /dɪˈpriːʃieɪt/ *vt* (Fin) depreciar
■ **depreciate** *vi* (Fin) depreciarse
depreciation /dɪˈpriːʃiˈeɪʃən/ *n* [c u] (Fin) depreciación *f*

depress /dɪˈpres/ *vt*
A (sadden) deprimir, abatir
B (press down) (frml) ‹*lever*› bajar; ‹*button*› pulsar (frml)
C (Econ) ‹*market*› deprimir; ‹*prices/wages*› reducir*, hacer* bajar
depressant /dɪˈpresənt/ *n* [c u] (Pharm) depresivo *m*
depressed /dɪˈprest/ *adj*
A (dejected) deprimido, abatido; **to get/become ~** deprimirse, dejarse abatir
B (Econ) ‹*economy/market*› deprimido, en crisis; ‹*area*› deprimido, de gran desempleo
C (substandard) (AmE) ‹*stock*› de calidad inferior; **his reading skills are ~** en lectura está por debajo de lo normal
depressing /dɪˈpresɪŋ/ *adj* deprimente
depressingly /dɪˈpresɪŋli/ *adv*: **the crime rate is ~ high** el índice de criminalidad ha alcanzado unos niveles deprimentes
depression /dɪˈpreʃən/ *n*
A [u] (despondency) depresión *f*, abatimiento *m*; **to suffer from ~** sufrir depresiones
B [c] (in flat surface) depresión *f*
C [c] (Econ) depresión *f*, crisis *f*
D [c] (Meteo) depresión *f* atmosférica, borrasca *f*
depressive /dɪˈpresɪv/ *adj* depresivo
depressurize /ˈdiːˈpreʃəraɪz/ *vt* despresurizar*
deprivation /ˈdeprəˈveɪʃən || ˌdeprɪˈveɪʃən/ *n* [u c] (lack, loss) privación *f*; (hardship) privaciones *fpl*, penurias *fpl*; **to suffer ~(s)** pasar *or* sufrir privaciones *or* penurias
deprive /dɪˈpraɪv/ *vt*: **to ~ sb OF sth** privar a algn DE algo
■ *v refl* **to ~ oneself of sth** privarse de algo
deprived /dɪˈpraɪvd/ *adj* ‹*child*› carenciado, desventajado; ‹*region*› carenciado
deprogram, (BrE) **deprogramme** /ˈdiːˈprəʊgræm/ *vt* desprogramar
dept (= **department**) Dpto.
depth /depθ/ *n*
A [u c] 1 (of hole, water) profundidad *f*; ***out of one's ~***: **when it comes to computers I'm out of my ~** estoy muy flojo en informática; **don't go out of your ~** (in water) no vayas donde no haces pie *or* no tocas fondo 2 (of shelf, cupboard) profundidad *f*, fondo *m*; (of hem) ancho *m* 3 (of shot) (Sport) alcance *m*
B [u c] (of emotion, knowledge) profundidad *f*; **to study sth in ~** estudiar algo a fondo *or* en profundidad
C (of voice) profundidad *f*; (of sound) intensidad *f*
D **depths** *pl n*: **in the ~s of the ocean/forest** en las profundidades del océano/la espesura del bosque; **in the ~s of despair** en lo más hondo de la desesperación; ***to plumb the ~s***: **to plumb the ~s of despair** (liter) hundirse en la desesperación (liter); **he has sunk to such ~s that ...** ha caído tan bajo que ...
depth charge *n* carga *f* de profundidad
deputation /ˈdepjəˈteɪʃən || ˌdepjʊˈteɪʃən/ *n* delegación *f*
depute /ˈdɪpjuːt || dɪˈpjuːt/ *vt* **to ~ sb TO sth** encomendarle* algo A algn, comisionar a algn PARA algo
deputize /ˈdepjətaɪz || ˈdepjʊtaɪz/ *vi* **to ~ FOR sb** desempeñar las funciones de algn
■ **deputize** *vt* (AmE) 1 ▸**depute** 2 (appoint as deputy) (Law) nombrar como segundo
deputy /ˈdepjəti/ *n* (*pl* **-ties**)
A 1 (second-in-command) segundo, -da *m,f*; (substitute) suplente *mf*, reemplazo *mf*; (*before n*) **~ director** subdirector, -tora *m,f*, director adjunto, directora adjunta *m,f* 2 **~ (sheriff)** (AmE Law) ayudante *mf* del sheriff
B (Govt) diputado, -da *m,f*
derail /dɪˈreɪl/ *vt* 1 ‹*train*› hacer* descarrilar 2 (upset) ‹*plan*› desbaratar
■ **derail** *vi* descarrilarse
derailment /dɪˈreɪlmənt/ *n* [c u] descarrilamiento *m*
deranged /dɪˈreɪndʒd/ *adj* trastornado, desquiciado
derby /ˈdɜːrbi || ˈdɑːbi/ *n* (*pl* **derbies**)
A (Sport): **the D~** (in UK) el Derby, el clásico de Epsom; **the Kentucky D~** el Derby de Kentucky; **a local ~** (in soccer) (BrE) *enfrentamiento de dos equipos vecinos a nivel nacional*
B (hat) (AmE) bombín *m*, hongo *m*, sombrero *m* (de) hongo
deregulate /ˈdiːˈregjəleɪt || ˌdiːˈregjʊleɪt/ *vt* desregular, liberalizar*

d

d

deregulation /ˈdiːregjəˈleɪʃən ‖ diːˌregjʊˈleɪʃən/ *n* [u] desregulación *f*, liberalización *f*

derelict¹ /ˈderəlɪkt/ *adj* abandonado y en ruinas

derelict² *n* (vagrant) marginado, -da *m,f*

dereliction /ˈderəˈlɪkʃən/ *n* [u]

A (of property, area) abandono *m*

B (neglect) (frml): **~ of duty** negligencia *f* en el cumplimiento del deber

deride /dɪˈraɪd/ *vt* ridiculizar*, burlarse *or* reírse* de

de rigueur /dəriːˈgɜːr ‖ dərɪˈgɜː(r)/ *adj* (*pred*) **to be ~ ~** ser* de rigor

derision /dɪˈrɪʒən/ *n* [u] escarnio *m* (frml), irrisión *f* (frml); **to make sth/sb the** *o* **an object of ~** ridiculizar* algo/a algn

derisive /dɪˈraɪsɪv/ *adj* ‹*smile/laughter*› burlón; ‹*attitude/remark*› desdeñoso y burlón

derisively /dɪˈraɪsɪvli/ *adv* burlonamente, con sorna

derisory /dɪˈraɪzəri/ *adj* ‹*sum/offer*› irrisorio

derivation /ˈderəˈveɪʃən ‖ ˌderɪˈveɪʃən/ *n* [u c] (Ling) (process) derivación *f*; (origin) origen *m*

derivative¹ /dɪˈrɪvətɪv/ *adj* (unoriginal) ‹*novel*› carente de originalidad; ‹*plot/theme*› manido, trillado; ‹*artist/writer*› adocenado

derivative² *n* **1** (in industry) derivado *m* **2** (Ling) (word) derivado *m*; (language) lengua *f* derivada **2** (Fin) derivado *m*, derivada *f*

derive /dɪˈraɪv/ *vt* **to ~ sth FROM sth**: **children can ~ great enjoyment from the simplest things** las cosas más simples pueden dar enorme placer a un niño; **penicillin is ~d from mold** la penicilina se obtiene (a partir) del moho; **the name is ~d from the Greek** el nombre viene *or* deriva del griego

■ **derive** *vi*

A (stem from) **to ~ FROM sth** ‹‹*attitude/problem*›› provenir* DE algo; ‹‹*idea*›› tener* su origen EN algo

B (Ling) **to ~ FROM sth** derivar(se) DE algo

dermatitis /ˈdɜːrməˈtaɪtəs ‖ ˌdɜːməˈtaɪtɪs/ *n* [u] dermatitis *f*

dermatologist /ˌdɜːrməˈtɑːlədʒəst ‖ ˌdɜːməˈtɒlədʒɪst/ *n* dermatólogo, -ga *m,f*

dermatology /ˌdɜːrməˈtɑːlədʒi ‖ ˌdɜːməˈtɒlədʒi/ *n* [u] dermatología *f*

derogatory /dɪˈrɑːgətɔːri ‖ dɪˈrɒgətri/ *adj* despectivo, peyorativo

derrick /ˈderɪk/ *n* **1** (over oil well) torre *f* de perforación, derrick *m* **2** **~ (crane)** (Naut) grúa *f*

dervish /ˈdɜːrvɪʃ ‖ ˈdɜːvɪʃ/ *n* derviche *mf*

descale /ˈdiːˈskeɪl/ *vt* (BrE) quitarle el sarro a

descant /ˈdeskænt/ *n* contrapunto *m*

descend /dɪˈsend/ *vi*

A (move downwards) descender* (frml), bajar

B **descending** *pres p* descendente; **in ~ing order of importance** en orden decreciente *or* descendente de importancia

C (set in) ‹‹*mist*›› descender* (frml); ‹‹*rain*›› caer*; ‹‹*silence/gloom*›› abatirse (liter)

D (stoop) **to ~ TO sth/-ING** rebajarse A algo/+ INF; **don't ~ to his level** no te pongas a su nivel

E (be descended) **to ~ FROM sb** descender* DE algn, ser* descendiente de algn

■ **descend** *vt* descender* (frml), bajar

Phrasal verb

• **descend on**, **descend upon** [v ▸ prep ▸ o] **1** (attack) lanzarse *or* caer* sobre; **a plague ~ed on the town** una plaga se abatió sobre la ciudad (liter) **2** (invade) invadir; **the whole family will be ~ing on us at Christmas** (hum) nos va a invadir *or* nos va a caer toda la familia para Navidad (fam)

descendant, (AmE also) **descendent** /dɪˈsendənt/ *n* descendiente *mf*

descended /dɪˈsendəd ‖ dɪˈsendɪd/ *adj* (*pred*) **to be ~ FROM sb** ser* descendiente DE algn, descender* DE algn

descendent *n* (AmE) ▸**descendant**

descent /dɪˈsent/ *n*

A [u c] **1** (by climbers, plane) descenso *m*, bajada *f* **2** (in terrain) pendiente *f*, bajada *f*

B [u] (decline) caída *f*

C [u] (lineage) ascendencia *f*

descramble /ˈdiːˈskræmbəl/ *vt* descodificar*

descrambler /ˈdiːˈskræmblər ‖ ˌdiːˈskræmblə(r)/ *n* descodificador *m*

describe /dɪˈskraɪb/ *vt*

A (put into words) describir*

B (characterize) **to ~ sb/sth (AS sth)**: **he ~s himself as a socialist** se define como socialista; **I would ~ the book as dull and repetitive** yo diría que es un libro soso y repetitivo

C **1** (draw) (Math) trazar* **2** (move in shape of) (frml) ‹*curve/arc*› describir* (frml)

description /dɪˈskrɪpʃən/ *n* [c u] descripción *f*; **powers of ~** talento *m* para describir; **her beauty was beyond ~** su belleza era indescriptible; **of every ~, of all ~s** de todo tipo, de toda clase; **we don't have anything of that ~** no tenemos nada de ese tipo

descriptive /dɪˈskrɪptɪv/ *adj* ‹*passage/powers*› descriptivo; ‹*adjective*› calificativo

desecrate /ˈdesɪkreɪt/ *vt* profanar

desecration /ˈdesɪˈkreɪʃən/ *n* [u c] profanación *f*

desegregation /ˈdiːsegrɪˈgeɪʃən/ *n* [u] abolición *f* de la segregación racial

deselect /ˈdiːsəˈlekt/ *vt* (BrE) no reelegir* como candidato a diputado

desensitize /ˈdiːˈsensətaɪz ‖ ˌdiːˈsensɪtaɪz/ *vt* **to ~ sb TO sth** insensibilizar* a algn A algo, hacer* a algn insensible A algo

desert¹ /ˈdezərt ‖ ˈdezət/ *n* (Geog) desierto *m*; (*before n*) ‹*region/climate*› desértico; ‹*tribe/sand*› del desierto

desert² /dɪˈzɜːrt ‖ dɪˈzɜːt/ *vt* **1** (frml) ‹*place*› abandonar, huir* de **2** ‹*family*› abandonar; ‹*cause*› desertar de; **his courage ~ed him** su valor lo abandonó

■ **desert** *vi* (Mil) desertar

desert boots *pl n*: *botas bajas de ante*

deserted /dɪˈzɜːrtəd ‖ dɪˈzɜːtɪd/ *adj* **1** ‹*streets/village*› desierto **2** ‹*husband/wife*› abandonado

deserter /dɪˈzɜːrtər ‖ dɪˈzɜːtə(r)/ *n* desertor, -tora *m,f*

desertion /dɪˈzɜːrʃən ‖ dɪˈzɜːʃən/ *n* [u] **1** (Mil) deserción *f* **2** (of family, place) abandono *m*

desert island *n* isla *f* desierta

deserts /dɪˈzɜːrts ‖ dɪˈzɜːts/ *pl n*: ***to get one's just ~*** recibir su (*or* tu *etc*) merecido

deserve /dɪˈzɜːrv ‖ dɪˈzɜːv/ *vt* **1** ‹*success/praise/criticism*› merecer(se)*; **they ~ each other** son tal para cual; **they got what they ~d** se llevaron su merecido; **to ~ to + INF** merecer* + INF **2** ‹*attention/investigation*› merecer*, ser* digno de

■ **deserve** *vi*: **they ~d better of us all** merecían que los tratáramos mejor

deservedly /dɪˈzɜːrvədli ‖ dɪˈzɜːvɪdli/ *adv* merecidamente

deserving /dɪˈzɜːrvɪŋ ‖ dɪˈzɜːvɪŋ/ *adj* ‹*cause/case*› meritorio; **the ~ poor** los pobres dignos de ayuda; **to be ~ OF sth** (frml) ser* merecedor *or* digno DE algo

desiccated /ˈdesɪkeɪtəd ‖ ˈdesɪkeɪtɪd/ *adj* seco; **~ coconut** coco *m* rallado

design¹ /dɪˈzaɪn/ *n*

A [c u] **1** (of product, car, machine) diseño *m*; (drawing) diseño *m*, boceto *m*; (*before n*) **a ~ fault** un defecto de diseño; **it's still at the ~ stage** todavía lo estan diseñando **2** (pattern, decoration) diseño *m*, motivo *m*, dibujo *m* **3** (product, model) modelo *m*

B [u] **1** (Art) diseño *m* **2** (style) estilo *m*, líneas *fpl*

C **1** [c] (plan) (liter) plan *m*; **by ~** deliberadamente; **more by accident than ~** por casualidad más que porque se hubiera planeado **2** **designs** *pl n* (intentions) propósitos *mpl*, designios *mpl* (liter); ***to have ~s on sth/sb*** tener* los ojos puestos en algo/algn

design² *vt*

A (devise) ‹*house/garden*› diseñar, proyectar; ‹*dress/product*› diseñar; ‹*course/program*› planear, estructurar

B **designed** *past p* **1** (created) diseñado; **a well-~ed chair/machine** una silla/máquina bien diseñada *or* de buen diseño **2** (meant): **a statement ~ed to reassure the public** una declaración destinada a tranquilizar al público

designate[1] /ˈdezɪgneɪt/ *vt*
A (name officially) nombrar, designar; **the area was ~d a national park** la zona fue declarada parque nacional
B (call) (frml) designar
C (indicate) (frml) indicar*

designate[2] /ˈdezɪgneɪt, -nət || ˈdezɪgnət/ *adj* (*after n*): **the governor ~** quien ha sido nombrado gobernador

designation /ˈdezɪgˈneɪʃən/ *n*
A **1** [u] (naming) designación *f* **2** [c] (name) (frml) denominación *f* (frml), nombre *m*
B [c u] (appointment) nombramiento *m*, designación *f*

designer /dɪˈzaɪnər || dɪˈzaɪnə(r)/ *n* diseñador, -dora *m,f*; **a fashion/furniture ~** un diseñador de modas/muebles; (*before n*) ‹*clothes/jeans*› de diseño exclusivo; ‹*furniture/pen*› de diseño

desirability /dɪˈzaɪrəˈbɪləti || dɪˌzaɪərəˈbɪlɪti/ *n* [u] **1** (of action, idea) conveniencia *f* **2** (of person) atractivo *m*

desirable /dɪˈzaɪrəbəl || dɪˈzaɪərəbəl/ *adj* **1** ‹*property/location*› atractivo **2** (sexually) ‹*man/woman*› atractivo, deseable, apetecible **3** ‹*outcome*› deseable, conveniente; ‹*option*› conveniente, aconsejable

desire[1] /dɪˈzaɪr || dɪˈzaɪə(r)/ *n*
A [c] (wish) deseo *m*, anhelo *m* (liter); **a ~ FOR sth** deseos *mpl* DE algo; **he expressed a ~ to see his family** dijo que deseaba ver a su familia
B [u] (lust) deseo *m*

desire[2] *vt* **1** (want) ‹*happiness/success*› desear; **to leave much/a lot to be ~d** dejar mucho/bastante que desear **2** (lust after) ‹*person*› desear **3** **desired** *past p* deseado; **to have the ~d effect** surtir el efecto deseado

desirous /dɪˈzaɪrəs || dɪˈzaɪərəs/ *adj* (frml) (*pred*) **to be ~ OF sth**: **we are ~ of your success** le deseamos éxito

desist /dɪˈzɪst/ *vi* (frml) **to ~ (FROM sth/-ING)** (cease) desistir (DE algo/+ INF); (abstain) abstenerse* (DE algo/+ INF)

desk /desk/ *n* **1** (table) escritorio *m*, mesa *f* de trabajo; (in school) pupitre *m*; (*before n*) ‹*lamp*› de escritorio, de (sobre) mesa; **~ diary** agenda *f* de escritorio; **a ~ job** un trabajo de oficina **2** (service counter) mostrador *m*; **information ~** (mostrador *m* de) información *f*; **reception ~** recepción *f* **3** (Journ) sección *f*

desk: **~bound** *adj* sedentario; **~ clerk** *n* recepcionista *mf*; **~top** *adj* (*before n*) ‹*calculator/computer*› de escritorio, de (sobre)mesa; **~top publishing** autoedición *f*, edición *f* electrónica

desolate /ˈdesələt/ *adj*
A (deserted) ‹*place/landscape*› desierto, desolado
B ‹*person*› desconsolado, desolado; ‹*outlook/existence*› sombrío, lúgubre

desolation /ˈdesəˈleɪʃən/ *n* [u]
A (of land, area) desolación *f*
B (misery) desolación *f*, desconsuelo *m*

despair[1] /dɪˈsper || dɪˈspeə(r)/ *n* [u] desesperación *f*; **to be in ~** estar* desesperado

despair[2] *vi* perder* las esperanzas, desesperar(se); **to ~ OF sb/sth/-ING**: **she ~ed of ever seeing her family again** perdió las esperanzas de volver a ver a su familia; **honestly, I ~ of you!** ¡francamente, eres un caso perdido!

despairing /dɪˈsperɪŋ || dɪˈspeərɪŋ/ *adj* ‹*look/cry*› de desesperación; **his ~ mother** su desconsolada madre

despairingly /dɪˈsperɪŋli || dɪˈspeərɪŋli/ *adv* con desesperación, desesperadamente

despatch /dɪˈspætʃ/ *vt/n* ▸**dispatch**[1,2]

desperado /ˈdespəˈrɑːdəʊ/ *n* (*pl* **-does** *or* **-dos**) forajido, -da *m,f*

desperate /ˈdespərət/ *adj*
A **1** (frantic, reckless) ‹*person/attempt*› desesperado; **to be ~** estar* desesperado; **these are ~ measures** éstas son medidas tomadas en la desesperación **2** (in urgent need) (colloq): **where's the bathroom? I'm ~!** ¿dónde está el baño? estoy que no (me) aguanto más (fam); **~ FOR sth**: **she's ~ for work** está desesperada por conseguir trabajo; **~ to + INF**: **I'm ~ to get home** estoy que me muero por llegar a casa (fam)
B (critical) ‹*state/situation*› grave, desesperado; ‹*need*› apremiante

desperately /ˈdespərətli/ *adv* **1** ‹*struggle*› desesperadamente **2** ‹*need*› urgentemente, con urgencia **3** (*as intensifier*): **she's ~ ill** está gravemente enferma, está gravísima; **we're not ~ busy at the moment** (colloq) no estamos lo que se dice ocupadísimos

desperation /ˈdespəˈreɪʃən/ *n* [u] desesperación *f*; **in ~** en la desesperación

despicable /dɪˈspɪkəbəl/ *adj* vil, despreciable

despise /dɪˈspaɪz/ *vt* despreciar (profundamente)

despite /dɪˈspaɪt/ *prep* a pesar de

despoil /dɪˈspɔɪl/ *vt* (liter) saquear

despondency /dɪˈspɑːndənsi || dɪˈspɒndənsi/ *n* [u] desaliento *m*, abatimiento *m*

despondent /dɪˈspɑːndənt || dɪˈspɒndənt/ *adj* abatido, descorazonado

despot /ˈdespɑːt || ˈdespɒt/ *n* déspota *mf*

despotic /deˈspɑːtɪk || deˈspɒtɪk/ *adj* despótico

despotism /ˈdespətɪzəm/ *n* [u] despotismo *m*

dessert /dɪˈzɜːrt || dɪˈzɜːt/ *n* [c u] postre *m*

dessert: **~spoon** *n* cuchara *f* de postre; **~spoonful** *n* (*pl* **-spoonfuls** *or* **-spoonsful**) (BrE) cucharada *f* de postre

destabilize /ˈdiːˈsteɪbəlaɪz/ *vt* desestabilizar*

destination /ˈdestəˈneɪʃən || ˌdestɪˈneɪʃən/ *n* **1** (end of journey) destino *m* **2** (purpose) meta *f*

destined /ˈdestənd || ˈdestɪnd/ *adj* (*pred*)
A (fated) **to be ~ to + INF** estar* (pre)destinado A + INF; **it was ~ to fail** estaba condenado al fracaso
B **1** (intended) **~ FOR sth** destinado A algo **2** (bound, on way): **~ for the West Indies** con destino al Caribe

destiny /ˈdestəni || ˈdestɪni/ *n* [c u] (*pl* **-nies**) destino *m*, sino *m* (liter)

destitute /ˈdestətuːt || ˈdestɪtjuːt/ *adj* indigente; **she was left ~** quedó en la indigencia *or* miseria

destock /diːˈstɑːk || diːˈstɒk/ *vi* (BrE) liquidar las existencias

destroy /dɪˈstrɔɪ/ *vt*
A **1** (ruin, wreck) ‹*building/forest*› destruir*; ‹*reputation/confidence*› acabar con; ‹*life*› arruinar, destrozar* **2** ‹*animal*› sacrificar* (euf)
B (colloq) **1** (defeat) ‹*opposition*› aplastar, darle* una paliza a (fam) **2** (disappoint) (AmE) (*usu pass*) decepcionar

destroyer /dɪˈstrɔɪər || dɪˈstrɔɪə(r)/ *n* destructor *m*

destruct /dɪˈstrʌkt/ *n* (Aerosp, Mil) (auto)destrucción *f*; (*before n*) ‹*mechanism/system*› de (auto)destrucción

destruction /dɪˈstrʌkʃən/ *n* [u]
A (of city, books, forest) destrucción *f*; (of reputation, civilization) ruina *f*, destrucción *f*; (slaughter) exterminación *f*
B (cause of downfall) (frml) ruina *f*, perdición *f*
C (damage) destrucción *f*, estragos *mpl*, destrozos *mpl*

destructive /dɪˈstrʌktɪv/ *adj* ‹*storm/weapon*› destructor; ‹*tendency*› destructivo; ‹*child*› destrozón; ‹*criticism*› destructivo, negativo

desultory /ˈdesəltɔːri || ˈdezəltəri/ *adj* ‹*effort/attempt*› desganado; **in a ~ fashion** sin entusiasmo, con desgana *or* (esp AmL) desgano

detach /dɪˈtætʃ/ *vt* (separate) separar, quitar; (unstick) despegar*; **the headrest can be ~ed** el apoyacabezas se puede desmontar *or* quitar; **to ~ oneself from sth** distanciarse de algo

detachable /dɪˈtætʃəbəl/ *adj* ‹*cover*› de quita y pon, de quitar y poner; ‹*lining*› desmontable

detached /dɪˈtætʃt/ *adj*
A ‹*person/manner*› (aloof) distante, indiferente; (objective) objetivo, imparcial
B (BrE) ‹*house*› no adosado

detachment /dɪˈtætʃmənt/ *n*
A [u] (aloofness) distancia *f*, indiferencia *f*; (objectivity) objetividad *f*, imparcialidad *f*
B [u] (act of detaching) (frml) desprendimiento *m*
C [c] (Mil) destacamento *m*

detail[1] /dɪˈteɪl, ˈdiːteɪl || ˈdiːteɪl/ *n*
A [c] **1** (particular) detalle *m*, pormenor *m*; **he asked for further ~s** pidió más información *or* información más detallada **2** (embellishment) detalle *m* **3** (insignificant matter) minucia *f*, detalle *m* (sin importancia)
B [u] (minutiae) detalles *mpl*; **to go into ~** entrar en detalles *or* pormenores; **to describe/explain sth in ~** describir*/explicar* algo detalladamente *or* minuciosamente

C [c] (Mil) destacamento *m*, cuadrilla *f*

detail² *vt*
A (describe) exponer* en detalle, detallar
B (Mil) destacar*; **to ~ sb to + INF** destacar* a algn A *or* PARA + INF

detailed /'di:teɪld/ *adj* ‹*description*› detallado, minucioso, pormenorizado; ‹*examination*› minucioso, detenido

detain /dɪ'teɪn/ *vt* **1** (delay) (frml): **don't let me ~ you** no quiero entretenerlo *or* demorarlo **2** (in custody) detener*

detainee /'di:teɪ'ni:/ *n* detenido, -da *m,f*

detect /dɪ'tekt/ *vt* ‹*object/substance*› detectar; **I ~ed a note of sarcasm in his voice** noté cierto tonillo sarcástico en su voz

detectable /dɪ'tektəbəl/ *adj* perceptible, detectable

detection /dɪ'tekʃən/ *n* [u]
A (of error) descubrimiento *m*; (of act, crime, criminal): **to escape ~** pasar desapercibido *or* inadvertido
B (of substance) detección *f*

detective /dɪ'tektɪv/ *n* (private) detective *mf*; (in police force) agente *mf*, oficial *mf*; (*before n*) **~ story** novela *f* policíaca *or* policial; **~ work** pesquisas *fpl*, investigaciones *fpl*

detector /dɪ'tektər || dɪ'tektə(r)/ *n* detector *m*

detente /deɪ'tɑ:nt/ *n* [u] (Pol) distensión *f*

detention /dɪ'tentʃən || dɪ'tenʃən/ *n* [u]
A (in custody) detención *f*; (*before n*) **~ order** orden *f* de arresto
B (Educ): **to be in ~** estar* castigado

detention home, (BrE) **detention centre** *n* reformatorio *m*, correccional *m or f* de menores

deter /dɪ'tɜ:r || dɪ'tɜ:(r)/ *vt* **-rr-** ‹*person*› disuadir, hacer* disuadir; ‹*crime/war*› impedir*; **to ~ sb FROM sth/-ING** disuadir a algn DE algo/ + INF

detergent /dɪ'tɜ:rdʒənt || dɪ'tɜ:dʒənt/ *n* [u c] (Chem) detergente *m*; (for clothes) detergente *m*; (for dishes) lavavajillas *m*

deteriorate /dɪ'tɪriəreɪt || dɪ'tɪəriereɪt/ *vi* «*health/relationship/material*» deteriorarse; «*weather/work*» empeorar; **to ~ INTO sth** degenerar EN algo

deterioration /dɪ'tɪriə'reɪʃən || dɪ,tɪəriə'reɪʃən/ *n* [u] deterioro *m*

determination /dɪ'tɜ:rmə'neɪʃən || dɪ,tɜ:mɪ'neɪʃən/ *n* [u] (resoluteness) determinación *f*, resolución *f*; **with an air of ~** con aire resuelto *or* decidido

determine /dɪ'tɜ:rmən || dɪ'tɜ:mɪn/ *vt*
A (ascertain) establecer*, determinar
B **1** (influence) determinar, condicionar; **determining factor** factor *m* determinante **2** (mark) ‹*boundary/limit*› definir, demarcar*
C (liter) (resolve) decidir; **to ~ to + INF** decidir + INF, tomar la determinación DE + INF

Phrasal verb
• **determine on**, **determine upon** [v ▸ prep ▸ o] (frml) decidirse por

determined /dɪ'tɜ:rmənd || dɪ'tɜ:mɪnd/ *adj* ‹*mood/person*› decidido, resuelto; **we must make a ~ effort to prevent it** debemos poner todo nuestro empeño en impedirlo; **to be ~ to + INF** estar* decidido A + INF, estar* empeñado EN + INF; **to be ~ THAT** estar* resuelto *or* decidido A QUE (+ *subj*)

determinism /dɪ'tɜ:rmənɪzəm || dɪ'tɜ:mɪnɪzəm/ *n* [u] determinismo *m*

deterrent /dɪ'terənt/ *n*: **it may act as a ~ to thieves** puede servir para disuadir a los ladrones; **the nuclear ~** las armas nucleares como fuerza disuasoria

detest /dɪ'test/ *vt* detestar, odiar; **to ~ -ING** detestar *or* odiar + INF

detestable /dɪ'testəbəl/ *adj* detestable, odioso

dethrone /dɪ'θrəʊn/ *vt* destronar

detonate /'detəneɪt/ *vt* hacer* detonar
■ **detonate** *vi* detonar, explotar, estallar

detonator /'detəneɪtər || 'detəneɪtə(r)/ *n* detonador *m*

detour¹ /'di:tʊr || 'di:tʊə(r)/ *n* **1** (deviation) rodeo *m*, vuelta *f*; **to make a ~** dar* un rodeo, desviarse* **2** (AmE Transp) desvío *m*, desviación *f*

detour² *vt* (AmE) ‹*traffic*› desviar*

detoxification /'di:'tɑ:ksəfə'keɪʃən || ,di:,tɒksɪfɪ'keɪʃən/ *n* [u] (of addict) desintoxicación *f*; (of substance) eliminación *f* de la toxicidad

detoxify /'di:'tɑ:ksəfaɪ || ,di:'tɒksɪfaɪ/ *vt* **-fies, -fying, -fied** ‹*addict/alcoholic*› desintoxicar*; ‹*substance/material*› eliminar la toxicidad de

detract /dɪ'trækt/ *vi* **to ~ FROM sth**: **I didn't wish to ~ from her achievement** no quise quitarle méritos *or* restarle valor a su logro; **it ~s from the beauty of the painting** desmerece la belleza del cuadro

detractor /dɪ'træktər || dɪ'træktə(r)/ *n* detractor, -tora *m,f*

detriment /'detrəmənt || 'detrɪmənt/ *n* [u] (frml) detrimento *m*, perjuicio *m*; **to the ~ of sb/sth** en detrimento *or* perjuicio de algn/algo

detrimental /'detrə'mentl || ,detrɪ'mentl/ *adj* (frml) **~ (TO sb/sth)** perjudicial (PARA algn/algo)

detritus /dɪ'traɪtəs/ *n* [u] **1** (debris) desechos *mpl* **2** (Geol) detrito *m*, detritus *m*

deuce /du:s || dju:s/ *n* [u c]
A (in tennis) deuce *m*, cuarenta *mpl* iguales
B (Games) dos *m*

deutschmark /'dɔɪtʃmɑ:rk || 'dɔɪtʃmɑ:k/ *n* (Hist) marco *m* (alemán)

devaluation /'di:'vælju'eɪʃən/ *n* [u c] (Fin) devaluación *f*

devalue /'di:'vælju:/ *vt* (Fin) devaluar*

devastate /'devəsteɪt/ *vt* **1** (lay waste) devastar, asolar **2** (overwhelm) ‹*opposition/argument*› aplastar, demoler*; **I was ~d when I heard** quedé deshecho *or* anonadado cuando me enteré

devastating /'devəsteɪtɪŋ/ *adj* **1** ‹*punch/shock*› devastador; **the news was ~** la noticia fue un golpe tremendo **2** ‹*accuracy/logic*› abrumador, apabullante; ‹*reply/defeat*› demoledor, aplastante; ‹*beauty*› irresistible

devastatingly /'devəsteɪtɪŋli/ *adv* ‹*frank/witty*› tremendamente; ‹*beautiful/funny*› irresistiblemente

devastation /'devə'steɪʃən/ *n* [u] devastación *f*

develop /dɪ'veləp/ *vt*
A **1** (elaborate, devise) ‹*theory/plan*› desarrollar, elaborar; ‹*idea*› desarrollar; ‹*method*› idear, desarrollar; ‹*plot/story/character*› desarrollar **2** (improve) ‹*skill/ability/quality*› desarrollar **3** (exploit) ‹*land/area*› urbanizar* **4** (expand) ‹*business/range*› ampliar* **5** (create) ‹*drug/engine*› crear
B (acquire) ‹*immunity/resistance*› desarrollar; ‹*disease*› contraer* (frml); **the machine ~ed a fault** la máquina empezó a funcionar mal; **I've ~ed a taste for ...** le he tomado (el) gusto a ...
C (Phot) revelar
■ **develop** *vi*
A **1** (grow) «*person/industry*» desarrollarse; «*interest*» crecer*, aumentar **2** (evolve) **to ~ INTO sth** convertirse* *or* transformarse EN algo **3** (Econ) «*nation/region*» desarrollarse, progresar **4** (unfold) «*plot/novel*» desarrollarse
B (appear) «*problem/complication*» surgir*, aparecer*; «*crisis*» producirse*

developed /dɪ'veləpt/ *adj* ‹*nation/region*› desarrollado

developer /dɪ'veləpər || dɪ'veləpə(r)/ *n*
A [c] (of land, property) promotor inmobiliario, promotora inmobiliaria *m,f*
B [u] (Phot) revelador *m*
C [c] (Psych): **a slow/late ~** un individuo de desarrollo lento/tardío

developing /dɪ'veləpɪŋ/ *adj* ‹*country*› en vías de desarrollo

development /dɪ'veləpmənt/ *n*
A [u] **1** (physical, mental) desarrollo *m* **2** (of argument, idea, plot) desarrollo *m*; (of situation, events) desarrollo *m*, evolución *f*
B [u] (of drug, engine) creación *f*
C [u] (of land, area) urbanización *f*
D [c] (*housing ~*) complejo *m* habitacional, fraccionamiento *m* (Méx), urbanización *f* (Esp)
E [u] (Econ) desarrollo *m*
F [c] **1** (happening, event) acontecimiento *m*, suceso *m*; **we are awaiting further ~s** estamos a la espera de novedades *or* de nuevos acontecimientos

developmental /dɪ'veləp'mentl/ *adj* del desarrollo

deviance /'di:viəns/ *n* **1** [u] (Psych) desviación *f* **2** [c] (idiosyncracy) anomalía *f*

deviancy /ˈdi:viənsi/ *n* [u c] ▸**deviance**

deviant /ˈdi:viənt/ *adj* ‹*practices/conduct*› desviado, que se aparta de la norma; ‹*person/personality*› anormal

deviate /ˈdi:vieɪt/ *vi* **to ~ FROM sth** ‹*from course*› desviarse* DE algo; ‹*from truth/norm*› apartarse DE algo

deviation /ˌdi:viˈeɪʃən/ *n* [u c] desviación *f*

device /dɪˈvaɪs/ *n*

A (gadget, tool) artefacto *m*, dispositivo *m*, aparato *m*; (mechanism) dispositivo *m*, mecanismo *m*

B (stratagem) recurso *m*, estratagema *f*; ***to leave sb to her/his own ~s*** dejar que algn se las arregle solo

devil /ˈdevl̩/ *n*

A **1** (Relig) diablo *m*, demonio *m*; ***the ~ finds work for idle hands (to do)*** el ocio es la madre de todos los vicios; ***better the ~ you know (than the ~ you don't)*** más vale malo conocido que bueno por conocer; ***speak*** *o* ***talk of the ~ ...*** hablando del rey de Roma ...; ***(the) ~ take the hindmost*** ¡sálvese quien pueda!; ***to be (caught) between the ~ and the deep blue sea*** estar* entre la espada y la pared **2** (evil spirit) demonio *m*

B (colloq) (*in intensifying phrases*): **who/what/where the ~ ... ?** ¿quién/qué/dónde demonios *or* diablos ... ? (fam)

C (colloq) (person): **he's a little ~!** ¡es un diablillo!; **go on, be a ~, have another one!** (BrE) ¡anda, cómete otro, no seas tonto!; **poor ~!** ¡pobre diablo!

devilish /ˈdevlɪʃ/ *adj* (dated) diabólico

devil: **~-may-care** /ˈdevl̩meɪˈker || ˌdevl̩meɪˈkeə(r)/ *adj* (colloq) (*before n*) despreocupado; **~'s advocate** *n* abogado *m* del diablo

devious /ˈdi:viəs/ *adj* **1** (underhand) ‹*person*› taimado, artero; **by ~ means** con artimañas, con tejemanejes **2** (roundabout) ‹*route/path*› tortuoso, sinuoso

deviously /ˈdi:viəsli/ *adv* arteramente

deviousness /ˈdi:viəsnəs || ˈdi:viəsnɪs/ *n* [u] artería *f*

devise /dɪˈvaɪz/ *vt* ‹*plan/system*› idear, crear, concebir*; ‹*machine/tool*› inventar

devoid /dɪˈvɔɪd/ *adj* (*pred*) (frml) **to be ~ OF sth** carecer* DE algo

devolution /ˈdevəˈlu:ʃən || ˌdi:vəˈlu:ʃən/ *n* [u]

A **1** (delegation) delegación *f*, transferencia *f* **2** (BrE Govt) *transferencia de competencias del gobierno central a un gobierno regional*

B (Law) cesión *f*

devolve /dɪˈvɑ:lv || dɪˈvɒlv/ *vi* **1** (frml) **to ~ TO** *o* **(UP)ON sb** «*duties/responsibilities*» recaer* SOBRE *or* EN algn; «*authority/power*» pasar A algn **2** «*property*» **to ~ TO** *o* **ON sb** pasar A algn

■ **devolve** *vt* (frml) ‹*power*› delegar*, transferir*; ‹*privilege/right*› conceder

devote /dɪˈvəʊt/ *vt* **to ~ sth TO sth/-ING** dedicar* algo A algo/ + INF; **the chapter is ~d to medical matters** el capítulo está dedicado a tratar asuntos de medicina

■ *v refl* **to ~ oneself TO sth/-ING** dedicarse* A algo/+ INF

devoted /dɪˈvəʊtəd || dɪˈvəʊtɪd/ *adj* **1** (loving) ‹*couple/family*› unido; **to be ~ TO sb** sentir* devoción POR algn **2** (dedicated) (*before n*) ‹*follower/admirer*› ferviente, devoto; ‹*service/friendship*› leal

devotee /ˈdevəˈti:/ *n* (Relig) devoto, -ta *m,f*; (fan) adepto, -ta *m,f*, partidario, -ria *m,f*

devotion /dɪˈvəʊʃən/ *n*

A [u] (love) devoción *f*; (loyalty) lealtad *f*; **~ TO sb/sth**: **they showed great ~ to their king** demostraron gran devoción por/lealtad a su rey; **her ~ to the cause** su dedicación *or* entrega a la causa

B [u] (of money, time, space) dedicación *f*

C [c] (Relig) oración *f*, rezo *m*

devotional /dɪˈvəʊʃn̩əl || dɪˈvəʊʃənl̩/ *adj* piadoso, devoto

devour /dɪˈvaʊr || dɪˈvaʊə(r)/ *vt* **1** (consume) ‹*food/book*› devorar **2** (torment) (*usu pass*) devorar; **he was ~ed by jealousy** lo consumían los celos

devout /dɪˈvaʊt/ *adj* **1** (Relig) devoto, piadoso; **she is a ~ Catholic** es muy católica **2** (earnest) (frml) (*before n*) ‹*supporter*› ferviente

devoutly /dɪˈvaʊtli/ *adv* ‹*pray*› con devoción; ‹*hope*› fervientemente

dew /du: || dju:/ *n* [u] rocío *m*

dewdrop /ˈdu:drɑ:p || ˈdju:drɒp/ *n* gota *f* de rocío

dewy /ˈdu:i || ˈdju:i/ *adj* **dewier, dewiest** **1** ‹*grass/lawn*› cubierto de rocío **2** (liter) ‹*eyes*› húmedo

dewy-eyed /ˈdu:iˈaɪd || ˌdju:iˈaɪd/ *adj* (innocent) ingenuo

dexterity /dekˈsterəti/ *n* [u] (manual) destreza *f*, habilidad *f*; (skill) habilidad *f*

dexterous, dextrous /ˈdekstrəs/ *adj* (frml) diestro, hábil

diabetes /ˈdaɪəˈbi:ti:z/ *n* [u] diabetes *f*

diabetic[1] /ˈdaɪəˈbetɪk/ *adj* diabético; ‹*jam/chocolate*› para diabéticos

diabetic[2] *n* diabético, -ca *m,f*

diabolical /ˈdaɪəˈbɑ:lɪkəl || ˌdaɪəˈbɒlɪkəl/ *adj* **1** (fiendish) ‹*machinations*› diabólico, satánico; ‹*cruelty*› perverso, satánico **2** (very bad) (BrE colloq) espantoso, atroz

diabolically /ˈdaɪəˈbɑ:lɪkli || ˌdaɪəˈbɒlɪkli/ *adv* **1** (fiendishly) ‹*laugh*› diabólicamente, perversamente; ‹*clever/difficult*› endemoniadamente **2** (very badly) (BrE colloq): **he sings ~** canta pésimo

diadem /ˈdaɪədem/ *n* diadema *f*

diaeresis /daɪˈerəsɪs/ *n* [c u] (*pl* **-ses** /-si:z/) diéresis *f*, crema *f*

diagnose /ˈdaɪəgnəʊs, -əʊz || ˈdaɪəgnəʊz/ *vt* **1** (Med) ‹*illness*› diagnosticar*; **the doctor ~d her as epileptic** el médico le diagnosticó epilepsia **2** ‹*cause/fault*› determinar, establecer*

diagnosis /ˈdaɪəgˈnəʊsəs || ˌdaɪəgˈnəʊsɪs/ *n* (*pl* **-ses** /-si:z/) diagnóstico *m*; **to make/give a ~** hacer*/dar* un diagnóstico

diagnostic /ˈdaɪəgˈnɑ:stɪk || ˌdaɪəgˈnɒstɪk/ *adj* (*before n*) diagnóstico

diagonal[1] /daɪˈægənl̩/ *adj* ‹*line*› diagonal; ‹*path*› en diagonal

diagonal[2] *n* diagonal *f*

diagonally /daɪˈægənl̩i/ *adv* diagonalmente, en diagonal

diagram /ˈdaɪəgræm/ *n* diagrama *m*, esquema *m*, gráfico *m*

diagrammatic /ˈdaɪəgrəˈmætɪk/ *adj* esquemático, gráfico

dial[1] /ˈdaɪl || ˈdaɪəl/ *n* (on clock, watch) esfera *f*; (on measuring instrument) cuadrante *m*; (of telephone) disco *m*; (on radio) dial *m*

dial[2], (BrE) **-ll-** *vt* (Telec) marcar*, discar* (AmL)

■ **dial** *vi* (Telec) marcar*, discar* (AmL)

dialect /ˈdaɪəlekt/ *n* dialecto *m*; (*before n*) **a ~ word** un vocablo dialectal, un dialectalismo

dialectic /ˈdaɪəˈlektɪk/ *n*, **dialectics** /-tɪks/ (+ *sing vb*) *n* dialéctica *f*

dialling code /ˈdaɪlɪŋ || ˈdaɪəlɪŋ/ *n* (BrE) prefijo *m or* (AmL tb) código *m* de acceso (telefónico)

dialling tone /ˈdaɪlɪŋ || ˈdaɪəlɪŋ/ *n* (BrE) ▸**dial tone**

dialogue, (AmE also) **dialog** /ˈdaɪəlɔ:g || ˈdaɪəlɒg/ *n* [c u] diálogo *m*

dial tone *n* tono *m* de marcar *or* (AmL) de discado

dialysis /daɪˈæləsəs || ˌdaɪˈæləsɪs/ *n* [u] diálisis *f*

diameter /daɪˈæmətər || daɪˈæmɪtə(r)/ *n* diámetro *m*

diametrically /ˈdaɪəˈmetrɪkli/ *adv* diametralmente; **~ opposed views** opiniones *fpl* diametralmente opuestas

diamond /ˈdaɪəmənd/ *n*

A [c u] (Min) diamante *m*; (cut) brillante *m*, diamante *m*; **he's a ~ in the rough** *o* (BrE) **a rough ~** no es muy pulido, pero tiene buenas cualidades; (*before n*) **~ ring** anillo *m or* sortija *f* de brillantes *or* diamantes

B (shape) rombo *m*

C (Games) **diamonds** (suit) (+ *sing or pl vb*) diamantes *mpl*

D (in baseball) **1** (area inside bases) diamante *m*, cuadro *m* **2** (entire field) campo *m* (de béisbol)

diaper /ˈdaɪpər || ˈdaɪəpə(r)/ *n* (AmE) pañal *m*; (*before n*) **she has ~ rash** está escaldada *or* (Méx) rozada

diaphanous /daɪˈæfənəs/ *adj* diáfano, transparente

diaphragm /ˈdaɪəfræm/ *n*

A (Anat) diafragma *m*

B (contraceptive) diafragma *m*

diarrhea, (BrE) **diarrhoea** /ˈdaɪəˈri:ə || ˌdaɪəˈrɪə/ *n* [u] diarrea *f*; **verbal ~** verborrea *f*, diarrea *f* verbal (hum)

d

diary /'daɪəri/ *n* (*pl* **-ries**)
A (personal record) diario *m*
B (book for appointments) agenda *f*
diatribe /'daɪətraɪb/ *n* diatriba *f*, invectiva *f*
dice¹ /daɪs/ *n* (*pl* ~) dado *m*
dice² *pl of* **die²** *and of* **dice¹**
dice³ *vt* (Culin) cortar en dados *or* cubitos
■ **dice** *vi*: ***to ~ with death*** jugar* con la muerte
dicey /'daɪsi/ *adj* **dicier, diciest** (colloq) (risky) arriesgado, riesgoso (AmL); (uncertain) dudoso, incierto
dichotomy /daɪ'kɑːtəmi || daɪ'kɒtəmi/ *n* dicotomía *f*
dick /dɪk/ *n* (vulg) verga *f* (vulg), pija *f* (RPl vulg), polla *f* (Esp vulg), pico *m* (Chi vulg)
dickhead /'dɪkhed/ *n* (vulg) huevón, -vona *m,f* (Andes, Ven vulg), pelotudo, -da *m,f* (AmS vulg), pendejo, -ja *m,f* (AmL exc CS fam *o* vulg), gilipollas *mf* (Esp fam *o* vulg)
dicky /'dɪki/ *adj* (BrE colloq): **he's got a ~ heart** tiene problemas cardíacos
Dictaphone® /'dɪktəfəʊn/ *n* dictáfono® *m*
dictate¹ /'dɪkteɪt || dɪk'teɪt/ *vt*
A (read out) dictar
B (prescribe, lay down) «*law*» establecer*, dictar; «*common sense*» dictar; **to ~ terms** imponer* condiciones
■ **dictate** *vi* dictar
(Phrasal verb)
• **dictate to** [v ▸ prep ▸ o] mandar, darle* órdenes a
dictate² /'dɪkteɪt/ *n* mandato *m*; **to follow the ~s of one's conscience** seguir* los dictados de la conciencia
dictation /dɪk'teɪʃən/ *n* **1** [u] (Corresp) dictado *m*; **she asked her secretary to take ~** llamó a la secretaria para dictarle una carta (*or* un informe *etc*) **2** [c u] (Educ) dictado *m*
dictator /'dɪkteɪtər || dɪk'teɪtə(r)/ *n* dictador, -dora *m,f*
dictatorial /'dɪktə'tɔːriəl/ *adj* dictatorial
dictatorship /dɪk'teɪtərʃɪp || dɪk'teɪtəʃɪp/ *n* [c u] dictadura *f*
diction /'dɪkʃən/ *n* [u] dicción *f*
dictionary /'dɪkʃəneri || 'dɪkʃənri, 'dɪkʃənəri/ *n* (*pl* **-ries**) diccionario *m*
did /dɪd/ *past of* **do¹**
didactic /daɪ'dæktɪk/ *adj* didáctico
diddle /'dɪdl/ *vt* (colloq) estafar, timar (fam); **to ~ sb OUT OF sth: he ~d me out of 50 dollars** me sacó *or* me estafó 50 dólares
didn't /'dɪdnt/ **= did not**
die¹ /daɪ/ **dies, dying, died** *vi*
A **1** (stop living) morir*; (violently) matarse, morir*; **he ~d of cancer** (se) murió de cáncer **2** (be overcome) (colloq) morirse*; **to ~ laughing** morirse* de risa; **I nearly ~d!** casi me muero **3** (want very much) (colloq) **to be dying FOR sth** morirse* POR algo; **to be dying to + INF** morirse* POR + INF, morirse* de ganas de + INF
B **1** (cease to exist) «*love/hatred*» morir*; **old habits ~ hard** las viejas costumbres no se pierden fácilmente **2** (be extinguished) «*fire*» extinguirse*, apagarse*; «*light*» extinguirse* **3** (stop functioning) «*engine/motor*» apagarse*, dejar de funcionar
C (colloq) (in baseball) quedarse embasado, ser* dejado en base
■ **die** *vt*: **to ~ a natural death** morir* de muerte natural; **to ~ a violent death** tener* *or* sufrir una muerte violenta; ***to ~ a death*** (BrE colloq) quedar en la nada
(Phrasal verbs)
• **die away** [v ▸ adv] «*storm/wind*» amainar; «*anger*» pasar; **her voice ~d away** su voz se fue apagando *or* (liter) extinguiendo
• **die down** [v ▸ adv] «*fire/noise*» irse* apagando; «*storm/wind*» amainar; «*anger/excitement*» calmarse
• **die off** [v ▸ adv] ir* muriendo
• **die out** [v ▸ adv] «*race/species*» extinguirse*; «*custom*» morir*, caer* en desuso
die² *n* (*pl* **dice** /daɪs/) (Games) dado *m*; **the ~ is cast** la suerte está echada; ***as straight as a ~*** derecho hasta decir basta, honrado como él sólo; ***no dice!*** (AmE) ¡ni hablar!, ¡ni lo sueñes!
diehard /'daɪhɑːrd || 'daɪhɑːd/ *n* intransigente *mf*; (*before n*) intransigente, acérrimo
dieresis /daɪ'erəsɪs/ *n* [c u] (*pl* **-ses** /-siːz/) (AmE) ▸**diaeresis**
diesel¹ /'diːzəl/ *n* **1** [c] (vehicle) coche *m* (*or* camión *m etc*) diesel, diesel *m* **2** [u] (fuel) diesel *m*, gasóleo *m*, gas-oil *m*
diesel² *adj* (*before n*) diesel *adj inv*
diet¹ /'daɪət/ *n* **1** (special food) régimen *m*, dieta *f*; **to be/go on a ~** estar*/ponerse* a régimen *or* a dieta; (*before n*) ‹*cola*› light *adj inv* **2** (nourishment) alimentación *f*, dieta *f* (alimenticia); **they live on a ~ of rice and fish** se alimentan de arroz y pescado
diet² *vi* hacer* régimen *or* dieta
dietary /'daɪəteri || 'daɪətri/ *adj* ‹*habits*› alimenticio; ‹*fiber*› dietético
dietician, dietitian /'daɪə'tɪʃən/ *n* dietista *mf*, experto, -ta *m,f* en dietética
differ /'dɪfər || 'dɪfə(r)/ *vi*
A **1** (be at variance) diferir*; **how do they ~?** ¿en qué difieren? **2** (be unlike) ser* distinto *or* diferente; **to ~ FROM sb/sth** diferenciarse *or* diferir* DE algn/algo
B (disagree) discrepar, diferir* (frml); **I beg to ~ but ...** lamento discrepar (de su opinión) pero ...
difference /'dɪfrəns/ *n*
A [c u] **1** (dissimilarity) diferencia *f*; **to tell the ~** notar *or* ver* la diferencia; **a vacation with a ~** unas vacaciones diferentes **2** **to make a/no ~: it could make a ~ in** *o* (BrE) **to the outcome** podría influir en el resultado; **it will make no ~ to you** a ti no te va a afectar; **it makes a ~ having a computer** las cosas son muy distintas con una computadora; **what ~ does it make? — it makes all the ~ in the world** ¿qué importa? — importa muchísimo **3** (Math) diferencia *f*; ***to split the ~*** dividirse la diferencia (a partes iguales)
B [c] (disagreement) (often euph) diferencia *f*; **to settle** *o* **resolve one's ~s** saldar *or* resolver* sus (*or* nuestras *etc*) diferencias
different /'dɪfrənt/ *adj* **1** (not the same) distinto, diferente; **~ FROM** *o* **TO** *o* (AmE also) **THAN sth/sb** distinto *or* diferente DE *or* A algo/algn **2** (unusual) diferente, original
differential¹ /'dɪfə'rentʃəl || ˌdɪfə'renʃəl/ *adj* (Fin, Math) diferencial
differential² *n* diferencial *m*
differentiate /'dɪfə'rentʃieɪt || ˌdɪfə'renʃieɪt/ *vi* distinguir*
■ **differentiate** *vt* (frml): **to ~ sth (FROM sth)** diferenciar *or* distinguir* algo (DE algo)
differently /'dɪfrəntli/ *adv*: **they think ~** no piensan igual *or* del mismo modo; **I view things ~** yo veo las cosas de otra forma *or* otro modo
difficult /'dɪfɪkəlt/ *adj* difícil; **the ~ bit** *o* **part is ...** lo difícil es ..., la dificultad está en ...; **we'll make things very ~ for him** le haremos la vida imposible; **he's ~ to live with** es difícil convivir con él
difficulty /'dɪfɪkəlti/ *n* (*pl* **-ties**) **1** [u] (of situation, task) dificultad *f*; **he has ~ (in) understanding English** tiene dificultad para entender el inglés; **she had great ~ walking** caminaba con mucha dificultad **2** [c] (problem) dificultad *f*, problema *m*; **to be in difficulties** estar* en apuros; **to get into difficulties** meterse en líos; **to make difficulties** crear problemas
diffidence /'dɪfədəns || 'dɪfɪdəns/ *n* [u] falta *f* de seguridad en sí mismo, retraimiento *m*
diffident /'dɪfədənt || 'dɪfɪdənt/ *adj* ‹*person*› poco seguro de sí mismo; ‹*smile*› tímido
diffraction /dɪ'frækʃən/ *n* [u] difracción *f*
diffuse¹ /dɪ'fjuːz/ *vt* ‹*heat*› difundir, esparcir*; ‹*light*› tamizar*, difuminar; ‹*knowledge*› (frml) difundir
■ **diffuse** *vi* difundirse
diffuse² /dɪ'fjuːs/ *adj* difuso
diffusion /dɪ'fjuːʒən/ *n* [u] difusión *f*
dig¹ /dɪg/ (*pres p* **digging**; *past & past p* **dug**) *vt*
A **1** ‹*ground*› cavar; ‹*hole/trench*› (by hand) cavar; (by machine) excavar; **to ~ the garden** cavar en el jardín **2** ‹*potatoes*› sacar* **3** (Archeol) excavar
B (jab, thrust) **to ~ sth INTO sth** clavar algo EN algo; **to ~ sb in the ribs** darle* *or* (fam) pegarle* un codazo en las costillas a algn
■ **dig** *vi*
A **1** (excavate — by hand) cavar; (— by machine) excavar; «*dog*»

escarbar; **to ~ for oil** hacer* prospecciones petrolíferas 2 (Archeol) hacer* excavaciones, excavar

B (search) buscar*; **she dug in her pockets for the key** buscó la llave en los bolsillos

(Phrasal verbs)

- **dig around** [v ▸ adv] (colloq) revolver*, escarbar (*buscando algo*)
- **dig in** [v ▸ adv] 1 (Mil) atrincherarse 2 (start eating) (colloq): **~ in!** ¡al ataque! (fam), ¡ataquen! (fam)
- **dig into** [v ▸ prep ▸ o] (colloq) 1 (start eating) atacar* (fam) 2 (investigate) investigar* 3 ‹*resources/reserves*› echar mano de
- **dig out** [v ▸ o ▸ adv, v ▸ adv ▸ o] 1 (remove) sacar* (*de entre los escombros, la nieve etc*); (from soil) desenterrar* 2 (find) (colloq) sacar*, desempolvar
- **dig up** [v ▸ o ▸ adv, v ▸ adv ▸ o] 1 ‹*lawn*› levantar; ‹*weeds/tree*› arrancar* 2 ‹*body/treasure*› desenterrar* 3 ‹*facts*› (colloq) sacar* a la luz

dig² *n*

A (Archeol) excavación *f*

B (jab — with elbow) codazo *m*; (— with pin) pinchazo *m*; **to give sb a ~ in the ribs** darle* un codazo en las costillas a algn

C (critical remark) (colloq) pulla *f*; (hint) indirecta *f*; **to have a ~ at sb/sth** meterse con algn/algo

D **digs** *pl n* (lodgings) (BrE): **to live in ~s** *vivir en una habitación alquilada, una pensión etc*

digest¹ /daɪˈdʒest, -də- || daɪˈdʒest, dɪ-/ *vt* ‹*food*› digerir*; (assimilate mentally) asimilar, digerir* (fam)

digest² /ˈdaɪdʒest/ *n* (summary) compendio *m*; (journal) boletín *m*, revista *f*

digestible /daɪˈdʒestəbəl, də- || daɪˈdʒestəbəl, dɪ-/ *adj* (Physiol) digerible; (comprehensible) fácil de asimilar *or* (fam) digerir; **easily ~** fácil de digerir

digestion /daɪˈdʒestʃən, də- || daɪˈdʒestʃən, dɪ-/ *n* [u] digestión *f*

digestive /daɪˈdʒestɪv, də- || daɪˈdʒestɪv, dɪ-/ *adj* digestivo; **the ~ system** el aparato digestivo

digestive biscuit *n* (BrE) galleta *f* integral

digger /ˈdɪgər || ˈdɪgə(r)/ *n* (machine) excavadora *f*; (person) excavador, -dora *m,f*

digit /ˈdɪdʒət || ˈdɪdʒɪt/ *n*

A (Math) dígito *m* (frml)

B (Anat) dedo *m*

digital /ˈdɪdʒətəl || ˈdɪdʒɪtl/ *adj* digital; **~ camera** cámara *f* (fotográfica) digital; **~ image** imagen *f* digital; **~ image processing** procesamiento *m or* tratamiento *m* de imágenes digitales; **~ television** [c] (~ TV set) televisor *m* digital; [u] (system) televisión *f* digital; **~ video disc** videodisco *m* digital

dignified /ˈdɪgnəfaɪd || ˈdɪgnɪfaɪd/ *adj* 1 ‹*person/reply*› digno, circunspecto; ‹*silence/attitude*› digno; **it's not very ~** no es muy decoroso *or* elegante 2 (stately) majestuoso

dignify /ˈdɪgnəfaɪ || ˈdɪgnɪfaɪ/ *vt* **-fies, -fying, -fied** 1 (grace) dignificar* 2 (make respectable) darle* categoría a; **I would not ~ that question with an answer** esa pregunta no es digna de respuesta

dignitary /ˈdɪgnəˈteri || ˈdɪgnɪtəri/ *n* (*pl* **-ries**) dignatario, -ria *m,f*

dignity /ˈdɪgnəti/ *n* [u]

A (dignified air) 1 (of person) dignidad *f*; ***to stand on one's ~*** mantener* las distancias 2 (of occasion) solemnidad *f*

B (status, worth) dignidad *f*, categoría *f*; **she considers it to be beneath her ~** lo considera una degradación

digress /daɪˈgres/ *vi*: **if I may ~ for a moment** si me permiten hacer un breve inciso *or* paréntesis; **but I ~** pero estoy divagando; **to ~ FROM sth** apartarse DE algo

digression /daɪˈgreʃən/ *n* [c u] digresión *f*; **by way of (a) ~** a modo de inciso *or* paréntesis

dike /daɪk/ *n*

A 1 (to keep out water) dique *m* 2 (causeway) terraplén *m* 3 (ditch) acequia *f*

B ▸**dyke B**

dilapidated /dəˈlæpədeɪtəd || dɪˈlæpɪdeɪtɪd/ *adj* ‹*building*› ruinoso; ‹*car*› destartalado, desvencijado

dilapidation /dəˈlæpəˈdeɪʃən || dɪˌlæpɪˈdeɪʃən/ *n* [u] (frml) deterioro *m* (frml)

dilate /daɪˈleɪt/ *vi* dilatarse

■ **dilate** *vt* dilatar

dilated /daɪˈleɪtəd || daɪˈleɪtɪd/ *adj* (*usu pred*) dilatado; **his pupils were ~** tenía las pupilas dilatadas

dilation /daɪˈleɪʃən/, **dilatation** /ˈdaɪləˈteɪʃən/ *n* [u] dilatación *f*; **~ and curettage** (Med) dilatación y legrado *or* raspaje

dilatory /ˈdɪlətɔːri || ˈdɪlətəri/ *adj* (frml) 1 (causing delay) dilatorio 2 (not prompt) tardío

dilemma /dəˈlemə, daɪ- || dɪˈlemə, daɪ-/ *n* dilema *m*

dilettante /ˈdɪləˈtɑːnt || ˌdɪlɪˈtænti/ *n* (*pl* **-tes** *or* **-ti** /-ti/) diletante *mf*

diligence /ˈdɪlədʒəns || ˈdɪlɪdʒəns/ *n* [u] diligencia *f*

diligent /ˈdɪlədʒənt || ˈdɪlɪdʒənt/ *adj* ‹*worker*› diligente, cumplidor; ‹*student*› aplicado, diligente; ‹*work/study*› esmerado, concienzudo

diligently /ˈdɪlədʒəntli || ˈdɪlɪdʒəntli/ *adv* con diligencia, diligentemente

dill /dɪl/ *n* [u] (Culin) 1 (herb) eneldo *m* 2 **~ (pickle)** (AmE) pepinillos *mpl* (al vinagre de eneldo)

dilly-dally /ˈdɪliˈdæli/ *vi* **-dallies, -dallying, -dallied** (colloq) perder* el tiempo

dilute¹ /daɪˈluːt || daɪˈljuːt/ *vt* diluir*

dilute² *adj* diluido

dilution /daɪˈluːʃən || daɪˈljuːʃən/ *n* [u] dilución *f*

dim¹ /dɪm/ *adj* **-mm-**

A 1 (dark) ‹*room*› oscuro, poco iluminado; ‹*light*› débil, tenue 2 (indistinct) ‹*memory/shape*› borroso; ‹*idea*› vago; **in the ~ and distant past** en el pasado remoto 3 (gloomy) ‹*prospects*› nada halagüeño, nada prometedor; ▸**view¹ C**

B (stupid) (colloq) corto (de luces) (fam), tonto (fam)

dim² **-mm-** *vt* 1 ‹*lights*› atenuar*; **to ~ one's headlights** (AmE) poner* las (luces) cortas *or* de cruce *or* (AmL tb) las (luces) bajas 2 ‹*eyesight*› ir* debilitando; ‹*memory*› ir* borrando

■ **dim** *vi* 1 «*light*» irse* atenuando 2 «*memory*» irse* borrando; «*sight*» irse* debilitando

dime /daɪm/ *n* (AmE colloq) *moneda de diez centavos*; **it's not worth a ~** no vale nada; ***to be a ~ a dozen***: **they are a ~ a dozen** (very cheap) son baratísimos; (very common) los hay a patadas *or* a montones (fam)

dimension /deˈmentʃən, daɪ- || dɪˈmenʃən, daɪ-/ *n* dimensión *f*; **a problem of enormous ~s** un problema de enormes dimensiones

dime store *n* (AmE) *tienda que vende artículos de bajo precio*, ≈ baratillo *m*

diminish /dəˈmɪnɪʃ || dɪˈmɪnɪʃ/ *vi* 1 «*cost/number*» disminuir*, reducirse*; «*enthusiasm*» disminuir*, apagarse*; **to ~ in value** disminuir* de valor, depreciarse 2 **diminishing** *pres p* ‹*amount/importance*› cada vez menor; **the law of ~ing returns** (Econ) la ley de los rendimientos decrecientes

■ **diminish** *vt* ‹*size/cost*› reducir*, disminuir*; ‹*enthusiasm*› disminuir*

diminished /dəˈmɪnɪʃt || dɪˈmɪnɪʃt/ *adj* ‹*expectations*› más limitado; **to plead ~ responsibility** alegar* una atenuante de responsabilidad

diminutive¹ /dəˈmɪnjətɪv || dɪˈmɪnjʊtɪv/ *adj* diminuto, minúsculo

diminutive² *n* (Ling) diminutivo *m*

dimly /ˈdɪmli/ *adv* ‹*shine*› débilmente; **a ~ lit room** una habitación poco iluminada *or* iluminada por una luz tenue

dimmer /ˈdɪmər || ˈdɪmə(r)/ *n* potenciómetro *m*, dimmer *m*; (*before n*) **~ switch** (Elec) potenciómetro *m*, dimmer *m*; (AmE Auto) conmutador *m* de las luces

dimple /ˈdɪmpəl/ *n* (in cheeks, chin) hoyuelo *m*

dim: **~wit** *n* (colloq) tarado, -da (mental) *m,f* (fam); **~-witted** /ˈdɪmˈwɪtəd || ˌdɪmˈwɪtɪd/ *adj* (colloq) tonto (fam), idiota

din /dɪn/ *n* [u] (colloq) (*no pl*) (of conversation, voices) barullo *m* (fam), bulla *f* (fam); (of drill, traffic) estruendo *m*, ruido *m*

dine /daɪn/ *vi* (frml) cenar; **to ~ ON *o* OFF sth** cenar algo

(Phrasal verb)

- **dine out** [v ▸ adv] cenar (a)fuera; ***to ~ out on sth***: **you'll be dining out on that for years** te va a dar tema de conversación para quién sabe cuántas ocasiones

diner /'daɪnər || 'daɪnə(r)/ *n*
A (person) comensal *mf*
B 1 (restaurant) (AmE) cafetería *f* 2 ▸**dining car**

dinette /daɪ'net/ *n* ~ **(set)** (AmE) juego *m* de comedor diario

ding-dong /'dɪŋdɔːŋ || 'dɪŋdɒŋ/ *n* [u] talán, talán *m*

dinghy /'dɪŋgi, 'dɪŋi/ *n* (*pl* **-ghies**) (sailing boat) bote *m*; (*inflatable o rubber* ~) bote *m* neumático

dingo /'dɪŋgəʊ/ *n* (*pl* **-goes**) dingo *m*

dingy /'dɪndʒi/ *adj* **-gier, -giest** ‹*building/room*› lúgubre, deprimente; ‹*furnishings*› deslucido; (dirty) sucio

dining /'daɪnɪŋ/: ~ **car** *n* coche *m* comedor, vagón *m* restaurante; ~ **hall** *n* refectorio *m*; ~ **room** *n* comedor *m*; ~ **table** *n* mesa *f* (de comedor)

dinky /'dɪŋki/ *adj* **-kier, -kiest** 1 (AmE colloq) ‹*town*› de mala muerte (fam); **a ~ apartment/room** un cuchitril (fam) 2 (cute) (BrE colloq) mono (fam), lindo (AmL)

dinner /'dɪnər || 'dɪnə(r)/ *n* [u c] 1 (in evening) cena *f*, comida *f* (AmL); **to eat** *o* **have** ~ cenar, comer (AmL); **to go out to** ~ salir* a cenar fuera 2 (formal) cena *f* (de gala) 3 (at midday) almuerzo *m*, comida *f* (esp Esp, Méx); **to eat** *o* (BrE) **have** ~ almorzar*, comer (esp Esp, Méx); **he's had more girlfriends than you've had hot ~s** (colloq) ¡cambia de novia como de camisa! (fam)

dinner: ~ **dance** *n* cena *f* con baile, comida *f* bailable (esp AmL), cena-baile *f* (Méx); ~ **jacket** *n* (esp BrE) esmoquin *m*, smoking *m*; ~ **party** *n* cena *f*, comida *f* (AmL); ~ **plate** *n* plato *m* llano *or* (Méx) plano *or* (RPl tb) playo *or* (Chi) bajo; ~ **service**, ~ **set** *n* vajilla *f*; ~ **table** *n* mesa *f*; ~**time** *n* [u c] (in evening) hora *f* de cenar *or* (esp AmL) de comer; (at midday) hora *f* de almorzar *or* (esp Esp, Méx) de comer

dinosaur /'daɪnəsɔːr || 'daɪnəsɔː(r)/ *n* dinosaurio *m*; (outdated thing) pieza *f* de museo

dint /dɪnt/ *n*
A : **by ~ of sth** a fuerza de algo
B (AmE) ▸**dent¹**

diocese /'daɪəsəs || 'daɪəsɪs/ *n* diócesis *f*

diode /'daɪəʊd/ *n* diodo *m*

dioxide /daɪ'ɑːksaɪd || daɪ'ɒksaɪd/ *n* [c u] dióxido *m*, bióxido *m*

dioxin /daɪ'ɑːksən || daɪ'ɒksɪn/ *n* [u] dioxina *f*

dip¹ /dɪp/ **-pp-** *vt*
A **to ~ sth IN(TO) sth** meter algo EN algo; (into liquid) mojar algo EN algo; ~ **it in flour** páselo por harina, enharínelo
B (Agr) ‹*sheep*› desinfectar (*haciendo pasar por un baño*)
C 1 (lower) ‹*head*› agachar, bajar 2 (BrE Auto): **to ~ one's headlights** poner* las (luces) cortas *or* de cruce *or* (AmL tb) las (luces) bajas
■ **dip** *vi* 1 (decrease) «*sales/prices*» bajar 2 (move downward) «*aircraft/bird*» bajar en picada *or* (Esp) en picado; **the sun ~ped below the horizon** (liter) el sol desapareció *or* se escondió tras el horizonte 3 (slope) «*land*» descender*, bajar

Phrasal verb
- **dip into** [v ▸ prep ▸ o] 1 ‹*reserves/savings*› echar mano de 2 ‹*book*› hojear, leer* por encima

dip² *n*
A (swim) (colloq) (*no pl*) chapuzón *m* (fam); **to take a ~** darse* un chapuzón (fam)
B (Agr) baño *m* desinfectante
C (depression, hollow) hondonada *f*
D (in sales, production) caída *f*, descenso *m*
E [u c] (Culin) *salsa en la que se mojan diferentes bocaditos (en una fiesta etc)*

diphtheria /dɪf'θɪriə || dɪf'θɪəriə/ *n* [u] difteria *f*

diphthong /'dɪfθɔːŋ || 'dɪfθɒŋ/ *n* diptongo *m*

diploma /də'pləʊmə || dɪ'pləʊmə/ *n* diploma *m*; **to have** *o* **hold a ~ in sth** ser* diplomado en algo

diplomacy /də'pləʊməsi || dɪ'pləʊməsi/ *n* [u] diplomacia *f*

diplomat /'dɪpləmæt/ *n* diplomático, -ca *m,f*

diplomatic /'dɪplə'mætɪk/ *adj* 1 (Govt) (*before n*) diplomático; ~ **bag** (BrE) *o* (AmE) **pouch** valija *f* diplomática; **the ~ corps** el cuerpo diplomático; ~ **immunity** inmunidad *f* diplomática; **to establish/break off ~ relations** establecer* relaciones diplomáticas/romper* (las) relaciones diplomáticas 2 (tactful) diplomático

dipper /'dɪpər || 'dɪpə(r)/ *n*
A (Zool) tordo *m* de agua
B (ladle) (AmE) cucharón *m*, cazo *m*

dipsomaniac /'dɪpsəʊ'meɪniæk/ *n* dipsómano, -na *m,f*

dip: ~**stick** *n* varilla *f* (medidora) del aceite; ~ **switch** *n* (BrE) conmutador *m* (de las luces)

dire /daɪr || 'daɪə(r)/ *adj* **direr, direst**
A 1 ‹*news/consequences*› funesto, nefasto; **to be in ~ straits** estar* en una situación desesperada 2 (very bad) (BrE colloq) espantoso (fam), atroz
B (ominous) ‹*warning*› serio, grave
C (desperate) ‹*need/misery*› extremo

direct¹ /də'rekt, daɪ- || daɪ'rekt, dɪ-/ *adj*
A 1 ‹*route/flight*› directo; ‹*contact*› directo; ‹*cause/consequence*› directo; ~ **dialing** *o* (BrE) **dialling** (Telec) servicio *m* automático, discado *m* directo *or* automático (AmL); ~ **taxation** tributación *f* directa 2 (in genealogy): **he's a ~ descendant of the duke** desciende del duque por línea directa 3 (exact) ‹*equivalent/quotation*› exacto; **to score a ~ hit** dar* en el blanco 4 (Ling) (*before n*) ‹*question/command*› en estilo directo; ~ **discourse** *o* (BrE) **speech** estilo *m* directo
B (frank, straightforward) ‹*person/manner*› franco, directo; ‹*question*› directo

direct² *adv*
A ‹*write/phone*› directamente; ‹*go/travel*› (BrE) directo, directamente; **to dial ~** (Telec) marcar* *or* (AmL tb) discar* directamente el número
B (straight) directamente; ~ **from Paris** (Rad, TV) en directo desde París
C (straightforwardly) (esp AmE colloq) directamente, sin rodeos

direct³ *vt*
A 1 (give directions to) indicarle* el camino a 2 (address) ‹*letter/parcel*› mandar, dirigir*
B (aim) dirigir*; **it was ~ed at us** iba dirigido a nosotros
C ‹*play/orchestra/traffic*› dirigir*
D (order) (frml) ordenar; **to ~ sb to + INF** ordenarle A algn QUE (+ *subj*)
■ **direct** *vi* (Cin, Theat) dirigir*

direct: ~ **access** *n* [u] acceso *m* directo; ~ **action** *n* [u] acción *f* directa; ~ **billing** *n* [u c] (AmE) débito *m* bancario *or* (Esp) domiciliación *f* de pagos; ~ **current** *n* [u] corriente *f* continua; ~ **debit** *n* [u c] ▸~ **billing**

direction /də'rekʃən, daɪ- || daɪ'rekʃən, dɪ-/ *n*
A [c] (course, compass point) dirección *f*; **sense of ~** sentido *m* de (la) orientación; **it's a step in the right ~** es un paso positivo; **in the ~ of** en dirección a
B [u] (purpose): **he lacks ~** no tiene un norte
C [u] (supervision) dirección *f*
D **directions** *pl* (for route) indicaciones *fpl*; (for task, use, assembly) instrucciones *fpl*, indicaciones *fpl*

direction finder *n* radiogoniómetro *m*

directive /də'rektɪv, daɪ- || daɪ'rektɪv, dɪ-/ *n* directriz *f*, directiva *f* (esp AmL)

directly /də'rektli, daɪ- || daɪ'rektli, dɪ-/ *adv*
A 1 (without stopping) ‹*go/drive/fly*› directamente, directo 2 (without intermediaries) ‹*report/deal*› directamente; **he's ~ responsible** es el responsable directo 3 (exactly) ‹*opposite/above*› justo 4 (in genealogy) ‹*related/descended*› por línea directa
B (frankly, straightforwardly) ‹*ask*› directamente; ‹*speak*› con franqueza
C (now, at once) inmediatamente, ahora mismo

direct mail *n* [u] publicidad *f* por correo

directness /də'rektnəs, daɪ- || daɪ'rektnɪs, dɪ-/ *n* [u] 1 (of character, remark) franqueza *f* 2 (of aim, attack) lo directo

director /də'rektər, daɪ- || daɪ'rektə(r), dɪ-/ *n*
A (of company) directivo, -tiva *m,f*; (of department, project) director, -tora *m,f*; *see also* **managing director**
B (Cin, Theat) director, -tora *m,f*; (esp AmE Mus) director, -tora *m,f*

directorate /də'rektərət, daɪ- || daɪ'rektərət, dɪ-/ *n* (+ *sing o pl vb*) dirección *f*, (junta *f*) directiva *f*

director general *n* director, -tora *m,f* general

directorial /'dərek'tɔːriəl, 'daɪ- || ˌdaɪrek'tɔːriəl, ˌdɪ-/ *adj* ‹*techniques/tricks*› de dirección; ‹*experience*› en dirección, como director; ‹*debut*› como director

directorship /də'rektərʃɪp, daɪ- || daɪ'rektəʃɪp, dɪ-/ *n* dirección *f*, cargo *m* de director

directory /də'rektəri, daɪ- || daɪ'rektəri, dɪ-/ *n* (*pl* **-ries**) 1▸ (*telephone* ~) guía *f* telefónica *or* de teléfonos, directorio *m* telefónico (Col, Méx); (*before n*) ~ **assistance** *o* (BrE) **enquiries** servicio *m* de información telefónica, información *f* (de teléfonos) 2▸ (index, yearbook) directorio *m*, guía *f*; **a street** *o* (AmE) **city** ~ una guía de calles, un callejero

dirge /dɜːrdʒ || dɜːdʒ/ *n* canto *m* fúnebre

dirt /dɜːrt || dɜːt/ *n* [u]

A (unclean substance) suciedad *f*, mugre *f*

B 1▸ (scandal): **to dig up ~ on** *o* **about sb** sacarle* los trapos sucios a relucir *or* al sol a algn 2▸ (obscenity) (esp BrE colloq) inmundicia *f*

C (earth, soil) (esp AmE) tierra *f*; **to hit the** ~ (sl) caerse* al suelo; (*before n*) ‹*road/track*› de tierra

dirt: ~ **cheap** *adj* (*before n* **~-cheap**) (colloq) baratísimo, regalado (fam), tirado (fam); ~ **farmer** *n* (AmE) *agricultor que trabaja su propia tierra*

dirtily /'dɜːrtl̩i || 'dɜːtɪli/ *adv* ‹*laugh/leer*› lascivamente; ‹*eat*› sin modales

dirty[1] /'dɜːrti || 'dɜːti/ *adj* **-tier, -tiest**

A (soiled) sucio; **the floor is ~** el suelo está sucio; **my hands are ~** tengo las manos sucias; **to get ~** ensuciarse; ***to get one's hands ~*** ensuciarse *or* mancharse las manos

B 1▸ (obscene) ‹*story/book*› cochino (fam), guarro (Esp fam); ‹*leer/grin*› lascivo; ‹*joke*› verde *or* (Méx) colorado; ‹*magazine*› porno *adj inv*; **to have a ~ mind** tener* una mente de cloaca 2▸ (shameful) ‹*job/work*› sucio; ~ **money** dinero *m* sucio *or* negro; **to do sb's ~ work** hacerle* el trabajo sucio a algn 3▸ (despicable) (colloq): **he played a ~ trick on me** me jugó una mala pasada; ***to do the ~ on sb*** (BrE) jugársela* a algn 4▸ (unfair) ‹*tactics*› sucio; **he's a ~ player** juega sucio

C (angry, accusing): **a ~ look** una mirada asesina

dirty[2] *vt* **dirties, dirtying, dirtied** ensuciar; ‹*reputation*› manchar

dirty[3] *adv* (colloq)

A 1▸ (unfairly) ‹*fight/play*› sucio 2▸ (indecently): **to talk ~** decir* cochinadas

B (BrE sl) (*as intensifier*): ~ **great** tremendo

dirty: ~ **old man** *n* (colloq) viejo *m* verde (fam); ~ **tricks** *pl n* chanchullos *mpl*; ~ **weekend** *n* (BrE colloq): **to go on a ~ weekend with sb** irse* de fin de semana con un/una amante; ~ **word** *n* palabrota *f*, mala palabra *f* (AmL)

disability /'dɪsə'bɪləti/ *n* (*pl* **-ties**) 1▸ [u] (state) invalidez *f*, discapacidad *f*; (*before n*) ‹*pension/allowance*› por invalidez 2▸ [c] (particular handicap) problema *m*

disable /dɪs'eɪbəl/ *vt* 1▸ «*illness/accident/injury*» dejar inválido (*or* lisiado *or* ciego *etc*) 2▸ ‹*machine/weapon*› (Mil) inutilizar*

disabled[1] /dɪs'eɪbəld/ *adj* discapacitado, minusválido

disabled[2] *pl n* **the ~** los discapacitados, los minusválidos

disabuse /'dɪsə'bjuːz/ *vt* (frml) desengañar; **to ~ sb OF sth**: **I tried to ~ him of the notion that ...** intenté sacarlo del error de que ...

disadvantage /'dɪsəd'væntɪdʒ || ˌdɪsəd'vɑːntɪdʒ/ *n* (hindrance, drawback) desventaja *f*, inconveniente *m*; **to be at a ~** estar* en desventaja; **this puts them at a ~** esto los pone en desventaja; **to sb's/sth's ~, to the ~ of sb/sth** en perjuicio de algn/algo

disadvantaged /'dɪsəd'væntɪdʒd || ˌdɪsəd'vɑːntɪdʒd/ *adj* ‹*children/area*› desfavorecido, carenciado

disadvantageous /dɪs'ædvæn'teɪdʒəs || dɪsˌædvən'teɪdʒəs/ *adj* desventajoso, desfavorable

disaffected /'dɪsə'fektəd || ˌdɪsə'fektɪd/ *adj* desafecto

disaffection /'dɪsə'fekʃən/ *n* [u] desafección *f*

disagree /'dɪsə'griː/ *vi*

A 1▸ (differ in opinion) **to ~ (WITH sb/sth)** no estar* de acuerdo (CON algn/algo), discrepar (DE algn/algo) (frml) 2▸ (quarrel) **to ~ (WITH sb)** discutir (CON algn) 3▸ (conflict) «*figures/accounts*» no coincidir, discrepar; **to ~ WITH sth** no coincidir CON algo

B (cause discomfort) «*food*» **to ~ WITH sb** sentarle* *or* caerle* mal A algn; **onions ~ with her** las cebollas le sientan *or* le caen mal

disagreeable /'dɪsə'griːəbəl/ *adj* ‹*smell/experience/person*› desagradable; ‹*task/job*› ingrato, desagradable

disagreeably /'dɪsə'griːəbli/ *adv* ‹*look/say*› de mala manera, de manera desagradable; **it was ~ hot** hacía un calor desagradable

disagreement /'dɪsə'griːmənt/ *n* 1▸ [u] (difference of opinion) desacuerdo *m*, disconformidad *f*; **to be in ~ (with sb/sth)** estar* en desacuerdo (con algn/algo) 2▸ [c] (quarrel) discusión *f* 3▸ [u c] (disparity) discrepancia *f*

disallow /'dɪsə'laʊ/ *vt* (frml) ‹*claim/evidence*› (Law) rechazar*, desestimar; ‹*goal*› anular

disappear /'dɪsə'pɪr || ˌdɪsə'pɪə(r)/ *vi* 1▸ (become invisible) desaparecer*; **the ship ~ed over the horizon** el barco desapareció *or* se perdió en el horizonte; ▸**act**[2] **C2** 2▸ (go away) «*pain/problems*» desaparecer*, irse*; «*worries/fears*» desvanecerse*

disappearance /'dɪsə'pɪrəns || ˌdɪsə'pɪərəns/ *n* desaparición *f*

disappoint /'dɪsə'pɔɪnt/ *vt* ‹*person*› decepcionar; ‹*hopes/desires*› defraudar

disappointed /'dɪsə'pɔɪntəd || ˌdɪsə'pɔɪntɪd/ *adj* 1▸ (*pred*) **to be ~** estar* desilusionado *or* decepcionado; **to be ~ AT -ING**: **she was ~ at losing the match** se llevó una desilusión al perder el partido; **to be ~ WITH sth**: **I'm ~ with the results** los resultados me han decepcionado; **to be ~ IN sth/sb**: **she was ~ in love** tuvo un desengaño amoroso; **I'm ~ in you** me has decepcionado *or* defraudado 2▸ ‹*look/sigh*› de desilusión

disappointing /'dɪsə'pɔɪntɪŋ/ *adj* decepcionante

disappointingly /'dɪsə'pɔɪntɪŋli/ *adv* ‹*perform/react*› de manera decepcionante; **it's ~ short** es tan corto que resulta decepcionante

disappointment /'dɪsə'pɔɪntmənt/ *n* 1▸ [u] (emotion) desilusión *f*, decepción *f*; **much to my ~** para mi gran desilusión 2▸ [c] (letdown) decepción *f*, chasco *m*

disapproval /'dɪsə'pruːvəl/ *n* [u]

A (dislike) desaprobación *f*; **to voice** *o* **express one's ~ of sb/sth** mostrar* *or* expresar su (*or* mi *etc*) desaprobación respecto de algn/algo

B (rejection) (AmE) (of bill) no aprobación *f*; (of grant) denegación *f*

disapprove /'dɪsə'pruːv/ *vi* **to ~ (OF sth/sb)**: **she wants to be a singer but her parents ~** quiere ser cantante pero a sus padres no les parece bien *or* (frml) sus padres desaprueban la idea; **he ~s of smoking** está en contra del tabaco *or* del cigarrillo; **she ~s of her son's fiancée** no tiene buen concepto de la novia de su hijo

■ **disapprove** *vt* (AmE) ‹*plan/expenditure*› rechazar*, no aprobar*

disapproving /'dɪsə'pruːvɪŋ/ *adj* ‹*tone/look*› de reproche

disapprovingly /'dɪsə'pruːvɪŋli/ *adv* con desaprobación

disarm /dɪs'ɑːrm || dɪs'ɑːm/ *vt*

A ‹*troops/opposition*› desarmar; ‹*bomb/mine*› desactivar; ‹*criticism*› desbaratar

B (win confidence of) desarmar

■ **disarm** *vi* desarmarse

disarmament /dɪs'ɑːrməmənt || dɪs'ɑːməmənt/ *n* [u] desarme *m*

disarming /dɪs'ɑːrmɪŋ || dɪs'ɑːmɪŋ/ *adj* que desarma

disarmingly /dɪs'ɑːrmɪŋli || dɪs'ɑːmɪŋli/ *adv*: **she's ~ frank** es de una franqueza que desarma

disarray /'dɪsə'reɪ/ *n* [u] (of political party) desorganización *f*; (of appearance) desaliño *m*; **the troops were in ~** entre las tropas reinaba la confusión *or* el caos; **her papers were in total ~** sus papeles estaban completamente desordenados

disassociate /'dɪsə'səʊʃieɪt, -sieɪt/ *vt* ▸**dissociate**

disassociation /'dɪsə'səʊʃɪ'eɪʃən, -sɪ'eɪʃən/ *n* [u] ▸**dissociation**

disaster /dɪ'zæstər || dɪ'zɑːstə(r)/ *n*

A [c] (flood, earthquake) catástrofe *f*, desastre *m*; (crash, sinking) siniestro *m*, desastre *m*; (*before n*) ~ **fund** fondo *m* para los damnificados

B [c] 1▸ (fiasco) desastre *m* 2▸ (hopeless person) (colloq) desastre *m* (fam)

d

C [u] (misfortune): ~ **struck** ocurrió *or* se produjo una catástrofe

disaster area *n* zona *f* siniestrada, zona *f* de desastre; **my room is a real ~ ~** (colloq & hum) mi habitación está hecha un desastre (fam)

disastrous /dɪ'zæstrəs || dɪ'zɑːstrəs/ *adj* desastroso, catastrófico

disastrously /dɪ'zæstrəsli || dɪ'zɑːstrəsli/ *adv* desastrosamente

disband /dɪs'bænd/ *vt* ‹*organization*› disolver*; ‹*army*› licenciar

■ **disband** *vi* «*organization*» disolverse*; «*group*» desbandarse

disbelief /'dɪsbə'liːf/ *n* [u] incredulidad *f*; **she looked at me in ~** me miró incrédula *or* sin dar crédito a lo que veía (*or* oía *etc*)

disbelieve /'dɪsbə'liːv/ *vt* (frml) ‹*statement*› no creer*; ‹*person*› no creerle* a

disbelieving /'dɪsbə'liːvɪŋ/ *adj* (*before n*) incrédulo

disburse /dɪs'bɜːrs || dɪs'bɜːs/ *vt* (frml) desembolsar

disbursement /dɪs'bɜːrsmənt || dɪs'bɜːsmənt/ *n* [u c] (frml) **1** (payment) desembolso *m* **2** **disbursements** *pl* (expenses) gastos *mpl*

disc /dɪsk/ *n*

A (esp BrE) ▸**disk**

B (*parking* ~) (BrE Transp) disco *m* (de estacionamiento)

discard /dɪs'kɑːrd || dɪs'kɑːd/ *vt* **1** (dispose of) desechar, deshacerse* de **2** ‹*idea/belief*› desechar **3** (shed) ‹*skin/leaves*› mudar **4** (take off) ‹*clothing*› desembarazarse* de

disc brake *n* freno *m* de disco

discern /dɪ'sɜːrn || dɪ'sɜːn/ *vt* (frml) distinguir*, percibir

discernible /dɪ'sɜːrnəbəl || dɪ'sɜːnəbəl/ *adj* (frml) ‹*likeness/change*› apreciable, ostensible; ‹*fault/drawback*› perceptible

discerning /dɪ'sɜːrnɪŋ || dɪ'sɜːnɪŋ/ *adj* ‹*reader/customer*› exigente, con criterio; ‹*palate/taste*› exigente, fino; ‹*ear/eye*› educado

discharge¹ /dɪs'tʃɑːrdʒ || dɪs'tʃɑːdʒ/ *vt*

A **1** (release) ‹*prisoner*› liberar, poner* en libertad; ‹*patient*› dar* de alta; ‹*juror*› dispensar; ‹*bankrupt*› rehabilitar; **I ~d myself from hospital** me di de alta yo mismo del hospital; **he was ~d from the army** fue dado de baja del ejército **2** (dismiss) (frml) despedir*

B **1** (send out) ‹*fumes*› despedir*; ‹*electricity*› descargar*; ‹*sewage/waste*› verter*; **to ~ pus** supurar **2** (unload) ‹*cargo*› descargar* **3** (shoot) ‹*volley/broadside*› descargar*

C **1** ‹*duty*› cumplir con **2** ‹*debt*› saldar, liquidar

■ **discharge** *vi* **1** «*river*» desembocar*, descargar* (téc) **2** «*battery*» descargarse*

discharge² /'dɪstʃɑːrdʒ || 'dɪstʃɑːdʒ/ *n*

A [u c] (release — from army) baja *f*; (— from hospital) alta *f*‡; (— from prison) puesta *f* en libertad; **conditional ~** (Law) libertad *f* condicional

B **1** [c] (Med) secreción *f*; (*vaginal* ~) flujo *m* (vaginal) **2** [c u] (of toxic fumes, gases) emisión *f*; (of sewage, waste) vertido *m* **3** [c u] (Elec) descarga *f*

C [u] (of debt, liabilities) liquidación *f*, pago *m*; (of duty) (frml) cumplimiento *m*

disciple /dɪ'saɪpəl/ *n* (Relig) discípulo, -la *m,f*; (adherent) seguidor, -dora *m,f*

disciplinarian /'dɪsəplə'neriən || ˌdɪsɪplɪ'neəriən/ *n*: **he is a strict ~** impone una disciplina férrea

disciplinary /'dɪsəpləneri || ˌdɪsɪ'plɪnəri/ *adj* disciplinario

discipline¹ /'dɪsəplən || 'dɪsɪplɪn/ *n* [u c] disciplina *f*

discipline² *vt* **1** (control) ‹*child/pupils*› disciplinar; ‹*emotions*› controlar **2** (punish) ‹*employee*› sancionar **3** (train) ‹*body/mind*› disciplinar

■ *v refl* **to ~ oneself to + INF** imponerse* la disciplina de + INF, obligarse* A + INF

disciplined /'dɪsəplənd || 'dɪsɪplɪnd/ *adj* disciplinado

disc jockey *n* disc(-)jockey *mf*, pinchadiscos *mf* (Esp fam)

disclaim /dɪs'kleɪm/ *vt* (deny): **she ~ed all knowledge of his whereabouts** negó conocer su paradero; **he ~ed any connection with him** negó tener ninguna relación con él

disclaimer /dɪs'kleɪmər || dɪs'kleɪmə(r)/ *n* (Law) descargo *m* de responsabilidad

disclose /dɪs'kləʊz/ *vt* revelar

disclosure /dɪs'kləʊʒər || dɪs'kləʊʒə(r)/ *n* [u c] revelación *f*

disco /'dɪskəʊ/ *n* (*pl* **-cos**) discoteca *f*, disco *f* (fam)

discolor, (BrE) **discolour** /dɪs'kʌlər || dɪs'kʌlə(r)/ *vt* (fade) decolorar; (stain) dejar amarillento, manchar

■ **discolor** *vi* (lose color) decolorarse; (become stained) volverse* amarillento

discoloration /dɪs'kʌlə'reɪʃən/ *n* [u c] (fading) decoloración *f*; (stain) mancha *f*

discolour *vt/vi* (BrE) ▸**discolor**

discomfit /dɪs'kʌmfət || dɪs'kʌmfɪt/ *vt* (frml) desconcertar*

discomfiture /dɪs'kʌmfətʃʊr || dɪs'kʌmfɪtʃə(r)/ *n* [u] (frml) turbación *f*

discomfort¹ /dɪs'kʌmfərt || dɪs'kʌmfət/ *n* **1** [u c] (lack of comfort) incomodidad *f*; (pain) molestia(s) *f(pl)*, malestar *m*; **to be in ~** tener* molestias **2** [u] (emotional, mental) inquietud *f*, desasosiego *m*

discomfort² *vt* (esp AmE) molestar, incomodar

disconcert /'dɪskən'sɜːrt || ˌdɪskən'sɜːt/ *vt* desconcertar*

disconcerting /'dɪskən'sɜːrtɪŋ || ˌdɪskən'sɜːtɪŋ/ *adj* desconcertante

disconnect /'dɪskə'nekt/ *vt* desconectar; **I didn't pay my bills, so I was ~ed** me cortaron el teléfono (*or* el gas *etc*) por no pagar

disconnected /'dɪskə'nektəd || ˌdɪskə'nektɪd/ *adj* ‹*remarks/thoughts*› inconexo, sin ilación

disconsolate /dɪs'kɑːnsələt || dɪs'kɒnsələt/ *adj* desconsolado

discontent /'dɪskən'tent/ *n* **1** [u] (dissatisfaction) descontento *m* **2** **discontents** *pl* (grievances) (frml) quejas *fpl*

discontented /'dɪskən'tentəd || ˌdɪskən'tentɪd/ *adj* descontento; **to be ~ WITH sth** estar* descontento CON algo

discontentment /'dɪskən'tentmənt/ *n* [u] descontento *m*

discontinue /'dɪskən'tɪnjuː/ *vt* ‹*production*› suspender; ‹*model*› discontinuar*, descontinuar*; ‹*action/suit*› (Law) desistir de

discord /'dɪskɔːrd || 'dɪskɔːd/ *n*

A [u] (conflict) discordia *f*

B (Mus) **1** [u] (lack of harmony) discordancia *f*, disonancia *f* **2** [c] (chord) acorde *m* disonante

discordant /dɪs'kɔːrdn̩t || dɪ'skɔːdn̩t/ *adj* ‹*music/colors*› discordante; ‹*atmosphere*› de discordia

discotheque /'dɪskətek/ *n* ▸**disco**

discount¹ /'dɪskaʊnt/ *n* descuento *m*; **I got a 10% ~** *o* **a ~ of 10%** me hicieron un 10% de descuento *or* un descuento del 10%; **cash ~** descuento por pago en efectivo *or* al contado; **at a ~** ‹*sell*› con descuento, a precio reducido; (*before n*) ‹*store*› de saldos; ‹*goods*› de saldo

discount² /'dɪskaʊnt, dɪs'kaʊnt || dɪs'kaʊnt/ *vt*

A (Busn) **1** ‹*amount*› descontar* **2** ‹*goods*› rebajar **3** ‹*price*› reducir*

B (disregard) ‹*possibility*› descartar; ‹*claim/criticism*› pasar por alto, no tener* en cuenta

discount rate *n* (Fin) tasa *f* *or* (esp Esp) tipo *m* de descuento

discourage /dɪs'kɜːrɪdʒ || dɪs'kʌrɪdʒ/ *vt* **1** (depress) desalentar*, desanimar; **to become ~d** desanimarse **2** (deter) ‹*crime/speculation*› poner* freno a; ‹*burglar*› ahuyentar, disuadir **3** (dissuade) **to ~ sb FROM -ING**: **she ~d me from taking the exam** trató de convencerme de que no me presentara al examen

discouragement /dɪs'kɜːrɪdʒmənt || dɪs'kʌrɪdʒmənt/ *n* **1** [u] (dejection) desánimo *m*, desaliento *m* **2** [c] (deterrent) freno *m*; (obstacle) impedimento *m*

discouraging /dɪs'kɜːrɪdʒɪŋ || dɪs'kʌrɪdʒɪŋ/ *adj* ‹*news/result*› desalentador, descorazonador

discourse /'dɪskɔːrs || 'dɪskɔːs/ *n* (frml) **1** [c] (dissertation) disertación *f* **2** [u] (talk) conversación *f*

discourteous /dɪs'kɜːrtiəs/ *adj* descortés

discourtesy /dɪs'kɜːrtəsi || dɪs'kɜːtəsi/ *n* [u c] (*pl* **-sies**) (frml) descortesía *f*

discover /dɪs'kʌvər || dɪs'kʌvə(r)/ *vt* **1** (find) ‹*planet/cure*› descubrir*; ‹*error*› descubrir*, darse* cuenta de **2** (find out) ‹*reason/solution/culprit*› descubrir*, hallar **3** ‹*talent/star*› descubrir*

discoverer /dɪs'kʌvərər || dɪs'kʌvərə(r)/ *n* descubridor, -dora *m,f*

discovery /dɪs'kʌvəri/ *n* [u c] (*pl* **-ries**) descubrimiento *m*; **she's Hollywood's newest ~** es el último descubrimiento *or* la última revelación de Hollywood

discredit[1] /dɪs'kredət || dɪs'kredɪt/ *vt* desacreditar

discredit[2] *n* [u] descrédito *m*; **to bring ~ on** *o* **upon sb/sth** traer* el descrédito a algn/algo

discreet /dɪs'kri:t/ *adj* [1] (tactful) ‹*person/inquiries*› discreto; **I followed at a ~ distance** seguí a una distancia prudencial [2] (restrained) ‹*elegance/colors*› discreto, sobrio

discreetly /dɪs'kri:tli/ *adv* discretamente, con discreción

discrepancy /dɪs'krepənsi/ *n* [c u] (*pl* **-cies**) discrepancia *f*

discrete /dɪs'kri:t/ *adj* (frml) ‹*events/units*› diferenciado

discretion /dɪs'kreʃən/ *n* [u]
A (tact) discreción *f*
B (judgment) criterio *m*; **use your ~** usa tu criterio, haz lo que mejor te parezca; **at the committee's ~** a criterio *or* a discreción de la comisión; **~ *is the better part of valor*** la prudencia es la madre de la ciencia

discretionary /dɪs'kreʃəneri || dɪs'kreʃənəri, -ənri/ *adj* discrecional

discriminate /dɪs'krɪməneɪt || dɪ'skrɪmɪneɪt/ *vi*
A (act with prejudice) hacer* discriminaciones, discriminar; **to ~ AGAINST sb** discriminar a algn; **to ~ IN FAVOR OF sb** favorecer* a algn
B [1] (distinguish) distinguir*, discriminar [2] (be discerning) discernir*, utilizar* el sentido crítico

discriminating /dɪs'krɪməneɪtɪŋ || dɪ'skrɪmmeɪtɪŋ/ *adj* (discerning) ‹*critic/customer*› exigente; ‹*judgment*› sagaz; ‹*taste*› refinado, educado, que sabe distinguir

discrimination /dɪs'krɪmə'neɪʃən || dɪ,skrɪmɪ'neɪʃən/ *n* [u]
A (unfair treatment) discriminación *f*; **racial/sexual ~** discriminación racial/sexual
B (discernment) criterio *m*, discernimiento *m*

discus /'dɪskəs/ *n* (*pl* **-cuses**) disco *m*

discuss /dɪs'kʌs/ *vt* (talk about) ‹*person*› hablar de; ‹*topic*› hablar de, tratar; (debate) debatir; ‹*plan/problem*› discutir

discussion /dɪs'kʌʃən/ *n* [c u] discusión *f*, debate *m*; **it's still under ~** todavía se está discutiendo *or* estudiando; **she suggested a topic for ~** sugirió un tema para debatir; (*before n*) **~ document** documento *m* base *or* de consulta

disdain[1] /dɪs'deɪn/ *n* [u] desdén *m*

disdain[2] *vt* desdeñar; **to ~ to + INF** (frml) no dignarse A + INF

disdainful /dɪs'deɪnfəl/ *adj* ‹*manner/tone*› despectivo, desdeñoso; **to be ~ TOWARD** *o* **OF sth** despreciar *or* desdeñar algo

disdainfully /dɪs'deɪnfəli/ *adv* con desdén, desdeñosamente

disease /dɪ'zi:z/ *n* enfermedad *f*, dolencia *f* (frml)

diseased /dɪ'zi:zd/ *adj* [1] ‹*organ/tissue*› afectado; ‹*plant/animal*› enfermo [2] (abnormal) ‹*mind*› enfermizo, morboso; ‹*society*› enfermo

disembark /'dɪsəm'bɑ:rk || ,dɪsɪm'bɑ:k/ *vi* **to ~ (FROM sth)** desembarcar* (DE algo)

disembarkation /dɪs'embɑ:r'keɪʃən || dɪs,embɑ:'keɪʃən/ *n* [u] (of people) desembarco *m*; (of cargo) desembarque *m*

disembodied /'dɪsəm'bɑ:did || ,dɪsɪm'bɒdid/ *adj* incorpóreo

disembowel /'dɪsəm'baʊəl || ,dɪsɪm'baʊəl/ *vt*, (BrE) **-ll-** destripar

disenchanted /'dɪsn̩'tʃæntəd || ,dɪsɪn'tʃɑ:ntɪd/ *adj* **to be ~ WITH sb/sth** estar* desilusionado CON *or* DE algn/DE algo

disenchantment /'dɪsn̩'tʃæntmənt || ,dɪsɪn'tʃɑ:ntmənt/ *n* [u] desencanto *m*, desilusión *f*

disenfranchise /'dɪsn̩'fræntʃaɪz || ,dɪsɪn'fræntʃaɪz/ *vt* ‹*person*› privar del derecho al voto; ‹*place*› privar del derecho de representación

disengage /'dɪsn̩'geɪdʒ || ,dɪsɪn'geɪdʒ/ *vt*
A [1] (extricate) **to ~ sth (FROM sth)** soltar* algo (DE algo); **he ~d his hand from hers** se soltó de su mano [2] (Mil) ‹*troops/forces*› retirar
B (Tech) ‹*gears/mechanism*› desconectar; **to ~ the clutch** desembragar*, soltar* el embrague
■ **disengage** *vi* (Tech) «*gears/mechanism*» desconectarse

disentangle /'dɪsn̩'tæŋgəl || ,dɪsɪn'tæŋgəl/ *vt* ‹*rope/hair/wool*› desenredar, desenmarañar; ‹*mystery*› esclarecer*, desentrañar

disfavor, (BrE) **disfavour** /dɪs'feɪvər || dɪs'feɪvə(r)/ *n* [u] (frml) desaprobación *f*; **to view** *o* **look on sth with ~** desaprobar* algo (frml), no ver* algo con buenos ojos; **to fall into ~** «*person*» caer* en desgracia

disfigure /dɪs'fɪgjər || dɪs'fɪgə(r)/ *vt* ‹*face/person*› desfigurar; ‹*landscape/building*› afear, estropear

disfigurement /dɪs'fɪgjərmənt || dɪs'fɪgəmənt/ *n* [u] (of person) desfiguración *f*; (of scenery, building) afeamiento *m*

disgrace[1] /dɪs'greɪs/ *n* [u c] [1] (shame) vergüenza *f*; **it's a ~** es una vergüenza, es un escándalo; **he brought ~ on his family** trajo la deshonra a su familia; **she was sent upstairs in ~** la mandaron arriba castigada [2] (sb, sth shameful) (*no pl*) vergüenza *f*; **to be a ~ (TO sb/sth)** ser* una vergüenza (PARA algn/algo)

disgrace[2] *vt* [1] (bring shame on) ‹*person/family/school*› deshonrar; **I ~d myself by getting drunk** hice un papelón emborrachándome (fam) [2] (destroy reputation of) ‹*enemy/politician*› desacreditar

disgraceful /dɪs'greɪsfəl/ *adj* vergonzoso

disgracefully /dɪs'greɪsfəli/ *adv* vergonzosamente

disgruntled /dɪs'grʌntl̩d/ *adj* ‹*child/look*› contrariado; ‹*employee*› descontento

disguise[1] /dɪs'gaɪz/ *vt* [1] ‹*person*› disfrazar*; ‹*voice*› cambiar; **to ~ oneself (AS sth)** disfrazarse* (DE algo) [2] (conceal) ‹*mistake*› ocultar; ‹*disapproval/contempt*› disimular

disguise[2] *n* [c u] disfraz *m*; **in ~** disfrazado

disgust[1] /dɪs'gʌst/ *vt* darle* asco a

disgust[2] *n* [u] (revulsion) indignación *f*; (physical, stronger) asco *m*, repugnancia *f*; **much to my ~, they ate it raw** se lo comieron crudo, lo cual me dio un asco espantoso; **she stormed out of the meeting in ~** salió indignada *or* furiosa de la reunión

disgusted /dɪs'gʌstəd || dɪs'gʌstɪd/ *adj* indignado; (stronger) asqueado; **~ AT** *o* **WITH sb/oneself**: **she's ~ with him/herself** está indignada *or* furiosa con él/furiosa consigo misma

disgusting /dɪs'gʌstɪŋ/ *adj* [1] ‹*smell/taste/food*› asqueroso, repugnante; **how ~!** ¡qué asco! [2] ‹*conduct/attitude*› vergonzoso

disgustingly /dɪs'gʌstɪŋli/ *adv* (*as intensifier*) ‹*dirty*› asquerosamente; **he's ~ rich** (hum) está podrido de dinero, está podrido en plata (AmL fam)

dish /dɪʃ/ *n*
A [1] (plate) plato *m*; (*serving* ~) fuente *f* [2] (amount) plato *m* [3] **dishes** *pl n* (crockery): **to wash** *o* **do the ~es** lavar los platos
B (Culin) plato *m*
C (Telec, TV) antena *f* parabólica

Phrasal verbs

- **dish out** [v ▸ o ▸ adv, v ▸ adv ▸ o] [1] (Culin) servir* [2] (distribute) (colloq) repartir; ‹*advice*› dar*
- **dish up** [v ▸ o ▸ adv, v ▸ adv ▸ o] [v ▸ adv] (Culin) servir*

dishcloth /'dɪʃklɔ:θ || 'dɪʃklɒθ/ *n* [1] (for drying) paño *m* de cocina, repasador *m* (RPl), limpión *m* (Col) [2] (BrE) ▸**dishrag**

dishearten /dɪs'hɑ:rtn̩ || dɪs'hɑ:tn̩/ *vt* desanimar, descorazonar, desalentar*

disheartening /dɪs'hɑ:rtnɪŋ || dɪs'hɑ:tnɪŋ/ *adj* descorazonador, desalentador

disheveled, (BrE) **dishevelled** /dɪ'ʃevəld/ *adj* despeinado

dishonest /dɪs'ɑ:nəst || dɪs'ɒnɪst/ *adj* ‹*person/answer*› deshonesto; ‹*dealings/means*› fraudulento, deshonesto

dishonestly /dɪs'ɑ:nəstli || dɪs'ɒnɪstli/ *adv* deshonestamente, con deshonestidad

dishonesty /dɪs'ɑ:nəsti || dɪs'ɒnɪsti/ *n* [u] deshonestidad *f*, falta *f* de honradez; (of statement) falsedad *f*; (of dealings) fraudulencia *f*

dishonor[1], (BrE) **dishonour** /dɪs'ɑ:nər || dɪs'ɒnə(r)/ *n* [u] (disgrace) deshonra *f*, deshonor *m*; **to bring ~ on** *o* **upon**

sb/sth traer* la deshonra a algn/algo

dishonor², (BrE) **dishonour** *vt*
A (bring disgrace on) deshonrar
B (renege on) ‹*agreement/treaty*› no respetar; ‹*promise*› no cumplir, faltar a

dishonorable, (BrE) **dishonourable** /dɪs'ɑːnərəbəl || dɪs'ɒnərəbəl/ *adj* deshonroso

dishonorably, (BrE) **dishonourably** /dɪs'ɑːnərəbli || dɪs'ɒnərəbli/ *adv* de manera deshonrosa; **to be ∼ discharged** ser* dado de baja con deshonor

dish: **∼pan** *n* (AmE) palangana *f* (*para lavar los platos*); (*before n*) **∼pan hands** manos *fpl* de fregona; **∼rag** *n* (AmE) trapo *m*, bayeta *f*, fregón *m* (RPl); **∼ soap** *n* [u] (AmE) lavavajillas *m*, detergente *m*; **∼towel** *n* ▸**dishcloth 1**; **∼washer** /'dɪʃ'wɔːʃər || 'dɪs,wɒʃə(r)/ *n* (machine) lavaplatos *m*, lavavajillas *m*; **∼washing liquid** /'dɪʃ,wɔːʃɪŋ || 'dɪʃ,wɒʃɪŋ/ *n* [u] (AmE) ▸**∼ soap**; **∼water** *n* [u] agua *f*‡ de fregar *or* de lavar los platos

disillusion /'dɪsə'luːʒən || ,dɪsɪ'luːʒən/ *vt* desilusionar

disillusionment /'dɪsə'luːʒənmənt || ,dɪsɪ'luːʒənmənt/ *n* [u] desilusión *f*

disincentive /'dɪsn'sentɪv || ,dɪsɪn'sentɪv/ *n* [u c] falta *f* de incentivos; **it is a ∼ to savers** no fomenta el ahorro

disinclined /'dɪsn̩'klaɪnd || ,dɪsɪn'klaɪnd/ *adj* (frml) (*pred*) **∼ to + INF**: **she was ∼d to listen to him** no se sentía inclinada a escucharlo

disinfect /'dɪsn'fekt || ,dɪsɪn'fekt/ *vt* desinfectar

disinfectant /'dɪsn'fektənt || ,dɪsɪn'fektənt/ *n* [u c] desinfectante *m*

disinflation /'dɪsn̩'fleɪʃən || ,dɪsɪn'fleɪʃən/ *n* [u] desinflación *f*

disinformation /'dɪsɪnfər'meɪʃən || ,dɪsɪnfə'meɪʃən/ *n* [u] desinformación *f*

disingenuous /'dɪsn̩'dʒenjuəs || ,dɪsɪn'dʒenjʊəs/ *adj* insincero, falso

disinherit /'dɪsn̩'herət || ,dɪsɪn'herɪt/ *vt* **1** ‹*heir*› desheredar **2** (deprive) **to ∼ sb OF** *o* **FROM sth** despojar a algn DE algo

disintegrate /dɪs'ɪntəgreɪt || dɪs'ɪntɪgreɪt/ *vi* (fragment) desintegrarse
■ **disintegrate** *vt* desintegrar

disintegration /dɪs'ɪntə'greɪʃən || dɪs,ɪntɪ'greɪʃən/ *n* desintegración *f*

disinter /'dɪsɪn'tɜːr || ,dɪsɪn'tɜː(r)/ *vt* **-rr-** (frml) desenterrar*, exhumar (frml)

disinterested /dɪs'ɪntrəstəd || dɪs'ɪntrəstɪd/ *adj* ‹*decision/advice*› imparcial; ‹*action*› desinteresado

disinvestment /,dɪsɪn'vestmənt/ *n* [u] desinversión *f*

disjointed /dɪs'dʒɔɪntəd || dɪs'dʒɔɪntɪd/ *adj* inconexo, deshilvanado

disk /dɪsk/ *n* **1** (flat, circular object) disco *m* **2** (Comput, Audio, Anat) disco *m*

disk drive *n* unidad *f* de disco

diskette /dɪs'ket/ *n* disquete *m*

dislike¹ /dɪs'laɪk/ *vt*: **I ∼ dogs** no me gustan los perros; **he ∼d her intensely** no la podía ver, le tenía verdadera aversión; **to ∼ -ING**: **he ∼s wearing a tie** le desagrada *or* no le gusta llevar corbata

dislike² *n* **1** [u] (emotion) (*no pl*): **I have a strong ∼ of dogs** no me gustan nada los perros, (les) tengo aversión a los perros; **to take a ∼ to sb** tomarle antipatía a algn **2** [c] (sth disliked): **you'll have to tell us all your likes and ∼s** tendrás que decirnos lo que te gusta y lo que no te gusta

dislocate /'dɪsləkeɪt/ *vt* (Med) dislocarse*

dislocation /'dɪslə'keɪʃən/ *n* [u] (Med) dislocación *f*

dislodge /dɪs'lɑːdʒ || dɪs'lɒdʒ/ *vt* **1** (shift, remove) sacar*; **the wind ∼d some tiles** el viento causó que se soltaran varias tejas **2** (drive out) **to ∼ sb (FROM sth)** desplazar* a algn (DE algo)

disloyal /dɪs'lɔɪəl/ *adj* desleal; **to be ∼ TO sb/sth** ser* desleal CON *or* A algn/A algo

disloyalty /dɪs'lɔɪəlti/ *n* [u] **∼ TO sb/sth** deslealtad *f* CON *or* A algn/A algo

dismal /'dɪzməl/ *adj* **1** (gloomy) ‹*place/tone*› sombrío, deprimente, lúgubre **2** (very bad) ‹*news/prophecy*› funesto; ‹*future*› muy negro; ‹*weather*› malísimo; ‹*results/performance*› pésimo

dismantle /dɪs'mæntl/ *vt* ‹*machinery/furniture*› desmontar; ‹*organization*› desmantelar

dismay¹ /dɪs'meɪ/ *n* [u] consternación *f*; **they looked at him in** *o* **with ∼** lo miraron consternados; **much to my/his ∼** para mi/su desgracia

dismay² *vt* consternar; **I was ∼ed at her reaction** su reacción me dejó consternado

dismember /dɪs'membər || dɪs'membə(r)/ *vt* ‹*animal*› descuartizar*; ‹*corpse*› desmembrar*

dismiss /dɪs'mɪs/ *vt*
A **1** ‹*employee*› despedir*; ‹*executive, minister*› destituir* **2** (send away) ‹*class*› dejar salir; **class ∼ed!** pueden retirarse
B ‹*possibility/suggestion*› descartar, desechar; ‹*request/petition/claim*› desestimar, rechazar*
C (Law) ‹*charge/appeal*› desestimar; **to ∼ a case** sobreseer* una causa
■ **dismiss** *vi* (Mil): **∼!** ¡rompan filas!

dismissal /dɪs'mɪsəl/ *n* [u c] **1** (of employee) despido *m*; (of executive, minister) destitución *f* **2** (sending away) autorización *f* para retirarse **3** (of theory, request) rechazo *m* **4** (Law) desestimación *f*

dismissive /dɪs'mɪsɪv/ *adj* ‹*attitude/smile*› desdeñoso; ‹*tone*› displicente

dismount /dɪs'maʊnt/ *vi* desmontar

disobedience /'dɪsə'biːdiəns/ *n* [u] desobediencia *f*

disobedient /'dɪsə'biːdiənt/ *adj* desobediente

disobey /'dɪsə'beɪ/ *vt/i* desobedecer*

disorder /dɪs'ɔːrdər || dɪs'ɔːdə(r)/ *n*
A [u] **1** (confusion) desorden *m* **2** (unrest) desórdenes *mpl*, disturbios *mpl*
B [c] (Med) afección *f* (frml), problema *m*

disordered /dɪs'ɔːrdərd || dɪs'ɔːdəd/ *adj* desordenado

disorderly /dɪs'ɔːrdərli || dɪs'ɔːdəli/ *adj* **1** (untidy) desordenado **2** (unruly) ‹*crowd*› alborotado; ‹*person*› revoltoso; **∼ conduct** alteración *f* del orden público

disorganization /dɪs'ɔːrgənə'zeɪʃən || dɪs,ɔːgənaɪ'zeɪʃən/ *n* [u] desorganización *f*

disorganized /dɪs'ɔːrgənaɪzd || dɪs'ɔːgənaɪzd/ *adj* desorganizado

disorient /dɪs'ɔːrient/ *vt* desorientar; **to become ∼ed** desorientarse

disorientate /dɪs'ɔːriənteɪt/ *vt* ▸**disorient**

disorientation /dɪs'ɔːrien'teɪʃən/ *n* [u] desorientación *f*

disown /dɪs'əʊn/ *vt* **1** (repudiate) renegar* de, repudiar **2** (deny responsibility for) no reconocer* como propio

disparage /dɪs'pærɪdʒ/ *vt* menospreciar

disparaging /dɪs'pærədʒɪŋ/ *adj* desdeñoso, despreciativo; **she was very ∼ about their efforts** habló de sus intentos en tono desdeñoso *or* despreciativo

disparagingly /dɪs'pærədʒɪŋli/ *adv* en tono desdeñoso *or* despreciativo

disparate /dɪs'pærət, 'dɪspərət || 'dɪspərət/ *adj* (frml) **1** (varied) dispar **2** (distinct, separate) distinto

disparity /dɪs'pærəti/ *n* [c u] (inequality) disparidad *f*; (difference) discrepancia *f*

dispassionate /dɪs'pæʃənət/ *adj* ‹*account*› desapasionado, objetivo; ‹*adjudication/onlooker*› imparcial

dispassionately /dɪs'pæʃənətli/ *adv* sin apasionamiento

dispatch¹ /dɪ'spætʃ/ *vt*
A (send) despachar, enviar*
B **1** (carry out) (frml) ‹*task/duty*› despachar **2** (kill) (euph) ‹*person/animal*› despachar (euf) **3** (consume) (hum) ‹*food/drink*› despacharse (hum)

dispatch² *n*
A [c] (message) despacho *m*; (Mil) parte *m*
B [u] (sending) despacho *m*, envío *m*, expedición *f*; **to be mentioned in ∼es** (BrE) recibir una mención de honor

dispatch: **∼ case** *n* portafolio(s) *m*; **∼ rider** *n* (on motorcycle) (BrE) mensajero, -ra *m,f*

dispel /dɪ'spel/ *vt* **-ll-** **1** ‹*doubts/fear*› disipar, hacer* desvanecer **2** ‹*fog*› disipar

dispensable /dɪ'spensəbəl/ *adj* prescindible

dispensary /dɪ'spensəri/ *n* (*pl* **-ries**) (in hospital) dispensario *m*, farmacia *f*; (in school) enfermería *f*

dispensation /'dɪspən'seɪʃən/ *n*
A [c] **1** (exemption) exención *f*; **he was granted a ~ from military service** lo declararon exento del servicio militar **2** (Relig) dispensa *f*
B [u] (of justice) administración *f*

dispense /dɪ'spens/ *vt*
A **1** ‹*grants/alms*› dar*; ‹*advice*› ofrecer*, dar*; ‹*favors*› conceder* **2** ‹‹*machine*›› ‹*coffee/soap*› expender
B ‹*drugs/prescription*› despachar, preparar
C (administer) ‹*justice*› administrar

Phrasal verb
• **dispense with** [v ▸ prep ▸ o] prescindir de

dispenser /dɪ'spensər || dɪ'spensə(r)/ *n*
A (device): **a cash ~** un cajero automático; **a soap ~** un dispositivo que suministra jabón
B (pharmacist) (BrE) farmacéutico, -ca *m,f*

dispersal /dɪ'spɜːrsəl || dɪ'spɜːsəl/ *n* [u] dispersión *f*

disperse /dɪ'spɜːrs || dɪ'spɜːs/ *vt* dispersar
■ **disperse** *vi* dispersarse

dispirited /dɪ'spɪrətəd || dɪ'spɪrɪtɪd/ *adj* ‹*person*› desanimado, abatido; **to become ~** desanimarse

dispiriting /dɪ'spɪrətɪŋ || dɪ'spɪrɪtɪŋ/ *adj* desalentador, descorazonador

displace /dɪs'pleɪs/ *vt* **1** (Phys) ‹*liquid/volume*› desplazar* **2** (replace) reemplazar* **3** (force from home) ‹*refugees/workers*› desplazar*

displaced person /dɪs'pleɪst/ *n* desplazado, -da *m,f*

displacement /dɪs'pleɪsmənt/ *n* [u] **1** (replacement) sustitución *f*, reemplazo *m* **2** (of refugees) desplazamiento *m*

display[1] /dɪ'spleɪ/ *vt* **1** (put on show) ‹*exhibit*› exponer*; ‹*data/figures*› (Comput) visualizar*; **the shopkeeper ~ed his wares** el tendero colocó los artículos en el escaparate (*or* la estantería *etc*) **2** (flaunt) ‹*finery/erudition*› hacer* despliegue *or* gala de; ‹*muscles*› lucir*, hacer* alarde de **3** (reveal) ‹*anger/interest*› demostrar*, manifestar*; ‹*feelings*› exteriorizar*, demostrar*; ‹*tendencies/symptoms*› presentar; ‹*skill/courage*› demostrar*, dar* prueba de

display[2] *n*
A **1** (exhibition) exposición *f*, muestra *f*; (show) show *m*; **firework ~** fuegos *mpl* artificiales; **to be on ~** ‹‹*painting/wares*›› estar* expuesto; **to put sth on ~** exponer* algo **2** (arrangement): **a ~ of flowers** un arreglo floral; (*before n*) **~ cabinet** vitrina *f*; **~ stand** expositor *m* **3** (of feeling) exteriorización *f*, demostración *f*; (of courage, strength, knowledge) despliegue *m*; (of ignorance) demostración *f*; **he made (a) great ~ of his experience in those matters** hizo gran alarde de su experiencia en ese campo
B (Comput, Electron) display *m*, visualizador *m*; **digital/analog ~** visualizador digital/analógico; (*before n*) ‹*screen/panel*› de visualización (de datos)
C (Journ, Print) (*before n*) **~ advertising** anuncios *mpl* destacados

displease /dɪs'pliːz/ *vt* desagradar, contrariar*; **to be ~d WITH sb** estar* disgustado CON algn

displeasing /dɪs'pliːzɪŋ/ *adj* desagradable

displeasure /dɪs'pleʒər || dɪs'pleʒə(r)/ *n* [u] desagrado *m*; **he incurred the king's ~** contrarió al rey

disposable /dɪ'spəʊzəbəl/ *adj*
A ‹*cup/razor/pen*› desechable, de usar y tirar
B ‹*income*› disponible

disposal /dɪ'spəʊzəl/ *n*
A **1** (removal, riddance): **the problem of the ~ of waste** el problema de cómo deshacerse de residuos; **arrangements were made for the ~ of the body** se hicieron arreglos para que el cadáver fuera inhumado (*or* trasladado al crematorio *etc*) **2** (Fin) enajenación *f* **3** (of bomb) desactivación *f*
B (of troops) despliegue *m*
C (power to use) disposición *f*; **to have sth at one's ~** disponer* de algo, tener* algo a su (*or* mi *etc*) disposición; **to put sth/oneself at sb's ~ *o* the ~ of sb** poner* algo/ponerse* a disposición de algn

dispose /dɪ'spəʊz/ *vt* (frml)
A (incline) predisponer*
B (arrange) disponer* (frml), colocar*

Phrasal verb
• **dispose of** [v ▸ prep ▸ o]
A **1** (get rid of) ‹*refuse/evidence*› deshacerse* de; ‹*rival/opponent*› deshacerse* de, liquidar (fam) **2** (sell) ‹*house/car/land*› vender, enajenar (frml) **3** (deal with) ‹*problem/question/objection*› despachar
B (have use of) (frml) ‹*funds/resources*› disponer* de

disposed /dɪ'spəʊzd/ *adj* (*pred*) **1** (inclined) **to be ~ to + INF** estar* dispuesto A + INF; **I don't feel ~ to help him** no me siento inclinada a ayudarlo; **to be favorably/unfavorably ~ to *o* toward sb** estar* bien/mal dispuesto hacia algn **2** (liable) (frml) **to be ~ TO sth** ser* propenso A algo, tener* propensión A algo

disposition /'dɪspə'zɪʃən/ *n*
A **1** [c] (personality) manera *f or* modo *m* de ser, temperamento *m* **2** (inclination) (*no pl*) (frml) **~ TO sth** predisposición *f* A algo
B [u c] (arrangement) disposición *f*

dispossess /'dɪspə'zes/ *vt* (frml) **to ~ sb OF sth** desposeer* *or* despojar a algn DE algo (frml)

dispossessed /'dɪspə'zest/ *pl n* (frml) **the ~** los desposeídos (frml)

disproportionate /'dɪsprə'pɔːrʃn̩ət || ˌdɪsprə'pɔːʃənət/ *adj* ‹*number/size*› desproporcionado; **a ~ amount of money is spent on advertising** lo que se gasta en propaganda es desmesurado

disproportionately /'dɪsprə'pɔːrʃn̩ətli || ˌdɪsprə'pɔːʃənətli/ *adv* desproporcionadamente

disprove /dɪs'pruːv/ *vt* ‹*claim/assertion/charge*› desmentir*; ‹*doctrine/theory*› rebatir, refutar

dispute[1] /dɪ'spjuːt/ *n* **1** [c] (controversy, clash) polémica *f*, controversia *f* **2** [u] (debate) discusión *f*; (quarrel) disputa *f*; **the territory in *o* under ~** el territorio en litigio; **the matter is still in *o* under ~** aún no se ha llegado a un acuerdo sobre el asunto **3** [c] (Lab Rel) conflicto *m* (laboral); **an industrial ~** un conflicto laboral

dispute[2] *vt*
A **1** (contest) discutir, cuestionar; **I don't ~ (the fact) that it was a mistake** no discuto que fue un error; **it cannot be ~d that ...** no se puede negar *or* hay que reconocer que ... **2** ‹*will/decision*› impugnar **3** (argue) ‹*point/question*› debatir, discutir **4** **disputed** *past p* ‹*decision*› discutido, polémico; ‹*territory*› en litigio
B (fight for) ‹*possession/victory/territory*› disputarse

disqualification /dɪs'kwɑːləfə'keɪʃən || dɪsˌkwɒlɪfɪ'keɪʃən/ *n* [u c] (from exam, competition) descalificación *f*; (from office, service) inhabilitación *f*; **a three-year ~ from driving** (BrE) la inhabilitación para manejar *or* (Esp) conducir por tres años

disqualify /dɪs'kwɑːləfaɪ || dɪs'kwɒlɪfaɪ/ *vt* **-fies, -fying, -fied** **1** (make ineligible): **as a professional she was disqualified from entering the Olympics** el hecho de ser profesional le impedía participar en las Olimpíadas; **a criminal record disqualifies you from jury service** tener antecedentes penales inhabilita para ser miembro de un jurado **2** (debar) (Sport) descalificar*

disquiet /dɪs'kwaɪət/ *n* [u] (frml) inquietud *f*, intranquilidad *f*, desasosiego *m*

disquieting /dɪs'kwaɪətɪŋ/ *adj* (frml) inquietante, intranquilizante

disregard[1] /'dɪsrɪ'gɑːrd || ˌdɪsrɪ'gɑːd/ *vt* ‹*danger/difficulty*› ignorar, despreciar; ‹*advice*› hacer* caso omiso de, no prestar atención a; ‹*feelings/wishes*› no tener* en cuenta

disregard[2] *n* [u] **~ FOR sth/sb** indiferencia *f* HACIA algo/algn; **with complete ~ for her own safety** sin ni siquiera considerar su propia seguridad

disrepair /'dɪsrɪ'per || ˌdɪsrɪ'peə(r)/ *n* [u] mal estado *m*; **to be in/fall into (a state of) ~** estar* en mal estado/deteriorarse

disreputable /dɪs'repjətəbəl || dɪs'repjʊtəbəl/ *adj* ‹*person/firm*› de dudosa reputación, de mala fama; ‹*nightclub/district*› de mala fama; ‹*conduct/action*› vergonzoso

disrepute /'dɪsrɪ'pjuːt/ *n* [u] (frml): **to fall into ~** caer* en descrédito; **to bring sth into ~** desacreditar algo

disrespect /'dɪsrɪ'spekt/ *n* [u] **~ (FOR sth)** falta *f* de respeto (HACIA algo); **I meant no ~** no fue mi intención ofenderlo, no quise faltarle al *or* (CS) el respeto

d

d

disrespectful /ˈdɪsrɪˈspektfəl/ *adj* ‹*person*› irrespetuoso; ‹*attitude*› irreverente; **to be ~ TO** *o* **TOWARD sb** ser* irrespetuoso PARA CON algn, faltarle al *or* (CS) el respeto A algn
disrupt /dɪsˈrʌpt/ *vt* ‹*meeting/class*› perturbar el desarrollo de; ‹*traffic/communications*› crear problemas de, afectar a; ‹*plans*› desbaratar, trastocar*
disruption /dɪsˈrʌpʃən/ *n* [u c] trastorno *m*; **~ TO sth: this caused serious ~ to our schedules** esto desbarató nuestro calendario de trabajo, esto ocasionó graves trastornos en nuestro calendario de trabajo
disruptive /dɪsˈrʌptɪv/ *adj* ‹*influence*› perjudicial, negativo; **a ~ pupil** un alumno problema
dissatisfaction /ˈdɪsˈsætəsˈfækʃən || dɪsˌsætɪsˈfækʃən/ *n* [u] descontento *m*, insatisfacción *f*
dissatisfied /dɪsˈsætəsfaɪd || dɪˈsætɪsfaɪd/ *adj* ‹*customer*› descontento, insatisfecho; **to be ~ WITH sth/sb** estar* descontento *or* insatisfecho CON algo/algn
dissect /dɪˈsekt, daɪ-/ *vt* **1▸** (cut up) ‹*animal/body*› diseccionar, hacer* la disección de **2▸** (analyze) ‹*theory/book*› analizar* minuciosamente, diseccionar
dissemble /dɪˈsembəl/ *vt* (frml) ‹*truth/motive*› ocultar; ‹*emotions*› disimular
■ **dissemble** *vi* (frml) fingir*
disseminate /dɪˈsemәneɪt || dɪˈsemɪneɪt/ *vt* (frml) ‹*virus/spores*› diseminar; ‹*idea/information*› difundir, diseminar
dissension /dɪˈsentʃən || dɪˈsenʃən/ *n* [u c] disensión *f* (frml), desacuerdo *m*
dissent¹ /dɪˈsent/ *vi* (frml) **1▸ to ~ (FROM sth)** discrepar *or* (frml) disentir* (DE algo) **2▸ dissenting** *pres p* discrepante
dissent² *n* [u] (frml) desacuerdo *m*, disconformidad *f*
dissenter /dɪˈsentər || dɪˈsentə(r)/ *n* (frml) disidente *mf*
dissertation /ˈdɪsərˈteɪʃən || ˌdɪsəˈteɪʃən/ *n* (in US: for PhD) tesis *f* (doctoral); (in UK: for lower degree) tesis *f*, tesina *f*
disservice /ˈdɪsˈsɜːrvəs || dɪsˈsɜːvɪs/ *n* [u] (frml): **to do sb a ~: this report does him a ~** este informe no le hace justicia
dissidence /ˈdɪsədəns || ˈdɪsɪdəns/ *n* [u] disidencia *f*
dissident¹ /ˈdɪsədənt || ˈdɪsɪdənt/ *n* disidente *mf*
dissident² *adj* disidente
dissimilar /ˈdɪˈsɪmələr || dɪˈsɪmɪlə(r)/ *adj* distinto, diferente; **to be ~ TO sth** (*usu neg*) ser* distinto DE *or* A algo
dissimilarity /ˈdɪsɪməˈlærəti || ˌdɪsɪmɪˈlærəti/ *n* [u c] (*pl* **-ties**) diferencia *f*, disimilitud *f* (frml)
dissimulate /dɪˈsɪmjəleɪt || dɪˈsɪmjʊleɪt/ *vt* (liter) ‹*feelings/intention*› disimular, encubrir*
dissipate /ˈdɪsəpeɪt || ˈdɪsɪpeɪt/ *vt* (frml) **1▸** (squander) ‹*inheritance*› disipar, dilapidar; ‹*energy/talents*› desperdiciar **2▸** (dispel) ‹*anxiety*› disipar, hacer* desvanecer
■ **dissipate** *vi* (frml) ‹‹*anger/doubts*›› disiparse, desvanecerse*
dissipated /ˈdɪsəpeɪtəd || ˈdɪsɪpeɪtɪd/ *adj* disipado, disoluto
dissipation /ˈdɪsəˈpeɪʃən || ˌdɪsɪˈpeɪʃən/ *n* [u] disipación *f*, libertinaje *m*
dissociate /dɪˈsəʊʃieɪt, -sieɪt/ *vt* **1▸** (separate) **to ~ sth/sb (FROM sth)** disociar algo/a algn (DE algo) **2▸** (distance) **to ~ oneself FROM sb/sth** desvincularse DE algn/algo
dissociation /dɪˈsəʊʃiˈeɪʃən, -sieɪʃən/ *n* [u] (from opinion, act) desvinculación *f*
dissolute /ˈdɪsəluːt/ *adj* disoluto
dissolution /ˈdɪsəˈluːʃən/ *n* [u] disolución *f*; (of empire) desintegración *f*
dissolve /dɪˈzɑːlv || dɪˈzɒlv/ *vt*
A (in liquid) disolver*
B **1▸** (dismiss) ‹*assembly/parliament*› disolver* **2▸** (break up) ‹*company/marriage*› disolver*
■ **dissolve** *vi*
A (in liquid) disolverse*
B **1▸** (vanish) (liter) desvanecerse* **2▸** (emotionally): **to ~ into tears** deshacerse* en lágrimas
dissonance /ˈdɪsənəns/ *n* **1▸** [c u] (Mus) disonancia *f* **2▸** [u] (lack of agreement) discordancia *f*
dissonant /ˈdɪsənənt/ *adj* **1▸** (discordant) ‹*music*› disonante **2▸** (dissenting) ‹*opinions/beliefs*› discrepante **3▸** (clashing) ‹*colors/characteristics*› discordante

dissuade /dɪˈsweɪd/ *vt* **to ~ sb (FROM sth)** disuadir a algn (DE algo); **to ~ sb FROM -ING: I managed to ~ her from leaving** logré convencerla de que no se fuera
distaff /ˈdɪstæf || ˈdɪstɑːf/ *n* rueca *f*; (*before n*) **on the ~ side** por línea materna, por parte de madre
distance¹ /ˈdɪstəns/ *n* [c u]
A **1▸** (space between two points) distancia *f*; **what's the ~ between ... ?** ¿qué distancia hay entre ... ?; **stopping ~** (Auto) distancia de parada; **within easy walking ~** a poca distancia a pie; **from a ~ of 12 miles** a una distancia de 12 millas; **I can't walk long ~s** no puedo caminar mucho; ***to be within striking ~ (of sth)*** estar* cerca (de algo) **2▸** (faraway point): **in the (far) ~** en la distancia *or* lejanía, a lo lejos; **at** *o* **from a ~ he looked like a young man** de lejos parecía joven **3▸** (in time) distancia *f*; **from a ~ of ten years** a diez años de distancia, después de diez años
B (emotional) distanciamiento *m*; ***to keep one's ~*** (remain aloof) guardar las distancias; (lit: keep away) no acercarse*; ***to keep sb at a ~*** guardar las distancias con algn
C (Sport) distancia *f*; ***to go the ~***: **the fight went the ~** la pelea duró hasta el último round; **she started the project enthusiastically, but I'm not sure if she'll go the ~** empezó con mucho entusiasmo pero no sé si llevará el proyecto a buen término; (*before n*) **~ runner** corredor, -dora *m,f* de fondo
distance² *v refl* **to ~ oneself (FROM sb/sth)** (emotionally) distanciarse (DE algn/algo); (deny involvement) desvincularse DE algn/algo
distance learning *n* [u] enseñanza *f* a distancia
distant /ˈdɪstənt/ *adj*
A **1▸** (in space) ‹*spot/country*› distante, lejano; **I could hear the ~ sound of bells** oía campanas a lo lejos **2▸** (in time): **in the ~ past/future** en el pasado remoto/en un futuro lejano
B (*pred*) (in space): **cities 50 miles ~ (from each other)** ciudades que distan 50 millas (la una de la otra)
C ‹*relative*› lejano; ‹*resemblance/connection*› remoto
D **1▸** (aloof) distante, frío **2▸** (absentminded) ‹*expression/tone*› ausente, ido
distantly /ˈdɪstəntli/ *adv* **1▸** (in the distance) ‹*hear/see*› en la lejanía **2▸** (loosely): **we are ~ related** somos parientes lejanos; **a ~ remembered episode** un incidente que recordaba (*or* recordaban *etc*) vagamente **3▸** (coldly) ‹*nod/greet*› con frialdad **4▸** (absentmindedly): **yes, she replied ~** —sí —respondió distante
distaste /dɪsˈteɪst/ *n* [u] desagrado *m*
distasteful /dɪsˈteɪstfəl/ *adj* **1▸** (unpleasant) ‹*task/chore*› desagradable **2▸** (offensive) ‹*remark/picture*› de mal gusto
distemper /dɪsˈtempər || dɪˈstempə(r)/ *n* [u]
A (Vet Sci) moquillo *m*
B (paint) (BrE) pintura *f* al temple
distend /dɪˈstend/ *vt* dilatar, hinchar
■ **distend** *vi* dilatarse, hincharse
distension, (AmE also) **distention** /dɪˈstentʃən || dɪˈstenʃən/ *n* [u] dilatación *f*
distill, (BrE) **distil** *vt* **-ll-** /dɪˈstɪl/ **1▸** ‹*liquid/spirits*› destilar; **~ed water** agua *f*‡ destilada **2▸** ‹*information/ideas*› extraer*
distillation /ˈdɪstəˈleɪʃən || ˌdɪstɪˈleɪʃən/ *n*
A **1▸** [u] (process) destilación *f* **2▸** [c] (product) destilado *m*
B [c] (of facts, experiences) síntesis *f*
distiller /dɪˈstɪlər || dɪˈstɪlə(r)/ *n* destilador, -dora *m,f*
distillery /dɪˈstɪləri/ *n* (*pl* **-ries**) destilería *f*
distinct /dɪˈstɪŋkt/ *adj*
A ‹*shape/outline*› definido, claro, nítido; ‹*likeness*› obvio, marcado; ‹*improvement*› decidido, marcado; ‹*possibility*› nada desdeñable
B **1▸** (different, separate) distinto, bien diferenciado; **to be ~ FROM sth** ser* distinto *or* diferente DE *or* A algo; **we are talking about English people as ~ from British people** nos referimos a los ingleses en particular y no a los británicos **2▸** (unmistakable) (*pred*) inconfundible
distinction /dɪˈstɪŋkʃən/ *n*
A **1▸** [c] (difference) distinción *f*; **we must make** *o* **draw a ~ between ...** debemos distinguir entre ... **2▸** [u] (act of differentiating) distinción *f*; **without ~ of race or creed** sin distinción de raza o credo
B **1▸** [u] (merit, excellence): **a writer of ~** un distinguido *or*

destacado escritor; **a car of ~** un coche de categoría 2▸ [u] (distinguished appearance) distinción *f*; **he has an air of ~** tiene un aire distinguido *or* de distinción 3▸ [c u] (mark of recognition) honor *m*, distinción *f* 4▸ [u c] (BrE Educ) mención *f* especial

distinctive /dɪ'stɪŋktɪv/ *adj* ‹*marking/plumage*› distintivo, característico; ‹*gesture/laugh*› personal, inconfundible; ‹*decor/dress*› particular

distinctively /dɪ'stɪŋktɪvli/ *adv* ‹*dress/behave*› de manera muy particular *or* personal; ‹*dressed/furnished*› con personalidad

distinctly /dɪ'stɪŋktli/ *adv* 1▸ ‹*speak/enunciate*› con claridad 2▸ ‹*hear*› perfectamente, claramente; **I ~ remember telling you** me acuerdo perfectamente *or* muy bien de que te lo dije 3▸ (decidedly): **he sounded ~ Scottish** tenía un inconfundible acento escocés

distinguish /dɪ'stɪŋgwɪʃ/ *vt*
A 1▸ (differentiate) distinguir*, diferenciar; **to ~ sth/sb FROM sth/sb** distinguir* *or* diferenciar algo/a algn DE algo/algn 2▸ **distinguishing** *pres p* ‹*feature/mark*› distintivo, característico
B (make out) distinguir*
■ **distinguish** *vi* distinguir*; **he can't ~ between green and blue** no distingue entre el verde y el azul, no distingue el verde del azul
■ *v refl* **to ~ oneself** distinguirse*, destacarse*

distinguishable /dɪ'stɪŋgwɪʃəbəl/ *adj* 1▸ (recognizable as different) **to be ~ (FROM sth/sb)** distinguirse* (DE algo/algn) 2▸ (discernible): **to be ~** distinguirse*

distinguished /dɪ'stɪŋgwɪʃt/ *adj* distinguido

distort /dɪ'stɔːrt || dɪ'stɔːt/ *vt* 1▸ (deform) ‹*metal/object*› deformar; **his face was ~ed by** *o* **with pain** tenía el rostro crispado del dolor 2▸ (Opt) ‹*image/reflection*› deformar, distorsionar 3▸ (Electron) ‹*signal/sound*› distorsionar 4▸ (misrepresent) ‹*facts/statement*› tergiversar, distorsionar

distortion /dɪ'stɔːrʃən || dɪ'stɔːʃən/ *n* 1▸ [u] (of metal, object) deformación *f*; (of features) distorsión *f* 2▸ (Opt) deformación *f*, distorsión *f* 3▸ [u c] (of facts, news) tergiversación *f*, distorsión *f*

distract /dɪ'strækt/ *vt* 1▸ (divert) ‹*person*› distraer*; **to ~ sb FROM sth** distraer* a algn DE algo 2▸ (amuse) entretener*, distraer*

distracted /dɪ'stræktəd || dɪ'stræktɪd/ *adj* ‹*person*› trastornado; ‹*look*› enajenado

distractedly /dɪ'stræktədli || dɪ'stræktɪdli/ *adv* como un loco

distraction /dɪ'strækʃən/ *n*
A 1▸ [c u] (interruption) distracción *f* 2▸ [c] (entertainment) (frml) entretenimiento *m*, distracción *f*
B [u] (madness): **to drive sb to ~** sacar* a algn de quicio; **to love sb to ~** estar* perdidamente enamorado de algn

distraught /dɪ'strɔːt/ *adj* ‹*voice/person*› consternado, angustiado; **to be ~ with grief/worry** estar* consternado por el dolor/por la preocupación; **she's utterly ~** está deshecha *or* destrozada

distress¹ /dɪ'stres/ *n* [u] 1▸ (mental) angustia *f*, aflicción *f*; **he was in great ~** sufría mucho 2▸ (physical): **respiratory ~** dificultades *fpl* respiratorias; **he showed signs of ~ during the race** tuvo síntomas de agotamiento durante la carrera 3▸ (danger) **in ~** en peligro; (*before n*) ‹*call/signal*› de socorro

distress² *vt* (upset) afligir*; (grieve) consternar; **please don't ~ yourself** por favor, no se aflija

distressed /dɪ'strest/ *adj* 1▸ (upset) afligido 2▸ (poor) (euph): **to be in ~ circumstances** pasar estrecheces 3▸ ‹*leather/wood*› envejecido

distressing /dɪ'stresɪŋ/ *adj* ‹*news/circumstance*› penoso, angustiante; **it was ~ to see him like that** angustiaba verlo así

distribute /dɪ'strɪbjət, -bjuːt || dɪ'strɪbjuːt/ *vt* 1▸ (hand out) ‹*leaflets/food*› distribuir*, repartir 2▸ (share out) ‹*profits*› repartir; ‹*tasks/responsibilities*› distribuir* 3▸ (supply) (Busn) distribuir* 4▸ (spread out) distribuir*; **the weight must be evenly ~d** el peso debe estar bien distribuido

distribution /'dɪstrɪ'bjuːʃən/ *n* [u c] distribución *f*, reparto *m*; (of dividends) reparto *m*; (*before n*) **~ network** red *f* de distribuidores

distributive /dɪ'strɪbjətɪv || dɪ'strɪbjʊtɪv/ *adj* (Busn): **the ~ trades** el sector de (la) distribución

distributor /dɪ'strɪbjətər || dɪ'strɪbjʊtə(r)/ *n*
A (Busn) distribuidor *m*; (Cin) distribuidora *f*
B (Auto, Elec) distribuidor *m* (del encendido)

district /'dɪstrɪkt/ *n*
A 1▸ (region) zona *f*, región *f* 2▸ (locality) barrio *m*; **financial ~** distrito *m* financiero; **the Federal D~** el distrito federal
B (Govt) (in US: of state, city) distrito *m*

district: **~ attorney** *n* (in US) fiscal *mf* del distrito; **~ court** *n* (in US) tribunal *m* de distrito; **~ nurse** *n* (in UK) *enfermero que tiene a su cuidado a los pacientes de un distrito*

distrust¹ /dɪs'trʌst/ *vt* desconfiar* de, no fiarse* de

distrust² *n* [u] desconfianza *f*, recelo *m*; **~ OF sth/sb** falta *f* de confianza EN algo/algn

distrustful /dɪs'trʌstfəl/ *adj* desconfiado, receloso; **to be ~ OF sb** desconfiar* *or* recelar DE algn

disturb /dɪ'stɜːrb || dɪ'stɜːb/ *vt*
A 1▸ (interrupt): **the noise ~ed my concentration** el ruido me hizo perder la concentración; **the calm was ~ed by the arrival of the tourists** la llegada de los turistas vino a perturbar la calma; **he was arrested for ~ing the peace** lo detuvieron por alterar el orden público 2▸ (inconvenience) molestar; **I'm sorry to ~ you, but ...** perdone que lo moleste, pero ... 3▸ (burst in upon) ‹*thief*› sorprender
B (disarrange): **she found that her papers had been ~ed** notó que alguien había tocado sus papeles
C (trouble) perturbar, inquietar, llenar de inquietud

disturbance /dɪ'stɜːrbəns || dɪ'stɜːbəns/ *n*
A [u c] 1▸ (noisy disruption): **to cause/create a ~** provocar*/armar un alboroto; **the aircraft are a continual ~** los aviones son una molestia constante 2▸ (interruption) interrupción *f*
B [u c] (of routine) alteración *f*
C [c] (riot) disturbio *m*

disturbed /dɪ'stɜːrbd || dɪ'stɜːbd/ *adj*
A 1▸ (Psych) ‹*person/mind*› trastornado; **she is emotionally ~** tiene problemas emocionales 2▸ (perturbed) (*pred*): **I was greatly ~ to hear of his misfortune** la noticia de su desgracia me impresionó *or* afectó muchísimo
B (restless) ‹*sleep*› agitado, inquieto; **I had a ~ night** dormí muy mal

disturbing /dɪ'stɜːrbɪŋ || dɪ'stɜːbɪŋ/ *adj* (worrying, upsetting) inquietante, perturbador; (alarming) alarmante

disunity /dɪʃ'uːnəti || dɪs'juːnəti/ *n* [u] desunión *f*

disuse /dɪʃ'uːs || dɪs'juːs/ *n* [u] desuso *m*; **to fall into ~** «*words/customs*» caer* en desuso; «*building/port*» dejar de utilizarse

disused /dɪʃ'uːzd || dɪs'juːzd/ *adj* ‹*factory/quarry*› abandonado; ‹*machinery*› en desuso

ditch¹ /dɪtʃ/ *n* zanja *f*; (at roadside) cuneta *f*; (for irrigation) acequia *f*

ditch² *vt*
A (abandon) (colloq) ‹*girlfriend/boyfriend*› plantar (fam), botar (AmC, Chi fam); ‹*object*› deshacerse* de, botar (AmL exc RPl), tirar (Esp, RPl); ‹*plan*› abandonar, desechar
B (Aviat): **to ~ a plane** hacer* un amaraje *or* amarizaje *or* amerizaje (forzoso)

dither /'dɪðər || 'dɪðə(r)/ *vi* (colloq) 1▸ (become agitated) (AmE) ponerse* muy nervioso 2▸ (be indecisive) titubear, vacilar; **I was ~ing over whether to go or not** no sabía si ir o no ir

ditto¹ /'dɪtəʊ/ *adv* (colloq): **I'm fed up — ditto!** estoy harto — ¡y yo ídem de ídem! (fam)

ditto² *n* (*pl* **-tos**) ídem *m*

ditty /'dɪti/ *n* (*pl* **-ties**) *cancioncilla o poema simple*

diuretic¹ /'daɪjə'retɪk || daɪjʊ'retɪk/ *n* diurético *m*

diuretic² *adj* diurético

diva /'diːvə/ *n* (*pl* **-vas** *or* (AmE also) **-ve** /-veɪ/) diva *f*

divan /dɪ'væn/ *n* 1▸ (sofa) diván *m*, canapé *m* 2▸ **~ (bed)** cama *f* turca

dive¹ /daɪv/ (*past* **dived** *or* (AmE also) **dove**; *past p* **dived**) *vi*
A 1▸ (from height) zambullirse*, tirarse (al agua), tirarse *or* echarse un clavado (AmL); **she ~d into the water** se zambulló, se tiró al agua 2▸ (from surface) «*person/whale*» sumergirse*, zambullirse*; «*submarine*» sumergirse*; **to ~ for treasure** bucear buscando tesoros; **to go diving** ir*

a hacer submarinismo *or* a bucear 3 (swoop) «*plane/bird*» bajar en picada *or* (Esp) en picado
B (lunge, move suddenly): **he ~d for cover under the table** se tiró *or* se metió debajo de la mesa para protegerse
C (drop sharply) (journ) «*currency/sales*» caer* en picada *or* (Esp) en picado, pegar* un bajón (fam)

Phrasal verb

- **dive in** [v ▸ adv] (colloq) (into water) tirarse de cabeza al agua, tirarse *or* echarse un clavado (AmL)

dive² *n*
A 1 (into water) zambullida *f*, clavado *m* (AmL); (Sport) salto *m* (de trampolín), clavado *m* (AmL) 2 (of submarine, whale) inmersión *f* 3 (swoop) descenso *m* en picada *or* (Esp) en picado
B (lunge, sudden movement) (colloq): **he made a ~ for the gun** se abalanzó sobre la pistola; **(full-length) ~** (in soccer) estirada *f*
C (disreputable club, bar) (colloq) antro *m*

dive-bomb /ˈdaɪvbɑːm || ˈdaɪvbɒm/ *vt* bombardear en picada *or* (Esp) en picado

diver /ˈdaɪvər || ˈdaɪvə(r)/ *n* 1 (from diving board *etc*) saltador, -dora *m,f*, clavadista *mf* 2 (deep-sea) buzo *mf*, submarinista *mf*

diverge /dəˈvɜːrdʒ || daɪˈvɜːdʒ/ *vi* 1 «*lines/paths*» separarse, divergir* (frml) 2 «*opinions/explanations*» divergir*; **to ~ FROM sth** discrepar DE algo

divergence /dəˈvɜːrdʒəns || daɪˈvɜːdʒəns/ *n* [u] divergencia *f*

divergent /dəˈvɜːrdʒənt || daɪˈvɜːdʒənt/ *adj* divergente

divers /ˈdaɪvərz || ˈdaɪvəz/ *adj* (arch) (*before n*) diversos

diverse /daɪˈvɜːrs || daɪˈvɜːs/ *adj* 1 (varied) ‹*interests/tastes*› diversos, variados; **plant life in the area is extremely ~** la vegetación en la zona es muy variada 2 (unlike) diferentes, distintos

diversification /dəˌvɜːrsəfəˈkeɪʃən || daɪˌvɜːsɪfɪˈkeɪʃən/ *n* [u] variedad *f*; (Busn) diversificación *f*

diversify /dəˈvɜːrsəfaɪ || daɪˈvɜːsɪfaɪ/, **-fies, -fying, -fied** *vt* diversificar*
■ **diversify** *vi* (Busn) diversificarse*; **to ~ INTO sth: they diversified into sportswear** diversificaron su producción introduciéndose en el mercado de ropa de deporte

diversion /dəˈvɜːrʒən || daɪˈvɜːʃən/ *n*
A 1 [u] (of river) desviación *f* 2 [u] (of funds) malversación *f* 3 [c] (BrE Transp) desvío *m*, desviación *f*
B [c] (distraction) (Mil) diversión *f*, divertimiento *m* estratégico; **you create a ~ and I'll make my escape** tú los distraes mientras yo me escapo
C [c u] (amusement) (frml) diversión *f*, entretenimiento *m*

diversity /dəˈvɜːrsəti || daɪˈvɜːsəti/ *n* diversidad *f*

divert /dəˈvɜːrt || daɪˈvɜːt/ *vt*
A 1 (redirect) ‹*stream/flow*› desviar*; ‹*traffic*› (BrE) desviar*; **I tried to ~ the conversation away from the topic** intenté desviar la conversación hacia otro tema 2 (ward off) ‹*blow/attack*› eludir, esquivar
B (distract) ‹*attention/thoughts*› distraer*
C (amuse) (frml) divertir*, entretener*

divest /daɪˈvest/ *vt*
A (deprive): **to ~ sb/sth OF sth** despojar a algn/algo DE algo
B (sell off) ‹*asset/operation/stake*› deshacerse* de *v refl* **to ~ oneself OF sth** deshacerse* DE algo

divide /dəˈvaɪd || dɪˈvaɪd/ *vt*
A 1 (split up) dividir; **to ~ sth INTO sth** dividir algo EN algo 2 (separate) **to ~ sth FROM sth** separar algo DE algo 3 **dividing** *pres p* ‹*wall/barrier*› divisorio 4 (share) ‹*cake/money/work*› repartir; **I ~ my time between England and Italy** paso parte del tiempo en Inglaterra y parte en Italia
B (cause to disagree) dividir
C (Math) dividir; **to ~ 10 by 5** dividir 10 entre *or* por 5; **10 ~d by 5 is 2** 10 dividido entre *or* por 5 es (igual a) 2
■ **divide** *vi*
A 1 (fork) «*road/river*» dividirse 2 (split) «*group/particles/cells*» dividirse 3 (vote) (BrE Govt) votar
B (Math) dividir

Phrasal verbs

- **divide off** [v ▸ o ▸ adv, v ▸ adv ▸ o] separar
- **divide up**
A [v ▸ o ▸ adv, v ▸ adv ▸ o] dividir
B [v ▸ adv] dividirse

divided /dəˈvaɪdəd || dɪˈvaɪdɪd/ *adj* ‹*opinion*› dividido; **they are ~ on the issue** sus opiniones al respecto están muy divididas

divided: **~ highway** *n* (AmE) autovía *f*; **~ skirt** *n* falda *f* pantalón, pollera *f* pantalón (CS)

dividend /ˈdɪvədend || ˈdɪvɪdend/ *n* dividendo *m*; ***to pay ~s*** dar* dividendos, reportar beneficios

divider /dəˈvaɪdər || dɪˈvaɪdə(r)/ *n* 1 (screen) mampara *f*; (in filing system) separador *m* 2 **dividers** *pl* (Math) **(pair of) ~s** compás *m* de puntas fijas

dividing line /dəˈvaɪdɪŋ || dɪˈvaɪdɪŋ/ *n* línea *f* divisoria

divine¹ /dəˈvaɪn || dɪˈvaɪn/ *adj*
A (*before n*) ‹*intervention/inspiration*› divino; **it was ~ justice** fue un castigo de Dios
B (wonderful) divino, precioso

divine² *vt* 1 (discover, guess) (liter) adivinar 2 ‹*water/minerals*› descubrir* (*con una varita de zahorí*)

divine right *n* derecho *m* divino

diving /ˈdaɪvɪŋ/ *n* [u] 1 (from height) saltos *mpl* de trampolín, clavados *mpl* (AmL) 2 (under water) submarinismo *m*, buceo *m*

diving: **~ board** *n* trampolín *m*; **~ suit** *n* escafandra *f*, traje *m* de buzo

divining rod /dəˈvaɪnɪŋ || dɪˈvaɪnɪŋ/ *n* varita *f* de zahorí

divinity /dəˈvɪnəti || dɪˈvɪnəti/ *n* (*pl* **-ties**) (frml) 1 [u c] (divine nature, being) divinidad *f* 2 [u] (theology) teología *f*

divisible /dəˈvɪzəbəl || dɪˈvɪzəbəl/ *adj* (*pred*) divisible; **21 is ~ by 3** 21 es divisible entre *or* por 3

division /dəˈvɪʒən || dɪˈvɪʒən/ *n*
A 1 [u c] (distribution) reparto *m*, división *f*; **the ~ of labor** (Econ) la división del trabajo 2 [c] (boundary) división *f*; **linguistic/class ~s** divisiones lingüísticas/de clase 3 [c] (part) división *f*
B [u] (disagreement) desacuerdo *m*
C [c] (department) división *f*, sección *f*
D [c] (Mil) división *f*
E [c] (Sport) 1 (in boxing) categoría *f* 2 (in US: area) zona *f* 3 (in UK: by standard) división *f*
F [u c] (Math) división *f*; **long ~** división larga *or* desarrollada
G [c] (BrE Govt) votación *f*

divisive /dəˈvaɪsɪv || dɪˈvaɪsɪv/ *adj* divisivo

divorce¹ /dəˈvɔːrs || dɪˈvɔːs/ *n* [c u] divorcio *m*; **to get a ~ (from sb)** conseguir* el divorcio (de algn); (*before n*) **~ proceedings** trámites *mpl* de divorcio

divorce² *vt*
A (Law) divorciarse de; **to get ~d** divorciarse
B (separate) **to ~ sth (FROM sth)** divorciar algo (DE algo)
■ **divorce** *vi* divorciarse

divorced /dəˈvɔːrst || dɪˈvɔːst/ *adj* 1 (Law) divorciado 2 (detached) **to be ~ FROM sth** estar* divorciado DE algo

divorcee /dəˈvɔːrˈseɪ || dɪˌvɔːˈsiː/ *n* divorciado, -da *m,f*

divulge /daɪˈvʌldʒ/ *vt* divulgar*; **to ~ sth TO sb** revelarle algo A algn

Dixie /ˈdɪksi/ *n* [u] (colloq) (AmE) *los estados del sur en EEUU*

DIY *n* [u] (BrE) (**= do-it-yourself**) bricolaje *m*

dizziness /ˈdɪzinəs || ˈdɪzinɪs/ *n* [u] mareo *m*, vahído *m*

dizzy /ˈdɪzi/ *adj* **-zier, -ziest** 1 (giddy) ‹*sensation*› de mareo; **I had a ~ spell** me dio un mareo; **to feel ~** estar* mareado 2 (causing dizziness) ‹*speed*› vertiginoso; ‹*height*› de vértigo 3 (scatterbrained) (colloq) tarambana (fam)

DJ *n* **= disc jockey**

DNA *n* [u] (**= deoxyribonucleic acid**) ADN *m*, DNA *m*; **~ profile** perfil *m* genético *or* de ADN; **~ profiling** /ˈprəʊfaɪlɪŋ/ *n* [u] análisis *m* de muestras de ADN

do¹ /duː, *weak form* dʊ, də/ (*3rd pers sing pres* **does**; *pres* **doing**; *past* **did**; *past p* **done**) *vt*
A hacer*; **~ something!** ¡haz algo!; **are you ~ing anything this evening?** ¿vas a hacer algo esta noche?; **to have something/nothing to ~** tener* algo/no tener* nada que hacer; **it was a silly thing to ~** fue una estupidez; **can I ~ anything to help?** ¿puedo ayudar en algo?; **he does a lot for charity** trabaja mucho para obras de caridad; **what have you done to your hair?** ¿qué te has hecho en el pelo?; **I don't know what I'm going to ~ with you!** ¡no sé qué voy a hacer contigo!; *see also* **do with**
B (carry out) ‹*job/task*› hacer*; **to ~ one's homework** hacer*

los deberes; **to ~ the cooking** cocinar; **let me ~ the talking** déjame hablar a mí; **well done!** ¡muy bien!

C (as job): **what do you ~?** ¿usted qué hace *or* a qué se dedica?; **what does he ~ for a living?** ¿en qué trabaja?

D (achieve, bring about): **she's done it: it's a new world record** lo ha logrado: es una nueva marca mundial; **it was climbing those stairs that did it** fue por subir esa escalera; **now you've done it!** ¡ahora sí que la has hecho buena! (iró); **he's late again: that does it!** vuelve a llegar tarde ¡esto ya es la gota que colma el vaso!; **to ~ sth FOR sb/sth: that mustache really does something for him** la verdad es que le queda muy bien el bigote; **what has EC membership done for Greece?** ¿en qué ha beneficiado a Grecia ser miembro de la CE?

E **1** (fix, arrange, repair): **I have to ~ my nails** me tengo que arreglar las uñas; **she had her hair done** se hizo peinar **2** (clean) ‹*dishes*› lavar; ‹*brass/windows*› limpiar

F (make, produce) **1** ‹*meal*› preparar, hacer*; **would you ~ the carrots?** ¿me preparas (*or* pelas *etc*) las zanahorias? **2** ‹*drawing/translation*› hacer*; **he doesn't ~ live concerts any more** ya no da más conciertos en vivo

G (BrE) (offer): **they ~ a set meal for £12** tienen un menú de 12 libras

H (suffice for, suit): **two shirts will ~ me** con dos camisas me alcanza *or* tengo suficiente

I (travel): **he was ~ing 100 mph** iba a 100 millas por hora; **the car has only done 4,000 miles** el coche sólo tiene 4.000 millas

A **1** (study) estudiar; **we're ~ing Balzac** estamos estudiando Balzac **2** (visit) (colloq) ‹*sights/museum*› visitar; **we did Europe last year** el año pasado recorrimos Europa

A (Theat) **1** (play role of) hacer* el papel de **2** (take part in) ‹*play*› actuar* en **3** (impersonate) imitar

A (colloq) (serve in prison) cumplir; **he's ~ing eight years for armed robbery** está cumpliendo ocho años por atraco a mano armada

A (BrE colloq) **1** (catch, prosecute) agarrar; **he was done for speeding** le encajaron una multa por exceso de velocidad (fam) **2** (cheat) estafar, timar; **I've been done!** ¡me han estafado *or* timado!

A (use) (sl): **to ~ drugs** drogarse*, consumir drogas

A (colloq) (finish) terminar; **are** *o* (esp BrE) **have you done complaining?** ¿has terminado de quejarte?

■ **do** *vi*

A (act, behave) hacer*; **~ as you're told!** ¡haz lo que se te dice!

B (get along, manage): **how are you ~ing?** ¿qué tal estás *or* andas *or* te va?; **how do you ~?** (as greeting) mucho gusto, encantado; **how ~?** (colloq & dial) ¿qué tal?; **how are we ~ing for time/cash?** ¿cómo *or* qué tal vamos *or* andamos de tiempo/dinero?; **she did well/badly in her exams** le fue bien/mal en los exámenes; **he's done well for himself** ha sabido abrirse camino; **to ~ well/badly out of sth** salir* bien/mal parado de algo

C (go on, happen) (colloq) (*in -ing form*): **there's nothing ~ing in town** no pasa nada en el pueblo; **nothing ~ing!** ¡ni hablar!, ¡ni lo sueñes!

D **1** (be suitable, acceptable): **look, this won't ~!** ¡mira, esto no puede ser!; **it's not ideal, but it'll ~** no es lo ideal, pero sirve; **I'm not going to cook, bread and cheese will ~ for them!** no pienso cocinar, se tendrán que conformar con pan y queso; **it doesn't ~ to get emotional** no hay que ponerse sentimental **2** **to ~ FOR** *o* **AS sth: this box will ~ for** *o* **as a table** esta caja nos servirá de mesa

E (be enough) ser* suficiente, alcanzar*, bastar; **one bottle will ~** con una botella basta *or* es suficiente; **one egg will ~ for me** un huevo es suficiente para mí; **that'll ~! shut up!** ¡basta! ¡cállate la boca!

F (finish) (*in past p*) terminar; **I'm not** *o* (BrE) **I haven't done yet!** no he terminado todavía

G : **his concern to ~ well by his son** su preocupación por hacer todo lo posible por su hijo; ***do as you would be done by*** trata a los demás como tú quisieras ser tratado

■ **do** *v aux* [*El verbo auxiliar* **do** *se usa para formar el negativo* (*Sense* **I A**) *y el interrogativo* (*Sense* **I B**), *para agregar énfasis* (*Sense* **I C**) *o para sustituir a un verbo usado anteriormente* (*Sense* **II**)]

Sense **I**

A **1** (*used to form negative*): **I ~ not** *o* **don't know** no sé; **I did not** *o* **didn't see her** no la vi; Ⓢ **do not touch!** no tocar **2** (*with inversion after negative adv*): **not once did he apologize** no se disculpó ni siquiera una vez; **not only does it cost more, it also ...** no sólo cuesta más, sino que también ...

B **1** (*used to form interrogative*): **does this belong to you?** ¿esto es tuyo?; **did I frighten you?** ¿te asusté? **2** (*in exclamations*): **doesn't it make you sick!** ¡dime si no es asqueante!; **boy, ~ you need a bath!** ¡Dios mío! ¡qué falta te hace un baño!

C **1** (emphasizing): **you ~ exaggerate!** ¡cómo exageras!; **you must admit, she did look ill** tienes que reconocer que tenía mala cara; **~ be quiet!** ¿te quieres callar?; **~ please help yourself** sírvete por favor **2** (expressing alternatives): **I haven't decided, but if I ~ accept ...** todavía no lo he decidido, pero si aceptara ... **3** (in legal formulae): **I, Charles Brown, ~ solemnly swear that ...** yo, Charles Brown, juro solemnemente que ...

Sense **II**

A (*in elliptical uses*): **~ you live here? — yes, I ~/no, I don't** ¿vives aquí? — sí/no; **she wanted to come, but he didn't** ella quería venir, pero él no; **she found it in your drawer — oh, *did* she?** lo encontró en tu cajón — ¿ah, sí?; **I don't need a haircut — yes, you ~!** no necesito cortarme el pelo — ¡cómo que no!; **she says she understands, but she doesn't** dice que comprende, pero no es así; **I play the guitar — so ~ I** toco la guitarra — yo también; **I don't like her music — I ~** no me gusta su música — a mí sí

B (*in tag questions*): **you know Bob, don't you?** conoces a Bob, ¿no? *or* ¿verdad? *or* ¿no es cierto?; **I told you, didn't I?** te lo dije ¿no? *or* ¿no es cierto?

Phrasal verbs

- **do away with** [v ▸ adv ▸ prep ▸ o] **1** (abolish) ‹*privilege/tax*› abolir*, suprimir; ‹*need*› eliminar, acabar con **2** (kill) (colloq) eliminar, liquidar (fam)
- **do down** [v ▸ o ▸ adv, v ▸ adv ▸ o] (BrE) menospreciar, hacer* de menos
- **do for** [v ▸ prep ▸ o] (BrE) (cause collapse of): **to be done for** (also AmE): **they've spotted us, we're done for!** ¡nos han visto, estamos perdidos!; **we've been walking for hours, I'm absolutely done for!** (colloq) hemos caminado horas, estoy molido *or* hecho polvo (fam)
- **do in** [v ▸ o ▸ adv, v ▸ adv ▸ o] (colloq) **1** (kill) eliminar, liquidar (fam) **2** (tire out) agotar, reventar* (fam); **to be done in** estar* reventado *or* molido *or* hecho polvo (fam) **3** (injure, ruin) (BrE) ‹*back/shoulder*› hacerse* daño en, embromarse (AmS fam); ‹*engine*› estropear, arruinar (CS), cargarse* (Esp fam)
- **do out** [v ▸ o ▸ adv, v ▸ adv ▸ o] **1** (clean out) (BrE) ‹*room*› hacer* una limpieza a fondo de **2** (decorate) (esp BrE): **the bedroom was done out in pink** el dormitorio estaba pintado de/empapelado en rosa
- **do out of** [v ▸ o ▸ adv ▸ prep ▸ o] (colloq) quitar, birlar; **he was done out of his share** le quitaron *or* le birlaron su parte
- **do over**

A [v ▸ o ▸ adv, v ▸ adv ▸ o] (beat up) (BrE sl) darle* una paliza a, sacarle* la mugre a (AmL fam)

B [v ▸ o ▸ adv] (do again) (AmE) volver* a hacer

- **do up** [v ▸ o ▸ adv, v ▸ adv ▸ o] **1** (fasten) ‹*coat/necklace/button*› abrochar; ‹*zipper*› subir; **to ~ up one's shoes** atarse los cordones *or* (Méx) las agujetas *or* (Per) los pasadores (de los zapatos); **~ up your tie** hazte el nudo de la corbata **2** (wrap up) ‹*parcel*› envolver* **3** (dress up) (colloq): **she was all done up** estaba muy elegante **4** (colloq) ‹*house*› arreglar (*pintando, empapelando etc*)
- **do with** [v ▸ prep ▸ o]

A (benefit from) (*with can, could*): **that door could ~ with a coat of paint** no le vendría mal una mano de pintura a esa puerta; **you could ~ with a change** te hace falta *or* te vendría bien un cambio

B (expressing connection) **to have/be sth to ~ with sth/sb**: **I don't want to have anything to ~ with him/this business** yo no quiero tener nada que ver con él/este asunto; **what's that got to ~ with it?** ¿y eso qué tiene que ver?; **it's to ~ with your son** se trata de su hijo; **it's nothing to ~ with you!** no es nada que te concierna *or* que te importe a ti; **I've had nothing to ~ with my family for years** hace años que no tengo ningún contacto con mi familia

- **do without**

A [v ▸ prep ▸ o]: **to ~ without sth/sb** prescindir de *or*

d

arreglárselas sin algo/algn; **her coming to stay is something I can ~ without!** ¡ni falta que me hace que ella se venga a quedar!; **you really think you could ~ without me?** ¿te las puedes arreglar sin mí?, ¿te las puedes arreglar solo?

B [v ▸ adv] arreglárselas; **you'll just have to ~ without, like everyone else** te las tendrás que arreglar, como todos los demás

do[2] /du:/ *n* (*pl* **dos**)

A [c] (party, gathering) (colloq) fiesta *f*, reunión *f*

B (state of affairs) (colloq) (*no pl*): ***fair ~s*** (BrE colloq): **fair ~s all round** a partes iguales para todos; (*as interj*) ¡seamos justos!

C **do's and don'ts** (rules) normas *fpl*; **the ~'s and don'ts of foreign travel** qué hacer y qué evitar cuando se viaja al extranjero

do[3] /dəʊ/ *n* (*pl* **dos**) (Mus) do *m*

DOA *adj* (AmE) (*pred*) = **dead on arrival**

DOB *n* (esp AmE) = **date of birth**

doc /dɑ:k || dɒk/ *n* (colloq) doctor, -tora *m,f*

docile /'dɑ:səl || 'dəʊsaɪl/ *adj* dócil, sumiso

dock[1] /dɑ:k || dɒk/ *n*

A (Naut) [1] [c] (wharf, quay) muelle *m*; (for cargo ships) dársena *f*; **to be in ~** ‹‹*ship*›› estar* en puerto; (*before n*) ‹*worker/strike*› portuario [2] **docks** *pl* puerto *m*

B (Law) (*no pl*) **the ~** el banquillo de los acusados

C [u] (Bot) acedera *f*

dock[2] *vt*

A [1] ‹*tail*› cortar [2] ‹*wages*› descontar* dinero de

B ‹*vessel/ship*› fondear, atracar*

■ **dock** *vi* [1] (Naut) ‹‹*ship/vessel*›› atracar*, fondear [2] (Aerosp) acoplarse

docker /'dɑ:kər || 'dɒkə(r)/ *n* (BrE) estibador, -dora *m,f*

docket /'dɑ:kət || 'dɒkɪt/ *n*

A (AmE Law) lista *f* de casos

B (BrE Busn) (label) etiqueta *f*, rótulo *m*; (delivery note) resguardo *m* de entrega

docking /'dɑ:kɪŋ || 'dɒkɪŋ/ *n* [u] (Aerosp) acoplamiento *m*

dock: **~land** *n* (BrE) (*often pl*) zona *f* portuaria; **~yard** *n* (*often pl*) astillero *m*

doctor[1] /'dɑ:ktər || 'dɒktə(r)/ *n*

A (Med) médico, -ca *m,f*, doctor, -tora *m,f*, facultativo, -va *m,f* (frml); **D~ Jones** el doctor Jones; ***just what the ~ ordered*** (colloq) justo lo que hace falta (fam)

B (Educ) doctor, -tora *m,f*; **D~ of Philosophy/Law** doctor en filosofía/derecho

doctor[2] *vt*

A (pej) [1] ‹*food/drink*› adulterar [2] ‹*text*› arreglar [3] ‹*results/evidence*› falsificar*, amañar

B (neuter) (BrE euph) ‹*cat/dog*› operar (euf)

doctoral /'dɑ:ktərəl || 'dɒktərəl/ *adj* ‹*thesis/dissertation*› doctoral

doctorate /'dɑ:ktərət || 'dɒktərət/ *n* doctorado *m*

doctrinaire /'dɑ:ktrə'ner || ˌdɒktrɪ'neə(r)/ *adj* doctrinario

doctrinal /'dɑ:ktrənl̩ || dɒk'traɪnl̩/ *adj* doctrinal

doctrine /'dɑ:ktrən || 'dɒktrɪn/ *n* [u c] doctrina *f*

document[1] /'dɑ:kjəmənt || 'dɒkjʊmənt/ *n* documento *m*; **are your ~s in order?** ¿tiene los documentos *or* (fam) papeles en regla?

document[2] *vt* /'dɑ:kjəment || 'dɒkjʊment/ documentar

documentary[1] /'dɑ:kjə'mentəri || ˌdɒkjʊ'mentri/ *adj* documental

documentary[2] *n* (*pl* **-ries**) documental *m*

documentation /'dɑ:kjəmen'teɪʃən || ˌdɒkjʊmen'teɪʃən/ *n* [u] documentación *f*

dodder /'dɑ:dər || 'dɒdə(r)/ *vi* (colloq) [1] (totter) andar* tambaleándose *or* con paso inseguro [2] **doddering** *pres p* (pej) chocho (fam)

doddery /'dɑ:dəri || 'dɒdəri/ *adj* (colloq) temblequeante

doddle /'dɑ:dl̩ || 'dɒdl̩/ *n* (BrE): **it's a ~** está tirado (fam), está regalado (Chi, Méx, Ven fam)

dodge[1] /dɑ:dʒ || dɒdʒ/ *vt* [1] ‹*blow*› esquivar; ‹*pursuer*› eludir [2] ‹*question*› esquivar, soslayar; ‹*problem/issue*› soslayar; ‹*work/responsibility*› eludir; ‹*tax*› evadir; **we ~d our fare** viajamos sin pagar

■ **dodge** *vi* echarse a un lado, apartarse; **she ~d behind the car** se escondió rápidamente detrás del coche

dodge[2] *n*

A (trick) (colloq) treta *f*, truco *m*, artimaña *f*

B (sidestep) esquive *m*

dodgem (car) /'dɑ:dʒəm || 'dɒdʒəm/ *n* ▸**bumper car**

dodger /'dɑ:dʒər || 'dɒdʒə(r)/ *n*: **tax ~** evasor, -sora *m,f* de impuestos; **fare ~** *persona que intenta viajar sin pagar en un medio de transporte público*

dodgy /'dɑ:dʒi || 'dɒdʒi/ *adj* **dodgier, dodgiest** (BrE colloq) [1] (unreliable, dubious): **the brakes are a bit ~** los frenos no andan muy bien; **he's a ~ character** no es un tipo de fiar (fam) [2] (risky) arriesgado, riesgoso (AmL)

dodo /'dəʊdəʊ/ *n* (*pl* **dodos** *or* **dodoes**) dodo *m*

doe /dəʊ/ *n* (of deer) hembra *f* de gamo, gama *f*; (of rabbit) coneja *f*

doer /'du:ər || 'du:ə(r)/ *n* (colloq) (active person) persona *f* emprendedora *or* dinámica

does /dʌz, *weak form* dəz/ *3rd pers sing pres of* **do**[1]

doesn't /'dʌzn̩t/ = **does not**

doff /dɑ:f || dɒf/ *vt*: **to ~ one's hat to sb** quitarse el sombrero *or* descubrirse* ante algn

dog[1] /dɔ:g || dɒg/ *n* (Zool) perro, -rra *m,f*; (male canine) macho *m*; ***a ~'s life*** una vida de perros; ***dressed*** *o* ***done up like a ~'s dinner*** (BrE) todo emperifollado (fam); ***it's (a case of) ~ eat ~*** hay una competencia brutal; ***not to have*** *o* ***stand a ~'s chance*** no tener* ni la más remota posibilidad; ***to go to the ~s*** venirse* abajo; **the country's going to the ~s** el país se viene abajo; ***to treat sb like a ~*** tratar a algn como a un perro; ***every ~ has its day*** a todos les llega su momento de gloria; ***give a ~ a bad name (and hang it)*** (BrE) por un perro que maté, mataperros me llamaron; ***let sleeping ~s lie*** mejor no revolver el asunto; ***you can't teach an old ~ new tricks*** loro viejo no aprende a hablar; (*before n*) **~ show** exposición *f* canina

dog[2] *vt* **-gg-** [1] (trouble) (*often pass*) perseguir*; **we've been ~ged by bad luck from the beginning** la mala suerte nos ha perseguido desde el principio [2] (follow closely) perseguir*; **to ~ sb's footsteps** *o* **heels** pisarle los talones a algn

dog: **~ collar** *n* (clerical collar) (colloq *or* hum) alzacuello *m*, clergyman *m*; **~ days** *pl n* **the ~ days** la canícula (liter); **~-eared** /'dɔ:gɪrd || 'dɒgɪəd/ *adj* sobado y con las esquinas dobladas; **~-end** *n* (BrE colloq) colilla *f*, pucho *m* (AmL fam); **~fight** *n* (Aviat) combate *m* aéreo; (between dogs) pelea *f* de perros

dogged /'dɔ:gəd || 'dɒgɪd/ *adj* obstinado, emperrado (fam)

doggedly /'dɔ:gədli || 'dɒgɪdli/ *adv* obstinadamente

doggerel /'dɔ:gərəl || 'dɒgərəl/ *n* [u] ripios *mpl*

doggie *n* ▸**doggy**

doggo /'dɔ:gəʊ || 'dɒgəʊ/ *adv*: ***to lie ~*** (BrE colloq) quedarse escondido (*sin hacer ruido*)

doggone /'dɑ:g'gɑ:n || 'dɒgɒn/ *adj* (AmE colloq & euph) (*before n*) maldito (fam)

doggy /'dɔ:gi || 'dɒgi/ *n* (*pl* **-gies**) (used to or by children) guauguau *m* (leng infantil), perrito *m*

doggy: **~ bag** *n*: *bolsita que proporcionan en algunos restaurantes para llevarse las sobras a casa*; **~ paddle** *n* [u] (used to or by children) ▸**dog paddle**

dog: **~house** *n* (AmE) casa *f* *or* casilla *f* *or* (Esp) caseta *f* *or* (Chi) casucha *f* del perro, perrera *f* (Col); ***to be in the ~house*** (also BrE colloq) haber* caído en desgracia; **~ in the manger** *n*: **don't be a ~ in the manger** no seas como el perro del hortelano (que ni come ni deja comer)

dogma /'dɔ:gmə || 'dɒgmə/ *n* dogma *m*

dogmatic /dɔ:g'mætɪk || dɒg'mætɪk/ *adj* dogmático

do-gooder /'du:ˌgʊdər || du:'gʊdə(r)/ *n* (pej) hacedor, -dora *m,f* de buenas obras (hum)

dog: **~ paddle** *n* [u] estilo *m* perro *or* perrito; **~sbody** *n* (esp BrE colloq): **I'm just the general ~sbody around here** yo aquí no soy más que el botones; **I'm fed up with being his ~sbody** estoy harta de ser su sirvienta; **~ tag** *n* (Mil) placa *f* de identificación; **~-tired** *adj* (*pred*) (colloq) muerto de cansancio, hecho polvo (fam)

doh /dəʊ/ *n* (Mus) do *m*

doily /'dɔɪli/ *n* (*pl* **-lies**) [1] (on plate) blonda *f* [2] (under plate, ornament) tapete *m*, pañito *m*, carpeta *f* (Col, CS)

doing /'du:ɪŋ/ *n*
A [u] (action): **it'll take a bit/lot of ~** va a dar un poco de/mucho trabajo; **that takes some ~** eso no es nada fácil; **it was none of our ~** nosotros no tuvimos nada que ver
B doings *pl* (activities, events) actividades *fpl*

do-it-yourself /'du:ətʃər'self || ˌdu:ɪtjɔ:'self/ *n* [u] bricolaje *m*; (*before n*) **~ enthusiast** aficionado, -da *m,f* al bricolaje, bricolero, -ra *m,f*

doldrums /'dəʊldrəmz, 'dɑ:l- || 'dɒldrəmz/ *pl n*: ***to be in the ~*** estar* de capa caída

dole /dəʊl/ *n* (BrE) **the ~** el subsidio de desempleo, el paro (Esp), la cesantía (Chi); **to be on the ~** estar* cobrando subsidio de desempleo *or* (Chi tb) de cesantía, estar* en el paro (Esp); (*before n*) **to join the ~ queue** pasar a engrosar el número del desempleo *or* (Esp tb) del paro

Phrasal verb
- **dole out** [v ▸ o ▸ adv, v ▸ adv ▸ o] ‹*food/money*› dar*, repartir

doleful /'dəʊlfəl/ *adj* ‹*face/look*› compungido, triste; ‹*sound/voice*› plañidero, lúgubre

doll /dɑ:l || dɒl/ *n*
A (toy) muñeca *f*
B **1** (pretty little girl) muñeca *f*; (attractive woman) (AmE) muñeca *f* **2** (pleasant person) (AmE colloq) encanto *m* (fam)

Phrasal verb
- **doll up** [v ▸ o ▸ adv] (colloq): **to get (all) ~ed up** *o* **to ~ oneself up** emperifollarse (fam)

dollar /'dɑ:lər || 'dɒlə(r)/ *n* dólar *m*; ***~s to doughnuts*** (AmE colloq): **it's ~s to doughnuts they'll come** te apuesto *or* juego lo que quieras (a) que vienen; ***to be (as) sound as a ~*** (AmE colloq) «*heart/engine*» funcionar *or* marchar como un reloj; «*person*» estar* (fuerte) como un toro; ***to feel/look like a million ~s***: **he made me feel like a million ~s** me hizo sentir en el séptimo cielo *or* a las mil maravillas; **she looked like a million ~s** estaba despampanante; ***top ~*** (AmE colloq) el mejor precio (*or* sueldo *etc*); ***you can bet your bottom ~*** (colloq) puedes estar seguro, te lo doy firmado (fam); (*before n*) **~ bill** billete *m* de un dólar; **~ sign** signo *m or* símbolo *m* del dólar

dollarization /ˌdɑ:lərə'zeɪʃən || ˌdɒlərаɪ'zeɪʃən/ *n* [u] dolarización *f*

dollhouse /'dɑ:lhaus || 'dɒlhaʊs/ (AmE) *n* casa *f* de muñecas

dollop /'dɑ:ləp || 'dɒləp/ *n* (colloq) (served with a spoon) cucharada *f*; (serving, measure) porción *f*

doll's house *n* (BrE) casa *f* de muñecas

dolly /'dɑ:li || 'dɒli/ *n* (*pl* **-lies**) (used to or by children) muñequita *f*

dolphin /'dɑ:lfən || 'dɒlfɪn/ *n* (*pl* **~s** *or* **~**) delfín *m*

dolt /dəʊlt/ *n* imbécil *mf*

domain /də'meɪn, dəʊ-/ *n* (sphere of influence, activity) campo *m*, esfera *f*; **in the public ~** de(l) dominio público

dome /dəʊm/ *n* (Archit) cúpula *f*

domed /dəʊmd/ *adj* ‹*building*› con cúpula; ‹*roof*› abovedado

domestic¹ /də'mestɪk/ *adj*
A **1** (of the home) ‹*life/problems*› doméstico; **they live in ~ bliss** la felicidad de su hogar es perfecta; **~ violence** violencia *f* en el hogar; **~ staff** personal *m* doméstico *or* de servicio **2** (home-loving) casero, hogareño
B ‹*animal*› doméstico
C (Econ, Pol) ‹*affairs/policy/market*› interno; ‹*produce*› nacional; **~ flight** vuelo *m* nacional

domestic² *n* (frml) empleado doméstico, empleada doméstica *m,f*, doméstico, -ca *m,f*

domesticate /də'mestɪkeɪt/ *vt* domesticar*

domesticated /də'mestɪkeɪtəd || də'mestɪkeɪtɪd/ *adj*
A ‹*animal/species*› domesticado
B (of person) (*pred*) (hum): **he's not very ~** no es un hombre muy de su casa

domesticity /'dəʊmes'tɪsəti || ˌdɒmes'tɪsəti, dəʊ-/ *n* [u] (frml *or* hum) domesticidad *f*

domestic science *n* [u] economía *f* doméstica, hogar *m* (Esp)

domicile /'dɑ:məsaɪl || 'dɒmɪsaɪl/ *n* (frml) domicilio *m* (frml); **to have ~ in England** estar* domiciliado en Inglaterra (frml)

dominance /'dɑ:mənəns || 'dɒmɪnəns/ *n* [u] **1** (supremacy) dominio *m*, dominación *f* **2** (predominance) predominio *m*, preponderancia *f*

dominant /'dɑ:mənənt || 'dɒmɪnənt/ *adj* **1** (more powerful) ‹*nation/influence*› dominante **2** (predominant) ‹*crop/industry*› predominante, preponderante **3** (Biol, Ecol) dominante

dominate /'dɑ:məneɪt || 'dɒmɪneɪt/ *vt* dominar
■ **dominate** *vi* **1** (have control) dominar **2** (predominate) **to ~ (OVER sth)** predominar (SOBRE algo)

domination /ˌdɑ:mə'neɪʃən || ˌdɒmɪ'neɪʃən/ *n* [u] dominación *f*

domineer /ˌdɑ:mə'nɪr || ˌdɒmɪ'nɪə(r)/ *vi* avasallar

domineering /ˌdɑ:mə'nɪrɪŋ || ˌdɒmɪ'nɪərɪŋ/ *adj* dominante

Dominican /də'mɪnɪkən/ *adj*
A (Relig) dominico, domínico
B (from the Dominican Republic) dominicano

Dominican Republic /də'mɪnɪkən/ *n* **the ~** la República Dominicana

dominion /də'mɪnjən/ *n* [u c] (power) (liter) dominio *m*; **to have** *o* **hold ~ over sth/sb** tener* *or* mantener* algo/a algn bajo dominio

domino /'dɑ:mənəʊ || 'dɒmɪnəʊ/ *n* (*pl* **-noes**) **1** (counter) ficha *f* de dominó; (*before n*) **~ effect** efecto *m* dominó **2** **dominoes** (+ *sing vb*) dominó *m*

don¹ /dɑ:n || dɒn/ *n* (BrE) profesor universitario, profesora universitaria *m,f* (*esp en Oxford y Cambridge*)

don² *vt* **-nn-** (put on) (liter) ponerse*

donate /'dəʊneɪt, dəʊ'neɪt/ *vt* donar

donation /dəʊ'neɪʃən/ *n* **1** [c] (gift) donativo *m*, donación *f* **2** [u] (act) donación *f*

done¹ /dʌn/ *past p of* **do¹**

done² *adj* (*no comp*)
A (*pred*) **1** (finished) hecho; **I must have this ~ by five o'clock** tengo que tener esto hecho *or* terminado para las cinco; **why don't you tell the truth and have** *o* **be ~ with it?** ¿por qué no dices la verdad y acabamos de una vez?; **I'd like to get this over and ~ with as quickly as possible** quisiera quitar esto de en medio cuanto antes **2** (cooked) cocido
B (accepted): **it's not ~** *o* **not the ~ thing** no está bien visto

done³ *interj* ¡trato hecho!, ¡vale! (Esp)

donkey /'dɑ:ŋki || 'dɒŋki/ *n* (*pl* **-keys**) burro *m*, asno *m*; ***~'s years*** (colloq) siglos *mpl* (fam)

donkey: **~ jacket** *n* (BrE) *chaquetón de trabajo con un refuerzo impermeable en los hombros*; **~ work** *n* (colloq) trabajo *m* pesado

donor /'dəʊnər || 'dəʊnə(r)/ *n* donante *mf*; (*before n*) **~ card** tarjeta *f* de donante

don't¹ /dəʊnt/ **= do not**

don't² *n* ▸**do² C**

donut /'dəʊnʌt/ *n* ▸**doughnut**

doodad /'du:dæd/ *n* (AmE colloq) cosa *f*, chisme *m* (Esp, Méx fam), coso *m* (AmS fam), vaina *f* (Col, Per, Ven fam)

doodah /'du:dɑ:/ *n* (BrE) ▸**doodad**

doodle¹ /'du:dl̩/ *vi/t* garabatear, garrapatear

doodle² *n* garabato *m*

doom¹ /du:m/ *vt* **1** (fate) (*usu pass*) condenar; **the project was ~ed from the start** el proyecto estaba condenado al fracaso desde el principio **2** **doomed** *past p* ‹*man*› condenado, sentenciado; **~ed to failure** predestinado *or* condenado al fracaso

doom² *n* [u] **1** (fate) sino *m* (liter); (death) muerte *f* **2** (ruin) fatalidad *f*; **the prophets of ~** los catastrofistas *or* agoreros

doomsday /'du:mzdeɪ/ *n* (arch) día *m* del Juicio Final

door /dɔ:r || dɔ:(r)/ *n* **1** puerta *f*; **front/back ~** puerta principal/trasera; **double ~s** puerta de dos hojas; **she was at the ~** estaba en la puerta; **the meeting went on behind closed ~s** la reunión se celebró a puerta(s) cerrada(s); **the things people get up to behind closed ~s** lo que hace la gente en la intimidad; Ⓢ **doors open at six** entrada a partir de las seis; **there's someone at the ~** llaman a la puerta; **to answer the ~** abrir* la puerta; ***to darken sb's ~*** poner* los pies en casa de algn; ***to lay sth at sb's ~*** echarle la culpa de algo a algn; ***to lock the***

barn ~ after the horse is stolen *o* (BrE) ***to lock the stable ~ after the horse has bolted*** tomar precauciones cuando ya es tarde *or* asno muerto, la cebada al rabo; ***to show sb the ~*** mostrarle* *or* enseñarle la puerta a algn, echar a algn **2** (doorway, entrance) puerta *f*, entrada *f*; **tickets are available at the ~** se pueden comprar las localidades en la puerta *or* a la entrada; ***by*** *o* ***through the back ~*** por la puerta trasera **3** (room, building) puerta *f*; **to go from ~ to ~** ir* de puerta en puerta; **out of ~s: he's not allowed out of ~s** no le permiten salir; **I like having breakfast out of ~s** me gusta desayunar al aire libre **4** (means of access) puerta *f*; ***when one ~ shuts, another opens*** donde una puerta se cierra, otra se abre

door: **~bell** *n* timbre *m*; **~frame** *n* marco *m* de la puerta; **~keeper** *n* ▸ **~man**; **~ knob** *n* pomo *m* (de la puerta); **~ knocker** *n* aldaba *f*, llamador *m*; **~man** /ˈdɔːrmən / *n* (*pl* **-men** /-mən/) portero *m*; **~mat** *n* felpudo *m*; **I'm fed up with being a ~mat** estoy harta de que me pisoteen; **~step** *n* umbral *m*; **he turned up on my ~step** apareció en mi puerta; ***on the/one's ~step*** a la vuelta de la esquina; **~stop** *n* cuña *f* (*para mantener la puerta abierta*); **~-to-door** /ˈdɔːrtəˈdɔːr / *adj* ‹*delivery/service*› de puerta a puerta, a domicilio; **a ~-to-~ salesman** un vendedor ambulante (*que va de puerta a puerta*); **~way** *n* entrada *f*; **the ~way to fulfillment** (frml) la senda *or* el camino que lleva a la realización

dope¹ /dəʊp/ *n*

A **1** [u] (drugs) (sl) droga *f*, pichicata *f* (CS, Per fam); (cannabis) hachís *m*, chocolate *m* (Esp arg) **2** [u] (Sport) estimulante *m*, droga *f*, doping *m*; (*before n*) ‹*test*› antidoping *adj inv*

B [u] (information) (sl) información *f*; **so what's the ~ on Brian?** ¿qué hay de Brian? (fam)

C [c] (stupid person) (colloq) imbécil *mf*, tarugo *mf* (fam)

dope² *vt* (colloq) ‹*person/racehorse*› dopar (fam), drogar*; ‹*food/drink*› poner* droga en

dopehead /ˈdəʊphed/ *n* (AmE sl) drogata *mf* (Esp arg), pichicatero, -ra *m,f* (CS, Per fam), grifo, -fa *m,f* (Méx fam)

dopey, dopy /ˈdəʊpi/ *adj* **dopier, dopiest** (colloq) **1** (stupid) lelo (fam), bobo (fam) **2** (befuddled) atontado, grogui (fam)

dorm /dɔːrm ‖ dɔːm/ *n* (colloq) ▸ **dormitory**

dormant /ˈdɔːrmənt ‖ ˈdɔːmənt/ *adj*

A **1** ‹*animal/plant*› aletargado **2** ‹*volcano*› inactivo

B (frml) ‹*idea/emotion*› latente

dormer (window) /ˈdɔːrmər / *n* buhardilla *f*

dormice /ˈdɔːrmaɪs ‖ ˈdɔːmaɪs/ *pl of* **dormouse**

dormitory /ˈdɔːrmətɔːri ‖ ˈdɔːmɪtri/ *n* (*pl* **-ries**) **1** (in school, hostel) dormitorio *m*; (*before n*) **~ town/suburb** (BrE) ciudad *f*/barrio *m* dormitorio **2** (students' residence) (AmE) residencia *f* de estudiantes

Dormobile®, **dormobile** /ˈdɔːrməbiːl ‖ ˈdɔːməbiːl/ *n* (BrE) cámper *m*

dormouse /ˈdɔːrmaʊs / *n* (*pl* **-mice** /-maɪs/) lirón *m*

dorsal /ˈdɔːrsəl ‖ ˈdɔːsəl/ *adj* dorsal

DOS /dɑːs ‖ dɒs/ *n* (= **disc-operating system**) DOS *m*

dosage /ˈdəʊsɪdʒ/ *n* [c u] dosis *f*; Ⓢ **dosage: one every three hours** posología: uno cada tres horas

dose¹ /dəʊs/ *n*

A (of medication) dosis *f*; **he's fine in small ~s** (hum) se lo puede aguantar en pequeñas dosis; ***like a ~ of salts*** (colloq) en menos que canta un gallo (fam)

B (portion, amount) (colloq): **a bad ~ of flu** una gripe *or* (Col, Méx) una gripa muy mala

dose² *vt*: **I'm all ~d up with painkillers** me he tomado no sé cuántos analgésicos

dosh /dɑːʃ ‖ dɒʃ/ *n* (BrE sl) ▸ **dough B**

doss /dɑːs ‖ dɒs/ *vi* (BrE colloq) **1** (sleep) dormir* **2** (be lazy) haraganear, rascarse* (fam), flojear (fam)

dosser /ˈdɑːsər ‖ ˈdɒsə(r)/ *n* (BrE colloq) **1** (tramp) vagabundo, -da *m,f* **2** (idler) vago, -ga *m,f*, flojo, -ja *m,f* (fam), manta *mf* (Esp fam)

dosshouse /ˈdɑːshaʊs ‖ ˈdɒshaʊs/ *n* (BrE colloq) albergue *m* (*para vagabundos o pobres*)

dossier /ˈdɔːsieɪ / *n* dossier *m*, expediente *m*

dost /dʌst/ (arch) *2nd pers sing pres of* **do¹**

dot¹ /dɑːt ‖ dɒt/ *n* **1** (spot) punto *m*; **~ ~ ~** puntos suspensivos; ***on the ~*** en punto; ***the year ~*** (BrE) (fam): **since the year ~** hace (mil) años **2** (in Morse code) punto *m*

dot² *vt* **-tt-**

A (add dot) puntuar*

B **dotted** *past p* **1** ‹*line*› de puntos; **to sign on the ~ted line** firmar la línea punteada *or* de puntos **2** (Mus) ‹*note*› con puntillo

C (scatter) (*usu pass*) salpicar*; **her family is ~ted about all over Europe** su familia está desperdigada por toda Europa

dotage /ˈdəʊtɪdʒ/ *n* [u] (frml *or* hum): **to be in one's ~** estar* chocho (fam), chochear (fam)

dot com, dot-com /ˈdɑːt ˈkɑːm ‖ ˌdɒt ˈkɒm/ *n* **1** (Internet site) sitio *m* web **2** (Internet company) puntocom *f*, punto com *f*; (*before n*) **~ millionaire** millonario *m* puntocom *or* punto com; **~ revolution** revolución de las puntocom *or* punto com

dote /dəʊt/ *vi* **to ~ ON sb** adorar a algn

doth /dʌθ/ (arch) *3rd pers sing pres of* **do¹**

doting /ˈdəʊtɪŋ/ *adj*: **his ~ mother** su madre, que lo adora

dot matrix *n* matriz *f* de puntos; (*before n*) **dot-matrix printer** impresora *f* matricial

dotty /ˈdɑːti ‖ ˈdɒti/ *adj* **-tier, -tiest** (colloq) ‹*person*› chiflado (fam); ‹*idea*› descabellado

double¹ /ˈdʌbəl/ *adj*

A **1** (twice as much) ‹*amount/portion*› doble; **a ~ brandy** un coñac doble; **it's ~ that** es el doble de eso; **we get ~ pay on Sundays** los domingos nos pagan el doble *or* nos dan paga doble **2** (in pair) ‹*consonant*› doble; **my number is ~ three seven ~ four eight** (esp BrE) mi número es tres tres siete, cuatro cuatro ocho; **it's spelled with a ~ 't'** se escribe con dos tes; **~ bend** curva *f* en S (*read as: curva en ese*); **a ~-page spread** un artículo a doble página; **inflation reached ~ figures** *o* **digits** la inflación alcanzó/rebasó el 10% **3** (for two) ‹*room*› doble; ‹*bed*› de matrimonio, de dos plazas (AmL) **4** (folded) doble; **to fold sth ~** doblar algo por la mitad; **he was bent ~ with the pain** se retorcía del dolor

B **1** (dual) doble; **a ~ purpose** un doble propósito **2** (false): **to lead a ~ life** llevar una doble vida

double² *adv* **1** (twice as much) ‹*pay/earn/cost*› el doble; **she spends ~ what she earns** gasta el doble de lo que gana **2** (two together): **to see ~** ver* doble

double³ *n*

A **1** (hotel room) doble *f* **2** (of spirits): **I'll have a ~** (deme) uno doble

B (lookalike) doble *mf*

C **1** (in bridge, dice, dominoes, darts) doble *m* **2** (in baseball) doble *m*, doblete *m* **3** (Sport) (double win) doblete *m*

D (pace): **at** *o* **on the ~** (Mil) a paso ligero; **come here at the ~!** ¡ven aquí inmediatamente!

double⁴ *vt* **1** (increase twofold) ‹*earnings/profits*› doblar, duplicar*; ‹*efforts*› redoblar; **I'd ~ the amount of sugar** yo le pondría el doble de azúcar; **I'll ~ that offer** yo ofrezco el doble **2** (Games) ‹*stake/call/bid*› doblar

■ **double** *vi*

A (increase twofold) «*price/amount*» duplicarse*, doblarse

B (have dual role): **the table ~s as a desk** la mesa también se usa como escritorio; **somebody ~d for him in the dangerous scenes** alguien lo doblaba en las escenas peligrosas

Phrasal verbs

• **double back** [v ▸ adv] «*person/animal*» volver* sobre sus pasos; **the path ~d back on itself** el camino doblaba sobre sí mismo

• **double up** [v ▸ adv (▸ o)] **1** (bend): **to ~ up with laughter** morirse* *or* desternillarse de risa; **he was ~d up with pain** se retorcía de dolor **2** (redouble) (AmE) doblar

double: **~ act** *n*: **they do/are a ~ act** actúan en pareja; **~ agent** *n* doble agente *mf*; **~-barreled**, (BrE) **~-barrelled** /ˈdʌbəlˈbærəld/ *adj* **1** ‹*shotgun*› de dos cañones **2** (BrE) ‹*surname*› compuesto; **~ bass** /beɪs/ *n* contrabajo *m*; **~ bill** *n* programa *m* doble; **~-book** /ˈdʌbəlˈbʊk/ *vt* (BrE): **the room had been ~-booked** la habitación había sido reservada para dos personas distintas; **~ booking** *n* [u c] (BrE) doble reserva *f*; **we have a ~ booking for the 27th** nos hemos comprometido con dos personas a la vez para el 27; **~-breasted** /ˈdʌbəl ˈbrestəd ‖ ˌdʌbəlˈbrestɪd/ *adj* cruzado; **~-check** /ˈdʌbəl-

'tʃek/ *vi* volver* a mirar, verificar* dos veces; **~-check** *vt* ‹*facts/information*› volver* a revisar; **~ chin** *n* papada *f*; **~-click** /'dʌbəl'klɪk/ *vt* ‹*icon/open/close*› hacer* doble clic en, pinchar dos veces en; **~-click** *vi* hacer* doble clic, pinchar dos veces; **to ~-click ON sth** hacer doble clic EN algo, pinchar dos veces EN algo; **~-clutch** /'dʌbəl 'klʌtʃ/ *vi* hacer* un doble embrague; **~ cream** *n* (BrE) crema *f* doble, nata *f* para montar (Esp), doble crema *f* (Méx); **~-cross** /'dʌbəl'krɔːs || ˌdʌbəl'krɒs/ *vt* traicionar

double-dealing[1] /'dʌbəl'diːlɪŋ/ *n* [u] doble juego *m*

double-dealing[2] *adj* (*before n*) maniobrero

double: **~-decker** /'dʌbəl'dekər || ˌdʌbəl'dekə(r)/ *n* **~-decker (bus)** (esp BrE) autobús *m* de dos pisos; **~-decker (sandwich)** sandwich *m* doble *or* de dos pisos; **~-declutch** /'dʌbəldiː'klʌtʃ/ *vi* ▸**double-clutch**; **~ Dutch** *n* [u] (colloq) chino *m* (fam); **~-edged** /'dʌbəl'edʒd/ *adj* ‹*knife/blade/scheme*› de doble filo; ‹*remark/comment*› de doble sentido

double entendre /'duːblɑːn'tɑːndr/ *n* doble sentido *m*

double: **~-entry bookkeeping** /'dʌbəl'entri/ *n* [u] contabilidad *f* por partida doble; **~ feature** *n* programa *m* doble; **~-glaze** /'dʌbəl'gleɪz/ *vt* (BrE) instalar doble ventana en; **~ glazing** *n* [u] (BrE) doble ventana *f*; **~-header** /'dʌbəl'hedər / *n* (AmE) *dos encuentros consecutivos entre los mismos equipos*; **~-jointed** /'dʌbəl'dʒɔɪn təd / *adj*: **he's ~-jointed** tiene articulaciones dobles; **~-lock** /'dʌbəl'lɑːk / *vt* cerrar* con doble llave; **~ meaning** *n* doble sentido *m*; **~-page spread** /'dʌbəl'peɪdʒ/ *n* doble página *f*; **~-parked** *adj* estacionado *or* aparcado en doble fila; **~-quick** *adv* (colloq) volando (fam)

doubles /'dʌbəlz/ *pl n* dobles *mpl*; **the women's/men's/mixed ~** los dobles femeninos *or* damas/masculinos *or* caballeros/mixtos

double: **~ standard** *n*: **to apply** *o* **have ~ standards** aplicar* una ley para unos y otra para otros; **~ whammy** /'hwæmi || 'wæmi/ *n* (colloq) doble palo (fam), doble revés *m*; **we face the ~ whammy of deflation and tax increases** nos enfrentamos al doble palo *or* revés de la deflación y el aumento de los impuestos

doublet /'dʌblət || 'dʌblɪt/ *n* (Clothing) jubón *m*

double: **~-take** /'dʌbəl'teɪk/ *n*: **to do a ~-take** reaccionar (tardíamente); **~-talk** *n* [u] ambigüedades *fpl*; **~think** *n* [u] *aceptación de principios contradictorios*; **~ time** *n* [u] (Busn) paga *f* doble; **on Sundays we're on ~ time** los domingos nos pagan el doble

doubly /'dʌbli/ *adv* ‹*difficult/dangerous/interesting*› doblemente; **make ~ sure you lock the door** asegúrate bien de cerrar la puerta; **it's an awful road, ~ so when it's raining** es una carretera pésima y es dos veces peor cuando llueve

doubt[1] /daʊt/ *n* 1 [u] (uncertainty) duda *f*, incertidumbre *f*; **no ~ she will phone** con seguridad que llama, seguro que llama; **she is, without (a) ~, the best** es, sin duda alguna *or* sin la menor duda *or* indudablemente, la mejor; **his integrity is not in ~** su integridad no está en duda *or* en tela de juicio; **beyond reasonable ~** (Law) más allá de toda duda fundada; **when in ~** en caso de duda; **if in ~, don't go** si estás en (la) duda, no vayas; **to cast ~ on sth** poner* algo en duda 2 [c] (reservation) duda *f*; **I have my ~s** tengo mis dudas

doubt[2] *vt* 1 ‹*fact/truth*› dudar de; **I ~ed my own eyes** no daba crédito a mis (propios) ojos; **there was no ~ing his enthusiasm** no se podía dudar de su entusiasmo 2 (consider unlikely) dudar; **I very much ~ it** lo dudo mucho; **to ~ (THAT)** *o* **if** *o* **whether** dudar QUE (+ *subj*); **I ~ he'll agree** dudo que vaya a acceder

doubter /'daʊtər || 'daʊtə(r)/ *n* escéptico, -ca *m,f*

doubtful /'daʊtfəl/ *adj*

A 1 (full of doubt) ‹*expression/tone*› de indecisión *or* duda, dubitativo; **to be ~ ABOUT** *o* **AS TO sth**: **I am ~ as to its value** tengo mis dudas acerca de su valor 2 (in doubt) dudoso; **the outcome remains ~** el resultado sigue siendo dudoso *or* incierto; **it is ~ THAT** no es seguro que (+ *subj*)

B (questionable) dudoso; **a man of ~ character** un hombre de moral dudosa

doubtfully /'daʊtfəli/ *adv* ‹*say*› sin convicción; ‹*agree*› con reserva

doubting Thomas /'daʊtɪŋ'tɑːməs || ˌdaʊtɪŋ'tɒməs/ *n* escéptico, -ca *m,f*

doubtless /'daʊtləs || 'daʊtlɪs/, **doubtlessly** /-li/ *adv* sin duda, indudablemente

douche /duːʃ/ *n* (jet of liquid) irrigación *f* *or* ducha *f* vaginal; (syringe) irrigador *m* vaginal

dough /dəʊ/ *n* [u]

A (Culin) masa *f*

B (money) (sl) guita *f* (arg), lana *f* (AmL fam), plata *f* (AmL fam), pasta *f* (Esp fam)

doughnut /'dəʊnʌt/ *n* donut *m*, rosquilla *f*

dour /daʊr, dʊr || dʊə(r)/ *adj* adusto

douse /daʊs/ *vt* ‹*flames*› sofocar*; **he ~d himself with petrol** se roció con gasolina

dove[1] /dʌv/ *n* paloma *f*

dove[2] /dəʊv/ (AmE) *past of* **dive[1]**

dove /dʌv/: **~cote** /'dʌvkɑːt || 'dʌvkɒt/, **~cot** *n* palomar *m*; **~-gray**, (BrE) **~-grey** /'dʌv'greɪ/ *adj* (*pred* **~ gray**) gris perla *adj inv*

dovetail[1] /'dʌvteɪl/ *n* **~ (joint)** (ensambladura *f* a) cola *f* de milano

dovetail[2] *vi* **to ~ (INTO/WITH sth)** encajar (EN/CON algo)

dowager /'daʊədʒər || 'daʊədʒə(r)/ *n*: *viuda de un noble*; (*before n*) **the ~ Duchess of Devon** la duquesa viuda de Devon

dowdy /'daʊdi/ *adj* **-dier, -diest** ‹*woman*› sin gracia, sin estilo; **she wears ~ clothes** se viste con poca gracia

Dow Jones (Index) /'daʊ'dʒəʊnz/ *n* **the ~ ~ (~)** el índice de Dow Jones

> **Dow Jones Average**
>
> También conocido como *Dow Jones Index* (Índice Dow Jones), es un índice que expresado en puntos indica la evolución de la oferta y la demanda de las acciones cotizadas en la Bolsa de Nueva York. Se basa en el precio promedio de ciertas acciones seleccionadas. Se emplea para medir la fuerza del mercado bursátil de EEUU. Se dan cuatro índices, el más importante de los cuales es el *Dow Jones Industrial Average - DJIA* (Índice Dow Jones de Valores Industriales) que refleja la actividad de 30 valores

down[1] /daʊn/ *adv*

A 1 (in downward direction): **to go ~** bajar; **to look ~** mirar (hacia *or* para) abajo; **I ran all the way ~ to the bottom** corrí hasta abajo; **to help sb ~** ayudar a algn a bajar; **from the waist ~** desde la cintura para abajo; **~, boy!** ¡abajo!; **~ with tyranny!** ¡abajo la tiranía! 2 (downstairs): **can you come ~?** ¿puedes bajar?

B 1 (of position) abajo; **~ in the valley** abajo en el valle; **two floors ~** dos pisos más abajo; **~ here/there** aquí/allí (abajo); **~ *under*** (colloq) en Australia 2 (downstairs): **I'm ~ in the cellar** estoy aquí abajo, en el sótano 3 (lowered, pointing downward) bajado; **with the blinds ~** con las persianas bajadas; **face ~** boca abajo 4 (in position): **the carpet isn't ~ yet** aún no han puesto *or* colocado la alfombra 5 (prostrate): **I was ~ with flu all last week** estuve con gripe toda la semana pasada

C (of numbers, volume, intensity): **with the volume ~ low** con el volumen al mínimo; **my temperature is ~ to 38° C** la fiebre me ha bajado a 38° C; **circulation is ~** la circulación ha bajado; **they were two goals ~** iban perdiendo por dos goles; **from the president ~** desde el presidente para abajo

D 1 (in, toward the south): **to go/come ~ south/to London** ir*/venir* al sur/a Londres 2 (at, to another place) (esp BrE): **~ on the farm** en la granja; **I'm going ~ to the library** voy a la biblioteca

E 1 (dismantled, removed): **the room looks bare with the pictures ~** la habitación queda desnuda sin los cuadros; **once this wall is ~** una vez que hayan derribado esta pared; *see also* **burn, cut, fall** *etc* **down** 2 (out of action): **the telephone lines are ~** las líneas de teléfono están cortadas; **the system is ~** (Comput) el sistema no funciona 3 (deflated): **one of your tires is ~** tienes un neumático desinflado

F (in writing): **he's ~ for tomorrow at ten** está apuntado *or* anotado para mañana a las diez; **she's ~ as unemployed** consta *or* figura como desempleada

G (hostile): **to be ~ on sb** (colloq): **my teacher's ~ on me at**

the moment la maestra me tiene ojeriza, la maestra la ha agarrado conmigo (AmL fam)

H **down to** 1▸ (as far as) hasta; **from the roof ~ to the foundations** desde el tejado hasta los cimientos; **right ~ to the present day** hasta nuestros días 2▸ (reduced to): **we're ~ to our last tin of tomatoes** nos queda sólo una lata de tomates 3▸ (to be done by): **the rest is ~ to you** el resto depende de ti

down² *prep*

A 1▸ (in downward direction): **we ran ~ the slope** corrimos cuesta abajo; **to come ~ the stairs** bajar por la escalera; **it fell ~ a hole** se cayó por un agujero; **you've spilled wine ~ your shirt** te has manchado la camisa de vino 2▸ (at lower level): **halfway ~ the page** hacia la mitad de la página

B 1▸ (along): **we drove on ~ the coast/the Mississippi** seguimos por la costa/a lo largo del Misisipí 2▸ (further along): **the library is just ~ the street** la biblioteca está un poco más allá *or* más adelante 3▸ (to, in) (BrE colloq): **I saw her ~ the pub yesterday** ayer la vi en el bar

C (through): **~ the centuries** a través de los siglos

down³ *adj*

A (*before n*) (going downward): **the ~ escalator** la escalera mecánica de bajada *or* para bajar

B (depressed) (colloq) (*pred*) deprimido

down⁴ *n*

A [u] 1▸ (on bird) plumón *m* 2▸ (on face, body) vello *m*, pelusilla *f* 3▸ (on plant, fruit) pelusa *f*

B **downs** *pl* (esp BrE Geog) colinas *fpl*

down⁵ *vt* 1▸ (drink) beberse *or* tomarse rápidamente 2▸ (knock down) ‹*person*› tumbar, derribar

down: **~ and out** *adj* (colloq) (*pred*): **to be ~ and out** estar* en la miseria; **~-and-out** /ˈdaʊnənˈaʊt/, (AmE also) **~-and-outer** /-ər || -ə(r)/ *n* vagabundo, -da *m,f*; **~-at-heel** /ˈdaʊnətˈhiːl/ *adj* (esp BrE) (*pred* **~ at heel**) ‹*shoe*› con el tacón *or* (CS, Per) el taco gastado; ‹*person*› desastrado; ‹*place*› venido abajo *or* a menos; **a ~-at-heel cafe** un café de mala muerte; **~beat** *adj* (low-key) relajado; **~cast** *adj* 1▸ (dejected) alicaído, abatido 2▸ (directed downward): **with ~cast eyes** con la mirada baja

downer /ˈdaʊnər || ˈdaʊnə(r)/ *n* (sl) 1▸ (barbiturate) sedante *m* 2▸ (depressing experience) (*no pl*) palo *m* (fam); ***to be on a ~*** estar* con la depre (fam)

downfall /ˈdaʊnfɔːl/ *n* (of person) perdición *f*, ruina *f*; (of king, dictator) caída *f*

downgrade¹ /ˈdaʊngreɪd/ *vt* ‹*employee/hotel*› bajar de categoría

downgrade² *n* (AmE) bajada *f*; **a ~ of 1 in 40** una pendiente del 2,5%; ***to be on the ~*** ir* cuesta abajo, ir* de mal en peor

downhearted /ˈdaʊnˈhɑːrtəd || ˌdaʊnˈhɑːtɪd/ *adj* desanimado, desmoralizado

downhill¹ /ˈdaʊnˈhɪl/ *adv* ‹*walk/run*› cuesta abajo; ***to go ~*** ir* cuesta abajo, ir* de mal en peor

downhill² /ˈdaʊnhɪl/ *adj*

A 1▸ (downward) ‹*path*› cuesta abajo; **a ~ slope** una bajada, una pendiente 2▸ (in skiing) de descenso contra-reloj

B (easy, pleasant) (*pred*): **it's all ~ from here** de aquí en adelante todo va a marchar sobre ruedas *or* todo va a ser coser y cantar

downhill³ /ˈdaʊnhɪl/ *n* (in skiing) **the ~** el descenso contra-reloj

down-home /ˈdaʊnˈhəʊm/ *adj* (AmE) ‹*entertainment/sound*› sureño, del sur (*de los EEUU*); ‹*cooking*› casero; ‹*appearance*› rústico; ‹*appeal*› de las cosas sencillas

Downing Street /ˈdaʊnɪŋ/ *n* Downing Street (*calle de Londres donde se encuentra la residencia oficial del primer ministro británico*)

> **Downing Street**
>
> Una calle del céntrico barrio londinense de Westminster. El número 10 es la residencia oficial del Primer Ministro y el número 11 la del *Chancellor of the Exchequer* (equivalente al cargo del Ministro de Economía y Hacienda). Los periodistas utilizan a menudo las expresiones *Downing Street* o *Number 10* para referirse al despacho del Primer Ministro

download /ˈdaʊnˈləʊd/ *vt* (Comput) trasvasar

downloadable /ˌdaʊnˈləʊdəbəl/ *adj* descargable

downmarket¹ /ˈdaʊnˈmɑːrkət / *adv*: **the paper has gone ~** el diario ha perdido categoría; (deliberately) el diario se dirige ahora a un sector más popular del público

downmarket² *adj* ‹*newspaper*› popular; ‹*store*› barato

down: **~ payment** *n* cuota *f or* entrega *f* inicial, entrada *f* (Esp), pie *m* (Chi); **~pipe** /ˈdaʊnpaɪp/ *n* (BrE) bajante *m*; **~pour** *n* aguacero *m*, chaparrón *m*

downright¹ /ˈdaʊnraɪt/ *adj* ‹*lie/insolence*› descarado; ‹*crook/liar/rogue*› redomado, de tomo y lomo (fam); ‹*madness*› total y absoluto

downright² *adv*: **it was ~ dangerous!** ¡fue peligrosísimo!; **he was ~ rude!** ¡estuvo de lo más grosero!

down: **~river** /ˈdaʊnˈrɪvər || ˌdaʊnˈrɪvə(r)/ *adv* río abajo; **~side** *n* inconveniente *m*, desventaja *f*; **on the ~side, it is expensive** tiene el inconveniente de ser caro

downshift *vi* (AmE)

A (change to lower gear) cambiar a una velocidad inferior

B (slow down) ralentizar*

downsize /ˈdaʊnsaɪz/ *vt* (AmE) 1▸ ‹*design*› reducir* el tamaño de; ‹*dimensions*› reducir* 2▸ ‹*staff/head-count*› recortar, reducir*

■ **downsize** *vi* hacer* recortes del personal, hacer* recortes en la planilla *or* (Esp) plantilla

Down's syndrome /daʊnz/ *n* [u] síndrome *m* de Down; (*before n*) ‹*child*› afectado por el síndrome de Down

downstairs¹ /ˈdaʊnˈsterz || ˌdaʊnˈsteəz/ *adv* abajo; **the kitchen's ~** la cocina está abajo *or* en el piso de abajo; **he went ~ to open the door** bajó a abrir la puerta; **he fell ~** se cayó por las escaleras

downstairs² *n* planta *f* baja; (*before n*) ‹*neighbor/toilet*› (del piso) de abajo

down: **~state** /ˈdaʊnˈsteɪt/ *adv* (AmE): **she lives ~state** vive en el sur del estado; **~stream** /ˈdaʊnˈstriːm/ *adv* río abajo; **~time** *n* [u] tiempo *m* de inactividad; **~-to-earth** /ˈdaʊntʊˈɜːrθ || ˌdaʊntəˈɜːθ/ *adj* (*pred* **~ to earth**) realista, práctico

downtown¹ /ˈdaʊnˈtaʊn/ *n* [u] (AmE) centro *m* (*de la ciudad*); (*before n*) **~ New York** el centro de Nueva York; **a ~ restaurant** un restaurante céntrico *or* del centro

downtown² *adv* (AmE): **to go/live ~** ir* al/vivir en el centro

down: **~trodden** /ˈdaʊnˈtrɑːdn̩ || ˈdaʊnˌtrɒdn̩/ *adj* oprimido; **~turn** *n* (Econ): **the economy has taken a ~turn** la situación económica ha empeorado

downward¹ /ˈdaʊnwərd || ˈdaʊnwəd/ *adj* ‹*direction/pressure*› hacia abajo; ‹*movement/spiral*› descendente; ‹*tendency*› (Fin) a la baja; **a ~ path** un camino en bajada *or* cuesta abajo

downward² /ˈdaʊnwərd || ˈdaʊnwəd/, (esp BrE) **downwards** /-z/ *adv* hacia abajo

downwind /ˈdaʊnˈwɪnd/ *adv* en la dirección del viento

dowry /ˈdaʊəri/ *n* (*pl* **-ries**) dote *f*

doyen /ˈdɔɪən/ *n* decano, -na *m,f*

doyenne /dɔɪˈen/ *n* decana *f*, gran dama *f*

doz /dʌz/ **= dozen**

doze /dəʊz/ *vi* dormitar

Phrasal verb

• **doze off** [v ▸ adv] quedarse dormido, dormirse*

dozen¹ /ˈdʌzn̩/ *n* (*pl* **~** *or* **~s**) docena *f*; **four dollars a** *o* **per ~** cuatro dólares la docena; **I got ~s of cards** recibí montones de tarjetas (fam); **I've told him ~s of times** se lo he dicho miles de veces; **baker's ~** docena del fraile

dozen² *adj* docena *f* de; **a ~/two ~ eggs** una docena/dos docenas de huevos

dozy /ˈdəʊzi/ *adj* **dozier, doziest** 1▸ (sleepy) amodorrado, adormilado 2▸ (quiet) dormido; **a ~ village** un pueblecito dormido 3▸ (stupid) (BrE colloq) tonto, abombado (AmL fam)

DPhil /diːˈfɪl/ *n* (BrE) (**= Doctor of Philosophy**) ▸ **PhD**

Dr /ˈdɑːktər || ˈdɒktə(r)/ (title) (**= Doctor**) Dr., Dra.

drab /dræb/ *adj* 1▸ (dull) ‹*clothing/decor/appearance*› soso, sin gracia; **a ~ green** un verde apagado 2▸ (humdrum) ‹*life/occupation*› gris, monótono

draft¹ /dræft || drɑːft/ *n*

A [c] (BrE) **draught** (cold air) corriente *f* de aire

B [c] (formulation) versión *f*; **the final ~ of my speech** la ver-

sión final de mi discurso; **a rough ~** un borrador; (*before n*) **~ bill** anteproyecto *m* de ley
C (Fin) cheque *m or* efecto *m* bancario
D (AmE) **the ~** (Mil) el llamamiento *or* (AmL tb) llamado a filas

draft² *vt*
A (formulate) ‹*document/contract/letter*› redactar el borrador de; ‹*speech*› preparar
B (conscript) (AmE) reclutar, llamar a filas

draft: **~ dodger** *n* (AmE) prófugo, -ga *m,f*, insumiso *m* (Esp), remiso *m* (Andes); **~proof** *adj* hermético

draftsman, (BrE) **draughtsman** /ˈdræftsmən || ˈdrɑːftsmən/ *n* (*pl* **-men** /-mən/) dibujante *mf*

drafty, (BrE) **draughty** /ˈdræfti || ˈdrɑːfti/ *adj* **-tier, -tiest** con corrientes de aire

drag¹ /dræg/ **-gg-** *vt*
A **1** (haul) arrastrar, llevar a rastras; ***to ~ sb's name** o **reputation through the mud** o **dirt*** cubrir* de fango *or* manchar el buen nombre de algn **2** (force) (colloq): **I ~ged myself out of bed** me forcé a salir de la cama; **how did I get ~ged into this ridiculous plan?** ¿cómo me dejé meter en un plan tan absurdo?; **I couldn't ~ myself away** no tenía fuerzas para irme
B (allow to trail) ‹*tail/garment/anchor*› arrastrar; **I don't want to ~ the kids around with me all day** no quiero andar con los niños a cuestas todo el día; ***to ~ one's feet** o **heels*** dar(le)* largas al asunto
C (dredge) ‹*river/lake*› dragar*
■ **drag** *vi*
A **1** (trail) «*anchor*» garrar; «*coat*» arrastrar **2** (lag) rezagarse*
B (go on slowly) «*work/conversation*» hacerse* pesado; «*film/play*» hacerse* largo
C (race cars) (AmE colloq) echarse un pique (fam)

Phrasal verbs
- **drag down** [v ▸ o ▸ adv, v ▸ adv ▸ o] (morally) arrastrar; **he tries to ~ everyone down to his level** quiere arrastrar a los demás a su nivel
- **drag in** [v ▸ o ▸ adv, v ▸ adv ▸ o] ‹*subject/topic*› sacar* a colación
- **drag on** [v ▸ adv] alargarse* (*interminablemente*)
- **drag out** [v ▸ o ▸ adv, v ▸ adv ▸ o] alargar*
- **drag up** [v ▸ o ▸ adv, v ▸ adv ▸ o] **1** (recall) sacar* a relucir **2** ‹*child*› (BrE hum) criar*

drag² *n* (*no pl*)
A (tiresome thing): **what a ~!** ¡qué lata! (fam)
B [u] (resistant force) resistencia *f* al avance
C [c] (on cigarette) (colloq) pitada *f* (AmL), calada *f* (Esp)
D [u] (women's clothes): **in ~** vestido de mujer; (*before n*) ‹*act/show*› de travestis *or* transformistas; **~ queen** reinona *f* (arg)
E (street) (AmE sl): **the main ~** la calle principal

dragnet /ˈdrægnet/ *n*
A (police operation) operación *f or* (AmL tb) operativo *m* policial de captura
B (large net) red *f* barredera

dragon /ˈdrægən/ *n* (Myth) dragón *m*

dragonfly /ˈdrægənflaɪ/ *n* (*pl* **-flies**) libélula *f*, caballito *m* del diablo, matapiojos *m* (Andes)

dragoon¹ /drəˈguːn/ *n* dragón *m*

dragoon² *vt* **to ~ sb INTO -ING** presionar a algn PARA QUE (+ *subj*)

drain¹ /dreɪn/ *n*
A **1** (pipe) sumidero *m*, resumidero *m* (AmL); **the ~s** (of town) el alcantarillado; (of building) las tuberías de desagüe **2** (grid) (BrE) sumidero *m*, resumidero *m* (AmL)
B (plughole) desagüe *m*; ***that's money down the ~*** eso es tirar el dinero
C (*no pl*) **1** (cause of depletion) **a ~ ON sth**: **a ~ on the country's resources** una sangría para el país; **the extra work is an enormous ~ on my energy** el trabajo extra me está agotando **2** (outflow, loss) fuga *f*

drain² *vt*
A **1** ‹*container/tank*› vaciar*; ‹*land/swamp*› drenar, avenar; ‹*blood*› drenar; ‹*sap/water*› extraer* **2** (Culin) ‹*vegetables/pasta*› escurrir, colar* **3** (Med) drenar
B (drink up) ‹*glass/cup*› vaciar*, apurar
C (consume, exhaust) ‹*resources/strength*› agotar, consumir
■ **drain** *vi* **1** (dry) «*dishes*» escurrir(se) **2** (disappear): **all the strength seemed to ~ from my limbs** los brazos y las piernas se me quedaron como sin fuerzas **3** (discharge) «*pipes/river*» desaguar*

Phrasal verbs
- **drain away** [v ▸ adv] **1** «*liquid*»: **the bathwater takes ages to ~ away** la bañera tarda mucho en vaciarse; **the rain gradually ~s away into the soil** la lluvia se va filtrando en la tierra **2** «*strength/resources*» irse* agotando
- **drain off**
A [v ▸ adv] «*rainwater*» escurrirse
B [v ▸ o ▸ adv, v ▸ adv ▸ o] **1** (Culin) escurrir **2** (Tech) extraer*

drainage /ˈdreɪnɪdʒ/ *n* [u] **1** (of household waste) desagüe *m* (de aguas residuales); (of rainwater) canalización *f* (de agua de lluvia); (*before n*) **~ system** (red *f* de) alcantarillado *m* **2** (of fields, marshes) drenaje *m*, avenamiento *m*

drainboard /ˈdreɪnbɔːrd / *n* (AmE) escurridero *m*

drained /dreɪnd/ *adj* agotado, exhausto

draining board /ˈdreɪnɪŋ/ *n* (BrE) escurridero *m*

drainpipe /ˈdreɪnpaɪp/ *n* tubo *m or* caño *m* del desagüe, bajante *f*; (*before n*) **~ trousers** (BrE) pantalón *m* pitillo

drake /dreɪk/ *n* pato *m* (macho)

dram /dræm/ *n* **1** (of Scotch, spirits) (esp Scot) copita *f* **2** (fluid measure) *medida de capacidad equivalente a 1,77cc*

drama /ˈdrɑːmə/ *n* (*pl* **-mas**)
A (Theat) **1** [c] (play) obra *f* dramática, drama *m* **2** [u] (plays collectively) teatro *m*, drama *m*; (dramatic art) arte *m* dramático
B **1** [u] (excitement) dramatismo *m* **2** [c] (exciting event, story) (journ): **hijack ~ continues** continúan los dramáticos sucesos en torno al secuestro

dramatic /drəˈmætɪk/ *adj*
A **1** (Theat) (*before n*) dramático, teatral **2** (exaggerated) ‹*pause/entrance*› dramático, histriónico
B **1** (striking) ‹*change/improvement*› espectacular, drástico; (increase) espectacular **2** (momentous) ‹*events/development*› dramático

dramatically /drəˈmætɪkli/ *adv* **1** (exaggeratedly) ‹*pause/announce*› dramáticamente, de manera teatral *or* histriónica **2** (strikingly) ‹*change/improve/increase*› de manera espectacular

dramatics /drəˈmætɪks/ *n* **1** (Theat) (+ *sing vb*): **amateur ~** teatro *m* amateur *or* de aficionados **2** (histrionics) (+ *pl vb*): **his ~ are very wearing** hace tanto teatro *or* es tan teatral que uno llega a cansarse

dramatis personae /ˈdræmətəspərˈsəʊniː / *pl n* personajes *mpl* (*de una obra teatral*)

dramatist /ˈdræmətɪst/ *n* dramaturgo, -ga *m,f*

dramatization /ˈdræmətəˈzeɪʃən || ˌdræmətaɪˈzeɪʃən/ *n* [u c] (Theat) dramatización *f*, adaptación *f* teatral

dramatize /ˈdræmətaɪz/ *vt*
A ‹*story/novel*› (Theat) dramatizar*, hacer* una adaptación teatral de; (Cin) llevar al cine
B (exaggerate) ‹*situation/event*› dramatizar*, exagerar

drank /dræŋk/ *past of* **drink²**

drape /dreɪp/ *vt* **1** (arrange): **they ~d a flag over the tomb** colocaron una bandera formando pliegues sobre la tumba; **she ~d herself over the sofa** se tendió sobre el sofá **2** (cover) cubrir*

drapery /ˈdreɪpəri/ *n* (*pl* **-ries**)
A (BrE) **1** [u] (merchandise) mercería *f* **2** [c] (shop) mercería *f*, pañería *f* (ant)
B [u] (covering) (*often pl*) colgaduras *fpl*

drapes /dreɪps/ *pl n* (AmE) cortinas *fpl*

drastic /ˈdræstɪk/ *adj* **1** (radical) ‹*solution/measure*› drástico, radical **2** (striking) ‹*change/effect*› radical, drástico, espectacular

drastically /ˈdræstɪkli/ *adv* drásticamente

drat /dræt/ *interj* (colloq): **~ (it)!** ¡caray! (fam)

draught /dræft || drɑːft/ *n*
A [u] (storage under pressure): **beer on ~** cerveza *f* de barril; (*before n*) ‹*beer/cider*› de barril
B [c] (liter) **1** (of water, beer) trago *m* **2** (of drug): **a sleeping ~** una pócima para dormir
C (BrE) ▸**draft¹ A**

draught: **~ excluder** /ɪkˈskluːdər || ɪkˈskluːdə(r)/ *n* (BrE) burlete *m*; **~proof** *adj* ▸**draftproof**

draughts /dræfts || drɑːfts/ *n* (BrE) (+ *sing vb*) damas *fpl*
draughtsman /ˈdræftsmən / *n* (BrE) ▸**draftsman**
draughty /ˈdræfti || ˈdrɑːfti/ *adj* ▸**drafty**
draw¹ /drɔː/ (*past* **drew**; *past p* **drawn**) *vt*
A **1** (move by pulling) ‹*curtains/bolt*› (open) descorrer; (shut) correr; ‹*bow*› tensar **2** (in specified direction): **he drew her aside** *o* **to one side** la llevó a un lado, la llevó aparte; **to ~ one's chair up** acerar* *or* arrimar la silla a la mesa **3** (pull along) ‹*cart/sled*› tirar de, arrastrar
B **1** (pull out) ‹*tooth/cork*› sacar*, extraer* (frml); ‹*gun*› desenfundar, sacar*; ‹*sword*› desenvainar, sacar* **2** (cause to flow) sacar*; **to ~ blood** sacar* sangre, hacer* sangrar; **to ~ breath** respirar; **to ~ water from a well** sacar* agua de un pozo **3** (Games) ‹*card/domino*› sacar*, robar **4** (in contest, tournament): **Italy has been ~n to play France** a Italia le ha tocado en el sorteo jugar contra Francia
C **1** (Fin) ‹*salary/pension*› cobrar, percibir (frml); ‹*check*› girar, librar; **to ~ money from** *o* **out of the bank** retirar *or* sacar* dinero del banco **2** (derive) ‹*strength/lesson*› sacar*; **she drew comfort from the fact that ...** se consoló pensando que ...
D (establish) ‹*distinction/parallel*› establecer*
E **1** (attract) ‹*customers/crowd*› atraer*; **to be ~n to sb/sth** sentirse* atraído por algn/algo **2** (elicit) ‹*praise*› conseguir*; ‹*criticism/protest*› provocar*, suscitar; **to ~ tears/a smile from sb** hacer* llorar/hacer* sonreír a algn; **I asked him about it, but he wouldn't be ~n** se lo pregunté, pero se negó a decir nada
F (sketch) ‹*flower/picture*› dibujar; ‹*line*› trazar*
G (BrE Games, Sport) empatar
■ **draw** *vi*
A (move): **to ~ close to** *o* **near (to) sth/sb** acercarse* a algo/algn; **to ~ to an end** *o* **a close** terminar, finalizar* (frml); **the train drew out of/into the station** el tren salió de/entró en la estación; **to ~ ahead of sb/sth** adelantarse a algn/algo
B (Art) dibujar
C (BrE Games, Sport) empatar; (in chess game) hacer* tablas
D (take in air) «*chimney/cigar*» tirar

Phrasal verbs

• **draw away** [v ▸ adv] **1** (move off) **to ~ away FROM sth** alejarse DE algo **2** (in competition, race) **to ~ away FROM sb** alejarse *or* distanciarse DE algn, dejar atrás a algn **3** (recoil) **to ~ away (FROM sb/sth)** apartarse (DE algn/algo)
• **draw back** [v ▸ adv] **1** (retreat) retirarse **2** (recoil) retroceder
• **draw down** [v ▸ o ▸ adv, v ▸ adv ▸ o] ‹*blind*› bajar
• **draw in**
A [v ▸ o ▸ adv, v ▸ adv ▸ o] **1** (retract) ‹*claws*› esconder, retraer* **2** (into quarrel, war) involucrar; (into conversation) darle* participación a
B [v ▸ adv] **1** (arrive) «*train*» llegar* **2** «*days/nights*» hacerse* más corto
• **draw off** [v ▸ o ▸ adv, v ▸ adv ▸ o] **1** (drain) ‹*beer/sap*› sacar*, extraer* (frml) **2** (divert) ‹*pursuers*› confundir **3** (remove) ‹*glove/stocking*› quitarse
• **draw on**
A [v ▸ o ▸ adv, v ▸ adv ▸ o] ‹*glove/stocking*› ponerse*
B [v ▸ prep ▸ o] (make use of) ‹*resources/reserves*› recurrir a, hacer* uso de; **she drew on her own experiences** se inspiró en sus propias experiencias
C [v ▸ adv] (approach, advance): **night is ~ing on** está anocheciendo
• **draw out**
A [v ▸ adv] **1** (depart) «*train*» salir* **2** (become longer) hacerse* más largo
B [v ▸ o ▸ adv, v ▸ adv ▸ o] **1** (prolong) alargar*, estirar **2** (extract, remove) ‹*tooth/thorn*› sacar*, extraer* (frml); ‹*wallet/handkerchief*› sacar*; ‹*information*› sacar*, sonsacar*; ‹*confession*› arrancar* **3** (withdraw) ‹*money*› sacar*
C [v ▸ o ▸ adv (▸ prep ▸ o)] (persuade to talk): **see if you can ~ him out of himself** a ver si logras que se muestre un poco más comunicativo
• **draw together**
A [v ▸ o ▸ adv, v ▸ adv ▸ o] reunir, juntar
B [v ▸ adv] unirse, acercarse*
• **draw up**
A [v ▸ adv] «*car*» detenerse*, parar
B [v ▸ o ▸ adv, v ▸ adv ▸ o] **1** (prepare, draft) ‹*contract/treaty*› redactar, preparar; ‹*list*› hacer* **2** (arrange in formation) ‹*troops/competitors*› alinear, formar **3** (bring near) ‹*chair*› acercar*, arrimar
C [v ▸ o ▸ adv] (straighten oneself): **to ~ oneself up** erguirse*
draw² *n*
A (raffle) sorteo *m*; **a prize ~** un sorteo de premios
B (tie) (Games, Sport) empate *m*; **the game ended in a ~** el partido acabó en empate
C (attraction) (colloq) gancho *m* (fam), atracción *f*
D (of handgun): **the fastest ~ in Texas** el pistolero más rápido de Texas; ***to be quick on the ~*** (with gun) ser* rápido en desenfundar; (with reply) pescarlas* al vuelo (fam)
draw: **~back** *n* inconveniente *m*, desventaja *f*; **~bridge** *n* puente *m* levadizo
drawee /drɔːˈiː/ *n* librado, -da *m,f*, girado, -da *m,f*
drawer *n*
A /drɔːr || ˈdrɔː(r)/ (in furniture) cajón *m*, gaveta *f* (esp AmC, Méx); *see also* **top drawer**
B /ˈdrɔːər / (of check) librador, -dora *m,f*, girador, -dora *m,f*
C /ˈdrɔːər || ˈdrɔːə(r)/ (Art) dibujante *mf*
D **drawers** /drɔːrz || drɔːz/ *pl* (Clothing) calzones *mpl*
drawing /ˈdrɔːɪŋ/ *n* [c u] dibujo *m*
drawing: **~ board** *n* tablero *m*, mesa *f* de dibujo; ***back to the ~ board!*** ¡vuelta a empezar!; **~ pin** *n* (BrE) ▸**thumbtack**; **~ room** *n* sala *f*, salón *m*
drawl¹ /drɔːl/ *vi* hablar arrastrando las palabras
■ **drawl** *vt* decir* arrastrando las palabras
drawl² *n*: *acento caracterizado por la longitud de las vocales*; **a Southern ~** un acento sureño
drawn¹ /drɔːn/ *past p of* **draw¹**
drawn² *adj* ‹*features/face*› demacrado
drawn-out /ˈdrɔːnˈaʊt/ *adj* larguísimo, interminable
drawstring /ˈdrɔːstrɪŋ/ *n* cordón *m* (*del que se tira para cerrar algo*); (*before n*) ‹*bag/waist*› fruncido con un cordón o una cinta
dray /dreɪ/ *n* carro *m* fuerte
dread¹ /dred/ *vt* tenerle* terror *or* pavor a; **I ~ to think what might have happened** no quiero ni pensar en lo que podría haber pasado
dread² *n* [u] terror *m*; **~ OF sth**: **we lived in constant ~ of being discovered** vivíamos temiendo constantemente que nos descubrieran
dreadful /ˈdredfəl/ *adj* ‹*news/experience/weather*› espantoso, terrible; **how ~ for you!** ¡qué horror! ¡pobrecito!; **I feel ~** me siento pésimo *or* (fam) fatal; **I feel ~ about not having helped** me siento muy mal por no haber ayudado; **you look ~** tienes muy mala cara
dreadfully /ˈdredfəli/ *adv* ‹*upset/late*› terriblemente, enormemente; ‹*write/sing*› espantosamente (mal); **I'm ~ sorry** lo siento muchísimo *or* en el alma
dreadlocks /ˈdredlɑːks || ˈdredlɒks/ *pl n*: *rizos al estilo de los rastafaris*
dream¹ /driːm/ *n*
A **1** (while sleeping) sueño *m*; **to have a ~ about sth/sb** soñar* con algo/algn; **a bad ~** una pesadilla; **sweet ~s!** ¡que duermas bien!, ¡que sueñes con los angelitos! (hum) **2** (daydream) sueño *m*, ensueño *m*; **he goes around in a ~** vive en las nubes
B (fantasy, ideal, aspiration) sueño *m*; **it was beyond my wildest ~s** ni en sueños lo hubiera imaginado; **a ~ come true** un sueño hecho realidad; **I had ~s of being famous** soñaba con la fama *or* con hacerme famoso; (*before n*) **he lives in a ~ world** vive de ilusiones, vive en las nubes; **your ~ home** la casa de sus sueños
C (sth wonderful) (colloq) sueño *m*; ***to go like a ~*** «*event*» salir* a las mil maravillas; «*car*» funcionar de maravilla
dream² (*past & past p* **dreamed** *or* (BrE also) **dreamt** /dremt/) *vi*
A **1** (in sleep) soñar*; **to ~ ABOUT** *o* **OF sth/sb** soñar* CON algo/algn **2** (daydream) soñar* (despierto), estar* en las nubes
B **1** (imagine) **to ~ OF sth** soñar* CON algo; **I ~ed of going to live in the country** soñaba con irme a vivir al campo **2** (contemplate) **(not) to ~ OF sth/-ING**: **would you do that? — I wouldn't ~ of it!** ¿harías eso? — ¡ni pensarlo! *or* ¡ni en sueños!; **I wouldn't ~ of borrowing money** ni se me ocurriría pedir dinero prestado
■ **dream** *vt*

A (in sleep) soñar*; **I ~ed (that) I was drowning** soñé que me ahogaba
B (imagine) (*usu neg*) imaginarse; **I never ~ed he'd be so rude** nunca (me) imaginé que iba a ser tan grosero

Phrasal verbs
- **dream away** [v ▸ o ▸ adv, v ▸ adv ▸ o] pasarse soñando
- **dream up** [v ▸ o ▸ adv, v ▸ adv ▸ o] ‹*plan*› idear

dreamer /'dri:mər || 'dri:mə(r)/ *n* soñador, -dora *m,f*
dreamless /'dri:mləs || 'dri:mlɪs/ *adj* ‹*sleep*› tranquilo
dreamt /dremt/ (BrE) *past & past p of* **dream²**
dreamy /'dri:mi/ *adj* **-mier, -miest** **1** (abstracted) ‹*person*› soñador, fantasioso; ‹*gaze*› distraído **2** ‹*music*› etéreo, sutil
dreary /'drɪri || 'drɪəri/ *adj* **-rier, -riest** **1** ‹*room/landscape*› deprimente, lóbrego, sombrío; ‹*weather*› gris, deprimente **2** ‹*work/routine*› monótono, aburrido, aburridor (AmL)
dredge /dredʒ/ *vt* dragar*

Phrasal verb
- **dredge up** [v ▸ o ▸ adv, v ▸ adv ▸ o] ‹*mud/sand*› dragar*; ‹*story/scandal*› desenterrar*, sacar* a relucir

dredger /'dredʒər || 'dredʒə(r)/ *n* (machine) draga *f*; (vessel) dragador *m*, draga *f*
dregs /dregz/ *pl n* (sediment) posos *mpl*, cunchos *mpl* (Col), conchos *mpl* (Chi); **the ~ of society** la escoria de la sociedad
drench /drentʃ/ *vt* (*usu pass*) empapar; **to get ~ed** empaparse
drenching /'drentʃɪŋ/ *n* (*no p*): **to get a ~** empaparse
dress¹ /dres/ *n*
A [c] (for woman, girl) vestido *m*
B [u] (clothing, style of dressing): **they arrived in formal ~** llegaron vestidos de etiqueta; **they adopted Western ~** adoptaron el modo de vestir *or* la vestimenta occidental; (*before n*) **she has no ~ sense** tiene mal gusto para vestirse
dress² *vt*
A (put clothes on) vestir*; **to get ~ed** vestirse*; **I'm not ~ed** no estoy vestido; **he was ~ed in white** iba (vestido) de blanco
B (Culin) **1** (prepare) ‹*chicken/fish*› preparar; **~ed crab** cangrejo *m* preparado **2** (season) ‹*salad*› aliñar
C (Med) ‹*wound*› vendar
■ **dress** *vi* **1** (put on, wear clothes) vestirse*; **he always ~es in black** siempre (se) viste de negro; **she ~es very well** (se) viste muy bien **2** (dress formally): **to ~ for dinner** cambiarse para cenar

Phrasal verb
- **dress up**

A [v ▸ adv] **1** (dress smartly) ponerse* elegante; ***all ~ed up and no place*** *o* (BrE) ***nowhere to go*** compuesta y sin novio **2** (in fancy dress) disfrazarse*; **to ~ up AS sth** disfrazarse* DE algo
B [v ▸ o ▸ adv, v ▸ adv ▸ o] ‹*idea/plan*› disfrazar*; **criticism ~ed up as advice** críticas disfrazadas de consejos
dressage /drə'sɑ:ʒ || 'dresɑ:ʒ/ *n* [u] *método de adiestramiento de caballos para que ejecuten ciertas maniobras*
dress circle *n* platea *f* alta
dress-down /'dres'daʊn/ *n* ropa *f* informal; (*before n*) ‹*day*› de ropa informal
dresser /'dresər || 'dresə(r)/ *n*
A **1** (person): **he's a sloppy/stylish ~** (se) viste con mucho descuido/estilo **2** (Theat) ayudante, -ta *m,f* de camerino
B **1** (in bedroom) (AmE) tocador *m* **2** (in kitchen) (BrE) aparador *m*
dressing /'dresɪŋ/ *n*
A [c] (Med) apósito *m*, gasa *f*; (bandage) vendaje *m*
B [u c] (Culin) (for salad) aliño *m*, aderezo *m*; (stuffing) (AmE) relleno *m*
dressing: **~-down** /'dresɪŋ'daʊn/ *n* (*no pl*) reprimenda *f*; **~ gown** *n* bata *f*, salto *m* de cama (CS); (of toweling) albornoz *m*, salida *f* de baño; **~ room** *n* (Theat) camerino *m*; (in house) vestidor *m*; **~ table** *n* tocador *m*
dress: **~maker** *n* modista *mf*; (designer) modisto, -ta *m,f*; **~making** *n* [u] costura *f*; (*before n*) **~making course** curso *m* de corte y confección; **~ rehearsal** *n* ensayo *m* general; **~ shirt** *n* camisa *f* de etiqueta; **~ suit** *n* traje *m* de etiqueta; **~ uniform** *n* [u c] uniforme *m* de gala

dressy /'dresi/ *adj* **-sier, -siest** elegante
drew /dru:/ *past of* **draw¹**
dribble¹ /'drɪbəl/ *vi*
A (drool) babear; **he ~s** se le cae la baba, babea
B (Sport) driblar, driblear
■ **dribble** *vt*
A : **to ~ saliva** babear
B (Sport): **he ~d the ball past** *o* **around a defender** dribló *or* dribleó *or* regateó a un defensa
dribble² *n* [u] (saliva) baba *f*
dribs and drabs /'drɪbzən'dræbz/ *pl n*: **in ~ ~ ~** poquito a poco
dried¹ /draɪd/ *past & past p of* **dry²**
dried² *adj* ‹*figs/flowers*› seco; ‹*fish*› salado, seco; ‹*milk/eggs*› en polvo
drier /'draɪər || 'draɪə(r)/ *n* ▸**dryer**
drift¹ /drɪft/ *vi*
A **1** (on water) *moverse empujado por la corriente* **2** (be adrift) «*boat/person*» ir* a la deriva; **the boat ~ed off course** el barco se desvió de su rumbo **3** (in air) «*balloon*» *moverse empujado por el viento*
B (proceed aimlessly): **he ~ed from job to job** iba sin rumbo de un trabajo a otro; **the crowd began to ~ away** la muchedumbre comenzó a dispersarse; **to ~ apart** «*couple/friends*» distanciarse
C (pile up) «*sand/snow*» amontonarse
drift² *n*
A [c] (of sand) montón *m*; (of snow) ventisquero *m*
B (meaning) (*no pl*) sentido *m*; **I didn't quite catch your ~** no entendí *or* capté muy bien lo que querías decir; **if you get my ~** tú ya me entiendes
C (movement): **the ~ from the land** el éxodo rural; **the ~ of public opinion** el cambio en la opinión pública
drifter /'drɪftər || 'drɪftə(r)/ *n*
A (person): **he's a ~** va dando tumbos por la vida
B (boat) trainera *f*
driftwood /'drɪftwʊd/ *n* [u] *madera, tablas etc que flotan en el mar a la deriva o que arrastra el mar hasta la playa*
drill¹ /drɪl/ *n*
A [c] (*electric o power ~*) taladradora *f*, taladro *m*; (*hand ~*) taladro *m* (manual); (Dent) torno *m*, fresa *f*; (Eng, Min) perforadora *f*, barreno *m*; (drill head) broca *f*
B **1** [u] (Mil) instrucción *f* **2** [c] (Educ) ejercicio *m* **3** [u c] (rehearsal): **fire ~** simulacro *m* de incendio **4** [u] (correct procedure) (BrE colloq): **what's the ~?** ¿qué se hace?
C [u] (Tex) dril *m*
drill² *vt*
A ‹*hole*› hacer*, perforar; ‹*wood/metal*› taladrar, perforar, barrenar; ‹*tooth*› trabajar *or* limpiar con la fresa
B **1** (Mil) ‹*soldiers*› instruir* **2** **to ~ sth INTO sb** inculcarle* algo A algn
■ **drill** *vi* perforar, hacer* perforaciones; **to ~ for oil/water** perforar en busca de petróleo/agua
drilling platform /'drɪlɪŋ/ *n* plataforma *f* de perforación
drily /'draɪli/ *adv* secamente, con sequedad
drink¹ /drɪŋk/ *n*
A [u] **1** (any liquid) bebida *f* **2** (alcohol) bebida *f*; **to drive sb/to take to ~** llevar a algn/darse* a la bebida
B [c] **1** (amount drunk, served, sold): **have a ~ of water/milk** bebe *or* (esp AmL) toma un poco de agua/leche **2** (alcoholic) copa *f*, trago *m* (fam); **to have a ~** tomar una copa; **the ~s are on me!** ¡yo invito!
drink² (*past* **drank**; *past p* **drunk**) *vt* beber, tomar (esp AmL); **give me something to ~** dame algo de beber *or* (esp AmL) para tomar
■ *v refl*: **he drank himself to death** lo mató la bebida
■ **drink** *vi*
A (swallow) beber, tomar (esp AmL)
B **1** (consume alcohol) beber, tomar (AmL); **I don't ~** no bebo, no tomo (alcohol) (AmL) **2** (toast) **to ~ TO sb** brindar POR algn; **I'll ~ to that!** ¡brindo por que así sea!

Phrasal verbs
- **drink in** [v ▸ o ▸ adv, v ▸ adv ▸ o] ‹*scenery*› empaparse de; **plants ~ in water through their roots** las plantas absorben el agua a través de sus raíces; **we drank in the fresh air** respiramos el aire puro
- **drink up**

d

A [v ▸ adv] bebérselo *or* (esp AmL) tomárselo todo, terminar su (*or* mi *etc*) copa (*or* leche *etc*)
B [v ▸ o ▸ adv, v ▸ adv ▸ o] beberse, tomarse (esp AmL)
drinkable /ˈdrɪŋkəbəl/ *adj* ‹*water*› potable; **this is not ~!** ¡esto no se puede beber!
drink-driving /ˈdrɪŋkˈdraɪvɪŋ/ *n* (BrE) ▸**drunk driving**
drinker /ˈdrɪŋkər || ˈdrɪŋkə(r)/ *n*: **he's a heavy ~** es un gran bebedor *or* un bebedor empedernido; **I'm a beer ~ myself** yo prefiero la cerveza
drinking /ˈdrɪŋkɪŋ/ *n* [u] **1** (of liquid) beber **2** (of alcohol): **his ~ is causing concern** lo mucho que bebe está causando preocupación
drinking: **~ chocolate** *n* [u] chocolate *m* en polvo; **~ fountain** *n* fuente *f* (*de agua potable*), bebedero *m* (CS, Méx); **~ water** *n* [u] agua *f*‡ potable
drip¹ /drɪp/ **-pp-** *vi* **1** (fall in drops): **water was ~ping from the ceiling** el techo goteaba, caían gotas del techo; **he had blood ~ping from his nose** le goteaba sangre de la nariz **2** (let drops fall) «*washing/hair*» chorrear, gotear; «*faucet/tap*» gotear; **I'm ~ping with sweat** estoy chorreando de sudor **3** (display) **to ~ WITH sth**: **she was ~ping with diamonds** iba cubierta de brillantes
■ **drip** *vt*: **you're ~ping coffee down your shirt** te estás manchando la camisa de café, te estás chorreando la camisa con el café (AmL)
drip² *n*
A (of rainwater, tap) (*no pl*) goteo *m*; **the steady ~, ~ of the rain** el continuo gotear de la lluvia
B (Med) suero *m*, gota a gota *m*; **he's on a ~** le han puesto suero *or* el gota a gota
C (ineffectual person) (colloq) soso, -sa *m,f* (fam)
drip-dry /ˈdrɪpˈdraɪ/ *adj* ‹*fabric/garment*› de lava y pon, de lavar y poner
dripping¹ /ˈdrɪpɪŋ/ *n* [u] (BrE) *grasa de carne asada que se usa para cocinar y untar en el pan*
dripping² *adj* (colloq) empapado; (*as intensifier*) **to be ~ wet** estar* chorreando *or* empapado
drive¹ /draɪv/ (*past* **drove**; *past p* **driven**) *vt*
A (Transp) **1** ‹*car/bus/train*› manejar *or* (Esp) conducir*; ‹*racing car/power boat*› pilotar, pilotear; **she ~s a Renault** tiene un Renault **2** (convey in vehicle) llevar en coche; **she drove me home** me llevó en coche a casa
B **1** (cause to move) (+ *adv compl*): **the Indians were ~n off their land** los indios fueron expulsados de sus tierras; **we drove them away with sticks** los ahuyentamos con palos; **he drove his cattle south** condujo su ganado hacia el sur **2** (Sport) ‹*ball*› mandar, lanzar* **3** (provide power for, operate) hacer* funcionar, mover*
C **1** (make penetrate) ‹*nail*› clavar; ‹*stake*› hincar*; **he drove the nail through the plank** atravesó la tabla con el clavo; **to ~ sth INTO sth** clavar/hincar* algo EN algo **2** (open up) ‹*tunnel/shaft*› perforar, abrir*
D **1** (cause to become) volver*; **imprisonment drove him insane** la prisión lo volvió loco *or* lo llevó a la locura; **he ~s me crazy** *o* **mad with his incessant chatter** me saca de quicio con su constante cháchara; **she ~s me wild!** (colloq) ¡me vuelve loco! (fam) **2** (compel to act) **to ~ sb to + INF** llevar *or* empujar a algn A + INF; **we were ~n to it by fear** fue el miedo lo que nos llevó a hacerlo; **she is ~n by ambition** la impulsa *or* motiva la ambición **3** (overwork): **he drove them mercilessly** los hizo trabajar como esclavos; **she ~s herself too hard** se exige demasiado a sí misma
■ **drive** *vi* manejar *or* (Esp) conducir*; **to ~ on the right/left** manejar *or* (Esp) conducir* por la derecha/izquierda; **she ~s to work** va a trabajar en coche; **we drove all night** viajamos toda la noche
(Phrasal verbs)
• **drive at** [v ▸ prep ▸ o] (*only in -ing form*) querer* decir, insinuar*; **what are you driving at?** ¿qué quieres decir?, ¿qué (es lo que) estás insinuando?
• **drive off**
A [v ▸ adv] **1** «*car/driver*» irse*, partir **2** (in golf) salir*
B [v ▸ o ▸ adv, v ▸ adv ▸ o] (repel) ahuyentar
• **drive on**
A [v ▸ o ▸ adv] (incite) empujar
B [v ▸ adv] seguir* (adelante)
• **drive out** [v ▸ o ▸ adv, v ▸ adv ▸ o] expulsar
• **drive up**
A [v ▸ adv] «*vehicle/driver*» llegar*
B [v ▸ o ▸ adv, v ▸ adv ▸ o] ‹*prices/demand*› hacer* subir
drive² *n*
A [c] (in vehicle): **to go for a ~** ir* a dar un paseo *or* una vuelta en coche; **it's a three-hour ~** es un viaje de tres horas en coche
B [c] **1** (leading to house) camino *m*, avenida *f* (*que lleva hasta una casa*) **2** (in front of house) entrada *f* (*para coches*)
C [c] (in golf, tennis) golpe *m* fuerte
D **1** [u] (energy) empuje *m*, dinamismo *m* **2** [c] (compulsion) (Psych) impulso *m*, instinto *m*; **the sex ~** el apetito sexual
E [c] **1** (organized effort) campaña *f*; **a sales ~** una campaña de ventas **2** (attacking move) (Mil) ofensiva *f*, avanzada *f* **3** (in US football) ataque *m*
F **1** [u c] (propulsion system) transmisión *f*, propulsión *f* **2** [u] (Auto): **front-wheel/rear-wheel ~** tracción *f* delantera/trasera; **four-wheel ~** tracción en las cuatro ruedas; **right-/left-hand ~** con el volante a la derecha/a la izquierda
drive-in¹ /ˈdraɪvɪn/ *adj* (AmE): **~ bank** autobanco *m*
drive-in² *n* (AmE) (cinema) autocine *m*; (restaurant) drive in *m* (*restaurante que sirve a los clientes en el propio automóvil*)
drivel¹ /ˈdrɪvəl/ *n* [u] tonterías *fpl*, estupideces *fpl*
drivel² *vi*, (BrE) **-ll-** decir* tonterías
driven /ˈdrɪvən/ *past p of* **drive¹**
driver /ˈdraɪvər || ˈdraɪvə(r)/ *n* (of car, truck, bus) conductor, -ra *m,f*, chofer *m or* (Esp) chófer *mf*; (of racing car) piloto *mf*; **~s are asked to avoid this area** se ruega a los automovilistas que eviten circular por esta zona; **she's a good ~** maneja *or* (Esp) conduce bien
driver: **~'s license** *n* (AmE) licencia *f or* (Esp) permiso *m* de conducción; (less formally) carné *m or* permiso *m* (de conducir) (Esp), carné *m* (Chi) *or* (Ur) libreta *f or* (AmC, Méx, Ven) licencia *f or* (Col) pase *m* (de manejar), registro *m* (Arg), brevete *m* (Per); **~'s seat** *n* asiento *m* del conductor; ***to be in the ~'s seat*** estar* al frente, llevar las riendas
driveway /ˈdraɪvweɪ/ *n* ▸**drive² B2**
driving¹ /ˈdraɪvɪŋ/ *n* [u] (Auto) conducción *f* (frml); **I don't think much of his ~** no me gusta mucho como maneja *or* (Esp) conduce
driving² *adj* **1** ‹*rain*› torrencial; ‹*wind*› azotador **2** (dynamic): **she's the ~ force behind the project** es el alma-máter *or* la impulsora del proyecto
driving: **~ instructor** *n* instructor, -tora *m,f* de autoescuela; **~ licence** *n* (BrE) ▸**driver's license**; **~ mirror** *n* (BrE) (espejo *m*) retrovisor *m*; **~ range** *n*: *campo de golf diseñado para practicar tiros de salida*; **~ school** *n* autoescuela *f*, escuela *f* de conductores *or* de choferes (AmL), escuela *f* de manejo (Méx); **~ seat** *n* ▸**driver's seat**; **~ test** *n* examen *m* de conducir *or* (AmL tb) de manejar; **~ wheel** *n* rueda *f* motriz
drizzle¹ /ˈdrɪzəl/ *n* llovizna *f*, garúa *f* (AmL)
drizzle² *v impers* lloviznar, garuar* (AmL)
droll /drəʊl/ *adj* **1** (comic) gracioso, con chispa **2** (quaint, curious) curioso
dromedary /ˈdrɑːməderi / *n* (*pl* **-ries**) dromedario *m*
drone¹ /drəʊn/ *n*
A [c] (bee) zángano *m*
B [u] (sound — of bees, traffic, aircraft) zumbido *m*; (of voice) cantinela *f* (fam), sonsonete *m*
drone² *vi* «*bee/engine/plane*» zumbar
(Phrasal verb)
• **drone on** [v ▸ adv]: **she ~d (on) for hours** estuvo horas con la misma perorata (fam)
drool¹ /druːl/ *vi* «*dog/baby*» babear; **we ~ed at the sight of the cakes** se nos hizo agua la boca *or* (Esp) la boca agua al ver los pasteles; **he ~s over you** se le cae la baba por ti (fam)
drool² *n* [u] (AmE) **1** (dribble) babas *fpl*, baba *f* **2** (drivel) (sl) bobadas *fpl* (fam)
droop /druːp/ *vi* **1** (sag) «*flowers*» ponerse* mustio; **his shoulders ~ed** se encorvó; **her eyelids began to ~** se le empezaron a cerrar los ojos **2** (flag) «*spirits*» flaquear, decaer*; «*person*» desfallecer*, decaer* **3** **drooping** *pres p* ‹*head*› gacho; ‹*flowers*› mustio
drop¹ /drɑːp || drɒp/ *n*
A **1** (of liquid) gota *f*; **we haven't had a ~ of rain for six weeks** no ha caído una gota de agua en seis semanas **2** (small amount) gota *f*; **can I have a ~?** ¿me das una gotita?; **she's had a ~ too much** ha bebido más de la

cuenta; **a ~ *in the ocean*** un grano de arena en el desierto, una insignificancia 3 **drops** *pl* (Med) gotas *fpl*; **ear/nose ~s** gotas para los oídos/la nariz; **eye ~s** colirio *m* 4 (candy): **acid ~s** caramelos *mpl* ácidos; **chocolate ~s** pastillas *fpl* de chocolate

B 1 (fall) (*no pl*) (in temperature) descenso *m*; (in prices) caída *f*, baja *f*; **she had to take a ~ in salary** tuvo que aceptar un sueldo más bajo; **a ~ of 30%** *o* **a 30% ~ in sales** un descenso del 30% en las ventas; ***at the ~ of a hat*** en cualquier momento 2 (difference in height) caída *f*; **a sheer ~** una caída a plomo

C (of supplies) lanzamiento *m*

D (AmE) 1 (letter box) buzón *m* 2 (collection point) punto *m* de recogida

drop² **-pp-** *vt*

A 1 (accidentally): **I/you/he ~ped the cup** se me/te/le cayó la taza; **don't ~ it!** ¡que no se te caiga!; **this is your big chance, so don't ~ the ball** (AmE) es tu gran oportunidad, así que no vayas a meter la pata (fam); **I've ~ped a stitch** se me ha escapado un punto 2 (deliberately) ‹*cup/vase*› dejar caer, tirar; ‹*bomb/supplies*› lanzar*; **~ that gun!** ¡suelta ese revólver!; ***to ~ a brick*** *o* (BrE) ***a clanger*** meter la pata (fam); ***to ~ sb/sth like a hot potato*** no querer* saber nada más de algn/algo

B (lower) ‹*hem*› alargar*, bajar; ‹*eyes/voice*› bajar

C 1 (set down) ‹*passenger/cargo*› dejar 2 (deliver) pasar a dejar; **I can ~ them there on my way home** puedo pasar por allí a dejarlos de camino a casa

D (send) (colloq) ‹*card/letter*› mandar; **~ me a line** a ver si me mandas *or* me escribes unas líneas

E (utter) ‹*hint/remark*› soltar*, dejar caer; **to let it ~ that ...** (inadvertently) dejar escapar que ...; (deliberately) dejar caer que ...

F 1 (omit) ‹*letter/syllable/word*› omitir; **to ~ sth (FROM sth)** ‹*chapter/scene/article*› suprimir algo (DE algo); **to ~ sb from a team** sacar* a algn de un equipo 2 (give up, abandon) ‹*case*› abandonar; ‹*charges*› retirar; ‹*plan/idea*› abandonar, renunciar a; ‹*friend/associate*› dejar de ver a; **let's ~ the subject** cambiemos de tema; **just ~ everything and come** déjalo todo y vente

■ **drop** *vi*

A 1 (fall) «*object*» caer(se)*; «*plane*» bajar, descender*; **he ~ped to the ground** (deliberately) se tiró al suelo; (fell) cayó de un golpe 2 (collapse) desplomarse; **to be ready to ~** estar* cayéndose; **to ~ (down) dead** caerse* muerto; **~ dead!** (colloq) ¡vete al demonio! (fam)

B 1 (decrease) «*wind*» amainar; «*temperature*» bajar, descender*; «*prices*» bajar, experimentar un descenso (frml); «*voice*» bajar 2 (in height) «*terrain*» caer*

Phrasal verbs

- **drop away** [v ▸ adv] «*ground*» caer*; «*support/interest*» disminuir*
- **drop back** [v ▸ adv] rezagarse*, quedarse atrás; **she ~ped back to third place** se rezagó, quedando en el tercer puesto
- **drop behind** 1 [v ▸ adv] rezagarse*, quedarse atrás 2 [v ▸ prep ▸ o] ‹*competitors/classmates*› quedar atrás *or* rezagarse* con respecto a
- **drop by** 1 [v ▸ adv] (colloq) pasar; **why don't you ~ by for a cup of coffee sometime?** ¿por qué no pasas un día a tomar un café? 2 [v ▸ prep ▸ o] pasar por; **I have to ~ by the office** tengo que pasar por la oficina
- **drop in** [v ▸ adv] (colloq) pasar; **I'll ~ in sometime tomorrow** pasaré mañana en algún momento; **to ~ in ON sb** pasar a ver a algn, caerle* a algn (fam)
- **drop off**

A [v ▸ adv] 1 (fall off) caerse* 2 (fall asleep): **to ~ off (to sleep)** dormirse*, quedarse dormido 3 (decrease) «*sales/numbers*» disminuir*

B [v ▸ o ▸ adv] ‹*person/goods*› dejar

- **drop out** [v ▸ adv] **to ~ out (OF sth)**: **to ~ out of school** abandonar los estudios; **to ~ out of a course** dejar de asistir a un curso; **to ~ out (of a competition/race)** (before event) no presentarse (a un concurso/una carrera); (during event) abandonar (un curso/una carrera); **to ~ out of politics** abandonar *or* dejar la política; **to ~ out (of society)** marginarse, convertirse* en un marginado
- **drop over**, **drop round** [v ▸ adv] (BrE colloq) pasar; **I'll ~ over to her house** pasaré por su casa

drop: **~cloth** *n* (AmE) cubierta *f* (*para proteger muebles y suelos mientras se pinta*); **~-dead** /'drɑ:p'ded|| 'drɒp'ded/ *adj* (colloq) ‹*beauty/elegance*› que es de morirse (fam), que te caes de espaldas (fam); **he's ~-dead gorgeous** es para morirse de guapo (fam), es que te caes de espaldas de guapo (fam), está como un tren (Esp fam); **~ kick** *n* (in rugby) botepronto *m*; (in wrestling) patada *f* voladora

droplet /'drɑ:plət || 'drɒplɪt/ *n* gotita *f*

dropout /'drɑ:paʊt || 'drɒpaʊt/ *n* marginado, -da *m,f*

dropper /'drɑ:pər || 'drɒpə(r)/ *n* cuentagotas *m*, gotero *m*

droppings /'drɑ:pɪŋz / *pl n* (of bird, flies) excremento *m* (frml); cagadas *fpl* (fam); (of rabbit, sheep) cagarrutas *fpl*

drop shot *n* dejada *f*

dropsy /'drɑ:psi || 'drɒpsi/ *n* [u] hidropesía *f*

drop zone *n* (esp AmE) zona *f* de lanzamiento

dross /drɑ:s / *n* [u] 1 (waste) basura *f* 2 (Metall) escoria *f*

drought /draʊt/ *n* [c u] sequía *f*

drove¹ /drəʊv/ *past of* **drive¹**

drove² *n* 1 (of animals) manada *f* 2 **droves** *pl* (of people) hordas *fpl*, manadas *fpl*; **they came in ~s** vino gente a montones (fam)

drown /draʊn/ *vt*

A 1 ‹*person/animal*› ahogar*; **to be ~ed** ahogarse*, morir* ahogado 2 ‹*landscape/fields*› anegar*, cubrir*; **he ~ed his meal in gravy** se puso un montonazo de salsa en la comida (fam)

B **~ (out)** (make inaudible) ‹*noise/cries/screams*› ahogar*

■ **drown** *vi* ahogarse*, morir* ahogado

drowse /draʊz/ *vi* dormitar

drowsy /'draʊzi/ *adj* **-sier, -siest** 1 (sleepy) ‹*person/look*› somnoliento, adormilado; **wine makes me ~** el vino me da sueño *or* me amodorra 2 (peaceful, inactive) ‹*atmosphere/afternoon*› somnoliento, perezoso

drubbing /'drʌbɪŋ/ *n*: **to give sb a ~** darle* una paliza a algn

drudge /drʌdʒ/ *n* esclavo, -va *m,f*

drudgery /'drʌdʒəri/ *n* [u]: **this job is sheer ~** este trabajo es una pesadez

drug¹ /drʌg/ *n* 1 (narcotic) droga *f*, estupefaciente *m* (frml); **to be on ~s** drogarse*; **I don't do ~s** (sl) yo no me drogo; (*before n*) **~ dependence** drogodependencia *f* (frml); **~ pusher** (colloq) camello *mf* (arg), conecte *mf* (Méx arg), jíbaro *mf* (Col, Ven arg) 2 (medication) medicamento *m*, medicina *f*, fármaco *m* (frml)

drug² *vt* **-gg-** 1 ‹*person/animal*› drogar* 2 **drugged** *past p* drogado; **a ~ged sleep** un sueño pesado 3 (add drugs to) ‹*food/wine*› adulterar con drogas

drug: **~ abuse** *n* [u] consumo *m* de drogas *or* (frml) estupefacientes; **~ addict** *n* drogadicto, -ta *m,f*, toxicómano, -na *m,f* (frml); **~ addiction** *n* [u] drogadicción *f*

druggist /'drʌgɪst/ *n* (AmE) farmacéutico, -ca *m,f*

drug: **~store** *n* (AmE) *establecimiento que vende medicamentos, cosméticos, periódicos y una gran variedad de artículos*; **~-taking** *n* [u] consumo *m* de drogas; **~ test** *n* control *m* antidóping

drum¹ /drʌm/ *n*

A (Mus) 1 tambor *m* 2 **drums** *pl* (in band) batería *f*

B 1 (container) bidón *m* 2 (machine part) tambor *m*; **a revolving ~** un tambor giratorio 3 (spool) tambor *m*

drum² **-mm-** *vt* ‹*table/floor*› golpetear; **to ~ one's fingers** tamborilear con los dedos

■ **drum** *vi* 1 (Mus) tocar* el tambor 2 (beat, tap) «*person*» dar* golpecitos, tamborilear; «*rain/hooves*» repiquetear

Phrasal verbs

- **drum into** [v ▸ o ▸ prep ▸ o]: **to ~ sth into sb** *o* **sb's head** hacerle* aprender algo a algn a fuerza de repetírselo *or* (fam) de machacárselo
- **drum out of** [v ▸ o ▸ adv ▸ prep ▸ o] ‹*of army/school*› expulsar de
- **drum up** [v ▸ adv ▸ o] ‹*support*› conseguir*, obtener*

drum: **~beat** *n* son *m* del tambor; **~ brake** *n* freno *m* de tambor; **~kit** *n* batería *f*

drummer /'drʌmər || 'drʌmə(r)/ *n* (pop, jazz) batería *mf*, baterista *mf* (AmL); (military) tambor *m*; ***to hear*** *o* ***move to*** *o* ***march to a different ~*** (AmE) ir* contra la corriente

drumstick /'drʌmstɪk/ *n*

A palillo *m* (de tambor), baqueta *f*

B (Culin) muslo *m*, pata *f*

drunk¹ /drʌŋk/ *past p of* **drink²**

d

drunk² *adj* [1] (*pred*) (intoxicated) borracho; **to be ~** estar* borracho; **to get ~ (on beer/wine)** emborracharse (con cerveza/vino); **~ and disorderly** (Law) en estado de embriaguez y alterando el orden público (frml); **~ driver** conductor, -tora *m,f* en estado de embriaguez (frml) [2] (elated) **to be ~ WITH sth** estar* ebrio *or* borracho DE algo; **~ with success/power** ebrio *or* borracho de poder

drunk³ *n* borracho, -cha *m,f*

drunkard /'drʌŋkərd || 'drʌŋkəd/ *n* (frml & pej) borracho, -cha *m,f*, beodo, -da *m,f* (frml)

drunk: **~ driver** /ˌdrʌŋk'draɪvər || ˌdrʌŋk'draɪvə(r)/ *n* conductor bebido, conductora bebida *m,f*; **~ driving** *n* (AmE) delito *m* de conducir bajo la influencia del alcohol

drunken /'drʌŋken/ *adj* (*before n*) ‹*person/mob*› borracho; ‹*orgy/brawl*› de borrachos; **in a ~ stupor** en un sopor etílico (frml *o* hum)

drunkenness /'drʌŋkənnəs || 'drʌŋkənnɪs/ *n* [u] [1] (state) borrachera *f*, embriaguez *f* (frml) [2] (alcoholism) alcoholismo *m*

dry¹ /draɪ/ *adj* **drier, driest**

A [1] (not wet) ‹*ground/washing*› seco [2] (lacking natural moisture) ‹*leaves/skin/hair*› seco; ‹*cough*› seco; **there wasn't a ~ eye in the house** (set phrase) no hubo quien no llorara [3] (dried-up) ‹*well/river*› seco; **to run ~** ‹‹*river/well*›› secarse* [4] (not rainy, not humid) ‹*climate/weather/heat*› seco; **tomorrow will be ~** mañana no lloverá [5] (using no fluid) ‹*cell*› seco; **a piece of ~ bread** una rebanada de pan sin mantequilla; **he had a ~ shave** se afeitó en seco

B (prohibiting sale of alcohol) ‹*state/county*› seco, donde está prohibida la venta de bebidas alcohólicas

C (not sweet) ‹*wine/sherry*› seco; ‹*champagne*› brut, seco

D [1] (ironic) ‹*humor/wit*› mordaz, cáustico [2] (lacking warmth) ‹*laugh/style*› seco

E (dull, boring) ‹*lecture/book*› árido

dry² **dries, drying, dried** *vt* [1] ‹*clothes/crockery*› secar*; **to ~ oneself** secarse*; **to ~ one's eyes/tears** secarse* *or* (liter) enjugarse* las lágrimas [2] (preserve) ‹*fish/fruit/meat*› secar*

■ **dry** *vi* ‹‹*washing/dishes/paint*›› secarse*; **you wash and I'll ~** tú lavas y yo seco

Phrasal verbs

• **dry off** [v ▸ adv] secarse*

• **dry out**

A [v ▸ adv] [1] ‹‹*soil/clothes*›› secarse* [2] (colloq) ‹‹*alcoholic*››, hacerse* una cura de desintoxicación

B [v ▸ o ▸ adv, v ▸ adv ▸ o] ‹*soil/clothes*› secar*

• **dry up**

A [v ▸ adv] [1] ‹‹*stream/pond*›› secarse* (*completamente*) [2] ‹‹*funds/resources/inspiration*›› agotarse [3] (colloq) ‹‹*actor*›› quedarse en blanco [4] (dry dishes) (BrE) secar* los platos

B [v ▸ o ▸ adv, v ▸ adv ▸ o] [1] ‹*well/stream*› secar* (*completamente*) [2] ‹*dishes*› (BrE) secar*

dry: **~ clean** *vt* limpiar en seco; **I had my coat ~ cleaned** mandé el abrigo a la tintorería; **~ cleaner('s)** *n* tintorería *f*; **~ cleaning** *n* [u] (action) limpieza *f* en seco; (clothes): **I collected my ~ cleaning** recogí mi ropa de la tintorería; **~ dock** *n* dique *m* seco

dryer /'draɪər || 'draɪə(r)/ *n* [1] (for clothes — machine) secadora *f*; (— rack) tendedor *m*, tendedero *m*; (*spin ~*) secadora *f* (centrífuga); (*tumble ~*) secadora *f* (de aire caliente) [2] ▸**hairdrier**

dry: **~-eyed** /'draɪ'aɪd/ *adv* sereno, sin una lágrima; **~ goods** *pl n* [1] (clothing) (AmE) artículos *mpl* *or* prendas *fpl* de confección; (*before n*) **~ goods store** tienda *f* de confecciones [2] (groceries) (BrE) comestibles *mpl* no perecederos; **~ ice** *n* [u] hielo *m* seco

drying-up /'draɪɪŋ'ʌp/ *n* (BrE): **to do the ~** secar* los platos

dryly *adv* ▸**drily**

dryness /'draɪnəs || 'draɪnɪs/ *n* [u]

A (of ground, hair, skin, climate) sequedad *f*

B (of wine, sherry) lo seco

C (of manner) sequedad *f*; (of humor, wit) lo mordaz *or* cáustico

dry: **~ rot** *n* [u] *putrefacción de la madera producida por un hongo*; **~ run** *n* simulacro *m*; **~ shampoo** *n* [u c] champú *m* seco; **~ wall**, (BrE) **~-stone wall** *n* muro *m* de mampostería sin mortero

DTs /'di:'ti:z/ *pl n* (colloq) = **delirium tremens**

dual /'du:əl || 'dju:əl/ *adj* (*before n*) [1] (double) ‹*role/function*› doble; ‹*nationality*› doble; **~ personality** doble personalidad *f* [2] (joint) ‹*ownership/interest*› compartido

dual: **~ carriageway** /'kærɪdʒweɪ/ *n* (BrE) autovía *f*, carretera *f* de doble pista; **~-control** /'du:əlkən'trəʊl/ *adj* ‹*car/brakes*› de doble mando *or* control

duality /du:'æləti || dju:'æləti/ *n* [u c] (*pl* **-ties**) dualidad *f*

dual-purpose /'du:əl'pɜ:rpəs || ˌdju:əl'pɜ:pəs/ *adj* ‹*utensil*› de doble uso; ‹*cleaner*› de doble acción; ‹*furniture*› de doble función *or* uso

dub /dʌb/ *vt* **-bb-**

A [1] (nickname) apodar [2] **to ~ sb (a) knight** armar a algn caballero

B [1] (Cin) ‹*film*› doblar [2] (Audio) mezclar

dubbing /'dʌbɪŋ/ *n* [u] [1] (Cin) doblaje *m* [2] (Audio) mezcla *f*

dubious /'du:biəs || 'dju:biəs/ *adj* [1] (questionable) ‹*honor/achievement*› dudoso, discutible; ‹*past*› turbio; ‹*motives/person*› sospechoso; **he seems a rather ~ character to me** no me parece una persona de fiar [2] (doubtful) **to be ~ (ABOUT sth/sb)** tener* reservas *or* dudas (SOBRE *or* ACERCA DE algo/algn)

dubiously /'du:biəsli || 'dju:biəsli/ *adv* [1] (doubtfully) ‹*look/say*› con recelo *or* desconfianza [2] (suspiciously) ‹*behave*› sospechosamente

duchess /'dʌtʃəs || 'dʌtʃɪs/ *n* duquesa *f*

duchy /'dʌtʃi/ *n* (*pl* **duchies**) ducado *m*

duck¹ /dʌk/ *n* pato, -ta *m,f*; ***a dead ~*** un asunto acabado; ***to take to sth like a ~ to water***: **he took to skiing like a ~ to water** empezó a esquiar como si lo hubiera hecho toda la vida; ▸**water¹ A**

duck² *vi* (bow down) agacharse; (hide): **I ~ed behind a pillar** me escondí rápidamente detrás de una columna

■ **duck** *vt*

A (lower) ‹*head*› agachar, bajar

B (submerge) hundir

C (dodge) ‹*question*› eludir, esquivar; ‹*responsibility*› evadir, eludir

Phrasal verb

• **duck out** [v ▸ adv] **to ~ out OF sth** escabullirse* DE algo, eludir algo

duck-billed platypus /'dʌkbɪld/ *n* ornitorrinco *m*

ducking /'dʌkɪŋ/ *n* chapuzón *m*

duckling /'dʌklɪŋ/ *n* [1] [c] (Zool) patito *m*, anadón *m* [2] [u] (Culin) pato *m* (*joven*)

duct /dʌkt/ *n* (Tech, Anat) conducto *m*

ductile /'dʌktḷ || 'dʌktaɪl/ *adj* dúctil

dud¹ /dʌd/ *n* (colloq) [1] (useless thing) birria *f* (fam), porquería *f* (fam) [2] (useless person) calamidad *f*, inútil *mf*

dud² *adj* (colloq) [1] (useless, valueless) ‹*note/coin*› falso; ‹*check*› sin fondos; **a ~ battery** una pila gastada *or* que no funciona [2] (Mil) ‹*shell/bomb*› que no estalla

dude /du:d || dju:d/ *n* (AmE sl) tipo *m* (fam), tío *m* (Esp fam)

dudgeon /'dʌdʒən/ *n*: **in high ~** indignadísimo, lleno de indignación

due¹ /du: || dju:/ *adj*

A (*pred*) [1] (payable): **the rent is ~** hay que pagar el alquiler; **the payment becomes** *o* **falls ~ on the 5th** hay que hacer efectivo el pago el día 5 [2] (owed): **~ TO sb/sth**: **the respect ~ to one's elders** el respeto que se les debe a los mayores; **the money ~ to them** el dinero que se les debe *or* (frml) se les adeuda; **it's all ~ to you** todo gracias a ti, te lo debemos todo a ti; **it was ~ to a technical problem** se debió a un problema técnico [3] **due to** (*as prep*) (crit) debido a; **all flights were canceled ~ to bad weather** se cancelaron todos los vuelos debido al mal tiempo [4] (scheduled): **when is the next train/flight ~?** ¿cuándo llega el próximo tren/vuelo?; **when is the baby ~?** ¿para cuándo espera *or* tiene fecha?; **she's ~ back tomorrow** vuelve mañana, su regreso está previsto para mañana; **she is ~ for promotion** le corresponde un ascenso

B (*before n*) [1] (proper) ‹*consideration/regard*› debido; **without ~ cause** sin causa justificada; **with all ~ respect** con el debido respeto, con todo el respeto que se merece; **in ~ course** en su debido momento, a su debido tiempo [2] (deserved) ‹*reward*› merecido

due² *adv*: **the fort is ~ west of the town** el fuerte está justo *or* exactamente al oeste del pueblo; **we headed ~ north** nos dirigimos derecho hacia el norte

due³ *n*

A **to give him his ~, he is efficient** tienes que reconocer que es eficiente

B **dues** *pl n* (subscription) cuota *f*

due date *n* **1** (Fin) fecha *f* de vencimiento **2** (of birth): **when's your ~ ~?** ¿para cuándo esperas *or* tienes fecha?

duel /'du:əl / *n* duelo *m*; **to fight a ~** batirse en *or* a duelo

duet /du:'et || dju:'et/ *n* dúo *m*; **a violin ~** un dúo de violín; **a piano ~** una pieza para piano a cuatro manos

duff¹ /dʌf/ *adj* (BrE colloq) malo, chafa (Méx fam)

Phrasal verb

• **duff up** [v ▸ o ▸ adv, v ▸ adv ▸ o] (BrE colloq) darle* una paliza a

duff² *n* (AmE sl) trasero *m* (fam), culo *m* (fam: en algunas regiones vulg)

duffel /'dʌfəl/ **1** [u] (Tex) *tela gruesa de lana* **2** [c] **~ (coat)** trenca *f*, montgomery *m* (CS)

duffel bag *n* talego *m*, bolso *m* marinero (RPl)

duffer /'dʌfər || 'dʌfə(r)/ *n* (colloq) inútil *mf*, zoquete *mf* (fam), chambón, -bona *m,f* (AmL fam)

duffle /'dʌfəl/ *n* ▸ **duffel**

dug /dʌg/ *past & past p of* **dig¹**

dugout /'dʌgaʊt/ *n*

A (Mil) refugio *m* subterráneo

B **~ (canoe)** piragua *f*

C (in baseball) dogaut *m*, caseta *f*

duke /du:k || dju:k/ *n* duque *m*

dukedom /'du:kdəm || 'dju:kdəm/ *n* ducado *m*

dulcet /'dʌlsət || 'dʌlsɪt/ *adj* (liter *or* iro) dulce; **I could hear her ~ tones** (iro) oía su dulce voz (iró)

dull¹ /dʌl/ *adj*

A **1** (not bright) ‹*color*› apagado; ‹*light/glow*› pálido; ‹*eyes/complexion*› sin brillo **2** (not shiny) ‹*finish*› mate; ‹*hair*› sin brillo **3** (overcast) ‹*day/morning*› gris, feo; **it's rather ~ out today** hoy está bastante nublado

B (boring) ‹*speech/person*› aburrido

C **1** ‹*faculties*› torpe, lerdo; ‹*pain/ache*› sordo; ‹*sound*› sordo, amortiguado **2** ‹*edge/blade*› romo, embotado

dull² *vt* **1** (make less bright) ‹*color/surface*› quitar el brillo a, opacar* **2** (make less sharp) ‹*pain*› aliviar, calmar; ‹*senses*› entorpecer*, embotar

dullard /'dʌlərd / *n* (arch *o* liter) zopenco, -ca *m,f* (fam)

dully /'dʌlli/ *adv* **1** (dimly) ‹*glow/shine*› débilmente, pálidamente **2** (boringly) ‹*talk/write*› de manera aburrida

duly /'du:li || 'dju:li/ *adv* **1** (as expected, planned): **permission was ~ granted** el permiso fue concedido, como era de esperar; **he ~ arrived at four** llegó a las cuatro, como estaba previsto **2** (correctly, properly) debidamente; **your comments have been ~ noted** se ha tomado debida nota de sus observaciones

dumb /dʌm/ *adj*

A **1** (unable to speak) mudo; **she's deaf and ~** es sordomuda; **~ animals** los animales **2** (temporarily silent): **to be struck ~** quedarse mudo *or* sin habla

B (stupid) (colloq) bobo (fam); **to act ~** hacerse* el tonto

dumb: **~bell** *n* pesa *f*, mancuerna *f*; **~found** /'dʌm'faʊnd/ *vt* (*usu pass*) anonadar; **we were ~founded at the news** la noticia nos dejó anonadadas; **~struck** *adj* estupefacto; **~waiter** /'dʌm'weɪtər || ˌdʌm'weɪtə(r)/ *n* (elevator) montaplatos *m*; (table) mesita *f* rodante

dummy¹ /'dʌmi/ *n*

A **1** (in window display, for dressmaker) maniquí *m* **2** (in tests, stunts) muñeco *m*; **ventriloquist's ~** muñeco de ventrílocuo **3** (in US football) domi *m*

B (for baby) (BrE) ▸ **pacifier**

C (fool) (colloq) bobo, -ba *m,f* (fam)

D (in bridge, whist) mano *f* del muerto; (player) muerto *m*

dummy² *adj* **1** (imitation) ‹*gun/telephone*› de juguete; **a ~ package** un paquete vacío **2** (Busn) ‹*shareholder*› que actúa como testaferro; **a ~ firm** una empresa fantasma

dummy run *n* (BrE colloq) ensayo *m*, prueba *f*

dump¹ /dʌmp/ *n*

A (place for waste) vertedero *m* (de basura), basural *m* (AmL), tiradero *m* (Méx)

B (temporary store) (Mil) depósito *m*

C (unpleasant place) (colloq) lugar *m* de mala muerte

D **dumps** *pl n* (colloq): ***to be (down) in the ~s*** estar* *or* andar* con la depre (fam)

dump² *vt*

A **1** (get rid of) ‹*waste/refuse*› tirar, botar (AmL exc RPl) **2** (Busn) **to ~ goods/products** inundar el mercado con mercancías/productos a bajo precio **3** ‹*boyfriend/girlfriend*› (colloq) plantar (fam), botar (AmS exc RPl fam), largar* (RPl fam)

B **1** (set on ground) ‹*load/sand*› descargar*, verter*; **he ~ed the bags (down) beside the car** plantó las maletas junto al coche (fam); **where can I ~ my things?** (colloq) ¿dónde puedo dejar *or* poner mis cosas? **2** (Comput) ‹*data/disks*› volcar*

■ **dump** *vi* (Comput) volcar*

dumper (truck) /'dʌmpər || 'dʌmpə(r)/ *n* ▸ **dump truck**

dumping /'dʌmpɪŋ/ *n* [u]

A (of waste): **⊘ no dumping** prohibido arrojar *or* tirar basura; **the ~ of nuclear waste** el vertido de residuos nucleares

B (Busn) dumping *m*

dumping ground *n* vertedero *m*, basural *m* (AmL), tiradero *m* (Méx)

dumpling /'dʌmplɪŋ/ *n*: *bola de masa que se come en sopas o guisos*; **apple ~** *manzana al horno, envuelta en masa*

Dumpster® /'dʌmpstər || 'dʌmpstə(r)/ *n* (AmE) contenedor *m* (*para escombros*)

dump truck *n* volquete *m*, camión *m* volteador (RPl) *or* (Méx) de volteo, volqueta *f* (Col)

dumpy /'dʌmpi/ *adj* **-pier, -piest** regordete

dun /dʌn/ *adj* pardo

dunce /dʌns/ *n* (pej) burro, -rra *m,f*

dunce cap, (BrE) **dunce's cap** *n* capirote *m*, orejas *fpl* de burro

dune /du:n || dju:n/ *n* duna *f*

dung /dʌŋ/ *n* [u] **1** (feces) boñiga *f*, bosta *f* **2** (manure) (esp BrE) estiércol *m*

dungarees /'dʌŋgə'ri:z/ *pl n* (workman's) overol *m*; (fashion) pantalón *m* de peto

dungeon /'dʌndʒən/ *n* mazmorra *f*, calabozo *m*

dungheap /'dʌŋhi:p/, **dunghill** /-hɪl/ *n* estercolero *m*

dunk /dʌŋk/ *vt* ‹*cake/cracker*› (re)mojar

dunno /də'nəʊ/ (colloq): **(I) ~** no sé, ni idea (fam)

duo /'du:əʊ || 'dju:əʊ/ *n* (*pl* **-os**) dúo *m*

duodenal /'du:ə'di:nl || ˌdju:ə'di:nl/ *adj* duodenal

duodenum /'du:ə'di:nəm / *n* duodeno *m*

dupe¹ /du:p || dju:p/ *vt* **to ~ sb** (INTO -ING) engañar *or* embaucar* a algn (PARA QUE + *subj*)

dupe² *n* inocentón, -tona *m,f*, primo, -ma *m,f* (Esp fam)

duplex /'du:pleks || 'dju:pleks/ *n* (AmE) **~ (apartment)** dúplex *m*; **~ (house)** *casa de dos viviendas adosadas*

duplicate¹ /'du:plɪkət || 'dju:plɪkət/ *adj* (*before n*): **a ~ copy** un duplicado; **a ~ key** un duplicado *or* una copia de una llave

duplicate² /'du:plɪkət || 'dju:plɪkət/ *n* duplicado *m*, copia *f*; **in ~** por duplicado

duplicate³ /'du:plɪkeɪt || 'dju:plɪkeɪt/ *vt* **1** (copy) ‹*letter/document*› hacer* copias de **2** (repeat) ‹*work/efforts*› repetir* (*en forma innecesaria*)

duplicating machine /'du:plɪkeɪtɪŋ || 'dju:plɪkeɪtɪŋ/ *n* mimeógrafo *m*, multicopista *f*

duplication /'du:plɪ'keɪʃən || ˌdju:plɪ'keɪʃən/ *n* [u] **1** (of document) copia *f*, duplicación *f* **2** (of effort, work) repetición *f* (innecesaria)

duplicator /'du:plɪkeɪtər / *n* ▸ **duplicating machine**

duplicity /dʊ'plɪsəti || dju:'plɪsəti/ *n* [u] (frml) duplicidad *f*

durability /'dʊrə'bɪləti || ˌdjʊərə'bɪləti/ *n* [u] durabilidad *f*

durable /'dʊrəbəl || 'djʊərəbəl/ *adj* durable; **~ goods** (Busn) bienes *mpl* (de consumo) duraderos

durables /'dʊrəbəlz || 'djʊərəbəlz/ *pl n* bienes *mpl* (de consumo) duraderos

duration /dʊ'reɪʃən || 'djʊə'reɪʃən/ *n* [u] duración *f*; **for the ~ of the conference** mientras dure la conferencia; **for the ~** (Mil) mientras dure la guerra

d

d

duress /dʊ'res || djʊə'res/ *n* [u]: **under ~** bajo coacción

Durex® /'djʊreks || 'djʊəreks/ *n*
A [c] (condom) (BrE) preservativo *m*, condón *m*
B [u] (Austral) ▸**Scotch tape**®

during /'dʊrɪŋ || 'djʊərɪŋ/ *prep* durante; **you never see them ~ the day** nunca se los ve durante el día *or* de día; **~ his lifetime he was relatively unknown** en vida no fue muy conocido; **she'll call ~ the week** llamará durante la semana

dusk /dʌsk/ *n* [u] anochecer *m*; **at ~** al anochecer

dusky /'dʌski/ *adj* **-kier, -kiest** ‹*complexion*› moreno; ‹*pink*› oscuro

dust[1] /dʌst/ *n*
A [u] (particles of matter) polvo *m*; **gold ~** oro *m* en polvo; **the horses raised a cloud of ~** los caballos levantaron una polvareda; **ashes to ashes, ~ to ~** (liter) polvo eres y en polvo te convertirás; **to gather ~** llenarse de polvo; ***as dry as ~*** árido; ***to bite the ~*** «*person*» morder* el polvo; «*project/plan*» irse* a pique; ***not to see sb for ~*** (colloq): **mention work and you won't see him for ~** basta hablarle de trabajo para que ponga los pies en polvorosa; ***when the ~ has settled*** cuando haya pasado la tormenta; ***to shake the ~ off one's feet*** largarse* hecho una furia
B (dusting) (*no pl*): **to give sth a ~** sacarle* *or* limpiarle el polvo a algo

dust[2] *vt*
A (remove dust from): **to ~ the furniture** quitarles el polvo a los muebles, sacudir los muebles (CS, Méx)
B (sprinkle) **to ~ sth (WITH sth)** espolvorear algo (CON algo); **she ~ed her feet with talcum powder** se echó *or* se puso talco en los pies

(Phrasal verbs)
- **dust down** [v ▸ o ▸ adv] sacudirle el polvo a
- **dust off** [v ▸ o ▸ adv, v ▸ adv ▸ o] **1** ‹*table/shelf*› quitarle el polvo a, sacudir (CS, Méx); ‹*dirt*› quitar **2** (revive) desempolvar

dust: **~bin** /'dʌstbɪn, 'dʌsbɪn/ *n* (BrE) cubo *m* *or* (CS, Per) tacho *m* *or* (Méx) tambo *m* *or* (Col) caneca *f* *or* (Ven) tobo *m* de la basura; **~bin man** *n* (BrE) ▸**dustman**; **~ bowl** *n*: *terreno semidesértico expuesto a la erosión causada por el viento*; **~cart** /'dʌstkɑːrt, 'dʌskɑːrt || 'dʌstkɑːt, dʌskɑːt/ *n* (BrE) camión *m* de la basura; **~ cloth** *n* (AmE) trapo *m* del polvo, trapo *m* de sacudir (CS, Méx), sacudidor *m* (Méx); **~ cover** *n* **1** (for furniture) funda *f* (*para proteger del polvo*) **2** (hard cover) tapa *f*; (flexible cover) funda *f* **3** (dust jacket) sobrecubierta *f*

duster /'dʌstər || 'dʌstə(r)/ *n*
A (Clothing) (housecoat) (AmE) guardapolvo *m*
B (BrE) **1** (for blackboard) borrador *m* **2** ▸**dust cloth**

dust: **~ jacket** *n* sobrecubierta *f*; **~man** /'dʌstmən, 'dʌsmən/ *n* (*pl* **-men** /-mən/) (BrE) basurero *m*; **~pan** /'dʌstpæn, 'dʌspæn/ *n* pala *f*, recogedor *m*; **~ rag** *n* ▸**dust cloth**; **~sheet** /'dʌstʃiːt, 'dʌsʃiːt/ *n* (BrE) ▸**dust cover 1**; **~ storm** *n* tormenta *f* de polvo; **~up** *n* (colloq) pelea *f*; **to have a ~up** pelearse

dusty /'dʌsti/ *adj* **-tier, -tiest** ‹*furniture*› cubierto de polvo; ‹*road/plain*› polvoriento; **to get ~** llenarse de polvo, empolvarse

Dutch[1] /dʌtʃ/ *adj* holandés; ***to go ~*** pagar* a escote (fam), pagar* *or* ir* a la americana (AmL), pagar* *or* ir* a la inglesa (Chi fam)

Dutch[2] *n* **1** [u] (language) holandés *m* **2** (people) (+ *pl vb*) **the ~** los holandeses

Dutch: **~ cap** *n* (BrE) diafragma *m*; **~ courage** *n* [u] (colloq) *valentía o arrojo que se debe a la ingestión de una bebida alcohólica*; **~ elm disease** *n* [u] grafiosis *f* del olmo; **~man** /'dʌtʃmən/ *n* (*pl* **-men** /-mən/) holandés *m*; **~woman** *n* holandesa *f*

dutiable /'duːtiəbəl || 'djuːtiəbəl/ *adj* sujeto a derechos arancelarios

dutiful /'duːtifəl / *adj* consciente de sus deberes

dutifully /'duːtifəli || 'djuːtifəli/ *adv* diligentemente

duty /'duːti || 'djuːti/ *n* (*pl* **duties**)
A [c u] (obligation) deber *m*, obligación *f*; **to do one's ~ (by sb)** cumplir con su (*or* mi *etc*) deber *or* obligación (para con algn); **she made it her ~ to ...** se impuso la obligación de ...; (*before n*) **~ call** *o* **visit** visita *f* de cumplido
B [u] **1** (service) servicio *m*; **to do night ~** hacer* el turno nocturno; **to do ~ as sth** hacer* las veces de algo, servir* de algo **2** (in phrases) **to be on/off ~** «*nurse/doctor*» estar*/no estar* de turno *or* guardia; «*policeman/fireman*» estar*/no estar* de servicio; (*before n*) **~ officer** oficial *mf* de servicio; **~ roster** lista *f* de guardias **3** **duties** *pl n* (responsibilities) (frml) funciones *fpl*, responsabilidades *fpl*
C [c u] (Tax) (*often pl*) impuesto *m*; **to pay ~ on sth** pagar* impuestos sobre algo

duty-free[1] /'duːti'friː || ˌdjuːti'friː/ *adj* libre de impuestos

duty-free[2] *adv* sin pagar impuestos

duty-free shop *n* duty free *m*, tienda *f* libre de impuestos

duvet /'duːveɪ/ *n* (BrE) edredón *m* (nórdico); (*before n*) **~ cover** funda *f* de edredón

DVD *n* **1** = **digital versatile disc** **2** = **digital video disc**

'd've /dəv/ = **would have**

dwarf[1] /dwɔːrf || dwɔːf/ *n* (*pl* **~s** *or* **dwarves** /dwɔːrvz/) enano, -na *m,f*; (*before n*) ‹*tree/species*› enano

dwarf[2] *vt* ‹*building*› hacer* parecer pequeño; **her achievements ~ those of her rivals** sus logros eclipsan los de sus rivales

dwell /dwel/ (*past & past p* **dwelt** *or* **dwelled**) *vi* (liter) morar (liter), vivir

(Phrasal verb)
- **dwell on** [v ▸ prep ▸ o]: **try not to ~ on the past** trata de no pensar demasiado en el pasado; **the documentary ~s excessively on ...** el documental se detiene demasiado *or* hace demasiado hincapié en ...

-dweller /ˌdwelər || ˌdwelə(r)/ *suff*: **city~s** la gente que vive en la ciudad

dwelling /'dwelɪŋ/ *n* **1** (habitation) (liter) morada *f* (liter) **2** (house) (frml) vivienda *f*

dwelt /dwelt/ *past & past p of* **dwell**

dwindle /'dwɪndl̩/ *vi* **1** «*numbers/population*» disminuir*, menguar*, reducirse*; **to ~ away to nothing** irse* reduciendo hasta quedar en la nada **2** **dwindling** *pres p*: **dwindling resources** recursos *mpl* cada vez más limitados

dye[1] /daɪ/ *n* tintura *f*, tinte *m*

dye[2] **dyes, dyeing, dyed** *vt* ‹*clothes*› teñir*; **she ~s her hair blonde** se tiñe el pelo de rubio

dyed-in-the-wool /'daɪdɪnðə'wʊl/ *adj* (*before n*) recalcitrante

dyer /'daɪər || 'daɪə(r)/ *n* tintorero, -ra *m,f*

dying[1] /'daɪɪŋ/ *adj* (*before n*) **1** (near death, extinction) ‹*person/animal*› moribundo, agonizante; ‹*race/art*› en vías de extinción **2** (related to time of death) ‹*wish/words/breath*› último, postrero (liter); **to my/his ~ day** hasta el fin de mis/sus días

dying[2] *pl n* **the ~** los moribundos

dyke /daɪk/ *n*
A ▸**dike A**
B (lesbian) (sl & often pej) tortillera *f* (arg)

dynamic /daɪ'næmɪk/ *adj* dinámico

dynamics /daɪ'næmɪks/ *n*
A (+ *sing vb*) (Phys) dinámica *f*
B (+ *pl vb*) (forces for change) dinámica *f*

dynamism /'daɪnəmɪzəm/ *n* [u] dinamismo *m*

dynamite[1] /'daɪnəmaɪt/ *n* dinamita *f*; **these latest disclosures are political ~** estas nuevas revelaciones son políticamente explosivas

dynamite[2] *vt* dinamitar, volar* con dinamita

dynamo /'daɪnəməʊ/ *n* (*pl* **-mos**) dínamo *m* *or* dinamo *m* (AmL), dinamo *f* *or* dínamo *f* (Esp)

dynasty /'daɪnəsti || 'dɪnəsti/ *n* (*pl* **-ties**) dinastía *f*

dysentery /'dɪsn̩teri || 'dɪsəntri/ *n* [u] disentería *f*

dysfunction /dɪs'fʌŋkʃən/ *n* [u c] disfunción *f*

dysfunctional /dɪs'fʌŋkʃn̩əl / *adj* disfuncional

dyslexia /dɪs'leksiə/ *n* [u] dislexia *f*

dyslexic /dɪs'leksɪk/ *adj* disléxico

dyspepsia /dɪs'pepsiə/ *n* [u] dispepsia *f*

Ee

E, **e** /iː/ *n* 1 (letter) E, e *f* 2 (Mus) mi *m*; *see also* **A A2**

E (= **east**) E

each¹ /iːtʃ/ *adj* cada *adj inv*; **~ one of us/them** cada uno de nosotros/ellos; **~ child received a gift** cada niño recibió un regalo

each² *pron*

A 1 cada uno, cada una; **I'll have a little of ~, please** sírveme un poco de cada uno, por favor 2 **each of**: **~ of the houses is slightly different** cada una de las casas es ligeramente diferente; **he questioned ~ of them in turn** les preguntó uno por uno 3 (*after n, pron*): **they ~ received a gift** cada uno recibió un regalo

B **each other**: **they hate ~ other** se odian; **they are always criticizing ~ other** siempre se están criticando el uno al otro; (if more than two people) siempre se están criticando unos a otros; **their respect/contempt for ~ other** su mutuo respeto/desprecio, el respeto/desprecio que sienten el uno por el otro; **we read ~ other's books** cada uno lee los libros del otro

each³ *adv*: **we were paid $10 ~** nos pagaron 10 dólares a cada uno; **the apples are 20 cents ~** las manzanas valen 20 centavos por pieza *or* cada una

eager /ˈiːgər || ˈiːgə(r)/ *adj* (excited, impatient) impaciente, ansioso; (keen) entusiasta; **she looked at their ~ faces** miró sus caras llenas de ilusión; **she's ~ to learn** tiene muchos deseos *or* muchas ganas de aprender; **he's ~ to please** está deseoso de complacer; **to be ~ FOR sth**: **she is ~ for change** tiene muchos deseos de cambio

eagerly /ˈiːgərli || ˈiːgəli/ *adv* ‹*accept/agree*› con entusiasmo; ‹*await*› ansiosamente, con ansiedad e impaciencia; ‹*listen/read*› con avidez

eagerness /ˈiːgərnəs || ˈiːgənɪs/ *n* [u] entusiasmo *m*; (impatience) impaciencia *f*; **~ to + INF**: **her ~ to please** su afán de agrado

eagle /ˈiːgəl/ *n* (Zool) águila *f*‡

eagle: **~ eye** *n* mirada *f* escrutadora, ojo *m* de lince; **~-eyed** /ˈiːgəlˈaɪd/ *adj* con ojos de lince

ear /ɪr || ɪə(r)/ *n*

A 1 (Anat) oreja *f*; (organ) oído *m*; **the inner/middle/outer ~** el oído interno/medio/externo; ***her ~s must be burning*** le deben estar ardiendo las orejas *or* zumbando los oídos; ***to be all ~s*** ser* todo oídos; ***to be wet behind the ~s*** estar* verde, no tener* experiencia; ***to fall down about o around one's ~s***: **the house is falling down around our ~s** la casa se nos está viniendo abajo *or* cayendo a pedazos; ***to fall on deaf ~s*** caer* en oídos sordos; ***to give sb a thick ~*** (colloq) darle* una torta *or* un moquete a algn (fam); ***to go in one ~ and out the other*** (colloq): **it just goes in one ~ and out the other** me/te/le entra por un oído y me/te/le sale por el otro; ***to have/keep one's ~ to the ground*** mantenerse* atento; ***to lend an ~ to sb*** prestarle atención a algn; ***to prick up one's ~s*** «*person*» aguzar* el oído, parar la(s) oreja(s) (AmL fam); (lit) «*dog/horse*» levantar *or* (AmL) parar las orejas; ***to set sth on its ~*** (AmE) causar revuelo en algo, revolucionar algo; ***to turn a deaf ~ to sb/sth*** hacer* oídos sordos a algn/algo 2 (sense of hearing) (*no pl*) oído *m*; **to have a good ~ for music/languages** tener* oído para la música/los idiomas; **to play sth by ~** tocar* algo de oído; ***to play it by ~***: **I don't know what I'm going to say, I'll just have to play it by ~** no sé que voy a decir, ya veré llegado el momento *or* sobre la marcha

B (of corn) espiga *f*

ear: **~ache** *n* [u c] dolor *m* de oído; **~drops** *pl n* gotas *fpl* para los oídos; **~drum** *n* tímpano *m*

earful /ˈɪrfʊl || ˈɪəfʊl/ *n* (colloq): **my mother gave me an ~** mi madre me echó un rapapolvo *or* (RPl) me cafeteó (fam)

earl /ɜːrl || ɜːl/ *n* conde *m*

earlobe /ˈɪrləʊb || ˈɪələʊb/ *n* lóbulo *m* de la oreja

early¹ /ˈɜːrli || ˈɜːli/ *adj* **-lier, -liest**

A (before expected time) ‹*arrival/elections*› anticipado; **to be ~** «*person*» llegar* temprano; «*baby*» adelantarse; **we were 20 minutes ~** llegamos con 20 minutos de adelanto; **the bus was ~** el autobús pasó (*or* salió *etc*) antes de la hora

B 1 (before normal time): **to have an ~ night/lunch** acostarse*/comer temprano; **~ retirement** jubilación *f* anticipada 2 ‹*crop/variety*› temprano, tempranero

C (far back in time): **~ man** el hombre primitivo; **his earliest memories** sus primeros recuerdos

D (toward beginning of period): **it's too ~ to tell** es demasiado pronto para saber; **at an ~ stage** en una etapa temprana; **in the ~ hours of the morning** en las primeras horas de la mañana, de madrugada; **in ~ June** a principios *or* a comienzos de junio; **in ~ childhood** en la primera infancia; **from an ~ age** desde pequeño, desde temprana edad (liter); **he was in his ~ twenties** tenía poco más de veinte años; **we caught an earlier train** tomamos un tren que salía más temprano

E (in near future) pronto; **at the earliest possible moment** lo antes *or* lo más pronto posible

early² *adv* **-lier, -liest**

A (before expected time) temprano; **the baby arrived two weeks ~** el niño se adelantó dos semanas

B (before usual time) temprano, pronto (Esp)

C (long ago): **it was known as ~ as 200 BC** ya se sabía en el año 200 A.C.

D (toward beginning of period): **~ in the morning/afternoon** por la mañana/tarde temprano; **~ in the week/year** a principios de semana/año; **~ (on) in her career** en los comienzos de su carrera; **book ~** haga su reserva cuanto antes

E (soon) pronto; **they won't be here till nine at the earliest** por temprano que lleguen no estarán aquí antes de las nueve

ear: **~mark** *vt* ‹*money/funds*› destinar; **~muffs** *pl n* orejeras *fpl*

earn /ɜːrn || ɜːn/ *vt*

A ‹*money/wages*› ganar; ‹*interest*› dar*, devengar* (frml)

B ‹*respect/gratitude*› ganarse; ‹*promotion*› ganar

■ **earn** *vi* (esp BrE) trabajar, ganar dinero

earned income /ɜːrnd || ɜːnd/ *n* ingresos *mpl* en concepto de salario *or* sueldo, ingresos *mpl* por trabajo personal (Esp)

earner /ˈɜːrnər || ˈɜːnə(r)/ *n* 1 (person): **she's the major/sole ~ in the family** es la que más dinero gana de la familia/es la única que gana dinero en la familia 2 (source of income) (BrE colloq): **it's a nice little ~** ese negocio me/te/le gana un buen dinerito (fam)

earnest¹ /ˈɜːrnəst || ˈɜːnɪst/ *adj* 1 (sincere) (frml) ‹*effort/attempt*› serio, concienzudo; ‹*wish*› ferviente 2 (serious) serio; **he's terribly ~** se lo toma todo muy en serio

earnest² *n* **in ~** en serio; **work has begun in ~** el trabajo ha empezado en serio *or* de verdad

earnestly /'ɜːrnəstli || 'ɜːnɪstli/ *adv* ‹*speak/look*› con seriedad; ‹*desire/believe*› (frml) de todo corazón

earnings /'ɜːrnɪŋz || 'ɜːnɪŋz/ *pl n* ingresos *mpl*

earnings-related /'ɜːrnɪŋzrɪ'leɪtəd || ˌɜːnɪŋzrɪ'leɪtɪd/ *adj* (BrE) proporcional al sueldo

ear: **~phone** *n* audífono *m*; **~piece** *n* (of phone) auricular *m*, tubo *m* (RPl); **~piercing** *n* [u] *perforación del lóbulo de la oreja*; **~plug** *n* tapón *m* para el oído; **~ring** *n* arete *m* (AmL), aro *m* (CS), pendiente *m* (Esp), caravana *f* (Ur); **~shot** *n*: **to be within/out of ~shot** estar*/no estar* lo suficientemente cerca como para oír; **~splitting** /'ɪːrˌsplɪtɪŋ || 'ɪəˌsplɪtɪŋ/ *adj* ‹*scream*› estridente, que rompe los tímpanos; ‹*noise*› ensordecedor

earth¹ /ɜːrθ || ɜːθ/ *n*

A [u] **1** (Astron, Relig) tierra *f*; **the ~** *o* **E~** la Tierra; **nothing on ~ would make me do it** no lo haría por nada del mundo; **you look like nothing on ~ with that new hairdo** (colloq) ese peinado te queda espantoso; ***to cost the ~*** (BrE colloq) costar* un ojo de la cara (fam); ***to promise the ~*** prometer el oro y el moro **2** (*as intensifier*): **why on ~ didn't you warn me?** ¿por qué diablos *or* demonios no me avisaste?; **who on ~ would do that?** ¿a quién puede ocurrírsele hacer eso?

B [u] **1** (land, the ground) tierra *f*; ***to bring sb (back) down to ~*** hacer* bajar de las nubes a algn; ***to come down to ~*** bajar de las nubes, poner* los pies sobre la tierra **2** (soil) tierra *f*

C [u] (BrE Elec) tierra *f*

D [c] (burrow, hole) madriguera *f*; ***to go to ~*** «*person*» esconderse; ***to run sb/sth to ~*** dar* con algn/algo

earth² *vt* (BrE Elec) conectar a tierra

earthenware /'ɜːrθənwer || 'ɜːθənweə(r)/ *n* [u] (material) barro *m* (cocido); (dishes) vajilla *f* de barro (cocido)

earthly¹ /'ɜːrθli || 'ɜːθli/ *adj* **1** (worldly) ‹*life*› terrenal, terreno; **all her ~ possessions** todo lo que poseía (*or* posee *etc*) en este mundo **2** (*as intensifier*) (colloq): **it's no ~ use asking her** es inútil preguntarle

earthly² *n* (BrE colloq) **1** (chance): **you don't have** *o* **stand an ~ against her** no tienes ni la más remota posibilidad de ganarle **2** (idea): **I haven't got an ~** no tengo ni la menor *or* ni la más remota idea

earth: **~-moving equipment** /'ɜːrθmuːvɪŋ || 'ɜːθmuːvɪŋ/ *n* maquinaria *f* excavadora; **~quake** *n* terremoto *m*; **~shaking** /'ɜːrθˌʃeɪkɪŋ || 'ɜːθˌʃeɪkɪŋ/, **~-shattering** *adj* ‹*event/news*› que causa conmoción; **~work** *n* (*usu pl*) (bank) terraplén *m*; **~worm** *n* lombriz *f* (de tierra)

earthy /'ɜːrθi || 'ɜːθi/ *adj* **-thier, -thiest** **1** ‹*shade*› terroso; ‹*taste/smell*› a tierra **2** ‹*person*› llano, campechano; ‹*humor*› desenfadado, directo

earwax /'ɪrwæks || 'ɪəwæks/ *n* [u] cerilla *f*, cerumen *m*

earwig /'ɪrwɪg || 'ɪəwɪg/ *n* tijereta *f*, cortapicos *m*

ease¹ /iːz || iːz/ *n* [u]

A (facility) facilidad *f*; **~ of operation/reference** facilidad de manejo/consulta; **for ~ of access** para facilitar el acceso; **with ~** fácilmente, con facilidad

B **1** (freedom from constraint): **at ~** a gusto; **I don't feel at ~ with her** con ella no me siento a gusto; **to put sb at his/her ~** hacer* que algn se sienta a gusto *or* se relaje; **to put/set sb's mind at ~** tranquilizar* a algn **2** (Mil): **(stand) at ~!** ¡descansen!

C (leisure): **a life of ~** una vida desahogada

ease² *vt*

A **1** (relieve) ‹*pain*› calmar, aliviar; ‹*tension*› hacer* disminuir, aliviar; ‹*burden*› aligerar; **to ~ sb's mind** tranquilizar* a algn; **he did it to ~ his conscience** lo hizo para descargarse la conciencia **2** (make easier) ‹*situation*› paliar, mejorar; ‹*transition*› facilitar; **to ~ the way for sth** preparar el terreno para algo

B **1** ‹*rules/restrictions*› relajar **2** ‹*belt/rope*› aflojar

C (move with care) (+ *adv compl*): **they ~d him into the wheelchair** lo sentaron con cuidado en la silla de ruedas; **he ~d the key into the lock** introdujo la llave en la cerradura con cuidado *or* cuidadosamente

■ **ease** *vi* «*pain*» aliviarse, calmarse; «*tension*» disminuir*, decrecer*

(Phrasal verbs)

• **ease off** [v ▸ adv] «*rain*» amainar; «*pain*» aliviarse, calmarse; «*pressure/traffic*» disminuir*

• **ease up** [v ▸ adv] (slacken pace — of life) tomarse las cosas con más calma; (— of work, activity) bajar el ritmo

easel /'iːzəl/ *n* caballete *m*

easily /'iːzəli || 'iːzɪli/ *adv*

A **1** (without difficulty) fácilmente, con facilidad; **he's ~ fooled** es fácil de engañar; **it's ~ obtainable** se consigue sin problemas; **it's ~ done** es fácil que suceda eso; **languages come ~ to him** tiene facilidad para los idiomas **2** (readily) ‹*break/stain/cry*› con facilidad; **you gave up too ~** te diste por vencido demasiado pronto

B **1** (by far) con mucho, fácil (fam), (de) lejos (AmL fam); **there's ~ enough for everybody** hay de sobra para todos **2** (at least) por lo menos, fácil (fam); **it must have cost ~ $100** debe de haber costado por lo menos $100

C (very conceivably) perfectamente, fácilmente

easiness /'iːzinəs || 'iːzɪnɪs/ *n* [u] **1** (of task) lo fácil, facilidad *f* **2** (of manner, movement) soltura *f*, naturalidad *f*

easing /'iːzɪŋ/ *n*: **an ~ of tension between the two countries** un relajamiento de la tensión entre los dos países; **the ~ of traffic congestion** la descongestión del tráfico

east¹ /iːst/ *n* [u]

A **1** (point of the compass, direction) este *m*; **the ~, the E~** el este, el Este; **to the ~ of the city** al este de la ciudad; **~-north~** estenoreste **2** (region) **the ~, the E~** el este; **a town in the ~ of England** una ciudad del este *or* en el este de Inglaterra

B **the East** (the Orient) (el) Oriente; (the Communist bloc) (Hist, Pol) el Este

C **East** (in bridge) Este *m*

east² *adj* (*before n*) este *adj inv*, oriental; ‹*wind*› del este

east³ *adv* al este; **~ OF sth** al este DE algo; **it is ~ of Dallas** está al este de Dallas; **back ~** (in US) en el este, en los estados del Este

east: **~bound** *adj* que va (*or* iba *etc*) en dirección este *or* hacia el este; **~ End** *n* (in UK) **the E~ End (of London)** *barrio del este de Londres de tradición obrera*; **~ender** /'iːst'endər || ˌiːst'endə(r)/ *n* (in UK) *persona que vive o ha nacido en el* **E~ End**

Easter /'iːstər || 'iːstə(r)/ *n* Pascua *f* (de Resurrección); (*before n*) **~ Day** *o* **Sunday** (el) Domingo de Pascua *or* Resurrección; **~ egg** huevo *m* de Pascua; **~ Monday** (el) lunes de Pascua; **~ week** Semana *f* Santa; **the ~ vacation** las vacaciones de Semana Santa

easterly /'iːstərli || 'iːstəli/ *adj* ‹*wind*› del este; **in an ~ direction** hacia el este *or* en dirección este

eastern /'iːstərn || 'iːstən/ *adj* **1** (Geog) (*before n*) oriental, este *adj inv*; **the ~ areas of the country** las zonas orientales *or* este del país; **heavy rain over ~ England** fuertes lluvias en *or* sobre el este de Inglaterra; **the ~ states** los estados del este; **E~ Europe** Europa Oriental *or* del Este **2** (oriental) ‹*appearance/custom*› oriental

Easterner, easterner /'iːstərnər || 'iːstənə(r)/ *n*: *nativo o habitante del este del país o de la región*

easternmost /'iːstərnməʊst || 'iːstənməʊst/ *adj* (*before n*) ‹*town/island*› más al este; **the ~ tip of the island** el extremo este *or* oriental de la isla

eastward¹ /'iːstwərd || 'iːstwəd/, **eastwardly** /-li/ *adj* (*before n*): **in an ~ direction** en dirección este, hacia el este

eastward², (BrE) **eastwards** /-z/ *adv* ‹*travel/turn*› hacia el este; **~ OF sth** al este DE algo

easy¹ /'iːzi/ *adj* **easier, easiest**

A (not difficult) fácil; **it's very ~ to do** es muy fácil de hacer; **it's ~ to see that ...** es fácil ver que ...; **~ money** dinero *m* fácil, plata *f* (AmS fam) fácil *or* dulce (AmL fam); **to take the ~ way out** optar por el camino fácil; **that's ~ for you to say** se dice muy fácil, es fácil hablar; **she was an ~ winner** ganó sin problemas

B (undemanding) ‹*life*› fácil, desahogado; **~ terms** (Busn) facilidades de pago; **to be ~ on the eye/ear** ser* agradable a la vista/al oído

C **1** (lenient): **to be ~ ON sb** ser* poco exigente *or* severo CON algn [2] (without strong opinion) (esp BrE colloq) (*pred*): **I'm ~** me da igual *or* lo mismo

easy² *adv*

A (without difficulty): **love/money doesn't come ~** el amor/dinero no es fácil de conseguir; ***~ come, ~ go*** así como viene se va

B [1] (slowly, calmly) despacio, con calma; **~ does it** despacito; **to take it/things ~** tomárselo/tomarse las cosas con calma [2] (sparingly): **go ~ on** *o* **with the sugar** no te pases *or* (Méx) llévatela suave con el azúcar (fam) [3] (leniently): **go ~ on him** no seas muy duro con él

easy: **~ chair** *n* sillón *m*, poltrona *f*, butaca *f*; **~going** /'i:zi'gəʊɪŋ/ *adj*: **she's very ~going** es una persona de trato fácil *or* sin complicaciones; **the new teacher is fairly ~going** el profesor nuevo no es muy exigente *or* (Méx sl) es bastante barco; **~-peasy** /,i:zi'pi:zi/ *adj* (BrE colloq: used to or by children) super fácil (fam), regalado (Chi, Méx, Ven fam), chupado (Esp fam), chiche (AmC fam), botado (Andes fam)

eat /i:t/ (*past* **ate**; *past p* **eaten**) *vt*

A ‹*meal/food*› comer; **I won't ~ you!** (colloq) ¡no te voy a comer!; ***to ~ humble pie*** *o* ***eat dirt*** *o* (AmE) ***crow*** morder* el polvo (fam), tragarse* el orgullo

B (upset, bother) (sl): **what's ~ing her?** ¿a ésta qué le pica *or* qué bicho la picó? (fam)

■ **eat** *vi* comer; **to ~ in/out** comer en casa/(a)fuera; **we usually ~ at 7** solemos cenar a las siete; ***~, drink and be merry*** a beber y a tragar

(Phrasal verbs)

- **eat away** [v ▸ o ▸ adv, v ▸ adv ▸ o] «*rats/mice*» roer*; «*moths*» picar*, comerse; «*acid*» corroer*
- **eat away at** [v ▸ adv ▸ prep ▸ o] «*rats/mice*» roer*; «*moths*» picar*, comerse; «*acid*» corroer*; ‹*savings*› comerse
- **eat into** [v ▸ prep ▸ o] «*acid/rust*» corroer*; ‹*profits/savings*› comerse
- **eat up**

A [v ▸ o ▸ adv, v ▸ adv ▸ o] (finish) ‹*meal/food*› comerse; **~ it all up now!** ¡cómetelo todo!

B [v ▸ adv] (finish meal) terminar (de comer)

C [v ▸ adv ▸ o] (consume) ‹*fuel/electricity*› consumir, gastar

D [v ▸ o ▸ adv] «*curiosity/ambition*» consumir; **she's ~en up with envy** la envidia la carcome, la consume la envidia

eatable /'i:təbəl/ *adj* pasable, comible

eaten /'i:tn/ *past p of* **eat**

eater /'i:tər || 'i:tə(r)/ *n*: **he's a big ~** come mucho, es muy comelón *or* (CS, Esp) comilón (fam); **we're big meat ~s** comemos mucha carne

eatery /'i:təri/ *n* (*pl* **-ries**) (AmE colloq) restaurante *m*

eating /'i:tɪŋ/ *n* [u] (el) comer; **it is/makes very good ~** es muy sabroso; (*before n*) ‹*apple*› de mesa

eats /i:ts/ *pl n* (colloq) comida *f*, manduca *f* (fam)

eau de Cologne /'əʊdəkə'ləʊn/ *n* [u] agua *f*‡ de colonia, colonia *f*

eaves /i:vz/ *pl n* alero *m*

eavesdrop /'ivzdrɑ:p || 'i:vzdrɒp/ *vi* **-pp- to ~ (ON sth/sb)** escuchar (algo/a algn) a escondidas

eavesdropper /'i:vz,drɑ:pər || 'i:vz,drɒpə(r)/ *n*: *persona que escucha las conversaciones de otros*

ebb¹ /eb/ *n* reflujo *m*; **the ~ and flow of the tide** el flujo y reflujo de la marea; **the tide was on the ~** la marea estaba bajando; ***to be at a low ~*** «*person*» estar* decaído; «*diplomatic relations*» estar* en un punto bajo; **his fortunes were at a low ~** atravesaba un mal momento

ebb² *vi* [1] «*tide*» bajar, retroceder; **to ~ and flow** fluir* y refluir*, ir* y venir* [2] (dwindle) decaer*, disminuir*

(Phrasal verb)

- **ebb away** [v ▸ adv]: **his life was ~ing away** se consumía poco a poco; **I felt my strength ~ing away** sentí que me abandonaban las fuerzas

ebb tide *n* reflujo *m*

ebitda *n* = **earnings before interest, taxes, depreciation and amortization** ebitda *m*

Ebonics /e'bɑ:nɪks || e'bɒnɪks/ *n* (+ *sing vb*): *variante del inglés hablada por la población negra norteamericana*

> **Ebonics**
>
> Es una especie de inglés que hablan muchos afroamericanos. Su nombre oficial es *African American Vernacular English (AAVE)*. En 1996 en Oakland, California, fue reconocido como una lengua especial y fue aceptado en los trabajos escritos de los estudiantes. Lo mismo hicieron otros colegios, hasta que en 1998 se abandonó esta práctica ante la insistencia en que los estudiantes hablaran el inglés estándar con el fin de conseguir mejores empleos

ebony /'ebəni/ *n* [u] [1] (wood) ébano *m* [2] (color) color *m* (de) ébano; (*before n*) ‹*hair/skin*› negro como el ébano

ebullient /ɪ'bʌljənt, ɪ'bʊljənt/ *adj* ‹*person*› vivaz, lleno de vida; **he was in an ~ mood** estaba lleno de energía

e-business /'i:,bɪznəs || 'i:,bɪznɪs/ *n* [1] [u] (world of electronic commerce) e-business *m*, negocios *mpl* electrónicos [2] [c] (firm) e-business *m*

EC *n* (= **European Community**) CE *f*

eccentric¹ /ɪk'sentrɪk, ek-/ *adj* excéntrico

eccentric² *n* excéntrico, -ca *m,f*

eccentricity /'eksen'trɪsəti/ *n* [u c] (*pl* **-ties**) excentricidad *f*

ecclesiastic /ɪ'kli:zi'æstɪk/, **-ical** /-ɪkəl/ *adj* eclesiástico

echelon /'eʃəlɑ:n || 'eʃəlɒn/ *n*

A [c u] (Mil) escalón *m*

B [c] **echelons** *pl* (levels): **the upper ~s of the civil service** los niveles más altos del funcionariado (público)

echo¹ /'ekəʊ/ *n* (*pl* **-oes**) eco *m*

echo² *vi* «*footsteps/voices*» hacer* eco, resonar*; **the room ~ed with** *o* **to the sound of laughter** la sala resonaba *or* retumbaba con risas

■ **echo** *vt* [1] (repeat): **to ~ sb's words** repetir* las palabras de algn [2] (express agreement with) ‹*opinion/criticism*› hacerse* eco de

echo sounder /'saʊndər || 'saʊndə(r)/ *n* sonda *f* acústica *or* por eco

eclair /eɪ'kleə(r), ɪ'kleə(r)/ *n*: *pastel individual relleno de crema*

eclampsia /ɪ'klæmpsiə/ *n* [u] eclampsia *f*

eclectic /e'klektɪk || ɪ'klektɪk/ *adj* ecléctico

eclipse¹ /ɪ'klɪps/ *n* eclipse *m*

eclipse² *vt* eclipsar

eco-friendly /,i:kəʊ'frendli/ *adj* ecológico

ecological /'i:kə'lɑ:dʒəkəl || ,i:kə'lɒdʒɪkəl/ *adj* ecológico

ecologically /'i:kə'lɑ:dʒɪkli || ,i:kə'lɒdʒɪkli/ *adv* ecológicamente; (*indep*) desde el punto de vista ecológico, ecológicamente hablando

ecologist /ɪ'kɑ:lədʒəst || i:'kɒlədʒɪst/ *n* (student of ecology) ecólogo, -ga *m,f*; (conservationist) ecologista *mf*

ecology /ɪ'kɑ:lədʒi || ɪ'kɒlədʒi/ *n* [u] ecología *f*

e-commerce /i:'kɑ:mərs || i:'kɒmɜ:s/ *n* comercio *m* electrónico, e-comercio *m*

economic /'ekə'nɑ:mɪk, 'i:k- || ,i:kə'nɒmɪk, ,ek-/ *adj* [1] ‹*development/growth/policy*› económico [2] (profitable) (BrE) ‹*rent*› rentable

economical /'ekə'nɑ:mɪkəl, 'i:k- || ,i:kə'nɒmɪkəl, ,ek-/ *adj* económico

economically /'ekə'nɑ:mɪkli, 'i:k- || ,i:kə'nɒmɪkli, ,ek-/ *adv* [1] ‹*sound/secure*› económicamente; (*indep*) desde el punto de vista económico [2] (thriftily) ‹*use*› de manera económica

economics /'ekə'nɑ:mɪks, 'i:k- || ,i:kə'nɒmɪks, ,ek-/ *n* [1] (+ *sing vb*) economía *f* [2] (financial aspect) (+ *pl vb*) aspecto *m* económico

economist /ɪ'kɑ:nəməst || ɪ'kɒnəmɪst/ *n* economista *mf*

economize /ɪ'kɑ:nəmaɪz || ɪ'kɒnəmaɪz/ *vi* economizar*; **to ~ ON sth** economizar* *or* ahorrar algo

■ **economize** *vt* economizar*, ahorrar

economy /ɪ'kɑ:nəmi, i:- || ɪ'kɒnəmi/ *n* (*pl* **-mies**)

A [c] (economic state or system of country) economía *f*; **a mixed/market ~** una economía mixta/de mercado

B [1] [c] (saving): **to make economies** economizar*, hacer* economía(s); **economies of scale** economías *fpl* de escala [2] [u] (thrift) economía *f*; (*before n*) ‹*pack/size*› familiar; **~ class** clase *f* turista; **~ class syndrome** /ɪ'kɑ:nəmi

ˌklæs || ɪ'kɒnəmiˌklɑ:s/ *n* [u] síndrome *m* de la clase turista; **we're on an ~ drive** estamos tratando de economizar

eco: **~system** /'i:kəʊˌsɪstəm/ *n* ecosistema *m*; **~tourism** /'i:kəʊˌtʊrɪzəm || 'i:kəʊˌtʊərɪzəm, -ˌtɔ:r-/ *n* ecoturismo *m*, turismo *m* ecológico

ecru /'eɪkru:/ *n* [u] color *m* crudo

ecstasy /'ekstəsi/ *n* (*pl* **-sies**) 1 [u c] (state) éxtasis *m*; **she was in ~** *o* (BrE also) **ecstasies over Jane's new baby** estaba embelesada con el bebé de Jane 2 [u] (drug) éxtasis *m*

ecstatic /ɪk'stætɪk/ *adj* ‹*look/expression*› extasiado, extático; ‹*applause*› clamoroso, frenético

ecstatically /ɪk'stætɪkli/ *adv* ‹*applaud*› con gran entusiasmo; **~ happy** extático de felicidad

ectopic pregnancy /ek'tɑ:pɪk || ek'tɒpɪk/ *n* embarazo *m* ectópico *or* extrauterino

ECU, ecu /'i:kju:, eɪ'ku:/ *n* (*pl* **ECUs** *or* **ecus**) ecu *m*

Ecuador /'ekwədɔ:r || 'ekwədɔ:(r)/ *n* Ecuador *m*

Ecuadorean[1] /'ekwə'dɔ:riən/ *adj* ecuatoriano

Ecuadorean[2] *n* ecuatoriano, -na *m,f*

ecumenical /'ekjə'menɪkəl || ˌi:kju:'menɪkəl, 'ek-/ *adj* ecuménico

eczema /ɪg'zi:mə, 'egzəmə || 'eksɪmə/ *n* [u] eczema *m*

ed /ed/ 1 **= editor/edited by** 2 **(= edition)** Ed.

eddy[1] /'edi/ *n* (*pl* **eddies**) remolino *m*, torbellino *m*

eddy[2] *vi* **eddies, eddying, eddied** ‹‹*water*›› formar remolinos; ‹‹*smoke/dust*›› arremolinarse

edema, (BrE) **oedema** /ɪ'di:mə/ *n* (*pl* **-mata** /-mətə/) edema *m*

Eden /'i:dn/ *n* Edén *m*; **the Garden of ~** el Paraíso Terrenal, el (jardín del) Edén

edge[1] /edʒ/ *n*

A 1 (*no pl*) (border, brink — of town) afueras *fpl*; (— of forest) lindero *m*, borde *m*; (— of river, lake) orilla *f*, margen *m*; (— of cliff) borde *m*; **at the water's ~** a la orilla del agua 2 (of plate, table, chair) borde *m*; (of coin) canto *m*; (of page) margen *m*; **frayed at the ~s** deshilachado en los bordes; **it kept us on the ~ of our seats until the end** nos tuvo en vilo *or* en tensión hasta el final

B (cutting part) filo *m*; **to put an ~ on sth** afilar algo; ***to be on ~*** estar* nervioso, tener* los nervios de punta (fam); **this will take the ~ off your appetite** esto te calmará un poco el hambre; **his voice had a menacing ~ to it** su voz tenía un tono amenazante

C (advantage) ventaja *f*; **we have the ~ over our competitors** estamos en una posición de ventaja con respecto a nuestros competidores

edge[2] *vt*

A (border): **the collar was ~d with fur** el cuello estaba ribeteado de piel; **the paper was ~d in black** el papel tenía un borde negro

B (move cautiously): **he ~d his chair closer to hers** fue acercando su silla a la de ella; **she ~d her way along the ledge** fue avanzando poco a poco por la cornisa

C (AmE) ▸**edge out**

■ **edge** *vi* (+ *adv compl*): **to ~ forward/closer/away** ir* avanzando/acercándose/alejándose (poco a poco); **the child ~d closer to his mother** el niño se fue arrimando a su madre

Phrasal verb

- **edge out** [v ▸ o ▸ adv, v ▸ adv ▸ o] ‹*rival/opponent*› ganarle por la mano a *or* (CS) de *or* la mano a

edgeways /'edʒweɪz/, (esp AmE) **edgewise** /'edʒwaɪz/ *adv* de lado

edging /'edʒɪŋ/ *n* borde *m*; **the collar had an ~ of lace** el cuello tenía puntilla alrededor

edgy /'edʒi/ *adj* tenso, con los nervios de punta

edible /'edəbəl/ *adj* (safe to eat) comestible; (eatable) pasable, comible

edict /'i:dɪkt/ *n* (Hist) edicto *m*; (order) mandato *m*, orden *f*

edification /'edəfə'keɪʃən || ˌedɪfɪ'keɪʃən/ *n* [u] (frml) edificación *f* del espíritu (frml); **here's a copy of the boss's memo for your ~** (iro) aquí tienes una copia del memorándum del jefe para que te instruyas (iró)

edifice /'edəfəs || 'edɪfɪs/ *n* (frml) edificio *m*

edify /'edəfaɪ || 'edɪfaɪ/ *vt* **-fies, -fying, -fied** (frml) edificar*

edifying /'edəfaɪɪŋ || 'edɪfaɪɪŋ/ *adj* edificante

Edinburgh /'ednˌbɜ:rə, -rəʊ || 'edɪnbrə/ *n* Edimburgo *m*

> **Edinburgh Festival**
>
> Un festival internacional de tres semanas de música, teatro, danza etc., que se viene celebrando cada agosto en Edimburgo desde 1947. Muchos turistas vienen a ver las actuaciones y los conciertos, incluida la gran cantidad que no forma parte oficial del festival y que se conoce como *Edinburgh Fringe*. En la actualidad, éste se considera tan importante como el festival mismo por la originalidad y nivel de su contenido

edit /'edət || 'edɪt/ *vt*

A ‹*manuscript*› (correct) corregir*, editar; (cut) recortar, editar

B ‹*movie/tape*› editar

C (manage) ‹*newspaper/magazine*› dirigir*

Phrasal verb

- **edit out** [v ▸ o ▸ adv, v ▸ adv ▸ o] suprimir, eliminar

editing /'edətɪŋ || 'edɪtɪŋ/ *n* [u]

A (Publ) 1 (managing) redacción *f*, dirección *f* 2 (correction) corrección *f*, revisión *f*, edición *f*; (cutting) recorte *m*

B (Cin, TV, Audio) edición *f*

edition /ɪ'dɪʃən/ *n* edición *f*

editor /'edətər || 'edɪtə(r)/ *n*

A (of text) redactor, -tora *m,f*, editor, -tora *m,f*; (of collected works, series) editor, -tora *m,f*

B (of newspaper, magazine) director, -tora *m,f*, redactor, -tora *m,f* responsable

C (of movie, radio show) editor, -tora *m,f*

editorial[1] /'edə'tɔ:riəl || ˌedɪ'tɔ:riəl/ *adj* 1 (Publ) ‹*assistant/director*› de redacción 2 (Journ) ‹*comment/decision/freedom*› editorial

editorial[2] *n* editorial *m*

editorship /'edətərʃɪp || 'edɪtəʃɪp/ *n* dirección *f*

EDP *n* **(= electronic data processing)** PED *m*

EDT (in US) **= Eastern Daylight Time**

educate /'edʒəkeɪt || 'edjʊkeɪt/ *vt* 1 (teach, school) educar*; **she was ~d in France** se educó en Francia 2 (make aware) concientizar* *or* (Esp) concienciar

educated /'edʒəkeɪtəd || 'edjʊkeɪtɪd/ *adj* ‹*person*› culto; **to make an ~ guess** hacer* una conjetura hecha con cierta base

education /'edʒə'keɪʃən || ˌedjʊ'keɪʃən/ *n*

A (schooling, instruction) educación *f*; **primary/higher ~** enseñanza *f* primaria/superior; **he didn't have a university ~** no tuvo *or* (frml) no cursó estudios universitarios; **health ~** clases *fpl* de higiene; (*before n*) ‹*system/policy*› educativo

B [u] (academic subject) pedagogía *f*, (teoría *f* de la) educación *f*

C [u] (knowledge, culture) cultura *f*

educational /'edʒə'keɪʃṇəl || ˌedjʊ'keɪʃənḷ/ *adj* 1 ‹*establishment*› docente, de enseñanza; ‹*toy*› educativo, instructivo 2 (instructive) instructivo

educationalist /'edʒə'keɪʃṇələst || ˌedjʊ'keɪʃṇəlɪst/ *n* pedagogo, -ga *m,f*

educationally /'edʒə'keɪʃṇəli || ˌedjʊ'keɪʃṇəli/ *adv*: **such methods are ~ unsound** tales métodos carecen de una sólida base pedagógica; **~ subnormal** con dificultades de aprendizaje; **~, it makes no sense** (*indep*) desde un punto de vista pedagógico, no tiene sentido

educationist /'edʒə'keɪʃənəst || ˌedjʊ'keɪʃənɪst/ *n* ▸**educationalist**

educator /'edʒəkeɪtər || 'edjʊkeɪtə(r)/ *n* educador, -dora *m,f*

Edwardian /ed'wɔ:rdiən || ed'wɔ:diən/ *adj* eduardiano

EEC *n* **(= European Economic Community)** CEE *f*

eel /i:l/ *n* anguila *f*; ***as slippery as an ~*** escurridizo como una anguila

e'er /er || eə(r)/ *adv* (poet & arch) ▸**ever**

eerie /'ɪri || 'ɪəri/ *adj* **eerier, eeriest** ‹*atmosphere/silence/cry*› inquietante, espeluznante; ‹*glow/place*› fantasmagórico; ‹*resemblance*› inquietante, sobrecogedor

eff /ef/ *vi* ***to ~ and blind*** (BrE sl) decir* palabrotas, soltar* tacos (Esp fam)

efface /ɪ'feɪs/ *vt* (frml) borrar

effect[1] /ɪ'fekt/ *n*

A 1 (consequence) efecto *m*; **to take ~** surtir efecto; **the**

warnings had no ~ on him at all las advertencias no hicieron mella en él; **it had the ~ of increasing output** tuvo como resultado un aumento de la producción; **to be of little/no ~** (frml) dar* poco/no dar* resultado **2** **in effect** de hecho, realmente **3** (phenomenon) efecto *m*; **the Doppler ~** el efecto de Doppler

B (impression) impresión *f*; **he only did it for ~** lo hizo sólo para llamar la atención

C (applicability, operation): **to come into ~, to take ~** entrar en vigor *or* en vigencia; **with ~ from June 15, it will be compulsory** a partir del 15 de junio será obligatorio; **to put sth into ~** poner* en práctica algo

D (meaning): **a statement was issued to the ~ that ...** (frml) se hizo público un comunicado anunciando que ...; **he said it wasn't true, or words to that ~** dijo que no era verdad o algo de ese tenor

E **effects** *pl* **1** (*special ~s*) (Cin, TV) efectos *mpl* especiales **2** (belongings) (frml) efectos *mpl* (frml); **personal ~s** efectos personales

effect² *vt* (frml) ‹*reconciliation/cure*› lograr; ‹*escape*› llevar a cabo; ‹*repairs*› efectuar* (frml); ‹*payment*› efectuar* (frml)

effective /ɪ'fektɪv/ *adj* **1** (producing the desired result) ‹*method/treatment*› eficaz, efectivo **2** (striking) ‹*design/contrast*› de mucho *or* gran efecto **3** (real) (*before n*) ‹*control/leader*› efectivo, real

effectively /ɪ'fektɪvli/ *adv* **1** ‹*manage/spend*› con eficacia, eficazmente; **the cure worked extremely ~** el tratamiento logró muy buenos resultados **2** ‹*contrast/decorate*› con mucho *or* gran efecto; ‹*speak*› convincentemente **3** (in effect) (*indep*) de hecho, realmente

effectiveness /ɪ'fektɪvnəs || ɪ'fektɪvnɪs/ *n* [u] **1** (of plan) eficacia *f*; (of cure, treatment) eficacia *f*, efectividad *f* **2** (of color scheme, display) gran efecto *m*

effeminate /ə'femənət || ɪ'femɪnət/ *adj* afeminado

effervesce /'efər'ves || ˌefə'ves/ *vi* «*liquid*» estar* en efervescencia, burbujear; «*person*» estar* eufórico

effervescent /'efər'vesənt || ˌefə'vesənt/ *adj* ‹*liquid/personality*› efervescente; **to be ~** «*person*» estar* eufórico

effete /ɪ'fi:t/ *adj* **1** ‹*manners/person*› amanerado, afectado **2** ‹*civilization/institution*› decadente

efficacious /'efə'keɪʃəs || ˌefɪ'keɪʃəs/ *adj* (frml) eficaz, efectivo

efficacy /'efɪkəsi/ *n* [u] (frml) eficacia *f*

efficiency /ɪ'fɪʃənsi/ *n* (*pl* **-cies**)

A [u] (of person, system) eficiencia *f*; (Mech Eng, Phys) rendimiento *m*

B [c] **~ (apartment)** (AmE) apartamento *m* pequeño (*gen amueblado*)

efficient /ɪ'fɪʃənt/ *adj* ‹*person/system*› eficiente; ‹*machine/engine*› de buen rendimiento

efficiently /ɪ'fɪʃəntli/ *adv* eficientemente, de manera eficiente

effigy /'efədʒi || 'efɪdʒi/ *n* (*pl* **-gies**) efigie *f*

effluent /'efluənt/ *n* [u c] (liquid waste) vertidos *mpl*; (sewage) aguas *fpl* residuales

effort /'efərt || 'efət/ *n*

A **1** [c u] (attempt) esfuerzo *m*; **to make an ~** hacer* un esfuerzo, esforzarse*; **she made no ~ to hide her displeasure** no hizo ningún esfuerzo por disimular su descontento **2** [u] (exertion, strain) esfuerzo *m*; **they've put a lot of ~ into it** han trabajado *or* se han esforzado mucho en ello; **it's not worth the ~** no merece *or* vale la pena

B **1** [c] (*no pl*) (initiative): **the war ~** *campaña solidaria de la población civil durante una guerra* **2** [c] (achievement) (colloq): **what do you think of my latest ~?** ¿qué te parece mi última obra *or* creación?; **for an amateur, that's not a bad ~** para un aficionado, no está nada mal

effortless /'efərtləs || 'efətlɪs/ *adj* ‹*grace*› natural; ‹*prose/style*› fluido

effortlessly /'efərtləsli || 'efətlɪsli/ *adv* ‹*move/accomplish*› sin esfuerzo; (gracefully) con gracia *or* donaire

effrontery /ɪ'frʌntəri/ *n* [u] (frml) desfachatez *f*, descaro *m*

effusive /ɪ'fju:sɪv/ *adj* efusivo

effusively /ɪ'fju:sɪvli/ *adv* efusivamente

effusiveness /ɪ'fju:sɪvnəs || ɪ'fju:sɪvnɪs/ *n* [u] efusividad *f*

EFL *n* [u] (= **English as a foreign language**) inglés *m* para extranjeros

e.g., eg (for example) p. ej. *or* vg. *or* e.g.; (in speech) por ejemplo

egalitarian /ɪ'gælə'teriən || ɪˌgælɪ'teəriən/ *adj* igualitario

egg /eg/ *n* huevo *m*; ***a good ~*** (colloq & dated): **he's a good ~** es buena gente (AmL), es un tipo bien (Esp fam); ***to be left with ~ on one's face*** quedar mal; ***to put all one's ~s in one basket*** jugárselo* todo a una carta

Phrasal verb

- **egg on** [v ▸ o ▸ adv, v ▸ adv ▸ o] incitar, azuzar*; **to ~ sb on to + INF** incitar a algn A + INF, azuzar* a algn PARA QUE (+ *subj*)

egg: **~cup** *n* huevera *f*; **~ custard** *n* [u c] natillas *fpl*; **~head** *n* (colloq) cerebro *m* (fam); **~nog** /'egnɑ:g || 'egnɒg/ *n* [u c] ponche *m* de huevo, rompope *m* (AmC, Méx), candeal *m* (RPl), cola *f* de mono (Chi); **~plant** *n* [c u] (AmE) berenjena *f*; **~ roll** *n* (AmE) rollito *m* (de) primavera; **~shell** *n* [c u] cáscara *f* de huevo; **~ timer** *n* (with sand) reloj *m* de arena (*de tres minutos*); (clockwork) avisador *m*; **~ white** *n* [c u] clara *f* de huevo; **~ yolk** *n* [c u] yema *f* de huevo

egis /'i:dʒəs || 'i:dʒɪs/ *n* (AmE) ▸**aegis**

EGM *n* = **extraordinary general meeting**

ego /'i:gəʊ, 'egəʊ/ *n* (*pl* **egos**) **1** (Psych) **the ~** el yo, el ego **2** (self-regard) amor *m* propio, ego *m*; **to boost sb's ~** alimentar el ego de algn

egocentric /'i:gəʊ'sentrɪk, 'eg-/ *adj* egocéntrico

egoism /'i:gəʊɪzəm, 'eg-/ *n* [u] **1** (selfishness) egoísmo *m* **2** ▸**egotism 1**

egoist /'i:gəʊəst, 'eg-/ *n* **1** (selfish person) egoísta *mf* **2** ▸**egotist 1**

egoistic /'i:gəʊ'ɪstɪk, 'eg-/, **-tical** /-tɪkəl/ *adj* **1** (selfish) egoísta **2** ▸**egotistic 1**

egotism /'i:gətɪzəm, 'eg-/ *n* [u] **1** (self-importance) egotismo *m* **2** ▸**egoism 1**

egotist /'i:gətəst, 'eg-/ *n* **1** (self-important person) egotista *mf* **2** ▸**egoist 1**

egotistic /'i:gə'tɪstɪk, 'egə-/, **-tical** /-tɪkəl/ *adj* **1** (self-important) egotista **2** ▸**egoistic 1**

ego trip *n* (colloq): **his autobiography is simply an ~ ~** su autobiografía es un regodeo ególatra

egregious /ɪ'gri:dʒəs/ *adj* (frml) mayúsculo, atroz

egret /'i:gret || 'i:grɪt/ *n* garceta *f*

Egypt /'i:dʒəpt || 'i:dʒɪpt/ *n* Egipto *m*

Egyptian¹ /ɪ'dʒɪpʃən/ *adj* egipcio

Egyptian² *n* egipcio, -cia *m,f*

eh /ei/ *interj* **1** (expressing interest): **so you went to Paris, ~?** ah, ¿así que fuiste a París? **2** (inviting agreement) ¿eh?, ¿no? **3** (inviting repetition) ¿eh?, ¿qué?, ¿cómo?

eiderdown /'aɪdərdaʊn || 'aɪdədaʊn/ *n* edredón *m*

eider (duck) /'aɪdər || 'aɪdə(r)/ *n* eider *m*

eight¹ /eɪt/ *n* ocho *m*; ***to have had one over the ~*** (colloq) haber* bebido de más; *see also* **four¹**

eight² *adj* ocho *adj inv*; *see also* **four²**

eighteen /'eɪ'ti:n/ *adj/n* dieciocho *adj inv/m*

eighteenth¹ /'eɪ'ti:nθ/ *adj* decimoctavo; *see also* **fifth¹**

eighteenth² *adv* en decimoctavo lugar; *see also* **fifth²**

eighteenth³ *n* **1** (Math) dieciochoavo *m* **2** (part) dieciochoava parte *f* **3** (birthday): **it's her ~ today** hoy cumple dieciocho años

eightfold /'eɪtfəʊld/ *adj/adv see* **-fold**

eighth¹ /eɪtθ/ *adj* octavo; *see also* **fifth¹**

eighth² *adv* en octavo lugar; *see also* **fifth²**

eighth³ *n* **1** (Math) octavo *m* **2** (part) octava parte *f*

eighth note *n* (AmE) corchea *f*

eight hundred number *n* (AmE Telec) *número de teléfono de llamada gratuita*

eightieth¹ /'eɪtiəθ/ *adj* octogésimo; *see also* **fifth¹**

eightieth² *adv* en octogésimo lugar; *see also* **fifth²**

eightieth³ *n* **1** (Math) ochentavo *m* **2** (part) ochentava *or* octogésima parte *f*

eighty /'eɪti/ *adj/n* ochenta *adj inv/m*; *see also* **seventy**

e

Eire /'erə || 'eərə/ *n* Eire *m*, Irlanda *f*

eisteddfod /aɪ'steðvɔːd || aɪ'stedvəd, aɪ'steðvɒd/ *n*: *festival galés de música y poesía*

Eisteddfod

Los *eisteddfodau* son festivales tradicionales en Gales, de uno o dos días de duración, durante los cuales individuos y grupos en representación de aldeas, iglesias, colegios o condados rivales compiten entre sí en la composición e interpretación de poesía, prosa y piezas musicales. El primer *eisteddfod* a nivel nacional se celebró en el castillo de Aberteifi-Cardigan en el año 1176. Desde 1880 el *National Eisteddfod of Wales* que dura más de una semana viene celebrándose cada agosto en una localidad distinta de Gales. Todos los eventos se celebran en galés (**Welsh**)

e

either¹ /'iːðər, 'aɪðər || 'iːðə(r), 'aɪðə(r)/ *conj* **either ... or ...** o ... o ... [**o** *becomes* **u** *when it precedes a word beginning with* **o** *or* **ho**]; **you can have ~ tea or coffee** puedes tomar (o) té o café; **he can't speak ~ Spanish or Italian** no sabe hablar (ni) español ni italiano; **~ your work improves or you're fired!** ¡o mejora tu trabajo o estás despedido!

either² *adj* **1▸** (one or the other): **you can take ~ route** puedes tomar cualquiera de las dos rutas; **the key wasn't in ~ drawer** la llave no estaba en ninguno de los dos cajones **2▸** (each): **on ~ side of the path** a ambos lados *or* a cada lado del camino

either³ *pron* (esp BrE) cualquiera; (*with neg*) ninguno, -na; (*in questions*) alguno, -na; **~ (one) would be suitable** cualquiera (de los dos) serviría; **I couldn't wear ~ of those dresses** no podría ponerme ninguno de esos vestidos

either⁴ *adv* (*with neg*) tampoco; **she can't cook and he can't ~** ella no sabe cocinar y él tampoco; **and I don't have to pay a penny ~** y ni siquiera tengo que pagar nada

ejaculate /ɪ'dʒækjəleɪt || ɪ'dʒækjʊleɪt/ *vi* (Physiol) eyacular

▪ **ejaculate** *vt* (cry out) (frml) exclamar

eject /ɪ'dʒekt/ *vt* ‹*troublemaker/cassette*› expulsar

▪ **eject** *vi* (Aviat) eyectarse

ejection /ɪ'dʒekʃən/ *n* [u] (of troublemaker) expulsión *f*; (by pilot) eyección *f*

ejection seat, (BrE) **ejector seat** /ɪ'dʒektər || ɪ'dʒektə(r)/ *n* asiento *m* de eyección

eke out /iːk/ [v ▸ adv ▸ o, v ▸ o ▸ adv] **1▸** (make last) ‹*resources/funds*› estirar, hacer* alcanzar **2▸** (barely obtain): **to ~ out a living** ganarse la vida a duras penas

el /el/ *n* [u c] (AmE colloq) = **elevated railroad**

elaborate¹ /ɪ'læbərət/ *adj* ‹*decoration/design/hairstyle*› complicado, intrincado, muy elaborado; ‹*meal*› de mucho trabajo; ‹*plan/arrangements*› minucioso, detallado; **in ~ detail** con todo detalle, muy minuciosamente

elaborate² /ɪ'læbəreɪt/ *vt* elaborar, idear

▪ **elaborate** *vi* dar* (más) detalles, entrar en detalles *or* explicaciones; **to ~ ON** *o* **UPON sth** ampliar* algo, explicar* algo en mayor detalle

elaborately /ɪ'læbərətli/ *adv* ‹*planned*› minuciosamente, detalladamente; ‹*decorated*› muy elaboradamente

elaboration /ɪ'læbə'reɪʃən/ *n* [u] (of a theory, plan) elaboración *f*

élan /eɪ'lɑːn/ *n* [u] (liter) ímpetu *m*, brío *m*, elán *m* (liter)

elapse /ɪ'læps/ *vi* transcurrir, pasar

elastic¹ /ɪ'læstɪk/ *n* **1▸** [u] (Tex) elástico *m* **2▸** [c] (garter) (AmE) liga *f* **3▸** [c] (AmE) ▸ **elastic band**

elastic² *adj* ‹*waistband/garter*› de elástico, elástico; ‹*stocking*› elastizado, elástico; ‹*fiber/properties*› elástico; ‹*rule/definition*› elástico

elasticated /ɪ'læstəkeɪtəd || ɪ'læstɪkeɪtɪd/ *adj* (BrE) con elástico

elastic band *n* (esp BrE) goma *f* (elástica), gomita *f* (RPl), liga *f* (Méx), caucho *m* (Col), elástico *m* (Chi), banda *f* elástica (Ven)

elasticity /ɪ,læs'tɪsəti/ *n* [u] (of fiber, substance) elasticidad *f*; (of rule, definition) flexibilidad *f*

elasticized /ɪ'læstəsaɪzd || ɪ'læstɪsaɪzd/ *adj* (AmE) con elástico

elated /ɪ'leɪtəd || ɪ'leɪtɪd/ *adj* eufórico

elation /ɪ'leɪʃən/ *n* [u] euforia *f*, júbilo *m* (liter)

elbow¹ /'elbəʊ/ *n* (of person, in pipe) codo *m*; (on river, road) recodo *m*; **my sweater is going at the ~s** se me están gastando los codos del suéter; ***to give sb the ~*** (BrE colloq) deshacerse* de algn

elbow² *vt* darle* un codazo a; **they ~ed us out of the way** nos apartaron a empujones

elbow: **~ grease** *n* [u] (colloq): **put some ~ grease into it!** ¡dale con más fuerza! (fam); **~ room** *n* [u] espacio *m*

elder¹ /'eldər || 'eldə(r)/ *adj* ‹*brother/sister/child*› mayor; **Pliny the E~** Plinio el Viejo

elder² *n*

A **1▸** (older person): **she's my ~ by two years** me lleva dos años, es dos años mayor que yo **2▸** (senior person): **the village/tribal ~s** los ancianos del pueblo/de la tribu **3▸** (Relig) miembro *m* del consejo

B (Bot) saúco *m*

elderberry /'eldər,beri || 'eldəberi/ *n* (*pl* **-ries**) baya *f* del saúco

elderly¹ /'eldərli || 'eldəli/ *adj* mayor, de edad, anciano; **an ~ lady** una señora mayor *or* de edad, una anciana

elderly² *pl n* **the ~** los ancianos

elder statesman *n* veterano *m* de la política

eldest /'eldəst || 'eldɪst/ *adj* (*before n*) ‹*brother/sister/child*› mayor; **the ~** (*as pron*) el/la mayor, el/la de más edad

elect¹ /ɪ'lekt/ *vt*

A (Adm, Govt) elegir*; **he was ~ed president** lo eligieron *or* fue elegido presidente

B (choose) (frml) **to ~ to + INF** optar POR + INF

elect² *adj* (*after n*): **the president ~** el presidente electo, la presidenta electa

election /ɪ'lekʃən/ *n* **1▸** [c] (event) elecciones *fpl*; **to call/hold an ~** convocar*/celebrar elecciones; (*before n*) ‹*campaign/speech*› electoral; ‹*day/results*› de las elecciones **2▸** [u] (act) elección *f*

electioneer /ɪ'lekʃə'nɪr || ɪ,lekʃə'nɪə(r)/ *vi* hacer* campaña *or* propaganda electoral

electioneering /ɪ'lekʃə'nɪrɪŋ || ɪ,lekʃə'nɪərɪŋ/ *n* [u] campaña *f* electoral

elective¹ /ɪ'lektɪv/ *adj*

A ‹*post/assembly*› electivo

B (optional) ‹*course/subject*› optativo

elective² *n* optativa *f*

elector /ɪ'lektər || ɪ'lektə(r)/ *n* elector, -tora *m,f*

electoral /ɪ'lektərəl/ *adj* (*usu before n*) ‹*system/reform*› electoral; **~ college** colegio *m* electoral; **~ register** *o* **roll** padrón *m* (AmL) *or* (Esp) censo *m or* (Chi, Ven) registro *m or* (Col) planilla *f* electoral

Electoral College

Es el sistema adoptado por los EEUU para elegir Presidente y Vicepresidente, mediante el cual los votantes de cada estado eligen a compromisarios (*electors*) que conforman los colegios electorales, los que a su vez se comprometen a votar por un determinado candidato. Todos los votos de un estado van a un candidato. Sólo se necesitan 270 votos (*electoral college votes*) para obtener la victoria, lo que significa que el Presidente puede ser elegido sin obtener la mayoría del voto popular

electorate /ɪ'lektərət/ *n* (+ *sing or pl vb*) electorado *m*

electric /ɪ'lektrɪk/ *adj* eléctrico; ‹*fence*› electrificado; ‹*performance/atmosphere*› electrizante; **~ bill** (AmE) cuenta *f or* recibo *m* de la electricidad *or* (fam) de (la) luz

electrical /ɪ'lektrɪkəl/ *adj* eléctrico

electrical: **~ engineer** *n* técnico, -ca *m,f* electricista; (with university degree) ingeniero electrotécnico, ingeniera electrotécnica *m,f*; **~ storm** *n* tormenta *f* eléctrica

electric: **~ blanket** *n* manta *f or* (AmL exc CS) cobija *f or* (CS) frazada *f* eléctrica; **~-blue** /ɪ'lektrɪk'bluː/ *adj* (*pred* **~ blue**) azul eléctrico *adj inv*; **~ chair** *n* silla *f* eléctrica

electrician /ɪ,lek'trɪʃən/ *n* electricista *mf*

electricity /ɪ,lek'trɪsəti/ *n* [u] electricidad *f*; **it runs on ~** funciona con *or* a electricidad; **is the ~ (turned) off/on?** ¿está desconectada/conectada la corriente?; (*before n*) **~ bill** (BrE) cuenta *f or* recibo *m* de la electricidad

electric shock *n* [c u] descarga *f* eléctrica

electrification /ɪˈlektrəfəˈkeɪʃən || ɪˌlektrɪfɪˈkeɪʃən/ *n* [u] electrificación *f*

electrify /ɪˈlektrəfaɪ || ɪˈlektrɪfaɪ/ *vt* **-fies, -fying, -fied** electrificar*; (excite, thrill) electrizar*

electrifying /ɪˈlektrəfaɪɪŋ || ɪˈlektrɪfaɪɪŋ/ *adj* electrizante

electrocute /ɪˈlektrəkjuːt/ *vt* electrocutar

electrocution /ɪˈlektrəˈkjuːʃən/ *n* [u c] electrocución *f*

electrode /ɪˈlektrəʊd/ *n* electrodo *m*

electrolysis /ɪˈlekˈtrɑːləsɪs || ˌɪlekˈtrɒləsɪs/ *n* [u] electrólisis *f*

electrolyte /ɪˈlektrəlaɪt/ *n* [c u] electrolito *m*

electromagnet /ɪˈlektrəʊˈmæɡnət || ɪˌlektrəʊˈmæɡnɪt/ *n* electroimán *m*

electromagnetic /ɪˈlektrəʊmæɡˈnetɪk/ *adj* electromagnético

electron /ɪˈlektrɑːn || ɪˈlektrɒn/ *n* electrón *m*

electronic /ɪˈlekˈtrɑːnɪk || ˌɪlekˈtrɒnɪk/ *adj* electrónico; **~ data processing** procesamiento *m* electrónico de datos; **~ publishing** edición *f* electrónica; **~ tag** etiqueta *f* de control electrónico

electronic: **~ cash** *n* [u] dinero *m* electrónico; **~ engineer** *n* ingeniero electrónico, ingeniera electrónica *m,f*; **~ mail** *n* [u] correo *m* electrónico

electronics /ɪˈlekˈtrɑːnɪks || ˌɪlekˈtrɒnɪks/ *n* **1** (subject) (+ *sing vb*) electrónica *f*; (*before n*) ‹*industry*› electrónico **2** (circuitry) (+ *sing or pl vb*) sistema *m* electrónico

electron microscope *n* microscopio *m* electrónico

electroplate /ɪˈlektrəpleɪt/ *vt* (with silver) galvanoplatear, platear mediante electrólisis; (with gold) electrodorar, dorar mediante electrólisis

elegance /ˈelɪɡəns/ *n* [u] elegancia *f*

elegant /ˈelɪɡənt/ *adj* elegante

elegantly /ˈelɪɡəntli/ *adv* con elegancia, elegantemente

elegiac /ˈeləˈdʒaɪək || ˌelɪˈdʒaɪək/ *adj* (Lit) elegíaco

elegy /ˈelədʒi/ *n* (*pl* **-gies**) elegía *f*

element /ˈeləmənt || ˈelɪmənt/ *n*

A **1** (component part) elemento *m*; **the ~ of surprise** el factor sorpresa **2** (small amount): **an ~ of chance/doubt** algo de suerte/duda **3** (distinct group of people) elemento *m*, grupo *m*; **extremist ~s in society** elementos *mpl* extremistas de la sociedad **4** **elements** *pl* (rudiments): **the basic ~s of self-defense** los principios elementales de la defensa personal

B (Chem) elemento *m*

C **elements** *pl* (weather) (liter) **the ~s** los elementos

D (preferred environment) elemento *m*; **to be in one's ~** estar* en su (*or* mi *etc*) elemento, estar* como pez en el agua

E (of kettle, heater) resistencia *f*, elemento *m* (CS)

elemental /ˈeləˈmentḷ || ˌelɪˈmentḷ/ *adj* (*usu before n*) ‹*forces*› de la naturaleza; ‹*feelings/fears*› primario

elementary /ˈeləˈmentəri || ˌelɪˈmentri/ *adj* elemental, básico

elementary: **~ school** *n* (in US) escuela *f* (de enseñanza) primaria; **~ teacher** *n* (in US) maestro, -tra *m,f* de enseñanza primaria

elephant /ˈeləfənt || ˈelɪfənt/ *n* **1** elefante, -ta *m,f* **2** (in US) (Pol) **the ~** *símbolo del partido republicano de los EEUU*

elevate /ˈeləveɪt || ˈelɪveɪt/ *vt* **1** (promote) **to ~ sb TO sth**: **to ~ sb to the peerage** concederle a algn el título de lord/lady; **he's been ~d to the position of manager** (hum) lo han ascendido a director **2** (frml) ‹*spirit*› elevar **3** ‹*load/platform*› elevar (frml), subir

elevated /ˈeləveɪtəd || ˈelɪveɪtɪd/ *adj* elevado

elevated railroad *n* [u c] (AmE) ferrocarril *m* elevado

elevation /ˈeləˈveɪʃən || ˌelɪˈveɪʃən/ *n*

A [u] (promotion) elevación *f*

B [c] (angle) elevación *f*; **the angle of ~** el ángulo de elevación

C [c] **1** (altitude) altura *f*, altitud *f* **2** (high place, hill) (frml) elevación *f* (del terreno)

D [c] (scale drawing) alzado *m*; **the front ~ of the house** la fachada de la casa

elevator /ˈeləveɪtər || ˈelɪveɪtə(r)/ *n* **1** (for passengers) (AmE) ascensor *m*, elevador *m* (Méx) **2** (for goods) elevador *m*, montacargas *m*(for goods) elevador *m*, montacargas *m*

eleven¹ /ɪˈlevən/ *n* **1** (number) once *m* **2** (in soccer, field hockey) equipo *m*, once *m* (period)

eleven² *adj* once *adj inv*

elevenses /ɪˈlevənzəz || ɪˈlevənzɪz/ *n* [u] (BrE colloq) (+ *sing or pl vb*) *tentempié de media mañana*, mediasnueves *fpl* (Col), almuerzo *m* (Esp, Méx)

eleventh¹ /ɪˈlevənθ/ *adj* undécimo; *see also* **fifth¹**

eleventh² *adv* en undécimo lugar; *see also* **fifth²**

eleventh³ *n* **1** (Math) onceavo *m* **2** (part) onceava parte *f*

eleventh hour *n*: **at the ~ ~** en el *or* a último momento; (*before n*) **eleventh-hour attempt** intento *m* de última hora

elf /elf/ *n* (*pl* **elves**) geniecillo *m*, elfo *m*

elicit /ɪˈlɪsət || ɪˈlɪsɪt/ *vt* ‹*laughter/smile*› provocar*; **to ~ sth (FROM sb)** ‹*explanation/reply*› obtener* algo (DE algn)

elide /ɪˈlaɪd/ *vt* (Ling) elidir

eligibility /ˈelədʒəˈbɪləti || ˌelɪdʒəˈbɪləti/ *n* [u] **1** (right, qualification): **the rules governing ~ for benefits** el reglamento que establece los requisitos necesarios para tener derecho a las prestaciones **2** (suitability for job, rank) idoneidad *f*

eligible /ˈelədʒəbəl || ˈelɪdʒəbəl/ *adj* **1** (qualified, suitable) ‹*applicant/candidate*› que reúne los requisitos necesarios; **to be ~ FOR sth**: **he's ~ for a grant** tiene derecho a solicitar una beca; **she's eminently ~ for promotion** es firme candidata a un ascenso; **~ to + INF**: **he is not ~ to compete** no reúne los requisitos necesarios para competir **2** (marriageable): **an ~ bachelor** un buen partido

eliminate /ɪˈlɪmənert || ɪˈlɪmɪneɪt/ *vt* eliminar; ‹*possibility/alternative/suspect*› descartar; **to ~ sth FROM sth** eliminar algo DE algo

elimination /ɪˈlɪməˈneɪʃən || ɪˌlɪmɪˈneɪʃən/ *n* [u] (getting rid of) eliminación *f*; (ruling out) descarte *m*; **by a process of ~** por (un proceso de) eliminación *or* descarte

elision /ɪˈlɪʒən/ *n* [u c] (Ling) elisión *f*

elite¹ /eɪˈliːt, i-/ *n* (+ *sing or pl vb*) elite *f*, élite *f*

elite² *adj* (*before n*) selecto, de elite *or* élite

elitism /eɪˈliːtɪzəm, i-/ *n* [u] elitismo *m*

elitist /eɪˈliːtɪst, i-/ *adj* elitista

elixir /ɪˈlɪksər || ɪˈlɪksə(r)/ *n* elixir *m*

Elizabethan /ɪˈlɪzəˈbiːθən/ *adj* isabelino

elk /elk/ *n* (*pl* **~s** *or* **~**) (European animal) alce *m*; (American animal) uapití *m*

ellipse /ɪˈlɪps/ *n* elipse *f*

ellipsis /ɪˈlɪpsəs || ɪˈlɪpsɪs/ *n* (*pl* **-ses** /-siːz/) **1** [u c] (Ling) (omission) elipsis *f* **2** [c] (in punctuation) puntos *mpl* suspensivos

elliptical /ɪˈlɪptɪkəl/ *adj* elíptico

> **Ellis Island**
>
> Una pequeña isla en la bahía de Nueva York. Fue el lugar de entrada oficial a EEUU para la mayoría de los inmigrantes entre 1891 y 1943. Alrededor de 20 millones de personas ingresaron por allí

elm /elm/ *n* **1** [c] **~ (tree)** olmo *m* **2** [u] (wood) (madera *f* de) olmo *m*

elocution /ˈeləˈkjuːʃən/ *n* [u] dicción *f*, elocución *f*

elongate /ɪˈlɔːŋɡeɪt || ˈiːlɒŋɡeɪt/ *vt* alargar*

elongated /ɪˈlɔːŋɡeɪtəd || ˈiːlɒŋɡeɪtɪd/ *adj* alargado

elope /ɪˈləʊp/ *vi* fugarse* (*con un amante, novio para casarse*)

elopement /ɪˈləʊpmənt/ *n* [u] fuga *f* (*con un amante, novio para casarse*)

eloquence /ˈeləkwəns/ *n* [u] elocuencia *f*

eloquent /ˈeləkwənt/ *adj* elocuente

eloquently /ˈeləkwəntli/ *adv* con elocuencia, elocuentemente

El Salvador /elˈsælvədɔːr || ˌelˈsælvədɔː(r)/ *n* El Salvador

else /els/ *adv*

A (*after pron*): **somebody** *o* **someone ~** otra persona; **everybody** *o* **everyone ~** todos los demás; **everything ~** todo lo demás; **if all ~ fails** si todo lo demás falla, como último recurso; **there's little ~** *o* **not much ~ we can do**

no podemos hacer mucho más; **nobody** *o* **no one ~** nadie más; **there's nothing ~ to do** no nos queda otro remedio; **they have nowhere ~ to go** no tienen ningún otro sitio *or* lugar adonde ir; **was there anybody** *o* **anyone ~ there?** ¿estaba alguien más?; **anything ~?** ¿algo más?; **I never drink anything ~** nunca bebo otra cosa; **I can't think of anything ~** no se me ocurre nada más

B (with interrog): **what/who ~?** ¿qué/quién más?; **what ~ can you expect from her?** ¿qué otra cosa se puede esperar de ella?; **why ~ do you think he did it?** ¿y por qué (te) crees que lo hizo (si no por eso)?

C **or else** (*as conj*) si no; **do as I tell you or ~ ...!** ¡o haces lo que te digo o vas a ver!, ¡haz lo que te digo porque si no ...!

elsewhere /'elshwer || ˌels'weə(r)/ *adv*: **to go/look ~** ir* a/mirar en otro sitio *or* lugar; **~ in Europe** en otras partes *or* otros lugares de Europa

elucidate /ɪ'lu:sədeɪt || ɪ'lu:sɪdeɪt/ *vt* ‹*theory/point*› dilucidar, aclarar; ‹*mystery/incident*› esclarecer*

■ **elucidate** *vi*: **allow me to ~** permítame aclararlo

elucidation /ɪ'lu:sə'deɪʃən || ˌɪlu:sɪdeɪʃən/ *n* [u] (of theory, point) dilucidación *f*, aclaración *f*; (of mystery) esclarecimiento *m*

elude /i:'lu:d || ɪ'lu:d/ *vt* (avoid) eludir; (escape from) escaparse de; **success ~d him** el éxito le era esquivo; **the title ~s me** no puedo recordar el título

elusive /i:'lu:sɪv || i'lu:sɪv/ *adj* ‹*enemy/prey*› escurridizo, difícil de aprehender; ‹*goal/agreement*› difícil de alcanzar; **you're an ~ man** no hay quien te pille (fam), eres difícil de localizar

elver /'elvər || 'elvə(r)/ *n* angula *f*

elves /elvz/ *pl of* **elf**

emaciated /ɪ'meɪʃieɪtəd || ɪ'meɪsieɪtɪd/ *adj* ‹*person/animal*› escuálido; ‹*body/face*› consumido, descarnado

e-mail[1] /'i:meɪl/ *n* [1] [u] (system) correo *m* electrónico, email *m*; **to be on/have ~** tener* correo electrónico, tener* email; (*before n*) **~ address** dirección *f* de correo electrónico *or* de email [2] [c] (message) correo *m* electrónico, email m, emilio *m* (fam)

e-mail[2] *vt* [1] ‹*message*› enviar por correo electrónico, emailear (fam); **I'll ~ it to you** te lo mandaré por correo electrónico, te lo emailearé (fam) [2] ‹*person*›: **I'll ~ him right away** le mandaré un correo electrónico *or* un email *or* (hum) emilio enseguida, lo emailearé enseguida (fam)

emanate /'eməneɪt/ *vi* **to ~ FROM sth** «*gas/light/sound*» emanar DE algo; «*ideas/suggestions*» provenir* *or* proceder DE algo

emancipate /ɪ'mænsəpeɪt || ɪ'mænsɪpeɪt/ *vt* (frml) **to ~ sb (FROM sth)** emancipar a algn (DE algo)

emancipated /ɪ'mænsəpeɪtəd || ɪ'mænsɪpeɪtɪd/ *adj* emancipado; ‹*viewpoint/lifestyle*› independiente y progresista; **to become ~** emanciparse

emancipation /ɪ'mænsə'peɪʃən || ɪˌmænsɪ'peɪʃən/ *n* [u] (frml) emancipación *f*

emasculate /ɪ'mæskjəleɪt || ɪ'mæskjʊleɪt/ *vt* [1] (castrate) (frml) castrar, emascular (frml) [2] (weaken) ‹*legislation/political party*› debilitar; **he felt ~d** se sentía anulado

embalm /ɪm'bɑ:m/ *vt* embalsamar

embankment /ɪm'bæŋkmənt/ *n* (for road, railroad) terraplén *m*; (as protection) muro *m* de contención

embargo /ɪm'bɑ:rgəʊ || ɪm'bɑ:gəʊ/ *n* (*pl* **-goes**) [1] (trade sanctions) embargo *m*, prohibición *f*; **~ ON sth** embargo *or* prohibición DE algo; **a trade ~** un embargo comercial; **to lay** *o* **place** *o* **put an ~ on sth** imponer* un embargo sobre algo; **to lift** *o* **raise** *o* **remove an ~** levantar un embargo [2] (prohibition) **~ ON sth** prohibición *f* DE algo; **to put an ~ on sth** prohibir* algo

embark /ɪm'bɑ:rk || ɪm'bɑ:k/ *vi* [1] (on ship, plane) embarcar(se)* [2] (start) **to ~ ON** *o* **UPON sth** ‹*on career/new life*› emprender algo; ‹*on adventure/undertaking*› embarcarse* EN algo

embarkation /'embɑ:r'keɪʃən || ˌembɑ:'keɪʃən/ *n* [u] embarque *m*

embarrass /ɪm'bærəs/ *vt* hacerle* pasar vergüenza a, avergonzar*

embarrassed /ɪm'bærəst/ *adj*: **an ~ silence** un silencio violento *or* embarazoso; **I'm ~** me da vergüenza, me da pena (AmL exc CS); **to be ~ ABOUT -ING**: **she felt ~ about telling me** le daba vergüenza *or* (AmL exc CS) pena contármelo (fam); **to be ~ to + INF**: **I was ~ to ask any more questions** me dio vergüenza *or* apuro seguir preguntando

embarrassing /ɪm'bærəsɪŋ/ *adj* ‹*situation/question*› embarazoso; ‹*attempt/performance*› penoso, lamentable; **how ~!** ¡qué vergüenza *or* (AmL exc CS) pena!

embarrassingly /ɪm'bærəsɪŋli/ *adv*: **she was ~ close to tears** estaba a punto de llorar, lo cual era muy violento

embarrassment /ɪm'bærəsmənt/ *n* [1] [u] (shame) bochorno *m*, vergüenza *f*, pena *f* (AmL exc CS) [2] [c] (cause of shame): **this meal is an ~!** ¡esta comida es una vergüenza!; **he's an ~ to his friends** les hace pasar vergüenza a sus amigos

embassy /'embəsi/ *n* (*pl* **-sies**) embajada *f*

embattled /ɪm'bætl̩d/ *adj* ‹*city*› asediado; ‹*troops*› en combate; ‹*politician*› acuciado por problemas

embed /ɪm'bed/ *vt* **-dd-** (in rock, wood) enterrar*, incrustar; **the bullet was ~ded in his arm** la bala quedó alojada en el brazo; **the incident is ~ded in my memory** el incidente está grabado en mi memoria

embellish /ɪm'belɪʃ/ *vt* adornar

embellishment /ɪm'belɪʃmənt/ *n* [c u] adorno *m*

ember /'embər || 'embə(r)/ *n* brasa *f*, ascua *f*

embezzle /ɪm'bezəl/ *vt* desfalcar*, malversar

embezzlement /ɪm'bezəlmənt/ *n* [u] desfalco *m*, malversación *f* (de fondos)

embezzler /ɪm'bezlər || ɪm'bezlə(r)/ *n* desfalcador, -dora *m,f*

embitter /ɪm'bɪtər || ɪm'bɪtə(r)/ *vt* ‹*person*› amargar*; ‹*relations*› agriar*

embittered /ɪm'bɪtərd || ɪm'bɪtəd/ *adj* ‹*person*› amargado; ‹*fighting/rivalry*› enconado; **to be/feel ~ about sth** estar*/sentirse* resentido por algo

emblazon /ɪm'bleɪzn̩/ *vt* (*usu pass*) estampar

emblem /'embləm/ *n* emblema *m*, símbolo *m*

embodiment /ɪm'bɑ:dɪmənt || ɪm'bɒdɪmənt/ *n* (personification, expression) encarnación *f*, personificación *f*

embody /ɪm'bɑ:di || ɪm'bɒdi/ *vt* **-dies, -dying, -died** [1] (personify) encarnar, personificar* [2] (express) ‹*thought/idea*› plasmar, expresar

embolden /ɪm'bəʊldn/ *vt* (liter) envalentonar

embolism /'embəlɪzəm/ *n* embolia *f*

emboss /ɪm'bɑ:s, ɪm'bɔ:s || ɪm'bɒs/ *vt* [1] ‹*leather/metal*› repujar [2] **embossed** *past p* ‹*stationery*› con membrete en relieve; ‹*wallpaper*› estampado en relieve

embrace[1] /ɪm'breɪs/ *vt* [1] (hug) abrazar* [2] ‹*idea/principle*› abrazar*; ‹*lifestyle/religion*› adoptar, abrazar* [3] (include) ‹*range/elements*› abarcar*, comprender

■ **embrace** *vi* «*couple/friends*» abrazarse*

embrace[2] *n* abrazo *m*

embrocation /'embrə'keɪʃən/ *n* [u c] linimento *m*, embrocación *f* (ant)

embroider /ɪm'brɔɪdər || ɪm'brɔɪdə(r)/ *vt* ‹*cloth/design*› bordar; ‹*story*› adornar

■ **embroider** *vi* bordar

embroidery /ɪm'brɔɪdəri/ *n* [u c] (*pl* **-ries**) bordado *m*

embroil /ɪm'brɔɪl/ *vt* **to ~ sb IN sth** envolver* *or* enredar *or* embrollar a algn EN algo; **to be/become ~ed in sth** estar*/verse* envuelto *or* enredado en algo

embryo /'embriəʊ/ *n* (*pl* **-os**) embrión *m*

embryonic /'embri'ɑ:nɪk || ˌembri'ɒnɪk/ *adj* (Biol) embrionario; ‹*plan/policy*› en estado embrionario

emcee /'em'si:/ *n* (colloq) (of program) presentador, -dora *m,f*; (of function) maestro, -tra *m,f* de ceremonias

emend /i:'mend || ɪ'mend/ *vt* (frml) enmendar*, corregir*

emendation /'i:men'deɪʃən/ *n* [u c] (frml) enmienda *f*

emerald /'emərəld/ *n* [1] [c u] (gem) esmeralda *f* [2] [u] (color) verde *m* esmeralda

emerald-green /'emərəld'gri:n/ *adj* (*pred* **emerald green**) verde esmeralda *adj inv*

emerge /ɪ'mɜ:rdʒ || ɪ'mɜ:dʒ/ *vi*

A [1] (come out) salir*, aparecer*; **to ~ FROM sth** salir* DE algo [2] (become evident, known) «*problem*» surgir*, aparecer*;

«*pattern*» dibujarse; «*truth*» revelarse; «*facts*» salir* a la luz

B **1** (come into being, evolve) «*idea/system*» surgir* **2** **emerging** *pres p* ‹*nation*› emergente, joven; ‹*industries*› naciente, incipiente

emergence /ɪˈmɜːrdʒəns || ɪˈmɜːdʒəns/ *n* (coming out) salida *f*, aparición *f*; (of movement, trend) aparición *f*, surgimiento *m*

emergency /ɪˈmɜːrdʒənsi || ɪˈmɜːdʒənsi/ *n* [c u] (*pl* **-cies**) **1** (serious situation) emergencia *f*; **it's an ~** es una situación de emergencia; **in an ~** *o* **in case of ~** en una emergencia *or* en caso de emergencia **2** (Med) urgencia *f*; (*before n*) ‹*case/operation*› de urgencia **3** (Govt): **a state of ~ was declared** se declaró el estado de excepción

emergency: **~ exit** *n* salida *f* de emergencia; **~ landing** *n* aterrizaje *m* forzoso; **~ room** *n* (AmE) sala *f* de urgencias *or* de guardia; **~ stop** *n* parada *f* de emergencia

emergent /ɪˈmɜːrdʒənt || ɪˈmɜːdʒənt/ *adj* (*usu before n*) ‹*nation*› joven, emergente; (developing) en vías de desarrollo; ‹*subculture/technology*› incipiente, emergente

emeritus /ɪˈmerətəs || ɪˈmerɪtəs/ *adj* emérito; **professor ~** *o* **~ professor** profesor emérito, profesora emérita *m,f*

emery /ˈeməri/: **~ board** *n* lima *f* de esmeril; **~ paper** *n* [u] papel *m* de lija

emetic /ɪˈmetɪk/ *n* vomitivo *m*, emético *m*

emigrant /ˈeməgrənt || ˈemɪgrənt/ *n* emigrante *mf*

emigrate /ˈeməgreɪt || ˈemɪgreɪt/ *vi* emigrar

emigration /ˈeməˈgreɪʃən || ˌemɪˈgreɪʃən/ *n* [u c] emigración *f*

émigré /ˈemɪgreɪ, ˌemɪˈgreɪ || ˈemɪgreɪ/ *n* (*f also* **-grée**) exiliado, -da *m,f*

eminence /ˈemənəns || ˈemɪnəns/ *n*

A [u] (fame) prestigio *m*, renombre *m*

B [c] **Eminence** (title of cardinal) Eminencia

eminent /ˈemənənt || ˈemɪnənt/ *adj* eminente, ilustre

eminently /ˈemənəntli || ˈemɪnəntli/ *adv* (*as intensifier*) sumamente

emir /əˈmɪr || eˈmɪə(r)/ *n* emir *m*

emirate /əˈmɪrət || ˈemɪərət/ *n* emirato *m*

emissary /ˈeməseri || ˈemɪsəri/ *n* (*pl* **-ries**) emisario, -ria *m,f*

emission /iːˈmɪʃən || ɪˈmɪʃən/ *n* [u c] emisión *f*

emit /iːˈmɪt || iˈmɪt/ *vt* **-tt-** ‹*gas/smell/vapor*› despedir*; ‹*heat/light/radiation/sound*› emitir

> **Emmy**
>
> Los *Emmies* son el equivalente televisivo de los *Academy Awards* (**Oscar awards**), otorgados anualmente en Los Ángeles por la *National Academy of Television Arts and Sciences* a programas de televisión y sus realizadores en varias categorías

emoticon /ɪˈməʊtəkɑːn || ɪˈmɒtɪkɒn/ *n* emoticono *m*

emotion /ɪˈməʊʃən/ *n* **1** [c] (feeling) sentimiento *m* **2** [u] (strength of feeling) emoción *f*

emotional /ɪˈməʊʃn̩əl || ɪˈməʊʃənl/ *adj* **1** ‹*disorder*› emocional, afectivo; **~ blackmail** chantaje *m* afectivo **2** (sensitive) ‹*person/nature*› emotivo **3** (upset) emocionado; **to get ~** emocionarse **4** (moving) ‹*speech/experience/scene*› emotivo, conmovedor

emotionally /ɪˈməʊʃn̩əli/ *adv* **1** (Psych) ‹*mature*› emocionalmente; **~ deprived** con carencias afectivas *or* emocionales **2** ‹*behave/react/speak*› con gran emotividad

emotive /ɪˈməʊtɪv/ *adj* emotivo, cargado de emotividad

empathize /ˈempəθaɪz/ *vi* **to ~ WITH sb** identificarse* CON algn

empathy /ˈempəθi/ *n* [u] empatía *f*

emperor /ˈempərər || ˈempərə(r)/ *n* emperador *m*

emphasis /ˈemfəsəs || ˈemfəsɪs/ *n* (*pl* **-ses** /-siːz/) énfasis *m*; **to lay** *o* **place** *o* **put ~ on sth** hacer* hincapié *or* poner* énfasis en la importancia de algo

emphasize /ˈemfəsaɪz/ *vt* ‹*phrase/word*› enfatizar*, poner* énfasis en; ‹*fact/point/warning*› recalcar*, hacer* hincapié en; ‹*fault/value*› poner* de relieve; ‹*shape/feature*› resaltar, hacer* resaltar

emphatic /ɪmˈfætɪk/ *adj* ‹*gesture/tone*› enérgico, enfático; ‹*assertion/refusal*› categórico

emphatically /ɪmˈfætɪkli/ *adv* ‹*say/declare*› enérgicamente; ‹*deny*› categóricamente, rotundamente

emphysema /ˈemfəˈziːmə, -ˈsiː- || ˌemfɪˈsiːmə/ *n* [u] enfisema *m*

empire /ˈempaɪr || ˈempaɪə(r)/ *n* [u c] imperio *m*

empirical /emˈpɪrɪkəl, ɪm- || emˈpɪrɪkəl, ɪm-/ *adj* empírico

empiricism /emˈpɪrəsɪzəm, ɪm- || emˈpɪrɪsɪzəm, ɪm-/ *n* [u] empirismo *m*

employ¹ /ɪmˈplɔɪ/ *vt* **1** ‹*person*› (take on) contratar, emplear; (have working) emplear, dar* empleo a; **he's ~ed as a nightwatchman** trabaja de vigilante nocturno **2** ‹*method/tactics/tool*› emplear, valerse* de

employ² *n* (frml): **to be in sb's ~** *o* **in the ~ of sb** trabajar para algn

employable /ɪmˈplɔɪəbəl/ *adj*: **he is no longer ~** ya nadie le va a dar trabajo

employee, (AmE also) **employe** /ɪmˈplɔɪˈiː/ *n* empleado, -da *m,f*

employer /ɪmˈplɔɪər || ɪmˈplɔɪə(r)/ *n* empleador, -dora *m,f*; (of domestic worker etc) patrón, -trona *m,f*; **unions and ~s** los sindicatos y la patronal *or* los empresarios; **list your three most recent ~s** indique las tres últimas empresas para las que ha trabajado

employment /ɪmˈplɔɪmənt/ *n* [u] **1** (work) trabajo *m*; **to be in ~** tener* trabajo; (*before n*) **~ agency** agencia *f* de trabajo *or* colocación **2** (availability of work) empleo *m*; **full ~** pleno empleo *m*; (*before n*) ‹*legislation*› laboral **3** (hiring, taking on) contratación *f*

emporium /emˈpɔːriəm || ɪmˈpɔːriəm/ *n* (*pl* **-riums** *or* **-ria** /-riə/) emporio *m* (comercial)

empower /ɪmˈpaʊər || ɪmˈpaʊə(r)/ *vt* **1** (authorize) conferirle* *or* otorgarle* poderes a; **she is ~ed to sign the contract on my behalf** está autorizada a *or* para firmar el contrato en mi nombre **2** (Pol, Sociol): **to ~ sb/oneself** investir* de poder a algn/investirse* de poder

empress /ˈemprəs || ˈemprɪs/ *n* emperatriz *f*

emptiness /ˈemptinəs || ˈemptinɪs/ *n* [u] (of landscape, region) *ausencia de vegetación, habitantes etc*; (meaninglessness) lo vacío, vacuidad *f* (frml)

empty¹ /ˈempti/ *adj* **-tier, -tiest** ‹*container/table*› vacío; ‹*words/gesture/life*› vacío; ‹*threat/promise*› vano

empty² **-ties, -tying, -tied** *vt* **1** ‹*container/warehouse*› vaciar* **2** (take or pour out): **she emptied the water down the sink** tiró el agua por el fregadero; **she emptied the contents all over the floor** vació la caja (*or* el bolso *etc*) en el suelo

■ **empty** *vi* «*room/street*» vaciarse*; «*river/stream*» **to ~ INTO sth** desaguar* EN algo

Phrasal verb

- **empty out** [v ▸ o ▸ adv, v ▸ adv ▸ o] ‹*bag/drawer/pockets*› vaciar*; ‹*garbage*› tirar, botar (AmL exc RPl)

empty³ *n* (*pl* **-ties**) (colloq) (bottle) envase *m* (vacío), casco *m* (Esp, Méx)

empty: **~-handed** /ˈemptiˈhændəd || ˌemptiˈhændɪd/ *adv* con las manos vacías; **~-headed** /ˈemptiˈhedəd || ˌemptiˈhedɪd/ *adj*: **she's so ~-headed** es una cabeza hueca

EMS *n* (**= European Monetary System**) SME *m*

emu /ˈiːmjuː/ *n* emú *m*

emulate /ˈemjəleɪt || ˈemjʊleɪt/ *vt* emular

emulation /ˈemjəˈleɪʃən || ˌemjʊˈleɪʃən/ *n* emulación *f*

emulsifier /ɪˈmʌlsəfaɪər || ɪˈmʌlsɪfaɪə(r)/ *n* [u c] emulsionante *m*, emulsivo *m*

emulsion /ɪˈmʌlʃən/ *n* **~ (paint)** pintura *f* al agua

enable /ɪnˈeɪbəl/ *vt* **1** (provide means for) **to ~ sb to + INF** permitir(le) A algn + INF **2** (make possible) posibilitar, permitir

enact /ɪnˈækt/ *vt*

A (Govt, Law) ‹*law*› promulgar*

B ‹*play/role*› representar; **the scene being ~ed before us** la escena que se desarrollaba ante nosotros

enamel¹ /ɪˈnæməl/ *n* [u] esmalte *m*

enamel² *vt*, (BrE) **-ll-** esmaltar

enamored, (BrE) **enamoured** /ɪ'næmərd || ɪ'næməd/ *adj* (frml) **to be ~ OF sb** estar* enamorado *or* (frml *o* hum) prendado DE algn; **I'm not very ~ of** *o* **with the idea** no estoy muy entusiasmado con la idea

enc (= **enclosed**) anexo

encampment /ɪn'kæmpmənt/ *n* campamento *m*

encapsulate /ɪn'kæpsəleɪt || ɪn'kæpsjʊleɪt/ *vt* ‹*story/problem*› condensar, compendiar

encase /ɪn'keɪs/ *vt* revestir*, recubrir*; **~d IN sth** revestido *or* recubierto DE algo

encash /ɪn'kæʃ/ *vt* (BrE frml) hacer* efectivo (frml), cobrar

encephalitis /ɪn'sefə'laɪtəs || en,sefə'laɪtɪs/ *n* [u] encefalitis *f*

enchant /ɪn'tʃænt || ɪn'tʃɑːnt/ *vt* (delight, charm) cautivar; (Occult) hechizar*, encantar

enchanted /ɪn'tʃæntəd || ɪn'tʃɑːntɪd/ *adj* (under a spell) encantado; (delighted) **~ WITH/AT sth** encantado CON algo

enchanter /ɪn'tʃæntər || ɪn'tʃɑːntə(r)/ *n* mago, -ga *m,f*

enchanting /ɪn'tʃæntɪŋ || ɪn'tʃɑːntɪŋ/ *adj* encantador

enchantment /ɪn'tʃæntmənt || ɪn'tʃɑːntmənt/ *n* 1 [c u] (charm) encanto *m*, hechizo *m* (liter) 2 [u] (delight) embeleso *m* 3 [c] (spell) encantamiento *m*, hechizo *m*

enchantress /ɪn'tʃæntrəs || ɪn'tʃɑːntrɪs/ *n* maga *f*, hechicera *f*

encircle /ɪn'sɜːrkəl || ɪn'sɜːkəl/ *vt* ‹*camp/house*› rodear; ‹*waist/wrist*› ceñir*

enclave /'enkleɪv/ *n* enclave *m*

enclose /ɪn'kləʊz/ *vt*

A 1 (surround) encerrar*; (fence in) cercar*; **a valley ~d by high mountains** un valle circundado *or* rodeado de altas montañas 2 **enclosed** *past p* ‹*area/space*› cerrado

B (in letter) adjuntar, acompañar; **please find ~d ...** se adjunta *or* se acompaña ...

enclosure /ɪn'kləʊʒər || ɪn'kləʊʒə(r)/ *n*

A [c] 1 (enclosed space) recinto *m*; **a fenced ~** un cercado 2 (for spectators) (BrE Sport) recinto *m*

B [u] (of land) cercamiento *m*

encode /ɪn'kəʊd, en-/ *vt* codificar*, cifrar

encompass /ɪn'kʌmpəs/ *vt* (frml) abarcar*, englobar

encore /'ɑːnkɔːr || 'ɒŋkɔː(r)/ *n* bis *m*; (*as interj*) ¡otra!

encounter¹ /ɪn'kaʊntər || ɪn'kaʊntə(r)/ *vt* 1 (be faced with) ‹*danger/difficulty/opposition*› encontrar*, encontrarse* con 2 (come across) tropezar* *or* toparse con

encounter² *n* encuentro *m*; **his first ~ with the law** su primer tropiezo con la ley

encourage /ɪn'kɜːrɪdʒ || ɪn'kʌrɪdʒ/ *vt* 1 (give hope, courage to) animar, alentar* 2 (stimulate, inspire) **to ~ sb to + INF**: **she/it ~d me to carry on** me animó a seguir adelante; **to ~ sb IN sth**: **don't ~ him in bad habits** no le fomentes las malas costumbres 3 ‹*industry/competition/bad habit*› fomentar; ‹*growth*› fomentar, estimular; ‹*speculation*› intensificar*

encouragement /ɪn'kɜːrɪdʒmənt || ɪn'kʌrɪdʒmənt/ *n* [u c] (heartening) ánimo *m*; **she doesn't need any ~** no (le) hace falta que la animen a hacerlo

encouraging /ɪn'kɜːrɪdʒɪŋ || ɪn'kʌrɪdʒɪŋ/ *adj* ‹*news/progress*› alentador, esperanzador; **she's very ~** me (*or* nos *etc*) alienta mucho *or* me da muchos ánimos

encroach /ɪn'krəʊtʃ/ *vi* **to ~ ON** *o* **UPON sth** ‹*on land*› invadir algo; ‹*on rights*› cercenar algo

encroachment /ɪn'krəʊtʃmənt/ *n* [u c] (on land) invasión *f*; (on rights) cercenamiento *m* (frml)

encrust /ɪn'krʌst/ *vt* recubrir*; **~ed WITH sth**: **~ed with mud** con una costra de barro; **~ed with jewels** con incrustaciones de pedrería

encumber /ɪn'kʌmbər || ɪn'kʌmbə(r)/ *vt* 1 (burden) cargar*; **to be ~ed WITH sth** ‹*with debt/responsibility*› estar* cargado *or* agobiado DE algo 2 (hamper) estorbar

encumbrance /ɪn'kʌmbrəns/ *n* (burden, hindrance) estorbo *m*; **an ~ TO sb** un estorbo PARA algn

encyclical (letter) /en'sɪklɪkəl/ *n* encíclica *f*

encyclopedia, (BrE also) **encyclopaedia** /ɪn'saɪklə'piːdiə/ *n* enciclopedia *f*

encyclopedic, (BrE also) **encyclopaedic** /ɪn'saɪklə'piːdɪk/ *adj* enciclopédico

end¹ /end/ *n*

A 1 (extremity — of rope, stick) extremo *m*, punta *f*; (— of nose) punta *f*; (— of street) final *m*; **at the other/far ~ of the garden** al otro extremo/al fondo del jardín; **from one ~ of the country to the other** de punta a punta *or* de un extremo a otro del país; **the top ~ of the range** lo mejor de la gama; **to stand sth on (its) ~** poner* algo vertical, parar algo (AmL); **for weeks on ~** durante semanas y semanas, durante semanas enteras; **it measured five feet (from) ~ to ~** medía cinco pies de un lado al otro *or* de punta a punta; ***not to know/be able to tell one ~ of sth from the other*** no tener* ni idea de algo (fam); ***to be at the ~ of one's rope*** *o* (BrE) ***tether*. I'm at the ~ of my rope** ya no puedo más *or* ya no aguanto más; ***to go off at the deep ~*** (colloq) ponerse* como una fiera; ***to make ~s meet*** llegar* a fin de mes; *see also* **deep end** 2 (part, side) (colloq) parte *f* (fam); **are there any problems at your ~?** ¿hay algún problema por tu lado? 3 (remaining part) final *m*, resto *m*

B 1 (finish, close) fin *m*, final *m*; **S the end** fin; **at the ~ of the month** a fin de mes; **she read it to the very ~** lo leyó hasta el fin *or* final; **just give him the money and let that be an ~ of** *o* **to it** dale el dinero y que no se hable más; **that was the ~ of the story** ahí (se) acabó *or* terminó la historia; **we'll never hear the ~ of this** nunca nos va a dejar olvidar esto; **in the ~** al final; **to put an ~ to sth** poner* fin *or* poner* punto final a algo; ***at the ~ of the day*** (finally) al fin y al cabo, a fin de cuentas; (lit) al acabar *or* terminar el día 2 (death, destruction) final *m*, fin *m*; **they met a violent ~** tuvieron un final *or* fin violento; **to come to a sticky ~** (BrE) acabar *or* terminar mal 3 (outcome) final *m* 4 ***no ~*** (BrE colloq): **there were no ~ of people there** había la mar *or* la tira de gente (fam); **we enjoyed ourselves no ~** nos divertimos a más no poder (fam)

C (purpose) fin *m*; **an ~ in itself** un fin en sí mismo; **to use sth for one's own ~s** usar algo para sus (*or* mis *etc*) propios fines; **to this ~** (frml) con *or* a este fin (frml)

end² *vt* 1 (stop) ‹*argument/discussion/fight*› terminar, dar* *or* poner* fin a; ‹*gossip/speculation*› acabar *or* terminar con 2 (conclude) terminar, concluir* (frml)

■ **end** *vi* acabar, terminar; **it will all ~ in tears** va a acabar *or* terminar mal; **a word ~ing in 'x'** una palabra que termina en 'x'

Phrasal verb

• **end up** [v ▸ adv] terminar, acabar; **I ~ed up doing it myself** terminé *or* acabé haciéndolo yo mismo

endanger /ɪn'deɪndʒər || ɪn'deɪndʒə(r)/ *vt* 1 ‹*life*› poner* en peligro; ‹*chances/reputation*› hacer* peligrar 2 **endangered** *past p* ‹*species/wildlife*› en peligro *or* en vías de extinción

endear /ɪn'dɪr || ɪn'dɪə(r)/ *vt* **to ~ oneself TO sb** granjearse el cariño de algn

endearing /ɪn'dɪrɪŋ || ɪn'dɪərɪŋ/ *adj* atractivo

endearment /ɪn'dɪrmənt || ɪn'dɪəmənt/ *n* [c u] expresión *f* de cariño; **terms/words of ~** palabras *fpl* cariñosas *or* de cariño

endeavor¹, (BrE) **endeavour** /ɪn'devər || ɪn'devə(r)/ *n* (frml) (attempt) esfuerzo *m*, intento *m*; **he made every ~ to help** intentó ayudar por todos los medios

endeavor², (BrE) **endeavour** *vt* (frml) **to ~ to + INF** intentar por todos los medios + INF, esforzarse* POR + INF

endemic /en'demɪk/ *adj* endémico

ending /'endɪŋ/ *n* 1 (conclusion) final *m*, desenlace *m*; **the story has a happy ~** la historia tiene un final feliz 2 (Ling) desinencia *f*, terminación *f*; **verb ~s** desinencias verbales

endive /'endaɪv, -dɪv/ *n* (AmE) endivia *f*, endibia *f*; (BrE) escarola *f*

endless /'endləs || 'endlɪs/ *adj* 1 ‹*journey/meeting*› interminable; ‹*plain/patience*› sin límites, infinito; ‹*chatter/complaining*› continuo, incesante 2 (innumerable) innumerable; **the possibilities are ~** las posibilidades son infinitas

endlessly /'endləsli || 'endlɪsli/ *adv* 1 (infinitely): **the plain/road stretched out ~ before us** la llanura/carretera se extendía interminable ante nosotros 2 (incessantly) ‹*talk/chatter*› constantemente, incesantemente, sin parar 3 (time and time again) ‹*try/argue*› hasta la saciedad

endocrine /'endəkrən || 'endəʊkraɪn, -krɪn/ *adj* endocrino

end-of-term /ˈendəvˈtɜːrm || ˌendəvˈtɜːm/ *adj* (BrE) (*before n*) de final de trimestre

endorse /ɪnˈdɔːrs || ɪnˈdɔːs/ *vt*
A **1** (approve) ‹*statement/decision*› aprobar*, refrendar; **I fully ~ that opinion** comparto totalmente esa opinión **2** (Pol) refrendar **3** ‹*product*› promocionar
B (sign) ‹*check/bill*› endosar
C (BrE Auto, Law) *anotar los detalles de una infracción de tráfico en el permiso de conducir*

endorsement /ɪnˈdɔːrsmənt || ɪnˈdɔːsmənt/ *n* [c u]
A **1** (approval) aval *m*, aprobación *f* **2** (Pol) refrendo *m* **3** (Marketing) promoción *f*
B (on driving licence) (BrE) anotación *f* (*de una infracción de tráfico*)

endow /ɪnˈdaʊ/ *vt* **1** (provide) (*usu pass*) **~ed WITH sth** dotado DE algo **2** (provide income for) ‹*college/school/hospital*› dotar (de fondos) a

endowment /ɪnˈdaʊmənt/ *n*
A [c u] (Fin) donación *f*, legado *m*; (*before n*) **~ mortgage** (BrE) hipoteca *f* de inversión
B (attribute) (frml) atributo *m* (frml), dote *f*

end: **~ product** *n* producto *m* final; **~ result** *n* resultado *m* final

endurable /ɪnˈdʊrəbəl || ɪnˈdjʊərəbəl/ *adj* (*usu neg*) soportable, tolerable

endurance /ɪnˈdʊrəns || ɪnˈdjʊərəns/ *n* [u] (physical) resistencia *f*, aguante *m*; (mental) entereza *f*, fortaleza *f*; **powers of ~** capacidad *f* de aguante; (*before n*) **~ test** prueba *f* de resistencia

endure /ɪnˈdʊr || ɪnˈdjʊə(r)/ *vt* soportar
■ **endure** *vi* «*fame/friendship/memories*» perdurar

enduring /ɪnˈdʊrɪŋ || ɪnˈdjʊərɪŋ/ *adj* ‹*fame/memory*› imperecedero, perdurable; ‹*peace/change*› duradero

end user *n* destinatario *m* final, usuario *m*

endways /ˈendweɪz/, (AmE also) **endwise** /-waɪz/ *adv* (with end forward) de canto, de lado; (end to end) a lo largo

ENE (= **east-northeast**) ENE

enema /ˈenəmə/ *n* enema *m*

enemy /ˈenəmi/ *n* (*pl* **-mies**) **1** (adversary) enemigo, -ga *m,f*; **she's her own worst ~** su peor enemigo es ella misma **2** (opponent in war) (+ *sing o pl vb*) **the ~** el enemigo; (*before n*) ‹*action/forces/territory*› enemigo

energetic /ˈenərˈdʒetɪk || ˌenəˈdʒetɪk/ *adj* **1** ‹*person*› lleno de energía; ‹*exercise*› enérgico; ‹*vacation/day*› muy activo **2** (forceful) ‹*denial/protest*› enérgico

energetically /ˈenərˈdʒetɪkli || ˌenəˈdʒetɪkli/ *adv* **1** ‹*work/dance*› con energía **2** ‹*argue/deny*› enérgicamente

energy /ˈenərdʒi || ˈenədʒi/ *n* [u] energía *f*; (power, effort) energías *fpl*; (*before n*) **~ crisis** crisis *f* energética

energy: **~-efficient** /ˌenərdʒiɪˈfɪʃənt || ˌenədʒiɪˈfɪʃənt/ *adj* energéticamente eficiente; **~-saving** /ˈenərdʒi ˌseɪvɪŋ || ˈenədʒi ˌseɪvɪŋ/ *adj* de ahorro energético

enervating /ˈenərveɪtɪŋ || ˈenəveɪtɪŋ/ *adj* (frml) debilitante

enfant terrible /ˈɑːnfɑːnteˈriːblə || ˌɒnfɒnteˈriːblə/ *n* (*pl* **enfants terribles** /ˈɑːnfɑːnteˈriːblə || ˌɒnfɒnteˈriːblə/) enfant terrible *mf*

enfold /ɪnˈfəʊld/ *vt* (liter) envolver*

enforce /ɪnˈfɔːrs || ɪnˈfɔːs/ *vt* **1** ‹*law/regulation*› hacer* respetar *or* cumplir; ‹*claim/right*› hacer* valer **2** **enforced** *past p* ‹*leisure/silence*› forzoso, impuesto

enforcement /ɪnˈfɔːrsmənt || ɪnˈfɔːsmənt/ *n* [u]: **they are responsible for the ~ of the law** son responsables de hacer cumplir *or* respetar la ley; (*before n*) **~ agencies** (AmE) departamentos *mpl* de seguridad del estado; **~ officers** (AmE) agentes *mfpl* de la ley

engage /ɪnˈgeɪdʒ/ *vt*
A ‹*attention/interest*› captar, atraer*; **to ~ sb in conversation** entablar una conversación con algn
B ‹*cog/wheel*› engranar con; ‹*gear*› engranar, meter (fam); **to ~ the clutch** embragar*, apretar* el embrague
C (hire) ‹*staff/performer*› contratar
■ **engage** *vi*
A (take part) **to ~ IN sth**: **to ~ in politics** dedicarse* a la política
B «*cog/wheel*» engranar

engaged /ɪnˈgeɪdʒd/ *adj*
A (betrothed) prometido, comprometido (AmL); **to be ~ TO sb** estar* prometido A algn, estar* comprometido CON algn (AmL); **to get ~** prometerse, comprometerse (AmL)
B (*pred*) **1** (occupied) (frml) ocupado; **I'm otherwise ~** tengo otro compromiso; **~ IN *o* ON**: **they are ~ in a new business venture** tienen un nuevo negocio entre manos; **the work we are ~ on** el trabajo que nos ocupa **2** (BrE) ‹*toilet*› ocupado **3** (BrE Telec) ocupado, comunicando (Esp); **the ~ tone *o* signal** la señal de ocupado *or* (Esp) de comunicando

engagement /ɪnˈgeɪdʒmənt/ *n*
A (pledge to marry) compromiso *m*; (period) noviazgo *m*; **they have broken off their ~** han roto su compromiso; (*before n*) **~ ring** anillo *m* de compromiso
B (appointment) compromiso *m*

engaging /ɪnˈgeɪdʒɪŋ/ *adj* atractivo, encantador; **she's very ~** es muy simpática

engender /ɪnˈdʒendər || ɪnˈdʒendə(r)/ *vt* (frml) engendrar (frml)

engine /ˈendʒən || ˈendʒɪn/ *n* **1** (motor) motor *m*; **the ship's ~s** las máquinas del barco; (*before n*) **to have ~ trouble** tener* problemas con el motor **2** (locomotive) locomotora *f*, máquina *f*

engine driver *n* (BrE) maquinista *mf*

engineer[1] /ˈendʒəˈnɪr || ˌendʒɪˈnɪə(r)/ *n*
A **1** (graduate) ingeniero, -ra *m,f* **2** (in factory) (BrE) oficial, -ciala *m,f* **3** (for maintenance) (BrE) técnico *mf*, ingeniero, -ra *m,f* (Méx)
B (AmE Rail) maquinista *mf*

engineer[2] *vt* ‹*plan*› urdir, tramar; ‹*defeat/downfall*› fraguar*; **genetically ~ed** creado por la ingeniería genética

engineering /ˈendʒəˈnɪrɪŋ || ˌendʒɪˈnɪərɪŋ/ *n* [u] ingeniería *f*

engine room *n* (Naut) cuarto *m* *or* sala *f* de máquinas

England /ˈɪŋglənd/ *n* Inglaterra *f*; (*before n*) ‹*squad/team/player*› (BrE) inglés

English[1] /ˈɪŋglɪʃ/ *adj* inglés

English[2] *n* **1** [u] (language) inglés *m*; **British/American ~** inglés británico/americano; (*before n*) ‹*lesson/teacher*› de inglés **2** (people) (+ *pl vb*) **the ~** los ingleses

English: **~man** /ˈɪŋglɪʃmən/ *n* (*pl* **-men** /-mən/) inglés *m*; ***an ~man's home is his castle*** *frase que señala la importancia que el inglés atribuye a la privacidad del hogar*; **~-speaking** *adj* de habla inglesa; **~woman** *n* inglesa *f*

engrave /ɪnˈgreɪv/ *vt* grabar; **to ~ sth WITH sth**: **he had the bracelet ~d with her name** hizo grabar su nombre en la pulsera; **to ~ sth ON sth** grabar algo EN algo

engraver /ɪnˈgreɪvər || ɪnˈgreɪvə(r)/ *n* grabador, -dora *m,f*

engraving /ɪnˈgreɪvɪŋ/ *n* [c u] grabado *m*

engross /ɪnˈgrəʊs/ *vt* absorber*; **to be ~ed IN sth** estar* absorto *or* enfrascado EN algo

engrossing /ɪnˈgrəʊsɪŋ/ *adj* fascinante, apasionante

engulf /ɪnˈgʌlf/ *vt* «*flames/fire/waves*» envolver*; «*lava*» sepultar; «*feeling*» asaltar; **war ~ed the country** el país se sumió en la guerra

enhance /ɪnˈhæns || ɪnˈhɑːns/ *vt* ‹*beauty/taste*› realzar*, dar* realce a; ‹*value*› aumentar; ‹*reputation/performance*› mejorar

enhancement /ɪnˈhænsmənt || ɪnˈhɑːnsmənt/ *n* [u] (of quality, performance) mejora *f*; (of flavor, beauty) realce *m*; (of value) aumento *m*

enigma /ɪˈnɪgmə/ *n* (*pl* **-mas**) enigma *m*

enigmatic /ˈenɪgˈmætɪk/ *adj* enigmático

enjoin /ɪnˈdʒɔɪn/ *vt* (frml)
A (strongly urge) **to ~ sth ON sb** encarecerle* algo a algn; **to ~ sb to + INF** encarecerle* a algn QUE (+ *subj*)
B (prohibit) (AmE Law) **to ~ sb FROM -ING** prohibirle* a algn QUE (+ *subj*)

enjoy /ɪnˈdʒɔɪ/ *vt*
A (like): **I ~ed the book** me gustó mucho el libro; **I ~ wine/music** me gusta el vino/la música; **I ~ed the party** lo pasé bien en la fiesta; **to ~ each moment to the full** disfrutar al máximo de cada momento; **I ~ traveling** me gusta viajar, disfruto viajando
B (have, experience) ‹*good health*› disfrutar de, gozar* de

■ **enjoy** *vi* (on serving food) (AmE) **~!** ¡buen provecho!
■ *v refl* **to ~ oneself** divertirse*, pasarlo *or* pasarla bien

enjoyable /ɪn'dʒɔɪəbəl/ *adj* ‹*day/meal/vacation*› agradable, placentero (frml); **an ~ book** un libro de lectura muy amena

enjoyment /ɪn'dʒɔɪmənt/ *n* [u c] (pleasure) placer *m*; **she gets a lot of ~ from** *o* **out of reading** disfruta mucho leyendo, le encanta leer

enlarge /ɪn'lɑːrdʒ || ɪn'lɑːdʒ/ *vt* ‹*hole/area*› agrandar; ‹*gland/heart*› dilatar; ‹*room/office*› ampliar*; ‹*print/photograph*› ampliar*
■ **enlarge** *vi* (frml) **to ~ (ON** *o* **UPON sth)** extenderse* (SOBRE algo)

enlargement /ɪn'lɑːrdʒmənt || ɪn'lɑːdʒmənt/ *n* **1▸** [u] (of gland, heart) dilatación *f* **2▸** [u] (of building) ampliación *f* **3▸** [u c] (Phot) ampliación *f*

enlarger /ɪn'lɑːrdʒər || ɪn'lɑːdʒə(r)/ *n* ampliadora *f*

enlighten /ɪn'laɪtn̩/ *vt* ‹*people/population*› ilustrar (frml); **would you care to ~ me?** ¿te importaría explicarme?

enlightened /ɪn'laɪtn̩d/ *adj* ‹*person/view*› progresista; ‹*decision*› inteligente

enlightening /ɪn'laɪtn̩ɪŋ/ *adj* esclarecedor, instructivo

enlightenment /ɪn'laɪtn̩mənt/ *n* [u] **1▸** (explanation): **I turned to her for ~** recurrí a ella en busca de una explicación *or* de una aclaración **2▸** (Hist) **the (Age of) E~** la Ilustración, el Siglo de las Luces

enlist /ɪn'lɪst/ *vi* alistarse; **to ~ IN sth** alistarse EN algo
■ **enlist** *vt* ‹*soldiers/helpers/members*› reclutar, alistar; ‹*sailors*› enrolar; ‹*support/aid*› conseguir*; **to ~ sb IN sth** conseguir* el apoyo de algn EN algo

enlisted man /ɪn'lɪstəd || ɪn'lɪstɪd/ *n* (AmE) soldado *m* raso

enlistment /ɪn'lɪstmənt/ *n* [u] (Mil) alistamiento *m*, reclutamiento *m*

enliven /ɪn'laɪvən/ *vt* ‹*conversation/person*› animar; ‹*room/place*› darle* vida *or* alegría a, alegrar

en masse /ɑːn'mæs || ɒn'mæs/ *adv* en masa, en bloque

enmesh /ɪn'meʃ/ *vt* **to be ~ed IN sth** estar* enredado EN algo

enmity /'enməti/ *n* [u c] (*pl* **-ties**) (frml) enemistad *f*

ennui /ɑː'nwiː || ɒn'wiː/ *n* [u] (liter) hastío *m*

enormity /ɪ'nɔːrməti || ɪ'nɔːməti/ *n* [u] enormidad *f*

enormous /ɪ'nɔːrməs || ɪ'nɔːməs/ *adj* enorme, inmenso; ‹*strength/courage*› enorme

enormously /ɪ'nɔːrməsli || ɪ'nɔːməsli/ *adv* ‹*enjoy/benefit*› enormemente; **he's ~ fat/rich** es gordísimo/riquísimo

enough[1] /ɪ'nʌf/ *adj* bastante, suficiente; (*pl*) bastantes, suficientes; **I don't have ~ money to buy it** no me alcanza el dinero para comprarlo; **I didn't get ~ sleep** no dormí bastante *or* lo suficiente; **they had more than ~ time** tuvieron tiempo de sobra

enough[2] *pron*: **do you need any more chairs/paper? — no, I have ~** ¿necesitas más sillas/papel? — no, tengo suficientes *or* bastantes/suficiente *or* bastante; **they don't pay us ~** no nos pagan bastante *or* lo suficiente; **that's ~ for me, thank you** (es) suficiente, gracias; **you've had more than ~ to drink** ya has bebido más que suficiente; **~ is ~!** ¡ya basta!; **I've had ~!** ¡ya estoy harto!

enough[3] *adv*
A (sufficiently): **you don't go out ~** no sales lo suficiente; **make sure it's big/heavy ~** asegúrate de que sea lo suficientemente grande/pesado; **that's not good ~** eso no me satisface, con eso no alcanza; **I was foolish ~ to give him my phone number** fui tan idiota, que le di el número de teléfono; **their house is more than big ~ for three people** su casa basta y sobra para tres personas; **would you be kind ~ to open the window?** ¿sería tan amable de abrir la ventana?
B **1▸** (*as intensifier*): **the threat was plain ~** la amenaza fue muy clara; **curiously ~** curiosamente *or* aunque parezca curioso **2▸** (quite, very): **it's natural ~ that he should want to see her** es muy normal que la quiera ver; **he seemed willing ~ to help** parecía muy dispuesto a ayudar **3▸** (tolerably, passably): **I like my job well ~ but ...** mi trabajo me gusta pero ...; **it's a nice ~ city** como ciudad no está mal

enquire /ɪn'kwaɪr || ɪn'kwaɪə(r)/ *vt/i* ▸**inquire**

enquiring /ɪn'kwaɪrɪŋ || ɪn'kwaɪərɪŋ/ *adj* ▸**inquiring**

enquiry /'ɪnkwairi, 'ɪnkwəri || ɪn'kwaɪəri/ *n* ▸**inquiry**

enrage /ɪn'reɪdʒ/ *vt* enfurecer*, encolerizar*

enraged /ɪn'reɪdʒd/ *adj* enfurecido; **he was ~ when he found out** cuando se enteró se puso furioso *or* se enfureció

enrich /ɪn'rɪtʃ/ *vt* enriquecer*

enrichment /ɪn'rɪtʃmənt/ *n* [u] enriquecimiento *m*

enroll, (BrE) **enrol -ll-** /ɪn'rəʊl/ *vi* matricularse, inscribirse*
■ **enroll** *vt* «*parents*» matricular, inscribir*; **the club ~ed 20 new members last year** el año pasado 20 personas se hicieron socias del club

enrollment, (BrE) **enrolment** /ɪn'rəʊlmənt/ *n* [u c] inscripción *f*, matrícula *f*

en route /ɑːn'ruːt || ɒn'ruːt/ *adv* por el camino, de camino; **we were ~ ~ to** *o* **for Cambridge** íbamos camino a Cambridge

ensconce /ɪn'skɑːns || ɪn'skɒns/ *vt*: **I was comfortably ~d in an armchair** estaba cómodamente arrellanado *or* instalado en un sillón
■ *v refl* **to ~ oneself** instalarse

ensemble /ɑːn'sɑːmbəl || ɒn'sɒmbəl/ *n*
A (group of performers) conjunto *m*
B (Clothing) conjunto *m*
C (whole) conjunto *m*

enshrine /ɪn'ʃraɪn/ *vt* (preserve) consagrar; **these principles are ~d in the constitution** la constitución consagra estos principios

ensign /'ensaɪn, 'ensən/ *n*
A (flag) enseña *f*, pabellón *m*
B (in US navy) alférez *mf*

enslave /ɪn'sleɪv/ *vt* esclavizar*

ensnare /ɪn'sner || ɪn'sneə(r)/ *vt* atrapar

ensue /ɪn'suː || ɪn'sjuː/ *vi* seguir*; **in the ensuing days** en los días que siguieron; **in the ensuing fight** en la pelea que tuvo lugar a continuación

en suite /ˌɑːn'swiːt || ˌɒn'swiːt/ *adj* adjunto, en suite

ensure /ɪn'ʃʊr || ɪn'ʃʊə(r), ɪn'ʃɔː(r)/ *vt* asegurar, garantizar*; **please ~ that ...** por favor asegúrese de que ...

entail /ɪn'teɪl/ *vt* ‹*risk*› implicar*, suponer*, conllevar; ‹*expense*› acarrear, implicar*, suponer*; **the position ~s a lot of responsibility** el cargo implica *or* conlleva mucha responsabilidad

entangle /ɪn'tæŋgəl/ *vt* enredar; **to become ~d in sth** (physically) enredarse en algo; (in scheme, lie) verse* envuelto *or* involucrado en algo

entanglement /ɪn'tæŋgəlmənt/ *n* [c u] enredo *m*

enter[1] /'entər || 'entə(r)/ *vt*
A **1▸** ‹*room/house/country*› entrar en, entrar a (esp AmL); **to ~ port** «*ship*» tomar puerto; **it never ~ed my head** ni se me pasó por la mente *or* la cabeza **2▸** (penetrate) entrar en
B (begin) ‹*period/phase*› entrar en
C **1▸** (join) ‹*army*› alistarse en, entrar en; ‹*firm/organization*› entrar en, incorporarse a; **to ~ the priesthood** hacerse* sacerdote **2▸** (begin to take part in) ‹*war/negotiations*› entrar en; ‹*debate/dispute*› sumarse a **3▸** ‹*student/candidate*› presentar; **12 horses have been ~ed in the race** se han inscrito 12 caballos para tomar parte en la carrera **4▸** ‹*race*› inscribirse* (para tomar parte) en; **to ~ a competition** presentarse a un concurso
D **1▸** (record — in register) inscribir*; (— in ledger, book) anotar, dar* entrada a **2▸** (Comput) dar* entrada a, introducir*
E (Law): **to ~ a plea of guilty/not guilty** declararse culpable/inocente
■ **enter** *vi*
A entrar; **~!** ¡adelante! *or* ¡pase!
B **to ~ (FOR sth)** ‹*for competition/race*› inscribirse* (EN algo); ‹*for examination*› presentarse (A algo)

Phrasal verb
• **enter up** [v ▸ o ▸ adv, v ▸ adv ▸ o] (BrE) ‹*transaction*› anotar, registrar

enter[2] *n* (Comput) intro *m*

enteritis /'entə'raɪtəs || ˌentə'raɪtɪs/ *n* [u] enteritis *f*

enterprise /'entərpraɪz || 'entəpraɪz/ *n*
A **1▸** [c] (project) empresa *f* **2▸** [u] (initiative, daring) empuje *m*, iniciativa *f*
B **1▸** [c] (company) empresa *f* **2▸** [u] (business activity): **free ~** la

libre empresa; **private ~** la iniciativa privada; (sector) el sector privado

enterprising /'entərpraɪzɪŋ || 'entəpraɪzɪŋ/ *adj* ‹*person*› emprendedor, con iniciativa; ‹*plan/venture*› que demuestra iniciativa

entertain /'entər'teɪn || ,entə'teɪn/ *vt*
A (amuse) ‹*audience*› entretener*; **to keep sb ~ed** entretener* *or* tener* entretenido a algn
B (give hospitality to): **we enjoy ~ing friends** nos gusta recibir (a los amigos) en casa *or* invitar a los amigos
C (frml) ‹*idea/suggestion*› contemplar, considerar; ‹*doubt/suspicions*› abrigar* (frml), albergar* (frml)
■ **entertain** *vi*
A (provide entertainment) entretener*
B (have guests) recibir

entertainer /'entər'teɪnər || ,entə'teɪnə(r)/ *n* artista *mf* (*del mundo del espectáculo*); (presenter of program) (Rad, TV) animador, -dora *m,f*

entertaining¹ /'entər'teɪnɪŋ || ,entə'teɪnɪŋ/ *adj* ‹*book/movie/anecdote*› entretenido, ameno; ‹*person*› divertido

entertaining² *n*: **they do a lot of ~** reciben mucho *or* a menudo

entertainment /'entər'teɪnmənt || ,entə'teɪnmənt/ *n*
A **1** [u] (amusement) entretenimiento *m* **2** [c] (show) espectáculo *m*
B [u] (hospitality) (*before n*) ‹*allowance/expenses*› de representación

enthrall, (BrE) **enthral** /ɪn'θrɔ:l/ *vt* **-ll-** cautivar, embelesar

enthralling /ɪn'θrɔ:lɪŋ/ *adj* fascinante, apasionante

enthrone /ɪn'θrəʊn/ *vt* ‹*king/queen*› entronizar*, exaltar al trono

enthuse /ɪn'θu:z || ɪn'θju:z/ *vi* **to ~ ABOUT/OVER sth** mostrarse* muy entusiasmado CON algo
■ **enthuse** *vt* (colloq) entusiasmar

enthusiasm /ɪn'θu:ziæzəm || ɪn'θju:ziæzəm/ *n* [u c] entusiasmo *m*

enthusiast /ɪn'θu:ziæst || ɪn'θju:ziæst/ *n* entusiasta *mf*

enthusiastic /ɪn'θu:zi'æstɪk || ɪn,θju:zi'æstɪk/ *adj* entusiasta; **to be ~ about sth** estar* entusiasmado con algo

enthusiastically /ɪn'θu:zi'æstɪkli || ɪn,θju:zi'æstɪkli/ *adv* con entusiasmo

entice /ɪn'taɪs/ *vt* atraer*; **to ~ people into the shops** para atraer a la gente a las tiendas; **they ~d him away with the offer of a higher salary** se lo llevaron prometiéndole un sueldo más alto

enticement /ɪn'taɪsmənt/ *n* **1** [u] (act of enticing) incentivación *f* **2** [c] (thing that entices) señuelo *m*, incentivo *m*

enticing /ɪn'taɪsɪŋ/ *adj* tentador, apetecible, atractivo

entire /ɪn'taɪr || ɪn'taɪə(r)/ *adj* **1** (whole) (*before n*) entero **2** (intact) (*pred*) intacto

entirely /ɪn'taɪrli || ɪn'taɪəli/ *adv* totalmente, completamente; **I'm not ~ surprised** no me sorprende del todo; **it's ~ up to you** como tú quieras

entirety /ɪn'taɪrəti || ɪn'taɪərəti/ *n* [u]: **in its ~** íntegramente, en su totalidad

entitle /ɪn'taɪtl̩/ *vt*
A (give right) **to ~ sb TO sth** darle* a algn derecho A algo; **to be ~d TO sth** tener* derecho A algo
B (name) (frml) (*often pass*) titular, poner* por título, darle* el título de; **a poem ~d 'Laura'** un poema titulado *or* que lleva por título 'Laura'

entitlement /ɪn'taɪtl̩mənt/ *n* [u c] **~ (TO sth)** derecho (A algo); (*before n*) ‹*program*› (AmE) de ayuda social

entity /'entəti/ *n* (*pl* **-ties**) entidad *f*

entomology /'entə'mɑ:lədʒi || ,entə'mɒlədʒi/ *n* [u] entomología *f*

entourage /'ɑ:ntʊ'rɑ:ʒ || ,ɒntʊ'rɑ:ʒ/ *n* séquito *m*

entrails /'entreɪlz/ *pl n* (of person) entrañas *fpl*; (of animal) vísceras *fpl*

entrance¹ /'entrəns/ *n*
A **1** [c] (way in) entrada *f*; **at the ~ to the building** en *or* a la entrada del edificio **2** [c] (foyer) hall *m*; (*before n*) **~ hall** hall *m*, vestíbulo *m* **3** [u] (access) (frml) entrada *f*; **to gain ~** entrar
B [u] (admission — to club, museum) entrada *f*; (— to school, university) ingreso *m*; (*before n*) **~ fee** (for entry) (precio *m* de) entrada *f*; (to join club) cuota *f* de ingreso *or* inscripción; (for exam, competition) cuota *f or* tasa *f* de inscripción; **there is an ~ charge** se cobra la entrada
C [c] **1** (act of entering) entrada *f*; **to make one's ~** hacer* su (*or* mi *etc*) entrada **2** (Theat) entrada *f* en escena

entrance² /ɪn'træns || ɪn'trɑ:ns/ *vt* embelesar, extasiar*

entrancing /ɪn'trænsɪŋ || ɪn'trɑ:nsɪŋ/ *adj* fascinante

entrant /'entrənt/ *n* (in competition) participante *mf*; (for exam) candidato, -ta *m,f*

entreat /ɪn'tri:t/ *vt* (liter) suplicar*, rogar*; **to ~ sb to + INF** suplicarle* *or* rogarle* a algn QUE (+ *subj*)

entreaty /ɪn'tri:ti/ *n* (*pl* **-ties**) (liter) súplica *f*, ruego *m*

entrée, entree /'ɑ:ntreɪ || 'ɒntreɪ/ *n* [c] **1** (main dish) (esp AmE) plato *m* fuerte *or* principal, segundo plato *m* **2** (first course) (BrE) entrada *f*, entrante *m* (Esp)

entrenched /ɪn'trentʃt/ *adj* ‹*position*› afianzado; **deeply ~ prejudices** prejuicios *mpl* muy arraigados

entrepreneur /'ɑ:ntrəprə'nɜ:r || ,ɒntrəprə'nɜ:(r)/ *n* empresario, -ria *m,f*

entrepreneurial /'ɑ:ntrəprə'nɜ:riəl || ,ɒntrəprə'nɜ:riəl/ *adj* (*usu before n*) ‹*spirit*› emprendedor (*en los negocios*); ‹*abilities/talents*› para los negocios

entrust /ɪn'trʌst/ *vt* **to ~ sth TO sb** encomendarle* *or* confiarle* algo A algn; **I ~ my son to your care** te encomiendo a mi hijo, te confío el cuidado de mi hijo; **to ~ sb WITH sth** confiarle* algo A algn

entry /'entri/ *n* (*pl* **entries**)
A [u] (coming, going in) entrada *f*; **~ INTO sth** entrada EN *or* (esp AmL) A algo
B [u] (access) entrada *f*, acceso *m*; ⊖ **no entry** (on door) prohibida la entrada; (on road sign) prohibido el paso; **to refuse sb ~** negarle* la entrada *or* la admisión a algn
C [c u] **1** (in accounts) entrada *f*, asiento *m* **2** (in diary) anotación *f*, entrada *f* **3** (in dictionary — headword) entrada *f*; (in encyclopedia — article) artículo *m*
D [c] (in contest) (person entered) participante *mf*; (thing entered): **the winning ~ in the painting competition** el ejemplar ganador del concurso de pintura; **there were 20 entries** hubo 20 inscripciones
E [c] (door, gate) (AmE) entrada *f*

entry: **~-level** /'entrilevəl/ *adj* **1** (suitable for beginners) ‹*computing/course*› para principiantes **2** (basic) ‹*computer*› básico; **3** (AmE) ‹*job/worker*› de la categoría más baja; **~phone** *n* (BrE) portero *m* eléctrico *or* (Esp) automático, interfón *m* (Méx), intercomunicador *m* (Ven); **~way** *n* (AmE) entrada *f*

entwine /ɪn'twaɪn/ *vt* (liter) **1** (twist together) entrelazar* **2** (twist around): **the ivy ~d itself** *o* **was ~d around the tree** la hiedra se enroscaba en el árbol

E-number /'i:,nʌmbər || 'i:,nʌmbə(r)/ número *m* E (*aditivo alimentario*)

enumerate /ɪ'nu:məreɪt || ɪ'nju:məreɪt/ *vt* enumerar

enunciate /ɪ'nʌnsieɪt/ *vt* (frml) **1** (pronounce) ‹*syllable/word*› articular **2** (state) ‹*idea/theory*› enunciar

enunciation /ɪ'nʌnsi'eɪʃən/ *n* [u] (frml) (diction) dicción *f*; (articulation) articulación *f*

envelop /ɪn'veləp/ *vt* envolver*; **(to be) ~ed IN sth** (estar*) envuelto EN algo

envelope /'envələʊp/ *n* sobre *m*

enviable /'enviəbəl/ *adj* envidiable

envious /'enviəs/ *adj* envidioso; ‹*expression*› (lleno) de envidia; **to be ~ OF sth/sb** envidiar algo/a algn

enviously /'enviəsli/ *adv* con envidia; **she looked at me ~** me miró envidiosa *or* con envidia

environment /ɪn'vaɪrənmənt || ɪn'vaɪərənmənt/ *n* **1** (Ecol) **the ~** el medio ambiente; **the Department of the E~** (in UK) el Ministerio del Medio Ambiente, ≈ la Secretaría de Desarrollo Urbano y Ecología (*en Méx*) **2** (surroundings): **a hostile ~ for man** un medio hostil al hombre; **she's studying gorillas in their natural ~** estudia a las gorilas en su entorno *or* hábitat natural; **the work/home ~** el ambiente de trabajo/del hogar

environmental /ɪn'vaɪrən'mentl̩ || ɪn,vaɪərən'mentl̩/ *adj* **1** (Ecol) ‹*factor*› ambiental, medioambiental; ‹*damage*› al medio ambiente, medioambiental; **~ groups** grupos *mpl* ecologistas **2** (of surroundings) ‹*factor*› ambiental; ‹*influence*› del ambiente *or* entorno *or* medio

e

environmentalist /ɪnˈvaɪrənˈmentḷəst || ɪn,vaɪərən ˈmentəlɪst/ *n* ecologista *mf*; (*before n*) ‹*group/movement*› ecologista

environmentally /ɪnˈvaɪrənˈmentḷi || ɪn,vaɪərən ˈmentəli/ *adv* 1 **~-friendly products** productos *mpl* ecológicos, productos *mpl* que no dañan al medio ambiente 2 (*indep*) desde el punto de vista ecológico

environs /ɪnˈvaɪrənz || ɪnˈvaɪərənz/ *pl n* alrededores *mpl*, entorno *m*

envisage /ɪnˈvɪzɪdʒ/ *vt* 1 (foresee) prever*; **we don't ~ staying for long** no tenemos pensado quedarnos mucho tiempo 2 (visualise) imaginarse, concebir*

envision /ɪnˈvɪʒən/ *vt* (AmE) prever*

envoy /ˈenvɔɪ/ *n* enviado, -da *m,f*

envy¹ /ˈenvi/ *n* [u] envidia *f*; **you'll be the ~ of the whole school** serás la envidia de toda la escuela

envy² *vt* **envies, envying, envied** envidiar; **to ~ sb sth** envidiarle algo a algn

enzyme /ˈenzaɪm/ *n* enzima *f*

eon /ˈiːɑːn, ˈiːən || ˈiːən, ˈiːɒn/ *n* (Geol) eón *m*; **~s ago** (liter) hace millones de años

EP *n* (= **extended-play record**) (disco *m*) EP *m*

EPA *n* (in US) = **Environmental Protection Agency**

epaulette, (AmE also) **epaulet** /ˈepəlet/ *n* (on dress uniform) charretera *f*; (on trenchcoat) trabilla *f*

epee, épée /ˈepeɪ || ˈeɪpeɪ/ *n* espada *f* (*de esgrima*)

ephemera /ɪˈfemərə/ *pl n*: *objetos coleccionables que no tienen valor intrínseco, como programas de teatro etc*

ephemeral /ɪˈfemərəl/ *adj* efímero

epic¹ /ˈepɪk/ *adj* (*usu before n*) ‹*poem/poetry/film*› épico; ‹*achievement/struggle*› colosal, de epopeya; **on an ~ scale** a *or* en gran escala

epic² *n* (poem) poema *m* épico; (film) superproducción *f*; (novel) epopeya *f*

epicenter, (BrE) **epicentre** /ˈepəsentər || ˈepɪsentə(r)/ *n* (Geol) epicentro *m*

epicure /ˈepəkjʊr || ˈepɪkjʊə(r)/ *n* (frml) sibarita *mf*

epidemic¹ /ˈepəˈdemɪk || ˌepɪˈdemɪk/ *n* epidemia *f*

epidemic² *adj* epidémico; **the crisis has reached ~ proportions** la crisis afecta ya a toda la región (*or* el país *etc*)

epidermis /ˈepəˈdɜːrməs || ˌepɪˈdɜːmɪs/ *n* [u] epidermis *f*

epidural /ˈepɪˈdʊrəl || ˌepɪˈdjʊərəl/ *n* anestesia *f* epidural *or* peridural

epiglottis /ˈepəˈglɑːtəs || ˌepɪˈglɒtɪs/ *n* epiglotis *f*

epigram /ˈepəgræm || ˈepɪgræm/ *n* epigrama *m*

epilepsy /ˈepəlepsi || ˈepɪlepsi/ *n* [u] epilepsia *f*

epileptic¹ /ˈepəˈleptɪk || ˌepɪˈleptɪk/ *adj* ‹*fit/attack*› epiléptico, de epilepsia; **she's ~** es epiléptica

epileptic² *n* epiléptico, -ca *m,f*

epilogue, (AmE also) **epilog** /ˈepəlɔːg || ˈepɪlɒg/ *n* epílogo *m*

Epiphany /ɪˈpɪfəni/ *n* **the ~** la Epifanía (del Señor)

episcopal /ɪˈpɪskəpəl/ *adj* episcopal; **the E~ Church** (in Scotland and US) la Iglesia Episcopaliana *or* Episcopal

Episcopalian /ɪˈpɪskəˈpeɪliən/ *adj* episcopaliano

episode /ˈepəsəʊd || ˈepɪsəʊd/ *n* episodio *m*

episodic /ˈepəˈsɑːdɪk || ˌepɪˈsɒdɪk/ *adj* (made up of episodes) en episodios; (intermittent) episódico

epistle /ɪˈpɪsəl/ *n* 1 **Epistle** (Relig) epístola *f*; **the E~s** las Epístolas 2 (letter) (hum) epístola *f* (hum)

epitaph /ˈepətæf || ˈepɪtɑːf/ *n* epitafio *m*

epithet /ˈepəθet || ˈepɪθet/ *n* (descriptive word, phrase) epíteto *m*; (descriptive title) apelativo *m*, sobrenombre *m*

epitome /ɪˈpɪtəmi/ *n* (embodiment) personificación *f*; (typical example) arquetipo *m*; **she is the ~ of kindness** es la bondad personificada *or* la personificación de la bondad

epitomize /ɪˈpɪtəmaɪz/ *vt* tipificar*; «*person*» ser* la personificación de

epoch /ˈepək || ˈiːpɒk/ *n* era *f*, época *f*

epoch-making /ˈepək,meɪkɪŋ || ˈiːpɒk,meɪkɪŋ/ *adj* (*before n*) que hace época, que marca un hito

eponymous /ɪˈpɑːnəməs || ɪˈpɒnɪməs/ *adj* epónimo

EPOS /ˈiːpɑːs || ˈiːpɒs/ (= **electronic point of sale**) terminal *m* punto de venta

Epsom salts /ˈepsəm/ *pl n* sulfato *m* de magnesia (*usado como purgante*)

equable /ˈekwəbəl/ *adj* ‹*character*› sereno, ecuánime; ‹*climate*› constante

equal¹ /ˈiːkwəl/ *adj*

A 1 (in size, amount, ability) igual; **five miles is ~ to eight kilometers** cinco millas equivalen a *or* son iguales a ocho kilómetros; **the windows are ~ in size** las ventanas son de igual tamaño *or* son iguales de tamaño; **all (other) things being ~** si no intervienen otros factores 2 (in privilege, status) igual; **everyone is ~ before the law** todos somos iguales ante la ley; **~ opportunities/rights** igualdad *f* de oportunidades/derechos; **we are an ~ opportunities** *o* **opportunity employer** practicamos una política de igualdad de oportunidades (*sin discriminar por razones de sexo, raza, credo, orientación sexual etc*)

B (capable, adequate) **~ TO sth**: **he isn't/doesn't feel ~ to the task** no es/no se siente capaz de hacerlo

equal² *n* igual *mf*; **my boss treats me as an ~** mi jefe me trata como a su igual *or* de igual a igual

equal³ *vt*, (BrE) **-ll-**

A (Math) ser* igual a; **three times three ~s nine** tres por tres son nueve *or* es igual a nueve; **his ignorance is ~ed only by his stupidity** su ignorancia sólo puede compararse a su estupidez

B ‹*record/time*› igualar

(Phrasal verb)

• **equal out** (esp AmE colloq) ▸**even out**

equality /ɪˈkwɑːləti || ɪˈkwɒləti/ *n* [u] igualdad *f*

equalize /ˈiːkwəlaɪz/ *vt* ‹*pressure/weight*› igualar; ‹*incomes*› equiparar

■ **equalize** *vi* (Sport) empatar, igualar el marcador

equalizer /ˈiːkwəlaɪzər || ˈiːkwəlaɪzə(r)/ *n* (Sport) gol *m* de la igualada *or* del empate

equally /ˈiːkwəli/ *adv*

A 1 (in equal amounts) ‹*divide/share*› por igual, equitativamente 2 (without bias) ‹*treat*› de la misma manera *or* forma, (por) igual

B (to an equal degree) igualmente; **~ easily/comfortably** con igual *or* con la misma facilidad/comodidad

C (*indep*) 1 (just as possibly) **~ (well)** de igual modo 2 (at the same time) (*as linker*) al mismo tiempo

equal sign, (BrE) **equals sign** *n* igual *m*, signo *m* de igual

equanimity /ˈekwəˈnɪməti/ *n* [u] (frml) ecuanimidad *f*

equate /ɪˈkweɪt/ *vt* (compare) equiparar; (identify) identificar*; **to ~ sth WITH sth** equiparar/identificar* algo CON algo

■ **equate** *vi* **to ~ WITH sth** corresponder A algo

equation /ɪˈkweɪʒən/ *n* ecuación *f*; **a simple/quadratic ~** una ecuación de primer/segundo grado

equator /ɪˈkweɪtər || ɪˈkweɪtə(r)/ *n* **the ~** *o* **E~** el ecuador

equatorial /ˈekwəˈtɔːriəl/ *adj* ecuatorial

equestrian /ɪˈkwestriən/ *adj* ‹*skills*› ecuestre; ‹*sports*› hípico

equidistant /ˈiːkwəˈdɪstənt || ˌiːkwɪˈdɪstənt/ *adj* equidistante; **to be ~ FROM sth** equidistar *or* ser* equidistante DE algo

equilateral /ˈiːkwəˈlætərəl || ˌiːkwɪˈlætərəl/ *adj* equilátero

equilibrium /ˈiːkwəˈlɪbriəm || ˌiːkwɪˈlɪbriəm/ *n* [u] (*pl* **-riums** *or* **-ria** /-riə/) (balance) equilibrio *m*; (poise) calma *f*

equine /ˈekwaɪn/ *adj* (frml) equino

equinox /ˈiːkwənɑːks, ˈek- || ˈiːkwɪnɒks, ˈek-/ *n* equinoccio *m*

equip /ɪˈkwɪp/ *vt* **-pp-** 1 (furnish, supply) ‹*troops/laboratory*› equipar; **to ~ sth/sb WITH sth** proveer* algo/a algn DE algo 2 (prepare, make capable) preparar; **to ~ sb TO + INF** preparar a algn PARA + INF

equipment /ɪˈkwɪpmənt/ *n* [u] equipo *m*; **office ~** *mobiliario, máquinas y material de oficina*; **sports ~** artículos *mpl* deportivos

equitable /ˈekwətəbəl || ˈekwɪtəbəl/ *adj* (frml) equitativo

equitably /ˈekwətəbli || ˈekwɪtəbli/ *adv* equitativamente

equity /ˈekwəti/ *n*

A [u] (fairness) (frml) equidad *f* (frml)

B (Busn, Fin) **1** [u] (shareholders' interest in company) patrimonio *m* neto; (*before n*) ~ **capital** capital *m* propio **2** **equities** *pl n* (shares) valores *mpl* de renta variable

equivalent¹ /ɪ'kwɪvələnt/ *adj* **1** (equal) ‹*size/value*› equivalente; **to be ~ TO sth/-ING** equivaler A algo/+ INF **2** (corresponding) ‹*position/term*› equivalente; **to be ~ TO sth** ser* el equivalente DE algo

equivalent² *n* equivalente *m*

equivocal /ɪ'kwɪvəkəl/ *adj* ‹*reply/result*› equívoco, ambiguo; ‹*attitude*› ambiguo

equivocate /ɪ'kwɪvəkeɪt/ *vi* hablar con evasivas

equivocation /ɪ,kwɪvə'keɪʃən/ *n* [c u] evasiva *f*, subterfugio *m*

er /ɜːr/ *interj* este, esto (Esp)

era /'ɪrə, 'erə || 'ɪərə/ *n* era *f*, época *f*

ERA

A (in US) (Law) = **Equal Rights Amendment**

B (in baseball) = **Earned Run Average**

eradicate /ɪ'rædəkeɪt || ɪ'rædɪkeɪt/ *vt* ‹*corruption/disease*› erradicar*

erase /ɪ'reɪs || ɪ'reɪz/ *vt* borrar; ‹*blackboard*› (AmE) borrar

eraser /ɪ'reɪsər || ɪ'reɪzə(r)/ *n* goma *f* (de borrar); **a blackboard ~** (AmE) un borrador

ere¹ /er || eə(r)/ *prep* (arch *or* poet) antes de; **~ long** dentro de poco

ere² *conj* (arch *or* poet) antes de que

erect¹ /ɪ'rekt/ *adj*

A ‹*bearing/posture*› erguido, derecho

B (Physiol) erecto

erect² *vt* ‹*altar/monument*› erigir* (frml), levantar; ‹*barricade/wall*› levantar; ‹*tent*› armar, montar, levantar

erection /ɪ'rekʃən/ *n*

A (frml) **1** [u] (of building, monument) construcción *f*; (of barricade) levantamiento *m* **2** [c] (building) construcción *f*

B [c] (Physiol) erección *f*

ergonomics /'ɜːrgə'nɑːmɪks || ,ɜːgə'nɒmɪks/ *n* (field of study) (+ *sing vb*) ergonomía *f*

Eritrea /'erə'treɪə || ,erɪ'treɪə/ *n* Eritrea *f*

ERM *n* = **Exchange Rate Mechanism**

ermine /'ɜːrmən || 'ɜːmɪn/ *n* [u c] armiño *m*

erode /ɪ'rəʊd/ *vt* ‹‹*water/wind/waves*›› erosionar; ‹‹*acid*›› corroer*; ‹*confidence/faith*› minar, socavar

erogenous zone /ɪ'rɑːdʒənəs/ *n* zona *f* erógena

erosion /ɪ'rəʊʒən/ *n* [u] (by water, wind, waves) erosión *f*; (by acid) corrosión *f*; (of confidence, power, rights) menoscabo *m*, deterioro *m*

erotic /ɪ'rɑːtɪk || ɪ'rɒtɪk/ *adj* erótico

erotica /ɪ'rɑːtɪkə || ɪ'rɒtɪkə/ *n* (+ *sing or pl vb*) (literature) literatura *f* erótica; (art) arte *m* erótico

eroticism /ɪ'rɑːtəsɪzəm || ɪ'rɒtɪsɪzəm/ *n* [u] erotismo *m*

err /er || ɜː(r)/ *vi* (frml): **to ~ IN sth/-ING** equivocarse* *or* errar* EN algo/AL + INF; **to ~ on the side of caution** pecar* de cauteloso *or* por exceso de precaución

errand /'erənd/ *n* **1** (short mission) mandado *m* (esp AmL), recado *m* (Esp); **to run an ~ for sb** hacerle* un mandado *or* (Esp) recado a algn; (*before n*) **~ boy** mandadero *m*, chico *m* de los mandados *or* (Esp) recados **2** (task) (liter) misión *f*; **an ~ of mercy** una misión de caridad *or* auxilio

errant /'erənt/ *adj* (liter) ‹*child*› descarriado; ‹*husband*› infiel

errata /e'rɑːtə/ *pl of* **erratum**

erratic /ɪ'rætɪk/ *adj* ‹*performance/work*› desigual, irregular; ‹*person/moods*› imprevisible; ‹*course*› errático

erratum /e'rɑːtəm/ *n* (*pl* **-ta**) errata *f*; Ⓢ **errata** fe de erratas

erroneous /ɪ'rəʊniəs/ *adj* erróneo

erroneously /ɪ'rəʊniəsli/ *adv* erróneamente

error /'erər || 'erə(r)/ *n* [c u] error *m*; **a clerical/printer's ~** un error administrativo/de imprenta; **to make an ~** cometer un error; **in ~** por equivocación, por error; **to be in ~** estar* en un error; ***to see the ~ of one's ways*** darse* cuenta de que se ha actuado mal; (*before n*) **~ message** (Comput) mensaje *m* de error

ersatz /'ersɑːts || 'ɜːzæts, 'eə-/ *adj* (*before n*) (pej): **~ fur** imitación *f* piel, piel *f* sintética; **~ coffee** sucedáneo *m or* sustituto *m* del café

erstwhile /'ɜːrsthwaɪl || 'ɜːstwaɪl/ *adj* (liter) antiguo

erudite /'erjədaɪt || 'eruːdaɪt/ *adj* (frml) erudito

erudition /'erjə'dɪʃən || ,eruː'dɪʃən/ *n* [u] (frml) erudición *f*

erupt /ɪ'rʌpt/ *vi* **1** ‹‹*volcano/geyser*›› entrar en erupción, hacer* erupción **2** ‹‹*water*›› salir* *or* manar a chorros **3** (break out) ‹‹*violence/fighting*›› estallar; **he ~ed with anger at the news** estalló en cólera al oír la noticia

eruption /ɪ'rʌpʃən/ *n* [c u] **1** (of volcano) erupción *f* **2** (of violence) brote *m*; (of anger) estallido *m*

escalate /'eskəleɪt/ *vi* **1** ‹‹*fighting/violence/dispute*›› intensificarse*; ‹‹*prices/claims*›› aumentar; **the scuffles ~d into a riot** las refriegas terminaron en serios disturbios callejeros **2** **escalating** *pres p* ‹*dispute/tension*› creciente; **escalating wages/prices** sueldos/precios en continuo aumento *or* que van en escalada

■ **escalate** *vt* ‹*fighting/tension*› intensificar*; ‹*demands*› aumentar

escalation /'eskə'leɪʃən/ *n* [u c] (of war, violence) escalada *f*; (of dispute) intensificación *f*; (of prices) aumento *m*, escalada *f*

escalator /'eskəleɪtər || 'eskəleɪtə(r)/ *n* escalera *f* mecánica

escapade /'eskəpeɪd/ *n* aventura *f*

escape¹ /ɪ'skeɪp/ *vi*

A **1** (flee) escaparse; ‹‹*prisoner*›› fugarse*, escapar(se); **to ~ FROM sth** ‹*from prison*› fugarse* *or* escapar(se) DE algo; ‹*from cage/zoo*› escaparse DE algo; ‹*from danger/routine*› escapar DE algo **2** **escaped** *past p* ‹*animal*› escapado; **an ~d convict** un preso que se ha fugado de la cárcel **3** ‹‹*air/gas/water*›› escaparse

B (from accident, danger) salvarse; **she ~d with minor injuries** sólo sufrió heridas leves

■ **escape** *vt* ‹*pursuer/police*› escaparse *or* librarse de; ‹*capture*› salvarse de, escapar a; ‹*responsibilities/consequences*› librarse de; **they ~d punishment/prosecution** se libraron de ser castigados/juzgados; **that detail had ~d my notice** se me había escapado ese detalle; **the name ~s me** no puedo recordar el nombre

escape² *n* **1** [c u] (from prison) fuga *f*, huida *f*; **to make one's ~** escaparse; (*before n*) **~ attempt** intento *m* de fuga; **our ~ route was blocked** el camino por donde pensábamos fugarnos estaba cortado **2** [c u] (from accident, danger): **to have a narrow/miraculous ~** salvarse *or* escaparse por muy poco/milagrosamente; **there's no ~** no hay escapatoria posible **3** [c] (of gas, air, water) escape *m*, fuga *f* **4** [c u] (from reality) evasión *f* **5** [c u] (Comput): **press ~** pulse *or* oprima la tecla de escape; (*before n*) ‹*key/routine*› de escape

escape: **~ artist** *n* escapista *mf*; **~ clause** *n* cláusula *f* de escape *or* de evasión

escapee /,ɪskeɪ'piː/ *n* fugitivo, -va *m,f*

escapism /ɪ'skeɪpɪzəm/ *n* [u] escapismo *m*

escapist /ɪ'skeɪpəst || ɪ'skeɪpɪst/ *adj* escapista

escapologist /ɪ'skeɪ'pɑːlədʒəst || ,eskə'pɒlədʒɪst/ *n* escapista *mf*

escarpment /ɪ'skɑːrpmənt || ɪ'skɑːpmənt/ *n* escarpa *f*, escarpadura *f*

eschew /ɪs'tʃuː/ *vt* (frml) evitar, abstenerse* de (frml)

escort¹ /'eskɔːrt || 'eskɔːt/ *n*

A (guard) escolta *f*; **under police/naval ~** escoltado por la policía/la armada; (*before n*) ‹*vessel/carrier/fighter*› de escolta

B (companion) acompañante *mf*; (male companion) (frml) acompañante *m*, caballero *m*; (hired companion — woman) señorita *f* de compañía; (— man) acompañante *m*; (*before n*) **~ agency** agencia *f* de acompañantes, agencia *f* de edecanes (Méx)

escort² /ɪ'skɔːrt || ɪ'skɔːt/ *vt* **1** (accompany) acompañar; ‹*prisoner/intruder*› llevar, conducir* **2** (for protection) ‹*politician/procession/ship*› escoltar

escudo /ɪ'ʃkuːdəʊ || e'skjuːdəʊ/ *n* (*pl* **-dos**) escudo *m*

ESE (= **east southeast**) ESE

Eskimo¹ /'eskəməʊ || 'eskɪməʊ/ *adj* esquimal

Eskimo² *n* (*pl* **-mos**) **1** [c] (person) esquimal *mf* **2** [u] (Ling) (aleuto)esquimal *m*

ESOL /'iːsɑːl || 'iːsɒl/ *n* = **English for speakers of other languages**

e

esophagus, (BrE) **oesophagus** /ɪ'sɑːfəgəs || iː'sɒfəgəs/ *n* esófago *m*

esoteric /'esə'terɪk || ˌiːsəʊ'terɪk, ˌesəʊ-/ *adj* esotérico

ESP *n* [u] = **extrasensory perception**

espadrille /ˌespə'drɪl/ *n* alpargata *f*

especial /ɪ'speʃəl/ *adj* (*before n*) especial, particular

especially /ɪ'speʃli/ *adv* especialmente, particularmente; **why did you choose that one ~?** ¿por qué escogió ése precisamente *or* en particular?; **everyone was bored, ~ me** estaba todo el mundo aburrido, sobre todo *or* especialmente yo

e

Esperanto /ˌespə'ræntəʊ/ *n* [u] esperanto *m*

espionage /'espiənɑːʒ/ *n* [u] espionaje *m*; **industrial ~** espionaje industrial

esplanade /'esplənɑːd || ˌesplə'neɪd/ *n* paseo *m* marítimo, malecón *m* (AmL), costanera *f* (CS)

espouse /ɪ'spaʊz/ *vt* apoyar, propugnar

espresso /e'spresəʊ/ *n* (*pl* **-sos**) café *m* exprés, expreso *m* (CS)

Esq (title) (esp BrE) = **Esquire**

Esquire /ɪ'skwaɪr || ɪ'skwaɪə(r)/ *n* (as title): **Frederick Saunders, ~** Sr. Frederick Saunders, Sr Don Frederick Saunders (esp Esp)

essay /'eseɪ/ *n* (literary composition) ensayo *m*; (academic composition) trabajo *m*, ensayo *m*; (language exercise) composición *f*, redacción *f*

essayist /'eseɪəst || 'eseɪɪst/ *n* ensayista *mf*

essence /'esns/ *n*

A [u] **1▸** (central feature, quality) esencia *f*; **in ~** en esencia; **of the ~** de fundamental importancia **2▸** (personification) personificación *f*; **he's the very ~ of a diplomat** es la diplomacia personificada, es la personificación de la diplomacia

B [c u] (Culin): **vanilla ~** *o* **~ of vanilla** esencia *f* de vainilla

essential¹ /ɪ'sentʃəl || ɪ'senʃəl/ *adj* esencial; **the ~ thing** lo esencial; **to be ~ TO sth/sb** ser* esencial *or* imprescindible PARA algo/algn

essential² *n* **1▸** (sth indispensable) imperativo *m*, elemento *m* esencial; **she brought only the bare ~s** trajo sólo lo imprescindible **2▸** **essentials** *pl n* (fundamental features) puntos *mpl* esenciales *or* fundamentales

essentially /ɪ'sentʃəli || ɪ'senʃəli/ *adv* esencialmente, fundamentalmente; (*indep*) en lo esencial, esencialmente

est (= **estimated**) est.

EST (in US) = **Eastern Standard Time**

establish /ɪ'stæblɪʃ/ *vt* **1▸** ‹*colony/community/company*› establecer*, fundar; ‹*committee/fund*› instituir*, crear **2▸** ‹*criteria/procedure/diplomatic relations*› establecer* **3▸** (prove) ‹*guilt/innocence*› establecer*; (ascertain) ‹*motive/fact/identity*› establecer*

■ *v refl* **to ~ oneself** «*person*» establecerse*

established /ɪ'stæblɪʃt/ *adj*

A ‹*expert/company*› de reconocido prestigio; ‹*star*› de renombre; ‹*reputation*› sólido; ‹*practice*› establecido; ‹*fact*› comprobado

B ‹*church/religion*› oficial

establishment /ɪ'stæblɪʃmənt/ *n*

A [u] **1▸** (of colony, business) fundación *f*; (of committee) creación *f* **2▸** (of criteria, relations) establecimiento *m*

B [c] (club, hotel, shop) establecimiento *m*; **research ~** centro *m* de investigación

C **1▸** **the Establishment** la clase dirigente, el establishment **2▸** (ruling group): **the literary ~** las figuras consagradas del mundo literario; **the medical ~** el establishment dentro de la profesión médica

estate /ɪ'steɪt/ *n*

A **1▸** (land, property) finca *f*, propiedad *f* **2▸** (group of buildings): **a private ~** un complejo habitacional, una urbanización (Esp), un fraccionamiento (Méx)

B (Law) patrimonio *m*; (of deceased person) sucesión *f*

C **~ (car)** (BrE) ▸ **station wagon**

estate agent *n* (BrE) agente *mf* de la propiedad inmobiliaria

esteem¹ /ɪ'stiːm/ *n* [u] estima *f*, aprecio *m*; **I hold him in high** *o* **great ~** lo aprecio mucho, lo tengo en gran estima; **he's gone down in my ~ since that incident** desde que pasó aquello no le tengo la misma estima

esteem² *vt* (frml) ‹*person*› tener* en gran estima (frml), apreciar; ‹*quality*› valorar, estimar

esteemed /ɪ'stiːmd/ *adj* (frml *or* hum) estimado (frml)

esthete /'esθiːt || 'iːsθiːt/ *etc*: *see* **aesthete** *etc*

estimate¹ /'estəmeɪt || 'estɪmeɪt/ *vt* **1▸** (calculate approximately) ‹*price/number/age*› calcular; **to ~ sth AT sth**: **the company ~s its losses at 7 million** la compañía calcula que ha sufrido pérdidas del orden de 7 millones **2▸** **estimated** *past p* ‹*cost/speed*› aproximado; **~d time of arrival** hora *f* de llegada previsto **3▸** (form judgment of) ‹*outcome/ability*› juzgar*, valorar

estimate² /'estəmət || 'estɪmət/ *n* **1▸** (rough calculation) cálculo *m* aproximado; **at a rough ~** haciendo un cálculo aproximado **2▸** (of costs) (Busn) presupuesto *m*

estimation /ˌestə'meɪʃən || ˌestɪ'meɪʃən/ *n* **1▸** [c] (judgment, opinion) juicio *m*, valoración *f*; **in my ~** a mi juicio **2▸** [u] (esteem): **to go up/down in sb's ~** ganarse/perder* la estima de algn

Estonia /es'təʊniə/ *n* Estonia *f*

Estonian¹ /es'təʊniən/ *adj* estonio

Estonian² *n* **1▸** [c] (person) estonio, -nia *m,f* **2▸** [u] (language) estonio *m*

estrange /ɪ'streɪndʒ/ *vt*: **she is ~d from her husband** vive *or* está separada de su marido; **his ~d wife** su mujer, de quien está separado

estrangement /ɪ'streɪndʒmənt/ *n* [u c] alejamiento *m*, distanciamiento *m*

estrogen, (BrE) **oestrogen** /'estrədʒən || 'iːstrədʒən/ *n* [u] estrógeno *m*

estuary /'estʃueri || 'estjʊəri/ *n* (*pl* **-ries**) estuario *m*

ETA *n*

A (Basque separatist organization) /'etə/ ETA *f*

B (Transp) = **estimated time of arrival**

et al /et'æl/ (and others) et al.

etc (= **et cetera**) etc.

et cetera /ɪt'setrə/ *adv* etcétera

etch /etʃ/ *vt* (Art, Print) grabar; **to be ~ed on sb's mind** *o* **memory** (liter) estar* grabado en la memoria de algn

etching /'etʃɪŋ/ *n* [c u] grabado *m*

eternal /ɪ'tɜːrnl || ɪ'tɜːnl/ *adj* eterno; (colloq) ‹*noise/complaints*› constante

eternally /ɪ'tɜːrnli || ɪ'tɜːnəli/ *adv* (forever) para siempre, eternamente; (colloq) (continually) ‹*complain*› permanentemente, constantemente

eternity /ɪ'tɜːrnəti || ɪ'tɜːnəti/ *n* [u c] (*pl* **-ties**) eternidad *f*

eternity ring *n* anillo *m or* aro *m* de brillantes (*como símbolo de amor eterno*)

ether /'iːθər || 'iːθə(r)/ *n* [u] (Chem) éter *m*

ethereal /ɪ'θɪriəl || ɪ'θɪəriəl/ *adj* (liter) etéreo (liter)

ethic /'eθɪk/ *n* ética *f*

ethical /'eθɪkəl/ *adj* ‹*dilemma*› ético; ‹*code*› de conducta

ethics /'eθɪks/ *n*

A (Phil) (+ *sing vb*) ética *f*

B (+ *pl vb*) (morality) ética *f*; **professional ~** ética *f* profesional

Ethiopia /ˌiːθi'əʊpiə/ *n* Etiopía *f*

Ethiopian /ˌiːθi'əʊpiən/ *adj* etíope

ethnic /'eθnɪk/ *adj* ‹*origin/group*› étnico; ‹*culture/art/vote*› de las minorías étnicas; **an ~ minority** una minoría étnica; **~ cleansing** limpieza *f* étnica

ethnicity /eθ'nɪsəti/ *n* [u c] (*pl* **-ties**) (origin) origen *m* étnico; (identity) identidad *f* étnica

ethnocentric /'eθnəʊ'sentrɪk/ *adj* etnocéntrico

ethos /'iːθɑːs || 'iːθɒs/ *n*: **the middle class ~** los valores y las actitudes de la clase media; **the ~ of free enterprise** el espíritu de la libre empresa

etiolated /'iːtiəleɪtəd || 'iːtiəʊleɪtɪd/ *adj* (Bot) decolorado

etiquette /'etɪket/ *n* [u] etiqueta *f*, protocolo *m*; **it is medical/professional ~** es de protocolo *or* es lo acostumbrado entre los médicos/en la profesión

etymological /'etəmə'lɑːdʒɪkəl || ˌetɪmə'lɒdʒɪkəl/ *adj* etimológico

etymologist /'etə'mɑːlədʒəst || ˌetɪ'mɒlədʒɪst/ *n* etimólogo, -ga *m,f*, etimologista *mf*

etymology /'etə'mɑːlədʒi || ˌetɪ'mɒlədʒi/ *n* [u c] (*pl* **-gies**) etimología *f*

EU *n* = **European Union**

eucalyptus /'ju:kə'lɪptəs/ *n* (*pl* **-tuses**) 1 [c] (tree) eucalipto *m* 2 [u] ~ **(oil)** (bálsamo *m* de) eucalipto *m*

Eucharist /'ju:kərəst || 'ju:kərɪst/ *n* Eucaristía *f*

eugenics /ju:'dʒenɪks/ *n* (+ *sing vb*) eugenesia *f*

eulogize /'ju:lədʒaɪz/ *vt* elogiar, ensalzar*

eulogy /'ju:lədʒi/ *n* (*pl* **-gies**) (liter) elogio *m*, loa *f* (liter)

eunuch /'ju:nək/ *n* eunuco *m*

euphemism /'ju:fəmɪzəm/ *n* [c u] eufemismo *m*

euphemistic /'ju:fə'mɪstɪk/ *adj* eufemístico

euphoria /ju:'fɔ:riə/ *n* [u] euforia *f*

euphoric /ju:'fɔ:rɪk || ju:'fɒrɪk/ *adj* eufórico

Eurasia /jʊ'reɪʒə || jʊə'reɪʒə/ *n* Eurasia *f*

Eurasian /jʊ'reɪʒən || jʊə'reɪʒən/ *adj* eurasiático

euro /'jʊrəʊ || 'jʊərəʊ/ *n* euro *m*

Euro- /'jʊrəʊ || 'jʊərəʊ/ *pref* euro-

eurocheque /'jʊrəʊtʃek || 'jʊərəʊtʃek/ *n* eurocheque *m*

Eurodollar /'jʊrəʊˌdɑ:lər/ *n* eurodólar *m*

euro-MP /'jʊrəʊˌempi:/ *n* eurodiputado, -da *m,f*

Europe /'jʊrəp || 'jʊərəp/ *n* 1 (Geog) Europa *f* 2 (the EC) (BrE) Europa *f*

European¹ /'jʊrə'pi:ən || ˌjʊərə'piən/ *adj* europeo

European² *n* europeo, -pea *m,f*

European: ~ **Commission** *n* Comisión *f* Europea, Comisión *f* de las Comunidades Europeas; ~ **Currency Unit** *n* unidad *f* monetaria europea; ~ **(Economic) Community** *n* Comunidad *f* (Económica) Europea; ~ **Union** *n* Unión *f* Europea

Euro: ~**phile** *n* europeísta *mf*; ~**phobe** /'jʊrəfəʊb/ *n* eurófobo, -ba *m,f*; ~**vision** /'jʊrəʊ'vɪʒən/ *n* [u] Eurovisión *f*; (*before n*) **the ~vision Song Contest** el Festival de Eurovisión; ~**zone** *n* zona *f* Euro

euthanasia /'ju:θə'neɪʒə || ˌju:θə'neɪziə/ *n* [u] eutanasia *f*

evacuate /ɪ'vækjueɪt/ *vt* ‹*building/area*› evacuar*, desalojar; ‹*residents/population*› evacuar*

evacuation /ɪ'vækju'eɪʃən/ *n* [u c] evacuación *f*, desalojo *m*

evacuee /ɪ'vækju:'i:/ *n* evacuado, -da *m,f*

evade /ɪ'veɪd/ *vt* ‹*arrest/enemy/responsibility*› eludir, evadir; ‹*question/issue*› eludir; ‹*regulations/military service*› eludir; ‹*taxes*› evadir

evaluate /ɪ'væljueɪt/ *vt* 1 ‹*ability/data*› evaluar* 2 (value) (AmE) valorar, tasar, avaluar* (AmL)

evaluation /ɪ'vælju'eɪʃən/ *n* [u c] 1 (of data) evaluación *f* 2 (of monetary value) (AmE) tasación *f*, valoración *f*

evangelical /'i:væn'dʒelɪkəl/ *adj* evangélico

evangelism /ɪ'vændʒelɪzəm/ *n* [u] evangelismo *m*

evangelist /ɪ'vændʒələst || ɪ'vændʒəlɪst/ *n*
A 1 (preacher) predicador, -dora *m,f* 2 (member of an evangelical church) evangelista *mf*
B (Bib): **the four E~s** los cuatro evangelistas

evaporate /ɪ'væpəreɪt/ *vi* «*liquid*» evaporarse; «*hope/fear*» desvanecerse*; «*support/opposition*» evaporarse, esfumarse; «*confidence*» esfumarse
■ **evaporate** *vt* hacer* evaporar, evaporar

evaporated milk /ɪ'væpəreɪtəd || ɪ'væpəreɪtɪd/ *n* [u] leche *f* evaporada, leche *f* condensada (*sin azúcar*)

evaporation /ɪ'væpə'reɪʃən/ *n* [u] evaporación *f*; (of support, confidence) desaparición *f*, desvanecimiento *m*

evasion /ɪ'veɪʒən/ *n* 1 [u] (of responsibility) evasión *f* 2 [c] (evasive statement) evasiva *f*

evasive /ɪ'veɪsɪv/ *adj* 1 (equivocal) ‹*reply*› evasivo 2 (Mil): **to take ~ action** realizar* maniobras para eludir un ataque

eve /i:v/ *n* (day, night before) (liter *or* journ) víspera *f*; **on the ~ of the battle** la víspera de la batalla

Eve /i:v/ *n* Eva

even¹ /'i:vən/ *adv*
A 1 hasta, incluso; **~ a child could do it** hasta un niño lo podría hacer; **~ now, five years later** incluso ahora, cuando ya han pasado cinco años; **it would be madness ~ to attempt it** intentarlo ya sería una locura 2 (*with neg*): **he can't ~ sew a button on** no sabe ni pegar un botón; **you're not ~ trying** ni siquiera lo estás intentando 3 (*with comparative*) aún, todavía; **the next day was ~ colder** al día siguiente hizo aún *or* todavía más frío
B (*in phrases*) **even if** aunque (+ *subj*); **we'll do it ~ if it takes months** lo haremos aunque lleve meses; **~ if I knew, I wouldn't tell you** aunque lo supiera, no te lo diría; **even so** aun así; **even then** aun así; **even though** aun cuando, a pesar de que

even² *adj*
A 1 (flat, smooth) ‹*ground/surface*› plano; ‹*coat of paint*› uniforme; **the floor isn't ~** el suelo no está nivelado 2 (regular, uniform) ‹*color/lighting*› uniforme, parejo (AmL); ‹*breathing*› acompasado, regular; ‹*temperature*› constante
B (equal) ‹*distribution*› equitativo, igual; **after four rounds they're ~** tras cuatro vueltas están *or* van igualados *or* empatados; **so now we're ~** *o* **so that makes us ~** así que estamos en paz *or* (AmL tb) a mano; **to break ~** recuperar los gastos, no tener* ni pérdidas ni beneficios; ***to get ~*** desquitarse, vengarse*; **I'll get ~ with her** me las pagará
C (divisible by two) ‹*number*› par

even³ *vt*
A (level) ‹*surface*› allanar, nivelar
B (make equal) ‹*score*› igualar; ‹*contest/situation*› equilibrar

Phrasal verbs

- **even out**
A [v ▸ o ▸ adv, v ▸ adv ▸ o] compensar, nivelar
B [v ▸ adv] compensarse, nivelarse
- **even up**
A [v ▸ o ▸ adv, v ▸ adv ▸ o] (balance) ‹*numbers/amounts*› equilibrar
B [v ▸ adv] (repay) (AmE colloq) **to ~ up WITH sb** arreglar cuentas CON algn

even-handed /'i:vən'hændəd/ *adj* imparcial

evening /'i:vnɪŋ/ *n*
A 1 (after dark) noche *f*; (before dark) tarde *f*; **at 10 in the ~** a las 10 de la noche; **at 6 in the ~** a las 6 de la tarde; **he came in the ~** (before dark) vino por la tarde, vino en la tarde (AmL), vino a la tarde *or* de tarde (RPl); (after dark) vino por la noche, vino de noche, vino en la noche (AmL); **every Tuesday ~** todos los martes por la tarde/noche (*or* en la tarde *etc*); **good ~** (early on) buenas tardes; (later) buenas noches; (*before n*) **~ meal** cena *f*; **~ paper** periódico *m* de la tarde, vespertino *m* (period) 2 (period of entertainment) velada *f* (frml), noche *f*
B **evenings** (*as adv*) (before dark) por la tarde, en la tarde (AmL), a la tarde *or* de tarde (RPl); (after dark) por la noche, de noche, en la noche (AmL)

evening: **~ class** *n* clase *f* nocturna *or* vespertina; **~ dress** *n* 1 [c] (for woman) traje *m* de noche 2 [u] (formal wear) traje *m* de etiqueta

evenly /'i:vənli/ *adv*
A (equally) ‹*distribute/divide*› equitativamente, en *or* a partes iguales; ‹*spread*› uniformemente
B 1 (calmly) ‹*say/speak*› sin alterar la voz 2 (steadily) ‹*breathe*› con regularidad

evens /'i:vənz/ *adj* ‹*favorite/bet*› *que paga la misma cantidad que se apuesta*

event /ɪ'vent/ *n*
A 1 (happening, incident) acontecimiento *m*; **in the normal course of ~s** en circunstancias normales 2 (Sport) prueba *f*
B (*in phrases*) **in the event**: **she was afraid he might be rude, but in the ~ ...** tenía miedo de que se portara groseramente, pero llegado el momento ...; **in the ~ of the reactor becoming overheated** en caso de que el reactor se recalentara; **in any/either event** en todo/cualquier caso; **at all events** de cualquier modo; **after the event** a posteriori

even-tempered /'i:vən'tempərd / *adj* ecuánime

eventful /ɪ'ventfəl/ *adj* 1 ‹*week*› lleno de incidentes; ‹*life*› rico en experiencias 2 (momentous) (AmE) crucial

eventual /ɪ'ventʃuəl/ *adj* (*before n*) (final): **the ~ outcome was ...** lo que sucedió finalmente fue ...; **the ~ winners** el equipo que acabó alzándose con la victoria

eventuality /ɪ'ventʃu'æləti/ *n* (*pl* **-ties**) eventualidad *f*

eventually /ɪ'ventʃuəli/ *adv* finalmente, al final; **~ people became used to the idea** con el tiempo, la gente se acostumbró a la idea

ever /'evər || 'evə(r)/ *adv*
A 1 (at any time): **have you ~ visited London?** ¿has estado

e

en Londres (alguna vez)?; **will we ~ get there?** ¿llegaremos algún día?; **don't you ~ listen?** ¿es que nunca escuchas?; **nobody ~ comes to see me** nunca viene nadie a verme; **hardly ~** casi nunca; **I seldom, if ~, eat meat** muy rara vez como carne **2** (expressing incredulity, indignation): **did you ~ see such a thing!** ¡habráse visto cosa igual!; **as if he'd ~ do such a terrible thing!** ¡como si fuera capaz de hacer semejante cosa!

B (*after comp or superl*): **these are our worst ~ results** éstos son los peores resultados que hemos tenido hasta ahora; **the situation is worse than ~** la situación está peor que nunca

C (always, constantly) **1** (*in phrases*) **as ever** como siempre; **they lived happily ~ after** (in fairy tales) vivieron felices y comieron perdices; **ever since**: **~ since we first saw her** desde que la vimos por primera vez; **we've been friends ~ since** somos amigos desde entonces; **for ever** para siempre **2** (*before pres p and adj*): **the ~ growing threat of war** la creciente amenaza de la guerra; **~ helpful, he offered to drive me there** gentil como siempre, se ofreció a llevarme en coche

D (*as intensifier*) **1** (*in wh- questions*): **when will you ~ learn?** ¿cuándo vas a aprender?; **why ~ did you tell him?** ¿por qué diablos se lo dijiste? (fam); **what ~ can have happened?** ¿qué podrá haber pasado? **2** (esp BrE colloq): **thanks ~ so** *o* **~ so much** *o* **~ such a lot** muchísimas gracias; **it's ~ so cold in here** hace muchísimo frío aquí

evergreen¹ /'evərgri:n || 'evəgri:n/ *adj* ‹*tree/shrub*› de hoja perenne; (*before n*) ‹*story/song*› favorito; ‹*subject of conversation*› eterno, perenne

evergreen² *n* (plant) planta *f* de hoja perenne; (tree) árbol *m* de hoja perenne

everlasting /'evər'læstɪŋ || ˌevə'lɑ:stɪŋ/ *adj* **1** (eternal) ‹*peace/love/gratitude*› eterno; ‹*fame/glory*› imperecedero (liter) **2** (constant) (colloq) continuo, eterno

evermore /'evər'mɔ:r || ˌevə'mɔ:(r)/ *adv* (liter) eternamente (liter); **for ~** por siempre jamás (liter)

every /'evri/ *adj*

A (each): **~ room was searched** se registraron todas las habitaciones, se registró cada una de las habitaciones; **she wins ~ time** siempre gana; **~ day/minute is precious** cada día/minuto es precioso; **she comes ~ month** viene todos los meses; **~ one of you** todos y cada uno de ustedes

B (indicating recurrence) cada; **~ three days, ~ third day** cada tres días; **he comes ~ other day** viene un día sí, otro no *or* (CS, Per) viene día por medio; **~ now and then** *o* **again** de tanto en tanto; **~ so often** cada tanto, de vez en cuando

C (very great, all possible): **they have ~ confidence in us** confían plenamente en nosotros; **I wished them ~ happiness** les deseé toda la felicidad del mundo; **she made ~ effort to satisfy him** hizo lo indecible *or* todo lo posible por satisfacerlo

everybody /'evrɪˌbɑ:di || 'evrɪˌbɒdi/ *pron* todos; **is that ~?** ¿están todos?, ¿está todo el mundo?

everyday /'evri'deɪ/ *adj* (*before n*) ‹*occurrence/problems/activities*› de todos los días, cotidiano; ‹*suit/clothes*› de diario; ‹*expression*› corriente, de todos los días; **~ life** la vida diaria *or* cotidiana; **in ~ use** de uso diario

everyone /'evriwʌn/ *pron* ▸**everybody**

everyplace /'evripleɪs/ *adv* (AmE) ▸**everywhere**

everything /'evriθɪŋ/ *pron* todo; **~ possible has been done** se ha hecho todo lo posible; **she's ~ to me** (ella) lo es todo para mí

everywhere /'evrihwer/ *adv*: **I've looked ~ for it** lo he buscado por todas partes *or* por todos lados; **they go ~ by car** van a todos lados *or* a todas partes en coche

evict /ɪ'vɪkt/ *vt* ‹*tenant/squatter*› desahuciar, desalojar; ‹*demonstrators*› desalojar

eviction /ɪ'vɪkʃən/ *n* [u c] (of tenant, squatter) desalojo *m*, desahucio *m*; (*before n*) **~ order** orden *f* de desalojo

evidence /'evədəns || 'evɪdəns/ *n* [u]

A (Law) **1** (proof) pruebas *fpl*; **what ~ is there that ... ?** ¿qué prueba(s) hay de que ... ? **2** (testimony) testimonio *m*; **on the ~ of those present** según (el testimonio de) los que estaban presentes; **the ~ for the defense/prosecution** el descargo de la defensa/el capítulo de cargos; **to give ~** declarar *or* prestar declaración **3** (objects) pruebas *fpl*

B (sign, indication) indicio *m*, señal *f*; ***in* ~**: **he isn't much in ~ these days** últimamente no se lo ve mucho

evident /'evədənt || 'evɪdənt/ *adj* evidente, manifiesto

evidently /'evədəntli || 'evɪdəntli/ *adv* **1** ‹*embarrassed/unsuitable*› claramente, obviamente **2** (*indep*) aparentemente, según parece; **is she coming too? — evidently** ¿ella también viene? — eso parece *or* según parece

evil¹ /'i:vəl/ *adj* **1** (wicked) ‹*demon/wizard*› malvado, maligno; ‹*deeds/thoughts/character*› de gran maldad; ‹*influence*› maléfico, funesto; ‹*plan/suggestion*› diabólico, maléfico; **an ~ spirit** un espíritu maligno *or* maléfico **2** (unpleasant) ‹*smell*› asqueroso; **to put off the ~ day/hour** retrasar *or* posponer* el día/momento fatídico *or* funesto

evil² *n* [u c] (sin, wrong-doing) mal *m*; **the lesser of two ~s** el menor de dos males

evil: **~doer** /'i:vəl'du:ər || 'i:vəlˌdu:ə(r)/ *n* malhechor, -chora *m,f*; **~doing** /'i:vəl'du:ɪŋ/ *n* [u] maldad *f*; **~ eye** *n*: **the ~ eye** el mal de ojo; **to put the ~ eye on sb** echarle *or* (RPl) hacerle* mal de ojo a algn; **~-smelling** /'i:vəl'smelɪŋ/ *adj* hediondo; **~-tempered** /'i:vəl 'tempərd || ˌi:vəl'tempəd/ *adj* con un humor de perros

evince /ɪ'vɪns/ *vt* (frml) ‹*desire/astonishment*› mostrar*, manifestar*; ‹*talent/qualities*› dar* prueba de, poner* de manifiesto

evocation /'i:vəʊ'keɪʃən/ *n* [c u] evocación *f*

evocative /ɪ'vɑ:kətɪv || ɪ'vɒkətɪv/ *adj* evocador; **to be ~ OF sth** evocar* algo

evoke /ɪ'vəʊk/ *vt* ‹*response/admiration/sympathy*› provocar*, suscitar (frml); ‹*memories/associations*› evocar*

evolution /'evə'lu:ʃən || ˌi:və'lu:ʃən/ *n* [u] evolución *f*

evolutionary /'evə'lu:ʃəneri || ˌi:və'lu:ʃənəri/ *adj* ‹*theory*› evolucionista; ‹*development/process*› evolutivo

evolve /ɪ'vɑ:lv || ɪ'vɒlv/ *vi* evolucionar; «*idea/system*» evolucionar, desarrollarse

■ **evolve** *vt* ‹*system/theory*› desarrollar

ewe /ju:/ *n* oveja *f* (*hembra*)

ewer /'ju:ər || 'ju:ə(r)/ *n* aguamanil *m*

ex /eks/ *n* (colloq) ex *mf* (fam); **his/my ~** su/mi ex (fam)

ex- /'eks/ *pref* ex(-); **~wife** ex(-)esposa

exacerbate /ɪg'zæsərbeɪt || ɪg'zæsəbeɪt/ *vt* exacerbar (frml), agravar

exact¹ /ɪg'zækt/ *adj* **1** (precise) ‹*number/size/time/date*› exacto; **23, to be ~** 23, para ser exactos; **those were her ~ words** ésas fueron sus palabras textuales **2** (accurate) ‹*description/definition*› preciso

exact² *vt* ‹*promise*› arrancar*; **the price they ~ed from us** el precio que nos hicieron pagar; **he ~ed his revenge** se vengó

exacting /ɪg'zæktɪŋ/ *adj* ‹*work/job*› que exige mucho; ‹*supervisor/employer*› exigente; ‹*standards*› riguroso

exactitude /ɪg'zæktətu:d || ɪg'zæktɪtju:d/ *n* [u] (frml) exactitud *f*, precisión *f*

exactly /ɪg'zæktli/ *adv* ‹*measure/calculate*› exactamente, con precisión; **at six-thirty ~** *o* **at ~ six-thirty** a las seis y media en punto; **~ how/where did you do it?** ¿cómo/dónde lo hizo exactamente?; **they weren't ~ pleased to see us** (iro) no es que estuvieran precisamente encantados de vernos (iró)

exactness /ɪg'zæktnəs || ɪg'zæktnɪs/ *n* [u] exactitud *f*, precisión *f*

exaggerate /ɪg'zædʒəreɪt/ *vi/t* exagerar

exaggerated /ɪg'zædʒəreɪtəd/ *adj* exagerado

exaggeration /ɪg'zædʒə'reɪʃən/ *n* [c u] exageración *f*

exalt /ɪg'zɔ:lt/ *vt* (frml) **1** (elevate) exaltar (frml), elevar **2** (praise) ensalzar*, exaltar (frml)

exaltation /'egzɔ:l'teɪʃən/ *n* [u] (liter) júbilo *m* (liter)

exalted /ɪg'zɔ:ltəd || ɪg'zɔ:ltɪd/ *adj* ‹*position/person*› elevado, exaltado (frml)

exam /ɪg'zæm/ *n* ▸**examination A**

examination /ɪg'zæmə'neɪʃən || ɪgˌzæmɪ'neɪʃən/ *n*

A [c] (frml Educ) examen *m*; **to take** *o* (BrE also) **sit an ~** dar* *or* hacer* *or* (CS) rendir* *or* (Méx) tomar un examen, examinarse (Esp); **to pass an ~** aprobar* *or* pasar un examen; **to fail an ~** reprobar* *or* (Esp) suspender *or* (Ur) perder* un examen

B [c u] **1** (inspection — of accounts) revisión *f*, inspección *f*; (— of

passports) control *m*; (— by doctor) reconocimiento *m*, examen *m*, revisación *f* (RPl) 2 (study, investigation) examen *m*; **on closer ~** al examinarlo más de cerca
C [c] (of witness) interrogatorio *m*

examine /ɪɡ'zæmən || ɪɡ'zæmɪn/ *vt*
A 1 (inspect) examinar; ‹*accounts*› inspeccionar, revisar; ‹*baggage*› registrar, revisar (AmL); ‹*document/dossier*› examinar, estudiar 2 (Med, Dent) examinar, revisar (AmL) 3 (study, investigate) examinar, estudiar
B 1 (Educ) examinar; **to ~ sb ON sth** examinar a algn SOBRE *or* DE algo; **to ~ sb IN sth** (esp BrE) examinar a algn DE algo 2 (Law) ‹*witness/accused*› interrogar*

examinee /ɪɡ'zæmə'ni: || ɪɡ,zæmɪ'ni:/ *n* (Educ) examinando, -da *m,f* (frml), alumno, -na *m,f*; (for professional exam) candidato, -ta *m,f*, aspirante *mf*

examiner /ɪɡ'zæmənər/ *n* examinador, -dora *m,f*

example /ɪɡ'zæmpəl || ɪɡ'zɑ:mpəl/ *n*
A (specimen, sample) ejemplo *m*; **for ~** por ejemplo
B 1 (model) ejemplo *m*; **to set sb an ~, to set an ~ for** *o* (BrE also) **to sb** darle* (el) ejemplo a algn; **to follow sb's ~** seguir* el ejemplo de algn 2 (warning): **to make an ~ of sb** darle* un castigo ejemplar a algn

exasperate /ɪɡ'zæspəreɪt/ *vt* exasperar, sacar* de quicio

exasperated /ɪɡ'zæspəreɪtəd || ɪɡ'zæspəreɪtɪd/ *adj* exasperado; **to get** *o* **become ~** exasperarse

exasperating /ɪɡ'zæspəreɪtɪŋ/ *adj* exasperante

exasperation /ɪɡ'zæspə'reɪʃən/ *n* [u] exasperación *f*; **leave me alone! she cried in ~** —¡déjame en paz! —gritó exasperada

excavate /'ekskəveɪt/ *vt/i* excavar

excavation /'ekskə'veɪʃən/ *n* [u c] excavación *f*

excavator /'ekskəveɪtər || 'ekskəveɪtə(r)/ *n* (machine) excavadora *f*; (person) excavador, -dora *m,f*

exceed /ɪk'si:d/ *vt* 1 (be greater than) exceder de, sobrepasar 2 (go beyond) ‹*limit/minimum*› rebasar, sobrepasar; ‹*expectations/fears/hopes*› superar; ‹*powers*› (frml) excederse en

exceedingly /ɪk'si:dɪŋli/ *adv* (frml) (*as intensifier*) sumamente, extremadamente

excel /ɪk'sel/ **-ll-** *vi* **to ~ AT/IN sth** destacar* EN algo
■ *v refl* **to ~ oneself** lucirse*

excellence /'eksələns/ *n* [u] excelencia *f*

Excellency /'eksələnsi/ *n* (*pl* **-cies**): **His/Her ~** Su Excelencia; (*as form of address*) **(Your) ~** (Vuestra *or* Su) Excelencia

excellent /'eksələnt/ *adj* 1 excelente; (Educ) sobresaliente 2 (*as interj*) ¡estupendo!, ¡excelente!

except¹ /ɪk'sept/ *prep* 1 (apart from): **~ (for)** menos, excepto, salvo 2 **~ for** (if it weren't for) si no fuera por

except² *conj* **~ that** *o* (colloq) **~** (if it weren't that) pero

except³ *vt* 1 (exclude) (frml) **to ~ sb FROM sth** eximir a algn DE algo (frml); **to ~ sth FROM sth** excluir* algo DE algo 2 **excepted** *past p* (*after n: as prep*) excepto, con *or* a excepción de

excepting /ɪk'septɪŋ/ *prep* 1 (except) excepto, salvo, a excepción de 2 (excluding): **we must invite everyone, not ~ Sam** tenemos que invitarlos a todos, incluso a Sam

exception /ɪk'sepʃən/ *n*
A [c u] excepción *f*; **with the ~ of sth/sb** con *or* a excepción de algo/algn; **without ~** sin excepción; **to make an ~** hacer* una excepción
B (offense): **to take ~ to sth** ofenderse por algo

exceptional /ɪk'sepʃnəl || ɪk'sepʃənl/ *adj* excepcional

exceptionally /ɪk'sepʃnəli/ *adv* excepcionalmente

excerpt /'eksɜ:rpt || 'eksɜ:pt/ *n* pasaje *m*

excess¹ /ɪk'ses/ *n*
A 1 (*no pl*) exceso *m*; **an ~ of caution** un exceso de precaución; **to eat and drink to ~** comer y beber en exceso; **to carry sth to ~** llevar algo a la exageración 2 **excesses** *pl* excesos *mpl*, desafueros *mpl*
B [u] (surplus) excedente *m*; **in ~ of** superior a, por encima de

excess² /ɪk'ses || 'ekses/ *adj*: **~ weight/profits** exceso *m* de peso/beneficios

excess /ɪk'ses || 'ekses/: **~ baggage** *n* [u] exceso *m* de equipaje; **~ fare** *n* (BrE) suplemento *m* (*pagado en el transporte público*)

excessive /ɪk'sesɪv/ *adj* ‹*price/charges*› excesivo, abusivo; ‹*demands/pressure*› exagerado; ‹*interest/ambition*› exagerado, desmesurado

excessively /ɪk'sesɪvli/ *adv* ‹*worry/praise*› en exceso, demasiado; ‹*concerned/severe*› excesivamente

exchange¹ /ɪks'tʃeɪndʒ/ *n*
A 1 [c u] (of information, greetings, insults) intercambio *m*; (of prisoners, hostages) canje *m*; **in ~ for sth** a cambio de algo 2 [c] (of students) intercambio *m*; (*before n*) **~ student** *estudiante que hace un intercambio* 3 [c] (dialogue) intercambio *m* de palabras 4 [u] (of currency) cambio *m*
B [c] (Telec) (*telephone ~*) central *f* telefónica

exchange² *vt* 1 (give in place of) **to ~ sth FOR sth** cambiar algo POR algo; **to ~ dollars for pesos** cambiar dólares a *or* (Esp) en pesos 2 ‹*information/addresses*› intercambiar(se); ‹*blows*› darse*; ‹*insults*› intercambiar; ‹*prisoners/hostages*› canjear; **we ~d a few words** cruzamos unas palabras; **to ~ sth WITH sb**: **I ~d seats with him** cambié de asiento con él, le cambié el asiento; **we ~d greetings (with them)** nos saludamos

exchange: **~ rate** *n* tasa *f* *or* (esp Esp) tipo *m* de cambio, paridad *f*; **~ Rate Mechanism** *n* mecanismo *m* de paridades *or* de cambio

Exchequer /'ekstʃekər || ɪks'tʃekə(r)/ *n* (in UK) **the ~** el tesoro público, el erario público; *see also* **chancellor 1**

excise¹ /ɪk'saɪz/ *vt* (frml) (Med) extirpar; (delete) suprimir, eliminar

excise² /'eksaɪz/ *n* impuestos *mpl* internos; **Customs and Excise** (in UK) el servicio de aduanas

excise duty /'eksaɪz/ *n* [u] impuesto *m* interno *or* de consumo

excitable /ɪk'saɪtəbəl/ *adj* excitable, nervioso

excite /ɪk'saɪt/ *vt*
A 1 (make happy, enthusiastic) entusiasmar; (make impatient, boisterous) ‹*children*› alborotar 2 (sexually) excitar
B ‹*interest/admiration*› despertar*, suscitar; ‹*envy/curiosity*› provocar*

excited /ɪk'saɪtəd || ɪk'saɪtɪd/ *adj* 1 (happy, enthusiastic) ‹*person*› entusiasmado, excitado; ‹*shouts*› de excitación *or* entusiasmo; **to be ~ about sth** estar* entusiasmado con algo; **to get ~** entusiasmarse; **don't get too ~** no te hagas demasiadas ilusiones 2 (nervous, worried) ‹*person*› excitado, agitado; ‹*voice/gesture*› vehemente, ansioso, nervioso; **don't get ~** no te agites, no te pongas nervioso 3 (impatient, boisterous) ‹*children*› excitado, alborotado, revolucionado 4 (sexually) excitado

excitedly /ɪk'saɪtədli || ɪk'saɪtɪdli/ *adv* con excitación

excitement /ɪk'saɪtmənt/ *n* [u] (enthusiasm, happiness) excitación *f*, entusiasmo *m*; (agitation) agitación *f*, alboroto *m*

exciting /ɪk'saɪtɪŋ/ *adj* ‹*events/experience*› emocionante; ‹*film/story*› apasionante; ‹*performer*› fascinante

excl *prep* (= **excluding** *o* **exclusive of**): **$80, ~ postage** 80 dólares, franqueo no incluido

exclaim /ɪk'skleɪm/ *vi* exclamar; **to ~ AT sth** (frml) (indignantly) manifestar* su (*or* mi *etc*) indignación POR algo; (admiringly) prorrumpir en exclamaciones de admiración ANTE algo (frml)
■ **exclaim** *vt* exclamar

exclamation /'eksklə'meɪʃən/ *n* exclamación *f*

exclamation point, (BrE) **exclamation mark** *n* signo *m* de admiración

exclamatory /ɪk'sklæmətɔ:ri/ *adj* exclamativo

exclude /ɪk'sklu:d/ *vt* 1 (leave out) excluir*; **to ~ sth/sb FROM sth** excluir* algo/a algn DE algo 2 (debar): **women were ~d from membership** a las mujeres no se las admitía como socias 3 ‹*sunlight/air*› no dejar entrar

excluding /ɪk'sklu:dɪŋ/ *prep* sin incluir, excluyendo

exclusion /ɪk'sklu:ʒən/ *n* [u] exclusión *f*; **she concentrated on tennis to the ~ of everything else** se concentró exclusivamente en el tenis; (*before n*) **~ order** (in UK) orden *f* de exclusión

exclusive¹ /ɪk'sklu:sɪv/ *adj*
A ‹*rights/ownership/privileges*› exclusivo; ‹*story/interview*› en exclusiva
B ‹*club/gathering*› selecto, exclusivo
C (sole) único
D (excluding): **the two proposals are mutually ~** las dos pro-

puestas se excluyen mutuamente; ~ **OF sth** sin incluir algo, excluyendo algo

exclusive[2] *n* (Journ) exclusiva *f*

exclusively /ɪk'sklu:sɪvli/ *adv* exclusivamente, únicamente

exclusivity /ˌeksklu:'sɪvəti/ *n* [u] exclusividad *f*: (*before n*) ~ **clause** cláusula *f* de exclusividad

excommunicate /'ekskə'mju:nəkeɪt/ *vt* excomulgar*

excommunication /'ekskə'mju:nə'keɪʃən ‖ ˌekskəˌmju:nɪ'keɪʃən/ *n* [u c] excomunión *f*

ex-convict /'eks'kɑ:nvɪkt ‖ ˌeks'kɒnvɪkt/ *n* ex presidiario, -ria *m,f*, ex convicto, -ta *m,f* (frml)

excrement /'ekskrəmənt/ *n* [u] (frml) excremento *m* (frml)

excreta /ɪk'skri:tə/ *pl n* (frml) excrementos *mpl* (frml)

excrete /ɪk'skri:t/ *vt* (frml) excretar (frml)

excruciating /ɪk'skru:ʃieɪtɪŋ/ *adj* ‹*pain*› atroz, espantoso; ‹*boredom/embarrassment*› espantoso, terrible

excruciatingly /ɪk'skru:ʃieɪtɪŋli/ *adv* ‹*painful*› terriblemente; ‹*boring*› espantosamente, terriblemente

exculpate /'ekskʌlpeɪt/ *vt* (frml) exculpar (frml)

excursion /ɪk'skɜ:rʒən ‖ ɪk'skɜ:ʃən/ *n* excursión *f*; **to go on an** ~ ir* de excursión

excusable /ɪk'skju:zəbəl/ *adj* perdonable, disculpable

excuse[1] /ɪk'skju:z/ *vt*

A **1** (forgive) ‹*mistake/misconduct*› disculpar, perdonar; ~ **my interrupting** *o* ~ **me for interrupting, but ...** perdóneme la interrupción, pero ..., perdone que le interrumpa, pero ...; ~ **me!** (attracting attention) ¡perdón!, ¡perdone (usted)! (frml); (apologizing) perdón, perdóneme (*or* perdóname *etc*); ~ **me, please** (con) permiso, ¿me permite, por favor? **2** (justify) ‹*conduct/rudeness*› excusar, justificar*

B (release from obligation) disculpar; **please may I be ~d?** (used by schoolchildren) señorita (*or* profesor *etc*) ¿puedo ir al baño *or* (Esp) al servicio?; **to ~ sb (FROM) sth** dispensar *or* eximir a algn DE algo

■ *v refl* **to ~ oneself** **1** (on leaving) excusarse **2** (offer excuse) excusarse, disculparse

excuse[2] /ɪk'skju:s/ *n* **1** (justification) excusa *f*; **there's no ~ for rudeness** la mala educación no tiene excusa **2** (pretext) excusa *f*, pretexto *m*; **to make ~s** poner* excusas **3** **excuses** *pl* excusas *fpl*; **to make one's ~s** excusarse

ex-directory /'eksdaɪ'rektəri/ *adj* (BrE Telec) que no figura en la guía telefónica, privado (Méx)

execrable /'eksɪkrəbəl/ *adj* (frml) execrable (frml), deplorable

execute /'eksɪkju:t/ *vt*

A (carry out, perform) ejecutar; ‹*duties*› desempeñar, ejercer*

B (put to death) ejecutar

execution /'eksɪ'kju:ʃən/ *n*

A [u] (of order, plan) ejecución *f*; (of duties) desempeño *m*; **to put a plan into ~** ejecutar un plan

B [u c] (putting to death) ejecución *f*

executioner /'eksɪ'kju:ʃn̩ər/ *n* verdugo *m*

executive[1] /ɪg'zekjətɪv ‖ ɪg'zekjʊtɪv/ *adj*

A (Adm, Busn) (managerial) ejecutivo; ‹*washroom/suite/jet*› para ejecutivos; ‹*car/briefcase*› de ejecutivo

B (Govt) ‹*powers/branch*› ejecutivo; ~ **privilege** (in US) *inmunidad de los miembros del ejecutivo*

executive[2] *n*

A (manager) ejecutivo, -va *m,f*

B **1** (branch of government) **the ~** el (poder) ejecutivo **2** (~ *committee*) (esp BrE) comisión *f* directiva, comité *m* ejecutivo

executor /ɪg'zekjətər ‖ ɪg'zekjʊtə(r)/ *n* albacea *mf*, testamentario, -ria *m,f*

exemplary /ɪg'zempləri/ *adj* ejemplar

exemplify /ɪg'zempləfaɪ ‖ ɪg'zemplɪfaɪ/ *vt* **-fies, -fying, -fied** **1** (give example of) ejemplificar*, ilustrar **2** (be example of) demostrar*

exempt[1] /ɪg'zempt/ *vt* **to ~ sb FROM sth** eximir a algn DE algo

exempt[2] *adj*: **to be ~ FROM sth** estar* exento DE algo; **to be ~ FROM -ING** estar* eximido DE + INF; ~ **from tax** exento *or* libre de impuestos

exemption /ɪg'zempʃən/ *n* **1** [u c] ~ **FROM sth** exención *f* *or* exoneración *f* DE algo **2** [c] (AmE) ▸**tax exemption**

exercise[1] /'eksərsaɪz ‖ 'eksəsaɪz/ *n*

A [u] (physical) ejercicio *m*; **to take ~** hacer* ejercicio; (*before n*) ~ **bicycle** bicicleta *f* de ejercicio

B [c] (Sport, Educ) ejercicio *m*; (Mil) ejercicios *mpl*, maniobras *fpl*

C [c] (undertaking): **a public relations ~** una operación de relaciones públicas; **the object of the ~ is to ...** lo que se persigue con esto es ...

D [u] (use — of rights, power) (frml) ejercicio *m*; (— of caution, patience) uso *m*

exercise[2] *vt*

A ‹*body*› ejercitar; ‹*dog*› pasear; ‹*horse*› ejercitar, trabajar

B ‹*power/control/right*› ejercer*; ‹*patience/tact*› hacer* uso de; **to ~ great care** proceder con sumo cuidado

■ **exercise** *vi* hacer* ejercicio

exercise book *n* cuaderno *m*

exert /ɪg'zɜ:rt ‖ ɪg'zɜ:t/ *vt* ejercer*; ‹*force*› emplear

■ *v refl* **to ~ oneself** hacer* un (gran) esfuerzo

exertion /ɪg'zɜ:rʃən/ *n* [u] (effort) (*often pl*) esfuerzo *m*

exeunt /'eksiʌnt/ salen

ex-gratia /'eks'greɪʃə/ *adj* (frml): **an ~ payment** un pago discrecional

exhale /eks'heɪl/ *vt* (breathe out) espirar, exhalar

■ **exhale** *vi* espirar

exhaust[1] /ɪg'zɔ:st/ *n* **1** [c] (~ *pipe*) tubo *m* or (RPl) caño *m* de escape, mofle *m* (AmC, Méx), exhosto *m* (Col) **2** [c] (system) escape *m*, exhosto *m* (Col) **3** [u] (fumes) gases *mpl* del tubo de escape

exhaust[2] *vt*

A (tire) agotar

B **1** (use up) agotar **2** (cover thoroughly) ‹*subject*› agotar

exhausted /ɪg'zɔ:stəd ‖ ɪg'zɔ:stɪd/ *adj* agotado, exhausto

exhaustible /ɪg'zɔ:stəbəl/ *adj* limitado

exhausting /ɪg'zɔ:stɪŋ/ *adj* agotador

exhaustion /ɪg'zɔ:stʃən/ *n* [u] agotamiento *m*

exhaustive /ɪg'zɔ:stɪv/ *adj* (frml) exhaustivo

exhibit[1] /ɪg'zɪbət ‖ ɪg'zɪbɪt/ *vt*

A ‹*goods/paintings*› exponer*

B (frml) ‹*skill/dexterity*› demostrar*, poner* de manifiesto; ‹*fear/courage*› mostrar*; ‹*symptoms*› presentar

exhibit[2] *n* **1** (in gallery, museum) *objeto en exposición*; **the paintings on ~** las pinturas expuestas **2** (Law) *documento u objeto que se exhibe en un juicio como prueba* **3** (exhibition) (AmE) exposición *f*

exhibition /'eksə'bɪʃən ‖ ˌeksɪ'bɪʃən/ *n* [c u]

A (of paintings, goods) exposición *f*; **to be on ~** estar* expuesto; (*before n*) ~ **hall** sala *f* or salón *m* de exposiciones

B (of trait, quality) muestra *f*; **to make an ~ of oneself** dar* un espectáculo, hacer* el ridículo

exhibitionism /'eksə'bɪʃənɪzəm ‖ ˌeksɪ'bɪʃənɪzəm/ *n* [u] exhibicionismo *m*

exhibitionist /'eksə'bɪʃn̩əst/ *n* exhibicionista *mf*

exhibitor /ɪg'zɪbətər ‖ ɪg'zɪbɪtə(r)/ *n* expositor, -tora *m,f*

exhilarate /ɪg'zɪləreɪt/ *vt* **1** (make happy) llenar de júbilo; **we were ~d by the news** las noticias nos llenaron de júbilo **2** (stimulate) tonificar*, estimular

exhilarating /ɪg'zɪləreɪtɪŋ/ *adj* ‹*experience*› excitante; ‹*climate*› tonificante, estimulante

exhilaration /ɪg'zɪlə'reɪʃən/ *n* [u] (excitement) euforia *f*, excitación *f*; (joy) júbilo *m*

exhort /ɪg'zɔ:rt ‖ ɪg'zɔ:t/ *vt* (frml) **to ~ sb to + INF** exhortar a algn A + INF, exhortar a algn A QUE (+ *subj*)

exhortation /'egzɔ:r'teɪʃən ‖ ˌegzɔ:'teɪʃən/ *n* [c u] (frml) exhortación *f* (frml)

exhume /ɪg'zu:m/ *vt* (frml) exhumar (frml), desenterrar*

exile[1] /'eksaɪl/ *n* **1** [c] (person — voluntary) exiliado, -da *m,f*, exilado, -da *m,f*; (— expelled) desterrado, -da *m,f*, exiliado, -da *m,f*, exilado, -da *m,f* **2** [u] (state) exilio *m*, destierro *m*; **to be in ~** estar* exiliado *or* en el exilio; **to go into ~** exiliarse, exilarse; **to be sent into ~** ser* desterrado *or* enviado al exilio

exile[2] *vt* desterrar*, exiliar, exilar

exist /ɪg'zɪst/ *vi*

A (be real) existir

B (survive) subsistir, vivir; **to ~ ON sth**: **we ~ed on bread**

and butter estábamos a base de pan y mantequilla

existence /ɪg'zɪstəns/ *n*

A [u] (being) existencia *f*; **this is the only copy in ~** éste es el único ejemplar existente; **to come into ~** «*republic/country*» nacer*; «*organization/party*» crearse, fundarse

B [c] (life) vida *f*, existencia *f*

existentialism /'egzɪs'tentʃəlɪzəm || ,egzɪ'stenʃəlɪzəm/ *n* [u] existencialismo *m*

existentialist /'egzɪs'tentʃələst/ *adj* existencialista

existing /ɪg'zɪstɪŋ/ *adj* existente, actual

exit¹ /'egzət || 'eksɪt/ *n* (from building, aircraft, freeway) salida *f*; **to make one's ~** salir*, irse*, retirarse; (*before n*) ‹*visa/permit*› de salida

exit² *vi* salir*

exodus /'eksədəs/ *n* (*no pl*) éxodo *m*

ex officio /'eksə'fɪʃiəʊ/ *adj* (*before n*) ex oficio, en virtud del cargo

exonerate /ɪg'zɑːnəreɪt || ɪg'zɒnəreɪt/ *vt* (frml) **to ~ sb (FROM sth)** exonerar a algn (DE algo) (frml)

exorbitant /ɪg'zɔːrbətənt || ɪg'zɔːbɪtənt/ *adj* (frml) ‹*price/rent*› exorbitante, desorbitado

exorcism /'eksɔːrsɪzəm/ *n* [u c] exorcismo *m*

exorcist /'eksɔːrsəst || 'eksɔːsɪst/ *n* exorcista *mf*

exorcize /'eksɔːrsaɪz || 'eksɔːsaɪz/ *vt* (Relig) exorcizar*; ‹*memory*› borrar, conjurar

exotic /ɪg'zɑːtɪk || ɪg'zɒtɪk/ *adj* exótico

expand /ɪk'spænd/ *vt*

A (enlarge) expandir; ‹*lungs*› ensanchar, dilatar; ‹*chest*› desarrollar; ‹*horizons*› ampliar*, ensanchar; ‹*influence/role*› extender*

B ‹*story/summary*› ampliar*; **I ~ed my notes into an article** escribí un artículo ampliando mis notas

■ **expand** *vi*

A **1** «*metal/gas*» expandirse; «*elastic/rubber band*» estirarse **2** **expanding** *pres p* ‹*industry/market*› en expansión

B (give further information) **to ~ ON sth** extenderse* SOBRE *or* EN algo

expanse /ɪk'spæns/ *n* [c u] extensión *f*

expansion /ɪk'spæntʃən || ɪk'spænʃən/ *n* **1** [u] expansión *f*; (*before n*) **~ card** (Comput) tarjeta *f* de expansión *or* de ampliación **2** [c] (of summary) ampliación *f*

expansionism /ɪk'spæntʃənɪzəm || ɪk'spænʃənɪzəm/ *n* [u] expansionismo *m*

expansive /ɪk'spænsɪv/ *adj* expansivo, comunicativo

expat /'eks'pæt/ *n* (BrE colloq) expatriado, -da *m,f*

expatriate¹ /eks'peɪtriət/ *n* expatriado, -da *m,f*

expatriate² *adj* expatriado

expect /ɪk'spekt/ *vt*

A (anticipate) esperar; **I ~ed as much** ya me lo esperaba; **is he coming tonight? — I ~ so** ¿va a venir esta noche? — supongo que sí; **we're not ~ing any trouble** no creemos que vaya a haber problemas; **to ~ to + INF**: **she ~s to win the match** espera ganar el partido; **you can ~ to pay £20 a head** calcule que le va a costar unas 20 libras por persona; **to ~ sb/sth to + INF**: **I ~ed her to complain** pensé *or* creí que iba a protestar; **don't ~ the situation to improve/change** no esperes que la situación mejore/cambie; **now we know what to ~** ahora sabemos a qué atenernos

B (imagine) suponer*, imaginarse; **I ~ (that) you're tired** supongo *or* me imagino que estarás cansado

C (await) esperar; **I'll ~ you at eight** te espero a las ocho; **to be ~ing a baby** esperar un bebé

D (require) **to ~ sb to + INF**: **I'm ~ed to do it without help** (se supone que) lo tengo que hacer solo; **I ~ you to be there** espero que *or* cuento con que estés allí; **he ~ed me to pay** esperaba *or* pretendía que yo pagara; **to ~ sth (FROM sb)**: **do they ~ a tip (from us)?** ¿tenemos que dejarles propina?; **that's the least you'd ~** es lo menos que se puede esperar

■ **expect** *vi* (colloq): **she's ~ing** está esperando (familia), está en estado

expectancy /ɪk'spektənsi/ *n* [u] expectación *f*; **a look/an air of ~** una mirada/un aire expectante *or* de expectación; **life ~** esperanza *f* de vida

expectant /ɪk'spektənt/ *adj* ‹*air/crowd*› expectante; **~ mother** futura mamá *f*

expectantly /ɪk'spektəntli/ *adv* con expectación

expectation /'ekspek'teɪʃən/ *n*

A **1** [u] (anticipation): **in ~ of victory** previendo la victoria; **an atmosphere of great ~** un ambiente de gran expectación **2** [u c] (preconceived idea) (*often pl*) expectativa *f*; **the performance came up to/fell short of our ~(s)** la actuación estuvo/no estuvo a la altura de lo que esperábamos

B **expectations** *pl* (of inheritance, promotion) expectativas *fpl*

expectorant /ek'spektərənt/ *n* [u c] expectorante *m*

expediency /ɪk'spiːdiənsi/, **expedience** /-əns/ *n* [u] conveniencia *f*

expedient¹ /ɪk'spiːdiənt/ *adj* (frml) (*usu pred*) conveniente, oportuno

expedient² *n* (frml) recurso *m*, expediente *m* (frml)

expedition /'ekspə'dɪʃən || ,ekspɪ'dɪʃən/ *n* expedición *f*; **to go/set out on an ~** ir*/salir* de expedición

expeditionary force /'ekspə'dɪʃəneri || ,ekspə'dɪʃənəri/ *n* cuerpo *m* expedicionario

expel /ɪk'spel/ *vt* **-ll-** ‹*person*› expulsar; ‹*air/liquid/smoke*› expulsar, expeler (frml)

expend /ɪk'spend/ *vt* (frml) ‹*money*› gastar; ‹*time*› dedicar*

expendable /ɪk'spendəbəl/ *adj* (dispensable) prescindible

expenditure /ɪk'spendɪtʃər || ɪk'spendɪtʃə(r)/ *n* [u] (amount) gastos *mpl*; (spending) gasto *m*

expense /ɪk'spens/ *n*

A [u] (cost, outlay) gasto *m*; **to go to the ~ of buying sth** meterse en el gasto de comprar algo; **at very little ~** por muy poco dinero; **at the company's ~** a cargo *or* a cuenta de la compañía; **they had a good laugh at my ~** se partieron de risa a costa mía *or* a mi costa; **at the ~ of sth/sb** a expensas de algo/algn

B **expenses** *pl* (Busn) (incidental costs) gastos *mpl*; **all ~s paid** con todos los gastos pagados; **to put sth on ~s** cargar* algo a la cuenta de la compañía

expense account *n* cuenta *f* de gastos de representación

expensive /ɪk'spensɪv/ *adj* caro; **an error like that could prove ~** un error así podría costar *or* salir caro

expensively /ɪk'spensɪvli/ *adv* ‹*dine/live*› sin reparar en gastos, por todo lo alto; ‹*dress*› con ropa muy cara

experience¹ /ɪk'spɪriəns/ *n* [u c] experiencia *f*; **to know sth by *o* from ~** saber* algo por experiencia; **work ~** experiencia laboral; Ⓢ **previous experience essential** imprescindible tener experiencia previa

experience² *vt* ‹*loss/setback/delays*› sufrir; ‹*difficulty*› tener*, encontrarse* con; ‹*change/improvement*› experimentar; ‹*pleasure/pain/relief*› experimentar, sentir*

experienced /ɪk'spɪriənst || ɪk'spɪəriənst/ *adj* ‹*secretary/chef*› con experiencia; ‹*driver*› experimentado; **~ IN sth** con experiencia EN algo

experiment¹ /ɪk'sperəmənt || ɪk'sperɪmənt/ *n* experimento *m*; **as an ~, by way of ~** como experimento

experiment² *vi* **to ~ ON sth/sb** experimentar CON algo/algn; **to ~ WITH sth** experimentar CON algo

experimental /ɪk'sperə'mentl/ *adj* experimental

experimentation /ɪk'sperəmən'teɪʃən || ɪk,sperɪmen'teɪʃən/ *n* [u] experimentación *f*

expert¹ /'ekspɜːrt || 'ekspɜːt/ *n* experto, -ta *m,f*; **a medical/financial ~** un experto en medicina/finanzas; **~ AT sth/-ING** experto EN algo/+ INF; **~ ON/IN sth** experto EN algo; **I'm no ~** no soy ningún experto

expert² *adj* experto; **to seek ~ advice** asesorarse *or* consultar con un experto; **~ witness** perito, -ta *m,f*; **~ AT sth/-ING** experto EN algo/+ INF

expertise /'ekspɜːr'tiːz || ,ekspɜː'tiːz/ *n* [u] pericia *f*

expertly /'ekspɜːrtli || 'ekspɜːtli/ *adv* expertamente

expiate /'ekspieɪt/ *vt* (liter) expiar* (liter)

expire /ɪk'spaɪr || ɪk'spaɪə(r)/ *vi*

A (run out) «*visa/passport/ticket*» caducar*, vencer*; «*lease/contract*» vencer*

B (die) (liter) expirar (liter)

expiry /ɪk'spaɪri/ *n* [u] vencimiento *m*, caducidad *f*; (*before n*) **~ date** fecha *f* de vencimiento *or* de caducidad

explain /ɪk'spleɪn/ *vt* explicar*; **to ~ sth TO sb** explicarle* algo A algn; **that ~s everything!** eso lo explica *or* aclara todo

■ *v refl* **to ~ oneself** explicarse*

e

■ **explain** *vi*: **will you ~?** ¿me lo explicas?; **he's got some ~ing to do** nos debe una explicación

(Phrasal verb)

• **explain away** [v ▸ o ▸ adv, v ▸ adv ▸ o] ‹*fact/result*› encontrar* una explicación convincente para; **how are you going to ~ that away?** ¿cómo te las vas a arreglar para explicar eso?

explanation /ˈekspləˈneɪʃən/ *n* [c u] explicación *f*; **by way of ~** como explicación *or* aclaración; **~ FOR sth: there must be an ~ for this** esto tiene que tener una explicación

explanatory /ɪkˈsplænətɔːri/ *adj* explicativo

expletive /ˈeksplətɪv/ *n* (frml) improperio *m*, palabrota *f*

explicit /ɪkˈsplɪsət || ɪkˈsplɪsɪt/ *adj* explícito; ‹*denial/refutation*› categórico, rotundo; **sexually ~** sexualmente explícito; **she was quite ~ on this point** fue muy explícita *or* categórica en cuanto a ese punto

e

explicitly /ɪkˈsplɪsətli || ɪkˈsplɪsɪtli/ *adv* ‹*state*› explícitamente; ‹*identify/define*› claramente

explode /ɪkˈspləʊd/ *vi* 1▸ ‹‹*gunpowder/bomb*›› estallar, hacer* explosión, explotar; ‹‹*vehicle*›› hacer* explosión; (with emotion) explotar, estallar; **he ~d with anger** estalló de rabia 2▸ ‹‹*population/costs*›› dispararse

■ **explode** *vt*

A ‹*bomb/dynamite*› explosionar, hacer* explotar *or* estallar

B (discredit) ‹*theory*› rebatir, refutar; ‹*myth*› destruir*

exploit¹ /ɪkˈsplɔɪt/ *vt* explotar; ‹*situation/relationship*› aprovecharse de, explotar

exploit² /ˈeksplɔɪt/ *n* hazaña *f*, proeza *f*

exploitation /ˈeksplɔɪˈteɪʃən/ *n* [u] explotación *f*

exploitative /ɪkˈsplɔɪtətɪv/ *adj* ‹*person*› explotador; ‹*system/company*› que explota

exploiter /ɪkˈsplɔɪtər/ *n* explotador, -dora *m,f*

exploration /ˈeksplәˈreɪʃən/ *n* [u c] exploración *f*

exploratory /ɪkˈsplɔːrətɔːri || ɪkˈsplɒrətəri/ *adj* ‹*talks*› preliminar, preparatorio; ‹*surgery*› exploratorio

explore /ɪkˈsplɔːr || ɪkˈsplɔː(r)/ *vt* ‹*territory/town*› explorar; ‹*topic/possibility*› investigar*, examinar

■ **explore** *vi* explorar

explorer /ɪkˈsplɔːrər || ɪkˈsplɔːrə(r)/ *n* 1▸ (traveler) explorador, -dora *m,f* 2▸ **Explorer** (in US) boy scout *m* (*mayor de 14 años*)

explosion /ɪkˈspləʊʒən/ *n* 1▸ (of bomb, gas) explosión *f*, estallido *m* 2▸ (of anger) estallido *m*, explosión *f* 3▸ (increase): **a population ~** una explosión demográfica; **there has been a price ~** los precios se han disparado

explosive¹ /ɪkˈspləʊsɪv/ *adj* explosivo

explosive² *n* [c u] explosivo *m*

exponent /ɪkˈspəʊnənt/ *n* (of idea, theory) defensor, -sora *m,f*, partidario, -ria *m,f*; (of art style) exponente *mf*

export¹ /ekˈspɔːrt || ɪkˈspɔːt/ *vt* exportar

export² /ˈekspɔːrt || ˈekspɔːt/ *n* 1▸ [c] (item exported) artículo *m* *or* producto *m* de exportación 2▸ [u] (act of exporting) exportación *f*; (*before n*) **~ credit** crédito *m* a la exportación; **~ duties** aranceles *mpl* de exportación

exportation /ˈekspɔːrˈteɪʃən/ *n* [u] exportación *f*

exporter /ekˈspɔːrtər/ *n* exportador, -dora *m,f*

expose /ɪkˈspəʊz/ *vt*

A 1▸ (lay bare) ‹*nerve/wire/wound*› exponer* 2▸ (subject) **to ~ sth/sb TO sth** exponer* algo/a algn A algo; **to ~ oneself to criticism** exponerse* a las críticas

B (uncover) ‹*secret/scandal*› poner* al descubierto, sacar* a la luz; ‹*inefficiency/weaknesses*› poner* en evidencia; ‹*criminal*› desenmascarar

C (Phot) exponer*

■ *v refl* **to ~ oneself** hacer* exhibicionismo

exposé /ˈekspəʊˈzeɪ || ekˈspəʊzeɪ/ *n* revelación *f*

exposed /ɪkˈspəʊzd/ *adj* 1▸ ‹*nerve/wire*› expuesto 2▸ ‹*hillside/plateau*› expuesto, desprotegido

exposition /ˈekspəˈzɪʃən/ *n* [u c] exposición *f*

expostulate /ɪkˈspɑːstʃəleɪt || ɪkˈspɒstjʊleɪt/ *vi* (frml) objetar, protestar; **to ~ WITH sb ABOUT/ON sth** reconvenir* a algn SOBRE algo (frml)

■ **expostulate** *vt* (frml) protestar

expostulations /ɪkˈspɑːstʃəˈleɪʃənz/ *pl n* (frml) objeciones *fpl*

exposure /ɪkˈspəʊʒər || ɪkˈspəʊʒə(r)/ *n*

A [u] 1▸ (contact) **~ TO sth** exposición *f* A algo 2▸ **indecent ~** exhibicionismo *m* 3▸ (Med) congelación *f*; **to be suffering from ~** tener* síntomas de congelación; **to die from ~** morir* de frío

B [u] 1▸ (unmasking): **she was threatened with public ~** amenazaron con ponerla al descubierto 2▸ (publicity) publicidad *f*

C (Phot) exposición *f*

exposure meter *n* exposímetro *m*

expound /ɪkˈspaʊnd/ *vt* (frml) exponer*

■ **expound** *vi* (frml) hablar

express¹ /ɪkˈspres/ *vt* expresar

■ *v refl* **to ~ oneself** expresarse

express² *n* [c] (train) expreso *m*, rápido *m*; (bus) directo *m*

express³ *adj*

A (fast) ‹*train*› expreso, rápido; ‹*bus*› directo; ‹*delivery/letter*› exprés *adj inv*, urgente

B (specific) (frml) ‹*intention/wish*› expreso, explícito

express⁴ *adv* por correo exprés *or* expreso

expression /ɪkˈspreʃən/ *n*

A 1▸ (of feelings) expresión *f*; **to give ~ to sth** expresar algo; **to find ~ in sth** expresarse a través de algo; **freedom of ~** libertad *f* de expresión 2▸ (of face) expresión *f*

B (Ling) expresión *f*

expressionism /ɪkˈspreʃənɪzəm/ *n* [u] expresionismo *m*

expressionist /ɪkˈspreʃənəst/ *adj* expresionista

expressionless /ɪkˈspreʃənləs/ *adj* inexpresivo

expressive /ɪkˈspresɪv/ *adj* expresivo

expressly /ɪkˈspresli/ *adv* (frml) expresamente

expressway /ɪkˈspresweɪ/ *n* (AmE) autopista *f*; (urban) vía *f* rápida

expropriate /eksˈprəʊprieɪt/ *vt* expropiar

expropriation /eksˈprəʊpriˈeɪʃən/ *n* [u c] expropiación *f*

expulsion /ɪkˈspʌlʃən/ *n* [u c] expulsión *f*

expunge /ɪkˈspʌndʒ/ *vt* (frml) suprimir, eliminar

expurgate /ˈekspərgeɪt || ˈekspəgeɪt/ *vt* expurgar*

exquisite /ekˈskwɪzət || ˈekskwɪzɪt/ *adj* 1▸ ‹*dress/meal/taste*› exquisito; ‹*carving/brooch*› de exquisita factura; ‹*work/workmanship*› intrincado 2▸ ‹*pleasure*› infinito

exquisitely /ekˈskwɪzətli || ekˈskwɪzɪtli/ *adv* 1▸ (superbly) ‹*made*› de manera exquisita, exquisitamente; ‹*dressed*› con un gusto exquisito 2▸ ‹*polite/painful*› sumamente

ex-serviceman /ˈeksˈsɜːrvəsmən || ˌeksˈsɜːvɪsmən/ *n* (*pl* **-men** /-mən/) soldado (*or* marinero *etc*) *m* retirado

ext (= **extension**) Ext., extensión *f*, interno *m* (RPl), anexo *m* (Chi)

extant /ekˈstænt/ *adj* (frml) existente

extemporize /ɪkˈstempəraɪz/ *vt/i* (frml) improvisar

extend /ɪkˈstend/ *vt*

A 1▸ (stretch out) ‹*limbs/wings/telescope*› extender*; ‹*rope/wire*› tender* 2▸ (lengthen) ‹*road/line/visit*› prolongar*; ‹*lease/contract*› prorrogar*; ‹*deadline*› prorrogar*, extender* 3▸ (enlarge) ‹*house/room*› ampliar*; ‹*range/scope/influence*› extender*, ampliar*; **to ~ sth TO sth** extender* algo A algo

B (offer) (frml): **to ~ an invitation to sb** invitar a algn; (of written invitations) cursarle invitación a algn (frml); **to ~ a warm welcome to sb** darle* una calurosa bienvenida a algn

C (stretch mentally): **this job does not ~ me** este trabajo no me exige lo que podría rendir

■ **extend** *vi* 1▸ (stretch) ‹‹*fence/property/jurisdiction/influence*›› extenderse* 2▸ (in time) ‹‹*talks/negotiations*›› prolongarse* 3▸ (become extended) ‹‹*ladder/rod/antenna*›› extenderse* 4▸ **extending** *pres p* ‹*table/leg/ladder*› extensible

extended /ɪkˈstendəd || ɪkˈstendɪd/ *adj* 1▸ ‹*period/stay*› prolongado, largo; ‹*version*› ampliado, más extenso; **the ~ family** el clan familiar, la familia extensa 2▸ (stretched out) extendido; **with arms ~** con los brazos extendidos

extension /ɪkˈstentʃən || ɪkˈstenʃən/ *n*

A 1▸ [u] (of power, meaning) extensión *f*, ampliación *f*; **by ~** por extensión 2▸ [u c] (lengthening) prolongación *f*; (of deadline) prórroga *f*, extensión *f*

B [c] (to building) ampliación *f*

C [c] (Telec) **1▸** (line) extensión *f*, interno *m* (RPl), anexo *m* (Chi) **2▸** (telephone) supletorio *m*
D [u] (Educ) (*before n*) ‹*course*› de extensión universitaria

extension cord, (BrE) **extension lead** *n* extensión *f*, alargador *m*, alargue *m* (RPl)

extensive /ɪk'stensɪv/ *adj* ‹*area/field*› extenso; ‹*knowledge*› vasto, extenso, amplio; ‹*experience/coverage*› amplio; ‹*search/inquiries*› exhaustivo; ‹*damage/repairs*› de consideración, importante; **to make ~ use of sth** hacer* abundante uso de algo

extensively /ɪk'stensɪvli/ *adv* **1▸** (widely): **he's traveled ~** ha viajado por todas partes, ha viajado mucho; **this technique is used ~** esta técnica es de uso extendido **2▸** (thoroughly, at length) ‹*research/investigate*› exhaustivamente; **she has written ~ on the subject** ha escrito mucho sobre el tema

extent /ɪk'stent/ *n* [u]
A (size, area) extensión *f*; **to its fullest ~** en toda su extensión
B **1▸** (range, degree — of knowledge) amplitud *f*, vastedad *f*; (— of problem) alcance *m*; **the ~ of the damage** la importancia *or* el alcance de los daños; (in monetary terms) la cuantía de los daños **2▸** (*in phrases*) **to some extent, to a certain extent** hasta cierto punto, en cierta medida; **to a large extent** en gran parte, en buena medida; **to a greater/lesser extent** en mayor/menor medida, en mayor/menor grado; **to that extent** hasta ese punto; **to what extent** en qué medida, hasta qué punto

extenuate /ɪk'stenjueɪt/ *vt* (frml) atenuar*; **extenuating circumstances** circunstancias *fpl* atenuantes

exterior[1] /ek'stɪriər || ɪk'stɪəriə(r)/ *adj* **1▸** (external) ‹*wall/surface*› exterior **2▸** (Cin) ‹*shot/scene*› de exteriores **3▸** (for use outside) ‹*paint/plaster*› para exteriores

exterior[2] *n* exterior *m*

exterminate /ɪk'stɜːrməneɪt || ɪk'stɜːmɪneɪt/ *vt* exterminar

external /ek'stɜːrnl̩ || ɪk'stɜːnl̩/ *adj* **1▸** (exterior) ‹*appearance/sign*› externo, exterior; ‹*wall*› exterior; ‹*wound/treatment*› externo; **Ⓢ for external use only** uso tópico, de uso externo **2▸** ‹*aid/influence*› del exterior; ‹*pressure/evidence*› externo **3▸** (foreign) ‹*affairs/trade/policy*› exterior

externally /ek'stɜːrnl̩i || ɪk'stɜːnəli/ *adv*
A (on the outside) exteriormente, por fuera
B (by outside agency) ‹*vetted*› independientemente, por un tercero

extinct /ɪk'stɪŋkt/ *adj* ‹*animal/species*› extinto, desaparecido; ‹*volcano*› extinto, apagado; **to become ~** extinguirse*

extinction /ɪk'stɪŋkʃən/ *n* [u] extinción *f*

extinguish /ɪk'stɪŋgwɪʃ/ *vt* **1▸** ‹*fire*› extinguir*; ‹*candle/cigar*› apagar* **2▸** (liter) ‹*hope/memory*› apagar* (liter); ‹*passion/life*› extinguir* (liter)

extinguisher /ɪk'stɪŋgwɪʃər || ɪk'stɪŋgwɪʃə(r)/ *n* (*fire ~*) extinguidor *m* (AmL), extintor *m* (Esp)

extol, (AmE also) **extoll** /ɪk'stəʊl/ *vt* **-ll-** (frml) ensalzar* (frml)

extort /ɪk'stɔːrt || ɪk'stɔːt/ *vt*: **to ~ money from sb** extorsionar a algn; **to ~ a confession/promise from sb** arrancarle* a algn *or* obtener* de algn una confesión/promesa

extortion /ɪk'stɔːrʃən || ɪk'stɔːʃən/ *n* [u] (Law) extorsión *f*; **that's sheer ~!** ¡eso es un robo!

extortionate /ɪk'stɔːrʃənət || ɪk'stɔːʃənət/ *adj* ‹*fee/price*› abusivo, exorbitante; ‹*demand*› excesivo, desmesurado

extortionist /ɪk'stɔːrʃənəst || ɪk'stɔːʃənɪst/ *n* extorsionador, dora *m,f*, extorsionista *mf* (AmL)

extra[1] /'ekstrə/ *adj* **1▸** (additional) (*before n*) de más; **do some ~ copies** haz unas copias de más; **we need ~ sheets/staff** necesitamos más sábanas/personal; **it costs an ~ $15** cuesta 15 dólares más; **they organized three ~ flights** organizaron tres vuelos adicionales; **~ time** (in soccer) prórroga *f*, tiempo *m* suplementario, tiempos *mpl* extra (Méx) **2▸** (especial) (*before n*) ‹*care/caution*› especial **3▸** (subject to additional charge) (*after n*): **a shower is $2 ~** con ducha cuesta dos dólares más; **postage and handling ~** gastos de envío no incluidos

extra[2] *adv* **1▸** (*as intensifier*): **~ fine/long** extrafino/extralargo; **I worked ~ hard** trabajé más que nunca **2▸** (more): **to charge ~ for sth** cobrar algo aparte; **you have to pay a little ~ for that** para eso hay que pagar un poco más

extra[3] *n*
A (additional payment or expense) extra *m*; **optional ~s** (Auto) equipamiento *m* opcional, extras *mpl*
B (Cin) extra *mf*
C (Journ) número *m* extra

extract[1] /ɪk'strækt/ *vt*
A ‹*tooth/juice*› extraer*; ‹*iron/gold*› extraer*
B **1▸** (obtain) ‹*information*› extraer*, sacar* **2▸** ‹*passage/quotation*› extraer*, sacar*

extract[2] /'ekstrækt/ *n*
A [c] (excerpt) fragmento *m*, trozo *m*
B [u c] (concentrate) extracto *m*; **beef/yeast ~** extracto de carne/levadura

extraction /ɪk'strækʃən/ *n*
A **1▸** [c u] (Dent) extracción *f* **2▸** [u] (of mineral, juice) extracción *f*
B [u] (ancestry) extracción *f*; **of Polish ~** de extracción polaca

extractor fan /ɪk'stræktər || ɪk'stræktə(r)/ *n* (BrE) extractor *m* (de aire)

extracurricular /'ekstrəkə'rɪkjələr/ *adj* extracurricular

extradite /'ekstrədaɪt/ *vt* extraditar

extradition /'ekstrə'dɪʃən/ *n* [u] extradición *f*; (*before n*) ‹*order/treaty*› de extradición

extramarital /'ekstrə'mærətl̩/ *adj* extramatrimonial

extramural /'ekstrə'mjʊrəl || ˌekstrə'mjʊərəl/ *adj* (Educ) ‹*course*› de extensión; ‹*student*› externo, libre

extraneous /ek'streɪniəs/ *adj* (frml) ‹*argument/detail/decoration*› superfluo; ‹*influence*› externo; **to be ~ TO sth** no tener* relación CON algo, ser* extrínseco A algo (frml)

extraordinarily /ɪk'strɔːrdn̩'erəli || ɪk'strɔːdn̩rəli/ *adv* (*as intensifier*) ‹*kind/handsome*› extraordinariamente

extraordinary /ɪk'strɔːrdn̩eri || ɪk'strɔːdn̩ri/ *adj*
A (exceptional) extraordinario; (very odd) ‹*sight/appearance*› insólito; (incredible) increíble, insólito; **how ~!** ¡qué increíble!
B (frml Adm, Govt) ‹*powers/meeting*› extraordinario

extrapolate /ɪk'stræpəleɪt/ *vt* (frml) extrapolar
■ **extrapolate** *vi* (frml) **to ~ FROM sth** hacer* una extrapolación DE algo

extrapolation /ɪk'stræpə'leɪʃən/ *n* [c u] (frml) extrapolación *f*

extrasensory /'ekstrə'sensəri/ *adj* extrasensorial; **~ perception** percepción *f* extrasensorial

extraterrestrial /'ekstrətə'restriəl/ *adj* ‹*life*› extraterrestre; ‹*exploration*› del espacio

extravagance /ɪk'strævəgəns/ *n*
A **1▸** [u] (lavishness, wastefulness) despilfarro *m*, derroche *m* **2▸** [c] (luxury) lujo *m*
B [u] (of gestures, dress) extravagancia *f*; (of claim, story) lo insólito

extravagant /ɪk'strævəgənt/ *adj* **1▸** (lavish, wasteful) ‹*person*› derrochador, despilfarrador; ‹*lifestyle*› de lujo **2▸** ‹*claim/notions*› insólito; ‹*praise/compliments*› exagerado, desmesurado; ‹*behavior/dress/gesture*› extravagante

extravagantly /ɪk'strævəgəntli/ *adv* **1▸** (lavishly, wastefully) ‹*live/celebrate*› a lo grande; **to spend ~** derrochar (el dinero) **2▸** ‹*dress/behave*› de manera extravagante; ‹*praise*› exageradamente, desmesuradamente

extravaganza /ɪk'strævə'gænzə/ *n* gran espectáculo *m* (*realizado con alarde de color, fantasía y dinero*)

extreme[1] /ɪk'striːm/ *adj* **1▸** (very great) ‹*poverty/caution/urgency*› extremo; ‹*annoyance/relief*› enorme; ‹*heat*› extremado, intensísimo; **with ~ care** con sumo cuidado **2▸** (not moderate) ‹*action/measure*› extremo, extremado; ‹*opinion*› extremista; **the ~ left/right** (Pol) la extrema izquierda/derecha **3▸** (outermost) (*before n*): **in the ~ north/south** en la zona más septentrional/meridional

extreme[2] *n* extremo *m*; **~s of temperature** temperaturas *fpl* extremas; **to go from one ~ to the other** ir* de un extremo al *or* a otro; **she carries things to ~s** es una extremada

extremely /ɪk'striːmli/ *adv* (*as intensifier*) sumamente; **it's ~ interesting/difficult** es interesantísimo/dificilísimo, es sumamente interesante/difícil; **it's ~ unlikely** es muy poco probable

e

extremist¹ /ɪk'striːməst || ɪk'striːmɪst/ *adj* extremista

extremist² *n* extremista *mf*

extremity /ɪk'streməti/ *n* (*pl* **-ties**)

A 1 [c] (farthest point) extremo *m* 2 **extremities** *pl* (Anat) extremidades *fpl*

B [u c] (critical degree, situation) (frml) extremo *m*

extricate /'ekstrəkeɪt || 'ekstrɪkeɪt/ *vt* **to ~ sth/sb FROM sth** sacar* algo/a algn DE algo (*con dificultad*); **I ~d myself from her embrace** conseguí soltarme de su abrazo

extrovert¹ /'ekstrəvɜːrt || 'ekstrəvɜːt/ *adj* extrovertido

extrovert² *n* extrovertido, -da *m,f*

extrude /ɪk'struːd/ *vt* extrudir

exuberant /ɪg'zuːbərənt || ɪg'zjuːbərənt/ *adj* 1 (lively) ‹*person/character*› desbordante de vida y entusiasmo 2 (vigorous, profuse) ‹*style/foliage*› exuberante

exude /ɪg'zuːd || ɪg'zjuːd/ *vi* «*resin*» rezumar

■ **exude** *vt* ‹*resin/fluid*› exudar; ‹*charm/confidence*› emanar, irradiar; **the wound ~d yellow pus** de la herida salía un pus amarillo

exult /ɪg'zʌlt/ *vi* (frml) exultar (frml), regocijarse; **to ~ IN sth** regocijarse CON algo

exultant /ɪg'zʌltn̩t/ *adj* (frml) ‹*person/crowd*› jubiloso, exultante (de alegría) (frml); ‹*cry/shout*› de júbilo

exultation /'egzʌl'teɪʃən/ *n* [u] (frml) exultación *f* (frml), júbilo *m* (liter)

eye¹ /aɪ/ *n*

A 1 (Anat) ojo *m*; **he has blue ~s** tiene los ojos azules; **to have sharp ~s** tener* (una) vista de lince, tener* ojo de águila; **as far as the ~ can/could see** hasta donde alcanza/alcanzaba la vista; **in the twinkling of an ~** en un abrir y cerrar de ojos; **I can't believe my ~s** si no lo veo, no lo creo, no doy crédito a mis ojos; ***to be all ~s*** mirar lleno de curiosidad; ***to close*** *o* ***shut one's ~s to sth*** cerrar* los ojos a algo; ***to cry one's ~s out*** llorar a lágrima viva *or* a mares; **I went into it with my ~s wide open** me metí sabiendo muy bien lo que hacía; ***to have ~s in the back of one's head*** tener* ojos en la nuca; ***to keep one's ~s open*** (to avoid danger, problems) andarse* *or* ir* con cuidado; (looking for sth): **keep your ~s open for a restaurant** vete mirando *or* fíjate bien a ver si ves un restaurante; ***to keep one's ~s peeled*** *o* ***skinned*** (colloq) (to avoid danger, problems) andarse* *or* ir* con mucho ojo (fam); (looking for sth) estar(se)* ojo avizor (fam); ***to make ~s at sb*** hacerle* ojitos a algn; ***to open sb's ~s*** abrirle* los ojos a algn; ***to open sb's ~s to sth*** hacerle* ver algo a algn; ***to see ~ to ~ with sb*** (*usu with neg*) estar* de acuerdo con algn, coincidir con algn; ***with one's ~s shut*** *o* ***closed*** con los ojos cerrados; ***to be up to one's eyes in sth*** estar* hasta aquí de algo (fam); **I'm up to my ~s in work** estoy agobiada *or* (fam) hasta aquí de trabajo; **we're up to our ~s in debt** estamos cargados de deudas, debemos hasta la camisa (fam); (*before n*) **~ contact**: **to make/avoid ~ contact with sb** mirar/evitar mirar a algn a los ojos; **at ~ level** a la altura de la vista 2 (look, gaze) mirada *f*; **under the watchful ~(s) of the teacher** bajo la atenta mirada del profesor; **to cast** *o* **run one's ~ over sth** recorrer algo con la vista; **before my very ~s** ante mis propios ojos; **nothing caught my ~ in the store** no vi nada que me llamara la atención en la tienda; **I tried to catch his ~** intenté llamar su atención; **these colors really catch the ~** estos colores son verdaderamente llamativos; **to have one's ~s on sb/sth** no quitarle los ojos de encima a algn/algo; **in Mary's ~s he's perfect** para Mary *or* a ojos de Mary es perfecto; **in the ~s of the Law** ante la ley; **to keep one's ~(s) on sth/sb**: **keep your ~s on the road!** ¡no apartes la vista de la carretera!; **keep your ~s on him** no lo pierdas de vista; **to look sb straight in the ~** mirar a algn directamente a los ojos; **she won't look me in the ~** no se atreve a mirarme a la cara; **he couldn't take his ~s off her** no podía quitarle los ojos de encima; ***easy on the ~*** (colloq) agradable a la vista; ***to keep an ~ on sth/sb*** vigilar *or* cuidar algo/a algn; **keep an ~ on those two** no pierdas de vista a esos dos, vigila a esos dos; ***to lay*** *o* ***set*** *o* (colloq) ***clap ~s on sb/sth***: **from the moment I laid** *o* **set** *o* (colloq) **clapped ~s on him/it** desde el primer momento que lo vi; ***to turn a blind ~ (to sth)*** hacer* la vista gorda (frente a *or* ante algo) 3 (attention): **the ~s of the world will be on her** todo el mundo tendrá la vista puesta en ella; **the company has been in the public ~ a lot recently** últimamente se ha hablado mucho de la compañía; ***to have one's ~ on sth*** echarle el ojo a algo (fam); **with an ~ to sth** con miras a algo 4 (ability to judge) ojo *m*; **to have an ~ for design** tener* ojo *or* idea para el diseño; **to have an ~ for detail** ser* detallista

B 1 (of needle) ojo *m* 2 (of hurricane, storm) ojo *m* 3 (in potato) ojo *m*

eye² *vt* (*pres p* **eying** *or* (BrE) **eyeing**) 1 (observe) mirar, observar; **to ~ sb up and down** mirar a algn de arriba abajo; **to ~ sth suspiciously** observar algo con sospecha 2 (ogle) mirar, pasarle revista a (fam)

eyeball¹ /'aɪbɔːl/ *n* (Anat) globo *m* ocular; ***to meet ~ to ~ with sb*** (colloq) enfrentarse cara a cara con algn; ***to be up to one's ~s in sth*** estar* hasta aquí de algo (fam)

eyeball² *vt* (AmE colloq) mirar de arriba a abajo

eye: **~bath** *n* (BrE) (cup) lavaojos *m*; (procedure) baño *m* ocular *or* de ojos; **~brow** *n* ceja *f*; **to raise one's ~brows** arquear *or* enarcar* las cejas; ***to raise one's ~brows at sth*** asombrarse ante algo; (*before n*) **~brow pencil** lápiz *m* de cejas; **~-catching** *adj* llamativo, vistoso; **~ cup** *n* (AmE) lavaojos *m*

-eyed /aɪd/ *suff*: **green~/almond~** de ojos verdes/almendrados

eyedrops /'aɪdrɑːps || 'aɪdrɒps/ *pl n* colirio *m*, gotas *fpl* para los ojos

eyeful /'aɪfʊl/ *n*: **I got an ~ of dust** se me llenó el ojo de polvo; **quick, get an ~ of this** (colloq) ven a ver esto, no te lo pierdas

eye: **~glass** *n* (monocle) monóculo *m*; **~glasses** *pl n* (AmE) gafas *fpl*, anteojos *mpl* (esp AmL), lentes *mpl* (esp AmL); **~lash** *n* pestaña *f*; **a pair of false ~lashes** unas pestañas postizas

eyelet /'aɪlət || 'aɪlɪt/ *n* ojete *m*

eye: **~lid** *n* párpado *m*; **~liner** *n* [u] delineador *m* (de ojos); **~-opener** *n* (colloq) (*no pl*) revelación *f*; **it was a real ~-opener** me (*or* nos *etc*) hizo abrir los ojos; **~patch** *n* parche *m*; **~piece** *n* ocular *m*; **~shade** *n* visera *f*; **~ shadow** *n* [u c] sombra *f* de ojos; **~sight** *n* [u] vista *f*; **to have good/poor ~sight** tener* buena/mala vista; **~sore** *n* monstruosidad *f*, adefesio *m*; **~strain** *n* [u] fatiga *f* visual, vista *f* cansada; **~tooth** /'aɪ'tuːθ/ *n* colmillo *m*; ***to give one's ~teeth for sth***: **I'd give my ~teeth for that ring/to go** no sé qué daría *or* daría cualquier cosa por ese anillo/por ir; **~wash** *n* [u] colirio *m*, solución *f* oftálmica; **it's a lot of ~wash** (colloq) es un cuento chino (fam); **~witness** /'aɪ'wɪtnəs || 'aɪwɪtnɪs/ *n* testigo *mf* ocular *or* presencial

eyrie /'aɪri/ *n* ▸**aerie**

F, f /ef/ *n* [1] (letter) F, f *f* [2] (Mus) fa *m*; *see also* **A A2**

f [1] (= **female**) de sexo femenino [2] (Ling) (= **feminine**) f

F (= **Fahrenheit**) F; **70°F** 70°F

fa /fɑː/ *n* (Mus) fa *m*

FA *n* (in UK) = **Football Association**

fable /ˈfeɪbəl/ *n* [c u] fábula *f*

fabled /ˈfeɪbəld/ *adj* (liter *or* journ) legendario, fabuloso

fabric /ˈfæbrɪk/ *n*
A [u c] (Tex) tela *f*, tejido *m*, género *m*
B [u] (of building, society) estructura *f*

fabricate /ˈfæbrɪkeɪt/ *vt* [1] (invent) inventar(se) [2] (manufacture) (Tech) fabricar*

fabrication /ˈfæbrɪˈkeɪʃən/ *n* [1] [c u] (lie) invención *f*, mentira *f* [2] [u] (manufacture) (Tech) fabricación *f*

fabulous /ˈfæbjələs || ˈfæbjʊləs/ *adj* [1] ‹*sum/price*› astronómico, exorbitante; ‹*wealth*› fabuloso [2] (wonderful) (colloq) magnífico, fabuloso; **you look absolutely ~!** ¡estás fantástica *or* fenomenal! [3] (imaginary) fabuloso

fabulously /ˈfæbjələsli || ˈfæbjʊləsli/ *adv* (*as intensifier*) fabulosamente

facade, façade /fəˈsɑːd/ *n* fachada *f*

face¹ /feɪs/ *n*
A [c] [1] (of person, animal) cara *f*, rostro *m*; **if your ~ doesn't fit ...** si no le/les caes bien ...; **I'm not just a pretty ~, you know!** (set phrase) no te creas que soy tan tonta; **I must put my ~ on** *o* **do my ~** (hum) tengo que maquillarme *or* pintarme; **she put on a brave ~ for the funeral** se mantuvo compuesta para el funeral; **to feed** *o* **stuff one's ~** (colloq) atiborrarse de comida, ponerse* morado (Esp fam); **in the ~ of stiff opposition** en medio de *or* ante una fuerte oposición; ***to argue/shout until one is blue in the ~*** discutir/gritar hasta cansarse; ***to blow up in sb's ~*** salir* mal; ***to fall flat on one's ~*** caerse* de bruces; (blunder) darse* de narices; ***to fly in the ~ of sth*** hacer* caso omiso de algo; ***to laugh on the other side of one's ~***: **you'll laugh on the other side of your ~ when you're fired!** ¡se te van a acabar las ganas de reír(te) cuando te despidan!; ***to sb's ~*** a *or* en la cara; ***to show one's ~*** aparecer*; ***to stare sb in the ~***: **the solution was staring me in the ~** tenía la solución delante de las narices [2] (person) cara *f*; **a new ~** una cara nueva [3] (expression) cara *f*; ***to keep a straight ~***: **I could hardly keep a straight ~** casi no podía aguantarme (de) la risa; ***to make*** *o* (BrE also) ***pull a ~*** poner* mala cara; **the children were making ~s at each other** los niños se hacían muecas; ***to put a brave ~ on it*** poner(le)* al mal tiempo buena cara
B [1] (appearance, nature) (*no pl*) fisonomía *f*; ***on the ~ of it*** aparentemente [2] [c] (aspect) aspecto *m* [3] [u] (dignity): **to lose ~** desprestigiarse, quedar mal; **to save ~** guardar las apariencias; **loss of ~** desprestigio *m*
C [c] (of coin, medal, solid) cara *f*; (of clock, watch) esfera *f*, carátula *f* (Méx)
D [c] (of cliff) pared *f*; ***to disappear off the ~ of the earth*** desaparecer* de la faz de la tierra

face² *vt*
A (be opposite): **she turned to ~ him/the wall** se volvió hacia él/la pared; **he was sitting facing the wall** estaba sentado en frente de la pared; **the hotel ~s the sea** el hotel está frente al mar
B (confront) enfrentarse a; **I don't know how I'll ~ him when he finds out** no sé cómo le podré dar la cara cuando se entere; **to be ~d with sth** estar* *or* verse* frente a *or* ante algo; **let's ~ it, we have no alternative** seamos realistas, no nos queda otra alternativa
C [1] (be presented with) ‹*problem/increase*› enfrentarse a; **I ~ that problem every day** todos los días me encuentro con *or* me enfrento a un problema así [2] (bear): **I can't ~ going through all that again** no podría volver a pasar por todo eso; **I can't ~ food first thing in the morning** no puedo ni oler la comida temprano por la mañana [3] (lie ahead of): **several problems ~ us** se nos presentan *or* se nos plantean varios problemas
D (Const) ‹*wall/surface*› recubrir*
■ **face** *vi*: **the house ~s north** la casa está orientada *or* da al norte; **I was facing the other way** miraba para el otro lado

Phrasal verbs
- **face down** [v ▸ o ▸ adv, v ▸ adv ▸ o] hacerle* frente a
- **face up to** [v ▸ adv ▸ prep ▸ o] ‹*reality/responsibility*› afrontar, hacer* frente a; **we have to ~ up to the fact that ...** tenemos que aceptar *or* reconocer que ...

face: **~ card** *n* (AmE) figura *f*; **~cloth**, (BrE also) **~ flannel** *n* toallita *f* (*para lavarse*), ≈ manopla *f*

faceless /ˈfeɪsləs || ˈfeɪslɪs/ *adj* (pej) ‹*bureaucrat*› anónimo

face: **~ lift** *n* (Med) lifting *m*, estiramiento *m* (facial); (renovation): **the building was given a ~ lift** remozaron el edificio; **~ mask** *n* [1] (for diving) máscara *f* [2] (in US football — piece of equipment) barra *f* del casco; (— foul) barra *f* [3] (as beauty treatment) mascarilla *f* (*de belleza*); **~-off** *n* [1] (in ice hockey) salida *f*, saque *m* [2] (showdown) (AmE) confrontación *f*; **~ pack** *n* mascarilla *f* (*de belleza*); **~-saving** /ˈfeɪs ˈseɪvɪŋ/ *adj* (*before n*) ‹*measures*› para guardar *or* cubrir las apariencias

facet /ˈfæsət || ˈfæsɪt/ *n* faceta *f*

facetious /fəˈsiːʃəs/ *adj* burlón, gracioso (iró)

facetiously /fəˈsiːʃəsli/ *adv* ‹*talk/write*› en tono de burla

face: **~ to face** *adv* cara a cara, frente a frente; **we were brought ~ to ~ with reality** tuvimos que enfrentarnos a la realidad; **~-to-face** /ˈfeɪstəˈfeɪs/ *adj* cara a cara, frente a frente; **~ value** *n* [u] (of money) valor *m* nominal; ***to take sth/sb at ~ value***: **I took her/what she said at ~ value** me fié de ella/yo me creí lo que dijo

facial¹ /ˈfeɪʃəl/ *adj* facial, de la cara

facial² *n* limpieza *f* de cutis

facile /ˈfæsəl || ˈfæsaɪl/ *adj* superficial, simplista

facilitate /fəˈsɪləteɪt || fəˈsɪlɪteɪt/ *vt* (frml) facilitar

facilitator /fəˈsɪləteɪtər || fəˈsɪlɪteɪtə(r)/ *n* facilitador, -dora *m,f*

facility /fəˈsɪləti/ *n* (*pl* **-ties**)
A **facilities** *pl* [1] (amenities): **sports facilities** instalaciones *fpl* deportivas; **facilities for the disabled** instalaciones *fpl* para minusválidos; **the hotel has conference facilities** el hotel dispone de sala(s) de conferencia [2] (Fin): **credit facilities** crédito *m*, facilidades *fpl* de pago
B (building) (AmE) complejo *m*, centro *m*
C [u] (ability) (frml) facilidad *f*

facing /ˈfeɪsɪŋ/ *n* [c u]
A (Clothing) entretela *f*
B (Const) revestimiento *m*

-facing /ˈfeɪsɪŋ/ *suff*: **north/south~** que da al norte/sur

facsimile /fæk'sɪməli/ *n* 1 (copy) facsímil *m*, facsímile *m*; (*before n*) ‹*edition*› facsimilar 2 (Telec) facsímil(e) *m*

fact /fækt/ *n*

A [c] (sth true) hecho *m*; **he twisted the ~s** distorsionó los hechos; **she got her ~s right/wrong** su información era correcta/incorrecta; **hard ~s** datos *mpl* concretos; **give me all the ~s and figures** dame toda la información; **if it wasn't for the ~ that he's my son ...** si no fuera porque es mi hijo ...; **I know for a ~ that ...** sé a ciencia cierta que ...; **it's a well-known ~** todo el mundo lo sabe; ***to face (the) ~s*** aceptar la realidad

B 1 [u] (truth, reality): **this novel is based on ~** esta novela está basada en hechos reales; **in ~** de hecho, en realidad; **as a matter of ~: I do know her, as a matter of ~ she's one of my best friends** sí que la conozco, (de hecho) es muy amiga mía; **in point of ~** de hecho; **the ~ of the matter is (that) ...** el hecho es que ... 2 [c] (criminal event) (Law): **after the ~** después de los hechos

f

fact-finding /'fækt,faɪndɪŋ/ *adj* (*before n*) de investigación, investigador

faction /'fækʃən/ *n* (group) facción *f*

factional /'fækʃṇəl || 'fækʃənḷ/ *adj* de/entre facciones

fact of life *n*

A (unpleasant truth) (triste *or* dura) realidad *f* (de la vida)

B **the ~s of life** (euph): **his father told him the ~s ~ ~** su padre le explicó cómo se reproducen los seres humanos

factor[1] /'fæktər || 'fæktə(r)/ *n* factor *m*; **the time ~** el factor tiempo

factor[2] *vt* (Busn) hacer* factoring de

(Phrasal verbs)

• **factor in** [v ▸ o ▸ adv, v ▸ adv ▸ o] ‹*prices/costs*› tener* *or* tomar en consideración, tener* en cuenta

• **factor out** [v ▸ o ▸ adv, v ▸ adv ▸ o] ‹*prices/costs*› no tener* *or* tomar en consideración, no tener en cuenta

factory /'fæktri, -təri/ *n* (*pl* **-ries**) fábrica *f*; (*before n*) ‹*inspector*› industrial; **~ worker** obrero, -ra *m,f* (*de fábrica*)

factory: **~ farm** *n*: *establecimiento ganadero de producción intensiva*; **~ farming** *n* [u] (BrE) cría *f* intensiva; **~ ship** *n* buque *m* factoría

factotum /fæk'təʊtəm/ *n* (frml *or* hum) factótum *m* (frml *o* hum)

fact sheet *n* hoja *f* informativa

factual /'fæktʃuəl/ *adj* ‹*account*› que se atiene a los hechos, objetivo; **a ~ error** un error de hecho

factually /'fæktʃuəli/ *adv* en cuanto a los hechos

faculty /'fækəlti/ *n* (*pl* **-ties**)

A (sense) facultad *f*

B (Educ) 1 (of university, college) facultad *f* 2 (academic personnel) (AmE) cuerpo *m* docente, profesorado *m* (*de una facultad etc*)

fad /fæd/ *n* moda *f* pasajera

fade /feɪd/ *vi*

A «*color*» apagarse*, perder* intensidad; «*fabric*» perder* color, desteñirse*; **the light was beginning to ~** empezaba a oscurecer *or* a irse la luz

B 1 (disappear) «*hope/memories*» desvanecerse*; «*beauty*» marchitarse; «*interest*» decaer*; **his smile ~d** se le desvaneció la sonrisa; **her strength was beginning to ~** sus fuerzas empezaban a debilitarse 2 «*flower/plant*» ajarse; «*elderly person/patient*»: **she's fading fast** se está apagando *or* consumiendo rápidamente

C «*sound*» debilitarse, perderse*

D (Sport) 1 (veer) «*baseball/golfball*» desviarse* 2 (in US football) retroceder

E (Cin, TV) fundir

■ **fade** *vt* ‹*fabric*› desteñir*, hacer* perder el color a

(Phrasal verbs)

• **fade away** [v ▸ adv] «*love/grief/sound*» irse* apagando; «*chances/memory*» desvanecerse*; **he ~d away into obscurity** fue cayendo poco a poco en el olvido; **you must eat something or you'll ~ away** si no comes algo te vas a consumir

• **fade in**

A [v ▸ adv] «*song*» empezar* a oírse (poco a poco)

B [v ▸ o ▸ adv] ‹*song*› subir gradualmente el volumen de; ‹*image*› fundir

• **fade out**

A [v ▸ adv] «*music*»: **the music ~d out** el volumen de la música fue bajando gradualmente

B [v ▸ o ▸ adv] ‹*song*› bajar gradualmente el volumen de; ‹*image*› fundir

faded /'feɪdəd || 'feɪdɪd/ *adj* ‹*color*› apagado, desvaído; ‹*fabric*› desteñido, descolorido

fade: **~-in** *n* fundido *m*; **~-out** *n* fundido *m*

faeces /'fi:si:z/ *pl n* (BrE frml) ▸ **feces**

Faeroe Islands /'ferəʊ || 'feərəʊ/, **Faeroes** /'ferəʊz || 'feərəʊz/ *pl n* **the ~ ~** las Islas Feroe

faff about, faff around /fæf/ [v ▸ adv] (BrE colloq) dar* vueltas (perdiendo el tiempo)

fag /fæg/ *n*

A (male homosexual) (AmE sl & pej) maricón *m* (fam & pey)

B (chore) (*no pl*) (BrE colloq): **to be a ~** ser* una pesadez *or* una lata (fam)

C (cigarette) (BrE colloq) cigarrillo *m*, pitillo *m* (fam)

D (schoolboy) (BrE) *alumno que está al servicio de un alumno mayor*

(Phrasal verb)

• **fag out** [v ▸ o ▸ adv] (colloq): **to be ~ged out** estar* reventado *or* hecho polvo (fam)

fag end *n* (esp BrE colloq) colilla *f*

faggot /'fægət/ *n*

A (AmE also) **fagot** (bundle of sticks) (liter) haz *m* de leña

B (AmE sl & pej) maricón *m* (fam & pey)

C (meatball) (BrE) albóndiga *f* de hígado

fah /fɑ:/ *n* (BrE Mus) fa *m*

Fahrenheit /'færənhaɪt/ *adj* Fahrenheit *adj inv*; **84 degrees ~** 84 grados Fahrenheit

fail[1] /feɪl/ *vi*

A 1 (not do) **to ~ to + INF: he ~ed to live up to our expectations** no dio todo lo que se esperaba de él; **the engine ~ed to start** el motor no arrancó; **you ~ed to mention the crucial point** no mencionaste el punto esencial; **it never ~s to amaze me how many people ...** nunca deja de asombrarme cuánta gente ...; **he ~ed in his obligations** faltó a *or* no cumplió sus obligaciones 2 (not succeed) «*marriage/business*» fracasar; «*plan*» fallar, fracasar; **if all else ~s** como último recurso 3 **failed** *past p* ‹*businessman/writer*› fracasado

B 1 «*brakes/lights*» fallar 2 «*crop*» perderse*, malograrse 3 **failing** *pres p*: **he could no longer read because of his ~ing eyesight** la vista se le había deteriorado tanto que ya no podía leer; **he retired because of ~ing health** se retiró porque su salud se había deteriorado mucho

C (in exam) ser* reprobado (AmL), suspender (Esp)

■ **fail** *vt*

A 1 ‹*exam*› no pasar, ser* reprobado en (AmL), suspender (Esp), reprobar* (Méx), perder* (Col, Ur), salir* mal en (Chi) 2 ‹*student*› reprobar* *or* (Esp) suspender

B (let down): **his courage/memory ~ed him** le faltó valor/le falló la memoria; **you have ~ed him** le has fallado, lo has decepcionado; **words ~ me!** ¡es el colmo!; **in describing his genius, words ~ me** me no encuentro palabras para describir su genio

fail[2] *n*

A [c] (in exam, test) (BrE) reprobado *m or* (Esp) suspenso *m or* (RPl) aplazo *m*

B [u] **without ~** sin falta

failing[1] /'feɪlɪŋ/ *n* defecto *m*

failing[2] *prep*: **~ that, try bleach** si eso no resulta, prueba con lejía

fail-safe /'feɪlseɪf/ *adj* ‹*mechanism*› de seguridad

failure /'feɪljər || 'feɪljə(r)/ *n*

A 1 [u] (of marriage, talks) fracaso *m* 2 [c] (unsuccessful thing, attempt) fracaso *m*; (insolvency) quiebra *f*; (*before n*) **~ rate** (Busn) proporción *f* de quiebras; (Educ) índice *m* de fracaso escolar 3 [c] (person) fracaso *m* 4 [c u] (breakdown): **engine ~** falla *f* mecánica *or* (Esp) fallo *m* mecánico; **power ~** apagón *m*; **heart/kidney ~** insuficiencia *f* cardíaca/renal

B (*expressing negation*) **~ to + INF: ~ to carry out orders** el incumplimiento de las órdenes; **her ~ to understand** el (hecho de) que no entendiera/entienda

fain /feɪn/ *adv* (arch *or* poet) de buen grado

faint[1] /feɪnt/ *adj* **-er, -est**

A ‹*line*› apenas visible; ‹*light*› débil, tenue; ‹*noise*› apenas perceptible, débil; ‹*hope/smile*› ligero, leve; ‹*recollection*› vago; **what's going on? — I haven't the ~est (idea)**

(colloq) ¿qué pasa? — no tengo la más mínima idea
B (weak) (*pred*): **to be ~ with hunger** estar* desfallecido de hambre; **I feel ~** estoy mareado
faint² *vi* desmayarse
faint³ *n* desmayo *m*; **she collapsed in a dead ~** cayó desvanecida, se desmayó
faint-hearted¹ /ˈfeɪntˈhɑːrtəd || ˌfeɪntˈhɑːtɪd/ *adj* ‹*person*› pusilánime, timorato; ‹*attempt*› tímido
faint-hearted² *pl n* **the ~** los pusilánimes
faintly /ˈfeɪntli/ *adv* **1** (barely perceptibly) ‹*see/hear*› apenas; ‹*shine/sound*› débilmente **2** (slightly) ‹*interested/amused*› ligeramente; ‹*amusing/ridiculous*› algo
fair¹ /fer || feə(r)/ *adj* **-er, -est**
A (just) ‹*person/decision*› justo, imparcial; ‹*contest/election*› limpio; **come on, now: ~'s ~** vamos, seamos justos *or* lo justo es justo; **by ~ means or foul** por las buenas o por las malas; **~ enough** bueno, está bien; **I've had my ~ share of problems recently** ya he tenido bastantes problemas últimamente; **to be ~ ON** *o* **TO sb**: **it's not ~ to her to expect her to do it** no es justo pretender que lo haga ella; **that wouldn't be ~ on the others** eso no sería justo para los demás; ***~ and square***: **he won ~ and square** ganó en buena ley *or* con todas las de la ley; ***all's ~ in love and war*** en el amor y en la guerra todo vale
B ‹*hair*› rubio, güero (Méx), mono (Col), catire (Ven); ‹*skin*› blanco
C (beautiful) (liter) hermoso, bello; **the ~ sex** (hum) el bello sexo (hum); **with my own ~ hands** (esp BrE hum) con estas dos manitas
D **1** (quite good) ‹*work/essay*› pasable, aceptable; **we have a ~ chance of winning** tenemos bastantes posibilidades de ganar; **doctors say her condition is ~** los médicos opinan que su estado es satisfactorio; ***~ to middling*** (colloq & hum): **how are you? — ~ to middling** ¿qué tal estás? — voy tirando *or* (Méx) ahí la llevo *or* (Col, Ven) ahí, llevándola (fam) **2** (considerable) (*before n*) ‹*number/amount*› bueno
E (Meteo) (of weather): **the weather tomorrow will be ~** mañana va a hacer buen tiempo
fair² *adv* (impartially) ‹*play*› limpio, limpiamente
fair³ *n*
A (market) feria *f*; (*trade ~*) feria *f or* exposición *f* industrial/comercial; (bazaar) feria *f* (*con fines benéficos*)
B (funfair) (BrE) feria *f*
fair: **~ground** *n* (funfair) (BrE) feria *f*; (permanent) parque *m* de diversiones *or* (Esp) atracciones; **~-haired** /ˈferˈherd || ˌfeəˈheəd/ *adj*: **she's ~-haired** (BrE) es rubia *or* (Méx) güera *or* (Col) mona *or* (Ven) catira; **the boss's ~-haired boy** (AmE colloq) el niño mimado *or* el favorito del jefe
fairing /ˈferɪŋ || ˈfeərɪŋ/ *n* (Auto) carenado *m*
fairly /ˈferli || ˈfeəli/ *adv*
A (justly, honestly) ‹*play*› limpio; ‹*judge*› con imparcialidad; ‹*divide*› equitativamente; ‹*obtain*› limpiamente, en buena lid *or* ley
B (moderately) bastante; **I'm ~ sure** estoy casi segura
fair-minded /ˈferˈmaɪndəd || ˌfeəˈmaɪndɪd/ *adj* justo, imparcial
fairness /ˈfernəs || ˈfeənɪs/ *n* [u] (impartiality) imparcialidad *f*, justicia *f*; **in (all) ~ to her** para ser justos con ella; **in all ~** sinceramente, francamente
fair: **~ play** *n* [u] juego *m* limpio; **~-sized** /ˈferˈsaɪzd || ˌfeəˈsaɪzd/ *adj* (*before n*) bastante grande; **~way** *n* (in golf) calle *f*, fairway *m*; **~-weather friend** /ˈferˈweðər || ˌfeəˈweðə(r)/ *n* amigo, -ga *m,f* sólo cuando las cosas marchan bien
fairy /ˈferi || ˈfeəri/ *n* (*pl* **-ries**)
A (Myth) hada *f*‡
B (male homosexual) (colloq: pej & dated) mariquita *m* (fam & pey)
fairy: **~ godmother** *n* hada *f*‡ madrina; **~land** *n* el país de las hadas; **~ lights** *pl n* (BrE) luces *fpl or* bombillas *fpl* de colores; **~ story**, **~ tale** *n* (Lit) cuento *m* de hadas; (fabricated story) (pej) cuento *m* (chino) (pey); **~tale** *adj* (*before n*) ‹*romance/wedding*› de cuento
fait accompli /ˈfeɪtəkɑːmˈpliː || ˌfeɪtəˈkɒmpliː/ *n* (*pl* **~s ~s**) hecho *m* consumado
faith /feɪθ/ *n*
A [u] (trust) confianza *f*; **to have ~ IN sb/sth** tener* confianza *or* fe EN algn/algo, tenerle* a algn/algo confianza *or* fe; **to put one's ~ in sb/sth** confiar* en algn/algo; ***to act in good/bad ~*** actuar* de buena/mala fe
B (Relig) [u c] fe *f*
faithful¹ /ˈfeɪθfəl/ *adj* ‹*follower*› fiel; ‹*translation*› fiel; **to be ~ TO sb/sth** serle* fiel A algn/ser* fiel a algo
faithful² *pl n* **the ~** (Relig) los fieles; (loyal followers): **the party ~** los incondicionales, los seguidores más fieles
faithfully /ˈfeɪθfəli/ *adv* **1** (in letters): **yours ~** (esp BrE) (le saluda) atentamente **2** ‹*serve/record*› fielmente **3** ‹*attend*› religiosamente
faithfulness /ˈfeɪθfəlnəs || ˈfeɪθfəlnɪs/ *n* [u] fidelidad *f*
faith healer *n* curandero, -ra *m,f*, santero, -ra *m,f*
faithless /ˈfeɪθləs || ˈfeɪθlɪs/ *adj* (liter) (disloyal) desleal
fake¹ /feɪk/ *n* **1** (object) falsificación *f*, imitación *f*; **this passport is a ~** este pasaporte es falso **2** (person) farsante *mf*, impostor, -tora *m,f*
fake² *adj* ‹*jewel/document*› falso; ‹*fur*› sintético
fake³ *vt* **1** (forge) ‹*document/signature*› falsificar*; ‹*results/evidence*› falsear, amañar **2** (AmE Sport) amagar* **3** (feign) ‹*illness/enthusiasm*› fingir*
■ **fake** *vi* **1** (pretend) fingir* **2** (in US football) hacer* un engaño
fakir /fəˈkɪr || ˈfeɪkɪə(r)/ *n* faquir *m*
falcon /ˈfælkən || ˈfɔːlkən/ *n* halcón *m*
falconer /ˈfælkənər || ˈfɔːlkənə(r)/ *n* halconero, -ra *m,f*
falconry /ˈfælkənri || ˈfɔːlkənri/ *n* [u] cetrería *f*
Falkland Islands, Falklands /ˈfɔːklændz/ *pl n* **the ~ ~** las (Islas) Malvinas
fall¹ /fɔːl/ *n*
A (tumble, descent) caída *f*; ***to be heading*** *o* (esp AmE) ***riding for a ~*** ir* camino al desastre; **the tree broke my ~** el árbol frenó mi caída
B (autumn) (AmE) otoño *m*
C (decrease): **a ~ in temperature** un descenso de (las) temperaturas *or* de la temperatura; **a ~ in prices** una bajada *or* caída de precios
D (defeat, collapse) caída *f*
E (of snow) nevada *f*; (of rocks) desprendimiento *m*, derrumbe *m*
F **falls** *pl* (waterfall) cascada *f*, caída *f* de agua; (higher) catarata *f*
fall² (*past* **fell**; *past p* **fallen**) *vi*
A **1** (tumble) caerse*; **he fell into bed** se dejó caer en la cama; **I fell over a piece of wood** tropecé con un trozo de madera; **to let sth ~** dejar caer algo; **I fell down the stairs** me caí por la escalera; **he fell down the well** se cayó al pozo; **he fell off his horse** se cayó del caballo; ***to ~ foul of sb/sth***: **he fell foul of the law/his boss** tuvo problemas con la ley/su jefe **2** (descend) «*night/rain*» caer*; **a sudden hush fell over the crowd** de repente se hizo el silencio entre la multitud
B «*temperature*» bajar, descender* (frml); «*price*» bajar, caer*; «*wind*» amainar; **his face fell** puso cara larga
C (be captured, defeated) **to ~ (TO sb)** «*city/country*» caer* (en manos *or* en poder de algn)
D **1** (pass into specified state): **to ~ ill** *o* (esp AmE) **sick** caer* *or* (Esp tb) ponerse* enfermo, enfermarse (AmL); **to ~ silent** callarse, quedarse callado; **to ~ into decay/disrepute** irse* deteriorando/desprestigiarse; **she fell on hard times** las cosas le empezaron a ir mal **2** (enter): **to ~ into a trance/coma** entrar en trance/coma; **to ~ into a trap** caer* en una trampa; **she fell into a deep sleep** se durmió profundamente; *see also* **prey, victim**
E **1** (land): **Christmas ~s on a Thursday this year** este año Navidad cae en (un) jueves; **the stress ~s on the first syllable** el acento cae *or* recae sobre la primera sílaba; **the burden will ~ on the poor** los pobres serán los que sufrirán la carga **2** (into category): **the problems ~ into three categories** los problemas se pueden clasificar en tres tipos diferentes
F (be slain) (frml) caer* (frml)

Phrasal verbs

- **fall about** [v ▸ adv] (BrE colloq) morirse* de risa (fam)
- **fall apart** [v ▸ adv] «*clothing*» deshacerse*; «*system*» venirse* abajo, desmoronarse; «*relationship*» irse* a pique, fracasar
- **fall away** [v ▸ adv] **1** (slope down) «*ground*» caer* en declive **2** (decline) «*attendance/production*» decaer*; **to ~ away sharply** irse* a pique **3** (disappear) «*doubt*» disiparse, desvanecerse*

- **fall back** [v ▸ adv] «*troops*» replegarse*
- **fall back on** [v ▸ adv ▸ prep ▸ o] ‹*one's parents*› recurrir a; ‹*resources*› echar mano de; **if this doesn't work you've always got your degree to ~ back on** si esto no te funciona siempre tienes la carrera hecha
- **fall behind** [v ▸ adv] [v ▸ prep ▸ o] (in class, race) rezagarse*, quedarse atrás; **to ~ behind WITH sth** ‹*with payments*› atrasarse EN algo; **I'm ~ing behind with my work** tengo el trabajo muy atrasado
- **fall down** [v ▸ adv] [1] (to the ground) «*person/tree*» caerse*; «*house/wall*» venirse* abajo, derrumbarse [2] (fail) «*plan*» fracasar, fallar; **to ~ down ON sth** (BrE) fallar EN algo
- **fall for** [v ▸ prep ▸ o] [1] (be attracted to) ‹*man/woman*› enamorarse de, quedar prendado de [2] (be deceived by) ‹*trick/story*› tragarse* (fam)
- **fall in** [v ▸ adv] [1] (tumble in) caerse* (*a un pozo, al agua etc*) [2] (collapse) «*roof*» venirse* abajo, hundirse [3] (form ranks) (Mil) formar filas
- **fall in with** [v ▸ adv ▸ prep ▸ o] [1] (meet and join) juntarse con [2] (agree with) ‹*plan*› aceptar
- **fall off** [v ▸ adv] [1] (tumble down) caerse* (*de una bicicleta, un caballo etc*) [2] (break off) «*button/handle*» caerse* [3] (decline) «*production/attendance*» decaer*
- **fall on** [v ▸ prep ▸ o] ‹*enemy/victim*› caer* sobre; **they fell on the food** se abalanzaron sobre la comida
- **fall out** [v ▸ adv] [1] (drop out) caerse* [2] (break ranks) (Mil) romper* filas [3] (quarrel) «*friends*» pelearse, reñir*; **to ~ out WITH sb** pelearse *or* reñir CON algn
- **fall over** [v ▸ adv] «*person/object*» caerse*; ***to ~ over oneself/each other to do sth***: **they were ~ing over themselves to help** se desvivían por ayudar; **they are ~ing over each other to get the contract** están desesperados por conseguir el contrato
- **fall through** [v ▸ adv] (fail) no salir* adelante
- **fall to**

A [v ▸ adv] (begin working enthusiastically) poner(se*) manos a la obra

B [v ▸ prep ▸ o] [1] (begin) **to ~ TO -ING** ponerse* *or* empezar* A + INF [2] (be sb's responsibility) «*duty*» corresponderle a; **the task fell to Mr Lennox** le tocó al señor Lennox hacerlo

- **fall upon** ▸**fall on**

fallacious /fəˈleɪʃəs/ *adj* (frml) [1] (illogical) ‹*reasoning*› erróneo, falaz [2] (misleading) ‹*claim*› engañoso, falaz

fallacy /ˈfæləsi/ *n* [c u] (*pl* **-cies**) falacia *f*

fallback /ˈfɔːlbæk/ *n*: **I've always got my secretarial skills as a ~** siempre puedo trabajar como secretaria si fuera necesario

fallen[1] /ˈfɔːlən/ *adj*: **~ arches** pies *mpl* planos; **a ~ woman** (arch & euph) una mujer perdida (arc & euf)

fallen[2] *past p of* **fall[2]**

fallen[3] *pl n* **the ~** los caídos

fall guy *n* (colloq) cabeza *f* de turco, chivo *m* expiatorio *or* emisario

fallibility /ˌfæləˈbɪləti/ *n* [u] falibilidad *f*

fallible /ˈfæləbəl/ *adj* falible

falling /ˈfɔːlɪŋ/ *adj*: **the ~ price of tin** la caída *or* baja en el precio del estaño

falling: **~-off** /ˈfɔːlɪŋˈɔːf || ˌfɔːlɪŋˈɒf/ *n* ▸**falloff**; **~-out** /ˈfɔːlɪŋˈaʊt/ *n* (AmE) pelea *f*

falloff /ˈfɔːlɔːf || ˈfɔːlɒf/ *n* (*no pl*) (in speed) disminución *f*, reducción *f*; **there has been a ~ in interest** ha decaído el interés

Fallopian tube /fəˈləʊpiən/ *n* trompa *f* de Falopio

fallout /ˈfɔːlaʊt/ *n* [u] (Nucl Phys) lluvia *f or* precipitación *f* radiactiva; (*before n*) **~ shelter** refugio *m* antinuclear *or* antiatómico

fallow /ˈfæləʊ/ *adj* ‹*land*› en barbecho; **to lie ~** estar* en barbecho

fallow deer *n* gamo *m*

false /fɔːls/ *adj*

A [1] (untrue) ‹*statement/rumor*› falso [2] (incorrect) ‹*belief*› erróneo; **true or ~?** ¿verdadero o falso?, ¿verdad o mentira?; **one ~ move and you're dead!** ¡un movimento en falso y te mato! [3] (misplaced) ‹*modesty/pride*› falso

B (not genuine) ‹*eyelashes/fingernails*› postizo; ‹*name/passport*› falso; **the case had a ~ bottom** la maleta era de doble fondo

C (disloyal) (arch *or* liter) ‹*friend/spouse*› infiel

false: **~ alarm** *n* falsa alarma *f*; **~ ceiling** *n* cieloraso *m* suspendido; **~ hem** *n* dobladillo *m* falso

falsehood /ˈfɔːlshʊd/ *n* [c u] (frml) falsedad *f*

falsely /ˈfɔːlsli/ *adv* (wrongly) ‹*accuse*› falsamente

false: **~ start** *n* (Sport) salida *f* en falso; (to career, speech) intento *m* fallido; **~ teeth** *pl n* dentadura *f* postiza

falsetto /fɔːlˈsetəʊ/ *n* (*pl* **-tos**) falsete *m*

falsify /ˈfɔːlsəfaɪ || ˈfɔːlsɪfaɪ/ *vt* **-fies, -fying, -fied** ‹*accounts/evidence*› falsificar*; ‹*truth/situation*› falsear

falter /ˈfɔːltər || ˈfɔːltə(r)/ *vi* [1] (speak hesitantly) titubear, balbucear [2] «*enthusiasm/interest*» decaer*; «*courage/resolve*» flaquear [3] (move unsteadily) tambalearse [4] **faltering** *pres p* ‹*voice*› titubeante; ‹*step*› tambaleante

fame /feɪm/ *n* [u] fama *f*; **Arthur C. Clarke of** *2001* **~** Arthur C. Clarke, famoso por *2001*

famed /feɪmd/ *adj* célebre, famoso; **to be ~ FOR sth** ser* famoso POR algo

familiar[1] /fəˈmɪljər || fəˈmɪlɪə(r)/ *adj*

A (well-known) ‹*sound/face*› familiar, conocido; ‹*excuse*› consabido; **the name sounds ~** el nombre me suena; **these violent scenes are becoming all too ~** nos estamos acostumbrando demasiado a estas escenas violentas

B (having knowledge of) (*pred*) **to be ~ WITH sth/sb** estar* familiarizado CON algo/algn

C [1] (informal): **I'm not on ~ terms with the neighbors** todavía no conozco bien a los vecinos [2] (too informal) que se toma demasiadas confianzas *or* libertades, confianzudo (esp AmL); **he's too ~ with his students** trata a sus alumnos con demasiada confianza

familiar[2] *n* (Occult) *espíritu con forma animal que supuestamente ayuda a magos y brujos*

familiarity /fəˈmɪliˈærəti/ *n* (*pl* **-ties**)

A [1] (knowledge) **~ WITH sth**: **she claimed extensive ~ with the method** dijo estar muy familiarizada con el método; **some ~ with computers would be an asset** se valorará la experiencia previa con computadoras [2] (of person, book, landscape) familiaridad *f*; **~ *breeds contempt*** lo que se tiene no se aprecia

B (overintimacy) exceso *m* de confianza

familiarize /fəˈmɪljəraɪz || fəˈmɪlɪəraɪz/ *vt* **to ~ sb/oneself WITH sth** familiarizar* a algn/familiarizarse* CON algo

familiarly /fəˈmɪljərli || fəˈmɪlɪəli/ *adv* [1] (usually) comúnmente [2] (informally) ‹*speak/treat*› sin ceremonias

family /ˈfæmli, ˈfæməli || ˈfæmɪli, ˈfæmli/ *n* [c u] (*pl* **-lies**) [1] (relatives) familia *f*; **the Smith ~** la familia Smith; **it runs in the ~** es cosa de familia *or* le (*or* me/les *etc*) viene de familia; (*before n*) ‹*business*› familiar; ‹*fortune*› de la familia; **a ~ show** un espectáculo para familias [2] (children) hijos *mpl*

family: **~ allowance** *n* [u] (BrE) ▸**child benefit**, *see* **child**; **~-friendly** /ˌfæmliˈfrendli || ˌfæməliˈfrendli/ *adj* pensado para familias; **~ name** *n* apellido *m*; **~ planning** *n* [u] planificación *f* familiar; **~ practice** *n* (AmE) [1] [u] (general medicine) medicina *f* general [2] [c] (medical practice) consultorio *m*, consulta *f*; **~ room** *n* [1] (in house) sala *f* de estar [2] (in hotel) habitación *f* familiar; **~ tree** *n* árbol *m* genealógico

famine /ˈfæmən || ˈfæmɪn/ *n* [c u] hambruna *f*, hambre *f*‡

famished /ˈfæmɪʃt/ *adj* famélico, hambriento; **I'm ~!** (colloq) ¡estoy muerto de hambre! (fam)

famous /ˈfeɪməs/ *adj* famoso

famously /ˈfeɪməsli/ *adv* (BrE): **they got on ~** se llevaron divinamente *or* a las mil maravillas

fan[1] /fæn/ *n*

A [1] (hand-held) abanico *m* [2] (mechanical) ventilador *m*

B (devotee — of group, actor) fan *mf*, admirador, -dora *m,f*; (— of football team) hincha *mf*; (*before n*) **~ mail** cartas *fpl* de admiradores *or* de fans

fan[2] **-nn-** *vt*

A [1] (direct air at): **to ~ sb/oneself** abanicar* a algn/abanicarse*; **he ~ned the fire with a magazine** le echó aire al fuego con una revista [2] (intensify) ‹*interest/curiosity*› avivar; ***to ~ the flames*** (of controversy) echar leña al fuego

B (in baseball) ‹*hitter*› ponchar; ‹*pitch*› abanicar*

(Phrasal verb)

• **fan out**

A [v ▸ adv] ⟨⟨*searchers*⟩⟩ abrirse* en abanico
B [v ▸ o ▸ adv, v ▸ adv ▸ o] ⟨*cards*⟩ abrir* en abanico

fanatic /fə'nætɪk/ *n* fanático, -ca *m,f*

fanatical /fə'nætɪkəl/ *adj* ⟨*believer*⟩ fanático; ⟨*belief*⟩ ciego

fanatically /fə'nætɪkli/ *adv* fanáticamente

fanaticism /fə'nætəsɪzəm || fə'nætɪsɪzəm/ *n* [u] fanatismo *m*

fan belt *n* correa *f or* (Méx) banda *f* del ventilador

fanciful /'fænsɪfəl/ *adj* 1 (impractical) ⟨*idea*⟩ extravagante, descabellado 2 (elaborate) ⟨*design*⟩ imaginativo

fan club *n* club *m* de fans *or* de admiradores

fancy¹ /'fænsi/ **fancies, fancying, fancied** *vt* (esp BrE)
A (expressing surprise) (*in interj*): **(just) ~ that!** ¡pues mira tú!, ¡imagínate!; **~ saying a thing like that!** ¡cómo se te (*or* le etc) ocurre decir una cosa así!; **~ meeting them here!** ¡qué casualidad encontrarnos con ellos aquí!
B (feel urge, desire for) (colloq) **to ~ sth/-ING**: **I really ~ an ice-cream** ¡qué ganas de tomarme un helado!; **do you ~ going to see a movie?** ¿tienes ganas de *or* te gustaría *or* (esp Esp) te apetece ir al cine?
C (be physically attracted to) (colloq) **to ~ sb**: **I ~ her/him** me gusta mucho
D (rate highly): **I don't ~ his chances** no creo que tenga muchas posibilidades
E (imagine) (frml) **to ~ (THAT)**: **she fancied she saw his face in the crowd** creyó ver su cara entre la multitud
■ *v refl* **to ~ oneself** (colloq) ser* (un) creído; **to ~ oneself AS sth**: **he fancies himself as an actor** se las da de actor

fancy² *adj* **-cier, -ciest** 1 (elaborate) elaborado 2 (superior) (pej) ⟨*hotel*⟩ de campanillas; ⟨*car*⟩ lujoso; ⟨*ideas*⟩ extravagante, estrambótico; **they gave us some ~ foreign dish** nos sirvieron un plato extranjero de ésos raros; **nothing ~, just a sandwich will do** nada complicado, con un sandwich basta 3 (of foodstuffs) (AmE): **US Grade F~** ≈ extra, ≈ de primera calidad

fancy³ *n* (*pl* **-cies**)
A 1 (liking) (*no pl*): **to take a ~ to sb/sth**: **they took a real ~ to each other** quedaron prendados el uno del otro; **she seems to have taken a ~ to you** parece que le has caído en gracia; **he's taken a ~ to that book** se ha encaprichado con ese libro; **to take** *o* **catch sb's ~**: **the ring quite took** *o* **caught my ~** el anillo me encantó *or* me dejó fascinada; **buy whatever takes your ~** compra lo que te apetezca; ***to tickle sb's ~***: **the idea rather tickled my ~** la idea me resultó atractiva 2 [c] (whim) capricho *m*, antojo *m*
B [c u] 1 (unfounded idea) (liter) fantasía *f* 2 (imagination) imaginación *f*, fantasía *f*

fancy: **~ dress** *n* [u] (BrE) disfraz *m*; (*before n*) **~-dress party/ball** fiesta *f*/baile *m* de disfraces; **~-free** /'fænsi 'fri:/ *adj see* **footloose**; **~ goods** *pl n* (Busn) artículos *mpl* para regalo; **~ man** *n* (colloq & pej) amiguito *m* (fam & pey); **~ woman** *n* (colloq & pej) 1 (prostitute) (AmE) puta *f* (vulg) 2 (lover) (BrE) amiguita *f* (fam & pey), querida *f*

fanfare /'fænfer || 'fænfeə(r)/ *n* fanfarria *f*

fang /fæŋ/ *n* (of dog) colmillo *m*; (of snake) diente *m*

fan: **~ heater** *n* electroconvector *m*, ventiloconvector *m*; **~light** *n* 1 (decorative) montante *m* (*en forma de abanico*) 2 (small, top window) tragaluz *m*

fanny /'fæni/ *n* (*pl* **-nies**)
A (buttocks) (AmE sl) culo *m* (fam: en algunas regiones vulg), traste *m* (CS fam), poto *m* (Chi, Per fam)
B (BrE sl) ▸**pussy 2**

fantasist /'fæntəsəst || 'fæntəsɪst/ *n* 1 (person who fantasizes) fantasioso, -sa *m,f* 2 (writer of fantasies) escritor, -ra *m,f* de literatura fantástica

fantasize /'fæntəsaɪz/ *vi* fantasear; **to ~ ABOUT sth** fantasear CON (la idea de) algo

fantastic /fæn'tæstɪk/ *adj*
A 1 (wonderful) (colloq) fantástico, estupendo 2 (enormous) fabuloso, fantástico
B 1 (incredible) ⟨*story*⟩ absurdo, increíble 2 (unrealistic) ⟨*plan*⟩ descabellado
C (based on fantasy) ⟨*literature*⟩ fantástico

fantastical /fæn'tæstɪkəl/ *adj* ▸**fantastic B**

fantastically /fæn'tæstɪkli/ *adv* (*as intensifier*) ⟨*cheap/lucky*⟩ increíblemente; ⟨*rich*⟩ fabulosamente; **we all get on ~ (well)** nos llevamos todos a las mil maravillas

fantasy /'fæntəsi/ *n* (*pl* **-sies**)
A 1 [u c] (unreality) fantasía *f*; **the story is (a) complete ~** la historia es pura invención; (*before n*) **he lives in a ~ world** vive en un mundo de fantasía 2 [c] (daydream) sueño *m*; **sexual fantasies** fantasías *fpl* sexuales
B [u] (Lit) literatura *f* fantástica

fanzine /'fænzi:n/ *n* fanzine *m* (*revista para fans*)

FAO *n* (= **Food and Agriculture Organization**) FAO *f*

FAQ *n* = **frequently asked questions**

far¹ /fɑ:r || fɑ:(r)/ *adv*
A (*comp* **further** *or* **farther**; *superl* **furthest** *or* **farthest**) 1 (in distance) lejos; **how ~ can you swim?** ¿qué distancia puedes hacer a nado?; **how ~ is it?** ¿a qué distancia está?; **how ~ is it from New York to Seattle?** ¿qué distancia hay de Nueva York a Seattle?; **it's not ~ (to go) now** ya falta *or* queda poco; **go as ~ as that tree** camina hasta ese árbol; **~ away in the distance** a lo lejos 2 (in progress): **the plans are now quite ~ advanced** los planes están ya muy avanzados; **that girl will go ~** esa chica va a llegar lejos; **£20 doesn't go ~ these days** hoy no se hace nada con 20 libras 3 (in time): **Christmas isn't ~ away** *o* **off now** ya falta *or* queda poco para Navidad; **I can't remember that ~ back** no recuerdo cosas tan lejanas; **I haven't planned that ~ ahead** no he hecho planes tan a largo plazo 4 (in extent, degree): **the new legislation doesn't go ~ enough** la nueva legislación no tiene el alcance necesario; **this has gone ~ enough!** esto ya pasa de castaño oscuro; **I wouldn't go so ~ as to say that** yo no diría tanto como eso; **our estimates weren't too ~ out** *o* **off** no nos equivocamos mucho en los cálculos; **his jokes went a bit too ~** se pasó un poco con esos chistes
B (very much): **~ superior** muy superior; **~ better** mucho mejor; **the advantages ~ outweigh the disadvantages** las ventajas superan ampliamente *or* con mucho las desventajas
C (*in phrases*) **as** *o* **so far as**: **as** *o* **so ~ as I know** que yo sepa; **as** *o* **so ~ as I'm concerned ...** en lo que a mí respecta *or* por mí ...; **by far**: **she's better than the rest by ~** es muchísimo mejor que el resto; **their team was by ~ the worst** su equipo fue con mucho el peor; **far and away**: **he's ~ and away the best player** es sin lugar a dudas *or* con mucho el mejor jugador; **far and near** *o* **wide** (liter): **they searched ~ and near** *o* **wide** buscaron por todas partes; **from ~ and near** *o* **wide** de todas partes; **far from**: **the matter is ~ from over** el asunto no está terminado ni mucho menos; **it is ~ from satisfactory** dista mucho de ser satisfactorio; **she's not rich: ~ from it!** no es rica ¡todo lo contrario!; **~ be it from me to interfere, but ...** no es que yo quiera entrometerme ni mucho menos, pero ...; **so far**: **so ~, everything has gone according to plan** hasta ahora *or* hasta este momento todo ha salido de acuerdo a lo planeado; **is the plan working? — yes, so ~, so good** ¿funciona el plan? — por el momento, sí

far² *adj* (*comp* **farther**; *superl* **farthest**) 1 (distant) lejano; **in the ~ distance** a lo lejos 2 (most distant, extreme) (*before n, no comp*): **at the ~ end of the room** en el otro extremo de la habitación; **she's on the ~ right of the party** está en la extrema derecha del partido

faraway /'fɑ:rə'weɪ/ *adj* (*before n*) ⟨*lands*⟩ lejano, remoto; ⟨*look*⟩ ausente, perdido

farce /fɑ:rs || fɑ:s/ *n* [c u] farsa *f*

farcical /'fɑ:rsɪkəl || 'fɑ:sɪkəl/ *adj* ridículo, absurdo

fare¹ /fer || feə(r)/ *n*
A 1 [c] (cost of travel — by air) pasaje *m or* (Esp) billete *m*; (— by bus) boleto *m or* (esp Esp) billete *m*; **how much** *o* **what is the ~ to Athens?** cuánto cuesta el boleto *or* (Esp) billete a Atenas?; **she'd lost her bus ~** había perdido el dinero para el autobús; **~s will rise again next year** las tarifas subirán de nuevo en el próximo año; ⊜ **exact fare only** no se da cambio 2 [c] (passenger) pasajero, -ra *m,f*
B [u] (food and drink) comida *f*, platos *mpl*

fare² *vi* (liter *or* journ): **how did she ~ in her exams?** ¿cómo le fue en los exámenes?; **the poor have ~d badly under this government** los pobres han salido mal parados bajo este gobierno

Far East *n* **the ~ ~** el Lejano *or* Extremo Oriente
farewell¹ /'fer'wel || ˌfeə'wel/ *n* despedida *f*; **to say ~ to sb/sth** despedirse* de algn/algo, decirle* adiós a algn/algo; (*before n*) ‹*dinner/party*› de despedida
farewell² *interj* (liter) adiós
far: **~-fetched** /'fɑːr'fetʃt || ˌfɑː'fetʃt/ *adj* exagerado, rocambolesco; **~-flung** /'fɑːr'flʌŋ || ˌfɑː'flʌŋ/ *adj* (distant) (liter *or* journ) remoto, lejano; (widespread) extendido
farm¹ /fɑːrm || fɑːm/ *n* (small) granja *f*, chacra *f* (CS, Per); (large) hacienda *f*, cortijo *m* (Esp), rancho *m* (Méx), estancia *f* (RPl), fundo *m* (Chi); (*before n*) ‹*machinery/worker*› agrícola
farm² *vi* ser* agricultor (*or* ganadero)
■ **farm** *vt* ‹*land*› cultivar, labrar
Phrasal verb
• **farm out** [v ▸ o ▸ adv, v ▸ adv ▸ o] 1 ‹*work*› encargar* (*a terceros*) 2 ‹*children*›: **they had to ~ the children out to friends** tenían que pedirle a algún amigo que les cuidara a los niños
farmer /'fɑːrmər || 'fɑːmə(r)/ *n* agricultor, -tora *m,f*, granjero, -ra *m,f*, chacarero, -ra *m,f* (CS, Per); (owner of large farm) hacendado, -da *m,f*, ranchero, -ra *m,f* (Méx), estanciero, -ra *m,f* (RPl), dueño, -ña *m,f* de fundo (Chi); **cattle ~** ganadero, -ra *m,f*
farmers' market *n* (in UK) *mercadillo de alimentos de producción artesanal*
farm: **~hand** *n* peón *m or* (Esp) mozo *m* de labranza; **~house** *n* casa *f* de labranza, alquería *f* (*en Esp*), ≈ casco *m* de la estancia (*en RPl*)
farming /'fɑːrmɪŋ || 'fɑːmɪŋ/ *n* [u] (of land) labranza *f*, cultivo *m*; (of animals) crianza *f*, cría *f*; **to go into ~** dedicarse* a la agricultura; (*before n*) ‹*community*› agrícola; ‹*methods*› de labranza, de cultivo
farm: **~land** *n* [u] tierras *fpl* de labranza; **~yard** *n* corral *m*
Faroe Islands /'ferəʊ || 'feərəʊ/, **Faroes** /'ferəʊz || 'feərəʊz/ *pl n* **the ~ ~** las Islas Feroe
far: **~-off** /'fɑːr'ɔːf || 'fɑːrɒf/ *adj* (*pred* **~ off**) (in space) remoto, lejano; (in time) distante; **~-out** /'fɑːr'aʊt/ *adj* (*pred* **~ out**) (sl & dated) 1 (unconventional) extravagante 2 (wonderful) genial, bárbaro (fam); **~-reaching** /'fɑːr'riːtʃɪŋ || ˌfɑː'riːtʃɪŋ/ *adj* de gran alcance, trascendental; **~-sighted** /'fɑːr'saɪtəd || ˌfɑː'saɪtɪd/ *adj* 1 (showing foresight) ‹*person*› con visión de futuro, clarividente; ‹*decision*› con visión de futuro 2 (AmE Med) hipermétrope
fart¹ /fɑːrt || fɑːt/ *n* (vulg) pedo *m* (fam)
fart² *vi* (vulg) tirarse *or* echarse un pedo (fam)
Phrasal verb
• **fart around,** (esp BrE) **fart about** [v ▸ adv] (sl) perder* el tiempo
farther¹ /'fɑːrðər || 'fɑːðə(r)/ *adv comp of* **far¹**
farther² *adj comp of* **far²**
farthest¹ /'fɑːrðəst || 'fɑːðɪst/ *adv superl of* **far¹ A**
farthest² *adj superl of* **far²**
farthing /'fɑːrðɪŋ || 'fɑːðɪŋ/ *n* (formerly in UK) cuarto *m* de penique
fascinate /'fæsṇeɪt || 'fæsɪneɪt/ *vt* fascinar
fascinated /'fæsṇeɪtəd || 'fæsɪneɪtɪd/ *adj* fascinado
fascinating /'fæsṇeɪtɪŋ || 'fæsɪneɪtɪŋ/ *adj* fascinante
fascination /'fæsṇ'eɪʃən || ˌfæsɪ'neɪʃən/ *n* [u] fascinación *f*; **we watched in ~** miramos fascinados
fascism /'fæʃɪzəm/ *n* [u] fascismo *m*
fascist¹ /'fæʃəst || 'fæʃɪst/ *n* fascista *mf*
fascist² *adj* fascista
fashion¹ /'fæʃən/ *n*
A 1 [c u] (vogue) moda *f*; **to be in ~** estar* de moda; **to be out of ~** estar* pasado de moda; **to come into/go out of ~** ponerse*/pasar de moda 2 [c u] (Clothing) moda *f*; **the latest Paris ~s** la última moda parisiense; (*before n*) **~ accessories** accesorios *mpl*; **~ designer** diseñador, -dora *m,f* de modas; **~ victim** esclavo, -va *m,f* de la moda
B [u] (custom) costumbre *f*
C [u] (manner) manera *f*, modo *m*; **in her own inimitable ~** como sólo ella puede hacerlo; **in the French ~** a la francesa; ***after a ~***: **can you swim? — well, after a ~** ¿sabes nadar? — bueno, a mi manera *or* si se le puede llamar nadar ...
fashion² *vt* ‹*object*› crear
-fashion /ˌfæʃən/ *suff*: **cowboy~** a la manera *or* al estilo de los vaqueros
fashionable /'fæʃṇəbəl/ *adj* ‹*clothes/designs*› a la moda, moderno; ‹*restaurant/people/idea*› de moda
fashionably /'fæʃṇəbli/ *adv* a la moda
fashion: **~ parade** *n* (BrE) desfile *m* de modas *or* de modelos; **~ show** *n* desfile *m* de modas *or* de modelos
fast¹ /fæst || fɑːst/ *adj* **-er, -est**
A 1 (speedy) rápido; **it's her ~est time over this distance** es su mejor tiempo en esta distancia; **she's a ~ learner** aprende muy rápido; ***to pull a ~ one on sb*** (colloq) jugarle* una mala pasada a algn, hacerle* una jugarreta a algn 2 (*pred*): **my watch is five minutes ~** mi reloj (se) adelanta cinco minutos, tengo el reloj cinco minutos adelantado
B (permanent) ‹*color*› inalterable
fast² *adv*
A (quickly) rápidamente, rápido, deprisa; **not so ~!** ¡más despacio!; **how ~ were you going?** ¿a qué velocidad ibas?
B (firmly): **to hold ~ to sth** agarrarse fuerte a *or* de algo; **to stand ~** mantenerse* firme; **the car was stuck ~ in the mud** el coche estaba atascado en el barro completamente; **to be ~ asleep** estar* profundamente dormido
fast³ *vi* ayunar
fast⁴ *n* ayuno *m*
fast breeder (reactor) *n* (reactor *m*) reproductor *m* rápido
fasten /'fæsṇ || 'fɑːsṇ/ *vt*
A 1 (attach) sujetar; (tie) atar 2 (do up, close) ‹*case*› cerrar*; ‹*coat*› abrochar; ‹*laces*› atar, amarrar (AmL exc RPl); **~ the door** échale el cerrojo a la puerta; **~ your seat belt** abróchate el cinturón de seguridad
B (fix) ‹*eyes*› clavar, fijar; **to ~ the blame on sb** echarle la culpa a algn
■ **fasten** *vi* «*suitcase*» cerrar*; «*skirt/necklace*» abrocharse; **this belt won't ~** este cinturón no se abrocha bien
Phrasal verb
• **fasten on, fasten onto** [v ▸ prep ▸ o]: **to ~ onto an idea** aceptar *or* acoger una idea; **he had ~ed on(to) poor Anna** se le había pegado a la pobre Anna (fam)
fastener /'fæsṇər || 'fɑːsṇə(r)/, **fastening** /'fæsṇɪŋ || 'fɑːsṇɪŋ/ *n* cierre *m*
fast: **~ food** *n* [c u] comida *f* rápida; (*before n*) **fast-food restaurant** *n* restaurante *m* de comida rápida; **~-forward** /'fæst'fɔːrwərd || ˌfɑːst'fɔːwəd/ *vt/i* avanzar*; **~ forward (button)** *n* botón *m* de avance rápido
fastidious /fæs'tɪdiəs/ *adj* 1 (demanding) muy exigente 2 (fussy) maniático, mañoso (AmL)
fast reactor *n* reactor *m* rápido
fat¹ /fæt/ *adj* **-tt-**
A 1 (obese) gordo; **to get/grow ~** engordar; ***to grow ~ on sth*** enriquecerse* con algo 2 (BrE) ‹*pork/lamb*› que tiene mucha grasa 3 (thick) ‹*book/cigar*› grueso, gordo
B 1 (lucrative) ‹*contract*› lucrativo, jugoso (fam) 2 (large) ‹*salary*› muy alto; **a ~ check** un cheque por mucho dinero
C (very little) (colloq & iro): **(a) ~ chance you've got of winning!** ¡muchas posibilidades tienes tú de ganar! (iró); **will he pass? — ~ chance** ¿aprobará? — ni soñarlo; **a ~ lot of good that'll do!** ¡para lo que va a servir!; **a ~ lot you know about it!** ¡no tienes la más mínima idea!
fat² *n* [u c] grasa *f*; **to run to ~** echar carnes (fam); ***the ~ is in the fire*** se va a armar la gorda (fam); ***to live off the ~ of the land*** (pej) vivir de (las) rentas; ▸**chew** *vt*
fatal /'feɪtḷ/ *adj* 1 (causing death) mortal 2 (disastrous) ‹*decision/mistake*› fatídico, de funestas consecuencias
fatalism /'feɪtḷɪzəm || 'feɪtəlɪzəm/ *n* [u] fatalismo *m*
fatalist /'feɪtḷəst || 'feɪtəlɪst/ *n* fatalista *mf*
fatalistic /'feɪtḷ'ɪstɪk || ˌfeɪtə'lɪstɪk/ *adj* fatalista
fatality /feɪ'tæləti || fə'tæləti/ *n* [c] (*pl* **-ties**) (person killed) muerto *m*, víctima *f* mortal
fatally /'feɪtḷi || 'feɪtəli/ *adv* mortalmente, de muerte
fat cat *n* (colloq) potentado, -da *m,f*
fate /feɪt/ *n* 1 [u] (destiny) destino *m*; ▸**tempt 1** 2 (*no pl*) (one's lot, end) suerte *f*; ***a ~ worse than death*** (hum): **having to move to the country would be a ~ worse than death** preferiría morirme *or* (fam) pegarme un tiro antes que tener que mudarme al campo

fated /'feɪtəd || 'feɪtɪd/ *adj* (destined) **to be ~ to + INF** (liter) estar* predestinado A + INF

fateful /'feɪtfəl/ *adj* **1** (momentous) ‹*day/decision*› fatídico, funesto **2** (prophetic) ‹*words*› profético

fat-free /'fæt'fri:/ *adj* ‹*food*› sin grasa; ‹*diet*› sin grasas

fat: **~head** *n* (colloq) imbécil *mf*, estúpido, -da *m,f*; **~headed** /'fæt'hedəd || ,fæt'hedɪd/ *adj* (colloq) imbécil, estúpido

father¹ /'fɑ:ðər || 'fɑ:ðə(r)/ *n*

A (parent, originator) padre *m*; **his mother and ~** sus padres; **the F~ of English poetry** el padre de la poesía inglesa; ***like ~, like son*** de tal palo tal astilla, hijo de tigre sale pintado (AmL)

B (Relig) **1** **Father** (God) Padre *m*; **in the name of the F~, the Son and the Holy Ghost** en el nombre del Padre, del Hijo y del Espíritu Santo **2** (priest) padre *m*; **F~ Brown** el padre Brown

father² *vt* ‹*child*› engendrar, tener*

father: **~ Christmas** *n* (BrE) Papá *m* Noel, viejo *m* Pascuero (Chi); **~ figure** *n* figura *f or* imagen *f* paterna

fatherhood /'fɑ:ðərhʊd || 'fɑ:ðəhʊd/ *n* [u] paternidad *f*

father: **~-in-law** *n* (*pl* **~s-in-law**) suegro *m*; **~land** *n* patria *f*

fatherless /'fɑ:ðərləs || 'fɑ:ðəlɪs/ *adj* huérfano de padre, sin padre

fatherly /'fɑ:ðərli || 'fɑ:ðəli/ *adj* paternal

Father's Day *n* el día del Padre (*en EEUU y GB el tercer domingo de junio*)

fathom¹ /'fæðəm/ *n* braza *f*

fathom² *vt* **~ (out)** entender*, comprender

fatigue¹ /fə'ti:g/ *n*

A [u] (tiredness) fatiga *f*, cansancio *m*

B [c] (Mil) **1** (menial work) (*usu pl*) faena *f* **2** **fatigues** *pl* (clothing) ropa *f or* uniforme *m* de faena

fatigue² *vt* (tire) fatigar*, cansar

fatless /'fætləs || 'fætlɪs/ *adj* sin grasa

fatness /'fætnəs || 'fætnɪs/ *n* [u] **1** (of person, animal) gordura *f* **2** (of wad, book) grosor *m*

fatso /'fætsəʊ/ *n* (sl) gordo, -da *m,f*

fatten /'fætn̩/ *vt* **~ (up)** ‹*animal*› cebar, engordar

fattening /'fætn̩ɪŋ/ *adj* que engorda; **cakes are extremely ~** los pasteles engordan muchísimo

fatty¹ /'fæti/ *adj* **-tier, -tiest** ‹*food/substance*› graso, grasoso (AmL); (Physiol) ‹*tissue*› adiposo

fatty² *n* (*pl* **-ties**) (colloq) gordito, -ta *m,f* (fam)

fatuous /'fætʃuəs || 'fætjʊəs/ *adj* necio

faucet /'fɔ:sət/ *n* (AmE) llave *f or* (Esp) grifo *m or* (RPl) canilla *f or* (Per) caño *m or* (AmC) paja *f*; **to turn the ~ on/off** abrir*/cerrar* la llave (*or* el grifo *etc*)

fault¹ /fɔ:lt/ *n*

A [u] (responsibility, blame) culpa *f*; **it's your ~** tú tienes la culpa, la culpa es tuya; **she was at ~** la culpa fue suya; **he lost his job through no ~ of his own** no fue culpa suya el perder el trabajo; **my memory could be at ~** puede que me esté fallando la memoria; **they're always finding ~ with me** todo lo que hago les parece mal, siempre me están criticando

B [c] **1** (failing, flaw) defecto *m*, falta *f*; **she is generous to a ~** es generosa en extremo **2** (in machine) avería *f*; (in goods) defecto *m*, falla *f* **3** (error) error *m*, falta *f*

C [c] (Geol) falla *f*

D [c] (in tennis, show jumping) falta *f*

fault² *vt* encontrarle* defectos a; **his behavior cannot be ~ed** su comportamiento es intachable *or* impecable

faultfinder /'fɔ:lt,faɪndər || 'fɔ:lt,faɪndə(r)/ *n* criticón, -ona *m,f*, sacafaltas *mf* (Esp fam)

faultfinding¹ /'fɔ:lt,faɪndɪŋ/ *n* [u]: **I'm tired of his ~** estoy harta de que a todo le encuentre defectos

faultfinding² *adj* (*before n*) criticón (fam)

faultless /'fɔ:ltləs || 'fɔ:ltlɪs/ *adj* impecable, sin tacha

faulty /'fɔ:lti/ *adj* **-tier, -tiest** **1** ‹*goods/design*› defectuoso; ‹*motor*› defectuoso, que falla; ‹*workmanship*› imperfecto **2** ‹*grammar/logic*› incorrecto

faun /fɔ:n/ *n* fauno *m*

fauna /'fɔ:nə/ *n* (*pl* **-nas** *or* **-nae** /-ni:/) fauna *f*

faux pas /'fəʊ'pɑ:/ *n* (*pl* **~ ~** /-z/) metedura *f or* (AmL tb) metida *f* de pata (fam)

favor¹, (BrE) **favour** /'feɪvər || 'feɪvə(r)/ *n*

A [u] **1** (approval): **to find ~ with sb** (frml) ser* bien recibido por parte de algn, tener* buena acogida por parte de algn (frml); **to gain/lose ~** ganar/perder* aceptación; **to fall from *o* out of ~**: **that idea has fallen out of ~ with them** esa idea ha perdido popularidad entre ellos; **she's fallen from ~ with his family** ha caído en desgracia con su familia; ***to curry ~ with sb*** tratar de congraciarse con algn, tratar de ganarse el favor de algn **2** (partiality) favoritismo *m*; **to show ~ to sb** favorecer* a algn

B **in ~** a favor; **to speak in ~ of sb *o* in sb's ~** hablar a *or* en favor de algn; **to be/speak in ~ of sth/-ING** estar*/hablar a favor de algo/+ INF; **the judge found in the plaintiff's ~** el juez se pronunció a *or* en favor del demandante; **the wind is in our ~** llevamos *or* tenemos el viento a nuestro favor

C [c] (act of kindness) favor *m*; **can I ask you a ~ *o* ask a ~ of you?** ¿puedo pedirte un favor?; **to do sb a ~** hacerle* un favor a algn

favor², (BrE) **favour** *vt* **1** (be in favor of) ‹*proposal*› estar* a favor de, ser* partidario de, apoyar; **a spot ~ed by anglers** un lugar que goza de popularidad entre los pescadores **2** (benefit) favorecer* **3** (treat preferentially) favorecer*, tratar con favoritismo **4** **favored** *past p*: **most ~ed nation** nación *f* más favorecida; **the *o* a ~ed few** una minoría selecta

favorable, (BrE) **favourable** /'feɪvrəbəl/ *adj* **1** ‹*report/answer*› favorable **2** ‹*weather*› favorable; ‹*deal/exchange rate*› favorable, ventajoso; **to be ~ TO sth** ‹*to expansion, investment*› favorecer* algo

favorably, (BrE) **favourably** /'feɪvrəbli/ *adv* favorablemente; **he spoke very ~ of her** habló muy bien de ella; **to be ~ disposed to(ward) sb/sth** estar* bien dispuesto hacia algn/algo

favorite¹, (BrE) **favourite** /'feɪvrət || 'feɪvərɪt/ *adj* preferido, predilecto

favorite², (BrE) **favourite** *n*

A **1** (person, thing) preferido, -da *m,f*, favorito, -ta *m,f*; **chocolate ice cream! my ~!** ¡helado de chocolate! ¡lo que más me gusta! **2** (of teacher, ruler) favorito, -ta *m,f*

B (Sport) favorito, -ta *m,f*

favoritism, (BrE) **favouritism** /'feɪvrətɪzəm || 'feɪvərɪtɪzəm/ *n* [u] favoritismo *m*

favour *etc* (BrE) ▸ **favor** *etc*

fawn¹ /fɔ:n/ *n*

A [c] (young deer) cervato *m*

B [u] (color) beige *m*, beis *m* (Esp); (*before n*) ‹*sweater/coat*› beige *adj inv*, beis *adj inv* (Esp)

fawn² *vi* **1** (flatter) **to ~ ON sb** ‹‹*person*›› (pej) adular *or* lisonjear a algn **2** **fawning** *pres p* adulador

fax¹ /fæks/ *n* fax *m*, telefax *m*; (*before n*) **~ machine/message** fax *m*; **~ number** número *m* de fax

fax² *vt* faxear

faze /feɪz/ *vt* (colloq) perturbar, desconcertar*; **he wasn't at all ~d by the question** ni se inmutó cuando le hicieron la pregunta

FBI *n* (in US) (= **Federal Bureau of Investigation**) FBI *m*

FC *n* = **Football Club**

FCC *n* (in US) = **Federal Communications Commission**

FD *n* (in US) = **Fire Department**

FDA *n* (in US) = **Food and Drug Administration**

> **FDA – Food and Drug Administration**
>
> Un organismo del gobierno de EEUU que establece los niveles de calidad para los alimentos y las medicinas y verifica que se puedan ingerir sin peligro

FDIC *n* (in US) = **Federal Deposit Insurance Corporation**

fear¹ /fɪr || fɪə(r)/ *n*

A [u c] (apprehension) miedo *m*, temor *m*; **~ of death/heights** miedo a la muerte/las alturas; **~ FOR sb/sth**: **there are ~s for the passengers' safety** se teme por la seguridad de los pasajeros; **to go *o* be in ~ of sb/sth** (frml) vivir atemorizado por algn/algo; **to be in ~ of one's life** temer por su (*or* mi *etc*) vida; **in ~ and trembling** (liter) atemorizado, lleno de miedo; **she wouldn't touch it for ~ of breaking it** no quería tocarlo por miedo a romperlo;

f

have no ~ (arch *or* hum) pierde (*or* pierda *etc*) cuidado; ***to put the ~ of God into sb*** asustar muchísimo a algn
B [u] (risk, chance, likelihood): **there's no ~ of that happening** no hay peligro de que eso ocurra; **no ~!** (*as interj*) (colloq) ¡ni loco! *or* ¡ni muerto!

fear² *vt* **1** (dread) temer, tenerle* miedo a; **to ~ the worst** temer(se) lo peor; **to ~ (THAT)** temer QUE **2** (suspect) **to ~ (THAT)** temerse QUE
■ **fear** *vi* temer; **to ~ FOR sb/sth** temer POR algn/algo

fearful /'fɪrfəl || 'fɪəfəl/ *adj*
A **1** (frightening) aterrador **2** (dreadful) (colloq) ‹*cold/mess*› espantoso, horrible; ‹*liar*› tremendo, terrible
B (timid) miedoso, temeroso; **to be ~ of -ING** temer + INF

fearfully /'fɪrfəlɪ || 'fɪəfəli/ *adv* (in, with fear) con temor

fearless /'fɪrləs || 'fɪəlɪs/ *adj* intrépido, audaz; **he is utterly ~** no le tiene miedo a nada; **~ of the consequences ...** sin temor a las consecuencias ...

fearlessly /'fɪrləsli || 'fɪəlɪsli/ *adv* sin temor

fearlessness /'fɪrləsnəs || 'fɪəlɪsnɪs/ *n* [u] audacia *f*

fearsome /'fɪrsəm || 'fɪəsəm/ *adj* ‹*enemy*› aterrador; ‹*task*› tremendo

feasibility /'fi:zə'bɪləti/ *n* [u] (of a plan) viabilidad *f*; (*before n*) **~ study** estudio *m* de viabilidad

feasible /'fi:zəbəl/ *adj* **1** (practicable) ‹*plan/proposal*› viable; (possible) posible, factible **2** (plausible) (crit) ‹*story/excuse*› verosímil

feast¹ /fi:st/ *n*
A (banquet) banquete *m*, festín *m*; **a ~ of colors/entertainment** un derroche de color(es)/un sinfín de diversiones
B (Relig) fiesta *f*; (*before n*) **~ day** día *m* festivo

feast² *vi* festejar; **to ~ ON sth** darse* un festín DE algo
■ **feast** *vt*: **to ~ one's eyes (ON sth)** regalarse los ojos *or* la vista (CON algo)

feat /fi:t/ *n* hazaña *f*, proeza *f*

feather¹ /'feðər || 'feðə(r)/ *n* pluma *f*; ***a ~ in one's cap*** un triunfo personal; ***as light as a ~*** ligero *or* (esp AmL) liviano como una pluma; ***to ruffle sb's ~s*** hacer* enojar *or* (esp Esp) enfadar a algn; ***you could have knocked me down with a ~*** (colloq) casi me caigo de espaldas; (*before n*) **~ bed** colchón *m* de plumas; **~ duster** plumero *m*

feather² *vt* ▸**nest¹ A**

featherbrained /'feðər,breɪnd || 'feðə,breɪnd/ *adj*: **a ~ idea** una idea disparatada

feathered /'feðərd || 'feðəd/ *adj* con plumas, emplumado; **our ~ friends** nuestras amigas las aves

featherweight *n* peso *m* pluma

feathery /'feðəri/ *adj* **-rier, -riest** como pluma

feature¹ /'fi:tʃər || 'fi:tʃə(r)/ *n*
A **1** (of face) rasgo *m*; **~s** rasgos, facciones *fpl*; **a smile lit up his ~s** una sonrisa le iluminó el rostro **2** (of character, landscape, style) característica *f*, rasgo *m* (distintivo); **the house has many original ~s** la casa conserva muchos detalles arquitectónicos de época; **his legs are his best ~** lo mejor que tiene son las piernas; **to make a ~ of sth** destacar* algo, hacer* resaltar algo **3** (of machine, book) característica *f*
B **1** **~ (film)** película *f*; **full-length ~** largometraje *m* **2** (Journ) artículo *m*; (*before n*) **~ writer** *n* articulista *mf* **3** (Rad, TV) documental *m*
C (incentive to buy) (AmE) oferta *f*

feature² *vt*
A **1** (Journ): **he was ~d in 'The Globe' recently** 'The Globe' publicó un artículo sobre él hace poco; **the state visit was ~d on the television news** se destacó la visita de estado en las noticias de la televisión **2** (Cin): **the film ~s her as ...** en la película aparece en el papel de ...; **featuring John Ball** con la actuación de John Ball
B **1** (have as feature) ‹‹*hotel/house*›› ofrecer* **2** (depict) mostrar*
■ **feature** *vi* **1** (appear) figurar; **rice ~s prominently in their diet** el arroz ocupa un lugar importante en su alimentación **2** (Cin) aparecer*, actuar*

feature-length /'fi:tʃər'leŋθ || ,fi:tʃə'leŋθ/ *adj* **1** (Cin) de largometraje **2** (Journ) ‹*article*› especial

featureless /'fi:tʃərləs || 'fi:tʃəlɪs/ *adj* monótono, sin ninguna característica especial

Feb (= **February**) feb

febrile /'febraɪl || 'fi:braɪl/ *adj* (liter) febril

February /'februeri || 'februəri/ *n* febrero *m*; *see also* **January**

feces, (BrE) **faeces** /'fi:si:z/ *pl n* (frml) heces *fpl* (frml), excrementos *mpl* (frml)

feckless /'fekləs || 'feklɪs/ *adj* (irresponsible) irresponsable; (lacking purpose) sin objetivos

fecund /'fekənd, 'fi:kənd/ *adj* (liter) fecundo

fecundity /fɪ'kʌndəti/ *n* [u] (liter) fecundidad *f*

fed¹ /fed/ *past & past p of* **feed¹**

fed² *n* (AmE colloq) **1** **feds** *pl* (Law) **the ~s** *los agentes del FBI u otro organismo estatal de los EEUU* **2** **= Federal Reserve Board** *o* **System**

federal /'fedərəl/ *adj* **1** ‹*republic/government*› federal; ‹*taxes/law*› nacional, federal **2** **Federal** (in US history) federal, nordista

Federal /'fedərəl/ *n* (in US history) federal *mf*, nordista *mf*

> **Federal Reserve System**
>
> También llamado *the Fed*, es la autoridad bancaria estadounidense que desempeña las funciones de un banco central y que controla el volumen de la masa monetaria en circulación, poniendo a disposición de los bancos un sistema nacional de encaje

federalism /'fedərəlɪzəm/ *n* [u] federalismo *m*

federalist /'fedərələst || 'fedərəlɪst/ *n* **1** (Pol) federalista *mf* **2** **Federalist** (US history) federalista *mf*, federal *mf*, nordista *mf*

federal: **~ Republic of Germany** *n* **the F~ Republic of Germany** la República Federal de Alemania; **~ Reserve Board** *n* (in US) la Junta de Gobernadores de la Reserva Federal

federate¹ /'fedəreɪt/ *vt* federar
■ **federate** *vi* federarse

federate² /'fedərət/ *adj* federado

federation /'fedə'reɪʃən/ *n* [c u] federación *f*

fed up *adj* (colloq) (*usu pred*) **1** (exasperated) **~ ~ (WITH sb/sth/-ING)** harto (DE algn/algo/+ INF); **to be/get ~ ~** estar* harto/hartarse **2** (depressed) (BrE): **I'm generally ~ ~ today** hoy estoy algo deprimido *or* alicaído

fee /fi:/ *n* **1** (payment — to doctor, lawyer) honorarios *mpl*; (— to actor, singer) caché *m*, cachet *m* **2** (charge) (*often pl*): **on payment of a small ~** por una módica suma; **entrance ~** (precio *m* de) entrada *f*; **membership ~(s)** cuota *f* (de socio); **registration/course ~(s)** matrícula *f*, inscripción *f*; **all his salary goes in school ~s** todo el salario se le va en pagar el colegio

feeble /'fi:bəl/ *adj* **-bler** /-blər || -blə(r)/, **-blest** /-bləst || -blɪst/ **1** (weak) débil **2** (poor) ‹*joke*› flojo, malo; ‹*excuse*› pobre, poco convincente

feeble-minded /'fi:bəl'maɪndəd || ,fi:bəl'maɪndɪd/ *adj* **1** (foolish) imbécil, tonto **2** (mentally deficient) (dated) débil mental

feebleness /'fɪ:bəlnəs || 'fi:bəlnɪs/ *n* [u] **1** (of person, voice) debilidad *f* **2** (of excuse) lo flojo, lo poco convincente

feebly /'fi:bli/ *adv* **1** (weakly) débilmente **2** (unconvincingly) sin energía

feed¹ /fi:d/ (*past & past p* **fed**) *vt*
A **1** (give food to) dar* de comer a; **the patient had to be fed intravenously** hubo que alimentar al paciente por vía intravenosa; **to ~ sb ON sth** darle* de comer algo a algn **2** ‹*baby*› (breastfeed) darle* el pecho a, darle* de mamar a; (with a bottle) darle* el biberón *or* (CS, Per) la mamadera *or* (Col) el tetero a **3** (provide food for) alimentar; **there's enough food here to ~ an army** hay suficiente comida como para alimentar a un batallón **4** (give as food) **to ~ sth TO sb** dar* algo (de comer) A algn; **we fed the leftovers to the dog** le dimos las sobras al perro
B **1** (supply): **to ~ information to sb** pasarle información a algn; **it ~s the industry with raw material** provee *or* alimenta a la industria de materia prima; **blood ~s the brain cells with oxygen** la sangre lleva oxígeno a las neuronas; **two streams ~ the river** dos riachuelos vierten sus aguas en el río **2** (insert) **to ~ sth INTO sth** ‹*into a machine*› introducir* algo EN algo; **I have to ~ the meter** tengo que echar más monedas en el parquímetro
C (sustain) ‹*imagination/rumor*› avivar; ‹*hope*› alimentar; ‹*fire*› alimentar
■ **feed** *vi* comer, alimentarse; **to ~ ON sth** alimentarse DE

algo, comer algo; **fear ~s on ignorance** el miedo se ceba en la ignorancia

Phrasal verbs

- **feed off** [v ▸ prep ▸ o] 1▸ (use as food) alimentarse de 2▸ (prey on) cebarse en
- **feed up** [v ▸ o ▸ adv, v ▸ adv ▸ o] (BrE) ‹*animal*› engordar, cebar; **you need ~ing up** habrá que darte bien de comer

feed² *n*

A 1▸ [c] (act of feeding): **it's time for the baby's ~** es hora de darle de comer al niño 2▸ [u] (food) alimento *m*; (for cattle) pienso *m*; **to be off one's ~** (AmE sl) estar* desganado *or* inapetente

B [c] (on machine) alimentador *m*

C [c] (AmE Rad, TV) material *m* (*de programación*)

feed: **~back** *n* [u] (reaction) reacción *f*; (Audio, Electron) retroalimentación *f*; **~bag** *n* (AmE) morral *m*

feeding /'fi:dɪŋ/: **~ bottle** *n* (BrE) biberón *m*, mamadera *f* (CS, Per), tetero *m* (Col, Ven); **~ frenzy** *n* 1▸ (of sharks, piranhas) frenético festín *m* 2▸ (involving media) frenesí *m* de los medios de comunicación; **~ time** *n* [c u] hora *f* de comer *or* de la comida

feel¹ /fi:l/ (*past & past p* **felt**) *vi*

A (physically) sentirse*, encontrarse*; **how do you ~** *o* **how are you ~ing?** ¿cómo *or* qué tal te encuentras *or* te sientes?; **I ~ fine** me encuentro *or* estoy *or* me siento bien; **to ~ hot/cold/hungry/thirsty** tener* calor/frío/hambre/sed; **I'm not ~ing quite myself today** hoy no me siento del todo bien; **my arm ~s stiff** tengo el brazo entumecido

B (emotionally, mentally) sentirse*; **to ~ sad** sentirse* *or* estar* triste; **I ~ (like) a complete idiot** me siento como un perfecto imbécil; **how do you ~ about your parents' divorce?** ¿cómo has tomado el divorcio de tus padres?; **it ~s wonderful to be back** es maravilloso estar de vuelta; **I ~ bad about not having asked her** me da no sé qué no haberla invitado; **how does it ~, what does it ~ like?** ¿qué se siente?

C (have opinion): **I ~ that ...** me parece que ..., opino *or* creo que ...; **it's something I ~ strongly about** es algo que me parece muy importante; **how do you ~ about these changes?** ¿qué opinas de *or* qué te parecen estos cambios?

D **to feel like sth** (to be in the mood for sth): **I ~ like a cup of tea** tengo ganas de tomar una taza de té, me apetece una taza de té (esp Esp); **to ~ like -ING** tener* ganas DE + INF; **come tomorrow if you ~ like it** ven mañana si tienes ganas *or* (esp Esp) si te apetece

E (seem, give impression of being): **your hands ~ cold** tienes las manos frías; **the water ~s very chilly at first** el agua parece muy fría al principio; **how does that ~? — it's still too tight** ¿cómo lo sientes? — todavía me queda apretado

F (search, grope) **to ~ FOR sth** buscar* algo a tientas; **he felt in his pocket for his lighter** se llevó la mano al bolsillo buscando el mechero

■ **feel** *vt*

A (touch) ‹*surface/body*› tocar*, palpar; ***to ~ one's way*** ir* a tientas

B (perceive, experience) ‹*sensation/movement/indignation/shame*› sentir*; **I couldn't ~ my fingers** no sentía los dedos; **he felt the bed move** sintió moverse la cama *or* que la cama se movía; **the consequences will be felt for a long time to come** las consecuencias se sentirán *or* se notarán durante mucho tiempo

C (consider) considerar; **I ~ it important to warn you** creo *or* considero que es importante advertirte; **he felt himself to be a burden on his family** se sentía una carga para su familia

Phrasal verbs

- **feel for** [v ▸ prep ▸ o] compadecer*; **I really ~ for you, having to work for her ...** de verdad te compadezco, tener que trabajar para ella ...; *see also* **feel** *vi* **F**
- **feel out** [v ▸ o ▸ adv, v ▸ adv ▸ o] ‹*person/situation*› tantear
- **feel up** [v ▸ o ▸ adv, v ▸ adv ▸ o] (colloq) meterle mano a (fam), manosear
- **feel up to** [v ▸ adv ▸ prep ▸ o]: **to ~ up to doing sth** sentirse* con ánimo como para hacer algo; **do you ~ up to it?** ¿te sientes con ánimo?

feel² *n* (*no pl*)

A 1▸ (sensation) sensación *f*; **I love the ~ of the wind on my face** me encanta sentir el viento en la cara 2▸ (act of touching): **to have a ~ of sth** tocar* algo 3▸ (sense of touch) tacto *m*; **it's smooth to the ~** es suave (al tacto)

B 1▸ (atmosphere — of house, room) ambiente *m*; **the music had a baroque ~ to it** la música tenía un aire barroco 2▸ (instinct): **to have a ~ for sth** tener* sensibilidad para algo; **to get the ~ of sth** acostumbrarse a algo, familiarizarse* con algo

feeler /'fi:lər || 'fi:lə(r)/ *n* 1▸ (Zool) (antenna) antena *f*; (tentacle) tentáculo *m* 2▸ (tentative approach): **to put out ~s** tantear el terreno

feelgood /'fi:lgʊd/ *adj* ‹*movie/experience*› que hace sentir bien; **the ~ factor** la sensación de bienestar

feeling /'fi:lɪŋ/ *n*

A 1▸ [u] (physical sensitivity) sensibilidad *f* 2▸ [c] (physical, emotional sensation) sensación *f*

B 1▸ [u] (sincere emotion) sentimiento *m*; **bad** *o* **ill ~** resentimiento *m* 2▸ **feelings** *pl* (sensitivity) sentimientos *mpl*; **to hurt sb's ~s** herir* los sentimientos de algn; ***no hard ~s***: **one of us had to win; no hard ~s, eh?** uno de los dos tenía que ganar; no nos guardemos rencor ¿eh?

C [c u] (opinion) opinión *f*; **what are your ~s on the matter?** ¿tú que opinas del asunto?

D (*no pl*) 1▸ (sensitivity, appreciation): **(to have) a ~ for sth** tener* sensibilidad para algo, saber* apreciar algo 2▸ (intuition, impression) impresión *f*, sensación *f*; **I've a ~ that he knows already** tengo *or* me da la sensación *or* la impresión de que ya lo sabe

fee-paying /'fi:'peɪɪŋ/ *adj* (esp BrE) ‹*student*› que paga cuotas *or* (Méx) colegiatura; **~ school** colegio *m* particular

feet /fi:t/ *n pl of* **foot¹**

feign /feɪn/ *vt* (fake) ‹*ignorance/enthusiasm*› fingir*, simular; **he ~ed illness** fingió estar enfermo

feint¹ /feɪnt/ *n*

A [c] (Sport) finta *f*

B [u] (on paper): **narrow ~** renglones *mpl* estrechos

feint² *vi* (Sport) fintar, fintear (AmL)

feisty /'faɪsti/ *adj* **-stier, -stiest** (colloq) batallador

felicitous /fɪ'lɪsətəs || fə'lɪsɪtəs/ *adj* (frml) oportuno, acertado, feliz

felicity /fɪ'lɪsəti || fə'lɪsəti/ *n* [u] (*pl* **-ties**) (liter) júbilo *m* (liter), dicha *f*

feline¹ /'fi:laɪn/ *adj* felino

feline² *n* felino *m*

fell¹ /fel/ *past of* **fall²**

fell² *vt* ‹*tree*› talar; ‹*person*› derribar

fella, (AmE also) **fellah** /'felə/ *n* (colloq) tipo *m* (fam)

fellow¹ /'feləʊ/ *n*

A (man) tipo *m* (fam), hombre *m*, sujeto *m*; (*as term of address*): **my dear ~** amigo mío, mi buen *or* querido amigo; **now listen to me, young ~** óigame bien, jovencito

B (member — of college) *miembro del cuerpo docente y de la junta rectora de una universidad*; (— of learned society) miembro *mf* de número

fellow² *adj* (*before n*): **~ student/worker/traveler** compañero, -ra *m,f* de estudios/trabajo/viaje; **~ citizen** conciudadano, -na *m,f*; **~ countryman** compatriota *mf*; **he has no love for his ~ men** no le tiene amor al prójimo

fellow feeling *n* [u] camaradería *f*, compañerismo *m*

fellowship /'feləʊʃɪp/ *n*

A [c] (Educ) 1▸ (at university) título *m* de **fellow¹ B** 2▸ (endowment) beca *f* de investigación

B [u] 1▸ (companionship) (liter) hermandad *f* (liter), compañerismo *m* 2▸ (Relig) comunión *f* 3▸ (fraternity, association) fraternidad *f*

fellow traveler, (BrE) **traveller** *n* 1▸ (on journey) compañero, -ra *m,f* de viaje 2▸ (Pol) compañero, -ra *m,f* de viaje, simpatizante *mf* (*del partido comunista*)

felon /'felən/ *n* (in US law) delincuente *mf* (*que ha cometido un delito grave*)

felony /'feləni/ *n* [c u] (*pl* **-nies**) (in US Law) delito *m* grave

felt¹ /felt/ *n* [u] fieltro *m*

felt² *past & past p of* **feel¹**

felt pen, **felt-tip (pen)** /'felttɪp/ *n* rotulador *m*, marcador *m* (AmL)

female¹ /'fi:meɪl/ *adj*
A 1 (Biol, Bot, Zool) ‹*sex*› femenino; ‹*animal/plant*› hembra; **a ~ elephant** un elefante hembra, una hembra de elefante 2 (of women) ‹*ward/prison*› de mujeres; **~ employees** empleadas *fpl*; **the victim was ~** la víctima era una mujer
B (Tech) ‹*thread/socket/coupling*› hembra *adj inv*
female² *n*
A (Bot, Zool) hembra *f*
B (woman, girl) mujer *f*
feminine¹ /'femənən || 'femɪnɪn/ *adj* femenino
feminine² *n* (Ling): **(in) the ~** (en) el femenino
femininity /'femə'nɪnəti || ˌfemɪ'nɪnəti/ *n* [u] femineidad *f*, feminidad *f*
feminism /'femənəzəm || 'femɪnɪzəm/ *n* [u] feminismo *m*
feminist¹ /'femənəst || 'femɪnɪst/ *n* feminista *mf*
feminist² *adj* feminista
feminization /ˌfemənə'zeɪʃən || ˌfemɪnaɪ'zeɪʃən/ *n* [u] feminización *f*
femme fatale /'fæmfə'tæl || ˌfæmfæ'tɑ:l/ *n* (*pl* **~s ~s** /-fə'tælz || -fæ'tɑ:lz/) mujer *f* fatal
femur /'fi:mər || 'fi:mə(r)/ *n* (*pl* **femurs** *or* **femora** /'femərə/) fémur *m*
fen /fen/ *n* terreno *m* pantanoso, pantano *m*
fence¹ /fens/ *n*
A 1 (barrier) cerca *f*, valla *f*, cerco *m* (AmL); **wire ~** alambrada *f*, alambrado *m* (AmL); ***to sit on the ~*** nadar entre dos aguas, no definirse 2 (in showjumping) valla *f*
B (receiver of stolen goods) (colloq) *persona que comercia con objetos robados*, reducidor, -dora *m,f* (AmS)
fence² *vt* ‹*garden/field*› cercar*, vallar
■ **fence** *vi* (Sport) practicar* la esgrima, hacer* esgrima
Phrasal verbs
• **fence in** [v ▸ adv ▸ o, v ▸ o ▸ adv] cercar*, vallar
• **fence off** [v ▸ adv ▸ o, v ▸ o ▸ adv] separar con una cerca
fencepost /'fenspəʊst/ *n* poste *m*
fencer /'fensər || 'fensə(r)/ *n* esgrimista *mf*, esgrimidor, -dora *m,f*
fencing /'fensɪŋ/ *n* [u]
A (Sport) esgrima *f*
B 1 (material) *materiales para cercos o vallas* 2 (fence) cerca *f*, cerco *m*, valla *f*; **wire ~** alambrada *f*, alambrado *m* (AmL)
fend /fend/ *vi*: **to ~ for oneself** valerse* por sí mismo, arreglárselas solo
Phrasal verb
• **fend off** [v ▸ o ▸ adv, v ▸ adv ▸ o] ‹*attack/enemy*› rechazar*; ‹*blow*› esquivar, desviar*; ‹*questions*› eludir, esquivar
fender /'fendər || 'fendə(r)/ *n*
A (around fireplace) rejilla *f*
B (on car) (AmE) guardabarros *m or* (Méx) salpicadera *f or* (Chi, Per) tapabarro(s) *m*; (on boat) defensa *f*; (on train) quitapiedras *m*
fennel /'fenl/ *n* [u] hinojo *m*
fenugreek /'fenu:gri:k, 'fenjə- || 'fenjʊgri:k/ *n* [c] fenogreco *m*, alholva *f*
feral /'ferəl/ *adj* asilvestrado
ferment¹ /fər'ment || fə'ment/ *vt* (Chem, Culin) (hacer*) fermentar; ‹*trouble/unrest*› fomentar
■ **ferment** *vi* ‹‹*wine/beer*›› fermentar
ferment² /'fɜ:rment || 'fɜ:ment/ *n* [u] (turmoil) agitación *f*; **to be in ~** estar* agitado *or* conmocionado
fermentation /'fɜ:rmen'teɪʃən || ˌfɜ:men'teɪʃən/ *n* [u] fermentación *f*
fern /fɜ:rn || fɜ:n/ *n* [c u] helecho *m*
ferocious /fə'rəʊʃəs/ *adj* ‹*animal*› feroz, fiero; ‹*appearance*› feroz; ‹*argument*› violento
ferociously /fə'rəʊʃəsli/ *adv* 1 (like a wild beast) con ferocidad 2 (intensely) ‹*quarrel*› violentamente, ferozmente; **the sun beat down ~** el sol caía a plomo
ferocity /fə'rɑ:səti || fə'rɒsəti/, **ferociousness** /fə'rəʊʃəsnəs || fə'rəʊʃəsnɪs/ *n* [u] (of animal) ferocidad *f*; (of wind, sea) furia *f*; (of anger) ferocidad *f*, violencia *f*
ferret¹ /'ferət || 'ferɪt/ *n* hurón *m*
ferret² *vi* (Sport): **to go ~ing** huronear, cazar* con hurones
Phrasal verbs
• **ferret around, ferret about** [v ▸ adv] husmear, hurgar*
• **ferret out** [v ▸ o ▸ adv, v ▸ adv ▸ o] (colloq) ‹*secret*› descubrir*; **to ~ sth out OF sb** sonsacarle* algo a algn
ferric /'ferɪk/ *adj* férrico
Ferris wheel /'ferəs || 'ferɪs/ *n* ▸ **big wheel 2**
ferrous /'ferəs/ *adj* ferroso
ferrule /'ferəl || 'feru:l/ *n* regatón *m*, contera *f*
ferry¹ /'feri/ *n* (*pl* **-ries**) (boat) transbordador *m*, ferry *m*; (smaller) balsa *f*, barca *f*
ferry² *vt* **-ries, -rying, -ried** llevar, transportar; **to ~ sth/sb across** *o* **over a river** llevar algo/a algn al otro lado de un río; **we ~ the children to and from school in the car** llevamos a los niños al colegio y los vamos a buscar en coche
ferry: **~boat** *n* ▸ **ferry¹**; **~man** /'ferimən/ (*pl* **-men** /-mən/) *n* barquero *m*
fertile /'fɜ:rtl || 'fɜ:taɪl/ *adj* 1 (fruitful) ‹*soil*› fértil 2 (capable of reproducing) ‹*woman/animal/plant*› fértil; ‹*seed/egg*› fecundado 3 (inventive) ‹*imagination*› fértil, fecundo
fertility /fər'tɪləti || fə'tɪləti/ *n* [u] fertilidad *f*; (*before n*) ‹*drug/clinic*› para el tratamiento de la infertilidad
fertilize /'fɜ:rtlaɪz || 'fɜ:tɪlaɪz/ *vt* 1 (Biol) ‹*egg/plant/cell*› fecundar 2 (Agr, Hort) ‹*soil/crop*› abonar, fertilizar*
fertilizer /'fɜ:rtlaɪzər || 'fɜ:tɪlaɪzə(r)/ *n* [u c] fertilizante *m*, abono *m*
fervent /'fɜ:rvənt || 'fɜ:vənt/ *adj* ferviente
fervently /'fɜ:rvəntli || 'fɜ:vəntli/ *adv* ‹*hope*› fervientemente; ‹*speak*› con fervor
fervor, (BrE) **fervour** /'fɜ:rvər || 'fɜ:və(r)/ *n* [u] fervor *m*, ardor *m*
fester /'festər || 'festə(r)/ *vi* ‹‹*wound/feeling of resentment*›› enconarse; **a ~ing sore** una llaga purulenta
festival /'festəvəl || 'festɪvəl/ *n* 1 (Relig) fiesta *f*, festividad *f* 2 (Cin, Mus, Theat) festival *m*; **a pop ~** un festival de música pop 3 (celebration) fiesta *f*
festive /'festɪv/ *adj* festivo, alegre; **the ~ season** (set phrase) las Navidades, las fiestas (de fin de año); **we were in (a) ~ mood** estábamos muy alegres
festivity /fes'tɪvəti/ *n* 1 [c] (celebration) (*usu pl*) celebración *f*, festividad *f* 2 [u] (merriment) fiesta *f*
festoon /fe'stu:n/ *vt* **to ~ sth/sb (WITH sth)** adornar *or* engalanar algo/a algn (CON algo)
fetal, (BrE) **foetal** /'fi:tl/ *adj* fetal
fetch /fetʃ/ *vt*
A (bring) ‹*person/thing*› traer*, ir* a buscar, ir* a por (Esp); **go and ~ help!** ¡ve a buscar ayuda!; **~ (it)!** (to dog) ¡busca, busca!; **you'd better ~ the washing in** va a ser mejor que entres la ropa; **to ~ sb from the station** recoger* *or* ir* a buscar a algn a la estación
B (sell for) (colloq): **the car ~ed $4,000** el coche se vendió en 4.000 dólares, sacaron 4.000 dólares por el coche
C (colloq) (deal): **to ~ sb a blow** darle* *or* asestarle un golpe a algn
■ **fetch** *vi*: ***to ~ and carry*** ser* el recadero/la recadera
Phrasal verb
• **fetch up** (BrE colloq) [v ▸ adv] acabar, ir* a parar
fetching /'fetʃɪŋ/ *adj* ‹*smile*› atractivo; ‹*dress/hat*› sentador, que sienta bien (Esp); **you look very ~ in that hat** ese sombrero te queda muy bien
fete¹, **fête** /feɪt/ *n* 1 (fund-raising event) (BrE) feria *f* (*benéfica*), kermesse *f* (CS, Méx), bazar *m* (Col) 2 (party) (AmE) fiesta *f* (*en un jardín*)
fete², **fête** *vt* ‹*person*› agasajar; ‹*book/work*› celebrar
fetid /'fetəd || 'fetɪd/ *adj* fétido
fetish /'fetɪʃ/ *n* fetiche *m*
fetishism /'fetɪʃɪzəm/ *n* [u] fetichismo *m*
fetishist /'fetɪʃəst || 'fetɪʃɪst/ *n* fetichista *mf*
fetlock /'fetlɑ:k || 'fetlɒk/ *n* espolón *m*
fetter /'fetər || 'fetə(r)/ *vt* (liter) ‹*prisoner*› encadenar, ponerle* grillos a; **he felt ~ed by convention** se sentía prisionero de los convencionalismos
fetters /'fetərz || 'fetəz/ *pl n* (liter) grillos *mpl*
fettle /'fetl/ *n*: ***to be in fine ~*** estar* en (buena) forma
fetus, (BrE) **foetus** /'fi:təs/ *n* feto *m*

feud[1] /fju:d/ *n* contienda *f* (frml), enemistad *f*
feud[2] *vi* contender* (frml), pelear
feudal /'fju:dḷ/ *adj* feudal
feudalism /'fju:dḷɪzəm/ *n* [u] feudalismo *m*
fever /'fi:vər || 'fi:və(r)/ *n*
A (Med) **1** [c u] (temperature) fiebre *f*, calentura *f*; **she has a ~ of 102** ≈ tiene 39 de fiebre; **to run a ~** tener* fiebre *or* calentura **2** [u] (disease): **scarlet ~** escarlatina *f*; **yellow ~** fiebre *f* amarilla
B (agitated state) (*no pl*): **the town was in a ~ over the visit** la ciudad estaba revolucionada con la visita; **election/gold ~** fiebre *f* electoral/del oro
fever blister *n* (AmE) ▸ **cold sore**
feverish /'fi:vərɪʃ/ *adj* **1** (Med) con fiebre, afiebrado; **to be ~** estar* afiebrado, tener* fiebre *or* calentura **2** (frantic) febril
fever pitch *n*: ***to be at ~ ~*** estar* al rojo vivo; ***to rise to o reach ~ ~*** llegar* al paroxismo
few[1] /fju:/ *adj* **-er, -est** **1** (not many) pocos, -cas; **~ people know about this** lo sabe poca gente, lo saben pocos; **the** *o* **what ~ chances I had** las pocas posibilidades que tenía; **there were six books too ~** faltaban seis libros; **every ~ days** cada pocos días; **the last ~ days have been difficult** estos últimos días han sido difíciles; **there were ~er people than usual** había menos gente que de costumbre; **~er and ~er trains stop here** cada vez paran menos trenes aquí **2** **a few** (some): **a ~ people complained** algunos se quejaron/bastante gente se quejó; **I've been there a ~ times** he estado allí unas cuantas veces; **there are quite a ~ mistakes** hay bastantes faltas
few[2] *pron* **-er, -est** **1** (not many) pocos, -cas; **we have too ~ to go around** no tenemos suficientes para todos; **the privileged ~** la minoría privilegiada; **as ~ as 30% pass first time** tan sólo un 30% aprueba a la primera; **~er than 200 tickets have been sold** se han vendido menos de 200 entradas; ***to be ~ and far between***: **good beaches are ~ and far between** las playas buenas son contadísimas **2** **a few** (some): **a ~ objected** algunos se opusieron; **all but a ~** casi todos; **a good ~** *o* **quite a ~ already know** ya lo saben bastantes; **there are still quite a ~ left** todavía quedan unos cuantos; **a ~ of us complained** algunos (de nosotros) nos quejamos; **he's had a ~ (too many)** (colloq) se ha tomado unas cuantas
ff (= **and (those) following**) y sig.
FHA *n* (in US) = **Federal Housing Administration**
fiancé /'fi:ɑ:n'seɪ, fi:'ɑ:nseɪ || fi:'ɒnseɪ/ *n* prometido *m*, novio *m*
fiancée /'fi:ɑ:n'seɪ, fi:'ɑ:nseɪ || fi:'ɒnseɪ/ *n* prometida *f*, novia *f*
fiasco /fi'æskəʊ/ *n* (*pl* **-cos** *or* **-coes**) fracaso *m*, fiasco *m*
fiat /'fi:æt, 'faɪæt/ *n* (frml) orden *m* (*oficial*), decreto *m*
fib[1] /fɪb/ *n* (colloq) mentirilla *f*, bola *f* (fam)
fib[2] *vi* **-bb-** (colloq) mentir*, decir* mentirillas *or* (fam) bolas
fibber /'fɪbər || 'fɪbə(r)/ *n* (colloq) cuentista *mf*, cuentero, -ra *m,f* (Méx, RPl), mojonero, -ra *m,f* (Ven fam)
fiber, (BrE) **fibre** /'faɪbər || 'faɪbə(r)/ *n*
A **1** [c] (thread) fibra *f* **2** [c] (cloth) fibra *f* (textil)
B **1** [c] (Anat) fibra *f*; **with every ~ of her being** (liter) con todo su ser **2** [u] (firmness) fibra *f*, carácter *m*; **he has no (moral) ~** no tiene fibra *or* carácter
C [u] (Bot) fibra *f*; **a high ~ diet** una dieta rica en fibra
fiber: **~glass** *n* [u] fibra *f* de vidrio; **~ optics** *n* [u] (+ *sing vb*) transmisión *f* por fibra óptica
fibroid /'faɪbrɔɪd/ *n* fibroma *f*
fibrositis /'faɪbrə'saɪtəs || ˌfaɪbrə'saɪtɪs/ *n* [u] fibrositis *f*
fibrous /'faɪbrəs/ *adj* fibroso
fiche /fi:ʃ/ *n* microficha *f*
fickle /'fɪkəl/ *adj* veleidoso, inconstante
fiction /'fɪkʃən/ *n* **1** [u] (Lit) ficción *f*, narrativa *f* **2** [u c] (invention) ficción *f*
fictional /'fɪkʃṇəl || 'fɪkʃənl/ *adj* ficticio, imaginario
fictionalize /'fɪkʃṇəlaɪz/ *vt* llevar a la ficción, novelar
fictitious /fɪk'tɪʃəs/ *adj* **1** (false) ‹*name*› ficticio, falso **2** (imaginary) imaginario, ficticio
fiddle[1] /'fɪdḷ/ *n*
A (violin) violín *m*; ***as fit as a ~*** rebosante de salud; ***to play second ~*** desempeñar un papel secundario
B (cheat) (BrE colloq) chanchullo *m* (fam); **she's on the ~** está metida en un chanchullo (fam)
C (tricky operation) (colloq): **it's a ~ to get this in** meter esto tiene sus vueltas *or* (Méx) su chiste
fiddle[2] *vt* (BrE colloq) ‹*accounts*› hacer* chanchullos con (fam); ‹*results*› amañar
■ **fiddle** *vi* (fidget) **to ~ WITH sth**: **stop fiddling with the typewriter!** deja de jugar con *or* de toquetear la máquina de escribir; **he ~d nervously with his tie** jugueteaba nerviosamente con la corbata
(Phrasal verb)
• **fiddle around**, (BrE) **fiddle about** [v ▸ adv]
A (touch) **to ~ around WITH sth** ‹*with pencil/ruler*› juguetear CON algo; **I don't want you fiddling around with my things** no quiero que andes toqueteando mis cosas (fam)
B (do little jobs) hacer* un poco de esto y un poco de aquello
fiddler /'fɪdlər || 'fɪdlə(r)/ *n* (violinist) violinista *mf*
fiddling[1] /'fɪdlɪŋ/ *adj* (colloq) tonto (fam), trivial
fiddling[2] *n* [u] (BrE colloq) chanchullos *mpl* (fam)
fiddly /'fɪdli/ *adj* **-dlier, -dliest** (BrE colloq) ‹*task*› complicado, difícil; ‹*object*› complicado *or* difícil de usar
fidelity /fə'deləti || fɪ'deləti/ *n* [u] fidelidad *f*
fidget[1] /'fɪdʒət || 'fɪdʒɪt/ *vi*: **stop ~ing** ¡estáte quieto!; **to ~ WITH sth** juguetear CON algo
fidget[2] *n* **1** (person) persona *f* inquieta; **don't be such a ~** no seas tan inquieto **2** **fidgets** *pl*: **to get the ~s** ponerse* inquieto
fidgety /'fɪdʒəti || 'fɪdʒɪti/ *adj* inquieto
fiduciary /fɪ'du:ʃəri || fɪ'dju:ʃəri/ *adj* fiduciario
fief /fi:f/, **fiefdom** /'fi:fdəm/ *n* feudo *m*
field[1] /fi:ld/ *n*
A (Agr) (for crops) campo *m*; (for grazing) campo *m*, prado *m*, potrero *m* (AmL); **a ~ of corn/wheat** un maizal/trigal
B (Sport) **1** (area of play) campo *m*, cancha *f* (AmL) **2** (competitors) (+ *sing o pl vb*): **Brown was leading the ~** Brown iba a la cabeza de los participantes (*or* corredores *etc*), Brown llevaba la delantera; **our products lead the ~** nuestros productos son los líderes del mercado; ***to play the ~*** (colloq) tantear el terreno (fam)
C (Mil) *also* **~ of battle** campo *m* de batalla
D **1** (of study, work) campo *m*; (of activities) esfera *f*; **my ~ is 20th century poetry** mi especialidad es la poesía del siglo XX **2** (of practical operations) campo *m*; **it has been tested in the ~** se ha probado sobre el terreno; (*before n*) ‹*research/survey*› de campo
E (Opt, Phot, Phys) campo *m*; **~ of vision** campo visual; **magnetic ~** campo magnético
field[2] *vt*
A **1** (Sport) ‹*ball*› fildear, interceptar y devolver* **2** ‹*question*› sortear
B **1** (Sport) ‹*team*› alinear **2** ‹*candidates*› presentar
■ **field** *vi* (in baseball, cricket) fildear, interceptar y devolver* la pelota
field day *n*: ***to have a ~ ~*** «*thieves/vendors*» hacer* su agosto; **the press have had a ~ ~ with the scandal** el escándalo ha sido un verdadero festín para la prensa
fielder /'fi:ldər || 'fi:ldə(r)/ *n* (in cricket, baseball) fildeador, -dora *m,f*
field: **~ event** *n* prueba *f* de atletismo; **~ glasses** *pl n* gemelos *mpl*, prismáticos *mpl*, largavistas *m*; **~ goal** *n* (in basketball) canasta *f* (*de dos puntos*); (in US football) gol *m* de campo; **~ hockey** *n* [u] (AmE) hockey *m* (sobre hierba); **~ marshal** *n* mariscal *m* de campo; **~mouse** *n* (in Europe) ratón *m* silvestre *or* de campo; (in US) campañol *m*; **~sman** /'fi:ldzmən/ *n* (*pl* **-men** /-mən/) (BrE) fildeador *m* (*jugador que no batea*); **~ sports** *pl n*: *la caza y la pesca*; **~ study** *n* estudio *m* de campo; **~ test**, **~ trial** *n* prueba *f* sobre el terreno; **~-test** *vt* probar* sobre el terreno; **~ trip** *n* viaje *m* de estudio; **~work** *n* [u] (research) trabajo *m* de campo
fiend /fi:nd/ *n*
A **1** (demon) demonio *m* **2** (cruel person) (journ *or* hum) desalmado, -da *m,f*; **sex ~** maníaco *m* sexual
B (fan) (colloq & hum): **he's a golf ~** es un fanático del golf
fiendish /'fi:ndɪʃ/ *adj* **1** (wicked) diabólico; **to take a ~ delight in sth** regodearse *or* refocilarse con algo **2** (very difficult) (colloq) endemoniado (fam), endiablado (fam)

fiendishly /ˈfiːndɪʃli/ *adv* 1 ‹*cruel*› diabólicamente 2 (colloq) ‹*clever/difficult*› endemoniadamente (fam), endiabladamente (fam)

fierce /fɪrs || ˈfɪəs/ *adj* **fiercer, fiercest** 1 ‹*dog/lion*› fiero, feroz; ‹*glance*› feroz, furibundo; ‹*temper*› feroz, temible 2 ‹*hatred/love*› intenso, violento; ‹*fighting*› encarnizado; ‹*criticism/opposition*› violento, virulento; ‹*defender/opponent*› acérrimo; **they are ~ enemies** son enemigos encarnizados 3 ‹*storm*› violento; ‹*wind*› fortísimo; **the ~ tropical sun** el implacable sol del trópico

fiercely /ˈfɪrsli || ˈfɪəsli/ *adv* 1 ‹*growl*› con ferocidad, ferozmente 2 ‹*fight*› con fiereza; ‹*criticize*› duramente, virulentamente; ‹*competitive/independent*› extremadamente; **she was ~ protective of them** los protegía con uñas y dientes 3 ‹*burn/blow*› violentamente; **the sun shone ~ down** el sol caía implacable

fiery /ˈfaɪri || ˈfaɪəri/ *adj* **-rier, -riest** ‹*glow*› ardiente; ‹*red*› encendido; ‹*heat/sun*› abrasador; ‹*liquor*› muy fuerte; ‹*temper*› exaltado; ‹*speech*› fogoso

FIFA /ˈfiːfə/ *n* (*no art*) la FIFA

fife /faɪf/ *n* pífano *m*

fifteen /ˈfɪfˈtiːn/ *adj/n* quince *adj inv/m*

fifteenth[1] /ˈfɪfˈtiːnθ/ *adj* decimoquinto; *see also* **fifth**[1]

fifteenth[2] *adv* en decimoquinto lugar; *see also* **fifth**[2]

fifteenth[3] *n* 1 (Math) quinceavo *m* 2 (part) quinceava parte *f*

fifth[1] /fɪfθ/ *adj*

A 1 quinto; **you're the ~ person to ask me that** eres la quinta persona que me pregunta eso; **Henry V** *(léase: Henry the Fifth)* Enrique V *(read as: Enrique quinto)*; **it's his ~ birthday** cumple cinco años; **it's their ~ wedding anniversary** cumplen cinco años de casados, es su quinto aniversario de boda; **I was ~ on the list** yo era el quinto/la quinta de la lista; **~ part/share** quinta parte *f*, quinto *m* 2 (in seniority, standing) quinto

B (elliptical use): **Paradise Boy fell at the ~** Paradise Boy cayó en la quinta valla; **he'll be arriving on the ~ (of the month)** llegará el (día) cinco; **Uncle Ben is the ~ from the right** el tío Ben es el quinto de derecha a izquierda; **we'll arrive (on) the ~ of May** *o* **May ~** *o* (BrE) **May the ~** llegaremos el cinco de mayo

fifth[2] *adv* 1 (in position, time, order) en quinto lugar; **Goodwill finished ~** Goodwill llegó el quinto *or* en quinto lugar 2 (with superl): **the ~ highest mountain in the world** la quinta montaña más alta del mundo

fifth[3] *n*

A 1 (Math) quinto *m*; **one ~ of ten is two** un quinto *or* la quinta parte de diez es dos 2 (part) quinta parte *f*, quinto *m* 3 (Mus) quinta *f* 4 (measure) (AmE) *medida equivalente a 0,757 litros* 5 (in competition): **he finished a disappointing ~** llegó en un deslucido quinto lugar *or* puesto

B **~ (gear)** (*no art*) quinta *f*

fiftieth[1] /ˈfɪftiəθ/ *adj* quincuagésimo; *see also* **fifth**[1]

fiftieth[2] *adv* en quincuagésimo lugar; *see also* **fifth**[2]

fiftieth[3] *n* 1 (Math) cincuentavo *m* 2 (part) cincuentava *or* quincuagésima parte *f*

fifty /ˈfɪfti/ *adj/n* cincuenta *adj inv/m*; *see also* **seventy**

fifty-fifty[1] /ˈfɪftiˈfɪfti/ *adv* (colloq) a medias; **to go ~ with sb/on sth** ir* a medias con algn/en algo; **we split the takings ~** nos repartimos lo recaudado mitad y mitad *or* por partes iguales

fifty-fifty[2] *adj* (colloq): **a ~ chance** un 50% de posibilidades; **on a ~ basis** a medias, por partes iguales

fig /fɪg/ *n* higo *m*; **~ tree** higuera *f*; **I don't care** *o* **give a ~!** ¡me importa un bledo!

fight[1] /faɪt/ (*past & past p* **fought**) *vi* 1 «*army/country*» luchar, combatir; «*person*» pelear, luchar; «*animal*» luchar; **to ~ AGAINST sb/sth** luchar CONTRA algn/algo; **to ~ FOR sb/sth** ‹*for country/cause*› luchar POR algn/algo; ‹*for aim/policy*› luchar por conseguir *or* lograr algo; **she was ~ing for her life** se debatía entre la vida y la muerte; **to go down ~ing** luchar hasta el final; **he had to ~ for breath** le costaba muchísimo respirar; ***to ~ shy of sth***: **he tends to ~ shy of emotional commitments** tiende a eludir *or* evitar los compromisos afectivos 2 (quarrel) **to ~ OVER/ABOUT sth** pelearse POR algo 3 **fighting** *pres p* ‹*troops/units*› de combate

■ **fight** *vt*

A 1 ‹*army/country*› luchar *or* combatir contra; **if you want it, you'll have to ~ me for it** si lo quieres vas a tener que vértelas conmigo; **Frazier fought Ali for the world title** Frazier peleó contra Ali *or* se enfrentó a Ali por el título mundial; **I had to ~ my way into the hall** tuve que abrirme camino *or* paso a la fuerza para entrar en la sala 2 (oppose) ‹*fire/disease*› combatir; ‹*measure/proposal*› combatir, oponerse* a; **we'll ~ them all the way** no les vamos a dar cuartel

B 1 (conduct): **to ~ a battle** librar una batalla; **they fought a long war against the rebels** lucharon contra los rebeldes durante largo tiempo 2 (contest) ‹*election*› presentarse a; **we intend to ~ the case** (Law) pensamos llevar el caso a los tribunales (*or* defendernos *etc*)

(Phrasal verbs)

• **fight back**

A [v ▸ adv] defenderse*; **to ~ back AGAINST sb/sth** luchar CONTRA algn/algo

B [v ▸ o ▸ adv, v ▸ adv ▸ o] ‹*tears*› contener*; ‹*anger*› reprimir

• **fight down** [v ▸ o ▸ adv, v ▸ adv ▸ o] ‹*fear*› vencer*; ‹*anger*› reprimir; ‹*tears*› contener*

• **fight off** [v ▸ o ▸ adv, v ▸ adv ▸ o] ‹*attack/enemy*› rechazar*; ‹*cold*› combatir; **she struggled to ~ off sleep** trató de que no la venciera el sueño

• **fight on** [v ▸ adv] seguir* luchando

• **fight out** [v ▸ o ▸ adv]: **they are ~ing it out for second place** están compitiendo por el segundo puesto; **you'll have to ~ it out among yourselves** tendrán que resolverlo *or* (frml) dirimirlo entre ustedes

fight[2] *n*

A [c] 1 (between persons) pelea *f*; (between armies, companies) lucha *f*, contienda *f*; **to put up a good ~** ofrecer* *or* oponer* resistencia; **they're looking for a ~** están buscando camorra *or* bronca 2 (boxing match) pelea *f*, combate *m*

B [c] 1 (struggle) lucha *f* 2 (quarrel) pelea *f*

C [u] (fighting spirit): **he was still full of ~** aún seguía con ganas de pelear; **there's no ~ left in him** no le quedan ánimos para luchar

fighter /ˈfaɪtər || ˈfaɪtə(r)/ *n*

A 1 (person) luchador, -dora *m,f* 2 (boxer) boxeador, -dora *m,f*, púgil *mf*, pugilista *mf*

B (plane) caza *m*, avión *m* de combate; (*before n*) **~ pilot** piloto *m* de caza

fighter-bomber /ˈfaɪtərˈbɑːmər || ˌfaɪtəˈbɒmə(r)/ *n* cazabombardero *m*

fighting[1] /ˈfaɪtɪŋ/ *n* [u] (Mil) enfrentamientos *mpl*; (brawling, arguing) peleas *fpl*

fighting[2] *adj* (*before n*): **~ chance**: ***to be in with*** *o* ***have a ~ chance*** tener* posibilidades de ganar; ***to give sb a ~ chance*** darle* a algn una oportunidad; **~ fit** (colloq) en plena forma; **~ strength** (Mil) capacidad *f* ofensiva; **~ talk** (BrE colloq): **that's ~ talk!** ¡así se habla!

figment /ˈfɪgmənt/ *n*: **a ~ of the imagination** (un) producto de la imaginación

figurative /ˈfɪgjərətɪv || ˈfɪgərətɪv/ *adj* ‹*meaning*› figurado, metafórico

figuratively /ˈfɪgjərətɪvli || ˈfɪgərətɪvli/ *adv* ‹*speak/write*› de manera figurada *or* metafórica; **~ speaking** metafóricamente hablando

figure[1] /ˈfɪgjər || ˈfɪgə(r)/ *n*

A 1 (digit) cifra *f*; **inflation is now into double ~s** la inflación pasa del 10% 2 (piece of data) dato *m*; **recent ~s show that ...** estadísticas *or* datos recientes muestran que ... 3 (amount, price) cifra *f*; **I wouldn't like to put a ~ on it** no quisiera darle una cifra exacta; **she's good at ~s** es buena para las matemáticas, se le dan bien los números

B 1 (person) figura *f*; **a public ~** un personaje público; **a ~ of fun** un hazmerreír 2 (body shape) figura *f*, tipo *m*; **she's a fine ~ of a woman** es una mujer de buena planta

C (Art, Math, Mus) figura *f*

D (diagram) figura *f*

figure[2] *vi*

A (feature) figurar; **to ~ prominently** destacarse*

B (make sense) (colloq): **it just doesn't ~** no me lo explico

■ **figure** *vt* (reckon) (AmE colloq) calcular

(Phrasal verbs)

• **figure in** [v ▸ adv ▸ o] (AmE) incluir* (*en los cálculos*), contar*

• **figure on** [v ▸ prep ▸ o] (AmE colloq) contar* con

- **figure out** [v ▸ o ▸ adv, v ▸ adv ▸ o] 1 (understand) entender* 2 (calculate) ‹*sum/result*› calcular; ‹*problem*› resolver*
- **figure up** [v ▸ adv ▸ o] (AmE) sumar

figure: **~head** *n* (Naut) mascarón *m* de proa; **he's merely a ~head** no es más que una figura decorativa; **~ of eight**, (AmE also) **figure eight** *n* ocho *m*; **~ of speech** *n* (Ling, Lit) figura *f* retórica; **it's just a ~ of speech** es (sólo) un decir *or* una forma de hablar; **~ skating** *n* [u] patinaje *m* artístico

figurine /ˌfɪgjəˈriːn || ˌfɪgəˈriːn/ *n* figura *f*, estatuilla *f*

Fiji /ˈfiːdʒiː/ *n* Fiji

filament /ˈfɪləmənt/ *n* filamento *m*

filch /fɪltʃ/ *vt* (colloq) birlar (fam), afanar (arg)

file¹ /faɪl/ *n*

A (tool) lima *f*

B 1 (folder) carpeta *f*; (*box* ~) clasificador *m*, archivador *m*; (for card index) fichero *m* 2 (collection of documents) archivo *m*; (of a particular case) expediente *m*, dossier *m*; **they were keeping a ~ on him** lo tenían fichado; **to put sth on ~** archivar algo; **to be on ~** ‹‹*information*›› estar* archivado 3 (Comput) archivo *m*; (*before n*) ‹*copy/extension/name*› de archivo *or* fichero

file² *vt*

A (sort) ‹*papers*› archivar

B ‹*application/complaint*› presentar; **to ~ a suit** presentar *or* entablar una demanda

C (Tech) ‹*metal*› limar; **to ~ one's nails** limarse las uñas

■ **file** *vi*

A (walk in line) (+ *adv compl*): **they ~d out of/into the room** salieron de/entraron en la habitación en fila; **the crowd ~d past the tomb** la multitud desfiló ante la tumba

B (Law): **to ~ for divorce** presentar una demanda de divorcio

file: **~ card** *n* (AmE) ficha *f*; **~ clerk** *n* (AmE) administrativo, -va *m,f* (*encargado de archivar*)

filibuster¹ /ˈfɪləbʌstər || ˈfɪlɪbʌstə(r)/ *vi* practicar* el obstruccionismo

filibuster² *n*: *intervención parlamentaria hecha con el propósito de impedir que un asunto se someta a votación*

filigree /ˈfɪləgriː || ˈfɪlɪgriː/ *n* [u] filigrana *f*; (*before n*) ‹*brooch*› de filigrana; ‹*decoration*› afiligranado

filing /ˈfaɪlɪŋ/ *n*: **there's a lot of ~ to do** hay mucho que archivar

filing: **~ cabinet** /ˈfaɪlɪŋ/ *n* archivador *m*, kárdex *m*; **~ clerk** *n* (BrE) ▸**file clerk**

filings /ˈfaɪlɪŋz/ *pl n* limaduras *fpl*

Filipino¹ /ˈfɪləˈpiːnəʊ || ˌfɪlɪˈpiːnəʊ/ *adj* filipino

Filipino² *n* (*pl* **-nos**) filipino, -na *m,f*

fill¹ /fɪl/ *vt*

A 1 (make full) **to ~ sth (WITH sth)** ‹*glass/room*› llenar algo (DE algo); ‹*cake/sandwich*› rellenar algo (DE algo); **he ~ed the tank with water** llenó el tanque de agua; **the wind ~ed the sails** el viento hinchó las velas; **the news ~ed us with anger** la noticia nos llenó de ira 2 ‹*area*› ocupar, llenar 3 (plug) ‹*hole/crack*› rellenar, tapar; ‹*tooth*› empastar, tapar (Andes), emplomar (RPl), calzar* (Col)

B ‹*need*› satisfacer*

C ‹*vacancy*› cubrir*, llenar

■ **fill** *vi* ‹‹*bath/auditorium*›› **to ~ (WITH sth)** llenarse (DE algo); ‹‹*sails*›› hincharse

(Phrasal verbs)

- **fill in**

A [v ▸ o ▸ adv, v ▸ adv ▸ o] 1 ‹*hole/outline*› rellenar 2 ‹*form*› rellenar, llenar 3 (write in) ‹*name/age*› poner*

B [v ▸ o ▸ adv] (inform) (colloq) **to ~ sb in (ON sth)** poner* a algn al corriente (DE algo)

C [v ▸ adv] (deputize) **to ~ in FOR sb** sustituir* *or* reemplazar* a algn

- **fill out**

A [v ▸ o ▸ adv, v ▸ adv ▸ o] ‹*form*› rellenar, llenar

B [v ▸ adv] 1 ‹‹*person*›› engordar; **her face has ~ed out** se le ha llenado la cara, tiene la cara más llenita 2 ‹‹*sail*›› hincharse

- **fill up**

A [v ▸ o ▸ adv, v ▸ adv ▸ o] (make full) llenar; **they give us bread to ~ us up** nos dan pan para llenarnos; **~ her up!** (Auto) ¡llénelo!, lleno, por favor; **to ~ sth up WITH sth** llenar algo DE algo

B [v ▸ adv] 1 (become full) llenarse 2 (buy fuel) echar *or* poner* gasolina

fill² *n*: **to eat/drink one's ~ of sth** (liter) comer/beber algo hasta saciarse; **to have had one's ~ of sth** estar* harto de algo

filler /ˈfɪlər || ˈfɪlə(r)/ *n*

A [u c] (for cracks) masilla *f*

B [c] (Journ) artículo *m* de relleno

fillet¹ /ˈfɪlət || ˈfɪlɪt/ *n* [u c] (Culin) (of beef) filete *m*, solomillo *m* (Esp), lomo *m* (AmS); (of pork) lomo *m*; (of fish) filete *m*; (*before n*) **a ~ steak** un filete, un solomillo de ternera (Esp), un bife de lomo (RPl)

fillet² *vt* ‹*meat*› cortar en filetes; ‹*fish*› quitarle la espina a

filling¹ /ˈfɪlɪŋ/ *n*

A [c] (Dent) empaste *m*, tapadura *f* (Chi, Méx), emplomadura *f* (RPl), calza *f* (Col)

B [u c] (Culin) relleno *m*

filling² *adj*: **pasta's very ~** la pasta llena mucho

filling station *n* ▸**gas station**

fillip /ˈfɪləp || ˈfɪlɪp/ *n* (*no pl*) estímulo *m*; **to give sth/sb a ~** estimular algo/a algn

filly /ˈfɪli/ (*pl* **-lies**) *n* potra *f*

film¹ /fɪlm/ *n*

A 1 [c u] (Phot) película *f* (fotográfica); **a (roll of) ~** un rollo *or* un carrete (de fotos), una película 2 [c] (movie) película *f*, film(e) *m* (period); (*before n*) **~ buff** cinéfilo, -la *m,f*; **~ festival** festival *m* cinematográfico *or* de cine; **the ~ industry** la industria cinematográfica; **~ star** estrella *f* de cine 3 [u] (cinematic art) cine *m*

B 1 [c] (thin covering) película *f* 2 [u] (wrap) film *m* *or* envoltura *f* transparente

film² *vt* ‹*scene*› filmar; ‹*novel/play*› llevar al cine

■ **film** *vi* rodar*, filmar; **~ing starts tomorrow** el rodaje *or* la filmación empieza mañana

> **film rating (US), film certificate (UK)**
>
> Una calificación que se otorga a las películas y videos. Establece la clase de público autorizado para verlos. En EEUU pueden tener seis calificaciones: G (*general audiences*) para todos los públicos; PG (*parental guidance*) es decir que los padres deciden si sus hijos pueden verlos; PH-13 (*parental guidance for children under 13*); R (*restricted*) es decir que los menores de 17 años sólo pueden verlos si están acompañados de uno de los padres o de su tutor; NC-17 (*no children-17*) que están prohibidos para menores de 17 años; X que sólo los pueden ver los mayores de 17 años. En Gran Bretaña las películas y los videos pueden tener 5 calificaciones: U, para todo público; PG, pueden verlos los niños si están acompañados de un adulto; 12, sólo para mayores de 12 años; 15, sólo para mayores de 15 años; 18, sólo para mayores de 18 años

filmstrip /ˈfɪlmstrɪp/ *n*: *película o serie de filminas para proyección fija*

Filofax® /ˈfaɪləfæks/ *n* filofax® *m*

filter¹ /ˈfɪltər || ˈfɪltə(r)/ *n*

A (device) filtro *m*; (*before n*) **~ coffee** café *m* americano

B (BrE Transp) flecha *f* (*que autoriza el giro a derecha o izquierda en algunos semáforos*); (*before n*) **~ lane** carril *m* de giro

filter² *vt* filtrar

■ **filter** *vi* (penetrate) ‹‹*gas/light/sound*›› filtrarse; **the news finally ~ed through to us** al final nos llegó la noticia

(Phrasal verb)

- **filter out**

A [v ▸ adv] ‹‹*news*›› filtrarse

B [v ▸ o ▸ adv, v ▸ adv ▸ o]: **the system ~s out the dust** el sistema elimina el polvo por un proceso de filtrado

filter-tipped /ˈfɪltərˈtɪpt || ˌfɪltəˈtɪpt/ *adj* con filtro

filth /fɪlθ/ *n* [u] 1 (dirt) mugre *f*, roña *f* 2 (obscene language, literature): **I've never heard/seen such ~!** ¡nunca he oído/visto una porquería *or* indecencia igual!

filthy¹ /ˈfɪlθi/ *adj* **-thier, -thiest** 1 (dirty) mugriento, roñoso 2 (obscene) ‹*books*› indecente; ‹*joke*› verde *or* picante *or* (Méx) colorado 3 (unpleasant) (BrE colloq) ‹*weather/habit*› asqueroso (fam)

filthy² *adv* (colloq) (*as intensifier*): **he's ~ rich** está podrido de dinero (fam), está podrido en plata (AmL fam); **it's ~ dirty** está mugriento *or* roñoso

filtration /fɪl'treɪʃən/ *n* [u] filtración *f*

fin /fɪn/ *n* aleta *f*

finagle /fɪ'neɪgəl/ *vt* (AmE colloq) ‹*deal/invitation*› arreglárselas para conseguir (fam)

final¹ /'faɪnl/ *adj*

A (last) (*before n*) último; **a ~ demand (for payment)** (Busn) un último aviso de pago; **I'd like to make one ~ point: ...** por último quisiera señalar que ...

B (definitive) final; **and that's my ~ word on the subject** y no se hable más del asunto; **you can't go and that's ~** no puedes ir y no hay más que hablar; **the judges' decision is ~** (frml) la decisión del jurado es inapelable

final² *n*

A (Games, Sport) (*often pl*) final *f*; **to go through to the ~s** pasar a la(s) final(es)

B finals *pl* (Educ) exámenes *mpl* finales

finale /fə'næli || fɪ'nɑ:li/ *n* **1** (Mus) final *m* **2** (Theat) apoteosis *f*; (grand finish) apoteosis *f*, final *m* triunfal

finalist /'faɪnḷəst || 'faɪnəlɪst/ *n* finalista *mf*

finality /faɪ'næləti/ *n* [u] (of decision) irrevocabilidad *f*, carácter *m* definitivo

finalize /'faɪnḷaɪz || 'faɪnəlaɪz/ *vt* ‹*plans*› ultimar, concluir*; ‹*date*› fijar, concretar

finally /'faɪnḷi || 'faɪnəli/ *adv* **1** (lastly) (*indep*) por último, finalmente **2** (at last) por fin, finalmente

finance¹ /fə'næns, faɪ- || 'faɪnæns, faɪ'næns/ *n* **1** [u] (banking, business) finanzas *fpl*; **high ~** altas finanzas **2 finances** *pl* recursos *mpl* financieros, situación *f* financiera *or* económica **3** [u] (funding) financiación *f*, financiamiento *m* (esp AmL)

finance² *vt* ‹*project/trip*› financiar

finance: **~ Bill** *n* (Govt) proyecto *m* de ley presupuestaria; **~ company**, (BrE also) **~ house** *n* compañía *f* de crédito comercial, (sociedad *f or* casa *f*) financiera *f*

financial /fə'næntʃəl || faɪ'nænʃəl/ *adj* ‹*system/risk*› financiero; ‹*difficulties/independence*› económico; ‹*news*› (Journ) de economía, de negocios; **~ advice** asesoría *f* económica; **~ management** gestión *f* financiera

> **Financial Times Indices**
>
> Son listas que se publican diariamente en el *Financial Times* y que contienen los índices de los precios de las acciones en la Bolsa de Valores de Londres (*London Stock Exchange*). Sirven para mostrar la tendencia general de los mercados financieros de Gran Bretaña. El más conocido es el *FTSE 100 Share Index* y se calcula tomando como base el valor de las acciones de las 100 empresas más grandes de Gran Bretaña

financially /fə'næntʃəli || faɪ'nænʃəli/ *adv* ‹*independent/viable*› económicamente

financial: **~ statement** *n* estado *m* contable, estado *m* financiero; **~ year** *n* (BrE) (of company) ejercicio *m*; (of government) año *m* fiscal

financier /'fɪnən'sɪr || faɪ'nænsɪə(r)/ *n* financiero, -ra *m,f*

financing /fə'nænsɪŋ || faɪ'nænsɪŋ/ *n* financiación *f*

finch /fɪntʃ/ *n* pinzón *m*

find¹ /faɪnd/ (*past & past p* **found**) *vt*

A (sth lost or hidden) encontrar*; **I can't ~ it** no lo encuentro; ***to ~ one's way***: **it's difficult to ~ one's way around this town** es difícil orientarse en esta ciudad; **you'll soon ~ your way around the office** en poco tiempo te familiarizarás con la oficina; **can you ~ your way there?** ¿sabes ir?

B (come across) encontrar*; **I found the door wide open** encontré la puerta abierta de par en par; **there were no cherries to be found** no había cerezas por ninguna parte; **I hope this letter ~s you well** espero que al recibir esta carta te encuentres bien; **this species is found all over Europe** esta especie se encuentra en toda Europa

C **1** (discover) ‹*cause/answer*› encontrar*; **he was found to have AIDS** descubrieron que tenía el sida; **I found (that) it was easier to do it this way** descubrí que era más fácil hacerlo así; **I think you'll ~ (that) I'm right** ya verás como tengo razón **2** (Law): **to ~ sb guilty/not guilty** declarar *or* hallar a algn culpable/inocente; **how do you ~ the accused?** ¿cuál es su veredicto?

D (experience as) encontrar*; **she ~s him attractive** lo encuentra atractivo; **I ~ it difficult to concentrate** me es *or* me resulta difícil concentrarme; **I ~ that hard to believe!** ¡me cuesta creerlo!

E (acquire) encontrar*; **how are we going to ~ $20,000?** ¿cómo vamos a conseguir *or* de dónde vamos a sacar 20.000 dólares?

■ *v refl* **to ~ oneself** **1** (discover) (+ *adv compl*) encontrarse*; **I now ~ myself in a position to ...** ahora me encuentro en posición de ...; **I found myself unable to answer** fui *or* me vi incapaz de responder **2** (discover identity, vocation) encontrarse* a sí (*or* mí *etc*) mismo

■ **find** *vi* (Law) **to ~ FOR/AGAINST sb** fallar A FAVOR DE/CONTRA algn; **the judge found in the plaintiff's favor** el juez se pronunció a *or* en favor del demandante

(Phrasal verb)

• **find out**

A [v ▸ o ▸ adv, v ▸ adv ▸ o] (discover) ‹*truth*› descubrir*; ‹*information*› (by making enquiries) averiguar*; **I was afraid of being found out** tenía miedo de que me descubrieran; **to ~ sth out FROM sb: we're hoping to ~ out more from Robert** esperamos que Robert nos dé más información

B [v ▸ adv] **1** (learn) enterarse; **to ~ out ABOUT sth** enterarse DE algo **2** (make inquiries) averiguar*; **to ~ out ABOUT sth** informarse SOBRE algo

find² *n* hallazgo *m*; **to be a real ~** ser* todo un hallazgo

finder /'faɪndər || 'faɪndə(r)/ *n* (of treasure) descubridor, -dora *m,f*; **~s keepers: found it, it's mine! ~s keepers!** yo me lo encontré, así que me lo quedo

findings /'faɪndɪŋz/ *pl n* conclusiones *fpl*

fine¹ /faɪn/ *adj* **finer, finest**

A (*usu before n*) **1** (excellent) ‹*house/speech/example*› magnífico, excelente; ‹*wine/ingredients*› de primera calidad, selecto; **goods of the ~st quality** artículos *mpl* de la mejor calidad; **the country's ~st minds** los cerebros más brillantes del país **2** (iro): **a ~ friend you are!** ¡menudo *or* valiente amigo eres tú! (iró); **you've picked a ~ time to tell me!** ¡en buen momento me lo dices! (iró); **you're a ~ one to talk!** ¡mira quién habla! **3** (fair) ‹*weather*› bueno; **I hope it stays** *o* **keeps ~** espero que siga haciendo buen tiempo **4** (elegant) ‹*manners/gentleman/lady*› fino, refinado

B (colloq) (*pred*) **1** (in good health) muy bien **2** (OK) bien; (perfect) perfecto; **more wine? — no thanks; I'm ~** ¿más vino? — no, gracias, tengo suficiente; **that's ~ by me** por mí no hay problema

C **1** (thin) ‹*hair/thread*› fino, delgado; ‹*china*› fino **2** ‹*point/blade/rain/particles*› fino; ***to cut it/things ~*** no dejarse ningún margen de tiempo **3** ‹*workmanship*› fino, delicado; ‹*adjustment*› preciso

D (subtle) ‹*distinction/nuance*› sutil; ‹*judgment*› certero; ‹*balance*› delicado; **the ~r points of poetry** los matices más sutiles de la poesía; **there's a very ~ line between eccentricity and madness** la línea divisoria entre la excentricidad y la locura es muy tenue *or* sutil

fine² *adv* (adequately) bien; (very well) muy bien

fine³ *n* multa *f*

fine⁴ *vt* multar, ponerle* *or* aplicarle* una multa a

fine art *n* [u c] arte *m*; **the ~ ~s** las bellas artes; ***to have (got) sth down to a ~ ~*** hacer* algo a la perfección

finely /'faɪnli/ *adv* **1** (in small pieces): **to chop/dice sth ~** picar*/cortar algo muy fino *or* menudo **2** (subtly) ‹*adjust*› con precisión; **~ wrought** delicadamente trabajado

fine print *n* (AmE) **the ~ ~** la letra pequeña *or* menuda, la letra chica (AmL)

finery /'faɪnəri/ *n* [u]: **in all their ~** con sus mejores galas

finesse /fə'nes || fɪ'nes/ *n* [u] **1** (refinement) finura *f*, refinamiento *m* **2** (tact) diplomacia *f*

fine: **~-tooth(ed) comb** /'faɪn'tu:θ(t)/ *n* peine *m* de dientes finos *or* púas finas; ***to go over*** *o* ***through sth with a ~-tooth(ed) comb*** mirar algo con lupa; **~-tune** /'faɪn'tu:n || ˌfaɪn'tju:n/ *vt* ‹*engine*› ajustar, poner* a punto; ‹*receiver*› ajustar; ‹*plan*› afinar, poner* a punto

finger¹ /'fɪŋgər || 'fɪŋgə(r)/ *n* (of hand, glove) dedo *m*; **first** *o* **index ~** (dedo) índice *m*; **middle ~** (dedo) corazón *m or* medio *m*; **third** *o* **ring ~** (dedo) anular *m*; **fourth** *o* **little ~** (dedo) meñique *m*; **you can count on the ~s of one**

hand the number of times … se pueden contar con los dedos de una mano las veces …; ***not to lift** o **raise a ~*** no mover* un dedo; ***to be all ~s and thumbs*** (esp BrE) ser* torpe; ***to burn one's ~s** o **get one's ~s burned*** pillarse los dedos; ***to cross one's ~s*: well, here goes, ~s crossed** bueno, ahí va ¡a ver si hay suerte!; **I'll keep my ~s crossed for you** ojalá (que) tengas suerte; ***to have a ~ in every pie*** estar* metido en todo; ***to have sticky ~s*** tener* la mano larga; ***to lay a ~ on sb*: if you so much as lay a ~ on her …** si le llegas a poner la mano encima …; ***not to lift a ~ to do sth*** no levantar un dedo para hacer algo; ***to point the ~ at sb*** culpar a algn; ***to pull** o **get one's ~ out*** (BrE sl) (d)espabilarse (fam); ***to put one's ~ on sth*: there's something about him, I can't quite put my ~ on it** tiene algo, no sabría decir concretamente qué es; ***to slip through sb's ~s*** escapársele a algn de las manos; ***to snap one's ~s*** chasquear *or* (Méx) tronar* los dedos; ***to work one's ~s to the bone*** deslomarse trabajando

finger² *vt* (handle) toquetear, tentalear (Méx)

fingering /ˈfɪŋgərɪŋ/ *n* [u] (Mus) digitación *f*

finger: **~mark** *n* marca *f*, huella *f*; **~nail** *n* uña *f*; **~print** *n* huella *f* digital *or* dactilar, impresión *f* digital; **~tip** *n* yema *f* del dedo; ***to have sth at one's ~tips*** saberse* algo al dedillo

finicky /ˈfɪnɪki/ *adj* (colloq) **1** (choosy) maniático, mañoso (AmL) **2** (overelaborate) recargado

finish¹ /ˈfɪnɪʃ/ *vt*

A **1** (complete) terminar, acabar; **we ~ school/work at four o'clock today** hoy salimos a las cuatro; **to ~ -ING** terminar *or* acabar DE + INF **2** (consume) ‹*drink/rations*› terminar, acabar

B (create surface texture on) ‹*cloth/porcelain*› terminar; ‹*wood*› pulir

C (destroy) (colloq) acabar con

■ **finish** *vi* terminar, acabar; **she ~ed by summarizing the main points** concluyó resumiendo los puntos principales; **if you've quite ~ed, may I get a word in?** (iro) si has acabado ya ¿me dejas meter baza? (iró); **to ~ first/last** terminar en primer/último lugar

Phrasal verbs

• **finish off**

A [v ▸ o ▸ adv, v ▸ adv ▸ o] **1** (complete) terminar, acabar **2** (exhaust) dejar agotado *or* (fam) hecho polvo **3** (consume) terminar, acabar **4** (kill) matar, acabar con, liquidar (fam)

B [v ▸ adv] (conclude) terminar, acabar, concluir* (frml)

• **finish up**

A [v ▸ o ▸ adv, v ▸ adv ▸ o] ‹*food/paint*› terminar

B [v ▸ adv] (end up) acabar; **I knew he'd ~ up crying** yo sabía que iba a terminar *or* acabar llorando

finish² *n*

A (*no pl*) **1** (end) fin *m*, final *m*; **a fight to the ~** una lucha a muerte **2** (of race) llegada *f*; **it was a very close ~** llegaron a la meta casi a la par

B (surface texture) acabado *m*; **a matt ~** un acabado mate

finished /ˈfɪnɪʃt/ *adj*

A (*pred*) **1** (complete, achieved): **to get sth ~** terminar *or* acabar algo; **to be ~ WITH sth/sb**: **I'm ~ with you!** tú y yo hemos acabado; **I'm ~ with the scissors** no necesito más la tijera **2** (ruined) acabado; **he's ~ as an actor** está acabado como actor **3** (exhausted) (colloq) muerto (fam)

B ‹*article*› terminado; **these clothes are very badly ~** esta ropa está muy mal terminada *or* acabada

finishing /ˈfɪnɪʃɪŋ/: **~ line** *n* (BrE) ▸**finish line**; **~ school** *n*: *colegio privado para señoritas donde se aprende a comportarse en sociedad*; **~ touch** *n*: **to add/put the ~ touch(es) to sth** darle* los últimos toques a algo

finish line, (BrE) **finishing line** *n* meta *f*, línea *f* de llegada

finite /ˈfaɪnaɪt/ *adj*

A ‹*number/amount*› finito; **our resources are ~** nuestros recursos son limitados

B (Ling) conjugado

fink¹ /fɪŋk/ *n* (AmE sl) **1** (contemptible person) mequetrefe *mf* (fam) **2** (informer) soplón, -plona *m,f* (fam) **3** (strike breaker) (pej) rompehuelgas *mf* (pey), esquirol, -rola *m,f* (Esp fam & pey), carnero, -ra (RPl fam & pey)

fink² *vi* (inform) (AmE sl) **to ~ ON sb** delatar a algn, ir* con el soplo sobre algn

Phrasal verb

• **fink out** [v ▸ adv] (AmE sl) rajarse (arg), echarse atrás

Finland /ˈfɪnlənd/ *n* Finlandia *f*

Finn /fɪn/ *n* finlandés, -desa *m,f*, finés, -nesa *m,f*

Finnish¹ /ˈfɪnɪʃ/ *adj* finlandés, finés

Finnish² *n* [u] finlandés *m*

fiord /fiˈɔːrd || fiˈɔːd/ *n* fiordo *m*

fir /fɜːr || fɜː(r)/ *n* abeto *m*; (*before n*) **~ cone** (BrE) piña *f*

fire¹ /faɪr || ˈfaɪə(r)/ *n*

A **1** [u] (flames) fuego *m*; **to be on ~** estar* en llamas, estar* ardiendo; **to set sth on ~** *o* **to set ~ to sth** prenderle fuego a algo; **to catch ~** prender fuego; ‹‹*twigs*›› prender; **~ and brimstone** el fuego eterno, los tormentos del infierno; ***to fight ~ with ~*** pagar* con la misma moneda; ***to play with ~*** jugar* con fuego; ***to set the world on ~*** comerse el mundo **2** [c] (outdoors) hoguera *f*, fogata *f*; **wood ~** fuego *m* de leña **3** [c] (in hearth) fuego *m*, lumbre *f* (liter)

B [c] (blaze which destroys a building) incendio *m*; (*as interj*) **~!** ¡fuego!; (*before n*) **~ curtain** telón *m* contra incendios; **this is a ~ hazard** esto podría causar un incendio

C [c] (heater) (BrE) estufa *f*, calentador *m*

D [u] (of guns) fuego *m*; **to open ~ on sb/sth** abrir* fuego sobre algn/algo; **to exchange ~** tirotearse; **to come under ~** ‹‹*troops*›› entrar en la línea de fuego; ‹‹*politician*›› ser* el blanco de las críticas; ***to hang ~*** esperar, aguantarse (AmS)

fire² *vt*

A **1** ‹*gun/shot*› disparar; ‹*rocket*› lanzar* **2** (direct) **to ~ questions at sb** hacerle* *or* lanzarle* preguntas a algn

B (dismiss) (colloq) echar, despedir*; **she was ~d** la echaron, la despidieron; **you're ~d!** ¡queda usted despedido!

C (stimulate) ‹*imagination*› avivar; **to ~ sb with enthusiasm** llenar de entusiasmo a algn

D ‹*pottery*› cocer*

■ **fire** *vi* (shoot) disparar, hacer* fuego; **to ~ AT sb/sth** disparar CONTRA algn/algo, dispararle A algn/algo; **to ~ ON sb** disparar SOBRE algn; **ready, aim** *o* (BrE) **take aim, ~!** apunten ¡fuego!

Phrasal verbs

• **fire away** [v ▸ adv] (colloq) (*usu in imperative*): **there are some questions I'd like to ask you — ~ away!** quisiera hacerte unas preguntas — ¡adelante! *or* (AmL tb) ¡pregunta nomás!

• **fire off** [v ▸ o ▸ adv, v ▸ adv ▸ o] ‹*round of bullets*› disparar; ‹*questions*› lanzar*

fire: **~ alarm** *n* (apparatus) alarma *f* contra incendios; (signal) alarma *f*; **~arm** *n* arma *f*‡ de fuego; **~ball** *n* (in nuclear explosion) bola *f* de fuego

firebomb¹ /ˈfaɪrbɑːm || ˈfaɪəbɒm/ *n* bomba *f* incendiaria

firebomb² *vt* bombardear (*con bombas incendiarias*)

fire: **~brand** *n* (person) activista *mf*, agitador, -dora *m,f*; **~ brigade** *n* (esp BrE) cuerpo *m* de bomberos; **~ company** *n* (AmE) equipo *m* *or* (Esp) retén *m* *or* (Chi) compañía *f* de bomberos; **~cracker** *n* petardo *m*

-fired /ˌfaɪrd || ˌfaɪəd/ *suff*: **oil~/coal~ heating** calefacción *f* a gas-oil/carbón

fire: **~ department** *n* (AmE) cuerpo *m* de bomberos; **~ door** *n* puerta *f* contra incendios, puerta *f* cortafuegos; **~ drill** *n* simulacro *m* de incendio; **~-eater** *n* tragafuegos *m*; **~ engine** *n* (BrE) ▸**~ truck**; **~ escape** *n* escalera *f* de incendios; **~ exit** *n* salida *f* de incendios; **~ extinguisher** *n* extinguidor *m* (de incendios) (AmL), extintor *m* (Esp); **~fighter** *n* bombero *mf*; **~fly** *n* luciérnaga *f*; **~ guard** *n* rejilla *f* (*de chimenea*); **~ hydrant** *n* boca *f* de incendios *or* (Esp) de riego, hidrante *m* de incendios (AmC, Col), grifo *m* (Chi); **~ irons** *pl n* accesorios *mpl* para la chimenea; **~light** *n* [u] luz *f* de la lumbre *or* del hogar; **~lighter** *n*: *líquido o pastilla utilizados para facilitar el encendido del fuego de leña o carbón*; **~man** /ˈfaɪrmən || ˈfaɪəmən/ (*pl* **-men** /-mən/) *n* **1** (firefighter) bombero *mf*; **2** (Rail) fogonero *m*; **~place** *n* chimenea *f*, hogar *m*; **~plug** *n* (AmE) ▸**~ hydrant**; **~power** *n* [u] potencia *f* de fuego; **~proof** *adj* ‹*material*› ignífugo, incombustible; **~-resistant** /ˈfaɪrrɪˈzɪstənt || ˈfaɪərɪˌzɪstənt/ *adj* incombustible, ignífugo; **~ screen** *n* pantalla *f* (*de chimenea*); **~side** *n* [u] hogar *m*; **we sat by the ~side** nos

sentamos al calor del fuego, nos sentamos junto a la chimenea *or* junto al hogar; **~ station** *n* estación *f or* (Esp) parque *m or* (RPl) cuartel *m* de bomberos, bomba *f* (Chi); **~trap** *n: edificio peligroso en caso de incendio;* **~ truck** *n* (AmE) carro *m or* (Esp) coche *m* de bomberos, autobomba *m* (RPl), bomba *f* (Chi); **~wall** /'faɪrwɔːl || 'faɪəwɔːl/ *n*
A (in building) muro *m* cortafuego(s);
B (Comput) fire wall *f, barrera de control de accesos;* **~wood** *n* [u] leña *f;* **~work** *n* dispositivo *m* pirotécnico (frml); **~works** fuegos *mpl* artificiales *or* de artificio; (*before n*) **~work(s) display** fuegos *mpl* artificiales *or* de artificio

firing /'faɪrɪŋ || 'faɪərɪŋ/ *n* [u] (shots) disparos *mpl*

firing: **~ line** *n:* ***to be on*** *o* (BrE) ***in the ~ line*** (exposed to criticism) estar* expuesto a las críticas; (Mil) estar* en la línea de combate *or* de fuego; **~ squad** *n* pelotón *m* de fusilamiento

firm¹ /fɜːrm || fɜːm/ *adj*
A **1** (secure) ‹*grasp*› firme; **he has a ~ handshake** da la mano con fuerza **2** (not yielding) ‹*surface/muscles*› firme; ‹*mattress*› duro; ‹*foundation*› sólido **3** (not declining) ‹*currency/market*› firme, fuerte; **the dollar remained ~ against other currencies** el dólar se mantuvo frente a otras monedas
B **1** (steadfast) ‹*friendship*› sólido; ‹*support*› firme; **he is ~ favorite to win the race** es el gran favorito de la carrera; **she is ~ in her convictions** se mantiene firme en sus convicciones **2** (strict) estricto, firme; **to take a ~ line** *o* **stand on sth** ponerse* firme sobre algo
C (definite) ‹*offer/date*› en firme

firm² *n* empresa *f*, firma *f*, compañía *f*

firm³ *vt* **~ (up)** ‹*muscles*› endurecer*

(Phrasal verb)
• **firm up** [v ▸ adv ▸ o] ‹*price/date/deal*› concretar, confirmar

firmament /'fɜːrməmənt || 'fɜːməmənt/ *n* (liter) firmamento *m* (liter)

firmly /'fɜːrmli || 'fɜːmli/ *adv* ‹*grasp/believe*› con firmeza, firmemente; ‹*fixed/supported/committed*› firmemente

first¹ /fɜːrst || fɜːst/ *adj*
A **1** (initial) primero [**primero** *becomes* **primer** *when it precedes a masculine singular noun*] **the ~ president of the USA** el primer presidente de los EE UU; **Henry I** (*léase: Henry the First*) Enrique I (*read as: Enrique primero*); **who's going to be ~?** ¿quién va a ser el primero?; **our horse was ~** nuestro caballo llegó en primer lugar *or* el primero; **~ things ~** primero lo más importante **2** (in seniority, standing) primero; **the ~ eleven/fifteen** (BrE) el equipo titular; **she's ~ in line to the throne** está primera *or* es la primera en la línea de sucesión al trono
B (elliptical use): **he'll be arriving on the ~ (of the month)** llegará el primero *or* (Esp tb) el uno (del mes); **he fell at the ~** cayó en la primera valla (*or* el primer obstáculo *etc*); **he/she was the ~ to arrive** fue el primero/la primera en llegar; **he came in an easy ~** ganó fácilmente; **the ~ she knew about it was when ...** la primera noticia que tuvo de ello fue cuando ...
C (*in phrases*) **at first** al principio; **from the first** desde el principio, desde el primer momento; **from first to last** de(l) principio a(l) fin

first² *adv*
A **1** (ahead of others) primero; **he came ~ in the exam** sacó la mejor nota en el examen; **which comes ~, your family or your career?** ¿para ti qué está primero, tu familia o tu carrera?; **I always put my children ~** para mí antes que nada *or* primero están mis hijos; **ladies ~** primero las damas; ***~ come, ~ served*: tickets will be available on a ~ come, ~ served basis** se adjudicará(n) las entradas por riguroso orden de solicitud (*or* llegada *etc*) **2** (before other actions, events) primero, en primer lugar; **~, I want to thank everyone for coming** en primer lugar *or* primero quiero agradecerles a todos que hayan venido **3** (beforehand) antes, primero **4** (for the first time) por primera vez; **when I ~ met him** cuando lo conocí **5** (rather) antes; **form a coalition? I'd resign ~** ¿formar una coalición? ¡antes (que eso) renuncio!
B (*in phrases*) **first and foremost** ante todo; **first and last** por encima de todo; **first of all** en primer lugar, antes que nada

first³ *n* **1** **~ (gear)** (Auto) (*no art*) primera *f* **2** (original idea, accomplishment) primicia *f*; **another ~ for Acme Corp** otra primicia de Acme Corp **3** (BrE Educ) *nota más alta de la escala de calificaciones de un título universitario*

first: **~ aid** *n* [u] primeros auxilios *mpl*; **to give ~ aid** prestar los primeros auxilios; (*before n*) **~-aid kit** botiquín *m* (de primeros auxilios); **~-aid station** *o* (BrE) **post** puesto *m* de primeros auxilios; **~ base** *n* [u] (AmE Sport) primera base *f*, inicial *f*; ***not to reach*** *o* ***get to ~ base*** (colloq) quedar(se) en agua de borrajas *or* en nada; **~ baseman** /'beɪsmən/ *n* (*pl* **-men** /-mən/) (AmE) primera base *m*, inicialista *m*; **~-born** *adj* (frml) (*before n*) ‹*child*› primogénito; **~ class** *adv* ‹*travel*› en primera (clase); **~-class** /'fɜːrst'klæs || ˌfɜːst'klɑːs/ *adj* (*pred* **~ class**) **1** (of highest grade) ‹*hotel/ticket*› de primera clase; ‹*travel*› en primera (clase); **she has a ~-class degree** (BrE) ≈ se recibió con la nota más alta (*en AmL*), ≈ sacó la carrera con matrícula de honor (*en Esp*) **2** (excellent) de primera, de primer orden **3** (BrE Corresp) **~-class mail** *o* **post** *correspondencia enviada a una tarifa superior, que garantiza una rápida entrega;* **~-day cover** /'fɜːrst'deɪ || 'fɜːstdeɪ/ *n* sobre *m* del primer día; **~ edition** *n* [u c] primera edición *f*, edición *f* príncipe; **~ grade** *n* (AmE) primer año (*de la escuela primaria*), ≈ primero *m* de EGB (*en Esp*)

first-hand¹ /'fɜːrst'hænd || ˌfɜːst'hænd/ *adj* ‹*news*› de primera mano

first-hand² *adv* directamente

first: **~ lady** *n* primera dama *f*; **~ light** *n* madrugada *f*; **at ~ light** al alba, de madrugada

firstly /'fɜːrstli || 'fɜːstli/ *adv* (*as linker*) en primer lugar, primeramente

first: **~ mate** *n* primer, -mera oficial *m,f*, segundo, -da de a bordo *m,f*; **~ name** *n* nombre *m* de pila; (*before n*) **to be on ~-name terms (with sb)** ≈ tutearse *or* tratarse de tú con algn; **~ officer** *n* ▸ **~ mate**; **~ person** *n* **the ~ person singular/plural** la primera persona del singular/plural; **~-rate** /'fɜːrst'reɪt || ˌfɜːst'reɪt/ *adj* de primera, de primer orden; **~-time** *adj* (*before n*): **~-time buyer** *persona que compra algo, gen una vivienda, por primera vez*

firth /fɜːrθ || fɜːθ/ *n* (in Scotland) estuario *m*

fiscal /'fɪskəl/ *adj* ‹*policy*› fiscal; ‹*restraint*› monetario

fiscal year *n* (AmE) año *m* fiscal

fish¹ /fɪʃ/ *n* (*pl* **fish** *or* **fishes**) **1** [c] (Zool) pez *m*; ***like a ~ out of water*** (in unusual situation) como gallina en corral ajeno (fam); ***there are plenty more ~ in the sea*** hay mucho más donde elegir; ***to be a big ~ in a little pond*** ser* un pez gordo (*en un lugar pequeño*); ***to drink like a ~*** beber como un cosaco (fam), chupar como una esponja (fam); ***to have other ~ to fry*** tener* cosas mejores *or* más importantes que hacer; ***to swim like a ~*** nadar como un pez; (*before n*) **~ market** mercado *m* de pescado; **~ pond** estanque *m*; **~ tank** pecera *f* **2** [u] (Culin) pescado *m*; **wet ~** (BrE) pescado *m* fresco; **~ and chips** (esp BrE) pescado *m* frito con papas *or* (Esp) patatas fritas; ***neither ~, flesh, nor fowl*** ni chicha ni limonada *or* limoná (fam) **3** (person) (colloq): **he's a queer ~** es un tipo raro; **he's rather a cold ~** es un tipo seco

fish² *vi* **1** pescar*; **to go ~ing** ir* de pesca, ir* a pescar; **to ~ FOR sth** ‹*for trout*› pescar* algo; ‹*for compliments/information*› andar* a la caza de algo **2** (search) rebuscar*; **to ~ (around) in one's pockets/bag** rebuscar* en los bolsillos/la bolsa
■ **fish** *vt* **1** ‹*cod/mackerel*› pescar* **2** ‹*river/lake*› pescar* en

(Phrasal verb)
• **fish out** [v ▸ o ▸ adv, v ▸ adv ▸ o] sacar*; **to ~ sth out OF sth** sacar* algo DE algo

fish: **~bone** *n* espina *f* (*de pez*); **~cake** *n* ≈ croqueta *f* (*de pescado y papas*)

fisherman /'fɪʃərmən || 'fɪʃəmən/ *n* (*pl* **-men** /-mən/) pescador *m*

fishery /'fɪʃəri/ *n* (*pl* **-eries**)
A ▸ **fish farm**
B **fisheries** *pl* **1** (industry) industria *f* pesquera, pesca *f* **2** (area) pesquería *f*

fish: **~ farm** *n* piscifactoría *f*; **~ farming** *n* [u] piscicultura *f*; **~ finger** *n* (BrE) ▸ **fish stick**; **~hook** *n* anzuelo *m*

fishing /ˈfɪʃɪŋ/ *n* [u] **1** (professional) pesca *f*; (*before n*) ‹*industry/port*› pesquero **2** (amateur) pesca *f*; (*before n*) ‹*club/season*› de pesca; ~ **tackle** aparejos *mpl* de pesca

fishing: ~ **boat** *n* lancha *f or* barca *f* pesquera *or* de pesca, bote *m* pesquero *or* de pesca; ~ **net** *n* red *f* de pesca; ~ **pole** (AmE), ~ **rod** *n* caña *f* de pescar

fish: ~**monger** /ˈfɪʃˌmɑːŋgər ‖ ˈfɪʃˌmʌŋgə(r)/ *n* (BrE) pescadero, -ra *m,f*; **at the** ~**monger('s)** en la pescadería; ~**net** *n* **1** [c] (AmE) ▸**fishing net** **2** [u] (Tex) red *f*; (*before n*) ‹*stockings*› de malla gruesa *or* de red; ~ **slice** *n* (BrE) espumadera *f*, espátula *f* (*para fritos*); ~ **stick** *n* (AmE) palito *m* de bacalao (*or* merluza *etc*) (*trozo de pescado rebozado y frito*); ~**tail** *vi* (AmE) colear; ~**wife** *n* (colloq & pej) verdulera *f* (fam & pey)

fishy /ˈfɪʃi/ *adj* **-fishier, -fishiest**
A (of fish) ‹*smell/taste*› a pescado
B (suspicious) (colloq) ‹*story*› sospechoso; **it sounds a bit** ~ **to me** me huele mal *or* (Esp) me huele a chamusquina (fam)

fission /ˈfɪʃən/ *n* [u] fisión *f*

fissure /ˈfɪʃər ‖ ˈfɪʃə(r)/ *n* (frml) (in rock) fisura *f*

fist /fɪst/ *n* puño *m*; **to make a** ~ *o* **to clench one's** ~ cerrar* el puño; **to shake one's** ~ **at sb** amenazar* a algn con el puño

fistfight /ˈfɪstfaɪt/ *n* pelea *f* (*a puñetazos*)

fistful /ˈfɪstfʊl/ *n* puñado *m*

fit¹ /fɪt/ *adj* **-tt-**
A (healthy) en forma, sano; **to get/keep** ~ ponerse*/mantenerse* en forma; **to be** ~ FOR **sth**: **the soldiers were passed** ~ **for duty** los soldados fueron declarados aptos (para el servicio); **I feel** ~ **for anything today** hoy me siento capaz de cualquier cosa; **to be** ~ **to + INF** ‹*to play/travel*› estar* en condiciones DE + INF
B **1** (suitable) ‹*person/conduct*› adecuado, apropiado; **to be** ~ FOR **sth/sb**: **this book is not** ~ **for children** este libro no es apto *or* apropriado para niños; **this car is only** ~ **for the scrapheap** este coche es pura chatarra; **a feast** ~ **for a king** un banquete digno de reyes; **to be** ~ **to + INF**: **this isn't** ~ **to eat** (harmful) esto no está en buenas condiciones; (unappetizing) esto está incomible; **he's not** ~ **to be a father** no es digno de ser padre; **you're not** ~ **to be seen** estás impresentable **2** (right) (*pred*) **to see** ~ **to + INF**: **he did not see** ~ **to reply to our letter** ni se dignó contestar a nuestra carta; **to think** ~ TO + INF estimar conveniente + INF, creer* apropiado + INF
C (ready) **to be** ~ **to + INF**: **I felt** ~ **to drop** me sentía a punto de caer* agotada; **to laugh** ~ **to burst** desternillarse de risa; ▸**tie²** *vt* **A2**

fit² **-tt-** *vt*
A **1** (Clothing): **the dress** ~**s you perfectly** el vestido te queda perfecto; **the jacket doesn't** ~ **me** la chaqueta no me queda bien **2** (be right size, shape for) ‹*socket*› encajar en **3** (correspond to) ‹*theory*› concordar* con, corresponderse con; **we have nobody** ~**ting that description** no tenemos a nadie que responda a esa descripción; **the punishment must** ~ **the crime** el castigo debe ser acorde con el delito
B (install) (esp BrE) ‹*carpet/lock*› poner*, colocar*; ‹*double glazing*› instalar; **he** ~**ted the two halves together** unió *or* encajó las dos mitades; **to** ~ **sth** WITH **sth** equipar algo CON algo; **a kitchen** ~**ted with the latest appliances** una cocina equipada con los últimos electrodomésticos; **the car is** ~**ted with leather upholstery** el coche está tapizado en cuero; **he's been** ~**ted with a pacemaker** le han colocado *or* puesto un marcapasos
C **1** (accommodate) **to** ~ **sth** INTO **sth** meter algo EN algo; **they managed to** ~ **everybody into one small room** lograron meter a todo el mundo en una habitación pequeña **2** (adjust) **to** ~ **sth** TO **sth** adecuar* algo A algo **3** (make suitable) **to** ~ **sb** FOR **sth/-ING** capacitar a algn PARA algo/INF
D (Clothing) ‹*dress/suit*› **to** ~ **sb** FOR **sth** tomarle medidas a algn PARA algo
■ **fit** *vi* **1** (Clothing): **these shoes don't** ~ estos zapatos no me quedan bien; **to make sth** ~ ajustar algo; ***if the shoe*** *o* (BrE) ***cap*** ~***s wear it*** al que le caiga *or* venga el sayo que se lo ponga (AmL), quien se pica ajos come (Esp) **2** (be right size, shape) «*lid*» ajustar; «*key/peg*» encajar; **to make sth** ~ hacer* ajustar/encajar algo **3** (correspond) «*facts/description*» encajar, cuadrar; **those jeans don't** ~ **with your smart image** esos vaqueros no van con tu imagen de hombre elegante

(Phrasal verbs)

• **fit in**
A [v ▸ adv] **1** (have enough room) caber* **2** (go) ir*; **the battery** ~**s in there** la pila va allí **3** (accord) «*detail/event*» concordar*, cuadrar; **to** ~ **in** WITH **sth** concordar* *or* cuadrar CON algo **4** (belong): **she doesn't** ~ **in here** esto no es para ella, ella no encaja aquí **5** (adjust, conform to) **to** ~ **in** WITH **sb/sth**: **he'll have to** ~ **in with our plans** tendrá que amoldarse a nuestros planes; **she never** ~**ted in with the rest** nunca se integró con los demás
B [v ▸ o ▸ adv, v ▸ adv ▸ o] **1** (find space for) acomodar **2** (fix in place) colocar* **3** (find time for): **I can** ~ **you in at ten o'clock** puedo atenderla *or* hacerle un hueco a las diez; **she hoped to** ~ **in some sightseeing** esperaba tener un poco de tiempo para salir a conocer el lugar; **I don't know how you** ~ **it all in** no sé cómo te las arreglas para encontrar tiempo para todo

• **fit out** [v ▸ o ▸ adv, v ▸ adv ▸ o] equipar; **to** ~ **sb out** WITH **sth** ‹*with boots/equipment*› equipar a algn CON algo; ‹*with uniform*› proveer* a algn DE algo

• **fit up** [v ▸ o ▸ adv, v ▸ adv ▸ o] (equip) (BrE) **to** ~ **sb up** WITH **sth** proveer* a algn DE algo; **to** ~ **sth up** AS **sth**: **we can** ~ **the garage up as a studio** podemos acondicionar el garaje para usarlo como estudio

fit³ *n*
A **1** (attack) ataque *m*; **epileptic** ~ ataque epiléptico; **fainting** ~ síncope *m*; ***to give sb a*** ~ (colloq) darle* a algn un soponcio (fam); ***to have*** *o* ***throw a*** ~ (colloq): **I nearly had a** ~ casi me da un ataque *or* un síncope (fam) **2** (short burst): **a** ~ **of coughing** un acceso de tos; **a** ~ **of laughter** un ataque de risa; **a** ~ **of jealousy** un arrebato *or* arranque de celos; ***to have sb in*** ~***s*** (colloq) hacer* partirse de risa a algn (fam); **we were in** ~**s** nos estábamos muriendo de risa; ***by*** *o* ***in*** ~***s and starts*** a los tropezones, a trancas y barrancas
B (of size, shape) (*no pl*): **my new jacket is a good/bad** ~ la chaqueta nueva me queda bien/mal; **I prefer a looser** ~ prefiero la ropa más holgada; **it's a tight** ~ (clothes) es muy entallado; (in confined space) **can we all get in? — it'll be a tight** ~ ¿cabemos todos? — vamos a estar muy apretados

fitful /ˈfɪtfəl/ *adj* ‹*progress/sunshine*› intermitente, irregular; ‹*sleep*› irregular

fitfully /ˈfɪtfəli/ *adv* ‹*sleep/work*› de manera irregular

fitment /ˈfɪtmənt/ *n* **1** (esp BrE Const) *elemento del mobiliario o instalaciones* **2** (fitting) accesorio *m*

fitness /ˈfɪtnəs ‖ ˈfɪtnɪs/ *n* [u]
A (healthiness) salud *f*; **(physical)** ~ (buena) forma *f* física, (buen) estado *m* físico
B (suitability) aptitud *f*, capacidad *f*

fitted /ˈfɪtəd ‖ ˈfɪtɪd/ *adj* **1** ‹*cupboard*› empotrado; ‹*shelves*› hecho a medida; ‹*sheet*› ajustable, de cajón (Méx); ~ **carpet** (esp BrE) alfombra *f* de pared a pared, moqueta *f* (Esp) **2** ‹*kitchen*› integral, con armarios empotrados **3** (Clothing) ‹*jacket/waist*› entallado

fitter /ˈfɪtər ‖ ˈfɪtə(r)/ *n*
A (Clothing) probador, -dora *m,f*
B (Tech) (mechanic — in garage) mecánico, -ca *m,f*; (— in car industry, shipbuilding) operario, -ria *m,f*

fitting¹ /ˈfɪtɪŋ/ *adj* ‹*conclusion*› adecuado; ‹*tribute*› digno; **it is** ~ **that he should be buried there** lo que corresponde es que se lo entierre allí

fitting² *n*
A (Clothing) **1** (trying on) prueba *f* **2** (BrE) (size — of clothes) medida *f*; (— of shoe) horma *f*
B **1** (accessory) accesorio *m* **2** **fittings** *pl* (esp BrE Const) accesorios *mpl*; **electrical** ~**s** instalaciones *fpl* eléctricas; **bathroom** ~**s** grifería *f* y accesorios *mpl* de baño

fitting room *n* probador *m*

five¹ /faɪv/ *n* cinco *m*; *see also* **four¹**

five² *adj* cinco *adj inv*; *see also* **four²**

five: ~**-and-dime** /ˈfaɪvənˈdaɪm/, ~**-and-ten** /-ˈten/ *n* (AmE) baratillo *m*; ~**-a-side** /ˈfaɪvəˈsaɪd/ *n* [u] (Sport) *also* ~**-a-side football** (BrE) fútbol *m* sala, futbito *m* (Esp), futbolito *m* (Chi, Col); ~**fold** *adj/adv see* **-fold**

fiver /ˈfaɪvər ‖ ˈfaɪvə(r)/ *n* **1** ($5) (AmE sl) cinco dólares *mpl* *or* (AmL fam) verdes *mpl* **2** (£5) (BrE colloq) cinco libras *fpl*

fix¹ /fɪks/ *vt*
(Sense I)
A 1▸ (secure) ‹*plank/shelf*› sujetar, asegurar; **to ~ a notice on a door** poner* un anuncio en una puerta; **to ~ sth** TO **sth** sujetar algo A algo 2▸ (implant): **to ~ sth in one's memory** grabar algo en la memoria
B 1▸ (direct steadily): **his eyes were ~ed on the road ahead** tenía la mirada fija en la carretera 2▸ (look at): **he ~ed her with a stony gaze** clavó en ella una mirada glacial
(Sense II)
A 1▸ (establish) ‹*date/time/price*› fijar; ‹*details*› concretar 2▸ (organize) arreglar; **how are you ~ed for next weekend?** ¿qué planes tienes para el fin de semana?
B (repair) (colloq) ‹*car/clock/kettle*› arreglar
C (esp AmE) 1▸ (prepare) (colloq) preparar 2▸ (make presentable): **to ~ one's hair/face** arreglarse el pelo/pintarse
D (colloq) ‹*election/contest*› amañar (fam), arreglar (fam)
■ **fix** *vi* (make plans, intend) (AmE): **we're ~ing to go fishing on Sunday** estamos planeando ir de pesca el domingo; **we've ~ed to meet them at one** hemos quedado (en encontrarnos) con ellos a la una
(Phrasal verbs)
• **fix on** [v ▸ prep ▸ o] decidirse por
• **fix up**
A [v ▸ o ▸ adv, v ▸ adv ▸ o] 1▸ (provide for): **I need somewhere to stay: can you ~ me up?** necesito alojamiento ¿me lo puedes arreglar?; **she ~ed me up with a job** me encontró *or* consiguió un trabajo 2▸ (organize) organizar*; **I'll ~ things up with her** lo arreglaré con ella 3▸ (repair) ‹*house/room*› (AmE) arreglar
B [v ▸ adv] (make arrangements) (BrE colloq) arreglar
• **fix upon** ▸**fix on**

fix² *n*
A (predicament) (colloq) aprieto *m*, apuro *m*
B (of drug) (sl) dosis *f*; (shot) pinchazo *m*
C (Aviat, Naut) posición *f*; **to get a ~ on sth** «*sailor/airman*» establecer* la posición de algo

fixation /fɪk'seɪʃən/ *n* [c] obsesión *f*, fijación *f*

fixative /'fɪksətɪv/ *n* [u c] 1▸ (adhesive) adhesivo *m* 2▸ (varnish) (BrE) fijador *m*

fixed /fɪkst/ *adj*
A 1▸ (unchanging) ‹*price/rate/ideas*› fijo; ‹*principles/position*› rígido 2▸ (prearranged) ‹*date/time*› fijado; **a ~-term contract** un contrato a plazo fijo
B (steady) ‹*gaze*› fijo; ‹*smile*› petrificado
C (provided with) (colloq): **how are you ~ for money/time?** ¿qué tal andas *or* estás de dinero/tiempo? (fam)

fixed: **~ assets** *pl n* activo *m* fijo; **~ capital** *n* capital *m* fijo *or* permanente; **~-interest** /'fɪkst'ɪntrəst/ *adj* a interés fijo; **~-rate** /'fɪkst'reɪt/ *adj* a una tasa de interés fija *or* (esp Esp) a tipo de interés fijo

fixings /'fɪksɪŋz/ *pl n* (AmE colloq) guarnición *f*, acompañamiento *m*

fixture /'fɪkstʃər || 'fɪkstʃə(r)/ *n*
A 1▸ (in building) *elemento de la instalación, como los artefactos del baño, cocina etc* 2▸ (permanent feature) parte *f* integrante; **she's become a ~ here** (hum) ya forma parte del mobiliario (hum)
B (BrE Sport) encuentro *m*; (*before n*) **~ list** programa *m* de encuentros

fizz¹ /fɪz/ *vi* 1▸ (hiss) silbar 2▸ «*champagne/cola*» burbujear, hacer* burbujas

fizz² *n* [u] 1▸ (of champagne, soda water) burbujeo *m*, efervescencia *f* 2▸ (liveliness) chispa *f*

fizzle /'fɪzəl/ *vi* (fail) (AmE) fracasar
(Phrasal verb)
• **fizzle out** [v ▸ adv] «*fire/firework*» apagarse*; «*excitement*» esfumarse, quedar en nada

fizzy /'fɪzi/ *adj* **-zier, -ziest** gaseoso, efervescente, con gas

fjord /fi'ɔːrd || fi'ɔːd/ *n* fiordo *m*

FL, Fla = Florida

flab /flæb/ *n* [u] (colloq) gordura *f* (*fofa*)

flabbergasted /'flæbər,gæstəd || 'flæbə,gɑːstɪd/ *adj* estupefacto, atónito, pasmado (fam)

flabby /'flæbi/ *adj* **-bier, -biest** ‹*stomach*› fofo, bofo (Mex fam); ‹*muscle*› flojo, blando

flaccid /'flæsəd, 'flæksəd || 'flæsɪd, 'flæksɪd/ *adj* (frml) fláccido

flag¹ /flæg/ *n*
A 1▸ (of nation, organization) bandera *f*, pabellón *m* (frml); (pennant) banderín *m*; **to sail under the Panamanian ~** navegar* con bandera panameña *or* (frml) con pabellón panameño; ***to keep the ~ flying*** (maintain traditions) mantener* las tradiciones de la patria; ***to put the ~s out*** celebrar algo por todo lo alto; ***to show*** *o* ***fly the ~*** hacer* patria, dejar bien puesta la bandera 2▸ (as marker, signal) bandera *f*; **to fly** *o* **wave the white ~** enarbolar la bandera blanca
B (on chart) banderita *f*
C (Comput) indicador *m*, bandera *f*
D (AmE) 1▸ (in taxi) bandera *f* 2▸ (on mailbox) *banderita metálica que indica que hay correo para recoger*
E **~(stone)** (on pavement) losa *f*, piedra *f*

flag² **-gg-** *vi* 1▸ «*person/animal*» desfallecer*, flaquear 2▸ «*interest/conversation/spirits*» decaer*; «*attendance*» disminuir*, bajar; **their strength ~ged** les fallaron *or* les flaquearon las fuerzas 3▸ **flagging** *pres p* ‹*enthusiasm/interest/confidence*› cada vez menor
■ **flag** *vt* 1▸ (mark with flags) marcar* *or* señalar con banderas 2▸ (mark for special attention) marcar*
(Phrasal verb)
• **flag down** [v ▸ o ▸ adv, v ▸ adv ▸ o] ‹*car/motorist*› parar (*haciendo señas*)

flag day *n* 1▸ **Flag Day** (AmE) (el) Día de la Bandera 2▸ (BrE) *día en que se lleva a cabo una colecta callejera para una obra benéfica*

> **Flag Day**
> Es el día de la bandera en EEUU. Se celebra el 14 de junio para conmemorar el día, en 1777, en que **Stars and Stripes** pasó a ser el emblema oficial del país

flagellate /'flædʒəleɪt/ *vt* flagelar

flagon /'flægən/ *n* 1▸ (large jug) jarra *f* 2▸ (large bottle) botellón *m*

flagpole /'flægpəʊl/ *n* asta *f*‡ de (la) bandera, mástil *m*

flagrant /'fleɪgrənt/ *adj* flagrante

flag: **~ship** *n* (Naut) buque *m* insignia; (showpiece) producto *m* (*or* programa *m* *etc*) bandera; **~stone** *n* losa *f*, piedra *f*

flail¹ /fleɪl/ *n* mayal *m*

flail² *vi*: **with arms/legs ~ing** con los brazos como aspas de molino/sacudiendo las piernas; **she ~ed about on the ice, unable to get up** se debatía en el hielo sin conseguir levantarse

flair /fler || 'fleə(r)/ *n* 1▸ (natural aptitude) (*no pl*): **a ~ for languages/business** facilidad *f* para los idiomas/olfato *m* para los negocios 2▸ [u] (stylishness) estilo *m*

flak /flæk/ *n* [u] 1▸ (Aviat, Mil) fuego *m* antiaéreo 2▸ (criticism) críticas *fpl*; **to come in for** *o* **take a lot of ~** ser* muy criticado

flake¹ /fleɪk/ *n*
A (of snow, cereals) copo *m*; (of paint, rust) escama *f*, laminilla *f*; (of wood, bone) astilla *f*; (of skin) escama *f*, pellejo *m* (fam)
B (eccentric person) (AmE sl & pej) bicho *m* raro (fam)

flake² *vi* «*paint/plaster*» descascararse, pelarse
(Phrasal verb)
• **flake out** (BrE colloq) [v ▸ adv] (slump) desplomarse, caer* redondo *or* rendido

flakey *adj* ▸**flaky**

flak jacket, (AmE also) **flak vest** *n* chaleco *m* antibala(s)

flaky, flakey /'fleɪki/ *adj* **-kier, -kiest** ‹*piecrust*› hojaldrado; ‹*paint/plaster*› que se desconcha *or* descascara; **~ pastry** *masa tipo hojaldre*

flambé /'flæmbeɪ || 'flɒmbeɪ/ *vt* flamear

flamboyant /flæm'bɔɪənt/ *adj* 1▸ (dashing) ‹*style/person*› exuberante, extravagante; ‹*gesture*› ampuloso 2▸ (brilliant) ‹*color*› vistoso; ‹*hat/dress*› llamativo

flame¹ /fleɪm/ *n* [c u] 1▸ llama *f*; **to be in ~s** estar* (envuelto) en llamas; **to go up in ~s** incendiarse; ***to be shot down in ~s***: **his plan was shot down in ~s by his boss** su jefe demolió su plan; **the plane/pilot was shot down in ~s** el avión/piloto cayó envuelto en llamas 2▸ (lover): **he's an old ~ of mine** es un antiguo enamorado mío

flame² *vi* 1 (blaze) «*light/jewel*» refulgir*; «*fire*» arder; **her anger ~d (up) again as she reread the letter** volvió a montar *or* a arder en cólera al releer la carta 2 (glow) «*sun*» encenderse*, enrojecer*; **her cheeks ~d with anger** se le encendieron las mejillas de (la) ira

flamenco /flə'meŋkəʊ/ *n* [u c] (*pl* **-cos**) flamenco *m*

flame: **~out** /'fleɪmaʊt/ *n* 1 (of engine) pérdida *f* total de combustión 2 (failure) (AmE colloq) fracaso *m*; **~proof** *adj* ‹*fabric*› ininflamable; ‹*dish*› resistente al fuego; **~-red** /'fleɪm'red/ *adj* (*pred* **~ red**) ‹*dress/paint*› rojo fuego *adj inv*; **~-resistant** /'fleɪmrɪ'zɪstənt/ *adj* ignífugo; **~-retardant** /'fleɪmrɪ'tɑːrdənt || 'fleɪmrɪ,tɑːdənt/ *adj* de combustión lenta; **~thrower** /'fleɪm'θrəʊər || 'fleɪm,θrəʊə(r)/*n* lanzallamas *m*

flaming /'fleɪmɪŋ/ *adj*
A ‹*logs/coals*› llameante
B (furious) ‹*quarrel*› violento; **she was in a ~ temper** *o* **rage** estaba furibunda
C (BrE colloq) (*as intensifier*) maldito (fam), condenado (fam)

flamingo /flə'mɪŋgəʊ/ *n* (*pl* **-gos** *or* **-goes**) flamenco *m*

flammable /'flæməbəl/ *adj* inflamable, flamable (Méx)

flan /flæn/ *n* [c u] (sweet) tarta *f*, kuchen *m* (Chi); (individual) tartaleta *f*, tarteleta *f* (RPl); **cheese ~** quiche *f* de queso

Flanders /'flændərz || 'flɑːndəz/ *n* Flandes *m*

flange /flændʒ/ *n* 1 (Rail) (on wheel) pestaña *f*; (on rail) cabeza *f* 2 (Const, Tech) (on pipe) reborde *m*; (on girder) ala *f*‡

flank¹ /flæŋk/ *n* 1 (of animal) ijada *f*, ijar *m*; (of person) costado *m* 2 (of hill) (liter) falda *f* 3 (Mil, Sport) flanco *m*

flank² *vt* (*often pass*) flanquear; **he was ~ed by two detectives** iba escoltado por dos detectives

flanker /'flæŋkər || 'flæŋkə(r)/ *n* 1 (in US football) corredor *m* de bola 2 (in rugby) ala *m*

flannel /'flænl/ *n*
A 1 [u] (fabric) franela *f*; (*before n*) ‹*shirt/nightgown*› de franela 2 **flannels** *pl* (trousers) pantalón *m* de franela
B [c] (*face ~*) (BrE) toallita *f* (*para lavarse*), ≈ manopla *f*
C [u] (evasive talk) (BrE colloq) cuentos *mpl*

flannelette /'flænl'et || ,flænə'let/ *n* [u] franela *f* (de algodón)

flap¹ /flæp/ *n*
A 1 (cover) tapa *f*; (of pocket, envelope) solapa *f*; (of table) hoja *f*; (of jacket, coat) faldón *m*; (of tent) portezuela *f*; (*ear ~*) orejera *f*; **a cat ~** una gatera 2 (Aviat) alerón *m*
B (motion) aletazo *m*; **the eagle flew off with a ~ of its wings** el águila echó a volar con un batir de alas
C (commotion, agitation) (colloq): **to be in/get into a ~** estar*/ponerse* como loco (fam)

flap² **-pp-** *vi*
A «*sail/curtain*» agitarse, sacudirse; «*flag*» ondear, agitarse; **the bird ~ped off** el pájaro echó a volar batiendo las alas; ***her ears were ~ping*** (BrE colloq) tenía las antenas conectadas *or* (AmL tb) paradas (fam)
B (panic) (BrE colloq) agitarse, ponerse* como loco (fam)
■ **flap** *vt* ‹*wings*› batir; ‹*arms*› agitar

flapjack /'flæpdʒæk/ *n*
A (pancake) (esp AmE) *crepe o panqueque pequeño y grueso*
B (cookie) (BrE) *tipo de galleta dulce de avena*

flare¹ /fler || fleə(r)/ *n*
A 1 (marker light) bengala *f*; (on runway, road) baliza *f*; **safety ~s** (AmE Auto) luces *fpl* de emergencia 2 (sudden light) destello *m*; (flame) llamarada *f*
B (Clothing) 1 (on jacket) vuelo *m* 2 **flares** (BrE) pantalones *mpl* acampanados *or* de pata de elefante

flare² *vi* «*candle/fire*» llamear; «*torch/light*» brillar; «*violence*» estallar; **tempers ~d** los ánimos se enardecieron
■ **flare** *vt*: **he ~d his nostrils angrily** bufó *or* resopló enfadado

Phrasal verb

• **flare up** [v ▸ adv] 1 «*fire*» llamear; «*fighting*» estallar 2 «*infection/disease*» recrudecer*, empeorar 3 (lose temper) explotar, montar en cólera; **to ~ up AT sb** ponerse* furioso CON algn

flared /flerd || fleəd/ *adj* ‹*skirt*› con mucho vuelo, evasé (RPl); ‹*trousers*› acampanado

flare-up /'flerʌp || 'fleərʌp/ *n* (of violence) brote *m*, estallido *m*

flash¹ /flæʃ/ *n*
A [c] 1 (of light) destello *m*; (from explosion) fogonazo *m*; **a ~ of lightning** un relámpago; ***a ~ in the pan*** flor *f* de un día; ***(as) quick as a ~*** como un rayo; ***in a ~***: **it came to me in a ~** de repente lo vi claro 2 (burst): **a ~ of inspiration** un ramalazo de inspiración 3 (Phot) flash *m*
B [c] (*news ~*) avance *m* informativo, flash *m*

flash² *vt*
A 1 (direct): **they ~ed a light in my face** me enfocaron la cara con una luz; **to ~ one's headlights at sb** hacerle* una señal con los faros a algn; **to ~ sb a smile** sonreírle a algn 2 (communicate) ‹*news*› transmitir rápidamente; **a message was ~ed on the screen** apareció un mensaje en pantalla
B (show) ‹*money/card*› mostrar*, enseñar (esp Esp); **she loves ~ing her money around** le encanta ir por ahí haciendo ostentación de su dinero
■ **flash** *vi*
A 1 (emit sudden light) destellar, brillar; **the lightning ~ed** relampagueó, hubo un relámpago 2 (Auto) hacer* una señal con los faros 3 **flashing** *pres p* ‹*sign/light*› intermitente, que se enciende y se apaga; ‹*eyes/smile*› brillante
B (expose oneself) (sl) exhibirse en público
C (move fast) (+ *adv compl*): **a message ~ed across the screen** un mensaje apareció fugazmente en la pantalla; **it ~ed through my mind that ...** se me ocurrió de repente que ...; **to ~ by** *o* **past** «*train/car/person*» pasar como una bala *or* un rayo *or* un bólido; **to ~ by** «*time/vacation*» pasar volando, volar*

flash³ *adj* (ostentatious) (BrE colloq) ostentoso

flash: **~back** *n* (Cin, Lit) flashback *m*, escena *f* retrospectiva; **~bulb** *n* (Phot) lámpara *f or* bombilla *f* de flash; **~ card** *n* tarjeta *f* (*de ayuda pedagógica*); **~cube** *n* (Phot) cubo *m* (de) flash, flash *m* desechable

flasher /'flæʃər || 'flæʃə(r)/ *n*
A (Auto) (indicator) (BrE colloq) intermitente *m*, direccional *f* (Col, Méx), señalizador *m* (de viraje) (Chi)
B (man who exposes himself) (sl) exhibicionista *m*

flash: **~ flood** *n* riada *f*; **~ gun** *n* flash *m* electrónico

flashing /'flæʃɪŋ/ *n* [u] (Const) tapajuntas *m*

flashlight /'flæʃlaɪt/ *n* (AmE) linterna *f*

flashy /'flæʃi/ *adj* **-shier, -shiest** llamativo, ostentoso

flask /flæsk || flɑːsk/ *n* (bottle) frasco *m*; (in laboratory) matraz *m*, redoma *f*; (*hip ~*) petaca *f*, nalguera *f* (Méx); (*vacuum ~*) (BrE) termo *m*

flat¹ /flæt/ *adj* **-tt-**
A 1 ‹*surface*› plano; ‹*countryside*› llano; **~ feet** pies *mpl* planos; **houses with ~ roofs** casas *fpl* con techos planos *or* con azoteas; **I was ~ on my back for two months** (me) pasé dos meses en cama; **to fold sth ~** doblar bien algo; **he laid the map down ~ on the table** extendió el mapa sobre la mesa; **I lay down ~ and tried to relax** me tumbé *or* me tendí e intenté relajarme; ▸**face¹ A1** 2 ‹*dish*› llano, bajo (Chi), playo (RPl); **~ shoes** zapatos *mpl* bajos, zapatillas *fpl* de piso (Méx); **~ cap** *o* **hat** (BrE) gorra *f* (*de lana con visera*) 3 (deflated) ‹*ball*› desinflado, ponchado (Méx); **you have a ~ tire** *o* (BrE) **tyre** tienes un neumático desinflado *or* una rueda desinflada *or* (Méx) una llanta ponchada
B 1 ‹*lemonade/beer*› sin efervescencia, sin gas 2 ‹*battery*› descargado; **switch off or you'll get a ~ battery** apaga o se te va a descargar la batería
C (dull, uninteresting) ‹*conversation/party*› soso (fam); ‹*joke*› sin gracia; ‹*voice*› monótono; **she felt a bit ~** estaba un tanto alicaída *or* baja de moral; ***to fall ~*** «*play/project*» fracasar*, no ser* bien recibido; **the joke fell very ~** el chiste no hizo ni pizca de gracia
D (total, firm) ‹*denial/refusal*› rotundo, categórico; **they've said they won't do it and that's ~** han dicho que no lo harán y no hay vuelta de hoja (fam)
E (Mus) 1 (referring to key) bemol; **A ~** la *m* bemol 2 (too low): **you're ~** estás desafinando (*por cantar or tocar demasiado bajo*)
F (fixed) (*before n*) ‹*rate*› fijo, uniforme
G (broke) (AmE colloq) (*pred*): **to be ~** estar* pelado (fam)

flat² *adv*
A 1 ‹*refuse/turn down*› de plano, categóricamente 2 (exactly): **it took him two hours ~** tardó dos horas

justas *or* exactas **3** (AmE colloq) (*as intensifier*) completamente; *see also* **broke²**
B (Mus) demasiado bajo
flat³ *n*
A (apartment) (BrE) apartamento *m*, departamento *m* (AmL), piso *m* (Esp)
B **1** (surface — of sword) cara *f* de la hoja; (— of hand) palma *f* **2** (level ground) llano *m*, terreno *m* llano
C (Mus) bemol *m*
D (Theat) bastidor *m*
E **flats** *pl* **1** (low-lying ground) llano *m*; **mud ~s** marismas *fpl* **2** (shoes) (esp AmE) zapatos *mpl* bajos, zapatillas *fpl* de piso (Méx)

flat: **~-chested** /'flæt'tʃɛstəd || ˌflæt'tʃestɪd/ *adj*: **she's very ~-chested** no tiene nada de busto, es una tabla (fam); **~-footed** /'flæt'fʊtəd || ˌflæt'fʊtɪd/ *adj*: **he's ~-footed** tiene (los) pies planos

flatlet /'flætlət || 'flætlɪt/ *n* (BrE) apartamento *m* pequeño

flatline *vi* (die) (colloq) morirse*
■ **flatline** *vt* (AmE) ‹*costs/expenditure*› congelar

flatly /'flætli/ *adv* de plano, rotundamente

flatmate /'flætmeɪt/ *n* (BrE) compañero, -ra *m,f* de apartamento *or* (Esp) de piso

flat out¹ *adj* (colloq) (*pred*) **1** (prostrate) tirado **2** (exhausted) (BrE): **to be ~ ~** estar* hecho polvo (fam)

flat out² *adv* (at full speed) (colloq) a toda máquina

flat: **~ racing** *n* (BrE) carreras *fpl* lisas *or* (AmL) planas; **~-rate** /'flæt'reɪt/ *adj* (BrE) a una tasa de interés fija *or* (esp Esp) a tipo de interés fijo

flatten /'flætn̩/ *vt* **1** (make flat) ‹*surface/metal*› aplanar; ‹*path/lawn*› allanar, aplanar; **he ~ed himself against the wall** se pegó bien a la pared **2** (knock down) ‹*trees*› tumbar, echar *or* tirar abajo; ‹*city*› arrasar; **he ~ed his opponent with a single blow** tumbó a su contrincante de un solo golpe

flatter /'flætər || 'flætə(r)/ *vt* **1** (gratify) halagar* **2** (overpraise) adular **3** (show to advantage) favorecer*; **the photo doesn't ~ her** no ha salido favorecida *or* bien en la foto
■ *v refl* **to ~ oneself** **1** (like to think): **I ~ myself on being a good singer** me considero un buen cantante, considero que canto bien **2** (delude oneself): **don't ~ yourself** no te hagas ilusiones

flatterer /'flætərər || 'flætərə(r)/ *n* adulador, -dora *m,f*

flattering /'flætərɪŋ/ *adj* **1** ‹*words/speech*› halagador, halagüeño; (sycophantic) adulador; **it's a ~ portrait of him** en el retrato sale muy favorecido **2** ‹*clothes/hairstyle*› favorecedor

flattery /'flætəri/ *n* [u] halagos *mpl*; (sycophantic) adulación *f*; **~ will get you nowhere** con halagos no vas a conseguir nada

flatulence /'flætʃələns || 'flætjʊləns/ *n* [u] flatulencia *f*, gases *mpl*

flatworm /'flætwɜːrm || 'flætwɜːm/ *n* gusano *m* platelminto

flaunt /flɔːnt/ *vt* ‹*possessions*› hacer* ostentación *or* alarde de; ‹*knowledge*› alardear de, hacer* alarde de; **to ~ oneself** exhibirse

flautist /'flɔːtəst || 'flɔːtɪst/ *n* (BrE) flautista *mf*

flavor¹, (BrE) **flavour** /'fleɪvər || 'fleɪvə(r)/ *n* [c u] sabor *m*, gusto *m*; **a strong/meaty ~** un sabor fuerte/a carne; **chocolate-~** con sabor *or* gusto a chocolate; **a novel with a romantic ~** una novela de sabor romántico

flavor², (BrE) **flavour** *vt* ‹*food/drink*› sazonar

flavoring, (BrE) **flavouring** /'fleɪvərɪŋ/ *n* [c u] (Culin) condimento *m*, sazón *f*; (in industry) aromatizante *m*; (essence) esencia *f*

flaw /flɔː/ *n* (in material, glass) defecto *m*, imperfección *f*, falla *f*; (in argument) error *m*; (in character) defecto *m*

flawed /flɔːd/ *adj* ‹*china/glass*› con imperfecciones; ‹*argument/logic*› viciado; **the proposal is fundamentally ~** la propuesta falla por su base

flawless /'flɔːləs || 'flɔːlɪs/ *adj* ‹*performance/logic*› impecable; ‹*conduct*› intachable, impecable; ‹*complexion/gem/plan*› perfecto

flawlessly /'flɔːləsli || 'flɔːlɪsli/ *adv* impecablemente, perfectamente

flax /flæks/ *n* [u] (Bot, Tex) lino *m*

flaxen /'flæksən/ *adj* (liter) blondo (liter), rubísimo; **a ~-haired girl** una chica rubísima

flay /fleɪ/ *vt* **1** (remove skin) desollar*, despellejar **2** (beat) (colloq): **I'll ~ him (alive)** ¡lo voy a desollar vivo! (fam), ¡le voy a arrancar la piel a tiras! (fam)

flea /fliː/ *n* pulga *f*; ***to send sb away*** *o* ***off with a ~ in her/his ear*** echar a algn con cajas destempladas; (*before n*) ‹*collar/powder*› antipulgas *adj inv*

flea: **~bag** *n* (sl) **1** (cheap hotel) (AmE) hotel *m* de mala muerte; **2** (dirty person) (BrE) piojoso, -sa *m,f* (fam & pey), piojento, -ta *m,f* (fam & pey); (dog) pulgoso, -sa *m,f*, pulguiento, -ta *m,f* (CS); **~-bitten** /'fliː'bɪtn̩/ *adj* ‹*cat/dog*› pulgoso, pulguiento (CS); **~ market** *n* mercado *m* de las pulgas *or* (CS) de pulgas, rastro *m* (Esp); **~pit** *n* (BrE colloq) (cinema) cine *m* de mala muerte

fleck¹ /flek/ *n* (of dust) mota *f*; (of paint, mud) salpicadura *f*; **the fabric was blue with a green ~** *o* **~s of green** la tela era azul moteada de verde *or* con motas verdes

fleck² *vt* **1** (with mud) salpicar*; **beige ~ed with brown** beige moteado de marrón **2** **flecked** *past p* ‹*fabric/yarn*› moteado, jaspeado

fled /fled/ *past & past p of* **flee**

fledgling, fledgeling /'fledʒlɪŋ/ *n* (bird) polluelo *m*, volantón *m* (téc); (*before n*) **a ~ democracy** una democracia en ciernes

flee /fliː/ (*past & past p* **fled**) *vi* huir*, escapar; **to ~ FROM sb/sth** huir* *or* escapar DE algn/algo; **the little girl fled to her mother** la niña corrió hacia su madre; **to ~ TO sth: they fled to safety/shelter** corrieron a ponerse a salvo/a refugiarse
■ **flee** *vt* huir* de; **to ~ the country** huir* del país

fleece¹ /fliːs/ *n* [c u] (on sheep) lana *f*; (from sheep) vellón *m*; **the Golden F~** el vellocino de oro

fleece² *vt* (defraud) (colloq) desplumar (fam)

fleecy /'fliːsi/ *adj* **-cier, -ciest** **1** ‹*lining/blanket*› afelpado **2** ‹*clouds*› algodonoso, aborregado

fleet¹ /fliːt/ *n* **1** (naval unit, body of shipping) flota *f* **2** (navy) armada *f* **3** (of cars) parque *m* móvil, flota *f*

fleet² *adj* (liter) veloz, raudo (liter); **~ of foot** de pies ligeros (liter)

fleeting /'fliːtɪŋ/ *adj* (*usu before n*) fugaz, breve; **we caught a ~ glimpse of the sea** divisamos fugazmente el mar

fleetingly /'fliːtɪŋli/ *adv* fugazmente, momentáneamente

Fleet Street /fliːt/ *n* (in UK) Fleet Street (*calle londinense donde solían tener sus oficinas muchos periódicos*)

Flemish¹ /'flemɪʃ/ *adj* flamenco

Flemish² *n* **1** [u] (language) flamenco *m* **2** (people) (+ *pl vb*) **the ~** los flamencos

flesh /fleʃ/ *n* [u] **1** (human, animal) carne *f*; **in the ~** en persona, en carne y hueso; ***~ and blood***: **after all, I'm only ~ and blood** después de todo, soy de carne y hueso *or* soy humano; **they're my own ~ and blood** son de mi propia sangre; ***to make sb's ~ creep*** *o* ***crawl*** ponerle* los pelos de punta *or* la piel de gallina a algn; (*before n*) ‹*wound*› superficial **2** (of fruit) pulpa *f*

Phrasal verb

• **flesh out** [v ▸ o ▸ adv, v ▸ adv ▸ o] ‹*story*› desarrollar; ‹*character*› darle* cuerpo a

flesh: **~-eating** /'fleʃ'iːtɪŋ/ *adj* carnívoro; **~pots** *pl n* (hum) antros *mpl* de perdición

fleshy /'fleʃi/ *adj* **-shier, -shiest** *adj* ‹*arms/person*› rollizo, gordo; ‹*plant/leaf/stem*› carnoso

flew /fluː/ *past of* **fly²**

flex¹ /fleks/ *vt* ‹*arm/knees/body*› doblar, flexionar; **to ~ one's muscles** (to warm up) hacer* ejercicios de calentamiento; (in body building) mostrar* *or* sacar* los músculos; ‹‹*regime*›› mostrar* su poderío

flex² *n* [u c] (BrE) cable *m* (eléctrico)

flexibility /'fleksə'bɪləti/ *n* [u] flexibilidad *f*

flexible /'fleksəbəl/ *adj* flexible

flextime /'flekstaɪm/, (BrE) **flexitime** /'fleksɪtaɪm/ *n* [u] horario *m* flexible

flick¹ /flɪk/ *vt* **1** (strike lightly): **she ~ed a piece of bread at me** me tiró un pedazo de pan **2** (remove): **he ~ed the ash off his lapel** se sacudió la ceniza de la solapa; **to**

~ **the hair out of one's eyes** apartarse *or* quitarse el pelo de los ojos

■ **flick** *vi*: **the lizard's tongue ~ed in and out** el lagarto sacaba y metía la lengua

(Phrasal verb)

• **flick through** [v ▸ prep ▸ o] ‹*book*› hojear; ‹*pages*› pasar

flick² *n*

A (of tail) coletazo *m*; (of wrist) giro *m*; **she gave the furniture a quick ~ with a duster** les dio una pasada rápida a los muebles con el trapo; **at the ~ of a switch** con sólo tocar *or* apretar un botón

B (colloq & dated) **flicks** *pl* **the ~s** el cine

flicker¹ /ˈflɪkər || ˈflɪkə(r)/ *vi* «*candle/flame/TV picture*» parpadear; «*light*» parpadear, titilar; «*needle on dial*» oscilar; **his eyelids ~ed** parpadeó; **the shadows ~ed on the wall** las sombras bailaban en la pared

flicker² *n* [u c] **1** (of flame, eyelids) parpadeo *m*; (of light) parpadeo *m*, titileo *m*; (of needle on dial) oscilación *f* **2** (faint sensation): **a ~ of hope** un rayo de esperanza

flick knife *n* (BrE) navaja *f* automática, navaja *f* de resorte

flier /ˈflaɪər || ˈflaɪə(r)/ *n*

A **1** (pilot) aviador, -dora *m,f* **2** (passenger) usuario -ria *m,f* (regular) del avion; **I'm not a good ~** no me gusta nada volar

B (handbill) folleto *m* (publicitario), volante *m* (AmL)

flight /flaɪt/ *n*

A **1** [u] (of bird, aircraft) vuelo *m*; (of ball, projectile) trayectoria *f*; **in ~** en vuelo, volando **2** [c] (air journey) vuelo *m*; **F~ YZ321 to/from Paris** el vuelo YZ321 con destino a/procedente de París; (*before n*) **~ path** ruta *f*; **~ recorder** caja *f* negra **3** [c] (mental): **it was just a ~ of fancy** no fue más que una fantasía

B [c] (group — of birds) bandada *f*; (— of aircraft) escuadrilla *f*

C [c] (of stairs) tramo *m*; **we had to climb six ~s of stairs** tuvimos que subir seis pisos por la escalera

D [u] **1** (act of fleeing) huida *f*; **to put sb to ~** hacer* huir a algn; **to take ~** darse* a la fuga **2** (Fin) fuga *f*

flight: **~ attendant** *n* auxiliar *mf* de vuelo, sobrecargo *mf*; **~ bag** *n* bolso *f* de mano; **~ deck** *n* (on plane) cabina *f* de mando; (on aircraft carrier) cubierta *f* de vuelo

flightless /ˈflaɪtləs || ˈflaɪtlɪs/ *adj* no volador

flight test *n* vuelo *m* de prueba

flighty /ˈflaɪti/ *adj* **-tier, -tiest** veleidoso, inconstante

flimsy /ˈflɪmzi/ *adj* **-sier, -siest** **1** ‹*material/garment*› ligerísimo, muy delgado *or* fino **2** ‹*construction/object*› endeble, poco sólido **3** ‹*excuse*› pobre; ‹*argument/evidence*› poco sólido

flinch /flɪntʃ/ *vi* (wince) estremecerse*; **she bore the pain without ~ing** aguantó el dolor sin (re)chistar

fling¹ /flɪŋ/ (*past & past p* **flung**) *vt* **1** (throw violently) lanzar*, tirar, arrojar, aventar* (Col, Méx, Per); **he flung the window open** abrió la ventana de un golpe; **we flung ourselves (down) on the ground** nos tiramos *or* echamos al suelo; **he flung his arms around her neck** le echó los brazos al cuello; **the protesters were flung into a cell** echaron a los manifestantes en una celda; **he flung himself down into an armchair** se dejó caer en un sillón **2** ‹*glance/insult*› lanzar*; **to ~ sth in sb's face** ‹*past/mistake*› echarle algo en cara a algn

(Phrasal verbs)

• **fling away** [v ▸ o ▸ adv, v ▸ adv ▸ o] ‹*paper/garbage*› tirar, botar (AmS excl RPl); ‹*chance*› tirar por la ventana

• **fling out** [v ▸ o ▸ adv, v ▸ adv ▸ o] **1** (throw away) tirar, botar (AmS exc RPl) **2** (extend) ‹*arms*› abrir*, extender*

• **fling up** [v ▸ o ▸ adv, v ▸ adv ▸ o] **1** (throw upward) tirar *or* lanzar* al aire, aventar* (Col, Méx, Per) **2** (raise) ‹*arms*› levantar; **she flung up her hands in horror** se horrorizó

fling² *n*

A (colloq) **1** (love affair) aventura *f* **2** (wild time) juerga *f* (fam); **to have a final ~ before settling down** echarse una cana al aire antes de sentar cabeza

B (throw) lanzamiento *m*

C (*Highland ~*) *baile escocés*

flint /flɪnt/ *n* **1** [u c] (Geol) sílex *m*, pedernal *m*; (piece of stone) pedernal *m* **2** [c] (for cigarette lighter) piedra *f*

flip¹ /flɪp/ **-pp-** *vt* tirar, aventar* (Col, Méx, Per); **we'll ~ a coin to decide** vamos a echarlo a cara o cruz *or* (Andes, Ven) a cara o sello *or* (Arg) a cara o ceca, vamos a echar un volado (Méx); **to ~ one's lid** (sl) poner* el grito en el cielo (fam)

■ **flip** *vi* (sl) **~ (out)** (lose self-control) perder* la chaveta (fam)

(Phrasal verbs)

• **flip over**

A [v ▸ o ▸ adv] ‹*record/pancake/page*› darle* la vuelta a, voltear (AmL exc CS), dar* vuelta (CS)

B [v ▸ adv] «*car*» volcar*, voltearse (Méx), darse* vuelta (CS)

• **flip through** [v ▸ prep ▸ o] hojear

flip² *n*

A (blow) golpecito *m*

B (somersault) salto *m* mortal, voltereta *f* (en el aire)

flip³ *adj* **-pp-** (colloq) burlón

flip⁴ *interj* (BrE colloq) ¡caray! (fam)

flip-flop /ˈflɪpflɑːp || ˈflɪpflɒp/ *n* (BrE) ▸**thong 2**

flippancy /ˈflɪpənsi/ *n* [u] (of remarks) poca seriedad *f*, ligereza *f*; (of attitude) displicencia *f*, indiferencia *f*

flippant /ˈflɪpənt/ *adj* ‹*remark*› frívolo, poco serio; ‹*attitude*› displicente, indiferente

flippantly /ˈflɪpəntli/ *adv* ‹*talk*› con ligereza; ‹*behave*› displicentemente

flipper /ˈflɪpər || ˈflɪpə(r)/ *n* aleta *f*

flip side *n* **the ~ ~** (Audio) la cara B; (of a situation) (colloq) la otra cara de la moneda (fam)

flirt¹ /flɜːrt || flɜːt/ *vi* **to ~ (WITH sb)** flirtear *or* coquetear (CON algn); **to ~ with an idea** dar* vueltas a una idea

flirt² *n*: **he/she is a terrible ~** le encanta flirtear

flirtation /flɜːrˈteɪʃən || ˌflɜːˈteɪʃən/ *n* **1** [c] (relationship) flirt *m*, devaneo *m*; **after a brief ~ with politics** tras un breve coqueteo *or* devaneo con la política **2** [u] (coquetry) flirteo *m*, coqueteo *m*

flirtatious /flɜːrˈteɪʃəs || ˌflɜːˈteɪʃəs/ *adj* ‹*glance/remark*› insinuante; **a ~ girl** una chica coqueta

flit¹ /flɪt/ *vi* **-tt-** «*bird/butterfly/bat*» revolotear; **she ~ted from room to room** iba y venía de una habitación a otra; **he continually ~s from one topic to the next** salta continuamente de un tema a otro

flit² *n* (BrE): **to do a (moonlight) ~** (colloq) largarse*

float¹ /fləʊt/ *vi*

A **1** (on water) flotar; **to ~ up (to the surface)** salir* a flote; **to ~ (on one's back)** hacer la plancha; **the canoe ~ed away on the tide** la marea se llevó la canoa **2** «*cloud/smoke*» flotar en el aire **3** (move lightly) «*idea/image*» vagar*

B (Fin) «*currency*» flotar

■ **float** *vt*

A ‹*ship/boat*› poner* *or* sacar* a flote; ‹*raft/logs*› llevar, arrastrar

B (Fin) **1** (establish): **to ~ a company** introducir* una compañía en Bolsa **2** (offer for sale) ‹*shares/stock*› emitir **3** (allow to fluctuate) ‹*currency*› dejar flotar

C (circulate) ‹*idea*› presentar

float² *n*

A **1** (for fishing, for buoyancy) flotador *m* **2** (in cistern, carburetor) flotador *m*, boya *f* **3** (raft, platform) plataforma *f* (flotante)

B **1** (in parade) carroza *f*, carro *m* alegórico (CS, Méx) **2** (*milk ~*) (BrE) furgoneta *f* (*del reparto de leche*)

C (ready cash) caja *f* chica; (Busn, Fin) fondo *m* fijo; (to provide change): **a ~ of £20** 20 libras en cambio *or* en monedas

D (AmE) *refresco o batido con helado*

floater /ˈfləʊtər || ˈfləʊtə(r)/ *n*

A (AmE colloq) (employee) trabajador, -dora *m,f* eventual

B (AmE) (multiple voter) votante *mf* múltiple

C (undecided voter) (BrE) votante *mf* indeciso

D (drifter) (AmE colloq) vagabundo, -da *m,f*

E (in eyeball) partícula *f* flotante

F (insurance policy) (AmE) póliza *f* flotante

G (in fishing) flotador *m*

floating /ˈfləʊtɪŋ/ *adj* (*before n*)

A ‹*harbor/restaurant*› flotante

B (Fin) ‹*currency/exchange rate*› flotante; ‹*assets*› circulante; **~ capital** activo *m* circulante

C ‹*population*› flotante; ‹*voter*› (BrE) indeciso

flock¹ /flɑːk || flɒk/ *n*

A [c] (+ *sing or pl vb*) **1** (of sheep) rebaño *m*; (of birds) bandada *f* **2** (of people) (*often pl*) tropel *m*, multitud *f* **3** (Relig) feligreses *mpl*, grey *f*

f

B [u] (stuffing) borra *f*; (*before n*) ~ **(wall)paper** *papel pintado con relieve de terciopelo*

flock² *vi* acudir (*en gran número, en masa*); **to ~ together** congregarse*, reunirse; **customers have been ~ing in** ha venido un gran número de clientes

floe /fləʊ/ *n* témpano *m* de hielo

flog /flɑːg ‖ flɒg/ *vt* **-gg-**
A (beat) azotar; ***to ~ sth to death*** (BrE colloq) repetir* algo hasta la saciedad
B (sell) (BrE sl) vender

flogging /ˈflɑːgɪŋ ‖ ˈflɒgɪŋ/ *n* [c u]: **to give sb a ~** azotar a algn

flood¹ /flʌd/ *n* [1] (of water) (*often pl*) inundación *f*; (caused by river) inundación *f*, riada *f*; **the F~** (Bib) el Diluvio (Universal); **the river was in ~** el río estaba crecido; **to be in full ~** «*river*» estar* desbordado; «*speaker*» estar* en pleno discurso *or* (pey) en plena perorata; (*before n*) **the ~ damage** los daños causados por inundaciones [2] (of complaints, calls, letters) avalancha *f*, diluvio *m*; (of people) avalancha *f*, riada *f*; **she was in ~s of tears** estaba hecha un mar de lágrimas

flood² *vt* [1] ‹*field/town*› inundar, anegar*; **the kitchen was ~ed** se inundó la cocina [2] (Auto) ‹*engine*› ahogar* [3] (overwhelm) inundar; **we've been ~ed with applications** nos han inundado de solicitudes, nos han llovido las solicitudes; **to ~ the market with imports** (Busn) inundar el mercado de productos importados

■ **flood** *vi* [1] «*river/sewers*» desbordarse; «*mine/basement*» inundarse [2] (Auto) ahogarse* [3] (+ *adv compl*) «*people/crowd*»: **the crowd ~ed into the stadium** la multitud entró en tropel al estadio; **to ~ in** «*sunshine/light*» entrar a raudales; **donations came ~ing in** llovieron los donativos [4] «*emotion*»: **memories came ~ing back** los recuerdos se agolparon en su (*or* mi *etc*) memoria

(Phrasal verb)
• **flood out**
A [v ▸ adv] (pour out) «*water*» salir* a raudales; «*people*» salir* en tropel
B [v ▸ o ▸ adv, v ▸ adv ▸ o] [1] (inundate) ‹*building*› inundar [2] ‹*people*›: **thousands have been ~ed out** las inundaciones han obligado a miles de personas a evacuar sus casas

floodgate /ˈflʌdgeɪt/ *n* compuerta *f*, esclusa *f*; ***to open the ~s to sth*** abrirle* las puertas a algo

flooding /ˈflʌdɪŋ/ *n* [u] inundación *f*

floodlight¹ /ˈflʌdlaɪt/ *n* [c u] reflector *m*, foco *m*; **under ~s, by ~** con luz artificial

floodlight² *vt* (*past & past p* **floodlit** /ˈflʌdlɪt/) [1] iluminar (*con reflectores o focos*) [2] **floodlit** *past p* ‹*arena/building*› iluminado; ‹*game*› que se juega con luz artificial

flood: **~lighting** /ˈflʌdlaɪtɪŋ/ *n* [u] iluminación *f* (*con reflectores o focos*); **~ plain** *n*: *tierras que quedan inundadas durante la crecida de un río*; **~ tide** *n* pleamar *f*; **~water** *n* [u] (*often pl*) crecida *f*

floor¹ /flɔːr ‖ flɔː(r)/ *n*
A [1] (of room, vehicle) suelo *m*, piso *m* (AmL); ***to wipe up*** *o* (BrE) ***wipe the ~ with sb*** hacer* trizas a algn [2] (for dancing) pista *f* (de baile); **to take the ~** salir* a bailar *or* a la pista [3] (of ocean, valley, forest) fondo *m*
B (storey) piso *m*; **we live on the first/second ~** (AmE) vivimos en la planta baja/el primer piso *or* (Chi) en el primer/segundo piso; (BrE) vivimos en el primer/segundo piso *or* (Chi) en el segundo/tercer piso
C **the ~** [1] (of debating chamber) el hemiciclo, la sala; **to gain/have the ~** obtener*/tener* (el uso de) la palabra [2] (audience at debate): **a question from the ~** una pregunta de uno de los asistentes [3] (of stock exchange) el parqué *or* parquet
D (for wages, prices) (Econ) mínimo *m*

floor² *vt*
A (Const): **the room is ~ed with parquet** el suelo de la habitación es de *or* está recubierto de parquet
B [1] (knock down) derribar, tirar al suelo [2] (nonplus) (colloq) «*news*» dejar helado *or* de una pieza (fam)

floorboard /ˈflɔːrbɔːrd ‖ ˈflɔːbɔːd/ *n* [1] (Const) tabla *f* del suelo, duela *f* (Méx) [2] (AmE Auto) suelo *m*, piso *m* (AmL)

flooring /ˈflɔːrɪŋ/ *n* [u] revestimiento *m* para suelos

floor: **~ lamp** *n* lámpara *f* de pie; **~ manager** *n* (Cin, TV) regidor, -dora *m,f*; (in department store) jefe, -fa *m,f* de planta; **~ show** *n* espectáculo *m* (*de cabaret*); **~walker** *n* jefe, -fa *m,f* de vendedores

floozy, floozie /ˈfluːzi/ *n* (*pl* **-zies**) (colloq & pej) fulana *f* (fam)

flop¹ /flɑːp ‖ flɒp/ *vi* **-pp-**
A [1] (fall, move slackly) (+ *adv compl*): **she ~ped down into a chair** se dejó caer en un sillón; **he ~ped down exhausted onto the bed** se desplomó en la cama muerto de cansancio [2] (sleep) (AmE colloq) dormir*, apolillar (RPl fam)
B (fail) (colloq) fracasar estrepitosamente

flop² *n*
A (sound, movement) (*no pl*) golpetazo *m*, golpe *m* seco
B (failure) (colloq) fracaso *m*

flophouse /ˈflɑːphaʊs ‖ ˈflɒphaʊs/ *n* (AmE sl) albergue *m* para vagabundos

floppy¹ /ˈflɑːpi ‖ ˈflɒpi/ *adj* ‹*hat/bag*› flexible, blando; ‹*ears/tail*› caído

floppy² *n* (*pl* **-pies**) (colloq) ▸**floppy disk**

floppy disk *n* disquete *m*, floppy (disk) *m*, disco *m* flexible *or* blando

flora /ˈflɔːrə/ *n* (Bot) flora *f*

floral /ˈflɔːrəl/ *adj* ‹*fabric/dress*› floreado; **a ~ print** un estampado de flores; **~ tribute** (frml) ofrenda *f* floral, corona *f* de flores

Florence /ˈflɔːrəns ‖ ˈflɒrəns/ *n* Florencia *f*

floret /ˈflɔːrət ‖ ˈflɒrɪt/ *n* cabezuela *f*, cogollito *m*

florid /ˈflɔːrəd ‖ ˈflɒrɪd/ *adj* [1] (red) ‹*complexion/cheeks*› rubicundo [2] (ornate) ‹*decoration/style*› recargado; ‹*language*› florido

florist /ˈflɔːrəst ‖ ˈflɒrɪst/ *n* (person) florista *mf*; **is there a ~'s near here?** ¿hay una floristería *or* (AmL tb) florería cerca de aquí?

floss¹ /flɑːs ‖ flɒs/ *n* [u] (*dental ~*) hilo *m or* seda *f* dental

floss² *vt* limpiar con hilo *or* seda dental

flotation /fləʊˈteɪʃən/ *n*
A [c] (of company) salida *f* a Bolsa, admisión *f* a cotización en Bolsa; (of shares) emisión *f*
B [u] (Naut) flotación *f*

flotilla /fləʊˈtɪlə ‖ fləˈtɪlə/ *n* flotilla *f*

flotsam /ˈflɑːtsəm ‖ ˈflɒtsəm/ *n* [u] restos *mpl* flotantes (*de un naufragio*); **~ and jetsam** desechos *mpl*, restos *mpl*

flounce¹ /flaʊns/ *vi* (+ *adv compl*): **to ~ in/out** entrar/salir* indignado (*or* airado *etc*)

flounce² *n* (ruffle) volante *m*, elán *m* (Méx), volado *m* (RPl), vuelo *m* (Chi)

flounder¹ /ˈflaʊndər ‖ ˈflaʊndə(r)/ *vi* [1] (in water) luchar para mantenerse a flote; **the oxen ~ed through the mud** los bueyes avanzaban dando resbalones en el barro [2] «*speaker*» quedarse sin saber qué decir; **he was ~ing after only two questions** a la tercera pregunta empezó a fallar *or* a perder pie

flounder² *n* platija *f*

flour /flaʊər ‖ ˈflaʊə(r)/ *n* [u] harina *f*

flourish¹ /ˈflɜːrɪʃ ‖ ˈflʌrɪʃ/ *vi* «*arts/trade*» florecer*; «*business*» prosperar; «*plant*» darse* *or* crecer* bien

■ **flourish** *vt* ‹*stick/letter*› blandir, agitar

flourish² *n* [1] (showy gesture) floreo *m*, floritura *f* [2] (embellishment) floritura *f*, firulete *m* (AmL); (in signature) rúbrica *f* [3] (Mus) (fanfare) fanfarria *f*

flourishing /ˈflɜːrɪʃɪŋ ‖ ˈflʌrɪʃɪŋ/ *adj* ‹*business*› próspero, floreciente; **they're ~** están estupendamente, les va de maravilla

floury /flaʊri ‖ ˈflaʊəri/ *adj* ‹*hands/apron*› lleno de harina

flout /flaʊt/ *vt* desobedecer* *or* desacatar abiertamente

flow¹ /fləʊ/ *vi*
A [1] «*liquid/electric current*» fluir*; «*tide*» subir, crecer*; «*blood*» correr; (from wound) manar, salir*; **the Seine ~s through Paris** el Sena pasa por *or* atraviesa París; **the river ~s into the sea** el río desemboca *or* desagua en el mar; **tears ~ed down her cheeks** las lágrimas le corrían por las mejillas [2] (run smoothly, continuously) «*traffic*» circular con fluidez; «*music/words*» fluir*
B (be plentiful) correr como agua; **a land ~ing with milk and honey** (Bib) una tierra que mana (en) leche y miel

flow[2] *n*
A [u] **1** (of liquid, current) flujo *m*, circulación *f* **2** (of traffic, information) circulación *f*; (of capital, money) movimiento *m*; **he was interrupted in full ~** lo interrumpieron en pleno discurso; **it interrupted her ~ of thought** interrumpió el hilo de sus ideas; ***to go with the ~*** colloq) dejarse arrastrar *or* llevar por la corriente
B [c] (stream — of water, lava) corriente *f*
C [u] (of narrative) fluidez *f*

flow chart, flow diagram *n* organigrama *m*

flower[1] /ˈflaʊər || ˈflaʊə(r)/ *n*
A [c] (plant, blossom) flor *f*; **to be in ~**[u] estar* en flor; (*before n*) **~ arrangement** arreglo *m* floral
B [u] (finest part) (liter): **the ~ of the nation's youth** la flor y nata de la juventud del país

flower[2] *vi* **1** (Bot) florecer*, florear (Chi, Méx) **2** **flowering** *pres p* ‹*plant/shrub/tree*› que da flores

flowerbed /ˈflaʊrbed || ˈflaʊəbed/ *n* arriate *m* (Esp, Méx), parterre *m* (Esp), cantero *m* (Cu, RPl)

flowering /ˈflaʊrɪŋ || ˈflaʊərɪŋ/ *n* [u c] (of plant) floración *f*; (of culture, art) florecimiento *m*

flowerpot /ˈflaʊrpɑːt || ˈflaʊəpɒt/ *n* maceta *f*, tiesto *m* (Esp), macetero *m* (AmS)

flowery /ˈflaʊri || ˈflaʊəri/ *adj* ‹*fabric/pattern*› floreado, de flores; ‹*meadow/hillside*› florido; ‹*style/prose*› florido

flowing /ˈfləʊɪŋ/ *adj* **1** ‹*beard/robe*› largo y suelto **2** ‹*handwriting/movement*› fluido

flown /fləʊn/ *past p of* **fly**[2]

fl oz = fluid ounce(s)

flu /fluː/ *n* [u] gripe *f*, gripa *f* (Col, Méx)

flub /flʌb/ (AmE colloq) **-bb-** *vt* ‹*stroke*› fallar; ‹*chance*› echar a perder; **I ~bed the exam** la pifié en el examen (fam), troné el examen (Méx)

fluctuate /ˈflʌktʃueɪt || ˈflʌktjʊeɪt/ *vi* fluctuar*

fluctuation /ˈflʌktʃuˈeɪʃən || ˌflʌktjʊˈeɪʃən/ *n* [u c] fluctuación *f*

flue /fluː/ *n* (of chimney) tiro *m*; (of stove, boiler) tiro *m*

fluency /ˈfluːənsi/ *n* [u] fluidez *f*, soltura *f*

fluent /ˈfluːənt/ *adj* **1** (in languages): **to be ~ in Italian** *o* **to speak ~ Italian** hablar italiano con fluidez *or* soltura **2** ‹*style/delivery*› fluido; ‹*speaker*› desenvuelto

fluently /ˈfluːəntli/ *adv* con fluidez *or* soltura

fluff[1] /flʌf/ *n* [u] pelusa *f*

fluff[2] *vt*
A (bungle) (colloq) ‹*exam*› pifiarla en (fam); ‹*chance*› echar a perder; **she ~ed her lines** se equivocó en su parlamento
B **~ (up)** ‹*feathers*› ahuecar*

fluffy /ˈflʌfi/ *adj* **-fier, -fiest** ‹*fabric/garment*› suave y esponjoso; ‹*fur/hair*› suave y sedoso; **a ~ toy** (BrE) un juguete de peluche

fluid[1] /ˈfluːəd || ˈfluːɪd/ *n* [u c] **1** (Phys, Tech) fluido *m*; **hydraulic/brake ~** líquido *m* hidráulico/de frenos **2** (in body) líquido *m*, fluido *m*; **he's on ~s** está tomando sólo líquidos

fluid[2] *adj*
A ‹*substance/style*› fluido
B (not stable or fixed): **our plans are still very ~** aún no hemos concretado nuestros planes

fluid ounce *n* (in USA) *unidad de capacidad; equivalente a 29,57 mililitros*; (in UK) *unidad de capacidad equivalente a 28,42 mililitros*

fluke /fluːk/ *n* (stroke of luck) (colloq) chiripa *f* (fam), casualidad *f*

flummox /ˈflʌməks/ *vt* (colloq) desconcertar*, dejar cortado (fam)

flung /flʌŋ/ *past & past p of* **fling**[1]

flunk /flʌŋk/ *vt* (colloq AmE) ‹*student*› reprobar*, rajar (Andes fam), catear (Esp), tronar* (Méx fam), bochar (RPl fam), jalar (Per arg); **I was ~ed in French** *o* (BrE also) **I ~ed French** me reprobaron (*or* me rajaron *etc*) en francés
■ **flunk** *vi* **~ (out)** (colloq AmE) salir* reprobado *or* (Esp) suspendido

flunkey /ˈflʌŋki/ *n* (*pl* **-keys** *or* **-kies**) **1** (footman) (pej) lacayo *m* **2** (henchman) (pej) esbirro *m* (pey)

flunky /ˈflʌŋki/ *n* (*pl* **-kies**) ▸ **flunkey**

fluorescence /ˈflʊˈresəns || flʊəˈresəns, flɔː-/ *n* [u] fluorescencia *f*

fluorescent /ˈflʊˈresənt || flʊəˈresənt, flɔː-/ *adj* fluorescente; **~ light** *o* **tube** tubo *m* fluorescente, tubolux® *m* (RPl)

fluoridation /ˈflʊrəˈdeɪʃən || ˌflɔːrɪˈdeɪʃən/ *n* [u] fluoración *f*, fluorización *f*

fluoride /ˈflʊraɪd || ˈflɔːraɪd/ *n* [c u] (Chem) fluoruro *m*; (Dent) flúor *m*; (*before n*) **~ toothpaste** dentífrico *m* con flúor

fluorine /ˈflʊriːn || ˈflʊəriːn, ˈflɔːriːn/ *n* [u] flúor *m*

flurry /ˈflɜːri || ˈflʌri/ *n* (*pl* **-ries**)
A (of snow, wind) ráfaga *f*; (of rain) chaparrón *m*
B **1** (sudden burst): **a ~ of excitement/activity** una oleada de emoción/un frenesí de actividad; **there was a ~ of activity when she arrived** hubo mucho trajín cuando ella llegó **2** (agitated state): **to be in a ~** estar* nervioso

flush[1] /flʌʃ/ *n*
A **1** (blush) rubor *m*; **the first pink ~ of dawn in the sky** (liter) el primer arrebol del alba en el cielo (liter) **2** (of anger, passion) arrebato *m*; **in the first ~ of success** con la euforia del triunfo
B (toilet mechanism) cisterna *f*; (action): **give the toilet another ~** tira otra vez de la cadena, jálale (a la cadena) otra vez (AmL exc CS)
C (in cards) flor *f*; **royal/straight ~** escalera *f* real/de color

flush[2] *vt*
A ‹*toilet*›: **to ~ the toilet** tirar de la cadena, jalarle (a la cadena) (AmL exc CS); **to ~ sth down the toilet** *o* **away** tirar algo al *or* echar algo por el wáter
B (drive out) **~ (out)** ‹*person/criminal*› hacer* salir
■ **flush** *vi*
A «*toilet*» funcionar
B (blush) «*person/face*» (with anger) enrojecer*, ponerse* rojo; (with embarrassment) ruborizarse*, sonrojarse; **her cheeks ~ed crimson** sus mejillas se encendieron

flush[3] *adj*
A (level) alineado; **~ against the wall** pegado a la pared
B (having money) (colloq): **to be ~** andar* bien de dinero

flushed /flʌʃt/ *adj* ‹*cheeks*› colorado, rojo; **~ with success** exaltado por el éxito

fluster[1] /ˈflʌstər || ˈflʌstə(r)/ *vt* poner* nervioso, aturullar; **to get ~ed** ponerse* nervioso, aturullarse

fluster[2] *n* (*no pl*): **to be/get in a ~** estar*/ponerse* nervioso

flute /fluːt/ *n* flauta *f*

fluted /ˈfluːtəd || ˈfluːtɪd/ *adj* ‹*border/edge*› ondulado

flutist /ˈfluːtəst || ˈfluːtɪst/ *n* (AmE) flautista *mf*

flutter[1] /ˈflʌtər || ˈflʌtə(r)/ *vi* **1** «*bird/butterfly*» revolotear; **the bird ~ed away** el pájaro se alejó aleteando **2** «*flag*» ondear, agitarse; «*leaves*» agitarse **3** «*heart*» latir *or* palpitar con fuerza
■ **flutter** *vt* ‹*wings*› batir, sacudir; **to ~ one's eyelashes at sb** hacerle* ojitos *or* caídas de ojo a algn

flutter[2] *n*
A **~ (of wings)** (*no pl*) aleteo *m*, revoloteo *m* (de alas)
B (thrill) (*no pl*) revuelo *m*; **I was (all) in a ~ when I heard the news** cuando oí la noticia me puse nervioso
C (bet) (BrE colloq) (*usu sing*): **to have a ~ on the horses** probar* suerte en las carreras (de caballos)

flux /flʌks/ *n* [u] (constant change): **to be in (a state of) ~** estar* en un estado de cambio, cambiar continuamente

fly[1] /flaɪ/ *n* (*pl* **flies**)
A **1** (insect) mosca *f*; ***he/she wouldn't hurt a ~*** es incapaz de matar una mosca; ***the ~ in the ointment*** el único problema, la única pega (Esp fam); ***there are no flies on her/him*** no tiene un pelo de tonta/tonto; ***to be a ~ on the wall***: **I'd like to have been a ~ on the wall when he told her** me habría gustado estar allí *or* ver su reacción cuando se lo dijo; ***to die/drop like flies*** morir*/caer* como moscas **2** (in angling) mosca *f*; (*before n*) **~ fishing** pesca *f* con mosca
B (on trousers) (*often pl in BrE*) bragueta *f*, marrueco *m* (Chi)
C **flies** *pl* (Theat) bambalinas *fpl*

fly[2] (*3rd pers sing pres* **flies**; *pres p* **flying**; *past* **flew**; *past p* **flown**) *vi*
A **1** «*bird/bee*» volar*; **to ~ away/in/out** irse*/entrar/salir* volando **2** «*plane/pilot*» volar*; «*passenger*» ir* en avión; **to ~ in** llegar* (*en avión*); **we will be ~ing into Orly** aterrizaremos en Orly; **to ~ out** salir* (*en avión*); **we ~ on**

f

to Denver tomorrow mañana volamos a *or* salimos en avión para Denver; ***to be ~ing high*** estar* volando alto **3▸** ⟨⟨*flag*⟩⟩ ondear, flamear; **with her hair/coat ~ing in the wind** con el pelo/abrigo ondeando al viento

B **1▸** (rush) ⟨⟨*person*⟩⟩ correr, ir* (*or* salir* *etc*) volando **2▸ to ~ AT sb** lanzarse* SOBRE algn; **to ~ into a temper** *o* **rage** ponerse* hecho una furia *or* un basilisco, montar en cólera **3▸** (move, be thrown) volar*; **the ball flew past me** la pelota pasó volando por mi lado; **I tripped and went ~ing** tropecé y salí volando *or* disparado; ***to let ~ at sb*** emprenderla *or* arremeter contra algn; **he let ~ with a stream of abuse** soltó una sarta de insultos; ***to make the feathers*** *o* ***fur*** *o* ***sparks ~*** armar un gran lío (fam) **4▸** (pass quickly) ⟨⟨*time*⟩⟩ pasar volando, volar*

■ **fly** *vt*

A **1▸** (control) ‹*plane/glider/balloon*› pilotar; ‹*kite*› hacer* volar *or* encumbrar (Andes), remontar (RPl) **2▸** (carry) ‹*cargo*› transportar (*en avión*); ‹*person*› llevar (*en avión*); **the wounded were flown out by helicopter** los heridos fueron evacuados en helicóptero; **they had the equipment flown in** les mandaron el equipo por avión **3▸** (travel over) ‹*distance*› recorrer (*en avión*); **they ~ this route daily** tienen vuelos diarios en esta ruta **4▸** (travel by) ‹*airline*› volar* con

B ‹*flag*› izar*, enarbolar; **the ship was ~ing the Panamanian flag** el barco llevaba bandera panameña *or* pabellón panameño

fly³ *adj* (BrE colloq) vivo (fam), espabilado

fly: **~away** /'flaɪə'weɪ/ *adj* suelto; **~blown** *adj* **1▸** ‹*meat*› lleno de huevos de mosca **2▸** (shabby, old) ‹*café/hotel*› de mala muerte; **~by** *n* (AmE) (Aviat) desfile *m* aéreo; **~-by-night** *adj* ‹*dealer/firm*› pirata, que no inspira confianza

flyer /'flaɪər || 'flaɪə(r)/ *n* ▸**flier**

fly half *n* medio *m* apertura

flying¹ /'flaɪɪŋ/ *adj* (*before n*) **1▸** (hurried): **a ~ visit** una visita relámpago **2▸** ‹*glass/debris*› que vuela (por los aires); **she took a ~ leap and crossed it** tomó impulso y lo cruzó de un salto; **a ~ tackle** (Sport) un placaje en el aire

flying² *n* [u] **1▸** (as pilot) pilotaje *m*; (*before n*) ‹*time/hours/lesson*› de vuelo; ‹*helmet/jacket*› de piloto **2▸** (as passenger): **I like/hate ~** me gusta/odio viajar en avión

flying: **~ boat** *n* hidroavión *m*; **~ fish** *n* pez *m* volador; **~ picket** *n* piquete *m* móvil *or* volante; **~ saucer** *n* platillo *m* volador *or* (Esp) volante; **~ squad** *n* (of UK police) brigada *f* móvil *or* volante; **~ squirrel** *n* ardilla *f* voladora; **~ start** *n* salida *f* lanzada; ***to get off to a ~ start*** ⟨⟨*person/business*⟩⟩ empezar* con muy buen pie *or* con el pie derecho

fly: **~leaf** *n* guarda *f*; **~over** *n* (BrE Transp) paso *m* elevado, paso *m* a desnivel (Méx); (AmE Aviat) desfile *m* aéreo; **~paper** *n* [u c] tira *f* matamoscas; **~past** *n* (BrE) desfile *m* aéreo; **~sheet** *n* (BrE) toldo *m* impermeable (*de una tienda de campaña*); **~ spray** *n* [u c] insecticida *m* (*en aerosol*); **~swatter** /'flaɪ,swɑːtər || 'flaɪ,swɒtə(r)/ *n* matamoscas *m*; **~weight** *n* peso *m* mosca; **~wheel** *n* volante *m*

fly-on-the-wall /,flaɪɑːnðə'wɔːl || ,flaɪɒnðə'wɔːl/ *adj* (TV): *en que las cámaras capturan fielmente la realidad con intervención mínima del director*

FM *n* (**= frequency modulation**) FM *f*

foal¹ /fəʊl/ *n* (male) potro *m*, potrillo *m*; (female) potranca *f*, potra *f*

foal² *vi* parir

foam¹ /fəʊm/ *n* [u c] espuma *f*

foam² *vi* ⟨⟨*sea/waves*⟩⟩ hacer* espuma; **to ~ at the mouth** ⟨⟨*animal*⟩⟩ echar espuma por la boca

foam rubber *n* [u] goma espuma *f*, hule *m* espuma (Méx)

fob /fɑːb || fɒb/ *n* (watchchain) leontina *f*; (*before n*) **~ watch** reloj *m* de bolsillo

(Phrasal verb)

• **fob off** [v ▸ o ▸ adv] **1▸** (placate) **to ~ sb off (WITH sth)** engatusar a algn (CON algo) **2▸** (dispose of) **to ~ sth off ONTO sb** encajarle *or* (AmL tb) enjaretarle algo a algn (fam)

focal /'fəʊkəl/ *adj* (*before n*) **1▸** (Opt) focal **2▸** ‹*issue*› central

focal point *n* **1▸** (Opt) foco *m* **2▸** (of attention, activity) centro *m*, foco *m*

focus¹ /'fəʊkəs/ *n* (*pl* **-cuses** *or* **foci** /'fəʊsaɪ/)

A [u] (Opt, Phot) foco *m*; **to be in ~** estar* enfocado; **to be out of ~** estar* desenfocado; **to bring** *o* **get sth into ~** enfocar* algo; **to come into ~** ⟨⟨*picture*⟩⟩ entrar en foco; **his life lacks ~** no tiene un norte en su vida

B [c] (central point) centro *m*; **to be the ~ of attention** ser* el centro de atención

C [c] (Phys, Math) foco *m*

focus² **-s-** *or* **-ss-** *vt* **1▸** (Opt, Phot) enfocar*; **to ~ sth ON sth/sb**: **she ~ed her binoculars on the yacht** enfocó el yate con los prismáticos **2▸** (concentrate) **to ~ sth (ON sth)** ‹*light/radiation*› concentrar algo (EN algo); ‹*attention*› centrar algo (EN algo)

■ **focus** *vi* **1▸** ⟨⟨*camera/eyes*⟩⟩ enfocar*; **to ~ ON sth/sb**: **his eyes were unable to ~ on the small print** no podía fijar la vista en la letra pequeña; **the spotlight ~ed on the singer** el reflector enfocó al cantante; **try to ~ on the tree** trata de enfocar el árbol **2▸** ⟨⟨*lecturer/chapter/attention*⟩⟩ **to ~ ON sth/sb** centrarse EN algo/algn

fodder /'fɑːdər || 'fɒdə(r)/ *n* [u] forraje *m*, pienso *m*; *see also* **cannon¹**

foe /fəʊ/ *n* (liter) enemigo, -ga *m,f*

foetal /'fiːtl/ *adj* (BrE) ▸**fetal**

foetus /'fiːtəs/ *n* (BrE) ▸**fetus**

fog¹ /fɔːg || fɒg/ *n* [u c] (Meteo) niebla *f*

fog² *vi* **-gg- ~ (up** *o* **over)** ⟨⟨*glasses/mirror*⟩⟩ empañarse

fogbound /'fɔːgbaʊnd || 'fɒgbaʊnd/ *adj* ‹*airport/road*› afectado por la niebla; ‹*plane/ferry*› retenido a causa de la niebla

fogey *n* (*pl* **fogeys**) ▸**fogy**

foggy /'fɔːgi || 'fɒgi/ *adj* **-gier, -giest** **1▸** ‹*day*› de niebla; ‹*weather*› nebuloso; **it's ~** hay niebla **2▸** (confused) confuso; ***not to have the foggiest (idea)*** no tener* ni la más remota *or* ni la más mínima idea

fog: **~horn** *n* sirena *f* (*de niebla*); **to have a voice like a ~horn** tener* un vozarrón (fam); **~ light**, (BrE) **~ lamp** *n* faro *m* antiniebla, exploradora *f* (Col fam)

fogy /'fəʊgi/ *n* (*pl* **fogies**) (colloq & pej): **an old ~** un/una carca (fam & pey)

foible /'fɔɪbəl/ *n* debilidad *f*, flaqueza *f* (liter)

foil¹ /fɔɪl/ *n*

A [u] **1▸** (metal sheet) lámina *f* de metal **2▸** (Culin) (*kitchen ~*) papel *m* de aluminio *or* de plata

B [c] (contrast) **to be a ~ FOR/TO sth**: **they are the perfect ~ for each other** se complementan perfectamente

C (sword) florete *m*

foil² *vt* ‹*plan/attempt*› frustrar; **~ed again!** (hum) ¡otro intento frustrado!

foist /fɔɪst/ *vt* **to ~ sth (OFF) ON** *o* **ONTO sb** ‹*shoddy goods/responsibility*› endilgarle* algo a algn, encajarle algo a algn (fam); **to ~ oneself on sb** pegársele* a algn (fam)

fold¹ /fəʊld/ *vt*

A **1▸** (bend over) ‹*paper/sheet*› doblar; **to ~ sth in half** *o* **in two** doblar algo por la mitad **2▸** (bring together): **the butterfly ~ed its wings** la mariposa plegó las alas; **to ~ one's arms** cruzar* los brazos

B (mix) (Culin) **to ~ sth INTO sth** incorporar algo A algo

■ **fold** *vi*

A **1▸** ⟨⟨*chair/table*⟩⟩ plegarse*; ⟨⟨*map/poster*⟩⟩ doblarse, plegarse* **2▸ folding** *pres p* ‹*chair/table*› plegable, abatible; ‹*doors*› plegable; **~ing money** (AmE colloq) billetes *mpl*

B (fail) ⟨⟨*project/campaign*⟩⟩ venirse* abajo, fracasar; ⟨⟨*play*⟩⟩ bajar de cartel; ⟨⟨*business/shop*⟩⟩ cerrar* (sus puertas), quebrar*

(Phrasal verbs)

• **fold away**

A [v ▸ o ▸ adv, v ▸ adv ▸ o] ‹*clothes*› doblar y guardar; ‹*chairs*› plegar* y guardar

B [v ▸ adv]: **the chairs ~ away neatly** las sillas se pueden plegar y guardar cómodamente

• **fold up**

A [v ▸ o ▸ adv, v ▸ adv ▸ o] ‹*sheet/newspaper*› doblar; ‹*chair/table*› plegar*

B [v ▸ adv] ⟨⟨*map*⟩⟩ doblarse, plegarse*; ⟨⟨*chair*⟩⟩ plegarse*

fold² *n*

A **1▸** (crease) doblez *m*, pliegue *m* **2▸** (Geol) pliegue *m*

B (sheep pen) redil *m*, aprisco *m*

-fold /fəʊld/ *suff*: **his income increased fivefold** sus ingresos se multiplicaron por cinco *or* se quintuplicaron; **the problem is threefold** el problema tiene tres aspectos

foldaway /ˈfəʊldəweɪ/ *adj* (*before n*) plegable, plegadizo (Méx)

folder /ˈfəʊldər || ˈfəʊldə(r)/ *n* carpeta *f*

foliage /ˈfəʊliɪdʒ/ *n* [u] follaje *m*; (*before n*) **a ~ plant** (AmE) una planta decorativa

folio /ˈfəʊliəʊ/ *n* (*pl* **folios**) **1** (sheet) pliego *m* **2** (numbered leaf) folio *m* **3** (volume) libro *m* en folio, infolio *m*

folk /fəʊk/ *n*

A **1** *also* **folks** *pl* (people) (colloq) gente *f*; **young/city ~(s)** gente joven/de la ciudad; **hi ~s!** hola ¿qué tal? (fam) **2** **folks** *pl* (esp AmE colloq) (relatives) familia *f*; (parents) padres *mpl*, viejos *mpl* (fam)

B (+ *pl vb*) (Anthrop) pueblo *m*; (*before n*) ‹*art/medicine/legend*› popular; ‹*dancing*› folklórico, tradicional

C [u] (Mus) folk *m*

folk: **~lore** *n* [u] folklore *m*; **~ music** *n* [u] (traditional) música *f* folklórica; (modern) música *f* folk; **~ singer** *n* (traditional) cantante *mf* de música folklórica; (modern) cantante *mf* (de música) folk; **~ song** *n* [c u] (traditional) canción *f* popular *or* tradicional; (modern) canción *f* folk; **~ways** *pl n* (AmE) cultura *f* popular

follicle /ˈfɑːlɪkəl || ˈfɒlɪkəl/ *n* (*hair ~*) folículo *m* (piloso)

follow /ˈfɑːləʊ || ˈfɒləʊ/ *vt*

A **1** (go, come after, pursue) seguir*; **the King entered, ~ed by the Queen** el rey entró, seguido por *or* de la reina; **she ~ed him into the library** entró en la biblioteca tras él **2** (succeed, happen after): **July ~s June** después de junio viene julio; **the lecture was ~ed by a discussion** después de la conferencia hubo un debate **3** (repeat, improve on) ‹*success/achievement*› igualar

B **1** (keep to) ‹*road*› seguir* (por); ‹*trail*› seguir* **2** (obey) ‹*instructions/advice*› seguir*; ‹*order*› cumplir **3** (conform to, imitate) ‹*fashion*› seguir*; **~ her example** sigue su ejemplo, haz como ella

C **1** (pay close attention to) ‹*movement/progress*› seguir* de cerca; **to ~ sth/sb with one's eyes** seguir* algo/a algn con la mirada **2** (take interest in) ‹*news*› mantenerse* al tanto de; ‹*TV serial*› seguir*

D ‹*argument/reasoning*› entender*; **do you ~ me?** ¿(me) entiendes?

■ **follow** *vi*

A (come after): **you go first, and I'll ~** tú ve delante que yo te sigo; **a news bulletin ~s in five minutes** dentro de cinco minutos habrá un boletín de noticias; **we'll start with the soup, and have chicken to ~** para empezar tomaremos sopa y después pollo; **the winners were as ~s ...** los ganadores fueron ...

B (be logical consequence) deducirse*, seguirse*; **that doesn't necessarily ~** una cosa no implica la otra

C (understand) entender*

Phrasal verbs

- **follow on** [v ▸ adv] **to ~ on FROM sth**: **this ~s on from what we said yesterday** esto tiene relación con lo que decíamos ayer
- **follow through**

A [v ▸ o ▸ adv, v ▸ adv ▸ o] (pursue): **they lack the finance to ~ the program through** no disponen de recursos para seguir adelante con el programa; **if you ~ that line of argument through ...** con esa lógica ...

B [v ▸ adv] (Sport) acompañar el golpe

- **follow up** [v ▸ o ▸ adv, v ▸ adv ▸ o] ‹*case*› seguir*, darle* seguimiento a; **he promised to ~ the matter up** me prometió que investigaría el asunto

follower /ˈfɑːləʊər || ˈfɒləʊə(r)/ *n* seguidor, -dora *m,f*

following¹ /ˈfɑːləʊɪŋ || ˈfɒləʊɪŋ/ *adj* (*before n*) (next) siguiente; **(on) the ~ day** al día siguiente

following² *n*

A (followers) seguidores *mpl*; (admirers) admiradores *mpl*; **he has a large ~** tiene muchos seguidores/admiradores

B (what, who comes next) **the ~**: **the ~ are to play in tomorrow's game ...** los siguientes jugarán en el partido de mañana ...; **the letter said the ~ ...** la carta decía lo siguiente ...

follow: **~-on** /ˈfɑːləʊˈɑːn || ˌfɒləʊˈɒn/ *n* (BrE) continuación *f*; **by way of a ~-on** para continuar; **~-the-leader** /ˈfɑːləʊðəˈliːdər || ˌfɒləʊðəˈliːdə(r)/ *n* [u]: **to play ~-the-leader** jugar* a lo que haga el rey, jugar* a lo que hace la mano, hace la tras (Méx), jugar* al mono mayor (Chi); **~-up** *n* [c] (sequel) continuación *f*; (*before n*): **she sent a ~-up letter** mandó una segunda (*or* tercera *etc*) carta

folly /ˈfɑːli || ˈfɒli/ *n* (*pl* **-lies**)

A [u c] (foolishness, recklessness) locura *f*; **it was sheer ~** fue una auténtica locura

B (BrE Archit) capricho *m*

foment /fəʊˈment/ *vt* (frml) fomentar, instigar* a

fond /fɑːnd || fɒnd/ *adj* **-er, -est**

A (*pred*) **~ OF sb/sth/-ING**: **she's very ~ of Sue** le tiene mucho cariño a Sue, quiere mucho a Sue; **he was ~ of chocolate** le gustaba el chocolate; **he's a bit too ~ of criticizing other people** es demasiado aficionado a criticar a los demás; **to grow ~ of sb** tomarle cariño a algn, encariñarse con algn

B (*before n*) **1** (loving) ‹*gesture/look*› cariñoso; **with ~est regards** con mi más sincero afecto **2** (indulgent) ‹*parent/husband*› indulgente **3** (delusive, vain) ‹*hope/illusion*› vano

fondant /ˈfɑːndənt || ˈfɒndənt/ *n* fondant *m*

fondle /ˈfɑːndl || ˈfɒndl/ *vt* acariciar

fondly /ˈfɑːndli || ˈfɒndli/ *adv* **1** (lovingly) cariñosamente; ‹*remember*› con cariño **2** (foolishly) ingenuamente

fondness /ˈfɑːndnəs || ˈfɒndnɪs/ *n* [u] (love) cariño *m*; (liking) afición *f*; **her ~ for chocolate** su afición por el chocolate

font /fɑːnt || fɒnt/ *n*

A (baptismal) pila *f* bautismal

B (Print) fuente *f*

food /fuːd/ *n* **1** [u] (in general) comida *f*; **we gave him some ~** le dimos algo de comer; **to be off one's ~** estar* desganado *or* inapetente; **to go off one's ~** perder* el apetito; ***~ for thought***: **his father's words gave him ~ for thought** las palabras de su padre lo hicieron reflexionar; (*before n*) ‹*shortage/exports*› de alimentos **2** [c] (specific kind) alimento *m*

food: **~ chain** *n* cadena *f* alimenticia *or* trófica; **~ poisoning** *n* [u] intoxicación *f* (*por alimentos*); **~ processor** *n* robot *m* de cocina, procesador *m* de alimentos; **~stuffs** *pl n* productos *mpl* alimenticios, comestibles *mpl*

fool¹ /fuːl/ *n*

A [c] **1** (stupid person) idiota *mf*, tonto, -ta *m,f*; **to make a ~ of oneself** hacer* el ridículo; **to make sb look a ~** dejar a algn en ridículo; **well, more ~ you** pues peor para ti; ***he's no o nobody's ~*** no tiene un pelo de tonto, nadie le toma el pelo; ***not to suffer ~s gladly*** tener* muy poca paciencia con las estupideces de la gente; ***to act o play the ~*** hacer* payasadas; ***to live in a ~'s paradise*** vivir engañado; ***~s rush in (where angels fear to tread)*** el necio es atrevido y el sabio comedido **2** (jester) bufón *m*

B [c u] (esp BrE Culin) *postre a base de puré de frutas y crema*

fool² *vt* engañar; **you had me completely ~ed** me tenías absolutamente convencida; **to ~ sb INTO -ING**: **I ~ed him into thinking that ...** le hice creer que ...

■ **fool** *vi* **1** ▸**fool around** **2** (joke) bromear

Phrasal verbs

- **fool about** (esp BrE) ▸**fool around 1**
- **fool around** [v ▸ adv] **1** (act foolishly) hacer* payasadas, hacer* el tonto (Esp); **children shouldn't ~ around with electricity** los niños no deben jugar con la electricidad **2** (be sexually involved): **he was ~ing around with other women** tenía enredos *or* andaba con otras

fool³ *adj* (*before n*) (AmE) tonto

foolhardy /ˈfuːlˈhɑːrdi || ˈfuːlhɑːdi/ *adj* imprudente, insensato

foolish /ˈfuːlɪʃ/ *adj* **1** (silly) ‹*person/prank*› tonto, idiota; ‹*look/grin*› de tonto *or* idiota; **~ remarks** tonterías *fpl*; **to make sb look ~** dejar a algn en ridículo **2** (unwise) ‹*decision/plan*› insensato, estúpido; **I know it was ~** ya sé que fue una estupidez

foolishly /ˈfuːlɪʃli/ *adv* tontamente, como un tonto/una tonta

foolishness /ˈfuːlɪʃnəs || ˈfuːlɪʃnɪs/ *n* [u] insensatez *f*, estupidez *f*

fool: **~proof** *adj* ‹*idea/plan/method*› infalible; ‹*machine/controls*› sencillo de manejar; **~scap** /ˈfuːlskæp/ *n* [u] *pliego de aprox 43 x 35 cm*

foot¹ /fʊt/ *n* (*pl* **feet**)

A [c] (of person) pie *m*; (of animal) pata *f*; (on sewing machine) pie *m*;

f

to be on one's feet estar* de pie, estar* parado (AmL); **to get back on one's feet** (after illness) recuperarse; **they got the company back on its feet** volvieron a levantar la compañía; **to get** *o* **rise to one's feet** ponerse* de pie, levantarse, pararse (AmL); **go home and put your feet up** vete a casa a descansar; **he had never set ~ in a church before** nunca había pisado una iglesia *or* entrado en una iglesia antes; **to go/come on ~** ir*/venir* a pie *or* caminando *or* andando; ***a ~ in the door*: it's a way of getting your ~ in the door** es una manera de introducirte *or* de meterte en la empresa (*or* la profesión *etc*); ***my ~!*** (colloq): **delicate condition my ~!** ¡estado delicado mi *or* tu abuela! (fam); ***not to put a ~ wrong*** no dar* un paso en falso, no cometer ni un error; ***the shoe's*** *o* (BrE) ***boot's on the other ~*** se ha dado vuelta la tortilla; ***to be able to think on one's feet*** ser* capaz de pensar con rapidez; ***to be dead*** *o* ***asleep on one's feet*** no poder* tenerse en pie; ***to be rushed*** *o* ***run off one's feet*** estar* agobiado de trabajo; ***to fall*** *o* ***land on one's feet*: she always seems to land on her feet** siempre le sale todo redondo; ***to find one's feet*: it didn't take him long to find his feet in his new school** no tardó en habituarse a la nueva escuela; ***to get cold feet (about sth)*: she got cold feet** le entró miedo y se echó atrás; ***to get off on the wrong ~*** empezar* con el pie izquierdo *or* con mal pie; ***to have itchy feet*** ser* inquieto; ***to have one's feet on the ground*** tener* los pies sobre la tierra; ***to put one's best ~ forward*** (hurry) apretar* el paso; (do one's best) esmerarse para causar la mejor impresión; ***to put one's ~ down*** (be firm) imponerse*, no ceder; (accelerate vehicle) (colloq) meterle (AmL fam), apretar* el acelerador; ***to put one's ~ in it*** (colloq) meter la pata (fam); ***to stand on one's own two feet*** valerse* por sí (*or* mí *etc*) mismo; ***to sweep sb off her/his feet*: she was swept off her feet by an older man** se enamoró perdidamente de un hombre mayor que ella; ***under sb's feet*: the cat keeps getting under my feet** el gato siempre me anda alrededor *or* siempre se me está atravesando; ▸**hand**[1] **B**

B (bottom, lower end) (*no pl*) pie *m*; **the ~ of the bed** los pies de la cama

C [c] (measure) (*pl* **foot** *or* **feet**) pie *m*; **he is six ~** *o* **feet tall** mide seis pies

D [u] (infantry) (esp BrE dated) (*before n*) **~ soldier** soldado *mf* de infantería *or* de a pie

foot[2] *vt*: **to ~ the bill** pagar*

footage /ˈfʊtɪdʒ/ *n* [u] (Cin) secuencias *fpl* (filmadas)

foot-and-mouth (disease) /ˈfʊtn̩ˈmaʊθ/ *n* [u] fiebre *f* aftosa, glosopeda *f*

football /ˈfʊtbɔːl/ *n*

A [u] **1** (*American ~*) fútbol *m or* (AmC, Méx) futbol *m* americano **2** (soccer) fútbol *m or* (AmC, Méx) futbol *m*; (*before n*) **~ match** partido *m* de fútbol *or* (AmC, Méx) futbol; **~ player** ▸**footballer**

B [c] (ball) balón *m or* (esp AmL) pelota *f* de fútbol *or* (AmC, Méx) futbol

> **football**
>
> Es el deporte más popular de Gran Bretaña. Por lo general los clubes del fútbol (o *soccer*) profesional representan a grandes ciudades, especialmente en el norte de Inglaterra. En 1992, el fútbol fue reorganizado de manera que los 22 mejores equipos de Gales e Inglaterra jueguen en la *Premier League*, mientras que el resto juegue en tres *divisions*. Al final de cada temporada, los mejores equipos de cada división son ascendidos (*promoted*) y los que están al último son relegados (*relegated*). La afición inglesa tiene muy mala fama en el extranjero. (**American Football**)

footballer /ˈfʊtbɔːlər || ˈfʊtbɔːlə(r)/ *n* (BrE) futbolista *mf*, jugador, -dora *m,f* de fútbol *or* (AmC, Méx) futbol

football: **~ pool** *n* (AmE) apuesta *f* colectiva, polla *f* (AmL); **~ pools** *pl n* (BrE) **the ~ pools** *juego de apuestas en que se trata de acertar los resultados de los partidos de la liga de fútbol*, ≈ el pronóstico deportivo (Méx), ≈ las quinielas (*en Esp*), ≈ el prode (*en Arg*), ≈ el totogol (*en Col*), ≈ la pollagol (*en Chi*), ≈ la polla (*en Per*)

footbridge /ˈfʊtbrɪdʒ/ *n* pasarela *f*, puente *m* peatonal

-footed /ˈfʊtəd || ˈfʊtɪd/ *suff*: **four~** de cuatro patas; **light~** ligero de pies

foot: **~fall** *n* (liter) pisada *f*; **~hills** *pl n* estribaciones *fpl*; **~hold** *n* punto *m* de apoyo (*para el pie*); **to get** *o* **gain a ~hold** «*ideology*» prender*, afianzarse*; **the company gained a ~hold in the Japanese market** la compañía logró introducirse en el mercado japonés

footing /ˈfʊtɪŋ/ *n* (*no pl*)

A (balance) equilibrio *m*; **to lose** *o* **miss one's ~** resbalar, perder* el equilibrio

B (basis): **on an equal ~** en igualdad de condiciones, en situación equiparable

foot: **~lights** *pl n* candilejas *fpl*; **~loose** *adj* libre y sin compromiso; **~loose and fancy-free** libre como el viento; **~man** /ˈfʊtmən/ *n* (*pl* **-men** /-mən/) lacayo *m*; **~note** *n* nota *f* a pie de página; **~ passenger** *n* pasajero, -ra *m,f* de a pie *or* sin coche; **~path** *n* (path) sendero *m*; (pavement) (BrE) acera *f*, banqueta *f* (Méx), vereda *f* (CS, Per); **~print** *n* huella *f*; **~rest** *n* apoyapiés *m*, reposapiés *m*

footsie /ˈfʊtsi/ *n*: **to play ~ under the table** flirtear jugueteando con los pies por debajo de la mesa

foot: **~step** *n* paso *m*; ***to follow in sb's ~steps*** seguirle* los pasos a algn; **~stool** *n* escabel *m*, banqueta *f or* (Méx) banquito *m* para los pies; **~wear** *n* [u] calzado *m*; **~work** *n* [u] juego *m* de piernas *or* de pies

fop /fɑːp || fɒp/ *n* (dated) petimetre *m* (ant), lechuguino *m* (ant)

for[1] /fɔːr || fɔː(r), *weak form* fər || fə(r)/ *prep*

Sense **I**

A **1** (intended for) para; **is there a letter ~ me?** ¿hay carta para mí?; **my love ~ her** mi amor por ella; **clothes ~ men/women** ropa de hombre/mujer; **is it ~ sale?** ¿está en venta?, ¿se vende? **2** (on behalf of) por; **I did it ~ you** lo hice por ti; **he plays ~ England** forma parte de *or* juega en la selección inglesa; **they are agents ~ Ford** son concesionarios (de) Ford **3** (in favor of) a favor de

B (indicating purpose): **what's that ~?** ¿para qué es eso?, ¿eso para qué sirve?; **it's ~ trimming hedges** es *or* sirve para recortar setos; **it's ~ decoration** es de adorno; **I ran ~ cover** corrí a guarecerme; **an operation ~ a stomach ulcer** una operación de úlcera de estómago; **it's ~ your own good!** ¡es por tu (propio) bien!; **to go out ~ a meal** salir* a comer fuera; **I've come ~ my son** vengo a buscar a mi hijo; ***to be ~ it*** (colloq): **here comes Dad, we're ~ it now!** ahí viene papá ¡ahora sí que estamos listos *or* (Col tb) hechos *or* (CS tb) fritos! (fam)

C **1** (as): **we're having chicken ~ dinner** vamos a cenar pollo *or* hay pollo para cenar; **what's ~ dessert?** ¿qué hay de postre?; **I can now see him ~ what he is** ahora me doy cuenta de cómo es en realidad **2** (representing): **D ~ David** D de David; **what's (the) German ~ "ice cream"?** ¿cómo se dice "helado" en alemán? **3** (instead of) por; **could you call him ~ me?** ¿podrías llamarlo tú?, ¿me harías el favor de llamarlo?

D (giving reason) por; **~ that reason** por esa razón; **if it weren't ~ Joe ...** si no fuera por Joe ...; **~ one thing it's too costly and ~ another we don't need it** para empezar es muy caro y además no lo necesitamos

E **1** (in exchange for) por; **I bought the book ~ $10** compré el libro por 10 dólares; **not ~ anything in the world** por nada del mundo; **she left him ~ somebody else** lo dejó por otro **2** (indicating proportion) por; **~ every one we find, there are 20 that get away** por cada uno que encontramos, se nos escapan 20

F **1** (as concerns) para; **it's too cold ~ me here** aquí hace demasiado frío para mí; **that's men ~ you!** ¡todos los hombres son iguales! **2** (expressing appropriateness): **it's not ~ me to decide** no me corresponde a mí decidir

G **1** (in spite of): **~ all her faults, she's been very kind to us** tendrá sus defectos, pero con nosotros ha sido muy buena **2** (*with infinitive clause*): **it's unusual ~ me to forget a name** es raro que se me olvide un nombre; **is there time ~ us to have a cup of coffee?** ¿tenemos tiempo de tomar un café?

H (in exclamations): **oh, ~ some peace and quiet** ¡qué (no) daría yo por un poco de paz y tranquilidad!

Sense **II**

A (in the direction of) para; **the plane/bus ~ New York** el avión/autobús para *or* de Nueva York

B **1** (indicating duration): **he spoke ~ half an hour** habló (durante) media hora; **I've only been here ~ a day** sólo llevo un día aquí, hace sólo un día que estoy aquí; **I'll be away ~ a week** voy a estar fuera una semana; **how long are you going ~?** ¿por cuánto tiempo vas?, ¿cuánto tiempo te vas a quedar?; **that's enough ~ now** basta por ahora; **we've enough food ~ six weeks** tenemos comida suficiente para seis semanas [2] (on the occasion of) para; **he gave it to me ~ my birthday** me lo regaló para mi cumpleaños [3] (by, before) para; **we have to be there ~ six o'clock** tenemos que estar allí a las seis

C (indicating distance): **we drove ~ 20 miles** hicimos 20 millas; **we could see ~ miles** se podía ver hasta muy lejos

for² *conj* (liter) pues (liter), puesto que (frml), porque

forage¹ /ˈfɔːrɪdʒ || ˈfɒrɪdʒ/ *n* [u] (feed) forraje *m*

forage² *vi* [1] ⟨⟨*animal*⟩⟩ forrajear [2] (for supplies) **to ~ FOR sth** buscar* algo

foray /ˈfɔːreɪ || ˈfɒreɪ/ *n* (Mil) incursión *f*

forbad(e) /fərˈbæd, fəˈbeɪd/ *past of* **forbid**

forbear /fɔːrˈber || fɔːˈbeə(r)/ *vi* (*past* **forbore**; *past p* **forborne**) (frml) abstenerse*; **to ~ to + INF** abstenerse DE + INF

forbearance /fɔːrˈberəns || fɔːˈbeərəns/ *n* [u] paciencia *f*, tolerancia *f*

forbid /fərˈbɪd || fəˈbɪd/ *vt* (*past* **forbad(e)**; *past p* **forbidden**)

A (not allow) prohibir*; **to ~ sb to + INF** prohibirle* A algn + INF, prohibirle* A algn QUE (+ *subj*)

B (prevent) impedir*; **God/heaven ~!** ¡Dios nos libre!

forbidden¹ /fərˈbɪdn̩ || fəˈbɪdn̩/ *past p of* **forbid**

forbidden² *adj* ⟨*territory*⟩ prohibido, vedado; ⟨*topic*⟩ tabú *adj inv*

forbidding /fərˈbɪdɪŋ || fəˈbɪdɪŋ/ *adj* ⟨*person/look*⟩ adusto, severo, que intimida; ⟨*landscape*⟩ imponente

forbore /fɔːrˈbɔːr || fɔːˈbɔː(r)/ *past of* **forbear**

forborne /fɔːrˈbɔːrn || fɔːˈbɔːn/ *past p of* **forbear**

force¹ /fɔːrs || fɔːs/ *n*

A [c u] (strength, coercion) fuerza *f*; **a ~ eight gale** vientos de fuerza ocho; **the police were out in ~** había una gran presencia policial; **through ~ of circumstances the plans had to be changed** razones de fuerza mayor nos hicieron cambiar de planes; **to take sth by ~** apoderarse de algo por la fuerza; **to use/resort to ~** hacer* uso de/recurrir a la fuerza

B [c] (influential thing, person) fuerza *f*; **she's a ~ to be reckoned with** no se puede menos que tenerla en cuenta; **to join ~s with sb** unirse a algn, hacer* causa común con algn

C [c] (group of people) fuerza *f*; **the (armed) ~s** las fuerzas armadas; **the (police) ~** la policía; **our sales ~** nuestro personal de ventas, nuestro equipo de vendedores

D [u] (validity) fuerza *f*; **to come into ~** entrar en vigor *or* vigencia; **to be in ~** estar* en vigor *or* vigencia

force² *vt*

A (compel) **to ~ sb to + INF** obligar* *or* forzar* a algn A + INF; **I had to ~ myself to eat** tuve que obligarme a comer; **they were ~d to sell/into selling** se vieron obligados *or* forzados a vender

B [1] (bring about, obtain) ⟨*action/change*⟩ provocar* [2] (extort) **to ~ sth OUT OF *o* FROM sb** ⟨*secret/confession*⟩ arrancarle* algo a la fuerza a algn

C (impose) **to ~ sth ON sb**: **the decision was ~d on us by events** los acontecimientos nos obligaron a tomar esa decisión; **I didn't want to take the money, but she ~d it on me** yo no quería el dinero pero me obligó a aceptarlo; **to ~ oneself on sb** (sexually) violar a algn

D (exert pressure, push, drive) ⟨*knob/handle/door/link*⟩ forzar*; **to ~ a door open** forzar* una puerta; **he ~d the lid off** le sacó la tapa a la fuerza; **they ~d their way in** entraron por la fuerza; **to ~ an entry** entrar por la fuerza

(Phrasal verbs)

- **force down** [v ▸ o ▸ adv, v ▸ adv ▸ o] [1] ⟨*aircraft/pilot*⟩ obligar* a aterrizar [2] ⟨*food*⟩ tragar* (*a duras penas*) [3] ⟨*prices*⟩ hacer* bajar
- **force up** [v ▸ o ▸ adv, v ▸ adv ▸ o] ⟨*prices*⟩ hacer* subir

forced /fɔːrst || fɔːst/ *adj* (*before n*) ⟨*labor/smile/gesture*⟩ forzado; ⟨*landing/stopover*⟩ forzoso

force-feed /ˈfɔːrsˈfiːd || ˈfɔːsfiːd/ *vt* (*past & past p* **-fed**) alimentar por la fuerza

forceful /ˈfɔːrsfəl || ˈfɔːsfəl/ *adj* [1] (vigorous) ⟨*person*⟩ con carácter; ⟨*personality*⟩ fuerte; ⟨*speech/gesture*⟩ contundente; ⟨*manner*⟩ enérgico [2] (persuasive) ⟨*words/argument*⟩ convincente, contundente

forcefully /ˈfɔːrsfəli || ˈfɔːsfəli/ *adv* [1] ⟨*speak/write*⟩ convincentemente [2] ⟨*act/respond*⟩ con energía

forcemeat /ˈfɔːrsmiːt || ˈfɔːsmiːt/ *n* [u] relleno *m* (*de carne*)

forceps /ˈfɔːrsəps || ˈfɔːseps/ *pl n* fórceps *m*

forcible /ˈfɔːrsəbəl || ˈfɔːsəbəl/ *adj* (using force) forzoso; **~ entry** (Law) allanamiento *m* de morada

forcibly /ˈfɔːrsəbli || ˈfɔːsəbli/ *adv* por la fuerza

ford¹ /fɔːrd || fɔːd/ *n* vado *m*

ford² *vt* vadear

fore /fɔːr || fɔː(r)/ *n*: **to come to the ~** ⟨⟨*issue*⟩⟩ saltar a primera plana

forearm /ˈfɔːrɑːrm || ˈfɔːrɑːm/ *n* antebrazo *m*

forebear /ˈfɔːrber || ˈfɔːbeə(r)/ *n* (frml) antepasado, -da *m,f*

forebode /fɔːrˈbəʊd || fɔːˈbəʊd/ *vt* (liter) augurar, presagiar

foreboding /fɔːrˈbəʊdɪŋ || fɔːˈbəʊdɪŋ/ *n* [1] [u] (apprehension) aprensión *f* [2] [c] (presentiment) premonición *f*

forecast¹ /ˈfɔːrkæst || ˈfɔːkɑːst/ *n* (*weather ~*) pronóstico *m* del tiempo, parte *m* meteorológico; (prediction) previsión *f*

forecast² *vt* (*past & past p* **forecast** *or* **forecasted**) ⟨*weather*⟩ pronosticar*; ⟨*result/trend*⟩ prever*

forecaster /ˈfɔːrkæstər || ˈfɔːkɑːstə(r)/ *n* (*weather ~*) meteorólogo, -ga *m,f*

foreclose /fɔːrˈkləʊz || fɔːˈkləʊz/ *vt* ⟨*loan/mortgage*⟩ ejecutar

■ **foreclose** *vi* **to ~ (ON sth)** ⟨*on loan/mortgage*⟩ ejecutar algo

foreclosure /fɔːrˈkləʊʒər || fɔːˈkləʊʒə(r)/ *n* ejecución *f*

forecourt /ˈfɔːrkɔːrt || ˈfɔːkɔːt/ *n* (of garage, hotel) patio *m* delantero

foredeck /ˈfɔːrdek || ˈfɔːdek/ *n* cubierta *f* de proa

forefathers /ˈfɔːrˌfɑːðərz || ˈfɔːfɑːðəz/ *pl n* (liter) antepasados *mpl*

forefinger /ˈfɔːrˌfɪŋgər || ˈfɔːˌfɪŋgə(r)/ *n* índice *m*

forefoot /ˈfɔːrfʊt || ˈfɔːfʊt/ *n* (*pl* **-feet**) pata *f* delantera

forefront /ˈfɔːrfrʌnt || ˈfɔːfrʌnt/ *n*: **in *o* at the ~ of sth** al frente de algo; (in the vanguard) a la vanguardia de algo

forego /fɔːrˈgəʊ || fɔːˈgəʊ/ *vt* (*3rd pers sing pres* **-goes**; *pres p* **-going**; *past* **-went**; *past p* **-gone**) ▸**forgo**

foregoing /fɔːrˈgəʊɪŋ || ˈfɔːgəʊɪŋ/ *adj* (frml) (*before n*) precedente, anterior

foregone¹ /fɔːrˈgɑːn || fɔːˈgɒn/ *past p of* **forego**

foregone² /ˈfɔːrgɑːn || ˈfɔːgɒn/ *adj*: **the result was a ~ conclusion** el resultado era de prever *or* (fam) estaba cantado

foreground /ˈfɔːrgraʊnd || ˈfɔːgraʊnd/ *n* **the ~** el primer plano; **in the ~** en primer plano

forehand /ˈfɔːrhænd || ˈfɔːhænd/ *n* golpe *m* de derecho

forehead /ˈfɑːrəd, ˈfɔːrhed || ˈfɒrɪd, ˈfɔːhəd/ *n* frente *f*

foreign /ˈfɔːrən, ˈfɑː- || ˈfɒrən/ *adj*

A [1] ⟨*custom/country/language*⟩ extranjero [2] ⟨*policy/trade/relations*⟩ exterior; **~ debt** deuda *f* externa

B (alien) **to be ~ TO sth/sb** ser* ajeno A algo/algn

C (Med) extraño; **a ~ body** un cuerpo extraño

foreign affairs *pl n* relaciones *fpl or* (Esp) asuntos *mpl* exteriores

foreigner /ˈfɔːrənər, ˈfɑː- || ˈfɒrənə(r)/ *n* extranjero, -ra *m,f*

foreign: **~ exchange** *n* [u] divisas *fpl*; **~ minister** *n* ministro, -tra *or* (Méx) secretario, -ria *m,f* de relaciones *or* (Esp) asuntos exteriores, canciller *mf* (AmS); **~ Office** *n* (in UK) **the F~ Office** el Foreign Office, el ministerio de relaciones exteriores de Gran Bretaña; **~ Secretary** *n* (in UK) ▸**F~ minister**

forelady /ˈfɔːrˈleɪdi || ˈfɔːˌleɪdi/ *n* (*pl* **-ladies**) (AmE) capataz *f*, capataza *f* (AmL)

foreleg /ˈfɔːrleg || ˈfɔːleg/ *n* pata *f* delantera

forelock /ˈfɔːrlɑːk || ˈfɔːlɒk/ *n*: ***to touch o tug one's ~ to sb*** saludar a algn con una reverencia, inclinarse ante algn

foreman /ˈfɔːrmən || ˈfɔːmən/ *n* (*pl* **-men** /-mən/) [1] (supervisor) capataz *m* [2] (of jury) presidente *m* del jurado

foremost¹ /ˈfɔːrməʊst || ˈfɔːməʊst/ *adj* [1] (preeminent) ‹*figure/opponent*› más importante *or* destacado; **the welfare of her family was ~ in her mind** el bienestar de su familia era su mayor preocupación [2] (first) primero

foremost² *adv* en primer lugar

forename /ˈfɔːrneɪm || ˈfɔːneɪm/ *n* nombre *m* (de pila)

forensic /fəˈrensɪk/ *adj* (*before n*) ‹*expert*› forense; **~ medicine** medicina *f* legal *or* forense

foreplay /ˈfɔːrpleɪ || ˈfɔːpleɪ/ *n* [u] *estimulación erótica previa al acto sexual*

forerunner /ˈfɔːrˌrʌnər || ˈfɔːˌrʌnə(r)/ *n* precursor, -sora *m,f*

foresee /fɔːrˈsiː || fɔːˈsiː/ *vt* (*past* **foresaw**; *past p* **foreseen**) prever*

foreseeable /fɔːrˈsiːəbəl || fɔːˈsiːəbəl/ *adj* previsible; **in the ~ future** en el futuro inmediato

foreshadow /fɔːrˈʃædəʊ || fɔːˈʃædəʊ/ *vt* prefigurar, anunciar

foreshore /ˈfɔːrʃɔːr || ˈfɔːʃɔː(r)/ *n*: *parte de la playa entre la pleamar y la bajamar*

foreshorten /fɔːrˈʃɔːrtn̩ || fɔːˈʃɔːtn̩/ *vt* escorzar*

foresight /ˈfɔːrsaɪt || ˈfɔːsaɪt/ *n* [u] previsión *f*

foreskin /ˈfɔːrskɪn || ˈfɔːskɪn/ *n* prepucio *m*

forest /ˈfɔːrəst || ˈfɒrɪst/ *n* [u c] (wood) bosque *m*; (tropical) selva *f*; (*before n*) forestal

forestall /fɔːrˈstɔːl || fɔːˈstɔːl/ *vt* [1] (prevent) prevenir*, impedir* [2] (preempt) adelantarse *or* anticiparse a

forested /ˈfɔːrəstəd || ˈfɒrɪstɪd/ *adj* forestal

forester /ˈfɔːrəstər || ˈfɒrɪstə(r)/ *n* (forestry expert) silvicultor, -tora *m,f*; (ranger) guarda *mf* forestal

forest ranger *n* (esp AmE) guardabosque(s) *mf*

forestry /ˈfɔːrəstri || ˈfɒrɪstri/ *n* [u] silvicultura *f*, ingeniería *f* forestal

foretaste /ˈfɔːrteɪst || ˈfɔːteɪst/ *n* anticipo *m*

foretell /fɔːrˈtel || fɔːˈtel/ *vt* (*past & past p* **foretold**) predecir*, pronosticar*

forethought /ˈfɔːrθɔːt || ˈfɔːθɔːt/ *n* [u] previsión *f*, reflexión *f* previa

forever /fəˈrevər || fəˈrevə(r)/ *adv* [1] (for all time): **those days are gone ~** esos días no volverán; **nothing lasts ~** nada dura eternamente [2] (a long time): **to take ~** tardar una eternidad *or* un siglo [3] (continually) siempre, constantemente

forewarn /fɔːrˈwɔːrn || fɔːˈwɔːn/ *vt* **to ~ sb OF sth** advertir* A algn DE algo; **~*ed is forearmed*** hombre prevenido vale por dos

forewent *past of* **forego**

forewoman /ˈfɔːrˌwʊmən || ˈfɔːˌwʊmən/ *n* (*pl* **-women**) [1] (supervisor) capataz *f*, capataza *f* [2] (of jury) presidenta *f* del jurado

foreword /ˈfɔːrwɜːrd || ˈfɔːwɜːd/ *n* prólogo *m*

forfeit¹ /ˈfɔːrfət || ˈfɔːfɪt/ *vt* ‹*property*› perder* el derecho a; ‹*rights/respect/game*› perder*

forfeit² *n* [1] (penalty) multa *f*; **to pay a ~** pagar* una multa [2] (Games) prenda *f*

forfeiture /ˈfɔːrfətʃʊr || ˈfɔːfɪtʃə(r)/ *n* [u] (loss) pérdida *f*; (confiscation) confiscación *f*

forgave /fərˈgeɪv || fəˈgeɪv/ *past of* **forgive**

forge¹ /fɔːrdʒ || fɔːdʒ/ *vt*
A [1] (Metall) forjar [2] (create) ‹*bond*› forjar
B (counterfeit) falsificar*

Phrasal verb

- **forge ahead** [v ▸ adv] [1] (surpass rivals) escalar posiciones; **to ~ ahead OF sb** tomarle la delantera a algn [2] (make progress) seguir* adelante

forge² *n* [1] (smithy) forja *f* [2] (furnace) fragua *f*, forja *f*

forger /ˈfɔːrdʒər || ˈfɔːdʒə(r)/ *n* falsificador, -dora *m,f*

forgery /ˈfɔːrdʒəri || ˈfɔːdʒəri/ *n* [u c] (*pl* **-ries**) falsificación *f*

forget /fərˈget || fəˈget/ (*pres p* **forgetting**; *past* **forgot**; *past p* **forgotten**) *vt* [1] (fail to remember) ‹*name/fact/person/object*› olvidarse de, olvidar; **I was ~ting (that) you don't speak German** se me olvidaba que *or* me olvidaba de que no hablas alemán; **have you forgotten your manners?** ¿qué modales son ésos?; **she never lets you ~ (that) her son is a professor** está siempre recordándote que su hijo es catedrático; **I'm your father and don't you ~ it!** ¡soy tu padre, que no se te olvide!; **to ~ to + INF: don't ~ to phone** no te olvides de llamar, que no se te olvide llamar [2] (put out of one's mind) ‹*person/disappointment/differences*› olvidar, olvidarse de; **I'm sorry — ~ it!** perdóname — no es nada *or* no te preocupes; **if it's money you want, (you can) ~ it!** si es dinero lo que quieres, ya te puedes ir despidiendo de la idea [3] **forgotten** *past p* ‹*land/tribe*› olvidado

■ **forget** *vi*: **where does she live? — I ~** ¿dónde vive? — no me acuerdo *or* se me ha olvidado; **to ~ ABOUT sth** olvidarse *or* no acordarse* DE algo; **I'd ~ about it if I were you** yo que tú lo olvidaría *or* me olvidaría de ello

■ *v refl* **to ~ oneself** perder* el control

forgetful /fərˈgetfəl || fəˈgetfəl/ *adj* (absentminded) olvidadizo, desmemoriado

forget-me-not /fərˈgetmiˈnɑːt || fəˈgetminɒt/ *n* nomeolvides *f*

forgettable /fərˈgetəbəl || fəˈgetəbəl/ *adj* (pej) poco memorable

forgivable /fərˈgɪvəbəl || fəˈgɪvəbəl/ *adj* perdonable

forgive /fərˈgɪv || fəˈgɪv/ *vt* (*past* **forgave**; *past p* **forgiven**) ‹*person/insult*› perdonar; **to ~ sb FOR sth** perdonarle algo a algn; **to ~ sb FOR -ING: ~ me for interrupting but ...** perdona que interrumpa pero ...; **one could be ~n for thinking that ...** no sería disparatado deducir que ...

forgiveness /fərˈgɪvnəs || fəˈgɪvnɪs/ *n* [u] (quality) clemencia *f*; **to ask/beg sb's ~ for sth** pedirle*/implorarle perdón a algn por algo

forgiving /fərˈgɪvɪŋ || fəˈgɪvɪŋ/ *adj* indulgente, comprensivo

forgo /fɔːrˈgəʊ || fɔːˈgəʊ/ *vt* (*3rd pers sing pres* **-goes**; *pres p* **-going**; *past* **-went**; *past p* **-gone**) (frml) privarse de, renunciar a

forgot /fərˈgɑːt || fəˈgɒt/ *past of* **forget**

forgotten /fərˈgɑːtn̩ || fəˈgɒtn̩/ *past p of* **forget**

fork¹ /fɔːrk || fɔːk/ *n*
A (Culin) tenedor *m*; (for gardening) horca *f*, bieldo *m*, horqueta *f*
B (in road, river) bifurcación *f*; **to take the left/right ~** tomar el desvío a la izquierda/derecha

fork² *vi* [1] (split) «*branch/road/river*» bifurcarse* [2] (turn): **to ~ (to the) right/left** desviarse* a la derecha/izquierda

Phrasal verb

- **fork out** [v ▸ adv ▸ o] (colloq) desembolsar, aflojar (fam)

forked /fɔːrkt || fɔːkt/ *adj* ‹*stick/branch*› ahorquillado; ‹*tongue*› bífido; ‹*lightning*› en zigzag

forklift (truck) /ˈfɔːrkˈlɪft || ˈfɔːklɪft/ *n* carretilla *f* elevadora (*de horquilla*)

forlorn /fərˈlɔːrn || fəˈlɔːn/ *adj* [1] (wretched) ‹*glance/smile*› triste; ‹*appearance*› (of person) de tristeza y desamparo; (of house, place) de abandono [2] (desperate) ‹*attempt*› desesperado; **in the ~ hope of ...** con la vana esperanza de ...

forlornly /fərˈlɔːrnli || fəˈlɔːnli/ *adv* [1] (miserably) con tristeza [2] (half-heartedly) ‹*try/hope*› sin demasiado entusiasmo

form¹ /fɔːrm || fɔːm/ *n*
A [c u] (shape, manner) forma *f*; **what ~ should our protest take?** ¿cómo deberíamos manifestar nuestra protesta?
B [1] [c u] (type, kind) tipo; **they require some ~ of explanation** necesitan algún tipo de explicación; **other ~s of life** otras formas de vida; **birds are a higher ~ of life than insects** las aves son una especie superior a los insectos [2] [c u] (style) forma *f*; **~ and content** forma y contenido *or* fondo
C [u] (fitness, ability) forma *f*; **to be on/off ~** estar* en forma/en baja forma; **on past ~ it seems unlikely that ...** conociendo su historial, no parece probable que ...
D [u] (etiquette): **as a matter of ~** por educación *or* cortesía; **to be bad/good ~** (esp BrE) ser* de mala/buena educación
E [c] (document) formulario *m*, impreso *m*, forma *f* (Méx)
F [c] (BrE Educ) (class) clase *f*; (year) curso *m*, año *m*

form² *vt*
A [1] (shape, mold) formar; ‹*character*› formar, moldear

2 (take shape of) ‹*line/circle*› formar
B (develop) ‹*opinion*› formarse; ‹*habit*› adquirir*
C (constitute) ‹*basis/part*› formar, constituir*
D (set up, establish) ‹*committee/government/company*› formar
■ **form** *vi* ‹‹*idea/plan*›› tomar forma; ‹‹*ice/fog*›› formarse

formal /'fɔːrməl || 'fɔːməl/ *adj*
A (ceremonial) ‹*reception/dinner*› formal; ~ **dress** traje *m* de etiqueta; **a ~ call** una visita oficial *or* de protocolo
B (official, conventional) formal; **he hasn't any ~ education** no tiene formación académica
C 1 ‹*manner/person*› ceremonioso; ‹*style/language*› formal 2 (symmetrical) ‹*garden*› de diseño formal

formaldehyde /fɔːr'mældəhaɪd || fɔː'mældɪhaɪd/ *n* [u] formaldehído *m*

formalin /'fɔːrməlin || 'fɔːməlɪn/ *n* [u] formalina *f*

formality /fɔːr'mæləti || fɔː'mæləti/ *n* (*pl* **-ties**)
A [u] (formal quality) ceremonia *f*, formalidad *f*
B [c] (convention) formalidad *f*

formalize /'fɔːrməlaɪz || 'fɔːməlaɪz/ *vt* ‹*agreement/plan*› formalizar*, dar* carácter oficial a

formally /'fɔːrməli || 'fɔːməli/ *adv* 1 (with ceremony) ceremoniosamente 2 (officially) formalmente

format¹ /'fɔːrmæt || 'fɔːmæt/ *n* [c u]
A (Comput, Print) formato *m*
B (arrangement) formato *m*, presentación *f*

format² *vt* **-tt-** formatear

formation /fɔːr'meɪʃən || fɔː'meɪʃən/ *n* [u c] formación *f*; **to fly in ~** volar* en formación

formative /'fɔːrmətɪv || 'fɔːmətɪv/ *adj* ‹*process/years*› de formación; ‹*experience/influence*› formativo

formatting /'fɔːrmætɪŋ || 'fɔːmætɪŋ/ *n* [u] formateo *m*

former¹ /'fɔːrmər || 'fɔːmə(r)/ *adj*
A (earlier, previous) antiguo; **my ~ wife/husband** mi ex-esposa/ex-esposo; **in ~ days** *o* **times** antes, en otros tiempos, antiguamente
B (first-mentioned) primero

former² *n* **the ~** el primero, la primera; (*pl*) los primeros, las primeras

formerly /'fɔːrmərli || 'fɔːməli/ *adv* antes, anteriormente

Formica® /fɔːr'maɪkə || fɔː'maɪkə/ *n* [u] formica® *f*, fórmica® *f* (AmS), cármica® *f* (Ur)

formic acid /'fɔːrmɪk || 'fɔːmɪk/ *n* [u] ácido *m* formico

formidable /'fɔːrmədəbəl || 'fɔːmɪdəbəl, fɔː'mɪdəbəl/ *adj* ‹*task*› imponente; ‹*problem/obstacle*› tremendo; ‹*achievement/courage*› extraordinario, monumental, formidable; ‹*opponent*› temible

formidably /'fɔːrmədəbli || 'fɔːmɪdəbli, fɔː'mɪdəbli/ *adv* tremendamente

formless /'fɔːrmləs || 'fɔːmlɪs/ *adj* (liter) amorfo, informe

formula /'fɔːrmjələ || 'fɔːmjʊlə/ *n* (*pl* **-las** *o* (frml) **-lae** /-liː/)
A (Chem, Math, Phys) fórmula *f*; **a sure ~ for success** una receta infalible para tener éxito; (*before n*) ‹*comedy/drama/painting*› (AmE) sin originalidad, adocenado
B (motor racing): **~ one** fórmula uno

formulate /'fɔːrmjəleɪt || 'fɔːmjʊleɪt/ *vt* formular

formulation /'fɔːrmjə'leɪʃən || ˌfɔːmjʊ'leɪʃən/ *n* [c u] formulación *f*

fornicate /'fɔːrnəkeɪt || 'fɔːnɪkeɪt/ *vi* (frml) fornicar* (frml)

fornication /'fɔːrnə'keɪʃən || ˌfɔːnɪ'keɪʃən/ *n* [u] (frml) fornicación *f* (frml)

for-profit /fər'prɑːfət || fə'prɒfɪt/ *adj* comercial, con fines de lucro

forsake /fər'seɪk || fə'seɪk/ *vt* (*past* **forsook**; *past p* **forsaken**) (liter) 1 (abandon) abandonar 2 (relinquish) ‹*pleasure/habits*› renunciar a

forsaken /fər'seɪkən || fə'seɪkən/ *adj* abandonado, desamparado

forsook /fər'sʊk || fə'sʊk/ *past of* **forsake**

forsooth /fər'suːθ || fə'suːθ/ *interj* (arch) en verdad

forswear /fɔːr'swer || fɔː'sweə(r)/ *vt* (*past* **forswore** /fɔːr'swɔːr || fɔː'swɔː(r)/; *past p* **forsworn** /fɔːr'swɔːrn || fɔː'swɔːn/) (liter) ‹*pleasure/claim*› renunciar a

fort /fɔːrt || fɔːt/ *n* fuerte *m*; (small) fortín *m*; ***to hold the ~*** quedarse al cargo (de algo/algn)

forte /'fɔːrteɪ || 'fɔːteɪ/ *n* (strong point) fuerte *m*

forth /fɔːrθ || fɔːθ/ *adv* (liter) 1 (out): **~ he went to battle with his enemy** marchó *or* fue a luchar con su enemigo; *see also* **bring** *etc* **forth** 2 (in time): **from this day ~** de hoy *or* ahora en adelante; **from that time ~** a partir de ese momento; ***and (so on and) so ~*** etcétera, etcétera

forthcoming /'fɔːrθ'kʌmɪŋ || ˌfɔːθ'kʌmɪŋ/ *adj*
A 1 (approaching) (*usu before n*) ‹*event*› próximo; **his daughter's ~ wedding** la boda de su hija, que tendrá (*or* tendría *etc*) lugar pronto 2 (about to appear) ‹*article/record*› de próxima aparición; ‹*film*› a estrenarse próximamente
B (available) (*pred*): **no explanation was ~** no dieron (*or* dio *etc*) ninguna explicación
C (open, helpful): **he was not very ~** no estuvo muy comunicativo

forthright /'fɔːrθraɪt || 'fɔːθraɪt/ *adj* directo, franco

forthwith /'fɔːrθ'wɪð || fɔːθ'wɪθ/ *adv* (frml *or* liter) inmediatamente

fortieth¹ /'fɔːrtiəθ || 'fɔːtiəθ/ *adj* cuadragésimo; *see also* **fifth¹**

fortieth² *adv* en cuadragésimo lugar; *see also* **fifth²**

fortieth³ *n* 1 (Math) cuarentavo *m* 2 (part) cuarentava *or* cuadragésima parte *f*

fortification /'fɔːrtəfə'keɪʃən || ˌfɔːtɪfɪ'keɪʃən/ *n* [c u] (Mil) fortificación *f*

fortify /'fɔːrtəfaɪ || 'fɔːtɪfaɪ/ *vt* **-fies, -fying, -fied**
A (Mil) ‹*town/building*› fortificar*
B (strengthen) ‹*person/determination*› fortalecer*, fortificar*; ‹*argument*› reforzar*
C ‹*wine*› fortificar*, encabezar*; **fortified wine** vino *m* fortificado

fortitude /'fɔːrtətuːd || 'fɔːtɪtjuːd/ *n* [u] fortaleza *f*

Fort Knox /nɑːks || 'nɒks/ *n*: *edificio que alberga las reservas de oro estadounidenses*

fortnight /'fɔːrtnaɪt || 'fɔːtnaɪt/ *n* (esp BrE) quince días, dos semanas; (Busn) quincena *f*

fortnightly¹ /'fɔːrtnaɪtli || 'fɔːtnaɪtli/ *adv* (esp BrE) cada dos semanas

fortnightly² *adj* (esp BrE) quincenal

fortress /'fɔːrtrəs || 'fɔːtrɪs/ *n* fortaleza *f*

fortuitous /fɔːr'tuːɪtəs || fɔː'tjuːɪtəs/ *adj* ‹*occurrence/encounter*› fortuito, casual

fortuitously /fɔːr'tuːɪtəsli || fɔː'tjuːɪtəsli/ *adv* fortuitamente, por casualidad

fortunate /'fɔːrtʃn̩ət || 'fɔːtʃənət/ *adj* ‹*occurrence/coincidence*› afortunado, feliz; **he was very ~ to find a job** tuvo mucha suerte al encontrar trabajo; **it was ~ that he came** fue una suerte que viniera

fortunately /'fɔːrtʃn̩ətli || 'fɔːtʃənətli/ *adv* (*indep*) afortunadamente, por suerte

fortune /'fɔːrtʃən || 'fɔːtʃən, 'fɔːtʃuːn/ *n*
A [c] (money, prosperity) fortuna *f*; (a lot of money) (colloq) (*no pl*) dineral *m*, platal *m* (AmS fam), pastón *m* (Esp fam)
B 1 [c] (fate): **I followed his ~(s) with interest** seguí su trayectoria *or* sus peripecias con interés; **to tell/read sb's ~** decirle*/leerle la buenaventura a algn 2 [u] (destiny) destino *m*, sino *m* (liter)
C [u] (luck) **good ~** suerte *f*, fortuna *f*

fortune: **~ cookie** *n* (AmE) *galletita china que contiene una predicción del porvenir*; **~ hunter** *n* (colloq & pej) cazafortunas *mf*; **~-teller** *n* adivino, -na *m,f*

forty /'fɔːrti || 'fɔːti/ *adj/n* cuarenta *adj inv/m*; *see also* **seventy**

forum /'fɔːrəm/ *n* foro *m*

forward¹ /'fɔːrwərd || 'fɔːwəd/, (esp BrE) **forwards** /-z/ *adv* 1 (toward the front) ‹*bend/slope/lean*› hacia adelante; **she rushed ~ to greet him** corrió a saludarlo; **let's sit further ~** sentémonos más adelante; *see also* **come forward, step forward** 2 (in time) (frml) en adelante; **from this day ~** desde hoy en adelante; *see also* **bring, carry** *etc* **forward**

forward² *adj*
A (*before n*) (in direction) ‹*movement/motion*› hacia adelante; **~ pass** (Sport) pase *m* adelantado; **~ slash** *n* barra *f* (oblicua)
B (advance): **~ thinking** previsión *f*; **~ planning** planificación *f*
C (assertive, pushy) atrevido, descarado

f

forward³ *vt* (send) (Busn) enviar, remitir; (to a different address) enviar*, mandar; ⊜ **please forward** hacer* seguir

forward⁴ *n* (Sport) delantero *mf*

forwarding /'fɔːrwərdɪŋ || 'fɔːwədɪŋ/ *n* [u] (to a different address) envío *m*; (*before n*) ~ **address** dirección *f* (*a la cual ha de remitirse la correspondencia que se recibe para algn*)

forward: **~-looking** /'fɔːrwərd'lʊkɪŋ || 'fɔːwəd,lʊkɪŋ/ *adj* progresista, de amplias miras; ~ **roll** *n* voltereta *f* (*hacia adelante*), maroma *f* (Méx)

forwards /'fɔːrwərdz || 'fɔːwədz/ *adv* ▸**forward¹**

forwent /fɔːr'went || fɔː'went/ *past of* **forgo**

fossil /'fɑːsəl || 'fɒsəl/ *n* (Geol) fósil *m*; (*before n*) ‹*shell/leaf*› fosilizado

fossil fuel *n* [c u] combustible *m* fósil

fossilized /'fɑːsəlaɪzd || 'fɒsəlaɪzd/ *adj* fosilizado, fósil

foster¹ /'fɔːstər || 'fɒstə(r)/ *vt*

A ‹*child*› (BrE) *acoger en el hogar sin adoptarlo legalmente*

B 1 (promote) ‹*suspicion/talent*› fomentar; ‹*reconciliation/understanding*› promover* 2 (feel) ‹*hatred*› alimentar; ‹*respect*› sentir*; ‹*hope*› abrigar*

foster² *adj* ‹*child*› ≈ adoptivo; ~ **family** familia *f* de acogida; ~ **home** casa *f* de acogida de menores

fought /fɔːt/ *past & past p of* **fight¹**

foul¹ /faʊl/ *adj* **-er, -est**

A (offensive) ‹*smell*› nauseabundo, fétido; ‹*taste*› repugnante, asqueroso; ‹*air*› viciado; ‹*water*› infecto

B 1 (horrible) (colloq) ‹*person*› asqueroso (fam); ‹*weather*› pésimo; **to be in a ~ mood** estar* de un humor de perros (fam) 2 (wicked) (liter) ‹*deed/crime*› vil (liter), abyecto

C (obscene) ‹*language/gesture*› ordinario, grosero

D (Sport) (invalid) ‹*shot/serve/ball*› nulo

foul² *n* falta *f*, faul *m* or foul *m* (AmL)

foul³ *vt*

A (pollute) ‹*water/air*› contaminar

B 1 (block) ‹*drain/chimney*› obstruir* 2 (entangle) ‹*rope/chain*› enredar

C (Sport) cometer una falta *or* (AmL tb) un foul *or* faul contra, faulear (AmL)

■ **foul** *vi*

A (Sport) cometer* faltas *or* (AmL tb) fauls *or* fouls, faulear (AmL)

B (become entangled) «*rope/chain*» enredarse

Phrasal verb

• **foul up** [v ▸ o ▸ adv, v ▸ adv ▸ o] 1 (spoil) ‹*plan*› estropear, arruinar 2 (bungle) (colloq) fastidiar (fam)

foul: **~-mouthed** /'faʊl'maʊðd/ *adj* malhablado; ~ **play** *n* [u] 1 (Law): **they suspect ~ play** sospechan que se trata de un crimen 2 (Sport) juego *m* sucio; **~-smelling** /'faʊl'smelɪŋ/ *adj* hediondo; **~-tempered** /'faʊl'tempərd || ,faʊl'tempəd/ *adj* con un humor de perros (fam); **~-up** *n* (colloq) desastre *m*

found¹ /faʊnd/ *past & past p of* **find¹**

found² *vt*

A 1 (establish) ‹*society/company/town/settlement*› fundar 2 **founding** *pres p* fundador

B (base) **to ~ sth ON sth** fundar algo EN algo; **his suspicions were well-/ill-~ed** sus sospechas estaban bien fundadas/eran infundadas

foundation /faʊn'deɪʃən/ *n*

A 1 [u] (establishing) fundación *f* 2 [c] (institution) fundación *f*

B [c] (*often pl*) 1 (Const) cimientos *mpl* 2 (groundwork, basis) fundamentos *mpl*, base *f*; (*before n*) ~ **course** curso *m* preparatorio

C [u] (grounds) fundamento *m*; **the suspicion is without ~** la sospecha es infundada *or* carece de fundamento

D [c u] 1 (cosmetic) base *f* de maquillaje 2 ~ **(cream)** (crema *f*) base *f* 3 (of painting) base *f*, apresto *m*

foundation: ~ **garment** *n* (esp AmE) prenda *f* de corsetería; ~ **stone** *n* piedra *f* fundamental

founder¹ /'faʊndər || 'faʊndə(r)/ *n* fundador, -dora *m,f*; (*before n*) ~ **member** (BrE) (socio *m*) fundador *m*, (socia *f*) fundadora *f*

founder² *vi* «*ship*» hundirse, zozobrar, irse* a pique; «*plan/project*» irse* a pique, zozobrar

founding father /'faʊndɪŋ/ *n* fundador *m*; **the F~ F~s** (in US history) los fundadores de la nación americana

> **Founding Fathers – the Founding Fathers**
>
> Aquellos norteamericanos que sentaron las bases del gobierno de EEUU en la *Federal Constitution Convention* en 1787, ocasión en que se redactó y firmó la Constitución. Los más conocidos son George Washington, Thomas Jefferson, Benjamin Franklin, Alexander Hamilton, John Adams y James Madison

foundling /'faʊndlɪŋ/ *n* (liter) expósito, -ta *m,f*

foundry /'faʊndri/ *n* (*pl* **-ries**) fundición *f*

fount /faʊnt/ *n* (poet) fuente *f*

fountain /'faʊntn̩ || 'faʊntɪn/ *n*

A 1 (ornamental) fuente *f* 2 (spray, jet) chorro *m* 3 (*drinking* ~) fuente *f*, bebedero *m* (CS, Méx)

B (source) (liter) manantial *m* (liter), fuente *f*

C (AmE) ▸**soda fountain**

fountain pen *n* pluma *f* (estilográfica), pluma *f* fuente (AmL), estilográfica *f*, lapicera *f* fuente (CS)

four¹ /fɔːr || fɔː(r)/ *n* cuatro *m*; **six from ten leaves ~** diez menos seis es igual a cuatro; **three ~s are twelve** tres por cuatro (son) doce; **on page ~** en la página cuatro; **he's nearly ~** tiene casi cuatro años; **at the age of ~** a los cuatro años (de edad); **it's nearly ~** son casi las cuatro; **they are sold in ~s** los venden de a cuatro *or* (Esp) de cuatro en cuatro; **the ~ of us/them** nosotros/ellos cuatro; **there were ~ of us/them** éramos/eran cuatro; **divide it into ~** divídelo en cuatro; ***on all ~s*** en *or* a cuatro patas, a gatas

four² *adj* cuatro *adj inv*; **it comes to ~ dollars exactly** son cuatro dólares justos; **one tablet ~ times a day** una pastilla cuatro veces al día

four: **~-by-~** /,fɔːrbaɪ'fɔːr || ,fɔːbaɪ'fɔː(r)/ *n* (vehículo *m*) cuatro por cuatro *m*, vehículo *m* con tracción integral *or* en las cuatro ruedas; **~-cycle** /'fɔːr'saɪkəl || fɔː'saɪkəl/ *adj* (AmE) de cuatro tiempos; **~-door** /'fɔːr'dɔːr || 'fɔː,dɔː(r)/ *adj* (*before n*) de cuatro puertas; **~fold** *adj/adv see* **-fold**; **~-letter word** /'fɔːr,letər || 'fɔː,letə/ *n* palabrota *f* (fam), taco *m* (Esp fam); **~-ply** *adj* (*before n*) ‹*yarn*› de cuatro hebras; **~-poster (bed)** /'fɔːr'pəʊstər || ,fɔː'pəʊstə(r)/ *n*: *cama con cuatro columnas, gen con dosel*; **~-seater** /'fɔːr'siːtər || 'fɔː,siːtə(r)/ *n* coche *m*/avión *m* de cuatro plazas

foursome /'fɔːrsəm || 'fɔːsɒm/ *n*: *grupo de cuatro personas*

four: **~square** /'fɔːr'skwer || ,fɔː'skweə(r)/ *adv* (squarely) firmemente; (resolutely) decididamente; **~-stroke** *adj* (BrE) de cuatro tiempos

fourteen /'fɔːr'tiːn || ,fɔː'tiːn/ *adj/n* catorce *adj inv/m*

fourteenth¹ /'fɔːr'tiːnθ || ,fɔː'tiːnθ/ *adj* decimocuarto; *see also* **fifth¹**

fourteenth² *adv* en decimocuarto lugar; *see also* **fifth²**

fourteenth³ *n* 1 (Math) catorceavo *m* 2 (part) catorceava parte *f*

fourth¹ /fɔːrθ || fɔːθ/ *adj* cuarto; *see also* **fifth¹**

fourth² *adv* 1 (in position, time, order) en cuarto lugar 2 (fourthly) en cuarto lugar; *see also* **fifth²**

fourth³ *n*

A (part) cuarto *m*

B ~ **(gear)** (Auto) (*no art*) cuarta *f*

fourth estate *n* **the ~ ~** el cuarto poder

fourthly /'fɔːrθli || 'fɔːθli/ *adv* (*indep*) en cuarto lugar

four-wheel drive /'fɔːrhwiːl || 'fɔːwiːl/ *n* [u] tracción *f* integral, tracción *f* a cuatro ruedas

fowl /faʊl/ *n* (*pl* **~s** *or* **~**)

A 1 [c] (farmyard bird) ave *f*‡ (de corral) 2 [u] (meat) ave *f*‡

B (bird) (arch) ave *f*‡

fox¹ /fɑːks || fɒks/ *n* zorro *m*; (*before n*) ~ **cub** cachorro *m* de zorro

fox² *vt* (perplex) (colloq) confundir, dejar perplejo

fox: **~glove** *n* [c u] dedalera *f*, digital *f*; **~hound** *n* perro *m* raposero; **~-hunting** *n* [u] caza *f* del zorro; **to go ~-hunting** ir* a cazar zorros; **~trot** *n* foxtrot *m*

foyer /'fɔɪeɪ/ *n* (of theatre) foyer *m*, vestíbulo *m*; (of hotel) vestíbulo *m*

Fr (title) (Relig) (= **Father**) P.

fracas /'freɪkəs, 'frækəs || 'frækɑː/ *n* (*pl* **fracases** *or* (BrE) **fracas** /-z/) (liter) altercado *m*

fraction /ˈfrækʃən/ *n* **1** (Math) fracción *f*, quebrado *m* **2** (small amount) (*no pl*): **at a ~ of the cost** por un porcentaje mínimo del costo; **a ~ of a second** un instante, una fracción de segundo; **a ~ higher/lower** ligeramente superior/inferior

fractionally /ˈfrækʃn̩əli/ *adv* levemente, un poco

fractious /ˈfrækʃəs/ *adj* (irritable) ‹*child*› quisquilloso; ‹*old man*› cascarrabias *adj inv* (fam)

fracture[1] /ˈfræktʃər || ˈfræktʃə(r)/ *n* **1** (Med) fractura *f* **2** (crack) fisura *f*, grieta *f*

fracture[2] *vt* (Med) ‹*bone*› fracturar; **she ~d her arm** se fracturó el brazo

■ **fracture** *vi* (Med) «*bone*» fracturarse

fragile /ˈfrædʒəl || ˈfrædʒaɪl/ *adj* **1** ‹*object/china/glass*› frágil; ‹*relationship/link/agreement*› precario, frágil; ⓢ **fragile, handle with care** cuidado, frágil **2** ‹*person*› débil; ‹*health*› delicado, precario

fragility /frəˈdʒɪləti/ *n* [u] **1** (of object, material) fragilidad *f* **2** (of happiness, link) fragilidad *f*, precariedad *f* **3** (of person) debilidad *f*; (of health) precariedad *f*, lo delicado

fragment[1] /ˈfrægmənt/ *n* fragmento *m*

fragment[2] /ˈfrægment, frægˈment || frægˈment/ *vi* «*glass/china*» hacerse* añicos *or* pedazos, romperse*; «*society/group*» fragmentarse

fragmentary /ˈfrægmənteri || ˈfrægməntəri/ *adj* fragmentario, incompleto

fragmentation /ˈfrægmənˈteɪʃən/ *n* [u] fragmentación *f*

fragmented /ˈfrægmentəd || frægˈmentɪd/ *adj* **1** (broken) hecho añicos *or* pedazos **2** (disjointed) fragmentado

fragrance /ˈfreɪgrəns/ *n* (smell) fragancia *f*, aroma *m*; (perfume) perfume *m*, fragancia *f*

fragrant /ˈfreɪgrənt/ *adj* fragante, aromático

frail /freɪl/ *adj* **-er, -est** **1** (physically delicate) ‹*person*› débil, delicado; ‹*health*› delicado **2** (morally weak) débil **3** (fragile) ‹*table/boat*› precario, endeble

frailty /ˈfreɪlti/ *n* (*pl* **-ties**) **1** [u] (of construction) precariedad *f*, endeblez *f* **2** [u] (of person) debilidad *f*; (of health) lo delicado **3** [u c] (of character) debilidad *f*, flaqueza *f*; **human ~** la flaqueza humana

frame[1] /freɪm/ *n*

A **1** (structure — of building, ship, plane) armazón *m or f*; (— of car, motorcycle, bed, door) bastidor *m*; (— of bicycle) cuadro *m*, marco *m* (Chi, Col) **2** (edge — of picture, window, door) marco *m* **3** **frames** *pl* (for spectacles) montura *f*, armazón *m or f*

B (body) cuerpo *m*

C **1** (Cin) fotograma *m*; (Phot) fotografía *f* **2** (TV) cuadro *m*

D (Sport) (unit of play in snooker) set *m*, chico *m* (Col)

frame[2] *vt*

A ‹*picture/photograph*› enmarcar*; ‹*face/scene*› enmarcar*, encuadrar

B **1** (compose, draft) ‹*plan/policy*› formular, elaborar; ‹*question/reply*› formular **2** (mouth) ‹*words*› formar

C (incriminate unjustly) (colloq): **I was ~d** me tendieron una trampa para incriminarme

frame: **~ of mind** *n* (*pl* **~s of mind**) estado *m* de ánimo; **to be in the right/wrong ~ of mind for sth** estar*/no estar* de humor para algo; **~-up** *n* (colloq) trampa *f* (*para incriminar a alguien*); **~work** *n* (basis) marco *m*; (plan) esquema *m*; (Eng) armazón *m or f*

franc /fræŋk/ *n* franco *m*

France /fræns || frɑːns/ *n* Francia *f*

franchise[1] /ˈfræntʃaɪz/ *n*

A (Busn) **1** [u c] (right — to operate retail outlet) franquicia *f*, licencia *f*; (— to market product, service) concesión *f* **2** [c] (retail outlet) franquicia *f*, tienda *f* bajo licencia

B (Pol frml) **the ~** el derecho de *or* al voto, el sufragio

franchise[2] *vt* ‹*retail outlet*› conceder en franquicia; ‹*product/service*› adjudicar* *or* dar* la concesión de

franchisee /ˌfræntʃaɪˈziː/ *n* franquiciado, -da *m,f*

franchiser, franchisor /ˈfræntʃaɪzər || ˈfræntʃaɪzə(r)/ *n* franquiciador, -dora *m,f*

Franciscan /frænˈsɪskən/ *n* franciscano, -na *m,f*

Franco- /ˈfræŋkəʊ/ *pref* franco-

franglais, Franglais /frɑːnˈgleɪ || ˈfrɒŋgleɪ/ *n* [u] (hum) franglés *m* (hum)

frank[1] /fræŋk/ *adj* **-er, -est** **1** (honest, candid) sincero, franco; **to be perfectly ~ ...** sinceramente *or* francamente *or* para serte franco ... **2** (direct, outspoken) franco **3** (undisguised) ‹*desire/dislike*› manifiesto

frank[2] *vt* **1** ‹*letter/parcel/envelope*› franquear **2** (postmark) ‹*stamp/letter*› matasellar, timbrar

frank[3] *n*

A (AmE colloq) ▸**frankfurter**

B (esp BrE Post) franqueo *m*

frankfurter /ˈfræŋkfɜːrtər || ˈfræŋkfɜːtə(r)/ *n* salchicha *f* de Frankfurt *or* (Arg, Col) de Viena, frankfurter *m* (Ur), vienesa *f* (Chi), salchicha *f* alemana (Ven)

frankincense /ˈfræŋkənsens || ˈfræŋkɪnsens/ *n* [u] incienso *m*

franking machine /ˈfræŋkɪŋ/ *n* (BrE) máquina *f* franqueadora, estampilladora *f* (AmL)

frankly /ˈfræŋkli/ *adv* francamente, con toda sinceridad *or* franqueza; (*indep*) francamente, sinceramente, para serte (*or* serle *etc*) franco

frankness /ˈfræŋknəs || ˈfræŋknɪs/ *n* [u] franqueza *f*

frantic /ˈfræntɪk/ *adj* **1** (very worried, desperate) desesperado **2** (frenzied, hectic) ‹*activity*› frenético

frantically /ˈfræntɪkli/ *adv* **1** ‹*try/search*› desesperadamente; ‹*dash/run*› frenéticamente **2** (*as intensifier*): **I'm ~ busy** estoy agobiado de trabajo

frat /fræt/ *n* (AmE colloq)

A (building) ≈ residencia *f* universitaria, ≈ colegio *m* mayor (Esp)

B (student) ≈ residente *m* de colegio mayor, ≈ colegial *m* (Esp)

fraternal /frəˈtɜːrnl̩ || frəˈtɜːnl̩/ *adj* **1** (friendly) ‹*visit*› de camaradería, cordial; ‹*greeting*› cordial **2** (of brothers) ‹*love*› fraternal, fraterno; ‹*jealousy*› entre hermanos

fraternity /frəˈtɜːrnəti || frəˈtɜːnəti/ *n* (*pl* **-ties**)

A [u] (virtue of brotherhood) fraternidad *f*

B [c] **1** (Relig) hermandad *f*, cofradía *f* **2** (university club) asociación *f* estudiantil **3** (community): **the criminal ~** el (mundo del) hampa; **the legal ~** los abogados

> **fraternity**
>
> Una hermandad de varones en muchos establecimientos de la enseñanza superior en EEUU. Por lo general, sus miembros viven juntos en una *fraternity* house. Cada *fraternity* lleva como nombre el de dos o tres letras griegas, como por ejemplo *Lambda Delta Chi*. Hacen obras de caridad y a algunas de ellas les interesa el éxito académico. Han recibido críticas de elitistas y discriminatorias, pero en la actualidad vuelven a tener aceptación ya que su sistema comunitario reduce el costo de la vida para los estudiantes en una época en que la educación es cada vez más cara. *Ver tb* **sorority**

fraternization /ˈfrætərnəˈzeɪʃən || ˌfrætənaɪˈzeɪʃən/ *n* [u] confraternización *f*

fraternize /ˈfrætərnaɪz || ˈfrætənaɪz/ *vi* confraternizar*, fraternizar*

fratricide /ˈfrætrəsaɪd || ˈfrætrɪsaɪd/ *n* [u c] (crime) fratricidio *m*

fraud /frɔːd/ *n*

A [u c] (deception) fraude *m*, estafa *f*

B [c] **1** (person) farsante *mf*, impostor, -tora *m,f* **2** (fraudulent thing) engaño *m*

fraudster /ˈfrɔːdstər || ˈfrɔːdstə(r)/ *n* autor, -tora *m,f* de fraude, defraudador, -dora *m,f*

fraudulent /ˈfrɔːdʒələnt || ˈfrɔːdjʊlənt/ *adj* fraudulento

fraught /frɔːt/ *adj* **1** (*pred*) **to be ~ WITH sth** ‹*with danger/problems*› estar* lleno DE algo **2** (tense) ‹*atmosphere/relationship*› tirante, tenso

fray[1] /freɪ/ *vi* **1** «*cloth/collar/rope*» deshilacharse; «*wire*» pelarse **2** (become strained): **tempers were ~ing** se estaban exaltando los ánimos

■ **fray** *vt* **1** ‹*rope/wire*› desgastar; ‹*cloth*› (through use) desgastar, raer*; (deliberately) deshilachar **2** ‹*nerves*› crispar

fray[2] *n* refriega *f*, lucha *f*; **he's ready for the ~** está listo para entrar en la refriega; **she returned to the ~** volvió al ataque

frayed /freɪd/ *adj* **1** ‹*collar/cloth*› deshilachado, raído; ‹*rope/wire*› desgastado, pelado **2** ‹*nerves*› crispado; **tempers were getting ~** se estaban exaltando los ánimos

f

frazzle¹ /ˈfræzəl/ *n* (colloq) (*no pl*): **to be burned to a ~** quedar carbonizado; **I was worn to a ~** quedé reventada *or* hecha polvo (fam)

frazzle² *vi* (AmE colloq): **in this kind of heat, tempers can easily ~** con este calor la gente anda muy irritable *or* con los nervios de punta

frazzled /ˈfræzəld/ *adj* (colloq) rendido *or* (fam) hecho polvo y con los nervios crispados

freak¹ /friːk/ *n*

A **1** (abnormal specimen) fenómeno *m*, ejemplar *m* anormal; (monster) monstruo *m* **2** (unnatural event) fenómeno *m*, hecho *m* insólito **3** (peculiar person) (colloq) bicho *m* raro (fam)

B (fanatic) (colloq): **jazz ~** fanático, -ca *m,f* del jazz (fam)

freak² *adj* (*before n*) ‹*weather*› inusitado; ‹*happening*› inesperado, insólito

freak³ *vi* (sl & dated): **she'll ~ when I tell her** le va a dar un ataque cuando se lo diga

Phrasal verb

- **freak out** (sl)

A [v ▸ adv] flipar (arg), friquear(se) (Méx arg)

B [v ▸ o ▸ adv] alucinar (fam), friquear (Méx arg)

freakish /ˈfriːkɪʃ/ *adj* **1** (unpredictable, unusual) extraño, imprevisible **2** (weird) extraño, raro, estrafalario

freckle /ˈfrekəl/ *n* peca *f*

freckled /ˈfrekəld/ *adj* ‹*skin/face*› pecoso, lleno de pecas

free¹ /friː/ *adj* **freer** /ˈfriːər || ˈfriːə(r)/, **freest** /ˈfriːəst || ˈfriːɪst/

A **1** (at liberty) (*usu pred*) libre; **to be ~** ser* libre; **to set sb ~** dejar *or* poner* a algn en libertad, soltar* a algn; **~ to + INF: you're ~ to do what you think best** eres dueño *or* libre de hacer lo que te parezca; **please feel ~ to help yourself** sírvete con confianza, sírvete nomás (AmL) **2** ‹*country/people/press*› libre; **the right of ~ speech** la libertad *f* de expresión **3** (loose) suelto; **to come/work ~** soltarse*

B (*pred*) **1** (without, rid of) **~ FROM** *o* **OF sth** libre DE algo; **at last we're ~ of her** por fin nos hemos librado de ella; **~ of** *o* **from additives/preservatives** sin aditivos/conservantes **2** (exempt): **~ of tax** libre de impuestos; **~ of charge** gratis

C (costing nothing) ‹*ticket/sample*› gratis *adj inv*, gratuito; ‹*schooling/health care*› gratuito; **you get a ~ gift with every purchase** te hacen un regalo con cada compra; **Ⓢ admission free** entrada gratuita *or* libre; **~ on board** (Busn) franco a bordo

D (not occupied) ‹*table/chair*› libre, desocupado; ‹*time/hands*› libre; **is this table ~?** ¿está libre esta mesa?; **I have no ~ time at all** no tengo ni un momento libre, no tengo nada de tiempo libre; **are you ~ tomorrow?** ¿estás libre mañana?, ¿tienes algún compromiso mañana?

E (lavish) generoso; **to be ~ WITH sth** ser* generoso CON algo; **she's too ~ with her advice** reparte consejos a diestra y siniestra *or* (Esp) a diestro y siniestro

free² *adv* **1** (without payment) gratuitamente, gratis; **I got in for ~** (colloq) entré gratis *or* sin pagar *or* de balde **2** (without restriction) ‹*roam/run*› a su (*or* mi *etc*) antojo

free³ *vt*

A **1** (liberate) ‹*prisoner/hostage*› poner* *or* dejar en libertad, soltar*; ‹*animal*› soltar*; ‹*nation/people/slave*› liberar; **to ~ sb FROM sth** liberar a algn DE algo; **to ~ sb to + INF** permitirle A algn + INF **2** (relieve, rid) **to ~ sth OF sth: he promised to ~ the country of corruption** prometió acabar *or* terminar con la corrupción en el país

B **1** (untie, release) ‹*bound person*› soltar*, dejar libre; ‹*trapped person*› rescatar **2** (loose, clear) ‹*sth stuck or caught*› desenganchar, soltar*

Phrasal verb

- **free up** [v ▸ adv ▸ o] (AmE) ‹*resources*› liberar; ‹*time*› dejar libre; ‹*knot*› deshacer*

-free /friː/ *suff* **trouble~** sin problemas; **tax~** libre de impuestos; **maintenance~** que no necesita mantenimiento; **nuclear~ zone** zona *f* desnuclearizada

free: **~ agent** *n*: **you're a ~ agent** eres muy libre *or* dueño de hacer lo que quieras; **~-and-easy** /ˈfriːənˈiːzi/ *adj* (*pred* **~ and easy**) (tolerant) tolerante

freebie /ˈfriːbi/ *n* (sl) regalo *m*

freedom /ˈfriːdəm/ *n*

A [u c] libertad *f*; **~ of speech/expression** libertad de expresión; **journalists had complete editorial ~** los periodistas tenían carta blanca en materia editorial; **~ FROM sth: the plan guarantees ~ from financial worries** el plan le garantiza un futuro libre de preocupaciones económicas

B [u] (frankness) libertad *f*, desenvoltura *f*; **to speak with complete ~** hablar con toda *or* plena libertad

C [u] (rights of use or access): **~ of information** *libre acceso del ciudadano a la información contenida en los archivos gubernamentales*; **he was given the ~ of the city** le entregaron las llaves de la ciudad

freedom fighter *n* guerrillero, -ra *m,f*

free enterprise *n* [u] libre empresa *f*

Freefone® /ˈfriːfəʊn/ *n* [u] (BrE) llamada *f* gratuita

free: **~-for-all** /ˈfriːfərˈɔːl/ *n* gresca *f*, pelea *f*; **~hand** *adj/adv* a mano alzada *or* libre; **~ hit** *n* golpe *m* franco, tiro *m* libre

freehold¹ /ˈfriːhəʊld/ *adj* (esp BrE): **~ property** bien *m* raíz (*que se compra o vende en plena propiedad junto con el suelo sobre el que está edificado*)

freehold² *n* (esp BrE) plena propiedad *f* (*de un bien raíz y del suelo*)

free: **~holder** *n* (BrE) titular *mf* de la plena propriedad; **~ kick** *n* (Sport) (in soccer) tiro *m* libre; (in rugby) patada *f* libre

freelance¹ /ˈfriːlæns || ˈfriːlɑːns/ *adj* por cuenta propia, freelance *adj inv*, por libre (Esp)

freelance² *adv* por cuenta propia, freelance, por libre (Esp)

freelance³ *vi* trabajar por cuenta propia, trabajar freelance *or* (Esp tb) por libre

freelancer /ˈfriːˈlænsər || ˈfriːˌlɑːnsə(r)/ *n* trabajador, -dora *m,f* que trabaja por cuenta propia, freelance *mf*

freeloader /ˈfriːˈləʊdər || ˈfriːˌləʊdə(r)/ *n* (colloq) gorrón, -rrona *m,f or* (AmL) gorrero, -ra *m,f or* (RPl) garronero, -ra *m,f or* (Chi) bolsero, -ra *m,f* (fam)

freely /ˈfriːli/ *adv*

A **1** (without restriction) libremente; **the animals roam ~ in the park** los animales andan sueltos por el parque **2** (openly) ‹*speak/write*› con libertad *or* franqueza **3** (willingly) ‹*sacrifice*› voluntariamente; ‹*offer*› de buen grado

B **1** (generously) ‹*spend/give*› a manos llenas **2** (copiously) ‹*flow/pour*› profusamente, copiosamente

free: **~ market** *n* mercado *m* libre; **~mason** /ˈfriːˈmeɪsən || ˈfriːmeɪsən/ *n* masón, -sona *m,f*, francmasón, -sona *m,f*; **~post** *n* [u] (BrE) franqueo *m* pagado por el destinatario; **~-range** /ˈfriːˈreɪndʒ/ *adj* ‹*chicken/eggs*› de granja; **~standing** /ˈfriːˈstændɪŋ/ *adj* ‹*cupboard/stove*› no empotrado; ‹*clothes rack/towel rail*› de pie; **~style** *n* estilo *m* libre; **~thinker** /ˈfriːˈθɪŋkər || ˌfriːˈθɪŋkə(r)/ *n* librepensador, -dora *m,f*; **~ throw** *n* tiro *m* libre; **~ trade** *n* [u] libre comercio *m*, librecambio *m*; **~way** *n* [c u] (AmE) autopista *f* (*sin peaje*); **~wheel** /ˈfriːˈhwiːl || ˌfriːˈwiːl/ *vi*: **he ~wheeled down the hill** (on bike) bajó la cuesta sin pedalear; (in car) bajó la cuesta en punto muerto; **~ will** *n* [u]: **of one's own ~ will** por su (*or* mi *etc*) propia voluntad, (de) motu proprio

freeze¹ /friːz/ (*past* **froze**; *past p* **frozen**) *vi*

A ‹‹*pipe/lock/ground/person*›› helarse*, congelarse; **to ~ to death** morir* congelado; **I'm freezing!** ¡estoy helado!, ¡me estoy muriendo de frío!

B (stand still) quedarse inmóvil, paralizarse*; **¡~!** ¡alto *or* quieto ahí!; **the remark froze on his lips** se quedó con el comentario en la boca

C (Culin): **some fruits don't ~ well** algunas frutas no se prestan para ser congeladas

■ **freeze** *vt*

A **1** (turn to ice) ‹*water/stream*› helar*, congelar **2** (ice up) ‹*pipe/mechanism*› helar*

B **1** (preserve in freezer) congelar **2** (anesthetize) anestesiar

C (Fin) ‹*assets/account/prices*› congelar

■ **freeze** *v impers* helar*, haber* helada

Phrasal verbs

- **freeze out** [v ▸ o ▸ adv, v ▸ adv ▸ o] (colloq) excluir*, dejar fuera
- **freeze over** [v ▸ adv] helarse*, congelarse
- **freeze up** [v ▸ adv] helarse*, congelarse

freeze² *n* (limitation, stoppage) congelación *f*; **a wage/price ~** una congelación salarial/de precios

freeze-dried /'fri:z'draɪd/ *adj* liofilizado

freezer /'fri:zər || 'fri:zə(r)/ *n* (deep freeze) freezer *m*, congelador *m*; (freezing compartment) congelador *m*

freeze-up /'fri:zʌp/ *n* (AmE) período *m* de temperaturas bajo cero, ola *f* de grandes fríos

freezing[1] /'fri:zɪŋ/ *adj* ‹*temperatures*› bajo cero; ‹*weather*› con temperaturas bajo cero; ‹*hands/feet*› helado, congelado; **~ fog** niebla *f* helada; **it's ~ (cold) in here** aquí hace un frío que pela (fam)

freezing[2] *n* [u]

A **~ (point)** punto *m* de congelación; **three degrees above/below ~** tres grados sobre/bajo cero

B (process) congelación *f*; **❸ suitable for freezing** se puede congelar

freight[1] /freɪt/ *n* **1** [u] (goods transported) carga *f*, mercancías *fpl*, mercaderías *fpl* **2** [u] (transportation) transporte *m*, porte *m*, flete *m* (AmL); **~ free** franco de porte; **~ paid** porte pagado

freight[2] *vt* (esp AmE) enviar* *or* mandar como carga

freightage /'freɪtɪdʒ/ *n* porte *m*, flete *m* (AmL)

freight car *n* (AmE) vagón *m* de carga

freighter /'freɪtər || 'freɪtə(r)/ *n* (Naut) buque *m* de carga, carguero *m*

freight train *n* tren *m* de carga

French[1] /frentʃ/ *adj* francés

French[2] *n* **1** [u] (language) francés *m* **2** (people) (+ *pl vb*) **the ~** los franceses

French: **~ bean** *pl n* (BrE) ▸**green bean**; **~-Canadian** /'frentʃkə'neɪdiən/ *adj* francocanadiense; **~ doors** *pl n* (AmE) ▸**~ windows**; **~ dressing** *n* [u] *aliño para ensaladas a base de aceite, vinagre y mostaza*; (AmE) *aderezo (para ensaladas) a base de aceite, vinagre y tomate*; **~ fries** *pl n* papas *fpl or* (Esp) patatas *fpl* fritas, papas *fpl* a la francesa (Col, Méx); **~ horn** *n* trompa *f* (de pistones); **~ kiss** *n* beso *m* en la boca (*con la lengua*); **~man** /'frentʃmən/ *n* (*pl* **-men** /-mən/) francés *m*; **~ polish** *n* [u] barniz *m* copal *or* de muñeca; **~ toast** *n* [u] (fried) torrija *f or* (AmL tb) torreja *f*; **~ windows** *pl n* puerta *f* ventana, cristalera *f* (Esp); **~woman** *n* francesa *f*

frenetic /frə'netɪk/ *adj* ‹*activity*› frenético; ‹*attempt*› desesperado

frenetically /frə'netɪkli/ *adv* frenéticamente

frenzied /'frenzid/ *adj* frenético, desenfrenado

frenzy /'frenzi/ *n* (*no pl*) frenesí *m*; **he dashed about in a ~** iba de un lado a otro como histérico; **a ~ of activity** una actividad febril; **to work oneself up into a ~** ponerse* frenético

frequency /'fri:kwənsi/ *n* [u c] (*pl* **-cies**) frecuencia *f*; (*before n*) **~ modulation** frecuencia *f* modulada

frequent[1] /'fri:kwənt/ *adj* ‹*attempts/journeys*› frecuente; ‹*visitor*› asiduo; **this is quite a ~ occurrence** esto sucede con bastante frecuencia

frequent[2] /fri:'kwent/ *vt* frecuentar

frequently /'fri:kwəntli/ *adv* con frecuencia, a menudo, frecuentemente

fresco /'freskəʊ/ *n* [c] (*pl* **-cos** *or* **-coes**) fresco *m*

fresh[1] /freʃ/ *adj* **-er, -est**

A **1** (not stale, frozen or canned) ‹*food*› fresco; **we went out for a breath of ~ air** salimos a tomar un poco de aire (fresco) **2** (vigorous, not tired) ‹*complexion/face/appearance*› fresco, lozano; **it was still ~ in his memory** *o* **mind** lo tenía fresco en la memoria **3** (newly arrived, produced) (*pred*): **~ off the press/production line** recién salido de la imprenta/la línea de montaje

B (not salty): **~ water** agua *f‡ dulce*

C **1** (new, clean) ‹*clothes/linen*› limpio; **it needs a ~ coat of paint** necesita una nueva mano de pintura **2** (new, additional) ‹*supplies/initiative/evidence*› nuevo; **to make a ~ start** volver* a empezar, empezar* de nuevo

D **1** ‹*winds*› fuerte **2** (cool) fresco

E **1** (taking liberties) (colloq & dated) fresco; **to get ~ with sb** propasarse con algn **2** (cheeky) (AmE) descarado, impertinente

fresh[2] *adv*: **~ ground coffee** café *m* recién molido; **we're ~ out of tomatoes** (esp AmE colloq) acabamos de vender los últimos tomates

freshen /'freʃən/ *vt* refrescar*

(Phrasal verb)

• **freshen up** **1** [v ▸ adv] (wash) lavarse, arreglarse **2** [v ▸ o ▸ adv, v ▸ adv ▸ o] (refill glass): **let me ~ that up for you** deja que te sirva otro

fresher /'freʃər || 'freʃə(r)/ *n* (BrE colloq: used by students) estudiante *mf* de primer año, mechón, -chona *m,f* (Chi fam)

fresh-faced /,freʃ'feɪst/ *adj* **1** (youthful) sin experiencia **2** (healthy) saludable, lozano

freshly /'freʃli/ *adv* recién

freshman /'freʃmən/ *n* (*pl* **-men** /-mən/) **1** (Educ) estudiante *mf* de primer año, mechón, -chona *m,f* (Chi fam) **2** (newcomer) (AmE) novato, -ta *m,f*; (*before n*) ‹*senator/quarterback/manager*› novel, nuevo, bisoño

freshness /'freʃnəs || 'freʃnɪs/ *n* [u]

A (of food) frescura *f*; (of taste) frescor *m*

B (of complexion) lozanía *f*, frescura *f*

C (newness) frescura *f*, originalidad *f*

D (coolness) frescor *m*, frescura *f*

freshwater /'freʃ'wɔ:tər || 'freʃ,wɔ:tə(r)/ *adj* (*before n*) de agua dulce

fret[1] /fret/ *vi* **-tt-** **1** (worry) preocuparse, inquietarse **2** (become restless, agitated) **to ~ FOR sb/sth** inquietarse POR algn/algo; **don't ~!** ¡tranquilízate!

fret[2] *n* (Mus) traste *m*

fretful /'fretfəl/ *adj* **1** (querulous) ‹*child/tone*› quejoso, fastidioso **2** (anxious) ‹*person*› inquieto, preocupado

fretfully /'fretfəli/ *adv* **1** ‹*complain*› fastidiosamente **2** ‹*look*› con ansiedad

fret: **~saw** *n* sierra *f* de calar; **~work** *n* [u] calado *m*

Freudian slip /'frɔɪdiən/ *n* lapsus *m* linguae

FRG *n* (= **Federal Republic of Germany**) RFA *f*

Fri (= **Friday**) viern.

friar /'fraɪər || 'fraɪə(r)/ *n* fraile *m*; **F~ Tuck** Fray Tuck

friary /'fraɪəri/ *n* (*pl* **-ries**) monasterio *m*

fricassee /'frɪkəsi:/ *n* [c u] fricasé *m*, fricandó *m*

fricative /'frɪkətɪv/ *n* fricativa *f*

friction /'frɪkʃən/ *n* [u]

A (Phys, Tech) rozamiento *m*, fricción *f*

B (discord) tirantez *f*, roces *mpl*

friction tape *n* [u] (AmE) cinta *f* aislante *or* aisladora

Friday /'fraɪdeɪ, -di/ *n* viernes *m*; **girl ~** chica *f* para todo (*en una oficina*); *see also* **Monday**

fridge /frɪdʒ/ *n* (colloq) nevera *f*, refrigerador *m*, frigorífico *m* (Esp), heladera *f* (RPl), refrigeradora *f* (Col, Per)

fried /fraɪd/ *adj* frito; **a ~ egg** un huevo frito *or* (Méx) estrellado; **~ foods** frituras *fpl*

friend /frend/ *n*

A (close acquaintance) amigo, -ga *m,f*; **he soon made ~s with her** en poco tiempo se hizo amigo suyo; **with ~s like that, who needs enemies?** (set phrase) con amigos así ¿quién necesita enemigos? (fr hecha); **that's what ~s are for** para eso están los amigos; **any ~ of yours is a ~ of mine** tus amigos son mis amigos; **who goes there: ~ or foe?** ¿quién vive?; ***a ~ in need is a ~ indeed*** en las malas se conoce a los amigos

B (Relig): **the Society of F~s** la Sociedad de los Amigos

friendless /'frendləs || 'frendlɪs/ *adj* sin amigos

friendliness /'frendlɪnəs || 'frendlɪnɪs/ *n* [u] simpatía *f*

friendly[1] /'frendli/ *adj* **-lier, -liest** **1** ‹*person/pet*› simpático; ‹*place/atmosphere*› agradable; ‹*welcome*› cordial; **I'll give you some ~ advice** te voy a dar un consejo de amigo; **to be ~ TO sb** estar* simpático *or* ser* amable CON algn; **to be ~ WITH sb** ser* amigo, -ga DE algn; **environmentally ~ products** productos *mpl* inocuos para el medio ambiente **2** (good-natured) ‹*rivalry/game/match*› amistoso, amigable **3** (of one's own side) ‹*ship/aircraft/troops*› amigo; **~ fire** fuego amigo

friendly[2] *n* (*pl* **-lies**) (BrE) partido *m* amistoso

friendly society *n* (BrE) mutualidad *f*, sociedad *f* de socorros mutuos

friendship /'frendʃɪp/ *n* [u c] amistad *f*

frier /'fraɪər || 'fraɪə(r)/ *n* ▸**fryer**

Friesian /'fri:ʒən/ *n* **~ (cow)** (BrE) vaca *f* holandesa

f

frieze /friːz/ *n* (on building, wall) friso *m*; (on wallpaper) greca *f*, guarda *f* (*de papel pintado*)

frigate /ˈfrɪgət || ˈfrɪgɪt/ *n* fragata *f*

frigate bird *n* (ave *m*) fragata *f*

fright /fraɪt/ *n* 1 [u] (fear) miedo *m*, susto *m*; **to take ~ at sth** asustarse por algo 2 [c] (shock) susto *m*; **she had the ~ of her life** se llevó un susto de muerte; **to give sb a ~** darle* *or* pegarle* un susto a algn 3 [c] (person) (colloq) espantajo *m*

frighten /ˈfraɪtn̩/ *vt* 1 (scare) asustar 2 (intimidate) asustar, amedrentar; **to ~ sb INTO -ING** meterle miedo a algn para que haga algo

Phrasal verb

• **frighten away, frighten off** [v ▸ o ▸ adv, v ▸ adv ▸ o] espantar, ahuyentar

frightened /ˈfraɪtn̩d/ *adj* ‹*person/animal*› asustado; **to be ~ OF sb/sth** tenerle* miedo A algn/algo; **to be ~ OF -ING/to + INF**: **he was ~ of crossing the road** le daba miedo cruzar la calle; **I was ~ to tell him** tenía miedo de decírselo, me daba miedo decírselo; **to be ~ (THAT)**: **she was ~ (that) she would miss her train** tenía miedo de perder el tren; **to be ~ to death** *o* **out of one's wits** estar* muerto de miedo; **don't be ~** no tengas miedo, no te asustes

frightening /ˈfraɪtnɪŋ/ *adj* ‹*experience*› espantoso; (stronger) aterrador

frightful /ˈfraɪtfəl/ *adj*

A (horrific) aterrador

B (BrE colloq) 1 (very unpleasant) horroroso, horrendo 2 (*as intensifier*) ‹*thirst/mess*› espantoso; **it's a ~ nuisance** es un latazo (fam)

frightfully /ˈfraɪtfəli/ *adv* (BrE) (*as intensifier*) ‹*nice/amusing/silly*› terriblemente, tremendamente; **I'm ~ sorry** lo siento muchísimo

frigid /ˈfrɪdʒəd || ˈfrɪdʒɪd/ *adj* frígido; ‹*welcome/smile*› frío, glacial

frill /frɪl/ *n*

A (of fabric) volante *m* *or* (RPl) volado *m* *or* (Méx) olán *m* *or* (Chi) vuelo *m*

B (colloq) 1 (pretension) floritura *f*; **a ceremony with no ~s** una ceremonia sencilla 2 (refinement) detalle *m*

frilly /ˈfrɪli/ *adj* **-lier, -liest** ‹*dress/petticoat*› de volantes *or* (RPl) de volados *or* (Méx) de olanes *or* (Chi) de vuelos

fringe¹ /frɪndʒ/ *n*

A 1 (on shawl, carpet, tablecloth) fleco *m* 2 (of trees, houses) hilera *f*

B (of hair) (BrE) flequillo *m*, cerquillo *m* (AmL), fleco *m* (Méx), chasquilla *f* (Chi), capul *m* (Col), pollina *f* (Ven)

C (periphery) (*often pl*): **to live on the ~(s) of society** vivir al margen de la sociedad; (*before n*) ‹*area/group*› marginal; ‹*music/medicine*› alternativo

fringe² *vt* 1 (decorate with fringe) ‹*scarf/rug*› ponerle* un fleco a 2 (border) bordear; **~d with fur** con una orla de piel

fringe benefit *n* 1 (Lab Rel) incentivo *m*, complemento, extra *m* 2 (incidental advantage) ventaja *f* adicional

frippery /ˈfrɪpəri/ *n* (*pl* **-ries**) fruslería *f*

Frisbee® /ˈfrɪzbi/ *n* Frisbee® *m*

Frisco /ˈfrɪskəʊ/ *n* (AmE colloq) San Francisco

frisk /frɪsk/ *vi* retozar*, juguetear

■ **frisk** *vt* cachear, registrar, catear (Méx)

frisky /ˈfrɪski/ *adj* **-kier, -kiest** retozón, juguetón

frisson /friːˈsəʊn || ˈfriːsɒn/ *n* escalofrío *m*

fritter /ˈfrɪtər || ˈfrɪtə(r)/ *n* buñuelo *m*, fruta *f* de sartén (Esp)

Phrasal verb

• **fritter away** [v ▸ o ▸ adv, v ▸ adv ▸ o] ‹*money*› malgastar, derrochar; ‹*fortune*› dilapidar; ‹*time*› desperdiciar

frivolity /frɪˈvɑːləti || frɪˈvɒləti/ *n* [u c] (*pl* **-ties**) (pej) frivolidad *f*

frivolous /ˈfrɪvələs/ *adj* frívolo

frizzle up /ˈfrɪzəl/ [v ▸ adv] «*meat*» achicharrarse

frizzy /ˈfrɪzi/ *adj* **-zier, -ziest** crespo, chino (Méx), como mota (CS)

frock /frɑːk || frɒk/ *n* 1 (woman's) vestido *m* 2 (monk's) hábito *m*

frock coat *n* levita *f*

frog /frɔːg || frɒg/ *n*

A (Zool) rana *f*; **~s' legs** ancas *fpl* de rana; ***(to have) a ~ in the*** *o* ***one's throat*** tener* carraspera

B (French person) (sl & offensive) franchute *mf* (fam, a veces pey), gabacho, -cha *m,f* (Chi, Esp fam & pey)

frog: **~man** /ˈfrɔːgmən || ˈfrɒgmən/ *n* (*pl* **-men** /-mən/) hombre *m* rana, submarinista *m*; **~march** *vt* (BrE): **they ~marched him out/in** lo hicieron salir/entrar por la fuerza (*sujetándole los brazos*); **~spawn** *n* [u] (BrE) huevos *mpl* de rana

frolic /ˈfrɑːlɪk || ˈfrɒlɪk/ *vi* **-ck-** retozar*, juguetear

from /frɑːm || frɒm, *weak form* frəm/ *prep*

A 1 (indicating starting point) desde; (indicating origin) de; **~ the beginning** desde el principio; **the flight ~ Madrid** el vuelo procedente de Madrid; **I'm ~ Texas** soy de Texas; **~ here you can see the river** desde aquí se puede ver el río; **T-shirts ~ $15** camisetas desde *or* a partir de $15 2 (indicating distance): **2cm ~ the edge** a 2cm del borde; **we're still three hours ~ Tulsa** todavía faltan tres horas para llegar a Tulsa

B 1 (after): **~ today** a partir de hoy, desde hoy; **~ the moment we met** desde el momento en que nos conocimos; **50 years/an hour ~ now** dentro de 50 años/una hora 2 (before): **we are only minutes ~ takeoff!** ¡estamos a pocos minutos del despegue!

C (indicating source) de; **a letter ~ my lawyer** una carta de mi abogado; **that's enough ~ you!** ¡basta!, ¡cállate!; **you can tell him that ~ me!** ¡puedes decírselo de mi parte!; **have you heard ~ her?** ¿has tenido noticias suyas?; **we heard ~ Sam that ...** nos enteramos por Sam de que ...; **a drawing ~ life** un dibujo del natural

D **from ... to ...**; **they flew ~ New York to Lima** volaron de Nueva York a Lima; **they stretch ~ Derbyshire to the borders of Scotland** se extienden desde el condado de Derbyshire hasta el sur de Escocia; **~ door to door** de puerta en puerta; **we work ~ nine to five** trabajamos de nueve a cinco; **I'll be in Europe ~ June 20 to 29** voy a estar en Europa desde el 20 hasta el 29 de junio; **~ $50 to $100** entre 50 y 100 dólares

E (as a result of) de; **his eyes were red ~ crying** tenía los ojos rojos de tanto llorar; **~ experience I would say that ...** según mi experiencia diría que ...

F 1 (out of, off) de; **~ the cupboard/shelf** del armario/estante 2 (Math): **5 ~ 10 is 5** 10 menos 5 es 5; **if you take 5 ~ 10** si le restas 5 a 10

G (with preps & advs): **~ above/below** desde arriba/abajo; **he crawled out ~ under the table** salió gateando de debajo de la mesa; **the lady ~ across the street** la señora de enfrente

frond /frɑːnd || frɒnd/ *n* (of fern) fronda *f*; (of palm) hoja *f*

front¹ /frʌnt/ *n*

A 1 (of building) frente *m*, fachada *f*; (of dress) delantera *f*; **the skirt fastens at the ~** la falda se abrocha por delante *or* (esp AmL) por adelante 2 (forward part) frente *m*, parte *f* delantera *or* de delante *or* (esp AmL) de adelante; **he was called to the ~ of the class** lo hicieron pasar al frente de la clase

B (*in phrases*) **in front** (*as adv*) delante, adelante (esp AmL); **Midnight Orchid is out in ~** Midnight Orchid va en cabeza *or* lleva la delantera; **in front of sb/sth** delante *or* (esp AmL) adelante de algn/algo; (facing) enfrente de algn/algo; **we've got a big task in ~ of us** tenemos una gran tarea por delante

C (Meteo, Mil, Pol) frente *m*; **progress was made on all ~s** hubo avances en todos los frentes; **there is good news on the job ~** hay noticias alentadoras en el plano laboral

D 1 (outward show) fachada *f* 2 (for illegal activity) pantalla *f* 3 (of organization, party) (AmE) cabeza *f* visible

E (overlooking sea) paseo *m* marítimo, malecón *m* (AmL), rambla *f* (RPl)

front² *adj* (at front) ‹*seat/wheel/leg*› delantero, de delante *or* (esp AmL) de adelante; **the ~ cover** la portada; **the ~ door** la puerta de (la) calle; **the ~ yard** *o* (BrE) **garden** el jardín del frente; **a seat in the ~ row, a ~-row seat** un asiento en primera fila; *see also* **front bench, front page** *etc*

front³ *vt* (present, head) ‹*campaign*› dirigir*; ‹*group*› liderar; ‹*show*› presentar

frontage /ˈfrʌntɪdʒ/ *n* 1 (façade) fachada *f*, frente *m* 2 (along street, river) frente *m*

frontal /ˈfrʌntl/ *adj*
A (from, at front) ‹*collision/attack*› frontal, de frente
B (Meteo) ‹*system*› frontal

front: **~ bench** *n* (BrE Govt) *escaños ocupados por ministros del gobierno o jefes de la oposición*; **~bencher** /ˈfrʌnt ˈbentʃər || ˌfrʌntˈbentʃə(r)/ *n* (BrE) *diputado con cargo ministerial en el gobierno o en el gabinete fantasma*

frontier /frʌnˈtɪr || ˈfrʌntɪə(r)/ *n*
A 1 (between countries) frontera *f*; (*before n*) ‹*guard/zone*› fronterizo 2 (in US history) **the F~** la frontera (del oeste) (*el límite de los territorios colonizados*)
B **frontiers** *pl* (of knowledge, science) confines *mpl*

frontispiece /ˈfrʌntɪspi:s/ *n* frontispicio *m*

front: **~ line** *n* (Mil) primera línea *f*; **~-loader** /ˈfrʌnt ˈləʊdər || ˌfrʌntˈləʊdə(r)/ *n* lavadora *f* de carga frontal; **~ man** *n* 1 (for dubious activity) testaferro *m* 2 (TV) presentador *m*; **~ page** *n* (Journ) primera plana *f*; **to hit** *o* **make the ~ page** aparecer* *or* salir* en primera plana; **~ room** *n* salón *m*, living *m* (esp AmL); **~-wheel drive** *n* [u] tracción *f* delantera

frost[1] /frɔ:st || frɒst/ *n* 1 [u c] (sub-zero temperature) helada *f* 2 [u] (frozen dew) escarcha *f*

frost[2] *vt*
A (Meteo) helar*; ‹*plant*› quemar
B (Culin) 1 ‹*cake*› (AmE) bañar 2 (cover with sugar) escarchar

(Phrasal verb)
• **frost over, frost up** [v ▸ adv] «*window*» helarse*, cubrirse* de escarcha

frost: **~bite** *n* [u] congelación *f*; **~bitten** *adj* 1 (Med) congelado 2 (Bot) quemado

frosted glass /ˈfrɔ:stəd || ˈfrɒstɪd/ *n* [u] vidrio *m* *or* (Esp) cristal *m* esmerilado

frostily /ˈfrɔ:stəli || ˈfrɒstɪli/ *adv* con frialdad

frosting /ˈfrɔ:stɪŋ || ˈfrɒstɪŋ/ *n* [u] (Culin) 1 (on cake) (AmE) baño *m*; ▸**cake**[1] **A** 2 (of sugar) (BrE) glaseado *m*

frosty /ˈfrɔ:sti || ˈfrɒsti/ *adj* **-tier, -tiest** ‹*weather/air*› helado; ‹*night*› de helada; ‹*manner/reception*› glacial, frío

froth[1] /frɔ:θ || frɒθ/ *n* [u] (foam) espuma *f*

froth[2] *vi* «*liquid*» hacer* espuma

frothy /ˈfrɔ:θi || ˈfrɒθi/ *adj* **frothier, frothiest** ‹*liquid*› espumoso

frown[1] /fraʊn/ *vi* fruncir* el ceño *or* el entrecejo; **to ~ AT sb** mirar a algn con el ceño fruncido; **to ~ AT sth** torcer* el gesto por algo

(Phrasal verb)
• **frown on, frown upon** [v ▸ prep ▸ o]: **that sort of thing is ~ed upon** eso está muy mal visto

frown[2] *n* ceño *m* fruncido; **he wore a ~** (liter) tenía el ceño fruncido

froze /frəʊz/ *past of* **freeze**[1]

frozen[1] /ˈfrəʊzn̩/ *past p of* **freeze**[1]

frozen[2] *adj*
A 1 (solid) ‹*water/pipe/lock*› congelado 2 (referring to a region) helado 3 (extremely cold) (colloq): **my feet are ~** tengo los pies helados *or* congelados; **I was ~ stiff** estaba congelado *or* como un témpano 4 (Culin) ‹*vegetables/meat*› congelado 5 (motionless): **I stood there ~ (to the spot) with horror** me quedé allí clavado, paralizado por el terror
B (Fin) ‹*prices/incomes*› congelado; ‹*capital/credits*› bloqueado

frugal /ˈfru:gəl/ *adj* frugal

fruit /fru:t/ *n*
A 1 [u] (collectively) fruta *f*; **a piece of ~** una (pieza de) fruta; **dried ~** (BrE) fruta *f* seca; (*before n*) **~ bowl** frutero *m*, frutera *f* (CS); **~ juice** jugo *m* *or* (Esp) zumo *m* de frutas; **~ tree** árbol *m* frutal 2 [c] (type — as food) fruta *f*; (Bot) fruto *m*
B [u c] (product) fruto *m*; **the ~(s) of his labors** el fruto de su trabajo; ***to bear ~*** dar* (su) fruto

fruit: **~cake** *n* [u c] plum-cake *m*, ponqué *m* de frutas (Col), fruit cake *m* (Méx), budín *m* inglés (RPl); ***as nutty as a ~cake*** (colloq & hum) más loco que una cabra (fam), chiflado (fam); **~ cocktail** *n* [u c] (dish) ensalada *f* *or* macedonia *f* *or* cóctel *m* de frutas; **~ cup** *n* [u c] 1 (AmE) ▸**~ cocktail** 2 (drink) (BrE) ≈ sangría *f*, ≈ clericó *m*

fruiterer /ˈfru:tərər || ˈfru:tərə(r)/ *n* (BrE): **the ~'s** la frutería

fruit fly *n* mosca *f* de la fruta

fruitful /ˈfru:tfəl/ *adj* provechoso, fructífero

fruition /fru:ˈɪʃən/ *n* [u] (frml): **to bring sth to ~** llevar algo a buen término; **their plan never came to** *o* **reached ~** su plan nunca cristalizó *or* se concretó

fruitless /ˈfru:tləs || ˈfru:tlɪs/ *adj* infructuoso, inútil

fruit: **~ machine** *n* (BrE) máquina *f* tragamonedas *or* (Esp tb) tragaperras; **~ salad** *n* [u c] 1 (AmE) *ensalada de frutas, gen en gelatina* 2 (BrE) ▸**fruit cocktail**

fruity /ˈfru:ti/ *adj* **-tier, -tiest** (like fruit) ‹*taste/smell*› a fruta(s); ‹*wine/bouquet*› afrutado

frump /frʌmp/ *n* (colloq) antigualla *f* (fam & pey)

frumpish /ˈfrʌmpɪʃ/ *adj* anticuado y sin gracia

frumpy /ˈfrʌmpi/ **-pier, -piest** ▸**frumpish**

frustrate /ˈfrʌstreɪt || frʌsˈtreɪt/ *vt* frustrar

frustrated /ˈfrʌstreɪtəd || frʌsˈtreɪtɪd/ *adj* 1 (thwarted) frustrado 2 (dissatisfied) descontento; **(sexually) ~** sexualmente frustrado

frustrating /ˈfrʌstreɪtɪŋ || frʌsˈtreɪtɪŋ/ *adj* frustrante

frustration /frʌsˈtreɪʃən/ *n* [u c] frustración *f*

fry[1] /fraɪ/ **fries, frying, fried** *vt* freír*
■ **fry** *vi* freírse*

(Phrasal verb)
• **fry up** [v ▸ o ▸ adv, v ▸ adv ▸ o] freír*

fry[2] *n* (*pl* **fries**)
A 1 [c] (cookout) (AmE) *comida al aire libre* 2 **fries** *pl* (*French fries*) papas *or* (Esp) patatas fritas, papas *fpl* a la francesa (Col, Méx)
B [u] 1 (+ *pl vb*) (Zool) alevines *mpl*, majuga *f* (Ur) 2 (people): **small ~** gente *f* de poca monta

fryer /ˈfraɪər || ˈfraɪə(r)/ *n* (pan) sartén *f*, sartén *m* *or* *f* (AmL); **deep (fat) ~** freidora *f*

frying pan /ˈfraɪɪŋ/, (AmE also) **fry pan** *n* sartén *f*, sartén *m* *or* *f* (AmL); ***out of the ~ ~ into the fire***: **he jumped out of the ~ ~ into the fire** salió de Guatemala para meterse en Guatepeor (fam & hum)

fry-up /ˈfraɪʌp/ *n* (BrE colloq) fritada *f*, fritanga *f*

ft = **foot/feet**

Ft = **Fort**

FTSE 100-Share Index
▸**Financial Times Indices**

fuchsia /ˈfju:ʃə/ *n* [c u] (Bot) fucsia *f*, aljaba *f* (RPl)

fuck[1] /fʌk/ *vt* (vulg) (copulate with) joder (vulg), tirarse (vulg), follarse (Esp vulg), coger* (Méx, RPl, Ven vulg)
■ **fuck** *vi* (vulg) joder (vulg), tirar (vulg), coger* (Méx, RPl, Ven vulg), follar (Esp vulg), cachar (Chi, Per vulg)

(Phrasal verbs)
• **fuck off** [v ▸ adv] (vulg): **~ off!** ¡vete a la mierda! (vulg), ¡vete a tomar por (el) culo! (Esp vulg), ¡vete a la chingada! (Méx vulg), ¡andá a cagar! (RPl vulg)
• **fuck up** (vulg)
A [v ▸ o ▸ adv, v ▸ adv ▸ o] 1 (spoil) ‹*plan/equipment*› joder (vulg), chingar* (Méx vulg) 2 (bungle) cagar* (vulg)
B [v ▸ adv] (bungle) cagarla* (vulg)

fuck[2] *n* (vulg)
A 1 (act) polvo *m* (arg), cogida *f* (Méx, RPl, Ven vulg); **to have a ~** echar(se) un polvo (fam) 2 (person): **she/he's a good ~** ¡tiene un polvo ...! (arg), coge rico (Méx, RPl, Ven vulg)
B (*as intensifier*) **what/who/where the ~ ...?** ¿qué/quién/dónde carajo *or* coño *or* (Méx) chingados ...? (vulg); ***not to give a ~***: **I don't give a ~** me importa un carajo (vulg), me vale madres (Méx vulg)

fuck[3] *interj* (vulg) ¡carajo! (vulg), ¡coño! (vulg), ¡chingada! (Méx vulg)

fuck-all /ˈfʌkˈɔ:l/ *n* (BrE vulg): **he knows ~ about it** no tiene ni puta idea (vulg), no sabe una chingada (Méx vulg)

fucking /ˈfʌkɪŋ/ *adj* (vulg) (*before n*): **this ~ car/hammer** este coche/martillo de mierda (vulg); **you ~ idiot!** ¡idiota de mierda! (vulg), ¡gilipollas! (Esp vulg); **~ hell!** ¡puta madre! (vulg), ¡coño! (vulg), ¡carajo! (vulg)

fuck-up /ˈfʌkʌp/ *n* (vulg) (disaster) cagada *f* (vulg)

fuddled /ˈfʌdld/ *adj* ‹*mind/thoughts*› confuso, embotado; **to get ~** confundirse

fuddy-duddy /ˈfʌdiˌdʌdi/ *n* (*pl* **-dies**) (colloq) antigualla *mf* (fam), carca *mf* (fam), ruco, -ca (Méx fam)

f

fudge¹ /fʌdʒ/ *n* [u] (Culin) *especie de caramelo de dulce de leche*

fudge² *vt* (colloq) **1** (falsify) ‹*figures*› amañar **2** (evade) ‹*issue*› esquivar

■ **fudge** *vi* (colloq): **stop fudging and get to the point** deja de dar rodeos y ve al grano

fuel¹ /ˈfjuːəl/ *n* [u c] (for heating, lighting) combustible *m*; (for engines) combustible *m*, carburante *m*; ***to add ~ to the flames*** *o* ***fire*** echar leña al fuego

fuel² *vt* (BrE) **-ll-**

A (provide fuel for) ‹*ship/plane*› abastecer* de combustible; ‹*stove/furnace*› alimentar

B (stimulate) ‹*hope/passion*› alimentar; ‹*debate*› avivar; ‹*fear*› exacerbar

fuel oil *n* [u] fuel-oil *m*

fug /fʌg/ *n* (esp BrE colloq) (*no pl*) atmósfera *f* viciada

fugitive¹ /ˈfjuːdʒətɪv/ *n* fugitivo, -va *m,f*

fugitive² *adj* (*before n*) (runaway) fugitivo

fugue /fjuːg/ *n* fuga *f*

Fulbright Scholarships

Las Becas Fulbright, otorgadas por el gobierno de EEUU, permiten a individuos norteamericanos ir al extranjero y a ciudadanos de otros países viajar a EEUU para estudiar, enseñar y realizar investigaciones académicas. Más de 114 mil extranjeros y 61 mil estadounidenses han aprovechado la oportunidad que ofrece el Programa Fulbright desde su fundación por el senador Democrático William Fulbright en 1946

fulcrum /ˈfʊlkrəm/ *n* (*pl* **-crums** *or* **-cra** /-krə/) fulcro *m*

fulfill, (BrE) **fulfil** /fʊlˈfɪl/ **-ll-** *vt*

A **1** (carry out) ‹*duty*› cumplir con; ‹*task*› llevar a cabo, realizar* **2** (obey, keep) ‹*order/promise/contract*› cumplir **3** (serve) ‹*need*› satisfacer* **4** (meet) ‹*requirements*› satisfacer*, llenar

B (realize) ‹*ambition*› hacer* realidad; ‹*potential*› alcanzar*

C (make content) ‹*person*› satisfacer*

■ *v refl* **to ~ oneself** realizarse*

fulfilled /fʊlˈfɪld/ *adj* (*usu pred*) realizado

fulfilling /fʊlˈfɪlɪŋ/ *adj* ‹*life*› pleno; **I don't find my work ~** mi trabajo no me satisface *or* no me hace sentirme realizado

fulfillment, (BrE) **fulfilment** /fʊlˈfɪlmənt/ *n* [u] **1** (of duty, promise) cumplimiento *m* **2** (realization) cumplimiento *m*; **to bring sth to ~** llevar algo a cabo **3** (satisfaction): **her family gave her a sense of ~** su familia la hacía sentirse realizada

full¹ /fʊl/ *adj* **-er, -est**

A **1** (filled) lleno; **don't speak with your mouth ~** no hables con la boca llena; **I'm ~ (up)** estoy lleno; **~ OF sth** lleno DE algo; **she's ~ of fun** es muy divertida; **they were ~ of praise for your work** elogiaron mucho tu trabajo; ***to be ~ of it*** (AmE colloq & euph) decir* puras tonterías *or* sandeces **2** (crowded) ‹*room/train*› lleno; ‹*hotel*› lleno, completo; **you've got a very ~ day ahead of you** tienes un día muy ocupado por delante

B **1** (complete) ‹*report/description*› detallado; ‹*name/answer*› completo; **to pay the ~ price** pagar* el precio íntegro; **you have my ~ support** tienes todo mi apoyo; **in ~ bloom** en plena floración; **to lead a very ~ life** llevar una vida muy activa; **a ~ week's holiday** una semana entera de vacaciones **2** (maximum): **at ~ speed** a toda velocidad; **~ employment** (Econ) pleno empleo *m*

C **1** (rounded) ‹*figure*› regordete, llenito (fam); **clothes for the ~er figure** (euph) tallas *or* (RPl) talles grandes **2** (Clothing) ‹*skirt/sleeve*› amplio

D (absorbed) **~ OF sth**: **they were ~ of the latest scandal** no hacían más que hablar del último escándalo; ***to be ~ of oneself*** *o* ***of one's own importance*** ser* muy creído (fam), tenérselo muy creído (fam)

full² *adv*

A (*as intensifier*) **~ well** muy bien; **you know ~ well that ...** sabes perfectamente *or* muy bien que ...

B (directly): **the sun shone ~ in my face** el sol me daba de lleno en la cara; **I looked him ~ in the face** lo miré directamente a la cara

C (*in phrases*) **full on**: **the car's headlights were ~ on** el coche llevaba las luces largas; **the heating is ~ on** la calefacción está al máximo *or* (fam) a tope; **full out** a toda máquina; **in full**: **write your name in ~** escriba su nombre completo; **it will be paid in ~** será pagado en su totalidad; **to the full** al máximo

full: **~back** *n* (in US football) fulbac *mf*, corredor, -dora *m,f* de poder; (in rugby) zaguero, -ra *m,f*; (in soccer) defensa *mf*, zaguero, -ra; **~-blooded** /ˈfʊlˈblʌdəd || ˌfʊlˈblʌdɪd/ *adj* **1** (pure-bred) ‹*stallion*› de pura sangre **2** (lusty) apasionado **3** (forceful) ‹*argument*› vehemente; **~-blown** /ˈfʊl ˈbləʊn/ *adj* (*before n*) ‹*riot/scandal*› verdadero, auténtico; **~-bodied** /ˈfʊlˈbɑːdid || ˌfʊlˈbɒdid/ *adj* ‹*taste/aroma*› intenso; ‹*wine/port*› con cuerpo

fuller's earth /ˈfʊlərz || ˌfʊləz/ *n* [u] tierra *f* de batán

full: **~-fledged** /ˈfʊlˈfledʒd/ *adj* (AmE) **1** ‹*nestling/chick*› capaz de volar; **2** ‹*lawyer/nurse*› hecho y derecho; **~-frontal** /ˈfʊlˈfrʌntl/ *adj* (*before n*): **~-frontal nudity** desnudo *m* integral; **~-grown** /ˈfʊlˈgrəʊn/ *adj* (*before n*) totalmente desarrollado, adulto; **~ house** *n* **1** (Cin, Theat) lleno *m*; **2** (in poker) full *m*; (in bingo) cartón *m*

full-length¹ /ˈfʊlˈleŋθ/ *adj* ‹*portrait/photograph/mirror*› de cuerpo entero; ‹*dress/skirt*› largo; **a ~ feature film** un largometraje

full-length² *adv*: **he lay ~ on the floor** estaba tendido en el piso cuan largo era

fullness /ˈfʊlnəs || ˈfʊlnɪs/ *n* [u]

A (repletion) plenitud *f*

B (completeness) lo completo; ***in the ~ of time*** con el tiempo

full: **~-page** /ˈfʊlˈpeɪdʒ/ *adj* a toda página; **~-scale** /ˈfʊlˈskeɪl/ *adj* **1** (actual size) a escala natural; **2** (major) ‹*work*› de envergadura, importante; ‹*investigation*› a fondo; ‹*test*› a escala real; ‹*war*› declarado; **~-size** /ˈfʊl ˈsaɪz/, **~-sized** /-d/ *adj* **1** (life-size) de tamaño natural **2** (of adult size) ‹*bicycle/bed*› de adulto; **~ stop** *n* (BrE) punto *m*

full time *n* (BrE Sport) final *m* del partido *or* del tiempo reglamentario

full: **~-time¹** /ˈfʊlˈtaɪm/ *adj* ‹*student/soldier*› de tiempo completo; ‹*employment/post*› de jornada completa, de tiempo completo; **~-time²** *adv* a tiempo completo; **to work full-~** trabajar a tiempo completo; **~-timer** /ˈfʊl ˈtaɪmər || ˌfʊlˈtaɪmə(r)/ *n* trabajador, -dora *m,f* de tiempo completo

fully /ˈfʊli/ *adv*

A **1** (completely): **I don't ~ understand** no entiendo del todo, no acabo de entender; **she's a ~ trained nurse** es una enfermera diplomada; **~ comprehensive insurance** (Fin) seguro contra todo riesgo **2** (in full) enteramente **3** (in detail) en detalle

B (at least) por lo menos, como poco

fully-fledged /ˈfʊliˈfledʒd/ *adj* (BrE) ▸**full-fledged**

fulminate /ˈfʊlməneɪt || ˈfʊlmɪneɪt, ˈfʌl-/ *vi* (frml) despotricar*

fulsome /ˈfʊlsəm/ *adj* ‹*praise*› empalagoso, exagerado; ‹*manner*› excesivamente efusivo

fumble¹ /ˈfʌmbəl/ *vi* (grope): **he was fumbling (around** *o* **about) in the dark** buscaba algo a tientas en la oscuridad; **she ~d in her pockets** revolvió *or* hurgó en sus bolsillos; **to ~ FOR sth**: **she ~d for the keyhole** buscó a tientas la cerradura; **he ~d for the right words** tartamudeó, tratando de encontrar las palabras adecuadas; **to ~ WITH sth**: **she ~d with her buttons** intentó torpemente abrocharse/desabrocharse

■ **fumble** *vt* ‹*ball*› dejar caer; (in US football) fumblear

fumble² *n* (in US football) fumble *m*

fumbling /ˈfʌmblɪŋ/ *adj* (*usu before n*) ‹*apology*› titubeante; ‹*attempt*› torpe

fume /fjuːm/ *vi*

A (smoke) (Chem) despedir* gases

B (be angry) (colloq): **she was absolutely fuming** estaba que echaba humo *or* chispas

fumes /fjuːmz/ *pl n* gases *mpl*

fumigate /ˈfjuːməgeɪt || ˈfjuːmɪgeɪt/ *vt* fumigar*

fun¹ /fʌn/ *n* [u] diversión *f*; **this is ~!** ¡qué divertido (es esto)!; **to have ~** divertirse*, pasarlo *or* pasársela bien; **have ~** pásatelo bien, que te diviertas; **it's not my idea of ~** no es lo que yo entiendo por pasarlo *or* pasarla bien;

he's good ~ es muy divertido; **to do sth for** ~ *o* **for the** ~ **of it** hacer* algo por gusto; **to do/say sth in** ~ hacer*/decir* algo en broma; ~ ***and games***: **we had some** ~ **and games with the baby last night** ayer pasamos una noche de perros con el bebé; **we had some** ~ **and games putting it together again** fue toda una odisea volver a armarlo; ***to make*** ~ ***of sb/sth*** reírse* de algn/algo; ***to poke*** ~ ***at sb/sth*** burlarse de algn/algo

fun² *adj* (*before n*) ‹*party*› (colloq) divertido; **he's a** ~ **person** es un tipo divertido; ~ **run** maratón *m or f* popular

function¹ /'fʌŋkʃən/ *n*

A **1** (of tool, machine, organ) función *f*; **to carry out/perform a** ~ cumplir/desempeñar una función **2** (role, duty) función *f*; **it's his only useful** ~ es para lo único que sirve

B (reception, party) recepción *f*, reunión *f* social

C (Comput, Math) función *f*; (*before n*) ~ **key** tecla *f* de función

function² *vi* **1** (operate) «*machine/organ*» funcionar **2** (serve) **to** ~ **AS sth** «*object/building*» hacer* (las veces) DE algo

functional /'fʌŋkʃṇəl || 'fʌŋkʃənḷ/ *adj* **1** (functioning) ‹*machine/part*› en buen estado (de funcionamiento); ‹*law/principle*› vigente **2** (practical) ‹*furniture/design*› funcional

functionary /'fʌŋkʃəneri || 'fʌŋkʃənəri/ *n* (*pl* **-ries**) funcionario, -ria *m,f*

fund¹ /fʌnd/ *n* **1** (money reserve) fondo *m* **2** (store, supply) caudal *m*, cúmulo *m*; **an endless** ~ **of jokes** un arsenal *or* una colección inagotable de chistes **3** **funds** *pl* (resources, money) fondos *mpl*; **party** ~**s** fondos del partido

fund² *vt* **1** (finance) ‹*research/organization*› financiar **2** (Fin) ‹*debt*› consolidar

fundamental /'fʌndə'mentḷ/ *adj* **1** (basic) ‹*principle/error*› fundamental, básico; **to be** ~ **TO sth/-ING** ser* fundamental *or* básico para algo/+ INF **2** (essential) ‹*skill/constituent*› esencial **3** (intrinsic, innate) ‹*absurdity/truth*› intrínseco; ‹*optimism*› innato

fundamentalism /'fʌndə'mentəlɪzəm/ *n* [u] integrismo *m*, fundamentalismo *m*

fundamentalist /'fʌndə'mentḷəst || ˌfʌndə'mentəlɪst/ *n* integrista *mf*, fundamentalista *mf*

fundamentally /'fʌndə'mentḷi || ˌfʌndə'mentəli/ *adv* **1** (radically) ‹*different/mistaken*› fundamentalmente **2** (in essence) ‹*correct/justified*› esencialmente, básicamente

fundamentals /'fʌndə'mentḷz/ *pl n* fundamentos *mpl*

funding /'fʌndɪŋ/ *n* [u] (act) financiación *f*, financiamiento *m*; (resources) fondos *mpl*, recursos *mpl*

fund: ~**-raiser** /'fʌnd'reɪzər || 'fʌndˌreɪzə(r)/ *n* **1** (person) recaudador, -dora *m,f* de fondos **2** (event) *función, comida etc para recaudar fondos*; ~**-raising** /'fʌnd 'reɪzɪŋ || 'fʌndˌreɪzɪŋ/ *n* [u] recaudación *f* de fondos

funeral /'fju:nərəl/ *n* funerales *mpl*, funeral *m*; (burial) entierro *m*; ***that's your*** ~ (colloq) allá tú (fam), con tu pan te lo comas (fam); (*before n*) ‹*pyre/customs*› funerario; ~ **service** funeral *f*, exequias *fpl* (frml)

funeral: ~ **director** *n* (frml) director, -tora *m,f* de una funeraria *or* de pompas fúnebres; ~ **home** (AmE), ~ **parlour** (BrE) *n* funeraria *f*, casa *f* de pompas fúnebres

funereal /fju:'nɪriəl || 'fju:nɪəriəl/ *adj* fúnebre

funfair /'fʌnfer || 'fʌnfeə(r)/ *n* (BrE) (traveling) feria *f*; (permanent) parque *m* de diversiones *or* (Esp) de atracciones

fungal /'fʌŋgəl/ *adj* de hongos; (Med) micótico

fungi /'fʌŋgaɪ/ *pl of* **fungus**

fungicide /'fʌndʒəsaɪd || 'fʌndʒɪsaɪd/ *n* [u c] fungicida *m*

fungus /'fʌŋgəs/ *n* [c u] (*pl* **fungi**) hongo *m*

funicular (railway) /fjʊ'nɪkjələr || fjʊ'nɪkjʊlə(r)/ *n* funicular *m*

funk /fʌŋk/ *n* [u] (Mus) música *f* funk

funky /'fʌŋki/ *adj* **-kier, -kiest** (colloq) **1** (Mus) funky *adj inv* **2** (stylish) (esp AmE) ‹*person/party*› en la onda (fam), enrollado (Esp fam); ‹*style*› original

fun-loving /'fʌn'lʌvɪŋ/ *adj* amante de las diversiones, gozador (Chi), gozón (Col fam)

funnel /'fʌnḷ/ *n* (for pouring) embudo *m*; (on steamship, steam engine) (BrE) chimenea *f*; (ventilation shaft) (AmE) conducto *m* de ventilación

funnily /'fʌnḷi || 'fʌnɪli/ *adv* **1** (strangely) (esp BrE) de modo extraño *or* raro **2** ~ **enough** (*indep*) casualmente

funny¹ /'fʌni/ *adj* **-nier, -niest**

A (amusing) ‹*joke*› gracioso, cómico; ‹*person*› divertido, gracioso; **it's not** ~**, you know!** ¡te advierto que no me hace ninguna gracia!

B **1** (strange) raro, extraño; **(it's)** ~ **(that) you should mention it** es curioso que lo menciones; **to taste/smell** ~ saber*/oler* raro **2** (deceitful) (colloq): **don't try anything** ~**!** nada de trucos ¿eh?

C (colloq) **1** (unwell): **I felt a bit** ~ **on the journey** me sentí medio mal *or* (Col fam) maluco *or* (Chi fam) malón durante el viaje **2** (slightly mad) tocado (fam), rayado (AmS fam); **he's a bit** ~ **in the head** está medio tocado (del ala) (fam)

funny² *n* (*pl* **-nies**) **funnies** *pl* (comic strips) (AmE colloq) tiras *fpl* cómicas, sección *f* de historietas

funny³ *adv* (colloq) raro (fam)

funny: ~ **bone** *n* (colloq) hueso *m* del codo; ~ **farm** *n* (colloq & hum) loquero *m* (fam), casa *f* de orates; ~ **man** *n* cómico *m*; ~ **money** *n* [u] (colloq) dinero *m* que no vale nada

fur /fɜ:r || fɜ:(r)/ *n* **1** [u] (of animal) (Zool) pelo *m*, pelaje *m*; (Clothing) piel *f*; **fake** *o* **fun** ~ piel *f* sintética; (*before n*) ~ **coat** abrigo *m* de piel *or* (Esp tb) de pieles **2** [c] (pelt) piel *f* **3** [u] (limescale) (esp BrE) sarro *m*

furbish /'fɜ:rbɪʃ || 'fɜ:bɪʃ/ *vt* **1** (polish) limpiar **2** ~ **(up)** ▸**refurbish**

furious /'fjʊriəs || 'fjʊəriəs/ *adj* **1** (angry) furioso; **he was** ~ **with me** estaba furioso conmigo; **she'll be** ~ **if we're late** se va a poner furiosa *or* se va a enfurecer si llegamos tarde **2** (violent, intense) ‹*struggle*› feroz; ‹*speed*› vertiginoso; ‹*storm*› violento; ‹*activity*› febril, frenético

furiously /'fjʊriəsli || 'fjʊəriəsli/ *adv* **1** (angrily) con furia, furiosamente **2** (violently, intensely) frenéticamente

furlong /'fɜ:rlɔ:ŋ || 'fɜ:lɒŋ/ *n* estadio *m* (*medida de longitud equivalente a 201,2m*)

furlough /'fɜ:rləʊ || 'fɜ:ləʊ/ *n* [u c] (AmE) permiso *m*, licencia *f*; **on** ~ de permiso, con licencia

furnace /'fɜ:rnəs || 'fɜ:nɪs/ *n* (in industry) horno *m*; (for heating) caldera *f*

furnish /'fɜ:rnɪʃ || 'fɜ:nɪʃ/ *vt*

A **1** ‹*house/room*› amueblar, amoblar* (AmL) **2** **furnished** *past p* ‹*room/apartment*› amueblado, amoblado (AmL); **the house is being let fully** ~**ed** la casa se alquila con mobiliario completo

B (supply) (frml) proporcionar; **to** ~ **sb WITH sth** ‹*with information/details*› proporcionarle *or* facilitarle algo a algn; ‹*with food/weapons*› proveer* a algn DE algo

furnishings /'fɜ:rnɪʃɪŋz || 'fɜ:nɪʃɪŋz/ *pl n*: *mobiliario, cortinas, alfombras, etc*

furniture /'fɜ:rnɪtʃər || 'fɜ:nɪtʃə(r)/ *n* [u] (in home, office) muebles *mpl*, mobiliario *m*; **a piece of** ~ un mueble; ***to be/become part of the*** ~ formar/pasar a formar parte del decorado; (*before n*) ~ **mover** *o* (BrE) **remover** empresa *f* de mudanzas; ~ **polish** cera *f* para muebles; ~ **store** *o* (BrE) **shop** mueblería *f*; ~ **van** (BrE) camión *m* de mudanzas *or* (Col) de trasteos

furor /'fjʊrɔ:r || 'fjʊərɔ:(r)/, (BrE) **furore** /fjʊ'rɔ:ri || fjʊə'rɔ:ri/ *n* escándalo *m*; **to cause a** ~ provocar* un escándalo

furrier /'fɜ:riər || 'fʌriə(r)/ *n* peletero, -ra *m,f*

furrow¹ /'fɜ:rəʊ || 'fʌrəʊ/ *n*

A (Agr) surco *m*

B (wrinkle) surco *m*, arruga *f*

furrow² *vt* (Agr) surcar*; **she** ~**ed her brow in disapproval** frunció el ceño en señal de desaprobación

furry /'fɜ:ri/ *adj* **-rier, -riest** ‹*animal*› peludo; ‹*toy*› de peluche; ‹*covering/lining*› afelpado

further¹ /'fɜ:rðər || 'fɜ:ðə(r)/ *adv*

A *comp of* **far¹ A** **1** (in distance): **they live even** ~ **away** ellos viven aún más lejos; **how much** ~ **is it?** ¿cuánto camino nos queda por hacer?; **we went a little** ~ **and came to a bridge** avanzamos un poco más y llegamos a un puente; **let's sit a little** ~ **back** sentémonos un poco más atrás; **you'll need to push it** ~ **in** tendrás que meterlo más adentro; ~ **on, there's another set of traffic lights** más adelante, hay otro semáforo; **(you need) look no** ~**!** ¡no busques más! **2** (in progress): **the legislation should have gone** ~ la legislación debería haber ido más lejos; **have you got any** ~ **with that essay?** ¿has adelantado ese trabajo? 3 (in time): **we must look back even ~** tenemos que retroceder aún más en el tiempo; **this vase dates back even ~** este jarrón es aún más antiguo *or* data de una época aún anterior 4 (in extent, degree): **I'll look ~ into that possibility** voy a estudiar esa posibilidad más a fondo; **the situation is ~ complicated by her absence** el hecho de que ella no esté complica aún más la situación

B **further to** (Corresp) (*as prep*): **~ to your letter of June 6, ...** con relación a *or* en relación con su carta del 6 de junio, ...

C (furthermore) (*as linker*) además

further² *adj* más; **have you any ~ questions?** ¿tienen más preguntas *or* alguna otra pregunta?; **please send me ~ details** le ruego (que) me envíe más información; **I have nothing ~ to say** no tengo nada que agregar; **until ~ notice** hasta nuevo aviso

further³ *vt* ‹*cause/aims*› promover*, fomentar; ‹*career/interests*› favorecer*

furtherance /'fɜ:rðərəns || 'fɜ:ðərəns/ *n* [u] (frml) promoción *f*, fomento *m*; **in ~ of his claim** en apoyo *or* respaldo de su demanda

further education *n* [u] (BrE) *programa de cursos de extensión cultural para adultos*

furthermore /'fɜ:rðərmɔ:r || ˌfɜ:ðə'mɔ:(r)/ *adv* además

furthest /'fɜ:rðəst || 'fɜ:ðɪst/ *adv superl of* **far¹ A**

furtive /'fɜ:rtɪv || 'fɜ:tɪv/ *adj* 1 (stealthy) ‹*movement/look*› furtivo; ‹*persona*› solapado 2 (suspicious, shifty) ‹*appearance*› sospechoso; ‹*manner*› solapado

furtively /'fɜ:rtɪvli || 'fɜ:tɪvli/ *adv* ‹*creep*› sigilosamente, furtivamente; ‹*peep/listen*› a hurtadillas

fury /'fjʊri || 'fjʊəri/ *n* [u c] (*pl* **furies**) (rage) ira *f*, furia *f*; **she came home in a ~** volvió a casa furiosa *or* hecha una furia; **they worked/ran like ~** trabajaron/corrieron como locos

fuse¹ /fju:z/ *n*

A (Elec) fusible *m*, plomo *m* (Esp), tapón *m* (CS); **the ~s blew** *o* **went** saltaron los fusibles *or* (CS) los tapones, se fundieron los plomos (Esp); ***to blow a ~*** ‹‹*person*›› (hum) explotar (fam), estallar

B (for explosives) 1 (of powder) mecha *f*; (detonator) espoleta *f* 2 (wick) mecha *f*; ***to have a short ~*** tener pocas *or* malas pulgas, ser* una polvorilla

fuse² *vt*

A (Elec) 1 (short-circuit) (BrE): **to ~ the lights** hacer* saltar los fusibles *or* (CS tb) los tapones, fundir los plomos (Esp) 2 **fused** *past p* con fusible

B 1 (melt together) alear, fundir 2 (merge) fusionar

■ **fuse** *vi*

A (BrE Elec) fundirse; **the lights have ~d** se han fundido los fusibles *or* (Esp tb) los plomos, han saltado los fusibles *or* (CS tb) los tapones

B 1 ‹‹*metals*›› fundirse; ‹‹*atoms*›› fusionarse 2 (unite) fusionarse, amalgamarse

fuse box *n* caja *f* de fusibles *or* (Esp tb) de plomos *or* (CS tb) de tapones

fuselage /'fju:zəlɑ:ʒ/ *n* fuselaje *m*

fuse wire *n* (in UK) alambre *m* de fusible

fusilier /'fju:zə'lɪr || ˌfju:zə'lɪə(r)/ *n* (BrE) fusilero *m*

fusillade /'fju:səleɪd || ˌfju:zə'leɪd/ *n* descarga *f* cerrada *or* de fusilería

fusion /'fju:ʒən/ *n* [u c] fusión *f*

fuss¹ /fʌs/ *n* [u] alboroto *m*, escándalo *m*; **it was a lot of ~ about nothing** fue mucho ruido y pocas nueces, fue una tormenta en un vaso de agua; ***to kick up a ~*** armar un lío *or* un escándalo, montar un número (Esp fam); ***to make a ~ of*** *o* (AmE also) ***over sb*** mimar *or* consentir* a algn; ***to make*** *o* (AmE also) ***raise a ~*** hacer* un escándalo

fuss² *vi* (be agitated, worry) preocuparse, inquietarse; **to ~ ABOUT** *o* **OVER sth** preocuparse *or* inquietarse POR *or* CON algo

Phrasal verbs

• **fuss around, fuss about** [v ▸ adv] estar* de aquí para allá

• **fuss over** [v ▸ prep ▸ o] ‹*invalid/pet*› mimar

fussbudget /'fʌs'bʌdʒɪt/ *n* (AmE) maniático, -ca *m,f*, mañoso, -sa *m,f* (AmL)

fussily /'fʌsəli || 'fʌsɪli/ *adv* 1 (fastidiously) remilgadamente, melindrosamente 2 (elaborately) ‹*furnished/dressed*› de manera recargada

fusspot /'fʌspɑ:t || 'fʌspɒt/ *n* (esp BrE) ▸**fussbudget**

fussy /'fʌsi/ *adj* **-sier, -siest** 1 (fastidious) exigente, quisquilloso; **I'm a ~ eater** soy muy maniático *or* (AmL tb) mañoso para comer; **to be ~ ABOUT sth** ser* exigente *or* quisquilloso CON algo; **what would you like to drink? — I'm not ~** (colloq) ¿qué quieres tomar? — cualquier cosa *or* me da lo mismo 2 (elaborate) ‹*detail/pattern*› recargado

fustian /'fʌstʃən || 'fʌstiən/ *n* [u] fustán *m*, bombasí *m*

fusty /'fʌsti/ *adj* ‹*room*› que huele a cerrado; ‹*old clothes*› que huele a húmedo

futile /'fju:tl || 'fju:taɪl/ *adj* ‹*attempt*› inútil, vano; ‹*suggestion/question*› trivial, fútil

futility /fjʊ'tɪləti/ *n* [u] inutilidad *f*

future¹ /'fju:tʃər || 'fju:tʃə(r)/ *n*

A (time ahead) **the ~** el futuro; **in the ~** en el futuro; **in the near/distant ~** en un futuro próximo/lejano; **in the not too distant ~** en un futuro no muy lejano; **in ~** de ahora en adelante

B [c u] (prospects) futuro *m*, porvenir *m*; **a job with a ~** un trabajo con futuro

C (Ling) futuro *m*

D **futures** *pl* (Fin) futuros *mpl*

future² *adj* (*before n*) 1 ‹*husband/home*› futuro 2 (Ling): **the ~ tense** el futuro

futurist /'fju:tʃərəst || 'fju:tʃərɪst/ *n* futurista *mf*

futuristic /'fju:tʃə'rɪstɪk/ *adj* futurista

fuze /fju:z/ *n* (AmE) ▸**fuse¹ B1**

fuzz /fʌz/ *n*

A [u] (*no pl*) 1 (fine hair) pelusa *f* 2 (frizzy hair) pelo *m* crespo *or* muy rizado

B (sl) (police) (+ *pl vb*) **the ~** la pasma (Esp arg), la tomba (Col fam), la tira (Méx arg), la cana (RPl arg), los pacos (Chi fam)

fuzzy /'fʌzi/ *adj* **-zier, -ziest**

A 1 (frizzy) ‹*hair*› muy rizado, crespo; ‹*beard*› enmarañado 2 (downy) ‹*skin*› velloso, velludo 3 (furry) (AmE) ‹*bear*› peludo

B (blurred) ‹*sound*› confuso; ‹*picture/outline*› borroso

Gg

G, g /dʒi:/ *n* 1 (letter) G, g *f* 2 (Mus) sol *m*; *see also* **A A2**
g (= **gram(s)**) g., gr.
G 1 (= **gravity/gravities**) G 2 (in US) (Cin) (= **general**) apta para todo público *or* para todos los públicos
GA, Ga = Georgia
gab /gæb/ *vi* **-bb-** (colloq) charlar (fam), cotorrear (fam)
gabardine, gaberdine /ˈgæbərdi:n ‖ ˈgæbədi:n/ *n* [u c] gabardina *f*
gabble /ˈgæbəl/ *vi* (speak incoherently) hablar atropelladamente *or* confusamente, farfullar; (speak quickly) parlotear (fam); **they ~d away in Italian** parlotearon en italiano
■ **gabble** *vt* farfullar
gaberdine *n* [u c] ▸**gabardine**
gable /ˈgeɪbəl/ *n* gablete *m*; **~ (end)** hastial *m*
Gabon /gæˈbəʊn ‖ gəˈbɒn/ *n* Gabón *m*
gad /gæd/ *vi* **-dd-** (colloq): **to ~ about** *o* **around** callejear (fam), dar* vueltas por ahí (fam)
gadfly /ˈgædflaɪ/ *n* (*pl* **-flies**) tábano *m*
gadget /ˈgædʒət ‖ ˈgædʒɪt/ *n* (colloq) aparato *m*, artilugio *m*, chisme *m* (Esp fam)
gadgetry /ˈgædʒətri ‖ ˈgædʒɪtri/ *n* [u] (colloq) aparatos *mpl*, artilugios *mpl*
Gaelic /ˈgeɪlɪk/ *n* [u] gaélico *m*

> **Gaelic**
> Así se denominan varias lenguas de origen celta habladas en distintas regiones de las Islas Británicas. El *Scots Gaelic* es hablado por unas 50.000 personas que viven en las Highlands y en las islas del oeste de Escocia. En cuanto al *Irish* o *Irish Gaelic*, aunque casi 1,5 millones de personas afirman dominarlo, se calcula que apenas la mitad lo habla diariamente. En la Isla autónoma de Man, varios centenares de personas hablan hoy el *Manx Gaelic*

gaff /gæf/ *n*: ***to blow the ~*** (BrE colloq) descubrir* el pastel (fam), levantar la liebre *or* (RPl) la perdiz (fam)
gaffe /gæf/ *n* metedura *f* de pata, metida *f* de pata (AmL fam), gaffe *f or m*; **to make a ~** meter la pata (fam), cometer una *or* un gaffe
gaffer /ˈgæfər ‖ ˈgæfə(r)/ *n*
A (Cin, TV) electricista *mf*
B (BrE colloq) 1 (boss) patrón *m*, jefe *m* 2 (old man) vejete *m* (fam)
gag¹ /gæg/ *n*
A (for mouth, restraint) mordaza *f*; **to put a ~ on sb** amordazar* a algn
B (joke) (colloq) chiste *m*, gag *m*
gag² -gg- *vt*
A 1 (physically) amordazar* 2 (censor) ‹*journalist/press*› silenciar, amordazar*
B (nauseate) (AmE) producirle* náuseas a
■ **gag** *vi* hacer* arcadas
gaga /ˈgɑ:gɑ:/ *adj*: **to be ~** chochear (fam), estar* chocho (fam); **to go ~** empezar* a chochear (fam), volverse* gagá (fam)
gage /geɪdʒ/ *vt/n* (AmE) ▸**gauge¹,²**
gaggle /ˈgægəl/ *n* (of geese) bandada *f*; (of people) grupo *m*, pandilla *f*
gaiety /ˈgeɪəti/ *n* [u] alegría *f*, regocijo *m*
gaily /ˈgeɪli/ *adv* alegremente

gain¹ /geɪn/ *vt*
A (acquire) ‹*control*› conseguir*, obtener*; ‹*experience*› adquirir*; ‹*recognition*› obtener*, ganarse; ‹*qualifications*› (BrE) obtener*; **I succeeded in ~ing their attention** logré atraer *or* captar su atención; **there's a lot to be ~ed from this** esto ofrece muchas ventajas
B (increase) ‹*strength/speed*› ganar, cobrar; **the shares ~ed 5 points** las acciones subieron 5 enteros
C ‹*time*› ganar; **my watch is ~ing ten minutes a day** mi reloj (se) adelanta diez minutos por día
■ **gain** *vi*
A 1 (improve) **to ~ IN sth**: **the shares have ~ed in value** las acciones han subido *or* aumentado de valor; **she's gradually ~ing in confidence** poco a poco va adquiriendo confianza en sí misma 2 (benefit) beneficiarse, sacar* provecho
B 1 (go fast) «*clock/watch*» adelantar(se) 2 (move nearer) **to ~ ON sb** acortar (las) distancias con respecto a algn
gain² *n*
A [u c] (profit) (Busn) ganancia *f*, beneficio *m*; **their loss is our ~** nosotros nos beneficiamos *or* salimos ganando con su pérdida
B [c u] (increase) aumento *m*; **the ~ in efficiency** el aumento de eficiencia
C [c] (Pol) triunfo *m*, victoria *f*
gainer /ˈgeɪnər ‖ ˈgeɪnə(r)/ *n*: **we're all ~s if we adopt this plan** salimos todos ganando *or* beneficiados si adoptamos este plan; **the biggest ~ was France** la gran beneficiada fue Francia
gainful /ˈgeɪnfəl/ *adj* retribuido, remunerado
gainfully /ˈgeɪnfəli/ *adv*: **to be ~ employed** tener* un trabajo retribuido *or* remunerado
gainsay /ˈgeɪnˈseɪ/ *vt* (*past & past p* **gainsaid** /ˈgeɪnˈseɪd, ˈgeɪnˈsed ‖ ˌgeɪnˈsed/) (frml) (*usu neg*) refutar (frml)
gait /geɪt/ *n* (*no pl*) modo *m* de andar
gaiters /ˈgeɪtərz ‖ ˈgeɪtəz/ *pl n* polainas *fpl*
gal¹ /gæl/ *n* (colloq) chica *f*, muchacha *f*
gal² = gallon
gala /ˈgælə, ˈgeɪlə ‖ ˈgɑ:lə/ *n* (festival) fiesta *f*; **swimming ~** (BrE) festival *m* de natación; (*before n*) **~ performance** (función *f* de) gala *f*
Galapagos Islands /gəˈlɑ:pəgəs ‖ gəˈlæpəgəs/ *pl n* **the ~ ~** las Islas Galápagos
galaxy /ˈgæləksi/ *n* (*pl* **-xies**) galaxia *f*
gale /geɪl/ *n* (Meteo) (wind) vendaval *m*, viento *m* fuerte; (storm) temporal *m*, tormenta *f*; **~s of laughter** estallidos *mpl* de risa; (*before n*) **~-force winds** vientos *mpl* huracanados; **~ warning** aviso *m* de temporal
Galicia /gəˈlɪʃiə, gəˈlɪsiə/ *n* Galicia *f*
Galician¹ /gəˈlɪʃiən, gəˈlɪsiən/ *n* 1 [c] (person) gallego, -ga *m,f* 2 [u] (language) gallego *m*
Galician² *adj* gallego
Galilee /ˈgæləli: ‖ ˈgælɪli:/ *n* Galilea *f*; **the Sea of ~** el lago Tiberíades, el mar de Galilea
gall¹ /gɔ:l/ *n* [u]
A (effrontery) (colloq): **to have the ~ to + INF** tener* el descaro *or* la desfachatez DE + INF
B (bitterness) (liter) hiel *f* (liter)
gall² *vt* irritar, darle* rabia a

gallant *adj* 1 /'gælənt/ (brave) (liter) ‹*warrior*› aguerrido (liter), gallardo (liter); ‹*deed*› valiente 2 /gə'lænt/ (chivalrous) galante, cortés

gallantly /'gæləntli/ *adv* 1 (bravely) valerosamente, con gallardía 2 (chivalrously) galantemente

gallantry /'gæləntri/ *n* (*pl* **-ries**) 1 [u] (bravery) valor *m*, gallardía *f* (liter) 2 [u c] (chivalry) galantería *f*, cortesía *f*

gallbladder /'gɔːl,blæder || 'gɔːl,blæde(r)/ *n* vesícula *f* (biliar)

galleon /'gæliən/ *n* galeón *m*

gallery /'gæləri/ *n* (*pl* **-ries**)
A (Art) museo *m* (de Bellas Artes); (commercial) galería *f* (de arte)
B (Archit) 1 (balcony) galería *f*; (for press, spectators) tribuna *f*; (BrE Theat) galería *f*, gallinero *m* (fam); ***to play to the ~*** actuar* para la galería 2 (colonnade) galería *f*
C (*shooting* ~) tiro *m* al blanco

galley /'gæli/ *n*
A (ship) galera *f*
B (kitchen on boat, plane) cocina *f*

galley slave *n* galeote *m*

Gallic /'gælɪk/ *adj* galo, (típicamente) francés

Gallicism, gallicism /'gæləsɪzəm || 'gælɪsɪzəm/ *n* galicismo *m*

galling /'gɔːlɪŋ/ *adj* mortificante

gallivant /'gæləvænt || 'gælɪvænt/ *vi* dar* vueltas, callejear (fam)

gallon /'gælən/ *n* galón *m* (*EEUU: 3,78 litros, RU: 4,55 litros*)

gallop¹ /'gæləp/ *n* galope *m*; **to break into a ~** echarse a galopar; **at a ~** al galope; **at full ~** a galope tendido, a todo galope

gallop² *vi* galopar

galloping /'gæləpɪŋ/ *adj* (*before n*) ‹*inflation*› galopante

gallows /'gæləʊz/ *n* (*pl* ~) (+ *sing o pl vb*) horca *f*

gallstone /'gɔːlstəʊn/ *n* cálculo *m* biliar

galore /gə'lɔːr || gə'lɔː(r)/ *adj* (*after n*) en abundancia; **apples ~** muchísimas manzanas, manzanas en abundancia

galosh /gə'lɑːʃ || gə'lɒʃ/ *n* chanclo *m* (de goma), galocha *f*

galvanize /'gælvənaɪz/ *vt*
A (rouse) **to ~ sb (INTO sth/-ING)** impulsar a algn (A algo /+ INF)
B 1 (Metall) galvanizar* 2 **galvanized** *past p* ‹*iron/steel*› galvanizado

Gambia /'gæmbiə/ *n* **(the) ~** Gambia *f*

gambit /'gæmbət || 'gæmbɪt/ *n* (stratagem) táctica *f*; (in chess) gambito *m*

gamble¹ /'gæmbəl/ *vi* 1 (lay wager) jugar*; **to ~ ON sth: will he come? — I wouldn't ~ on it** ¿vendrá? — no me fiaría yo 2 (take risk) jugar*; **to ~ on the Stock Exchange** especular en la Bolsa, jugar* a la Bolsa; **to ~ ON sth: I ~d on her being in** decidí correr el riesgo de que no estuviera en casa
■ **gamble** *vt* jugarse*

(Phrasal verb)
• **gamble away** [v ▸ prep ▸ o] perder* jugando

gamble² *n* (*no pl*) 1 (bet) apuesta *f* 2 (risk): **to take a ~** arriesgarse*; **the ~ paid off** valió la pena arriesgarse

gambler /'gæmblər || 'gæmblə(r)/ *n* jugador, -dora *m,f*

gambling /'gæmblɪŋ/ *n* [u] juego *m*; (*before n*) **~ debts** deudas *fpl* de juego

gambol /'gæmbəl/ *vi*, (BrE) **-ll-** retozar*

game¹ /geɪm/ *n*
A [c] 1 (amusement) juego *m*; ***it's all in the ~*** todo es parte del juego; ***to play the ~*** jugar* limpio 2 (type of sport) deporte *m*
B [c] 1 (complete match) (Sport) partido *m*; (in board games, cards) partida *f* 2 **games** *pl* (competition) juegos *mpl*; **the Olympic G~s** los Juegos Olímpicos, las Olimpíadas *or* Olimpiadas 3 **games** (BrE Educ) (+ *sing vb*) deportes *mpl*, ≈ educación *f* física
C [c] (part — of tennis, squash match) juego *m*; (— of bridge rubber) manga *f*
D [c] (underhand scheme, ploy) juego *m*; **the ~'s up** se acabó el juego; **what's your ~?** ¿qué es lo que pretendes?; ***to be ahead of the ~*** llevar la delantera; ***to beat sb at her/his own ~*** ganarle *or* vencer* a algn con sus propias armas; ***to give the ~ away*** ‹‹*person*›› descubrir* el pastel (fam); **her blushes gave the ~ away** el sonrojarse la delató; ***two can play at that ~*** donde las dan las toman
E ***to be on the ~*** (BrE sl) hacer* la calle (fam)
F [u] (in hunting) caza *f*; **big ~** caza mayor; ***to be fair ~*** ser* blanco legítimo; (*before n*) **~ birds** aves *fpl* de caza
G [u] (Culin) caza *f*

game² *adj* **to be ~ (FOR sth): we're going swimming, are you ~?** vamos a nadar ¿te apuntas?; **I'm ~ if you are** si tú te animas, yo también; **she's ~ for anything** se apunta a todo

game: **~keeper** *n* guardabosque(s) *mf*; **~ plan** *n* (Sport) plan *m* de juego; (long-term plan) estrategia *f*; **~s console** *n* consola *f* de videojuegos; **~ show** *n* programa *m* concurso

gamesmanship /'geɪmzmənʃɪp/ *n* [u] (pej) *arte de jugar astutamente*

gaming /'geɪmɪŋ/ *n* [u] (*before n*) **~ laws** legislación *f* que rige los juegos de azar

gamma ray /'gæmə/ *n* rayo *m* gamma

gammon /'gæmən/ *n* [u] (esp BrE) jamón *m* fresco

gammy /'gæmi/ *adj* (BrE) (*before n*) (colloq): **~ leg** pata *f* coja (fam)

gamut /'gæmət/ *n* gama *f*, espectro *m*; **to run the (whole) ~ of sth** cubrir* toda la gama *or* todo el espectro de algo

gander /'gændər || 'gændə(r)/ *n*
A (Zool) ganso *m* (*macho*)
B (look) (colloq) (*no pl*): **to have** *o* **take a ~ at sth** echarle un vistazo *or* una ojeada a algo

gang /gæŋ/ *n* 1 (of criminals) banda *f*, pandilla *f*; (of youths, children) pandilla *f* 2 (of workmen) cuadrilla *f* 3 (clique) (colloq) grupo *m*

(Phrasal verb)
• **gang up** [v ▸ adv] (unite in opposition) (colloq) **to ~ up AGAINST** *o* **ON sb** ponerse*/estar* en contra de algn

gangland /'gæŋlænd, -lənd/ *n* (journ) hampa *f*‡, mundo *m* del crimen organizado; (*before n*) **~ murder** asesinato *m* del mundo del hampa

ganglia *pl of* **ganglion**

gangling /'gaŋglɪŋ/ *adj* larguirucho (fam), desgarbado

ganglion /'gæŋgliən/ *n* (*pl* **-glia** /-gliə/ *or* **-glions** /-gliənz/) ganglio *m*

gangly /'gæŋgli/ *adj* **-glier, -gliest** ▸**gangling**

gangplank /'gæŋplæŋk/ *n* plancha *f*

gangrene /'gæŋgriːn/ *n* [u] gangrena *f*

gangrenous /'gæŋgrɪnəs/ *adj* ‹*wound*› gangrenoso

gangster /'gæŋstər || 'gæŋstə(r)/ *n* gángster *mf*

gangway /'gæŋweɪ/ *n*
A (walkway) pasarela *f*
B (between rows of seats) (BrE) pasillo *m*

gannet /'gænət || 'gænɪt/ *n* (Zool) alcatraz *m*

gantlet /'gɔːntlət/ *n* (AmE) ▸**gauntlet**

gantry /'gæntri/ *n* (*pl* **-tries**)
A (Transp) castillete *m* de señalización
B (support — for crane) pórtico *m*, puente *m*; (— for space rocket) torre *f* de lanzamiento

gaol /dʒeɪl/ *n/vt* (esp BrE) ▸**jail**[1,2]

gap /gæp/ *n*
A (space) espacio *m*; (in fence, hedge) hueco *m*; **I looked through the ~ in the curtains** miré por entre las cortinas; **she has a ~ between her front teeth** tiene los dientes de adelante separados
B 1 (in knowledge) laguna *f* 2 (in time) intervalo *m*, interrupción *f* 3 (disparity) distancia *f*, brecha *f*; **the ~ between rich and poor** la desigualdad entre ricos y pobres; **to bridge the ~** salvar la distancia 4 (void) vacío *m*; **to fill** *o* **plug a ~ in the market** llenar un vacío *or* un hueco en el mercado

gape /geɪp/ *vi*
A (react with astonishment) quedarse boquiabierto *or* con la boca abierta; (stare) mirar boquiabierto
B (be open) estar* abierto

gaping /'geɪpɪŋ/ *adj* ‹*wound*› abierto; ‹*hole*› enorme

gap year *n* (BrE) ≈ año *m* libre (*antes de entrar a la universidad*)

garage /gə'rɑːʒ || 'gærɑːdʒ, -ɪdʒ/ *n*
A (for parking) garaje *m*, garage *m* (esp AmL)

B [1]▸ (for repairs) taller *m* (mecánico), garaje *m*, garage *m* (esp AmL); (*before n*) ~ **mechanic** mecánico, -ca *m,f* [2]▸ (for fuel) (BrE) ▸**gas station**

garage sale *n*: *venta de objetos usados en casa de su propietario*, venta *f* de garage (Méx), feria *f* americana (RPl), venta *f* (Col)

garb /gɑːrb || gɑːb/ *n* [u] (liter *or* hum) atuendo *m* (liter *o* hum)

garbage /'gɑːrbɪdʒ || 'gɑːbɪdʒ/ *n* [u] [1]▸ (AmE) (refuse) basura *f*; (*before n*) ~ **disposal unit** triturador *m* de basura; ~ **dump** vertedero *m* (de basuras), basurero *m*, basural *m* (AmL) [2]▸ (junk) (colloq) trastos *mpl*, cachivaches *mpl* (fam), porquerías *fpl* (fam); **this book is absolute ~** este libro es una auténtica porquería

garbage: ~ **bag** *n* (AmE) bolsa *f* de la basura; ~ **can** *n* (AmE) cubo *m or* (CS) tacho *m or* (Col) caneca *f or* (Méx) bote *m or* (Ven) tobo *m* de la basura; ~**man** /'gɑːrbɪdʒ'mæn/ *n* (*pl* **-men** /-men/) (AmE) basurero *m*; ~ **sack** *n* (AmE) bolsa *f* de la basura; ~ **truck** *n* (AmE) camión *m* de la basura

garble /'gɑːrbəl || 'gɑːbəl/ *vt* [1]▸ ‹*message/instructions*› tergiversar, embrollar [2]▸ **garbled** *past p* ‹*account*› confuso, embrollado; ‹*message*› incomprensible, indescifrable

garden[1] /'gɑːrdn̩ || 'gɑːdn̩/ *n*

A (for ornamental plants) jardín *m*; (for vegetables) huerta *f*, huerto *m*; **rose ~** rosedal *m*, rosaleda *f*; ***everything in the ~ is lovely*** *o* ***rosy*** (BrE) todo marcha a las mil maravillas

B **gardens** *pl* (public, on private estate) jardines *mpl*, parque *m*

garden[2] *vi* trabajar en el jardín

garden: ~ **apartment** *n* (AmE) *apartamento con jardín o terraza privados*; ~ **center**, (BrE) ~ **centre** *n* vivero *m*, centro *m* de jardinería

gardener /'gɑːrdnər || 'gɑːdnə(r)/ *n* [1]▸ (as job) jardinero, -ra *m,f* [2]▸ (as hobby) amante *mf* de la jardinería

garden flat *n* (BrE) *apartamento en el sótano o planta baja con jardín*

gardening /'gɑːrdnɪŋ || 'gɑːdnɪŋ/ *n* [u] jardinería *f*; (vegetable growing) horticultura *f*; **he does the ~** él se encarga del jardín

garden: ~ **party** *n* recepción *f* al aire libre; ~ **path** *n* sendero *m* (*en un jardín*); ***to lead sb up the ~ path*** engañar *or* embaucar* a algn; ~**-variety** *adj* (AmE colloq) (*before n*) vulgar *or* común y corriente

gargantuan /gɑːr'gæntʃuən || gɑː'gæntjuən/ *adj* ‹*appetite*› pantagruélico; ‹*effort*› titánico

gargle /'gɑːrgəl || 'gɑːgəl/ *vi* hacer* gárgaras, gargarizar*

gargoyle /'gɑːrgɔɪl || 'gɑːgɔɪl/ *n* gárgola *f*

garish /'gerɪʃ || 'geərɪʃ/ *adj* ‹*color*› chillón, estridente, charro (AmL fam); ‹*garment*› estridente, chabacano, charro (AmL fam)

garland[1] /'gɑːrlənd || 'gɑːlənd/ *n* guirnalda *f*

garland[2] *vt* engalanar, enguirnaldar

garlic /'gɑːrlɪk || 'gɑːlɪk/ *n* [u] ajo *m*; **a clove of ~** un diente de ajo; (*before n*) ~ **bread** pan *m* con mantequilla y ajo; ~ **sausage** salchichón *m* de ajo

garlicky /'gɑːrlɪki || 'gɑːlɪki/ *adj* ‹*taste/smell*› a ajo

garment /'gɑːrmənt || 'gɑːmənt/ *n* prenda *f* (de ropa); (*before n*) **the ~ industry** (AmE) la industria de la confección *or* del vestido

garner /'gɑːrnər || 'gɑːnə(r)/ *vt* ‹*ideas/information*› recoger*; ‹*praise*› cosechar

garnet /'gɑːrnət || 'gɑːnɪt/ *n* [u c] granate *m*

garnish[1] /'gɑːrnɪʃ || 'gɑːnɪʃ/ *vt* adornar, decorar; **the fish comes ~ed with parsley/cucumber slices** el pescado viene decorado con perejil/con una guarnición de rodajas de pepino

garnish[2] *n* [c u] adorno *m*, aderezo *m*; (more substantial) guarnición *f*

garret /'gærət/ *n* buhardilla *f*

garrison[1] /'gærəsən || 'gærɪsən/ *n* [1]▸ (place) plaza *f* fuerte *or* de armas [2]▸ (troops) guarnición *f*

garrison[2] *vt* ‹*troops*› acuartelar

garrote[1], (BrE) **garrotte** /gə'rɑːt || gə'rɒt/ *vt* ejecutar con garrote, agarrotar

garrote[2], (BrE) **garrotte** *n* garrote *m*

garrulous /'gærələs/ *adj* charlatán, parlanchín

garter /'gɑːrtər || 'gɑːtə(r)/ *n* liga *f*

garter belt *n* (AmE) liguero *m*, portaligas *m* (CS)

gas[1] /gæs/ *n* (*pl* **gases** *or* **gasses**)

A [u c] (Phys) gas *m*

B [u] [1]▸ (fuel) gas *m*; **natural ~** gas natural; **bottled ~** gas de bombona *or* (RPl) de garrafa *or* (Méx) de tanque *or* (Chi) de balón; (*before n*) ‹*ring/heater*› de *or* a gas [2]▸ (Mil) gas *m* [3]▸ (anesthetic) gas *m*

C [u] (gasoline) (AmE) gasolina *f*, nafta *f* (RPl), bencina *f* (Andes); ***to step on the ~*** (colloq) acelerar (a fondo), meterle (AmL fam), pisar a fondo (Esp fam); (*before n*) ~ **truck** (AmE) camión *m* cisterna

D [u] (flatulence) (AmE) gases *mpl*, flatulencia *f*

E (gossip session) (BrE) (*no pl*) (colloq & dated): **to have a ~** chismear (fam)

gas[2] **-ss-** *vt* (Mil) gasear; (kill) asfixiar con gas; (in gas chamber) ejecutar en la cámara de gas

■ **gas** *vi* (colloq) cotorrear (fam)

gas: ~**bag** *n* (colloq) cotorra *f* (fam); ~ **chamber** *n* cámara *f* de gas

gaseous /'gæsiəs/ *adj* gaseoso

gas: ~**-fired** /'gæs'faɪrd || ˌgæs'faɪəd/ *adj* a *or* de gas; ~ **guzzler** /'gʌzlər || 'gʌzlə(r)/ *n* (sl) esponja *f* (fam) (*coche que consume mucha gasolina*)

gash[1] /gæʃ/ *n* tajo *m*, corte *m* profundo

gash[2] *vt* hacer* un tajo en, cortar (*profundamente*)

gasket /'gæskət || 'gæskɪt/ *n* junta *f*; ***to blow a ~*** (get angry) (colloq) explotar (fam), ponerse* furioso

gas: ~**light** /'gæslaɪt/ *n* [1]▸ [c] (light fitting) lámpara *f* de gas [2]▸ [u] (illumination) luz *f* de gas; ~**man** /'gæsmæn/ *n* (*pl* **-men** /-men/) técnico *m* de la compañía del gas, el hombre del gas (fam); ~ **mask** *n* máscara *f* antigás; ~ **oil** *n* [u] gasoil *m*, gasóleo *m*

gasoline /'gæsəliːn/ *n* [u] (AmE) gasolina *f*, nafta *f* (RPl), bencina *f* (Andes)

gasp[1] /gæsp || gɑːsp/ *vi* [1]▸ (inhale sharply) dar* un grito ahogado [2]▸ (pant) respirar entrecortadamente, jadear; **she was ~ing for breath** respiraba con dificultad; (when dying) daba boqueadas; **I was ~ing for a cigarette** me moría por un cigarillo

■ **gasp** *vt* decir* jadeando

gasp[2] *n* exclamación *f*, grito *m* (*entrecortado o ahogado*); **to be at one's last ~** (dying) estar* dando boqueadas; (exhausted) estar* hecho polvo (fam); **the old heater's at its last ~** la estufa vieja está en las últimas (fam)

gas: ~ **pedal** *n* (esp AmE) acelerador *m*; ~**-permeable** /ˌgæs'pɜːrmiəbəl || ˌgæs'pɜːmiəbəl/ *adj* (Opt) gas permeable, permeable al oxígeno; ~ **pump** *n* [c] (AmE) (in service station) surtidor *m*, bomba *f* bencinera (Chi); (in car) bomba *f* de combustible; ~ **station** *n* (AmE) estación *f* de servicio *or* (RPl tb) de nafta, gasolinera *f*, bomba *f* (Andes, Ven), grifo *m* (Per)

gassy /'gæsi/ *adj* **-sier, -siest** (Culin)

A (flatulent) (AmE): **lentils make me ~** las lentejas me producen gases

B (esp BrE) efervescente, con gas

gas tank *n* [c] (AmE) depósito *m or* tanque *m* de gasolina *or* (RPl) de nafta *or* (Andes) de bencina

gastric /'gæstrɪk/ *adj* gástrico

gastritis /gæ'straɪtəs || gæ'straɪtɪs/ *n* [u] gastritis *f*

gastroenteritis /'gæstrəʊˌentə'raɪtəs || ˌgæstrəʊˌentə'raɪtɪs/ *n* [u] gastroenteritis *f*

gastronomic /'gæstrə'nɑːmɪk || ˌgæstrə'nɒmɪk/ *adj* gastronómico

gasworks /'gæswɜːrks || 'gæswɜːks/ *n* (*pl* ~) (+ *sing o pl vb*) fábrica *f* de gas

gate /geɪt/ *n*

A [1]▸ (to garden — wooden) puerta *f* (del jardín); (— wrought-iron) verja *f*, cancela *f* (Esp); (to field) tranquera *f* (AmL), portillo *m* (Esp) [2]▸ (to castle, city) (*usu pl*) puerta *f* [3]▸ (controlling admission) entrada *f* [4]▸ (at airport) puerta *f* (de embarque)

B (*starting* ~) (in horse racing) cajón *m* de salida

gâteau, gateau /'gætəʊ/ *n* [u c] (*pl* **gâteaux** *or* **gateaus** /-z/) (BrE) pastel *m*, torta *f* (AmL), tarta *f* (Esp)

gate: ~**crash** *vt* colarse* en

■ **gate** *vi* colarse*; ~**crasher** /'geɪtˌkræʃər || 'geɪtˌkræʃə(r)/ *n*: **he must be a ~crasher** seguro que se ha colado; ~**house** *n* casa *f* del guarda *or* guardián; (in castle) torre *f* de entrada; ~**keeper** *n* guardián, -diana m,f, guarda mf; **~post** n poste m, pilar m (de una verja); ***between you, me and the ~post*** (esp BrE) que no salga de estas cuatro paredes; **~way** n (Archit) verja f, portalón m; **Bombay, ~way to India** Bombay, puerta de entrada a la India; **she saw this as the ~way to stardom** pensó que esto le abriría las puertas al estrellato

gather[1] /ˈgæðər || ˈgæðə(r)/ vi «crowd» congregarse*, reunirse*, juntarse; **they ~ed round the table** se reunieron or se agruparon en torno a la mesa; **the storm clouds were ~ing** se avecinaba la tormenta

■ **gather** vt

A 1 (collect) ‹wood/berries› recoger*, coger* (esp Esp); ‹information› reunir*, juntar; ‹people› reunir*; **to ~ dust** juntar or acumular polvo 2 ‹thoughts› poner* en orden; ‹strength› juntar, hacer* acopio de 3 (gain gradually) ‹speed› ir* adquiriendo

B (conclude) deducir*; **you don't agree, I ~** según parece no estás de acuerdo; **I ~ you're moving** tengo entendido que te mudas (de casa)

C (wrap): **she ~ed the shawl around her shoulders** se envolvió con el chal

D (by sewing) fruncir*

Phrasal verbs

- **gather in** [v ▸ o ▸ adv, v ▸ adv ▸ o] recoger*
- **gather up** [v ▸ o ▸ adv, v ▸ adv ▸ o] recoger*

gather[2] n fruncido m, frunce m

gathering[1] /ˈgæðərɪŋ/ n (meeting) reunión f; (group of people) concurrencia f

gathering[2] adj (before n) creciente, en aumento; **the ~ storm** la tormenta que se avecinaba

GATT /gæt/ n (= **General Agreement on Tariffs and Trade**) GATT m

gauche /gəʊʃ/ adj torpe, falto de aplomo

gaudy /ˈgɔːdi/ adj chillón, charro (AmL fam)

gauge[1], (AmE also) **gage** /geɪdʒ/ vt 1 (estimate) ‹size› calcular 2 (judge) ‹effects› evaluar* 3 (measure) medir*

gauge[2], (AmE also) **gage** n

A (instrument) indicador m; **oil/fuel ~** indicador (del nivel) del aceite/de la gasolina

B (measure, indication) indicio m

C (Rail): **narrow ~** vía f estrecha, trocha f angosta (CS)

Gaul /gɔːl/ n 1 (region) Galia f 2 (person) galo, -la m,f

gaunt /gɔːnt/ adj ‹person› descarnado, delgado y adusto; (from illness, tiredness) demacrado

gauntlet /ˈgɔːntlət || ˈgɔːntlɪt/ n guante m (con el puño largo); (of suit of armor) guantelete m, manopla f; ***to pick up the ~*** recoger* el guante, aceptar el reto; ***to run the ~***: **she had to run the ~ of press photographers** tuvo que aguantar el acoso de los fotógrafos; ***to throw down the ~*** arrojar el guante

gauze /gɔːz/ n [u] (Tex, Med) gasa f; (fine mesh) malla f

gave /geɪv/ past of **give[1]**

gavel /ˈgævəl/ n mazo m or martillo m (usado por jueces, subastadores etc)

gawk /gɔːk/ vi (colloq) papar moscas (fam); **to ~ AT sth** mirar algo boquiabierto or embobado (fam)

gawky /ˈgɔːki/ adj **-kier, -kiest** ‹adolescent› desgarbado

gawp /gɔːp/ vi (BrE colloq) ▸ **gawk**

gay[1] /geɪ/ adj

A (homosexual) gay adj inv, homosexual

B (dated) (merry) alegre

gay[2] n gay mf, homosexual mf

Gaza Strip /ˈgɑːzə/ n **the ~ ~** (la franja or la faja or el corredor de) Gaza f

gaze[1] /geɪz/ vi mirar (larga y fijamente); **to ~ AT sth/sb** mirar algo/a algn; **she ~d out of the window/into space** miraba por la ventana/al vacío

gaze[2] n mirada f (larga y fija)

gazebo /gəˈziːbəʊ/ n (pl **-bos** or **-boes**) glorieta f, cenador m

gazelle /gəˈzel/ n (pl **~s** or **~**) gacela f

gazette /gəˈzet/ n 1 (in newspaper names) gaceta f 2 (official newsletter) (BrE) boletín m

gazetteer /ˈgæzəˈtɪr || ˌgæzəˈtɪə(r)/ n índice m geográfico

gazump /gəˈzʌmp/ vt/i (BrE) vender un inmueble a un mejor postor rompiendo un compromiso previo de venta; **they were ~ed** se lo vendieron a alguien que ofreció más que ellos

GB = Great Britain

GC n (in UK) **= George Cross**

GCSE n [c u] (in UK) **= General Certificate of Secondary Education** ≈ bachillerato m elemental (exámenes que se toman en diferentes asignaturas alrededor de los 16 años)

GDP n (**= gross domestic product**) PNB m, PBI m (RPl), PIB m (Esp)

GDR n (Hist) (**= German Democratic Republic**) RDA f

gear[1] /gɪr || gɪə(r)/ n

A (Mech Eng) engranaje m; (Auto) marcha f, velocidad f, cambio m; **to shift** o (BrE) **change ~** cambiar de marcha, cambiar de velocidad, hacer* un cambio

B [u] 1 (equipment) equipo m; (tools) herramientas fpl; (fishing ~) aparejo(s) m(pl) de pesca 2 (miscellaneous items) (colloq) cosas fpl, bártulos mpl (fam) 3 (Clothing) (colloq) ropa f

gear[2] vt 1 (orient) orientar; **(to be) ~ed TO/TOWARD sth/sb** (estar*) dirigido A algo/algn; **our policy is ~ed to** o **toward achieving this aim** nuestra política está dirigida or encaminada a lograr este objetivo; **materials ~ed to the needs of different students** materiales orientados/dirigidos a las necesidades de diferentes alumnos 2 (prepare) **to ~ sth/sb FOR sth** preparar algo/a algn PARA algo

Phrasal verb

- **gear up**

A [v ▸ adv] (prepare) prepararse

B [v ▸ o ▸ adv, v ▸ adv ▸ o] preparar; **to ~ oneself up for sth** prepararse para algo

gear: **~box** n (Auto) caja f de cambios or velocidades; **~ change** n (BrE) 1 (action) cambio m de marcha or de velocidad 2 ▸ **~shift**; **~ lever** n (BrE) ▸ **~shift**; **~shift** n (AmE) palanca f de cambio or (Méx) de velocidades; **~ stick** n (BrE) ▸ **~shift**

gee /dʒiː/ interj 1 (AmE colloq): **~, I'm sorry to hear that** oye, lo siento; **~, thanks!** ¡pero ... gracias! 2 (directing a horse): **gee up!** ¡arre!

gee-gee /ˈdʒiːdʒiː/ n (BrE colloq: used by or to children) caballito m (fam), tro tro m (Esp leng infantil), hico hico m (RPl leng infantil)

geek /giːk/ n (AmE colloq) 1 (socially inept person) ganso, -sa (fam), pazguato, -ta m,f 2 (obsessive enthusiast) obseso, -sa m,f; **computer ~** obseso, -sa m,f de la informática

geese /giːs/ pl of **goose**

gee-string /ˈdʒiːstrɪŋ/ n ▸ **G-string**

gee whiz interj (AmE colloq & dated) ¡recórcholis! (fam & ant)

geezer /ˈgiːzər || ˈgiːzə(r)/ n 1 (old man) (AmE colloq) viejo m (fam), vejete m (fam), viejales m (Esp fam) 2 (man) (BrE sl) tipo m (fam), tío m (Esp fam)

gel[1] /dʒel/ n [u] gel m; **hair ~** gel (para el pelo)

gel[2] vi **-ll-** 1 «liquid» gelificarse* 2 (BrE) «plans/ideas» cuajar

gelatin /ˈdʒelətn̩ || ˈdʒelətɪn/, **gelatine** /ˈdʒelətiːn/ n [u] gelatina f

geld /geld/ vt castrar

gelding /ˈgeldɪŋ/ n caballo m castrado

gelignite /ˈdʒelɪgnaɪt/ n [u] gelignita f

gem /dʒem/ n 1 (stone) gema f, piedra f preciosa/semipreciosa; (jewel) joya f, alhaja f 2 (person) (colloq) tesoro m (fam), joya f (fam), joyita f (fam) 3 (wonderful example) joya f; **she came out with some real ~s** dijo cosas de antología

Gemini /ˈdʒemənaɪ, -niː || ˈdʒemɪnaɪ, -niː/ n 1 (sign) (no art) Géminis 2 [c] (person) Géminis or géminis mf, geminiano, -na m,f; see also **Aquarius**

gemstone /ˈdʒemstəʊn/ n piedra f semipreciosa/preciosa, gema f (en bruto)

Gen (**= General**) Gral.

gender /ˈdʒendər || ˈdʒendə(r)/ n 1 [u c] (Ling) género m 2 [u] (sex) sexo m

gene /dʒiːn/ n gen m, gene m

genealogical /ˌdʒiːniəˈlɑːdʒɪkəl || ˌdʒiːniəˈlɒdʒɪkəl/ adj genealógico

genealogy /ˌdʒiːniˈælədʒi/ n [u] genealogía f

genera /ˈdʒenərə/ pl of **genus**

general[1] /ˈdʒenrəl/ adj

A 1 (not detailed or specific) general; **I get the ~ picture** me hago una idea (general); **speaking in ~ terms, you are right** hablando en general *or* en líneas generales, tienes razón; **a ~ term** un término genérico *or* general; **in ~** en general **2** (not specialized) ‹*information*› general; ‹*laborer*› no especializado; **a guide book for the ~ reader** una guía para el gran público

B **1** (applicable to all) general; **the ~ good** el bien general *or* de todos **2** (widespread) ‹*tendency*› generalizado

C (usual) general; **as a ~ rule we don't allow it** por lo general *or* por regla general no lo permitimos

D (chief) ‹*manager*› general; **G~ Assembly** Asamblea *f* General

E (Med) ‹*anesthetic*› general

general² *n* (Mil) general *mf*

general: **~ delivery** *n* [u] (AmE) lista *f* de correos, poste *f* restante (AmL); **~ election** *n* elecciones *fpl* generales; **~ hospital** *n* centro *m* hospitalario, hospital *m* (*no especializado*)

generality /'dʒenə'ræləti/ *n* [u c] (*pl* **-ties**) generalidad *f*

generalization /'dʒenrələ'zeɪʃən || ˌdʒenrəlaɪ'zeɪʃən/ *n* generalización *f*

generalize /'dʒenrəlaɪz/ *vi/t* generalizar*

general knowledge *n* [u] cultura *f* general

generally /'dʒenrəli/ *adv* **1** (usually, as a rule) generalmente, por lo general, en general **2** (broadly) (*indep*) **~ (speaking)** por lo general, en general, por regla general **3** (as a whole) en general **4** (by everyone): **it is ~ admitted that ...** en general se reconoce que ...

general: **~ practise**, (BrE) **~ practice** *n* **1** [u] (speciality) medicina *f* general **2** [c] (clinic) consulta *f* *or* consultorio *m* de medicina general; **~ practitioner** *n* médico, -ca *m,f* de medicina general; **~ public** *n* **the ~ public** el público en general, el gran público; **~-purpose** *adj* ‹*tool*› para todo uso; ‹*dictionary*› de uso general; **~ store** *n* (AmE) tienda *f* (*que vende todo tipo de artículos en una comunidad pequeña*), almacén *m* (CS); **~ strike** *n* huelga *f* general, paro *m* general (AmL)

generate /'dʒenəreɪt/ *vt* generar

generating station /'dʒenəreɪtɪŋ/ *n* ▸**power station**

generation /'dʒenə'reɪʃən/ *n*

A [c] **1** (people of similar age) generación *f*; **the older ~** la gente de más edad **2** (in families) generación *f* **3** (type) generación *f*; **first-/fifth-~ computers** computadoras *fpl* *or* (Esp tb) ordenadores *mpl* de primera/quinta generación **4** (length of time) generación *f*

B [u] (act of generating) generación *f*

generation gap *n* brecha *f* generacional

generator /'dʒenəreɪtər || 'dʒenəreɪtə(r)/ *n* (Elec) generador *m*, grupo *m* electrógeno; (of bicycle, car) (AmE) dínamo *or* dinamo *m* (AmL), dinamo *or* dínamo *f* (Esp)

generic /dʒə'nerɪk/ *adj* **1** ‹*term*› genérico **2** ‹*product*› no de marca

generosity /'dʒenə'rɑːsəti || ˌdʒenə'rɒsəti/ *n* [u] generosidad *f*

generous /'dʒenrəs || 'dʒenərəs/ *adj*

A (open-handed) ‹*person*› generoso, dadivoso; ‹*contribution*› generoso; ‹*nature*› generoso; **to be ~ WITH sth**: **she is ~ with her money** es muy generosa *or* desprendida con el dinero

B (ample, large) abundante, generoso; **a ~ cup of flour** una taza bien colmada de harina

generously /'dʒenrəsli || 'dʒenerəsli/ *adv* **1** (open-handedly) generosamente, con generosidad; **please give ~** por favor, sean generosos **2** (amply) generosamente; **a ~ proportioned room** una habitación de amplias proporciones

genesis /'dʒenəsəs || 'dʒenəsɪs/ *n* (*pl* **-ses** /-siːz/) **1** (origin) (frml) génesis *f* (frml), origen *m* **2** (Bib) Génesis *f*

genetic /dʒə'netɪk || dʒɪ'netɪk/ *adj* genético

genetically /dʒə'netɪkli || dʒɪ'netɪkli/ *adv* genéticamente; **~ modified foods** alimentos *mpl* transgénicos

genetic: **~ engineering** *n* [u] ingeniería *f* genética; **~ fingerprinting** /'fɪŋgər,prɪntɪŋ || 'fɪŋgə,prɪntɪŋ/ *n* [u] identificación *f* genética (*técnica de identificación por medio del análisis del ADN*)

geneticist /dʒə'netəsəst || dʒɪ'netɪsɪst/ *n* genetista *mf*, especialista *mf* en genética

genetics /dʒə'netɪks || dʒɪ'netɪks/ *n* (+ *sing vb*) genética *f*

Geneva /dʒə'niːvə || dʒɪ'niːvə/ *n* Ginebra *f*; **Lake ~** el Lago Lemán

genial /'dʒiːnjəl || 'dʒiːniəl/ *adj* ‹*person*› simpático, jovial; ‹*welcome/smile*› cordial, amistoso

genie /'dʒiːni/ *n* genio *m*

genital /'dʒenətl || 'dʒenɪtl/ *adj* genital

genitalia /'dʒenə'teɪljə || ˌdʒenɪ'teɪliə/ *pl n* (frml) genitales *mpl*

genitals /'dʒenətlz || 'dʒenɪtlz/ *pl n* genitales *mpl*

genitive /'dʒenətɪv/ *n* genitivo *m*

genius /'dʒiːniəs/ *n*

A [c] (clever person) genio *m*

B [u] **1** (brilliance) genialidad *f*; **work of ~** una obra maestra **2** (gift): **she has a ~ for music** tiene talento para la música; **he has a ~ for saying the wrong thing** tiene la habilidad *or* el don de meter la pata (fam)

C (influence): ***to be sb's evil ~*** ejercer* una influencia maligna sobre algn

genocide /'dʒenəsaɪd/ *n* [u] genocidio *m*

genome /'dʒiːnəʊm/ *n* genoma *m*

genotype /'dʒenətaɪp/ *n* genotipo *m*

genre /'ʒɑːnrə/ *n* género *m*

gent /dʒent/ *n* (BrE colloq) caballero *m*; Ⓢ **Gents** Caballeros; **where's the G~s?** ¿dónde está el baño *or* (Esp) el servicio de caballeros?

genteel /dʒen'tiːl/ *adj* refinado, elegante

gentile /'dʒentaɪl/ *n* gentil *mf*

gentle /'dʒentl/ *adj* **gentler** /dʒentlər || 'dʒentlə(r)/, **gentlest** /'dʒentləst || 'dʒentlɪst/

A **1** ‹*person*› dulce; ‹*character*› suave **2** (of voice): **in a ~ voice** en un tono suave *or* dulce **3** ‹*dog/horse*› manso

B ‹*murmur*› suave; ‹*heat/breeze*› suave, ligero; ‹*exercise*› moderado; ‹*slope*› poco empinado; ‹*curve*› (in road) suave; (of graph) pequeño; ‹*reminder*› discreto, diplomático; **a ~ tap** un golpecito suave

gentleman /'dʒentlmən/ *n* (*pl* **-men** /-mən/) **1** (man) caballero *m*, señor *m*; Ⓢ **Gentlemen** Caballeros; **this ~ would like ...** este señor querría ... **2** (well-bred man) caballero *m*

gentleness /'dʒentlnəs || 'dʒentlnɪs/ *n* [u]

A (of nature, disposition) dulzura *f*; (of animal) mansedumbre *f*

B (in handling, touching) cuidado *m*, delicadeza *f*; (tenderness) ternura *f*

gently /'dʒentli/ *adv* **1** (not roughly or violently) ‹*handle*› con cuidado, cuidadosamente; ‹*tap*› ligeramente, suavemente; ‹*hint*› con tacto *or* discreción; **~ (does it)!** hay que *or* es mejor hacerlo con cuidado/poco a poco **2** (tenderly) dulcemente, con dulzura; (tactfully, kindly) con delicadeza

gentrify /'dʒentrəfaɪ || 'dʒentrɪfaɪ/ *vt* aburguesar

gentry /'dʒentri/ *n* (+ *sing o pl vb*) alta burguesía *f*, pequeña nobleza *f*

genuflect /'dʒenjəflekt || 'dʒenjuːflekt/ *vi* hacer* una genuflexión

genuflection, (BrE also) **genuflexion** /'dʒenjə'flekʃən || ˌdʒenjuː'flekʃən/ *n* [u c] genuflexión *f*

genuine /'dʒenjuən || 'dʒenjʊɪn/ *adj* **1** ‹*interest*› sincero, genuino; ‹*inquiry/buyer/mistake*› serio; **she is a very ~ person** es una persona íntegra; **it was a ~ mistake** fue realmente un error; **in ~ astonishment** verdaderamente asombrado (*or* asombrados *etc*) **2** ‹*antique*› auténtico; ‹*leather*› legítimo, auténtico

genuinely /'dʒenjuənli || 'dʒenjʊɪnli/ *adv* **1** (sincerely) sinceramente **2** (really) realmente; **he's ~ sorry** está realmente arrepentido, está arrepentido de veras

genus /'dʒiːnəs/ *n* (*pl* **genera** *or* **~es**) género *m*

geographer /dʒi'ɑːgrəfər || dʒɪ'ɒgrəfə(r)/ *n* geógrafo, -fa *m,f*

geographical /'dʒiːə'græfɪkəl/, **geographic** /-'græfɪk/ *adj* geográfico

geography /dʒi'ɑːgrəfi || dʒɪ'ɒgrəfi/ *n* [u] geografía *f*

geological /'dʒiːə'lɑːdʒɪkəl || ˌdʒiə'lɒdʒɪkəl/ *adj* geológico

geologist /dʒi'ɑːlədʒəst || dʒi'ɒlədʒɪst/ *n* geólogo, -ga *m,f*

geology /dʒi'ɑːlədʒi || dʒi'ɒlədʒi/ *n* [u] geología *f*

geometric /ˈdʒiːəˈmetrɪk || ˌdʒiəˈmetrɪk/, **geometrical** /-rɪkəl/ *adj* geométrico

geometry /dʒiːˈɑːmətri || dʒiˈɒmətri/ *n* [u] geometría *f*

geophysics /ˈdʒiːəˈfɪzɪks || ˌdʒiːəʊˈfɪzɪks/ *n* (+ *sing vb*) geofísica *f*

geopolitical /ˈdʒiːəʊpəˈlɪtɪkəl/ *adj* geopolítico

Geordie /ˈdʒɔːrdi || ˈdʒɔːdi/ *n* (BrE colloq) *persona oriunda de Tyneside*

George /dʒɔːrdʒ || dʒɔːdʒ/ *n*: **by ~!** (dated) ¡diantre! (ant)

Georgia /ˈdʒɔːrdʒə || ˈdʒɔːdʒə/ *n* 1 (republic in the Caucasus) Georgia *f* 2 (US state) Georgia *f*

Georgian¹ /ˈdʒɔːrdʒən || ˈdʒɔːdʒən/ *adj* 1 (of Georgia in the Caucasus) georgiano 2 (of Georgia in USA) georgiano 3 (in architecture, UK history) georgiano

Georgian² *n* 1 [c] (from the Caucasus) georgiano, -na *m,f* 2 [u] (language) georgiano *m* 3 [c] (from USA) georgiano, -na *m,f*

geranium /dʒəˈreɪniəm/ *n* geranio *m*, malvón *m* (Méx, RPl)

gerbil /ˈdʒɜːrbəl || ˈdʒɜːbɪl/ *n* jerbo *m*, gerbo *m*

geriatric /ˈdʒeriˈætrɪk/ *adj* (Med) ‹*patient*› anciano; ‹*ward*› de geriatría

geriatrics /ˈdʒeriˈætrɪks/ *n* (+ *sing vb*) geriatría *f*

germ /dʒɜːrm || dʒɜːm/ *n*
A (Med) microbio *m*, germen *m*
B (Biol, Bot) germen *m*

German¹ /ˈdʒɜːrmən || ˈdʒɜːmən/ *adj* alemán

German² *n* 1 [u] (language) alemán *m* 2 [c] (person) alemán, -mana *m,f*

German Democratic Republic *n* (Hist) **the ~ ~ ~** la República Democrática Alemana

germane /dʒɜːrˈmeɪn || dʒɜːˈmeɪn/ *adj* (frml) **to be ~ TO sth** guardar relación CON algo (frml)

Germanic /dʒɜːrˈmænɪk || dʒɜːˈmænɪk/ *adj* ‹*tribes/folklore*› germánico; ‹*features*› germano

German: **~ measles** *n* [u] (+ *sing vb*) rubéola *f*, rubeola *f*; **~ shepherd (dog)** *n* pastor *m* or (CS) ovejero *m* alemán

Germany /ˈdʒɜːrməni || ˈdʒɜːməni/ *n* Alemania *f*

germicidal /ˌdʒɜːrməˈsaɪdl̩ || ˌdʒɜːmɪˈsaɪdl̩/ *adj* germicida

germicide /ˈdʒɜːrməsaɪd || ˈdʒɜːmɪsaɪd/ *n* [u c] germicida *m*

germinate /ˈdʒɜːrməneɪt || ˈdʒɜːmɪneɪt/ *vi* «*seed*» germinar
■ **germinate** *vt* ‹*seed*› hacer* germinar

germination /ˌdʒɜːrməˈneɪʃən || ˌdʒɜːmɪˈneɪʃən/ *n* [u] germinación *f*

gerrymandering /ˈdʒeriˌmændərɪŋ/ *n* [u] manipulaciones *fpl* (pey), maniobras *fpl* (pey)

gerund /ˈdʒerənd/ *n* gerundio *m*

gestate /ˈdʒesteɪt || dʒeˈsteɪt/ *vi* (Biol) estar* en período de gestación

gestation /dʒeˈsteɪʃən/ *n* [u] gestación *f*; (*before n*) **~ period** período *m* de gestación

gesticulate /dʒeˈstɪkjəleɪt || dʒeˈstɪkjʊleɪt/ *vi* gesticular

gesticulation /dʒeˈstɪkjəˈleɪʃən || dʒeˌstɪkjʊˈleɪʃən/ *n* [u c] gesticulación *f*

gesture¹ /ˈdʒestʃər || ˈdʒestʃə(r)/ *n* 1 (of body) gesto *m*, ademán *m* 2 (token, expression) gesto *m*; **the card arrived late, but it was a nice ~** la tarjeta llegó tarde, pero fue todo un detalle

gesture² *vi* hacer* gestos; **I ~d to them to be quiet** les hice señas para que se callaran

get /get/ (*pres p* **getting**; *past* **got**; *past p* **got** *or* (AmE also) **gotten**) *vt*

Sense **I**

A 1 (obtain) ‹*money/information*› conseguir*, obtener*; ‹*job/staff*› conseguir*; ‹*authorization/loan*› conseguir*, obtener*; ‹*idea*› sacar*; **where did you ~ that beautiful rug?** ¿dónde conseguiste *or* encontraste esa alfombra tan preciosa?; **these pears are as good as you'll ~, I'm afraid** estas peras son de lo mejorcito que hay (fam); **the public can't ~ enough of her** el público no se cansa de ella; **to ~ sth FROM sb/sth**: **we ~ our information from official sources** sacamos la información de fuentes oficiales; **you can ~ any information from my secretary** mi secretaria le podrá dar toda la información que necesite 2 (buy) comprar; **to ~ sth FROM sb/sth**: **I ~ my bread from the local baker** le compro el pan al panadero del barrio; **I got it from Harrods** lo compré en Harrods; **we ~ them from Italy** (they supply our business) los traen de Italia 3 (achieve, win) ‹*prize/grade*› sacar*, obtener* (frml); ‹*majority*› obtener* (frml), conseguir*; **he ~s results** consigue *or* logra lo que se propone 4 (by calculation): **divide 27 by 3 and you ~ 9** si divides 27 por 3 te dará 9; **got it!** ¡ya sé! 5 (on the telephone) ‹*person*› lograr comunicarse con; **I got the wrong number** me equivoqué de número; (having dialled correctly) me salió un número equivocado

B 1 (receive) ‹*letter/reward/reprimand*› recibir; **I got a stereo for my birthday** me regalaron un estéreo para mi cumpleaños; **do I ~ a kiss, then?** ¿entonces me das un beso?; **he got 12 years for armed robbery** lo condenaron a *or* (fam) le cayeron 12 años por robo a mano armada; **to ~ sth FROM sb**: **all I ever ~ from you is criticism** lo único que haces es criticarme; **she got a warm reception from the audience** el público le dio una cálida bienvenida; **I do all the work and she ~s all the credit** yo hago todo el trabajo y ella se lleva la fama; **I seldom ~ the chance** rara vez se me presenta la oportunidad; **the kitchen doesn't ~ much sun** en la cocina no da mucho el sol 2 (Rad, TV) ‹*station*› captar, recibir, coger* (esp Esp fam), agarrar (CS fam) 3 (be paid) ‹*salary/pay*› ganar; **I got £200 for the piano** me dieron 200 libras por el piano 4 (experience) ‹*shock/surprise*› llevarse; **I ~ the feeling that ...** tengo *or* me da la sensación de que ... 5 (suffer): **how did you ~ that bump on your head?** ¿cómo te hiciste ese chichón en la cabeza?; **she got a splinter in her finger** se clavó una astilla en el dedo; **he got the full force of the blast** recibió todo el impacto de la explosión

C (find, have) (colloq): **you don't ~ elephants in America** en América no hay elefantes; **we ~ mainly students in here** nuestros clientes (*or* visitantes *etc*) son mayormente estudiantes

D (fetch) ‹*hammer/scissors*› traer*, ir* a buscar; ‹*doctor/plumber*› llamar; **~ your coat** anda *or* vete a buscar tu abrigo; **she got herself a cup of coffee** se sirvió (*or* se hizo *etc*) una taza de café

E 1 (reach) alcanzar* 2 (take hold of) agarrar, coger* (esp Esp) 3 (catch, trap) pillar (fam), agarrar (AmL), coger* (esp Esp) 4 (assault, kill) (colloq): **I'll ~ you yet!** ¡ya me las vas a pagar! (fam); **the sharks must have got him** se lo deben de haber comido los tiburones (fam)

F (contract) ‹*cold/flu*› agarrar, pescar* (fam), pillar (fam), coger* (esp Esp); **she got chickenpox from her sister** la hermana le contagió *or* (fam) le pegó la varicela

G (catch) ‹*bus/train*› tomar, coger* (Esp)

H (colloq) 1 (irritate) fastidiar 2 (arouse pity): **it ~s you right there** (set phrase) te conmueve, te da mucha lástima 3 (puzzle): **what ~s me is how ...** lo que no entiendo es cómo ...

I 1 (understand) (colloq) entender*; **don't ~ me wrong** no me malentiendas *or* malinterpretes; **~ it?** ¿entiendes?, ¿agarras *or* (Esp) coges la onda? (fam) 2 (hear, take note of) oír*; **I didn't ~ your name** no entendí tu nombre; **did you ~ the number?** ¿tomaste nota del número?

J (answer) (colloq) ‹*phone*› contestar, atender*, coger* (Esp); ‹*door*› abrir*

K (possess) **to have got** *see* **have** *vt*

Sense **II**

A (bring, move, put) (+ *adv compl*): **we'll ~ it there by two o'clock** lo tendremos allí antes de las dos; **just wait till I ~ you home!** ¡ya vas a ver cuando lleguemos a casa!; **they couldn't ~ it up the stairs** no lo pudieron subir por las escaleras; *see also* **get across, get in** *etc*

B (cause to be) (+ *adj compl*): **he got the children ready** preparó a los niños; **I can't ~ the window open/shut** no puedo abrir/cerrar la ventana; **they got their feet wet/dirty** se mojaron/se ensuciaron los pies

C **to ~ sb/sth + pp** 1 (with action carried out by subject): **we must ~ some work done** tenemos que trabajar un poco; **it's about time they got themselves organized** ya va siendo hora de que se organicen 2 (with action carried out by somebody else): **he got the house painted** hizo pintar la casa; **I must ~ this watch fixed** tengo que llevar a *or* (AmL tb) mandar (a) arreglar este reloj

D (arrange, persuade, force) **to ~ sb/sth to + INF**: **I'll ~ him to help you** (order) le diré que te ayude; (ask) le pediré que te ayude; (persuade) lo convenceré de que te ayude; **she could never ~ him to understand** no podría hacérselo entender; **you'll never ~ them to agree to that** no vas a lograr que acepten eso; **I can't ~ it to work** no puedo hacerlo funcionar

E (cause to start) **to ~ sb/sth -ING: it's the sort of record that ~s everybody dancing** es el tipo de disco que hace bailar a todo el mundo *or* que hace que todo el mundo baile; **can you ~ the pump working?** ¿puedes hacer funcionar la bomba?

■ **get** *vi*

A (reach) (+ *adv compl*) llegar*; **I got here yesterday** llegué ayer; **can you ~ there by train?** ¿se puede ir en tren?; **how do you ~ to work?** ¿cómo vas al trabajo?; **can anyone remember where we'd got to?** ¿alguien se acuerda de dónde habíamos quedado?; ***to ~ nowhere, not to ~ anywhere*** *see* **nowhere[1] A, anywhere[1] A2**; ***to ~ somewhere*** avanzar*, adelantar; **we're finally ~ting somewhere!** ¡por fin estamos sacando algo en limpio!; ***to ~ there*: it's not perfect, but we're ~ting there** perfecto no es, pero poco a poco ...

B 1 (become): **to ~ married** casarse; **to ~ dressed** vestirse*; **your dinner's ~ting cold** se te está enfriando la cena; **he got very angry** se puso furioso; **they ~ tired easily** se cansan con facilidad 2 (be) (colloq): **she ~s invited to lots of parties** la invitan a muchas fiestas; **her bike got stolen** le robaron la bicicleta

C **to ~ to + INF** 1 (come to) llegar* a + INF; **I never really got to know him** nunca llegué a conocerlo de verdad; **you'll ~ to like it eventually** vas a ver como termina por gustarte 2 (have opportunity to): **in this job you ~ to meet many interesting people** en este trabajo uno tiene la oportunidad de conocer a mucha gente interesante; **when do we ~ to open the presents?** ¿cuándo podemos abrir los regalos?

D (start) **to ~ -ING** empezar* a + INF, ponerse* a + INF; **right, let's ~ moving!** bueno, ¡pongámonos en acción (*or* en marcha *etc*)!

(Phrasal verbs)

• **get about** [v ▸ adv] [v ▸ prep ▸ o] (BrE) ▸**get around** *Sense* **I A**

• **get above** [v ▸ prep ▸ o]: ***to ~ above oneself*** llenarse de ínfulas

• **get across**

A [v ▸ prep ▸ o] [v ▸ adv] (cross) ‹*river*› atravesar*, cruzar*; ‹*road*› cruzar*

B [v ▸ o ▸ adv] (take across) ‹*passengers/supplies*› pasar *or* llevar al otro lado

C [v ▸ o ▸ adv, v ▸ adv ▸ o] ‹*meaning/concept*› hacer* entender

D [v ▸ adv] (be understood) «*teacher/speaker*» hacerse* entender; **the message seems to be ~ing across** parece que van captando la idea

• **get ahead** [v ▸ adv] 1 (get in front) «*horse/runner*» tomar la delantera; «*student/worker*» adelantar 2 (progress, succeed) progresar

• **get along** [v ▸ adv]

A (be on one's way): **I must be ~ting along now** me tengo que ir, tengo que ponerme en camino

B (manage, cope): **the firm couldn't ~ along without her** la compañía no podría funcionar sin ella; **we got along for years without a computer** nos las arreglamos durante años sin computadora

C (progress) «*work/patient*» marchar, andar*; **he's ~ting along just fine at school** le va muy bien en el colegio

D (be on good terms) **to ~ along (WITH sb)** llevarse bien (CON algn); **we ~ along fine** nos llevamos bien

• **get around**

(*Sense* **I**) [v ▸ adv] [v ▸ prep ▸ o]

A 1 (walk, move about) caminar, andar*; (using transport, car) desplazarse* 2 (travel) viajar; **you certainly ~ around in your job** tu sí que viajas con tu trabajo 3 (circulate): **it** *o* **word soon got around that he was having an affair** pronto corrió el rumor de que estaba teniendo una aventura

B (gather in circle): **we can't all ~ around this table** no cabemos todos alrededor de esta mesa

(*Sense* **II**) [v ▸ prep ▸ o] 1 (avoid, circumvent) ‹*difficulty/obstacle*› sortear, evitar; ‹*rule/law*› eludir el cumplimiento de; **there's no ~ting around it: it was a terrible mistake** hay que reconocerlo: fue un error garrafal 2 (persuade) ‹*person*› engatusar

(*Sense* **III**) [v ▸ o ▸ adv] (cause to come, go) ‹*plumber/police*› llamar; **I'll ~ the boxes around to you this evening** te haré llegar las cajas esta noche

(*Sense* **IV**) [v ▸ adv] (go) ir*; (come) venir*; **~ around to the hospital as quickly as possible** vayan al hospital lo más pronto posible

• **get around to** [v ▸ adv ▸ prep ▸ o]: **I don't know whether the doctor will ~ around to you this afternoon** no sé si el doctor alcanzará a verlo esta tarde; **I meant to write to you, I just never got around to it** tenía intenciones de escribirte pero nunca encontré el momento; **to ~ around to -ING: we never got around to discussing the price** nunca llegamos a discutir el precio; **I must ~ around to writing those letters** debo ponerme a escribir esas cartas

• **get at** [v ▸ prep ▸ o]

A 1 (reach) ‹*pipe/wire*› llegar* a; **he can't ~ at the money until he's 18** no puede disponer del dinero *or* (fam) tocar el dinero hasta que cumpla 18 años 2 (ascertain) ‹*facts/truth*› establecer*

B (work on) «*rust/damp*» atacar*; **moths had got at the jacket** las polillas habían picado la chaqueta

C (nag, criticize) (colloq): **you're always ~ting at him** siempre te estás metiendo con él (fam), siempre (te) la estás agarrando con él (AmL fam)

D (hint at, mean) (colloq): **what are you ~ting at?** ¿qué quieres decir?

• **get away**

(*Sense* **I**) [v ▸ adv]

A (escape) escaparse; **there's no ~ting away from the fact that ...** hay que reconocer *or* es un hecho insoslayable que ...

B 1 (leave) salir*; **I got away from work early** salí *or* me escapé pronto del trabajo 2 (go on vacation) irse* *or* salir* de vacaciones; ***to ~ away from it all*** alejarse del mundanal ruido

C (expressing incredulity) (BrE colloq): **~ away (with you)!** ¡dale! (fam), ¡anda (ya)! (esp Esp fam)

(*Sense* **II**) [v ▸ o ▸ adv] (remove, take away): **~ that dog away from my petunias!** ¡quita *or* saca a ese perro de mis petunias!; **we got the knife away from him** le quitamos el cuchillo

• **get away with** [v ▸ adv ▸ prep ▸ o]

A (make off with) llevarse, escaparse con

B 1 (go unpunished for): **you won't ~ away with this** esto no va a quedar así; **don't let them ~ away with it** no dejes que se salgan con la suya; **do you think I could ~ away with wearing the dark blue dress?** ¿te parece que pasaría si me pusiera el vestido azul oscuro? 2 (be let off with) ‹*fine/warning*› escaparse *or* librarse con

• **get back**

A [v ▸ adv] 1 (return) volver*, regresar; (arrive home) llegar* (a casa); **OK, ~ back to work everybody** bueno, todo el mundo a trabajar otra vez; **to ~ back to what I was saying, ...** volviendo a lo que decía, ... 2 (retreat): **~ back!** ¡atrás!, ¡retrocedan!

B [v ▸ o ▸ adv, v ▸ adv ▸ o] (regain possession of) ‹*property*› recuperar; ‹*health*› recobrar, recuperar; **we never got our money back** nos devolvieron el dinero

C [v ▸ o ▸ adv] 1 (return) ‹*borrowed item*› devolver*; **can you ~ the children back here by eleven?** ¿puedes traer a los niños de vuelta antes de las once? 2 (put back): **to ~ sth back in/out** volver* a poner/a sacar algo

• **get back at** [v ▸ adv ▸ prep ▸ o] vengarse de, desquitarse con

• **get back to** [v ▸ adv ▸ prep ▸ o]: **I'll ~ back to you when I have the details** volveré a ponerme en contacto con usted (*or* lo llamaré *etc*) cuando tenga los detalles

• **get behind**

A [v ▸ adv] (fall behind) **to ~ behind (WITH sth)** atrasarse (CON algo)

B [v ▸ prep ▸ o] (move to rear of) ponerse* detrás de; (fall behind) rezagarse*, quedarse atrás

• **get by**

A [v ▸ adv] 1 (manage) arreglárselas; **we earn just enough to ~ by** ganamos justo lo necesario para sobrevivir *or* arreglárnoslas; **I speak enough French to ~ by** me defiendo *or* me manejo en francés; **to ~ by ON sth** arreglárselas CON algo; **she ~s by on just a few dollars a week** se las arregla con unos pocos dólares a la semana; **I can ~ by on six hours sleep a night** puedo pasar con

g

seis horas de sueño al día; **to ~ by** WITH **sth** arreglárselas CON algo **2** ▸**get past A**

B [v ▸ prep ▸ o] ▸**get past B1**

• **get down**

A [v ▸ adv] **1** (descend) bajar; **~ down from there this minute!** ¡bájate de ahí inmediatamente! **2** (crouch) agacharse; **to ~ down on one's knees** arrodillarse, ponerse* de rodillas

B [v ▸ o ▸ adv, v ▸ adv ▸ o] **1** (take, lift, bring down) bajar **2** (write down) ‹*message/details*› anotar, tomar nota de; **first ~ it down on paper, then we'll discuss it** primero ponlo por escrito y luego lo discutiremos

C [v ▸ o ▸ adv] **1** (reduce) ‹*costs/inflation*› reducir*; ‹*blood pressure*› bajar; **I got my weight down to 100 lbs** adelgacé hasta pesar 100 libras **2** (depress) deprimir

D [v ▸ prep ▸ o] (descend) ‹*stairs*› bajar; ‹*ladder*› bajarse de; ‹*rope*› bajar por

• **get down to** [v ▸ adv ▸ prep ▸ o] (start work on) ponerse* a; **let's ~ down to business** (let's start working) pongamos manos a la obra; (let's get to the point) vayamos al grano; ▸**tack**[1] **A1**

• **get in**

A [v ▸ adv] [v ▸ prep ▸ o] (enter) entrar; **~ in the car** súbete al coche; **I was just ~ting in the bath** justo me estaba metiendo en la bañera

B [v ▸ adv] **1** (arrive) «*person/train*» llegar* **2** (gain admission to, be selected for) entrar, ser* admitido **3** (be elected) (Pol) ganar, resultar *or* salir* elegido **4** (intervene): **I was about to say something but she got in first** *o* **before me** yo estaba a punto de decir algo pero ella se me adelantó

C [v ▸ o ▸ adv] [v ▸ o ▸ prep ▸ o] (put in) meter; ‹*seedlings*› plantar

D [v ▸ o ▸ adv] **1** (hand in) ‹*essay*› entregar*; ‹*bid*› presentar **2** (cause to be accepted, elected): **35% of the vote is not enough to ~ them in** el 35% de los votos no es suficiente para que resulten elegidos

E [v ▸ o ▸ adv, v ▸ adv ▸ o] **1** (bring in, collect up) ‹*washing/tools/chairs*› entrar, meter (dentro); ‹*harvest*› recoger* **2** (buy, obtain) (BrE) ‹*wood/coal*› aprovisionarse de; **did you remember to ~ more candles in?** ¿te acordaste de comprar más velas? **3** (summon, call out) ‹*doctor/plumber*› llamar **4** (interpose) ‹*blow/kick*› dar*; ‹*remark*› hacer*; **I couldn't ~ a word in** no me dejaron decir ni una palabra

• **get in on** (colloq)

A [v ▸ adv ▸ prep ▸ o] (take part, have share in) meterse en

B [v ▸ o ▸ adv ▸ prep ▸ o] (involve): **I want to ~ the marketing people in on the project from the start** quiero darle participación en el proyecto a la gente de marketing desde el principio

• **get into**

A [v ▸ prep ▸ o] **1** (enter) ‹*house*› entrar en *or* (AmL tb) a; ‹*car*› subir a; ‹*hole/cranny*› meterse en **2** (arrive at) ‹*station/office*› llegar* a **3** (be selected for, elected to) ‹*college/club/Congress*› entrar en *or* (AmL tb) a **4** (fit into) ‹*coat/robe*› ponerse*; **I can't ~ into this dress any more** este vestido ya no me entra *or* no me cabe **5** (into a given state): **to ~ into a rage** ponerse* furioso; **to ~ into a mess** meterse en un lío **6** (become accustomed to) ‹*job/method*› acostumbrarse a; ‹*book/subject*› meterse en **7** (affect): **what's got into her?** ¿qué le pasa?; **I don't know what's got into him lately** no sé qué le pasa últimamente

B [v ▸ o ▸ prep ▸ o] **1** (bring, take, put in) meter; **I want to ~ Diana into the picture as well** quiero que Diana también salga en la foto **2** (cause to be admitted to, elected to): **she got me into the club** consiguió que me aceptaran *or* admitieran en el club; **the Hispanic vote got him into Congress** salió elegido gracias al voto hispánico **3** (involve): **you got me into this** tú me metiste en esto

• **get in with** [v ▸ adv ▸ prep ▸ o] **1** (associate with): **he got in with a bad crowd** empezó a andar en malas compañías **2** (ingratiate oneself with) congraciarse con

• **get off**

A [v ▸ adv] [v ▸ prep ▸ o] **1** (alight, dismount) bajarse; **to ~ off the train/horse/bicycle** bajarse del tren/del caballo/de la bicicleta **2** (remove oneself from) ‹*flowerbed/lawn*› salir* de; **~ off (me)!** ¡quítateme de encima!; ***to tell sb where to ~ off*** (colloq) cantarle las cuarenta a algn (fam) **3** (finish) ‹*work/school*› salir* de

B [v ▸ adv] **1** (leave) «*person/letter*» salir* **2** (go to sleep) (BrE) dormirse* **3** (escape unpunished, unscathed): **give me the names I want and I'll make sure you ~ off** dame los nombres que quiero y yo me encargo de que no te pase nada; **to ~ off lightly** *o* (AmE also) **easy**: **I consider I got off lightly with just a broken collar bone** creo que tuve suerte al romperme sólo la clavícula; **he got off lightly** (with little punishment) no recibió el castigo que se merecía; **to ~ off** WITH **sth**: **he got off with a fine** se escapó con sólo una multa

C [v ▸ prep ▸ o] **1** (get up from) ‹*floor*› levantarse de **2** (deviate from) ‹*track/tourist routes*› salir* *or* alejarse de; ‹*point*› desviarse* *or* irse* de; **I tried to ~ him off the subject** intenté hacerlo cambiar de tema; **~ off it!** (AmE colloq) ¡basta ya! **3** (evade) ‹*duty*› librarse *or* salvarse de

D [v ▸ o ▸ adv] [v ▸ o ▸ prep ▸ o] (remove) ‹*lid/top/stain*› quitar; **we tried to ~ them off our land** intentamos echarlos *or* sacarlos de nuestras tierras

E [v ▸ o ▸ adv] **1** (send, see off): **we got the children off to school** mandamos a los niños a la escuela **2** (to sleep) (BrE) ‹*children*› (hacer*) dormir* **3** (save from punishment) salvar

F [v ▸ o ▸ prep ▸ o] **1** (obtain from) (colloq): **I got these playing cards off Peter** estas cartas me las dio Peter; **~ his gun off him first** quítale la pistola primero **2** (wean from): **they're trying to ~ him off drugs** están tratando de que deje la droga

• **get off on** [v ▸ adv ▸ prep ▸ o] (sl): **he really ~s off on putting people down** disfruta de humillar a la gente

• **get off with** (BrE colloq) ligar* con (fam), levantarse a (AmS fam)

• **get on**

(Sense I) [v ▸ adv]

A **1** (move on, make progress) seguir* adelante; **I want to ~ on** quiero progresar; **I can't stand here talking, I must ~ on** no puedo quedarme aquí de charla, tengo mucho que hacer; **to ~ on** TO **sth** pasar A algo; *see also* **get onto** **2** (continue after interruption) **to ~ on** WITH **sth**: **~ on with what you're doing** sigue con lo que estás haciendo; **~ on with it!** (colloq) (hurry) dáte prisa (fam), apúrate (AmL fam)

B **1** (fare): **how's Joe ~ting on nowadays?** ¿qué tal anda Joe?; **how did he ~ on at the interview?** ¿cómo le fue en la entrevista?; **we're ~ting on very well without him** nos arreglamos muy bien sin él **2** (succeed) tener* éxito

C (be friends, agree) **to ~ on (**WITH **sb)** llevarse bien (CON algn); **he's very difficult to ~ on with** es muy difícil de tratar

D (*in -ing form*) **1** (in time) **it's ~ting on** *o* **time is ~ting on** se está haciendo tarde **2** (in age): **she's ~ting on (in years)** está vieja, ya no es joven; *see also* **get on for**

(Sense II) [v ▸ adv] [v ▸ prep ▸ o] (climb on, board) subirse, montarse; **to ~ on the bus/a horse** subirse al autobús/subirse a *or* montarse en un caballo

(Sense III) [v ▸ o ▸ adv] [v ▸ o ▸ prep ▸ o] (place, fix on) poner; **I can't ~ the top on (it)** no puedo ponerle la tapa

(Sense IV) [v ▸ o ▸ adv] (put on) ‹*clothes*› ponerse*; **I can't ~ it on** no me entra *or* no me cabe

• **get on for** [v ▸ adv ▸ prep ▸ o] (approach) (BrE) (*usu in -ing form*): **it's ~ting on for six o'clock** van a ser las seis; **he must be ~ting on for 40** debe (de) andar rondando los 40, debe (de) andar cerca de los 40; **it must be ~ting on for two years since ...** debe (de) hacer casi dos años desde que ...

• **get onto**

(Sense I) [v ▸ prep ▸ o]

A **1** (contact) ‹*person/department*› ponerse* en contacto con **2** (begin discussing) ‹*subject*› empezar* a hablar de

B (mount, board) ‹*table/bus/train*› subirse a; ‹*horse/bicycle*› montarse en, subirse a

(Sense II) [v ▸ o ▸ prep ▸ o] (BrE) **1** (send to deal with): **I'll ~ some more people onto this job** pondré *or* mandaré más gente a trabajar en esto **2** (cause to start discussing): **don't ~ him onto morality!** ¡no le des pie para que empiece a hablar de moral!

• **get out**

(Sense I) [v ▸ adv]

A **1** (of car, bus, train) bajar(se); (of hole, trench) salir*; (of bath) salir*; **to ~ out of bed** levantarse (de la cama) **2** (of room, country) salir*; **~ out!** ¡fuera (de aquí)! **3** (socially) salir* **4** (give up, quit): **I'm ~ting out of teaching** voy a dejar la enseñanza; **they're ~ting out of the German market** se van a retirar del mercado alemán

B **1** (escape) «*animal/prisoner*» escaparse **2** (be released, finish work) «*prisoner/worker*» salir* **3** (become known)

⟨⟨*news/truth*⟩⟩ saberse*, hacerse* público (frml)

(*Sense* II) [v ▸ o ▸ adv, v ▸ adv ▸ o] 1 (remove, extract) ⟨*cork/stopper/nail*⟩ sacar*; ⟨*stain*⟩ quitar, sacar* (esp AmL) 2 (take out) ⟨*knife/map*⟩ sacar* 3 (withdraw) ⟨*money*⟩ sacar* 4 (borrow) ⟨*library book*⟩ sacar*

(*Sense* III) [v ▸ o ▸ adv, v ▸ adv ▸ o] (publish, produce, put on market) ⟨*book*⟩ publicar*, sacar*; ⟨*product/new model*⟩ sacar*, lanzar*

(*Sense* IV) [v ▸ o ▸ adv]

A 1 (remove) ⟨*tenant*⟩ echar; **~ that dog out of here!** ¡saquen (a) ese perro de aquí! 2 (release): **my lawyer will ~ you out** mi abogado hará que te suelten; **I can't ~ you out of this mess** no te puedo sacar de este lío

B (send for) ⟨*doctor/repairman*⟩ llamar

(*Sense* V) (colloq) [v ▸ prep ▸ o] (leave by, escape by) salir* por

- **get out of**

A [v ▸ adv ▸ prep ▸ o] 1 (avoid) ⟨*obligation*⟩ librarse *or* salvarse de; **he signed the contract so he can't ~ out of it** firmó el contrato, así que no tiene escapatoria; **to ~ out of -ING** librarse *or* salvarse de + INF 2 (give up): **you must ~ out of that bad habit** tienes que sacarte esa mala costumbre; **I'd got(ten) out of the habit of setting my alarm clock** había perdido la costumbre de poner el despertador

B [v ▸ o ▸ adv ▸ prep ▸ o] 1 (extract) ⟨*information/truth*⟩ sonsacar*, sacar* 2 (derive, gain) ⟨*money/profit*⟩ sacar*; **she tries to ~ the best out of her pupils** se esfuerza por que sus alumnos den lo mejor de sí; **but what do we ~ out of this deal?** ¿pero nosotros qué ganamos con *or* qué sacamos de este negocio?; **they ~ a lot of fun out of their toys** se divierten mucho con sus juguetes

- **get over**

A [v ▸ prep ▸ o] ⟨*river/chasm*⟩ cruzar*; ⟨*wall/fence*⟩ pasar por encima de; ⟨*obstacle*⟩ superar; ⟨*hill/ridge*⟩ atravesar*

B [v ▸ adv] (come, go): **~ over here at once** ven aquí enseguida

C [v ▸ prep ▸ o] 1 (recover from) ⟨*loss/tragedy*⟩ superar, consolarse* de; ⟨*illness/shock*⟩ reponerse* *or* recuperarse de; **he's very disappointed — he'll ~ over it** ha quedado muy decepcionado — ya se le pasará; **she never really got over him** nunca lo olvidó; **she actually gave him the money! I can't ~ over it!** ¡fue y le prestó el dinero! ¡no lo puedo creer! *or* ¡no salgo de mi asombro! 2 (overcome) ⟨*difficulty/problem*⟩ superar

D [v ▸ o ▸ prep ▸ o] [v ▸ o ▸ adv] (take across): **how are we going to ~ the supplies over the river?** ¿cómo vamos a pasar las provisiones al otro lado del río?

E [v ▸ o ▸ adv] (cause to come, take): **~ those documents over to Wall Street right away** manda esos documentos a Wall Street enseguida; ***to ~ sth over with***: **I'd like to ~ it over with as quickly as possible** quisiera salir de eso *or* quitarme eso de encima lo más pronto posible

F [v ▸ o ▸ adv] (communicate) ⟨*feeling/emotion*⟩ comunicar*, transmitir; **how can I ~ it over to him that ... ?** ¿cómo puedo hacerle entender que ... ?

- **get past**

A [v ▸ adv] (move past) pasar

B [v ▸ prep ▸ o] 1 (move past) ⟨*vehicle*⟩ pasar, adelantarse a; ⟨*opponent/attacker*⟩ eludir; **they got past the guards unnoticed** eludieron la vigilancia de los guardias 2 (pass undetected): **to ~ past the censors** pasar la censura 3 (get beyond) ⟨*obstacle*⟩ superar; ⟨*semifinals*⟩ pasar; **he never got past fifth grade** no pasó del quinto año

C [v ▸ o ▸ prep ▸ o]: **to ~ sth past the censor** conseguir* que algo pase la censura

- **get round** (esp BrE) ▸ **get around**
- **get through**

(*Sense* I) [v ▸ prep ▸ o] [v ▸ adv] 1 (pass through) ⟨*gap/hole*⟩ pasar por; **the tractors will never ~ through** los tractores no van a poder pasar 2 ⟨*ordeal*⟩ superar; ⟨*winter/difficult time*⟩ pasar 3 (Sport) ⟨*heat*⟩ pasar 4 (pass) (BrE) ⟨*examination/test*⟩ aprobar*, pasar

(*Sense* II) [v ▸ adv]

A 1 (reach destination) ⟨⟨*supplies/messenger*⟩⟩ llegar* a destino; ⟨⟨*news/report*⟩⟩ llegar* 2 (on the telephone) **to ~ through (TO sb/sth)** comunicarse* (CON algn/algo) 3 (make understand) **to ~ through (TO sb)**: **am I ~ting through to you?** ¿me entiendes?, ¿me explico?; **I can't ~ through to him** no logro hacerme entender *or* comunicarme con él

B (finish) (AmE) terminar, acabar

(*Sense* III) [v ▸ prep ▸ o] 1 (use up) (BrE) ⟨*money*⟩ gastarse; ⟨*materials*⟩ usar; ⟨*shoes*⟩ destrozar* 2 (deal with): **I've only got ten more pages to ~ through** me quedan sólo diez páginas por leer (*or* estudiar *etc*); **I have to ~ through all these applications before 5 o'clock** tengo que leer todas estas solicitudes antes de las cinco

(*Sense* IV) [v ▸ o ▸ adv] [v ▸ o ▸ prep ▸ o] (bring through) pasar; **to ~ sth through customs** pasar algo por la aduana; **it was his will power that got him through** fue su fuerza de voluntad lo que lo salvó (*or* ayudó a superar la crisis *etc*)

(*Sense* V) [v ▸ o ▸ adv] 1 (send) ⟨*supplies/message*⟩ hacer* llegar 2 (make understood) hacer* entender; **I can't ~ it through to him that ...** no logro hacerle entender que ...

- **get to** [v ▸ prep ▸ o] (annoy, upset): **don't let their comments ~ to you** no dejes que te afecten sus comentarios, no te aflijas por lo que dicen; **her behavior's really beginning to ~ to me** su comportamiento me está empezando a molestar
- **get together**

A [v ▸ adv] 1 (meet up) reunirse*, quedar (Esp); (have a family reunion) juntarse, reunirse* 2 (join forces) ⟨⟨*nations/unions*⟩⟩ unirse; **why don't we ~ together to buy her a present?** ¿por qué no le regalamos algo juntos? 3 (become couple, team) (colloq) juntarse; **to ~ back together (again)** volverse* a juntar, reconciliarse

B [v ▸ o ▸ adv, v ▸ adv ▸ o] (assemble) ⟨*people/money*⟩ reunir*; **~ your things together, we're going** junta *or* recoge tus cosas que nos vamos

C [v ▸ o ▸ adv] 1 (reconcile) ⟨*people/couple*⟩ reconciliar 2 (sort out, make effective) (colloq) ⟨*life*⟩ poner* en orden; **they seem to have got themselves together at last** parece que por fin se han organizado; ***to ~ it together***: **I can't ~ it together to organize the vacation** no consigo organizarme para arreglar lo de las vacaciones; **he just can't seem to ~ it together** es una nulidad

- **get up**

A [v ▸ prep ▸ o] [v ▸ adv] (climb up) subir; **to ~ up ON sth** subir(se) A algo

B [v ▸ adv] 1 (out of bed) levantarse 2 (stand up) levantarse

C [v ▸ o ▸ adv] 1 (out of bed) ⟨*children*⟩ levantar 2 (raise, lift) ⟨*person*⟩ levantar 3 (erect, put up) ⟨*tent*⟩ montar, armar; ⟨*curtains*⟩ colgar*, poner* 4 (decorate) ⟨*hall/restaurant*⟩ decorar 5 (dress up) **to ~ oneself up AS sth** disfrazarse* DE algo

D [v ▸ o ▸ adv, v ▸ adv ▸ o] 1 (develop, arouse) ⟨*appetite/enthusiasm*⟩ despertar*; ⟨*speed*⟩ agarrar, coger* (esp Esp); **she didn't want to ~ their hopes up** no quería esperanzarlos *or* que se hicieran ilusiones 2 (organize) ⟨*petition/team*⟩ organizar*

- **get up to** [v ▸ adv ▸ prep ▸ o]

A (reach): **when he got up to them ...** cuando los alcanzó ...; **we got up to page 161** llegamos hasta la página 161; **he won't ~ up to the required standard in time** no alcanzará el nivel requerido a tiempo

B (be involved in) (colloq) hacer*; **to ~ up to mischief** hacer* travesuras *or* de las suyas

get: **~away** *n* (quick departure) huida *f*, fuga *f*; **to make one's ~away** escaparse, huir*; **~out clause** *n* (colloq) cláusula *f* de escape; **~-together** *n* (colloq) reunión *f*; **~up** *n* (colloq) vestimenta *f*, atuendo *m* (frml *o* hum), indumentaria *f* (frml *o* hum)

geyser /ˈgaɪzər || ˈgiːzə(r)/ *n*

A (Geog) géiser *m*

B (water heater) (BrE) calentador *m* de agua

G-force /ˈdʒiːfɔːrs || ˈdʒiːfɔːs/ *n* = **force of gravity**

Ghana /ˈgɑːnə/ *n* Ghana *f*

Ghanaian /gɑːˈneɪən/ *adj* ghanés

ghastly /ˈgæstli || ˈgɑːstli/ *adj* 1 (very bad, awful) (colloq) ⟨*situation*⟩ espantoso, horrendo (fam) 2 (horrible, hideous) ⟨*accident/tale*⟩ horrible, espantoso 3 (deathly) (liter) ⟨*pallor*⟩ cadavérico, mortal; ⟨*light*⟩ espectral (liter)

gherkin /ˈgɜːrkən || ˈgɜːkɪn/ *n* pepinillo *m*

ghetto /ˈgetəʊ/ *n* (*pl* **-tos** *or* **-toes**) gueto *m*

ghettoblaster /ˈgetəʊˌblæstər || ˈgetəʊˌblɑːstə(r)/ *n* (colloq) grabadora *f* portátil, gabacha *f* (Méx arg), loro *m* (Esp arg)

ghost[1] /gəʊst/ *n* 1 (phantom) fantasma *m*, espíritu *m*; ***to lay the ~ of sth/sb (to rest)*** enterrar el recuerdo de algo/algn; **~ ship/town** buque *m*/pueblo *m* fantasma

g

2 (hint, trace): **they do not have the** *o* **a ~ of a chance** no tienen ni la más remota posibilidad 3 ***to give up the ~*** ‹‹*person*›› (colloq) pasar a mejor vida (fam), sonar* (CS fam); ‹‹*TV*›› no dar* para más (fam), sonar (CS fam). escoñarse (Esp fam)

ghost² *vt*: **to ~ sb's speech/book** escribir* el discurso/ libro de algn

ghostly /'gəʊstli/ *adj* **-lier, -liest** fantasmal, fantasmagórico

ghost: **~ train** *n* (BrE) tren *m* fantasma, tren *m* de la bruja (Esp); **~writer** *n* negro, -gra *m,f* (period) (*persona que escribe un libro firmado por otro*)

ghoul /gu:l/ *n* 1 (person) morboso, -sa *m,f* 2 (evil spirit) demonio *m* necrófago

ghoulish /'gu:lɪʃ/ *adj* ‹*person*› morboso; ‹*laugh*› macabro

GI *n* (colloq) soldado *m* estadounidense

giant¹ /'dʒaɪənt/ *n* gigante, -ta *m,f*; **he was a ~ of a man** era un gigantón (fam); **an intellectual ~** una lumbrera

giant² *adj* (*before n*) ‹*organization*› gigantesco; ‹*insect*› gigante, gigantesco; ‹*stride*› gigantesco, enorme

giant-sized /'dʒaɪəntsaɪzd/, (BrE also) **giant-size** /'dʒaɪəntsaɪz/ *adj* ‹*packet*› (de tamaño) gigante

gibber /'dʒɪbər || 'dʒɪbə(r)/ *vi* farfullar, hablar atropelladamente; **you ~ing idiot!** ¡imbécil!

gibberish /'dʒɪbərɪʃ/ *n* [u]: **how am I expected to understand this ~?** ¿cómo quieres que entienda este galimatías?; **to talk ~** decir* sandeces (fam)

gibbet /'dʒɪbət || 'dʒɪbɪt/ *n* horca *f*

gibbon /'gɪbən/ *n* gibón *m*

gibe¹ /dʒaɪb/ *n* pulla *f*, burla *f*

gibe² *vi* **to ~ AT sb/sth** burlarse *or* mofarse DE algn/algo

giblets /'dʒɪbləts || 'dʒɪblɪts/ *pl n* menudillos *mpl*, menudos *mpl*

Gibraltar /dʒə'brɔ:ltər || dʒɪ'brɔ:ltə(r)/ *n* Gibraltar; **the Rock/Strait(s) of ~** el Peñón/el Estrecho de Gibraltar

Gibraltarian /dʒə,brɔ:l'teriən || ,dʒɪbrɔ:l'teəriən/ *n* gibraltareño, -ña *m,f*

giddiness /'gɪdinəs || 'gɪdinɪs/ *n* [u] (sensation) mareo *m*, vértigo *m*

giddy /'gɪdi/ *adj* **-dier, -diest** ‹*sensation*› de mareo *or* aturdimiento; **he felt ~** se sentía mareado, la cabeza le daba vueltas; **don't look down, it'll make you ~** no mires hacia abajo que te va a dar vértigo

giddy up *interj* ¡arre!

gift /gɪft/ *n*

A (present) regalo *m*, obsequio *m* (frml); **it was a ~** me lo regalaron, es un regalo; **it's a ~ at that price** a ese precio es una ganga *or* un regalo (fam); ***a ~ from the gods*** un regalo del cielo; ***never look a ~ horse in the mouth*** a caballo regalado no le mires el diente *or* no se le miran los dientes; (*before n*) ‹*shop*› de novedades, de artículos para regalo

B (talent) don *m*; **to have a ~ for sth/-ING**: **she has a ~ for poetry** tiene talento para la poesía; **he has a ~ for making people laugh** tiene el don de saber hacer reír a la gente; ***to have the ~ of the gab*** *o* (AmE also) ***the ~ of gab*** (colloq) tener* mucha labia (fam), tener* un pico de oro (fam)

gift certificate *n* (AmE) vale *m* (*canjeable por artículos en una tienda*), cheque regalo *m*

gifted /'gɪftəd || 'gɪftɪd/ *adj* ‹*person*› de talento, talentoso; **~ children** (Educ) niños *mpl* superdotados

gift: **~ token**, **~ voucher** *n* (BrE) ▸**gift certificate**; **~ wrap**, **~ wrapping** *n* [u c] papel *m* para regalo; **~-wrap** *vt* **-pp-** envolver* para regalo *or* (frml) obsequio

gig /gɪg/ *n* (jazz, rock concert) (sl) actuación *f*; **to do** *o* **play a ~** tener* una actuación

gigantic /dʒaɪ'gæntɪk/ *adj* ‹*wave*› gigantesco; ‹*success/ appetite*› enorme, colosal; ‹*effort*› titánico, enorme

giggle¹ /'gɪgəl/ *vi* reírse* tontamente

giggle² *n* [c] risita *f*; **they got the ~s** *o* **had a fit of the ~s** les dio un ataque de risa

giggly /'gɪgli/ *adj* **-glier, -gliest** dado a reírse tontamente

gild /gɪld/ *vt* dorar

gill *n*

A /dʒɪl/ *medida para líquidos equivalente a la cuarta parte de una pinta o 0,142 l*

B /gɪl/ (Zool) agalla *f*, branquia *f*; ***to go green about the ~s*** ponerse* (blanco) como un *or* el papel

gilt /gɪlt/ *n* [u] dorado *m*; (*before n*) ‹*finish*› dorado

gilt-edged /'gɪlt'edʒd/ *adj*

A (gilded) ‹*paper*› de bordes dorados

B (Fin): **~ securities** (in US) valores *mpl* de primer orden *or* de primera clase; (in UK) papel *m* del estado

gimcrack /'dʒɪmkræk/ *adj* de pacotilla; **a ~ bracelet/ ornament** una baratija

gimlet /'gɪmlət || 'gɪmlɪt/ *n* barrena *f*

gimme /'gɪmi/ (sl) **= give me**

gimmick /'gɪmɪk/ *n* 1 (ingenious idea, device) truco *m*, ardid *m* 2 (catch, snag) (AmE) trampa *f* 3 ▸**gadget**

gimmicky /'gɪmɪki/ *adj* efectista

gin /dʒɪn/ *n* [u] ginebra *f*, gin *m*; **~ and tonic** gin tonic *m*

ginger¹ /'dʒɪndʒər || 'dʒɪndʒə(r)/ *n* [u]

A (Culin) jengibre *m*

B (color) rojo *m* anaranjado

ginger² *adj* ‹*hair*› color zanahoria; ‹*cat*› rojizo

ginger: **~ ale** *n* [u c] ginger ale *m*, refresco *m* de jengibre; **~ beer** *n* [u c] cerveza *f* de jengibre; **~bread** *n* [u] (cake) pan *m* de jengibre; (cookie) galleta *f* de jengibre

gingerly /'dʒɪndʒərli || 'dʒɪndʒəli/ *adv* ‹*touch/handle*› con cuidado *or* cautela

ginseng /'dʒɪnseŋ/ *n* [u] ginseng *m*

gipsy, Gipsy /'dʒɪpsi/ *n* ▸**gypsy**

giraffe /dʒə'ræf || dʒɪ'rɑ:f/ *n* jirafa *f*

gird /gɜ:rd || gɜ:d/ (*past & past p* **girded** *or* **girt**) *vt* (liter or arch) ceñir* (liter)

■ *v refl* **to ~ oneself up FOR sth/to + INF** (liter *or* hum) prepararse PARA algo/ + INF

girder /'gɜ:rdər || 'gɜ:də(r)/ *n* viga *f* (*de metal*)

girdle /'gɜ:rdl̩ || 'gɜ:dl/ *n* faja *f*

girl /gɜ:rl || gɜ:l/ *n*

A 1 (baby, child) niña *f*, nena *f* (esp RPl) 2 (young woman) chica *f*, muchacha *f*

B 1 (daughter) hija *f*, niña *f* 2 (girlfriend) (colloq) novia *f*, chica *f* 3 (employee) chica *f*, muchacha *f*; **the ~s at the office** las chicas de la oficina

girl: **~friend** *n* 1 (of man) novia *f* 2 (of woman) (esp AmE) amiga *f*; (in lesbian couple) compañera *f*; **~ guide** (BrE) ▸**girl scout**

girlie /'gɜ:rli || 'gɜ:li/ *adj* (*before n*) ‹*magazine*› sólo para hombres; ‹*movie/show*› (AmE) de desnudos, de destape (Esp)

girlish /'gɜ:rlɪʃ || 'gɜ:lɪʃ/ *adj* de niña; **his ~ looks** su aspecto afeminado

girl scout *n* (AmE) guía *f* (*de los scouts*), exploradora *f*

giro /'dʒaɪrəʊ/ *n* (*pl* **-ros**) (in UK) (system) transferencia *f*, giro *m*; **to pay by ~** hacer* una transferencia crediticia

girt /gɜ:rt || gɜ:t/ *past & past p of* **gird**

girth /gɜ:rθ || gɜ:θ/ *n*

A [c u] (of person, object) circunferencia *f*; **his ample ~** (hum) su contorno voluminoso (hum)

B [c] (Equ) cincha *f*

gist /dʒɪst/ *n* lo esencial, lo fundamental; **to get the ~ of sth** captar *or* comprender lo esencial *or* lo fundamental de algo

git¹ /gɪt/ *n* (BrE sl) imbécil *m*

git² *vi* (AmE colloq) (*only in imperative*) ¡largo (de aquí)!

give¹ /gɪv/ (*past* **gave**; *past p* **given**) *vt*

Sense **I**

A 1 (hand, pass) dar*; **~ her/me/them a glass of water** dale/dame/dales un vaso de agua 2 (as gift) regalar, obsequiar (frml); **to ~ sb a present** hacerle* un regalo a algn, regalarle algo a algn 3 (donate) dar*, donar; **they have ~n $100,000 for/toward a new music room** han dado *or* donado $100.000/han contribuido con $100.000 para una nueva sala de música 4 (dedicate, devote) ‹*love/affection*› dar*; ‹*attention*› prestar; **I'll ~ it some thought** lo pensaré; ***to ~ it all one's got*** dar* lo mejor de sí 5 (sacrifice)

⟨life⟩ dar*, entregar* 6 ⟨injection/sedative⟩ dar*, administrar (frml)

B 1 (supply, grant) ⟨protection⟩ dar*; ⟨help⟩ dar*, brindar; ⟨idea⟩ dar*; **~ her something to do** dale algo que *or* para hacer 2 (allow, concede) ⟨opportunity/permission⟩ dar*, conceder (frml); **~n the choice, I'd ...** si me dieran a elegir, yo ...; **he's a good worker, I'll ~ him that, but ...** es muy trabajador, hay que reconocerlo, pero ...; **the doctors only ~ him three months** los médicos le dan sólo tres meses; **it would take us 15 months, ~ or take a week or two** nos llevaría unos 15 meses, semana más, semana menos

C 1 (cause) ⟨pleasure/shock⟩ dar*; ⟨cough⟩ dar*; **don't ~ us your germs/cold!** ¡no nos pegues tus microbios/tu resfriado! (fam) 2 (yield) ⟨results/fruit⟩ dar*

D 1 (award, allot) ⟨title/degree⟩ dar*, otorgar* (frml), conferir* (frml); ⟨authority/right⟩ dar*, otorgar* (frml), conceder (frml); ⟨contract⟩ dar*, adjudicar*; ⟨mark⟩ dar*, poner*; **the judge gave her five years** el juez le dio cinco años *or* la condenó a cinco años 2 (entrust) ⟨task/responsibility⟩ dar*, confiar*; **she's ~n me her car to fix** me ha dejado el coche para que se lo arregle

E (pay, exchange) dar*; **I'd ~ anything for a cigarette** no sé qué daría por un cigarrillo

F (care) (colloq): **I don't ~ a damn** me importa un bledo *or* un comino *or* un pepino (fam)

(Sense II)

A 1 (convey) ⟨apologies/news⟩ dar*; **please ~ my regards to your mother** dale recuerdos *or* (AmL tb) cariños a tu madre; **she gave me to understand that ...** me dio a entender que ... 2 (state, reveal) ⟨information⟩ dar*; **she gave a detailed description of the place** describió el lugar detalladamente; **the judge has ~n his verdict** el juez ha dictado sentencia

B (make sound, movement) ⟨cry/jump⟩ dar*, pegar* (fam); ⟨laugh⟩ soltar*; **to ~ sb a kiss/a wink** darle* un beso a algn/hacerle* un guiño a algn; **why not ~ it a try?** ¿por qué no pruebas *or* lo intentas?

C (indicate) ⟨speed/temperature⟩ señalar, marcar*

D 1 (hold) ⟨party/dinner⟩ dar*, ofrecer* (frml) 2 ⟨concert⟩ dar*; ⟨speech⟩ decir*, pronunciar

■ **give** *vi*

A 1 (yield under pressure) ceder, dar* de sí; **they won't ~ an inch** no cederán un ápice 2 (break, give way) ⟨⟨planks/branch⟩⟩ romperse*

B (make gift) dar*; **to ~ to charity** dar* dinero a organizaciones de caridad; **please ~ generously** contribuyan generosamente por favor

(Phrasal verbs)

• **give away** [v ▸ o ▸ adv, v ▸ adv ▸ o]

A 1 (free of charge) regalar, obsequiar (frml) 2 ⟨prizes⟩ hacer* entrega de

B 1 (disclose) revelar, descubrir*; **he didn't ~ anything away** no dejó entrever nada 2 (betray) delatar, vender (fam); **to ~ oneself away** delatarse, descubrirse*, venderse (fam)

C ⟨bride⟩ entregar* en matrimonio; **she was ~n away by her father** ≈ su padre fue el padrino de la boda

• **give back** [v ▸ o ▸ adv, v ▸ adv ▸ o] devolver*

• **give in**

A [v ▸ adv] (surrender, succumb) ceder; (in guessing games) rendirse*, darse* por vencido; **to ~ in TO sth/sb**: **I gave in to temptation** caí en la tentación; **we will not ~ in to terrorists** no vamos a ceder frente a los terroristas

B (hand in) (esp BrE) [v ▸ o ▸ adv, v ▸ adv ▸ o] ⟨keys/documents⟩ entregar*; ⟨notice⟩ presentar

• **give off** [v ▸ adv ▸ o] ⟨smell/fumes⟩ despedir*, soltar* (fam), largar* (RPl fam); ⟨heat⟩ dar*; ⟨radiation⟩ emitir

• **give onto** [v ▸ prep ▸ o] (esp BrE) dar* a

• **give out**

A [v ▸ o ▸ adv, v ▸ adv ▸ o] ⟨leaflets⟩ repartir, distribuir*

B [v ▸ adv ▸ o] 1 (let out) ⟨cry/yell⟩ dar*, pegar* (fam) 2 (emit) ⟨heat⟩ dar*; ⟨signal⟩ emitir

• **give over**

A [v ▸ o ▸ adv] (devote) (usu pass) dedicar*; **the rest of the afternoon was ~n over to ...** el resto de la tarde se dedicó a ...; **this part of the house is ~n over to ...** esta parte de la casa está destinada a ...

B [v ▸ adv] (BrE colloq): **oh, ~ over!** (stop complaining/talking etc) ¡anda ya! (fam), ¡dale! (fam)

• **give up**

(Sense I) [v ▸ o ▸ adv, v ▸ adv ▸ o]

A 1 (renounce, cease from) ⟨alcohol⟩ dejar; ⟨pleasures/title⟩ renunciar a; ⟨job/project⟩ dejar, renunciar a; ⟨principle/fight⟩ abandonar; **to ~ up hope** perder* las esperanzas; **to ~ up -ING** dejar DE + INF; **I've ~n up smoking** he dejado de fumar 2 (relinquish, hand over) ⟨territory/position⟩ ceder, renunciar a; ⟨ticket/keys⟩ entregar*; **to ~ up one's seat to** *o* **for sb** cederle *or* darle* el asiento a algn

B (surrender): **to ~ oneself up** entregarse*

C (devote, sacrifice) ⟨time⟩ dedicar*

(Sense II) [v ▸ adv] 1 (cease fighting, trying) rendirse*; **the campaign is in its sixth week, you can't ~ up now!** estamos en la sexta semana de la campaña ¡no vas a abandonar la lucha ahora!; **all right, I ~ up** (in guessing games etc) está bien, me rindo *or* me doy por vencido; **to ~ up ON sb**: **I've ~n up on them, they're hopeless** yo con ellos no insisto más *or* no pierdo más tiempo, son un caso perdido 2 (stop doing sth) dejar

(Sense III) [v ▸ o ▸ adv] (abandon hope for): **to ~ sb up for lost** dar* a algn por desaparecido

give² *n* [u] elasticidad *f*; **this fabric doesn't have much ~ in it** esta tela no da mucho de sí

give: **~-and-take** /'gɪvən'teɪk/ *n* [u] concesiones *fpl* mutuas, toma y daca *m*; **~away** *n* 1 (evidence): **her accent is a real ~away** el acento la delata *or* (fam) la vende; 2 (free gift) regalo *m*; (*before n*) **at ~away prices** a precio de regalo 3 (sth easily done, obtained): **the last question was a ~away** la última pregunta estaba regalada *or* tirada (fam)

given¹ /'gɪvən/ *past p of* **give¹**

given² *adj*

A (specified) ⟨amount/time⟩ determinado, dado; **at a ~ time and place** a una hora y en un lugar determinados; **at any ~ moment** en cualquier momento

B (disposed) **to be ~ TO sth/-ING** ser* dado A algo/+ INF

given³ *prep*

A (in view of) dado; **~ their reputation ...** dada su reputación ...

B (*as conj*) **~ (THAT)** dado que

given name *n* (AmE) nombre *m* de pila

giver /'gɪvər || 'gɪvə(r)/ *n* persona *f* generosa; **she's always been a ~** siempre ha sido una persona generosa; **if you wish to return a present to the ~ ...** si usted quiere devolver un obsequio a quien se lo ha regalado ...

give-way sign /'gɪv'weɪ/ *n* (BrE) señal *f* de ceda el paso

gizmo /'gɪzməʊ/ *n* (*pl* **-mos**) (AmE colloq) aparatito *m* (fam), cuestión *f* (fam)

glacé /glæ'seɪ || 'glæseɪ/ *adj* (*before n*) glaseado; **~ fruits** fruta(s) *f(pl)* confitada(s)

glacial /'gleɪʃəl/ *adj* glacial

glacier /'gleɪʃər || 'glæsɪə(r), 'gleɪsɪə(r)/ *n* glaciar *m*

glad /glæd/ *adj* **-dd-** 1 (happy, pleased) (*pred*) **to be ~ (ABOUT sth)** alegrarse DE algo; **to be ~ (THAT)** alegrarse DE QUE (+ *subj*); **to be ~ to + INF**: **I'm only too ~ to help** es un placer poder ser útil; **you'll be ~ to hear that ...** te alegrará saber que ... 2 (grateful) (*pred*) **to be ~ OF sth** (BrE): **I'd be very ~ of your help** agradecería mucho tu ayuda 3 (showing happiness) (*before n*) ⟨smile/expression⟩ de alegría *or* felicidad

gladden /'glædn̩/ *vt* (liter) llenar de alegría *or* (liter) de gozo

glade /gleɪd/ *n* (liter) claro *m*

gladiator /'glædieɪtər || 'glædieɪtə(r)/ *n* gladiador *m*

gladly /'glædli/ *adv* con mucho gusto

gladness /'glædnəs || 'glædnɪs/ *n* [u] (liter) alegría *f*, gozo *m* (liter)

glad rags /'glædrægz/ *pl n* (colloq & hum): **she put on her ~ ~** se puso sus mejores galas *or* trapos (hum), se puso de tiros largos (hum)

glamor /'glæmər || 'glæmə(r)/ *n* (AmE) ▸**glamour**

glamorous /'glæmərəs/ *adj* ⟨person⟩ glamoroso; ⟨dress⟩ glamoroso, seductor; ⟨lifestyle⟩ sofisticado; ⟨job⟩ rodeado de glamour

glamour, (AmE also) **glamor** /'glæmər || 'glæmə(r)/ *n* [u] glamour *m*

glance¹ /glæns || glɑːns/ *n* mirada *f*; **to take/cast a ~ at sth** echarle *or* darle* un vistazo a algo, echarle una ojeada a algo; **at first ~** a primera vista; **I could tell at a ~ that ...** con sólo echar un vistazo me di cuenta de que ...

glance² *vi* mirar; **she ~d from the one to the other** su mirada iba de uno a otro; **to ~ AT sth** echarle una ojeada A algo, echarle *or* darle* un vistazo A algo; **to ~ AT sb** echarle una mirada A algn

glancing /ˈglænsɪŋ || ˈglɑːnsɪŋ/ *adj* (*before n*): **to strike sth/sb a ~ blow** pegarle* a algo/a algn de refilón

gland /glænd/ *n* 1 (organ) glándula *f* 2 (lymph node) ganglio *m*

glandular /ˈglændjələr || ˈglændjʊlə(r)/ *adj* glandular

glandular fever *n* [u] mononucleosis *f* (infecciosa)

glare¹ /gler || gleə(r)/ *n*

A [c] (stare) mirada *f* (*hostil, feroz, de odio etc*)

B [u] (light) resplandor *m*, luz *f* deslumbradora; **the ~ of publicity** las luces *or* los focos de la publicidad

glare² *vi*

A (stare) **to ~ AT sb** fulminar a algn con la mirada

B (shine) «*headlights*» brillar, relumbrar

glaring /ˈglerɪŋ || ˈgleərɪŋ/ *adj* 1 ‹*light*› deslumbrante, cegador 2 (flagrant) (*before n*) ‹*error*› mayúsculo, que salta a la vista; ‹*injustice/abuses*› palmario, flagrante

glaringly /ˈglerɪŋli || ˈgleərɪŋli/ *adv*: **it's ~ obvious** salta a la vista

glass /glæs || glɑːs/ *n*

A [u] 1 (material) vidrio *m*, cristal *m* (Esp); (crystal) cristal *m*; **a pane of ~** un vidrio, un cristal (Esp); **broken ~** vidrio roto, cristales rotos (Esp); (*before n*) ‹*door/roof*› de vidrio, de cristal (Esp); **a ~ case** una vitrina 2 (glassware) cristalería *f*, cristal *m*

B [c] (vessel) vaso *m*; (with stem) copa *f*; **a ~ of wine** una copa de vino; **a champagne ~** una copa de champán

C **glasses** *pl* 1 (spectacles) gafas *fpl*, lentes *mpl* (esp AmL), anteojos *mpl* (esp AmL) 2 (*field ~es*) prismáticos *mpl*, largavistas *m*

D [c] (*magnifying ~*) lupa *f*, lente *f* de aumento

glass: **~blowing** /ˈglæs,bləʊɪŋ || ˈglɑːs,bləʊɪŋ/ *n* [u] soplado *m* del vidrio; **~ ceiling** *n* techo *m* de cristal, tope *m*; **~ fiber**, (BrE) **~ fibre** *n* [u] fibra *f* de vidrio

glassful /ˈglæsfʊl || ˈglɑːsfʊl/ *n* vaso *m*

glass: **~house** *n* (BrE) invernadero *m*; **~paper** *n* [u] (BrE) papel *m* de vidrio; **~ware** /ˈglæswer || ˈglɑːsweə(r)/ *n* [u] cristalería *f*; **~works** *n* (*pl* ~) (+ *sing or pl vb*) fábrica *f* de vidrio, cristalería *f*

glassy /ˈglæsi || ˈglɑːsi/ *adj* 1 (like glass) vítreo 2 (dull, lifeless) ‹*stare*› vidrioso

Glaswegian¹ /glæzˈwiːdʒən/ *adj* de Glasgow

Glaswegian² *n*: *habitante o persona oriunda de Glasgow*

glaucoma /glɔːˈkəʊmə/ *n* [u] glaucoma *m*

glaze¹ /gleɪz/ *n* [c u] 1 (on pottery) vidriado *m* 2 (Culin) glaseado *m*

glaze² *vt*

A (fit with glass) ‹*window/door*› acristalar; **to ~ a window** ponerle* vidrio(s) *or* (Esp) cristal(es) a

B (make shiny, glossy) 1 ‹*pottery*› vidriar 2 (Culin) glasear

■ **glaze** *vi* ~ **(over)** «*eyes*» vidriarse

glazed /gleɪzd/ *adj*

A (fitted with glass) ‹*window/door*› con vidrio *or* (Esp) cristal

B 1 (Culin, Print, Tex) glaseado 2 (glassy-eyed) ‹*expression*› vidrioso

glazier /ˈgleɪʒər || ˈgleɪziə(r)/ *n* vidriero, -ra *m,f*, cristalero, -ra *m,f* (Esp)

glazing /ˈgleɪzɪŋ/ *n* [u] 1 (glass) vidrios *mpl*, cristales *mpl* (Esp) 2 (act, job) acristalamiento *m*, acristalación *f*

gleam¹ /gliːm/ *vi* «*metal*» relucir*, brillar; «*hair*» brillar

gleam² *n* (on metal, water) reflejo *m*, brillo *m*; **he had a wicked ~ in his eyes** sus ojos despedían un destello maleficioso; **a ~ of pride** una mirada orgullosa

gleaming /ˈgliːmɪŋ/ *adj* reluciente, brillante

glean /gliːn/ *vt* ‹*information*› recoger*, cosechar; **to ~ sth FROM sth/sb**: **figures ~ed from the official year book** cifras extraídas del anuario oficial; **I ~ed from her that ...** de lo que dijo deduje que ...

glee /gliː/ *n* [u] (delight) regocijo *m*, júbilo *m* (liter); **to laugh/shout with ~** reírse*/gritar de alegría *or* con regocijo

gleeful /ˈgliːfəl/ *adj* ‹*laugh/shout*› lleno de alegría *or* (liter) júbilo

gleefully /ˈgliːfəli/ *adv* ‹*laugh/shout*› con regocijo, alegremente; **he rubbed his hands ~** se frotó las manos regodeándose (con la idea)

glen /glen/ *n* cañada *f*

glib /glɪb/ *adj* **-bb-** ‹*generalization/remark/answer*› simplista, fácil; ‹*salesman/politician*› con mucha labia

glibly /ˈglɪbli/ *adv* con mucha labia *or* palabrería

glide /glaɪd/ *vi*

A (move smoothly over a surface) «*person/dancer/door*» deslizarse*

B 1 «*bird/plane*» planear 2 (pilot a glider) volar* sin motor

glider /ˈglaɪdər || ˈglaɪdə(r)/ *n* planeador *m*

glimmer¹ /ˈglɪmər || ˈglɪmə(r)/ *vi* brillar con luz trémula

glimmer² *n* 1 (of candle, light) luz *f* débil *or* tenue y trémula 2 (of understanding) atisbo *m*; **there's a ~ of hope** hay un rayo *or* un rayito de esperanza

glimpse¹ /glɪmps/ *n*: **I caught a ~ of the room** pude ver brevemente la habitación; **a ~ of life in rural England** una visión de la vida en la Inglaterra rural

glimpse² *vt* alcanzar* a ver, atisbar

glint¹ /glɪnt/ *vi* destellar, brillar

glint² *n* (of metal) destello *m*; (of light) destello *m*, reflejo *m*; (in eye) (*no pl*) chispa *f*, brillo *m*

glisten /ˈglɪsən/ *vi* brillar, refulgir* (liter)

glitch /glɪtʃ/ *n* (esp AmE sl) problema *m* técnico

glitter¹ /ˈglɪtər || ˈglɪtə(r)/ *vi* relumbrar, relucir*

glitter² *n* 1 (sparkle) (*no pl*) destello *m*, brillo *m* 2 [u] (superficial attractiveness) oropel *m* 3 [u] (decoration) purpurina *f*, brillantes *mpl* (Arg), brillantina *f* (Ur, Ven), brillo *m* (Chi)

glittering /ˈglɪtərɪŋ/ *adj* 1 (sparkling) ‹*jewels*› centelleante; ‹*stars*› parpadeante, titilante 2 (brilliant, showy) ‹*career/occasion*› fastuoso, rutilante

glitz /glɪts/ *n* [u] (AmE colloq) oropel *m*

glitzy /ˈglɪtsi/ *adj* **-zier, -ziest** (AmE colloq) glamoroso, deslumbrante

gloat /gləʊt/ *vi* **to ~ (OVER sth)** regodearse *or* refocilarse (CON algo)

global /ˈgləʊbəl/ *adj* 1 (worldwide) a escala mundial, global; **the ~ village** la aldea mundial; **~ warming** calentamiento *m* global *or* del planeta 2 (overall, comprehensive) global

globalism /ˈgləʊbəlɪzəm/ *n* [u] globalismo *m*

globalization /,gləʊbələˈzeɪʃən || ,gləʊbəlaɪˈzeɪʃən/ *n* [u] globalización *f*, mundialización *f*

globally /ˈgləʊbəli/ *adv* 1 (on a world scale) a escala mundial 2 (on an overall view) globalmente

globe /gləʊb/ *n* 1 (world) **the ~** el globo 2 (model) globo *m* terráqueo

globe: **~ artichoke** *n* alcachofa *f*, alcaucil *m* (RPl); **~trotter** /ˈgləʊb,trɑːtər || ˈgləʊb,trɒtə(r)/ *n* trotamundos *mf*; **~trotting** /ˈgləʊb,trɑːtɪŋ || ˈgləʊb,trɒtɪŋ/ *n* [u]: **aren't you tired of all that ~trotting?** ¿no estás cansado de tanto trotar mundos?

globule /ˈglɑːbjuːl || ˈglɒbjuːl/ *n* glóbulo *m*

gloom /gluːm/ *n* [u] 1 (darkness) penumbra *f*, oscuridad *f* 2 (melancholy) melancolía *f*; **he's always full of ~ and doom** siempre lo ve todo negro

gloomily /ˈgluːməli || ˈgluːmɪli/ *adv* ‹*sigh/stare*› tristemente, con melancolía; ‹*look forward/predict*› con pesimismo

gloomy /ˈgluːmi/ *adj* **-mier, -miest** 1 (dark) ‹*day*› sombrío; ‹*place*› sombrío, lúgubre 2 (dismal) ‹*person*› lúgubre, fúnebre; ‹*prospect*› nada halagüeño; ‹*prediction*› pesimista, negativo; **she takes a ~ view of everything** todo lo ve negro

glorified /ˈglɔːrəfaɪd || ˈglɔːrɪfaɪd/ *adj* (colloq & hum) (*before n*) con pretensiones (hum)

glorify /ˈglɔːrəfaɪ || ˈglɔːrɪfaɪ/ *vt* **-fies, -fying, -fied** ‹*person*› ensalzar*, glorificar*; ‹*violence/war*› exaltar

glorious /ˈglɔːriəs/ *adj* 1 (deserving glory) ‹*victory/deed*› glorioso 2 (wonderful) ‹*view/weather*› maravilloso, espléndido, soberbio

glory¹ /ˈglɔːri/ *n* (*pl* **-ries**) 1 [u] (fame) gloria *f*; ***to cover oneself with*** *o* (BrE also) ***in ~*** cubrirse* de gloria 2 [u c] (beauty, magnificence) esplendor *m*, gloria *f*; **the glories of**

imperial China el esplendor de la China Imperial; **the ~ of the system is that ...** lo espléndido *or* lo maravilloso del sistema está en que ... **3** [u] (Relig) gloria *f*; **~ to God in the highest** gloria a Dios en las alturas; ***to be in one's ~*** estar* en la gloria

glory² *vi* **-ries, -rying, -ried**: **to ~ IN sth** (take pleasure) disfrutar DE algo; (in unpleasant way) regodearse CON algo

gloss /glɑːs || glɒs/ *n*

A **1** [u] (shine) brillo *m*, lustre *m*; ***to take the ~ off sth*** quitarle la gracia a algo; (*before n*) **~ finish** acabado *m* brillante **2** [u] **~ (paint)** (pintura *f* al *or* de) esmalte *m* **3** (attractive appearance, semblance) (*no pl*) barniz *m*; **to put a ~ on sth** disimular algo

B [c] (explanatory note) glosa *f*

Phrasal verb

• **gloss over** [v ▸ adv ▸ o] (make light of) quitarle importancia a, minimizar* la importancia de; (ignore) pasar por alto

glossary /'glɑːsəri || 'glɒsəri/ *n* (*pl* **-ries**) glosario *m*

glossy¹ /'glɑːsi || 'glɒsi/ *adj* **-sier, -siest** ‹*coat of animal*› brillante, lustroso; ‹*hair*› brillante, brilloso (AmL); ‹*photograph*› brillante

glossy² *n* (*pl* **-sies**) **~ (magazine)** revista *f* ilustrada (*impresa en papel satinado*)

glove /glʌv/ *n* guante *m*; ***to fit like a ~*** quedar como un guante; ***to handle*** *o* ***treat sb with kid ~s*** tratar a algn con guantes de seda *or* (CS tb) con guante blanco

glove compartment *n* guantera *f*

gloved /glʌvd/ *adj* enguantado

glove puppet *n* (BrE) títere *m* (*de guante*), polichinela *m*

glow¹ /gləʊ/ *vi* «*fire*» brillar, resplandecer*; «*metal*» estar* al rojo vivo; **to ~ with health** rebosar (de) *or* irradiar salud; **to be ~ing with happiness** estar* radiante de felicidad

glow² *n* (*no pl*) **1** (light) brillo *m*, resplandor *m* **2** (feeling): **he felt a ~ of pride/satisfaction** sintió una oleada de orgullo/satisfacción

glower /'glaʊər || 'glaʊə(r)/ *vi* tener* el ceño fruncido; **to ~ AT sb** lanzarle* miradas fulminantes/una mirada fulminante A algn

glowing /'gləʊɪŋ/ *adj* **1** (shining) (*before n*) ‹*cheeks*› encendido; **the ~ embers** las brasas **2** (expressing praise) ‹*report*› elogioso, lleno de alabanzas; **in ~ terms** en términos elogiosos *or* (AmL tb) encomiosos

glowworm /'gləʊwɜːrm || 'gləʊwɜːm/ *n* luciérnaga *f* (*larva o hembra*), gusano *m* de luz (Esp, Méx), bicho *m* de luz (RPl)

glucose /'gluːkəʊs, -kəʊz/ *n* [u] glucosa *f*

glue¹ /gluː/ *n* [u c] goma *f* de pegar, pegamento *m*; (*before n*) **~ sniffing** inhalación *f* de pegamento *or* (Chi) de neoprén

glue² *vt* **glues, glueing, glued** **1** (stick) pegar*; (in carpentry) encolar **2** (fix): **keep your eyes ~d on the road** no apartes la vista de la carretera; **he was ~d to the television** estaba pegado a la televisión

glum /glʌm/ *adj* **-mm-** apesadumbrado, apenado

glumly /'glʌmli/ *adv* con tristeza *or* pena

glut¹ /glʌt/ *n* superabundancia *f*

glut² *vt* **-tt-** saturar; **the market is being ~ted with apples** el mercado se está saturando de manzanas

glutinous /'gluːtn̩əs || 'gluːtɪnəs/ *adj* pegajoso, glutinoso (frml)

glutton /'glʌtn̩/ *n* glotón, -tona *m,f*; ***to be a ~ for punishment*** ser* un masoquista

gluttonous /'glʌtn̩əs || 'glʌtənəs/ *adj* ‹*person*› glotón

gluttony /'glʌtn̩i || 'glʌtəni/ *n* [u] glotonería *f*, gula *f*; (deadly sin) gula *f*

glycerin /'glɪsərən || 'glɪsərɪn/, **glycerine** /'glɪsərən || 'glɪsəriːn/ *n* [u] glicerina *f*

GMB *n* (in UK) *sindicato general de trabajadores*

GMT (= **Greenwich Mean Time**) GMT

gnarled /nɑːrld || nɑːld/ *adj* ‹*wood/fingers*› nudoso; ‹*tree*› retorcido

gnash /næʃ/ *vt*: **to ~ one's teeth** hacer* rechinar los dientes

gnat /næt/ *n* jején *m*; (general usage) mosquito *m*

gnaw /nɔː/ *vt* «*animal*» roer*

■ **gnaw** *vi* **to ~ AT sth** «*animal*» roer* algo; **he ~ed at his fingernails** se comía las uñas; **her conscience kept ~ing at her** no dejaba de remorderle la conciencia

gnawing /'nɔːɪŋ/ *adj* ‹*pain*› lacerante, persistente; ‹*hunger*› persistente; ‹*doubt*› que atormenta, que corroe por dentro

gnome /nəʊm/ *n* (Myth) gnomo *m*; **garden ~** enanito *m*

GNP *n* (= **gross national product**) PNB *m*, PBI *m* (RPl), PIB *m* (esp Esp)

go¹ /gəʊ/ (*3rd pers sing pres* **goes**; *past* **went**; *past p* **gone**) *vi*

Sense I

A **1** (move, travel) ir*; **there she ~es** allá va; **who ~es there?** (Mil) ¿quién va?; **are you ~ing my way?** ¿vas hacia el mismo sitio que yo?; **we can discuss it as we ~** podemos hablarlo en el camino; **where do we ~ from here?** ¿y ahora qué hacemos? **2** (start moving, acting): **~ when the lights turn green** avanza *or* (fam) dale cuando el semáforo se ponga verde; **ready, (get) set, ~!** preparados *or* en sus marcas, listos ¡ya!; **let's ~!** ¡vamos!; **here ~es!** ¡allá vamos (*or* voy *etc*)!; **there you ~** (colloq) (handing sth over) toma *or* aquí tienes; (sth is ready) ya está *or* listo; **don't ~ telling everybody** (colloq) no vayas a contárselo a todo el mundo

B (*past p* **gone/been**) **1** (travel to) ir*; **she's gone to France** se ha ido a Francia; **I have never been abroad** no he estado nunca en el extranjero; **where are you ~ing?** ¿adónde vas?; **to ~ by car/bus/plane** ir* en coche/autobús/avión; **to ~ on foot/horseback** ir* a pie/a caballo; **to ~ for a walk/drive** ir* a dar un paseo/una vuelta en coche; **to ~ to + INF** ir* A + INF; **they've gone to see the exhibition** (se) han ido a ver la exposición; **they've been to see the exhibition** han visitado la exposición, han estado en la exposición; **to ~ AND + INF** ir* A + INF; **~ and see what she wants** anda *or* vete a ver qué quiere **2** (attend) ir*; **to ~ on a training course** hacer* un curso de capacitación; **to ~ on a diet** ponerse* a régimen; **to ~ -ING** ir* A + INF; **to ~ swimming/hunting** ir* a nadar/cazar

C (attempt, make as if to) **to ~ to + INF** ir* A + INF

Sense II

A (leave, depart) «*visitor*» irse*, marcharse (esp Esp); «*bus/train*» salir*; **well, I must be ~ing** bueno, me tengo que ir ya; **to leave ~** soltar*; ▸**let²** *vt* **A3**

B **1** (pass) «*time*» pasar; **those days have gone** ya han pasado aquellos días; **it's just gone nine o'clock** (BrE) son las nueve pasadas; **the time ~es quickly** el tiempo pasa volando *or* rápidamente **2** (disappear) «*headache/fear*» pasarse *or* irse* (+ *me/te/le etc*); «*energy/confidence*» desaparecer*; **has the pain gone?** ¿se te (*or* le *etc*) ha pasado *or* ido el dolor? **3** «*money/food*» (be spent) irse*; (be used up) acabarse; **what do you spend it all on? — I don't know, it just ~es** ¿en qué te lo gastas? — no sé, se (me) va como el agua; **the money/cream has all gone** se ha acabado el dinero/la crema; **to ~ ON sth**: **half his salary ~es on drink** la mitad del sueldo se le va en bebida

C **1** (be disposed of): **that sofa will have to ~** nos vamos (*or* se van *etc*) a tener que deshacer de ese sofá; **either the cats ~ or I ~** o se van los gatos o me voy yo **2** (be sold) venderse; **the bread has all gone** no queda pan, el pan se ha vendido todo; **the painting went for £1,000** el cuadro se vendió en 1.000 libras; **~ing, ~ing, gone** a la una, a las dos, vendido

D **1** (cease to function, wear out) «*bulb/fuse*» fundirse; «*thermostat/fan/exhaust*» estropearse; **her memory/eyesight is ~ing** está fallándole *or* está perdiendo la memoria/la vista; **the brakes went as we ...** los frenos fallaron cuando ...; **the brakes have gone** los frenos no funcionan; **my legs went (from under me)** me fallaron las piernas **2** (die) (colloq) morir*

E **to go** **1** (remaining): **only two weeks to ~ till he comes** sólo faltan dos semanas para que llegue; **I still have 50 pages to ~** todavía me faltan *or* me quedan 50 páginas **2** (take away) (AmE): **two burgers to ~** dos hamburguesas para llevar

Sense III

A **1** (lead) «*path/road*» ir*, llevar **2** (extend, range) «*road/railway line*» ir*; **it only ~es as far as Croydon** sólo va *or* llega hasta Croydon; **to ~ from ... to ...** «*prices/ages/period*» ir* de ... a ... *or* desde ... hasta ...; **the belt won't**

g

~ **around my waist** el cinturón no me da para la cintura

B **1** (have place) ir*; (fit) caber*; *see also* **go in, go into** **2** (be divisible): **5 into 11 won't** *o* **doesn't** ~ 11 no es divisible por 5; **8 into 32** ~**es 4 (times)** 32 entre 8 cabe a 4

Sense IV

A **1** (become): **to ~ blind/deaf** quedarse ciego/sordo; **to ~ crazy** volverse* loco; **to ~ mouldy** (BrE) enmohecerse*; **to ~ sour** agriarse, ponerse* agrio; **her face went red** se puso colorada; **everything went quiet** se hizo un silencio total **2** (be, remain): **to ~ barefoot/naked** ir* *or* andar* descalzo/desnudo; **they went hungry** pasaron hambre

B (turn out, proceed, progress) ir*; **how are things ~ing?** ¿cómo van *or* andan las cosas?; **so it ~es** así son las cosas

C **1** (be available) (*only in -ing form*): **I'll take any job that's ~ing** estoy dispuesto a aceptar el trabajo que sea *or* cualquier trabajo que me ofrezcan; **is there any coffee ~ing?** (BrE) ¿hay café? **2** (be in general): **it's not expensive as dishwashers ~** no es caro, para lo que cuestan los lavavajillas

Sense V

A **1** (function, work) ‹‹*heater/engine/clock*›› funcionar; **the radio was ~ing full blast** la radio estaba puesta a todo lo que daba; ***to have a lot ~ing for one*** tener* muchos puntos a favor; ***to have a good thing ~ing*: we've got a good thing ~ing here** esto marcha muy bien **2** **to get going**: **the car's OK once it gets ~ing** el coche marcha bien una vez que arranca; **I find it hard to get ~ing in the mornings** me cuesta mucho entrar en acción por la mañana; **it's late, we'd better get ~ing** es tarde, más vale que nos vayamos; **to get sth ~ing**: **we tried to get a fire ~ing** tratamos de hacer fuego; **we need some music to get the party ~ing** hace falta un poco de música para animar la fiesta; ***to get sb ~ing*: all this stupid nonsense really gets me ~ing** estas estupideces me sacan de quicio **3** **to keep going** (continue to function) aguantar; (not stop) seguir*; **to keep a project ~ing** mantener* a flote un proyecto

B (continue, last out) seguir*; **the club's been ~ing for 12 years now** el club lleva 12 años funcionando; **how long can you ~ before you need a break?** ¿cuánto aguantas sin descansar?; **we can ~ for weeks without seeing a soul** podemos estar *or* pasar semanas enteras sin ver un alma

C **1** (sound) ‹‹*bell/siren*›› sonar* **2** (make sound, movement) hacer*

D **1** (contribute) **to ~ to + INF**: **everything that ~es to make a good school** todo lo que contribuye a que una escuela sea buena; **that just ~es to prove my point** eso confirma lo que yo decía *or* prueba que tengo razón; **it just ~es to show: we can't leave them on their own** está visto que no los podemos dejar solos **2** (be used) **to ~ TOWARD sth/to + INF**: **all their savings are ~ing toward the trip** van a gastar todos sus ahorros en el viaje; **the money will ~ to pay the workmen** el dinero se usará para pagar a los obreros

E (run, be worded) ‹‹*poem/prayer*›› decir*; **how does the song ~?** ¿cómo es la (letra/música de la) canción?

F **1** (be permitted): **anything ~es** todo vale, cualquier cosa está bien **2** (be necessarily obeyed, believed): **what the boss says ~es** lo que dice el jefe, va a misa **3** (match, suit) pegar*, ir*; **that shirt and that tie don't really ~** esa camisa no pega *or* no va *or* no queda bien con esa corbata; *see also* **go together, go with**

G (have turn) (Games) ir*, jugar*

■ **go** *vt* (say) (colloq) ir* y decir* (fam); **that's enough of that, he ~es** —ya está bueno —va y dice

■ **go** *v aux* (*only in -ing form*) **to be ~ing to + INF** **1** (expressing intention) ir* A + INF; **I was just ~ing to make some coffee** iba a *or* estaba por hacer café; **don't deny it! — I wasn't ~ing to** ¡no lo niegues! — no pensaba hacerlo **2** (expressing near future, prediction) ir* A + INF; **I'm ~ing to be sick** voy a devolver

Phrasal verbs

• **go about** [v ▸ prep ▸ o] **1** (tackle, deal with) ‹*task*› acometer, emprender; **you'll be able to persuade them if you ~ about it the right way** los vas a poder convencer si encaras las cosas bien; **what's the best way to ~ about it?** ¿cuál es la mejor forma de hacerlo?; **to ~ about -ING**: **how would you ~ about solving this equation?** ¿cómo harías para resolver esta ecuación? **2** (occupy oneself with): **to ~ about one's business** ocuparse de sus (*or* mis *etc*) cosas

• **go after** [v ▸ prep ▸ o] (pursue, chase) perseguir*, dar* caza a

• **go against** [v ▸ prep ▸ o] ‹*instructions/policy/person*› oponerse* a, ir* en contra de, ir* contra

• **go ahead** [v ▸ adv] (proceed, begin) **to ~ ahead (WITH sth)** seguir* adelante (CON algo); **may I ask you a question? — ~ ahead!** ¿le puedo hacer una pregunta? — por supuesto *or* (AmL tb) pregunte nomás

• **go along** [v ▸ adv] **1** (accompany, be present) ir*; **I'll ~ along there with you** te acompaño, voy contigo **2** (proceed, progress) ir*; **he whistled as he went along** iba silbando; **I usually make corrections as I ~ along** normalmente hago correcciones sobre la marcha **3** (acquiesce): **to ~ along with a proposal** secundar una propuesta; **I'll ~ along with that** estoy de acuerdo con eso

• **go around**, (BrE also) **go round**

Sense I [v ▸ prep ▸ o]

A **1** (turn) ‹*corner*› doblar, dar* la vuelta a, dar* vuelta (CS); ‹*bend*› tomar **2** (make detour) ‹*obstacle*› rodear, sortear

B (visit, move through) ‹*country/city*› recorrer; ‹*museum/castle*› visitar; **to ~ around the world** dar* la vuelta al mundo

Sense II [v ▸ adv]

A **1** (move, travel, be outdoors) andar*; **she ~es around in a Cadillac** anda por ahí en un Cadillac; **to ~ around WITH sb** andar* CON algn; **to ~ around -ING** ir* por ahí + GER **2** (circulate) ‹‹*joke/rumor*›› correr, circular; **it's a bug that's ~ing around** es un virus que anda por ahí **3** (be sufficient for everybody): **there aren't enough to ~ round** no alcanzan, no hay suficientes

B (revolve) ‹‹*wheel/world*›› dar* vueltas

C (visit) ir*; **I'll ~ around and see him** iré a verlo

• **go at** [v ▸ prep ▸ o] (undertake vigorously): **he went at it as if his life depended on it** acometió la tarea como si le fuera la vida en ello

• **go away** [v ▸ adv] **1** (depart, leave) irse* **2** (from home): **I'm ~ing away this weekend** me voy por ahí *or* voy a salir este fin de semana; **to ~ away on vacation** irse* *or* salir* de vacaciones; **a ~ing-away party/present** una fiesta/un regalo de despedida **3** (disappear, fade away) ‹‹*smell*›› irse*; ‹‹*pain*›› pasarse *or* irse* (+ *me/te/le etc*)

• **go back** [v ▸ adv]

A **1** (return) volver*; **~ back!** ¡vuelve atrás!, ¡retrocede!; **there's no ~ing back now** ya no se puede (*or* no nos podemos *etc*) volver atrás **2** (in lecture, text) volver*; **to ~ back to what I was saying earlier ...** volviendo a lo que decía antes ... **3** (be returned): **this dress'll have to ~ back** voy (*or* vas *etc*) a tener que devolver ese vestido

B **1** (date, originate) ‹‹*tradition/dynasty*›› remontarse; **we ~ back a long way** (colloq) nos conocemos desde hace mucho **2** (return in time, revert) volver*; **we went back to the old system** volvimos al antiguo sistema **3** ‹‹*clocks*›› atrasarse

• **go back on** [v ▸ adv ▸ prep ▸ o] ‹*one's promise*› dejar de cumplir; ‹*one's word*› faltar a

• **go before**

A [v ▸ prep ▸ o] (appear before) ‹*court/committee*› presentarse ante

B [v ▸ adv] [v ▸ prep ▸ o] (happen or live previously) (liter): **everything that had gone before** todo lo que había sucedido antes; **those who have gone before us** aquellos que nos precedieron (liter)

• **go below** [v ▸ adv] (Naut) bajar

• **go by**

A [v ▸ adv] **1** (move past) pasar; **to let an opportunity ~ by** dejar pasar una oportunidad **2** (elapse) ‹‹*days/years*›› pasar, transcurrir (frml); **as the years went by, he began to ...** con el paso de los años *or* (frml) con el transcurrir de los años, empezó a ...; **as time goes by** con el tiempo, con el paso del tiempo

B [v ▸ prep ▸ o] **1** (be guided by) ‹*instinct*› dejarse llevar por; ‹*rules*› seguir* **2** (base judgment on): **if previous experience is anything to ~ by** a juzgar por lo que ha sucedido en otras ocasiones; **to ~ by appearances** guiarse* *or* dejarse llevar por las apariencias

• **go down** [v ▸ adv]

A **1** (descend) ‹‹*person*›› bajar; ‹‹*sun*›› ponerse*; ‹‹*curtain*›› (Theat) caer*, bajar; **to ~ down on one's knees/hands and knees** ponerse* de rodillas/a gatas **2** (fall) ‹‹*boxer/horse*›› caerse*; ‹‹*plane*›› caer*, estrellarse **3** (sink) «*ship*» hundirse **4** «*computer*» dejar de funcionar, descomponerse* (AmL) **5** (be defeated) (Sport) perder*; **to ~ down** (TO sb): **Italy went down 2-1 to Uruguay** Italia perdió 2 a 1 frente a Uruguay; **to ~ down fighting** caer* luchando, morir* con las botas puestas

B **1** (decrease) «*temperature/exchange rate*» bajar; «*population/unemployment*» disminuir*; **to ~ down in price** bajar de precio; **to ~ down in value** perder* valor; **I went down to 110 pounds** adelgacé hasta pesar 110 libras **2** (decline) «*standard/quality*» empeorar; **she's gone down in my estimation** ha perdido *or* bajado mucho en mi estima **3** (abate, subside) «*wind/storm*» amainar; «*floods/swelling*» bajar; **his temperature's gone down** le ha bajado la fiebre **4** (deflate) «*tire*» perder* aire, desinflarse

C (extend) **to ~ down** TO sth: **this road ~es down to the beach** este camino baja a *or* hasta la playa; **the skirt ~es down to her ankles** la falda le llega a los tobillos

D **1** (toward the south) ir* (*hacia el sur*); **I'm ~ing down to Atlanta for a few days** voy a ir a pasar unos días a Atlanta **2** (to another place) (BrE) ir*; **I'm ~ing down to the shops** voy a las tiendas

E **1** (be swallowed): **it just won't ~ down** no me pasa, no lo puedo tragar; **a coffee would ~ down nicely** un café me caería de maravilla; **it went down the wrong way** se me ha ido por el otro camino **2** «*present/proposal/remarks*»: **how did the announcement ~ down?** ¿qué tipo de acogida tuvo el anuncio?, ¿cómo recibieron el anuncio?; **that won't ~ down too well with your father** eso no le va a caer muy bien a tu padre

F (be recorded, written): **all these absences will ~ down on your record** va a quedar constancia de estas faltas en tu ficha; **to ~ down in history as sb/sth** pasar a la historia como algn/algo

• **go down with** [v ▸ adv ▸ prep ▸ o] (BrE): **to ~ down with flu/hepatitis** caer* en cama con gripe/caer* enfermo de hepatitis

• **go for** [v ▸ prep ▸ o]

A **1** (head toward, reach for): **he went for the finish line** se lanzó a la meta *or* (Esp) a por la meta; **he went for his gun** fue a echar mano de la pistola **2** (attack): **he went for Bill** se le echó encima a Bill

B **1** (aim at) ir* tras, ir* a por (Esp); **~ for it!** ¡haz la tentativa!, ¡a por ello! (Esp) **2** (like, prefer): **I don't really ~ for Chinese food** a mí no me gusta mucho *or* no me entusiasma la comida china **3** (choose) decidirse *or* optar por

C (be applicable to): **and that ~es for you too** y eso va también por *or* para ti

• **go forward** [v ▸ adv] **1** (progress) «*work/negotiations*» progresar, avanzar*; **the winners ~ forward to the final** los ganadores pasan a la final **2** (be proposed, passed on) «*motion*» ser* presentado; **I allowed my name to ~ forward** permití que se me propusiera como canditata

• **go in** [v ▸ adv]

A **1** (enter) entrar **2** «*screw/key*» entrar; **the big case won't ~ in** la maleta grande no cabe **3** (go to work) ir* a trabajar **4** (Mil) atacar*; **the police went in to break up the demonstration** la policía intervino para dispersar a los manifestantes **5** (be learned, accepted) «*idea/lesson/warning*» entrar (en la cabeza)

B (be obscured) «*sun/moon*» ocultarse, esconderse

• **go in for** [v ▸ adv ▸ prep ▸ o] **1** (enter) ‹*competition*› participar en, tomar parte en; ‹*exam/test*› presentarse a **2** (take up, practice): **is she ~ing in for arts or sciences?** ¿va a estudiar *or* ha elegido letras o ciencias?; **he'd thought of ~ing in for teaching** había pensado dedicarse a la enseñanza; **we don't ~ in for that sort of thing here** ese tipo de cosa no tiene cabida aquí

• **go into** [v ▸ prep ▸ o]

A **1** (enter) ‹*room/building*› entrar en, entrar a (AmL) **2** (crash into) ‹*car/wall*› chocar* contra **3** (fit into) entrar en **4** (be divisible into): **5 goes into 20 4 times** 20 dividido por 5 da 4; **5 into 11 doesn't ~** 11 no es divisible por 5

B **1** (start, embark on) ‹*phase/era*› entrar en, empezar* **2** (enter certain state) ‹*coma/trance*› entrar en; **he went into hysterics** le dio un ataque de histeria **3** (enter profession) ‹*television/Parliament*› entrar en; **she wants to ~ into publishing** quiere meterse en el mundo editorial

C **1** (discuss, explain) entrar en; **I don't want to ~ into that** no quiero entrar en ese tema; **she refused to ~ into why she resigned** se negó a explicar por qué había dimitido **2** (investigate, analyze) ‹*problem/motives*› analizar*, estudiar

D (be devoted to): **after all the money/work that has gone into this!** ¡después de todo el dinero/trabajo que se ha metido en esto!; **so much time and energy ~es into keeping the place tidy** lleva mucho tiempo y esfuerzo mantenerlo todo ordenado

• **go off**

Sense I [v ▸ adv]

A **1** (depart) irse*, marcharse (esp Esp); **to ~ off** WITH sth llevarse algo; **she's gone off with my husband** se ha largado con mi marido (fam) **2** (end work, duty) salir*

B (become sour, rotten) «*milk/meat/fish*» echarse a perder, pasarse

C **1** (make explosion) «*bomb/firework*» estallar; «*gun*» dispararse **2** (make noise) «*alarm*» sonar*

D (turn out) salir*; **the party went off very well** la fiesta salió muy bien

E (stop operating) «*heating/lights*» apagarse*

F (go to sleep) dormirse*, quedarse dormido

Sense II [v ▸ prep ▸ o] (lose liking for) (BrE): **I've gone off beer** ya no me gusta la cerveza, me ha dejado de gustar la cerveza; **I've gone off him** ya no me gusta, ya no me cae bien; **I've gone off the idea** ya no me atrae la idea

• **go on**

Sense I [v ▸ adv]

A **1** (go further — without stopping) seguir*; (— after stopping) seguir*, proseguir* (frml); **I can't ~ on, I'm too tired** no puedo más, estoy muy cansado **2** (go ahead): **you ~ on, we'll follow** tú vete que nosotros ya iremos; **he went on ahead to look for a hotel** él fue antes *or* delante para buscar hotel

B (last, continue): **the discussion went on for hours** la discusión duró horas; **the fight ~es on** la lucha continúa; **the meeting just went on and on** la reunión se alargó interminablemente; **we can't ~ on like this** no podemos seguir así; **to ~ on** -ING seguir* + GER; **to ~ on to** + INF: **he went on to become President** llegó a ser presidente; **to ~ on** TO sth: **let us ~ on to victory** sigamos hasta triunfar; **to ~ on** WITH sth seguir* CON algo; **that's enough to be ~ing on with** (BrE) eso alcanza por el momento; **~ on!** (encouraging, urging) ¡dale!, ¡vamos!, ¡ándale! (Méx), ¡ándele! (Col), ¡venga! (Esp)

C **1** (continue speaking) seguir*, continuar*, proseguir* (frml) **2** (talk irritatingly) (pej): **he went on and on** siguió dale que dale *or* (Esp tb) dale que te pego (fam); **to ~ on** ABOUT sth hablar DE algo

D (happen): **what's ~ing on?** ¿qué pasa?; **there's an argument ~ing on next door** en la casa de al lado están discutiendo; **is there anything ~ing on between you two?** ¿hay algo entre ustedes *or* (Esp) vosotros dos?; **how long has this been ~ing on?** ¿desde cuándo viene sucediendo esto?

E **1** (pass, elapse): **the weather deteriorated as the morning went on** el tiempo empeoró a medida que avanzaba la mañana **2** (progress) marchar

F **1** (onto stage) salir* a escena; (onto field of play) salir* al campo **2** (fit, be placed): **the lid won't ~ on** no le puedo (*or* podemos *etc*) poner *or* colocar la tapa; **my gloves wouldn't ~ on** no me entraban los guantes **3** (be switched on) encenderse*, prenderse (AmL)

Sense II [v ▸ prep ▸ o]

A (approach) ir*; **he's ~ing on 80** va para los 80; **she's 16 ~ing on 17** tiene 16 para 17, está por cumplir 17; **it's ~ing on 11 o'clock** van a ser las 11, son casi las 11

B (base inquiries on): **all we have to ~ on is a phone number** lo único que tenemos es un número de teléfono; **we don't have much to ~ on** no tenemos muchos datos (*or* muchas pistas *etc*) en que basarnos

• **go out** [v ▸ adv]

A **1** (leave, exit) salir*; **some of the old spirit has gone out of him** ha perdido un poco del empuje que tenía; **to ~ out hunting/shopping** salir* de caza/de compras; **to ~ out to work** trabajar fuera **2** (socially, for entertainment) salir*; **to ~ out for a meal** salir* a comer fuera **3** (as boyfriend, girlfriend) **to ~ out** (WITH sb) salir* (CON algn)

B **1** (be broadcast) «*TV, radio program*» emitirse **2** (be issued, distributed): **a warrant has gone out for her arrest** se ha ordenado su detención; **the invitations have already gone out** ya se han mandado las invitaciones

C (be extinguished) «*fire/cigarette/light*» apagarse*

D «*tide*» bajar

g

E (become outmoded) ‹‹*clothes/style*›› pasar de moda

- **go out to** [v ▸ adv ▸ prep ▸ o]: **my heart ~es out to you (in sympathy)** lo lamento muchísimo; (on sb's death) te acompaño en el sentimiento
- **go over**

(Sense I) [v ▸ prep ▸ o]

A **1** (check) ‹*text/figures/work*› revisar, examinar; ‹*car*› revisar; ‹*house/premises*› inspeccionar **2** (dust, clean): **I'll just ~ over the bedroom with a duster** voy a darle una pasada *or* un repaso al dormitorio con un trapo

B (revise, review) ‹*notes/chapter*› repasar; **I'd like to ~ over your essay with you** quisiera que viéramos *or* analizáramos tu trabajo juntos; **I don't want to ~ over all that again** no quiero volver otra vez sobre eso

(Sense II) [v ▸ adv]

A **1** (make one's way, travel) ir*; **she went over to Jack and took his hand** se acercó a Jack y le tomó la mano **2** (Rad, TV) pasar; **we're ~ing over to our New York correspondent** conectamos ahora con nuestro corresponsal en Nueva York

B (change sides) pasarse; **to ~ over to the other side/the competition** pasarse al otro bando/a la competencia

- **go past** [v ▸ adv] [v ▸ prep ▸ o] pasar; **the bus went right past (me) without stopping** el autobús pasó de largo
- **go round** (BrE) ▸ **go around**
- **go through**

(Sense I) [v ▸ prep ▸ o]

A **1** (pass through) ‹*process/stage*› pasar por; **he went through school without passing a single exam** terminó el colegio sin aprobar ni un examen; **we had to ~ through the courts** tuvimos que acudir a *or* recurrir a los tribunales **2** (undergo) ‹*test/interview*› pasar, ser* sometido a (frml) **3** (perform): **let's ~ through the procedure once more** repitamos otra vez todos los pasos del procedimiento **4** (endure) ‹*ordeal/hard times*› pasar por; **I've been through a great deal on your behalf** lo he pasado muy mal por tu culpa

B **1** (search) ‹*attic/suitcase*› registrar, revisar (AmL); ‹*drawers/desk*› hurgar* en; **to ~ through sb's mail** abrirle* las cartas a algn; **have you gone** *o* (esp BrE) **been through all your pockets?** ¿(te) has mirado en todos los bolsillos? **2** ▸ **go over** *Sense* **I B**

C (consume, use up): **she went through a month's salary in two days** se gastó *or* (fam) se liquidó el sueldo de un mes en dos días; **he ~es through ten shirts a week** ensucia diez camisas por semana

(Sense II) [v ▸ adv] **1** (be carried out) ‹‹*changes/legislation*›› ser* aprobado; ‹‹*business deal*›› llevarse a cabo, concretarse; **when his divorce ~es through** cuando obtenga el divorcio **2** (Sport): **to ~ through to the final/next round** pasar a la final/a la siguiente etapa

- **go through with** [v ▸ adv ▸ prep ▸ o] ‹*threat*› llevar a cabo, cumplir; ‹*plans*› llevar a cabo; **we went through with it for appearances' sake** lo hicimos por el qué dirán
- **go to** [v ▸ prep ▸ o]

A (see, consult) ‹*police*› ir* a; ‹*courts*› acudir a; **I want to ~ to a specialist** quiero ir a ver a un especialista

B (be awarded to) ser* para; **... and the prize ~es to ...** ... y el premio se lo lleva ...

- **go together** [v ▸ adv] **1** (be compatible) ‹‹*colors/patterns*›› combinar, pegar* (fam); **lamb and mint sauce ~ well together** el cordero queda muy bien con salsa de menta **2** (be normally associated): **love and marriage do not necessarily ~ together** el amor y el matrimonio no van siempre de la mano
- **go under** [v ▸ adv] **1** (sink) ‹‹*ship*›› hundirse; ‹‹*submarine/diver*›› sumergirse* **2** (fail, go bankrupt) hundirse, irse* a pique
- **go up** [v ▸ adv]

A **1** (ascend) ‹‹*person*›› subir; ‹‹*balloon/plane*›› subir, ascender* (frml); ‹‹*curtain*›› (Theat) levantarse **2** (approach) **to ~ up (TO sb/sth)** acercarse* (A algn/algo) **3** (toward the north) ir* **4** (to another place) (esp BrE) ir*; **I'm ~ing up to London** voy a Londres

B **1** (increase) ‹‹*temperature/price/cost*›› subir, aumentar; ‹‹*population/unemployment*›› aumentar; **to ~ up in price** subir *or* aumentar de precio; **I went up to 140 lbs** engordé hasta llegar a pesar 140 libras **2** (improve) ‹‹*standard*›› mejorar; **she's gone up in my estimation** ha ganado en mi estima

C **1** (be built, erected): **a church has gone up on that site** se ha levantado una iglesia en aquel terreno **2** (be put up): **a notice has gone up in the hall** han puesto un anuncio en el hall

D (burst into flames) prenderse fuego; (explode) estallar; **to ~ up in flames** incendiarse

- **go with** [v ▸ prep ▸ o]

A **1** (be compatible with): **this sauce ~es well with hamburgers** esta salsa queda muy bien con hamburguesas; **choose a tie to ~ with your shirt** elija una corbata que quede bien *or* que combine con su camisa **2** (accompany, be associated with): **the house ~es with the job** la casa va con el puesto; **the problems that ~ with owning a car** los problemas que trae tener coche

B (have attachment) (colloq) salir* con

- **go without** **1** [v ▸ prep ▸ o] (do without) pasar sin; **she often went without food** a menudo pasaba sin comer; **they went without food/sleep for days** (not by choice) no comieron nada/no durmieron durante días **2** [v ▸ adv]: **in order to feed her children she herself often went without** para darles de comer a los niños a menudo pasaba privaciones; **there's no coffee left, you'll just have to ~ without** no queda café, así que tendrás que pasar *or* arreglártelas sin él

go² *n* (*pl* **goes**)

A [c] **1** (attempt): **he emptied the bottle at** *o* **in one ~** vació la botella de un tirón *or* de una sentada (fam); **she succeeded in lifting it at the third ~** consiguió levantarlo al tercer intento; **~ AT sth/-ING**: **it's my first ~ at writing for radio** es la primera vez que escribo para la radio; **I want to have a ~ at learning Arabic** quiero intentar aprender árabe; **have a ~** prueba a ver, inténtalo; **I've had a good ~ at the kitchen** le he dado una buena pasada *or* un buen repaso a la cocina; ***it's no ~*** es imposible; ***to give sth a ~*** (BrE) intentar algo; ***to have a ~ at sb*** (colloq): **she had a ~ at me for not having told her** se la agarró conmigo por no habérselo dicho (fam); ***to make a ~ of sth*** sacar* algo adelante **2** (turn): **whose ~ is it?** ¿a quién le toca?; **it's my ~** me toca a mí **3** (chance to use): **can I have a ~ on your typewriter?** ¿me dejas probar tu máquina de escribir?

B [u] (energy, drive) empuje *m*, dinamismo *m*; ***(to be) on the ~***: **I've been on the ~ all morning** no he parado en toda la mañana; **he's got three jobs on the ~** (BrE) está haciendo tres trabajos a la vez

go³ *adj* (*pred*): **all systems ~** todo listo *or* luz verde para despegar

goad /gəʊd/ *vt* ‹*person*› acosar; ‹*animal*› aguijonear; **to ~ sb INTO sth/-ING**: **she was ~ed into doing it** tanto la acosaron que lo hizo

(Phrasal verb)

- **goad on** [v ▸ o ▸ adv] (spur, incite) empujar, incitar

go-ahead /'gəʊəhed/ *n*: **to give sb/sth the ~** darle* luz verde *or* el visto bueno a algn/algo

goal /gəʊl/ *n*

A (Sport) **1** (structure) portería *f*, arco *m* (AmL); **to shoot at ~** tirar al arco *or* (Esp) a puerta; **to be in** *o* **play in** *o* **keep ~** jugar* de guardameta *or* de portero *or* (AmL tb) de arquero; (*before n*) **~ area** área *f*‡ chica *or* de portería *or* de meta; **~ kick** saque *m* de puerta *or* de portería *or* (CS) de valla **2** (point) gol *m*; (*before n*) **~ scorer** goleador, -dora *m,f*

B (aim) meta *f*, objetivo *m*; **to reach** *o* **achieve one's ~** lograr *or* alcanzar* su (*or* mi *etc*) objetivo

goalie /'gəʊli/ *n* (colloq) ▸ **goalkeeper**

goal: **~keeper** *n* portero, -ra *m,f*, guardameta *mf*, arquero, -ra *m,f* (AmL); **~post** *n* poste *m* de la portería *or* (AmL tb) del arco; ***to move the ~posts*** (BrE) (change rules) cambiar las reglas de juego; (change target) cambiar de planes; **~tender** *n* (AmE) ▸ **~keeper**

goat /gəʊt/ *n* **1** [c] (Zool) cabra *f*; **billy ~** macho *m* cabrío; **nanny ~** cabra *f*; ***to get sb's ~*** exasperar *or* (fam) cabrear a algn, sacar* a algn de quicio **2** [u] (Culin) cabrito *m* **3** [c] (AmE) ▸ **scapegoat**

goatee (beard) /gəʊ'ti:/ *n* barbita *f* de chivo, perilla *f*, chiva *f* (AmL)

goatherd /'gəʊthɜ:rd ‖ 'gəʊthɜ:d/ *n* cabrero, -ra *m,f*

gob /gɑ:b ‖ gɒb/ *n*

A (AmE sl) **gobs** *pl* (large amount): **they have ~s of money** tienen un montón de lana (AmL fam)

B (BrE sl) **1** (mouth) bocaza *f* (fam), jeta *f* (AmL fam) **2** (spittle) escupitajo *m* (fam), escupo *m* (Chi, Ven fam)

gobbet /ˈgɑːbət || ˈgɒbɪt/ *n* (colloq) (chunk — of food) cacho *m* (fam), pedazo *m*; (— of poetry, prose) trozo *m*

gobble /ˈgɑːbəl || ˈgɒbəl/ *vt* ‹*food/meal*› engullirse*, zamparse (fam)

■ **gobble** *vi* «*turkey*» gluglutear

Phrasal verb

• **gobble up** [v ▸ o ▸ adv, v ▸ adv ▸ o] tragarse*, engullirse*

gobbledegook, gobbledygook /ˈgɑːbəldiˈguːk || ˈgɒbəldi,guːk/ *n* [u] (colloq & pej) jerigonza *f*

gobbler /ˈgɑːblə(r) || ˈgɒblə(r)/ *n* (colloq) pavo *m*

go-between /ˈgəʊbɪtwiːn/ *n* (intermediary) intermediario, -ria *m,f*, mediador, -dora *m,f*; (messenger) mensajero, -ra *m,f*

goblet /ˈgɑːblət || ˈgɒblɪt/ *n* copa *f*

goblin /ˈgɑːblən || ˈgɒblɪn/ *n* duende *m* travieso, trasgo *m*

gobsmacked /ˈgɑːbsmækt || ˈgɒbsmækt/ *adj* (BrE sl): **I was ~** me quedé patidifuso *or* patitieso (fam)

gobstopper /ˈgɑːb,stɑːpər || ˈgɒb,stɒpə(r)/ *n* (BrE) *caramelo grande*

god /gɑːd || gɒd/ *n*

A **God** 1 Dios *m*; **G~ bless (you)** que Dios te bendiga; **G~ willing** si Dios quiere, Dios mediante; ***G~ helps those who o as help themselves*** a Dios rogando y con el mazo dando, ayúdate que Dios te ayudará (AmL) 2 (*in interj phrases*) **G~!** ¡Dios (santo)!; **G~ Almighty!** ¡bendito sea Dios!; **oh, G~, *I* don't know!** ¡y yo qué sé!; **good G~, is that the time?** ¡uy Dios!, ¿ya es tan tarde?; **what will you do next? — G~ knows!** ¿y ahora qué vas a hacer? — ¡ni idea! *or* ¡(y) qué sé yo! *or* ¡sabe Dios!; **G~ only knows what they're doing in there!** ¡quién sabe qué estarán haciendo ahí dentro!; **I wish to G~ I hadn't come** ojalá no hubiera venido

B (deity, idol) dios *m*

C **gods** *pl* (Theat BrE) **the ~s** el gallinero, la galería

god: **~awful** /ˈgɑːdˈɔːfəl || ˈgɒd,ɔːfəl/ *adj* (colloq) espantoso, terrible; **~child** *n* ahijado, -da *m,f*

goddam¹, **goddamn** /ˈgɑːdæm || ˈgɒddæm/ *adj* (AmE sl) (*before n*) condenado (fam), maldito (fam)

goddam² *interj* (AmE sl) ¡maldición! (fam), ¡carajo! (vulg), ¡caray! (fam & euf)

goddaughter /ˈgɑːdˈdɔːtər || ˈgɒd,dɔːtə(r)/ *n* ahijada *f*

goddess /ˈgɑːdəs || ˈgɒdɪs/ *n* diosa *f*

god: **~father** /ˈgɑːdˈfɑːðər || ˈgɒd,fɑːðə(r)/ *n* padrino *m*; **~forsaken** /ˈgɑːdfərˈseɪkən || ˈgɒdfə,seɪkən/ *adj* (colloq) ‹*region/people*› dejado de la mano de Dios; ‹*town*› de mala muerte (fam); **~head** *n* (God) (liter) **the G~head** el Altísimo

godless /ˈgɑːdləs || ˈgɒdlɪs/ *adj* impío (frml)

godly /ˈgɑːdli || ˈgɒdli/ *adj* **-lier, -liest** piadoso, devoto

god: **~mother** /ˈgɑːdˈmʌðər || ˈgɒd,mʌðə(r)/ *n* madrina *f*; **~parent** /ˈgɑːdˈperənt || ˈgɒd,peərənt/ *n* (man) padrino *m*; (woman) madrina *f*; **my ~parents** mis padrinos; **~send** *n* bendición *f* (del cielo); **the check was a ~send** el cheque me (*or* nos *etc*) vino como caído del cielo; **~son** *n* ahijado *m*

-goer /,gəʊər || ,gəʊə(r)/ *suff*: **opera~s** los aficionados a *or* (CS tb) habitués de la ópera; *see also* **moviegoer, theatergoer**

gofer /ˈgəʊfər || ˈgəʊfə(r)/ *n* (AmE colloq) recadero, -ra *m,f*, mandadero, -ra *m,f* (AmL), milusos *mf* (Méx fam)

go-getter /ˈgəʊˈgetər || ,gəʊˈgetə(r)/ *n* (colloq): **she's a real ~** es de las que consiguen lo que se proponen

goggle /ˈgɑːgəl || ˈgɒgəl/ *vi* (pej) **to ~ AT sth/sb** mirar algo/a algn con los ojos desorbitados

goggle-eyed /ˈgɑːgəlˈaɪd || ˈgɒgəlˈaɪd/ *adj* (colloq): **he looked at me ~** me miró con los ojos abiertos como platos (fam)

goggles /ˈgɑːgəlz || ˈgɒgəlz/ *pl n* (Sport) gafas *fpl or* anteojos *mpl* (esp AmL) de esquí (*or* natación *etc*); (for welders) gafas *fpl* protectoras, anteojos *mpl* protectores (esp AmL)

go-go /ˈgəʊgəʊ/ *adj* (colloq) (*before n*)

A ‹*bar/dancer*› (a) gogó

B (dynamic) ‹*economy/plan*› que promete rápidos beneficios

going¹ /ˈgəʊɪŋ/ *n* (*no pl*)

A 1 (effort in walking, climbing): **once at the top, the ~ was easier** una vez en la cima, la marcha fue más fácil 2 (situation) situación *f*; **if I were you, I'd buy it while the ~ is good** yo que tú lo compraría ahora, aprovechando el buen momento; **when the ~ got rough** cuando las cosas se pusieron difíciles *or* (fam) feas 3 (progress): **that's pretty good ~** no está nada mal; **I found that lecture hard ~** me resultó difícil seguir la conferencia; **the novel was heavy ~** la novela era pesada

B (departure) partida *f*, marcha *f*

going² *adj* (*before n*) 1 (in operation) en marcha; **a ~ concern** (Busn) un negocio *or* una empresa en marcha 2 (present, current): **to pay above/below the ~ rate** pagar* por encima/debajo de lo normal; **that's the ~ rate** es lo que se suele cobrar/pagar

going: **~-over** /ˈgəʊɪŋˈəʊvər || ,gəʊɪŋˈəʊvə(r)/ *n* (*pl* **~s-over**) 1 (examination, check) revisión *f*; **the police gave the house a thorough ~-over** la policía registró la casa de arriba a abajo 2 (cleaning) limpieza *f*; (superficial) pasada *f* (fam) 3 (beating up) (sl) paliza *f*, repaso *m* (Esp fam); **~s-on** /ˈgəʊɪŋzˈɑːn || ,gəʊɪŋzˈɒn/ *pl n* (colloq) 1 (dubious conduct) tejemanejes *mpl* (fam) 2 (happenings) sucesos *mpl*; **there were strange ~s-on at the mansion** estaban pasando cosas raras en la mansión

goiter, (BrE) **goitre** /ˈgɔɪtər || ˈgɔɪtə(r)/ *n* [u c] bocio *m*

go-kart /ˈgəʊkɑːrt || ˈgəʊkɑːt/ *n* (esp BrE) ▸**kart¹**

go-karting /ˈgəʊkɑːrtɪŋ || ˈgəʊkɑːtɪŋ/ *n* [u] karting *m*

gold /gəʊld/ *n*

A 1 [u] oro *m*; (money) (monedas *fpl* de) oro *m*; ***as good as ~***: **they've been as good as ~** se han portado muy bien *or* como unos santos; ***to strike ~*** dar* con una mina de oro; ***all that glitters o glisters is not ~*** no es oro todo lo que reluce, no todo lo que brilla es oro; (*before n*) ‹*ring/medal*› de oro 2 [c u] (medal) (colloq) medalla *f* de oro

B [u] (color) dorado *m*, color *m* (de) oro

gold: **~brick** *vt* (AmE colloq) timar (fam), estafar; **~digger** *n* 1 (woman) (colloq & pej) cazafortunas *f* (fam & pey) 2 (Min) buscador, -dora *m,f* de oro; **~ dust** *n* [u] oro *m* en polvo, polvo *m* de oro; ***to be like ~ dust*** (esp BrE) ser* dificilísimo de conseguir

golden /ˈgəʊldən/ *adj*

A 1 (made of gold) de oro 2 (in color) dorado

B 1 (happy, prosperous) ‹*years*› dorado 2 (excellent): **a ~ opportunity** una excelente oportunidad

golden: **~ age** *n* época *f* dorada, edad *f* de oro; **the G~ Age of Spanish literature** el Siglo de Oro; **~ eagle** *n* águila *f*‡ real; **~ handshake** *n* (BrE) gratificación *f* (*por fin de servicio*); **~ jubilee** *n* cincuentenario *m*; **~ oldie** /ˈəʊldi/ *n* (colloq & hum) viejo éxito *m*; **~ rule** *n* regla *f* de oro; **~ syrup** *n* (BrE) miel *f or* melaza *f* de caña (*usada en repostería*); **~ wedding (anniversary)** *n* bodas *fpl* de oro

gold: **~field** *n* yacimiento *m* de oro; **~finch** *n* (in Europe) jilguero *m*; (in North America) lugano *m*; **~fish** *n* (*pl* **-fish** *or* **-fishes**) pececito *m* (rojo); (plural) peces *mpl* de colores; **~fish bowl** *n* pecera *f* (*redonda*); **~ leaf** *n* [u] oro *m* batido, pan *m* de oro; **~ mine** *n* mina *f* de oro; **~ plate** *n* [u] (coating) baño *m* de oro; **~-plated** /ˈgəʊldˈpleɪtəd || ,gəʊldˈpleɪtɪd/ *adj* chapado *or* enchapado *or* bañado en oro; **~ rush** *n* fiebre *f* del oro; **~smith** *n* orfebre *mf*

golf /gɑːlf || gɒlf/ *n* [u] golf *m*

golf: **~ ball** *n* 1 (Sport) pelota *f* de golf 2 (on typewriter) (BrE) bola *f or* esfera *f* de impresión; **~ club** *n* 1 (stick) palo *m* de golf 2 (place) club *m* de golf; **~ course** *n* campo *m or* (AmL tb) cancha *f* de golf

golfer /ˈgɑːlfər || ˈgɒlfə(r)/ *n* golfista *mf*

golfing /ˈgɑːlfɪŋ || ˈgɒlfɪŋ/ *adj* (*before n*) del (deporte del) golf; **he went on a ~ vacation** se fue de vacaciones a un lugar especial para jugar al golf

golly /ˈgɑːli || ˈgɒli/ *interj* (colloq & dated) ¡caray! (fam & euf), ¡recórcholis! (fam & ant)

gondola /ˈgɑːndələ || ˈgɒndələ/ *n* góndola *f*

gone¹ /gɔːn || gɒn/ *past p of* **go¹**

gone² *adj* (*pred*)

A 1 (not here): **my briefcase is ~!** ¡se me ha desaparecido la cartera!; **how long has she been ~?** ¿cuánto hace que se fue? 2 (past): **those days are (long) ~** de eso hace ya mucho, ha llovido mucho desde entonces; **~ are the days when one could ...** ya no se puede ... 3 (used up): **the money is all ~** se ha acabado el dinero, no queda nada de dinero 4 **far gone**: **he was too far ~ for us to**

g

be able to revive him era ya demasiado tarde para poder salvarlo; **things are too far ~ to avoid a strike** las cosas han llegado demasiado lejos, no se puede evitar la huelga; **he was pretty far ~** (drunk) (colloq) había bebido bastante más de la cuenta

B (pregnant) (colloq): **she's six months ~** está de seis meses (fam)

gone³ *prep* (BrE): **it's just ~ five** acaban de dar las cinco

goner /ˈgɔːnər || ˈgɒnə(r)/ *n* (sl): **if you move, you're a ~** si te mueves, eres hombre muerto (fam)

gong /gɑːŋ || gɒŋ/ *n* gong *m*

gonna /gənə || ˈgɒnə/ (colloq) (**= going to**) *see* **go¹** *v aux*

gonorrhea, (BrE) **gonorrhoea** /ˈgɑːnəˈriːə || ˌgɒnəˈrɪə/ *n* [u] gonorrea *f*

goo /guː/ *n* [u] (colloq) mugre *f*, porquería *f*; **the baby has got ~ all over his face** el niño tiene toda la cara pringada *or* (esp AmL) chorreada

good¹ /gʊd/ *adj* (*comp* **better**; *superl* **best**) [*The usual translation,* **bueno**, *becomes* **buen** *when it is used before a masculine singular noun*]

Sense **I**

A ⟨*food/quality/book*⟩ bueno; **it smells ~** huele bien, tiene rico *or* buen olor (AmL); **it looks ~** tiene buen aspecto; **her French is very ~** habla muy bien (el) francés; **in ~ condition** en buen estado; **this hotel is as ~ as any you'll find here** este hotel es de los mejores que hay por aquí; ***to make ~ sth***: **they undertook to make ~ the damage to the car** se comprometieron a hacerse cargo de la reparación del coche; **our losses were made ~ by the company** la compañía nos compensó las pérdidas; **to make ~ one's escape** lograr huir

B (creditable) ⟨*work/progress/results*⟩ bueno; **they've made a very ~ start** han empezado muy bien; **at least he had a ~ try** por lo menos lo intentó

C (opportune, favorable) ⟨*moment/day/opportunity*⟩ bueno; **is this a ~ time to phone?** ¿es buena hora para llamar?; **it's a ~ job nobody was listening** (colloq) menos mal que nadie estaba escuchando

D (advantageous, useful) ⟨*deal/offer/advice*⟩ bueno; **she's a ~ person to have around** es una persona que conviene tener cerca; **burn it; that's all it's ~ for** quémalo, no sirve para otra cosa; **it's a ~ idea to let them know in advance** convendría *or* no sería mala idea avisarles de antemano; **~ idea!, ~ thinking!** ¡buena idea!

E (pleasant) bueno; **to be in a ~ mood** estar* de buen humor; **I hope you have a ~ time in London** espero que te diviertas *or* que lo pases bien en Londres; **did you have a ~ flight?** ¿qué tal el vuelo?; **it's ~ to be back home** ¡qué alegría estar otra vez en casa!

F (healthy, wholesome) ⟨*diet/habit/exercise*⟩ bueno; **he is in ~ health** está bien de salud; **I'm not feeling too ~** (colloq) no me siento *or* no me encuentro muy bien; **spinach is ~ for you** las espinacas son buenas para la salud *or* son muy sanas; **he drinks more than is ~ for him** bebe demasiado *or* más de la cuenta; **she has been ~ for him** ella le ha hecho mucho bien

G (attractive): **she's got a ~ figure** tiene buena figura *or* buen tipo; **that dress looks really ~ on her** ese vestido le queda *or* le sienta muy bien

H 1 (in greetings): **~ morning** buenos días, buen día (RPl); **~ afternoon** buenas tardes 2 (in interj phrases): **~! now to the next question** bien, pasemos ahora a la siguiente pregunta; **~ for you!** bien hecho; **~ God!** ¡Dios mío!; **~ heavens!** ¡Santo Cielo!; **~ grief/gracious!** ¡por favor!; **very ~, sir/madam** (frml) lo que mande el señor/la señora (frml) 3 (for emphasis) (colloq): **I'll do it when I'm ~ and ready** lo haré cuando me parezca; **the water's ~ and hot** el agua está bien caliente 4 **as good as**: **it's as ~ as new** está como nuevo; **he as ~ as admitted it** prácticamente lo admitió

Sense **II**

A (skilled, competent) bueno; **he's no ~ in emergencies** en situaciones de emergencia no sabe qué hacer; **she's very ~ in the kitchen** cocina muy bien; **to be ~ AT sth/-ING**: **to be ~ at languages** tener* facilidad para los idiomas; **he's ~ at ironing** plancha muy bien; **he is ~ with dogs/children** tiene buena mano con *or* sabe cómo tratar a los perros/los niños; **she is ~ with her hands** es muy habilidosa *or* mañosa

B (devoted, committed) bueno; **a ~ Catholic/socialist** un buen católico/socialista

C 1 (virtuous, upright) bueno; **the G~ Book** la Santa Biblia 2 (well-behaved) bueno; **be ~** sé bueno, pórtate bien; **~ boy!** ¡muy bien!

D (kind) bueno; **to be ~ TO sb**: **she was very ~ to me** fue muy amable conmigo, se portó muy bien conmigo; **it was very ~ of you to come** muchas gracias por venir; **~ old Pete** el bueno de Pete

E (decent, acceptable) bueno; **~ manners** buenos modales *mpl*; **to have a ~ reputation** tener* buena reputación

F (sound) ⟨*customer/payer*⟩ bueno; **this ticket is ~ for another week** este billete vale para una semana más; **this car's ~ for a few years yet** a este coche todavía le quedan unos cuantos años por delante

G (valid) ⟨*argument/excuse*⟩ bueno; **it's not ~ enough to say you can't do it** no basta con decir que no puedes hacerlo; **it's simply not ~ enough!** ¡esto no puede ser!, ¡esto es intolerable!

Sense **III**

A (substantial, considerable) ⟨*meal/salary/distance*⟩ bueno; **she's making ~ money** está haciendo mucho dinero; **there were a ~ many people there** había bastante gente *or* un buen número de personas allí

B (not less than): **it'll take a ~ hour** va a llevar su buena hora *or* una hora larga; **a ~ half of all the people interviewed** más de la mitad de los entrevistados

C (thorough, intense) ⟨*rest/scolding*⟩ bueno; **I had a ~ night's sleep** dormí bien

good² *n*

A 1 [u] (moral right) bien *m*; **to do ~** hacer* el bien; **there is some ~ in everyone** todos tenemos algo bueno; **to be up to no ~** (colloq) estar* tramando algo, traerse* algo entre manos 2 (people) **the ~** (+ *pl vb*) los buenos

B [u] 1 (benefit) bien *m*; **for the ~ of sb/sth** por el bien de algn/algo; **no ~ will come of it** nada bueno saldrá de ello; **to do sb/sth ~** hacerle* bien a algn/algo; **lying won't do you any ~ at all** mentir no te llevará a ninguna parte, no ganarás *or* no sacarás nada con mentir 2 (use): **this knife is no ~ (at all)** este cuchillo no sirve (para nada); **are you any ~ at drawing?** ¿sabes dibujar?; **this book is no ~** este libro no vale nada 3 (in phrases): **for good** para siempre

C **goods** *pl* 1 (merchandise) artículos *mpl*, mercancías *fpl*, mercaderías *fpl* (AmS); **manufactured ~s** productos *mpl* manufacturados, manufacturas *fpl*; ***to come up with*** *o* ***deliver the ~s*** (colloq) cumplir con lo prometido; (*before n*) ⟨*train/wagon*⟩ (BrE) de carga; ⟨*depot*⟩ de mercancías, de mercaderías (AmS) 2 (property) (frml) bienes *mpl*; **all his worldly ~s** todas sus posesiones

good³ *adv*

A (*as intensifier*): **it's been a ~ long while since ...** ha pasado su buen tiempo desde ...; **you messed that up ~ and proper, didn't you?** (BrE colloq) metiste bien la pata, ¿no? (fam)

B (AmE colloq) (well, thoroughly) bien

goodbye¹, (AmE also) **goodby** /ˈgʊdˈbaɪ/ *interj* ¡adiós!, ¡chao! *or* ¡chau! (esp AmL)

goodbye², (AmE also) **goodby** *n*: **to say ~ to sb** decirle* adiós a algn; **they waved us ~** nos hicieron adiós con la mano; **they kissed me ~** me despidieron con un beso; **to say one's ~s** despedirse*; ***to say*** *o* ***kiss ~ to sth*** decirle* adiós a algo, despedirse* de algo

good-for-nothing¹ /ˈgʊdfərˈnʌθɪŋ || ˈgʊdfəˌnʌθɪŋ/ *n* inútil *mf*, gandul, gandula *m,f*

good-for-nothing² *adj* que no sirve para nada, inútil

good: **~ Friday** *n* Viernes *m* Santo; **~-humored**, (BrE) **~-humoured** /ˈgʊdˈhjuːmərd || ˌgʊdˈhjuːməd/ *adj* ⟨*person*⟩ (permanent characteristic) alegre, jovial; (in good mood) de buen humor; ⟨*joke*⟩ sin mala intención; **~-looking** /ˈgʊdˈlʊkɪŋ/ *adj* ⟨*man*⟩ buen mozo (esp AmL), guapo (esp Esp); **a ~looking woman** una mujer bonita *or* (esp Esp) guapa; **~-luck** /ˈgʊdˈlʌk/ *adj*: **~-luck charm** amuleto *m*, talismán *m* (*de la buena suerte*); **~-natured** /ˈgʊdˈneɪtʃərd || ˌgʊdˈneɪtʃəd/ *adj* (as permanent characteristic) bueno, de natural bondadoso; **he was remarkably ~-natured about it** se lo tomó muy bien

goodness /ˈgʊdnəs || ˈgʊdnɪs/ *n* [u]

A 1 (moral worth) bondad *f*; **he did it out of the ~ of his**

heart lo hizo de lo bondadoso *or* bueno que es **2** (of food) valor *m* nutritivo

B (*in interj phrases, as intensifier*): **(my) ~!** ¡Dios (mío)!; **~ me/gracious!** ¡Dios mío!, ¡válgame Dios!; **I hope to ~ he'll be all right** ojalá *or* Dios quiera que no le pase nada; ▸**sake 3, thank 3**

good: **~night** /'gʊd'naɪt/ *n* buenas noches *fpl*; **~ Samaritan** *n* buen samaritano, buena samaritana *m,f*; **~-sized** /'gʊd'saɪzd/ *adj* grande, de buen tamaño; **~will** /'gʊd'wɪl/ *n* [u] **1** (benevolence) buena voluntad *f*; (*before n*) ‹*mission/gesture*› conciliador **2** (Busn, Fin) fondo *m* de comercio, llave *f* (CS)

goody¹ /'gʊdi/ *n* (*pl* **-dies**) (colloq)
A **goodies** *pl* (food) cosas *fpl* ricas
B (hero) bueno, -na *m,f* (fam)

goody² *interj* (used esp by children) ¡viva! (fam), ¡yupi! (fam)

goody-goody /'gʊdi,gʊdi/ *n* (*pl* **goody-goodies**) (colloq & pej) santito, -ta *m,f* (fam y pey)

gooey /'gu:i/ *adj* **gooier, gooiest** (colloq) (sticky) pegajoso; (sentimental) empalagoso, sensiblero

goof¹ /gu:f/ *n* (sl) (blunder) pifia *f* (fam), embarrada *f* (AmS fam)

goof² *vi* (sl) pifiarla (fam), embarrarla (AmS fam), regarla* (Méx fam)

Phrasal verbs
- **goof around** [v ▸ adv] (AmE colloq) gansear (fam), hacer* gansadas (fam)
- **goof off** [v ▸ adv] (AmE colloq) holgazanear, flojear
- **goof up** [v ▸ o ▸ adv, v ▸ adv ▸ o] (esp AmE colloq) arruinar, fastidiar (Esp fam)

goofball /'gu:fbɔ:l/ *n* (AmE sl) memo, -ma *m,f* (fam)

goof-up /'gu:fʌp/ *n* (AmE colloq) metedura *f or* (AmL) metida *f* de pata

goofy /'gu:fi/ *adj* **-fier, -fiest** (sl) (AmE) (stupid) ‹*person*› memo (fam), tontorrón (fam); ‹*smile*› bobalicón (fam)

goon /gu:n/ *n* (colloq)
A (silly person) ganso, -sa *m,f* (fam)
B (AmE) (thug) matón *m*, guarura *m* (Méx)

goose /gu:s/ *n* (*pl* **geese**) **1** [c] (Zool) oca *f*, ganso *m*; ***to cook sb's ~***: **that's cooked his ~** eso le servirá de lección; ***to kill the ~ that lays the golden egg(s)*** matar la gallina de los huevos de oro **2** [u] (Culin) ganso *m*

goose: **~berry** /'gu:s,beri || 'gʊzbəri/ *n* (Bot) **1** (berry) grosella *f* espinosa, uva *f* espina **2** **~berry (bush)** grosellero *m* espinoso; **I found him/her under a ~berry bush** (BrE euph *or* hum) lo/la trajo la cigüeña (euf *o* hum); **3** (unwanted third person) (BrE colloq) carabina *f* (fam), chaperón, -rona *m,f*, violinista *mf* (Chi fam); **to play ~berry** hacer* de carabina (Esp fam), tocar* el violín (Chi fam); **~ bumps** *pl n* (AmE colloq), **~flesh** *n*, **~ pimples** *pl n* carne *f* de gallina

gopher /'gəʊfər || 'gəʊfə(r)/ *n*
A (Zool) **1** (rodent) taltuza *f* **2** (ground squirrel) ardilla *f* de tierra
B (AmE) ▸**gofer**

gore¹ /gɔ:r || gɔ:(r)/ *n* [u] (blood) sangre *f* (*derramada*)

gore² *vt* cornear

gorge¹ /gɔ:rdʒ || gɔ:dʒ/ *n*
A (ravine) (Geog) desfiladero *m*, cañón *m*
B (throat) (arch): ***to make sb's ~ rise*** (liter) producirle* náuseas a algn

gorge² *v refl* **to ~ oneself** atiborrarse *or* (fam) atracarse* de comida; **to ~ oneself ON *o* WITH sth** atiborrarse DE algo, pegarse* un atracón DE algo (fam)

gorgeous /'gɔ:rdʒəs || 'gɔ:dʒəs/ *adj* **1** (lovely) (colloq) ‹*girl*› precioso, guapísimo; ‹*dress*› precioso, divino; ‹*day*› maravilloso, espléndido **2** (splendid) ‹*color*› magnífico

gorgeously /'gɔ:rdʒəsli || 'gɔ:dʒəsli/ *adv* (sumptuously) ‹*arrayed*› magníficamente, suntuosamente

gorgon /'gɔ:rgən || 'gɔ:gən/ *n* **1** **Gorgon** (Myth) gorgona *f* **2** (fierce woman) arpía *f*

gorilla /gə'rɪlə/ *n* gorila *m*

gormless /'gɔ:rmləs || 'gɔ:mlɪs/ *adj* (BrE colloq) idiota, corto (de entendederas) (fam)

gorse /gɔ:rs || 'gɔ:s/ *n* [u] aulaga *f*, tojo *m*

gory /'gɔ:ri/ *adj* **gorier, goriest** (sensational, violent) (colloq) ‹*scene*› sangriento; **I won't go into all the ~ details** no voy a entrar en detalles morbosos

gosh /gɑ:ʃ || gɒʃ/ *interj* (colloq) ¡(mi) Dios!, ¡Dios mío!

goshawk /'gɑ:shɔ:k || 'gɒshɔ:k/ *n* azor *m*

gosling /'gɑ:zlɪŋ || 'gɒzlɪŋ/ *n* ansarino *m* (*cría de la oca o ganso*)

go-slow /'gəʊsləʊ/ *n* (BrE) huelga *f* pasiva, trabajo *m* a reglamento (CS), huelga *f* de celo (Esp)

gospel /'gɑ:spəl || 'gɒspəl/ *n*
A [c] **Gospel** (Bib, Relig) (in New Testament) evangelio *m*
B **1** (Christian teaching) (*no pl*) Evangelio *m*; **to preach/spread the ~** predicar*/difundir el Evangelio; (*before n*) ‹*temple/minister*› (in US) evangelista **2** [c] (doctrine) doctrina *f*, evangelio *m* **3** [u] **~ (truth)** (colloq): **he takes everything she says as ~ (truth)** para él, todo lo que dice ella es santa palabra; **it's ~ (truth)** es la pura verdad
C [u] **~ (music)** (Mus) gospel *m*

gossamer /'gɑ:səmər || 'gɒsəmə(r)/ *n* [u] (liter) telaraña *f*; (*before n*) ‹*threads*› tenue, sutil

gossip¹ /'gɑ:səp || 'gɒsɪp/ *n* **1** [u] (speculation, scandal) chismorreo *m* (fam), cotilleo *m* (Esp fam); **it's just idle ~** sólo son habladurías; **an interesting piece of ~** un chisme interesante; (*before n*) **~ column** crónica *f* de sociedad; **~ columnist** cronista *mf* de sociedad **2** [c u] (chat): **to have a ~ with sb** chismorrear (fam) *or* (Esp tb) cotillear con algn **3** [c] (person) chismoso, -sa *m,f* (fam), cotilla *mf* (Esp fam)

gossip² *vi* **1** (chatter) chismorrear (fam), cotillear (Esp fam) **2** (spread tales) contar* chismes

gossipy /'gɑ:səpi || 'gɒsɪpɪ/ *adj* **1** ‹*magazine*› de chismografía (fam); **a ~ letter** una carta llena de chismes **2** ‹*person*› chismoso (fam)

got /gɑ:t || gɒt/
A *past & past p of* **get**
B (crit) *pres of* **have**

Goth /gɑ:θ || gɒθ/ *n* godo, -da *m,f*

Gothic /'gɑ:θɪk || 'gɒθɪk/ *adj* (Archit, Lit) gótico

gotta /'gɑ:tə || 'gɒtə/ (sl) **(= have got to)**: **I ~ go** me tengo que ir

gotten /'gɑ:tn̩ || 'gɒtn̩/ (AmE) *past p of* **get**

gouge /gaʊdʒ/ *vt* (cut out) ‹*hole*› abrir*, hacer*

Phrasal verb
- **gouge out** [v ▸ o ▸ adv, v ▸ adv ▸ o] sacar*, arrancar*

gourd /gʊrd, gɔ:rd || gʊəd/ *n* (Bot) calabaza *f*, jícaro *m* (AmC, Col, Méx)

gourmand /'gʊrmɑ:nd || 'gʊəmənd/ *n* (frml) **1** (heavy eater) glotón, -tona *m,f* **2** ▸**gourmet**

gourmet /'gʊrmeɪ || 'gʊəmeɪ/ *n* gourmet *mf*, gastrónomo, -ma *m,f*

gout /gaʊt/ *n* [u] gota *f*

Gov (US title) **= Governor**

govern /'gʌvərn || 'gʌvən/ *vt*
A **1** (rule) gobernar* **2** (determine) determinar; **the laws ~ing trade practices** las leyes que regulan la práctica comercial **3** **governing** *pres p* ‹*party*› de gobierno; ‹*principle*› rector; **~ing body** organismo *m* rector
B (Ling) ‹*case*› regir*
■ **govern** *vi* gobernar*

governess /'gʌvərnəs || 'gʌvənɪs/ *n* institutriz *f*, gobernanta *f*

government /'gʌvərnmənt || 'gʌvənmənt/ *n* **1** [u] (permanent structure) gobierno *m*, estado *m*; **to be in ~** (BrE) estar* en el poder **2** [u c] (administration) gobierno *m*, régimen *m*; **~ owned** estatal, del Estado, público; (*before n*) **~ department** ministerio *m or* (Méx) secretaría *f*; **~ policy** política *f* gubernamental

governmental /'gʌvərn'mentl̩ || ,gʌvən'mentl̩/ *adj* **1** (of government) ‹*system*› de gobierno **2** (by government) ‹*interference*› gubernamental, estatal

government issue *adj* (esp AmE) ‹*equipment*› de dotación estatal; ‹*stock*› del Estado, del Tesoro

governor /'gʌvənər || 'gʌvənə(r)/ *n*
A (of state, province, colony) gobernador, -dora *m,f*
B (of institution): **prison ~** (BrE) director, -tora *m,f* (*de una cárcel*); **school ~** (BrE) *miembro de un consejo escolar*

Governor General *n* **1** (in British Commonwealth) Gobernador, -dora *m,f* General **2** (chief administrator) (BrE) director, -tora *m,f* general

govt = government

gown /gaʊn/ *n*
A [1] (dress) vestido *m*; **evening/wedding ~** traje *m* de fiesta/novia [2] (*night~*) (AmE) camisón *m*
B [1] (Educ, Law) toga *f* [2] (Med) bata *f*

GP *n* (**= general practitioner**) médico, -ca *m,f* de medicina general; **my/his ~** mi/su médico de cabecera

GPO *n* [1] (in US) **= Government Printing Office** [2] (in US, formerly in UK) **= General Post Office**

gr (**= gram(s)**) gr., g.

grab¹ /græb/ **-bb-** *vt* [1] (seize) ‹*rope/hand*› agarrar; ‹*chance*› aprovechar; **he ~bed me by the arm** me agarró del brazo [2] (appropriate) ‹*land*› apropiarse de, apoderarse de; ‹*money*› llevarse [3] (eat, take hurriedly) (colloq): **I'll just ~ a hamburger somewhere** me comeré una hamburguesa en algún sitio por ahí; **~ a seat** agárrate un asiento (AmL fam), coge asiento (Esp) [4] (appeal to) (colloq) ‹‹*idea*›› atraer*; **how does that ~ you?** ¿qué te parece?
■ **grab** *vi*: **don't ~, wait your turn** no arrebates, espera que te toque a ti; **to ~ AT sth**: **she ~bed at the rope** trató de agarrar la cuerda

grab² *n* (snatch): **to make a ~ for sth** tratar de agarrar algo; ***up for ~s*** (colloq): **the job is up for ~s** el puesto está vacante *or* libre

grace¹ /greɪs/ *n*
A [u] (elegance — of movement) gracia *f*, garbo *m*; (— of expression, form) elegancia *f*
B [1] [u] (courtesy) cortesía *f*, gentileza *f* [2] [u] (good nature): **to do sth with (a) good/bad ~** hacer* algo de buen talante/a regañadientes; **in good ~** (AmE) con la conciencia tranquila [3] [c] (good quality): **her saving ~ is her sense of humor** lo que la salva es que tiene sentido del humor; **social ~s** modales *mpl*
C [u] (Relig) [1] (mercy) gracia *f*; **by the ~ of God ...** gracias a Dios ...; ***to fall from ~*** (lose favor) caer* en desgracia, (Relig) perder* la gracia divina [2] (prayer): **to say ~** (before a meal) bendecir* la mesa; (after a meal) dar* las gracias por la comida
D [u] (respite) gracia *f*; **16 days' ~, 16 days of ~** (BrE Law) 16 días de gracia
E [c] (as title): **his G~ the Archbishop of York** Su Eminencia el Arzobispo de York; **Your G~** (to duke etc) Excelencia; (to bishop) Ilustrísima

grace² *vt* (liter) adornar; **she ~d the event with her presence** honró el acto con su presencia

graceful /ˈgreɪsfəl/ *adj* [1] ‹*dancer/movement*› lleno de gracia, grácil (liter); ‹*style*› elegante [2] ‹*apology*› digno

gracefully /ˈgreɪsfəli/ *adv* ‹*move/dance*› con gracia *or* garbo, con gracilidad (liter)

gracefulness /ˈgreɪsfəlnəs ‖ ˈgreɪsfəlnɪs/ *n* [u] (of movement) gracia *f*, gracilidad *f* (liter)

graceless /ˈgreɪsləs ‖ ˈgreɪslɪs/ *adj* [1] (ill-mannered) tosco, descortés [2] (inelegant) desgarbado, poco elegante

gracious¹ /ˈgreɪʃəs/ *adj*
A [1] ‹*smile/act*› gentil, cortés [2] (merciful) misericordioso
B ‹*lifestyle*› refinado, elegante

gracious² *interj*: **(good** *o* **goodness) ~!** ¡Dios Santo!, ¡válgame Dios!

graciously /ˈgreɪʃəsli/ *adv*
A [1] ‹*smile/apologize*› gentilmente [2] (generously) (frml): **His Royal Highness has ~ agreed to ...** Su Alteza ha tenido la deferencia de acceder a ...
B ‹*live*› con elegancia

grad /græd/ *n* (AmE colloq) ▸**graduate²**

gradation /greɪˈdeɪʃən ‖ grəˈdeɪʃən/ *n* [c u] (frml) gradación *f*

grade¹ /greɪd/ *n*
A [1] (quality) calidad *f*; (degree, level): **it divides hotels into four ~s** divide a los hoteles en cuatro categorías; **~ A** *o* **~ 1 tomatoes** tomates *mpl* de la mejor calidad *or* de primera [2] (in seniority) grado *m* (*del escalafón*); (Mil) rango *m*; ***to make the ~*** (colloq) (reach required level) alcanzar* el nivel requerido/necesario; (succeed) tener* éxito, triunfar
B (Educ) [1] (class) (AmE) grado *m*, año *m*, curso *m* [2] (in exam) nota *f*, calificación *f*
C (gradient) (AmE) cuesta *f*

grade² *vt*
A [1] (classify) clasificar* [2] (order in ascending scale) ‹*exercise/questions*› ordenar por grado de dificultad [3] (mark) (AmE) ‹*test/exercise*› corregir* y calificar*; **I've ~d her B** le puse una B [4] **graded** *past p* ‹*produce*› clasificado; ‹*tests/exercises*› (BrE) escalonados por grado de dificultad
B (make more level) ‹*surface/soil*› (AmE) nivelar

grade crossing *n* (AmE) paso *m* a nivel, crucero *m* (Méx)

grader /ˈgreɪdər ‖ ˈgreɪdə(r)/ *n* (student) (AmE): **a sixth ~** un alumno de sexto grado *or* año

grade school *n* (AmE) escuela *f* primaria

gradient /ˈgreɪdiənt/ *n* [1] (slope) pendiente *f*, gradiente *f* (AmL) [2] (Math, Phys) gradiente *m*

grading /ˈgreɪdɪŋ/ *n* [1] [c u] (classification) clasificación *f* [2] [u] (AmE Educ) calificación *f*

gradual /ˈgrædʒuəl/ *adj* ‹*improvement*› gradual, paulatino; ‹*slope*› no muy empinado

gradually /ˈgrædʒuəli/ *adv* ‹*improve*› gradualmente, paulatinamente, poco a poco; ‹*rise/slope*› suavemente

graduate¹ /ˈgrædʒueɪt/ *vi*
A (Educ) [1] (from a college, university) terminar la carrera, recibirse (AmL), graduarse*; (obtain bachelor's degree) licenciarse; **she ~d from Cambridge in 1974** se licenció en *or* (Esp) por la Universidad de Cambridge en 1974 [2] (from high school) (AmE) terminar el bachillerato, recibirse de bachiller (AmL)
B (progress) **to ~ (FROM sth) TO sth** pasar (DE algo) A algo
■ **graduate** *vt*
A [1] ‹*flask/test tube*› (frml) graduar* [2] ‹*payments/contributions*› escalonar
B (Educ) (AmE) ‹*student*› conferirle* el título a

graduate² /ˈgrædʒuət/ *n* [1] (from higher education) *persona con título universitario*; (with a bachelor's degree) licenciado, -da *m,f*; (*before n*) ‹*course/student*› de posgrado *or* postgrado; **he went to ~ school** (AmE) hizo un curso de posgrado [2] (from high school) (AmE) bachiller *mf*

graduated /ˈgrædʒueɪtəd ‖ ˈgrædʒueɪtɪd/ *adj* [1] (progressive) ‹*scale*› graduado; ‹*payments*› escalonado [2] (calibrated) ‹*flask/test tube*› graduado

graduation /ˈgrædʒuˈeɪʃən/ *n* [u] (Educ) (graduating) graduación *f*; (ceremony) graduación *f*, ceremonia *f* de graduación *or* de entrega de títulos; (from high school) (AmE) graduación *f* (*ceremonia celebrada al finalizar el bachillerato en EEUU*)

graffiti /grəˈfiːti/ *n* (+ *sing o pl vb*) graffiti *mpl*

graft¹ /græft ‖ grɑːft/ *vt* (Hort) injertar
■ **graft** *vi* (work hard) (BrE colloq) reventarse* trabajando (fam), currar (Esp fam), camellar (Col fam), laburar como loco (RPl arg), chambearle duro (Méx fam)

graft² *n*
A [c] (Hort, Med) injerto *m*
B [u] (bribery, corruption) (AmE colloq) chanchullos *mpl* (fam)
C [u] (hard work) (BrE colloq): **it's been hard ~** ha sido mucho trabajo, ha habido que currar *or* (Col) camellar un montón (fam), hubo que chambearle duro (Méx fam), fue un laburo bárbaro (RPl arg), ha sido mucha pega (Andes fam)

grafter /ˈgræftər ‖ ˈgrɑːftə(r)/ *n*
A (corrupt person) (AmE colloq) chanchullero *m* (fam)
B (hard worker) (BrE colloq) persona *f* trabajadora

graham cracker /ˈgreɪəm/ *n* (AmE) galleta *f* integral, Granola® *f* (Esp)

grail /greɪl/ *n* (*holy ~*) (santo) grial *m*

grain /greɪn/ *n*
A [c] (of cereal, salt, sugar, sand) grano *m*; **there's not a ~ of truth in what he says** no hay ni pizca de verdad en lo que dice; ▸**salt¹ 1**
B [u] (Agr) grano *m*, cereal *m*
C [u] (of wood — pattern) veta *f*, veteado *m*; (— texture) grano *m*; **against the ~** (in carpentry) contra el hilo; ***to go against the ~***: **it goes against the ~ for me to support them** apoyarlos va en contra de mis principios

grainy /ˈgreɪni/ *adj* **-nier, -niest** [1] ‹*surface/wood*› veteado [2] ‹*photograph*› en que se nota mucho el grano

gram, (BrE also) **gramme** /græm/ *n* gramo *m*

grammar /ˈgræmər ‖ ˈgræmə(r)/ *n* [1] [u] gramática *f* [2] [c] **~ (book)** gramática *f*

grammarian /grəˈmeriən ‖ grəˈmeəriən/ *n* gramático, -ca *m,f*

grammar school *n* [1] (in US) ▸**elementary school** [2] (in UK) *colegio de enseñanza secundaria para ingresar al cual hay que aprobar un examen de aptitud*

grammatical /grəˈmætɪkəl/ *adj* 1 (of grammar) gramatical 2 (correct) gramaticalmente correcto

grammatically /grəˈmætɪkli/ *adv* 1 ‹*correct*› gramaticalmente 2 (correctly) ‹*speak/write*› correctamente

gramme /græm/ *n* (BrE) ▸**gram**

gramophone /ˈgræməfəʊn/ *n* (BrE dated) gramófono *m* (ant)

gramps /græmps/ *n* (AmE colloq) abuelo *m*

gran /græn/ *n* (BrE colloq) abuela *f*, nana *f*, yaya *f* (esp Esp)

granary /ˈgreɪnəri, ˈgrænəri || ˈgrænəri/ *n* (*pl* **-ries**) granero *m*

Granary® *adj* ‹*bread/flour*› *con granos de trigo malteado*

grand¹ /grænd/ *adj* **-er, -est**

A 1 (impressive) magnífico, espléndido; **on a ~ scale** en gran escala 2 (ostentatious) ‹*gesture*› grandilocuente; ‹*entrance*› triunfal 3 (ambitious, lofty) ‹*vision*› grandioso; ‹*ideal*› elevado 4 (overall) (*before n, no comp*) global; **the ~ total** el total

B 1 (formal, ceremonial) ‹*opening/occasion*› solemne 2 (socially important) (*sing*) gran (*delante del n*); (*pl*) grandes (*delante del n*)

C (very good) (colloq) ‹*day/weather*› espléndido, fabuloso

grand² *n*

A (piano) piano *m* de cola; **baby ~** piano *m* de media cola

B (*pl* **grand**) (1000 dollars, pounds) (sl): **he paid six ~ for the car** el coche le costó seis mil

grandad /ˈgrændæd/ *n* abuelo *m*

grand: **~ Canyon** *n* **the G~ Canyon** el Cañón del Colorado; **~child** /ˈgræntʃaɪld/ *n* nieto, -ta *m,f*; **~dad** /ˈgrændæd/ *n* abuelo *m*; **~daddy** /ˈgræn,dædi/ *n* 1 (grandfather) (colloq) abuelito *m* (fam) 2 (first example) (hum): **the ~daddy of sth** el padre de algo; **~daughter** /ˈgræn,dɔːtər || ˈgræn,dɔːtə(r)/ *n* nieta *f*

grandeur /ˈgrændʒər || ˈgrændʒə(r)/ *n* [u] grandiosidad *f*, esplendor *m*

grandfather /ˈgræn,fɑːðər || ˈgræn,fɑːðə(r)/ *n* abuelo *m*; (*before n*) **~ clock** reloj *m* de pie

grandiloquent /grænˈdɪləkwənt/ *adj* (frml) grandilocuente

grandiose /ˈgrændiəʊs/ *adj* ‹*claim/scheme/notion*› fatuo, presuntuoso; ‹*speech*› altisonante, grandilocuente

grand jury *n* (in US) jurado *m* de acusación (*jurado que decide si hay suficientes pruebas para procesar*)

grandly /ˈgrændli/ *adv* 1 (impressively) ‹*conceived/planned*› grandiosamente 2 (self-importantly, pompously) ‹*walk/announce*› presuntuosamente

grand: **~ma** /ˈgrænmɑː/ *n* (colloq) abuela *f*; **~mother** /ˈgræn,mʌðər || ˈgræn,mʌðə(r)/ *n* abuela *f*; ***to teach one's ~mother to suck eggs*** (colloq): **don't teach your ~mother to suck eggs** ¿le estás queriendo enseñar a tu papá a ser hijo? (fam), ¡a mí me lo vas a decir!; **~pa** /ˈgrænpɑː/ *n* abuelo *m*; **~parent** /ˈgræn,perənt || ˈgræn,peərənt/ *n* abuelo, -la *m,f*; **my ~parents** mis abuelos; **~ piano** *n* piano *m* de cola; **~ Prix** /ˈgrɑːnˈpriː/ *n* (*pl* **G~ Prix** *or* (AmE also) **G~s Prix** /-z/) Grand Prix *m*, Gran Premio *m*; **~ slam** *n* 1 (in bridge, golf, tennis) gran slam *m* 2 (in baseball) ▸**grandslammer**; **~slammer** /ˈgrændˈslæmər || ,grændˈslæmə(r)/ *n* jonrón *m* con casa llena, jonrón *m* barrebases; **~son** /ˈgrænsʌn/ *n* nieto *m*

grandstand¹ /ˈgrænstænd/ *n* tribuna *f*; (*before n*) ‹*ticket/seat*› de tribuna

grandstand² *vi* (AmE colloq) pavonearse (fam), fardar (Esp fam)

granite /ˈgrænət || ˈgrænɪt/ *n* [u] granito *m*

granny, grannie /ˈgræni/ *n* (*pl* **-nies**) abuelita *f* (fam)

grant¹ /grænt || grɑːnt/ *vt*

A 1 ‹*desire/request*› conceder 2 ‹*interview/asylum*› conceder 3 ‹*land/pension*› otorgar*, conceder

B (admit) reconocer*

C **granted** *past p* (admittedly): **~ed, it's very expensive, but ...** de acuerdo, es muy caro, pero ...; ***to take sth for ~ed*** dar* algo por sentado *or* por descontado

grant² *n* (subsidy — to body, individual) subvención *f*, subsidio *m* (AmL); (— to student) (esp BrE) beca *f*

granular /ˈgrænjələr || ˈgrænjʊlə(r)/ *adj* granular

granulated /ˈgrænjəleɪtəd || ˈgrænjʊleɪtɪd/ *adj*: **~ sugar** azúcar *f* granulada, azúcar *m* granulado

granule /ˈgrænjuːl/ *n* gránulo *m*

grape /greɪp/ *n* (fruit) uva *f*; **it's sour ~s** (set phrase) las uvas están verdes (fr hecha); (*before n*) **the ~ harvest** la vendimia

grape: **~fruit** *n* (*pl* **-fruit** *or* **-fruits**) toronja *f* (AmL exc CS), pomelo *m* (CS, Esp); **~shot** *n* [u] metralla *f*; **~vine** *n* 1 (Agr, Bot) parra *f* 2 (source of information) (colloq): **I heard it on** *o* **through the ~vine** me lo dijo un pajarito (fam), lo he escuchado en radio macuto (Esp fam)

graph /græf || grɑːf/ *n* gráfico *m*, gráfica *f*

graphic /ˈgræfɪk/ *adj*

A (vivid) ‹*account/description*› muy gráfico, vívido; **in ~ detail** con todo lujo de detalles

B (Art) gráfico; **~ design** diseño *m* gráfico

graphically /ˈgræfɪkli/ *adv* ‹*describe*› gráficamente

graphic equalizer *n* ecualizador *m* gráfico

graphics /ˈgræfɪks/ *pl n*

A (graphic design) (+ *pl vb*) diseño *m* gráfico

B (Comput) gráficos *mpl*; (*before n*) **~ card** tarjeta *f* gráfica

graphite /ˈgræfaɪt/ *n* [u] grafito *m*

graph paper *n* [u] papel *m* milimetrado *or* (Méx) cuadriculado

grapple /ˈgræpl̩/ *vi* **to ~ (WITH sb/sth)** (physically) forcejear (CON algn/algo); (mentally) luchar *or* lidiar CON algo; **to ~ with one's conscience** tener* escrúpulos de conciencia

grasp¹ /græsp || grɑːsp/ *vt*

A 1 (seize) ‹*object/person*› agarrar; ‹*opportunity/offer*› aprovechar 2 (hold tightly) tener* agarrado

B (understand) ‹*concept*› captar

■ **grasp** *vi* **to ~ AT sth** tratar de agarrar algo; **to ~ at an opportunity** aprovechar una oportunidad

grasp² *n* (*no pl*)

A 1 (grip): **his ~ on my arm tightened, he tightened his ~ on my arm** me apretó más el brazo 2 (reach) alcance *m*; **victory is (with)in our ~** la victoria está a nuestro alcance

B (understanding) comprensión *f*; (knowledge) conocimientos *mpl*; **she has a good ~ of the subject** tiene conocimientos sólidos del tema

grasping /ˈgræspɪŋ || ˈgrɑːspɪŋ/ *adj* avaricioso, codicioso

grass¹ /græs || grɑːs/ *n*

A 1 [u] (as pasture) pasto *m*, zacate *m* (Méx); (lawn) césped *m*, hierba *f*, pasto *m* (AmL), grama (AmC, Ven); **to cut the ~** cortar el césped *or* la hierba *or* (AmL tb) el pasto *or* (AmC, Ven) la grama; ***to allow the ~ to grow under one's feet*** (*usu neg*) quedarse dormido; ***the ~ is always greener on the other side*** nadie está contento con su suerte; (*before n*) **~ court** cancha *f* de pasto (AmL), pista *f* de hierba (Esp) 2 [c u] (Bot) hierba *f* 3 [u] (dried) paja *f*

B [u] (marijuana) (sl) hierba *f* (arg), maría *f* (arg), monte *m* (AmC, Col, Ven arg), mota *f* (Méx arg)

C [c] (informer) (BrE colloq) soplón, -plona *m,f* (fam)

grass² *vi* (BrE colloq) soplar (fam), chivarse (Esp fam); **to ~ ON sb** delatar a algn

grass: **~hopper** /ˈgræs,hɑːpər || ˈgrɑːs,hɒpə(r)/ *n* saltamontes *m*; **~ roots** *pl n* (ordinary members) **the ~ roots** las bases; (*before n*) ‹*support/opinion*› de las bases; **at ~ roots level** a nivel de las bases; **~ widow** *n* viuda *f* de verano

grassy /ˈgræsi || ˈgrɑːsi/ *adj* **-sier, -siest** cubierto de hierba

grate¹ /greɪt/ *vt* (Culin) rallar; **~d cheese** queso *m* rallado

■ **grate** *vi* 1 (irritate) ser* crispante; **to ~ ON sth**: **his voice ~s on the ear** su voz hace daño al oído; **his laugh really ~s on my nerves** su risa me crispa los nervios 2 (make harsh noise) chirriar*

grate² *n* (fireplace) chimenea *f*; (metal frame in fireplace) rejilla *f*

grateful /ˈgreɪtfəl/ *adj* agradecido; ‹*smile*› de gratitud *or* agradecimiento, agradecido; **to be ~ (TO sb) (FOR sth/-ING)**: **I'm very ~ to you for your advice** le agradezco mucho sus consejos, le estoy muy agradecido por sus consejos; **just be ~ for what you've got!** ¡da gracias (a Dios) por lo que tienes!

gratefully /ˈgreɪtfəli/ *adv* ‹*accept*› con gratitud; **he smiled ~** sonrió agradecido

grater /ˈgreɪtər || ˈgreɪtə(r)/ *n* rallador *m*

g

gratification /ˈɡrætəfəˈkeɪʃən || ˌɡrætɪfɪˈkeɪʃən/ *n* [u] gratificación *f*, satisfacción *f*

gratified /ˈɡrætəfaɪd || ˈɡrætɪfaɪd/ *adj* **to be ~ AT** *o* **BY sth** estar* satisfecho CON algo

gratify /ˈɡrætəfaɪ || ˈɡrætɪfaɪ/ *vt* **-fies, -fying, -fied** 1 (fulfill) satisfacer* 2 (give satisfaction) complacer*

gratifying /ˈɡrætəfaɪɪŋ || ˈɡrætɪfaɪɪŋ/ *adj* ‹*sight/feeling*› grato; ‹*task*› gratificante, gratificador (AmL)

grating¹ /ˈɡreɪtɪŋ/ *adj* 1 (harsh) ‹*noise/sound*› chirriante 2 (irritating) crispante

grating² *n* rejilla *f*

gratitude /ˈɡrætətuːd || ˈɡrætɪtjuːd/ *n* [u] gratitud *f*, agradecimiento *m*

gratuitous /ɡrəˈtuːətəs || ɡrəˈtjuːɪtəs/ *adj* (pej) gratuito

gratuity /ɡrəˈtuːəti || ɡrəˈtjuːəti/ *n* (*pl* **-ties**) (frml) 1 (tip) propina *f* 2 (payment for long service) (esp BrE) gratificación *f*

grave¹ /ɡreɪv/ *adj* **graver, gravest**
A ‹*error/danger/voice*› grave; **you do me a ~ injustice** estás cometiendo una grave injusticia conmigo
B /ɡrɑːv/ (Ling) ‹*accent*› grave

grave² *n* tumba *f*, sepultura *f*; ***as quiet*** *o* ***silent as the ~*** como una tumba; ***to dig one's own ~*** cavarse su (*or* mi *etc*) propia tumba; ***to turn in one's ~***: **your father must be turning in his ~** si tu padre levantara la cabeza ...

gravedigger /ˈɡreɪvˌdɪɡər || ˈɡreɪvˌdɪɡə(r)/ *n* sepulturero, -ra *m,f*, enterrador, -dora *m,f*

gravel /ˈɡrævəl/ *n* [u] (stone chips — coarse) grava *f*; (— fine) gravilla *f*; (*before n*) **~ pit** gravera *f*

gravelly /ˈɡrævəli/ *adj* ‹*beach*› de grava; ‹*soil*› pedregoso; ‹*voice*› bronco, áspero

gravely /ˈɡreɪvli/ *adv* 1 (seriously) gravemente; **he is ~ ill** está gravemente enfermo, está grave; **you are ~ mistaken** estás muy equivocado, cometes un grave error 2 (solemnly) con gravedad

graven /ˈɡreɪvən/ *adj* (arch *or* liter) tallado, esculpido

grave: **~side** *n*: **prayers were read at the ~side** se leyeron oraciones junto a la tumba; **~stone** *n* lápida *f*; **~yard** *n* cementerio *m*, panteón *m* (Méx)

gravitate /ˈɡrævəteɪt || ˈɡrævɪteɪt/ *vi* **to ~ TOWARD** *o* **TO sth/sb**: **young people tend to ~ toward the big cities** las grandes ciudades son un polo de atracción para los jóvenes; **people of similar interests naturally ~ toward each other** uno tiende a acercarse a gente con intereses afines

gravitation /ˈɡrævəˈteɪʃən || ˌɡrævɪˈteɪʃən/ *n* [u] (Phys) gravitación *f*; **the ~ of the rural population toward the cities** la tendencia de la población rural a desplazarse hacia las ciudades

gravitational /ˈɡrævəˈteɪʃn̩əl || ˌɡrævɪˈteɪʃənl̩/ *adj* gravitacional

gravity /ˈɡrævəti/ *n* [u]
A (Phys) gravedad *f*; **the force of ~** la fuerza de la gravedad
B (seriousness) gravedad *f*

gravy /ˈɡreɪvi/ *n* [u] (Culin) *salsa hecha con el jugo de la carne asada*; (*before n*) **~ boat** salsera *f*

gravy train *n* (colloq): **to get on the ~ ~** aprovechar la ocasión, aprovecharse del chollo (Esp fam), aprovechar la bolada (RPl fam)

gray¹, (BrE) **grey** /ɡreɪ/ *adj* **-er, -est** 1 ‹*suit/day*› gris; ‹*outlook/future*› poco prometedor; ‹*personality*› gris 2 ‹*beard*› canoso, cano (liter); **a ~ hair** una cana; **she has ~ hair** es canosa, tiene el pelo canoso; **she went ~ overnight** le salieron canas *or* se quedó canosa de la noche a la mañana 3 ‹*horse*› rucio, gris

gray², (BrE) **grey** *n* [u] gris *m*; **there were patches of ~ in his hair** tenía mechones de canas

gray: **~ area** *n* (unclear, undefined area) zona *f* gris, terreno *m* poco definido; **~-haired** /ˈɡreɪˈherd || ˌɡreɪˈheəd/ *adj* canoso

graying, (BrE) **greying** /ˈɡreɪɪŋ/ *adj* ‹*hair*› canoso; **he's slightly ~** le están saliendo canas, tiene algunas canas

gray matter, (BrE) **grey matter** *n* [u] materia *f* gris

graze¹ /ɡreɪz/ *vt*
A 1 (cut, injure) rasguñarse, rasparse 2 (touch, brush) rozar*
B (Agr) 1 ‹*sheep/cattle*› apacentar*, pastorear 2 ‹*field/meadow*› usar para pastoreo
■ **graze** *vi* (Agr) pastar, pacer*

graze² *n* rasguño *m*

grazing /ˈɡreɪzɪŋ/ *n* [u] pastoreo *m*

grease¹ /ɡriːs/ *n* [u] 1 (Mech Eng) grasa *f* 2 (fat) grasa *f* 3 (secreted by body) grasa *f* 4 (hair oil) brillantina *f*, gomina *f*

grease² *vt* 1 (lubricate) ‹*machinery/hinge*› engrasar 2 (Culin) ‹*dish/baking tray*›: **to ~ (with butter)** enmantequillar, untar con mantequilla, enmantecar* (RPl); **to ~ (with oil)** aceitar 3 (with hair oil): **to ~ one's hair back** llevar el pelo peinado hacia atrás con brillantina *or* gomina

grease: **~ gun** *n* pistola *f* de engrase; **~paint** *n* [u] maquillaje *m* teatral; **~proof** *adj*: **~proof paper** (BrE) papel *m* encerado *or* de cera *or* (Esp tb) parafinado *or* (RPl) (de) manteca *or* (Chi) (de) mantequilla

greasy /ˈɡriːsi/ *adj* **-sier, -siest**
A 1 (soiled) ‹*hands*› grasiento; ‹*overalls*› cubierto *or* lleno de grasa 2 (containing grease) ‹*food*› graso; (pej) grasiento 3 ‹*hair/skin*› graso, grasoso (esp AmL)
B (unctuous) (colloq) ‹*person/smile*› adulador

great¹ /ɡreɪt/ *adj*
A (*before n*) 1 (large in size) (*sing*) gran (*delante del n*); (*pl*) grandes (*delante del n*); **the G~ Lakes** los Grandes Lagos 2 ‹*number/quantity*› (*sing*) gran (*delante del n*); (*pl*) grandes (*delante del n*); **a ~ many people** muchísima gente; **a ~ deal of criticism** muchas críticas; **we discussed it in ~ detail** lo discutimos muy minuciosamente *or* punto por punto; **there's a dirty ~ hole in my sock** (BrE colloq) tengo un agujerazo en el calcetín (fam)
B (*before n*) 1 (important) ‹*landowner/occasion*› (*sing*) gran (*delante del n*); (*pl*) grandes (*delante del n*); **Catherine the G~** Catalina la Grande 2 (genuine, real) (*before n*) ‹*friend/rival*› (*sing*) gran (*delante del n*); (*pl*) grandes (*delante del n*); **I'm in no ~ hurry** no tengo mucha prisa, no estoy muy apurado (AmL); **you're a ~ help!** (colloq & iro) ¡valiente ayuda la tuya! (iró); **she's leaving — it's no ~ loss** se va — no se pierde mucho; **he's a ~ one for starting arguments** (colloq) ¡es único para empezar discusiones!, para empezar discusiones es (como) mandado a hacer (CS fam)
C (excellent) (colloq) ‹*goal/movie/meal*› sensacional, fabuloso; **we had a really ~ time** lo pasamos fenomenal (fam); **the ~ thing is that you don't need to clean it** lo mejor de todo es que no hay que limpiarlo; **he's a really ~ guy** es un tipo *or* (Esp tb) tío sensacional (fam); **to be ~ AT sth**: **she's ~ at organizing things/getting people together** para organizar las cosas/juntar a la gente, no hay nadie como ella; **he's ~ at mending things** se da mucha maña para hacer arreglos; (*as interj*) **(that's) ~!** ¡qué bien!, ¡fenomenal!, ¡bárbaro! (fam), ¡estupendo! (fam)

great² *n* (outstanding person) (colloq) estrella *f*, grande *mf*

great³ *adv* (esp AmE colloq) fenomenal (fam)

great: **~-aunt** /ˈɡreɪtˈænt || ˌɡreɪtˈɑːnt/ *n* tía *f* abuela; **~ Britain** *n* Gran Bretaña *f*; **~coat** *n* (esp BrE) sobretodo *m*; **~ Dane** *n* gran danés *m*

Great Britain

Gran Bretaña es la más grande de la Islas Británicas (**British Isles**). Incluye Inglaterra, Escocia y Gales. A menudo el término "Britain" se emplea erróneamente para hacer referencia al Reino Unido (**United Kingdom**) o a Inglaterra

greater /ˈɡreɪtər || ˈɡreɪtə(r)/ *adj* 1 *comp of* **great¹** 2 (in place names) **G~ London** el gran Londres (*Londres incluyendo la periferia*) 3 (in animal and plant names) mayor

greatest /ˈɡreɪtəst || ˈɡreɪtɪst/ *adj* (*superl of* **great¹**): **I'm the ~est!** ¡soy el mejor!; **with the ~ of difficulty/ease** con suma dificultad/una facilidad asombrosa

great: **~-grandchild** /ˈɡreɪtˈɡræntʃaɪld/ *n* bisnieto, -ta *m,f*, biznieto, -ta *m,f*; **~-granddaughter** /ˈɡreɪtˈɡrænˌdɔːtər || ˌɡreɪtˈɡrænˌdɔːtə(r)/ *n* bisnieta *f*, biznieta *f*; **~-grandfather** /ˈɡreɪtˈɡrænˌfɑːðer || ˌɡreɪtˈɡrænˌfɑːðə(r)/ *n* bisabuelo *m*; **~-grandmother** /ˈɡreɪtˈɡrænˌmʌðər || ˌɡreɪtˈɡrænˌmʌðə(r)/ *n* bisabuela *f*; **~-grandson** /ˈɡreɪtˈɡrænsʌn/ *n* bisnieto *m*, biznieto *m*

greatly /ˈɡreɪtli/ *adv* (*as intensifier*) ‹*admire/improve/increase*› enormemente, mucho; **~ concerned** profundamente preocupado

great-nephew /ˈɡreɪtˈnefjuː/ *n* sobrino *m* nieto

greatness /'greɪtnəs || 'greɪtnɪs/ *n* [u] 1 (of person, achievement, occasion) grandeza *f* 2 (of interest, difficulty, pleasure) enormidad *f*

great: **~-niece** /'greɪt'ni:s/ *n* sobrina *f* nieta; **~-uncle** /'greɪt'ʌŋkəl/ *n* tío *m* abuelo

Grecian /'gri:ʃən/ *adj* griego

Greece /gri:s/ *n* Grecia *f*

greed /gri:d/ *n* [u] 1 (for food) gula *f*, glotonería *f*, angurria *f* (CS) 2 (for power, money) codicia *f*, avaricia *f*

greedily /'gri:dli || 'gri:dɪli/ *adv* 1 ‹*eat*› con gula *or* glotonería 2 (avariciously) con avaricia

greedy /'gri:di/ *adj* **-dier, -diest** 1 (for food, drink) glotón, angurriento (CS); **you ~ pig!** ¡mira que eres glotón *or* (CS tb) angurriento! 2 (for power, wealth) **to be ~ FOR sth** tener* ansias *or* estar* ávido DE algo

Greek¹ /gri:k/ *adj* griego

Greek² *n* 1 [u] (language) griego *m*; ***it's all ~ to me*** (colloq) para mí es chino (fam) 2 [c] (person) griego, -ga *m,f*

green¹ /gri:n/ *adj* **-er, -est**

A ‹*paint/eyes*› verde; **he was ~ with envy** se moría de envidia; **~ spaces** zonas *fpl or* espacios *mpl* verdes; **~ vegetables** verdura(s) *f(pl)* de hoja; ***to have a ~ thumb*** *o* (BrE) **~ *fingers*** tener* mano para las plantas

B 1 (unripe) verde 2 (colloq) (*pred*) (inexperienced) verde (fam); (naive) ingenuo

C (Pol) verde, ecologista; **the G~ Party** los verdes

green² *n*

A [u] (color) verde *m*; **the lights were at ~** el semáforo estaba (en) verde

B [c] (in village, town) ≈ plaza *f* (*con césped*)

C **greens** *pl* (vegetables) verdura *f* (*de hoja verde*)

D [c] **Green** (Pol) verde *mf*, ecologista *mf*

green: **~back** *n* (AmE colloq) dólar *m*, verde *m* (esp AmL fam); **~ bean** *n* habichuela *f or* (Esp) judía *f* verde *or* (Méx) ejote *m or* (RPl) chaucha *f or* (Chi) poroto *m* verde *or* (Ven) vainita *f*; **~ belt** *n* (esp BrE) zona *f* verde; **~ card** *n* 1 (in US) permiso *m* de residencia y de trabajo 2 (in Europe) (Transp) carta *f* verde

> **green card**
>
> En EEUU, es un documento oficial que cualquier persona que no sea ciudadana americana debe obtener para tener el derecho a residir y trabajar en Estados Unidos. En el Reino Unido, es un documento que el conductor o dueño de un automóvil debe conseguir de la compañía de seguros al llevarlo al extranjero para que siga vigente la cobertura de la póliza

greenery /'gri:nəri/ *n* [u] (green vegetation): **the garden needs more ~** el jardín necesita más verde *or* más vegetación; **the lush ~** la exuberante vegetación

green: **~-eyed** /'gri:n'aɪd/ *adj* ‹*person/cat*› de ojos verdes; **the ~-eyed monster** los celos; **~fly** *n* (*pl* **-flies** *or* **-fly**) (BrE) pulgón *m*; **my roses have got ~fly** mis rosales tienen pulgón *or* pulgones; **~grocer** *n* (BrE) verdulero, -ra *m,f*; **the ~grocer('s)** la verdulería; **~horn** *n* (colloq) novato, -ta *m,f*, pardillo, -lla *m,f* (Esp fam); **~house** *n* invernadero *m*; (*before n*) **the ~house effect** (Ecol) el efecto invernadero; **~house gas** gas *m* invernadero

greenish /'gri:nɪʃ/ *adj* verdoso

Greenland /'gri:nlənd/ *n* Groenlandia *f*

greenness /'gri:nnəs || 'gri:nnɪs/ *n* [u] (of landscape, vegetation) verdor *m*

green onion *n* (AmE) cebolleta *f*, cebollino *m*, cebolla *f* de verdeo (RPl), cebollín *m* (Chi)

green: **~ paper** *n* (in UK) libro *m* verde (*documento de consulta que precede a la elaboración de un libro blanco*); **~ pepper** *n* (vegetable) *see* **pepper¹ B**; **~stuff** *n* [u] (AmE sl) (money) guita *f* (arg), pasta *f* (Esp arg), lana *f* (AmL fam); **~way** /'gri:nweɪ/ *n* (AmE) zona *f* verde

Greenwich Mean Time /'grenɪdʒ, 'grenɪtʃ/ *n* [u] hora *f* de Greenwich

greeny /'gri:ni/ *adj* ▸**greenish**

greet /gri:t/ *vt*

A 1 (welcome, receive) ‹*guest/client*› recibir, darle* la bienvenida a 2 (say hello to) saludar

B (react to) acoger*, recibir

C (meet): **a strange sight ~ed our eyes** un extraño espectáculo se ofreció a nuestra vista; **the sound of violins ~ed her ears** oyó música de violines

greeting /'gri:tɪŋ/ *n* 1 (spoken) saludo *m*; (*as interj*) **~s!** (arch *or* hum) ¡buenas! (fam) 2 (message) (*usu pl*): **she sends you her ~s** te manda saludos, me dio recuerdos para ti; Ⓢ **birthday/Christmas greetings** feliz cumpleaños/Navidad; (*before n*) **a ~** *o* (BrE also) **~s card** una tarjeta de felicitación

gregarious /grɪ'geriəs || grɪ'geəriəs/ *adj* 1 ‹*person/personality*› sociable 2 (Zool) gregario

gremlin /'gremlən || 'gremlɪn/ *n* (hum) duendecillo *m*, diablillo *m*

Grenada /grə'neɪdə/ *n* Granada *f*

grenade /grə'neɪd/ *n* granada *f*

grenadier /'grenə'dɪr || ˌgrenə'dɪə(r)/ *n* granadero *m*

grew /gru:/ *past of* **grow**

grey *adj/n* (BrE) ▸**gray¹,²**

greyhound /'greɪhaʊnd/ *n* galgo *m*

grid /grɪd/ *n*

A (grating over opening) rejilla *f*

B 1 (on map) (Geog) cuadriculado *m*; (*before n*) **~ reference** coordenadas *fpl* cartográficas 2 (pattern) cuadrícula *f*

C (network) (Elec esp BrE) red *f*; **the national ~** (in UK) la red de suministro de electricidad nacional

D ▸**gridiron B**

griddle /'grɪdl/ *n* plancha *f*

grid: **~iron** /'grɪd'aɪərn || 'grɪdaɪən/ *n* 1 (Culin) parrilla *f*; 2 (in US football) campo *m*, cancha *f* (AmL), emparrillado *m* (Méx); **~lock** *n* [u] (esp AmE) paralización *f* total del tráfico; **~locked**/'grɪdlɑ:kt || 'grɪdlɒkt/ *adj* 1 ‹*traffic/street*› colapsado 2 ‹*economy*› estancado, paralizado; ‹*negotiations*› en impasse, en punto muerto, paralizado

grief /gri:f/ *n* [u] 1 (sorrow) dolor *m*, profunda pena *f*; ***to come to ~*** «*plans*» fracasar, irse* al traste (fam); «*driver/rider*» sufrir un accidente; **he'll come to ~ one day** va a acabar mal 2 (*in interj*): **good ~!** ¡Jesús!, ¡por Dios!

grief-stricken /'gri:fˌstrɪkən/ *adj* (liter) ‹*person*› consternado (liter), acongojado (liter), desconsolado; ‹*voice/expression*› acongojado (liter), apesadumbrado

grievance /'gri:vəns/ *n* 1 [c] (ground for complaint) motivo *m* de queja; **he seemed to have a ~ against his father** parecía estar resentido con su padre por algo; **to air one's ~s** quejarse 2 [u] (injustice): **to be filled with a sense of ~** sentirse* agraviado, sentirse* víctima de una injusticia 3 [c] (Lab Rel) queja *f* formal; (*before n*) **~ procedure** procedimiento *m* conciliatorio

grieve /gri:v/ *vi* sufrir; **to ~ FOR sb** llorar a algn, llorar la muerte de algn; **to ~ OVER sth** lamentar algo

■ **grieve** *vt* apenar, entristecer*

grievous /'gri:vəs/ *adj* (liter) ‹*loss*› doloroso; ‹*wound/injury*› de extrema gravedad; **~ bodily harm** (Law) lesiones *fpl* (corporales) graves

grievously /'gri:vəsli/ *adv* (liter) ‹*disappoint*› profundamente; ‹*injure*› de gravedad, gravemente; **to be ~ mistaken** estar* en un grave error

grill¹ /grɪl/ *vt*

A (BrE Culin) (in electric, gas grill) hacer* al grill; (over hot fire) hacer* *or* asar a la parrilla *or* a las brasas; **~ed sardines** sardinas *fpl* a la parrilla *or* a la(s) brasa(s)

B (interrogate) interrogar*

grill² *n* 1 (on stove) (esp BrE) grill *m*, gratinador *m* 2 (on barbecue) parrilla *f* 3 (dish): **mixed ~** *plato de carne a la parrilla (p. ej. chuletas, hígado) con tomates y champiñones* 4 (restaurant) grill *m*

grille /grɪl/ *n* 1 (partition) reja *f*, enrejado *m* 2 (protective covering) (Tech) rejilla *f*; (Auto) calandra *f*, parrilla *f*

grilling /'grɪlɪŋ/ *n* (colloq) interrogatorio *m*; **to give sb a ~** someter a algn a un interrogatorio

grim /grɪm/ *adj* **-mm-** 1 (stern) ‹*person/expression*› adusto 2 (gloomy) ‹*outlook/situation*› nefasto, desalentador; ‹*landscape*› sombrío, lúgubre; ‹*weather*› deprimente 3 (unyielding) ‹*struggle*› denodado; **she carried on with ~ determination** siguió adelante, resuelta a no dejarse vencer; **with a ~ smile** sonriendo a pesar de todo 4 (below par) (colloq): **I feel pretty ~** me siento *or* me encuentro fatal (fam)

grimace[1] /ˈgrɪməs, grɪˈmeɪs/ *n* mueca *f*

grimace[2] *vi* hacer* una mueca

grime /graɪm/ *n* [u] mugre *f*, suciedad *f*

grimly /ˈgrɪmli/ *adv* ‹*say*› con gravedad, en tono grave; ‹*laugh/smile*› forzadamente

grimy /ˈgraɪmi/ *adj* **-mier, -miest** mugriento, sucio

grin[1] /grɪn/ *vi* **-nn-** sonreír* (*abiertamente o burlonamente*); **she was ~ning from ear to ear** sonreía de oreja a oreja; ***to ~ and bear it*** aguantarse

grin[2] *n* sonrisa *f*; **and you can take** *o* **wipe that ~ off your face!** ¡y no te rías!

grind[1] /graɪnd/ (*past & past p* **ground**) *vt* [1] ‹*coffee/wheat*› moler*; (in mortar) machacar*; ‹*meat*› (AmE) moler* *or* (Esp, RPl) picar*; ‹*crystals/ore*› triturar [2] (rub together): **he ~s his teeth in his sleep** le rechinan los dientes cuando duerme; **to ~ sth INTO sth: he ground the cigarette end into the carpet** incrustó *or* aplastó la colilla en la alfombra

■ **grind** *vi* (move with friction) rechinar, chirriar*; **the wheels of bureaucracy ~ very slowly** las cosas de palacio van despacio; ***to ~ to a halt*** *o* ***standstill*****: the truck ground to a halt** el camión se detuvo con gran chirrido de frenos; **the negotiations have ground to a halt** las negociaciones han llegado a un punto muerto *or* se han estancado

Phrasal verbs

• **grind down** [v ▸ o ▸ adv, v ▸ adv ▸ o] [1] (polish) pulir [2] (oppress) oprimir; **don't let them ~ you down!** ¡no te dejes avasallar!

• **grind on** [v ▸ adv] continuar*

• **grind out** [v ▸ o ▸ adv, v ▸ adv ▸ o] (pej) tocar* (*mecánicamente*)

grind[2] *n* [1] (drudgery) (colloq) (*no pl*) trabajo *m* pesado, paliza *f* (fam); **the daily ~** el monótono trajín diario; **back to the ~!** ¡de vuelta al yugo! [2] (over-conscientious worker) (AmE colloq): **she's the office ~** es la niña aplicada de la oficina (iró)

grinder /ˈgraɪndər || ˈgraɪndə(r)/ *n* [1] (machine) molinillo *m*; **a coffee ~** un molinillo de café [2] (person): **a knife ~** un afilador

grinding /ˈgraɪndɪŋ/ *adj*

A (*before n*): **~ noise** chirrido *m*; **to come to a ~ halt** *o* **stop** «*vehicle*» pararse *or* detenerse* con un chirrido; «*plan/negotiations*» estancarse*, llegar* a un punto muerto

B (desperate): **~ poverty** miseria *f* absoluta

C (strenuous) (AmE colloq) agotador

grindstone /ˈgraɪnstəʊn, ˈgraɪndstəʊn || ˈgraɪndstəʊn/ *n* [1] (Tech) muela *f*, piedra *f* de afilar [2] (millstone) muela *f*, piedra *f or* rueda *f* de molino

gringo /ˈgrɪŋgəʊ/ *n* (*pl* **-gos**) (AmE pej) gringo, -ga *m,f* (pey)

grip[1] /grɪp/ *n*

A [1] (hold): **she held his arm in a strong ~** lo tenía agarrado *or* asido fuertemente del brazo; **~ ON sth: keep a good/firm ~ on the bar** agárrate bien de la barra; **he kept a firm ~ on expenses** llevaba un rígido control de los gastos; **he tightened his ~ on her neck** le apretó más el cuello; **get a ~ on yourself!** ¡contrólate!; **he lost his ~ on the rope** se le escapó la cuerda; **he has lost his ~ on reality** ha perdido contacto con la realidad; **the region is in the ~ of an epidemic** una epidemia asola la región; ***to come to ~s with sth*** ‹*idea/situation*› aceptar *or* asumir algo; ***to get to ~s with sth*** ‹*subject*› entender* algo; **he soon got to ~s with the new system** enseguida aprendió el nuevo sistema; **I never managed to get to ~s with the subject** nunca llegué a entender del todo el tema [2] (of tires) adherencia *f*, agarre *m*

B (on handle) empuñadura *f*

C (*hair* ~) (BrE) horquilla *f*, pinche *m* (Chi), pasador *m* (Méx)

D (bag) (dated) bolsa *f* de viaje

grip[2] **-pp-** *vt*

A (take hold of) agarrar; (have hold of) tener* agarrado, sujetar; **these tires ~ the road well** estos neumáticos tienen buena adherencia *or* buen agarre; **he was ~ped by panic** el pánico se apoderó de él, fue presa del pánico

B (of feelings, attention): **the audience was ~ped by the play** la obra captó la atención del público

■ **grip** *vi* adherirse*

gripe[1] /graɪp/ *n* (complaint) (colloq) queja *f*

gripe[2] *vi* (colloq) refunfuñar (fam), renegar*

gripping /ˈgrɪpɪŋ/ *adj* apasionante

grisly /ˈgrɪzli/ *adj* **-lier, -liest** truculento, espeluznante

grist /grɪst/ *n* [u]: ***to be ~ to the mill*****: it's all ~ to the mill** todo ayuda, todo es útil

gristle /ˈgrɪsəl/ *n* [u] cartílago *m*

gristly /ˈgrɪsli/ *adj* **gristlier, gristliest** con mucho cartílago

grit[1] /grɪt/ *n* [u]

A [1] (dirt) polvo *m*; **I got a piece of ~ in my eye** se me metió una basurita (AmL) *or* (Esp) brizna en el ojo [2] (gravel) arenilla *f*

B (courage) (colloq) agallas *fpl* (fam)

C **grits** *pl* (*hominy ~s*) (AmE Culin) sémola *f* de maíz

grit[2] *vt* **-tt-** [1] (BrE) ‹*road*› echar arenilla en [2] ▸**tooth 1**

gritty /ˈgrɪti/ *adj* **-tier, -tiest**

A (with grit in) ‹*flour/powder*› arenoso; ‹*towel/mussels*› lleno de arena

B [1] (resilient) ‹*performance/resistance*› enérgico [2] (uncompromising) descarnado

grizzle /ˈgrɪzəl/ *vi* (esp BrE colloq) lloriquear (fam)

grizzled /ˈgrɪzəld/ *adj* entrecano

grizzly /ˈgrɪzli/ *n* (*pl* **-lies**), **grizzly bear** oso *m* pardo

groan[1] /grəʊn/ *vi*

A [1] (with pain, suffering) gemir*, quejarse [2] (with dismay) gruñir* [3] (creak) «*door/timber*» crujir

B (grumble) (colloq) refunfuñar (fam), rezongar*

groan[2] *n* [1] (of pain, suffering) quejido *m*, gemido *m*; **to let out a ~** dejar escapar un quejido *or* gemido [2] (of dismay) gruñido *m* [3] (creak) crujido *m*

grocer /ˈgrəʊsər || ˈgrəʊsə(r)/ *n* tendero, -ra *m,f*, almacenero, -ra *m,f* (esp CS); **the ~'s** (BrE) la tienda de comestibles *or* de ultramarinos, la bodega (Cu, Per, Ven), la tienda de abarrotes (AmC, Andes, Méx), el almacén (esp CS)

grocery /ˈgrəʊsəri/ *n* (*pl* **-ries**) [1] (shop) tienda *f* de comestibles *or* de ultramarinos, bodega *f* (Cu, Per, Ven), tienda *f* de abarrotes (AmC, Andes, Méx), almacén *m* (esp CS) [2] **groceries** *pl* (provisions) comestibles *mpl*, provisiones *fpl*

groggy /ˈgrɑːgi || ˈgrɒgi/ *adj* **-gier, -giest** (colloq) grogui (fam)

groin /grɔɪn/ *n* (Anat) ingle *f*

groom[1] /gruːm/ *vt* [1] ‹*dog*› cepillar; ‹*horse*› cepillar, almohazar* [2] (make neat, attractive) (*usu pass*) arreglar; (excessively) acicalar; **a well ~ed person** una persona bien arreglada [3] (prepare) preparar; **to ~ sb for sth** preparar a algn para algo

groom[2] *n*

A (Equ) mozo *m* de cuadra

B (*bride*~) novio *m*; **the bride and ~** los novios

groove /gruːv/ *n* [1] (in screw) ranura *f*, muesca *f*; (for sliding door) guía *f*; (for pulley) garganta *f*, hendidura *f* [2] (Audio) surco *m*

grope /grəʊp/ *vi* andar* a tientas; **to ~ FOR sth** buscar* algo a tientas; **they were groping for** *o* **after a solution** estaban dando palos de ciego, tratando de hallar una solución; **to ~ around** *o* **about** tantear

■ **grope** *vt* ‹*person*› (colloq) manosear, meterle mano a (fam)

gross[1] /grəʊs/ *adj*

A (extreme, flagrant) (*before n*) ‹*disregard/injustice*› flagrante; ‹*exaggeration*› burdo; **~ ignorance** ignorancia *f* crasa *or* supina; **~ negligence** (Law) culpa *f* grave; **~ indecency** (Law) ultraje *m* contra la moral pública

B (total) ‹*weight/profit/income*› bruto; **~ national product** (Econ) producto *m* nacional bruto

C [1] (fat) obeso, gordísimo [2] (disgusting) ‹*person*› asqueroso; ‹*language/joke*› soez

gross[2] *vt* «*worker/earner*» tener* una entrada bruta de; **their profits ~ed 2 million** tuvieron beneficios brutos de 2 millones

Phrasal verb

• **gross out** [v ▸ o ▸ adv, v ▸ adv ▸ o] (disgust) (AmE sl) asquear, darle* asco a

gross[3] *n*

A (*pl* ~) (144) gruesa *f*, doce docenas *fpl*

B (*pl* **grosses**) (gross profit) (AmE) ingresos *mpl* brutos

grossly /ˈgrəʊsli/ *adv* [1] (extremely) ‹*exaggerated/unfair*› terriblemente, extremadamente; **he's ~ overweight** está gordísimo *or* obeso 2 (crudely) ‹*behave*› groseramente

gross-out /'grəʊs,aʊt/ *n* (AmE colloq) 1 (person) asqueroso, -sa *m,f*, guarro, -rra *m,f* (Esp fam) 2 (situation) situación *f* repugnante

grotesque /grəʊ'tesk/ *adj* grotesco

grotesquely /grəʊ'teskli/ *adv* de forma grotesca; ~ **ugly** monstruoso

grotto /'grɑ:təʊ || 'grɒtəʊ/ *n* (*pl* **-toes** *or* **-tos**) gruta *f*

grotty /grɑ:ti || 'grɒti/ *adj* **-tier, -tiest** (BrE colloq) ‹*place/street*› de mala muerte (fam); ‹*meal*› asqueroso (fam); **I feel really** ~ no me siento nada bien, estoy chungo (Esp fam)

grouch[1] /graʊtʃ/ *n* (colloq) 1 (complaint) queja *f*, protesta *f*; **to have a ~ about sth** rezongar* por algo 2 (person) gruñón, -ñona *m,f* (fam), cascarrabias *mf* (fam)

grouch[2] *vi* (colloq) refunfuñar (fam), rezongar*

grouchy /'graʊtʃi/ **-chier, -chiest** *adj* (colloq) ‹*person*› protestón (fam), cascarrabias (fam), rezongón (fam)

ground[1] /graʊnd/ *n*

A [u] (land, terrain) terreno *m*; **a patch of ~** un área de terreno; ***to be on dangerous* o *slippery* ~** pisar terreno peligroso; ***to be on safe* o *firm* o *solid* ~** pisar terreno firme; ***to be sure of one's* ~** saber* qué terreno se pisa; ***to change* o *shift one's* ~** cambiar de postura; ***to fall on stony* ~** caer* en saco roto; ***to gain/lose* ~** ganar/perder* terreno; ***to stand/hold one's* ~** (in argument) mantenerse* firme, no ceder terreno; (in battle) no ceder terreno

B grounds *pl* (premises) terreno *m*; (gardens) jardines *mpl*, parque *m*

C [u] (surface of the earth) suelo *m*; (soil) tierra *f*; **the rail link runs below ~** el enlace ferroviario es subterráneo; **as soon as we got above ~** en cuanto salimos a la superficie; **to fall/drop to the ~** caer* al suelo; ***thin on the* ~** (BrE colloq): **orders have been very thin on the ~ recently** últimamente han escaseado mucho los pedidos *or* ha habido muy pocos pedidos; ***to break new* o *fresh* ~** abrir* nuevos caminos; ***to cut the* ~ *from under sb/sb's feet***: **his evidence cut the ~ from under the prosecuting lawyer's feet** su testimonio echó por tierra el argumento del fiscal; **his sudden change of mind cut the ~ from under me** su inesperado cambio de opinión echó por tierra todos mis planes; ***to get off the* ~** «*plan/project*» llegar* a concretarse; «*talks*» empezar* a encaminarse; ***to get sth off the* ~** «*project*» poner* algo en marcha; ***to go to* ~** (BrE) «*fugitive*» esconderse; (lit) «*fox*» meterse en la madriguera; ***to prepare the* ~ *for sth*** preparar el terreno para algo; ***to run* o *work oneself into the* ~**: **you're working yourself into the ~** te estás dejando el pellejo en el trabajo (fam); ***to suit sb down to the* ~** (colloq) «*arrangement*» venirle* de perlas a algn (fam); «*hat*» quedarle que ni pintado a algn (fam); ***to worship the* ~ *sb walks on*** besar la tierra que pisa algn; (*before n*) ‹*conditions*› del terreno; ‹*personnel/support*› de tierra; ~ **frost** helada *f* (*con escarcha sobre el suelo*)

D [u] (matter, subject): **we covered a lot of ~ in our discussions** tratamos muchos puntos en nuestras conversaciones; **we keep going over the same ~** no hacemos más que volver sobre lo mismo

E [c] (outdoor site): **football ~** (BrE) campo *m* de fútbol, cancha *f* de fútbol (AmL); **recreation ~** parque *m* (*donde se practican deportes*)

F [u] (AmE Elec) tierra *f*

G (justification) (*usu pl*) motivo *m*; **~s for divorce** causal *f* de divorcio; **on financial ~s** por motivos económicos, por razones económicas; **on ~s of ill health** por motivos de salud; **they refused to do it, on the ~s that ...** se negaron a hacerlo, alegando *or* aduciendo que ...

H grounds *pl* (dregs): **coffee ~s** posos *mpl* de café

ground[2] *vt*

A (*usu pass*) 1 (base) ‹*argument/theory*› fundar, cimentar* 2 (instruct): **he is well ~ed in German** tiene una sólida base en alemán

B 1 ‹*plane*› retirar del servicio; **all flights are ~ed on account of fog** debido a la niebla no despegará ningún vuelo 2 ‹*child/teenager*› (esp AmE colloq): **I can't go out tonight; I'm ~ed** no puedo salir esta noche, estoy castigado *or* no me dejan

C (Naut) ‹*ship*› hacer* encallar

D (Sport) (in US football, rugby) ‹*ball*› poner* en tierra; (in baseball) ‹*ball*› hacer* rodar

E (AmE Elec) conectar a tierra

■ **ground** *vi* (Naut) encallar, varar

ground[3] *past & past p of* **grind**[1]

ground[4] *adj* ‹*coffee/pepper*› molido; ~ **beef** (AmE) carne *f* molida *or* (Esp, RPl) picada

ground: **~-breaking** /'graʊnd'breɪkɪŋ/ *adj* pionero, innovador; **~cloth** (BrE) **~sheet** *n* suelo *m* impermeable (*de una tienda de campaña*); **~ control** *n* [u] control *m* de tierra; **~ crew** *n* 1 (Aerosp, Aviat) personal *m* de tierra 2 (AmE Sport) personal *m* de mantenimiento; **~ floor** *n* (BrE) **the ~ floor** la planta baja, el primer piso (Chi); **~hog** *n* marmota *f* de América

> **Groundhog Day**
>
> En muchos lugares de EEUU, la gente está atenta a la aparición de la *groundhog* (marmota) el 2 de febrero o *Groundhog Day*. Según la tradición, la pequeña marmota sale de su madriguera en este día, después de su hibernación. Si hace sol y ve su propia sombra, el animal se asusta y regresa a su madriguera, por lo que habrá seis semanas más de tiempo invernal. Si no ve su sombra, indica que la primavera comenzará temprano

grounding /'graʊndɪŋ/ *n* (*no pl*) base *f*

groundkeeper /'graʊnd,ki:pər || 'graʊnd,ki:pə(r)/ *n* encargado, -da *m,f* (*del mantenimiento del campo de juego*)

groundless /'graʊndləs || 'graʊndlɪs/ *adj* infundado

ground: **~ level** *n* [u]: **at ~ level** a ras del suelo; **above ~ level** sobre el nivel del suelo; **below ~ level** bajo tierra; **~nut** *n* (BrE) maní *m or* (Esp) cacahuete *m*

ground rule *n* 1 (guiding principle) directriz *f*; 2 (AmE Sport) regla *f* de terreno *or* de campo, regla local (Ven); **~sheet** *n* (BrE) ▸**groundcloth**; **~skeeper** *n* (AmE) encargado, -da *m,f* (*de un parque, cementerio, campo de deportes*); **~sman** /'graʊndzmən/ *n* (*pl* **-men** /-mən/) (BrE) encargado *m* (*del mantenimiento del campo de juego*); **~ staff** *n* (BrE) (+ *sing o pl vb*) 1 (Sport) personal *m* de mantenimiento 2 (Aviat) personal *m* de tierra; **~swell** *n* 1 (Meteo, Naut) mar *f* de fondo *or* de leva 2 (of opinion, interest) corriente *f*, oleada *f*; **~swoman** *n* (BrE) encargada *f* (*del mantenimiento del campo de juego*); **~-to-air** /'graʊndtə'er/ *adj* (*usu before n*) ‹*missile/rocket/attack*› tierra-aire *adj inv*; **~-to-~** /,graʊndtə'graʊnd/ *adj* de tierra a tierra; **~work** *n* [u] trabajo *m* preliminar

ground zero *n*

A (in atomic warfare) hipocentro *m*;

B (Hist) (in New York) **G~ Z~** zona *f* cero;

C (starting point) punto *m* de partida

group[1] /gru:p/ *n*

A (+ *sing o pl vb*) 1 (of people) grupo *m*; **to form a ~** (physically) agruparse; (found a group) formar un grupo *or* una asociación; **a consumers'/women's ~** una asociación *or* agrupación de consumidores/mujeres; **a feminist/gay ~** un colectivo *or* una agrupación feminista/gay; (*before n*) ‹*discussion/visit*› en grupo; ‹*portrait*› de conjunto 2 (Mus) grupo *m*, conjunto *m*

B (*usu* + *sing vb*) 1 (of things) grupo *m* 2 (class, division) grupo *m*

C (Busn) grupo *m*

D (Chem) 1 (of elements) grupo *m* 2 (radical) grupo *m*

E (Math) grupo *m*

group[2] *vt* agrupar; **these cases can be ~ed together** estos casos pueden ponerse en un mismo grupo

■ **group** *vi*: **to ~ together** agruparse

groupie /'gru:pi/ *n* (colloq) grupi *mf* (arg) (*fan que sigue a un cantante o grupo a todos sus conciertos etc*)

grouping /'gru:pɪŋ/ *n* [u c] (arrangement) colocación *f*, modo *m* de agrupar

group practice *n*: *consultorio atendido por un grupo de médicos*

grouse[1] /graʊs/ *n*

A [c] (*pl* ~) (bird) urogallo *m*

B [c] (*pl* **~s**) (complaint) (colloq) queja *f*; **to have a ~ about sb/sth** (esp BrE) quejarse de algn/algo

grouse[2] *vi* (colloq) gruñir* (fam), refunfuñar (fam); **to ~ ABOUT sb/sth** quejarse DE algn/algo

grout[1] /graʊt/ *n* [u] (in tiling) lechada *f*

grout[2] *vt* ‹*tiles*› enlechar

grove /grəʊv/ *n* (of trees) bosquecillo *m*, arboleda *f*; **an olive ~** un olivar; **an orange ~** un naranjal

grovel /'grɑ:vəl || 'grɒvəl/ *vi*, (BrE) **-ll-** (physically) postrarse; (abase oneself): **you'll have to ~ before he'll give you a**

g

pay increase tendrás que arrastrarte a sus pies para que te dé un aumento

grow /grəʊ/ (*past* **grew**; *past p* **grown**) *vi*

A (get bigger) ‹‹*plant/person*›› crecer*; (develop emotionally) madurar; (expand, increase) ‹‹*city/company*›› crecer*; ‹‹*quantity/population/membership*›› aumentar; ‹‹*suspicion/influence*›› crecer*, aumentar; **his hair has ~n** le creció el pelo; **his nails have ~n** le crecieron las uñas; **how you've ~n!** ¡qué grande estás!, ¡cómo has crecido!; **the economy is ~ing again** la economía vuelve a experimentar un período de crecimiento *or* expansión; **to ~ in popularity** crecer* *or* aumentar en popularidad

B **1** (become): **to ~ careless** volverse* descuidado; **to ~ dark** oscurecerse*; (at dusk) oscurecer*, anochecer*; **to ~ old** envejecer*, volverse* viejo; **the weather grew worse towards the end of the month** el tiempo empeoró hacia finales de mes **2** (get) **to ~ to + INF: she grew to love him** llegó a quererlo, se fue enamorando de él; **she'd grown to expect that of him** se había acostumbrado a esperar eso de él

■ **grow** *vt* **1** (cultivate) ‹*flowers/plants/crops*› cultivar **2** **to ~ a beard/mustache** dejarse (crecer) la barba/el bigote; **to ~ one's hair (long)** dejarse crecer el pelo

Phrasal verbs

- **grow apart** [v ▸ adv] ‹‹*friends*›› distanciarse; ‹‹*couple*››: **they were ~ing apart** su relación se estaba enfriando
- **grow away from** [v ▸ adv ▸ prep ▸ o] distanciarse de
- **grow into** [v ▸ prep ▸ o] **1** (become) convertirse* en **2** (grow to fit): **she will soon ~ into these dresses** pronto podrá usar *or* le quedarán bien estos vestidos
- **grow on** [v ▸ prep ▸ o] (colloq): **the kind of music that ~s on you** el tipo de música que llega a gustar con el tiempo
- **grow out**

A [v ▸ adv]: **to wait till a perm ~s out** esperar hasta que el pelo crezca y se pueda cortar la permanente

B [v ▸ o ▸ adv, v ▸ adv ▸ o]: **to ~ a perm out** dejarse crecer el pelo hasta poder cortarse la permanente

- **grow out of** [v ▸ adv ▸ prep ▸ o] **1** ‹*habit*› perder*, quitarse (*con el tiempo o la edad*); **it's just a phase, she'll ~ out of it** son cosas de la edad, ya se le pasará **2** ‹*clothes*›: **she's ~n out of those shoes already** esos zapatos ya le quedan chicos *or* (Esp) le están pequeños
- **grow up** [v ▸ adv] **1** (spend childhood) criarse* **2** (become adult) hacerse* mayor; **when I ~ up** cuando sea grande *or* mayor ...; **~ up!** ¡no seas infantil!; **to ~ up INTO sth** convertirse* EN algo, llegar* a ser algo **3** (arise) ‹‹*friendship/custom/feeling*›› surgir*, nacer* (liter); **a small township grew up around the mine** un pequeño poblado se desarrolló alrededor de la mina

grower /'grəʊər || 'grəʊə(r)/ *n* (farmer) cultivador, -dora *m,f*

growing /'grəʊɪŋ/ *adj* (*before n*) **1** ‹*quantity*› cada vez mayor, en aumento; ‹*reputation*› cada vez mayor; ‹*influence*› creciente, cada vez mayor; **~ numbers of people** un número cada vez mayor de personas; **there was a mood of ~ pessimism among farmers** el pesimismo iba creciendo entre los agricultores **2** ‹*child*›: **you need a lot to eat; you're a ~ boy** tienes que comer mucho, estás creciendo **3** ‹*plant/stem/vegetable*› que está creciendo

growing pains *pl n* (Physiol) dolores *mpl* del crecimiento; (initial problems) dificultades *fpl* iniciales

growl[1] /graʊl/ *vi* gruñir*; **to ~ AT sb** gruñirle* A algn

■ **growl** *vt*: **where have you been? he ~ed** —¿dónde has estado? —gruñó

growl[2] *n* (of dog, person) gruñido *m*; (of bear) rugido *m*

grown[1] /grəʊn/ *past p of* **grow**

grown[2] *adj*: **he's a ~ man now** ya es un hombre hecho y derecho, ya es un adulto hecho y derecho; **all our children are ~ now** nuestros hijos ya son mayores; **when the young are fully ~** (Zool) cuando las crías han alcanzado su pleno desarrollo

grown-up[1] /'grəʊnʌp/ *n* persona *f* mayor

grown-up[2] *adj* **1** (adult) mayor **2** (mature) (colloq) maduro, adulto

growth /grəʊθ/ *n*

A [u] (of animals, plants, humans) crecimiento *m*

B [u c] (of population, city) crecimiento *m*; (of quantity, profits) aumento *m*; (of industry, business) crecimiento *m*, desarrollo *m*, expansión *f*; **~ in popularity** aumento de popularidad

C **1** [u] (what grows): **prune away the dead branches to make way for new ~** pode las ramas secas para dejar crecer los brotes nuevos; **several days' ~ of beard** una barba de varios días **2** [c] (Med) bulto *m*, tumor *m*

growth rate *n* [u c] **1** (of plants, animals) tasa *f* de crecimiento **2** (Econ) tasa *f or* índice *m* de crecimiento

grub[1] /grʌb/ *n*

A [c] (Zool) larva *f*

B [u] (food) (colloq) comida *f*, papeo *m* (Esp arg), morfe *m* (CS arg)

grub[2] *vi* **-bb-** escarbar; **to ~ FOR sth** escarbar en busca de algo

grubby /'grʌbi/ *adj* **-bier, -biest** (dirty) mugriento, sucio

grudge[1] /grʌdʒ/ *n* rencilla *f*; **to bear sb a ~, to have** *o* **hold** *o* **bear a ~ against sb** tenerle* *or* guardarle rencor a algn

grudge[2] *vt* ▸ **begrudge**

grudging /'grʌdʒɪŋ/ *adj* ‹*admission*› hecho a regañadientes; **he is ~ in his praise** le cuesta mucho hacer elogios

grudgingly /'grʌdʒɪŋli/ *adv* de mala gana, a regañadientes

gruel /'gru:əl/ *n* [u] gachas *fpl*

grueling, (BrE) **gruelling** /'gru:əlɪŋ/ *adj* ‹*journey*› extenuante, agotador; ‹*experience/ordeal*› penoso, duro

gruesome /'gru:səm/ *adj* truculento, horripilante

gruff /grʌf/ *adj* **-er, -est** ‹*voice*› áspero, bronco; ‹*manner/reply*› brusco

gruffly /'grʌfli/ *adv* ásperamente, con brusquedad

grumble[1] /'grʌmbəl/ *vi* **1** (complain) refunfuñar (fam), rezongar*; **can't** *o* **mustn't ~** (colloq) no puedo quejarme; **to ~ ABOUT sth/sb** quejarse DE algo/algn **2** (rumble) ‹‹*thunder*›› retumbar; **my stomach's grumbling** las tripas me están haciendo ruido (fam)

grumble[2] *n* queja *f*

grumbler /'grʌmblər || 'grʌmblə(r)/ *n* rezongón, -gona *m,f*, gruñón, -ñona *m,f*

grumbling /'grʌmblɪŋ/ *adj* ‹*voice*› quejoso; ‹*person*› gruñón, refunfuñón

grumpily /'grʌmpəli || 'grʌmpɪli/ *adv* malhumoradamente, de mal humor

grumpy /'grʌmpi/ *adj* **-pier, -piest** ‹*remark/voice*› malhumorado; **he's always ~ in the mornings** siempre está gruñón *or* de mal humor por la mañana

grungy /'grʌndʒi/ *adj* **-gier, -giest** (AmE colloq) asqueroso

grunt[1] /grʌnt/ *vi* **1** ‹‹*pig*›› gruñir* **2** ‹‹*person*›› gruñir*, dar* *or* lanzar* un gruñido; (with effort) resoplar

■ **grunt** *vt* gruñir*

grunt[2] *n* **1** (of pig) gruñido *m* **2** (of person) gruñido *m*; (with effort) resoplido *m*

G-string /'dʒi:strɪŋ/ *n*

A (Mus) cuerda *f* de sol

B (Clothing) tanga *f*, sunga *f* (RPl)

Gt (in place names) (BrE) = **Great**

guarantee[1] /'gærən'ti:/ *n*

A **1** (on consumer goods) garantía *f*; **manufacturer's ~** garantía de fábrica **2** (assurance) garantía *f*; **there's no ~ that he'll come back** no hay ninguna garantía de que vuelva

B (Law) (document) garantía *f*; (article) garantía *f*, prenda *f*

guarantee[2] *vt*

A **1** (Comm) garantizar*; **to ~ sth AGAINST sth** garantizar* algo CONTRA algo **2** (Law) ‹*debt/treaty*› avalar, garantizar*

B (promise, assure of) garantizar*; **to ~ (THAT)** garantizar* QUE, dar* seguridad DE QUE

guaranteed /'gærən'ti:d/ *adj* garantizado

guarantor /'gærən'tɔ:r || ˌgærən'tɔ:(r)/ *n* garante *mf*, fiador, -dora *m,f*; **to stand ~ for sb** avalar a algn, salir* garante *or* fiador de algn

guaranty /'gærənti/ *n* ▸ **guarantee**[1] **B**

guard[1] /gɑ:rd || gɑ:d/ *vt* **1** (watch over) ‹*building/vehicle/prisoner*› vigilar, custodiar; ‹*person/reputation*› proteger*; ‹*secret*› guardar; **to ~ sth/sb AGAINST sth/sb** *o* **FROM sth** proteger* algo/a algn DE *or* CONTRA algn/algo **2** (AmE Sport) marcar*

g

Phrasal verb

- **guard against** [v ▸ prep ▸ o] ‹*injury/temptation*› evitar; ‹*risk*› protegerse* *or* precaverse contra; **we must ~ against that happening** tenemos que intentar *or* evitar que eso no ocurra

guard² *n*

A 1 [c] (sentry, soldier) guardia *mf*; **the G~s** (in UK) regimiento *m* de la Guardia Real; **bank/security ~** guarda *mf* jurado/de seguridad; **prison ~** (AmE) carcelero, -ra *m,f*, oficial *mf* de prisiones 2 (squad) (*no pl*) guardia *f* 3 [c] (Sport) (in US football) defensa *mf*; (in basketball) escolta *mf*

B [u] (surveillance) guardia *f*; **to be on ~** estar* de guardia; (*before n*) **~ duty** guardia *f*, posta *f* (AmC)

C [u] (in boxing, fencing) guardia *f*; ***to be on/off (one's) ~*** estar* alerta *or* en guardia/estar* desprevenido; ***to lower* o *drop one's ~*** bajar la guardia

D [c] 1 (*fire ~*) guardallama(s) *m* 2 (on machinery) cubierta *f* (*or* dispositivo *m etc*) de seguridad

E [c] (BrE Rail) jefe, -fa *m,f* de tren

guard dog *n* perro *m* guardián

guarded /'gɑːrdəd || 'gɑːdɪd/ *adj* ‹*reply/admission*› cauteloso; ‹*optimism*› cauto, comedido

guardedly /'gɑːrdədli || 'gɑːdɪdli/ *adv* ‹*optimistic/confident*› mesuradamente, cautamente; ‹*comment/reply*› cautelosamente, con cautela

guardhouse /'gɑːrdhaʊs || 'gɑːdhaʊs/ *n* 1 (guards' quarters) cuartel *m* 2 (prison) cárcel *f* militar

guardian /'gɑːrdiən || 'gɑːdiən/ *n* 1 (of child) tutor, -tora *m,f* 2 (protector) ~ (OF sth) defensor, -sora *m,f* *or* custodio, -dia *m,f* (DE algo)

guardian angel *n* ángel *m* de la guarda, ángel *m* custodio

guard: **~rail** *n* 1 (in staircase) barandilla *f*, barandal *m*; (in roads etc) barrera *f* de seguridad *or* de protección; 2 (BrE Rail) contracarril *m*; **~room** *n* 1 (for guards) cuarto *m* de guardia 2 (for prisoners) calabozo *m*; **~sman** /'gɑːrdzmən || gɑːdzmən/*n* (*pl* **-men** /-mən/) 1 (in US) soldado *m* de la Guardia Nacional 2 (in UK) miembro *m* de la Guardia Real; **~'s van** *n* (BrE Rail) furgón *m* de cola

Guatemala /ˌgwɑːtə'mɑːlə/ *n* Guatemala *f*

Guatemalan¹ /ˌgwɑːtə'mɑːlən/ *adj* guatemalteco

Guatemalan² *n* guatemalteco, -ca *m,f*

guava /'gwɑːvə/ *n* 1 (fruit) guayaba *f* 2 **~ (tree)** guayabo *m*

Guernsey /'gɜːrnzi || 'gɜːnzi/ *n* (*pl* **-seys**) 1 (Geog) Guernesey 2 *also* **guernsey** (cow) vaca *f* de Guernesey

guerrilla, guerilla /gə'rɪlə/ *n* guerrillero, -ra *m,f*; (*before n*) ‹*tactics/leader*› guerrillero; **~ war** guerra *f* de guerrillas; **~ warfare** guerrilla *f*

guess¹ /ges/ *n*: **have a ~!** ¡a ver si adivinas!; **you're allowed three ~es** tienes tres oportunidades de adivinar(lo); **it was just a wild ~** fue lo primero que (se) me vino a la cabeza; **to make a lucky ~** acertar* *or* (Méx) atinar(le) por *or* de casualidad; **your ~ is as good as mine** quién sabe, vete tú a saber

guess² *vt* 1 (conjecture, estimate) adivinar; **~ who!** adivina quién soy, ¿a que no sabes quién soy?; **~ what!** ¿sabes qué?; **you'll never ~ what he said** no te puedes imaginar lo que dijo; **I ~ed that he weighed about 150 pounds** calculé que pesaría unas 150 libras 2 (suppose) (esp AmE colloq) suponer*; **I ~ so** supongo (que sí), eso creo

■ **guess** *vi*: **how did you ~?** ¿cómo adivinaste? *or* (Esp) ¿cómo lo has adivinado?; **to ~ right** acertar*, adivinar, atinar(le) (Méx); **to ~ wrong** equivocarse*; **he kept people ~ing about his plans** los tenía a todos en suspenso *or* en la incertidumbre acerca de sus planes; **to ~ AT sth**: **we can only ~ at her motives** sólo podemos hacer conjeturas sobre cuáles fueron sus motivos

guessing game /'gesɪŋ/ *n* juego *m* de adivinanzas; **to play ~ ~s** jugar* a las adivinanzas

guesstimate /'gestəmət || 'gestɪmət/ *n* (colloq) presupuesto *m* *or* cálculo *m* aproximado

guesswork /'geswɜːrk || 'geswɜːk/ *n* [u] conjeturas *fpl*

guest /gest/ *n*

A (visitor) invitado, -da *m,f*; (staying overnight) invitado, -da *m,f*, huésped *mf*, alojado, -da *m,f* (Chi); (in hotel) huésped *mf*, cliente, -ta *m,f*; **we had ~s** teníamos invitados, teníamos visita(s); ***be my ~!***: **may I borrow your pen? — be my ~!** ¿me prestas el bolígrafo? — ¡por supuesto! *or* ¡(no) faltaba *or* faltaría más!; (*before n*) **~ list** lista *f* de invitados

B (non-member) invitado, -da *m,f*; (*before n*) **~ speaker** conferenciante invitado, -da *m,f*, orador invitado, oradora invitada *m,f*

C (Rad, TV) invitado, -da *m,f*; (*before n*) **~ appearance** aparición *f* especial; **~ star** estrella *f* invitada

guesthouse /'gesthaʊs/ *n* 1 (in US, attached to mansion) pabellón *m* de huéspedes 2 (Tourism) (in UK) casa *f* de huéspedes, pensión *f*

guestimate *n* ▸ **guesstimate**

guestroom /'gestruːm, -rʊm/ *n* cuarto *m* de huéspedes *or* (Chi) de alojados

guffaw¹ /gʌ'fɔː/ *n* risotada *f*, carcajada *f*

guffaw² *vi* reírse* a carcajadas, carcajearse (fam)

guidance /'gaɪdn̩s/ *n* [u] orientación *f*; **he needs ~** necesita que lo orienten *or* lo aconsejen; **to seek ~ from sb** pedir* consejo a algn; (*before n*) **~ counselor** (AmE) orientador, -dora *m,f* vocacional

guide¹ /gaɪd/ *n*

A 1 (Tourism) (person) guía *mf*; (publication) guía *f* 2 (adviser) consejero, -ra *m,f*

B **Guide** (BrE) exploradora *f*, guía *f*

C (indicator) guía *f*; **to use o take sth as a ~** guiarse* por algo

guide² *vt* 1 ‹*tourist/stranger*› guiar*; **a priest ~d them round the cathedral** un sacerdote les hizo de guía en la catedral 2 (help, advise) guiar*, aconsejar 3 (steer, manipulate) (+ *adv compl*): **the captain ~d the ship between the rocks** el capitán condujo *or* guió el barco por entre las rocas 4 **guiding** *pres p*: **they need a guiding hand** necesitan una mano que los guíe; **guiding light** norte *m*; **guiding principle** principio *m* rector

guide: **~book** *n* guía *f*; **~ dog** *n* perro *m* guía, perro *m* lazarillo

guided tour /'gaɪdəd || 'gaɪdɪd/ *n* visita *f* guiada

guideline /'gaɪdlaɪn/ *n* pauta *f*, directriz *f*; **to lay down/issue ~s** establecer* pautas *or* directrices

guild /gɪld/ *n* 1 (of workers) gremio *m* 2 (club, society) asociación *f*, agrupación *f*

guildhall /'gɪldhɔːl/ *n* (in UK) *antigua sede de uno o varios gremios que en la actualidad se utiliza como ayuntamiento en algunas ciudades*

guile /gaɪl/ *n* [u] astucia *f*

guileless /'gaɪlləs || 'gaɪllɪs/ *adj* (liter) cándido, sin malicia

guillotine¹ /'gɪlətiːn/ *n* (for executions, cutting paper) guillotina *f*

guillotine² *vt* ‹*person/paper*› guillotinar

guilt /gɪlt/ *n* [u] 1 (blame) culpa *f*; (Law) culpabilidad *f* 2 (Psych) culpa *f*

guiltily /'gɪltəli || 'gɪltɪli/ *adv* con aire de culpabilidad

guilty /'gɪlti/ *adj* **-tier, -tiest** 1 (Law) (*no comp*) culpable; **how do you plead? — not ~** ¿cómo se declara? — inocente; **he was the ~ party** él era el culpable; **to find sb ~/not ~** declarar a algn culpable/inocente; **to be ~ OF sth** ser* culpable DE algo 2 (ashamed, remorseful) culpable 3 (shameful) (*before n*) ‹*secret/desires*› vergonzoso

guinea /'gɪni/ *n* guinea *f*

guinea pig *n* 1 (Zool) cobayo *m*, cobaya *f*, conejillo *m* de Indias, cuy *m* (AmS) 2 (person) conejillo *m* de Indias

guise /gaɪz/ *n*: **under the ~ of friendship** bajo una apariencia de amistad, aparentando amistad; **in many different ~s** de muchas formas distintas

guitar /gə'tɑːr || gɪ'tɑː(r)/ *n* guitarra *f*

guitarist /gə'tɑːrəst || gɪ'tɑːrɪst/ *n* guitarrista *mf*

Gujarati¹, Gujerati /ˌgʊdʒə'rɑːti/ *adj* gujaratí

Gujarati², Gujerati *n* 1 [u] (language) gujaratí *m*, gujerati *m* 2 [c] (person) gujaratí *mf*

gulf /gʌlf/ *n* 1 (Geog) golfo *m*; **the G~ of Mexico** el Golfo de México; (*before n*) **the G~ War** la guerra del Golfo 2 (gap) abismo *m*

gulf: **~ States** *pl n* **the G~ States** 1 (in Middle East) los países del Golfo Pérsico *or* del Golfo 2 (in US) (AmE) *los estados que bordean el Golfo de México*; **~ Stream** *n* **the G~ Stream** la corriente del Golfo; **~ War** *n* **the G~ War** la guerra del Golfo; **G~ War syndrome** síndrome *m* de la guerra del Golfo

g

gull /gʌl/ *n* (Zool) gaviota *f*
gullet /'gʌlət || 'gʌlɪt/ *n* garganta *f*, gaznate *m* (fam); ▸**stick²** *vi* B
gulley /'gʌli/ *n* (*pl* **-leys**) ▸**gully**
gullible /'gʌləbəl/ *adj* crédulo
gully /'gʌli/ *n* (*pl* **-lies**) 1 (small valley) barranco *m* 2 (channel) surco *m*, cauce *m*
gulp¹ /gʌlp/ *vi* tragar* saliva
■ **gulp** *vt* ~ **(down)** ‹*food*› engullir*; ‹*drink/medicine*› beberse *or* tomarse de un trago
Phrasal verb
• **gulp back** [v ▸ adv ▸ o] tragarse*
gulp² *n* (of liquid) trago *m*; (of air) bocanada *f*: **he finished off the beer in one** ~ se terminó la cerveza de un trago
gum¹ /gʌm/ *n*
A [c] (Anat) encía *f*
B [u] (*chewing* ~) chicle *m*, goma *f* de mascar
C 1 [u] (glue) (BrE) goma *f* de pegar 2 [u] (from plant) resina *f*
gum² *vt* **-mm-** pegar*
gum: ~**ball** *n* (AmE) chicle *m* en forma de bola; ~**boil** *n* flemón *m*; ~**boot** *n* (BrE) bota *f* de goma *or* de agua
gumption /'gʌmpʃən/ *n* [u] (colloq) 1 (common sense) sentido *m* común 2 (initiative, guts) agallas *fpl* (fam)
gumtree /'gʌmtri:/ *n* árbol *m* del caucho; ***to be up a*** ~ (BrE) estar* en un aprieto, estar* metido en un lío (fam)
gun¹ /gʌn/ *n*
A (pistol) pistola *f*, revólver *m*; (shotgun, rifle) escopeta *f*, fusil *m*, rifle *m*; (artillery piece) cañón *m*; ***to go great*** ~***s*** (colloq) ir* viento en popa *or* a las mil maravillas; ***to spike sb's*** ~***s*** (BrE) echar por tierra los planes de algn; ***to stick to one's*** ~***s*** mantenerse* *or* seguir* en sus (*or* mis *etc*) treces
B (*starting* ~) pistola *f* (*que da el disparo de salida*); ***to jump the*** ~ adelantarse a los acontecimientos
gun² **-nn-** *vt* (AmE colloq) ‹*car/engine*› acelerar
Phrasal verbs
• **gun down** [v ▸ o ▸ adv, v ▸ adv ▸ o] (shoot) abatir a tiros
• **gun for** [v ▸ prep ▸ o] (colloq) (*only in -ing form*) andar* a la caza de (fam)
gun: ~**boat** *n* (lancha *f*) cañonera *f*; ~**dog** *n* perro *m* de caza; ~**fight** *n* tiroteo *m*, balacera *f* (AmL); ~**fire** *n* [u] disparos *mpl*; (from heavy artillery) cañoneo *m*, cañonazos *mpl*
gunge /gʌndʒ/ *n* [u] (BrE colloq) porquería *f* (fam)
gung-ho /'gʌŋ'həʊ/ *adj* (colloq & pej) exaltado, fanático
gunk /gʌŋk/ *n* [u] (colloq) porquería *f* (fam)
gun: ~ **law** *n* 1 [u] (lawlessness) la ley del revólver 2 [c] *legislación para el control de armas*; ~ **license** *n* licencia *f* de armas; ~**man** /'gʌnmən/ *n* (*pl* **-men** /-mən/) pistolero *m*, gatillero *m* (Méx)
gunner /'gʌnər || 'gʌnə(r)/ *n* artillero, -ra *m,f*; (in UK) soldado *m* de artillería
gun: ~**point** *n*: **at** ~**point** a punta de pistola; ~**powder** *n* [u] pólvora *f*; (*before n*) **the G**~**powder Plot** la Conspiración de la Pólvora; ~**running** *n* [u] tráfico *m* de armas; ~**shot** *n* disparo *m*, tiro *m*; (*before n*) ~**shot wound** herida *f* de bala; ~**smith** *n* armero, -ra *m,f*
gurgle¹ /'gɜ:rgəl || 'gɜ:gəl/ *vi* «*water/brook*» borbotar, gorgotear; «*baby*» gorjear
gurgle² *n* 1 (of water, liquid) borboteo *m*, gorgoteo *m* 2 (of delight) gorjeo *m*
guru /'gʊru:/ *n* gurú *mf*, guru *mf*
gush¹ /gʌʃ/ *vi* 1 «*liquid*» salir* a borbotones *or* a chorros 2 (be effusive) (pej): **she tends to** ~ habla de todo con un entusiasmo exagerado
■ **gush** *vt* chorrear, derramar
gush² *n* borbotón *m*, chorro *m*
gushing /'gʌʃɪŋ/ *adj* (pej) demasiado efusivo
gusset /'gʌsət || 'gʌsɪt/ *n* entretela *f*
gust /gʌst/ *n* ráfaga *f*
gusto /'gʌstəʊ/ *n* [u] entusiasmo *m*; **with** ~ ‹*eat*› con ganas; ‹*sing/play*› con brío
gusty /'gʌsti/ *adj* **-tier, -tiest** ‹*wind*› racheado; ‹*weather/day*› ventoso
gut¹ /gʌt/ *n* 1 [c] (intestine) intestino *m* 2 [c] (belly) (colloq) barriga *f* (fam), panza *f* (fam); ***to bust a*** ~ (laugh a lot) (AmE) desternillarse *or* (Méx) doblarse de risa; (make great effort) (BrE) herniarse (fam), echar los bofes (fam); (*before n*) ‹*reaction*› instintivo; *see also* **guts**
gut² *vt* **-tt-** 1 ‹*fish*› limpiar, vaciar*; ‹*chicken/rabbit*› limpiar, destripar 2 ‹*building*› destruir* el interior de
gutless /'gʌtləs || 'gʌtlɪs/ *adj* cobarde
guts /gʌts/ *n*
A (+ *pl vb*) (colloq) (bowels) tripas *fpl* (fam); ***to hate sb's*** ~ no poder* ver a algn, odiar a algn a muerte; ***to have sb's*** ~ ***for garters*** (BrE) romperle* la cabeza *or* las costillas a algn, sacarle* las tripas a algn (fam); ***to work*** *o* (BrE also) ***slog one's*** ~ ***out*** echar los bofes (fam), deslomarse (trabajando) (fam)
B (+ *sing o pl vb*) (courage) (colloq) agallas *fpl* (fam)
gutsy /'gʌtsi/ *adj* **-sier, -siest** (colloq) ‹*person*› con agallas (fam), agalludo (AmL fam)
gutted /'gʌtɪd/ *adj* (pred) (BrE sl): **to be/feel** ~ estar* destrozado *or* hecho pedazos
gutter¹ /'gʌtər || 'gʌtə(r)/ *n* 1 (on roof) canaleta *f*, canalón *m* (Esp) 2 (in street) alcantarilla *f* 3 (lowest section of society) **the** ~ el arroyo; **he picked her up out of the** ~ la sacó del arroyo; (*before n*) **the** ~ **press** la prensa sensacionalista *or* amarilla *or* amarillista
gutter² *vi* «*candle*» arder con luz parpadeante
guttering /'gʌtərɪŋ/ *n* [u] canaletas *fpl*, canalones *mpl* (Esp)
guttural /'gʌtərəl/ *adj* ‹*voice/language*› gutural
guv /gʌv/ *n* (BrE sl) (*as form of address*) jefe (fam), patrón (CS fam)
guy /gaɪ/ *n* (colloq)
A 1 (man) tipo *m* (fam), tío *m* (Esp fam), chavo *m* (Méx fam); **my/her** ~ (boyfriend) mi/su novio, mi/su chavo (Méx fam), mi/su pololo (Chi) 2 **guys** *pl* (people) (AmE) gente *f*; **do you** ~**s want breakfast?** ¿quieren *or* (Esp) queréis desayunar?
B (in UK) *efigie de Guy Fawkes que se quema en una hoguera la noche del 5 de noviembre*
Guyana /gar'ænə/ *n* Guyana *f*, Guayana *f*
Guyanese /,gaɪə'ni:z/ *adj* guyanés, guayanés
Guy Fawkes Night ▸**Bonfire Night** /'gaɪfɔ:ks/ *n* (in UK) la noche del 5 de noviembre (*aniversario de la Conspiración de la Pólvora*)
guzzle /'gʌzəl/ *vt* 1 (drink greedily) chupar (fam) 2 (eat greedily) (BrE) engullirse*, tragarse*
■ **guzzle** *vi* 1 (drink): chupar (fam) 2 (eat) (BrE) engullir*
guzzler /'gʌzlər || 'gʌzlə(r)/ *n* 1 (person) tragón, -gona *m,f* (fam) 2 (appliance): *aparato que consume mucha energía*; **this car is a real** ~ este coche traga mucha gasolina *or* (RPL) nafta *or* (Chi) bencina
gym /dʒɪm/ *n* 1 [c] (gymnasium) gimnasio *m* 2 [u] (gymnastics) gimnasia *f*
gymkhana /dʒɪm'kɑ:nə/ *n* 1 (Equ) gincana *f* (*competición ecuestre*) 2 (in motor racing) (AmE) *competición automovilística*
gymnasium /dʒɪm'neɪziəm/ *n* (*pl* **-siums** *or* **-sia** /-ziə/) gimnasio *m*
gymnast /'dʒɪmnæst/ *n* gimnasta *mf*
gymnastics /dʒɪm'næstɪks/ *n* 1 (activity) (+ *sing vb*) gimnasia *f* 2 (exercises) (+ *pl vb*) gimnasia *f*
gymslip /'dʒɪmslɪp/ *n* (BrE) jumper *m or* (Esp) pichi *m* (*de uniforme colegial*)
gynecological, (BrE) **gynaecological** /'gaɪnəkə'lɑ:dʒɪkəl || ,gaɪnəkə'lɒdʒɪkəl/ *adj* ginecológico
gynecologist, (BrE) **gynaecologist** /'gaɪnə'kɑ:lədʒəst || ,gaɪnə'kɒlədʒɪst/ *n* ginecólogo, -ga *m,f*
gynecology, (BrE) **gynaecology** /'gaɪnə'kɑ:lədʒi || ,gaɪnə'kɒlədʒi/ *n* [u] ginecología *f*
gyp¹ /dʒɪp/ *n* (colloq)
A [c] (swindle) timo *m* (fam), afano *m* (RPl arg)
B [u] (pain, trouble) (BrE): **my back's been giving me** ~ la espalda me ha estado fastidiando *or* jorobando (fam)
gyp² *vt* **-pp-** (colloq) timar, transar (Méx fam)
gypsum /'dʒɪpsəm/ *n* [u] yeso *m*
gypsy, Gypsy /'dʒɪpsi/ *n* (*pl* **-sies**) gitano, -na *m,f*
gyrate /'dʒaɪreɪt || dʒaɪ'reɪt/ *vi* girar
gyration /dʒaɪ'reɪʃən/ *n* [c u] (rotation) giro *m*, rotación *f*

H, h /eɪtʃ/ *n* H, h *f*

ha¹ /hɑː/ *interj* ¡ajá!

ha² (= **hectare**) Ha.

habeas corpus /'heɪbiəs'kɔːrpəs || ˌheɪbiəs'kɔːpəs/ *n* [u] hábeas corpus *m*

haberdashery /'hæbər,dæʃəri || 'hæbə,dæʃəri/ *n* (*pl* **-ries**)
A [c] **1** (clothes store) (AmE) tienda *f* de ropa y accesorios para caballeros **2** (sewing materials shop) (BrE) mercería *f*
B [u] **1** (clothes) (AmE) ropa *f* y accesorios *mpl* para caballeros **2** (sewing materials) (BrE) (artículos *mpl* de) mercería *f*

habit /'hæbət || 'hæbɪt/ *n*
A **1** [c] (usual piece of behavior) costumbre *f*, hábito *m*; (bad) vicio *m*, mala costumbre *f*, mal hábito *m*; **to break a ~** perder* *or* quitarse una (mala) costumbre; **to be in the ~ of -ING** acostumbrar + INF, tener* por costumbre + INF; **to make a ~ of -ING** adoptar la costumbre de + INF; **don't make a ~ of it** que no se repita; **to get out of/into the ~ of doing sth** perder*/tomar la costumbre de hacer algo; **to have a ~ of -ING** tener* la manía de + INF **2** [u] (customary behavior) costumbre *f*; **force of ~** fuerza *f* de la costumbre **3** [u] (dependence on nicotine, drugs): **to break** *o* **kick the ~** dejar el vicio; **he now has a $100-a-day ~** ahora el vicio le cuesta 100 dólares diarios
B [c] (Clothing) hábito *m*

habitable /'hæbətəbəl || 'hæbɪtəbəl/ *adj* habitable

habitat /'hæbətæt || 'hæbɪtæt/ *n* hábitat *m*

habitation /'hæbə'teɪʃən || ˌhæbɪ'teɪʃən/ *n* (frml): **unfit for human ~** inhabitable

habit-forming /'hæbət,fɔːrmɪŋ || 'hæbɪt,fɔːmɪŋ/ *adj* que crea hábito *or* dependencia

habitual /hə'bɪtʃuəl/ *adj* **1** (usual) habitual, acostumbrado **2** (compulsive) ‹*liar/gambler*› empedernido

habitually /hə'bɪtʃuəli/ *adv* por lo general, normalmente

habituate /hə'bɪtʃueɪt/ *vt* **to ~ sb/oneself TO sth/-ING** habituar* a algn/habituarse* A algo/+ INF

habitué /hə'bɪtʃueɪ/ *n* asiduo, -dua *m,f*, habitué *mf* (CS)

hacienda /'hɑːsi'endə, 'hæ- || ˌhæsi'endə/ *n* (AmE) hacienda *f*

hack¹ /hæk/ *vt* cortar a tajos, tajear (Andes); **to ~ sth to bits** *o* **pieces** hacer* algo trizas
■ **hack** *vi*
A (to cut) hacer* tajos; **he was ~ing at the tree with a machete** estaba dando machetazos al árbol
B (Comput colloq) **to ~ (into)** ‹*system*› piratear

hack² *n*
A (pej *or* hum) (writer) escritorzuelo, -la *m,f* (pey); (journalist) gacetillero, -ra *m,f* (pey)
B (horse — for hire) caballo *m* de alquiler; (— worn-out) jaco *m*, jamelgo *m*
C (AmE colloq) **1** (taxi driver) taxista *mf*, tachero, -ra *m,f* (RPl fam), ruletero, -ra *m,f* (Méx fam) **2** (taxi) taxi *m*, tacho *m* (RPl fam)

hacker /'hækər || 'hækə(r)/ *n* (Comput colloq) pirata informático, -ca *m,f*

hacking¹ /'hækɪŋ/ *n* (Comput colloq) piratería *f* informática

hacking² *adj* ‹*cough*› áspero

hackles /'hækəlz/ *pl n* (on dogs) *pelo erizado del lomo*; **to have one's ~ up** «*dog*» estar* erizado; «*person*» estar* furioso; **her/his ~ rose** se enfureció, se indignó

hackneyed /'hæknid/ *adj* manido, trillado

hacksaw /'hæksɔː/ *n* sierra *f* de arco (*para metales*)

had /hæd, *weak form* həd, əd/ *past & past p of* **have**

haddock /'hædək/ *n* (*pl* ~) **1** [c] (Zool) eglefino *m* **2** [u] (Culin) abadejo *m*

hadn't /'hædn̩t/ = **had not**

haem- *etc* (BrE) ▸**hem-** *etc*

hag /hæg/ *n* **1** (ugly old woman) bruja *f*, arpía *f* **2** (witch) (arch) bruja *f*, hechicera *f*

haggard /'hægərd || 'hægəd/ *adj* demacrado

haggis /'hægəs || 'hægɪs/ *n* [c u] (*pl* **-gis** *or* **-gises**) *plato escocés hecho con vísceras de cordero y avena*; *see also* **Burns Night**

haggle /'hægəl/ *vi* regatear; **to ~ over the price** regatear

hagiography /'hægi'ɑːgrəfi || ˌhægi'ɒgrəfi/ *n* [c u] (*pl* **-phies**) hagiografía *f*

Hague /heɪg/ *n* **The ~** La Haya

hah /hɑː/ *interj* ¡ajá!

ha-ha /hɑː'hɑː/ *interj* ¡ja, ja!

hail¹ /heɪl/ *n* **1** [u] (Meteo) granizo *m*, pedrisco *m* **2** (of bullets, insults) (*no pl*) lluvia *f*

hail² *v impers* (Meteo) granizar*
■ **hail** *vt*
A (call to) ‹*person*› llamar; ‹*ship*› saludar; ‹*taxi*› hacerle* señas a; **he was within ~ing distance** desde donde estaba me podía oír
B (acclaim, welcome) ‹*king/leader*› aclamar; **it was ~ed as a major breakthrough** fue acogido como un importantísimo avance
■ **hail** *vi* **to ~ FROM** «*person*» ser* DE

Phrasal verb
• **hail down** [v ▸ adv] «*stones/insults/blows*» llover*

hail³ *interj* (arch *or* poet): **~ Caesar!** ¡Ave César! (arc)

hail: **~ Mary** *n* Avemaría *m*; **say three H~ Marys** rece tres Avemarías; **~stone** *n* granizo *m*, piedra *f* (de granizo); **~storm** *n* granizada *f*

hair /her || heə(r)/ , ▸**Colors** *n*
A [u] (on human head) pelo *m*, cabello *m* (frml *o* liter); **a girl with long ~** una chica de pelo largo; **to have** *o* **get one's ~ cut** cortarse el pelo; **to do one's ~** arreglarse el pelo, peinarse; **to have one's ~ done** peinarse (*en la peluquería*); **to lose one's ~** perder* el pelo; ***to get in sb's ~*** (colloq) molestar a algn; ***keep your ~ on!*** (BrE colloq) ¡no te sulfures! (fam); ***to let one's ~ down*** (relax) soltarse* la melena (fam); (lit) soltarse* el pelo; ***to make sb's ~ stand on end*** (colloq) ponerle* los pelos de punta a algn (fam); ***to tear one's ~ (out)*** (colloq) subirse por las paredes (fam); (*before n*) ‹*gel/lacquer/oil*› para el pelo; **~ transplant** transplante *m* capilar
B [u] **1** (on human body) vello *m*; (*before n*) **~ remover** depilatorio *m* **2** (on animal, plant) pelo *m*
C [c] (single strand) pelo *m*; **with not a ~ out of place** impecable; ***not to harm a ~ of sb's head*** no tocarle* un pelo a algn; ***not to turn a ~*** no inmutarse, quedarse como si nada *or* como si tal (fam); ***to split ~s*** buscarle* tres *or* cinco pies al gato; *see also* **hair's breadth**

hair: **~band** *n* (elastic) cinta *f*, huincha *f* (Bol, Chi, Per), balaca *f* (Col), banda *f* (Méx), vincha *f* (RPl, Ven); (rigid) diadema *f*, cintillo *m*, vincha *f* (RPl, Ven); **~brush** *n* cepillo *m* (*del pelo*); **~clip** *n* (BrE) horquilla *f*, pinche *m* (Chi), pasador *m* (Méx); **~cut** *n* corte *m* de pelo; **to have** *o* **get a ~cut** cortarse el pelo; **~do** *n* (colloq) peinado *m*; **~dresser** *n* peluquero, -ra *m,f*; **to go to the ~dresser's** ir* a la peluquería; **~drier**, **~dryer** *n* 1 (hand-held) secador *m or* (Méx) secadora *f* (de mano) 2 (hood) secador *m or* (Méx) secadora *f* (de pie)

-haired /herd || heəd/ *suff*: **long~/curly~** de pelo largo/rizado; **red~** pelirrojo

hairgrip /'hergrɪp || 'heəgrɪp/ *n* (BrE) horquilla *f*, pinche *m* (Chi), pasador *m* (Méx)

hairless /'herləs || 'heəlɪs/ *adj* ‹*head*› sin pelo, calvo, pelón (AmC, Méx), pelado (CS); ‹*body*› sin vello

hair: **~line** *n* 1 (where hair begins) nacimiento *m* del pelo 2 (fine line) línea *f* delgada; (*before n*) **a ~line fracture** una pequeña fisura; **~net** *n* redecilla *f*; **~piece** *n* postizo *m*; **~pin** *n* horquilla *f* (de moño); (*before n*) **~pin turn** *o* (BrE) **bend** curva *f* muy cerrada; **~-raising** /'her,reɪzɪŋ || 'heə,reɪzɪŋ/ *adj* espeluznante; **~'s breadth**, **~sbreadth** *n* (*no pl*): **by a ~'s breadth** por un pelo (fam); **~slide** *n* (BrE) ▸ **barrette**; **~spray** *n* laca *f*, fijador *m* (*para el pelo*); **~style** *n* peinado *m*, corte *m* de pelo; **~stylist** *n* peluquero, -ra *m,f*, estilista *mf*, peinador, -dora *m,f* (Méx)

hairy /'heri || 'heəri/ *adj* **-rier, -riest**
A ‹*legs/chest*› peludo, velludo
B (sl) (frightening, dangerous) espeluznante, horripilante

Haiti /'heɪti/ *n* Haití *m*

Haitian /'heɪʃən/ *adj* haitiano

hake /heɪk/ *n* [c u] (*pl* ~) merluza *f*

halal /hɑː'lɑːl/ *adj* (Culin) ‹*meat*› de animales faenados *or* (Esp) sacrificados según la ley musulmana

halcyon /'hælsiən/ *adj* (poet) (*before n*) ‹*weather*› paradisíaco (liter); **in those ~ days** en aquellos idílicos tiempos (liter)

hale /heɪl/ *adj* (liter): **~ and hearty** (fuerte) como un roble

half¹ /hæf || hɑːf/ *n* (*pl* **halves**)
A 1 (part) mitad *f*; **~ of the sugar** la mitad del azúcar; **the upper ~ of the body** la parte superior del cuerpo; **to break/divide sth in ~** romper*/dividir algo por la mitad *or* en dos; **how the other ~ lives** cómo viven los demás; ***not to do things by halves*** (colloq) no hacer* las cosas a medias; ***to go halves*** (colloq) pagar* a medias; ***my/his better/other ~*** (colloq & hum) mi/su media naranja; ***too ... by ~*** (BrE colloq): **she's too clever by ~** se pasa de lista (fam) 2 (Math) medio *m* 3 (elliptical use): **an hour and a ~** una hora y media; **it's ~ past ten** son las diez y media; **the train leaves at ~ past** el tren sale a y media; ***... and a ~!*** (colloq): **that was a party and a ~!** ¡eso sí que fue una fiesta!
B (Sport) 1 (period) tiempo *m*; **the first/second ~** el primer/segundo tiempo 2 (of pitch) campo *m* 3 (interval) (AmE) descanso *m*, medio tiempo *m* (AmL)
C (of beer) (BrE) (colloq) media pinta *f* (*de cerveza*)
D (fare) (BrE): **one and two halves** un adulto y dos niños

half² *pron* la mitad; **I only want ~** sólo quiero la mitad; ***the ~ of it*** (colloq): **you haven't heard the ~ of it** y eso no es nada

half³ *adj* medio, -dia; **~ a pint of milk** media pinta de leche; **one and a ~ hours** una hora y media; **~ my salary goes on the mortgage** la mitad del sueldo se me va en la hipoteca; **she's going out with a man ~ her age** sale con un hombre al que dobla en edad; **she isn't ~ the player/singer she used to be** (colloq) no es ni con mucho la jugadora/cantante que era

half⁴ *adv* medio; **the work is only ~ done** el trabajo está a medio hacer; **she was ~ asleep** estaba medio dormida *or* semidormida; **I ~ expected to find him here** en cierto modo esperaba encontrármelo aquí; **she is ~ Italian, ~ Greek** es hija de italianos y griegos; **they are paid ~ as much as we are** les pagan la mitad que a nosotros; **the movie isn't ~ as good as the book** (colloq) la película no es ni la mitad de buena que el libro; ***not ~*** (BrE colloq) (*as intensifier*): **do you like it? — not ~!** ¿te gusta? — no me gusta, me encanta

half- /'hæf || hɑːf/ *pref*: **~closed/~open** entreabierto; **~starved** medio muerto de hambre

half: **~ a dozen** *n* (*no pl*) 1 (six) media docena *f*; **~ a dozen eggs** media docena de huevos 2 (several): **~ a dozen reasons/countries** unas cuantas razones/unos cuantos países; **~-and-half** /'hæfən'hæf || 'hɑːfən'hɑːf/ *n* [u] (AmE) *mezcla de crema y leche*; **~ an hour** *n* [u] media hora *f*; **~-assed** /'hæf'æst || 'hɑːf,ɑːst/ *adj* (AmE sl) ‹*person*› papanatas (fam), chambón (AmL fam); ‹*attempt*› torpe; **~back** *n* (in US football) half back *mf*; (in rugby) medio *m*; **~-baked** /'hæf'beɪkt || ,hɑːf'beɪkt/ *adj* (colloq) ‹*scheme*› mal concebido; **~-bottle** /'hæfbɑːtl̩ || 'hɑːfbɒtl/ *n* media (botella) *f*; **~-breed** *n* (animal) híbrido *m*, mestizo, -za *m,f*; (person) (pej) mestizo, -za *m,f*; **~ brother** *n* hermanastro *m*, medio hermano *m*; **~-caste** *n* (often offensive) mestizo, -za *m,f*; **~ cock** *n*: **at ~ cock** (of gun) con el seguro echado; **~-cocked** /'hæf'kɑːkt || ,hɑːf'kɒkt/ *adj*: ***to go off ~-cocked*** (AmE) hacer* algo a la ligera; **~-day** /'hæf'deɪ || 'hɑːf,deɪ/ *n* [u] media jornada *f*; (*before n*) **it's ~-day closing today** (BrE) hoy cierran por la tarde; **~-dead** /'hæf'ded || ,hɑːf'ded/ *adj* (*no comp*) (colloq) medio muerto (fam); **~-dollar** /'hæf'dɑːlər || ,hɑːf'dɒlə(r)/ *n* (in US) medio dólar *m*; **~-empty** /,hæf'empti || ,hɑːf'empti/ *adj* medio vacío; **~-full** /'hæf'fʊl || 'hɑːf'fʊl/ *adj* ‹*glass/bottle*› medio lleno, mediado; ‹*theater*› lleno a medias; **~hearted** /'hæf'hɑːrtəd || ,hɑːf'hɑːtɪd/ *adj* poco entusiasta; **he made a ~hearted effort to ...** hizo un intento desganado de ...; **~heartedly** /'hæf'hɑːrtədli || ,hɑːf'hɑːtɪdli/ *adv* sin ganas, con poco entusiasmo; **~-hour** /'hæf'aʊr || ,hɑːf'aʊə(r)/ *n* media hora *f*

half-hourly¹ /'hæf'aʊrli || ,hɑːf'aʊəli/ *adj*: **there's a ~ service** hay un tren (*or* autobús *etc*) cada media hora; **at ~ intervals** cada media hora

half-hourly² *adv* cada media hora

half: **~-life** *n* (Chem, Nucl Phys) media vida *f*; **~-light** *n* [u] penumbra *f*; **~-mast** /'hæf'mæst || ,hɑːf'mɑːst/ *n* [u]: **at ~-mast** a media asta; **~ measures** *pl n* medias tintas *fpl*; **I want no ~ measures** no quiero medias tintas; **~-moon** /'hæf'muːn || ,hɑːf'muːn/ *n* media luna *f*; **~-naked** /'hæf'neɪkəd || ,hɑːf'neɪkɪd/ *adj* ‹*figure/model*› semidesnudo; (insufficiently clothed) (colloq) medio desnudo, casi en cueros (fam); **~ nelson** /'hæf'nelsən || ,hɑːf'nelsən/ *n* llave *f* de cuello; **~ note** *n* (AmE) blanca *f*; **~penny** /'heɪpni/ *n* (Hist) 1 (*pl* **-pennies**) (coin) medio penique *m* 2 (*pl* **-pence** /'heɪpəns/) (value) medio penique *m*; **fivepence ~penny** cinco peniques y medio; ▸ **rub¹** *vt* **1**; **~ price** *n* [u] mitad *f* de precio; **to get sth (at** *o* **for) ~ price** conseguir* algo a mitad de precio; **~ sister** *n* hermanastra *f*, media hermana *f*; **~-size** /'hæf'saɪz || 'hɑːfsaɪz/ *n* 1 (of shoes) medio número *m* 2 (of woman's dress) (AmE) talla *f or* (RPl) talle *m* especial (*para mujeres gruesas*); **~-staff** *n* (AmE) ▸ **~-mast**; **~ term** *n* (in UK) vacaciones *fpl* de mitad de trimestre; (*before n*) **~-term holiday** vacaciones *fpl* de mitad de trimestre; **~-time** *n* [u] 1 (Sport) (stage of game) descanso *m*, medio tiempo *m* (AmL); **the score was 2-0 at ~-time** a mitad de tiempo iban 2 a 0; 2 (Busn, Lab Rel) media jornada *f*; **to be on ~-time** trabajar media jornada; **~-truth** *n* [c u] verdad *f* a medias

half-way¹ /'hæf'weɪ || ,hɑːf'weɪ/ *adv* 1 (at, to mid point) a mitad de camino; **we stopped ~** paramos a mitad de camino; **~ down the path** en medio del camino; **I'm about ~ through** voy por la mitad; **you're ~ there!** ya llevas la mitad del camino recorrido; ***to meet sb ~*** (compromise) llegar* a una solución intermedia *or* a un compromiso con algn; (lit: on journey) encontrarse* con algn a mitad de camino 2 (reasonably) (colloq) ‹*decent/satisfactory*› medio, semi-

half-way² *adj* (*before n*) ‹*point*› medio; **the ~ mark** el punto medio, la mitad; **to reach the ~ stage** llegar* a la etapa intermedia

half: **~way house** /'hæf'weɪ || ,hɑːfweɪ'/ *n* 1 (for drug addict, criminal, mental patient) centro *m* de reinserción social 2 (compromise, mid point) término *m* medio; **~-wit** *n* tonto, -ta *m,f*, imbécil *mf*; **~-witted** /'hæf'wɪtəd || ,hɑːf'wɪtɪd/ *adj* ‹*person*› imbécil; ‹*plan*› estúpido

half-yearly¹ /'hæf'jɪrli || ,hɑːf'jɪəli/ *adj* semestral

half-yearly² *adv* semestralmente, dos veces al año

halibut /'hæləbət || 'hælɪbət/ *n* [c u] (*pl* ~ *or* **~s**) hipogloso *m*, halibut *m*

hall /hɔ:l/ *n*
A 1 (vestibule) vestíbulo *m*, entrada *f* 2 (corridor) (AmE) pasillo *m*, corredor *m*
B 1 (for gatherings) salón *m*; **the village/school ~** el salón (de actos) del pueblo/del colegio; **the church ~** ≈ el salón parroquial 2 (in castle, mansion) sala *f*
C (BrE) 1 (student residence) residencia *f* universitaria, colegio *m* mayor (Esp) 2 (college dining room) comedor *m*, casino *m* (Chi)
D (large country house) (BrE) casa *f* solariega

hallelujah /ˈhæləˈlu:jə || ˌhælɪˈlu:jə/ *interj* ¡aleluya!

hallmark /ˈhɔ:lmɑ:rk || ˈhɔ:lmɑ:k/ *n*
A (on gold, silver) contraste *m*, sello *m* (de contraste)
B (distinguishing characteristic) distintivo *m*, sello *m*; **it bore all the ~s of a crime of passion** tenía todas las características de un crimen pasional

hallo /həˈləʊ/ *interj* ▸**hello**

hall: ~ of fame *n* (*pl* **~s of fame**) 1 *also* **H~ of Fame** (room, building) galería *f* de personajes famosos 2 (ranks of famous people): **this feat will ensure her place in athletics' ~ of fame** esta hazaña le garantiza un puesto entre las estrellas *or* en los anales del atletismo; **~ of residence** *n* (*pl* **~s of residence**) (BrE) ▸**hall C1**

hallow /ˈhæləʊ/ *vt* (Relig) santificar*, consagrar; **~ed be Thy name** santificado sea tu nombre; **~ed ground** terreno *m* sagrado

Halloween, Hallowe'en /ˈhæləʊˈi:n/ *n* víspera *f* del día de Todos los Santos

> **Halloween**
>
> El 31 de octubre (víspera del día de Todos los Santos), oportunidad en que se mezclaba la religión con antiguas creencias paganas. En las Islas Británicas precristianas se pensaba que era la ocasión en que las almas de los difuntos y otros poderes sobrenaturales se volvían activos. En la actualidad, es el momento en que los niños tienen fiestas, se disfrazan de fantasmas, brujas etc., y llevando una calabaza hueca iluminada por dentro con una vela, van de casa en casa diciendo las palabras "*trick or treat*" lo que significa que harán una broma pesada a menos que se les dé "*a treat*", es decir caramelos, fruta o dinero

hall porter *n* portero, -ra *m,f*

hallucinate /həˈlu:sṇeɪt || həˈlu:sɪneɪt/ *vi* alucinar

hallucination /həˈlu:sṇˈeɪʃən || həˈlu:sɪˈneɪʃən/ *n* [u c] alucinación *f*

hallucinogen /həˈlu:sṇədʒən || həˈlu:sɪnədʒən/ *n* alucinógeno *m*

hallucinogenic /həˈlu:sṇəˈdʒenɪk || həˌlu:sɪnəˈdʒenɪk/ *adj* alucinógeno

hallway /ˈhɔ:lweɪ/ *n* ▸**hall A**

halo /ˈheɪləʊ/ *n* (*pl* **-los** *or* **-loes**) 1 (Art, Relig) aureola *f*, halo *m* 2 (Astron, Opt) halo *m*

halogen /ˈhælədʒən/ *n* halógeno *m*

halt¹ /hɔ:lt || hɒlt, hɔ:lt/ *n*: **to come to a ~** pararse, detenerse*; ***to call a ~ to sth*** ponerle* fin a algo

halt² *vi* detenerse* (frml); **~!** (Mil) ¡alto!
■ **halt** *vt* ‹*vehicle/troops*› detener* (frml); ‹*process*› atajar, detener* (frml); ‹*work/production*› interrumpir

halter /ˈhɔ:ltər || ˈhɒltə(r), ˈhɔ:-/ *n* cabestro *m*, ronzal *m*

halter-neck /ˈhɔ:ltərnek || ˈhɒltənek, ˈhɔ:-/ *n* (*before n*) ‹*dress/top*› sin espalda

halting /ˈhɔ:ltɪŋ || ˈhɒltɪŋ, ˈhɔ:-/ *adj* ‹*voice/speech*› titubeante, vacilante; (through emotion) entrecortado

haltingly /ˈhɔ:ltɪŋli || ˈhɒltɪŋli, ˈhɔ:l-/ *adv* ‹*speak/read*› titubeando; (through emotion) con voz entrecortada

halve /hæv || hɑ:v/ *vt* 1 (reduce by half) ‹*expense/time/length*› reducir* a la mitad *or* en un 50%; ‹*number*› dividir por dos 2 (divide into halves) partir por la mitad
■ **halve** *vi* reducirse* a la mitad *or* en un 50%

halves /hævz || hɑ:vz/ *pl of* **half¹**

ham /hæm/ *n*
A (Culin) (cured) jamón *m* (crudo), jamón *m* serrano (Esp); (cooked) jamón *m* (cocido), jamón *m* (de) York (Esp)
B **~ (actor)** (Theat) *actor extravagantemente histriónico*
C (*radio* **~**) radioaficionado, -da *m,f*

(Phrasal verb)
• **ham up** [v ▸ o ▸ adv, v ▸ adv ▸ o] ‹*part/scene*› interpretar sobreactuando; ***to ~ it up*** actuar* con afectación *or* amaneramiento

hamburger /ˈhæmbɜ:rgər || ˈhæmbɜ:gə(r)/ *n* 1 [c] (patty of meat) hamburguesa *f* 2 [u] (ground beef) (AmE) carne *f* molida *or* (Esp, RPl) picada

ham-fisted /ˈhæmˈfɪstəd || ˌhæmˈfɪstɪd/, **ham-handed** /ˈhæmˈhændəd || ˌhæmˈhændɪd/ *adj* ‹*person*› torpe, patoso (Esp fam); ‹*action*› desmañado, torpe

hamlet /ˈhæmlət || ˈhæmlɪt/ *n* aldea *f*, caserío *m*

hammer¹ /ˈhæmər || ˈhæmə(r)/ *n* 1 (tool) martillo *m*; **the ~ and sickle** la hoz y el martillo; ***to go at it ~ and tongs*** (fight) luchar a brazo partido; (argue) discutir acaloradamente; (work) trabajar a toda máquina 2 (auctioneer's gavel) mazo *m*, martillo *m*; **to come under the ~** venderse en subasta

hammer² *vt* 1 ‹*nail*› clavar (*con un martillo*); ‹*metal*› martillar, batir; **she tried to ~ the rules into them** intentó meterles las reglas en la cabeza 2 (hit): **he ~ed the ball into the net** clavó el balón en la red 3 (defeat) (colloq) darle* una paliza a (fam); **they were** *o* **got ~ed** les dieron una paliza 4 (criticize) (colloq) triturar, criticar*
■ **hammer** *vi* (strike) dar* golpes; (with hammer) dar* martillazos; **to ~ AT sth** golpear algo, darle* golpes/martillazos A algo; **to ~ ON sth** golpear algo

(Phrasal verbs)
• **hammer home** [v ▸ o ▸ adv, v ▸ adv ▸ o] 1 ‹*nail*› remachar 2 ‹*point*› recalcar*, machacar*
• **hammer out** [v ▸ o ▸ adv, v ▸ adv ▸ o] 1 (make smooth) ‹*metal/dent*› alisar a martillazos 2 ‹*compromise/deal*› negociar (*con mucho toma y daca*)

hammering /ˈhæmərɪŋ/ *n*
A [u] (striking) golpeteo *m*, martilleo *m*; (with hammer) martillazos *mpl*
B [c] (colloq) 1 (severe defeat) paliza *f* (fam); **to give sb a ~** darle* una paliza a algn (fam) 2 (severe criticism) duras críticas *fpl*

hammock /ˈhæmək/ *n* hamaca *f*, hamaca *f* paraguaya (RPl); (Naut) coy *m*

hamper¹ /ˈhæmpər || ˈhæmpə(r)/ *vt* dificultar

hamper² *n* cesta *f*, canasta *f*

hamster /ˈhæmstər || ˈhæmstə(r)/ *n* hámster *m*

hamstring¹ /ˈhæmstrɪŋ/ *n* (of person) ligamento *m* de la corva; (of horse) tendón *m* del corvejón *or* jarrete

hamstring² *vt* (*past & past p* **-strung** /ˈhæmstrʌŋ/) (render powerless) (*usu pass*): **I was hamstrung: I couldn't help them** estaba atado de pies y manos: no podía ayudarlos; **the project was hamstrung by lack of funds** el proyecto se vio frustrado por falta de fondos

hand¹ /hænd/ *n*
A (Anat) mano *f*; **you couldn't see your ~ in front of your face** no se veía nada; **to be good** *o* **clever with one's ~s** ser* hábil con las manos, ser* mañoso; **he killed it with his bare ~s** lo mató con sus propias manos; **to give sb one's ~** darle* la mano a algn; **they were holding ~s when they arrived** llegaron tomados *or* agarrados *or* (esp Esp) cogidos de la mano; **we were all on our ~s and knees, looking for the ring** estábamos todos a gatas, buscando el anillo; **he wouldn't give it to me even if I went down on my ~s and knees** no me lo daría ni aunque se lo pidiera de rodillas; **to have/hold sth in one's ~s** tener*/llevar algo en la mano; **look, no ~s!** mira ¡sin manos!; **to hold out one's ~ to sb** tenderle* la mano a algn; **to join ~s** darse* la(s) mano(s); **~s off!** ¡quita las manos de ahí!, ¡no toques!; **~s off our schools!** ¡dejen en paz nuestros colegios!; **can you put (your) ~ on (your) heart and say it isn't true?** ¿puedes decir que no es verdad con la mano en el corazón?; **to put one's ~ up** *o* **to raise one's ~** levantar la mano; **~s up all those in favor** que levanten la mano los que estén a favor; **~s up!** ¡manos arriba!, ¡arriba las manos!; **to raise one's ~ to** *o* **against sb** levantarle la mano a algn; **from ~ to ~** de mano en mano
B (in phrases) **at hand**: **help was at ~** la ayuda estaba en camino; **to learn about sth at first ~** enterarse de algo directamente *or* personalmente *or* de primera mano; **to learn about sth at second/third ~** enterarse de algo a través de *or* por terceros; **by hand**: **made/written by ~**

h

hecho/escrito a mano; **it must be washed by ~** hay que lavarlo a mano; **he delivered the letter by ~** entregó la carta en mano; **hand in hand** (tomados *or* agarrados *or* (esp Esp) cogidos) de la mano; **poverty and disease go ~ in ~** la pobreza y la enfermedad van de la mano; **in hand**: **glass/hat in ~** con el vaso/sombrero en la mano, vaso/sombrero en mano; **to pay cash in ~** pagar* en metálico *or* en efectivo; **let's get back to the matter in** *o* (AmE also) **at ~** volvamos a lo que nos ocupa; **to have sth (well) in ~** tener* algo controlado *or* bajo control; **that boy needs taking in ~** a ese chico va a haber que meterlo en cintura; **on hand**: **we're always on ~ when you need us** si nos necesitas, aquí estamos; **the police were on ~** la policía estaba cerca; **to have sth on ~** tener* algo a mano; **out of hand**: **to get out of ~** «*child*» descontrolarse; **the situation is getting out of ~** la situación se les (*or* nos *etc*) va de las manos; **to reject sth out of ~** rechazar* algo de plano; **to hand** (BrE) (within reach) al alcance de la mano, a (la) mano; (available) disponible; **she grabbed the first thing that came to ~** agarró lo primero que encontró; ***~ in glove*** *o* (esp AmE) ***~ and glove***: **he was ~ in glove with the enemy** estaba confabulado con el enemigo; ***~ over fist*** a manos llenas, a espuertas (esp Esp); ***her/his left ~ doesn't know what her/his right ~ is doing*** borra con el codo lo que escribe con la mano; ***not to do a ~'s turn*** (colloq) no mover* un dedo (fam), no dar* golpe (Esp, Méx fam); ***to ask for sb's ~ (in marriage)*** (frml) pedir* la mano de algn (en matrimonio); ***to beat sb/win ~s down*** ganarle a algn/ganar sin problemas; ***to bind sb ~ and foot*** atar *or* (AmL exc RPl) amarrar a algn de pies y manos; ***to bite the ~ that feeds one*** ser* un desagradecido; ***to dirty*** *o* ***sully one's ~s*** (in criminal activity) ensuciarse las manos; **she wouldn't dirty her ~s with typing** no se rebajaría a hacer de mecanógrafa: se le caerían los anillos; ***to force sb's ~***: **I didn't want to, but you forced my ~** no quería hacerlo, pero no me dejaste otra salida; ***to gain/have the upper ~***: **she gained the upper ~ over her rival** se impuso a su rival; **she's always had the upper ~ in their relationship** siempre ha dominado ella en su relación; ***to get one's ~s on sb/sth***: **just wait till I get my ~s on him!** ¡vas a ver cuando lo agarre!; **she can't wait to get her ~s on the new computer** se muere por usar la computadora nueva; ***to give sb/have a free ~*** darle* a algn/tener* carta blanca; ***to give sb the glad ~*** (AmE) saludar a algn efusivamente; ***to go hat*** *o* (BrE) ***cap in ~ (to sb)***: **we had to go to them hat in ~ asking for more money** tuvimos que ir a mendigarles más dinero; ***to grab*** *o* ***grasp*** *o* ***seize sth with both ~s***: **it was a wonderful opportunity and she grabbed it with both ~s** era una oportunidad fantástica y no dejó que se le escapara de las manos; ***to have one's ~s full*** estar* ocupadísimo, no dar* para más; ***to have one's ~s tied*** tener* las manos atadas *or* (AmL exc RPl) amarradas; ***to have sb eating out of one's ~*** hacer* con algn lo que se quiere; ***to keep one's ~ in*** no perder* la práctica; ***to know a place like the back of one's ~*** conocer* un sitio al dedillo *or* como la palma de la mano; ***to live (from) ~ to mouth*** vivir al día; ***to put*** *o* ***dip one's ~ in one's pocket*** contribuir* con dinero; ***to put*** *o* ***lay one's ~(s) on sth*** dar* con algo; ***to try one's ~ (at sth)*** probar* (a hacer algo); ***to turn one's ~ to sth***: **he can turn his ~ to anything** es capaz de hacer cualquier tipo de trabajo; ***to wait on sb ~ and foot*** hacerle* de sirviente/sirvienta a algn; ***to wash one's ~s of sth*** lavarse las manos de algo; ***many ~s make light work*** el trabajo compartido es más llevadero

C 1 (agency) mano *f*; **the ~ of God** la mano de Dios; **to die by one's own ~** (frml) quitarse la vida; **to have a ~ in sth** tener* parte en algo; **the town had suffered at the ~s of invaders** la ciudad había sufrido a manos de los invasores; **that child needs a firm ~** ese niño necesita (una) mano firme; **to rule with a heavy ~** gobernar* con mano dura 2 (assistance) (colloq): **to give** *o* **lend sb a (helping) ~** echarle *or* darle* una mano a algn; **if you need a ~** si necesitas ayuda 3 **hands** *pl* (possession, control, care): **to change ~s** cambiar de dueño *or* manos; **in good/capable ~s** en buenas manos; **my life is in your ~s** mi vida depende de ti; **how did it come into your ~s?** ¿cómo llegó a tus manos?; **he/it fell into the ~s of the enemy** *o* **into enemy ~s** cayó en manos del enemigo; **to put oneself in sb's ~s** ponerse* en manos de algn; **to get sth/sb off one's ~s** (colloq) quitarse algo/a algn de encima (fam); **on sb's ~s**: **she has the children on her ~s all day long** tiene a los niños a su cuidado todo el día; **we've got a problem on our ~s** tenemos *or* se nos presenta un problema; **out of sb's ~s**: **the matter is out of my ~s** el asunto no está en mis manos; ***to play into sb's ~s*** hacerle* el juego a algn

D (side): **on sb's right/left ~** a la derecha/izquierda de algn; **on the one ~ ... on the other (~) ...** por un lado ... por otro (lado) ...

E (Games) 1 (set of cards) mano *f*, cartas *fpl*; ***to show*** *o* ***reveal one's ~*** mostrar* *or* enseñar las cartas, mostrar* el juego; ***to strengthen sb's ~*** afianzar* la posición de algn; ***to tip one's ~*** (AmE colloq) dejar ver sus (*or* mis *etc*) intenciones 2 (round of card game) mano *f*

F 1 (worker) obrero, -ra *m,f*; (*farm ~*) peón *m* 2 (Naut) marinero *m*; **all ~s on deck** ¡todos a cubierta! 3 (experienced person): **an old ~** un veterano, una veterana

G (applause) (colloq) (*no pl*): **a big ~ for ...** un gran aplauso para ...

H (handwriting) (liter) letra *f*; **the letter was in her own ~** la carta era de su puño y letra

I (on clock) manecilla *f*, aguja *f*; **the hour ~** la manecilla *or* la aguja de las horas, el horario, el puntero (Andes); **the minute ~** el minutero, la manecilla *or* la aguja de los minutos; **the second ~** el segundero, la manecilla *or* la aguja de los segundos

J (measurement) (Equ) palmo *m*

hand[2] *vt* **to ~ sb sth, to ~ sth TO sb** pasarle algo A algn; **he was ~ed a stiff sentence** (AmE) le impusieron una pena severa; ***to ~ it to sb***: **you have to ~ it to her; she knows her subject** hay que reconocérselo, conoce muy bien el tema

Phrasal verbs

- **hand around,** (BrE also) **hand round** [v ▸ o ▸ adv, v ▸ adv ▸ o] (distribute) repartir, distribuir*; (offer round) ‹*cakes*› ofrecer*
- **hand down** [v ▸ o ▸ adv, v ▸ adv ▸ o] 1 (pass down) ‹*custom/heirloom/story*› transmitir; ‹*clothes*› pasar 2 (AmE Law): **to ~ down a ruling** pronunciarse, dictar sentencia
- **hand in** [v ▸ o ▸ adv, v ▸ adv ▸ o] ‹*homework/form/ticket*› entregar*; **to ~ in one's resignation** presentar su (*or* mi *etc*) dimisión *or* renuncia
- **hand off** [v ▸ o ▸ adv, v ▸ adv ▸ o] (in US football) «*quarterback*» ‹*ball*› ceder
- **hand on** [v ▸ o ▸ adv, v ▸ adv ▸ o] ‹*skills/knowledge*› transmitir, pasar; ‹*object/photograph*› pasar
- **hand out** [v ▸ o ▸ adv, v ▸ adv ▸ o] ‹*leaflets/food*› repartir, distribuir*; ‹*advice*› dar*
- **hand over**

A [v ▸ o ▸ adv, v ▸ adv ▸ o] 1 (relinquish) entregar* 2 (on telephone) **to hand sb over TO sb** pasarle a algn CON algn 3 (transfer) transferir*

B [v ▸ adv]: **when he finally ~s over to his son** cuando finalmente le ceda el puesto a su hijo; **I'll now ~ over to our reporter in Boston** vamos a escuchar ahora a nuestro corresponsal en Boston

- **hand round** (BrE) ▸**hand around**

hand: **~bag** *n* (used by women) cartera *f or* (Esp) bolso *m or* (Méx) bolsa *f*; (small suitcase) (AmE) maletín *m*; **~ baggage**, (BrE) **luggage** *n* [u] equipaje *m* de mano; **~ball** *n* 1 [u] (game — in US) frontón *m*, pelota *f*; (— in Europe) balonmano *m*, handball *m* (AmL) 2 [c] (ball — in US) pelota *f* de frontón; (— in Europe) pelota *f* de balonmano *or* (AmL tb) de handball 3 [u c] (in soccer) mano *f*; **~bill** *n* volante *m*, folleto *m*; **~book** *n* manual *m*; **~brake** *n* (on bicycle) (AmE) freno *m* (de pastilla); (BrE Auto) freno *m* de mano; **~cart** *n* carretilla *f*; **~clap** /'hændklæp/ *n* palmada *f*; **to give sb a slow ~clap** darle* a algn palmas de tango

handcraft[1] /'hændkræft || 'hændkrɑːft/ *vt* (*usu pass*) hacer* a mano; **~ed products** productos *mpl* artesanales

handcraft[2] *n* ▸**handicraft**

hand: **~ cream** *n* [u c] crema *f* de manos *or* para las manos; **~cuff** *vt* esposar, ponerle* esposas a; **~cuffs** *pl n* esposas *fpl*; **a pair of ~cuffs** unas esposas

handful /'hændfʊl/ *n* 1 (amount) puñado *m*; **his hair was coming out by the ~** el pelo se le caía a mechones *or* manojos 2 (small number) (+ *sing o pl vb*) puñado *m*; **only a ~ of people were there** sólo había unas cuantas personas 3 (troublesome person or people) (*no pl*): **that child is a real ~** ese niño da mucho trabajo

h

hand: **~ grenade** *n* granada *f* (de mano); **~gun** *n* pistola *f*, revólver *m*; **~-held** /'hænd'held/ *adj* de mano; **~hold** *n*: *lugar de donde asirse*

handicap¹ /'hændıkæp/ *n*
A 1 (disability): **physical ~** impedimento *m* físico; **mental ~** retraso *m* mental 2 (disadvantage) desventaja *f*
B (Sport) 1 (in golf, polo) hándicap *m*; (penalty) desventaja *f* 2 (event) hándicap *m*

handicap² *vt* **-pp-**
A ‹*person/chances*› perjudicar*
B (Sport) 1 ‹*person/horse*› asignar un hándicap a 2 (AmE) ‹*contestant*› evaluar* las posibilidades de

handicapped¹ /'hændıkæpt/ *adj* disminuido, discapacitado, minusválido; **mentally/physically ~** disminuido *or* discapacitado *or* minusválido psíquico/físico

handicapped² *pl n* **the ~** los disminuidos *or* discapacitados *or* minusválidos

handicraft /'hændıkræft || 'hændıkrɑːft/, **handcraft** *n* 1 [u] (skill) artesanía *f*, trabajo *m* artesanal 2 [c] (product) producto *m* de artesanía

handily /'hændəli || 'hændıli/ *adv*
A (colloq) (coveniently) ‹*placed/situated*› convenientemente
B (easily) (AmE) con facilidad, fácilmente

handiwork /'hændiwɜːrk || 'hændiwɜːk/ *n* [u] 1 (craftsmanship) trabajo *m* 2 (product) artesanías *fpl*, objetos *mpl* artesanales 3 (doing) (pej) obra *f*; **it looks like Laura's ~ to me** a mí me parece obra de Laura

hand: **~kerchief** /'hæŋkərtʃəf, -tʃiːf || 'hæŋkətʃıf, -tʃiːf/ *n* (*pl* **-chieves** /-tʃiːvz/ *or* **-chiefs**) pañuelo *m*; **~-knitted** /'hænd'nıtəd || ˌhænd'nıtıd/ *adj* hecho a mano, tejido a mano

handle¹ /'hændl/ *n* (of cup, jug) asa *f*‡; (of door) picaporte *m*; (knob) pomo *m*; (of drawer) tirador *m*, manija *f*; (of broom, knife, spade) mango *m*; (of bag, basket) asa *f*‡; (of wheelbarrow, stretcher) brazo *m*; (of pump) manivela *f*; ***to fly off the ~*** perder* los estribos

handle² *vt*
A 1 (touch): **please do not ~ the goods** se ruega no tocar la mercancía; Ⓢ **handle with care** frágil 2 (manipulate, manage) ‹*vehicle/weapon*› manejar; ‹*chemicals*› manipular
B (deal with) ‹*people*› tratar; ‹*situation/affair*› manejar; **I'll ~ this** yo me encargo de esto; **he can't ~ the job** (colloq) no puede con el trabajo; **I can't tell him the truth; he couldn't ~ it** (colloq) no puedo decirle la verdad; lo destrozaría
C 1 (be responsible for) ‹*business/financial matters*› encargarse* *or* ocuparse de, llevar 2 (do business in) ‹*goods/commodities*› comerciar con; **to ~ stolen goods** comerciar con objetos robados 3 (process): **the dockers refused to ~ the cargo** los estibadores se negaron a tocar el cargamento; **the airport ~s 300 flights a day** el aeropuerto tiene un tráfico de 300 vuelos diarios 4 «*computer*» ‹*data*› procesar
■ **handle** *vi* responder; **this car ~s well on bends** este coche responde bien en las curvas
■ *v refl* **to ~ oneself** desenvolverse*

handlebar /'hændlbɑːr || 'hændlbɑː(r)/ *n* (*often pl*) **~(s)** manillar *m*, manubrio *m* (AmL)

handler /'hændlər || 'hændlə(r)/ *n*: *persona que adiestra o está a cargo de animales*

handling /'hændlıŋ/ *n* [u]
A (treatment — of situation) manejo *m*; (— of subject) tratamiento *m*
B 1 (holding, touching): **it had become worn as a result of constant ~** se había gastado de tanto tocarlo/usarlo 2 (Busn) porte *m* 3 (Aviat) handling *m* 4 (Auto) manejo *m*

hand: **~ luggage** *n* [u] (BrE) equipaje *m* de mano; **~made** /'hænd'meıd/ *adj* hecho a mano; **~maiden**, **~maid** *n* (arch) sierva *f*; **~-me-down** *n*: *prenda usada o heredada*; **~off** *n* (in US football) transferencia *f* (de balón); **~out** *n* 1 (of money, food) dádiva *f* 2 (advertising leaflet) folleto *m* 3 (at lecture, in class) notas *fpl* (*que se distribuyen a los asistentes*); **~over** /'hændəʊvər || 'hændəʊvə(r)/ *n* (BrE) entrega *f*; **~-painted** /'hænd'peıntəd || ˌhænd'peıntıd/ *adj* pintado a mano; **~-picked** /'hænd'pıkt/ *adj* cuidadosamente seleccionado; **~rail** *n* (on stairs, slope) pasamanos *m*; (on bridge, ship) baranda *f*, barandilla *f*; **~-rear** /'hænd'rır || 'hænd,rıə(r)/ *vt* criar* como animal doméstico; **~saw** *n* serrucho *m*, sierra *f* (*manual*); **~set** *n* auricular *m*, tubo *m* (RPl); **~shake** *n* apretón *m* de manos; *see also* **golden handshake**; **~ signal** *n* (Auto) seña *f* (*hecha con la mano*); (by referee, coach) (AmE) señal *f*; **~s-off** /'hændz'ɔːf || 'hændz,ɒf/ *adj* (*before n*) 1 (Pol) ‹*approach/policy*› de no intervención *or* interferencia 2 (Comput) ‹*operation/running*› automático

handsome /'hænsəm/ **handsomer, handsomest** *adj*
A (attractive) ‹*man*› apuesto, buen mozo (AmL), guapo (esp Esp, Méx); **she's a ~ woman** es una mujer apuesta, es muy buena moza (AmL)
B ‹*gift/offer*› generoso, espléndido; **he got a ~ return on his investment** obtuvo un excelente beneficio de su inversión
C (well rendered) (AmE) ‹*performance*› muy logrado

handsomely /'hænsəmli/ *adv*
A ‹*illustrated/bound*› magníficamente
B ‹*contribute/reward*› con generosidad *or* esplendidez; ‹*profit*› enormemente
C (with skill) (AmE) ‹*perform*› hábilmente

hand: **~s-on** /'hændz'ɑːn || 'hændz,ɒn/ *adj* (*before n*) 1 ‹*instruction/experience*› práctico 2 (Comput) ‹*operation/running*› manual; **~spring** *n* voltereta *f*, vuelta *f* de manos (Méx); **~stand** *n*: **to do a ~stand** hacer* la vertical *or* (Esp) el pino, pararse de manos (AmL); **~-to-hand** /'hændtə'hænd/ *adj* (*before n*) ‹*fighting*› cuerpo a cuerpo; **~-to-mouth** /'hændtə'maʊθ/ *adj* pobre, precario; **to lead a ~-to-mouth existence** tener* una existencia precaria; **~-wash** /'hænd'wɔːʃ || 'hænd,wɒʃ/ *vt* lavar a mano; **~writing** *n* [u] letra *f*; **~written** /'hænd'rıtn/ *adj* manuscrito, escrito a mano

handy /'hændi/ *adj* **-dier, -diest** (colloq)
A (*pred*) 1 (readily accessible) a mano 2 (conveniently situated) cerca, a mano; **we're very ~ for the airport** el aeropuerto nos queda muy a mano *or* muy cerca
B (useful) práctico; **to come in ~** venir* muy bien
C ‹*cook/gardener*› hábil, habilidoso

handyman /'hændimæn/ *n* (*pl* **-men** /-men/) *hombre habilidoso para trabajos de carpintería, albañilería etc*

hang¹ /hæŋ/ *vt*
A (*past & past p* **hung**) 1 (suspend) ‹*coat/picture*› colgar*; **the streets were hung with flags** las calles estaban adornadas con banderas 2 (put in position) ‹*door/gate*› colocar*, montar; **to ~ wallpaper** empapelar 3 (Culin) ‹*game*› manir 4 **to ~ one's head** bajar *or* inclinar la cabeza
B (*past & past p* **hanged** *or* **hung**) (execute) ahorcar*, colgar*
■ **hang** *vi*
A (*past p* **hung**) 1 (be suspended) colgar*, pender (liter), estar* colgado; **to ~ BY/FROM/ON sth** colgar* DE algo; **it's ~ing on the wall** está colgado en la pared; **they were ~ing on his every word** estaban totalmente pendientes de lo que decía *or* de sus palabras; **~ *loose!*** (esp AmE sl) ¡tranquilo!; ***to ~ tough on sth*** (AmE) mantenerse* firme en algo 2 (hover) «*fog/smoke*» flotar; «*bird*» planear, cernerse*; **to ~ OVER sth**: **the mist hung over the marshes** la bruma flotaba sobre las marismas; **I still have that essay ~ing over me** todavía tengo ese ensayo pendiente 3 «*clothing/fabric*» caer*; **that skirt ~s very well** esa falda tiene muy buena caída *or* cae muy bien
B (*past & past p* **hanged** *or* **hung**) (be executed): **his murderers should ~ for their crime** sus asesinos deberían ir a la horca por este crimen

Phrasal verbs

• **hang about** [v ▸ adv] 1 ▸ **hang around A** 2 (stop, wait) (BrE colloq) (*only in imperative*): **~ about: that can't be right!** ¡(espera) un momento! ¡no puede ser!

• **hang around** (colloq)
A [v ▸ adv] 1 (wait) esperar 2 (stay) quedarse; **I hung around to see what would happen** me quedé por ahí para ver qué pasaba 3 (spend time idly): **they just ~ around on street corners** pasan el tiempo en la calle, holgazaneando; **to ~ around WITH sb** andar* *or* juntarse CON algn
B [v ▸ prep ▸ o]: **we hung around the town for a few days** nos quedamos unos días más por la ciudad

• **hang back** [v ▸ adv] (physically) quedarse atrás; **she hung back, waiting for the best moment to speak** se contuvo, esperando el mejor momento para hablar

• **hang in** (colloq) seguir* adelante; **~ in there!** ¡(sigue) adelante!, ¡persevera!

h

• **hang on**
A [v ▸ adv] 1 (wait) esperar; **can you ~ on (for) a minute?** (espera) un momentito; **to keep sb ~ing on** hacer* esperar a algn 2 (keep hold) **to ~ on (TO sth)**: **~ on tight!** ¡agárrate fuerte!; **you ~ on to this end of the rope** tú sostén esta punta de la cuerda 3 **to ~ on TO sth** (colloq) conservar *or* guardar algo 4 (in a crisis) aguantar, resistir
B [v ▸ prep ▸ o] (depend on) depender de
• **hang out**
A [v ▸ o ▸ adv, v ▸ adv ▸ o] ‹*washing*› tender*, colgar*; ‹*flag*› poner*
B [v ▸ adv] 1 (dangle) «*wires*» estar* suelto; **with his shirt/tongue ~ing out** con la camisa/la lengua afuera; **let it all ~ out!** (sl & dated) ¡suéltate la melena! (fam) 2 (colloq) (live) vivir; (spend time) andar*, moverse* (fam); **to ~ out WITH sb** andar* CON algn 3 (pass time) (AmE sl): **what've you been up to? — just ~ing out** ¿qué has estado haciendo? — nada, por ahí con los chicos (*or* mis amigos *etc*)
• **hang together** [v ▸ adv]: **the story doesn't ~ together** al cuento le falta coherencia
• **hang up**
A [v ▸ adv] (put down receiver) colgar*, cortar (CS); **to ~ up ON sb** colgarle* a algn
B [v ▸ o ▸ adv, v ▸ adv ▸ o] ‹*coat*› colgar*
• **hang upon** ▸**hang on B**

hang² *n* (*no pl*) (of garment) caída *f*; ***to get the ~ of sth*** (colloq) agarrarle la onda a algo (AmL fam), cogerle* el tranquillo a algo (Esp fam), agarrarle la mano a algo (CS fam)

hangar /ˈhæŋər || ˈhæŋə(r)/ *n* hangar *m*

hangdog /ˈhæŋdɔːg || ˈhæŋdɒg/ *adj* (*before n*) ‹*expression*› (downcast) abatido; (ashamed) avergonzado

hanger /ˈhæŋər || ˈhæŋə(r)/ *n* (*clothes or coat ~*) percha *f*, gancho *m* (para la ropa) (AmL)

hanger-on /ˈhæŋərˈɑːn || ˌhæŋgərˈɒn/ *n* (*pl* **hangers-on**) (colloq & pej) parásito *m*, adlátere *mf*

hang: **~ glider** *n* ala *f*‡ delta, deslizador *m* (Méx); **~ gliding** /ˈglaɪdɪŋ/ *n* [u] vuelo *m* con ala delta *or* (Méx) en deslizador

hanging¹ /ˈhæŋɪŋ/ *n*
A 1 [u] (penalty) la horca, la pena de muerte en la horca 2 [c] (execution) ejecución *f* (*en la horca*)
B [c] (*wall ~*) tapiz *m*

hanging² *adj* (*before n*) colgante, pendiente

hanging basket *n*: *cesto colgante para plantas*

hang: **~man** *n* (*pl* **-men** /-mən/) 1 (Law) verdugo *m* 2 (Games) (*no pl*) ahorcado *m*; **~nail** *n* padrastro *m*; **~out** *n* (colloq): **we went to all his usual ~outs** fuimos a todos los sitios que solía frecuentar; **~over** *n* 1 (from drinking) resaca *f*, cruda *f* (AmC, Méx fam), guayabo *m* (Col fam), ratón *m* (Ven fam) 2 (something surviving) vestigio *m*, reliquia *f*; **~-up** *n* (colloq) complejo *m*, trauma *m*

hank /hæŋk/ *n* (of wool) madeja *f*

hanker /ˈhæŋkər || ˈhæŋkə(r)/ *vi* **to ~ AFTER *o* FOR sth** anhelar *or* ansiar* algo

hankering /ˈhæŋkərɪŋ/ *n* anhelo *m*, ansia *f*‡; **to have a ~ FOR sth/to + INF** anhelar *or* ansiar* algo/+ INF

hanky, hankie /ˈhæŋki/ *n* (*pl* **-kies**) (colloq) pañuelo *m*

hanky-panky /ˈhæŋkiˈpæŋki/ *n* [u] (colloq & hum) 1 (malpractice) tejemanejes *mpl* (fam) 2 (sexual play) juegos *mpl* de manos 3 (bad behavior) travesuras *fpl*

hansom (cab) /ˈhænsəm/ *n* coche *m* de caballos

Hanukkah, Hanukah /ˈhɑːnəkə/ *n* Janucá *m*, Hanukkah *m* (*fiesta judía de la dedicación del Templo*)

ha'penny /ˈheɪpni/ *n* (BrE) 1 (*pl* **-pennies**) ▸**halfpenny 1** 2 (*pl* **-pence**) ▸**halfpenny 2**

haphazard /ˈhæpˈhæzərd || ˌhæpˈhæzəd/ *adj* 1 (random): **they promote people in a very ~ way** ascienden a la gente caprichosamente *or* al azar 2 (without order): **his approach is very ~** no es coherente en su enfoque

haphazardly /ˈhæpˈhæzərdli || hæpˈhæzədli/ *adv* caprichosamente

hapless /ˈhæpləs || ˈhæplɪs/ *adj* (*before n*) (liter *or* journ) desafortunado, desventurado (liter)

happen /ˈhæpən/ *vi*
A 1 (occur) pasar, suceder, ocurrir; **don't let it ~ again** que no vuelva a pasar *or* suceder *or* ocurrir; **she acted as though nothing had ~ed** hizo como si nada hubiera pasado; **whatever ~s, we'll stand by you** pase lo que pase, te apoyaremos; **these things ~** son cosas que pasan; **hi, what's ~ing?** (AmE colloq) hola ¿qué tal? ¿qué es de tu vida? (fam) 2 (befall, become of) **to ~ TO sb** pasarle A algn; **a strange thing ~ed to me this morning** esta mañana me pasó *or* sucedió *or* ocurrió una cosa extraña
B **to ~ to + INF**: **she ~ed to be there** dio la casualidad de que estaba ahí; **if you ~ to see her ...** si por casualidad la ves ...; **you don't ~ to know the time of the next train, do you?** ¿usted no sabrá (por casualidad) a qué hora sale el próximo tren?; **who's that fat guy over there? — he ~s to be my brother** ¿quién es ese gordo de ahí? — pues da la casualidad de que es mi hermano
■ **happen** *v impers*: **it (just) so ~s that ...** da la casualidad de que ...; **as it ~s, I'm going that way myself** da la casualidad de que yo también voy hacia allí

Phrasal verb
• **happen on, happen upon** [v ▸ prep ▸ o] ‹*acquaintance*› encontrarse* *or* toparse con; ‹*object*› encontrarse*

happening /ˈhæpənɪŋ/ *n* suceso *m*

happenstance /ˈhæpənstæns/ *n* [u c] (AmE) casualidad *f*; **by ~** por casualidad

happily /ˈhæpəli || ˈhæpɪli/ *adv*
A 1 ‹*smile/laugh*› alegremente; **... and they lived ~ ever after** (set phrase) ... y vivieron felices y comieron perdices (fr hecha); **it all ended ~** tuvo un final feliz; **to be ~ married** ser* feliz en el matrimonio 2 (willingly, gladly) (*usu before vb*) ‹*help*› con mucho gusto; **he'll quite ~ eat six eggs for breakfast** es muy capaz de comerse seis huevos en el desayuno
B (fortunately) (*indep*) por suerte, afortunadamente

happiness /ˈhæpines || ˈhæpinɪs/ *n* [u] felicidad *f*, dicha *f*; **I wish you every ~** que seas muy feliz

happy /ˈhæpi/ *adj* **-pier, -piest**
A 1 (joyful, content) ‹*person/home*› feliz; ‹*smile*› de felicidad, alegre; ‹*disposition*› alegre; **I hope you'll both be very ~** que sean *or* (Esp) que seáis muy felices; **to make sb ~** hacer* feliz a algn; **he is ~ in his work** está contento con su trabajo; **I'd be happier if you weren't going alone** me quedaría más tranquilo si no fueras solo; ***as ~ as a sandboy/as a lark/as the day (is long)/as Larry*** (esp BrE) como unas pascuas, contentísimo 2 (pleased) (*pred*) **to be ~** alegrarse; **we're so ~ you're back** nos alegramos tanto *or* estamos tan contentos de que hayas vuelto; **I'm so ~ for you** me alegro mucho por ti, ¡cuánto me alegro!; **she'd be only too ~ to help** ella ayudaría encantada *or* con mucho gusto 3 (satisfied) (*pred*) **to be ~** estar* contento 4 (fortunate) (*before n*) ‹*coincidence*› feliz; ‹*position*› privilegiado, afortunado
B ‹*days/occasion*› feliz; **the happiest days of your life** la época más feliz de la vida; **~ birthday** feliz cumpleaños; **H~ New Year** Feliz Año Nuevo

happy-go-lucky /ˈhæpigəʊˈlʌki/ *adj* despreocupado

harangue¹ /həˈræŋ/ *vt* arengar*

harangue² *n* arenga *f*

harass /ˈhærəs, həˈræs/ *vt* 1 (persistently annoy) acosar 2 (Mil) hostigar*

harassed /ˈhærəst, həˈræst/ *adj* nervioso, tenso, abrumado *or* agobiado por el trabajo (*or* los problemas *etc*)

harassment /ˈhærəsmənt, həˈræs-/ *n* [u] 1 (pestering) acoso *m*; **racial ~** hostilidad *f* racial; **sexual ~** acoso *m* sexual; **police ~** acoso *m* por parte de la policía 2 (Mil) hostigamiento *m*

harbinger /ˈhɑːrbəndʒər || ˈhɑːbɪndʒə(r)/ *n* (liter) (thing) presagio *m*; (person) precursor *m*, heraldo *m*

harbor¹, (BrE) **harbour** /ˈhɑːrbər || ˈhɑːbə(r)/ *n* (Naut) puerto *m*; (*before n*) **~ wall** malecón *m*, espolón *m*

harbor², (BrE) **harbour** *vt* 1 (shelter) ‹*fugitive*› albergar*, dar* refugio a 2 ‹*desire/suspicion*› albergar* (liter); ‹*hopes*› abrigar* (liter); **to ~ a grudge** guardar rencor

harbor master, (BrE) **harbour master** /ˈhɑːrbər ˈmæstər || ˈhɑːbəˌmɑːstə(r)/ *n* capitán *m* de puerto

hard¹ /hɑːrd || hɑːd/ *adj* **-er, -est**
A 1 (firm, solid) ‹*object/surface*› duro; **to set ~** endurecerse*; **to freeze ~** helarse* 2 (forceful) ‹*push/knock*› fuerte
B 1 (difficult) ‹*question/subject*› difícil; ‹*task*› arduo; **~ to come by** difícil de conseguir; **he's ~ to please** es difícil de complacer, es exigente; **I find that ~ to believe** me cuesta creerlo; **to learn sth the ~ way** aprender algo a base de cometer errores 2 (severe) ‹*winter/climate/master*›

duro, severo; **to give sb a ~ time** hacérselas* pasar mal a algn; **these are ~ times we're living in** vivimos tiempos difíciles; **don't be too ~ on him** no seas demasiado duro con él; **~ luck** mala suerte 3 (tough, cynical) ‹*person/attitude*› duro, insensible

C (concentrated, strenuous): **to take a long ~ look at sth** analizar* seriamente algo; **children are very ~ work** los niños dan mucho trabajo; **he's a ~ worker** es muy trabajador

D (definite) ‹*evidence*› concluyente

E (sharp, harsh) ‹*light/voice*› fuerte; ‹*expression*› duro

F 1 (in strongest forms): **~ drugs** drogas *fpl* duras; **~ liquor** bebidas *fpl* (alcohólicas) fuertes; **~ porn** porno *m* duro 2 (Fin): **~ cash** dinero *m* contante y sonante, efectivo *m*; **~ currency** divisa *f or* moneda *f* fuerte 3 ‹*water*› duro 4 (Ling) ‹*sound/consonant*› fuerte

hard[2] *adv* **-er, -est**

A 1 (with force) ‹*pull/push*› con fuerza; ‹*hit*› fuerte 2 (strenuously) ‹*work*› mucho, duro, duramente; **I was ~ at work** estaba concentrado en mi trabajo; **he works his students very ~** hace trabajar mucho a sus alumnos; **no matter how ~ I try** por más que me esfuerzo; **think ~ before you decide** piénsalo muy bien antes de decidir; ***to be ~ put*** *o* (BrE also) ***pushed to* + INF**: **you'd be ~ put (to it) to find a better doctor** sería difícil encontrar un médico mejor 3 (intently) ‹*listen*› atentamente, con atención

B (heavily) ‹*rain/snow*› fuerte, mucho; ‹*pant/breathe*› pesadamente

C (severely): **the southern states have been ~est hit** los estados del sur han sido los más afectados; **her death hit him very ~** su muerte fue un duro golpe para él; **to take sth ~** tomarse algo muy mal; ***to be/feel ~ done by***: **she thinks she has been** *o* **she feels ~ done by** piensa que la han tratado injustamente

hard: **~-and-fast** /ˈhɑːrdn̩ˈfæst || ˈhɑːdənˈfɑːst/ *adj* (*no comp, usu before n*) absoluto, que se puede aplicar a rajatabla; **~back** *n* 1 [c] (book) libro *m* de tapa dura *or* en cartoné 2 [u] (cover): **in ~back** con tapa dura, en cartoné; **~ball** *n* [u] (AmE) béisbol *m*; ***to play ~ball*** (colloq) ser* implacable *or* despiadado (fam); **~-bitten** /ˈhɑːrdˈbɪtn̩ || ˌhɑːdˈbɪtn̩/ *adj* endurecido; **~board** *n* [u] cartón *m* madera; **~-boiled** /ˈhɑːrdˈbɔɪld || ˌhɑːdˈbɔɪld/ *adj* 1 ‹*egg*› duro 2 (unsentimental) endurecido; **~ candy** *n* [u c] (AmE) barra *f* de caramelo; **~ copy** *n* [u] impresión *f*; **~-core** /ˈhɑːrdˈkɔːr || ˈhɑːdˌkɔː(r)/ *adj*: **~-core pornography** pornografía *f* dura; **~cover** /ˈhɑːrdˈkʌvər || ˌhɑːd ˈkʌvə(r)/ *n* ▸**~back 2**; **~ disk** *n* disco *m* duro; **~-earned** /ˈhɑːrdˈɜːrnd || ˈhɑːdˌɜːnd/ *adj* (*usu before n*) ‹*cash*› ganado con el sudor de la frente; ‹*rest*› bien merecido

harden /ˈhɑːrdn̩ || ˈhɑːdn̩/ *vt* 1 (make hard) ‹*clay/cement*› endurecer*; ‹*skin*› endurecer*, curtir; ‹*steel/glass*› templar 2 (make tough, unfeeling) ‹*person*› endurecer*; **to ~ sb TO sth** acostumbrar a algn A algo; **to ~ one's heart**: **you must ~ your heart and tell him to go** tienes que hacerte fuerte y decirle que se vaya 3 (make firm) ‹*resolve*› afianzar*

■ **harden** *vi* 1 (become hard, rigid) endurecerse* 2 (become inflexible) ‹‹*attitude*›› volverse* inflexible

hardened /ˈhɑːrdn̩d || ˈhɑːdn̩d/ *adj*

A 1 (seasoned) ‹*troops/veterans*› curtido (en el combate); **to be ~ TO sth** estar* acostumbrado *or* hecho A algo 2 (inveterate) (*before n*) ‹*sinner/drinker*› empedernido; ‹*criminal*› habitual

B (Metall) ‹*steel*› templado

hardening /ˈhɑːrdnɪŋ || ˈhɑːdnɪŋ/ *n* [u] 1 (of material) endurecimiento *m*; **~ of the arteries** endurecimiento de las arterias, arteriosclerosis *f* 2 (of attitude, position) radicalización *f*

hard: **~-fought** /ˈhɑːrdˈfɔːt || ˌhɑːdˈfɔːt/ *adj* muy reñido; **~ goods** *pl n* (AmE) productos *mpl* no perecederos; **~ hat** *n* 1 (Clothing, Const) casco *m* 2 (construction worker) (AmE colloq) albañil *m* 3 (conservative) (AmE sl) reaccionario, -ria *m,f* (*de clase obrera*); **~-hat** *adj* (AmE) (*before n*) 1 (conservative) (sl) reaccionario 2 (blue-collar) ‹*bar*› de obreros; ‹*attitude*› de clase obrera; **~-headed** /ˈhɑːrdˈhedəd || ˌhɑːdˈhedɪd/ *adj* 1 (practical, realistic) práctico, realista 2 (stubborn) (AmE) testarudo, cabezota (fam); **~-hearted** /ˈhɑːrdˈhɑːrtəd || ˌhɑːdˈhɑːtɪd/ *adj* duro de corazón, despiadado; **~-hitting** /ˈhɑːrdˈhɪtɪŋ || ˌhɑːd ˈhɪtɪŋ/ *adj* implacable, feroz; **~ labor**, (BrE) **~ labour** *n* [u] trabajos *mpl* forzados; **~-line** /ˈhɑːrdˈlaɪn || ˌhɑːd ˈlaɪn/ *adj* de línea dura; **~-liner** /ˈhɑːrdˈlaɪnər || ˌhɑːd ˈlaɪnə(r)/ *n* partidario, -ria *m,f* de la línea dura; **~-luck story** /ˈhɑːrdˈlʌk || ˌhɑːdˈlʌk/ *n*: **he came to me with another ~-luck story** me vino otra vez con el cuento de sus penurias

hardly /ˈhɑːrdli || ˈhɑːdli/ *adv* 1 (scarcely): **~ anyone/anything** casi nadie/nada; **~ ever** casi nunca; **I could ~ believe my eyes** apenas podía dar crédito a mis ojos, casi no podía dar crédito a mis ojos; **he ~ knew her** apenas la conocía 2 (surely not): **it's ~ what you'd call a masterpiece** no es precisamente una obra maestra; **will they appoint him? — hardly!** ¿le darán el cargo? — ¡lo veo difícil!; **I could ~ say no** no me podía negar; **I need ~ remind you that ...** ni falta hace que les recuerde que ...; **that's ~ surprising!** ¡no es de extrañarse!

hardness /ˈhɑːrdnəs || ˈhɑːdnɪs/ *n* [u] dureza *f*

hard: **~-nosed** /ˈhɑːrdˈnəʊzd || ˌhɑːdˈnəʊzd/ *adj* (tough-minded) duro; (stubborn) terco, cerril; **~ of hearing** *adj* duro de oído; **~-on** *n* (sl) erección *f*; **to have a ~-on** tenerla* dura *or* (AmL tb) parada (arg), estar* empalmado (Esp arg); **~-pressed** /ˈhɑːrdˈprest || ˌhɑːdˈprest/ *adj* (*pred* **~ pressed**) ‹*industry/nation/staff*› en apuros; **to be ~ pressed to + INF** verse* en apuros PARA + INF; **~ sauce** *n* (AmE) *mantequilla azucarada con coñac o ron*; **~ sell** *n* (*no pl*): **the ~ sell** la venta agresiva; **he gave me the ~ sell** me presionó para que comprara

hardship /ˈhɑːrdʃɪp || ˈhɑːdʃɪp/ *n* [u c]: **to experience** *o* **suffer great ~** pasar muchos apuros *or* muchas dificultades *or* privaciones; **financial ~** penuria *f* (económica); **surely it's no great ~ for you to go** no es mucho pedir que vayas, creo yo

hard: **~ shoulder** *n* (BrE) arcén *m*, acotamiento *m* (Méx), berma *f* (Andes), banquina *f* (RPl), hombrillo *m* (Ven); **~standing** /hɑːrdˈstændɪŋ || hɑːdˈstændɪŋ/ *n* [u] área *f* asfaltada para estacionar; **~top** *n* (AmE) (car) coche *m* no descapotable; **~ up** *adj* (colloq) (*pred*) 1 (short of money) **to be ~ up** estar* mal de dinero 2 (poorly provided): **to be ~ up FOR sth** andar* escaso DE algo; **~ware** /ˈhɑːrdwer || ˈhɑːdweə(r)/*n* [u] 1 (ironmongery) ferretería *f*; (*before n*) **~ware store** ferretería *f*, mercería *f* (Chi) 2 (equipment) equipo *m*, maquinaria *f*; **military ~ware** armamento *m* 3 (Comput) hardware *m*, soporte *m* físico, equipo *m*; **~-wearing** /ˈhɑːrdˈwerɪŋ || ˌhɑːdˈweərɪŋ/ *adj* (BrE) resistente, duradero; **~-won** /ˈhɑːrdˈwʌn || ˌhɑːdˈwʌn/ *adj* ganado con esfuerzo; **~wood** *n* [u c] madera *f* dura *or* noble; **~-working** /ˈhɑːrdˈwɜːrkɪŋ || ˌhɑːdˈwɜːkɪŋ/ *adj* trabajador

hardy /ˈhɑːrdi || ˈhɑːdi/ *adj* **-dier, -diest** ‹*person/animal*› fuerte; ‹*plant*› resistente (*a las heladas etc*)

hare[1] /her || heə(r)/ *n* liebre *f*; ***(as) mad as a March ~*** más loco que una cabra

hare[2] *vi* (BrE colloq): **to ~ in/out/up/down** entrar/salir*/subir/bajar a la carrera *or* como un bólido (fam)

hare: **~brained** /ˈherˈbreɪnd || ˈheəˌbreɪnd/ *adj* descabellado, disparatado; **~lip** /ˈherˈlɪp || ˈheəlɪp/ *n* labio *m* leporino

harem /ˈhɑːrəm, ˈherəm || ˈhɑːriːm, hɑːˈriːm/ *n* harén *m*

haricot (bean) /ˈhærɪkəʊ/ *n* frijol *m or* (Esp) alubia *f or* judía *f or* (CS) poroto *m* (*de color blanco*)

hark /hɑːrk || hɑːk/ *vi* (listen) (*only in imperative*) 1 (poet) escuchar 2 (BrE iro): **~ who's talking!** ¡mira quién habla!; **~ at him!** ¡habráse visto!

Phrasal verb

- **hark back** [v ▸ adv] **to ~ back TO sth** ‹‹*person*›› rememorar algo; **this custom ~s back to the 18th century** esta costumbre tiene su origen en el siglo XVIII

harlequin /ˈhɑːrlɪkwən || ˈhɑːlɪkwɪn/ *n* arlequín *m*

harlot /ˈhɑːrlət || ˈhɑːlət/ *n* (liter) ramera *f*

harm[1] /hɑːrm || hɑːm/ *n* [u] daño *m*; **to do ~ to sb/sth** hacerle* daño a algn/algo; **to do more ~ than good** hacer* más mal *or* daño que bien; **don't worry, there's no ~ done** no se preocupe, no es nada; **there's no ~ in asking** con preguntar no se pierde nada; **where's/what's the ~ in that?** ¿y qué tiene (eso) de malo?; **he'll come to no ~, he won't come to any ~** no le va a pasar nada; **I didn't mean him any ~** no quería hacerle daño; ***to be out of ~'s way*** estar* a salvo; ***to get sb out of ~'s way*** poner* a algn a salvo

h

harm² *vt* ‹*person/object*› hacerle* daño a; ‹*reputation/career*› perjudicar*

harmful /ˈhɑːrmfəl || ˈhɑːmfəl/ *adj* ‹*substance*› nocivo; ‹*influence*› pernicioso, dañino; ‹*effect*› perjudicial

harmless /ˈhɑːrmləs || ˈhɑːmlɪs/ *adj* ‹*animal/person*› inofensivo; ‹*substance*› inocuo; ‹*joke/suggestion/fun*› inocente

harmlessly /ˈhɑːrmləsli || ˈhɑːmlɪsli/ *adv* sin hacer *or* causar daño

harmonica /hɑːrˈmɑːnɪkə || hɑːˈmɒnɪkə/ *n* armónica *f*

harmonious /hɑːrˈməʊniəs || hɑːˈməʊniəs/ *adj* armonioso

harmoniously /hɑːrˈməʊniəsli || hɑːˈməʊniəsli/ *adv* ‹*sing/play*› armoniosamente; ‹*live*› en armonía

harmonium /hɑːrˈməʊniəm || hɑːˈməʊniəm/ *n* armonio *m*

harmonize /ˈhɑːrmənaɪz || ˈhɑːmənaɪz/ *vi* **1** (Mus) cantar en armonía **2** (be in accord) «*colors/ideas*» armonizar*

■ **harmonize** *vt* ‹*policies/plans*› armonizar*, poner* en armonía

harmony /ˈhɑːrməni || ˈhɑːməni/ *n* [u c] (*pl* **-nies**) (Mus) armonía *f*; **to sing/play in ~** cantar/tocar* en armonía; **they live together in perfect ~** viven juntos en perfecta armonía

harness¹ /ˈhɑːrnəs || ˈhɑːnɪs/ *n* **1** [c u] (for horse) arnés *m*, arreos *mpl* **2** [c] (for baby, on parachute) arnés *m* **3** [c] (*safety* ~) arnés *m* de seguridad

harness² *vt* **1** (put harness on) ‹*horse*› enjaezar*, ponerle* los arreos *or* el arnés a **2** (utilize) ‹*energy/resources*› aprovechar, utilizar*

harp /hɑːrp || hɑːp/ *n* arpa *f*‡

Phrasal verb

• **harp on** [v ▸ adv] (colloq) **to ~ on ABOUT sth** insistir SOBRE algo

harpist /ˈhɑːrpəst || ˈhɑːpɪst/ *n* arpista *mf*

harpoon¹ /hɑːrˈpuːn || hɑːˈpuːn/ *n* arpón *m*

harpoon² *vt* arponear

harpsichord /ˈhɑːrpsɪkɔːrd || ˈhɑːpsɪkɔːd/ *n* clavicémbalo *m*

harpy /ˈhɑːrpi || ˈhɑːpi/ *n* (*pl* **-pies**) arpía *f*

harridan /ˈhærədn̩ || ˈhærɪdən/ *n* (liter) vieja *f* bruja

harrow /ˈhærəʊ/ *n* escarificador *m*, rastra *f*

harrowing /ˈhærəʊɪŋ/ *adj* ‹*tale*› desgarrador; ‹*experience*› angustioso, terrible

harry /ˈhæri/ *vt* **-ries, -rying, -ried** **1** (raid) ‹*enemy*› hostilizar* **2** (pester, bother) hostigar*, acosar

harsh /hɑːrʃ || hɑːʃ/ *adj* ‹*punishment*› duro, severo; ‹*words/conditions*› duro; ‹*light*› fuerte; ‹*climate*› riguroso; ‹*contrast*› violento; ‹*color*› chillón; ‹*sound*› discordante; ‹*tone/texture*› áspero; **the ~ realities of life** la cruel realidad (de la vida)

harshly /ˈhɑːrʃli || ˈhɑːʃli/ *adv* ‹*judge/punish/speak*› severamente, con severidad *or* rigor *or* dureza; **the painting was ~ lit** el cuadro tenía una iluminación muy cruda

harshness /ˈhɑːrʃnəs || ˈhɑːʃnɪs/ *n* [u] (of treatment) severidad *f*; (of words) dureza *f*; (of climate) rigor *m*, lo riguroso; (of sound) estridencia *f*; (of texture) aspereza *f*

hart /hɑːrt || hɑːt/ *n* (liter) venado *m*

harvest¹ /ˈhɑːrvəst || ˈhɑːvɪst/ *n* [c u] (yield) cosecha *f*; (of grain) cosecha *f*, siega *f*; (of fruit, vegetables) cosecha *f*, recolección *f*; (of grapes) vendimia *f*

harvest² *vt* ‹*crop/wheat*› cosechar; ‹*grapes*› vendimiar; ‹*field*› realizar* la cosecha en

harvester /ˈhɑːrvəstər || ˈhɑːvɪstə(r)/ *n* **1** (machine) cosechadora *f* **2** (person) segador, -dora *m,f*

harvest: **~ festival** *n* (BrE) fiesta *f* de la cosecha; **~ moon** *n* luna *f* llena *or* de otoño

has /hæz, *weak form* həz, əz/ *3rd pers sing pres of* **have**

has-been /ˈhæzbɪn || ˈhæzbiːn/ *n* (colloq & pej) nombre *m* del pasado

hash /hæʃ/ *n*

A **1** [u c] (Culin) *plato de carne y verduras picadas y doradas* **2** [c] (muddle): **to make a ~ of sth** (colloq) ‹*exam*› hacer* algo muy mal; **the carpenter made a complete ~ of the job** el carpintero hizo una verdadera chapuza

B [u] (drug) (sl) hachís *m*, chocolate *m* (Esp arg)

Phrasal verbs

• **hash out** [v ▸ o ▸ adv, v ▸ adv ▸ o] (AmE colloq) hablar de, discutir

• **hash over** [v ▸ o ▸ adv, v ▸ adv ▸ o] (AmE colloq): **to ~ over sth** *o* **~ sth over** darle muchas vueltas a algo (fam)

hash: **~ browns** *pl n* (AmE colloq) *papas y cebolla doradas en la sartén*; **~ code** *n*: *número usado para codificar datos*; **~ house** *n* (AmE sl) restaurante *m* barato, fonda *f* (esp AmL), taguara *f* (Ven)

hashish /ˈhæʃiːʃ/ *n* [u] hachís *m*

hash mark *n*

A (Comput, Print) *símbolo (#), utilizado delante de un número*

B (service stripe) (AmE sl) galón *m*

C (in US football) *cada una de las marcas que señalan los límites de la banda central del campo de juego*

hasn't /ˈhæznt/ **= has not**

hasp /hæsp || hɑːsp/ *n* (for door) picaporte *m*; (for book cover, purse) cierre *m*, broche *m*

Hassidic /həˈsɪdɪk, ˈhæ-/ *adj* hasídico

hassle¹ /ˈhæsəl/ *n* [c u] (colloq) lío *m* (fam), rollo *m* (fam); **don't give me any ~** no me fastidies; **legal ~s** problemas *mpl or* dificultades *fpl* legales

hassle² *vt* (colloq) fastidiar, jorobar (fam)

hassock /ˈhæsək/ *n* **1** (in church) *cojín para arrodillarse* **2** (footstool) (AmE) escabel *m*

hast /hæst, *weak form* (h)əst/ (arch) *2nd pers sing pres of* **have**

haste /heɪst/ *n* [u] prisa *f*, apuro *m* (AmL); **to do sth in ~** hacer* algo apresuradamente; **to make ~** darse* prisa, apurarse (AmL); ***more ~, less speed*** *o* (AmE also) **~ *makes waste*** vísteme despacio, que tengo prisa

hasten /ˈheɪsn̩/ *vt* ‹*process*› acelerar; ‹*defeat/death*› adelantar

■ **hasten** *vi* apresurarse, apurarse (AmL); **to ~ to + INF** apresurarse A + INF; **not that I've got anything against her, I ~ to add** no es que tenga nada contra ella, que conste

hastily /ˈheɪstəli || ˈheɪstɪli/ *adv* **1** (quickly) ‹*built/thought up*› a toda prisa, apresuradamente **2** (rashly) ‹*speak/act*› con precipitación, precipitadamente

hasty /ˈheɪsti/ *adj* **-tier, -tiest** **1** (quick) ‹*glance/meal*› rápido; **she made a ~ exit** salió apresuradamente *or* a toda prisa **2** (rash) ‹*move/decision/judgment*› precipitado; **I think you're being rather ~** creo que te precipitas

hat /hæt/ *n* **1** (Clothing) sombrero *m*; ***I'll eat my ~*** (colloq): **if they finish before Friday, I'll eat my ~** si acaban antes del viernes, yo soy Napoleón (fam); ***to be old ~*** no ser* nada nuevo *or* ninguna novedad; ***to keep sth under one's ~***: **keep it under your ~** de esto no digas palabra *or* (fam) ni pío; ***to pass the ~ around*** pasar la gorra; ***to pull sth out of the ~*** sacarse* algo de la manga; ***to raise*** *o* ***take off one's ~ to sb***: **you have to take your ~ off to her** hay que quitarse el sombrero, hay que sacarle *or* quitarle el sombrero (AmL); ***to talk through one's ~*** hablar por hablar, hablar sin ton ni son; ▸**hand¹ B 2** (indicating role, capacity): **he spoke wearing his politician's ~** habló en calidad de político

hat: **~band** *n* cinta *f* del sombrero; **~box** *n* sombrerera *f*

hatch¹ /hætʃ/ *vt* **1** ‹*egg*› incubar **2** **~ (out)** ‹*chick*› empollar **3** (devise) (pej) ‹*plot/scheme*› tramar, urdir

■ **hatch** *vi* **1** «*egg*» romperse* **2** **~ (out)** «*chick*» salir* del cascarón, nacer*

hatch² *n* **1** (opening, cover) trampilla *f*; (Aviat, Naut) escotilla *f*; ***down the ~!*** (colloq) ¡salud! **2** (*serving ~*) ventanilla *f* (*que comunica cocina y comedor*)

hatchback /ˈhætʃbæk/ *n* (car) coche *m* con tres/cinco puertas; (door) puerta *f* trasera

hatcheck /ˈhættʃek/ *adj* (*before n*) (AmE): **~ room** guardarropa *m*; **~ girl** (chica *f* del) guardarropa *f*

hatchet /ˈhætʃət || ˈhætʃɪt/ *n* hacha *f*‡, hachuela *f*; ***to bury the ~*** enterrar* el hacha de guerra, hacer* las paces

hatchet: **~ job** *n* (colloq) crítica *f* feroz; **~ man** *n* (colloq) **1** (ruthless operator) *persona contratada para ejecutar tareas o tomar decisiones desagradables* **2** (hired killer) (AmE) sicario *m*, asesino *m* a sueldo

hatchway /ˈhætʃweɪ/ *n* (opening, cover) trampilla *f*; (Aviat, Naut) escotilla *f*

hate¹ /heɪt/ *vt* odiar, aborrecer*, detestar; **to ~ sb FOR sth/-ING** odiar a algn POR algo/+ INF; **I ~ people with loud voices** no soporto a la gente que habla a gritos; **I ~ ironing** detesto *or* odio planchar; **I ~ to disturb you, but ...** perdona que te moleste, pero ...

hate² *n* **1** [u] (hatred) **~ (FOR sb/sth)** odio *m* (A *or* HACIA algn/A algo); (*before n*) **~ mail** cartas *fpl* llenas de insultos y amenazas **2** [c] (object of hatred) ▸ **pet² 2**

hated /'heɪtəd || 'heɪtɪd/ *adj* odiado, aborrecido

hateful /'heɪtfəl/ *adj* odioso, aborrecible

hath /hæθ/ (arch) *3rd pers sing pres of* **have**

hatpin /'hætpɪn/ *n* alfiler *m* de sombrero

hatred /'heɪtrəd || 'heɪtrɪd/ *n* [u] **~ (FOR** *o* **OF sb/sth)** odio *m* (A *or* HACIA algn/A algo)

hatstand /'hætstænd/ *n* colgador *m* para sombreros

hatter /'hætər || 'hætə(r)/ *n* sombrerero, -ra *m,f*; ***to be as mad as a ~*** estar* como una cabra (fam)

hat trick *n*: **to score a ~ ~** marcar* tres goles (*or* tantos *etc*) en un partido; **a ~ ~ of wins** tres victorias consecutivas

haughtily /'hɔːtḷi || 'hɔːtɪli/ *adv* con altivez *or* altanería altivamente

haughty /'hɔːti/ *adj* **-tier, -tiest** altivo, altanero

haul¹ /hɔːl/ *vt* **1** (drag): **the fishermen ~ed in their nets** los pescadores cobraron *or* recogieron las redes; **a tractor ~ed the car out of the ditch** un tractor sacó el coche de la cuneta; **she was ~ed out of bed at midnight** la sacaron de la cama a medianoche **2** (Transp) transportar

(Phrasal verbs)

- **haul off** [v ▸ adv] (AmE colloq) armarse de valor
- **haul up** [v ▸ o ▸ adv, v ▸ adv ▸ o] (summon): **she was ~ed up before her boss** tuvo que ir a rendirle cuentas al jefe; **he was ~ed up on a fraud charge** le entablaron juicio por fraude

haul² *n*

A (distance) (Transp) recorrido *m*, trayecto *m*; ***a long ~*** (to success, victory) un camino largo y difícil; (lit: long journey) un trayecto largo; ***in*** *o* ***over the long/short ~*** (AmE) a largo/corto plazo

B (catch — of fish) redada *f*; (— of stolen goods) botín *m*

haulage /'hɔːlɪdʒ/ *n* [u] **1** (activity) transporte *m*; (*before n*) **~ contractor** transportista *mf* **2** (charge) (gastos *mpl* de) transporte *m*

hauler /'hɔːlər || 'hɔːlə(r)/, (BrE) **haulier** /'hɔːljə(r)/ *n* **1** (person) transportista *mf* **2** (business) empresa *f* de transportes

haunch /hɔːntʃ/ *n* (*usu pl*) (of animal) anca *f*‡; (of horse) grupa *f*, anca *f*‡; (of person) cadera *f*; **to squat down on one's ~es** ponerse* en cuclillas

haunt¹ /hɔːnt/ *vt* «*ghost*» rondar; «*memory/idea*» perseguir*; **he was ~ed by the fear of death** vivía obsesionado por el miedo a la muerte

haunt² *n*: **this bar is his usual/favorite ~** éste es el bar al que va siempre/es su bar favorito *or* predilecto; **we went to all her old ~s** fuimos a todos los sitios a los que solía ir *or* los sitios que frecuentaba; **a favorite ~ of artists** un lugar favorito entre los artistas

haunted /'hɔːntəd || 'hɔːntɪd/ *adj* ‹*house/room*› embrujado; ‹*look/expression*› angustiado, obsesionado

haunting /'hɔːntɪŋ/ *adj* evocador e inquietante

haute couture /,əʊtkuː'tʊr || ,əʊtkuː'tjʊə(r)/ *n* (*no pl*) alta costura *f*

haute cuisine /,əʊtkwɪ'ziːn/ *n* [u] alta cocina *f*

Havana /hə'vænə/ *n* La Habana

have /hæv, *weak forms* həv, əv/ (*3rd pers sing pres* **has**; *past & past p* **had**) *vt*

(*Sense* **I**)

A (possess) tener*; **I ~** *o* (esp BrE) **I've got two cats** tengo dos gatos; **I don't ~** *o* (esp BrE) **~n't got any money** no tengo dinero; **do you ~ a car? — no, I don't** *o* (esp BrE) **~ you got a car? — no, I ~n't** ¿tienes coche? — no (, no tengo)

B (hold, have at one's disposal) tener*: **look out, he's got a gun!** ¡cuidado! ¡tiene una pistola *or* está armado!; **how much money do you ~** *o* (esp BrE) **~ you got on you?** ¿cuánto dinero tienes *or* llevas encima?; **I had him by the arm** lo tenía agarrado del brazo; **can I ~ a sheet of paper?** ¿me das una hoja de papel?; **may I ~ your name?** ¿me dice su nombre?; **could I ~ your Sales Department, please?** (on phone) ¿me comunica *or* (Esp tb) me pone *or* (CS tb) me da con el departamento de ventas, por favor?; **I ~ it!, I've got it!** ¡ya lo tengo!, ¡ya está, ya está!; **all right: ~ it your own way!** ¡está bien! ¡haz lo que quieras!; **what ~ we here?** ¿y esto?; **to ~ sth to + INF** tener* algo QUE + INF; **I've (got) a lot to do** tengo mucho que hacer

C **1** (receive) ‹*letter/news*› tener*, recibir; **could we ~ some silence, please?** (hagan) silencio, por favor; **we ~ it on the best authority that ...** sabemos de buena fuente que ...; **rumor/tradition has it that ...** corre el rumor de que .../según la tradición ...; ***to ~ had it*** (colloq): **I've had it** (I'm in trouble) estoy frito (AmL), me la he cargado (Esp fam); (I've lost my chance) la he fastidiado (fam); **your umbrella's had it** tu paraguas no da para más (fam); **I've had it up to here with your complaining** estoy hasta la coronilla *or* hasta las narices de tus quejas (fam); ***to ~ it in for sb*** (colloq) tenerle* manía *or* tirria a algn (fam); ***to let sb ~ it*** (sl) (attack — physically) darle* su merecido a algn; (— verbally) cantarle las cuarenta a algn (fam), poner* a algn verde (Esp fam) **2** (obtain) conseguir*; **they were the best/only seats to be had** eran los mejores/únicos asientos que había; **I'll ~ a kilo of tomatoes, please** ¿me da *or* (Esp) me pone un kilo de tomates, por favor?

D (consume) ‹*steak/spaghetti*› comer, tomar (Esp); ‹*champagne/beer*› tomar; **to ~ sth to eat/drink** comer/beber algo; **to ~ breakfast/dinner** desayunar/cenar, comer (AmL); **to ~ lunch** almorzar* *or* (esp Esp, Méx) comer; **what are we having for dinner?** ¿qué hay de cena?; **to ~ a cigarette** fumarse un cigarrillo; **~ some more sauce** sírvete más salsa; **we had too much to drink** bebimos *or* (AmL tb) tomamos demasiado

E **1** (experience, undergo) ‹*accident*› tener*; **to ~ a setback** sufrir un revés; **did you ~ good weather?** ¿te (*or* les *etc*) hizo buen tiempo?; **~ a nice day!** ¡adiós! ¡que le (*or* te *etc*) vaya bien!; **we had a very pleasant evening** pasamos una noche muy agradable; **I had an injection** me pusieron *or* me dieron una inyección; **he had a heart transplant/an X ray** le hicieron un trasplante de corazón/una radiografía; **she had a heart attack** le dio un ataque al corazón *or* un infarto; **they ~ it easy** lo tienen (todo) muy fácil **2** (organize) ‹*party*› hacer*, dar*; **they had a meeting to discuss the issue** tuvieron una reunión para discutir el tema **3** (suffer from) ‹*cancer/diabetes/flu*› tener*; **to ~ a cold** estar* resfriado; **he's got a headache/sore throat** le duele la cabeza/la garganta, tiene dolor de cabeza/garganta

F (look after) tener*; **they ~ visitors** tienen visita; **my mother offered to ~ the children** mi madre se ofreció a cuidar a los niños

G (give birth to) ‹*baby*› tener*

H (colloq) **1** (catch, get the better of): **they almost had him, but he managed to escape** casi lo agarran *or* atrapan, pero logró escaparse; **I'll ~ them for that** ya me las pagarán **2** (swindle) timar; (dupe) engañar; **you've been had!** ¡te han timado *or* engañado!

(*Sense* **II**)

A (*causative use*): **we'll ~ it clean in no time** enseguida lo limpiamos *or* lo dejamos limpio; **he had them all laughing/in tears** los hizo reír/llorar a todos; **you had me worried** me tenías preocupado; **to ~ sb + INF**: **I'll ~ her call you back as soon as she arrives** le diré *or* pediré que lo llame en cuanto llegue; **I'll ~ you know, young man, that I ...** para que sepa, jovencito, yo ...; **to ~ sth + PAST P**: **we had it repaired** lo hicimos arreglar, lo mandamos (a) arreglar (AmL); **to ~ one's hair cut** cortarse el pelo

B (indicating what happens to sb): **I ~ people coming for dinner tonight** esta noche tengo gente a cenar; **to have sth + INF/+ PAST P**: **I've had three lambs die this week** se me han muerto tres corderos esta semana; **he had his bicycle stolen** le robaron la bicicleta

C **1** (allow) (*with neg*) tolerar, consentir*; **I won't ~ it!** ¡no lo consentiré *or* toleraré!; **I won't ~ him interfering** no pienso tolerar que se inmiscuya **2** (accept, believe) aceptar, creer*; **she wouldn't ~ it** no lo quiso aceptar *or* creer

D (indicating state, position) tener*; **I had the radio on** tenía la radio puesta; **you ~** *o* (BrE) **you've got your belt twisted** tienes el cinturón torcido

■ **have** *v aux*

(Sense I)

A (used to form perfect tenses) haber*; **I ~/had seen her** la he/había visto; **I ~/had just seen her** la acabo/acababa de ver, recién la vi/la había visto (AmL); **~ you been waiting long?** ¿hace mucho que esperas?, ¿llevas mucho rato esperando?; **you *have* been busy** ¡cómo has trabajado!; **had I known that** *o* **if I'd known that ...** si hubiera sabido que ..., de haber sabido que ...; **when he had finished, she ...** cuando terminó *or* (liter) cuando hubo terminado, ella ...

B 1 (in tags): **you've been told, ~n't you?** te lo han dicho ¿no? *or* ¿no es cierto? *or* ¿no es verdad?; **you ~n't lost the key, ~ you?** ¡no habrás perdido la llave ...! 2 (elliptical use): **you may ~ forgiven him, but I ~n't** puede que tú lo hayas perdonado, pero yo no; **the clock has stopped — so it has!** el reloj se ha parado — ¡es verdad! *or* ¡es cierto!; **you've forgotten something — ~ I?** te has olvidado de algo — ¿sí?; **I've told her — you ~n't!** se lo he dicho — ¡no! ¿en serio?

(Sense II)

A (expressing obligation): **to ~ to + INF** tener* QUE + INF; **I ~** *o* **I've got to admit that ...** tengo que reconocer que ...; **you don't ~ to be an expert to realize that** no hay que *or* no se necesita ser un experto para darse cuenta de eso; **don't go out unless you ~ to** no salgas a menos que tengas que hacerlo

B (expressing certainty): **to ~ to + INF** tener* QUE + INF; **it had to happen** tenía que ocurrir; **you have to** *o* **you've got to be kidding!** ¡lo dices en broma *or* en chiste!

(Phrasal verbs)

- **have around** [v ▸ o ▸ adv] (have at one's disposal): **a useful gadget to ~ around** un aparato útil de tener a mano; **she's nice to ~ around** su compañía es agradable
- **have away** (BrE) *see* ▸**have off B2**
- **have back**

A [v ▸ o ▸ adv, v ▸ adv ▸ o] (receive back): **can I ~ the ring back?** ¿me devuelves el anillo?

B [v ▸ o ▸ adv] 1 ‹*guests*› **to ~ sb back** (invite again) volver* a invitar a algn; (reciprocate invitation) devolverle* a algn una invitación 2 (allow to return): **do you think she'll ~ him back?** ¿crees que lo aceptará de nuevo?

- **have down** [v ▸ o ▸ adv]

A (dismantle) ‹*scaffolding/shelves*› quitar; (demolish) ‹*wall/building*› tirar, echar abajo

B (AmE) (know by heart) ‹*list/poem*› saber* de memoria

- **have in** [v ▸ o ▸ adv]

A (put in, install) instalar; **they soon had the new boiler in** enseguida instalaron la nueva caldera; ***to ~ it in for sb*** tenerla* tomada con algn

B 1 ‹*workmen*›: **we ~ the decorators in** estamos con los pintores en casa 2 ‹*guests*› invitar

- **have off** [v ▸ o ▸ adv] [v ▸ o ▸ prep ▸ o]

A (from work, school): **we had a week off (from) school because of the strike** estuvimos una semana sin clase por la huelga; **I'm having two days off next week** (BrE) me voy a tomar dos días libres la semana que viene

B (remove) (esp BrE) 1 ‹*lid/paint*› quitar; **the wind nearly had our roof off** el viento casi se llevó *or* nos arrancó el tejado 2 **to ~ it off** *o* **away** (BrE sl) echarse un polvo (arg), tirar (vulg), follar (Esp vulg), coger* (Méx, RPl, Ven vulg), culear (Chi vulg)

- **have on**

A [v ▸ o ▸ adv] [v ▸ o ▸ prep ▸ o] (put on) ‹*cover/roof*› colocar*, poner*; **they soon had all the books on the shelves** pronto colocaron todos los libros en los estantes

B [v ▸ o ▸ adv, v ▸ adv ▸ o] (be wearing) llevar *or* tener* puesto; **I had nothing on** estaba desnudo

C [v ▸ o ▸ adv] (BrE) 1 (have arranged) tener*; **~ you anything on this evening?** ¿haces algo esta noche? 2 (have in progress): **the library has an exhibition on** en la biblioteca hay una exposición

D [v ▸ o ▸ adv] (tease) (colloq) **to ~ sb on** tomarle el pelo a algn (fam)

- **have out** [v ▸ o ▸ adv] 1 (have removed): **to ~ a tooth out** sacarse* una muela; **she had her tonsils out** la operaron de las amígdalas 2 (discuss forcefully) **to ~ it out WITH sb** ponerle* las cosas claras A algn
- **have over,** (BrE also) **have round** [v ▸ o ▸ adv] ‹*guests*› invitar
- **have up** [v ▸ o ▸ adv] 1 (put up) ‹*shelves*› colocar*; ‹*flag*› izar* 2 (bring before court) (BrE colloq) (*often pass*): **he was had up for speeding** lo agarraron por exceso de velocidad (fam) (*y tuvo que comparecer ante el juez*)

haven /ˈheɪvən/ *n* 1 (refuge) refugio *m*; **a ~ of tranquillity** un remanso de paz 2 (port) (liter) puerto *m*

have-nots /ˈhævˈnɑːts || ˌhævˈnɒts/ *pl n* **the ~** los pobres, los desposeídos; *see also* **haves**

haven't /ˈhævənt/ **= have not**

haversack /ˈhævərsæk || ˈhævəsæk/ *n* mochila *f*, morral *m*

haves /hævz/ *pl n* **the ~** los ricos; **the ~ and the have-nots** los ricos y los pobres *or* los desposeídos

havoc /ˈhævək/ *n* [u]: **the accident caused ~** el accidente creó gran confusión; **the children created ~** los niños armaron un lío tremendo (fam); **to play ~ with sth** trastocar* *or* desbaratar algo; **to wreak ~** causar estragos

haw /hɔː/ *n* (Bot) baya *f* del espino

Hawaii /həˈwaɪiː/ *n* Hawai *m*

Hawaiian /həˈwaɪən/ *adj* hawaiano

hawk¹ /hɔːk/ *n* halcón *m*; ***to watch sb like a ~*** no quitarle los ojos de encima a algn

hawk² *vt* ‹*goods/wares*› vocear, pregonar

■ **hawk** *vi* carraspear

hawker /ˈhɔːkər || ˈhɔːkə(r)/ *n* vendedor, -dora *m,f* ambulante

hawser /ˈhɔːzər || ˈhɔːzə(r)/ *n* cabo *m* grueso

hawthorn /ˈhɔːθɔːrn || ˈhɔːθɔːn/ *n* [c u] espino *m*

hay /heɪ/ *n* [u] heno *m*; ***to make ~*** (gain advantage) (AmE) sacar* tajada; (lit) segar* y secar* el heno *or* los pastos; ***make ~ while the sun shines*** a la ocasión la pintan calva; ▸**hit¹** *vt* **A1**

hay: ~ fever *n* [u] fiebre *f* del heno, alergia *f* al polen; **~making** *n* [u] siega *f* (y recolección *f*) del heno; **~rick** /ˈheɪrɪk/ *n* almiar *m*; **~seed** *n* (AmE sl) ▸**yokel**; **~stack** *n* almiar *m*; **~wire** *adj* (colloq) (*pred*): **to go ~wire** «*person*» perder* la chaveta (fam), volverse* loco; «*machine*» estropearse, descomponerse* (AmL fam)

hazard¹ /ˈhæzərd || ˈhæzəd/ *n* peligro *m*, riesgo *m*; **a health ~** un riesgo *or* un peligro para la salud

hazard² *vt* (frml) ‹*remark/question*› aventurar, arriesgar*; **to ~ a guess** aventurar una respuesta

hazard lights, (BrE also) **hazard warning lights** *pl n* (Auto) luces *fpl* de emergencia

hazardous /ˈhæzərdəs || ˈhæzədəs/ *adj* peligroso, arriesgado

haze¹ /heɪz/ *n* (*no pl*) (due to humidity) neblina *f*, bruma *f*; (due to heat) calima *f*; **a ~ of dust/smoke** una nube de polvo/humo

haze² *vt* (AmE) hacerle* novatadas *or* (RPl fam) cargadas a

hazel /ˈheɪzəl/ *n* 1 [c] (plant) avellano *m* 2 [u] (wood) (madera *f* de) avellano *m* 3 [u] (color) color *m* avellana; (*before n*) ‹*eyes*› color avellana *adj inv*

hazelnut /ˈheɪzəlnʌt/ *n* avellana *f*

hazing /ˈheɪzɪŋ/ *n* [u] (AmE) novatadas *fpl*, cargadas *fpl* (RPl fam)

hazy /ˈheɪzi/ *adj* **hazier, haziest** 1 ‹*day*› (due to humidity) neblinoso, brumoso; (due to heat) de calima 2 ‹*memory/idea/distinction*› vago, confuso; **I'm a bit ~ about what happened** no sé muy bien qué pasó

he /hiː, *weak form* i/ *pron* él; **~'s a painter** es pintor; **~ didn't say it, I did** no fue él quien lo dijo, sino yo; **Ted Post? who's ~?** ¿Ted Post? ¿quién es Ted Post?; **~ who hesitates** (liter) quien vacila ...; **could I speak to Steve, please? — this is ~** (AmE) ¿podría hablar con Steve, por favor? — habla con él; **I'm as tall as ~ is** soy tan alto como él

head¹ /hed/ *n*

A (Anat) cabeza *f*; **a fine ~ of hair** una buena cabellera; **to stand on one's ~** pararse de cabeza (AmL), hacer* el pino (Esp); **from ~ to foot** *o* **toe** de pies a cabeza, de arriba (a) abajo; **he's a ~ taller than his brother** le lleva *or* le saca la cabeza a su hermano; ***~ over heels***: **she tripped and went ~ over heels down the steps** tropezó y cayó rodando escaleras abajo; **to be ~ over heels in love** estar* locamente *or* perdidamente enamorado; ***~s up!*** (AmE colloq) ¡ojo! (fam), ¡cuidado!; ***on your/his (own) ~ be it*** la responsabilidad es tuya/suya; ***to bang one's ~ against a (brick) wall*** darse* (con) la cabeza contra la pared; ***to be***

able to do sth standing on one's* ~** poder* hacer algo con los ojos cerrados; ***to bite* o *snap sb's* ~ *off echarle una bronca a algn (fam); ***to bury one's* ~ *in the sand*** hacer* como el avestruz; ***to get one's* ~ *down*** (colloq) (work hard) ponerse* a trabajar en serio; (settle for sleep) (BrE) irse* a dormir; ***to go over sb's* ~** (bypassing hierarchy) pasar por encima de algn; (exceeding comprehension): **his lecture went straight over my ~** no entendí nada de su conferencia; ***to go to sb's* ~** subírsele a la cabeza a algn; ***to have a big* o *swelled* o** (BrE) ***swollen* ~** ser* un creído; **he's getting a swelled** o (BrE) **swollen ~** se le están subiendo los humos a la cabeza; ***to have one's* ~ *in the clouds*** tener* la cabeza llena de pájaros; ***to hold one's* ~ *up* o *high* o *up high*** ir* con la cabeza bien alta; ***to keep one's* ~ *above water*** mantenerse* a flote; ***to keep one's* ~ *down*** (avoid attention) mantenerse* al margen; (work hard) no levantar la cabeza; (lit: keep head lowered) no levantar la cabeza; ***to knock sth on the* ~** (colloq) dar* al traste con algo; ***to laugh one's* ~ *off*** reírse* a mandíbula batiente, desternillarse de (la) risa; **to scream/shout one's ~ off** gritar a voz en cuello; ***to make* ~ *or tail* o** (AmE also) **~*s or tails of sth*** entender* algo; **I can't make ~ or tail of it** para mí esto no tiene ni pies ni cabeza; ***to rear one's ugly* ~: racism/fascism reared its ugly ~ again** volvió a aparecer el fantasma del racismo/fascismo; ***to stand/be* ~ *and shoulders above sb*** (be superior) darle* cien vueltas a algn, estar* muy por encima de algn; ***to stand* o *turn sth on its* ~** darle* la vuelta a algo, poner* algo patas arriba (fam), dar* vuelta algo (CS); ***to turn sb's* ~: the sort of good looks that turn ~s** el tipo de belleza que llama la atención *or* que hace que la gente se vuelva a mirar; (*before n*) **~ injury** lesión *f* en la cabeza

B (mind, brain) cabeza *f*; **I said the first thing that came into my ~** dije lo primero que se me ocurrió *or* que me vino a la cabeza; **she added it up in her ~** hizo la suma mentalmente; **he needs his ~ examined** está *or* anda mal de la cabeza; **he has an old ~ on young shoulders** es muy maduro para su edad; **she has a good ~ for business/figures** tiene cabeza para los negocios/los números; **I've no ~ for heights** sufro de vértigo; **I need to keep a clear ~ for the interview** tengo que estar despejado para la entrevista; **use your ~!** ¡usa la cabeza!, ¡piensa un poco!; **if we put our ~s together, we'll be able to think of something** si lo pensamos juntos, algo se nos ocurrirá; **it never entered my ~ that ...** ni se me pasó por la cabeza *or* jamás pensé que ...; **to get sth into sb's ~** meterle* algo en la cabeza a algn; ***to be off one's* ~** (colloq) estar* chiflado (fam), estar* *or* andar* mal de la cabeza; ***to be out of one's* ~** (sl) (on drugs) estar* flipado *or* volado *or* (Col) volando *or* (Méx) hasta atrás (arg); (drunk) estar* como una cuba (fam); ***to be soft* o *weak in the* ~** estar* mal de la cabeza; ***to get one's* ~ *(a)round sth*: I can't get my ~ (a)round this new system** no me entra este nuevo sistema; ***to have one's* ~ *screwed on (right* o *the right way)*** (colloq) tener* la cabeza bien puesta *or* sentada; ***to keep/lose one's* ~** mantener*/perder* la calma; ***two* ~*s are better than one*** cuatro ojos ven más que dos

C **1** (of celery) cabeza *f*; (of nail, tack, pin) cabeza *f*; (of spear, arrow) punta *f*; (of hammer) cabeza *f*, cotillo *m*; (of pimple) punta *f*, cabeza *f*; (on beer) espuma *f*; (of river) cabecera *f* **2** (top end — of bed, table) cabecera *f*; (— of page, letter) encabezamiento *m*; (— of procession, line) cabeza *f*

D **1** (chief) director, -tora *m,f*; **~ of state/government** jefe, -fa *m,f* de Estado/de Gobierno; **the ~ of the household** el/la cabeza de familia; (*before n*) **~ buyer** jefe, -fa *m,f* de compras; **~ girl/boy** (BrE Educ) *alumno elegido para representar al alumnado de un colegio*; **~ waiter** maître *m*, capitán *m* de meseros (Méx) **2** (**~ *teacher***) (esp BrE) director, -tora *m,f* (de colegio)

E **1** (person): **$15 per ~** 15 dólares por cabeza *or* persona **2** *pl* **head** (Agr): **700 ~ of cattle** 700 cabezas de ganado vacuno

F (crisis): **to come to a ~** hacer* crisis, llegar* a un punto crítico; **his arrival brought the conflict to a ~** su llegada hizo estallar el conflicto

G **1** (magnetic device) (Audio, Comput) cabeza *f*, cabezal *m* **2** (of drill) cabezal *m* **3** (*cylinder* ~) culata *f*

H (Geog) cabo *m*

head[2] *vt*

A **1** ‹*march/procession*› encabezar*, ir* a la cabeza de; ‹*list*› encabezar* **2** ‹*revolt*› acaudillar, ser* el cabecilla de; ‹*team*› capitanear; ‹*expedition/department*› dirigir*, estar* al frente de

B (direct) (+ *adv compl*) ‹*vehicle/ship*› dirigir*; **which way are you ~ed?** ¿hacia *or* para dónde vas?

C (in soccer) ‹*ball*› cabecear

D ‹*page/chapter*› encabezar*

■ **head** *vi*: **the car was ~ing west** el coche iba en dirección oeste; **where are you ~ing?** ¿hacia *or* para dónde vas?; **it's time we were ~ing back** ya va siendo hora de que volvamos *or* regresemos

(Phrasal verbs)

• **head for** [v ▸ prep ▸ o] **1** (go toward) ‹‹*ship*›› ir* con rumbo a; **the car was ~ing straight for me** el coche venía derecho hacia mí; **to ~ for home** ponerse* en camino a casa **2** (be in danger of): **to be ~ed** o **~ing for sth** ir* camino de algo

• **head off**

A [v ▸ adv] (set out) salir*

B [v ▸ o ▸ adv, v ▸ adv ▸ o] **1** (get in front of) atajar, cortarle el paso a, interceptar **2** (prevent, forestall) ‹*criticism/threat*› prevenir*

• **head up** [v ▸ adv ▸ o] dirigir*, estar* a la cabeza de

head: **~ache** *n* **1** (Med) dolor *m* de cabeza; **I've got a ~ache** tengo dolor de cabeza, me duele la cabeza **2** (problem) (colloq) quebradero *m* de cabeza, dolor *m* de cabeza; **~band** *n* cinta *f* del pelo, vincha *f* (AmS), huincha *f* (Bol, Chi, Per); **~board** *n* cabecera *f*; **~ case** *n* (BrE colloq) loco, -ca *m,f*, chiflado, -da *m,f* (fam); **~ cold** *n* resfriado *m*; **~-count** *n* recuento *m* (*de personas*); **~dress** *n* tocado *m*

headed /ˈhedəd || ˈhedɪd/ *adj* ‹*notepaper*› con membrete, membretado, membreteado (Andes)

header /ˈhedər || ˈhedə(r)/ *n* (in soccer) cabezazo *m*

head: **~first** /ˈhedˈfɜːrst || ˌhedˈfɜːst/ *adv* **1** (with head foremost) de cabeza; **he fell ~first into the river** se cayó de cabeza al río **2** (over-hastily) precipitadamente; **~gear** *n* [u]: **to wear the correct ~gear** llevar el sombrero (*or* casco *or* gorro *etc*) indicado; **~hunt** *vt* ofrecerle* un puesto a; **~hunter** *n* (Anthrop) cazador *m* de cabezas; (Busn) cazatalentos *m*, cazador *m* de cabezas *or* de talentos

heading /ˈhedɪŋ/ *n* (title) encabezamiento *m*, título *m*, acápite *m* (AmL); (letterhead) membrete *m*

head: **~lamp** *n* faro *m*; **~land** /ˈhedlənd/ *n* cabo *m*

headless /ˈhedləs || ˈhedlɪs/ *adj* sin cabeza

head: **~light** *n* faro *m*; **~line** *n* titular *m*; **to hit the ~lines** aparecer* *or* salir* en primera plana; **to make ~lines** ser* noticia; **the (news) ~lines** el resumen informativo *or* de noticias; (*before n*) **~line news** noticia *f* de primera plana; **~liner** *n* (AmE) primera figura *f*, estrella *f*; **~long** *adv* **1** (hastily) precipitadamente; **she rushed ~long into it** se lanzó precipitadamente a hacerlo **2** (with head foremost) de cabeza; **~man** /ˈhedmæn/ *n* (*pl* **-men** /-men/) cacique *m*; **~master** /ˈhedˈmæstər || ˌhedˈmɑːstə(r)/ *n* director *m* (de colegio); **~mistress** /ˈhedˈmɪstrəs || ˌhedˈmɪstrɪs/ *n* directora *f* (de colegio); **~ office** *n* (oficina *f*) central *f*, casa *f* matriz

head-on[1] /ˈhedˈɑːn || ˌhedˈɒn/ *adj* ‹*crash/collision*› frontal, de frente

head-on[2] *adv* ‹*crash/collide*› frontalmente, de frente

head: **~phones** *pl n* auriculares *mpl*, cascos *mpl*; **~piece** /ˈhedpiːs/ *n* **1** (head decoration) prenda *f* de cabeza **2** (in book) viñeta *f* **3** (of bridle) cabezada *f*, cabezal *m*; **~quarters** /ˈhedˈkwɔːrtərz || ˌhedˈkwɔːtəz/ *n* (*pl* **~quarters**) (+ *sing or pl vb*) oficina *f* central; (Mil) cuartel *m* general; **police ~quarters** jefatura *f* de policía; **~rest** *n* reposacabezas *m*, apoyacabezas *m*; **~room** *n* [u] altura *f*: **Ⓢ (max) headroom 12ft 6in** circulación prohibida a vehículos de altura superior a 12 pies 6 pulgadas

heads /hedz/ *adv* (on coin) cara *f*; **~ or tails?** ¿cara o cruz?, ¿águila o sol? (Méx), ¿cara o sello? (Andes, Ven), ¿cara o ceca? (Arg)

head: **~scarf** *n* pañuelo *m* (de cabeza); **~set** *n* auriculares *mpl*, cascos *mpl*; **~shrinker** /ˈhedʃrɪŋkər || ˈhedʃrɪŋkə(r)/ *n* (AmE colloq) loquero, -ra *m,f* (fam); **~stand** *n*: **to do a ~stand** pararse de cabeza (AmL), hacer* el pino (Esp); **~ start** *n* ventaja *f*; **to have a ~ start (on/over sb)** llevar(le) ventaja (a algn); **~stone**

n lápida *f*; **~strong** *adj* testarudo, obstinado; **~s-up** /'hedz'ʌp/ *adj* (AmE) (*before n*) despierto, espabilado, despabilado; **~teacher** /'hed'ti:tʃər || ˌhed'ti:tʃə(r)/ *n* (BrE) director, -tora *m,f* (de colegio); **~-to-head** /'hedtə'hed/ *adj/adv* (AmE) cara a cara, frente a frente; **~waters** *pl n* cabecera *f*; **~way** *n* [u]: **to make ~way** hacer* progresos, avanzar*; **~wind** *n* viento *m* contrario *or* en contra; (Naut) viento *m* de proa; **~word** *n* palabra *f* cabeza de artículo, lema *m*

heady /'hedi/ *adj* **-dier, -diest** ‹*scent*› embriagador; ‹*wine*› que se sube a la cabeza; **these are ~ days for the country** el país vive momentos emocionantes

heal /hi:l/ *vt* 1 ‹*wound/cut*› curar; **he tried to ~ the rift within the party** intentó cerrar la brecha que había en el partido 2 ‹*person*› (frml) **to ~ sb (OF sth)** curar a algn (DE algo)

■ **heal** *vi* cicatrizar*, cerrarse*

Phrasal verbs

• **heal over** [v ▸ adv] ‹‹*wound/cut*›› cicatrizar*, cerrarse*

• **heal up**

A [v ▸ adv] cicatrizar*, cerrarse*

B [v ▸ o ▸ adv, v ▸ adv ▸ o] cicatrizar*

healer /'hi:lər || 'hi:lə(r)/ *n* curandero, -ra *m,f*; **time is a** *o* **the great ~** el tiempo todo lo cura

health /helθ/ *n* [u] salud *f*; **to be in good/poor ~** estar* bien/mal de salud; **(your) good ~!** (proposing a toast) ¡salud!; (*before n*) ‹*policy/services*› sanitario, de salud pública; ‹*inspector/regulations*› de sanidad

health: ~ care *n* [u] asistencia *f* sanitaria *or* médica; **~ centre** *n* (BrE) centro *m* médico *or* de salud; **~ club** *n* gimnasio *m*; **~ farm** *n* clínica *f* de adelgazamiento; **~ food** *n* [u c] alimentos *mpl* naturales; (*before n*) **~-food shop** tienda *f* de alimentos naturales, herbolario *m*

healthful /'helθfəl/ *adj* ▸**healthy**

healthily /'helθəli || 'helθɪli/ *adv* de forma sana

health: ~ insurance *n* [u] seguro *m* de enfermedad; **~ service** *n* (in UK) ▸**National Health (Service)**; **~ visitor** *n* (in UK) *enfermera de la Seguridad Social que hace visitas a domicilio para asesorar sobre el cuidado de niños en edad preescolar, ancianos etc*; **~ warning** *n* advertencia *f* sanitaria

healthy /'helθi/ *adj* **-thier, -thiest**

A 1 (in good health) ‹*person/animal*› sano; ‹*skin/complexion*› sano, saludable; **she has a ~ appetite** tiene buen apetito 2 (promoting good health) ‹*diet/living/environment*› sano, saludable 3 (sound) ‹*respect*› sano; ‹*debate*› abierto y sin trabas

B ‹*society/democracy*› que goza de buena salud; ‹*economy/finances*› próspero; ‹*profit*› sustancial

heap¹ /hi:p/ *n*

A 1 (pile) montón *m*, pila *f*; **to fall** *o* **collapse/lie in a ~** caer*/yacer* desplomado 2 (car) (colloq) cacharro *m* (fam)

B (colloq) (a lot): **~s** *o* (AmE also) **a ~ of sth** montones *or* un montón de algo (fam); **it's ~s** *o* (AmE) **a ~ better** es muchísimo mejor *or* (fam) requetemejor

heap² *vt* 1 (make pile) amontonar, apilar 2 (supply liberally): **she ~ed food onto his plate** *o* **~ed his plate with food** le llenó el plato de comida; **to ~ praise on sb** colmar a algn de alabanzas; **to ~ blame on sb** echarle todas las culpas a algn; **a ~ing** (AmE) *o* (BrE) **~ed spoonful** (Culin) una cucharada colmada

Phrasal verb

• **heap up** [v ▸ o ▸ adv, v ▸ adv ▸ o] 1 (amass) ‹*wealth*› acumular, amasar 2 (make into pile) amontonar, apilar

hear /hɪr || hɪə(r)/ (*past & past p* **heard** /hɜ:rd || hɜ:d/) *vt*

A ‹*sound*› oír*; **stop it! do you ~?** ¡basta! ¿me oyes?; **now ~ this** (AmE) presten atención; **I can't ~ myself think** (colloq) no puedo pensar con tanto ruido; **to ~ her (talk), you'd think ...** cualquiera que la oyera creería que ...; **I must be ~ing things** (colloq) debo de habérmelo imaginado; **let's ~ it for George!** (AmE colloq) ¡un aplauso para George!

B (get to know) oír*; **I've ~d so much about you** me han hablado tanto de ti, he oído hablar tanto de ti; **have you ~d the latest?** ¿sabes la última?; **I've ~d it all before** ya conozco la historia; **he's very ill, I ~** me han dicho que está muy enfermo

C (listen to) 1 ‹*lecture/broadcast/views*› escuchar, oír*; **I ~ you** (AmE) ya veo, ya te entiendo; **to ~ mass** oír* misa 2 (Law) ‹*case*› ver*; ‹*charge*› oír*

■ **hear** *vi*

A (perceive) oír*; **~, ~!** ¡eso, eso!, ¡bien dicho!

B (get news) tener* noticias; **to ~ ABOUT sth** enterarse DE algo; **to ~ FROM sb**: **I haven't ~d from them for months** hace meses que no sé nada de ellos *or* que no tengo noticias suyas; **you'll be ~ing from us in a couple of weeks** dentro de unas semanas nos pondremos en contacto con usted

Phrasal verbs

• **hear of**

A [v ▸ prep ▸ o] 1 (encounter, come to know of): **I've ~d of him** he oído hablar de él; **if you ~ of anything interesting, let me know** si te enteras de algo interesante, me lo dices; **did you ever ~ of such a thing!** ¡habráse visto cosa igual! 2 (have news of) tener* noticias *or* saber* de 3 (allow): **I won't ~ of it!** ¡ni hablar!, ¡ni se te (*or* le *etc*) ocurra!

B [v ▸ o ▸ prep ▸ o] (have news of): **I've ~d nothing of them since they moved away** no he sabido nada *or* no he tenido noticias de ellos desde que se mudaron; **I warn you: you haven't ~d the last of this!** ¡te advierto que esto no va a quedar así!

• **hear out** [v ▸ o ▸ adv, v ▸ adv ▸ o] escuchar (*hasta el final*)

hearing /'hɪrɪŋ || 'hɪərɪŋ/ *n*

A [u] (sense) oído *m*; **my ~ is getting worse** cada vez oigo peor; (*before n*) **~ difficulties** problemas *mpl* auditivos *or* de audición

B [c] 1 (consideration) consideración *f*, atención *f*; **to give sth/sb a ~** escuchar algo/a algn; **she didn't get a fair ~** no le permitieron explicarse 2 (trial) vista *f* 3 (session) sesión *f*

hearing aid *n* audífono *m*

hearsay /'hɪrseɪ || 'hɪəseɪ/ *n* [u] habladurías *fpl*, rumores *mpl*; (*before n*) **~ evidence** testimonio *m* de oídas

hearse /hɜ:rs || hɜ:s/ *n* coche *m* fúnebre; (horse-drawn) carroza *f* fúnebre

heart /hɑ:rt || hɑ:t/ *n*

A (Anat) corazón *m*; ***cross my ~ (and hope to die)!*** ¡te lo juro!, ¡que me muera ahora mismo si no es verdad!; (*before n*) ‹*disease*› del corazón, cardíaco; ‹*operation*› de(l) corazón; **~ rate** ritmo *m* cardíaco

B (seat of emotions): **to have a good/kind ~** tener* buen corazón, ser* de buen corazón; **to have a cold ~** ser* duro de corazón; **his ~ rules his head** se deja llevar por el corazón; **at ~** en el fondo; **to have sb's interests at ~** preocuparse por algn; **in one's ~ of ~s** en lo más profundo de su (*or* mi *etc*) corazón, en su (*or* mi *etc*) fuero interno; **you've no ~!** ¡no tienes corazón!; **have a ~!** (colloq) ¡no seas malo! (fam), ¡ten compasión! (hum); **to be all ~** ser* todo corazón; **his ~ went out to the orphans** le daban mucha lástima los huérfanos; **to be close** *o* **near** *o* **dear to sb's ~** significar* mucho para algn; ***after sb's own ~***: **he's a man/writer after my own ~** es un hombre/escritor con el que me identifico; ***to break sb's ~***: **it breaks my ~ to see her cry** me parte el alma verla llorar; **to die of a broken ~** morirse* de pena; ***to cry one's ~ out*** llorar a lágrima viva; ***to eat one's ~ out*** morirse* de envidia; ***to find it in one's ~ to* + INF**: **can you find it in your ~ to forgive me?** ¿podrás perdonarme?; ***to have a ~ of gold*** tener* un corazón de oro, ser* todo corazón; ***her/his ~ is in the right place*** es de buen corazón, es una buena persona; ***to learn/know sth by ~*** aprender/saber* algo de memoria; ***my/her/his ~ wasn't in it*** lo hacía sin ganas *or* sin poner entusiasmo; ***to one's ~'s content***: **here you can eat/swim to your ~'s content** aquí puedes comer/nadar todo lo que quieras; ***to open one's ~ to sb*** abrirle* el corazón a algn; ***to set one's ~ on sth***: **she's set her ~ on being chosen for the team** su mayor ilusión es que la elijan para formar parte del equipo; **he has his ~ set on a new bike** lo que más quiere es una bicicleta nueva; ***to take sth to ~*** tomarse algo a pecho; ***to wear one's ~ on one's sleeve*** demostrar* sus (*or* mis *etc*) sentimientos; ***with all one's ~, with one's whole ~*** de todo corazón; ***to win sb's ~*** ganarse *or* conquistarse a algn

C (courage, morale) ánimos *mpl*; **to lose ~** descorazonarse, desanimarse; **to take ~** animarse; ***my ~ was in my mouth*** tenía el corazón en un puño *or* en la boca, tenía el alma en vilo; ***my/her ~ sank*** se me/le cayó el alma a los pies; ***not to have the ~ to do sth***: **I didn't have the ~ to**

tell him no tuve valor para decírselo; ***to be in good ~*** tener* la moral muy alta; ***to do sb's ~ good*** alegrarle el corazón a algn

D 1 (central part): **the ~ of the city/country** el corazón *or* centro de la ciudad/del país; **the ~ of the matter** el meollo *or* el quid del asunto 2 (of cabbage, lettuce) cogollo *m*; **artichoke ~s** corazones *mpl* de alcachofas *or* (RPl) de alcauciles

E (heart-shaped object) corazón *m*

F (Games) **hearts** (suit) (+ *sing or pl vb*) corazones *mpl*

heart: **~ache** *n* [u] pena *f*, dolor *m*; **~ attack** *n* ataque *m* al corazón, infarto *m*; **he had a ~ attack** tuvo *or* le dio *or* (frml) sufrió un infarto; **~beat** *n* latido *m* (del corazón); **~break** *n* 1 [u] (grief) congoja *f*, sufrimiento *m* 2 [c] (cause of grief) desengaño *m*; **~breaking** *adj* desgarrador; **~broken** *adj* ‹*look/sobs*› desconsolado; **she was ~broken when he died** su muerte la dejó destrozada; **~burn** *n* [u] ardor *m* de estómago, acidez *f* (de estómago)

-hearted /ˈhɑːrtəd || ˈhɑːtɪd/ *suff*: **big~/good~** de gran/ buen corazón

hearten /ˈhɑːrtn̩ || ˈhɑːtn̩/ *vt* alentar*, animar

heartfelt /ˈhɑːrtfelt || ˈhɑːtfelt/ *adj* sincero, sentido

hearth /hɑːrθ || hɑːθ/ *n* chimenea *f*, hogar *m*

heartily /ˈhɑːrtl̩i || ˈhɑːtɪli/ *adv* 1 (warmly) ‹*congratulate/ greet*› efusivamente 2 (with enthusiasm) ‹*laugh/eat*› con ganas 3 (totally): **I ~ agree** estoy totalmente *or* completamente de acuerdo; **to be ~ sick of sth** (colloq) estar* hasta la coronilla *or* hasta las narices de algo (fam)

heartland /ˈhɑːrtlænd || ˈhɑːtlænd/ *n* centro *m*; **the industrial ~s of Europe** el centro industrial de Europa; **in the Tory ~s** (BrE) en el corazón del área conservadora

heartless /ˈhɑːrtləs || ˈhɑːtlɪs/ *adj* ‹*person*› sin corazón; ‹*refusal*› cruel

heart: **~-rending** /ˈhɑːrtˈrendɪŋ || ˈhɑːtˌrendɪŋ/ *adj* ‹*cry/ sobs*› estremecedor, desgarrador; ‹*plight/account*› conmovedor; **~-searching** *n* [u] reflexión *f*; **~-shaped** *adj* ‹*card/cake*› con forma de corazón; ‹*face*› en forma de corazón; **~strings** *pl n*: ***to pull*** *o* ***tug at sb's ~strings*** tocarle* la fibra sensible a algn; **~ surgeon** *n* cardiocirujano, -na *m,f*, cirujano cardíaco, cirujana cardíaca *m,f*; **~throb** *n* (colloq) ídolo *m*

heart-to-heart¹ /ˈhɑːrttəˈhɑːrt || ˌhɑːttəˈhɑːt/ *adj* íntimo y franco

heart-to-heart² *n* (colloq) charla *f* íntima

heart-warming /ˈhɑːrtˌwɔːrmɪŋ || ˈhɑːtˌwɔːmɪŋ/ *adj* alentador, reconfortante

hearty /ˈhɑːrti || ˈhɑːti/ *adj* **-tier, -tiest** ‹*person*› campechano, bullanguero; ‹*laughter*› sonoro, desbordante; ‹*welcome*› caluroso; ‹*meal*› abundante; ‹*appetite*› bueno

heat¹ /hiːt/ *n*

A [u] 1 (warmth) calor *m*; **in the ~ of the day** cuando el sol aprieta, en las horas de más calor; ***if you can't stand the ~, get out of the kitchen*** si es demasiado para ti, quítate de en medio 2 (for cooking) fuego *m*; **on/over/at a low ~** a fuego lento

B [u] 1 (excitement, passion) calor *m*, acaloramiento *m*; **in the ~ of the moment** en un momento de enojo (*or* exaltación *etc*) 2 (pressure) (colloq): **to put the ~ on sb** apretarle* las clavijas a algn (fam); **to take the ~ off sb** darle* un respiro a algn; **the ~ is off** ya ha pasado lo peor (fam)

C [u] (estrus) celo *m*; **to come into** *o* (BrE) **on ~** ponerse* en celo; **to be in** *o* (BrE) **on ~** «*animal*» estar* en celo

D [c] (Sport) (prueba) eliminatoria *f*

heat² *vt* calentar*; ‹*house*› calentar*, calefaccionar (CS)

■ **heat** *vi* calentarse*

Phrasal verbs

• **heat through**

A [v ▸ adv] calentarse*

B [v ▸ o ▸ adv, v ▸ adv ▸ o] calentar*

• **heat up**

A [v ▸ adv] «*food/room/air*» calentarse*; «*game*» animarse; «*argument/discussion*» acalorarse

B [v ▸ o ▸ adv, v ▸ adv ▸ o] ‹*food/room*› calentar*

heated /ˈhiːtəd || ˈhiːtɪd/ *adj* 1 (warmed) ‹*pool*› climatizado; ‹*seat/rear window*› térmico 2 (impassioned) ‹*argument*› acalorado; **to get ~** acalorarse

heatedly /ˈhiːtədli || ˈhiːtɪdli/ *adv* acaloradamente

heater /ˈhiːtər || ˈhiːtə(r)/ *n* calentador *m*, estufa *f*; **(water) ~** calentador *m*

heath /hiːθ/ *n* [c u] (moorland) brezal *m*, monte *m*; (park) parque *m* (*agreste*)

heathen¹ /ˈhiːðən/ *n* pagano, -na *m,f*

heathen² *adj* pagano

heather /ˈheðər || ˈheðə(r)/ *n* [u] brezo *m*

heating /ˈhiːtɪŋ/ *n* [u] calefacción *f*

heat: **~-proof** *adj* refractario; **~ rash** *n* [u c] sarpullido *m* (*causado por el calor*); **~-resistant** *adj* resistente al calor; **~-seeking** /ˈhiːtˈsiːkɪŋ/ *adj* termodirigido; **~stroke** *n* [u] insolación *f*; **~ treatment** *n* [u] (Med, Metall) tratamiento *m* térmico; **~ wave** *n* ola *f* de calor

heave¹ /hiːv/ *vt*

A 1 (move with effort): **we ~d the box onto the shelf** con esfuerzo logramos subir la caja al estante 2 (throw) (colloq) tirar

B (utter): **to ~ a sigh** suspirar; **he ~d a sigh of relief** suspiró aliviado

■ **heave** *vi*

A (pull) tirar, jalar (AmL exc CS); **~!** ¡dale!; **to ~ AT sth** tirar DE algo

B 1 (rise and fall): **his chest ~d** respiraba agitadamente 2 **heaving** *pres p* ‹*chest/bosom*› palpitante; ‹*sobs*› convulsivo

C (retch) (colloq) hacer* arcadas

heave² *n* (pull) tirón *m*, jalón *m* (AmL exc CS); (push) empujón *m*; (effort) esfuerzo *m* (*para mover algo*)

heave-ho¹ /ˈhiːvˈhəʊ/ *n*: ***to give sth/sb the ~*** rechazar* algo/ a algn; **she gave him the ~** lo rechazó, le dio calabazas

heave-ho² *interj* ¡ahora!

heaven /ˈhevən/ *n*

A (place) cielo *m*; ***to be in seventh ~*** estar* en el séptimo cielo; ***to move ~ and earth*** remover* (el) cielo y (la) tierra

B (sky) (*usu pl*) cielo *m*; **the ~s opened** empezó a llover torrencialmente; ***to stink to high ~*** (colloq) oler* que apesta (fam)

C (*in interj phrases, as intensifier*) **(good) ~s!** ¡Dios mío!, ¡santo cielo!; **did you vote for him? — (good) ~s, no!** ¿votaste por él? — ¿estás loca?; **thank ~** gracias a Dios; **~s to Betsy!** (AmE hum) ¡cielo santo!; **they gave *her* the job, ~ knows why** le dieron el trabajo a ella, vete a saber porqué; ▸**forbid B, name¹ A, sake 3**

D (bliss) (colloq): **how was your vacation? — it was ~** ¿qué tal las vacaciones? — divinas *or* sensacionales (fam)

heavenly /ˈhevənli/ *adj* 1 (Relig) celestial 2 (Astron) celeste 3 (superb) (colloq) divino (fam)

heaven-sent /ˈhevənsent/ *adj* caído del cielo

heavenward /ˈhevənwərd || ˈhevənwəd/, **heavenwards** /-z/ *adv* hacia el cielo *or* las alturas

heavily /ˈhevəli || ˈhevɪli/ *adv*

A 1 ‹*tread/fall*› pesadamente; **a ~ laden truck** un camión con una carga muy pesada; **he was ~ built** era corpulento *or* de aspecto fornido; **to breathe ~** jadear 2 (thickly) ‹*underlined*› con trazo grueso; **she was ~ made-up** iba muy maquillada

B 1 (copiously) ‹*rain/snow*› mucho 2 (immoderately) ‹*drink/ smoke*› en exceso, más de la cuenta (fam); ‹*gamble*› fuerte 3 (to a great extent) ‹*outweigh*› con mucho; **to be ~ in debt** estar* muy endeudado, tener* muchas deudas; **to be ~ subsidized** recibir cuantiosas subvenciones; **to borrow ~** contraer* considerables deudas; **a style ~ influenced by romanticism** un estilo con marcada *or* profunda influencia romántica; **they depend ~ on these imports** dependen en alto grado de estas importaciones; **~ pregnant** en avanzado estado de gravidez (frml) *or* (period) de gestación

heavy¹ /ˈhevi/ *adj* **-vier, -viest**

A 1 (weighty) ‹*load/suitcase/weight*› pesado; ‹*fabric/garment*› grueso, pesado; ‹*saucepan*› de fondo grueso; ‹*boots*› fuerte; **it's very ~** es muy pesado, pesa mucho; **~ goods vehicle** vehículo *m* (de carga) de gran tonelaje; **~ work** trabajo *m* pesado 2 (large-scale) (*before n*) ‹*artillery/machinery*› pesado

B 1 (ponderous) ‹*tread/footstep/fall*› pesado; ‹*thud*› sordo

h

2▸ ‹*features*› tosco, poco delicado; ‹*eyelids*› caído; ‹*sarcasm/irony*› poco sutil; **a man of ~ build** un hombre fornido; **a ~ hint** una indirecta muy directa (hum)
C 1▸ (oppressive) ‹*clouds/sky*› pesado; **a ~ silence** un silencio violento *or* embarazoso; **with a ~ heart** apesadumbrado, acongojado 2▸ (loud) ‹*sigh*› profundo; **~ breathing** (with exertion) resoplidos *mpl*; (with passion) jadeos *mpl*
D 1▸ (bigger than usual) ‹*expenditure*› cuantioso; ‹*crop*› abundante 2▸ (intense) ‹*book/treatment*› pesado, denso; ‹*rain*› fuerte; ‹*traffic*› denso; ‹*schedule*› apretado; **to be a ~ drinker/smoker** beber/fumar mucho; **he's a ~ sleeper** tiene el sueño pesado, duerme muy profundamente; **I've got a ~ cold** tengo un resfriado muy fuerte, estoy muy resfriado 3▸ (severe) ‹*sentence/penalty*› severo; ‹*casualties*› numeroso; ‹*blow*› duro, fuerte; **~ losses** grandes *or* cuantiosas pérdidas *fpl* 4▸ (violent) (sl) bruto; **the ~ mob moved in** entraron los matones

heavy² *adv*: **to lie/hang/weigh ~ on sb/sth** (liter) pesar sobre algn/algo (liter)

heavy³ *n* [c] (*pl* **-vies**) (colloq) matón *m* (fam), gorila *m* (fam)

heavy: **~ cream** *n* (AmE) crema *f* doble, nata *f* para montar (Esp), doble crema *f* (Méx); **~-duty** /ˈheviˈduːti || ˌhevɪˈdjuːti/ *adj* ‹*material/sacks*› muy resistente; ‹*machine*› para uso industrial; ‹*clothing/overalls*› de trabajo; **~-handed** /ˈheviˈhændəd || ˌheviˈhændɪd/ *adj* torpe; **~ industry** *n* [u c] industria *f* pesada; **~ metal** *n* 1▸ [c] (Chem) metal *m* pesado 2▸ [u] (Mus) heavy *m* (metal), rock *m* duro

heavyweight¹ /ˈheviweɪt/ *n* (Sport) peso *mf* pesado; **a political ~** un peso pesado de la política

heavyweight² *adj* 1▸ (Sport) (*before n*) ‹*boxer/wrestler*› de la categoría de los pesos pesados; ‹*title*› de los pesos pesados 2▸ (Tex) ‹*cotton/denim*› grueso y resistente

Hebrew¹ /ˈhiːbruː/ *adj* hebreo

Hebrew² *n* [u] hebreo *m*

Hebrides /ˈhebrədiːz || ˈhebrɪdiːz/ *pl n* **the ~** las (islas) Hébridas

heck /hek/ *n* (colloq & euph): **~!** ¡caray! (fam & euf); **what the ~!** ¡qué diablos! (fam); **~, no!** (AmE) ¡ni hablar!; **she's one ~ of a girl** es una chica fenomenal; **like** *o* **the ~ he did!** ¡y un cuerno que lo hizo! (fam); **he did it on his own — did he ~!** (BrE) lo hizo solo — ¡qué lo va a hacer solo!

heckle /ˈhekl̩/ *vt* interrumpir (*con preguntas o comentarios molestos*)

heckler /ˈheklər || ˈheklə(r)/ *n*: *persona que interrumpe a un orador para molestar*

heckling /ˈheklɪŋ/ *n* [u] interrupciones *fpl* (*a un orador*)

hectare /ˈhekter || ˈhekteə(r)/ *n* hectárea *f*

hectic /ˈhektɪk/ *adj* ‹*day/week*› ajetreado, agitado; ‹*journey/pace*› agotador; ‹*activity*› frenético, febril; ‹*trading*› intenso; **it was very ~ at the office today** hoy estuvimos muy agobiados de trabajo en la oficina

hectoring /ˈhektərɪŋ/ *adj* intimidante, autoritario

he'd /hiːd/ 1▸ **= he had** 2▸ **= he would**

hedge¹ /hedʒ/ *n* seto *m* (verde *or* vivo); ***you look as if you've been dragged through a ~ backwards*** parece que vinieras de la guerra

hedge² *vt* ‹*field/garden*› cercar* (*con seto*); ▸**bet¹ 2**
■ **hedge** *vi* (evade the issue) dar* rodeos, tratar de escaparse por la tangente

(Phrasal verb)
• **hedge about** [v ▸ o ▸ adv] (*usu pass*) **to be ~d about WITH sth** estar* erizado *or* plagado DE algo

hedgehog /ˈhedʒhɔːg || ˈhedʒhɒg/ *n* erizo *m*

hedgerow /ˈhedʒrəʊ/ *n* [c u] (*usu pl*) seto *m* (verde *or* vivo)

hedonism /ˈhiːdn̩ɪzəm || ˈhiːdənɪzəm/ *n* [u] hedonismo *m*

hedonist /ˈhiːdn̩əst || ˈhiːdənɪst/ *n* hedonista *mf*

heed¹ /hiːd/ *n* [u]: **to take ~** tener* cuidado; **to take ~ of** *o* **pay ~ to sb** prestarle atención *or* hacerle* caso a algn

heed² *vt* prestar atención a, hacer* caso de

heedless /ˈhiːdləs || ˈhiːdlɪs/ *adj* (frml) **~ OF sth**: **~ of the danger ...** haciendo caso omiso del peligro ...

heedlessly /ˈhiːdləsli || ˈhiːdlɪsli/ *adv* (obliviously) sin prestar atención; (unthinkingly) descuidadamente; (recklessly) irresponsablemente

heel¹ /hiːl/ *n*
A 1▸ (Anat) talón *m*; **to turn on one's ~** dar(se)* media vuelta; ***to be (close/hard/hot) on the ~s of sb*** ir* pisándole los talones a algn; ***to bring sb to ~*** hacer* entrar en vereda a algn; **~!** (to dog) ¡ven aquí!; ***to cool*** *o* (BrE also) ***kick one's ~s*** esperar con impaciencia; ***to dig one's ~s in*** cerrarse* en banda; ***to take to one's ~s*** salir* corriendo *or* (fam) pitando; ▸**drag¹** *vt* **B** 2▸ (of shoe) tacón *m*, taco *m* (CS); **high/low ~s** tacones *or* (CS) tacos altos/bajos; ***to be down at ~*** (BrE) andar* desaliñado *or* mal arreglado 3▸ (of hosiery) talón *m*
B (contemptible person) (colloq) canalla *m*

heel² *vt* ‹*shoes*› ponerles* tacones *or* (CS) tacos nuevos a; ‹*high-heeled shoes*› ponerles* tapas *or* (Chi) tapillas a

heelbar /ˈhiːlbɑːr || ˈhiːlbɑː(r)/ *n* (BrE) taller *m* de reparación de calzado en el acto

heft¹ /heft/ *vt* (AmE colloq) 1▸ (heave up) levantar (*con esfuerzo*) 2▸ (gauge weight of) sopesar, calcular el peso de

heft² *n* [u] (AmE colloq) peso *m*

hefty /ˈhefti/ *adj* **-tier, -tiest** (colloq) 1▸ (large and heavy) ‹*person*› robusto, fornido, corpulento; ‹*load/case*› pesado 2▸ (strong) ‹*blow/pull*› fuerte; ‹*person*› fuerte 3▸ (substantial) ‹*price/salary*› alto; ‹*fine*› considerable

heifer /ˈhefər || ˈhefə(r)/ *n* vaquilla *f*, novilla *f*

heigh-ho /ˈheɪˈhəʊ/ *interj* ¡en fin!, ¡vaya!

height /haɪt/ *n*
A [u c] (tallness — of object) altura *f*; (— of person) estatura *f*, talla *f*; **what ~ are you?** ¿cuánto mides?; **she drew herself up to her full ~** se irguió cuan alta era; **to gain/lose ~** (Aviat) ganar/perder* altura; **at a ~ of 2,000 m above sea level** a una altura de 2.000 m sobre el nivel del mar
B (peak) (*no pl*): **to be at the ~ of one's power** estar* en la cima *or* en la cumbre *or* en la cúspide de su (*or* mi etc) poder; **when the storm was at its ~** en plena tormenta; **the ~ of fashion** el último grito (de la moda); **it's the ~ of madness** es el colmo de la locura
C **heights** *pl* 1▸ (high ground) cerros *mpl*, cumbres *fpl* 2▸ (high places, buildings) alturas *fpl*; **to be afraid of ~s** sufrir de vértigo 3▸ (highest level): **speculation rose to new** *o* **fresh ~s** la especulación alcanzó nuevas cotas

heighten /ˈhaɪtn̩/ *vt* ‹*effect/impression*› destacar*, realzar*; ‹*expectation/suspense*› aumentar, agudizar*; ‹*admiration/respect*› aumentar
■ **heighten** *vi*: **a period of ~ing tension** un período de creciente tensión *or* de tensión cada vez mayor

heinous /ˈheɪnəs/ *adj* (frml) atroz, abyecto

heir /er || eə(r)/ *n* heredero, -ra *m,f*; **~ TO sth** (to fortune, title) heredero DE algo; **the ~ to the throne** el heredero al trono

heiress /ˈerəs || ˈeəres/ *n* heredera *f*

heirloom /ˈerluːm || ˈeəluːm/ *n* reliquia *f*

heist¹ /haɪst/ *n* (AmE colloq) golpe *m* (fam), atraco *m*; **to pull a ~** dar* un golpe (fam)

heist² *vt* (AmE colloq) (steal) afanar (arg); (rob) atracar*

held /held/ *past and past p of* **hold¹**

helicopter /ˈheləkɑːptər || ˈhelɪkɒptə(r)/ *n* helicóptero *m*

helipad /ˈheləpæd || ˈhelɪpæd/ *n* pista *f* de aterrizaje para helicópteros

heliport /ˈheləpɔːrt || ˈhelɪpɔːt/ *n* helipuerto *m*

helium /ˈhiːliəm/ *n* helio *m*

helix /ˈhiːlɪks/ *n* (*pl* **helixes** *or* **helices** /ˈheləsiːz/) hélice *f*

hell /hel/ *n*
A 1▸ (Relig) infierno *m*; ***all ~ broke loose*** *o* ***out*** se armó la gorda *or* la de Dios es Cristo (fam); ***come ~ or high water*** sea como sea, pase lo que pase; ***~ for leather*** como alma que lleva el diablo (fam); ***just for the ~ of it*** sólo por divertirse*; ***there'll be ~ to pay*** (colloq) se va a armar la gorda *or* la de Dios es Cristo (fam); ***to knock ~*** *o* ***beat (the) ~ out of sb*** sacudir a algn de lo lindo (fam), sacarle* la mugre a algn (AmL fam); ***to play ~*** *o* (BrE also) ***merry ~ with sth*** hacer* estragos en algo; ***to raise ~*** (make trouble) montar un número (fam); (have rowdy fun) (AmE) armar jarana (fam) 2▸ (suffering, confusion): **a living ~** un auténtico infierno; **three months of sheer ~** tres meses infernales; **I went through ~ after his death** sufrí muchísimo cuando murió; ***to give sb ~*** (colloq): **those children really give her ~** esos niños le hacen pasar las de Caín (fam);

this tooth's giving me ~ esta muela me está haciendo ver las estrellas (fam); ***to make sb's life ~*** (colloq) hacerle* la vida imposible a algn

B (colloq) (*as intensifier*): **how the ~ ...?** ¿cómo demonios *or* diablos ...? (fam); **what the ~!** ¿y qué?; **why the ~ ...?** ¿por qué diablos ...? (fam); **he's a** *o* **one ~ of a guy** es un tipo sensacional (fam); **that's one ~ of a problem you've got there** ahí tienes un problema de padre y señor mío (fam); **to run like ~** correr como un loco (fam); **it hurts like ~** duele una barbaridad; **like** *o* **the ~ he will/can/did/has!** ¡y un cuerno! (fam); **get the ~ out of here!** ¡lárgate de aquí! (fam)

C (colloq) (*in interj phrases*): **go to ~!** ¡vete al cuerno *or* al diablo! (fam); **~, that's some car!** (AmE) ¡caray, qué cochazo! (fam & euf); **oh ~!** ¡caray! (fam & euf), ¡carajo *or* coño *or* mierda! (vulg); **to ~ with waiting: I'm off!** ¡qué esperar ni qué ocho cuartos! yo me voy (fam); **oh, well, what the ~!** bueno ¿qué importa? *or* ¿y qué? (fam)

he'll /hi:l/ [1] **= he will** [2] **= he shall**

hell: **~bent** *adj* empeñado; **to be ~bent ON sth/-ING** estar* empeñado EN algo/+ INF; **~fire** /'hel'faɪr || 'hel ˌfaɪə(r)/ *n* [u] el fuego eterno *or* del infierno; **~hole** *n* (colloq) lugar *m* horrible

hellion /'heljən/ *n* (AmE sl) demonio *m* (fam)

hellish /'helɪʃ/ *adj* (colloq) ‹*problem/difficulty*› de mil demonios (fam); ‹*experience*› horroroso

hello /hə'ləʊ/ *interj* [1] (greeting) ¡hola! [2] (answering the telephone) sí, aló (AmS), diga *or* dígame (Esp), bueno (Méx), olá (RPl) [3] (attracting attention) ¡oiga! [4] (expressing surprise, puzzlement) (esp BrE) ¡pero bueno!; **~! what's this doing on my desk?** ¿qué hace esto en mi escritorio?

hell: **~raiser** /'helˌreɪzər || 'helˌreɪzə(r)/ *n* (esp AmE colloq) camorrista *mf*; **~'s Angel** *n* ángel *m* del infierno

helluva /'heləvə/ *n* (esp AmE sl) (**= hell of a**) *see* **hell B**

helm /helm/ *n* (Naut) timón *m*

helmet /'helmət || 'helmɪt/ *n* (headgear) casco *m*; (armor) yelmo *m*

helm: **~sman** /'helmzmən/ *n* (*pl* **-men** /-mən/) timonel *m*; **~swoman** *n* timonel *f*

help¹ /help/ *vt*

A (assist) ayudar; **can I ~ you?** (in shop) ¿qué desea?; **so ~ me God** (frml) y que Dios me asista (frml); **to ~ sb (to) + INF** ayudar a algn A + INF; **she ~ed the old lady across the road** ayudó a la anciana a cruzar la calle; *see also* **help out**

B (avoid, prevent) (*usu neg or interrog*): **I can't ~ it** no lo puedo remediar; **I can't ~ the way I look** si soy así ¿qué (le) voy a hacer?; **they can't ~ being poor** no tienen la culpa de ser pobres; **I can't ~ thinking that ...** no puedo menos que pensar que ...; **are you going to visit them? — not if I can ~ it** ¿los vas a ir a ver? — no si lo puedo evitar; **oh, well, it can't be ~ed** bueno, paciencia *or* ¿qué se le va a hacer?

C (serve food, goods) **to ~ sb TO sth** servirle* algo A algn

■ **help** *vi* «*person/remark*» ayudar; «*tool*» servir*; **I was only trying to ~!** sólo quería ayudar; **calling her a liar didn't ~ much either** llamarla mentirosa tampoco sirvió de mucho; **every little bit** (AmE) *o* (BrE) **every little ~s** muchos pocos hacen un mucho; **to ~ to + INF** ayudar A + INF

■ *v refl* **to ~ oneself**

A (assist) ayudarse (a sí mismo)

B (resist impulse) (*usu neg*) controlarse; **I can't ~ myself** no me puedo controlar

C (take) **to ~ oneself (TO sth)** ‹*to food/a drink*› servirse* (algo); **can I use your phone? — ~ yourself** ¿puedo llamar por teléfono? — estás en tu casa; **~ yourself to any books you want** agarra *or* toma *or* (Esp) coge los libros que quieras; **he ~ed himself to $10 from the till** se agenció 10 dólares de la caja (fam)

(Phrasal verb)

• **help out**

A [v ▸ o ▸ adv, v ▸ adv ▸ o] ayudar, darle* *or* echarle una mano a

B [v ▸ adv] ayudar

help² *n*

A [u] [1] (rescue) ayuda *f*; **don't panic: ~ is on the** *o* **its way** calma, que ya vienen a ayudarnos; (*as interj*) **~!** ¡socorro!, ¡auxilio!; **to go for ~** ir* a buscar ayuda, ir* a por ayuda (Esp); **to call for/send for ~** pedir*/mandar a buscar ayuda [2] (assistance) ayuda *f*; **thanks for your ~ with the dishes** gracias por ayudarme con los platos; **was that book any ~?** ¿te sirvió de algo el libro?; **can I be of (any) ~ to you?** ¿la/lo puedo ayudar (en algo)?; **that's a great ~!** (iro) ¡pues vaya ayuda! (iró); (*before n*) ‹*file/button*› (Comput) de ayuda

B [u] (staff) personal *m*; (domestic) servicio *m* doméstico

helper /'helpər || 'helpə(r)/ *n* ayudante, -ta *m,f*; **painter's/electrician's ~** (AmE) aprendiz, -diza *m,f* de pintor/electricista

helpful /'helpfəl/ *adj* [1] (obliging) ‹*person/attitude*› servicial, amable; **thank you, you've been most ~** gracias, es usted muy amable; **I was only trying to be ~** sólo quería ayudar [2] (useful) ‹*advice/explanation*› útil

helpfully /'helpfəli/ *adv* ‹*offer/suggest*› amablemente

helping /'helpɪŋ/ *n* porción *f* (esp AmL), ración *f* (esp Esp); **are there second ~s?** ¿se puede repetir?

helpless /'helpləs || 'helplɪs/ *adj* [1] (incapacitated): **to leave/render sb ~** dejar a algn sin recursos; **the accident left him a ~ invalid** el accidente lo dejó totalmente imposibilitado; **~ with laughter** muerto de risa (fam) [2] (defenseless) ‹*prey/victim*› indefenso [3] (powerless) ‹*look/expression*› de impotencia; **to be ~ to + INF** ser* incapaz DE + INF

helplessly /'helpləsli || 'helplɪsli/ *adv* ‹*look on/stand by*› sin poder hacer nada; ‹*struggle/try*› en vano, inútilmente; ‹*laugh/giggle*› sin poder contenerse

helplessness /'helpləsnəs || 'helplɪsnɪs/ *n* [u] (powerlessness) impotencia *f*; (defenselessness) indefensión *f*

helpline /'helplaɪn/ *n* línea *f* (telefónica) de ayuda *or* de asistencia

helter-skelter¹ /'heltər'skeltər || ˌheltə'skeltə(r)/ *adv* atropelladamente, a la desbandada

helter-skelter² *n* (BrE) tobogán *m* (*en espiral*)

hem¹ /hem/ *n* dobladillo *m*, basta *f* (Chi)

hem² **-mm-** *vt* hacerle* el dobladillo *or* (Chi tb) la basta a

(Phrasal verb)

• **hem in** [v ▸ o ▸ adv, v ▸ adv ▸ o] encerrar*

he-man /'hi:mæn/ *n* (*pl* **-men** /-men/) (colloq) machote *m* (fam), super-macho *m* (fam)

hematologist, (BrE) **haematologist** *n* hematólogo, -ga *m,f*

hematology, (BrE) **haematology** /'hi:mə'tɑ:lədʒi || ˌhi:mə'tɒlədʒi/ *n* [u] hematología *f*

hemisphere /'heməsfɪr || 'hemɪsfɪə(r)/ *n* [1] (Geog) hemisferio *m* [2] (Math) semiesfera *f*

hemline /'hemlaɪn/ *n* bajo *m*, ruedo *m*; **~s will rise again this year** las faldas se van a volver a llevar más cortas este año

hemlock /'hemlɑ:k || 'hemlɒk/ *n* [c u] cicuta *f*

hemoglobin, (BrE) **haemoglobin** /'hi:məˌgləʊbən || ˌhi:mə'gləʊbɪn/ *n* [u] hemoglobina *f*

hemophilia, (BrE) **haemophilia** /'hi:mə'fɪliə/ *n* [u] hemofilia *f*

hemophiliac, (BrE) **haemophiliac** /'hi:mə'fɪliæk/ *n* hemofílico, -ca *m,f*

hemorrhage¹, (BrE) **haemorrhage** /'hemərɪdʒ/ *n* (Med) hemorragia *f*

hemorrhage², (BrE) **haemorrhage** *vi* «*patient*» tener* *or* (frml) sufrir una hemorragia; «*wound/blood vessel*» sangrar mucho

hemorrhoids, (BrE) **haemorrhoids** /'hemərɔɪdz/ *pl n* hemorroides *fpl*, almorranas *fpl*

hemp /hemp/ *n* [u] (fiber) cáñamo *m*; (drug) marihuana *f*, cannabis *m*; (plant) cannabis *m*, cáñamo *m* índico *or* de la India

hen /hen/ *n* (chicken) gallina *f*; (female bird) hembra *f*

hence /hens/ *adv*

A [1] (that is the reason for) de ahí; **~ my surprise** de ahí mi sorpresa, de ahí que me sorprendiera [2] (therefore) por lo tanto, por consiguiente

B (from now) (frml): **a few hours/years ~** dentro de algunas horas/algunos años

henceforth /'hens'fɔ:rθ || ˌhens'fɔ:θ/, **henceforward** /-'fɔ:rwərd || -'fɔ:wəd/ *adv* (liter) a partir de ahora, de ahora en adelante, en lo sucesivo

henchman /'hentʃmən/ *n* (*pl* **-men** /-mən/) secuaz *m*, esbirro *m*

henhouse /'henhaʊs/ *n* gallinero *m*

henna[1] /'henə/ *n* henna *f*

henna[2] *vt* **-nas, -naing, -naed**: **to ~ one's hair** ponerse* henna en el pelo

hen: **~ night** *n*: *noche de juerga sólo para mujeres*; (before wedding) despedida *f* de soltera; **~ party** *n* fiesta *f* de mujeres; (before wedding) despedida *f* de soltera; **~pecked** /'henpekt/ *adj* (colloq): **a ~pecked husband** un marido dominado por su mujer, un mandilón (Méx fam), un calzonazos (Esp fam)

hepatitis /'hepə'taɪtəs || ˌhepə'taɪtɪs/ *n* [u] hepatitis *f*

her[1] /hɜːr || hɜː(r), *weak form* ər || ə(r)/ *pron*
A 1 (as direct object) la; **I can't stand ~** no la soporto; **call ~** llámala 2 (as indirect object) le; (with direct object pronoun present) se; **I wrote ~ a letter** le escribí una carta; **give ~ the book** dale el libro; **give it to ~** dáselo; **I gave it to ~** se lo di 3 (after preposition) ella; **with/for ~** con/para ella
B (emphatic use) ella; **it's ~** es ella
C (for herself) (AmE colloq *or* dial): **she'd better get ~ a new job** es mejor que se busque otro trabajo

her[2] *adj* (*sing*) su; (*pl*) sus; **it's *her* house, not his** es la casa de ella, no de él; **she took ~ hat off** se quitó el sombrero

herald[1] /'herəld/ *n* (Hist) heraldo *m*

herald[2] *vt* anunciar

heraldic /he'rældɪk/ *adj* heráldico

heraldry /'herəldri/ *n* [u] heráldica *f*

herb /ɜːrb, hɜːrb || hɜːb/ *n* hierba *f*, yuyo *m* (Per, RPl); (*before n*) **~ garden** herbario *m*

herbaceous /ɜːr'beɪʃəs, hɜːr- || hɜː'beɪʃəs/ *adj* ‹*plant*› herbáceo; **~ border** (esp BrE) arriate *m or* (CS) cantero *m* de plantas perennes

herbal /'ɜːrbəl, 'hɜːrbəl|| 'hɜːbəl/ *adj* ‹*shampoo*› de hierbas; **~ tea** (esp BrE) ▸**herb tea**

herbalist /'ɜːrbələst, 'hɜːr- || 'hɜːbəlɪst/ *n* herborista *mf*, herbolario, -ria *m,f*

herbivore /'ɜːrbəvɔːr, 'hɜːr- || 'hɜːbɪvɔː(r)/ *n* herbívoro *m*

herbivorous /ɜːr'bɪvərəs, hɜːr- || hɜː'bɪvərəs/ *adj* herbívoro

herb tea *n* infusión *f*, agua *f*‡ (AmC, Andes), té *m* de yuyos (Per, RPl)

herd[1] /hɜːrd || hɜːd/ *n* 1 (of cattle) manada *f*, vacada *f*; (of goats) rebaño *m*; (of pigs) piara *f*, manada *f*; (of wild animals) manada *f*; (*before n*) **the ~ instinct** el instinto gregario; ***to ride ~ on sth/sb*** (AmE) cuidar de algo/algn 2 (of people) (pej) tropel *m*; **the (common) ~** la masa, el vulgo; **to follow the ~** seguir* a la masa *or* al rebaño

herd[2] *vt* ‹*animals*› arrear, arriar (RPl); **the refugees were ~ed into trucks** metieron a los refugiados en camiones como si fueran ganado

herdsman /'hɜːrdzmən || 'hɜːdzmən/ *n* (*pl* **-men** /-mən/) (of cattle) vaquero *m*, tropero *m* (CS); (of sheep) pastor *m*

here /hɪr || hɪə(r)/ *adv*
A 1 (at, to this place) aquí, acá (esp AmL); (less precise) acá; **right ~** aquí mismo; **the shops around ~** las tiendas de por aquí *or* (esp AmL) de por acá; ***to be neither ~ nor there*** no venir* al caso 2 (*in phrases*) **here and now** (right now) ahora mismo, en este mismo momento; **the ~ and now** (this life) esta vida; (the present) el presente, el momento; **here and there** aquí y allá; **here, there and everywhere** por todas partes
B (calling attention to sth, sb): **~'s £20** toma 20 libras; **~'s what you should do** esto es lo que debes hacer; **~ comes Philip/the bus** aquí está Philip/el autobús; **~ goes: wish me luck!** ¡allá voy, deséame suerte!; **~ we go again!** (expressing exasperation) ¡ya estamos *or* ya empezamos otra vez!; **~'s to the bride and groom** (proposing a toast) brindemos por los novios
C 1 (present): **were you ~ last week?** ¿viniste la semana pasada?; **he isn't ~ today** hoy no está; **Smith? — here!** (in roll call) ¿Smith? — ¡presente! 2 (arrived): **they're ~!** ¡ya llegaron!, ¡ya están aquí!; **winter'll be ~ before long** pronto llegará *or* empezará el invierno 3 (available): **help yourself, that's what it's ~ for** sírvete, para eso está
D 1 (at this moment) entonces; **~ she hesitated** entonces *or* en ese momento titubeó 2 (on this point): **~ I disagree** ahí no estoy de acuerdo
E (*as interj*): **~, let me do it** trae, deja que lo haga yo

hereabouts /'hɪrə'baʊts || ˌhɪərə'baʊts/, **hereabout** /-'baʊt/ *adv* por aquí, por acá

hereafter[1] /ˌhɪr'æftər || ˌhɪər'ɑːftə(r)/ *adv* (frml: used esp in legal texts) (from now on) de aquí en adelante; (in the future) en el futuro, en lo sucesivo

hereafter[2] *n* **the ~** el más allá, la otra vida

hereby /'hɪr'baɪ || hɪə'baɪ/ *adv* (frml) (Law) (in will) por el presente testamento; **I ~ pronounce you man and wife** los declaro marido y mujer (frml); **we, the undersigned, do ~ renounce ...** los abajo firmantes venimos en renunciar a ... (frml)

hereditary /hə'redəteri || hɪ'redɪtri/ *adj* hereditario

heredity /hə'redəti || hɪ'redəti/ *n* [u] herencia *f*

herein /hɪr'ɪn || hɪər'ɪn/ *adv* (frml) aquí

heresy /'herəsi/ *n* [u c] (*pl* **-sies**) herejía *f*

heretic /'herətɪk/ *n* hereje *mf*

heretical /hə'retɪkəl/ *adj* herético

herewith /hɪr'wɪθ || hɪə'wɪð/ *adv* (Corresp) adjunto

heritage /'herətɪdʒ || 'herɪtɪdʒ/ *n* (*no pl*) patrimonio *m*

hermaphrodite /hɜːr'mæfrədaɪt || hɜː'mæfrədaɪt/ *n* hermafrodita *mf*

hermetic /hɜːr'metɪk || hɜː'metɪk/ *adj* hermético

hermetically /hɜːr'metɪkli || hɜː'metɪkli/ *adv*: **~ sealed** herméticamente cerrado

hermit /'hɜːrmət || 'hɜːmɪt/ *n* ermitaño, -ña *m,f*, eremita *mf*

hermitage /'hɜːrmətɪdʒ || 'hɜːmɪtɪdʒ/ *n* ermita *f*

hermit crab *n* ermitaño *m*, paguro *m*

hernia /'hɜːrniə || 'hɜːniə/ *n* hernia *f*

hero /'hiːrəʊ || 'hɪərəʊ/ *n* (*pl* **heroes**) (brave, admirable person) héroe *m*; (personal idol) héroe *m*, ídolo *m*; (of novel, film) protagonista *mf*

heroic /hɪ'rəʊɪk/ *adj* heroico

heroics /hɪ'rəʊɪks/ *pl n* actos *mpl* heroicos; **don't try any ~** no intentes hacer ninguna heroicidad

heroin /'herəʊɪn/ *n* [u] heroína *f*; (*before n*) **~ addict** heroinómano, -na *m,f*

heroine /'herəʊɪn/ *n* (brave, admirable woman) heroína *f*; (of novel, film) protagonista *f*

heroism /'herəʊɪzəm/ *n* [u] heroísmo *m*

heron /'herən/ *n* garza *f* (real)

hero: **~ sandwich** *n* (AmE) *sándwich hecho con una barra entera de pan*; **~ worship** *n* [u] adoración *f* (*de alguien a quien se tiene como ídolo*)

herpes /'hɜːrpiːz || 'hɜːpiːz/ *n* [u] herpes *m*, herpe *f*

herring /'herɪŋ/ *n* [c u] (*pl* **herrings** *or* **herring**) arenque *m*; *see also* **red herring**

herringbone /'herɪŋbəʊn/ *n* (pattern) 1 (Archit) espina *f* de pez *or* de pescado 2 (Tex) espiga *f*, espiguilla *f*

hers /hɜːrz || hɜːz/ *pron* (*sing*) suyo, -ya; (*pl*) suyos, -yas; **~ is blue** el suyo/la suya es azul, el/la de ella es azul; **a friend of ~** un amigo suyo *or* de ella

herself /hər'self || hə'self/ *pron* 1 (reflexive): **she cut/hurt ~** se cortó/lastimó; **she bought ~ a hat** se compró un sombrero; **she only thinks of ~** sólo piensa en sí misma; **she was by ~** estaba sola; **she did it by ~** lo hizo ella sola; **she was talking to ~** estaba hablando sola; **something's not right, she thought to ~** —pasa algo —pensó para sí *or* para sus adentros 2 (emphatic use) ella misma; **she told me so ~** me lo dijo ella misma 3 (normal self): **she's not ~** no es la de siempre

hertz /hɜːrts || hɜːts/ *n* (*pl* **~**) hercio *m*

he's /hiːz/ 1 = **he is** 2 = **he has**

hesitant /'hezətənt || 'hezɪtənt/ *adj* ‹*speech*› titubeante, vacilante; ‹*manner*› inseguro; ‹*steps*› vacilante; **he seemed a little ~** parecía dudar, parecía un poco indeciso; **to be ~ ABOUT -ING**: **I'm ~ about accepting the offer** no me decido *or* no estoy totalmente decidido a aceptar la oferta

hesitantly /'hezətəntli || 'hezɪtəntli/ *adv*: **she moved ~ towards the door** vacilante, se fue acercando a la puerta; **I suppose so, she replied ~** —supongo —replicó, no muy convencida

hesitate /ˈhezəteɪt || ˈhezɪteɪt/ *vi* vacilar, titubear; **I ∼d before going in** dudé *or* vacilé antes de entrar; **to ∼ to + INF** dudar en + INF; **please don't ∼ to call me** no dudes en *or* dejes de llamarme; ***he who ∼s is lost*** la ocasión la pintan calva

hesitation /ˈhezəˈteɪʃən || ˌhezɪˈteɪʃən/ *n* [u c] vacilación *f*; **she answered without the slightest ∼** contestó sin titubear *or* sin la menor vacilación; **I have no ∼ in recommending him** lo recomiendo sin reservas

hessian /ˈheʃən || ˈhesiən/ *n* [u] arpillera *f*

heterogeneous /ˈhetərəʊˈdʒiːniəs/ *adj* (frml) heterogéneo (frml)

heterosexual¹ /ˈhetərəʊˈsekʃuəl/ *adj* heterosexual

heterosexual² *n* heterosexual *mf*

heterosexuality /ˈhetərəʊˈsekʃuˈæləti/ *n* [u] heterosexualidad *f*

het up /ˈhetˈʌp/ *adj* (colloq) (*pred*): **to be/get (all) ∼ ∼ (about/over sth)** estar*/ponerse* como loco (por algo) (fam)

hew /hjuː/ *vt* (*past* **hewed**; *past p* **hewed** *or* **hewn** /hjuːn/) (extract) extraer*; (fashion) ‹*stone*› labrar, tallar

hex¹ /heks/ *n* (AmE) maleficio *m*; **to put a ∼ on sb/sth** hacerle* un maleficio a algn/echar una maldición sobre algo

hex² *vt* (AmE) ‹*person*› hacerle* un maleficio a

hexagon /ˈheksəgɑːn || ˈheksəgən/ *n* hexágono *m*

hey /heɪ/ *interj* 1 (calling attention) ¡eh!; **∼, mister!** ¡eh *or* oiga, señor! 2 (expressing dismay, protest, indignation) ¡oye!, ¡oiga(n)!; (expressing surprise, appreciation): **I've got a job — ∼, that's really great!** conseguí trabajo — ¡pero qué bien!; **∼ presto!** (BrE) ¡listo!, ¡voilá!

heyday /ˈheɪdeɪ/ *n* apogeo *m*, auge *m*; **in his ∼** en sus buenos tiempos

HGV *n* (BrE) (= **heavy goods vehicle**) vehículo *m* pesado

HHS *n* (in US) = **Department of Health and Human Services**

hi /haɪ/ *interj* (colloq) hola (fam); **say ∼ to your folks for me** dale recuerdos *or* saludos a tu familia de mi parte

HI = Hawaii

hiatus /haɪˈeɪtəs/ *n* (*pl* **-tuses**) (frml) paréntesis *m* (frml), pausa *f*

hibernate /ˈhaɪbərneɪt || ˈhaɪbəneɪt/ *vi* hibernar, invernar

hibernation /ˈhaɪbərˈneɪʃən || ˌhaɪbəˈneɪʃən/ *n* [u] hibernación *f*; **to go into ∼** entrar en estado de hibernación

hic /hɪk/ *interj* ¡hip!

hiccough /ˈhɪkʌp/ *n/vi* ▸**hiccup¹,²**

hiccup¹ /ˈhɪkʌp/ *n* 1 hipo *m*; **to have (the) ∼s** tener* hipo; **she got the ∼s** le dio hipo 2 (brief interruption) dificultad *f*, tropiezo *m* 3 (small problem) (BrE) pequeño problema *m*

hiccup² *vi*, (BrE also) **-pp-** hipar

hick¹ /hɪk/ *n* (AmE colloq & pej) pueblerino, -na *m,f*, paleto, -ta *m,f* (Esp fam & pey), pajuerano, -na *m,f* (RPl fam & pey)

hick² *adj* (AmE colloq & pej) (*before n*) pueblerino, paleto (Esp fam & pey), pajuerano (RPl fam & pey)

hickey /ˈhɪki/ *n* (*pl* **-eys**) (AmE colloq) 1 (love bite) chupón *m* (fam) (*marca dejada por un beso*) 2 (pimple) grano *m*

hickory /ˈhɪkəri/ *n* (*pl* **-ries**) 1 [c] (tree) nogal *m* americano, caria *f* 2 [u] (wood) nogal *m* americano; ***as tough as ∼*** (AmE) fuerte como un roble 3 [c] **∼ (stick)** palmeta *f*

hid /hɪd/ 1 *past of* **hide¹** 2 (arch) *past p of* **hide¹**

hidden¹ /ˈhɪdn̩/ *adj* ‹*entrance/camera/reserves*› oculto; ‹*cost*› no aparente; Ⓢ **no hidden extras** todo incluido

hidden² *past p of* **hide¹**

hide¹ /haɪd/ (*past* **hid** /hɪd/; *past p* **hidden**) *or* (arch) **hid**) *vt* 1 (conceal) esconder; **to ∼ sth FROM sb**: **she hid the money from the police** escondió el dinero para que no lo encontrara la policía; **to ∼ oneself** esconderse 2 (keep secret) ‹*feelings/thoughts*› ocultar; **to ∼ sth FROM sb** ocultarle algo A algn 3 (mask, screen) tapar; **she hid her face in her hands** se tapó la cara con las manos; **some trees hid the house from view** unos árboles no dejaban ver la casa

■ **hide** *vi* esconderse; **where've you been hiding all these weeks?** ¿dónde has estado metido todas estas semanas?

Phrasal verbs

• **hide away**

A [v ▸ adv] esconderse

B [v ▸ o ▸ adv, v ▸ adv ▸ o] esconder

• **hide out,** (AmE also) **hide up** [v ▸ adv] (colloq) esconderse

hide² *n*

A [c u] (of animal — raw) piel *f*; (— tanned) cuero *m*; ***not to see ∼ nor hair of sb*** (colloq) no verle* el pelo a algn (fam); ***to tan sb's ∼*** (colloq) curtir a algn a palos (fam)

B [c] (in bird-watching, hunting) (BrE) paranza *f*, puesto *m*

hide: ∼-and-seek /ˈhaɪdn̩ˈsiːk/, (AmE & Scot also) **∼-and-go-seek** /ˈhaɪdŋgəʊˈsiːk/ *n* [u]: **to play ∼-and-seek** jugar* al escondite, jugar* a las escondidas (AmL); **∼away** *n* 1 (hiding place) (AmE) escondite *m*, escondrijo *m* 2 (secluded spot) rincón *m*; **∼bound** *adj* ‹*attitudes/person/institution*› retrógrado; ‹*conservatism*› rígido; **∼bound by tradition** encerrado en *or* apegado a la tradición

hideous /ˈhɪdiəs/ *adj* ‹*face/monster/sight*› horroroso, horrible; ‹*crime/fate*› espantoso; ‹*color/clothes/furniture*› (colloq) horrendo, espantoso

hideout /ˈhaɪdaʊt/ *n* guarida *f*

hiding /ˈhaɪdɪŋ/ *n*

A [u] (concealment): **to be in ∼/go into ∼ (from sb)** estar* escondido/esconderse (de algn); **to come out of ∼** salir* de su (*or* mi *etc*) escondite; (*before n*) **∼ place** escondite *m*, escondrijo *m*

B [c] (beating) (colloq) paliza *f*, tunda *f*; **to give sb a good ∼** darle* a algn una buena paliza *or* tunda; ***to be on a ∼ to nothing*** (BrE) llevar todas las de perder (fam)

hierarchy /ˈhaɪərɑːrki || ˈhaɪərɑːki/ *n* (*pl* **-chies**) jerarquía *f*

hieroglyph /ˈhaɪərəglɪf/ *n* jeroglífico *m*

hieroglyphics /ˈhaɪərəˈglɪfɪks/ *pl n* jeroglíficos *mpl*

hi-fi /ˈhaɪfaɪ/ *n* 1 [u] (equipment) alta fidelidad *f* 2 [c] (set) equipo *m* de alta fidelidad, hi-fi *m*

higgledy-piggledy /ˈhɪgəldiˈpɪgəldi/ *adv* (colloq) sin orden ni concierto, de cualquier manera

high¹ /haɪ/ *adj* **-er, -est**

A 1 (tall) ‹*building/wall/mountain*› alto; **how ∼ is it?** ¿qué altura tiene?; **the tower is 40 m ∼** la torre tiene 40 m de alto *or* de altura; **a 12 ft ∼ wall** un muro de 12 pies de alto *or* de altura 2 (high up) ‹*window/balcony*› alto; ‹*plateau*› elevado; **at a ∼ altitude** a gran altitud; **the river is very ∼** el río está muy alto *or* crecido; **a ∼ forehead** una frente amplia; **∼ cheekbones** pómulos *mpl* salientes 3 (in status) ‹*office/rank/officials*› alto; **he has friends in ∼ places** tiene amigos muy bien situados; **the ∼ life** la gran vida; **∼ society** la alta sociedad 4 (morally, ethically) ‹*ideals/principles/aims*› elevado 5 (in pitch) ‹*voice*› agudo; ‹*note*› alto; **the speech ended on a ∼ note** el discurso terminó con una nota de optimismo

B 1 (considerable, greater than usual) ‹*temperature/speed/pressure*› alto; ‹*wind*› fuerte; **the temperature was in the ∼ eighties** la temperatura rondaba los noventa grados; **to have a ∼ color** (permanently) ser* rubicundo; (because of a fever) estar* muy colorado *or* rojo; **the death toll could rise as ∼ as 20** el número de muertos podría elevarse a 20; **unemployment is very ∼** hay mucho desempleo; **to pay a ∼ price for sth** pagar* algo muy caro; **my hopes were ∼ as I set out** tenía grandes esperanzas al partir; **to be ∼ in vitamins/proteins** ser* rico en vitaminas/proteínas 2 (good, favorable): **he has a ∼ regard for you** tiene muy buen concepto de ti

C 1 (Lit, Theat): **a moment of ∼ comedy/drama** un momento comiquísimo/muy dramático 2 (climactic) culminante; **the ∼ point** el punto culminante

D 1 (happy, excited): **she was in ∼ spirits** estaba muy animada; **we had a ∼ old time** (colloq) lo pasamos estupendamente 2 (intoxicated) (colloq) drogado, colocado (Esp fam); **to be/get ∼ on sth** estar* drogado *or* (Esp tb) colocado/drogarse* *or* (Esp tb) colocarse* con algo (fam)

E (of time): **∼ noon** mediodía *m*; **in ∼ summer** en pleno verano; **∼ days and holidays** las grandes ocasiones

F ‹*meat*› pasado; ‹*game*› que tiene un olor fuerte

high² *adv* **-er, -est** 1 ‹*fly*› alto; **the mountain towered ∼ above us** la montaña se elevaba dominante sobre nosotros; **∼ in the sky** en lo alto del cielo; **∼ overhead** en

h

las alturas; ~ **up** arriba, en lo alto; **it's pretty ~ (up) on the agenda** es uno de los asuntos más importantes; **feelings are running ~** los ánimos están exaltados; **to aim ~** ⟨⟨*marksman*⟩⟩ apuntar alto; ⟨⟨*ambitious person*⟩⟩ picar* alto; ***to leave sb ~ and dry*** dejar a algn en la estacada, dejar a algn tirado (fam); ***to search** o **hunt** o **look ~ and low (for sth)*** remover* cielo y tierra (para encontrar algo) **2** (in pitch) ⟨*sing*⟩ alto **3** (in amount, degree): **how ~ are you prepared to bid?** ¿hasta cuánto estás dispuesto a pujar *or* ofrecer?

high[3] *n*

A **1** [c] (level) récord *m* **2** [u] **on high** (in heaven) en las alturas; (high above) en lo alto

B [c] (Meteo) (anticyclone) zona *f* de altas presiones; (high temperature) máxima *f*

C [c] (euphoria) (colloq) (from drugs) viaje *m* (fam), colocón *m* (Esp fam); (for other reasons): **I'm on a real ~ at the moment** las cosas me están yendo de maravilla

D [u] (top gear) (AmE Auto) (*no art*) directa *f*

E [c] (high school) (AmE colloq) cole *m* (fam) (*secundario*)

high- /ˈhaɪ/ *pref*: **~income** de altos ingresos; **~quality** de alta calidad, de gran calidad; **~speed** ⟨*train*⟩ de alta velocidad; ⟨*film*⟩ de alta sensibilidad

high: **~ altar** *n* altar *m* mayor; **~-and-mighty** /ˈhaɪənˈmaɪti/ *adj* altanero, arrogante

highball[1] /ˈhaɪbɔːl/ *n* **1** (drink) highball *m*, jaibol *m* (Méx) (*whisky con soda*) **2** (drinking glass) vaso *m* de whisky, vaso *m* de jaibol (Méx)

highball[2] (AmE colloq) *vi* ir* a toda máquina *or* a todo lo que da

■ **highball** *vt*: ***to ~ it*** salir* a toda máquina *or* a todo lo que da

high: **~boy** *n* (AmE) cómoda *f* alta; **~brow** *adj* (colloq) ⟨*tastes*⟩ de intelectual; ⟨*art/music*⟩ para intelectuales; **~chair** *n* silla *f* alta (*para niño*)

High Church[1] *n*: *sector de la Iglesia Anglicana más cercano a la liturgia y ritos católicos*

High Church[2] *adj*: *relativo a la* **High Church**[1]

high: **~-class** /ˈhaɪˈklæs || ˌhaɪˈklɑːs/ *adj* ⟨*restaurant/hotel*⟩ de lujo; ⟨*merchandise*⟩ de primera calidad; **a ~-class prostitute** una prostituta de lujo; **~ command** *n* [u] alto mando *m*; **~ Commission**, **~ commission** *n* (international) Alto Comisionado *m*, Alto Comisariado *m*; (embassy) embajada *f* (*de un país del Commonwealth en otro*); **~ Commissioner**, **~ commissioner** *n* (international) alto comisario, alta comisaria *m,f*; (ambassador) embajador, -dora *m,f* (*de un país del Commonwealth en otro*); **~ Court** *n* (in England and Wales) *una de las dos ramas del Tribunal Supremo, con competencia para conocer de causas civiles cuyo coste excede cierta cuantía*; **~-definition** /ˌhaɪdefəˈnɪʃən || ˌhaɪdefɪˈnɪʃən/ *adj* de alta definición; **~-definition television** televisión *f* de alta definición; **~-density** /ˌhaɪˈdensəti/ *adj* **1** (Comput) ⟨*disk*⟩ de alta densidad; **2** ⟨*urban area*⟩ de alta densidad de población; **~-density housing area** zona *f* de alta densidad habitacional; **~-energy** /ˈhaɪˈenərdʒi || ˌhaɪˈenədʒi/ *adj* ⟨*particle/physics/reaction*⟩ hiperenergético, de alta energía; ⟨*snack*⟩ de alto contenido calórico, de alto valor energético

higher /ˈhaɪər || ˈhaɪə(r)/ *adj* **1** *comp of* **high**[1] **2** (*before n*) ⟨*mammals/organs*⟩ superior

higher education *n* [u] enseñanza *f* superior

high: **~ explosive** *n* [c u] explosivo *m* de alta potencia; **~falutin** /ˈhaɪfəˈluːtɪn/, **~faluting** /-tɪŋ/ *adj* (colloq) pomposo, rimbombante; **~ fidelity** *n* [u] alta fidelidad *f*; **~ finance** *n* [u] altas finanzas *fpl*; **~flier**, **~flyer** /ˈhaɪˈflaɪər || ˌhaɪˈflaɪə(r)/ *n*: **he's one of the company's/college's ~fliers** es uno de los empleados/estudiantes más prometedores *or* con más futuro de la compañía/del colegio; **~flown** *adj* altisonante, rimbombante; **~-flying** /ˈhaɪˈflaɪɪŋ/ *adj* (*before n*) muy prometedor, con gran futuro; **~-frequency** /ˈhaɪˈfriːkwənsi/ *adj* de alta frecuencia; **~-grade** *adj* de calidad superior, de alta calidad; **~-handed** /ˈhaɪˈhændəd || ˌhaɪˈhændɪd/ *adj* arbitrario, prepotente; **~-hat** /ˈhaɪˈhæt/ *adj* (AmE colloq) esnob, pituco (CS, Per fam), popoff (Méx fam); **~-heeled** /ˈhaɪˈhiːld/ *adj* de tacón *or* (CS) de taco alto; **~ jinks** *pl n* (colloq) francachela *f* (fam & ant), jarana *f* (fam); **~ jump** *n* salto *m* de altura, salto *m* alto (AmL); ***to be for the ~ jump*** (BrE colloq): **you're for the ~ jump if you don't mend your ways** te va a caer una buena, si no cambias de actitud (fam); **~lander** /ˈhaɪləndər || ˈhaɪləndə(r)/ *n* **1** (uplander) montañés, -ñesa *m,f* **2** **H~lander** (in Scotland) *habitante o persona oriunda de las Highlands o las tierras altas de Escocia*; **~lands** /ˈhaɪləndz/ *pl n* **1** (uplands) tierras *fpl* altas, altiplanicie *f* **2** (in Scotland) **the H~lands** las *or* los Highlands, las tierras altas; **~-level** /ˈhaɪˈlevəl/ *adj* **1** ⟨*talks/delegation*⟩ de alto nivel **2** ⟨*bridge/road*⟩ elevado **3** (Comput) de alto nivel **4** ⟨*waste*⟩ de alta radiactividad

highlight[1] /ˈhaɪlaɪt/ *vt* (*past & past p* **-lighted**)

A (call attention to) ⟨*problem/question*⟩ destacar*, poner* de relieve

B **1** (Art, Phot) realzar*, dar* realce a **2** **to ~ one's hair** ponerse* *or* darse* reflejos (en el pelo), hacerse* claritos (RPl), hacerse* rayitos (en el pelo) (Chi), hacerse* luces (en el pelo) (Méx), hacerse* mechones (Col)

highlight[2] *n*

A (most memorable part) lo más destacado; **her performance was the ~ of the evening** su actuación fue el plato fuerte de la velada; **~s of the game** las jugadas más importantes del partido

B **1** (Art, Phot) toque *m* de luz **2** **highlights** *pl* (in hair) reflejos *mpl*, claritos *mpl* (RPl), visos *mpl* (Chi), luces *fpl* (Méx), mechones *mpl* (Col)

highlighter /ˈhaɪlaɪtər || ˈhaɪlaɪtə(r)/ *n* [u c] **1** (makeup) sombra *f* clara de ojos **2** (pen) rotulador *m*, marcador *m* (AmL)

highly /ˈhaɪli/ *adv* **1** (to a high degree): **~ probable/unlikely** muy/muy poco probable; **~ intelligent** inteligentísimo, sumamente inteligente; **~ trained/skilled** altamente capacitado/calificado; **he's ~ respected** lo respetan mucho **2** (favorably): **his boss speaks/thinks very ~ of him** su jefe habla muy bien/tiene muy buena opinión de él; **I recommend it ~** te lo recomiendo sin reserva **3** (at a high rate): **a ~ paid job** un trabajo muy bien pagado *or* remunerado

highly: **~-charged** /ˈhaɪliˈtʃɑːrdʒd || ˌhaɪliˈtʃɑːdʒd/ *adj* muy tenso, lleno de tensión; **~-strung** /ˈhaɪliˈstrʌŋ/ *adj* (BrE) ▸**high-strung**

high: **~-minded** /ˈhaɪˈmaɪndəd || ˌhaɪˈmaɪndɪd/ *adj* altruista; **~-necked** /ˈhaɪˈnekt/ *adj* de cuello alto

Highness /ˈhaɪnəs || ˈhaɪnɪs/ *n*: **Her/His/Your (Royal) ~** Su Alteza (Real)

high: **~-pitched** /ˈhaɪˈpɪtʃt/ *adj* ⟨*voice/sound*⟩ agudo; ⟨*instrument*⟩ de tono agudo *or* alto; **~-powered** /ˈhaɪˈpaʊərd || ˌhaɪˈpaʊəd/ *adj* ⟨*car/machine*⟩ muy potente, de gran potencia; ⟨*executive/campaign*⟩ dinámico, enérgico; ⟨*job*⟩ de alto(s) vuelo(s); **~-pressure** /ˈhaɪˈpreʃər || ˌhaɪˈpreʃə(r)/ *adj* (*before n*) **1** (Meteo) ⟨*area/zone*⟩ de altas presiones **2** ⟨*selling*⟩ agresivo; ⟨*job*⟩ de mucho estrés; **~ priest** *n* sumo sacerdote *m*; **~ priestess** *n* suma sacerdotisa *f*; **~-profile** /ˈhaɪˈprəʊfaɪl/ *adj* prominente; **~-ranking** /ˈhaɪˈræŋkɪŋ/ *adj* ⟨*officer*⟩ de alto rango; ⟨*official*⟩ alto, de alta jerarquía; **~ rise** *n* (esp AmE) torre *f* (de apartamentos *or* (Esp) pisos); **~-rise** /ˈhaɪˈraɪz/ *adj* (*before n*) ⟨*building/block*⟩ alto, de muchas plantas; ⟨*apartment*⟩ de una torre, de un edificio alto; **~-risk** /ˈhaɪˈrɪsk/ *adj* ⟨*business/investment*⟩ de alto riesgo; ⟨*occupation*⟩ expuesto, riesgoso (AmL); ⟨*category/patient*⟩ de alto riesgo; **~road** *n* carretera *f*; **~ roller** *n* (AmE colloq) (gambler) jugador empedernido, jugadora empedernida *m,f*; (big spender) derrochón, -chona *m,f*; **~ school** *n* colegio *m* secundario, ≈ instituto *m* (*en Esp*), ≈ liceo *m* (*en CS, Ven*); **~ season** *n* [u] temporada *f* alta; **~-sided vehicle** /ˈhaɪsaɪdɪd/ *n* vehículo *m* de laterales altos; **~-spirited** /ˈhaɪˈspɪrətəd || ˌhaɪˈspɪrɪtɪd/ *adj* lleno de vida, brioso; **~ spot** *n* **1** (main feature) punto *m* culminante **2** (exciting place) (AmE) atracción *f*; **~ street** *n* (BrE) calle *f* principal, calle *f* mayor (Esp); **the ~ street** (Econ) el comercio minorista; (*before n*) **the ~-street banks** los grandes bancos (*con muchas sucursales*); **~-strung** /ˈhaɪˈstrʌŋ/, (BrE) **highly-strung** *adj* ⟨*person*⟩ nervioso; ⟨*dog/horse*⟩ muy excitable; **~tail** *vt*: ***to ~tail it*** (leave in a hurry) (AmE sl) irse* volando, abrirse* (Esp arg), tomarse los vientos (RPl fam), mandarse a cambiar (Andes fam); **~ tea** *n* (esp BrE) *comida entre merienda y cena que generalmente se toma acompañada de té*; **~ tech** /ˈhaɪˈtek/ *n* [u] (technology) alta tecnología *f*; (design) high tech *m*; **~-tech** /ˈhaɪˈtek/ *adj* de alta tecnología; ⟨*era*⟩ high tech *adj inv*; **~ technology** *n* [u] alta tecnología *f*; **~ treason** *n* [u] alta traición *f*; **~-up** *n* (esp AmE colloq) gerifalte *mf*, capo, -pa *m,f* (fam); **~-water mark** /'haɪˈwɔːtər || ˌhaɪ'wɔːtə/ *n* (of tide) línea *f* de pleamar; (highest point) cénit *m*, apogeo *m*; **~way** *n* (main road) carretera *f*; (public way) vía *f* pública; **the ~ways and byways** (of region) las carreteras y los caminos; (*before n*) ‹*patrol/patrolman*› (AmE) de carretera; **~way Code** *n* (in UK) Código *m* de la Circulación; **~wayman** /'haɪweɪmən/ *n* (*pl* **-men** /-mən/) salteador *m* de caminos, bandolero *m*; **~way robbery** *n* (Hist) asalto *m* (*en un camino*), salteamiento *m*; **~ wire** *n* cuerda *f* floja

> **high school**
>
> En Estados Unidos, el último ciclo del colegio secundario, generalmente para alumnos cuyas edades están comprendidas entre los 14 y los 18 años. En Gran Bretaña, algunos colegios secundarios también se llaman *high schools*

hijack¹ *vt* /'haɪdʒæk/ secuestrar

hijack² *n* secuestro *m*

hijacker /'haɪdʒækər || 'haɪdʒækə(r)/ *n* secuestrador, -dora *m,f*; (of planes) pirata aéreo, -rea *m,f*

hike¹ /haɪk/ *n*

A (long walk) caminata *f*, excursión *f*; **it's a bit of a ~ to the station** hay un buen trecho hasta la estación; ***to take a ~*** (AmE colloq): **take a ~** vete a paseo (fam), vete por un tubo (Méx fam), andá a pasear (RPl fam)

B (increase) subida *f*; **~ IN sth** subida DE algo

hike² *vi* (walk) ir* de caminata *or* de excursión

(Phrasal verb)

- **hike up** [v ▸ o ▸ adv, v ▸ adv ▸ o] (pull up) (AmE) ‹*prices*› subir, aumentar; ‹*socks*› subirse, levantarse

hiker /'haɪkər || 'haɪkə(r)/ *n* excursionista *mf*, caminante *mf*

hiking /'haɪkɪŋ/ *n* excursionismo *m*; (*before n*) **~ boot** borceguí *m*

hilarious /hɪ'leriəs || hɪ'leəriəs/ *adj* divertidísimo, comiquísimo

hilarity /hɪ'lærəti/ *n* [u] (frml) hilaridad *f*

hill /hɪl/ *n* (low) colina *f*, cerro *m*, collado *m*; (higher) montaña *f*; (slope, incline) cuesta *f*; **on a ~** (on the top) en (lo alto de) una colina; (on a slope) en una ladera; **to walk up/down a ~** subir/bajir una colina (andando); ***as old as the ~s*** más viejo que Matusalén (fam), más viejo que andar a pie (CS fam); ***not to amount to a ~ of beans*** (AmE) no valer* nada; ***to be over the ~*** (colloq) estar* para el arrastre *or* (RPl) para el deje (fam); (*before n*) **~ country** territorio *m* montañoso, región *f* montañosa

hillbilly /'hɪl,bɪli/ *n* (*pl* **-lies**) (AmE colloq) rústico, -ca *m,f*, paleto, -ta *m,f* (Esp fam & pey), pajuerano, -na *m,f* (RPl fam & pey); (*before n*) **~ music** música *f* country

hillock /'hɪlək/ *n* (small hill) loma *f*, altozano *m*; (mound of earth) montículo *m*

hill: **~side** *n* ladera *f*; **~ start** *n* (Auto) arranque *m* en cuesta; **~top** *n* cima *f*, cumbre *f*

hilly /'hɪli/ *adj* **-lier, -liest** accidentado

hilt /hɪlt/ *n* empuñadura *f*, puño *m*; ***(up) to the ~***: **they were mortgaged up to the ~** estaban hipotecados hasta el cuello (fam); **to back sb (up) to the ~** respaldar a algn incondicionalmente

him /hɪm, *weak form* ɪm/ *pron*

A **1▸** (as direct object) lo, le (Esp); **I saw ~** lo *or* (Esp tb) le vi; **call ~** llámalo, llámale (Esp) **2▸** (as indirect object) le; (with direct object pronoun present) se; **I sent ~ a card** le mandé una tarjeta; **I sent it to ~** se la mandé; **give ~ the book** dale el libro; **give it to ~** dáselo; **I gave it to ~** se lo di **3▸** (after preposition) él; **near/in front of ~** cerca/delante de él

B (emphatic use) él; **it's ~** es él

C (for himself) (AmE colloq *or* dial): **he went and got ~ a wife** fue y se buscó una mujer

Himalayas /'hɪmə'leɪəz/ *pl n* **the ~** el Himalaya

himself /hɪm'self/ *pron* **1▸** (reflexive): **he cut/hurt ~** se cortó/lastimó; **he bought ~ a hat** se compró un sombrero; **he only thinks of ~** sólo piensa en sí mismo; **he was by ~** estaba solo; **he did it by ~** lo hizo él solo; **very strange, he thought to ~** —muy raro —pensó para sí *or* para sus adentros; **he was talking to ~** estaba hablando solo **2▸** (emphatic use) él mismo; **he told me so ~** me lo dijo él mismo **3▸** (normal self): **he's not ~** no es el de siempre

hind¹ /haɪnd/ *adj* (*before n, no comp*) trasero; **~ legs** patas *fpl* traseras

hind² *n* cierva *f*

hinder /'hɪndər || 'hɪndə(r)/ *vt* dificultar

Hindi /'hɪndi/ *n* [u] indi *m*, hindi *m*

hindquarters /'haɪnd,kwɔːrtərz || ˌhaɪnd'kwɔːtəz/ *pl n* cuartos *mpl* traseros

hindrance /'hɪndrəns/ *n* [c] (impediment) estorbo *m*, obstáculo *m*; **he's more of a ~ than a help** más que ayudar, estorba

hindsight /'haɪndsaɪt/ *n* [u]: **with (the benefit of) ~** a posteriori, en retrospectiva

Hindu¹ /'hɪnduː/ *n* hindú *mf*

Hindu² *adj* hindú

Hinduism /'hɪnduːɪzəm/ *n* [u] hinduismo *m*

Hindustani /'hɪnduː'stɑːni || ˌhɪndʊ'stɑːni/ *n* [u] indostaní *m*, indostánico *m*

hinge¹ /hɪndʒ/ *n* (of door, window, gate) bisagra *f*, gozne *m*; (of box, lid) bisagra *f*

hinge² **hinges, hinging, hinged** *vi* **to ~ ON sth** (turn) girar SOBRE algo; (be fixed) ir* asegurado con bisagras A algo; (depend) depender DE algo

hinged /hɪndʒd/ *adj* de *or* con bisagras

hint¹ /hɪnt/ *n*

A **1▸** (oblique reference) insinuación *f*, indirecta *f*; (clue) pista *f*; **a gentle/broad ~** una pequeña/clara indirecta; **to drop a ~ to sb** lanzarle* una indirecta a algn; **to take the ~** captar *or* (Esp tb) coger* la indirecta; **OK, I can take a ~** está bien, ya entiendo *or* no me lo tienes que repetir **2▸** (trace): **just a ~ of bitterness/sadness** un ligero dejo amargo/de tristeza; **it's white with just a ~ of yellow** es blanco con apenas un toque de amarillo; **there was a ~ of garlic/lemon in the dish** el plato tenía un dejo *or* gusto a ajo/limón

B (tip) consejo *m*

hint² *vt* insinuar*, dar* a entender

■ **hint** *vi* lanzar* indirectas; **to ~ AT sth** insinuar* *or* dar* a entender algo; **he ~ed at the possibility of fresh talks** dio a entender que podría haber nuevas negociaciones

hinterland /'hɪntərlænd || 'hɪntəlænd/ *n* interior *m*

hip¹ /hɪp/ *n* **1▸** cadera *f*; **with one's hands on one's ~s** con los brazos en jarras; (*before n*) **~ flask** petaca *f*, botella *f* de bolsillo; **~ pocket** bolsillo *m* trasero (del pantalón) **2▸** (joint) cadera *f*

hip² *interj*: **~, ~, hooray** *o* **hurrah!** ¡hurra!, ¡viva!

hip³ *adj* **-pp-** (sl & dated) 'in' *adj inv* (fam & ant), en la onda (fam)

hippie /'hɪpi/ *n* ▸**hippy¹**

hippo /'hɪpəʊ/ *n* (*pl* **-pos**) (colloq) hipopótamo *m*

hippopotamus /'hɪpə'pɑːtəməs || ˌhɪpə'pɒtəməs/ *n* (*pl* **-muses** *or* **-mi** /-maɪ/) hipopótamo *m*

hippy¹, **hippie** /'hɪpi/ *n* (*pl* **-pies**) hippy *mf*

hippy² *adj* **-pier, -piest** (with prominent hips) (AmE) caderudo (fam)

hire¹ /haɪr || 'haɪə(r)/ *vt*

A **1▸** ‹*hall/boat/suit*› alquilar, arrendar* **2▸** (Busn, Lab Rel) ‹*staff/person*› contratar **3▸** **hired** *past p*: **~d hand** jornalero, -ra *m,f*; **~d killer** *o* **assassin** asesino, -na *m,f* a sueldo, sicario, -ria *m,f*; **a ~d car** un coche alquilado

B ▸**hire out A**

(Phrasal verb)

- **hire out**

A [v ▸ o ▸ adv, v ▸ adv ▸ o] (BrE) alquilar, arrendar*; **they ~ bikes out to tourists** les alquilan bicicletas a los turistas

B [v ▸ adv] (offer services) (AmE) **to ~ out AS sth** ofrecerse* COMO algo

hire² *n* [u]

A (of hall/car/suit) alquiler *m*, arriendo *m*; **have you any bikes for ~?** ¿alquilan *or* arriendan bicicletas?; **Ⓢ for hire** se alquila *or* se arrienda; (on taxis) libre; (*before n*) (esp BrE) **~ car** coche *m* de alquiler; **~ charge** alquiler *m*, arriendo *m*

B (payment) alquiler *m*, arriendo *m*

h

hireling /'haɪrlɪŋ || 'haɪəlɪŋ/ *n* (frml & pej) mercenario, -ria *m,f*, asalariado, -da *m,f*

hire purchase *n* [u] (BrE) plan *m* de financiación; **to buy sth on ~ ~** comprar algo a plazos, comprar algo en cuotas (esp AmL)

hirsute /'hɜːrsuːt || 'hɜːsjuːt/ *adj* (frml) hirsuto (frml)

his¹ /hɪz, *weak form* ɪz/ *adj* (*sing*) su; (*pl*) sus; **it's *his* house, not hers** es la casa de él, no la de ella; **he broke ~ arm** se rompió el brazo

his² *pron* (*sing*) suyo, -ya; (*pl*) suyos, -yas; **~ is blue** el suyo/la suya es azul, el/la de él es azul; **~ and hers** para él y para ella; **a friend of ~** un amigo suyo *or* de él

Hispanic¹ /hɪ'spænɪk/ *adj* hispánico, hispano; ‹*community/voter*› (in US) hispano

Hispanic² *n* (esp AmE) hispano, -na *m,f*

hiss¹ /hɪs/ *vi* silbar; «*cat*» bufar; **the audience booed and ~ed** el público le silbó y abucheó a la obra (*or* al jugador *etc*)

■ **hiss** *vt* decir* entre dientes

hiss² *n* (of snake, audience) silbido *m*; (of cat) bufido *m*

histogram /'hɪstəgræm/ *n* histograma *m*

historian /hɪ'stɔːriən/ *n* historiador, -dora *m,f*

historic /hɪ'stɔːrɪk || hɪ'stɒrɪk/ *adj*

A **1** (momentous) ‹*event/moment*› memorable **2** (old) ‹*house/building*› histórico **3** (crit) ‹*fact*› histórico

B (Ling) ‹*tense*› histórico

historical /hɪ'stɔːrɪkəl || hɪ'stɒrɪkəl/ *adj* **1** (relating to history) histórico **2** (crit) ▸**historic A1, 2**

historically /hɪ'stɔːrɪkli || hɪ'stɒrɪkli/ *adv* históricamente; (*indep*) desde el punto de vista histórico

history /'hɪstəri/ *n* (*pl* **-ries**)

A [u c] historia *f*; **the worst earthquake in ~** el peor terremoto de la historia; **to make/go down in ~** hacer* historia/pasar a la historia; **this case made legal ~** este caso pasó a integrar los anales del derecho; **... and the rest is ~** y el resto ya es cosa sabida

B [c] (record, background) historial *m*; **he has a ~ of heart trouble** ha tenido problemas cardíacos en el pasado

histrionic /'hɪstri'ɑːnɪk || ˌhɪstri'ɒnɪk/ *adj* histriónico

histrionics /'hɪstri'ɑːnɪks || ˌhɪstri'ɒnɪks/ *pl n* histrionismo *m*

hit¹ /hɪt/ (*pres p* **hitting**; *past & past p* **hit**) *vt*

A **1** (deal blow to) ‹*door/table*› dar* un golpe en, golpear; ‹*person*› pegarle* a; **she ~ him with her handbag** le pegó *or* le dio un golpe con el bolso; **he ~ her across the face** le cruzó la cara; **he ~ the table with his fist** dio un puñetazo en la mesa; ***(let's)* ~ *it!*** (AmE) ¡dale!, ¡rápido!; ***to ~ the road*** *o* ***the trail*** ponerse* en marcha; ***to ~ the sack*** *o* ***the hay*** irse* al sobre *or* (Esp tb) a la piltra (fam) **2** (strike) golpear; **passers-by were ~ by flying glass** los transeúntes fueron alcanzados por trozos de cristal; **the truck ~ a tree** el camión chocó con *or* contra un árbol; **the house was ~ by a bomb** una bomba cayó sobre la casa; **the bullet ~ him in the leg** la bala le dio *or* lo alcanzó en la pierna; **I've been ~!** ¡me han dado!; **to ~ one's head/arm on** *o* **against sth** darse* un golpe en la cabeza/el brazo contra algo, darse* con la cabeza/el brazo contra algo; ***to ~ the ceiling*** *o* ***the roof*** poner* el grito en el cielo

B **1** (strike accurately) ‹*target*› dar* en **2** (attack) ‹*opponent/enemy*› atacar*; **thieves have ~ many stores in the area** (AmE) ha habido robos en muchas tiendas de la zona **3** (score) (Sport) anotarse, marcar*; **to ~ a home run** hacer* un cuadrangular *or* (AmL) un jonrón

C (affect adversely) afectar (a)

D **1** (meet with, run into) ‹*difficulty/problem*› toparse con **2** (reach) llegar* a, alcanzar*; **we're bound to ~ the main road sooner or later** tarde o temprano tenemos que salir a la carretera principal; **to ~ town** (colloq) llegar* a la ciudad; **to ~ the big time** llegar* a la fama

E (occur to): **suddenly it ~ me: why not ... ?** de repente se me ocurrió: ¿por qué no ... ?

■ **hit** *vi* (deal blow) pegar*, golpear

(Phrasal verbs)

• **hit back** **1** [v ▸ adv] (strike in return) devolver* el golpe; **to ~ back AT sb: she ~ back at her critics** arremetió contra sus detractores **2** [v ▸ o ▸ adv] devolverle* el golpe a

• **hit off** [v ▸ o ▸ adv]: ***to ~ it off with sb*** congeniar con algn; **Pete and Sue ~ it off immediately** Pete y Sue se cayeron bien desde el principio

• **hit on** [v ▸ prep ▸ o] **1** (think of) ‹*solution*› dar* con; **he ~ on the idea of ...** se le ocurrió la idea de ... **2** (make sexual advances to) (AmE sl) intentar ligar con *or* ligarse a (fam), tirarse un lance con *or* a (CS fam), afanar (Per fam) **3** (ask for) (AmE sl) **to ~ on sb FOR sth** pedirle* *or* (fam) sablearle *or* (RPl arg) manguearle algo A algn

• **hit out** [v ▸ adv] **1** (strike) **to ~ out (AT sth/sb)** pegarle* (A algo/algn) **2** (attack verbally) **to ~ out AT** *o* **AGAINST sth/sb** atacar* algo/a algn, arremeter CONTRA algo/algn

• **hit upon** ▸**hit on 1**

hit² *n*

A **1** (blow, stroke) (Sport) golpe *m* **2** (in shooting) blanco *m*; (in archery) blanco *m*, diana *f*; (of artillery) impacto *m*

B (success) (colloq) éxito *m*; **he's a big ~ with young people** es muy popular entre los jóvenes; **you made a big ~ with my mother** le caíste muy bien a mi madre, mi madre quedó impactada contigo; (*before n*) ‹*song/show*› de gran éxito

hit-and-miss /'hɪtən'mɪs/ *adj* (*pred* **hit and miss**) ▸**hit-or-miss**

hit-and-run¹ /'hɪtən'rʌn/ *adj* (*before n*) ‹*driver*› *que se da a la fuga tras atropellar a algn*

hit-and-run² *n*: *accidente en el que el conductor atropella a algn y se da a la fuga*

hitch¹ /hɪtʃ/ *n*

A (difficulty) complicación *f*, problema *m*, pega *f* (Esp fam); **it went off without a ~** todo salió a pedir de boca (fam), todo marchó sobre ruedas; **a technical ~** un problema técnico

B (limp) (AmE) cojera *f*, renguera *f* (AmL); **to walk with a ~** cojear, renquear, renguear (AmL)

C (period of service) (AmE colloq): **he did a three-year ~ in the navy** pasó tres años enganchado en la marina (fam)

hitch² *vt*

A (attach) **to ~ sth TO sth** enganchar algo A algo; ***to get ~ed*** (colloq) casarse, matrimoniarse (fam & hum)

B (thumb) (colloq): **to ~ a ride** *o* (BrE also) **a lift** hacer* dedo (fam), hacer* autostop, ir* de aventón (Col, Méx fam), pedir* cola (Ven fam); **he ~ed a ride on a truck** lo recogió *or* le paró un camión

■ **hitch** *vi* ▸**hitchhike**

(Phrasal verb)

• **hitch up** [v ▸ o ▸ adv, v ▸ adv ▸ o] **1** ‹*trousers/petticoat*› remangarse*, subirse, levantarse **2** ‹*horses/cart*› enganchar

hitch: **~hike** *vi* hacer* autostop, hacer* dedo (fam), ir* de aventón (Méx fam), pedir* cola (Ven fam); **we ~hiked to Rome** fuimos a dedo *or* (Col, Méx) de aventón *or* (Ven) en cola hasta Roma (fam); **~hiker** *n* autoestopista *mf*; **~hiking** /'hɪtʃhaɪkɪŋ/ *n* [u] autostop *m*; **I've never done ~** nunca he hecho autostop *or* (fam) dedo; nunca he ido de aventón (Col, Méx fam)

hi-tech /'haɪ'tek/ *adj* ▸**high-tech**

hither /'hɪðər || 'hɪðə(r)/ *adv* (arch) aquí, acá; **~ and thither** de acá para allá

hitherto /'hɪðər'tuː || ˌhɪðə'tuː/ *adv* (frml) hasta ahora, hasta la fecha

hit: **~ list** *n* (colloq) (murder list) lista *f* de sentenciados; (blacklist) lista *f* negra; **~ man** *n* (colloq) (assassin) asesino *m* a sueldo, sicario *m*; **~-or-miss** /'hɪtər'mɪs || ˌhɪtɔː'mɪs/ *adj* (*pred* **~ or miss**) ‹*method/approach*› poco científico, que deja mucho librado al azar

hitter /'hɪtər || 'hɪtə(r)/ *n* (in baseball) bateador, -dora *m,f*; (in US football) liniero, -ra *m,f*

HIV *n* (= **Human Immunodeficiency Virus**) VIH *m*, virus *m* del sida; **he's ~ (positive)** es seropositivo, es portador del virus VIH *or* del virus del sida

hive /haɪv/ *n* (home of bees) colmena *f*; (bee colony) enjambre *m*; **the workshop was a ~ of activity** el taller bullía de actividad

(Phrasal verb)

• **hive off** [v ▸ o ▸ adv, v ▸ adv ▸ o] (make separate) escindir; (sell off) vender, enajenar

hives /haɪvz/ *n* (Med) urticaria *f*

hiya /'haɪjə/ *interj* (colloq) ¡hola!

h

HM 1 (title) (= **Her/His Majesty**) S.M. 2 (= **Her/His Majesty's**); ~ **Government** el Gobierno de Su Majestad Británica

hmm /mm/, **hm** *interj* ¡um!

HMO *n* (in US) = **health maintenance organization**

HMS (in UK) = **Her/His Majesty's Ship**

HNC *n* (in UK) = **Higher National Certificate** (*título académico para disciplinas técnicas*)

HND *n* (in UK) = **Higher National Diploma** (*título académico para disciplinas técnicas*)

ho /həʊ/ *interj* (deep-voiced laughter) ~, ~! ¡jo, jo!

hoagie /ˈhəʊgi/ *n* (*pl* **-gies**) (AmE): *sándwich hecho de un trozo alargado de pan blando relleno de carne, queso y ensalada*

hoard¹ /hɔːrd || hɔːd/ *n* (of food) reserva *f*; **a ~ of treasure** un tesoro escondido

hoard² *vt* acumular, juntar; (anticipating a shortage) acaparar
■ **hoard** *vi* acaparar

hoarding /ˈhɔːrdɪŋ || ˈhɔːdɪŋ/ *n*
A [u] (anticipating a shortage) acaparamiento *m*
B [c] (billboard) (BrE) valla *f* publicitaria, barda *f* de anuncios (Méx)

hoarfrost /ˈhɔːrfrɔːst || ˈhɔːfrɒst/ *n* [u] escarcha *f*

hoarse /hɔːrs || hɔːs/ *adj* **hoarser, hoarsest** ronco

hoarsely /ˈhɔːrsli || ˈhɔːsli/ *adv* con voz ronca; (from emotion) con voz quebrada

hoary /ˈhɔːri/ *adj* **-rier, -riest** 1 (very old) ‹*joke/myth*› (hum) antediluviano (hum) 2 (white-haired) (liter) ‹*head*› cano (liter), canoso

hoax¹ /həʊks/ *n* (deception) engaño *m*; (joke) broma *f*; (tall story) patraña *f*

hoax² *vt* engañar

hoaxer /ˈhəʊksər || ˈhəʊksə(r)/ *n* embaucador, -dora *m,f*; (practical joker) bromista *mf*

hob /hɑːb || hɒb/ *n* 1 (beside open fire) placa *f* 2 (of cooker) (BrE) hornillas *fpl* (AmL exc CS), hornillos *mpl* (Esp), hornallas *fpl* (RPl), platos *mpl* (Chi)

hobble /ˈhɑːbəl || ˈhɒbəl/ *vi* cojear, renguear (AmL)
■ **hobble** *vt* ‹*horse*› manear

hobby /ˈhɑːbi || ˈhɒbi/ *n* (*pl* **-bies**) hobby *m*, pasatiempo *m*, afición *f*

hobbyhorse /ˈhɑːbihɔːrs || ˈhɒbihɔːs/ *n*
A (toy) caballito *m* (*palo con cabeza de caballo*)
B (favorite topic) caballo *m* de batalla; **she's (off) on her ~ again** ya empieza otra vez con la misma cantinela (fam)

hob: **~goblin** /ˈhɑːbˈgɑːblən || ˈhɒbgɒblɪn/ *n* duende *m*; **~nailed** /ˈhɑːbneɪld || ˈhɒbneɪld/ *adj* con tachuelas; **~nob** /ˈhɑːbnɑːb || ˈhɒbnɒb/ *vi* **-bb- to ~nob WITH sb** codearse CON algn

hobo /ˈhəʊbəʊ/ *n* (*pl* **-boes** *or* **-bos**) (AmE colloq) vagabundo, -da *m,f*, linyera *mf* (CS fam)

Hobson's choice /ˈhɑːbsənz || ˈhɒbsənz/ *n*: **it's ~ ~** no hay posibilidad de elegir

hock¹ /hɑːk || hɒk/ *n*
A [c] (Vet Sci) corvejón *m*, jarrete *m*
B [u] (colloq) 1 (pawn): **my watch is in ~** tengo el reloj empeñado; **to get sth out of ~** desempeñar algo 2 (debt): **I'm in ~ to the bank for $5,000** le debo $5.000 al banco
C [u c] (wine) (BrE) hock *m* (*vino blanco del Rhin*)

hock² *vt* (pawn) (colloq) empeñar

hockey /ˈhɑːki || ˈhɒki/ *n* 1 (*ice ~*) (AmE) hockey *m* sobre hielo 2 (played on grass) (BrE) hockey *m* (sobre hierba)

hocus-pocus /ˈhəʊkəsˈpəʊkəs/ *n* [u] (deception) (colloq) trampa *f*; (verbal) galimatías *m*

hod /hɑːd || hɒd/ *n* (for bricks) capacho *m* (*para acarrear ladrillos*); (*before n*) ~ **carrier** peón *m* de albañil

hodgepodge /ˈhɑːdʒpɑːdʒ || ˈhɒdʒpɒdʒ/ *n* (esp AmE) batiburrillo *m* (fam), mezcolanza *f* (fam)

hoe¹ /həʊ/ *n* azada *f*, azadón *m*

hoe² *vt* azadonar, pasar la azada por

hoedown /ˈhəʊdaʊn/ *n* (AmE) 1 (social gathering): *reunión social donde se baila danzas folklóricas* 2 (square dance) cuadrilla *f*

hog¹ /hɔːg || hɒg/ *n* (AmE Agr, Zool) cerdo, -da *m,f*, puerco, -ca *m,f*, chancho, -cha *m,f* (AmL); (person) (colloq) tragón, -gona *m,f* (fam), angurriento, -ta *m,f* (CS fam); ***to go the whole ~***: **let's go the whole ~ and have champagne** mira, de perdidos, al río: pidamos champán; ***to live high on*** *o* ***off the ~*** (AmE colloq) vivir a todo tren (fam)

hog² *vt* **-gg-** (colloq) ‹*food/bathroom/limelight*› acaparar; ‹*discussion*› monopolizar*

Hogmanay /ˈhɑːgmənei || ˈhɒgmənei/ *n* (Scot) Nochevieja *f*, noche *f* de fin de año

hogtie /ˈhɔːgtaɪ || ˈhɒgtaɪ/ *vt* **-ties, -tying, -tied** (AmE) atar de pies y manos

hoi polloi /ˈhɔɪpəˈlɔɪ/ *n* (hum) **the ~ ~** el vulgo, la plebe

hoist¹ /hɔɪst/ *vt* (lift) levantar, alzar*; ‹*sail*› izar*; ‹*flag*› izar*, enarbolar; **he ~ed the sack onto his shoulder** se echó el saco al hombro

hoist² *n* (elevator) montacargas *m*; (crane, derrick) grúa *f*

hoity-toity /ˈhɔɪtiˈtɔɪti/ *adj* estirado, engreído

hokey /ˈhəʊki/ *adj* (AmE sl) malo

hokum /ˈhəʊkəm/ *n* (colloq) 1 (nonsense) paparruchas *fpl* (fam) 2 (corny material) (AmE) *recursos efectistas de tipo melodramático o cómico*

hold¹ /həʊld/ (*past & past p* **held**) *vt*
A 1 (have in one's hand(s)) tener*; **she was ~ing a newspaper** tenía un periódico en la mano; **will you ~ this for me?** ¿me puedes tener *or* (esp AmL) agarrar esto por favor? 2 (clasp): **~ it with both hands** sujétalo *or* (esp AmL) agárralo con las dos manos; **he was ~ing her hand** la tenía agarrada *or* (esp Esp) cogida de la mano; **~ me tight** abrázame fuerte; ▸**own³** 3 (grip) (Auto) agarrar, adherir- se*; **vehicles which ~ the road well** vehículos de buen agarre *or* que se agarran bien a la carretera
B 1 (support, bear) sostener*, aguantar; **to ~ oneself erect** mantenerse* erguido 2 (have room for) «*cup/jug*» tener* una capacidad de; «*stadium*» tener* capacidad *or* cabida para 3 (contain) contener*; ***to ~ one's liquor*** *o* (BrE) ***drink*** ser* de buen beber, aguantar bien la bebida *or* (fam) el trago 4 (have in store) deparar; **who knows what the future ~s** quién sabe qué nos deparará el futuro
C 1 (keep in position) sujetar, sostener*; **raise your legs off the floor and ~ them there** levanta las piernas del suelo y manténlas levantadas 2 (maintain) ‹*attention/interest*› mantener*; **she held the lead throughout the race** se mantuvo a la cabeza durante toda la carrera; **if Labour ~s these seats** si los laboristas retienen estos escaños *or* (RPl) estas bancas
D 1 (keep) ‹*tickets/room*› reservar, guardar; **I will ~ the money until ...** yo me quedaré con el dinero hasta ...; **she asked her secretary to ~ all her calls** le dijo a su secretaria que no le pasara ninguna llamada 2 (detain, imprison): **she is being held at the police station for questioning** está detenida en la comisaría para ser interrogada 3 (restrain) detener*; **once she decides to do something, there's no ~ing her** una vez que decide hacer algo, no hay nada que la detenga 4 (control) «*troops/rebels*» ocupar
E 1 (have) ‹*passport/ticket/permit*› tener*, estar* en posesión de (frml); ‹*degree/shares/property*› tener*; ‹*record*› ostentar, tener*; ‹*post/position*› tener*, ocupar; **he ~s the view that ...** sostiene que *or* mantiene que ..., es de la opinión de que ... 2 (consider) considerar; (assert) sostener*, mantener*; **this is held to be the case** se considera que es así; **principles which he ~s dear** principios que le son caros; **to ~ sb in high esteem** tener* a algn en mucha *or* gran estima; **to ~ sb responsible for sth** responsabilizar* a algn de algo 3 (conduct) ‹*meeting/elections*› celebrar, llevar a cabo; ‹*demonstration*› hacer*; ‹*party*› dar*; ‹*conversation*› mantener*; **interviews will be held in London** las entrevistas tendrán lugar en Londres
F 1 (stop): **~ it!** ¡espera!; **~ it right there or I'll shoot!** ¡quieto o disparo!; **~ your fire!** ¡alto al fuego! 2 (omit) (AmE): **I'll have a hamburger, but ~ the mustard** para mí una hamburguesa, pero sin mostaza
■ **hold** *vi*
A (clasp, grip): **~ tight!** ¡agárrate fuerte!
B 1 (stay firm) «*rope/door*» aguantar, resistir 2 (continue) «*weather*» seguir* *or* continuar* bueno, mantenerse*; **share prices have held** los precios de las acciones se han mantenido; **if our luck ~s** si nos sigue acompañando la suerte
C (be true) «*idea/analogy*» ser* válido; **my promise still ~s good** mi promesa sigue en pie

Phrasal verbs

- **hold against** [v ▸ o ▸ prep ▸ o]: **I won't ~ that against him** no se lo voy a tomar *or* tener en cuenta, no le voy a guardar rencor por eso
- **hold back**

A [v ▸ o ▸ adv, v ▸ adv ▸ o] **1** (restrain) ‹*crowds/water/tears*› contener* **2** (withhold, delay) ‹*information*› no revelar; ‹*payment*› retrasar; **he's ~ing something back from me** me está ocultando algo

B [v ▸ adv] (restrain oneself) contenerse*, frenarse; **she held back from telling them** se contuvo y no les dijo nada

- **hold down** [v ▸ o ▸ adv, v ▸ adv ▸ o] **1** (force, press down) ‹*lid/papers*› sujetar **2** ‹*job*›: **he can't ~ down a job** es incapaz de tener un trabajo y cumplir con él **3** (limit) ‹*price/increase*› moderar, contener*; **~ that noise down!** (AmE) ¡baja ese ruido!
- **hold forth** [v ▸ adv]: **to ~ forth on** *o* **about sth** pontificar* *or* perorar sobre algo
- **hold in** [v ▸ o ▸ adv, v ▸ adv ▸ o] ‹*stomach*› meter; ‹*feelings*› contener*; ‹*laughter*› contener*, aguantar
- **hold off**

A [v ▸ o ▸ adv, v ▸ adv ▸ o] **1** (resist) ‹*attack/enemy*› resistir, rechazar* **2** (defeat) ‹*challenger/rival*› derrotar

B [v ▸ adv] **1** (be delayed): **if the rain ~s off** si no empieza a llover, si la lluvia se aguanta (fam) **2** (keep one's distance, show restraint): **I've made my point, so I plan to ~ off for a while** yo ya he dicho lo que pensaba, así que ahora me voy a callar la boca

- **hold on**

A [v ▸ adv] **1** (wait) esperar; **~ on, please** un momentito, por favor **2** (survive) resistir, aguantar **3** (clasp, grip) agarrarse; **~ on tight** agárrate fuerte; **to ~ on TO sth/sb** agarrarse A *or* DE algo/algn; **he held on to this belief** se mantuvo firme en esta creencia **4** (keep) **to ~ on TO sth** conservar *or* guardar algo

B [v ▸ o ▸ adv, v ▸ adv ▸ o] (fasten) sujetar

- **hold out**

A [v ▸ o ▸ adv, v ▸ adv ▸ o] (extend) ‹*hands/arms*› tender*, alargar*

B [v ▸ adv ▸ o] **1** (offer) ‹*prospect/possibility*› ofrecer*; ‹*hope*› dar* **2** (represent) (*usu pass*) presentar **3** (have, retain) ‹*hope*› tener*; **I don't ~ out much hope of getting the job** no tengo muchas esperanzas de que me den el trabajo

C [v ▸ adv] **1** (survive, last) «*person*» aguantar; «*food/shoes*» durar **2** (resist, make a stand) «*army/town*» resistir; **the strikers are ~ing out for 5%** los huelguistas se mantienen firmes en su reivindicación de un 5% de aumento **3** (withhold information) (colloq): **after two days of questioning he's still ~ing out on them** ya van dos días de interrogatorios y todavía no ha cantado (fam)

- **hold over** [v ▸ o ▸ adv, v ▸ adv ▸ o] **1** (postpone) ‹*meeting/decision*› aplazar*, postergar* (esp AmL) **2** (extend) (AmE Cin, Theat): **held over by popular demand** continúa a petición *or* (AmL tb) a pedido del público
- **hold together**

A [v ▸ adv] «*arguments*» tener* lógica *or* solidez; «*people*» mantenerse* unidos

B [v ▸ o ▸ adv] (keep united) ‹*family/group*› mantener* unido

- **hold up**

A [v ▸ o ▸ adv, v ▸ adv ▸ o] **1** (raise) ‹*hand/banner*› levantar; ‹*head*› mantener* erguido; **she held the cloth up to the light** puso la tela a contraluz **2** (support) ‹*roof/walls*› sostener* **3** (delay) ‹*person/arrival*› retrasar; ‹*progress*› entorpecer*; **he was held up at the office** algo lo detuvo *or* retuvo en la oficina **4** (rob) atracar*, asaltar **5** (expose, present): **to ~ sth/sb up to ridicule** poner* algo/a algn en ridículo, ridiculizar* algo/a algn; **to ~ sth/sb up as an example** poner* algo/a algn como ejemplo

B [v ▸ adv] **1** (remain strong): **the dollar held up well against other currencies** el dólar se mantuvo firme frente a otras monedas; **he held up under the pressure** soportó *or* aguantó la presión **2** «*theory/argument*» resultar válido

- **hold with** [v ▸ prep ▸ o] estar* de acuerdo con

hold² *n*

A [u] **1** (grip, grasp): **to catch** *o* **grab** *o* **take ~ (of sth)** agarrar (algo), coger* (algo) (esp Esp); (so as not to fall etc) agarrarse *or* asirse (de *or* a algo); **he had a firm ~ on the rope** tenía la cuerda bien agarrada *or* sujeta; **to keep ~ of sth** no soltar* algo; **you keep ~ of him** que no se te escape; **to get ~ of sb** localizar* *or* (AmL tb) ubicar* a algn; **to get ~ of sth** (manage to get) conseguir* algo; **where did you get ~ of the idea that ... ?** ¿de dónde has sacado la idea de que ... ?; **the fire took ~** el fuego prendió **2** (control): **to keep a firm ~ on sth** mantener* algo bajo riguroso control; **to get a ~ of** *o* **on oneself** controlarse; **the ~ they have over the members of the sect** el dominio que ejercen sobre los miembros de la secta **3** (TV): **horizontal/vertical ~** control *m* de imagen horizontal/vertical

B [c] **1** (in wrestling, judo) llave *f*; ***with no ~s barred*** sin ningún tipo de restricciones **2** (in mountaineering) asidero *m*

C [c] (delay, pause) demora *f*; **to be on ~** «*negotiations*» estar* en compás de espera; «*project*» estar* aparcado *or* en suspenso; **I've got Mr Brown on ~** el Sr Brown está esperando para hablar con usted; **to put sth on ~** ‹*project*› dejar algo aparcado *or* en suspenso

D [c] (of ship, aircraft) bodega *f*

holdall /'həʊldɔːl/ *n* (BrE) (for travel) bolso *m or* (esp Esp) bolsa *f* de viaje, bolsón *m* (RPl); (for sports gear) bolsa *f* (de deportes)

holder /'həʊldər || 'həʊldə(r)/ *n*

A (of permit, passport, job) titular *mf*; (of ticket) poseedor, -dora *m,f*; (of bonds etc) titular *mf*, tenedor, -dora *m,f*; (of title, cup) poseedor, -dora *m,f*

B (wallet) funda *f*

holding /'həʊldɪŋ/ *n* [c] (Fin) **1** (of stocks): **a majority/minority ~** una participación mayoritaria/minoritaria **2** ▸**holding company** **3** **holdings** *pl* (land) tierras *fpl*, propiedades *fpl*

holding company *n* holding *m*, sociedad *f* de cartera

hold: **~out** *n* (AmE): **three of them are still ~outs** tres de ellos se siguen negando *or* mantienen su negativa; **~over** *n* (AmE) **1** (relic) vestigio *m*, reliquia *f* **2** (Cin, Theat): **'The Sting' is a ~over from last week** 'El Golpe' continúa en cartel desde la semana pasada; **~up** *n* **1** (delay) demora *f*, retraso *m*; (in traffic) atasco *m*, embotellamiento *m* **2** (armed robbery) atraco *m*

hole¹ /həʊl/ *n*

A **1** (in belt, material, clothing) agujero *m*; (in ground) hoyo *m*, agujero *m*; (in road) bache *m*; (in wall) boquete *m*; (in defenses) brecha *f*; **to make a ~ in sth** hacer* un agujero en algo, agujerear algo; **that made a ~ in their savings** eso se llevó *or* se comió buena parte de sus ahorros; ***in the ~*** (AmE): **we're $10,000 in the ~ to the bank** le debemos 10.000 dólares al banco; ***money just burns a ~ in his/her pocket*** el dinero le quema las manos; ***to need sth like a ~ in the head***: **I need a visit from him like I need a ~ in the head** ¡lo único que me faltaba! ¡que él viniera a verme! **2** (in argument, proposal) punto *m* débil; ***to pick ~s in sth*** encontrarle* defectos *or* faltas a algo **3** (of animal) madriguera *f*

B (Sport) **1** (in golf) hoyo *m* **2** (in US football) hueco *m*

C **1** (unpleasant place) (colloq): **this town is a real ~!** ¡qué pueblo de mala muerte! (fam) **2** (awkward situation) (colloq): ***to be in a ~*** estar* en un apuro *or* aprieto; ***to get sb out of a ~*** sacar* a algn de un apuro *or* aprieto

hole² *vt*

A (in golf) ‹*ball*› embocar*; ‹*putt/shot*› transformar

B ‹*ship*› abrir* una brecha en

Phrasal verb

- **hole up** [v ▸ adv] (colloq) esconderse, refugiarse

hole in the heart *n* (Med) comunicación *f* interventricular congénita

holiday¹ /'hɑːlədeɪ || 'hɒlədeɪ/ *n* **1** (day) fiesta *f*, día *m* festivo, (día *m*) feriado *m* (AmL) **2** (period away from work) (esp BrE) (*often pl*) vacaciones *fpl*, licencia *f* (Col, Méx, RPl); **to go on ~** *o* **one's ~s** irse* de vacaciones; **to be on ~** estar* de vacaciones; **where do you spend your summer ~s?** ¿dónde veraneas?; (*before n*) ‹*mood/feeling/spirit*› festivo; ‹*cottage/trip*› de vacaciones; **~ home** casa *f* de veraneo *or* de campo; **the ~ season** la temporada de vacaciones; (Christmas etc) las Navidades, las fiestas de fin de año (AmL) **3** (BrE Educ) (*often pl*) vacaciones *fpl*

holiday² *vi* (esp BrE) pasar las vacaciones, vacacionar (Méx); (in summer) veranear

holiday: **~ camp** *n* (BrE) colonia *f* de vacaciones; **~maker** *n* (BrE) turista *mf*; (on summer holidays) veraneante *mf*; **~ resort** *n* centro *m* turístico

holier-than-thou /ˈhəʊliərðənˈðaʊ || ˌhəʊliəðənˈðaʊ/ *adj* ‹*attitude*› de superioridad moral

holiness /ˈhəʊlinəs || ˈhəʊlinɪs/ *n* [u] santidad *f*

holistic /həʊˈlɪstɪk/ *adj* holístico

Holland /ˈhɑːlənd || ˈhɒlənd/ *n* Holanda *f*

hollandaise sauce /ˈhɑːlənˈdeɪz || ˌhɒlənˈdeɪz/ *n* [u c] salsa *f* holandesa

holler¹ /ˈhɑːlər || ˈhɒlə(r)/ (AmE colloq) *vt/i* gritar

holler² *n* (AmE colloq) (shout, cry) grito *m*

hollow¹ /ˈhɑːləʊ || ˈhɒləʊ/ *adj*

A ‹*tree/tooth/wall*› hueco; ‹*sound*› hueco; ‹*voice*› apagado, ahogado; ‹*cheeks/eyes*› hundido

B **1** ‹*success/triumph*› vacío **2** ‹*person*› vacío, vacuo; ‹*promises/threats*› vano, falso; ‹*words*› hueco, vacío; **she gave a ~ laugh** soltó una risa sardónica

Phrasal verb

• **hollow out** [v ▸ o ▸ adv, v ▸ adv ▸ o] vaciar*, ahuecar*

hollow² *n* **1** (empty space) hueco *m*; (depression) hoyo *m*, depresión *f*; **the ~ of one's hand** el cuenco *or* (Méx) la cuenca de la mano **2** (dell, valley) hondonada *f*

hollow³ *adv*: **to beat sb all ~** *o* (BrE) **beat sb ~** (colloq) darle* una paliza a algn

holly /ˈhɑːli || ˈhɒli/ *n* **1** [c] **~ (bush/tree)** acebo *m* **2** [u] (foliage) acebo *m*

hollyhock /ˈhɑːlihɑːk || ˈhɒlihɒk/ *n* malvarrosa *f*, malva *f* real *or* loca

> **Hollywood**
>
> Barrio de la ciudad de Los Ángeles (California) donde se inauguró la industria cinematográfica norteamericana en 1911. Desde entonces esta localidad, apodada *the dream factory* (la fábrica de sueños), se ha convertido por antonomasia en la capital mundial del cine

holocaust /ˈhəʊləkɔːst, ˈhɑː- || ˈhɒləkɔːst/ *n* hecatombe *f*, desastre *m*; **a/the nuclear ~** un/el holocausto nuclear; **the H~** el Holocausto

hologram /ˈhəʊləɡræm, ˈhɑː- || ˈhɒləɡræm/ *n* holograma *m*

Holstein /ˈhəʊlstiːn || ˈhɒlstaɪn/ *n* (AmE) (cow) vaca *f* holandesa

holster /ˈhəʊlstər || ˈhəʊlstə(r)/ *n* pistolera *f*, funda *f* de pistola (*or* revólver *etc*)

holy /ˈhəʊli/ *adj* **-lier, -liest** ‹*ground/place*› sagrado, santo; ‹*day*› de precepto, de guardar; ‹*water*› bendito; ‹*person/life/virtue*› santo; **the H~ Bible** la Sagrada *or* Santa Biblia; **~ orders** órdenes *fpl* sagradas; **to take ~ orders** ordenarse sacerdote; **H~ Week** Semana Santa; **~ cow!** (colloq) ¡rayos y centellas!, ¡Dios bendito!

holy: **~ Communion** *n* Santa *or* Sagrada Comunión *f*; **~ Ghost** *n* **the H~ Ghost** el Espíritu Santo; **~ Land** *n* **the H~ Land** (la) Tierra Santa; **~ man** *n* santo varón *m*; **~ of holies** *n* sanctasanctórum *m*; **~ Spirit** *n* **the H~ Spirit** el Espíritu Santo

homage /ˈhɑːmɪdʒ || ˈhɒmɪdʒ/ *n* [u] (frml) homenaje *m*; **to pay ~ to sb/sth** rendir* homenaje a algn/algo

hombre /ˈɑːmbreɪ || ˈɒmbreɪ/ *n* (AmE sl) tipo *m* (fam), tío *m* (Esp fam)

homburg /ˈhɑːmbɜːrɡ || ˈhɒmbɜːɡ/ *n* sombrero *m* de fieltro

home¹ /həʊm/ *n*

A [u c] (of person) **1** (dwelling) casa *f*; **to own one's own ~** tener* casa propia; **marital ~** domicilio *m* conyugal; *see also* **at home, home¹ C**; (*before n*) **~ loan** préstamo *m or* crédito *m* hipotecario, crédito *m* vivienda **2** (in wider sense): **New York's been my ~ since I was 12** he vivido en Nueva York desde que tenía 12 años; **they made their ~ in Germany** se establecieron en Alemania, fijaron su residencia en Alemania (frml); **I still think of England as ~** para mí Inglaterra sigue siendo mi patria; **~ sweet ~** hogar dulce hogar; **there's no place like ~** como en casa no se está en ningún sitio; **to leave ~** irse* de casa; **those remarks were uncomfortably close to ~** esos comentarios me (*or* le *etc*) tocaban muy de cerca; ***a ~ away from ~*** *o* (BrE) ***a ~ from ~*** una segunda casa; ***~ is where the heart is*** el verdadero hogar está donde uno tiene a los suyos **3** (family environment) hogar *m*; **she comes from a good ~** es de buena familia

B [c] **1** (of object, group, institution): **Spain is the ~ of flamenco** España es la tierra del flamenco; **the ~ of the microchip industry** el centro de la industria de los microchips; **can you find a ~ for these files somewhere?** (colloq) a ver si encuentras dónde guardar estos archivos **2** (of animal, plant) (Bot, Zool) hábitat *m*

C **at home** **1** (in house) en casa; **tell him I'm not at ~** dile que no estoy (en casa); **he's got problems at ~** tiene problemas familiares; ***what's that when it's at ~?*** (colloq) ¿y eso con qué se come? (fam) **2** (at ease): **make yourself at ~** ponte cómodo, estás en tu casa; **he's entirely at ~ in Spanish** habla español con total fluidez **3** (not abroad): **at ~ and abroad** dentro y fuera del país **4** (Sport) en casa; **to be/play at ~** jugar* en casa; **Spain is at ~ to France** España juega en casa contra Francia

D [c] (institution) (*children's ~*) asilo *m* (AmL), orfanatorio *m* (Méx), centro *m* de acogida de menores (Esp); (*old people's ~*) residencia *f* de ancianos; **dogs' ~** (BrE) perrera *f*

E (Sport) **1** [u] (the finish) meta *f* **2** [c] (in baseball) ▸**home plate**

Phrasal verb

• **home in** [v ▸ adv] **to ~ in ON sth** ‹*on target*› localizar* y dirigirse* HACIA algo; **she ~d in on his lack of experience** hizo hincapié en su falta de experiencia

home² *adv*

A **1** (where one lives) ‹*come/arrive*› a casa; **I'll be ~ at five** estaré en casa a las cinco; **to see sb ~** acompañar a algn a casa; ***nothing to write ~ about*** nada del otro mundo *or* (fam) del otro jueves **2** (from abroad): **we've already booked our passage ~** ya hemos reservado nuestro pasaje de vuelta; **the folks back ~** (AmE) la familia

B (Sport): **the first horse/runner ~** el primer caballo/corredor en llegar a la meta; ***to be ~ free*** *o* (BrE) ***~ and dry*** tener* la victoria asegurada

C (to desired place): **there was a clunk as the bolt went ~** se oyó un golpe sordo al encajar el cerrojo en su sitio; **to get sth ~ to sb** hacerle* entender algo a algn; ***to drive sth ~ (to sb)*** hacer(le)* entender algo (a algn); **try to drive it ~ to him that ...** hazle entender que ...; *see also* **strike** *etc* **home**

home³ *adj* (*before n*) **1** ‹*address/telephone number*› particular; ‹*background/environment*› familiar; ‹*cooking/perm*› casero; **~ comforts** comodidades *fpl*; **~ delivery** (of purchases) entrega *f* a domicilio; **~ visit** (by doctor) (BrE) visita *f* a domicilio **2** (of origin): **~ port** (Naut) puerto *m* de matrícula; **~ state** (in US) estado *m* natal *or* de procedencia **3** (not foreign) ‹*affairs/market*› nacional **4** (Sport) ‹*team*› de casa, local; ‹*game*› en casa

home: **~ base** *n* (AmE) **1** (Busn, Mil) base *f* de operaciones **2** (in baseball) ▸**home plate**; **~body** *n* (colloq) ▸**homelover**; **~boy** *n* (AmE sl) compinche *m* (fam), cuate *m* (Méx fam); **~ brew** *n* [u] *cerveza hecha en casa*; **~coming** *n* **1** (return home) regreso *m*, vuelta *f* (*a casa, a la patria etc*) **2** (at school, college) (AmE) *fiesta estudiantil al comienzo del año académico con asistencia de ex-alumnos*; **~ computer** *n* computadora *f* doméstica, ordenador *m* doméstico (Esp); **~ Counties** *pl n* (in UK) **the H~ Counties** *los condados de los alrededores de Londres*; **~ economics** *n* (+ *sing vb*) economía *f* doméstica; **~-grown** /ˈhəʊmˈɡrəʊn/ *adj* **1** ‹*fruit/vegetables*› (from one's own garden) de la huerta propia; (not foreign) del país, local, nacional **2** (local, indigenous) ‹*artist/politician*› local; **~ help** *n* (BrE) auxiliar *mf*; **~ improvements** *pl n* reformas *fpl*, mejoras *fpl* (*en la vivienda*); **~land** *n* **1** (country of origin) patria *f*, tierra *f* natal **2** (in South Africa) homeland *m*

homeless¹ /ˈhəʊmləs || ˈhəʊmlɪs/ *adj* sin hogar, sin techo

homeless² *pl n* **the ~** la gente sin hogar *or* sin techo

homelessness /ˈhəʊmləsnəs || ˈhəʊmlɪsnɪs/ *n* [u] (el problema de) la falta de vivienda

home: **~like** *adj* (AmE) familiar, hogareño; **~lover** *n* persona *f* hogareña *or* casera; **he's a real ~lover** es muy casero, es muy de su casa; **~loving** *adj* hogareño, casero

homely /ˈhəʊmli/ *adj* **-lier, -liest** **1** (characteristic of home) ‹*meal/food*› casero; ‹*atmosphere/room*› acogedor, hogareño **2** (plain) (AmE) feo **3** (unaffected) (esp BrE) sencillo

home: **~-made** /ˈhəʊmˈmeɪd/ *adj* ‹*clothes*› hecho en casa; ‹*food*› casero; **~-maker** *n* ama *f*‡ de casa; **~ movie** *n* película *f* casera; **~ office** *n* (AmE) oficina *f* central; ∼ **Office** *n* (in UK) **the H∼ Office** el Home Office, el Ministerio del Interior británico

homeopath, (BrE) **homoeopath** /'həʊmiəpæθ/ *n* homeópata *mf*

homeopathic, (BrE) **homoeopathic** /'həʊmiə'pæθɪk/ *adj* homeopático

homeopathy, (BrE) **homoeopathy** /'həʊmi'ɑːpəθi || ˌhəʊmi'ɒpəθi/ *n* [u] homeopatía *f*

home: ∼ **owner** *n* propietario, -ria *m,f* (*de una vivienda*); ∼ **ownership** *n* [u]: **the increase in** ∼ **ownership** el aumento del número de propietarios de viviendas; ∼ **plate** *n* home *m*, pentágono *m* (Méx)

homer¹ /'həʊmər || 'həʊmə(r)/ *n* (AmE colloq) ▸**home run**

homer² *vi* (AmE colloq) pegar* un cuadrangular, jonronear (AmL)

home: ∼**room** *n* (AmE Educ) clase *f or* aula *f*‡ del curso; (*before n*) ∼**room teacher** ≈ tutor, -tora *m,f* de curso; ∼ **rule** *n* [u] autogobierno *m*; ∼ **run** *n* cuadrangular *m*, jonrón *m* (AmL); ∼ **Secretary** *n* (in UK) ministro, -tra *m,f* del Interior; ∼**sick** *adj*: **I am** *o* **feel** ∼**sick** echo de menos *or* (AmL tb) extraño a mi familia (*or* mi país *etc*); ∼**sickness** *n* [u] añoranza *f*, morriña *f*; ∼**spun** *adj* ‹*philosophy*› de andar por casa, popular; ‹*wisdom*› popular; ‹*virtue/folks*› sencillo

homestead /'həʊmsted/ *n* (AmE) **1** (building) casa *f* (*en una granja, hacienda etc*) **2** (Hist) *terreno cedido por el estado a los colonos con la condición de que lo trabajasen*

homesteader /'həʊmstedər || 'həʊmstedə(r)/ *n* (AmE) colono *m*

home: ∼ **straight**, ∼ **stretch** *n* (Sport) recta *f* final *or* de llegada; ∼**town** /'həʊm'taʊn/ *n* ciudad *f*/pueblo *m* natal; (*before n*) (AmE) **he's a real** ∼**town boy** es un chico sencillo; ∼ **truth** *n* (*usu pl*) verdad *f* (*desagradable*); **to tell sb a few** ∼ **truths** decirle* a algn unas cuantas verdades

homeward¹ /'həʊmwərd || 'həʊmwəd/ **1** (BrE also) **homewards** /-z/ *adv* ‹*travel/journey/sail*› de vuelta a casa **2** **to be** ∼ **bound** ir* de camino *or* de vuelta a casa

homeward² *adj* (*before n*) ‹*journey*› de vuelta *or* de regreso

homework /'həʊmwɜːrk || 'həʊmwɜːk/ *n* [u] deberes *mpl*, tarea *f*; **to do one's** ∼ (for school) hacer* los deberes, hacer* la tarea; (for job, speech) prepararse, documentarse

homeworking /'həʊmwɜːrkɪŋ || 'həʊmwɜːkɪŋ/ *n* [u] trabajo *m* desde casa

homey /'həʊmi/ *adj* **homier, homiest** (AmE colloq) ‹*atmosphere/place*› hogareño, acogedor; ‹*manner*› campechano

homicidal /'hɑːmə'saɪdḷ || ˌhɒmɪ'saɪdḷ/ *adj* ‹*tendency*› homicida; ‹*rage*› asesino

homicide /'hɑːməsaɪd || 'hɒmɪsaɪd/ *n* **1** [u c] (crime, act) homicidio *m*; (*before n*) ‹*investigation*› de un homicidio; ‹*trial*› por homicidio **2** [c] (murderer) (frml) homicida *mf* **3** [u] (police squad) (AmE colloq) homicidios *m*

homily /'hɑːməli || 'hɒmɪli/ *n* (*pl* **-lies**) (Relig) homilía *f*, sermón *m*; (speech) sermón *m*

homing /'həʊmɪŋ/ *adj* (*before n*) ‹*instinct*› de volver al hogar; ‹*device/missile*› buscador; ∼ **pigeon** paloma *f* mensajera

hominy /'hɑːməni || 'hɒmɪni/ *n* [u] (AmE) maíz *m* descascarillado

homoeo- *etc* (BrE) ▸**homeo-** *etc*

homogeneous /'həʊmə'dʒiːniəs || ˌhɒmə'dʒiːniəs/ *adj* homogéneo

homogenize /həʊ'mɑːdʒənaɪz, hə-|| hə'mɒdʒɪnaɪz/ *vt* homogeneizar*

homograph /'hɑːməgræf || 'hɒməgrɑːf/ *n* homógrafo *m*

homonym /'hɑːmənɪm || 'hɒmənɪm/ *n* homónimo *m*

homophobia /'həʊmə'fəʊbiə || ˌhəʊmə'fəʊbiə, ˌhɒmə-/ *n* [u] homofobia *f*

homophobic /'həʊmə'fəʊbɪk || ˌhəʊmə'fəʊbɪk, ˌhɒmə-/ *adj* homofóbico

homophone /'hɑːməfəʊn || 'hɒməfəʊn/ *n* homófono *m*

homosexual¹ /'həʊmə'sekʃuəl || ˌhəʊmə'sekʃuəl, ˌhɒmə-/ *adj* homosexual

homosexual² *n* homosexual *mf*

homosexuality /'həʊmə'sekʃu'æləti || ˌhəʊməsekʃʊ'æləti, ˌhɒmə-/ *n* [u] homosexualidad *f*

Hon /ɑːn || ɒn/ (in UK) = **Honourable**

honcho /'hɑːntʃəʊ || 'hɒntʃəʊ/ *n* (*pl* ∼**s**) (colloq) mandamás *mf* (fam), mero mero, mera mera *m,f* (Méx fam)

Honduran¹ /hɑːn'dʊrən || hɒn'djʊərən/ *adj* hondureño

Honduran² *n* hondureño, -ña *m,f*

Honduras /hɑːn'dʊrəs || hɒn'djʊərəs/ *n* Honduras *f*

hone /həʊn/ *vt* ‹*blade/edge*› afilar; ‹*style/skill*› afinar, poner* a punto

honest /'ɑːnəst || 'ɒnɪst/ *adj* **1** (trustworthy, upright) ‹*person/action*› honrado, honesto; ‹*face*› de persona honrada *or* honesta; **to make an** ∼ **living** ganarse la vida honradamente; **he made an** ∼ **woman of her** (hum) cumplió y se casó con ella **2** (sincere) ‹*appraisal*› sincero, franco; ‹*opinion/attempt*› sincero; **to be** ∼ **with you ...** si quieres que te diga la verdad *or* que te sea sincero ... **3** (*as interj*) (colloq) de veras

honestly /'ɑːnəstli || 'ɒnɪstli/ *adv* **1** (sincerely) ‹*answer/say/think*› sinceramente, francamente; **I don't know and I** ∼ **don't care** no lo sé y la verdad es que no me importa **2** (*indep*) en serio, de verdad; **I don't mind,** ∼ en serio *or* en verdad (que) no me importa **3** (*as interj*) (expressing exasperation) ¡por favor! **4** (legitimately) ‹*act/earn*› con honradez, honradamente

honest-to-God /'ɑːnəsttə'gɑːd || 'ɒnɪsttə'gɒd/, **honest-to-goodness** /-'gʊdnəs || -'gʊdnɪs/ *adj* (colloq) (*before n*) como es debido, como Dios manda

honesty /'ɑːnəsti || 'ɒnɪsti/ *n* [u] **1** (probity) honradez *f*, honestidad *f*, rectitud *f* **2** (truthfulness) franqueza *f*, sinceridad *f*; **in all** ∼ **...** para ser sincero ...; ∼ ***is the best policy*** lo mejor es ser honesto

honey /'hʌni/ *n* (*pl* **honeys**)

A [u] miel *f*

B [c] **1** (*as form of address*) (colloq) cariño (fam) **2** (wonderful person) cielo *m*, encanto *m*

honey: ∼**bee** *n* abeja *f*; ∼**comb** *n* [c u] panal *m*

honeyed /'hʌnid/ *adj* (liter) meloso, melifluo (liter)

honeymoon¹ /'hʌnimuːn/ *n* (after wedding) luna *f* de miel; (*before n*) **the** ∼ **couple** la pareja de recién casados; ∼ **period** (of a new government) luna de miel

honeymoon² *vi* pasar la luna de miel

honeysuckle /'hʌniˌsʌkəl/ *n* [c u] madreselva *f*

Hong Kong /'hɑːŋ'kɑːŋ || ˌhɒŋ'kɒŋ/ *n* Hong-Kong

honk¹ /hɑːŋk || hɒŋk/ *n* (of goose) graznido *m*; (of car) bocinazo *m*

honk² *vi* (hoot) «*goose*» graznar; «*driver*» tocar* el claxon, pitar

■ **honk** *vt*: **he** ∼**ed his horn a couple of times** tocó el claxon *or* pitó un par de veces, pegó un par de bocinazos

honor¹, (BrE) **honour** /'ɑːnər || 'ɒnə(r)/ *n*

A [u] **1** (good name) honor *m*; **a man of** ∼ un hombre de honor *or* de palabra; **to be (in)** ∼ **bound to + INF** estar* moralmente obligado a + INF **2** (chastity) (arch *or* hum) honra *f*

B [c u] (privilege, mark of distinction) honor *m*; **it is a great** ∼ **for me ...** es para mí un gran honor ...; **to have the** ∼ **to + INF** *o* **of -ING** (frml) tener* el honor DE + INF (frml); **to do sb the** ∼ **of -ING** (frml) hacerle* *or* (frml) concederle a algn el honor DE + INF; **a reception in** ∼ **of the delegates** una recepción en honor de *or* en homenaje a los delegados; **in** ∼ **of her visit** para celebrar su visita; ***to do the*** ∼**s** (colloq) hacer* los honores (frml *o* hum)

C **Honor** (as title) **Your/His/Her H**∼ Su Señoría

D **honors** *pl* **1** (special mention) (*before n*) ∼**s list** (AmE) cuadro *m* de honor **2** (Educ): **to graduate with** ∼**s** licenciarse con matrícula (de honor) *or* con honores; (*before n*) **honours graduate** (BrE) ≈ licenciado, -da *m,f*; **an honours degree** (BrE) ≈ una licenciatura

honor², (BrE) **honour** *vt*

A (show respect) honrar; **would you escort me in to dinner? — I'd be** ∼**ed (to)** ¿me acompaña al comedor? — será un honor para mí

B **1** (keep to) ‹*agreement/obligation*› cumplir (con) **2** (Fin) ‹*bill/debt*› satisfacer* (frml), pagar*; ‹*check/draft*› pagar*, aceptar

honorable, (BrE) **honourable** /'ɑːnərəbəl || 'ɒnərəbəl/ *adj*

A **1** (honest, respectable) ‹*person/action*› honorable; **he did**

the ~ thing and resigned hizo lo que correspondía: dimitió **2** (creditable) ‹*peace/settlement*› honroso

B **Honourable** (in UK) *tratamiento dado a representantes parlamentarios y a hijos de vizcondes, barones y condes*

honorary /ˈɑːnəreri || ˈɒnərəri/ *adj* honorario; **an ~ doctorate** un doctorado honoris causa

honour *etc* (BrE) ▸**honor** *etc*

Honours List *n* (in UK): **the Birthday/New Year ~ ~** *lista de títulos honoríficos otorgados por el monarca el día de su cumpleaños oficial/el día de año nuevo*

hooch /huːtʃ/ *n* [u] (AmE sl) *bebida alcohólica de mala calidad, en especial la destilada ilícitamente*

hood /hʊd/ *n*

A (on coat, jacket) capucha *f*; (pointed) capirote *m*; (of monk) capucha *f*, capuchón *m*; (on ceremonial robes) muceta *f* (*con capillo*)

B **1** (on chimney, cooker) campana *f*; (on machine) cubierta *f* **2** (AmE Auto) capó *m* **3** (folding cover) (BrE) capota *f*

C (gangster) (AmE sl) matón, -tona *m,f* (fam)

hooded /ˈhʊdəd || ˈhʊdɪd/ *adj* ‹*person*› encapuchado; ‹*garment*› con capucha

hoodlum /ˈhuːdləm/ *n* **1** (thug) (AmE) matón, -tona *m,f* (fam), gorila *mf* **2** (rowdy youth) vándalo, -la *m,f*, gamberro, -rra *m,f* (Esp)

hoodwink /ˈhʊdwɪŋk/ *vt* engañar; **to ~ sb** INTO **-ING** engañar a algn PARA QUE (+ *subj*)

hooey /ˈhuːi/ *n* [u] (esp AmE colloq): **that's a load of ~!** ¡son puras tonterías!, ¡son puras macanas! (RPl fam)

hoof¹ /hʊf || huːf/ *n* (*pl* **hoofs** *or* **hooves**) (Zool) (of horse) casco *m*, vaso *m* (RPl), pezuña *f* (Méx); (of cow) pezuña *f*

hoof² *vt*: ***to ~ it*** (colloq) ir* a pata (fam)

hoof-and-mouth disease /ˈhʊfənˈmaʊθ || ˌhuːfən ˈmaʊθ/ *n* [u] (AmE) fiebre *f* aftosa, glosopeda *f* (téc)

hoo-ha /ˈhuːhɑː/ *n* [c u] (colloq) alboroto *m*, jaleo *m* (fam); **there was a great ~** se armó tremendo jaleo

hook¹ /hʊk/ *n*

A **1** gancho *m*; (for hanging clothes) percha *f*, gancho *m*; (for fishing) anzuelo *m*; **to take the phone off the ~** descolgar* el teléfono; ***by ~ or by crook*** sea como sea, por las buenas o por las malas; **~, *line and sinker*: I swallowed the story ~, line and sinker** mordí *or* me tragué el anzuelo; ***to get/let sb off the ~*** sacar*/dejar salir a algn del atolladero; **he's off the ~** se ha librado; ***to sling one's ~*** (BrE sl) largarse* (fam) **2** (Clothing) corchete *m*, ganchito *m*; **~s and eyes** corchetes (*macho y hembra*)

B (in boxing) gancho *m*

hook² *vt*

A (grasp, secure) enganchar

B (Sport) ‹*ball*› (in golf) golpear (*hacia la izquierda*); (in rugby) talonar; (in boxing) enganchar, pegarle* un gancho a

■ **hook** *vi* (join with hook) «*dress*» abrocharse

(Phrasal verb)

• **hook up**

A [v ▸ o ▸ adv, v ▸ adv ▸ o] **1** (fasten) ‹*dress/bra*› abrochar **2** (connect, link) enganchar

B [v ▸ adv] **1** (Rad, TV) conectarse, transmitir en cadena **2** (fasten) «*dress*» abrocharse **3** (become associated) (AmE) engancharse

hookah /ˈhʊkə/ *n* narguile *m*

hook and ladder (truck) *n* (AmE) carro *m or* (Esp) coche *m* de bomberos, autobomba *m* (RPl), bomba *f* (Chi)

hooked /hʊkt/ *adj*

A (hook-shaped) ‹*tool*› en forma de gancho; ‹*beak*› ganchudo; ‹*nose*› aguileño

B (addicted) (colloq) **to be/get ~** ON **sth** ‹*on drug/video games*› estar* enviciado/enviciarse CON algo, estar enganchado/engancharse A algo (Esp); **she's completely ~ on the idea of going skiing** está entusiasmadísima con la idea de ir a esquiar

hooker /ˈhʊkər || ˈhʊkə(r)/ *n*

A (prostitute) (esp AmE colloq) prostituta *f*, puta *f* (vulg)

B (in rugby) talonador, -dora *m,f*

hookey *n* ▸**hooky**

hookup /ˈhʊkʌp/ *n*

A (Rad, TV): **a nationwide ~** una cadena nacional

B (connection) (AmE) conexión *f*

hooky /ˈhʊki/ *n*: **to play ~** (esp AmE colloq) faltar a clase, hacer* novillos *or* (Méx) irse* de pinta *or* (RPl) hacerse* la rata *or* la rabona *or* (Per) la vaca *or* (Chi) hacer* la cimarra *or* (Col) capar clase *or* (Ven) jubilarse (fam)

hooligan /ˈhuːlɪgən/ *n* vándalo, -la *m,f*, gamberro, -rra *m,f* (Esp)

hooliganism /ˈhuːlɪgənɪzəm/ *n* [u] vandalismo *m*, gamberrismo *m* (Esp)

hoop /huːp/ *n* aro *m*

hoop-la /ˈhuːplɑː/ *n* [u]

A *also* **hoopla** (ballyhoo) (AmE colloq): **they launched their new product with a tremendous amount of ~** lanzaron su nuevo producto con bombos y platillos *or* (Esp) a bombo y platillo

B (BrE Games) juego *m* de los aros

hooray /hʊˈreɪ/ *interj* ¡hurra!; **hip hip ~!** ¡hip, hip, hurra!

hoosegow /ˈhuːsgaʊ/ *n* (AmE sl) cárcel *f*, cana *f* (AmS arg), bote *m* (Méx, Ven arg), trullo *m* (Esp arg)

hoot¹ /huːt/ *n* (of owl) grito *m*, ululato *m*; **~s of laughter** risotadas *fpl*, carcajadas *fpl*; ***not to give*** *o* ***care a ~*** *o* ***two ~s*** (colloq): **I don't give a ~ about it** me importa un rábano *or* un comino *or* un pito (fam); ***to be a ~*** (colloq) ser* para morirse de risa, ser* un relajo (Méx fam), ser* un plato (AmS fam)

hoot² *vi* «*owl*» ulular; «*car/driver*» tocar* el claxon, pitar; **to ~ with laughter** morirse* *or* matarse de (la) risa

■ **hoot** *vt* (BrE Auto): **he ~ed his horn** tocó el claxon *or* la bocina, pitó

hooter /ˈhuːtər || ˈhuːtə(r)/ *n* (BrE)

A **1** (siren) sirena *f* **2** (horn) claxon *m*, bocina *f*

B (nose) (colloq & hum) napias *fpl* (fam), naso *m* (RPl fam)

hoover /ˈhuːvər || ˈhuːvə(r)/ (BrE) *vt* pasar la aspiradora *or* el aspirador por, aspirar (AmL)

■ **hoover** *vi* pasar la aspiradora *or* el aspirador, aspirar (AmL)

Hoover®, **hoover** /ˈhuːvər || ˈhuːvə(r)/ *n* (BrE) aspiradora *f*, aspirador *m*

hooves /hʊvz || huːvz/ *pl of* **hoof¹**

hop¹ /hɑːp || hɒp/ *n*

A **1** (jump — of person) salto *m* a la pata coja, brinco *m* de cojito (Méx); (— of rabbit) salto *m*, brinco *m*; (— of bird) saltito *m*; ***to catch sb on the ~*** (BrE colloq) pillar *or* (esp Esp) coger* a algn desprevenido *or* descuidado **2** (Aviat): **a short ~** un vuelo corto

B (dance) (colloq & dated) baile *m*, bailongo *m* (fam)

C (Bot, Culin) (*usu pl*) lúpulo *m*

hop² -pp- *vi* **1** «*frog/rabbit*» brincar*, saltar; «*bird*» dar* saltitos **2** «*person/child*» saltar a la pata coja *or* con un solo pie, brincar* de cojito (Méx) **3** (move quickly) (colloq): **~ in, I'll take you to the station** súbete, que te llevo a la estación; **to ~ off/on a train/bus** bajarse de/tomarse un tren/autobús

■ **hop** *vt*

A (AmE colloq) ‹*flight/train*› tomar, pillar (fam)

B ***to ~ it*** (BrE colloq): **~ it!** ¡lárgate! (fam)

hope¹ /həʊp/ *n* [u c] esperanza *f*; **the doctor told us she was beyond ~** el médico nos dijo que lo suyo no tenía cura; **don't get your ~s up too much** no te hagas demasiadas ilusiones; **to give up ~** perder* la(s) esperanza(s); **we have high ~s of him/his getting a gold medal** tenemos muchas esperanzas de que obtenga una medalla de oro; **she did it in the ~ of a reward** lo hizo con la esperanza de obtener una recompensa; **to build up** *o* **raise one's ~s** hacerse* *or* forjarse ilusiones; **to raise false ~s** crear falsas expectativas; **to pin one's ~s on sth/sb** cifrar *or* depositar las esperanzas en algo/algn; **we haven't got a ~ in hell** (colloq) no tenemos ni la más remota posibilidad; **not a ~!** (colloq) ¡ni lo sueñes!; **some ~!** (iro) ¡sí, espérate sentado! (fam & iró)

hope² *vi* esperar; **I ~ so/not** espero que sí/que no; **to ~** FOR **sth**: **we're hoping for good weather** esperamos tener buen tiempo; **to ~ for the best** esperar que todo resulte (bien) *or* salga bien; ***to ~ against hope that ...*** esperar contra todo pronóstico que ...

■ **hope** *vt* **to ~ (THAT)** esperar QUE (+ *subj*); **to ~ to + INF** esperar + INF

hope chest *n* (AmE) baúl *m or* arcón *m* del ajuar

hoped-for /ˈhəʊptfɔːr || ˈhəʊptfɔː(r)/ *adj* (*before n*) esperado, ansiado

hopeful¹ /ˈhəʊpfəl/ *adj* **1** ‹*person*› esperanzado, optimista; **don't be/get too ~** no te hagas demasiadas ilusiones;

h

to be ~ OF -ING tener* esperanzas DE + INF 2 (promising) esperanzador, prometedor

hopeful² *n* aspirante *mf*, candidato, -ta *m,f*

hopefully /'həʊpfəli/ *adv* 1 (in hopeful way): **can you pay me in dollars? she asked ~** —¿puedes pagarme en dólares? —preguntó esperanzada 2 (crit) (*indep*): **when do you leave? — ~, on Friday** ¿cuándo te vas? — el viernes, espero *or* si Dios quiere

hopeless /'həʊpləs || 'həʊplɪs/ *adj*

A (allowing no hope) ‹*situation*› desesperado; ‹*love*› sin esperanzas, imposible; ‹*task*› imposible; **he's a ~ case** «*pupil*» no tiene remedio; «*patient*» está desahuciado

B (incompetent, inadequate) (colloq): **you're ~!** ¡eres un inútil!; **as an interviewer, she's absolutely ~** como entrevistadora, es una nulidad; **the train service on this line is ~** el servicio de trenes en esta línea es desastroso *or* es un desastre; **to be ~ AT sth** ser* negado PARA algo

hopelessly /'həʊpləsli/ *adv* 1 (irredeemably) (*as intensifier*): **to be ~ lost/in love** estar* completamente perdido/perdidamente enamorado 2 (without hope) sin esperanzas

hopelessness /'həʊpləsnəs || 'həʊplɪsnɪs/ *n* [u] 1 (of situation) lo desesperado 2 (despair) desesperanza *f*

hopping /'hɑːpɪŋ/ *adj*: ***to be ~ mad*** (colloq) estar* furioso

hopscotch /'hɑːpskɑːtʃ || 'hɒpskɒtʃ/ *n* [u]: **to play ~** jugar* al tejo *or* (Méx) al avión *or* (RPl) a la rayuela *or* (Col) a la golosa *or* (Chi) al luche

horde /hɔːrd/ *n* (of people, tourists) (colloq) multitud *f*, horda *f*; **there were ~s of people** había miles de personas

horizon /hə'raɪzən/ *n* 1 (Geog) **the ~** el horizonte 2 **horizons** *pl* (scope, opportunities) horizontes *mpl*

horizontal¹ /'hɔːrə'zɑːntl̩ || ˌhɒrɪ'zɒntl̩/ *adj* horizontal

horizontal² *n* horizontal *f*

horizontally /'hɔːrə'zɑːntl̩i/ *adv* horizontalmente

hormonal /hɔːr'məʊnl̩ || hɔː'məʊnl̩/ *adj* hormonal

hormone /'hɔːrməʊn || 'hɔːməʊn/ *n* hormona *f*; (*before n*) **~ replacement therapy** terapia *f* hormonal sustitutiva

horn /hɔːrn || hɔːn/ *n*

A [c u] (Zool) (of animal) cuerno *m*, asta *f*‡, cacho *m* (AmS), guampa *f* (CS)

B [c] (Mus) 1 (wind instrument) cuerno *m* 2 (*French ~*) trompa *f*

C [c] (Auto) claxon *m*, bocina *f*; (Naut) sirena *f*

horned /hɔːrnd/ *adj* con cuernos, con cachos (AmS)

hornet /'hɔːrnət || 'hɔːnɪt/ *n* avispón *m*; ***to stir up a ~'s nest*** armar mucho revuelo, alborotar el avispero *or* el gallinero (fam)

horn-rimmed /'hɔːrnrɪmd || 'hɔːnrɪmd/ *adj* ‹*spectacles*› (con montura) de carey *or* de concha

horny /'hɔːrni || 'hɔːni/ *adj* **-nier, -niest**

A (hard) ‹*hand*› calloso

B (sexually excited) (sl) caliente (fam), cachondo (Esp, Méx fam)

horoscope /'hɔːrəskəʊp || 'hɒrəskəʊp/ *n* horóscopo *m*

horrendous /hɔː'rendəs || hɒ'rendəs/ *adj* 1 (horrifying) ‹*crime/account*› horrendo, horroroso 2 (dreadful) (colloq) ‹*price/mistake*› terrible

horrible /'hɔːrəbəl/ *adj* ‹*crime/sight/feeling*› horrible, horroroso; **he was ~ to her** fue muy malo con ella

horribly /'hɔːrəbli || 'hɒrɪbli/ *adv* 1 (horrifyingly) de una forma *or* manera horrible 2 (colloq) (*as intensifier*) ‹*late/rude*› terriblemente

horrid /'hɔːrəd || 'hɒrɪd/ *adj* 1 (horrible) (esp BrE colloq) ‹*weather/taste*› horroroso 2 (horrifying) (liter) horrible

horrific /hɔː'rɪfɪk/ *adj* horroroso, espantoso

horrify /'hɔːrəfaɪ || 'hɒrɪfaɪ/ *vt* **-fies, -fying, -fied** horrorizar*; **she was horrified to find out that ...** se horrorizó al enterarse de que ...

horrifying /'hɔːrəfaɪɪŋ/ *adj* horroroso, horrendo

horror /'hɔːrər || 'hɒrə(r)/ *n*

A 1 [u] (emotion) horror *m*; **I cried out in ~** grité horrorizada; **to have a ~ of sth/-ING**: **he has a ~ of spiders** les tiene horror *or* terror a las arañas; **I have a ~ of being alone** me aterra *or* me da pavor estar sola; (*before n*) ‹*movie/story*› de terror 2 [c] (experience, event): **the ~s of nuclear warfare** los horrores de la guerra atómica 3 [c] (person, thing) (colloq) monstruo *m*

B **horrors** *pl* (colloq): **spiders give me the ~s** las arañas me ponen los pelos de punta (fam)

horror-struck /'hɔːrərstrʌk/ *adj* horrorizado

hors d'oeuvre /ɔːr'dɜːrv/ *n* (*pl* **hors d'oeuvres** /-'dɜːrv/) entremés *m*, botana *f* (Méx)

horse /hɔːrs || hɔːs/ *n*

A [c] (Zool) caballo *m*; ***from the ~'s mouth*** (colloq): **I heard it straight from the ~'s mouth** me lo dijo él mismo/ella misma; ***his/her high ~***: **when he gets on his high ~ ...** cuando se pone a pontificar ...; ***hold your ~s*** (colloq) ¡un momentito!; ***I could eat a ~*** tengo un hambre canina; ***to beat*** *o* (BrE) ***flog a dead ~*** (colloq) pedirle* peras al olmo; ***to change ~s in midstream*** cambiar de parecer (*or* de política *etc*) a mitad de camino; ***to eat like a ~*** comer como un sabañón *or* como una lima (nueva); ***wild ~s***: **wild ~s wouldn't drag me back to that job** por nada del mundo volvería a ese trabajo; ***you can lead*** *o* ***take a ~ to water but you can't make it drink*** puedes darle un consejo a alguien, pero no puedes obligarlo a que lo siga; (*before n*) **~ riding** (BrE) equitación *f*

B [c] (vaulting-block) potro *m*, caballo *m* (Méx)

C [u] (heroin) (sl) caballo *m* (arg)

Phrasal verb

• **horse around** [v ▸ adv] (colloq) alborotar, armar relajo (AmL fam)

horse: **~back** *n*: **on ~back** a caballo; (*before n*) **~back riding** (AmE) equitación *f*; **to go ~back riding** (AmE) salir* a montar *or* (CS, Méx tb) a andar a caballo; **~box** *n* (BrE) ▸ **~car 2**; **~car** *n* (AmE) 1 (drawn by horses) *tranvía tirado por caballos* 2 (for transporting horses) remolque *m or* trailer *m* (*para transportar caballos*); **~ chestnut** *n* 1 **~ chestnut (tree)** castaño *m* de Indias 2 (fruit) castaña *f* de Indias; **~-drawn** *adj* tirado por caballos; **~feathers** *pl n* (AmE sl) tonterías *fpl*, bobadas *fpl* (fam); **~flesh** *n* [u] (meat) carne *f* de caballo; (horses) caballos *mpl*; **~fly** *n* tábano *m*; **~hair** *n* [u] crin *f*; **~man** /'hɔːrsmən || 'hɔːsmən/ *n* (*pl* **-men** /-mən/) jinete *m*

horsemanship /'hɔːrsmənʃɪp || 'hɔːsmənʃɪp/ *n* [u] habilidad *f* en el manejo del caballo

horse: **~meat** *n* [u] carne *f* de caballo; **~play** *n* [u] jugueteo *m*; **~power** *n* [u] caballo *m* (de fuerza); **~ racing** *n* [u] carreras *fpl* de caballos, hípica *f*; **~radish** /'hɔːrs'rædɪʃ || 'hɔːsrædɪʃ/ *n* [c u] rábano *m* picante; **~ sense** *n* [u] (colloq) sentido *m* común, tino *m*; **~shit** *n* [u] (AmE sl) ▸ **bullshit¹**; **~shoe** *n* herradura *f*; **~ show** *n* concurso *m* hípico

horsewhip¹ /'hɔːrshwɪp || 'hɔːswɪp/ *n* látigo *m*, fuete *m* (AmL exc CS)

horsewhip² *vt* **-pp-** darle* latigazos *or* (AmL exc CS) fuetazos a

horsewoman /'hɔːrsˌwʊmən || 'hɔːsˌwʊmən/ *n* (*pl* **-women**) amazona *f*

horsy, horsey /'hɔːrsi || 'hɔːsi/ *adj* **-sier, -siest** 1 (fond of horses) aficionado a los caballos 2 (resembling horse) ‹*face*› caballuno, de caballo

horticultural /'hɔːrtə'kʌltʃərəl || ˌhɔːtɪ'kʌltʃərəl/ *adj* hortícola, de horticultura

horticulture /'hɔːrtəˌkʌltʃər/ *n* [u] horticultura *f*

hose /həʊz/ *n*

A [c u] (**~pipe**) manguera *f*, manga *f*; (Auto) manguito *m*

B (Clothing) (+ *pl vb*) 1 (socks) (dated) calcetines *mpl*, medias *fpl* (AmL) 2 (tights) (Hist, Theat) calzas *fpl*, malla *f* 3 (AmE) ▸ **pantyhose**

Phrasal verb

• **hose down** [v ▸ o ▸ adv, v ▸ adv ▸ o] lavar (*con manguera*)

hosepipe /'həʊzpaɪp/ *n* (esp BrE) ▸ **hose A**

hosiery /'həʊʒəri/ *n* [u] (frml) calcetería *f*, medias *fpl*

hospice /'hɑːspəs || 'hɒspɪs/ *n* (for the dying) *residencia para enfermos desahuciados*

hospitable /hɑː'spɪtəbəl || hɒ'spɪtəbəl/ *adj* ‹*person*› hospitalario; ‹*atmosphere*› acogedor

hospital /'hɑːspɪtl̩ || 'hɒspɪtl̩/ *n* hospital *m*; **to be in the ~** (AmE) *o* (BrE) **in ~** estar* en el hospital, estar* hospitalizado, estar* internado (CS, Méx); **he went into the ~** (AmE) *o* (BrE) **into ~** ingresó en el hospital, se hospitalizó *or* (CS, Méx tb) internó; (*before n*) ‹*treatment*› hospitalario

hospitality /'hɑːspə'tæləti || ˌhɒspɪ'tæləti/ *n* [u] hospitalidad *f*; (*before n*) ‹*suite/lounge*› (BrE) de recepción

hospitalize /ˈhɑːspɪtl̩aɪz || ˈhɒspɪtl̩aɪz/ *vt* hospitalizar*, internar (CS, Méx)

host¹ /həʊst/ *n*

A **1** (person dispensing hospitality) anfitrión, -triona *m,f*; **Barcelona played ~ to the Olympic Games** Barcelona fue la sede de las Olimpiadas; (*before n*) ‹*country/government*› anfitrión **2** (Rad, TV) presentador, -dora *m,f*

B (of parasite) huésped *m*

C (multitude) gran cantidad *f*

D **the Host** (Relig) la (Sagrada) Hostia *or* Forma, la Eucaristía

host² *vt* **1** (be the venue for) ‹*conference/event*› ser la sede de **2** (Rad, TV) ‹*program*› presentar **3** ‹*party/function*› ofrecer*

hostage /ˈhɑːstɪdʒ || ˈhɒstɪdʒ/ *n* rehén *m*; **to take/hold sb ~** tomar/tener* a algn como rehén

hostel /ˈhɑːstl̩ || ˈhɒstl̩/ *n* **1** (*youth ~*) albergue *m* juvenil *or* de juventud **2** (for students) (BrE) residencia *f*; (for the homeless, for battered wives etc) hogar *m*

hostess /ˈhəʊstəs || ˈhəʊstes/ *n* **1** (in private capacity) anfitriona *f* **2** (*air ~*) (esp BrE) ▸**stewardess 2** **3** (at exhibitions, fairs) azafata *f*; (in nightclub) cabaretera *f*, chica *f* de alterne (Esp), copera *f* (AmS); (on TV show) (presenter) presentadora *f*; (assistant) azafata *f*

hostile /ˈhɑːstl̩ || ˈhɒstaɪl/ *adj* hostil; **to be ~ TO sth** ser* hostil A algo; **to be ~ TO** *o* **TOWARD sb** ser* hostil CON *or* HACIA algn

hostility /hɑːˈstɪləti || hɒˈstɪləti/ *n*

A [u] **~ (TO** *o* **TOWARD sb/sth)** hostilidad *f* (HACIA algn/algo)

B **hostilities** *pl* (Mil frml) hostilidades *fpl* (frml)

hot /hɑːt || hɒt/ *adj* **-tt-**

A **1** ‹*food/water*› caliente; ‹*weather/day/country*› caluroso; ‹*climate*› cálido; **don't touch it, it's ~** no lo toques, está caliente; **it's ~ today/in here** hoy/aquí hace calor; **I'm/he's ~** tengo/tiene calor; **to get ~** «*oven/iron/radiator*» calentarse*; **I got really ~ in that shop/playing tennis** me dio mucho calor en esa tienda/me acaloré mucho jugando tenis (AmL) *or* jugando al tenis (Esp, RPl); **to get/be all ~ and bothered about sth** sulfurarse/estar* sulfurado por algo; **to have a ~ temper** tener* mal genio; ▸**blow²** *vi* **A1** **2** (spicy) picante, picoso (Méx)

B (dangerous) (colloq) peligroso; **to make things ~ for sb** hacerle* la vida muy difícil a algn; **the situation was too ~ to handle** la situación entrañaba demasiados riesgos *or* era demasiado comprometedora

C **1** (fresh) ‹*news/scent*› reciente, fresco; **news ~ off the press** una noticia de último momento **2** (current) ‹*story/issue*› de plena actualidad **3** (popular, in demand) ‹*product*› de gran aceptación; ‹*play/movie*› taquillero

D (colloq) **1** (expert) **to be ~ AT/ON sth**: **she's very ~ at physics** es un hacha *or* es muy buena en física; **he's very ~ on current affairs** está muy al tanto en temas de actualidad **2** (keen) **to be ~ ON sth**: **she's ~ on punctuality** le da mucha importancia a la puntualidad **3** (satisfactory) (*pred, with neg*): **how are things? — not so ~** ¿qué tal? — regular *or* más o menos

E (stolen) (sl) robado, afanado (arg)

F (in gambling): **the ~ favorite** el gran favorito; **a ~ tip** un soplo

(Phrasal verb)

- **hot up**: **-tt-** (esp BrE colloq) [v ▸ adv] «*competition*» ponerse* reñido; «*pace*» acelerarse; «*party*» animarse

hot: **~ air** *n* [u] palabrería *f*; **~-air balloon** /ˈhɑːtˈer || ˌhɒtˈeə/ *n* globo *m* de aire caliente; **~bed** *n* (of crime, unrest) semillero *m*, caldo *m* de cultivo; **~-blooded** /ˈhɑːtˈblʌdəd || ˌhɒtˈblʌdɪd/ *adj* apasionado, ardiente

hotchpotch /ˈhɑːtʃpɑːtʃ || ˈhɒtʃpɒtʃ/ *n* (BrE) ▸**hodgepodge**

hot: **~ cross bun** *n*: *bollo de pasas marcado con una cruz, que tradicionalmente se come el Viernes Santo*; **~dog** *vi* **-gg-** (AmE colloq) **1** (show off) fanfarronear (fam) **2** (perform acrobatics) hacer* acrobacias; **~ dog** *n* **1** (Culin) perro *m or* perrito *m* caliente, pancho *m* (RPl) **2** (show-off) (AmE colloq) fanfarrón, -rrona *m,f* (fam)

hotel /həʊˈtel/ *n* hotel *m*; (*before n*) **the ~ industry** la industria hotelera

hotelier /həʊˈteljər || həʊˈteliə(r)/ *n* hotelero, -ra *m,f*

hot flush, (AmE) **hot flash** *n* sofoco *m*, bochorno *m*, calor *m* (RPl fam)

hotfoot¹ /ˈhɑːtfʊt/ *adv* a toda prisa, rápidamente

hotfoot² *vt*: ***to ~ it*** (colloq) ir* volando *or* corriendo

hot: **~head** *n* exaltado, -da *m,f*; **~headed** /ˈhɑːtˈhedəd || ˌhɒtˈhedɪd/ *adj* exaltado; **~house** *n* invernadero *m*; (*before n*) ‹*plant/flowers*› de invernadero; ‹*atmosphere*› enrarecido; **~ line** *n* (Pol) teléfono *m* rojo; (for public) línea *f* directa; **~ link** *n* (Comput) **1** (connection) enlace *m* activo **2** (hypertext link) enlace *m* de hipertexto

hotly /ˈhɑːtli || ˈhɒtli/ *adv* ‹*dispute/deny*› con vehemencia; ‹*debated*› acaloradamente; **she finished first, ~ pursued by Klotz** llegó en primer lugar, seguida muy de cerca por Klotz

hot: **~ pants** *pl n* minishorts *mpl*, hot pants *mpl*; **~ pepper** *n* [u c] (AmE) pimiento *m* picante, ají *m* picante (AmS), chile *m* (Méx); **~plate** *n* (for cooking) placa *f*, hornilla *f* (AmL exc CS), hornalla *f* (RPl), plato *m* (Chi); (for keeping food warm) calientaplatos *m*; **~pot** *n* [u c] estofado *m*, guiso *m*; **~ potato** *n* (colloq) asunto *m* candente; ▸**drop²** *vt* **A2**; **~ rod** *n* (colloq) coche *m* arreglado *or* trucado

hots /hɑːts || hɒts/ *pl n* (sl): ***to have the ~ for sb***: **she's really got the ~ for Joe** está loca por Joe (fam)

hot: **~ seat** *n* (colloq): **to be in the ~ seat** estar* en la línea de fuego; **~shot** *n* personaje *m*; (*before n*) ‹*scientist*› célebre; **a ~shot golfer** un as del golf; **~ spot** *n* (colloq) **1** (Pol) punto *m* conflictivo **2** (night club) club *m* nocturno; **~ spring** *n* fuente *f* termal; **~ stuff** *n* [u] (colloq): **it's ~ stuff** (very good) es sensacional *or* fantástico; (controversial) es controvertido *or* polémico; **he's really ~ stuff** (physically) está muy bien (fam), está buenísimo (fam); **~-tempered** /ˈhɑːtˈtempərd || ˌhɒtˈtempəd/ *adj* irascible; **~-water bottle** /ˈhɑːtˈwɔːtər || ˌhɒtˈwɔːtə/ *n* bolsa *f* de agua caliente

hound¹ /haʊnd/ *n* perro *m* de caza, sabueso *m*

hound² *vt* acosar; **he is being ~ed by the press** está siendo perseguido y acosado por la prensa; **she was ~ed out of office** tanto la acosaron, que tuvo que dejar el cargo

hour /aʊr || aʊə(r)/ *n*

A **1** (60 minutes) hora *f*; **a quarter of an ~** un cuarto de hora; **to be paid by the ~** cobrar por horas **2** (time of day) hora *f*; **the clock struck the ~** el reloj dio la hora; **on the ~** a la hora en punto; **at twenty past the ~** a (las) y veinte; **at 1600 ~s** a las 16:00 horas; **to be up till all ~s** estar* levantado hasta las tantas (fam); **in the early ~s of yesterday morning** ayer de madrugada, en la madrugada de ayer; **in the wee** *o* (BrE) **small ~s** a altas horas (de la noche) **3** (particular moment) momento *m*; **her/his/their finest ~** su mejor momento; **in my ~ of need they all deserted me** todos me abandonaron cuando más los necesitaba

B **hours** *pl* **1** (long time) horas *fpl* **2** (fixed period): **during office/business ~s** en horas de oficina/trabajo; **what ~s are you open?** ¿qué horario tienen?; **doctors work long ~s** los médicos tienen un día de trabajo muy largo; **to work after ~s** trabajar después de hora; **to keep late/irregular ~s** llevar una vida noctámbula/desordenada

hourglass /ˈaʊrglæs/ *n* reloj *m* de arena; (*before n*) **~ figure** cuerpo *m* en forma de guitarra *or* de ánfora

hourly¹ /ˈaʊrli || ˈaʊəli/ *adj* ‹*rate/wage*› por hora

hourly² *adv* **1** (every hour) ‹*run/broadcast*› cada hora **2** (all the time) a cada momento **3** (at any time) (liter) ‹*expect*› en cualquier momento **4** (by the hour) ‹*pay/charge*› por hora(s)

house¹ /haʊs/ *n* (*pl* **houses** /ˈhaʊzəz/)

A **1** (dwelling, household) casa *f*; **he's useless around the ~** es un inútil para la casa; ***a ~ of cards*** un castillo de naipes; ***as safe as ~s*** (BrE) totalmente seguro; ***to clean ~*** (AmE) (restore order) poner* la casa en orden; (lit: spring-clean) hacer* (una) limpieza general; ***to eat sb out of ~ and home*** dejarle la despensa vacía a algn; ***to get along like a ~ afire*** *o* (BrE) ***on fire*** (colloq) hacer* buenas migas, llevarse muy bien; ***to keep open ~*** tener* la puerta siempre abierta; ***to put one's (own) ~ in order*** poner* sus (*or* mis *etc*) asuntos en orden, ordenar sus (*or* mis *etc*) asuntos; ***to set up ~*** poner* casa; (*before n*) **~ prices** el precio de la vivienda **2** (dynasty) casa *f*, familia *f*

B (Govt) Cámara *f*; **the H~ of Representatives** (in US) la Cámara de Representantes *or* de Diputados; **the H~ of Commons/of Lords** (in UK) la Cámara de los Comunes/de los Lores; **the H~s of Parliament** (in UK) el Parlamento

C (Busn) casa *f*, empresa *f*; **publishing ~** editorial *f*; **drinks are on the ~** invita la casa; (*before n*) **~ wine** vino *m* de la casa

D (Theat) **1** (auditorium) sala *f*; **S house full** agotadas las localidades; ***to bring the ~ down*** (colloq): **that scene brought the ~ down** el teatro casi se viene abajo con los aplausos que siguieron a esa escena **2** (audience) público *m* **3** (performance) función *f*

house² /haʊz/ *vt* **1** (accommodate) ‹*person/family*› alojar, darle* alojamiento a **2** (contain) ‹*office/museum*› albergar* **3** (store) almacenar

house³ /haʊs/ *interj* (BrE) ¡cartón! (AmL), ¡bingo! (Esp)

House of Commons

La Cámara de los Comunes es la cámara baja del Parlamento británico o *Houses of Parliament*. Los parlamentarios elegidos para reunirse aquí se denominan *Members of Parliament*. (**House of Lords**)

house /haʊs/: **~ agent** *n* (BrE) agente *mf* inmobiliario; **~ arrest** *n* arresto *m* domiciliario; **~boat** *n* casa *f* flotante; **~bound** *adj*: **she's 85 and completely ~bound** tiene 85 años y está completamente confinado a su casa; **~break** *vt* (AmE) ‹*pet*› educar*; **~breaker** *n* ladrón, -drona *m,f* (*que desvalija viviendas*); **~broken** *adj* (AmE) ‹*pet*› enseñado; **~ call** *n* visita *f* a domicilio; **~coat** *n* bata *f* (*de casa*); **~fly** *n* mosca *f* común *or* doméstica; **~guest** *n* huésped *mf*, invitado, -da *m,f*

House of Lords

La Cámara de los Lores es la cámara alta del Parlamento británico. Su función es discutir y posteriormente aprobar o sugerir cambios a la legislación que haya sido aprobada en la Cámara de los Comunes (**House of Commons**). Sus miembros son nombrados en su mayoría por los pantidos políticos

House of Representatives

La Cámara de Representantes es la cámara baja del Congreso (**Congress**) de Estados Unidos. Está formada por 435 representantes (*Representatives*) que son elegidos cada dos años. Cada estado de EEUU tiene un número de representantes proporcional a su población. Esta cámara es la encargada de introducir nueva legislación, por lo que toda nueva ley debe ser aprobada por ella

household /ˈhaʊshəʊld/ *n* casa *f*; **~s with more than one wage earner** las familias *or* (frml) los hogares donde trabajan dos o más personas; (*before n*) **the ~ chores** las tareas domésticas; **a ~ name** un nombre muy conocido

householder /ˈhaʊshəʊldər/ *n* dueño, -ña *m,f* de casa

house /haʊs/: **~-hunt** *vi* (*usu in -ing form*) buscar* casa (*para comprar o alquilar*); **~-hunter** /ˈhaʊs,hʌntər/ *n*: *persona que busca una casa para comprar o alquilar*; **~husband** *n* (hum) *hombre que se ocupa de la casa mientras su mujer sale a trabajar*, amo *m* de casa (hum); **~keeper** *n* (woman) ama *f*‡ de llaves; (in hotel) gobernanta *f*; (man) encargado *m* de la casa; **she's a good ~keeper** es muy buena administradora; **~keeping** *n* [u] **1** (running of home) gobierno *m* de la casa **2** **~keeping (money)** dinero *m* (para los gastos) de la casa **3** (Comput) tareas *fpl* de reorganización de los ficheros; **~ lights** *pl n* (Theat, Cin) luces *fpl* de la sala; **~maid** *n* criada *f*, mucama *f* (AmL); **~man** *n* (*pl* **-men**) (BrE Med) interno, -na *m,f*; **~ martin** *n* avión *m* común; **~plant** *n* planta *f* de interior; **~-proud** *adj* (esp BrE) muy meticuloso (*en la limpieza y el arreglo de la casa*); **~room** *n* [u] (BrE) sitio *m or* espacio *m* (en casa); **I wouldn't give him/it ~room** no lo tendría en casa por nada; **~-sit** *vi* (*pres p* **-sitting** *past & past p* **-sat** /-sæt/) cuidar una casa (*mientras el dueño está ausente*); **~ surgeon** *n* (BrE) cirujano, -na *m,f* residente; **~-to-house** *adj* ‹*inquiries/search*› puerta a puerta; **~ trailer** *n* (AmE) casa *f* rodante (AmL), roulotte *f* (Esp); **~-train** *vt* (BrE) ‹*pet*› educar*; **~-trained** *adj* (BrE) ‹*pet*› enseñado; **~warming (party)** /ˈhaʊs,wɔːrmɪŋ/ *n*: *fiesta de inauguración de una casa*; **~wife** *n* ama *f*‡ de casa; **~work** *n* [u] tareas *fpl* domésticas, trabajo *m* de la casa; **he doesn't do any ~work** no hace nada en la casa

housing /ˈhaʊzɪŋ/ *n*

A [u] **1** (dwellings) viviendas *fpl*; (*before n*) **poor ~ conditions** viviendas inadecuadas; **~ shortage** escasez *f* de viviendas **2** (provision of houses): **the government's policy on ~** la política del gobierno en cuanto al problema de la vivienda

B [c] (cover) caja *f* protectora

housing: **~ association** *n* (in UK) *asociación que construye o renueva viviendas para alquilarlas a precios módicos*; **~ development** *n* (AmE) complejo *m* habitacional, urbanización *f* (Esp), fraccionamiento *m* (Méx); **~ estate** *n* (BrE) **1** (council estate) *urbanización de viviendas de alquiler subvencionadas por el ayuntamiento* **2** (privately owned) ▸ **~ development**; **~ project** *n* (in US) complejo *m* de viviendas subvencionadas

hovel /ˈhʌvəl || ˈhɒvəl/ *n* casucha *f*, rancho *m* (RPl)

hover /ˈhʌvər || ˈhɒvə(r)/ *vi* ‹‹*helicopter*›› sostenerse* en el aire (*sin avanzar*); ‹‹*bird*›› cernerse*; **to ~ OVER** *o* **ABOVE sth/sb** ‹‹*hawk/threat*›› cernerse* SOBRE algo/algn; **a smile/question ~ed on her lips** sus labios esbozaron una sonrisa/una pregunta; **they were ~ing on the brink of disaster** estaban casi al borde del desastre; **the temperature ~ed around 20°** la temperatura rondaba los 20°; **the waiter ~ed around, waiting for a tip** el mesero estuvo rondando la mesa, esperando una propina

hovercraft /ˈhʌvərkræft || ˈhɒvəkrɑːft/ *n* (*pl* **-craft** *or* **-crafts**) aerodeslizador *m*

how /haʊ/ *adv*

A (in questions, indirect questions) cómo; **~ are you?** ¿cómo estás?; **~'s the new job?** ¿cómo marcha el nuevo trabajo?; **~'s your French?** ¿qué tal es tu francés?; **~ do I look?** ¿cómo *or* qué tal estoy?; **~ would Monday suit you?** ¿te viene bien el lunes?; **I asked him ~ he knew** le pregunté cómo lo sabía; **~ will you vote?** ¿a *or* por quién vas a votar?

B (*with adjs, advs*) **1** (in questions, indirect questions): **~ wide is it?** ¿cuánto mide *or* tiene de ancho?, ¿qué tan ancho es? (AmL exc CS); **~ heavy is it?** ¿cuánto pesa?; **~ high can you jump?** ¿hasta dónde puedes saltar?; **~ often do you meet?** ¿con qué frecuencia se reúnen?; **~ bad is the damage?** ¿de qué gravedad son los daños?, ¿qué tan graves son los daños? (AmL exc CS); **~ old are you?** ¿cuántos años tienes?; **I can't tell you ~ grateful I am!** ¡no puedo decirte lo agradecido que estoy *or* (liter) cuán agradecido estoy! **2** (in exclamations) qué; **~ strange/rude!** ¡qué raro/grosero!; **~ right you are!** ¡cuánta razón tienes!

C (*in phrases*) **how about** *o* (colloq) **how's about sth**: **~ about a drink?** ¿nos tomamos una copa?; **Thursday's no good; ~ about Friday?** el jueves no puede ser ¿qué te parece el viernes?; **I'd love to go; ~ about you?** me encantaría ir ¿y a ti?; **10 out of 10! ~ about that?** 10 sobre 10 ¿qué te parece?; **how come** (colloq): **~ come the door's locked?** ¿cómo es que la puerta está cerrada con llave?; **and how!** (colloq) ¡y cómo!

howdy /ˈhaʊdi/ *interj* (AmE colloq & dial) ¡hola!

however¹ /haʊˈevər || haʊˈevə(r)/ *adv*

A (*as linker*) sin embargo, no obstante (frml)

B (*used before adj or adv*) (no matter how): **~ hard she tried ...** por más que trataba ...; **locks, ~ strong, can be broken** las cerraduras, por fuertes que sean, se pueden romper

C (interrog) cómo; **~ did you manage that?** ¿cómo te las arreglaste para conseguir eso?

however² *conj*: **arrange the furniture ~ you like** pon los muebles como quieras; **it's been a disaster, ~ you look at it** ha sido un desastre, lo mires por donde lo mires

howl¹ /haʊl/ *vi* **1** ‹‹*dog/wolf*›› aullar*; ‹‹*person*›› dar* alaridos; ‹‹*wind/gale*›› aullar*, bramar; **to ~ (with laughter)** reírse* a carcajadas; **to ~ AT sb** gritarle A algn **2** (weep noisily) (colloq) berrear (fam)

■ **howl** *vt* bramar, gritar

howl² *n* **1** [c] (of dog, wolf) aullido *m*; (of person) alarido *m*, aullido *m*; (of baby) berrido *m*; **~s of laughter** carcajadas *fpl*, risotadas *fpl* **2** [c] (something hilarious) (AmE colloq): **it really was a ~** fue para morirse de risa (fam), fue un plato (AmL) *or* (Méx) un relajo (fam)

howler /ˈhaʊlər || ˈhaʊlə(r)/ *n* (colloq) barbaridad *f*, error *m* garrafal

howling /ˈhaʊlɪŋ/ *adj* (*before n*)

A ‹*gale/storm*› huracanado

B (colloq) (*as intensifier*): **it was a ~ success** tuvo un éxito clamoroso

hp (= **horsepower**) CV, HP

HP *n* [u] (BrE) (= **hire purchase**): **to buy sth on ~** comprar algo a plazos

HQ *n* = **headquarters**

hr (= **hour**) h.

HRH (in UK) (= **Her/His Royal Highness**) S.A.R.

HRT *n* = **hormone replacement therapy**

hub /ˈhʌb/ *n* **1** (of wheel) cubo *m* **2** (focal point) centro *m*

hubbub /ˈhʌbʌb/ *n* (*no pl*) alboroto *m*, barullo *m*

hub cap *n* tapacubos *m*, taza *f* (RPl)

huckleberry /ˈhʌkəlˌberi || ˈhʌklbəri/ *n* (*pl* **-ries**) arándano *m*, ráspano *m*

huckster /ˈhʌkstər || ˈhʌkstə(r)/ *n* **1** (salesman, promoter) (pej) charlatán, -tana *m,f*, mercachifle *mf* **2** (ad writer) (AmE colloq & pej) publicitario, -ria *m,f*

HUD /hʌd/ *n* (in US) = **Department of Housing and Urban Development**

huddle¹ /ˈhʌdḷ/ *vi* **1** **~ (up)** (crowd together) apiñarse; **she ~d against her mother** se arrimó a su madre **2** **~ (up)** (curl up) acurrucarse* **3** (in US football) hacer* un timbac *or* un jol

huddle² *n* (tight group) grupo *m*, corrillo *m*; (in US football) timbac *m*, jol *m*; **to go into a ~ (with sb)** hacer* grupo aparte (con algn) (*para discutir algo*)

huddled /ˈhʌdḷd/ *adj* (*pred*) (crowded together) amontonado, apiñado; (curled up) acurrucado

hue /hjuː/ *n* (liter) (color) color *m*; (shade) tono *m*

hue and cry *n* (*no pl*) revuelo *m*

huff¹ /hʌf/ *n* (*no pl*): **to be/go off in a ~** estar*/salir* enfurruñado, estar*/salir* con mufa (RPl fam); **to get in** *o* **go into a ~** enfurruñarse

huff² *vi*: **to ~ and puff** (wheeze, pant) jadear, resoplar; (bluster) vociferar

huffy /ˈhʌfi/ *adj* **-fier, -fiest** enfurruñado; **to get ~ (ABOUT sth)** enfurruñarse (POR algo)

hug¹ /hʌg/ *vt* **-gg-** **1** (embrace) abrazar* **2** (keep close to) ir* pegado a

hug² *n* abrazo *m*; **to give sb a ~** abrazar* *or* darle* un abrazo a algn

huge /ˈhjuːdʒ/ *adj* ‹*building/person*› enorme, inmenso, gigantesco; ‹*sum*› astronómico, enorme; ‹*response*› tremendo; **it was a ~ success** fue un exitazo (fam)

hugely /ˈhjuːdʒli/ *adv* **1** (*as intensifier*) ‹*successful*› tremendamente, enormemente; **to enjoy oneself ~** divertirse* en grande **2** (by large amount) ‹*increased/expanded*› enormemente

huh *interj* /hʌ/ (expressing surprise) ¿qué?; (expressing disbelief, derision) ¡ja!, sí, sí …; (in inquiry) ¿eh?

hulk /hʌlk/ *n* **1** (body of ship) casco *m*; (worn-out ship) (pej) carraca *f*, barco *m* viejo **2** (wreck) restos *mpl* (*de un buque siniestrado*) **3** (large man) mole *f*, gigantón *m*

hulking /ˈhʌlkɪŋ/ *adj* (*before n*) (colloq) grandote (fam), descomunal; (*as adv*) **a ~ great brute** una bestia de hombre (fam)

hull¹ /hʌl/ *n*
A (of ship, plane, tank) casco *m*
B (of peas, beans) vaina *f*; (of strawberries) cabito *m*, calículo *m*; (of cereals) cáscara *f*, cascarilla *f*

hull² *vt* ‹*peas/beans*› pelar, quitarles la vaina a; ‹*strawberries*› quitarles el cabito a

hullabaloo /ˈhʌləbəluː/ *n* [u] (colloq) (noise) barullo *m*; (fuss) jaleo *m* (fam), escándalo *m*

hullo /həˈləʊ || hʌˈləʊ/ (esp BrE) ▸**hello**

hum¹ /hʌm/ **-mm-** *vi*
A «*machinery/bee/wire*» zumbar; «*person*» tararear (*con la boca cerrada*); **the place is ~ming with activity** el sitio bulle de actividad; ***to ~ and ha(w)*** (BrE colloq) vacilar
B (stink) (BrE colloq) oler* mal, apestar (fam), cantar (Esp fam)
■ **hum** *vt* ‹*tune*› tararear (*con la boca cerrada*)

hum² *n* (*no pl*) (of bees, machinery) zumbido *m*; (of voices, traffic) murmullo *m*

human¹ /ˈhjuːmən/ *adj* humano; **I'm only ~** (todos) somos humanos

human² *n* ser* *m* humano

human being *n* ser *m* humano; **she's a wonderful ~ ~** es una persona estupenda *or* una gran persona

humane /hjuːˈmeɪn/ *adj* humanitario, humano

humanely /hjuːˈmeɪnli/ *adv* humanitariamente, de manera humanitaria

humanism /ˈhjuːmənɪzəm/ *n* [u] humanismo *m*

humanist /ˈhjuːmənəst || ˈhjuːmənɪst/ *n* humanista *mf*

humanitarian /hjuːˈmænəˈteriən/ *adj* humanitario

humanities /hjuːˈmænətiz/ *n* **1** (+ *pl vb*) **the ~** las humanidades, las artes y las letras **2** (discipline) (+ *sing vb*) humanidades *fpl*; (*before n*) ‹*student/course*› de humanidades

humanity /hjuːˈmænəti/ *n* humanidad *f*; **crimes against ~** crímenes *mpl* contra la humanidad

humanize /ˈhjuːmənaɪz/ *vt* humanizar*

humankind /ˈhjuːmənkaɪnd || ˌhjuːmənˈkaɪnd/ *n* [u] (liter) el género humano (frml *o* liter)

humanly /ˈhjuːmənli/ *adv* humanamente

human: **~ nature** *n* [u] naturaleza *f* humana; **~ rights** *pl n* derechos *mpl* humanos

humble¹ /ˈhʌmbəl/ *adj* humilde, modesto; ‹*apology/request*› humilde; **in my ~ opinion** en mi modesta *or* humilde opinión; ▸**eat** *vt* **A**

humble² *vt* (make humble) darle* una lección de humildad a; (humiliate) humillar

humbly /ˈhʌmbli/ *adv* humildemente

humbug /ˈhʌmbʌg/ *n*
A [u] (nonsense) patrañas *fpl*
B [c] (sweet) (BrE) *caramelo de menta a rayas blancas y negras*

humdinger /ˈhʌmˈdɪŋər || ˌhʌmˈdɪŋə(r)/ *n* (colloq) maravilla *f*, portento *m*

humdrum /ˈhʌmdrʌm/ *adj* monótono, rutinario

humid /ˈhjuːməd || ˈhjuːmɪd/ *adj* húmedo

humidifier /hjuːˈmɪdəfaɪər || hjuːˈmɪdɪfaɪə(r)/ *n* humectador *m*, humidificador *m*

humidity /hjuːˈmɪdəti/ *n* [u] humedad *f*

humiliate /hjuːˈmɪlieɪt/ *vt* humillar

humiliating /hjuːˈmɪlieɪtɪŋ/ *adj* humillante

humiliation /hjuːˈmɪliˈeɪʃən/ *n* humillación *f*

humility /hjuːˈmɪləti/ *n* [u] humildad *f*

hummingbird /ˈhʌmɪŋbɜːrd/ *n* colibrí *m*, picaflor *m*

hummous, hummus /ˈhʊməs/ *n* [u] *puré de garbanzos al estilo griego*

humongous, humungous /hjuːˈmʌŋgəs/ *adj* (colloq) enorme, monumental (fam)

humor¹, (BrE) **humour** /ˈhjuːmər || ˈhjuːmə(r)/ *n*
A [u] (comic quality) humor *m*; **sense of ~** sentido *m* del humor
B (mood) (*no pl*) humor *m*, talante *m*
C [c] (Hist, Physiol) humor *m*

humor², (BrE) **humour** *vt* seguirle* la corriente a

humorist /ˈhjuːmərəst || ˈhjuːmərɪst/ *n* humorista *mf*

humorless, (BrE) **humourless** /ˈhjuːmərləs || ˈhjuːmələs/ *adj* ‹*person*› sin sentido del humor, sin gracia; ‹*smile*› forzado

humorous /ˈhjuːmərəs/ *adj* ‹*novel/play/speech*› humorístico; ‹*situation*› cómico, gracioso

humour *n/vt* (BrE) ▸**humor¹,²**

hump¹ /hʌmp/ *n* **1** (of camel) joroba *f*, giba *f*; (of person) joroba *f* **2** (in ground) montículo *m* **3** (bad mood) (BrE colloq): ***to get the ~*** enfurruñarse; ***to have the ~*** estar* de mal humor

hump² *vt*
A (hunch) ‹*back*› encorvar
B **~ (about)** (carry) (BrE colloq) cargar*, acarrear

humpback /ˈhʌmpbæk/, **humpbacked** /-bækt/ *adj* ‹*person*› jorobado; ‹*bridge*› (BrE) peraltado

humus /ˈhjuːməs/ *n* [u] humus *m*, mantillo *m*

hunch¹ /hʌntʃ/ *vt* ‹*back/shoulders*› encorvar
■ **hunch** *vi* encorvarse

hunch² *n* (intuitive feeling) (colloq) presentimiento *m*, pálpito *m*, corazonada *f*; **to have a ~ that …** tener* el presentimiento de que …

hunch: **~back** *n* (person) jorobado, -da *m,f*; (hump) joroba *f*; **~backed** /ˈhʌntʃbækt/ *adj* jorobado

hundred /ˈhʌndrəd/ *n* cien *m*; **a/one ~** cien; **a/one ~ and one** ciento uno; **two ~** doscientos; **five ~** quinientos; **five ~ pages** quinientas páginas; **twelve ~** mil doscientos; **fifteen ~** mil quinientos; **in (the year) fifteen ~**

en el (año) mil quinientos; **she lived in the seventeen ~s** vivió en el siglo XVIII; **ten ~s are a thousand** diez centenas son un millar; **they are sold by the ~** *o* **in ~s** se venden de a cien *or* (Esp) de cien en cien; **a/one ~ thousand/million** cien mil/millones; **~s of times** cientos de veces; **I've got a ~ and one things to do** tengo cientos *or* miles de cosas que hacer

hundred: **~fold** *adj/adv see* **-fold**; **~-percenter** /ˈhʌndrəd,pərˈsentər/ *n* (AmE) *nacionalista acérrimo*

hundredth¹ /ˈhʌndrədθ/ *adj* centésimo; *see also* **fifth¹**

hundredth² *adv* en centésimo lugar; *see also* **fifth²**

hundredth³ *n* 1 (Math) centésimo *m* 2 (part) centésima parte *f*

hundredweight /ˈhʌndrədweɪt/ *n* (*pl* ~) *unidad de peso equivalente a 45,36kg. en EEUU y a 50,80kg. en RU*

hung /hʌŋ/ *past & past p of* **hang¹**

Hungarian¹ /hʌŋˈgeriən || hʌŋˈgeəriən/ *adj* húngaro

Hungarian² *n* 1 [u] (language) húngaro *m* 2 [c] (person) húngaro, -ra *m,f*

Hungary /ˈhʌŋgəri/ *n* Hungría *f*

hunger¹ /ˈhʌŋgər || ˈhʌŋgə(r)/ *n* 1 [u] (physical) hambre *f*‡ 2 (strong desire) (*no pl*): **a ~ for adventure/learning** un ansia *f*‡ *or* (liter) hambre de aventura/de aprender

hunger² *vi* **to ~ FOR** *o* (liter) **AFTER sth** estar* sediento DE algo (liter)

hunger strike *n* huelga *f* de hambre

hung: **~ jury** *n*: *jurado que se disuelve al no ponerse de acuerdo sus miembros*; **~over** /ˈhʌŋˈəʊvər || ˌhʌŋˈəʊvə(r)/ *adj* con resaca, con guayabo (Col fam), con cruda (AmC, Méx fam), con ratón (Ven fam); **to be ~ over** tener* resaca (*or* guayabo *etc*); **~ parliament** *n*: *parlamento en el cual ningún partido tiene la mayoría absoluta*

hungrily /ˈhʌŋgrəli || ˈhʌŋgrɪli/ *adv* ávidamente

hungry /ˈhʌŋgri/ *adj* **-grier, -griest** hambriento; **to be ~** tener* hambre; **I'm getting ~** me está dando hambre; **to go ~** pasar hambre; **power-~** ansioso de poder; **to be ~ FOR sth** estar* ávido DE algo

hung up *adj* (sl)

A (Psych) (*pred*) **to be ~ ~ ABOUT sth/sb**: **she's really ~ ~ about men** tiene un trauma con los hombres; **he's very ~ ~ about his lack of education** tiene un gran complejo por no haber tenido estudios

B (AmE Auto) (*pred*) **to be ~ ~** estar* en un atasco

hunk /hʌŋk/ *n* 1 (chunk) trozo *m*, pedazo *m* 2 (man) (colloq): **he's quite a ~** está buenísimo (fam)

hunker down /ˈhʌŋkər/ [v ▸ adv] (AmE) agacharse

hunky-dory /ˈhʌŋkiˈdɔːri/ *adj* (colloq): **everything's ~** todo marcha sobre ruedas *or* a las mil maravillas

hunt¹ /hʌnt/ *vt*

A ‹*game/fox*› cazar*; **they were ~ed out of existence** fueron exterminados

B 1 (search for) buscar* 2 (drive away) **to ~ sb/sth FROM/OFF/OUT OF sth** echar *or* expulsar a algn/algo DE algo

■ **hunt** *vi* 1 (pursue game) **to ~ (FOR sth)** cazar* (algo); **to go ~ing** ir* de caza *or* de cacería 2 (search) buscar*; **to ~ (FOR sth)** buscar* (algo)

Phrasal verbs

• **hunt down** [v ▸ o ▸ adv, v ▸ adv ▸ o] darle* caza a

• **hunt out, hunt up** [v ▸ o ▸ adv, v ▸ adv ▸ o] buscar*

hunt² *n*

A 1 (chase) caza *f*, cacería *f* 2 (hunters) partida *f* de caza, cacería *f*

B (search) búsqueda *f*; **I'll have a ~ for the book at home** (colloq) voy a buscar en casa a ver si encuentro el libro; **to be on the ~ for sth** (colloq) andar* a la caza de algo

hunted /ˈhʌntəd || ˈhʌntɪd/ *adj* ‹*look*› atormentado; ‹*animal*› (at bay) acorralado; (pursued) perseguido

hunter /ˈhʌntər || ˈhʌntə(r)/ *n* (person) cazador, -dora *m,f*; (horse) caballo *m* de caza

hunting /ˈhʌntɪŋ/ *n* [u] (Sport) caza *f*, cacería *f*

hunting ground *n* tierras *fpl* de caza, cazadero *m*

huntsman /ˈhʌntsmən/ *n* (*pl* **-men** /-mən/) cazador *m*

hurdle /ˈhɜːrdl̩ || ˈhɜːdl/ *n* 1 (Sport) (obstacle) obstáculo *m*, valla *f*; *see also* **hurdles** 2 (Agr) valla *f* 3 (problem) obstáculo *m*

hurdler /ˈhɜːrdlər/ *n* corredor, -dora *m,f* de vallas

hurdles /ˈhɜːrdlz || ˈhɜːdl̩z/ *n* (+ *sing vb*) vallas *fpl*; **the 100 meters ~** los 100 metros vallas

hurl /hɜːrl || hɜːl/ *vt* tirar, arrojar, lanzar*; **to ~ abuse at sb** soltarle* una sarta de insultos a algn

■ *v refl* **to ~ oneself** tirarse, arrojarse, lanzarse*

hurly-burly /ˈhɜːrliˈbɜːrli/ *n* [u] bullicio *m*, alboroto *m*

hurrah /hʊˈrɑː/, **hurray** /hʊˈreɪ/ *interj* ▸**hooray**

hurricane /ˈhɜːrəkeɪn || ˈhʌrɪkən, -keɪn/ *n* huracán *m*

hurricane lamp *n* farol *m*

hurried /ˈhɜːrid || ˈhʌrid/ *adj* ‹*footsteps/movements*› rápido, apresurado; ‹*decision*› precipitado; ‹*piece of work*› hecho deprisa; **we had a ~ meal** comimos rápidamente *or* (fam) a las carreras

hurriedly /ˈhɜːridli || ˈhʌridli/ *adv* apresuradamente; **she left ~** se fue muy deprisa *or* (AmL tb) muy apurada

hurry¹ /ˈhɜːri || ˈhʌri/ *n* (*no pl*) prisa *f*, apuro *m* (AmL); **in all the ~, I forgot my umbrella** con la prisa *or* (AmL) con el apuro, se me olvidó el paraguas; **in a ~**: **I'm in a ~** tengo prisa, estoy apurado (AmL); **he wrote it in a ~** lo escribió deprisa *or* (fam) a las carreras (fam); **he won't try that again in a ~** (esp BrE colloq) no le va a quedar ni pizca de ganas de volver a hacerlo (fam); **to be in a ~ to + INF** tener* prisa *or* (AmL tb) apuro POR+INF; **what's the ~?** ¿qué prisa *or* (AmL tb) qué apuro hay?

hurry² -ries, -rying, -ried *vi* 1 (make haste) darse* prisa, apurarse (AmL); **there's no need to ~** no hay prisa, no hay apuro (AmL) 2 (move hastily) (+ *adv compl*): **she hurried after him** corrió tras él; **he hurried in/out** entró/salió corriendo

■ **hurry** *vt* 1 ‹*person*› meterle prisa a, apurar (AmL); **he was hurried to a waiting car** se lo llevaron rápidamente *or* a toda prisa a un coche que estaba esperando 2 ‹*work*› hacer* apresuradamente, hacer* a las carreras (fam)

Phrasal verbs

• **hurry along**

A [v ▸ adv] ir* deprisa, apurarse (AmL)

B [v ▸ o ▸ adv, v ▸ adv ▸ o] ‹*person*› meterle prisa a, apurar (AmL)

• **hurry away, hurry off**

A [v ▸ adv] alejarse rápidamente *or* corriendo

B [v ▸ o ▸ adv, v ▸ adv ▸ o] alejar rápidamente

• **hurry on** ▸**hurry along**

• **hurry up**

A [v ▸ adv] darse* prisa, apresurarse, apurarse (AmL)

B [v ▸ o ▸ adv, v ▸ adv ▸ o] ‹*person*› meterle prisa a, apurar (AmL); ‹*work*› acelerar, apurar (AmL)

hurt¹ /hɜːrt || hɜːt/ (*past & past p* **hurt**) *vt*

A 1 (cause pain): **you're ~ing her/me!** ¡le/me estás haciendo daño!, ¡la/me estás lastimando! (esp AmL); **my foot is ~ing me** me duele el pie 2 (injure): **I ~ my ankle** me hice daño en el tobillo, me lastimé el tobillo (esp AmL); **to ~ oneself, to get ~** hacerse* daño, lastimarse (esp AmL); **nobody got** *o* **was ~** a nadie le pasó nada; **30 passengers were badly ~** 30 pasajeros resultaron gravemente heridos

B 1 (distress emotionally): **I've been ~ too often** me han hecho sufrir demasiadas veces; **their remarks ~ me deeply** lo que dijeron me dolió *or* me lastimó mucho; **to ~ sb's feelings** herir* las sentimientos de algn 2 (affect adversely) ‹*government/economy*› perjudicar*; **hard work never ~ anyone** trabajar duro nunca le hizo daño *or* mal a nadie

■ **hurt** *vi*

A (be source of pain) doler*; **my leg/head ~s** me duele la pierna/la cabeza; **where does it ~?** ¿dónde le duele?; **do your shoes ~?** ¿te hacen daño los zapatos?

B (have adverse effects): **it won't ~ to postpone it for a while** no pasa nada si lo dejamos por el momento

C (colloq) 1 (feel pain): **I was ~ing all over** me dolía todo; **he was still ~ing after the divorce** (AmE) todavía estaba resentido por lo del divorcio 2 (suffer adverse effects) (AmE): **to be ~ing** estar* pasándola *or* pasándolo mal (fam)

hurt² *n* [u] (emotional) dolor *m*, pena *f*

hurt³ *adj* 1 (physically) ‹*finger/foot*› lastimado; **she was badly ~** estaba gravemente herida, estaba malherida 2 (emotionally) ‹*feelings/pride*› herido; ‹*tone/expression*› dolido; **to feel/be ~** sentirse*/estar* dolido

hurtful /ˈhɜːrtfəl || ˈhɜːtfəl/ *adj* hiriente

hurtle /'hɜ:rtl̩ || 'hɜ:tl/ *vi* (+ *adv compl*): **to ~ along/by** *o* **past** ir*/pasar volando *or* a toda velocidad

husband /'hʌzbənd/ *n* marido *m*, esposo *m*; **they are ~ and wife** son marido y mujer

husbandry /'hʌzbəndri/ *n* [u] (Agr) agricultura *f*; **animal ~** cría *f* de animales

hush¹ /hʌʃ/ *n* (*no pl*) silencio *m*

hush² *vt* (quieten) hacer* callar; (calm down) calmar

(Phrasal verb)

- **hush up**

A [v ▸ o ▸ adv, v ▸ adv ▸ o] ‹*scandal/story*› acallar, echar tierra sobre

B [v ▸ adv] (be quiet) (AmE colloq) callarse

hush³ *interj*: **~!** ¡shh!, ¡chitón!

hushed /hʌʃt/ *adj* (*before n*) silencioso; **in ~ tones** en voz muy baja, en murmullos

hush: **~-hush** *adj* (colloq) super secreto (fam); **~ money** *n* [u] (sl) unto *m* de rana (arg) (*dinero con que se compra el silencio de alguien*); **~puppy** *n* (AmE) *torta de maíz frita*

husk¹ /hʌsk/ *n* (of wheat, rice) cáscara *f*, cascarilla *f*; (of maize) chala *f* *or* (Esp) farfolla *f*

husk² *vt* ‹*wheat/rice*› descascarillar; ‹*maize*› quitarle la chala *or* (Esp) farfolla a

husky¹ /'hʌski/ *adj* **-kier, -kiest** ronco

husky² *n* (*pl* **-kies**) husky *mf*, perro, -rra *m,f* esquimal

hussy /'hʌsi/ *n* (*pl* **-sies**) (dated *or* hum) fresca *f* (fam); **you brazen ~!** ¡qué desfachatada!

hustings /'hʌstɪŋz/ *pl n* **the ~** la campaña electoral

hustle¹ /'hʌsəl/ *vt*

A **1** (move hurriedly) (+ *adv compl*): **she was ~d into the car** la metieron en el coche a empujones; **he was ~d away by his bodyguards** sus guardaespaldas se lo llevaron precipitadamente **2** (pressure) apremiar, meterle prisa a, apurar (AmL); **to ~ sb INTO sth/-ING** empujar a algn A algo/+ INF

B (AmE colloq) **1** (obtain aggressively) hacerse* con; **to ~ sth OUT OF sb** sacarle* algo A algn; **to ~ sb FOR sth**: **he ~d them for cigarettes** les dio la lata para que le dieran cigarrillos (fam) **2** (hawk, sell) vender

■ **hustle** *vi*

A **1** (move quickly) darse* prisa, apurarse (AmL) **2** (jostle) empujar

B (AmE) **1** (work energetically) (colloq) trabajar (muy) duro, reventarse* (fam), darle* al callo (Esp fam), sobarse el lomo (Méx fam) **2** (swindle) (sl) hacer* chanchullos (fam), chanchullear (fam) **3** (solicit) (sl) «*prostitute*» hacer* la calle, talonear (Méx fam), patinar (Chi fam), yirar (RPl arg)

hustle² *n*

A [u] **1** (hurry) ajetreo *m*; **the ~ and bustle of the big city** el ajetreo y bullicio de la gran ciudad **2** (energy, initiative) (AmE) empuje *m*, garra *f* (fam)

B [c] (trick, swindle) (AmE colloq) chanchullo *m* (fam)

hustler /'hʌslər || 'hʌslə(r)/ *n* (AmE) **1** (hard worker) (colloq) persona *f* trabajadora **2** (swindler) (sl) estafador, -dora *m,f* **3** (prostitute) (sl) puto, -ta *m,f* (vulg)

hut /hʌt/ *n* **1** (cabin) cabaña *f*; (of mud, straw) choza *f* **2** (hovel) casucha *f*

hutch /'hʌtʃ/ *n* (*rabbit ~*) conejera *f*

hwy (AmE) = **highway**

hyacinth /'haɪəsɪnθ/ *n* jacinto *m*

hyaena /haɪ'i:nə/ *n* ▸**hyena**

hybrid /'haɪbrəd || 'haɪbrɪd/ *n* híbrido *m*

hydrangea /haɪ'dreɪndʒə/ *n* hortensia *f*

hydrant /'haɪdrənt/ *n* boca *f* de riego, toma *f* de agua, hidrante *m* (AmC, Col)

hydraulic /haɪ'drɔ:lɪk/ *adj* hidráulico

hydraulics /haɪ'drɔ:lɪks || haɪ'drɔ:lɪks, haɪ'drɒlɪks/ *n* **1** (+ *sing vb*) hidráulica *f* **2** (hydraulic system) (colloq) (+ *pl vb*) sistema *m* hidráulico

hydro- /'haɪdrəʊ/ *pref* hidro-

hydrochloric acid /'haɪdrə'klɔ:rɪk || ˌhaɪdrə'klɒrɪk/ *n* [u] ácido *m* clorhídrico

hydroelectric /'haɪdrəʊɪ'lektrɪk/ *adj* hidroeléctrico

hydroelectricity /ˌhaɪdrəʊɪlek'trɪsəti/ *n* [u] hidroelectricidad *f*

hydrofoil /'haɪdrəfɔɪl/ *n* (vessel) hidrodeslizador *m*, aliscafo *m*

hydrogen /'haɪdrədʒən/ *n* [u] hidrógeno *m*; (*before n*) **~ peroxide** agua *f‡* oxigenada, peróxido *m* de hidrógeno

hydrometer /haɪ'drɑ:mətər/ *n* hidrómetro *m*

hydroplane /'haɪdrəpleɪn/ *n* (boat) hidroplano *m*

hydroxide /haɪ'drɑ:ksaɪd/ *n* [u c] hidróxido *m*

hyena /haɪ'i:nə/ *n* hiena *f*

hygiene /'haɪdʒi:n/ *n* higiene *f*

hygienic /haɪ'dʒi:nɪk/ *adj* higiénico

hygienist /haɪ'dʒi:nəst || 'haɪdʒi:nɪst/ *n* higienista *mf*

hymen /'haɪmən/ *n* himen *m*

hymn /hɪm/ *n* **1** (Relig) cántico *m*, himno *m* **2** (paean) himno *m*, canto *m*

hymnal /'hɪmnəl/ *n* cantoral *m*, himnario *m*

hymnbook /'hɪmbʊk/ *n* cantoral *m*, himnario *m*

hype¹ /haɪp/ *n* [u] (colloq) despliegue *m* *or* bombo *m* publicitario

hype² *vt* (colloq) promocionar con bombos y platillos *or* (Esp) a bombo y platillo

(Phrasal verb)

- **hype up** [v ▸ adv ▸ o, v ▸ o ▸ adv] (colloq) ‹*movie*› promocionar con bombos y platillos *or* (Esp) a bombo y platillo; ‹*person*› poner* nervioso

hyper- /'haɪpər || 'haɪpə(r)/ *pref* hiper-

hyperactive /'haɪpər'æktɪv/ *adj* hiperactivo

hyperbole /haɪ'pɜ:rbəli || haɪ'pɜ:bəli/ *n* [u c] hipérbole *f*

hypermarket /'haɪpərˌmɑ:rkət/ *n* (BrE) hipermercado *m*

hypersensitive /'haɪpər'sensətɪv/ *adj* hipersensible

hypertension /'haɪpər'tentʃən/ *n* [u] hipertensión *f*

hyperventilate /'haɪpər'ventl̩eɪt/ *vi* hiperventilarse

hyphen /'haɪfən/ *n* guión *m*

hyphenate /'haɪfəneɪt/ *vt* **1** escribir* *or* unir con (un) guión **2** **hyphenated** *past p* ‹*word*› con guión

hypnosis /hɪp'nəʊsəs || hɪp'nəʊsɪs/ *n* [u] hipnosis *f*; **under ~** hipnotizado, en estado de hipnosis

hypnotic /hɪp'nɑ:tɪk || hɪp'nɒtɪk/ *adj* ‹*suggestion/state*› hipnótico; ‹*voice/eyes/rhythm*› hipnotizador, hipnotizante

hypnotism /'hɪpnətɪzəm/ *n* [u] hipnotismo *m*

hypnotist /'hɪpnətəst/ *n* hipnotizador, -dora *m,f*

hypnotize /'hɪpnətaɪz/ *vt* hipnotizar*

hypoallergenic /'haɪpəʊˌæler'dʒenɪk/ *adj* hipoalérgeno

hypochondria /'haɪpə'kɑ:ndriə/ *n* [u] hipocondría *f*

hypochondriac /'haɪpə'kɑ:ndriæk || ˌhaɪpə'kɒndriæk/ *n* hipocondríaco, -ca *m,f*

hypocrisy /hɪ'pɑ:krəsi/ *n* [u c] (*pl* **-sies**) hipocresía *f*

hypocrite /'hɪpəkrɪt/ *n* hipócrita *mf*

hypocritical /'hɪpə'krɪtɪkəl/ *adj* hipócrita

hypodermic¹ /'haɪpə'dɜ:rmɪk/ *adj* hipodérmico

hypodermic² *n* (aguja *f*) hipodérmica *f*

hypotenuse /haɪ'pɑ:tn̩u:s/ *n* hipotenusa *f*

hypothermia /'haɪpə'θɜ:rmiə/ *n* [u] hipotermia *f*

hypothesis /haɪ'pɑ:θəsəs/ *n* (*pl* **-ses** /-si:z/) hipótesis *f*

hypothesize /haɪ'pɑ:θəsaɪz/ *vi* hacer* hipótesis

■ **hypothesize** *vt* plantear como hipótesis

hypothetical /'haɪpə'θetɪkəl/ *adj* hipotético

hypothetically /'haɪpə'θetɪkli/ *adv* hipotéticamente

hysterectomy /'hɪstə'rektəmi/ *n* (*pl* **-mies**) histerectomía *f*

hysteria /hɪ'stɪriə || hɪ'stɪəriə/ *n* [u] histerismo *m*, histeria *f*; **mass ~** histeria colectiva

hysterical /hɪ'sterɪkəl/ *adj* **1** (Psych) histérico **2** (very funny) (colloq) para morirse de (la) risa

hysterically /hɪ'sterɪkli/ *adv* histéricamente; **it was ~ funny** (colloq) era para morirse de (la) risa

hysterics /hɪ'sterɪks/ *pl n* **1** (nervous agitation) histeria *f*, histerismo *m*; **to go into ~** ponerse* histérico; **she was almost in ~** estaba como loca **2** (laughter) (colloq) ataque *m* de risa; **to be in ~** estar* como loco

Hz (= **hertz**) Hz.

Ii

I, **i** /aɪ/ *n* I, i *f*; ***to dot the i's and cross the t's*** dar* los últimos toques

I /aɪ/ *pron* yo; **it is I** (frml) soy yo; **I live in London** vivo en Londres

IA = Iowa

IAEA *n* (= **International Atomic Energy Agency**) OIEA *f*

IBA *n* (in UK) = **Independent Broadcasting Authority**

Iberia /aɪ'bɪriə || aɪ'bɪəriə/ *n* Iberia *f*

Iberian /aɪ'bɪriən || aɪ'bɪəriən/ *adj* ibérico; **the ~ Peninsula** la Península ibérica

ibex /'aɪbeks/ *n* (*pl* ~ *or* **~es**) cabra *f* montés, íbice *m*

ibid /'ɪbɪd/ *adv* ibíd.

ibidem /'ɪbɪdəm/ *adv* ibídem

ibuprofen /ˌaɪbjuː'prəʊfən/ *n* [u] ibuprofeno *m*

ice¹ /aɪs/ *n*

A [u] (frozen water) hielo *m*; **your hands are like ~!** ¡tienes las manos heladas!; **it's as cold as ~ in here** aquí hace un frío que te congelas; ***on ~***: **to put sth on ~** dejar algo en suspenso, aparcar* algo (Esp); ***to skate*** *o* ***walk*** *o* ***tread on thin ~*** andar* por *or* pisar terreno peligroso *or* resbaladizo; ***to break the ~*** (overcome reserve) romper* el hielo; (make a start) (AmE) dar* los primeros pasos; ***to cut no ~***: **it cuts no ~ with me** me deja frío, me deja tal cual

B [c u] **1** (sherbet) (AmE) sorbete *m*, helado *m* de agua (CS), nieve *f* (Méx) **2** (ice cream) (BrE) helado *m*

ice² *vt*

A ‹*drink*› enfriar*; (by adding ice cubes) ponerle* hielo a

B ‹*cake*› bañar (*con fondant*)

(Phrasal verb)

• **ice over**, **ice up** [v ▸ adv] (esp BrE) «*river/lake*» helarse*, congelarse; «*window*» cubrirse* de escarcha

ice: **~ age** *n*: **the I~ Age** la edad de hielo, la época glaciar; **~ ax**, (BrE) **axe** *n* piolet *m*, piqueta *f*; **~ bag** *n* ▸ **~ pack**

iceberg /'aɪsbɜːrg || 'aɪsbɜːg/ *n* iceberg *m*

iceberg lettuce *n* [c u] lechuga *f* repollada

ice: **~box** *n* **1** (refrigerator) (AmE colloq & dated) refrigerador *m*, nevera *f*, heladera *f* (RPl) **2** (freezing compartment) (BrE) congelador *m*; **~ bucket** *n* hielera *f* (AmL), cubitera *f* (Esp); **~ cap** *n* casquete *m* glaciar *or* de hielo; **~-cold** *adj* helado; **~ cream** *n* [u c] helado *m*; (*before n*) **~-cream parlor** heladería *f*; **~-cream sundae** copa *f* de helado; **~ cube** *n* cubito *m* de hielo

iced /aɪst/ *adj*

A (chilled) helado

B (Culin) glaseado

ice: **~ floe** *n* témpano *m* de hielo; **~ fog** *n* [u c] (AmE) niebla *f* helada; **~ hockey** *n* [u] hockey *m* sobre hielo

Iceland /'aɪslənd/ *n* Islandia *f*

Icelander /'aɪsləndər || 'aɪsləndə(r)/ *n* islandés, -desa *m,f*

Icelandic¹ /aɪs'lændɪk/ *adj* islandés

Icelandic² *n* [u] islandés *m*

ice: **~ lolly** *n* (BrE) paleta *f* helada *or* (Esp) polo *m or* (RPl) palito *m* helado *or* (CS) chupete *m* helado; **~man** /'aɪsmæn/ *n* (*pl* **-men**) (AmE) vendedor *m* de hielo; **~ pack** *n* **1** (for body) bolsa *f* de hielo; **2** (Geog) banco *m* de hielo flotante; **~ pick** *n* punzón *m* (*para romper hielo*); **~ rink** *n* (BrE) pista *f* de (patinaje sobre) hielo; **~ skate** *n* patín *m* de cuchilla; **~-skate** *vi* patinar sobre hielo; **~ skating** *n* [u] patinaje *m* sobre hielo

icicle /'aɪsɪkəl/ *n* carámbano *m* (de hielo)

icily /'aɪsəli || 'aɪsɪli/ *adv* glacialmente, con mucha frialdad

icing /'aɪsɪŋ/ *n* (Culin) glaseado *m*

icing sugar *n* [u] (BrE) azúcar *m or f* glas(é) *or* (RPl) impalpable *or* (Chi) flor *or* (Col) en polvo

icon /'aɪkɑːn || 'aɪkɒn/ *n* icono *m*, ícono *m*

iconic /aɪ'kɑːnɪk || aɪ'kɒnɪk/ *adj* icónico

iconoclast /aɪ'kɑːnə'klæst || aɪ'kɒnəklæst/ *n* iconoclasta *mf*

iconography /'aɪkə'nɑːgrəfi || ˌaɪkə'nɒgrəfi/ *n* [u] iconografía *f*

icy /'aɪsi/ *adj* **icier, iciest** **1** ‹*wind/rain*› helado, glacial, gélido (liter); ‹*feet/hands*› helado; (*as adv*) **~ cold** helado **2** ‹*stare/reception*› glacial **3** ‹*roads/ground*› cubierto de hielo

ID **1** = **identification** **2** = **Idaho**

ID card *n* carné *or* carnet *m* de identidad, cédula *f* de identidad (AmL), identificación *f* (Méx)

idea /aɪ'diːə || aɪ'dɪə/ *n*

A **1** (plan, suggestion) idea *f*; **then I had an ~** entonces se me ocurrió una idea; **it's a good ~ to check it regularly** conviene revisarlo con regularidad; **that's not a bad ~** no es mala idea; **it wasn't my ~** no fue idea mía **2** (purpose, principle) idea *f*; **the whole ~ of the operation was to attract publicity** habían hecho la operación con la idea de atraer publicidad; **that's the general ~** de eso se trata; **you get the ~ don't you?** entiendes ¿no?

B (notion, impression) idea *f*; **my ~ of Ireland** la idea que yo tengo *or* me hago de Irlanda; **that's not my ~ of fun** eso no es lo que yo entiendo por diversión; **the very ~!** ¡a quién se le ocurre!; **can you give me some ~ of what happened?** ¿me puedes dar una idea de lo que pasó?; **I've got a rough ~ of what you mean** ya me hago una idea aproximada de lo que quieres decir; **you have no ~ what I went through** no te puedes imaginar lo que pasé; **where is he? — (I've) no ~!** ¿dónde está? — (no tengo) ni idea; **she has no ~ how to handle people** no tiene idea de cómo tratar a la gente; **whatever gave you that ~?** ¿de dónde sacaste esa idea?; **you've got the wrong ~** has entendido mal; **to put ~s in** *o* **into sb's head, to give sb ~s** meterle ideas en la cabeza a algn

C (view) idea *f*, opinión *f*

ideal¹ /aɪ'diːəl/ *adj* ideal

ideal² *n* [u c] ideal *m*

idealism /aɪ'diːəlɪzəm/ *n* [u] idealismo *m*

idealistic /aɪ'diːə'lɪstɪk || ˌaɪdɪə'lɪstɪk/ *adj* idealista

idealize /aɪ'diːəlaɪz || aɪ'dɪəlaɪz/ *vt* idealizar*

ideally /aɪ'diːəli || aɪ'dɪəli/ *adv* **1** ‹*located/placed/equipped*› inmejorablemente; **they are ~ suited** están hechos el uno para el otro, forman una pareja ideal **2** (*indep*): **~, no one would have to do it** lo ideal sería que nadie tuviera que hacerlo

identical /aɪ'dentɪkəl/ *adj* idéntico; **~ twins** gemelos *mpl* univitelinos (téc), gemelos *mpl* (AmL), gemelos *mpl* idénticos (Esp); **to be ~ TO** *o* **WITH sth** ser* idéntico A algo

i

identically /aɪˈdentɪkli/ *adv* ‹*dressed*› de idéntico modo, idénticamente; **they're ~ priced** tienen exactamente el mismo precio

identifiable /aɪˈdentəfaɪəbəl || aɪˈdentɪˌfaɪəbəl/ *adj* identificable

identification /aɪˈdentəfəˈkeɪʃən || aɪˌdentɪfɪˈkeɪʃən/ *n* [u] **1** (act of identifying) identificación *f* **2** (evidence of identity): **have you got any ~?** ¿tiene algún documento que acredite su identidad?; (*before n*) **~ papers** documentos *mpl*, papeles *mpl*, documentación *f*

identification parade *n* (BrE) rueda *f* de presos *or* de sospechosos *or* de reconocimiento *or* de identificación

identify /aɪˈdentəfaɪ || aɪˈdentɪfaɪ/ **-fies, -fying, -fied** *vt*
A **1** ‹*person/species*› identificar*; ‹*body*› identificar*, reconocer* **2** ‹*problem*› identificar*
B (associate, equate) identificar*
■ *v refl* **1** (reveal identity) **to ~ oneself** identificarse* **2** (link) **to ~ oneself WITH sth/sb** asociarse CON algo/algn
■ **identify** *vi* **to ~ WITH sb/sth** identificarse* CON algn/algo

Identikit® /aɪˈdentəkɪt || aɪˈdentɪkɪt/ *n* [u]: **~ picture** Identikit® *m*, retrato *m* hablado (AmL), retrato *m* robot (Esp)

identity /aɪˈdentəti/ *n* (*pl* **-ties**) identidad *f*; **you'll need some proof of ~** necesitará algún documento que acredite su identidad; (*before n*) **~ bracelet** esclava *f*; **~ card** carné *m or* (AmL tb) cédula *f* de identidad

ideological /ˈaɪdiəˈlɑːdʒɪkəl || ˌaɪdiəˈlɒdʒɪkəl/ *adj* ideológico

ideology /ˈaɪdiˈɑːlədʒi || ˌaɪdiˈɒlədʒi/ *n* [u c] (*pl* **-gies**) ideología *f*

idiocy /ˈɪdiəsi/ *n* [u c] (*pl* **-cies**) idiotez *f*, imbecilidad *f*

idiom /ˈɪdiəm/ *n*
A [c] (expression) modismo *m*, giro *m* (idiomático)
B [u c] (language) lenguaje *m*

idiomatic /ˈɪdiəˈmætɪk/ *adj* idiomático; **~ expression** ▸**idiom A**

idiosyncrasy /ˈɪdiəˈsɪŋkrəsi/ *n* [c u] (*pl* **-sies**) idiosincrasia *f*; **he has his little idiosyncrasies** tiene sus pequeñas manías *or* rarezas

idiosyncratic /ˈɪdiəsɪnˈkrætɪk || ˌɪdiəsɪŋˈkrætɪk/ *adj* idiosincrásico

idiot /ˈɪdiət/ *n* (foolish person) idiota *mf*, imbécil *mf*; **you stupid ~!** ¡idiota *or* imbécil!

idiotic /ˈɪdiˈɑːtɪk || ˌɪdiˈɒtɪk/ *adj* idiota; **it was an ~ thing to say** fue una idiotez decir eso

idle¹ /ˈaɪdl/ *adj* **idler** /ˈaɪdlər || ˈaɪdlə(r)/, **idlest** /ˈaɪdləst || ˈaɪdlɪst/
A **1** (not in use or employment): **to be ~** «*worker*» no tener* trabajo, estar* sin hacer nada; «*machine/factory*» estar* parado; **don't let your money lie ~** no deje ocioso su dinero, no deje dormir su dinero **2** (unoccupied) ‹*hours/moment*› de ocio
B (lazy) holgazán, haragán, flojo (fam)
C **1** (frivolous): **it's just ~ chatter** no es más que cháchara (fam); **it was ~ curiosity** era pura curiosidad; **~ speculation** conjeturas *fpl* inútiles **2** ‹*promise*› vano

idle² *vi* **1** (be lazy) holgazanear, haraganear, flojear (fam) **2** (Auto) «*engine*» andar* *or* marchar al ralentí

(Phrasal verb)
- **idle away** [v ▸ adv ▸ o]: **they ~d away the hours chatting** pasaban las horas muertas charlando

idleness /ˈaɪdlnəs || ˈaɪdlnɪs/ *n* **1** (inactivity — involuntary) inactividad *f*, desocupación *f*; (— reprehensible) ociosidad *f*, ocio *m*; (— pleasant) ocio *m*, descanso *m* **2** (laziness) holgazanería *f*, haraganería *f*, flojera *f* (fam)

idler /ˈaɪdlər || ˈaɪdlə(r)/ *n* haragán, -gana *m,f*, vago, -ga *m,f* (fam), flojo, -ja *m,f* (fam)

idling speed *n* velocidad *f* de ralentí

idol /ˈaɪdl/ *n* ídolo *m*

idolatry /aɪˈdɑːlətri || aɪˈdɒlətri/ *n* [u] idolatría *f*

idolize /ˈaɪdlaɪz/ *vt* idolatrar

I'd've /ˈaɪdəv/ **= I would have**

idyll /ˈaɪdl || ˈɪdɪl/ *n* idilio *m*

idyllic /aɪˈdɪlɪk || ɪˈdɪlɪk/ *adj* idílico

i.e. /ˈaɪˈiː/ (that is) (in writing) i.e.; (in speech) esto es, a saber

if¹ /ɪf/ *conj*
A **1** (on condition that) si; **~ you're good, I'll read you a story** si te portas bien, te leeré un cuento; **I'd help you ~ I could** te ayudaría si pudiera; **~ I were you, I wouldn't do it** yo en tu lugar *or* yo que tú, no lo haría **2** **if not**: **they were undernourished, ~ not (yet) actually starving** estaban desnutridos, si bien no se estaban muriendo de inanición; **she was very offhand, ~ not downright rude** estuvo muy brusca, por no decir verdaderamente grosera **3** **if nothing else** aunque no sea más que eso **4** **if only**: **~ only she could have seen him!** ¡si lo pudiera haber visto! **5** **if so** (*as linker*) si es así, de ser así
B (whether) si; **they asked ~ she had left** preguntaron si se había ido; **she doesn't care ~ you win or lose** no le importa que pierdas o ganes
C (though) aunque, si bien; **it's a good plot, ~ a complicated one** es un buen argumento, aunque complicado *or* si bien es complicado
D **1** (in requests): **~ you'll all follow me, please** síganme, por favor, ¿quieren seguirme, por favor? **2** (indicating surprise) (*with neg*): **well, ~ it isn't Mike Britton!** ¡pero si es Mike Britton!

if² *n*: **a lot of ~s and buts** muchas condiciones y salvedades

iffy /ˈɪfi/ *adj* **iffier, iffiest** (colloq) **1** (uncertain) ‹*situation*› dudoso, incierto **2** ‹*person*› sospechoso, que da mala espina (fam)

igloo /ˈɪgluː/ *n* iglú *m*

ignite /ɪgˈnaɪt/ *vt* prenderle fuego a, inflamar (frml)
■ **ignite** *vi* «*fuel/paper*» prenderse fuego, inflamarse (frml)

ignition /ɪgˈnɪʃən/ *n* **1** [u] (act) encendido *m*, ignición *f* (frml); (*before n*) **~ key** llave *f* de contacto *or* (AmL tb) del arranque **2** (mechanism) (Auto) encendido *m*; **to turn on** *o* (BrE also) **switch on the ~** darle* al contacto *or* (AmL tb) al arranque

ignominious /ˈɪgnəˈmɪniəs/ *adj* (frml) ignominioso (frml)

ignominy /ˈɪgnəmɪni/ *n* [u c] (*pl* **-nies**) (frml) ignominia *f* (frml), oprobio *m* (frml)

ignoramus /ˈɪgnəˈreɪməs/ *n* (hum) inculto, -ta *m,f*, analfabeto, -ta *m,f* (fam)

ignorance /ˈɪgnərəns/ *n* [u] ignorancia *f*; **I was kept in ~ of the contents of the will** me ocultaron el contenido del testamento; **he acted in ~ of the enemy's intentions** actuó desconociendo *or* ignorando las intenciones del enemigo; **~ *is bliss*** ojos que no ven (corazón que no siente)

ignorant /ˈɪgnərənt/ *adj* **1** (lacking knowledge) ignorante; **I'm totally ~ about politics** no tengo ni idea *or* no sé nada de política; **to be ~ OF sth** ignorar *or* desconocer* algo **2** (rude) (BrE colloq) maleducado

ignore /ɪgˈnɔːr || ɪgˈnɔː(r)/ *vt* ‹*warning*› hacer* caso omiso de; **he chose to ~ the remark** prefirió ignorar *or* pasar por alto el comentario; **we can't ~ the fact that ...** no podemos dejar de tener en cuenta el hecho de que ...; ‹*person*› ignorar; **just ~ him** no le hagas caso, haz como si no lo oyeras

iguana /ɪˈgwɑːnə/ *n* iguana *f*, garrobo *m* (AmC)

IL = Illinois

ilk /ɪlk/ *n* tipo *m*, clase *f*; **people of that ~** la gente de ese tipo *or* esa clase *or* (pey) esa calaña *or* ralea

ill¹ /ɪl/ *adj*
A **-er, -est** (unwell) enfermo, malo (Esp, Méx fam); **she's ~** está enferma; **he looked ~** tenía mala cara; **to feel ~** sentirse* mal; **to be taken ~** ponerse* enfermo, enfermarse (AmL); **to fall ~** enfermar, caer* enfermo
B (bad) (*before n*): **~ effects** efectos *mpl* negativos *or* adversos; **his ~ health** su mala salud

ill² *adv* (*no comp*) **1** (hardly): **I can ~ afford to buy a new car** mal puedo yo permitirme comprar un coche nuevo **2** (badly) (frml) mal; **to speak/think ~ of sb** hablar/pensar* mal de algn

ill³ *n* mal *m*

ill. = illustrated/illustration(s)

Ill = Illinois

I'll /aɪl/ **= I will, I shall**

ill: **~-advised** /ˈɪlədˈvaɪzd/ *adj* ‹*action*› desacertado; **you would be ~-advised to go** no sería aconsejable que

i

fueras; ~ **at ease** *adj* (*pred*) 1 (uncomfortable) incómodo 2 (anxious) inquieto; **~-bred** /ˈɪlˈbred/ *adj* sin educación, maleducado; **~-considered** /ˈɪlkənˈsɪdərd || ˌɪlkənˈsɪdəd/ *adj* poco meditado; **~-disposed** /ˈɪldɪsˈpəʊzd/ *adj* **to be ~-disposed TOWARD sb** estar* predispuesto EN CONTRA DE algn

illegal /ɪˈliːgəl/ *adj* 1 (unlawful) ilegal; ~ **immigrant** *o* (AmE also) **alien** inmigrante *mf* ilegal; **to make sth ~** prohibir* algo 2 (AmE Sport) antirreglamentario

illegible /ɪˈledʒəbəl/ *adj* ilegible

illegitimate /ˈɪlɪˈdʒɪtəmət || ˌɪlɪˈdʒɪtɪmət/ *adj* ilegítimo

ill: **~-equipped** /ˈɪlɪˈkwɪpt/ *adj* ‹*classroom/troops*› mal equipado; **I was ~-equipped for such a task** no estaba preparado para una tarea así; **~-fated** /ˈɪlˈfeɪtəd || ˌɪlˈfeɪtɪd/ *adj* infortunado, desventurado, malhadado (liter); **~-favored**, (BrE) **~-favoured** /ˈɪlˈfeɪvərd || ˌɪlˈfeɪvəd/ *adj* (arch *or* liter) poco agraciado, mal parecido; **~ feeling** *n* resentimiento *m*, rencor *m*; **~-founded** /ˈɪlˈfaʊndəd || ˌɪlˈfaʊndɪd/ *adj* ‹*belief/suspicion*› infundado; ‹*rumor*› sin base, infundado; **~-gotten** /ˈɪlˈgɑːtn̩ || ˌɪlˈgɒtn̩/*adj*: **~-gotten gains** dinero *m* mal habido; **~-humored**, (BrE) **~-humoured** /ˈɪlˈhjuːmərd || ˌɪlˈhjuːməd/*adj* (frml) malhumorado

illicit /ɪˈlɪsət || ɪˈlɪsɪt/ *adj* ilícito

ill-informed /ˈɪlɪnˈfɔːrmd || ˌɪlɪnˈfɔːmd/ *adj* mal informado

illiteracy /ɪˈlɪtərəsi/ *n* [u] analfabetismo *m*

illiterate[1] /ɪˈlɪtərət/ *adj* 1 (unable to read or write) analfabeto 2 (linguistically incompetent) ‹*person*› ignorante, analfabeto; ‹*letter*› lleno de faltas

illiterate[2] *n* analfabeto, -ta *m,f*

ill-mannered /ˈɪlˈmænərd || ˌɪlˈmænəd/ *adj* maleducado, descortés

illness /ˈɪlnəs || ˈɪlnɪs/ *n* [u c] enfermedad *f*, dolencia *f* (frml)

illogical /ɪˈlɑːdʒɪkəl || ɪˈlɒdʒɪkəl/ *adj* ilógico

ill: **~-suited** /ˌɪlˈsuːtəd || ˌɪlˈsuːtɪd/ *adj* poco indicado; **he's clearly ~-suited to** *o* **for the job** es claramente una persona poco indicada para el puesto; **they were ~-suited to** *o* **for each other** no estaban hechos el uno para el otro; **~-treat** /ˈɪlˈtriːt/ *vt* maltratar; **~-treatment** /ˈɪlˈtriːtmənt/ *n* [u] malos tratos *mpl*, maltrato *m*

illuminate /ɪˈluːməneɪt || ɪˈluːmɪneɪt/ *vt*
A ‹*room/street*› iluminar
B (Art) ‹*manuscript*› iluminar, miniar
C ‹*problem*› esclarecer*, dilucidar

illumination /ɪˈluːməˈneɪʃən || ɪˌluːmɪˈneɪʃən/ *n*
A 1 [u] (lighting) iluminación *f* 2 **illuminations** *pl* (decorative lighting) (BrE) luces *fpl*
B [c u] (Art) iluminación *f*, miniado *m*

illusion /ɪˈluːʒən/ *n* 1 [c u] (false appearance): **to give** *o* **create an ~ of sth** dar* la impresión de algo; (Art) crear la ilusión de algo; **an optical ~** una ilusión óptica 2 [c] (false idea) ilusión *f*; **she's under the ~ that they'll pay for it** se cree que *or* se hace ilusiones de que ellos lo van a pagar

illusory /ɪˈluːsəri/ *adj* (frml) ilusorio

illustrate /ˈɪləstreɪt/ *vt*
A ‹*book/magazine*› ilustrar
B 1 (explain by examples) ilustrar 2 (show) poner* de manifiesto, demostrar*

illustration /ˈɪləˈstreɪʃən/ *n*
A [c u] (picture, technique) ilustración *f*
B (example) ejemplo *m*

illustrator /ˈɪləstreɪtər || ˈɪləstreɪtə(r)/ *n* ilustrador, -dora *m,f*

illustrious /ɪˈlʌstriəs/ *adj* (liter) ‹*person/family*› ilustre, insigne (frml)

ill will *n* [u] 1 (hostility) inquina *f*, animadversión *f* 2 (spite) rencor *m*

ILO *n* (= **International Labor Organization**) OIT *f*

I'm /aɪm/ = **I am**

image /ˈɪmɪdʒ/ *n*
A (picture, statue) imagen *f*
B (public persona) imagen *f*; **to change one's ~** cambiar de imagen; **corporate ~** imagen de empresa
C 1 (likeness) imagen *f*; ***to be the (spitting) ~*** *o* ***spit and ~ of sb*** ser* la viva imagen *or* el vivo retrato de algn 2 (embodiment) viva imagen *f*, personificación *f*

imagery /ˈɪmɪdʒəri/ *n* [u] imaginería *f*, imágenes *fpl*

imaginable /ɪˈmædʒənəbəl || ɪˈmædʒɪnəbəl/ *adj* imaginable; **he's the laziest person ~** es la persona más perezosa que se pueda imaginar

imaginary /ɪˈmædʒəneri || ɪˈmædʒɪnəri/ *adj* imaginario

imagination /ɪˈmædʒəˈneɪʃən || ɪˌmædʒɪˈneɪʃən/ *n* 1 [u c] (faculty) imaginación *f*; **it's only your ~** son imaginaciones *or* figuraciones tuyas; **to capture the public ~** despertar* *or* atraer* el interés del público; **by no stretch of the ~** ni remotamente; **what were they doing? — use your ~!** ¿qué estaban haciendo? — pues, imagínatelo 2 [u] (inventiveness) inventiva *f*, imaginación *f*, idea *f*

imaginative /ɪˈmædʒənətɪv || ɪˈmædʒɪnətɪv/ *adj* imaginativo; **she's very ~** tiene mucha imaginación, es muy imaginativa

imagine /ɪˈmædʒən || ɪˈmædʒɪn/ *vt* 1 (picture to oneself) imaginarse; **I can just ~ her saying that** ya me la imagino diciendo eso; **(just) ~, leaving the poor child alone!** ¡figúrate *or* imagínate! ¡dejar al pobre niño solo!; **you can ~ how I felt!** ¡te imaginarás cómo me sentí!; **we can't begin to ~** no nos hacemos ni la más remota idea 2 (fancy, mistakenly suppose): **you're imagining things** son imaginaciones *or* figuraciones tuyas; **he ~d he was Napoleon** se creía que era Napoleón 3 (assume, believe) imaginarse, figurarse; **I ~ she's very tired** me imagino *or* me figuro que estará muy cansada

imbalance /ɪmˈbæləns/ *n* [c u] desequilibrio *m*

imbecile /ˈɪmbəsəl || ˈɪmbəsiːl/ *n* imbécil *mf*; **you ~!** ¡imbécil!

imbed /ɪmˈbed/ *vt/v refl* **-dd-** (AmE) ▸**embed**

imbibe /ɪmˈbaɪb/ *vt* (frml) 1 (drink) beber, ingerir* (frml) 2 ‹*knowledge*› imbuirse* de (frml), empaparse de

imbue /ɪmˈbjuː/ *vt* (frml) **to ~ sb WITH sth** imbuir* a algn DE algo (frml)

IMF *n* (= **International Monetary Fund**) FMI *m*

imitate /ˈɪməteɪt || ˈɪmɪteɪt/ *vt* 1 (copy) ‹*person/mannerism*› imitar; (trying to be funny) imitar, remedar 2 (resemble) imitar

imitation[1] /ˈɪməˈteɪʃən || ˌɪmɪˈteɪʃən/ *n* 1 [u] (copying) imitación *f*; **to learn by ~** aprender imitando *or* por imitación 2 [c] (impersonation) imitación *f* 3 [c] (copy) imitación *f*; **beware of ~s** tenga cuidado con las imitaciones

imitation[2] *adj* ‹*gold/pearls*› de imitación

immaculate /ɪˈmækjələt || ɪˈmækjʊlət/ *adj* 1 ‹*clothes/room*› impecable, inmaculado; **she looked ~** estaba impecable 2 ‹*performance/taste*› impecable

Immaculate Conception *n* **the ~ ~** la Inmaculada Concepción

immaterial /ˈɪməˈtɪriəl || ˌɪməˈtɪəriəl/ *adj* (unimportant) irrelevante

immature /ˈɪməˈtʊr || ˌɪməˈtjʊə(r)/ *adj* 1 ‹*tree/animal*› joven; ‹*fruit*› verde, inmaduro 2 (childish) ‹*person/attitude*› inmaduro

immaturity /ˈɪməˈtʊrəti || ˌɪməˈtjʊərəti/ *n* [u] inmadurez *f*

immeasurable /ɪˈmeʒərəbəl/ *adj* 1 ‹*distance/amount*› inconmensurable, inmenso 2 ‹*harm*› incalculable

immediate /ɪˈmiːdiət/ *adj*
A 1 (instant, prompt) inmediato; **to take ~ action** actuar* inmediatamente; **the law will take ~ effect** la ley entrará en vigor inmediatamente 2 ‹*problem/need*› urgente, apremiante, perentorio; **my own ~ future is of more concern to me** a mí me preocupa más mi propio futuro
B (*before n*) (close): **in the ~ future** en el futuro inmediato; **in the ~ vicinity** en las inmediaciones, en los alrededores; **my ~ superior** mi superior inmediato *or* directo; **my ~ family** mis familiares más cercanos

immediately /ɪˈmiːdiətli/ *adv*
A 1 (at once) inmediatamente, de inmediato; **it's not ~ obvious** no resulta obvio a primera vista 2 (*as conj*) (BrE) en cuanto; **I'll send you a cheque ~ the goods arrive** le mandaré un cheque en cuanto llegue la mercancía
B 1 ‹*before/after*› inmediatamente; **my room is ~ above**

yours mi habitación está justo encima de la tuya **2▸** (directly) (BrE) directamente

immemorial /ɪmə'mɔːriəl/ *adj* (liter) inmemorial (liter); **from** *o* **since time ~** desde tiempos inmemoriales

immense /ɪ'mens/ *adj* ‹*problem/difference*› inmenso, enorme; ‹*person*› enorme

immensely /ɪ'mensli/ *adv* **1▸** ‹*enjoy/like*› enormemente **2▸** ‹*popular/powerful*› inmensamente, enormemente

immensity /ɪ'mensəti/ *n* [u] inmensidad *f*

immerse /ɪ'mɜːrs || ɪ'mɜːs/ *vt* **1▸** (submerge) **to ~ sth/sb (IN sth)** sumergir* algo/a algn (EN algo) **2▸** (absorb, involve) **to be ~d IN sth** estar* absorto *or* enfrascado EN algo

■ *v refl* **to ~ oneself IN sth**: **he ~d himself in his work** se metió de lleno *or* se sumergió en su trabajo

immersion /ɪ'mɜːrʒən || ɪ'mɜːʃən/ *n* [u] **1▸** (in liquid) (frml) inmersión *f* **2▸** (in work, activity) absorción *f*, enfrascamiento *m*

immersion heater *n* calentador *m* eléctrico (*de agua*), termo *m* (Chi), termofón *m* (RPl)

immigrant /'ɪməgrənt || 'ɪmɪgrənt/ *n* inmigrante *mf*; (*before n*) ‹*worker/population*› inmigrante

immigration /ɪmə'greɪʃən || ˌɪmɪ'greɪʃən/ *n* **1▸** [u] inmigración *f* **2▸ ~ (control)** (at border, airport) (*no art*) (control *m* de) inmigración *f or* migración *f*

imminent /'ɪmənənt || 'ɪmɪnənt/ *adj* inminente

immobile /ɪ'məʊbəl || ɪ'məʊbaɪl/ *adj* (motionless) inmóvil; (unable to walk) inmovilizado

immobilize /ɪ'məʊbəlaɪz || ɪ'məʊbɪlaɪz/ *vt* ‹*vehicle/limb*› inmovilizar*

immobilizer /ɪ'məʊbəlaɪz || ɪ'məʊbɪlaɪz/ *n* inmovilizador *m*

immoderate /ɪ'mɑːdərət || ɪ'mɒdərət/ *adj* **1▸** ‹*demands/appetite*› desmedido, desmesurado **2▸** ‹*views*› radical, extremista

immodest /ɪ'mɑːdəst || ɪ'mɒdɪst/ *adj* **1▸** (conceited) presuntuoso, inmodesto **2▸** (indecent) ‹*behavior/suggestion*› impúdico, inmodesto; ‹*dress*› poco recatado

immodesty /ɪ'mɑːdəsti || ɪ'mɒdɪsti/ *n* [u] **1▸** (conceit) falta *f* de modestia, inmodestia *f*, presunción *f* **2▸** (indecency) impudicia *f*, falta *f* de pudor, inmodestia *f*

immoral /ɪ'mɔːrəl || ɪ'mɒrəl/ *adj* inmoral; **to live off ~ earnings** (frml) vivir del proxenetismo *or* lenocinio

immorality /ɪmɔː'ræləti || ˌɪmə'ræləti/ *n* [u] inmoralidad *f*

immortal[1] /ɪ'mɔːrtl̩ || ɪ'mɔːtl/ *adj* ‹*being/soul/words*› inmortal

immortal[2] *n* inmortal *mf*

immortality /ɪmɔːr'tæləti || ˌɪmɔː'tæləti/ *n* [u] inmortalidad *f*

immortalize /ɪ'mɔːrtlaɪz || ɪ'mɔːtlaɪz/ *vt* inmortalizar*

immovable /ɪ'muːvəbəl/ *adj* **1▸** ‹*obstacle/object*› inamovible **2▸** (Law) ‹*property/asset*› inmueble

immune /ɪ'mjuːn/ *adj*

A **1▸** (not susceptible) **to be ~ TO sth** ser* inmune A algo; **I've had measles, so I'm ~** ya he tenido el sarampión, así que estoy inmunizado; **she was ~ to persuasion** nada logró persuadirla **2▸** (*before n*) ‹*system/response*› inmunológico; **~ deficiency** inmunodeficiencia *f*

B (exempt) **~ FROM sth**: **to be ~ from taxation** tener* inmunidad fiscal; **none of us is ~ from the effects of the recession** a todos nos afecta la recesión

immunity /ɪ'mjuːnəti/ *n* [u] **1▸** (Med) inmunidad *f* **2▸** (exemption): **parliamentary ~** inmunidad *f* parlamentaria

immunization /ˌɪmjənə'zeɪʃən || ˌɪmjʊnaɪ'zeɪʃən/ *n* [u c] inmunización *f*

immunize /'ɪmjənaɪz || 'ɪmjʊnaɪz/ *vt* inmunizar*; **to ~ sb AGAINST sth** inmunizar* a algn CONTRA algo

immunodeficient /ˌɪmjənəʊdɪ'fɪʃənt || ˌɪmjʊnəʊdɪ'fɪʃənt/ *adj* inmunodeficiente

immunologist /ˌɪmjə'nɑːlədʒəst || ˌɪmjʊ'nɒlədʒɪst/ *n* inmunólogo, -ga *m,f*

immutable /ɪ'mjuːtəbəl/ *adj* (frml) inmutable

imp /ɪmp/ *n* diablillo *m* (fam)

impact /'ɪmpækt/ *n* [u c] **1▸** (in collision) impacto *m*; **it exploded on ~** estalló al hacer impacto **2▸** (effect) impacto *m*; **this will have little ~ on the budget deficit** esto hará muy poca mella en el déficit presupuestario

impacted /ɪm'pæktəd || ɪm'pæktɪd/ *adj* ‹*tooth*› impactado

impair /ɪm'per || ɪm'peə(r)/ *vt* ‹*hearing*› afectar, dañar; ‹*health*› afectar, perjudicar*; ‹*efficiency*› afectar, reducir*; **~ed vision/hearing** problemas *mpl* de vista/audición

impairment /ɪm'permənt || ɪm'peəmənt/ *n* [u c] (physical, mental) discapacidad *f*; **visual ~** problemas *fpl* de vista; **speech ~** impedimento *m* del habla; **I foresee no further ~s to her progress** no veo más impedimentos para su progreso

impale /ɪm'peɪl/ *vt* **to ~ sth/sb ON sth** ‹*on a sword/spear*› atravesar* algo/a algn CON algo; **she fell and was ~d on the railings** cayó y la reja le atravesó el cuerpo

impalpable /ɪm'pælpəbəl/ *adj* **1▸** (intangible) impalpable **2▸** (hard to understand) sumamente sutil

impart /ɪm'pɑːrt || ɪm'pɑːt/ *vt* (frml) **1▸** ‹*news*› comunicar*; ‹*knowledge*› impartir, transmitir; ‹*secret*› divulgar* **2▸** ‹*feeling/quality*› conferir* (frml), dar*

impartial /ɪm'pɑːrʃəl || ɪm'pɑːʃəl/ *adj* imparcial

impartiality /ɪm'pɑːrʃi'æləti || ɪmˌpɑːʃi'æləti/ *n* [u] imparcialidad *f*

impassable /ɪm'pæsəbəl || ɪm'pɑːsəbəl/ *adj* ‹*river/barrier*› infranqueable; ‹*road*› intransitable

impasse /'ɪmpæs || 'æmpæs/ *n* impasse *m*, punto *m* muerto; **to be at** *o* **in an ~** estar* en un impasse *or* en punto muerto

impassioned /ɪm'pæʃənd/ *adj* apasionado, vehemente

impassive /ɪm'pæsɪv/ *adj* impasible, imperturbable

impassively /ɪm'pæsɪvli/ *adv* sin inmutarse

impatience /ɪm'peɪʃəns/ *n* [u] impaciencia *f*

impatient /ɪm'peɪʃənt/ *adj* **1▸** (unwilling to wait) (*usu pred*) impaciente **2▸** (irritable) ‹*person*› impaciente; ‹*gesture/voice*› de impaciencia; **to get ~ WITH sb** impacientarse CON algn

impatiently /ɪm'peɪʃəntli/ *adv* con impaciencia

impeach /ɪm'piːtʃ/ *vt*

A (Law) *acusar a un alto cargo de delitos cometidos en el desempeño de sus funciones*

B (discredit) ‹*testimony/motives*› impugnar, poner* en tela de juicio; ‹*witness*› tachar

impeachment /ɪm'piːtʃmənt/ *n*: *acusación formulada contra un alto cargo por delitos cometidos en el desempeño de sus funciones*

impeccable /ɪm'pekəbəl/ *adj* impecable; **his French was ~** hablaba un francés impecable

impeccably /ɪm'pekəbli/ *adv* impecablemente

impecunious /'ɪmpɪ'kjuːniəs/ *adj* (liter *or* hum) sin peculio (liter *o* hum), pobretón (fam & hum)

impede /ɪm'piːd/ *vt* ‹*progress/communications*› dificultar, obstaculizar*; ‹*movement*› dificultar, impedir*; **to ~ the flow of traffic** obstruir* el tráfico

impediment /ɪm'pedəmənt || ɪm'pedɪmənt/ *n* **1▸** (hindrance) impedimento *m*; **~ TO sth** impedimento PARA algo; **lawful ~** impedimento *m* **2▸** (physical defect) defecto *m*; **a speech ~** un defecto del habla

impel /ɪm'pel/ *vt* **-ll-** **1▸** (oblige) (frml) impeler (frml) **2▸** (push, move) impeler

impending /ɪm'pendɪŋ/ *adj* (*before n*) inminente

impenetrable /ɪm'penətrəbəl/ *adj* **1▸** ‹*jungle/darkness*› impenetrable **2▸** ‹*subject*› impenetrable, abstruso (frml)

impenitent /ɪm'penətənt || ɪm'penɪtənt/ *adj* impenitente

imperative[1] /ɪm'perətɪv/ *adj*

A **1▸** (essential) imprescindible, fundamental; **it is ~ that you be there** es fundamental que estés ahí **2▸** ‹*need*› imperioso, imperativo **3▸** (authoritative) (frml) imperioso, imperativo

B (Ling) ‹*mood*› imperativo; ‹*sentence*› en imperativo

imperative[2] *n*

A (Ling) imperativo *m*

B (compelling need) imperativo *m*

imperceptible /'ɪmpər'septəbəl || ˌɪmpə'septəbəl/ *adj* imperceptible

imperfect[1] /ɪm'pɜːrfɪkt || ɪm'pɜːfɪkt/ *adj*

A (flawed) imperfecto; **these goods are slightly ~** estos artículos tienen algún pequeño defecto

B (Ling) imperfecto
imperfect² *n* imperfecto *m*
imperfection /ˈɪmpərˈfekʃən || ˌɪmpəˈfekʃən/ *n* [c u] imperfección *f*
imperial /ɪmˈpɪriəl || ɪmˈpɪəriəl/ *adj*
A *also* **Imperial** (of empire) (*before n*) imperial, del imperio
B (liter) ‹*pomp/bearing*› majestuoso, señorial
C *also* **Imperial** ‹*measures/weights*› *del antiguo sistema británico*
imperialism /ɪmˈpɪriəlɪzəm || ɪmˈpɪəriəlɪzəm/ *n* [u] imperialismo *m*
imperialist¹ /ɪmˈpɪriələst || ɪmˈpɪəriəlɪst/ *adj* imperialista
imperialist² *n* imperialista *mf*
imperil /ɪmˈperəl || ɪmˈperɪl, ɪmˈperəl/ *vt*, (BrE) **-ll-** poner* en peligro, hacer* peligrar
imperious /ɪmˈpɪriəs || ɪmˈpɪəriəs/ *adj* imperioso
impermeable /ɪmˈpɜːrmiəbəl || ɪmˈpɜːmiəbəl/ *adj* impermeable
impersonal /ɪmˈpɜːrsnəl || ɪmˈpɜːsənl/ *adj* impersonal
impersonate /ɪmˈpɜːrsəneɪt || ɪmˈpɜːsəneɪt/ *vt* **1▸** (pretend to be) hacerse* pasar por **2▸** (mimic) imitar, remedar, impersonar (Méx)
impersonation /ɪmˈpɜːrsəˈneɪʃən || ɪmˌpɜːsəˈneɪʃən/ *n* **1▸** (with intent to deceive) suplantación *f* **2▸** [u c] (mimicry) imitación *f*
impersonator /ɪmˈpɜːrsəneɪtər || ɪmˈpɜːsəneɪtə(r)/ *n* imitador, -dora *m,f*, impersonador, -dora *m,f* (Méx)
impertinence /ɪmˈpɜːrtn̩əns || ɪmˈpɜːtɪnəns/ *n* [u c] impertinencia *f*
impertinent /ɪmˈpɜːrtn̩ənt || ɪmˈpɜːtɪnənt/ *adj* impertinente
imperturbable /ˈɪmpərˈtɜːrbəbəl || ˌɪmpəˈtɜːbəbəl/ *adj* imperturbable
impervious /ɪmˈpɜːrviəs || ɪmˈpɜːviəs/ *adj* **1▸** ‹*rock/material*› impermeable, no poroso **2▸** (unaffected) **to be ~ TO sth** ‹*to criticism/doubt*› ser* impermeable *or* inmune A algo
impetuosity /ɪmˈpetʃuˈɑːsəti || ɪmˌpetʃʊˈɒsɪti/ *n* [u] impetuosidad *f*
impetuous /ɪmˈpetʃuəs/ *adj* ‹*person*› impetuoso, impulsivo; ‹*action/decision*› impulsivo, precipitado
impetuously /ɪmˈpetʃuəsli/ *adv* de manera impetuosa *or* impulsiva
impetus /ˈɪmpətəs || ˈɪmpɪtəs/ *n* [u] **1▸** (stimulus, boost) ímpetu *m*, impulso *m* **2▸** (momentum) ímpetu *m*
impinge /ɪmˈpɪndʒ/ *vi* **to ~ ON** *o* **UPON sth** (encroach on) ‹*privacy/freedom*› vulnerar algo
impious /ˈɪmpiəs/ *adj* impío
impish /ˈɪmpɪʃ/ *adj* pícaro, picaruelo (fam)
implacable /ɪmˈplækəbəl/ *adj* implacable
implant¹ /ɪmˈplænt || ɪmˈplɑːnt/ *vt* **1▸** ‹*idea/ideal*› inculcar* **2▸** ‹*embryo/hair*› implantar
implant² /ˈɪmplænt || ˈɪmplɑːnt/ *n* (of hair) implante *m*
implausible /ɪmˈplɔːzəbəl/ *adj* inverosímil, poco convincente
implement¹ /ˈɪmpləment || ˈɪmplɪment/ *vt* implementar, poner* en práctica, ejecutar
implement² /ˈɪmpləmənt || ˈɪmplɪmənt/ *n* instrumento *m*, implemento *m* (AmL)
implementation /ˈɪmpləmenˈteɪʃən || ˌɪmplɪmenˈteɪʃən/ *n* [u] implementación *f*, puesta *f* en práctica
implicate /ˈɪmpləkeɪt || ˈɪmplɪkeɪt/ *vt* implicar*, involucrar; **they are ~d in the murder** están implicados *or* involucrados en el asesinato
implication /ˈɪmpləˈkeɪʃən || ˌɪmplɪˈkeɪʃən/ *n*
A [c u] **1▸** (consequence, significance) repercusión *f*, implicación *f*, implicancia *f* (AmL); **to have/carry ~s for sth/sb** tener*/traer* consecuencias para algo/algn **2▸** (meaning) insinuación *f*; **by ~, he's blaming us** indirectamente *or* implícitamente nos está acusando
B [u] (involvement) implicación *f*
implicit /ɪmˈplɪsət || ɪmˈplɪsɪt/ *adj* **1▸** ‹*threat*› implícito, tácito **2▸** ‹*confidence/trust*› incondicional, total, absoluto
implicitly /ɪmˈplɪsətli || ɪmˈplɪsɪtli/ *adv* **1▸** (by implication) ‹*suggest*› implícitamente, tácitamente **2▸** ‹*trust/believe*› incondicionalmente, sin reservas
implode /ɪmˈpləʊd/ *vi* implosionar
implore /ɪmˈplɔːr || ɪmˈplɔː(r)/ *vt* ‹*help/mercy*› implorar; **don't go, I ~ you** no te vayas, te lo suplico; **to ~ sb to + INF** suplicarle* a algn QUE (+ *subj*)
imply /ɪmˈplaɪ/ *vt* **implies, implying, implied**
A (suggest, hint) dar* a entender, insinuar*; **what are you ~ing?** ¿qué insinúas?, ¿qué quieres decir?; **implied warranty** (AmE) garantía *f* implícita
B (involve) implicar*, suponer*
impolite /ˈɪmpəˈlaɪt/ *adj* ‹*person/remark*› maleducado, descortés; ‹*behavior*› descortés
imponderable¹ /ɪmˈpɑːndərəbəl || ɪmˈpɒndərəbəl/ *n* (frml) imponderable *m*
imponderable² *adj* (frml) imponderable
import¹ /ˈɪmpɔːrt || ˈɪmpɔːt/ *n*
A (Busn) **1▸** [u] (act) importación *f*; (*before n*) **~ duties** derechos *mpl* de importación **2▸** [c] (article): **a foreign ~** un artículo de importación
B [u] (significance) (frml) importancia *f*, trascendencia *f*
import² /ɪmˈpɔːrt || ɪmˈpɔːt/ *vt* **1▸** ‹*goods/idea*› importar **2▸ imported** *past p* ‹*goods*› importado, de importación
importance /ɪmˈpɔːrtn̩s || ɪmˈpɔːtn̩s/ *n* [u] importancia *f*; **to be of the utmost ~** ser* de la mayor importancia; **it's of no ~** no tiene (ninguna) importancia, carece de importancia (frml); **she's so full of her own ~** se da una importancia *or* unos aires ..., tiene unas ínfulas ...
important /ɪmˈpɔːrtn̩t || ɪmˈpɔːtn̩t/ *adj* importante; **these services are ~ to the community** estos servicios tienen gran importancia para la comunidad; **the most ~ thing is that you eat well** lo más importante es que comas bien; **he's just trying to look ~** está tratando de darse importancia
importantly /ɪmˈpɔːrtn̩tli || ɪmˈpɔːtn̩tli/ *adv* (*indep*): **and, more ~, it costs half as much** y, lo que es más importante, cuesta la mitad
importation /ˈɪmpɔːrˈteɪʃən || ˌɪmpɔːˈteɪʃən/ *n* importación *f*
importer /ɪmˈpɔːrtər || ɪmˈpɔːtə(r)/ *n* importador, -dora *m,f*
importune /ˈɪmpərˈtuːn || ˌɪmpɔːˈtjuːn/ *vt* **1▸** (harass) (frml) importunar, asediar **2▸** (BrE Law) abordar con fines deshonestos
impose /ɪmˈpəʊz/ *vt* ‹*restriction/condition*› imponer*; **it's been ~d on us by management** la dirección nos lo ha impuesto; **the judge ~d the maximum sentence** el juez aplicó la pena máxima
■ *v refl* **to ~ oneself on sb**: **if I may ~ myself on you for a few more days** si puedo abusar de su amabilidad quedándome unos días más
■ **impose** *vi* molestar; **to ~ ON** *o* **UPON sb**: **I think I've ~d on him enough already** me parece que ya lo he molestado *or* importunado bastante; **to ~ on sb's goodwill** abusar de la buena voluntad de algn
imposing /ɪmˈpəʊzɪŋ/ *adj* imponente, impresionante
imposition /ˈɪmpəˈzɪʃən/ *n* **1▸** [u] (enforcement) imposición *f* **2▸** [c] (taking unfair advantage) abuso *m*
impossibility /ɪmˈpɑːsəˈbɪləti || ɪmˌpɒsəˈbɪləti/ *n* [u] imposibilidad *f*; **it's a physical ~** es físicamente imposible
impossible¹ /ɪmˈpɑːsəbəl || ɪmˈpɒsəbəl/ *adj* **1▸** ‹*job/request*› imposible; **she's making ~ demands on you** te está exigiendo lo imposible; **it's ~ for me to arrive by twelve** me es imposible llegar para las doce **2▸** (intolerable) intolerable; **to make life ~ for sb** hacerle* la vida imposible a algn
impossible² *n* **to ask/attempt the ~** pedir*/intentar lo imposible
impostor, imposter /ɪmˈpɑːstər || ɪmˈpɒstə(r)/ *n* impostor, -tora *m,f*
impotence /ˈɪmpətəns/ *n* [u] impotencia *f*
impotent /ˈɪmpətənt/ *adj* impotente
impound /ɪmˈpaʊnd/ *vt* **1▸** ‹*possessions/assets*› incautar, incautarse de **2▸** ‹*vehicle*› llevar al depósito municipal; ‹*stray dogs*› llevar a la perrera municipal
impoverished /ɪmˈpɑːvərɪʃt || ɪmˈpɒvərɪʃt/ *adj* (financially) empobrecido; (spiritually, intellectually) empobrecido; ‹*soil/diet*› pobre

impracticable /ɪm'præktɪkəbəl/ *adj* impracticable, imposible de llevar a cabo

impractical /ɪm'præktɪkəl/ *adj* 1 ‹*idea/suggestion*› poco práctico; **to be ~** no ser* práctico 2 ‹*person*› poco práctico

imprecise /'ɪmprɪ'saɪs/ *adj* impreciso

imprecision /'ɪmprɪ'sɪʒən/, **impreciseness** /'ɪmprɪ'saɪsnɪs/ *n* imprecisión *f*, falta *f* de precisión

impregnable /ɪm'pregnəbəl/ *adj* 1 ‹*fortress*› inexpugnable, impenetrable; ‹*organization*› impenetrable 2 ‹*argument*› irrebatible, irrefutable; **the champion is in an ~ position** el campeón está en una posición invulnerable

impregnate /ɪm'pregneɪt || 'ɪmpregneɪt/ *vt*
A (saturate) **to ~ sth WITH sth** impregnar algo CON *or* DE algo
B (make pregnant) (frml) fecundar

impresario /'ɪmprə'sɑːriəʊ || ˌɪmprɪ'sɑːriəʊ/ (*pl* **-os**) *n* 1 (producer) empresario, -ria *m,f* teatral 2 (manager) director, -tora *m,f*

impress /ɪm'pres/ *vt*
A (make impression on): **we were ~ed by your work** tu trabajo nos causó muy buena impresión; **he only did it to ~ her** lo hizo sólo para impactarla *or* para dejarla admirada; **my excuse did not ~ them** mi excusa no los convenció
B (emphasize) **to ~ sth ON** *o* **UPON sb** recalcarle* algo a algn; **my father ~ed upon me the importance of work** mi padre me inculcó la importancia del trabajo
C (on paper, in wax) imprimir*, estampar
■ **impress** *vi* impresionar, impactar; **he does it to ~** lo hace para impresionar *or* impactar

impression /ɪm'preʃən/ *n*
A 1 (idea, image) impresión *f*; **it's my ~ that she doesn't want to go** tengo *or* me da la impresión de que no quiere ir; **I get the ~ that he wants me to leave** tengo *or* me da la impresión de que quiere que me vaya; **to give sb the ~ that ...** darle* a algn la impresión de que ...; **to be under the ~ (that) ...** creer* *or* pensar* que ..., tener* la impresión de que ... 2 (effect) impresión *f*; **to make** *o* **create a good/bad ~ on sb** causarle *or* producirle* a algn una buena/mala impresión; **it made no ~ at all on the stain** no surtió ningún efecto en la mancha; **she certainly made an ~!** ¡no hay duda de que causó impacto!
B 1 (imprint) impresión *f*, huella *f* 2 (Publ) impresión *f*
C (impersonation) imitación *f*

impressionable /ɪm'preʃnəbəl/ *adj* 1 (easily influenced) influenciable 2 (easily frightened, upset) impresionable

impressionism /ɪm'preʃənɪzəm/ *n* [u] impresionismo *m*

impressionist¹ /ɪm'preʃənəst || ɪm'preʃənɪst/ *n* 1 (Art) impresionista *mf* 2 (impersonator) imitador, -dora *m,f*

impressionist² *adj* impresionista

impressive /ɪm'presɪv/ *adj* 1 ‹*record/work*› admirable, digno de admiración; **she's a very ~ speaker** es una excelente oradora 2 ‹*building/ceremony*› imponente, impresionante

imprint¹ /'ɪmprɪnt/ *n*
A (physical) marca *f*, huella *f*; **to leave an ~ on/in sth** dejar una marca *or* huella en algo
B (Publ): **a children's ~** (company) una editorial infantil; (series of books) una colección infantil; **it is published under the Axis ~** se publica bajo el sello (editorial) de Axis

imprint² /ɪm'prɪnt/ *vt* 1 (physically) imprimir* 2 (on mind) grabar; **her last words were ~ed on my memory** sus últimas palabras (se) me quedaron grabadas en la memoria

imprison /ɪm'prɪzən/ *vt* 1 (Law) encarcelar, meter en la cárcel 2 (lock up) ‹*dog/child*› encerrar*

imprisonment /ɪm'prɪzənmənt/ *n* [u] (act) encarcelamiento *m*; (state) prisión *f*; **ten years' ~** diez años de prisión; **he was sentenced to life ~** fue condenado a cadena perpetua

improbability /ɪm'prɑːbə'bɪləti || ɪmˌprɒbə'bɪləti/ *n* (*pl* **-ties**) 1 [u] (unlikeliness) improbabilidad *f*, lo poco probable 2 [u c] (implausibility) inverosimilitud *f*

improbable /ɪm'prɑːbəbəl || ɪm'prɒbəbəl/ *adj* 1 (unlikely) improbable, poco probable 2 (implausible) inverosímil

impromptu¹ /ɪm'prɑːmptu || ɪm'prɒmptjuː/ *adj* ‹*performance/speech*› improvisado; ‹*comment*› espontáneo

impromptu² *adv* ‹*perform*› de improviso, sin preparación; ‹*say*› espontáneamente

improper /ɪm'prɑːpər || ɪm'prɒpə(r)/ *adj*
A 1 (unseemly) ‹*behavior*› indecoroso, incorrecto; **it was considered ~ for a woman to dress this way** no estaba bien visto que una mujer vistiera así 2 (indecent) ‹*language*› indecoroso; ‹*suggestion*› deshonesto
B (incorrect) (frml) ‹*use*› indebido; ‹*term*› incorrecto, erróneo

improperly /ɪm'prɑːpərli || ɪm'prɒpəli/ *adv* ‹*used/applied*› indebidamente, incorrectamente; ‹*dressed*› incorrectamente

impropriety /'ɪmprə'praɪəti/ *n* (*pl* **-ties**) 1 [c] (breach of decorum) incorrección *f*; **a gross ~** una grave falta 2 [u] (quality) falta *f* de decoro, incorrección *f* 3 [u] (incorrectness) (frml) impropiedad *f*

improve /ɪm'pruːv/ *vt* 1 ‹*design/results*› mejorar; ‹*chances*› aumentar; **that new hairstyle has ~d her looks** ese nuevo peinado la favorece mucho; **to ~ one's mind** cultivarse, culturizarse* (hum) 2 ‹*property/premises*› hacer* mejoras en
■ **improve** *vi* «*situation/weather/health*» mejorar; «*chances*» aumentar; **to ~ with age/use** mejorar con el tiempo/uso
■ *v refl* **to ~ oneself** superarse

Phrasal verb
• **improve on, improve upon** [v ▸ prep ▸ o] ‹*result/record*› mejorar, superar; ‹*work*› mejorar; **if you can ~ on his offer** si puede ofrecer más que él

improvement /ɪm'pruːvmənt/ *n* [u c] (in design, situation) mejora *f*; (in health) mejoría *f*; **you're getting better, but there's still plenty of room for ~** has mejorado pero todavía puedes mejorar mucho más; **to be an ~ ON sth** ser* mejor QUE *or* superior A algo; **to make ~s** hacer* mejoras

improvisation /'ɪmprəvə'zeɪʃən || ˌɪmprəvaɪ'zeɪʃən/ *n* [u c] improvisación *f*

improvise /'ɪmprəvaɪz/ *vi/t* improvisar

imprudent /ɪm'pruːdn̩t/ *adj* (frml) imprudente

impudence /'ɪmpjədəns || 'ɪmpjʊdəns/ *n* [u] insolencia *f*, descaro *m*, impudencia *f* (frml)

impudent /'ɪmpjədənt || 'ɪmpjʊdənt/ *adj* insolente, descarado; **an ~ remark** una insolencia *f*

impugn /ɪm'pjuːn/ *vt* (frml) ‹*reputation/integrity*› poner* en duda *or* en entredicho; ‹*evidence*› impugnar (frml)

impulse /'ɪmpʌls/ *n* 1 (urge) impulso *m*; **acting on (an) ~** llevado por un impulso; **I did it on ~** lo hice sin pensarlo; (*before n*) **~ buying** compras *fpl* impulsivas 2 (impetus, force) impulso *m*

impulsive /ɪm'pʌlsɪv/ *adj* impulsivo

impunity /ɪm'pjuːnəti/ (frml) *n* [u] impunidad *f*; **with ~** con impunidad, impunemente

impure /'ɪm'pjʊr || ɪm'pjʊə(r)/ *adj* 1 ‹*water/air/drug*› impuro 2 ‹*thought/act*› impuro

impurity /ɪm'pjʊrəti || ɪm'pjʊərəti/ *n* [u c] (*pl* **-ties**) impureza *f*

impute /ɪm'pjuːt/ *vt* (frml) **to ~ sth TO sth/sb** imputarle algo A algo/algn (frml)

in¹ /ɪn/ *prep*
A 1 (indicating place, location) en; **~ Detroit/Japan** en Detroit/en (el) Japón; **our friends ~ Detroit** nuestros amigos de Detroit; **he's ~ a meeting** está en una reunión, está reunido; **who's that ~ the photo?** ¿quién es ése de la foto?; **~ here/there** aquí/allí dentro *or* (esp AmL) adentro; **to lie ~ the sun** tumbarse al sol; **~ the rain** bajo la lluvia 2 (*with superl*) de; **the highest mountain ~ Italy** la montaña más alta de Italia; **the worst storm ~ living memory** la peor tormenta que se recuerda
B (indicating movement): **he went ~ the shop** entró en la tienda; **come ~ here** ven aquí dentro *or* (esp AmL) adentro
C 1 (during): **come ~ the afternoon** ven por la tarde, ven en la tarde (AmL), ven a la tarde *or* de tarde (RPl); **at four o'clock ~ the morning/afternoon** a las cuatro de la mañana/tarde; **~ spring/January/1924** en primavera/enero/1924; **I haven't seen her ~ years** hace años que no la veo; **he's ~ his forties** tiene cuarenta y tantos 2 (at the end of) dentro de; **~ two months** *o* **two months'**

time dentro de dos meses 3 (in the space of) en; **she did it ~ three hours** lo hizo en tres horas

D 1 (indicating manner) en; **~ a low voice** en voz baja; **~ dollars** en dólares; **~ French** en francés; **they sat ~ a circle** se sentaron en un círculo; **~ twos** de dos en dos, de a dos (AmL); **to break sth ~ two** partir algo en dos; **cut it ~ half** córtalo por la mitad; **they came ~ their thousands** vinieron miles y miles; **to paint ~ oils** pintar al óleo; **write ~ ink/pencil** escriba con tinta/lápiz 2 (wearing): **he turned up ~ a suit** apareció de traje; **I look terrible ~ this** esto me queda horrible; **are you going ~ that dress?** ¿vas a ir con ese vestido?

E (indicating circumstances, state): **the company is ~ difficulties** la empresa está pasando dificultades; **to be ~ a good mood** estar* de buen humor; **they gazed ~ admiration** miraban admirados; **he's ~ pain** está dolorido

F (indicating occupation, activity) en; **he's ~ insurance** trabaja en seguros; **we're all ~ this together** estamos todos metidos en esto

G (indicating personal characteristics): **I never thought she had it ~ her to get that far** nunca creí que iba a ser capaz de llegar tan lejos

H (in respect of, as regards): **low ~ calories** bajo en calorías; **she's deaf ~ one ear** es sorda de un oído; **~ itself** de por sí; **which is cheaper? — there's not much ~ it** ¿cuál es más barato? — no hay mucha diferencia; **what's ~ it for me?** ¿y yo qué gano *or* saco?

I (indicating ratio): **one ~ four** uno de cada cuatro; **she's one ~ a million** es única, como ella no hay otra

J 1 (+ *gerund*): **~ so doing, they set a precedent** al hacerlo, sentaron precedente 2 **in that** (*as conj*): **the case is unusual ~ that ...** el caso es poco común en el sentido de que *or* por el hecho de que ...

in² *adv*

A 1 (inside): **is the cat ~?** ¿el gato está dentro *or* (esp AmL) adentro?; **~ you go!** ¡entra!; **she's ~ for theft** está en la cárcel por robo 2 (at home, work): **is Lisa ~?** ¿está Lisa?; **there was nobody ~** no había nadie; **Jane's never ~ before one** Jane nunca llega antes de la una

B 1 (in position): **she had her curlers ~** llevaba *or* tenía los rulos puestos 2 (at destination): **the train isn't ~ yet** el tren no ha llegado todavía; **application forms must be ~ by October 5** las solicitudes deben entregarse antes del 5 de octubre 3 (available, in stock): **is the book I ordered ~ yet?** ¿ha llegado ya el libro que encargué? 4 (in power) en el poder

C (involved): **we were ~ on the planning stage** participamos en la planificación; ***to be ~ for sth***: **you're ~ for it now!** ¡ahora sí que te va a caer una buena!; **it looks like we're ~ for some rain** parece que va a llover; **you're ~ for a big surprise** te vas a llevar una buena sorpresa; ***to be ~ on sth***: **I wanted to be ~ on the deal** quería tener parte en el trato; ***to be ~ with sb***: **he's (well) ~ with the boss** es muy amigo del jefe; *see also* **get in with**

in³ *adj*

A 1 (fashionable) (colloq) (*no comp*): **black is ~ this season** el negro está de moda *or* es lo que se lleva esta temporada; **the ~ place** el lugar de moda, el lugar in (fam) 2 (exclusive, private) (*before n*): **an ~ joke** un chiste para iniciados; **the ~ crowd** el grupito

B (*pred*) (in tennis, badminton, etc): **the ball was ~** la pelota fue buena *or* cayó dentro *or* (esp AmL) adentro

in⁴ *n*

A (access to) (AmE colloq) (*no pl*): **to have an ~ with sb** tener* palanca *or* (Esp) enchufe con algn (fam)

B **ins** *pl*: **the ~s and outs (of sth)** los pormenores (de algo)

in⁵ (*pl* **in** *or* **ins**) = **inch(es)**

IN = **Indiana**

inability /ˈɪnəˈbɪləti/ *n* [u] incapacidad *f*; **~ to + INF** incapacidad PARA + INF

inaccessibility /ˈɪnəkˌsesəˈbɪləti || ˌɪnæksesəˈbɪləti/ *n* [u] inaccesibilidad *f*

inaccessible /ˈɪnəkˈsesəbəl || ˌɪnækˈsesəbəl/ *adj* inaccesible

inaccuracy /ɪnˈækjərəsi/ *n* (*pl* **-cies**) 1 [u] (of information, instrument) inexactitud *f* 2 [c] (error) error *m* 3 [u] (of shot, aim) imprecisión *f*

inaccurate /ɪnˈækjərət/ *adj* 1 ‹*translation/estimate*› inexacto, erróneo; **these scales are very ~** esta balanza no es nada precisa 2 ‹*aim/shot*› impreciso

inaction /ɪnˈækʃən/ *n* [u] inactividad *f*, inacción *f*

inactive /ɪnˈæktɪv/ *adj* inactivo

inactivity /ˈɪnækˈtɪvəti/ *n* [u] inactividad *f*

inadequacy /ɪnˈædɪkwəsi/ *n* (*pl* **-cies**) 1 [u] (of resources) lo inadecuado 2 [u] (of person) ineptitud *f*, incompetencia *f* 3 [c] (weakness) deficiencia *f*

inadequate /ɪnˈædɪkwət/ *adj* 1 ‹*resources/measures*› insuficiente, inadecuado 2 ‹*person*› inepto, incompetente; **she felt ~** (for a particular task) se sentía inepta *or* incompetente; (in general) sentía que no estaba a la altura de las circunstancias

inadmissible /ˈɪnədˈmɪsəbəl/ *adj* inadmisible

inadvertently /ˈɪnədˈvɜːrtn̩tli || ˌɪnədˈvɜːtn̩tli/ *adv* sin querer, sin darse (*or* darme *etc*) cuenta

inadvisable /ˈɪnədˈvaɪzəbəl/ *adj* desaconsejable, poco aconsejable *or* recomendable

inalienable /ɪnˈeɪliənəbəl/ *adj* inalienable

inane /ɪˈneɪn/ *adj* estúpido, idiota, inane (frml)

inanimate /ɪnˈænəmət || ɪnˈænɪmət/ *adj* inanimado

inanity /ɪˈnænəti/ *n* (*pl* **-ties**) 1 [u] (stupidity) estupidez *f*, inanidad *f* (frml) 2 [c] (stupid remark) sandez *f*, estupidez *f*

inapplicable /ɪnˈæplɪkəbəl, ˌɪnəˈplɪkəbəl/ *adj* inaplicable, no aplicable

inappropriate /ˈɪnəˈprəʊpriət/ *adj* ‹*measure/dress*› inadecuado, poco apropiado; ‹*moment*› inoportuno; **a totally ~ comment** un comentario totalmente fuera de lugar; **it would be ~ for you to suggest it** no te corresponde a ti sugerirlo, no estaría bien que tú lo sugirieras

inappropriately /ˈɪnəˈprəʊpriətli/ *adv* de manera poco adecuada *or* apropiada; **they were ~ dressed** no iban adecuadamente vestidos

inarticulate /ˈɪnɑːrˈtɪkjələt || ˌɪnɑːˈtɪkjʊlət/ *adj* (in speech) ‹*babbling/grunt*› inarticulado; ‹*person*› con dificultad para expresarse

inasmuch as /ˈɪnəzˈmʌtʃ/ *conj* (frml) 1 (since, seeing that) ya que, puesto que, dado que 2 ▸**insofar as**

inattention /ˈɪnəˈtentʃən || ˌɪnəˈtenʃən/ *n* [u] 1 (lack of attention) falta *f* de atención, distracción *f* 2 (neglect) desinterés *m*

inattentive /ˈɪnəˈtentɪv/ *adj* ‹*pupil/listener*› distraído, poco atento, desatento

inaudible /ɪnˈɔːdəbəl/ *adj* inaudible

inaugural¹ /ɪnˈɔːgjərəl || ɪˈnɔːgjʊrəl/ *adj* 1 ‹*speech/lecture*› inaugural, de apertura; ‹*flight/meeting*› inaugural 2 (of official) ‹*speech*› de toma de posesión; ‹*ceremony*› de investidura

inaugural² *n* (ceremony) (AmE) toma *f* de posesión, investidura *f*

inaugurate /ɪnˈɔːgjəreɪt || ɪˈnɔːgjʊreɪt/ *vt* 1 (begin) inaugurar 2 (open) inaugurar 3 (frml) ‹*president*› investir*; **to be ~d president** ser* investido como presidente

inauguration /ɪnˈɔːgjəˈreɪʃən || ɪˌnɔːgjʊˈreɪʃən/ *n* 1 (investiture) investidura *f*, toma *f* de posesión; (*before n*) **I~ Day** (in US) *día de la toma de posesión del presidente de los EEUU* 2 (opening) inauguración *f*

> **Inauguration Day**
>
> En EEUU, el día en que el nuevo Presidente asume oficialmente el poder. La ceremonia de investidura siempre tiene lugar el 20 de enero, en Washington DC

inauspicious /ˈɪnɔːˈspɪʃəs/ *adj* ‹*circumstances*› desfavorable, adverso; ‹*moment/start*› poco propicio

inbetween /ˈɪnbɪˈtwiːn/ *adj* (*before n*) intermedio

inborn /ˈɪnˈbɔːrn || ˈɪnbɔːn/ *adj* innato, connatural

inbox /ˈɪnbɑːks || ˈɪnbɒks/ *n*

A (AmE) ▸**in-tray**

B (Comput) bandeja *f* de entrada

inbred /ˈɪnˈbred/ *adj*

A ‹*social group*› endogámico

B (innate) innato

inbreeding /ˈɪnˌbriːdɪŋ/ *n* [u] endogamia *f*

inbuilt /ˈɪnˈbɪlt/ *adj* ‹*system/program*› incorporado; ‹*inequalities*› consustancial, inherente; ‹*feeling*› innato

Inc /ɪŋk/ (AmE) = **Incorporated**

Inca¹ /ˈɪŋkə/ *adj* incaico, inca

Inca² *n* inca *mf*

incalculable /ɪnˈkælkjələbəl || ɪnˈkælkjʊləbəl/ *adj* incalculable

incandescent /ˈɪnkənˈdesn̩t || ˌɪnkænˈdesn̩t/ *adj* incandescente

incantation /ˈɪnkænˈteɪʃən/ *n* ensalmo *m*, conjuro *m*

incapable /ɪnˈkeɪpəbəl/ *adj* (*pred*) 1 (not able) **to be ~ OF -ING** ser* incapaz DE + INF; **she is ~ of jealousy** es incapaz de sentir celos 2 (helpless) inútil, incapaz

incapacitate /ˈɪnkəˈpæsəteɪt || ˌɪnkəˈpæsɪteɪt/ *vt* 1 (disable) incapacitar; **to be ~d** estar* incapacitado *or* impedido 2 (Law) inhabilitar, incapacitar

incapacity /ˈɪnkəˈpæsəti/ *n* [u] incapacidad *f*; (*before n*) **I~ Benefit** (BrE) prestaciones *fpl* por invalidez

incarcerate /ɪnˈkɑːrsəreɪt || ɪnˈkɑːsəreɪt/ *vt* encarcelar

incarceration /ɪnˈkɑːrsəˈreɪʃən || ɪnˌkɑːsəˈreɪʃən/ *n* encarcelación *f*

incarnate /ɪnˈkɑːrnət || ɪnˈkɑːnət/ *adj* (liter) (*usu pred*) encarnado; **the devil ~** el demonio encarnado *or* personificado

incarnation /ˈɪnkɑːrˈneɪʃən || ˌɪnkɑːˈneɪʃən/ *n* encarnación *f*

incendiary /ɪnˈsendieri || ɪnˈsendiəri/ *adj* incendiario

incense¹ /ˈɪnsens/ *n* [u] incienso *m*; (*before n*) **~ burner** incensario *m*

incense² /ɪnˈsens/ *vt* indignar, darle* rabia a

incentive /ɪnˈsentɪv/ *n* [c u] incentivo *m*, aliciente *m*, estímulo *m*; **a cash ~** una bonificación, un incentivo en efectivo *or* en metálico; **he had no ~ to diet** no tenía ningún aliciente *or* incentivo para hacer régimen; (*before n*) **~ scheme** plan *m* de incentivos

inception /ɪnˈsepʃən/ *n* (frml) inicio *m*, comienzo *m*

incessant /ɪnˈsesn̩t/ *adj* ‹*noise/rain*› incesante; ‹*effort*› ininterrumpido, constante

incessantly /ɪnˈsesn̩tli/ *adv* sin cesar, incesantemente

incest /ˈɪnsest/ *n* [u] incesto *m*

incestuous /ɪnˈsestʃuəs || ɪnˈsestjʊəs/ *adj* incestuoso

inch¹ /ɪntʃ/ *n* pulgada *f* (*2,54 centímetros*); **two ~es of rain** dos pulgadas *or* (fam) cuatro dedos de lluvia; **I was within an ~ of getting that job** estuve a un paso *or* en un tris de que me dieran el trabajo; **I've searched every ~ of the house** he buscado hasta en el último rincón de la casa; **he looked every ~ the English aristocrat** de pies a cabeza parecía el típico aristócrata inglés; **she wouldn't budge** *o* **give an ~** no cedió ni un ápice; ***give them an ~ and they'll take a mile*** les das la mano y te toman *or* (esp Esp) te cogen el brazo

inch² *vi* moverse* lentamente *or* paso a paso; **to ~ forward** avanzar* lentamente *or* paso a paso

■ **inch** *vt*: ***to ~ one's way*** avanzar* lentamente

incidence /ˈɪnsədəns || ˈɪnsɪdəns/ *n* [u]

A (frequency) índice *m*; **the high/low ~ of deaths among ...** el alto/bajo índice de muertes entre ...

B (Opt, Phys) incidencia *f*; **the angle of ~** al ángulo de incidencia

incident /ˈɪnsədənt || ˈɪnsɪdənt/ *n* 1 (event) incidente *m*, episodio *m*; **the day passed without ~** el día transcurrió sin incidentes 2 (disturbance) (journ) incidente *m*; (*before n*) **~ room** (BrE) centro *m* de investigaciones

incidental /ˌɪnsəˈdentl̩ || ˌɪnsɪˈdentl̩/ *adj* 1 (accompanying) ‹*effect*› secundario; ‹*advantage/benefit*› adicional; ‹*expenses*› imprevisto; **~ music** música *f* incidental *or* de acompañamiento; **~ TO sth**: **these duties are ~ to the job** son responsabilidades que conlleva el trabajo 2 (minor) incidental, de menor importancia 3 (accidental) casual, fortuito

incidentally /ˈɪnsəˈdentl̩i || ˌɪnsɪˈdentl̩i/ *adv*

A (*indep*) a propósito, por cierto

B (casually) por casualidad, casualmente

incinerate /ɪnˈsɪnəreɪt/ *vt* incinerar

incinerator /ɪnˈsɪnəreɪtər || ɪnˈsɪnəreɪtə(r)/ *n* incinerador *m*

incipient /ɪnˈsɪpiənt/ *adj* incipiente

incision /ɪnˈsɪʒən/ *n* [c u] incisión *f*

incisive /ɪnˈsaɪsɪv/ *adj* ‹*person/mind*› incisivo, penetrante; ‹*remark*› incisivo, mordaz

incisor /ɪnˈsaɪzər || ɪnˈsaɪzə(r)/ *n* incisivo *m*

incite /ɪnˈsaɪt/ *vt* ‹*hatred/violence*› instigar* a, incitar a; ‹*person*› **to ~ sb TO sth/+INF** instigar* *or* incitar a algn A algo/+ INF

incl *prep* (**= including** *o* **inclusive of**): **~ postage** franqueo incluido

inclement /ɪnˈklemənt/ *adj* (frml) inclemente

inclination /ˈɪnkləˈneɪʃən || ˌɪnklɪˈneɪʃən/ *n* [u c]

A 1 (leaning) tendencia *f*, inclinación *f*; **~ TO sth** tendencia A algo 2 (desire): **my own ~ is to ignore them** yo me inclino por no hacerles caso; **to have an/no ~ to + INF** tener*/no tener* deseos *or* ganas de + INF; **she shows no ~ to relinquish her post** no da muestras de querer dejar su puesto; **to follow one's own ~(s)** dejarse llevar por su (*or* mi *etc*) instinto

B (tilt) inclinación *f*

incline¹ /ɪnˈklaɪn/ *vt* (frml) 1 (dispose) **to ~ sb to + INF** predisponer* a algn A + INF 2 (bend, lower) ‹*head*› inclinar, bajar

■ **incline** *vi* (frml) **to ~ TO** *o* **TOWARD sth**: **she ~s to** *o* **toward the opposite view** se inclina a pensar lo contrario

incline² /ˈɪnklaɪn/ *n* (frml) pendiente *f*

inclined /ɪnˈklaɪnd/ *adj* (disposed) **~ to + INF**: **I'm ~ to agree** yo me inclino a pensar lo mismo; **she's ~ to be irritable in the morning** tiende a estar de mal humor por la mañana; **to be artistically ~** tener* inclinaciones artísticas; **anyone who feels so ~ can ...** cualquier persona que así lo desee, puede ...

include /ɪnˈkluːd/ *vt* 1 (contain as part) incluir*; **does the rent ~ heating costs?** ¿el alquiler incluye *or* en el alquiler están incluidos los gastos de calefacción? 2 (put in) incluir*; (with letter) adjuntar, incluir*; **we're all ~d in the invitation** estamos todos invitados 3 (count in) incluir*; **service isn't ~d** el servicio no está incluido

including /ɪnˈkluːdɪŋ/ *prep*: **~ the introduction, the book runs to 300 pages** incluyendo *or* contando la introducción, el libro tiene 300 páginas; **up to and ~ page 25** hasta la página 25 inclusive; **they all liked it, ~ Paul** a todos les gustó, incluso *or* hasta a Paul; **not ~ insurance** sin incluir el seguro

inclusion /ɪnˈkluːʒən/ *n* [u] inclusión *f*

inclusive /ɪnˈkluːsɪv/ *adj* 1 ‹*price/charge*› global, todo incluido; **to be ~ OF sth** incluir* algo 2 (including dates, figures mentioned) (BrE) (*after n*) inclusive; **from the 23rd to the 27th ~** del 23 al 27, ambos inclusive

incognito /ˌɪnkɑːɡˈniːtəʊ || ˌɪnkɒɡˈniːtəʊ/ *adv* de incógnito

incoherent /ˈɪnkəʊˈhɪrənt || ˌɪnkəʊˈhɪərənt/ *adj* ‹*statement*› incoherente; ‹*argument/style*› falto de coherencia *or* ilación, incoherente

incoherently /ˈɪnkəʊˈhɪrəntli || ˌɪnkəʊˈhɪərəntli/ *adv* ‹*speak*› incoherentemente, con incoherencia

income /ˈɪnkʌm/ *n* [u c] ingresos *mpl*; (unearned) rentas *fpl*, ingresos *mpl*; **I live within my ~** vivo de acuerdo con mis ingresos

income: **~ support** *n* [u] (in UK) *subsidio otorgado a personas de bajos ingresos*; **~ tax** *n* [u] impuesto *m* sobre *or* a la renta, impuesto *m* a los réditos (Arg)

incoming /ˈɪnˈkʌmɪŋ/ *adj* (*before n*) 1 (inbound): **the area has been closed to ~ traffic** no se permite la entrada de vehículos a la zona; **the ~ tide** la marea (*que sube*); **~ mail is sorted downstairs** la correspondencia que se recibe se clasifica abajo; **the secretary takes all ~ calls** la secretaria atiende todas las llamadas; **S incoming calls only** sólo recibe llamadas 2 (about to take office) ‹*president*› entrante

incommunicado /ˈɪnkəˈmjuːnəˈkɑːdəʊ || ˌɪnkəˌmjuːnɪˈkɑːdəʊ/ *adj* (*pred*) **to be ~** estar* incomunicado

incomparable /ɪnˈkɑːmpərəbəl || ɪnˈkɒmpərəbəl/ *adj* 1 (matchless) (liter) incomparable, sin par, sin igual 2 (totally different) (frml) (*pred*) **to be ~ WITH sth/sb** no poderse* comparar *or* no tener* comparación CON algo/algn

incompatible /ˈɪnkəmˈpætəbəl/ *adj* incompatible

incompetence /ɪnˈkɑːmpətəns || ɪnˈkɒmpɪtəns/ *n* [u] 1 (ineptitude) incompetencia *f*, ineptitud *f* 2 (Law) **~ (to + INF)** incapacidad *f* (PARA + INF)

incompetent /ɪnˈkɑːmpətənt || ɪnˈkɒmpɪtənt/ *adj* 1 (inept) ‹*person*› incompetente, inepto; ‹*work*› deficiente

2 (disqualified) (Law) incapaz; **to be ~ to + INF** ser* incapaz PARA + INF

incomplete /'ɪnkəm'pliːt/ *adj* **1** (with sth or sb missing) incompleto; **the meal would be ~ without dessert** no sería una comida completa sin un postre **2** (unfinished) inacabado, inconcluso, sin terminar

incomprehensible /ɪn'kɑːmprə'hensəbəl || ɪn,kɒmprɪ'hensəbəl/ *adj* incomprensible; **to be ~ TO sb** ser* incomprensible PARA algn

incomprehension /ɪn'kɑːmprɪ'hentʃən || ɪn,kɒmprɪ'henʃən/ *n* [u] incomprensión *f*, falta *f* de comprensión

inconceivable /'ɪnkən'siːvəbəl/ *adj* inconcebible

inconclusive /'ɪnkən'kluːsɪv/ *adj* ‹*evidence/findings*› no concluyente, inconcluyente; **the discussion was ~** la discusión no fue fructífera

incongruous /ɪn'kɑːŋgruəs || ɪn'kɒŋgrʊəs/ *adj* ‹*behavior/remark*› fuera de lugar, inapropiado; ‹*appearance*› extraño, raro

inconsequential /ɪn'kɑːnsə'kwentʃəl || ɪn,kɒnsɪ'kwenʃəl/ *adj* **1** (unimportant) intrascendente, sin importancia **2** (illogical) (frml) ilógico, incoherente

inconsiderable /'ɪnkən'sɪdərəbəl/ *adj* (frml) (*usu neg*): **he inherited a not ~ sum** heredó una suma nada despreciable *or* desdeñable

inconsiderate /'ɪnkən'sɪdərət/ *adj* ‹*person/attitude*› desconsiderado; **it was very ~ of her** fue una gran falta de consideración de su parte

inconsistency /'ɪnkən'sɪstənsi/ *n* [u c] (*pl* **-cies**) falta *f* de coherencia, contradicción *f*

inconsistent /'ɪnkən'sɪstənt/ *adj* **1** (contradictory) ‹*statement/account*› contradictorio, incoherente; ‹*action*› contradictorio, inconsecuente; **to be ~ WITH sth** no concordar* CON algo; ‹*with principles/ideas*› no compadecerse* CON algo **2** (irregular, changeable) ‹*person/attitude*› inconsecuente, inconstante; ‹*performance*› desigual

inconsolable /'ɪnkən'səʊləbəl/ *adj* inconsolable

inconspicuous /'ɪnkən'spɪkjuəs/ *adj* ‹*person/object*› que no llama la atención, que pasa desapercibido *or* inadvertido; ‹*gesture*› discreto, que no llama la atención; **he tried to make himself ~** trató de pasar desapercibido *or* inadvertido

incontinence /ɪn'kɑːntṇəns || ɪn'kɒntɪnəns/ *n* (Med) incontinencia *f*

incontinent /ɪn'kɑːntṇənt || ɪn'kɒntɪnənt/ *adj* (Med) incontinente

incontrovertible /ɪn'kɑːntrə'vɜːrtəbəl || ,ɪnkɒntrə'vɜːtəbəl/ *adj* (frml) incontrovertible, indisputable

inconvenience¹ /'ɪnkən'viːniəns/ *n* **1** [u] (unsuitability, troublesomeness) inconveniencia *f*, incomodidad *f* **2** [u] (trouble) molestias *fpl*, inconvenientes *mpl* **3** [c] (drawback, nuisance) inconveniente *m*, desventaja *f*

inconvenience² *vt* causarle molestias a; **I don't want them to ~ themselves on my account** no quiero que se molesten por mí

inconvenient /'ɪnkən'viːniənt/ *adj* ‹*moment*› poco conveniente, inconveniente, inoportuno; ‹*position*› poco práctico; **I hope it's not too ~ for you** espero que no le cause muchos inconvenientes *or* muchas molestias

incorporate /ɪn'kɔːrpəreɪt || ɪn'kɔːpəreɪt/ *vt*
A **1** (take in) ‹*idea/plan*› incorporar; **to ~ sth INTO sth** incorporar algo A algo **2** (include, contain) incluir*, comprender
B (Busn, Law) ‹*business/enterprise*› constituir* (en sociedad); **a company ~d in the State of New Jersey** una compañía constituida en el estado de Nueva Jersey

incorporation /ɪn'kɔːrpə'reɪʃən || ɪn,kɔːpə'reɪʃən/ *n*
A (integration) incorporación *f*
B (Busn, Law) constitución *f* en sociedad

incorrect /'ɪnkə'rekt/ *adj* ‹*answer/translation/spelling*› incorrecto; ‹*statement/belief*› equivocado, erróneo; **that is ~** eso no es cierto

incorrectly /'ɪnkə'rektli/ *adv* incorrectamente; **the letter had been ~ addressed** la carta tenía la dirección equivocada

incorrigible /ɪn'kɔːrədʒəbəl || ɪn'kɒrɪdʒəbəl/ *adj* incorregible

incorruptible /'ɪnkə'rʌptəbəl/ *adj* incorruptible

increase¹ /ɪn'kriːs/ *vi* «*number/size*» aumentar; «*prices*» aumentar, subir; «*influence/popularity*» crecer*, aumentar; «*trade/output*» aumentar, incrementarse (frml); **to ~ IN sth**; **to ~ in size/weight** aumentar de tamaño/peso; **to ~ in number/importance** crecer* en número/importancia; **to ~ in value** aumentar de valor, revalorizarse*

■ **increase** *vt* ‹*number/size*› aumentar; ‹*prices*› aumentar, subir; ‹*trade/output*› aumentar, incrementar (frml); ‹*wealth/knowledge*› aumentar, acrecentar*; **it will ~ your chances** te dará más posibilidades

increase² /'ɪnkriːs/ *n* aumento *m*, incremento *m* (frml); **to be on the ~** estar* en aumento, ir* en aumento

increasing /ɪn'kriːsɪŋ/ *adj* (*before n*) ‹*amount/number*› creciente, cada vez mayor; ‹*interest/pressure*› creciente

increasingly /ɪn'kriːsɪŋli/ *adv*: **~ difficult/dangerous** cada vez más difícil/peligroso; **it is becoming ~ clear that ...** resulta cada vez más claro que ...

incredible /ɪn'kredəbəl/ *adj* increíble; **~ though it may seem** aunque parezca increíble, aunque parezca mentira

incredibly /ɪn'kredəbli/ *adv* **1** (colloq) (*as intensifier*) ‹*rich/weird/brave*› increíblemente **2** (*indep*) aunque parezca increíble, aunque parezca mentira

incredulous /ɪn'kredʒələs || ɪn'kredjʊləs/ *adj* ‹*expression/stare*› de incredulidad

increment /'ɪŋkrəmənt/ *n* (in salary) incremento *m* (salarial) (frml), aumento *m* (de sueldo)

incriminate /ɪn'krɪməneɪt || ɪn'krɪmɪneɪt/ *vt* incriminar (frml)

incriminating /ɪn'krɪməneɪtɪŋ || ɪn'krɪmɪneɪtɪŋ/ *adj* ‹*evidence/document*› comprometedor; (Law) incriminatorio (frml)

incrust /ɪn'krʌst/ *vt* ▸**encrust**

incubate /'ɪŋkjəbeɪt || 'ɪŋkjʊbeɪt/ *vt* incubar

■ **incubate** *vi* «*bird*» empollar; «*egg/embryo/bacteria*» incubarse

incubation /'ɪŋkjə'beɪʃən || ,ɪŋkjʊ'beɪʃən/ *n* [u] incubación *f*; (*before n*) **~ period** período *m* de incubación

incubator /'ɪŋkjəbeɪtər || 'ɪŋkjʊbeɪtə(r)/ *n* incubadora *f*

inculcate /'ɪnkʌlkeɪt/ *vt* (frml) **to ~ sth IN(TO) sb, to ~ sb WITH sth** inculcarle* algo A algn, inculcar* algo EN algn

incumbent¹ /ɪn'kʌmbənt/ *adj* (frml) **to be ~ ON** *o* **UPON sb** incumbirle A algn

incumbent² *n* (officeholder) titular *mf* del cargo; (Relig) titular *mf* del beneficio (eclesiástico)

incur /ɪn'kɜːr || ɪn'kɜː(r)/ *vt* **-rr-** (frml) ‹*anger/censure*› provocar*, incurrir en (frml); ‹*risk*› correr; ‹*penalty*› acarrear; ‹*damage/loss/injury*› sufrir; ‹*debt/liability*› contraer*; ‹*expense*› incurrir en (frml)

incurable /ɪn'kjʊrəbəl || ɪn'kjʊərəbəl/ *adj* **1** ‹*illness*› incurable **2** ‹*habit*› incorregible; ‹*optimist/romantic*› incorregible, recalcitrante, sin remedio

incursion /ɪn'kɜːrʒən || ɪn'kɜːʃən/ *n* [c u] incursión *f*

Ind = Indiana

indebted /ɪn'detəd || ɪn'detɪd/ *adj* **1** (owing gratitude) **to be ~ TO sb (FOR sth)** estar* en deuda CON algn (POR algo) **2** (owing money) endeudado, empeñado

indecency /ɪn'diːsṇsi/ *n* [u] indecencia *f*

indecent /ɪn'diːsṇt/ *adj* **1** (obscene) ‹*language/gesture*› indecente **2** (unseemly) indecoroso

indecent assault *n* [c u] abusos *mpl* deshonestos

indecipherable /'ɪndɪ'saɪfərəbəl/ *adj* indescifrable

indecision /'ɪndɪ'sɪʒən/ *n* [u] indecisión *f*, irresolución *f* (frml)

indecisive /'ɪndɪ'saɪsɪv/ *adj* **1** (hesitant) indeciso, irresoluto (frml) **2** (inconclusive) ‹*result/outcome*› no decisivo, no concluyente

indeed¹ /ɪn'diːd/ *adv*
A **1** (*as intensifier*): **thank you very much ~** muchísimas gracias; **he's painted it very well ~** lo ha pintado realmente *or* verdaderamente bien **2** (emphatic): **this is ~ a great privilege** éste es un auténtico *or* verdadero privilegio; **what a lovely evening! — yes ~!** ¡qué noche más agradable! — ¡ya lo creo! *or* ¡sí, por cierto! **3** (in response to question): **do you like champagne? — ~ I do** *o* **I do ~** ¿te gusta el champán? — sí, mucho; **I believe we've**

met before — ~ we have, a couple of years ago creo que nos conocemos — en efecto *or* así es, nos conocimos hace un par de años

B 1 (in fact): **the wheel was ~ loose** en efecto, la rueda estaba suelta 2 (indicating possibility): **if ~ he is right** si es que tiene razón; **this may ~ be the case, but ...** quizás sea así *or* no digo que no sea así, pero ... 3 (what is more) (*as linker*): **the situation hasn't improved; ~ it has worsened** la situación no ha mejorado; es más: ha empeorado; **a rare, ~ unique, example** un ejemplo, ya no poco común, sino único

C (in response to statement): **she says she's fat — fat ~!** dice que está gorda — sí, ya, gordísima; **he says he can do it better — does he ~?** (iro) dice que él lo puede hacer mejor — ¡no me digas!

indeed² *interj* ¡ya lo creo!

indefatigable /ˈɪndɪˈfætɪgəbəl/ *adj* (frml) infatigable, incansable

indefensible /ˈɪndɪˈfensəbəl/ *adj* ‹*rudeness/remark*› inexcusable, indefendible; ‹*view*› insostenible, indefendible

indefinable /ˈɪndɪˈfaɪnəbəl/ *adj* indefinible

indefinite /ɪnˈdefənət || ɪnˈdefɪnət/ *adj*

A 1 (*usu before n*) ‹*number/period*› indefinido, indeterminado 2 (vague) ‹*outline*› indefinido

B (Ling): **~ article** artículo *m* determinado *or* definido

indefinitely /ɪnˈdefənətli || ɪnˈdefɪnətli/ *adv* indefinidamente

indelible /ɪnˈdeləbəl/ *adj* ‹*stain/marker*› indeleble, imborrable; ‹*ink*› indeleble

indelicate /ɪnˈdeləkət || ɪnˈdelɪkət/ *adj* 1 (vulgar) ‹*behavior/remark*› indelicado, descortés 2 (tactless) ‹*action/remark*› indiscreto, falto de tacto

indemnify /ɪnˈdemnəfaɪ || ɪnˈdemnɪfaɪ/ *vt* **-fies, -fying, -fied** 1 (insure) **to ~ sb (AGAINST sth)** asegurar a algn (CONTRA algo) 2 (compensate) **to ~ sb (FOR sth)** indemnizar* a algn (POR *or* DE algo)

indemnity /ɪnˈdemnəti/ *n* (*pl* **-ties**) 1 [u] (insurance) **~ (AGAINST sth)** indemnidad *f* (CONTRA algo) 2 [c] (compensation) **~ (FOR sth)** indemnización *f* (POR algo)

indent /ɪnˈdent/ *vt* 1 ‹*line/paragraph*› sangrar 2 ‹*surface/edge*› marcar*, dejar marcas en

indentation /ˈɪndenˈteɪʃən/ *n*

A [c] 1 (along edge, border) mella *f* 2 (dent) hendidura *f*

B (Print) 1 [u] (act of indenting) sangría *f* 2 [c] (blank space) espacio *m*

independence /ˈɪndɪˈpendəns/ *n* [u] independencia *f*

Independence Day *n* día *m* de la Independencia

> **Independence Day**
>
> En EEUU es el 4 de julio, día festivo oficial en que se celebra la independencia de la nación. En ese día, en 1776, el *Continental Congress* (el primer cuerpo de gobierno del naciente EEUU) sancionó la Declaración de Independencia (*Declaration of Independence*)

independent /ˈɪndɪˈpendənt/ *adj*

A ‹*person/country/survey*› independiente; ‹*income*› independiente, propio, personal; **a person of ~ means** una persona que dispone de rentas; **Senegal became ~ in 1960** Senegal obtuvo la independencia *or* se independizó en 1960

B 1 ‹*company/newspaper/candidate*› independiente 2 (BrE) ‹*school*› particular, privado; ‹*sector*› privado; ‹*television/radio*› privado

independently /ˈɪndɪˈpendəntli/ *adv*

A (without outside help): **is she capable of working the problem out ~?** ¿puede resolver el problema sola *or* por sí misma?; **~ OF sb**: **try to make up your mind ~ of anyone else** trata de decidir por ti misma *or* independientemente de lo que digan los demás

B 1 (separately) por separado 2 (by disinterested party) ‹*assessed/investigated*› independientemente

in-depth /ˈɪnˈdepθ/ *adj* (*before n*) a fondo, en profundidad, exhaustivo

indescribable /ˈɪndɪˈskraɪbəbəl/ *adj* indescriptible, inenarrable (liter); (*as intensifier*) ‹*mess/beauty/sadness*› indescriptible, increíble

indestructible /ˈɪndɪˈstrʌktəbəl/ *adj* indestructible

indeterminate /ˈɪndɪˈtɜːrmənət || ˌɪndɪˈtɜːmɪnət/ *adj* indeterminado

index¹ /ˈɪndeks/ *n*

A (*pl* **indexes**) 1 (in book, journal) índice *m* 2 (list) lista *f*; (*before n*) **~ card** ficha *f*

B (*pl* **indexes** *o* **indices**) (Econ, Fin) índice *m*; **the retail price ~** el índice de precios al consumo; (*before n*) **~ number** índice *m*

C (*pl* **indices**) (Math) índice *m*

index² *vt*

A (Publ) 1 (provide with index) ‹*book/journal*› ponerle* un índice a 2 (enter in index) ‹*name*› incluir* en un índice

B (Econ, Fin) ‹*prices/wages*› indexar, indiciar

index: **~ finger** *n* (dedo *m*) índice *m*; **~ fund** *n* fondo *m* indexado; **~-linked** /ˈɪndeksˈlɪŋkt/ *adj* (esp BrE) indexado, indiciado

India /ˈɪndiə/ *n* la India

India ink, india ink *n* [u] tinta *f* china

Indian¹ /ˈɪndiən/ *adj*

A (of India) indio

B (of America) indígena, indio

Indian² *n*

A 1 [c] (person from India) indio, -dia *m,f* 2 [c u] (food, meal) (BrE colloq) comida *f* india

B [c] (*American ~*) indígena *mf*, indio, -dia *m,f*

Indian: **~ file** *n* (BrE) **in ~ file** en fila india; **~ giver** *n* (AmE) *niño que regala algo y luego quiere que se lo devuelvan*; **~ ink, i~ ink** *n* [u] (esp BrE) ▸**India ink**; **~ Ocean** *n* **the ~ Ocean** el (Océano) Índico; **~ summer** *n* (in northern hemisphere) ≈ veranillo *m* de San Martín *or* de San Miguel; (in southern hemisphere) ≈ veranillo *m* de San Juan

India rubber *n* caucho *m*, hule *m* (Méx)

indicate /ˈɪndəkeɪt || ˈɪndɪkeɪt/ *vt*

A 1 (point out) ‹*object/direction*› señalar, indicar*; **to ~ sth TO sb** señalarle algo A algn 2 (Auto) indicar*, señalizar* 3 (mark) (*often pass*) señalar; **is it ~d on the map?** ¿está señalado en el mapa? 4 (register) ‹‹*instrument/scale*›› indicar*

B 1 (show) ‹*change/condition*› ser* indicio *or* señal de 2 (state) señalar

C (require) (*usu pass*): **a change in tactics is ~d, I feel** creo que se impone un cambio de táctica

■ **indicate** *vi* (BrE Auto) indicar*, señalizar*, poner* el intermitente *or* (Col, Méx) las direccionales *or* (Chi) el señalizador

indication /ˈɪndəˈkeɪʃən || ˌɪndɪˈkeɪʃən/ *n* 1 [c u] (sign, hint) indicio *m*; **there is every ~ that ...** todo parece indicar que ..., todo parece apuntar a que ... 2 [c] (Med) indicación *f*

indicative¹ /ɪnˈdɪkətɪv/ *adj*

A (revealing) (frml) **to be ~ OF sth** ser* indicio DE algo, revelar algo

B (Ling) ‹*mood/form*› indicativo

indicative² *n* (Ling) **the ~** el indicativo

indicator /ˈɪndəkeɪtər || ˈɪndɪkeɪtə(r)/ *n*

A 1 (pointer) indicador *m* 2 (instrument) indicador *m*

B (Auto) intermitente *m*, direccional *f* (Col, Méx), señalizador *m* (*de viraje*) (Chi)

C (sign) indicador *m*

indices /ˈɪndəsiːz || ˈɪndɪsiːz/ *pl of* **index¹ B,C**

indict /ɪnˈdaɪt/ *vt* (Law) acusar; **to ~ sb FOR sth** acusar a algn DE algo

indictment /ɪnˈdaɪtmənt/ *n*

A [c u] (Law) acusación *f*; **to bring an ~ against sb** formular cargos contra algn

B [c] (criticism): **the report was an ~ of his management** el informe censuraba *or* criticaba su gestión

indie *n* 1 (Mus) indie *m* 2 (Cin) productora *f* independiente

indifference /ɪnˈdɪfrəns/ *n* [u] **~ (TO/TOWARD sb/sth)** indiferencia *f* (ANTE/HACIA algn/algo)

indifferent /ɪnˈdɪfrənt/ *adj*

A (uninterested) indiferente; **~ TO sth/sb**: **he is quite ~ to that sort of thing** ese tipo de cosa le es *or* le resulta totalmente indiferente

B (mediocre) ‹*performer*› mediocre, del montón (fam); **good, bad or ~?** ¿bueno, malo o regular?

indigenous /ɪnˈdɪdʒənəs/ *adj* ‹*population/language*› indígena, autóctono; ‹*species*› autóctono; **~ TO sth**: **this tree/**

i

animal isn't ~ to Australia este árbol/animal no pertenece a la flora/fauna autóctona de Australia

indigent /'ɪndɪdʒənt/ *adj* (liter) indigente; **~ patient** (AmE) *paciente con derecho a recibir atención médica gratuita*

indigestible /'ɪndaɪ'dʒestəbəl, -də- || ˌɪndɪ'dʒestəbəl/ *adj* 1 (Physiol) (impossible to digest) no digerible; (hard to digest) indigesto, difícil de digerir 2 ‹*book/style*› pesado, difícil de digerir

indigestion /'ɪndaɪ'dʒestʃən, -də- || ˌɪndɪ'dʒestʃən/ *n* [u] indigestión *f*; **onions give me ~** las cebollas me resultan indigestas *or* me producen indigestión

indignant /ɪn'dɪgnənt/ *adj* indignado; **to be ~** estar* indignado; **~ AT sth/-ING: he was ~ at the suggestion** la sugerencia lo indignó; **they felt ~ at receiving such a small reward** se indignaron al recibir tan mezquina recompensa

indignantly /ɪn'dɪgnəntli/ *adv* con indignación

indignation /'ɪndɪg'neɪʃən/ *n* [u] indignación *f*; **~ AT sth** indignación ANTE algo

indignity /ɪn'dɪgnəti/ *n* [u c] (*pl* **-ties**) humillación *f*, indignidad *f*; (inflicted by others) humillación *f*, vejación *f*

indigo /'ɪndɪgəʊ/ *n* [u] índigo *m*, añil *m*; (*before n*) ‹*ink/sea*› color añil *adj inv*, azul añil *adj inv*; **~ blue** (azul *m*) índigo *m or* añil *m*

indirect /'ɪndə'rekt, -daɪ- || ˌɪndɪ'rekt, -daɪ-/ *adj*
A 1 ‹*route/method*› indirecto 2 (veiled) ‹*threat/criticism*› indirecto, velado 3 ‹*result/benefit*› indirecto 4 (Ling) ‹*statement/question*› indirecto; **~ discourse** *o* (BrE) **speech** estilo *m* indirecto
B (Fin) ‹*costs/taxes*› indirecto

indirectly /'ɪndə'rektli, -daɪ- || ˌɪndɪ'rektli, -daɪ-/ *adv* indirectamente

indiscernible /'ɪndɪ'sɜːrnəbəl || ˌɪndɪ'sɜːnəbəl/ *adj* imperceptible

indiscreet /'ɪndɪs'kriːt/ *adj* indiscreto; **it was ~ of you to tell him** cometiste una indiscreción al decírselo

indiscretion /'ɪndɪs'kreʃən/ *n* [c u] indiscreción *f*

indiscriminate /'ɪndɪs'krɪmənət || ˌɪndɪ'skrɪmɪnət/ *adj* 1 ‹*attacks/killings*› indiscriminado 2 ‹*viewing/reading*› hecho sin criterio *or* discernimiento

indispensable /'ɪndɪs'pensəbəl/ *adj* indispensable, imprescindible; **to be ~ TO sb/sth** ser* indispensable *or* imprescindible PARA algn/algo

indisposed /'ɪndɪ'spəʊzd/ *adj* (frml) (*pred*) 1 (ill) **to be ~** estar* *or* encontrarse* indispuesto (frml) 2 (disinclined) **~ to + INF: I feel very ~ to help them** no me siento nada dispuesto a ayudarlos

indisposition /'ɪndɪspə'zɪʃən/ *n* [u c] (frml) indisposición *f* (frml)

indisputable /'ɪndɪ'spjuːtəbəl/ *adj* ‹*evidence/proof*› irrefutable; ‹*leader/winner*› indiscutible, indiscutido

indissoluble /'ɪndɪ'sɑːljəbəl || ˌɪndɪ'sɒljʊbəl/ *adj* (frml) indisoluble

indistinct /'ɪndɪ'stɪŋkt/ *adj* ‹*sound/shape*› poco definido, indistinto; ‹*speech*› poco claro

indistinguishable /'ɪndɪ'stɪŋgwɪʃəbəl/ *adj* **~ (FROM sth)** indistinguible (DE algo); **the two products are quite ~** es imposible distinguir un producto del otro

individual[1] /'ɪndə'vɪdʒuəl || ˌɪndɪ'vɪdjʊəl/ *adj*
A (*before n*) (*no comp*) 1 (for one person) ‹*portion*› individual; ‹*tuition*› personal 2 (single, separate): **you can purchase the whole set or ~ items** se puede comprar el juego o cada pieza por separado 3 (particular, personal) ‹*style*› personal, propio
B (original, distinctive) personal, original

individual[2] *n* 1 (single person, animal) individuo *m* 2 (person) (colloq) individuo, -dua *m,f*, tipo, -pa *m,f* (fam)

individualism /'ɪndə'vɪdʒuəlɪzəm || ˌɪndɪ'vɪdjʊəlɪzəm/ *n* [u] individualismo *m*

individualist /'ɪndə'vɪdʒuələst || ˌɪndɪ'vɪdjʊəlɪst/ *n* individualista *mf*

individuality /'ɪndə'vɪdʒu'æləti || ˌɪndɪˌvɪdjʊ'æləti/ *n* [u] individualidad *f*

individually /'ɪndə'vɪdʒuəli || ˌɪndɪ'vɪdjʊəli/ *adv* (separately) por separado, individualmente

indivisible /'ɪndə'vɪzəbəl || ˌɪndɪ'vɪzəbəl/ *adj* indivisible

indoctrinate /ɪn'dɑːktrəneɪt || ɪn'dɒktrɪneɪt/ *vt* adoctrinar; **to ~ sb WITH** *o* **IN sth** adoctrinar a algn EN algo

indoctrination /ɪn'dɑːktrə'neɪʃən || ɪnˌdɒktrɪ'neɪʃən/ *n* [u] adoctrinamiento *m*

Indo-European /'ɪndəʊ'jʊrə'piːən || ˌɪndəʊjʊərə'piːən/ *adj* indoeuropeo

indolent /'ɪndələnt/ *adj* (frml) indolente

indomitable /ɪn'dɑːmətəbəl || ɪn'dɒmɪtəbəl/ *adj* (frml) indómito (liter), indomable

Indonesia /'ɪndə'niːʒə || ˌɪndə'niːziə/ *n* Indonesia *f*

Indonesian[1] /'ɪndə'niːʒən || ˌɪndə'niːziən/ *adj* indonesio

Indonesian[2] *n* 1 [c] (person) indonesio, -sia *m,f* 2 [u] (language) indonesio *m*

indoor /'ɪndɔːr || 'ɪndɔː(r)/ *adj* (*before n*) ‹*clothes/shoes*› para estar en casa; ‹*plants*› de interior(es); ‹*swimming pool*› cubierto, techado; **~ games** deportes *mpl* bajo techo

indoors /'ɪn'dɔːrz || ˌɪn'dɔːz/ *adv* dentro, adentro (esp AmL); **to stay ~** quedarse (a)dentro; **let's go ~** entremos

induce /ɪn'duːs || ɪn'djuːs/ *vt*
A (persuade, cause) **to ~ sb to + INF** inducir* a algn A + INF
B (Med) ‹*hypnosis/sleep/labor*› inducir*, provocar*

inducement /ɪn'duːsmənt || ɪn'djuːsmənt/ *n* (incentive) incentivo *m*, aliciente *m*

induction /ɪn'dʌkʃən/ *n* [u]
A 1 (introduction) **~ (INTO sth)** iniciación *f* (EN algo); (*before n*) ‹*course/period*› introductorio 2 (Relig) instalación *f* como párroco 3 (AmE Mil) reclutamiento *m*, conscripción *f* (AmL)
B (Med) (of labor) inducción *f*

indulge /ɪn'dʌldʒ/ *vt* ‹*child*› consentir*, mimar; ‹*desire/appetite*› satisfacer*; **it doesn't hurt to ~ oneself every now and again** es bueno darse algún gusto de vez en cuando
■ **indulge** *vi* **to ~ IN sth** permitirse algo

indulgence /ɪn'dʌldʒəns/ *n*
A 1 [c] (extravagance, luxury): **an occasional cigar is my only ~** un puro de vez en cuando es el único lujo que me permito 2 [u] (partaking): **too much ~ in anything is bad** es malo abusar de cualquier placer
B [u] 1 (satisfaction) complacencia *f* 2 (tolerance) indulgencia *f*
C [c u] (Relig) indulgencia *f*

indulgent /ɪn'dʌldʒənt/ *adj* indulgente; **to be ~ TOWARD** *o* **WITH sb** ser* indulgente CON algn

industrial /ɪn'dʌstriəl/ *adj* 1 ‹*town/production/engineering*› industrial 2 (Lab Rel): **~ accident** accidente *m* laboral *or* de trabajo; **~ dispute** conflicto *m* laboral

industrial: **~ action** *n* [u] (BrE Lab Rel frml) *huelga o cualquier otra medida de presión ejercida en un conflicto laboral*; **~ estate** *n* (BrE) zona *f* industrial, polígono *m* industrial (Esp)

industrialist /ɪn'dʌstriələst || ɪn'dʌstriəlɪst/ *n* industrial *mf*

industrialize /ɪn'dʌstriəlaɪz/ *vi* industrializarse*
■ **industrialize** *vt* industrializar*

industrial: **~ park** *n* (AmE) zona *f* industrial, polígono *m* industrial (Esp); **~ relations** *pl n* relaciones *fpl* laborales; **~ Revolution** *n* **the I~ Revolution** la Revolución Industrial; **~ tribunal** *n* (in UK) tribunal *m* laboral, magistratura *f* del trabajo

industrious /ɪn'dʌstriəs/ *adj* ‹*worker*› trabajador, laborioso, diligente; ‹*student*› aplicado, diligente

industry /'ɪndəstri/ *n* (*pl* **-tries**)
A 1 [u] (in general) industria *f*; **she works in ~** trabaja en el sector empresarial 2 [c] (particular branch) industria *f*; **the steel/textile ~** la industria siderúrgica/textil; **the tourist ~** el turismo
B [u] (hard work) (frml) laboriosidad *f*, diligencia *f*, aplicación *f*

inebriated /ɪn'iːbrieɪtəd || ɪn'iːbrieɪtɪd/ *adj* (frml) ‹*person*› beodo (frml), ebrio (frml); ‹*state*› de embriaguez (frml)

inebriation /ɪn'iːbri'eɪʃən/ *n* [u] (frml) embriaguez *f* (frml)

inedible /ɪn'edəbəl/ *adj* 1 (impossible to eat) no comestible 2 (unpalatable) incomible

ineffable /ɪn'efəbəl/ *adj* (liter) inenarrable (liter), inefable (liter), indescriptible

ineffective /ˈɪnəˈfektɪv || ˌɪnɪˈfektɪv/ *adj* ‹*measure/response*› ineficaz; ‹*attempt*› infructuoso, que no da resultado *or* no surte efecto; ‹*person*› incompetente, ineficiente

ineffectual /ˈɪnəˈfektʃuəl || ˌɪnɪˈfektʃuəl/ *adj* ‹*person*› inútil, incapaz; ‹*action/response*› inútil

inefficiency /ˈɪnəˈfɪʃənsi || ˌɪnɪˈfɪʃənsi/ *n* [u] [1] (of machinery) falta *f* de eficiencia [2] (of persons, method) ineficiencia *f*

inefficient /ˈɪnəˈfɪʃənt || ˌɪnɪˈfɪʃənt/ *adj* [1] ‹*machine/method*› ineficiente, poco eficiente [2] ‹*person/worker*› ineficiente, incompetente

inefficiently /ˈɪnəˈfɪʃəntli || ˌɪnɪˈfɪʃəntli/ *adv* de manera ineficiente

inelegant /ɪnˈelɪgənt/ *adj* poco elegante, inelegante

ineligible /ɪnˈelədʒəbəl || ɪnˈelɪdʒəbəl/ *adj* (*usu pred*) ‹*candidate*› inelegible; **she was ~ to vote** no tenía derecho a votar

inept /ɪˈnept/ *adj* ‹*person*› inepto, incapaz, inútil; ‹*conduct/remark*› torpe

ineptitude /ɪˈneptətuːd || ɪˈneptɪtjuːd/ *n* [u] ineptitud *f*, inepcia *f* (frml)

inequality /ˈɪnɪˈkwɑːləti || ˌɪnɪˈkwɒləti/ *n* (*pl* **-ties**) desigualdad *f*

inequitable /ɪnˈekwətəbəl || ɪˈnekwɪtəbəl/ *adj* (frml) injusto, no equitativo

inert /ɪˈnɜːrt || ɪˈnɜːt/ *adj* [1] (immobile) (frml) (*usu pred*) inerte (frml) [2] (Chem) ‹*gas*› inerte

inertia /ɪˈnɜːrʃə || ɪˈnɜːʃə/ *n* [u] [1] (inactivity) apatía *f*, inercia *f* [2] (Phys) inercia *f*

inescapable /ˈɪnəˈskeɪpəbəl/ *adj* ‹*necessity/responsibility*› ineludible; ‹*fate*› inexorable; ‹*outcome*› inevitable

inessential /ˈɪnəˈsentʃəl || ˌɪnɪˈsenʃəl/ *adj* no esencial, innecesario, superfluo

inestimable /ɪnˈestəməbəl || ˌɪnˈestɪməbəl/ *adj* (frml) ‹*value/worth/service*› inestimable, inapreciable; ‹*damage*› incalculable

inevitable¹ /ɪnˈevətəbəl || ɪnˈevɪtəbəl/ *adj* [1] (certain, unavoidable) inevitable [2] (predictable) consabido, indefectible

inevitable² *n* **the ~** lo inevitable

inevitably /ɪnˈevətəbli/ *adv* [1] (unavoidably) inevitablemente, forzosamente [2] (invariably) indefectiblemente

inexact /ˈɪnɪgˈzækt/ *adj* inexacto

inexcusable /ˈɪnɪkˈskjuːzəbəl/ *adj* imperdonable, inexcusable

inexhaustible /ˈɪnɪgˈzɔːstəbəl/ *adj* [1] ‹*funds/supply*› inagotable [2] ‹*athlete/hiker*› incansable, infatigable

inexorable /ɪnˈeksərəbəl/ *adj* inexorable

inexpensive /ˈɪnɪkˈspensɪv/ *adj* económico, barato

inexperience /ˈɪnɪkˈspɪriəns || ˌɪnɪkˈspɪəriəns/ *n* [u] inexperiencia *f*, falta *f* de experiencia

inexperienced /ˈɪnɪkˈspɪriənst || ˌɪnɪkˈspɪəriənst/ *adj* ‹*nurse/pilot*› sin experiencia; ‹*swimmer/driver*› inexperto, novato; **to be ~ AT** *o* **IN sth** no tener* experiencia EN algo

inexpert /ɪnˈekspɜːrt || ɪnˈekspɜːt/ *adj* inexperto, poco hábil; **his ~ attempt at ...** su torpe intento de ...

inexpertly /ɪnˈekspɜːrtli || ɪnˈekspɜːtli/ *adv* con poca pericia *or* habilidad

inexplicable /ˈɪnɪkˈsplɪkəbəl/ *adj* inexplicable

inexplicably /ˈɪnɪkˈsplɪkəbli/ *adv* de forma inexplicable, inexplicablemente; **he felt ~ sad/happy** sentía una tristeza/alegría inexplicable

inexpressible /ˈɪnɪkˈspresəbəl/ *adj* ‹*joy/sorrow*› inexpresable, inefable (liter)

inextricably /ˈɪnɪkˈstrɪkəbli/ *adv* inextricablemente

infallibility /ɪnˈfæləˈbɪləti/ *n* [u] infalibilidad *f*

infallible /ɪnˈfæləbəl/ *adj* ‹*person/method*› infalible

infamous /ˈɪnfəməs/ *adj* [1] (notorious) de triste fama, de infausta memoria (liter) [2] (shameful) infame

infamy /ˈɪnfəmi/ *n* [c u] (*pl* **-mies**) (frml) infamia *f*

infancy /ˈɪnfənsi/ *n* [u]

[A] (babyhood) primera infancia *f*; **this branch of science is still in its ~** esta rama de la ciencia está aún en pañales *or* en mantillas

[B] (Law) minoría *f* de edad

infant /ˈɪnfənt/ *n*

[A] [1] (baby) bebé *m*, niño, -ña *m,f*; (*before n*) **~ mortality** mortalidad *f* infantil [2] (BrE Educ) niño, -ña *m,f* (*entre cinco y siete años de edad*); (*before n*) **~ school** (in UK) *escuela para niños de entre cinco y siete años de edad*

[B] (Law) menor *mf* (de edad)

infanticide /ɪnˈfæntəsaɪd || ɪnˈfæntɪsaɪd/ *n* [u c] (crime) infanticidio *m*

infantile /ˈɪnfəntaɪl/ *adj* ‹*behavior/humor*› pueril, infantil

infantry /ˈɪnfəntri/ *n* [u] (+ *sing or pl vb*) infantería *f*

infantryman /ˈɪnfəntrimən/ *n* (*pl* **-men** /-mən/) soldado *m* de infantería, infante *m*

infatuated /ɪnˈfætʃueɪtəd || ɪnˈfætjʊeɪtɪd/ *adj* **to be ~ WITH sb** estar* encaprichado CON *or* (Esp tb) DE algn

infatuation /ɪnˈfætʃuˈeɪʃən || ɪnˌfætjʊˈeɪʃən/ *n* [u c] encaprichamiento *m*

infect /ɪnˈfekt/ *vt*

[A] (Med) [1] ‹*wound/cut*› infectar; ‹*person/animal*› contagiar; **the wound became ~ed** la herida se infectó; **to ~ sb WITH sth** contagiarle algo A algn [2] (contaminate) contaminar

[B] (spread emotion): **his cheerfulness ~ed everyone around him** les contagiaba su alegría a todos los que lo rodeaban

infection /ɪnˈfekʃən/ *n* [1] [c] (disease) infección *f* [2] [u] (of wound) infección *f*; (of person) contagio *m*

infectious /ɪnˈfekʃəs/ *adj* [1] (Med) ‹*disease*› infeccioso, contagioso; **is she still ~?** ¿aún es contagioso lo que tiene? [2] ‹*laughter/enthusiasm*› contagioso; ‹*rhythm*› pegadizo, pegajoso (AmL exc RPl)

infer /ɪnˈfɜːr || ɪnˈfɜː(r)/ *vt* **-rr-** (deduce) **to ~ sth (FROM sth)** inferir* *or* deducir* *or* colegir* algo (DE algo)

inference /ˈɪnfərəns/ *n* [c u] deducción *f*, conclusión *f*, inferencia *f* (frml); **to draw an ~** hacer* una deducción; **to draw an ~ from sth** sacar* una conclusión de algo

inferior¹ /ɪnˈfɪriər || ɪnˈfɪəriə(r)/ *adj* (*no comp*) ‹*product*› (de calidad) inferior; ‹*workmanship/rank*› inferior; **~ TO sth/sb** inferior A algo/algn

inferior² *n* [c] inferior *mf*

inferiority /ɪnˈfɪriˈɔːrəti || ɪnˌfɪərɪˈɒrəti/ *n* [u] inferioridad *f*; **~ TO sth/sb** inferioridad FRENTE A *or* CON RESPECTO A algo/algn; (*before n*) **~ complex** complejo *m* de inferioridad

infernal /ɪnˈfɜːrnl̩ || ɪnˈfɜːnl̩/ *adj*

[A] (colloq & dated) ‹*din/row*› infernal, de (los) mil demonios (fam)

[B] (liter) (of hell) infernal, de los infiernos

inferno /ɪnˈfɜːrnəʊ || ɪnˈfɜːnəʊ/ *n* (*pl* **-noes**) [1] (fire) (journ): **the building was a blazing ~** el edificio estaba totalmente envuelto en llamas *or* ardía como una hoguera [2] (hell) (liter) averno *m* (liter), infierno *m*

infertile /ɪnˈfɜːrtl̩ || ɪnˈfɜːtaɪl/ *adj* ‹*land/soil*› estéril, infecundo, yermo (liter); ‹*woman/man/animal*› estéril

infertility /ˈɪnfərˈtɪləti || ˌɪnfəˈtɪləti/ *n* [u] (Agr) infecundidad *f*; (Biol) esterilidad *f*

infest /ɪnˈfest/ *vt* infestar; **to be ~ed WITH sth** estar* infestado *or* plagado DE algo

infestation /ˈɪnfesˈteɪʃən/ *n* [u c] plaga *f*, infestación *f*

infidel /ˈɪnfədl̩ || ˈɪnfɪdəl/ *n* (Hist, Relig) infiel *mf*

infidelity /ˈɪnfəˈdeləti || ˌɪnfɪˈdeləti/ *n* [u c] (*pl* **-ties**) infidelidad *f*

infield /ˈɪnfiːld/ *n* [u] (in baseball) cuadro *m*

infighting /ˈɪnˌfaɪtɪŋ/ *n* [u] luchas *fpl* internas *or* (frml) intestinas

infiltrate /ɪnˈfɪltreɪt || ˈɪnfɪltreɪt/ *vt* infiltrarse en

infiltration /ˈɪnfɪlˈtreɪʃən/ *n* [u] infiltración *f*

infiltrator /ɪnˈfɪltreɪtər || ˈɪnfɪltreɪtə(r)/ *n* infiltrado, -da *m,f*

infinite /ˈɪnfənət || ˈɪnfɪnət/ *adj* [1] (limitless) infinito [2] (great, extreme) infinito

infinitely /ˈɪnfənətli || ˈɪnfɪnətli/ *adv* infinitamente

infinitesimal /ˈɪnfɪnəˈtesɪml̩/ *adj* infinitesimal

infinitive /ɪnˈfɪnətɪv/ *n* infinitivo *m*

infinity /ɪnˈfɪnəti/ *n* [1] [u] (Math) infinito *m* [2] [u] (endless space) infinito *m* [3] (vast number, quantity) (liter) (*no pl*) infinidad *f*

i

infirm /ɪn'fɜːrm || ɪn'fɜːm/ *adj* (weak) endeble, enfermizo; (ill) enfermo

infirmary /ɪn'fɜːrməri || ɪn'fɜːməri/ *n* (*pl* **-ries**) **1** (hospital) (used in titles) hospital *m* **2** (medical room) enfermería *f*

infirmity /ɪn'fɜːrməti || ɪn'fɜːməti/ *n* [c u] (*pl* **-ties**) dolencia *f* (frml), padecimiento *m*

inflame /ɪn'fleɪm/ *vt* **1** ‹*person/passion*› encender*, inflamar (liter); ‹*situation*› exacerbar; **the crowd was ~d by his speech** su discurso enardeció a la multitud **2** (Med) inflamar

inflamed /ɪn'fleɪmd/ *adj* inflamado; **to become ~** inflamarse

inflammable /ɪn'flæməbəl/ *adj* ‹*substance/material*› inflamable; ‹*situation*› explosivo

inflammation /'ɪnflə'meɪʃən/ *n* [u c] inflamación *f*

inflammatory /ɪn'flæmətɔːri || ɪn'flæmətri/ *adj* ‹*speech/writing*› incendiario, que exalta *or* (liter) inflama los ánimos

inflatable /ɪn'fleɪtəbəl/ *adj* inflable, hinchable (Esp)

inflate /ɪn'fleɪt/ *vt* **1** (with air, gas) inflar, hinchar (Esp) **2** ‹*prices/economy*› inflar

■ **inflate** *vi* «*balloon/dinghy*» inflarse, hincharse (Esp)

inflated /ɪn'fleɪtəd || ɪn'fleɪtɪd/ *adj* **1** (with air, gas) inflado, hinchado (Esp) **2** (exaggerated) ‹*prices*› inflado; **she has an ~ sense of her own importance** se cree muy importante

inflation /ɪn'fleɪʃən/ *n* [u] inflación *f*

inflationary /ɪn'fleɪʃəneri || ɪn'fleɪʃənri/ *adj* inflacionario, inflacionista

inflect /ɪn'flekt/ *vt* **1** (Ling) ‹*verb*› conjugar*; ‹*noun*› declinar **2** (vary pitch of) modular

■ **inflect** *vi* (Ling) tomar desinencias

inflection /ɪn'flekʃən/ *n* [u c] **1** (Ling) flexión *f*, inflexión *f*; (ending) desinencia *f*, inflexión *f* **2** (intonation) entonación *f*, inflexión *f*

inflexibility /ɪn'fleksə'bɪləti/ *n* [u] **1** (of person, system) inflexibilidad *f* **2** (of material) rigidez *f*

inflexible /ɪn'fleksəbəl/ *adj* **1** ‹*personality/regulations*› inflexible **2** ‹*material*› rígido

inflict /ɪn'flɪkt/ *vt* ‹*pain/damage*› causar, ocasionar, inferir* (frml); ‹*punishment*› imponer*, aplicar*, infligir*; **to ~ sth ON sb**: **the suffering which he ~ed on his family** el sufrimiento que le causó *or* ocasionó *or* (frml) infirió a su familia

in-flight /'ɪnflaɪt/ *adj* ‹*services*› de a bordo

influence[1] /'ɪnfluəns/ *n* **1** [c u] (effect) **~ (ON sb/sth)** influencia *f* (SOBRE algn/algo); **to be under the ~ of sb/sth** estar* bajo la influencia de algn/algo; **he was already under the ~** (colloq) ya estaba borracho **2** [c] (power) **~ (OVER/ON sb/sth)** influencia *f* (SOBRE algn/algo); **to have ~ over sb/sth** tener* influencia *or* (frml) ascendiente sobre algn/algo **3** [c] (source of effect): **she's a good/bad ~ on him** ejerce buena/mala influencia sobre él

influence[2] *vt* ‹*person/decision*› influir* en, influenciar

influential /'ɪnflu'entʃəl || ˌɪnflʊ'enʃəl/ *adj* influyente

influenza /'ɪnflu'enzə/ *n* [u] (Med) gripe *f or* (Chi tb) influenza *f or* (Col, Méx) gripa *f*

influx /'ɪnflʌks/ *n* [u c] (of people) afluencia *f*; (of goods) entrada *f*; (of ideas) llegada *f*

info /'ɪnfəʊ/ *n* [u] (colloq) información *f*

inform /ɪn'fɔːrm || ɪn'fɔːm/ *vt* (advise) informar; (by letter) informar, notificar*; **to keep sb ~ed** mantener* a algn informado *or* al corriente; **to ~ sb OF/ABOUT sth**: **we've not yet been ~ed of any change of plan** todavía no se nos ha informado de ningún cambio de plan; **its aim is to ~ people about the dangers of pollution** tiene por objeto informar al público sobre los peligros de la contaminación; **to ~ sb THAT** informarle a algn QUE; **I'm reliably ~ed that ...** me informan de buena fuente que ...

■ **inform** *vi* **to ~ ON** *o* **AGAINST sb** delatar *or* denunciar a algn

informal /ɪn'fɔːrməl || ɪn'fɔːməl/ *adj* **1** (casual) ‹*party/atmosphere*› informal; **we're very ~ in this office** en esta oficina el ambiente es muy informal **2** (not official) ‹*meeting/agreement*› informal

informality /'ɪnfɔːr'mæləti || ˌɪnfɔː'mæləti/ *n* [u] falta *f* de ceremonia, informalidad *f*

informally /ɪn'fɔːrməli || ɪn'fɔːməli/ *adv* **1** (casually) ‹*talk*› de manera informal, sin ceremonias; ‹*dress*› de manera informal **2** (unofficially) ‹*meet/discuss*› informalmente

informant /ɪn'fɔːrmənt || ɪn'fɔːmənt/ *n* informante *mf*, informador, -dora *m,f*

information /'ɪnfər'meɪʃən || ˌɪnfə'meɪʃən/ *n* [u] **1** (facts, news) información *f*; **a piece of ~** un dato; **for more/further ~ write to ...** para más/mayor información diríjase a ...; **~ ABOUT** *o* **ON sth/sb** información *f* ACERCA DE *or* SOBRE algo/algn; **we have no ~ as to his whereabouts** desconocemos su paradero; **for your ~** para su información, a título informativo (frml); **for your ~ I do *not* read other people's letters** para que te enteres, yo no tengo por costumbre leer la correspondencia ajena; (*before n*) **~ desk** información *f*; **~ network** red *f* informativa; **~ science** informática *f* **2** (AmE Telec) información *f*, servicio *m* de información telefónica

information technology *n* informática *f*

informative /ɪn'fɔːrmətɪv || ɪn'fɔːmətɪv/ *adj* ‹*article/lecture*› instructivo, informativo; ‹*guidebook*› lleno de información, informativo

informed /ɪn'fɔːrmd || ɪn'fɔːmd/ *adj* ‹*source/critic*› bien informado; ‹*criticism/approach*› bien fundado; **it's an ~ guess** se trata de una conjetura hecha sobre cierta base *or* con cierto fundamento

informer /ɪn'fɔːrmər || ɪn'fɔːmə(r)/ *n* informante *mf*

infrared /'ɪnfrə'red/ *adj* infrarrojo

infrastructure /'ɪnfrə'strʌktʃər || 'ɪnfrəˌstrʌktʃə(r)/ *n* infraestructura *f*

infrequent /ɪn'friːkwənt/ *adj* poco frecuente

infringe /ɪn'frɪndʒ/ *vt* ‹*contract*› no cumplir (con), incumplir; ‹*treaty/rule*› infringir*, transgredir, violar

■ **infringe** *vi* **to ~ ON** *o* **UPON sth** violar algo

infringement /ɪn'frɪndʒmənt/ *n* [c u] **1** (of law) contravención *f*, violación *f*; (of contract) incumplimiento *m*; (Sport) falta *f*; **they admitted ~ of copyright** reconocieron no haber respetado los derechos de autor **2** (of rights) violación *f*

infuriate /ɪn'fjʊrieɪt || ɪn'fjʊərieɪt/ *vt* enfurecer*, poner* furioso

infuriating /ɪn'fjʊrieɪtɪŋ || ɪn'fjʊərieɪtɪŋ/ *adj* exasperante, irritante

infuse /ɪn'fjuːz/ *vt* **1** (Culin) ‹*tea/herb*› hacer* una infusión de **2** (instill) (liter) **to ~ sb WITH sth, to ~ sth INTO sb** infundirle algo A algn

■ **infuse** *vi* (Culin): **let the tea bag ~ for three minutes** deje la bolsita de té en infusión durante tres minutos

infusion /ɪn'fjuːʒən/ *n* [c u]

A (extract) infusión *f*; (drink) infusión *f*, tisana *f*, agua *f‡* (AmC, Andes)

B (of money, new life) inyección *f*

ingenious /ɪn'dʒiːnjəs || ɪn'dʒiːniəs/ *adj* ingenioso

ingenuity /ˌɪndʒə'nuːəti || ˌɪndʒə'njuːəti/ *n* [u] (of person) ingenio *m*, inventiva *f*, ingeniosidad *f*; (of gadget, idea) lo ingenioso

ingenuous /ɪn'dʒenjuəs/ *adj* **1** (naive) ingenuo **2** (frank, open) cándido, franco

ingest /ɪn'dʒest/ *vt* (frml) ingerir* (frml)

ingot /'ɪŋgət/ *n* lingote *m*

ingrained /'ɪn'greɪnd/ *adj* **1** ‹*belief/habit*› arraigado **2** ‹*dirt*› incrustado

ingratiate /ɪn'greɪʃieɪt/ *v refl* **to ~ oneself (WITH sb)** congraciarse (CON algn)

ingratiating /ɪn'greɪʃieɪtɪŋ/ *adj* halagador, obsequioso

ingratitude /ɪn'grætətuːd/ *n* [u] ingratitud *f*

ingredient /ɪn'griːdiənt/ *n* **1** (Culin) ingrediente *m* **2** (Pharm) componente *m* **3** (element) elemento *m*

ingrowing /'ɪn'grəʊɪŋ/ *adj* (BrE) ‹*toenail*› que crece hacia adentro, encarnado

ingrown /'ɪngrəʊn/ *adj* (Med): **~ toenail** uñero *m*, uña *f* encarnada, uña *f* enterrada (Méx)

inhabit /ɪn'hæbət || ɪn'hæbɪt/ *vt* ‹*region/building*› habitar (frml), vivir en

inhabitable /ɪn'hæbətəbəl || ɪn'hæbɪtəbəl/ *adj* habitable

inhabitant /ɪn'hæbətənt || ɪn'hæbɪtənt/ *n* habitante *mf*

inhabited /ɪn'hæbətəd || ɪn'hæbɪtɪd/ *adj* habitado

inhalation /ˈɪnhəˈleɪʃən/ *n* [u c] inhalación *f*
inhale /ɪnˈheɪl/ *vt* inhalar, aspirar
■ **inhale** *vi* aspirar; (when smoking) tragarse* el humo
inhaler /ɪnˈheɪlər || ɪnˈheɪlə(r)/ *n* inhalador *m*
inherent /ɪnˈhɪrənt, -ˈher- || ɪnˈhɪərənt, -ˈher-/ *adj* ‹*feature/quality*› inherente; **to be ~ IN sth** ser* inherente A algo; **with all its ~ difficulties** con todas las dificultades que conlleva
inherently /ɪnˈherəntli || ɪnˈhɪərəntli/ *adv* intrínsecamente
inherit /ɪnˈherət || ɪnˈherɪt/ *vt* **to ~ sth (FROM sb/sth)** heredar algo (DE algn/algo)
inheritance /ɪnˈherətəns || ɪnˈherɪtəns/ *n* **1** [c] (sth inherited) herencia *f*; **to come into an ~** heredar **2** [u] (act) sucesión *f*; (*before n*) **~ tax** impuesto *m* sucesorio *or* sobre sucesiones, impuesto *m* a la herencia
inhibit /ɪnˈhɪbət || ɪnˈhɪbɪt/ *vt* (frml) **1** ‹*person*› inhibir, cohibir*; **to ~ sb FROM -ING** impedirle* a algn + INF **2** ‹*growth/reaction*› inhibir
inhibited /ɪnˈhɪbətəd || ɪnˈhɪbɪtɪd/ *adj* inhibido, cohibido
inhibition /ˈɪnəˈbɪʃən || ˌɪnhɪˈbɪʃən/ *n* inhibición *f*
inhospitable /ˌɪnhɑːˈspɪtəbəl || ˌɪnhɒˈspɪtəbəl/ *adj* ‹*person*› poco hospitalario; ‹*climate/region*› inhóspito
in-house[1] /ˈɪnhaʊs/ *adj* ‹*training*› en la empresa (*or* organización *etc*); ‹*staff*› interno
in-house[2] /ɪnˈhaʊs/ *adv* en la empresa (*or* organización *etc*)
inhuman /ɪnˈhjuːmən/ *adj* inhumano
inhumane /ˈɪnhjuːˈmeɪn/ *adj* ‹*treatment*› inhumano; ‹*person*› cruel
inhumanity /ˈɪnhjuːˈmænəti/ *n* (*pl* **-ties**) **1** [u] (cruelty) crueldad *f*, inhumanidad *f* **2** [c] (cruel act) atrocidad *f*
inimitable /ɪnˈɪmətəbəl || ɪˈnɪmɪtəbəl/ *adj* inimitable; **in her own ~ way** en su característico e inimitable estilo
iniquitous /ɪˈnɪkwətəs/ *adj* inicuo (frml), injusto
iniquity /ɪˈnɪkwəti/ *n* (*pl* **-ties**) (frml) iniquidad *f* (frml)
initial[1] /ɪˈnɪʃəl/ *adj* inicial; **in the ~ stages** en la etapa inicial, al principio; **my ~ reaction** mi primera reacción
initial[2] *n* inicial *f*
initial[3] *vt*, (BrE) **-ll-** inicialar, ponerle* las iniciales a
initialize /ɪˈnɪʃəlaɪz/ *vt* (Comput) inicializar*
initially /ɪˈnɪʃəli/ *adv* inicialmente, al principio
initiate /ɪˈnɪʃieɪt/ *vt*
A (start) (frml) ‹*talks*› iniciar (frml), dar* comienzo a (frml), entablar; ‹*reform/plan*› poner* en marcha; ‹*fashion*› introducir*; **to ~ proceedings against sb** entablarle juicio a algn
B (admit, introduce) **to ~ sb (INTO sth)** iniciar a algn (EN algo)
initiation /ɪˈnɪʃiˈeɪʃən/ *n*
A [c u] (admission) **~ (INTO sth)** iniciación *f* (EN algo); (*before n*) **~ ceremony** ceremonia *f* iniciática *or* de iniciación
B [u] (of plan, talks) inicio *m* (frml), comienzo *m*
initiative /ɪˈnɪʃətɪv/ *n* [c u] iniciativa *f*; **on one's own ~** por iniciativa propia, (de) motu proprio; **to take the ~** tomar la iniciativa
inject /ɪnˈdʒekt/ *vt* **1** (Med) ‹*drug*› inyectar; **to ~ sth INTO sth** inyectar algo EN algo; **to ~ sb WITH sth** inyectar(le) algo A algn **2** **to ~ sth (INTO sth)** ‹*capital/resources*› inyectarle algo (A algo)
injection /ɪnˈdʒekʃən/ *n* **1** [c u] (Med) inyección *f*; **to give sb an ~** ponerle* *or* darle* una inyección a algn **2** [u] (*fuel ~*) inyección *f* de combustible **3** [c] (of capital, energy) inyección *f*
injudicious /ˈɪndʒʊˈdɪʃəs/ *adj* (frml) imprudente
injunction /ɪnˈdʒʌŋkʃən/ *n* **1** (Law) mandamiento *m* judicial **2** (order) (frml) orden *f*
injure /ˈɪndʒər || ˈɪndʒə(r)/ *vt* **1** ‹*person*› herir*, lesionar (frml); ‹*pride/feelings*› herir*, lastimar; ‹*reputation*› (frml) dañar; **she ~d her knee** se lesionó la rodilla (frml); **he was seriously ~d in the accident** resultó gravemente herido en el accidente **2** **injured** *past p*: **she gave me an ~d look** me miró con expresión ofendida; **I am the ~d party** soy yo quien sufrió el agravio
injured /ˈɪndʒərd || ˈɪndʒəd/ *pl n* **the ~** los heridos
injurious /ɪnˈdʒʊriəs || ɪnˈdʒʊəriəs/ *adj* (frml) perjudicial; **to be ~ TO sth** ser* perjudicial PARA algo

injury /ˈɪndʒəri/ *n* [c u] (*pl* **-ries**) herida *f*; **to do oneself an ~** hacerse* daño, lastimarse; (*before n*) **~ time** (BrE Sport) tiempo *m* de descuento
injustice /ɪnˈdʒʌstəs || ɪnˈdʒʌstɪs/ *n* [u c] injusticia *f*; **to do sb an ~** cometer una injusticia con algn, ser* injusto con algn
ink /ɪŋk/ *n* [u c] tinta *f*; **please write in ~** se ruega escribir con tinta
(Phrasal verb)
• **ink in** [v ▸ o ▸ adv, v ▸ adv ▸ o] repasar con tinta
ink: **~blot** *n* mancha *f* de tinta; **~-jet printer** *n* impresora *f* de chorro de tinta
inkling /ˈɪŋklɪŋ/ *n* [u]: **I had an ~ something had gone wrong** tuve el presentimiento *or* (CS, Per tb) el pálpito de que algo había salido mal
ink: **~pad** *n* tampón *m*, almohadilla *f*; **~well** *n* tintero *m* (*empotrado en un escritorio*)
inky /ˈɪŋki/ *adj* **inkier, inkiest** ‹*fingers/pen*› manchado de tinta
inlaid[1] /ˈɪnˈleɪd/ *past & past p of* **inlay**[2]
inlaid[2] *adj* ‹*design*› de marquetería *or* taracea; ‹*box/lid*› con incrustaciones
inland[1] /ˈɪnlənd/ *adj* (*before n*) **1** ‹*town*› del interior; ‹*sea*› interior; **~ waterways** canales *mpl* y ríos *mpl* **2** (domestic) (esp BrE) ‹*postal rates*› nacional; ‹*trade*› interior
inland[2] /ˈɪnˈlænd/ *adv* tierra adentro
Inland Revenue /ˈɪnlənd/ *n* (in UK) **the ~ ~** ≈ Hacienda, ≈ la Dirección General Impositiva (*en RPl*), ≈ Impuestos Internos (*en Chi*)
in-laws /ˈɪnlɔːz/ *pl n* (colloq) (spouse's parents) suegros *mpl*; (spouse's family) parientes *mpl* políticos
inlay[1] /ˈɪnleɪ/ *n* [u c] (of wood, metal, ivory) incrustación *f*
inlay[2] /ˈɪnˈleɪ/ *vt* (*past & past p* **inlaid**) **to ~ sth WITH sth** hacer* incrustaciones de algo EN algo, taracear algo CON algo
inlet /ˈɪnlet/ *n*
A (in coastline) ensenada *f*, entrada *f*; (of river, sea) brazo *m*
B (Mech Eng) entrada *f*; (*before n*) ‹*valve/pipe*› de admisión
inmate /ˈɪnmeɪt/ *n* (of asylum) interno, -na *m,f*; (of prison) preso, -sa *m,f*; (of hospital) paciente hospitalizado, -da *m,f*
inmost /ˈɪnməʊst/ *adj* ▸**innermost**
inn /ɪn/ *n* (tavern) taberna *f*; (hotel) hostal *m*, hostería *f*; (Hist) posada *f*
innards /ˈɪnərdz || ˈɪnədz/ *pl n* tripas *fpl* (fam)
innate /ɪˈneɪt/ *adj* innato
innately /ɪˈneɪtli/ *adv* ‹*superior/inferior*› de manera innata; **to be ~ attracted to sth** sentirse* atraído de manera innata *or* por naturaleza hacia algo
inner /ˈɪnər || ˈɪnə(r)/ *adj* (*before n, no comp*) **1** ‹*room/part*› interior; **the ~ city** *la zona del centro urbano habitada por familias de escasos ingresos, caracterizada por problemas sociales etc*; **the ~ ear** el oído interno **2** (of person) ‹*life*› interior; ‹*thoughts*› íntimo; **~ self** fuero *m* interno
inner-city /ˈɪnərˈsɪti || ˌɪnəˈsɪti/ *adj* ‹*schools/problems*› de las zonas urbanas deprimidas
innermost /ˈɪnərməʊst || ˈɪnəməʊst/ *adj* **1** ‹*part/chamber*› más recóndito **2** ‹*thoughts/feelings*› más íntimo
inner tube *n* cámara *f*
inning /ˈɪnɪŋ/ *n* (in baseball) entrada *f*, manga *f*
innings /ˈɪnɪŋz/ *n* (*pl* ~) (in cricket) entrada *f*, turno *m* de lanzamiento; **she had a good ~** (colloq) vivió sus buenos años
innkeeper /ˈɪnˌkiːpər || ˈɪnˌkiːpə(r)/ *n* posadero, -ra *m,f*, ventero, -ra *m,f*
innocence /ˈɪnəsəns/ *n* [u] inocencia *f*
innocent[1] /ˈɪnəsənt/ *adj* **1** (blameless, not guilty) inocente **2** (naive) inocente, ingenuo **3** (not malicious) ‹*game/mistake*› inocente
innocent[2] *n* (liter) inocente *mf*
innocuous /ɪˈnɑːkjuəs || ɪˈnɒkjʊəs/ *adj* ‹*drug*› inocuo; ‹*person/comment*› inofensivo
innovation /ˈɪnəˈveɪʃən/ *n* [c u] innovación *f*, novedad *f*
innovative /ˈɪnəveɪtɪv || ˈɪnəvətɪv/ *adj* innovador
innuendo /ˈɪnjuˈendəʊ/ *n* [c u] (*pl* **-dos** *or* **-does**) indirecta *f*, insinuación *f*; **the article is full of ~s** el artículo hace

muchas insinuaciones; **I am tired of all this ~** estoy harta de todas estas indirectas *or* insinuaciones

innumerable /ɪ'nu:mərəbəl || ɪ'nju:mərəbəl/ *adj* innumerable; **on ~ occasions** en innumerables ocasiones, en infinidad de ocasiones

innumerate /ɪ'nu:mərət || ɪ'nju:mərət/ *adj* (BrE) *incapaz de realizar cálculos aritméticos elementales*

inoculate /ɪ'nɑ:kjəleɪt || ɪ'nɒkjʊleɪt/ *vt* **to ~ sb (AGAINST sth)** inocular a algn (CONTRA algo)

inoculation /ɪ'nɑ:kjə'leɪʃən/ *n* [c u] inoculación *f*

inoffensive /'ɪnə'fensɪv/ *adj* inofensivo

inoperable /ɪn'ɑ:prəbəl / *adj* (Med) inoperable

inoperative /ɪn'ɑ:prətɪv || ɪn'ɒpərətɪv/ *adj* inoperante

inopportune /ɪn'ɑ:pər'tu:n || ɪn'ɒpətju:n/ *adj* inoportuno

inordinate /ɪ'nɔ:rdn̩ət || ɪn'ɔ:dɪnət/ *adj*: **an ~ amount of money** una cantidad exorbitante de dinero; **they are making ~ demands** lo que piden es excesivo

inorganic /'ɪnɔ:r'gænɪk || ˌɪnɔ:'gænɪk/ *adj* inorgánico

inpatient /'ɪnˌpeɪʃənt/ *n* paciente hospitalizado, -da *m,f*

input[1] /'ɪnpʊt/ *n*

A [u c] 1 (of resources) aportación *f*, aporte *m* (esp AmL) 2 (contribution) aportación *f*, aporte *m* (esp AmL)

B [u c] (Comput, Elec) entrada *f*

input[2] *vt* (*pres p* **inputting**; *past & past p* **input** *or* **inputted**) ‹*data/signal*› entrar

inquest /'ɪnkwest/ *n* investigación *f*, pesquisa *f* judicial; **coroner's ~** *investigación llevada a cabo por un* **coroner**

inquire, (BrE) **enquire** /ɪn'kwaɪr || ɪn'kwaɪə(r)/ *vt* preguntar, inquirir* (frml); **to ~ sth FROM** *o* (BrE) **OF sb** (frml) preguntarle algo A algn

■ **inquire** *vi* preguntar, informarse; **⊘ inquire within** infórmese aquí; **to ~ ABOUT sth** informarse *or* preguntar ACERCA DE *or* SOBRE algo; **to ~ AFTER sb/sth** (frml) preguntar POR algn/algo; **to ~ INTO sth** investigar* algo

inquiring, (BrE) **enquiring** /ɪn'kwaɪrɪŋ || ɪn'kwaɪərɪŋ/ *adj* (*before n*) ‹*nature/mind*› curioso, inquieto; ‹*look/expression*› inquisitivo, interrogante

inquiry, (BrE) **enquiry** /ɪn'kwaɪri, 'ɪnkwəri || ɪn'kwaɪəri/ *n* (*pl* **-ries**) 1 (question): **we made inquiries about** *o* **into his past** hicimos averiguaciones *or* indagaciones sobre su pasado; **they made inquiries about prices** pidieron *or* solicitaron información sobre precios; **all inquiries to ...** para cualquier información dirigirse a ...; **a man is assisting** *o* **helping police with their inquiries** (BrE) la policía está interrogando a un sospechoso; (*before n*) **~ desk** información *f* 2 (investigation) investigación *f*

inquisition /'ɪnkwə'zɪʃən || ˌɪnkwɪ'zɪʃən/ *n* 1 (severe questioning) interrogatorio *m*, inquisición *f* 2 **the Spanish I~** la (Santa) Inquisición, el Santo Oficio

inquisitive /ɪn'kwɪzətɪv/ *adj* ‹*mind/look*› inquisitivo, inquisidor; ‹*person/animal*› muy curioso

inquisitively /ɪn'kwɪzətɪvli/ *adv* con mucha curiosidad

inroads /'ɪnrəʊdz/ *pl n*: **to make ~ into sth**: **we are making ~ into the Japanese market** estamos haciendo avances en el mercado japonés; **this made substantial ~ into her savings** esto le comió buena parte de los ahorros

INS *n* (in US) = **Immigration and Naturalization Service**

insane[1] /ɪn'seɪn/ *adj* 1 (mad) demente, loco; **they drive you ~** te enloquecen, te sacan de quicio 2 (foolish) insensato; **it's an ~ idea** es una locura, es una idea descabellada

insane[2] *pl n* **the ~** los enfermos mentales

insanely /ɪn'seɪnli/ *adv* ‹*act/laugh*› como un loco; **he's/she's ~ jealous** está loco/loca de celos

insanitary /ɪn'sænəteri/ *adj* malsano, insalubre

insanity /ɪn'sænəti/ *n* [u] 1 (madness) demencia *f* 2 (foolishness) locura *f*, insensatez *f*

insatiable /ɪn'seɪʃəbəl/ *adj* insaciable

inscribe /ɪn'skraɪb/ *vt* 1 (engrave) **to ~ sth (ON sth)** ‹*words/letters*› inscribir* algo (EN algo); ‹*design*› grabar algo (EN algo); **to ~ sth (WITH sth)** ‹*locket/headstone*› grabar algo (CON algo) 2 (fix, impress) (*usu pass*) grabar 3 ‹*book*› dedicar*

inscription /ɪn'skrɪpʃən/ *n* 1 (on monument, coin) inscripción *f* 2 (in book) dedicatoria *f*

inscrutable /ɪn'skru:təbəl/ *adj* inescrutable

inseam /'ɪnsi:m/, **inseam measurement** *n* (AmE) entrepierna *f*

insect /'ɪnsekt/ *n* insecto *m*; (*before n*) **~ repellent** repelente *m* (para insectos)

insecticide /ɪn'sektəsaɪd || ɪn'sektɪsaɪd/ *n* [c u] insecticida *m*

insecure /'ɪnsɪ'kjʊr || ˌɪnsɪ'kjʊə(r)/ *adj* 1 (unsafe, exposed) inseguro 2 (not firmly fixed) ‹*lock/hinge*› poco seguro 3 (not confident) inseguro

insecurity /'ɪnsɪ'kjʊrəti || ˌɪnsɪ'kjʊərəti/ *n* [u c] (*pl* **-ties**) inseguridad *f*

insemination /ɪn'semə'neɪʃən || ɪnˌsemɪ'neɪʃən/ *n* [u c] inseminación *f*

insensible /ɪn'sensəbəl/ *adj* (frml)

A 1 (unconscious) inconsciente, sin conocimiento 2 (without sensation) insensible

B (*pred*) 1 (unaffected) **to be ~ TO sth** ser* insensible A algo 2 (unaware) **to be ~ OF sth**: **I am not ~ of the risks involved** soy consciente de *or* no ignoro los riesgos que acarrea

insensitive /ɪn'sensətɪv/ *adj* 1 (emotionally) ‹*person*› insensible; ‹*behavior*› falto de sensibilidad; **to be ~ TO sth** ser* insensible A algo 2 (physically) **to be ~ TO sth** ser* insensible A algo

insensitivity /ɪn'sensə'tɪvəti/ *n* [u] 1 (emotional) falta *f* de sensibilidad; **~ TO sth** ‹*to suffering/problems*› falta *f* de sensibilidad ANTE algo 2 (physical) **~ TO sth** insensibilidad *f* A algo

inseparable /ɪn'seprəbəl/ *adj* inseparable

insert[1] /ɪn'sɜ:rt || ɪn'sɜ:t/ *vt* ‹*coin/token*› introducir*, meter; ‹*zipper*› poner*; ‹*word/paragraph*› insertar; ‹*advertisement*› insertar, poner*

insert[2] /'ɪnsɜ:rt || 'ɪnsɜ:t/ *n* 1 (printed material) encarte *m*, encaje *m* 2 (Clothing) añadido *m*

insertion /ɪn'sɜ:rʃən/ *n* introducción *f*, inserción *f*

inshore[1] /'ɪn'ʃɔ:r || ˌɪn'ʃɔ:(r)/ *adj* costero

inshore[2] *adv* hacia la costa

inside[1] /ɪn'saɪd/ *n*

A 1 (interior part) interior *m*; **the door had been locked from the ~** habían cerrado la puerta con llave por dentro 2 (inner side, surface) parte *f* de dentro *or* (esp AmL) de adentro; **the jacket's padded on the ~** la chaqueta es acolchada por dentro 3 (of racetrack) *parte más cercana al centro*; (of road): **he tried to pass me on the ~** me quiso adelantar por la derecha; (in UK etc) me quiso adelantar por la izquierda 4 (of organization): **we've got a man on the ~** tenemos a alguien infiltrado

B **insides** *pl* (internal organs) (colloq) tripas *fpl* (fam)

C **inside out** *adv*: **turn it ~ out** ponlo de adentro para fuera; **you've got your socks on ~ out** llevas los calcetines del *or* al revés; ***to know sth ~ and out*** *o* (BrE) ***~ out*** (colloq) saberse* algo al dedillo *or* al revés y al derecho; ***to turn sth ~ out***: **I turned the house ~ out looking for it** revolví toda la casa buscándolo; **he turned the bag ~ out** volvió la bolsa del revés, dio vuelta la bolsa (CS)

inside[2] *prep*

A 1 (within) dentro de 2 (into): **he followed her ~ the bar** la siguió al interior *or* hasta dentro del bar

B (colloq) (in expressions of time): **we did the journey ~ 3 hours** hicimos el viaje en menos de 3 horas; **she finished 2 seconds ~ (of) the previous record** batió el récord anterior por 2 segundos

inside[3] *adv* 1 (within) dentro, adentro (esp AmL); **~ and out** por dentro y por fuera, por adentro y por afuera (esp AmL); **deep down ~ I know that ...** en el fondo yo sé que ..., en mi fuero interno yo sé que ... 2 (indoors) dentro, adentro (esp AmL); **come ~** entra, pasa 3 (in prison) (colloq) entre rejas (fam), a la sombra (fam)

inside[4] *adj* (*before n*) 1 ‹*pages*› interior; ‹*pocket*› interior, de dentro, de adentro (esp AmL); **what's your ~ leg measurement?** ¿cuánto tiene *or* mide de entrepierna? 2 **the ~ lane** (Auto) el carril de la derecha; (in UK etc) el carril de la izquierda; (Sport) la calle número uno 3 (from within group) ‹*information*› de dentro, de adentro (esp AmL); **police think the robbery was an ~ job** la policía cree que alguien de la empresa (*or* casa *etc*) está implicado en el robo

insider /ɪn'saɪdər || ɪn'saɪdə(r)/ *n*: *persona que pertenece a una organización determinada o que tiene acceso a información confidencial*; (*before n*) **~ dealing** *o* **trading** (Fin) abuso *m* de información privilegiada

insidious /ɪn'sɪdiəs/ *adj* insidioso

insight /'ɪnsaɪt/ *n* **1** [u] (perceptiveness) perspicacia *f*; **she has great ~** es muy perspicaz **2** [c] (comprehension) **~ INTO sth**: **to gain an ~ into sth** llegar* a comprender bien algo; **this gave me an ~ into the workings of the system** esto me permitió comprender mejor cómo funcionaba el sistema

insignia /ɪn'sɪgniə/ *n* (*pl* **~** *or* **~s**) insignia *f*

insignificance /'ɪnsɪg'nɪfɪkəns/ *n* [u] insignificancia *f*; **to pale into ~ beside sth** ser* nimio *or* insignificante en comparación con algo

insignificant /'ɪnsɪg'nɪfɪkənt/ *adj* ‹*person/amount*› insignificante; ‹*detail*› nimio, insignificante, sin importancia

insincere /'ɪnsɪn'sɪr || ˌɪnsɪn'sɪə(r)/ *adj* ‹*offer*› poco sincero; ‹*person/smile*› falso, poco sincero

insincerity /'ɪnsɪn'serəti/ *n* [u] falta *f* de sinceridad

insinuate /ɪn'sɪnjueɪt/ *vt* insinuar*

■ *v refl* **to ~ oneself INTO sth** introducirse* EN algo

insinuation /ɪn'sɪnju'eɪʃən/ *n* [c u] insinuación *f*

insipid /ɪn'sɪpəd || ɪn'sɪpɪd/ *adj* ‹*food/drink*› insípido, soso (fam); ‹*person/novel*› insulso, soso (fam)

insist /ɪn'sɪst/ *vt* **1** (demand, require) **to ~ (THAT)** insistir EN QUE (+ *subj*) **2** (assert, maintain) **to ~ (THAT)** insistir EN QUE

■ **insist** *vi* insistir; **after you — no, after you, I ~** usted primero — no, primero usted, no faltaba más

Phrasal verb

• **insist on, insist upon** [v ▸ prep ▸ o] **to ~ on -ING** insistir EN + INF/EN QUE (+ *subj*); **I ~ on seeing the manager** exijo ver al director, insisto en que quiero ver al director; **if you ~ on playing that music, I'm leaving** si te empeñas en seguir tocando esa música, yo me voy; **I ~ed on this point in my speech** insistí sobre *or* hice hincapié en este punto en mi charla

insistence /ɪn'sɪstəns/ *n* [u] insistencia *f*; **~ ON sth/THAT ...** insistencia EN algo/EN QUE ...; **she took time off only at her doctor's ~** se tomó tiempo libre sólo porque el médico le insistió

insistent /ɪn'sɪstənt/ *adj* **1** (persistent) insistente; **the salesman was very ~** el vendedor insistió mucho; **to be ~ THAT** insistir EN QUE **2** (urgent, pressing) ‹*need*› apremiante

insistently /ɪn'sɪstəntli/ *adv* insistentemente, con insistencia

in situ /ɪn'sɪtju:/ *adv* (frml) in situ (frml)

insofar as /'ɪnsə'fɑ:r || ˌɪnsə'fɑ:(r)/ *conj* (frml) en la medida en que

insole /'ɪnsəʊl/ *n* plantilla *f*

insolence /'ɪnsələns/ *n* [u] insolencia *f*

insolent /'ɪnsələnt/ *adj* insolente

insoluble /ɪn'sɑ:ljəbəl || ɪn'sɒljʊbəl/ *adj* **1** (Chem) insoluble **2** ‹*equation/mystery*› insoluble, sin solución

insolvency /ɪn'sɑ:lvənsi || ɪn'sɒlvənsi/ *n* [u c] (*pl* **-cies**) insolvencia *f*

insolvent /ɪn'sɑ:lvənt || ɪn'sɒlvənt/ *adj* insolvente

insomnia /ɪn'sɑ:mniə || ɪn'sɒmniə/ *n* [u] insomnio *m*

insomniac /ɪn'sɑ:mniæk || ɪn'sɒmniæk/ *n* insomne *mf*

inspect /ɪn'spekt/ *vt* **1** (look closely at) ‹*car/camera*› revisar, examinar; (examine officially) ‹*school/restaurant*› inspeccionar; ‹*equipment*› inspeccionar, revisar; **to ~ sth FOR sth**: **we ~ed their hair for lice** les revisamos el pelo para ver si tenían piojos **2** ‹*troops*› pasar revista a

inspection /ɪn'spekʃən/ *n* [c u] **1** (official examination) inspección *f* **2** (of troops) revista *f* **3** (scrutiny) examen *m*, revisión *f*

inspector /ɪn'spektər || ɪn'spektə(r)/ *n* **1** (official) inspector, -tora *m,f*; (*ticket* **~**) (BrE) inspector, -tora *m,f*, revisor, -sora *m,f* (Esp); **I~ of Taxes** (in UK) inspector, -tora *m,f* de Hacienda (*or* de la Dirección General Impositiva *etc*) **2** (police officer) inspector, -tora *m,f* (de policía)

inspectorate /ɪn'spektərət/ *n* cuerpo *m* de inspectores, inspección *f*

inspiration /'ɪnspə'reɪʃən/ *n* **1** [u] (for artistic creation) inspiración *f* **2** (encouragement, example) (*no pl*): **her bravery was a constant ~ to them** su valor fue una constante fuente de inspiración para ellos; **his hard work is an ~ to us** su tesón nos sirve de estímulo

inspire /ɪn'spaɪr || ɪn'spaɪə(r)/ *vt* **1** (arouse) ‹*love/confidence*› inspirar; ‹*fear/respect*› inspirar, infundir; ‹*hope/courage*› infundir; **to ~ sb WITH sth**: **she doesn't ~ me with confidence** no me inspira confianza **2** (influence, encourage) estimular; **to ~ sb TO sth**: **it ~d us to renewed efforts** nos sirvió de estímulo *or* de acicate para redoblar nuestros esfuerzos; **what ~d you to do that?** ¿qué te movió *or* te llevó a hacer eso? **3** (give inspiration for) ‹*music/painting*› inspirar

inspired /ɪn'spaɪrd || ɪn'spaɪəd/ *adj* inspirado; **I don't feel very ~ today** hoy no estoy muy inspirada; **the orchids were an ~ choice** las orquídeas fueron todo un acierto; **it was just an ~ guess** *o* **idea** fue sólo una inspiración

inspiring /ɪn'spaɪrɪŋ || ɪn'spaɪərɪŋ/ *adj* ‹*story/leader*› inspirador, que sirve de inspiración

instability /'ɪnstə'bɪləti/ *n* [u] inestabilidad *f*

install, instal /ɪn'stɔ:l/ *vt* **-ll- 1** (fit) ‹*equipment/telephone*› instalar **2** (put in office): **once the new manager is ~ed** una vez que asuma el nuevo gerente **3** (settle) instalar; **he ~ed himself in front of the television** se instaló *or* (fam) se plantó delante del televisor **4** (Comput) ‹*program*› instalar

installation /'ɪnstə'leɪʃən/ *n*

A [u c] **1** (of equipment, machinery) instalación *f* **2** (of official) investidura *f*

B [c] (equipment) instalación *f*

installer /ɪn'stɔ:lər || ɪn'stɔ:lə(r)/ *n*

A (Comput) instalador *m*

B (person) instalador, -dora *m,f*

installment, (BrE) **instalment** /ɪn'stɔ:lmənt/ *n*

A (payment) plazo *m*, cuota *f* (esp AmL); **monthly ~s** mensualidades *fpl*, plazos *mpl* mensuales, cuotas *fpl* mensuales (esp AmL); **to pay in** *o* **by ~s** pagar* a plazos, pagar* en cuotas (esp AmL)

B (part — of publication) entrega *f*, fascículo *m*; (— of TV, radio serial) episodio *m*, capítulo *m*

installment plan *n* (AmE) plan *m* de financiación; **to buy sth on an ~ ~** comprar algo a plazos, comprar algo en cuotas (esp AmL)

instance /'ɪnstəns/ *n* **1** (example) ejemplo *m*; **for ~** por ejemplo **2** (case) caso *m*; **in this ~** en este caso, en esta ocasión; **in the first ~** en primer lugar

instant¹ /'ɪnstənt/ *adj*

A **1** (immediate) instantáneo, inmediato; **she took an ~ dislike to him** le cayó mal desde el primer momento **2** (Culin) ‹*coffee/mashed potatoes*› instantáneo

B (BrE Corresp frml) (*after n*): **in your letter of the 5th ~** en su carta del 5 del corriente *or* (Esp tb) de los corrientes (frml), en su carta del 5 presente (Chi, Méx frml)

instant² *n* **1** (precise moment) instante *m*; **come here this ~!** ¡ven aquí en este mismo instante *or* ahora mismo!; **at that (very) ~** en ese (mismo) instante *or* momento; (*as conj*) **let me know the ~ he arrives** avíseme en cuanto llegue *or* no bien llegue **2** (short time) momento *m*, instante *m*; **in an ~** en un momento *or* instante

instantaneous /'ɪnstən'teɪmiəs/ *adj* instantáneo

instantly /'ɪnstəntli/ *adv* al instante, en el acto

instant replay *n* [c u] repetición *f* (de la jugada)

instead /ɪn'sted/ *adv* **1** : **I couldn't go, so she went ~** no pude ir, así que fue ella (en vez de mí *or* en mi lugar); **don't worry, I'll have tea ~** no se preocupe, deme té entonces; **I thought I was going to be early: ~, I was half an hour late** creí que llegaría temprano; en cambio, llegué media hora tarde **2** **instead of** (*as prep*) en vez de, en lugar de; **~ of going by train** en vez de ir en tren; **she volunteered to go ~ of me** se ofreció para ir en mi lugar

instep /'ɪnstep/ *n* **1** (of foot — arch) arco *m* (del pie); (— upper surface) empeine *m* **2** (of shoe) empeine *m*

instigate /'ɪnstəgeɪt || 'ɪnstɪgeɪt/ *vt* **1** (provoke) ‹*rebellion/mutiny*› instigar* a, incitar a **2** (initiate) ‹*scheme*› promover*

instigation /ˈɪnstəˈgeɪʃən || ˌɪnstɪˈgeɪʃən/ *n* [u] instigación *f*, incitación *f*; **it was carried out at the director's ~** se llevó a cabo a instancias del director

instigator /ˈɪnstəgeɪtər || ˈɪnstɪgeɪtə(r)/ *n* instigador, -dora *m,f*, incitador, -dora *m,f*

instill, instil /ɪnˈstɪl/ *vt* **-ll-**: **to ~ sth IN/INTO sb** ‹*habit/attitude*› inculcarle* algo A algn; ‹*courage/fear*› infundirle algo A algn

instinct /ˈɪnstɪŋkt/ *n* [c u] instinto *m*; **maternal/business ~** instinto maternal/para los negocios; **by ~** por instinto, instintivamente; **my first ~ was to escape** mi primera reacción fue escapar; **all his ~s told him to remain silent** su intuición le decía que era mejor callarse

instinctive /ɪnˈstɪŋktɪv/ *adj* instintivo

instinctively /ɪnˈstɪŋktɪvli/ *adv* instintivamente, por instinto

institute¹ /ˈɪnstətu:t || ˈɪnstɪtju:t/ *vt* (frml) **1▸** ‹*search/inquiry*› iniciar; ‹*proceedings/action*› entablar, iniciar **2▸** (establish) ‹*rule*› instituir*; ‹*service/system*› establecer*

institute² *n* instituto *m*

institution /ˈɪnstəˈtu:ʃən || ˌɪnstɪˈtju:ʃən/ *n*
A [c] (established practice, procedure) institución *f*
B [c] **1▸** (organization) organismo *m*, institución *f*; (building) institución *f*, establecimiento *m* **2▸** (hospital, asylum, home) *establecimiento sanitario, penitenciario o de asistencia social*; **she was frightened of ending up in an ~** temía terminar en un manicomio (*or* asilo *etc*)
C [u] (frml) **1▸** (initiation) iniciación *f* **2▸** (establishment) institución *f*, establecimiento *m*

institutional /ˈɪnstəˈtu:ʃn̩əl || ˌɪnstɪˈtju:ʃən̩l/ *adj* institucional, de las instituciones

institutionalize /ˈɪnstəˈtu:ʃn̩əlaɪz || ˌɪnstɪˈtju:ʃənəlaɪz/ *vt*
A (make an institution) institucionalizar*
B (put in an institution) internar (*en un establecimiento sanitario, penitenciario o de asistencia social*)

in-store /ˈɪnˈstɔ:r || ˈɪnstɔ:(r)/ *adj* (*before n*) dentro de una tienda

instruct /ɪnˈstrʌkt/ *vt*
A (command) **to ~ sb to + INF** ordenar a algn QUE (+ *subj*); **I've been ~ed to take you there** tengo instrucciones de llevarla allí
B (frml) **1▸** (teach) **to ~ sb IN sth** enseñarle algo a algn, instruir* a algn EN algo **2▸** (inform) informar

instruction /ɪnˈstrʌkʃən/ *n*
A [c] **1▸** (direction) instrucción *f*; ❸ **instructions (for use)** instrucciones, modo de empleo **2▸** (order) instrucción *f*, orden *f*; **they were acting on the ~s of the chief of police** cumplían órdenes del jefe de policía
B [u] (teaching, training) (frml) **~ (IN sth)** instrucción *f* (EN algo)

instructive /ɪnˈstrʌktɪv/ *adj* instructivo

instructor /ɪnˈstrʌktər || ɪnˈstrʌktə(r)/ *n* **1▸** (teacher) (Mil) instructor, -tora *m,f*; **ski(ing) ~** instructor, -tora *m,f or* monitor, -tora *m,f* de esquí **2▸** (in US colleges) profesor, -sora *m,f* auxiliar

instrument /ˈɪnstrəmənt || ˈɪnstrʊmənt/ *n*
A (*musical ~*) instrumento *m* (musical)
B **1▸** (piece of equipment) instrumento *m*; **surgical ~s** instrumental *m* quirúrgico **2▸** **instruments** *pl n* (Aviat) instrumentos *mpl*, mandos *mpl*; (Auto) instrumentación *f*, instrumentos *mpl*

instrumental¹ /ˈɪnstrəˈmentl̩ || ˌɪnstrʊˈmentl̩/ *adj*
A (serving as a means) **to be ~ IN sth** jugar* un papel decisivo EN algo
B (Mus) instrumental

instrumental² *n* pieza *f* instrumental

instrumentalist /ˈɪnstrəˈmentl̩əst/ *n* instrumentista *mf*

instrumentation /ˈɪnstrəmənˈteɪʃən || ˌɪnstrʊmenˈteɪʃən/ *n* [u]
A (Mus) instrumentación *f*
B (Aviat, Naut) instrumentos *mpl*

instrument panel *n* (Auto) tablero *m* de mandos, salpicadero *m* (Esp); (Aviat) tablero *m* de mandos *or* de instrumentos

insubordinate /ˈɪnsəˈbɔ:rdn̩ət || ˌɪnsəˈbɔ:dɪnət/ *adj* (frml) insubordinado

insubordination /ˈɪnsəˈbɔ:rdn̩ˈeɪʃən/ *n* [u] insubordinación *f*

insubstantial /ˈɪnsəbˈstæntʃəl || ˌɪnsəbˈstænʃəl/ *adj* **1▸** ‹*structure/object*› frágil, poco sólido; ‹*essay*› insustancial; **an ~ meal** una comida con poca sustancia **2▸** ‹*evidence/argument*› inconsistente, poco sólido

insufferable /ɪnˈsʌfrəbəl/ *adj* (frml) ‹*arrogance/rudeness*› insufrible, intolerable; ‹*heat/noise*› insoportable; ‹*person*› insufrible, insoportable, inaguantable

insufficient /ˈɪnsəˈfɪʃənt/ *adj* insuficiente

insufficiently /ˈɪnsəˈfɪʃəntli/ *adv* insuficientemente; **she was ~ prepared** no estaba lo suficientemente bien preparada

insular /ˈɪnsələr || ˈɪnsjʊlə(r)/ *adj* **1▸** ‹*mentality*› cerrado; ‹*person*› estrecho de miras, cerrado **2▸** (Geog) ‹*climate*› insular; ‹*people*› isleño, de las islas

insulate /ˈɪnsəleɪt || ˈɪnsjʊleɪt/ *vt*
A **1▸** ‹*building/wires*› aislar* **2▸** **insulating** *pres p* ‹*foam/felt*› aislante
B (protect) **to ~ sth/sb FROM sb/sth** proteger* algo/a algn DE algn/algo

insulating tape /ˈɪnsəleɪtɪŋ || ˈɪnsjʊleɪtɪŋ/ *n* [u] (BrE) cinta *f* aislante *or* aisladora

insulation /ˈɪnsəˈleɪʃən || ˌɪnsjʊˈleɪʃən/ *n* [u] **1▸** (against heat loss) aislamiento *m* (térmico); (Elec) aislamiento *m* **2▸** (material) (material *m*) aislante *m*

insulin /ˈɪnsələn || ˈɪnsjʊlɪn/ *n* [u] insulina *f*

insult¹ /ɪnˈsʌlt/ *vt* insultar, injuriar (frml); **I felt ~ed by his attitude** su actitud me ofendió

insult² /ˈɪnsʌlt/ *n* insulto *m*, injuria *f* (frml); **an ~ TO sb/sth** un insulto A algn/algo; ***to add ~ to injury*** por si fuera poco, para coronarla (fam)

insulting /ɪnˈsʌltɪŋ/ *adj* ‹*remarks/offer*› insultante, ofensivo; **he was extremely ~** lo que dijo fue muy insultante

insuperable /ɪnˈsu:pərəbəl/ *adj* (frml) insuperable

insurance /ɪnˈʃʊrəns || ɪnˈʃʊərəns, ɪnˈʃɔ:rəns/ *n* seguro *m*; **he works in ~** trabaja en el ramo de los seguros; **medical/fire ~** seguro médico/de *or* contra incendios; **to take out ~** hacerse* *or* contratar un seguro; (*before n*) **~ broker** agente *mf* de seguros; **~ company** compañía *f* de seguros, (compañía *f*) aseguradora *f*; **~ premium** prima *f or* cuota *f* del seguro

insurance policy *n* póliza *f* de seguros

insure /ɪnˈʃʊr || ɪnˈʃʊə(r), ɪnˈʃɔ:(r)/ *vt*
A (Fin) asegurar; **he ~d his life for $500,000** se hizo un seguro de vida de 500.000 dólares; **I'm ~d to drive any car** con mi seguro puedo manejar *or* (Esp) conducir cualquier coche; **to ~ sth/sb AGAINST sth** asegurar algo/a algn CONTRA algo
B (AmE) ▸**ensure**

insured /ɪnˈʃʊrd || ɪnˈʃʊəd, ɪnˈʃɔ:d/ *n* (*pl* ~) (Fin) **the ~** el asegurado, la asegurada; (*pl*) los asegurados, las aseguradas

insurer /ɪnˈʃʊrər || ɪnˈʃʊərə(r), ɪnˈʃɔ:rə(r)/ *n* (company) compañía *f* de seguros, (compañía *f*) aseguradora *f*; (person) asegurador, -dora *m,f*

insurgent¹ /ɪnˈsɜ:rdʒənt || ɪnˈsɜ:dʒənt/ *adj* (frml) insurgente (frml), sublevado

insurgent² *n* (frml) insurgente *mf* (frml), insurrecto, -ta *m,f* (frml), sublevado, -da *m,f*

insurmountable /ˈɪnsərˈmaʊntəbəl || ˌɪnsəˈmaʊntəbəl/ *adj* (frml) ‹*difficulty/problem*› insalvable, insuperable; ‹*barrier*› infranqueable

insurrection /ˈɪnsəˈrekʃən/ *n* [c u] insurrección *f*

intact /ɪnˈtækt/ *adj* (*usu pred*) intacto; **he's kept his dignity ~** ha mantenido intacta su dignidad

intake /ˈɪnteɪk/ *n*
A (of water, air) entrada *f*; (of calories, protein) consumo *m*; **a sharp ~ of breath** una inhalación brusca
B (Tech) (pipe, vent) toma *f* (de aire, agua *etc*)
C (of trainees, students) (BrE) (+ *sing o pl vb*): **an ~ of 600** una matrícula de 600

intangible /ɪnˈtændʒəbəl/ *adj* intangible

integer /ˈɪntɪdʒər || ˈɪntɪdʒə(r)/ *n* (número *m*) entero *m*

integral /ˈɪntɪgrəl/ *adj*
A **1▸** ‹*part/feature*› integral, esencial; **to be ~ TO sth** ser* esencial A algo **2▸** (built-in) ‹*memory/microphone*› incorporado

B (Math) **1** ‹*number*› entero **2** ‹*equation/calculus*› integral

integrate /ˈɪntəgreɪt || ˈɪntɪgreɪt/ *vt* (combine) integrar; **to ~ sb/sth INTO sth**: **the new buildings have been successfully ~d with the old** se ha logrado integrar con éxito los nuevos edificios con los antiguos; **to ~ the handicapped into the community** hacer* que los minusválidos se integren en la sociedad

■ **integrate** *vi* «*parts/unit*» integrarse, combinarse (para formar un todo); «*immigrants/minorities*» integrarse; **to ~ INTO/WITH sth** integrarse EN/CON algo

integrated /ˈɪntəgreɪtəd || ˈɪntɪgreɪtɪd/ *adj* **1** (forming a whole) ‹*system/network*› integrado **2** (not separate) ‹*component/feature*› incorporado, integrado **3** (nonsegregated) no segregacionista, integrado

integrated circuit *n* circuito *m* integrado

integration /ˈɪntəˈgreɪʃən || ˌɪntɪˈgreɪʃən/ *n* [u] **1** (incorporation) **~ IN o INTO sth** integración *f* EN algo **2** (unification) unificación *f* **3** (desegregation) integración *f*

integrity /ɪnˈtegrəti/ *n* [u] integridad *f*

intellect /ˈɪntl̩ekt || ˈɪntəlekt/ *n* intelecto *m*, inteligencia *f*

intellectual¹ /ˈɪntəˈlektʃuəl/ *adj* intelectual

intellectual² *n* intelectual *mf*

intellectualize, intellectualise /ˈɪnteˈlektʃʊəlaɪz/ *vt* intelectualizar*

intellectual property *n* [u] (Law) propiedad *f* intelectual

intelligence /ɪnˈteləd͡ʒəns || ɪnˈtelɪd͡ʒəns/ *n*

A (mental capacity) inteligencia *f*; (*before n*) **~ test** prueba *f or* test *m* de inteligencia

B [u] (Govt, Mil) **1** (information) inteligencia *f*, información *f*; (*before n*) **~ agent** agente *mf* de inteligencia, agente secreto, -ta *m,f* **2** (department) servicio *m* de información *or* de inteligencia

intelligence quotient *n* coeficiente *m or* cociente *m* intelectual *or* de inteligencia

intelligent /ɪnˈteləd͡ʒənt || ɪnˈtelɪd͡ʒənt/ *adj* inteligente; **make an ~ guess** piensa un poco y trata de adivinar

intelligentsia /ɪnˈteləˈd͡ʒentsiə || ɪnˌtelɪˈd͡ʒentsiə/ *n* (+ *sing or pl vb*) **the ~** la intelectualidad, la inteligencia

intelligible /ɪnˈteləd͡ʒəbəl || ɪnˈtelɪd͡ʒəbəl/ *adj* inteligible, comprensible

intemperate /ɪnˈtempərət/ *adj* ‹*climate*› inclemente, riguroso

intend /ɪnˈtend/ *vt*: **no insult was ~ed** no fue mi intención ofender; **to ~ -ING o to + INF** pensar* + INF; **what do you ~ doing about it?** ¿qué piensas hacer al respecto?; **do it then! — I fully ~ to!** ¡pues hazlo! — ¡vaya que si lo haré!; **to ~ sb/sth to + INF** querer* QUE algn/algo (+ *subj*); **to ~ sth FOR sb**: **the present was ~ed for you** el regalo era para ti

intended¹ /ɪnˈtendəd || ɪnˈtendɪd/ *adj* **1** ‹*irony/slight*› intencionado, deliberado **2** ‹*response/effect*› deseado, buscado

intended² *n* (colloq & dated): **my/your ~** (fiancé) mi/tu futuro (fam); (fiancée) mi/tu futura (fam)

intense /ɪnˈtens/ *adj*

A (great) ‹*pain/activity*› intenso; **an ~ blue/green** un azul/verde intenso *or* vivo; **to my ~ relief** para mi gran alivio

B **1** (earnest) vehemente, apasionado; **she's terribly ~** se lo toma todo tan en serio **2** (emotionally taxing) duro

intensely /ɪnˈtensli/ *adv* **1** (*as intensifier*) ‹*moving*› profundamente, sumamente; **I dislike him ~** siento una profunda antipatía hacia él **2** (earnestly) apasionadamente

intensification /ɪnˈtensəfəˈkeɪʃən || ɪnˌtensɪfɪˈkeɪʃən/ *n* (of search, activity) intensificación *f*; (of fighting, problems) recrudecimiento *m*

intensify /ɪnˈtensəfaɪ || ɪnˈtensɪfaɪ/ **-fies, -fying, -fied** *vt* (increase) ‹*search*› intensificar*; ‹*efforts*› redoblar, intensificar*; ‹*pain/anxiety*› agudizar*, intensificar*

■ **intensify** *vi* «*pain*» agudizarse*, hacerse* más intenso; «*search*» intensificarse*; «*fighting*» recrudecer*

intensity /ɪnˈtensəti/ *n* intensidad *f*

intensive /ɪnˈtensɪv/ *adj* ‹*course/training*› intensivo; ‹*farming*› intensivo; ‹*fire/shelling*› intensivo; **they made an ~ search of the building** registraron el edificio detenidamente

intensive care *n* [u] cuidados *mpl* intensivos, terapia *f* intensiva (Méx, RPl); (*before n*) **~ ~ unit** unidad *f* de cuidados intensivos *or* (Esp tb) de vigilancia intensiva *or* (Arg, Méx) de terapia intensiva *or* (Chi) de tratamiento intensivo, centro *m* de tratamiento intensivo (Ur)

intent¹ /ɪnˈtent/ *adj* **1** (determined) (*pred*) **to be ~ ON sth/-ING** estar* decidido *or* resuelto A + INF **2** (attentive, concentrated) ‹*expression*› de viva atención, concentrado; ‹*look/stare*› penetrante, fijo; **to be ~ ON sth** estar* abstraído *or* concentrado EN algo

intent² *n* [u c] propósito *m*, intención *f*; **with evil/good ~** (frml) con malos/buenos propósitos, con malas/buenas intenciones; **with ~ to + INF** (frml) con el objeto *or* el propósito de + INF (frml); ***to all ~s and purposes*** a efectos prácticos

intention /ɪnˈtentʃən || ɪnˈtenʃən/ *n* **1** [u c] (aim, purpose) intención *f*, propósito *m*; **I have every ~ of going** tengo la firme intención de ir; **I have no ~ of writing to them** no tengo intenciones de escribirles, no pienso escribirles **2** [u] (Law) intencionalidad *f*

intentional /ɪnˈtentʃn̩əl || ɪnˈtenʃənl/ *adj* ‹*destruction*› intencional, deliberado; ‹*insult/cruelty*› deliberado

intentionally /ɪnˈtentʃn̩əli || ɪnˈtenʃn̩əli/ *adv* ‹*do/change/say*› adrede, a propósito; ‹*cruel/funny*› intencionadamente

intently /ɪnˈtentli/ *adv* ‹*listen*› atentamente; **he was staring ~ at them** tenía la mirada fija en ellos, los miraba de hito en hito (liter)

inter /ɪnˈtɜːr || ɪnˈtɜː(r)/ *vt* **-rr-** (frml *or* liter) inhumar (frml), sepultar (frml), enterrar*

interact /ˈɪntərˈækt/ *vi* «*people/organizations*» relacionarse, interactuar*; «*forces/particles/fields*» interactuar*; **to ~ WITH sth/sb** relacionarse CON algo/algn

interaction /ˈɪntərˈækʃən/ *n* [u c] interacción *f*, interrelación *f*

interactive /ˈɪntərˈæktɪv/ *adj* **1** ‹*forces/effects*› interactivo **2** (Comput, TV, Video) interactivo

interbreed /ˈɪntərˈbriːd || ˌɪntəˈbriːd/ (*past & past p* **-bred** /-ˈbred/) *vi* **1** (between groups, individuals) cruzarse* **2** (within group) reproducirse* entre sí (*dentro de un grupo cerrado*)

intercede /ˈɪntərˈsiːd || ˌɪntəˈsiːd/ *vi* interceder; **to ~ WITH sb FOR o ON BEHALF OF sb** interceder ANTE algn POR *or* EN FAVOR DE algn

intercept /ˈɪntərˈsept || ˌɪntəˈsept/ *vt* ‹*message/missile*› interceptar; **they were ~ed before they reached the building** les cerraron el paso antes de llegar al edificio

interception /ˈɪntərˈsepʃən || ˌɪntəˈsepʃən/ *n* **1** [u c] (catching in transit) interceptación *f*, intercepción *f* **2** [c] (Sport) corte *m*, intercepción *f*

interchange¹ /ˈɪntərˈtʃeɪnd͡ʒ/ *vt* intercambiar

interchange² /ˈɪntərtʃeɪnd͡ʒ || ˈɪntətʃeɪnd͡ʒ/ *n*

A [u c] (exchange) intercambio *m*, cambio *m*

B [c] (on road system) enlace *m*, intercambiador *m* (Esp)

interchangeable /ˈɪntərˈtʃeɪnd͡ʒəbəl || ˌɪntəˈtʃeɪnd͡ʒəbəl/ *adj* intercambiable

intercity /ˈɪntərˈsɪti || ˌɪntəˈsɪti/ *adj* rápido interurbano

intercom /ˈɪntərkɑːm || ˈɪntəkɒm/ *n* **1** (on plane, ship, in office) interfono *m*, intercomunicador *m* **2** (at building entrance) (AmE) portero *m* eléctrico *or* (Esp) automático, interfón *m* (Méx), intercomunicador *m* (Ven)

interconnect /ˈɪntərkəˈnekt || ˌɪntəkəˈnekt/ *vt* **1** (link) (*usu pass*): **to be ~ed** estar* conectados entre sí *or* interrelacionados **2** (Comput, Elec, Telec) ‹*circuits/speakers*› interconectar

■ **interconnect** *vi* **1** (link up) **to ~ (WITH sth)** interrelacionarse (CON algo) **2** (AmE Transp) **to ~ (WITH sth)** conectar *or* enlazar* (CON algo)

interconnecting /ˈɪntərkənektɪŋ || ˈɪntəkənektɪŋ/ *adj* ‹*cable/circuits*› interconectado; ‹*rooms/tunnels*› que se comunican entre sí

interconnection /ˈɪntərkəˈnekʃən || ˌɪntəkəˈnekʃən/ *n* **1** [u c] interconexión *f*, conexión *f* **2** [c] (AmE Transp) conexión *f*, enlace *m*

intercontinental /ˈɪntərˈkɑːntn̩ˈentl̩ || ˌɪntəˌkɒntɪˈnentl/ *adj* intercontinental

intercourse /'ɪntərkɔ:rs || 'ɪntəkɔ:s/ *n* [u] 1 (sexual) coito *m* (frml), acto *m* sexual; **to have ~ with sb** tener* relaciones sexuales con algn 2 (liter & dated) (social) trato *m* social

interdependence /ˌɪntərdɪ'pendəns || ˌɪntədɪ'pendəns/ *n* [u] interdependencia *f*

interdisciplinary /'ɪntər'dɪsəpləneri || ˌɪntəˌdɪsɪ'plɪnəri/ *adj* interdisciplinario

interest¹ /'ɪntrəst/ *n*

A 1 [u] (felt by person) interés *m*; **~ IN sb/sth/-ING** interés EN algn/algo/+ INF; **I have no ~ in getting to know them** no tengo ningún interés en conocerlos, no me interesa conocerlos; **to show (an) ~** demostrar* interés, mostrarse* interesado; **to take (an) ~ IN sth/sb** interesarse POR algo/algn 2 [c] (hobby) interés *m*

B [u] (possessed by object) interés *m*; **is this of any ~ to you?** ¿esto te interesa?; **it's a matter of public ~** es un asunto de interés público

C [c] 1 (stake) participación *f*, intereses *mpl*; **he has a number of business ~s abroad** tiene varios negocios en el extranjero; **I have to declare an ~** tengo que declarar que soy parte interesada 2 (advantage) (*often pl*) interés *m*; **you've got to look after your own ~(s)** tienes que velar por tus propios intereses; **to act in sb's ~(s)** actuar* en beneficio de algn; **it was not in our ~(s) to intervene** no nos convenía intervenir; **in the ~s of easing international tension** con el fin de relajar la tensión internacional

D [u] (Fin) interés *m*; **to earn/charge ~ of** *o* **at five per cent (per annum)** percibir/cobrar un interés del cinco por ciento (al año); ***to pay sth/sb back with ~***: **he repaid my affection with ~** me devolvió con creces el cariño que le había dado; **they'll pay me back with ~!** ¡me las van a pagar con creces!; (*before n*) **~ rate** tasa *f or* (esp Esp) tipo *m* de interés

interest² *vt* interesar; **can I ~ you in a raffle ticket?** ¿le puedo ofrecer un número de rifa?

interested /'ɪntrəstəd || 'ɪntrəstɪd/ *adj*

A interesado; **would you be ~?** ¿le interesaría?; **sorry, I'm not ~** lo siento, no me interesa *or* no tengo interés; **anyone ~ should see Miss Bush** los interesados deben hablar con la señorita Bush; **to be ~ IN sb/sth/-ING**: **I am ~ in astronomy** me interesa la astronomía; **the company is ~ in acquiring new premises** la compañía está interesada en adquirir nuevos locales; **to be ~ to + INF**: **I'd be ~ to hear what they did** me interesaría saber qué hicieron

B (concerned): **~ party** parte *f* interesada

interesting /'ɪntrəstɪŋ/ *adj* interesante

interestingly /'ɪntrəstɪŋli/ *adv* 1 ‹*talk/write*› de manera interesante 2 (*indep*): **~ enough, he laughed** curiosamente, se rió

interface¹ /'ɪntərfeɪs || 'ɪntəfeɪs/ *n*

A 1 (Comput) interface *f or m*, interfaz *f or m*, interfase *f or m* 2 (interaction) interrelación *f*

B 1 (Phys) punto *m or* superficie *f* de contacto 2 (point of contact) punto *m* de contacto

interface² *vi* (Comput) **to ~ WITH sth** funcionar en conjunto CON algo

interfere /'ɪntər'fɪr || ˌɪntə'fɪə(r)/ *vi*

A (get involved) **to ~ (IN sth)** entrometerse *or* inmiscuirse* *or* interferir* (EN algo)

B 1 (disrupt) **to ~ WITH sth** afectar (A) algo 2 (tamper) **to ~ WITH sth** tocar* algo 3 (Rad, Telec) **to ~ WITH sth** interferir* algo

C (Sport) 1 (in US football) **to ~ WITH sb** hacerle* interferencia A algn 2 (in races) **to ~ WITH sb** obstaculizar* a algn

D (molest) (BrE euph) **to ~ WITH sb** abusar DE algn

interference /'ɪntər'fɪrəns || ˌɪntə'fɪərəns/ *n* [u] 1 (interfering) intromisión *f*, injerencia *f* 2 (Phys, Rad, Telec) interferencia *f* 3 (Sport) interferencia *f*

interfering /'ɪntər'fɪrɪŋ/ *adj* entrometido, importuno

interim¹ /'ɪntərəm || 'ɪntərɪm/ *adj* (*before n*) ‹*measure/solution*› provisional, provisorio (AmS); ‹*head/chairman*› interino; **an ~ payment** un pago a cuenta; **an ~ period** un período intermedio

interim² *n*: **in** *o* **during the ~** en el interín *or* ínterin, mientras tanto

interior¹ /ɪn'tɪriər || ɪn'tɪəriə(r)/ *n*

A 1 (of building) interior *m* 2 (Art) (escena *f or* cuadro *m* de) interior *m* 3 (Cin) interior *m*

B 1 (Geog) **the ~** el interior 2 (Govt) **the Ministry/Department of the I~** el Ministerio/Departamento del Interior

interior² *adj*

A 1 (inside) ‹*walls*› interior 2 (mental) interior

B (inland) del interior

interior: **~ decoration** *n* [u] (of house) decoración *f*; (profession) interiorismo *m*, decoración *f* (de interiores); **~ decorator** *n* (painter) pintor, -tora *m,f*; (designer) interiorista *mf*, decorador, -dora *m,f* (de interiores); **~ design** *n* [u] interiorismo *m*

interject /'ɪntər'dʒekt || ˌɪntə'dʒekt/ *vt* ‹*cry*› lanzar*; ‹*remark*› agregar*, hacer*; **not necessarily, he ~ed** — no necesariamente — interpuso *or* terció

interjection /'ɪntər'dʒekʃən || ˌɪntə'dʒekʃən/ *n* (Ling) interjección *f*; (exclamation) exclamación *f*

interlace /'ɪntər'leɪs || ˌɪntə'leɪs/ *vt* 1 (interweave) entrelazar* 2 (intersperse) intercalar

interleave /'ɪntər'li:v || ˌɪntə'li:v/ *vt* intercalar

interlink /'ɪntər'lɪŋk || ˌɪntə'lɪŋk/ *vt* ‹*arms*› entrelazar*; ‹*factors/relationships*› interrelacionar

■ **interlink** *vi* entrelazarse*

interlock /'ɪntər'lɑ:k || ˌɪntə'lɒk/ *vi* 1 (join) entrelazarse*, trabarse 2 ‹‹*cogs*›› engranar

interlocutor /'ɪntər'lɑ:kjətər || ˌɪntə'lɒkjʊtə(r)/ *n* (frml *or* hum) interlocutor, -tora *m,f* (frml)

interloper /'ɪntərləʊpər || 'ɪntələʊpə(r)/ *n* intruso, -sa *m,f*

interlude /'ɪntərlu:d || 'ɪntəlu:d/ *n*

A (intervening period) intervalo *m*, paréntesis *m*

B 1 (Theat) (intermission) entreacto *m*, intermedio *m* 2 (Mus) interludio *m*

intermarriage /'ɪntər'mærɪdʒ || ˌɪntə'mærɪdʒ/ *n* [u] 1 (between groups) matrimonio *m* mixto 2 (within group) matrimonio *m* endogámico

intermarry /'ɪntər'mæri || ˌɪntə'mæri/ *vi* **-ries, -rying, -ried** 1 (between groups) casarse (*con gente de otros grupos raciales etc*) 2 (within group) casarse entre sí

intermediary /'ɪntər'midieri || ˌɪntə'mi:diəri/ *n* (*pl* **-ries**) (frml) intermediario, -ria *m,f*

intermediate /'ɪntər'mi:diət || ˌɪntə'mi:diət/ *adj* ‹*stage/step*› intermedio; ‹*size/weight/level*› medio, intermedio; ‹*course*› de nivel medio *or* intermedio

intermediate school *n* [c u] (in US) 1 (secondary) *escuela donde se cursa el primer ciclo de la enseñanza secundaria* 2 (primary) *escuela donde se cursa segundo ciclo de la enseñanza primaria*

interment /ɪn'tɜ:rmənt/ *n* [u c] (frml) sepelio *m* (frml)

interminable /ɪn'tɜ:rmənəbəl/ *adj* interminable

intermingle /'ɪntər'mɪŋgəl || ˌɪntə'mɪŋgəl/ *vi* mezclarse, entremezclarse

intermission /'ɪntər'mɪʃən || ˌɪntə'mɪʃən/ *n* intermedio *m*, intervalo *m*

intermittent /'ɪntər'mɪtn̩t/ *adj* intermitente

intern¹ /ɪn'tɜ:rn || ɪn'tɜ:n/ *vt* recluir*, confinar

■ **intern** *vi* /'ɪntɜ:rn || 'ɪntɜ:n/ (AmE) 1 (Med) hacer* las prácticas, ser* interno 2 (Educ) hacer* las prácticas

intern² /'ɪntɜ:rn || 'ɪntɜ:n/ *n* (AmE) 1 (Med) interno, -na *m,f* 2 (Educ) profesor, -sora *m,f* en prácticas

internal /ɪn'tɜ:rnl̩ || ɪn'tɜ:nl̩/ *adj* interno; Ⓢ **not for internal use** para uso externo

internally /ɪn'tɜ:rnl̩i || ɪn'tɜ:nəli/ *adv* 1 (Med, Pharm, Physiol) ‹*digest/bleed*› internamente; Ⓢ **not to be taken internally** para uso externo 2 (Adm, Busn) ‹*distribute/review*› dentro de la organización

Internal Revenue Service *n* (in US) **the ~ ~ ~** ≈ Hacienda, ≈ la Dirección General Impositiva (*en RPl*), ≈ Impuestos Internos (*en Chi*)

international¹ /'ɪntər'næʃnəl || ˌɪntə'næʃənl̩/ *adj* internacional

international² *n* (Sport) 1 (event) partido *m* internacional 2 (player) internacional *mf*

international: **~ Brigade** *n* **the I~ Brigade** las Brigadas Internacionales; **~ Court of Justice** *n* **the I~ Court of Justice** la Corte *or* el Tribunal Internacional de Justicia; **~ dateline** *n* **the ~ dateline** la línea (de cambio) de fecha

internationalism /ˈɪntərˈnæʃn̩əlɪzəm || ˌɪntəˈnæʃn̩əlɪzəm/ *n* [u] internacionalismo *m*

internationally /ˈɪntərˈnæʃn̩əli || ˌɪntəˈnæʃn̩əli/ *adv* 1 ‹*expand/trade*› internacionalmente 2 ‹*famous/known*› mundialmente

international: **∼ Monetary Fund** *n* **the I∼ Monetary Fund** el Fondo Monetario Internacional; **∼ money order** *n* giro *m* postal internacional

internee /ɪnˌtɜːrˈniː || ˌɪntɜːˈniː/ *n* interno, -na *m,f*

Internet, internet /ˈɪntərnet || ˈɪntənet/ *n* [u] **the ∼** (el *or* la) Internet; **accessible via the ∼** accesible por *or* a través de Internet; **to be connected to** *o* **on the ∼** estar* conectado a Internet; (*before n*) ‹*access*› a Internet; ‹*auction/search*› en Internet; ‹*account/address/user*› de Internet; **∼ café** cibercafé *m*, café *m* Internet; **∼ shopping** compras *fpl* por Internet

Internet service provider /prəˈvaɪdər || prəˈvaɪdə(r)/ *n* proveedor *m* de servicios Internet

internist /ˈɪntɜːrnəst, ɪnˈtɜːrnəst || ɪnˈtɜːnɪst/ *n* (AmE) internista *mf*, especialista *mf* en medicina interna

internment /ɪnˈtɜːrnmənt/ *n* [u] internamiento *m*

internship /ˈɪntɜːrnʃɪp || ˈɪntɜːnʃɪp/ *n* [c u] (AmE) 1 (Med) internado *m* 2 (Educ) prácticas *fpl*

interpersonal /ˈɪntərˈpɜːrsn̩əl/ *adj* interpersonal

interplanetary /ˈɪntərˈplænəteri || ˌɪntəˈplænɪtri/ *adj* interplanetario

Interpol /ˈɪntərpəʊl || ˈɪntəpɒl/ *n* Interpol *f*

interpolation /ɪnˈtɜːrpəˈleɪʃən || ɪnˌtɜːpəˈleɪʃən/ *n* interpolación *f*

interpose /ˈɪntərˈpəʊz || ˌɪntəˈpəʊz/ *vt* 1 (in speech) ‹*question/objection*› interrumpir con; ‹*comment/remark*› interponer* (frml); **that's nonsense!, he ∼d suddenly** —¡qué tontería! —exclamó interrumpiendo 2 (insert) (frml) interponer*

interpret /ɪnˈtɜːrprət || ɪnˈtɜːprɪt/ *vt* interpretar

■ **interpret** *vi* (Ling) (translate) traducir* (*oralmente*), interpretar; (work as interpreter) hacer* de *or* trabajar como intérprete

interpretation /ɪnˈtɜːrprəˈteɪʃən || ɪnˌtɜːprɪˈteɪʃən/ *n* [c u] interpretación *f*; **it's open to a number of different ∼s** se puede interpretar de muchas maneras

interpreter /ɪnˈtɜːrprətər || ɪnˈtɜːprɪtə(r)/ *n* intérprete *mf*

interpreting /ɪnˈtɜːrprətɪŋ || ɪnˈtɜːprɪtɪŋ/ *n* [u] interpretación *f*

interracial /ˈɪntərˈreɪʃəl || ˌɪntəˈreɪʃəl/ *adj* ‹*discord/harmony*› interracial; ‹*marriage*› mixto

interrelate /ˈɪntərɪˈleɪt/ *vi* interrelacionarse

interrelated /ˈɪntərɪˈleɪtəd || ˌɪntərɪˈleɪtɪd/ *adj* 1 ‹*phenomena/events*› interrelacionado, relacionado entre sí 2 ‹*families/companies*› relacionado entre sí

interrogate /ɪnˈterəgeɪt/ *vt*

A ‹*criminal/suspect*› interrogar*, someter a un interrogatorio

B (Comput, Telec) ‹*computer/database*› interrogar* a

interrogation /ɪnˈterəˈgeɪʃən/ *n* [u c]

A (questioning) interrogatorio *m*

B (Comput, Telec) interrogación *f*

interrogation point *n* (AmE frml) signo *m* de interrogación

interrogative /ˈɪntəˈrɑːgətɪv || ˌɪntəˈrɒgətɪv/ *adj* interrogativo

interrogator /ɪnˈterəgeɪtər || ɪnˈterəgeɪtə(r)/ *n* interrogador, -dora *m,f*

interrupt /ˈɪntəˈrʌpt/ *vt/i* interrumpir; **if you'll excuse my ∼ing** si me perdona la interrupción

interruption /ˈɪntəˈrʌpʃən/ *n* [c u] interrupción *f*; **without further ∼** sin más interrupciones

intersect /ˈɪntərˈsekt || ˌɪntəˈsekt/ *vi*

A (cross) «*roads/paths*» cruzarse*

B (Math) 1 «*lines/curves*» cortarse, intersecarse* (frml) 2 «*sets*» formar intersección

■ **intersect** *vt* 1 ‹*road/path*› cruzar* 2 ‹*line/curve*› cortar

intersection /ˈɪntərˈsekʃən || ˌɪntəˈsekʃən/ *n* 1 (Transp) cruce *m*, intersección *f* (frml) 2 (Geog, Math) intersección *f*

intersperse /ˈɪntərˈspɜːrs || ˌɪntəˈspɜːs/ *vt* intercalar; **there were pictures ∼d in the text** había fotografías intercaladas en el texto

interstate /ˈɪntərˈsteɪt || ˌɪntəˈsteɪt/ *adj* (*usu before n*) entre estados, interestatal

interstate (highway) /ˈɪntərsteɪt || ˈɪntəsteɪt/ *n* (AmE) carretera *f* interestatal, ≈ carretera *f* nacional

> **interstate (highway)**
>
> En Estados Unidos, una ruta nacional de larga distancia que cruza de un estado a otro. Están señalizadas con un símbolo rojo y azul que lleva la letra 'I' seguida del número de la ruta. Las que van de norte a sur tienen números impares y las que van de este a oeste tienen números pares. Cada calzada tiene cuatro carriles

intertwine /ˈɪntərˈtwaɪn || ˌɪntəˈtwaɪn/ *vi* «*fingers/plants*» entrelazarse*; «*paths/destinies*» entrecruzarse*

■ **intertwine** *vt* ‹*fingers*› entrelazar*

interval /ˈɪntərvəl || ˈɪntəvəl/ *n*

A 1 (time) intervalo *m*; **at ∼s of 20 minutes, at 20-minute ∼s** a intervalos de 20 minutos; **the ∼(s) between their visits grew longer** cada vez espaciaban más sus visitas; **bright/sunny ∼s** (Meteo) intervalos soleados/de sol 2 (distance) intervalo *m*, espacio *m*

B (pause) (BrE Cin, Mus) intermedio *m*; (BrE Theat) entreacto *m*, intermedio *m*; (Sport) descanso *m*, medio tiempo *m*, entretiempo *m* (Chi)

C (Mus) intervalo *m*

intervene /ˈɪntərˈviːn || ˌɪntəˈviːn/ *vi* 1 (interpose oneself) intervenir*; **he ∼d with the authorities on our behalf** intervino *or* (frml) intercedió ante las autoridades en nuestro favor 2 (interrupt) «*fate*» interponerse*, intervenir*; «*event*» sobrevenir* 3 **intervening** *pres p*: **in the intervening period** en el interín *or* ínterin

intervention /ˈɪntərˈventʃən/ *n* intervención *f*

interventionism /ˈɪntərˈventʃənɪzəm || ˌɪntəˈvenʃənɪzəm/ *n* [u] intervencionismo *m*

interventionist /ˈɪntərˈventʃənəst || ˌɪntəˈvenʃənɪst/ *adj* intervencionista

interview[1] /ˈɪntərvjuː || ˈɪntəvjuː/ *n* 1 (for job, university place) entrevista *f*; **he was called for an ∼** *o* (BrE also) **for ∼** lo citaron para una entrevista 2 (with politician, entertainer) entrevista *f*, interviú *f* 3 (in market research) entrevista *f* 4 (BrE Law) interrogatorio *m*

interview[2] *vt* 1 ‹*candidate/celebrity*› entrevistar 2 (BrE Law) interrogar*

■ **interview** *vi* (conduct interview): **they're ∼ing next Friday** las entrevistas tendrán lugar el próximo viernes

interviewee /ˈɪntərvjuːˈiː || ˌɪntəvjuːˈiː/ *n* entrevistado, -da *m,f*, candidato, -ta *m,f*

interviewer /ˈɪntərvjuːər || ˈɪntəvjuːə(r)/ *n* entrevistador, -dora *m,f*

interweave /ˈɪntərˈwiːv || ˌɪntəˈwiːv/ *vt* (*past* **-wove** *or* **-weaved**; *past p* **-woven** *or* **-weaved**) 1 ‹*threads/yarns*› entretejer 2 **interwoven** *past p* ‹*threads*› entretejido; **their lives were interwoven** sus vidas estaban inextricablemente unidas

intestate /ɪnˈtesteɪt/ *adj* intestado, abintestato (frml)

intestinal /ɪnˈtestən̩l || ˌɪntesˈtaɪn̩l/ *adj* intestinal

intestine /ɪnˈtestən || ɪnˈtestɪn/ *n* (*often pl*) intestino *m*; **the small/large ∼** el intestino delgado/grueso

intimacy /ˈɪntəməsi || ˈɪntɪməsi/ *n* (*pl* **-cies**)

A [u] 1 (close friendship) intimidad *f* 2 (sexual relations) (frml & euph) relaciones *fpl* íntimas (euf) 3 (of atmosphere) intimidad *f*

B **intimacies** *pl* intimidades *fpl*; (physical) arrumacos *mpl*

intimate[1] /ˈɪntəmət || ˈɪntɪmət/ *adj*

A 1 ‹*friendship/friend*› íntimo; ‹*talk/discussion*› de carácter íntimo *or* privado; **to be ∼ WITH sb** tener* intimidad CON algn; **to be on ∼ terms with sb** ser* íntimo de algn 2 (sexual) (frml) ‹*relationship*› íntimo; **to be ∼ WITH sb** tener* relaciones íntimas con algn 3 ‹*atmosphere/restaurant*› íntimo

B (*usu before n*) (private) ‹*emotions/details*› íntimo

C 1 (close) ‹*link/association*› estrecho, íntimo 2 ‹*knowledge*› profundo

intimate[2] /ˈɪntəmeɪt || ˈɪntɪmeɪt/ *vt* **to ∼ sth TO sb** insinuarle* algo A algn, darle* a entender algo A algn

i

intimately /ˈɪntəmətli || ˈɪntɪmətli/ *adv*
A **1** (familiarly) ‹*whisper/chat*› con familiaridad *or* intimidad **2** (sexually) (frml & euph) de modo íntimo
B **1** (closely) ‹*linked*› íntimamente, estrechamente **2** (in detail) ‹*know*› a fondo, en profundidad

intimation /ˈɪntəˈmeɪʃən || ˌɪntɪˈmeɪʃən/ *n* (sign) indicio *m*, indicación *f*; (inkling) presentimiento *m*; **we had no ~ of what was about to happen** nada nos hizo prever lo que ocurriría

intimidate /ɪnˈtɪmədeɪt || ɪnˈtɪmɪdeɪt/ *vt* intimidar; **don't be ~d by her manner** no te dejes intimidar por su actitud

intimidating /ɪnˈtɪmədeɪtɪŋ/ *adj* intimidante, amedrentador

intimidation /ɪnˈtɪməˈdeɪʃən/ *n* [u] intimidación *f*

into /ˈɪntu, *before consonant* ˈɪntə/ *prep*
A **1** (indicating motion, direction): **to walk ~ a building** entrar en *or* (esp AmL) a un edificio; **we drove ~ town** fuimos a la ciudad en coche; **they helped him ~ the chair** lo ayudaron a sentarse en el sillón; **she sat staring ~ space** estaba sentada mirando al vacío; **I dropped a coin ~ the water** dejé caer una moneda en el agua; **the cat shot up ~ the air** el gato salió volando por los aires; **a journey ~ the future** un viaje al futuro; **to translate sth ~ Spanish** traducir* algo al español **2** (against): **she walked ~ a tree** se dio contra un árbol; **he drove ~ the other car** chocó con el otro coche **3** (Math): **3 ~ 15 goes** *o* **is 5** 15 dividido (por) 3 *or* entre 3 es 5
B (in time, distance): **ten minutes ~ the game** a los diez minutos de empezar el partido; **they talked far ~ the night** hablaron hasta bien entrada la noche; **they penetrated deep ~ the jungle** entraron en el corazón de la selva; **the project is well ~ its third year** el proyecto ya está bien adentrado en su tercer año
C (indicating result of action): **we split ~ two groups** nos dividimos en dos grupos; **roll the dough ~ a ball** haga una bola con la masa; **the snowman had melted ~ a puddle** el muñeco de nieve había quedado convertido en un charco
D (involved in) (colloq) **to be ~ sth**: **she's really** *o* **heavily ~ jazz** le ha dado fuerte por el jazz (fam); **they're ~ drugs** se drogan; **at two, children are ~ everything** a los dos años, los niños son muy inquietos

intolerable /ɪnˈtɑːlərəbəl || ɪnˈtɒlərəbəl/ *adj* intolerable, insufrible

intolerance /ɪnˈtɑːlərəns || ɪnˈtɒlərəns/ *n* [u]
A (toward people, ideas) intolerancia *f*, intransigencia *f*
B (Biol, Med) intolerancia *f*

intolerant /ɪnˈtɑːlərənt || ɪnˈtɒlərənt/ *adj*
A ‹*person/attitude*› intolerante, intransigente; **to be ~ OF sb** ser* intolerante *or* intransigente CON algn; **to be ~ OF sth** no tolerar algo
B (Biol, Med): **the patient was ~ of** *o* **to penicillin** el paciente tenía intolerancia a la penicilina

intonation /ˈɪntəˈneɪʃən/ *n* [u c] entonación *f*

intone /ɪnˈtəʊn/ *vt* **1** ‹*psalm/Gloria*› entonar **2** ‹*list/names*› recitar

intoxicated /ɪnˈtɑːksəkeɪtəd || ɪnˈtɒksɪkeɪtɪd/ *adj* (frml) **1** (by alcohol) en estado de embriaguez (frml), en estado de intemperancia (Chi frml) **2** **~ WITH sth** ‹*with joy/success*› ebrio DE algo (liter)

intoxicating /ɪnˈtɑːksəkeɪtɪŋ || ɪnˈtɒksɪkeɪtɪŋ/ *adj* (frml) ‹*substance*› estupefaciente; **~ liquor** bebida *f* alcohólica

intoxication /ɪnˈtɑːksəˈkeɪʃən || ɪnˌtɒksɪˈkeɪʃən/ *n* [u] (frml)
A (by alcohol) embriaguez *f* (frml), intoxicación *f* etílica (frml), intemperancia *f* (Chi frml)
B (poisoning) (Med) intoxicación *f*

intractable /ɪnˈtræktəbəl/ *adj* (frml) **1** ‹*temperament*› obstinado; ‹*child*› incorregible **2** ‹*problem/dilemma*› inextricable (frml), insoluble

intramuscular /ˈɪntrəˈmʌskjələr || ˌɪntrəˈmʌskjʊlə(r)/ *adj* intramuscular

Intranet, intranet /ˈɪntrənet/ *n* Intranet *f*, intranet *f*

intransigence /ɪnˈtrænsədʒəns || ɪnˈtrænsɪdʒəns/ *n* [u] intransigencia *f*

intransigent /ɪnˈtrænsədʒənt || ɪnˈtrænsɪdʒənt/ *adj* intransigente

intransitive /ˈɪnˈtrænsətɪv/ *adj* intransitivo

intrauterine device /ˈɪntrəˈjuːtərən || ˌɪntrəˈjuːtəraɪn/ *n* dispositivo *m* intrauterino; (in the shape of a coil) espiral *f*

intravenous /ˈɪntrəˈviːnəs/ *adj* ‹*injection*› intravenoso, endovenoso

intravenously /ˈɪntrəˈviːnəsli/ *adv* por vía intravenosa *or* endovenosa

in-tray /ˈɪntreɪ/ *n* bandeja *f* de entrada *or* de asuntos pendientes

intrepid /ɪnˈtrepəd || ɪnˈtrepɪd/ *adj* intrépido

intricacy /ˈɪntrɪkəsi/ *n* **1** [u] (of pattern, embroidery) lo intrincado, complejidad *f* **2** **intricacies** *pl* (complexities) complejidades *fpl*

intricate /ˈɪntrɪkət/ *adj* complicado, intrincado

intrigue¹ /ˈɪntriːg/ *n* intriga *f*

intrigue² /ɪnˈtriːg/ *vt* intrigar*; **we were ~d to know how he had done it** nos tenía intrigados cómo lo había hecho, teníamos gran curiosidad por saber cómo lo había hecho

intriguing /ɪnˈtriːgɪŋ/ *adj* ‹*problem/text*› intrigante; ‹*possibility/suggestion*› fascinante; ‹*person*› interesante, enigmático

intrinsic /ɪnˈtrɪnzɪk/ *adj* intrínseco; **~ TO sth** (frml): **selfishness is ~ to his nature** el egoísmo le es connatural (frml); **it is ~ to the success of the plan that ...** para que el plan tenga éxito es esencial que ...

intrinsically /ɪnˈtrɪnzɪkli/ *adv* intrínsecamente

intro /ˈɪntrəʊ/ *n* (*pl* **intros**) **1** (to pop song) primeras notas *fpl* **2** (colloq) (to book, lecture) introducción *f*; (to performer) presentación *f*

introduce /ˈɪntrəˈduːs || ˌɪntrəˈdjuːs/ *vt*
A **1** (acquaint) presentar; **allow me to ~ myself** (frml) permítame que me presente; **to ~ sb TO sb** presentarle a algn A algn; **he ~d John to her** le presentó a John; **he ~d her to John** se la presentó a John **2** (initiate) **to ~ sb TO sth** introducir* a algn A algo, iniciar a algn EN algo **3** (present) ‹*speaker/program*› presentar; ‹*meeting/article*› iniciar
B **1** (bring in) ‹*subject/custom/practice*› introducir*; ‹*product*› lanzar*, sacar*; **introducing Juan Romero as Don Félix** presentando por primera vez (en pantalla) a Juan Romero en el papel de Don Félix **2** (Govt) ‹*legislation/tax*› introducir*; ‹*bill*› presentar
C (insert) (frml) **to ~ sth INTO sth** introducir* algo EN algo

introduction /ˈɪntrəˈdʌkʃən/ *n*
A [u c] **1** (to person) presentación *f*; **I was given an ~ to the manager** me dieron una carta de presentación para el director **2** (to activity, experience) **~ TO sth** introducción *f* A algo; **that was my ~ to France** ésa fue mi primera toma de contacto con Francia **3** (of speaker, performer) presentación *f*
B [u] **1** (bringing in): **the ~ of another color** el añadido de otro color **2** (of species, practice, legislation) introducción *f*; (of bill) presentación *f*
C [u] (insertion, entry) (frml) introducción *f*
D [c] **1** (to meeting, lecture) presentación *f* **2** (in book) introducción *f* **3** (Mus) introducción *f*
E [c] (elementary instruction) introducción *f*, iniciación *f*

introductory /ˈɪntrəˈdʌktəri/ *adj* **1** (prefatory, opening) ‹*notes/remarks*› preliminar; ‹*lecture/chapter*› de introducción; ‹*offer/discount*› (Busn) de lanzamiento **2** (elementary) ‹*course/lesson*› de introducción, de iniciación

introspection /ˈɪntrəˈspekʃən/ *n* [u] introspección *f*

introspective /ˈɪntrəˈspektɪv/ *adj* introspectivo

introvert /ˈɪntrəvɜːrt || ˈɪntrəvɜːt/ *n* introvertido, -da *m,f*

intrude /ɪnˈtruːd/ *vi* (disturb) importunar, molestar; (interfere) inmiscuirse*, meterse; **to ~ ON sb** importunar *or* molestar a algn; **to ~ ON sth**: **I didn't want to ~ on her grief** no quise importunarla en su dolor; **to ~ on sb's privacy** inmiscuirse* *or* meterse en la vida privada de algn

intruder /ɪnˈtruːdər || ɪnˈtruːdə(r)/ *n* intruso, -sa *m,f*

intrusion /ɪnˈtruːʒən/ *n* [u c] (unwelcome entry) intrusión *f*; (— in private life) intromisión *f*, intrusión *f*

intrusive /ɪnˈtruːsɪv/ *adj* **1** ‹*noise/smell*› molesto **2** ‹*questioning/reporter*› impertinente, indiscreto

intuit /ɪnˈtuːət || ɪnˈtjuːɪt/ *vt* intuir*

intuition /ˈɪntuːˈɪʃən || ˌɪntjuːˈɪʃən/ *n* [u c] intuición *f*; **I had an ~ about the outcome** intuí lo que iba a pasar; **female**

o **women's ~** intuición femenina

intuitive /ɪnˈtu:ətɪv || ɪnˈtju:ɪtɪv/ *adj* intuitivo; **an ~ feeling** una intuición; **she had an ~ dislike of him** le tenía una antipatía instintiva

Inuit /ˈɪnuɪt || ˈɪnju:ɪt/ *n* (*pl* ~ *or* **~s**) [1] [c] (person) esquimal *mf* [2] [u] (Ling) esquimal *m*

inundate /ˈɪnʌndeɪt/ *vt* inundar; **to ~ sb WITH sth** inundar a algn DE algo; **we have been ~d with visitors** nos hemos visto inundados de visitantes, hemos recibido un aluvión de visitantes

inure /ɪˈnʊr || ɪˈnjʊə(r)/ *vt* (frml) **to ~ sb TO sth** habituar* a algn A algo; **she had become ~d to their insults** se había hecho inmune *or* se había habituado a sus insultos

invade /ɪnˈveɪd/ *vt* invadir; **to ~ sb's privacy** invadir la intimidad de algn

■ **invade** *vi* (Mil) invadir

invader /ɪnˈveɪdər || ɪnˈveɪdə(r)/ *n* invasor, -sora *m,f*

invalid¹ /ɪnˈvæləd || ɪnˈvælɪd/ *adj* ‹*assumption/conclusion*› inválido; ‹*contract/will*› inválido, no válido; **~ in law** sin validez legal, sin valor ante la ley

invalid² /ˈɪnvələd || ˈɪnvəli:d, ˈɪnvəlɪd/ *n* inválido, -da *m,f*; (*before n*) ‹*diet/food*› para enfermos; **~ car** coche *m* para minusválido

Phrasal verb

• **invalid out** [v ▸ o ▸ adv] (BrE) dar* de baja (*por invalidez*)

invalidate /ɪnˈvælədeɪt || ɪnˈvælɪdeɪt/ *vt* (frml) invalidar

invalidity /ˈɪnvəˈlɪdəti/ *n* [u] (frml)

A (of conclusion, will) invalidez *f*, falta *f* de validez

B (disablement, illness) invalidez *f*

invaluable /ɪnˈvæljuəbəl/ *adj* inapreciable, inestimable, invalorable (AmL)

invariable /ɪnˈveriəbəl || ɪnˈveəriəbəl/ *adj* [1] ‹*custom/practice*› invariable; ‹*pessimism*› eterno, constante [2] (Math) invariable

invariably /ɪnˈveriəbli || ɪnˈveəriəbli/ *adv* ‹*different/correct*› invariablemente, siempre; **he is ~ cheerful** siempre está alegre

invasion /ɪnˈveɪʒən/ *n* (by army, of tourists) invasión *f*; **a gross ~ of my privacy/rights** una violación de mi intimidad/mis derechos

invective /ɪnˈvektɪv/ *n* [u c] [1] (abuse) invectivas *fpl* (frml), improperios *mpl* [2] (condemnation) invectiva *f* (frml)

inveigh /ɪnˈveɪ/ *vi* (frml *or* hum) **to ~ AGAINST sth/sb** arremeter CONTRA algo/algn

inveigle /ɪnˈveɪgəl/ *vt* (frml) inducir* (*mediante engaño*); **she ~d him into compliance** *o* **into complying** lo persuadió con engaños *or* lo engatusó para que accediera

invent /ɪnˈvent/ *vt* inventar; **she's ~ing the whole story** (se) lo está inventando todo

invention /ɪnˈventʃən || ɪnˈvenʃən/ *n*

A [1] [c] (device, machine) invento *m* [2] [u] (action, process) invención *f*

B [1] [u] (imagination): **(powers of) ~** inventiva *f* [2] [u c] (fabrication) (frml) invención *f*

inventive /ɪnˈventɪv/ *adj* ingenioso, lleno de inventiva; **you'll have to be ~** tendrás que usar tu inventiva *or* imaginación

inventiveness /ɪnˈventɪvnəs || ɪnˈventɪvnɪs/ *n* [u] inventiva *f*, ingenio *m*

inventor /ɪnˈventər || ɪnˈventə(r)/ *n* inventor, -tora *m,f*

inventory /ˈɪnvəntɔ:ri || ˈɪnventri/ *n* (*pl* **-ries**) (Busn) inventario *m*; **to draw up an ~ of sth** hacer* (un) inventario de algo

inverse¹ /ˈɪnˈvɜ:rs, ˈɪnvɜ:rs || ˌɪnˈvɜ:s, ˈɪnvɜ:s/ *adj* (*usu before n*) (opposite, reversed) inverso; **in ~ order** *o* **sequence** a la inversa, en orden inverso; **in ~ proportion/relation to sth** en proporción/relación inversa a algo

inverse² *n* (*no pl*) **the ~** (Math) el inverso; **the ~ is also true** lo inverso también es cierto

inversion /ɪnˈvɜ:rʒən || ɪnˈvɜ:ʃən/ *n* inversión *f*

invert /ɪnˈvɜ:rt || ɪnˈvɜ:t/ *vt* invertir*

invertebrate /ɪnˈvɜ:rtəbrət || ɪnˈvɜ:tɪbrət/ *n* invertebrado, -da *m,f*

inverted commas /ɪnˈvɜ:rtəd || ɪnˈvɜ:tɪd/ *pl n* (BrE) comillas *fpl*; **in ~ ~** entre comillas

invest /ɪnˈvest/ *vt*

A **to ~ sth (IN sth)** ‹*money/time*› invertir* algo (EN algo)

B (endow) (frml) **to ~ sth WITH sth** conferirle* *or* otorgarle* algo A algo (frml)

C (frml) [1] (empower) **to ~ sb WITH sth** investir* a algn DE *or* CON algo (frml) [2] (put in office) investir* (frml); **they ~ed him as mayor** lo invistieron alcalde

■ **invest** *vi* **to ~ (IN sth)** invertir* (EN algo)

investigate /ɪnˈvestəgeɪt || ɪnˈvestɪgeɪt/ *vt* [1] ‹*crime/murder/cause*› investigar*; ‹*character/suspect*› hacer* indagaciones *or* averiguaciones sobre; ‹*complaint/possibility*› estudiar, examinar [2] (do research on) hacer* una investigación sobre, investigar*

■ **investigate** *vi* investigar*; **she went downstairs to ~** bajó a ver qué pasaba *or* a investigar

investigation /ɪnˈvestəˈgeɪʃən || ɪnˌvestɪˈgeɪʃən/ *n* [u c] [1] (detailed examination) estudio *m*; **upon closer ~** tras un examen más detenido [2] (official, scientific) investigación *f*; **she is under ~ by the police** la policía está haciendo averiguaciones sobre ella

investigator /ɪnˈvestəgeɪtər || ɪnˈvestɪgeɪtə(r)/ *n* [1] (*private ~*) investigador privado, investigadora privada *m,f*, detective *mf* [2] (official) inspector, -tora *m,f*

investiture /ɪnˈvestətʃʊr || ɪnˈvestɪtʃə(r)/ *n* [u c] (act, ceremony) investidura *f*

investment /ɪnˈvestmənt/ *n* [u c] (of money, time) inversión *f*; **he had made a big emotional ~ in the relationship** había puesto mucho en la relación

investor /ɪnˈvestər || ɪnˈvestə(r)/ *n* inversor, -sora *m,f*, inversionista *mf*

inveterate /ɪnˈvetərət/ *adj* (frml) (*usu before n*) [1] ‹*thief/liar*› empedernido [2] ‹*loathing/hostility*› inveterado

invidious /ɪnˈvɪdiəs/ *adj* (frml) [1] ‹*task/role*› ingrato, odioso [2] ‹*comparison*› injusto

invigilate /ɪnˈvɪdʒəleɪt || ɪnˈvɪdʒɪleɪt/ (BrE) *vi* vigilar *or* supervisar un examen

■ **invigilate** *vt* ‹*examination*› vigilar, supervisar

invigilator /ɪnˈvɪdʒəleɪtər || ɪnˈvɪdʒɪleɪtə(r)/ *n* (BrE) *encargado de vigilar or supervisar un examen*

invigorate /ɪnˈvɪgəreɪt/ *vt* «*breeze/shower*» vigorizar*, tonificar*; **I felt ~d after my swim** después de nadar me sentí lleno de energía

invigorating /ɪnˈvɪgəreɪtɪŋ/ *adj* ‹*weather/walk*› vigorizante, tonificante; ‹*environment/change*› estimulante

invincible /ɪnˈvɪnsəbəl/ *adj* ‹*army/foe*› invencible; ‹*lead*› insalvable, insuperable

inviolable /ɪnˈvaɪələbəl/ *adj* inviolable

inviolate /ɪnˈvaɪələt/ *adj* (frml) ‹*purity*› inmaculado; ‹*maiden*› sin mancillar (liter); ‹*integrity/reputation*› sin mácula (liter)

invisible /ɪnˈvɪzəbəl/ *adj* [1] (unseen) invisible; **from the road the church is ~** desde la carretera no se ve la iglesia; **~ ink** tinta *f* invisible *or* simpática [2] (Econ, Fin) ‹*earnings/exports*› invisible

invitation /ˈɪnvəˈteɪʃən || ˌɪnvɪˈteɪʃən/ *n* [1] [c u] (act of inviting) invitación *f*; **to accept/decline an ~** aceptar/no aceptar una invitación; **at the ~ of** invitado por, por invitación de; **by ~ only** entrada por invitación [2] [c] (letter, card) invitación *f* [3] [c] (encouragement — to sth bad) incitación *f*; (— to sth good) invitación *f*

invite¹ /ɪnˈvaɪt/ *vt*

A **to ~ sb (TO sth)** invitar a algn (A algo); **I've ~d her to** *o* **for dinner** la he invitado a cenar; **he was ~d for interview** lo citaron para una entrevista; **to ~ sb over for dinner** invitar a algn a cenar (en casa); **to ~ sb in/out** invitar a algn a pasar/a salir; **to ~ sb to + INF** invitar a algn A + INF *or* A QUE (+ *subj*)

B [1] (request politely) **to ~ sb to + INF** invitar a algn A + INF *or* A QUE (+ *subj*) [2] (call for) (frml): **he ~d questions from the audience** invitó al público a que formulara preguntas; **to ~ tenders for a new airport** llamar a un concurso *or* llamar a licitación para la construcción de un nuevo aeropuerto

C (encourage): **you're inviting trouble** te estás buscando problemas; **it ~s people to draw the wrong conclusions** se presta a que la gente saque conclusiones erróneas; **his work ~s comparison with the classics** su obra sugiere comparación con los clásicos

invite² /ˈɪnvaɪt/ *n* (colloq) invitación *f*

inviting /ɪn'vaɪtɪŋ/ *adj* ‹*prospect/offer*› atractivo, atrayente; ‹*smile*› incitante

in vitro[1] /ɪn'vi:trəʊ/ *adj* in vitro *adj inv*; **~ ~ fertilization** fecundación *f* in vitro

in vitro[2] *adv* en vitro

invoice[1] /'ɪnvɔɪs/ *n* factura *f*

invoice[2] *vt* 1 (send invoice) **to ~ sb (FOR sth)** pasarle A algn factura (POR algo) 2 (list on invoice) ‹*goods/items*› facturar

■ **invoice** *vi* (Busn) facturar, hacer* facturas

invoke /ɪn'vəʊk/ *vt*

A 1 (use as authority) ‹*principle/precedent*› invocar* 2 (call into use) ‹*rule/law*› invocar*, acogerse* a

B ‹*devil/spirits*› invocar*, conjurar

involuntarily /ɪn'vɑ:lən'terəli || ɪn'vɒləntrəli/ *adv* involuntariamente, de manera involuntaria; **I let it slip out ~** se me escapó sin querer

involuntary /ɪn'vɑ:lənteri || ɪn'vɒləntri/ *adj* involuntario; **~ manslaughter** (in US) homicidio *m* involuntario

involve /ɪn'vɑ:lv || ɪn'vɒlv/ *vt*

A 1 (entail, comprise) suponer*; **what exactly does your work ~?** ¿en qué consiste exactamente tu trabajo?; **whenever there's money ~d** siempre que hay dinero de por medio 2 (affect, concern): **where national security is ~d ...** cuando se trata de la seguridad nacional ...; **it's my reputation that's ~d here** es mi reputación lo que está en juego

B **to ~ sb IN sth/-ING** (implicate) implicar* *or* involucrar a algn EN algo; (allow to participate) darle* participación a algn EN algo; **he doesn't ~ himself in the day-to-day running of the business** no toma parte en la gestión diaria del negocio; **don't try to ~ me in your problems** no intentes mezclarme en tus problemas

C **involved** *past p* 1 **to be/get ~d IN sth** (implicated, associated): **I was ~d in an accident last year** el año pasado me vi envuelto en un accidente; **whenever there's an argument, he has to get ~d** siempre que hay una pelea, él tiene que meterse; **several high-ranking officials were ~d in the affair** había varios oficiales de alto rango implicados en el asunto; **to be/get ~d WITH sb/sth**: **the people you're ~d with** la gente con la que andas metido *or* mezclado; **how did you get ~d with people like them?** ¿cómo te mezclaste con gente de esa calaña? 2 **to be ~d IN sth** (engrossed) estar* absorto *or* enfrascado EN algo; (busy) estar* ocupado CON algo; **to be/get ~d WITH sb/sth** estar* dedicado/dedicarse* A algn/algo 3 (emotionally) **to be/get ~d WITH sb**: **she doesn't want to get too ~d with him** no quiere llegar a una relación muy seria con él

involved /ɪn'vɑ:lvd || ɪn'vɒlvd/ *adj* enrevesado, complicado

involvement /ɪn'vɑ:lvmənt || ɪn'vɒlvmənt/ *n* [u c] 1 *n* (entanglement) participación *f*; **they deny any ~ in terrorist attacks** niegan estar implicados en ningún ataque terrorista 2 (relationship) relación *f* (sentimental), enredo *m* (fam)

involving /ɪn'vɑ:lvɪŋ || ɪn'vɒlvɪŋ/ *adj* apasionante

invulnerable /ɪn'vʌlnərəbəl/ *adj* invulnerable; ‹*fortifications*› inexpugnable

inward[1] /'ɪnwərd || 'ɪnwəd/ *adj* 1 (toward inside) ‹*curve*› hacia adentro 2 (private, mental) ‹*torment/serenity*› interior

inward[2], (BrE also) **inwards** *adv* 1 (toward inside) ‹*move/bend*› hacia adentro; ‹*travel*› hacia el interior 2 (toward mind, spirit): **meditation involves looking ~** la meditación exige introspección

inward-looking /'ɪnwərd'lʊkɪŋ || 'ɪnwəd,lʊkɪŋ/ *adj* encerrado en sí mismo, introvertido

inwardly /'ɪnwərdli || 'ɪnwədli/ *adv* ‹*agonize/gloat*› por dentro; **he smiled ~** sonrió para sus adentros *or* en su fuero interno

inwards /'ɪnwərdz || 'ɪnwədz/ *adv* (BrE) ▸**inward[2]**

I/O /'aɪ'əʊ/ *adj* (= **input/output**) (*before n*) ‹*device/error*› de entrada-salida, de E/S

iodine /'aɪədaɪn || 'aɪədi:n/ *n* [u] yodo *m*, tintura *f* de yodo

ion /'aɪən, 'aɪɑ:n || 'aɪən/ *n* ión *m*

Ionian /aɪ'əʊniən/ *adj* jónico; **the ~ Sea** el mar Jónico

ionizer /'aɪənaɪzər || 'aɪənaɪzə(r)/ *n* ionizador *m*

iota /aɪ'əʊtə/ *n* (*usu with neg*) pizca *f*, ápice *m*; **there's not an ~ of truth in it** no hay ni un ápice de verdad en ello

IOU *n* (= **I owe you**) pagaré *m*

IPA *n* (Ling) (= **International Phonetic Alphabet**) AFI *m*

IQ *n* (= **intelligence quotient**) CI *m*

IRA *n* 1 (= **Irish Republican Army**) IRA *m* 2 /'aɪrə/ (in US) = **Individual Retirement Account**

IRA – Irish Republican Army

El IRA (Ejército Republicano Irlandés) es una organización paramilitar ilegal, fundada en 1919 para luchar por la independencia irlandesa del Reino Unido (**United Kingdom**). Después de la separación, en 1921, de los seis condados del noreste de la isla que siguieron bajo control británico como la provincia de Northern Ireland, su objetivo pasó a ser la unificación de la República de Irlanda e Irlanda del Norte. Posteriormente, como respuesta a lo que se percibía como represión contra la minoría católica en Irlanda del Norte, una facción del IRA (*Provisional IRA*) se reactivó en 1970, cometiendo actos de terrorismo en Irlanda del Norte e Inglaterra. El acuerdo de Viernes Santo (*Good Friday Agreement*), en 1998, ha llevado a un período de relativa paz entre las comunidades enfrentadas en Irlanda del Norte

Iran /ɪ'rɑ:n, ɪ'ræn/ *n* Irán *m*

Iranian[1] /ɪ'reɪniən/ *adj* iraní

Iranian[2] *n* iraní *mf*

Iraq /ɪ'rɑ:k, ɪ'ræk/ *n* Irak *m*

Iraqi[1] /ɪ'rɑ:ki, ɪ'ræki/ *adj* iraquí

Iraqi[2] *n* iraquí *mf*

irascible /ɪ'ræsəbəl/ *adj* irascible

irate /aɪ'reɪt/ *adj* airado, furioso

ire /aɪr || 'aɪə(r)/ *n* [u] (liter) ira *f*, cólera *f*

Ireland /'aɪrlənd || 'aɪələnd/ *n* 1 (the island) Irlanda *f* 2 (the Republic) Irlanda *f*, (el) Eire

iridescent /'ɪrə'desn̩t || ,ɪrɪ'desn̩t/ *adj* (liter) irisado, iridiscente

iris /'aɪrəs || 'aɪərɪs/ *n*

A (Bot) lirio *m*

B (Anat) iris *m*

Irish[1] /'aɪrɪʃ || 'aɪərɪʃ/ *adj* 1 (of the island) irlandés; **the ~ Sea** el Mar de Irlanda 2 (of the Republic) irlandés

Irish[2] *n* 1 (people) (+ *pl vb*) **the ~** los irlandeses 2 [u] (language) irlandés *m*

Irish: **~ American** *n* norteamericano, -na *m,f* de origen irlandés; **~-American**/,aɪrɪʃə'merɪkən/ *adj* norteamericano de origen irlandés; **~ coffee** *n* [u c] café *m* irlandés; **~man** /'aɪrɪʃmən || 'aɪərɪʃmən/ *n* (*pl* **-men** /-mən/) irlandés *m*; **~ stew** *n* [u c] *guiso de carne y verduras*; **~ wolfhound** /'wʊlfhaʊnd/ *n* lebrel *m* irlandés; **~woman** *n* irlandesa *f*

irk /ɜ:rk || ɜ:k/ *vt* fastidiar, irritar

irksome /'ɜ:rksəm || 'ɜ:ksəm/ *adj* fastidioso, irritante

iron[1] /'aɪərn || 'aɪən/ *n*

A [u] 1 (metal) hierro *m*, fierro *m* (AmL); ***as hard as ~*** (duro) como el acero; **the ground will be as hard as ~ after all this frost** la tierra va a estar como piedra después de esta helada; ***to strike while the ~ is hot***: **there's nothing like striking while the ~'s hot** lo mejor es actuar de inmediato; (*before n*) **the I~ Age** la Edad de Hierro 2 (in food) hierro *m*

B (for clothes) plancha *f*

C 1 (*branding ~*) hierro *m* de marcar; ***to have several/too many ~s in the fire*** tener* varias/demasiadas cosas entre manos 2 (golf club) hierro *m*; **a seven ~** un hierro siete 3 (gun) (AmE sl) pistola *f*, pusca *f* (Esp arg)

D **irons** *pl* (fetters) grilletes *mpl*, grillos *mpl*

iron[2] *adj* 1 (made of iron) de hierro 2 (strong) (*before n*) ‹*constitution*› de hierro, fuerte como un roble; ‹*will/resolve*› férreo, de hierro

iron[3] *vt/i* planchar

Phrasal verb

• **iron out** [v ▸ o ▸ adv, v ▸ adv ▸ o] 1 ‹*problems*› resolver*; ‹*difficulties*› allanar, eliminar 2 ‹*crease*› planchar, quitar

iron: **~ Curtain** *n* **the I~ Curtain** la cortina de hierro (AmL), el telón de acero (Esp); **~-gray**, (BrE) **~-grey** /'aɪərn'greɪ || ˌaɪən'greɪ/ *adj* ‹*sky/sea*› gris acero *adj inv*; ‹*hair*› entrecano

ironic /aɪ'rɑːnɪk/, **ironical** /aɪ'rɒnɪkəl/ *adj* irónico; **it is ~ that ...** resulta irónico que …

ironically /aɪ'rɑːnɪkli || aɪ'rɒnɪkli/ *adv* irónicamente

ironing /'aɪərnɪŋ || 'aɪənɪŋ/ *n* [u] **1** (act): **to do the ~** planchar; **I'd better get on with the ~** más vale que siga planchando *or* con el planchado **2** (ironed clothes) ropa *f* planchada; (clothes to be ironed) ropa *f* para planchar

ironing board *n* tabla *f or* (Méx) burro *m* de planchar

iron: **~monger** /'aɪərnˌmɑːŋgər || 'aɪənˌmʌŋgə(r)/ *n* (BrE) ferretero, -ra *m,f*; **at the ~monger's** en la ferretería; **~ware** /'aɪərnwer || 'aɪənweə(r)/ *n* [u] **1** objetos *mpl* de hierro **2** (AmE Culin) utensilios *mpl* de cocina; **~-willed** /'aɪərn'wɪld || ˌaɪən'wɪld/ *adj* con una voluntad férrea *or* de hierro; **~works** *n* (*pl* ~) (+ *sing or pl vb*) fundición *f*

irony /'aɪrəni/ *n* [c u] (*pl* **-nies**) ironía *f*; **the ~ of it is that ...** lo irónico del asunto es que …; **he spoke with heavy ~** habló en un tono cargado de ironía

irradiate /ɪ'reɪdieɪt/ *vt* irradiar; ‹*tumor/cancer*› radiar, irradiar; ‹*food*› irradiar

irradiation /ɪˌreɪdi'eɪʃən/ *n* [u] irradiación *f*, radiación *f*

irrational /ɪ'ræʃnəl || ɪ'ræʃənḷ/ *adj* irracional

irreconcilable /ɪ'rekən'saɪləbəl/ *adj* ‹*principles/beliefs*› irreconciliable; **to be ~ WITH sth** ser* incompatible CON algo

irrecoverable /'ɪrɪ'kʌvərəbəl/ *adj* (frml) irrecuperable

irredeemable /'ɪrɪ'diːməbəl/ *adj*

A **1** ‹*loss/error*› irremediable, irreparable **2** (Relig) ‹*sinner/soul*› irredimible

B (Fin) ‹*bond/debenture*› no amortizable

irrefutable /ɪ'refjətəbəl, 'ɪrɪ'fjuː- || ˌɪrɪ'fjuːtəbəl/ *adj* irrefutable

irregular /ɪ'regjələr || ɪ'regjʊlə(r)/ *adj*

A (in shape, positioning, time) irregular; **to keep ~ hours** tener* un horario irregular

B (contrary to rules) inadmisible, contrario a las normas; **it would be most ~ for me to discuss a client with you** estaría totalmente fuera de lugar que yo hablara de un cliente con usted

C (Ling) irregular

D (Mil) ‹*troops*› irregular

E (substandard) (AmE) ‹*goods*› defectuoso

irregularity /ɪ'regjə'lærəti || ɪˌregjʊ'lærəti/ *n* [u c] (*pl* **-ties**)

A (in shape, positioning, time) irregularidad *f*

B (of action) lo inadmisible; **several irregularities** varias contravenciones de las normas

irrelevance /ɪ'reləvəns/ *n* [u c] irrelevancia *f*

irrelevant /ɪ'reləvənt/ *adj* ‹*fact/detail*› irrelevante, intrascendente; **the size of the building is quite ~** el tamaño del edificio no tiene ninguna importancia *or* no viene al caso; **to be ~ TO sth** no tener* relación *or* no tener* que ver CON algo; **to be ~ TO sb** serle* indiferente A algn

irreligious /'ɪrɪ'lɪdʒəs/ *adj* (frml) irreligioso (frml)

irreparable /ɪ'reprəbəl/ *adj* irreparable

irreparably /ɪ'reprəbli/ *adv* irreparablemente

irreplaceable /'ɪrɪ'pleɪsəbəl/ *adj* irreemplazable, insustituible

irrepressible /'ɪrɪ'presəbəl/ *adj* ‹*smile/laughter*› incontenible; ‹*urge/desire/anger*› irreprimible, incontenible; ‹*person*› indomable, irrefrenable

irreproachable /'ɪrɪ'prəʊtʃəbəl/ *adj* irreprochable, intachable

irresistible /'ɪrɪ'zɪstəbəl/ *adj* irresistible

irresolute /ɪ'rezəluːt/ *adj* (frml) ‹*person/conduct*› irresoluto (frml), indeciso

irrespective /'ɪrɪ'spektɪv/ *adv* **~ OF sth**: **~ of what you say** independientemente de lo que usted diga, sin tener en cuenta lo que usted diga; **~ of age or sex** sin distinción de edad o sexo

irresponsible /'ɪrɪ'spɑːnsəbəl || ˌɪrɪ'spɒnsəbəl/ *adj* irresponsable

irresponsibly /'ɪrɪ'spɑːnsəbli || ˌɪrɪ'spɒnsəbli/ *adv* de modo irresponsable, irresponsablemente

irretrievable /'ɪrɪ'triːvəbəl/ *adj* (frml) irrecuperable; ‹*loss/damage*› irreparable

irreverent /ɪ'revrənt, ɪ'revərənt/ *adj* irreverente, irrespetuoso

irreverently /ɪ'revrəntli/ *adv* irrespetuosamente, con irreverencia

irreversible /'ɪrɪ'vɜːrsəbəl || ˌɪrɪ'vɜːsəbəl/ *adj* ‹*decision/sentence*› irrevocable; ‹*process/decline/event*› irreversible

irrevocable /ɪ'revəkəbəl/ *adj* irrevocable

irrevocably /ɪ'revəkəbli/ *adv* irrevocablemente

irrigate /'ɪrəgeɪt || 'ɪrɪgeɪt/ *vt* **1** (Agr) irrigar*, regar* **2** (Med) irrigar*

irrigation /'ɪrə'geɪʃən || ˌɪrɪ'geɪʃən/ *n* [u] **1** (Agr) irrigación *f*, riego *m* **2** (Med) irrigación *f*

irritable /'ɪrətəbəl || 'ɪrɪtəbəl/ *adj*

A (bad-tempered) ‹*person/mood*› irritable, quisquilloso; ‹*reply*› irritado

B (sensitive) ‹*skin/scalp*› sensible

irritant /'ɪrətənt || 'ɪrɪtənt/ *n* **1** (Med) agente *m* irritante **2** (person, thing) fastidio *m*, molestia *f*

irritate /'ɪrəteɪt || 'ɪrɪteɪt/ *vt*

A (annoy) irritar, molestar

B (make sore) ‹*skin/membrane*› irritar

irritated /'ɪrəteɪtəd || 'ɪrɪteɪtɪd/ *adj*

A ‹*look/frown*› de impaciencia, de irritación; **to be ~ WITH** *o* **AT sth/WITH sb** estar* irritado POR algo/CON algn

B ‹*skin/hands*› irritado

irritating /'ɪrəteɪtɪŋ || 'ɪrɪteɪtɪŋ/ *adj* irritante, molesto

irritatingly /'ɪrəteɪtɪŋli || 'ɪrɪteɪtɪŋli/ *adv* ‹*grumble/giggle*› de un modo irritante; ‹*smug/cheerful*› insufriblemente

irritation /'ɪrə'teɪʃən || ˌɪrɪ'teɪʃən/ *n*

A [u c] (annoyance) irritación *f*; **one of life's minor ~s** uno de los pequeños inconvenientes de la vida

B [u] (soreness) irritación *f*

IRS *n* (in US) **= Internal Revenue Service**

is /ɪz/ *3rd pers sing pres of* **be**

Is = island(s) *o* **isle(s)**

ISBN *n* (**= International Standard Book Number**) ISBN *m*

ISDN *n* (**= Integrated Services Digital Network**) RDSI *f*

-ish /ɪʃ/ *suff*: **bigg~/long~** más bien grande/largo; **green~** verdoso; **eight~/tenn~** a eso de las ocho/diez; **she's thirty~** debe tener unos treinta años

Islam /'ɪzlɑːm, ɪz'lɑːm/ *n* [u] el Islam

Islamic /ɪz'læmɪk, ɪz'lɑːmɪk/ *adj* islámico; **the ~ faith** la fe islámica *or* musulmana, el islamismo

Islamist¹ /ɪz'læməst || ɪz'læmɪst/ *adj* islamista

Islamist² *n* islamista *mf*

island /'aɪlənd/ *n*

A (Geog) isla *f*; (*before n*) **he was welcomed by the ~ community** los isleños le dieron la bienvenida

B (in road) isla *f*

islander /'aɪləndər || 'aɪləndə(r)/ *n* isleño, -ña *m,f*

isle /aɪl/ *n* **1** (poet) isla *f*, ínsula *f* (liter) **2** (in place names): **the I~ of Wight** la Isla de Wight

Isles of Scilly /'aɪlzəv'sɪli/ *pl n* **the ~ ~ ~** las islas Scilly *or* Sorlingas

isn't /'ɪzṇt/ **= is not**

ISO *n* (**= International Standards Organization**) ISO *f*

isobar /'aɪsəbɑːr || 'aɪsəbɑː(r)/ *n* isobara *f*

isolate /'aɪsəleɪt/ *vt*

A (keep apart) **to ~ sth/sb (FROM sth/sb)** aislar* algo/a algn (DE algo/algn)

B (pick out, separate) ‹*cause/problem*› aislar*; **to ~ sth FROM sth** separar *or* desligar* algo DE algo

isolated /'aɪsəleɪtəd || 'aɪsəleɪtɪd/ *adj* ‹*place/incident*› aislado; **he leads a very ~ life** lleva una vida muy solitaria

isolation /'aɪsə'leɪʃən/ *n* [u]

A **1** (state) aislamiento *m*; **in ~ (from sth)** aislado (de algo); **the events should not be studied in ~** los acontecimientos no se deberían estudiar aisladamente *or* fuera de su contexto **2** (Med) aislamiento *m*; **to keep sb in ~** mantener* a algn aislado; (*before n*) ‹*ward/hospital*› de infecciosos

i

B 1 (separation, identification) identificación *f* 2 (of virus, substance) aislamiento *m*

isolationism /'aɪsə'leɪʃənɪzəm/ *n* [u] aislacionismo *m*

isolationist /'aɪsə'leɪʃənəst || ˌaɪsə'leɪʃənɪst/ *adj* aislacionista

isosceles /aɪ'sɑːsəliːz || aɪ'sɒsəliːz/ *adj* isósceles

isotope /'aɪsətəʊp/ *n* isótopo *m*

ISP *n* (= **Internet service provider**) ISP *m*

I-spy /'aɪ'spaɪ/ *n* [u] (BrE) veo-veo *m*

Israel /'ɪzreɪəl/ *n* Israel *m*

Israeli[1] /ɪz'reɪli/ *adj* israelí

Israeli[2] *n* israelí *mf*

issue[1] /'ɪʃuː || 'ɪʃjuː, ɪsjuː/ *n*

A [c] (subject discussed) tema *m*, cuestión *f*, asunto *m*; **to face the ~** enfrentarse al *or* afrontar el problema; **let's not cloud** *o* **confuse** *o* **fog the ~** no nos vayamos por la tangente, no desviemos la atención del verdadero problema; **we are campaigning on the ~s** nuestra campaña se centra en los problemas que hay que resolver; ***at ~***: **the matter at ~ is ...** de lo que se trata es de ...; ***to make an ~ of sth***: **I don't want to make an ~ of it but ...** no quiero insistir demasiado sobre el tema pero ..., no quiero exagerar la importancia del asunto pero ...; ***to take ~ with sb/sth*** discrepar *or* disentir* de *or* con algn/en *or* de algo

B 1 [u] (of documents) expedición *f*; (of library books) préstamo *m*; (of tickets) venta *f*, expedición *f*; (of supplies) reparto *m* 2 [u c] (of stamps, shares, bank notes) emisión *f* 3 [c] (of newspaper, magazine) número *m*

C 1 [u c] (emergence) (frml) flujo *m* 2 (outcome, result) (*no pl*) desenlace *m*; ***to force the ~*** presionar (*para que se tome una decisión*)

D (progeny) (frml) (+ *sing or pl vb*) descendencia *f*

issue[2] *vt* 1 (give out) ‹*statement/report*› hacer* público; ‹*instructions*› dar*; ‹*tickets/visas*› expedir*; ‹*library books*› prestar; ‹*bank notes/stamps/shares*› emitir; ‹*writ/summons*› dictar, expedir*; **to ~ sth TO sb, to ~ sb WITH sth**: **the teacher ~d library cards to the pupils** el profesor distribuyó tarjetas de lector entre los alumnos; **we can ~ you with the necessary documents** le podemos proporcionar *or* suministrar los documentos necesarios 2 **issuing** *pres p* ‹*house/bank*› emisor

■ **issue** *vi* (frml)

A (result) **to ~ FROM sth** derivar(se) *or* surgir* DE algo (frml)

B (emerge) salir*; «*liquid*» fluir*, manar

isthmus /'ɪsməs/ *n* (*pl* **-muses**) istmo *m*

it /ɪt/ *pron*

A (replacing noun — as direct object) lo, la (— as indirect object) le; (— as subject, after prep) *gen not translated*; **~'s enormous** es enorme; **there's nothing behind/on top of ~** no hay nada detrás/encima; **sign ~** fírmalo/fírmala; **I gave ~ another coat of paint** le di otra mano de pintura; **stop ~!** ¡ya está bien!, ¡basta!; **I don't understand ~** no lo entiendo; **~'s all lies** son todas mentiras; **damn/blast ~!** ¡maldita sea! (fam)

B (introducing person, thing, event): **who is ~?** ¿quién es?; **~'s me** soy yo; **~'s Bill** es Bill; **~ was you, wasn't ~?** fuiste tú ¿no?; **what is ~ you want me to do?** ¿qué es lo que quieres que haga?; **I'll see to ~** yo me encargo (de ello); **~'s his attitude that I don't like** su actitud es lo que no me gusta; **~ was a dress, not a blouse she bought** fue un vestido, no una blusa lo que compró; **a little higher up ... that's ~!** un poco más arriba ... ¡ahí está! *or* ¡eso es!; **one more and that's ~** uno más y ya está *or* se acabó; **he's very ambitious — that's just ~!** es muy ambicioso — ¡precisamente ahí está el problema!; **that's ~, then** bueno, ya está

C (in impersonal constructions): **~'s good to see you** da gusto verte; **~'s raining** está lloviendo; **~'s hot** hace calor; **~'s two o'clock** son las dos; **how long is ~ since we met?** ¿cuánto hace que nos conocimos?; **~ would appear so** así *or* eso parece; **~ says here that ...** aquí dice que ...; **~ is known that ...** se sabe que ...

D (in children's games): **you're ~** tú (la) paras, la quedás vos (Ur)

IT *n* [u] = **information technology**

Italian[1] /ɪ'tæljən/ *adj* italiano

Italian[2] *n* 1 [c] (person) italiano, -na *m,f* 2 [u] (language) italiano *m*

italics /ɪ'tælɪks/ *pl n* (letra *f*) cursiva *f or* bastardilla *f*

Italy /'ɪtl̩i || 'ɪtəli/ *n* Italia *f*

itch[1] /ɪtʃ/ *vi*

A 1 «*scalp/toe*» picar* (+ *me/te/le etc*); **my nose ~es** me pica la nariz; **I ~ all over** me pica todo el cuerpo 2 (be impatient, eager) (colloq) **to be ~ing to + INF**: **he was ~ing to tell her** estaba que se moría por decírselo (fam)

B «*wool/underwear*» (cause irritation) picar*, hacer* picar

itch[2] *n* 1 (irritation) picor *m*, picazón *f*, comezón *f* 2 (desire) ansia *f*‡; **he felt the ~ for travel** tenía el gusanillo de los viajes (fam)

itching /'ɪtʃɪŋ/ *n* [u c] ▸ **itch**[2] 1

itching powder *n* [u] polvos *mpl* pica-pica

itchy /'ɪtʃi/ *adj* **itchier, itchiest** 1 (feeling irritation): **I've got an ~ nose/scalp** me pica la nariz/la cabeza 2 (causing irritation) ‹*garment/material*› que pica

it'd /'ɪtəd/ 1 = **it had** 2 = **it would**

item /'aɪtəm/ *n* 1 (article) (Busn) artículo *m*; (in collection) pieza *f*; (on agenda) punto *m*: **~s of clothing** prendas *fpl* de vestir; **~s of furniture** muebles *mpl* 2 (in newspaper) artículo *m*; (in show) número *m*; **news ~** noticia *f*

itemize /'aɪtəmaɪz/ *vt* (break down) detallar, desglosar; (list) hacer* una lista de, enumerar

itinerant /aɪ'tɪnərənt/ *adj* (frml) ‹*worker/judge*› itinerante (frml); ‹*salesman/musician*› ambulante

itinerary /aɪ'tɪnəreri || aɪ'tɪnərəri/ *n* (*pl* **-ries**) itinerario *m*

it'll /'ɪtl̩/ = **it will**

its /ɪts/ *adj* (*sing*) su; (*pl*) sus; **it has ~ problems** tiene sus problemas; **it's lost ~ handle** se le ha caído el asa

it's /ɪts/ 1 = **it is** 2 = **it has**

itself /ɪt'self/ *pron* 1 (reflexive): **it has earned ~ a reputation** se ha hecho fama; **another problem presented ~** se presentó otro problema 2 (emphatic use): **the town ~ is small** la ciudad en sí *or* la ciudad propiamente dicha es pequeña; **he's kindness ~** es la bondad personificada

itty-bitty /'ɪti'bɪti/, (BrE) **itsy-bitsy** /'ɪtsi'bɪtsi/ *adj* (colloq) chiquitito, chiquitín, pequeñito

ITV *n* (in UK) (*no art*) = **Independent Television**

IUD *n* (= **intrauterine device**) DIU *m*

IV *adj* (esp AmE) = **intravenous**

I've /aɪv/ = **I have**

ivory[1] /'aɪvəri/ *n* (*pl* **-ries**) 1 (material) marfil *m* 2 (color) (color *m*) marfil *m*

ivory[2] *adj* ‹*paint/table*› de color marfil; ‹*skin*› marfil *adj inv*

ivory: **~ Coast** *n* Costa *f* de Marfil; **~ tower** *n* torre *f* de marfil

ivy /'aɪvi/ *n* [u] hiedra *f*

Ivy League *n* (AmE) **the ~ ~** *grupo de ocho universidades prestigiosas de EEUU*

Ivy League

El grupo de universidades más antiguas y más respetadas de EEUU, situadas en el noreste del país. Son: Harvard, Yale, Columbia University, Cornell University, Dartmouth College, Brown University, Princeton University y la University of Pennsylvania. El término proviene de la hiedra que crece en los antiguos edificios de las universidades

Jj

J, j /dʒeɪ/ *n* J, j *f*

jab¹ /dʒæb/ **-bb-** *vt*: **I ~bed myself with the needle** me pinché con la aguja, me piqué con la aguja (Méx); **she ~bed him in the ribs with her elbow** le dio un codazo en las costillas

■ **jab** *vi* **to ~ AT sth**: **he ~bed at my arm with his finger** me dio en el brazo con el dedo

jab² *n* **1** (prick) pinchazo *m*; (blow) golpe *m*; (with elbow) codazo *m* **2** (in boxing) jab *m*, corto *m* **3** (injection) (BrE colloq) inyección *f*

jabber /ˈdʒæbər || ˈdʒæbə(r)/ *vi* farfullar; **to ~ away** parlotear

■ **jabber** *vt* farfullar

jack /dʒæk/ *n*

A (lifting device) gato *m*

B (socket) enchufe *m* hembra

C **1** (in French pack of cards) jota *f*, valet *m*; (in Spanish pack) sota *f* **2** (Games) ≈ taba *f* **3** (in bowls) boliche *m*

D **I'm all right, Jack!** (BrE set phrase: colloq) mientras yo esté bien ..., allá se pudran los demás (fam)

(Phrasal verbs)

- **jack in** [v ▸ o ▸ adv, v ▸ adv ▸ o] (BrE colloq) ‹*job/studies*› dejar, plantar (fam)
- **jack up** [v ▸ o ▸ adv, v ▸ adv ▸ o] **1** ‹*car*› levantar (*con el gato*) **2** (colloq) ‹*price*› subir, aumentar

jackal /ˈdʒækəl/ *n* chacal *m*

jack: ~ass *n* asno *m*, burro *m*; **~boot** *n* bota *f* alta

jackdaw /ˈdʒækdɔː/ *n* grajilla *f*

jacket /ˈdʒækət || ˈdʒækɪt/ *n*

A (Clothing) chaqueta *f*; (*sports ~*) americana *f*, saco *m* (sport) (AmL)

B (of book) sobrecubierta *f*; (of record) (AmE) funda *f*

C (of potato) (BrE): **potatoes in their ~s, ~ potatoes** papas *fpl* asadas (*con la cáscara*) (AmL), patatas *fpl* asadas (*con la piel*) (Esp)

jack: ~hammer *n* martillo *m* neumático; **~-in-the-box** /ˈdʒækənðəˈbɑːks || ˈdʒækɪnðəˌbɒks/ *n* caja *f* de sorpresas (*con muñeco a resorte*)

jackknife¹ /ˈdʒæknaɪf/ *n* (*pl* **-knives**) (knife) navaja *f*

jackknife² *vi* «*truck*» plegarse*

jack: ~ of all trades /ˈdʒækəvˈɔːltreɪdz/ *n* (*pl* **~s of all trades**) hombre *m or* mujer *f* orquesta, manitas *mf* (Esp, Méx fam); **he's a ~ of all trades and master of none** (set phrase) sabe un poco de todo y mucho de nada; **~pot** *n* (in bingo, lottery) bote *m*, pozo *m*; ***to hit the ~pot*** (do very well) hacer* su (*or* mi *etc*) agosto, sacarse* la lotería; (win highest prize) sacarse* la lotería *or* (fam) el gordo; **~rabbit** *n*: *tipo de liebre de Norteamérica*

Jacobean /ˈdʒækəˈbiːən/ *adj* jacobeo

Jacuzzi®, jacuzzi /dʒəˈkuːzi/ *n* Jacuzzi® *m*

jade /dʒeɪd/ *n* [u] **1** (Min) jade *m* **2** (color) verde *m* jade; (*before n*) verde jade *adj inv*

jaded /ˈdʒeɪdəd || ˈdʒeɪdɪd/ *adj* ‹*person*› hastiado, harto; **to tempt even the most ~ palate** para tentar hasta los paladares más saturados

jade-green /ˈdʒeɪdˈgriːn/ *adj* (*pred* **jade green**) verde jade *adj inv*

jag /dʒæg/ *n* (AmE colloq)

A (binge) curda *f* (fam), mona *f* (fam), trompa *f* (Esp fam)

B (of emotion — crying) llorera *f* (fam), lloradera *f* (AmL fam); (— laughing) ataque *m* de risa

C (Scot colloq) ▸ **jab² 1, 3**

jagged /ˈdʒægəd || ˈdʒægɪd/ *adj* ‹*edge/cut*› irregular; ‹*rock/cliff*› recortado, con picos

jaguar /ˈdʒægwɑːr || ˈdʒægjʊə(r)/ *n* jaguar *m*

jail¹ /dʒeɪl/ *n* cárcel *f*, prisión *f*; **she's in ~** está presa *or* en la cárcel; **he went to ~** lo metieron preso; (*before n*) **~ sentence** pena *f* de prisión

jail² *vt* encarcelar; **he was ~ed for life** lo condenaron a cadena perpetua; **she was ~ed for theft** la metieron presa por robo

jail: ~bird *n* (colloq) delincuente *mf* habitual; **~break** *n* (journ) fuga *f* (*de la cárcel*)

jailer, jailor /ˈdʒeɪlər || ˈdʒeɪlə(r)/ *n* carcelero, -ra *m,f*

jailhouse /ˈdʒeɪlhaʊs/ *n* (AmE) cárcel *f*

Jakarta /dʒəˈkɑːrtə || dʒəˈkɑːtə/ *n* Yakarta *f*

jalopy /dʒəˈlɑːpi || dʒəˈlɒpi/ *n* (*pl* **-pies**) (colloq) cacharro *m* (fam)

jam¹ /dʒæm/ *n*

A [u c] (Culin) mermelada *f*, dulce *m* (RPl)

B [c] (difficult situation) (colloq) aprieto *m*; **to be in a ~** estar* en un aprieto *or* en apuros; **to get into a ~** meterse en un lío (fam)

C [c] (*traffic ~*) atasco *m*, embotellamiento *m*

jam² **-mm-** *vt*

A **1** (cram) **to ~ sth INTO sth** meter algo EN algo **2** (congest, block) ‹*road*› atestar; **the switchboard was ~med with calls** la centralita estaba saturada de llamadas

B (wedge firmly): **he ~med his foot in the door** metió el pie entre la puerta y el marco; **the car was ~med in between two trucks** el coche estaba atascado entre dos camiones

C (Rad) interferir*

■ **jam** *vi* «*brakes*» bloquearse; «*machine*» trancarse*; «*switch/lock*» trabarse, trancarse*; «*gun*» encasquillarse

(Phrasal verb)

- **jam on** [v ▸ o ▸ adv, v ▸ adv ▸ o]: **to ~ on the brakes** dar* un frenazo, frenar en seco; *see also* **jam²** *vt* **B**

Jamaica /dʒəˈmeɪkə/ *n* Jamaica *f*

Jamaican /dʒəˈmeɪkən/ *adj* jamaicano

jamb /dʒæm/ *n* jamba *f*

jamboree /ˈdʒæmbəˈriː/ *n* **1** (of Scouts) congreso *m* (*de exploradores*) **2** (party) juerga *f* (fam)

jam jar *n* (BrE) tarro *m or* bote *m* para mermelada

jammy /ˈdʒæmi/ *adj* (BrE colloq) (lucky) afortunado, suertudo (AmL fam); **you ~ so-and-so!** ¡qué suerte tienes!

jam: ~-packed /ˈdʒæmˈpækt/ *adj* (colloq) repleto, atestado (de gente); **~ session** *n*: *sesión de un grupo de músicos de jazz o rock que se reúnen para improvisar*

Jan (= **January**) en.

jangle¹ /ˈdʒæŋgəl/ *vt* hacer* sonar

■ **jangle** *vi* hacer* ruido (*metálico*), sonar*; **it sets my nerves jangling** me pone los nervios de punta; **her bracelets made a jangling noise** sus pulseras tintineaban al entrechocarse

jangle² *n* [c u] sonido *m* (*metálico*)

janitor /ˈdʒænətər || ˈdʒænɪtə(r)/ *n* conserje *m*, portero *m*

January /ˈdʒænjueri || ˈdʒænjʊəri/ *n* enero *m*; **~ 24** 24 de enero; **on the first of ~** el primero *or* (Esp tb) el uno de enero; **in ~** en enero; **early in ~, in early ~** a principios *or* a primeros de enero; **in the middle of ∼** a mediados de enero; **at the end of ∼** a fines *or* a finales de enero; **every ∼** cada enero, todos los eneros; **there are 31 days in ∼** enero tiene 31 días

Jap /dʒæp/ *n* (colloq & offensive) japonés, -nesa *m,f*, japo *mf* (fam & pey)

Japan /dʒə'pæn/ *n* (el) Japón *m*

Japanese¹ /'dʒæpə'ni:z/ *adj* japonés

Japanese² *n* (*pl* ∼) [1] [u] (language) japonés *m* [2] [c] (person) japonés, -nesa *m,f*

jape /dʒeɪp/ *n* (dated) broma *f*

jar¹ /dʒɑ:r ‖ dʒɑ:(r)/ *n*
A [1] (container) tarro *m*, bote *m* [2] (drink) (BrE colloq) cerveza *f*, caña *f* (Esp)
B (jolt) sacudida *f*

jar² **-rr-** *vi* [1] (clash) desentonar [2] (irritate) enervar; **her laugh ∼s on my nerves** su risa me crispa los nervios
■ **jar** *vt* sacudir

jargon /'dʒɑ:rgən ‖ 'dʒɑ:gən/ *n* [u] jerga *f*

jarring /'dʒɑ:rɪŋ/ *adj* ‹*sound*› discordante; **∼ colors** colores que desentonan

jasmine /'dʒæzmən ‖ 'dʒæsmɪn/ *n* [c u] jazmín *m*

jasper /'dʒæspər ‖ 'dʒæspə(r)/ *n* [u] jaspe *m*

jaundice /'dʒɔ:ndəs ‖ 'dʒɔ:ndɪs/ *n* [u] ictericia *f*

jaundiced /'dʒɔ:ndəst ‖ 'dʒɔ:ndɪst/ *adj* [1] (Med) ‹*skin/baby*› ictérico [2] ‹*view/opinion*› negativo

jaunt /dʒɔ:nt/ *n* excursión *f*; **to go for** *o* **on a ∼** salir* de excursión

jauntily /'dʒɔ:ntli ‖ 'dʒɔ:ntɪli/ *adv* ‹*wave/whistle*› con desenfado *or* desenvoltura; ‹*walk*› con garbo

jaunty /'dʒɔ:nti/ *adj* **-tier, -tiest** (*usu before n*) ‹*air*› garboso, desenfadado; ‹*tune*› alegre

Java /'dʒɑ:və/ *n* Java *f*

javelin /'dʒævlən ‖ 'dʒævlɪn/ *n* jabalina *f*

jaw /dʒɔ:/ *n* [1] (of person, animal) mandíbula *f*, (esp of animal) quijada *f*; **the lower/upper ∼** el maxilar inferior/superior; **his ∼ dropped** se quedó boquiabierto [2] **jaws** *pl* fauces *fpl*; **the ∼s of death** las garras de la muerte [3] (of tool) mordaza *f*

jaw: **∼bone** /'dʒɔ:bəʊn/ *n* mandíbula *f*, maxilar *m*; (of an animal) quijada *f*; **∼-dropping** /'dʒɔ:ˌdrɑ:pɪŋ ‖ 'dʒɔ:ˌdrɒpɪŋ/ *adj* (colloq) para quedarse con la boca abierta (fam), alucinante (Esp fam), abismante (Andes)

jay /dʒeɪ/ *n* arrendajo *m*

jay: **∼bird** *n* (AmE) arrendajo *m*; ***as naked as a ∼bird*** (colloq & dated) como Dios lo (*or* la *etc*) trajo al mundo; **∼walk** *vi* cruzar* la calzada imprudentemente; **∼walker** *n* peatón *m* imprudente

jazz /dʒæz/ *n* [u] (Mus) jazz *m*; ***... and all that ∼*** y todo eso, y toda esa historia (fam), y todo ese rollo (fam)

Phrasal verb
• **jazz up** [v ▸ o ▸ adv, v ▸ adv ▸ o] (colloq) [1] ‹*music*› tocar* con ritmo sincopado [2] ‹*room*› alegrar, darle* vida a

jazz

Un género musical, caracterizado por la síncopa y la improvisación, que tiene su origen en la música negra de Nueva Orleans de las postrimerías del siglo XIX. Desde entonces no ha dejado de evolucionar, desarrollando estilos sucesivos como son el *Chicago jazz* de los años 20 (Louis Armstrong), *swing* (Benny Goodman), el estilo orquestal de las *big bands* (Duke Ellington), el *bop* (Dizzy Gillespie, Charlie Parker, Lester Young), el *cool jazz* (Miles Davis, Stan Getz), el *free jazz* (John Coltrane), la *jazz rock fusion* (Weather Report) o la experimentación ecléctica con estilos del pasado practicado por Wynton Marsalis

jazzy /'dʒæzi/ *adj* **jazzier, jazziest**
A (flashy) (colloq) llamativo; **in ∼ colors** de colores chillones
B (Mus) ‹*rhythm*› de jazz; ‹*version*› con ritmo de jazz

JCB® /ˌdʒeɪˌsi:'bi:/ *n* (BrE) excavadora *f* JCB

jealous /'dʒeləs/ *adj* [1] ‹*husband/wife*› celoso; **to be ∼ OF sb** estar* celoso DE algn, tener* celos DE algn [2] (envious) envidioso; **don't you feel ∼ when you see ...** ¿no te da envidia ver ...?; **to be ∼ OF sth** envidiar algo; **to be ∼ OF sb** tenerle* envidia A algn

jealously /'dʒeləsli/ *adv*
A [1] (enviously) con envidia [2] (possessively): **he ∼ insisted she stop seeing her girlfriends** insistió, por celos, en que dejara de ver a sus amigas
B (protectively) celosamente; **a ∼ guarded secret** un secreto celosamente guardado

jealousy /'dʒeləsi/ *n* (*pl* **-sies**) [1] [u] (fear of rivalry) celos *mpl* [2] [u c] (envy) envidia *f*

jeans /dʒi:nz/ *pl n* vaqueros *mpl*, jeans *mpl*, bluyines *mpl* (Andes); **a pair of ∼** unos (pantalones) vaqueros, unos jeans, unos bluyines (Andes)

Jeep®, **jeep** /dʒi:p/ *n* Jeep® *m*

jeepers /'dʒi:pərz ‖ 'dʒi:pəz/ *interj* (AmE colloq & dated) ¡cáspita! (fam), ¡Jesús! (fam)

jeer /dʒɪr ‖ dʒɪə(r)/ *vi* (boo) abuchear; (mock) burlarse, mofarse; **to ∼ AT sth/sb** burlarse *or* mofarse DE algo/algn; ‹‹*crowd*›› abuchear algo/a algn

jeez /dʒi:z/ *interj* (AmE colloq) ¡caray! (fam), ¡jo! (Esp fam)

Jehovah /dʒə'həʊvə/ *n* Jehová

Jehovah's Witness *n* testigo *mf* de Jehová

jell /dʒel/ *vi* ▸ **gel²**

Jell-O® /'dʒeləʊ/ *n* [u] (AmE) gelatina *f* (*con sabor a frutas*)

jelly /'dʒeli/ *n* [u c] (*pl* **-lies**)
A (Culin) [1] (clear jam) jalea *f* [2] (as dessert) (BrE) gelatina *f* (*con sabor a frutas*)
B (gelatinous substance) gelatina *f*; **my legs felt like ∼** sentía que me temblaban las piernas

jelly: **∼ baby** *n* (BrE) caramelo *m* de goma (*con forma de bebé*); **∼ bean** *n* caramelo *m* de goma (*con forma de riñón*); **∼fish** *n* (*pl* **-fish** *or* **-fishes**) medusa *f*, malagua *f* (Per), aguaviva *f* (RPl), aguamala *f* (Col, Méx); **∼ roll** *n* (AmE) brazo *m* de gitano *or* (Andes) de reina, arrollado *m* (*dulce*) (RPl)

jemmy /'dʒemi/ *n* (BrE) ▸ **jimmy**

jeopardize /'dʒepərdaɪz ‖ 'dʒepədaɪz/ *vt* poner* en peligro, hacer* peligrar

jeopardy /'dʒepərdi ‖ 'dʒepədi/ *n* [u]: **in ∼** en peligro; **to put** *o* **place sth in ∼** poner* algo en peligro, hacer* peligrar algo

jerk¹ /dʒɜ:rk ‖ dʒɜ:k/ *vi*: **his arms and legs ∼ed nervously** sus brazos y piernas se agitaban nerviosamente; **the train ∼ed to a stop** el tren se detuvo con una sacudida; **she ∼ed away from him** se apartó de él con un movimiento brusco
■ **jerk** *vt*: **the impact ∼ed him forward** el impacto lo propulsó hacia adelante

Phrasal verb
• **jerk off** [v ▸ adv] [v ▸ o ▸ adv] (vulg) **to ∼ off** *o* **to ∼ oneself off** hacerse* *or* (Chi, Per) correrse una *or* la paja (vulg), hacerse* una chaqueta (Méx vulg), hacerse* la manuela (Ven vulg)

jerk² *n*
A [1] (tug) tirón *m* [2] (sudden movement) sacudida *f*
B (contemptible person) (colloq) estúpido, -da *m,f*, pendejo, -ja *m,f* (AmL exc CS fam), gilipollas *mf* (Esp fam), huevón, -ona *m,f* (Andes, Ven fam)

jerkin /'dʒɜ:rkən ‖ 'dʒɜ:kɪn/ *n* (sleeveless jacket) chaqueta *f* sin mangas; (Hist) jubón *m*

jerkwater /'dʒɜ:rkˌwɔ:tər ‖ 'dʒɜ:kˌwɔ:tə(r)/ *adj* (AmE colloq) (*before n*) de mala muerte (fam)

jerky¹ /'dʒɜ:rki ‖ 'dʒɜ:ki/ *adj* **-kier, -kiest** ‹*speech*› entrecortado; **he walked with short, ∼ strides** andaba con pasos cortos y desacompasados, andaba a trompicones

jerky² *n* [u] (AmE) cecina *f*, tasajo *m*, charqui *m* (AmS)

jerry /'dʒeri/: **∼-built** *adj* mal construido, construido por chapuceros; **∼ can** *n* bidón *m*

jersey /'dʒɜrzi ‖ 'dʒɜ:zi/ *n* (*pl* **-seys**)
A [1] [c] (sports shirt) camiseta *f* [2] [u] (Tex) jersey *m*, tejido *m* de punto [3] [c] (BrE) ▸ **sweater**
B [1] **Jersey** (la isla de) Jersey [2] *also* **Jersey** (cattle) *raza de ganado vacuno Jersey*

Jerusalem /dʒə'ru:sələm/ *n* Jerusalén *m*

Jerusalem artichoke *n* aguaturma *f*, pataca *f*

jest¹ /dʒest/ *n* (arch) broma *f*, chanza *f* (arc); **in ∼** en broma; ▸ **word¹ B**

jest² *vi* bromear

jester /'dʒestər ‖ 'dʒestə(r)/ *n* bufón *m*

Jesuit /'dʒeʒuət ‖ 'dʒezjʊɪt/ *n* jesuita *m*

Jesus /'dʒi:zəs/ *n* 1 (Relig) Jesús; ~ **Christ** Jesucristo 2 (*as interj*) (colloq) ~ **(Christ)!** ¡por Dios!

jet[1] /dʒet/ *n*
A [c] (Aviat) 1 ~ **(engine)** motor *m* a reacción, reactor *m* 2 (plane) avión *m* (*con motor a reacción*)
B [c] 1 (of water, air, gas) chorro *m* 2 (nozzle) surtidor *m*
C [u] (Min) azabache *m*

jet[2] *vi* **-tt-** (fly) (colloq) volar*; **where are you ~ting off to this time?** ¿a qué rincón del mundo te vas esta vez?

jet ~-black /'dʒet'blæk/ *adj* (*pred* ~ **black**) negro azabache *adj inv*; ~ **fighter** *n* caza *m* (*con motor a reacción*); ~ **lag** *n* [u] jet lag *m*, desfase *m* horario; **~-propelled** /'dʒetprə'peld/ *adj* a reacción de propulsión a chorro (ant); ~ **propulsion** *n* propulsión *f* a chorro

jetsam /'dʒetsəm/ *n* [u] echazón *f*; *see also* **flotsam**

jet ~ set *n* **the ~ set** el jet set (AmL), la jet set (Esp); ~ **ski** *n* moto *f* acuática; **~-skiing** /'dʒet,ski:ɪŋ/ *n* [u] motociclismo *m* acuático

jettison /'dʒetəsən || 'dʒetɪsən/ *vt* (Naut) echar por la borda, echar al mar; (Aviat) deshacerse* de, arrojar; (get rid of) ‹*garbage*› deshacerse* de

jetty /'dʒeti/ *n* (*pl* **-ties**) (for landing) embarcadero *m*, malecón *m*; (breakwater) espigón *m*, malecón *m*

Jew /dʒu:/ *n* judío, -día *m,f*

jewel /'dʒu:əl/ *n* (gem) piedra *f* preciosa; (piece of jewelry) alhaja *f*, joya *f*; (in watch) rubí *m*; (sb, sth wonderful) joya *f*; (*before n*) ~ **box** *o* **case** joyero *m*

jeweler, (BrE) **jeweller** /'dʒu:ələr || 'dʒu:ələ(r)/ *n* joyero, -ra *m,f*; **a ~'s (shop)** una joyería

jewelry, (BrE) **jewellery** /'dʒu:əlri/ *n* [u] joyas *fpl*, alhajas *fpl*; **a piece of ~** una alhaja, una joya; (*before n*) ~ **box** joyero *m*; ~ **store** (AmE) joyería *f*

Jewish /'dʒu:ɪʃ/ *adj* judío

Jewry /'dʒu:ri/ *n* [u] (jews) judíos *mpl*; (religion) judaísmo *m*

jew's harp *n* birimbao *m*

jib /dʒɪb/ *n*
A (sail) foque *m*; ***the cut of sb's ~*** (dated): **I don't like the cut of his ~** no me gusta su pinta (fam)
B (of crane) brazo *m*

jibe[1] /dʒaɪb/ *n* pulla *f*, burla *f*

jibe[2] *vi*
A **to ~ AT sb/sth** burlarse *or* mofarse DE algn/algo
B (agree) (AmE colloq) **to ~ (WITH sth)** cuadrar (CON algo)

jiff /dʒɪf/, **jiffy** /'dʒɪfi/ *n* (colloq) (*no pl*) segundo *m*; **wait** *o* **hang on a ~** espera un segundo

Jiffy bag® /'dʒɪfi/ *n* sobre *m* acolchado

jig[1] /dʒɪg/ *n*
A (dance) giga *f*
B (Tech) plantilla *f* de guía

jig[2] *vi* **-gg-**: **they were ~ging around to the music** brincaban al son de la música

jigger /'dʒɪgər || 'dʒɪgə(r)/ *n* (tool, gadget) (AmE) cosa *f*, chisme *m* (Esp, Méx fam), coso *m* (AmS fam), vaina *f* (Col, Per, Ven fam)

jiggered /'dʒɪgərd || 'dʒɪgəd/ *adj* (colloq) (*pred*)
A (dated) (*in interj phrases*): **well, I'll be ~!** ¡caramba! (fam)
B (tired out) (BrE) **to be ~** estar* reventado *or* molido (fam)

jiggery-pokery /'dʒɪgəri'pəʊkəri/ *n* [u] (BrE colloq & dated) chanchullos *mpl* (fam), tejemanejes *mpl* (fam)

jiggle /'dʒɪgəl/ *vt* mover*, sacudir

jigsaw /'dʒɪgsɔ:/ *n*
A ~ **(puzzle)** rompecabezas *m*, puzzle *m*
B (saw) sierra *f* de vaivén, sierra *f* de puñal

jihad /dʒɪ'hæd/ *n* yihad *m or f*, jihad *m or f*, guerra *f* santa islámica

jilt /dʒɪlt/ *vt* dejar plantado, plantar (fam)

jim-crow /'dʒɪm'krəʊ/ *adj* (AmE) racista

jimmy /'dʒɪmi/, (BrE) **jemmy** /'dʒemi/ *n* (*pl* **-mies**) palanqueta *f*

jingle[1] /'dʒɪŋgəl/ *n*
A (sound) (*no pl*) tintineo *m*; (of harness bells) cascabeleo *m*, tintineo *m*
B [c] (Marketing) jingle *m* (publicitario)

jingle[2] *vi* tintinear

jingo /'dʒɪŋgəʊ/ *n*: **by ~!** (colloq & dated) ¡recórcholis! (fam), ¡pardiez! (arc)

jingoism /'dʒɪŋgəʊɪzəm/ *n* [u] patriotería *f*, jingoísmo *m*

jingoistic /'dʒɪŋgəʊ'ɪstɪk/ *adj* patriotero, jingoísta

jinks /dʒɪŋks/ *pl n* ▸ **high jinks**

jinx[1] /dʒɪŋks/ *n*: **there's a ~ on this project** a este proyecto le han echado una maldición

jinx[2] *vt* traer* mala suerte a

jitters /'dʒɪtərz || 'dʒɪtəz/ *pl n* (colloq) nervios *mpl*; **he got the ~** se puso nervioso, le dio el tembleque (fam)

jittery /'dʒɪtəri/ *adj* nervioso; **she got ~** se puso nerviosa, le dio el tembleque (fam)

jive[1] /dʒaɪv/ *n* [u] *baile de los años 40 y 50 con música de jazz o rock*

jive[2] *vi*: *bailar el* **jive**[1]

Jnr (BrE) (**= Junior**) (h), Jr.

job /dʒɑ:b || dʒɒb/ *n*
A 1 (occupation, post) trabajo *m*, empleo *m*; **to have a teaching/publishing ~** *o* **a ~ in teaching/publishing** trabajar en la enseñanza/en una editorial; **my ~ involves a lot of traveling** en mi trabajo *or* puesto tengo que viajar mucho; **if you're late once more, you'll be out of a ~** como vuelvas a llegar tarde, te quedas sin trabajo; **is he the right person for the ~?** ¿es la persona idónea para el puesto?; ***~s for the boys*** (BrE colloq) amiguismo *m*; ***on the ~***: **I never drink on the ~** yo nunca bebo cuando estoy trabajando; **after three weeks on the ~ ...** tras tres semanas de trabajo ...; **on-the-~ training** cursos de capacitación en el trabajo; **if the nightwatchman hadn't been on the ~ ...** (AmE colloq) si el sereno no hubiera estado atento ...; (*before n*) ~ **creation** creación *f* de empleo *or* de puestos de trabajo; ~ **losses** pérdida *f* de puestos de trabajo; ~ **opportunity** oportunidad *f* laboral *or* de trabajo; **you get a lot of ~ satisfaction doing this** este trabajo es muy gratificante; ~ **security** seguridad *f* en el puesto 2 (duty, responsibility): **it's your ~ to make the tea** tú eres el encargado de hacer el té; **it's the leader's ~ to ensure party unity** al líder le corresponde velar por la unidad del partido; **I'm only doing my ~** sólo cumplo con mi deber
B 1 (task, piece of work) trabajo *m*; (Comput) trabajo *m*; **let's get on with the ~** vamos a ponernos a trabajar en serio; **concentrate on the ~ in hand** concéntrate en la tarea que tenemos entre manos; **she's had a nose ~** (colloq) se ha hecho la cirugía estética en la nariz; **a repair ~** (Auto) una reparación; **you're doing a fine ~** lo estás haciendo muy bien; **he did an excellent ~ on my car** me arregló el coche muy bien; **he's doing a good ~ of handling the crisis** está llevando bien la crisis; ***a good ~*** (BrE colloq) menos mal; **what a good ~ I brought my umbrella!** (BrE colloq) ¡menos mal que traje el paraguas!; ***to be just the ~!*** (BrE colloq) ser* lo ideal, ser* justo lo que hace falta; ***to give sth/sb up as a bad ~*** dejar algo/a algn por imposible; ***to make the best of a bad ~*** apechugar* y hacer* lo que se pueda; ***if a ~'s worth doing, it's worth doing well*** si vale la pena hacerlo, vale la pena hacerlo bien 2 (difficult task) (colloq): **I had a terrible ~ getting that nail out** me dio mucho trabajo sacar ese clavo; **we had a ~ to hear** nos las vimos negras para oír (fam)
C (crime) (sl) golpe *m*
D (thing) (sl) cosa *f*, chisme *m* (Esp, Méx fam), coso *m* (AmS fam), vaina *f* (Col, Per, Ven fam)

Job /dʒəʊb/ *n* Job; **~'s comforter** *persona que intentando consolar empeora la situación*

job action *n* [u] (AmE) movilización *f* (*de trabajadores*)

jobber /'dʒɑ:bər || 'dʒɒbə(r)/ *n* 1 (casual worker) trabajador, -dora *m,f* eventual 2 (wholesale dealer) intermediario, -ria *m,f*

jobbing /'dʒɑ:bɪŋ || 'dʒɒbɪŋ/ *adj* (*before n*) eventual, temporal

job ~centre *n* (in UK) oficina *f or* bolsa *f* de empleo; ~ **description** *n* descripción *f* del puesto; **~holder** *n* (AmE) trabajador, -dora *m,f*; **~-hunt** *vi* (*usu in -ing form*) buscar* trabajo; **to go ~hunting** salir* a buscar trabajo

jobless /'dʒɑ:bləs || 'dʒɒblɪs/ *adj* (journ) desempleado, sin trabajo, en paro (Esp), cesante (Chi)

job ~ lot *n* lote *m*; ~ **security** *n* seguridad *f* en el puesto; ~ **sharing** /'ʃerɪŋ || 'ʃeərɪŋ/ *n* [u] *sistema en el cual dos personas comparten un puesto de trabajo*

jock /dʒɑ:k || dʒɒk/ *n*
A (colloq) (athlete, sportsman) (AmE) deportista *m*

j

B *also* **Jock** (Scotsman) (BrE sl & often pej) escocés *m*

jockey¹ /ˈdʒɑːki || ˈdʒɒki/ *n* (*pl* **~s**) jockey *mf*, jinete *mf*

jockey² *vi* **to ~ FOR sth: with her retirement coming up, many editors are ~ing for position** al acercarse su jubilación, muchos redactores están tratando de colocarse *or* (AmL tb) de ubicarse

Jockey shorts® /ˈdʒɑːki || ˈdʒɒki/ *pl n* (AmE) calzoncillos *mpl*, calzones *mpl* (Méx), interiores *mpl* (Col, Ven)

jockstrap /ˈdʒɑːkstræp || ˈdʒɒkstræp/ *n* suspensorio *m*, suspensor *m* (Per, RPl)

jocose /dʒəʊˈkəʊs, dʒəˈkəʊs/ *adj* (liter) jocoso

jocular /ˈdʒɑːkjələr || ˈdʒɒkjʊlə(r)/ *adj* jocoso

jocund /ˈdʒɑːkənd || ˈdʒɒkənd/ *adj* (arch *or* poet) jocundo (liter)

jodhpurs /ˈdʒɑːdpərz || ˈdʒɒdpəz/ *pl n* pantalones *mpl* de montar, breeches *mpl* (Col, RPl)

Joe /dʒəʊ/ *n* Pepe; **an average ~** (AmE colloq) un hombre cualquiera; **~ Public** (BrE colloq) el hombre de la calle, el ciudadano medio *or* de a pie

jog¹ /dʒɑːg || dʒɒg/ **-gg-** *vt*: **she ~ged his elbow just as ...** le dio en el codo justo cuando ...; **stop ~ging the table!** ¡deja de mover *or* sacudir la mesa!; **to ~ sb's memory** refrescarle* la memoria a algn

■ **jog** *vi* **1** (run) correr **2** (Leisure) hacer* footing *or* jogging; **to go ~ging** salir* a hacer footing *or* jogging

jog² *n*

A (*no pl*) (Leisure): **to go for a ~** hacer* footing *or* jogging

B (nudge): **she gave his arm a ~** le sacudió el brazo

C (in direction) (AmE): **the road makes a ~ to the left** el camino de pronto tuerce a la izquierda

jogger /ˈdʒɑːgər || ˈdʒɒgə(r)/ *n*: *persona que hace footing*

jogging /ˈdʒɑːgɪŋ || ˈdʒɒgɪŋ/ *n* [u] footing *m*, jogging *m*

joggle /ˈdʒɑːgəl || ˈdʒɒgəl/ *vt* sacudir; **don't ~ me when I'm writing** no me muevas cuando estoy escribiendo

john /dʒɑːn || dʒɒn/ *n*

A (toilet) (AmE colloq) baño *m*, retrete *m*, váter *m* (Esp fam)

B John: **~ the Baptist/Evangelist** San Juan Bautista/Evangelista; **~ 6,31** (San) Juan 6,31; **~ Bull** (dated) *personificación de todo lo inglés*; **~ Doe** (AmE) (Law) persona *f* inidentificada; (colloq) el típico americano, el americano medio; **~ Q Public** (AmE) el hombre de la calle, el ciudadano medio *or* de a pie

joie de vivre /ˈʒwɑːdəˈviːv(r) || ˌʒwɑːdəˈviːvrə/ *n* [u] alegría *f* de vivir, vitalidad *f*

join¹ /dʒɔɪn/ *vt*

A (fasten, link) ‹*ropes/wires*› unir; (put together) ‹*tables*› juntar; **to ~ two things together** unir dos cosas; **I ~ed an extra length onto the hosepipe** le añadí *or* le agregué un trozo a la manguera; **to ~ hands** tomarse *or* (esp Esp) cogerse* de la mano

B **1** (meet, keep company with): **we're going for a drink, won't** *o* **will you ~ us?** vamos a tomar algo ¿nos acompañas?; **you go ahead, I'll ~ you later** ustedes vayan que ya iré yo luego; **may I ~ you?** ¿le importa si me siento aquí?; **won't** *o* **will you ~ us for dinner?** ¿por qué no cenan con nosotros? **2** (associate oneself with): **I'd like you all to ~ me in a toast to ...** quiero proponer un brindis por ..., propongo que brindemos todos por ...; **my husband ~s me in wishing you a speedy recovery** (frml) tanto mi marido como yo le deseamos una pronta recuperación

C **1** (become part of) unirse a, sumarse a; **they have ~ed the ranks of the unemployed** se han sumado a las filas del desempleo; **I ~ed the line** me puse en la cola; **I ~ed the course in November** empecé el curso en noviembre, me uní al grupo en noviembre **2** (become member of) ‹*club*› hacerse* socio de; ‹*union*› afiliarse a; ‹*army*› alistarse en; ‹*firm*› entrar en *or* (AmL tb) entrar a, incorporarse a; **he ~ed our staff in July** pasó a formar parte de nuestro personal en julio

D **1** (merge with): **the path ~s the road a mile further on** el camino empalma con la carretera una milla más adelante; **this river eventually ~s the Thames** este río desemboca en *or* confluye con el Támesis; **where the wall ~s the roof** en la unión de la pared con el techo **2** (get onto): **we ~ the autobahn south of Frankfurt** entramos en la autopista al sur de Frankfurt; **he ~ed his ship at Boston** se unió a la tripulación en Boston

■ **join** *vi*

A to ~ (together) ‹‹*parts/components*›› unirse; ‹‹*groups*›› unirse; **to ~ WITH sb IN -ING: they ~ with me in congratulating you** se unen a mis felicitaciones, se hacen partícipes de mi enhorabuena (frml)

B (merge) ‹‹*streams*›› confluir*; ‹‹*roads*›› empalmar, unirse

C (become member) hacerse* socio

Phrasal verbs

• **join in**

A [v ▸ adv] participar, tomar parte; **when we get to the chorus I'd like you all to ~ in** cuando lleguemos al estribillo, quiero que todo el mundo cante

B [v ▸ adv ▸ o] ‹*celebrations*› participar *or* tomar parte en

• **join up**

A [v ▸ adv] **1** (enlist) alistarse, enrolarse **2** (fit together) ‹‹*pieces/parts*›› encajar **3** (team up) ‹‹*people*›› unirse

B [v ▸ o ▸ adv, v ▸ adv ▸ o] ‹*letters*› unir, juntar; **~ed-up writing** letra *f* cursiva *or* corrida (*manuscrita*)

join² *n* juntura *f*, unión *f*

joiner /ˈdʒɔɪnər || ˈdʒɔɪnə(r)/ *n* carpintero, -ra *m,f* (de obra)

joinery /ˈdʒɔɪnəri/ *n* [u] (trade) carpintería *f* (de obra); (work) carpintería *f* (de obra)

joint¹ /dʒɔɪnt/ *n*

A (Anat) articulación *f*; **his shoulder was out of ~** tenía el hombro dislocado; ▸**nose¹ A**

B (Const) **1** (point of joining) unión *f*, junta *f*; (in woodwork) ensambladura *f* **2** (part that joins) empalme *m*, conexión *f*

C (Culin): **a ~ of lamb/pork** un trozo de cordero/cerdo (*para asar*)

D (place) (colloq): **this is a crummy ~** esto es un antro

E (of marijuana) porro *m* (arg), toque *m* (Méx arg), varillo *m* (Col arg), pito *m* (Chi fam)

joint² *adj* (*before n*) ‹*action*› conjunto; **~ ownership** copropiedad *f*; **~ owner** copropietario, -ria *m,f*; **~ committee** comisión *f* mixta; **they are ~ heirs** son coherederos; **~ first prize** primer premio compartido; **it was a ~ effort** fue un trabajo de equipo *or* realizado en conjunto; **they came ~ second** llegaron juntos en segundo lugar

joint account *n* cuenta *f* conjunta

jointly /ˈdʒɔɪntli/ *adv* ‹*decide/act*› conjuntamente

joint: **~ stock company** *n* sociedad *f* por acciones; **~ venture** *n* empresa *f* conjunta, joint venture *m*

joist /dʒɔɪst/ *n* viga *f*, vigueta *f*

joke¹ /dʒəʊk/ *n* **1** (verbal) chiste *m*; (directed at sb) broma *f*; **to tell** *o* **crack a ~** contar* un chiste; **they made endless ~s about my new hairstyle** no paraban de reírse de mi nuevo peinado; **I can't see the ~** no le veo la gracia; **he can't take a ~** no sabe aceptar una broma; **it's beyond a ~** se pasa de castaño oscuro; **it's no ~** maldita la gracia que tiene (fam); ***the ~'s on her/me/them*** le/me/les salió el tiro por la culata (fam) **2** (*practical ~*) broma *f*; **to play a ~ on sb** hacerle* *or* gastarle una broma a algn; **is that your idea of a ~?** ¿a ti te parece gracioso eso? **3** (contemptible person, thing): **as a teacher he's just a ~** como profesor es un desastre; **that interview was a ~** esa entrevista fue una farsa

joke² *vi* bromear, vacilar; **you must** *o* **have to be joking!** ¡tú debes estar loco! *or* ¡ni loco que estuviera!; **I was only joking** lo dije en broma; **he was always laughing and joking** siempre estaba de broma

joker /ˈdʒəʊkər || ˈdʒəʊkə(r)/ *n*

A (cards) comodín *m*; ***the ~ in the deck*** *o* (BrE) ***pack*** la gran incógnita

B (prankster) bromista *mf*; (contemptible person) (colloq) tipo, -pa *m,f* (fam); **who was the ~ who put salt in my coffee?** ¿quién fue el gracioso que le puse sal a mi café? (iró)

jokey /ˈdʒəʊki/ *adj* ▸**joky**

joking¹ /ˈdʒəʊkɪŋ/ *adj* ‹*remark/reference*› jocoso

joking² *n* bromas *fpl*; **(all) ~ apart** *o* **aside** bromas aparte

jokingly /ˈdʒəʊkɪŋli/ *adv* en broma

joky /ˈdʒəʊki/ *adj* **jokier, jokiest** ‹*remark*› jocoso

jollity /ˈdʒɑːləti || ˈdʒɒləti/ *n* [u] (attitude) jovialidad *f*; (merriment) regocijo *m*

jolly¹ /ˈdʒɑːli || ˈdʒɒli/ *adj* **-lier, -liest** (merry) ‹*person*› jovial, alegre; ‹*laugh/tune*› alegre; **he was in a ~ mood** estaba muy contento *or* alegre

jolly² *adv* (BrE colloq) (*as intensifier*): **you were ~ lucky!** ¡qué suerte tuviste!; **you'll do as you're ~ well told!** ¡tú harás lo que se te diga y sanseacabó! (fam); **I've finished — ~ good!** ya he terminado — ¡muy bien! *or* ¡estupendo!

jolly³ *vt* **-lies, -lying, -lied** (colloq): **to ~ sb along** animar a algn

Jolly Roger /ˈdʒɑːliˈrɑːdʒər || ˌdʒɒliˈrɒdʒə(r)/ *n* bandera *f* pirata

jolt¹ /dʒəʊlt/ *vi*: **the cart ~ed along the path** el carro iba traqueteando *or* dando tumbos por el camino; **the train ~ed, and I spilled my coffee** el tren dio *or* pegó una sacudida y se me derramó el café

■ **jolt** *vt*: **the sudden stop ~ed me out of my seat** el frenazo repentino me hizo salir disparado del asiento; **she ~ed his arm** le movió el brazo; **this ~ed him out of his inertia** esto lo sacudió, sacándolo de su inercia

jolt² *n* sacudida *f*; **she awoke with a ~** se despertó sobresaltada

Joneses /ˈdʒəʊnzəz || ˈdʒəʊnzɪz/ *pl n*: *see* **keep up** *Sense* **I B1**

Jordan /ˈdʒɔːrdn̩ || ˈdʒɔːdn̩/ *n* **1** (country) Jordania *f* **2** **the ~, the ~ River** (AmE), **the River ~** (BrE) el Jordán

Jordanian /dʒɔːrˈdemiən || dʒɔːˈdemiən/ *adj* jordano

Joseph /ˈdʒəʊzəf || ˈdʒəʊzɪf/ *n* José

josh /dʒɑːʃ || dʒɒʃ/ *vt* (esp AmE colloq) tomarle el pelo a

joss stick /dʒɑːs || dʒɒs/ *n* varilla *f* de incienso, pebete *m*

jostle /ˈdʒɑːsəl || ˈdʒɒsəl/ *vt* empujar; **he was ~d by protestors as he left** al salir fue zarandeado por unos manifestantes

■ **jostle** *vi*: **people were jostling trying to get out** la gente se empujaba tratando de salir; **to ~ FOR sth**: **hundreds of customers jostling for service** cientos de clientes peleando por ser atendidos

jot /dʒɑːt || dʒɒt/ *n* (*no pl, usu with neg*): **he hasn't a ~ of sense** no tiene ni pizca *or* ni un ápice de sentido común; **it makes not a** *o* **one ~ of difference** da exactamente igual

(Phrasal verb)

• **jot down**: **-tt-** [v ▸ o ▸ adv, v ▸ adv ▸ o] apuntar *or* anotar (*rápidamente*)

jotter /ˈdʒɑːtər || ˈdʒɒtə(r)/ *n* (BrE) bloc *m*

jotting /ˈdʒɑːtɪŋ || ˈdʒɒtɪŋ/ *n* apunte *m*, nota *f*

joule /dʒuːl/ *n* julio *m*

journal /ˈdʒɜːrnl̩ || ˈdʒɜːnl̩/ *n*

A (periodical) revista *f*, publicación *f*; (newspaper) periódico *m*

B (diary) (frml) diario *m*

journalese /ˈdʒɜːrnl̩ˈiːz || ˌdʒɜːnəˈliːz/ *n* [u] (pej) jerga *f* periodística (pey)

journalism /ˈdʒɜːrnl̩ɪzəm || ˈdʒɜːnəlɪzəm/ *n* [u] periodismo *m*

journalist /ˈdʒɜːrnl̩əst || ˈdʒɜːnl̩ɪst/ *n* periodista *mf*

journey¹ /ˈdʒɜːrni || ˈdʒɜːni/ *n* (*pl* **-neys**) viaje *m*; **an air/a rail ~** un viaje en avión/tren; **it's a three-hour ~ by car** en coche se tardan tres horas; **a 500-mile ~, a ~ of 500 miles** un viaje *or* trayecto de 500 millas; **the outward ~** el viaje de ida, la ida; **the return ~** el viaje de vuelta *or* de regreso, la vuelta, el regreso; **to go on** *o* **to make a ~** hacer* un viaje; **we usually break our ~ in York** normalmente paramos en York

journey² *vi* (liter) viajar

journeyman /ˈdʒɜːrnimən || ˈdʒɜːnimən/ *n* (*pl* **-men** /-mən/) (worker) oficial *m*

joust /dʒaʊst/ *vi* justar

Jove /dʒəʊv/ *n* Júpiter; **by ~!** (BrE dated) ¡diantre! (ant)

jovial /ˈdʒəʊviəl/ *adj* jovial

jovially /ˈdʒəʊviəli/ *adv* jovialmente

jowls /dʒaʊlz/ *pl n* (*sometimes sing*) *parte inferior de los carrillos, que a veces cuelga de la mandíbula*

joy /dʒɔɪ/ *n*

A **1** [u] (emotion) alegría *f*, dicha *f*; **to my great ~** para mi gran alegría; **to jump for ~** saltar de alegría **2** [c u] (source of pleasure): **the children are a great ~ to them** los niños son una gran alegría para ellos; **she's a ~ to teach** es un verdadero placer *or* da gusto tenerla como alumna; **that's the ~ of it** eso es lo bueno que tiene; ***to be full of the ~s of Spring*** estar* como unas pascuas

B [u] (success) (BrE colloq): **any ~?** ¿hubo suerte?; **you'll get no ~ from** *o* **out of them** no vas a conseguir nada con ellos

joyful /ˈdʒɔɪfəl/ *adj* ‹*event*› feliz; ‹*dance/news*› alegre

joyfully /ˈdʒɔɪfəli/ *adv* alegremente, con regocijo

joyless /ˈdʒɔɪləs || ˈdʒɔɪlɪs/ *adj* ‹*occasion*› falto de alegría; ‹*existence*› sombrío, triste

joyous /ˈdʒɔɪəs/ *adj* ‹*expression*› de dicha, de júbilo (liter); ‹*occasion*› feliz

joy: **~ride** *n* (in stolen car): **they took the car for a ~ride** robaron el coche para dar una vuelta; **~rider** *n*: *joven que roba un coche para dar una vuelta*; **~riding** *n* [u] *actividad delictiva del* **~rider**; **~stick** *n* (Aviat) palanca *f* de mando; (Electron, Comput) mando *m*, joystick *m*

JP *n* **= Justice of the Peace**

Jr (esp AmE) (**= Junior**) (h), Jr.

jubilant /ˈdʒuːbələnt || ˈdʒuːbɪlənt/ *adj* ‹*expression*› de júbilo (liter), alborozado (liter); ‹*speech*› exultante (liter); **they were ~ at their win** estaban radiantes de alegría con la victoria

jubilation /ˌdʒuːbəˈleɪʃən || ˌdʒuːbɪˈleɪʃən/ *n* [u] júbilo *m* (liter)

jubilee /ˈdʒuːbəliː || ˈdʒuːbɪliː/ *n*: **the Queen's silver/golden ~** el vigésimo quinto *or* veinticinco/quincuagésimo *or* cincuenta aniversario de la reina

Judaism /ˈdʒuːdəɪzəm || ˈdʒuːdeɪɪzəm/ *n* [u] judaísmo *m*

Judas /ˈdʒuːdəs/ *n* **1** (Relig) Judas **2** (traitor) judas *m*

judder /ˈdʒʌdər || ˈdʒʌdə(r)/ *vi* (BrE colloq) trepidar, retemblar*; **the car ~ed to a halt** el coche se paró con una sacudida

judge¹ /dʒʌdʒ/ *n*

A (Law) juez *mf*, juez, jueza *m,f*, magistrado, -da *m,f*; (of competition) juez *mf*, miembro *mf* del jurado; (Sport) juez *mf*; **the ~s' decision is final** la decisión del jurado es irrevocable

B (appraiser): **he's a good ~ of character** es muy buen psicólogo, tiene buen ojo para la gente; **she's an excellent ~ of wines** entiende mucho de vinos; **let me be the ~ of that** eso lo decidiré yo

judge² *vt*

A (Law) ‹*case/person*› juzgar*; ‹*contest*› ser* el juez de

B **1** (estimate) ‹*size/speed*› calcular; **I ~d her to be around 35** le calculaba unos 35 años **2** (assess) ‹*situation/position*› evaluar*; ‹*person*› juzgar*; ‹*advantages*› valorar **3** (deem) juzgar*, considerar

C (censure, condemn) juzgar*; **don't ~ her too harshly** no seas demasiado severo con ella

■ **judge** *vi* juzgar*; **you shouldn't ~ by appearances** no deberías juzgar *or* dejarte llevar por las apariencias; **judging by** a juzgar por

judgment, judgement /ˈdʒʌdʒmənt/ *n*

A [u c] **1** (Law) fallo *m*, sentencia *f*; (in arbitration) fallo *m*, laudo *m*; **to pass ~ on sth/sb** juzgar* algo/a algn; **to sit in ~ over sb** enjuiciar a algn **2** (Relig) castigo *m* de Dios; **the Last J~** el Juicio Final

B [u c] **1** (estimation) cálculo *m* **2** (view) opinión *f*; **I reserve ~ on that** sobre eso todavía no puedo dar una opinión; **in my ~** a mi juicio

C [u] (sense, discernment): **an error of ~** una equivocación, un desacierto; **I lent him the money against my better ~** le presté el dinero sabiendo que era un error

judgmental, judgemental /dʒʌdʒˈmentl/ *adj* ‹*attitude/assessment*› sentencioso

Judgment Day, Judgement Day *n* el día del Juicio Final

judicial /dʒuːˈdɪʃəl/ *adj* judicial

judiciary /dʒuːˈdɪʃieri || dʒuːˈdɪʃəri/ *n* (judges) judicatura *f*; (arm of government) poder *m* judicial

judicious /dʒuːˈdɪʃəs/ *adj* ‹*decision*› acertado, sensato; ‹*historian*› de criterio

judo /ˈdʒuːdəʊ/ *n* [u] judo *m*

jug /dʒʌg/ *n* (large) jarra *f*; (for milk, cream) jarrita *f*

juggernaut /ˈdʒʌgərnɔːt || ˈdʒʌgənɔːt/ *n* (BrE) camión *m* grande

juggle /ˈdʒʌgəl/ *vi* hacer* malabarismos, hacer* juegos malabares *or* de manos

■ **juggle** *vt* ‹*balls/plates*› hacer* malabarismos *or* juegos malabares con; **to ~ the demands of work and family**

j

hacer* malabarismos para compatibilizar las responsabilidades del trabajo con las del hogar; **I'm going to have to ~ my timetable** voy a tener que reorganizar mis actividades

juggler /'dʒʌglər || 'dʒʌglə(r)/ *n* malabarista *mf*

juggling /'dʒʌglɪŋ/ *n* [u] malabarismos *mpl*, juegos *mpl* malabares *or* de manos

Jugoslavia /'ju:gəʊ'slɑ:viə, 'ju:gə'slɑ:viə/ *etc* ▸**Yugoslavia** *etc*

jugular /'dʒʌgjələr || 'dʒʌgjʊlə(r)/ *n* (vena *f*) yugular *f*; ***to go for the ~*** tirar a matar

juice /dʒu:s/ *n*

A [u c] (from fruit, meat) jugo *m*; (fruit drink) jugo *m*, zumo *m*; (Physiol) jugo *m*; ▸**stew²** *vi*

B [u] (sl) **1** (liquid fuel) combustible *m* **2** (vitality) (AmE) vida *f*; **she's still full of ~** sigue tan llena de vida **3** (alcohol) (AmE) bebida *f*; **he's hitting the ~ again** le está dando a la bebida otra vez (fam)

juiced-up /'dʒu:st'ʌp/ *adj* (AmE colloq) borracho, cocido (fam)

juicer /'dʒu:sər || 'dʒu:sə(r)/ *n* exprimidor *m* (*gen eléctrico*), juguera *f* (CS)

juicy /'dʒu:si/ *adj* **-cier, -ciest** **1** (Culin) ‹*orange/steak*› jugoso **2** (colloq) ‹*part/role*› jugoso (fam); ‹*fee*› suculento (fam), jugoso (fam) **3** (racy) (colloq) ‹*gossip/details*› sabroso (fam), picante (fam)

jukebox /'dʒu:kɑ:ks || 'dʒu:kbɒks/ *n* máquina *f* de discos, rocola *f* (AmL)

Jul (= **July**) jul.

July /dʒʊ'laɪ/ *n* julio *m*; *see also* **January**

jumble¹ /'dʒʌmbəl/ *vt* **~ (up)** ‹*cards/pieces*› mezclar; **the clothes were all ~d up in the drawer** la ropa estaba toda revuelta en el cajón; **the instructions had got(ten) ~d (up) in her mind** se había hecho un embrollo *or* un lío con las instrucciones

jumble² *n* **1** (*no pl*) (of clothes, papers) revoltijo *m*; (of facts, data) embrollo *m*, confusión *f*, mezcolanza *f* **2** [u] (items for sale) (BrE) cosas *fpl* usadas

jumble sale *n* (BrE) *mercadillo de beneficencia donde se venden artículos de segunda mano*

jumbo /'dʒʌmbəʊ/ *adj* (*before n*) ‹*packet/size*› gigante

jumbo (jet) *n* jumbo *m*

jump¹ /dʒʌmp/ *vi*

A **1** (leap) saltar; **she ~ed across the ditch** cruzó la zanja de un salto; **the horse ~ed over the gate** el caballo saltó la verja **2** (move quickly): **he ~ed up from his seat** se levantó (del asiento) de un salto; **I ~ed out of bed** me levanté (de la cama) de un salto; **~ in, I'll give you a lift** súbete que te llevo; **to ~ AT sth: they'll ~ at the chance** no van a dejar pasar la oportunidad; **to ~ ON sb/sth** abalanzarse* SOBRE algn/algo; **to ~ to one's feet** ponerse* de pie *or* (AmL tb) pararse de un salto; **to ~ to attention** (Mil) cuadrarse, ponerse* firme; **~ to it!** ¡hazlo inmediatamente!

B **1** (change, skip) saltar, pasar **2** (increase, advance suddenly) subir de un golpe

C **1** (jerk) saltar **2** (in alarm) sobresaltarse; **you made me ~!** ¡qué susto me diste!

■ **jump** *vt*

A (leap over) ‹*hurdle*› saltar, brincar* (Méx); ‹*counter/piece*› (Games) comerse; **to ~ rope** (AmE) saltar a la cuerda *or* (Esp tb) a la comba *or* (Chi) al cordel, brincar* la reata (Méx)

B **1** (spring out of) ‹*rails/tracks*› salirse* de **2** (disregard) saltarse; **to ~ the lights** pasar el semáforo en rojo, pasarse el alto (Méx); **to ~ the line** *o* (BrE) **queue** colarse*

C (run away from) (colloq): **to ~ bail** huir* estando en libertad bajo fianza; **to ~ ship** desertar

D (ambush, attack) (colloq) asaltar, atacar*

E (catch) (AmE colloq) ‹*bus/plane*› agarrar (fam) *or* (esp Esp) coger*; (without paying fare): **he ~ed the train** se subió al tren sin pagar

jump² *n*

A **1** (leap) salto *m*; **I sat up with a ~** me incorporé sobresaltado; ***go (and) take a running ~!*** (colloq) ¡vete a freír espárragos! (fam); ***to be/stay one ~ ahead*: this way, you'll be one ~ ahead of the competition** de esta manera le llevarás la delantera a la competencia; **she tried to stay one ~ ahead of her pupils** trataba de mantenerse un paso adelante de sus alumnos **2** (fence) valla *f*, obstáculo *m*

B **1** (sudden transition) salto *m* **2** (increase, advance) aumento *m*

jumped-up /'dʒʌmpt'ʌp/ *adj* (BrE) (*before n*): **he's nothing but a ~ clerk!** no es más que un empleadito con ínfulas

jumper /'dʒʌmpər || 'dʒʌmpə(r)/ *n* **1** (dress) (AmE) jumper *m or f* (AmL), pichi *m* (Esp) **2** (BrE) ▸**sweater**

jumper cables *pl n* (AmE) cables *mpl* de arranque

jump: **~ jet** *n* avión *m* de despegue vertical; **~ leads** *pl n* (BrE) ▸**jumper cables**; **~ rope** *n* (AmE) cuerda *f or* (Méx) reata *f or* (Chi) cordel *m* (de saltar), comba *f* (Esp); **~-start** *vt*: *hacer arrancar un coche ya sea empujándolo o haciendo un puente*; **~ suit** *n* mono *m*, enterito *m* (RPl)

jumpy /'dʒʌmpi/ *adj* **-pier, -piest** nervioso

Jun (= **June**) jun.

junction /'dʒʌŋkʃən/ *n* **1** (meeting point — of roads, rails) cruce *m*, empalme *m*; (— of rivers) confluencia *f*; **leave the motorway at ~ 13** (BrE) deje la autopista en la salida número 13 **2** (Elec) empalme *m*

junction box *n* caja *f* de empalme

juncture /'dʒʌŋktʃər || 'dʒʌŋktʃə(r)/ *n* coyuntura *f*; **at this ~** en este momento, en esta coyuntura

June /dʒu:n/ *n* junio *m*; *see also* **January**

jungle /'dʒʌŋgəl/ *n* [c u] **1** (Geog) selva *f*, jungla *f*; **the law of the ~** la ley de la selva **2** (confusion, tangle) maraña *f*, laberinto *m* **3** (hostile place) jungla *f*; **concrete ~** la jungla de(l) asfalto

jungle warfare *n* [u] guerra *f* en la selva; (*before n*) **~ ~ operations** operaciones *fpl* de guerra en la selva; **~ ~ school** centro *m* de entrenamiento para operaciones de guerra en la selva

junior¹ /'dʒu:njər || 'dʒu:niə(r)/ *adj*

A **1** (lower in rank) ‹*official*› subalterno; ‹*position*› de subalterno; **~ minister** (in UK) ≈ subsecretario, -ria *m,f*; **~ partner** socio comanditario, socia comanditaria *m,f*; **~ senator** (in US) *senador de más reciente elección en un estado*; **to be ~ TO sb** ser* subalterno de algn, estar* por debajo de algn **2** (younger) más joven; **James D. Clark J~** (AmE) James D. Clark, hijo *or* junior

B (*before n*) **1** (for younger people) ‹*fashion/size*› para jóvenes; ‹*team*› juvenil, junior *adj inv* **2** (AmE Educ) de tercer año

junior² *n*

A **1** (younger person): **he is two years my ~, he is my ~ by two years** tiene dos años menos que yo, es dos años menor que yo **2** (person of lower rank) subalterno, -na *m,f*

B **Junior** (son) (AmE) *término usado para referirse o dirigirse a un hijo*

C **1** (Educ) (in US) *estudiante de tercer año de colegio secundario o universidad*; (in UK) *alumno de primaria o de los primeros años de secundaria* **2** (Sport) juvenil *mf*, junior *mf*

junior: **~ college** *n* (in US) *establecimiento universitario donde se estudian los dos primeros años de la carrera*; **~ high (school)** *n* (in US) *colegio en el que se imparten los dos o tres primeros años de la enseñanza secundaria*; **~ school** *n* (in UK) escuela *f* primaria (*para niños de 7 a 11 años*)

juniper /'dʒu:nəpər || 'dʒu:nɪpə(r)/ *n* (bush) enebro *m*; (*before n*) **~ berry** enebrina *f*

junk /dʒʌŋk/ *n*

A [u] **1** (discarded items) trastos *mpl* (viejos), cachivaches *mpl*; (*before n*) **~ shop** tienda *f* de viejo *or* de cosas usadas **2** (worthless stuff) (colloq) basura *f* (fam), porquería *f* (fam); (*before n*) **~ jewelry** bisutería *f*, quincalla *f* (pey); **~ mail** propaganda *f* que se recibe por correo

B [c] (boat) junco *m*

junket /'dʒʌŋkət || 'dʒʌŋkɪt/ *n*

A [u c] (Culin) (leche *f*) cuajada *f*

B [c] **1** (festivity) fiesta *f* **2** (trip) (AmE colloq) viajecito *m* pagado (fam)

junk: **~ food** *n* [u] comida *f* basura, porquerías *fpl* (fam), alimento *m* chatarra (Méx); **~ heap** *n* basurero *m*, vertedero *m*, deshuesadero *m* (Méx)

junkie /'dʒʌŋki/ *n* (colloq) yonqui *mf* (fam), drogadicto, -ta *m,f*, pichicatero, -ra (CS, Per fam)

junk: **~man** /'dʒʌŋkmæn/ *n* (*pl* **-men** /-men/) (AmE) ropavejero *m*, trapero *m*, botellero *m* (AmL); **~yard** *n* depósito *m* de chatarra, deshuesadero *m* (Méx)

junta /'hʊntə || 'dʒʌntə/ *n* junta *f* militar

Jupiter /'dʒu:pətər || 'dʒu:pɪtə(r)/ *n* Júpiter *m*

jurisdiction /'dʒʊrəs'dɪkʃən || ˌdʒʊərɪs'dɪkʃən/ *n* [u c] jurisdicción *f*, competencia *f*; **to have ~ (over sth)** tener* jurisdicción (sobre algo)

jurisprudence /'dʒʊrəs'pru:dn̩s || ˌdʒʊərɪs'pru:dn̩s/ *n* [u] jurisprudencia *f*

jurist /'dʒʊrəst || 'dʒʊərɪst/ *n* 1 (expert) jurista *mf* 2 (judge) (AmE) magistrado, -da *m,f*

juror /'dʒʊrər || 'dʒʊərə(r)/ *n* jurado *mf*, miembro *mf* de un jurado

jury /'dʒʊri || 'dʒʊəri/ *n* (*pl* **-ries**) jurado *m*; **trial by ~** juicio *m* ante jurado; (*before n*) **to do ~ duty** *o* (BrE also) **service** ser* miembro de un jurado

juryman /'dʒʊrimæn || 'dʒʊərimæn/ *n* (*pl* **-men** /-men/) jurado *m*, miembro *m* de un jurado

just¹ /dʒʌst/ *adj* ‹*decision/person*› justo

just² *adv*

A 1 (in recent past): **she's ~ left** se acaba de ir, recién se fue (AmL); **she'd only ~ finished** acababa de terminar, recién había terminado (AmL); Ⓢ **just married** recién casados; **~ recently I've begun to notice that ...** últimamente he empezado a darme cuenta de que ... 2 (now, at the moment): **she's ~ on her way** está en camino; **I was ~ about to leave when he called** estaba a punto de salir cuando llamó

B 1 (barely) justo; **I arrived ~ in time** llegué justo a tiempo; **it's only ~ over the recommended minimum** está apenas por encima del mínimo recomendado; **I ~ missed him** no lo vi por poco *or* por apenas unos minutos 2 (a little): **~ above the knee** justo *or* apenas encima de la rodilla; **I waited ~ outside the shop** esperé en la puerta de la tienda

C 1 (only) sólo; **I'll be with you in ~ a moment** enseguida *or* en un segundo estoy con usted; **there's ~ one left** queda sólo uno, queda uno nomás (AmL); **~ a moment, you're confusing two issues there** un momento: estás confundiendo dos problemas distintos; **I went there ~ once** fui sólo una vez; **she was ~ three when her father died** tenía apenas *or* sólo tres años cuando murió su padre; **would you like some more? — ~ a little, please** ¿quieres más? — bueno, un poquito; **~ occasionally** muy de vez en cuando 2 (simply): **I ~ stopped by to say hello** pasé para saludarte; **that's ~ gossip** no son más que chismes, son puros chismes (fam); **they're ~ friends** no son más que amigos, sólo son amigos; **it's ~ one of those things** son cosas que pasan; **~ because he's famous doesn't mean he can be rude** (colloq) el hecho de que sea famoso no le da derecho a ser grosero; **~ follow the instructions on the packet** simplemente siga las instrucciones impresas en el paquete; **I'll ~ have to pack up and go** no me queda otro remedio que hacer la maleta e irme; **he'll ~ make things worse** lo único que hará será empeorar las cosas

D 1 (exactly, precisely): **it's ~ what I wanted** es justo *or* precisamente *or* exactamente lo que quería; **the temperature was ~ right** la temperatura era la perfecta; **~ my luck!** ¡me tenía que pasar a mí! 2 (equally): **the desserts were ~ as good as the rest of the meal** los postres estuvieron tan buenos como el resto de la comida; **it's ~ as well you're leaving** menos mal que te vas

E (emphatic use): **I ~ can't understand it** simplemente no lo entiendo; **I ~ adore champagne** a mí me encanta el champán; **I'm feeling ~ fine now** ahora me siento muy bien; **~ leave it here** déjelo aquí, déjelo aquí nomás (AmL); **regret it? don't I ~!** ¿que si me arrepiento? ¡si me arrepentiré ... !; **~ you wait, you little rascal!** ¡ya vas a ver, bandido!; **~ go away, will you?** mira, vete, hazme el favor

F 1 (giving explanation): **it's ~ that ...** lo que pasa es que ... 2 (indicating possibility): **it may ~ happen** podría suceder

G **just about**: **I've ~ about finished now** casi he terminado, prácticamente he terminado; **did you get enough to eat? — ~ about** ¿te dieron bastante de comer? — más o menos

justice /'dʒʌstəs || 'dʒʌstɪs/ *n*

A [u] (fairness) justicia *f*; **there's no ~!** ¡no es justo!, ¡es una injusticia!; **to do sb/sth ~**: **the portrait hardly does her ~** el retrato no le hace justicia *or* no la favorece; **he couldn't do ~ to the meal** no pudo hacerle honor a la comida; **she didn't do herself ~ in the exam** no rindió a la altura de su capacidad en el examen

B [u] (Law) justicia *f*; **court of ~** tribunal *m* de justicia; **~ was done** se hizo justicia; **in the end he was brought to ~** finalmente pagó sus culpas

C [c] (judge) juez *mf*, juez, jueza *m,f*, magistrado, -da *m,f*

Justice of the Peace *n* (*pl* **~s ~ ~ ~**) juez *mf* de paz, juez, jueza *m,f* de paz

justifiable /'dʒʌstəfaɪəbəl || 'dʒʌstɪfaɪəbəl/ *adj* justificable; **~ homicide** (Law) homicidio *m* justificado

justifiably /'dʒʌstəfaɪəbli || 'dʒʌstɪfaɪəbli/ *adv* justificadamente, con razón

justification /'dʒʌstəfə'keɪʃən || ˌdʒʌstɪfɪ'keɪʃən/ *n* [u] justificación *f*

justified /'dʒʌstəfaɪd || 'dʒʌstɪfaɪd/ *adj*

A (reasonable) justificado; **to be ~ IN sth/-ING**: **she is ~ in her concern** tiene motivos (justificados) para estar preocupada; **was he ~ in taking that step?** ¿tuvo motivos para dar ese paso?, ¿tuvo razón en dar ese paso?

B ‹*text/setting*› justificado

justify /'dʒʌstəfaɪ || 'dʒʌstɪfaɪ/ *vt* **-fies, -fying, -fied**

A ‹*action/expense*› justificar*; **to ~ sth/oneself TO sb** justificar* algo/justificarse* ANTE *or* CON algn

B ‹*text/lines*› justificar*

just-in-time /ˌdʒʌstɪn'taɪm/ *adj* (*before n*) (Busn): justo a tiempo

justly /'dʒʌstli/ *adv* con razón, justamente

jut /dʒʌt/ **-tt-** *vi* 1 (stick out) sobresalir* 2 **jutting** *pres p* ‹*jaw/chin*› prominente, saliente; ‹*rock/cliff*› que sobresale, saliente

Phrasal verb

- **jut out** [v ▸ adv] sobresalir*

jute /dʒu:t/ *n* [u] yute *m*

juvenile¹ /'dʒu:vənaɪl, -vənl̩ || 'dʒu:vənaɪl/ *adj* 1 (Law) (*before n*) ‹*court*› de menores; ‹*delinquent*› juvenil 2 (childish) (pej) infantil 3 ‹*literature*› (AmE) infantil y juvenil 4 (Theat) **~ lead** galán *m* joven

juvenile² *n* 1 (Law) menor *mf* 2 (Theat) *actor que hace papeles de joven*

juxtapose /'dʒʌkstəpəʊz || ˌdʒʌkstə'pəʊz/ *vt* yuxtaponer*

juxtaposition /'dʒʌkstəpə'zɪʃən/ *n* [u c] yuxtaposición *f*

j

Kk

k

K, k /keɪ/ *n* K, k *f*

K 1 (Comput) (= **kilobyte**) K 2 (a thousand pounds) mil libras *fpl* (esterlinas); **£30k** 30.000 libras (esterlinas)

kale /keɪl/ *n* [u] col *f* rizada

kaleidoscope /kəˈlaɪdəskəʊp/ *n* caleidoscopio *m*

Kampuchea /ˌkæmpuːˈtʃiə/ *n* Kampuchea *f*

kangaroo /ˈkæŋɡəˈruː/ *n* (*pl* **-roos**) canguro *m*

kangaroo court *n*: *tribunal irregular y arbitrario*

Kans = Kansas

kaolin /ˈkeɪəlɪn/ *n* [u] caolín *m*

kapok /ˈkeɪpɑːk || ˈkeɪpɒk/ *n* [u] capoc *m*

kaput /kəˈpʊt/ *adj* (colloq) (*pred*): **to be ~** estar* kaput (fam); **the business went ~** el negocio se fue al traste *or* al hoyo (fam)

karaoke /ˈkæriˈəʊki/ *n* karaoke *m*

karat *n* (AmE) ▸ **carat 1**

karate /kəˈrɑːti/ *n* [u] kárate *m*, karate *m* (AmL)

kart¹ /kɑːrt || kɑːt/ *n* kart *m*

kart² *vi*: **to go ~ing** ir* a hacer karting

karting /ˈkɑːrtɪŋ || ˈkɑːtɪŋ/ *n* [u] karting *m*

Kashmir /ˈkæʃmɪr || kæʃˈmɪə(r)/ *n* Cachemira *f*

kayak /ˈkaɪæk/ *n* kayak *m*

Kazakhstan /ˌkɑːzɑːkˈstɑːn/ *n* Kazajstán *m*

KBE *n* (in UK) = **Knight of the British Empire**

kebab /ˈkəbɑːb || kɪˈbæb/ *n* pincho *m*, anticucho *m* (Bol, Chi, Per), brocheta *f* (Esp, Méx)

keel /kiːl/ *n* quilla *f*; ***on an even ~***: **to keep sth on an even ~** mantener* la estabilidad de algo; **to get sth back on an even ~** restablecer* el equilibrio de algo

(Phrasal verb)

- **keel over** [v ▸ adv] 1 (capsize) «*ship*» volcar(se)* 2 (collapse) (colloq) «*person*» caer* redondo (fam)

keen /kiːn/ *adj* **-er, -est**

A (enthusiastic) ‹*photographer*› entusiasta; ‹*student*› aplicado, que muestra mucho interés; **to be ~ to + INF**: **he was ~ to start work** tenía muchas ganas de empezar a trabajar; **to be ~ ON sth/-ING** (BrE): **I'm ~ on travel/golf** me encanta viajar/el golf; **he didn't seem too ~ on the idea** no parecía gustarle mucho la idea, no parecía estar muy entusiasmado con la idea; **they're ~ on joining the club** tienen muchas ganas de hacerse socios del club; **to be ~ ON sb** (BrE): **she's very ~ on him** le gusta muchísimo; **I'm not too ~ on their sister** su hermana no me cae muy bien

B 1 (sharp) ‹*blade*› afilado, filoso (AmL), filudo (Chi, Per); ‹*breeze*› cortante 2 (acute) ‹*hearing*› muy fino; ‹*sight/sense of smell*› agudo, muy bueno; ‹*wit/intelligence*› agudo; **she has a ~ eye for business** tiene mucha visión *or* (fam) mucho ojo para los negocios 3 (intense) ‹*competition*› muy reñido; ‹*interest*› vivo

keenly /ˈkiːnli/ *adv* 1 (intensely, acutely) profundamente; **a ~ contested match** un partido muy reñido 2 (enthusiastically) vivamente, con entusiasmo

keenness /ˈkiːnnəs || ˈkiːnnɪs/ *n* [u] 1 (enthusiasm, eagerness) entusiasmo *m* 2 (of knife, blade) (liter) lo afilado; (of wind) lo cortante 3 (of sight, wit) agudeza *f* 4 (of pleasure, suffering) (frml) intensidad *f*

keep¹ /kiːp/ *n*

A (living) sustento *m*, manutención *f*; **he helped in the kitchen to earn his ~** ayudaba en la cocina a cambio de comida y techo; ***for ~s***: **if they win the cup again, it's theirs for ~s** si vuelven a ganar la copa, se la quedan para siempre

B (in castle, fortress) torre *f* del homenaje

keep² (*past & past p* **kept**) *vt*

A 1 (not throw away) ‹*receipt/ticket*› guardar, conservar; (not give back) quedarse con; (not lose) conservar; **~ the change** quédese (con) el cambio; **you can ~ your lousy job!** (colloq) ¡se puede guardar su porquería de trabajo! 2 (look after, reserve) **to ~ sth (FOR sb)** guardar(le) algo (A algn)

B (store) guardar; **where do you ~ the coffee?** ¿dónde guardas *or* tienes el café?; Ⓢ **keep in a cool place** conservar en lugar fresco; **I like to ~ a first-aid kit in the car** me gusta tener un botiquín en el coche

C (reserve for future use) guardar, dejar

D 1 (raise) ‹*pigs/bees*› criar* 2 (manage, run) ‹*stall/guesthouse*› tener*

E 1 (support) mantener*; **it costs me a fortune to ~ them in clothes** me cuesta una fortuna vestirlos 2 (maintain): **she ~s a diary** escribe *or* lleva un diario; **I've kept a note** *o* **record of everything** he tomado nota de todo, lo tengo todo anotado

F 1 (cause to remain, continue) mantener*; **try and ~ it clean** trata de mantenerlo limpio; **~ her informed** manténla al tanto; **the noise kept me awake** el ruido no me dejó dormir; **to ~ sb/sth + -ING**: **to ~ sb guessing** tener* a algn en ascuas; **he kept the engine running** mantuvo el motor en marcha 2 (detain): **don't let me ~ you** no te quiero entretener; **what kept you?** ¿por qué tardaste?, ¿qué te retuvo?; **they kept her in hospital** la dejaron ingresada *or* (CS, Méx tb) internada

G (adhere to, fulfil) ‹*promise/vow*› cumplir; **she didn't ~ the appointment** faltó a la cita

H (observe, celebrate) celebrar; (Relig) guardar

■ **keep** *vi*

A (remain) mantenerse*: **to ~ fit** mantenerse* en forma; **to ~ awake** mantenerse* despierto, no dormirse*; **can't you ~ quiet?** ¿no te puedes estar callado?; **~ still!** ¡estáte quieto! *or* ¡quédate quieto!

B 1 (continue) seguir*; **~ left/right** siga por la izquierda/derecha; **to ~ -ING** seguir* + GER; **~ talking** sigue hablando 2 (repeatedly): **he ~s interfering** está continuamente entrometiéndose, no deja de entrometerse; **I ~ forgetting to bring it** nunca me acuerdo *or* siempre me olvido de traerlo

C 1 «*food*» conservarse (fresco); **this cake will ~ for several months** este pastel se conserva muchos meses 2 «*news/matter*» esperar; **I have something to tell you — will it ~ till later?** tengo algo que decirte — ¿puede esperar a más tarde? 3 (be in certain state of health) (colloq): **how are you ~ing?** ¿qué tal estás? (fam)

(Phrasal verbs)

- **keep ahead** [v ▸ adv] conservar la delantera; **to ~ ahead OF sb/sth** mantenerse* POR DELANTE DE algn/algo
- **keep at**

A [v ▸ prep ▸ o] (persevere with): **to ~ at it** seguir* dándole (fam); **you have to ~ at them to get them to do anything** hay que estarles encima para que hagan algo

B [v ▸ o ▸ prep ▸ o] (force to work): **I kept them (hard) at it all day** no los dejé levantar cabeza en todo el día

- **keep away**

A [v ▸ adv] **to ~ away (FROM sb/sth)**: **~ away from me!** ¡no te me acerques!; ~ **away from the fire!** ¡no se acerquen al fuego!; **I'll ~ away from them in future** evitaré tener nada que ver con ellos en (el) futuro

B [v ▸ o ▸ adv] **to ~ sb away FROM sb/sth**: **you'd better ~ her away from me** más vale que no dejes que se me acerque; **I kept him away from school** no lo mandé al colegio

• **keep back**

(Sense I) [v ▸ adv]: ~ **back!** ¡atrás!; **to ~ back FROM sth**: ~ **well back from the edge** mantente bien alejado del borde

(Sense II) [v ▸ o ▸ adv, v ▸ adv ▸ o]

A 1 (prevent from advancing) ‹*crowd/floodwaters*› contener*; **they tried to ~ demonstrators back from the gates** quisieron impedir que los manifestantes llegaran a las puertas 2 ‹*tears/sobs*› contener*

B 1 (not reveal) ‹*information/facts*› ocultar 2 (withhold) ‹*percentage*› retener*; ‹*profits*› guardarse, quedarse con

C [v ▸ o ▸ adv] (detain) (BrE) retener*; **he kept the whole class back after school** dejó a toda la clase castigada

• **keep down**

A [v ▸ adv] (not show oneself) no levantarse

B [v ▸ o ▸ adv] 1 (not raise): ~ **your head/voice down** no levantes la cabeza/la voz 2 (not vomit) retener*

C [v ▸ o ▸ adv, v ▸ adv ▸ o] 1 (not allow to increase): **they've kept prices ~** han mantenido los precios (al mismo nivel) 2 ‹*weeds*› contener*

• **keep from**

(Sense I) [v ▸ o ▸ prep ▸ o]

A (restrain, prevent) **to ~ sb from sth**: **I don't want to ~ you from your work** no quiero distraerte de *or* interrumpir tu trabajo; **to ~ sb from -ING**: **try to ~ him from working too hard** intenta que no trabaje demasiado; **I managed to ~ myself from laughing** pude aguantar la risa

B (not reveal to) ocultar; **he kept vital information from them/us** les/nos ocultó información vital

(Sense II) [v ▸ prep ▸ o] (refrain) **to ~ from + -ING**: **I could hardly ~ from crying/laughing** apenas si pude contener las lágrimas/aguantar la risa

• **keep in** [v ▸ o ▸ adv, v ▸ adv ▸ o] 1 (detain): **the teacher kept me in after school** el maestro me hizo quedar después de clase; **my mother kept me in** mi madre no me dejó salir; **he was kept in for observation** lo dejaron ingresado *or* (CS, Méx tb) internado en observación 2 ‹*anger/feelings*› contener*

• **keep in with** [v ▸ adv ▸ prep ▸ o] (colloq): **you have to ~ in with the teacher/boss** hay que estar en buenas relaciones con el profesor/el jefe

• **keep off**

A [v ▸ adv] (stay away): Ⓢ **keep off** prohibido el paso; **the rain kept off** no llovió

B [v ▸ prep ▸ o] 1 (stay away from): Ⓢ **keep off the grass** prohibido pisar el césped 2 (abstain from) ‹*cigarettes*› evitar, no tocar* (fam) 3 (avoid) ‹*subject*› evitar, no tocar*; **I should ~ off religion/politics while she's here** mientras esté ella, mejor no hables de religión/política

C [v ▸ o ▸ prep ▸ o] 1 (cause to stay away from): ~ **your hands off me!** ¡quítame las manos de encima! 2 (cause to avoid): ~ **her off the subject** no la dejes hablar del tema

D [v ▸ o ▸ adv, v ▸ adv ▸ o] (cause to stay away): **the smell ~s the mosquitoes off** el olor repele a los mosquitos

• **keep on**

A [v ▸ adv] 1 (continue) seguir*; ~ **straight on** siga (todo) recto *or* derecho; **to ~ on -ING** seguir* + GER 2 (repeatedly): **I ~ on forgetting to tell him** siempre me olvido *or* nunca me acuerdo de decírselo; **she kept on interrupting him** lo interrumpía constantemente 3 (talk incessantly) **to ~ on (ABOUT sth/sb)**: **she ~s on about her grandson** no hace más que hablar de su nieto; **she ~s on at me about my weight** me está siempre encima con que estoy muy gordo

B [v ▸ o ▸ adv, v ▸ adv ▸ o] (continue to employ) ‹*staff/cook*› no despedir*

C [v ▸ o ▸ adv] 1 (continue to wear): ~ **your coat on** no te quites el abrigo, déjate el abrigo puesto 2 (not get rid of) (BrE): **we decided to ~ the flat on** decidimos no deshacernos del apartamento

• **keep out**

A [v ▸ adv] (not enter) **to ~ out (OF sth)**: Ⓢ **keep out** prohibido el paso, prohibida la entrada; ~ **out of the kitchen** no entres en la cocina

B [v ▸ o ▸ adv, v ▸ adv ▸ o] (prevent from entering, exclude) **a roof to ~ the rain out** un techo para protegerse de la lluvia; **to ~ sb/sth out OF sth**: **the public must be kept out of the area** no debe permitirse la entrada del público a este sector; **they are fighting to ~ drugs out of schools** están luchando para impedir que las drogas entren en los colegios

• **keep out of**

A [v ▸ adv ▸ prep ▸ o] 1 (stay away from): **to ~ out of sb's way** (not bother) no molestar a algn; (avoid) rehuir* a algn, evitar encontrarse con algn 2 (avoid exposure to) ‹*danger*› no exponerse* a 3 (not get involved in) no meterse en; **you ~ out of this!** ¡no te metas (en esto)!

B [v ▸ o ▸ adv ▸ prep ▸ o] 1 (cause to stay away from): ~ **the children out of my way** quítame a los niños de en medio; **a hat will ~ the sun out of your eyes** un sombrero te protegerá los ojos del sol 2 (not involve in): **try to ~ your feelings out of the discussion** trata de mantener tus sentimientos al margen de la discusión

• **keep to**

A [v ▸ prep ▸ o] 1 (adhere to, fulfil) ‹*plan*› ceñirse* a; ‹*promise*› cumplir 2 (not deviate from) ‹*path*› seguir* por; ‹*script*› ceñirse* a; **please ~ to the point** por favor cíñase al tema 3 (stay on): ~ **to the right** (Auto) mantenga su derecha; ~ **to your side of the bed** quédate de tu lado de la cama

B [v ▸ o ▸ prep ▸ o] (not divulge): **to ~ sth to oneself** guardarse algo

C [v ▸ prep ▸ o] [v ▸ o ▸ prep ▸ o]: **to ~ (oneself) to oneself** no ser* muy sociable, no ir* mucho con gente

• **keep together**

A [v ▸ adv] no separarse

B [v ▸ o ▸ adv] ‹*papers*› mantener* juntos

• **keep up**

(Sense I) [v ▸ adv]

A (not stop) ‹‹*rain/noise*›› seguir*, continuar*; **to ~ up WITH sth** seguir* *or* continuar* CON algo

B 1 (maintain pace) **to ~ up (WITH sb/sth)**: **she walked so fast I couldn't ~ up** caminaba tan rápido que yo no podía seguirla *or* seguirle el ritmo; **he's finding it difficult to ~ up in class** le está resultando difícil mantenerse al nivel de la clase; **I couldn't ~ up with their discussion** no podía seguir su discusión; ***to ~ up with the Joneses*** no ser menos que los demás *or* que el vecino 2 (remain informed) **to ~ up WITH sth** mantenerse* al tanto *or* al corriente DE algo; **to ~ up with the times** mantenerse* al día

C (maintain contact) **to ~ up (WITH sb)** seguir* en contacto (CON algn)

(Sense II) [v ▸ o ▸ adv, v ▸ adv ▸ o]

A (maintain at present level) mantener*; **you've got to ~ your strength up** tienes que mantenerte fuerte

B (continue, not stop) ‹*payments*› mantenerse* al día con; ‹*friendship*› mantener*, seguir* con; ~ **up the good work** sigue así, muy bien

(Sense III) [v ▸ o ▸ adv]

A ‹*trousers/socks*› sujetar

B (prevent from sleeping): **I hope we're not ~ing you up** espero que no te estemos quitando el sueño; **my cough/the baby kept me up all night** la tos/el niño me tuvo toda la noche en vela

keeper /ˈkiːpər || ˈkiːpə(r)/ *n* 1 (in zoo) guarda *mf*, cuidador, -dora *m,f*; (in museum) (BrE) conservador, -dora *m,f* 2 (Sport) ▸**goalkeeper**

keepfit /ˈkiːpˈfɪt/ *n* [u] (BrE) gimnasia *f* (de mantenimiento)

keeping /ˈkiːpɪŋ/ *n* [u] 1 (conformity): **in ~ with** ‹*with law/tradition*› en conformidad con; **a building out of ~ with its surroundings** un edificio que desentona *or* no armoniza con su entorno 2 (trust, care): **to leave sth/sb in sb's ~** dejar algo/a algn al cuidado de algn

keepsake /ˈkiːpseɪk/ *n* recuerdo *m*

keester /ˈkiːstər || ˈkiːstə(r)/ *n* (AmE colloq) ▸**keister**

keg /keg/ *n* barril *m*; (*before n*) ~ **beer** cerveza *f* de barril a presión

keister /ˈkiːstər, ˈkaɪ- || ˈkiːstə(r)/, **keester** *n* (AmE colloq) trasero *m* (fam); ***to be knocked on one's ~*** (colloq) quedarse boquiabierto *or* pasmado (fam)

kelp /kelp/ *n* [u] kelp *m* (*tipo de alga*)

ken /ken/ *n* [u]: **that is completely beyond my ~** eso me resulta totalmente incomprensible

k

kennel /ˈkenḷ/ *n* 1 (AmE) (for boarding) residencia *f* canina, hotel *m* de perros; (for breeding) criadero *m* de perros 2 (BrE) (hut) casa *f or* caseta *f or* casilla *f* del perro

kennels /ˈkenḷz/ *n* (*pl* ~) (BrE) (+ *sing vb*) ▸**kennel 1**

Kenya /ˈkenjə, ˈkiː-/ *n* Kenia *f*

Kenyan /ˈkenjən, ˈkiː-/ *adj* keniano

kept /kept/ *past & past p of* **keep²**

kerb /kɜːrb || kɜːb/ (BrE) ▸**curb¹ B**

kerb-crawling /ˈkɜːrbˌkrɔːlɪŋ || ˈkɜːbˌkrɔːlɪŋ/ *n* [u] (BrE) *solicitación de los servicios de una prostituta efectuada por quien conduce un coche*

kerfuffle /kərˈfʌfəl || kəˈfʌfəl/ *n* [u] (BrE colloq) escándalo *m*, jaleo *m* (fam), follón *m* (Esp fam)

kernel /ˈkɜːrnḷ || ˈkɜːnḷ/ *n* (of nut, fruit) almendra *f*; (of corn, wheat) grano *m*

kerosene, kerosine /ˈkerəsiːn/ *n* [u] queroseno *m*, kerosene *m*

kestrel /ˈkestrəl/ *n* cernícalo *m*

ketch /ketʃ/ *n* queche *m*

ketchup /ˈketʃəp || ˈketʃʌp/ *n* [u] salsa *f* de tomate, ketchup *m*, catsup *m*

kettle /ˈketḷ/ *n* pava *f*, tetera *f* (Andes, Méx), caldera *f* (Bol, Ur); **to put the ~ on** poner* agua a hervir; ***that's a different ~ of fish*** eso es harina de otro costal; ▸**watch²** *vt* **B1**

kettledrum /ˈketḷdrʌm/ *n* timbal *m*

key¹ /kiː/ *n* (*pl* **~s**)

A (for lock) llave *f*; (on can) llave *f*, abridor *m*; **turn the ~ twice** dale dos vueltas a la llave; (*before n*) **~ ring** llavero *m*

B 1 (to puzzle, code etc) clave *f* 2 (to map) explicación *f* de los signos convencionales 3 (answers) soluciones *fpl*, respuestas *fpl*

C (crucial element) clave *f*; **patience is the ~** la paciencia es el factor clave *or* la clave

D (of typewriter, piano) tecla *f*; (of wind instrument) llave *f*

E (Mus) tono *m*, tonalidad *f*; **in the ~ of D minor** en (tono de) re menor; **to be in/off ~** estar*/no estar* en el tono; (*before n*) **~ signature** armadura *f*

key² *adj* ‹*man/question*› clave *adj inv*; **the ~ jobs** los puestos clave

(Phrasal verbs)

- **key in** [v ▸ o ▸ adv, v ▸ adv ▸ o] ‹*text/data*› teclear, grabar
- **key up** [v ▸ o ▸ adv, v ▸ adv ▸ o]: **he was all ~ed up about the interview** estaba nervioso por la entrevista

key: **~board** *n* teclado *m*; **~boarder** *n* operador, -dora *m,f*, teclista *mf*; **~board operator** *n* operador, -dora *m,f*, teclista *mf*; **~board player** *n* teclista *mf*, tecladista *mf* (Méx); **~hole** *n* ojo *m* de la cerradura; (*before n*) **~ surgery** *n* [u] cirugía *f* no invasiva; **~note** *n* (Mus) tónica *f*; (central idea) tónica *f*; (*before n*) **~note speech** *discurso en que se intenta establecer la tónica de un congreso o asamblea*; **~pad** *n* (Comput, Telec, TV) teclado *m* numérico; **~stone** *n* (Archit) dovela *f*, sillar *m* de clave; (central principle) piedra *f* angular; **~stroke** *n* pulsación *f*; **~word** *n* palabra *f* clave

kg (= **kilo(s)** *o* **kilogram(s)**) Kg.

KGB (Hist) KGB *f*

khaki¹ /ˈkæki || ˈkɑːki/ *n* [u] 1 /ˈkæki/ (color) caqui *m*, kaki *m* 2 (fabric) caqui *m*

khaki² *adj* caqui *or* kaki *adj inv*

Khartoum /kɑːrˈtuːm || kɑːˈtuːm/ *n* Jartum *m*

kHz (= **kilohertz**) KHz.

kibbutz /kɪˈbʊts/ *n* (*pl* **-butzim** /-bʊtsɪm/) kibbutz *m*

kibosh /kɪˈbɑːʃ || ˈkaɪbɒʃ/ *n*: ***to put the ~ on sth*** (colloq) dar* al traste con algo (fam)

kick¹ /kɪk/ *n*

A [c] 1 (by person) patada *f*, puntapié *m*; (by horse) coz *f* 2 (in swimming) patada *f* 3 (of gun) culatazo *m*

B (colloq) 1 [c] (thrill, excitement) placer *m*; **he seems to get a ~ out of making her cry** parece que se deleitara haciéndola llorar; **just for ~s** nada más que por divertirse 2 (*no pl*) (stimulating effect): **this cocktail has a real ~ to it** este cóctel es explosivo 3 [c] (fad, phase): **I'm on a health food ~ at the moment** ahora me ha dado por los alimentos dietéticos

kick² *vi* 1 «*person*» dar* patadas, patalear; «*swimmer*» patalear; «*horse*» cocear, dar* coces; **they had to drag him there ~ing and screaming** tuvieron que llevarlo hasta allí a rastras 2 «*dancer*» levantar una pierna 3 «*gun*» dar* una coz *or* un culatazo *or* una patada

■ **kick** *vt*

A ‹*ball*› patear, darle* una patada *or* un puntapié a; **she ~ed him in the shins** le pegó una patada en la espinilla; **he ~ed the door open/shut** abrió/cerró la puerta de una patada; ***to ~ oneself*** darse* con la cabeza contra la pared; ***to ~ sb when he's/she's down*** pegarle* a algn en el suelo

B (stop) (colloq) ‹*habit*› dejar; ‹*heroin*› desengancharse de

(Phrasal verbs)

- **kick around**, (BrE also) **kick about** (colloq)

A [v ▸ o ▸ adv] 1 (treat badly) maltratar 2 ‹*idea*› estudiar 3 **to ~ a ball around** pelotear

B [v ▸ prep ▸ o] 1 (be present in) andar* por 2 (wander aimlessly around) deambular *or* andar* dando vueltas por

C [v ▸ adv] (be present): **this umbrella's been ~ing around for months** hace meses que este paraguas anda (dando vueltas) por aquí

- **kick down** [v ▸ o ▸ adv, v ▸ adv ▸ o] ‹*door*› echar abajo *or* derribar (*a patadas*)
- **kick in**

A [v ▸ o ▸ adv, v ▸ adv ▸ o] ‹*door*› echar abajo *or* derribar (*a patadas*)

B [v ▸ adv] (contribute money) (AmE colloq) contribuir*, poner*

- **kick off**

A [v ▸ adv] 1 (in football): **they ~ off at three** el partido empieza a las tres 2 (begin) (colloq) «*person/meeting*» empezar*

B [v ▸ adv ▸ o] (begin) ‹*discussion*› iniciar, empezar*

- **kick out** [v ▸ o ▸ adv (▸ prep ▸ o)] echar; **he got ~ed out of the bar** lo echaron *or* lo sacaron del bar a patadas (fam)
- **kick up**

A [v ▸ o ▸ adv, v ▸ adv ▸ o] (raise) ‹*leaves/dust*› levantar

B [v ▸ adv ▸ o]: **to ~ up a fuss** *o* **stink** armar una bronca (fam); **to ~ up a din** *o* **row** armar un escándalo

kickback /ˈkɪkbæk/ *n* (colloq) soborno *m*, mordida *f* (Méx fam), coima *f* (CS, Per fam)

kickboxing /ˈkɪkbɑːksɪŋ || ˈkɪkbɒksɪŋ/ *n* [u] kickboxing *m*

kicker /ˈkɪkər || ˈkɪkə(r)/ *n*

A (Sport) pateador, -dora *m,f*

B (AmE colloq) 1 (surprise): **the news was a real ~** la noticia nos dejó helados (*or* me dejó helado *etc*) 2 (added inducement): **the ~ was the low price they were asking** lo que nos atraía era lo poco que pedían

kickoff /ˈkɪkɔːf || ˈkɪkɒf/ *n* (Sport) saque *m or* puntapié *m* inicial, patada *f* de inicio; **what time is the ~?** ¿a qué hora empieza el partido?; ***for a ~*** para empezar

kickstart¹ /ˈkɪkstɑːrt || ˈkɪkstɑːt/ *vt* ‹*engine*› arrancar* (*con el pedal de arranque*); **to ~ the economy** darle* impulso a la reactivación de la economía

kickstart² *n* pedal *m or* palanca *f* de arranque

kid¹ /kɪd/ *n*

A [c] (colloq) 1 (child) niño, -ña *m,f*, chaval, -vala *m,f* (Esp fam), chavalo, -vala *m,f* (AmC, Méx fam), escuincle, -cla (Méx fam), pibe, -ba *m,f* (RPl fam), cabro, -bra *m,f* (Chi fam); **I loved swimming as a ~** de pequeño *or* (AmL tb) cuando era chico me encantaba nadar; ***to be ~*** *o* ***~'s stuff*** (easy) estar* tirado (fam), ser* un juego de niños; (lit: for children) ser* cosa de niños; (*before n*) **my ~ brother** mi hermano pequeño, mi hermanito 2 (young person) chico, -ca *m,f*

B 1 [c] (goat) cabrito, -ta *m,f*, choto, -ta *m,f* 2 [u] (leather) cabritilla *f*; ▸**glove**

kid² **-dd-** *vi* (colloq) bromear; **I've won the lottery — no ~ding!** ¡me ha tocado la lotería! — ¡no me digas!

■ **kid** *vt* 1 (tease) **to ~ sb (ABOUT sth)** tomarle el pelo a algn (CON algo) 2 (deceive) engañar; **you can't ~ me you didn't know** no me vas a hacer creer que no lo sabías; **don't ~ yourself!** ¡no te hagas ilusiones!; **stop ~ding yourself!** ¡desengáñate!, ¡abre los ojos!

kiddie, kiddy /ˈkɪdi/ *n* (*pl* **-dies**) (colloq) ▸**kid¹ A1**

kidnap¹ /ˈkɪdnæp/ *vt* **-pp-** *or* (AmE) **-p-** secuestrar, raptar

kidnap² *n* secuestro *m*, rapto *m*

kidnapper, (AmE also) **kidnaper** /ˈkɪdnæpər || ˈkɪdnæpə(r)/ *n* secuestrador, -dora *m,f*, raptor, -tora *m,f*

kidnapping, (AmE also) **kidnaping** /ˈkɪdnæpɪŋ/ *n* secuestro *m*, rapto *m*

kidney /ˈkɪdni/ *n* (*pl* **-neys**) (Anat, Culin) riñón *m*; (*before n*) ⟨*disease*⟩ renal; ~ **machine** riñón *m* artificial; ~ **stone** cálculo *m* renal

kidney bean *n* frijol *m or* (Esp) judía *f or* (CS) poroto *m* (*con forma de riñón*)

kill¹ /kɪl/ *vt*

A (cause death of) ⟨*person/animal*⟩ matar, dar* muerte a (frml); **he ~ed himself** se suicidó; **she was ~ed in a car crash** se mató *or* murió en un accidente de coche; **the disease ~s thousands every year** la enfermedad se cobra miles de víctimas anualmente

B **1** (destroy) ⟨*hopes*⟩ acabar con; **her arrival ~ed the conversation stone dead** con su llegada se cortó la conversación en seco **2** (spoil) ⟨*flavor/taste*⟩ estropear **3** (deaden) ⟨*pain*⟩ calmar **4** (use up): **I went for a walk to ~ time** fui a dar un paseo para matar el tiempo; **I had an hour to ~** tenía una hora sin nada que hacer

C (colloq) **1** (cause discomfort) matar (fam); **my feet/shoes are ~ing me** los pies/zapatos me están matando (fam) **2** (tire out, exhaust) matar (fam); **don't ~ yourself!** (iro) ¡cuidado, no te vayas a herniar! (iró)

■ **kill** *vi* matar; **she was dressed to ~** se había vestido para dejar a todos boquiabiertos (fam)

(Phrasal verb)

• **kill off** [v ▸ o ▸ adv, v ▸ adv ▸ o] matar, acabar con

kill² *n* **1** [c] (act): **he went in for the ~** entró a matar; ***to be in at the ~*** estar* presente en el momento culminante **2** [u] (animal, animals killed) presa *f*

killer /ˈkɪlər || ˈkɪlə(r)/ *n* (person) asesino, -na *m,f*; **the disease is a major ~** es una de las enfermedades que ocasionan más muertes; **the exam was a real ~** (colloq) el examen fue mortal *or* matador (fam); (*before n*) ⟨*shark*⟩ asesino; ⟨*disease*⟩ mortal; **the ~ instinct** el instinto asesino

killer whale *n* orca *f*

killing¹ /ˈkɪlɪŋ/ *n* [c u] (of person) asesinato *m*; (of animal) matanza *f*; ***to make a ~*** hacer* un gran negocio, forrarse (fam)

killing² *adj* (colloq) ⟨*schedule*⟩ matador (fam)

killjoy /ˈkɪldʒɔɪ/ *n* aguafiestas *mf*

kiln /kɪln/ *n* horno *m*

kilo /ˈkiːləʊ/ *n* (*pl* **-los**) kilo *m*

kilo- /ˈkɪləʊ/ *pref* kilo-

kilobyte /ˈkɪləbaɪt/ *n* kilobyte *m*, kiloocteto *m*

kilogram, (BrE also) **kilogramme** /ˈkɪləgræm/ *n* kilogramo *m*

kilohertz /ˈkɪləhɜːrts || ˈkɪləhɜːts/ *n* (*pl* ~) kilohercio *m*

kilometer, (BrE) **kilometre** /ˈkɪləmiːtər || kɪˈlɒmɪtə(r), ˈkɪləmiːtə(r)/ *n* kilómetro *m*

kilowatt /ˈkɪləwɑːt || ˈkɪləwɒt/ *n* kilovatio *m*

kilowatt-hour /ˈkɪləwɑːtˈaʊr || ˈkɪləwɒtˈaʊə(r)/ *n* kilovatio-hora *m*

kilt /kɪlt/ *n* falda *f or* (CS) pollera *f* escocesa

kilter /ˈkɪltər || ˈkɪltə(r)/ *n*: **the strike has thrown our production out of ~** la huelga nos ha desbaratado la producción

kimono /kəˈməʊnəʊ || kɪˈməʊnəʊ/ *n* (*pl* **-nos**) kimono *m*, quimono *m*

kin /kɪn/ *n* (+ *pl vb*) familiares *mpl*, parientes *mpl*

kind¹ /kaɪnd/ *n*

A (sort, type) **1** (of things) tipo *m*, clase *f*; **of all ~s** de todo tipo, de toda clase; **I like the ~ with walnuts in** me gustan las/los que tienen nueces; **the usual ~ of thing** lo de siempre; **and all that ~ of thing** y todo eso; **he has a business of some ~** tiene un negocio de algo; **I didn't say anything of the ~** yo no dije nada semejante **2** (of people) clase *f*, tipo *m*; **she's not that ~ of girl** no es de ésas; **what ~ of a fool do you take me for?** ¿tú te crees que soy tonta?; **they're not really our ~ of people** no son gente como uno

B (sth approximating to) especie *f*; **she was overcome by a ~ of yearning** la invadió una especie de añoranza

C (*in phrases*) **in kind**: **payment in ~** pago *m* en especie; **he repaid their insolence in ~** les pagó su insolencia con la misma moneda; **kind of** (colloq): **he seemed ~ of stupid** parecía como tonto (fam); **I ~ of thought he would** no sé por qué, pero pensé que lo haría; **of a kind**: **they served a meal, of a ~** sirvieron una especie de comida, si se le puede llamar así; **three of a ~** (Games) tres del mismo palo; **they're two of a ~** son tal para cual

kind² *adj* **-er, -est** ⟨*offer*⟩ amable; **he's very ~** es muy buena persona; **what a ~ thought!** ¡qué amabilidad!; **she has a ~ heart** tiene buen corazón; **to be ~ TO sb**: **she's always been ~ to me** siempre ha sido muy amable conmigo *or* se ha portado muy bien conmigo; **life has been ~ to him** la vida lo ha tratado bien; **it's very ~ to your skin** no daña la piel; **would you be ~ enough to** *o* (frml) **so ~ as to accompany me?** ¿tendría la amabilidad de acompañarme?

kindergarten /ˈkɪndər,gɑːrtn̩ || ˈkɪndəgɑːtn̩/ *n* jardín *m* de infancia *or* de niños

kind-hearted /ˈkaɪndˈhɑːrtəd || ,kaɪndˈhɑːtɪd/ *adj* ⟨*person*⟩ de buen corazón, bondadoso

kindle /ˈkɪndl̩/ *vt* ⟨*fire*⟩ encender*, prender; ⟨*interest*⟩ despertar*; ⟨*passion*⟩ encender*

kindling /ˈkɪndlɪŋ/ *n* [u] (wood) astillas *fpl* para encender el fuego

kindly¹ /ˈkaɪndli/ *adv*

A **1** (generously) amablemente; **they ~ invited me to join them** tuvieron la gentileza de invitarme a ir con ellos **2** (adding polite emphasis) (frml): **passengers are ~ requested to ...** se ruega a los pasajeros tengan la amabilidad de ... **3** (expressing annoyance, impatience): **~ explain to me how ...** tenga la bondad de explicarme cómo ...

B (favorably): **they didn't take ~ to my suggestion** no recibieron demasiado bien mi sugerencia; **she doesn't take ~ to being contradicted** no le hace ninguna gracia que la contradigan

kindly² *adj* **-lier, -liest** bondadoso

kindness /ˈkaɪndnəs || ˈkaɪndnɪs/ *n* **1** [u] (quality) ~ (**TO** *o* **TOWARD sb**) amabilidad *f* **PARA CON** algn; **she did it out of the ~ of her heart** lo hizo de buena *or* generosa que es; ***to kill sb with ~*** abrumar a algn con atenciones **2** [c] (act) favor *m*, detalle *m*; **I thought I was doing him a ~** creí que le hacía un favor

kindred /ˈkɪndrəd || ˈkɪndrɪd/ *adj* (*before n*) (similar) similar, análogo; **~ spirits** almas *fpl* gemelas

kinetic /kəˈnetɪk || kɪˈnetɪk/ *adj* cinético

kinetics /kəˈnetɪks || kɪˈnetɪks/ *n* (+ *sing vb*) cinética *f*

king /kɪŋ/ *n* **1** (ruler) rey *m*; **Christ the K~** Cristo Rey; **to live like a ~** vivir como un rey; ***a ~'s ransom*** un dineral; ***the ~ of the castle*** el amo y señor **2** (in cards, chess) rey *m*; (in checkers) dama *f*

kingdom /ˈkɪŋdəm/ *n* reino *m*; **the plant/animal ~** el reino vegetal/animal; ***to blow sth to ~ come*** hacer* saltar algo en pedacitos

king: **~fisher** *n* martín *m* pescador; **~pin** *n* **1** (in bowling) bolo *m or* (Méx) pino *m* central **2** (person) cerebro *m*; **~-size**, **~-sized** *adj* ⟨*cigarette*⟩ extralargo; ⟨*bed*⟩ de matrimonio (*extragrande*)

kink /kɪŋk/ *n* (in rope, wire) vuelta *f*, curva *f*; (in hair) onda *f*

kinky /ˈkɪŋki/ *adj* **-kier, -kiest** (colloq) algo pervertidillo (fam)

kinship /ˈkɪnʃɪp/ *n* [u] (blood relationship) parentesco *m*

kinsman /ˈkɪnzmən/ *n* (*pl* **-men** /-mən/) familiar *m*, pariente *m*

kinswoman /ˈkɪnz,wʊmən/ *n* (*pl* **-women**) familiar *f*

kiosk /ˈkiːɑːsk || ˈkiːɒsk/ *n* **1** (stall) quiosco *m* **2** (*telephone* ~) (BrE) cabina *f* (telefónica)

kip¹ /kɪp/ *n* (BrE colloq) (sleep) (*no pl*): **to have a ~** echarse un sueño *or* una siestecita *or* siestita (fam), apolillar un rato (RPl fam); **let me get some ~** déjame dormir un rato

kip² *vi* **-pp-** (BrE colloq) dormir*

kipper /ˈkɪpər || ˈkɪpə(r)/ *n* arenque *m* salado y ahumado

Kirghizia /kɪrˈgiːziə || kiəˈgɪziə/, **Kirghizstan** /,kɪrgiːˈstɑːn || kɪəgɪˈstɑːn/ *n* Kirguizistán *m*

kirk /kɜːrk || kɜːk/ *n* (Scot) iglesia *f*; **the K~** (colloq) la iglesia presbiteriana escocesa

kiss¹ /kɪs/ *vt* ⟨*person*⟩ besar; **they ~ed (each other)** se besaron, se dieron un beso; **to ~ sb goodbye/goodnight** darle* un beso de despedida/de buenas noches a algn

■ **kiss** *vi* besarse; **to ~ and make up** hacer* las paces

kiss² *n* beso *m*; **she blew ~es to the audience** tiró besos al público; **love and ~es** (Corresp) besos y abrazos; **she gave him the ~ of life** le hizo (la) respiración artificial *or* boca a boca; ~ ***of death*** golpe *m* de gracia

kiss-and-tell /ˌkɪsən(d)ˈtel/ *adj* (Journ) ‹*book/story*›: *en que el autor revela su vida íntima con una celebridad*

kiss curl *n* (BrE) caracol *m*, rizo *m*

kit /kɪt/ *n*

A [c] **1** (set of items): **first-aid** ~ botiquín *m* de primeros auxilios; **sewing** ~ costurero *m*; **tool** ~ caja *f* de herramientas **2** (parts for assembly) kit *m*; **a model car** ~ un coche para armar; (*before n*) **it comes in ~ form** venden el kit *or* las partes (y uno lo arma)

B [u] **1** (equipment) equipo *m* **2** (personal effects) cosas *fpl*; (Mil) petate *m* **3** (Clothing) (esp BrE) ropa *f*; **gym** ~ (Sport) equipo *m* de gimnasia

Phrasal verb

• **kit out, kit up**: **-tt-** [v ▸ o ▸ adv, v ▸ adv ▸ o] (BrE) equipar; **she was ~ted out in tennis gear** llevaba puesto un equipo de tenis; **the room is ~ted out as a gymnasium** la habitación está habilitada como gimnasio

kitbag /ˈkɪtbæg/ *n* (BrE) bolsa *f*; (Mil) petate *m*

kitchen /ˈkɪtʃən || ˈkɪtʃɪn/ *n* cocina *f*; (*before n*) ~ **unit** módulo *m* de cocina

kitchenette /ˈkɪtʃənˈet || ˌkɪtʃɪˈnet/ *n* kitchenette *f*, cocineta *f* (Méx)

kitchen: ~ **garden** *n* huerto *m*; ~ **sink** *n* fregadero *m or* (Andes) lavaplatos *m or* (RPl) pileta *f*; **he took everything but the ~ sink** (hum) se fue con la casa a cuestas; **~ware** /ˈkɪtʃənwer || ˈkɪtʃɪnweə(r)/ *n* [u] artículos *mpl* de cocina

kite /kaɪt/ *n*

A (toy) cometa *f or* (RPl tb) barrilete *m or* (AmC, Méx) papalote *m or* (Ven) papagayo *m or* (Chi) volantín *m*; ***to be as high as a*** ~ (colloq) estar* totalmente colocado *or* volado (fam), estar* hasta atrás (Méx fam)

B (bird) milano *m*

kith /kɪθ/ *n*: ~ **and kin** (frml) (+ *sing or pl vb*) familiares y amigos

kitsch /kɪtʃ/ *n* [u] kitsch *m*; (*before n*) ‹*ornaments/decor*› kitsch *adj inv*

kitten /ˈkɪtn̩/ *n* gatito, -ta *m,f*; ***to have ~s*** (colloq): **I nearly had ~s when I realized ...** casi me da un ataque cuando me di cuenta de que ...

kittiwake /ˈkɪtiweɪk/ *n* gaviota *f* tridáctida

kitty /ˈkɪti/ *n* (*pl* **-ties**)

A **1** (cards) banca *f*, bote *m* **2** (money) (colloq) bote *m*, fondo *m* común

B (cat) (colloq) minino *m* (fam)

kiwi /ˈkiːwiː/ *n* **1** (Zool) kiwi *m* **2** **K~** (New Zealander) (colloq) neozelandés, -desa *m,f* **3** ~ **(fruit)** kiwi *m*

KKK *n* (in US) = **Ku Klux Klan**

klaxon /ˈklæksən/ *n* sirena *f*

Kleenex®, **kleenex** /ˈkliːneks/ *n* (*pl* ~) kleenex® *m*, pañuelo *m* de papel

kleptomania /ˈkleptəˈmeɪniə/ *n* [u] cleptomanía *f*

kleptomaniac /ˈkleptəˈmeɪniæk/ *n* cleptómano, -na *m,f*

klutz /klʌts/ *n* (AmE colloq) torpe *mf*, ganso, -sa *m,f* (fam), patoso, -sa *m,f* (Esp fam)

klutzy /ˈklʌtsi/ *adj* **-zier, -ziest** (AmE colloq) torpe, ganso (fam), patoso (Esp fam)

km (= **kilometer(s)** *o* (BrE) **kilometre(s)**) Km.

knack /næk/ *n*: **there's a ~ to making omelettes** hacer tortillas tiene su truco *or* (Méx) su chiste; **I'll never get the ~ of this!** ¡nunca le voy a agarrar la onda (AmL fam) *or* (Esp) coger el tranquillo a esto!

knacker[1] /ˈnækər || ˈnækə(r)/ *n* (BrE) (of horses) matarife *m* de caballos; **it's for the ~'s yard** está para la basura

knacker[2] *vt* (BrE colloq) **1** (exhaust) dejar hecho polvo (fam) **2** (ruin) hacer* polvo (fam)

knackered /ˈnækərd || ˈnækəd/ *adj* (*pred*) (BrE colloq) hecho polvo (fam), reventado (fam)

knapsack /ˈnæpsæk/ *n* mochila *f*

knave /neɪv/ *n* **1** (rogue) (arch) truhán *m* (ant), bellaco *m* (arc) **2** (in French pack of cards) jota *f*; (in Spanish pack) sota *f*

knead /niːd/ *vt* (Culin) amasar, trabajar; ‹*muscles/shoulders*› masajear

knee[1] /niː/ *n* (Anat, Clothing) rodilla *f*; **I felt weak at the ~s** se me aflojaron las piernas; **to be on one's ~s** estar* arrodillado, estar* de rodillas *or* (liter) de hinojos; **to go** *o* **get down on one's ~s** ponerse* de rodillas, arrodillarse; **my/his ~s were knocking** (colloq) me/le temblaban las piernas; **my trousers have gone at the ~** se me han roto los pantalones en la rodilla; ***to bow*** *o* ***bend the ~ to sb*** doblar la cerviz ante algn; **on bended ~(s)** de rodillas, de hinojos (liter); ***to bring sth to its ~s***: **the strike brought the country to its ~s** la huelga llevó el país al borde del desastre

knee[2] *vt* darle* *or* pegarle* un rodillazo a

kneecap[1] /ˈniːkæp/ *n* rótula *f*

kneecap[2] *vt* **-pp-** (BrE) dispararle a las piernas a

knee: **~-deep** /ˈniːˈdiːp/ *adj* (*pred*): **the mud is ~-deep** el barro llega hasta la(s) rodilla(s); **to be ~-deep IN sth**: **they were ~-deep in mud** estaban con el barro hasta las rodillas; **~-high** /ˈniːˈhaɪ/ *adj* ‹*sock*› largo; **the weeds are ~-high** la maleza llega hasta las rodillas; ~ **jerk** *n* reflejo *m* rotular; (*before n*) **~-jerk reaction** acto *m* reflejo, reacción *f* visceral *or* instintiva

kneel /niːl/ *vi* (*past & past p* **kneeled** *or* **knelt**) (get down on one's knees) arrodillarse; (be on one's knees) estar* arrodillado *or* de rodillas; **to ~ down** arrodillarse, ponerse* de rodillas

knee: **~-length** *adj* ‹*sock*› largo; ‹*skirt*› hasta la rodilla; **~-length boots** botas *fpl* altas *or* de caña alta; **~s-up** *n* (BrE colloq) fiesta *f*, fiestoca *f* (Chi fam), fiestichola *f* (RPl fam)

knell /nel/ *n* doble *m*, toque *m* de difuntos; **it was the death ~ of the party** fue la sentencia de muerte para el partido

knelt /nelt/ *past & past p of* **kneel**

knew /nuː || njuː/ *past of* **know**

knickerbockers /ˈnɪkərbɑːkərz || ˈnɪkəbɒkəz/ *pl n* pantalones *mpl* bombachos

knickers /ˈnɪkərz || ˈnɪkəz/ *pl n*

A (AmE) ▸**knickerbockers**

B (BrE) (undergarment) calzones *mpl* (AmS), bragas *fpl* (Esp), pantaletas *fpl* (AmC, Ven), bombacha *f* (RPl); ***to get one's ~ in a twist*** (colloq) ponerse* nervioso

knickknack /ˈnɪknæk/ *n* chuchería *f*, adornito *m*

knife[1] /naɪf/ *n* (*pl* **knives**) cuchillo *m*; (penknife) navaja *f*, cortaplumas *m or f*; (dagger) puñal *m*; ***the knives are out for him/her*** (BrE colloq) se la tienen jurada; ***to get one's ~ into sb*** (colloq) ensañarse con algn, atacar* a algn; ***to turn*** *o* ***twist the ~ (in the wound)*** hurgar* en la herida; ***under the ~*** (Med) en la mesa de operaciones; ***you could have cut the atmosphere with a ~*** se respiraba la tensión en el ambiente; (*before n*) ~ **fight** pelea *f* con navajas (*or* cuchillos *etc*)

knife[2] *vt* acuchillar

knife: ~ **edge** *n* filo *m* (*de cuchillo, navaja etc*); ***to be*** *o* ***rest*** *o* ***be balanced on a ~ edge*** pender de un hilo; **~-point** *n*: **he was robbed at ~-point** le robaron amenazándolo con un cuchillo

knifing /ˈnaɪfɪŋ/ *n* ataque *m* con cuchillo (*or* navaja *etc*)

knight[1] /naɪt/ *n* **1** (Hist) caballero *m*; **a ~ in shining armor** (dream man) un príncipe azul **2** (holder of title) sir *m* **3** (in chess) caballo *m*

knight[2] *vt* **1** (confer title upon) conceder el título de sir a **2** (Hist) armar caballero

knight errant *n* (*pl* **~s ~**) caballero *m* andante

knighthood /ˈnaɪthʊd/ *n* (title) título *m* de sir; **to receive a ~** recibir el título de sir

knit /nɪt/ (*pres p* **knitting**; *past & past p* **knitted** *or* **knit**) *vt*

A **1** ‹*sweater*› (by hand) hacer*, tejer; (with machine) tejer, tricotar (Esp); ~ **one, purl one** uno (al) derecho, uno (al) revés **2** **knitted** *o* (AmE esp) **knit** *past p* de punto, tejido

B **1** ~ **(together)** (join, unite) ‹*bones*› soldar*; **they are a tightly ~ family** son *or* es una familia muy unida **2** **to ~ one's brows** fruncir* el ceño

■ **knit** *vi* **1** (by hand) tejer, hacer* punto *or* calceta (Esp); (with machine) tejer, tricotar (Esp) **2** ~ **(together)** «*bones*» soldarse*

knitting /ˈnɪtɪŋ/ *n* [u] **1** (piece of work) tejido *m*, punto *m* (Esp); **where did I put my ~?** ¿dónde habré dejado el tejido *or* (Esp) el punto? **2** (activity): **I really enjoy ~** me encanta tejer, me encanta hacer* punto *or* calceta (Esp);

(*before n*) ~ **pattern** patrón *m* (*de un suéter u otra prenda de punto*)

knitting: ~ **machine** *n* máquina *f* de tejer, tricotosa *f* (Esp); ~ **needle** *n* aguja *f* de tejer *or* (Esp) de hacer punto, palillo *m* (Chi)

knitwear /ˈnɪtwer || ˈnɪtweə(r)/ *n* [u] artículos *mpl or* géneros *mpl* de punto

knives /naɪvz/ *pl of* **knife**[1]

knob /nɑːb || nɒb/ *n* 1 (on door) pomo *m*, perilla *f* (AmL); (on drawer) tirador *m*, perilla *f* (AmL); (on walking stick) puño *m*; (on bedstead) perilla *f*; (on radio, TV) botón *m*; ***the same to you with (brass) ~s on!*** (BrE colloq) ¡y tú más! (fam) 2 (lump) bulto *m* 3 (small piece) (esp BrE): **a ~ of butter** un trocito *or* una nuez de mantequilla

knobbly /ˈnɑːbli || ˈnɒbli/ *adj* **-lier, -liest** ‹*tree/fingers*› nudoso; ‹*knees*› huesudo

knock[1] /nɑːk || nɒk/ *n*

A (sound) golpe *m*; (in engine) golpeteo *m*, cascabeleo *m* (AmL); **he gave a couple of ~s before entering** llamó *or* (AmL tb) tocó (a la puerta) un par de veces antes de entrar

B (blow) golpe *m*; **I got a ~ on the head** me di un golpe en la cabeza

C (colloq) 1 (setback) golpe *m*; **the company has taken some bad ~s recently** la compañía ha tenido serios reveses últimamente 2 (criticism) crítica *f*, palo *m* (fam)

knock[2] *vt*

A (strike, push): **to ~ one's head/knee on/against sth** darse* (un golpe) en la cabeza/rodilla con/contra algo; **to ~ a nail into the wall** clavar un clavo en la pared; **she ~ed the vase off the shelf** tiró el jarrón de la repisa; **he was ~ed to the ground by the blast/blow** la explosión/el golpe lo tiró al suelo *or* lo tumbó; **she ~ed the glass out of his hand** le hizo caer el vaso de la mano; **they ~ed a large hole in the wall** hicieron un gran boquete en la pared; **the blow ~ed her unconscious** el golpe la dejó inconsciente; ***to ~ sb sideways*** (colloq) dejar a algn de una pieza

B (criticize) (colloq) criticar*, hablar mal de

■ **knock** *vi* 1 (on door) llamar, golpear (AmL), tocar* (AmL) 2 (collide) **to ~ AGAINST/INTO sb/sth** darse* *or* chocar* CONTRA algn/algo 3 ‹‹*engine*›› golpetear, cascabelear (AmL)

(Phrasal verbs)

- **knock about**, **knock around** (colloq)

A [v ▸ o ▸ adv] (beat) pegarle* a; **her husband used to ~ her about** su marido la maltrataba *or* le pegaba

B 1 [v ▸ adv] (be present): **I used to ~ around with him a lot** antes andaba *or* salía mucho con él 2 [v ▸ adv ▸ o] (travel) ‹*country/continent*› viajar por

- **knock back** (colloq)

A [v ▸ o ▸ adv, v ▸ adv ▸ o] (drink) beberse, tomarse

B [v ▸ o ▸ adv] (cost) costar*, salir*

- **knock down** [v ▸ o ▸ adv, v ▸ adv ▸ o]

A 1 (cause to fall) ‹*door/fence*› tirar abajo; ‹*obstacle*› derribar; **he ran into her and ~ed her down** chocó con ella y la hizo caer *or* la tiró al suelo 2 ‹‹*vehicle/driver*›› atropellar 3 (demolish) echar abajo

B (colloq) (reduce) ‹*price/charge*› rebajar

- **knock off**

A [v ▸ adv] [v ▸ prep ▸ o] (stop work) (colloq): **when do you ~ off (work)?** ¿a qué hora sales del trabajo?, ¿hasta qué hora trabajas?; **let's ~ off for lunch** vamos a parar para comer

B [v ▸ o ▸ adv, v ▸ adv ▸ o] (stop) (colloq) dejar de; **~ it off, will you!** ¡déjala ya! (fam)

C [v ▸ o ▸ adv, v ▸ adv ▸ o] (deduct, eliminate) (colloq) rebajar; **I'll ~ off 25% for you** le hago un descuento del 25%

D [v ▸ o ▸ adv, v ▸ adv ▸ o] (do quickly, easily) (colloq): **he ~s off four novels a year** se escribe cuatro novelas por año (fam)

- **knock out**

A [v ▸ o ▸ adv, v ▸ adv ▸ o] 1 (make unconscious) dejar sin sentido, hacer* perder el conocimiento, noquear; **she hit her head and ~ed herself out** se dio un golpe en la cabeza y perdió el conocimiento; **he was ~ed out in the fourth round** lo dejó K.O. *or* lo noqueó en el cuarto asalto 2 (destroy, damage) (colloq) ‹*target*› destruir*

B [v ▸ o ▸ adv, v ▸ adv ▸ o] 1 (remove by hitting) ‹*contents*› vaciar*; **several teeth were ~ed out** perdió varios dientes 2 (of competition) eliminar

- **knock over** [v ▸ o ▸ adv, v ▸ adv ▸ o] 1 (cause to fall) tirar 2 ‹‹*vehicle*›› atropellar

- **knock up**

A [v ▸ o ▸ adv, v ▸ adv ▸ o] (colloq) 1 (assemble hurriedly) improvisar, hacer*; **he ~ed up these shelves in a couple of hours** hizo esta estantería en un par de horas 2 (rouse, waken) (BrE) despertar*, llamar

B [v ▸ o ▸ adv] 1 (exhaust) (AmE colloq) dejar hecho polvo *or* para el arrastre *or* (AmL) de cama (fam) 2 (make pregnant) (sl) dejar embarazada

knock: **~about** *adj* (*before n*) bullicioso; **a ~about comedy** una astracanada; **~down** *adj* (*before n*) (reduced): **at a ~down price** a precio de ganga

knocker /ˈnɑːkər || ˈnɒkə(r)/ *n*

A (on door) aldaba *f*, llamador *m*

B **knockers** *pl* (sl) melones *mpl* (fam), tetas *fpl* (fam)

knocking /ˈnɑːkɪŋ || ˈnɒkɪŋ/ *n* 1 (noise) (*no pl*) golpes *mpl* 2 [u] (Auto) golpeteo *m*, cascabeleo *m* (AmL) 3 [u] (criticism) (colloq) palos *mpl* (fam)

knock: **~-kneed** /ˈnɑːkˈniːd || ˌnɒkˈniːd/ *adj* patizambo; **~-on** /ˈnɑːkˈɑːn || nɒkˈɒn/ *adj*: **~-on effect** repercusiones *fpl*

knockout[1] /ˈnɑːkaʊt || ˈnɒkaʊt/ *n* 1 (in boxing) nocaut *m*, K.O. *m* (*read as: nocaut or* (Esp) *cao*) 2 (person, thing) (colloq): **he/she's a ~** está super bien; **the show was a ~** el espectáculo fue un exitazo (fam)

knockout[2] *adj* 1 ‹*punch*› demoledor, fulminante 2 ‹*competition*› eliminatorio

knoll /nəʊl/ *n* loma *f*, montículo *m*

knot[1] /nɑːt || nɒt/ *n*

A 1 (in string, hair) nudo *m*; **to tie/untie a ~** hacer*/deshacer* un nudo; **I can't get the ~s out of my hair** no logro desenredarme el pelo; **I had a ~ in my stomach** tenía un nudo en el estómago; ***to tie sb up in ~s*** enredar *or* liar* a algn; ***to tie the ~*** (colloq) casarse 2 (in muscles) nódulo *m* 3 (in wood, tree) nudo *m* 4 (cluster) puñado *m*; **a ~ of people** un puñado de personas

B (measure of speed) nudo *m*; ***at a rate of ~s*** (BrE colloq) a toda mecha (fam)

knot[2] *vt* **-tt-** ‹*rope/thread*› hacer* un nudo en

knotted /ˈnɑːtəd || ˈnɒtɪd/ *adj* nudoso, lleno de nudos; ***get ~!*** (BrE colloq) ¡vete a que te zurzan! (fam)

knotty /ˈnɑːti || ˈnɒti/ *adj* **-tier, -tiest** 1 ‹*problem*› enredado, espinoso 2 ‹*wood*› nudoso

know[1] /nəʊ/ (*past* **knew**; *past p* **known**) *vt*

A 1 (have knowledge of, be aware of) saber*; **I don't ~ his name/how old he is** no sé cómo se llama/cuántos años tiene; **to ~ sth ABOUT sth** saber* algo DE algo; **not to ~ the first thing about sth** no saber* nada *or* no tener* ni idea de algo; **I knew it! you've changed your mind!** ¡ya sabía yo que ibas a cambiar de idea!; **how was I to ~ that ... ?** ¿cómo iba yo a saber que ... ?; **I should have ~n this would happen** tenía que haber(me) imaginado que iba a pasar esto; **I don't ~ that I agree/that I'll be able to come** no sé si estoy de acuerdo/si podré ir; **I'll have you ~ that ...** has de saber que ..., para que sepas, ...; **you ~ what he's like** ya sabes cómo es (él), ya lo conoces; **before I knew where I was, it was ten o'clock** cuando quise darme cuenta, eran las diez; **it is well ~n that ...** todo el mundo sabe que ...; **it soon became ~n that ...** pronto se supo que ...; **to be ~n to + INF**: **he's ~n to be dangerous** se sabe que es peligroso; **I ~ that for a fact** me consta que es así; **to let sb ~ sth** decirle* algo a algn, hacerle* saber *or* comunicarle* algo a algn (frml); (warn) avisarle algo a algn; **let me ~ how much it's going to cost** dime cuánto va a costar; **he let it be ~n that ...** dio a entender que ...; **to make sth ~n to sb** hacerle* saber algo a algn; **without our ~ing it** sin saberlo nosotros, sin que lo supiéramos; **there's no ~ing what he might do** quién sabe qué hará; **do you ~ what!** ¿sabes qué?; **I ~ what: let's go skating!** ¡tengo una idea: vayamos a patinar!; **wouldn't you ~ it: it's starting to rain!** ¡no te digo, se ha puesto a llover!; ***not to ~ which way o where to turn*** no saber* qué hacer; ***to ~ sth backwards***: **she ~s her part backwards** se sabe el papel al dedillo *or* al revés y al derecho 2 (have practical understanding of) ‹*French/shorthand*› saber* 3 (have skill, ability) **to ~ how to + INF** saber* + INF; **he doesn't ~ how to swim** no sabe nadar

B 1 (be acquainted with) ‹*person/place*› conocer*; **how well do you ~ her?** ¿la conoces mucho *or* bien?; **I only ~ her by**

k

name la conozco *or* (AmL tb) la ubico sólo de nombre; **you ~ me/him: ever the optimist** ya me/lo conoces: siempre tan optimista; **to get to ~ sb**: **how did they get to ~ each other?** ¿cómo se conocieron?; **I got to ~ him better/quite well** llegué a conocerlo mejor/bastante bien; **to get to ~ sth** ‹*subject/job*› familiarizarse* con algo; **we knew her as Mrs Balfour** para nosotros era la Sra Balfour **2** (have personal experience of): **he has ~n poverty/success** ha conocido la pobreza/el éxito; **he ~s no fear** no sabe lo que es *or* no conoce el miedo **3** (be restricted by) (liter) tener*; **her ambition ~s no limits** su ambición no tiene límites

C **1** (recognize, identify) reconocer*; **she ~s a good thing when she sees one** sabe lo que es bueno; **to ~ sth/sb BY sth** reconocer* algo/a algn POR algo **2** (distinguish) **to ~ sth/sb FROM sth/sb** distinguir* algo/a algn DE algo/algn; **I don't ~ one from the other** no los distingo, no distingo al uno del otro

D (see, experience) (*only in perfect tenses*): **I've never ~n her (to) lose her temper** nunca la he visto perder los estribos; **this has been ~n to happen before** esto ya ha ocurrido otras veces

■ **know** *vi* saber*; **what happened? — nobody ~s** ¿qué pasó? — no se sabe; **how do you ~?** ¿cómo lo sabes?; **I won't argue: you ~ best** no voy a discutir: tú sabrás; **I ~!** ¡ya sé!, ¡tengo una idea!; **I ought to ~!** ¡si lo sabré yo!; **you could have let me ~!** ¡me lo podrías haber dicho!; **you never ~** nunca se sabe; **the government didn't want to ~** el gobierno se desentendió completamente *or* no quiso saber nada; **I'm not stupid, you ~!** oye, que no soy tonto ¿eh? *or* ¿sabes?; **to ~ ABOUT sth/sb**: **he ~s about computers** sabe *or* entiende de computadoras; **did you ~ about John?** ¿sabías lo de John?, ¿estabas enterado de lo de John?; **can I invite him? — I don't ~ about that, we'll have to see** ¿lo puedo invitar? — no sé, veremos; **to get to ~ about sth** enterarse de algo; **to ~ OF sth/sb**: **she knew of their activities** tenía conocimiento *or* estaba enterada de sus actividades; **not that I ~ of** que yo sepa, no; **do you ~ of a good carpenter?** ¿conoces a *or* sabes de algún carpintero bueno?; **I don't actually ~ her, I ~ *of* her** no la conozco personalmente, sólo de oídas

know² *n*: ***to be in the ~*** estar* enterado

knowable /'nəʊəbəl/ *adj* conocible

know: **~-all** *n* (BrE) ▸**know-it-all**; **~how** *n* [u] know-how *m*, conocimientos *mpl* y experiencia

knowing /'nəʊɪŋ/ *adj* ‹*smile*› de complicidad; **she gave me a ~ look** me miró dándome a entender que ya lo sabía

knowingly /'nəʊɪŋli/ *adv* **1** ‹*smile/nod*› de manera cómplice **2** (deliberately) ‹*hurt/lie*› a sabiendas

know-it-all /'nəʊɪtɔ:l/ *n* (colloq) sabelotodo *mf* (fam), sabihondo, -da *m,f* (fam)

knowledge /'nɑ:lɪdʒ || 'nɒlɪdʒ/ *n* [u]

A (awareness) conocimiento *m*; **I had no ~ of their activities** no estaba enterado *or* (frml) no tenía conocimiento de sus actividades; **to the best of my ~** que yo sepa; **has he changed his mind? — not to my ~** ¿ha cambiado de opinión? — que yo sepa, no; **she did it in the ~ that ...** lo hizo sabiendo que *or* a sabiendas de que ...; **it is common ~ that ...** todo el mundo sabe que ...

B (facts known) saber *m*; (by particular person) conocimientos *mpl*; **the pursuit of ~** la búsqueda del saber; **my ~ of Spanish/the law is very limited** mis conocimientos de español/de la ley son muy limitados; **he has a thorough ~ of the subject** conoce el tema a fondo

knowledgeable /'nɑ:lɪdʒəbəl || 'nɒlɪdʒəbəl/ *adj* ‹*person*› (about current affairs) informado; (about given subject) entendido; (in general) culto; **he's very ~ about wine/politics** sabe mucho de *or* está muy impuesto en tema de vinos/política

known¹ /nəʊn/ *past p of* **know**

known² *adj* ‹*fact*› conocido, sabido; **a little-~ artist** un artista poco conocido; **her last ~ address** la última dirección que se le conoce; **to be ~ AS sth** (have reputation) tener* fama DE algo; (be called): **he likes to be ~ as Alex** le gusta que lo llamen Alex; **you'll need what's ~ as an affidavit** vas a necesitar lo que se conoce como *or* lo que llaman un afidávit; **better ~ as ...** más conocido como ...; **before she became ~ as an author** antes de que se hiciera famosa como escritora; **to be ~ TO sb**: **she is ~ to the police** la policía la tiene fichada; **for reasons best ~ to herself** por motivos que ella conocerá; **to be ~ FOR sth**: **he's better ~ for his work in films** se le conoce mejor por su trabajo cinematográfico

know-nothing /'nəʊ,nʌθɪŋ/ *n* (colloq) ignorante *mf*, analfabeto, -ta *m,f* (fam)

knuckle /'nʌkəl/ *n* **1** (finger joint) nudillo *m*; ***to be near the ~*** (BrE colloq) pasarse de castaño oscuro (fam); ***to give sb a rap*** *o* ***to rap sb on*** *o* (esp BrE) ***over the ~s*** (rebuke) llamarle la atención a algn, echarle un rapapolvo a algn (Esp fam); (lit: hit) darle* en los nudillos a algn **2** (of pork) codillo *m*; (of veal) morcillo *m*, jarrete *m*

Phrasal verbs

- **knuckle down** [v ▸ adv] ponerse* a trabajar en serio; **to ~ down TO sth**: **you'd better ~ down to some hard work** va a ser mejor que te pongas a trabajar en serio
- **knuckle under** [v ▸ adv] ceder*, pasar por el aro

knuckleduster /'nʌkəl,dʌstər || 'nʌkəl,dʌstə(r)/ *n* (BrE) ▸**brass knuckles**

KO /'keɪ'əʊ/ *n* (in boxing) (colloq) K.O. *m*; (*read as: nocaut o* (Esp) *cao*)

koala /kəʊ'ɑ:lə/ *n* **~ (bear)** koala *m*

kohlrabi /'kəʊl'rɑ:bi/ *n* [u c] (*pl* **-bis**) colinabo *m*

kook /ku:k/ *n* (AmE colloq) chiflado, -da *m,f* (fam)

kooky /'ku:ki/ *adj* **-kier, -kiest** (AmE colloq) ‹*person*› chiflado (fam)

kopeck, kopek /'kəʊpek/ *n* copec(k) *m*, kopek *m*

Koran /kə'rɑ:n/ *n* **the ~** el Corán

Korea /kə'ri:ə/ *n* Corea *f*; **North/South ~** Corea del Norte/Sur

Korean¹ /kə'ri:ən/ *adj* coreano

Korean² *n* **1** [c] (person) coreano, -na *m,f*; **North ~** norcoreano, -na *m,f*; **South ~** surcoreano, -na *m,f* **2** [u] (language) coreano *m*

kosher /'kəʊʃər || 'kəʊʃə(r)/ *adj* ‹*food/butcher*› kosher *adj inv*; (genuine, legitimate) (colloq) legítimo, legal (fam)

Kotex® /'kəʊteks/ *n* (AmE) compresa *f*, toalla *f* higiénica

kowtow /'kaʊ'taʊ/ *vi* **to ~ TO sb** doblar la cerviz *or* doblegarse* ANTE algn

kph (= **kilometers** *o* (BrE) **kilometres per hour**) Km/h.

Kremlin /'kremlən || 'kremlɪn/ *n* **the ~** el Kremlin

KS = Kansas

kudos /'ku:dɑ:s || 'kju:dɒs/ *n* [u] prestigio *m*

Ku Klux Klan /'ku:'klʌks'klæn/ *n* (in US) **the ~ ~ ~** el Ku Klux Klan

Ku Klux Klan – KKK

Una organización secreta en EEUU que se opone a la igualdad de derechos para los afroamericanos (**African-Americans**). Se estableció en 1866, después de la abolición de la esclavitud. Declarada ilegal en 1871, resurgió en 1915, ampliando sus ataques para incluir también a los judíos, católicos y extranjeros. Durante los años 60 se opuso violentamente a la campaña por la igualdad de los derechos civiles de los afroamericanos. En la actualidad tiene poca influencia. Los miembros del KKK se visten con túnicas largas de color blanco y capuchones altos terminados en punta que les ocultan la cara

kumquat /'kʌmkwɑ:t || 'kʌmkwɒt/ *n* naranjita *f* china, kumquat *m*, quinoto *m*

kung fu /'kʌŋ'fu:/ *n* [u] kung fu *m*

Kurd /kɜ:rd || kɜ:d/ *n* kurdo, -da *m,f*

Kurdish /'kɜ:rdɪʃ || 'kɜ:dɪʃ/ *adj* kurdo

Kuwait /kə'weɪt || kʊ'weɪt/ *n* Kuwait *m*

Kuwaiti¹ /kə'weɪti || kʊ'weɪti/ *adj* kuwaití

Kuwaiti² *n* kuwaití *mf*

KY, Ky = Kentucky

L, **l** /el/ *n* L, l *f*

l (= **liter(s)** *or* (BrE) **litre(s)**) l.

L [1] (BrE Auto) Ⓢ **L** (= **learner**) L (*conductor en aprendizaje*) [2] (Clothing) (= **large**) G (*talla grande*)

la /lɑː/ *n* (Mus) la *m*

La = Louisiana

LA [1] **= Los Angeles** [2] **= Louisiana**

lab /læb/ *n* (colloq) laboratorio *m*; (*before n*) ~ **coat** bata *f* blanca; ~ **technician** técnico *mf* de laboratorio

Lab= Labrador

label¹ /'leɪbəl/ *n*

A [1] (on bottle, file) etiqueta *f*, rótulo *m*; (on clothing, luggage) etiqueta *f*, marbete *m*; **address** ~ etiqueta con la dirección [2] (brand name) marca *f* [3] (record company) sello *m* discográfico [4] (Comput) etiqueta *f*

B (epithet) etiqueta *f*

label² *vt*, (BrE) **-ll-** [1] ‹*bottle/file*› etiquetar, ponerle* una etiqueta a; ‹*luggage*› ponerle* una etiqueta a; **to be ~ed** tener* *or* llevar una etiqueta [2] (categorize) **to ~ sth/sb (AS) sth** catalogar* *or* calificar* algo/a algn DE algo

labia /'leɪbiə/ *pl n* labios *mpl*

labor¹, (BrE) **labour** /'leɪbər || 'leɪbə(r)/ *n*

A [u] (Econ, Lab Rel) [1] (productive work) trabajo *m*; **Department of L~** (in US) Ministerio *m* de Trabajo, Secretaría *f* de Trabajo (Méx); (*before n*) ‹*dispute/laws*› laboral; ~ **costs** costo *m* *or* (Esp tb) coste *m* de la mano de obra; ~ **force** trabajadores *mpl*, mano *f* de obra; ~ **leader** (in US) líder *mf* *or* dirigente *mf* sindical; **the ~ movement** el movimiento obrero [2] (workers) mano *f* de obra

B **Labour** (in UK) (Pol) (*no art, + sing or pl vb*) los laboristas, el Partido Laborista; (*before n*) ‹*candidate/policy*› laborista

C [1] [u c] (effort) esfuerzos *mpl*, trabajo *m* [2] [c] (task) labor *f*, tarea *f*; **a ~ of love** una labor realizada con amor

D [u] (Med) parto *m*; **to be in ~** estar* de parto *or* en trabajo de parto; **to go into ~** entrar en trabajo de parto; (*before n*) ~ **pains** dolores *mpl* *or* contracciones *fpl* del parto

labor², (BrE) **labour** *vt*: **to ~ a point** insistir excesivamente sobre un punto

■ **labor** *vi*

A [1] (toil) trabajar; **to ~ AT sth** trabajar incansablemente EN algo [2] (work as laborer) (*only in -ing form*): **he got a job ~ing/a ~ing job** consiguió un trabajo de peón

B (struggle) ‹‹*engine*›› ahogarse*; **he ~ed up the hill** subió trabajosamente *or* penosamente la cuesta; **he was ~ing under the misapprehension** *o* **delusion that ...** se engañaba pensando que ...

laboratory /'læbərətɔːri || lə'bɒrətri/ *n* (*pl* **-ries**) laboratorio *m*

labor: ~ **camp** *n* campo *m* de trabajos forzados; ~ **Day** *n* Día *m* del Trabajo *or* de los trabajadores

labored, (BrE) **laboured** /'leɪbərd || 'leɪbəd/ *adj* ‹*breathing*› dificultoso, fatigoso; ‹*metaphor/joke*› forzado, torpe

laborer, (BrE) **labourer** /'leɪbərər || 'leɪbərə(r)/ *n* peón *m*; (in construction industry) peón *m* de albañil; **farm ~** peón *m*, trabajador *m* agrícola

labor-intensive, (BrE) **labour-intensive** /'leɪbərɪn'tensɪv/ *adj* que requiere mucha mano de obra

laborious /lə'bɔːriəs/ *adj* ‹*task/process*› laborioso; ‹*style*› farragoso, poco fluido; **in ~ detail** con excesivo detalle

labor: **~saving** *adj* (*before n*) que ahorra trabajo; ~ **union** *n* (AmE) sindicato *m*

labour *etc* (BrE) ► **labor** *etc*

Labour Party *n* (in UK) Partido *m* Laborista

> **Labour Party**
>
> El Partido Laborista es uno de los tres principales partidos políticos de Gran Bretaña. Accedió por primera vez al poder en 1924 con el objetivo de representar los intereses de los trabajadores y sindicatos. En las últimas décadas, ha abandonado su postura de izquierda en puntos tales como la propiedad pública de la industria y los servicios, y hoy en día sus líderes prefieren denominarlo *New Labour*

labrador /'læbrədɔːr || 'læbrədɔː(r)/ *n* labrador *m*

labyrinth /'læbərɪnθ/ *n* laberinto *m*

lace¹ /leɪs/ *n*

A [u] (fabric) encaje *m*; (as border) puntilla *f*; (*before n*) ‹*handkerchief/curtains*› de encaje

B [c] (*shoe~*) cordón *m* (de zapato), agujeta *f* (Méx), pasador *m* (Per)

lace² *vt*

A ‹*shoes/boots*› ponerles* los cordones *or* (Méx) las agujetas *or* (Per) los pasadores a

B (fortify) **to ~ sth WITH sth**: **he ~d my drink with vodka** me echó un chorro de vodka en la bebida

lacerate /'læsəreɪt/ *vt* lacerar

laceration /læsə'reɪʃən/ *n* laceración *f*, desgarro *m*

lace-up /'leɪsʌp/ *n* (BrE) (shoe) zapato *m* acordonado; (boot) bota *f* acordonada

lack¹ /læk/ *n* ~ **OF sth** falta *f* *or* (frml) carencia *f* DE algo; **there's no ~ of interest in the project** no hay falta de interés por el proyecto; **he was acquitted for ~ of evidence** lo absolvieron por falta de pruebas; **it won't be for ~ of trying** no será porque no lo haya intentado

lack² *vt* no tener*, carecer* de (frml); **it ~s originality** le falta *or* no tiene originalidad, carece de originalidad (frml)

■ **lack** *vi* (liter) **to ~ FOR sth**: **they ~ for nothing** no les falta nada, no carecen de nada (frml)

lackadaisical /'lækə'deɪzɪkəl/ *adj* (lacking vitality) apático, displicente; (lazy) indolente, perezoso

lackey /'læki/ *n* (*pl* **-eys**) (servile follower) lacayo, -ya *m,f*

lacking /'lækɪŋ/ *adj* (*pred*) [1] (absent): **the necessary resources are ~** faltan los recursos necesarios, se carece de los recursos necesarios (frml) [2] (deficient) **to be ~ IN sth** no tener* algo, carecer* DE algo (frml)

lackluster, (BrE) **lacklustre** /'læk,lʌstər || 'læk,lʌstə(r)/ *adj* [1] (dull) ‹*eyes*› apagado, sin brillo; ‹*hair*› opaco, sin brillo [2] (mediocre) ‹*performance/campaign*› deslucido; ‹*candidate*› mediocre

laconic /lə'kɑːnɪk || lə'kɒnɪk/ *adj* lacónico

laconically /lə'kɑːnɪkli || lə'kɒnɪkli/ *adv* lacónicamente

lacquer¹ /'lækər || 'lækə(r)/ *n* [u c] [1] (varnish) laca *f* [2] (*hair* ~) laca *f* *or* fijador *m* (para el pelo)

lacquer² *vt* laquear, lacar*

lacrosse /lə'krɔːs || lə'krɒs/ *n* [u] lacrosse *m*

lactate /'lækteɪt || læk'teɪt/ *vi* producir* leche

lactation /læk'teɪʃən/ *n* [u] lactancia *f*

lacy /'leɪsi/ *adj* (made of lace) de encaje; (like lace) como de encaje

lad /læd/ *n* [1] (boy) muchacho *m*, chaval *m* (Esp fam), pibe *m* (RPl fam), chavo *m* (Méx, Ven fam), chavalo *m* (AmC, Méx fam), cabro *m* (Chi fam); **when I was a ~** cuando yo era pequeño *or* (esp AmL) chico **2** (fellow) (BrE colloq) chico *m*, muchacho *m*, cuate *m* (Méx fam), gallo *m* (Chi fam); **he's one of the ~s** es uno del grupo (fam) *or* de la pandilla; **he's a bit of a ~** le gustan las faldas

ladder¹ /'lædər || 'lædə(r)/ *n*
A (Const) escalera *f* (de mano)
B (scale): **the social ~** la escala social; **you have to start at the bottom of the ~** hay que empezar desde abajo
C (in stocking, tights) (BrE) carrera *f*

ladder² (BrE) *vt*: **to ~ one's stockings** hacerse* una carrera en las medias
■ **ladder** *vi*: **my tights have ~ed** se me ha hecho una carrera en las medias

laddish /'lædɪʃ/ *adj* (BrE colloq) machista

laden /'leɪdn̩/ *adj* **~ WITH sth** cargado DE algo; **the table was ~ with food** la mesa estaba repleta de comida

la-di-da /'lɑ:di'dɑ:/ *adj* (colloq) afectado, repipi (Esp fam), pituco (CS, Per fam), popoff (Méx fam)

ladies¹ /'leɪdiz/ *pl of* **lady**

ladies² *n* (BrE) ▸**ladies' room**

ladies' /'leɪdiz/: **~ fingers** *pl n* ▸**okra**; **~ man** *n* donjuán *m*; **he's a bit of a ~ man** le gustan las faldas; **~ room** *n* (AmE) baño *m* *or* lavabo *m* *or* servicio *m* de señoras; Ⓢ **Ladies (Room)** Señoras, Damas

ladle¹ /'leɪdl̩/ *n* cucharón *m*, cazo *m*

ladle² *vt* servir* (*con cucharón*)

Phrasal verb

• **ladle out** [v ▸ o ▸ adv, v ▸ adv ▸ o] ‹*soup/stew*› servir* (*con cucharón*); ‹*advice/criticism*› prodigar*, repartir a diestra y siniestra *or* (Esp) a diestro y siniestro

lady /'leɪdi/ *n* (*pl* **ladies**)
A **1** (woman) señora *f*, dama *f* (frml); **ladies and gentlemen** señoras y señores, damas y caballeros; **ladies first!** ¡primero las damas *or* señoras!; **an old ~** una señora mayor; (*before n*) **a ~ doctor** una doctora; **he was with a ~ friend** estaba con una amiga; **~ mayoress** (BrE) alcaldesa *f* **2** (refined woman) señora *f*, dama *f* **3** (AmE colloq) (*as form of address*) señora **4** (appreciative use) mujer *f*
B (noblewoman or wife of a knight) lady *f*; **L~ Spencer** Lady Spencer
C (Relig) **Our L~** Nuestra Señora

lady: **~bug**, (AmE) **~bird** *n* (BrE) mariquita *f*, catarina *f* (Méx), petaca *f* (Col), chinita *f* (Chi), San Antonio *m* (Ur), vaca *f* de San Antón (Arg); **~-in-waiting** /'leɪdiɪn'weɪtɪŋ/ *n* (*pl* **ladies-in-waiting**) dama *f* de honor; **~-killer** *n* (colloq) donjuán *m* (fam), castigador *m* (Esp fam); **~like** *adj* fino, elegante, propio de una dama

ladyship /'leɪdiʃɪp/ *n*: **Her/Your L~** la señora

LAFTA /'læftə/ *n* (**= Latin American Free Trade Association**) ALALC *f*

lag¹ /læg/ *n*
A (interval) lapso *m*, intervalo *m*; (delay) retraso *m*, demora *f*
B (BrE colloq): **an old ~** un veterano de la cárcel

lag² **-gg-** *vi* **to ~ (behind)** quedarse atrás, rezagarse*; **to ~ behind sb/sth** ir* a la zaga de algn/algo
■ **lag** *vt* ‹*pipes/cylinder*› revestir* con aislantes

lager /'lɑ:gər || 'lɑ:gə(r)/ *n* [u c] cerveza *f* (rubia); (*before n*) **~ lout** (BrE) vándalo *m*, gamberro *m* (Esp)

lagging /'lægɪŋ/ *n* [u] aislamiento *m*, revestimiento *m*

lagoon /lə'gu:n/ *n* laguna *f*

lah /lɑ:/ *n* (BrE Mus) la *m*

lah-di-dah *adj* ▸**la-di-da**

laid /leɪd/ *past & past p of* **lay²**

laid-back /'leɪd'bæk/ *adj* (colloq) ‹*person*› tranquilo y relajado, despreocupado; ‹*atmosphere*› relajado

lain /leɪn/ *past p of* **lie²** *Sense* **II**

lair /ler || leə(r)/ *n* guarida *f*

laird /lerd || leəd/ *n* (Scot) terrateniente *m*

laissez-faire, laisser-faire /'leɪseɪ'fer || ˌleɪseɪ 'feə(r)/ *n* [u] laissez faire *m*, liberalismo *m* (económico); (*before n*) ‹*economics*› liberalista; ‹*attitude*› liberal

laity /'leɪəti/ *n* (+ *sing or pl vb*) **the ~** los laicos, el laicado

lake /leɪk/ *n* lago *m*; **milk/wine ~** (EC) excedentes *mpl* de leche/vino

lake: **~ District** *n* **the L~ District** el Lake District (*región de lagos al noroeste de Inglaterra*); **~side** *n*: **by the ~side** a orillas del lago

la-la-land /'lɑ:lɑ:lænd/ *n* [u] (AmE colloq) (*no art*)
A (Los Angeles) Los Angeles; (Hollywood) Hollywood *m*;
B (dream world) mundo *m* de ensueño, mundo *m* ideal; **he lives in ~** vive en las nubes

lam /læm/ *n* (AmE): ***to go on the ~*** (journ) darse* a la fuga, escaparse; **he's still on the ~** sigue fugitivo

lamb /læm/ *n* **1** [c] (young sheep) cordero *m*; (over one year old) borrego *m*; **she took it like a ~** se lo tomó muy mansamente; ***like a ~ to the slaughter*** como cordero que llevan al matadero **2** [u] (Culin) cordero *m*; (*before n*) **~ chop** chuleta *f* de cordero **3** [c] (*as term of endearment*): **the poor ~** el pobrecito

lambast /læm'bæst/, **lambaste** /-'beɪst/ *vt* arremeter contra

lambing /'læmɪŋ/ *n* [u] parición *f* (*de las ovejas*), (época *m* del) nacimiento *m* de los corderos

lambswool /'læmzwʊl/ *n* [u] lana *f* de cordero, lambswool *m*

lame¹ /leɪm/ *adj*
A (in foot, leg) cojo, renco, rengo (AmL); **to be ~ in one leg** cojear *or* renquear *or* (AmL tb) renguear de una pierna; **to go ~** quedarse cojo (*or* renco *etc*)
B (weak) ‹*excuse*› pobre, malo

lame² *vt* lisiar, dejar lisiado

lamé /lɑ:'meɪ || 'lɑ:meɪ/ *n* [u] lamé *m*

lame duck *n* fracaso *m*, caso *m* perdido; (*before n*) **a lame-duck president** *un presidente que no ha sido reelegido, en los últimos meses de su mandato*

lamely /'leɪmli/ *adv* ‹*argue/say*› (unconvincingly) de manera poco convincente; (without conviction) sin convicción

lameness /'leɪmnəs || 'leɪmnɪs/ *n* [u] cojera *f*, renquera *f*, renguera *f* (AmL)

lament¹ /lə'ment/ *n* **1** (expression of sorrow) lamento *m* **2** (Lit) elegía *f*

lament² *vt* **1** (deplore) ‹*misfortune/failure/absence*› lamentar **2** (mourn) (liter) ‹*death/loss*› llorar
■ **lament** *vi* (liter) llorar; **to ~ OVER sth** llorar algo

lamentable /'læməntəbəl/ *adj* lamentable, deplorable

lamentation /ˌlæmən'teɪʃən/ *n* [u] lamentación *f*, lamento *m*

laminated /'læməneɪtəd || 'læmɪneɪtɪd/ *adj* ‹*plastic*› laminado; ‹*glass*› inastillable; **~ wood** madera *f* contrachapada; ‹*document/page*› plastificado

lamp /læmp/ *n* **1** (table, standard etc) lámpara *f*; **miner's ~** linterna *f* de minero **2** (Auto) luz *f*; *see also* **fog lamp, street lamp** *etc*

lamplight /'læmplaɪt/ *n* [u] (of table lamp) luz *f* de (la) lámpara; (of streetlamp) luz *f* de(l) farol *or* de (la) farola

lampoon¹ /læm'pu:n/ *n* sátira *f*

lampoon² *vt* satirizar*

lamp: **~post** *n* farol *m*, farola *f*; **~shade** *n* pantalla *f* (*de lámpara*)

lance¹ /læns || lɑ:ns/ *n* lanza *f*

lance² *vt* (Med) sajar, abrir* con lanceta

lance corporal *n* soldado *m* de primera clase

lancet /'lænsət || 'lɑ:nsɪt/ *n* (Med) lanceta *f*

land¹ /lænd/ *n*
A [u] **1** (Geog) tierra *f*; **over ~ and sea** por tierra y por mar; **on dry ~** en tierra firme; ***to know the lie*** *o* ***lay of the ~*** saber* qué terreno se pisa; ***to see how the ~ lies*** tantear el terreno; ***to spy out the ~*** reconocer* el terreno; (*before n*) ‹*animal/defenses*› de tierra, terrestre; **~ forces** fuerzas *fpl* terrestres *or* de tierra **2** (ground, property) tierra *f*; **a plot of ~** un terreno, una parcela; (*before n*) **~ registry** registro *m* catastral, catastro *m*; **~ reform** reforma *f* agraria **3** (Agr) **the ~** la tierra; **to live off the ~** vivir de la tierra
B [c] (country, realm) (liter) país *m*, nación *f*; (kingdom) reino *m*; ***the ~ of milk and honey*** el paraíso terrenal; ***to be in the ~ of Nod*** estar* dormido; ***to be in the ~ of the living*** (hum) estar* vivito y coleando (hum)

land² *vi*
A **1** (Aerosp, Aviat) ‹‹*aircraft/spaceship/pilot*›› aterrizar*; (on the moon) alunizar*; (on water) acuatizar*; (on sea) amarizar*,

amerizar*, amarar 2 (fall) caer*; **it ~ed on its side** cayó de lado

B (arrive, end up) (colloq) ir* a parar (fam)

C (Naut) ⟪*ship*⟫ atracar*; ⟪*traveler/troops*⟫ desembarcar*

■ **land** *vt*

A 1 (from sea) ‹*passengers/troops*› desembarcar*; ‹*cargo*› descargar* 2 (from air) ‹*plane*› hacer* aterrizar; ‹*troops*› desembarcar*; ‹*supplies*› descargar*

B 1 (in fishing) ‹*fish*› sacar* del agua 2 (win, obtain) ‹*contract*› conseguir*; ‹*job/husband*› conseguir*, pescar* (fam) 3 (strike home) (colloq) ‹*punch*› asestar (fam)

C (burden) (colloq) **to ~ sb WITH sth/sb, to ~ sth/sb ON sb** endilgarle* *or* encajarle algo/a algn A algn (fam); **I've ~ed myself with a lot of problems** me he metido en un montón de problemas

D (cause to end up) (colloq) **to ~ sb IN sth: that venture ~ed her in prison** con aquel negocio fue a parar a la cárcel (fam); **to ~ sb/oneself in trouble** meter a algn/meterse en problemas (fam)

Phrasal verb

- **land up** [v ▸ adv] (colloq): **to ~ up in jail** ir* a parar a la cárcel (fam); **to ~ up in trouble** terminar mal

landed /'lændəd || 'lændɪd/ *adj* (*before n*): **the ~ gentry** la aristocracia terrateniente

landing /'lændɪŋ/ *n*

A 1 [u c] (Aerosp, Aviat) aterrizaje *m*; (on sea) amarizaje *m*, amerizaje *m*; (on water) acuatizaje *m*; (on moon) alunizaje *m*; (*before n*) **~ gear** tren *m* de aterrizaje; **~ strip** pista *f* de aterrizaje 2 [c] (Mil, Naut) desembarco *m*, desembarque *m*; (*before n*) **~ craft** lancha *f* de desembarco 3 [u] (of cargo) descarga *f*; (of troops) desembarco *m*

B [c] (on staircase) rellano *m*, descansillo *m*, descanso *m* (Col, CS)

landing: **~ card** *n* tarjeta *f* de desembarque; **~ party** *n* equipo *m* de reconocimiento; **~ stage** *n* embarcadero *m*, desembarcadero *m*

landlady /'lænd,leɪdi/ *n* (*pl* **-dies**) 1 (of rented dwelling) casera *f*, dueña *f* 2 (of small hotel) dueña *f*, patrona *f* 3 (BrE) (of pub — owner) dueña *f*, patrona *f*; (— manager) encargada *f*

landless /'lændləs || 'lændlɪs/ *adj* sin tierra

land: **~locked** /'lændlɑ:kt || 'lændlɒkt/ *adj* sin salida al mar, sin litoral; **~lord** *n* 1 (of landed estate) terrateniente *m*, hacendado *m* 2 (of rented dwelling) casero *m*, dueño *m* 3 (BrE) (of pub — owner) dueño *m*, patrón *m*; (— manager) encargado *m*; **~lubber** /'lænd,lʌbər || 'lænd,lʌbə(r)/ *n* marinero *m* de agua dulce; **~mark** *n* monumento *m* (*or* edificio *m* *etc*) famoso; **use the tower as a ~mark** utilice la torre como punto de referencia; **the promotion was a ~mark in his career** el ascenso marcó un hito en su carrera; **~mass** *n* masa *f* continental; **~ mine** *n* mina *f* (de tierra); **~owner** *n* terrateniente *mf*, hacendado, -da *m,f*

landscape[1] /'lændskeɪp/ *n* [u c] paisaje *m*; **the political ~** el panorama político; (*before n*) **~ gardener** jardinero, -ra *m,f* paisajista; **~ gardening** paisajismo *m*; **~ painter** paisajista *mf*

landscape[2] *vt* ‹*garden*› diseñar; ‹*public space*› ajardinar

landscape format *n* [u] 1 (Art, Phot) formato *m* apaisado 2 (in word processing) formato *m* horizontal *or* apaisado

landslide /'lændslaɪd/ *n* 1 (Geog) derrumbamiento *m* *or* desprendimiento *m* de tierras 2 (Pol) victoria *f* aplastante *or* arrolladora; (*before n*) ‹*victory*› aplastante, arrollador

lane /leɪn/ *n*

A (in countryside) camino *m*, sendero *m*; (alleyway) callejón *m*

B (Transp) 1 (for road traffic) carril *m* *or* (Chi) pista *f* *or* (RPl) senda *f*; **bus/bicycle ~** carril *m* de autobuses/bicicletas; ***to live in the fast ~*** (colloq) vivir a toda máquina, vivir a tope (Esp fam) 2 (for ships) ruta *f*; **sea/shipping ~** ruta marítima/de navegación

C (Sport) (in athletics) carril *m* (Andes, Ven), calle *f* (Esp); (in bowling) pista *f*

language /'læŋgwɪdʒ/ *n*

A [c u] (means of communication, style of speech) lenguaje *m*; **bad ~** palabrotas *fpl*, malas palabras *fpl* (esp AmL)

B [c] 1 (particular tongue) idioma *m*, lengua *f*; **the English ~** la lengua inglesa, el idioma inglés; **first ~** (native tongue) lengua materna; (Educ) primera lengua extranjera; (*before n*) **~ barrier** barrera *f* idiomática *or* del idioma; **~ laboratory** laboratorio *m* de idiomas 2 (Comput) lenguaje *m*

languid /'læŋgwəd || 'læŋgwɪd/ *adj* lánguido

languish /'læŋgwɪʃ/ *vi* (liter) languidecer*, consumirse; (in prison) pudrirse*

languor /'læŋgər || 'læŋgə(r)/ *n* [u] languidez *f*

languorous /'læŋgərəs/ *adj* ‹*movement*› lánguido; ‹*heat*› aletargante, bochornoso

lank /læŋk/ *adj* ‹*hair*› lacio

lanky /'læŋki/ *adj* **-kier, -kiest** desgarbado, larguirucho (fam)

lanolin, lanoline /'lænḷən || 'lænəlɪn/ *n* [u] lanolina *f*

lantern /'læntərn || 'læntən/ *n* (lamp) farol *m*

lantern-jawed /'læntərn'dʒɔ:d || ,læntən'dʒɔ:d/ *adj* de cara larga

Laos /laʊs || 'lɑ:ɒs, laʊs/ *n* Laos *m*

lap[1] /læp/ *n*

A (of body) rodillas *fpl*, regazo *m* (liter); **to sit on sb's ~** sentarse* en las rodillas *or* (liter) en el regazo de algn; **he dropped the problem in my ~** me pasó el problema, me endilgó el problema (fam); ***in the ~ of luxury*** en un lujo asiático; ***to be in the ~ of the gods*: their fate is in the ~ of the gods** su destino queda librado al azar; ***to fall* o *drop into sb's ~*** caerle* como llovido del cielo a algn

B 1 (Sport) vuelta *f* 2 (stage) etapa *f*

lap[2] **-pp-** *vt*

A (Sport) ‹*opponent*› sacarle* una vuelta de ventaja a

B ‹*water/milk*› beber a lengüetazos

C (splash against) ‹*shore/bank*› lamer (liter), besar (liter)

■ **lap** *vi* chapalear; **to ~ AGAINST sth** lamer *or* besar algo (liter)

Phrasal verb

- **lap up** [v ▸ o ▸ adv, v ▸ adv ▸ o] 1 (drink) ‹*milk/water*› beber a lengüetazos 2 (relish) ‹*praise/news*› deleitarse *or* regodearse con

lapdog /'læpdɔ:g || 'læpdɒg/ *n* perrito *m* faldero

lapel /lə'pel/ *n* solapa *f*

lapis lazuli /'læpəs'læzəli || ,læpɪs'læzjʊli/ *n* [u] 1 (Min) lapislázuli *m* 2 (color) azul *m* ultramarino *or* (de) ultramar

Lapland /'læplænd/ *n* Laponia *f*

Lapp[1] /læp/ *adj* lapón

Lapp[2] *n* 1 [c] (person) lapón, -pona *m,f* 2 [u] (language) lapón *m*

lapse[1] /læps/ *n*

A (fault, error) lapsus *m*, falla *f*, fallo *m* (Esp); **a security ~** una falla *or* (Esp) un fallo *or* descuido en el sistema de seguridad; **a ~ of memory** una falla (AmL) *or* (Esp) un fallo de memoria, un lapsus de memoria; **a ~ of concentration** una falta de concentración, un descuido

B (interval) lapso *m*, período *m*; **there was a ~ in the conversation** se hizo un silencio en la conversación

lapse[2] *vi*

A (fall, slip): **standards have ~d** el nivel ha decaído; **to ~ INTO sth: he ~d into silence** se calló, se quedó callado; **to ~ into bad habits** adquirir* malos hábitos; **she ~d into French** empezó a hablar en francés; **a ~d Catholic** un católico que ha dejado de practicar

B 1 (cease) ⟪*project/plan*⟫ cancelarse; ⟪*custom/practice*⟫ perderse*, caer* en desuso; **his concentration ~d** se desconcentró, perdió la concentración 2 (expire) ⟪*policy/membership/contract*⟫ caducar*, vencer*

C (pass) ⟪*time/hours*⟫ transcurrir

laptop[1] /'læptɑ:p || 'læptɒp/ *adj* (*before n*) portátil, laptop

laptop[2] *n* (**~** *computer*) laptop *f* *or* (Esp) *m*

lapwing /'læpwɪŋ/ *n* avefría *f*‡

larceny /'lɑ:rsəni || 'lɑ:səni/ *n* [u] (in US) robo *m*; **petty ~** hurto *m*

larch /lɑ:rtʃ || lɑ:tʃ/ *n* alerce *m*

lard /lɑ:rd || lɑ:d/ *n* [u] manteca *f* *or* (RPl) grasa *f* de cerdo

larder /'lɑ:rdər || 'lɑ:də(r)/ *n* despensa *f*, alacena *f*

large[1] /lɑ:rdʒ || lɑ:dʒ/ *adj* **larger, largest** [*The usual translation,* **grande**, *becomes* **gran** *when it is used before a singular noun*] 1 (in size) ‹*area/room*› grande; **he's a ~ man** es un hombre corpulento *or* (fam) grandote 2 (in number, amount) ‹*family/crowd*› grande, numeroso; **a ~ proportion of my income** gran parte *or* una buena parte de mis ingresos;

L

the ~st collection of stamps in the world la mayor colección de sellos del mundo

large² *n*

A at large 1 (at liberty): **to be at ~** «*murderer/tiger*» andar* suelto 2 (as a whole) en general; **society/the public at ~** la sociedad/el público en general 3 (in US): **representative at ~** *representante de todo un estado o distrito en el Congreso o Senado de los EEUU*

B (size) (Clothing) talla *f or* (RPl) talle *m* grande

largely /'lɑ:rdʒli || 'lɑ:dʒli/ *adv* en gran *or* en buena parte

large-scale /'lɑ:rdʒ'skeɪl || 'lɑ:dʒˌskeɪl/ *adj* (*before n*) ‹*map/model*› a escala grande; ‹*search/inquiry*› en *or* a gran escala

largesse, (AmE also) **largess** /lɑ:r'dʒes || lɑ:'ʒes/ *n* [u] (generosity) largueza *f*, esplendidez *f*

lariat /'læriət/ *n* (lasso) lazo *m*

lark /lɑ:rk || lɑ:k/ *n*

A (Zool) alondra *f*; ***to be up*** *o* ***rise with the ~*** levantarse al cantar el gallo; ▸**happy A1**

B (BrE colloq) 1 (*no pl*) (bit of fun): **to do sth for a ~** hacer* algo por divertirse *or* de broma 2 (activity): **I'm too old for this ~** yo ya no estoy para estos trotes (fam); **this camping ~** esta historia del camping (fam)

Phrasal verb

- **lark about**, **lark around** [v ▸ adv] hacer* el tonto, (colloq) payasear (AmL fam)

larva /'lɑ:rvə || 'lɑ:və/ *n* (*pl* **-vae** /-vi:/) larva *f*

laryngitis /'lærən'dʒaɪtəs || ˌlærɪn'dʒaɪtɪs/ *n* [u] laringitis *f*

larynx /'lærɪŋks/ *n* (*pl* **larynxes** *or* **larynges** /lə'rɪndʒi:s/) laringe *f*

lasagna, lasagne /lə'zɑ:njə || lə'sænjə, le'zænjə, -ɑ:njə/ *n* [u c] lasaña *f*

lascivious /lə'sɪviəs/ *adj* lascivo

laser /'leɪzər || 'leɪzə(r)/ *n* láser *m*; (*before n*) **~ beam** rayo *m* láser; **~ printer** impresora *f* láser; **~ surgery** cirujía *f* con láser

lash¹ /læʃ/ *n*

A (*eye~*) pestaña *f*

B 1 (whip) látigo *m* 2 (stroke — of whip) latigazo *m*, azote *m*; (— of tail) coletazo *m*

lash² *vt*

A 1 (whip) ‹*person*› azotar, darle* latigazos a; ‹*horse*› fustigar* 2 (beat against) azotar 3 (thrash): **the whale ~ed its tail** la ballena daba coletazos

B (bind) **to ~ sth/sb TO sth** amarrar *or* atar algo/a algn A algo; **to ~ sth down** amarrar *or* atar algo; (Naut) amarrar *or* trincar* algo

Phrasal verb

- **lash out** [v ▸ adv (▸ prep ▸ o)]

A (physically, verbally) atacar*; **to ~ out AT/AGAINST sb** (physically) emprenderla a golpes (*or* patadas *etc*) CON algn, arremeter CONTRA algn; (verbally) arremeter CONTRA algn

B (spend freely) (BrE colloq) **to ~ out (ON sth)**: **we decided to ~ out and buy a decent camera** decidimos tirar la casa por la ventana y comprarnos una cámara decente (fam); **I had ~ed out on a new dress** había gastado un montón en comprarme un vestido nuevo (fam)

lashing /'læʃɪŋ/ *n*

A [c u] (whipping) azotaina *f*, latigazos *mpl*

B lashings *pl* (plenty) (BrE colloq) montones *mpl* (fam)

lass /læs/, **lassie** /'læsi/ *n* (liter *or* dial) muchacha *f*, zagala *f* (liter & arc); (*as form of address*) nena

lassitude /'læsətu:d || 'læsɪtju:d/ *n* [u] (liter) lasitud *f* (liter)

lasso¹ /'læsəʊ, læ'su: || læ'su:/ *n* (*pl* **-sos** *or* **-soes**) lazo *m*

lasso² *vt* **lassoes, lassoing, lassoed** echarle el lazo a, enlazar* (Col, RPl), lazar* (Méx), lacear (Chi)

last¹ /læst || lɑ:st/ *adj*

A 1 (in series) ‹*chapter/lap*› último; **the second to ~ door, the ~ door but one** la penúltima puerta; **I do it ~ thing at night** es lo último que hago antes de acostarme; **to be ~** (in race, on arrival) ser* el último (en llegar), llegar* el último *or* (CS) llegar* último; **to be ~ to + INF** ser* el último EN + INF 2 (final, ultimate) ‹*chance/day*› último; **at the very ~ minute** *o* **moment** en el último momento, a última hora; **the ~ rites** *o* **sacraments** la extremaunción 3 (only remaining) último; **I'm down to my ~ few dollars** sólo me quedan unos pocos dólares

B (previous, most recent) (*before n*): **~ Tuesday** el martes pasado; **this time ~ week** la semana pasada a estas horas; **in my ~ letter** en mi última carta; **the ~ time I went** la última vez que fui

C (least likely or suitable): **that was the ~ thing I expected to hear from you** es lo que menos me esperaba que me dijeras; **that's the ~ thing I'd do!** ¡no se me ocurriría hacer eso!; ▸**laugh²** *vi*, **leg¹ A, straw 1** *etc*

last² *pron*

A 1 (in series, sequence) último, -ma *m,f*; **the ~ to + INF** el último/la última/los últimos/las últimas EN + INF; **the ~ I remember** lo último que recuerdo; **we haven't heard the ~ of him/it** nos va a seguir dando guerra, ya verás; **to breathe one's ~** (liter) exhalar el último suspiro 2 (only remaining) **the ~ OF sth**: **the ~ of its kind** el último de su clase; **that's the ~ of the jam** esa es toda la mermelada que queda 3 (*in phrases*) (liter) **at the last** al final; **to** *o* **until the ~** hasta el último momento, hasta el final

B (preceding one): **the night before ~** anteanoche, antenoche (AmL); **at the meeting before ~** en la penúltima reunión; **each hill seemed steeper than the ~** cada colina parecía más empinada que la anterior

last³ *adv*

A 1 (at the end): **I went in ~** fui el último en entrar, entré el último, entré último (CS); **our team came** *o* **finished ~** nuestro equipo quedó en último lugar *or* (CS tb) terminó último 2 (finally, in conclusion): **~ of all** por último, lo último (de todo); **and ~ but not least** y por último, pero no por eso menos importante 3 (*in phrases*) **at last** por fin, al fin; **at long last** por fin, finalmente

B (most recently): **she was ~ seen a year ago** la última vez que se la vio fue hace un año; **when did you ~ see him** *o* **see him ~?** ¿cuándo fue la última vez que lo viste?

last⁴ *n* (for shoemaking) horma *f*

last⁵ *vi*

A 1 (continue) durar; **it ~ed (for) three hours** duró tres horas 2 (endure, survive) durar; **he wouldn't ~ five minutes in the army** no aguantaría *or* no duraría ni cinco minutos en el ejército

B (be sufficient) durar; **to make sth ~** hacer* durar algo

C (remain usable) durar; **it will ~ (for) a lifetime** durará toda la vida

■ **last** *vt* durar; **we have enough fuel to ~ us** el combustible que tenemos nos durará

Phrasal verb

- **last out** [v ▸ adv]

A (survive, endure) «*person*» aguantar, resistir

B (be sufficient) «*supplies/food*» alcanzar*

last ~-ditch /'læst'dɪtʃ || 'lɑ:st'dɪtʃ/ *adj* (*before n*) desesperado; **~-gasp** /'læst'gæsp || ˌlɑ:st'gɑ:sp/ *adj* (*before n*) (colloq) ‹*penalty/goal*› de último momento; ‹*effort*› de última hora

lasting /'læstɪŋ || 'lɑ:stɪŋ/ *adj* ‹*solution/peace*› duradero, perdurable; **to my ~ shame** para mi eterna vergüenza

lastly /'læstli || 'lɑ:stli/ *adv* (*as linker*) por último, finalmente

last ~-minute /'læst'mɪnət || ˌlɑ:st'mɪnɪt/ *adj* (*before n*) de última hora; **~ post** *n* (BrE Mil) **the ~ post** el toque de silencio

lat (= **latitude**) lat.

latch /lætʃ/ *n* pasador *m*, pestillo *m*; (on lock) seguro *m*; **I've left the door on the ~** le he puesto el seguro al pestillo para que no se cierre la puerta

Phrasal verbs

- **latch on** [v ▸ adv (▸ prep ▸ o)] (understand) (colloq) agarrar *or* (Esp) coger* la onda; **to ~ on TO sth** entender* *or* captar algo; (realize) darse* cuenta DE algo
- **latch onto** [v ▸ prep ▸ o] (colloq) 1 (get hold of, catch) agarrarse de 2 (obtain) (AmE) hacerse* con, conseguir* 3 (attach oneself to) pegarse* a (fam)

latchkey /'lætʃki:/ *n* llave *f* de (la) casa; (*before n*) **~ child** *niño cuyos padres trabajan y está solo en casa al regresar del colegio*

late¹ /leɪt/ *adj* **later, latest**

A (after correct, scheduled time): **the ~ arrival/departure of the train** el retraso en la llegada/salida del tren; **~ applications will not be accepted** no se aceptarán las solicitudes que lleguen fuera de plazo *or* con retraso; **to be ~** «*person*» llegar* tarde; **I'm sorry I'm ~** perdón por llegar tarde; **the train was an hour ~** el tren llegó con una hora de retraso; **to make sth/sb ~: she made me ~ for my class** me hizo llegar tarde a clase; **the accident made the train ~** el accidente hizo que el tren se retrasara; **to be ~ FOR/WITH sth: you'll be ~ for work/the train** vas a llegar tarde al trabajo/perder el tren; **I'm ~ with the rent** estoy atrasado con el alquiler

B 1 (after usual time): **to have a ~ night/breakfast** acostarse*/desayunar tarde; **Spring is ~ this year** la primavera se ha atrasado este año; **S late opening Thursdays till 8 pm** jueves abierto hasta las 8 de la noche 2 ‹*chrysanthemum/potatoes*› tardío; **he was a ~ developer** (physically) se desarrolló tarde; (intellectually) maduró tarde

C 1 (far on in time): **it's ~** es tarde; **it's getting ~** se está haciendo tarde 2 (*before n*) ‹*shift/bus*› último; **the ~ film** la película de la noche *or* (CS) de trasnoche; **at this ~ hour** a estas horas; **to keep ~ hours** trasnochar; **at this ~ stage** a estas alturas; **they scored a ~ equalizer** marcaron el tanto del empate en los últimos minutos del partido; **in ~ April/summer** a finales *or* fines de abril/del verano; **the ~ 1950s** el final de la década del cincuenta; **she's in her ~ forties** tiene cerca de cincuenta años; **we caught a ~r train** tomamos un tren que salía más tarde

D (*before n*) 1 (deceased) difunto (frml); **the ~ John Doe** el difunto John Doe 2 (former) antiguo

late² *adv* **later, latest**

A (after correct, scheduled time) ‹*arrive/leave*› tarde; **the trains are running 20 minutes ~** los trenes llevan 20 minutos de retraso; ***better ~ than never*** más vale tarde que nunca

B (after usual time) ‹*work/sleep*› hasta tarde; ‹*mature/bloom*› tarde, más tarde de lo normal; **I'll be home ~ today** hoy llegaré tarde (a casa)

C 1 (recently): **as ~ as the thirteenth century** aún en el siglo trece 2 **of late** últimamente, en los últimos tiempos

D (toward end of period): **~ in the morning/afternoon** a última hora de la mañana/tarde; **~ in the week/year** a finales de la semana/del año; **he married ~ (in life)** se casó mayor *or* tarde; **~ in her career** hacia el final de su carrera

E (far on in time) tarde; **don't leave it too ~** no lo dejes para muy tarde; **we stayed up ~** nos quedamos levantados hasta tarde; **~ at night** tarde por la noche, bien entrada la noche; **~ into the night** hasta muy entrada la noche

latecomer /ˈleɪtˌkʌmər || ˈleɪtˌkʌmə(r)/ *n*: **~s will have to sit at the back** los que lleguen tarde tendrán que sentarse atrás

lately /ˈleɪtli/ *adv* últimamente, recientemente; **(up) until** *o* **till ~** hasta hace poco

lateness /ˈleɪtnəs || ˈleɪtnɪs/ *n* [u] 1 (of arrival) retraso *m*, tardanza *f*; **his continual ~** sus continuas llegadas tarde 2 (being late at night): **the ~ of the hour** lo tarde que era, lo avanzado de la hora

late-night /ˈleɪtˈnaɪt/ *adj* ‹*pharmacy*› que está abierta por la noche; ‹*show*› de noche; ‹*program*› de trasnoche

latent /ˈleɪtn̩t/ *adj* latente

later¹ /ˈleɪtər || ˈleɪtə(r)/ *adj* (*comp of* **late¹**) ‹*meeting/edition*› posterior, ulterior (frml); **we'll discuss it at a ~ date** lo discutiremos más adelante

later² *adv* (*comp of* **late²**) después, más tarde; **several glasses of brandy ~, ...** después de varias copas de coñac ...; **~ that day/night** más tarde *or* posteriormente ese día/esa noche; **not** *o* **no ~ than May 14** a más tardar el 14 de mayo; **~ I realized that ...** después *or* posteriormente me di cuenta de que ...; **~ on** más tarde, después; **see you ~!** ¡hasta luego!, ¡hasta ahora!

lateral /ˈlætərəl/ *adj* lateral; **~ thinking** pensamiento *m* lateral

latest¹ /ˈleɪtəst || ˈleɪtɪst/ *adj* 1 (*superl of* **late¹**) último 2 (most up to date) (*before n*) último; **the ~ fashion** la última moda; **this is the ~ in a series of similar incidents** éste es el más reciente en una serie de incidentes similares

latest² *n*

A 1 (most recent news, development): **have you heard the ~ on ... ?** ¿has oído lo último que se cuenta de ... ? 2 (most up to date) **the ~ IN sth** lo último *or* lo más actual EN algo

B (furthest on in time) (*as pron*): **when is the ~ I can let you know?** ¿para cuándo tengo que darte una respuesta?; **by the fifteenth at the (very) ~** a más tardar (para) el quince

latex /ˈleɪteks/ *n* [u] látex *m*

lathe /leɪð/ *n* torno *m*

lather¹ /ˈlæðər || ˈlɑːðə(r), læðə(r)/ *n* (*no pl*) 1 (from soap) espuma *f* 2 (sweat) sudor *m*; ***to be in/get into a ~ (about sth)*** (colloq) (nervous) estar*/ponerse* nervioso *or* histérico (por algo) (fam); (angry) estar*/ponerse* hecho una furia (por algo) (fam)

lather² *vt* ‹*face/hair*› enjabonar

■ **lather** *vi* «*soap/detergent*» hacer* espuma

Latin¹ /ˈlætn̩ || ˈlætɪn/ *adj* latino

Latin² *n* 1 [u] (language) latín *m* 2 [c] (person) latino, -na *m,f*

Latin America *n* América *f* Latina, Latinoamérica *f*

Latin American¹ *adj* latinoamericano

Latin American² *n* latinoamericano, -na *m,f*

Latino¹ /læˈtiːnəʊ/ *adj* (AmE) latinoamericano (*residente en EEUU*)

Latino² *n* (*pl* **-nos**) (AmE) latinoamericano, -na *m,f* (*residente en EEUU*)

latitude /ˈlætətuːd || ˈlætɪtjuːd/ *n* 1 [c u] (Geog) latitud *f* 2 [u] (freedom to choose) libertad *f*, flexibilidad *f*

latrine /ləˈtriːn/ *n* letrina *f*

latte /ˈlɑːteɪ, ˈlæteɪ/ *n* café *m* con leche

latter¹ /ˈlætər || ˈlætə(r)/ *n* (*pl* ~) **the ~** éste, -ta; (*pl*) éstos, -tas

latter² *adj* (*before n*) 1 (second of two) segundo, último 2 (later, last): **in the ~ part of the season** hacia el final de la temporada; **in his ~ years** (frml) en sus últimos años

Latter-day Saint /ˈlætərˈdeɪ || ˌlætəˈdeɪ/ *n* mormón, -mona *m,f*; **the Church of Jesus Christ of the ~ ~s** la Iglesia de Jesucristo de los Santos de los Últimos Días

latterly /ˈlætərli || ˈlætəli/ *adv* últimamente, en los últimos tiempos; **~ he was very ill** en los días que precedieron a su muerte estuvo muy enfermo

lattice /ˈlætəs || ˈlætɪs/ *n* (Archit, Const) entramado *m*, enrejado *m*; (*before n*) **~ window** celosía *f*

latticework /ˈlætəswɜːrk || ˈlætɪswɜːk/ *n* [u] celosía *f*

Latvia /ˈlætviə/ *n* Letonia *f*

Latvian¹ /ˈlætviən/ *adj* letón

Latvian² *n* 1 [c] (person) letón, -tona *m,f* 2 [u] (language) letón *m*

laudable /ˈlɔːdəbəl/ *adj* (frml) loable, laudable (frml)

laugh¹ /læf || lɑːf/ *n* 1 (act, sound) risa *f*; (loud) carcajada *f*, risotada *f*; **she gave a nervous ~** se rió nerviosamente, soltó una risa nerviosa; **to have a ~ (about/at sth)** reírse* (de algo); **to raise a ~** hacer* reír; ***the ~ is on me/you/him*** me/te/le salió el tiro por la culata; ***to have the last ~***: **I'll have the last ~** quien ríe (el) último ríe mejor (, y ésa voy a ser yo) 2 (joke, fun) (colloq): **it will be a ~** será divertido, va a ser un plato (AmL fam), va a ser un relajo (Méx); **she's a good ~** es muy divertida; **to do/say sth for a ~** hacer*/decir* algo por divertirse, hacer*/decir* algo de cachondeo (Esp) *or* (Méx) de puro relajo (fam)

laugh² *vi* reír(se)*; **she ~ed out loud/to herself** se rió a carcajadas/para sus adentros; **to burst out ~ing** soltar* una carcajada, echarse a reír; **I nearly died ~ing** casi me muero de (la) risa; **to make sb ~** hacer* reír a algn; **to ~ ABOUT sth** reírse* DE algo; **to ~ AT sb/sth** reírse* DE algn/algo; ***to ~ on the other side of one's face*** (colloq): **she'll be ~ing on the other side of her face when he finds out** se le van a quitar las ganas de reírse cuando él se entere; ***he who ~s last ~s best*** *o* (BrE) ***longest*** quien ríe *or* el que ríe (el) último, ríe mejor

■ **laugh** *vt*: **they were ~ed off the stage** se rieron tanto de ellos, que tuvieron que salir del escenario; **you don't say!, he ~ed** —¡no me digas! —dijo riendo

Phrasal verb

• **laugh off** [v ▸ o ▸ adv, v ▸ adv ▸ o] tomar a broma, reírse* de

laughable /ˈlæfəbəl || ˈlɑːfəbəl/ *adj* de risa, risible

laughing¹ /'læfɪŋ || 'lɑːfɪŋ/ *adj* ‹*eyes*› risueño, alegre; **this is no ~ matter** no es motivo de risa, no es para tomarlo a risa

laughing² *n* risas *fpl*; (loud) carcajadas *fpl*, risotadas *fpl*

laughing gas *n* [u] gas *m* hilarante

laughingly /'læfɪŋli || 'lɑːfɪŋli/ *adv*: **this is what he ~ calls leadership** ¡y a esto él lo llama liderazgo!

laughingstock /'læfɪŋstɑːk || 'lɑːfɪŋstɒk/ *n* hazmerreír *m*; **he made a ~ of his opponent** dejó *or* puso a su contrincante en ridículo

laughter /'læftər || 'lɑːftə(r)/ *n* [u] risas *fpl*; (loud) carcajadas *fpl*, risotadas *fpl*; **he roared with ~** se rió a carcajadas; (*before n*) **~ lines** arrugas *fpl* de gesto

launch¹ /lɔːntʃ/ *vt*

A **1** (Naut) ‹*new vessel*› botar; ‹*lifeboat*› echar al agua **2** (Aerosp, Mil) ‹*satellite/missile*› lanzar*; ‹*attack*› emprender, lanzar*

B **1** (Busn) ‹*product/campaign*› lanzar*; ‹*company*› fundar* **2** (Lit, Theat, Cin) ‹*book/play/actor*› lanzar*

Phrasal verbs

- **launch into** [v ▸ prep ▸ o]: **she ~ed into a lengthy account of her adventures** se puso a contar sus aventuras con lujo de detalles
- **launch out** [v ▸ adv] lanzarse*; **she decided to ~ out on her own** decidió lanzarse por su cuenta

launch² *n*

A (Naut) (motorboat) lancha *f* (a motor), motora *f*

B **1** (of new vessel) botadura *f*; (of lifeboat) lanzamiento *m* (*al agua*) **2** (of rocket, missile) lanzamiento *m*

C (of product, project, campaign) lanzamiento *m*; (of company) fundación *f*; (*before n*) ‹*date/party*› de lanzamiento

launcher /'lɔːntʃər || 'lɔːntʃə(r)/ *n* lanzador *m*; (*rocket ~*) lanzacohetes *m*; (*missile ~*) lanzamisiles *m*

launching /'lɔːntʃɪŋ/ *n* **1** ▸**launch² B** **2** ▸**launch² C**

launching pad, launchpad /'lɔːntʃpæd/ *n* **1** (Aerosp) rampa *f or* plataforma *f* de lanzamiento **2** (for ideas, career) trampolín *m*, plataforma *f*

launder /'lɔːndər || 'lɔːndə(r)/ *vt* **1** (wash and iron) (frml) lavar y planchar **2** ‹*money*› blanquear, lavar (AmL)

Launderette®, **launderette** /'lɔːndə'ret || lɔːn'dret/ *n* lavandería *f* automática

Laundromat®, **laundromat** /'lɔːndrəmæt/ *n* (AmE) lavandería *f* automática

laundry /'lɔːndri/ *n* (*pl* **-dries**) **1** [c] (commercial) lavandería *f*, lavadero *m* (RPl); (in home) lavadero *m* **2** [u] (dirty clothes) ropa *f* sucia *or* para lavar; (washed clothes) ropa *f* limpia *or* lavada; (*before n*) **~ basket** canasto *m or* cesto *m* de la ropa sucia

laureate /'lɔːriət || 'lɒriət/ *n* ▸**poet laureate**

laurel /'lɔːrəl || 'lɒrəl/ *n* **1** (Bot) laurel *m*; (*before n*) **~ wreath** corona *f* de laureles **2** **laurels** *pl* (glory) laureles *mpl*; ***to rest on one's ~s*** dormirse* sobre sus (*or* mis *etc*) laureles

lava /'lɑːvə/ *n* [u] lava *f*

lavatory /'lævətɔːri || 'lævətri/ *n* (*pl* **-ries**) **1** (room in house) (cuarto *m* de) baño *m*, váter *m* (Esp fam) **2** (public) (*often pl*) baños *mpl*, servicios *mpl* (Esp) **3** (receptacle) taza *f*, inodoro *m*, wáter *m*

lavender /'lævəndər || 'lævəndə(r)/ *n* [u] **1** (Bot) lavanda *f*, espliego *m*; (*before n*) **~ water** (agua *f‡* de) lavanda *f* **2** (color) azul *m* lavanda; (*before n*) azul lavanda *adj inv*

lavish¹ /'lævɪʃ/ *adj* **1** (extravagant) ‹*lifestyle*› de derroche *or* despilfarro; **she was ~ in** *o* **with her praise** fue pródiga en elogios, no escatimó elogios **2** (large, sumptuous) ‹*gift*› espléndido, generoso; ‹*party/meal*› magnífico, espléndido; ‹*costumes/production*› fastuoso

lavish² *vt* **to ~ sth ON** *o* **UPON sb** prodigar(le)* algo A algn, no escatimar(le) algo A algn; **she ~es attention upon the children** se desvive por los niños

lavishly /'lævɪʃli/ *adv* **1** (in large measure) ‹*give*› con esplendidez *or* generosidad **2** (sumptuously) ‹*decorated/illustrated/produced*› magníficamente

law /lɔː/ *n*

A **1** [c] (rule, regulation) ley *f*; ***he's/she's a ~ unto himself/herself*** hace lo que le da la gana **2** [u] (collectively): **the ~** la ley; **to break the ~** violar *or* contravenir* *or* infringir* la ley; **it is against the ~** es ilegal *or* está prohibido por (la) ley; **to stay within the ~** actuar* dentro de la ley; **under French ~** según la ley *or* la legislación francesa; **these proposals became ~ in 1987** estas propuestas se hicieron ley en 1987; **his word is ~ in this house** en esta casa su palabra es ley; ***to lay down the ~*** dar* órdenes; ***to take the ~ into one's own hands*** tomarse la justicia por su (*or* mi *etc*) propia mano **3** [u] (as field, discipline) derecho *m*; (profession) abogacía *f*; **to enter the ~** (BrE) hacerse* abogado; (*before n*) **~ school** facultad *f* de Derecho

B [u] **1** (litigation): **to go to ~** (BrE) recurrir a los tribunales *or* a la justicia; **a court of ~** un tribunal de justicia **2** **the ~** (police) (colloq) la policía

C [c u] (code of conduct): **Islamic ~** (Relig) la ley del Corán

D [c] (scientific principle) ley *f*; **the ~s of nature** las leyes de la naturaleza

law: **~-abiding** *adj* respetuoso de la ley; **~ and order** *n* [u] (+ *sing o pl vb*) el orden público; **~breaker** *n* infractor, -tora *m,f or* transgresor, -sora *m,f* de la ley; **~ court** *n* (esp BrE) tribunal *m* (de justicia); **~ enforcement** *n* [u] *la imposición del cumplimiento de la ley*; **~-enforcement officer** agente *mf* de policía

lawful /'lɔːfəl/ *adj* ‹*ruler/heir*› legítimo; ‹*contract*› válido, legal; ‹*conduct/action*› lícito

lawfully /'lɔːfəli/ *adv* legalmente

lawless /'lɔːləs || 'lɔːlɪs/ *adj* ‹*mob/crowd*› desmandado, descontrolado; ‹*region*› anárquico, donde no rige la ley

lawlessness /'lɔːləsnəs || 'lɔːlɪsnɪs/ *n* [u] desorden *m*, anarquía *f*

law: **~maker** *n* legislador, -dora *m,f*; **~man** /'lɔːmən/ *n* (*pl* **-men** /-mən/) (AmE colloq) agente *m* del orden

lawn /lɔːn/ *n* césped *m*, pasto *m* (AmL), grama *f* (AmC, Ven)

lawn: **~mower** *n* máquina *f* de cortar el césped *or* (AmL tb) el pasto, cortadora *f* de césped *or* (AmL tb) de pasto, cortacésped *m* (Esp), cortagrama *m* (AmC, Ven); **~ tennis** *n* tenis *m* (*sobre hierba*)

lawsuit /'lɔːsuːt/ *n* juicio *m*, pleito *m*; **to bring a ~ against sb** llevar a algn a juicio, entablar una demanda contra algn

lawyer /'lɔːjər || 'lɔːjə(r)/ *n* abogado, -da *m,f*

lax /læks/ *adj* ‹*discipline/supervision*› poco estricto; ‹*morals/standards*› laxo, relajado

laxative /'læksətɪv/ *n* [c u] laxante *m*

laxity /'læksəti/, **laxness** /'læksnəs/ *n* [u] (of morals) relajación *f*, relajamiento *m*; (of rules) falta *f* de rigor, lo poco estricto

lay¹ /leɪ/ *past of* **lie²** *Sense* **II**

lay² (*past & past p* **laid**) *vt*

A (put, place) poner*; **~ the cloth flat on the table** extiende la tela sobre la mesa; **he laid a blanket over the sleeping child** cubrió al niño dormido con una manta

B (arrange, put down in position) ‹*bricks/carpet*› poner*, colocar*; ‹*cable/pipes*› tender*, instalar; ‹*mines*› sembrar*

C (prepare) ‹*trap/ambush*› tender*; ‹*plans*› hacer*; **to ~ the table** poner* la mesa

D (present, put forward): **to ~ a complaint against sb** formular *or* presentar una queja contra algn; ▸**claim¹ B**

E (impose): **to ~ a burden/fine on sb** imponer* una carga sobre/una multa a algn; *see also* **blame² 1, stress¹ B1, emphasis**

F (cause to be): **one blow laid him flat on his back** de un golpe quedó tendido de espaldas en el suelo; **her statements laid her open to criticism** sus declaraciones la dejaron expuesta a críticas; ***to ~ sb low***: **he was laid low by malaria** estuvo postrado con malaria

G (Zool): **to ~ eggs** ‹‹*bird/reptile*›› poner* huevos; ‹‹*fish/insects*›› desovar*

H ‹*bet*› hacer*; ‹*money*› apostar*; ▸**odds A**

I (to have sex with) (sl): **to get laid** echar(se) un polvo (fam)

■ **lay** *vi*

A ‹‹*hen*›› poner* huevos

B (crit) ▸**lie²** *Sense* **II**

Phrasal verbs

- **lay about** [v ▸ prep ▸ o]: **to ~ about sb** emprenderla a golpes con algn
- **lay aside** [v ▸ o ▸ adv, v ▸ adv ▸ o] **1** (put down) ‹*book/knitting*› dejar a un lado, apartar **2** (give up) ‹*pretense/differences*› olvidar, dejar de lado
- **lay down** [v ▸ o ▸ adv, v ▸ adv ▸ o] **1** (put down) ‹*tools/*

weapons› dejar (a un lado); ▸**arm¹ D** 2 (prescribe, fix) ‹*guidelines/procedure*› establecer*, determinar; ▸**law A2**

- **lay in** [v ▸ o ▸ adv, v ▸ adv ▸ o] ‹*food/water*› aprovisionarse de, proveerse* de
- **lay into** [v ▸ prep ▸ o] (colloq) (attack) emprenderla a golpes con, arremeter contra; (verbally) arremeter contra; **she really laid into me** se ensañó conmigo
- **lay off**

A [v ▸ adv ▸ o, v ▸ o ▸ adv] (AmE) despedir*; (BrE) *suspender temporalmente por falta de trabajo*

B [v ▸ adv] [v ▸ prep ▸ o] (colloq) 1 (stop pestering): **just ~ off, will you?** ¡basta ya!; **~ off me/her!** ¡déjame/déjala en paz! 2 (give up) dejar; **you should ~ off the drink** deberías dejar la bebida

- **lay on** [v ▸ adv ▸ o, v ▸ o ▸ adv]

A 1 (arrange, provide) ‹*transport/food*› hacerse* cargo de, proporcionar; ‹*entertainment*› ofrecer*, brindar 2 ‹*water/gas/electricity*› (BrE) conectar

B ***to ~ it on thick*** cargar* las tintas, exagerar

- **lay out** [v ▸ o ▸ adv, v ▸ adv ▸ o]

A 1 ‹*park/garden*› diseñar; ‹*town*› hacer* el trazado de; ‹*objects*› disponer*, arreglar 2 (Print) ‹*page*› diseñar, componer*

B (spend) gastar; (invest) invertir*

C (knock unconscious) dejar sin sentido; (in boxing) dejar KO *or* fuera de combate, noquear

D 1 ‹*dead body*› amortajar 2 ‹*clothes*› preparar, disponer*

- **lay up**

A [v ▸ o ▸ adv, v ▸ adv ▸ o] (render inactive) (*often passive*) ‹*boat/car*› guardar (*por una temporada*); **I was laid up with flu for two weeks** la gripe *or* (Col, Méx) la gripa me tuvo dos semanas en cama

B [v ▸ adv ▸ o] (store up) ‹*supplies*› almacenar, guardar; **to ~ up trouble for oneself** buscarse* *or* crearse problemas

lay³ *adj* (*before n*) 1 (secular) (Relig) ‹*organization/education*› laico; **~ preacher** predicador, -dora *m,f* seglar 2 (not expert): **the ~ reader** el lector profano en la materia, el lector no especializado

lay⁴ *n* (sl): **he's/she's a good ~** es muy bueno/buena en la cama (fam)

lay: **~about** *n* (BrE colloq) haragán, -gana *m,f*, vago, -ga *m,f* (fam); **~away** *n* [u] (AmE): **to have sth put on ~away** dejar algo reservado mediante el pago de un depósito; **~-by** *n* (BrE) área *f*‡ de reposo

layer¹ /ˈleɪər || ˈleɪə(r)/ *n* (of dust, paint, snow) capa *f*; (of rock, sediment) capa *f*, estrato *m*; **the novel has several ~s of meaning** la novela tiene varias lecturas *or* interpretaciones; (*before n*) **~ cake** pastel *m* relleno

layer² *vt*: **I had my hair ~ed** me corté el pelo en *or* (Esp) a capas, me rebajé el pelo (RPl)

layette /leɪˈet/ *n* ajuar *m* de bebé

lay: **~man** /ˈleɪmən/ *n* (*pl* **-men** /-mən/) 1 (non-expert): **a book written for the ~man** un libro dirigido al gran público; **in ~man's terms** en lenguaje accesible 2 (Relig) seglar *mf*, laico, -ca *m,f*; **~off** *n* (AmE) despido *m*; (BrE) *suspensión temporal por falta de trabajo*; **~out** *n* 1 (of house) distribución *f*; (of town, garden) trazado *m*, plan *m*; **the ~out of the room** la forma en que están dispuestos los muebles en la habitación 2 (in magazine, newspaper) diseño *m*, maquetación *f*; **~over** *n* (AmE) parada *f*, alto *m*; (Aviat) escala *f*

laze /leɪz/ *vi* haraganear, holgazanear; **the cat was lazing in the sun** el gato estaba tumbado al sol

lazily /ˈleɪzəli || ˈleɪzɪli/ *adv* perezosamente

laziness /ˈleɪzinəs || ˈleɪzɪnɪs/ *n* [u] pereza *f*, flojera *f* (fam)

lazy /ˈleɪzi/ *adj* **lazier, laziest** ‹*person*› perezoso, holgazán, flojo (fam); **we spent a ~ weekend on the beach** pasamos un fin de semana en la playa sin hacer nada; **to have a ~ eye** (Med) tener* un ojo perezoso

lazy: **~bones** *n* (*pl* **~bones**) (colloq) haragán, -gana *m,f*, vago, -ga *m,f* (fam), flojonazo, -za *m,f* (Chi, Méx fam), fiacún, -cuna *m,f* (RPl fam); **~ Susan** /ˈsuːzən/ *n* (esp AmE) bandeja *f* giratoria

lb = pound(s)

LCD *n* **= liquid crystal display**

lead¹ *n*

(Sense I) /led/

A [u] (metal) plomo *m*; ***as heavy as ~***: **my feet felt as heavy as ~** los pies me pesaban como (un) plomo; (*before n*) **~ crystal** cristal *m* (*que contiene óxido de plomo y es muy preciado*); **~ poisoning** intoxicación *f* por plomo; (chronic disease) saturnismo *m*

B [c u] (in pencil) mina *f*; (*before n*) **~ pencil** lápiz *m* (de mina)

(Sense II) /liːd/

A (in competition) (*no pl*): **to be in/hold the ~** llevar/conservar la delantera; **to move into the ~, to take the ~** tomar la delantera; **she has a ~ of 20 meters/points over her nearest rival** le lleva 20 metros/puntos de ventaja a su rival más cercano

B (example, leadership) (*no pl*) ejemplo *m*; **to give a ~** dar* (el) ejemplo; **to follow** *o* **take sb's ~** seguir* el ejemplo de algn; **to take the ~ in doing sth** tomar la iniciativa en hacer algo

C [c] (clue) pista *f*

D [c] 1 (for dog) (BrE) correa *f*, traílla *f*; Ⓢ **dogs must be kept on a lead at all times** prohibido dejar a los perros sueltos 2 (Elec) cable *m*

E [c] 1 (main role) papel *m* principal; **the male/female ~** (role) el papel principal masculino/femenino; (person) el primer actor/la primera actriz 2 (Mus) solista *mf*; **to sing/play (the) ~** ser* la voz/el músico solista; (*before n*) ‹*guitar/singer*› principal

F [c] (cards) (*no pl*): **it was her ~** salía ella, ella era mano

lead² /liːd/ (*past & past p* **led**) *vt*

A 1 (guide, conduct) ‹*person/animal*› llevar, guiar*; **to ~ sb TO sth/sb** conducir* *or* llevar a algn A algo/ANTE algn; **they were led to safety by firemen** los bomberos los pusieron a salvo; **to ~ sb away/off** llevarse a algn; **~ the way!** ¡ve tú delante *or* (esp AmL) adelante! 2 (to a particular state, course of action): **to ~ sb into temptation** hacer* caer a algn en la tentación; **to ~ sb TO sth/+ INF**: **this led me to the conclusion that ...** esto me hizo llegar a la conclusión de que ...; **what led you to resign?** ¿qué te llevó a dimitir?; **I was led to believe that ...** me dieron a entender que ... 3 (influence): **he's easily led** se deja llevar fácilmente

B (head, have charge of) ‹*discussion*› conducir*; ‹*orchestra*› (conduct) (AmE) dirigir*; (play first violin in) (BrE) ser* el primer violín de; **the expedition was led by Smith** la expedición iba al mando de Smith

C 1 (be at front of) ‹*parade/attack*› encabezar*, ir* al frente de 2 (in race, competition) ‹*opponent*› aventajar; **they led the opposing team by ten points** aventajaban al equipo contrario por diez puntos, le llevaban diez puntos de ventaja al equipo contrario; **to ~ the field** (Sport) ir* en cabeza *or* a la cabeza, llevar la delantera; **they ~ the world in this kind of technology** son los líderes mundiales en este tipo de tecnología

D ‹*life*› llevar

E (play) ‹*trumps/hearts*› salir* con

■ **lead** *vi*

A **to ~ TO sth** «*road/path/steps*» llevar *or* conducir* *or* dar* A algo; «*door*» dar* A algo; **this discussion isn't ~ing anywhere** esta discusión no conduce a nada; **six streets ~ off the square** de la plaza salen seis calles

B 1 (be, act as leader): **you ~, we'll follow** ve delante *or* (esp AmL) adelante, que te seguimos 2 (in race, competition) «*competitor*» ir* a la cabeza, puntear (AmL); **they are ~ing by three goals** van ganando por tres goles

C 1 (Journ): **'The Times' ~s with the budget deficit** 'The Times' dedica su artículo de fondo al déficit presupuestario 2 (in cards) salir*, ser* mano

(Phrasal verbs)

- **lead on**

A [v ▸ adv]: **~ on!** ¡adelante! (¡te seguimos!)

B [v ▸ o ▸ adv] (raise false hopes) engañar; **she's been ~ing him on for years** hace años que lo tiene agarrado de las narices dándole esperanzas (fam)

- **lead to** [v ▸ prep ▸ o] (result in) llevar *or* conducir* a; **one thing led to another and ...** una cosa llevó a la otra y ...
- **lead up to** [v ▸ adv ▸ prep ▸ o] 1 (precede) preceder a 2 (prepare for): **he was obviously ~ing up to something** era obvio que algo se proponía

leaded /ˈledəd || ˈledɪd/ *adj* ‹*fuel*› con plomo

l

leaden /'ledn/ *adj* (liter) **1** ‹*sky/sea*› plomizo **2** ‹*limbs*› pesado; ‹*spirit/heart*› triste, sombrío

leader /'li:dər || 'li:də(r)/ *n*
A **1** (of group, movement, political party) líder *mf*, dirigente *mf*; (of expedition) jefe, -fa *m,f*; (of gang) cabecilla *mf*, jefe, -fa *m,f*; **the L~ of the Opposition** (in UK) el líder de la oposición; **~ of the orchestra** (conductor) (AmE) director, -tora *m,f* (de orquesta); (first violin) (BrE) primer violín *mf* **2** (in race, competition) primero, -ra *m,f*; (in league) líder *m*, puntero *m*
B (BrE Journ) editorial *m*; (*before n*) **~ writer** editorialista *mf*

leadership /'li:dərʃɪp || 'li:dəʃɪp/ *n* **1** [u] (direction, control — of party) liderazgo *m*, dirección *f*, jefatura *f*; (— of country) conducción *f* **2** [u] (quality) autoridad *f*, dotes *fpl* de mando; **this country needs strong ~** este país necesita una mano fuerte; (*before n*) **~ qualities** dotes *fpl* de mando **3** (leaders) (+ *sing o pl vb*) dirigentes *mpl*, directiva *f*

lead-free /'led'fri:/ *adj* sin plomo

lead-in /'li:dɪn/ *n* [u c] **~ (TO sth)** introducción *f* (A algo)

leading /'li:dɪŋ/ *adj* (*before n*) **1** (principal) ‹*scientist/playwright*› destacado, importante; ‹*brand/company*› líder *adj inv*, puntero; **she played a ~ role in ...** tuvo un papel destacado en ...; **she was a ~ figure in the movement** fue una de las figuras principales del movimiento **2** (in front) ‹*runner/horse/driver*› que va a la cabeza *or* en cabeza, puntero

leading: **~ article** *n* **1** (main story) (AmE) artículo *m* de fondo (*gen en primera plana*) **2** (editorial) (BrE) editorial *m*; **~ edge** *n* **1** (Aviat) borde *m* anterior (*del ala*) **2** (forefront): (*before n*) **~-edge technology** tecnología *f* de avanzada *or* de vanguardia; **~ lady** *n* (Cin) protagonista *f*; (Theat) primera actriz *f*; **~ light** *n* estrella *f*; **~ question** *n*: *pregunta que sugiere la respuesta que se quiere obtener*

lead /li:d/: **~-off** *adj* (AmE) (in baseball) primero en turno, primero al bate; **~-off runner** primer, -mera *m,f* relevo; **~ time** *n* (before delivery) plazo *m* de entrega; **~-up** *n* **~-up (TO sth)**: **campaigning is intensifying in the ~-up to the election** la campaña se está intensificando a medida que se aproximan las elecciones

leaf¹ /li:f/ *n* (*pl* **leaves**)
A (of plant, tree) hoja *f*; **to come into ~** echar hojas; **to be in ~** tener* hojas; ***to shake*** *o* ***tremble like a ~*** temblar* como una hoja
B (page, sheet) hoja *f*; ***to take a ~ out of sb's book*** seguir* el ejemplo de algn; ***to turn (over) a new ~*** reformarse, hacer* borrón y cuenta nueva
C (of table) ala *f*‡; (of door, shutter) hoja *f*

leaf² *vi* (AmE) echar hojas
Phrasal verb
• **leaf through** [v ▸ prep ▸ o] hojear

leaflet¹ /'li:flət || 'li:flɪt/ *n* (Print) folleto *m*; (Pol) panfleto *m*

leaflet² **-t-** *or* **-tt-** *vi* repartir folletos/panfletos
■ **leaflet** *vt* ‹*area*› repartir folletos/panfletos en

leafy /'li:fi/ *adj* **-fier, -fiest** ‹*boughs*› frondoso; ‹*lane*› arbolado

league /li:g/ *n*
A (alliance, association) liga *f*, asociación *f*, federación *f*; **the L~ of Nations** (Hist) la Sociedad de Naciones; ***to be in ~ (with sb)*** estar* aliado *or* confabulado (con algn)
B **1** (Sport) liga *f*; (*before n*) ‹*champion/game*› de liga; **~ standing** (AmE) posición *f* en la liga **2** (level, category): **not to be in the same ~ as sb/sth** no estar* a la misma altura *or* al mismo nivel que algn/algo; **they're in a different ~** no tienen ni punto de comparación
C (measure of distance) legua *f*

league table *n* (BrE) tabla *f* de clasificación *or* de posiciones, clasificación *f*

leak¹ /li:k/ *vi* **1** «*bucket/tank*» gotear, perder* (RPl), salirse* (Chi, Méx); «*shoes/tent*» dejar pasar el agua; «*faucet*» gotear; «*pen*» perder* tinta; **the roof is ~ing** hay una gotera/hay goteras en el techo, entra agua por el tejado **2** (escape) «*liquid*» escaparse, salirse*; **water had ~ed through the ceiling** había entrado agua por el techo
■ **leak** *vt* **1** ‹*liquid/gas*› perder*, botar (AmL exc RPl) **2** ‹*information*› filtrar; **the report was ~ed to the press** filtraron el informe a la prensa
Phrasal verb
• **leak out** [v ▸ adv] «*news*» filtrarse

leak² *n*
A **1** (in bucket, boat, pipe) agujero *m*; (in roof) gotera *f*; **the boat sprang a ~** el bote empezó a hacer agua **2** (escaping liquid, gas) escape *m*, fuga *f* **3** (of information) filtración *f*
B (act of urinating) (sl) (*no pl*): **to take** *o* (BrE also) **have a ~** hacer* pis (fam), mear (vulg)

leakage /'li:kɪdʒ/ *n* [c u] escape *m*, fuga *f*

leaky /'li:ki/ *adj* **-kier, -kiest** agujereado; **we've got a ~ roof** tenemos goteras (en el techo)

lean¹ /li:n/ (*past & past p* **leaned** *or* (BrE also) **leant** /lent/) *vi* **1** (bend, incline): **the tower ~s to the left** la torre está inclinada hacia la izquierda; **she ~ed back in her chair** se echó hacia atrás *or* se reclinó en la silla; **don't ~ out of the window** no te asomes por la ventana; ▸ **backward² 1** **2** (support oneself) apoyarse; **to ~ AGAINST sth** apoyarse CONTRA algo; **to ~ ON sth/sb** apoyarse EN algo/algn **3** (tend, incline) **to ~ TO/TOWARD sth**: **the party ~s to the left** el partido es de tendencia izquierdista; **they are ~ing toward a more conciliatory approach** se inclinan por un enfoque más conciliador
■ **lean** *vt* apoyar
Phrasal verb
• **lean on** [v ▸ prep ▸ o] (colloq) **1** (put pressure on) presionar, ejercer* presión sobre; **to ~ on sb to + INF** presionar a algn PARA QUE (+ *subj*) **2** (depend on) apoyarse en

lean² *adj* **1** ‹*person/build*› delgado, enjuto; ‹*animal*› flaco; **the company is now ~er and more efficient** la compañía ahora tiene menos personal y es más eficiente **2** ‹*meat*› magro, sin grasa **3** (poor) ‹*winter*› malo; **the ~ years** los años de escasez *or* de vacas flacas

leaning¹ /'li:nɪŋ/ *n* (*usu pl*) inclinación *f*, tendencia *f*

leaning² *adj* inclinado

leant /lent/ (BrE) *past & past p of* **lean¹**

lean-to /'li:ntu:/ *n* (*pl* **-tos**) cobertizo *m* (*adosado a la casa*)

leap¹ /li:p/ (*past & past p* **leaped** *or* (BrE also) **leapt** /lept/) *vi* saltar; **to ~ over sth** saltar por encima de algo; **the dog ~ed at his throat** el perro le saltó *or* (esp Méx) le brincó al cuello; **he ~ed out of bed** se levantó (de la cama) de un salto *or* (esp Méx) de un brinco; **my heart ~ed at the news** (liter) el corazón me dio un brinco al recibir la noticia; **to ~ to sb's assistance** correr a ayudar a algn; **to ~ AT sth** ‹*at an opportunity/an offer/a chance*› no dejar pasar algo; **to ~ ON sb/sth**: **they ~ed on him** se le echaron encima, se abalanzaron sobre él; **his critics ~ed on this mistake** sus detractores se lanzaron sobre este error con ensañamiento
■ **leap** *vt* ‹*fence/stream*› saltar

leap² *n* **1** (jump) salto *m*, brinco *m*; ***by ~s and bounds*** a pasos agigantados **2** (in prices etc) subida *f* brusca

leapfrog¹ /'li:pfrɔ:g || 'li:pfrɒg/ *n* [u]: **to play ~** jugar* a la pídola, brincar* al burro (Méx), jugar* al rango (RPl)

leapfrog² *vi* **-gg-** saltar; **John ~ged over his brother** John saltó por encima de su hermano

leapt /lept/ (BrE) *past & past p of* **leap¹**

leap year *n* año *m* bisiesto

learn /lɜ:rn || lɜ:n/ (*past & past p* **learned** *or* (BrE also) **learnt**) *vt*
A **1** (gain knowledge of) aprender; **to ~ to + INF** aprender A + INF; **I've ~ed that from experience** eso lo he aprendido por propia experiencia; **you'll have to ~ to live with it** vas a tener que acostumbrarte **2** (memorize) aprender de memoria
B (become informed about) ‹*details*› enterarse de
■ **learn** *vi*
A (gain knowledge) aprender; **will he ever ~?** ¡cuándo aprenderá!
B (become informed) **to ~ ABOUT** *o* **OF sth** enterarse *or* saber* DE algo

learned /'lɜ:rnəd || 'lɜ:nɪd/ *adj* ‹*scholar*› docto, sabio; **my ~ colleague** (BrE fml) mi distinguido colega

learner /'lɜ:rnər || 'lɜ:nə(r)/ *n*: **he's a quick** *o* **fast ~** aprende con mucha rapidez; **he's a slow ~** tiene dificultades de aprendizaje; (*before n*) **~ (driver)** (esp BrE) *persona que está aprendiendo a conducir*

learning /'lɜ:rnɪŋ || 'lɜ:nɪŋ/ *n* [u] **1** (knowledge) saber *m*, conocimientos *mpl*; (education) educación *f*; **book ~** aprendizaje *m* a través de los libros; **a man of ~** un erudito **2** (act) aprendizaje *m*; (*before n*) **~ difficulties** dificultades *fpl or* problemas *mpl* de aprendizaje

learnt /lɜːrnt || lɜːnt/ (BrE) *past & past p of* **learn**

lease¹ /liːs/ *n* ≈ contrato *m* de arrendamiento; (of real estate) ≈ usufructo *m*; ***to give sb/sth a new** o **fresh ~ on life*** *o* (BrE) **~ *of life***: **the operation has given him a new ~ on life** ha revivido con la operación; **the renovations have given the hotel a new ~ of life** el hotel ha quedado como nuevo con los arreglos

lease² *vt* [1] **~ (out)** (grant use of) arrendar*, dar* en arriendo; ‹*real estate*› dar* en usufructo [2] (hold under lease) arrendar*, tomar en arriendo; ‹*real estate*› tener* el usufructo de

lease: **~back** *n* cesión-arrendamiento *f*, retroarriendo *m*; **~hold** *n* [u c] arrendamiento *m*; **~holder** *n* arrendatario, -ria *m,f*

leash /liːʃ/ *n* correa *f*, traílla *f*; ***to keep sb on a ~*** mantener* *or* tener* a algn a raya; ***to strain at the ~*** (be impatient) morirse* de impaciencia; (lit) «*dog*» tirar de la correa, jalar la traílla *or* correa (AmL exc CS)

least¹ /liːst/ *adj*

A (*superl of* **little¹** *Sense* **II**): **she has the ~ money** es quien menos dinero tiene

B [1] (smallest, slightest) más mínimo; **I'm not the ~ bit interested** no me interesa en lo más mínimo; **that's the ~ of my worries** eso es lo que menos me preocupa [2] (lowest, humblest) (liter) más humilde

least² *pron*

A (*superl of* **little²**): **to say the ~** por no decir más; **it's the ~ I can do** es lo menos que puedo hacer

B (in adv phrases) **at least** por lo menos, como mínimo; **he can't afford it; at ~ that's what he says** no puede permitírselo; al menos eso es lo que dice; **in the least** en lo más mínimo; **am I disturbing you? — not in the ~** ¿te molesto? — en lo más mínimo *or* en absoluto

least³ *adv*

A (*superl of* **little³**): **~ of all you** tú menos que nadie; **when you ~ expect it** cuando menos te lo esperas

B (*before adj, adv*) menos; **John is the ~ intelligent** John es el menos inteligente

leastways /ˈliːstweɪz/, **leastwise** /-waɪz/ *adv* (colloq) por lo menos, al menos

leather /ˈleðər || ˈleðə(r)/ *n* [1] [u] (material) cuero *m*, piel *f* (Esp, Méx); (*before n*) **~ goods** artículos *mpl* de cuero *or* (Esp, Méx tb) de piel [2] [c] (chamois) (BrE) gamuza *f*

leathery /ˈleðəri/ *adj* ‹*skin*› curtido, áspero; ‹*steak*› correoso, duro como suela de zapatos (fam)

leave¹ /liːv/ *n*

A [u c] (authorized absence) permiso *m*, licencia *f* (esp AmL); (Mil) licencia *f*, permiso *m*; **one year's ~ of absence** un año de permiso *or* (esp AmL) de licencia *or* (Esp) de excedencia; **to be/go on ~** estar*/salir* de permiso *or* (esp AmL) de licencia

B [u] (permission) (frml) permiso *m*; **without so much as a by your ~** (colloq) sin ni siquiera pedir permiso

C [u] (departure) (frml): **to take ~ of sb** despedirse* de algn; **have you taken ~ of your senses?** ¿te has vuelto loco?

leave² (*past & past p* **left**) *vt*

A [1] (go away from): **she ~s home/the office at 6** sale de casa/de la oficina a las 6; **I left her reading a book** la dejé leyendo un libro; **may I ~ the table?** ¿puedo levantarme de la mesa?; **what are you going to do when you ~ school?** ¿qué vas a hacer cuando termines el colegio?; **he left school at 16** dejó *or* abandonó los estudios a los 16 años; **she left home at the age of 17** se fue de casa a los 17 años [2] (withdraw from) ‹*profession/organization/politics*› dejar; **to ~ sth FOR sth** dejar algo POR algo

B (abandon) dejar; **she left her husband for another man** dejó a su marido por otro (hombre); **he was left for dead** lo dieron por muerto; **they left him to die in the desert** lo abandonaron a su suerte en el desierto

C [1] (deposit in specified place) dejar; **~ your key at the desk** deje la llave en recepción; **to ~ sth FOR sb** dejarle algo A algn [2] (not take — deliberately) dejar; (— inadvertently) olvidarse de, dejarse [3] (not eat) ‹*food*› dejar

D (allow, cause to remain) dejar; **please ~ the window open** por favor dejen la ventana abierta; **she left her meal untouched** no probó la comida; **some things are better left unsaid** es mejor callar *or* no decir ciertas cosas; **let's ~ it at that** dejémoslo así

E (have as aftereffect) ‹*stain/scar*› dejar; **the hurricane left a trail of devastation** el huracán dejó la mayor desolación a su paso

F [1] (not attend to, postpone) dejar; **~ the dishes for later** deja los platos para más tarde [2] (not disturb or interfere) dejar; **~ me alone/in peace!** ¡déjame tranquilo/en paz!; **I was about to start cooking — I'll ~ you to it, then** iba a ponerme a cocinar — bueno, pues te dejo; **to ~ sth/sb to + INF** dejar algo/a algn + INF *or* QUE (+ *subj*); **~ her to finish on her own** déjala terminar *or* que termine sola; ▸**alone¹ 2**

G [1] (entrust) **to ~ sth TO sb/sth**: **~ it to me!** ¡déjalo por mi cuenta!; **we must ~ nothing to chance** no debemos dejar nada (librado) al azar [2] (allow, cause sb to do) dejar; **the teacher left us with a lot to do** el profesor nos dejó mucho trabajo; **to ~ sb to + INF** dejar QUE algn (+ *subj*); **he left his secretary to make the arrangements** dejó que su secretaria hiciera los preparativos

H [1] (Math): **6 from 10 ~s 4** si a 10 le quitamos 6, quedan 4 [2] (after deduction, elimination): **that only ~s you and me** con eso sólo quedamos tú y yo; **there isn't much time left** no queda mucho tiempo [3] (make available) dejar; **~ a space** deja un espacio; **there's nothing left for it but to give in** no queda más remedio que ceder

I [1] (bequeath) **to ~ sth TO sb/sth** ‹*money/property*› dejar(le) algo A algn/algo [2] (after bereavement) dejar; **he ~s a wife and two sons** deja esposa y dos hijos

■ **leave** *vi* irse*, marcharse (esp Esp); **the train ~s at 5 o'clock** el tren sale a las 5 en punto; **he's already left for the airport** ya ha salido para el aeropuerto

(Phrasal verbs)

- **leave aside** [v ▸ o ▸ adv, v ▸ adv ▸ o] dejar de lado
- **leave behind** [v ▸ o ▸ adv, v ▸ adv ▸ o] [1] (not take or bring — deliberately) dejar; (— inadvertently) olvidarse de, dejarse [2] (abandon) ‹*worries/cares*› dejar atrás [3] (in race, at school) ‹*opponent/classmate*› dejar atrás; **slow learners get left behind** los niños con problemas de aprendizaje se quedan atrás *or* rezagados
- **leave in** [v ▸ o ▸ adv, v ▸ adv ▸ o] no omitir
- **leave off**

A [v ▸ adv] [v ▸ prep ▸ o] (discontinue) dejar; **I just carried on where she had left off** lo que hice fue continuar con su trabajo; **this book continues where the last one left off** este libro retoma el hilo del anterior; **where did we ~ off last time?** ¿dónde quedamos la última vez?; **~ off!** (colloq) ¡basta ya!; **to ~ off -ING** dejar *or* parar DE + INF

B [v ▸ o ▸ prep ▸ o] (not include) no incluir*

- **leave on** [v ▸ o ▸ adv, v ▸ adv ▸ o] [1] ‹*light/machine/television*› dejar encendido *or* (AmL tb) prendido [2] (keep wearing) no quitarse
- **leave out**

A [v ▸ o ▸ adv, v ▸ adv ▸ o] [v ▸ o ▸ adv (▸ prep ▸ o)] [1] (omit) omitir; **it won't taste right if you ~ out the garlic** no va a quedar bien si no le pones ajo [2] (exclude) excluir*, no incluir* [3] (not involve) **to ~ sb out OF sth** no meter a algn EN algo

B [v ▸ o ▸ adv] [1] (leave outside) dejar fuera *or* (esp AmL) afuera [2] (not put away) ‹*clothes/toys*› no guardar [3] (leave available) dejar preparado

- **leave over** [v ▸ o ▸ adv, v ▸ adv ▸ o] (*usu pass*): **tomorrow we can eat what's left over** mañana podemos comer lo que sobre *or* quede

leaves /liːvz/ *pl of* **leaf¹**

leave-taking /ˈliːvˌteɪkɪŋ/ *n* despedida *f*

leaving /ˈliːvɪŋ/ *adj* (*before n*) ‹*present*› de despedida; **~ party** despedida *f*

Lebanese /ˈlebəˈniːz/ *adj* libanés

Lebanon /ˈlebənɑːn || ˈlebənən/ *n* (el) Líbano

lecherous /ˈletʃərəs/ *adj* libidinoso, lascivo

lectern /ˈlektərn || ˈlektɜːn/ *n* atril *m*; (in church) facistol *m*

lecture¹ /ˈlektʃər || ˈlektʃə(r)/ *n* [1] (public address) conferencia *f*; (more informal) charla *f*; (Educ) clase *f*; (*before n*) **~ hall** sala *f* de conferencias; **~ notes** (Educ) apuntes *mpl* (de clase); (for public address) notas *fpl*; **~ theater** auditorio *m*, aula *f* magna [2] (talking-to) sermón *m*

lecture² *vi* (Educ) dar* clase, dictar clase (AmL frml), hacer* clase (Chi); **to ~ ON sth/TO sb** dar* una conferencia/clase SOBRE algo/A algn; **to ~ IN sth** dar* *or* (Chi) hacer* clase DE algo, dictar clase DE algo (AmL frml) (*en la universidad*)

■ **lecture** *vt* (scold, reprove) sermonear, darle* un sermón a

lecturer /'lektʃərər || 'lektʃərə(r)/ *n* 1 (speaker) conferenciante *mf*, conferencista *mf* (AmL) 2 (esp BrE Educ) profesor universitario, profesora universitaria *m,f*

led /led/ *past & past p of* **lead²**

ledge /ledʒ/ *n* 1 (on wall) cornisa *f*; (*window* ~) (exterior) alféizar *m or* antepecho *m* (de la ventana); (interior) repisa *f* (de la ventana) 2 (on cliff) saliente *m or f*

ledger /'ledʒər || 'ledʒə(r)/ *n* libro *m* de contabilidad

lee /li:/ *n*

A [u] (Naut) sotavento *m*

B **lees** *pl* (sediment) posos *mpl*

leech /li:tʃ/ *n* sanguijuela *f*

leek /li:k/ *n* puerro *m*

leer¹ /lɪr || lɪə(r)/ *vi* **to ~ AT sb** lanzarle* una mirada lasciva a algn

leer² *n* mirada *f* lasciva

leery /'lɪri || 'lɪəri/ *adj* **-rier, -riest** receloso; **to be ~ OF sb/sth**: **I'm very ~ of them/their intentions** desconfío *or* recelo de ellos/de sus intenciones

leeward /'li:wərd || 'li:wəd/ *n* [u] sotavento *m*; **to ~** a sotavento

leeway /'li:weɪ/ *n* [u] (margin of freedom): **I am given a lot of ~** me dan mucha libertad de acción; **there isn't much ~ in the budget** el presupuesto tiene poco margen de flexibilidad

left¹ /left/ *past & past p of* **leave²**

left² *n*

A 1 (left side) izquierda *f*; **on the ~** a la izquierda; **the one on the ~** el/la de la izquierda; **to drive on the ~** manejar *or* (esp Esp) conducir* por la izquierda; **keep (to the) ~** mantenga su izquierda; **to be on** *o* **to the ~ of sb** *o* **on sb's ~** estar* a la izquierda de algn 2 (left turn): **take the next ~** tome *or* (esp Esp) coja la próxima a la izquierda; **to make** *o* (BrE) **take a ~** girar *or* torcer* *or* doblar a la izquierda 3 (Sport) (hand) izquierda *f*; (blow) golpe *m* de izquierda, izquierdazo *m*

B (Pol) **the ~** la izquierda

left³ *adj* (*before n*) ‹*side/ear/shoe*› izquierdo

left⁴ *adv* ‹*turn/look*› a *or* hacia la izquierda; **~ *and right*** *o* (BrE) ***~, right and centre*** (colloq): **he was hitting out ~ and right** repartía golpes a diestra y siniestra *or* (Esp) a diestro y siniestro (fam); **complaints are coming in ~ and right** nos llegan quejas de todos lados

left-click /'left'klɪk/ *vi* hacer* clic *or* (fam) cliquear con el botón izquierdo *or* primario del ratón,

left: **~ field** *n* (in baseball) 1 (area) jardín *m* izquierdo; ***to be (out) in ~ field*** (AmE) ‹‹*person*›› estar* *or* vivir en las nubes; ***to come from*** *o* ***out of ~ field*** no venir* a cuento 2 (position): **to play ~ field** jugar* de jardinero izquierdo; **~-hand** *adj* (*before n*) de la izquierda; **on the ~-hand side** a mano izquierda; **the car has ~-hand drive** el coche tiene el volante a la izquierda; **~-handed** /'left 'hændəd || ˌleft'hændɪd/ *adj* ‹*person*› zurdo; ‹*scissors/tool*› para zurdos; **~-luggage (office)** /'left'lʌgɪdʒ/ *n* (BrE) consigna *f* de equipajes; **~over** *adj* (*before n*) sobrante; **~overs** /'left,əʊvərz || 'left,əʊvəz/ *pl n* sobras *fpl*, restos *mpl*; **~ wing** *n* 1 (Pol) (+ *sing or pl vb*) **the ~ wing** la izquierda, el ala izquierda 2 (Sport) banda *f or* ala *f*‡ izquierda; **~-wing** /'left'wɪŋ/ *adj* (Pol) de izquierda *or* (Esp) izquierdas, izquierdista; **~-winger** /'left'wɪŋər || ˌleft'wɪŋə(r)/ *n* 1 (Pol) izquierdista *mf* 2 (Sport) extremo *mf or* alero *mf* izquierdo

lefty /'lefti/ *n* (*pl* **-ties**) (colloq) (Pol) rojillo, -lla *m,f*

leg¹ /leg/ *n*

A (Anat) (of person) pierna *f*; (of animal, bird) pata *f*; ***he/she can talk the hind ~s off a donkey!*** (colloq) habla como una cotorra *or* (hasta) por los codos (fam); ***not to have a ~ to stand on*** (colloq) llevar todas las de perder; ***to be on one's/its last ~s*** (colloq) estar* en las últimas (fam); ***to pull sb's ~*** (colloq) tomarle el pelo a algn (fam); ***to stretch one's ~s*** estirar las piernas; (*before n*) ‹*muscle*› de la pierna; ‹*injury*› en la pierna

B 1 (Culin) (of lamb, pork) pierna *f*, pernil *m*; (of chicken) pata *f*, muslo *m* 2 (Clothing) pierna *f*; (measurement) entrepierna *f* 3 (of chair, table) pata *f*

C (stage — of competition, race) manga *f*, vuelta *f*; (— of journey) etapa *f*

leg² *vt* **-gg-**: ***to ~ it*** (colloq) (go on foot) ir* a pata (fam); (run) ir* corriendo

legacy /'legəsi/ *n* (*pl* **-cies**) legado *m*; **the hole in the wall is a ~ from the previous tenant** (hum) el agujero en la pared lo heredamos del inquilino anterior (hum)

legal /'li:gəl/ *adj*

A 1 (allowed) legal; ‹*tackle/move*› reglamentario 2 (founded upon law) ‹*contract/requirement/constraint/rights*› legal; **he is the ~ owner** es el legítimo propietario; **the contract is ~ and binding** el contrato tiene validez legal y es obligatorio para las partes

B (relating to legal system, profession) (*before n*) ‹*system/adviser/problem*› jurídico, legal; ‹*department*› jurídico; **~ costs** costas *fpl*; **the ~ profession** (lawyers) los abogados; (professional activity) la abogacía; **to seek ~ advice** consultar a un abogado; **we will be forced to take ~ action** nos veremos obligados a poner el asunto en manos de nuestro(s) abogado(s)

legal aid *n* [u] (in UK) *ayuda económica del gobierno a un particular para costear gastos legales*, ≈ beneficio *m* de pobreza (*en Esp*), ≈ privilegio *m* de pobreza (*en Chi*)

legalese /'li:gə'li:z/ *n* [u] (colloq & pej) jerigonza *f or* jerga *f* legal *or* de los abogados

legal holiday *n* (AmE) día *m* festivo oficial, feriado *m* oficial (esp AmL)

legality /li:'gæləti/ *n* [u] legalidad *f*

legalization /'li:gələ'zeɪʃən || ˌli:gəlaɪ'zeɪʃən/ *n* [u] legalización *f*

legalize /'li:gəlaɪz/ *vt* legalizar*; ‹*cannabis*› despenalizar* el uso de

legally /'li:gəli/ *adv* legalmente; (*indep*) desde un punto de vista legal

legal tender *n* [u] moneda *f* de curso legal

legation /lɪ'geɪʃən/ *n* legación *f*

legend /'ledʒənd/ *n*

A 1 [c u] (story) leyenda *f* 2 [c] (person) mito *m*, leyenda *f*; **she was a ~ in her own lifetime** (set phrase) ya en vida era un mito *or* una leyenda

B [c] 1 (inscription) leyenda *f* 2 (on map) signos *mpl* convencionales; (on chart) clave *f*

legendary /'ledʒənderi || 'ledʒəndri/ *adj* legendario

-legged /'legəd || 'legɪd, legd/ *suff*: **long~** ‹*person*› de piernas largas; ‹*animal*› de patas largas; *see also* **bandy-legged, cross-legged** *etc*

leggings /'legɪŋz/ *pl n* 1 (pants, trousers) leggings *mpl*, mallas *fpl*, calzas *fpl* (RPl) 2 (for lower leg) polainas *fpl*

leggy /'legi/ *adj* **-gier, -giest** ‹*boy/girl*› de piernas largas, zanquilargo (fam)

legibility /'ledʒə'bɪləti/ *n* [u] legibilidad *f*

legible /'ledʒəbəl/ *adj* legible

legibly /'ledʒəbli/ *adv* de manera legible

legion¹ /'li:dʒən/ *n* legión *f*

legion² *adj* (frml) (*pred*): **the problems are ~** los problemas son innumerables

legionnaire /'li:dʒə'ner || ˌli:dʒə'neə(r)/ *n* legionario *m*

Legionnaires' disease *n* [u] enfermedad *f* del legionario, legionella *f*

legislate /'ledʒəsleɪt || 'ledʒɪsleɪt/ *vi* legislar

legislation /'ledʒəs'leɪʃən || ˌledʒɪs'leɪʃən/ *n* [u] legislación *f*; **under existing ~** de acuerdo a *or* conforme a la legislación vigente; **a new piece of ~** una nueva ley (*or* un nuevo proyecto de ley *etc*)

legislative /'ledʒəsleɪtɪv || 'ledʒɪslətɪv/ *adj* (*before n*) legislativo

legislator /'ledʒəsleɪtər || 'ledʒɪsleɪtə(r)/ *n* legislador, -dora *m,f*

legislature /'ledʒɪsleɪtʃər || 'ledʒɪsleɪtʃə(r)/ *n* asamblea *f* legislativa

legit /lɪ'dʒɪt/ *adj* (colloq) legal

legitimate /lɪ'dʒɪtəmət || lɪ'dʒɪtɪmət/ *adj* 1 (lawful) ‹*government/authority/claim*› legítimo; ‹*business*› legal; ‹*tackle/move*› reglamentario 2 (reasonable) ‹*excuse/complaint/interest*› legítimo, justificado

legitimately /lɪ'dʒɪtəmətli || lɪ'dʒɪtɪmətli/ *adv* 1 (lawfully) legítimamente 2 (reasonably): **he says, ~ in my opinion, that ...** dice, y en mi opinión con razón, que ...

legitimize /lɪ'dʒɪtəmaɪz || lɪ'dʒɪtɪmaɪz/ *vt* legitimar

legroom /'legru:m, -rʊm/ *n* [u] espacio *m* para las piernas

legume /ˈleɡjuːm/ *n* legumbre *f*

leg: **~ up** *n* (colloq) (*no pl*): **to give sb a ~ up** ayudar a algn a subirse; **~work** *n* [u] (colloq): **to do the ~work** hacer* el trabajo preliminar *or* de campo

leisure /ˈliːʒər ‖ ˈleʒə(r)/ *n* [u] tiempo *m* libre; **to live** *o* **lead a life of ~** llevar una vida de ocio; **now I'm a lady of ~** (hum) ahora me doy la gran vida; **read it at your ~** léalo cuando le venga bien; (*before n*) ‹*activity*› de tiempo libre; **~ center** (AmE) centro *m* recreativo; **~ centre** (BrE) centro *m* deportivo, polideportivo *m*; **~ time** tiempo *m* libre, ratos *mpl* libres; **~ wear** ropa *f* deportiva

leisurely /ˈliːʒərli ‖ ˈleʒəli/ *adj* lento, pausado; **at a ~ pace** sin prisas

leitmotif, leitmotiv /ˈlaɪtməʊtiːf/ *n* leitmotiv *m*, tema *m* principal

lemming /ˈlemɪŋ/ *n* lemming *m* (*roedor del norte de Europa*)

lemon /ˈlemən/ *n*

A **1** [c u] (fruit) limón *m*, limón *m* francés (Méx, Ven); (*before n*) ‹*peel/juice/soufflé*› de limón; **~ squeezer** (BrE) exprimidor *m* (de limones), exprimelimones *m*; **~ tea** té *m* con limón **2** [c] **~ (tree)** limonero *m* **3** [u] (color) amarillo *m* limón; (*before n*) amarillo limón *adj inv*

B [c] (colloq) **1** (dud, failure) porquería *f* (fam) **2** (fool) (BrE) idiota *mf*

lemonade /ˈleməˈneɪd/ *n* [c u] **1** (with fresh lemons) limonada *f* **2** (fizzy drink) (BrE) (bebida *f*) gaseosa *f*

lemon: **~ cheese**, **~ curd** *n* [u] crema *f* de limón (*en conserva*); **~ sole** *n* [u] *tipo de platija similar al lenguado*; **~-yellow** /ˈlemənˈjeləʊ/ *adj* (*pred* **~ yellow**) amarillo limón *adj inv*

lend /lend/ (*past & past p* **lent**) *vt* **1** (loan) prestar, dejar (Esp fam); **to ~ sth TO sb** prestarle algo A algn **2** (give) **to ~ sth TO sth** darle* algo A algo; **this ~s an air of mystery to the scene** esto le da un aire de misterio a la escena

■ *v refl* **to ~ itself TO sth** prestarse A algo

(Phrasal verb)

• **lend out** [v ▸ o ▸ adv, v ▸ adv ▸ o] prestar, dejar (Esp fam); **to ~ sth out TO sb** prestarle *or* (Esp tb) dejarle algo A algn

lender /ˈlendər ‖ ˈlendə(r)/ *n* (institution) entidad *f* crediticia; (person) prestamista *mf*

lending library /ˈlendɪŋ/ *n* biblioteca *f* pública (*en la que se permite sacar libros en préstamo*)

length /leŋθ/ *n*

A [u] **1** (of line, surface) longitud *f*, largo *m*; (of sleeve, coat) largo *m*; **it's the wrong ~** es demasiado largo/corto; **it's 5m in ~** mide *or* tiene 5 metros de largo; **he traveled the ~ and breadth of the country** viajó a lo largo y (a lo) ancho del país; **the beach is polluted along its entire ~** la playa está contaminada en toda su extensión; ***to go to great/any ~s***: **he went to great ~s to send me the money** hizo todo lo posible para enviarme el dinero; **he'd go to any ~s to get what he wants** es capaz de hacer cualquier cosa con tal de obtener lo que se propone **2** (of book, list) extensión *f*

B [u] **1** (duration) (of movie, play) duración *f*; **after a considerable ~ of time** después de mucho tiempo; **the ~ of his absence** lo prolongado de su ausencia; **~ of service** antigüedad *f* (*en el trabajo*) **2** **at length** (finally) finalmente, por fin; (for a long time) extensamente, por extenso; (in detail) detenidamente, con detenimiento; **to talk at ~** hablar largo y tendido

C [c] (section — of wood, pipe) trozo *m*; (— of river, road) tramo *m*, parte *f*; **a ~ of cloth** un corte de tela, una tela

D [c] (Sport) **1** (in swimming) largo *m* **2** (in horse, dog racing) cuerpo *m*; (in rowing) largo *m*

lengthen /ˈleŋθən/ *vt* ‹*skirt/novel*› alargar*; ‹*line/speech/visit*› alargar*, prolongar*

■ **lengthen** *vi* «*day/shadow*» alargarse*; **the odds have ~ed** las probabilidades han disminuido

lengthwise /ˈleŋθwaɪz/, (esp BrE) **lengthways** /-weɪz/ *adv* a lo largo, longitudinalmente

lengthy /ˈleŋθi/ *adj* **-thier -thiest** (long) largo, prolongado; (tedious) largo y pesado

leniency /ˈliːniənsi/, **lenience** /-əns/ *n* [u] **~ (TO** *o* **TOWARD sb)** indulgencia *f or* (frml) lenidad *f* (CON *or* HACIA algn)

lenient /ˈliːniənt/ *adj* ‹*attitude/view*› indulgente; ‹*sentence*› poco severo; **to be ~ TO** *o* **TOWARD** *o* **WITH sb** ser* indulgente *or* benévolo CON algn

lens /lenz/ *n* (*pl* **lenses**) **1** (Opt) lente *f* **2** (for magnifying) lupa *f* **3** (in spectacles) cristal *m* **4** ▸**contact lens** **5** (Phot) lente *f*; (compound) objetivo *m*

lent /lent/ *past & past p of* **lend**

Lent /lent/ *n* Cuaresma *f*

lentil /ˈlentl/ *n* lenteja *f*

Leo /ˈliːəʊ/ *n* (*pl* **-os**) **1** (sign) (*no art*) Leo **2** [c] (person) Leo *or* leo *mf*; *see also* **Aquarius**

leopard /ˈlepərd ‖ ˈlepəd/ *n* leopardo *m*

leotard /ˈliːətɑːrd ‖ ˈliːətɑːd/ *n* malla *f*

leper /ˈlepər ‖ ˈlepə(r)/ *n* (Med) leproso, -sa *m,f*; **he's a social ~** lo tratan como a un paria; (*before n*) **~ colony** leprosería *f or* (CS) leprosario *m*

leprechaun /ˈleprəkɔːn/ *n* duende *m* (*en la leyenda irlandesa*)

leprosy /ˈleprəsi/ *n* [u] lepra *f*

lesbian¹ /ˈlezbiən/ *n* lesbiana *f*

lesbian² *adj* lesbiano, lésbico

lesbianism /ˈlezbiənɪzəm/ *n* [u] lesbianismo *m*

lesion /ˈliːʒən/ *n* lesión *f*

less¹ /les/ *adj* (*comp of* **little¹** *Sense* **II**) menos; **~ and ~ money** cada vez menos dinero; **of ~ importance** de menor importancia; **no ~ a person than the Queen** nada menos que la Reina, ni más ni menos que la Reina

less² *pron* (*comp of* **little²**) menos; **a sum of ~ than $1,000** una suma inferior a los 1.000 dólares

less³ *adv* (*comp of* **little³**) menos; **I see them ~ often than I'd like** los veo menos de lo que me gustaría; **the situation is no ~ serious than it was** la situación sigue siendo tan grave como antes; **I was none the ~ grateful for it** no por ello te (*or* se *etc*) lo agradecí menos

less⁴ *prep* menos

-less /ləs ‖ lɪs/ *suff* sin; **hat~** sin sombrero

lessee /leˈsiː/ *n* arrendatario, -taria *m,f*

lessen /ˈlesn̩/ *vt* ‹*pain*› aliviar, atenuar*; ‹*cost/risk*› reducir*, disminuir*

■ **lessen** *vi* «*noise*» disminuir*; «*pain*» aliviarse; «*interest*» decrecer*, menguar*

lessening /ˈlesn̩ɪŋ/ *n* (*no pl*) disminución *f*, reducción *f*

lesser /ˈlesər ‖ ˈlesə(r)/ *adj* (*before n*) menor; **to a ~ extent** *o* **degree** en menor grado; **a ~ man than him would have given up the struggle** un hombre de menos valía hubiera abandonado la lucha; ▸**evil²**

lesson /ˈlesn/ *n*

A (Educ) **1** (class, period) clase *f*; **to give ~s in sth** dar* *or* (Chi) hacer* clases de algo; **to take ~s in sth** tomar clases de algo, dar* clases de algo (Esp) **2** (in textbook) lección *f*

B (from experience) lección *f*; **to learn one's ~** aprender la lección, escarmentar*; **she needs to be taught a ~** hay que darle una lección; **that'll teach you a ~!** ¡que te sirva de lección *or* de escarmiento!

C (Relig) lectura *f*

lessor /leˈsɔːr ‖ leˈsɔː(r)/ *n* arrendador, -dora *m,f*

lest /lest/ *conj* (liter) **1** (to prevent) no sea que (+ *subj*); **hide, ~ they discover you** escóndete, no sea que *or* no vaya a ser que te descubran; **~ we forget** para que no olvidemos **2** (in case): **~ he be a spy** por si acaso fuera un espía

let¹ /let/ *n* (BrE) contrato *m* de arrendamiento *m*; **they specialize in holiday ~s** se especializan en el alquiler *or* el arrendamiento de residencias de vacaciones

let² (*pres p* **letting**; *past & past p* **let**) *vt*

A (*no pass*) **1** (allow to) dejar; **to ~ sb/sth + INF**: **~ her speak** déjala hablar; **he ~ his hair grow** se dejó crecer el pelo; **~ me help you** deja que te ayude; **don't ~ me keep you** no te quiero entretener; **~ me see** ¿a ver?, deja *or* déjame ver; **you shouldn't ~ her talk to you like that** no deberías permitir que te hable así; **don't ~ me catch you here again!** ¡que no te vuelva a pescar por aquí!; ▸**be** *Sense* **II A1, drop²** *vt* **E, rip¹** *vi* **B** **2** (cause to, make) **to ~ sb/sth + INF**: **~ me have your answer tomorrow!** dame la respuesta mañana; **~ me know if there are any problems** avísame si hay algún problema; **he ~ it be known that ...** hizo saber que ... **3** **to ~ go** soltar*;

l

~ go! you're hurting me! ¡suelta *or* suéltame, que me haces daño!; **~ go of my hand!** ¡suéltame la mano!; ***to ~ sb go*** (release sb) soltar* a algn; (give sb permission to go) dejar ir a algn; (fire sb) (euph) despedir* a algn; ***to ~ oneself go*** (enjoy oneself) soltarse*, soltarse* la melena (fam); (neglect oneself) abandonarse; ***to ~ sth go*** ‹*garden*› descuidar algo; (let sth pass) **we'll ~ it go this time** por esta vez (que) pase, por esta vez lo pasaremos por alto

B (+ *adv compl*): **to ~ sth/sb by** *o* **past** dejar pasar algo/a algn; **she ~ herself into the house** abrió la puerta y entró en la casa; *see also* **let in, off, out**

C [*Used to form 1st pers pl imperative*] **1** (in suggestions): **~'s go** vamos, vámonos; **~'s dance!** ¡vamos a bailar!; **don't ~'s** *o* **~'s not argue** no discutamos **2** (in requests, proposals, commands): **if we were to sell it for, ~'s say, $500** si lo vendiéramos por, digamos, $500; **~'s be honest!** ¡seamos honestos!; **~'s be quite clear about this** que esto quede bien claro; **~ us pray** (frml) oremos

D [*Used to form 3rd pers imperative, gen translated by* QUE + SUBJ *in Spanish*] **1** (in commands): **~ that be a lesson to you** que te sirva de lección; **never ~ it be said that ...** que no se diga que ... **2** (expressing defiance, warning, threat): **just ~ them try!** ¡que se atrevan! **3** (in suppositions): **~ x equal 4** supongamos que x es igual a 4

E (rent) (esp BrE) alquilar; **to ~ sth TO sb** alquilarle algo A algn; **Ⓢ to let** se alquila

(Phrasal verbs)

• **let down**

(Sense I) [v ▸ o ▸ adv, v ▸ adv ▸ o]

A **1** (lower) ‹*rope/bucket*› bajar; ***to ~ sb down gently*** suavizarle* el golpe a algn; **▸hair A** **2** (lengthen) ‹*skirt*› alargar*; (lower) ‹*hem*› bajar, sacar **3** (deflate) ‹*tire/balloon*› desinflar

B (disappoint) fallar, defraudar; **you're ~ting your parents down by giving up your studies** al dejar los estudios estás decepcionando *or* defraudando a tus padres; **he always ~s the side down** siempre nos (*or* los *etc*) hace quedar mal; **her spelling ~s her down** su ortografía no le hace justicia a su trabajo

(Sense II) [v ▸ adv] (slow up) (AmE colloq) aflojar (fam), aminorar la marcha

• **let in** [v ▸ o ▸ adv, v ▸ adv ▸ o]

A **1** (allow to enter) dejar entrar; (open the door for) abrirle* la puerta a, hacer* pasar; **here's the key, ~ yourself in** aquí tienes la llave, abre y entra; ***to ~ oneself in for sth***: **she doesn't know what she's ~ting herself in for** ¡no sabe en lo que se está metiendo!; ***to ~ sb in on sth***: **I'll ~ you in on a secret** te voy a contar *or* confiar un secreto **2** (allow to penetrate) ‹*light/air*› dejar entrar

B (release) ‹*clutch*› soltar*

• **let off**

(Sense I)

A **1** [v ▸ o ▸ adv] (not punish, forgive) perdonar; **to ~ sb off WITH sth**: **she was ~ off with a reprimand** sólo le hicieron una amonestación **2** [v ▸ o ▸ adv] [v ▸ o ▸ prep ▸ o] (exempt, excuse from) perdonar; **I'll ~ you off the 80 cents** te perdono los 80 centavos

B [v ▸ o ▸ adv] (allow to go) dejar salir

(Sense II) [v ▸ o ▸ adv, v ▸ adv ▸ o]

A (allow to get off) ‹*passenger*› dejar bajar

B (fire, explode) ‹*fireworks*› hacer* estallar; ‹*rocket/cracker*› tirar

• **let on**

A [v ▸ adv] [v ▸ adv ▸ o] (reveal): **don't ~ on!** no digas nada, no levantes la liebre *or* (RPl) la perdiz; **to ~ on ABOUT sth (TO sb)**: **you mustn't ~ on about this to Jim** no le vayas a decir nada de esto a Jim; **to ~ on (THAT)**: **don't ~ on (that) you know me!** no digas que me conoces

B [v ▸ o ▸ adv, v ▸ adv ▸ o] ‹*passenger*› dejar subir

• **let out**

(Sense I) [v ▸ o ▸ adv, v ▸ adv ▸ o]

A (disclose) ‹*secret*› revelar; **she inadvertently ~ out the fact that ...** se le escapó sin darse cuenta que ...

B (rent out) (esp BrE) alquilar

C (make wider) ‹*skirt/dress*› ensanchar, agrandar

(Sense II) [v ▸ o ▸ adv, v ▸ adv ▸ o] [v ▸ o ▸ adv (▸ prep ▸ o)]

1 (allow to leave) dejar salir; **~ me out of here!** ¡ábreme!, ¡déjame salir de aquí!; **who ~ the canary out?** ¿quién soltó al canario?; **I'll ~ myself out** no me acompañes, salgo solo **2** (allow to get out — from bus) dejar bajar; (— from taxi) dejar **3** (allow to escape) ‹*water/smoke*› dejar salir; **you're ~ting the heat out** estás dejando salir *or* escapar el calor; **someone ~ the air out of my tires** alguien me desinfló los neumáticos

(Sense III)

A [v ▸ adv ▸ o] (utter) ‹*scream/yell*› soltar*, pegar*; ‹*guffaw*› soltar*

B [v ▸ adv] (be dismissed) (AmE colloq) «*school*» terminar

• **let up** [v ▸ adv] **1** (diminish, slacken) «*wind/storm*» amainar; «*pressure/work*» disminuir*, aflojar (fam); **the rain is beginning to ~ up** está lloviendo menos **2** (relax efforts): **you can't afford to ~ up now!** no puedes aflojar el ritmo *or* dejarte estar justo ahora; **to ~ up (ON sb)**: **she won't ~ up until she gets what she wants** no va a aflojar hasta conseguir lo que quiere; **he'd do better if the teacher ~ up on him a bit** trabajaría mejor si el maestro no estuviera constantemente encima de él **3** (stop) (colloq) (*usu with neg*) parar

letdown /ˈletdaʊn/ *n* decepción *f*, chasco *m*

lethal /ˈliːθəl/ *adj* ‹*blow/substance/dose*› mortal, letal; ‹*weapon*› mortífero; ‹*alcoholic drink*› (hum) explosivo (hum)

lethargic /ləˈθɑːrdʒɪk || lɪˈθɑːdʒɪk/ *adj* ‹*mood/movement*› aletargado; ‹*response*› sin energía, apático

lethargy /ˈleθərdʒi || ˈleθədʒi/ *n* [u] aletargamiento *m*

let's /lets/ (**= let us**) *see* **let² C**

letter /ˈletər || ˈletə(r)/ *n*

A (written message) carta *f*; **~ of introduction** carta *f* de recomendación; (*before n*) **I'm not much of a ~ writer** no soy muy buen corresponsal

B **1** (of alphabet) letra *f*; **a two-letter word** una palabra de dos letras; **the ~ of the law** la letra de la ley; ***to the ~*** al pie de la letra **2** **letters** *pl* (literature) (frml): **a man/woman of ~s** un hombre/una mujer de letras, un literato/una literata

letter: **~ bomb** *n* carta *f* bomba; **~ box** *n* buzón *m*; **~ carrier** *n* (AmE) cartero, -ra *m,f*; **~head** /ˈletərhed || ˈletəhed/ *n* membrete *m*

lettering /ˈletərɪŋ/ *n* [u] (words) caracteres *mpl*

letter: **~-perfect** /ˈletərˈpɜːrfɪkt || ˌletəˈpɜːfɪkt/ *adj* (AmE) ‹*document/speech*› impecable, perfecto; **~press** *n* [u] tipografía *f*, impresión *f* tipográfica

lettuce /ˈletəs || ˈletɪs/ *n* [u c] lechuga *f*

let-up /ˈletʌp/ *n* interrupción *f*, pausa *f*; **there's no sign of any ~ in demand** no parece que vaya a disminuir la demanda

leukemia, (esp BrE) **leukaemia** /luːˈkiːmiə/ *n* [u] leucemia *f*

levee /ˈlevi/ *n* **1** (Agr) (embankment) dique *m* **2** (landing stage) (AmE) atracadero *m*

level¹ /ˈlevəl/ *n*

A (height) nivel *m*; **at eye/shoulder ~** a la altura de los ojos/hombros; ***on the ~*** (honest) (colloq): **is it all on the ~?** ¿es un asunto limpio?; **he's on the ~** es un tipo derecho (fam) *or* (Esp arg) legal *or* (RPl fam) bien

B (rank) nivel *m*; **at ministerial ~** a nivel ministerial; **a top-~ meeting** una reunión de *or* a alto nivel; **to be on a ~ with sb/sth** estar* a la par de *or* a la altura de algn/algo; **this latest scandal is on a ~ with ...** este último escándalo es equiparable a *or* comparable con ...

level² *adj*

A ‹*ground/surface*› plano, llano; **that picture's not ~** ese cuadro no está derecho; **a ~ spoonful** una cucharada rasa; **to do** *o* **try one's ~ best** hacer* todo lo posible

B **1** (at same height) **to be ~ (WITH sth)** estar* al nivel *or* a ras (DE algo) **2** (abreast, equal): **the two teams were ~ at half-time** al medio tiempo los dos equipos iban *or* estaban empatados; **to draw ~ with sb** (in a race) alcanzar* a algn

C (unemotional, calm) ‹*voice/tone*› desapasionado; **to keep a ~ head** no perder* la cabeza

level³, (BrE) **-ll-** *vt*

A **1** (make flat) ‹*ground/surface*› nivelar, aplanar **2** (raze, flatten) ‹*building/town*› arrasar

B (make equal) igualar

C (direct) **to ~ sth AT sb/sth** ‹*weapon*› apuntarle A algn/A algo CON algo; **to ~ an accusation at sb** acusar a algn

▪ **level** *vi* (be honest) (colloq) **to ~ WITH sb** ser* franco *or* sincero CON algn

(Phrasal verbs)

- **level off**

A [v ▸ adv] 1▸ ⟨⟨*aircraft*⟩⟩ nivelarse, enderezarse* 2▸ ⟨⟨*prices/growth/inflation*⟩⟩ estabilizarse*

B [v ▸ o ▸ adv, v ▸ adv ▸ o] ⟨*surface/board*⟩ nivelar, emparejar

- **level out** [v ▸ adv] ▸**level off A**

level: **~ crossing** *n* (BrE) paso *m* a nivel, crucero *m* (Méx); **~-headed** /ˈlevəlˈhedəd || ˌlevəlˈhedɪd/ *adj* sensato; **~-peg** /ˈlevəlˈpeg/ *vi* **-gg-** (BrE) (*usu in -ing form*): **at half time it was ~-pegging** al final del primer tiempo los dos equipos estaban *or* iban empatados

lever¹ /ˈlevər || ˈliːvə(r)/ *n* palanca *f*

lever² *vt* (+ *adv compl*): **to ~ sth open** abrir* algo haciendo palanca

leverage /ˈlevərɪdʒ || ˈliːvərɪdʒ/ *n* [u] 1▸ (Phys, Fin) apalancamiento *m* 2▸ (influence) influencia *f*, palanca *f* (fam)

leveraged buyout /ˈlevərɪdʒd || ˈliːvərɪdʒd/ *n* compra *f* apalancada *or* con financiación ajena

leveret /ˈlevərət || ˈlevərɪt/ *n* lebrato *m*

leviathan /lɪˈvaɪəθən/ *n* (giant) (liter) gigante *m*

levitate /ˈlevəteɪt || ˈlevɪteɪt/ *vi* levitar

levitation /ˈlevəˈteɪʃən || ˌlevɪˈteɪʃən/ *n* [u] levitación *f*

levity /ˈlevəti/ *n* [u] (frml) ligereza *f*, frivolidad *f*

levy¹ /ˈlevi/ *vt* **levies, levying, levied** 1▸ ⟨*tax/duty*⟩ (impose) imponer*; (collect) recaudar; **to ~ sth ON sth**: **the government intends to ~ a new tax on imports** el gobierno tiene la intención de gravar las importaciones con un nuevo impuesto 2▸ ⟨*fee/charge*⟩ cobrar 3▸ ⟨*fine*⟩ imponer*

levy² *n* (*pl* **levies**) 1▸ [u] (raising of tax, contributions): **the strike was funded by a ~ on all members** la huelga se financió mediante el cobro de una cuota a todos los miembros 2▸ [c] (tax) impuesto *m*, gravamen *m*

lewd /luːd || ljuːd/ *adj* **-er, -est** lascivo; ⟨*joke/song*⟩ verde (fam), colorado (Méx fam)

lexica /ˈleksəkə || ˈleksɪkə/ *pl n* ▸**lexicon**

lexicographer /ˈleksəˈkɑːgrəfər || ˌleksɪˈkɒgrəfə(r)/ *n* lexicógrafo, -fa *m,f*

lexicography /ˈleksəˈkɑːgrəfi || ˌleksɪˈkɒgrəfi/ *n* [u] lexicografía *f*

lexicon /ˈleksəkɑːn || ˈleksɪkən/ *n* (*pl* **-cons** *or* **-ca**) léxico *m*

liability /ˈlaɪəˈbɪləti/ *n* (*pl* **-ties**)

A [u] 1▸ (responsibility) responsabilidad *f*; **to deny/admit ~ for sth** negar*/admitir ser responsable de algo 2▸ [u] (eligibility): **tax ~** pasivo *m* exigible en concepto de impuestos; **~ FOR sth**: **his ~ for military service** su obligación de prestar servicio militar 3▸ (proneness) **~ TO sth/to + INF** propensión *f* A algo/+ INF

B **liabilities** *pl* (debt) (Fin) pasivo *m*

C (drawback, disadvantage) (*no pl*): **she's a positive ~** es un verdadero lastre; **the car turned out to be a ~** el coche terminó dándonos más problemas que otra cosa

liable /ˈlaɪəbəl/ *adj* (*pred*)

A 1▸ (responsible) reponsable; **to be ~ FOR sth** ser* responsable DE algo, responder DE algo; **to hold sb ~** responsabilizar* a algn, considerar a algn responsable 2▸ (subject) **to be ~ FOR/TO sth**: **any income is ~ for tax** cualquier ingreso es gravable *or* está sujeto a impuestos; **you will be ~ to a 15% surcharge** le pueden hacer un recargo del 15%

B 1▸ **to be ~ to + INF**: **I'm ~ to forget** es probable que me olvide; **the earlier model was ~ to overheat** el modelo anterior tenía tendencia a recalentarse 2▸ (susceptible) **to be ~ TO sth** ser* propenso A algo, tener* propensión A algo

liaise /liˈeɪz/ *vi* (esp BrE) **to ~ (WITH sb)** actuar* de enlace (CON algn); **the departments will ~ closely** los departamentos mantendrán un estrecho contacto

liaison /liˈeɪzɑːn || liˈeɪzn̩/ *n*

A [u] (coordination) enlace *m*, coordinación *f*; (*before n*) **~ officer** oficial *m* de enlace

B [c] (affair) (liter) affaire *m*, relación *f*

liar /ˈlaɪər || ˈlaɪə(r)/ *n* mentiroso, -sa *m,f*, embustero, -ra *m,f*

libel¹ /ˈlaɪbəl/ *n* [u c] (defamation) difamación *f*; (where a crime is implied) calumnia *f*; **to sue (sb) for ~** demandar (a algn) por difamación/calumnia; (*before n*) ⟨*suit/action*⟩ por difamación/calumnia

libel² *vt*, (BrE) **-ll-** (defame) difamar; (where a crime is implied) calumniar

libelous, (BrE) **libellous** /ˈlaɪbələs/ *adj* ⟨*article/remark*⟩ difamatorio; ⟨*accusation/charge*⟩ calumnioso

liberal¹ /ˈlɪbərəl/ *adj*

A 1▸ (tolerant) ⟨*ideas/attitude*⟩ liberal; ⟨*interpretation*⟩ libre 2▸ **Liberal** (Pol) del Partido Liberal; **the L~ Party** el Partido Liberal; **the L~ Democratic Party** (in UK) el Partido Democrático Liberal

B (generous) ⟨*sponsor/backer*⟩ generoso

liberal² *n* 1▸ (progressive thinker) liberal *mf* 2▸ **Liberal** (party member) liberal *mf*; **L~ Democrat** (in UK) demócrata *mf* liberal

liberal arts *pl n* **the ~ ~** las humanidades, las artes liberales

liberalism /ˈlɪbərəlɪzəm/ *n* [u] liberalismo *m*

liberalize /ˈlɪbərəlaɪz/ *vt* liberalizar*

liberally /ˈlɪbərəli/ *adv* 1▸ (generously) ⟨*give/compliment*⟩ generosamente; ⟨*apply/spread*⟩ abundantemente, generosamente 2▸ (not strictly) ⟨*translate/interpret*⟩ libremente

liberate /ˈlɪbəreɪt/ *vt* 1▸ ⟨*people/nation*⟩ liberar, libertar; ⟨*woman*⟩ liberar 2▸ (set free) (frml) ⟨*prisoner/hostage*⟩ poner* *or* dejar en libertad, liberar

liberation /ˈlɪbəˈreɪʃən/ *n* [u] liberación *f*

liberator /ˈlɪbəreɪtər || ˈlɪbəreɪtə(r)/ *n* libertador, -dora *m,f*

Liberia /laɪˈbɪriə || laɪˈbɪəriə/ *n* Liberia *f*

Liberian /laɪˈbɪriən || laɪˈbɪəriən/ *adj* liberiano

libertarian¹ /ˈlɪbərˈteriən || ˌlɪbəˈteəriən/ *n* (Pol) libertario, -ria *m,f*

libertarian² *adj* (Pol) libertario

liberty /ˈlɪbərti || ˈlɪbəti/ *n* (*pl* **-ties**)

A [u] (freedom) libertad *f*; **to be at ~** estar* libre *or* en libertad; **to be at ~ to + INF** (frml): **I'm not at ~ to tell you** no se lo puedo decir; **you're not at ~ to alter the text** no tienes autorización para cambiar el texto

B [c] (presumptuous action) (esp BrE): **what a ~!** ¡qué descaro *or* atrevimiento!; **to take the ~ of -ING** tomarse la libertad DE + INF, permitirse + INF (frml); **to take liberties with sb** tomarse libertades *or* confianzas con algn

C [c] (leave) (AmE Naut) licencia *f*, permiso *m*

libido /ləˈbiːdəʊ || lɪˈbiːdəʊ/ *n* libido *f*, líbido *f*

Libra /ˈliːbrə, ˈlaɪbrə || ˈliːbrə/ *n* 1▸ (sign) (*no art*) Libra 2▸ [c] (person) Libra *or* libra *mf*; *see also* **Aquarius**

librarian /laɪˈbreriən || laɪˈbreəriən/ *n* bibliotecario, -ria *m,f*

librarianship /laɪˈbreriənʃɪp || laɪˈbreəriənʃɪp/ *n* [u] biblioteconomía *f*

library /ˈlaɪbreri || ˈlaɪbrəri/ *n* (*pl* **-ries**) biblioteca *f*; **public ~** biblioteca pública; (*before n*) **~ card** *o* **ticket** (BrE) tarjeta *f* *or* (Méx) credencial *f* de lector

> **Library of Congress**
>
> La biblioteca nacional de EEUU, situada en Washington DC. Fundada por el Congreso (**Congress**), alberga más de 80 millones de libros, en 470 idiomas, y otros objetos

libretto /ləˈbretəʊ || lɪˈbretəʊ/ *n* (*pl* **-tos** *or* **-ti** /-tiː/) libreto *m*

Libya /ˈlɪbiə/ *n* Libia *f*

Libyan /ˈlɪbiən/ *adj* libio

lice /laɪs/ *pl of* **louse 1**

license¹, (BrE) **licence** /ˈlaɪsn̩s/ *n*

A [c] 1▸ (permit) permiso *m*, licencia *f*; **import/export ~** permiso de importación/exportación; **to manufacture sth under ~** fabricar* algo bajo licencia; (*before n*) **~ number** (AmE Auto) número *m* de matrícula *or* (CS) de patente; **~ plate** matrícula *f*, placa *f* (AmL), patente *f* (CS), chapa *f* (RPl) 2▸ ▸**driver's license**

B [u] 1▸ (freedom): **poetic ~** licencia *f* poética 2▸ (excessive freedom) (frml) libertinaje *m*

license² /ˈlaɪsn̩s/ *vt* otorgarle* un permiso *or* una licencia a

licensed /ˈlaɪsn̩st/ *adj* ⟨*practitioner*⟩ autorizado para ejercer; ⟨*premises/restaurant*⟩ (BrE) autorizado para vender bebidas alcohólicas

licensee /'laɪsn'siː/ *n* [1] (holder of licence) *titular de un permiso o licencia* [2] (publican) (BrE) *persona al frente de un* **pub**
licensing /'laɪsn̩sɪŋ/ *adj* (*before n*): **~ laws** (BrE) *legislación que regula la venta de bebidas alcohólicas*
licentious /laɪ'sentʃəs || laɪ'senʃəs/ *adj* licencioso
lichee /'laɪtʃi/ *n* lichi *m*
lichen /'laɪkən, 'lɪtʃən/ *n* [u c] liquen *m*
lick[1] /lɪk/ *vt*
A ‹*spoon/ice-cream*› lamer; ‹*stamp*› pasarle la lengua a; **the cat ~ed the cream off the cake** el gato le quitó la crema al pastel a lengüetazos; **I ~ed my finger** me humedecí el dedo con saliva
B (colloq) (defeat) barrer con, darle* una paliza a (fam)
■ **lick** *vi* **to ~ AT sth** lamer algo
lick[2] *n* [1] [c] (act) lamida *f*, lengüetazo *m* [2] (application, coat) (colloq) (*no pl*): **a ~ of paint** una mano de pintura
lickety-split /,lɪkəti'splɪt/ *adv* (AmE colloq) [1] (full speed) a todo lo que da (fam), a todo gas (fam) [2] (right away) en menos de lo que canta un gallo
licking /'lɪkɪŋ/ *n* (colloq) paliza *f* (fam)
licorice, (BrE) **liquorice** /'lɪkərɪʃ, -ɪs/ *n* [u] regaliz *f*, orozuz *m*
lid /lɪd/ *n*
A (of container) tapa *f*; ***to flip one's ~*** (colloq) (go mad) perder* la chaveta (fam); (become angry) poner* el grito en el cielo (fam); ***to keep the ~ on sth*** mantener* algo tapado; ***to take*** *o* ***lift*** *o* ***blow the ~ off sth*** destapar algo
B (*eye* ~) párpado *m*
lido /'liːdəʊ/ *n* (*pl* **-dos**) [1] (pool) (BrE) piscina *f or* (RPl tb) pileta *f or* (Méx) alberca *f* (*al aire libre*) [2] (beach resort) centro *m* turístico costero, balneario *m* (AmS)
lie[1] /laɪ/ *n* (untruth) mentira *f*; **that's a ~!** ¡(eso es) mentira!; **to tell ~s** decir* mentiras, mentir*; ***to give the ~ to sth*** desmentir* algo
lie[2] *vi*
(Sense I) (*3rd pers sing pres* **lies**; *pres p* **lying**; *past & past p* **lied**) (tell untruths) mentir*; ***to ~ one's way out of/into sth*** salir* de un problema/conseguir* algo a base de mentiras
(Sense II) (*3rd pers sing pres* **lies**; *pres p* **lying**; *past* **lay**; *past p* **lain**)
A [1] (lie down) echarse, acostarse*, tenderse* [2] (be in lying position) estar* tendido, yacer* (liter); **he often ~s in bed until noon** con frecuencia se queda en la cama hasta el mediodía; **~ still!** ¡quédate quieto!; **I lay awake for hours** estuve horas sin poder dormir; ***to ~ low*** tratar de pasar inadvertido [3] (be buried) yacer* (liter), estar* sepultado (frml); **S here lies John Brown** aquí yacen los restos de John Brown
B (be) «*object*» estar*; **the snow lay two feet deep** la nieve tenía dos pies de espesor; **the book lay open at page 304** el libro estaba abierto en la página 304; **the factory still lay idle** la fábrica seguía parada; **the ship lay at anchor** el barco estaba fondeado *or* anclado
C [1] (be located) «*building/city*» encontrarse*, estar* (situado *or* ubicado); **a group of islands lying off the west coast** un conjunto de islas situadas cerca de la costa occidental [2] (stretch) extenderse*
D «*problem/difference*» radicar*, estribar, estar*; «*answer*» estar*; **where do your sympathies ~?** ¿con quién simpatizas?; **it's hard to see where the problem ~s** es difícil ver en qué estriba *or* radica el problema; **victory lay within his grasp** tenía la victoria al alcance de la mano
(Phrasal verbs)
- **lie about** (BrE) ▸**lie around**
- **lie ahead** [v ▸ adv] **to ~ ahead (OF sb/sth): miles of desert lay ahead of us** teníamos por delante millas de desierto; **who knows what may ~ ahead?** ¡quién sabe qué nos depara el futuro!
- **lie around** [v ▸ adv] [1] (be scattered) (*usu in -ing form*) estar* tirado, estar* botado (AmL exc RPl) [2] (be idle) estar* tumbado *or* echado sin hacer nada
- **lie back** [v ▸ adv] recostarse*
- **lie down** [v ▸ adv] [1] (adopt lying position) echarse, acostarse*, tenderse* [2] (be lying) estar* echado *or* acostado *or* tendido; ***to take sth lying down***: **I won't take this lying down** no voy a permitir que me traten (*or* me hablen, *etc*) así sin protestar *or* pelear
- **lie in** [v ▸ adv] (BrE) dormir* hasta tarde, levantarse tarde

lie: **~ detector** *n* detector *m* de mentiras; **~-down** /'laɪ'daʊn/ *n* (BrE colloq) (*no pl*): **to have a ~-down** echarse *or* recostarse* un rato (a descansar); **~-in** /'laɪ'ɪn/ *n* (BrE colloq): **to have a ~-in** quedarse en la cama, no levantarse hasta tarde
lieu /luː || ljuː/ *n* (frml): **in ~ of** en lugar de, en vez de; **time off in ~** horas *fpl*/días *mpl* libres a cambio
lieutenant /luː'tenənt || lef'tenənt/ *n* [1] (in navy) teniente *mf* de navío, teniente *mf* primero (*en Chi*) [2] (in other services) teniente *mf* [3] (deputy, assistant) lugarteniente *mf*
lieutenant governor *n* [1] (in Canada) vicegobernador, -dora *m,f* [2] (in US) lugarteniente *mf* del gobernador
life /laɪf/ *n* (*pl* **lives**)
A [c u] (existence) vida *f*; **it will last you for ~** te durará toda la vida; **maimed for ~** lisiado de por vida; **for the rest of my ~** por el resto de mis días; **early in ~** en su (*or* mi, *etc*) juventud; **in later ~** más tarde *or* más adelante; **at my time of ~** a mi edad, con la edad que tengo; **he began ~ as a car salesman** empezó vendiendo coches; **the man/woman in your ~** el hombre/la mujer de tu vida; **to have the time of one's ~** divertirse* como nunca *or* (fam) de lo lindo; **to live ~ to the full** vivir la vida al máximo; **to see ~** ver* mundo; **you can bet your ~ we'll be late!** (colloq) ¡te apuesto lo que quieras a que llegamos tarde!; **to lose one's ~** perder* la vida; **no lives were lost** no hubo muertos; **to risk one's ~** arriesgar* la vida; **to save sb's ~** salvarle la vida a algn; **to take sb's ~** (frml) darle* muerte a algn (frml); **to take one's (own) ~** (frml) quitarse la vida (frml); ***a matter of ~ and death*** una cuestión de vida o muerte; ***as large as ~*** en carne y hueso; ***he couldn't darn a sock to save his ~*** no sería capaz de zurcir un calcetín ni aun si le fuera la vida en ello; ***larger than ~***: **the characters are all larger than ~** todos los personajes son creaciones que desbordan la realidad; **he was a larger-than-~ character** era un personaje exuberante; ***not for the ~ of one***: **I can't remember for the ~ of me** no me puedo acordar por nada del mundo; ***not on your ~!*** ¡ni muerto!; ***to cling/hold on for dear ~*** aferrarse/agarrarse desesperadamente; ***to fight/run for one's ~***: **they had to run for their lives** tuvieron que correr como alma que lleva el diablo; **run for your lives!** ¡sálvese quien pueda!; **he was fighting for (his) ~** se debatía entre la vida y la muerte; ***to frighten*** *o* ***scare the ~ out of sb*** darle* *or* pegarle* un susto mortal a algn; ***(to have) the shock of one's ~*** llevarse el susto de su (*or* mi *etc*) vida; **she gave the performance of her ~** actuó como nunca; ***to risk ~ and limb*** arriesgar* la vida; ***to take one's ~ in one's hands*** jugarse* la vida; (*before n*) ‹*member/pension/president*› vitalicio; **~ force** fuerza *f* vital; **~ imprisonment** cadena *f* perpetua; **~ sentence** condena *f* a perpetuidad *or* a cadena perpetua; **his ~ story** la historia de su vida
B [u] [1] (vital force) vida *f*; **it brings the history of this period to ~** hace cobrar vida a este período de la historia; **to bring sb back to ~** resucitar a algn; **to come to ~** «*party*» animarse; «*puppet/doll*» cobrar vida [2] (vitality) vida *f*, vitalidad *f*; **to inject new ~ into sth** revitalizar* algo; ***to be the ~*** *o* (esp BrE) ***the ~ and soul of the party*** ser* el alma de la fiesta
C [u] (lifestyle) vida *f*; **married ~** la vida de casado; **this is the ~ (for me)!** ¡esto sí que es vida!; ***to live the ~ of Riley*** darse* la gran vida, vivir a cuerpo de rey
D [u] (living things) vida *f*; **animal/plant ~** vida animal/vegetal
E [u] (duration — of battery) duración *f*, vida *f*; (— of agreement) vigencia *f*
F [u] (imprisonment) (colloq) cadena *f* perpetua; **he got ~** lo condenaron a cadena perpetua
G [u] (Art): **to paint/draw from ~** pintar/dibujar del natural
H [c] (biography) vida *f*
life: **~-and-death** /,laɪfən(d)'deθ/ *adj* de vida o muerte; **a ~-and-death struggle** una lucha a vida o muerte; **~ assurance** *n* [u] (BrE) ▸**~ insurance**; **~ belt** *n* (BrE) salvavidas *m*; **~blood** *n* [u] [1] (mainstay) parte *f* vital, alma *f* [2] (life) (liter): **his ~blood was draining away** su vida se apagaba (liter); **~boat** *n* (on ship) bote *m* salvavidas; (shore-based) lancha *f* de salvamento; **~ buoy** *n* salvavidas *m*; **~ cycle** *n* ciclo *m* vital; **~ expectancy** *n* esperanza *f or* expectativas *fpl* de vida; **~-form** *n* ser *m*

vivo, criatura *f*; (in science fiction) ser *m*; **~guard** *n* salvavidas *mf*, socorrista *mf*; **~ insurance** *n* seguro *m* de vida; (*before n*) ‹*company*› de seguros de vida; ‹*policy*› de seguro de vida; **~ jacket** *n* chaleco *m* salvavidas

lifeless /'laɪfləs || 'laɪflɪs/ *adj* 1 ‹*body*› (dead) sin vida, inánime (frml), exánime (liter); (unconscious) inerte 2 (listless) ‹*appearance/prose*› anodino, sin vida; ‹*hair/painting*› sin vida; ‹*eyes*› apagado, sin vida; ‹*party*› poco animado

life: **~like** *adj* ‹*character*› muy real, verosímil; ‹*waxwork*› que parece vivo, verosímil; ‹*situation*› verosímil; **~line** *n* (rope) cuerda *f* de salvamento; **his letters were my ~line** sus cartas eran lo único que me mantenía viva; **the bank threw them a ~line** el banco les tendió una mano; **~long** *adj* (*before n*): **a ~long friend** un amigo de toda la vida; **~ preserver** /prɪ'zɜːrvər || prɪ'zɜːvə(r)/ *n* (AmE) 1 ▸ **life buoy** 2 ▸ **life jacket**; **~ raft** *n* balsa *f* salvavidas; **~ ring** *n* (AmE) salvavidas *m*; **~saver** *n* 1 ▸ **lifeguard** 2 (from bad situation) salvación *f*; **~-saving** *adj* (*before n*) ‹*drug/operation/device*› que salva vidas; ‹*mission*› de socorro; **~ sciences** *pl n* ciencias *fpl* biológicas; **~-size** /'laɪf'saɪz/, **~-sized** /-d/ *adj* (de) tamaño natural; **~ span** *n* (of living creature) vida *f*; (of project) duración *f*; (of equipment) vida *f* útil; **~style** *n* estilo *m* de vida; **~-support system** /'laɪfsə'pɔːrt || 'laɪfsəˌpɔːt/ *n*: **the patient is on a ~-support system** el paciente está conectado a una máquina que mantiene sus constantes vitales; **~time** *n* vida *f*; **once in a ~time** una vez en la vida; **the opportunity of a ~time** la oportunidad de su (*or* mi *etc*) vida; **it won't happen in my ~time** no lo verán mis ojos, no sucederá mientras yo viva; (*before n*) ‹*appointment/post*› vitalicio; **a once-in-a-~time chance** una oportunidad única (en la vida) *or* irrepetible; **~time guarantee** garantía *f* para toda la vida; **~ vest** *n* (AmE) chaleco *m* salvavidas; **~work**, **~'s work** *n* trabajo *m* de toda una vida

lift[1] /lɪft/ *n*

A 1 [u c] (boost) impulso *m*; **the news gave her a big ~** la noticia le levantó mucho la moral *or* el ánimo 2 [u] (Aviat) fuerza *f* propulsora, propulsión *f*

B [c] (ride): **can I give you a ~?** ¿quieres que te lleve *or* (Per fam) te jale?, ¿quieres que te dé un aventón (Méx) *or* (Col fam) una palomita?

C [c] (elevator) (BrE) ascensor *m*; (*before n*) **~ attendant** ascensorista *mf*; **~ shaft** hueco *m* del ascensor

lift[2] *vt*

A (raise) ‹*weight/box/eyes/head*› levantar; **shall I ~ your suitcase down for you?** ¿quieres que te baje la maleta?; **I ~ed the child into his chair** subí al niño a la silla

B (end) ‹*ban/blockade/siege*› levantar

C 1 (take, remove) (*usu pass*) sacar* 2 (plagiarize) (colloq) **to ~ sth (FROM sth)** ‹*idea/sentence*› copiar *or* plagiar algo (DE algo) 3 (steal) (colloq) birlar (fam)

■ **lift** *vi* 1 (rise) «*curtain*» levantarse; **to ~ into the air** «*aircraft/balloon/kite*» elevarse en el aire 2 (clear) «*mist*» disiparse

Phrasal verbs

• **lift off** [v ▸ adv] «*rocket*» despegar*

• **lift up** [v ▸ o ▸ adv, v ▸ adv ▸ o] levantar

lift-off /'lɪftɔːf || 'lɪftɒf/ *n* (Aerosp) despegue *m*; **we have ~** hemos completado el despegue

ligament /'lɪgəmənt/ *n* ligamento *m*

ligature /'lɪgətʃʊr || 'lɪgətʃə(r)/ *n* (Med, Mus) ligadura *f*

light[1] /laɪt/ *n*

A [u] luz *f*; **~ and shade** luz y sombra; (Art) claroscuro *m*; **by the ~ of the moon** a la luz de la luna; **hold it up to the ~** ponlo al trasluz *or* a contraluz; **in** *o* **by the cold ~ of day it didn't seem such a good idea** al pensarlo mejor *or* en frío, no parecía tan buena idea; **at first ~** al clarear (el día), con las primeras luces; ***to bring sth to ~*** sacar* algo a la luz; ***to come to ~*** salir* a la luz; ***to hide one's ~ under a bushel*** ser* modesto; ***to see the ~*** abrir* los ojos, comprender las cosas; ***to see (the) ~ at the end of the tunnel*** vislumbrar el fin de sus (*or* mis *etc*) problemas; ***to see the ~ (of day)*** ver* la luz (del día); ***to throw*** *o* ***cast*** *o* ***shed ~ on sth*** arrojar luz sobre algo; (*before n*) **~ meter** fotómetro *m*

B [c] 1 (source of light) luz *f*; (lamp) lámpara *f*; **to turn the ~ off** apagar* la luz; **to turn the ~ on** encender* *or* (AmL tb) prender *or* (Esp tb) dar* la luz; **warning ~** señal *f* luminosa; ***to go out like a ~*** (colloq) (become unconscious) caer(se)* redondo; (fall asleep) dormirse* como un tronco, caer* como piedra (AmL fam); (*before n*) **~ switch** interruptor *m* 2 (of car, bicycle) luz *f*; **brake ~s** luces de frenado 3 (*traffic ~*) semáforo *m*; **the ~s were against us** nos tocaron los semáforos en contra *or* en rojo

C 1 (aspect) (*no pl*): **to see sth/sb in a good/bad/new** *o* **different ~** ver* algo/a algn con buenos/malos/otros ojos; **it didn't show him in a very good ~** no daba una imagen demasiado buena de él 2 **in the ~ of** *o* (AmE also) **in ~ of** (*as prep*) a la luz de, en vista de

D [c] (for igniting): **have you got a ~?** ¿tienes fuego?; **to put a** *o* **set ~ to sth** prender fuego a algo

E **lights** *pl* (Culin) pulmón *m*

light[2] *adj* **-er, -est**

Sense I

A (not heavy) ligero, liviano (esp AmL); ‹*voice*› suave; **it's ~er than the other one** pesa menos que el otro, es más ligero *or* (esp AmL) liviano que el otro; **with a ~ heart** tranquilo; **she's a very ~ sleeper** tiene el sueño muy ligero *or* (esp AmL) liviano

B 1 (Meteo) ‹*breeze/wind*› suave; **~ rain** llovizna *f* 2 (sparse): **the losses were fairly ~** las pérdidas fueron de poca consideración *or* de poca monta 3 (not strenuous) ‹*work/duties*› ligero, liviano (esp AmL) 4 (not severe) ‹*sentence*› leve

C (not serious) ‹*music/comedy/reading*› ligero; **a program of ~ entertainment** un programa de variedades; ***to make ~ of sth*** quitarle *or* restarle importancia a algo

Sense II 1 (pale) ‹*green/brown*› claro 2 (bright): **it gets ~ very early these days** ahora amanece *or* aclara muy temprano; **it's already ~** ya es de día, ya está claro

light[3] *adv*: **to travel ~** viajar con el mínimo de equipaje

light[4] *vt*

A (*past & past p* **lighted** *or* **lit**) (set alight) encender*, prender

B (*past & past p* **lit**) (illuminate) ‹*room/scene*› iluminar; **dimly/brightly lit** poco/muy iluminado

■ **light** *vi* (*past & past p* **lighted** *or* **lit**) encenderse*, prender

Phrasal verb

• **light up** (*past & past p* **lit**)

A [v ▸ adv] 1 «*eyes/face*» iluminarse 2 «*smoker*» encender* *or* prender un cigarrillo (*or* un puro *etc*)

B [v ▸ o ▸ adv, v ▸ adv ▸ o] 1 ‹*street/square*› iluminar 2 ‹*cigar/pipe*› encender*, prender

light: **~ bulb** *n* ▸ **bulb B**; **~-colored**, (BrE) **~-coloured** /'laɪt'kʌlərd || ˌlaɪt'kʌləd/ *adj* (de color) claro; **~ cream** *n* (AmE) crema *f* líquida, nata *f* líquida (Esp)

lighten /'laɪtn̩/ *vt*

A (make less heavy) ‹*load/workload*› aligerar; ‹*responsibility/conscience*› descargar*; **to ~ the tone of a speech** darle* un tono menos grave a un discurso

B 1 (make brighter) ‹*room*› dar* más luz a; ‹*sky*› iluminar 2 (make paler) ‹*color/hair*› aclarar

C (liter) ‹*cares*› aliviar; ‹*heart*› alegrar

■ **lighten** *vi*

A (become less heavy) «*load/weight*» hacerse* más ligero *or* (esp AmL) liviano, aligerarse

B (become brighter) «*sky*» despejarse; «*face*» iluminarse; «*atmosphere*» relajarse

lighter /'laɪtər || 'laɪtə(r)/ *n* (*cigarette ~*) encendedor *m*, mechero *m* (Esp)

light: **~-fingered** /'laɪt'fɪŋgərd || ˌlaɪt'fɪŋgəd/ *adj* (colloq): **to be ~-fingered** tener* (la) mano larga *or* las manos largas (fam); **~-headed** /'laɪt'hedəd || ˌlaɪt'hedɪd/ *adj* (dizzy) mareado; (excited) exaltado; **~-hearted** /'laɪt'hɑːrtəd || ˌlaɪt'hɑːtɪd/ *adj* ‹*book/account*› alegre, desenfadado; **she was in a ~-hearted mood** estaba de buen humor; **~house** *n* faro *m*; (*before n*) **~house keeper** farero, -ra *m,f*, guardafaro *mf* (CS)

lighting /'laɪtɪŋ/ *n* [u] (illumination) iluminación *f*; (on streets) alumbrado *m*; (Theat) iluminación *f*

lightly /'laɪtli/ *adv*

A 1 ‹*touch*› suavemente; ‹*snow*› ligeramente; **she brushed ~ against me as she passed** me rozó al pasar 2 (Culin) ‹*grill/beat*› ligeramente

B 1 (frivolously) ‹*dismiss/undertake*› a la ligera 2 (not severely): **they were let off ~** los trataron con indulgencia; **they got off very ~ with a small fine** se libraron con sólo una pequeña multa

lightness /ˈlaɪtnəs || ˈlaɪtnɪs/ *n* [u]
A (of fabric) ligereza *f*, lo liviano (esp AmL); (of cake) lo ligero *or* (esp AmL) liviano; **~ of touch** delicadeza *f*
B [1] (brightness) claridad *f*, luminosidad *f* [2] (of color) lo claro

lightning[1] /ˈlaɪtnɪŋ/ *n* [u]: **a bolt** *o* **flash of ~** un relámpago; **a streak of ~** un rayo; **he was struck by ~** le cayó *or* lo alcanzó un rayo; ***as quick as ~*** como un rayo; ***like greased ~*** como un relámpago; ***~ never strikes twice (in the same place)*** tales cosas sólo pasan una vez; (*before n*) **~ conductor** *o* **rod** pararrayos *m*

lightning[2] *adj* ‹*attack/raid/strike*› relámpago *adj inv*; **with ~ speed** como un rayo

lightning bug *n* (AmE) luciérnaga *f*

light: **~ pen** *n* lápiz *m* óptico *or* fotosensible; **~-skinned** /ˈlaɪtˈskɪnd/ *adj* de piel clara

lightweight[1] /ˈlaɪtweɪt/ *adj* ‹*coat/tent/metal*› ligero, liviano (esp AmL); ‹*book/writer/performance*› de poco peso, superficial

lightweight[2] *n* (in boxing, wrestling) peso *m* ligero; (minor figure) persona *f* de poco peso

light year *n* (Astron) año *m* luz

likable /ˈlaɪkəbəl/ *adj* agradable, simpático

like[1] /laɪk/ *vt*
A (enjoy, be fond of): **I/we ~ tennis** me/nos gusta el tenis; **she ~s him, but she doesn't love him** le resulta simpático pero no lo quiere; **I ~ that one best** el que más me gusta es ése; **how do you ~ my dress?** ¿qué te parece mi vestido?; **how would you ~ an ice-cream?** ¿quieres *or* (Esp tb) te apetece un helado?; **orchids ~ a damp climate** las orquídeas prefieren un clima húmedo; **I ~ it!** (joke) ¡muy bueno!; (suggestion) ¡buena idea!; **I ~ that!** (iro) ¡muy bonito! (iró), ¡habráse visto!; **as much as you ~** todo lo que quieras; **do as** *o* **what you ~** haz lo que quieras *or* lo que te parezca; **to ~ -ING/to + INF**: **I ~ dancing** me gusta bailar; **she ~s to have breakfast before eight** le gusta desayunar antes de las ocho; **I don't ~ to mention it, but ...** no me gusta (tener que) decírtelo pero ...; **to ~ sb to + INF**: **we ~ him to write to us every so often** nos gusta que nos escriba de vez en cuando
B (in requests, wishes) querer*; **we would just ~ to say how grateful we are** queríamos decirle lo agradecidos que estamos; **would you ~ a cup of tea/me to help you?** ¿quieres una taza de té/que te ayude?; **I'd ~ two melons, please** (me da) dos melones, por favor
■ **like** *vi* querer*; **if you ~** si quieres, si te parece

like[2] *n*
A (sth liked): **her/his ~s and dislikes** sus preferencias *or* gustos, lo que le gusta y no le gusta
B (similar thing, person) **the ~**: **judges, lawyers and the ~** jueces, abogados y (otra) gente *or* (otras) personas por el estilo; **I've never seen/heard the ~ (of this)** nunca he visto/oído cosa igual; **he doesn't mix with the ~s of me/us** (colloq) no se codea con gente como yo/nosotros

like[3] *adj* (dated *or* frml) parecido, similar; **people of ~ minds** gente *f* con ideas afines; ▸**pea**

like[4] *prep*
A [1] (similar to) como; **I want a hat ~ this one** quiero un sombrero como éste; **I heard a noise ~ (that of) a woman crying** me pareció oír a una mujer llorando; **she's very ~ her mother** se parece mucho *or* es muy parecida a su madre; **that photo isn't ~ you at all!** estás completamente distinta en esa foto; **try this one — now, that's more ~ it!** prueba éste — ah, esto ya es otra cosa; **come on, stop crying! ... that's more ~ it!** vamos, para de llorar ... ¡ahí está! *or* ¡así me gusta!; **what's the food ~?** ¿cómo *or* (fam) qué tal es la comida?; **she's always ~ that** siempre es así; **it cost £20, or something ~ that** costó 20 libras o algo así *or* o algo por el estilo; **I've never known anything ~ it!** ¡nunca he visto cosa igual! [2] (typical of): **that's not ~ her** es muy raro en ella; **it's not ~ him to forget** ¡qué raro que se le haya olvidado!; **it's just ~ you to think of food** ¡típico! *or* ¡cuándo no! ¡tú pensando en comida!
B (indicating manner): **~ this/that** así; **to run ~ mad** correr como un loco
C (such as, for example) como; **don't do anything silly, ~ running away** no vayas a hacer una tontería, como escaparte por ejemplo

like[5] *conj* (crit) [1] (as if): **she looks ~ she knows what she's doing** parece que *or* da la impresión de que sabe lo que hace; **they stared at him ~ he was crazy** se quedaron mirándolo como si estuviera loco [2] (as, in same way) como; **you don't know him ~ I do** tú no lo conoces como yo

like[6] *adv* [1] (likely): **as ~ as not, she won't come** lo más probable es que no venga [2] (nearly): **this film is nothing ~ as good as the first** esta película no es tan buena como la primera ni mucho menos

-like /laɪk/ *suff*: **prison~** parecido a *or* como una prisión; **snake~** ‹*appearance*› (como) de serpiente; ‹*movement*› serpenteante

likeable *adj* ▸**likable**

likelihood /ˈlaɪklihʊd/ *n* [u] probabilidad *f*, posibilidad *f*; **there is little/every ~ that she'll agree** es poco/muy probable que acepte; **in all ~ it will be finished by then** lo más probable es que esté terminado para entonces; **what is the ~ of a spring election?** ¿qué posibilidades hay de que haya elecciones en primavera?

likely[1] /ˈlaɪkli/ *adj* **-lier, -liest** [1] (probable) ‹*outcome/winner*› probable; **rain is ~** es posible *or* probable que llueva; **it's more than ~ that she's out** lo más seguro es que no esté; **a ~ story!** (iro) ¡cuéntame otra! (iró), ¡no me digas! (iró); **to be ~ to + INF**: **it is ~ to be a tough match** lo más probable es que sea un partido difícil; **are you ~ to be in tomorrow?** ¿estarás en casa mañana? [2] (promising): **she's the most ~ applicant** es la candidata con más posibilidades; **this is a ~ place to find a telephone** aquí tiene que haber un teléfono

likely[2] *adv*: **most ~ she'll forget** lo más probable es que se olvide; **as ~ as not it'll be closed** lo más probable es que esté cerrado

like-minded /ˈlaɪkˈmaɪndəd || ˌlaɪkˈmaɪndɪd/ *adj* de ideas afines

liken /ˈlaɪkən/ *vt* **to ~ sth/sb TO sth/sb** comparar algo/a algn CON *or* A algo/algn

likeness /ˈlaɪknəs || ˈlaɪknɪs/ *n* [1] [u c] (resemblance) parecido *m*, semejanza *f*; **there is a certain ~ between them** tienen un cierto parecido *or* una cierta semejanza; **a family ~** un aire de familia [2] [c] (referring to a portrait): **it's a good ~** es un buen retrato

likewise /ˈlaɪkwaɪz/ *adv* [1] (in the same way) asimismo, de la misma manera [2] (the same): **to do ~** hacer* lo mismo, hacer* otro tanto

liking /ˈlaɪkɪŋ/ *n* [1] (fondness) **~ (FOR sth)** afición *f* (A algo); **she has a ~ for reading/cats** es aficionada a la lectura/le gustan los gatos; **to take a ~ to sb/sth** tomarle *or* (esp Esp) cogerle* simpatía a algn/gusto a algo [2] (satisfaction) gusto *m*; **to be to sb's ~** ser* del gusto *or* del agrado de algn; **it's too sweet for my ~** es demasiado dulce para mi gusto

lilac /ˈlaɪlək/ *n* [1] **~ (bush)** lila *f*, lilo *m*; (*before n*) **~ flower** lila *f* [2] (color) lila *m*; (*before n*) lila *adj inv*

Lilo®, **lilo** /ˈlaɪləʊ/ *n* (*pl* **lilos**) (BrE) colchoneta *f* inflable *or* (Esp) hinchable

lilt /lɪlt/ *n* (of song, tune) cadencia *f*; **to speak with a ~** hablar con un tono cantarín

lilting /ˈlɪltɪŋ/ *adj* ‹*voice*› cantarín, musical; ‹*melody*› cadencioso

lily /ˈlɪli/ *n* (*pl* **lilies**) (Bot) liliácea *f*; (*white* **~**) azucena *f*, lirio *m* blanco; ***to paint*** *o* ***gild the ~*** rizar* el rizo

lily: **~-of-the-valley** /ˈlɪliəvðəˈvæli/ *n* (*pl* **lilies-of-the-valley**) lirio *m* de los valles, muguete *m*; **~-white** *adj* (*pred* **~ white**) [1] (in color) blanco como la nieve *or* como una azucena [2] (pure) (pej) ‹*ideals*› puro

lima bean /ˈlaɪmə || ˈliːmə/ *n* frijol *m* *or* (CS) poroto *m* blanco *or* (Esp) judía *f* blanca

limb /lɪm/ *n* [1] (Anat) miembro *m*; **to tear sb ~ from ~** despedazar* a algn [2] (of tree) rama *f* (*principal*), brazo *m*; ***to be (left) out on a ~*** quedarse en la estacada; ***to go out on a ~*** aventurarse

limber up /ˈlɪmbər || ˈlɪmbə(r)/ [v ▸ adv] «*sportsman*» hacer* ejercicios de calentamiento

limbo /ˈlɪmbəʊ/ *n*
A **Limbo** (Relig) limbo *m*; ***to be in ~*** estar* a la expectativa
B (dance) limbo *m*

lime /laɪm/ *n*
A [u] (calcium oxide) cal *f*
B 1▸ [c] (fruit) lima *f* 2▸ [c] (tree) limero *m*, lima *f* 3▸ [u] (color) verde *m* lima; (*before n*) verde lima *adj inv*
C [c] (linden) (BrE) tilo *m*

lime: **~-green** /'laɪm'gri:n/ *adj* (*pred* **~ green**) verde lima *adj inv*; **~light** *n*: **to be in the ~light** estar* en primer plano, ser* el centro de atención; **to steal the ~light** acaparar la atención del público

limerick /'lɪmərɪk/ *n*: *poema humorístico de cinco versos*

limescale /'laɪmskeɪl/ *n* [u] sarro *m*

limestone /'laɪmstəʊn/ *n* [u] (piedra *f*) caliza *f*

limey /'laɪmi/ *n* (*pl* **limeys** *or* **limies**) (AmE sl & often offensive) inglés, -glesa *m,f*

limit¹ /'lɪmət || 'lɪmɪt/ *n*
A 1▸ [c u] (boundary) límite *m*; ***to be off ~s*** (esp AmE) estar* en zona prohibida 2▸ [c u] (furthest extent): **she pushes herself to the ~** se esfuerza al máximo; **they stretched my patience to the ~** realmente pusieron a prueba mi paciencia 3▸ (*no pl*) (colloq) (*in interj phrases*): **you're/that's the ~!** ¡eres/es el colmo! (fam)
B [c u] (restriction, maximum) límite *m*; **what's the (speed) ~?** ¿cuál es la velocidad máxima *or* el límite de velocidad?; **within ~s** dentro de ciertos límites; **to put a ~ on sth** poner* un límite a algo

limit² *vt* ‹*possibility/extent/number*› limitar; ‹*imports*› restringir*; **they ~ed me to one drink a week** me pusieron como límite una copa por semana; **to ~ oneself TO sth/-ING** limitarse A algo/+ INF

limitation /'lɪmə'teɪʃən || ˌlɪmɪ'teɪʃən/ *n*
A [u c] (restriction) limitación *f*, restricción *f*
B **limitations** *pl* (weaknesses) (*sometimes sing*) limitaciones *fpl*

limited /'lɪmətəd || 'lɪmɪtɪd/ *adj* 1▸ ‹*number/space*› limitado, restringido; ‹*knowledge/experience/scope*› limitado; **to a ~ extent/degree** hasta cierto punto/en cierta medida; **~ edition** edición *f* limitada *or* numerada; **my time is ~** no dispongo de mucho tiempo 2▸ (AmE Transp) ‹*express/train/bus*› semi-directo 3▸ (Busn) ‹*liability*› limitado; **~ (liability) company** sociedad *f* de responsabilidad limitada; **public ~ company** (BrE) sociedad *f* anónima

limiting /'lɪmətɪŋ || 'lɪmɪtɪŋ/ *adj* restrictivo

limitless /'lɪmətləs || 'lɪmɪtlɪs/ *adj* ilimitado, sin límites

limo /'lɪməʊ/ *n* (colloq) limusina *f*

limousine /'lɪməzi:n, lɪmə'zi:n/ *n* limusina *f*

limp¹ /lɪmp/ *vi* cojear, renquear, renguear (AmL)

limp² *n* cojera *f*, renquera *f*, renguera *f* (AmL); **she walks with a ~** cojea *or* renquea *or* (AmL tb) renguea

limp³ *adj* ‹*handshake*› flojo; ‹*lettuce*› mustio; ‹*hair*› lacio y sin vida; **let yourself go ~** relaja los músculos

limpet /'lɪmpət || 'lɪmpɪt/ *n* lapa *f*

limpid /'lɪmpəd || 'lɪmpɪd/ *adj* (liter) límpido

linchpin /'lɪntʃpɪn/ *n* 1▸ (vital factor) eje *m* 2▸ (on tractor) pezonera *f*

linden /'lɪndən/ *n* (AmE) tilo *m*

line¹ /laɪn/ *n*
A [c] 1▸ (mark, trace) línea *f*, raya *f*; (Math) recta *f*; **to draw a ~** trazar* una línea; **to put *o* draw a ~ through sth** tachar algo; ***to be on the ~*** (colloq) estar* en peligro, peligrar; ***to lay it on the ~*** (colloq) no andarse* con rodeos; ***to lay o put sth on the ~*** (colloq) jugarse* algo; (*before n*) **~ drawing** dibujo *m* lineal 2▸ (on face, palm) línea *f*; (wrinkle) arruga *f*
B 1▸ [c] (boundary, border) línea *f*; **the county/state ~** (AmE) (la línea de) la frontera del condado/estado; ***to draw the ~ (at sth)***: **I don't mind untidiness, but I draw the ~ at this** no me importa el desorden, pero esto es intolerable *or* esto ya es demasiado; **one has to draw the ~ somewhere** en algún momento hay que decir basta 2▸ [c] (Sport) línea *f*; (*before n*) **~ judge** juez *mf* de línea 3▸ [c u] (contour) línea *f*
C 1▸ [c u] (cable, rope) cuerda *f*; (*clothes o washing* **~**) cuerda (de tender la ropa); (*fishing* **~**) sedal *m*; **power ~** cable *m* eléctrico 2▸ [c] (Telec) línea *f*; **the ~s are down** no hay línea; **hold the ~, please** no cuelgue *or* (CS tb) no corte, por favor; **it's a very bad ~** se oye muy mal
D [c] (Transp) 1▸ (company, service) línea *f*; **shipping ~** línea de transportes marítimos, (compañía *f*) naviera *f* 2▸ (Rail) línea *f*; (track) (BrE) vía *f*
E [u c] 1▸ (path, direction) línea *f*; **~ of fire** línea de fuego; **it was right in my ~ of vision** me obstruía la visual; ▸**resistance** 2▸ (attitude, policy) postura *f*, línea *f*; **to take a firm/hard ~ (with sb/on sth)** adoptar una postura *or* línea firme/dura (con algn/con respecto a algo); **she takes the ~ that ...** su actitud es que ...; ***to toe o*** (AmE also) ***hew the ~*** acatar la disciplina 3▸ (method, style): **~ of inquiry** línea *f* de investigación; **~ of argument** argumento *m*; **I was thinking of something along the ~s of ...** pensaba en algo del tipo de *or* por el estilo de ...; **we're thinking along similar ~s** pensamos de la misma manera
F [c] 1▸ (row) fila *f*, hilera *f*; (queue) (AmE) cola *f*; **they formed a *o* fell into ~ behind their teacher** se pusieron en fila detrás del profesor; **the soldiers fell into ~** los soldados se alinearon; **to wait in ~** (AmE) hacer* cola; **to get in ~** (AmE) ponerse* en la cola; **to cut in ~** (AmE) colarse* (fam), brincarse* *or* saltarse la cola (Méx fam); ***all/somewhere along the ~***: **she's had bad luck all along the ~** ha tenido mala suerte desde el principio; **we must have made a mistake somewhere along the ~** debemos de haber cometido un error en algún momento; ***in ~ with sth***: **wages haven't risen in ~ with inflation** los sueldos no han aumentado a la par de la inflación; **the new measures are in ~ with government policy** las nuevas medidas siguen la línea de la política del gobierno; ***out of ~***: **that remark was out of ~** ese comentario estuvo fuera de lugar; **their ideas were out of ~ with mine** sus ideas no coincidían con las mías; **to step out of ~** mostrar* disconformidad, desobedecer*; ***to bring sb/sth into ~***: **he needs to be brought into ~** hay que llamarlo al orden *or* (fam) meterlo en vereda; **the province was brought into ~ with the rest of the country** la situación de la provincia se equiparó a la del resto del país; ***to fall in/into ~***: **they had to fall in ~ with company policy** tuvieron que aceptar *or* acatar la política de la compañía; ***to keep sb in ~*** tener* a algn a raya; *see also* **on line** 2▸ (series) serie *f*; **he's the latest in a long ~ of radical leaders** es el último de una larga serie de dirigentes radicales 3▸ (succession) línea *f*; **the title passes through the female ~** el título se transmite por línea materna; **he's next in ~ to the throne** es el siguiente en la línea de sucesión al trono
G [c] (Mil) línea *f*; **behind enemy ~s** tras las líneas enemigas
H 1▸ [c] (of text) línea *f*, renglón *m*; (of poem) verso *m*; **the best ~ in the movie** la mejor frase de la película; **new ~** (when dictating) punto y aparte; ***to read between the ~s*** leer* entre líneas 2▸ **lines** *pl* (Theat): **to learn one's ~s** aprenderse el papel; **he forgot his ~s** se olvidó de lo que le tocaba decir 3▸ (note): **to drop sb a ~** escribirle* a algn unas líneas
I [c] 1▸ (area of activity): **what ~ are you in?** ¿a qué te dedicas?; **in my ~ of business** en mi trabajo *or* profesión 2▸ (of merchandise) línea *f*

line² *vt*
A 1▸ ‹*skirt/box*› forrar 2▸ (form lining along) cubrir*; **books ~d the walls, the walls were ~d with books** las paredes estaban cubiertas de libros
B (mark with lines) ‹*paper*› rayar
C (border): **the avenue is ~d with trees** la avenida está bordeada de árboles; **crowds ~d the route** cientos de personas estaban alineadas a ambos lados del camino

Phrasal verbs

• **line up**
A [v ▸ adv] (form line, row) ponerse* en fila, formar fila; (queue up) (AmE) hacer* cola
B [v ▸ o ▸ adv, v ▸ adv ▸ o] 1▸ (form into line) ‹*soldiers/prisoners*› poner* en fila 2▸ (arrange): **we've a busy program ~d up for you** le tenemos preparada una apretada agenda; **have you got anything ~d up for the weekend?** ¿tienes algo planeado para el fin de semana? 3▸ (align) alinear

• **line up with** [v ▸ adv ▸ prep ▸ o] alinearse con

lineage /'lɪniɪdʒ/ *n* [u] (descent) linaje *m*

linear /'lɪniər || 'lɪniə(r)/ *adj* ‹*path/motion*› lineal; ‹*approach*› directo; **~ measure** medida *f* de longitud; **~ programming** (Comput) programación *f* lineal

lined /laɪnd/ *adj* 1▸ ‹*paper*› con renglones *or* (Chi) reglones 2▸ ‹*jacket/boots/curtains*› forrado; **to be ~ (WITH sth)** estar* forrado (DE algo) 3▸ (Tech) revestido 4▸ ‹*face/skin*› arrugado; **his face was deeply ~** tenía la cara surcada de arrugas (liter)

-lined /laɪnd/ *suff*: **fur~/silk~** forrado de piel/seda; **copper~/steel~** revestido de cobre/acero

line: **~man** /'laɪnmən/ *n* (*pl* **-men** /-mən/) (in US football): **defensive/offensive ~man** *cualquier jugador de la línea defensiva/ofensiva*; **~ management** *n* [u] dirección *f* de línea, gerencia *f* de línea; (*before n*) **~ management position** cargo *m* de gerente de línea; **~ manager** *n* gerente *mf* de línea, jefe, -fa *m,f* de línea

linen /'lɪnən/ *n* [u]
A (cloth) hilo *m*, lino *m*
B (*bed ~*) ropa *f* blanca *or* de cama; (*table ~*) mantelerías *fpl*; ***to wash one's dirty ~ in public*** sacar* los trapos (sucios) a relucir, sacar* los trapitos al sol (AmL); (*before n*) **~ basket** canasto *m or* cesto *m* de la ropa sucia

lineout /'laɪnaʊt/ *n* (in rugby) saque *m* de banda

liner /'laɪnər || 'laɪnə(r)/ *n*
A [c] (ship) buque *m* (de pasaje *or* pasajeros); (*ocean ~*) transatlántico *m*
B [c] **1** (lining) forro *m*; **(dust)bin ~** (BrE) bolsa *f* para la basura **2** (record sleeve) (AmE) funda *f*

line: **~sman** /'laɪnzmən/ *n* (*pl* **-men** /-mən/) (Sport) juez *m* de línea; **~up** *n* **1** (Sport) alineación *f*; **the band's original ~up** la integración original del grupo **2** (of suspects) (AmE) rueda *f* de identificación *or* de sospechosos

linger /'lɪŋgər || 'lɪŋgə(r)/ *vi* **1** (delay leaving) quedarse *or* entretenerse* (un rato) **2** **~ (on)** (remain) «*aftertaste/smell*» persistir; «*tradition*» perdurar, sobrevivir; **his memory ~s on** aún se lo recuerda, su recuerdo sigue vivo **3** **lingering** *pres p* ‹*doubts/memory*› persistente, que no desaparece; ‹*embrace/look/illness*› prolongado **4** (take one's time) **to ~ ON/OVER sth**: **to ~ on a subject** extenderse* largamente sobre un tema; **her eyes ~ed on the child** se quedó largo rato mirando al niño; **they ~ed over their coffee** se entretuvieron tomando el café; (after meal) alargaron la sobremesa

lingerie /'lɑːnʒəreɪ || 'lænʒəri/ *n* [u] lencería *f*, ropa *f* interior femenina

lingo /'lɪŋgəʊ/ *n* (*pl* **-goes**) (colloq) (language) idioma *m*; (jargon) jerga *f*

linguist /'lɪŋgwəst || 'lɪŋgwɪst/ *n* **1** (language speaker): **she's quite a ~** (learns languages easily) tiene facilidad para los idiomas; (knows several languages) habla varios idiomas **2** (expert in linguistics) lingüista *mf*

linguistic /lɪŋ'gwɪstɪk/ *adj* lingüístico

linguistics /lɪŋ'gwɪstɪks/ *n* [u] (+ *sing vb*) lingüística *f*

liniment /'lɪnəmənt || 'lɪnɪmənt/ *n* [u c] linimento *m*

lining /'laɪnɪŋ/ *n* (of clothes, suitcase) forro *m*; (of brakes) forro *m*, guarnición *f*; (Tech) revestimiento *m*

link[1] /lɪŋk/ *n*
A **1** (in chain) eslabón *m*; **the missing ~** (Anthrop) el eslabón perdido; **the weak ~** el punto débil **2** ▸**cuff link**
B **1** (connection) conexión *f* **2** (tie, bond) vínculo *m*, lazo *m* **3** (Telec, Transp) conexión *f*, enlace *m*; **rail/air ~** conexión ferroviaria/aérea **4** (Comput) (between programs, terminals) enlace *m*; (in compilation) montaje *m*

link[2] *vt* **1** ‹*components*› unir, enlazar*; ‹*terminals*› conectar; **to ~ arms** tomarse *or* (esp Esp) cogerse* del brazo **2** ‹*buildings/towns*› unir, conectar; **the two groups are closely ~ed** los dos grupos están estrechamente vinculados **3** ‹*facts/events*› relacionar; **to ~ sth TO/WITH sth** relacionar algo CON algo
■ **link** *vi* **1** ▸**link up A** **2** (Comput, Telec) **to ~ INTO sth** conectar *or* enlazar* CON algo

Phrasal verb
• **link up**
A [v ▸ adv] conectar; «*spacecraft*» acoplarse
B [v ▸ o ▸ adv, v ▸ adv ▸ o] conectar

links /lɪŋks/ *n* (*pl* ~) (+ *sing o pl vb*) campo *m* de golf (*esp a orillas del mar*), link *m*

linkup /'lɪŋkʌp/ *n* **1** [c u] (connection) conexión *f*; (of spacecraft) acoplamiento *m* **2** [c] (Rad, TV) conexión *f*, enlace *m* **3** [c] (meeting) encuentro *m*

lino /'laɪnəʊ/ *n* [u] (BrE colloq) linóleo *m*

linoleum /lɪ'nəʊliəm/ *n* [u] linóleo *m*

linseed /'lɪnsiːd/ *n* [u] linaza *f*; (*before n*) **~ oil** aceite *m* de linaza

lint /lɪnt/ *n* [u] hilas *fpl*

lintel /'lɪntl/ *n* dintel *m*

lion /'laɪən/ *n* león *m*; ***the ~'s share*** la mejor parte; (*before n*) **~ cub** cachorro *m* de león; ▸**throw**[1] *vt* **B**

lioness /'laɪənəs || 'laɪənes/ *n* leona *f*

lion tamer /'laɪən'teɪmər || 'laɪən,teɪmə(r)/ *n* domador, -dora *m,f* de leones

lip /lɪp/ *n*
A [c] **1** (Anat) labio *m*; **to read sb's ~s** leerle* los labios a algn; **to bite one's ~** morderse* la lengua; **her name was on everyone's ~s** su nombre estaba en boca de todo el mundo; **to lick/smack one's ~s** relamerse; ***my ~s are sealed***: **I can't tell you, my ~s are sealed** no puedo decírtelo, he prometido no decir nada; **don't worry, my ~s are sealed** no te preocupes, no diré una palabra *or* de mi boca no saldrá; ***to button one's ~*** (colloq) callarse la boca (fam); ***to keep a stiff upper ~*** guardar la compostura, no inmutarse **2** (of cup, tray) borde *m*
B [u] (insolence) (colloq): **that's enough of your ~!** ¡ya basta de insolencias!

lip gloss *n* [u] brillo *m* de labias

liposuction /'laɪpəʊ,sʌkʃən/ *n* liposucción *f*

lip: **~read** (*past & past p* **-read** /-red/) *vi* leer* los labios
■ **lip** *vt*: **she ~read what I was saying** me leyó los labios; **~ salve** *n* bálsamo *m* labial; **~ service** *n*: **he just pays ~ service to feminism** es feminista de los dientes para afuera *or* de boquilla; **~stick** *n* **1** [c] (stick) lápiz *m or* barra *f* de labios, lápiz *m* labial (AmL), pintalabios *m* (Esp fam) **2** [u] (substance) rouge *m*, carmín *m*

liquefy /'lɪkwəfaɪ || 'lɪkwɪfaɪ/ **-fies, -fying, -fied** *vi* licuarse*
■ **liquefy** *vt* licuar*

liqueur /lɪ'kɜːr || lɪ'kjʊə(r)/ *n* [u c] licor *m*

liquid[1] /'lɪkwəd || 'lɪkwɪd/ *n* [u c] líquido *m*; (*before n*) **~ measure** medida *f* de capacidad para líquidos

liquid[2] *adj* **1** líquido **2** (Fin) líquido; **~ assets** activo *m* líquido **3** (limpid) (liter) límpido, transparente

liquidate /'lɪkwədeɪt || 'lɪkwɪdeɪt/ *vt* (Fin, Law) liquidar

liquidation /'lɪkwə'deɪʃən || ,lɪkwɪ'deɪʃən/ *n* [u c] (Fin, Law) liquidación *f*; **to go into ~** entrar en liquidación; **voluntary ~** disolución *f*

liquid crystal display *n* pantalla *f* de cristal líquido

liquidity /lɪ'kwɪdəti/ *n* [u] (Fin, Law) liquidez *f*

liquidize /'lɪkwədaɪz || 'lɪkwɪdaɪz/ *vt* licuar*

liquidizer /'lɪkwədaɪzər || 'lɪkwɪdaɪzə(r)/ *n* (BrE) licuadora *f*

liquid paraffin *n* (BrE) parafina *f* liquida, aceite *m* de parafina

liquor /'lɪkər || 'lɪkə(r)/ *n* [u] (alcohol) alcohol *m*, bebidas *fpl* alcohólicas; **hard ~** bebidas *fpl* (alcohólicas) fuertes; (*before n*) **~ cabinet** (AmE) mueble-bar *m*

liquorice (BrE) ▸**licorice**

liquor store *n* (AmE) ≈ tienda *f* de vinos y licores, botillería *f* (Chi)

lira /'lɪrə || 'lɪərə/ *n* (*pl* **lire** /'lɪrə || 'lɪəre, 'lɪəri/) lira *f*

Lisbon /'lɪzbən/ *n* Lisboa *f*

lisp[1] /lɪsp/ *n* ceceo *m*; **to speak with a ~** cecear

lisp[2] *vi* cecear

lissom, lissome /'lɪsəm/ *adj* (liter) grácil (liter)

list[1] /lɪst/ *n*
A (of items) lista *f*, relación *f* (frml); **shopping ~** lista de la compra; **to be high/low on the ~** «*matter/problem*» tener*/no tener* prioridad; (*before n*) **~ price** precio *m* de catálogo *or* de lista
B (Naut) escora *f*

list[2] *vt* **1** (enumerate) hacer* una lista de; (verbally) enumerar **2** (include) incluir*; **he's/it's not ~ed** no aparece *or* figura en la lista; **~ed building** (in UK) edificio *m* protegido (*por su interés histórico o arquitectónico*) **3** (Fin) ‹*securities/stocks*› cotizar*; **~ed company** compañía *f* que cotiza en Bolsa
■ **list** *vi* (Naut) escorar

listen /'lɪsn/ *vi* **1** (focus hearing) escuchar; **to ~ TO sth/sb** escuchar algo/a algn; **as she lay in bed she ~ed to them arguing** acostada en su cama, los oía discutir; **to ~ FOR sth**: **they ~ed for her footsteps** estaban atentos a ver si la oían venir **2** (pay attention, heed) **to ~ (TO sth/sb)** escuchar (algo/a algn); **I never used to ~ in class** nunca atendía *or* prestaba atención en clase; **he doesn't ~ to a word I say!** no me hace ningún caso

(Phrasal verb)

- **listen in** [v ▸ adv] escuchar; **to ~ in TO/ON sth** escuchar algo

listener /ˈlɪsn̩ər || ˈlɪsnə(r)/ *n* [1] (Rad) oyente *mf*, radioyente *mf* [2] (in conversation): **he's a good ~** es una persona que sabe escuchar

listening device /ˈlɪsnɪŋ/ *n* aparato *m* de escucha

listeria /lɪsˈtɪriə || lɪˈstɪəriə/ *n* [u] listeria *f*

listing /ˈlɪstɪŋ/ *n* [1] (list) lista *f*, listado *m*; **TV ~s** programación *f* televisiva *or* de televisión; **~s magazine** guía *f* de espectáculos, ≈ guía *f* del ocio (*en Esp*) [2] (entry) entrada *f*; (Fin) cotización *f* bursátil

listless /ˈlɪstləs || ˈlɪstlɪs/ *adj* (lacking enthusiasm) apático, indiferente; (lacking energy) lánguido

list processing *n* [u] procesamiento *m* de listas

lit /lɪt/ *past & past p of* **light**[4]

litany /ˈlɪtəni/ *n* (*pl* **-nies**) (Relig) letanía *f*; **the L~** *oración de la liturgia anglicana en forma de letanías*

litchi /ˈlaɪtʃiː/ *n* (*pl* **~s**) (AmE) lichi *m*

lite /laɪt/ *adj*

A (low-fat/low-sugar) light *adj inv*, bajo en calorías, dietético (AmL)

B (facile) (AmE colloq) light *adj inv*, de poco peso

liter, (BrE) **litre** /ˈliːtər || ˈliːtə(r)/ *n* litro *m*

literacy /ˈlɪtərəsi/ *n* [u] alfabetismo *m*; **adult ~ is below 50%** más del 50% de los adultos son analfabetos; (*before n*) **~ program** programa *f* de alfabetización; **~ teaching** alfabetización *f*

literal /ˈlɪtərəl/ *adj* literal; **~-minded** sin imaginación

literally /ˈlɪtərəli/ *adv* ‹*translate*› literalmente, palabra por palabra; **I didn't mean it ~** no lo decía en sentido literal; **he was ~ starving** se estaba muriendo de hambre, en el verdadero sentido de la palabra

literary /ˈlɪtəreri || ˈlɪtərəri/ *adj* literario; **~ agent** agente literario, -ria *m,f*

literate /ˈlɪtərət/ *adj* [1] (able to read) alfabetizado; **barely ~** casi analfabeto [2] (well-educated) instruido; (cultured) cultivado, culto

literature /ˈlɪtərətʃʊr || ˈlɪtrətʃə(r)/ *n* [1] [u] (art) literatura *f* [2] [u c] (published works) bibliografía *f*, material *m* publicado [3] [u] (promotional material) folletos *mpl*, información *f*

lithe /laɪð/ *adj* **lither, lithest** ágil

lithium /ˈlɪθiəm/ *n* [u] litio *m*

lithograph /ˈlɪθəɡræf || ˈlɪθəɡrɑːf/ *n* litografía *f*

lithography /lɪˈθɑːɡrəfi || lɪˈθɒɡrəfi/ *n* [u] litografía *f*

Lithuania /ˈlɪθjuˈeɪniə/ *n* Lituania *f*

Lithuanian[1] /ˈlɪθjuˈeɪniən/ *adj* lituano

Lithuanian[2] *n* [1] [c] (person) lituano, -na *m,f* [2] [u] (language) lituano *m*

litigation /ˈlɪtəˈɡeɪʃən || ˌlɪtɪˈɡeɪʃən/ *n* [u] litigio *m*

litigious /lɪˈtɪdʒəs/ *adj* pleiteador

litmus /ˈlɪtməs/: **~ paper** *n* papel *m* (de) tornasol; **~ test** *n* (Chem) prueba *f* de acidez *or* de tornasol

litre /ˈliːtər || ˈliːtə(r)/ *n* (BrE) ▸ **liter**

litter[1] /ˈlɪtər || ˈlɪtə(r)/ *n*

A [u] (refuse) basura *f*, desperdicios *mpl*; **don't drop ~** no tire basura

B [c] (offspring) (Zool) camada *f*, cría *f*

C [u] (for horses, cows) lecho *m* de paja; (for cats) arena *f* higiénica

D [c] [1] (stretcher) camilla *f* [2] (couch) (Hist) litera *f*

litter[2] *vt*: **newspapers ~ed the floor** el suelo estaba cubierto de papeles, había papeles tirados por (todo) el suelo; **to be ~ed WITH sth** estar* lleno DE algo; **he had ~ed his room with toys** había desparramado juguetes por toda la habitación

litter: **~ bin** *n* (BrE) papelera *f or* (AmL tb) papelero *m or* (Col) caneca *f*; **~bug** *n*: *persona que tira basura en lugares públicos*; **~ lout** *n* (BrE) ▸ **~bug**

little[1] /ˈlɪtl̩/ *adj*

(Sense I) (*comp* **littler** /ˈlɪtl̩ər || ˈlɪtl̩ə(r)/; *superl* **littlest** /ˈlɪtl̩əst || ˈlɪtl̩ɪst/)

A [1] (small) pequeño, chico (esp AmL); **a lovely ~ dog** un perrito precioso; **a ~ old lady** una viejecita; **a ~ while** un ratito; **she is a ~ bit better** está un poquito mejor *or* algo mejor [2] (young) pequeño, chico (esp AmL); **when I was ~** cuando era pequeña *or* pequeñita *or* (esp AmL) chica *or* chiquita; **my ~ sister/brother** mi hermanita/hermanito [3] (insignificant) pequeño; **then there's the ~ matter of ...** (iro) está también el pequeño detalle de ... (iró)

B (expressing speaker's attitude) (colloq) (*before n*): **I know your ~ game!** ¡ya te conozco el jueguito! (fam); **you poor ~ thing!** ¡pobrecito!

(Sense II) (*comp* **less**; *superl* **least**) [1] (not much) poco; **there is very ~ bread left** queda muy poco pan; **from what ~ information we have** por lo poco que sabemos; **it uses less electricity than a toaster** gasta menos electricidad que una tostadora; **he had ~ talent and even less charm** tenía poco talento y aún menos encanto; **he has (the) least talent of all** es el que menos talento tiene [2] **a little** (some) un poco de; **with not a ~ sadness** (frml) con no poca tristeza

little[2] *pron* (*comp* **less**; *superl* **least**) [1] (not much) poco, -ca; **there was ~ to do** había poco que hacer; **we see very ~ of him nowadays** lo vemos muy poco últimamente; **the ~ that she earns** lo poco que gana; **from as ~ as $2,000** a partir de tan sólo 2.000 dólares; **~ by ~** poco a poco; **I get paid less than you** me pagan menos que a ti; **Jean earns (the) least of all** Jean es la que menos gana de todos; **the (very) least you can do is apologize** lo menos que puedes hacer es pedir perdón; **he was rather abrupt, to say the least** estuvo un poco brusco, por no decir otra cosa; **that's the least of it** eso es lo de menos [2] **a little** (some) un poco, algo; **she ate a ~** comió algo *or* un poco

little[3] *adv* (*comp* **less**; *superl* **least**) [1] (not much) poco; **he goes out very ~** sale muy poco; **it is a ~ known fact that ...** es un hecho poco conocido que ...; **the campaign has been somewhat less than a success** la campaña no ha tenido mucho éxito que digamos; **just when we were least expecting it** cuando menos lo esperábamos [2] (hardly, not): **~ did he know that ...** lo que menos se imaginaba era que ...; **he's ~ better than a thief** es poco menos que un ladrón; **no one likes him, least of all his brother** nadie lo quiere, y su hermano menos que nadie [3] **a little** (somewhat) un poco; **do you speak French? — a ~** ¿hablas francés? — algo *or* un poco; **a ~ less noise, please** hagan menos ruido, por favor

little: **~ finger** *n* (dedo *m*) meñique *m*; ***to twist sb around one's ~ finger*** meterse a algn en el bolsillo; **~ Red Riding Hood** *n* Caperucita Roja

littoral /ˈlɪtərəl/ *n* litoral *m*

liturgy /ˈlɪtərdʒi || ˈlɪtədʒi/ *n* (*pl* **-gies**) liturgia *f*

livable /ˈlɪvəbəl/ *adj* [1] (habitable) (AmE) habitable, en el que se puede vivir; **to be ~** *o* (BrE) **to be ~ in** ser* habitable [2] (endurable) ‹*life*› llevadero

live[1] /lɪv/ *vi*

A [1] (be, remain alive) vivir; **(for) as long as I ~** mientras viva, toda la vida; **she ~d to be 100** llegó a cumplir 100 años; **you'll ~ to regret it** algún día te arrepentirás; **she had three months to ~** le quedaban tres meses de vida; **you'll ~** (colloq) no te vas a morir (fam); **long ~ the king!** ¡viva el rey!; **you ~ and learn** (set phrase) todos los días se aprende algo nuevo; **~ and let ~** (set phrase) vive y deja vivir a los demás [2] (experience life) vivir; **never eaten paella? you haven't ~d!** ¿no has comido nunca una paella? ¡pues no sabes lo que te pierdes *or* lo que es bueno!

B [1] (conduct one's life) vivir; **we ~ very quietly** llevamos una vida tranquila; ***to ~ like a king*** *o* ***lord*** vivir a cuerpo de rey [2] (support oneself) vivir

C [1] (reside) vivir; **where do you ~?** ¿donde vives?; **this house is not fit to ~ in** esta casa no está en condiciones [2] (belong) (esp BrE colloq) ir*; **where do these dishes ~?** ¿dónde van estos platos?

■ **live** *vt* [1] (exist in specified way) vivir; **she ~s a happy life** lleva una vida feliz, vive feliz; **to ~ life to the full** vivir la vida al máximo [2] (throw oneself into): **she really ~d the part** realmente se identificó con el personaje

(Phrasal verbs)

- **live down** [v ▸ o ▸ adv, v ▸ adv ▸ o]: **if they see you wearing that, you'll never ~ it down** si te ven con eso no lo van a olvidar nunca *or* (fam) te van a tomar el pelo toda la vida
- **live for** [v ▸ prep ▸ o]: **she ~s for her work** vive para su trabajo; **I've nothing left to ~ for** ya no tengo nada por

lo que vivir; **he's living for the day of her return** vive esperando su retorno

- **live in** [v ▸ adv] *vivir en el lugar de trabajo*
- **live off** [v ▸ prep ▸ o] 1 (be supported by) ‹*family/friends*› vivir a costa *or* a costillas de; ‹*crime/social security/the land*› vivir de; **you could ~ off the interest** podrías vivir de los intereses 2 (feed on) ‹*fruits/seeds*› alimentarse de
- **live on**

A [v ▸ adv] (continue in existence) «*memory*» seguir* presente; «*tradition*» seguir* existiendo

B [v ▸ prep ▸ o] 1 (feed on) alimentarse de; **we ~d on pizza for a week** no comimos más que pizzas toda la semana 2 (support oneself with): **she ~s on $75 a week** vive *or* se las arregla con 75 dólares a la semana; **the pension is barely enough to ~ on** la pensión apenas alcanza para vivir

- **live out**

A [v ▸ adv] (off premises) vivir fuera (*del lugar de trabajo o estudio*)

B [v ▸ adv ▸ o] 1 ‹*one's life/days*›: **he wanted to ~ out his days in that house** quería vivir *or* pasar el resto de sus días en aquella casa 2 (enact) ‹*fantasy/dream*› vivir

- **live through** [v ▸ prep ▸ o] ‹*war/experience*› vivir, pasar por; **I don't think she'll ~ through the night** no creo que pase de esta noche
- **live together** [v ▸ adv] 1 (cohabit) vivir juntos 2 (coexist) convivir
- **live up** [v ▸ o ▸ adv]: ***to ~ it up*** (colloq) darse* la gran vida (fam)
- **live up to** [v ▸ adv ▸ prep ▸ o]: **it didn't ~ up to its reputation** no estuvo a la altura de su reputación; **she didn't ~ up to her father's expectations** defraudó las esperanzas *or* expectativas de su padre; **they ~ up to their name** hacen honor a su nombre
- **live with** [v ▸ prep ▸ o] 1 (share house with) vivir con 2 (accept, tolerate) ‹*fact/situation*› aceptar

live² /laɪv/ *adj*

A (alive) vivo; **wow, a real ~ princess!** ¡uy, una princesa de verdad *or* de carne y hueso!

B (of current interest) ‹*issue*› candente, de actualidad

C (Rad, TV): **the show was ~** el programa era en directo *or* en vivo; **the program is recorded before a ~ audience** el programa se graba con público en la sala *or* en presencia de público

D 1 (Mil): **~ ammunition** fuego *m* real; **~ bomb** bomba *f* que no ha estallado 2 (Elec) ‹*circuit/terminal*› con corriente, cargado 3 (on fire) encendido; **~ coal** brasa *f*

live³ /laɪv/ *adv* (Rad, TV) ‹*broadcast*› en directo, en vivo

liveable /'lɪvəbəl/ *adj* ▸**livable**

lived-in /'lɪvdɪn/ *adj* (*pred* **lived in**): **the pictures made the room feel ~ ~** los cuadros le daban un ambiente acogedor *or* cálido a la habitación

live-in /'lɪv'ɪn/ *adj* (*before n*) ‹*staff*› residente; ‹*nanny/maid*› con cama, de planta (Méx), puertas adentro (Chi); **she has a ~ lover** su amante vive con ella

livelihood /'laɪvlihʊd/ *n* (*no pl*): **farming is their ~** viven de la agricultura; **to earn one's/a ~** ganarse la vida *or* el sustento

liveliness /'laɪvlinəs || 'laɪvlinɪs/ *n* [u] (of person) vivacidad *f*; (of atmosphere) animación *f*; (of debate) lo animado

lively /'laɪvli/ *adj* **-lier, -liest** ‹*place/atmosphere/debate*› animado; ‹*music*› alegre; ‹*description/account*› vívido; **he's a ~ character** es un tipo de lo más animado y alegre; **they take a ~ interest in developments** toman un vivo interés en el desarrollo de los acontecimientos

liven up /'laɪvən/

A [v ▸ adv] animarse

B [v ▸ o ▸ adv, v ▸ adv ▸ o] animar

liver /'lɪvər || 'lɪvə(r)/ *n* (Anat, Culin) hígado *m*; (*before n*) **~ disease** enfermedad *f* del hígado, afección *f* hepática (frml); **~ sausage** (BrE) embutido *m* de paté de hígado

Liverpudlian¹ /'lɪvər'pʌdliən || ˌlɪvə'pʌdliən/ *adj* de Liverpool

Liverpudlian² *n*: *habitante o persona oriunda de Liverpool*

liver spot *n* mancha *f* (de la vejez)

liverwurst /'lɪvərwɜːrst || 'lɪvəwɜːst/ *n* [u] (AmE) embutido *m* de paté de hígado

livery /'lɪvəri/ *n* (*pl* **-ries**) 1 (uniform) librea *f* 2 (of aircraft, vehicle) colores *mpl* distintivos

lives /laɪvz/ *pl of* **life**

live /laɪv/: **~stock** *n* [u] (+ *sing or pl vb*) animales *mpl* (de cría); (cattle) ganado *m*; **~ wire** *n* (colloq): **he's a real ~ wire** es una persona llena de vida

livid /'lɪvəd || 'lɪvɪd/ *adj*

A (furious) (colloq) furioso, furibundo (fam)

B 1 (blueish) ‹*bruise*› amoratado 2 (white) ‹*face*› lívido

living¹ /'lɪvɪŋ/ *n*

A (livelihood) (*no pl*): **to earn** *o* **make one's/a ~** ganarse la vida; **they scrape** *o* **scratch a ~ selling trinkets** sobreviven *or* malviven vendiendo chucherías; **what do you do for a ~?** ¿en qué trabajas?, ¿a qué te dedicas?; **to work for a ~** trabajar para vivir; **the world doesn't owe you a ~** no tienes derecho a vivir sin trabajar

B [u] (style of life) vida *f*; **clean/loose ~** vida ordenada/disoluta; ‹*space/area*› destinado a vivienda; ‹*conditions*› de vida; **~ standards** nivel *m* de vida

C (people) (+ *pl vb*) **the ~** los vivos

living² *adj* (*before n*) ‹*person/creature*› vivo; **Spain's greatest ~ painter** el pintor vivo más importante de España; **he was ~ proof of the power of the media** era prueba evidente *or* palpable del poder de los medios de comunicación

living: **~ room** *n* sala *f* (de estar) , living *m* (esp AmS), salón *m* (esp Esp); **~ wage** *n* salario *m* digno; **~ will** *n* testamento *m* vital

lizard /'lɪzərd || 'lɪzəd/ *n* lagarto *m*; (*wall* **~**) lagartija *f*

'll /l/ 1 **= will** 2 **= shall**

llama /'lɑːmə/ *n* llama *f*

LLB *n* **= Bachelor of Laws**

'll've /ləv/ 1 **= will have** 2 **= shall have**

lo /ləʊ/ *interj* (arch *or* hum): **~ and behold** ¡y quién lo iba a decir!

load¹ /ləʊd/ *n*

A [c] (cargo) carga *f*; (burden) carga *f*, peso *m*; **four ~s of washing** cuatro lavados *or* (Esp) coladas; **the project will create a heavy administrative ~** el proyecto generará mucho trabajo administrativo; ***to have a ~ on*** (AmE colloq) estar* como una cuba (fam), estar* tomado (AmL fam)

B (*often pl*) (colloq) 1 (much, many) cantidad *f*, montón *m* (fam), pila *f* (AmS fam); **I've done this ~s of times** esto lo he hecho cantidad *or* montones *or* (AmS tb) pilas de veces (fam); **what a ~ of nonsense!** ¡qué sarta de estupideces!; **the play is a ~ of rubbish** la obra no vale nada *or* (fam) es una porquería 2 (*as intensifier*) (colloq): **my room's ~s bigger than hers** mi cuarto es muchísimo más grande que el suyo

C (Civil Eng) carga *f*; Ⓢ **maximum load 15 tons** peso máximo: 15 toneladas

load² *vt* 1 (Transp) ‹*truck/plane*› cargar* 2 (charge) ‹*gun*› cargar*; **to ~ a program (into a computer)** cargar* un programa (en una computadora)

■ **load** *vi* cargar*; Ⓢ **loading prohibited** carga y descarga prohibidas

(Phrasal verbs)

- **load down** [v ▸ o ▸ adv, v ▸ adv ▸ o] (*usu pass*) **to be ~ed down WITH sth** (with parcels) ir* cargado DE algo; (with problems) estar* abrumado *or* agobiado POR algo
- **load up**

A [v ▸ o ▸ adv, v ▸ adv ▸ o] ‹*truck/ship/person*› cargar*; **to ~ sth up WITH sth** cargar* algo DE algo

B [v ▸ adv] cargar*

loaded /'ləʊdəd || 'ləʊdɪd/ *adj*

A 1 ‹*vehicle/gun/camera*› cargado 2 (richly provided) (*pred*) **to be ~ WITH sth** estar* repleto *or* plagado DE algo 3 (weighted) ‹*dice*› cargado; ‹*question/remark*› tendencioso

B (colloq) (*pred*) 1 (rich) forrado (fam) 2 (drunk) (AmE) como una cuba (fam), tomado (AmL fam)

loading dock, (BrE) **loading bay** /'ləʊdɪŋ/ zona *f or* área *f*‡ de carga

loaf¹ /ləʊf/ *n* (*pl* **loaves**): **a ~ (of bread)** un pan; (of French bread) una barra de pan, una flauta (CS); (baked in tin) un pan de molde; ***use your ~!*** (BrE colloq) ¡usa el coco *or* (Esp tb) la cocorota *or* (Col tb) la tusta! (fam)

loaf² *vi* (colloq): **to ~ (around** *o* **about)** holgazanear, haraganear, flojear (fam)

loafer /'ləʊfər || 'ləʊfə(r)/ *n* holgazán, -zana *m,f*, vago, -ga *m,f*

Loafer®, **loafer** /'ləʊfər || 'ləʊfə(r)/ *n* mocasín *m*

loan¹ /ləʊn/ *n* 1 (of money) préstamo *m*; (Fin) préstamo *m*, crédito *m*, empréstito *m* (frml); **bank ~** préstamo *or* crédito bancario; (*before n*) **~ account** (BrE) cuenta *f* crediticia 2 (temporary use): **may I have the ~ of your umbrella?** ¿me prestas el paraguas?; **the book you want is out on ~** el libro que quieres está prestado

loan² *vt* prestar; **many sports clubs will ~ out equipment** muchos clubs deportivos prestan el equipo; **to ~ sb sth, to ~ sth TO sb** prestarle algo A algn

loan: **~ shark** *n* usurero, -ra *m,f*, agiotista *mf* (AmL); **~word** *n* préstamo *m* (lingüístico)

loath /ləʊθ/ *adj* (*pred*) **to be ~ to + INF** resistirse A + INF

loathe /ləʊð/ *vt* odiar, detestar; **to ~ -ING** odiar + INF

loathing /'ləʊðɪŋ/ *n* [u] aversión *f*, odio *m*

loathsome /'ləʊðsəm/ *adj* repugnante, odioso

loaves /ləʊvz/ *pl of* **loaf¹**

lob¹ /lɑːb || lɒb/ *vt* **-bb-** ‹*ball*› lanzar* por lo alto; ‹*stone/grenade*› tirar *or* lanzar* por lo alto

lob² *n* (Sport) globo *m*, lob *m*

lobby¹ /'lɑːbi || 'lɒbi/ *n* (*pl* **-bies**)
A (entrance hall) vestíbulo *m*, hall *m*; (in theater) foyer *m*
B (pressure group) grupo *m* de presión, lobby *m*

lobby², **-bies, -bying, -bied** *vt* ejercer* presión sobre
■ **lobby** *vi* **to ~ FOR sth** ejercer* presión *or* cabildear para obtener algo

lobbying /'lɑːbiɪŋ || 'lɒbiɪŋ/ *n* [u] cabildeo *m*

lobbyist /'lɑːbiəst || 'lɒbiɪst/ *n* miembro *mf* de un grupo de presión

lobe /ləʊb/ *n* lóbulo *m* (de la oreja)

lobotomy /ləʊ'bɑːtəmi || lə'bɒtəmi/ *n* (*pl* **-mies**) lobotomía *f*

lobster /'lɑːbstər || 'lɒbstə(r)/ *n* langosta *f*, bogavante *m* (Esp); (*before n*) **~ pot** nasa *f*, langostera *f*

local¹ /'ləʊkəl/ *adj*
A ‹*dialect/custom/newspaper*› local; ‹*council/election*› ≈ municipal; **he's a ~ man** es de aquí (*or* de allí); **the ~ community** los vecinos *or* habitantes de la zona; **a ~ specialty** una especialidad de la localidad (*or* de la región *etc*)
B (Med) ‹*anesthetic*› local; ‹*infection*› localizado

local² *n* 1 (inhabitant): **he's not a ~** no es de aquí (*or* de allí); **the ~s say it's true** los (vecinos) del lugar dicen que es verdad 2 (pub) (BrE colloq): **our ~** el bar de nuestro barrio (*or* de nuestra zona *etc*)

local: **~ authority** *n* (BrE) ≈ ayuntamiento *m*, ≈ alcaldía *f*, ≈ municipio *m*; **~ area network** *n* red *f* de área local

locale /ləʊ'kæl || ləʊ'kɑːl/ *n* escenario *m*

local government *n* [u] ≈ administración *f* municipal; (*before n*) ‹*elections*› ≈ municipal

locality /ləʊ'kæləti/ *n* (*pl* **-ties**) (frml) localidad *f*

localize /'ləʊkəlaɪz/ *vt* localizar*

locally /'ləʊkəli/ *adv* ‹*live/work*› en la zona; **do you shop ~?** ¿compras en las tiendas del barrio (*or* de la zona *etc*)?; **these issues should be decided ~** estas decisiones deben tomarse a nivel local; **were you born ~?** ¿naciste aquí?, ¿eres de (por) aquí?

locate /'ləʊkeɪt || ləʊ'keɪt/ *vt*
A (find) ‹*fault/leak*› localizar*, ubicar* (esp AmL)
B (position) ‹*building/business*› situar*, ubicar* (esp AmL); **the switch is ~d under the seat** el interruptor está *or* se encuentra debajo del asiento
■ **locate** *vi* (settle) (AmE) establecerse*

location /ləʊ'keɪʃən/ *n*
A [c] (position) posición *f*, ubicación *f* (esp AmL)
B [c u] (Cin) lugar *m* de filmación; **we were filming on ~ in Italy** estábamos rodando los exteriores en Italia
C [u] 1 (siting) emplazamiento *m*, ubicación *f* (esp AmL) 2 (discovery of position) localización *f*

locative /'lɑːkətɪv || 'lɒkətɪv/ *n* locativo *m*

loch /lɑːk, lɑːx || lɒk, lɒx/ *n* 1 (lake) lago *m* 2 (*sea ~*) fiordo *m*, ría *f*

lock¹ /lɑːk || lɒk/ *n*
A [c] (device) cerradura *f*, cerrojo *m*, chapa *f* (AmL); **under ~ and key** bajo llave; ***~, stock and barrel***: **he sold up ~, stock and barrel** vendió absolutamente todo
B [c] (on canal) esclusa *f*
C [c] (of hair) mechón *m*
D [c] (in wrestling) llave *f*; ***to have a ~ on sth*** (AmE) tener* el control de algo
E [u] (BrE Auto) tope *m*, retén *m*; **keep it on full ~** dale al volante hasta el tope
F [c] **~ (forward)** (in rugby) delantero, -ra *m,f* de segunda línea *m*

lock² *vt* 1 (fasten) ‹*door/room/car*› cerrar* (con llave); **to ~ sb in a room** encerrar* a algn en una habitación 2 (immobilize) ‹*steering wheel*› bloquear; **to be ~ed IN sth**: **~ed in a passionate embrace** fundidos en un apasionado abrazo; **they are ~ed in a battle of wills** están enzarzados en una lucha de resistencia
■ **lock** *vi* 1 (fasten, secure) «*door/case*» cerrarse* con llave 2 (become immobile) «*catch*» trabarse; «*wheel*» bloquearse

Phrasal verbs
- **lock away** [v ▸ o ▸ adv, v ▸ adv ▸ o] ‹*valuables*› guardar bajo llave; ‹*person*› encerrar*
- **lock in** [v ▸ o ▸ adv, v ▸ adv ▸ o] encerrar*
- **lock out** [v ▸ o ▸ adv, v ▸ adv ▸ o]: **I ~ed myself out (of the house)** me quedé afuera sin llaves
- **lock up**

A [v ▸ o ▸ adv, v ▸ adv ▸ o] 1 ‹*valuables*› guardar bajo llave; ‹*person*› encerrar* 2 ‹*house/shop*› cerrar* con llave 3 (make sure of) (AmE colloq) asegurar
B [v ▸ adv] cerrar* (con llave)

locker /'lɑːkər || 'lɒkə(r)/ *n* armario *m*, locker *m* (AmL); (at bus, railway station) (casilla *f* de la) consigna *f* automática

locker room *n* (esp AmE) vestuario *m*; (*before n*) ‹*humor/joke*› de machos (fam)

locket /'lɑːkət || 'lɒkɪt/ *n* relicario *m*, guardapelo *m*

lock: **~jaw** *n* [u] tétano(s) *m*; **~out** *n* cierre *m* patronal, paro *m* patronal (AmL); **~smith** *n* cerrajero, -ra *m,f*; **~-up** *n* 1 (cell) (esp AmE) calabozo *m* 2 **~-up (garage)** (BrE) garaje *m* (*separado de la vivienda*) 3 **~-up (shop)** (BrE) local *m* (comercial) (*pequeño y sin vivienda*)

locomotion /'ləʊkə'məʊʃən/ *n* [u] (frml) locomoción *f*

locomotive /'ləʊkə'məʊtɪv/ *n* locomotora *f*

locum /'ləʊkəm/ *n* (esp BrE) suplente *mf* (*de un médico*)

locust /'ləʊkəst/ *n* (Zool) langosta *f*

lode /ləʊd/ *n* veta *f*, filón *m*

lodestone /'ləʊdstəʊn/ *n* piedra *f* imán

lodge¹ /lɑːdʒ || lɒdʒ/ *n*
A 1 (for gatekeeper) (BrE) casa *f* del guarda 2 (for porter) portería *f* 3 (on private estate) pabellón *m* 4 (at resort) (AmE) hotel *m*
B (branch, meeting place of society) logia *f*
C (of beaver) madriguera *f*

lodge² *vt*
A ‹*appeal*› interponer*; ‹*complaint/objection*› presentar
B (place, deposit) depositar
C (fix): **the bullet had ~d itself in his thigh** la bala se le había alojado en el muslo; **I have something ~d between my teeth** tengo algo metido entre los dientes
■ **lodge** *vi*
A (become stuck, implanted): **the bullet had ~d in his spine** la bala se le había alojado en la columna
B (live as lodger) alojarse, hospedarse

lodger /'lɑːdʒər || 'lɒdʒə(r)/ *n* inquilino, -na *m,f* (*de una habitación en una casa particular*); **they take (in) ~s** alquilan habitaciones

lodging /'lɑːdʒɪŋ || 'lɒdʒɪŋ/ *n* 1 [u] (accommodations) alojamiento *m* 2 **lodgings** *pl* (rented): **to live in ~s** vivir en una habitación alquilada (*or* en una pensión *etc*); **I'm looking for ~s** estoy buscando alojamiento

lodging house *n* (BrE) casa *f* de inquilinato

loft /lɔːft || lɒft/ *n* 1 (attic) (BrE) desván *m*, buhardilla *f*, altillo *m*, zarzo *m* (Col) 2 (*hay ~*) pajar *m* 3 (in warehouse) (AmE) loft *m* (*espacio comercial convertido en residencia*)

loftily /'lɔːftəli || 'lɒftɪli/ *adv* con altivez, altaneramente

lofty /'lɔːfti || 'lɒfti/ *adj* **-tier, -tiest** 1 (elevated, grand) ‹*aims/ideals/sentiments*› noble, elevado 2 (haughty) altivo, altanero 3 (high) (liter) alto, majestuoso (liter)

log¹ /lɔːg || lɒg/ *n*
A (wood) tronco *m*; (as fuel) leño *m*; ***to be as easy as falling off a ~*** ser* pan comido (fam), ser* coser y cantar (fam); ***to sleep like a ~*** dormir* como un tronco (fam); (*before n*) **~ cabin** cabaña *f* de troncos; **~ fire** fuego *m* de leña

l

B **1** (record) diario *m* **2** (device for measuring speed) corredera *f*
C (Math) logaritmo *m*; (*before n*) **~ tables** tabla *f* de logaritmos

log² **-gg-** *vt* **1** (record) ‹*speed/position/time*› registrar, anotar; ‹*call*› registrar **2** **~ (up)** (accomplish) anotarse; **he has ~ged (up) 100 hours in the air** tiene *or* ha hecho 100 horas de vuelo

(Phrasal verbs)
- **log in**, **log on** [v ▸ adv] (Comput) entrar (al sistema)
- **log off**, **log out** [v ▸ adv] (Comput) salir* (del sistema)

loganberry /ˈləʊgən,beri || ˈləʊgənbəri/ *n* (*pl* **-ries**) frambuesa *f* de Logan

logarithm /ˈlɔːgərɪðəm || ˈlɒgərɪðəm/ *n* logaritmo *m*

logbook /ˈlɔːgbʊk || ˈlɒgbʊk/ *n* **1** (register) diario *m*; (Naut) diario *m* de navegación *or* de a bordo; (Aviat) diario *m* de vuelo **2** (of car) (BrE) documentación *f* del automóvil

logger /ˈlɔːgər || ˈlɒgə(r)/ *n* leñador, -dora *m,f*

loggerheads /ˈlɔːgərhedz || ˈlɒgəhedz/ *pl n*: ***to be at ~***: **they were constantly at ~** siempre estaban en desacuerdo

logging /ˈlɔːgɪŋ || ˈlɒgɪŋ/ *n* [u] tala *f* (de árboles); (*before n*) ‹*industry/town*› maderero

logic /ˈlɑːdʒɪk || ˈlɒdʒɪk/ *n* [u] lógica *f*; (*before n*) (Comput) ‹*circuit/diagram*› lógico

logical /ˈlɑːdʒɪkəl || ˈlɒdʒɪkəl/ *adj* lógico

logically /ˈlɑːdʒɪkli || ˈlɒdʒɪkli/ *adv* **1** ‹*reason/argue*› lógicamente, de manera lógica **2** (*indep*) lógicamente

logistics /ləˈdʒɪstɪks/ *n* **1** (Mil) (+ *sing vb*) logística *f* **2** (practicalities) (+ *pl vb*) problemas *mpl* logísticos

logo /ˈləʊgəʊ, ˈlɑː- || ˈləʊgəʊ/ *n* (*pl* **logos**) logo *m*, logotipo *m*

logrolling /ˈlɔːg,rəʊlɪŋ || ˈlɒg,rəʊlɪŋ/ *n* [u] (AmE) amiguismo *m*, camarillismo *m*

loin /lɔɪn/ *n* **1** (meat) lomo *m*; (*before n*) **~ chop** chuleta *f* de lomo *or* de vacío **2** **loins** *pl* (Anat) (liter) entrañas *fpl*; ***to gird (up) one's ~s*** (liter) prepararse para la lucha, ponerse* lanza en ristre

loincloth /ˈlɔɪnklɔːθ || ˈlɔɪnklɒθ/ *n* taparrabos *m*

loiter /ˈlɔɪtər || ˈlɔɪtə(r)/ *vi* perder* el tiempo, holgazanear; **he was ~ing outside the building** andaba merodeando alrededor del edificio

loll /lɑːl || lɒl/ *vi*: **I found him ~ing in an armchair** me lo encontré apoltronado en un sillón; **the dog's tongue ~ed out** al perro le colgaba la lengua

lollipop /ˈlɑːlipɑːp || ˈlɒlipɒp/ *n* piruleta *f or* (Esp) chupa-chup(s)® *m or* (Andes, Méx) paleta *f or* (RPl) chupetín *m or* (Col) colombina *f or* (Chi, Per) chupete *m*; (*before n*) **~ lady/man** (BrE) *persona que detiene el tráfico para permitir que los escolares atraviesen la calzada*

lolly /ˈlɑːli || ˈlɒli/ *n* (*pl* **-lies**) (BrE)
A [c] (*ice ~*) paleta *f* (helada) *or* (Esp) polo *m or* (RPl) palito *m or* (CS) chupete *m* helado
B [u] (money) (sl) guita *f* (arg), lana *f* (AmL fam), plata *f* (AmL fam)

London /ˈlʌndən/ *n* Londres; (*before n*) londinense

Londoner /ˈlʌndənər || ˈlʌndənə(r)/ *n* londinense *mf*

lone /ləʊn/ *adj* ‹*existence*› solitario; ‹*explorer/sailor*› en solitario

loneliness /ˈləʊnlinəs || ˈləʊnlinɪs/ *n* [u] soledad *f*

lonely /ˈləʊnli/ *adj* **-lier, -liest** **1** (feeling alone): **to feel ~** sentirse* solo; **~ evenings** noches de soledad; **a ~ life** una vida solitaria **2** (isolated) ‹*spot/farm*› solitario, aislado

loner /ˈləʊnər || ˈləʊnə(r)/ *n*: **she's a bit of a ~** le gusta estar sola

lonesome /ˈləʊnsəm/ *adj* (esp AmE) **1** ▸**lonely** **2** ***all on o by one's ~*** (AmE colloq) solito y desamparado (fam)

lone wolf *n* lobo *m* solitario

long¹ /lɔːŋ || lɒŋ/ *adj* **longer** /ˈlɔːŋgər || ˈlɒŋgə(r)/, **longest** /ˈlɔːŋgəst || ˈlɒŋgɪst/
A **1** (in space) ‹*distance/hair/legs*› largo; **how ~ do you want the skirt?** ¿cómo quieres la falda de larga?; **the wall is 200 m ~** el muro mide 200 m de largo; **it's a ~ way to Tulsa from here** Tulsa queda bastante lejos de aquí; **a ~ drink** un trago largo; ***the ~ and the short of it***: **the ~ and the short of it is that we have no money** en resumidas cuentas *or* en una palabra: no tenemos dinero **2** (extensive) ‹*book/letter/list*› largo; **the book is over 300 pages ~** el libro tiene más de 300 páginas
B (in time) ‹*struggle/investigation*› largo; ‹*period/illness*› prolongado, largo; **how ~ was your flight?** ¿cuánto duró el vuelo?; **two months isn't ~ enough** dos meses no son suficientes *or* no es tiempo suficiente; **she's been gone a ~ time/while** hace tiempo/rato que se fue; **he works ~ hours** trabaja muchas horas

long² *adv* **-er, -est**
A (in time): **are you going to stay ~** ¿te vas a quedar mucho tiempo?; **how much ~er must we wait?** ¿hasta cuándo vamos a tener que esperar?; **how ~ did it take you to get there?** ¿cuánto tardaste en llegar?, ¿cuánto tiempo te llevó el viaje?; **how ~ have you been living here?** ¿cuánto hace que vives aquí?; **I didn't have ~ enough to answer all the questions** no me alcanzó el tiempo para contestar todas las preguntas; **people live ~er now** ahora la gente vive más (años); **it won't be ~ before they get here** no tardarán en llegar; **sit down, I won't be ~** siéntate, enseguida vuelvo (*or* termino *etc*); **all day ~** todo el día; **not ~ afterwards** poco después; **~ ago** hace (ya) mucho tiempo; **it has ~ since been lost** lleva perdido desde hace tiempo; **not ~ ago** *o* **since** no hace mucho; **a ~ forgotten hero** un héroe olvidado desde hace tiempo
B **1** (*in phrases*) **before long**: **you'll be an aunt before ~** dentro de poco serás tía; **before ~ they had bought more offices** poco después ya habían comprado más oficinas; **for long**: **she wasn't gone for ~** no estuvo fuera mucho tiempo; **no longer, not any longer**: **I can't stand it any ~er** ya no aguanto más; **they no ~er live here** ya no viven aquí **2** **as long as, so long as** (*as conj*) (for the period) mientras; (providing that) con tal de que (+ *subj*), siempre que (+ *subj*); **I'll remember it as** *o* **so ~ as I live** lo recordaré mientras viva; **for as ~ as I can remember** desde que tengo memoria; **you can go so** *o* **as ~ as you're back by 12** puedes ir con tal de que *or* siempre que vuelvas antes de las 12

long³ *vi* **to ~ to + INF** estar* deseando + INF, anhelar + INF (liter)

(Phrasal verb)
- **long for** [v ▸ prep ▸ o] ‹*mother/friend*› echar de menos, extrañar (esp AmL); **he was ~ing for her return** anhelaba su regreso (liter); **she ~ed for Friday to arrive** estaba deseando que llegara el viernes; **the ~ed-for moment had arrived** había llegado el tan anhelado *or* esperado momento

long⁴ (= **longitude**) Long.

-long /lɔːŋ || lɒŋ/ *suff*: **an hour~ wait** una espera de una hora; **inch~ nails** clavos de una pulgada (de largo)

longbow /ˈlɔːŋbəʊ || ˈlɒŋbəʊ/ *n* arco *m*

long-distance¹ /ˈlɔːŋˈdɪstəns || ˌlɒŋˈdɪstəns/ *adj* (*before n*) ‹*truck driver*› que hace largos recorridos; ‹*train*› de largo recorrido; ‹*race/runner*› de fondo; **a ~ telephone call** una llamada de larga distancia, una conferencia (interurbana) (Esp)

long-distance² *adv* (esp AmE): **to call ~** hacer* una llamada de larga distancia, poner* una conferencia (Esp)

long drawn-out /ˈdrɔːnˈaʊt/ *adj* interminable, larguísimo

longevity /lɑːnˈdʒevəti || lɒnˈdʒevəti/ *n* [u] (frml) longevidad *f*; (of material) larga duración *f*

long: **~-grain** *adj* ‹*rice*› de grano largo; **~-haired** /ˈlɔːŋˈherd || ˌlɒŋˈheəd/ *adj* ‹*person*› de pelo largo, melenudo (fam & pey); ‹*animal*› de pelo largo; **~hand** *n* [u]: **written in ~hand** en escritura normal (*no en taquigrafía*); **~-haul** /ˈlɔːŋˈhɔːl || ˌlɒŋˈhɔːl/ *adj* (*before n*) de larga distancia

longing /ˈlɔːŋɪŋ || ˈlɒŋɪŋ/ *n* [u c] (nostalgia) añoranza *f*, nostalgia *f*; (desire) vivo *or* vehemente deseo *m*

longingly /ˈlɔːŋɪŋli || ˈlɒŋɪŋli/ *adv* **1** (nostalgically) con nostalgia **2** (desirously) con ansia

longitude /ˈlɑːndʒətuːd || ˈlɒŋgɪtjuːd, ˈlɒndʒɪtjuːd/ *n* [u] longitud *f*

long: **~ johns** /dʒɑːnz || dʒɒnz/ *pl n* calzoncillos *mpl* largos; **~ jump** *n* [u c] salto *m* de longitud, salto *m* (en) largo (AmL); **~-lasting** /ˈlɔːŋˈlæstɪŋ || ˌlɒŋˈlɑːstɪŋ/ *adj* duradero; **~-life** /ˈlɔːŋˈlaɪf || ˈlɒŋlaɪf/ *adj* ‹*milk/orange juice*› (BrE) uperizado, sometido al proceso UHT; ‹*battery/*

bulb⟩ de larga duración; **~-lived** /'lɔːŋ'lɪvd || ˌlɒŋ'lɪvd/ *adj* longevo, de larga vida; **~-lost** /'lɔːŋ'lɔːst || 'lɒŋlɒst/ *adj* (*before n*): **she had a ~-lost uncle in Australia** tenía un tío en Australia a quien había perdido de vista hacía mucho tiempo; **~-playing record** /'lɔːŋ'pleɪɪŋ || 'lɒŋ ˌpleɪɪŋ/ *n* disco *m* de larga duración, elepé *m*; **~-range** /'lɔːŋ'reɪndʒ || 'lɒŋreɪndʒ/ *adj* (*before n*) ⟨*missile*⟩ de largo alcance; ⟨*aircraft*⟩ para vuelos largos; **~-running** /'lɔːŋ 'rʌnɪŋ || 'lɒŋˌrʌnɪŋ/ *adj* ⟨*musical/farce*⟩ que lleva tiempo en cartelera; ⟨*feud/controversy*⟩ que viene (*or* venía *etc*) de largo; **~shoreman** /'lɔːŋ'ʃɔːrmən || 'lɒŋˌʃɔːmən/ *n* (*pl* **-men** /-mən/) (AmE) estibador *m*, changador *m* (RPl); **~sighted** /'lɔːŋ'saɪtəd || ˌlɒŋ'saɪtɪd/ *adj* hipermétrope; **~-sleeved** /'lɔːŋ'sliːvd || 'lɒŋsliːvd/ *adj* de manga larga; **~standing** /'lɔːŋ'stændɪŋ || ˌlɒŋ'stændɪŋ/ *adj* ⟨*grievance/relationship*⟩ antiguo, que viene (*or* venía *etc*) de largo; **~-stay** /'lɔːŋ'steɪ || 'lɒŋsteɪ/ *adj* ⟨*patient*⟩ de estancia *or* (AmL) estadía prolongada; ⟨*car park*⟩ (BrE) para estacionamiento *or* (Esp) aparcamiento prolongado; **~-suffering** /'lɔːŋ'sʌfərɪŋ || ˌlɒŋ'sʌfərɪŋ/ *adj* ⟨*person*⟩ sufrido; ⟨*expression*⟩ de resignación; **~-term** /'lɔːŋ'tɜːrm || 'lɒŋtɜːm/ *adj* (*usu before n*) **1** (in the future) ⟨*effects/benefits*⟩ a largo plazo **2** (for a long period) ⟨*solution*⟩ duradero; ⟨*effects*⟩ prolongado; ⟨*unemployment*⟩ de larga duración; ⟨*parking lot*⟩ (AmE) para estacionamiento *or* (Esp) aparcamiento prolongado; **~time** *adj* (*before n*) ⟨*friend*⟩ viejo; **his ~time enemy** su enemigo de toda la vida; **his ~time companion** su compañero de tantos años; **~ wave** *n* onda *f* larga; **~-winded** /'lɔːŋ'wɪndəd || ˌlɒŋ'wɪndɪd/ *adj* ⟨*speech/article*⟩ denso, prolijo; ⟨*procedure*⟩ interminable, larguísimo

loo /luː/ *n* (BrE colloq) baño *m* (esp AmL), váter *m* (Esp fam); (*before n*) **~ paper** papel *m* higiénico

loofah, loofa /'luːfə/ *n*: *esponja para el baño que se obtiene del fruto del paste*

look¹ /lʊk/ *n*

A (glance) mirada *f*; **if ~s could kill …** si las miradas mataran …; **she got some odd ~s** la miraron como a un bicho raro (fam); **to have** *o* **take a ~ at sth/sb** echarle un vistazo a algo/algn; **I bought this — let's have a ~** compré esto — ¿a ver?; **let's have a ~ at you** déjame que te vea (bien); **have** *o* **take a good ~ at the picture** fíjate bien en el cuadro, mira bien el cuadro; **I had a quick ~ at the newspaper** le eché una ojeada al periódico; **I'll have to take a long, hard ~ at the figures** tendré que estudiar detenidamente las cifras; **a ~ back over the week's events** un vistazo a los acontecimientos de la semana

B (search, examination): **have a ~ for my pipe, will you?** mira a ver si me encuentras la pipa, por favor; **do you mind if I take a ~ around?** ¿le importa si echo un vistazo?

C **1** (expression) cara *f*; **with a ~ of despair** con cara de desesperación **2** (appearance) aire *m*; **the house had a familiar ~ about it** la casa tenía un aire familiar; **I don't like the ~ of his friend** no me gusta el aspecto *or* (fam) la pinta de su amigo; **by the ~(s) of things** según parece; **he's down on his luck by the ~(s) of him** a juzgar por su aspecto, está pasando una mala racha **3** (Clothing) moda *f*, look *m*; **I need a new ~** tengo que cambiar de imagen **4** **looks** *pl* (beauty) belleza *f*; **she was attracted by his good ~s** la atrajo lo guapo *or* (AmL tb) lo buen mozo que era; **she hasn't lost her ~s** sigue tan guapa como siempre

look² *vi*

Sense I

A **1** (see, glance) mirar; **I ~ed around** (behind) me volví a mirar *or* miré hacia atrás; (all around) miré a mi alrededor; **to ~ away** apartar la vista; **to ~ down** (lower eyes) bajar la vista; (from tower, clifftop) mirar hacia abajo; **we ~ed down over the city** contemplamos la ciudad que se extendía a nuestros pies; **~ into my eyes** mírame a los ojos; **~ out (of) the window** mira por la ventana; **he ~ed straight** *o* **right through me** me miró sin verme; **to ~ up** (raise eyes) levantar la vista; (toward ceiling, sky) mirar hacia arriba; **he ~ed up at the moon** miró a la luna; **she ~ed up from her book** levantó la vista del libro; ***to ~ on the bright side of sth*** ver* el lado bueno *or* positivo de algo; ***to ~ the other way*** (ignore) hacer* la vista gorda; (lit) mirar para otro lado, apartar la vista **2** (*as interj*): **~! a squirrel!** ¡mira! ¡una ardilla!; **(now) ~ here** ¡oye tú!, ¡escucha un momento! **3** (face): **our window ~s north** nuestra ventana da al norte *or* está orientada al norte; **to ~ ONTO sth** dar* A algo

B (search, investigate) mirar, buscar*; **~ and see if there's any mail** fíjate a ver si hay correo; **you need ~ no further** no necesita buscar más; **~ *before you leap*** mira lo que haces, mira dónde te metes

Sense II (seem, appear): **he ~s well/ill** tiene buena/mala cara; **she ~s unhappy** parece (que está) triste, se la ve triste (AmL); **don't ~ so shocked** no pongas esa cara de asombro; **he ~s like his father** se parece a su padre; **it ~s like a camel** parece un camello; **he's 60, but ~s 20 years younger** tiene 60 años, pero aparenta 20 menos; **you made me ~ a fool** me hiciste quedar en ridículo; **I wanted to ~ my best** quería estar lo mejor posible; **how does it ~ to you?** ¿a ti qué te parece?; **it ~s like rain** parece que va a llover; **will they stay? — it ~s like it** ¿se quedarán? — parece que sí *or* eso parece; **to ~ as if** *o* **as though: it ~s as though it's healing nicely** parece que está cicatrizando bien; **you ~ as though you could use a drink** me da la impresión de que no te vendría mal un trago; ***to ~ alive*** *o* ***lively*** *o* (BrE also) ***sharp*** (colloq) espabilar (fam)

■ **look** *vt* mirar; **he ~ed me straight in the eye** me miró a los ojos; **to ~ sb up and down** mirar a algn de arriba (a) abajo; **~ where you're going!** ¡mira por dónde vas!; **~ who's here!** ¡mira quién está aquí!

Phrasal verbs

- **look after** [v ▸ prep ▸ o] **1** (care for, protect) ⟨*invalid/child/animal*⟩ cuidar, cuidar de; ⟨*guest/tourist*⟩ atender*; **he's old enough to ~ after himself** ya es grandecito y puede arreglárselas solo; **~ after yourself!** ¡cuídate! **2** (keep watch on) cuidar, vigilar; **will you ~ after Tommy for a minute?** ¿me cuidas a Tommy un momento? **3** (be responsible for) encargarse* *or* ocuparse de
- **look ahead** [v ▸ adv] **1** (in space) mirar hacia adelante **2** (into the future) mirar hacia el futuro
- **look around**

A [v ▸ adv] [v ▸ prep ▸ o] (survey, investigate) mirar; **could we ~ around the house?** ¿podríamos ver la casa?

B [v ▸ adv] (seek) **to ~ around FOR sth** buscar* algo; *see also* **look² A1**

- **look at** [v ▸ prep ▸ o]

A ⟨*person/picture/diagram*⟩ mirar; **he's not much to ~ at** muy atractivo no es; **to ~ at her, you'd think she was really weak** tiene todo el aspecto de una persona débil; **~ at the time!** ¡mira qué hora es!; **~ at me for instance** mírame a mí, por ejemplo; **he said he'd never marry, and ~ at him now!** ¡decía que no se casaría nunca y ahí lo tienes!

B (consider) ⟨*possibilities*⟩ considerar, estudiar; **~ at it from my point of view** míralo *or* considéralo desde mi punto de vista; **the program ~s at university life** el programa enfoca la vida universitaria

C (examine, check) ⟨*patient/arm/graze*⟩ examinar; ⟨*car/valve/pump*⟩ revisar, chequear

- **look back** [v ▸ adv] **1** (in space) mirar (hacia) atrás **2** (into the past): **~ing back, it seems foolish** mirándolo ahora, parece una locura; **the program ~s back over the last 20 years** el programa es una retrospectiva de los últimos veinte años; **they married five weeks later and they've never ~ed back** se casaron cinco semanas después y desde entonces todo ha marchado sobre ruedas
- **look down on** [v ▸ adv ▸ prep ▸ o] (regard with contempt) mirar por encima del hombro a, menospreciar
- **look for** [v ▸ prep ▸ o] (seek, search for) buscar*; **what do you ~ for in a secretary/friend?** ¿qué esperas de una secretaria/un amigo?
- **look forward to** [v ▸ adv ▸ prep ▸ o]: **I'm ~ing forward to tomorrow/my birthday** estoy deseando que llegue mañana/mi cumpleaños; **I'm really ~ing forward to the trip** tengo muchas ganas de hacer el viaje, el viaje me hace mucha ilusión (Esp); **see you on Friday, then — I'll ~ forward to that** lo vemos el viernes, entonces — sí, por supuesto, con mucho gusto; **to ~ forward to -ING: I ~ forward to hearing from you soon** (Corresp) esperando tener pronto noticias suyas; **I'm ~ing forward to meeting him** tengo ganas de conocerlo; **I'm not ~ing forward to having to work with her** la idea de tener que trabajar con ella no me hace ninguna gracia
- **look in** [v ▸ adv] (pay visit): **I just ~ed in to say hello** sólo

pasé a saludar; **I ~ed in at the library** pasé por la biblioteca; **to ~ in ON sb** ir* a ver a algn

- **look into** [v ▸ prep ▸ o] ‹*matter/problem/case*› investigar*; ‹*possibility*› estudiar, considerar
- **look on**

A [v ▸ adv] (watch passively) mirar
B [v ▸ prep ▸ o] (regard) considerar; **they ~ on us as cheap labor** nos consideran mano de obra barata

- **look out**

A [v ▸ adv] **1** (be careful) tener* cuidado; **~ out!** ¡cuidado! **2** (overlook) **to ~ out ON** *o* **OVER sth** ‹‹*window/room*›› dar* A algo
B [v ▸ o ▸ adv, v ▸ adv ▸ o] (search for) (BrE) buscar*

- **look out for** [v ▸ adv ▸ prep ▸ o] **1** (be on the watch for): **~ out for her at the station** fíjate a ver si la ves en la estación; **we were warned to ~ out for thieves** nos advirtieron que tuviéramos cuidado con los ladrones; **common pitfalls to ~ out for** errores comunes de los que hay que cuidarse **2** (protest on behalf of) (AmE) salir* en defensa de
- **look over**

A [v ▸ o ▸ adv, v ▸ adv ▸ o] (examine, check) ‹*work/contract*› revisar, chequear; ‹*house/building*› inspeccionar
B [v ▸ prep ▸ o] (make tour of) ‹*house/factory*› visitar

- **look round** (esp BrE) ▸**look around**
- **look through** **1** [v + o + adv, v + adv + o] (check) ‹*work/sums*› revisar, chequear **2** [v+ prep + o] (peruse) ‹*magazine/book*› echarle* un vistazo a, hojear
- **look to** [v ▸ prep ▸ o] (rely on): **they are ~ing to you for guidance** esperan que tú los guíes
- **look up**

A [v ▸ o ▸ adv, v ▸ adv ▸ o] **1** (try to find) ‹*word*› buscar* (*en el diccionario*) **2** (visit) ‹*person*› ir* a ver
B [v ▸ adv] (improve) mejorar; **things are/business is ~ing up** las cosas/los negocios van mejorando

- **look upon** ▸**look on B**
- **look up to** [v ▸ adv ▸ prep ▸ o] admirar, respetar

look: **~-alike** *n* (colloq) (person) doble *mf*, sosia *mf*; **~-in** *n* (colloq): **if they're taking part, we won't get a ~-in** si ellos toman parte, nosotros no tenemos ni la más remota posibilidad; **she dominated the discussion and no one else got a ~-in** acaparó la palabra y nadie más pudo meter baza *or* abrir la boca (fam)

-looking /ˌlʊkɪŋ/ *suff* (indicating appearance): **a funny~ character** un individuo de aspecto extraño

looking glass *n* (dated) espejo *m*

look: **~out** *n* **1** (watch) (*no pl*): **to be on the ~out for sth/sb** andar* a la caza de algo/algn; (*before n*) **~out post** puesto *m* de observación **2** (person) (Mil) vigía *mf*; **3** (concern) (colloq) problema *m*; **that's your ~out** ése es tu problema; **~-see** /ˈlʊk'siː/ *n* (colloq) (*no pl*) vistazo *m*

loom¹ /luːm/ *n* telar *m*

loom² *vi* **1** (be imminent) avecinarse **2** (look threatening): **the mountain ~ed high above them** la montaña surgió imponente ante ellos **3** (figure) **to ~ large**: **the problem ~ed large in his mind** el problema dominaba sus pensamientos

Phrasal verb

- **loom up** [v ▸ adv]: **a figure ~ed up in the mist** una figura surgió de entre las tinieblas

loony¹, **looney** /ˈluːni/ *adj* **-nier, -niest** (colloq) ‹*person*› chiflado (fam); ‹*idea*› disparatado; **the ~ left** los fanáticos de la izquierda

loony², **looney** *n* (*pl* **-nies**) (colloq) loco, -ca *m,f*, chiflado, -da *m,f* (fam)

loony bin *n* (colloq) loquero *m* (fam), manicomio *m*

loop¹ /luːp/ *n*

A **1** (shape) curva *f*; (in river) meandro *m* **2** (in string, cable) lazada *f* **3** (in sewing) presilla *f* **4** (Aviat): **to loop the ~** rizar* el rizo
B **1** (circuit) circuito *m* cerrado, lazo *m* **2** (Comput) bucle *m*

loop² *vt*: **~ the wool** haz una lazada con la lana; **I ~ed the dog's lead over the post** enganché la correa del perro en el poste

■ **loop** *vi* ‹‹*road*›› serpentear

loophole /ˈluːphəʊl/ *n*: **a legal ~, a ~ in the law** una fisura legal, una laguna jurídica *or* legal (*que se presta a trampas*)

loopy /ˈluːpi/ *adj* **-pier, -piest** (colloq) ‹*idea*› descabellado; ‹*person*› chiflado (fam)

loose¹ /luːs/ *adj* **looser, loosest**

A **1** (not tight) ‹*jacket/blouse*› suelto, holgado, amplio; **these jeans are ~ around the waist** estos vaqueros me quedan flojos de cintura **2** (not secure) ‹*screw/knot*› flojo, suelto; ‹*thread/end*› suelto; **a ~ connection** un mal contacto; **the knot had come ~** el nudo se había aflojado; **the piece had worked (itself) ~** la pieza se había soltado *or* desprendido; **to wear one's hair ~** llevar el pelo suelto; ***to be at a ~ end*** no tener* nada que hacer; ***to tie up the ~ ends*** atar (los) cabos sueltos **3** (separate, not packaged) ‹*cigarettes*› suelto; ‹*tea/lentils*› a granel, suelto; **~ change** calderilla *f*, dinero *m* suelto, sencillo *m* (AmL) **4** (not compact) ‹*earth*› suelto; ‹*weave*› abierto, flojo
B (free) (*pred*) suelto; **a tiger is ~ in the town** un tigre anda suelto por la ciudad; **to break ~** soltarse*; **to let** *o* **set** *o* **turn sb ~** soltar* a algn; **don't go and let him ~ on the new computer** no lo vayas a dejar usar la computadora nueva; ***to be on the ~*** andar* suelto
C **1** (not precise) ‹*definition*› poco preciso; ‹*translation*› libre, aproximado **2** (flexible) ‹*structure*› flexible; ‹*organization*› poco rígido
D **1** (immoral) ‹*morals*› relajado; ‹*life*› disoluto; **a ~ woman** una mujer fácil **2** (indiscreet) ‹*tongue*› suelto; **~ talk is dangerous** la indiscreción es peligrosa

loose² *vt* (liter) **1** ‹*prisoner*› poner* en libertad, soltar*; ‹*horse*› soltar* **2** ‹*arrow*› lanzar*; ‹*violence/wrath*› desatar

Phrasal verb

- **loose off** [v ▸ adv ▸ o] (fire) ‹*gun/bullet*› disparar; ‹*arrow*› lanzar*

loose cannon *n* (colloq) elemento *m* peligroso

loose: **~-fitting** /ˈluːsˈfɪtɪŋ/ *adj* suelto; ‹*clothes*› holgado, amplio; **~-leaf** /ˈluːsˈliːf/ *adj* ‹*binder*› de anillas; **~-limbed** /ˈluːsˈlɪmd/ *adj* ágil

loosely /ˈluːsli/ *adv*

A (not tightly) ‹*tie/bandage*› sin apretar; **the dress fits ~** el vestido no es entallado
B **1** (not precisely) ‹*define*› sin excesivo rigor; ‹*translate*› libremente; **they're ~ connected** tienen una cierta relación **2** (*indep*): **~ speaking** (hablando) en términos generales **3** (flexibly) ‹*structured/organized*› de forma flexible *or* poco rígida

loosen /ˈluːsn̩/ *vt* **1** (partially dislodge) ‹*tooth*› aflojar **2** (make less tight) ‹*collar/knot/bolt*› aflojar, soltar*; **she ~ed her grip on the steering wheel** dejó de apretar con tanta fuerza el volante

■ **loosen** *vi* ‹‹*knot/bolt*›› aflojarse, soltarse*

Phrasal verb

- **loosen up** [v ▸ adv] **1** (physically) entrar en calor **2** (emotionally) relajarse

loot¹ /luːt/ *n* [u] **1** (plunder) botín *m* **2** (money) (sl) guita *f* (arg), lana *f* (AmL fam), pasta *f* (Esp fam)

loot² *vt* ‹*warehouse/store*› saquear; ‹*goods*› robar

■ **loot** *vi* saquear

looter /ˈluːtər || ˈluːtə(r)/ *n* saqueador, -dora *m,f*

looting /ˈluːtɪŋ/ *n* [u] saqueo *m*, pillaje *m*

lop /lɑːp || lɒp/ *vt* **-pp-** **1** ‹*tree*› podar **2** **~ (off)** ‹*branch*› cortar, podar

lope /ləʊp/ *vi* ‹‹*wolf/dog*›› trotar; **he ~d along behind her** la seguía corriendo a paso largo

lopsided /ˈlɑːpˈsaɪdəd || ˌlɒpˈsaɪdɪd/ *adj* **1** (not straight) torcido, chueco (AmL) **2** (asymmetric) ‹*face/smile*› torcido; ‹*shape*› asimétrico **3** (unbalanced) ‹*distribution*› desigual

loquacious /ləʊˈkweɪʃəs || lɒˈkweɪʃəs, lə-/ *adj* (frml) locuaz

lord¹ /lɔːrd || lɔːd/ *n*

A **1** (nobleman) señor *m*, noble *m*; **an English ~** un lord inglés; ▸**live¹** *vi* **B1** **2** **Lord** (in UK) lord *m*; **the (House of) L~s** la cámara de los lores **3** **my L~** (addressing judge) (BrE) (su) señoría; (addressing bishop) Ilustrísima; (to nobleman) milord, señor **4** (in UK titles) **L~ Mayor** *alcalde de ciertos municipios*
B **Lord** **1** (God): **the/our L~** el/nuestro Señor; **the L~'s Prayer** el Padrenuestro **2** (*in interj phrases*): **good L~** ¡Dios bendito!; **oh L~** (colloq) ¡ay, no! (fam)

lord² vt ***to ~ it over sb*** tratar a algn con prepotencia

lordly /ˈlɔːrdli || ˈlɔːdli/ *adj* **-lier, -liest** 1 (superior, arrogant) ‹*manner/bearing*› altanero, arrogante 2 (magnificent) ‹*mansion/estate*› señorial

lordship /ˈlɔːrdʃɪp || ˈlɔːdʃɪp/ *n*: **His/Your L~** (of or to peers, judges) (su) señoría; (of or to bishops) (su) Ilustrísima

lore /lɔːr || lɔː(r)/ *n* [u]: **French peasant ~** las tradiciones rurales francesas

lorry /ˈlɔːri || ˈlɒri/ *n* (*pl* **-ries**) (BrE) camión *m*; (*before n*) **~ driver** camionero, -ra *m,f*

lose /luːz/ *vt* (*past & past p* **lost**)

(Sense I)

A (mislay) perder*; **I've lost my key** he perdido *or* se me ha perdido la llave; **to ~ one's way** perderse*

B (be deprived of) ‹*sight/territory/right*› perder*; **to ~ one's voice** quedarse afónico; **she lost the use of her legs** quedó paralítica

C 1 (fail to keep) ‹*customers/popularity/speed*› perder*; **we are losing our best teachers to industry** los mejores profesores se nos están yendo a trabajar a la industria 2 (rid oneself of) ‹*inhibitions*› perder*; **to ~ weight** adelgazar*, perder* peso

D 1 (shake off) ‹*pursuer*› deshacerse* de 2 (lose sight of) perder* de vista

E (confuse) confundir; **you've lost me there!** no entiendo, no te sigo

F (cause to lose) costar*, hacer* perder; **their hesitation lost them the contract** la falta de decisión les costó *or* les hizo perder el contrato

G 1 (miss) ‹*train/flight/connection*› perder* 2 (let pass) ‹*time/opportunity*› perder*; **my watch ~s three minutes every day** mi reloj (se) atrasa tres minutos por día

(Sense II) (fail to win) ‹*game/battle/election*› perder*

■ **lose** *vi*

A 1 (be beaten) «*team/contestant/party*» perder*; **they're losing 3-1** van perdiendo 3 a 1; **to ~ TO sb** perder* FRENTE A algn 2 **losing** *pres p* ‹*team/party*› perdedor; **to be on the losing side** ser* de los perdedores

B 1 (suffer losses) perder*; **to ~ on a deal** salir* perdiendo en un negocio 2 (be less effective) perder*; **the poem ~s in translation** el poema pierde con la traducción *or* al ser traducido

C «*watch/clock*» atrasar, atrasarse

■ *v refl* **to ~ oneself (in sth)** ensimismarse (en algo)

(Phrasal verb)

• **lose out** [v ▸ adv] salir* perdiendo

loser /ˈluːzər || ˈluːzə(r)/ *n* 1 (in game, contest) perdedor, -dora *m,f*; **he's a good/bad** *o* (AmE also) **sore ~** es buen/mal perdedor; **the biggest ~s will be the farmers** los granjeros serán quienes se verán más perjudicados 2 (habitually) (colloq) fracasado, -da *m,f*, perdedor, -dora *m,f* 3 (sth unsuccessful) (colloq): **to be on a ~** llevar todas las de perder

loss /lɔːs || lɒs/ *n*

A (of possessions, jobs, faculties) pérdida *f*; **the ship sank with the ~ of 21 lives** el naufragio se cobró 21 vidas; **without ~ of life** sin que hubiera que lamentar víctimas *or* sin derramamiento de sangre; **it's their ~** son ellos los que salen perdiendo *or* los que se lo pierden; **they were filled with a keen sense of ~** sintieron un gran vacío; ***to be at a ~***: **I'm at a ~ to know what to do next** no sé qué hacer ahora; **I was at a ~ for words** no supe qué decir

B (Busn, Fin) pérdida *f*; **the company made a huge ~** la compañía sufrió grandes pérdidas; **I made a ~ of $100 on the deal** perdí 100 dólares en el negocio; **to sell sth at a ~** vender algo con pérdida; **we cannot continue trading at a ~** no podemos seguir operando con déficit; ***to be a dead ~*** (colloq): **this typewriter is a dead ~** esta máquina de escribir no sirve para nada *or* (fam) es una porquería; **he's a dead ~ as an organizer** como organizador es un desastre *or* una calamidad; ***to cut one's ~es*** cortar por lo sano; (Fin) reducir* las pérdidas

C 1 (bereavement) (euph) pérdida *f* (euf) 2 **losses** *pl* (deaths) (Mil) bajas *fpl*

loss: **~-adjustor** /əˈdʒʌstər || əˈdʒʌstə(r)/ *n* tasador, -dora *m,f* de pérdidas; **~-making** /ˈlɔːs,meɪkɪŋ || ˈlɒs ,meɪkɪŋ/ *adj* (BrE) deficitario

lost¹ /lɔːst || lɒst/ *past & past p of* **lose**

lost² *adj*

(Sense I)

A (mislaid, missing) perdido; **to get ~** perderse*, extraviarse* (frml); **get ~!** (sl) ¡vete al diablo! (fam), ¡andá a pasear! (RPl fam)

B (dead, destroyed) (euph): **to give sb up for** *o* **as ~** dar* a algn por desaparecido; **to give sth up for** *o* **as ~** dar* algo por perdido

C (wasted) ‹*time*› perdido; ‹*opportunity*› desperdiciado, perdido; **to make up for ~ time** recuperar el tiempo perdido; ***to be ~ on sb***: **these subtleties are ~ on him** se le escapan *or* no sabe apreciar estas sutilezas; **the joke was completely ~ on her** no entendió el chiste

D (*pred*) 1 (confused) perdido; **you're going too fast: I'm ~** vas demasiado rápido y me confundo *or* no te sigo 2 (at a loss) **to be ~ WITHOUT sth/sb** estar* perdido SIN algo/algn; **I was ~ for words** no supe qué decir 3 (absorbed) **to be ~ IN sth** estar* ensimismado EN algo; **~ in thought/meditation** sumido en la reflexión, absorto, ensimismado

(Sense II) (not won) ‹*battle/election*› perdido; **a ~ cause** una causa perdida

lost and found /ˈlɔːstənˈfaʊnd || ˌlɒstənˈfaʊnd/ *n* [u] (AmE) objetos *mpl* perdidos

lost property *n* [u] (esp BrE) objetos *mpl* perdidos

lot /lɑːt || lɒt/ *n*

A (large number, quantity) 1 (*no pl*): **a ~ of wine** mucho vino; **a ~ of people** mucha gente; **a ~ of the play is boring** gran parte de la obra es aburrida; **I've seen a ~ of her recently** la he visto mucho últimamente; **quite a ~ of money** bastante dinero; **what a ~ of books you've got!** ¡cuántos libros tienes!; **what a ~ of fuss over nothing!** ¡tanto lío por una tontería!; ▸**fat¹** C 2 **a ~** (*as adv*) mucho; **I like her a ~** me gusta mucho, me cae muy bien; **a ~ better** mucho mejor; **thanks a ~!** ¡muchas gracias! 3 **lots** *pl* (colloq): **how many seats are there left? — lots** ¿cuántos asientos quedan? — muchos *or* (fam) montones; **~s of people liked it** a mucha gente le gustó

B 1 (group, mass of things) montón *m*, pila *f* 2 (group of people) (colloq): **they're a funny ~** son raros, son gente rara; **come on, you ~!** ¡vamos, ustedes *or* (Esp) vosotros! 3 **the ~** (esp BrE): **they ate the ~** se lo comieron todo (*or* se las comieron todas *etc*); **one more story, then that's your ~!** ¡un cuento más y se acabó!

C (at auction) lote *m*

D 1 (parcel of land) terreno *m*, solar *m*; **film ~** (Cin) plató *m* 2 (AmE) ▸**parking lot**

E 1 (for random choice): **to draw** *o* **cast ~s for sth** echar algo a suertes 2 (fate) suerte *f*; ***to throw in one's ~ with sb*** unirse a algn

loth /ləʊθ/ *adj* ▸**loath**

lotion /ˈləʊʃən/ *n* [c u] loción *f*

lottery /ˈlɑːtəri || ˈlɒtəri/ *n* (*pl* **-ries**) lotería *f*

lotus /ˈləʊtəs/ *n* (*pl* **~es**) loto *m*

loud¹ /laʊd/ *adj* **-er, -est** 1 ‹*noise/scream/applause*› fuerte; **he said it in a ~ voice** lo dijo en voz alta 2 (vigorous) ‹*protests/complaints*› enérgico 3 (ostentatious) ‹*color*› llamativo, chillón 4 ▸**loudmouthed**

loud² *adv* **-er, -est** ‹*speak*› alto; **she laughed (the) ~est of all** fue la que se rió más fuerte; **he always turns the TV up too ~** siempre pone la televisión demasiado alta *or* fuerte; **out ~** en voz alta; **I'm receiving you ~ and clear** (Telec) te recibo perfectamente

loudhailer /ˈlaʊdˈheɪlər || ˌlaʊdˈheɪlə(r)/ *n* (BrE) megáfono *m*

loudly /ˈlaʊdli/ *adv* 1 ‹*shout*› fuerte; ‹*speak*› alto, en voz alta 2 ‹*complain/proclaim*› a voz en grito *or* en cuello

loud: **~mouth** *n* (colloq) gritón, -tona *m,f*, escandaloso, -sa *m,f*; **~mouthed** /ˈlaʊdˈmaʊðd || ˈlaʊdmaʊðd/ *adj* (colloq) gritón

loudness /ˈlaʊdnəs || ˈlaʊdnɪs/ *n* [u] (volume) volumen *m*; (of explosion) estruendo *m*, estrépito *m*

loudspeaker /ˈlaʊdˈspiːkər || ˌlaʊdˈspiːkə(r)/ *n* altavoz *m*, altoparlante *m* (AmL)

Louisiana /luˈiːziˈænə/ *n* Luisiana *f*

lounge¹ /laʊndʒ/ *n* (on ship, in hotel) salón *m*; (in house) (BrE) sala *f* (de estar), living *m* (esp AmS), salón *m* (esp Esp)

lounge² *vi* 1 (laze) **to ~ around** *o* **about** no hacer* nada, holgazanear 2 (loll): **he ~d in his chair** estaba repanti (n)gado *or* (AmL tb) repatingado en su sillón

lounge: **~ bar** *n* salón-bar *m*; **~ suit** *n* (BrE) traje *m* (de calle)

louse /laʊs/ *n* (1) (*pl* **lice**) (Zool) piojo *m* (2) (*pl* **~s**) (person) (colloq) canalla *mf*

Phrasal verb

- **louse up** /laʊs, laʊz/ [v ▸ o ▸ adv, v ▸ adv ▸ o] (AmE colloq) estropear, fastidiar (fam)

lousy /ˈlaʊzi/ *adj* **-sier, -siest**

A (bad) (colloq) ‹*food/weather*› asqueroso (fam); **a ~ movie/party** una película/fiesta malísima; **we had a ~ time** lo pasamos pésimo *or* (Esp tb) fatal (fam); **I'm feeling ~ today** hoy me siento pésimo, hoy estoy fatal (Esp fam); **I got a ~ $50** me saqué 50 cochinos dólares (fam)

B (infested with lice) lleno *or* plagado de piojos

lout /laʊt/ *n* patán *m* (fam), gandalla *m* (Méx fam), jallán *m* (AmC)

louver, (BrE) **louvre** /ˈluːvər ‖ ˈluːvə(r)/ *n* lama *f*, listón *m* (*de persiana*); (*before n*) ‹*door/window*› de lamas, tipo persiana

lovable /ˈlʌvəbəl/ *adj* adorable, amoroso (AmL)

love[1] /lʌv/ *n*

A (1) (affection, emotional attachment) amor *m*; **their ~ for each other** el amor *or* el cariño que se tenían; **to feel ~ for sb** sentir* cariño *or* amor por algn; **to fall/be in ~ with sb/sth** enamorarse/estar* enamorado de algn/algo; **to make ~ to sb** (sexually) hacer* el amor con algn; (flirt) (dated) hacer(le)* el amor *or* la corte (a algn) (ant); **a ~-hate relationship** una relación de amor y odio; ***not for ~ or*** *o* (esp BrE) ***nor money*** por nada del mundo; ***there's no ~ lost between them*** no se pueden ver; **~ bite** mordisco *m or* (CS fam) chupón *m or* (Méx fam) chupete *m*; (2) (enthusiasm, interest) **~ OF sth** amor *m* A *or* POR algo; **her ~ of reading** su amor a *or* por la lectura, su afición por la lectura

B (1) (greetings, regards): **give my ~ to your parents** (dale) recuerdos a tus padres (de mi parte), cariños a tus padres (AmL) (2) (in letters) **~ from John** *o* **~, John** un abrazo, John *or* (AmL tb) cariños, John; **lots of ~, John** un apretado abrazo, John; **all my ~, John** con todo mi cariño, John

C (1) (person loved) amor *m* (2) (thing loved) pasión *f*; **the theater remained her first ~** el teatro siguió siendo su gran pasión

D (colloq) (*as form of address*) (1) (to loved one) cariño, cielo; **don't cry, my ~** no llores, mi vida *or* mi amor (2) (BrE) (to older woman) señora; (to younger woman) señorita, guapa (Esp); (to older man) señor; (to younger man) joven, guapo (Esp)

E (in tennis) cero *m*

love[2] *vt* (1) (care for) querer*, amar (liter); **children need to be ~d** los niños necesitan cariño (2) (like) **to ~ sth/-ING/to + INF**: **I ~ music/reading/to get presents** me encanta la música/leer/recibir regalos; **I'd ~ a cup of tea** una taza de té me vendría de maravilla; **I'd ~ to come** me encantaría ir, me gustaría muchísimo ir

loveable *adj* ▸ **lovable**

love: **~ affair** *n* aventura *f*, amoríos *mpl* (pey); **~birds** *pl n* (lovers) (colloq) tórtolos *mpl* (fam), tortolitos *mpl* (fam); **~ child** *n* hijo, -ja *m,f* natural

loved one /lʌvd/ *n* ser *m* querido

loveless /ˈlʌvləs ‖ ˈlʌvlɪs/ *adj* sin amor

love life *n* [u] vida *f* amorosa *or* sentimental

lovelorn /ˈlʌvlɔːrn ‖ ˈlʌvlɔːn/ *adj* (liter *or* hum) perdidamente enamorado

lovely /ˈlʌvli/ *adj* **-lier, liest** (1) (very nice) ‹*face/hair/voice/figure*› precioso, bonito, lindo (esp AmL); ‹*person/nature*› encantador, amoroso (AmL); ‹*soup/ice cream/meal/taste*› (BrE) riquísimo, buenísimo; **the weather was ~** hacía un tiempo buenísimo *or* precioso; **we had a ~ time** lo pasamos estupendo *or* muy bien; **it was ~ to see them again** fue un gran placer volver a verlos; **what's a ~ surprise!** ¡que sorpresa más grande! (2) (*as intensifier*) (esp BrE): **it was ~ and warm by the fire** se estaba muy calentito *or* a gusto junto al fuego

love: **~making** *n* [u] relaciones *fpl* sexuales; **~ match** *n* matrimonio *m* por amor; **~ nest** *n* (esp BrE journ) nidito *m* de amor

lover /ˈlʌvər ‖ ˈlʌvə(r)/ *n*

A (partner in love) amante *mf*

B (fan) **~ OF sth** amante *mf* DE algo; **music-~s** los aficionados a *or* los amantes de la música

lovesick /ˈlʌvsɪk/ *adj* enfermo de amor

lovey-dovey /ˈlʌviˈdʌvi/ *adj* (colloq & pej) acaramelado (fam & pey)

loving /ˈlʌvɪŋ/ *adj* ‹*person/disposition*› cariñoso, afectuoso; **with ~ care** con tierno cuidado; **from your ~ son, Henry** (in letters) de tu hijo que te quiere, Henry

lovingly /ˈlʌvɪŋli/ *adv* ‹*gaze/whisper*› tiernamente, cariñosamente; ‹*handwritten/prepared*› con amor *or* cariño; ‹*restored*› con el mayor cuidado

low[1] /ləʊ/ *adj* **-er, -est**

A (in height) bajo; **to fly at ~ altitude** volar* bajo *or* a poca altura; **the dress had a very ~ back** el vestido era muy escotado por la espalda; **he gave a ~ bow** hizo una profunda reverencia; **a ~ point in his career** un momento bajo en su carrera

B (1) (in volume) ‹*voice*› bajo, quedo; ‹*sound/whisper*› débil, quedo; **turn the radio down ~** bájale al radio (AmL exc CS), baja la radio (CS, Esp) (2) (in pitch) ‹*key/note/pitch*› grave, bajo

C (in intensity, amount, quality) ‹*pressure/temperature*› bajo; ‹*wages/prices*› bajo; ‹*proportion*› pequeño; ‹*standard/quality*› bajo, malo; ‹*number/card*› bajo; **cook on a ~ flame** *o* **heat** cocinar a fuego lento; **student numbers fell as ~ as five** el número de estudiantes bajó a tan sólo cinco; **attendance has been ~ lately** últimamente no ha habido muchos asistentes; **the temperature was in the ~ sixties** la temperatura apenas pasaba de 60° Fahrenheit; **he has a ~ opinion of doctors** no tiene muy buena opinión de los médicos

D (in short supply): **supplies are ~** los suministros escasean *or* están empezando a faltar; **stocks are running ~** se están agotando las existencias; **to be ~ ON sth**: **we're rather ~ on milk** tenemos *or* nos queda poca leche

E (in health, spirits): **to feel ~** (physically) sentirse* débil; (emotionally) estar* deprimido; **to be in ~ spirits** estar* bajo de moral *or* con la moral baja

F (1) (humble) (liter) bajo, humilde; **of ~ birth** de humilde cuna (liter); **the ~est of the ~** lo más bajo (2) (despicable) bajo, mezquino; **a ~ trick** una mala jugada, una mala pasada

low[2] *adv* **-er, -est**

A bajo; **to fly ~** volar* bajo *or* a poca altura; **to bow ~** hacer* una profunda reverencia; **get down ~er if you don't want them to see you** agáchate más si no quieres que te vean; **put the shelf ~er down** coloca el estante más abajo; **he rates ~ in my estimation** no lo tengo en gran estima; **I wouldn't sink** *o* **stoop so ~ as to do that** no me rebajaría a hacer una cosa así, nunca caería tan bajo

B (1) (softly, quietly) bajo (2) (in pitch) bajo

low[3] *n* (1) (low point) punto *m* más bajo; **the peso has dropped to a new (record) ~ against the dollar** la cotización del peso ha alcanzado un nuevo mínimo (histórico) con respecto al dólar; **relations between the two countries are at an all-time ~** las relaciones entre los dos países nunca han sido peores (2) (Meteo) zona *f* de bajas presiones

low[4] *vi* mugir*

low- /ˈləʊ/ *pref*: **~priced** de bajo precio; **~income** de bajos ingresos; **~tension** de baja tensión

low: **~ beam** *n* luces *fpl* de cruce, luces *fpl* cortas *or* (Chi) bajas; **keep the headlights on ~ beam** deja puestas las luces de cruce (*or* cortas *etc*); **~brow** *adj* ‹*tastes/person*› poco intelectual; ‹*culture/writer*› popular; **~-budget** /ˈləʊˈbʌdʒət ‖ ˌləʊˈbʌdʒɪt/ *adj* ‹*production*› barato; ‹*traveler/tourist*› con un presupuesto limitado; **~-calorie** /ˈləʊˈkæləri/ *adj* bajo en calorías; **~-class** /ˈləʊˈklæs ‖ ˌləʊˈklɑːs/ *adj* ‹*place*› de mala muerte (fam); ‹*clientele*› de poca categoría; **~ Countries** *pl n* **the L~ Countries** los Países Bajos; **~-cut** /ˈləʊˈkʌt/ *adj* escotado; **~down** *n* [u] (colloq): **to give sb the ~down (on sth)** poner* a algn al tanto (de algo); **~-down** /ˈləʊˈdaʊn/ *adj* (colloq & pej) (*before n*): **that was a ~-down thing to do** ¡qué cochinada *or* marranada! (fam)

lower[1] /ˈləʊər ‖ ˈləʊə(r)/ *adj*

A *comp of* **low**[1,2]

B (*before n*) (1) (spatially, numerically) ‹*jaw/lip*› inferior; **~ age limit** edad *f* mínima (2) (in rank, importance) ‹*rank/echelons*› inferior, más bajo; **the ~ chamber/L~ House** la cámara

baja 3▸ ‹*mammals/apes/life-forms*› inferior
C (Geog) bajo; **the ~ reaches of the Nile** el curso bajo del Nilo; **~ Manhattan** el sur de Manhattan

lower² /'ləʊər || 'ləʊə(r)/ *vt*
A (let down) ‹*blind/ceiling*› bajar; ‹*flag/sail*› bajar, arriar*; **to ~ the lifeboats** echar al agua los botes salvavidas; **he ~ed himself into his chair** se sentó en el sillón; **to ~ one's eyes** bajar la vista *or* los ojos
B (reduce, diminish) ‹*temperature/volume/price*› bajar; **~ your voice** baja la voz; **to ~ sb's morale** bajarle la moral a algn, desmoralizar* a algn; **it ~ed his resistance to disease** le minó *or* le disminuyó las defensas
■ *v refl* **to ~ oneself** rebajarse
■ **lower** *vi* «*prices/standards/temperature*» bajar

lower³ /'laʊr || 'laʊə(r)/ *vi* (liter) 1▸ (darken) «*sky*» encapotarse 2▸ (frown) fruncir* el ceño 3▸ **lowering** *pres p* ‹*sky*› encapotado; ‹*expression/look*› ceñudo

lower: **~-case** /'ləʊer'keɪs || ˌləʊə'keɪs/ *adj* ‹*word*› en minúsculas; **~-case letter** (letra *f*) minúscula *f*; **~-class** /'ləʊər'klæs || ˌləʊə'klɑːs/ *adj* de clase baja

lowest common denominator *n* (Math) mínimo común denominador *m*; **a series aimed at the ~ ~ ~** una serie dirigida al público de nivel más bajo

low: **~-fat** /'ləʊ'fæt/ *adj* bajo en grasas; **~-flying** /'ləʊ 'flaɪɪŋ/ *adj* ‹*aircraft*› que vuela bajo *or* a poca altura; **~-grade** /'ləʊ'greɪd/ *adj* ‹*oil*› de baja calidad; ‹*ore*› pobre; **~-key** /'ləʊ'kiː/, **~-keyed** /-d/ *adj* ‹*speech/tone*› mesurado, medido; ‹*ceremony*› sencillo, discreto; **~land** /'ləʊlənd/ *adj* (*before n*) de las tierras bajas; (in tropical countries) de tierra caliente; **~lands** /'ləʊləndz/ *pl n* tierras *fpl* bajas; (in tropical countries) tierras *fpl* calientes; **~-level** /'ləʊ'levəl/ *adj* 1▸ ‹*talks*› a bajo nivel 2▸ ‹*radiation*› de baja intensidad 3▸ (Comput): **~-level language** lenguaje *m* de bajo nivel; **~life** *n* (colloq) 1▸ [u] (people, environment) bajos fondos *mpl* 2▸ [c] (*pl* **~s**) (person) (AmE) delincuente *mf*; **~lights** /'ləʊlaɪts/ *pl n* (in hair) reflejos *mpl* oscuros, mechas *fpl or* (RPl) mechitas *fpl* oscuras, rayitos *mpl* oscuros (Chi); (colloq) (disappointing aspect) lo menos destacado

lowly /'ləʊli/ *adj* **-lier, -liest** humilde

low: **~-lying** /'ləʊ'laɪɪŋ/ *adj* bajo; **~-necked** /'ləʊ'nekt/ *adj* escotado; **~-paid** /'ləʊ'peɪd/ *adj* mal remunerado, mal pagado; **~-pitched** /'ləʊ'pɪtʃt/ *adj* ‹*note/voice*› grave; **~-pressure** /'ləʊ'preʃər || ˌləʊ 'preʃə(r)/ *adj* (*before n*) 1▸ (Tech) de baja presión 2▸ (Meteo) ‹*area*› de bajas presiones; **~-profile** /'ləʊ'prəʊfaɪl/ *adj* poco prominente; **they kept the meeting ~-profile** le dieron poca publicidad a la reunión; **~-ranking** /'ləʊ 'ræŋkɪŋ/ *adj* ‹*officer*› de baja graduación; ‹*official*› subalterno; **~-rise** /'ləʊ'raɪz/ *adj* de poca altura; **~-risk** /'ləʊ'rɪsk/ *adj* ‹*business/occupation*› poco arriesgado; ‹*operation/investment*› de poco *or* bajo riesgo; **~ season** *n* [u] (BrE) temporada *f* baja; **~-tech** /'ləʊ'tek/ *adj* (*before n*) de baja tecnología; **~-water mark** *n* línea *f* de bajamar

lox /lɑːks || lɒks/ *n* [u] (AmE) salmón *m* ahumado

loyal /'lɔɪəl/ *adj* ‹*follower/friend*› fiel, leal; ‹*customer*› fiel; **to be ~ TO sth** ‹*to the state/party*› ser* leal A algo; ‹*to one's ideals/principles*› ser* fiel A algo; **he is ~ to his friends** es un amigo leal *or* fiel

loyalist /'lɔɪələst || 'lɔɪəlɪst/ *n* partidario, -ria *m,f* del régimen; **L~** (in US history) *colono leal a la corona británica durante la guerra de independencia*; (in N Ireland) unionista *mf*; (in Spain) republicano, -na *m,f*

loyalty /'lɔɪəlti/ *n* (*pl* **-ties**) 1▸ [u] (quality, state) lealtad *f* 2▸ (allegiance) (*often pl*) **~ TO sb/sth** lealtad *f* A algn/algo; **divided loyalties** conflicto de lealtades

loyalty card *n* (BrE) tarjeta *f* de fidelidad

lozenge /'lɑːzṇdʒ || 'lɒzɪndʒ/ *n* (Med) pastilla *f*

LP *n* (**= long-playing record**) LP *m*, elepé *m*

L-plate /'elpleɪt/ *n* (in UK) placa *f* de la L *or* de prácticas (*placa que se debe exhibir en el coche cuando se aprende a conducir*)

LSD *n* (**= lysergic acid diethylamide**) LSD *m*

L-shaped /'elʃeɪpt/ *adj* en forma de L

LST (in US) **= Local Standard Time**

Lt = Lieutenant

Ltd (**= Limited**) Ltda., S.A.

lubricant /'luːbrɪkənt/ *n* [u c] lubricante *m*

lubricate /'luːbrɪkeɪt/ *vt* lubricar*

lubrication /ˌluːbrɪ'keɪʃən/ *n* [u] lubricación *f*

lucid /'luːsəd || 'luːsɪd/ *adj* lúcido

lucidity /luː'sɪdəti/ *n* [u] lucidez *f*

Lucifer /'luːsəfər || 'luːsɪfə(r)/ *n* Lucifer

luck /lʌk/ *n* [u] suerte *f*; **you never know your ~** a lo mejor tienes suerte; **knowing my ~ ...** con la (mala) suerte que tengo ...; **good/bad ~** buena/mala suerte; **to wish sb (good) ~** desearle (buena) suerte a algn; **good ~!** ¡(buena) suerte!; **best of ~!** ¡mucha suerte!, te deseo la mejor de las suertes; **bad** *o* **hard ~!** ¡mala suerte!; **better ~ next time** otra vez será; **it's bad ~ to break a mirror** romper un espejo trae mala suerte; **to have the good/bad ~ to + INF** tener* la (buena)/mala suerte DE + INF; **a piece** *o* **stroke of ~** un golpe de suerte; **if our ~ holds** si seguimos con suerte; **with any/a bit of ~** con un poco de suerte; **to be in/out of ~** estar*/no estar* de suerte; **still working there? — yes, worse ~** (colloq) ¿todavía trabajas ahí? — sí, ¡qué le vamos a hacer!; **did you get a taxi? — no such ~** ¿conseguiste un taxi? — ¡qué va!; ***as ~ would have it ...*** quiso la suerte que (+ *subj*); ***it's the ~ of the draw*** es cuestión de suerte; ***to be down on one's ~*** estar* de mala racha; ***to have the ~ of the devil*** *o* ***the devil's own ~*** tener* mucha suerte, ser* muy suertudo (AmL fam); ***to push one's ~*** desafiar* a la suerte; ***to try one's ~*** probar* suerte

luckily /'lʌkəli || 'lʌkɪli/ *adv* (*indep*) por suerte, afortunadamente

luckless /'lʌkləs || 'lʌklɪs/ *adj* desafortunado

lucky /'lʌki/ *adj* **luckier, luckiest** 1▸ ‹*person*› con suerte, afortunado, suertudo (AmL fam); **he was born ~** nació con suerte; **if we're ~ ...** si tenemos suerte ..., con un poco de suerte ...; **you can think yourself ~ I didn't tell her** puedes darte por contento de que no se lo dijera; **to be ~ to + INF: he's ~ to be alive** tuvo suerte de no matarse; **you'll be ~ to find him there** me extrañaría que lo encontraras allí; **~ you/him!** (colloq) ¡qué suerte (tienes/tiene)!; **borrow my car? you should be so ~** *o* (BrE) **you'll be ~** (colloq) ¿que te preste el coche? ¡ni soñarlo! *or* ¡ni lo sueñes! (fam); **a pay increase? I should be so ~** (colloq) ¿un aumento de sueldo? ¡qué más quisiera (yo)! (fam); **third time ~** la tercera es la vencida 2▸ (fortuitous): **it was just a ~ guess** acertó (*or* acerté *etc*) por pura casualidad; **he had a ~ escape** se salvó de milagro; **a ~ break** un golpe de suerte; **it was ~ (that) you were there** fue una suerte que estuvieras ahí 3▸ (bringing luck): **~ charm** amuleto *m* (de la suerte); **seven is my ~ number** el siete es mi número de la suerte; **it's my ~ day** hoy estoy de suerte

lucky dip *n* (BrE) ≈ pesca *f* milagrosa

lucrative /'luːkrətɪv/ *adj* lucrativo

lucre /'luːkər || 'luːkə(r)/ *n* [u] (profit) lucro *m*; ***filthy ~*** (hum) dinero cochino

Luddite /'lʌdaɪt/ *n* 1▸ (Hist) ludita *m* 2▸ (opponent of new technology) ludita *mf*

ludicrous /'luːdɪkrəs/ *adj* ridículo, absurdo

ludo /'luːdəʊ/ *n* [u] (in UK) ludo *m or* (Esp, Méx) parchís *m*

lug /lʌg/ *vt* **-gg-** (colloq) arrastrar; **I've been ~ging this box around all day** llevo todo el día con esta caja a cuestas

luggage /'lʌgɪdʒ/ *n* [u] equipaje *m*

luggage: **~ checkroom** /'tʃekruːm, -rʊm/ *n* (AmE) consigna *f* (de equipajes); **~ rack** *n* 1▸ (Rail) rejilla *f* (portaequipajes) 2▸ (Auto) baca *f*, portaequipajes *m*, parrilla *f* (Andes)

lugubrious /lʊ'guːbriəs/ *adj* lúgubre

Luke /luːk/ *n* (Bib) (San) Lucas

lukewarm /'luːk'wɔːrm || ˌluːk'wɔːm/ *adj* 1▸ ‹*water/milk*› tibio 2▸ ‹*support/reaction*› poco entusiasta

lull¹ /lʌl/ *vt* 1▸ ‹*baby*›: **to ~ a baby to sleep** arrullar *or* mecer* a un niño hasta dormirlo; **the gentle rocking of the boat ~ed me to sleep** me dormí arrullado por el suave balanceo de la barca 2▸ ‹*fears*› calmar; ‹*suspicions*› desvanecer, ahuyentar 3▸ (deceive): **we were ~ed into a false sense of security** nos confiamos demasiado

lull² *n* (in activity) período *m* de calma; (in fighting) tregua *f*; (in conversation) pausa *f*, paréntesis *m*; ***the ~ before the storm*** la calma que precede a la tormenta

lullaby /'lʌləbaɪ/ *n* (*pl* **-bies**) canción *f* de cuna, nana *f*

lumbago /lʌm'beɪgəʊ/ *n* [u] lumbago *m*

lumbar /'lʌmbər || 'lʌmbə(r)/ *adj* lumbar

lumber[1] /ˈlʌmbər || ˈlʌmbə(r)/ *n* [u] **1** (timber) (AmE) madera *f*; (*before n*) ‹*trade/company*› maderero; **~ mill** aserradero *m or* (Col, Ec) aserrío *m* **2** (junk) cachivaches *mpl*, trastos *mpl* viejos

lumber[2] *vt*

A (burden) (colloq) **to ~ sb WITH sth** enjaretarle *or* endilgarle* algo A algn (fam); **I got ~ed with the job** me enjaretaron *or* me endilgaron el trabajo a mí (fam)

B (chop down) (AmE) talar

■ **lumber** *vi*

A **1** (move awkwardly) avanzar* pesadamente **2** **lumbering** *pres p* ‹*gait/step/footsteps*› torpe, pesado

B (cut timber) (AmE) aserrar*

lumber: **~jack** *n* leñador *m*; **~jacket** *n* chaquetón *m or* chamarra *f* de leñador (*a cuadros*); **~yard** *n* (AmE) almacén *m* de maderas, barraca *f* (CS)

luminous /ˈlu:mənəs || ˈlu:mɪnəs/ *adj* luminoso

lump[1] /lʌmp/ *n*

A (swelling, protuberance) bulto *m*; (as result of knock, blow to head) chichón *m*; ***a ~ in one's throat*** un nudo en la garganta

B **1** (piece — of coal, iron, clay, cheese) trozo *m*, pedazo *m*; (— of sugar) terrón *m*; **there were ~s in the sauce** había grumos en la salsa **2** (whole, total): **in one ~** de una vez, de golpe (fam)

lump[2] *vt* **1** (put up with) (colloq): ***to ~ it*** aguantarse (fam); **if you don't like it, (you can) ~ it** si no te gusta, te aguantas **2** (place together): **to ~ sth together**: **you can ~ all those items together under one heading** todo eso puede ir junto *or* agruparse bajo el mismo epígrafe; **they can't all be ~ed together as reactionaries** no se puede tachar a todos indiscriminadamente de reaccionarios

lump sum *n* cantidad *f or* suma *f* global (*que se paga o recibe para saldar totalmente una obligación*)

lumpy /ˈlʌmpi/ *adj* **-pier, -piest** **1** ‹*sauce*› lleno de grumos **2** ‹*mattress/cushion*› lleno de bultos

lunacy /ˈlu:nəsi/ *n* (*pl* **-cies**) locura *f*; **an act of ~** una locura

lunar /ˈlu:nər || ˈlu:nə(r)/ *adj* (Aerosp, Astron) lunar; **~ landing** alunizaje *m*

lunatic[1] /ˈlu:nətɪk/ *n* loco, -ca *m,f*

lunatic[2] *adj* ‹*idea/scheme*› alocado, disparatado; **the ~ fringe** el sector más fanático

lunatic asylum *n* manicomio *m*

lunch[1] /lʌntʃ/ *n* [u c] almuerzo *m*, comida *f* (esp Esp, Méx); **to have ~** almorzar*, comer (esp Esp, Méx)

lunch[2] *vi* (frml) almorzar*, comer (esp Esp, Méx)

lunchbox /ˈlʌntʃbɑ:ks || ˈlʌntʃbɒks/ *n* lonchera *f* (AmL), fiambrera *f* (Esp)

luncheon /ˈlʌntʃən/ *n* (frml) almuerzo *m*; (*before n*) **~ party** lunch *m*

luncheon: **~ meat** *n* [u] *tipo de fiambre de cerdo*; **~ voucher**, **~ Voucher**® *n* (BrE) cheque-comida *m*, ticket *m* restaurant

lunch: **~room** *n* (AmE) comedor *m*, refectorio *m*; **~time** *n* hora *f* de almorzar *or* del almuerzo, hora *f* de comer *or* de la comida (esp Esp, Méx); (*before n*) ‹*concert/program*› de mediodía

lung /lʌŋ/ *n* (*often pl*) pulmón *m*; (*before n*) ‹*disease*› pulmonar; **~ cancer** cáncer *m* de pulmón

lunge[1] /lʌndʒ/ *vi* embestir*; (in fencing) atacar*, entrar a fondo; **to ~ AT sb/sth** arremeter CONTRA algn/algo

lunge[2] *n* arremetida *f*; (in fencing) estocada *f*, entrada *f* a fondo; **he made a ~ toward the door** se lanzó hacia la puerta

lupine, (BrE) **lupin** /ˈlu:pən || ˈlu:pɪn/ *n* altramuz *m*, lupino *m*

lurch[1] /lɜ:rtʃ || lɜ:tʃ/ *vi* ‹‹*vehicle*›› dar* bandazos *or* sacudidas; ‹‹*person*›› tambalearse; **the train ~ed to a halt** el tren dio una sacudida y se paró

lurch[2] *n* bandazo *m*, sacudida *f*; **to give a ~** dar* un bandazo *or* una sacudida; ***to leave sb in the ~*** (colloq) dejar a algn plantado

lure[1] /lʊr || ljʊə(r), lʊə(r)/ *vt* atraer*; **he was ~d by the offer of a higher salary** lo atrajeron ofreciéndole un sueldo más alto; **it was easily ~d into the trap** fue fácil hacer que cayera en la trampa

lure[2] *n* **1** [c u] (attraction) atractivo *m* **2** [c] (enticement, bait) señuelo *m*, aliciente *m*

lurid /ˈlʊrəd || ˈlʊərɪd/ *adj* **1** (sensational) ‹*details/tale*› escabroso, morboso; ‹*imagination*› morboso **2** (garish) ‹*color/garment*› chillón, charro (AmL fam) **3** (glowing) ‹*sky/sunset*› refulgente

lurk /lɜ:rk || lɜ:k/ *vi* **1** ‹‹*thief*›› merodear, acechar; **to ~ around** *o* **about** merodear **2** (be hidden): **any ~ing doubts were soon allayed** pronto se disiparon las dudas que aún quedaban

luscious /ˈlʌʃəs/ *adj* **1** ‹*girl*› seductor **2** ‹*scent/sweetness*› exquisito, delicioso; **ripe, ~ grapes** maduras y suculentas uvas

lush[1] /lʌʃ/ *adj* **-er, -est** **1** ‹*vegetation*› exuberante, lozano **2** ‹*surroundings/upholstery*› suntuoso

lush[2] *n* (sl) borrachín, -china *m,f* (fam)

lust[1] /lʌst/ *n* **1** [u] (sexual) lujuria *f*, concupiscencia *f* **2** [c] (craving) deseo *m*; **~ FOR sth** ‹*for power/vengeance/adventure*› ansia *f*‡ *or* (liter) sed *f* DE algo

lust[2] *vi* **to ~ AFTER sb** desear a algn; **to ~ AFTER sth** codiciar algo; **to ~ FOR sth** ambicionar algo

luster, (BrE) **lustre** /ˈlʌstər || ˈlʌstə(r)/ *n* [u] (gloss, sheen) (liter) lustre *m*, brillo *m*

lustful /ˈlʌstfəl/ *adj* lujurioso, concupiscente

lustily /ˈlʌstəli || ˈlʌstɪli/ *adv* ‹*cheer*› animadamente; ‹*cry*› con mucha energía

lustre /ˈlʌstər || ˈlʌstə(r)/ *n* (BrE) ▸ **luster**

lustrous /ˈlʌstrəs/ *adj* (liter) ‹*hair*› brillante, brilloso (AmL); ‹*eyes*› luminoso, brillante

lusty /ˈlʌsti/ *adj* **-tier, tiest** ‹*person*› sano, lozano; **he has a ~ appetite** tiene muy buen apetito

lute /lu:t/ *n* laúd *m*

Lutheran /ˈlu:θərən/ *adj* luterano

Luxembourg, Luxemburg /ˈlʌksəmbɜ:rg || ˈlʌksəm bɜ:g/ *n* Luxemburgo *m*

luxuriant /lʌgˈʒʊriənt || lʌgˈzjʊəriənt/ *adj* ‹*vegetation/growth*› exuberante; ‹*hair*› hermoso y abundante

luxuriate /lʌgˈʒʊrieɪt || lʌgˈzjʊərieɪt/ *vi* (revel) **to ~ IN sth** deleitarse CON algo

luxurious /lʌgˈʒʊriəs || lʌgˈzjʊəriəs/ *adj* ‹*home/surroundings*› lujoso

luxuriously /lʌgˈʒʊriəsli || lʌgˈzjʊəriəsli/ *adv* lujosamente

luxury /ˈlʌkʃəri/ *n* (*pl* **-ries**) **1** [u] (indulgence) lujo *m*; **a life of ~** una vida de lujos; **to live in ~** vivir rodeado de lujos; (*before n*) ‹*car/hotel*› de lujo; **~ goods** (Busn) artículos *mpl* suntuarios *or* de lujo **2** [c] (item) lujo *m*

lychee /ˈlaɪtʃi || ˈlaɪtʃi:, ˌlaɪˈtʃi:/ *n* lichi *m*

lying[1] /ˈlaɪɪŋ/ *n* [u] mentiras *fpl*

lying[2] *adj* (*before n*) mentiroso

lymph /lɪmf/ *n* [u] linfa *f*; (*before n*) **~ gland** glándula *f* linfática

lymphoma /lɪmˈfəʊmə/ *n* (*pl* **-mas** *or* **-mata** /-mətə/) linfoma *f*

lynch /lɪntʃ/ *vt* linchar

lynching /ˈlɪntʃɪŋ/ *n* linchamiento *m*

lynx /lɪŋks/ *n* (*pl* **~es** *or* **~**) lince *m*

lyre /ˈlaɪr || ˈlaɪə(r)/ *n* lira *f*

lyric[1] /ˈlɪrɪk/ *n* **1** (poem) poema *m* lírico **2** **lyrics** *pl n* (Mus) letra *f*

lyric[2] *adj* lírico

lyrical /ˈlɪrɪkəl/ *adj* (Lit) lleno de lirismo; ***to wax ~ about sth/sb*** (hum) poner* algo/a algn por las nubes

lyricist /ˈlɪrəsəst || ˈlɪrɪsɪst/ *n* (Mus) letrista *mf*

M, m /em/ *n* M, m *f*

m 1 (= **million(s)**) m 2 (= **meter(s)** *o* (BrE) **metre(s)**) m 3 (= **male**) de sexo masculino 4 (Ling) (= **masculine**) m 5 (= **married**) casóse con

M 1 (Clothing) (= **medium**) M, talla *f* mediana *or* (RPl) talle *m* mediano 2 (in UK) (Transp) (= **motorway**) *indicador de autopista*

ma /mɑː/ *n* (colloq) mamá *f*

MA /'em'eɪ/ *n* 1 = **Master of Arts** 2 = **Massachusetts**

ma'am /mæm/ *n* (*as form of address*) señora; (to a younger woman) señorita; (to royalty) Majestad

mac /mæk/ *n* (colloq)
A *also* **Mac** (AmE colloq) (*as form of address*) amigo (fam)
B (raincoat) (BrE) impermeable *m*

Mac® /mæk/ *n* (Comput) Mac® *m or* (Esp) *f* (fam)

macabre /mə'kɑːbrə/ *adj* macabro

macadamia (nut) /'mækə'deɪmiə/ *n* macadamia *f*

macaroni /'mækə'rəʊni/ *n* [u] macarrones *mpl*; **~ and cheese** (AmE), **~ cheese** (BrE) macarrones *mpl* gratinados *or* al gratín

macaroon /'mækə'ruːn/ *n* macarrón *m*

macaw /mə'kɔː/ *n* guacamayo *m*, ara *m*

mace /meɪs/ *n*
A (Art, Hist, Mil) maza *f*
B (Culin) macis *f*, macia *f*
C **Mace**® (tear gas) (AmE) *gas para defensa personal*

Macedonia /'mæsə'dəʊniə || ˌmæsɪ'dəʊniə/ *n* Macedonia *f*

Mach /mɑːk, mæk/ *adj*: **~ 3** 3 Mach; **~ number** Mach *m*

machete /mə'ʃeti, mə'tʃeti/ *n* machete *m*

Machiavellian, (BrE also) **Machiavelian** /'mækiə'veliən/ *adj* maquiavélico

machinations /'mækə'neɪʃənz, 'mæʃ- || ˌmækɪ'neɪʃənz, 'mæʃ-/ *pl n* (liter) maquinaciones *fpl*, intrigas *fpl*

machine¹ /mə'ʃiːn/ *n* máquina *f*; **~ made** hecho a máquina; (*washing* **~**) lavadora *f*, máquina *f* (de lavar), lavarropas *m* (RPl); **I got $20 out of the ~** saqué 20 dólares del cajero (automático); **the party ~** (Pol) el aparato del partido; (*before n*) **~ operator** operario, -ria *m,f*

machine² *vt* 1 (Tech) ‹*metal/edge*› trabajar a máquina; (on lathe) tornear 2 (sewing) coser a máquina

machine: **~ code** *n* [u] (Comput) código *m* máquina; **~ gun** *n* ametralladora *f*; **~-readable** /mə'ʃiːn'riːdəbəl/ *adj* legible por máquina

machinery /mə'ʃiːnəri/ *n* [u] (machines) maquinaria *f*; (working parts) mecanismo *m*; **the ~ of government** la maquinaria de gobierno

machine: **~ tool** *n* máquina *f* herramienta; **~ translation** *n* [u] traducción *f* automática; **~-washable** /mə'ʃiːn'wɔːʃəbəl/ *adj* lavable a máquina

machinist /mə'ʃiːnəst || mə'ʃiːnɪst/ *n* maquinista *mf*, operario, -ria *m,f*

machismo /mɑː'tʃɪzməʊ/ *n* [u] machismo *m*

macho /'mɑːtʃəʊ || 'mætʃəʊ/ *adj* 1 (male chauvinist) ‹*behavior/attitude*› machista 2 (virile) ‹*image*› de macho; **she likes ~ men** le gustan los hombres muy machos *or* (fam) machotes

macintosh *n* ▸**mackintosh**

mackerel /'mækrəl/ *n* [c u] (*pl* **~** *or* **~s**) caballa *f*

mackinaw /'mækənɔː || 'mækɪnɔː/ *n* (AmE) chaquetón *m*

mackintosh /'mækəntɑːʃ/ *n* impermeable *m*

macro /'mækrəʊ/ *n* (*pl* **-ros**) (Comput) macro *m*, macroinstrucción *f*

macrobiotic /'mækrəʊbaɪ'ɑːtɪk || ˌmækrəʊbaɪ'ɒtɪk/ *adj* macrobiótico

macrocosm /'mækrəʊkɑːzəm || 'mækrəʊkɒzəm/ *n* macrocosmo(s) *m*

macroeconomics /'mækrəʊˌekə'nɑːmɪks || ˌmækrəʊiːkə'nɒmɪks/ *n* (+ *sing vb*) macroeconomía *f*

mad /mæd/ *adj* **-dd-**
A 1 (insane) loco, demente; **~ dog** (rabid) perro *m* rabioso; **to go ~** (become insane) volverse* loco, enloquecer(se)*; (become angry) ponerse* como loco *or* como una fiera; **don't go ~ with the salt** no te pases con la sal (fam); **to drive sb ~** volver* *or* traer* loco a algn; **to work/run/fight like ~** trabajar/correr/pelear como un loco; ***to be as ~ as a hatter*** *o* ***as a March hare*** estar* loco de atar *or* más loco que una cabra (fam) 2 ‹*rush*› loco, demencial; **we made a ~ dash for the airport** salimos como locos para el aeropuerto 3 ‹*scheme/idea*› disparatado, descabellado
B (angry) (esp AmE) (*pred*) **to be ~ (WITH/AT sb)** estar* furioso *or* (esp AmL) enojadísimo *or* (esp Esp) enfadadísimo (CON algn); **to get ~** ponerse* furioso; **to make sb ~** poner* furioso a algn
C (very enthusiastic) (colloq) (*pred*) **to be ~ ABOUT sb** estar* loco POR algn; **to be ~ ABOUT/ON sth**: **she's ~ about** *o* **on African music** la música africana la vuelve loca, le encanta *or* le chifla la música africana

-mad /'mæd/ *suff*: **to be car~/baseball~** ser* un fanático de los coches/del béisbol

Madagascan /'mædə'gæskən/ *adj* malgache

Madagascar /'mædə'gæskər/ *n* Madagascar *m*

madam /'mædəm/ *n* 1 (as title) señora *f*; **Dear M~** (Corresp) Estimada Señora; **M~ President/Chairman** señora presidenta/directora 2 (of brothel) madam(e) *f*, madama *f*, regenta *f* (Chi) 3 (bossy girl) (BrE pej): **she's a proper little ~!** mira que aires *or* importancia se da la mocosa esta (fam)

mad: **~cap** *adj* ‹*plan*› descabellado, disparatado; **~ cow disease** *n* encefalopatía *f* espongiforme bovina

madden /'mædn̩/ *vt* (make angry) enfurecer*; (drive mad) enloquecer*

maddening /'mædnɪŋ/ *adj* ‹*indecision/habit*› exasperante; ‹*delay*› desesperante

made¹ /meɪd/ *past & past p of* **make¹**

made² *adj* (*pred*) 1 (assured of success) ***to have it ~*** tener* el éxito asegurado 2 (ideally suited): **they were ~ for each other** estaban hechos el uno para el otro

-made /'meɪd/ *suff*: **Italian~ products** productos de fabricación italiana

Madeira /mə'dɪrə || mə'dɪərə/ *n* Madeira *f*, Madera *f*; (wine) madeira *m*, vino *m* de Madeira *or* Madera; (*before n*) **~ cake** (BrE) bizcocho *m* de mantequilla

made-to-measure /'meɪdtə'meʒər || ˌmeɪdtə'meʒə(r)/ *adj* (*pred* **made to measure**) hecho a (la) medida

madhouse /'mædhaʊs/ *n* (colloq) manicomio *m*

madly /'mædli/ *adv* 1 (frantically) ‹*rush/work*› como un loco; ‹*love*› locamente 2 (very) (*as intensifier*): **~ in love**

locamente *or* perdidamente enamorado

madman /'mædmən/ *n* (*pl* **-men** /-mən/) loco *m*

madness /'mædnəs || 'mædnɪs/ *n* [u] locura *f*, demencia *f*

madonna /mə'dɑ:nə || mə'dɒnə/ *n* 1 (Relig) **Madonna**: **the M~** la Virgen 2 (Art) virgen *f*, madona *f*

Madrid /mə'drɪd/ *n* Madrid *m*; (*before n*) madrileño

madwoman /'mæd,wʊmən/ *n* (*pl* **-women**) loca *f*

maelstrom /'meɪlstrəm/ *n* (liter) vorágine *f* (liter)

maestro /'maɪstrəʊ/ *n* (*pl* **-tros**) maestro *m*

Mafia /'mɑ:fiə, 'mæ- || 'mæfiə/ *n* Mafia *f*

mag /mæg/ *n* (colloq) revista *f*

magazine /'mægə'zi:n/ *n*

A 1 (Publ) revista *f*; (*before n*) **~ rack** revistero *m* 2 **~ (program)** (Rad, TV) programa *m* de entrevistas y variedades

B (on gun — compartment) recámara *f*; (— bullet case) cargador *m*

magenta /mə'dʒentə/ *adj* (color) magenta *adj inv*, morado

maggot /'mægət/ *n* gusano *m*

Maghreb /'mɑ:greb || 'mʌgrəb/ *n* **the ~** el Magreb

Magi /'meɪdʒaɪ/ *pl n* **the ~** los Reyes Magos

magic¹ /'mædʒɪk/ *n* [u] magia *f*; **as if by ~** como por encanto, como por arte de magia; **the place has lost its ~ for me** el lugar ha perdido el encanto para mí

magic² *adj* 1 ‹*power/potion*› mágico; ‹*trick*› de magia; **~ spell** hechizo *m*, encanto *m*; **say the ~ word!** di la palabra mágica 2 (enchanting) ‹*moment/beauty*› mágico; (marvellous) (colloq) sensacional, fabuloso

magical /'mædʒɪkəl/ *adj* ‹*powers*› mágico; ‹*improvement*› milagroso

magically /'mædʒɪkli/ *adv* ‹*transformed/cured/transported*› como por encanto, como por arte de magia

magician /mə'dʒɪʃən/ *n* (sorcerer) mago *m*; (conjurer) mago, -ga *m,f*, prestidigitador, -dora *m,f*

magic realism *n* [u] realismo *m* mágico

magisterial /'mædʒə'stɪriəl || ,mædʒɪ'stɪəriəl/ *adj* ‹*treatise/performance*› magistral; ‹*wave/command*› autoritario

magistrate /'mædʒəstreɪt || 'mædʒɪstreɪt/ *n* (in UK) *juez que conoce de faltas y asuntos civiles de menor importancia*

magna cum laude /'mægnəkʌm'laʊdeɪ/ *adv* (AmE) ‹*graduate*› con promedio (de) sobresaliente

magnanimity /'mægnə'nɪməti/ *n* [u] magnanimidad *f*

magnanimous /mæg'nænəməs || mæg'nænɪməs/ *adj* magnánimo

magnate /'mægneɪt/ *n* magnate *mf*, potentado, -da *m,f*

magnesia /mæg'ni:ʃə, -ʒə/ *n* [u] magnesia *f*

magnesium /mæg'ni:ziəm/ *n* [u] magnesio *m*

magnet /'mægnət || 'mægnɪt/ *n* (Phys) imán *m*; **to be a ~ FOR sth/sb** atraer* como un imán a algo/algn

magnetic /mæg'netɪk/ *adj* 1 ‹*field/north/tape*› magnético; **~ compass** brújula *f* 2 ‹*charm*› magnético; ‹*personality*› lleno de magnetismo

magnetic resonance imaging *n* representación *f* óptica por resonancia

magnetism /'mægnətɪzəm/ *n* [u] magnetismo *m*

magnetize /'mægnətaɪz/ *vt* imantar, magnetizar*

magnification /'mægnəfə'keɪʃən || ,mægnɪfɪ'keɪʃən/ *n* 1 [u] (Opt) aumento *m* 2 [c] (copy, print) ampliación *f*

magnificence /mæg'nɪfəsəns || mæg'nɪfɪsəns/ *n* [u] magnificencia *f*, esplendor *m*

magnificent /mæg'nɪfəsənt || mæg'nɪfɪsənt/ *adj* magnífico, espléndido

magnify /'mægnəfaɪ || 'mægnɪfaɪ/ *vt* **-fies, -fying, -fied**

A 1 ‹*image*› ampliar*, aumentar de tamaño 2 ‹*problem/difficulty*› exagerar

B (exalt) (Relig) magnificar*

magnifying glass /'mægnəfaɪɪŋ/ *n* lupa *f*

magnitude /'mægnətu:d || 'mægnɪtju:d/ *n* (size) magnitud *f*; (importance) envergadura *f*

magnolia /mæg'nəʊljə || mæg'nəʊliə/ *n* 1 (flower) magnolia *f*; (tree) magnolio *m*, magnolia *f* 2 (color) (BrE) color *m* magnolia (*color crema con un ligero matiz rosado*)

magnum /'mægnəm/ *n* (*pl* **-nums**) 1 (bottle) mágnum *m* (*botella de litro y medio*) 2 **~ (revolver)** mágnum *f or m*

magpie /'mægpaɪ/ *n* 1 (Zool) urraca *f*, picaza *f* 2 (hoarder) urraca *mf* 3 (chatterbox) (AmE) cotorra *f* (fam)

maharajah /'mɑ:hə'rɑ:dʒə/ *n* maharajá *m*, marajá *m*

mahogany /mə'hɑ:gəni || mə'hɒgəni/ *n* (*pl* **-nies**) 1 [u] (wood) caoba *f* 2 [c] **~ (tree)** caoba *f*

maid /meɪd/ *n*

A 1 (servant) sirvienta *f*, criada *f*, mucama *f* (AmL), empleada *f* doméstica (frml); (*parlor/lady's* **~**) (primera) doncella *f*; **kitchen ~** pinche *f*, ayudanta *f* de cocina 2 (in hotel) camarera *f*, mucama *f* (AmL) 3 (occasional housekeeper) (AmE) señora *f* de la limpieza, limpiadora *f*

B (young woman) (arch) doncella *f* (arc); *see also* **old maid**

maiden¹ /'meɪdn̩/ *n* (arch *or* liter) doncella *f* (arc *o* liter)

maiden² *adj* (*before n*) 1 (unmarried) soltera; **~ aunt** tía *f* soltera 2 ‹*flight/speech*› inaugural

maiden name *n* apellido *m* de soltera

maid: **~ of honor**, (BrE) **~ of honour** *n* (*pl* **~s of honor**) dama *f* de honor; **~servant** *n* sirvienta *f*

mail¹ /meɪl/ *n* [u]

A 1 (system) correo *m*; **by ~** por correo; (*before n*) **~ train** tren *m* correo 2 (letters, parcels) correspondencia *f*, correo *m*

B (armor) malla *f*

mail² *vt* (esp AmE): **to ~ a letter** echar una carta al correo *or* al buzón; **to ~ sth TO sb** mandarle *or* enviarle* algo por correo A algn

mail: **~bag** *n* bolsa *f* del correo (AmL), saca *f* del correo (Esp); **~ bomb** *n* 1 (letter bomb) (AmE) carta *f* bomba; (parcel) paquete *m* bomba; 2 (e-mails) bombardeo *m* de emails; **~box** *n* 1 (for receiving mail) (AmE) buzón *m*, casillero *m* (Ven) 2 (for sending mail) (AmE) buzón *m* (de correos) 3 (electronic) buzón *m*; **~ carrier** *n* (AmE) cartero, -ra *m,f*; **~ drop** *n* (AmE) dirección *f* postal

mailing list *n* (Marketing) banco *m or* lista *f* de direcciones

mail: **~man** /'meɪlmæn/ *n* (*pl* **-men** /-men/) (AmE) cartero *m*; **~ merge** *n* [u] fusión *f* de correo; (*before n*) **~ merge facility** función *f* de fusión de correo; **~ order** *n* [u] venta *f* por correo; **to buy sth by** *o* **on ~ order** comprar algo por correo; (*before n*) **~-order catalog/firm** catálogo *m*/compañía *f* de venta por correo; **~-out** /'meɪlaʊt/ *n* 1 [u] (practice) buzoneo *m*, mailing *m* 2 [c] (item) mailing *m*; **~ shot** *n* (BrE) mailing *m*

maim /meɪm/ *vt* (cripple) lisiar; (mutilate) mutilar

main¹ /meɪn/ *adj* 1 (*before n, no comp*) ‹*purpose/idea*› principal, fundamental, más importante; ‹*door/bedroom*› principal; ‹*office*› central; **the ~ thing** lo principal, lo fundamental, lo más importante; **~ course** plato *m* principal *or* fuerte, segundo plato *m*; **~ street** calle *f* principal; ***M~ Street*** (AmE) ≈ la Calle Mayor 2 **in the main** en general, por lo general, por regla general

main² *n*

A (Civil Eng, Const) 1 [c] (pipe) cañería *f or* tubería *f* principal *or* de distribución; (cable) cable *m* principal 2 (supply) **the ~** *o* (BrE) **the ~s** la red de suministro; **to turn the water/gas off at the ~** *o* (BrE) **the ~s** cerrar la llave (principal) del agua/del gas

B [u] (open sea) (liter) **the ~** la mar océana (liter)

main: **~ drag** *n* (AmE sl) **the ~ drag** la calle principal; **~frame** *n* unidad *f* central *or* principal, computadora *f or* (Esp tb) ordenador *m* central; **~land** /'meɪnlənd, -lænd/ *n*: **the ~land** *la masa territorial de un país o continente excluyendo sus islas*; (*before n*) **~land China** (la) China continental; **~ line** *n* (Rail) línea *f* principal; (*before n*) **~-line station** estación *f* interurbana

mainly /'meɪnli/ *adv* 1 (chiefly) principalmente, fundamentalmente 2 (for the most part): **the people in the streets were ~ tourists** la mayoría de la gente que había en la calle eran turistas

main: **~ man** *n* (AmE colloq) 1 (close friend) mejor amigo *m* 2 (principal figure) gran figura *f*; **~ road** *n* (BrE) carretera *f* principal; **~sail** /'meɪnseɪl, -səl/ *n* vela *f* mayor; **~spring** *n* muelle *m* real; **~stay** *n* (Naut) estay *m* mayor; (chief support) pilar *m*, puntal *m*

mainstream¹ /'meɪnstri:m/ *n* corriente *f* dominante, línea *f* central

mainstream² *adj* ‹*culture*› establecido; ‹*ideology*› dominante; **~ politics** la política a nivel de los partidos mayoritarios

maintain /meɪnˈteɪn/ *vt*
A **1** ‹*speed/lead*› mantener*; ‹*silence*› guardar **2** ‹*house/machine*› ocuparse del mantenimiento de; ‹*aircraft*› mantener* **3** ‹*family/dependents/army*› mantener*
B (claim) mantener*, sostener*

maintenance /ˈmeɪntṇəns || ˈmeɪntənəns/ *n* [u]
A (repairs) mantenimiento *m*; **I do all my own ~ on the car/house** hago todo el mantenimiento del coche/todos los arreglos de la casa yo mismo
B (money) (BrE Law) pensión *f* alimenticia, alimentos *mpl*

maisonette /ˈmeɪzṇˈet || ˌmeɪzəˈnet/ *n* (BrE) (apartment) dúplex *m*; (house) *vivienda independiente de dos pisos que forma parte de una casa*

maitre d' /ˈmeɪtrəˈdiː/ *n* (AmE) maître *mf*

maize /meɪz/ *n* [u] **1** (plant) maíz *m*; (*before n*) **~ field** maizal *m* **2** (grains) maíz *m*, choclo *m* (CS, Per), elote *m* (Méx)

Maj (title) = **Major**

majestic /məˈdʒestɪk/ *adj* majestuoso

majesty /ˈmædʒəsti/ *n* (*pl* **-ties**) **1** [u] (of appearance, landscape) majestuosidad *f* **2** [c] **Majesty** (as title) Majestad; **Her/Your M~** su Majestad

major[1] /ˈmeɪdʒər || ˈmeɪdʒə(r)/ *adj*
A ‹*change/client*› muy importante; ‹*setback*› serio; ‹*revision*› a fondo; ‹*illness*› grave; **she is at a ~ disadvantage** está en franca desventaja; **all ~ credit cards accepted** se aceptan las principales tarjetas de crédito
B (Mus) mayor; **B/C ~** si/do mayor

major[2] *n*
A (Mil) mayor *mf* (*en AmL*), comandante *mf* (*en Esp*)
B (AmE Educ) (subject) asignatura *f* principal; (student): **she's a geography ~** estudia geografía (*como asignatura principal*)
C **majors** *pl* (AmE) **1** (companies) grandes *or* importantes empresas *fpl* **2** (Sport) **the ~s** las grandes ligas (*esp de béisbol*)

major[3] *vi* (AmE Educ) **to ~ IN sth** especializarse* EN algo

Majorca /məˈjɔːrkə || məˈjɔːkə, məˈdʒɔːkə/ *n* Mallorca *f*

majorette /ˈmeɪdʒəˈret/ *n* batonista *f*

major general *n* (in army) general *mf* de división (*este grado tiene diversos equivalentes en Latinoamérica, entre ellos* **brigadier mayor, mayor general** *y* **teniente general**)

majority /məˈdʒɔːrəti || məˈdʒɒrəti/ *n* (*pl* **-ties**)
A **1** (greater number) (+ *sing o pl vb*) mayoría *f*; **to be in the ~** ser* mayoría; **the silent ~** la mayoría silenciosa; (*before n*) ‹*decision/party*› mayoritario; **~ holding** *o* **interest** participación *f* mayoritaria; **~ rule** gobierno *m* de la mayoría **2** (margin) mayoría *f*, margen *m*; **absolute ~** mayoría absoluta
B (adulthood) mayoría *f* de edad

major league *n* (Sport) liga *f* nacional; (*before n*) **major-league companies** compañías *fpl* de primera línea

make[1] /meɪk/ (*past & past p* **made**) *vt*

Sense **I**

A (create, produce) ‹*paint/cars*› hacer*, fabricar*; ‹*dress*› hacer*, confeccionar (frml); ‹*meal/cake/sandwich/coffee*› hacer*, preparar; ‹*film*› hacer*, rodar; ‹*record*› grabar; ‹*fire/nest/hole*› hacer*; ‹*list/will*› hacer*; **to ~ a noise** hacer* ruido; **to ~ a note of sth** anotar algo; **S made in Spain/Mexico** hecho *or* fabricado en España/México; **S made in Argentina/Peru** industria *or* fabricación argentina/peruana; **to ~ sth INTO sth: I'll ~ this material into a skirt** con esta tela me haré una falda; **to ~ sth OUT OF/FROM/OF sth: she made the dress out of an old sheet** se hizo el vestido con/de una sábana vieja; **we made another meal from the leftovers** hicimos otra comida con las sobras; **it's made of wood/plastic** es de madera/plástico; **don't ~ an enemy of her** no te la eches encima como enemiga; *see also* **difference A2, fuss**[1]**, mess**[1] **A, B** *etc*

B **1** (carry out) ‹*repairs/changes/payment*› hacer*, efectuar* (frml); ‹*preparations/arrangements*› hacer*; ‹*journey*› hacer*; **~ a left (turn) here** (AmE) dobla *or* gira a la izquierda aquí **2** ‹*remark/announcement*› hacer*

Sense **II**

A (cause to be): **I'll ~ you happy/rich** te haré feliz/rica; **don't ~ life difficult for yourself** no te compliques la vida; **that made me sad** eso me entristeció *or* me apenó; **the work made me thirsty/sleepy** el trabajo me dio sed/sueño; **what ~s me angry is ...** lo que me da rabia es ...; **I couldn't ~ myself heard above the noise** no podía conseguir que me oyeran con el ruido; **they've made him supervisor** lo han nombrado supervisor, lo han ascendido a supervisor; **we'll ~ a man of you** haremos de ti un hombre; **if nine o'clock is too early, ~ it later** si las nueve es muy temprano, podemos reunirnos (*or* encontrarnos *etc*) más tarde; **two large pizzas ... , no, ~ that three** dos pizzas grandes ... , no, mire, mejor déme tres

B **1** (cause to) hacer*; **whatever made you do it?** ¿por qué lo hiciste?, ¿qué te llevó a hacer eso? **2** (compel) obligar* a, hacer*; **she was made to apologize** la obligaron a *or* la hicieron pedir perdón **3** (*in phrases*) **to make believe**: **you can't just ~ believe it never happened** no puedes pretender que no sucedió, no puedes hacer como si no hubiera sucedido; **to make do (with sth), to make sth do** arreglárselas con algo

Sense **III**

A **1** (constitute, be) ser*; **perfume ~s the ideal gift** el perfume es el regalo ideal; **it would ~ a nice change** sería un cambio agradable; **you'd ~ a useless nurse** como enfermera serías un desastre; **they ~ a nice couple** hacen buena pareja **2** (equal, amount to) ser*; **five plus five ~s ten** cinco y *or* más cinco son diez; **that ~s two of us** ya somos dos

B (calculate): **what do you ~ the total?** ¿(a ti) cuánto te da?; **I ~ it 253** (a mí) me da 253; **what time do you ~ it, what do you ~ the time?** ¿qué hora tienes?

C (make fuss): **I think you're making too much of what she said** creo que le estás dando demasiada importancia a lo que dijo

D **1** (understand) **to ~ sth OF sth**: **I could ~ nothing of the message** no entendí el mensaje; **~ of that what you will** tú saca tus propias conclusiones **2** (think) **to ~ sth OF sb/sth**: **what did you ~ of him?** ¿qué te pareció?; **I don't know what to ~ of it** no sé qué pensar

Sense **IV**

A **1** (gain, earn) ‹*money*› hacer*; **they made a loss/profit** perdieron/ganaron dinero; **they made a profit of $20,000** ganaron *or* sacaron 20.000 dólares; **how much did you ~ on the deal?** ¿cuánto sacaste *or* ganaste con el trato? **2** (acquire) ‹*friends*› hacer*; **I made a few acquaintances there** conocí a *or* (frml) trabé conocimiento con algunas personas allí; **to ~ a name for oneself** hacerse* un nombre

B (colloq) (manage to attend, reach): **I'm afraid I can't ~ Saturday** me temo que el sábado no puedo; **we just made the 3 o'clock train** llegamos justo a tiempo para el tren de las tres; ***to ~ it***: **he'll never ~ it as a doctor** nunca será un buen médico; **they made it through to the finals** llegaron a la final

C (assure success of): **if you go to Harvard, you're made for life** si vas a Harvard, tienes el futuro asegurado; ***to ~ or break sth/sb*** ser* el éxito o la ruina de algo/algn

■ **make** *vi*

A (make preliminary move): **to ~ as if** *o* **as though to + INF** hacer* ademán de + INF

B (move, proceed): **they made toward the door** se dirigieron hacia la puerta; *see also* **make for**

Phrasal verbs

• **make for** [v ▸ prep ▸ o]
A (head toward) dirigirse* hacia/a; **she made straight for the bar** se fue derecho al bar
B (encourage, promote) contribuir* a; **mutual distrust doesn't ~ for a good relationship** la desconfianza mutua no contribuye a una buena relación

• **make off** [v ▸ adv] salir* corriendo, largarse* (fam); **to ~ off with sth** llevarse algo, escaparse *or* (fam) largarse* con algo

• **make out**

Sense **I** [v ▸ o ▸ adv, v ▸ adv ▸ o]

A **1** (discern) ‹*object/outline*› distinguir*; (from a distance) divisar; ‹*sound*› distinguir*; **I can't ~ out what she's saying** no entiendo lo que dice; **I can't ~ out the address** no logro descifrar la dirección **2** (figure out) (colloq) entender*, comprender

B **1** (write) ‹*list/invoice*› hacer*; ‹*receipt*› hacer*, extender* (frml); **~ the check out to P. Jones** haga el cheque pagadero a *or* a favor de P. Jones **2** (put forward): **to ~ out a**

case for/against sth/sb presentar argumentos a favor/en contra de algo/algn

(Sense II) [v ▸ adv] [1] (do, fare) (colloq): **how did you ~ out in the exam?** ¿qué tal te fue en el examen? (fam) [2] (sexually) (AmE sl) ▸**neck**[2]

(Sense III) (claim, pretend) [1] [v ▸ adv ▸ o]: **she made out it was her own work** dio a entender que lo había hecho ella misma; **you're not as ill as you ~ out** no estás tan enfermo como pretendes *or* como quieres hacer creer [2] [v ▸ o ▸ adv]: **he's not as rich as he ~s himself out to be** no es tan rico como pretende

• **make over**

A [v ▸ o ▸ adv, v ▸ adv ▸ o] ‹*property/money*›, ceder

B [v ▸ o ▸ adv, v ▸ adv ▸ o] (reuse) ‹*clothes*› (AmE) arreglar

C [v ▸ o ▸ adv] (AmE) [1] (with cosmetics) maquillar [2] (change image of) transformar la imagen de; **the candidate had been made over in an effort to win votes** habían transformado la imagen del candidato en un intento de ganar votos

• **make up**

(Sense I) [v ▸ o ▸ adv, v ▸ adv ▸ o]

A ‹*story/excuse*› inventar

B [1] (assemble, prepare) ‹*prescription/food parcel*› preparar; **to ~ up a sweater** coser *or* armar un suéter; **to ~ up a foursome** formar un grupo de cuatro personas; **we can ~ up a bed for you on the sofa** podemos prepararte una cama en el sofá [2] (draw up) ‹*agenda/list*› hacer*

C [1] (complete, add) completar; **she came along to ~ up the numbers** vino para completar el grupo [2] (compensate for): **I'll take the afternoon off, and ~ up the time later** me tomaré la tarde libre y ya recuperaré el tiempo más tarde; *see also* **make up for**

(Sense II) [v ▸ adv ▸ o] (constitute) formar; **it is made up of three parts** está compuesto de tres partes

(Sense III) [v ▸ adv, v ▸ o ▸ adv] (achieve reconciliation) **to ~ (it) up (WITH sb)** hacer* las paces (CON algn), reconciliarse (CON algn)

(Sense IV) [1] [v ▸ adv] (with cosmetics) maquillarse, pintarse [2] [v ▸ adv ▸ o, v ▸ o ▸ adv] ‹*person/eyes*› maquillar, pintar; ‹*actor*› maquillar, caracterizar*; **to ~ oneself up** maquillarse, pintarse

• **make up for** [v ▸ adv ▸ prep ▸ o] compensar; **to ~ up for lost time** recuperar el tiempo perdido; **what she lacks in technique she ~s up for in style** lo que le falta de técnica lo compensa con estilo

• **make up to**

A [v ▸ adv ▸ prep ▸ o] (make advances to) tratar de ganarse el favor de

B [v ▸ o ▸ adv ▸ prep] [1] (bring, raise): **I'll ~ the total up to $200** yo pondré lo que falte para llegar a 200 dólares; **add water to ~ the juice up to a pint** añadir agua al jugo hasta obtener una pinta [2] (compensate) ***to ~ it up to sb***: **just give me one more chance: I'll ~ it all up to you** dame otra oportunidad y te resarciré de todo; **thank you for your help: I don't know how to ~ it up to you** gracias por tu ayuda, no sé cómo podré pagarte lo que has hecho

make[2] *n*

A (brand) marca *f*; **what ~ is it?** ¿de qué marca es?

B ***to be on the ~*** (colloq) (out for gain) estar* intentando sacar tajada (fam); (looking for a date) estar* de ligue *or* (AmS) de levante *or* (Chi) de pinche (fam)

make: **~-believe** *n* [u] [1] (fantasy) fantasía *f*; **the land of ~-believe** el mundo de la fantasía [2] (pretense): **don't be frightened, it's only ~-believe** no te asustes, es de mentira **~over** *n* [1] (of organization) gran reorganización *f or* restructuración *f* [2] (of person) transformación *f* completa (*del aspecto exterior*) [3] (of image) cambio *m* de imagen [4] (repairs) reformas *fpl*

maker /'meɪkər || 'meɪkə(r)/ *n*

A (manufacturer) fabricante *mf*

B **Maker** (God) Creador *m*, Hacedor *m*; **she has gone to meet her M~** (euph) Dios la ha llamado a su seno *or* a su lado (euf)

make: **~shift** *adj* ‹*repair*› provisional, provisorio (AmS); ‹*bed*› improvisado; **~up** *n* [1] [u] (cosmetics) maquillaje *m*; **to put on one's ~up** maquillarse, pintarse; **she doesn't wear ~up** no se maquilla, no se pinta; (*before n*) **~up artist** maquillador, -dora *m,f*; **~up remover** desmaquillador *m*; [2] (*no pl*) (of person) carácter *m*, modo *m* de ser; **its genetic ~up** su estructura genética; [3] [c] (AmE Educ) examen *m* de recuperación; (*before n*) **~up course** curso *m* de recuperación

making /'meɪkɪŋ/ *n* [u] [1] (production, creation): **a book about the ~ of the TV series** un libro que trata de cómo se hizo la serie de televisión; **the encyclopedia has been nine years in the ~** ha llevado nueve años compilar la enciclopedia; **this is history in the ~** esto va a pasar a la historia; **her problems are of her own ~** ella se crea sus propios problemas; ***to be the ~ of sb/sth***: **her years in New York were the ~ of her** los años que pasó en Nueva York fueron decisivos (en su vida); **the merger proved to be the ~ of Acmeco** el éxito de Acmeco se debió a la fusión [2] **makings** *pl* **the ~s OF sth**: **you have the ~s of a good story there** allí tienes material *or* tienes todos los ingredientes para una buena historia; **she has the ~s of a great actress** es una gran actriz en ciernes

maladjusted /'mælə'dʒʌstəd || ˌmælə'dʒʌstɪd/ *adj* (Psych) inadaptado, desadaptado

maladroit /'mælə'drɔɪt/ *adj* torpe

malady /'mælədi/ *n* (*pl* **-dies**) (liter) mal *m* (liter)

malaise /mæ'leɪz/ *n* [c u] malestar *m*

malapropism /'mæləprɑːpɪzəm || 'mæləprɒpɪzəm/ *n* [c u] *error cometido al confundir un vocablo con otro similar, esp cuando causa un efecto ridículo*

malaria /mə'leriə/ *n* [u] malaria *f*, paludismo *m*

Malawi /mə'lɑːwi/ *n* Malaui *m*, Malawi *m*

Malawian /mə'lɑːwiən/ *adj* malauiano

Malay[1] /mə'leɪ/ *adj* malayo

Malay[2] *n* [1] [c] (person) malayo, -ya *m,f* [2] [u] (language) malayo *m*

Malaysia /mə'leɪʒə || mə'leɪziə/ *n* Malaisia *f*; (continental part) Malasia *f*

Malaysian[1] /mə'leɪʒən || mə'leɪziən/ *adj* malaisio; (from continental part) malasio

Malaysian[2] *n* malaisio, -sia *m,f*; (from continental part) malasio, -sia *m,f*

Maldive Islands /'mɔːldiːv, -daɪv/, **Maldives** /-z/ *pl n* **the ~ ~** las (islas) Maldivas

male[1] /meɪl/ *adj*

A [1] ‹*animal/plant*› macho; ‹*hormone/sex*› masculino [2] ‹*attitude*› masculino; ‹*workforce*› de hombres; **~ doctor** médico *m*, doctor *m*; **~ chauvinism** machismo *m*; **~ model** modelo *m* (masculino); **~ nurse** enfermero *m*; **there were several ~ applicants** se presentaron varios candidatos varones

B (Mech Eng) ‹*plug/thread*› macho

male[2] *n* (animal) macho *m*; (person) varón *m*

male-voice choir /'meɪl'vɔɪs/ *n* (BrE) coro *m* de voces masculinas

malevolence /mə'levələns/ *n* [u] malevolencia *f*

malevolent /mə'levələnt/ *adj* ‹*grin*› malévolo; ‹*deity*› maligno

malformation /'mælfɔːr'meɪʃən || ˌmælfɔː'meɪʃən/ *n* [u c] deformación *f* (*esp congénita*), malformación *f*

malformed /'mæl'fɔːrmd/ *adj* deforme, mal formado

malfunction[1] /'mæl'fʌŋkʃən/ *n* [1] [u] (defective functioning) mal funcionamiento *m*; **heart/liver ~** (Med) disfunción *f* cardíaca/hepática [2] [c] (failure) falla *f or* (Esp) fallo *m*

malfunction[2] *vi* (Med, Tech) fallar, funcionar mal

malice /'mæləs || 'mælɪs/ *n* [u] [1] (ill will) mala intención *f*, maldad *f*; **to bear sb ~** guardarle rencor a algn [2] (Law) dolo *m* (penal), intención *f* delictuosa; **with ~ aforethought** con premeditación

malicious /mə'lɪʃəs/ *adj* ‹*person/gossip*› malicioso, malintencionado; ‹*damage*› doloso, intencional

malign[1] /mə'laɪn/ *vt* ‹*person*› calumniar, difamar; **the much ~ed director** el vilipendiado director

malign[2] *adj* maligno

malignant /mə'lɪgnənt/ *adj* maligno

malinger /mə'lɪŋgər/ *vi* hacerse* el enfermo

malingerer /mə'lɪŋgərər/ *n*: *persona que se finge enferma*

mall /mɔːl || mæl, mɔːl/ *n* [1] (for shopping) centro *m* comercial [2] (avenue) paseo *m*, bulevar *m*

mallard /ˈmælərd || ˈmælɑːd/ *n* pato *m or* ánade *m* real

malleable /ˈmæliəbəl/ *adj* ‹*material*› maleable; ‹*person*› dócil

mallet /ˈmælət || ˈmælɪt/ *n* 1 (tool) mazo *m* 2 (Sport) (in polo) maza *f*; (in croquet) mazo *m*

malnourished /ˈmælˈnɜːrɪʃt/ *adj* desnutrido

malnutrition /ˈmælnuːˈtrɪʃən/ *n* [u] desnutrición *f*

malodorous /mælˈəʊdərəs/ *adj* (frml *or* hum) maloliente, hediondo

malpractice /ˈmælˈpræktəs/ *n* [u] mala práctica *f*, conducta *f* incorrecta (*en el ejercicio de la profesión*)

malt /mɔːlt/ *n* 1 [u] (grain) malta *f*; (*before n*) **~ extract/vinegar** extracto *m*/vinagre *m* de malta 2 [u c] **~ (whisky)** whisky *m* de malta

Malta /ˈmɔːltə/ *n* Malta *f*

malted milk /ˈmɔːltəd || ˈmɔːltɪd/ *n* (AmE) batido *m* de leche malteada; (BrE) leche *f* malteada

Maltese¹ /ˈmɔːlˈtiːz/ *adj* maltés

Maltese² *n* (*pl* ~) 1 [c] (person) maltés, -tesa *m,f* 2 [u] (language) maltés *m*

maltreat /ˈmælˈtriːt/ *vt* maltratar, tratar mal

maltreatment /ˈmælˈtriːtmənt/ *n* [u] malos tratos *mpl*

mamma *n* ▸**momma**

mammal /ˈmæməl/ *n* mamífero *m*

mammary gland /ˈmæməri/ *n* glándula *f* mamaria

mammogram /ˈmæməgræm/, **mammograph** /ˈmæməgræf || -grɑːf/ *n* mamografía *f*

mammoth¹ /ˈmæməθ/ *n* mamut *m*

mammoth² *adj* ‹*building/cost*› gigantesco, enorme, colosal; ‹*task*› de titanes

mammy /ˈmæmi/ *n* (*pl* **-mies**) (black nurse) (Hist) ama *f*‡ negra; (black woman) (pej & dated) negra *f*

man¹ /mæn/ *n* (*pl* **men** /men/)

A 1 (adult male) hombre *m*; **a young ~** un joven; **I'm not half the ~ I used to be** ya no soy lo que era; **he was ~ enough to admit his error** fue lo bastante hombre como para admitir su error; **he's a sick ~** está muy enfermo; **I feel a new ~** me siento como nuevo; **the ~'s a fool** es un estúpido; **he's the ~ to ask** es a él a quien hay que preguntar(le); **the police think he's their ~** la policía cree que es la persona que andan buscando; **a ~'s gotta do what a ~'s gotta do** (set phrase) un hombre tiene que cumplir con su deber; **are you a ~ or a mouse?** (set phrase) ¿eres hombre o gallina?; ***to be low ~ on the totem pole*** (AmE) ser* el último mono (fam); ***to be one's own ~*** ser* independiente, ir* por libre (Esp fam); ***to separate*** *o* (BrE also) ***sort out the men from the boys*** ser* una verdadera prueba de fuego 2 (husband/boyfriend): **her new ~** su nueva pareja (*or* su nuevo compañero *etc*); **to live together as ~ and wife** vivir como marido y mujer; **her young ~** (dated) su novio, su galán (ant) 3 (type): **he's a Harvard ~** estudió en Harvard; **he's a local/Boston ~** es del lugar/de Boston; **he's a family ~** es un padre de familia; **the ~ in the street** el hombre de la calle, el ciudadano medio *or* de a pie; **the ~ of the match** (BrE) el mejor jugador

B 1 (person) persona *f*; **no ~ has the right to take life** (frml) nadie *or* ningún ser humano tiene derecho a matar; **every ~ for himself** (set phrase) sálvese quien pueda (fr hecha); ***as one ~*** como un solo hombre; ***to a ~***: **they're loyal citizens to a ~** todos ellos (sin excepción) son ciudadanos leales; ▸**meat 1** 2 *also* **Man** (mankind) (*no art*) el hombre; **~ shall not live by bread alone** no sólo de pan vive el hombre

C 1 (representative, employee): **our ~ in Cairo** nuestro representante (*or* corresponsal *or* agente *etc*) en el Cairo; **he's the PR ~ for Acme UK** es el encargado de relaciones públicas en Acme UK 2 (manservant) (dated) criado *m*

D **men** *pl*: **the men** (troops) los soldados, la tropa; (employees) los trabajadores; **officers and men** los oficiales y los soldados *or* la tropa

E (in chess) pieza *f*; (in draughts) ficha *f*

F (*as form of address*) (colloq): **hey, ~!** ¡oiga, amigo!, ¡oye, tío (Esp) *or* (AmL exc CS) mano *or* (Chi) gallo! (fam), ¡oíme, che! (RPl fam)

G (*as interj*) (esp AmE): **~, it was hot!** ¡hacía un calor …!

man² *vt* **-nn-** ‹*switchboard*› encargarse* *or* ocuparse de; ‹*ship*› tripular; **the inquiry desk is ~ned at all times** el mostrador de informaciones está atendido a toda hora; **soldiers ~ned the barricades/guns** había soldados apostados en las barricadas/a las armas

Man = **Manitoba**

man-about-town /ˈmænəbaʊtˈtaʊn/ *n* (*pl* **men-about-town** /men-/) hombre *m* de mundo

manacle /ˈmænəkəl/ *vt* esposar

manacles /ˈmænəkəlz/ *pl n* (for wrists) esposas *fpl*; (for legs) grillos *mpl*

manage /ˈmænɪdʒ/ *vt*

A (Busn) ‹*company/bank*› dirigir*, administrar, gerenciar (AmL); ‹*staff/team*› dirigir*; ‹*land/finances*› administrar

B (handle, cope with) ‹*children*› manejar, controlar; ‹*household*› llevar, administrar; **he seems unable to ~ his life** parece incapaz de organizar su vida; **can you ~ those suitcases on your own?** ¿puedes con esas maletas tú sola?; **she can't ~ the stairs** no puede subir la escalera

C (achieve): **I can ~ 60 words per minute** puedo hacer 60 palabras por minuto; **he ~d a smile** esbozó una sonrisa forzada; **I can't ~ the meeting** no puedo *or* no me es posible ir a la reunión; **to ~ to + INF** lograr *or* poder* + INF; **I ~d to get four tickets** conseguí *or* pude conseguir cuatro entradas; **how did they ~ to get away with it?** ¿cómo se las arreglaron para salirse con la suya?

■ **manage** *vi*

A (Busn) dirigir*, administrar

B (cope): **can I help you? — thank you, I can ~** ¿me permite que la ayude? — gracias, yo puedo sola; **they have to ~ on $300 a week** tienen que arreglarse *or* arreglárselas con 300 dólares a la semana

manageable /ˈmænɪdʒəbəl/ *adj* ‹*child/animal*› dócil; ‹*hair*› dócil, manejable; ‹*task/goal*› posible de alcanzar; ‹*size/amount/portion*› razonable

management /ˈmænɪdʒmənt/ *n*

A [u] (act) 1 (Busn) dirección *f*, administración *f*, gestión *f*; **Ⓢ under new management** bajo nueva dirección, cambio de firma; **she's studying ~** está estudiando administración de empresas 2 (handling, control) manejo *m*; **personnel ~** gestión *f or* gerencia *f* de personal

B (managers) 1 (as group) (*no art*, + *sing o pl vb*) directivos *mpl*; **~ and workers** los directivos *or* la patronal y los trabajadores; **senior ~** altos cargos *mpl* 2 [c] (of particular company) dirección *f*, gerencia *f*

manager /ˈmænɪdʒər || ˈmænɪdʒə(r)/ *n* (Busn) (of company, department) director, -tora *m,f*, gerente *mf*; (of store, restaurant) gerente *mf*, encargado, -da *m,f*; (of estate, fund) administrador, -dora *m,f*; (of pop group, boxer) manager *mf*; (Sport) agente *mf*; (in soccer) entrenador, -dora *m,f*, director técnico, directora técnica *m,f* (AmL); **she's a good ~** es buena administradora

manageress /ˈmænɪdʒərəs/ *n* (esp BrE) encargada *f*

managerial /ˈmænəˈdʒɪriəl || ˌmænɪˈdʒɪəriəl/ *adj* directivo, de dirección, gerencial (AmL)

managing director /ˈmænɪdʒɪŋ/ *n* (esp BrE) /ˈmænədʒɪŋ/ director ejecutivo, directora ejecutiva *m,f*

manatee /ˈmænətiː || ˌmænəˈtiː/ *n* manatí *m*

> **Man Booker Prize**
>
> En el Reino Unido, un premio que se otorga cada octubre al autor de la mejor novela de ficción que se haya publicado el año anterior. Antes de 2002 su nombre era el *Booker Prize*

Mancunian¹ /mænˈkjuːniən/ *adj* de Manchester, Inglaterra

Mancunian² *n*: *habitante o persona oriunda de Manchester, Inglaterra*

mandarin /ˈmændərən || ˈmændərɪn/ *n*

A [c] 1 (Chinese official) (Hist) mandarín *m* 2 (top establishment figure) (journ) jerarca *mf*, mandarín *m*

B [c] **~ (orange)** mandarina *f*

C [u] **Mandarin (Chinese)** (language) mandarín *m*, lengua *f* mandarina

mandate /ˈmændeɪt/ *n* mandato *m*

mandatory /ˈmændətɔːri || ˈmændətəri/ *adj* (frml) obligatorio

mandible /ˈmændəbəl || ˈmændɪbəl/ *n* 1 (lower jaw) mandíbula *f* inferior 2 (of bird) mandíbula *f*

mandolin, mandoline /ˌmændəˈlɪn/ *n* mandolina *f*

mandrake /ˈmændreɪk/ *n* mandrágora *f*
mane /meɪn/ *n* (of horse) crin(es) *f(pl)*; (of lion) melena *f*
man-eating /ˈmæn,iːtɪŋ/ *adj* (*before n*) que come carne humana
maneuver[1], (BrE) **manoeuvre** /məˈnuːvər || məˈnuːvə(r)/ *n* 1 (movement) maniobra *f* 2 (tactical move) maniobra *f*, estratagema *f* 3 **maneuvers** *pl* (Mil) maniobras *fpl*
maneuver[2], (BrE) **manoeuvre** *vt* 1 (move): **they ~ed the piano up the stairs** subieron trabajosamente el piano por la escalera; **she ~ed the car out of the garage** sacó el coche del garaje maniobrando 2 (lead, trick) **to ~ sb INTO sth**: **he has ~ed them into an impossible negotiating position** ha logrado ponerlos en una posición muy difícil para negociar
■ **maneuver** *vi* 1 «*vehicle/driver*» maniobrar, hacer* una maniobra; **to have room to ~** «*driver*» tener* espacio para maniobrar; «*diplomat*» tener* libertad de acción 2 «*army/troops*» hacer* maniobras, maniobrar
manfully /ˈmænfəli/ *adv* valientemente
manganese /ˈmæŋgəniːz/ *n* [u] manganeso *m*
mange /meɪndʒ/ *n* [u] sarna *f*
manger /ˈmeɪndʒər || ˈmeɪndʒə(r)/ *n* pesebre *m*, comedero *m*
mangetout /mɑːnʒˈtuː/ *n* (BrE) tirabeque *m*, arveja *f* *or* (Esp) guisante *m* *or* (esp Méx) chícharo *m* mollar
mangle[1] /ˈmæŋgəl/ *vt* destrozar*
mangle[2] *n* rodillo *m* (escurridor)
mango /ˈmæŋgəʊ/ *n* (*pl* **-goes** *or* **-gos**) 1 (fruit) mango *m* 2 **~ (tree)** mango *m*
mangrove /ˈmæŋgrəʊv/ *n* mangle *m*; (*before n*) **~ swamp** manglar *m*
mangy /ˈmeɪndʒi/ *adj* **-gier, -giest** ‹*cat*› sarnoso; ‹*sofa/blanket*› (colloq) raído, gastado
man: **~handle** *vt* 1 (move by hand) mover* a pulso 2 (treat roughly) maltratar; **~hole** *n* registro *m*, pozo *m* de inspección; (into sewer) boca *f* de registro *m*
manhood /ˈmænhʊd/ *n* [u] 1 (adulthood) madurez *f*, edad *f* adulta (*en un hombre*) 2 (adult males) (+ *sing o pl vb*) hombres *mpl* 3 (virility) hombría *f*, virilidad *f*
man: **~-hour** *n* hora *f* hombre; **500 ~-hours** 500 horas hombre; **~hunt** *n* persecución *f*, búsqueda *f*
mania /ˈmeɪniə/ *n* (*pl* **-nias**) 1 [u c] (Psych) manía *f* 2 [c] (obsession) manía *f*, obsesión *f*
maniac /ˈmeɪniæk/ *n* maniaco, -ca *m,f*, maníaco, -ca *m,f*; **homicidal ~** maniaco homicida; **a religious ~** un fanático (religioso)
manic /ˈmænɪk/ *adj* ‹*behavior*› maniaco, maníaco; ‹*activity*› frenético
manic: **~ depression** *n* [u] maniacodepresión *f*, depresión *f* maniaca, trastorno *m* bipolar (téc); **~-depressive** /ˈmænɪkdɪˈpresɪv/ *n* maniacodepresivo, -va *m,f*
manicure[1] /ˈmænəkjʊr || ˈmænɪkjʊə(r)/ *n* [u c] manicura *f*, manicure *f* (AmL exc RPl); **to have a ~** arreglarse las manos *or* las uñas, hacerse* la manicura
manicure[2] *vt* arreglarle las manos *or* las uñas a
manifest[1] /ˈmænəfest || ˈmænɪfest/ *v refl* (frml) **to ~ itself** «*ghost*» aparecerse*; «*disease/fear*» manifestarse*
■ **manifest** *vt* (express) manifestar*, expresar
manifest[2] *adj* manifiesto, evidente; **to make sth ~** poner* algo de manifiesto
manifestation /ˈmænəfəˈsteɪʃən || ,mænɪfəˈsteɪʃən/ *n* 1 (embodiment) manifestación *f* 2 (sign, symptom) manifestación *f*, indicio *m* 3 (of ghost) aparición *f*
manifesto /ˈmænəˈfestəʊ || ,mænɪˈfestəʊ/ *n* (*pl* **-toes** *or* **-tos**) manifiesto *m*; (for a specific election) (esp BrE) plataforma *f* electoral
manifold[1] /ˈmænəfəʊld/ *adj* (frml) múltiples, diversos
manifold[2] *n* colector *m*
manikin /ˈmænɪkən || ˈmænɪkɪn/ *n* ▸**mannequin**
manila, manilla /məˈnɪlə/ *n* [u] papel *m* Manila
Manila /məˈnɪlə/ *n* Manila *f*
manioc /ˈmæniɑːk || ˈmæniɒk/ *n* [u] mandioca *f*, yuca *f*
manipulate /məˈnɪpjəleɪt || məˈnɪpjʊleɪt/ *vt* 1 (handle) manejar, manipular 2 (Med) manipular 3 (influence, control) manipular
manipulation /məˈnɪpjəˈleɪʃən || mə,nɪpjʊˈleɪʃən/ *n* [u] 1 (handling) manejo *m*, manipulación *f* 2 (Med) manipulación *f* 3 (influence) manipulación *f*
manipulative /məˈnɪpjələtɪv || məˈnɪpjʊlətɪv/ *adj* (interfering) manipulador
mankind /mænˈkaɪnd/ *n* [u] humanidad *f*, género *m* humano
manly /ˈmænli/ *adj* **-lier, -liest** 1 ‹*physique/pursuits*› varonil, masculino, viril 2 (courageous): **it's not very ~ to run away like that** no es de hombres *or* de valientes salir corriendo así
man-made /ˈmænˈmeɪd/ *adj* ‹*lake*› artificial; ‹*material*› sintético
manna /ˈmænə/ *n* [u] maná *m*; **~ *from heaven*** maná del cielo
mannequin /ˈmænɪkən || ˈmænɪkɪn/ *n* (dummy) maniquí *m*; (fashion model) maniquí *f*, modelo *f*
manner /ˈmænər || ˈmænə(r)/ *n*
A (way, fashion) forma *f*, modo *m*, manera *f*; **he was behaving in a ridiculous ~** se estaba comportando de forma *or* manera ridícula *or* de modo ridículo; **in a ~ of speaking** en cierto modo *or* en cierta medida *or* hasta cierto punto; ***(as) to the ~ born*** como si hubiera nacido para ello
B 1 (bearing, demeanor) actitud *f*; **she has an abrupt ~** es brusca; **a good telephone ~ is essential** es imprescindible tener buen trato por teléfono 2 (style) (Art) estilo *m*
C (variety) tipo *m*, suerte *f*, clase *f*; **by no ~ of means** de ningún modo, de ninguna manera
D **manners** *pl* 1 (personal conduct) modales *mpl*, educación *f*; **it's (good) ~s to say 'please'** es de buena educación decir 'por favor'; **~s!** ¡qué modales son ésos! 2 (lifestyle) (frml) costumbres *fpl*; **a comedy of ~s** (Lit) una comedia costumbrista
mannered /ˈmænərd || ˈmænəd/ *adj* afectado, amanerado
mannerism /ˈmænərɪzəm/ *n* (peculiarity, habit) peculiaridad *f*; (gesture) gesto *m*
mannish /ˈmænɪʃ/ *adj* ‹*woman/appearance*› masculino, hombruno; ‹*clothes/fashion*› masculino
manoeuvre *n/vt/vi* (BrE) ▸**maneuver**[1,2]
man-of-war /ˈmænəvˈwɔːr || ,mænəˈwɔː(r)/ *n* (*pl* **men-of-war** /men-/) buque *m* de guerra
manor /ˈmænər || ˈmænə(r)/ *n* 1 (estate) (Hist) feudo *m*, heredad *f* 2 **~ (house)** casa *f* solariega
manpower /ˈmænpaʊər/ *n* [u] (workers) personal *m*, recursos *mpl* humanos; (blue-collar) mano *f* de obra
manse /mæns/ *n*: *casa de un pastor protestante*
manservant /ˈmæn,sɜːrvənt || ˈmænsɜːvənt/ *n* (*pl* **menservants** /ˈmen-/ *or* **manservants**) criado *m*, sirviente *m*; (valet) valet *m*
mansion /ˈmænʃən/ *n* mansión *f*
man: **~-sized** /ˈmænsaɪzd/, (BrE also) **~-size** *adj* grande; **~slaughter** *n* [u] homicidio *m* sin premeditación
mantelpiece /ˈmæntḷpiːs/, **mantelshelf** /ˈmæntḷʃelf/ *n* repisa *f* de la chimenea
mantis /ˈmæntəs || ˈmæntɪs/ *n* (*pl* **-tises**) ▸**praying mantis**
mantle /ˈmæntḷ/ *n*
A 1 (cloak) (arch) manto *m* 2 (covering) (liter) manto *m* (liter)
B (on gas lamp) camisa *f*, mantilla *f*
C (Geol) manto *m*, sima *f*
man: **~ to man** *adv* de hombre a hombre; **~trap** *n* trampa *f*, cepo *m*
manual[1] /ˈmænjuəl/ *adj* manual
manual[2] *n* manual *m*
manually /ˈmænjuəli/ *adv* manualmente, a mano
manufacture[1] /ˈmænjəˈfæktʃər || ,mænjʊˈfæktʃə(r)/ *vt* ‹*cars/toys*› fabricar*, manufacturar; ‹*clothes*› confeccionar; ‹*foodstuffs*› elaborar, producir*; **~d goods** productos *mpl* manufacturados, manufacturas *fpl*
manufacture[2] *n* [u] (act) fabricación *f*, manufactura *f*; (of clothes) confección *f*; (of foodstuffs) elaboración *f*
manufacturer /ˈmænjəˈfæktʃərər/ *n* fabricante *mf*
manufacturing /ˈmænjəˈfæktʃərɪŋ || ,mænjʊˈfæktʃərɪŋ/ *adj* ‹*sector/town*› manufacturero, industrial; ‹*output/capacity*› industrial; **~ industry** industria *f* manufacturera

manure /mə'nʊr || mə'njʊə(r)/ *n* [u c] estiércol *m*
manuscript /'mænjəskrɪpt/ *n* manuscrito *m*
Manx[1] /mæŋks/ *adj* manés, de la isla de Man
Manx[2] *n* [u] (language) manés *m*
Manx cat *n: gato rabón de pelo corto*
many[1] /'meni/ *adj*
A muchos, -chas; **how ~ plates/cups?** ¿cuántos platos/cuántas tazas?; **a great/good ~ people** muchísima/mucha gente; **I've had as ~ jobs as you** he tenido tantos trabajos como tú; **use as ~ colors as you need** utiliza todos los colores que necesitas; **she read 15 books in as ~ days** se leyó 15 libros en el mismo número de días; **too ~ problems/people** demasiados problemas/demasiada gente; **one chair too ~, one too ~ chairs** una silla de más
B **many a** (liter) muchos, -chas; **~ a time** muchas veces
many[2] *pron* muchos, -chas; **how ~ of you smoke?** ¿cuántos/cuántas de ustedes fuman?; **~ of us** muchos de nosotros; **a good ~ of the houses** muchas de las casas; **~'s the time I've asked myself that** más de una vez me he preguntado eso; **answer as ~ of the questions as possible** conteste todas las preguntas que pueda; **I've got twice as ~ as you** tengo el doble que tú; **as ~ as 26 are missing** faltan nada menos que 26; **however ~ you eat** te comas las *or* los que te comas; **I don't want this ~** yo no quiero tantos/tantas; **would ten be too ~?** ¿diez serían demasiados?; **you've given me one/two too ~** me has dado uno/dos de más; **~ would disagree with that** muchos no estarían de acuerdo con eso
Maoist /'maʊəst || 'maʊɪst/ *adj* maoísta
Maori[1] /'maʊri/ *adj* maorí
Maori[2] *n* maorí *mf*
map[1] /mæp/ *n* (of country, region) mapa *m*; (of town, subway, building) plano *m*; **a ~ of the world** un planisferio, un mapamundi; ***to put sth on the ~*** dar* notoriedad a algo
map[2] -pp- *vt* trazar* el mapa de
Phrasal verb
• **map out** [v ▸ o ▸ adv, v ▸ adv ▸ o] ‹*itinerary/holiday*› planear, planificar*
maple /'meɪpəl/ *n* **~ (tree)** arce *m*; (*before n*) **~ syrup** jarabe *m or* sirope *m* de arce
map-reading /'mæp,ri:dɪŋ/ *n* [u] interpretación *f* de mapas
mar /mɑ:r || mɑ:(r)/ *vt* **-rr-** estropear
Mar (= **March**) mar.
maraschino /'mærə'ski:nəʊ, -'ʃi:nəʊ/ *n* (*pl* **-nos**) **~ (cherry)** cereza *f* al marrasquino
marathon /'mærəθɑ:n || 'mærəθən/ *n* (race) maratón *m or f*; (endurance test) concurso *m* de resistencia; (*before n*) ‹*speech*› maratoniano; ‹*task*› monumental
marauder /mə'rɔ:dər || mə'rɔ:də(r)/ *n* (criminal) maleante *mf*; (prowler) merodeador, -dora *m,f*
marauding /mə'rɔ:dɪŋ/ *adj*: **they were attacked by ~ pirates** unos piratas que merodeaban en la zona los atacaron; **they are being terrorized by ~ bands of youths** las pandillas de jóvenes maleantes que merodean por el lugar los tienen aterrorizados
marble /'mɑ:rbəl || 'mɑ:bəl/ *n*
A **1▸** [u] (Min) mármol *m* **2▸** [c] (Art) escultura *f*/estatua *f* de mármol
B [c] (Games) canica *f or* (AmS) bolita *f*; **to play ~s** jugar* a las canicas *or* (AmS) bolitas; ***to lose one's ~s*** (colloq & hum) perder* la chaveta (fam)
march[1] /mɑ:rtʃ || mɑ:tʃ/ *n*
A **1▸** (Mil, Mus) marcha *f* **2▸** (demonstration) marcha *f* (de protesta)
B (of time) paso *m*; (of science, technology) avance *m*
march[2] *vi* **1▸** «*troops*» marchar; **when Saddam ~ed into** *o* **on Kuwait** cuando Saddam invadió Kuwait; **they ~ed past the visiting dignitaries** desfilaron ante los dignatarios visitantes; **time ~es on** el tiempo sigue su curso inexorablemente **2▸** (stride): **she ~ed into the office** entró con paso firme en *or* (esp AmL) a la oficina; **he ~ed up to the referee** se dirigió resueltamente hacia el árbitro
■ **march** *vt* hacer* marchar, obligar* a caminar; **the prisoner was ~ed in** hicieron entrar al prisionero
March /mɑ:rtʃ || mɑ:tʃ/ *n* marzo *m*; *see also* **January**

marchioness /'mɑ:rʃənəs || ,mɑ:ʃə'nes/ *n* marquesa *f*
march-past /'mɑ:rtʃpæst/ *n* desfile *m*, parada *f*
Mardi Gras /'mɑ:rdigrɑ: || ,mɑ:di'grɑ:/ *n* martes *m* de Carnaval
mare /mer || meə(r)/ *n* yegua *f*
margarine /'mɑ:rdʒərən || ,mɑ:dʒə'ri:n/ *n* [u] margarina *f*
margin /'mɑ:rdʒən || 'mɑ:dʒɪn/ *n*
A (on page, typewriter) margen *m*; **to set the ~s** fijar los márgenes, marginar
B **1▸** [c u] (leeway) margen *m*; **he won by a comfortable ~** ganó holgadamente; **~ of error/safety** margen de error/de seguridad **2▸** (Busn) (of profit) margen *m* (de ganancia *or* de beneficio)
C (fringe — of lake) (*often pl*) margen *f*; (— of society, debate) margen *m*; **they live on the ~(s) of society** viven marginados (de la sociedad)
marginal[1] /'mɑ:rdʒənəl || 'mɑ:dʒɪnl/ *adj*
A (minor) ‹*difference*› mínimo; ‹*role*› menor
B **1▸** (not very productive) ‹*land/well*› poco rentable **2▸** (Econ, Fin) ‹*cost*› marginal **3▸** (Pol BrE): **~ constituency** *distrito electoral cuyo representante obtuvo el escaño por escasa mayoría*
marginal[2] *n* (BrE) *escaño obtenido por escasa mayoría*
marginalize /'mɑ:rdʒənəlaɪz/ *vt* marginar
marginally /'mɑ:rdʒənəli || 'mɑ:dʒɪnəli/ *adv* ligeramente, un poquito
marigold /'mærəgəʊld/ *n* caléndula *f*, maravilla *f*
marijuana, /'mærə'wɑ:nə, -'hwɑ:- || ,mæri'wɑ:nə/ *n* [u] marihuana *f*
marina /mə'ri:nə/ *n* puerto *m* deportivo
marinade[1] /'mærə'neɪd || ,mærɪ'neɪd/ *n* [c u] adobo *m*
marinade[2], **marinate** /'mærəneɪd, -eɪt || 'mærɪneɪd, -eɪt/ *vt* dejar en adobo, marinar
marine[1] /mə'ri:n/ *n also* **Marine** (Mil) ≈ infante *m* de marina; **the M~s** (in US) los marines; (in UK) infantería *f* de marina; ***you can tell that to the ~s!*** (colloq) ¡a otro perro con ese hueso! (fam)
marine[2] *adj* (*before n*) ‹*biology*› marino; ‹*engineering*› naval; ‹*insurance*› marítimo
mariner /'mærənər/ *n* (arch & poet) navegante *m* (liter)
marionette /'mæriə'net/ *n* marioneta *f*, títere *m*
marital /'mærətl || 'mærɪtl/ *adj* ‹*problems*› matrimonial; ‹*bliss*› conyugal; **~ status** estado *m* civil
maritime /'mærətaɪm || 'mærɪtaɪm/ *adj* marítimo
marjoram /'mɑ:rdʒərəm || 'mɑ:dʒərəm/ *n* [u] mejorana *f*
mark[1] /mɑ:rk || mɑ:k/ *n*
A (sign, symbol) marca *f*; (stain) mancha *f*; (imprint) huella *f*; (on body) marca *f*; **a ~ of quality** un signo de calidad; **as a ~ of respect** en señal de respeto; **it's the ~ of a gentleman** es lo que distingue a un caballero; ***to leave*** *o* ***stamp one's ~ on sb/sth*** dejar su impronta en algn/algo; **five years in prison have left their ~** cinco años en la cárcel le han dejado huella; ***to make one's ~*** dejar su impronta
B (Educ) nota *f*; (Sport) punto *m*; **to give sb/get a good ~** ponerle* a algn/sacar* una buena nota; (Sport) darle* a algn/obtener* un buen puntaje *or* (esp Esp) una buena puntuación; **I give her full ~s for trying** se merece un premio por intentarlo
C **1▸** (indicator): **the cost has reached the $100,000 ~** el costo ha llegado a los 100.000 dólares; **(gas) ~ 6** (BrE) el número 6 (*de un horno de gas*); ***to overstep the ~*** pasarse de la raya **2▸** (for race) línea *f* de salida; **on your ~s!** *o* **take your ~s!** ¡a sus marcas!; ***to be quick/slow off the ~*** ser* rápido/lento
D (target) blanco *m*; **$300? $3,000 would be nearer the ~!** ¿300 dólares? ¡yo diría más bien 3.000!; ***to be*** *o* ***fall wide of the ~***: **his estimate was wide of the ~** erró por mucho en su cálculo; ***to hit/miss the ~*** «*warning*» hacer*/no hacer* mella
E *also* **Mark** (type, version) modelo *m*
F (Fin) marco *m*
mark[2] *vt*
A **1▸** (stain, scar) manchar, dejar (una) marca en **2▸** (pattern) (*usu pass*): **the male's throat is ~ed with two white bars** el macho tiene dos franjas blancas en el cuello
B (indicate) señalar, marcar*; **the letter was ~ed 'Urgent'** en

m

el sobre decía *or* (esp Esp) ponía 'urgente'
C [1] ‹*anniversary*› celebrar; ‹*beginning*› marcar*, señalar; **1997 ~s the centenary** en 1997 se cumple el centenario [2] (characterize) caracterizar*
D ‹*exam*› (make corrections in) corregir*; (grade) poner(le)* nota a, calificar*; **he ~ed it wrong** lo marcó como erróneo
E (heed): **(you) ~ my words!** ¡ya verás!, ¡vas a ver!
F (BrE Sport) ‹*opponent*› marcar*

Phrasal verbs

- **mark down** [v ▸ o ▸ adv, v ▸ adv ▸ o] [1] (Busn) ‹*goods*› rebajar [2] (BrE Educ) ‹*person/work*› bajarle la nota a
- **mark off** [v ▸ o ▸ adv, v ▸ adv ▸ o] [1] (divide off) ‹*area*› delimitar; ‹*boundary*› demarcar*; **to ~ sth off FROM sth** separar *or* deslindar algo DE algo [2] (check off) marcar*; (cross out) tachar
- **mark out** [v ▸ o ▸ adv, v ▸ adv ▸ o] [1] ‹*sports ground*› marcar* [2] (select) señalar [3] (distinguish) distinguir*
- **mark up** [v ▸ o ▸ adv, v ▸ adv ▸ o] [1] (note) anotar, apuntar [2] (Busn) ‹*goods*› aumentar el precio de [3] (BrE Educ) ‹*person/work*› subirle la nota a

Mark /mɑːrk || mɑːk/ *n* (Bib) (San) Marcos

marked /mɑːrkt || mɑːkt/ *adj* [1] (pronounced) ‹*improvement*› marcado, notable, notorio; ‹*accent*› marcado, fuerte; ‹*contrast*› acusado [2] **a ~ man** un hombre fichado

markedly /ˈmɑːrkədli/ *adv*: **~ different** muy diferente; **~ inferior** marcadamente *or* notablemente inferior

marker /ˈmɑːrkər || ˈmɑːkə(r)/ *n* [1] (to show position) indicador *m* [2] **~ (pen)** rotulador *m* [3] (Educ) *persona que corrige exámenes etc*

market[1] /ˈmɑːrkət || ˈmɑːkɪt/ *n*
A (Busn) mercado *m*; (exchange) lonja *f*; (*street* ~) mercado *m or* mercadillo *m or* (CS, Per) feria *f*
B [1] (trading activity) mercado *m*; **to be on/come on (to) the ~** estar*/salir* a la venta; **to put a product on the ~** lanzar* un producto al mercado; **we put the house on the ~ at $320,000** pusimos la casa en venta en $320.000; **they're in the ~ for semiconductors** están buscando semiconductores; **a buyer's/seller's ~** un mercado favorable al comprador/al vendedor; (*before n*) **~ forces** fuerzas *fpl* del mercado [2] (area of business) mercado *m*; (*before n*) **a ~ leader** un líder del mercado *or* de su sector en el mercado [3] (demand): **they have created a ~ for their products** han creado un mercado para sus productos; **the ~ for steel** la demanda de acero
C (*stock* ~) bolsa *f* (de valores); ***to corner the ~ (in sth)*** hacerse* con el mercado (de algo)

market[2] *vt* comercializar*
■ **market** *vi* (AmE): **to go ~ing** ir* a hacer la compra *or* (AmS) las compras, ir* a hacer el mercado (Col, Ven)

marketable /ˈmɑːrkətəbəl || ˈmɑːkɪtəbəl/ *adj* ‹*goods/product*› comercializable, mercadeable; ‹*image*› comercial; ‹*skill*› que se cotiza muy bien en el mundo laboral

market: **~-driven** /ˈmɑːrkət,drɪvən || ˈmɑːkɪt,drɪvən/ *adj* dirigido por el mercado, manejado por el mercado; **~ garden** *n* (BrE) huerta *f*

marketing /ˈmɑːrkətɪŋ || ˈmɑːkɪtɪŋ/ *n* [u] (Busn) marketing *m*, mercadotecnia *f*

market: **~place** *n* (in town) mercado *m*, plaza *f* del mercado; (Busn) mercado *m*; **~ research** *n* [u] estudio *m or* investigación *f* de mercado; **~ town** *n* (in UK) *población con mercado*

marking /ˈmɑːrkɪŋ || ˈmɑːkɪŋ/ *n*
A [c] [1] (on animal, plant) mancha *f* [2] (manmade) marca *f*; **road ~s** líneas *fpl* de señalización vial
B [u] (Educ): **I've got a lot of ~ to do** tengo muchos ejercicios (*or* cuadernos *etc*) que corregir

marksman /ˈmɑːrksmən || ˈmɑːksmən/ *n* (*pl* **-men** /-mən/) tirador *m*; **he's a good ~** tiene buena puntería

marksmanship /ˈmɑːrksmənʃɪp || ˈmɑːksmənʃɪp/ *n* [u] puntería *f*

markup /ˈmɑːrkʌp/ *n* margen *m* de ganancia *or* beneficio

marmalade /ˈmɑːrməleɪd || ˈmɑːməleɪd/ *n* [u c] mermelada *f* (*de cítricos*)

maroon[1] /məˈruːn/ *adj* granate *adj inv*

maroon[2] *n* [u] granate *m*

maroon[3] *vt* (*usu pass*) ‹*castaway*› abandonar (*en una isla desierta*)

marquee /mɑːrˈkiː || mɑːˈkiː/ *n* [1] (canopy) (AmE) marquesina *f* [2] (tent) (BrE) entoldado *m*, toldo *m*

marquess, marquis /ˈmɑːrkwəs || ˈmɑːkwɪs/ *n* marqués *m*

marriage /ˈmærɪdʒ/ *n*
A [1] [u] (act) casamiento *m*, matrimonio *m*, enlace *m* (frml); (*before n*) **~ certificate** certificado *m* de matrimonio [2] [u c] (relationship) matrimonio *m*; **~ TO sb**: **her ~ to the poet lasted two years** estuvo dos años casada con el poeta; **a ~ of convenience** un matrimonio de conveniencias; (*before n*) **~ counseling** *o* (BrE) **guidance** terapia *f* de pareja; **~ counselor** *o* (BrE) **~ guidance counsellor** consejero, -ra *m,f* matrimonial
B (union) (liter) (*no pl*) maridaje *m*, unión *f*

marriageable /ˈmærɪdʒəbəl/ *adj* (*usu before n*): **of ~ age** casadero, en edad de casarse

married /ˈmærid/ *adj* ‹*man/woman*› casado; **a ~ couple** un matrimonio; **~ life** la vida matrimonial *or* conyugal *or* de casado; **they have been ~ for two years** llevan dos años casados, hace dos años que se casaron; **he's ~** está *or* (esp AmS tb) es casado; **he's ~ to Mary** está casado con Mary; **to get ~ (to sb)** casarse (con algn)

marrow /ˈmærəʊ/ *n*
A [u] (*bone* ~) médula *f*, tuétano *m*; **frozen** *o* **chilled to the ~** helado hasta la médula
B [c] **~ squash** *o* **(BrE) ~** (Culin) *tipo de calabaza alargada y de cáscara verde*

marrowbone /ˈmærəʊbəʊn/ *n* hueso *m* con tuétano *or* (RPl tb) caracú

marry /ˈmæri/ **-ries, -rying, -ried** *vt* [1] (get married to) casarse con, contraer* matrimonio con (frml) [2] (perform ceremony) casar [3] ▸**marry off** [4] (unite, combine) unir
■ **marry** *vi* casarse, contraer* matrimonio (frml); **he's not the ~ing kind** él no es de los que se casan

Phrasal verb

- **marry off** [v ▸ o ▸ adv, v ▸ adv ▸ o] casar

Mars /mɑːrz || mɑːz/ *n* Marte *m*

marsh /mɑːrʃ || mɑːʃ/ *n* [c u] (*often pl*) pantano *m*; (on coast) marisma *f*

marshal[1] /ˈmɑːrʃəl || ˈmɑːʃəl/ *n*
A *also* **Marshal** (as title) (Mil) mariscal *m*
B (as title) (AmE) [1] (police chief) jefe, -fa *m,f* de policía; (fire chief) jefe, -fa *m,f* de bomberos [2] (Law) *supervisor de los tribunales de un distrito judicial*
C (at public gathering) miembro *m* del servicio de vigilancia

marshal[2] *vt*, (BrE) **-ll-** ‹*troops/crowd*› reunir*; ‹*support*› conseguir*; ‹*courage*› armarse de; ‹*thoughts*› poner* en orden; ‹*evidence*› reunir*

marsh: **~land** *n* [u] (*sometimes pl*) pantanal *f*, pantanos *mpl*; (on coast) marismas *fpl*; **~mallow** *n* [c u] (Culin) malvavisco *m*, gomita *f* (Ven), bombón *m* (Méx)

marsupial /mɑːrˈsuːpiəl || mɑːˈsuːpiəl/ *n* marsupial *m*

martial /ˈmɑːrʃəl || ˈmɑːʃəl/ *adj* marcial, castrense

martial: **~ arts** *pl n* artes *fpl* marciales; **~ law** *n* [u] ley *f* marcial

Martian[1] /ˈmɑːrʃən || ˈmɑːʃən/ *n* marciano, -na *m,f*

Martian[2] *adj* marciano

martin /ˈmɑːrtn̩ || ˈmɑːtɪn/ *n*: *cualquier pájaro de la familia del avión y el vencejo*

martini /mɑːrˈtiːni || mɑːˈtiːni/ *n* [1] (cocktail) *cóctel de vodka o ginebra y vermú* [2] **Martini**® Martini® *m*, vermú *m*, vermut *m*

martyr[1] /ˈmɑːrtər || ˈmɑːtə(r)/ *n* mártir *mf*; **he's a ~ to arthritis** la artritis lo tiene martirizado

martyr[2] *vt* (*usu pass*): **to be ~ed** sufrir el martirio

martyrdom /ˈmɑːrtərdəm || ˈmɑːtədəm/ *n* martirio *m*

marvel[1] /ˈmɑːrvəl || ˈmɑːvəl/ *n* maravilla *f*; **it's a ~ (to me) there wasn't an accident!** fue un milagro que no ocurriera un accidente

marvel[2], (BrE) **-ll-** *vi* **to ~ (AT sth)** maravillarse (DE algo)

marvelous, (BrE) **marvellous** /ˈmɑːrvl̩əs || ˈmɑːvələs/ *adj* maravilloso

Marxism /ˈmɑːrksɪzəm || ˈmɑːksɪzəm/ *n* [u] marxismo *m*

Marxist[1] /ˈmɑːrksəst || ˈmɑːksɪst/ *n* marxista *mf*

Marxist[2] *adj* marxista

Mary /ˈmeri || ˈmeəri/ *n*: **the Virgin ~** la Virgen María; **~ Magdalene** María Magdalena, la Magdalena

marzipan /ˈmɑːrzəpɑːn/ *n* [u] mazapán *m*

mascara /mæ'skærə || mæ'skɑːrə/ *n* [u c] rímel® *m*

mascot /'mæskɑːt || 'mæskət, -skɒt/ *n* mascota *f*

masculine¹ /'mæskjələn || 'mæskjʊlɪn/ *adj*
A (manly) masculino, varonil
B (Ling, Lit) ‹*noun*› masculino

masculine² *n* [u] (Ling): **in the ~** en masculino

masculinity /'mæskjə'lɪnəti || ,mæskjʊ'lɪnəti/ *n* [u] masculinidad *f*

mash¹ /mæʃ/ *n* **1** [u] (mashed potato) (BrE colloq) puré *m* de papas *or* (Esp) de patatas **2** [u c] (animal feed) afrecho *m*

mash² *vt* (Culin) ‹*potatoes/bananas*› hacer* puré de, moler* (Chi, Méx), pisar (RPl, Ven), espichar (Col); **~ed potato(es)** puré *m* de papas *or* (Esp) de patatas

mask¹ /mæsk || mɑːsk/ *n* **1** (for disguise, ritual) máscara *f*, careta *f* **2** (in fencing, ice-hockey) careta *f*; (used by doctors) mascarilla *f*, barbijo *m*; (for diving) gafas *fpl or* anteojos *mpl* de bucear *or* de buceo; (against dust, fumes) mascarilla *f*

mask² *vt* **1** (conceal) ocultar **2** (cover) cubrir*, tapar

masked /mæskt || mɑːskt/ *adj* ‹*gunman*› enmascarado; **~ ball** baile *m* de disfraces *or* de máscaras

masking tape /'mæskɪŋ || 'mɑːskɪŋ/ *n* cinta *f* adhesiva protectora, cinta *f* de enmascarar (Col), tirro *m* (Ven)

masochism /'mæsəkɪzəm/ *n* masoquismo *m*

masochist /'mæsəkəst || 'mæsəkɪst/ *n* masoquista *mf*

masochistic /'mæsə'kɪstɪk/ *adj* masoquista

mason /'meɪsn̩/ *n* **1** (Const) albañil *mf*; (*stone* **~**) mampostero *m* **2** *also* **Mason** (*Free*~) masón *m*, francmasón *m*

Mason-Dixon line /,meɪsn̩'dɪksn̩/ *n* (in US) línea *f* Mason-Dixon (*que divide el sur del norte de EE UU*)

> **Mason–Dixon Line**
>
> Una línea divisoria medida y trazada en el siglo XVIII, entre los estados de Pensilvania y Maryland en EEUU, a fin de resolver un litigio entre los dos estados. En su época llegó a considerarse un símbolo de la división entre los estados del norte de EEUU, que no tenían esclavos y los estados del sur que sí los tenían

Masonic, masonic /mə'sɑːnɪk/ *adj* masónico

Masonite® /'meɪsənaɪt/ *n* [u] (AmE) conglomerado *m*

Mason jar /'meɪsn̩/ *n* (AmE) frasco *m* de conservas

masonry /'meɪsn̩ri || 'meɪsənri/ *n* [u] (Const) (craft of mason) albañilería *f*; (*stone* **~**) mampostería *f*

masquerade¹ /'mæskə'reɪd || ,mɑːskə'reɪd, ,mæ-/ *n* **1** (pretense) mascarada *f*, farsa *f* **2** (masked ball) mascarada *f*, baile *m* de disfraces *or* de máscaras

masquerade² *vi* **to ~ AS sb** hacerse* pasar POR algn

mass¹ /mæs/ *n*
A (bulk, body) masa *f*; **her hair was a ~ of curls** tenía la cabeza cubierta de rizos
B **masses** *pl* **1** (great quantity) (BrE colloq): **we received ~es of complaints** recibimos cantidades *or* (fam) montones de quejas **2** **the ~es** las masas
C [u] (Phys) masa *f*
D [c] *also* **Mass** (Mus, Relig) misa *f*; **to go to ~** ir* a misa

mass² *vi* «*crowd/clouds*» concentrarse

mass³ *adj* (*before n*) ‹*culture/market*› de masas; ‹*hysteria/suicide*› colectivo; ‹*protest*› masivo, en masa; ‹*unemployment*› generalizado, masivo; **~ grave** fosa *f* común; **a ~ meeting** una reunión de todo el personal (*or* el estudiantado *etc*); **~ murder** matanza *f*; **~ transit** (AmE) transporte *m* público

Mass = Massachusetts

massacre¹ /'mæsəkər || 'mæsəkə(r)/ *vt* **1** (slaughter) masacrar, matar **2** (defeat heavily) (colloq) aniquilar (fam)

massacre² *n* [c u] matanza *f*, masacre *f*, carnicería *f*

massage¹ /mə'sɑːʒ || 'mæsɑːʒ/ *vt* masajear

massage² *n* [c u] masaje *m*; **to give sb a ~** darle* un masaje a algn; **heart ~** masaje cardíaco

masseur /mæ'sɜːr || mæ'sɜː(r)/ *n* masajista *m*

masseuse /mæ'sɜːz/ *n* masajista *f*

massive /'mæsɪv/ *adj* ‹*wall/façade*› sólido, macizo; ‹*support/task*› enorme, grande; ‹*heart attack/overdose*› masivo

mass: **~ media** *pl n* **the ~ media** los medios de comunicación (de masas); **~-produce** /'mæsprə'duːs || ,mæsprə'djuːs/ *vt* fabricar* en serie

mast /mæst || mɑːst/ *n* **1** (Naut) mástil *m* **2** (flagpole) mástil *m* **3** (*relay* **~**) antena *f* repetidora, repetidor *m*

mastectomy /mæ'stektəmi/ *n* [u c] (*pl* **-mies**) mastectomía *f*

master¹ /'mæstər || 'mɑːstə(r)/ *n*
A (of household) señor *m*, amo *m*; (of animal) amo *m*, dueño *m*; (of servant) amo *m*, patrón *m*; **to be one's own ~** no tener* que darle cuentas a nadie
B (expert) **~ OF sth** maestro, -tra *m,f* DE algo, experto, -ta *m,f* EN algo; ***to be a past ~ of sth*** ser* un maestro consumado en algo
C (Educ) **1** (degree) **~'s (degree)** master *m*, maestría *f*; **M~ of Arts/Science** *poseedor de una maestría en Humanidades/Ciencias* **2** (BrE) (in secondary school) profesor *m*
D (Naut) capitán *m*
E **Master** **1** (Hist) (as form of address used by servants) el señor; (to younger man) señorito **2** (on letters to young boys) Sr.
F (for copies) (Audio, Comput, Print) original *m*

master² *vt* ‹*technique/subject*› llegar* a dominar

master³ *adj* (*before n, no comp*) **1** (expert): **~ baker/builder** maestro *m* panadero/de obras **2** (main) ‹*switch/key*› maestro; **~ bedroom** dormitorio *m* principal **3** (original) ‹*tape*› original, matriz; **~ copy** original *m*; **~ plan** plan *m* general

masterful /'mæstərfəl || 'mɑːstəfəl/ *adj* ‹*manner/gesture*› autoritario, imperioso; ‹*voice*› potente; ‹*person*› de porte autoritario

masterly /'mæstərli || 'mɑːstəli/ *adj* magistral

mastermind¹ /'mæstərmaɪnd/ *n* cerebro *m*

mastermind² *vt* planear y organizar*

master: **~ of ceremonies** *n* maestro, -tra *m,f* de ceremonias; **~piece** *n* obra *f* maestra; **~ sergeant** *n* (in US) sargento *m* mayor; **~stroke** *n* golpe *m* maestro

mastery /'mæstəri || 'mɑːstəri/ *n* [u] **1** (expertise, skill) maestría *f*; (of language, technique) dominio *m* **2** (control) dominio *m*

masticate /'mæstəkeɪt || 'mæstɪkeɪt/ *vt/i* masticar*

mastiff /'mæstəf || 'mæstɪf/ *n* mastín *m*, alano *m*

mastitis /mæ'staɪtəs || mæ'staɪtɪs/ *n* [u] mastitis *f*

masturbate /'mæstərbeɪt || 'mæstəbeɪt/ *vi* masturbarse

masturbation /'mæstər'beɪʃən || ,mæstə'beɪʃən/ *n* [u] masturbación *f*

mat¹ /mæt/ *n* (of rushes, straw) estera *f*, esterilla *f*; (*door* **~**) felpudo *m*, tapete *m* (Col, Méx); (*bath* **~**) alfombrilla *f or* alfombrita *f or* (Col, Méx) tapete *m* del baño; (*table*~) (individual) (mantel *m*) individual *m*; (in center of table) salvamanteles *m*, posafuentes *m* (CS)

mat² *adj* (AmE) ▸**matt**

match¹ /mætʃ/ *n*
A (for fire) fósforo *m*, cerilla *f* (Esp), cerillo *m* (esp AmC, Méx)
B (Sport): **boxing/wrestling ~** combate *m or* match *m* de boxeo/de lucha libre; **tennis ~** partido *m* de tenis; **football/hockey ~** (BrE) partido *m* de fútbol/de hockey
C (equal) (*no pl*): **to be a/no ~ for sb** estar*/no estar* a la altura de algn, poder*/no poder* competir con algn; **to meet one's ~** encontrar* la horma de su zapato
D (*no pl*) (sth similar): **they are a good ~** «*couple*» hacen buena pareja; **that shirt is a perfect ~ for my suit** esa camisa va *or* queda perfecta con mi traje

match² *vt*
A (equal) igualar; **we have nothing to ~ their new line** no tenemos nada equiparable a su nueva línea; **I'll ~ any offer he makes** estoy dispuesto a igualar cualquier oferta que él haga
B **1** (correspond to) ajustarse a, corresponder a; **does it ~ the description?** ¿se ajusta *or* corresponde a la descripción? **2** (harmonize with) hacer* juego con; **it ~es my shoes** hace juego con mis zapatos, queda bien con mis zapatos **3** (make correspond, find equivalent for): **~ the words with the pictures** encuentra la palabra que corresponda a cada dibujo; **to be well ~ed** «*competitors*» ser* del mismo nivel, ser* muy parejos (esp AmL); «*couple*» hacer* buena pareja **4** **matching** *pres p* haciendo juego, a juego (Esp)

■ **match** *vi* **1** (go together) «*clothes/colors*» hacer* juego, combinar, pegar* (fam); **a coat and a scarf to ~** un abrigo y una bufanda haciendo juego *or* (Esp) a juego; **a demanding job with a salary to ~** un trabajo que exige mucho

m

con un salario acorde [2] (tally) coincidir, concordar*

Phrasal verb

- **match up**

[A] [v ▸ o ▸ adv, v ▸ adv ▸ o] [1] ‹*pattern/design*› hacer* coincidir [2] (compare, find equivalent for) **to ~ sth up (WITH sth)** comparar *or* cotejar algo (CON algo)

[B] [v ▸ adv] (tally) coincidir, concordar*

match: **~book** *n* (AmE) librito *m* de fósforos *or* (Esp) de cerillas *or* (AmC, Méx tb) de cerillos; **~box** *n* caja *f* de fósforos *or* (Esp) de cerillas *or* (esp AmC, Méx) de cerillos

matchless /'mætʃləs || 'mætʃlɪs/ *adj* (liter) incomparable, inigualable, sin igual (liter)

match: **~maker** *n* (marriage arranger — woman) celestina *f*, casamentera *f*; (— man) casamentero *m*; **~making** *n* [u]: **you'll be accused of ~making** te van a acusar de andar haciendo de casamentero; **~ point** *n* punto *m* de partido; **~stick** *n* [1] ▸ **match¹ A** [2] (stick) palillo *m*; **her legs are like ~sticks** tiene unas piernas como palillos; (*before n*) ‹*drawing*› de palotes; **~stick man** monigote *m*

mate¹ /meɪt/ *n*

[A] [1] (assistant) ayudante *mf* [2] (Naut) oficial *mf* de cubierta; **first ~** primer oficial *m*

[B] [1] (Zool) (male) macho *m*; (female) hembra *f* [2] (of person) pareja *f*, compañero, -ra *m,f* [3] (of shoe, sock etc) (esp AmE) compañero, -ra *m,f*

[C] (BrE colloq) [1] (friend) amigo, -ga *m,f*, cuate, -ta *m,f* (Méx fam) [2] (as form of address — to a friend) hermano (fam), tío *or* macho (Esp fam), mano (AmL exc CS fam), che (RPl fam), gallo (Chi fam); (— to a stranger) amigo, jefe, maestro (AmL)

[D] (*check~*) (jaque *m*) mate *m*

mate² *vi* (copulate) aparearse, copular

material¹ /mə'tɪriəl || mə'tɪəriəl/ *n*

[A] [1] [c u] (used in manufacturing etc) material *m* [2] **materials** *pl* (equipment) material *m*; **teaching ~s** material *m* didáctico; **writing ~s** artículos *mpl* de escritorio

[B] [u c] (cloth) tela *f*, género *m*, tejido *m*

[C] [u] [1] (for book, show etc) material *m* [2] (potential, quality): **this is bestseller ~** éste es un bestseller en potencia; **she's champion ~** tiene madera de campeona

material² *adj*

[A] (worldly, physical) ‹*gain/needs*› material

[B] (Law) ‹*evidence*› sustancial

materialism /mə'tɪriəlɪzəm/ *n* [u] materialismo *m*

materialistic /mə'tɪriə'lɪstɪk/ *adj* materialista

materialize /mə'tɪriəlaɪz || mə'tɪəriəlaɪz/ *vi* «*object/ghost*» aparecer*; «*hope/idea*» hacerse* realidad, concretarse, materializarse*

maternal /mə'tɜːrnl || mə'tɜːnl/ *adj* [1] (motherly) maternal [2] (on mother's side) (*before n*) ‹*grandfather*› materno

maternity /mə'tɜːrnəti || mə'tɜːnəti/ *n* [u] maternidad *f*; (*before n*) ‹*clinic/ward*› de obstetricia; ‹*dress/clothes*› de embarazada, de futura mamá, premamá *adj inv* (Esp); ‹*pay/leave*› por maternidad; **~ hospital** maternidad *f*

math /mæθ/ *n* [u] (AmE) matemática(s) *f(pl)*, mates *fpl* (fam)

mathematical /'mæθə'mætɪkəl/ *adj* matemático; **she's a ~ genius** es un genio para las matemáticas

mathematician /'mæθəmə'tɪʃən/ *n* matemático, -ca *m,f*

mathematics /'mæθə'mætɪks/ *n* (+ *sing vb*) matemática(s) *f(pl)*

maths /mæθs/ *n* [u] (BrE) (+ *sing vb*) matemática(s) *f(pl)*, mates *fpl* (fam)

matinee, matinée /'mætn̩'eɪ || 'mætɪneɪ/ *n* (Cin) primera sesión *f* (*de la tarde*), matiné(e) *f* (AmS); (Theat) función *f* de tarde, matiné(e) *f* (AmS)

mating /'meɪtɪŋ/ *n* [u] apareamiento *m*; (*before n*) **~ season** época *f* de celo

matriarch /'meɪtriɑːrk || 'meɪtriɑːk/ *n* matriarca *f*

matriarchy /'meɪtriɑːrki || 'meɪtriɑːki/ *n* [c u] (*pl* **-chies**) matriarcado *m*

matrices /'meɪtrəsiːz, 'mæt- || 'meɪtrɪsiːz/ *pl of* **matrix**

matricide /'mætrəsaɪd || 'meɪtrɪsaɪd/ *n* [u c] (frml) (crime) matricidio *m*

matriculate /mə'trɪkjəleɪt/ *vi* (frml) matricularse

matriculation /mə'trɪkjə'leɪʃən/ *n* [u] matrícula *f*

matrimonial /'mætrə'məʊniəl || ˌmætrɪ'məʊniəl/ *adj* (*before n*) matrimonial

matrimony /'mætrəməʊni || 'mætrɪməni/ *n* [u] (frml) matrimonio *m*; **holy ~** el sacramento del matrimonio

matrix /'meɪtrɪks/ *n* (*pl* **matrices** *or* **~es**) matriz *f*

matron /'meɪtrən/ *n* [1] (dignified woman) matrona *f* [2] (in prison) (AmE) matrona *f* [3] (in hospital) (BrE dated) enfermera *f* jefe *or* jefa [4] (in school) ≈ enfermera *f*

matronly /'meɪtrənli/ *adj* matronil

matt, (AmE also) **matte**, **mat** /mæt/ *adj* mate

matted /'mætəd/ *adj* enmarañado y apelmazado

matter¹ /'mætər || 'mætə(r)/ *n*

[A] [u] [1] (substance) (Phil, Phys) materia *f*, sustancia *f* [2] (discharge) (Med) pus *m*, materia *f* [3] (*subject ~*) temática *f*, tema *m*; **form and ~** forma y contenido [4] (written, printed material): **printed ~** impresos *mpl*; **reading ~** material *m* de lectura

[B] [1] (question, affair) asunto *m*, cuestión *f*; **that's another** *o* **a different ~** eso es otra cosa, eso es diferente; **this is a ~ for the police** esto requiere la intervención de la policía; **it's only a ~ of time** sólo es cuestión de tiempo; **that's a ~ of opinion** eso es discutible; **as a ~ of interest, what does he do for a living?** por pura curiosidad ¿en qué trabaja?; **it's no laughing ~** no es motivo de risa, no es (como) para reírse [2] **matters** *pl*: **as ~s stand** tal y como están las cosas; **to make ~s worse** para colmo (de males); **that didn't help ~s** aquello no ayudó a mejorar la situación; **~s arising** asuntos *mpl* varios [3] (approximate amount) **a ~ OF sth** cuestión *f* or cosa *f* DE algo; **it was all over in a ~ of seconds** todo acabó en cuestión *or* cosa de segundos [4] (*in phrases*) **as a matter of fact**: **as a ~ of fact, I've never been to Spain** la verdad es que *or* en realidad nunca he estado en España; **for that matter** en realidad; **no matter** (*as interj*) no importa; (*as conj*): **no ~ how hard I try** por mucho que me esfuerce; **I want you back by 9 o'clock, no ~ what** quiero que estés de vuelta a las nueve, pase lo que pase

[C] (problem, trouble): **what's the ~?** ¿qué pasa?; **what's the ~ with Jane/the typewriter?** ¿qué le pasa a Jane/a la máquina de escribir?; **is anything the ~ with Alice?** ¿le pasa algo a Alice?

matter² *vi* importar; **it doesn't ~** no importa, da igual; **to ~ TO sb**: **money is the only thing that ~s to her/them** el dinero es lo único que le/les importa

matter-of-fact /'mætərəv'fækt/ *adj* ‹*person*› práctico, realista; **he explained it in a very ~ way** lo explicó con total naturalidad

matter-of-factly /'mætərəv'fæktli/ *adv* con total naturalidad

Matthew /'mæθjuː/ *n* (Bib) (San) Mateo

matting /'mætɪŋ/ *n* [u] esteras *fpl*

mattress /'mætrəs || 'mætrɪs/ *n* colchón *m*

mature¹ /mə'tʊr || mə'tjʊə(r)/ *adj* [1] (developed) ‹*animal/tree*› adulto; ‹*fruit*› maduro; ‹*artist/ideas*› maduro; **a ~ student** (BrE) un estudiante mayor [2] (sensible) maduro [3] (Culin) ‹*whiskey*› añejo; ‹*cheese*› curado; ‹*wine*› añejo, de crianza [4] (Fin) ‹*policy/bond*› vencido

mature² *vi* [1] (develop) «*plant/animal/person*» desarrollarse; «*artist/work*» madurar; «*wine*» añejarse; **to ~ with age** «*person*» madurar con la edad; «*cheese/wine*» madurar con los años *or* el tiempo [2] (become sensible) madurar [3] (Fin) «*bond/policy*» vencer*

maturity /mə'tʊrəti || mə'tjʊərəti/ *n* [u] (physical) madurez *f*, edad *f* adulta; (of temperament) madurez *f*

maudlin /'mɔːdlən || 'mɔːdlɪn/ *adj* llorón, sensiblero

maul /mɔːl/ *vt* atacar* (y herir*)

Maundy Thursday /'mɔːndi/ *n* Jueves *m* Santo

Mauritius /mɔː'rɪʃəs || mə'rɪʃəs/ *n* Mauricio *m*

mausoleum /'mɔːsə'liːəm/ *n* (*pl* **-ums**) mausoleo *m*

mauve¹ /məʊv/ *adj* malva *adj inv*

mauve² *n* [u] malva *m*

maven /'meɪvən/ *n* (AmE colloq) experto, -ta *m,f*

maverick /'mævərɪk/ *n* [1] (person) inconformista *mf*; (Pol) disidente *mf* [2] (unbranded calf) (AmE) ternero *m* no marcado

maw /mɔː/ *n* (liter) fauces *fpl* (liter)

mawkish /'mɔːkɪʃ/ *adj* sensiblero, empalagoso

max /mæks/ (= **maximum**) máx.; **to the ~** (AmE colloq) al máximo, a tope (Esp fam)

maxim /ˈmæksəm || ˈmæksɪm/ *n* máxima *f*

maximize /ˈmæksəmaɪz || ˈmæksɪmaɪz/ *vt* maximizar*, potenciar al máximo

maximum¹ /ˈmæksəməm || ˈmæksɪməm/ *n* máximo *m*; **I sleep a ~ of five hours** duermo cinco horas como máximo; **to the ~** al máximo

maximum² *adj* (*before n*) ‹*speed/amount/temperature*› máximo; **it was planned to cause ~ disruption** estaba planeado para causar el mayor trastorno posible

maximum³ *adv* como máximo

maximum security *adj* (*before n*) de alta seguridad

may¹ /meɪ/ *v mod* (*past* **might**)

A (asking, granting permission) poder*; **~ I smoke?** ¿puedo fumar?, ¿me permite fumar?; **and who, ~ I ask, are you?** ¿y quién es usted, si se puede saber?; **~ we see the menu, please?** ¿podríamos ver *or* nos podría traer el menú, por favor?; **~ I have your name and address, please?** ¿quiere darme su nombre y dirección, por favor?

B **1** (indicating probability) [*El grado de probabilidad que indica* **may** *es mayor que el que expresan* **might** *o* **could**]: **we ~ increase the price** quizás *or* tal vez aumentemos el precio; **it ~ or ~ not be true** puede o no ser cierto; **I was worried he might do something foolish** tenía miedo de que hiciera un disparate **2** (in generalizations): **no matter what they ~ say** digan lo que digan; **come what ~** pase lo que pase

C (indicating sth is natural): **you ~ well ask!** ¡buena pregunta!, ¡eso (mismo) digo yo!; **you ~ well feel embarrassed** no me extraña que te sientas avergonzado

D (conceding): **he ~ not be clever, but he's very hard-working** no será inteligente, pero es muy trabajador; **be that as it ~** sea como sea; **that's as ~ be** puede ser

E (in wishes) (liter): **~ that day never come** que ese día no llegue nunca; **long ~ she reign!** ¡que reine por muchos años!; *see also* **might¹**

may² *n* [u] espino *m*

May /meɪ/ *n* mayo *m*; *see also* **January**

Maya /ˈmaɪə/ *n* (*pl* **Mayas** *or* **Maya**) maya *mf*

Mayan¹ /ˈmaɪən/ *adj* maya

Mayan² *n* ▸ **Maya**

maybe /ˈmeɪbiː/ *adv* quizá(s), tal vez, a lo mejor; **~ I'll come later** quizá(s) *or* tal vez venga luego, a lo mejor vengo luego

Mayday, mayday /ˈmeɪdeɪ/ *n* señal *f* de socorro *or* auxilio; (*as interj*) ¡socorro!, ¡auxilio!

May: **~ Day** *n* el primero de mayo; (in some countries) el día del trabajo *or* de los trabajadores; **~fly** *n* efímera *f*

mayhem /ˈmeɪhem/ *n* [u] caos *m*, tumulto *m*; (in US) (Law) delito *m* de mutilación

mayo /ˈmeɪəʊ/ *n* [u] (AmE colloq) ▸ **mayonnaise**

mayonnaise /ˈmeɪəˈneɪz/ *n* [u] mayonesa *f*, mahonesa *f*

mayor /ˈmeɪər || meə(r)/ *n* alcalde, -desa *m,f*, intendente *mf* (municipal) (RPl)

mayoress /ˈmeɪərəs || ˈmeəres/ *n* (BrE) (mayor) alcaldesa *f*, intendente *f* (RPl); (mayor's wife) alcaldesa *f*

maypole /ˈmeɪpəʊl/ *n* mayo *m*

maze /meɪz/ *n* laberinto *m*

MB (= **megabyte(s)**) Mb.

MBA *n* = **Master of Business Administration**

MBE *n* (in UK) = **Member of the British Empire**

MC *n* = **master of ceremonies**

McCoy /məˈkɔɪ/ *n* ***the real ~***: **it isn't sparkling wine, it's the real ~** no es vino espumoso, es champán de verdad

Md = **Maryland**

MD **1** (Med): **John Jones, ~** (el) Dr. John Jones **2** (BrE Busn colloq) = **managing director**

me¹ /miː, *weak form* mi/ *pron*

A **1** (as direct object) me; **she helped ~** me ayudó; **help ~** ayúdame **2** (as indirect object) me; **he bought ~ flowers** me compró flores; **tell ~ something** dime una cosa; **give it to ~** dámelo **3** (after prep) mí; **for/behind/without ~** para mí/detrás de mí/sin mí; **come with ~** ven conmigo; **she's older than ~** es mayor que yo

B (emphatic use) yo; **it's ~** soy yo; **it was ~ who did it** fui yo que lo hice *or* quien lo hizo; **silly ~!** ¡qué tonto soy!; **~ join the army? never!** ¿meterme yo en el ejército? ¡ni soñar!

C (for myself) (AmE colloq *or* dial) me; **I'm going to get ~ a wife** voy a encontrar una mujer para casarme con ella

me² /miː/ *n* (Mus) mi *m*

ME

A (Geog) = **Maine**

B = **myalgic encephalomyelitis**

mead /miːd/ *n* [u] hidromiel *m*, aguamiel *f*‡

meadow /ˈmedəʊ/ *n* [c u] prado *m*, pradera *f*

meager, (BrE) **meagre** /ˈmiːgər || ˈmiːgə(r)/ *adj* ‹*portion/salary*› escaso, exiguo; ‹*existence*› precario

meal /miːl/ *n*

A [c] (Culin) comida *f*; **she has four ~s a day** hace cuatro comidas al día, come cuatro veces al día; ***to make a ~ of sth*** (esp BrE): **a short letter will do: there's no need to make a ~ of it** con una carta corta alcanza: no hay por qué exagerar

B [u] (Agr, Culin) harina *f* (*de avena, maíz etc*)

meal: **~ ticket** *n* **1** (source of income) (colloq): **his rich wife is his ~ ticket** como su mujer es millonaria tiene el futuro asegurado **2** (AmE) (voucher) cheque-comida *m*; **~time** *n* hora *f* de comer; **at ~times** a la hora de comer

mealy-mouthed /ˈmiːliˈmaʊðd/ *adj* (pej) que no habla claro; **don't be so ~** habla claro, déjate de rodeos

mean¹ /miːn/ *vt* (*past & past p* **meant**)

A (represent, signify) «*word/symbol*» significar*, querer* decir; **dark clouds ~ rain** los nubarrones son señal de lluvia; **that ~s trouble** eso quiere decir que va a haber problemas; **to ~ sth TO sb**: **does the number 0296 ~ anything to you?** ¿el número 0296 te dice algo?; **fame ~s nothing/a lot to her** la fama la tiene sin cuidado/es muy importante para ella

B **1** (refer to, intend to say) «*person*» querer* decir; **what do you ~?** ¿qué quieres decir (con eso)?; **do you know what I ~?** ¿me entiendes?, ¿me comprendes?; **that's not what I ~t** no es eso lo que quise decir; **he's Swedish, I ~, Swiss** es sueco, (qué) digo, suizo; **I know who you ~** ya sé de quién hablas *or* a quién te refieres; **what's that supposed to ~?** ¿a qué viene eso? **2** (be serious about) decir* en serio; **I ~ it!** ¡va *or* lo digo en serio!

C (equal, entail) significar*; **being 40 doesn't ~ I can't wear fashionable clothes** (el) que tenga 40 años no quiere decir que no me pueda vestir a la moda; **to ~ -ING**: **that would ~ repainting the kitchen** eso supondría *or* implicaría volver a pintar la cocina

D **1** (intend): **he didn't ~ (you) any harm** no quiso hacerte daño, no lo hizo por mal; **to ~ to + INF**: **I ~ to succeed** mi intención es triunfar, me propongo triunfar; **I'm sorry, I didn't ~ to do it** perdón, lo hice sin querer; **I ~t to do it but I forgot** tenía toda la intención de hacerlo pero me olvidé; **I've been ~ing to talk to you** hace tiempo que quiero hablar contigo; **I ~t it to be a surprise** yo quería que fuera una sorpresa; **the bullet was ~t for me** la bala iba dirigida a mí; **we were ~t for each other** estamos hechos el uno para el otro **2** **to be ~t to + INF** (supposed, intended): **you weren't ~t to get the job** el trabajo no era para ti; **you weren't ~t to hear that** no pensaron (*or* pensé *etc*) que tú estarías escuchando; **I was never ~t to be a teacher** yo no estoy hecho para enseñar; **the money was ~t to last** se suponía que el dinero iba a durar

mean² *adj*

A (miserly) ‹*person*› tacaño, mezquino; ‹*portion*› mezquino, miserable

B **1** (unkind, nasty) malo; **it was really ~ of you** fue una maldad (de tu parte); **you were really ~ to me** me trataste muy mal **2** (excellent) (esp AmE sl) genial, fantástico

C (inferior, humble) (liter) humilde; **that's no ~ feat/achievement** no es poca cosa, no es moco de pavo (fam)

D (Math) (*before n*) medio

mean³ *n* media *f*, promedio *m*; *see also* **means**

mean⁴ *adv* (AmE colloq & dial): **they treated us real ~** nos trataron muy mal

meander /miˈændər || miˈændə(r)/ *vi* «*river*» serpentear; «*person*» deambular, vagar*, andar* sin rumbo fijo

meandering /miˈændərɪŋ/ *adj* ‹*river/course*› serpenteante; **a ~ speech** un discurso lleno de divagaciones

m

meaning /'mi:nɪŋ/ *n* [c u] (of word) significado *m*, acepción *f*; (of symbol, act) significado *m*; **literal/figurative ~** sentido *m* literal/figurado; **work? you don't know the ~ of the word** ¿trabajar? ¡tú no sabes qué significa trabajar!; **if you take** *o* **get my ~** si me entiendes

meaningful /'mi:nɪŋfəl/ *adj* ‹*look*› significativo, elocuente; ‹*explanation*› con sentido, coherente; ‹*results*› significativo; ‹*experience/relationship*› significativo, valioso; ‹*discussions*› positivo

meaningless /'mi:nɪŋləs || 'mi:nɪŋlɪs/ *adj* ‹*word*› sin sentido; **the term is ~ to most people** para la mayoría de la gente el término no significa nada

meanness /'mi:nnəs || 'mi:nnɪs/ *n* [u] 1 (stinginess) tacañería *f*, mezquindad *f* 2 (nastiness) maldad *f*

means /mi:nz/ *n* (*pl* ~)

A (+ *sing vb*) 1 (method) medio *m*; **a ~ to an end** un medio para lograr un fin; **does the end justify the ~?** ¿el fin justifica los medios?; **~ of transport** medio de transporte; **there's no ~ of finding out** no hay manera *or* forma de saberlo; *see also* **ways and means** 2 (*in phrases*) **by all means** por supuesto, ¡cómo no! (esp AmL); **by no means, not by any means**: **we are by no ~ rich** no somos ricos ni mucho menos: **it's not a perfect film by any ~** de ninguna manera *or* de ningún modo es una película perfecta; **by means of** (*as prep*) por medio de, mediante

B (frml) (+ *pl vb*) (wealth) medios *mpl* (económicos), recursos *mpl*; (income) ingresos *mpl*; **a woman of ~** una mujer de buena posición económica; **they live beyond their ~** llevan un tren de vida que no se pueden costear *or* que sus ingresos no les permiten

means test *n*: *investigación de los ingresos de una persona para determinar si tiene derecho o no a ciertas prestaciones*

meant /ment/ *past & past p of* **mean¹**

meantime¹ /'mi:ntaɪm/ *n*: **in the ~** (while sth else happens) mientras tanto, entretanto; (in the intervening period) en el ínterin *or* interín; **for the ~** por ahora, por el momento

meantime² *adv* ▸ **meanwhile¹**

meanwhile¹ /'mi:nhwaɪl/ *adv* mientras tanto

meanwhile² *n* ▸ **meantime¹**

measles /'mi:zəlz/ *n* (+ *sing or pl vb*) (Med) sarampión *m*

measly /'mi:zli/ *adj* **-lier, -liest** (colloq) mísero

measurable /'meʒərəbəl/ *adj* 1 (quantifiable) mensurable, medible, susceptible de ser medido 2 (perceptible) apreciable, perceptible

measure¹ /'meʒər || 'meʒə(r)/ *n*

A 1 [u] (system) medida *f* 2 [c] (unit) medida *f*, unidad *f* 3 [c u] (amount) cantidad *f*; **with a (certain) ~ of success** con cierto éxito; **in large** *o* **great** *o* **no small ~** (frml) en gran medida, en gran parte; ***for good ~***: **take two for good ~** lleva dos por si acaso *or* para que no vaya a faltar 4 [c u] (size) (BrE) medida *f*; **he had it made to ~** se lo mandó hacer a (la) medida; **the true ~ of the problem** la verdadera magnitud *or* envergadura del problema; ***to have the ~ of sb***: **fortunately I had his ~** *o* **the ~ of him** por suerte yo ya lo tenía calado (fam)

B [c] (device) medida *f*

C [c] (step) medida *f*; **to take ~s to + INF** tomar medidas para + INF

D (AmE Mus) compás *m*

measure² *vt*

A ‹*length/speed/waist*› medir*; ‹*weight*› pesar; **to ~ sb for a suit** tomarle las medidas a algn para un traje

B (assess) calcular, evaluar*; **to ~ sth AGAINST sth** comparar algo CON algo

■ **measure** *vi* medir*; **what does it ~?** ¿cuánto mide?

Phrasal verbs

- **measure off** [v ▸ o ▸ adv, v ▸ adv ▸ o] ‹*length/area*› medir*
- **measure out** [v ▸ o ▸ adv, v ▸ adv ▸ o] ‹*length*› medir*; ‹*weight*› pesar
- **measure up** [v ▸ adv] estar* a la altura de las circunstancias; **to ~ up TO sth** estar* a la altura DE algo

measured /'meʒərd || 'meʒəd/ *adj* ‹*stride/step*› acompasado; ‹*words/language*› moderado, comedido, mesurado

measurement /'meʒərmənt || 'meʒəmənt/ *n* 1 [u c] (act) medición *f* 2 [c] (dimension) medida *f*; **to take sb's ~s** tomarle las medidas a algn

measuring /'meʒərɪŋ/: **~ cup**, (BrE) **~ jug** *n* jarra *f* graduada; **~ spoon** *n* cuchara *f* de medir

meat /mi:t/ *n* 1 [u c] carne *f*; **cold** *o* **cooked ~s** fiambres *mpl*, carnes *fpl* frías (Méx); ***the ~ and potatoes*** (AmE) lo básico; ***one man's ~ is another man's poison*** lo que a uno cura a otro mata; (*before n*) ‹*product*› cárnico 2 [u] (substance) sustancia *f*, enjundia *f*

meat: **~ball** *n* (Culin) albóndiga *f*; (stupid person) (AmE sl) pánfilo, -la *m,f* (fam); **~-eater** *n* (animal) carnívoro, -ra *m,f*; (person) *persona que come carne*; **~loaf** *n* [u c] pan *m* de carne

meaty /'mi:ti/ *adj* **-tier, -tiest** 1 ‹*taste/smell*› a carne; ‹*soup/stew*› con mucha carne; ‹*rabbit/bone*› carnoso, con mucha carne 2 ‹*article/book*› sustancioso, enjundioso

Mecca /'mekə/ *n* 1 La Meca 2 *also* **mecca** (center of attraction) meca *f*; **Monte Carlo is a ~ for gamblers** Montecarlo es la meca de los jugadores

mechanic /mə'kænɪk || mɪ'kænɪk/ *n* mecánico, -ca *m,f*; *see also* **mechanics**

mechanical /mə'kænɪkəl || mɪ'kænɪkəl/ *adj* ‹*problem/toy*› mecánico, maquinal; ‹*action/reply*› mecánico

mechanical: **~ engineer** *n* ingeniero mecánico, ingeniera mecánica *m,f*; **~ engineering** *n* [u] ingeniería *f* mecánica

mechanically /mə'kænɪkli || mɪ'kænɪkli/ *adv* ‹*driven/operated*› mecánicamente, maquinalmente; ‹*answer/repeat*› mecánicamente

mechanics /mə'kænɪks || mɪ'kænɪks/ *n*

A (+ *sing vb*) (Phys, Mech Eng) mecánica *f*

B (+ *pl vb*) **the ~** (practical details) los aspectos prácticos; (mechanical parts) el mecanismo

mechanism /'mekənɪzəm/ *n* mecanicismo *m*

mechanize /'mekənaɪz/ *vt* ‹*process/agriculture*› mecanizar*; ‹*unit/regiment*› motorizar*

Med /med/ *n* (colloq) **the ~** el Mediterráneo

M Ed *n* = **Master of Education**

medal /'medl/ *n* medalla *f*; (*before n*) **~ winner** ▸ **medalist**

medalist, (BrE) **medallist** /'medḷəst || 'medəlɪst/ *n* medallista *mf*; **gold/silver ~** medalla *mf* de oro/plata

medallion /mə'dæljən/ *n* medallón *m*

medallion man *n* (colloq) macho *m* prototípico (*que lleva ropa llamativa y medallón*), macho *m* ibérico (Esp)

medallist (BrE) ▸ **medalist**

meddle /'medl/ *vi* 1 (interfere) **to ~ (IN/WITH sth)** meterse *or* entrometerse *or* inmiscuirse* (EN algo) 2 (tamper) **to ~ WITH sth** toquetear algo

meddlesome /'medḷsəm/ entrometido

media¹ /'mi:diə/ *n*: **the ~** (+ *pl or* (crit) *sing vb*) los medios de comunicación *or* difusión; (*before n*) **~ coverage** cobertura *f* periodística; **~ studies** periodismo *m*

media² *pl of* **medium² A,2**

mediaeval /'mi:di'i:vəl, 'me- || ˌmedi'i:vəl/ ▸ **medieval**

median¹ /'mi:diən/ *adj* (Math) medio

median² *n*

A (Math) mediana *f*

B **~ (strip)** (AmE) mediana *f*, bandejón *m* (central) (Chi), camellón *m* (Méx)

mediate /'mi:dieɪt/ *vi* mediar, actuar* de mediador

mediator /'mi:dieɪtər/ *n* mediador, -dora *m,f*

medic /'medɪk/ *n* (colloq) 1 (physician) médico, -ca *m,f* 2 (student) estudiante *mf* de medicina 3 ▸ **paramedic**

Medicaid /'medɪkeɪd/ *n* (in US) *organismo y programa estatal de asistencia sanitaria a personas de bajos ingresos*

medical¹ /'medɪkəl/ *adj* ‹*care/examination/insurance*› médico; ‹*student*› de medicina; ‹*case*› clínico; **~ certificate** certificado *m* médico; **~ history** (of patient) historial *m* médico *or* clínico, historia *f* clínica (AmL); **the ~ profession** los médicos, la profesión médica, el cuerpo médico; **on ~ grounds** por razones de salud; **~ school** facultad *f* de medicina

medical² *n* revisión *f* médica, examen *m* médico

medical examiner *n* (AmE Law) médico, -ca *m,f* forense

medically /'medɪkli/ *adv* 1 **~ qualified** titulado en medicina; **to be ~ examined** ser* reconocido por un médico 2 (*indep*) desde el punto de vista médico *or* clínico

medical officer, **Medical Officer** *n* (in company) médico, -ca *m,f* (*de una empresa*); (Mil) médico, -ca *m,f* militar

Medicare /ˈmedɪker || ˈmedɪkeə(r)/ *n* (in US) *programa estatal de asistencia sanitaria a personas mayores de 65 años*

medicated /ˈmedəkeɪtəd || ˈmedɪkeɪtɪd/ *adj* medicinal

medication /ˌmedəˈkeɪʃən || ˌmedɪˈkeɪʃən/ *n* **1** [u c] (substance) medicamento *m* **2** [u] (drugs) medicación *f*

medicinal /məˈdɪsn̩əl || mɪˈdɪsɪnl/ *adj* medicinal

medicine /ˈmedəsən || ˈmedsən, ˈmedəsən/ *n*

A [c u] (substance) medicamento *m*, medicina *f*, remedio *m* (esp AmL); ***to give sb a taste** o **dose of her/his own ~*** pagarle* a algn con la misma moneda

B [u] (science) medicina *f*

medicine man *n* curandero *m*, hechicero *m*

medieval /ˈmiːdiˈiːvəl, ˈme- || ˌmediˈiːvəl/ *adj* medieval, medioeval

mediocre /ˈmiːdiˈəʊkər || ˌmiːdɪˈəʊkə(r)/ *adj* mediocre

mediocrity /ˈmiːdiˈɑːkrəti/ *n* (*pl* **-ties**) **1** [u] (quality) mediocridad *f*, medianía *f* **2** [c] (person) mediocre *mf*

meditate /ˈmedəteɪt || ˈmedɪteɪt/ *vi* **to ~ (ON** *o* **UPON sth)** meditar (SOBRE algo)

meditation /ˈmedəˈteɪʃən/ *n* **1** [u] (Psych, Relig) meditación *f* **2** [u c] (reflection) meditación *f*, reflexión *f*

Mediterranean[1] /ˈmedətəˈreɪniən || ˌmedɪtəˈreɪniən/ *adj* mediterráneo

Mediterranean[2] *n* **1** **the ~ (Sea)** el (mar) Mediterráneo **2** (region) **the ~** el Mediterráneo

medium[1] /ˈmiːdiəm/ *adj*

A (intermediate) ‹*size*› mediano; **of ~ height/build** de estatura *or* talla media *or* mediana/de complexión normal

B (Culin) **1** ‹*steak*› a punto, término medio (Méx) **2** (*as adv*): **~ rare** ‹*steak*› poco hecho, a la inglesa (Méx); **~ dry** ‹*wine*› semi-seco

medium[2] *n*

A [c] (*pl* **media**) (means, vehicle) medio *m*; **through the ~ of** a través de *or* por medio de

B (*pl* **media**) **1** [c] (environment) medio *m* (ambiente) **2** [c] (for growing cultures) caldo *m* de cultivo

C (middle position) (*no pl*) punto *m* medio; **to strike a happy ~** lograr un término medio

D [c] (*pl* **mediums**) (Occult) médium *mf*, medio *mf*

medium: **~-range** /ˈmiːdiəmˈreɪndʒ/ *adj* (*before n*) ‹*missile/aircraft*› de alcance medio *or* intermedio; ‹*plans/forecast*› a medio *or* mediano plazo; **~-size** /ˈmiːdiəmˈsaɪz/, (BrE also) **~-sized** /-d/ *adj* ‹*book/house*› de tamaño mediano; ‹*person*› de talla *or* estatura media *or* mediana; **~-term** /ˈmiːdiəmˈtɜːrm/ *adj* (*before n*) a medio *or* mediano plazo; **~ wave** *n* (BrE) (*no pl*) onda *f* media

medlar /ˈmedlər || ˈmedlə(r)/ *n* níspero *m*

medley /ˈmedli/ *n* **1** (mixture) mezcla *f*, combinación *f* **2** (Mus) popurrí *m*

meek /miːk/ *adj* **-er, -est** dócil, sumiso, manso (liter); ***~ and mild*** como una malva

meet[1] /miːt/ (*past & past p* **met**) *vt*

A **1** (encounter) encontrarse* con; **~ me on the corner at 6 o'clock** encontrémonos en la esquina a las 6; ***to ~ sb halfway** o **in the middle*** llegar* a un arreglo con algn **2** (welcome) recibir; (collect on arrival) ir* a buscar; **she ran to ~ me** corrió a mi encuentro; **he met me off the train** me fue a buscar *or* a esperar a la estación **3** (oppose) ‹*opponent/enemy*› enfrentarse a

B (make acquaintance of) conocer*; **John, ~ Mr Clark** (frml) John, le presento al señor Clark; **pleased to ~ you** encantado de conocerlo, mucho gusto

C **1** (come up against, experience) encontrar*, toparse con; **he met his death there** allí encontró su muerte; **to be met BY/WITH sth** encontrarse* CON algo; **there's more to this than ~s the eye** esto es más complicado de lo que parece **2** (counter, respond to): **she met their threats with defiance** hizo frente desafiante a sus amenazas; **she was met with applause** fue recibida con aplausos

D ‹*demands/wishes*› satisfacer*; ‹*deadline/quota*› cumplir con; ‹*debt*› satisfacer*, pagar*; ‹*obligation*› cumplir con; ‹*requirements*› reunir*, cumplir; ‹*cost*› hacerse* cargo de; **his income is inadequate to ~ his needs** su salario le es insuficiente para hacer frente a sus necesidades

E **1** (come together with, join): **East ~s West in this beautiful city** Oriente y Occidente se dan la mano en esta bella ciudad; **her gaze met his** sus miradas se cruzaron; **she could not ~ his eye** *o* **gaze** no se atrevía a mirarlo a la cara **2** (strike) dar* contra

■ **meet** *vi*

A **1** (encounter each other) encontrarse*; **where shall we ~?** ¿dónde nos encontramos?, ¿dónde quedamos? (esp Esp); **until we ~ again!** ¡hasta la vista! **2** (hold meeting) «*club*» reunirse*; «*heads of state/ministers*» entrevistarse **3** (make acquaintance) conocerse*; **have you two already met?** ¿ya se conocen?, ¿ya los han presentado? **4** (as opponents) enfrentarse

B (come into contact): **the vehicles met head on** los vehículos chocaron *or* se dieron de frente; **where the three roads ~** en el empalme *or* en la confluencia de las tres carreteras; **their eyes met** sus miradas se cruzaron

Phrasal verbs

- **meet up** [v ▸ adv] **1** (get together) **to ~ up (WITH sb)** encontrarse* (CON algn) **2** (join) «*roads*» **to ~ up WITH sth** empalmar CON algo
- **meet with** [v ▸ prep ▸ o] **1** ‹*opposition/hostility*› ser* recibido con; **to ~ with failure** fracasar; **to ~ with success** tener* éxito; **the proposal met with general approval** la propuesta recibió la aprobación general; **she met with an unfortunate accident** le ocurrió un lamentable accidente **2** (meet) (AmE) encontrarse* con

meet[2] *n* **1** (AmE Sport) encuentro *m* **2** (in hunting) partida *f* (de caza)

meeting /ˈmiːtɪŋ/ *n*

A (assembly) reunión *f*; **to call/hold a ~** convocar*/celebrar una reunión; **political ~** mitin *m*, mítin *m*; **to have a ~** reunirse*, tener* una reunión; **the ~ decided to accept the proposals** la asamblea decidió *or* los presentes decidieron aceptar las propuestas; **to be in a ~** estar* en una reunión *or* (Esp tb) estar* reunido; **the ~ is adjourned** se levanta la sesión

B (encounter) encuentro *m*; (between presidents) entrevista *f*: **I remember our last ~** recuerdo la última vez que nos vimos

C (BrE Sport) encuentro *m*; **athletics ~** competencia *f or* (Esp) competición *f* de atletismo; **race ~** (Equ) jornada *f* de carreras

mega- /ˈmegə/ *pref* mega-

megabuck /ˈmegəbʌk/ *adj* (AmE colloq) (*before n*) multimillonario

megabucks /ˈmegəbʌks/ *pl n* (colloq) un dineral, un platal (AmS fam), un pastón (Esp fam), un lanón (Méx fam)

megabyte /ˈmegəbaɪt/ *n* megabyte *m*, megaocteto *m*

megalomaniac /ˈmegələʊˈmeɪniæk/ *n* megalómano, -na *m,f*

megaphone /ˈmegəfəʊn/ *n* megáfono *m*

megaton /ˈmegətʌn/ *n* megatón *m*

megawatt /ˈmegəwɑːt || ˈmegəwɒt/ *n* megavatio *m*

melancholy /ˈmelənkɑːli || ˈmelənkəli/ *adj* ‹*person/mood*› melancólico; ‹*sound*› triste

mélange, melange /meɪˈlɑːnʒ/ *n* (liter) mezcla *f*

melanoma /ˈmeləˈnəʊmə/ *n* [u c] melanoma *m*

melee, mêlée /ˈmeɪleɪ || ˈmeleɪ/ *n* (confusion) tumulto *m*; (fight) riña *f*, refriega *f*

mellow[1] /ˈmeləʊ/ *adj* **-er, -est** **1** ‹*fruit*› maduro; ‹*wine*› añejo; ‹*sound/voice*› dulce, melodioso; ‹*light/color*› tenue, suave **2** ‹*person/mood*› apacible, sosegado; **the wine had made him ~** el vino lo había hecho más afable

mellow[2] *vt* suavizar*

■ **mellow** *vi* «*color/voice*» suavizarse*; «*views*» moderarse; «*wine*» añejarse; **he has ~ed with age** se le ha suavizado el carácter con los años

melodic /məˈlɑːdɪk || məˈlɒdɪk/ *adj* ▸**melodious**

melodious /məˈləʊdiəs || məˈləʊdiəs/ *adj* melodioso

melodrama /ˈmelədrɑːmə/ *n* [c u] melodrama *m*

melodramatic /ˈmelədrəˈmætɪk/ *adj* melodramático

melody /ˈmelədi/ *n* (*pl* **-dies**) melodía *f*

melon /ˈmelən/ *n* [c u] melón *m*

melt /melt/ *vi* **1** «*ice/butter*» derretirse*; «*metal/wax*» fundirse; **the candy ~ed in his mouth** el caramelo se le deshizo *or* se le disolvió en la boca **2** (become mild, gentle) «*person*» ablandarse; «*anger*» desaparecer*; **he ~ed in her arms** se derritió en sus brazos **3** **to ~ INTO sth**: **they ~ed into the crowd** se perdieron en la muchedumbre;

m

the scenes ~ into one another las escenas se funden unas con otras

■ **melt** *vt* [1] (liquefy) ‹*snow/butter*› derretir* [2] (make gentle, compassionate): **their cries ~ed her heart** su llanto la conmovió

(Phrasal verbs)

• **melt away** [v ▸ adv] [1] «*ice/snow*» derretirse* [2] (disappear) «*mist/fog*» levantarse, disiparse; «*fear/suspicion*» disiparse, desvanecerse*; «*confidence*» desvanecerse*, esfumarse; «*resistance/opposition*» desaparecer*, esfumarse; **they ~ed away into the woods** desaparecieron ocultándose en el bosque

• **melt down** [v ▸ o ▸ adv, v ▸ adv ▸ o] ‹*gold/coins*› fundir

meltdown /ˈmeltdaʊn/ *n*: *fusión accidental del núcleo de un reactor*

melting /ˈmeltɪŋ/: **~ point** *n* punto *m* de fusión; **~ pot** *n* crisol *m*; ***to be in the ~ pot*** estar* sobre el tapete

member /ˈmembər || ˈmembə(r)/ *n*

A (of committee, board) miembro *mf*; (of club) socio, -cia *m,f*; (of church) feligrés, -gresa *m,f*; **~ of staff** empleado, -da *m,f*; **he's a ~ of the union** está afiliado al sindicato; **a ~ of the House of Representatives** un diputado, un miembro de la Cámara de Representantes *or* Diputados; **the ~ for Rye** (in UK) el diputado por Rye; **a ~ of the audience** un espectador, un asistente; **the offer is open to any ~ of the public** la oferta está abierta al público en general; **Spain is a ~ of the EC** España es miembro de la CE; (*before n*) **~ states** países *mpl* miembros

B (limb) (arch) miembro *m*

member: **~ of Congress** *n* (in US) miembro *mf* del Congreso; **~ of Parliament** *n* (in UK etc) diputado, -da *m,f*, parlamentario, -ria *m,f*

membership /ˈmembərʃɪp || ˈmembəʃɪp/ *n* [1] [u] (being a member): **~ of the club is restricted to residents** sólo los residentes pueden hacerse socios del club; **to apply for ~** solicitar el ingreso *or* la admisión en un club (*or* partido *etc*); **she gave up her party ~** dejó de pertenecer al partido; (*before n*) **~ card** carné *m* de socio; **~ fee(s)** cuota *f* (de socio) [2] [c] (members) (+ *sing or pl vb*) socios *mpl* (*or* afiliados *mpl etc*); (number of members) número *m* de socios (*or* afiliados *etc*)

membrane /ˈmembreɪn/ *n* membrana *f*

memento /məˈmentəʊ/ *n* (*pl* **-tos** *or* **-toes**) recuerdo *m*

memo /ˈmeməʊ/ *n* (*pl* **-os**) memorándum *m*, nota *f*

memoirs /ˈmemwɑːrz || ˈmemwɑːz/ *pl n* memorias *fpl*

memorabilia /ˈmemərəˈbɪliə/ *pl n* objetos *mpl* de interés

memorable /ˈmemərəbəl/ *adj* memorable

memorandum /ˈmeməˈrændəm/ *n* (*pl* **-dums** *or* **-da** /-də/) memorándum *m*

memorial[1] /məˈmɔːriəl/ *n* monumento *m*

memorial[2] *adj* conmemorativo

Memorial Day *n* (in US) *día en que se recuerda a los caídos*

> **Memorial Day**
>
> Un día festivo en EEUU en honor a los americanos caídos en la guerra. Tiene lugar, por lo general, el último lunes de mayo

memorize /ˈmeməraɪz/ *vt* memorizar*, aprender de memoria

memory /ˈmeməri/ *n* (*pl* **-ries**)

A [1] [u c] (faculty) memoria *f*; **if (my) ~ serves me right** si mal no recuerdo, si la memoria no me falla; **to play sth from ~** tocar* algo de memoria; ***to have a ~ like a sieve*** tener* la cabeza como un colador, tener* muy mala memoria; **~ *lane***: **to take a trip** *o* **stroll down ~ lane** rememorar el pasado [2] [u] (period): **the worst storm in living ~** la peor tormenta que se recuerde *or* de que se tenga memoria

B [1] [c] (recollection) recuerdo *m*; **I have no ~ of it** no lo recuerdo; **his ~ will live on** su recuerdo permanecerá vivo [2] [u] (remembrance) memoria *f*; **in ~ of sb** a la memoria *or* en memoria de algn; **in ~ of sth** en conmemoración de algo

C [c u] (Comput) memoria *f*

memory board *n* placa *f* de memoria

men /men/ *pl of* **man**[1]

menace /ˈmenəs || ˈmenɪs/ *n*

A [1] [u] (threatening quality): **the ~ in his voice** el tono amenazador de su voz; **an air of ~** un aire amenazador [2] [c] (threat) amenaza *f*; **to demand money with ~s** (BrE Law) exigir* dinero con intimidación

B [c] [1] (danger) amenaza *f*; **a ~ TO sb/sth** una amenaza PARA algn/algo [2] (nuisance) (colloq) peligro *m* público

menacing /ˈmenəsɪŋ || ˈmenɪsɪŋ/ *adj* ‹*look/voice*› amenazador, amenazante; ‹*sky/clouds*› que amenaza tormenta/lluvia, amenazador (liter)

menagerie /məˈnædʒəri/ *n* colección *f* de animales salvajes

mend[1] /mend/ *vt* [1] (repair) ‹*garment*› coser, arreglar; ‹*shoe*› arreglar; ‹*clock/roof*› arreglar, reparar [2] (set to rights): **she tried to ~ matters** trató de arreglar las cosas; **to ~ one's ways** enmendarse*

■ **mend** *vi* (heal) «*injury*» curarse; «*fracture/bone*» soldarse*

mend[2] *n* remiendo *m*; (darn) zurcido *m*; ***to be on the ~*** (colloq) ir* mejorando, estar* reponiéndose

mendacious /menˈdeɪʃəs/ *adj* (frml) ‹*person*› mendaz (liter), mentiroso; ‹*report/statement*› falaz (liter), falso

mender /ˈmendər / *n* (BrE): **to collect one's shoes from the ~('s)** ir* a buscar los zapatos al zapatero

menfolk /ˈmenfəʊk/, (AmE also) **menfolks** /-s/ *pl n*: **the ~** los hombres; **their ~** sus maridos (*or* compañeros *etc*)

menial /ˈmiːniəl/ *adj* de ínfima importancia, de baja categoría

meningitis /ˈmenənˈdʒaɪtəs/ *n* [u] meningitis *f*

menopausal /ˈmenəˈpɔːzəl/ *adj* menopáusico

menopause /ˈmenəpɔːz/ *n* **the ~** la menopausia; **the male ~** la andropausia

men's room *n* (AmE) baño *m mpl* de caballeros

menstrual /ˈmenstruəl/ *adj* (*before n*) menstrual

menstruate /ˈmenstrueɪt/ *vi* menstruar*

menstruation /ˈmenstruˈeɪʃən/ *n* [u] menstruación *f*

menswear /ˈmenzwer || ˈmenzweə(r)/ *n* [u] ropa *f* de caballero

mental /ˈmentl/ *adj*

A (*before n*) ‹*powers/illness*› mental; ‹*hospital/patient*› psiquiátrico; **~ age** edad *f* mental; **to make a ~ note of sth** tomar nota de algo mentalmente

B (mad) (BrE colloq) (*pred*) **to be ~** estar* chiflado (fam)

mental arithmetic *n* [u] cálculos *mpl* mentales

mentality /menˈtæləti/ *n* (*pl* **-ties**) mentalidad *f*

mentally /ˈmentəli/ *adv* mentalmente; **he's ~ ill/handicapped** es un enfermo mental/un disminuido psíquico

menthol /ˈmenθɔːl || ˈmenθɒl/ *n* [u] mentol *m*; (*before n*) ‹*cigarettes*› mentolado

mentholated /ˈmenθəleɪtəd/ *adj* mentolado

mention[1] /ˈmentʃən || ˈmenʃən/ *vt* mencionar; **your name was ~ed** se mencionó tu nombre; **I won't ~ any names** no daré nombres; **the village is ~ed in the book** el pueblo aparece mencionado en el libro; **have I ~ed John already?** ¿ya te he hablado de John?; **did I hear somebody ~ coffee?** ¿ha dicho alguien algo acerca de un cafe?; **to ~ only a few** por nombrar sólo a unos pocos; **there's the problem of time, not to ~ the cost** está el problema del tiempo y no digamos ya el costo; **don't ~ it** (on being thanked) no hay de qué, de nada

mention[2] *n* mención *f*; **it didn't even get a ~ in the press** la prensa ni siquiera lo mencionó; **at the ~ of her name** al oír (mencionar) su nombre

mentor /ˈmentɔːr/ *n* (liter) mentor, -tora *m,f* (liter)

menu /ˈmenjuː/ *n* [1] (in restaurant) carta *f*, menú *m* (esp AmL); **Ⓢ set menu** menú de la casa [2] (Comput) menú *m*

meow[1] /miˈaʊ/ *n* maullido *m*, miau *m*

meow[2] *vi* maullar*

MEP *n* (= **Member of the European Parliament**) eurodiputado, -da *m,f*

mercantile /ˈmɜːrkəntiːl || ˈmɜːkəntaɪl/ *adj* mercantil

mercantile marine *n* marina *f* mercante

mercenary[1] /ˈmɜːrsṇeri || ˈmɜːsɪnəri/ *n* (*pl* **-ries**) mercenario, -ria *m,f*

mercenary[2] *adj* materialista, interesado

merchandise /ˈmɜːrtʃəndaɪz || ˈmɜːtʃəndaɪz/ *n* [u] mercancía *f*, mercadería *f* (AmS)

merchandising /ˈmɜːrtʃəndaɪzɪŋ || ˈmɜːtʃəndaɪzɪŋ/ *n* [u] comercialización *f* (*esp de subproductos*)

merchant /ˈmɜːrtʃənt || ˈmɜːtʃənt/ *n*
A **1** (retailer) comerciante *mf*; **coal ~** comerciante en carbón **2** (Hist) mercader *m*
B (BrE colloq): **~ of doom** agorero, -ra *m,f*; **they're rip-off ~s** son unos ladrones

merchant: **~ bank** *n* (BrE) banco *m* mercantil; **~ banker** *n* (BrE) *ejecutivo de un banco mercantil*; **~ marine**, (BrE also) **~ navy** *n* marina *f* mercante; **~ shipping** *n* [u] **1** (industry) industria *f* de la marina mercante **2** (ships) barcos *mpl* mercantes

merciful /ˈmɜːrsɪfəl || ˈmɜːsɪfəl/ *adj* misericordioso, compasivo, clemente; **her death was a ~ release** en las circunstancias, su muerte fue una bendición

mercifully /ˈmɜːrsɪfəli/ *adv* **1** (leniently) con clemencia **2** (fortunately) (*indep*) gracias a Dios

merciless /ˈmɜːrsɪləs || ˈmɜːsɪlɪs/ *adj* despiadado

mercilessly /ˈmɜːrsɪləsli || ˈmɜːsɪlɪsli/ *adv* despiadadamente, sin piedad *or* clemencia

mercurial /mɜːrˈkjʊriəl || mɜːˈkjʊəriəl/ *adj* ‹*person/temperament*› voluble, volátil; ‹*wit*› vivo

mercury /ˈmɜːrkjəri || ˈmɜːkjʊri/ *n* [u] mercurio *m*

Mercury /ˈmɜːrkjəri || ˈmɜːkjʊri/ *n* Mercurio *m*

mercy /ˈmɜːrsi || ˈmɜːsi/ *n* (*pl* **-cies**) **1** [u] (clemency) misericordia *f*, clemencia *f*; **to have ~ (on sb)** tener* misericordia *or* piedad (de algn), apiadarse (de algn); **he begged for ~** pidió clemencia; **they showed the traitor no ~** no fueron clementes con el traidor; **to throw oneself on sb's ~** abandonarse a la merced de algn; **at the ~ of the elements** a merced de los elementos; (*before n*) ‹*mission/flight*› (journ) de ayuda *or* socorro **2** [c] (blessing) bendición *f*; **it's a ~ that ...** (colloq) es una suerte que ..., gracias a Dios, ...; **let's be grateful** *o* **thankful for small mercies** (set phrase) seamos positivos, podría haber sido peor

mercy killing *n* **1** [u] (practice) eutanasia *f* **2** [c] (instance) acto *m* de eutanasia

mere /mɪr || mɪə(r)/ *adj* (*superl* **merest**) (*before n*) simple, mero; **the ~ mention of his name** la mera *or* sola mención de su nombre; **a ~ six months ago** hace apenas seis meses; ▸**merest**

merely /ˈmɪrli || ˈmɪəli/ *adv* simplemente, solamente, sólo; **she ~ has to raise her voice and he ...** no tiene más que levantar la voz y él ...

merest /ˈmɪrəst || ˈmɪərɪst/ *adj* (*superl of* **mere**): **the ~ noise makes her jump** el menor ruido *or* el más leve ruido la hace saltar

meretricious /ˈmerəˈtrɪʃəs / *adj* ‹*style*› ampuloso, rimbombante; ‹*argument*› engañoso, especioso (frml)

merge /mɜːrdʒ/ *vi* «*roads/rivers*» confluir*; «*colors*» fundirse; «*companies*» fusionarse, unirse; **to ~ INTO sth**: **he ~d into the crowd** se perdió entre el gentío; **the red ~s into the blue** el rojo se funde con el azul
■ **merge** *vt* ‹*companies/organizations*› fusionar, unir; ‹*colors*› combinar, fundir; ‹*programs/data*› fusionar

merger /ˈmɜːrdʒər || ˈmɜːdʒə(r)/ *n* **1** (Busn) fusión *f* **2** (of organizations etc) fusión *f*, unión *f*

meridian /məˈrɪdiən/ *n* (Geog, Astron) meridiano *m*

meringue /məˈræŋ/ *n* [c u] merengue *m*

merit[1] /ˈmerət || ˈmerɪt/ *n*
A **1** [u] (excellence) mérito *m*; **he was chosen on ~** lo eligieron por sus méritos **2** [c] (praiseworthy quality): **each case is judged on its (own) ~s** se juzga cada caso individualmente *or* por separado; **there is no** *o* **isn't any ~ in prolonging the dispute** no tiene ningún sentido prolongar el conflicto
B [c] (BrE Educ) ≈ mención *f* especial

merit[2] *vt* merecer*, ser* digno de

meritocracy /ˈmerəˈtɑːkrəsi || ˌmerɪˈtɒkrəsi/ *n* [u c] (*pl* **-cies**) meritocracia *f*

mermaid /ˈmɜːrmeɪd || ˈmɜːmeɪd/ *n* sirena *f*

merrily /ˈmerəli || ˈmerɪli/ *adv* **1** (joyfully) alegremente **2** (unconcernedly) tranquilamente

merriment /ˈmerɪmənt/ *n* [u] (joy) alegría *f*, júbilo *m*; (laughter) risas *fpl*

merry /ˈmeri/ *adj* **-rier, -riest** **1** (joyful) alegre; **the more the merrier** (set phrase) cuantos más, mejor; **~ Christmas!** ¡feliz Navidad!, ¡felices Pascuas!; ***to make ~*** (liter) divertirse* **2** (unconcerned): **to go one's ~ way** (iro): **he went his own ~ way** se fue tan campante **3** (drunk) (colloq) alegre, achispado

merry: **~-go-round** *n* carrusel *m*, tiovivo *m* (Esp), calesita *f* (Per, RPl); **~making** *n* [u] juerga *f*; (celebrations) festejos *mpl*

mesh /meʃ/ *n* **1** [c] (opening) malla *f*; **a broad/fine ~** malla abierta/fina **2** [u] (material) malla *f*; **wire ~** tela *f or* malla *f* metálica

mesmerize /ˈmezmərаɪz/ *vt* **1** (fascinate) cautivar, fascinar **2** (hypnotize) (dated) hipnotizar*; **I was ~d** me quedé pasmada *or* boquiabierta

mess /mes/ *n*
A **1** (*no pl*) (untidiness) desorden *m*, revoltijo *m*; **what a ~!** ¡qué desorden!; **the bedroom was (in) a ~** el dormitorio estaba todo desordenado *or* (fam) patas para arriba; **my hair is a ~** (colloq) tengo el pelo hecho un desastre; **he made a ~ in the kitchen** dejó la cocina hecha un desastre (fam); **don't make a ~** no desordenes nada **2** (dirt): **what a ~!** ¡qué desastre *or* (RPl tb) enchastre! (fam); **they made a ~ on the carpet/in the kitchen** dejaron la alfombra/cocina hecha un asco (fam); **don't make a ~** no ensucies nada **3** [u] (excrement) (BrE colloq & euph) caca *f* (fam)
B (*no pl*) (confused, troubled state): **their marriage was (in) a ~** su matrimonio andaba muy mal; **the country is (in) a complete ~** la situación del país es caótica; **my life's a ~** mi vida es un desastre; **to get into a ~** meterse en un lío; **to make a ~ of sth**: **you made a real ~ of this job** hiciste muy mal este trabajo; **she made a real ~ of her life** se arruinó la vida
C [c] (Mil): **officers' ~** casino *m or* comedor *m* de oficiales
D (*no pl*) (large quantity) (AmE colloq) montón *m*

Phrasal verbs

• **mess around**, (BrE also) **mess about** (colloq)
A [v ▸ adv] **1** (misbehave) «*children*» hacer* travesuras, tontear; **she found out he'd been ~ing around** descubrió que había tenido líos *or* enredos con otras; **he started ~ing around with drugs** empezó a meterse con drogas **2** (fiddle, waste time): **he enjoys ~ing around in boats** le gusta entretenerse *or* pasar el tiempo navegando; **she didn't ~ around: she told him straight out** no se anduvo con vueltas; se lo dijo sin más (fam) **3** (interfere) **to ~ around (WITH sth/sb)**: **stop ~ing around with my things!** ¡deja mis cosas tranquilas!; **don't ~ around with me** no juegues conmigo, no me tomes el pelo (fam)
B [v ▸ o ▸ adv] (BrE) **1** (treat inconsiderately): **don't ~ me around: are you going to come or not?** no me fastidies *or* decídete de una vez ¿vienes o no? (fam) **2** (muddle) armar un lío con (fam)

• **mess up**
A [v ▸ o ▸ adv, v ▸ adv ▸ o] **1** (make untidy) desordenar, desarreglar **2** (make dirty) ensuciar **3** (spoil) ‹*plans*› estropear
B [v ▸ adv] (AmE colloq) echarlo todo a perder, embarrarla (fam)

• **mess with** [v ▸ prep ▸ o] (colloq) (provoke) meterse con (fam)

message[1] /ˈmesɪdʒ/ *n* mensaje *m*; **would you like to leave a ~, can I take a ~?** ¿quiere dejar algún recado *or* (esp AmL) mensaje?, ¿quiere dejar algo dicho? (CS); **error ~** (Comput) mensaje de error; ***to get the ~*** (colloq) entender*, darse* cuenta

message[2] *vt* enviar un mensaje de texto

messenger /ˈmesn̩dʒər || ˈmesɪndʒə(r)/ *n* mensajero, -ra *m,f*; (*before n*) **~ boy** recadero *m*, mandadero *m* (AmL)

mess hall *n* (AmE) comedor *m*

Messiah /məˈsaɪə/ *n* Mesías *m*

Messrs /ˈmesərz || ˈmesəz/ *pl of* **Mr** Sres.

messy /ˈmesi/ *adj* **-sier, -siest** **1** (untidy) ‹*room*› desordenado; ‹*writing*› sucio y descuidado, desprolijo (CS) **2** (dirty) sucio; **he's a ~ eater** no sabe comer, come sin modales **3** (unpleasant, confused) ‹*affair/business*› turbio

met /met/ *past & past p of* **meet**[1]

metabolic /ˈmetəˈbɑːlɪk || ˌmetəˈbɒlɪk/ *adj* metabólico

metabolism /məˈtæbəlɪzəm/ *n* metabolismo *m*

metal /ˈmetl̩/ *n* [u c] (Chem, Metall) metal *m*; (*before n*) ‹*box*› metálico, de metal; **~ detector** detector *m* de metales; **~ fatigue** fatiga *f* del metal

metallic /məˈtælɪk/ *adj* metálico

m

metallurgy /'metḷɜ:rdʒi || mə'tælədʒi/ *n* [u] metalurgia *f*
metalwork /'metḷwɜ:rk || 'metḷwɜ:k/ *n* [u] trabajo *m* en metales, metalistería *f*
metamorphose /'metə'mɔ:rfəʊz || ˌmetə'mɔ:fəʊz/ *vi* **to ~ INTO sth** convertirse* *or* transformarse *or* (frml) metamorfosearse EN algo
metamorphosis /'metə'mɔ:rfəsəs || ˌmetə'mɔ:fəsɪs/ *n* [c u] (*pl* **-phoses** /-fəsi:z/) metamorfosis *f*
metaphor /'metəfɔ:r || 'metəfɔ:(r)/ *n* [c u] metáfora *f*
metaphorical /'metə'fɔ:rɪkəl/ *adj* metafórico
metaphysical /'metə'fɪzɪkəl/ *adj* metafísico
metaphysics /'metə'fɪzɪks/ *n* [u] (+ *sing vb*) metafísica *f*
mete /mi:t/ *see* **mete out**
meteor /'mi:tiər, -ɔ:r || 'mi:tiə(r), -ɔ:(r)/ *n* meteorito *m*
meteoric /'mi:ti'ɔ:rɪk || ˌmi:tɪ'ɒrɪk/ *adj* ‹*rise/progress*› meteórico; **~ rock** piedra *f* meteórica
meteorite /'mi:tiəraɪt/ *n* meteorito *m*
meteorologist /'mi:tiə'rɑ:lədʒəst || ˌmi:tiə'rɒlədʒɪst/ *n* meteorólogo, -ga *m,f*
meteorology /'mi:tiə'rɑ:lədʒi || ˌmi:tiə'rɒlədʒi/ *n* [u] meteorología *f*
mete out [v ▸ o ▸ adv, v ▸ adv ▸ o] ‹*fine/punishment*› imponer*
meter¹ /'mi:tər || 'mi:tə(r)/ *n*
A [c] **1** (measuring device): **gas/electricity/water ~** contador *m or* (AmL tb) medidor *m* de gas/electricidad/agua; **volt ~** voltímetro *m*; **light ~** fotómetro *m* **2** (*parking* ~) parquímetro *m*
B [u c] (AmE Mus) compás *m*
C [c] (BrE) **metre** (measure) metro *m*
D [c u] (BrE) **metre** (Lit) metro *m*
meter² *vt* medir* (*con contador*)
meth /meθ/ *n* [u] (AmE colloq) (+ *sing vb*) alcohol *m* azul *or* de quemar
methadone /'meθədəʊn/ *n* [u] metadona *f*
methane /'meθeɪn || 'mi:θeɪn/ *n* [u] metano *m*
methinks /mi'θɪŋks/ *adv* (arch) a mi parecer
method /'meθəd/ *n*
A [c u] método *m*; **~ of payment** forma *f* de pago; ***there's ~ in his/her madness*** no es tan loco/loca como parece
B (Theat) (*before n*) **a M~ actor** un actor del método (Stanislavsky-Strasberg)
methodical /mə'θɑ:dɪkəl || mɪ'θɒdɪkəl/ *adj* metódico
methodically /mə'θɑ:dɪkli/ *adv* métodicamente
Methodism /'meθədɪzəm/ *n* [u] metodismo *m*
Methodist¹ /'meθədəst || 'meθədɪst/ *n* metodista *mf*
Methodist² *adj* metodista
methodology /'meθə'dɑ:lədʒi || ˌmeθə'dɒlədʒi/ *n* (*pl* **-gies**) metodología *f*
meths /meθs/ *n* [u] (BrE colloq) ▸**meth**
methylated spirit(s) /'meθəleɪtəd/ *n* [u] (+ *sing vb*) alcohol *m* desnaturalizado *or* azul *or* de quemar
meticulous /mə'tɪkjələs || mə'tɪkjʊləs/ *adj* meticuloso
meticulously /mə'tɪkjələsli || mə'tɪkjʊləsli/ *adv* meticulosamente, minuciosamente
metier /meɪ'tjeɪ || 'metjeɪ/ *n* (profession) profesión *f*, oficio *m*; (strong point) fuerte *m*, especialidad *f*
metre (BrE) ▸**meter¹ C,4**
metric /'metrɪk/ *adj* métrico; **the ~ system** el sistema métrico (decimal)
metrication /'metrɪ'keɪʃən/ *n* [u] conversión *f* al sistema métrico (decimal)
metric ton *n* tonelada *f* (métrica)
metro¹ /'metrəʊ/ *n* (*pl* **-ros**) (Rail, Transp) metro *m*, subterráneo *m* (RPl)
metro² *adj* (AmE journ) (*before n*) metropolitano
metronome /'metrənəʊm/ *n* metrónomo *m*
metropolis /mə'trɑ:pələs || mə'trɒpəlɪs/ *n* (*pl* **-polises**) metrópoli(s) *f*
metropolitan /'metrə'pɑ:lətṇ || ˌmetrə'pɒlɪtən/ *adj* (frml) metropolitano; **the M~ Police** (in UK) la policía londinense
mettle /'metḷ/ *n* [u] temple *m*, entereza *f*; **to show one's ~** demostrar* lo que se vale; ***to be on one's ~*** estar* dispuesto a dar lo mejor de sí
mew /mju:/ *vi* maullar*
mewl /mju:l/ *vi* «*tomcat*» maullar*; «*baby*» lloriquear
mews /mju:z/ *n* (*pl* ~) (esp BrE) *calle flanqueada de antiguas caballerizas convertidas en viviendas, talleres etc*
Mexican¹ /'meksɪkən/ *adj* mexicano, mejicano
Mexican² *n* mexicano, -na *m,f*, mejicano, -na *m,f*
Mexico /'meksɪkəʊ/ *n* México *m*, Méjico *m*
Mexico City *n* (ciudad *f* de) México *m or* Méjico *m*; (within Mexico) el Distrito Federal *or* DF
mezzanine /'mezəni:n/ *n* **1** **~ (floor)** entresuelo *m*, *m*, mezzanine *f or m* (AmL) **2** (AmE Theat) platea *f* alta
mezzo-soprano /'metsəʊsə'prɑ:nəʊ/ *n* mezzosoprano *f*
mg (= **milligrams(s)**) mg.
mi /mi:/ *n* (Mus) mi *m*
MI = Michigan
MI5 *n* (in UK) *departamento de contraespionaje británico*
MI6 *n* (in UK) *departamento de inteligencia británico*
miaow /mi'aʊ/ *n/vi* ▸**meow¹,²**
mice /maɪs/ *pl of* **mouse**
Mich = Michigan
Michelangelo /'maɪkəl'ændʒələʊ/ *n* Miguel Ángel
mickey /'mɪki/ *n* ***to take the ~ (out of sb)*** (BrE colloq) reírse* de algn; (face to face) tomarle el pelo a algn
Mickey Mouse® *adj* (colloq & pej) (*before n*) ‹*approach*› muy poco serio (fam)
micro /'maɪkrəʊ/ *n* (*pl* **-cros**) ▸**microcomputer**
microbe /'maɪkrəʊb/ *n* microbio *m*
microbiology /'maɪkrəʊbaɪ'ɑ:lədʒi || ˌmaɪkrəʊbaɪ'ɒlədʒi/ *n* [u] microbiología *f*
microbrewery /'maɪkrəʊbru:əri/ *n* (*pl* **-ries**) (AmE) destilería *f* de cerveza artesanal
microchip /'maɪkrəʊtʃɪp/ *n* (micro)chip *m*
microclimate /'maɪkrəʊklaɪmət/ *n* microclima *m*
microcomputer /'maɪkrəʊkəmˌpju:tər/ *n* microcomputadora *f* (esp AmL), microordenador *m* (Esp)
microcosm /'maɪkrəkɑ:zəm/ *n* microcosmo(s) *m*
microeconomics /'maɪkrəʊˌekə'nɑ:mɪks || -ˌi:k-/ *n* (+ *sing vb*) microeconomía *f*
microelectronics /'maɪkrəʊelek'trɑ:nɪks || ˌmaɪkrəʊɪlek'trɒnɪks/ *n* (+ *sing vb*) microelectrónica *f*
microfiche /'maɪkrəʊfi:ʃ/ *n* [c u] microficha *f*
microfilm /'maɪkrəʊfɪlm/ *n* [c u] microfilm *m*, microfilme *m*
microlight /'maɪkrəʊlaɪt/ *n* aeroligero *m*
micrometer /maɪ'krɑ:mətər/ *n* micrómetro *m*
micron /'maɪkrɑ:n || 'maɪkrɒn/ *n* micrón *m*
microorganism /'maɪkrəʊ'ɔ:rgənɪzəm || ˌmaɪkrəʊ'ɔ:gənɪzəm/ *n* microorganismo *m*
microphone /'maɪkrəfəʊn/ *n* micrófono *m*
microprocessor /'maɪkrəʊ'prɑ:sesər || 'maɪkrəʊˌprəʊsesə(r)/ *n* microprocesador *m*
microscope /'maɪkrəskəʊp/ *n* microscopio *m*; ***to put sth under the ~*** examinar algo detenidamente
microscopic /'maɪkrə'skɑ:pɪk || ˌmaɪkrə'skɒpɪk/ *adj* microscópico, al microscopio
microsurgery /'maɪkrəʊ'sɜ:rdʒəri/ *n* microcirugía *f*
microwave /'maɪkrəʊweɪv/ *n*
A (Phys, Telec) microonda *f*
B **~ (oven)** (horno *m* de) microondas *m*
mid- /mɪd/ *pref*: **in ~January/the ~1980s** a mediados de enero/de la década de los 80; **~morning/~afternoon** a media mañana/tarde; **she was in her ~forties** tenía alrededor de 45 años
midair /'mɪd'er || ˌmɪd'eə(r)/ *n*: **in ~** en el aire
Midas /'maɪdəs/ *n* Midas; ***to have the ~ touch***: **she has the ~ touch** es como el rey Midas, todo lo que toca se convierte en oro
midday /'mɪd'deɪ/ *n* mediodía *m*; **at/before ~** al/antes del mediodía
middle¹ /'mɪdḷ/ *n*
A (of object, place — center) centro *m*, medio *m*; (— half-way line) mitad *f*; **in the ~ of nowhere** quién sabe dónde, en el quinto pino (Esp fam), donde el diablo perdió el poncho

(AmS fam); ***to split sth down the ~*** dividir algo por la mitad

B (of period, activity): **in the ~ of the week/month** a mediados de semana/mes; **it's the ~ of winter** estamos en pleno invierno; **in the ~ of the day** alrededor del medio día; **in the ~ of the night** en la mitad de la noche; **to be in the ~ of sth/-ING: I'm in the ~ of a really exciting novel at the moment** en este momento estoy leyendo una novela muy interesante; **I'm in the ~ of cooking dinner** estoy preparando la cena

C (waist) cintura *f*

middle² *adj* (*before n*): **the ~ house of the three** de las tres, la casa de en medio *or* del medio; **~ finger** dedo *m* medio *or* del corazón

middle: **~ age** *n* [u] madurez *f*; (*before n*) **~-age spread** ≈ la curva de la felicidad (euf); **~-aged** /ˈmɪdl̩ˈeɪdʒd/ *adj* de mediana edad, de edad madura; **~ Ages** *pl n* **the M~ Ages** la Edad Media; **~ America** *n* **1** (Geog) Mesoamérica, México y América Central; (in US) *la zona central de los EEUU* **2** (Sociol) la clase media norteamericana; **~brow** *adj* ‹*public/tastes*› medianamente cultivado; ‹*reading*› de nivel intelectual medio; **~ class** *n* [c u] (*often pl*) clase *f* media; **~-class** /ˈmɪdl̩ˈklæs ‖ ˌmɪdl̩ˈklɑːs/ *adj* ‹*family/district*› de clase media; ‹*attitudes*› burgués, convencional; **~ distance** *n* (in picture) segundo plano *m*; **~-distance** /ˈmɪdl̩ˈdɪstəns/ *adj* (*before n*) ‹*running/race*› de medio fondo; **~-distance runner** mediofondista *mf*; **~ East** *n* **the M~ East** el Oriente Medio, el Medio Oriente; **~ Eastern** *adj* medio-oriental, del Oriente Medio *or* Medio Oriente; **~ ground** *n* **the ~ ground** el terreno propicio para un avenimiento; **~man** /ˈmɪdl̩mæn/ *n* (*pl* **-men** /-men/) intermediario *m*; **to cut out the ~man** eliminar al intermediario; **~ management** *n* mandos *mpl or* cuadros *mpl* (inter)medios, gerencia *f* media; **~ name** *n* segundo nombre *m*; **thrift is her ~ name** (colloq & hum) es la tacañería personificada; **~-of-the-road** /ˈmɪdl̩əvðəˈrəʊd/ *adj* ‹*politician/views*› moderado; ‹*artist*› del montón; **~-ranking** /ˈmɪdl̩ˈræŋkɪŋ/ *adj* (*before n*) **1** (of intermediate rank) ‹*officer*› de medio rango **2** (average) ‹*book/film/author*› de mediana categoría; **~ school** *n* (in US) *colegio para niños de 12 a 14 años*; (in UK) *colegio para niños de 9 a 13 años*; **~weight** *n* (Sport) peso *m* mediano *or* medio; **~ West** *n* ▸**Midwest**

middling /ˈmɪdlɪŋ/ *adj* (in size) mediano; (in quality) regular; ▸**fair¹ D1**

Mideast /ˈmɪdˈiːst/ *n* (AmE) ▸**Middle East**

midfield /ˈmɪdfiːld ‖ ˌmɪdˈfiːld/ *n* (area, players) centro *m* del campo, mediocampo *m*; (*before n*) **~ player** centrocampista *mf*, mediocampista *mf*

midge /mɪdʒ/ *n*: *especie de mosquito pequeño*

midget /ˈmɪdʒət ‖ ˈmɪdʒɪt/ *n* enano, -na *m,f* (*de proporciones normales*)

midi /ˈmɪdɪ/ *adj* (Audio): **~ system** cadena *f* musical compacta

Midi /mɪˈdi/ *n* **the ~** el sur de Francia

Midlands /ˈmɪdləndz/ *pl n* (in UK) **the ~** *la región central de Inglaterra*

midlife /ˈmɪdˈlaɪf/ *n*: (*before n*) **~ crisis** crisis *f* de los 40

midnight /ˈmɪdnaɪt/ *n* medianoche *f*; **at ~** a medianoche; (*before n*) **M~ Mass** misa *f* de *or* del gallo; ▸**oil¹ A4**

midpoint /ˈmɪdpɔɪnt/ *n* punto *m* medio

midriff /ˈmɪdrɪf/ *n* estómago *m*; (Anat) diafragma *m*

midshipman /ˈmɪdʃɪpmən/ *n* (*pl* **-men** /-mən/) guardiamarina *m*

midst /mɪdst/ *n*: **in the ~ of sth** en medio de algo; **in our/their ~** entre nosotros/ellos

midstream /ˈmɪdˈstriːm/ *n*: **it was floating in ~** estaba flotando en el medio de la corriente; **I interrupted him in ~** lo interrumpí (en plena parrafada); ▸**horse A**

midsummer /ˈmɪdˈsʌmər ‖ ˌmɪdˈsʌmə(r)/ *n* [u] pleno verano *m*; **M~'s Day** el solsticio estival *or* vernal; (in the Northern hemisphere) el día de San Juan; (*before n*) **~ madness** locura *f* de verano

midterm /ˈmɪdtɜːrm ‖ ˌmɪdˈtɜːm/ *n*

A (Govt) mitad *f* del período de gobierno

B midterms *pl* (AmE Educ) exámenes *mpl* parciales

midtown /ˈmɪdˈtaʊn/ *n* casco *m*, centro *m*; (*before n*) ‹*apartment/hotel*› de la periferia del centro

midway /ˈmɪdˈweɪ/ *adv* ‹*stop*› a mitad de camino, a medio camino; **~ through the morning** a media mañana

midweek¹ /ˈmɪdˈwiːk/ *n*: **around ~** a mediados de semana; (*before n*) ‹*concert/flight*› de entre semana

midweek² *adv* entre semana, los días de semana

Midwest /ˈmɪdˈwest/ *n* **the ~** *la región central de los EEUU*

midwife /ˈmɪdwaɪf/ *n* (*pl* **-wives**) partera *f*, comadrona *f*, matrona *f*; **male ~** partero *m*

midwinter /ˈmɪdˈwɪntər/ *n* [u] pleno invierno *m*

miffed /mɪft/ *adj* (colloq) (*pred*) picado (fam), ofendido

might¹ /maɪt/ *v mod*

A *past of* **may¹**

B **1** (asking permission) (esp BrE) podría (*or* podríamos *etc*); **~ I make a suggestion?** si se me permite (hacer) una sugerencia ..., ¿podría hacer una sugerencia? **2** (in suggestions, expressing annoyance, regret) poder*; **you ~ at least listen** al menos podrías *or* podías escuchar

C (indicating possibility) [*La posibilidad que indica* **might** *es más remota que la que expresan* **may** *o* **could**]: **somebody ~ have found it** pudiera ser que alguien lo hubiera encontrado, a lo mejor alguien lo encontró; **it ~ (well) have been disastrous if the police hadn't arrived** podría haber sido catastrófico si no hubiera llegado la policía; **as you ~ imagine** como te podrás imaginar

D (indicating sth is natural): **he rang to apologize — and** *o* **as well he ~!** llamó para pedir perdón — ¡era lo menos que podía hacer!

E **1** (conceding): **the house ~ not be big, but ...** la casa no será grande pero ..., puede ser que la casa no sea grande, pero ... **2** (asking for information) (frml): **who ~ that gentleman be?** ¿quién es ese caballero?

F (indicating purpose): **he died that others ~ live** (liter) murió para que otros vivieran

might² *n* [u] poder *m*, poderío *m*; **with all one's ~** con todas sus (*or* mis *etc*) fuerzas; ***to struggle with ~ and main*** luchar con todas sus (*or* mis *etc*) fuerzas

mighty¹ /ˈmaɪtɪ/ *adj* **-tier, -tiest** **1** (powerful) ‹*empire/ruler*› poderoso; ‹*kick/blow*› fortísimo, tremendo (fam) **2** (imposing) ‹*ocean/river*› imponente, inmenso

mighty² *pl n* (liter) **the ~** los poderosos; **how are the ~ fallen!** (set phrase, hum) ¡cómo caen los poderosos!

mighty³ *adv* (colloq) (*as intensifier*) muy; **a ~ fine pair of boots** unas botas sensacionales *or* estupendas

migraine /ˈmaɪgreɪn/ *n* [c u] jaqueca *f*, migraña *f*

migrant¹ /ˈmaɪgrənt/ *n* **1** (Zool) (species) especie *f* migratoria; (bird) ave *f*‡ migratoria **2** (person) trabajador, -dora *m,f* itinerante; (foreign) trabajador extranjero, trabajadora extranjera *m,f*

migrant² *adj* **1** (Zool) migratorio **2** (*before n*) ‹*worker/labor*› itinerante; (foreign) extranjero

migrate /ˈmaɪgreɪt ‖ maɪˈgreɪt/ *vi* emigrar

migration /maɪˈgreɪʃən/ *n* [u c] migración *f*, emigración *f*

mike /maɪk/ *n* (colloq) micro *m* (fam)

milage *n* ▸**mileage**

Milan /mɪˈlæn/ *n* Milán *m*

mild /maɪld/ *adj* **-er, -est**

A **1** (gentle) ‹*person*› afable, dulce; ‹*manner*› suave; ‹*criticism*› suave, leve **2** (not serious or potent) ‹*attack/form*› ligero, leve; ‹*discomfort*› ligero, leve; **a ~ bout of flu** una gripe no muy fuerte

B ‹*climate*› templado, benigno; ‹*winter*› no muy frío

C ‹*cheese/tobacco/detergent/sedative*› suave

mildew /ˈmɪlduː ‖ ˈmɪldjuː/ *n* [u] (on plants) mildeu *m*, mildiu *m*; (on wall, fabric) moho *m*

mildly /maɪldli/ *adv* **1** (gently) ‹*rebuke*› suavemente, gentilmente; **to put it ~** por no decir algo peor **2** (slightly) ligeramente

mild-mannered /ˈmaɪldˈmænərd ‖ ˌmaɪldˈmænəd/ *adj* afable, de modales suaves

mile /maɪl/ *n* milla *f* (*1.609 metros*); **how many ~s to the gallon?** ¿cuántas millas por galón?; **that's ~s away from here** (colloq) eso está lejísimos de aquí; **I'd recognize that voice a ~ off** reconocería esa voz en cualquier sitio; **sorry, I was ~s away** perdona, estaba pensando en otra cosa *or* no estaba prestando atención; ***it sticks*** *o* ***stands out a ~*** se ve *or* se nota a la legua; ▸**inch¹**

m

mileage /ˈmaɪlɪdʒ/ *n*
A (Auto) **1** [c u] (distance traveled) distancia *f* recorrida (*en millas*), ≈ kilometraje *m*; (in aviation, etc) millaje *m*; **this car has (a) high ~** este coche ha hecho muchas millas **2** [u] (charge) tarifa *f* por milla **3** [u] (allowance) pago *m* por milla recorrida
B [u] (advantage, profit): **they want to extract maximum ~ from the Pope's visit** quieren explotar al máximo la visita del Papa

mileometer /maɪˈlɑːmətər || maɪˈlɒmɪtə(r)/ *n* (BrE) ≈ cuentakilómetros *m*

milestone /ˈmaɪlstəʊn/ *n* (on road) mojón *m*; (significant event) hito *m*, jalón *m*

milieu /miːlˈjɜː/ *n* (frml) entorno *m*, medio *m*

militant¹ /ˈmɪlɪtənt/ *adj* militante, combativo

militant² *n* militante *mf*

militarism /ˈmɪlətərɪzəm/ *n* [u] militarismo *m*

militaristic /ˈmɪlətəˈrɪstɪk || ˌmɪlɪtəˈrɪstɪk/ *adj* militarista

militarize /ˈmɪlətəraɪz || ˈmɪlɪtəraɪz/ *vt* militarizar*

military¹ /ˈmɪləteri || ˈmɪlɪtri/ *adj* militar; **~ academy** (in US) escuela *f* militar; **~ coup** golpe *m* militar; **to do ~ service** hacer* *or* prestar el servicio militar

military² *n* **the ~** los militares, el ejército

military police *n* [u] policía *f* militar

militate /ˈmɪləteɪt || ˈmɪlɪteɪt/ *vi* (frml): **this problem ~s against his chances of success** este problema incide negativamente en sus posibilidades de éxito

militia /məˈlɪʃə || mɪˈlɪʃə/ *n* (+ *sing or pl vb*) milicia *f*

militiaman /məˈlɪʃəmən/ *n* (*pl* **-men** /-mən/) miliciano *m*

milk¹ /mɪlk/ *n* [u] **1** leche *f*; ***it's no use crying over spilt ~*** a lo hecho pecho; (*before n*) ‹*production/bottle*› de leche; ‹*product*› lácteo; **~ chocolate** chocolate *m* con leche **2** (lotion) (BrE) leche *f*, crema *f*

milk² *vt* **1** ‹*cow/herd*› ordeñar **2** (exploit) explotar; **they ~ the benefit system for all it's worth** sacan todo lo que pueden del sistema de seguridad social

milking /ˈmɪlkɪŋ/ *n* [u] ordeña *f* (AmL), ordeño *m* (esp Esp); **to do the ~** ordeñar

milk: **~maid** *n* lechera *f*, ordeñadora *f*; **~man** /ˈmɪlkmən/ *n* (*pl* **-men** /-mən/) lechero *m*; **~ round** *n* (BrE) (delivery) reparto *m* de leche; (Busn, Educ) *visitas que hacen las industrias a las universidades en busca de personal*; **~ run** *n*: *viaje rutinario y sin complicaciones*; **~ shake** *n* batido *m*, (leche *f*) malteada *f* (AmL), merengada *f* (Ven); **~ tooth** *n* diente *m* de leche

milky /ˈmɪlki/ *adj* **-kier, -kiest** lechoso; ‹*coffee/tea*› con mucha leche; **a ~ drink** una bebida con leche

Milky Way *n* **the ~ ~** la Vía Láctea

mill¹ /mɪl/ *n*
A **1** (building, machine) molino *m*; ***to go through the ~*** ‹‹*person*›› vérselas* negras (fam), pasarlas duras **2** (for pepper etc) molinillo *m*
B (*cotton ~*) fábrica *f* de tejidos de algodón; (*paper ~*) fábrica *f* de papel, papelera *f*; (*saw ~*) aserradero *m*, aserrío *m* (Col, Ec)
C (in US) (Fin) milésima *f* de dólar (*unidad usada en el cálculo de impuestos*)

mill² *vt*
A ‹*flour*› moler*
B ‹*lumber*› aserrar*, serrar*; ‹*cloth*› abatanar, batanar
■ **mill** *vi* (circulate) ‹‹*crowd*›› dar* vueltas, pulular, arremolinarse; **a ~ing crowd** un remolino de gente

(Phrasal verb)
• **mill about, mill around** [v ▸ adv] ‹‹*crowd*›› dar* vueltas, pulular, arremolinarse

millage /ˈmɪlɪdʒ/ *n* [u] (in US) *tasa impositiva expresada en milésimas de dólar por dólar*

millennium /mɪˈleniəm/ *n* (*pl* **-niums** *or* **-nia** /-niə/) milenio *m*

miller /ˈmɪlər || ˈmɪlə(r)/ *n* molinero, -ra *m,f*

millet /ˈmɪlət || ˈmɪlɪt/ *n* [u] mijo *m*

milli- /ˈmɪli/ *pref* mili-

milligram /ˈmɪləgræm || ˈmɪlɪgræm/ *n* miligramo *m*

milliliter, (BrE) **millilitre** /ˈmɪləˌliːtər/ *n* mililitro *m*

millimeter, (BrE) **millimetre** /ˈmɪləˌmiːtər || ˈmɪlɪmiːtə(r)/ *n* milímetro *m*

milliner /ˈmɪlənər/ *n* sombrerero, -ra *m,f* de señoras

million /ˈmɪljən/ *n* millón *m*; **thanks a ~!** (colloq) un millón de gracias; **a ~/two ~ people** un millón/dos millones de personas; **she really is one in a ~** es única, como ella no hay dos; *see also* **hundred**

millionaire /ˈmɪljəˈner || ˌmɪljəˈneə(r)/ *n* millonario, -ria *m,f*; (*before n*) **M~'s Row** calle *f* de los millonarios

millionairess /ˈmɪljəˈnerəs/ *n* millonaria *f*

millionth¹ /ˈmɪljənθ/ *adj* millonésimo; *see also* **fifth¹**

millionth² *n* **1** (Math) millonésimo *m* **2** (part) millonésima parte *f*

millipede /ˈmɪləpiːd || ˈmɪlɪpiːd/ *n* milpiés *m*

millisecond /ˈmɪləˌsekənd || ˈmɪlɪˌsekənd/ *n* milésima *f* de segundo, milisegundo *m*

mill: **~pond** *n* represa *f* de molino; ***as calm*** *o* ***smooth as a ~pond*** como una balsa de aceite; **~stone** *n* muela *f*, rueda *f* de molino; ***to be (like) a ~stone around sb's neck*** ser* una cruz *or* una carga para algn

milometer /maɪˈlɑːmətər/ *n* ▸ **mileometer**

mime¹ /maɪm/ *n* **1** [u] (technique) mímica *f* **2** [c] **~ (artist)** mimo *mf* **3** [c] (performance) pantomima *f*

mime² *vt* imitar, hacer* la mímica de
■ **mime** *vi* hacer* la mímica

mimic¹ /ˈmɪmɪk/ *vt* **-ck-** ‹*voice/accent*› imitar, remedar

mimic² *n* imitador, -dora *m,f*

mimicry /ˈmɪmɪkri/ *n* [u] (imitation) imitación *f*; (Biol) mimetismo *m*

min /mɪn/
A (**= minimum**) mín.
B (*pl* **mins**) (**= minutes**) min.

minaret /ˈmɪnəˈret/ *n* minarete *m*, alminar *m*

mince¹ /mɪns/ *vt* ‹*onions*› picar* (*en trozos menudos*); ‹*meat*› moler* *or* (Esp, RPl) picar*; ***not to ~ (one's) words*** no andar(se)* con rodeos, no tener* pelos en la lengua (fam)
■ **mince** *vi* caminar con afectación *or* amaneramiento

mince² *n* [u] (BrE) carne *f* molida *or* (Esp, RPl) picada

mince: **~meat** *n* [u] *picadillo de frutos secos, grasa y especias usado en pastelería*; ***to make ~meat of sb*** (colloq) hacer* picadillo *or* puré a algn (fam); **~ pie** *n* (BrE) *pastelillo hecho con ~meat*

mincer /ˈmɪnsər || ˈmɪnsə(r)/ *n* (BrE) máquina *f* de moler *or* (Esp, RPl) de picar carne

mind¹ /maɪnd/ *n*
A **1** (Psych) mente *f*; **the unconscious ~** el inconsciente; **with an open/a closed ~** sin/con ideas preconcebidas; **to keep an open ~ on sth** mantener* una mentalidad abierta *or* no cerrarse* frente a algo; **I'm convinced in my own ~ that ...** yo estoy plenamente convencido de que ...; **I tried to push it to the back of my ~** traté de no pensar en ello; **to bear** *o* **keep sth/sb in ~** tener* algo/a algn en cuenta, tener* presente algo/a algn; **to bring** *o* **call sth to ~**: **this case brings to ~ another incident** este caso (nos) recuerda otro incidente; **to come to ~**: **nothing in particular comes to ~** no se me ocurre nada en particular; **to have sth/sb in ~** tener* algo/a algn en mente; **with that in ~** pensando en eso; **to have sth on one's ~**: **what's on your ~?** ¿qué es lo que te preocupa?; **to prey** *o* **weigh on sb's ~**: **it's been preying** *o* **weighing on my ~** me ha estado preocupando; **that put my ~ at rest** con eso me tranquilicé *or* me quedé tranquilo; **put it out of your ~!** ¡no pienses más en eso!; **I can see her now in my ~'s eye** es como si la estuviera viendo; **you're not ill: it's all in the ~** no estás enfermo, es pura sugestión; **I can't get him/the thought out of my ~** no puedo quitármelo de la cabeza, no hago más que pensar en él/en eso; **it never crossed my ~ that ...** ni se me ocurrió pensar que ..., nunca me habría imaginado que ..., ni se me pasó por la cabeza que ...; ***to take a load*** *o* ***weight off sb's ~*** quitarle a algn un peso de encima; ***great ~s think alike*** (hum) los genios pensamos igual **2** (mentality) mentalidad *f* **3** (Phil) (*no art*) espíritu *m*; **it's a question of ~ over matter** es cuestión de voluntad
B (attention): **her ~ wandered** divagaba; **my ~ was on other things** tenía la cabeza en otras cosas; **to put one's ~ to sth**: **he can be quite charming if he puts his ~ to it** cuando quiere *or* cuando se lo propone, es un verdadero encanto; **you could finish it today if you put your ~ to it** si te lo propones puedes terminarlo hoy; **he needs**

something to take his ~ off it necesita algo que lo distraiga; **it slipped my ~** se me olvidó

C **1** (opinion): **to change one's ~** cambiar de opinión *or* de parecer *or* de idea; **to make up one's ~** decidirse; **my ~'s made up** lo he decidido, estoy decidido; **he spoke his ~** dijo lo que pensaba, habló sin tapujos; **to my ~** a mi parecer, en mi opinión; ***to be in*** *o* ***of two ~s about sth*** estar* indeciso respecto a algo **2** (will, intention): **he has a ~ of his own** (he is obstinate) es muy empecinado *or* porfiado *or* testarudo; (he knows his own mind) sabe muy bien lo que quiere; **this machine seems to have a ~ of its own!** ¡parece que esta máquina estuviera embrujada!; **to have a ~ to + INF**: **when he has a ~ to** cuando quiere, cuando se lo propone; **I've a good ~ to complain to the manager** tengo ganas de ir a quejarme al gerente; **I've half a ~ to tell her myself** casi estoy por decírselo *or* casi se lo diría yo mismo; **she certainly knows her own ~** ciertamente sabe lo que quiere

D (mental faculties) juicio *m*, razón *f*; **to be of sound ~** (frml) estar* en pleno uso de sus (*or* mis *etc*) facultades (mentales) (frml); **to be/go out of one's ~** estar*/volverse* loco; **no one in her/his right ~ ...** nadie en su sano juicio *or* en sus cabales ...; ***to blow sb's ~*** (colloq) alucinar a algn (fam)

E (person) mente *f*, cabeza *f*, cerebro *m*

mind² *vt*

A (look after) ‹*children*› cuidar, cuidar de; ‹*seat/place*› guardar, cuidar; ‹*shop/office*› atender*

B (*usu in imperative*) **1** (be careful about): **you'd better ~ your temper!** ¡más vale que controles ese genio!; **~ your head!** ¡ojo *or* cuidado con la cabeza!; **~ how you go!** (colloq) cuídate, vete con cuidado; **~ (that) you don't forget!** procura no olvidarte **2** (concern oneself about) preocuparse por; **never ~ him!** ¡no le hagas caso!; **don't ~ me** no se preocupen por mí, hagan como si yo no estuviera **3** **never mind** (let alone): **we didn't break even, never ~ make a profit** ni siquiera cubrimos los gastos, ni hablar pues de ganancias

C (object to) (*usu neg or interrog*): **I don't ~ the noise/cold** no me molesta *or* no me importa el ruido/frío; **I don't ~ him, but I can't stand her** él no me disgusta, pero a ella no la soporto; **I wouldn't ~ a drink** (colloq) no me vendría mal un trago; **I don't ~ what you do** me da igual *or* me da lo mismo lo que hagas; **to ~ -ING**: **would you ~ waiting?** ¿le importaría esperar?, espere, por favor; **if you don't ~ me saying so** si me permites

■ **mind** *vi*

A (*in imperative*) **1** (take care): **~!** ¡ojo!, ¡cuidado! **2** (concern oneself) **never ~** no importa, no te preocupes (*or* no se preocupen *etc*); **never you ~!** ¡(a ti) qué te importa!

B (object) (*usu neg or interrog*): **I don't ~** me da igual *or* lo mismo; **have another one — I don't ~ if I do!** (BrE hum) tómate otro — hombre, no te diría que no; (expressing indignation) **do you ~ if I smoke? — yes, I do ~!** ¿te importa si fumo? — ¡sí que me importa!; **do you ~!** (expressing indignation) ¡hágame el favor!

C (take note) (*only in imperative*): **I'm not promising, ~!** mira que no te lo prometo ¿eh?; **he's very generous; ~ you, he can afford to be!** es muy generoso; pero claro, puede permitírselo

(Phrasal verb)

• **mind out** [v ▸ adv] tener* cuidado; **~ out!** ¡cuidado!

mind: **~-blowing** /ˈmaɪndˌbləʊɪŋ/ *adj* (colloq) alucinante, de alucine (Esp arg); **~-boggling** /ˈmaɪndˌbɑːɡlɪŋ ‖ ˈmaɪndˌbɒɡlɪŋ/ *adj* (colloq) que no le cabe a uno en la cabeza, inconcebible, alucinante

-minded /ˈmaɪndəd ‖ ˈmaɪndɪd/ *suff*: **business~** con mentalidad para los negocios; **reform~** reformista

minder /ˈmaɪndər ‖ ˈmaɪndə(r)/ *n* (BrE colloq) guardaespaldas *m*, gorila *m* (arg), guarura *m* (Méx)

mindful /ˈmaɪndfəl/ *adj* (*pred*) **~ OF sth** consciente DE algo

mind game *n* estratagema *f*, juego *m* psicológico

mindless /ˈmaɪndləs ‖ ˈmaɪndlɪs/ *adj* ‹*activity*› mecánico, tonto; ‹*violence/obedience*› ciego, sin sentido

mind: **~-reader** *n* adivino, -na *m,f*; **~-set** *n* modo *m* de pensar; **~share** /ˈmaɪndʃer ‖ ˈmaɪndʃeə(r)/ *n* [u] conciencia *f* de marca

mine¹ /maɪn/ *n*

A (Min) mina *f*; **to go down the ~(s)** trabajar en las minas; ***to be a ~ of information*** ser* una mina de información

B (Mil) mina *f*

mine² *pron* (*sing*) mío, mía; (*pl*) míos, mías; **~ is here** el mío/la mía está aquí; **a friend of ~** un amigo mío; **it's a hobby of ~** es uno de mis hobbies, es un hobby que tengo

mine³ *vt*

A (Min) ‹*gold/coal*› extraer*; ‹*area/seam*› explotar

B (Mil) minar

minefield /ˈmaɪnfiːld/ *n* (Mil) campo *m* minado, campo *m* de minas; **a political ~** un polvorín político

miner /ˈmaɪnər ‖ ˈmaɪnə(r)/ *n* minero, -ra *m,f*; **coal ~** minero del carbón

mineral /ˈmɪnərəl/ *n* **1** mineral *m* **2** **minerals** *pl* (BrE Culin) refrescos *mpl*, (bebidas *fpl*) gaseosas *fpl* (CS)

mineralogy /ˌmɪnəˈrælədʒi/ *n* [u] mineralogía *f*

mineral: **~ oil** *n* [u] (AmE Pharm) aceite *m* de parafina, parafina *f* líquida; **~ water** *n* [u] agua *f‡* mineral

mineshaft /ˈmaɪnʃæft ‖ ˈmaɪnʃɑːft/ *n* pozo *m* (*de una mina*)

minestrone (soup) /ˈmɪnəˈstrəʊni ‖ ˌmɪnɪˈstrəʊni/ *n* [u] minestrón *m or* (Esp) minestrone *f or m*

minesweeper /ˈmaɪnˌswiːpər ‖ ˈmaɪnˌswiːpə(r)/ *n* dragaminas *m*

mingle /ˈmɪŋɡəl/ *vi* **1** «*people*» mezclarse; (at a party etc) circular **2** «*liquids*» mezclarse; «*sounds*» fundirse

■ **mingle** *vt* **to ~ sth WITH sth** mezclar algo CON algo

mingy /ˈmɪndʒi/ *adj* **-gier, -giest** (colloq) ‹*person*› agarrado (fam), amarrete (AmS fam), pinche (AmC fam); ‹*portion*› miserable

mini /ˈmɪni/ *n* **1** (Comput) mini *m*, minicomputadora *f* (esp AmL), miniordenador *m* (Esp) **2** (miniskirt) mini *f* (fam), minifalda *f*

mini- /ˈmɪni/ *pref* mini-

miniature¹ /ˈmɪnɪtʃʊr ‖ ˈmɪnɪtʃə(r)/ *n* **1** (small copy, version) miniatura *f* **2** (Art) miniatura *f* **3** (bottle) *botellita en miniatura de una bebida alcohólica*

miniature² *adj* (*before n*) ‹*portrait*› en miniatura; ‹*poodle*› enano; **~ golf** minigolf *m*, golfito *m* (AmL)

minibus /ˈmɪnibʌs/ *n* microbús *m*, micro *m*

minicab /ˈmɪnikæb/ *n* (BrE) taxi *m* (*que se pide por teléfono*)

minicomputer /ˈmɪnikəmˌpjuːtər ‖ ˌmɪnikəmˈpjuːtə(r)/ *n* minicomputadora *f*, miniordenador *m* (Esp)

minim /ˈmɪnəm ‖ ˈmɪnɪm/ *n* (BrE) blanca *f*

minimal /ˈmɪnəməl ‖ ˈmɪnɪməl/ *adj* mínimo

minimalize /ˈmɪnəməlaɪz ‖ ˈmɪnɪməlaɪz/ *vt* minimizar*

minimize /ˈmɪnəmaɪz/ *vt* ‹*risk/cost*› minimizar*

minimum¹ /ˈmɪnəməm ‖ ˈmɪnɪməm/ *n* mínimo *m*; **he always does the absolute ~** siempre sigue la ley del menor *or* mínimo esfuerzo; **to reduce sth to a ~** reducir* algo al mínimo

minimum² *adj* (*before n*) mínimo

mining /ˈmaɪnɪŋ/ *n* [u] minería *f*; **coal/gold ~** extracción *f* de carbón/oro; (*before n*) ‹*company/town*› minero

minion /ˈmɪnjən/ *n* (underling) (liter) subalterno, -na *m,f*, adlátere *mf*

miniskirt /ˈmɪniskɜːrt ‖ ˈmɪniskɜːt/ *n* minifalda *f*

minister¹ /ˈmɪnəstər ‖ ˈmɪnɪstə(r)/ *n*

A (Relig) pastor, -tora *m,f*

B (Pol) ministro, -tra *m,f*, secretario, -ria *m,f* (Méx)

minister² *vi* **to ~ TO sb** cuidar DE algn, atender* a algn

ministerial /ˈmɪnəˈstɪriəl ‖ ˌmɪnɪˈstɪəriəl/ *adj* (*before n*) ‹*duties/rank*› ministerial

minister of state *n* (in UK) viceministro, -tra *m,f*

ministry /ˈmɪnəstri ‖ ˈmɪnɪstri/ *n* (*pl* **-tries**)

A (Relig): **the ~** la clerecía; (esp in the Catholic church) el ministerio sacerdotal, el sacerdocio; **to go into** *o* **enter the ~** hacerse* clérigo; (esp in the Catholic church) hacerse* sacerdote

B (Pol) **1** **Ministry** (department) ministerio *m*, secretaría *f* (Méx) **2** (period of office) gestión *f* ministerial

mink /mɪŋk/ *n* (*pl* **~s** *or* **~**) **1** [c] (animal) visón *m* **2** [u] (fur) visón *m*, piel *f* de visón; (*before n*) **a ~ coat** un abrigo de visón

Minn = Minnesota

minnow /ˈmɪnəʊ/ *n*: *pez pequeño de agua dulce*

minor¹ /'maɪnər || 'maɪnə(r)/ *adj*
A (unimportant) ‹*poet/work*› menor; ‹*role*› secundario, menor; ‹*road*› (in UK) secundario; ‹*operation*› de poca importancia *or* gravedad
B (Mus) menor; **B flat ~/C ~** si bemol menor/do menor
minor² *n*
A (Law) menor *mf* (de edad)
B (Educ) asignatura *f* secundaria
C minors *pl* (in US) (Sport colloq) **the ~s** las ligas menores
minor³ *vi* (in US) (Educ) **to ~ IN sth** estudiar algo como asignatura secundaria
Minorca /mə'nɔ:rkə || mɪ'nɔ:kə/ *n* Menorca *f*
minority /mə'nɔ:rəti || maɪ'nɒrɪti/ *n* (*pl* **-ties**)
A 1 (smaller number) (+ *sing o pl vb*) minoría *f*; **to be in a/the ~** estar* en minoría; **a ~ of students share that view** los estudiantes que comparten ese punto de vista son una minoría; (*before n*) ‹*group/vote*› minoritario 2 (in US) (Govt) oposición *f*
B (Law) minoría *f* de edad
minor league *n* (in US) (Sport) liga *f* menor; (*before n*) ‹*baseball/player*› de la liga menor; ‹*politician*› de segundo orden, de segunda fila
minstrel /'mɪnstrəl/ *n* trovador *m*, juglar *m*
mint¹ /mɪnt/ *n*
A (Bot, Culin) 1 [u] (*spear~*) menta *f* (verde) 2 [u] (*pepper~*) menta *f*, hierbabuena *f* 3 [c] (confection) pastilla *f* de menta
B [c] (Fin) casa *f* de la moneda; **to make/cost/be worth a ~** hacer*/costar*/valer* un dineral *or* una fortuna
mint² *vt* ‹*coin*› acuñar
mint³ *adj* (*before n*) ‹*coin/stamp*› sin usar; **in ~ condition** en perfecto estado, como nuevo
minuet /'mɪnju'et/ *n* minué *m*
minus¹ /'maɪnəs/ *n* (*pl* **-nuses** *or* **-nusses**) 1 **~ (sign)** signo *m* de menos, menos *m* 2 (disadvantage) (colloq) desventaja *f*, contra *m*
minus² *adj* 1 (disadvantageous) (colloq) (*before n*) **on the ~ side, ...** un factor negativo *or* en contra es que ... 2 (negative) (*before n*) ‹*number/ion*› negativo; **-3** *(léase: minus three)* -3 *(read as: menos tres)* 3 (Educ): **A-** *(léase: A minus) calificación entre A y B, más alta que B+*
minus³ *prep* 1 menos; **3 - 1 = 2** *(léase: three minus one equals two)* 3 - 1 = 2 *(read as: tres menos uno es igual a dos)* 2 (without, missing) (colloq) sin
minuscule /'mɪnəskju:l/ *adj* minúsculo
minute¹ /'mɪnət || 'mɪnɪt/ *n*
A 1 (unit of time) minuto *m*; **seven ~s to eight** las ocho menos siete minutos, siete minutos para las ocho (AmL exc RPl); **he lives about five ~s from here** vive a unos cinco minutos de aquí; **there's one born every ~** (set phrase) ¡hay cada idiota ...! (fam); (*before n*) **~ hand** minutero *m*; **~ steak** filete *m* (*delgado*) 2 (short period) minuto *m*, momento *m*; **I won't be a ~** no tardo ni un minuto; **could I see you for a ~?** ¿puedo hablar contigo un momento?; **without a ~ to spare** en el último minuto; **not a ~ too soon!** ¡en buena hora! 3 (instant) minuto *m*; **I enjoyed every ~ of the vacation** disfruté de las vacaciones al máximo; **any ~ (now)** de un momento a otro; **at this very ~** en este preciso instante; **at the last ~** a última hora; **the ~ (that) I saw the house** en cuanto vi la casa
B 1 (memorandum) acta *f* 2 (of meeting): **the ~s** el acta
minute² /maɪ'nu:t || maɪ'nju:t/ *adj* 1 (very small) ‹*amount*› mínimo; ‹*object*› diminuto 2 (detailed) (*before n*) ‹*scrutiny/care*› minucioso
minutely /maɪ'nu:tli || maɪ'nju:tli/ *adv* ‹*examine*› minuciosamente, con minuciosidad; ‹*compare*› detalladamente
minutiae /mə'nu:ʃii: || maɪ'nju:ʃɪi:, mɪ-/ *pl n* (frml) minucias *fpl*, nimiedades *fpl*
miracle /'mɪrɪkəl || 'mɪrəkəl/ *n* milagro *m*; **to work ~s** hacer* milagros; (*before n*) ‹*drug/cure*› milagroso
miraculous /mə'rækjələs || mɪ'rækjʊləs/ *adj* milagroso
miraculously /mə'rækjələsli/ *adv* milagrosamente
mirage /mə'rɑ:ʒ || 'mɪrɑ:ʒ, mɪ'rɑ:ʒ/ *n* espejismo *m*
mire /maɪr || 'maɪə(r)/ *n* [c u] (liter) lodo *m* (liter), fango *m*
mirror¹ /'mɪrər || 'mɪrə(r)/ *n* espejo *m*; (*driving ~*) (espejo *m*) retrovisor *m*; **a true ~ of public opinion** un verdadero reflejo de la opinión pública
mirror² *vt* reflejar
mirror image *n* 1 (Math, Opt) imagen *f* especular 2 (direct opposite) reflejo *m*
mirth /mɜ:rθ/ *n* [u] (liter) regocijo *m* (liter), alborozo *m* (liter)
mirthless /'mɜ:rθləs || 'mɜ:θlɪs/ *adj* triste, amargo
MIS *n* **= management information system**
misadventure /'mɪsəd'ventʃər || ,mɪsəd'ventʃə(r)/ *n* desventura *f*; **death by ~** (BrE Law) muerte *f* accidental
misanthropist /mɪ'sænθrəpəst/ misántropo, -pa *m,f*
misapply /'mɪsə'plaɪ/ *vt* **-plies, -plying, -plied** ‹*word/expression*› usar indebidamente, emplear mal; ‹*law/regulation*› aplicar* mal; ‹*funds/contribution*› malversar
misapprehension /mɪs'æprɪ'hentʃən || ,mɪsæprɪ'henʃən/ *n* [c u] (frml) malentendido *m*; **to be under a ~** estar* en un error; **they are laboring under the ~ that ...** siguen convencidos de que ...
misappropriate /'mɪsə'prəʊprieɪt/ *vt* malversar
misappropriation /'mɪsə'prəʊpri'eɪʃən/ *n* [u c] malversación *f*
misbehave /'mɪsbɪ'heɪv/ *vi* portarse mal
misbehavior, (BrE) **misbehaviour** /'mɪsbɪ'heɪvjər || ,mɪsbɪ'heɪvɪə(r)/ *n* [u] mala conducta *f*
misc /mɪsk/ **= miscellaneous**
miscalculate /'mɪs'kælkjəleɪt/ *vt/i* calcular mal
miscalculation /'mɪskælkjə'leɪʃən || ,mɪskælkjʊ'leɪʃən/ *n* [c u] error *m* de cálculo
miscarriage /'mɪs'kærɪdʒ/ *n*
A (Med) aborto *m* espontáneo *or* no provocado; **to have/suffer a ~** tener*/sufrir un aborto, perder* un niño
B a ~ of justice una injusticia, un fallo injusto
miscarry /'mɪs'kæri/ *vi* **-ries, -rying, -ried** 1 (Med) abortar (*espontáneamente*), tener* un aborto, perder* el niño *or* el bebé (fam) 2 (liter) ‹‹*plan*›› malograrse (liter)
miscast /'mɪs'kæst || ,mɪs'kɑ:st/ *vt* (*past & past p* **-cast**) ‹*actor*› darle* un papel inapropiado a
miscellaneous /'mɪsə'leɪniəs/ *adj* ‹*collection/crowd*› heterogéneo; ‹*assortment*› variado; **~ objects** objetos *mpl* de todo tipo; **file it under ~** archívalo en 'varios'
miscellany /'mɪsəleɪni || mɪ'seləni/ *n* (*pl* **-nies**) (of objects) miscelánea *f*; (Lit) antología *f*
mischance /'mɪs'tʃæns || ,mɪs'tʃɑ:ns/ *n* [u c] infortunio *m*, desgracia *f*; **by (some) ~** desafortunadamente
mischief /'mɪstʃəf || 'mɪstʃɪf/ *n* 1 [u] (naughtiness): **to be up to ~** estar* haciendo travesuras *or* diabluras; **don't get into any ~** no hagas diabluras *or* travesuras 2 [u c] (trouble, harm) daño *m*; **to make ~** causar daños; **to do oneself a ~** (BrE colloq) hacerse* daño, lastimarse (AmL)
mischief-maker /'mɪstʃəf,meɪkər || 'mɪstʃɪf,meɪkə(r)/ *n* alborotador, -dora *m,f*
mischievous /'mɪstʃəvəs || 'mɪstʃɪvəs/ *adj* ‹*child*› travieso; ‹*grin*› pícaro
mischievously /'mɪstʃəvəsli || 'mɪstʃɪvəsli/ *adv* ‹*grin*› pícaramente; ‹*tease*› con picardía, juguetonamente
misconceived /'mɪskən'si:vd/ *adj* desacertado, equivocado; ‹*plan*› descabellado
misconception /'mɪskən'sepʃən/ *n* error *m*, idea *f* falsa
misconduct /'mɪs'kɑ:ndʌkt || ,mɪs'kɒndʌkt/ *n* [u] (frml) mala conducta *f*; **professional ~** mala conducta en el ejercicio de la profesión, falta *f* de ética profesional
misconstrue /'mɪskən'stru:/ *vt* (frml) malinterpretar
misdeed /'mɪs'di:d/ *n* fechoría *f*, delito *m*
misdemeanor, (BrE) **misdemeanour** /'mɪsdɪ'mi:nər || ,mɪsdɪ'mi:nə(r)/ *n* 1 (Law) delito *m* menor, falta *f* 2 (minor misdeed) fechoría *f*, jugarreta *f* (fam)
misdirect /'mɪsdə'rekt, -daɪ- || ,mɪsdaɪ'rekt, -dɪ-/ *vt* 1 ‹*money*› emplear mal; ‹*effort*› encauzar* mal; ‹*funds*› malversar 2 (misadvise) ‹*person*› malaconsejar; **he got lost because someone ~ed him** se perdió porque le indicaron mal el camino
miser /'maɪzər/ *n* avaro, -ra *m,f*, tacaño, -ña *m,f*
miserable /'mɪzərəbəl/ *adj*
A 1 (in low spirits) abatido; **we were tired and ~** estábamos cansados y con el ánimo por los suelos; **don't look so ~** ¡alegra esa cara! 2 (depressing) ‹*weather*› deprimente; ‹*prospect*› triste; **to make sb's life ~** amargarle* la vida a algn

B **1** (mean-spirited) miserable; **a ~ $2** dos míseros dólares **2** (wretched, poor) mísero **3** ‹*episode/failure*› lamentable

miserably /'mɪzərəbli/ *adv* **1** (unhappily) con abatimiento **2** ‹*dressed/housed*› miserablemente, míseramente **3** ‹*fail*› de manera lamentable

miserly /'maɪzərli || 'maɪzəli/ *adj* mezquino, ruin

misery /'mɪzəri/ *n* (*pl* **-ries**) **1** [u] (unhappiness) sufrimiento *m*; **the ~ of toothache** el suplicio de un dolor de muelas; **they put the dog out of its ~** sacrificaron al perro para que no sufriera más; **to put them out of their ~ he told them the final score** para que no siguieran torturándose, les dijo el resultado final; **to make sb's life a ~** amargarle* la vida a algn **2** [c] (miserable person) (BrE colloq) amargado, -da *m,f*

misfire /'mɪs'faɪr || ,mɪs'faɪə(r)/ *vi* «*gun/engine/plan*» fallar; **the joke ~d** a nadie le hizo gracia el chiste

misfit /'mɪsfɪt/ *n*: **a social ~** un inadaptado social

misfortune /mɪs'fɔːrtʃən || ,mɪs'fɔːtʃən, ,mɪs'fɔːtʃuːn/ *n* [c u] (frml) desgracia *f*; **to have the ~ to + INF** tener* la desgracia *or* la mala fortuna DE + INF

misgiving /mɪs'gɪvɪŋ/ *n* [c u] recelo *m*, duda *f*

misgovernment /'mɪs'gʌvərnmənt || ,mɪs'gʌvənmənt/ *n* [u] mal gobierno *m*, desgobierno *m*

misguided /'mɪs'gaɪdəd || ,mɪs'gaɪdɪd/ *adj* equivocado; **a ~ attempt to help** un torpe intento de ayuda

mishandle /'mɪs'hændl/ *vt* (deal with ineptly) llevar mal

mishap /'mɪshæp/ *n* percance *m*, contratiempo *m*

mishear /'mɪs'hɪr || ,mɪs'hɪə(r)/ (*past & past p* **-heard**) *vt* entender* mal

■ **mishear** *vi* entender* *or* oír* mal

mishit¹ /'mɪs'hɪt/ *vt* (*pres p* **-hitting**; *past & past p* **-hit**) ‹*ball*› golpear mal, darle* mal a

mishit² /'mɪshɪt/ *n* golpe *m* defectuoso

mishmash /'mɪʃmæʃ/ *n* mezcolanza *f* (fam), batiburrillo *m* (fam)

misinform /'mɪsn̩'fɔːrm/ *vt* (frml) informar mal

misinformation /'mɪsn̩fər'meɪʃən || ,mɪsɪnfə'meɪʃən/ *n* [u] (frml) información *f* errónea

misinterpret /'mɪsn̩'tɜːrprət || ,mɪsɪn'tɜːprɪt/ *vt* ‹*statement/action*› interpretar mal, malinterpretar; (deliberately) tergiversar; **he ~ed her nosiness as concern** tomó por interés lo que sólo era curiosidad

misinterpretation /'mɪsn̩'tɜːrprə'teɪʃən || ,mɪsɪntɜːprɪ'teɪʃən/ *n* [c u] mala interpretación *f*

misjudge /'mɪs'dʒʌdʒ/ *vt* **1** (judge unfairly) juzgar* mal **2** (miscalculate) calcular mal

mislay /'mɪs'leɪ/ *vt* (*past & past p* **-laid**) perder* (*momentáneamente*)

mislead /'mɪs'liːd/ *vt* (*past & past p* **-led**) engañar; ‹*court/parliament*› inducir* a error

misleading /'mɪs'liːdɪŋ/ *adj* ‹*statement*› engañoso

misled /mɪs'led/ *past & past p of* **mislead**

mismanage /'mɪs'mænɪdʒ/ *vt* ‹*affair*› llevar *or* dirigir* mal; ‹*company*› administrar mal

mismanagement /'mɪs'mænɪdʒmənt/ *n* [u] mala administración *f*

mismatch /'mɪs'mætʃ/ *n* [u c] (of combination): **the armchairs and sofa were a ~** los sillones y el sofá no hacían juego

mismatched /'mɪs'mætʃt/ *adj* ‹*teams/opponents*› desigual; **a ~ couple** una pareja dispareja

misnomer /'mɪs'nəʊmər || ,mɪs'nəʊmə(r)/ *n* (frml) nombre *m* poco apropiado

misogynist /mɪ'sɑːdʒənəst || mɪ'sɒdʒɪmɪst/ *n* misógino *m*

misplace /'mɪs'pleɪs/ *vt* perder* (*momentáneamente*)

misplaced /'mɪs'pleɪst/ *adj* ‹*confidence*› depositado en quien no lo merece; ‹*enthusiasm*› que no viene al caso

misprint /'mɪsprɪnt/ *n* errata *f*, error *m* de imprenta

mispronounce /'mɪsprə'naʊns/ *vt* pronunciar mal

misquote /'mɪs'kwəʊt/ *vt* citar incorrectamente

misread /'mɪs'riːd/ *vt* (*past & past p* **-read** /-'red/) ‹*word*› leer* mal; ‹*intention*› interpretar mal, malinterpretar

misrepresent /'mɪsreprɪ'zent/ *vt* ‹*event*› deformar, falsear; ‹*remarks/views*› tergiversar; **she's been ~ed** han tergiversado sus palabras (*or* su declaración *etc*)

miss¹ /mɪs/ *n*

A **1** **Miss** (as title) señorita *f*; **M~ Jane Smith** la señorita Jane Smith; (in correspondence) Sra Jane Smith; **M~ World** Miss Mundo; **M~ Elizabeth** (dated) (in US: matron) doña Elizabeth; (in UK: younger sister) la señorita Elizabeth, la niña Elizabeth (AmL) **2** (*as form of address*) señorita

B (failure to hit) fallo *m*; **she had two unlucky ~es** erró el tiro dos veces por mala suerte; ***to give sth a ~*** (colloq): **I think I'll give swimming a ~ this afternoon** creo que esta tarde no voy a ir a nadar

miss² *vt*

(Sense I)

A **1** (fail to hit): **the bomb ~ed its target** la bomba no cayó en el blanco *or* objetivo; **he ~ed the target completely** no dio en el blanco; **the bullet just ~ed him** la bala le pasó rozando; **the car only just ~ed him** el coche por poco lo atropella **2** (overlook, fail to notice): **you ~ed three mistakes** se te pasaron (por alto) tres errores; **we ~ed the turning** nos pasamos (de donde deberíamos haber doblado); **you can't ~ it** lo va a ver enseguida, no tiene pérdida (Esp); **you've ~ed a bit** te quedó un pedacito sin pintar (*or* limpiar *etc*); **he never ~es my birthday** nunca se olvida de mi cumpleaños **3** (fail to hear, understand) no oír*; **sorry, I ~ed that** perdona, no te oí; **she doesn't ~ a thing** no se le escapa una (fam); **he's ~ed the point** no ha entendido; ▸**trick¹** D **4** ‹*chance*› perder*, dejar pasar

B (fail to catch) ‹*bus/flight*› perder*; **sorry, you've just ~ed him** lo siento, acaba de irse; **I ~ed her in the crowd** había tanta gente que no la vi; ***to ~ the boat o bus*** perder* el tren

C **1** (fail to experience) perderse*; **I wouldn't have ~ed it for anything** no me lo hubiera perdido por nada (en el mundo); **you didn't ~ much** no te perdiste nada **2** (fail to attend) ‹*meeting*› faltar a; ‹*party/show*› perderse*

D (avoid) ‹*town/crowds*› evitar; **to ~ -ING**: **he just ~ed getting soaked** por poco se empapa

(Sense II) **1** (regret absence of) ‹*friend/country*› echar de menos, extrañar (esp AmL); **I ~ you (terribly)** te echo (muchísimo) de menos, te extraño (muchísimo) (esp AmL); **to ~ -ING**: **I ~ going for walks in the country** echo de menos *or* (esp AmL) extraño mis paseos por el campo **2** (notice absence of) echar en falta *or* de menos; **when did you first ~ the necklace?** ¿cuándo te diste cuenta de que te faltaba el collar?

■ **miss** *vi* **1** «*marksman*» errar* el tiro, fallar; «*bullet*» no dar* en el blanco **2** (fail) (colloq) fallar; **she goes every year, she never ~es** va todos los años sin falta, va todos los años, nunca falla

(Phrasal verb)

• **miss out**

A [v ▸ o ▸ adv, v ▸ adv ▸ o] ‹*line/paragraph*› saltarse, comerse (fam); **I felt I'd been ~ed out deliberately** (BrE) sentí que me habían excluido deliberadamente

B [v ▸ adv] (fail to profit): **don't ~ out; reserve your free tickets** no se lo pierda, reserve sus entradas gratuitas; **to ~ out ON sth** perderse* algo; **I feel I'm ~ing out on life** siento que estoy desaprovechando *or* desperdiciando mi vida

Miss = Mississippi

missal /'mɪsəl/ *n* misal *m*

misshapen /'mɪs'ʃeɪpən/ *adj* deforme

missile /'mɪsəl || 'mɪsaɪl/ *n* (Mil) misil *m*, vector *m*; (sth thrown) proyectil *m*

missing /'mɪsɪŋ/ *adj* **1** (lost): **the ~ papers** los papeles que faltan; **~ person** desaparecido, -da *m,f*; **~, presumed dead** desaparecido, dado por muerto; **to be ~** faltar; **one of the coins is ~** falta una de las monedas; **to go ~** (BrE) «*person/object*» desaparecer* **2** (lacking): **it has two strings ~** le faltan dos cuerdas

mission /'mɪʃən/ *n*

A **1** (task) misión *f* **2** (vocation, aim) misión *f*; **her ~ in life is to help the poor** su misión en la vida es ayudar a los pobres

B (group of delegates) misión *f*, delegación *f*

C (Relig) misión *f*

missionary /'mɪʃəneri || 'mɪʃənəri/ *n* misionero, -ra *m,f*

mission: **~ control** *n* (*no art*) centro *m* de control; **~ statement** *n* declaración *f* de propósitos *or* objetivos

m

Mississippi /ˈmɪsəˈsɪpi || ˌmɪsɪˈsɪpi/ *n* (state) Misisipí *m*; **the ~ (River)** el Misisipí

missive /ˈmɪsɪv/ *n* (hum) misiva *f* (frml *o* hum)

Missouri /məˈzʊri || mɪˈzʊəri/ *n* (state) Misuri *m*; **the ~ (River)** el Misuri

misspell /mɪsˈspel/ *vt* (*past & past p* **-spelled** *or* (BrE) **-spelt**) escribir* mal; (orally) deletrear mal

misspent /mɪsˈspent/ *adj* (*before n*) ‹*money*› malgastado; ‹*hours*› perdido; **a ~ youth** (set phrase) una juventud disipada

misstate /mɪsˈsteɪt/ *vt* (frml) exponer* mal

mist /mɪst/ *n* 1 [u c] (Meteo) neblina *f*; **sea ~** bruma *f*; **it is lost in the ~s of time** se pierde en la noche de los tiempos 2 [u] (condensation) vaho *m* 3 [u] (spray) vaporización *f*

Phrasal verbs

- **mist over** [v ▸ adv] «*landscape*» cubrirse* de neblina; «*eyes*» empañarse; «*glass/mirror*» empañarse
- **mist up** [v ▸ adv] «*glass/mirror*» empañarse

mistake¹ /məˈsteɪk/ *n* error *m*; **a spelling ~** una falta de ortografía; **sorry, my ~** lo siento, es culpa mía; **to make a ~** cometer un error, equivocarse*; **make no ~ (about it)** no te quepa la menor duda (de ello); **it's hot today and no ~** hoy sí que hace calor; **by ~** por error

mistake² *vt* (*past* **-took**; *past p* **-taken**) confundir; **to ~ sth/sb FOR sth/sb** confundir algo/a algn CON algo/algn; **her shyness can be ~n for rudeness** su timidez a veces parece grosería; **there's no mistaking that voice!** ¡esa voz es inconfundible!

mistaken¹ /məˈsteɪkən || mɪˈsteɪkən/ *past p of* **mistake²**

mistaken² *adj* ‹*impression/idea*› equivocado, falso; **in the ~ belief that ...** creyendo equivocadamente que ...; **unless I'm (very) much ~** si no me equivoco, a menos que esté muy equivocado

mistakenly /məˈsteɪkənli/ *adv* equivocadamente

mister /ˈmɪstər || ˈmɪstə(r)/ *n* 1 (as title) señor *m* 2 (colloq) (*as form of address*) ¡oiga!

mistime /mɪsˈtaɪm/ *vt* ‹*speech/shot*› calcular mal el momento de; **they ~d their arrival/attack** llegaron/atacaron a destiempo

mistletoe /ˈmɪsəltəʊ/ *n* [u] muérdago *m*

mistook /mɪˈstʊk/ *past of* **mistake²**

mistranslation /ˈmɪstrænsˈleɪʃən/ *n* [u c] traducción *f* errónea

mistreat /ˈmɪsˈtriːt/ *vt* maltratar, tratar mal

mistress /ˈmɪstrəs || ˈmɪstrɪs/ *n* 1 (of dog) dueña *f*, ama *f*‡; (of servant) señora *f*; **the ~ of the house** la señora de la casa, la dueña de casa (AmL) 2 (teacher) (BrE) (in secondary school) profesora *f*; (in primary school) maestra *f* 3 (lover) amante *f*, querida *f*

mistrial /ˈmɪsˈtraɪəl/ *n* 1 (in US and UK) *proceso declarado nulo por contener vicios de procedimiento* 2 (in US) *proceso en el cual el jurado no llega a un acuerdo*

mistrust¹ /ˈmɪsˈtrʌst/ *vt* desconfiar* de, recelar de

mistrust² *n* [u] desconfianza *f*, recelo *m*

mistrustful /ˈmɪsˈtrʌstfəl/ *adj* desconfiado, receloso; **to be ~ OF sb/sth** desconfiar* *or* recelar DE algn/algo

misty /ˈmɪsti/ *adj* **-tier, -tiest** 1 ‹*day/morning*› neblinoso; **it's ~** hay neblina; (it's drizzling) (AmE) está lloviznando 2 ‹*mirror/glasses*› empañado 3 ‹*eyes*› empañado, lloroso 4 ‹*recollection*› borroso, vago; ‹*outline*› borroso

misty-eyed /ˈmɪstiˈaɪd/ *adj* con los ojos empañados *or* llorosos; **he went all ~** se le empañó la mirada

misunderstand /ˈmɪsʌndərˈstænd || ˌmɪsˌʌndəˈstænd/ (*past & past p* **-stood**) *vt* ‹*idea/instructions*› entender* *or* comprender mal; ‹*remark/motives*› malinterpretar; ‹*artist/work*› interpretar mal, no entender* *or* comprender

■ **misunderstand** *vi* entender* *or* comprender mal

misunderstanding /ˈmɪsʌndərˈstændɪŋ || ˌmɪsˌʌndəˈstændɪŋ/ *n* [u c] malentendido *m*; **they had a ~** (euph) tuvieron una diferencia (euf)

misunderstood¹ /ˈmɪsʌndərˈstʊd || ˌmɪsˌʌndəˈstʊd/ *past & past p of* **misunderstand**

misunderstood² *adj* incomprendido

misuse¹ /ˈmɪsˈjuːs/ *n* [u] (of word) mal uso *m*, uso *m* incorrecto; (of power) abuso *m*; (of funds) malversación *f*; (of resources) despilfarro *m*

misuse² /ˈmɪsˈjuːz/ *vt* ‹*language/tool*› utilizar* *or* emplear mal; ‹*resources*› despilfarrar; ‹*funds*› malversar

mite /maɪt/ *n* 1 (Zool) ácaro *m* 2 (small child, animal): **the poor little ~!** ¡pobrecito! 3 **a mite** (*as adv*) un tanto

miter, (BrE) **mitre** /ˈmaɪtər || ˈmaɪtə(r)/ *n*

A (Relig) mitra *f*

B (Const) **~ (joint)** unión *f* a inglete, inglete *m*

mitigate /ˈmɪtəgeɪt || ˈmɪtɪgeɪt/ *vt* (frml) 1 (soften, lessen) mitigar* (frml); **to ~ the harmful effects of the drug** para paliar *or* atenuar los efectos nocivos del fármaco 2 **mitigating** *pres p* ‹*factor*› atenuante; **mitigating circumstances** (circunstancias *fpl*) atenuantes *fpl or mpl*

mitigation /ˈmɪtəˈgeɪʃen || ˌmɪtɪˈgeɪʃən/ *n* [u] (frml) 1 (extenuation) atenuante *f or m*; **in ~** como (circunstancia) atenuante 2 (alleviation) alivio *m*

mitre /ˈmaɪtər || ˈmaɪtə(r)/ *n* (BrE) ▸ **miter**

mitt /mɪt/ *n* 1 (mitten) mitón *m* 2 (in baseball) manopla *f*, guante *m* (de béisbol) 3 (hand) (colloq) manaza *f* (fam), manota *f* (fam)

mitten /ˈmɪtn/ *n* mitón *m*

mix¹ /mɪks/ *n* 1 (mixture, ingredients) mezcla *f*; **cake ~** *preparado comercial para hacer pasteles* 2 (Audio) mezcla *f*

mix² *vt* 1 ‹*ingredients/paint*› mezclar; ‹*cocktail*› preparar; **to ~ one's drinks** mezclar las bebidas; **to ~ sth INTO sth** mezclar algo CON algo, incorporar algo A algo; **~ together the flour and the eggs** mezclar la harina con los huevos 2 (Audio) mezclar

■ **mix** *vi* 1 (combine) «*substances*» mezclarse 2 (go together) «*foods/colors*» combinar (bien) 3 (socially): **she doesn't ~ well at parties** le cuesta entablar conversación con la gente en una reunión; **to ~ WITH sb** tratarse CON algn

Phrasal verb

- **mix up**

Sense I [v ▸ o ▸ adv, v ▸ adv ▸ o]

A (throw into confusion) desordenar, revolver*; **don't get your books ~ed up with mine** no mezcles tus libros con los míos

B 1 (confuse) ‹*names/dates*› confundir; ***to ~ it up*** (AmE colloq) pelearse, sacarse* la mugre (CS fam) 2 (bewilder) ‹*person*› confundir

Sense II (*usu pass*) 1 (involve) **to be/get ~ed up IN sth** estar* metido *or* enredado/meterse EN algo; **to be/get ~ed up WITH sb** andar* liado/liarse* CON algn 2 (confuse): **to get ~ed up** confundirse, hacerse* un lío (fam)

mixed /mɪkst/ *adj* 1 (various) mezclado, variado; **~ fruit** frutas *fpl* surtidas; **~ grill** parrillada *f* mixta; **~ spice** mezcla *f* de especias; **person of ~ race** mestizo, -za *m,f*; (of black and white descent) mulato, -ta *m,f*; **she invited quite a ~ crowd** invitó a gente de todo tipo *or* a un grupo muy variopinto 2 (male and female) ‹*sauna/bathing*› mixto 3 (ambivalent) ‹*fortunes*› desigual; ‹*reception*› tibio, poco entusiasta; **I have ~ feelings about it** no sé muy bien qué pensar sobre el asunto

mixed: **~ doubles** *n* (+ *sing vb*) dobles *mpl* mixtos; **~ economy** *n* economía *f* mixta; **~-up** /ˈmɪkstˈʌp/ *adj* confuso, desorientado; **a crazy, ~-up kid** un chico con problemas

mixer /ˈmɪksər || ˈmɪksə(r)/ *n* 1 [c] (Culin) batidora *f* 2 [c] (Audio, Cin, TV) (person) operador, -dora *m,f* de sonido; (machine) mezcladora *f* 3 [c] (sociable person) persona *f* sociable; **to be a good/bad ~** ser* muy/poco sociable 4 [c] (dance) (AmE) baile *m*, fiesta *f* 5 [u c] (drink) refresco *m* (*para mezclar con alcohol*)

mixing bowl /ˈmɪksɪŋ/ *n* bol *m* (*grande, para mezclar ingredientes*)

mixture /ˈmɪkstʃər || ˈmɪkstʃə(r)/ *n* 1 [c] (of diverse things) mezcla *f* 2 [c u] (Culin) mezcla *f* 3 [c u] (Pharm) preparado *m*, mixtura *f* (ant)

mix-up /ˈmɪksʌp/ *n* (colloq) lío *m* (fam), confusión *f*

ml (= **milliliter(s)** *o* (BrE) **millilitre(s)**) ml.

mm (= **millimeter(s)** *o* (BrE) **millimetre(s)**) mm.

MN = Minnesota

mnemonic /nɪˈmɑːnɪk/ *n* ayuda *f* nemotécnica

MO 1 **= Missouri** 2 **= Medical Officer**

moan¹ /məʊn/ *vi* 1 (make sound) «*person/wind*» gemir* 2 (complain) (pej) **to ~ (ABOUT sth)** quejarse (DE algo), protestar (POR algo)

moan² *n* [1] (sound) gemido *m* [2] (complaint) (colloq) (*no pl*) queja *f*; **to have a ~ about sth** quejarse de algo

moaner /'məʊnər || 'məʊnə(r)/ *n* (colloq) llorón, -rona *m,f*, protestón, -tona *m,f* (fam)

moat /məʊt/ *n* foso *m*

mob¹ /mɑːb || mɒb/ *n* [1] (crowd) turba *f*, muchedumbre *f*; (populace) populacho *m*; (*before n*) **~ rule** la ley de la calle [2] (gang) (sl) banda *f*; **the M~** (AmE) la mafia

mob² *vt* **-bb-** [1] (attack) atacar* en grupo [2] (swarm up to) acosar, asediar

mobile¹ /'məʊbəl || 'məʊbaɪl/ *adj* [1] ‹*library/shop*› ambulante, móvil [2] (able to move): **we try and get the patient ~ as soon as possible** tratamos de que el paciente recupere su movilidad lo más pronto posible; **are you ~?** (colloq) ¿estás motorizado? (fam) [3] (Sociol) con movilidad

mobile² *n* [1] (hanging) móvil *m* [2] (~ *phone*) teléfono *m* celular *m* or (Esp) móvil *m*

mobile: **~ home** *n* trailer *m* (AmL), caravana *f* fija (Esp); **~ phone** *n* (teléfono *m*) celular *m* (AmL), (teléfono *m*) móvil *m* (Esp)

mobility /məʊ'bɪləti/ *n* [u] movilidad *f*

mobilize /'məʊbəlaɪz || 'məʊbɪlaɪz/ *vt* movilizar*

■ **mobilize** *vi* (Mil) movilizarse*

mobster /'mɑːbstər || 'mɒbstə(r)/ *n* (AmE) gángster *mf*

moccasin /'mɑːkəsən || 'mɒkəsɪn/ *n* mocasín *m*

mocha /'məʊkə || 'mɒkə/ *n* [u] (coffee) moca *m*, café *m* moca; (coffee and chocolate) *mezcla de café y chocolate*

mock¹ /mɑːk || mɒk/ *vt* burlarse *or* mofarse de; **he ~ed her accent** imitó *or* remedó su acento burlonamente

mock² *adj* (*before n*) ‹*examination/interview*› de práctica, de prueba; ‹*anger/outrage*› fingido, simulado; **a ~ battle** un simulacro de batalla

mockery /'mɑːkəri || 'mɒkəri/ *n* [1] [u] (ridicule) burla *f*, mofa *f* (liter) [2] (travesty) (*no pl*) farsa *f*, pantomima *f*; **a ~ of justice** una parodia de justicia; **to make a ~ of sth** ridiculizar* algo

mocking /'mɑːkɪŋ || 'mɒkɪŋ/ *adj* burlón, socarrón

mockingbird /'mɑːkɪŋbɜːrd || 'mɒkɪŋbɜːd/ *n* sinsonte *m*

mockup /'mɑːkʌp || 'mɒkʌp/ *n* maqueta *f*

MOD *n* (in UK) = **Ministry of Defence**

modal /'məʊdḷ/ *adj* modal

mod cons /'mɑːd'kɑːnz || ˌmɒd'kɒnz/ *pl n* (= **modern conveniences**) (BrE colloq & journ) comodidades *fpl*

mode /məʊd/ *n*

A [1] (means) medio *m*; (kind) modo *m*; **~ of transport** medio de transporte [2] (operating method) (Comput, Tech) modalidad *f*, modo *m*

B (Math) modo *m*

C (Clothing) moda *f*

model¹ /'mɑːdl || 'mɒdl/ *n*

A (reproduction) maqueta *f*, modelo *m*; **a scale ~** un modelo a escala

B (paragon, example) modelo *m*; **a ~ of efficiency** un modelo de eficiencia

C (design) modelo *m*; **the most popular ~ in our range** el modelo más popular de nuestra serie

D (person) modelo *mf*; **a male ~** un modelo

model², (BrE) **-ll-** *vt*

A ‹*clay/shape*› modelar

B (base): **their education system was ~ed on that of France** su sistema educativo se inspiró en el francés; **to ~ oneself on sb** tomar a algn como modelo

C ‹*garment*›: **she ~s sportswear** es modelo de ropa sport

■ **model** *vi*

A (make shapes) modelar

B (pose) (Clothing) trabajar de modelo; (Art) posar; (Phot) ser* modelo

model³ *adj* (*before n, no comp*)

A (miniature) ‹*railway/village*› en miniatura, a escala; **~ aeroplane** aeromodelo *m*

B (ideal) ‹*citizen/husband/pupil*› modelo *adj inv*, ejemplar; ‹*answer*› tipo *adj inv*; **a ~ prison** una cárcel modelo

model home *n* (AmE) casa *m* piloto

modeling, (BrE) **modelling** /'mɑːdḷɪŋ || 'mɒdəlɪŋ/ *n* [u]

A (making models) modelismo *m*

B (Clothing, Phot) profesión *f* de modelo; **she did some ~** trabajó de *or* como modelo

modem /'məʊdem/ *n* módem *m*

moderate¹ /'mɑːdərət || 'mɒdərət/ *adj* ‹*price*› moderado, módico; ‹*heat/wind*› moderado; ‹*views*› moderado; ‹*ability*› regular, pasable; **he's a ~ drinker** bebe con moderación

moderate² /'mɑːdəreɪt || 'mɒdəreɪt/ *vt* [1] moderar; **kindly ~ your language** ten la bondad de cuidar el vocabulario que empleas [2] **moderating** *pres p* ‹*influence/effect*› moderador

moderate³ /'mɑːdərət || 'mɒdərət/ *n* moderado, -da *m,f*

moderately /'mɑːdərətli || 'mɒdərətli/ *adv* ‹*good*› medianamente; **~ priced** de precio módico *or* razonable; **they played ~ well** jugaron a un nivel aceptable

moderation /'mɑːdə'reɪʃən || ˌmɒdə'reɪʃən/ *n* [u] moderación *f*; **drinking is not harmful, in ~** beber no es nocivo, si se hace con moderación

moderator /'mɑːdəreɪtər || 'mɒdəreɪtə(r)/ *n* (in debates) moderador, -dora *m,f*

modern /'mɑːdərn || 'mɒdṇ/ *adj* moderno

modern-day /'mɑːdərn'deɪ || ˌmɒdṇ'deɪ/ *adj* de hoy (en) día, de nuestro tiempo

modernism, Modernism /'mɑːdərnɪzəm || 'mɒdənɪzəm/ *n* [u] (Art, Lit) modernismo *m*

modernization /'mɑːdərnə'zeɪʃən || ˌmɒdənaɪ'zeɪʃən/ *n* [u c] modernización *f*, actualización *f*

modernize /'mɑːdərnaɪz || 'mɒdənaɪz/ *vt* ‹*system/service*› modernizar*, actualizar*; ‹*building*› modernizar*

modest /'mɑːdəst || 'mɒdɪst/ *adj* [1] (not boastful) ‹*person/remark*› modesto [2] ‹*income/gift*› modesto; ‹*improvement*› moderado, pequeño; ‹*success*› moderado [3] (chaste) pudoroso, púdico

modestly /'mɑːdəstli || 'mɒdɪstli/ *adv* [1] (not boastfully) modestamente [2] (moderately) ‹*rise/improve*› moderadamente; **it was ~ priced** tenía un precio módico [3] (with propriety) ‹*behave/dress*› recatadamente, pudorosamente, con pudor

modesty /'mɑːdəsti || 'mɒdɪsti/ *n* [u] [1] (absence of conceit) modestia *f* [2] (propriety) recato *m*, pudor *m*

modicum /'mɑːdɪkəm || 'mɒdɪkəm/ *n* (*no pl*) (frml) **a ~ OF sth** un atisbo DE algo (frml), un mínimo DE algo

modification /'mɑːdəfə'keɪʃən || ˌmɒdɪfɪ'keɪʃən/ *n* [c u] modificación *f*

modify /'mɑːdəfaɪ || 'mɒdɪfaɪ/ *vt* **-fies, -fying, -fied** [1] (alter) modificar* [2] (moderate) ‹*demands*› moderar

modish /'məʊdɪʃ/ *adj* ‹*outfit/design*› de moda, a la moda; ‹*idea/expression*› de moda, in *adj inv* (fam)

modular /'mɑːdʒələr || 'mɒdjʊlə(r)/ *adj* ‹*furniture*› modular, a base de módulos; ‹*degree/course*› dividido en módulos; ‹*program*› (Comput) modular

modulate /'mɑːdʒəleɪt || 'mɒdjʊleɪt/ *vt* modular

modulation /'mɑːdʒə'leɪʃən || ˌmɒdjʊ'leɪʃən/ *n* modulación *f*; **frequency ~** frecuencia *f* modulada

module /'mɑːdʒuːl || 'mɒdjuːl/ *n* módulo *m*

moggy /'mɑːgi/ *n* (*pl* **-gies**) (BrE colloq & hum) gato, -ta *m,f*

Mogul /'məʊgəl/ *n* [1] (in India) mogol *m* [2] **mogul** (powerful person) magnate *mf*

mohair /'məʊher || 'məʊheə(r)/ *n* [u] mohair *m*

Mohammed /məʊ'hæməd || məʊ'hæmɪd/ *n* Mahoma

Mohican /məʊ'hiːkən/ *n* (American Indian) mohicano, -na *m,f*

moist /mɔɪst/ *adj* ‹*climate/soil*› húmedo; ‹*cake*› no seco

moisten /'mɔɪsn/ *vt* humedecer*

moisture /'mɔɪstʃər || 'mɔɪstʃə(r)/ *n* [u] humedad *f*; (condensation) vaho *m*

moisturize /'mɔɪstʃəraɪz/ *vt* hidratar, humectar

moisturizer /'mɔɪstʃəraɪzər || 'mɔɪstʃəraɪzə(r)/, **moisturizing cream** /'mɔɪstʃəraɪzɪŋ/ *n* [u c] crema *f* hidratante *or* humectante

molar /'məʊlər || 'məʊlə(r)/ *n* muela *f*, molar *m* (frml)

molasses /mə'læsəz || mə'læsɪz/ *n* [u] (+ *sing vb*) melaza *f*

mold¹, (BrE) **mould** /məʊld/ *n*

A [1] [c] (hollow vessel) molde *m*; ***to break the ~*** romper* moldes [2] (type) (*no pl*): **to be cast** *o* **set in the same ~** estar* cortado por el mismo patrón [3] [c u] (dish) timbal *m*

B [u c] (fungus) moho *m*

m

mold[2], (BrE) **mould** *vt* ‹*steel/plastic*› moldear; ‹*character/attitudes*› formar, moldear; **the leather should ~ itself to the foot** el cuero debe amoldarse al pie

Moldavia /mɑːl'deɪvjə || mɒl'deɪviə/ *n* Moldavia *f*

molder, (BrE) **moulder** /'məʊldər || 'məʊldə(r)/ *vi* 1 «*buildings*» desmoronarse; «*corpse/leaves*» descomponerse* 2 **moldering** *pres p* ‹*leaves/corpse*› en estado de descomposición

molding, (BrE) **moulding** /'məʊldɪŋ/ *n* 1 [c u] (Archit) moldura *f* 2 [c] (thing cast) molde *m* 3 [u] (shaping) modelado *m*

Moldova /mɑː'ldəʊvə || mɒl'dəʊvə/ *n* Moldova *f*

moldy, (BrE) **mouldy** /'məʊldi/ *adj* 1 (covered in mold) mohoso; **to become** *o* (BrE) **go ~** enmohecerse* 2 (stale) ‹*smell*› a humedad, a moho

mole /məʊl/ *n*
A 1 (Zool) topo *m* 2 (spy, informant) topo *mf*, espía *mf*
B (on skin) lunar *m*

molecular /mə'lekjələr || mə'lekjʊlə(r)/ *adj* molecular

molecule /'mɑːlɪkjuːl || 'mɒlɪkjuːl/ *n* molécula *f*

molehill /'məʊlhɪl/ *n* topera *f*

molest /mə'lest/ *vt* 1 (sexually) abusar (sexualmente) de 2 (harass) importunar, molestar

moll /mɑːl || mɒl/ *n* chica *f* (*de un gángster*)

mollify /'mɑːləfaɪ || 'mɒlɪfaɪ/ *vt* **-fies, -fying, -fied** aplacar*, calmar

mollusk, mollusc /'mɑːləsk || 'mɒləsk/ *n* molusco *m*

mollycoddle /'mɑːlikɑːdḷ || 'mɒlɪkɒdḷ/ *vt* (colloq & pej) mimar, consentir*

molt, (BrE) **moult** /məʊlt/ *vi* «*snake*» mudar *or* cambiar de piel; «*bird*» mudar *or* cambiar de plumas; «*dog/cat*» pelechar, mudar *or* cambiar de pelo

molten /'məʊltən/ *adj* ‹*rock/metal*› fundido; ‹*lava*› líquido

mom /mɑːm || mɒm/ *n* (AmE colloq) mamá *f* (fam)

mom-and-pop /'mɑːmən'pɑːp || ˌmɒmən'pɒp/ *adj* (AmE colloq) familiar

moment /'məʊmənt/ *n*
A [c] 1 (short period) momento *m*; **just a ~** un momento, un momentito; **could I speak to you for a ~?** ¿podría hablar con usted un momento?; **doctor Davies will see you in a ~** enseguida la atiende el doctor Davies; **not for a ~** ni por un instante *or* momento; **I'm going out to get some milk: I won't be a ~** salgo a comprar leche, enseguida vuelvo; **a ~ later** poco después; **at the ~** en este momento; **at that ~** en ese momento; **for the ~** de momento, por el momento; **the man/woman of the ~** el hombre/la mujer del momento; **they'll be here any ~** estarán aquí en cualquier momento *or* de un momento a otro; **at that very ~** en ese preciso instante; **it was the wrong ~ to tell her** no era el momento de decírselo; **the ~ of truth** la hora de la verdad; ***to have one's ~s*** tener* sus (*or* mis *etc*) buenos momentos 2 **the moment (that)** (*as conj*) en cuanto; **the ~ they arrive** en cuanto lleguen
B [u] (Phys) momento *m*
C [u] (importance) (frml) trascendencia *f*, importancia *f*

momentarily /'məʊmən'terəli || 'məʊməntrəli/ *adv* 1 (briefly) momentáneamente, por un momento 2 (shortly) (AmE crit) de un momento a otro

momentary /'məʊmənteri || 'məʊməntri/ *adj* ‹*feeling/glimpse*› momentáneo, pasajero

momentous /məʊ'mentəs/ *adj* ‹*occasion/decision*› trascendental, de capital importancia; ‹*day*› memorable

momentum /məʊ'mentəm/ *n* [u c] (*pl* **-ta** /-tə/ *or* **-tums**) 1 (Phys) momento *m* 2 (speed) velocidad *f*; **to gather/gain/lose ~** ir* adquiriendo/cobrar/perder* velocidad 3 (of movement, project) impulso *m*, empuje *m*, ímpetu *m*

momma /'mɑːmə || 'mɒmə/ *n* (AmE) 1 (mother) (colloq) mamá *f* (fam) 2 (woman) (sl) mamita *f* (fam), tía *f* (Esp fam), mamacita *f* (Méx fam)

mommy /'mɑːmi || 'mɒmi/ *n* (*pl* **-mies**) (AmE colloq) mami *f* (fam), mamita *f* (fam)

Mon (= **Monday**) lun.

Monaco /'mɑːnəkəʊ, mə'nɑː- || 'mɒnəkəʊ/ *n* Mónaco *m*

monarch /'mɑːnərk || 'mɒnək/ *n* monarca *mf*

monarchist /'mɑːnərkəst/ *n* monárquico, -ca *m,f*

monarchy /'mɑːnərki || 'mɒnəki/ *n* [c u] monarquía *f*

monastery /'mɑːnəsteri/ *n* (*pl* **-ries**) monasterio *m*

monastic /mə'næstɪk/ *adj* monástico

Monday /'mʌndeɪ, -di/ *n*
A (day) lunes *m*; **it's ~ today, today's ~** (hoy) es lunes; **on ~** el lunes; **last ~** el lunes pasado; **next ~** el próximo lunes *or* el lunes que viene; **(on) ~s** *o* (BrE) **on a ~** los lunes; **I got the reply on a/the ~** la respuesta me llegó un/el lunes; **every ~** todos los lunes; **every second ~** cada dos lunes, un lunes sí y otro no, lunes por medio (CS, Per); **the ~ after next** el lunes que viene no, el siguiente *or* el otro; (*before n*) **~ afternoon/morning** el lunes por la tarde/mañana, la tarde/mañana del lunes
B **Mondays** (*as adv*) los lunes

monetarism /'mɑːnətərɪzəm/ *n* [u] monetarismo *m*

monetarist /'mɑːnətərəst || 'mʌnɪtərɪst/ *adj* monetarista

monetary /'mɑːnəteri || 'mʌnɪtəri/ *adj* monetario

money /'mʌni/ *n* [u] (*pl* **-nies** *or* **-neys**)
A dinero *m*, plata *f* (AmL fam), lana *f* (AmL fam), pasta *f* (Esp fam); (currency) moneda *f*, dinero *m*; **paper ~** papel *m* moneda, billetes *mpl*; **it cost $300, but it was worth the ~** costó 300 dólares, pero valió la pena; **I've had my ~'s worth out of this car** le he sacado mucho jugo a este coche (fam); **what's the ~ like where you work?** (colloq) ¿qué tal pagan donde trabajas? (fam); **he's earning good ~** está ganando un buen sueldo, está ganando bien; **there's ~ in secondhand books** los libros de segunda mano son un buen negocio; **she married ~** se casó con un hombre de dinero; **to come into ~** heredar dinero; **their European operation is making a lot of ~** su operación europea está dando mucho *or* produciendo grandes beneficios; **to put ~ into sth** invertir* *or* poner* dinero en algo; **you pay(s) your ~ and you take(s) your choice** (set phrase) es a gusto del consumidor; ***for my ~*** (colloq) para mí; ***it's ~ for jam*** *o* ***for old rope*** (BrE) es dinero regalado; ***to be in the ~*** estar* forrado (fam); ***to be made of ~*** nadar en la abundancia, tener* mucho dinero; ***to have ~ to burn*** tener* dinero de sobra; ***to put one's ~ where one's mouth is*** (colloq) obrar de acuerdo a sus (*or* mis *etc*) opiniones; ***to spend ~ like water*** gastar dinero como si fuera agua; ***to throw good ~ after bad*** seguir* tirando dinero (a la basura); ***(the love of) ~ is the root of all evil*** el dinero es el origen de todos los males; ***~ talks*** poderoso caballero es don Dinero
B **monies** *o* **moneys** *pl* (Fin, Law) sumas *fpl* de dinero

money: **~bags** *n* (*pl* **~bags**) (colloq) ricachón, -chona *m,f* (fam); **~ belt** *n* faltriquera *f*; **~box** *n* alcancía *f* (AmL), hucha *f* (Esp); **~changer** /'mʌni'tʃeɪndʒər || 'mʌniˌtʃeɪndʒə(r)/ *n* (person) cambista *mf*; (dispenser) (AmE) *aparato que contiene monedas para dar el cambio*

moneyed /'mʌnid/ *adj* adinerado

money: **~-grubbing** /'mʌniˌgrʌbɪŋ/ *adj* ‹*scheme*› para enriquecerse; ‹*person*› avaro, avariento; **~lender** *n* prestamista *mf*; **~-making** *adj* lucrativo, rentable; **~ market** *n* mercado *m* monetario; **~ order** *n* ≈ giro *m* postal; **~-spinner** *n* (BrE colloq) mina *f* de oro (fam), filón *m* (fam); **~ supply** *n* **the ~ supply** la masa monetaria

Mongol /'mɑːŋgəl || 'mɒŋgəl/ *n* (Geog) mongol *mf*

Mongolia /mɑːn'gəʊliə || mɒŋ'gəʊliə/ *n* Mongolia *f*

Mongolian[1] /mɑːn'gəʊliən || mɒŋ'gəʊliən/ *adj* mongol

Mongolian[2] *n* mongol *mf*

mongoose /'mɑːnguːs/ *n* (*pl* **-gooses**) mangosta *f*

mongrel /'mɑːŋgrəl || 'mʌŋgrəl/ *n*: *perro mestizo*, chucho, -cha *m,f* (fam), gozque *mf* (Col), quiltro, -tra *m,f* (Chi fam)

monicker /'mɑːnəkər || 'mɒnɪkə(r)/ *n* (colloq) apodo *m*

monied /mʌnid/ *adj* ▸**moneyed**

monitor[1] /'mɑːnətər || 'mɒnɪtə(r)/ *n*
A 1 (screen) monitor *m* 2 (for measuring) monitor *m*
B (listener) escucha *mf*
C (Educ) encargado, -da *m,f*, monitor, -tora *m,f* (CS)

monitor[2] *vt* 1 ‹*elections*› observar; ‹*process/progress*› seguir*, controlar; (esp electronically) monitorizar*, monitorear; **the project will be closely ~ed** se seguirá muy de cerca el desarrollo del proyecto 2 ‹*radio station*› escuchar

monk /mʌŋk/ *n* monje *m*

monkey /'mʌŋki/ *n* 1 mono, -na *m,f*, mico, -ca *m,f*; ***not to give a ~'s***: **he doesn't give a ~'s** (BrE sl) le importa un rábano *or* un pepino *or* un pito (fam) 2 (mischievous child) diablillo, -lla *m,f*

(Phrasal verbs)
- **monkey around**, (BrE) **monkey about** [v ▸ adv] tontear
- **monkey with** [v ▸ prep ▸ o] 1 (tamper with) andar* tocando 2 (cross): **don't ~ with me!** ¡no me tomes el pelo!

monkey: **~ business** *n* [u] (colloq) (trickery) trapicheo *m* (fam), chanchullos *mpl* (fam); (of children) diabluras *fpl*, travesuras *fpl*; **~ nut** *n* (BrE) maní *m or* (Esp) cacahuete *m or* (Méx) cacahuate *m*; **~ puzzle (tree)** *n* araucaria *f*; **~ shines** *pl n* (AmE colloq), **~ tricks** *pl n* (BrE colloq) diabluras *fpl*, travesuras *fpl*; **~ wrench** *n* llave *f* inglesa; ***to throw a ~ wrench in the works*** *o* ***the machinery*** (AmE) fastidiarlo todo

monkfish /ˈmʌŋkfɪʃ/ *n* (*pl* **-fish**) rape *m*

mono /ˈmɑːnəʊ || ˈmɒnəʊ/ *n* [u] (Audio) monofonía *f*

monochrome /ˈmɑːnəkrəʊm || ˈmɒnəkrəʊm/ *adj* ‹*picture*› monocromático, monocromo

monocle /ˈmɑːnɪkəl || ˈmɒnəkəl/ *n* monóculo *m*

monogamous /məˈnɑːgəməs/ *adj* monógamo

monogamy /məˈnɑːgəmi/ *n* [u] monogamia *f*

monogram /ˈmɑːnəgræm/ *n* monograma *m*

monolingual /ˈmɑːnəˈlɪŋgwəl/ *adj* monolingüe

monolith /ˈmɑːnl̩ɪθ || ˈmɒnəlɪθ/ *n* monolito *m*

monolithic /ˈmɑːnl̩ˈɪθɪk || ˌmɒnəˈlɪθɪk/ *adj* monolítico

monologue /ˈmɑːnəlɔːg/ *n* monólogo *m*

monoplane /ˈmɑːnəpleɪn || ˈmɒnəpleɪn/ *n* monoplano *m*

monopolize /məˈnɑːpəlaɪz/ *vt* ‹*market/industry*› monopolizar*; ‹*conversation/television*› acaparar, monopolizar*

monopoly /məˈnɑːpəli || məˈnɒpəli/ *n* [c u] (*pl* **-lies**) monopolio *m*; **they have a ~ of the market** monopolizan el mercado; **she doesn't have a ~ on my affections** no tiene el monopolio de mis sentimientos

Monopoly® *n* [u] Monopoly® *m*

monorail /ˈmɑːnəreɪl || ˈmɒnəʊreɪl/ *n* monocarril *m*, monorriel *m* (AmL), monorraíl *m* (Esp)

monoskiing /ˈmɑːnəskiːɪŋ/ *n* [u] monoesquí *m*

monosyllabic /ˈmɑːnəsəˈlæbɪk || ˌmɒnəsɪˈlæbɪk/ *adj* ‹*word*› monosilábico; ‹*reply*› lacónico, monosilábico

monosyllable /ˈmɑːnəˌsɪləbəl || ˈmɒnəsɪləbəl/ *n* monosílabo *m*; **he answered in ~s** contestó con monosílabos

monotone /ˈmɑːnətəʊn || ˈmɒnətəʊn/ *n* tono *m* monocorde; **in a dull ~** con voz monótona

monotonous /məˈnɑːtn̩əs || məˈnɒtənəs/ *adj* monótono; **with ~ regularity** con exasperante regularidad

monotony /məˈnɑːtn̩i || məˈnɒtəni/ *n* [u] monotonía *f*

monsoon /mɑːnˈsuːn || mɒnˈsuːn/ *n* monzón *m*

monster /ˈmɑːnstər || ˈmɒnstə(r)/ *n* monstruo *m*; **a ~ of a dog** un perro enorme, un perrazo (fam)

monstrance /ˈmɑːnstrəns || ˈmɒnstrəns/ *n* custodia *f*

monstrosity /mɑːnˈstrɑːsəti || mɒnˈstrɒsɪti/ *n* [u c] (*pl* **-ties**) monstruosidad *f*

monstrous /ˈmɑːnstrəs || ˈmɒnstrəs/ *adj* 1 (huge) gigantesco 2 (shocking) monstruoso, escandaloso

Mont = **Montana**

montage /mɑːnˈtɑːʒ || mɒnˈtɑːʒ/ *n* [u c] montaje *m*

Montenegro /mɑːntəˈniːgrəʊ/ *n* Montenegro *m*

month /mʌnθ/ *n* mes *m*; **lunar ~** mes lunar; **calendar ~** mes civil *or* del calendario; **$900 a ~** 900 dólares mensuales *or* por mes *or* al mes; **in a ~'s time** *o* **in a ~** dentro de un mes; **I haven't seen him for** *o* **in ~s** hace meses que no lo veo; ***never in a ~ of Sundays*** ni por casualidad

monthly[1] /ˈmʌnθli/ *adj* ‹*journal/event*› mensual; **~ payment** mensualidad *f*, cuota *f* mensual (esp AmL)

monthly[2] *adv* mensualmente, una vez al *or* por mes

monthly[3] *n* (*pl* **-lies**) publicación *f* mensual

monument /ˈmɑːnjəmənt/ *n* monumento *m*

monumental /ˈmɑːnjəˈmentl̩ || ˌmɒnjʊˈmentl̩/ *adj* 1 (enormous) ‹*building/task*› monumental; ‹*error*› garrafal 2 ‹*arch/sculpture*› monumental; **~ mason** marmolista *mf* (*especializado en monumentos funerarios*)

moo[1] /muː/ *n* mugido *m*

moo[2] *vi* **moos, mooing, mooed** mugir*

mooch /muːtʃ/ *vt* (AmE colloq) gorronear (fam), gorrear (fam), garronear (RPl fam), bolsear (Chi fam)

■ **mooch** *vi* (BrE) (+ *adv compl*): **to ~ around** *o* **about the house/town** dar* vueltas por la casa/deambular por la ciudad

mood /muːd/ *n*

A 1 (state of mind) humor *m*; **to be in a good/bad ~** estar* de buen humor/de mal humor *or* de mal genio; **as the ~ takes him** según de qué humor esté, según le dé (la vena) (fam); **I'm not in the ~** no tengo ganas; **I'm not in the ~ for jokes/dancing** no estoy (de humor) para chistes/no tengo ganas de bailar; **she's in a ~** *o* **in one of her ~s** está *or* anda de mal humor 2 (atmosphere) atmósfera *f*, clima *m*

B (Ling) modo *m*

moodily /ˈmuːdl̩i || ˈmuːdɪli/ *adv* 1 (irritably) malhumoradamente 2 (gloomily) con aire taciturno

moodiness /ˈmuːdinəs || ˈmuːdɪnɪs/ *n* [u] 1 (irritability) mal humor *m*; (gloom) depresión *f* 2 (changeable moods) carácter *m* temperamental

moody /ˈmuːdi/ *adj* **-dier, -diest** 1 (irritable, sulky) de mal humor, malhumorado; (gloomy) deprimido, taciturno 2 (changeable) ‹*person*› temperamental

moola, moolah /ˈmuːlə/ *n* [u] (AmE sl) guita *f* (arg), plata *f* (AmL fam), lana *f* (AmL fam)

moon[1] /muːn/ *n* luna *f*; **to land on the ~** alunizar*; **many ~s ago** hace muchas lunas, hace mucho tiempo; ***once in a blue ~*** muy de vez en cuando; ***to be over the ~*** (esp BrE) estar* como unas Pascuas *or* loco de contento; ***to promise the ~*** prometer el oro y el moro; (*before n*) **~ buggy** vehículo *m* lunar; **~ landing** alunizaje *m*

moon[2] *vi*: **she spent the whole day ~ing in her room** se pasó el día en su habitación pensando en las musarañas; **to ~ OVER sb** soñar* CON algn

moonbeam /ˈmuːnbiːm/ *n* rayo *m* de luna

Moonie /ˈmuːni/ *n* moonie *mf*

moonlight[1] /ˈmuːnlaɪt/ *n* [u] luz *f* de la luna; **by ~** a la luz de la luna

moonlight[2] *vi* tener* un segundo empleo, estar* pluriempleado; **he ~s as a cab driver** trabaja además como taxista

moon: **~light flit** *n*: **to do a ~light flit** (BrE) largarse* (fam) (*para no pagar*); **~lighting** *n* [u] pluriempleo *m*; **~lit** *adj* iluminado por la luna; **a ~lit night** una noche de luna; **~shine** *n* [u] 1 (nonsense) tonterías *fpl*, pamplinas *fpl* 2 (liquor) (AmE) *bebida alcohólica destilada ilegalmente*; **~stone** *n*: *tipo de ópalo o feldespato*; **~struck** *adj* lunático, trastornado

moor[1] /mʊr || mʊə(r), mɔː(r)/ *n* 1 (boggy area) llanura *f* anegadiza 2 (high exposed area) (esp BrE) páramo *m*; (covered with heather) brezal *m*

moor[2] *vt* amarrar

■ **moor** *vi* echar amarras

Moor /mʊr || mʊə(r), mɔː(r)/ *n* moro, -ra *m,f*

moorhen /ˈmʊrhen || ˈmʊəhen, ˈmɔːhen/ *n* polla *f* de agua

mooring /ˈmʊrɪŋ || ˈmʊərɪŋ, ˈmɔːrɪŋ/ *n* 1 (place) amarradero *m*, atracadero *m* 2 **moorings** *pl* (ropes) amarras *fpl*

Moorish /ˈmʊrɪʃ || ˈmʊərɪʃ, ˈmɔːrɪʃ/ *adj* 1 ‹*conquest*› árabe 2 ‹*art/style*› morisco; (in post-Reconquest Spain) mudéjar

moorland /ˈmʊrlənd || ˈmʊələnd, ˈmɔːlənd/ *n* [u] 1 (boggy area) llanura *f* anegadiza 2 (high exposed area) (esp BrE) páramo *m*

moose /muːs/ *n* (*pl* **moose**) alce *m* americano

moot[1] /muːt/ *adj* (*before n*) discutible; **that remains a ~ point** eso sigue siendo discutible

moot[2] *vt* (*usu pass*) someter a discusión, plantear

mop[1] /mɑːp || mɒp/ *n* 1 (for floor) trapeador *m* (AmL), fregona *f* (Esp) 2 **~ of hair** mata *f* de pelo, pelambre *f*

mop[2] **-pp-** *vt* ‹*floor/room*› limpiar, trapear (AmL), pasarle la fregona a (Esp); **to ~ one's brow** secarse* la frente

(Phrasal verb)
- **mop up**

A [v ▸ o ▸ adv, v ▸ adv ▸ o] 1 ‹*water*› secar*; ‹*mess*› limpiar 2 ‹*resistance*› sofocar*

B [v ▸ adv] limpiar

mope /məʊp/ *vi* (colloq) estar* deprimido *or* alicaído

m

moped /'məʊped/ *n* ciclomotor *m*, bicimoto *m*
mopping-up operation /'mɑːpɪŋ'ʌp || ˌmɒpɪŋ'ʌp/ *n* operación *f* de limpieza
moral¹ /'mɔːrəl/ *adj* moral; **the decline in ~ standards** la decadencia moral; **~ support** apoyo *m* moral
moral² *n*
A (message) moraleja *f*
B morals *pl* (principles) moralidad *f*; **have you no ~s?** ¿no tienes ningún sentido moral?
morale /mə'ræl || mə'rɑːl/ *n* [u] moral *f*; **~ is high/low** tienen (*or* tenemos *etc*) la moral alta/baja; **to boost sb's ~** levantarle la moral a algn
morale-booster /mə'ræl,buːstər || mə'rɑːl,buːstə(r)/ *n*: **it was intended as a ~** tenía por objeto levantarles (*or* levantarnos *etc*) la moral
moralistic /'mɔːrə'lɪstɪk || ˌmɒrə'lɪstɪk/ *adj* moralizador
morality /mə'ræləti/ *n* [u c] (*pl* **-ties**) (ethics) moralidad *f*, moral *f*
moralize /'mɔːrəlaɪz || 'mɒrəlaɪz/ *vi* **1** (make moral pronouncement) moralizar* **2** **moralizing** *pres p* ‹*tone/speech*› moralizador
morally /'mɔːrəli || 'mɒrəli/ *adv* **1** (from moral standpoint) moralmente; **a ~ bankrupt society** una sociedad en la bancarrota moral **2** ‹*behave*› moralmente, éticamente
morass /mə'ræs/ *n* ciénaga *f*; **a ~ of paperwork** un lío de papeles; **a ~ of regulations** un laberinto de reglamentos
moratorium /'mɔːrə'tɔːriəm || ˌmɒrə'tɔːriəm/ *n* (*pl* **-riums** *or* **-ria** /-riə/) **~ (ON sth)** moratoria *f* (EN algo)
morbid /'mɔːrbəd || 'mɔːbɪd/ *adj* **1** ‹*curiosity*› morboso, malsano; ‹*fear/mind*› morboso **2** (Med) mórbido
mordant /'mɔːrdn̩t || 'mɔːdn̩t/ *adj* (liter) mordaz
more¹ /mɔːr || mɔː(r)/ *adj* **1** (additional number, amount) más; **would you like some ~?** ¿quieres más?; **there'll be no ~ talking** se acabó la charla; **how much ~ flour?** ¿cuánta harina más?; **for ~ information call 387351** para mayor información llamar al 38-73-51; **one ~ question** una pregunta más; **~ and ~ people** cada vez más gente; **the ~ money you earn, the ~ tax you have to pay** cuanto más dinero se gana, (tantos) más impuestos hay que pagar **2** (in comparisons) más; **I eat ~ meat than you** yo como más carne que tú
more² *pron* **1** (additional number, amount) más; **let's say no ~ about it** no hablemos más del asunto; **and, what is ~, ...** y lo que es más, ...; **the ~ she eats, the thinner she gets** cuanto más come, más adelgaza; **have you anything ~ to say?** ¿tiene algo más que decir? **2** (in comparisons) más; **you eat ~ than me** tú comes más que yo; **we had four ~ than we needed** nos sobraron cuatro, había cuatro de más; **there's ~ to life than politics** hay cosas más importantes en la vida que la política; **my brother is ~ of a businessman than I am** mi hermano tiene mucha más idea para los negocios que yo
more³ *adv*
A **1** (to greater extent) más; **you watch television ~ than I do** tú ves más televisión que yo; **I couldn't agree ~** estoy totalmente de acuerdo; **I don't go there any ~ than I have to** no voy ahí más de lo necesario; **I love you ~ and ~ each day** te quiero cada día más; **~ or less** más o menos; **I was ~ than a little surprised by your attitude** tu actitud me sorprendió bastante **2** (*before adj, adv*) más; **could you please speak ~ clearly?** ¿podría hacer el favor de hablar más claro?; **~ often** con más frecuencia, más a menudo; **this made her all the ~ determined** esto la afirmó aún más en su resolución
B (again, longer) más; **once/twice ~** una vez/dos veces más; **I don't eat meat any ~** ya no como carne
C (rather): **it's ~ an encyclopedia than a dictionary** es más una enciclopedia que un diccionario; **I was ~ surprised than anything** me causó más que nada sorpresa
moreish /'mɔːrɪʃ/ *adj* (BrE colloq): **these biscuits are very ~** uno no puede parar de comer estas galletas
morello (cherry) /mə'reləʊ/ *n* guinda *f*
moreover /mɔːr'əʊvər || mɔː'rəʊvə(r)/ *adv* (frml) (*as linker*) además, por otra parte; **it appears, ~, that ...** es más, parece ser que ...
mores /'mɔːreɪz/ *pl n* costumbres *fpl* y convenciones *fpl*
morgue /mɔːrg || mɔːg/ *n* depósito *m* de cadáveres, morgue *f* (AmL)

m

moribund /'mɔːrəbʌnd || 'mɒrɪbʌnd/ *adj* moribundo
Mormon¹ /'mɔːrmən || 'mɔːmən/ *n* mormón, -mona *m,f*
Mormon² *adj* mormón

> **Mormon**
>
> La *Church of Jesus Christ of Latter-Day Saints* cuenta hoy con unos 10 millones de miembros, denominados *Mormons*. Fue fundada en 1830 por Joseph Smith. Posteriormente, guiados por Brigham Young, sus miembros se trasladaron hacia el oeste para fundar Salt Lake City en el estado de Utah, la mayoría de cuyos habitantes son hoy mormones. Tienen reglas morales muy estrictas y no beben alcohol ni café

morn /mɔːrn || mɔːn/ *n* (poet) mañana *f*
morning /'mɔːrnɪŋ || 'mɔːnɪŋ/ *n*
A (time of day) mañana *f*; **he hasn't been in all ~** no ha venido en toda la mañana; **yesterday/tomorrow ~** ayer/mañana por la mañana *or* (AmL tb) en la mañana *or* (RPl tb) a la mañana *or* de mañana; **every Saturday ~** todos los sábados por la mañana (*or* en la mañana *etc*); **at eight o'clock in the ~** a las ocho de la mañana; **until three in the ~** hasta las tres de la mañana *or* madrugada; **we'll do it first thing in the ~** lo haremos por la mañana a primera hora; **on the ~ of August 16** la mañana del 16 de agosto; **(good) ~!** ¡buenos días!, ¡buen día! (RPl); (*before n*) **~ paper** diario *m or* periódico *m* de la mañana, matutino *m*
B mornings (*as adv*) por las mañanas, en las mañanas (AmL), a la *or* de mañana (RPl)
morning: **~-after pill** /'mɔːrnɪŋ'æftər/ *n* píldora *f* del día siguiente; **~ coat** *n* chaqué *m*, frac *m*; **~ sickness** *n* [u] náuseas *fpl* (matinales) (*del embarazo*)
Moroccan¹ /mə'rɑːkən || mə'rɒkən/ *adj* marroquí
Moroccan² *n* marroquí *mf*
Morocco /mə'rɑːkəʊ || mə'rɒkəʊ/ *n* Marruecos *m*
moron /'mɔːrɑːn || 'mɔːrɒn/ *n* (colloq & pej) imbécil *mf*, tarado, -da *m,f* (fam)
moronic /mɔː'rɑːnɪk || mə'rɒnɪk/ *adj* imbécil
morose /mə'rəʊs/ *adj* taciturno
morphine /'mɔːrfiːn || 'mɔːfiːn/ *n* [u] morfina *f*
morris dancing /'mɑːrɪs || 'mɒrɪs/ *n*: *bailes folklóricos ingleses*
Morse /mɔːrs || mɔːs/ *n* [u] morse *m*; **in ~ (code)** en (código) morse
morsel /'mɔːrsəl || 'mɔːsəl/ *n* (of food) bocado *m*; **this ~ of information** este dato
mortal¹ /'mɔːrtl̩ || 'mɔːtl̩/ *adj* **1** (subject to death) mortal **2** (liter) ‹*blow/injury*› mortal; **~ sin** pecado *m* mortal **3** (until death) (liter): **~ enemy** enemigo, -ga *m,f* mortal; **~ combat** combate *m* a muerte
mortal² *n* mortal *mf*
mortality /mɔːr'tæləti/ *n* [u] **1** (death rate) mortalidad *f* **2** (loss of life) mortandad *f* **3** (condition) mortalidad *f*
mortally /'mɔːrtl̩i || 'mɔːtəli/ *adv* ‹*wounded*› de muerte, mortalmente; ‹*offended/afraid*› terriblemente
mortar /'mɔːrtər || 'mɔːtə(r)/ *n*
A [u] (cement) argamasa *f*, mortero *m*
B [c] (weapon) mortero *m*
C [c] (bowl) mortero *m*, almirez *m*, molcajete *m* (Méx)
mortarboard /'mɔːrtərbɔːrd || 'mɔːtəbɔːd/ *n* (academic cap) birrete *m*
mortgage¹ /'mɔːrgɪdʒ || 'mɔːgɪdʒ/ *n* (charge) hipoteca *f*; (loan) préstamo *m or* crédito *m* hipotecario, hipoteca *f*; **to pay off a ~** terminar de pagar una hipoteca, redimir una hipoteca (frml); **to take out a ~ on a property** hipotecar* una propiedad
mortgage² *vt* hipotecar*
mortice /'mɔːrtəs || 'mɔːtɪs/ *n* ▸ **mortise**
mortician /mɔːr'tɪʃən || mɔː'tɪʃən/ *n* (AmE) (employee) *persona que trabaja en una funeraria*; (funeral director) director, -tora *m,f* de pompas fúnebres
mortify /'mɔːrtəfaɪ || 'mɔːtɪfaɪ/ *vt* **-fies, -fying, -fied**
A (Relig) mortificar*
B mortified *past p*: **I was mortified** me dio mucha vergüenza, me sentí muy avergonzado
mortise /'mɔːrtəs || 'mɔːtɪs/ *n* mortaja *f*, entalladura *f*; (*before n*) **~ lock** cerradura *f* embutida

mortuary /ˈmɔːrtʃueri || ˈmɔːtjʊəri/ *n* (*pl* **-ries**) depósito *m* de cadáveres, morgue *f* (AmL)

mosaic /məʊˈzeɪɪk/ *n* mosaico *m*

Moscow /ˈmɑːskaʊ || ˈmɒskəʊ/ *n* Moscú *m*

Moses /ˈməʊzəz || ˈməʊzɪz/ *n* Moisés

mosey /ˈməʊzi/ *vi* **moseys, moseying, moseyed** (colloq): **well, guess I'll just ~ along** bueno, pues me voy yendo

Moslem /ˈmɑːzləm || ˈmɒzləm/ *n/adj* ▸**Muslim**[1,2]

mosque /mɑːsk || mɒsk/ *n* mezquita *f*

mosquito /məˈskiːtəʊ || mɒsˈkiːtəʊ/ *n* (*pl* **-toes** *or* **-tos**) mosquito *m*, zancudo *m* (AmL); (*before n*) **~ net** mosquitero *m*, mosquitera *f*

moss /mɔːs || mɒs/ *n* [u c] musgo *m*

most[1] /məʊst/ *adj* 1 (nearly all) la mayoría de, la mayor parte de; **~ people** casi todo el mundo *or* la mayoría de la gente; **~ days** casi todos los días 2 (*as superl*) más; **who eats (the) ~ meat in your family?** ¿quién es el que come más carne de tu familia?

most[2] *pron* 1 (nearly all) la mayoría, la mayor parte; **~ of us/them** la mayoría de nosotros/ellos; **~ of the wine** casi todo el vino; **I read ~ of it** lo leí casi todo 2 (*as superl*): **she ate the ~** fue la que más comió, comió más que nadie; **it is the ~ we can offer you** es todo lo que podemos ofrecerle; **at (the) ~** como máximo, a lo sumo; ***to make the ~ of sth*** sacar* el mejor provecho posible de algo; **make the ~ of it** aprovéchalo al máximo 3 (people) la mayoría

most[3] *adv*
A 1 (to greatest extent) más; **what I like/dislike (the) ~ about him is ...** lo que más/menos me gusta de él es ...; **I enjoyed the last act ~ of all** el último acto fue el que más me gustó 2 (*before adj, adv*) más; **which is the ~ expensive?** ¿cuál es el más caro?; **it's Joe who visits us (the) ~ often** es Joe el que nos visita más a menudo
B (*as intensifier*): **what happened was ~ interesting** lo que sucedió fue de lo más interesante; **it was ~ kind of you** fue muy amable de su parte; **~ probably** *o* **likely** muy probablemente
C (almost) (AmE colloq) casi; **she ate ~ all the food** se comió casi toda la comida

mostly /ˈməʊstli/ *adv*: **her friends are ~ students** la mayoría de sus amigos son estudiantes; **the land is ~ flat** el terreno es en su mayor parte llano; **she works ~ in the evenings** trabaja sobre todo por las noches

most valuable player *n* (AmE) jugador más destacado, jugadora más destacada *m,f*

MOT *n* (in UK) **~ (test)** *inspección técnica a la que deben someterse anualmente todos los vehículos de más de tres años*, ITV *f* (en Esp)

motel /məʊˈtel/ *n* motel *m*

moth /mɔːθ || mɒθ/ *n* mariposa *f* de la luz, palomilla *f*; (*clothes* ~) polilla *f*

moth: **~ball** *n* bola *f* de naftalina; **~-eaten** *adj* apolillado

mother[1] /ˈmʌðər || ˈmʌðə(r)/ *n* madre *f*; (*before n*) **~ country** madre patria *f*

mother[2] *vt* mimar

mother[3] *adv*: **~ naked** (AmE colloq) como Dios lo (*or* me *etc*) trajo al mundo (fam)

mother: **~board** *n* placa *f* madre; **~ earth** *n* la madre tierra, la Pachamama (AmS); **~fucker** *n* (AmE vulg) (person) hijo *m* de puta *or* (Méx) de la chingada (vulg); (thing) mierda *f* (vulg), madre *f* (Méx vulg)

motherhood /ˈmʌðərhʊd/ *n* [u] maternidad *f*

Mothering Sunday *n* (BrE) ▸**Mother's Day**

mother: **~-in-law** *n* (*pl* **~s-in-law**) suegra *f*, madre *f* política (frml); **~land** *n* patria *f*

motherless /ˈmʌðərləs/ *adj* huérfano de madre

motherly /ˈmʌðərli || ˈmʌðəli/ *adj* maternal

mother: **~ Nature** *n* la (Madre) Naturaleza; **~-of-pearl** /ˈmʌðərəvˈpɜːrl || ˌmʌðərəvˈpɜːl/ *n* [u] nácar *m*, madreperla *f*, concha *f* nácar (Méx), concha *f* de perla (Chi); **~'s Day** *n* el día de la Madre (*el segundo domingo de mayo en EEUU y el cuarto domingo de Cuaresma en GB*); **~ Superior** *n* Madre *f* Superiora; **~-to-be** /ˈmʌðərtəˈbiː || ˌmʌðətəˈbiː/ *n* (*pl* **~s-to-be**) futura madre *f*, futura mamá *f*; **~ tongue** *n* lengua *f* materna

Mother's Day/Mothering Sunday

En EEUU, el Día de la Madre cae el segundo domingo de mayo y es la ocasión en que, por tradición, todas las madres reciben regalos y tarjetas por parte de sus hijos y se las invita a cenar fuera de casa. En el Reino Unido se emplea también el término más tradicional *Mothering Sunday*. Aquí cae el cuarto domingo de Cuaresma y también es una ocasión en que las madres reciben pequeños regalos y tarjetas

motif /məʊˈtiːf/ *n* 1 (theme) tema *m*, motivo *m* 2 (design) motivo *m*

motion[1] /ˈməʊʃən/ *n*
A 1 [u] (movement) movimiento *m*; **to be in ~** estar* en movimiento, moverse*; **to set** *o* **put sth in ~** ‹*wheel*› poner* algo en movimiento; ‹*project/plan*› poner* algo en marcha; **it set in ~ a whole chain of consequences** desencadenó toda una serie de consecuencias; (*before n*) **~ sickness** mareo *m*; *see also* **slow motion** 2 [c] (action, gesture) gesto *m*, movimiento *m*; **he made a cutting ~ with his hand** hizo ademán de cortar algo con la mano; ***to go through the ~s***: **he went through the ~s of interviewing them** los entrevistó por pura fórmula
B 1 (for vote) moción *f*; **to carry** *o* **pass a ~** aprobar* una moción; **the ~ was rejected/defeated** se rechazó/no se aprobó la moción 2 (Law) petición *f*

motion[2] *vi*: **she ~ed to her assistant** le hizo una señal a su ayudante; **they ~ed to us to sit down** nos hicieron señas para que nos sentáramos

motionless /ˈməʊʃənləs/ *adj* inmóvil, sin moverse

motion picture *n* película *f*

motivate /ˈməʊtəveɪt || ˈməʊtɪveɪt/ *vt* motivar; **a politically ~d strike** una huelga con motivaciones políticas *or* por motivos políticos

motivated /ˈməʊtəveɪtəd || ˈməʊtɪveɪtɪd/ *adj* motivado; **to be highly ~** estar* muy motivado

motivation /ˈməʊtəˈveɪʃən || ˌməʊtɪˈveɪʃən/ *n* 1 [u] (drive) motivación *f* 2 [c] (motive) motivo *m*, móvil *m* (frml)

motive[1] /ˈməʊtɪv/ *n* motivo *m*, móvil *m* (frml); **she acted out of the best of ~s** lo hizo con la mejor intención; **his ~ was greed** actuó movido por la avaricia

motive[2] *adj* (*before n*) motor [*The feminine of* **motor** *is* **motriz** *or* **motora**]; **~ power** fuerza *f* motriz

motley /ˈmɑːtli || ˈmɒtli/ *adj* variopinto, heterogéneo; **they're a ~ crew** forman una pandilla de lo más variopinto

motor[1] /ˈməʊtər || ˈməʊtə(r)/ *n* 1 (engine) motor *m* 2 (car) (BrE colloq) coche *m*, carro *m* (AmL exc CS), auto *m* (esp CS)

motor[2] *adj* (*before n*)
A (Auto, Mech Eng) ‹*parts/spares*› de automóvil; ‹*mechanic*› de automóviles; **~ racing** carreras *fpl* automovilísticas; **~ show** salón *m* del automóvil; **~ sport** automovilismo *m*; **~ vehicle** (vehículo *m*) automóvil *m* (frml)
B (Physiol) ‹*neuron/nerve*› motor [*The feminine of* **motor** *is* **motriz** *or* **motora**]

motor: **~bike** *n* moto *f*; **~boat** *n* lancha *f* a motor

motorcade /ˈməʊtərkeɪd || ˈməʊtəkeɪd/ *n* desfile *m* de vehículos, caravana *f*

motor: **~car** *n* (Auto frml) automóvil *m* (frml); **~cycle** *n* motocicleta *f*; **~cyclist** *n* motorista *mf*

motoring /ˈməʊtərɪŋ/ *n* [u] automovilismo *m*; **school of ~** (in UK) autoescuela *f*, escuela *f* de conductores *or* de choferes (AmL), escuela *f* de manejo (Méx); (*before n*) **~ offence** (BrE) infracción *f* de tráfico

motorist /ˈməʊtərəst || ˈməʊtərɪst/ *n* automovilista *mf*, conductor, -tora *m,f*

motor: **~man** /ˈməʊtərmən || ˈməʊtəmən/ *n* (*pl* **-men** /-mən/) (AmE) maquinista *m*, conductor *m*; **~way** *n* (BrE) autopista *f*

mottled /ˈmɑːtl̩d || ˈmɒtl̩d/ *adj* ‹*skin*› manchado, moteado; ‹*marble*› veteado, jaspeado; **~ with black** a *or* con manchas negras

motto /ˈmɑːtəʊ || ˈmɒtəʊ/ *n* (*pl* **-toes**) (of family, school) lema *m*, divisa *f*

mould *etc* (BrE) ▸**mold** *etc*

moult *vi* (BrE) ▸**molt**

mound /maʊnd/ *n* 1 (hillock) montículo *m* 2 (man-made) túmulo *m*; **burial ~** túmulo funerario 3 (in baseball) (*pitcher's* ~) montículo *m* (del lanzador *or* pítcher) 4 (heap) montón *m*

mount¹ /maʊnt/ *n*
A (mountain) (liter) monte *m*; **M~ Everest** el Everest
B (Equ) montura *f*
C 1 (for machine, gun) soporte *m* 2 (for picture — surround) paspartú *m*, maríaluisa *f* (Méx); (— backing) fondo *m*; (for slide) marco *m* 3 (for stamp) fijasellos *m* 4 (for jewel) montura *f*, engaste *m*

mount² *vt*
A 1 ‹*horse*› montar, montarse en; **I ~ed my bicycle** (me) monté en *or* me subí a la bicicleta 2 ‹*platform/throne*› subir a; **the car ~ed the pavement** el coche se subió a la acera
B ‹*gun/picture*› montar; ‹*stamp/butterfly*› fijar; ‹*gem*› engarzar*, engastar, montar
C (copulate with) (Zool) montar
D ‹*attack/offensive*› preparar, montar; ‹*campaign/event*› organizar*, montar
■ **mount** *vi*
A 1 «*cost/temperature*» subir, elevarse (frml); «*excitement/alarm*» crecer*, aumentar 2 **mounting** *pres p* ‹*cost/fears/tension*› cada vez mayor, creciente
B (climb onto horse) montar

Phrasal verb
• **mount up** [v ► adv] «*bills*» irse* acumulando

mountain /ˈmaʊntn̩ || ˈmaʊntɪn/ *n* (Geog) montaña *f*; **the butter ~** (BrE EC) los excedentes de mantequilla; ***to make a ~ out of a molehill*** hacer* una montaña de un grano de arena; (*before n*) ‹*stream/path*› de montaña; ‹*scenery*› montañoso; **~ range** cordillera *f*; (shorter) sierra *f*; **~ sickness** *see* **altitude sickness, altitude**

mountain bike *n* bicicleta *f* de montaña

mountaineer /ˈmaʊntn̩ˈɪr || ˌmaʊntɪˈnɪə(r)/ *n* alpinista *mf*, andinista *mf* (AmL)

mountaineering /ˈmaʊntn̩ˈɪrɪŋ || ˌmaʊntɪˈnɪərɪŋ/ *n* [u] alpinismo *m*, andinismo *m* (AmL)

mountain: ~ goat *n* cabra *f* montés; **~ lion** *n* puma *m*, león, leona *m,f* (AmC, Méx)

mountainous /ˈmaʊntn̩əs || ˈmaʊntɪnəs/ *adj* 1 montañoso 2 (large) descomunal, gigantesco

mountain: ~side *n* ladera *f* de la montaña; **~top** *n* cima *f* *or* cumbre *f* (de la montaña)

mounted /ˈmaʊntəd || ˈmaʊntɪd/ *adj* montado: **~ police** policía *f* montada *or* a caballo

mounting /ˈmaʊntɪŋ/ *n* ► **mount¹ C**

mourn /mɔːrn || mɔːn/ *vt* ‹*loss/tragedy*› llorar, lamentar; **she is still ~ing him** todavía lo llora
■ **mourn** *vi* **to ~ FOR sb** llorar a algn, llorar la pérdida *or* la muerte de algn

mourner /ˈmɔːrnər || ˈmɔːnə(r)/ *n* doliente *mf*; **to be the chief ~** presidir el duelo

mournful /ˈmɔːrnfəl || ˈmɔːnfəl/ *adj* ‹*expression/glance*› de profunda tristeza, acongojado (liter); ‹*sigh/cry*› lastimero

mourning /ˈmɔːrnɪŋ || ˈmɔːnɪŋ/ *n* [u] (action, period) duelo *m*, luto *m*; **to be in ~ for sb** estar* de luto por algn, guardar luto por algn; **to go into/come out of ~** ponerse* de/quitarse el luto

mouse /maʊs/ *n* (*pl* **mice**)
A 1 (animal) ratón *m*, laucha *f* (CS); ***as poor as a church ~*** más pobre que las ratas; ***as quiet as a ~*: he's been as quiet as a ~ all day** no ha dicho ni pío en todo el día (fam) 2 (timid person) timorato, -ta *m,f*
B (Comput) ratón *m*

mouse: ~hole *n* ratonera *f*; **~mat** (Comput) /ˈmaʊsmæt/ *n* alfombrilla *f* de *or* para ratón; **~trap** *n* ratonera *f*

mousey *adj* ► **mousy**

mousse /muːs/ *n* [u c] 1 (Culin) mousse *f* *or* *m*, espuma *f* 2 (for hair) mousse *f*, espuma *f*

moustache *n* (BrE) ► **mustache**

mousy /ˈmaʊsi/ *adj* **-sier, -siest** ‹*hair*› castaño desvaído *adj inv*

mouth¹ /maʊθ/ *n* (*pl* **mouths** /maʊðz/)
A (of person, animal) boca *f*; **shut your ~!** (colloq) ¡cállate la boca! (fam), ¡cierra el pico! (fam); **keep your ~ shut about this** no digas ni media palabra de esto a nadie; **watch your ~!** (be careful) ¡ojo con lo que dices!; (response to obscenity) ¡qué boca!, ¡no digas palabrotas!; ***down in the ~*** alicaído, bajo de moral; ***to be all ~*** (sl) ser* un fanfarrón (fam); ***to have a big ~*** ser* un bocazas *or* (Andes, Méx) un bocón *or* (RPl) (un) estómago resfriado (fam); **me and my big ~!** ¡quién me mandaría abrir la boca!; ***to make sb's ~ water*:** **it made my ~ water** se me hizo agua la boca *or* (Esp) se me hizo la boca agua; ***to shoot one's ~ off*** (colloq) (boast) fanfarronear (fam)
B (of bottle) boca *f*; (of tunnel, cave) entrada *f*; (of river) desembocadura *f*

mouth² /maʊð/ *vt* 1 (silently): **it's him, she ~ed** —es él —me/le dijo articulando para que le leyera los labios 2 (say) (pej) decir*; **to ~ platitudes** decir* lugares comunes

Phrasal verb
• **mouth off** [v ► adv (► prep ► o)] (colloq) (brag) fanfarronear (fam); **to ~ off ABOUT sth** jactarse DE algo

mouthful /ˈmaʊθfʊl/ *n* (of food) bocado *m*; (of drink) trago *m*; (of air) bocanada *f*; **it's a bit of a ~ (to say)** (difficult to pronounce) es un trabalenguas; (long) es larguísimo; ***to give sb a ~*** soltarle* una sarta de insultos a algn

mouth: ~ organ *n* armónica *f*; **~piece** *n* 1 (of telephone) micrófono *m*; (Mus) boquilla *f*; (AmE Sport) protector *m* (de dentadura); 2 (spokesperson) portavoz *mf*; **~-to-mouth** /ˈmaʊθtəˈmaʊθ/ *adj* (*before n*) boca a boca; **~wash** *n* [u c] enjuague *m* (bucal), elixir *m* (bucal); **~-watering** /ˈmaʊθˌwɔːtərɪŋ/ *adj* delicioso

movable /ˈmuːvəbəl/ *adj* ‹*part*› movible, móvil; ‹*apparatus*› portátil; **~ property** (Law) bienes *mpl* muebles

move¹ /muːv/ *n*
A (movement) movimiento *m*; **she watched their every ~** vigilaba todos sus movimientos; **she made a ~ to get up/for the door** hizo ademán de levantarse/ir hacia la puerta; **it's time we made a ~** ya es hora de que nos vayamos; ***on the ~*: she's always on the ~** siempre está de un lado para otro; ***to get a ~ on*** (colloq) darse* prisa, apurarse (AmL)
B (change — of residence) mudanza *f*, trasteo *m* (Col); (— of premises) traslado *m*, mudanza *f*
C 1 (action, step) paso *m*; (measure) medida *f*; **what's the next ~?** ¿cuál es el siguiente paso?, ¿ahora qué hay que hacer?; **to make the first ~** dar* el primer paso 2 (in profession, occupation): **it would be a good career ~** sería un cambio muy provechoso para mi (*or* su *etc*) carrera profesional
D (Games) movimiento *m*, jugada *f*; **whose ~ is it?** ¿a quién le toca mover *or* jugar?

move² *vi*
A 1 (change place): **he ~d nearer the fire** se acercó *or* se arrimó al fuego; **we could ~ to another table** podríamos cambiarnos de mesa; **government troops have ~d into the area** tropas del gobierno se han desplazado *or* se han trasladado a la zona; **to ~ to a new job/school** cambiar de trabajo/colegio 2 (change location, residence) mudarse, cambiarse; *see also* **move in, move out**
B (change position) moverse*; **don't you ~, I'll answer the door** tú tranquilo, que voy yo a abrir la puerta
C (proceed, go): **the procession/vehicle began to ~** la procesión/el vehículo se puso en marcha; **get moving!** ¡muévete! (fam); **the police kept the crowds moving** la policía hacía circular a la multitud; **it's time we were moving** ya es hora de que nos vayamos; **the earth ~s around the sun** la Tierra gira alrededor del sol; **we ~d aside** *o* **to one side** nos apartamos, nos hicimos a un lado
D (advance, develop): **things seem to be moving** parece que las cosas marchan; **events ~d rapidly** los acontecimientos se desarrollaron rápidamente; **to ~ with the times** mantenerse* al día; **the conflict has ~d into a new phase** el conflicto ha entrado en una nueva fase; **to ~ into the lead** pasar a ocupar el primer lugar; **the company plans to ~ into the hotel business** la compañía tiene planes de introducirse en el ramo hotelero
E (carry oneself) moverse*
F (go fast) (colloq) correr
G (take steps, act): **we must ~ now** tenemos que actuar ahora; **she ~d quickly to scotch rumors** inmediatamente tomó medidas para acallar los rumores
H (Games) mover*, jugar*

I (circulate socially) moverse*; **he ~s in fashionable circles** se mueve en círculos que están de moda

■ **move** *vt*

A (transfer, shift position of): **let's ~ the sofa over there** pongamos el sofá allí; **why have you ~d the television?** ¿por qué has cambiado la televisión de sitio *or* de lugar?; **~ your chair a little** corre un poco la silla; **ask him to ~ the boxes out of the way** dile que quite las cajas de en medio; **we shall not be ~d!** ¡no nos moverán!; **I can't ~ my leg/neck** no puedo mover la pierna/el cuello

B 1 (transport) transportar, trasladar 2 (relocate, transfer) trasladar; **she was ~d to head office** la trasladaron a la oficina central; **I'll ~ this paragraph further down** pondré este párrafo más abajo 3 (change residence, location): **the firm that ~d us** la compañía que nos hizo la mudanza; **to ~ house** (BrE) mudarse de casa

C 1 (arouse emotionally) conmover*, emocionar; **he's easily ~d** es muy sensible; **to ~ sb to tears** hacer* llorar a algn de la emoción 2 (prompt) **to ~ sb to + INF**: **this ~d her to remonstrate** esto la indujo a protestar

D (propose) (Adm, Govt) proponer*

E (Games) mover*

Phrasal verbs

- **move about** (BrE) ▸**move around**
- **move along**

A [v ▸ adv] 1 (go further along) correrse; **~ along, so I can sit down too** córrete *or* arrímate para que pueda sentarme yo también 2 (disperse) circular

B [v ▸ o ▸ adv] (cause to disperse) hacer* circular; **the police ~d us along** la policía nos hizo circular

- **move around,** (BrE also) **move about**

A [v ▸ adv] 1 (walk) andar* 2 (change residence) mudarse, cambiarse (*a menudo*); (change job) cambiar de trabajo (*a menudo*)

B [v ▸ o ▸ adv] ‹*furniture*› cambiar de sitio *or* de lugar; ‹*employee/troops*› trasladar

- **move away** [v ▸ adv] 1 (move house) mudarse (*de la ciudad, el barrio etc*) 2 ▸**move off**
- **move back**

A [v ▸ adv]: **they ~d back here in 1979** volvieron a vivir aquí en 1979; **they ~d back to let him pass** retrocedieron para dejarlo pasar

B [v ▸ o ▸ adv]: **~ the microphone back a bit** coloca el micrófono un poco más atrás; **she's ~d the date of the meeting back again** ha vuelto a aplazar la fecha de la reunión

- **move down**

A [v ▸ adv] bajar

B [v ▸ o ▸ adv] bajar

- **move forward**

A [v ▸ adv] «*car/troops*» avanzar*; **I ~d forward to get a better view** me puse más adelante para ver mejor

B [v ▸ o ▸ adv] ‹*troops*› hacer* avanzar; ‹*date/event*› adelantar

- **move in** [v ▸ adv] 1 (set up home) mudarse, cambiarse (*a una casa etc*); **to ~ in WITH sb** irse* a vivir CON algn 2 (draw closer) acercarse* 3 (go into action) «*police*» intervenir*; **they ~d in at dawn** (Mil) atacaron al amanecer
- **move in on** [v ▸ adv ▸ prep ▸ o] 1 (advance upon) ‹*enemy*› avanzar* sobre 2 (encroach upon) ‹*territory/business*› invadir
- **move off** [v ▸ adv] «*procession*» ponerse* en marcha; «*car*» arrancar*, ponerse* en marcha
- **move on**

Sense I [v ▸ adv]

A (walk further) seguir* adelante; (continue journey) continuar* el viaje

B 1 (proceed) pasar; **shall we ~ on?** ¿pasamos al punto siguiente? 2 (progress) progresar, avanzar*

Sense II [v ▸ o ▸ adv] (cause to disperse) hacer* circular

- **move out** [v ▸ adv] irse*, mudarse, cambiarse (*de una casa etc*)
- **move over** [v ▸ adv] (make room) correrse
- **move up**

A [v ▸ adv] 1 (rise) subir; **they've ~d up in the world** han prosperado mucho 2 (make room) correrse

B [v ▸ o ▸ adv] ‹*picture/shelf*› subir; **they ~d him up a class** lo pusieron en la clase inmediatamente superior

moveable *adj* ▸**movable**

movement /'mu:vmənt/ *n*

A 1 [u] (motion) movimiento *m* 2 [c] (action, gesture) movimiento *m*; (with the hand) ademán *m*; **there was a sudden ~ in the bushes** de repente algo se movió entre los arbustos 3 [c u] (change — of position) movimiento *m*; (— in opinion) giro *m* 4 **movements** *pl* (activities, whereabouts) desplazamientos *mpl*, movimientos *mpl*

B [u] 1 (transportation) movimiento *m* 2 (travel) desplazamiento *m*

C [c] (Art, Pol, Relig) movimiento *m*

D [c] (Mus) movimiento *m*

mover /'mu:vər || 'mu:və(r)/ *n* 1 (in debate) ponente *mf* 2 (in dancing) (colloq): **he's/she's a clumsy ~** tiene muy poco garbo 3 (of furniture, belongings): **a firm of ~s** una compañía de mudanzas

movie /'mu:vi/ *n* (esp AmE)

A (film) película *f*, film(e) *m* (period); (*before n*) ‹*actor/director*› de cine; **~ theater** (AmE) cine *m*

B **movies** *pl* (esp AmE) 1 (building) **the ~s** el cine; **to go to the ~s** ir* al cine *or* a ver una película, ir* a cine (Col) 2 (industry) cine *m*

movie: **~ camera** *n* (esp AmE) filmadora *f* *or* (Esp) tomavistas *m*; (large, professional) cámara *f* cinematográfica; **~goer** *n* (esp AmE): **he's a keen ~goer** va mucho al cine, es muy aficionado al cine

moving /'mu:vɪŋ/ *adj*

A (emotionally) emotivo, conmovedor

B (in motion) (*before n*) **~ part** pieza *f* movible *or* móvil; **~ target** blanco *m* móvil *or* en movimiento

C (AmE) (*before n*) ‹*van/company*› de mudanzas

D ‹*force/spirit*› impulsor

mow /məʊ/ *vt* (*past* **mowed**; *past p* **mown** *or* **mowed**) ‹*hay*› segar*; ‹*lawn*› cortar

Phrasal verb

- **mow down** [v ▸ o ▸ adv, v ▸ adv ▸ o] acribillar, segar* (liter)

mower /'məʊər || 'məʊə(r)/ *n* 1 (Hort) ▸**lawnmower** 2 (on farm) segadora *f*

mown /məʊn/ *past p of* **mow**

Mozambique /'məʊzəm'bi:k || ˌməʊzæm'bi:k/ *n* Mozambique *m*

MP *n* 1 (in UK) (Govt) = **Member of Parliament** 2 (= **military police**) PM *f*

mpg = miles per gallon

mph = miles per hour

Mr /'mɪstər || 'mɪstə(r)/ (= **Mister**) Sr.; **~ J.B. Jones** Sr. (D.) J.B.Jones *or* Sr.Dn. J.B.Jones; **she's waiting for ~ Right** está esperando al príncipe azul

Mrs /'mɪsəs || 'mɪsɪz/ Sra.; **~ A.J. Rees** Sra. (Dña.) A.J. Rees

Ms /mɪz || məz/ ≈ Sra. (*tratamiento que se da a las mujeres y que no indica su estado civil*); **~ Jane Brown** Sra. Jane Brown

MS *n* 1 [c] **ms** (*pl* **MSS** *or* **mss**) (= **manuscript**) ms. 2 [u] (= **multiple sclerosis**) E.M. *f* 3 [c] (AmE) = **Master of Science** 4 = **Mississippi**

MSc *n* (BrE) = **Master of Science**

MS-DOS® /'emes'dɑ:s || ˌemes'dɒs/ *n* (= **Microsoft disk operating system**) MS-DOS® *m*

MSF *n* (in UK) (= **Manufacturing Science Finance**) *sindicato general de trabajadores*

MST (in US) = **Mountain Standard Time**

mt, mtn = mountain

Mt (= **Mount**) **~ Rushmore** el monte Rushmore

MT = Montana

much¹ /mʌtʃ/ *adj* mucho, -cha; **I don't earn very ~ money** no gano mucho dinero; **$2 too ~** 2 dólares de más; **without ~ effort** sin mucho *or* sin demasiado esfuerzo; **I do as ~ work as anybody** trabajo tanto como cualquiera; **use as ~ paper as you need** utiliza todo el papel que necesites; **too ~ coffee/water** demasiado café/demasiada agua; **how ~ coffee/milk?** ¿cuánto café/cuánta leche?

much² *pron* mucho, -cha; **an ice cream isn't ~ of a meal** un helado no es comida; **he's not ~ of a swimmer** no nada muy bien; **what do you think of the new boss? — not ~** (colloq) ¿qué te parece el nuevo jefe? — no gran cosa (fam); **do you see ~ of the Smiths?** ¿ves mucho a los Smith?, ¿ves a menudo a los Smith?; **she won, though not by ~** *o* (BrE also) **though there wasn't ~ in it** ganó, pero por poco; **how ~ does it cost?** ¿cuánto cuesta?;

m

~ **of the day** gran parte *or* la mayor parte del día; **the cat eats as ~ as the dog** el gato come tanto como el perro; **I've done as ~ as I can** he hecho todo lo que he podido; **three times as ~ as yesterday** tres veces más que ayer; **you can lose as ~ as 2 kilos in one week** puedes adelgazar hasta dos kilos en una semana; **I thought/suspected as ~** (ya) me lo figuraba; **you need twice as ~** necesitas el doble; **and as ~ again** y otro tanto; **without so ~ as a goodbye** sin decir ni adiós; **if you so ~ as touch him, I'll kill you!** como le llegues a poner la mano encima, te mato; **so ~ for true love!** ¡pues si eso es amor ...! (iró); **however ~ she eats** coma lo que coma; **you've drunk too ~** has bebido demasiado; **it's a bit ~!** ¡ya es demasiado!, ¡es pasarse un poco! (fam); **it's not up to ~** no vale gran cosa

much³ *adv*

A [1] (to large extent) mucho; **I like it very ~** me gusta mucho; **it is snowing, but not ~** está nevando, pero poco *or* no mucho; **I ~ prefer dogs to cats** me gustan mucho más los perros que los gatos; **I'd very ~ like to meet her** me gustaría mucho conocerla; **you deserve the prize just as ~ as I do** te mereces el premio tanto como yo; **the house is as ~ mine as yours** la casa es tan mía como tuya; **so ~ the better** tanto mejor; **you talk too ~** hablas demasiado; **~ to my surprise** para mi gran sorpresa [2] (often) mucho; **she doesn't get out as ~ as she used to** no sale tanto como antes *or* como solía

B (*before adj, adv*) mucho; **your house is ~ older than mine** tu casa es mucho más vieja que la mía; **this church is ~ the larger of the two** de las dos iglesias ésta es, con mucho, la más grande; **I'm ~ too busy to do it** estoy demasiado ocupada para hacerlo; **I'd ~ rather be at home** preferiría mil veces estar en mi casa; **it won't be ~ different from mine** no será muy distinto del mío

C (more or less, approximately): **he was of ~ the same opinion** en gran medida opinaba igual; **one bed is ~ like another** todas las camas son parecidas

muchness /'mʌtʃnəs || 'mʌtʃnɪs/ *n*: ***to be much of a ~*** (BrE) ser* tres cuartos de lo mismo (fam)

muck /mʌk/ *n* [u] [1] (dung) (Agr) estiércol *m*; ***Lady/Lord M~*** (BrE colloq) la marquesa/el marqués de Carabás (iró); ***to be as common as ~*** (colloq) ser* muy ordinario, ser* más basto que el papel de lija (fam) [2] (dirt, filth) mugre *f*

(Phrasal verbs)

• **muck about, muck around** (BrE colloq)

A [v ▸ adv] [1] (play the fool) tontear, mamar gallo (Col, Ven fam) [2] (tinker) **to ~ about** *o* **around WITH sth** andar* tocando algo

B [v ▸ o ▸ adv] (treat badly): **to ~ sb about** *o* **around** jugar* con algn, tomarle el pelo a algn (fam)

• **muck in** [v ▸ adv] (BrE colloq) poner* *or* arrimar el hombro

• **muck out** [v ▸ o ▸ adv, v ▸ adv ▸ o] limpiar

• **muck up** (BrE colloq) [v ▸ o ▸ adv, v ▸ adv ▸ o] (make a hash of): **I ~ed up the first question** metí la pata en la primera pregunta (fam)

muckraking /'mʌk,reɪkɪŋ/ *n* [u] (pej): **this newspaper specializes in ~** este periódico se especializa en escándalos *or* (fam) en sacar trapos sucios al sol

mucky /'mʌki/ *adj* **muckier, muckiest** (colloq): **I got all ~ changing the oil** quedé hecho un asco cambiando el aceite (fam); **you ~ pup!** (BrE) ¡mira que eres cochino!

mucus /'mju:kəs/ *n* [u] mucosidad *f*

mud /mʌd/ *n* [u] barro *m*, fango *m*, lodo *m*; ***to be as clear as ~*** (iro) ser* un galimatías; ***to throw*** *o* ***sling ~ (at sb)*** insultar (a algn); (*before n*) ‹*brick/hut*› de barro, de adobe

mudbath /'mʌdbæθ || 'mʌdbɑ:θ/ *n* baño *m* de lodo

muddle¹ /'mʌdl̩/ *n* lío *m*, follón *m* (Esp fam); **to be in a ~** «*papers*» estar* (todo) revuelto *or* desordenado; «*person*» estar* liado *or* hecho un lío (fam); **to get into a ~** «*person*» armarse *or* hacerse* un lío (fam)

muddle² *vt* ▸ **muddle up**

(Phrasal verbs)

• **muddle along** [v ▸ adv] ir* tirando (fam)

• **muddle through** [v ▸ adv] arreglárselas

• **muddle up** [v ▸ o ▸ adv, v ▸ adv ▸ o] [1] ‹*papers*› entreverar, desordenar; **to get ~d up** entreverarse, desordenarse [2] (mix up) confundir [3] (bewilder) confundir; **to get ~d up** confundirse

muddled /'mʌdl̩d/ *adj* confuso; **to get ~** hacerse* un lío (fam)

muddy /'mʌdi/ *adj* **-dier, -diest** ‹*boots/hands/road*› lleno *or* cubierto de barro *or* de lodo, enlodado, embarrado; ‹*water*› turbio; ‹*green/brown*› sucio; ▸ **water¹ C1**

mud: **~flat** *n* (*often pl*) marisma *f*; **~guard** *n* guardabarros *m*, salpicadera *f* (Méx), tapabarros *m* (Chi, Per); **~pack** *n* mascarilla *f* facial; **~slinging** /'mʌd,slɪŋɪŋ/ *n* [u] (journ) vilipendio *m*, insultos *mpl*

muesli /'mju:zli/ *n* [u] (esp BrE) musli *m*, muesli *m*

muff¹ /mʌf/ *vt* (colloq) ‹*shot*› errar*; ‹*chance*› desperdiciar; **he ~ed his lines** le salió mal lo que tenía que decir

muff² *n* (Clothing) manguito *m*

muffin /'mʌfən || 'mʌfɪn/ *n* (AmE) mollete *m* (*bollo dulce hecho con huevos*); (BrE) *bollo de pan que suele servirse tostado*

muffle /'mʌfl̩/ *vt*

A [1] ‹*sound*› amortiguar* [2] ‹*oars/hooves*› enfundar, envolver* (*en una tela para amortiguar el ruido*)

B ~ **(up)**: **her face was ~d (up) in a scarf** una bufanda casi le tapaba *or* le cubría la cara

muffled /'mʌfl̩d/ *adj* ‹*sound/shot*› sordo, apagado

muffler /'mʌflər || 'mʌflə(r)/ *n*

A (scarf) bufanda *f*

B [1] (Mus) sordina *f* [2] (AmE Auto) silenciador *m*, mofle *m* (AmC, Méx)

mufti /'mʌfti/ *n* [u] (colloq): **in ~** sin uniforme; (Mil) (vestido) de paisano *or* de civil

mug¹ /mʌg/ *n*

A (cup) taza *f* (*alta y sin platillo*), tarro *m* (Méx, Ven); **beer ~** jarra *f or* (Méx, Ven) tarro *m* de cerveza

B (gullible person) (BrE colloq) idiota *mf*, ingenuo, -nua *mf*; **that's a ~'s game** es cosa de idiotas

C (face) (sl) cara *f*, jeta *f* (arg), careto *m* (Esp arg)

mug² **-gg-** *vt* atracar*, asaltar

■ **mug** *vi* (make faces) (AmE) hacer morisquetas

(Phrasal verb)

• **mug up** (BrE colloq) [v ▸ adv] **to ~ up ON sth** darle* duro a *or* (Esp tb) empollar *or* (RPl tb) tragar* *or* (Méx tb) matarse EN *or* (Ven tb) puñalearse algo (fam)

mugger /'mʌgər || 'mʌgə(r)/ *n* atracador, -dora *m,f*

mugging /'mʌgɪŋ/ *n* (Law) [1] [u] (crime) atracos *mpl* [2] [c] (instance) atraco *m*

muggins /'mʌgɪnz/ *n* (*pl* ~) (BrE colloq): **and ~ had to pay!** y yo, el idiota de siempre tuve que pagar, y el menda tuvo que pagar (Esp arg)

muggy /'mʌgi/ *adj* **-gier, -giest** ‹*weather/day*› pesado

mug shot *n* (colloq) foto *f* (*de archivo policial*)

mugwump /'mʌgwʌmp/ *n* (AmE) independiente *mf*

Muhammad /mə'hæməd || mə'hæmɪd/ *n* Mahoma

mulatto /mjʊ'lætəʊ/ *n* (*pl* **-toes** *or* **-tos**) mulato, -ta *m,f*

mulberry /'mʌl,beri || 'mʌlbəri/ *n* (*pl* **-ries**) (tree) morera *f*; (fruit) mora *f* (de morera)

mulch /mʌltʃ/ *vt* cubrir* con mantillo

mule /mju:l/ *n*

A (Zool) mula *f* (*cruce de burro y yegua*); ***as stubborn as a ~*** más terco que una mula

B (Clothing) chinela *f*, pantufla *f* (*sin talón*)

mull /mʌl/ *vt* [1] (Culin): **~ed wine** *ponche caliente de vino y especias* [2] (AmE) ▸ **mull over**

(Phrasal verb)

• **mull over** [v ▸ o ▸ adv, v ▸ adv ▸ o] reflexionar *or* meditar sobre

mullet /'mʌlət || 'mʌlɪt/ *n* [c u] (*pl* ~) (*gray* ~) mújol *m*, múgil *m*; (*red* ~) (esp BrE) salmonete *m*

multiaccess /'mʌlti'ækses || ,mʌltɪ'ækses/ *adj* de acceso múltiple, multiacceso *adj inv*

multicolored, (BrE) **multi-coloured** /'mʌlti,kʌlərd || ,mʌltɪ'kʌləd/ *adj* multicolor

multicultural /'mʌlti'kʌltʃərəl/ *adj* multicultural

multifaceted /'mʌlti'fæsətəd/ *adj* multifacético

multifarious /'mʌlti'feriəs/ *adj* variopinto, muy diverso

multifunctional /,mʌlti'fʌŋkʃn̩əl/ *adj* multifuncional

multilateral /'mʌlti'lætərəl/ *adj* multilateral

multilevel /'mʌlti'levl̩/ *adj* (AmE) de varias plantas

multilingual /mʌlti'lɪŋgwəl/ *adj* plurilingüe, multilingüe

multimedia /ˈmʌltiˈmiːdiə/ *adj* (*before n*) multimedia *adj inv*

multimillion /ˈmʌltiˈmɪljən/ *adj* (journ) multimillonario

multimillionaire /ˈmʌltiˈmɪljəˈner ‖ ˌmʌltiˌmɪljəˈneə(r)/ *n* multimillonario, -ria *m,f*

multinational¹ /ˈmʌltiˈnæʃn̩əl/ *adj* multinacional

multinational² *n* multinacional *f*

multiparty /ˈmʌltipɑːrti/ *adj* multipartidista

multiple¹ /ˈmʌltəpəl ‖ ˈmʌltɪpəl/ *adj* **1** (involving many elements) múltiple; ~ **birth** parto *m* múltiple **2** (many) múltiples; ~ **errors** múltiples errores

multiple² *n* múltiplo *m*

multiple: **~-choice** /ˈmʌltəpəlˈtʃɔɪs ‖ ˌmʌltɪpəlˈtʃɔɪs/ *adj* de opción múltiple, tipo test; **~ sclerosis** /skləˈrəʊsəs/ *n* [u] esclerosis *f* múltiple

multiplex /ˈmʌltɪpleks/ *n* multicine *m*

multiplication /ˈmʌltəpləˈkeɪʃən ‖ ˌmʌltɪplɪˈkeɪʃən/ *n* [u] multiplicación *f*; (*before n*) ~ **table** tabla *f* de multiplicar

multiply /ˈmʌltəplaɪ ‖ ˈmʌltɪplaɪ/ **-plies, -plying, -plied** *vt* **1** (Math) **to ~ sth (BY sth)** multiplicar* algo (POR algo) **2** (increase) multiplicar*

▪ **multiply** *vi* **1** (Math) multiplicar* **2** (increase, reproduce) multiplicarse*

multipurpose /ˈmʌltiˈpɜːrpəs ‖ ˌmʌltiˈpɜːpəs/ *adj* ‹*tool/appliance*› multiuso *adj inv*; ‹*building*› para usos diversos

multiracial /ˈmʌltiˈreɪʃəl/ *adj* multirracial

multistory, (BrE) **multistorey** /ˈmʌltiˈstɔːri/ *adj* de varias plantas, de varios pisos

multitasking /ˈmʌltiˈtæskɪŋ ‖ ˌmʌltiˈtɑːskɪŋ/ *n* [u] (función *f*) multitarea *f*

multitude /ˈmʌltətuːd ‖ ˈmʌltɪtjuːd/ *n* **1** (large number) (frml) (*no pl*) **a ~ OF sth**: **a ~ of problems** innumerables *or* múltiples problemas; **this covers a ~ of sins** (hum) con esto se disimulan muchas cosas **2** [c] (crowd) (arch *or* liter) multitud *f*, muchedumbre *f*

multiuser /ˈmʌltiˈjuːzər/ *adj* multiusuario *adj inv*

mum /mʌm/ *n*

A (mother) (BrE colloq) mamá *f* (fam)

B (silence) (colloq): ~**'s the word** ¡punto en boca! (fam), ¡chitón! (fam); ***to keep*** ~ no decir* ni pío (fam)

mumble /ˈmʌmbəl/ *vi* hablar entre dientes, farfullar

▪ **mumble** *vt* mascullar, farfullar

mumbo jumbo /ˈmʌmbəʊˈdʒʌmbəʊ/ *n* [u] (pej): **religion, he said, was a lot of ~ ~** dijo que la religión no era más que supercherías *or* (fam) paparruchas

mummify /ˈmʌmɪfaɪ/ *vt* **-fies, -fying, -fied** momificar*

mummy /ˈmʌmi/ *n* (*pl* **-mies**)

A (mother) (BrE colloq: esp used by children) mami *f*, mamita *f* (fam)

B (Archeol) momia *f*

mumps /mʌmps/ *n* [u] paperas *fpl*

munch /mʌntʃ/ *vt/i* mascar*, masticar*

mundane /mʌnˈdeɪn/ *adj* **1** ‹*existence*› prosaico; ‹*activity*› rutinario **2** ‹*comments*› trivial

mung bean /mʌŋ/ *n*: *semilla cuyo brote se utiliza en la cocina oriental*

municipal /mjʊˈnɪsəpəl/ *adj* (*usu before n*) municipal

municipality /mjʊˈnɪsəˈpæləti/ *n* (*pl* **-ties**) municipio *m*, municipalidad *f*

munitions /mjʊˈnɪʃənz ‖ mjuːˈnɪʃənz/ *pl n* municiones *fpl*

mural /ˈmjʊrəl ‖ ˈmjʊərəl/ *n* mural *m*

murder¹ /ˈmɜːrdər ‖ ˈmɜːdə(r)/ *n*

A [u c] (killing) asesinato *m*; (Law) homicidio *m*; **to commit ~** cometer un asesinato *or* un crimen; ***to get away with*** ~: **she lets them get away with ~** les permite cualquier cosa, los deja hacer lo que les da la gana (fam); ***to scream bloody*** *o* (esp BrE) ***blue*** ~ poner* el grito en el cielo

B [u] (sth unpleasant): **to be ~** (colloq) ser* la muerte (fam)

murder² *vt* **1** (kill) asesinar, matar **2** (ruin) ‹*music/play*› destrozar*, masacrar (hum) **3** (devour) (colloq): **I could ~ a beer** ¡con qué gusto me tomaría una cerveza!

▪ **murder** *vi* matar

murderer /ˈmɜːrdərər ‖ ˈmɜːdərə(r)/ *n* asesino, -na *m,f*, criminal *mf*, homicida *mf* (frml)

murderous /ˈmɜːrdərəs/ *adj* ‹*instinct/look*› asesino; ‹*individual*› de instintos asesinos; ‹*plan*› criminal

murky /ˈmɜːrki ‖ ˈmɜːki/ *adj* **-kier, -kiest** ‹*water*› turbio, opaco; ‹*green/brown*› sucio; ‹*past*› turbio; **the ~ depths of the lake** las tenebrosas profundidades del lago (liter)

murmur¹ /ˈmɜːrmər ‖ ˈmɜːmə(r)/ *n*

A **1** (speech) murmullo *m*, susurro *m*; **to speak in a ~** hablar en voz baja *or* susurrando; **without a ~** sin chistar **2** (of stream, wind) murmullo *m* (liter); (of traffic) rumor *m*

B (*heart* ~) soplo *m* en el corazón

murmur² *vt* ‹*remark/name*› murmurar

▪ **murmur** *vi* «*wind/stream*» murmurar, susurrar (liter)

muscatel /ˈmʌskəˈtel/ *n* [u] (wine) moscatel *m*; (fortified wine) (AmE) *vino dulce de mala calidad*

muscle /ˈmʌsəl/ *n* **1** [c u] (Anat) músculo *m*; **don't move a ~!** ¡no te muevas!, ¡no muevas ni un pelo! (fam) **2** [u] (power) fuerza *f*, poder *m* efectivo; **they have no political ~** políticamente, no tienen influencia

Phrasal verb

• **muscle in** [v ▸ adv] (colloq) meterse por medio (*con prepotencia*) **to ~ in ON sth**: **a rival company ~d in on their market** una compañía de la competencia se introdujo en su sector del mercado

muscle-bound /ˈmʌsəlbaʊnd/ *adj* demasiado musculoso

Muscovite *n* moscovita *mf*

muscular /ˈmʌskjələr ‖ ˈmʌskjʊlə(r)/ *adj* **1** ‹*arms/build*› musculoso **2** ‹*strain/contraction*› muscular

muscular dystrophy /ˈdɪstrəfi/ *n* [u] distrofia *f* muscular

muse¹ /mjuːz/ *vi* **to ~ (ON** *o* **UPON sth)** cavilar *or* reflexionar (SOBRE algo)

muse², **Muse** *n* musa *f*

museum /mjʊˈziːəm/ *n* museo *m*

museum piece *n* pieza *f* de museo

mush /mʌʃ/ *n* [u] (soft mass) papilla *f*, pasta *f*, pasteta *f* (fam); **(corn meal) ~** (AmE) *harina de maíz cocida en leche*

mushroom¹ /ˈmʌʃrʊm, -ruːm/ *n* hongo *m* (esp AmL), seta *f* (esp Esp), callampa *f* (Chi); (rounded, white) champiñón *m*; (*before n*) ~ **soup** (sopa *f*) crema *f* de champiñones; ~ **cloud** hongo *m* atómico *or* nuclear

mushroom² *vi* «*town/population*» crecer* rápidamente; «*companies/buildings*» aparecer* *or* brotar como hongos *or* (Chi) como callampas, multiplicarse*

mushy /ˈmʌʃi/ *adj* **mushier, mushiest** **1** ‹*vegetables/fruit*› blando **2** ‹*play/scene*› sentimentaloide (fam)

music /ˈmjuːzɪk/ *n* [u] **1** (art form) música *f*; **the news was ~ to her ears** la noticia le sonó a música celestial; ***to face the*** ~ afrontar las consecuencias **2** (written notes) partitura *f*, música *f*; **can you read ~?** ¿sabes solfeo?, ¿sabes leer música?; (*before n*) ~ **stand** atril *m*

musical¹ /ˈmjuːzɪkəl/ *adj* **1** (Mus) (*before n*) ‹*ability/tradition*› musical **2** (musically gifted) con aptitudes para la música, con dotes musicales **3** ‹*voice/laugh*› musical

musical² *n* musical *m*

musical: **~ box** *n* (BrE) caja *f* de música; **~ chairs** *n* (+ *sing vb*): **to play ~ chairs** jugar* a las sillitas *or* al stop

music: **~ box** *n* caja *f* de música; **~ centre** *n* (BrE) equipo *m* de música; **~ hall** *n* **1** [u] (entertainment) music hall *m*, ≈ revista *f* de variedades **2** [c] (building) teatro *m* de variedades

musician /mjʊˈzɪʃən/ *n* músico, -ca *m,f*

musicology /ˈmjuːzɪˈkɑːlədʒi/ *n* [u] musicología *f*

musings /ˈmjuːzɪŋz/ *pl n* reflexiones *fpl*, cavilaciones *fpl*

musk /mʌsk/ *n* [u] almizcle *m*

musket /ˈmʌskət ‖ ˈmʌskɪt/ *n* mosquete *m*

muskrat /ˈmʌskræt/ *n* (*pl* **~s** *or* **~**) **1** [c] (animal) almizclera *f*, rata *f* almizclada **2** [u] (AmE) ▸**musquash 1**

Muslim¹ /ˈmʊzləm ‖ ˈmʊzlɪm/ *n* musulmán, -mana *m,f*

Muslim² *adj* musulmán

muslin /ˈmʌzlən ‖ ˈmʌzlɪn/ *n* [u] muselina *f* (*de algodón*); **a piece of ~** una gasa

musquash /ˈmʌskwɑːʃ/ *n* **1** [u] (Clothing) piel *f* de almizclera *or* de rata almizclada **2** [c] ▸**muskrat 1**

muss /mʌs/ *vt* **~ (up)** (AmE colloq) ‹*room*› desordenar; **she ~ed her hair** se despeinó

mussel /ˈmʌsəl/ *n* mejillón *m*

must¹ /mʌst, *weak form* məst/ *v mod*

A 1▸ (expressing obligation) tener* que *or* deber; **it ~ be remembered that ...** hay que recordar que ..., tenemos que *or* debemos recordar que ...; **she ~ not know that I am here** no debe enterarse de que estoy aquí, que no se entere de que estoy aquí; ***must*** **you make so much noise?** ¿hace falta *or* es necesario hacer tanto ruido?; **I'll read you my poem — oh well, if you ~(, you ~)** te voy a leer mi poema — bueno, si te empeñas; **I ~ say, everywhere looks very tidy** tengo que reconocer que está todo muy ordenado 2▸ (in invitations, suggestions): **you ~ come and see us more often** a ver si nos vienes a ver más a menudo

B (expressing certainty, supposition) deber (de) *or* (esp AmL) haber* de; **it ~ be six o'clock** deben (de) ser *or* (esp AmL) han de ser las seis, serán las seis; **there ~ be another way!** ¡debe (de) *or* tiene que haber otra manera!

must² /mʌst/ *n*

A [c] (essential thing, activity): **a car is a ~ here** aquí es indispensable *or* imprescindible tener coche; **this book is a ~** éste es un libro que hay que leer

B [u] (Culin) mosto *m*

mustache /'mʌstæʃ/, (BrE) **moustache** /mə'stɑːʃ/ *n* bigote(s) *m(pl)*; **to grow a ~** dejarse bigote(s) *or* el bigote

mustard /'mʌstərd/ *n* [u] 1▸ (Culin, Bot) mostaza *f* 2▸ (color) color *m* mostaza; (*before n*) (color) mostaza *adj inv*

mustard gas *n* [u] gas *m* mostaza

muster¹ /'mʌstər || 'mʌstə(r)/ *vt* 1▸ (Mil) ‹*soldiers*› reunir*, llamar a asamblea 2▸ (succeed in raising) **to ~ (up)** ‹*team/army*› lograr formar; **if they can ~ enough support** si logran el apoyo que necesitan

muster² *n* asamblea *f*; ***to pass*** **~**: **that kind of excuse will not pass ~** ese tipo de excusa no va a colar (fam); **the car didn't pass ~** el coche no pasó la inspección

mustn't /'mʌsn̩t/ **= must not**

musty /'mʌsti/ *adj* **-tier, tiest** que huele a humedad *or* a moho; ‹*ideas/methods*› anticuado, desfasado

mutant¹ /'mjuːtn̩t || 'mjuːtənt/ *adj* mutante

mutant² *n* (Biol) mutante *m*; (in science fiction) mutante *mf*

mutate /'mjuːteɪt || mjuː'teɪt/ *vi* 1▸ (Biol) mutar 2▸ (change) (frml) sufrir una transformación/transformaciones 3▸ (Ling) mutar, transformarse

mutation /mjuː'teɪʃən/ *n* [u c] 1▸ (Biol, Ling) mutación *f* 2▸ (change) (frml) transformación *f*

mute¹ /mjuːt/ *adj* mudo

mute² *n*

A (dumb person) mudo, -da *m,f*

B 1▸ (Mus) sordina *f* 2▸ (Audio) mute *m*

mute³ *vt* (Mus) ponerle* sordina a

muted /'mjuːtəd || 'mjuːtɪd/ *adj* ‹*sound*› sordo; ‹*voice*› apagado; ‹*trumpet*› con sordina; ‹*shade/red*› apagado; ‹*protest/reaction*› débil

mutilate /'mjuːtl̩eɪt || 'mjuːtɪleɪt/ *vt* mutilar

mutilation /mjuːtl̩'eɪʃən/ *n* [u c] mutilación *f*

mutineer /'mjuːtn̩'ɪr/ *n* amotinado, -da *m,f*

mutinous /'mjuːtn̩əs || 'mjuːtɪnəs/ *adj* ‹*crew/troops*› amotinado; ‹*atmosphere*› de rebelión

mutiny¹ /'mjuːtn̩i || 'mjuːtɪni/ *n* (*pl* **-nies**) 1▸ [c] (instance) motín *m*, amotinamiento *m* 2▸ [u] (offense) amotinamiento *m*

mutiny² *vi* **-nies, -nying, -nied** amotinarse

mutt /mʌt/ *n* (AmE colloq) (dog) chucho *m* (fam), gozque *m* (Col fam), quiltro *m* (Chi fam), pichicho *m* (RPl fam)

mutter /'mʌtər || 'mʌtə(r)/ *vi* hablar entre dientes; (grumble) refunfuñar, rezongar*

■ **mutter** *vt* mascullar, farfullar

mutton /'mʌtn̩/ *n* [u] carne *f* de ovino (*de más de un año*), añojo *m* (Esp), capón *m* (RPl); **~ *dressed as lamb*** (BrE) una vieja vestida de jovencita

mutual /'mjuːtʃuəl/ *adj* 1▸ (reciprocal) mutuo; **the feeling is ~** el sentimiento es mutuo *or* correspondido 2▸ (shared, common) (*before n*) ‹*friend/enemy*› común; **it will be to our ~ benefit** será beneficioso para ambos/para todos

mutual fund *n* (AmE) fondo *m* de inversión mobiliaria

mutually /'mjuːtʃuəli/ *adv* 1▸ (reciprocally): **they are ~ exclusive options** son opciones que se excluyen mutuamente *or* entre sí 2▸ (by, to, for all parties): **it was ~ acceptable/beneficial** era aceptable/beneficioso para ambos/para todos

Muzak® /'mjuːzæk/ *n* [u] música *f* ambiental, música *f* funcional (RPl)

muzzle¹ /'mʌzəl/ *n* 1▸ (snout) hocico *m* 2▸ (for dog) bozal *m* 3▸ (of gun) boca *f*

muzzle² *vt* ‹*dog*› ponerle* un bozal a; ‹*press/critics*› amordazar*

my¹ /maɪ/ *adj* (*sing*) mi; (*pl*) mis; **I put ~ hat on** me puse el sombrero; **I broke ~ arm** me rompí el brazo

my² *interj* ¡caramba!

myalgic encephalomyelitis /maɪ'ældʒɪken ˌsefələʊmaɪə'laɪtəs || maɪˌældʒɪkenˌsefələʊˌmaɪə'laɪtɪs/ *n* encefalomielitis *f* miálgica, síndrome *m* de fatiga crónica

myna (bird), mynah (bird) /'maɪnə/ *n* mina *f*, mainato *m* (*pájaro tropical capaz de imitar sonidos humanos*)

myopia /maɪ'əʊpiə/ *n* [u] (frml) miopía *f*

myopic /maɪ'əʊpɪk, -'ɑːpɪk || maɪ'ɒpɪk/ *adj* (frml) ‹*person*› miope; ‹*attitude*› corto de miras

myriad¹ /'mɪriəd/ *adj* (liter): **the ~ varieties of butterfly** los miles *or* millares de tipos de mariposas

myriad² *n* (liter) miríada *f* (liter)

myrrh /mɜːr || mɜː(r)/ *n* [u] mirra *f*

myself /maɪ'self/ *pron* 1▸ (reflexive): **I cut/hurt ~** me corté/lastimé; **I fixed ~ a drink** me serví una copa; **I was talking to ~** estaba hablando solo/sola; **that's wrong, I thought to ~** eso está mal —pensé para mí *or* para mis adentros; **I was by ~** estaba solo/sola; **I behaved ~** me porté bien 2▸ (*emphatic use*) yo mismo, yo misma; **I made it ~** lo hice yo mismo/misma; **(even) though I say so ~** modestia aparte 3▸ (normal self): **I haven't been feeling ~ lately** no me encuentro muy bien últimamente

mysterious /mɪ'stɪriəs || mɪ'stɪəriəs/ *adj* 1▸ (unexplained, strange) misterioso 2▸ (suggesting) ‹*look/smile*› misterioso, lleno de misterio

mysteriously /mɪ'stɪriəsli || mɪ'stɪəriəsli/ *adv* 1▸ ‹*disappear/vanish*› misteriosamente 2▸ ‹*say/smile*› con cierto misterio

mystery /'mɪstəri/ *n* (*pl* **-ries**)

A 1▸ [c] (puzzle) misterio *m*; **it's a ~ to me how she puts up with him** para mí es un misterio cómo logra aguantarlo 2▸ [u] (quality) misterio *m*; (*before n*) ‹*guest/tour*› sorpresa *adj inv*

B [c] (Cin, Lit, Theat) película *f* (*or* novela *f etc*) de misterio *or* de suspenso *or* (Esp) de suspense

mystical /'mɪstɪkəl/ *adj* místico

mysticism /'mɪstəsɪzəm || 'mɪstɪsɪzəm/ *n* [u] misticismo *m*

mystify /'mɪstəfaɪ || 'mɪstɪfaɪ/ *vt* **-fies, -fying, -fied** desconcertar*, dejar perplejo; **I'm totally mystified** estoy perplejo

mystique /mɪ'stiːk/ *n* [u] aura *f*‡ *or* halo *m* de misterio

myth /mɪθ/ *n* mito *m*

mythical /'mɪθɪkəl/ *adj* 1▸ (Lit) ‹*country/hero*› mítico 2▸ (not real): **the ~ wisdom of old age** la supuesta sabiduría que da la vejez

mythological /ˌmɪθə'lɑːdʒɪkəl/ *adj* mitológico

mythology /mɪ'θɑːlədʒi/ *n* (*pl* **-gies**) mitología *f*

myxomatosis /mɪkˌsəʊmə'təʊsəs/ *n* [u] mixomatosis *f*

N, n /en/ *n* [1] (letter) N, n *f* [2] (indeterminate number) (Math) (número *m*) n; **there are n different ways of doing it** (colloq) hay ene *or* equis maneras de hacerlo

'n' /ən/ **= and**

N (**= north**) N

NA [1] (**= not applicable**) no corresponde [2] (AmE) **= North America**

NAACP /'endʌbəl'eɪsiː'piː/ *n* (in US) **= National Association for the Advancement of Colored People**

nab /næb/ *vt* **-bb-** (colloq) [1] (catch) ‹*person*› pescar* (fam), pillar (fam) [2] (snatch) agarrar *or* (Esp) coger*

nadir /'neɪdɪr || 'neɪdiə(r)/ *n* (Astron) nadir *m*; (lowest point) punto *m* más bajo

naff /næf/ *adj* (BrE colloq) [1] (in poor taste) de mal gusto, hortera (Esp fam), naco (Méx fam), meosa (RPl fam), lobo (Col fam), huachaca (Chi fam), huachafo (Per fam) [2] (inferior) malo, rasca (CS fam)

NAFTA /'næftə/ *n* (**= North American Free Trade Agreement**) NAFTA *m*

> **NAFTA – the North American Free Trade Agreement**
>
> Un acuerdo entre EEUU, Canadá y México firmado en 1989 y vigente desde 1994. Tiene por objeto permitir un más fácil transporte y venta de mercancías a través de sus fronteras

nag¹ /næg/ **-gg-** *vt* [1] (pester) fastidiar; **don't ~ me** deja de fastidiarme *or* (fam) darme la lata; **to ~ sb to + INF** darle* la lata a algn para que (+ *subj*) [2] (criticize): **he's always ~ging her for being untidy** siempre le está encima con que es desordenada

■ **nag** *vi*

A [1] (pester) fastidiar; **to ~ AT sb** fastidiar *or* (fam) darle* la lata a algn [2] (criticize, scold) rezongar*; **to ~ AT sb** estarle* encima A algn

B **nagging** *pres p* ‹*doubt/worry*› persistente, acuciante; ‹*husband/wife*› rezongón (fam)

nag² *n*

A (scolder) rezongón, -gona *m,f* (fam), gruñón, -ñona *m,f*

B (horse) (colloq & pej) jamelgo *m* (fam & pey), cuaco *m* (Méx fam & pey)

nail¹ /neɪl/ *n*

A (Const) clavo *m*; (smaller) puntilla *f*; ***a ~ in sb's coffin***: **this failure is another ~ in his coffin** este fracaso es otro paso camino a su derrota; ***to be as hard as ~s*** ser* muy duro (de corazón); ***to hit the ~ on the head*** dar* en el clavo; ***to pay on the ~*** (colloq) pagar* en el acto; **they paid cash on the ~** pagaron a tocateja (Esp) *or* (RPl) pagaron taca taca *or* (Chi, Ven) chin-chin *or* (Méx) en caliente (y de repente) (fam)

B (Anat) uña *f*; **to cut one's ~s** cortarse las uñas; (*before n*) **~ polish** *o* (BrE also) **varnish** esmalte *m* de uñas; **~ polish** *o* (BrE also) **varnish remover** quitaesmalte *m*

nail² *vt*

A (fix) clavar; **he was ~ed to the spot in fear** se quedó clavado en el sitio de puro miedo

B (colloq) (apprehend) agarrar *or* (esp Esp) coger

(Phrasal verbs)

• **nail down** [v ▸ o ▸ adv, v ▸ adv ▸ o] [1] ‹*lid/floorboard*› clavar, asegurar con clavos [2] ‹*cause*› establecer* con certeza [3] ‹*person*›: **see if you can ~ him down on this issue** a ver si logras que te dé una respuesta concreta sobre este asunto; **to ~ sb down TO sth**: **we must ~ them down to a precise date** tenemos que hacer que se comprometan a una fecha concreta

• **nail up** [v ▸ o ▸ adv, v ▸ adv ▸ o] [1] ‹*crate*› cerrar* con clavos; ‹*door/window*› tapar (*con tablas*) [2] ‹*sign*› clavar

nail: **~-biting** *adj* ‹*suspense/tension*› angustioso; ‹*finish/contest*› lleno de tensión; **~brush** *n* cepillo *m* de uñas; **~ clippers** *pl n* cortaúñas *m*; **a pair of ~ clippers** un cortaúñas; **~ file** *n* lima *f* (de uñas)

naive, naïve /nɑː'iːv, naɪ'iːv/ *adj* [1] ‹*person/belief/view*› ingenuo, cándido, inocentón (fam); ‹*book/article*› simplista; **don't be so ~!** ¡no seas tan ingenuo! [2] ‹*art/artist*› naif *adj inv*

naively, naïvely /nɑː'iːvli, naɪ-/ *adv* ingenuamente

naivety /nɑː'iːvti, naɪ-/, (AmE esp) **naïveté** /-teɪ/ *n* [u] ingenuidad *f*, candor *m*

naked /'neɪkəd || 'neɪkɪd/ *adj* [1] (unclothed) desnudo; **~ to the waist** desnudo hasta la cintura [2] ‹*sword/blade*› desenvainado; **⊗ do not use near a naked flame** no acercar a la llama; **visible/invisible to the ~ eye** que se puede ver/invisible a simple vista; **do not look at the sun with the ~ eye** no mire el sol sin protección [3] (stark, plain) ‹*aggression*› manifiesto; ‹*ambition*› puro; **the ~ truth** la verdad desnuda

nakedness /'neɪkɪdnəs || 'neɪkɪdnɪs/ *n* [u] desnudez *f*

namby-pamby /'næmbi'pæmbi/ *n* (*pl* **-bies**) (colloq) ñoño, -ña *m,f* (fam), remilgado, -da *m,f*

name¹ /neɪm/ *n*

A (of person, thing) nombre *m*; (surname) apellido *m*; **what's your ~?** ¿cómo te llamas?, ¿cómo se llama (Ud)?, ¿cuál es su nombre? (frml); **my ~ is John Baker** me llamo John Baker; **the ~'s Smith** me llamo Smith; **a woman by the ~ of Green** una mujer llamada Green; **he knows them all by ~** los conoce a todos por su nombre; **I only know her by ~** sólo la conozco de oídas *or* de nombre; **she goes by** *o* **under the ~ of Shirley Lane** se hace llamar Shirley Lane; **he writes under the ~ (of) ...** escribe bajo el seudónimo de ...; **in ~ only** sólo de nombre; **she's manager in all but ~** a todos los efectos *or* en la práctica, la directora es ella; **the house is in her husband's ~** la casa está a nombre de su marido; **what in God's** *o* **heaven's ~ is this?** ¿qué diablos es esto?; **he doesn't have a penny to his ~** no tiene dónde caerse muerto; **mentioning no ~s, without mentioning any ~s** sin mencionar a nadie; **to take sb's ~** ‹‹*referee*›› (BrE) sacarle* la tarjeta a algn; **the policeman took my ~** el policía me tomó los datos; **he's put his ~ down for a transfer** ha solicitado un traslado; ***to call sb ~s*** insultar a algn; (*before n*) **~ tag** etiqueta *f* de identificación, chapa *f*; ***to name ~s*** dar* nombres

B [1] (reputation) fama *f*; **to give sb/sth a bad ~** darle* mala fama a algn/algo; **he has made quite a ~ for himself as a designer** se ha hecho bastante fama como diseñador [2] (person) figura *f*; (company) nombre *m*; **all the big ~s** todas las grandes figuras; ***to drop ~s*** mencionar a gente importante (*para darse tono*)

name² *vt*

A (give name to) ‹*company/town*› ponerle* nombre a; ‹*boat*› bautizar*, ponerle* nombre a; **they ~d the baby George** le pusieron George al niño, al niño le pusieron por nombre George (liter); **a man ~d Smith** un hombre llamado Smith; **to ~ sb/sth AFTER** *o* (AmE also) **FOR sb**: **they ~d**

her after Ann's mother le pusieron el nombre de la madre de Ann; **the city is ~d after the national hero** la ciudad lleva el nombre del héroe nacional
B (identify, mention): **police have ~d the suspect** la policía ha dado el nombre del sospechoso; **to ~ but a few** por mencionar a unos pocos; **to ~ the day** fijar la fecha de la boda; ***you ~ it*** (colloq): **you ~ it, she's done it** ha hecho de todo lo habido y por haber
C (appoint) nombrar

name: **~ day** *n* (Relig) día *m* del santo, día *m* del onomástico (AmL), día *m* de la onomástica (Esp); **~-dropper** /'neɪm,drɑːpər || 'neɪmdrɒpə(r)/ *n* (colloq): **she's a terrible ~-dopper** le encanta darse tono mencionando a gente importante

nameless /'neɪmləs || 'neɪmlɪs/ *adj*
A (not specified) anónimo
B **1** ‹*fear/yearning*› indescriptible **2** ‹*atrocities*› nefando (liter), indescriptible

namely /'neɪmli/ *adv* (frml) a saber (frml), concretamente

name: **~plate** *n* (on door) placa *f* (*con el nombre*); **~sake** *n* tocayo, -ya *m,f*, homónimo, -ma *m,f*

nanny /'næni/ *n* (*pl* **-nies**)
A (nursemaid) (esp BrE) niñera *f*; **the ~ state** el estado protector
B (granny) (used to or by children) abuelita *f* (fam)

nanosecond /'nænəʊsekənd/ *n* nanosegundo *m*

nap¹ /næp/ *n*
A (sleep) sueñecito *m* (fam), sueñito *m* (esp AmL fam); (esp in the afternoon) siesta *f*; **to have** *o* **take a ~** echarse un sueñecito (*or* una siesta *etc*)
B (Tex) pelo *m*

nap² *vi* **-pp-** dar* cabezadas; ***to catch sb ~ping*** agarrar *or* (Esp) coger* a algn desprevenido

napalm /'neɪpɑːm/ *n* [u] napalm *m*

nape /neɪp/ *n* nuca *f*, cogote *m* (fam)

napkin /'næpkɪn/ *n* servilleta *f*; (*before n*) **~ ring** servilletero *m*

Naples /'neɪpəlz/ *n* Nápoles *m*

nappy /'næpi/ *n* (*pl* **-pies**) (BrE) pañal *m*; **~ rash** ▸**diaper rash**

narcissus /nɑːr'sɪsəs || nɑː'sɪsəs/ *n* [c u] (*pl* **-cissuses** *or* **-cissi**) narciso *m*

narcoterrorism /,nɑːrkəʊ'terərɪzəm || ,nɑːkəʊ'terərɪzəm/ *n* [u] narcoterrorismo *m*

narcotic /nɑːr'kɑːtɪk || nɑː'kɒtɪk/ *n* estupefaciente *m*, narcótico *m*

narrate /'næreɪt || nə'reɪt/ *vt* **1** (Lit frml) ‹*story/events*› narrar, relatar **2** ‹*film/documentary*› hacer* el comentario de

narration /næ'reɪʃən || nə'reɪʃən/ *n* [u c] **1** (Lit frml) narración *f* **2** (Cin, Theat, TV) comentario *m*

narrative¹ /'nærətɪv/ *adj* narrativo

narrative² *n* **1** [c] (story) (frml) narración *f*, relato *m* **2** [u] (Lit) (narrated part) narración *f*

narrator /'næreɪtər || nə'reɪtə(r)/ *n* **1** (Lit) narrador, -dora *m,f* **2** (Cin, Theat, TV) comentarista *mf*

narrow¹ /'nærəʊ/ *adj*
A **1** (not wide) ‹*path/opening/hips*› estrecho, angosto (esp AmL); **to get** *o* **become ~er** estrecharse, angostarse (esp AmL) **2** (slender) ‹*margin*› escaso; ‹*win/victory*› conseguido por un escaso margen; **to have a ~ escape** salvarse de milagro
B (restricted) ‹*range/view*› limitado; ‹*attitude/ideas*› cerrado

narrow² *vt* **1** (reduce width of) estrechar, angostar (esp AmL); **to ~ the gap** reducir* la distancia **2** (restrict) ‹*range/field*› restringir*, limitar
■ **narrow** *vi* **1** «*road/river/valley*» estrecharse, angostarse (esp AmL) **2** «*options/odds*» reducirse*

(Phrasal verb)
• **narrow down**
A [v ▸ o ▸ adv, v ▸ adv ▸ o]: **they've ~ed their investigation down to this area** han restringido su investigación a esta área; **we ~ed it down to only three candidates** fuimos descartando candidatos hasta quedar con sólo tres
B [v ▸ adv] **to ~ down (TO sth)** reducirse* (A algo)

narrowly /'nærəʊli/ *adv* por poco, por un escaso margen

narrow-minded /'nærəʊ'maɪndəd || ,nærəʊ'maɪndɪd/ *adj* ‹*person*› de mentalidad cerrada, intolerante; ‹*attitude*› cerrado, intolerante

narrow-mindedness /'nærəʊ'maɪndədnəs || ,nærəʊ'maɪndɪdnɪs/ *n* [u] intolerancia *f*

narrowness /'nærəʊnəs || 'nærəʊnɪs/ *n* [u] estrechez *f*

NASA /'næsə/ *n* (in US) (*no art*) (= **National Aeronautics and Space Administration**) la NASA

nasal /'neɪzəl/ *adj* (Anat, Ling) nasal; ‹*voice/accent*› gangoso, (de timbre) nasal

nastily /'næstəli || 'nɑːstɪli/ *adv* ‹*say/behave*› con maldad

nastiness /'næstinəs || 'nɑːstɪnɪs/ *n* [u] maldad *f*

nasturtium /nə'stɜːrʃəm || nə'stɜːʃəm/ *n* capuchina *f*

nasty /'næsti || 'nɑːsti/ *adj* **-tier, -tiest**
A **1** ‹*taste/smell/medicine*› asqueroso, repugnante; ‹*habit*› feo, desagradable **2** ‹*film/book*› asqueroso, inmundo
B (spiteful) ‹*person*› malo, asqueroso; **that was a ~ thing to say!** fue una maldad decirle eso; **they are really ~ to him** son realmente malos *or* crueles con él; **to have a ~ temper** tener* muy mal carácter; **what a ~ trick!** ¡qué canallada!; ▸**piece B**
C **1** (severe) ‹*cut/injury/cough*› feo; ‹*accident*› serio; (stronger) horrible; **I had a ~ shock** me llevé una sorpresa de lo más desagradable **2** (difficult, dangerous) ‹*question/exam*› peliagudo, muy difícil; ‹*corner/intersection*› muy peligroso **3** (unpleasant) ‹*situation/experience*› desagradable

nation /'neɪʃn/ *n* nación *f*; **the British ~** los británicos, la nación británica

national¹ /'næʃnəl || 'næʃənl/ *adj* nacional; **our ~ anthem** nuestro himno nacional; **they were wearing their ~ costume** llevaban sus trajes típicos; **the ~ debt** la deuda nacional; **~ holiday** fiesta *f* nacional, fiesta *f* patria (AmL)

national² *n* ciudadano, -na *m,f*; **foreign ~s** los ciudadanos extranjeros

> **National Guard**
>
> Una milicia voluntaria, reclutada por cada uno de los estados norteamericanos, cuya historia remonta a la época colonial. En tiempos de desastre natural o emergencia civil puede ser declarada bajo mando federal. Hoy día se la considera parte del ejército nacional

> **National Rifle Association – NRA**
>
> Una organización en EEUU que apoya el uso de armas de fuego para la caza, el deporte y la legítima defensa. Sus 3,4 millones de miembros sostienen que la Constitución otorga a los ciudadanos el derecho a poseerlas

> **National Trust – The National Trust**
>
> Una fundación británica que tiene como objetivo la conservación de lugares de interés histórico o de belleza natural. Se financia mediante legados y subvenciones privadas y es la mayor propietaria de tierras en Gran Bretaña. A lo largo del tiempo ha obtenido, mediante compra o cesión, enormes extensiones de tierra y de litoral, así como pueblos y casas, muchas de las cuales están abiertas al público en determinadas épocas del año. En Escocia la organización recibe el nombre de *National Trust for Scotland* y es independiente

national: **~ bank** *n* (Fin) (state-owned) banco *m* estatal *or* nacional; (in US) *banco que opera según las normas del Federal Reserve System*; **~ Guard** *n* (in US) **the N~ Guard** la Guardia Nacional; **~ Health (Service)** *n* [u] (in UK) **the N~ Health (Service)** *servicio de asistencia sanitaria de la Seguridad Social*; (*before n*) ‹*hospital/doctor*› de la Seguridad Social, del Seguro; **~ Insurance** *n* [u] (in UK) Seguridad *f* Social; (*before n*) **N~ Insurance contributions** aportaciones *fpl or* (Esp) cotizaciones *fpl or* (RPl) aportes *mpl or* (Chi) imposiciones *fpl* a la Seguridad Social

nationalism /'næʃn̩əlɪzəm || 'næʃnəlɪzəm/ *n* [u] nacionalismo *m*

nationalist¹ /'næʃn̩ələst || 'næʃn̩əlɪst/ *adj* nacionalista

nationalist² *n* nacionalista *mf*

nationalistic /'næʃn̩ə'lɪstɪk || ,næʃnə'lɪstɪk/ *adj* nacionalista

nationality /'næʃə'næləti/ *n* (*pl* **-ties**) **1** [u] (citizenship) nacionalidad *f*, ciudadanía *f*; **what's your ~?, what ~ are**

you? ¿de qué nacionalidad eres? 2 [c] (national group) nacionalidad *f*

nationalization /'næʃn̩ələ'zeɪʃən || ˌnæʃnəlaɪ'zeɪʃən/ *n* [u] nacionalización *f*

nationalize /'næʃn̩əlaɪz || 'næʃnəlaɪz/ *vt* nacionalizar*

nationally /'næʃn̩əli || 'næʃn̩əli/ *adv* a escala nacional

national: **~ park** *n* parque *m* nacional; **~ Security Council** *n* (in US) **the N~ Security Council** el Consejo Nacional de Seguridad de los EEUU; **~ service** *n* [u] (BrE) servicio *m* militar; **~ Socialism** *n* [u] nacionalsocialismo *m*

nationwide[1] /'neɪʃənwaɪd/ *adj* ‹*campaign*› a escala nacional; ‹*appeal*› a toda la nación; **a ~ survey** un estudio realizado a nivel nacional

nationwide[2] *adv* ‹*distribute/operate*› a escala nacional

native[1] /'neɪtɪv/ *adj*

A 1 (of or by birth) ‹*country/town*› natal, nativo; ‹*customs*› nativo; ‹*language*› materno; **his ~ land** su patria, su tierra natal; **a ~ speaker of ...** un hablante nativo de ... 2 (innate) ‹*ability/wit/charm*› innato

B (indigenous) ‹*plant/animal*› autóctono; **to be ~ TO sth** ser* originario DE algo

native[2] *n* 1 (referring to place of birth): **he is a ~ of Texas** es natural *or* oriundo de Tejas; **she speaks French like a ~** habla (el) francés como si fuera su lengua materna 2 (Anthrop) nativo, -va *m,f*, indígena *mf* 3 (plant, animal): **the dingo is a ~ of Australia** el dingo es originario de Australia

Native American *n* indio americano, india americana *m,f*

> **Native American**
>
> El término de más amplia aceptación para referirse a los pueblos indígenas de América y el Caribe. De acuerdo al *Bureau of Indian Affairs*, organización del gobierno de EEUU que trata todo los asuntos relacionados con los indios, existen en ese país cerca de 550 tribus que totalizan alrededor de 1,2 millones de personas. De éstas, cerca de un millón vive en reservaciones y alrededor del 37% están desempleadas. Muchas reservaciones abren casinos basándose en el hecho de que pueden establecer sus propias normas

nativity /nə'tɪvəti/ *n*: **The N~** (Relig) la Natividad; (*before n*) **~ play** función *f or* obra *f* de Navidad, pastorela *f* (Méx)

NATO /'neɪtəʊ/ *n* (*no art*) (= **North Atlantic Treaty Organization**) la OTAN

natter[1] /'nætər || 'nætə(r)/ *vi* (BrE colloq) charlar (fam), cotorrear (fam)

natter[2] *n* (BrE colloq) (*no pl*) charla *f* (fam); **to have a ~** charlar

natural[1] /'nætʃrəl/ *adj*

A (as in nature) natural; **these animals are ~ enemies** estos animales son enemigos por naturaleza; **I'm a ~ blonde** soy rubia natural; **death from ~ causes** muerte *f* natural *or* por causas naturales

B 1 ‹*talent/propensity*› innato 2 (*before n*) ‹*leader/troublemaker*› nato, por naturaleza 3 ‹*reaction/response*› natural, normal; ‹*successor*› lógico; **she's the ~ choice for the job** lo natural es que le ofrezcan el puesto a ella; **it is ~ THAT** es natural QUE (+ *subj*)

C (not forced) ‹*warmth/enthusiasm/style*› natural

D (related by blood) ‹*child/parent*› biológico

natural[2] *n* (person): **to be a ~** tener* un talento innato

natural[3] *adv*: **act ~** (colloq) disimula

natural history *n* [u] historia *f* natural

naturalist /'nætʃrələst || 'nætʃrəlɪst/ *n* naturalista *mf*

naturalization /'nætʃrələ'zeɪʃən || ˌnætʃrəlaɪ'zeɪʃən/ *n* [u] naturalización *f*, nacionalización *f*

naturalize /'nætʃrəlaɪz/ *vt* naturalizar*, nacionalizar*

naturalized /'nætʃrəlaɪzd/ *adj* 1 ‹*citizen/American*› naturalizado, nacionalizado 2 (Bot, Zool) aclimatado

naturally /'nætʃrəli/ *adv*

A 1 (inherently) ‹*shy/tidy*› por naturaleza; ***to come ~***: **lying comes ~ to him** miente con toda naturalidad 2 (unaffectedly) ‹*smile/behave/speak*› con naturalidad

B (without artifice) ‹*form/heal*› de manera natural

C 1 (logically) lógicamente 2 (*indep*) (of course) naturalmente, por supuesto, claro

natural science *n* [u c] ciencias *fpl* naturales

nature /'neɪtʃər || 'neɪtʃə(r)/ *n*

A [u] (universe, way of things) naturaleza *f*; **against ~** contranatural

B 1 [u c] (of people) carácter *m*, natural *m*; **he has a kind ~** es de natural bondadoso; **it's not (in) his ~ to complain** no es de los que se quejan; **by ~** por naturaleza; ***to be second ~ (to sb)***: **it's second ~ to me to put my seat belt on** ponerme el cinturón de seguridad es un acto reflejo *or* es algo que hago automáticamente 2 [u] (of things, concepts) naturaleza *f*; **the ~ of the material/problem** la naturaleza del material/problema; **it's in the ~ of things that ...** es algo natural que ...; **something of that ~** algo de esa índole

-natured /'neɪtʃərd || 'neɪtʃəd/ *suff*: **evil~** de carácter *or* de natural perverso; **sweet~** dulce

nature: **~ reserve** *n* reserva *f* natural; **~ study** *n* historia *f* natural; **~ trail** *n* ruta *f* ecológica (*circuito educativo en un bosque etc*)

naturism /'neɪtʃərɪzəm/ *n* [u] (esp BrE) naturismo *m*

naturist /'neɪtʃərəst || 'neɪtʃərɪst/ *n* (esp BrE) naturista *mf*; (*before n*) **~ beach** playa *f* naturista *or* nudista

naught /nɔːt/ *n* 1 [u] (nothing) (arch *or* liter) **to come to ~** malograrse 2 (esp AmE) (zero) cero *m*

naughty /'nɔːti/ *adj* **-tier, -tiest** 1 (mischievous) ‹*child/dog*› malo, travieso, pícaro; **(you) ~ girl!** ¡mala!; (more affectionate) ¡pícara!, ¡pillina! (fam); **don't do that, it's ~** eso no se hace 2 ‹*word*› feo 3 (in adult context): **he was a bit ~ not to consult them** estuvo mal en no consultarlos 4 (risqué) ‹*joke*› atrevido, picante

nausea /'nɔːsiə, -ziə/ *n* [u] náusea *f*; **it fills me with ~** me da náuseas

nauseate /'nɔːsieɪt, 'nɔːz-/ *vt* 1 (disgust) (colloq) asquear, repugnar; **I was ~d by it** me asqueó, me repugnó, me dio asco 2 (Med): **the sight of the food ~d me** me dieron náuseas de sólo ver la comida

nauseating /'nɔːsieɪtɪŋ, 'nɔːz-/ *adj* ‹*violence/brutality*› repugnante; ‹*smell*› nauseabundo

nauseous /'nɔːʃəs, 'nɔːziəs || 'nɔːsiəs, nɔːz-/ *adj* 1 (bilious): **to feel ~** sentir* náuseas 2 (sickening) ‹*smell/taste/color*› nauseabundo

nautical /'nɔːtɪkl̩ || 'nɔːtɪkəl/ *adj* náutico, marítimo; **~ mile** milla *f* marina

naval /'neɪvəl/ *adj* ‹*warfare/base/forces*› naval; ‹*supremacy/history/power*› naval, marítimo; ‹*officer/recruit*› de marina; **~ attaché** agregado *m* naval; **~ officer** oficial *mf* de marina

nave /neɪv/ *n* nave *f*

navel /'neɪvəl/ *n* ombligo *m*

navigable /'nævɪgəbəl/ *adj* ‹*river/channel*› navegable

navigate /'nævəgeɪt || 'nævɪgeɪt/ *vi* 1 (Aviat, Naut) navegar* 2 (in car) hacer* de copiloto

■ **navigate** *vt* 1 (steer) ‹*ship/plane*› conducir*, llevar 2 (travel across, along) ‹*sea/river*› navegar* por

navigation /'nævə'geɪʃən || ˌnævɪ'geɪʃən/ *n* [u] navegación *f*; (— in car) dirección *f*; (*before n*) **~ lights** luces *fpl* de navegación

navigator /'nævəgeɪtər || 'nævɪgeɪtə(r)/ *n* (crew member) (Naut) oficial *mf* de derrota; (Aviat) navegante *mf*

navvy /'nævi/ *n* (*pl* **navvies**) (BrE) peón *m*

navy[1] /'neɪvi/ *n* (*pl* **navies**)

A [c] (Mil, Naut) marina *f* de guerra, armada *f*; **the US N~** la armada *or* marina de los EEUU; **the Royal N~** la armada *or* marina británica; (*before n*) **N~ Department** (in US) Ministerio *m* de Marina de los EEUU

B [u] **~ (blue)** azul *m* marino

navy[2], **navy-blue** /'neɪvi'bluː/ (*pred* **navy blue**) *adj* azul marino *adj inv*

naysayer /'neɪˌseɪər || 'neɪˌseɪə(r)/ *n* (AmE journ) negativista *mf*

Nazi[1] /'nɑːtsi/ *n* nazi *mf*, nazista *mf*

Nazi[2] *adj* nazi, nazista

Nazism /'nɑːtsɪzəm/ *n* [u] nazismo *m*

NB (= **nota bene**) NB

NBC *n* (in US) (*no art*) (= **National Broadcasting Company**) la NBC

NC 1 = **no charge** 2 = **North Carolina**

NCO *n* = **noncommissioned officer**
ND, N Dak = **North Dakota**
NE 1 (= **northeast**) NE 2 = **Nebraska**
near[1] /nɪr || nɪə(r)/ *adj* **-er, -est**
A 1 (in position) cercano, próximo; **the ~est store** la tienda más cercana 2 (in time) cercano, próximo 3 (in approximation) parecido; **that's the ~est thing to an apology you can expect from him** eso es lo más parecido a una disculpa que se puede esperar de él 4 ‹*relative*› cercano
B (virtual) (*before n*): **there was ~ panic when the alarms sounded** casi se produjo el pánico cuando sonaron las alarmas; **in a state of ~ exhaustion** prácticamente en estado de agotamiento
C (BrE Auto, Equ) izquierdo
near[2] *adv* **-er, -est**
A 1 (in position) cerca; **don't go any ~er to the edge** no te acerques más al borde; **from ~ and far** de todas partes 2 (in time): **we're getting ~ to Christmas** ya falta poco para Navidad 3 (in approximation): **the total will be ~er to $1,000 than $500** el total va a estar más cerca de 1.000 que de 500 dólares 4 (on the verge of) ~ **TO sth/-ING**: **she was ~ to tears** estaba al borde de las lágrimas *or* a punto de echarse a llorar; **I came very ~ to hitting him** estuve a punto de pegarle, por poco le pego
B (nearly) casi; **I'm nowhere ~ finished** me falta mucho *or* (colloq) un montón para terminar; **that's nowhere ~ enough** (colloq) con eso no alcanza, ni mucho menos; **it'll cost $1,000, ~ enough** (colloq) costará 1.000 dólares, o por ahí (fam)
near[3] *prep* **-er, -est** 1 (in position) cerca de; **the room ~est the entrance** la habitación que está más cerca de la entrada; **don't go too ~ the fire** no te acerques demasiado al fuego 2 (in time): **we're getting very ~ Christmas** falta muy poco para Navidad 3 (in approximation): **damage was estimated at somewhere ~ $2,000** los daños se calcularon en cerca de 2.000 dólares; **I'd say he's ~er 70 than 60** yo diría que está más cerca de los 70 que de los 60; **no one comes ~ her in stamina** los deja a todos muy atrás en resistencia 4 (on the verge of): **the project is now ~ completion** el proyecto está a punto de acabarse
near[4] *vt* acercarse* a; **we are ~ing our destination** nos estamos acercando a nuestro destino; **he must be ~ing his 80th birthday** debe faltarle poco para cumplir los 80; **the project is ~ing completion** el proyecto se está por acabar
near- /nɪr || nɪə(r)/ *pref* casi; **~perfect** casi perfecto
nearby[1] /nɪrbaɪ || nɪə'baɪ/ *adj* cercano
nearby[2] *adv* cerca
near-death experience /nɪr'deθ || 'nɪə'deθ/ *n* experiencia *f* cercana a la muerte
nearly /'nɪrli || 'nɪəli/ *adv*
A (almost) casi; **I'm ~ ready** estoy casi listo; **I ~ said something rude** casi digo *or* por poco digo una grosería, estuve a punto de decir una grosería; **she very ~ died** por poco *or* casi se muere; **we're very ~ there** ya falta poco para llegar; **not ~** ni con mucho; **I didn't prepare ~ enough food** no preparé ni con mucho suficiente comida, me quedé cortísima con la comida
B (closely) (frml): **what language does Hungarian most ~ resemble?** ¿a qué idioma se parece más el húngaro?
near miss *n* 1 (in dropping bomb, etc): **it was a ~ ~** la bala/bomba por poco falló el blanco 2 (near collision): **we had a ~ ~** (Auto) casi chocamos; (Aviat) casi nos estrellamos
nearness /'nɪrnəs || 'nɪənɪs/ *n* [u] cercanía *f*, proximidad *f*
near: **~side** *n* (in most countries) lado *m* derecho; (in UK) lado *m* izquierdo; **~sighted** /'nɪr'saɪtəd || ,nɪə'saɪtɪd/ *adj* miope, corto de vista
neat /ni:t/ *adj* **-er, -est**
A 1 (tidy, orderly) ‹*appearance*› arreglado, cuidado, prolijo (RPl); ‹*person*› pulcro, prolijo (RPl); ‹*room*› ordenado; ‹*garden*› muy cuidado; **her hair is always very ~** va siempre muy bien peinada *or* con el pelo muy arreglado; **his handwriting is very ~** tiene muy buena letra 2 (trim, compact): **a ~ little car** un cochecito compacto; **she has a ~ figure** tiene muy buena figura *or* (Esp) muy buen tipo 3 (deft) ‹*catch*› bueno, hábil 4 (ingenious) ‹*gadget/solution*› ingenioso, bueno
B (good, nice) (AmE colloq) fantástico (fam), padre (Méx fam), chévere (AmL exc CS fam), chulo (Esp fam), encachado (Chi fam); **he's a ~ ballplayer** es un jugador buenísimo
C (BrE) ‹*brandy/alcohol*› solo; **she drank half a bottle of ~ vodka** se bebió media botella de vodka puro
neatly /'ni:tli/ *adv* 1 (tidily): **the papers were ~ organized into piles** los papeles estaban cuidadosamente apilados; **the garden is very ~ kept** el jardín está muy bien cuidado; **she was ~ dressed** iba bien arreglada 2 (snugly): **the table fits ~ into the alcove** la mesa cabe perfectamente en el hueco 3 ‹*explain/evade*› hábilmente
neatness /'ni:tnəs || 'ni:tnɪs/ *n* [u] 1 (of appearance) pulcritud *f*, prolijidad *f* (RPl); **the ~ of the room surprised me** me sorprendió lo limpia y ordenada *or* (RPl tb) lo prolija que estaba la habitación 2 (cleverness) ingenio *m*
Neb, Nebr = **Nebraska**
nebulous /'nebjələs || 'nebjʊləs/ *adj* ‹*idea*› nebuloso, vago; ‹*argument/concept*› vago, impreciso
necessarily /'nesə'serəli || ,nesə'serɪli/ *adv* forzosamente, necesariamente
necessary[1] /'nesəseri || 'nesəsəri / *adj*
A (required) necesario; **it is absolutely ~** es imprescindible *or* preciso; **we can always give it another coat of paint, if ~** siempre le podemos dar otra mano de pintura, si fuera necesario; **to be ~ (FOR sb) to + INF**: **it's ~ for you all to be there** es necesario que estén todos allí; **was it really ~ to be so rude?** ¿había necesidad de ser tan grosero?
B (inevitable) ‹*conclusion/result*› inevitable, lógico; **a ~ evil** un mal necesario
necessary[2] *n* (what is required) (colloq): **the ~** lo que hace falta, lo necesario
necessitate /nə'sesɪteɪt || nɪ'sesɪteɪt/ *vt* (frml) exigir*, hacer* necesario
necessity /nə'sesəti || nɪ'sesəti/ *n* (*pl* **-ties**)
A 1 (imperative need) (*no pl*) necesidad *f*; **~ FOR sth** necesidad DE algo; **there was no ~ for you to call the police** no había necesidad de que llamaras a la policía; **out of ~** por necesidad 2 [u] (inevitability) inevitabilidad *f*; **of ~** (frml) forzosamente, necesariamente
B [c] (necessary item): **the bare necessities** lo indispensable, lo imprescindible; **a car is a ~ for me** para mí tener coche es una necesidad
neck[1] /nek/ *n*
A (Anat) (of person) cuello *m*; (of animal) cuello *m*, pescuezo *m*; **the back of the ~** la nuca; **I've got a stiff ~** tengo tortícolis; **if you say that again, I'll break your ~** (colloq) si vuelves a decir eso te rompo la crisma (fam); ***to be up to one's ~ in sth*** (colloq): **she's up to her ~ in work/trouble** está hasta aquí de trabajo/problemas (fam); **they're up to their ~s in debt** deben hasta la camisa (fam); ***to break one's ~*** (work hard) (colloq) matarse (trabajando), deslomarse (fam); (lit: in accident) desnucarse*, romperse* el cuello; ***to breathe down sb's ~*** (colloq) estarle* encima a algn; ***to get it o catch it in the ~*** (colloq) llevarse una buena (fam); ***to risk one's ~*** (colloq) jugarse* *or* arriesgar* el pellejo (fam); ***to stick one's ~ out*** (colloq) aventurarse, arriesgarse*; (*before n*) ‹*muscle/injury*› del cuello; ▸**save**[1] *vt* **A1**
B (Clothing) cuello *m*, escote *m*; (measurement) cuello *m*; **a high ~** un cuello cerrado; **the dress has a low ~** el vestido es muy escotado
C 1 (of pork, beef, lamb) (esp BrE) cuello *m* 2 (in horse-racing) cabeza *f*: **to win/lose by a (short) ~** ganar/perder* por una cabeza
D (of bottle, vase) cuello *m*; (of guitar, violin) mástil *m*; **a ~ of land** un istmo; ***my/this ~ of the woods*** (colloq) mis/estos pagos (fam)
neck[2] *vi* (colloq) besuquearse (fam), darse* *or* pegarse* el lote (Esp fam), fajar (Méx fam), chapar (RPl fam), amacizarse* (Col fam), atracar* (Chi fam), jamonearse (Ven fam)
neck-and-neck /'nekən'nek/ *adj* (*pred* **neck and neck**): **a ~ finish** un final muy reñido; **they were ~ ~ ~** iban a la par, iban parejos (esp AmL)
-necked /'nekt/ *suff*: **long~** de cuello largo; **round~** (Clothing) de cuello *or* escote redondo
neckerchief /'nekərtʃɪf || 'nekətʃɪf/ *n* pañuelo *m* (*que se lleva atado al cuello*)
necklace /'nekləs || 'neklɪs/ *n* collar *m*
neck: **~line** *n* escote *m*; **~tie** *n* (AmE) corbata *f*
nectar /'nektər || 'nektə(r)/ *n* [u] néctar *m*

n

nectarine /'nektəri:n || 'nektərɪn, -ri:n/ *n* nectarina *f*, pelón *m* (RPl), durazno *m* pelado (Chi)

née /neɪ/ *adj* de soltera

need¹ /ni:d/ *n*

A [c u] (requirement, necessity) necesidad *f*; **an urgent** *o* **a pressing ~** una imperiosa necesidad, una necesidad acuciante; **your daily vitamin ~s** las vitaminas que necesita diariamente; **~ FOR sth/to + INF** necesidad DE algo/DE + INF; **I see no ~ for that** no creo que eso haga falta *or* sea necesario; **there's no ~ to tell her** no hay ninguna necesidad de decírselo; **if ~ be** si hace falta, si es necesario; **the house is badly in ~ of renovation** a la casa le hacen muchísima falta unos arreglos; **your ~ is greater than mine** a ti te hace más falta (que a mí), tú lo necesitas más (que yo)

B [u] **1** (emergency): **he abandoned them in their hour of ~** los abandonó cuando más falta les hacía; ▸**friend A** **2** (poverty) necesidad *f*; **those in ~** los necesitados

need² *vt* necesitar; **just what I ~ed!** ¡justo lo que necesitaba *or* lo que me hacía falta!; **you really ~ a shower!** ¡qué falta te hace una ducha!; **all it ~ed was a bit of salt** sólo le faltaba un poco de sal; **that's all we ~!** (iro) ¡lo que nos faltaba! (iró); **I ~ someone to look after the children** necesito a alguien que me cuide a los niños; **the soup ~s another twenty minutes** a la sopa le faltan 20 minutos; **I took a badly ~ed break** me tomé un descanso, que buena falta me hacía; **it ~s great concentration** requiere gran concentración; **to ~ -ING, to ~ to be + PP**: **the plants ~ watering** *o* **to be watered** hay que regar las plantas; **the car ~s looking at** *o* **to be looked at** el coche necesita una revisión; **she didn't ~ telling** *o* **to be told twice** no hubo que decírselo dos veces; **to ~ to + INF** tener* QUE + INF; **I ~ to wash my hair** tengo que lavarme la cabeza; **you don't ~ to be a genius to see that it's wrong** no hay que ser un genio para darse cuenta de que está mal; **you only ~ed to ask me** no tenías más que pedírmelo

■ **need** *v mod* (*usu with neg or interrog*) **1** (be obliged to): **you ~n't come if you don't want to** no hay necesidad de que vengas *or* no hace falta que vengas *or* no tienes por qué venir si no tienes ganas; **she ~ never know** no tiene por qué enterarse, no hay necesidad de que se entere; **I ~ hardly say that ...** de más está decir que ..., ni falta hace que diga que ... **2** (be necessarily): **that ~n't always be the case** no tiene por qué ser así, no necesariamente tiene que ser así; **that ~n't mean that ...** eso no significa necesariamente que ...

needle¹ /'ni:dl/ *n*[c] **1** (for sewing, on syringe, for etching) aguja *f*; (on record player) aguja *f*, púa *f* (RPl); (*knitting* ~) aguja *f* de tejer *or* (Esp) de hacer punto, palillo *m* (Chi); ***to give sb the ~*** (colloq) (taunt) (AmE) pinchar a algn (fam); (irritate) (BrE) sacar* de quicio a algn; ***to look for a ~ in a haystack*** buscar* una aguja en un pajar **2** (on gauge) aguja *f* **3** (Bot) aguja *f*

needle² *vt* pinchar (fam); **what really ~s me is that ...** lo que de verdad me saca de quicio *or* me fastidia es que ...

needless /'ni:dləs || 'ni:dlɪs/ *adj* innecesario, superfluo; **~ to say, no one asked me** de más está decir *or* huelga decir que nadie me preguntó

needlessly /'ni:dləsli || 'ni:dlɪsli/ *adv* innecesariamente, sin ninguna necesidad

needlework /'ni:dlwɜ:rk || 'ni:dlwɜ:k/ *n* [u] **1** (activity, skill) labores *fpl* de aguja **2** (stitching) bordado *m*

needn't /'ni:dnt/ = **need not**

need-to-know /ˌni:dtə'nəʊ/ *adj* ‹*policy/principle*› de informar sólo lo estrictamente necesario; **employees will be kept informed on a ~ basis** se mantendrá informados a los empleados sólo sobre lo que es estrictamente necesario saber

needy¹ /'ni:di/ *adj* **-dier, -diest** necesitado

needy² *pl n* **the ~** los necesitados

negate /nɪ'geɪt/ *vt* (frml) invalidar

negation /nɪ'geɪʃən/ *n* [u c] negación *f*

negative¹ /'negətɪv/ *adj* negativo; **you're too ~** eres demasiado negativo; **~ image** imagen *f* en negativo

negative² *n*

A **1** (word, particle) negación *f*; **put this sentence into the ~** pon esta frase en negativo **2** (no) negativa *f*; **he answered in the ~** contestó negativamente *or* con una negativa

B (Phot) negativo *m*

C (Elec) polo *m* negativo

neglect¹ /nɪ'glekt/ *vt* **1** (leave uncared-for) ‹*family/child*› desatender*; ‹*house/health*› descuidar; **he ~ed his appearance** dejó de arreglarse, se abandonó **2** (not carry out) ‹*duty/obligations*› desatender*, no cumplir con; ‹*studies/business*› descuidar; **he ~ed to inform the authorities** (frml) faltó a su deber de informar a las autoridades

neglect² *n* [u] (lack of care) abandono *m*; (negligence) negligencia *f*; **the garden has fallen into ~** el jardín está muy abandonado *or* descuidado

neglected /nɪ'glektəd || nɪ'glektɪd/ *adj* **1** (uncared-for) ‹*building/garden*› abandonado, descuidado; ‹*appearance*› dejado, abandonado **2** (forgotten): **I'm feeling ~** me tienen abandonado

neglectful /nɪ'glektfəl/ *adj* ‹*owner/parents*› negligente

negligee, negligé /'negləʒeɪ || 'neglɪʒeɪ/ *n* negligé *m*

negligence /'neglɪdʒəns/ *n* [u] negligencia *f*

negligent /'neglɪdʒənt/ *adj* negligente

negligible /'neglɪdʒəbəl/ *adj* insignificante, desdeñable

negotiable /nɪ'gəʊʃəbəl/ *adj* **1** (subject to negotiation) ‹*contract/claim*› negociable; **salary ~** sueldo negociable *or* a negociar **2** (Fin) negociable; **not ~** no negociable **3** (passable) ‹*road*› transitable; ‹*obstacle*› superable

negotiate /nɪ'gəʊʃieɪt/ *vi* (confer, talk) negociar; **after months of negotiating** tras meses de negociaciones

■ **negotiate** *vt*

A (obtain by discussion) ‹*contract/treaty*› negociar; ‹*loan*› gestionar, tramitar

B (pass, deal with) ‹*obstacle*› sortear, salvar; ‹*difficulty*› superar; **they ~d the rocky path** salvaron *or* pasaron el camino rocoso

C (Fin) ‹*bill/draft*› negociar

negotiation /nɪˌgəʊʃi'eɪʃən/ *n* [u] (discussion) (*sometimes pl*) negociación *f*; **by ~** mediante negociaciones *or* negociación; **to enter into ~s/be in ~ with sb** entrar/estar* en negociaciones *or* (CS tb) en tratativas con algn

negotiator /nɪ'gəʊʃieɪtər || nɪ'gəʊʃieɪtə(r)/ *n* negociador, -dora *m,f*

Negro /'ni:grəʊ/ *n* (*pl* **Negroes**) (often offensive) negro, -gra *m,f*

neigh /neɪ/ *vi* relinchar

neighbor¹, (BrE) **neighbour** /'neɪbər || 'neɪbə(r)/ *n* (in street, district) vecino, -na *m,f*; **she turned to her ~ on the right** se volvió hacia la persona que estaba a su derecha; **love thy ~** (Bib) ama a tu prójimo

neighbor², (BrE) **neighbour** *vi* **to ~ ON sth** lindar *or* colindar CON algo

neighborhood, (BrE) **neighbourhood** /'neɪbərhʊd || 'neɪbəhʊd/ *n* **1** (residential area) barrio *m*; (*before n*) ‹*school/policeman*› del barrio, del vecindario; **~ watch** *o* (AmE also) **patrol** *vigilancia de una calle, barrio etc a cargo de sus propios habitantes* **2** (inhabitants) vecindario *m* **3** (vicinity) zona *f*; **in the ~** en los alrededores, en *or* por la zona

neighboring, (BrE) **neighbouring** /'neɪbərɪŋ/ *adj* ‹*country*› vecino; **the town and the ~ villages** la ciudad y los pueblos de los alrededores

neighborly, (BrE) **neighbourly** /'neɪbərli || 'neɪbəli/ *adj* amable

neither¹ /'ni:ðər, 'naɪ- || 'naɪðə(r), 'ni:ð-/ *conj*

A **neither ... nor ...** ni ... ni ...; **she ~ knows nor cares!** ¡ni sabe ni le importa!

B (nor) tampoco; **I don't want to go — ~ do I** *o* (colloq) **me ~** no quiero ir — yo tampoco *or* ni yo

neither² *adj*: **~ proposal was accepted** no se aceptó ninguna de las (dos) propuestas

neither³ *pron* ninguno, -na

neo- /'ni:əʊ/ *pref* neo-

neoclassical /ˈniəʊ'klæsɪkəl/ *adj* neoclásico

neolithic, Neolithic /'ni:ə'lɪθɪk/ *adj* neolítico; **the ~ (period)** el Neolítico

neologism /ni:'ɑ:lədʒɪzəm || ni:'ɒlədʒɪzəm/ *n* neologismo *m*

neon /'ni:ɑ:n || 'ni:ɒn/ *n* [u] neón *m*; (*before n*) ‹*glow/lighting*› de neón; **~ sign** letrero *m* de neón

n

Nepal /nə'pɔːl || nɪ'pɔːl/ *n* Nepal *m*
Nepalese /ˌnepə'liːz/ *adj* nepalés
nephew /'nefjuː || 'nevjuː, 'nef-/ *n* sobrino *m*
nepotism /'nepətɪzəm/ *n* [u] nepotismo *m*
Neptune /'neptuːn || 'neptjuːn/ *n* Neptuno *m*
nerd /nɜːrd || nɜːd/ *n* (colloq) ganso, -sa *m,f* (fam), pendejo, -ja *m,f* (AmL exc CS fam)
nerve¹ /nɜːrv || nɜːv/ *n*
A [c] (Anat, Bot) nervio *m*; ***to touch a (raw) ~*** meter *or* poner* el dedo en la llaga; (*before n*) ‹*fiber/ending*› nervioso; **~ gas** (Mil) gas *m* nervioso
B **nerves** *pl* **1** (emotional constitution) nervios *mpl*; **their ~s were on edge** tenían los nervios de punta; **to have ~s of steel** tener* nervios de acero; **a war of ~s** una guerra de nervios; ***to get on sb's ~s*** (colloq) ponerle* los nervios de punta a algn; ***to live on one's ~s*** estar* en permanente estado de tensión **2** (anxiety) nervios *mpl*, nerviosismo *m*; **I had terrible ~s** pasé unos nervios tremendos; ***to be a bag*** *o* ***bundle of ~s*** ser* un manojo de nervios, ser* puro nervio
C **1** [u] (resolve) valor *m*, coraje *m*; **to lose/keep one's ~** perder*/mantener* el valor; **it takes some ~ to do it** hay que tener valor *or* coraje *or* (fam) agallas para hacerlo **2** (effrontery) (colloq) (*no pl*) frescura *f* (fam), cara *f* (fam); **you've/he's got a ~!** ¡qué frescura *or* cara tienes/tiene!; **to have the ~ to + INF** tener* la frescura *or* la cara de + INF (fam); **what a ~!** ¡qué frescura *or* cara! (fam)
nerve² *v refl* **to ~ oneself FOR sth** armarse de valor PARA algo
nerve: **~-center**, (BrE) **~-centre** *n* (of organization) centro *m* neurálgico; **~-racking** /'nɜːrv'rækɪŋ || 'nɜːv ˌrækɪŋ/ *adj* que destroza los nervios
nervous /'nɜːrvəs || 'nɜːvəs/ *adj*
A (apprehensive, tense) nervioso; **to feel/get ~** estar*/ponerse* nervioso; **to be ~ ABOUT sth/-ING**: **there's nothing to be ~ about** no tienes por qué ponerte nervioso; **I was ~ about making a mistake** tenía miedo de equivocarme; **she's been ~ of traffic since the accident** desde el accidente le tiene miedo al tráfico; **to make sb ~** poner* nervioso a algn
B ‹*system/tissue/tension*› nervioso; **a ~ complaint** un problema nervioso; **she's a ~ wreck** (colloq) es un manojo de nervios
nervously /'nɜːrvəsli || 'nɜːvəsli/ *adv* nerviosamente
nervousness /'nɜːrvəsnəs || 'nɜːvəsnɪs/ *n* [u] nerviosismo *m*
nervy /'nɜːrvi || 'nɜːvi/ *adj* **-vier, -viest** **1** (bold, brash) (AmE colloq) fresco (fam), caradura (fam) **2** (courageous) (AmE colloq) valiente, agalludo (AmL fam) **3** (tense, edgy) (BrE) nervioso
nest¹ /nest/ *n*
A (of birds, reptiles) nido *m*; (of mice) ratonera *f*, nido *m*; **ants' ~** hormiguero *m*; **to fly** *o* **leave the ~** ‹‹*bird/child*›› volar* del *or* dejar el nido; ***to feather one's (own) ~*** barrer hacia adentro
B (set) juego *m*; **~ of tables** mesa *f* nido
nest² *vi* ‹‹*birds*›› anidar
nest egg *n* (colloq) ahorros *mpl*
nestle /'nesəl/ *vi* (snuggle) acurrucarse*; **he ~d up to her** se acurrucó contra ella; **the village ~s at the foot of the hill** el pueblo está enclavado al pie de la montaña
■ **nestle** *vt* (lay) (*often pass*): **her head was ~d against his shoulder** tenía la cabeza recostada en su hombro
net¹ /net/ *n*
A [c] red *f*; ***to cast one's ~ wide*** buscar* en un radio muy amplio; ***to slip through the ~***: **she/it slipped through the ~** se les (*or* nos *etc*) escapó; ***to spread one's ~*** tender* su (*or* mi *etc*) red
B [c] (Sport) red *f*
C [u] (fabric) tela *f* de visillos; (*before n*) **~ curtains** visillos *mpl*
net² *vt* **-tt-**
A (catch) ‹*butterfly*› cazar* (*con red*); ‹*fish*› pescar* (*con red*)
B (earn) ‹‹*company/sale*›› producir*; **he ~ted $50,000** se embolsó 50.000 dólares limpios (fam)
net³ *adj* **1** (Busn, Fin) ‹*income/profit/cost/weight*› neto **2** (overall, final) ‹*effect/result*› global
NET *n* (in US) (*no art*) **= National Educational Television**
netball /'netbɔːl/ *n* [u] (in UK) *deporte similar al baloncesto jugado esp por mujeres*
nethead /'nethed/ *n* (colloq) cerebrito *mf* de Internet (fam)
Netherlands /'neðərləndz || 'neðələndz/ *n* (+ *sing or pl vb*) **the ~** los Países Bajos
netiquette *n* /'netɪket/ netiqueta *f* (fam)
nett *adj* (BrE) ▸**net³ 1**
netting /'netɪŋ/ *n* [u] (mesh) redes *fpl*, mallas *fpl*; **wire ~** tela *f* metálica *or* de alambre, tejido *m* metálico (RPl), anjeo *m* (Col)
nettle¹ /'netl/ *n* ortiga *f*; (*stinging ~*) ortiga *f* (romana); ***to grasp the ~*** agarrar al toro por las astas *or* (esp Esp) coger* el toro por los cuernos
nettle² *vt* molestar, irritar
network¹ /'netwɜːrk || 'netwɜːk/ *n* **1** (system) red *f* **2** (Elec) red *f* **3** (Rad, TV) cadena *f*; (*before*) **~ television** (in US) emisiones *fpl* televisivas en cadena
network² *vt*
A (BrE Rad, TV) transmitir en cadena
B (link together) (Comput) interconectar
networking /'netˌwɜːrkɪŋ || 'netˌwɜːkɪŋ/ *n* [u] **1** (Comput) interconexión *f* **2** (Rad, TV) transmisión *f* en cadena **3** (using contacts) creación *f* *or* establecimiento *m* de una red de contactos *or* (AmL tb) conexiones
neuralgia /nʊ'rældʒə || njʊə'rældʒə/ *n* [u] neuralgia *f*
neurological /'nʊrə'lɑːdʒɪkəl || ˌnjʊərə'lɒdʒɪkəl/ *adj* neurológico
neurologist /nʊ'rɑːlədʒəst || ˌnjʊə'rɒlədʒɪst/ *n* neurólogo, -ga *m,f*
neurology /nʊ'rɑːlədʒi || ˌnjʊə'rɒlədʒi/ *n* [u] neurología *f*
neuron /'nʊːrɑːn || 'njʊərɒn/, **neurone** /-rəʊn/ *n* neurona *f*
neurosis /nʊ'rəʊsəs || njʊə'rəʊsɪs/ *n* [c u] (*pl* **-roses** /-'rəʊsiːz/) neurosis *f*
neurotic /nʊ'rɑːtɪk || njʊə'rɒtɪk/ *adj* neurótico; **he's ~ about his weight** está obsesionado con su peso
neuter¹ /'nuːtər || 'njuːtə(r)/ *adj*
A (Ling) neutro
B (sexless) (Bot, Zool) neutro, asexuado
neuter² *n* (Ling) neutro *m*; **in the ~** en género neutro
neuter³ *vt* castrar, capar
neutral¹ /'nuːtrəl || 'njuːtrəl/ *adj* **1** (impartial) neutral; **to remain ~** permanecer* neutral **2** (not bright) ‹*shade/tone*› neutro **3** (Chem, Elec, Ling) neutro
neutral² *n* (Auto): **to be in ~** ‹‹*car/gear*›› estar* en punto muerto
neutrality /nuː'træləti || njuː'træləti/ *n* [u] neutralidad *f*
neutralize /'nuːtrəlaɪz || 'njuːtrəlaɪz/ *vt* neutralizar*
neutron /'nuːtrɑːn || 'njuːtrɒn/ *n* neutrón *m*
Nev = Nevada
never /'nevər || 'nevə(r)/ *adv*
A (at no time) nunca; (more emphatic) jamás; **he ~ helps** nunca ayuda, no ayuda nunca; **~ in all my life have I been so insulted** en mi vida me habían insultado de ese modo; **~ again** nunca más; **~ before had she experienced such pain** nunca había sentido tanto dolor; **as ~ before** como nunca, más que nunca
B **1** (*used for emphasis*): **she said she'd call but she ~ did** dijo que llamaría pero no llamó; **really? I ~ knew that** ¿ah sí? no sabía; **they ~ once thanked me** no me dieron las gracias ni una vez; **this will ~ do!** ¡esto no puede ser! **2** (expressing incredulity) (colloq) (*in interj phrases*): **I walked all the way — never!** hice todo el camino a pie — ¡no me digas!; **well, I ~!** ¡pues, vaya!
never: **~-ending** /'never'endɪŋ/ *adj* (*pred* **~ ending**) ‹*dispute/saga*› interminable; ‹*devotion/supply*› inagotable; **~-never** /'nevər'nevər || 'nevə'nevə(r)/ *n* (BrE colloq & hum): **to pay for/buy sth on the ~-~** pagar*/comprar algo a plazos *or* (fam & hum) a plazoletas; **~theless** /ˌnevərðə'les || ˌnevəðə'les/ *adv* sin embargo, no obstante (frml); **I'm going to try ~theless** de todas maneras lo voy a intentar, no obstante lo voy a intentar (frml)
new¹ /nuː || njuː/ *adj* **-er, -est**
A **1** (unused) nuevo; **brand ~** flamante; **is that a ~ suit you're wearing?** ¿estás estrenando traje?, ¿es nuevo ese traje?; **as ~** como nuevo; **to be/look like ~** ser*/parecer* nuevo **2** (recent, novel) nuevo; **hi, what's ~?** (colloq) ¿que

tal? ¿qué hay (de nuevo)? (fam); **that's nothing ~** eso no es nada nuevo 3 (recently arrived) ‹*member/recruit*› nuevo; **I'm ~ here** soy nueva aquí; **to be ~ TO sth**: **she's ~ to this company** es nueva en la empresa

B (different, other) ‹*address/job/era*› nuevo; **after the shower I felt like a ~ man** la ducha me dejó como nuevo

C 1 (freshly made) ‹*wine*› joven; ‹*bread*› fresco, recién hecho 2 (tender, young) ‹*buds/leaves*› nuevo 3 (early) ‹*crop/potatoes*› nuevo

new² *adv* recién

> **New Age**
>
> El movimiento de la New Age cree que se debe tener un enfoque más holístico de la vida. Se originó en California en los años 70 y se extendió rápidamente a través de EEUU. Sus adherentes rechazan el materialismo y respetan los ciclos de la naturaleza ya que pueden ayudar a restablecer el balance espiritual y restablecer la armonía dentro del entorno

new: **~born** /ˈnu:bɔ:n || ˈnju:bɔ:n/ *adj* recién nacido; **~comer** /ˈnu:kʌmər || ˈnju:kʌmə(r)/ *n* (person) recién llegado, -da *m,f*; **he's a relative ~comer to politics** no lleva mucho tiempo en la política; **~ England** *n* Nueva Inglaterra *f*; **~fangled** /ˈnu:ˈfæŋgəld || ˈnju:ˈfæŋgəld/ *adj* (*before n*) (pej) moderno; **~found** /ˈnju:ˌfaʊnd/ *adj* nuevo, recién descubierto; **~foundland** /ˈnu:fəndlənd || nju:ˈfəndlənd/ *n* (Geog) Terranova *f*; **~ Hampshire** /ˈhæmpʃər || ˈhæmpʃi:ə(r)/ *n* Nueva Hampshire *f*, Nuevo Hampshire *m*; **~ Jersey** /ˈjərzi || ˈjɜ:zi/ *n* Nueva Jersey *f*; **~-laid** /ˈnu:ˈleɪd || ˈnju:ˈleɪd/ *adj* recién puesto, fresco

newly /ˈnu:li || ˈnju:li/ *adv* recién; **~ baked/arrived** recién horneado/llegado

newlyweds /ˈnu:liwedz || ˈnju:liwedz/ *pl n* recién casados *mpl*

New Mexico *n* Nuevo México *m*

newness /ˈnu:nəs || ˈnju:nɪs/ *n* [u] 1 (novelty, unfamiliarity) novedad *f* 2 (of purchase, object, clothes etc) lo nuevo

New Orleans /ˈnu:ˈɔ:rliənz, ɔ:rˈli:nz || ˈnju:ˈɔ:liənz, -ɔ:ˈli:nz/ *n* Nueva Orleáns *f*

news /nu:z || nju:z/ *n* [u]

A (fresh information): **a piece** *o* **an item of ~** una noticia; **I have (some) good/bad ~** tengo buenas/malas noticias; **we've had some sad ~** hemos recibido una triste noticia *or* noticias muy tristes; **I had to break the ~ to him** me tocó a mí darle la (mala) noticia; **tell me all your ~!** ¡cuéntame qué novedades tienes!; **we've had no ~ of him** no hemos tenido noticias de él, no hemos sabido nada de él; **the fall in the dollar is good ~ for some** la caída del dolar les viene muy bien a algunos; **he's bad ~!** (colloq) no trae más que problemas; **it was ~ to me that ...** para mí era una novedad que ..., recién me enteraba de que ... (AmL); **~ travels fast** ¡cómo corren las noticias!; **no ~ is good ~** (set phrase) que no haya noticias es buena señal

B (Journ, Rad, TV) noticias *fpl*; **the international/sports ~** la información internacional/deportiva; **the six o'clock ~** las noticias *or* el informativo *or* el noticiario *or* (AmL tb) el noticiero de las seis; (*before n*) **~ agency** agencia *f* de noticias; **~ bulletin** boletín *m* informativo; **the ~ headlines** el resumen informativo *or* de noticias

news: **~agent** *n* (BrE) *dueño o empleado de una tienda que vende prensa, caramelos etc*; **~boy** *n* (AmE) repartidor *m* de periódicos, periodiquero *m* (Méx), diariero *m or* diarero *m* (CS); **~cast** *n* (esp AmE) informativo *m*, noticiario *m*, noticiero *m* (AmL); **~caster** *n* locutor, -tora *m,f*, presentador, -dora *m,f* (*de un informativo*); **~dealer** *n* (AmE) vendedor, -dora *m,f* de periódicos *or* de prensa; **~ flash** *n* (BrE) información *f* de última hora, flash *m* informativo; **~girl** *n* (AmE) repartidora *f* de periódicos, periodiquera *f* (Méx), diariera *f or* diarera *f* (CS); **~group** /ˈnu:zgru:p || ˈnju:zgru:p/ *n* grupo *m* de noticias; **~letter** *n* boletín *m* informativo; **church ~letter** ≈ hoja *f* parroquial; **~man** /ˈnu:zmæn || ˈnju:zmæn/ *n* (*pl* **-men** /-men/) (reporter) periodista *m*, reportero *m*; (newscaster) (AmE) locutor *m*, presentador *m*

newspaper /ˈnu:zˌpeɪpər || ˈnju:sˌpeɪpə(r)/ *n* (Journ) periódico *m*, diario *m*; (*before n*) **~ article** artículo *m* periodístico; **~ cutting** recorte *m* de periódico *or* de prensa

news: **~print** *n* [u] (paper) papel *m* de prensa; (ink) tinta *f* de periódico; **~reel** *n* [c u] noticiario *m or* (AmL tb) noticiero *m* (cinematográfico), documental *m* de actualidades, nodo *m* (Esp); **~stand** *n* kiosco *m or* puesto *m* de periódicos; **~woman** *n* periodista *f*, reportera *f*; **~worthy** *adj* de interés periodístico

newsy /ˈnu:zi || ˈnju:zi/ *adj* **-sier, -siest** (colloq): **a ~ letter** una carta llena de novedades

newt /nu:t || nju:t/ *n* tritón *m*

New Testament *n* **the ~ ~** el Nuevo Testamento

newton /ˈnu:tn̩ || ˈnju:tn̩/ *n* newton *m*

new: **~ World** *n* **the N~ World** el Nuevo Mundo; **~ Year** *n* Año *m* Nuevo; **happy N~ Year!** ¡Feliz Año (Nuevo)!; **~ Year's Day** *n* día *m* de Año Nuevo; **~ Year's Eve** *n* la noche de Fin de Año, la Nochevieja (Esp); **~ York** *n* Nueva York *f*; (*before n*) neoyorquino; **~ Yorker** /ˈjɔ:rkər || ˈjɔ:kə(r)/ *n* neoyorquino, -na *m,f*; **~ Zealand** /ˈzi:lənd/ *n* Nueva Zelanda; (*before n*) neocelandés; **~ Zealander** /ˈzi:ləndər || ˈzi:ləndə(r)/ *n* neocelandés, -desa *m,f*

next¹ /nekst/ *adj* 1 (in time — talking about the future) próximo; (— talking about the past) siguiente; **I'll see you ~ month/Thursday** nos vemos el mes/el jueves que viene *or* el mes/el jueves próximo; **the matter will be/was discussed at the ~ meeting** el asunto se tratará en la próxima reunión/se trató en la reunión siguiente; **the week after ~** la semana que viene no, la otra *or* la siguiente; **I'll have been here two months ~ Tuesday** el martes que viene hará dos meses que estoy aquí; **from one day to the ~** de un día para otro 2 (in position) siguiente; **I'm getting off at the ~ stop** me bajo en la próxima *or* la siguiente parada; **the nearest station is in the ~ village** la estación más cercana queda en el pueblo de al lado; **take the ~ turning on the right** tome la próxima *or* la siguiente a la derecha 3 (in sequence): **who's ~?** ¿quién sigue?, ¿a quién le toca?; **~(, please)!** (at doctor's) el siguiente, por favor; **excuse me, I was** *o* **I'm ~** perdone, me toca a mí; **have you got the ~ size up/down?** ¿tiene una talla más grande/más pequeña?; **to be (the) ~ to + INF**: **you're the ~ to speak** luego te toca a ti hablar, tú eres el próximo orador

next² *adv*

A 1 (then) luego, después; **what did you do/say ~?** ¿y luego *or* después qué hiciste/dijiste? 2 (now): **what shall we do ~?** ¿y ahora qué hacemos?; **what comes ~?** ¿qué sigue (ahora)?; **whatever ~!** ¡adónde vamos (a ir) a parar! 3 (the first time after now): **when you see me ~** *o* **when you ~ see me** la próxima vez que me veas

B (second): **Tom is the tallest in the class, Bob the ~ tallest** Tom es el más alto de la clase y (a Tom) le sigue Bob; **it's the ~ best thing to champagne** después del champán, es lo mejor que hay

C **next to** 1 (beside) al lado de; **we live ~ to the hospital** vivimos al lado del hospital; **come and sit ~ to me** ven y siéntate a mi lado *or* junto a mí 2 (compared with) al lado de 3 (second): **the ~ to last page** la penúltima página 4 (almost, virtually); **I bought it for ~ to nothing** lo compré por poquísimo dinero; **I'll have it ready in ~ to no time** lo termino en un segundo

next: **~ door** *adv* al lado; **who lives ~ door?** ¿quién vive al lado *or* en la casa de al lado?; **~ door TO sb/sth** al lado DE algn/algo; **~-door** /ˈneksˈdɔ:r || ˈneksˈdɔ:(r)/ *adj* (*before n*) de al lado; **~ of kin** *n* (*pl* **~ of kin**) familiar(es) *m(pl) or* pariente(s) *m(pl)* más cercano(s)

NF 1 (Geog) = **Newfoundland** 2 (in UK) = **National Front**

NFL *n* (in US) = **National Football League**

Nfld = **Newfoundland**

NGO *n* (= **Non-Governmental Organization**) ONG *f*

NH = **New Hampshire**

NHL *n* (in US) = **National Hockey League**

NHS *n* (in UK) = **National Health Service**

nib /nɪb/ *n* plumín *m*, pluma *f*

nibble /ˈnɪbəl/ *vt* 1 (bite) mordisquear 2 (eat, pick at) picar*

■ **nibble** *vi* 1 (bite, gnaw) **to ~ AT/ON sth** mordisquear algo 2 (eat) picar*

NICAM /ˈnaɪkæm/ *n* (= **near-instantaneous companded system**) NICAM *m*

n

Nicaragua /ˈnɪkəˈrɑːgwə || ˌnɪkəˈrægjʊə/ *n* Nicaragua *f*

Nicaraguan¹ /ˈnɪkəˈrɑːgwən || ˌnɪkəˈrægjʊən/ *adj* nicaragüense

Nicaraguan² *n* nicaragüense *mf*

nice /naɪs/ *adj* **nicer, nicest**

A **1** (kind, amiable) amable; (kind-hearted) bueno; (friendly) simpático; **he's a very ~ person** es muy buena persona, es muy majo (Esp fam); **to be ~ ABOUT sth: it was entirely our fault, but he was very ~ about it** fue todo por culpa nuestra, pero él estuvo muy comprensivo; **to be ~ TO sb** ser* amable CON algn, tratar bien a algn; **how ~ of you to ask us** muchas gracias por invitarnos **2** (attractive, appealing) ‹*place/dress/face*› bonito, lindo (esp AmL); ‹*food*› bueno, rico; **you look very ~ today!** (to a woman) ¡estás muy guapa *or* bonita hoy!, ¡estás *or* te ves muy linda hoy! (AmL); (to a man) ¡estás muy guapo hoy!, ¡estás *or* te ves muy buen mozo hoy! (AmL); **the soup smells ~** la sopa huele bien **3** (enjoyable) ‹*walk/surprise*› agradable, lindo (esp AmL); **(it was) ~ meeting you** me alegro de haberlo conocido, encantado

B (*as intensifier*): **I had a ~ hot shower** me di una buena ducha caliente; **her apartment is ~ and sunny** tiene un apartamento muy *or* de lo más soleado

C (respectable, decent): **he seemed such a ~ boy** parecía tan buen chico; **it isn't a very ~ area** es un barrio bastante feo

D (skilful) ‹*move/shot/job*› bueno; **~ work!** ¡así me gusta!, ¡bien hecho!

E (fine, subtle) ‹*distinction/point/detail*› sutil, fino

nice-looking /ˈnaɪsˈlʊkɪŋ/ *adj* atractivo, guapo

nicely /ˈnaɪsli/ *adv*

A **1** (amiably) ‹*treat/smile*› amablemente **2** (politely, respectably) con buenos modales

B **1** (attractively) ‹*presented/dressed*› bien **2** (well, satisfactorily) ‹*get on/work*› bien

C (finely, precisely) ‹*judged/timed*› (muy) bien, con precisión

niceties /ˈnaɪsətiz/ *pl n* sutilezas *fpl*, detalles *mpl*

niche /nɪtʃ, niːʃ/ *n* **1** (Archit) nicho *m*, hornacina *f* **2** (suitable place): **she's found a little ~ for herself in the business** se ha hecho su huequito en la empresa (fam) **3** (Busn, Marketing) nicho *m* **4** (Ecol) nicho *m*

nick¹ /nɪk/ *n*

A (notch — in wood) muesca *f*; (— in blade) mella *f*; **did you cut yourself? — it's just a little ~** ¿te cortaste? — es sólo un rasguño; ***in the ~ of time*** justo a tiempo

B (condition) (BrE colloq): **to be in good/bad ~** estar* en buen/mal estado

C (BrE sl) (prison) cárcel *f*, chirona *f* (fam), cana *f* (AmS arg), trullo *m* (Esp arg), bote *m* (Méx, Ven arg)

nick² *vt*

A (notch) hacer* una muesca en; **I ~ed myself shaving** me corté al afeitarme

B (steal) (BrE colloq) afanar (arg), volar* (Méx, Ven fam), robar; **to ~ sth FROM sb** afanarle (arg) *or* (Méx, Ven fam) volarle* algo A algn

C (catch, arrest) (BrE sl): **he got ~ed** lo agarraron (fam) *or* (Esp arg) lo trincaron *or* (Méx arg) lo apañaron

nickel /ˈnɪkəl/

A *n* [u] (Chem, Metall) níquel *m*

B [c] (US coin) *moneda de cinco centavos*

nickel-and-dime /ˈnɪkələnˈdaɪm/ *adj* (AmE colloq) de poca monta (fam)

nickelodeon /ˈnɪkəˈləʊdiən/ *n* (AmE Hist) **1** (jukebox) máquina *f* de discos, juke-box *m*, rocola *f* (AmC, Col, Méx) **2** (Cin) *sala de proyección en la primera época del cine*

nickname¹ /ˈnɪkneɪm/ *n* apodo *m*, sobrenombre *m*; (relating to personal characteristics) mote *m*

nickname² *vt* apodar

nicotine /ˈnɪkətiːn/ *n* [u] nicotina *f*

niece /niːs/ *n* sobrina *f*

nifty /ˈnɪfti/ *adj* **-tier, -tiest** (colloq) **1** (adroit) hábil, diestro **2** (ingenious) ingenioso **3** (neat) (AmE) ‹*clothes*› bonito, chulo (Esp, Méx fam) **4** (speedy) (BrE) rápido

Nigeria /naɪˈdʒɪriə || naɪˈdʒɪəriə/ *n* Nigeria *f*

Nigerian¹ /naɪˈdʒɪriən || naɪˈdʒɪəriən/ *adj* nigeriano

Nigerian² *n* nigeriano, -na *m,f*

niggardly /ˈnɪgərdli || ˈnɪgədli/ *adj* ‹*person/gift*› mezquino; ‹*sum*› mísero

nigger /ˈnɪgər || ˈnɪgə(r)/ *n* (offensive) negro, -gra *m,f*

niggle /ˈnɪgəl/ *vi* **1** (complain) quejarse, rezongar* **2** **niggling** *pres p* ‹*doubt/worry*› constante; ‹*detail/job*› engorroso

■ **niggle** *vt*: **something's niggling him** algo le preocupa, algo lo tiene inquieto

night /naɪt/ *n*

A [c u] (period of darkness) noche *f*; **~ fell** cayó la noche (liter); **at this time of ~** a estas horas de la noche; **all ~ (long)** toda la noche; **at ~** por la noche, de noche; **it was eleven o'clock at ~** eran las once de la noche; **she woke up in the middle of the ~** se despertó por la noche *or* durante la noche; **~ and day** día y noche; **last ~** anoche; **the ~ before last** anteanoche, antenoche (AmL); **we stayed (for) the ~** nos quedamos a dormir; **to spend a sleepless ~** pasar una noche en vela *or* en blanco; **to have a good/bad ~** pasar (una) buena/mala noche; **to have a late/an early ~** acostarse* tarde/temprano; (*before n*) ‹*flight/patrol*› nocturno; **~ shift** turno *m* nocturno *or* de la noche

B [c] (evening) noche *f*; **last ~** anoche, ayer por la noche; **on the ~ of the party** la noche de la fiesta; **a ~ on the town** una noche de juerga; **we haven't had a ~ out for ages** hace muchísimo que no salimos por la noche; **first ~** (Theat) noche *f* del estreno

C **nights** (*as adv*) por las noches

night: ~cap *n* **1** (Clothing) gorro *m* de dormir **2** (drink) *bebida alcohólica o caliente tomada antes de acostarse*; **~clothes** *pl n* ropa *f* de dormir; **~club** *n* club *m* nocturno; **~dress** *n* camisón *m*; **~fall** *n* [u] anochecer *m*; **at ~fall** al anochecer; **~gown** *n* camisón *m*

nightie /ˈnaɪti/ *n* (colloq) camisón *m*

nightingale /ˈnaɪtɪŋgeɪl || ˈnaɪtɪŋgeɪl/ *n* ruiseñor *m*

nightlife /ˈnaɪtlaɪf/ *n* [u] vida *f* nocturna

nightly¹ /ˈnaɪtli/ *adj* diario, de todas las noches

nightly² *adv* todas las noches; **twice ~** dos veces cada noche

nightmare /ˈnaɪtmer || ˈnaɪtmeə(r)/ *n* pesadilla *f*; (*before n*) ‹*journey/situation*› de pesadilla

night: ~ owl *n* (colloq) ave *f*‡ nocturna (fam), noctámbulo, -la *m,f*; **~ school** *n* clases *fpl* nocturnas; **~stick** *n* (esp AmE) porra; **~time** *n* noche *f*; **at ~time** de noche; **in the ~time** por la noche, durante la noche; **~ watchman** /ˈwɑːtʃmən || ˈwɒtʃmən/ *n* sereno *m*, vigilante *m* nocturno

nihilism /ˈnaɪəlɪzəm || ˈnaɪɪlɪzəm, ˈnɪhɪl-/ *n* [u] nihilismo *m*

nil /nɪl/ *n* **1** (nothing): **its food value is virtually ~** su valor nutritivo es casi nulo **2** (BrE Sport) cero *m*; **we lost two ~** perdimos por dos a cero

Nile /naɪl/ *n* **the ~** el Nilo

nimble /ˈnɪmbəl/ *adj* **-bler** /-blər/, **-blest** /-bləst/ ‹*person/step/mind*› ágil; ‹*fingers*› diestro, hábil

nimbly /ˈnɪmbli/ *adv* ‹*leap/climb*› ágilmente, con agilidad; ‹*work*› con destreza *or* habilidad

NIMBY /ˈnɪmbi/ *n* (hum & pej) **= not in my back yard**

nincompoop /ˈnɪŋkəmpuːp/ *n* (colloq) papanatas *mf* (fam)

nine¹ /naɪn/ *n* nueve *m*; (in baseball) equipo *m*; ***to be dressed up*** *o* ***done up to the ~s*** (colloq) estar* *or* ir* de punta en blanco, ir* de tiros largos (fam); *see also* **four¹**

nine² *adj* nueve *adj inv*; **~ times out of ten he's late/right** casi siempre llega tarde/tiene razón; *see also* **four²**

ninefold /ˈnaɪnfəʊld/ *adj/adv see* **-fold**

nineteen /ˈnaɪnˈtiːn/ *adj/n* diecinueve *adj inv/m*; ***to talk ~ to the dozen*** hablar (hasta) por los codos *or* como una cotorra (fam)

nineteenth¹ /ˈnaɪnˈtiːnθ/ *adj* decimonoveno; *see also* **fifth¹**

nineteenth² *adv* en decimonoveno lugar; *see also* **fifth²**

nineteenth³ *n* **1** (Math) diecinueveavo *m* **2** (part) diecinueveava parte *f*

ninetieth¹ /ˈnaɪntiəθ/ *adj* nonagésimo; *see also* **fifth¹**

ninetieth² *adv* en nonagésimo lugar; *see also* **fifth²**

ninetieth³ *n* **1** (Math) noventavo *m* **2** (part) noventava *or* nonagésima parte *f*

nine-to-five /ˈnaɪntəˈfaɪv/ *adj* ‹*job/worker*› de oficina (*con horario de nueve a cinco*)

ninety /ˈnaɪnti/ *adj/n* noventa *adj inv/m*; **temperatures in the nineties** temperaturas superiores a los noventa grados Fahrenheit; *see also* **seventy**

ninth[1] /naɪnθ/ *adj* noveno; *see also* **fifth[1]**

ninth[2] *adv* en noveno lugar; *see also* **fifth[2]**

ninth[3] *n* 1 (Math) noveno *m* 2 (part) novena parte *f*

nip[1] /nɪp/ *n*

A 1 (pinch) pellizco *m*; (bite) mordisco *m* 2 (chill): **there's a ~ in the air** hace bastante fresco 3 (tang) (AmE) sabor *m* fuerte

B (drink) traguito *m* (fam), dedal *m* (fam)

nip[2] -pp- *vt* 1 (pinch) pellizcar*; (bite) mordisquear 2 (damage) «*frost*» ‹*plants*› quemar

■ **nip** *vi*

A (bite, snap) **to ~ AT sth** «*dog*» mordisquear algo

B (go quickly) (BrE colloq): **~ upstairs and fetch my pipe** sube un momento a buscarme la pipa; **to ~ out** salir* un momento

nipple /ˈnɪpəl/ *n* 1 (on breast — of woman) pezón *m*; (— of man) tetilla *f* 2 (on bottle) (AmE) tetina *f*, chupón *m* (Méx)

nippy /ˈnɪpi/ *adj* **-pier, -piest**

A (chilly) (colloq) frío; **it's ~** hace frío

B (of flavor) (AmE) ‹*cheese/taste*› fuerte

C (BrE colloq) ‹*car/person*› rápido

nit /nɪt/ *n* 1 (Zool) liendre *f* 2 (silly person) (BrE colloq) bobo, -ba *m,f* (fam), zonzo, -za *m,f* (AmL fam)

nit: **~pick** *vi* encontrarle* defectos a todo, buscarle* tres *or* cinco pies al gato (fam); **~picking** *adj* quisquilloso, chinche (fam)

nitrate /ˈnaɪtreɪt/ *n* [c u] nitrato *m*

nitric acid /ˈnaɪtrɪk/ *n* [u] ácido *m* nítrico

nitrogen /ˈnaɪtrədʒən/ *n* [u] nitrógeno *m*

nitroglycerin, nitroglycerine /ˌnaɪtrəʊˈglɪsərən || ˌnaɪtrəʊˈglɪsəriːn/ *n* [u] nitroglicerina *f*

nitty-gritty /ˈnɪtiˈgrɪti/ *n* (colloq): **to get down to the ~** ir* al meollo de la cuestión, ir* al grano

nix[1] /nɪks/ *interj* (AmE sl): **~ on that!** ¡ni hablar! (fam), ¡naranjas (de la China)! (fam)

nix[2] *vt* (AmE colloq) rechazar*

NJ = New Jersey

NL *n* (in US) **= National League**

NLRB *n* (in US) **= National Labor Relations Board**

NM, N Mex = New Mexico

NNE (**= north-northeast**) NNE

NNW (**= north-northwest**) NNO

no[1] /nəʊ/ *adj*

A 1 (+ *pl n*): **they have ~ children** no tienen hijos; **the room has ~ windows** la habitación no tiene ninguna ventana *or* no tiene ventanas; **I am under ~ illusions** no me hago ilusiones 2 (+ *uncount n*): **there's ~ food left** no queda nada de comida; **there's ~ time for that now** no tenemos tiempo para eso ahora; **how can we cook with ~ electricity?** ¿cómo vamos a cocinar sin electricidad? 3 (+ *sing count n*): **this cup has ~ handle** esta taza no tiene asa; **~ intelligent person would do that** ninguna persona inteligente haría eso

B (in understatements): **I'm ~ expert, but ...** no soy ningún experto, pero ...; **she told him what she thought in ~ uncertain terms** le dijo lo que pensaba muy claramente

C 1 (prohibiting, demanding): Ⓢ **no smoking** prohibido fumar; Ⓢ **no dogs allowed** no se admiten perros 2 (*with -ing form*): **there's ~ pleasing some people** no hay manera de complacer a cierta gente; **there'll be ~ stopping them now** ahora no hay quien los pare

D (very little): **it's ~ distance** no queda muy lejos; **I'll be finished in ~ time (at all)** termino enseguida

no[2] *adv* (*before adj or adv*): **my house is ~ larger than yours** mi casa no es más grande que la tuya; **I ~ longer work for them** ya no trabajo para ellos, no trabajo más para ellos; **~ fewer than 200 guests are expected** se espera nada menos que a unos 200 invitados

no[3] *interj* no; **to say ~** decir* que no; **don't take ~ for an answer** no te conformes con un no; **no, thank you** no, gracias; **have you seen John? — ~, I haven't** ¿has visto a John? — no; **oh ~, you don't!** ¡eso sí que no!; **oh ~, not again!** ¡ay no, otra vez!

no[4] *n* (*pl* **noes**) 1 (negative answer) no *m* 2 (vote) voto *m* en contra

no[5] (*pl* **nos**) (**= number**) nº, Nº; **phone ~ 34682** (nº de) Tel.: 34682

no-account /ˈnəʊəkaʊnt/ *adj* (AmE colloq) (*before n*) que no vale nada, despreciable

Noah /ˈnəʊə/ *n* Noé

nobble /ˈnɑːbəl || ˈnɒbəl/ *vt* (BrE) 1 (sl) ‹*witness/jury*› (bribe) comprar, coimear (CS fam), darle* una mordida a (Méx fam); (threaten) amenazar* 2 ‹*horse/dog*› drogar* (*para evitar que gane*) 3 (catch) (colloq) ‹*intruder/thief*› pescar* (fam), agarrar (esp AmL)

Nobel Prize /χχχχ/ *n* **the ~ ~** el Premio Nobel

nobility /nəʊˈbɪləti/ *n* [u] nobleza *f*; **the ~** la nobleza

noble[1] /ˈnəʊbəl/ *adj* **nobler** /-blər/, **noblest** /-bləst/

A (aristocratic) ‹*family/birth*› noble

B (virtuous) ‹*sentiments/deed/sacrifice*› noble

noble[2] *n* noble *mf*, aristócrata *mf*

noble: **~man** /ˈnəʊbəlmən/ *n* (*pl* **-men** /-mən/) noble *m*, aristócrata *m*; **~woman** *n* noble *f*, aristócrata *f*

nobly /ˈnəʊbli/ *adv* ‹*act*› noblemente

nobody[1] /ˈnəʊˌbɑːdi || ˈnəʊbədi/ *pron* nadie; **~ must hear about this** que no se entere nadie de esto; **there was ~ there** no había nadie; **~ else/in particular** nadie más/en particular

nobody[2] *n* (*pl* **-dies**): **to be (a) ~** ser* un don nadie

no-claim bonus /ˈnəʊˈkleɪm/, **no-claims bonus** /ˈnəʊˈkleɪmz/ *n* (BrE) bonificación *f* por ausencia de siniestros

nocturnal /nɑːkˈtɜːrnl || nɒkˈtɜːnl/ *adj* nocturno

nocturne /ˈnɑːktɜːrn || ˈnɒktɜːn/ *n* nocturno *m*

nod[1] /nɑːd || nɒd/ *n*: **he greeted her with a ~** la saludó con un movimiento de cabeza; **she gave a ~ of agreement** asintió con un movimiento de cabeza; ***to give sb/sth the ~*** darle* luz verde a algn/algo

nod[2] -dd- *vt* 1 : **he ~ded his head (in agreement)** asintió con la cabeza; **he ~ded his approval** hizo un gesto de aprobación con la cabeza 2 (Sport) ‹*ball*› cabecear

■ **nod** *vi* (dip head): **she smiled at me and I ~ed to her** me sonrió y la saludé con la cabeza; **they ~ded in assent** asintieron con la cabeza

Phrasal verb

• **nod off** [v ▸ adv] (colloq) dormirse*, quedarse dormido

node /nəʊd/ *n*

A 1 (Anat) nódulo *m*, ganglio *m* 2 (Bot) nódulo *m*

B (Math) nodo *m*

nodule /ˈnɑːdʒuːl || ˈnɒdjuːl/ *n* nódulo *m*

noes /nəʊz/ *pl of* **no[4]**

no-go /ˈnəʊˈgəʊ/ *adj* (*before n*): **~ area** (Law, Mil) zona *f* prohibida; **that neighborhood is a ~ area** no se puede poner pie en ese barrio

no-good /ˈnəʊˈgʊd/ *adj* (AmE colloq) maldito (fam), endemoniado (fam)

no-hoper /ˈnəʊˈhəʊpər || ˌnəʊˈhəʊpə(r)/ *n* (BrE colloq): **he's a complete ~** es un caso perdido

nohow /ˈnəʊhaʊ/ *adv* (AmE dial) de ninguna manera, de ningún modo

noise /nɔɪz/ *n* 1 [c u] (sound) ruido *m*; **to make a ~** hacer* ruido; ***to make a ~ about sth*** quejarse de algo; (*before n*) **~ level** nivel *m* sonoro *or* de ruido 2 **noises** *pl* (remarks, comments) (colloq): **all I could do was to make sympathetic ~s** lo único que pude hacer fue mostrarme comprensivo; **I don't know if she liked it, but she made all the right ~s** no sé si le gustó, pero fue muy cortés *or* dio la impresión de que sí

noiseless /ˈnɔɪzləs || ˈnɔɪzlɪs/ *adj* silencioso, quedo (liter)

noisily /ˈnɔɪzəli || ˈnɔɪzɪli/ *adv* ‹*laugh/cough/clatter*› ruidosamente, haciendo mucho ruido; ‹*protest/argue*› a gritos, ruidosamente

noisy /ˈnɔɪzi/ *adj* **-sier, -siest** ‹*machine/train*› ruidoso, que hace mucho ruido; ‹*office/street*› ruidoso; ‹*person/child/party*› bullicioso; ‹*meeting*› acalorado; **it's so ~ in here** aquí hay tanto ruido

nomad /ˈnəʊmæd/ *n* nómada *mf*, nómade *mf* (CS)

nomadic /nəʊˈmædɪk/ *adj* nómada, nómade (CS)

no-man's land /ˈnəʊmænzlænd/ *n* [u c] tierra *f* de nadie

n

nominal /'nɑːmənl̩ || 'nɒmɪnl̩/ *adj* [1] (in name) nominal [2] (stated) nominal; ~ **value** valor *m* nominal [3] (token) ‹*fee/rent*› simbólico

nominally /'nɑːmənl̩i || 'nɒmɪnəli/ *adv* (in theory) ‹*lead/head*› nominalmente; ‹*free/democratic*› sólo de nombre

nominate /'nɑːməneɪt || 'nɒmɪneɪt/ *vt* [1] (propose) **to ~ sb (FOR sth)** ‹*for a post*› proponer* *or* (AmL tb) postular a algn (PARA algo) [2] (appoint, choose) nombrar, designar; ‹*candidate*› (Pol AmE) proclamar, nominar

nomination /'nɑːmə'neɪʃən || ˌnɒmɪ'neɪʃən/ *n* [c u] [1] (choice, appointment) nombramiento *m*, designación *f*; (of candidate) (Pol AmE) proclamación *f*, nominación *f* [2] (proposal) propuesta *f*, postulación *f* (AmL)

nominative /'nɑːmn̩ətɪv || 'nɒmɪnətɪv/ *n* nominativo *m*

nominee /'nɑːmə'niː || ˌnɒmɪ'niː/ *n* [1] (person proposed) candidato, -ta *m,f* [2] (person appointed) persona *f* nombrada; (candidate) (AmE Pol) candidato, -ta *m,f*

non- /nɑːn || nɒn/ *pref* no; ~**swimmers must ...** las personas que no saben nadar deben ...

nonaggression /ˌnɑːnə'greʃən || ˌnɒnə'greʃən/ *adj* (*before n*) ‹*pact/treaty*› de no agresión

nonalcoholic /ˌnɑːnælkə'hɑːlɪk || ˌnɒnælkə'hɒlɪk/ *adj* no alcohólico, sin alcohol

nonaligned /ˌnɑːnə'laɪnd || ˌnɒnə'laɪnd/ *adj* no alineado

nonbeliever /ˌnɑːnbə'liːvər || ˌnɒnbɪ'liːvə(r)/ *n* no creyente *mf*

nonchalance /'nɑːnʃə'lɑːns || 'nɒnʃələns/ *n* [u] despreocupación *f*

nonchalant /'nɑːnʃə'lɑːnt || 'nɒnʃələnt/ *adj* ‹*person*› (casual, relaxed) despreocupado; (indifferent) indiferente; ‹*gesture*› desenfadado

nonchalantly /'nɑːnʃə'lɑːntli || 'nɒnʃələntli/ *adv* ‹*behave/react*› con toda tranquilidad

noncombatant /ˌnɑːnkəm'bætn̩t || nɒn'kɒmbətənt/ *n* no combatiente *mf*

noncommissioned officer /ˌnɑːnkə'mɪʃənd || ˌnɒnkə'mɪʃənd/ *n* ≈ suboficial *mf*

noncommittal /ˌnɑːnkə'mɪtl || ˌnɒnkə'mɪtl̩/ *adj* ‹*reply*› evasivo, que no compromete a nada; **he was very ~ about it** no se definió al respecto

nonconformist[1] /ˌnɑːnkən'fɔːrməst || ˌnɒnkən'fɔːmɪst/ *n* [1] (rebel, eccentric) inconformista *mf* [2] **Nonconformist** (in UK) *protestante que no pertenece a la Iglesia Anglicana*

nonconformist[2] *adj* inconformista

noncontributory /ˌnɑːnkən'trɪbjətɔːri || ˌnɒnkən'trɪbjʊtəri/ *adj* ‹*pension plan*› sin aportaciones por parte del empleado

noncooperation /ˌnɑːnkəʊɑːpə'reɪʃən || ˌnɒnkəʊˌɒpə'reɪʃən/ *n* no cooperación *f*

nondenominational /ˌnɑːndɪnɑːmɪ'neɪʃn̩əl || ˌnɒndɪˌnɒmɪ'neɪʃənl̩/ *adj* no confesional

nondescript /'nɑːndɪ'skrɪpt || 'nɒndɪskrɪpt/ *adj* ‹*person/appearance*› (not unusual or outstanding) anodino; (dull) insulso, soso (fam)

none[1] /nʌn/ *pron*

A (not any, not one) (*referring to count n*) ninguno, ninguna; **I tried to get tickets, but there were ~ left** traté de comprar entradas pero no quedaba ninguna *or* ni una; **any objections? — ~ at all** ¿tienes alguna objeción? — no, ninguna; **~ of us know** *o* **knows her** ninguno de nosotros la conoce; **we want ~ of your comments** guárdate tus comentarios

B (no amount or part) (*referring to uncount n*): **did you buy any milk? there's ~ left** ¿compraste leche? no hay más *or* se ha acabado; **does she have any experience? — ~ that I know of** ¿tiene experiencia? — que yo sepa no

none[2] *adv*

A [1] **none the** (not, in no way) (*with comp*): **I was ~ the wiser after his explanation** su explicación no me aclaró nada [2] **none too** (not very) (*with adj or adv*): **she was ~ too pleased to see me** no le hizo demasiada gracia verme

B (AmE crit) (*with neg*): **it didn't hurt ~** no me dolía nada

nonentity /nɑː'nentəti || nɒ'nentəti/ *n* (*pl* **-ties**) persona *f* insignificante

nonetheless /'nʌnðə'les/ *adv* ▸ **nevertheless**

nonevent /'nɑːnɪvent || ˌnɒnɪ'vent/ *n* fiasco *m*

non-existent /ˌnɑːnɪg'zɪstənt || ˌnɒnɪg'zɪstənt/ *adj* ‹*person/country*› inexistente; **her chances are practically ~** prácticamente no tiene ninguna posibilidad

nonfiction /'nɑːn'fɪkʃən || ˌnɒn'fɪkʃən/ *n* [u] no ficción *f* (*ensayos, biografías, obras de divulgación etc*)

nonintervention /ˌnɑːnɪntər'ventʃən || ˌnɒnɪntə'venʃən/ *n* no intervención *f*

nonissue /nɑːn'ɪʃuː || nɒn'ɪʃuː/ *n*: **right now inflation is a ~** en estos momentos la inflación no es un asunto de importancia

nonmember /'nɑːn'membər || ˌnɒn'membə(r)/ *n* no socio, -cia *m,f*

nonnuclear /'nɑːn'nuːkliər || nɒn'njuːkliə(r)/ *adj* no nuclear

no-nonsense /'nəʊ'nɑːnsens || ˌnəʊ'nɒnsəns/ *adj* (*before n*) ‹*approach/attitude*› sensato, serio; ‹*management*› firme y eficiente

nonpayment /'nɑːn'peɪmənt || ˌnɒn'peɪmənt/ *n* impago *m*

nonplus /nɑːn'plʌs || nɒn'plʌs/ *vt* **-ss-** desconcertar*, confundir

nonplused, nonplussed /nɑːn'plʌst || ˌnɒn'plʌst/ *adj* desconcertado, perplejo

nonprofit /'nɑːn'prɑːfət || ˌnɒn'prɒfɪt/, (BrE) **non-profit-making** /'nɑːn'prɑːfətˌmeɪkɪŋ || ˌnɒn'prɒfɪtmeɪkɪŋ/ *adj* sin fines lucrativos *or* de lucro

nonproliferation /ˌnɑːnprə'lɪfə'reɪʃən || ˌnɒnprəlɪfə'reɪʃən/ *n* [u] no proliferación *f*; (*before n*) ~ **treaty** tratado *m* de no proliferación

nonresident /'nɑːn'rezədənt || ˌnɒn'rezɪdənt/ *n* [1] (of country) (Govt, Soc Adm) no residente *mf*, transeúnte *mf* [2] (of hotel): **the restaurant is open to ~s** el restaurante está abierto al público en general

nonreturnable /ˌnɑːnrɪ'tɜːrnəbəl || ˌnɒnrɪ'tɜːnəbəl/ *adj* ‹*deposit*› no reembolsable, a fondo perdido; ‹*bottle*› no retornable

nonsense /'nɑːnsens || 'nɒnsəns/ *n* [u]

A (rubbish) tonterías *fpl*, estupideces *fpl*; **to talk ~** decir* tonterías *or* estupideces *or* disparates; **that's absolute ~** eso es una tontería *or* una estupidez; **what's all this ~ about you not coming to the party?** ¿qué tonterías son ésas de que no vienes a la fiesta?; **to make (a) ~ of sth** hacer* que algo resulte absurdo; (*as interj*) **~!** ¡tonterías! *or* ¡qué ridículo!

B (bad behavior) tonterías *fpl*

nonsensical /nɑːn'sensɪkəl || nɒn'sensɪkəl/ *adj* disparatado, absurdo

nonshrink /'nɑːn'ʃrɪŋk || ˌnɒn'ʃrɪŋk/ *adj* que no encoge

nonsmoker /'nɑːn'sməʊkər || ˌnɒn'sməʊkə(r)/ *n* no fumador, -dora *m,f*, persona *f* que no fuma

nonsmoking /ˌnɑːn'sməʊkɪŋ || ˌnɒn'sməʊkɪŋ/ *adj* para no fumadores

nonstarter /'nɑːn'stɑːrtər || ˌnɒn'stɑːtə(r)/ *n* (colloq): **her proposal is a complete ~** su propuesta no tiene la más mínima posibilidad *or* (AmL tb) la más mínima chance

nonstick /'nɑːn'stɪk || ˌnɒn'stɪk/ *adj* antiadherente, de teflón®, de tefal®

nonstop[1] /'nɑːn'stɑːp || ˌnɒn'stɒp/ *adj* ‹*journey*› directo, sin paradas; ‹*flight*› sin escalas, directo

nonstop[2] *adv* [1] ‹*work/talk*› sin parar [2] ‹*sail/fly*› sin hacer escalas

nontoxic /'nɑːn'tɑːksɪk || ˌnɒn'tɒksɪk/ *adj* no tóxico

nonviolent /'nɑːn'vaɪələnt || ˌnɒn'vaɪələnt/ *adj* no violento, pacífico

noodle /'nuːdl̩/ *n* [1] (Culin) fideo *m*; (*before n*) **~ soup** sopa *f* de fideos [2] (head) (AmE colloq) coco *m* (fam)

nook /nʊk/ *n* rincón *m*; ***to search every ~ and cranny*** mirar/buscar* hasta en el último rincón *or* recoveco

noon /nuːn/ *n* mediodía *m*; **at ~** a mediodía; **until ~** hasta (el) mediodía

no one *pron* ▸ **nobody**[1]

noose /nuːs/ *n* (for hanging) soga *f*, dogal *m*; (for trapping) lazo *m*; ***to put one's head in a ~*** firmar su (*or* mi *etc*) sentencia de muerte

nope /nəʊp/ *interj* (sl) no

noplace /'nəʊpleɪs/ *adv* (AmE) ▸ **nowhere**[1] **A**

nor /nər, nɔːr || nɔː(r)/ *conj* [1] **neither ... nor ...** *see* **neither**[1] **A** [2] (*usu with neg*) tampoco; **I mustn't be late —**

~ (must) I no debo llegar tarde — yo tampoco *or* ni yo; **~ does my client deny the fact that ...** tampoco niega mi cliente el hecho de que ...

norm /nɔːrm || nɔːm/ *n* 1 (standard, rule) norma *f*; **social ~s** normas sociales 2 (average): **that's not the ~** eso no es lo normal

normal /'nɔːrməl || 'nɔːməl/ *adj* normal; **above/below ~** por encima/por debajo de lo normal; **when things get back to ~** cuando todo vuelva a la normalidad, cuando la situación se normalice; **it's ~ to tip the driver** se acostumbra *or* se suele dar una propina al conductor; **it's ~ for them to react like that** es normal que reaccionen así

normalcy /'nɔːrməlsi || 'nɔːməlsi/ *n* [u] (AmE) ▸**normality**

normality /nɔːr'mæləti || nɔːmæləti/ *n* [u] normalidad *f*

normalize /'nɔːrməlaɪz || 'nɔːməlaɪz/ *vt* normalizar*

normally /'nɔːrməli || 'nɔːməli/ *adv* normalmente

north¹ /nɔːrθ || nɔːθ/ *n* [u]

A 1 (point of the compass, direction) norte *m*; **it lies to the ~ of the city** está al norte de la ciudad; **the wind is blowing from** *o* **is in the ~** el viento sopla *or* viene del norte *or* Norte; **~ by west** norte cuarta al noroeste; **~-~west** nornoroeste 2 (region) **the ~, the N~** el norte; **a town in the ~ of Spain** una ciudad del norte *or* en el norte de España; **the Far N~** el Polo Norte

B **the North** (in US history) el Norte, los estados nordistas

C **North** (in bridge) Norte *m*

north² *adj* (*before n*) ‹*wall/face*› norte *adj inv*, septentrional; **a strong ~ wind** un fuerte viento norte *or* del norte

north³ *adv* al norte; **the house faces ~** la casa está orientada *or* da al norte; **we sailed ~ for three hours** navegamos tres horas en dirección norte; **~ OF sth** al norte DE algo; **it is ~ of Rome** está al norte de Roma; **they live up ~** viven en el norte

north: **~ America** *n* Norteamérica *f*, América *f* del Norte; **~ American** *adj* de América del Norte, norteamericano; **~bound** *adj* ‹*traffic/train*› que va (*or* iba *etc*) en dirección norte

northeast¹, **Northeast** /'nɔːrθ'iːst || ˌnɔːθ'iːst/ *n* [u] **the ~** 1 (direction) nor(d)este, Nor(d)este 2 (region) **the ~** el nor(d)este

northeast² *adj* nor(d)este *adj inv*, del nor(d)este, nororiental

northeast³ *adv* hacia el nor(d)este, en dirección nor(d)este

northeasterly¹ /nɔːrθ'iːstərli || ˌnɔːθ'iːstəli/ *adj* ‹*wind*› del nor(d)este; **in a ~ direction** hacia el nor(d)este, en dirección nor(d)este

northeasterly² *n* (*pl* **-lies**) viento *m* del nor(d)este

northeastern /'nɔːrθ'iːstərn || ˌnɔːθ'iːstən/ *adj* nor(d)este *adj inv*, del nor(d)este, nororiental

northerly¹ /'nɔːrðərli || 'nɔːðəli/ *adj* ‹*wind*› del norte; ‹*latitude*› norte *adj inv*; **in a ~ direction** hacia el *or* en dirección norte

northerly² *n* (*pl* **-lies**) viento *m* del norte

northern /'nɔːrðərn || 'nɔːðən/ *adj* ‹*region/country*› del norte, septentrional, norteño, nortino (Chi, Per); **~ England** el norte de Inglaterra; **the ~ states** (in US) los estados del norte; **N~ Europe** Europa septentrional, el Norte de Europa; **the N~ Hemisphere** el hemisferio norte *or* septentrional; **the ~ lights** la aurora boreal

Northerner, northerner /'nɔːrðərnər || 'nɔːðənə(r)/ *n*: *habitante o persona oriunda del norte de un país o de una región*

Northern Ireland *n* Irlanda *f* del Norte

northernmost /'nɔːrðərnməʊst || 'nɔːðənməʊst/ *adj* (*before n*) ‹*point/town/island*› más septentrional; **the ~ tip of the island** el extremo norte *or* septentrional de la isla

north: **~ Sea** *n* Mar *m* del Norte; **~ Star** *n* estrella *f* polar

northward¹ /'nɔːrθwərd 'nɔːθwəd/, **northwardly** /-li/ *adj* (*before n*): **in a ~ direction** en dirección norte, hacia el norte

northward², (BrE) **northwards** /-z/ *adv* ‹*drive/travel/turn*› hacia el norte

northwest¹, **Northwest** /'nɔːrθ'west || ˌnɔːθ'west/ *n* [u] **the ~** 1 (direction) el noroeste *or* Noroeste 2 (region) el noroeste *or* Noroeste

northwest² *adj* noroeste *adj inv*, del noroeste

northwest³ *adv* hacia el noroeste, en dirección noroeste

northwesterly¹ /'nɔːrθ'westərli || ˌnɔːθ'westəli/ *adj* ‹*wind*› del noroeste

northwesterly² *n* (*pl* **-lies**) viento *m* del noroeste

northwestern /'nɔːrθ'westərn || ˌnɔːθ'westən/ *adj* noroccidental, noroeste *adj inv*, del noroeste

Norway /'nɔːrweɪ || 'nɔːweɪ/ *n* Noruega *f*

Norwegian¹ /nɔːr'wiːdʒən || nɔː'wiːdʒən/ *adj* noruego

Norwegian² *n* 1 [c] (person) noruego, -ga *m,f* 2 [u] (language) noruego *m*

nose¹ /nəʊz/ *n*

A (of person, animal) nariz *f*; **to blow one's ~** sonarse* (la nariz); **her ~ was bleeding** le salía sangre de la nariz, le sangraba la nariz; ***not to look/see beyond the end of one's ~*** no ver* más allá de sus (*or* mis *etc*) narices; ***(right) under sb's ~*** (colloq): **it was right under my ~ all the time** lo tenía delante de las narices (fam); **he stole it from under our very ~s** se lo robó en nuestras propias narices (fam); ***to cut off one's ~ to spite one's face*** tirar piedras al *or* contra el propio tejado; ***to follow one's ~*** (go straight on) seguir* derecho *or* todo recto; (act intuitively) dejarse guiar por la intuición; ***to get up sb's ~*** (BrE colloq): **that's the sort of thing that gets right up my ~** ése es el tipo de cosa que me enferma *or* me revienta (fam); ***to keep one's ~ clean*** (colloq) no meterse en líos (fam); ***to keep one's ~ out of sth*** no meter las narices en algo (fam), no meterse en algo; ***to keep one's ~ to the grindstone*** trabajar duro, darle* al callo (Esp fam); ***to lead sb by the ~*** tener* a algn agarrado por las narices, manejar a algn a su (*or* mi *etc*) antojo; ***to look down one's ~ at sb*** mirar a algn por encima del hombro; **he looked down his ~ at the idea** la idea le pareció tonta (*or* ridícula *etc*); ***to pay through the ~*** (colloq) pagar* un ojo de la cara *or* un riñón (fam); ***to poke*** *o* ***stick one's ~ in*** (colloq) meter las narices en algo (fam); ***to put sb's ~ out of joint*** (colloq) hacer* que algn se moleste *or* se ofenda; ***to rub sb's ~ in sth*** (colloq) restregarle* *or* refregarle* algo a algn por las narices (fam); ***to turn one's ~ up at sth/sb*** (colloq) despreciar algo/a algn; (*before n*) **~ drops** gotas *fpl* nasales

B (of plane, car) parte *f* delantera, morro *m*, trompa *f* (RPl); (of boat) proa *f*

nose² *vi* 1 (rummage, pry) entrometerse; **to ~ around** *o* **about in sth** husmear *or* fisgonear en algo 2 (move slowly) (+ *adv compl*): **to ~ past/out/in** pasar/salir*/entrar lentamente

■ **nose** *vt*: ***to ~ one's way*** avanzar* con precaución

Phrasal verb

• **nose out** [v ▸ o ▸ adv, v ▸ adv ▸ o] 1 (narrowly defeat) (esp AmE) escamotearle la victoria a 2 (discover) ‹*truth/secret*› enterarse de, descubrir*

nose: **~bag** *n* (Equ) morral *m*; **~bleed** *n* hemorragia *f* nasal (frml); **I've got a ~bleed** me sangra la nariz

nosedive¹ /'nəʊzdaɪv/ *n* **to take a ~** «*plane/pilot*» descender* *or* bajar en picada *or* (Esp) en picado; «*prices*» caer* en picada *or* (Esp) en picado

nosedive² *vi* 1 (Aviat) «*plane/pilot*» descender* *or* bajar en picada *or* (Esp) en picado 2 (drop sharply) «*prices*» caer* en picada *or* (Esp) en picado

nosepiece /'nəʊzpiːs/ *n* (AmE) 1 (Equ) muserola *f* 2 (on glasses) puente *m*

nosey /'nəʊzi/ *adj* (BrE) ▸**nosy**

nosh /nɑːʃ || nɒʃ/ *n* (BrE colloq) 1 [u] (food) comida *f*, manye *m* (CS arg) 2 (meal) (*no pl*): **we had a good ~** nos dimos una comilona (fam)

nosh-up /'nɑːʃʌp || 'nɒʃʌp/ *n* (BrE colloq) comilona *f* (fam)

no-smoking /'nəʊ'sməʊkɪŋ/ *adj* ‹*compartment/section*› para no fumadores

nostalgia /nɑː'stældʒə || nɒ'stældʒə/ *n* [u] nostalgia *f*

nostalgic /nɑː'stældʒɪk || nɒ'stældʒɪk/ *adj* nostálgico

nostril /'nɑːstrəl || 'nɒstrɪl/ *n* ventana *f* de la nariz, orificio *m* nasal (frml)

nosy, (BrE also) **nosey** /'nəʊzi/ *adj* **nosier, nosiest** (colloq) ‹*person*› entrometido, metiche (AmL fam), metido

(AmL fam); ‹*question*› impertinente

not /nɑːt || nɒt/ *adv* **1** no; **I asked them ~ to tell anyone** les pedí que no se lo dijeran a nadie; **~ to go would have been rude** no ir hubiera sido una grosería; **~ to worry** (BrE) no importa; **a ~ inconsiderable sum of money** (frml) una suma de dinero bastante considerable; **oh, no, ~ you again!** ¡Dios mío! ¿tú otra vez?; **that's mine — it is** ***not!*** eso es mío — ¡no, señor! **2** **not that** (*as conj*): **I'm going to London, ~ that it's any business of yours** voy a Londres, no es que a ti te importe, pero … **3** (emphatic) ni; **~ a penny more** ni un penique más **4** (replacing clause): **I hope ~** — espero que no; **I should think ~!** ¡claro que no!; ¡faltaría más!; **certainly ~!** ¡de ninguna manera!; **of course ~!** ¡por supuesto *or* claro que no!; **are you going to help me or ~?** ¿me vas a ayudar o no?

notable /ˈnəʊtəbəl/ *adj* ‹*author/actor*› distinguido; ‹*success*› señalado; ‹*improvement/difference*› notable, considerable, marcado; **it is ~ that …** es de notar que …

notably /ˈnəʊtəbli/ *adv* **1** (noticeably) notablemente **2** (in particular) particularmente, en particular

notary (public) /ˈnəʊtəri/ *n* (*pl* **notaries (public)**) notario, -ria *m,f*, escribano (público), escribana (pública) *m,f* (RPl)

notation /nəʊˈteɪʃən/ *n* **1** [u] (system) notación *f* **2** [c] (jotting) (AmE) anotación *f*, nota *f*

notch¹ /nɑːtʃ || nɒtʃ/ *n* (in wood, metal) muesca *f*, corte *m*; (on belt) agujero *m*

notch² *vt* hacer* una muesca *or* un corte en, marcar*

Phrasal verb

- **notch up** [v ▸ adv ▸ o] (colloq) apuntarse

note¹ /nəʊt/ *n*

A [c] **1** (record, reminder) nota *f*; **to make a ~ of sth** anotar *or* apuntar algo; **to make ~s** hacer* anotaciones; **to take ~s** tomar apuntes *or* notas; **to compare ~s** cambiar impresiones **2** (comment) nota *f*, comentario *m*

B [c] (message) nota *f*

C [c] **1** (Mus) nota *f* **2** (tone): **it strikes a familiar ~** suena conocido; **I detected a ~ of sarcasm in his voice** percibí un tono de sarcasmo en su voz; **if I may sound a ~ of caution …** si se me permite llamar a la precaución …; **the evening ended on a sad ~** la velada terminó con una nota triste **3** (element, hint) toque *m*

D [c] (esp BrE) (*bank~*) billete *m*

E [u] **1** (importance, interest): **a surgeon of ~** un cirujano de renombre, un eminente cirujano; **nothing worthy of ~** nada digno de mención **2** (attention): **take ~ of what he says** toma nota de *or* presta atención a lo que dice

note² *vt* **1** (observe, notice) observar, fijarse en; ‹*objections*› tomar (debida) nota de; **to ~ THAT** observar *or* notar QUE **2** (record) ‹*information/details*› apuntar, anotar

Phrasal verb

- **note down** [v ▸ adv ▸ o, v ▸ o ▸ adv] apuntar, anotar

notebook /ˈnəʊtbʊk/ *n* **1** (exercise book) cuaderno *m* **2** (ring binder) (AmE) carpeta *f* de anillos *or* (Esp) anillas

noted /ˈnəʊtəd || ˈnəʊtɪd/ *adj* ‹*historian/surgeon*› renombrado, de nota; **to be ~ FOR sth/-ING** ser* conocido POR algo/+ INF

note: **~pad** *n* bloc *m*; **~paper** *n* [u] papel *m* de carta(s); **~worthy** *adj* ‹*event/building*› notable, de interés; **it is ~worthy that …** es de notar que …

nothing¹ /ˈnʌθɪŋ/ *pron*

A nada; **~ has changed** nada ha cambiado; **he gave us ~** no nos dio nada; **she said ~ else** no dijo nada más; **it's better than ~, I suppose** hombre, peor es nada; **there's ~ to eat** no hay nada de comer; **I have ~ more to say** no tengo nada más que decir; **there's ~ we can do** no podemos hacer nada; ***~ doing!*** ¡de eso nada!; ***there's ~ for it*** no hay más remedio; ***there's ~ in it*****: this one may cost a bit more but there's ~ in it really** puede que éste cueste algo más pero la diferencia es mínima; ***there's ~ to it*** (it's easy) es muy fácil; (it's groundless) no es cierto

B (*in phrases*) **for nothing**: **she gave it to me for ~** me lo dio gratis; **it was all for ~** todo fue en vano; **not for ~ was he called Ivan the Terrible** no en vano *or* no por nada se le llamaba Iván el Terrible; **if nothing else** al menos, por lo menos; **nothing but**: **she's caused ~ but trouble** no ha causado (nada) más que problemas; **nothing if not**: **he's ~ if not reliable** es totalmente de fiar; **nothing less than**: **it's ~ less than scandalous** es verdaderamente escandaloso; **nothing like**: **there's ~ like a shower to freshen you up** no hay (nada) como una ducha para refrescarse; **there's ~ like it** es lo mejor que hay; **she's ~ like her mother** no se parece en nada a su madre; **nothing more than**: **it's ~ more than a scratch** no es más que un rasguño; **nothing much**: **~ much happened** no pasó gran cosa; **nothing short of**: **the consequences would be ~ short of disastrous** las consecuencias no serían ni más ni menos que desastrosas

nothing² *n*

A (Math) cero *m*

B (worthless thing): **this is a mere ~ to what they spend on food and drink** esto no es nada comparado con lo que gastan en comida y bebida; ***to whisper sweet ~s*** susurrar palabras de amor; **he whispered sweet ~s in her ear** le susurraba palabras de amor al oído

notice¹ /ˈnəʊtəs || ˈnəʊtɪs/ *n*

A [c] **1** (written sign) letrero *m*, aviso *m*; **to put up a ~** poner* un letrero *or* aviso **2** (item of information) anuncio *m*; **the birth/marriage ~s** (in newspaper) los anuncios *or* (AmL tb) avisos de nacimientos/matrimonios **3** (review) reseña *f*, crítica *f*

B [u] (attention): **it has come/been brought to my ~ that …** (frml) ha llegado a mi conocimiento que …/se me ha señalado que … (frml); **it was never brought to his ~** no se le dijo nada al respecto; **to take ~ (of sth/sb)**: **she took no ~** no hizo caso; **don't take any ~ of him** no le hagas caso; **take special ~ of these instructions** preste especial atención a estas instrucciones; **this will make them sit up and take ~** esto hará que presten atención

C [u] **1** (notification) aviso *m*; **without prior ~** sin previo aviso; **until further ~** hasta nuevo aviso; **I can't drop everything at a moment's ~** no puedo abandonarlo todo así, de un momento a otro; **I'll try and get there, but it's rather short ~** (colloq) procuraré ir, pero me avisas con muy poca antelación *or* anticipación; **it's impossible to do it at such short ~** es imposible hacerlo a tan corto plazo; **~ OF sth**: **we require at least two days' ~ of any changes** cualquier cambio nos debe ser comunicado con por lo menos dos días de antelación *or* anticipación **2** (of termination of employment) preaviso *m*; **I have to give (the company) a month's ~** tengo que dar un mes de preaviso; **she was given (her) ~** la despidieron; **to give** *o* **hand in one's ~** presentar su (*or* mi *etc*) renuncia *or* dimisión

notice² *vt* notar; **he pretended not to ~ me** hizo como si no me hubiera visto; **I managed to sneak out without being ~d** logré escabullirme sin que nadie se diera cuenta; **to get oneself ~d** hacerse* notar; **I couldn't help noticing that …** no pude menos que notar que…; **to ~ sb/sth + INF/-ING**: **nobody ~d him put it in his pocket** nadie lo vio ponérselo en el bolsillo; **I ~d water dripping from the ceiling** noté que caían gotas de agua del techo

■ **notice** *vi* **1** (realize, observe) darse* cuenta; **he did it without my noticing** lo hizo sin que me diera cuenta **2** (BrE) (show) (colloq) notarse; **it hardly ~s** apenas se nota

noticeable /ˈnəʊtəsəbəl || ˈnəʊtɪsəbəl/ *adj* ‹*change/difference*› perceptible, evidente; **it's hardly ~** apenas se nota; **there's been a ~ improvement in his condition** ha experimentado una sensible mejoría

noticeably /ˈnəʊtəsəbli || ˈnəʊtɪsəbli/ *adv* ‹*different*› perceptiblemente; ‹*better*› sensiblemente; **it's ~ colder there** ahí se nota que hace más frío

noticeboard /ˈnəʊtəsbɔːrd || ˈnəʊtɪsbɔːd/ *n* (esp BrE) tablero *m or* (Esp) tablón *m* de anuncios, cartelera *f* (AmL), diario *m* mural (Chi)

notifiable /ˈnəʊtəˈfaɪəbəl || ˈnəʊtɪfaɪəbəl/ *adj* (esp BrE) ‹*disease*› de la que hay que dar parte

notification /ˈnəʊtəfəˈkeɪʃən || ˌnəʊtɪfɪˈkeɪʃən/ *n* [u] notificación *f*

notify /ˈnəʊtəfaɪ || ˈnəʊtɪfaɪ/ *vt* **-fies, -fying, -fied** **1** (inform) informar; (in writing) notificar*; **the authorities must be notified** se debe dar parte *or* informar a las autoridades; **to ~ sb OF sth** comunicarle* algo A algn **2** (instruct) (frml) ‹*agent/lawyer/accountant*› darle* instrucciones a

notion /ˈnəʊʃən/ *n*

A [c] **1** (idea) idea *f*; **she hadn't the slightest ~ of how to behave in public** no tenía ni la menor idea de cómo comportarse en público; **I had a ~ that …** me dio la impresión de que …, me pareció que … **2** (inclination) (colloq):

I've a ~ to tell him just what I think tengo ganas de decirle exactamente lo que pienso
B [c] (concept) concepto *m*
C notions *pl* **1** (in sewing) artículos *mpl* de mercería **2** (AmE): **household/gift ~s** artículos *mpl* para el hogar/de regalo

notoriety /ˈnəʊtəˈraɪəti/ *n* [u] mala reputación *f*, mala fama *f*

notorious /nəʊˈtɔːriəs/ *adj* ‹*thief/womanizer/gossip*› (bien) conocido; ‹*place*› de mala fama *or* mala reputación; **to be ~ FOR sth/-ING** ser* (bien) conocido POR algo/+ INF, tener* fama DE algo/+ INF

notoriously /nəʊˈtɔːriəsli/ *adv*: **he's ~ lazy** tiene fama de holgazán; **it's ~ difficult** es de notoria dificultad, se sabe que es muy difícil

notwithstanding¹ /ˈnɑːtwɪðˈstændɪŋ || ˌnɒtwɪθˈstændɪŋ/ *prep* (frml) a pesar de, pese a, no obstante (frml)

notwithstanding² *adv* (frml) no obstante (frml)

notwithstanding³ *conj* (frml) a pesar de que

nougat /ˈnuːgət || ˈnuːgɑː/ *n* [u] ≈ turrón *m*

nought /nɔːt/ *n* (esp BrE) **1** (zero) cero *m* **2** ▸**naught¹ 1**

noughts and crosses *n* [u] (BrE) (+ *sing vb*) tres en raya *m*, tres en línea *m* (Col), gato *m* (Chi, Méx), ta-te-ti *m* (RPl)

noun /naʊn/ *n* sustantivo *m*, nombre *m*

nourish /ˈnɜːrɪʃ || ˈnʌrɪʃ/ *vt* **1** (feed) ‹*person/animal/plant*› nutrir, alimentar **2** (foster, cherish) ‹*hope*› abrigar*, alentar*; ‹*ambition*› alentar*

nourishing /ˈnɜːrɪʃɪŋ || ˈnʌrɪʃɪŋ/ *adj* nutritivo, alimenticio

nourishment /ˈnɜːrɪʃmənt || ˈnʌrɪʃmənt/ *n* [u] alimento *m*; **it provides the ~ the plant requires** aporta los nutrientes que la planta necesita

nouveau riche /ˈnuːvəʊˈriːʃ/ *n* (*pl* **~x ~s** /ˈnuːvəʊˈriːʃ/) (pej) nuevo rico, nueva rica *m,f* (pey)

Nov (= **November**) nov.

Nova Scotia /ˈnəʊvəˈskəʊʃə/ *n* Nueva Escocia *f*

novel¹ /ˈnɑːvəl || ˈnɒvəl/ *n* novela *f*

novel² *adj* original, novedoso (esp AmL)

novelist /ˈnɑːvələst || ˈnɒvəlɪst/ *n* novelista *mf*

novelty /ˈnɑːvəlti || ˈnɒvəlti/ *n* (*pl* **-ties**) **1** [u] (newness): **the ~ will soon wear off** pronto dejará de ser novedad *or* (esp AmL) novedoso **2** [c] (new thing, situation) novedad *f*; **to be a ~** ser* una novedad **3** [c] (small toy, trinket) (esp BrE) chuchería *f*

November /nəʊˈvembər || nəʊˈvembə(r)/ *n* noviembre *m*; *see also* **January**

novice /ˈnɑːvəs || ˈnɒvɪs/ *n* **1** (beginner) principiante *mf*, novato, -ta *m,f*; (*before n*) ‹*skier/programmer*› principiante, novato **2** (Relig) novicio, -cia *m,f*

now¹ /naʊ/ *adv*
A **1** (at this time) ahora; **I feel better ~** ahora me siento mejor; **they've all gone home ~** ya se han ido todos a casa; **you can come in ~** ya puedes entrar; **any minute ~** en cualquier momento, están al caer (fam); **~'s your chance** ésta es tu oportunidad **2** (at that time): **it was ~ time to say goodbye** había llegado el momento de decir adiós; **it was ~ too late to change** ya era demasiado tarde para cambiar **3** (nowadays) hoy en día, actualmente **4** (*in phrases*) **(every) now and then** *o* **again** de vez en cuando; **for now** por ahora, por el momento; **now ..., now ...** (showing alternation) de repente ..., de repente ..., ora ..., ora ... (liter)
B **1** (at once, immediately) ahora (mismo); **ready? ~!** ¿listos? ¡ya!; **it's ~ or never!** ¡ahora o nunca! **2** (*in phrases*) **just now**: **he left just ~** acaba de irse; **he's talking to a client just ~** en este momento está hablando con un cliente; **right now** (immediately) ahora mismo, inmediatamente; (at present) ahora mismo, en este momento
C (to follow that) ahora; **what shall I do ~?** ¿ahora qué hago?
D **1** (showing length of time) ya; **we've been living here for 40 years ~** ya hace 40 años que vivimos aquí, llevamos 40 años viviendo aquí **2** (*after prep*): **he'd have called before ~** ya habría llamado; **between ~ and Friday** de aquí al viernes; **she should be here by ~** ya debería estar aquí; **the by ~ furious customer said that ...** el cliente, que a estas alturas ya estaba furioso, dijo que ...; **100 years from ~** dentro de 100 años; **from ~ on(ward)** a partir de ahora, de ahora en adelante; **(up) until** *o* **till ~**, **up to ~** hasta ahora
E **1** (indicating pause, transition): **~, who's next?** bueno ¿(ahora) a quién le toca? **2** (introducing statement or question): **~ that's what I call real food!** ¡eso sí que es comida como Dios manda!; **~ where did I put my book?** ¿dónde habré puesto el libro? **3** (emphasizing command, request, warning, advice): **~ look here!** ¡espera un momento!; **don't get me wrong, ~!** no me vayas a malinterpretar **4** (*in phrases*) **now, now** ¡vamos, vamos!; **now then ...** a ver ...

now² *conj* **~ (that)** ahora que

NOW *n* (in US) = **National Organization for Women**

nowadays /ˈnaʊədeɪz/ *adv* hoy (en) día, actualmente, en la actualidad

nowhere¹ /ˈnəʊhwer || ˈnəʊweə(r)/ *adv*
A : **where did you go last night? — nowhere** ¿adónde fuiste anoche? — a ningún lado *or* a ninguna parte; **~ else will you find such beautiful scenery** en ninguna otra parte encontrarás un paisaje tan hermoso; **she was ~ to be found/seen** no se la encontraba/se la veía por ningún lado *or* por ninguna parte; ***to get* ~** no conseguir* *or* no lograr nada; **we're getting ~ fast** (colloq) no estamos avanzando nada de nada (fam); ***to go*** *o* ***lead* ~** no conducir* a nada
B **nowhere near**: **Warsaw is ~ near Moscow** Varsovia está lejísimos de Moscú; **my house is ~ near as big as theirs** mi casa no es tan grande como la suya ni mucho menos

nowhere² *pron*: **~ was open yet** todavía no había nada (*or* ningún lugar *etc*) abierto; **Paris is like ~ else** París es único; **he had ~ to go/hide** no tenía dónde ir/dónde esconderse; **the car just appeared from** *o* **out of ~** el coche apareció de la nada

no-win /ˈnəʊˈwɪn/ *adj* (*before n*): **to be in a ~ situation** estar* en una situación sin salida

noxious /ˈnɑːkʃəs || ˈnɒkʃəs/ *adj* (frml) ‹*substance/fumes*› nocivo, tóxico

nozzle /ˈnɑːzəl || ˈnɒzəl/ *n* (on hose) boca *f*; (on fire extinguisher) boquilla *f*, boca *f*; (on oil can) pico *m*, pitorro *m* (Esp)

NRC *n* (in US) = **Nuclear Regulatory Commission**

NSA *n* (in US) = **National Security Agency**

NSC *n* (in US) = **National Security Council**

NSPCC *n* (in UK) = **National Society for the Prevention of Cruelty to Children**

nth /enθ/ *adj* (*before n*) **1** (Math): **to the ~ degree** a la enésima potencia **2** (colloq): **for the ~ time** por enésima vez; **unreliable to the ~ degree** informal hasta decir basta

nuance /ˈnuːɑːns || ˈnjuːɑːns/ *n* matiz *m*

nubile /ˈnuːbəl, -aɪl || ˈnjuːbaɪl/ *adj* núbil (liter)

nuclear /ˈnuːkliər || ˈnjuːkliə(r)/ *adj* nuclear; **the ~ debate** el debate sobre la cuestión nuclear; **~ power** energía *f* nuclear; **~ power station** central *f* nuclear

nuclear: **~ family** *n* familia *f* nuclear; **~ physics** *n* [u] (+ *sing vb*) física *f* nuclear; **~-powered** /ˈnuːkliərˈpaʊərd || ˈnjuːkliəˈpaʊəd/ *adj* nuclear; **~ reactor** *n* reactor *m* nuclear

nucleus /ˈnuːkliəs || ˈnjuːkliəs/ *n* (*pl* **-clei** /-kliaɪ/) núcleo *m*

nude¹ /nuːd || njuːd/ *n* (Art) desnudo *m*; **in the ~** desnudo

nude² *adj* desnudo; **a ~ portrait** un desnudo

nudge¹ /nʌdʒ/ *vt* codear (ligeramente)

nudge² *n* golpe *m* (suave) con el codo

nudism /ˈnuːdɪzəm || ˈnjuːdɪzəm/ *n* [u] nudismo *m*

nudist /ˈnuːdəst || ˈnjuːdɪst/ *n* nudista *mf*; (*before n*) ‹*beach/camp/club*› nudista

nudity /ˈnuːdəti || ˈnjuːdəti/ *n* [u] desnudez *f*

nugget /ˈnʌgət || ˈnʌgɪt/ *n* (Min) pepita *f*; **a gold ~** una pepita de oro

nuisance /ˈnuːsns || ˈnjuːsns/ *n* **1** (occurrence, thing): **to be a ~** ser* una molestia *or* (fam) una lata *or* una pesadez, ser* un incordio (Esp); **what a ~!** ¡qué molestia!, ¡qué lata! (fam) **2** (person) pesado, -da *m,f*, incordio *m* (Esp fam); **he's always making a ~ of himself** siempre está dando la lata (fam) **3** (Law): **a public ~** una alteración del orden público

nuisance tax *n* (AmE) *impuesto cobrado directamente al consumidor*

NUJ *n* (in UK) = **National Union of Journalists**

null /nʌl/ *adj* (Law): **to declare sth ~ and void** declarar nulo algo

nullify /ˈnʌləfaɪ || ˌnʌlɪfaɪ/ *vt* **-fies, -fying, -fied** ‹*decree/claim*› anular, invalidar; ‹*effect/efforts*› anular

NUM *n* (in UK) = **National Union of Mineworkers**

numb¹ /nʌm/ *adj* **-er, -est** (with cold) entumecido; **the injection made my gums go ~** la inyección me durmió las encías; **I just felt ~ after the funeral** me quedé como insensible después del funeral; **my fingers were ~ with cold** tenía los dedos entumecidos de frío

numb² *vt* «*cold*» entumecer*; «*drug*» dormir*, adormecer*

number¹ /ˈnʌmbər || ˈnʌmbə(r)/ *n*

A (digit) número *m*; **in round ~s** en números redondos

B (for identification) número *m*; (*telephone* ~) número de teléfono; **wrong ~** número equivocado; **page/room ~** número de página/de habitación; **I'm in ~ 17** estoy en la (habitación) 17; **she lives at ~ 48** vive en el número 48; ***her/my ~ is up*** le/me ha llegado la hora; ***to do a ~ on sb*** (AmE sl) hacérsela* buena a algn (fam); ***to do sth by the ~s*** (AmE) hacer* algo como Dios manda; ***to have sb's ~*** (esp AmE colloq) tener* calado a algn (fam); ***to look out for** o **after ~ one*** pensar* ante todo en el propio interés; (*before n*) **he's hardly your ~ one fan** no eres precisamente santo de su devoción

C [1] (amount, quantity) número *m*; **student ~s** el número de estudiantes; **in a large ~ of cases** en un gran número de casos; **in a small ~ of cases** en unos pocos casos, en contados casos; **on a ~ of occasions** en varias ocasiones, varias veces; **any ~ of things could go wrong** hay (una) cantidad de cosas que podrían fallar [2] (group): **among** *o* **in their ~** entre ellos, en su grupo

D [1] (song, tune) número *m* [2] (issue of magazine, journal) número *m* [3] (garment) (colloq) modelo *m*; **she wore a smart little red ~** llevaba un elegante modelito rojo

E **numbers** *pl* (AmE colloq) [1] (lottery) lotería *f* clandestina, ≈ chance *m* (*en Col*) [2] (results): **I can't say anything till I see the ~s** no puedo decir nada hasta ver las cifras

number² *vt* [1] (assign number to) ‹*houses/pages/items*› numerar; **a ~ed (bank) account** una cuenta (bancaria) numerada [2] (amount to): **the spectators ~ed 50,000** había (un total de) 50.000 espectadores, el número de espectadores ascendía a 50.000; **they ~ thousands** son miles, hay miles de ellos [3] (count) contar*; **they are worthy to be ~ed among the saints** merecen que se los cuente entre los santos; **his days are ~ed** tiene los días contados

■ **number** *vi* (figure) figurar

number: **~plate** *n* (BrE) matrícula *f*, placa *f* (AmL), patente *f* (CS), chapa *f* (RPl); **~s game** *n* (AmE) ▸**number¹ E1**

numbing /ˈnʌmɪŋ/ *adj* ‹*cold*› entumecedor; ‹*banality/monotony*› soporífero

numbness /ˈnʌmnəs || ˈnʌmnɪs/ *n* [u]: **I still experience some ~ in my fingers** todavía siento los dedos medio dormidos; **I was left with a feeling of ~ after she died** su muerte me dejó como insensible

numbskull /ˈnʌmskʌl/ *n* ▸**numskull**

numeracy /ˈnuːmərəsi || ˈnjuːmərəsi/ *n* [u] (esp BrE) nociones *fpl* elementales de cálculo aritmético

numeral /ˈnuːmərəl || ˈnjuːmərəl/ *n* número *m*

numerate /ˈnuːmərət || ˈnjuːmərət/ *adj* (esp BrE) *capaz de realizar cálculos aritméticos elementales*

numerical /nʊˈmerɪkəl || njuːˈmerɪkəl/ *adj* numérico; **in ~ order** *o* **sequence** por *or* en orden numérico

numerous /ˈnuːmərəs || ˈnjuːmərəs/ *adj* numeroso

numskull /ˈnʌmskʌl/ *n* (esp AmE colloq) zoquete *m* (fam), tarugo, -ga *m,f* (fam)

nun /nʌn/ *n* monja *f*, religiosa *f* (frml)

nunnery /ˈnʌnəri/ *n* (*pl* **-ries**) convento *m*

nuptial /ˈnʌpʃəl/ *adj* (frml *or* hum) ‹*ceremony*› nupcial (frml); ‹*mass*› de esponsales (frml)

nuptials /ˈnʌpʃəlz/ *pl n* (frml *or* hum) nupcias *fpl* (frml), esponsales *mpl* (frml)

nurse¹ /nɜːrs || nɜːs/ *n* [1] (Med) enfermero, -ra *m,f* [2] (nanny) niñera *f*

nurse² *vt*

A [1] (Med) ‹*patient*› atender*, cuidar (de); **he ~d her back to health** la atendió *or* cuidó hasta que se repuso, cuidó de ella hasta que se repuso [2] ‹*wound/injury*› cuidar; **I'm staying in to ~ my cold** me voy a quedar en casa a ver si me mejoro de este resfriado

B [1] (cradle) ‹*baby*› arrullar, tener* en brazos [2] ‹*drink*› tener* en la mano

C (suckle) ‹*baby*› amamantar

D (harbor) ‹*hope/ambition*› abrigar*

nursemaid /ˈnɜːrsmeɪd || ˈnɜːsmeɪd/ *n* (dated) niñera *f*

nursery /ˈnɜːrsri || ˈnɜːsəri/ *n* (*pl* **-ries**) [1] (*day ~*) guardería *f* [2] (room in house) cuarto *m or* habitación *f* de los niños [3] (Agr, Hort) vivero *m*

nursery: **~ rhyme** *n* canción *f* infantil; **~ school** *n* jardín *m* de infancia, jardín *m* infantil (AmL), kindergarten *m* (AmL); (preschool) pre-escolar *m*

nursing /ˈnɜːrsɪŋ || ˈnɜːsɪŋ/ *n* [u] [1] (profession) enfermería *f*; (*before n*) ‹*staff/studies*› de enfermería [2] (care) atención *f*, cuidado *m*

nursing home *n* (for the aged) residencia *f* de ancianos *con mayor nivel de asistencia médica*; (for convalescence) clínica *f*, casa *f* de reposo *or* (Ur) de salud

nurture /ˈnɜːrtʃər || ˈnɜːtʃə(r)/ *vt* ‹*child/person*› criar*, educar*; ‹*plant/crop*› cuidar; ‹*friendship*› cultivar; ‹*emotion/feeling*› nutrir, alimentar

nut /nʌt/ *n*

A (Agr, Bot, Culin) fruto *m* seco (*nuez, almendra, avellana etc*); ***a hard** o **tough ~*** (BrE colloq) un tipo duro (fam); ***a hard** o **tough ~ to crack*** un hueso duro de roer, un problema difícil de resolver; (*before n*) ‹*cutlet/loaf*› (Culin) de frutos secos

B (Tech) tuerca *f*; **~s and bolts** tuercas y tornillos; ***the ~s and bolts (of sth)***: **the ~s and bolts of accounting** las bases *or* los elementos básicos de contabilidad

C (colloq) [1] (crazy person) chiflado, -da *m,f* (fam) [2] (fanatic): **a baseball/an opera ~** un fanático *or* (Esp fam) un forofo del béisbol/de la ópera

D (head) (BrE colloq): ***to be off one's ~*** (crazy, reckless) estar* mal del coco (fam), estar* chiflado (fam); (angry): ***to do one's ~*** (BrE) salirse* de sus (*or* mis *etc*) casillas

E **nuts** *pl* (testicles) (vulg) huevos *mpl* (vulg), cojones *mpl* (vulg), pelotas *fpl* (CS, Esp vulg), tanates *mpl* (Méx vulg)

nut: **~case** *n* (colloq) chiflado, -da *m,f* (fam), loco, -ca *m,f*; **~crackers** *pl n* (BrE) cascanueces *m*; **a pair of ~crackers** un cascanueces

nutmeg /ˈnʌtmeg/ *n* [u c] (spice) nuez *f* moscada; (tree) mirística *f*

nutrient /ˈnuːtriənt || ˈnjuːtriənt/ *n* nutriente *m*, sustancia *f* nutritiva

nutrition /nʊˈtrɪʃən || njuːˈtrɪʃən/ *n* [u] nutrición *f*

nutritious /nʊˈtrɪʃəs || njuːˈtrɪʃəs/ *adj* nutritivo

nuts /nʌts/ *adj* (colloq) (*pred*) chiflado (fam), chalado (fam); **to go ~ (over sth/sb)** chalarse *or* chiflarse (por algo/algn) (fam); **this job is enough to drive you ~** este trabajo es capaz de enloquecer a cualquiera; **she's absolutely ~ about him** está loca por él (fam), se derrite por él (fam)

nutshell /ˈnʌtʃel/ *n* cáscara *f* de nuez; ***in a ~*** en dos *or* en pocas palabras

nutter /ˈnʌtər || ˈnʌtə(r)/ *n* (BrE sl) chiflado, -da *m,f* (fam), chalado, -da *m,f* (fam), loco, -ca *m,f* (de remate)

nutty /ˈnʌti/ *adj* **-tier, -tiest**

A ‹*taste*› a nueces (*or* almendras *etc*)

B (colloq) (eccentric) ‹*professor*› chiflado (fam), chalado (fam); ‹*idea*› de loco

nuzzle /ˈnʌzəl/ *vi* (rub against) **to ~ AGAINST sth/sb**: **the dog ~d against my leg** el perro me acarició la pierna con el hocico

NW (= **northwest**) NO

NWT = **North West Territories**

NY = **New York**

NYC = **New York City**

nylon /ˈnaɪlɑːn || ˈnaɪlɒn/ *n* [1] [u] (Tex) nylon *m* [2] **nylons** *pl* (dated) medias *fpl* de nylon

nymph /nɪmf/ *n* (Myth, Zool) ninfa *f*

nymphomaniac /ˈnɪmfəˈmeɪniæk/ *n* ninfómana *f*

NYSE *n* (in US) (= **New York Stock Exchange**) la Bolsa de Nueva York

NZ = **New Zealand**

Oo

O, o /əʊ/ *n* O, o *f*

O /əʊ/ *interj* oh

oaf /əʊf/ *n* zoquete *mf* (fam), zopenco, -ca *m,f* (fam)

oafish /ˈəʊfɪʃ/ *adj* zafio y torpe

oak /əʊk/ *n* [1] [c] ~ **(tree)** roble *m*; ***great** o **mighty** ~**s from little acorns grow*** *las cosas importantes tienen orígenes humildes* [2] [u] (wood) roble *m*

OAP *n* (BrE) = **old age pensioner**

oar /ɔːr || ɔː(r)/ *n* remo *m*; ***to put** o **shove** o **stick one's** ~ **in*** (colloq) meter las narices (fam), entrometerse

oar: ~**sman** /ˈɔːrzmən || ˈɔːzmən/ *n* (*pl* **-men** /-mən/) remero *m*; ~**swoman** *n* remera *f*

OAS *n* (= **Organization of American States**) OEA *f*

oasis /əʊˈeɪsɪs/ *n* (*pl* **oases** /əʊˈeɪsiːz/) oasis *m*

oat /əʊt/ *n* [1] (plant) avena *f*; **wild** ~ avena loca, ballueca *f* [2] **oats** *pl* (cereal) avena *f*, copos *mpl* de avena, Quáker® *m* (CS); ***to know one's*** ~***s*** (AmE) ser* un experto en la materia; ***to sow one's wild*** ~***s*** correrla (mientras se es joven) (fam)

oath /əʊθ/ *n* (*pl* ~**s** /əʊðz/) [1] (promise) juramento *m*; **to break one's** ~ romper* su (*or* mi *etc*) juramento; **to make** *o* **swear** *o* **take an** ~ jurar, hacer* (un) juramento; **to take the** ~ (Law) jurar; **under** *o* (BrE also) **on** ~ (Law) bajo juramento [2] (curse) (liter) juramento *m* (liter)

oatmeal /ˈəʊtmiːl/ *n* [u] (Culin) (flour) harina *f* de avena; (flakes) (AmE) avena *f* (*en copos*)

OAU *n* (= **Organization of African Unity**) OUA *f*

obdurate /ˈɑːbdərət || ˈɒbdjʊrət/ *adj* (frml) ‹*refusal/stand*› obstinado; ‹*pride*› irreductible, contumaz (frml)

OBE *n* (in UK) = **Order of the British Empire**

obedience /əˈbiːdiəns, əʊ-/ *n* [u] obediencia *f*; **to show** ~ **to sb/sth** obedecer* a algn/algo

obedient /əˈbiːdiənt, əʊ-/ *adj* obediente

obediently /əˈbiːdiəntli, əʊ-/ *adv* obedientemente

obelisk /ˈɑːbəlɪsk || ˈɒbəlɪsk/ *n* obelisco *m*

obese /əʊˈbiːs/ *adj* obeso

obesity /əʊˈbiːsəti/ *n* [u] obesidad *f*

obey /əˈbeɪ, əʊ-/ *vt* obedecer*; ‹*instincts*› seguir*

■ **obey** *vi* obedecer*

obit /ˈəʊbɪt/ *n* (colloq) obituario *m*, necrológicas *fpl*

obituary /əˈbɪtʃueri || əˈbɪtʃʊəri/ *n* (*pl* **-ries**) obituario *m*, nota *f* necrológica; (*before n*) ‹*column/notice*› necrológico

object[1] /ˈɑːbdʒɪkt || ˈɒbdʒɪkt/ *n*

A [1] (thing) objeto *m* [2] ***no*** ~: **distance is no** ~ la distancia no importa *or* no es inconveniente; **money's no** ~ **for them** el dinero no les preocupa [3] (of actions, feelings) objeto *m*; **he was the** ~ **of a smear campaign** fue objeto de una campaña de difamación

B (aim, purpose) objetivo *m*, propósito *m*, fin *m*; **with this** ~ **in mind** teniendo en mente este objetivo *or* propósito

C (Ling) complemento *m*; **direct/indirect** ~ complemento (de objeto) directo/indirecto

object[2] /əbˈdʒekt/ *vi* [1] (express objection, oppose) **to** ~ **(TO sth)** oponerse* *or* poner* objeciones (A algo); **I** ~**!** ¡protesto!; **to** ~ **to a question** (Law) oponerse* a *or* objetar una pregunta [2] (disapprove, mind): **if you don't** ~ si no le molesta *or* (frml) importuna; **to** ~ **TO -ING: do you** ~ **to my smoking?** ¿le molesta que fume?; **I** ~ **to your using this house as a hotel** no estoy dispuesta a aceptar que uses esta casa como un hotel

■ **object** *vt* objetar; **she** ~**ed that he was too young** objetó que era demasiado joven

objection /əbˈdʒekʃən/ *n* [1] [c] (argument against) objeción *f*; **to make/raise/voice an** ~ hacer*/poner*/expresar una objeción; **I'm going out: any** ~**s?** voy a salir ¿alguna objeción *or* algún inconveniente?; ~ **TO sth** objeción A algo; **is there any** ~ **to my being present?** ¿existe alguna objeción a que *or* algún inconveniente en que yo asista? [2] [c] (Law): ~**!** ¡protesto!; ~ **overruled** no ha lugar a la protesta; ~ **sustained** *o* **upheld** ha lugar a la protesta [3] [u] (disapproval, dislike): **I have no** ~ **to her** no tengo nada en contra de ella; **I have no** ~ **to his coming too** no tengo ningún inconveniente en que venga él también

objectionable /əbˈdʒekʃn̩əbəl || əbˈdʒekʃn̩əbəl/ *adj* ‹*attitude/remark*› censurable, inaceptable; ‹*person/tone*› desagradable; ‹*language*› soez; **a most** ~ **smell** un olor desagradabilísimo

objective[1] /ɑːbˈdʒektɪv || əbˈdʒektɪv/ *adj* objetivo

objective[2] *n* objetivo *m*

objectively /ɑːbˈdʒektɪvli || əbˈdʒektɪvli/ *adv* objetivamente; ~ **speaking** si se es objetivo, desde un punto de vista objetivo

objectivity /ˈɑːbdʒekˈtɪvəti || ˌɒbdʒekˈtɪvəti/ *n* [u] objetividad *f*

object lesson *n*: **it was an** ~ ~ **in how not to do it** fue la perfecta demostración de cómo no se debe hacer; **his success is an** ~ ~ **in willpower** su éxito es una verdadera lección de fuerza de voluntad

objector /əbˈdʒektər || əbˈdʒektə(r)/ *n*: **there were many** ~**s to the new plan** mucha gente se opuso *or* puso objeciones al nuevo plan

obligate /ˈɑːbləgeɪt || ˈɒblɪgeɪt/ *vt* (esp AmE frml) **to** ~ **sb to + INF** obligar* a algn A + INF; **to be/feel** ~**d (to + INF)** estar*/sentirse* obligado (A + INF); **to be/feel** ~**d to sb** estar*/quedar en deuda con algn

obligation /ˈɑːbləˈgeɪʃən || ˌɒblɪˈgeɪʃən/ *n* [1] [c u] (duty, requirement) obligación *f*; **family/professional** ~**s** compromisos *mpl* familiares/profesionales; **I feel/have an** ~ **to my parents** me siento obligado/tengo una obligación para con mis padres; ~ **to + INF** obligación DE + INF; **I understand that I am under no** ~ entiendo que no contraigo ninguna obligación [2] [c] (financial commitment) (Busn) compromiso *m*

obligatory /əˈblɪgətɔːri || əˈblɪgətri/ *adj* obligatorio

oblige /əˈblaɪdʒ/ *vt*

A (require, compel) **to** ~ **sb to + INF** obligar* a algn A + INF; **to be** ~**d to + INF**: **you're not** ~**d to attend** no estás obligado a asistir, no tienes obligación de asistir

B (do favor for): **he was always ready to** ~ **a friend** estaba siempre dispuesto a hacerle un favor a un amigo; **much** ~**d!** muchas gracias, le agradezco mucho; **I'd be much** ~**d if you could help me** le quedaría muy agradecido si pudiera ayudarme

■ **oblige** *vi*: **he's always willing to** ~ siempre está dispuesto a hacer un favor; **anything to** ~ (colloq) con mucho gusto

obliging /əˈblaɪdʒɪŋ/ *adj* atento, servicial

oblique[1] /əˈbliːk, əʊ- || əˈbliːk/ *adj* ‹*line/plane/angle*› oblicuo; ‹*reply/reference/style*› indirecto

oblique[2] *n* barra *f* (*inclinada*)

O

obliquely /ə'bli:kli, əʊ- || ə'bli:kli/ *adv* (at an angle) oblicuamente; (indirectly) ‹*reply*› indirectamente

obliterate /ə'blɪtəreɪt/ *vt* 1 (destroy) arrasar, destruir* totalmente 2 (obscure, erase) borrar, obliterar (frml)

oblivion /ə'blɪviən/ *n* [u] 1 (obscurity) olvido *m*; **to fall** *o* **sink into ~** caer* en el olvido 2 (unconsciousness) inconsciencia *f*

oblivious /ə'blɪviəs/ *adj* (*pred*) **to be ~ OF** *o* **TO sth**: **she was quite ~ of** *o* **to her surroundings** estaba totalmente ajena a *or* no parecía darse cuenta de lo que la rodeaba; **~ of** *o* **to the danger** (unaware of) ignorante del peligro; (not mindful of) haciendo caso omiso del peligro

oblong¹ /'ɑ:blɔ:ŋ || 'ɒblɒŋ/ *adj* alargado, oblongo

oblong² *n* rectángulo *m*

obnoxious /ɑ:b'nɑ:kʃəs || əb'nɒkʃəs/ *adj* ‹*smell/person*› detestable; **he was really ~ last night** anoche estuvo de lo más insoportable

oboe /'əʊbəʊ/ *n* oboe *m*

oboist /'əʊbəʊəst || 'əʊbəʊɪst/ *n* oboe *mf*

obscene /ɑ:b'si:n || əb'si:n/ *adj* 1 (indecent) obsceno 2 (abhorrent) espantoso; **he earns an ~ amount of money** (colloq) es escandaloso *or* es un escándalo lo que gana

obscenely /ɑ:b'si:nli || əb'si:nli/ *adv* 1 (indecently) ‹*pose/gesture*› obscenamente 2 (abhorrently) ‹*rich*› indecentemente, escandalosamente

obscenity /ɑ:b'senəti || əb'senəti/ *n* (*pl* **-ties**) 1 [u] (indecency) obscenidad *f* 2 [c] (repulsive thing or action) aberración *f*, espanto *m* 3 [c] (obscene word) obscenidad *f*

obscure¹ /əb'skjʊr || əb'skjʊə(r)/ *adj* **obscurer, obscurest** 1 (not easily understood) ‹*meaning*› oscuro, poco claro; ‹*message/reference*› críptico; **for some ~ reason** por alguna extraña razón 2 (vague) ‹*impression/feeling*› confuso, vago 3 (little known) ‹*writer/journal*› oscuro, poco conocido; ‹*island/town*› recóndito, perdido

obscure² *vt* 1 (conceal) ‹*object/beauty/sun*› ocultar; ‹*sky*› oscurecer*; **her view of the stage was ~d by the man in front** el hombre que tenía delante le impedía ver todo el escenario 2 (make unclear, cover up): **these irrelevant details ~ the central problem** estos detalles superfluos impiden ver claramente el problema central

obscurely /əb'skjʊrli || əb'skjʊəli/ *adv* 1 (unclearly) ‹*talk/write/argue*› de manera confusa 2 (vaguely) ‹*remember/sense*› confusamente, vagamente

obscurity /əb'skjʊrəti || əb'skjʊərəti/ *n* [u c] (*pl* **-ties**) oscuridad *f*

obsequious /əb'si:kwiəs/ *adj* servil, excesivamente obsequioso

observance /əb'zɜ:rvəns || əb'zɜ:vəns/ *n* 1 [u] (of law, custom, agreement, religious festival) observancia *f*, cumplimiento *m* 2 [c] (rite, practice) práctica *f*; **religious ~s** prácticas religiosas

observant /əb'zɜ:rvənt || əb'zɜ:vənt/ *adj* observador, perspicaz

observation /'ɑ:bzər'veɪʃən || ,ɒbzə'veɪʃən/ *n*

A 1 [u c] (examination, study) observación *f*; **to keep sb under ~** mantener* a algn bajo vigilancia; (Med) tener* algo/a algn en observación; (*before n*) ‹*post/tower/ward*› de observación 2 [c] (recording, measurement) observación *m*; **to take an ~** observar

B [c] (comment) observación *f*, comentario *m*

observatory /əb'zɜ:rvətɔ:ri || əb'zɜ:vətri/ *n* (*pl* **-ries**) observatorio *m*

observe /əb'zɜ:rv || əb'zɜ:v/ *vt*

A (watch, notice) observar; ‹*patient*› observar; **he was ~d leaving the building** se lo vio salir del edificio

B (comment) (liter) observar

C ‹*custom*› observar; ‹*law*› respetar, cumplir, obedecer*; ‹*religious festival*› guardar, celebrar

■ **observe** *vi* (watch) observar, mirar

observer /əb'zɜ:rvər || əb'zɜ:və(r)/ *n* observador, -dora *m,f*

obsess /əb'ses/ *vt* obsesionar

obsessed /əb'sest/ *adj* (*pred*) obsesionado; **to be ~ (WITH sb/sth)** estar* obsesionado (CON algn/algo)

obsession /əb'seʃən/ *n* obsesión *f*; **my boss has an ~ with punctuality** mi jefe tiene la manía de la puntualidad

obsessional /əb'seʃṇəl || əb'seʃənl/ *adj* obsesivo

obsessive /əb'sesɪv/ *adj* obsesivo; **she's an ~ reader** leer es como una obsesión para ella

obsessively /əb'sesɪvli/ *adv* obsesivamente

obsolescence /'ɑ:bsə'lesṇs || ,ɒbsə'lesṇs/ *n* [u] caída *f* en desuso, obsolescencia *f* (téc *o* frml); **to fall into ~** volverse* obsoleto; **built-in ~** obsolescencia planificada

obsolete /'ɑ:bsəli:t || 'ɒbsəli:t/ *adj* ‹*machinery/word/vehicle*› obsoleto; ‹*ideas/approach*› anticuado, obsoleto; ‹*spelling*› caído en desuso

obstacle /'ɑ:bstɪkəl || 'ɒbstəkəl/ *n* obstáculo *m*; **~ TO sth/sb** obstáculo PARA algo/algn; (*before n*) **~ course/race** pista *f*/carrera *f* de obstáculos

obstetric /əb'stetrɪk/ *adj* ‹*ward*› de obstetricia *or* tocología; ‹*care*› obstétrico

obstetrician /'ɑ:bstə'trɪʃən || ,ɒbstə'trɪʃən/ *n* obstetra *mf*, tocólogo, -ga *m,f*

obstetrics /əb'stetrɪks/ *n* (+ *sing vb*) obstetricia *f*, tocología *f*

obstinacy /'ɑ:bstənəsi || 'ɒbstɪnəsi/ *n* [u] 1 (stubbornness) obstinación *f*, terquedad *f* 2 (of efforts, resistance) tenacidad *f*, determinación *f*

obstinate /'ɑ:bstənət || 'ɒbstɪnət/ *adj* ‹*person*› obstinado, terco; ‹*refusal/attitude*› obstinado; ‹*efforts*› tenaz

obstinately /'ɑ:bstənətli || 'ɒbstɪnətli/ *adv* (stubbornly) obstinadamente, porfiadamente; (determinedly) tenazmente

obstreperous /əb'strepərəs/ *adj* escandaloso

obstruct /əb'strʌkt/ *vt* 1 (block) obstruir* 2 (impede, hinder) ‹*traffic*› bloquear, obstruir*; ‹*plan/progress*› obstaculizar*, dificultar 3 (Sport) obstruir*, bloquear

obstruction /əb'strʌkʃən/ *n* [u c] (in traffic, pipeline) obstrucción *f*; (Med) obstrucción *f*, oclusión *f*; (to plans) obstáculo *m*, impedimento *m*; **move on please: you're causing an ~** circule: está obstruyendo el paso; **an ~ to traffic** una obstrucción del tráfico

obstructive /əb'strʌktɪv/ *adj* ‹*policy/measure*› obstruccionista; ‹*person*› que pone obstáculos *or* dificultades

obtain /əb'teɪn/ *vt* conseguir*, obtener* (frml); **to ~ sth FOR sb** conseguirle* algo A algn

obtainable /əb'teməbəl/ *adj*: **it's not ~ in this country** no se puede conseguir en este país; **passes are easily ~** los pases son fáciles de conseguir *or* se pueden conseguir fácilmente

obtrusive /əb'tru:sɪv/ *adj* ‹*presence/building*› demasiado prominente; ‹*noise*› molesto; ‹*smell*› penetrante

obtuse /ɑ:b'tu:s || ɒb'tju:s/ *adj*

A (Math) ‹*angle*› obtuso

B (frml) (stupid) obtuso

obverse¹ /'ɑ:bvɜ:rs || 'ɒbvɜ:s/ *n* (frml) **the ~** (of coin, medal) el anverso

obverse² *adj* (frml) (*before n*) ‹*face/surface*› del anverso

obviate /'ɑ:bvieɪt || 'ɒbvieɪt/ *vt* (frml) ‹*difficulty/danger*› eludir; **to ~ the need for reform** hacer* innecesaria cualquier reforma

obvious¹ /'ɑ:bviəs || 'ɒbviəs/ *adj* 1 (evident, clear) ‹*answer/solution*› obvio, lógico; ‹*advantage/implication/difference*› obvio, claro; **the ~ thing to do is ...** no cabe duda de que lo que hay que hacer es ...; **it was ~ to anyone that it was too heavy** cualquiera se hubiera dado cuenta de que pesaba demasiado; **they made it very ~ (that) they hadn't enjoyed the party** hicieron muy patente el hecho que no les había gustado la fiesta 2 (unmistakable) (*before n*): **it's an ~ lie** es claramente mentira, es una burda mentira; **she's the ~ candidate for the job** es la candidata indiscutible *or* obvia para el puesto 3 (unsubtle): **it was such an ~ ploy** el ardid era tan evidente *or* obvio

obvious² *n*: **to say we're alarmed would be stating the ~** de más está decir *or* huelga decir que estamos alarmados

obviously /'ɑ:bviəsli || 'ɒbviəsli/ *adv* 1 obviamente; **they're ~ not coming** está visto *or* claro que no van a venir; **the child is ~ tired** se nota *or* se ve claramente que el niño está cansado; **the two ideas are ~ not related** es evidente *or* obvio que las dos ideas no tienen relación; **the two ideas are not ~ related** a primera vista las dos ideas no tienen relación 2 (*indep*): **~, I'm sad, but what can I do?** como es lógico *or* lógicamente estoy triste pero ¿qué puedo hacer?

O

OCAS (= **Organization of Central American States**) *n* ODECA *f*

occasion¹ /ə'keɪʒən/ *n*

A [c] **1** (particular time, instance) ocasión *f*; **on that (particular) ~** en aquella ocasión **2** (special event): **I only wear it on special ~s** sólo me lo pongo en *or* para las grandes ocasiones; **what's the ~?** ¿qué se celebra?; **he has no sense of ~** no sabe vestirse (*or* comportarse *etc*) en las grandes ocasiones; **on the ~ of her retirement** con ocasión *or* motivo de su jubilación; ***to rise o be equal to the ~*** estar* a la altura de las circunstancias, dar* la talla

B [u] (frml) **1** (opportunity) ocasión *f*, oportunidad *f*; **may I take this ~ to remind you that ...** permítame que aproveche la ocasión *or* la oportunidad para recordarle que ... **2** (cause) ocasión *f*, motivo *m*

occasion² *vt* (frml) ocasionar, dar* lugar a

occasional /ə'keɪʒnəl ‖ ə'keɪʒənl/ *adj* ‹*showers/sunny spells*› aislado, esporádico; **I like an** *o* **the ~ glass of wine** de tanto en tanto *or* de vez en cuando me gusta tomarme un vaso de vino; **we get the ~ complaint/visitor** recibimos alguna que otra queja/algún que otro visitante; **~ table** mesa *f* auxiliar

occasionally /ə'keɪʒnəli/ *adv* de vez en cuando, alguna que otra vez, ocasionalmente (frml)

occidental /'ɑːksə'dentl ‖ ˌɒksɪ'dentl/ *adj* (liter) occidental

occult¹ /ə'kʌlt ‖ ɒ'kʌlt/ *n* **the ~** las ciencias ocultas, el ocultismo

occult² *adj* ‹*arts/powers*› oculto; ‹*ritual*› ocultista

occupancy /'ɑːkjəpənsi ‖ 'ɒkjʊpənsi/ *n* [u] (of building) ocupación *f*; **during his ~ of the post** mientras ocupó el cargo, mientras estuvo en posesión del cargo

occupant /'ɑːkjəpənt ‖ 'ɒkjʊpənt/ *n* (of house, building) ocupante *mf*; (tenant) inquilino, -na *m,f*; (of room, vehicle) ocupante *mf*; (of office, post) titular *mf*; **O~** (on letter) (AmE) al ocupante de la vivienda

occupation /ˌɑːkjə'peɪʃən ‖ ˌɒkjʊ'peɪʃən/ *n*

A [c] (profession, activity) ocupación *f*

B [u c] (Mil) ocupación *f*; **to be under ~** estar* ocupado

C [u] (of accommodations) ocupación *f*

occupational /ˌɑːkjə'peɪʃnəl ‖ ˌɒkjʊ'peɪʃənl/ *adj* ‹*training*› ocupacional, profesional; ‹*disease*› profesional; **it's an ~ hazard** son riesgos de la profesión/del oficio; (hum) son gajes del oficio (hum)

occupational: **~ therapist** *n* terapeuta *mf* ocupacional; **~ therapy** *n* terapia *f* ocupacional

occupier /'ɑːkjəpaɪər ‖ 'ɒkjʊpaɪə(r)/ *n* (BrE) ocupante *mf*; **to the ~** al ocupante de la vivienda

occupy /'ɑːkjəpaɪ ‖ 'ɒkjʊpaɪ/ *vt* **-pies, -pying, -pied**

A ‹*offices/site/seat/position*› ocupar

B ‹*country/town/factory/premises*› ocupar; **~ing forces** fuerzas *fpl* de ocupación

C ‹*space/attention*› ocupar; ‹*time*› llevar, ocupar; **to keep sb occupied** mantener* a algn ocupado; **to ~ oneself** ocupar el tiempo, entretenerse*

occur /ə'kɜːr ‖ ə'kɜː(r)/ *vi* **-rr-**

A **1** (take place) (frml) «*event/incident*» tener* lugar (frml), ocurrir, suceder; «*change*» producirse* (frml), tener* lugar (frml) **2** (appear, be found) «*disease/species*» darse*, encontrarse*

B (come to mind) **to ~ TO sb (to + INF)** ocurrírsele A algn (+ INF); **it didn't ~ to me to ask** ni se me ocurrió preguntar

occurrence /ə'kɜːrəns ‖ ə'kʌrəns/ *n* **1** [c] (event, instance): **it is a frequent/rare ~** es/no es algo frecuente, ocurre/no ocurre con frecuencia; **the unusual ~s of the previous evening** los extraños acontecimientos de la noche anterior; **there were two separate ~s** hubo dos casos independientes **2** [u] (incidence) incidencia *f*

ocean /'əʊʃən/ *n* **1** (sea) océano *m*; (*before n*) **~ cruise** crucero *m* (*por el Atlántico, Índico, etc*); **~ liner** transatlántico *m* **2** **oceans** *pl* (large quantity) (colloq) un montón (fam), la mar (fam)

ocean-going /'əʊʃənˌgəʊɪŋ/ *adj* ‹*vessel*› transatlántico

Oceania /ˌəʊʃi'æniə ‖ ˌəʊʃi'ɑːniə/ *n* Oceanía *f*

oceanographer /'əʊʃə'nɑːgrəfər ‖ ˌəʊʃə'nɒgrəfə(r)/ *n* oceanógrafo, -fa *m,f*

oceanography /'əʊʃə'nɑːgrəfi ‖ ˌəʊʃə'nɒgrəfi/ *n* [u] oceanografía *f*

ocher, (BrE) **ochre** /'əʊkər ‖ 'əʊkə(r)/ *n* [u] **1** (Min) ocre *m* **2** (color) ocre *m*; (*before n*) color ocre *adj inv*

o'clock /ə'klɑːk ‖ ə'klɒk/ *adv*: **it's four ~** son las cuatro; **it's one ~** es la una; **at two ~ in the afternoon/morning** a las dos de la tarde/mañana *or* madrugada; **it's twelve ~ exactly** son las doce en punto; **it's just after one ~** acaba de dar la una; **the five ~ train** el tren de las cinco

OCR *n* (Comput) **1** [c] (= **optical character reader**) LOC *m* **2** [u] (= **optical character recognition**) ROC *m*

Oct (= **October**) oct.

octagon /'ɑːktəgɑːn ‖ 'ɒktəgən/ *n* octágono *m*, octógono *m*

octagonal /ɑːk'tægənl ‖ ɒk'tægənl/ *adj* octagonal, octogonal

octane /'ɑːkteɪn ‖ 'ɒkteɪn/ *n* octano *m*

octave /'ɑːktɪv ‖ 'ɒktɪv/ *n* (Lit, Mus) octava *f*

October /ɑːk'təʊbər ‖ ɒk'təʊbə(r)/ *n* octubre *m*; *see also* **January**

octogenarian /'ɑːktədʒə'neriən ‖ ˌɒktədʒɪ'neəriən/ *n* octogenario, -ria *m,f*

octopus /'ɑːktəpəs ‖ 'ɒktəpəs/ *n* (*pl* **-puses**) pulpo *m*

OD *vi* (colloq) = **overdose²**

odd /ɑːd ‖ ɒd/ *adj* **-er, -est**

A (strange) raro, extraño; **the ~ thing is that ...** lo raro *or* lo curioso es que ...

B (occasional, random) (*no comp*): **she smokes the ~ cigarette** se fuma algún *or* alguno que otro cigarrillo; **except for the ~ fisherman ...** a excepción de algún *or* alguno que otro pescador ...; **he's done ~ jobs for us** nos ha hecho algunos trabajitos

C (*no comp*) **1** (unmatched, single) desparejado, sin pareja; **the ~ one** *o* **the ~ man out** la excepción **2** (Math) ‹*number*› impar

D (*no comp*) **1** (being left over, spare): **if you've got the ~ moment to spare** si tienes algún momento libre; **I have a few ~ bits of fabric left over** me han sobrado unos retazos *or* (Esp) retales **2** (approximately) (colloq): **it cost me 30 pounds ~** *o* **30-~ pounds** me costó 30 y tantas libras *or* 30 y pico libras (fam); **she must be 80 ~ by now** debe tener 80 y tantos años *or* 80 y pico (de) años (fam)

oddball /'ɑːdbɔːl ‖ 'ɒdbɔːl/ *n* (colloq) **1** (person) bicho *m* raro (fam), excéntrico, -ca *m,f* **2** (object) (AmE) cosa *f* rara, rareza *f*

oddity /'ɑːdəti ‖ 'ɒdɪti/ *n* (*pl* **-ties**)

A [c] **1** (person): **(s)he's a bit of an ~** es un bicho raro **2** (thing) rareza *f*, cosa *f* rara

B [u c] (strangeness) lo raro, rareza *f*

odd-job man /'ɑːd'dʒɑːbmæn ‖ ˌɒd'dʒɒbmæn/ *n* (*pl* **-men** /-men/) *hombre que hace pequeños trabajos o arreglos*

oddly /'ɑːdli ‖ 'ɒdli/ *adv* **1** ‹*dress/behave*› de una manera rara *or* extraña **2** (*indep*): **~ enough, she forgot to mention that** curiosamente *or* por extraño que parezca, se olvidó de mencionarlo

oddment /'ɑːdmənt ‖ 'ɒdmənt/ *n*: **an ~s sale** una venta de restos de serie; **~s of fabric** *o* **material** retazos *mpl* *or* (Esp) retales *mpl*

oddness /'ɑːdnəs ‖ 'ɒdnɪs/ *n* [u] lo raro, rareza *f*

odds /ɑːdz ‖ ɒdz/ *pl n*

A (in betting) *proporción en que se ofrece pagar una apuesta, que refleja las posibilidades de acierto de la misma*; **bookmakers are giving** *o* **laying ~ of ten to one** los corredores de apuestas están dando *or* ofreciendo diez contra uno; ***by all ~*** (AmE) sin lugar a dudas, indiscutiblemente; ***to pay over the ~*** (BrE) pagar* más de la cuenta

B (likelihood, chances) probabilidades *fpl*, posibilidades *fpl*; **all the ~ are in your favor** tienes todas las de ganar, lo tienes todo a tu favor; **the ~ on him recovering were never good** nunca hubo muchas probabilidades de que se recuperase; **the pilot survived against (all) the ~** aunque parezca increíble, el piloto sobrevivió; **despite overwhelming ~** a pesar de tenerlo todo en contra

C (difference) (BrE colloq): **it makes no ~ (to me)** (me) da igual *or* da lo mismo, no (me) importa

D (variance) **to be at ~ with sb/sth**: **those two are always at ~ with each other** esos dos siempre están en desacuerdo; **that's at ~ with the official version** eso no concuerda con la versión oficial

O

odds: ~ **and ends** /'ɑdzən'endz || ˌɒdzən'endz/ *pl n* (colloq) cosas *fpl* sueltas; (trinkets) chucherías *fpl*; (junk) cachivaches *mpl*, trastos *mpl* viejos; ~ **and sods** /'ɑ:dzən'sɑ:dz || ˌɒdzən'sɒdz/ *pl n* (BrE sl) ▸**bits and pieces** *see* **bit^2 A 1**; ~**-on** /'ɑ:dz'ɑ:n || 'ɒdz'ɒn/ *adj*: **he's the ~-on favorite** es el favorito, es el que tiene todas las de ganar; **they're ~-on to win this year's elections** es casi seguro que ganarán las elecciones de este año

ode /əʊd/ *n* oda *f*

odious /'əʊdiəs/ *adj* (frml) detestable, odioso

odium /'əʊdiəm/ *n* [u] (liter) odio *m*

odometer /əʊ'dɑ:mətər || ɒ'dɒmɪtə(r), əu-/ *n* (AmE) cuentarrevoluciones *m*

odor, (BrE) **odour** /'əʊdər || 'əʊdə(r)/ *n* olor *m*; (pleasant) aroma *m*, perfume *m*

odorless, (BrE) **odourless** /'əʊdərləs || 'əʊdəlɪs/ *adj* inodoro

odour *n* (BrE) ▸**odor**

odyssey /'ɑ:dəsi || 'ɒdɪsɪ/ *n* (*pl* **-seys**) (liter) odisea *f*

OECD *n* (= **Organization for Economic Cooperation and Development**) OCDE *f*

oedema /ɪ'di:mə/ *n* (BrE) ▸**edema**

Oedipus /'edəpəs || 'i:dɪpəs/ *n* Edipo; (*before n*) ~ **complex** complejo *m* de Edipo

o'er /'əʊər || ɔ:(r)/ *adv* (poet) (= **over**): ~ **land and sea** por tierras y mares (liter)

oesophagus /ɪ'sɑ:fəgəs || i:'sɒfəgəs/ *n* (BrE) esófago *m*

oestrogen /'estrədʒen || 'i:strədʒən/ *n* [u] (BrE) estrógeno *m*

oeuvre /'ərvrə || 'ɜ:vrə/ *n* (liter) obra *f*

of /ɑ:v || ɒv, *weak form* əv/ *prep*

A (indicating relationship, material, content) de; **the son ~ Mr and Mrs T Phipps** el hijo de los señores Phipps; **it's made ~ wood** es de madera, está hecho de madera; **a kilo ~ grapes** un kilo de uvas; **a colleague ~ mine/his** un colega mío/suyo

B (descriptive use): **the city ~ Athens** la ciudad de Atenas; **a boy ~ ten** un niño de diez años; **a woman ~ courage** una mujer valiente; **he's a giant ~ a man** es un gigante

C 1 (partitive use): **there were eight ~ us** éramos ocho; **he invited the eight ~ us** nos invitó a los ocho; **six ~ them survived** seis de ellos sobrevivieron; ~ **all the stupid things to say!** ¡mira qué cosa de ir a decir!; **you ~ all people should have known better** tú deberías haberlo sabido mejor que nadie 2 (with superl) de; **the wisest ~ men** el más sabio de los hombres; **most ~ all** más que nada

D 1 (indicating date) de; **the sixth ~ October** el seis de octubre 2 (indicating time): **it's ten (minutes) ~ five** (AmE) son las cinco menos diez, son diez para las cinco (AmL exc RPl); **it's a quarter ~ five** (AmE) son las cinco menos cuarto, son un cuarto para las cinco (AmL exc RPl); **Jane, his wife ~ six months ...** Jane, con la que lleva/llevaba casado seis meses ...

E (on the part of): **it was very kind ~ you** fue muy amable de su parte

F (inherent in): **the senselessness ~ it all, that's what depresses me** es lo absurdo de todo el asunto lo que me deprime

G (indicating cause): **it's a problem ~ their own making** es un problema que ellos mismos se han creado; **what did he die ~?** ¿de qué murió?; ~ **itself** de por sí

off^1 /ɔ:f || ɒf/ *prep*

A 1 (from the surface) de; **she picked it up ~** *o* (crit) ~ **of the floor** lo recogió del suelo; **to eat ~ paper plates** comer en platos de papel 2 (indicating removal, absence): **there's a button ~ this shirt** a esta camisa le falta un botón; **the lid was ~ the pan** la cacerola estaba destapada 3 (from) (colloq): **he bought it ~ a friend** se lo compró a un amigo; **I caught the cold ~ her** (BrE) ella me pegó el resfriado (fam)

B 1 (distant from): **3 ft ~ the ground** a 3 pies del suelo; **five miles ~ Dover** a cinco millas de Dover; **just ~ the coast of Florida** a poca distancia de la costa de Florida 2 (leading from): **a street ~ the square** una calle que sale de *or* desemboca en la plaza; **it's just ~ Oxford Street** está en una bocacalle de Oxford Street; **the bathroom's ~ the bedroom** el baño da al dormitorio

C 1 (absent from): **I've been ~ work for a week** hace una semana que no voy a trabajar *or* que falto al trabajo 2 (indicating repugnance, abstinence) (BrE): **he's ~ his food** anda sin apetito; **is he ~ drugs now?** ¿ha dejado las drogas?

off^2 *adv*

A 1 (removed): **the lid was ~** la tapa no estaba puesta; **once the old wallpaper is ~ ...** en cuanto se quite el papel viejo ...; **he sat there with his shirt ~** estaba ahí sentado sin camisa; ~**!** (BrE Sport) ¡fuera!; **hands ~!** ¡no (me *or* lo *etc*) toques!; **20% ~** 20% de descuento 2 **off and on** ▸**on^2 C3**

B (indicating departure): **I must be ~** me tengo que ir; ~ **we go!** ¡vámonos!; **oh, no, he's ~ again** ¡ya empieza *or* ya está otra vez!

C (distant): **the nearest village is five miles ~** el pueblo más cercano queda a cinco millas; **some way ~** a cierta distancia; **my birthday is a long way ~** falta mucho para mi cumpleaños

off^3 *adj*

A (*pred*) 1 (not turned on): **the TV/light is ~** la televisión/luz está apagada; **the handbrake is ~** el freno de mano no está puesto; **make sure the electricity is ~** asegúrate de que la electricidad esté desconectada 2 (canceled): **the game/wedding is ~** el partido/la boda se ha suspendido; **the deal is ~** ya no hay trato

B (absent, not on duty) libre; **a day ~** *o* (AmE also) **an ~ day** un día libre; **I'm ~ at five** salgo de trabajar *or* acabo a las cinco

C 1 (poor, unsatisfactory) (*before n*) malo; **to have an ~ day** tener* un mal día 2 (unwell) (*pred*): **to feel ~** sentirse* mal 3 (rude, unfair) (BrE colloq) (*pred*): **they didn't ask her in — that's a bit ~** no la hicieron pasar — ¡qué mal estuvieron! *or* ¡qué poco amables!

D (Culin) (*pred*) **to be ~** «*meat/fish*» estar* malo *or* pasado; «*milk*» estar* cortado; «*butter/cheese*» estar* rancio; *see also* **go off** *Sense* **I B**

E (talking about personal situation): **they are comfortably ~** están bien económicamente, están bien de dinero; **how are you ~ for cash?** (BrE) ¿qué tal andas de dinero?; *see also* **well-off, better-off, badly off** *etc*

F ▸**offside^2 B**

offal /'ɔ:fəl || 'ɒfəl/ *n* [u] 1 (Culin) despojos *mpl*, asaduras *fpl*, achuras *fpl* (RPl), interiores *mpl* (Chi) 2 (garbage) (AmE) basura *f*

off: ~**beat** *adj* poco convencional; ~**-center**, (BrE) ~**-centre** /'ɔ:f'sentər || ˌɒf'sentə(r)/ *adj* (*pred*) 1 (unconventional) poco convencional 2 (not in middle) descentrado; ~**-chance** *n*: **on the ~-chance** por si acaso; **I just asked on the ~-chance (that) you might know** pregunté por si acaso *or* para ver si por casualidad tu lo sabías; ~**-color**, (BrE) ~**-colour** /'ɔ:f'kʌlər || ˌɒf'kʌlə(r)/ *adj* (*pred* ~ **color**) 1 (unwell) (*pred*): **to feel ~ color** no encontrarse* muy bien, sentirse* indispuesto 2 (risqué) (esp AmE) ‹*joke*› subido de tono; ~**cut** *n* (of leather fabric, paper, wood) recorte *m*, trozo *m*; (of meat) resto *m*

offence /ə'fens/ *n* (BrE) ▸**offense**

offend /ə'fend/ *vt* 1 (hurt feelings of) ofender; **many people were deeply ~ed by this remark** mucha gente se sintió muy ofendida por este comentario; **don't be ~ed, but ...** no te vayas a ofender, pero ...; **he's easily ~ed** es muy susceptible 2 (cause displeasure to): **their behavior ~s one's sense of decency/justice** su conducta atenta contra el sentido de la moral/justicia

■ **offend** *vi* 1 (cause displeasure) «*person/action/remark*» ofender 2 **offending** *pres p*: **he rewrote it omitting the ~ing paragraph** volvió a escribirlo omitiendo el párrafo que había causado controversia; **the ~ing smell** el desagradable olor 3 (violate) **to ~ AGAINST sth** atentar CONTRA algo 4 (Law frml) infringir* la ley (*or* el reglamento *etc*); (criminally) cometer un delito, delinquir* (frml)

offender /ə'fendər || ə'fendə(r)/ *n* infractor, -tora *m,f*; (criminal) delincuente *mf*; **young ~** menor *mf* (*que ha cometido un delito*); **as he was a first ~** como era su primera infracción/su primer delito, como no tenía antecedentes penales; **previous ~** reincidente *mf*; **as far as wasting paper's concerned, he's the worst ~** en cuanto a desperdiciar papel, él es más culpable que nadie

offense, (BrE) **offence** /ə'fens/ *n*

A [c] (breach of law, regulations) infracción *f*; (*criminal ~*) delito *m*

B 1 (cause of outrage) (*no pl*) atentado *m* 2 (resentment, displeasure): **to cause/give ~ to sb** ofender a algn; **to take ~ at sth** ofenderse *or* sentirse* ofendido por algo

C (AmE) *also* /'ɑːfens/ 1 [u] (attack) ataque *m*, ofensiva *f*; **weapons of ~** armas *fpl* ofensivas 2 [u c] (Sport) (línea *f* de) ataque *m*, (línea *f*) ofensiva *f*

offensive¹ /ə'fensɪv/ *adj*

A 1 ‹*remark/language/gesture*› ofensivo, insultante; **to be ~ TO sb** ofender *or* insultar a algn 2 ‹*sight/smell*› desagradable

B 1 ‹*strategy*› ofensivo; **~ weapon** arma *f*‡ ofensiva 2 (AmE Sport) ‹*play/tactics*› de ataque

offensive² *n* ofensiva *f*

offensively /ə'fensɪvli/ *adv*

A (insultingly) ‹*behave*› de (una) manera ofensiva *or* insultante

B (in attack) de manera ofensiva

offer¹ /'ɔːfər || 'ɒfə(r)/ *vt*

A 1 (proffer) ofrecer*; **may I ~ you a drink?** ¿quisiera beber algo?; **I ~ed him my hand, but he refused it** le tendí la mano, pero la rechazó; **she ~ed her resignation** puso su cargo a disposición del presidente (*or* de su jefe *etc*) 2 (show willingness) **to ~ to + INF** ofrecerse* A + INF

B (put forward) ‹*idea/solution*› proponer*, sugerir*; ‹*excuse/alibi*› presentar; **he never even ~ed any suggestions** ni siquiera hizo ninguna sugerencia

C (provide) ‹*reward*› ofrecer*; ‹*opportunity*› brindar, ofrecer*; **to have sth to ~** tener* algo que ofrecer

D (give, show) ‹*resistance*› ofrecer*, oponer*

E ~ (up) ‹*prayers/sacrifice*› ofrecer*

■ *v refl* **to ~ itself** «*opportunity*» presentarse

■ **offer** *vi* (show willingness) ofrecerse*

offer² *n*

A 1 (proposal— of job, money) oferta *f*; (— of help, mediation) ofrecimiento *m*; **the ~ still stands** la oferta sigue en pie; **they refused my ~ of the car** no quisieron que les prestara el coche; **an ~ of marriage** una proposición matrimonial *or* de matrimonio; **I've had the ~ of a job in Rome** me han ofrecido un trabajo en Roma; **the windows need cleaning: any ~s?** hay que limpiar las ventanas: ¿quién se ofrece? 2 (bid) oferta *f*; **$650 or nearest ~** 650 dólares negociables *or* a convenir

B (bargain, reduced price) oferta *f*; **introductory ~** oferta de lanzamiento

C on offer (BrE) 1 (available): **there's not much on ~ at this year's fair** no hay mucho para comprar en la feria de este año 2 (at reduced price) de oferta

offering /'ɔːfərɪŋ || 'ɒfərɪŋ/ *n* 1 (sacrifice) ofrenda *f* 2 (donation) ofrenda *f*, donativo *m* 3 (creation) creación *f*

offertory /'ɔːfərtɔːri || 'ɒfətəri/ *n* (*pl* **-ries**) (part of service) ofertorio *m*; (collection) colecta *f* (*que se hace durante el ofertorio*); (*before n*) **~ box** cepillo *m*

offhand¹ /'ɔːf'hænd || ˌɒf'hænd/ *adj*: **he dismissed the whole scheme in a very ~ way** *o* **manner** descartó todo el proyecto muy a la ligera; **she was very ~ with me** estuvo muy brusca conmigo

offhand² *adv* así de pronto *or* de improviso, en este momento

off-hours¹ /'ɔːf'aʊrz || 'ɒfˌaʊəz/ *pl n* (AmE): **during ~** fuera de las horas pico *or* (Esp) punta

off-hours² *adj* (AmE) fuera de las horas pico *or* (Esp) punta

office /'ɑːfəs || 'ɒfɪs/ *n*

A [c] (room) oficina *f*, despacho *m*; (building, set of rooms) oficina *f*, oficinas *fpl*; (staff) oficina *f*; (*lawyer's* ~) bufete *m or* despacho *m* (de abogado); (*doctor's* ~) (AmE) consultorio *m*, consulta *f*; **the company's New York ~** las oficinas de la compañía en Nueva York; (*before n*) ‹*work/furniture*› de oficina; ‹*block/building*› de oficinas; **during ~ hours** en horas de oficina; **~ worker** oficinista *mf*, empleado, -da *m,f* de oficina, administrativo, -va *m,f*

B [u] (post, position) cargo *m*; **to take ~** tomar posesión del cargo; **he was in ~ for three years** ocupó el cargo durante tres años; **the party was in/out of ~** el partido estaba/ya no estaba en el poder; **term of** *o* (AmE also) **in ~** mandato *m*

C [c] (Relig) oficio *m*

officer /'ɑːfəsər || 'ɒfɪsə(r)/ *n* 1 (Mil, Naut) oficial *mf* 2 (*police* ~) policía *mf*, agente *mf* de policía; (*as form of address*) agente 3 (official — in government service) funcionario, -ria *m,f*; (— of union, party) dirigente *mf*; (—of club) directivo, -va *m,f*

official¹ /ə'fɪʃəl/ *adj* oficial; **the election will be in March and that's ~** las elecciones serán en marzo: está confirmado

official² *n* (*government* ~) funcionario, -ria *m,f* del Estado *or* gobierno; (*party/union* ~) dirigente *mf* (del partido/sindicato)

officialdom /ə'fɪʃəldəm/ *n* [u] los círculos oficiales; (pej) la burocracia

officialese /ə'fɪʃə'liːz/ *n* (pej) jerga *f* burocrática (pey)

officially /ə'fɪʃəli/ *adv* oficialmente

officiate /ə'fɪʃieɪt/ *vi* **to ~ AT sth** ‹*at mass/at a wedding*› oficiar (EN) *or* celebrar algo

officious /ə'fɪʃəs/ *adj* oficioso

offing /'ɔːfɪŋ || 'ɒfɪŋ/ *n*: **in the ~** en perspectiva

off: **~ key** *adv*: **to play/sing ~ key** desafinar; **~-licence** *n* (in UK) ≈ tienda *f* de vinos y licores, botillería *f* (Chi); **~ limits** /'lɪməts || 'lɪmɪts/ *adv*: **to go/be ~ limits** entrar/estar* en zona prohibida; **~-line** /'ɔːf'laɪn || ˌɒf'laɪn/ *adj* (*pred* **~ line**) ‹*storage/printer*› autónomo; **~load** /'ɔːf'ləʊd || ˌɒf'ləʊd/ *vt* 1 (unload) ‹*cargo*› desembarcar*, descargar*; ‹*ship/truck*› descargar*; ‹*passengers*› hacer* bajar 2 (discard) (colloq) **to ~load sth ONTO sb** endilgarle* *or* endosarle *or* (AmL tb) encajarle algo A algn (fam); **~-message** /'ɔːfmesɪdʒ || 'ɒfmesɪdʒ/ *adj* (Pol) que se sale de la línea del partido; **~-peak** /'ɔːf'piːk || ˌɒf'piːk/ *adj* (*before n*) ‹*travel/fare*› fuera de las horas pico *or* (Esp) punta; (Elec) fuera de (las) horas pico *or* (Esp) punta, en horas de menor consumo; **~-putting** /'ɔːf'pʊtɪŋ || ˌɒf'pʊtɪŋ/ *adj* (BrE) 1 (disagreeable) desagradable; **I found the thought of it rather ~-putting** sólo de pensar en ello se me quitaban las ganas 2 (discouraging) desmoralizador, desalentador 3 (distracting) molesto; **~-roading** /ˌɔːf'rəʊdɪŋ || ˌɒf'rəʊdɪŋ/ *n* [u] conducción *f* (de un) todoterreno; **~ season** *n* temporada *f* baja

off-ramp /'ɔːfræmp || 'ɒfræmp/ *n* (AmE) vía de salida (*de una autopista*)

offset¹ /'ɔːf'set || 'ɒfset/ *vt* (*pres* **-sets**; *pres p* **-setting**; *past & past p* **-set**) compensar; **to ~ sth AGAINST sth** deducir* algo DE algo

offset² /'ɔːfset || 'ɒfset/ *n* (Print) offset *m*; (*before n*) ‹*printing/reproduction*› en offset

offshoot /'ɔːfʃuːt || 'ɒfʃuːt/ *n* 1 (of plant, tree) retoño *m*, vástago *m*, renuevo *m* 2 (of family) rama *f*; (of company, organization) filial *f*

offshore¹ /'ɔːf'ʃɔːr || ˌɒf'ʃɔː(r)/ *adj* 1 ‹*oilfield/pipeline*› submarino; ‹*exploration/drilling*› off-shore *adj inv*, costa afuera 2 ‹*funds/account*› en el exterior, offshore *adj inv*; (with tax advantages) en un paraíso fiscal

offshore² *adv* ‹*anchor*› a cierta distancia de la costa

offside¹ /'ɔːf'saɪd || ˌɒf'saɪd/ *n*

A (Sport) fuera de juego *or* (AmL tb) de lugar *m*, off side *m*, orsay *m*

B (BrE Auto): **the ~** el lado del conductor

offside² *adj*

A (Sport) ‹*player*› en fuera de juego *or* (AmL tb) de lugar, en off side, en orsay

B (BrE Auto) (*before n*) del lado del conductor

offside³ *adv* (Sport) fuera de juego *or* (AmL tb) de lugar, en off side, en orsay

offspring /'ɔːfsprɪŋ || 'ɒfsprɪŋ/ *n* (*pl* **~**) 1 (animal) cría *f* 2 (hum) (child) hijo, -ja *m,f*, crío, cría *m,f* (fam), vástago *m* (liter *o* hum); (children) prole *f* (fam & hum), críos *mpl* (fam)

offstage¹ /'ɔːf'steɪdʒ || ˌɒf'steɪdʒ/ *adj* (*before n*) de entre bastidores, de fuera del escenario

offstage² *adv* fuera del escenario

off: **~-the-wall** /'ɔːfðə'wɔːl || ˌɒfðə'wɔːl/ *adj* (*pred* **~ the wall**) (colloq) estrambótico (fam), estrafalario; **~-white** /'ɔːf'hwaɪt || ˌɒf'waɪt/ *adj* color hueso *adj inv*; **~ year** *n* (AmE) *año durante el cual no se celebran elecciones importantes*

oft- /'ɔːft || 'ɒft/ *pref*: **~quoted/~repeated** muy citado/repetido

often /'ɔːfən, 'ɔːftən || 'ɒfən, 'ɒftən/ *adv* a menudo; **I see her quite ~** la veo bastante a menudo *or* (AmL tb) seguido; **how ~ do you see her?** ¿con qué frecuencia la ves?, ¿cada cuánto la ves?; **as ~ as I can** siempre que puedo;

O

every so ~ de vez en cuando; **we've ~ thought of emigrating** hemos pensado muchas veces en emigrar; **he's right more ~ than not** la mayoría *or* las más de las veces tiene razón; **you'll do that once too ~ and you'll hurt yourself** si sigues haciendo eso, vas a acabar haciéndote daño

ogle /ˈəʊgəl/ *vt* comerse con los ojos

ogre /ˈəʊgər || ˈəʊgə(r)/ *n* ogro *m*

oh /əʊ/ *interj*: **~, what a surprise!** ¡anda *or* vaya, qué sorpresa!; **~, it's you** ah, eres tú; **~ no, not him again!** ¡ay no, es él otra vez!; **~, really?** ¿de veras?, ¡no me digas!; **~ well, never mind** bueno, no importa

OH = **Ohio**

ohm /əʊm/ *n* ohmio *m*, ohm *m*

OHMS (in UK) = **on Her/His Majesty's Service**

oil¹ /ɔɪl/ *n*

A [u] **1** (petroleum) petróleo *m*; ***to strike ~*** (colloq) dar* con una mina de oro *or* con la gallina de los huevos de oro (fam); (lit: reach oil) encontrar* petróleo; (*before n*) **the ~ industry** la industria petrolera; **~ pipeline** oleoducto *m*; **~ refinery** refinería *f* de petróleo; **~ tanker** (ship) petrolero *m*; (truck) camión *m* cisterna (*para petróleo*) **2** (lubricant) aceite *m*; ***to pour ~ on troubled waters*** tratar de apaciguar los ánimos **3** (*fuel ~*) fuel-oil *m*, gasoil *m* **4** (for domestic lamps, stoves) queroseno *m*, kerosene *m*, parafina *f* (AmL); ***to burn the midnight ~*** quemarse las cejas

B [u c] (Culin) aceite *m*

C **1** [c] (painting) óleo *m* **2** **oils** *pl* (paints): **he paints in ~s** pinta al óleo

oil² *vt* ‹*machine/hinge*› lubricar*, aceitar, engrasar; ‹*wood/bat*› darle* aceite a

oil: **~can** *n* aceitera *f*; **~cloth** *n* [u] hule *m*; **~ color**, (BrE) **~ colour** *n* ▸ **~ paint**; **~ drum** *n* bidón *m* de aceite; **~field** *n* yacimiento *m* petrolífero *or* de petróleo; **~ paint** *n* [u c] óleo *m*; **~ painting** *n* **1** [c] (picture) óleo *m*; ***he's no ~ painting*** no es ninguna belleza *or* ningún Adonis **2** [u] (medium) pintura *f* al óleo; **~ patch** *n* **1** (patch of oil) mancha *f* de petróleo **2** (oil-field) (AmE sl) yacimiento *m* de petróleo **3** (the oil industry) (AmE) industria *f* petrolífera; **~ rig** *n* plataforma *f* petrolífera *or* petrolera; (derrick) torre *f* de perforación; **~skin** *n* **1** [u] (Tex) hule *m* **2** **~skins** *pl* chubasquero *m*, impermeable *m*; **~ slick** *n* marea *f* negra, mancha *f* de petróleo; **~ well** *n* pozo *m* petrolero *or* de petróleo

oily /ˈɔɪli/ *adj* **oilier, oiliest** **1** ‹*substance*› oleaginoso; ‹*rag*› manchado de aceite; ‹*fingers*› grasiento; ‹*food*› aceitoso, grasiento; ‹*skin/hair*› graso, grasoso (AmL) **2** (unctuous) empalagoso

ointment /ˈɔɪntmənt/ *n* [u c] pomada *f*, ungüento *m*

OK¹, okay /əʊˈkeɪ/ *interj* (colloq) ¡bueno!, ¡okey! (esp AmL fam), ¡vale! (Esp fam), ¡vaya (pues) *or* va pues! (AmC)

OK², okay *adj* **1** (all right) (colloq) (*pred*): **how are you? — ~, thanks** ¿qué tal estás? — bien, gracias; **the job's ~, but ...** el trabajo no está mal, pero ...; **will it be ~ if I bring a friend?** ¿te importa si traigo a un amigo?; **it's ~ with me** yo no tengo ningún inconveniente **2** (acceptable) (sl) (*before n*): **he's really an ~ guy** es un tipo muy bien (fam), es un tío legal (Esp arg)

OK³, okay *adv* (colloq) bastante bien

OK⁴, okay *vt* (*pres* **OK's**; *pres p* **OK'ing**; *past & past p* **OK'ed**) (colloq) darle* el visto bueno a

OK⁵, okay *n* (*pl* **OK's**) (colloq) visto bueno *m*

OK⁶, Okla = **Oklahoma**

okra /ˈəʊkrə/ *n* [u] quingombó *m*, calalú *m* (*verdura muy usada en la cocina africana e india*)

old¹ /əʊld/ *adj*

A (of certain age): **he's 10 years ~** tiene 10 años; **how ~ are you?** ¿cuántos años tienes?, ¿qué edad tienes?; **she's two years ~er than me** me lleva dos años, es dos años mayor que yo; **a month-~ puppy** un cachorro de un mes; **a group of six-year-/fifteen-year-~s** un grupo de niños de seis años/de quinceañeros; **she's not ~ enough to go to school** no tiene edad de ir a la escuela; **you're ~ enough to know better!** ¡a tu edad ...!

B (not young) mayor; (less polite) viejo; **~ people feel the cold more** los ancianos *or* las personas mayores *or* de edad sienten más el frío; **to get** *o* **grow ~/~er** envejecer*; **doesn't she look ~!** ¡qué vieja *or* avejentada está!

C **1** (not new) ‹*clothes/car/remedy*› viejo; ‹*city/civilization*› antiguo; ‹*custom/tradition*› viejo, antiguo; **it's a very ~ family** es una familia de abolengo **2** (longstanding, familiar) (*before n*) ‹*friend/enemy/rivalry*› viejo; ‹*injury/problem*› antiguo; **it's the same ~ story** es la misma historia de siempre

D (former, previous) (*before n*) antiguo

E **Old** (Ling) (*before n*) antiguo

F (colloq) (*before n*) **1** (*as intensifier*): **just wear any ~ thing** ponte cualquier cosa; **this book is a load of ~ rubbish** este libro es una porquería (fam) **2** (in familiar references): **good ~ John!** ¡el bueno de John! (Esp); **lucky ~ you!** ¡qué suerte tienes!

old² *n*

A (old people) (+ *pl vb*) **the ~** los ancianos, las personas mayores *or* de edad; (less polite) los viejos

B (former times) (liter): **in days of ~** antaño (liter), antiguamente

old: **~ age** *n* [u] vejez *f*; **to die of ~ age** morir(se)* de viejo; **it's just ~ age** son los años; **~ age pensioner** *n* (BrE) pensionista *mf* (de la tercera edad); **~ boy** *n* (ex-pupil) (BrE) ex-alumno *m*; (*before n*) **the ~-boy network** el amiguismo (*esp entre ex-alumnos de colegios de elite*)

olden /ˈəʊldən/ *adj* (liter): **in ~ days** *o* **times** antaño (liter)

olde-worlde /ˈəʊldiˈwɜːrldi || ˈəʊldiˈwɜːldi/ *adj* (BrE hum) pintoresco

old: **~-fashioned** /ˈəʊldˈfæʃənd/ *adj* **1** (outdated) anticuado, pasado de moda; **he's a bit ~-fashioned** es un poco chapado a la antigua **2** (traditional) tradicional; **~ folks' home** *n* residencia *f* de ancianos; **~ girl** *n* (ex-pupil) (BrE) ex-alumna *f*; **~ Glory** *n* (AmE) la bandera de los EEUU; **~ lady** *n* (colloq): **my/his ~ lady** (mother) mi/su vieja (fam); (wife) mi/su señora, mi/su vieja (Méx fam), la parienta (Esp fam), la patrona (CS fam & hum); **~-line** /ˈəʊldˈlaɪn/ *adj* (AmE) (*before n*) ‹*views*› tradicional; ‹*supporter*› tradicionalista, de la vieja guardia; **~ maid** *n* (colloq) solterona *f* (fam); **~ man** *n* (colloq) **1** : **my/her ~ man** (father) mi/su viejo (fam); (husband) mi/su marido, mi/su viejo (Méx fam) **2** (boss): **the ~ man** el jefe *or* patrón; **~ master** *n* (painter) gran maestro *m* de la pintura; (painting) obra *f* maestra de la pintura clásica; **~ people's home** *n* residencia *f* de ancianos; **~ school** *n*: **a politician in** *o* **of the ~ school** un político de la vieja escuela; **~ school tie** (Clothing) *corbata con los colores de la escuela*; (attitude, system) **the ~ school tie** el amiguismo (*esp entre ex-alumnos de colegios de elite*); **~-style** /ˈəʊldˈstaɪl/ *adj* (*before n*) de la vieja guardia, a la antigua; **~ Testament** *n* Antiguo Testamento *m*; **~-time** /ˈəʊldˈtaɪm/ *adj* (*before n*) antiguo; **~-timer** /ˈəʊldˈtaɪmər || ˌəʊldˈtaɪmə(r)/ *n* (colloq) (veteran) veterano, -na *m,f*; (old man) (AmE) viejo *m* (fam); **~ wives' tale** *n* cuento *m* de viejas; **~ woman** *n* ▸ **~ lady**; **~-world** /ˈəʊldˈwɜːrld || ˈəʊldˌwɜːld/ *adj* ‹*atmosphere*› con sabor antiguo; ‹*courtesy*› a la antigua (usanza)

> **Old Glory**
> ▸ Stars and Stripes

oleaginous /ˈəʊliˈædʒənəs/ *adj* ‹*substance/film*› oleaginoso; (unctuous) empalagoso

O level *n* (formerly in UK) *estudios de una asignatura en preparación del examen al cual solía presentarse alrededor de los 16 años y certificado otorgado*

oligarchy /ˈɑːləgɑːrki || ˈɒlɪgɑːki/ *n* [c u] (*pl* **-chies**) oligarquía *f*

olive¹ /ˈɑːlɪv || ˈɒlɪv/ *n*

A [c] **1** (Culin) aceituna *f*, oliva *f*; (*before n*) **~ oil** aceite *m* de oliva **2** **~ (tree)** olivo *m*; (*before n*) **~ grove** olivar *m*

B [u] (color) (color) aceituna *m*

olive² *adj* ‹*coat/paint*› color aceituna *adj inv*; ‹*skin*› aceitunado

olive: **~ branch** *n* rama *f* de olivo; **to extend** *o* **hold out** *o* **proffer the ~ branch to sb** tenderle* la mano a algn en son de paz; **~ drab** *n* (AmE) **1** [u] (color, cloth) caqui *m* **2** **~ drabs** *pl* (uniform) *uniforme de la infantería estadounidense*; **~-green** /ˈɑːlɪvˈgriːn || ˌɒlɪvˈgriːn/ *adj* (*pred* **~ green**) verde aceituna *or* oliva *adj inv*

Olympiad /əˈlɪmpiæd/ *n* olimpiada *f*, olimpíada *f*

Olympic /əˈlɪmpɪk/ *adj* olímpico

Olympic Games *pl n* **the ~ ~** los juegos Olímpicos

Olympics /ə'lɪmpɪks/ *pl n* **the ~** las Olimpíadas *or* Olimpiadas

Oman /əʊ'mɑːn/ *n* Omán *m*

ombudsman /'ɑːmbʊdzmən || 'ɒmbʊdzmən/ *n* (*pl* **-men** /-mən/) ombudsman *mf or* (Esp, Per) defensor, -sora *m,f* del pueblo

omega /əʊ'meɪgə || 'əʊmɪgə/ *n* omega *f*

omelet, (BrE) **omelette** /'ɑːmlət || 'ɒmlɪt/ *n* omelette *f or* (Esp) tortilla *f* francesa; **Spanish ~** tortilla *f* de papas *or* (Esp) patatas, tortilla *f* española; ***you can't make an ~ without breaking eggs*** nada que valga la pena se logra sin crear conflictos

omen /'əʊmən/ *n*: **it's a good/bad ~** es un buen/mal augurio, es de buen/mal agüero; **they saw this as an ~ of victory** lo tomaron como un presagio de victoria; **bird of ill ~** pájaro *m* de mal agüero

ominous /'ɑːmənəs || 'ɒmɪnəs/ *adj*: **there was an ~ silence** se hizo un silencio que no presagiaba *or* no auguraba nada bueno; **that's ~** eso es de mal agüero *or* es un mal augurio

ominously /'ɑːmənəsli || 'ɒmɪnəsli/ *adv*: **he was ~ silent** su silencio no presagiaba nada bueno; **there is worse to come, he said ~** —todavía queda lo peor —dijo en tono alarmante *or* inquietante

omission /əʊ'mɪʃən || ə'mɪʃən/ *n* [u c] omisión *f*, supresión *f*

omit /əʊ'mɪt || ə'mɪt/ *vt* **-tt-** 1 (leave out) omitir, suprimir; (accidentally) olvidar incluir 2 (fail) (frml) **to ~ to + INF** omitir + INF (frml)

omnibus /'ɑːmnɪbəs || 'ɒmnɪbəs/ *n* (*pl* **-buses**)

A (Publ) antología *f*

B (Transp dated) ómnibus *m* (ant exc en Per y RPl)

omnipotent /ɑːm'nɪpətənt || ɒm'nɪpətənt/ *adj* (frml) omnipotente

omnipresent /'ɑːmnɪ'preznt || ,ɒmnɪ'preznt/ *adj* (frml) omnipresente

omniscient /ɑːm'nɪʃənt || ɒm'nɪsɪənt/ *adj* omnisciente

omnivore /'ɑːmnɪvɔːr || 'ɒmnɪvɔː(r)/ *n* omnívoro, -ra *m,f*

omnivorous /ɑːm'nɪvərəs || ɒm'nɪvərəs/ *adj* ‹*animal*› omnívoro; ‹*reader/viewer*› voraz

on[1] /ɑːn || ɒn/ *prep*

A 1 (indicating position) en; **put it ~ the table** ponlo en *or* sobre la mesa; **~ the ground** en el suelo; **he hung it ~ a hook** lo colgó de un gancho; **yellow ~ a black background** amarillo sobre un fondo negro; **I live ~ Acacia Avenue** (esp AmE) vivo en Acacia Avenue; **~ the right/left** a la derecha/izquierda 2 (belonging to) de; **the handle ~ the cup** el asa de la taza 3 (against): **I hit my head ~ the shelf** me di con la cabeza contra el estante; **he cut his hand ~ the glass** se cortó la mano con el vidrio

B 1 (of clothing): **it looks better ~ you than me** te queda mejor a ti que a mí 2 (about one's person): **I didn't have any cash ~ me** no llevaba dinero encima; **they found heroin ~ him** le encontraron heroína (encima)

C (indicating means of transport): **I went ~ the bus** fui en autobús; **we had lunch ~ the train** comimos en el tren; **~ a bicycle/horse** en bicicleta/a caballo; **~ foot** a pie

D 1 (playing instrument) a; **George Smith ~ drums** George Smith a la *or* en la batería 2 (Rad, TV): **I heard it ~ the radio** lo oí por la radio; **I was ~ TV last night** anoche salí por televisión; **the play's ~ channel 4** la obra la dan en el canal 4 3 (recorded on) en; **~ tape** en cinta

E 1 (using equipment): **who's ~ the computer?** ¿quién está usando la computadora?; **you've been ~ the phone an hour!** ¡hace una hora que estás hablando por teléfono!, ¡hace una hora que estás colgado del teléfono! (fam) 2 (on duty at) en; **to be ~ the door** estar* en la puerta 3 (contactable via): **call us ~ 800 7777** llámenos al 800 7777

F (a member of): **she's ~ the committee** está en la comisión, es miembro de la comisión; **~ a team** (AmE) en un equipo

G (indicating time): **I went ~ Monday** fui el lunes; **~ Wednesdays she goes swimming** los miércoles va a nadar; **~ the anniversary of her death** en el aniversario de su muerte; **~ -ING** al + INF; **~ hearing the news** al enterarse de la noticia

H (about, concerning) sobre; **while we're ~ the subject** a propósito, ya que estamos hablando de esto

I 1 (indicating activity, undertaking): **~ vacation/safari** de vacaciones/safari; **we went ~ a trip to London** hicimos un viaje a Londres, nos fuimos de viaje a Londres; **I went there ~ business** fui allí en viaje de negocios; **he's ~ a diet** está a dieta, está a *or* de régimen 2 (working on, studying): **we're ~ page 45 already** ya vamos por la página 45; **I'm still ~ question 1** todavía estoy con la pregunta número 1

J (taking, consuming): **she's ~ antibiotics** está tomando antibióticos; **he's ~ heroin** es heroinómano

K (talking about income, available funds): **I manage ~ less than that** yo me las arreglo con menos de eso; **she's ~ £30,000** (BrE) gana 30.000 libras al año

L (according to): **she wants to stay ~ her terms** quiere quedarse pero imponiendo sus condiciones; **acting ~ his advice** siguiendo sus consejos

M (at the expense of): **this round's ~ me** a esta ronda invito yo, esta ronda la pago yo; **it's ~ the house** invita la casa, atención de la casa

N 1 (in comparison with): **profits are up ~ last year** los beneficios han aumentado respecto al año pasado 2 (in) (AmE): **20 cents ~ the dollar** el 20 por ciento

on[2] *adv*

A 1 (worn): **she had a blue dress ~** llevaba (puesto) *or* tenía puesto un vestido azul; **with no clothes ~** sin ropa, desnudo; **let's see what it looks like ~** a ver cómo queda puesto; *see also* **have on, put on** 2 (in place): **the lid's not ~ properly** la tapa no está bien puesta; **to sew a button ~** coser *or* pegar* un botón

B (indicating relative position): **head ~** de frente; **sideways ~** de lado

C (indicating progression) 1 (in space): **drive ~** sigue adelante; **further ~** un poco más allá *or* más adelante; **go ~ up; I'll follow in a minute** tú ve subiendo que yo ya voy 2 (in time, activity): **from then ~** a partir de ese momento; **from now ~** de ahora en adelante; **I have nothing ~ that day** ese día no tengo ningún compromiso 3 **on and off, off and on**: **we still see each other ~ and off** todavía nos vemos de vez en cuando; **it rained ~ and off** *o* **off and ~ all week** estuvo lloviendo y parando toda la semana 4 **on and on**: **the film went ~ and ~** la película se hizo interminable *or* (fam) pesadísima; **you don't have to go ~ and ~ about it!** no hace falta que sigas dale y dale con lo mismo (fam)

D (in phrases) 1 **on about** (BrE colloq): **what's she ~ about?** ¿de qué está hablando?, pero ¿qué dice? 2 **on at** (BrE colloq): **he's always ~ at her about the same thing** siempre le está encima con lo mismo

on[3] *adj*

A (*pred*) 1 (functioning): **to be ~** «*light/TV/radio*» estar* encendido, estar* prendido (AmL); «*faucet*» estar* abierto; **the electricity/water isn't ~ yet** la electricidad/el agua todavía no está conectada; **the handbrake is ~** el freno de mano está puesto 2 (on duty): **we work four hours ~, four hours off** trabajamos cuatro horas y tenemos otras cuatro de descanso; **which of the doctors is ~ today?** ¿qué médico está de guardia hoy?

B (*pred*) 1 (taking place): **there's a lecture ~ in there** hay *or* están dando una conferencia allí; **while the conference is ~** mientras dure el congreso, hasta que termine el congreso 2 (due to take place): **the party's definitely ~ for Friday** la fiesta es *or* se hace el viernes seguro; **is the wedding still ~?** ¿no se ha suspendido la boda? 3 (being presented): **what's ~ at the Renoir?** (Cin, Rad, Theat, TV) ¿qué dan *or* (Esp tb) ponen *or* echan en el Renoir?; **is that play still ~?** ¿sigue en cartelera la obra?; **the exhibition is still ~** la exposición sigue abierta 4 (performing, playing): **you're ~!** (Theat) ¡a escena!; **I'm only ~ for about five minutes in Act 3** sólo salgo cinco minutos en el tercer acto; **he has been ~ for most of the game** ha estado jugando casi todo el partido; *see also* **bring, come, go** *etc* **on**

C 1 (indicating agreement, acceptance) (colloq): **you teach me Spanish and I'll teach you French — you're ~!** tú me enseñas español y yo te enseño francés — ¡trato hecho! *or* ¡te tomo la palabra! 2 **not on** (esp BrE colloq): **that sort of thing just isn't ~** ese tipo de cosa no se puede tolerar; **the idea of finishing by April was never really ~** la idea de terminar para abril nunca fue viable

once[1] /wʌns/ *adv*

A 1 (one time, on one occasion) una vez; **~ a week** una vez por semana, una vez a la semana; **~ was enough** con

O

una vez me (*or* le *etc*) alcanzó; **not ~ did I ask them for help** ni una sola vez les pedí ayuda; ▸**bite** 2 (formerly): **a health care system which was ~ the pride of the nation** un sistema de asistencia sanitaria que antes era *or* que en su día fue el orgullo de la nación; **~ upon a time there was ...** érase una vez ..., había una vez ...

B (*in phrases*) **all at once** (suddenly) de repente; **at once**: **come here at ~!** ¡ven aquí inmediatamente *or* ahora mismo!; **don't all shout at ~** no griten todos al mismo tiempo *or* a la vez; **for once** por una vez; **once again** *o* **once more** otra vez, una vez más; **do that ~ more and I'll tell your father!** como vuelvas a hacer eso, se lo digo a tu padre; **once (and) for all** de una vez por todas; **(every) once in a while** de vez en cuando; **once or twice** una o dos veces, un par de veces

once² *conj* una vez que; (with verb omitted) una vez; **~ you get started, it's hard to stop** una vez que empiezas, es difícil parar; **~ inside the house, she felt safer** una vez dentro de la casa, se sintió más segura

once³ *n*: **the/this ~** una/esta vez; **I'll let you off this ~** por esta vez que pase

once- /ˈwʌns/ *pref* otrora (liter)

once: **~-over** *n*: ***to give sth/sb a*** *o* ***the ~-over*** (colloq): **we gave the house a quick ~-over** le dimos una pasada por encima a la casa (fam); **he gave her a quick ~-over out of the corner of his eye** le echó un vistazo de reojo; **~-over-lightly** /ˈwʌnsəʊvərˈlaɪtli || ˌwʌnsəʊvəˈlaɪtli/ *n* (AmE) (*no pl*): **the ~-over-lightly** un repaso rápido, una pasada por encima (fam)

oncology /ɑːŋˈkɑːlədʒi || ɒŋˈkɒlədʒi/ *n* [u] oncología *f*

oncoming /ˈɑːnˌkʌmɪŋ || ˈɒnkʌmɪŋ/ *adj* (*before n*) ‹*vehicle*› que viene (*or* venía) en dirección contraria

one¹ /wʌn/ *n*

A 1 (number) uno *m*; **has anybody got five ~s?** ¿alguien tiene cinco billetes de un dólar (*or* un peso *etc*)?; ***to be at ~ with sb/sth*** estar* en paz *or* en armonía con algn/algo; *see also* **four¹** 2 (elliptical use): **he's nearly ~** tiene casi un año; **it's nearly ~** es casi la una; **it was interesting in more ways than ~** fue interesante en más de un sentido/en muchos sentidos; **the chances are ~ in a million** la probabilidad es de uno en un millón; **I only want the ~** sólo quiero uno/una; **did you see many cows? — ~ or two** ¿viste muchas vacas? — alguna que otra

B (*in phrases*) **as one**: **they rose as ~** se pusieron de pie todos a la vez *or* como un solo hombre; **for one** por lo pronto; **who's going? — well, I am for ~** ¿quién va? — yo, por lo pronto; **in one**: **it's a TV and a video in ~** es televisión y vídeo a la vez *or* todo en uno; **one by one** uno a uno, uno por uno

one² *adj*

A 1 (stating number) un, una; **~ button/pear** un botón/una pera; **~ hundred** cien; **~ thousand, three hundred** mil trescientos; **~ fifth of the population** la quinta parte de la población 2 (certain, particular): **~ boy was tall, the other short** uno de los niños era alto, el otro era bajo; **~ window looks out over the park** una de las ventanas da al parque

B 1 (single): **she was the ~ person I trusted** era la única persona en quien confiaba; **it is too much for any ~ person** es demasiado para una sola persona; **there is not ~ shred of evidence** no existe ni la más mínima prueba; **the ~ and only Frank Sinatra** el incomparable *or* inimitable Frank Sinatra; **my ~ and only coat is at the cleaners** el único abrigo que tengo *or* mi único abrigo está en la tintorería 2 (same) mismo, misma; **we drank out of the ~ glass cup** bebimos del mismo vaso/de la misma taza; **Clark Kent and Superman are ~ and the same** Clark Kent y Superman son la misma persona

C (unspecified) un, una; **you must come over ~ evening** tienes que venir una noche; **I'll get even with you ~ day** algún día me las pagarás

D (with names): **in the name of ~ John Smith/Sarah Brown** a nombre de un tal John Smith/una tal Sarah Brown

one³ *pron*

A (thing): **this ~** éste/ésta; **that ~** ése/ésa; **which ~?** ¿cuál?; **the ~ on the right/left** el/la de la derecha/izquierda; **the ~s on the table** los/las que están en la mesa; **the blue ~s** los/las azules; **I want the big ~** quiero el/la grande; **it's my last ~** es el último/la última que me queda; **~ of the oldest cities in Europe** una de las ciudades más antiguas de Europa; **every ~ of them was broken** todos estaban rotos; **he's had ~ too many** ha bebido de más, ha bebido más de la cuenta; **have you heard the ~ about ... ?** ¿has oído el chiste de ... ?; **he ate all the apples ~ after another** *o* **the other** se comió todas las manzanas, una detrás de otra

B (person): **the ~ on the right's my cousin** el/la de la derecha es mi primo/prima; **it could be any ~ of us** podría ser cualquiera de nosotros; **our loved ~s** nuestros seres queridos; **he's a sly ~, that Jack Tibbs** es un zorro ese Jack Tibbs; **I'm not ~ to gossip, but ...** no me gustan los chismes pero ...; **~ after another** *o* **the other** uno tras otro *or* detrás de otro

one⁴ *pron* uno, una; **~ simply never knows** realmente nunca se sabe *or* uno nunca sabe; **it certainly makes ~ think** le da que pensar a uno; **~ another** ▸**each other, each²** B

one: **~-arm bandit** *n* (colloq) máquina *f* tragamonedas *or* (Esp) tragaperras; **~-armed** /ˈwʌnˈɑːrmd || ˈwʌnˌɑːmd/ *adj* manco; **~-armed bandit** *n* ▸**~-arm bandit**; **~-dimensional** /ˈwʌndəˈmentʃn̩əl, -ˈdaɪ- || ˌwʌndɪˈmenʃənl̩/ *adj* (Math) unidimensional; (pej) ‹*characters/description*› superficial, sin fondo *or* sin profundidad; **~-eyed** /ˈwʌnˈaɪd/ *adj* tuerto; **~-handed** /ˈwʌnˈhændəd || ˌwʌnˈhændɪd/ *adv/adj* con una sola mano; **~-horse** /ˈwʌnˈhɔːrs || ˌwʌnˈhɔːs/ *adj* (*before n*) 1 (small) (pej): **a ~-horse town** un pueblucho (pey), un pueblo de mala muerte (fam & pey) 2 (one-sided) (colloq): **it was a ~-horse race** el resultado estaba cantado (fam); **~-legged** /ˈwʌnˈlegəd || ˌwʌnˈlegɪd/ *adj* con una sola pierna; **~-liner** /ˈwʌnˈlaɪnər || ˌwʌnˈlaɪnə(r)/ *n* dicho *m* ingenioso; **~-man** /ˈwʌnˈmæn/ *adj* (*before n*) ‹*business*› unipersonal; ‹*operation*› dirigido por una sola persona; **she's a ~-man woman** es mujer de un solo hombre; **~-man band** *n* hombre-orquesta *m*

oneness /ˈwʌnnəs || ˈwʌnnɪs/ *n* [u] (frml) 1 (homogeneity) unidad *f* 2 (unity): **he felt a sense of ~ with the universe** se sentía uno con el universo

one-night stand /ˈwʌnnaɪt/ *n* 1 (sexual encounter) (colloq) ligue *m or* (CS) programa *m* de una noche (fam) 2 (Mus, Theat) función *f* única

one-off¹ /ˈwʌnˈɔːf || ˌwʌnˈɒf/ *n* (BrE colloq): **this payment is strictly a ~** este pago es una excepción

one-off² *adj* (BrE) excepcional

one on one *adv* (AmE) uno a uno

one-on-one¹ /ˈwʌnɑːnˈwʌn || ˈwʌnɒnˈwʌn/ *adj* (AmE) ‹*defense*› individual, uno a uno; ‹*confrontation*› uno a uno

one-on-one² *n* (AmE) tête *m* à tête, mano *m* a mano

one-piece /ˈwʌnpiːs/ *adj* ‹*swimsuit*› entero

onerous /ˈəʊnərəs/ *adj* ‹*task*› pesado; ‹*debt*› oneroso

one: **~self** /wʌnˈself/ *pron* (frml) (reflexive) se; (after prep) sí mismo; (emphatic use) uno mismo; **to cut ~self** cortarse; **to talk about ~self** hablar de sí mismo; **to experience sth for ~self** experimentar algo uno mismo; **~-shot** *adj* (AmE) 1 (effective) (*before n*) ‹*remedy*› de efecto inmediato 2 (exceptional) excepcional; **~-sided** /ˈwʌnˈsaɪdəd || ˌwʌnˈsaɪdɪd/ *adj* ‹*account/version*› parcial, tendencioso; ‹*game/contest*› desigual; **~-stop** /ˈwʌnˈstɑːp || ˈwʌnˈstɒp/ *adj* (*before n*): **~-stop banking** servicios *mpl* bancarios integrados; **~-time** *adj* antiguo; **~-to-one** /ˈwʌntəˈwʌn/ *adj* 1 (individual) ‹*teaching/attention*› individualizado; ‹*discussion*› mano a mano; **on a ~-to-~ basis** de uno a uno 2 (exact) ‹*correlation*› de uno a uno; **~-track mind** /ˈwʌnˈtræk/ *n*: **to have a ~-track mind** ser* un obseso, no tener* más que una idea en la cabeza

one-size-fits-all /ˌwʌnˌsaɪzˌfɪtsˈɔːl/ *adj* (*before n*) 1 (Clothing) de talla única 2 (universal) ‹*solution/judgment*› para dejar contentos a todos

one-upmanship /ˈwʌnˈʌpmənʃɪp/ *n* [u] (colloq) *arte de colocarse siempre en una situación de superioridad con respecto a los demás*

one-way /ˈwʌnˈweɪ/ *adj* 1 ‹*street*› de sentido único 2 (for one journey): **~ or round trip?** ¿ida sólo o ida y vuelta?, ¿sencillo o redondo? (Méx)

ongoing /ˈɑːnˌgəʊɪŋ || ˈɒngəʊɪŋ/ *adj*: **the ~ talks** las conversaciones en curso; **the investigations have been ~ for several months** se están llevando a cabo investigaciones desde hace meses

O

onion /ˈʌnjən/ *n* [c u] cebolla *f*

on: **~ line** *adv*: **to edit/work ~ line** (Comput) editar/trabajar en línea; **~-line** /ˈɑːnˈlaɪn || ˌɒnˈlaɪn/ *adj* (*pred* **~ line**) (Comput) conectado, en línea; **~looker** *n* espectador, -dora *m,f*

only¹ /ˈəʊnli/ *adv* **1** (merely, no more than) sólo, solamente; **you'll ~ make matters worse** lo único que vas a lograr es empeorar las cosas; **you ~ have** *o* **have ~ to ask** no tienes más que pedir; **I was ~ joking!** ¡te lo decía en broma! **2** (exclusively) sólo, solamente, únicamente; Ⓢ **staff only** sólo personal autorizado **3** (no earlier than) sólo, recién (AmL); **~ then did I learn the truth** sólo *or* (AmL tb) recién entonces me enteré de la verdad **4** (no longer ago than): **~ last week the very same problem came up** la semana pasada, sin ir más lejos, surgió el mismo problema **5** (*in phrases*) **if only**: **if ~ I were rich!** ¡ojalá fuera rico!; **if ~ I'd known** si lo hubiera sabido; **only just**: **they've ~ just arrived** ahora mismo acaban de llegar; **he ~ just escaped being arrested** se libró por poco de que lo detuvieran, se libró por un pelo *or* por los pelos de que lo detuvieran (fam); **will it fit in? — ~ just** ¿cabrá? — apenas *or* (fam) justito; **not only ... , but also ...** no sólo ... , sino también ...

only² *adj* (*before n*) único; **she's an ~ child** es hija única; **my ~ regret is that ...** lo único que siento es que ...

only³ *conj* (colloq) pero; **I'd like to, ~ I'm very busy** me gustaría, pero *or* lo que pasa es que estoy muy ocupado

-only /ˈəʊnli/ *suff*: **a men~/women~ session** una sesión sólo *or* exclusivamente para hombres/mujeres

on-message /ˈɑːnˌmesɪdʒ || ˈɒnˌmesɪdʒ/ *adj* que sigue la línea del partido

o.n.o. (esp BrE) (= **or near(est) offer**): **£500 ~** 500 libras, negociable

onomatopoeia /ˈɑːnəˈmætəˈpiːə || ˌɒnəˌmætəˈpiə/ *n* [u] onomatopeya *f*

on: **~-ramp** *n* (AmE) vía *f* de acceso (*a una autopista*); **~rush** *n* (of waves) embate *m*; (of people) avalancha *f*; **~set** *n* (of winter, rains) llegada *f*, comienzo *m*; (of disease) aparición *f*

onshore¹ /ˈɑːnˈʃɔːr || ˈɒnʃɔː(r)/ *adj* **1** ‹*wind*› que sopla desde el mar **2** (on land) ‹*oil terminal/location*› en tierra

onshore² *adv* tierra adentro

onside /ˈɑːnˈsaɪd || ˌɒnˈsaɪd/ *adj* en posición reglamentaria

onslaught /ˈɑːnslɔːt || ˈɒnslɔːt/ *n* ataque *m*, arremetida *f*; **the ~ of summer visitors** la invasión *or* avalancha de visitantes veraniegos

on: **~stage** /ˈɑːnˈsteɪdʒ || ˌɒnˈsteɪdʒ/ *adv*: **to come ~stage** salir* a escena; **to appear ~stage** aparecer* en escena; **~-street** /ˈɑːnˈstriːt || ˈɒnˌstriːt/ *adj* (*before n*): **~-street parking** estacionamiento *m* or (Esp) aparcamiento *m* en la vía pública

Ont = **Ontario**

onto /ˈɑːntuː || ˈɒntuː, *before consonant* ˈɑːntə || ˈɒntə/ *prep*

A (on): **it fell ~ the table** cayó sobre la mesa; **he climbed ~ the cart** se subió al carro

B (aware of) (colloq) **to be ~ sb/sth**: **the police are ~ her** la policía anda tras ella *or* le está siguiendo la pista; **I think we're ~ something big** creo que hemos dado con algo importante *or* (fam) algo gordo

C **to be ~ sb** (BrE colloq) **1** (in contact with): **I've just been ~ them** acabo de hablar con ellos **2** (nagging): **I've been ~ them all week to send it to us** llevo toda la semana dándoles la lata para que nos lo manden (fam)

onus /ˈəʊnəs/ *n* (frml) responsabilidad *f*; **the ~ is on him to prove his theory** le corresponde *or* le incumbe a él probar su teoría

onward¹ /ˈɑːnwərd || ˈɒnwəd/ *adj* (*before n*) hacia adelante

onward², (BrE also) **onwards** /-z/ *adv* (hacia) adelante; **from now ~** de ahora en adelante, a partir de ahora

onyx /ˈɑːnɪks || ˈɒnɪks/ *n* [u] ónix *m*

oodles /ˈuːdlz/ *pl n* (colloq) cantidad *f* (fam), montones *mpl* (fam)

ooh¹ /uː/ *interj*: **~, what a beautiful sunset!** ¡ah, qué puesta de sol tan bonita!; **~, that hurt** ¡ay, eso me dolió!

ooh² *vi*: **to ~ and aah** (colloq) exclamar embelesado *or* extasiado

oops /ʊps || uːps/ *interj* (colloq) ¡uy! (fam)

ooze /uːz/ *vi*: **blood ~d from his wound** le salía sangre de la herida; **to ~ WITH sth**: **the walls were oozing with damp** las paredes rezumaban humedad

■ **ooze** *vt*: **the wound ~d pus** la herida (le) supuraba; **the walls ~d damp** las paredes rezumaban humedad; **he ~s charm** irradia simpatía

opal /ˈəʊpəl/ *n* [u c] ópalo *m*

opaque /əʊˈpeɪk/ *adj* opaco

OPEC /ˈəʊpek/ *n* (*no art*) (= **Organization of Petroleum Exporting Countries**) la OPEC *or* la OPEP

open¹ /ˈəʊpən/ *adj*

A **1** (not shut or sealed) abierto; **with ~ arms** con los brazos abiertos; **to cut sth ~** abrir* algo cortándolo; **he pushed the door ~** abrió la puerta de un empujón **2** (not fastened) ‹*shirt/jacket*› abierto, desabrochado **3** (not folded) ‹*flower/newspaper/book*› abierto

B **1** (not enclosed) abierto; **it's ~ country all around here** aquí estamos en campo abierto; **~ prison** cárcel *f* en régimen abierto; **on the ~ seas** en alta mar, en mar abierto **2** (not blocked) abierto; **the road is now ~ to traffic once more** la carretera vuelve a estar abierta al tráfico **3** ‹*cheque*› (in UK) no cruzado, al portador, a la orden

C **1** (not covered) ‹*carriage*› abierto, descubierto; ‹*sewer*› a cielo abierto, descubierto; **an ~ fire** una chimenea, un hogar **2** (exposed, vulnerable) **~ TO sth** ‹*to elements/enemy attack*› expuesto A algo; **to lay** *o* **leave oneself ~ to sth** exponerse* a algo; **this is ~ to misunderstanding/abuse** esto se presta a malentendidos/a que se cometan abusos

D (*pred*) (ready for business) **to be ~** «*shop/museum*» estar* abierto; **the new section is ~ for traffic** el nuevo tramo está abierto al tráfico

E (unrestricted) ‹*membership*› abierto al público en general; ‹*meeting*› a puertas abiertas, abierto al público; ‹*ticket/reservation*› abierto; ‹*government*› abierto; **~ letter** carta *f* abierta; **in the ~ market** en el mercado libre *or* abierto; **to sell sth ~ stock** (AmE) vender algo por piezas *or* por unidad; **let's throw the topic ~ for debate** abramos el debate sobre el tema; **to be ~ TO sb/sth**: **the competition is ~ to everybody** cualquiera puede presentarse al certamen; **the palace gardens are ~ to the public** los jardines del palacio están abiertos al público

F **1** (available) (*pred*): **several options are ~ to us** tenemos *or* se nos presentan varias opciones *or* alternativas **2** (not decided): **that's still an ~ question** eso aún está por decidirse; **let's leave things ~ for the time being** no descartemos ninguna posibilidad de momento; **let's leave the date ~** no concretemos la fecha todavía; **~ verdict** *veredicto que se emite cuando no se puede establecer la causa de la muerte de una persona*

G **1** (receptive) abierto; **I'm always ~ to suggestions** siempre estoy abierto a todo tipo de sugerencias, siempre estoy dispuesto a recibir sugerencias; **to have an ~ mind** tener* una actitud abierta **2** (frank, candid): **to be ~ WITH sb** ser* sincero *or* franco CON algn

H (not concealed) ‹*resentment/hostility*› abierto, manifiesto

open² *vt*

A **1** ‹*door/box/parcel*› abrir*; ‹*bottle*› abrir*, destapar; **to ~ one's mouth/eyes** abrir* la boca/los ojos **2** (unfold) ‹*newspaper/book*› abrir*

B **1** (clear, remove obstructions from) ‹*road/channel*› abrir* **2** (make accessible, available) abrir*; **they have ~ed the house to the public** han abierto la casa al público

C **1** (set up, start) ‹*branch/department*› abrir*; ‹*shop/business*› abrir*, poner* **2** (declare open) abrir*, inaugurar

D (begin) ‹*debate*› abrir*, iniciar; ‹*meeting*› abrir*, dar* comienzo a; ‹*bidding*› iniciar; ‹*talks*› entablar; **to ~ fire on sb/sth** abrir* fuego contra algn/algo

E (make receptive) **to ~ sth TO sth** abrir* algo A algo; **you must ~ your mind to new ideas** debes abrirte a nuevas ideas

■ **open** *vi*

A **1** «*door/window/wound*» abrirse*; **~ wide!** abra bien la boca, abra bien grande; **the heavens** *o* **skies ~ed** empezó a diluviar **2** (unfold) abrirse*

B (give access) **to ~ ONTO/INTO sth** dar* A algo

C (for business) «*shop/museum*» abrir*

D (begin) «*play/book*» comenzar*, empezar*; (in card games) abrir* (el juego); **her new movie ~s next week** su nueva película se estrena la semana próxima

Phrasal verbs

• **open out**

A [v ▸ adv] **1** (become wider) «*river/valley/road*» ensancharse

O

2 (unfold) abrirse*; **the center pages ~ out into a poster** las páginas centrales forman un póster al abrirse
B [v ▸ o ▸ adv , v ▸ adv ▸ o] ‹*map/newspaper*› abrir*, desplegar*
• **open up**
(Sense I) [v ▸ o ▸ adv, v ▸ adv ▸ o]
A **1** (undo, unlock) abrir* **2** (cut, create) ‹*channel/breach*› abrir*
B **1** (make accessible, available) abrir* **2** (reveal) ‹*new horizons*› abrir*
C (set up) ‹*shop/store*› abrir*, poner*
(Sense II) [v ▸ adv]
A **1** (open building) abrir*; **~ up! police!** ¡abran! ¡policía! **2** (become open) abrirse*
B (become accessible, available) ‹‹*country/market*›› abrirse*; **to ~ up (TO sb/sth)** abrirse* (A algn/algo); **to ~ up to new ideas** abrirse* a nuevas ideas
C (talk freely) (colloq): **he found it difficult to ~ up to his father** le costaba ser abierto *or* franco con su padre
D (start up) ‹‹*business/factory/store*›› abrir*

open[3] *n*
A : **in the ~** (in open space or country) al aire libre; (Mil) al descubierto; **I feel better now it's all out in the ~** me siento mejor ahora que todo el mundo lo sabe; **to bring sth (out) into the ~** hacer* público algo, sacar* algo a la luz
B **Open** (Sport) (campeonato *m*) abierto *m*, Open *m*

open: **~ air** *n*: **in the ~ air** al aire libre; **~-and-shut** /'əʊpənən'ʃʌt/ *adj*: **an ~-and-shut case** un caso clarísimo; **~ day** *n* (BrE) *día en que un establecimiento educativo, científico etc puede ser visitado por el público*; **~-ended** /'əʊpən'endəd || ˌəʊpən'endɪd/ *adj* **1** ‹*contract/lease*› de duración indefinida, sin plazo definido **2** ‹*discussion*› abierto

opener /'əʊpn̩ər || ˌəʊpn̩ə(r)/ *n*
A (for bottle) abridor *m*, abrebotellas *m*, destapador *m* (AmL); (for can) abrelatas *m*
B (of show) primer número *m*; ***for ~s*** para empezar

open: **~-eyed** /'əʊpən'aɪd/ *adj* con los ojos abiertos; **~handed** /'əʊpən'hændəd || ˌəʊpən'hændɪd/ *adj* ‹*generosity*› a manos llenas; ‹*gesture*› generoso; **~-heart** /'əʊpən'hɑːrt || ˌəʊpən'hɑːt/ *adj* (*before n*) de corazón abierto; **~-hearted** /'əʊpən'hɑːrtəd || ˌəʊpən'hɑːtɪd/ *adj* ‹*person*› de gran corazón; ‹*welcome*› cálido; **~ house** *n* **1** [u] (*no art*): **to keep ~ house** tener* las puertas siempre abiertas a todos; **2** (informal reception) *fiesta que dura varias horas y a la que se puede llegar en cualquier momento* **3** (AmE) *día en que un establecimiento educativo, científico etc puede ser visitado por el público*

opening[1] /'əʊpnɪŋ/ *n*
A [c] (in hedge, fence) abertura *f*
B **1** [u c] (beginning, initial stage) apertura *f*, comienzo *m* **2** [c] (Games) apertura *f*
C [c u] (of exhibition, building) inauguración *f*; (Cin, Theat) estreno *m*; **the ~ of Parliament** la apertura del Parlamento; (*before n*) ‹*ceremony*› inaugural, de inauguración; ‹*speech*› inaugural; **~ night** noche *f* del estreno
D [u] (period when open): **hours of ~** (of shop) horario *m* comercial; (of bank, office) horario *m* de atención al público; **Ⓢ late opening till 8pm on Thursdays** los jueves abierto hasta las 8; (*before n*) **~ time** (BrE) *hora en que se abren los pubs*
E [c] **1** (favorable opportunity) oportunidad *f* **2** (job vacancy) oportunidad *f*, vacante *f*

opening[2] *adj* ‹*remarks*› inicial; ‹*move/gambit*› de apertura *or* salida; **the ~ scene** la primera escena

openly /'əʊpənli/ *adv* **1** ‹*acknowledge/admit*› abiertamente **2** ‹*boast/ridicule*› descaradamente

open: **~-minded** /'əʊpən'maɪndəd || ˌəʊpən'maɪndɪd/ *adj* ‹*person*› de actitud abierta, sin prejuicios; ‹*approach*› imparcial, que no parte de ideas preconcebidas; **~-mouthed** /'əʊpən'maʊðd/ *adj* boquiabierto; **~-necked** /'əʊpən'nekt/ *adj*: **he was wearing an ~-necked shirt** llevaba una camisa desabotonada *or* desabrochada en el cuello; (informally dressed) no llevaba corbata

openness /'əʊpənnəs || 'əʊpənnɪs/ *n* [u] **1** (frankness) franqueza *f* **2** (lack of concealment) transparencia *f*

open: **~-plan** /'əʊpən'plæn/ *adj* abierto, de planta abierta, open-plan *adj inv*; **~ season** *n* (Sport) temporada *f* de caza; ***to declare ~ season on sth/sb*** declararle la guerra a muerte a algo/algn; **~ secret** *n* secreto *m* a voces; **~-toed** /'əʊpən'təʊd/ *adj* sin punta; **~-top** /'əʊpən'tɑːp || ˌəʊpən'tɒp/ *adj* descubierto; **~ University** *n* (in UK) *la universidad a distancia del Reino Unido*

Open University – OU

Universidad a distancia británica, fundada en 1969. La enseñanza se lleva a cabo mediante una mezcla de materiales impresos, programas de televisión y radio emitidos por la BBC y en algunos casos mediante material enviado por internet. Los estudiantes deben estudiarlo y enviar sus trabajos por correo a un tutor. La mayoría de los estudiantes toma cursos a tiempo parcial durante cuatro o cinco años, aunque no hay un límite de tiempo

opera /'ɑːprə || 'ɒprə/ *n* [c u] (*pl* **-ras**) ópera *f*; (*before n*) ‹*singer/company*› de ópera; **~ house** ópera *f*, teatro *m* de ópera

operable /'ɑːpərəbəl || 'ɒpərəbəl/ *adj* (Med) operable

operate /'ɑːpəreɪt || 'ɒpəreɪt/ *vi*
A ‹‹*machine/mechanism*›› funcionar
B **1** (act): **the law ~s to our advantage** la ley nos favorece **2** (be applicable) ‹‹*rules/laws*›› regir*; **a Sunday service will ~ on New Year's Day** (Transp) el día de Año Nuevo habrá un servicio dominical
C (pursue one's business) ‹‹*company/airline/gang*›› operar; **he ~s from a base in Montevideo** tiene su base de operaciones en Montevideo
D (Med) operar, intervenir* (frml); **to ~ ON sb (FOR sth)** operar A algn (DE algo)
■ **operate** *vt*
A ‹*machine*› manejar, operar; ‹*controls*› manejar, accionar
B ‹*policy/system*› aplicar*, tener*
C (manage, run): **she ~s a small business from home** lleva un pequeño negocio desde su casa; **we ~ a bus service between here and the capital** tenemos un servicio de autobuses que van de aquí a la capital

operatic /'ɑːpə'rætɪk || ˌɒpə'rætɪk/ *adj* operístico

operating /'ɑːpəreɪtɪŋ || 'ɒpəreɪtɪŋ/ *adj* (*before n*)
A **1** (Busn) ‹*profit/loss/costs*› de explotación **2** (Tech) ‹*conditions/speed*› de funcionamiento
B (Med): **~ room** *o* (BrE) **theatre** quirófano *m*, sala *f* de operaciones; **~ table** mesa *f* de operaciones

operating system *n* sistema *m* operativo

operation /'ɑːpə'reɪʃən || ˌɒpə'reɪʃən/ *n*
A [u] (functioning) funcionamiento *m*; **to be in ~** ‹‹*machine*›› estar* en funcionamiento; ‹‹*system*›› regir*; **a bus service will be in ~** habrá un servicio de autobuses; **to put a plan into ~** poner* en marcha un plan, implementar un plan (AmL)
B [u] (using, running — of machine) manejo *m*; (— of system) uso *m*
C [c] **1** (activity, series of activities) operación *f*; **to mount a rescue ~** montar una operación de rescate **2** (enterprise) operación *f*; (Busn) operación comercial
D [c] (Mil) operación *f*
E [c] (Med) operación *f*, intervención *f* quirúrgica (frml); **who performed the ~?** ¿quién la (*or* lo) operó?; **he has to have an ~** se tiene que operar, lo tienen que operar; **he had an ~ on his knee** le operaron la rodilla, lo operaron de la rodilla
F [c] (Math, Comput) operación *f*

operational /'ɑːpə'reɪʃn̩əl || ˌɒpə'reɪʃənl/ *adj* **1** (functioning) (*pred*) **to be ~** estar* en funcionamiento **2** (*before n*) ‹*capacity*› de operación *or* funcionamiento

operative[1] /'ɑːpərətɪv || 'ɒpərətɪv/ *adj*
A (having effect): **to be ~** ‹‹*rules/measures*›› estar* en vigor *or* en vigencia; **the ~ word** la palabra clave
B (Med) (*before n*) quirúrgico

operative[2] *n* (frml) operario, -ria *m,f*

operator /'ɑːpəreɪtər || 'ɒpəreɪtə(r)/ *n*
A **1** (Telec) operador, -dora *m,f*; **telephone/switchboard ~** telefonista *mf*, operador, -dora *m,f* **2** (of equipment) operario, -ria *m,f*; (Comput) operador, -dora *m,f*
B **1** (company): **tour ~** tour operador *m*, operador *m* turístico **2** (person) (colloq): **he's a smooth** *o* **slick ~** es de los que saben conseguir lo que quieren

operetta /'ɑːpə'retə || ˌɒpə'retə/ *n* [c u] opereta *f*

O

ophthalmic /ɑːp'θælmɪk, ɑːf- || ɒf'θælmɪk/ *adj* oftalmológico; **~ optician** ≈ oculista *mf*

ophthalmologist /'ɑːpθəl'mɑːlədʒəst, 'ɑːf- || ˌɒfθæl'mɒlədʒɪst/ *n* oftalmólogo, -ga *m,f*, oculista *mf*

ophthalmology /'ɑːpθəl'mɑːlədʒi, 'ɑːf- || ˌɒfθæl'mɒlədʒi/ *n* [u] oftalmología *f*

opinion /ə'pɪnjən/ *n*

A [c] (belief) opinión *f*; **what's your ~?** ¿qué opinas?, ¿qué te parece?, ¿cuál es tu opinión *or* parecer?; **to be of the ~ that** ser* de la opinión *or* del parecer de que; **in my ~** en mi opinión, a mi parecer, a mi juicio; **that's a matter of ~** eso es discutible; **~ ON** *o* **ABOUT sth** opinión SOBRE *or* ACERCA DE algo; **~ OF sth/sb**: **what's your ~ of the plan/of Robinson?** ¿qué opina del plan/de Robinson?, ¿qué opinión le merece el plan/Robinson?; **to have a good** *o* **high/poor** *o* **low ~ of sth/sb** tener* buena/mala opinión de algo/algn

B [c] (evaluation, judgment) opinión *f*; **I'd like a second ~** me gustaría consultarlo con otro especialista

C [u] (of body of people) opinión *f*; **~ is moving away from the nuclear option** el consenso de opinión está dejando de lado la opción nuclear; **literary ~ is divided** la opinión del mundo literario está dividida

opinionated /ə'pɪnjəneɪtəd || ə'pɪnjəˌneɪtɪd/ *adj* dogmático, aferrado a sus (*or* tus *etc*) opiniones *or* ideas

opinion poll *n* sondeo *m or* encuesta *f* de opinión

opium /'əʊpiəm/ *n* [u] opio *m*; (*before n*) **~ addict** opiómano, -na *m,f*; **~ poppy** adormidera *f*

opossum /ə'pɑːsəm || ə'pɒsəm/ *n* zarigüeya *f*, oposum *m*, comadreja *f* (CS), zorro *m* (AmC, Méx)

opp = opposite

opponent /ə'pəʊnənt/ *n* **1** (of a regime, policy) opositor, -tora *m,f*; (in debate) adversario, -ria *m,f*, oponente *mf*; **~s of the government's defense policy** quienes se oponen a *or* los opositores de la política de defensa del gobierno **2** (Games, Sport) contrincante *mf*, rival *mf*, oponente *mf*

opportune /ˌɑːpər'tuːn || 'ɒpətjuːn/ *adj* (frml) oportuno

opportunely /ˌɑːpər'tuːnli || 'ɒpətjuːnli/ *adv* (frml) ‹*arrive/intervene*› oportunamente

opportunism /ˌɑːpər'tuːnɪzəm || ˌɒpə'tjuːnɪzəm/ *n* [u] oportunismo *m*

opportunist¹ /ˌɑːpər'tuːnəst || ˌɒpə'tjuːnɪst/ *n* oportunista *mf*

opportunist², **opportunistic** /-tuː'nɪstɪk || -tjuː-/ *adj* oportunista

opportunity /ˌɑːpər'tuːnəti || ˌɒpə'tjuːnəti/ *n* [c u] (*pl* **-ties**) oportunidad *f*, ocasión *f*; **she never misses an ~** nunca deja pasar una oportunidad *or* ocasión; **at the earliest** *o* **first ~** cuanto antes, en la primera oportunidad que se presente; **~ to + INF/OF -ING** oportunidad DE + INF; **we took the ~ of looking around the city** aprovechamos (la oportunidad) para recorrer la ciudad; **~ FOR sth/-ING**: **the job offers excellent opportunities for promotion** el trabajo ofrece excelentes posibilidades de ascenso; **this left us little ~ for sightseeing** esto nos dejó poco tiempo para hacer turismo

oppose /ə'pəʊz/ *vt*

A **1** (be against) ‹*measure/policy/actions*› oponerse* a, estar* en contra de **2** (resist) ‹*decision/plan*› combatir, luchar contra

B (contrast) contraponer*

opposed /ə'pəʊzd/ *adj*

A (against, in disagreement with) (*pred*) **to be ~ TO sth** oponerse* A algo, estar* en contra DE algo

B **as opposed to** a diferencia de, en contraposición a

opposing /ə'pəʊzɪŋ/ *adj* (*before n*) ‹*viewpoint/faction*› contrario, opuesto; ‹*team*› contrario; ‹*army*› enemigo

opposite¹ /'ɑːpəzət || 'ɒpəzɪt/ *adj*

A (facing) ‹*side/wall/seat*› de enfrente; ‹*page*› de enfrente, contiguo; **they sat at ~ ends of the table** estaban sentados en extremos opuestos de la mesa

B (contrary) ‹*opinions/news*› opuesto; **we set off in ~ directions** partimos en direcciones opuestas; **it was coming in the ~ direction** venía en dirección contraria; **the ~ sex** el sexo opuesto

opposite² *adv* enfrente; **the people ~ have bought a new car** los de enfrente se han comprado un coche nuevo

opposite³ *prep* enfrente de, frente a

opposite⁴ *n* lo contrario; **quite the ~** todo lo contrario, al contrario; **she's the exact ~ of her mother** es la antítesis de su madre

opposite number *n* homólogo, -ga *m,f*

opposition /ˌɑːpə'zɪʃən || ˌɒpə'zɪʃən/ *n*

A [u] (antagonism, resistance) oposición *f*; **~ TO sth/sb** oposición A algo/algn

B (+ *sing or pl vb*) **1** (rivals, competitors) (Busn) competencia *f*; (Sport) adversarios *mpl* **2** (Pol): **the ~ is** *o* **are divided on this issue** la oposición está dividida al respecto; **to be in ~** estar* en la oposición; (*before n*) ‹*spokesperson/benches*› de la oposición

oppress /ə'pres/ *vt* ‹*nation/minority*› oprimir; «*heat/humidity*» agobiar; «*anxiety/foreboding*» oprimir, agobiar

oppression /ə'preʃən/ *n* [u] (Pol) opresión *f*; (feeling) agobio *m*

oppressive /ə'presɪv/ *adj* (Pol) opresivo; ‹*heat/humidity*› agobiante; ‹*fears/guilt*› agobiante, opresivo

oppressor /ə'presər || ə'presə(r)/ *n* opresor, -sora *m,f*

opprobrium /ə'prəʊbriəm/ *n* [u] (frml) oprobio *m* (frml)

opt /ɑːpt || ɒpt/ *vi* optar; **to ~ FOR sth** optar POR algo; **to ~ to + INF** optar POR + INF

Phrasal verb

- **opt out** [v ▸ adv] **1** «*person*» **to ~ out (OF sth)** decidir no tomar parte *or* no participar (EN algo); (when already involved) dejar de tomar parte (EN algo); **I've ~ed out of the scheme** me he borrado del plan **2** «*school/hospital*» (in UK) *pasar a depender directamente del gobierno central*

optic /'ɑːptɪk/ *adj* (*before n*) óptico

optical /'ɑːptɪkəl || 'ɒptɪkəl/ *adj* óptico; **~ character reader** lectora *f* óptica *or* lector *m* óptico de caracteres; **~ character recognition** reconocimiento *m* óptico de caracteres; **~ illusion** ilusión *f* óptica

optical fiber, (BrE) **fibre** *n* fibra *f* óptica

optician /ɑːp'tɪʃən || ɒp'tɪʃən/ *n* óptico, -ca *m,f*; (esp in UK) ≈ oculista *mf*

optics /'ɑːptɪks || 'ɒptɪks/ *n* (+ *sing vb*) óptica *f*

optimism /'ɑːptəmɪzəm || 'ɒptɪmɪzəm/ *n* [u] optimismo *m*

optimist /'ɑːptəməst || 'ɒptɪmɪst/ *n* optimista *mf*

optimistic /ˌɑːptə'mɪstɪk || ˌɒptɪ'mɪstɪk/ *adj* optimista

optimistically /ˌɑːptə'mɪstɪkli || ˌɒptɪ'mɪstɪkli/ *adv* con optimismo

optimize /'ɑːptəmaɪz || 'ɒptɪmaɪz/ *vt* optimar, optimizar* (frml)

optimum /'ɑːptəməm || 'ɒptɪməm/ *adj* (*before n*) óptimo

option /'ɑːpʃən || 'ɒpʃən/ *n*

A (choice) opción *f*, posibilidad *f*; **I had no ~ but to resign** no me quedó más remedio que renunciar, no tuve otra alternativa que renunciar; **to keep** *o* **leave one's ~s open** dejar todas las puertas abiertas, no descartar ninguna posibilidad *or* opción

B **1** (optional feature) (Audio, Auto) extra *m* **2** (Educ) (asignatura *f*) optativa *f*

C (Busn, Fin) opción *f*; **we want first ~ (to buy)** queremos la primera opción de compra

optional /'ɑːpʃənl || 'ɒpʃənl/ *adj* ‹*accessories/features*› opcional; ‹*course/subject*› optativo; **~ extra** accesorio *m* opcional, extra *m*; **evening dress is ~** el traje de etiqueta no es de rigor

optometrist /ɑːp'tɑːmətrəst || ɒp'tɒmɪtrɪst/ *n* (AmE) optometrista *mf*

optometry /ɑːp'tɑːmətri || ɒp'tɒmɪtri/ *n* [u] optometría *f*

opulence /'ɑːpjələns || 'ɒpjʊləns/ *n* [u] opulencia *f*

opulent /'ɑːpjələnt || 'ɒpjʊlənt/ *adj* opulento, de gran opulencia

opus /'əʊpəs/ *n* obra *f*, (Mus) opus *m*

or /ər, ɔːr || ɔː(r)/ *conj* [*The usual translation* **o** *becomes* **u** *when it precedes a word beginning with* **o** *or* **ho-**]

A **1** (indicating alternative) o; (with negative) ni; **one ~ the other** uno u otro; **that's not clever ~ funny** eso no tiene ni ingenio ni gracia **2** **either ... or ...** *see* **either¹** **3** (in approximations) o; **five minutes ~ so** unos cinco minutos **4** (showing alternative designation) o; **an environmentalist, ~ green, policy** una política ecologista o verde

B (otherwise) o; **do as I say, ~ else!** ¡haz lo que digo o vas a ver!

OR = Oregon

oracle /ˈɔːrəkəl || ˈɒrəkəl/ *n* oráculo *m*

oral¹ /ˈɔːrəl/ *adj* (*usu before n*) oral; ‹*tradition*› transmitido oralmente *or* verbalmente; ~ **sex** sexo *m* oral

oral² *n* (examen *m*) oral *m*

orally /ˈɔːrəli/ *adv* [1] (in speech) oralmente, verbalmente [2] (with, through the mouth) ‹*take/administer*› por vía oral, por boca

orange¹ /ˈɑːrɪndʒ || ˈɒrɪndʒ/ *n*
A [1] (fruit) naranja *f*; (*before n*) ~ **blossom** azahar *m*, flor *f* del naranjo; ~ **drink** naranjada *f*; ~ **juice** jugo *m or* (Esp) zumo *m* de naranja [2] ~ **(tree)** naranjo *m*
B (color) naranja *m*

orange² *adj* naranja *adj inv*, de color naranja

orangeade /ˈɑːrɪndʒˈeɪd || ˌɒrɪndʒˈeɪd/ *n* [u] naranjada *f*

orangutan /əˈræŋəˌtæn || ɔːˌræŋuːˈtæn/, **orang-outang** /əˈræŋəˈtæŋ || ɔːˌræŋuːˈtæŋ/ *n* orangután *m*

oration /ɔːˈreɪʃən, ə-/ *n* discurso *m*, alocución *f* (frml)

orator /ˈɔːrətər || ˈɒrətə(r)/ *n* orador, -dora *m,f*

oratorio /ˈɔːrəˈtɔːriəʊ || ˌɒrəˈtɔːriəʊ/ *n* (*pl* **-rios**) oratorio *m*

oratory /ˈɔːrətɔːri || ˈɒrətəri/ *n* (*pl* **-ries**)
A [u] (rhetoric, formal speech) oratoria *f*
B [c] (building) oratorio *m*

orbit¹ /ˈɔːrbət || ˈɔːbɪt/ *n* órbita *f*; **to put a satellite into** ~ poner* un satélite en órbita

orbit² *vt* girar *or* orbitar alrededor de, describir* una órbita alrededor de
■ **orbit** *vi* orbitar

orbiter /ˈɔːrbətər || ˈɔːbɪtə(r)/ *n* módulo *m* orbital, orbitador *m*

orchard /ˈɔːrtʃərd || ˈɔːtʃəd/ *n* huerto *m* (*de árboles frutales*)

orchestra /ˈɔːrkəstrə || ˈɔːkɪstrə/ *n*
A (Mus) orquesta *f*; (*before n*) ~ **pit** foso *m* orquestal *or* de la orquesta
B (AmE Theat) platea *f*, patio *m* de butacas

orchestral /ɔːrˈkestrəl || ɔːˈkestrəl/ *adj* ‹*music*› orquestal; ‹*piece*› para orquesta, orquestal

orchestrate /ˈɔːrkəstreɪt || ˈɔːkɪstreɪt/ *vt* [1] (Mus) orquestar [2] ‹*revolt/violence*› orquestar; ‹*campaign*› organizar*, montar, orquestar

orchestration /ˌɔːrkəˈstreɪʃən || ˌɔːkɪˈstreɪʃən/ *n* [1] [u c] (Mus) orquestación *f* [2] [u] (of revolt) orquestación *f*; (of campaign) organización *f*, orquestación *f*

orchid /ˈɔːrkəd || ˈɔːkɪd/ *n* orquídea *f*

ordain /ɔːrˈdeɪn || ɔːˈdeɪn/ *vt*
A (Relig) ordenar
B [1] (decree) (frml) **to** ~ **THAT** decretar QUE (+ *subj*) [2] (predestine) predestinar

ordeal /ɔːrˈdiːl || ɔːˈdiːl/ *n* (painful experience) terrible experiencia *f*, dura prueba *f*; **I hate shopping on a Saturday, it's such an** ~ detesto ir de compras los sábados, es un verdadero suplicio

order¹ /ˈɔːrdər || ˈɔːdə(r)/ *n*

Sense I

A [c] [1] (command) orden *f*; **to await** ~**s** esperar órdenes; **I don't take** ~**s from anyone** a mí nadie me da órdenes; ~**s are** ~**s** órdenes son órdenes; ~ **to + INF** orden DE + inf; **he gave the** ~ **to fire** dio orden de disparar; ~ **THAT** orden DE QUE (+ *subj*); **I left** ~**s that she was not to be disturbed** dejé órdenes de que no se la molestara; **on whose** ~**s are you doing this?** ¿quién le ordenó hacer esto?; **by** ~ **of ...** por orden de ...; ***to get one's marching*** ~***s*** (colloq) ser* despedido [2] (court decree) (Law) orden *f*; *see also* **order of the day**
B [c] (request, goods requested) pedido *m*; **to place an** ~ **for sth** hacer* un pedido de algo, encargar* algo; **the books are on** ~ los libros están pedidos; **we make them to** ~ los hacemos por encargo; **the waiter took my** ~ el camarero tomó nota de lo que quería; ***a tall*** ~: **it's a bit of a tall** ~, **but I'll see what I can do** es algo difícil, pero veré qué puedo hacer
C [u] (instructions to pay) (Fin) orden *f*; *see also* **postal order, standing order** *etc*

Sense II [u]

A (sequence) orden *m*; **in alphabetical/numerical** ~ en *or* por orden alfabético/numérico; **the photos were all in the wrong** ~ las fotos estaban todas desordenadas; **to put sth in(to)** ~ poner* algo en orden, ordenar algo
B (satisfactory condition) orden *m*; **let's get this room into some sort of** ~ tratemos de ordenar un poco esta habitación; **I'm trying to put my affairs in** ~ estoy tratando de poner mis asuntos en orden *or* de arreglar mis asuntos; **the car was in perfect working** ~ el coche funcionaba perfectamente bien
C (harmony, discipline) orden *m*; **to keep** ~ mantener* el orden; ~ **in (the) court!** ¡silencio en la sala!; **to call sb to** ~ llamar a algn al orden
D (rules, procedure) orden *m*; **point of** ~ cuestión *f* de orden *or* de procedimiento; **to call a meeting to** ~ (start) empezar* una reunión; (resume) reanudar una reunión
E (in phrases) [1] **in order**: **is your bedroom in** ~? ¿tu cuarto está ordenado *or* en orden?; **are her papers in** ~? ¿tiene los papeles en regla?; **is everything in** ~ **for tomorrow's performance?** ¿está todo dispuesto para la función de mañana?; **an apology would seem to be in** ~ parecería que lo indicado sería disculparse [2] **in order to** para [3] **in order that** para que (+ *subj*) [4] **out of order** (not in sequence) desordenado; (not working) averiado, descompuesto (AmL); ⓢ **out of order** no funciona; (uncalled-for, not following procedure): **that remark was out of** ~ ese comentario estuvo fuera de lugar

Sense III

A [c] [1] (kind, class): **the lower** ~**s** las clases bajas; **a performance of the first** ~ una interpretación de primera clase; **a fool of the first** ~ un tonto de marca mayor [2] (Biol) orden *m* [3] (*in phrases*) **on** *o* (BrE) **in the order of**: **it cost something on the** ~ **of $100** costó alrededor de 100 dólares, el costo fue del orden de 100 dólares
B [c] [1] (of monks, nuns) orden *f* [2] (insignia) condecoración *f*
C **orders** *pl* (Relig) órdenes *fpl* sagradas; **to take (holy)** ~**s** recibir las órdenes (sagradas), ordenarse sacerdote

order² *vt*
A [1] (command) ordenar; **to** ~ **sb to + INF** ordenarle a algn QUE (+ *subj*); **to** ~ **sth (to be) done** ordenar que se haga algo; **to** ~ **THAT** ordenar QUE (+ *subj*); **he** ~**ed me out of the room** me ordenó *or* me mandó salir de la habitación [2] (Med) mandar; **he** ~**ed complete rest** le mandó hacer reposo absoluto
B (request) pedir*; ‹*goods*› encargar*, pedir*; **I** ~**ed three boxes of pencils** hice un pedido de *or* encargué tres cajas de lápices; **to** ~ **a taxi** llamar un taxi
C (put in order) ‹*work/life/affairs*› ordenar, poner* en orden
■ **order** *vi* (in restaurant): **are you ready to** ~? ¿ya han decidido qué van a tomar *or* pedir?

Phrasal verb

• **order around**, (BrE also) **order about** [v ▸ o ▸ adv] mandonear (fam)

order book *n* libro *m* de pedidos

ordered /ˈɔːrdərd || ˈɔːdəd/ *adj* ordenado

orderly¹ /ˈɔːrdərli || ˈɔːdəli/ *adj* [1] ‹*life/mind*› ordenado, metódico [2] ‹*crowd*› disciplinado; **the demonstration passed off in an** ~ **fashion** la manifestación transcurrió de forma pacífica

orderly² *n* (*pl* **-lies**) [1] (in hospital) camillero *m* [2] (Mil) ordenanza *m*

order of the day *n* [1] (agenda) orden *m* del día [2] (Mil) orden *f* del día [3] (rule, custom) **to be the** ~ ~ ~ ~ estar* a la orden del día

ordinal (number) /ˈɔːrdnəl || ˈɔːdɪnəl/ *n* (número *m*) ordinal *m*

ordinance /ˈɔːrdnəns || ˈɔːdnəns/ *n* (frml) ordenanza *f*

ordinarily /ˌɔːrdṇˈerəli || ˈɔːdənrəli/ *adv* [1] (usually) normalmente [2] (averagely) medianamente

ordinary¹ /ˈɔːrdṇeri || ˈɔːdənri/ *adj* [1] (average, normal) ‹*person/object*› normal, corriente, común [2] (usual) normal, habitual; **I'll just wear my** ~ **clothes** me pondré la ropa de todos los días, nada especial

ordinary² *n* [1] (average): **out of the** ~ fuera de lo común, excepcional [2] ~ **(degree)** (Educ) *título universitario que no alcanza la categoría de* **honors degree**

ordinary level *n* (formerly in UK) (frml) ▸ **O level**

ordination /ˌɔːrdṇˈeɪʃən || ˌɔːdɪˈneɪʃən/ *n* [u] ordenación *f*

ordnance /'ɔːrdnəns || 'ɔːdnəns/ n [u] 1 (artillery) artillería f; (before n) **O~ Survey** (in UK) *servicio oficial de cartografía* 2 (supplies) pertrechos *mpl*

ore /ɔːr || ɔː(r)/ n mena f, mineral m metalífero; **gold/iron ~** mineral m de oro/hierro

Ore, Oreg = Oregon

oregano /ə'regənəʊ || ˌɒrɪ'gɑːnəʊ/ n [u] orégano m

organ /'ɔːrgən || 'ɔːgən/ n
A (Anat) órgano m
B 1 (agency) organismo m 2 (mouthpiece) órgano m
C (Mus) órgano m

organ grinder n organillero, -ra m,f

organic /ɔːr'gænɪk || ɔː'gænɪk/ adj orgánico; ‹farming› ecológico; ‹vegetable› biológico, cultivado sin pesticidas ni fertilizantes artificiales

organically /ɔːr'gænɪkli || ɔː'gænɪkli/ adv (Agr, Hort) biológicamente

organism /'ɔːrgənɪzəm || 'ɔːgənɪzəm/ n organismo m

organist /'ɔːrgənəst || 'ɔːgənɪst/ n organista mf

organization /'ɔːrgənə'zeɪʃən || ˌɔːgənaɪ'zeɪʃən/ n 1 [c] (group) organización f; (before n) **~ chart** organigrama m 2 [u] (organizing) organización f 3 [u] (order, system) método m, sistema m

organizational /'ɔːrgənə'zeɪʃn̩əl || ˌɔːgənaɪ'zeɪʃənl/ adj organizativo, de organización

organize /'ɔːrgənaɪz || 'ɔːgənaɪz/ vt
A 1 (arrange, set up) organizar*; **have you got anything ~d for this evening?** ¿tienes algún plan para esta noche? 2 **organizing** pres p (before n) ‹body/committee› organizador
B (systematize) ‹ideas/life› ordenar; **you've got to ~ your time better** tienes que organizarte mejor para aprovechar bien el tiempo; **I haven't had time to get myself ~d** no he tenido tiempo de organizarme
C (Lab Rels) sindicalizar* (esp AmL), sindicar* (esp Esp)
■ **organize** vi
A (arrange things) organizar*
B (Lab Rels) sindicalizarse* (esp AmL), sindicarse* (esp Esp)

organized /'ɔːrgənaɪzd || 'ɔːgənaɪzd/ adj
A (methodical, systematic) organizado: **his work is badly ~** su trabajo está mal organizado
B (Lab Rels) sindicalizado (esp AmL), sindicado (esp Esp)
C ‹crime› organizado

organizer /'ɔːrgənaɪzər || 'ɔːgənaɪzə(r)/ n organizador, -dora m,f

orgasm /'ɔːrgæzəm || 'ɔːgæzəm/ n orgasmo m

orgy /'ɔːrdʒi || 'ɔːdʒi/ n (pl **orgies**) orgía f

orient¹, Orient /'ɔːriənt/ n **the ~** (el) Oriente

orient² vt (esp AmE) orientar; **to ~ oneself** orientarse

oriental /'ɔːri'entl̩/ adj oriental

Oriental n (dated) oriental mf

orientate /'ɔːrienteɪt/ vt (esp BrE) ▸**orient²**

orientated /'ɔːrienteɪtəd || 'ɔːrɪənteɪtɪd/ adj (esp BrE) ▸**oriented**

orientation /'ɔːrien'teɪʃən/ n [u] 1 (leanings, preference) tendencia f 2 (guidance) orientación f

oriented /'ɔːrientəd || 'ɔːrientɪd/ adj **to be ~ TOWARD sth** orientarse HACIA algo

orienteering /'ɔːrien'tɪrɪŋ || ˌɔːriən'tɪərɪŋ/ n [u] orientación f

orifice /'ɔːrəfəs || 'ɒrɪfɪs/ n orificio m

origami /'ɔːrə'gɑːmi || ˌɒrɪ'gɑːmi/ n [u] origami m, papiroflexia f

origin /'ɔːrədʒən || 'ɒrɪdʒɪn/ n origen m; **of humble ~s** de origen *or* de cuna humilde

original¹ /ə'rɪdʒənl̩/ adj
A (first) original, originario; **the ~ inhabitants** los primeros habitantes, los habitantes originarios; **~ sin** pecado m original
B 1 (not copied) original 2 (unusual) original

original² n 1 (document, painting, sculpture) original m; **in the ~** en versión original; **the songs on the album are all ~s** los temas del álbum son todos nuevos 2 (unusual person): **she's a complete ~!** ¡es de lo más original!

originality /ə'rɪdʒə'næləti/ n [u] originalidad f

originally /ə'rɪdʒənl̩i/ adv 1 (in the beginning) originariamente, al principio; **she's from Russia ~** es de origen ruso 2 (unusually) con originalidad, de manera original

originate /ə'rɪdʒəneɪt || ə'rɪdʒɪneɪt/ vi 1 (begin) «custom» originarse; «fire» empezar*, iniciarse 2 **to ~ from sth** (develop from) tener* su origen en algo; **the film ~d from a short story** la película tuvo su origen en un cuento corto; **the noise seemed to ~ from the first floor** el ruido parecía venir de la planta baja 3 (AmE Transp) salir* de; **the flight, which ~d in New York, stopped over in Chicago** el vuelo, procedente de *or* que venía de Nueva York, hizo escala en Chicago
■ **originate** vt ‹idea/style› crear

originator /ə'rɪdʒəneɪtər || ə'rɪdʒɪneɪtə(r)/ n (of an idea, style) creador, -dora m,f

Orkney Islands /'ɔːrkni || 'ɔːkni/, **Orkneys** /-z/ pl n (Islas fpl) Órcadas fpl

ornament¹ /'ɔːrnəmənt || 'ɔːnəmənt/ n 1 [c] (object) adorno m 2 [c u] (decoration) (frml) adorno m, ornamento m (frml)

ornament² /'ɔːrnəment/ vt adornar, decorar

ornamental /'ɔːrnə'mentl̩ || ˌɔːnə'mentl̩/ adj ornamental, decorativo

ornamentation /'ɔːrnəmen'teɪʃən || ˌɔːnəmən'teɪʃən/ n [u c] decoración f, ornamentación f

ornate /ɔːr'neɪt || ɔː'neɪt/ adj ‹decoration/vase› ornamentado, elaborado; (pej) recargado; ‹language/style› florido; (pej) ampuloso

ornately /ɔːr'neɪtli || ɔː'neɪtli/ adv ‹decorate› de manera ornamentada *or* elaborada; (pej) recargadamente; ‹write› en estilo florido; (pej) ampulosamente

ornery /'ɔːrnəri || 'ɔːnəri/ adj (AmE colloq) de mal genio, de malas pulgas (fam); **to be ~** tener* mal genio *or* (fam) malas pulgas

ornithologist /'ɔːrnə'θɑːlədʒəst || ˌɔːnɪ'θɒlədʒɪst/ n ornitólogo, -ga m,f

ornithology /'ɔːrnə'θɑːlədʒi || ˌɔːnɪ'θɒlədʒi/ n [u] ornitología f

orphan¹ /'ɔːrfən || 'ɔːfən/ n huérfano, -na m,f; **he was left an ~** quedó huérfano

orphan² vt (usu pass): **she was ~ed at the age of two** quedó huérfana a los dos años

orphanage /'ɔːrfənɪdʒ || 'ɔːfənɪdʒ/ n orfanato m, orfelinato m

orthodox /'ɔːrθədɑːks || 'ɔːθədɒks/ adj ortodoxo; **the O~ Church** la Iglesia Ortodoxa

orthodoxy /'ɔːrθədɑːksi || 'ɔːθədɒksi/ n [c u] (pl **-xies**) ortodoxia f

orthographic /'ɔːrθə'græfɪk || ˌɔːθə'græfɪk/, **-ical** /-ɪkəl/ adj ortográfico

orthography /ɔːr'θɑːgrəfi || ɔː'θɒgrəfi/ n [u] ortografía f

orthopedic, orthopaedic /'ɔːrθə'piːdɪk || ˌɔːθə'piːdɪk/ adj ‹device› ortopédico; ‹ward› de ortopedia, de traumatología; **~ surgeon** ortopedista mf

orthopedics, orthopaedics /'ɔːrθə'piːdɪks || ˌɔːθə'piːdɪks/ n [u] (+ sing vb) ortopedia f

Oscar /'ɑːskər || 'ɒskə(r)/ n oscar m

> **Oscar awards**
>
> En la *Oscar Ceremony*, celebrada en Los Ángeles cada año desde 1929 por la *Academy of Motion Picture Arts and Sciences*, se otorgan los *Academy Awards*, apodados los *Oscars*, a aquellos artistas, directores, productores y guionistas de cine considerados los mejores del año según la votación de sus colegas

oscillate /'ɑːsəleɪt || 'ɒsɪleɪt/ vi 1 (Elec, Phys) oscilar 2 (fluctuate) (frml) «prices/values» oscilar, fluctuar*; «person» oscilar

oscillation /'ɑːsə'leɪʃən || ˌɒsɪ'leɪʃən/ n [u c] 1 (Elec, Phys) oscilación f 2 (wavering) oscilación f, fluctuación f

osmosis /ɑːz'məʊsəs || ɒz'məʊsɪs/ n [u] ósmosis f, osmosis f

ossify /'ɑːsəfaɪ || 'ɒsɪfaɪ/ vi **-fies, -fying, -fied** 1 (Physiol) osificarse* 2 (frml) «institution/attitude» anquilosarse

ostensible /ɑːs'tensəbəl || ɒ'stensəbəl/ adj aparente, pretendido

ostensibly /ɑːs'tensəbli || ɒ'stensəbli/ adv aparentemente, en apariencia; **she came ~ to help** vino con el pretexto de ayudar

O

ostentation /ˌɑːstənˈteɪʃən || ˌɒstenˈteɪʃən/ *n* [u] ostentación *f*

ostentatious /ˌɑːstənˈteɪʃəs || ˌɒstenˈteɪʃəs/ *adj* ostentoso

ostentatiously /ˌɑːstənˈteɪʃəsli || ˌɒstenˈteɪʃəsli/ *adv* ostentosamente, con ostentación

osteoarthritis /ˌɑːstiəʊɑːrˈθraɪtəs || ˌɒstiəʊɑːˈθraɪtɪs/ *n* [u] osteoartritis *f*

osteopath /ˈɑːstiəpæθ || ˈɒstiəpæθ/ *n* osteópata *mf*

osteoporosis /ˌɑːsteəʊpəˈrəʊsɪs || ˌɒstiəʊpəˈrəʊsɪs/ *n* [u] osteoporosis *f*

ostracism /ˈɑːstrəsɪzəm || ˈɒstrəsɪzəm/ *n* [u] ostracismo *m*

ostracize /ˈɑːstrəsaɪz || ˈɒstrəsaɪz/ *vt* hacerle* el vacío a, aislar*

ostrich /ˈɑːstrɪtʃ || ˈɒstrɪtʃ/ *n* avestruz *m*

OT (= **Old Testament**) A.T.

other[1] /ˈʌðər || ˈʌðə(r)/ *adj* 1 (different, alternative) otro, otra; (*pl*) otros, otras; **are there any ~ possibilities?** ¿hay alguna otra posibilidad?; **he doesn't relate easily to ~ people** no se relaciona fácilmente con los demás; **some ~ time** en otro momento 2 (the remaining one or ones) otro, otra; (*pl*) otros, otras; **the ~ children are all older than me** los otros *or* los demás niños son todos mayores que yo 3 (in addition) otro, otra; (*pl*) otros, otras; **answer Section A and two ~ questions** conteste la sección A y dos preguntas más *or* y otras dos preguntas 4 (recent): **the ~ day** el otro día

other[2] *pron* (*pl* **others**)

A 1 (different, alternative one or ones) otro, otra; **~s** otros, otras; **somebody or ~ must be responsible** alguien tiene que ser el responsable; **something or ~ is bound to happen** tiene que pasar algo; **he was called Richard something or ~** se llamaba Richard no sé cuánto *or* no sé qué (fam) 2 (the remaining one or ones) otro, otra; **~s** otros, otras; **what do the ~s think?** ¿qué piensan los demás *or* los otros? 3 (additional one or ones) otro, otra; **~s** otros, otras; **answer the first three questions and one ~** conteste las tres primeras preguntas y otra *or* y una más

B **other than** (apart from) aparte de; (different from) distinto (*or* distinta *etc*) de *or* a; **~ than John, who's going to go with you?** ¿quién va a ir contigo aparte de John *or* además de John?; **it was none ~ than Uncle Bob** no era ni más ni menos que el tío Bob

other[3] *adv*: **somehow or ~** de alguna manera, de algún modo; **somewhere/sometime or ~** en algún sitio *or* lugar/momento; **I could not have intervened ~ than when I did** no podría haber intervenido más que cuando lo hice; **where would you like to live? — anywhere ~ than London** ¿dónde te gustaría vivir? — en cualquier (otro) sitio *or* lugar menos en Londres, en cualquier sitio *or* lugar que no sea Londres

otherwise /ˈʌðərwaɪz || ˈʌðəwaɪz/ *adv*

A (if not) (*as linker*) si no

B (in other respects) por lo demás, aparte de eso

C 1 (in a different way): **he could not have done ~** no podía haber hecho otra cosa *or* (frml) obrado de otro modo: **we all thought it was too dangerous, but she thought ~** todos pensamos que era demasiado peligroso, pero no así ella; **they believe they are right and nothing will convince them ~** creen que están en lo cierto y nada los convencerá de lo contrario *or* de que no es así; **unless ~ agreed, payments ...** a menos que se convenga otra cosa, los pagos ... 2 (other, different): **there are many problems, legal and ~** hay muchos problemas, legales y de otro tipo; **how can it be ~?** ¿cómo no va a ser así?

otherworldly /ˈʌðərˈwɜːrdli || ˌʌðəˈwɜːldli/ *adj* 1 (dreamlike) de otro mundo, de ensueño 2 (mystical) místico, espiritual

otter /ˈɑːtər || ˈɒtə(r)/ *n* nutria *f*

ottoman /ˈɑːtəmən || ˈɒtəmən/ *n* (*pl* **-mans**) otomana *f*

ouch /aʊtʃ/ *interj* (colloq) ¡ay!

ought /ɔːt/ *v mod* **~ to + INF**

A (indicating obligation, desirability) debería (*or* deberías *etc*) + INF, debiera (*or* debieras *etc*) + INF; **you ~ to be grateful** deberías *or* debieras estar agradecido, tendrías que estar agradecido; **she ~ not to have said that** no debería haber dicho eso, no tendría *or* no tenía que haber dicho eso; **you ~ to have seen her face!** ¡tenías *or* tendrías que haber visto la cara que puso!

B (expressing logical expectation) debería (*or* deberías *etc*) + INF, debiera (*or* debieras *etc*) + INF; **she ~ to be here by now** ya debería *or* debiera estar aquí

Ouija board ® /ˈwiːdʒə/ *n* (tablero *m* de) ouija *f*

ounce /aʊns/ *n* 1 (unit) onza *f* (*28,35 gramos*) 2 (AmE) ▸**fluid ounce** 3 (small quantity) (*no pl*): **if you had an ~ of decency/sense ...** si tuvieras una pizca de vergüenza/sentido común ...

our /aʊr || ˈaʊə(r)/ *adj* (*sing*) nuestro, -tra; (*pl*) nuestros, -tras

ours /aʊrz || ˈaʊəz/ *pron* (*sing*) nuestro, -tra; (*pl*) nuestros, -tras; **~ is blue** el nuestro/la nuestra es azul; **a friend of ~** un amigo nuestro

ourselves /aʊrˈselvz || aʊəˈselvz, ɑː-/ *pron* 1 (reflexive): **we behaved ~** nos portamos bien; **we thought only of ~** sólo pensamos en nosotros mismos/nosotras mismas; **we were by ~** estábamos solos/solas 2 (emphatic use): **we did it ~** lo hicimos nosotros mismos/nosotras mismas

oust /aʊst/ *vt* ‹*rival/leader*› desbancar*; ‹*government*› derrocar*, hacer* caer; **she was ~ed from office** la destituyeron, la alejaron *or* la separaron del cargo (euf)

ouster /ˈaʊstər || ˈaʊstə(r)/ *n* (AmE) expulsión *f*, destitución *f*

out[1] /aʊt/ *adv*

Sense I

A 1 (outside) fuera, afuera (esp AmL); **is the cat in or ~?** ¿el gato está (a)dentro *or* (a)fuera?; **all the books on Dickens are ~** todos los libros sobre Dickens están prestados; *see also* **out of** 2 (not at home, work): **tell him I'm ~** dile que no estoy; **he's ~ to** *o* **at lunch** ha salido a comer; **I was ~ most of the day** estuve (a)fuera casi todo el día; **we haven't had a night ~ for months** hace meses que no salimos de noche; **they had a day ~ in York** pasaron un día en York; **to eat** *o* (frml) **dine ~** cenar/comer fuera *or* (esp AmL) afuera; **~ and about: you must get ~ and about more** tienes que salir más; *see also* **go out**

B (removed): **I'm having my stitches ~ next week** la semana que viene me sacan los puntos

C 1 (indicating movement, direction): **~!** ¡fuera!; Ⓢ **out** salida; **she went over to the window and looked ~** se acercó a la ventana y miró para afuera 2 (outstretched, projecting): **the dog had its tongue ~** el perro tenía la lengua fuera *or* (esp AmL) afuera; **arms ~, legs together** brazos extendidos, piernas juntas

D (indicating distance): **~ here in Japan** aquí en Japón; **they worked ~ in Brunei for a while** estuvieron un tiempo trabajando en Brunei; **we live ~ Brampton way** vivimos en la dirección de Brampton; **ten miles ~** (Naut) a diez millas de la costa

E 1 (ejected, dismissed): **any more foul language and she's ~!** ¡otra palabrota más y se va *or* la echo!; **he couldn't get the tenants ~** no pudo echar a los inquilinos 2 (from hospital, jail): **he's been ~ for a month now** ya hace un mes que salió 3 (out of office): **the socialists will be ~ next time** los socialistas van a perder las próximas elecciones; **Jones ~!** ¡fuera Jones!

F (in phrases) **out for: Lewis was ~ for revenge** Lewis quería vengarse; **out to + INF: she's ~ to beat the record** está decidida a batir el récord; **they're only ~ to make money** su único objetivo es hacer dinero; **they're ~ to get you!** ¡andan tras de ti!, ¡van a por ti! (Esp); *see also* **out of**

Sense II

A 1 (displayed, not put away): **are the plates ~ yet?** ¿están puestos ya los platos? 2 (in blossom) en flor 3 (shining): **when the sun's ~** cuando hay *or* hace sol; **the stars are ~** hay estrellas

B 1 (revealed, in the open): **once the news was ~, she left the country** en cuanto se supo la noticia, se fue del país; **~ with it! who stole the documents?** ¡dilo ya! ¿quién robó los documentos? 2 (published, produced): **a report ~ today points out that ...** un informe publicado hoy señala que ...; **their new album will be ~ by April** sacarán el nuevo disco para abril; **the results are due ~ next week** los resultados salen la semana que viene 3 (in existence) (colloq): **it's the fastest car ~** es el coche más rápido que hay (en el mercado)

C (clearly, loudly): **he read ~ the names of the winners** leyó (en voz alta) los nombres de los ganadores; **he said it ~ loud** lo dijo en voz alta; *see also* **call, cry, speak** *etc* **out**

out² *adj*

A (*pred*) **1** (extinguished) **to be ~** ‹‹*fire/light/pipe*›› estar* apagado **2** (unconscious) inconsciente, sin conocimiento; **after five vodkas she was ~ cold** con cinco vodkas, quedó fuera de combate (fam)

B (*pred*) **1** (at an end): **before the month/year is ~** antes de que acabe el mes/año **2** (out of fashion) pasado de moda; *see also* **go out G1** **3** (out of the question) (colloq): **smoking in the bedrooms is absolutely ~** ni hablar de fumar en los dormitorios (fam), está terminantemente prohibido fumar en los dormitorios

C (Sport) **1** (eliminated) **to be ~** ‹*batter/batsman*› quedar out *or* fuera; ‹*team*› quedar eliminado; *see also* **out of C** **2** (outside limit) (*pred*) fuera; **it was ~** cayó *or* fue fuera; **~!** (call by line-judge or umpire) ¡out!

D (inaccurate) (*pred*): **they were ~ in their calculations** se equivocaron en los cálculos; **you're not far ~** no andas muy descaminado; **you're way** *o* **a long way** *o* **miles ~** andas muy lejos *or* muy errado

E (without, out of) (colloq) (*pred*): **coffee? sorry, I'm completely ~** ¿café? lo siento, no me queda ni gota (fam); *see also* **out of 6**

F ‹*homosexual*› declarado

out³ *prep*: **he looked ~ the window** miró (hacia afuera) por la ventana; *see also* **out of A**

out⁴ *n*

A **1** (in baseball) out *m*, hombre *m* fuera **2** (escape) (AmE colloq) escapatoria *f*

B **outs** *pl* (AmE) **1** : ***to be on the ~s with sb*** estar* enemistado con algn **2** (those not in power): **the ~s** los partidos de la oposición

out⁵ *vt* revelar la homosexualidad de

out- /'aʊt/ *pref*: **he can ~argue me any day** me puede ganar cualquier discusión sin problemas; *see also* **outgrow, outstay** *etc*

out: **~-and-out** /'aʊtn̩'aʊt/ *adj* (*as intensifier*) ‹*villain/liar*› consumado, redomado; ‹*radical/feminist*› acérrimo; ‹*defeat/disgrace*› total, absoluto; **~back** *n* **the ~back** el interior (*zona despoblada de Australia*); **~bid** /'aʊt'bɪd/ *vt* (*pres p* **-bidding**; *past* **-bid**; *past p* **-bid** *or* (AmE also) **-bidden**) **to ~bid sb (FOR sth)** pujar *or* ofrecer* más que algn (POR algo); **~board** *n* **1** **~board (motor)** motor *m* fuera de borda, fueraborda *m* **2** (boat) lancha *f* con motor fuera de borda, fueraborda *m*; **~bound** *adj*: **~bound flights from Dallas were delayed** los vuelos que partían de Dallas estaban saliendo con retraso; **~break** *n* (of war) estallido *m*; (of hostilities) comienzo *m*; (of cholera, influenza) brote *m*; **there were ~breaks of violence/protest** hubo brotes de violencia/protesta; **~building** *n* edificación *f* anexa; **~burst** *n* (of emotion) arrebato *m*, arranque *m*; **I apologize for my ~burst** perdonen que perdiera los estribos; **there was a sudden ~burst of shouting/applause** de repente se oyeron unos gritos/el público prorrumpió en aplausos; **~cast** *n* paria *mf*; **a social ~cast** un marginado de la sociedad; **~class** /'aʊt'klæs || ˌaʊt'klɑːs/ *vt* superar, aventajar; **~come** *n* (result) resultado *m*; (consequences) consecuencias *fpl*; **~crop** *n* afloramiento *m*; **~cry** *n* [u c] protesta *f* (*enérgica*); **there was a public ~cry** hubo protestas generalizadas; **~dated** /'aʊt'deɪtəd || ˌaʊt'deɪtɪd/ *adj* ‹*style/custom*› pasado de moda, anticuado; ‹*idea/theory*› anticuado, trasnochado; **~did** /'aʊt'dɪd/ *past of* **~do**; **~distance** /'aʊt'dɪstəns/ *vt* dejar atrás, aventajar; **~do** /'aʊt'duː/ *vt* (*3rd pers sing pres* **-does**; *past* **-did**; *past p* **-done**) ‹*person/team*› superar, ganarle a; ‹*result/achievement*› mejorar, superar; **not to be ~done, she bought an even bigger one** para no ser menos, se compró uno aún más grande; **~door** /'aʊtdɔːr || 'aʊtdɔː(r)/ *adj* (*before n*) ‹*clothes*› de calle; ‹*plants*› de exterior; ‹*swimming pool*› descubierto, al aire libre; **he's very much the ~door type** es el tipo de persona a la que le gusta la vida al aire libre; **~door games** juegos *mpl* al aire libre

outdoors¹ /'aʊt'dɔːrz || ˌaʊt'dɔːz/ *adv* al aire libre

outdoors² *n*: **the great ~** el aire libre, la naturaleza

outer /'aʊtər || 'aʊtə(r)/ *adj* (*before n*) exterior; **~ space** el espacio sideral

outermost /'aʊtərməʊst || 'aʊtəməʊst/ *adj* exterior; **the ~ island in the archipelago** la isla más remota del archipiélago

out: **~fall** *n* desagüe *m*; **~field** *n* **the ~field** (area) los jardines, las praderas (*el perímetro del campo de juego*); (players) (+ *sing or pl vb*) los jardineros; **~fielder** *n* jardinero, -ra *m,f* (*jugador en el perímetro del campo de juego*); **~fit** *n* **1** (clothes) conjunto *m*, tenida *f* (Chi) **2** (equipment) equipo *m* **3** (organization, unit) (colloq): **they've set up a small electronics ~fit** han montado un pequeño negocio de electrónica; **~fitter** *n*: Ⓢ **gentlemen's outfitters** confecciones *fpl* para caballeros; Ⓢ **sports outfitters** artículos *mpl* para el deportista; **~flow** *n* (of water) desagüe *m*, flujo *m*; **cash ~flows** salidas *fpl* de efectivo; **~go** *n* [u c] (AmE) salida *f*; **~going** *adj* **1** (sociable) sociable, extrovertido; **2** (*before n*) (outbound): **delays are reported on all ~going flights** todos los vuelos están saliendo con retraso **3** ‹*president/administration*› saliente; **~goings** *pl n* (esp BrE) gastos *mpl*, salidas *fpl*; **~grow** /'aʊt'grəʊ/ *vt* (*past* **-grew**; *past p* **-grown**) **1** (grow taller than): **you have ~grown your father** estás más alto que tu padre **2** (grow too big for): **he's already ~grown his new shoes** los zapatos nuevos ya le han quedado chicos *or* (Esp) ya se le han quedado pequeños; **he's ~grown the disco phase** ya ha dejado atrás la etapa de las discotecas; **~house** *n* **1** (building) (BrE) edificación *f* anexa **2** (outdoor privy) (AmE) excusado *m* exterior

outing /'aʊtɪŋ/ *n* excursión *f*, salida *f*; **to go on an ~** salir* de excursión

outlandish /aʊt'lændɪʃ/ *adj* ‹*clothes/expression*› extravagante, estrafalario; ‹*idea/suggestion*› descabellado

outlast /'aʊt'læst || ˌaʊt'lɑːst/ *vt* **1** (last longer than) durar más que **2** (survive) sobrevivir a

outlaw¹ /'aʊtlɔː/ *n* forajido, -da *m,f*, bandido, -da *m,f*, bandolero, -ra *m,f*

outlaw² *vt* ‹*activity/product*› prohibir*, declarar ilegal; ‹*organization*› proscribir*; ‹*person*› declarar fuera de la ley

out: **~lay** *n* desembolso *m*; **~lay ON sth** gasto *m* *or* inversión *m* EN algo; **~let** *n* **1** (for liquid, gas) salida *f*; (*before n*) ‹*valve*› de escape, de vaciado **2** (AmE Elec) toma *f* de corriente, tomacorriente *m* (AmL); **3** (means of expression): **she found an ~let for her feelings** encontró cómo canalizar sus sentimientos; **4** (Busn, Marketing) punto *m* de venta; **retail ~let** tienda *f* al por menor

outline¹ /'aʊtlaɪn/ *n*

A **1** (contour) contorno *m* **2** (shape) perfil *m*

B (summary): **a brief ~ of events so far** un breve resumen de lo sucedido hasta ahora

outline² *vt* **1** (sketch) ‹*shape*› bosquejar; ‹*map*› trazar*; **the trees stood ~d against the sky** el perfil de los árboles se recortaba contra el cielo **2** (summarize) esbozar*, explicar* resumidamente, dar* una idea general de

out: **~live** /'aʊt'lɪv/ *vt* sobrevivir a; **~look** *n* **1** (attitude) punto *m* de vista; **~look ON sth** actitud *f* ANTE algo **2** (prospects) perspectivas *fpl*; **the ~look for tomorrow** (Meteo) la previsión del tiempo para mañana, las perspectivas para mañana **3** (view) (esp BrE) vista *f*, panorama *m*; **~lying** *adj* (*before n*) ‹*villages/islands*› alejado, distante; ‹*area/hills/suburbs*› de la periferia; **~maneuver**, (BrE) **~manoeuvre** /'aʊtmə'nuːvər || ˌaʊtmə'nuːvə(r)/ *vt* ‹*opponent*› mostrarse* más hábil que; ‹*vehicle/plane*› ser* más maniobrable que; **~moded** /'aʊt'məʊdəd || ˌaʊt'məʊdɪd/ *adj* anticuado, pasado de moda; **~number** /'aʊt'nʌmbər || ˌaʊt'nʌmbə(r)/ *vt* superar en número a; **they were ~numbered (by) two to one** los doblaban en número

out of *prep*

A (from inside): **it fell ~ ~ her hand** se le cayó de la mano; **(come) ~ ~ there!** ¡salgan de ahí!; **to look ~ ~ the window** mirar (hacia afuera) por la ventana

B **1** (outside): **I was ~ ~ the room for two minutes** estuve dos minutos fuera *or* (AmL tb) afuera de la habitación; **I want you ~ ~ those wet clothes/this office immediately** haz el favor de quitarte esa ropa mojada/salir de esta oficina inmediatamente **2** (distant from): **100 miles ~ ~ Murmansk** (Naut) a 100 millas de Murmansk

O

C (eliminated, excluded): **Korea is ~ ~ the tournament** Corea ha quedado eliminada; **he was left ~ ~ the team** no lo incluyeron en el equipo; ***to be/feel ~ ~ it*** (colloq) sentir-se* excluido

D 1 (indicating source, origin) de; **you look like something ~ ~ a horror movie** pareces salido de una película de terror 2 (indicating substance, makeup) de; **made ~ ~ steel** hecho de acero 3 (indicating motive) por; **~ ~ charity** por caridad

E (from among) de; **eight ~ ~ ten people** ocho de cada diez personas

F (indicating lack): **we're ~ ~ bread** nos hemos quedado sin pan, no nos queda pan

out: **~-of-date** /ˌaʊtəv'deɪt/ *adj* (*pred* **~ of date**) ‹*ideas/technology*› desfasado, obsoleto, perimido (RPl); ‹*ticket/check*› caducado, vencido (AmL); ‹*clothes*› pasado de moda; **~ of doors** *adv* ▸ **outdoors**[1]; **~-of-doors** *n* (AmE) (+ *sing vb*) **the ~-of-doors** el aire libre, la naturaleza; **~-of-pocket** /ˌaʊtəv'pɑːkət || ˌaʊtəv'pɒkɪt/ *adj* (*pred* **~ of pocket**) 1 (Busn) (*before n*) **~-of-pocket expenses** desembolsos *mpl* varios 2 (*pred*): **the deal left them ~ of pocket** perdieron dinero en el trato; **~-of-the-way** /'əʊtəvðə'weɪ/ *adj* ‹*place*› apartado, poco conocido; **~patient** *n* paciente ambulatorio, -ria *m,f*, paciente externo, -na *m,f*; **~patients** *n* (+ *sing vb*) consultas *fpl* (*para pacientes externos*); **~perform** /ˌaʊtpər'fɔːrm || ˌaʊtpə'fɔːm/ *vt* 1 (perform better than) ‹*employee/car*› superar 2 (be more profitable than) ‹*index/benchmark*› sobrepasar; **~placement** /'aʊtpleɪsmənt/ *n* [u] outplacement *m* (*asesoría, apoyo y capacitación a los trabajadores que son despedidos a fin de que se reintegren al mercado laboral en el menor tiempo posible*); **~play** /'aʊt'pleɪ/ *vt* jugar* mejor que; **~post** *n* 1 (Mil) avanzada *f* 2 (settlement) puesto *m* de avanzada; **~pouring** *n*: **the ~pourings of a tormented soul** el desahogo de un alma atormentada

output[1] /'aʊtpʊt/ *n* [u c]

A 1 (of factory) producción *f*; (of worker, machine) rendimiento *m* 2 (literary, artistic) producción *f* 3 (Comput) salida *f*

B (Elec) salida *f*

output[2] *vt* (*pres p* **-putting**; *past & past p* **-put** *or* **-putted**) imprimir*

outrage[1] /'aʊtreɪdʒ/ *n* 1 [c] (cruel act) atrocidad *f*; (terrorist act) atentado *m* 2 [c] (scandal) escándalo *m*; **~ AGAINST sth/sb** atropello *m* CONTRA *or* A algo/algn 3 [u] (feeling) **~ (AT sth)** indignación *f* (ANTE algo)

outrage[2] *vt* 1 (offend) indignar, ultrajar (frml); **to be ~d AT sth** indignarse ANTE algo 2 (scandalize) escandalizar*

outrageous /aʊt'reɪdʒəs/ *adj* 1 (scandalous) ‹*behavior/state of affairs*› vergonzoso, escandaloso, atroz; ‹*injustice*› indignante, atroz; ‹*manners/language*› injurioso; ‹*demands/price*› escandaloso, exorbitante, abusivo; **how dare you! this is ~!** ¡cómo te atreves! ¡esto es intolerable! 2 (unconventional) ‹*clothes*› extravagante, estrafalario; **he tries hard to be ~** se esfuerza por resultar atrevido *or* por escandalizar

outrageously /aʊt'reɪdʒəsli/ *adv* 1 (scandalously): **they treated her ~** fue indignante *or* escandaloso cómo la trataron 2 (unconventionally) ‹*dress*› de modo extravagante *or* estrafalario; **an ~ funny play** una obra desternillante

out: **~ran** /aʊt'ræn/ *past of* **outrun**; **~rank** /'aʊt'ræŋk/ *vt* estar* jerárquicamente por encima de; **~reach** /'aʊtriːtʃ/ *n* [u] (extent of influence) alcance *m*; (*before n*) **~reach worker** (in UK) *funcionario de los Servicios Sociales cuyo cometido es promover la solicitud de ciertas prestaciones o ayudas sociales por parte de los individuos o grupos que tienen derecho a ellas*

outright[1] /'aʊtraɪt/ *adj* (*before n*) ‹*refusal/opposition*› rotundo, total, categórico; ‹*hostility*› declarado, abierto; ‹*majority*› claro; ‹*winner*› indiscutido; ‹*lie*› descarado

outright[2] *adv* 1 (completely) ‹*refuse/reject*› rotundamente, categóricamente, terminantemente; ‹*ban*› totalmente; ‹*win*› indiscutiblemente 2 (directly, frankly) ‹*ask/say*› abiertamente, directamente 3 (instantly) ‹*kill*› en el acto

out: **~run** /'aʊt'rʌn/ *vt* (*pres p* **-running**; *past* **-ran**; *past p* **-run**) ‹*competitor/pursuer*› dejar atrás; **~sell** /'aʊt'sel/ *vt* (*past and past p* **-sold**) ‹*product*› venderse más que; **~set** *n*: **from the ~set** desde el principio *or* comienzo, de entrada; **~shine** /'aʊt'ʃaɪn/ *vt* (*past & past p* **-shone**) eclipsar

outside[1] /'aʊt'saɪd/ *n*

A 1 (exterior part) exterior *m*; (surface) parte *f* de fuera *or* (esp AmL) de afuera; **the house looks really nice from the ~** la casa parece muy bonita vista desde (a)fuera; **on the ~ she appeared very calm** aparentemente estaba muy tranquila, por fuera parecía muy tranquila 2 (of road): **he overtook me on the ~** me adelantó por la izquierda; (in UK etc) me adelantó por la derecha

B **the ~** 1 (of group, organization): **to be on the ~ looking in** ser* un mero espectador; **seen from the ~** visto desde fuera *or* (esp AmL) desde afuera 2 (of prison) (colloq) fuera, afuera (esp AmL); **he's got a friend on the ~** tiene un amigo (a)fuera

C **at the (very) outside** como máximo, a lo sumo

outside[2] *adv* 1 (place) fuera, afuera (esp AmL) 2 (outdoors) fuera, afuera (esp AmL); **what's it like ~?** ¿qué tiempo hace (a)fuera? 3 (indicating movement): **to run ~** salir* corriendo

outside[3] *prep* 1 (of a place) fuera de; **you wear the blouse ~ the skirt** la blusa se lleva por fuera (de la falda); **it's just ~ London** está en las afueras de Londres; **it's five miles ~ Oxford** está a cinco millas de Oxford; **I'll see you ~ the theater** te veo en la puerta del teatro 2 (beyond) fuera de; **it's ~ my responsibilities** no está dentro de mis responsabilidades 3 (in time): **~ office hours** fuera del horario de oficina; **only 2 seconds ~ the world record** sólo a 2 segundos del récord mundial

outside[4] *adj* (*before n*)

A 1 (exterior, outward) exterior 2 (outdoor) ‹*toilet*› fuera de la vivienda, exterior; ‹*swimming pool*› descubierto, al aire libre 3 (outer) exterior; **the ~ lane** (Auto) el carril *or* (Chi) la pista *or* (Ur) la senda de la izquierda; (in UK etc) el carril *or* la pista *etc* de la derecha; (Sport) el carril (AmL) *or* (Esp) la calle número ocho (*or* seis *etc*) 4 (external) ‹*interference/pressure*› externo; **the ~ world** el mundo exterior

B (remote) ‹*chance*› remoto

outside of *prep* (AmE colloq) fuera de

outsider /'aʊt'saɪdər || ˌaʊt'saɪdə(r)/ *n* 1 (person not belonging) persona *f* de fuera, afuerano, -na *m,f* 2 (in competition): **he was beaten by an ~** fue derrotado por un desconocido (*un competidor que se consideraba tenía pocas probabilidades de ganar*); **a rank ~** un segundón

out: **~size** /'aʊt'saɪz/, (esp AmE) **~-sized** /-d/ *adj* (Clothing) de talla *or* (RPl) talle gigante; (very large) gigantesco, enorme; **~skirts** *pl n* afueras *fpl*, alrededores *mpl*, extrarradio *m*; **~smart** /'aʊt'smɑːrt || ˌaʊt'smɑːt/ *vt* (esp AmE colloq) burlar; **~sold** /'aʊt'səʊld/ *past & past p of* **outsell**; **~source** /aʊt'sɔːrs || aʊt'sɔːs/ *vt* ‹*work/service*› externalizar*; ‹*goods/components*› externalizar*, adquirir ... de fuentes externas; **~sourcing** /aʊt'sɔːrsɪŋ || aʊt'sɔːsɪŋ/ *n* [u] externalización *f*; **~spoken** /'aʊt'spəʊkən/ *adj* ‹*criticism/person*› directo, franco; **she was ~spoken in her condemnation** fue categórica al expresar su condena; **~spread** /'aʊt'spred/ *adj* ‹*wings*› extendido, desplegado; **~standing** /aʊt'stændɪŋ/ *adj* 1 (excellent) ‹*ability/beauty*› extraordinario, excepcional; ‹*achievement/performer*› destacado 2 (prominent) (*before n*) ‹*feature*› destacado; 3 (unpaid) ‹*debt/account*› pendiente (de pago) 4 (remaining) ‹*request/problem*› pendiente, por resolver 5 (AmE) **~standing stock** *o* **shares** acciones *fpl* en circulación

outstandingly /aʊt'stændɪŋli/ *adv* excepcionalmente, extraordinariamente

out: **~stay** /'aʊt'steɪ/ *vt* **to ~stay one's welcome**: **I don't want to ~stay my welcome** no quiero abusar de la hospitalidad; **I think we've ~stayed our welcome** creo que nos hemos quedado más de la cuenta; **~stretched** /'aʊt'stretʃt/ *adj* extendido; **~strip** /'aʊt'strɪp/ *vt* **-pp-** 1 (run faster than): **to ~strip a runner** tomarle la delantera a *or* aventajar a un corredor 2 (exceed) sobrepasar; **~vote** /'aʊt'vəʊt/ *vt*: **to be ~voted** perder* la votación

outward[1] /'aʊtwərd || 'aʊtwəd/ *adj* (*before n*) 1 ‹*appearance*› exterior; ‹*sign*› externo; **his ~ cheerfulness** su aparente buen humor 2 ‹*journey/flight*› de ida

outward[2], (BrE also) **outwards** /-z/ *adv* hacia afuera, hacia el exterior

outward bound *adj*: **the ship was ~ ~** el barco hacía su viaje de ida

outwardly /ˈaʊtwərdli || ˈaʊtwədli/ *adv* en apariencia, aparentemente

out: ∼weigh /ˈaʊtˈweɪ/ *vt* ser* mayor que; **the rewards far ∼weigh the difficulties** la recompensa compensa con creces las dificultades; **∼wit** /ˈaʊtˈwɪt/ *vt* **-tt-** burlar; **∼worker** *n* (Busn) *persona que realiza trabajo en su domicilio*; **∼worn** /ˈaʊtˈwɔːrn || ˌaʊtˈwɔːn/ *adj* ‹*joke/slogan/metaphor*› trillado, manido; ‹*belief/custom*› desfasado, perimido (RPl)

oval¹ /ˈəʊvəl/ *n* óvalo *m*

oval² *adj* ovalado, oval; **the O∼ Office** (in US) el despacho oval, el despacho del presidente

ovarian /əʊˈveriən || əʊˈveəriən/ *adj* ovárico

ovary /ˈəʊvəri/ *n* (*pl* **-ries**) ovario *m*

ovation /əʊˈveɪʃən/ *n* (frml) ovación *f* (frml); **he got a standing ∼ from the delegates** los delegados se pusieron de pie para aplaudirlo *or* (frml) para ovacionarlo

oven /ˈʌvən/ *n* horno *m*; **∼ baked** hecho al horno, horneado; **it's like an ∼ in here!** (colloq) ¡esto es un horno! (fam); (*before n*) **∼ glove** *o* **mitt** guante *m* *or* manopla *f* para el horno

oven: ∼proof *adj* refractario, de horno; **∼-ready** /ˈʌvənˈredi/ *adj* listo para el horno; **∼ware** /ˈʌvənwer || ˈʌvənweə(r)/ *n* [u] vajilla *f* refractaria

over¹ /ˈəʊvər || ˈəʊvə(r)/ *adv*

(Sense I)

A 1 (across): **come ∼ here!** ¡ven aquí!; **look ∼ there!** ¡mira allí!; **he came ∼ to say hello** vino *or* se acercó a saludar; **she called me ∼** me llamó (desde el otro lado); **you must come ∼ sometime!** ¡tienes que venir un día!; **I'll be right ∼** enseguida estoy allí; **he reached ∼ and took the money** se estiró y tomó el dinero; **we can jump ∼** podemos saltar por encima; **the journey ∼ to/from France** el viaje hasta/desde Francia; **how did you come? — I drove/flew ∼** ¿cómo viniste? — en coche/avión 2 (overhead) por encima; **a plane flies ∼ every five minutes** pasa un avión cada cinco minutos

B 1 (in another place): **she was sitting ∼ there/here** estaba sentada allí/aquí; **∼ on the far bank** en la otra orilla; **he's ∼ in England** está en Inglaterra; **she's ∼ from London** ha venido de Londres; **how long are you ∼ (here) for?** ¿cuánto tiempo te vas a quedar (aquí)?; ▸**come over, go over** 2 (on other page, TV station etc): **see ∼** véase al dorso; **for the latest news, ∼ to New York** para las últimas noticias, conectamos ahora con Nueva York 3 (Rad, Telec) corto; **∼ and out!** corto y fuera

C 1 (out of upright position): **to knock sth ∼** tirar *or* (AmL exc RPl) botar algo (de un golpe); **to tip sth ∼** volcar* algo 2 (onto other side): **let's get her ∼ onto her back** pongámosla boca arriba; *see also* **turn over D**

(Sense II)

A (finished): **the film was ∼ by 11 o'clock** la película terminó *or* acabó antes de las 11; **it's all ∼ between us** lo nuestro se ha acabado, ya no hay nada entre nosotros; **the worst is ∼** ya ha pasado lo peor; ***to be ∼ (and done) with*** haber* terminado *or* acabado

B (remaining): **if you have any material ∼** si te sobra *or* te queda tela; **3 into 10 goes 3 and 1 ∼** 10 dividido (por) 3 cabe a 3 y sobra 1

C 1 (*as intensifier*): **twice/ten times ∼** dos/diez veces 2 (again) (AmE) otra vez; **we had to start ∼** tuvimos que volver a empezar

D (more) más; **all words of six letters and ∼** todas las palabras de seis letras o más

E (excessively) ‹*careful/aggressive*› demasiado

(Sense III) (*in phrases*)

A **all over** 1 (everywhere) por todas partes; **I've been looking all ∼ for you** te he estado buscando por todas partes 2 (over entire surface): **the tabletop is scratched all ∼** el tablero de la mesa está todo rayado; **I'm aching/itching all ∼** me duele/pica todo (el cuerpo) 3 (through and through) (colloq): **that's her/Dee all ∼** eso es típico de ella/de Dee 4 (finished) **to be all ∼** *see Sense* **II A**

B **(all) over again: to start (all) ∼ again** volver* a empezar (desde cero), empezar* de nuevo

C **over and over** (repeatedly) una y otra vez; (rolling): **turning ∼ and ∼ as it fell** rodando al caer

over² *prep*

(Sense I)

A (across): **he jumped ∼ the fence** saltó (por encima de) la valla; **they built a bridge ∼ the river** construyeron un puente sobre el río; **she peered ∼ his shoulder** atisbó por encima de su hombro; **to sling sth ∼ one's shoulder** colgarse* algo del hombro; **they live ∼ the road** (BrE) viven en frente

B 1 (above) encima de; **the portrait hangs ∼ the fireplace** el retrato está colgado encima de *or* (AmL tb) arriba de la chimenea; **a cold front ∼ the Atlantic** un frente frío sobre el Atlántico 2 (Math) sobre

C (covering, on): **there are grilles ∼ the windows** hay rejas en las ventanas; **snow was falling ∼ the countryside** nevaba sobre la campiña; **my room looks out ∼ the square** mi habitación da a la plaza; **he pulled his hat down ∼ his eyes** se encasquetó el sombrero tapándose los ojos; **he put a coat on ∼ his pajamas** se puso un abrigo encima del pijama; **she hit me ∼ the head with her stick** me dio con el bastón en la cabeza

D 1 (through, all around): **to show sb ∼ a building/an estate** mostrarle* *or* (esp Esp) enseñarle un edificio/una finca a algn; **∼ an area of 50km²** en un área de 50km²; **I've been ∼ the details with her** he repasado los detalles con ella; **we've been ∼ and ∼ what happened** hemos vuelto una y otra vez sobre lo que sucedió 2 (referring to experiences, illnesses): **is she ∼ her measles yet?** ¿ya se ha repuesto del sarampión?; **we're ∼ the worst now** ya hemos pasado lo peor; **he isn't ∼ her yet** todavía la quiere

E (during, in the course of): **∼ the past/next few years** en *or* durante los últimos/próximos años; **we can discuss it ∼ lunch** podemos hablarlo mientras comemos; **we'll be in Italy ∼ the summer** pasaremos el verano en Italia; **spread (out) ∼ a six-week period** a lo largo de seis semanas, en un plazo de seis semanas

F (by the medium of) por; **∼ the loudspeaker** por el altavoz

G (about, on account of): **to cry ∼ sth** llorar por algo; **they argued ∼ money** discutieron por asuntos de dinero

H **all over** 1 (over entire surface of): **there are black marks all ∼ the floor** hay marcas negras por todo el suelo; ***to be all ∼ sb*** (colloq) (defeat heavily) darle* una paliza a algn (fam); (be demonstrative toward): **they were all ∼ each other** estaban de lo más acaramelados (fam) 2 (throughout): **all ∼ town** por toda la ciudad; **I've been all ∼ the place looking for you** te he estado buscando por todas partes

(Sense II)

A 1 (more than) más de; **think of a number ∼ 10** piensa en un número mayor de *or* que 10 2 **over and above** (in addition to) además de

B 1 (senior to) por encima de 2 (indicating superiority) sobre; **to have control ∼ sb/sth** tener* control sobre algn/algo

C (in comparison to): **sales are up 20% ∼ last year** las ventas han aumentado un 20% con respecto al año pasado; **she has one great advantage ∼ her rivals** tiene una gran ventaja sobre sus rivales

over³ *n* (in cricket) over *m* (*serie de seis lanzamientos*)

over- /ˈəʊvər || ˈəʊvə(r)/ *pref* 1 (excessively) demasiado, excesivamente; *see also* **overeat, oversleep** *etc* 2 (in deliberate understatement): **she wasn't ∼enthusiastic** no demostró mucho entusiasmo que digamos

over: ∼abundance /ˈəʊvərəˈbʌndəns/ *n* (*no pl*) superabundancia *f*; **∼abundant** /ˈəʊvərəˈbʌndənt/ *adj* superabundante; **∼achieve** /ˈəʊvərəˈtʃiːv/ *vi* rendir* más de lo esperado; **∼act** /ˈəʊvərˈækt/ *vi* sobreactuar*; **∼active** /ˈəʊvərˈæktɪv/ *adj* ‹*imagination/mind*› febril; ‹*thyroid/gland*› hiperactivo

overall¹ /ˈəʊvərɔːl/ *adj* (*before n*) ‹*length*› total; ‹*result/reduction/cost*› global; **the ∼ impression** la impresión general *or* de conjunto; **he was the ∼ winner** fue (el) campeón absoluto

overall² *adv*: **she was third ∼** quedó tercera en la clasificación general; **∼, one could say that ...** (*indep*) en términos generales podría decirse que ...

overall³ *n*

A (protective garment) (esp BrE) bata *f*, túnica *f*

B **overalls** *pl* 1 (dungarees) (AmE) overol *m* (AmL), (pantalones *mpl* de) peto *m* (Esp), mameluco *m* (CS) 2 (boiler suit)

(BrE) overol *m* (AmL), mono *m* (Esp)

over:~anxious /ˈəʊvərˈæŋkʃəs/ *adj* aprensivo; ‹*parent*› sobreprotector; **~arm** *adv* (esp BrE) por encima de la cabeza; **~ate** /ˈəʊvərˈet/ *past of* **overeat**; **~awe** /ˈəʊvərˈɔː/ *vt* intimidar; **we were ~awed** nos sentimos sobrecogidos; **~balance** /ˈəʊvərˈbæləns || ˌəʊvəˈbæləns/ *vi* perder* el equilibrio; **~bearing** /ˈəʊvərˈberɪŋ || ˌɛʊvəˈbeərɪŋ/ *adj* autoritario, dominante; **~blown** /ˈəʊvərˈbləʊn || ˌəʊvəˈbləʊn/ *adj* ‹*rhetoric/prose*› ampuloso, rimbombante; **~board** *adv*: **man ~board!** ¡hombre al agua!; **they threw him ~board** lo echaron por la borda; ***to go ~board*** (colloq): **there's no need to go ~board** no hay por qué exagerar, tampoco hay que pasarse (fam); **~book** /ˈəʊvərˈbʊk || ˌəʊvəˈbʊk/ *vt*: **the flight was ~booked** habían aceptado demasiadas reservas *or* (AmL tb) reservaciones para el vuelo; *vi* sobrecontratar (*aceptar reservas por encima del número de plazas disponibles*); **~burden** /ˈəʊvərˈbɜːrdn̩ || ˌəʊvəˈbɜːdn̩/ *vt* **to ~burden sb (WITH sth)**: **they ~burdened her with work** la sobrecargaron de trabajo; **~came** /ˈəʊvərˈkeɪm || ˌəʊvəˈkeɪm/ *past of* **~come**; **~cast** *adj* ‹*sky*› cubierto; ‹*day*› nublado; **~charge** /ˈəʊvərˈtʃɑːrdʒ || ˌəʊvəˈtʃɑːdʒ/ *vt* **to ~charge sb (FOR sth)** cobrarle de más A algn (POR algo); *vi* **to ~charge (FOR sth)** cobrar de más (POR algo); **~coat** *n* abrigo *m*, sobretodo *m* (esp RPl); **~come** /ˈəʊvərˈkʌm || ˌəʊvəˈkʌm/ (*past* **-came**; *past p* **-come**) *vt* **1▸** ‹*opponent*› reducir*, vencer* **2▸** (overwhelm) invadir, apoderarse de; **to be ~come BY sth**: **he was ~come by sleep/fatigue** lo venció el sueño/la fatiga; **they were ~come by emotion** los embargó la emoción; **to be ~come WITH sth** ‹*with guilt/remorse*› sentirse* abrumado POR algo **3▸** (prevail over) ‹*fear*› superar, dominar, vencer*; ‹*inhibitions*› vencer*; *vi*: **we shall ~come** venceremos; **~compensate** /ˈəʊvərˈkɑːmpənseɪt || ˌəʊvəˈkɒmpənseɪt/ *vi* sobrecompensar; **to ~compensate FOR sth** sobrecompensar algo; **~confident** /ˈəʊvərˈkɑːnfədənt || ˌəʊvəˈkɒnfɪdənt/ *adj* ‹*person*› demasiado seguro de sí mismo, suficiente; ‹*prediction*› demasiado confiado; **~cook** /ˈəʊvərˈkʊk || ˌəʊvəˈkʊk/ *vt* cocinar demasiado, recocer*, dejar pasar; **~crowded** /ˈəʊvərˈkraʊdəd || ˌəʊvəˈkraʊdɪd/ *adj* abarrotado *or* atestado (de gente); ‹*country*› superpoblado; **our universities are ~crowded** nuestras universidades están masificadas; **~crowding** /ˈəʊvərˈkraʊdɪŋ || ˌəʊvəˈkraʊdɪŋ/ *n* [u]: **they complained about the ~crowding on the trains** se quejaron de lo abarrotados que iban los trenes; **the severe ~crowding in our prisons** el hacinamiento en nuestras cárceles; **~developed** /ˈəʊvərdɪˈveləpt || ˌəʊvədɪˈveləpt/ *adj* ‹*muscles/imagination*› excesivamente desarrollado; **~do** /ˈəʊvərˈduː || ˌəʊvəˈduː/ *vt* (*3rd pers sing pres* **-does**; *past* **-did**; *past p* **-done**) **1▸** (exaggerate) exagerar, pasarse con (fam); ***to ~do it, to ~do things*** (go too far) írsele la mano a algn; (overexert oneself) exigir* demasiado; **2▸** (Culin) cocinar demasiado, recocer*, dejar pasar; **~done** /ˈəʊvərˈdʌn || ˌəʊvəˈdʌn/ *adj* **1▸** (exaggerated) exagerado; **2▸** (Culin) recocido

overdose¹ /ˈəʊvərdəʊs || ˈəʊvədəʊs/ *n* sobredosis *f*; **to take an ~** tomar una sobredosis

overdose² *vi* **to ~ ON sth** tomar una sobredosis de algo

over:~draft *n* descubierto *m*, sobregiro *m*; (*before n*) **~draft facility** crédito *m* al descubierto; **~draw** /ˈəʊvərˈdrɔː || ˌəʊvəˈdrɔː/ (*past* **-drew**; *past p* **-drawn**) *vt* (Fin): **I'm ~drawn** tengo un descubierto, estoy sobregirado; *vi* (BrE Fin) girar al descubierto, sobregirarse; **~drive** /ˈəʊvərdraɪv || ˈəʊvədraɪv/ *n* superdirecta *f*; **~due** /ˈəʊvərˈduː || ˌəʊvəˈdjuː/ *adj*: **the book is a month ~due** el plazo de devolución del libro venció hace un mes; **payment is now ~due** el plazo ha vencido y se requiere pago inmediato; **such measures are long ~due** tales medidas deberían haberse adoptado mucho antes; **she's a week ~due** debería haber dado a luz hace una semana, salió de cuentas hace una semana (Esp); **to be ~due FOR sth**: **you're ~due for promotion** hace tiempo que te deberían haber ascendido; **~eat** /ˈəʊvərˈiːt/ *vi* (*past* **-ate**; *past p* **-eaten**) comer demasiado, sobrealimentarse; **~estimate** /ˈəʊvərˈestəmeɪt || ˌəʊvərˈestɪmeɪt/ *vt* ‹*cost/strength*› sobreestimar; ‹*importance*› exagerar; **~excited** /ˈəʊvərɪkˈsaɪtəd || ˌəʊvərɪkˈsaɪtɪd/ *adj* sobreexcitado; **~exert** /ˈəʊvərɪgˈzɜːrt || ˌəʊvərɪgˈzɜːt/ *v refl* **to ~exert oneself** hacer* un esfuerzo excesivo; **~expose** /ˈəʊvərɪkˈspəʊz/ *vt* (Phot) sobreexponer*; **~feed** /ˈəʊvərˈfiːd || ˌəʊvəˈfiːd/ *vt* (*past & past p* **-fed**) sobrealimentar

overflow¹ /ˈəʊvərˈfləʊ || ˌəʊvəˈfləʊ/ *vi* **1▸** «*liquid*» derramarse, desbordarse; «*bucket/bath/river*» desbordarse; **the party had ~ed into the garden** la fiesta se había extendido al jardín; **to fill sth to ~ing** llenar algo hasta el borde **2▸** (be more than full of) **to ~ WITH sth**: **the house is ~ing with junk** la casa está hasta el techo de cachivaches

■ **overflow** *vt* (flow over) desbordar

overflow² /ˈəʊvərfləʊ || ˈəʊvəfləʊ/ *n* **1▸** [u c] (excess): **we put a bowl there to catch the ~** pusimos un bol para recoger el líquido que se derramaba *or* que salía; **the ~ from the church stood outside** los que no cabían en la iglesia se quedaron fuera **2▸** [c] (outlet) rebosadero *m*

over: **~grown** /ˈəʊvərˈgrəʊn || ˌəʊvəˈgrəʊn/ *adj* **1▸** ‹*garden*› lleno de maleza, abandonado; **to be ~grown WITH sth** estar* cubierto DE algo **2▸** (too big) demasiado grande; **~hand** *adv* (AmE) por encima de la cabeza

overhang¹ /ˈəʊvərˈhæŋ || ˌəʊvəˈhæŋ/ (*past & past p* **-hung**) *vt* sobresalir* por encima de

■ **overhang** *vi* sobresalir*; **he tried to grab an ~ing branch** trató de agarrarse de una rama que colgaba por encima

overhang² /ˈəʊvərhæŋ || ˈəʊvəhæŋ/ *n* saliente *f or* (Esp) *m*

overhaul¹ /ˈəʊvərˈhɔːl || ˌəʊvəˈhɔːl/ *vt* (examine and repair) ‹*machinery/car/system*› revisar, poner* a punto

overhaul² /ˈəʊvərhɔːl || ˈəʊvəhɔːl/ *n* (of machinery, system) revisión *f* (general), puesta *f* a punto, overjol *m* (AmC)

overhead¹ /ˈəʊvərˈhed || ˌəʊvəˈhed/ *adv*: **the lights shone ~** las luces brillaban en lo alto; **the sun was directly ~** el sol caía de pleno; **a plane flew ~** pasó un avión

overhead² /ˈəʊvərhed || ˈəʊvəhed/ *adj*

A **1▸** (high up) ‹*cable*› aéreo; ‹*railway*› elevado **2▸** (Sport) por encima de la cabeza

B (Busn, Fin) (*before n*) ‹*costs/charges*› indirecto, general, de estructura

overhead projector *n* retroproyector *m*

overheads /ˈəʊvərhedz || ˈəʊvəhedz/ *pl n*[c u] (BrE) gastos *mpl* indirectos *or* generales *or* de estructura

over: **~hear** /ˈəʊvərˈhɪr || ˌəʊvəˈhɪə(r)/ *vt* (*past & past p* **-heard**) oír* (*por casualidad*); **I ~heard her talking about me** la oí hablar de mí

■ **over** *vi*: **excuse me, but I couldn't help ~hearing** perdone, pero no pude evitar escuchar lo que decía (*or* dijo *etc*); **~heat** /ˈəʊvərˈhiːt || ˌəʊvəˈhiːt/ *vi* recalentarse*; **~heated** /əʊvərˈhiːtəd || ˌəʊvəˈhiːtɪd/ *adj* recalentado; ‹*person/argument*› acalorado; **~hung** *past & past p of* **overhang¹**; **~indulge** /ˈəʊvərɪnˈdʌldʒ/ *vi* excederse; **to ~indulge IN sth** abusar DE algo

■ **over** *vt* ‹*child*› consentir* demasiado; **I ~indulged my fondness for chocolate** comí todo el chocolate que se me antojó, me dejé llevar por mi pasión por el chocolate; **~indulgence** /ˈəʊvərɪnˈdʌldʒəns/ *n* [u] **1▸** (lenience) consentimiento *m* (excesivo) **2▸** (having too much) **~indulgence (IN sth)** ‹*in food/drink*› abuso *m* (DE algo); **~indulgent** /ˈəʊvərɪnˈdʌldʒənt/ *adj* demasiado blando, que lo consiente todo; **~joyed** /ˈəʊvərˈdʒɔɪd || ˌəʊvəˈdʒɔɪd/ *adj* encantado, rebosante de alegría; **to be ~joyed AT/ABOUT sth**: **I was ~joyed at the news** la noticia me causó gran alegría; **they are ~joyed about the baby** están que no caben en sí de alegría con el niño; **~kill** *n* [u] exageración *f*; **~laid** /ˈəʊvərˈleɪd || ˌəʊvəˈleɪd/ *past & past p of* **overlay¹**; **~land** *adj/adv* por tierra

overlap¹ /ˈəʊvərˈlæp || ˌəʊvəˈlæp/ **-pp-** *vi* **1▸** «*tiles/planks*» estar* montados unos sobre otros, traslaparse **2▸** «*responsibilities*» coincidir en parte; **our vacations ~ by one week** durante una semana estamos los dos de vacaciones

■ **overlap** *vt* ‹*boards/planks*› colocar* montados unos sobre otros, traslapar

overlap² /ˈəʊvərlæp || ˈəʊvəlæp/ *n* [u c]: **there will be an inch ~ on either side** se traslaparán una pulgada por cada lado; **there will be a period of ~ between the two**

secretaries las dos secretarias coincidirán durante un tiempo

overlay[1] /'əʊvər'leɪ || ˌəʊvə'leɪ/ *vt* (*past & past p* **-laid**) **to ~ sth WITH sth** recubrir* algo DE algo

overlay[2] /'əʊvərleɪ || 'əʊvəleɪ/ *n* revestimiento *m*

overleaf /'əʊvər'li:f || ˌəʊvə'li:f/ *adv* al dorso; **see ~** véase al dorso

overload[1] /'əʊvər'ləʊd || ˌəʊvə'ləʊd/ *vt* sobrecargar*; **we are ~ed with work** estamos agobiados de trabajo

■ **overload** *vi* sobrecargarse*

overload[2] /'əʊvərləʊd || 'əʊvələʊd/ *n* [u] (Elec) sobrecarga *f*

overlook /'əʊvər'lʊk || ˌəʊvə'lʊk/ *vt*

A **1** (not notice) pasar por alto **2** (disregard) disculpar, dejar pasar **3** (pass over): **he was ~ed for promotion** no lo tuvieron en cuenta para el ascenso

B (have view over): **a room ~ing the sea** una habitación con vista al mar *or* que da al mar

overly /'əʊvərli || 'əʊvəli/ *adv* demasiado

over: **~manned** /'əʊvər'mænd || ˌəʊvə'mænd/ *adj* ‹*factory/office*› con demasiado personal; ‹*ship*› con excesiva tripulación; **~manning** /'əʊvər'mænɪŋ || ˌəʊvə'mænɪŋ/ *n* [u] exceso *m* de personal/tripulación; **~much** /'əʊvər'mʌtʃ || ˌəʊvə'mʌtʃ/ *adv* en exceso, en demasía (frml)

overnight[1] /'əʊvər'naɪt || ˌəʊvə'naɪt/ *adv* **1** (through the night): **to stay ~** quedarse a pasar la noche, hacer* noche; **there had been a heavy fall of snow ~** durante la noche había nevado mucho; **soak the chickpeas ~** ponga los garbanzos en remojo la noche anterior **2** (suddenly) ‹*change/disappear*› de la noche a la mañana

overnight[2] /'əʊvərnaɪt || 'əʊvənaɪt/*adj* **1** (through the night) ‹*journey*› de noche; ‹*stay*› de una noche **2** (sudden) ‹*change/success*› repentino; **she became an ~ sensation** de la noche a la mañana, empezó a causar sensación

overnight[3] /ˌəʊvər'naɪt || ˌəʊvə'naɪt/ *vt* (convey at night) (AmE) transportar durante la noche

■ **overnight** *vi* (stay for the night) pasar la noche, hacer* noche, pernoctar (frml)

overnight bag *n* bolso *m* de viaje *or* de fin de semana, fin *m* de semana (Esp)

overpaid[1] /'əʊvər'peɪd || ˌəʊvə'peɪd/ *past & past p of* **overpay**

overpaid[2] *adj*: **she's ~** le pagan demasiado; **he's vastly ~, considering what he does** le pagan un dineral para lo que hace

over: **~pass** *n* paso *m* elevado, paso *m* a desnivel (Méx); **~pay** /'əʊvər'peɪ || ˌəʊvə'peɪ/ *vt* (*past & past p* **-paid**) (deliberately) pagarle* demasiado *or* en exceso a; (in error) pagarle* de más a; **~play** /'əʊvər'pleɪ || ˌəʊvə'pleɪ/ *vt* ‹*problem*› exagerar; **to ~play the importance of sth** darle* demasiada importancia a algo; **~populated** /'əʊvər'pɑ:pjəleɪtəd || ˌəʊvə'pɒpjʊleɪtɪd/ *adj* superpoblado, sobrepoblado (AmL); **~power** /'əʊvər'paʊər || ˌəʊvə'paʊə(r)/ *vt* **1** (render helpless) dominar **2** (affect greatly) «*smell*» marear; «*heat*» sofocar*, agobiar; «*emotion*» abrumar; **~powering** /'əʊvər'paʊrɪŋ || ˌəʊvə'paʊərɪŋ/ *adj* **1** ‹*smell*› muy fuerte, embriagador (liter); ‹*heat*› aplastante, agobiante; ‹*desire*› irresistible, inaguantable **2** ‹*personality*› apabullante, abrumador; **~price** /'əʊvər'praɪs || ˌəʊvə'praɪs/ *vt* ‹*product*› fijar un precio excesivo a; **the food is reasonable, but a little ~priced** la comida no es mala, pero un poco cara para lo que es; **~production** /'əʊvərprə'dʌkʃən || ˌəʊvəprə'dʌkʃən/ *n* [u] sobreproducción *f*, superproducción *f*; **~protect** /'əʊvərprə'tekt || ˌəʊvəprə'tekt/ *vt* sobreproteger*, proteger* demasiado; **~protective** /'əʊvərprə'tektɪv || ˌəʊvəprə'tektɪv/ *adj* sobreprotector; **he is ~protective toward** *o* **to his little brother** sobreprotege a su hermano pequeño; **~qualified** /'əʊvər'kwɑ:ləfaɪd || ˌəʊvə'kwɒlɪfaɪd/ *adj* con más titulación de la requerida; **~ran** /'əʊvər'ræn || ˌəʊvə'ræn/ *past of* **~run**; **~rated** /'əʊvər'reɪtəd || ˌəʊvə'reɪtɪd/ *adj* sobrevalorado, sobreestimado; **~reach** /'əʊvər'ri:tʃ || ˌəʊvə'ri:tʃ/ *v refl*: **to ~reach oneself** intentar hacer demasiado; **~react** /'əʊvərri'ækt || ˌəʊvəri'ækt/ *vi* reaccionar en forma exagerada; **to ~react TO sth** tener* una reacción exagerada FRENTE A algo; **~ride** /'əʊvər'raɪd || ˌəʊvə'raɪd/ *vt* (*past* **-rode**; *past p* **-ridden**) ‹*decision/recommendation*› invalidar, anular; ‹*wishes/advice*› hacer* caso omiso de; **~riding** /'əʊvər'raɪdɪŋ || ˌəʊvə'raɪdɪŋ/ *adj* ‹*importance/need/consideration*› primordial; ‹*priority*› absoluto; **~ripe** /'əʊvər'raɪp || ˌəʊvə'raɪp/ *adj* demasiado maduro, pasado; **~rode** /'əʊvər'rəʊd || ˌəʊvə'rəʊd/ *past of* **~ride**; **~rule** /'əʊvər'ru:l || ˌəʊvə'ru:l/ *vt* ‹*decision/verdict*› anular, invalidar; ‹*objection*› rechazar*, no admitir; **~run** /'əʊvər'rʌn || ˌəʊvə'rʌn/ (*past* **-ran**; *past p* **-run**) *vt* **1** (invade, swarm over) invadir; **to be ~run WITH sth** estar* plagado DE algo **2** (exceed) exceder

■ **over** *vi*: **the meeting ~ran by half an hour** la reunión se prolongó media hora más de lo previsto; **~saw** /'əʊvər'sɔ: || ˌəʊvə'sɔ:/ *past of* **oversee**

overseas[1] /'əʊvər'si:z || 'əʊvəˌsi:z/ *adj* (*before n*) ‹*trade*› exterior; ‹*investments/branches*› en el exterior *or* extranjero; ‹*student/visitor*› extranjero; ‹*news*› del exterior; **~ aid** (BrE) ayuda *f* a los países en vías de desarrollo

overseas[2] /'əʊvər'si:z || ˌəʊvə'si:z/ *adv* ‹*live*› en el extranjero; ‹*travel/send*› al extranjero

over: **~see** /'əʊvər'si: || ˌəʊvə'si:/ *vt* (*past* **-saw**; *past p* **-seen**) supervisar; **~seer** /'əʊvər'sɪr, -'si:ər || 'əʊvəsi:ə(r)/ *n* capataz *mf*, supervisor, -sora *m,f*; **~sensitive** /'əʊvər'sensətɪv || ˌəʊvə'sensɪtɪv/ *adj* demasiado susceptible; **~shadow** /'əʊvər'ʃædəʊ || ˌəʊvə'ʃædəʊ/ *vt* (diminish) eclipsar; **~shoe** /'əʊvərʃu: || 'əʊvəʃu:/ *n* chanclo *m or* (CS) galocha *f*; **~shoot** /'əʊvər'ʃu:t || ˌəʊvə'ʃu:t/ *vt* (*past & past p* **-shot**) ‹*runway*› salirse* de; ‹*turning*› pasarse de; ‹*target/budget*› exceder, rebasar; **~sight** /'əʊvərsaɪt || 'əʊvəsaɪt/ *n* [u c] (carelessness) descuido *m*; **~simplify** /'əʊvər'sɪmpləfaɪ || ˌəʊvə'sɪmplɪfaɪ/ *vt/i* **-fies, -fying, -fied** simplificar* excesivamente; **~size** /'əʊvər'saɪz || 'əʊvəsaɪz/, **~sized** *adj* (larger than normal) mayor de lo normal, extra grande; (too large) tremendo, descomunal; **~sleep** /'əʊvər'sli:p || ˌəʊvə'sli:p/ *vi* (*past & past p* **-slept**) quedarse dormido; **~spend** /'əʊvər'spend || ˌəʊvə'spend/ *vi* (*past & past p* **-spent**) gastar más de la cuenta; **I've overspent by £5** he gastado 5 libras de más; **~spill** *n* [u] excedente *m* de población; **~staffed** /'əʊvər'stæft || ˌəʊvə'stɑ:ft/ *adj* con exceso de personal *or* (Esp tb) de plantilla; **~staffing** /'əʊvər'stæfɪŋ || ˌəʊvə'stɑ:fɪŋ/ *n* [u] exceso *f* de personal *or* (Esp tb) de plantilla; **~state** /'əʊvər'steɪt || ˌəʊvə'steɪt/ *vt* exagerar; **~stay** /'əʊvər'steɪ || ˌəʊvə'steɪ/ *vt* ▸**outstay**; **~step** /'əʊvər'step || ˌəʊvə'step/ *vt* **-pp-** sobrepasar, rebasar, pasarse de; ▸**mark[1] C1**

overstock[1] /'əʊvər'stɑ:k || ˌəʊvə'stɒk/ *vt* abarrotar

■ **overstock** *vi* comprar de más

overstock[2] *n* excedentes *mpl* de stock, excedentes *mpl* de existencias; (*before n*) **~ sale** liquidación *f* de excedentes de stock *or* de existencias

over: **~stretch** /'əʊvər'stretʃ || ˌəʊvə'stretʃ/ *vt*: **the sales staff are ~stretched** los vendedores están trabajando al máximo; **the already ~stretched education system ...** el sistema educativo, cuyos recursos ya no dan más de sí ...; **~subscribed** /'əʊvərsəb'skraɪbd || ˌəʊvəsəb'skraɪbd/ *adj*: **the trip to London is already ~subscribed** el viaje a Londres ya está sobrevendido, ya hay demasiada gente anotada para el viaje a Londres; **the issue was ~subscribed** la demanda de acciones superó a la oferta

overt /əʊ'vɜ:rt || 'əʊvɜ:t/ *adj* ‹*hostility*› declarado, manifiesto; ‹*criticism*› abierto

over: **~take** /'əʊvər'teɪk || ˌəʊvə'teɪk/ (*past* **-took**; *past p* **-taken**) *vt* **1** (go past) ‹*horse/runner*› adelantar, pasar, rebasar (Méx) **2** (surpass) superar, tomarle la delantera a

■ **over** *vi* (BrE Auto) adelantar, rebasar (Méx); **~taking** /'əʊvər'teɪkɪŋ || ˌəʊvə'teɪkɪŋ/ *n* [u] (BrE) adelantamiento *m*, rebase *m* (Méx); **~tax** /'əʊvər'tæks || ˌəʊvə'tæks/ *vt* **1** (strain) poner* a prueba **2** (Tax) gravar en exceso (*con impuestos*); **~-the-counter** /'əʊvərðə'kaʊntər || ˌəʊvəðə'kaʊntə(r)/ *adj*: **~-the-counter medicine** medicamento *m* que se puede comprar sin receta

overthrow[1] /'əʊvər'θrəʊ || ˌəʊvə'θrəʊ/ *vt* (*past* **-threw**; *past p* **-thrown**) ‹*government*› derrocar*

overthrow[2] /'əʊvərθrəʊ || 'əʊvəθrəʊ/ *n* (of ruler, government) derrocamiento *m*

overtime /'əʊvərtaɪm || 'əʊvətaɪm/ *n* [u]

A **1** (extra work hours) horas *fpl* extra(s), sobretiempo *m* (Chi, Per); **to work ~** hacer* horas extra(s), trabajar sobretiempo (Chi, Per); **my brain was working ~** mi cerebro estaba

O

trabajando a toda máquina **2** (pay) horas *fpl* extra(s), sobretiempo *m* (Chi, Per)
B (AmE Sport) prórroga *f*, tiempo *m* suplementario

overtly /əʊ'vɜːrtli || 'əʊvɜːtli/ *adv* abiertamente

over: ~tone *n* (suggestion, hint) (*usu pl*) dejo *m*, deje *m* (Esp); **the film had clear political ~tones** la película tenía un claro trasfondo político; **~took** /'əʊvər'tʊk || ,əʊvə'tʊk/ *past of* **overtake**

overture /'əʊvərtʃʊr || 'əʊvətjʊə(r)/ *n*
A (Mus) obertura *f*
B overtures *pl* (approaches) (frml) intento *m or* tentativa *f* de acercamiento; (sexual) insinuación *f*; **to make ~s to sb**: **he made ~s to several European leaders** intentó acercamientos con varios líderes europeos

overturn /'əʊvər'tɜːrn || ,əʊvə'tɜːn/ *vt* **1** (tip over) ‹*table/boat*› darle* la vuelta a, dar* vuelta (CS) **2** (depose) ‹*government*› derrocar*, derribar **3** (nullify) ‹*decision/ruling*› anular
■ **overturn** *vi* «*vehicle*» volcar*, dar* una vuelta de campana, capotar

overuse¹ /'əʊvər'juːz || ,əʊvə'juːz/ *vt* abusar de, usar demasiado

overuse² /'əʊvər'juːs || ,əʊvə'juːs/ *n* [u] uso *m* excesivo

overview /'əʊvərvjuː || 'əʊvəvjuː/ *n* perspectiva *f* general

overweight /'əʊvər'weɪt || ,əʊvə'weɪt/ *adj* ‹*person*› demasiado gordo; **I am 10lb ~** peso 10 libras de más, tengo un sobrepeso de 10 libras (Chi, Méx); **the parcel is ~** el paquete pesa más de la cuenta

overwhelm /'əʊvər'hwelm || ,əʊvə'welm/ *vt* **1** (emotionally) abrumar; **I was ~ed with rage** sentí una rabia incontenible **2** (defeat) ‹*army/post*› aplastar, arrollar **3** (swamp) inundar, anegar*; **to be ~ed WITH sth**: **they've been ~ed with applications/complaints** han recibido infinidad de solicitudes/quejas

overwhelming /'əʊvər'hwelmɪŋ || ,əʊvə'welmɪŋ/ *adj* ‹*grief*› inconsolable; ‹*urge*› irresistible; ‹*anger*› incontenible; ‹*boredom*› insoportable; ‹*defeat*› aplastante; ‹*majority*› abrumador

overwhelmingly /'əʊvər'hwelmɪŋli || ,əʊvə'welmɪŋli/ *adv*: **they voted ~ against it** una abrumadora mayoría votó en contra

overwind /'əʊvər'waɪnd || ,əʊvə'waɪnd/ *vt* (*past & past p* **-wound** /-waʊnd/) dar* demasiada cuerda a

overwork¹ /'əʊvər'wɜːrk || ,əʊvə'wɜːk/ *vt* hacer* trabajar demasiado

overwork² *n* [u] agotamiento *m*

over: ~write /'əʊvər'raɪt || ,əʊvə'raɪt/ *vt* (*past* **-wrote**; *past p* **-written**) (Comput) **1** (write) **to ~write sth ON sth** superponer* algo A algo **2** (delete) machacar*, borrar; **~wrought** /'əʊvər'rɔːt || ,əʊvə'rɔːt/ *adj* **1** (agitated) alterado, exaltado **2** (elaborate) (pej) ‹*prose/style*› recargado

ovulate /'ɑːvjəleɪt || 'ɒvjʊleɪt/ *vi* ovular

ovulation /'ɑːvjə'leɪʃən || ,ɒvjʊ'leɪʃən/ *n* [u] ovulación *f*

owe /əʊ/ *vt*
A **1** (financially) deber, adeudar (frml); **to ~ sb sth, ~ sth TO sb** deberle algo A algn; **I'll ~ it to you** te lo quedo debiendo; **to ~ sb FOR sth** deberle algo A algn; **how much do I ~ you for the tickets?** ¿cuánto te debo por las entradas? **2** (be obliged to give, do) ‹*explanation/apology/favor*› deber; **take a break; you ~ it to yourself** tómate un descanso, te lo has ganado
B **1** (be indebted for) deber; **to what do we ~ the pleasure of your company?** (hum) ¿a qué debemos el placer de tu compañía? (hum) **2** (be influenced by) deber
■ **owe** *vi* **to ~ FOR sth** deber algo

owing /'əʊɪŋ/ *adj*
A (*pred*): **the money still ~** el dinero que aún se debe *or* (frml) adeuda
B owing to (*as prep*) debido a

owl /aʊl/ *n* búho *m*, tecolote *m* (Méx); (*barn* **~**) lechuza *f*

own¹ /əʊn/ *vt*
A (possess) ‹*property*› tener*, ser* dueño de, poseer* (frml); **do you ~ the house?** ¿la casa es tuya?; **she acts as if she ~s the place** se comporta como si fuera la dueña y señora del lugar
B (admit) (frml) reconocer*, admitir

Phrasal verb

• **own up** [v ▸ adv]: **no one ~ed up** nadie reconoció *or* admitió tener la culpa; **come on, ~ up** anda, reconócelo *or* confiésalo; **to ~ up TO sth/-ING**: **no one would ~ up to having left the window open** nadie quiso reconocer *or* admitir que había sido quien dejó la ventana abierta

own² *adj* **my/her/your** *etc* **~**: **in our ~ house** en nuestra propia casa; **I saw it with my (very) ~ eyes** lo vi con mis propios ojos; **she makes her ~ clothes** se hace la ropa ella misma; **it's all my ~ work** lo hice todo yo; **I'll find my ~ way out** no hace falta que me acompañe hasta la salida

own³ *pron* **my/her/your** *etc* **~**: **it isn't a company car: it's her ~** no es un coche de la empresa, es suyo (propio); **she wanted a room of her ~** quería una habitación para ella sola; **she has enough work of her ~ without helping you too** tiene bastante trabajo propio como para estar ayudándote a ti; **Florence has a charm all (of) its ~** Florencia tiene un encanto muy particular; **on one's ~** solo; **you're on your ~ from now on** de ahora en adelante te las arreglarás por tu cuenta; **to call sth one's ~**: **I don't have a moment to call my ~** no tengo ni un minuto para mí; ***to come into one's ~***: **she really comes into her ~ in the final act** en el último acto es cuando verdaderamente se luce; ***to get one's ~ back*** (BrE colloq) desquitarse; **I can't wait to get my ~ back on him** no veo el momento de desquitarme *or* de hacérselas pagar; ***to hold one's ~*** saber* defenderse

own-brand /'əʊn'brænd/ *adj* (BrE) ‹*product*› *de marca propia del supermercado o la tienda que lo vende*

-owned /əʊnd/ *suff*: **company/state~** de propiedad de la compañía/del estado

owner /'əʊnər || 'əʊnə(r)/ *n* dueño, -ña *m,f*; **who is the ~ of this shop/dog?** ¿quién es el propietario *or* dueño de esta tienda/el dueño de este perro?; **if you are a car-/dog-~** si usted tiene coche/un perro

ownership /'əʊnərʃɪp || 'əʊnəʃɪp/ *n* [u] propiedad *f*; **the company is in private/state ~** la compañía es de propiedad privada/estatal

own goal *n* autogol *m*, gol *m* en contra (CS)

ox /ɑːks || ɒks/ *n* (*pl* **oxen**) buey *m*; ***as strong as an ~*** fuerte como un toro *or* un roble

Oxbridge /'ɑːksbrɪdʒ || 'ɒksbrɪdʒ/ *n* (in UK) *las universidades británicas de Oxford y Cambridge*

oxen /'ɑːksən || 'ɒksən/ *pl of* **ox**

oxford, Oxford /'ɑːksfərd || 'ɒksfəd/ *n* (AmE) zapato *m* acordonado (*de hombre*)

oxide /'ɑːksaɪd || 'ɒksaɪd/ *n* [u c] óxido *m*

oxidize /'ɑːksədaɪz || 'ɒksɪdaɪz/ *vt* oxidar
■ **oxidize** *vi* oxidarse

oxtail /'ɑːksteɪl || 'ɒksteɪl/ *n* [u c] rabo *m* de buey

oxygen /'ɑːksədʒən || 'ɒksɪdʒən/ *n* [u] oxígeno *m*; (*before n*) **~ mask** (Aviat, Med) mascarilla *f or* máscara *f* de oxígeno

oyster /'ɔɪstər || 'ɔɪstə(r)/ *n* (Culin, Zool) ostra *f*, ostión *m* (Méx)

oz = ounce(s)

ozone /'əʊzəʊn/ *n* [u] (Chem) ozono *m*; (*before n*) **the ~ layer** la capa de ozono

ozone: ~-friendly /'əʊzəʊn'frendli/ *adj* que no daña la capa de ozono; **~ hole** *n* agujero *m* (en la capa) de ozono

P, p /piː/ *n* P, p *f*; ***to mind one's Ps and Qs*** tener* mucho cuidado

p (in UK) (= **penny/pence**) penique(s) *m(pl)*

p. (*pl* **pp.**) (= **page**) pág., p.; **pp. 12-48** págs. 12 a 48

P (= **parking**) Ⓢ **P** P, E

pa¹ /pɑː/ *n* (dial & dated) papá *m*

pa², p.a. /ˈpiːˈeɪ/ = **per annum**

PA *n* 1 /ˈpiːˈeɪ/ ~ **(system) = public-address system** 2 /piːˈeɪ/ (BrE) = **personal assistant** 3 *also* **Pa** = **Pennsylvania**

pace¹ /peɪs/ *n*

A (stride) paso *m*; ***to put sb through her/his ~s*** poner* a algn a prueba, hacerle* demostrar a algn de lo que es capaz

B (speed) (*no pl*) ritmo *m*; **at a slow ~** a ritmo lento, lentamente; **at my own ~** a mi ritmo; **I can't keep ~ with her** no le puedo seguir el ritmo *or* (CS tb) el tren; **salaries have not kept ~ with inflation** los sueldos no han aumentado en la misma proporción que la inflación; **to set the ~** marcar* la pauta; **he gave up the job because he couldn't take** *o* **stand the ~** dejó el trabajo porque no podía aguantar el ritmo

pace² *vi*: **to ~ up and down** caminar *or* (esp Esp) andar de un lado para otro *or* de para arriba para abajo

■ **pace** *vt*

A (walk across): **he ~d the room anxiously** caminaba preocupado de un lado a otro de la habitación

B (regulate speed of): **to ~ a runner** marcarle* el ritmo a un corredor; **to ~ oneself** controlarse el tiempo

(Phrasal verb)

• **pace out** [v ▸ o ▸ adv, v ▸ adv ▸ o] ‹*distance*› medir* a pasos

pace: ~maker *n* (Sport) liebre *f*; (Med) marcapasos *m*; **~setter** *n* (Sport) liebre *f*; (pioneer) líder *mf*

pacific /pəˈsɪfɪk/ *adj* (liter) pacífico

Pacific /pəˈsɪfɪk/ *n* **the ~ (Ocean)** el (Océano) Pacífico

pacifier /ˈpæsəfaɪər || ˈpæsɪfaɪə(r)/ *n* (AmE) chupete *m*, chupón *m* (AmL exc CS), chupo *m* (Col), chupa *f* (Ven)

pacifism /ˈpæsəfɪzəm || ˈpæsɪfɪzəm/ *n* [u] pacifismo *m*

pacifist /ˈpæsəfəst || ˈpæsɪfɪst/ *n* pacifista *mf*

pacify /ˈpæsəfaɪ || ˈpæsɪfaɪ/ *vt* **-fies, -fying, -fied** 1 (calm, satisfy) apaciguar*, calmar 2 (restore to peace) ‹*country/area*› pacificar*

pack¹ /pæk/ *n*

A (bundle, load) fardo *m*; (rucksack) mochila *f*; (*before n*) **~ animal** bestia *f* de carga

B 1 (packet, package) paquete *m*; **a ~ of cigarettes** (esp AmE) un paquete *or* una cajetilla *or* (RPl) una cajilla de cigarrillos 2 (of cards) (BrE) baraja *f*, mazo *m* (esp AmL)

C 1 (of animals): **a ~ of wolves** una manada de lobos; **a ~ of hounds** (Sport) una jauría; ***to run with the ~*** seguir* la corriente 2 (in race) pelotón *m* 3 (in rugby) delanteros *mpl*

D (of thieves, fools) (pej) partida *f* (pey), pandilla *f* (pey); **a ~ of lies** una sarta de mentiras

E 1 (compress) compresa *f* 2 (cosmetic) mascarilla *f*

pack² *vt*

A 1 (Busn) ‹*goods/products*› (put into container) envasar; (make packets with) empaquetar; (for transport) embalar 2 (put into suitcase, bag): **have you ~ed your toothbrush?** ¿llevas el cepillo de dientes?; **I ~ed my winter clothes away in a trunk** guardé la ropa de invierno en un baúl; **she takes a ~ed lunch to work** se lleva el almuerzo *or* (esp Esp, Méx) la comida al trabajo 3 (fill): **to ~ one's suitcase** hacer* la maleta *or* (RPl) la valija, empacar (AmL); **he was told to ~ his bags** le dijeron que (hiciera las maletas y) se fuera

B 1 (press tightly together): **~ the soil (down) firmly** apisone bien la tierra 2 (cram full): **~ the gaps tightly** rellena bien los huecos; **the book is ~ed with useful information** el libro está lleno de información útil

C (fill with sympathizers) **to ~ a jury** formar un jurado tendencioso

■ **pack** *vi*

A (fill suitcase) hacer* la(s) maleta(s) *or* (RPl) la(s) valija(s), empacar* (AmL); ▸ **send** *vt* **B**

B (squeeze) **to ~ INTO sth: the crowd ~ed into the station** el gentío se apiñó en la estación

(Phrasal verbs)

• **pack in** [v ▸ o ▸ adv, v ▸ adv ▸ o]

A (quit) (colloq) ‹*job/course*› dejar; **~ it in!** ¡para ya! (fam), ¡ya párale! (Méx fam), ¡terminala! (RPl fam), ¡ya córtala! (Chi fam)

B (cram in): **we managed to ~ in 50 people** pudimos meter a 50 personas; **we were only there for a weekend, but we ~ed a lot in** sólo estuvimos un fin de semana pero hicimos un montón de cosas (fam)

• **pack off** [v ▸ o ▸ adv, v ▸ adv ▸ o] despachar, mandar; **she ~ed the children off to school** mandó a los niños al colegio

• **pack up**

A [v ▸ adv] 1 (assemble belongings) liar* el petate, hacer* su itacate (Méx) 2 (stop) (colloq): **let's ~ up for the day** dejémoslo por hoy 3 (break down) (colloq) «*motor/radio*» dejar de funcionar, descomponerse* (esp AmL), tronarse* (Méx fam)

B [v ▸ o ▸ adv, v ▸ adv ▸ o] 1 ‹*tools/belongings*› recoger*, guardar 2 ▸ **pack in A**

package¹ /ˈpækɪdʒ/ *n*

A 1 (parcel) paquete *m* 2 (packet, carton) (esp AmE) paquete *m*

B (collection, set) paquete *m*; **a ~ of reforms** un paquete de reformas; **a software ~** un paquete de software

C (colloq) ▸ **package vacation**

package² *vt* 1 (pack) embalar, empaquetar 2 (Marketing): **the product is attractively ~d** la presentación del producto es atractiva

package: ~ holiday (BrE) ▸ **~ vacation**; **~ store** *n* (AmE) tienda *f* de bebidas alcohólicas; **~ tour** *n* viaje *m* organizado (*en el que se recorren diferentes localidades*); **~ vacation** *n* (AmE) vacaciones *fpl* organizadas, viaje *m* organizado

packaging /ˈpækɪdʒɪŋ/ *n* [u] 1 (packing) embalaje *m* 2 (wrapping) envoltorio *m* 3 (Marketing) presentación *f*

packed /pækt/ *adj* ‹*hall/restaurant*› lleno *or* atestado de gente, de bote en bote, repleto; **the group played to ~ houses** el grupo tocó con llenos completos; **the theater was ~ed out** (BrE) el teatro estaba de bote en bote *or* estaba repleto

packer /ˈpækər || ˈpækə(r)/ *n* embalador, -dora *m,f*, empacador, -dora *m,f*

packet /ˈpækət || ˈpækɪt/ *n*

A (container) (esp BrE) paquete *m*; **a ~ of cigarettes** (BrE) un paquete *or* una cajetilla de cigarrillos; (*before n*) ‹*soup/cake mix*› de sobre

B (large sum) (BrE colloq) (*no pl*) dineral *m*, fortunón *m* (fam)

pack: **~horse** *n* caballo *m* de carga; **~ ice** *n* [u] banco *m* de témpanos

packing /ˈpækɪŋ/ *n* [u] **1** (of suitcase): **to do one's ~** hacer* la(s) maleta(s) *or* (RPl) la(s) valija(s), empacar* (AmL) **2** (in factory) embalaje *m* **3** (material for packing) embalaje *m*

packing case *n* caja *f* de embalaje

packsack /ˈpæksæk/ *n* (AmE) mochila *f*

pact /pækt/ *n* pacto *m*; (Pol, Lab Rel) pacto *m*, convenio *m*; **suicide ~** pacto suicida; **to make a ~ with sb** pactar con algn, hacer* un pacto con algn

pad¹ /pæd/ *n*

A (cushioning) almohadilla *f*; **shoulder ~s** hombreras *fpl*; **knee ~s** rodilleras *fpl*

B (of paper) bloc *m*; **desk ~** bloc de notas

C (*launch ~*) plataforma *f* de lanzamiento

pad² **-dd-** *vt*

A **1** (line) ‹*seat/panel*› acolchar, enguatar (Esp) **2** **padded** *past p* ‹*jacket*› acolchado, enguatado (Esp); ‹*bra*› con relleno; ‹*envelope*› acolchado; **~ded cell** celda *f* de aislamiento

B **~ (out)** (expand) ‹*essay*› rellenar, meter* paja en (fam)

■ **pad** *vi* andar*, caminar (*con paso suave*)

padding /ˈpædɪŋ/ *n* [u] **1** (material) relleno *m*, guata *f* (Esp); (for protection) almohadillas *fpl* **2** (in essay, speech) paja *f* (fam), hojarasca *f*

paddle¹ /ˈpædl̩/ *n*

A [c] **1** (oar) zagual *m*, pala *f*, remo *m* pequeño **2** **~ (wheel)** rueda *f* hidráulica de paletas **3** (on paddle wheel) paleta *f*

B (*no pl*): **to go for a ~** ir* a mojarse los pies

paddle² *vi*

A (wet feet) mojarse los pies (*en la orilla*)

B **1** (in canoe) remar **2** (swim) «*duck/dog*» chapotear

■ **paddle** *vt* ‹*boat/canoe*› llevar (*remando con pala or zagual*)

paddle: **~ boat** *n* **1** ▸**~ steamer** **2** (pedalo) bote *m* de pedales, patín *m* (Esp); **~ steamer** *n* barco *m* de vapor con paletas

paddling pool /ˈpædlɪŋ/ *n* (BrE) (in park) estanque *m*; (inflatable) piscina *f or* (Méx) alberca *f* inflable (*para niños*)

paddock /ˈpædək/ *n* prado *m*, cercado *m*, potrero *m*

paddy /ˈpædi/ *n* (*pl* **-dies**) **~ (field)** arrozal *m*

padlock¹ /ˈpædlɑːk || ˈpædlɒk/ *n* candado *m*

padlock² *vt* cerrar* con candado

padre /ˈpɑːdreɪ/ *n* capellán *m*

paediatric *etc* (BrE) ▸**pediatric** *etc*

paedophile *etc* (BrE) ▸**pedophile** *etc*

pagan¹ /ˈpeɪgən/ *n* pagano, -na *m,f*

pagan² *adj* pagano

page¹ /peɪdʒ/ *n*

A (of book, newspaper) página *f*

B **1** (attendant) paje *m*; (in hotel) botones *m* **2** (in legislature) (in US) mensajero *m*

page² *vt* (over loudspeaker) llamar por megafonía

pageant /ˈpædʒənt/ *n* **1** (show, ceremony) festividades *fpl* **2** (historical show) *espectáculo histórico al aire libre*

pageantry /ˈpædʒəntri/ *n* [u] fausto *m*, pompa *f*, esplendor *m*

page: **~boy** /ˈpeɪdʒbɔɪ/ *n* **1** ▸**page¹ B1**; **2** (hairstyle) peinado *m or* corte *m* a lo paje; **~ break** *n* salto *m* de página

pager /ˈpeɪdʒər || ˈpeɪdʒə(r)/ *n* (Telec) buscapersonas *m*, localizador *m* (de personas), bip *m* (Méx fam), busca *m* (Esp fam), bíper *m* (Chi)

pagination /ˈpædʒəˈneɪʃən || ˌpædʒɪˈneɪʃən/ *n* [u] paginación *f*

pagoda /pəˈgəʊdə/ *n* pagoda *f*

paid¹ /peɪd/ *past & past p of* **pay¹**

paid² *adj* **1** ‹*employment*› remunerado; ‹*worker*› asalariado; ‹*vacation*› pagado; ‹*leave*› con goce de sueldo; ***to put ~ to sth*** (BrE) echar por tierra algo, acabar con algo **2** (AmE) ‹*member/supporter*› que ha pagado su cuota de afiliación

paid-up /ˈpeɪdʌp/ *adj* (*pred* **paid up**) (BrE) ▸**paid² 2**

pail /peɪl/ *n* balde *m*, cubo *m* (Esp), cubeta *f* (Méx)

pain¹ /peɪn/ *n*

A **1** [u c] (physical) dolor *m*; **I'm in constant ~** siento dolor constantemente; **she was in great ~** estaba muy dolorida *or* (AmL tb) adolorida, sentía mucho dolor; **to cry out in** *o* **with ~** gritar de dolor; **I've got a ~ in my leg** me duele la pierna; ***to be a ~ in the neck*** *o* (AmE vulg) ***ass*** *o* (BrE vulg) ***arse*** ser* un pesado, ser* insoportable, ser* un coñazo (Esp vulg) **2** [u] (mental) dolor *m*, pena *f*; **it takes the ~ out of accounting** hace más fácil la contabilidad **3** **on ~ of sth/-ING** (*as prep*) bajo *or* so pena de algo/+ INF **4** [u] (annoying person or thing) (colloq) lata *f* (fam)

B **pains** *pl* (effort): **that's all you get for your ~s** así te pagan la molestia; **she was at great ~s to deny the rumor** trató por todos los medios de desmentir el rumor; **I took considerable ~s** *o* **went to great ~s to explain it to them carefully** puse mucho esmero *or* me esforcé mucho en explicárselo

pain² *vt*: **it ~s me to see that ...** me duele *or* me apena *or* me da pena ver que ...

pained /peɪnd/ *adj* afligido, apenado; ‹*expression*› de pena

painful /ˈpeɪnfəl/ *adj* **1** (physically) doloroso; **is it very ~?** ¿duele mucho? **2** (mentally) ‹*task*› desagradable; ‹*reminder*› doloroso; **it was ~ to watch her wasting away** daba pena *or* lástima *or* era doloroso ver como se consumía **3** (bad) (colloq) de pena (fam), pésimo

painfully /ˈpeɪnfəli/ *adv*: **she dragged herself ~ along** se iba arrastrando con mucho dolor; **he's ~ slow** es tan lento que te exaspera; **she's ~ shy** es tan tímida que da pena; **I'm ~ aware of it** tengo plena conciencia de ello

painkiller /ˈpeɪnˌkɪlər || ˈpeɪnˌkɪlə(r)/ *n* [u c] analgésico *m*, calmante *m* (*para el dolor*)

painless /ˈpeɪnləs || ˈpeɪnlɪs/ *adj* **1** (causing no pain) indoloro; **~ childbirth** parto *m* sin dolor **2** (easy, pleasant) (colloq) ‹*method*› sencillo; **the experience was fairly ~** la experiencia fue bastante llevadera

painstaking /ˈpeɪnzˌteɪkɪŋ/ *adj* ‹*research/efforts*› concienzudo; ‹*person/personality*› meticuloso, minucioso

paint¹ /peɪnt/ *n* [u c] pintura *f*

paint² *vt* **1** (Art) ‹*portrait/landscape*› pintar **2** (apply paint to) ‹*wall/door/house*› pintar; **I ~ed the kitchen pink** pinté la cocina de rosa; **to ~ sth out**, **to ~ over sth** pintar encima de algo, tapar algo con pintura **3** (describe) pintar; **to ~ a glowing/gloomy picture of sth** pintar algo favorablemente/muy negro; ***as black as it's been ~ed***: **the situation isn't as black as it's been ~ed** la situación no es tan negra como la pintan **4** (make up): **to ~ one's face** pintarse, maquillarse

■ **paint** *vi* pintar

paint: **~box** *n* caja *f* de acuarelas; **~brush** *n* pincel *m*; (large, for walls) brocha *f*

painter /ˈpeɪntər || ˈpeɪntə(r)/ *n* (Art, Const) pintor, -tora *m,f*

painting /ˈpeɪntɪŋ/ *n* **1** [c] (picture) cuadro *m*, pintura *f* **2** [u] (Art) pintura *f*

paintwork /ˈpeɪntwɜːrk || ˈpeɪntwɜːk/ *n* [u] pintura *f*

pair¹ /per || peə(r)/ *n*

A **1** (of shoes, socks, gloves) par *m*; **a ~ of trousers** unos pantalones, un par de pantalones; **a ~ of scissors** unas tijeras; **a ~ of glasses** unas gafas, unos lentes *or* anteojos (AmL); **I've only got one ~ of hands** sólo tengo dos manos **2** (in cards) pareja *f*, par *m*

B (couple) pareja *f*; **the seats were arranged in ~s** los asientos estaban colocados de dos en dos *or* (AmL tb) de a dos

pair² *vt* ‹*objects*› emparejar, formar pares con; **she was ~ed with Paul** le pusieron a Paul de pareja

■ **pair** *vi* (Zool) aparearse

Phrasal verbs

• **pair off**

A [v ▸ o ▸ adv, v ▸ adv ▸ o] ‹*pupils/dancers*› poner* en parejas; ‹*objects/words*› emparejar, formar pares con; **my friends tried to ~ me off with John** mis amigos me quisieron hacer gancho con John (fam)

B [v ▸ adv] formar parejas

• **pair up** [v ▸ adv] formar parejas

paisley /ˈpeɪzli/ *n* [u] estampado *m* de cachemir(a)

pajamas, (BrE) **pyjamas** /pə'dʒɑːməz/ *pl n* pijama *m*, piyama *m or f* (AmL); **a pair of ~** un pijama, unos pijamas, un *or* una piyama (AmL); ▸ **cat**

Paki /'pæki/ *n* (BrE sl & offensive) pakistaní *mf*, paquistaní *mf*

Pakistan /'pækɪ'stæn || ˌpɑːkɪ'stɑːn, ˌpækɪ-/ *n* Pakistán *m*, Paquistán *m*

Pakistani[1] /'pækɪ'stæni || ˌpɑːkɪ'stɑːnɪ, ˌpækɪ-/ *adj* pakistaní, paquistaní

Pakistani[2] *n* pakistaní *mf*, paquistaní *mf*

pal /pæl/ *n* **1** (friend) (colloq) amigo *m*, compinche *m* (fam), cuate *m* (Méx fam); **you're a ~!** ¡eso es un amigo! **2** (*as form of address*) compadre *or* (Esp) tío *or* (Méx) cuate

Phrasal verb

• **pal up**: **-ll-** [v ▸ adv] (colloq) hacerse* amigos; **to ~ up WITH sb** hacerse* amigo DE algn

palace /'pæləs || 'pælɪs/ *n* palacio *m*; **the P~** la Casa Real

Palaeolithic *etc* (BrE) ▸ **Paleolithic** *etc*

palatable /'pælətəbəl/ *adj* agradable; **a very ~ wine** un vino de muy buen paladar; **he tried to make the figures more ~** trató de que las cifras resultaran más aceptables

palate /'pælət/ *n* **1** (Anat) paladar *m* **2** (sense of taste) paladar *m*

palatial /pə'leɪʃəl/ *adj* ‹*home*› palaciego; ‹*room*› grandioso

palaver /pə'lævər || pə'lɑːvə(r)/ *n* [u] (colloq) (bother) (esp BrE) jaleo *m* (fam), lío *m*, borlote *m* (Méx fam)

pale[1] /peɪl/ *adj* **1** ‹*skin/person*› (naturally) blanco; (pallid) pálido; **to turn ~** palidecer* **2** ‹*blue/pink*› pálido; **a ~ imitation** una burda imitación

pale[2] *vi* **1** «*person*» palidecer* **2** (seem minor) **to ~ BESIDE o BEFORE sb/sth** palidecer* JUNTO A algn/algo

pale[3] *n*: ***beyond the ~*** intolerable, inaceptable

pale: **~ ale** *n* [u c] *cerveza rubia suave*; **~-faced** /'peɪlfeɪst/ *adj* pálido (de cara)

paleness /'peɪlnəs || 'peɪlnɪs/ *n* [u] palidez *f*

Paleolithic, (BrE also) **Palaeolithic** /'peɪliə'lɪθɪk || ˌpæliəʊ'lɪθɪk, ˌpeɪ-/ *adj* paleolítico

paleontology, (BrE also) **palaeontology** /'peɪliɑːn'tɑːlədʒi || ˌpæliɒn'tɒlədʒi, ˌpeɪ-/ *n* [u] paleontología *f*

Palestine /'pæləstaɪn/ *n* Palestina *f*

Palestinian[1] /'pælə'stɪniən/ *adj* palestino

Palestinian[2] *n* palestino, -na *m,f*

palette /'pælət || 'pælɪt/ *n* **1** (board) paleta *f* **2** (range of color) gama *f*

palette knife *n* **1** (Art) espátula *f* **2** (AmE also **pallet knife**) (Culin) espátula *f*, paleta *f*

paling /'peɪlɪŋ/ *n* **1** [u c] (fence) (*often pl*) empalizada *f* **2** [c] (stake) estaca *f*

palisade /'pælə'seɪd || ˌpælɪ'seɪd/ *n* **1** (fence) empalizada *f*, palizada *f* **2** (cliff) (AmE) (*usu pl*) acantilado *m*

pall[1] /pɔːl/ *n* **1** (cloth) paño *m* mortuorio; **a ~ of smoke** una cortina de humo; ***to cast a ~ on o over sth*** empañar algo **2** (bier) (AmE) andas *fpl*, parihuelas *fpl*

pall[2] *vi* hacerse* pesado; **his jokes began to ~ (on us)** sus chistes empezaron a aburrirnos

pallbearer /'pɔːlˌberər || 'pɔːlˌbeərə(r)/ *n* portador, -dora *m,f* del féretro

pallet /'pælət || 'pælɪt/ *n* **1** (for forklift) paleta *f* **2** (bed) camastro *m*

pallet knife *n* (AmE) ▸ **palette knife 2**

palliative[1] /'pælieɪtɪv || 'pæliətɪv/ *n* paliativo *m*

palliative[2] *adj* paliativo

pallid /'pæləd || 'pælɪd/ *adj* pálido

pallor /'pælər || 'pælə(r)/ *n* [u] palidez *f*

pally /'pæli/ *adj* **-lier, -liest** (colloq) (*pred*) **to be ~ WITH sb** ser* muy amigo DE algn; **he's very ~ with the boss** está íntimo con el jefe (fam), él y el jefe son muy cuates (Méx fam)

palm /pɑːm/ *n*

A **1** **~ (tree)** palmera *f*; (*before n*) **~ leaf** palma *f* **2** (leaf, branch) palma *f*

B (Anat) palma *f*; **to read sb's ~** leerle* la mano a algn; ***to grease o oil sb's ~*** untarle la mano a algn; ***to have sb in the ~ of one's hand***: **she's got him in the ~ of her hand** se lo ha metido en el bolsillo, hace lo que le da la gana con él

Phrasal verb

• **palm off** [v ▸ o ▸ adv] **to ~ sth off ON o ONTO sb** encajarle *or* endilgarle algo a algn (fam); **to ~ sb off WITH sth** quitarse a algn de encima CON algo

palm: **~corder** /'pɑːmkɔːrdər || 'pɑːmkɔːdə(r)/ *n* videocámara *f* de bolsillo, palmcorder *f*; **~top** /'pɑːmtɑːp || 'pɑːmtɒp/ *n* computadora *f or* (Esp) ordenador *m* de mano, palm *m or f*

palmist /'pɑːməst || 'pɑːmɪst/ quiromántico, -ca *m,f*

palmistry /'pɑːməstri || 'pɑːmɪstri/ *n* [u] quiromancia *f*

Palm Sunday *n* Domingo *m* de Ramos

palomino /'pælə'miːnəʊ/ *n* (*pl* **-nos**) *caballo claro con crin blanca*

palpable /'pælpəbəl/ *adj* (frml) ‹*pride/anxiety*› palmario, palpable

palpate /'pælpeɪt || pæl'peɪt/ *vt* palpar

palpitate /'pælpəteɪt || 'pælpɪteɪt/ *vi* palpitar

palpitation /'pælpə'teɪʃən || ˌpælpɪ'teɪʃən/ *n* [u c] (Med) palpitación *f*

palsy /'pɔːlzi/ *n* [u] parálisis *f*

paltry /'pɔːltri/ *adj* **-trier -triest** ‹*sum/amount*› mísero, mezquino; ‹*excuse*› malo

pampas /'pæmpəs/ *n* (+ *sing or pl vb*) pampa *f*; **the ~** la pampa, las pampas; **the P~** la Pampa

pamper /'pæmpər || 'pæmpə(r)/ *vt* mimar

pampered /'pæmpərd || 'pæmpəd/ *adj* mimado, consentido

pamphlet /'pæmflət || 'pæmflɪt/ *n* (informative) folleto *m*; (political) panfleto *m*, volante *m*

pan[1] /pæn/ *n*

A **1** (Culin) cacerola *f*, (large, with two handles) olla *f*, (small) cacerola *f*, cazo *m* (Esp); (*frying ~*) sartén *f*; **pots and ~s** cacharros *mpl* (fam), trastes *mpl* (Méx); **loaf ~** (AmE) molde *m* para pan **2** (for prospecting) batea *f* **3** (on scales) platillo *m*, bandeja *f*

B (of toilet) (BrE) taza *f*; ***to go down the ~*** (colloq) irse* al traste (fam)

pan[2] **-nn-** *vt* (Min) **1** ‹*gravel/soil*› cribar **2** ‹*gold*› separar cribando

■ **pan** *vi*

A (Min): **to ~ for gold** lavar oro

B (Cin): **the camera ~s across to the two figures** la cámara recorre hasta enfocar en las dos figuras

Phrasal verb

• **pan out** [v ▸ adv] (colloq) salir*, resultar

panacea /'pænə'siːə/ *n* (frml) panacea *f*

panache /pə'næʃ/ *n* [u] garbo *m*, salero *m*

Panama /'pænəmɑː/ *n* **1** (Geog) Panamá *m*; (*before n*) **~ Canal** el Canal de Panamá; **~ City** Ciudad *f* de Panamá **2** **~ (hat)** *or* **panama (hat)** panamá *m*, (sombrero *m* de) jipijapa *m*

Panamanian[1] /'pænə'meɪniən/ *adj* panameño

Panamanian[2] *n* panameño, -ña *m,f*

Pan-American /ˌpænə'merɪkən/ *adj* panamericano

pancake /'pænkeɪk/ *n* [c] (Culin) crep(e) *m*, panqueque *m* (AmL), crepa *f* (Méx), panqué *m* (AmC, Col), panqueca *f* (Ven); ***as flat as a ~*** liso como una tabla; (*before n*) **P~ Day** martes *m* de Carnaval

pancreas /'pæŋkriəs/ *n* páncreas *m*

panda /'pændə/ *n* (oso, osa *m,f*) panda *mf*; **giant ~** panda gigante

panda car *n* (BrE) coche *m* de policía

pandemonium /'pændə'məʊniəm/ *n* [u] pandemonio *m*, pandemónium *m*

pander /'pændər || 'pændə(r)/ *vi*: **to ~ to sb's whims** consentirle* los caprichos a algn

p & p /'piːən'piː/ (BrE) = **postage and packing**

pane /peɪn/ *n* (hoja *f* de) vidrio *m*, cristal *m* (Esp)

P

panel¹ /ˈpænl/ *n*
A 1 (of door, car body, plane wing) panel *m*; (of garment) pieza *f* 2 (*instrument* ~) tablero *m or* panel *m* (de instrumentos); (*control* ~) tablero *m* (de control) 3 (Art) tabla *f*
B (in discussion, interview) panel *m or* (Col, Ven) pánel *m*; (in quiz, contest) equipo *m*; (in exam) mesa *f*, tribunal *m*, comisión *f* (Chi)

panel² *vt*, (BrE) **-ll-** 1 ‹*room/wall*› revestir* con paneles 2 **paneled**, (BrE) **panelled** *past p* ‹*door*› de paneles; **an oak-~ed room** una habitación con paneles de roble

panel: **~ beater** *n* (BrE) chapista *mf*, hojalatero *mf* (Méx); **~ beating** *n* (BrE) [u] 1 (work produced) chapistería *f*, hojalatería *f* (Méx), latonería *f* (Col) 2 (action) arreglo *m* de chapa

paneling, (BrE) **panelling** /ˈpænlɪŋ || ˈpænəlɪŋ/ *n* [u] paneles *mpl*

panelist, (BrE) **panellist** /ˈpænl̩əst || ˈpænəlɪst/ *n* (in discussion, interview) miembro *mf* del panel *or* (Col, Ven) del pánel

pan-fry /ˈpænfraɪ/ *vt* freír en sartén (*con poco aceite*)

pang /pæŋ/ *n* punzada *f*; **~s of hunger** retorcijones *mpl or* (Esp) retortijones *mpl* de hambre; **to feel ~s of remorse** sentir* remordimiento (de conciencia)

panhandle¹ /ˈpæn,hændl̩/ *n* (AmE) *faja estrecha de territorio de un estado que penetra en otro*

panhandle² *vi* (AmE colloq) pordiosear, mendigar*

panhandler /ˈpæn,hændlər || ˈpæn,hændlə(r)/ *n* (AmE colloq) mendigo *m*

panic¹ /ˈpænɪk/ *n*
A [u c] (fear, anxiety) pánico *m*; **people fled in ~** la gente huyó, despavorida *or* presa del pánico; **don't get into a ~** no te dejes llevar por el pánico; (*before n*) **~ button** botón *m* de alarma; **the strike led to ~ food-buying** la gente se asustó con la huelga y se lanzó a comprar alimentos; **it was ~ stations** (colloq) reinaba el pánico
B [c] (funny person, thing) (AmE colloq): **he is a ~** es divertidísimo *or* comiquísimo, es un plato (AmL fam)

panic² **-ck-** *vi* dejarse llevar por el pánico; **he ~ked and pressed the alarm bell** le entró el pánico y apretó la alarma; **don't ~!** ¡tranquilo!, ¡cálmate!; **there's no need to ~** no hay por qué alarmarse
■ **panic** *vt* infundirle pánico a; **to ~ sb INTO sth**: **we were ~ked into a hasty decision** lo que nos dijeron (*or* lo que leímos, *etc*) nos infundió pánico y tomamos una decisión precipitada

P

panicky /ˈpænɪki/ *adj* ‹*person*› muy nervioso; ‹*behavior/decision*› precipitado; **to get/grow ~** dejarse llevar por el pánico

panic-stricken /ˈpænɪk,strɪkən/ *adj* aterrorizado

pannier /ˈpæniər || ˈpæniə(r)/ *n* alforja *f*; (on cycle) maletero *m*

panoply /ˈpænəpli/ *n* (*pl* **-plies**) 1 (array) (frml) colección *f* 2 (armor) (Hist) panoplia *f*

panorama /ˈpænəˈræmə || ,pænəˈrɑːmə/ *n* panorama *m*

panoramic /ˈpænəˈræmɪk/ *adj* panorámico

panpipes /ˈpænpaɪps/ *pl n* zampoña *f*, guaira *f* (AmC)

pansy /ˈpænzi/ *n* (*pl* **-sies**) 1 (Bot) pensamiento *m* 2 (effeminate male) (colloq & pej) mariquita *m* (fam & pey)

pant¹ /pænt/ *vi* (breathe quickly) jadear, resollar
■ **pant** *vt* decir* jadeando

pant² *n* jadeo *m*; *see also* **pants**

pantheon /ˈpænθiːɑːn || ˈpænθiən/ *n* panteón *m*

panther /ˈpænθər || ˈpænθə(r)/ *n* pantera *f*

panties /ˈpæntiz/ *pl n* calzones *mpl* (AmL), bragas *fpl* (Esp), pantaletas *fpl* (Méx, Ven), bombacha *f* (RPl), calzoneta *f* (AmC)

pantihose /ˈpæntihəʊz/ *pl n* ▸**pantyhose**

panto /ˈpæntəʊ/ *n* [c u] (*pl* **-tos**) (BrE colloq) ▸**pantomime 2**

pantomime /ˈpæntəmaɪm/ *n* [c u] 1 (mime) pantomima *f* 2 (in UK) *comedia musical navideña, basada en cuentos de hadas*

> **pantomime**
>
> Un tipo de representación teatral, dirigida a los niños y comúnmente conocida como *panto*, que tradicionalmente presentan los teatros británicos durante la época navideña. El argumento suele ser una adaptación cómica de un cuento tradicional y cuenta con un número de personajes de características exageradas e increíbles. También requiere de un gran nivel de participación por parte del público

pantry /ˈpæntri/ *n* (*pl* **-tries**) despensa *f*

pants /pænts/ *pl n*
A (trousers) (AmE) pantalón *m*, pantalones *mpl*; **a pair of ~** un par de pantalones, unos pantalones, un pantalón; ***to bore the ~ off sb*** (also BrE colloq) matar a algn de aburrimiento; ***to scare the ~ off sb*** (also BrE colloq) darle* a algn un susto de muerte; ▸**wear²** *vt* **A2**
B (underwear) (BrE) 1 (men's) calzoncillos *mpl*, calzones *mpl* (Méx), interiores *mpl* (Col, Ven); ***to catch sb with his ~ down*** (colloq) agarrar *or* (esp Esp) coger* a algn desprevenido 2 (women's) ▸**panties**

pantsuit /ˈpæntsuːt/, **pants suit** *n* (AmE) traje *m* pantalón

pantyhose /ˈpæntihəʊz/ *pl n* (AmE) medias *fpl*, panti(e)s *mpl or fpl*, pantimedias *fpl* (Méx), medias *fpl* bombacha (RPl) *or* (Col) pantalón *or* (Ven) panty

pap /pæp/ *n* [u] 1 (soft food) papilla *f* 2 (drivel): **this book is mindless ~!** este libro es una estupidez *or* una tontería

papa *n* 1 /ˈpɑːpə/ (AmE) papá *m* 2 /pəˈpɑː/ (BrE dated) padre *m* (ant), papá *m*

papacy /ˈpeɪpəsi/ *n* (*pl* **-cies**) papado *m*, pontificado *m*

papal /ˈpeɪpəl/ *adj* (*before n*) papal, pontificio

papaw *n* (esp AmE)
A /pəˈpɔː/ (custard apple) asimina *f*
B /ˈpɔːpɔː/ ▸**papaya**

papaya /pəˈpaɪə/ *n* 1 [c u] (fruit) papaya *f* 2 [c] **~ (tree)** papayo *m*

paper¹ /ˈpeɪpər || ˈpeɪpə(r)/ *n*
A 1 [u] (material) papel *m*; **don't throw ~ on the floor** no tiren papeles al suelo; **it's made of ~** es de papel; **a sheet of ~** una hoja de papel; **a piece of ~** un papel; **this agreement/contract is not worth the ~ it's printed on** este acuerdo/contrato es papel mojado *or* no tiene el menor valor; ***on ~*** en teoría; ***to get o put sth down on ~*** poner* algo por escrito; (*before n*) ‹*towel/handkerchief*› de papel; **~ knife** abrecartas *m*, cortapapeles *m*; **~ mill** fábrica *f* de papel, papelera *f*; **~ money** papel *m* moneda 2 [c] (wrapper) (esp BrE) envoltorio *m*, papel *m*
B [c] (newspaper) diario *m*, periódico *m*; (*before n*) **~ boy/girl** repartidor, -dora *m,f* de periódicos *or* diarios, diar(i)ero, -ra *m,f* (CS); **~ round** reparto *m* de diarios *or* periódicos; **~ shop** (BrE) tienda *f* de periódicos, ≈ quiosco *m* (*de periódicos*)
C [c] 1 (for journal) trabajo *m*, artículo *m*; (at conference) ponencia *f* 2 (Govt) *see* **white paper**
D [c] (*exam* ~) (BrE) examen *m*; (part) parte *f*
E **papers** *pl* (documents) documentos *mpl*, papeles *mpl*; **identity ~s** documentos de identidad, documentación *f* personal; **ship's ~s** documentación *f* del barco; ***to give sb her/his walking ~s*** (AmE colloq) poner* a algn de patitas en la calle (fam)

paper² *vt* ‹*wall/room*› empapelar *or* (Méx tb) tapizar*

Phrasal verb

• **paper over** [v ▸ o ▸ adv, v ▸ adv ▸ o] ‹*hole/crack*› tapar con papel; ‹*rift/quarrel*› tapar, disimular

paper: **~back** *n* libro *m* en rústica *or* (Méx) de pasta blanda; **available in ~back** a la venta en (edición) rústica; **~ bag** *n* bolsa *f* de papel; **~clip** *n* clip *m*, sujetapapeles *m*; **~ tiger** *n* tigre *m* de papel (*persona o institución que parece poderosa pero en realidad es débil o insignificante*); **~weight** *n* pisapapeles *m*; **~work** *n* [u] papeleo *m* (fam), trabajo *m* administrativo, tareas *fpl* administrativas

papier maché /ˈpeɪpərməˈʃeɪ || ,pæpjeɪˈmæʃeɪ/ *n* [u] papel *m* maché, cartón *m* piedra (Esp)

papist /ˈpeɪpəst || ˈpeɪpɪst/ *n* (pej) papista *mf*

papoose /pəˈpuːs/ *n*: *bebé o niño indio norteamericano*

pappy /ˈpæpi/ *n* (*pl* **-pies**) (AmE dial) papá *m*, papi *m* (fam)

paprika /pəˈpriːkə || ˈpæprɪkə/ *n* [u] pimentón *m* dulce, paprika *f*

Pap smear, Pap test (AmE) /pæp/ *n* citología *f*, frotis *m*, Papanicolau *m* (AmL)

Papua New Guinea /'pɑːpuə || 'pæpjʊə/ *n* Papua Nueva Guinea *f*

papyrus /pə'paɪrəs/ *n* (*pl* **-ruses** *or* **-ri** /-raɪ/) papiro *m*

par /pɑːr || pɑː(r)/ *n* [u]

A 1 (equal level) **on a ~ (with sb/sth): the two athletes are on a ~** los dos atletas son del mismo nivel; **the two systems are more or less on a ~** los dos sistemas son más o menos parecidos *or* equivalentes; **the new law puts us on a ~ with workers in other countries** la nueva ley nos pone en igualdad de condiciones *or* nos equipara con los trabajadores de otros países 2 (accepted standard): **your work is below** *o* **not up to ~** tu trabajo no está a la altura de lo que se esperaba; **not to be/feel up to ~, to be/feel below ~** (colloq) no estar•/sentirse• del todo bien

B (Fin): **at ~ (value)** a la par; **above/below ~ (value)** por encima/por debajo de la par

C (in golf) par *m*; **three under/over ~** tres bajo/sobre par; **~ *for the course*** (normal, standard) lo normal, lo habitual

parable /'pærəbəl/ *n* parábola *f*

parabola /pə'ræbələ/ *n* (Math) parábola *f*

paracetamol /'pærə'siːtəmɔːl || ˌpærə'setəmɒl/ *n* [u c] (esp BrE) paracetamol *m*

parachute[1] /'pærəʃuːt/ *n* paracaídas *m*; (*before n*) **~ jump** salto *m* en *or* con paracaídas

parachute[2] *vi* saltar *or* lanzarse• en *or* con paracaídas
■ **parachute** *vt* ‹*troops/supplies*› lanzar• en *or* con paracaídas

parachutist /'pærəʃuːtəst || 'pærəʃuːtɪst/ *n* paracaidista *mf*

parade[1] /pə'reɪd/ *n* 1 (procession) desfile *m*; (Mil) desfile *m*, parada *f* 2 (assembly) (Mil) formación *f*; **to be on ~** (Mil) estar• formado *or* en formación; (on display) estar• en exposición *or* a la vista de todos; (*before n*) **~ ground** plaza *f* de armas 3 (of shops) (BrE) hilera *f* de tiendas

parade[2] *vt* 1 (display) ‹*placards*› desfilar con; ‹*feelings/knowledge*› hacer• alarde *or* ostentación de, alardear de; ‹*wealth*› hacer• ostentación de, ostentar 2 (march, walk) ‹*streets*› desfilar por 3 (assemble) ‹*troops*› hacer• formar
■ **parade** *vi* 1 (march, walk) desfilar; **to ~ up and down** «*soldier/model/child*» desfilar; (swagger, strut) andar• de aquí para allá pavoneándose 2 (masquerade): **self-interest parading as humanitarianism** el propio interés haciéndose pasar por humanitarismo 3 (assemble) (Mil) formar

paradigm /'pærədaɪm/ *n* (frml) paradigma *m*, ejemplo *m*

paradise /'pærədaɪs/ *n* [u] 1 (heaven) paraíso *m* 2 **Paradise** (Garden of Eden) Paraíso *m* (Terrenal)

paradox /'pærədɑːks || 'pærədɒks/ *n* [c u] paradoja *f*

paradoxical /'pærə'dɑːksɪkəl || ˌpærə'dɒksɪkəl/ *adj* paradójico

paraffin /'pærəfən || 'pærəfɪn/ *n* [u] 1 **~ (wax)** parafina *f* 2 **~ (oil)** (BrE) queroseno *m*, kerosene *m*, parafina *f* (Chi)

paraglide /'pærəglaɪd/ *vi* hacer• *or* practicar• parapente

paraglider /'pærəglaɪdər || 'pærəglaɪdə(r)/ *n* 1 (device) parapente *m* 2 (person) parapentista *mf*

paragliding /'pærəglaɪdɪŋ/ *n* [u] parapente *m*

paragon /'pærəgɑːn || 'pærəgən/ *n*: **a ~ of virtue** (set phrase) un dechado de virtudes (fr hecha)

paragraph /'pærəgræf || 'pærəgrɑːf/ *n* 1 (subdivision) párrafo *m*; **period** (AmE) *o* (BrE) **full stop; new ~** punto y aparte 2 (in newspaper) artículo *m* corto

Paraguay /'pærəgwaɪ/ *n* Paraguay *m*

Paraguayan[1] /'pærə'gwaɪən/ *adj* paraguayo

Paraguayan[2] *n* paraguayo, -ya *m,f*

parakeet /'pærəkiːt/ *n* periquito *m*

parallel[1] /'pærəlel/ *adj*

A 1 ‹*streets/rows*› paralelo; **~ lines** rectas *fpl* paralelas; **~ TO sth** paralelo A algo 2 (similar) paralelo, análogo

B 1 (Comput) en paralelo 2 (Electron) ‹*circuit*› paralelo

parallel[2] *n*

A 1 (Math) (line) paralela *f* 2 (Geog) paralelo *m*

B 1 (similarity): **one is struck by the ~s with contemporary Africa** llama la atención el paralelismo que existe con el África contemporánea; **without ~** sin parangón, sin paralelo 2 (comparison): **to draw a ~** establecer• un paralelismo *or* un paralelo

C in parallel (together, simultaneously) paralelamente; (Elec) en paralelo

parallel[3] *vt* **-l-** *or* (BrE also) **-ll-** (frml) ser• análogo *or* paralelo a

parallel bars *pl n* (barras *fpl*) paralelas *fpl*

parallelogram /'pærə'leləgræm/ *n* paralelogramo *m*

parallel port *n* puerto *m* paralelo

Paralympics /ˌpærə'lɪmpɪks/ *pl n* juegos *mpl* paralímpicos

paralysis /pə'ræləsəs || pə'rælәsɪs/ *n* (*pl* **-ses** /-siːz/) 1 [u c] (Med) parálisis *f*; **creeping ~** parálisis progresiva 2 [u] (inactivity, powerlessness) paralización *f*

paralytic[1] /'pærə'lɪtɪk/ *adj* 1 (Med) paralítico 2 (very drunk) (BrE colloq) como una cuba (fam)

paralytic[2] *n* paralítico, -ca *m,f*

paralyze /'pærəlaɪz/ *vt* paralizar•

paramedic /'pærə'medɪk/ *n*: *profesional conectado con la medicina, como enfermero, kinesiólogo etc*

parameter /pə'ræmətər || pə'ræmɪtə(r)/ *n* parámetro *m*

paramilitary /'pærə'mɪləteri || ˌpærə'mɪlɪtəri/ *adj* paramilitar

paramount /'pærəmaʊnt/ *adj* (frml) primordial; **of ~ importance** de primordial importancia

paranoia /'pærə'nɔɪə/ *n* [u] paranoia *f*

paranoiac /'pærənɔɪæk/ *adj* paranoico

paranoid /'pærənɔɪd/ *adj* paranoico; **~ schizophrenia** esquizofrenia *f* paranoide

paranormal[1] /'pærə'nɔːrməl || ˌpærə'nɔːməl/ *adj* paranormal

paranormal[2] *n* [u] **the ~** lo paranormal

parapet /'pærəpət || 'pærəpɪt/ *n* parapeto *m*, pretil *m*; (Mil) parapeto *m*

paraphernalia /'pærəfər'neɪljə || ˌpærəfə'neɪliə/ *n* [u] parafernalia *f*

paraphrase /'pærəfreɪz/ *vt* parafrasear

paraplegic[1] /'pærə'pliːdʒɪk/ *adj* parapléjico

paraplegic[2] *n* parapléjico, -ca *m,f*

parasail /'pærəseɪl/ *vi* hacer• parasail, hacer• paravela

parasailing /'pærəseɪlɪŋ/ *n* [u] parasail *m*, paravela *f*

parasite /'pærəsaɪt/ *n* parásito *m*

parasitic /'pærə'sɪtɪk/ *adj* 1 ‹*animal/plant*› parásito; ‹*disease*› parasitario 2 ‹*person*› parásito

parasol /'pærəsɔːl || 'pærəsɒl/ *n* sombrilla *f*, quitasol *m*

paratrooper /'pærəˌtruːpər || 'pærəˌtruːpə(r)/ *n* (Mil) paracaidista *mf* (*del ejército*)

paratroops /'pærətruːps/ *pl n* (Mil) paracaidistas *mpl* (*del ejército*)

parboil /'pɑːrbɔɪl || 'pɑːbɔɪl/ *vt* dar• un hervor a

parcel[1] /'pɑːrsəl || 'pɑːsəl/ *n*

A (package) (BrE) paquete *m*; (*before n*) **~ post** servicio *m* de paquetes postales *or* (AmL tb) de encomiendas

B (of land) parcela *f*; ▸ **part[1] A2**

parcel[2] *vt*, (BrE) **-ll-** : **~ (up)** empaquetar

Phrasal verb

• **parcel out** [v ▸ o ▸ adv, v ▸ adv ▸ o] dividir, repartir; ‹*land*› parcelar, dividir en parcelas

parched /pɑːrtʃt || pɑːtʃt/ *adj* 1 (very dry) reseco, agostado 2 (very thirsty) (colloq) (*pred*) **to be ~** estar• muerto de sed (fam)

parchment /'pɑːrtʃmənt || 'pɑːtʃmənt/ *n* pergamino *m*

pardon[1] /'pɑːrdn || 'pɑːdn/ *n*

A 1 [u] (forgiveness) perdón *m*; **to ask sb's ~** pedirle• perdón a algn 2 (*as interj*): **~?** *o* (frml) **I beg your ~?** (requesting repetition) ¿cómo?, ¿cómo dice? (frml), ¿mande? (Méx); **I beg your ~** (apologizing) perdón, perdone (usted), disculpe; (expressing disagreement) perdone, con perdón; **that's a lie — I *beg* your ~?** (expressing annoyance, shock) eso es mentira — ¿qué has dicho?

B [c] (Law) indulto *m*; **to grant sb a ~** indultar a algn

pardon[2] *vt*

A (forgive) perdonar; **to ~ sb sth** perdonarle algo a algn; **~ me!** (apologizing) ¡perdón!, ¡ay, disculpe!; **~ me?** (requesting repetition) (esp AmE) ¿cómo?, ¿cómo dice? (frml)

B (Law) ‹*offender*› indultar

pardonable /'pɑːrdṇəbəl || 'pɑːdṇəbəl/ *adj* perdonable, comprensible

pare /per || peə(r)/ *vt* [1] (peel) pelar, mondar [2] (trim) ‹*nails*› cortar [3] ▸**pare down**

Phrasal verb

• **pare down** [v ▸ o ▸ adv, v ▸ adv ▸ o] reducir*, recortar

parent /'perənt || 'peərənt/ *n*: **my/his ~s** mis/sus padres; **it has to be signed by a ~** tiene que firmarlo uno de los padres; **the responsibility of being a ~** las responsabilidades que conlleva el ser padre/madre, las responsabilidades de la paternidad/maternidad; (*before n*) ‹*plant/birds*› progenitor; ‹*cell*› madre; **~ company** *o* **corporation** sociedad *f or* empresa *f* matriz

parentage /'perəntɪdʒ || 'peərəntɪdʒ/ *n* (frml): **of humble/noble ~** de origen humilde/noble

parental /pə'rentl̩/ *adj* de los padres

parenthesis /pə'renθəsəs || pə'renθəsɪs/ *n* (*pl* **-theses** /-θəsi:z/) paréntesis *m*; **in parentheses** entre paréntesis

parenthood /'perənthʊd || 'peərənthʊd/ *n* [u] el ser padre/madre, la paternidad/maternidad

parenting /'perəntɪŋ || 'peərəntɪŋ/ *n* [u] crianza *f* de los hijos

parent-teacher association /'perənt'ti:tʃər || ,peərənt'ti:tʃə(r)/ *n* asociación *f* de padres y maestros

par excellence /'pɑ:r'eksə'lɑ:ns/ *adj* (frml) (*after n*) por excelencia

pariah /pə'raɪə/ *n* paria *mf*

parings /'perɪŋz || 'peərɪŋz/ *pl n* [1] (of fruit, vegetables) cáscaras *fpl*, mondas *fpl* [2] (of nails) trozos *mpl* (de uña)

Paris /'pærəs || 'pærɪs/ *n* París *m*; (*before n*) parisino, parisiense

parish /'pærɪʃ/ *n*

A (Relig) parroquia *f*; (*before n*) ‹*newsletter/community*› parroquial; **~ church** parroquia *f*, iglesia *f* parroquial; **~ council** (in England) consejo *m* del distrito; **~ priest** (cura *m*) párroco *m*

B (Govt) distrito *m*

parishioner /pə'rɪʃənər || pə'rɪʃənə(r)/ *n* feligrés, -gresa *m,f* (*de una parroquia*)

Parisian[1] /pə'rɪʒən || pə'rɪziən/ *adj* parisino, parisiense

Parisian[2] *n* parisino, -na *m,f*, parisiense *mf*

parity /'pærəti/ *n* (*pl* **-ties**) [1] [u] (equality) (frml) igualdad *f*, paridad *f* [2] [u c] (Fin) paridad *f* [3] [u] (Phys, Math, Comput) paridad *f*

park[1] /pɑ:rk || pɑ:k/ *n*

A [1] (in town) parque *m*; (*before n*) **~ bench** banco *m or* (Méx) banca *f* (de plaza) [2] (in a private estate) jardines *mpl*

B (stadium) (AmE) estadio *m*

park[2] *vt* [1] ‹*car*› estacionar (esp AmL), aparcar* (Esp), parquear (AmL) [2] (put) (colloq) ‹*bags/books*› dejar, poner*; **~ yourself there** ponte ahí

■ **park** *vi* (Auto) estacionar (esp AmL), aparcar* (Esp), parquear (AmL), estacionarse (Chi, Méx)

parka /'pɑ:rkə || 'pɑ:kə/ *n* parka *f*

park-and-ride /'pɑ:rkn̩'raɪd || ,pɑ:kən'raɪd/ *n*: *sistema de estacionamiento en zonas adyacentes al centro, desde donde se puede utilizar el transporte colectivo*

parking /'pɑ:rkɪŋ || 'pɑ:kɪŋ/ *n* [u] estacionamiento *m* (esp AmL), aparcamiento *m* (Esp); ⊖ **no parking** prohibido estacionar (esp AmL) *or* (Esp) aparcar *or* (AmL) parquear; (*before n*) **~ attendant** guardacoches *mf*; **a ~ place** *o* **space** un lugar para estacionar (*or* aparcar *etc*); **~ ticket** multa *f* (por estacionamiento indebido)

parking: **~ garage** *n* (AmE) estacionamiento *m* (esp AmL), aparcamiento *m* (Esp), parking *m* (Esp); **~ lot** *n* (AmE) estacionamiento *m* (esp AmL), aparcamiento *m* (Esp), parking *m* (Esp), parqueadero *m* (Col); **~ meter** *n* parquímetro *m*

Parkinson's Disease /'pɑ:rkənsənz || 'pɑ:kɪnsənz/ *n* [u] enfermedad *f or* mal *m* de Parkinson, Parkinson *m*

park: **~land** *n* [u] (surrounding mansion) jardines *mpl*; (public) parques *mpl*, zona *f* verde; **~ ranger** *n* guardaparques *mf*, guardaparque *mf* (AmL); **~way** *n* (AmE) carretera *f*/avenida *f* ajardinada, paseo *m*

parlance /'pɑ:rləns || 'pɑ:ləns/ *n* [u] (frml) lenguaje *m*, habla *f*‡; **in common ~** de uso común

parley /'pɑ:rli || 'pɑ:li/ *vi* **to ~ (WITH sb)** negociar *or* parlamentar (CON algn)

parliament /'pɑ:rləmənt || 'pɑ:ləmənt/ *n* [1] (assembly) parlamento *m* [2] **Parliament** (in UK etc — body) Parlamento *m*; (period) legislatura *f*

parliamentarian /'pɑ:rləmen'teriən || ,pɑ:ləmen'teəriən/ *n* parlamentario, -ria *m,f*

parliamentary /'pɑ:rlə'mentəri || ,pɑ:lə'mentri/ *adj* parlamentario; **~ democracy** democracia *f* parlamentaria

parlor, (BrE) **parlour** /'pɑ:rlər || 'pɑ:lə(r)/ *n*

A (dated in BrE) (in house) salón *m* (esp Esp), sala *f* (de estar)

B (for business) (AmE) sala *f*; **billiard ~** (sala *f* de) billar *m*; **ice-cream ~** heladería *f*

parlor car *n* (AmE) ≈ vagón *m* de primera clase

parlour *n* (BrE) ▸**parlor**

parlous /'pɑ:rləs || 'pɑ:ləs/ *adj* (frml *or* hum) lamentable, calamitoso

Parmesan (cheese) /'pɑ:rməzɑ:n || 'pɑ:mɪzæn/ *n* [u c] (queso *m*) parmesano *m*

parochial /pə'rəʊkiəl/ *adj* [1] (narrow) (pej) ‹*person/attitude/outlook*› provinciano, pueblerino [2] (Relig) parroquial; **~ school** (AmE) colegio *m* privado religioso

parody[1] /'pærədi/ *n* (*pl* **-dies**) parodia *f*

parody[2] *vt* **-dies, -dying, -died** parodiar

parole[1] /pə'rəʊl/ *n* [u] libertad *f* condicional; **he was released on ~** fue dejado en libertad condicional

parole[2] *vt* ‹*prisoner*› dejar en libertad condicional

paroxysm /'pærəksɪzəm/ *n* (Med) paroxismo *m*, acceso *m* violento; (outburst): **the news sent them into ~s of laughter** la noticia los hizo desternillarse de risa

parquet /pɑ:r'keɪ || 'pɑ:keɪ/ *n* [u]

A (Const) parqué *m*, parquet *m*

B (AmE Theat) platea *f*

parrot /'pærət/ *n* (Zool) loro *m*, papagayo *m*

parrot-fashion /'pærət,fæʃən/ *adv* (BrE) como un loro *or* papagayo

parry[1] /'pæri/ *vt* **-ries, -rying, -ried** ‹*blow/thrust*› parar; ‹*attack*› rechazar*; ‹*question*› eludir

parry[2] *n* (*pl* **-ries**) (in fencing, boxing) parada *f*

parse /pɑ:rz || pɑ:z/ *vt* analizar* sintácticamente

parser /'pɑ:rzər || 'pɑ:zə(r)/ *n* parser *m*, analizador *m* sintáctico *or* de sintaxis

parsimonious /'pɑ:rsə'məʊniəs || ,pɑ:sɪ'məʊniəs/ *adj* (frml) mezquino

parsley /'pɑ:rsli || 'pɑ:sli/ *n* [u] perejil *m*

parsnip /'pɑ:rsnəp || 'pɑ:snɪp/ *n* [c u] chirivía *f*, pastinaca *f*

parson /'pɑ:rsn̩ || 'pɑ:sn̩/ *n* clérigo *m*; (vicar) ≈ (cura *m*) párroco *m*

parsonage /'pɑ:rsn̩ɪdʒ || 'pɑ:sənɪdʒ/ *n* ≈ casa *f* del párroco

part[1] /pɑ:rt || pɑ:t/ *n*

A [1] [c] (section) parte *f*; **the book is funny in ~s** el libro tiene partes divertidas; **in my ~ of the world** en mi país (*or* región *etc*); **the worst ~ of it was that ...** lo peor de todo fue que ...; **for the best ~ of a week/month** durante casi una semana/un mes [2] [c] (integral constituent) (*no pl*) parte *f*; **it's all ~ of growing up** todos tenemos que pasar por eso; ***to be ~ and parcel of sth*** formar parte de algo [3] (*in phrases*) **in part** en parte; **for the most part** en su mayor parte; *see also* **part of speech**

B [c] (measure) parte *f*; **two ~s milk to one ~ water** dos partes de leche por cada parte de agua

C [c] (component) pieza *f*; (*spare* **~**) repuesto *m*, pieza *f* de recambio, refacción *f* (Méx)

D [c] [1] (in play) papel *m*; **a bit ~** un papel secundario, un papelito (fam); **he acted/played the ~ of Hamlet** representó/hizo el papel de Hamlet; **if you're a manager, you must act/look the ~** si eres director, tienes que actuar/vestir como tu rol lo exige [2] (role, share) papel *m*; **she had** *o* **played a major ~ in ...** tuvo *or* jugó *or* desempeñó un papel fundamental en ...; **I want no ~ in it** yo no quiero tener nada que ver con eso; **to take ~ in sth** tomar parte *or* participar en algo

E (side): **for my ~** por mi parte, por mi lado; ***to take sb's ~*** ponerse* de parte *or* de lado de algn, tomar partido por algn; ***to take sth in good ~*** tomarse algo bien, no tomarse algo a mal

F [c] (section of book, play) parte *f*; (episode of TV, radio serial) episodio *m*; (Publ) fascículo *m*

G [c] (Mus) (vocal, instrumental line) parte *f*
H [c] (in hair) (AmE) raya *f*, carrera *f* (Col, Ven), partidura *f* (Chi)
I **parts** *pl* **1** (area): **in/around these ~s** por aquí, por estos lares (arc), por estos pagos (fam); **in foreign ~s** en el extranjero **2** (capabilities): **a man of many ~s** un hombre de muchas facetas

part² *vt* **1** (separate) separar **2** (divide): **she ~s her hair down the middle** se peina con raya al *or* (Esp) en medio, se peina con la carrera por el medio (Col, Ven), se peina con partidura al medio (Chi)
■ **part** *vi* **1** (separate) «*lovers*» separarse; **they ~ed as friends** quedaron como amigos **2** «*curtains/lips*» (open up) abrirse* **3** (break) «*rope/cable*» romperse*

Phrasal verb
• **part with** [v ▸ prep ▸ o] ‹*possession*› desprenderse *or* deshacerse* de; **they don't want to ~ with their money** no quieren desembolsar *or* (fam) soltar dinero

part³ *adv* en parte; **I was ~ angry, ~ relieved** en parte *or* por un lado me dio rabia, pero al mismo tiempo fue un alivio; **he's ~ Chinese and ~ French** tiene sangre china y francesa; *see also* **part exchange**

part⁴ *adj* (*before n*) ‹*payment*› parcial; **~ owner** copropietario, -ria *m,f*

partake /pɑːr'teɪk || pɑː'teɪk/ *vi* (*past* **partook**; *past p* **partaken**)
A (consume) (frml *or* hum) **to ~ OF sth**: **he wouldn't ~ of the meal** no quiso aceptar la invitación a compartir la comida
B (take part) (liter) **to ~ IN sth** ser* partícipe DE algo (frml)

part exchange *n* [u] (esp BrE): **in ~ ~** a cuenta *or* como parte del pago

partial /'pɑːrʃəl || 'pɑːʃəl/ *adj*
A (not complete) ‹*paralysis/solution/payment*› parcial; **a ~ success** un éxito a medias; **she made a ~ recovery** se recuperó parcialmente
B **1** (fond) (*pred*) **to be ~ TO sth** tener* debilidad POR algo **2** (biased) (frml) ‹*judge/arbiter*› parcial

partiality /'pɑːrʃi'æləti || ˌpɑːʃi'æləti/ *n* [u] **1** (bias) parcialidad *f* **2** (fondness) **~ FOR sth** debilidad *f* POR algo

partially /'pɑːrʃəli || 'pɑːʃəli/ *adv* **1** (partly) parcialmente **2** (with bias) con parcialidad

participant /pər'tɪsəpənt, pɑːr- || pɑː'tɪsɪpənt/ *n* participante *mf*

participate /pər'tɪsəpeɪt, pɑːr- || pɑː'tɪsɪpeɪt/ *vi* **to ~ (IN sth)** participar *or* tomar parte (EN algo)

participation /pər'tɪsə'peɪʃən, pɑːr- || pɑːˌtɪsɪ'peɪʃən/ *n* [u] participación *f*

participatory /pər'tɪsəpətɔːri, pɑːr- || pɑː'tɪsəpətəri/ *adj* participativo

participle /'pɑːrtəsɪpəl || 'pɑːtɪsɪpəl/ *n* participio *m*; **past/present ~** participio pasado *or* pasivo/activo *or* de presente

particle /'pɑːrtɪkəl || 'pɑːtɪkəl/ *n* partícula *f*

particular¹ /pər'tɪkjələr || pə'tɪkjʊlə(r)/ *adj*
A (specific, precise): **in this ~ instance** en este caso concreto *or* particular; **this ~ specimen** este ejemplar en concreto *or* en particular; **is there any ~ style you'd prefer?** ¿tiene preferencia por algún estilo determinado *or* en particular?; **why did you do it? — no ~ reason** ¿por qué lo hiciste? — por nada en especial *or* en particular
B (special) ‹*interest/concern*› especial; **I want you to take ~ care with this** quiero que pongas especial cuidado en esto
C (fastidious) (*pred*) **to be ~ (ABOUT sth)**: **she's very ~ about what she eats** es muy especial *or* (pey) maniática con la comida, no se come cualquier cosa; **you can't afford to be too ~** no puedes ponerte a exigir demasiado

particular² *n*
A (detail) (frml) (*usu pl*) detalle *m*; **please send me full ~s** por favor envíeme información detallada; **in every ~** *o* **in all ~s** en todo sentido; **just fill in your ~s on this form** (BrE) rellene este formulario con sus datos
B **1** (specific points): **from the general to the ~** de lo general a lo particular **2** **in particular** en particular, en especial

particularly /pər'tɪkjələrli || pə'tɪkjʊləli/ *adv* **1** (specifically) específicamente, en particular, en especial **2** (especially) particularmente, especialmente; **I'm ~ fond of Sarah** le tengo especial cariño a Sarah; **are you cold? — not ~** ¿tienes frío? — no mucho

parting¹ /'pɑːrtɪŋ || 'pɑːtɪŋ/ *n*
A [u] (separation) despedida *f*; **so this is the ~ of the ways** así que ésta es la despedida definitiva
B [c] (in hair) (BrE) raya *f*, carrera *f* (Col, Ven), partidura *f* (Chi)

parting² *adj* (*before n*) ‹*kiss/words*› de despedida; **her ~ shot was ...** lo último que dijo al despedirse fue ...

partisan¹ /'pɑːrtəzən || 'pɑːtɪzæn/ *n* **1** (guerrilla) partisano, -na *m,f*, miembro *mf* de la resistencia **2** (supporter) partidario, -ria *m,f*

partisan² *adj* ‹*crowd/decision*› partidista; ‹*account*› parcial

partition¹ /pər'tɪʃən, pɑːr- || pɑː'tɪʃən/ *n*
A [c] **1** (screen) tabique *m*; **a glass ~** una mampara de vidrio *or* (Esp) de cristal **2** (divider) separador *m*
B [u c] (of country, territory) división *f*, partición *f*

partition² *vt* **1** ‹*country/territory*› dividir **2** ‹*room/corridor*› dividir con un tabique/con una mampara

Phrasal verb
• **partition off** [v ▸ o ▸ adv, v ▸ adv ▸ o] separar, dividir (*con un tabique, una mampara etc*)

partly /'pɑːrtli || 'pɑːtli/ *adv* en parte; **it's only ~ true** sólo es verdad en parte; **it was ~ destroyed** fue parcialmente destruido

partner¹ /'pɑːrtnər || 'pɑːtnə(r)/ *n* **1** (in an activity) compañero, -ra *m,f*; (in dancing, tennis) pareja *f* **2** (Busn) socio, -cia *m,f*; **~s in crime** cómplices *mpl or fpl*, compinches *mpl or fpl* (fam) **3** (in personal relationship) pareja *f*, compañero, -ra *m,f*

partner² *vt* **1** (act as partner to): **he ~ed Moira** jugó (*or* bailó *etc*) en pareja con Moira **2** (pair) **to ~ sb WITH sb** poner* a algn CON algn (como pareja)

partnership /'pɑːrtnərʃɪp || 'pɑːtnəʃɪp/ *n* **1** [u c] (relationship) asociación *f*; **the teachers work in ~ with the parents** los profesores trabajan conjuntamente con los padres **2** [u c] (Busn) sociedad *f* (colectiva); **he went into ~ with his brother-in-law** se asoció con su cuñado **3** [c] (position as partner): **he aspires to a ~ in the firm** aspira a ser socio de la empresa

part of speech *n* (*pl* **~s ~ ~**): **what ~ ~ ~ is it?** ¿qué función gramatical tiene?, ¿a qué categoría gramatical pertenece?; **the ~s ~ ~** las partes de la oración

partook /pɑːr'tʊk || pɑː'tʊk/ *past of* **partake**

partridge /'pɑːrtrɪdʒ || 'pɑːtrɪdʒ/ *n* (*pl* **~s** *or* **~**) perdiz *f*

part-time¹ /'pɑːrt'taɪm || ˌpɑːt'taɪm/ *adj* de medio tiempo (AmL), a tiempo parcial

part-time² *adv* de medio tiempo (AmL), a tiempo parcial (Esp); **to work ~** trabajar de medio tiempo (AmL) *or* (Esp) a tiempo parcial

part: **~-timer** /'pɑːrt'taɪmər || ˌpɑːt'taɪmə(r)/ *n* trabajador, -dora *m,f* de medio tiempo (AmL) *or* (Esp) a tiempo parcial; **~way** /'pɑːrt'weɪ || ˌpɑːt'weɪ/ *adv*: **the TV broke down ~way through the film** la televisión se estropeó al rato de empezar la película

party¹ /'pɑːrti || 'pɑːti/ *n*
A (event) fiesta *f*; **I was invited to a tea/dinner ~** me invitaron a un té/a una cena; **to have** *o* (colloq) **throw a ~** dar* *or* hacer* una fiesta; (*before n*) ‹*mood*› festivo; ‹*game*› de salón; ‹*dress*› de fiesta
B (Pol) partido *m*; (*before n*) ‹*member/leader*› del partido; **~ politics** política *f* de partido; (pej) partidismo *m*
C (group) grupo *m*; (in hunting) partida *f*
D (person or body involved) parte *f*; **a third ~** un tercero; **all parties concerned** todos los interesados; **the guilty/innocent ~** el culpable/inocente; **to be (a) ~ to a crime** ser* cómplice de un crimen

party² *vi* (esp AmE colloq) (go to parties) ir* a fiestas; (have fun) divertirse*; **let's ~!** ¡vámonos de juerga! (fam)

party-goer *n*: **the street was full of ~s** la calle estaba llena de gente que iba de fiesta; **I'm not a great ~** no soy muy dado a ir a fiestas

partying /'pɑːrtiɪŋ || 'pɑːtiɪŋ/ *n* [u]: **he loves ~** le gusta la parranda (fam), le va la marcha (Esp fam), le gusta el carrete (Chi fam)

party: **~ line** *n* **1** (Pol) **the ~ line** la línea del partido; **2** (Telec) línea *f* colectiva (*línea telefónica compartida por dos o más abonados*); **~ list** *n* lista *f* de partido; **~ piece** *n*

P

[u] (BrE) numerito *m* (fam); **~ political broadcast** *n* (BrE TV) *emisión de propaganda de un partido político*

pass¹ /pæs || pɑːs/ *n*
A (document, permit) pase *m*; (ticket) abono *m*; **bus/rail ~** abono de autobús/tren
B (Geog) paso *m*; (narrow) desfiladero *m*
C (in test, examination) (BrE) aprobado *m*; (*before n*) **the ~ mark** la nota mínima para aprobar
D (Sport) pase *m*
E (sexual advance): **to make a ~ at sb** intentar besar a algn
F (state of affairs) (*no pl*): **things have come to a pretty ~** hay que ver a dónde hemos llegado

pass² *vt*
(*Sense* I)
A 1▸ (go by, past) ‹*shop/house*› pasar por; **I ~ed him in the street** me crucé con él en la calle; **not a drop has ~ed my lips** no he bebido ni gota 2▸ (overtake) pasar, adelantar, rebasar (Méx)
B 1▸ (cross, go beyond) ‹*limit*› pasar; ‹*frontier*› pasar, cruzar* 2▸ (surpass) sobrepasar
C (spend) ‹*time*› pasar; **to ~ the time** pasar el rato
(*Sense* II)
A 1▸ (convey, hand over) **to ~ sb sth, to ~ sth TO sb** pasarle algo A algn; **~ (me) the sugar, please** ¿me pasas el azúcar, por favor? 2▸ (Sport) ‹*ball*› pasar
B (Med): **to ~ water** orinar
C (utter) ‹*comment/remark*› hacer*; **to ~ sentence** dictar sentencia, fallar
(*Sense* III) 1▸ (succeed in) ‹*exam/test*› aprobar*, salvar (Ur); **it ~es all the safety requirements** cumple con todos los requisitos de seguridad 2▸ (approve) ‹*candidate/work*› aprobar*; **he was ~ed fit for military service** fue declarado apto para el servicio militar 3▸ ‹*law/motion*› aprobar*

■ **pass** *vi*
(*Sense* I)
A (move, travel) pasar; **~ along the car, please** córranse *or* pasen adelante, por favor; **her name ~ed into history/oblivion** su nombre pasó a la historia/fue relegado al olvido; **we watched until he ~ed out of sight** nos quedamos mirando hasta que lo perdimos de vista; **we are now ~ing over Washington** estamos sobrevolando Washington; **the rope ~es through this ring** la cuerda pasa por esta anilla; **the thought ~ed through my mind** la idea (se) me pasó por la cabeza; **the road ~es under a bridge** la carretera pasa por debajo de un puente
B 1▸ (go, move past) pasar; **I was just ~ing** pasaba por aquí; **they ~ed on the stairs** se cruzaron en la escalera; **his mistake ~ed unnoticed** su error pasó desapercibido; **it was a stupid remark, but let it ~** fue un comentario estúpido pero dejémoslo correr *or* no hagamos caso 2▸ (overtake) adelantarse, rebasar (Méx); Ⓢ **no passing** (AmE) prohibido adelantar *or* (Méx) rebasar
C 1▸ (elapse) «*time*» pasar, transcurrir (frml); **time ~ed** pasó el tiempo 2▸ (disappear) «*feeling/pain*» pasarse
D (be transferred) «*title/estate/crown*» pasar; **to ~ TO sb** pasar A algn
E (happen) (arch): **to come to ~** acaecer* (liter), acontecer* (liter), suceder
F (decline chance to play) pasar; (*as interj*) ¡paso!; **I'll ~ on the dessert, thanks** no voy a tomar postre *or* (fam) voy a pasar del postre, gracias
G (Sport) **to ~ (TO sb)** pasar(le) la pelota (*or* el balón *etc*) (A algn)
H (rule) (AmE) **to ~ ON sth** pronunciarse SOBRE algo
(*Sense* II) 1▸ (be acceptable) pasar; **it's not brilliant, but it'll ~** (colloq) una maravilla no es, pero pasa; **to ~ AS sth** pasar POR algo 2▸ (in an exam) aprobar*, pasar

(Phrasal verbs)
• **pass away** [v ▸ adv] (frml & euph) 1▸ (die) fallecer* (frml) 2▸ (cease to exist) desaparecer*
• **pass by**
A [v ▸ adv] (go past) pasar; **we were just ~ing by** pasábamos por aquí
B [v ▸ o ▸ adv] (not affect): **time had ~ed the village by** el tiempo no había pasado por el pueblo; **he felt life had ~ed him by** sentía que no había vivido
• **pass down** [v ▸ o ▸ adv, v ▸ adv ▸ o] (*often pass*) ‹*heirloom*› pasar; ‹*story/tradition*› transmitir
• **pass for** [v ▸ prep ▸ o] pasar por
• **pass off**
A [v ▸ adv] 1▸ (take place): **the march ~ed off without incident** la marcha transcurrió *or* se llevó a cabo *or* se desarrolló sin incidentes 2▸ (cease) «*pain/depression*» pasarse, quitarse, irse*
B [v ▸ o ▸ adv, v ▸ adv ▸ o] (represent falsely) hacer* pasar; **she ~ed herself off as a journalist** se hizo pasar por periodista
• **pass on**
A [v ▸ o ▸ adv, v ▸ adv ▸ o] ‹*information*› pasar, dar*; ‹*infection*› contagiar, pegar* (fam); **the costs are ~ed on to the customer** los costos los paga el cliente, los costos se repercuten en *or* sobre el cliente
B [v ▸ adv] 1▸ **to ~ on TO sth** pasar A algo 2▸ ▸**pass away**
• **pass out**
A [v ▸ adv] 1▸ (become unconscious) desmayarse, perder* el conocimiento 2▸ (graduate) (BrE) «*cadet*» graduarse*
B [v ▸ o ▸ adv, v ▸ adv ▸ o] (distribute) repartir
• **pass over**
A [v ▸ adv ▸ o] 1▸ (omit) ‹*fact/detail*› pasar por alto 2▸ (overlook) ‹*remark/behavior*› pasar por alto, dejar pasar
B [v ▸ o ▸ adv] (disregard for promotion) (*usu pass*) pasarle por encima a
• **pass through**
A 1▸ [v ▸ adv] pasar; **we're just ~ing through** estamos sólo de paso 2▸ [v ▸ prep ▸ o] ‹*town/area*› pasar por
B [v ▸ prep ▸ o] (experience) ‹*period/phase*› pasar por
• **pass up** [v ▸ o ▸ adv, v ▸ adv ▸ o] (colloq) ‹*opportunity*› dejar pasar, desperdiciar

passable /ˈpæsəbəl || ˈpɑːsəbəl/ *adj* 1▸ (adequate) pasable, aceptable 2▸ ‹*road/route*› transitable

passage /ˈpæsɪdʒ/ *n*
A [c] 1▸ (alleyway) callejón *m*, pasaje *m*; (narrow) pasadizo *m* 2▸ (corridor) (esp BrE) pasillo *m*, corredor *m*; **secret ~** pasadizo *m* secreto 3▸ (Anat) conducto *m*; **back ~** (euph) recto *m*
B [u] 1▸ (right to pass) (frml) derecho *m* de tránsito; (movement) paso *m*; **the ~ of the bill through parliament** la discusión del proyecto en el parlamento 2▸ (transition) paso *m* 3▸ (lapse): **the ~ of time** el paso *or* el transcurso del tiempo
C [c] (voyage) viaje *m*, travesía *f*; (fare) pasaje *m*
D [c] (extract) pasaje *m*, trozo *m*

passageway /ˈpæsɪdʒweɪ/ *n* pasillo *m*, corredor *m*

passbook /ˈpæsbʊk || ˈpɑːsbʊk/ *n* libreta *f* de ahorros

passé /pæˈseɪ || ˈpæseɪ/ *adj* pasado de moda, demodé *adj inv* (fam)

passenger /ˈpæsn̩dʒər || ˈpæsɪndʒə(r)/ *n* pasajero, -ra *m,f*; (*before n*) **~ list** lista *f* de pasajeros; **~ seat** asiento *m* del pasajero

passer-by /ˈpæsərˈbaɪ || ˌpɑːsəˈbaɪ/ *n* (*pl* **passers-by**) transeúnte *mf*

passing¹ /ˈpæsɪŋ || ˈpɑːsɪŋ/ *adj* (*before n*)
A (going past): **she hailed a ~ taxi** llamó a un taxi que pasaba
B 1▸ ‹*fad/fashion*› pasajero; ‹*glance*› rápido 2▸ (casual): **he made a ~ reference to ...** se refirió de pasada a ...; **it was only a ~ thought** simplemente fue algo que se me ocurrió

passing² *n* [u]
A (of person) (frml & euph) fallecimiento *m* (frml), defunción *f* (frml); (of custom) (frml) desaparición *f*
B **in passing** (incidentally) al pasar, de pasada

passing: **~ lane** *n* (AmE) carril *m* de adelantamiento; **~-out** /ˈpæsɪŋˈaʊt || ˌpɑːsɪŋˈaʊt/ *n* [u] (BrE) graduación *f*; **~ shot** *n* tiro *m* pasado

passion /ˈpæʃən/ *n*
A [c u] 1▸ (emotion) pasión *f*; **he played with ~** tocó apasionadamente *or* con pasión; **she spoke with ~** habló con vehemencia *or* ardor; **~s were aroused by the controversy** la polémica exaltó los ánimos 2▸ (love, enthusiasm) pasión *f*; **crime of ~** crimen *m* pasional; **he has a ~ for opera** le apasiona la ópera 3▸ (rage) ira *f*, cólera *f*; **to fly into a ~** montar en cólera
B (Relig) **the P~** la Pasión; (*before n*) **P~ play** misterio *m*

passionate /ˈpæʃənət/ *adj* ‹*love*› apasionado; ‹*hatred*› mortal; ‹*admirer*› ardiente, ferviente; ‹*speech*› vehemente, ardoroso

passionately /'pæʃənətli/ *adv* ‹*love*› apasionadamente; ‹*believe*› fervientemente; ‹*desire*› ardientemente, fervientemente; ~ **in love** perdidamente enamorado; **he was ~ committed to the cause** su entrega a la causa era total; **I hate you, he said ~** te odio —dijo con vehemencia

passion fruit *n* granadilla *f*, maracuyá *m*, parchita *f* (Ven)

passive[1] /'pæsɪv/ *adj* 1 ‹*person/attitude*› pasivo 2 (Ling) pasivo

passive[2] *n* voz *f* pasiva; **in the ~** en voz pasiva

passively /'pæsɪvli/ *adv* pasivamente

passive: ~ **smoker** *n* fumador pasivo, fumadora pasiva *m,f*; ~ **smoking** *n* [u] tabaquismo *m* pasivo

passivity /pæ'sɪvəti/ *n* [u] pasividad *f*

pass: ~ **key** *n* llave *f* maestra; ~**over** *n* Pascua *f* (*judía*); ~**port** *n* pasaporte *m*; (*before n*) ~**port control** control *m* de pasaportes; ~**port office** *organismo que expide pasaportes*; ~**port picture** *o* (BrE also) **photograph** foto *f* de carné; ~**word** *n* contraseña *f*, santo *m* y seña

past[1] /pæst || pɑ:st/ *adj*
A 1 (former) anterior; ‹*life*› pasado; (old) antiguo; **she knew from ~ experience that ...** sabía por experiencia que ...; **in times ~** (liter) antaño (liter), años ha (liter), antiguamente 2 (most recent) ‹*week/month/year*› último; **in the ~ few days** en los últimos días; **for some time ~** desde hace tiempo 3 (finished, gone) (*pred*): **what's ~ is ~** lo pasado, pasado; **in days long ~** en tiempos remotos
B (Ling): **the ~ tense** el pasado, el pretérito

past[2] *n*
A 1 [u] (former times) pasado *m*; **steam trains are a thing of the ~** las locomotoras de vapor han pasado a la historia; **in the ~, women ...** antes *or* antiguamente *or* en otros tiempos las mujeres ...; **that's all in the ~** eso forma parte del pasado, eso ya es historia 2 [c] (of person) pasado *m*; (of place) historia *f*
B [u] (Ling) pasado *m*, pretérito *m*

past[3] *prep*
A 1 (by the side of): **I go ~ their house every morning** paso por (delante de) su casa todas las mañanas; **she walked straight ~ him** pasó de largo por su lado 2 (beyond): **it's just ~ the school** queda un poco más allá de la escuela; **how did you get ~ the guard?** ¿cómo hiciste para que el guardia te dejara pasar?; **the second turning ~ the lights** la segunda calle después del semáforo
B 1 (after) (esp BrE): **it's ten ~ six/half ~ two** son las seis y diez/las dos y media; **it was ~ eleven** eran las once pasadas; **it's long ~ midnight** son mucho más de las doce; **till ~ midnight** hasta después de la medianoche; **it's ~ your bedtime** ya deberías estar acostado 2 (older than): **once you get ~ 40 ...** después de los 40 ..., una vez pasados los 40 ...; **I'm ~ the age/stage when ...** ya he pasado la edad/superado la etapa en que ...
C (outside, beyond): **to be ~ -ING**: **I'm ~ caring** ya no me importa; **I wouldn't put it ~ her** no me extrañaría que lo hiciera, la creo muy capaz de hacerlo; ***to be ~ it*** (colloq): **they think everyone over 40 is ~ it** piensan que cualquiera que tenga más de 40 ya está para el arrastre (fam) *or* para cuarteles de invierno

past[4] *adv* 1 (with verbs of motion): **to fly/cycle/drive ~** pasar volando/en bicicleta/en coche; **he hurried ~** pasó a toda prisa; **we watched the troops march ~** vimos desfilar a las tropas 2 (giving time) (esp BrE): **it's twenty-five ~** son y veinticinco

pasta /'pɑ:stə || 'pæstə/ *n* [u] pasta(s) *f(pl)*

paste[1] /peɪst/ *n* 1 [u c] (thick mixture) pasta *f*; **meat/fish ~** (BrE) paté *m* de carne/pescado; **tomato ~** extracto *m or* concentrado *m* de tomate 2 [u] (glue) engrudo *m*; (*wallpaper* ~) pegamento *m*, cola *f* 3 [u] (imitation gem) estrás *m*; **all her jewels are ~** todas sus joyas son de fantasía *or* bisutería

paste[2] *vt* **to ~ sth INTO/ONTO sth** pegar* algo EN algo

Phrasal verb

• **paste up** [v ▸ o ▸ adv, v ▸ adv ▸ o] 1 ‹*poster/notice*› pegar* 2 (Publ) armar 3 (Comput) ‹*text/paragraph*› pegar*

pastel /pæs'tel || 'pæstl/ *n*
A (Art) 1 (crayon) pastel *m* 2 (drawing) dibujo *m* al pastel
B (pale shade) tono *m* pastel; (*before n*) ‹*shades/color*› pastel *adj inv*

pasteurize /'pæstʃəraɪz || 'pɑ:stʃəraɪz/ *vt* pasteurizar*, pasterizar*

pastiche /pæs'ti:ʃ/ *n* [c u] imitación *f*, pastiche *m*

pastille /pæs'ti:l || 'pæstɪl/ *n* pastilla *f*

pastime /'pæstaɪm || 'pɑ:staɪm/ *n* pasatiempo *m*

pasting /'peɪstɪŋ/ *n* (sl) paliza *f*; **the critics gave the play a sound ~** los críticos pusieron la obra por el suelo *or* por los suelos

pastor /'pæstər || 'pɑ:stə(r)/ *n* pastor, -tora *m,f*

pastoral /'pæstərəl || 'pɑ:stərəl/ *adj*
A ‹*painting/scene*› pastoril, bucólico
B (Relig) ‹*care/duties*› pastoral

pastrami /pə'strɑ:mi || pæ'strɑ:mi/ *n* [u] pastrami *m* (*fiambre de carne vacuna y especias*)

pastry /'peɪstri/ *n* (*pl* **-tries**) 1 [u] (substance) masa *f*; (*before n*) ~ **cutter** cortapastas *m* 2 [c] (cake) pastelito *m or* (RPl) masa *f*

pastrycook /'peɪstrikʊk/ *n* pastelero, -ra *m,f*, repostero, -ra *m,f*

pasture[1] /'pæstʃər || 'pɑ:stʃə(r)/ *n* 1 [u] (grazing land) pastos *mpl* 2 [c] (tract of grazing land) prado *m*, potrero *m* (AmL); ***to move on to ~s new*** cambiar de aires, buscar* nuevos horizontes; ***to put sb out to ~*** jubilar a algn (fam) 3 [u] (grass) pasto *m*, pastura *f*; (*before n*) ~ **land** tierra *f* de pastoreo, pradera *f*

pasture[2] *vt* apacentar*, pastar

pasty[1] /'peɪsti/ *adj* **-tier, -tiest** 1 (pale) ‹*complexion*› pálido 2 ‹*substance/consistency*› pastoso

pasty[2] /'pæsti/ *n* (*pl* **-ties**) (esp BrE) empanada *f* (AmL), empanadilla *f* (Esp); **Cornish ~** *empanada de papa, cebolla y carne*

pasty-faced /'peɪsti'feɪst/ *adj* pálido

pat[1] /pæt/ *vt* **-tt-** darle* palmaditas a; ***to ~ sb on the back*** (congratulate) felicitar a algn; (lit) darle* una palmadita en la espalda a algn

pat[2] *n*
A (tap) palmadita *f*, golpecito *m*; (touch) toque *m*; ***to give sb a ~ on the back*** (congratulate) felicitar a algn; (lit) darle* una palmadita en la espalda a algn
B (Culin) (of butter) porción *f*

pat[3] *adj* (pej) ‹*answer*› fácil

pat[4] *adv* 1 (by heart): **to have** *o* **know sth down** *o* (BrE) **off ~** saberse* algo al dedillo *or* de memoria 2 (AmE): **to stand ~** mantenerse* en sus (*or* mis *etc*) trece

pat[5] (= **patent**) Pat.; ~ **pending** Pat. solicitada *or* en trámite

patch[1] /pætʃ/ *n*
A 1 (for mending clothes) remiendo *m*, parche *m*; (for reinforcing) refuerzo *m*; (on knee) rodillera *f*; (on elbow) codera *f*; (for a puncture, wound) parche *m*; ***not to be a ~ on sb/sth*** (BrE colloq) no tener* ni punto de comparación con algn/algo 2 (*eye* ~) parche *m* (*en el ojo*) 3 (AmE Mil) insignia *f*
B 1 (area): **test the product on a small ~ of material** pruebe el producto en un pequeño trozo de tela; **she slipped on a ~ of ice/oil** resbaló en el hielo/en una mancha de aceite; **a damp ~** una mancha de humedad; **fog ~es** zonas *fpl* de niebla; ***to go through a bad*** *o* ***rough*** *o* ***sticky ~*** (BrE) pasar por *or* atravesar* una mala racha 2 (small plot of land): **a vegetable ~** un huerto, una parcela para verduras 3 (territory) (BrE colloq): **my/his ~** mi/su territorio
C (Comput, Rad, Telec) ajuste *m*

patch[2] *vt* 1 (repair) remendar*, parchar (esp AmL) 2 (connect) (Comput, Rad, Telec) conectar

Phrasal verb

• **patch up** [v ▸ o ▸ adv, v ▸ adv ▸ o] 1 (mend) ‹*roof/furniture*› hacerle* un arreglo a (*provisionalmente*); ‹*clothes*› remendar*, parchar (esp AmL); ‹*hole*› ponerle* un parche a 2 (resolve, settle): **it will be difficult to ~ things up now** ahora va a ser difícil arreglar las cosas; **I tried to help ~ things up betweem them** quise ayudar para que hicieran las paces

patchwork /'pætʃwɜ:rk || 'pætʃwɜ:k/ *n* 1 [u] (craft) patchwork *m*, labor *f* de retazos *or* (Esp) retales; (*before n*) ‹*quilt*› de patchwork, de retazos *or* (Esp) retales 2 [c] (medley): **a ~ of fields** un mosaico de campos

patchy /ˈpætʃi/ *adj* **-chier, -chiest** ‹*paintwork/color*› disparejo, poco uniforme; ‹*coverage*› incompleto; ‹*attendance*› irregular; ‹*description*› fragmentario; ‹*performance/work*› irregular

pâté /pɑːˈteɪ || ˈpæteɪ/ *n* [u c] paté *m*

patent¹ /ˈpætn̩t || ˈpeɪtn̩t, ˈpætn̩t/ *n* patente *f*; **to take out a ~ on sth** patentar algo; (*before n*) **~ agent** agente *mf* de patentes; **~ attorney** (in US) abogado, -da *m,f* especialista en patentes; **P~ Office** ≈ Registro *m* de la propiedad industrial

patent² /ˈpætn̩t || ˈpeɪtn̩t, ˈpætn̩t/ *vt* patentar

patent³ *adj*

A /ˈpeɪtn̩t, ˈpæt- || ˈpeɪtn̩t/ (obvious) (frml) patente, evidente

B /ˈpætn̩t || ˈpeɪtn̩t, ˈpætn̩t/ (patented) ‹*invention*› patentado; **~ medicine** especialidad *f* medicinal

patent leather /ˈpætn̩t || ˈpeɪtn̩t, ˈpæt-/ *n* [u] charol *m*

patently /ˈpeɪtn̩tli, ˈpæt- || ˈpeɪtn̩tli/ *adv*: **it's ~ clear** *o* **obvious that ...** salta a la vista *or* está clarísimo que ...

paternal /pəˈtɜːrnl̩ || pəˈtɜːnl̩/ *adj* **1** (fatherly) ‹*affection*› paternal; ‹*pride*› de padre; ‹*trait/inheritance*› paterno **2** (on father's side) (*before n*) por parte de padre; **~ grandmother** abuela *f* paterna, abuela *f* por parte de padre

paternalist /pəˈtɜːrnl̩əst || pəˈtɜːnl̩ɪst/, **-istic** /-ˈɪstɪk/ *adj* paternalista

paternity /pəˈtɜːrnəti || pəˈtɜːnəti/ *n* [u] (frml) paternidad *f*; (*before n*) **~ leave** permiso *m or* (esp AmL) licencia *f* por paternidad; **~ suit** litigio *m* por paternidad

path /pæθ || pɑːθ/ *n* **1** (track, walkway) sendero *m*, senda *f*, camino *m*; **the ~ to success** el camino al éxito **2** (of missile) trayectoria *f*; **the ~ of the sun** el recorrido *or* el trayecto del sol; **he stepped into the ~ of the oncoming vehicle** se cruzó en el camino del vehículo que se acercaba; ***to cross sb's ~*** cruzarse* *or* toparse con algn; **if you cross my ~ again ...** si te me vuelves a cruzar en el camino ... **3** (course of action): **if you take that ~ ...** si optas por hacer eso ...

pathetic /pəˈθetɪk/ *adj* **1** (pitiful) ‹*sight/moan/gesture*› patético **2** (feeble) (colloq): **what a ~ excuse!** ¡qué excusa más pobre!; **a ~ performance** una pésima actuación, una actuación que daba pena; **you're ~** ¡eres despreciable!

pathetically /pəˈθetɪkli/ *adv* **1** (pitiably) ‹*moan/weep*› lastimeramente; **he was ~ thin** era de una delgadez que daba pena **2** (lamentably) (colloq): **they played ~** jugaron que daba pena (fam)

path: ~finder /ˈpæθˌfaɪndər || ˈpɑːθˌfaɪndə(r)/ *n* explorador, -dora *m,f*; **~name** /ˈpæθneɪm || ˈpɑːθneɪm/ *n* (Comput) nombre *m* de ruta

pathological /ˈpæθəˈlɑːdʒɪkəl || ˌpæθəˈlɒdʒɪkəl/ *adj* patológico

pathologist /pəˈθɑːlədʒəst || pəˈθɒlədʒɪst/ *n* patólogo, -ga *m,f*

pathology /pəˈθɑːlədʒi || pəˈθɒlədʒi/ *n* [u] patología *f*

pathos /ˈpeɪθɑːs || ˈpeɪθɒs/ *n* [u] patetismo *m*

pathway /ˈpæθweɪ || ˈpɑːθweɪ/ *n* camino *m*, sendero *m*

patience /ˈpeɪʃəns/ *n* [u]

A (quality) paciencia *f*; **to try sb's ~** poner* a prueba la paciencia de algn; **~ is a virtue** (set phrase) la paciencia es la madre de la ciencia (fr hecha); ***to have the ~ of a saint*** tener* más paciencia que un santo

B (cards) (BrE) solitario *m*; **to play ~** hacer* solitarios

patient¹ /ˈpeɪʃənt/ *adj* paciente; ‹*research*› hecho con paciencia y detenimiento; **to be ~** ser* paciente, tener* paciencia; **to be ~ WITH sb** tener* paciencia CON algn

patient² *n* paciente *mf*

patiently /ˈpeɪʃəntli/ *adv* pacientemente

patina /pəˈtiːnə || ˈpætɪnə/ *n* pátina *f*

patio /ˈpætiəʊ/ *n* patio *m*

patois /ˈpætwɑː/ *n* (*pl* **~** /-wɑːz/) dialecto *m*

patriarch /ˈpeɪtriɑːrk || ˈpeɪtriɑːk/ *n* patriarca *m*

patriarchy /ˈpeɪtriɑːrki || ˈpeɪtriɑːki/ *n* [u c] (*pl* **-chies**) patriarcado *m*

patricide /ˈpætrəsaɪd || ˈpætrɪsaɪd/ *n* [u c] (crime) parricidio *m*

patrimony /ˈpætrəməʊni || ˈpætrɪməni/ *n* (*pl* **-nies**) (frml) patrimonio *m*

patriot /ˈpeɪtriət || ˈpætriət, ˈpeɪ-/ *n* patriota *mf*

patriotic /ˈpeɪtriˈɑːtɪk || ˌpætriˈɒtɪk, ˈpeɪ-/ *adj* patriótico

patriotism /ˈpeɪtriətɪzəm || ˈpætriətɪzəm, ˈpeɪ-/ *n* [u] patriotismo *m*

patrol¹ /pəˈtrəʊl/ *n* **1** [u c] (act) patrulla *f*, ronda *f*; **to be on ~** estar* patrullando, estar* de patrulla; (*before n*) **~ boat** (lancha *f*) patrullera *f*; **~ car** coche *m* patrulla, patrullero *m* (RPl), auto *m* patrulla (Chi); **~ wagon** (AmE) furgón *m* policial, (coche *m*) celular *m* (Esp), patrulla *f* (Col, Méx) **2** (group) patrulla *f*

patrol² *vt/i* **-ll-** patrullar

patrolman /pəˈtrəʊlmən/ *n* (*pl* **-men** /-mən/) **1** (police) (AmE) policía *m*, guardia *m* **2** (from motoring organization) (BrE) mecánico *m*

patron /ˈpeɪtrən/ *n* **1** (sponsor) patrocinador, -dora *m,f*; **a ~ of the arts** un mecenas **2** (customer) (frml) cliente, -ta *m,f* **3** (patron saint) patrono, -na *m,f*

patronage /ˈpætrənɪdʒ/ *n* [u]

A **1** (custom) clientela *f* **2** (sponsorship) patrocinio *m*, auspicio *m*; **under the ~ of** bajo *or* con el patrocinio de, con los auspicios de

B (Pol) influencia *f*

patronize /ˈpeɪtrənaɪz || ˈpætrənaɪz/ *vt*

A (condescend to) tratar con condescendencia

B **1** (frequent) (frml) ‹*shop/hotel*› ser* cliente de; ‹*theater/cinema*› frecuentar **2** (sponsor) patrocinar, auspiciar

patronizing /ˈpeɪtrənaɪzɪŋ || ˈpætrənaɪzɪŋ/ *adj* condescendiente

patsy /ˈpætsi/ *n* (*pl* **-sies**) (AmE sl) **1** (scapegoat) cabeza *mf* de turco, chivo *m* expiatorio **2** (easy victim) presa *f* fácil (fam), primo, -ma *m,f* (Esp fam)

patter¹ /ˈpætər || ˈpætə(r)/ *vi* ‹‹*rain*›› golpetear, tamborilear; ‹‹*feet/person*›› golpetear

patter² *n* [u]

A (of rain) golpeteo *m*, tamborileo *m*; **the ~ of tiny feet** (hum) pasitos *mpl* de niño

B (talk): **he has a good sales ~** tiene mucha labia para vender, sabe convencer al cliente; **the salesman gave me the usual ~** el vendedor me soltó el rollo de costumbre

pattern¹ /ˈpætərn || ˈpætən/ *n*

A **1** (decoration) diseño *m*, dibujo *m*; (on fabric) diseño *m*, estampado *m* **2** (order, arrangement): **it follows the normal ~** sigue las pautas normales; **the murders all seem to follow a ~** todos los asesinatos parecen responder al mismo patrón; **behavior ~** (Psych) patrón *m* conductual *or* de conducta; **the familiar ~ of events repeated itself** volvió a repetirse la historia de siempre

B **1** (model) modelo *m* **2** (in dressmaking) patrón *m*, molde *m* (CS) **3** (sample) muestra *f*

pattern² *vt* **to ~ sth ON sth** basar algo EN algo

pattern book *n* **1** (of wallpaper, fabrics) muestrario *m* **2** (of dress designs) revista *f* de patrones *or* (CS) de moldes, figurín *m*

patterned /ˈpætərnd || ˈpætənd/ *adj* con dibujos *or* motivos; ‹*fabric*› estampado

patty /ˈpæti/ *n* (*pl* **-ties**) **1** (meat cake) fritura *f* de carne (AmL) **2** (pie) empanada *f* (AmL), empanadilla *f* (Esp)

paunch /pɔːntʃ/ *n* panza *f* (fam), barriga *f* (fam)

pauper /ˈpɔːpər || ˈpɔːpə(r)/ *n* pobre *mf*, indigente *mf*

pause¹ /pɔːz/ *n* pausa *f*; **without ~** sin interrupción; **there was a ~ in the conversation** hubo una pausa *or* se hizo un silencio en la conversación; ***to give (sb) ~ for thought*** dar* que pensar (a algn)

pause² *vi* (in speech) hacer* una pausa; (in movement) detenerse*; **to ~ for breath** parar para recobrar el aliento

pave /peɪv/ *vt* (with concrete) pavimentar; (with flagstones) enlosar; (with stones) empedrar*, adoquinar; ***to ~ the way for sth*** preparar el terreno para algo

pavement /ˈpeɪvmənt/ *n* **1** [c u] (paved area) pavimento *m* **2** [u] ▸ **paving 2** **3** [c] (beside road) (BrE) ▸ **sidewalk**

pavement café *n* (BrE) café *m* con terraza

pavilion /pəˈvɪljən/ *n* **1** (tent, stand) pabellón *m* **2** (BrE Sport) caseta *f*

paving /ˈpeɪvɪŋ/ *n* [u] **1** (paved area) pavimento *m*; (of flagstones) enlosado *m*; (of tiles) embaldosado *m*; (of stones) empedrado *m*, adoquinado *m*; (*before n*) **~ slab** *o* **stone** losa *f* **2** (road surface) (AmE) calzada *f*

paw¹ /pɔː/ *n* **1** (Zool) pata *f* **2** (hand) (colloq & pej) manaza *f* (fam & pey), zarpa *f* (fam & pey)

P

paw² *vt* 1 ⟪*animal*⟫ tocar* con la pata; **to ~ the ground** ⟪*horse*⟫ piafar 2 ⟪*person*⟫ (pej) manosear (pey), toquetear (pey)

pawn¹ /pɔːn/ *n*
A [c] 1 (in chess) peón *m* 2 (manipulated person) títere *m*
B [c u] (pledge) prenda *f*; **to place sth in ~** empeñar algo, dejar algo en prenda

pawn² *vt* empeñar

pawn: **~broker** *n* prestamista *mf*; **~shop** *n* casa *f* de empeños, monte *m* de piedad

pawpaw /'pɔːpɔː/ *n* (esp BrE)
A [c u] (fruit) asimina *f*
B ▸**papaya**

pay¹ /peɪ/ (*past & past p* **paid**) *vt*
A 1 ‹*tax/rent*› pagar*; ‹*amount/fees*› pagar*, abonar (frml); ‹*bill*› pagar*, saldar; ‹*debt*› pagar*, saldar, cancelar; **this account ~s 8% interest** esta cuenta da *or* produce un interés del 8%; **to ~ sth FOR sth/to + INF**: **how much did you ~ for the painting?** ¿cuánto te costó el cuadro?, ¿cuánto pagaste por el cuadro?; **I paid a fortune to have it cleaned** me costó un dineral hacerlo limpiar, me cobraron un dineral por limpiarlo; **they ~ my salary directly into the bank** me depositan *or* (esp Esp) me ingresan el sueldo directamente en el banco 2 ‹*employee/creditor/tradesperson*› pagarle* a; **to ~ sb FOR sth** pagarle* algo A algn; **they haven't paid me for the tickets** no me han pagado las entradas; **I paid him £20 for the table** le di 20 libras por la mesa; ***to ~ one's way***: **I've always paid my own way** siempre he pagado lo que me correspondía
B ‹*respects*› presentar; ‹*attention*› prestar; **to ~ sb a visit** *o* **call** hacerle* una visita a algn; ▸**compliment¹ 1, heed¹, homage** *etc*

■ **pay** *vi*
A (with money) pagar*; **to ~ FOR sth** pagar* algo; **that won't even ~ for the food** eso no da ni para la comida; **to ~ FOR sb (to + INF)**: **I'll ~ for Matthew** yo pago lo de Matthew; **I'll ~ for you to go to Paris** yo te pago el viaje a París; **teaching doesn't ~ very well** la enseñanza no está muy bien pagada *or* remunerada
B (suffer) **to ~ FOR sth** pagar* algo; **he paid for his mistake with his life** el error le costó la vida; **I'll make you ~** me las pagarás; ***there'll be hell*** *o* ***the devil to ~*** se va a armar la de San Quintín
C **paying** *pres p*: **the ~ing public** el público; **~ing guest** huésped *mf* (*que paga el alojamiento*)

■ **pay** *v impers* convenir*; **it ~s to be polite to people** merece la pena ser amable con la gente

(Phrasal verbs)

• **pay back** [v ▸ o ▸ adv, v ▸ adv ▸ o]
A (repay) ‹*money*› devolver*, reintegrar (frml), regresar (AmL exc CS); ‹*loan/mortgage*› pagar*; **to ~ sb back FOR sth**: **I must ~ her back for the meal** tengo que devolverle *or* (AmL exc CS tb) regresarle el dinero de la comida; **how can I ~ you back for your kindness?** ¿cómo puedo retribuir tu amabilidad?
B (take revenge on): **I'll ~ you back (one day)!** ¡ya me las vas a pagar!, ¡ya me las cobraré *or* me vengaré!

• **pay in** [v ▸ o ▸ adv, v ▸ adv ▸ o] (BrE) ‹*money*› depositar *or* (Esp) ingresar *or* (Col) consignar

• **pay off**
A [v ▸ o ▸ adv, v ▸ adv ▸ o] 1 (settle, repay) ‹*debt*› cancelar, saldar, liquidar, pagar*; ‹*creditor*› pagarle* a 2 ‹*worker*› liquidarle el sueldo (*or* jornal *etc*) a (*al despedirlo*) 3 (bribe) (colloq) untarle la mano a (fam), coimear (CS, Per fam), darle* una mordida a (Méx fam)
B [v ▸ adv] (prove worthwhile) valer* *or* merecer* la pena, tener* su compensación; ⟪*gamble*⟫ resultar

• **pay out**
A [v ▸ o ▸ adv, v ▸ adv ▸ o] 1 (distribute) ‹*dividend/compensation/prize money*› pagar* 2 (spend) (colloq) desembolsar, aflojar (fam)
B [v ▸ o ▸ adv, v ▸ adv ▸ o] ‹*rope*› ir* soltando
C [v ▸ adv] ⟪*insurance company*⟫ pagar* (*una indemnización etc*)

• **pay up**
A [v ▸ adv] pagar*; **in the end the company paid up** al final la empresa le pagó lo que le debía (*or* la indemnizó *etc*)
B [v ▸ adv ▸ o] ‹*subscription*› abonar (frml), pagar*

pay² *n* [u] (of manual worker) paga *f*, salario *m* (frml); (of employee) sueldo *m*; **equal ~** igualdad *f* salarial; **to be in sb's ~** estar* a sueldo de algn; (*before n*) **~ envelope** *o* (BrE) **packet** sobre *m* de la paga; **~ increase** aumento *m or* (frml) incremento *m* salarial

payable /'peɪəbəl/ *adj* (frml) (*pred*) pagadero; **the rent becomes ~ on the first of the month** el alquiler vence el primero de mes; **make the check ~ to ...** extienda el cheque a nombre de *or* a favor de ...

pay: **~back** /'peɪbæk/ *n*
A [u] (on investment) recuperación *f*; (*before n*) **~back period** plazo *m* de recuperación (*de la inversión*);
B [c] (revenge) venganza *f*; **~check**, (BrE) **~ cheque** *n* cheque *m* del sueldo *or* de la paga; (salary) sueldo *m*; **~day** *n* día *m* de paga *or* de cobro; **Friday is ~day** cobramos (*or* cobran *etc*) el viernes

PAYE /'piːeɪwaɪ'iː/ *n* [u] (in UK) **= pay as you earn**; (*before n*) **the ~ system** *sistema de recaudación de impuestos por medio de retenciones sobre el salario*

payee /peɪ'iː/ *n* beneficiario, -ria *m,f*

payer /'peɪər || 'peɪə(r)/ *n* pagador, -dora *m,f*

pay: **~load** *n* 1 (load) (Aerosp, Transp) carga *f* útil 2 (explosive capacity) carga *f* explosiva; **~master** *n* pagador, -dora *m,f* (*encargado de la nómina*)

payment /'peɪmənt/ *n* 1 [u] (of debt, money, wage) pago *m*; **on ~ of the outstanding charges** previo pago de las cantidades pendientes; **~ FOR sth**: **he received no ~ for what he did** no recibió remuneración por lo que hizo (frml) 2 [c] (installment) plazo *m*, cuota *f* (AmL); **I've made the first ~ on the house** he pagado el primer plazo *or* (AmL) la primera cuota de la casa; **she made several ~s into her account** hizo varios depósitos *or* (esp Esp) ingresos *or* (Col) consignaciones en su cuenta 3 [u] (reward, thanks) pago *m*, recompensa *f*

pay-off /'peɪɔːf || 'peɪɒf/ *n*
A 1 (final payment) pago *m*, ajuste *m* de cuentas; (of debt) liquidación *f* 2 (bribe) (colloq) soborno *m*, coima *f* (CS, Per fam), mordida *f* (Méx fam) 3 (benefit) (colloq) compensación *f*, beneficios *mpl*
B (climax of story) (esp AmE colloq) desenlace *m*

payola /peɪ'əʊlə/ *n* [u] (esp AmE colloq) soborno *m*, coima *f* (CS, Per fam), mordidas *fpl* (Méx fam)

pay: **~out** *n* pago *m*; **~ phone** *n* teléfono *m* público, monedero *m* (público) (Ur); **~roll** *n* 1 (list) nómina *f*, planilla *f* (de sueldos) (AmL), plantilla *f* (Esp); **the company has 50 employees on its ~roll** la empresa tiene 50 empleados en planilla *or* (Esp) en plantilla 2 (wages) nómina *f*; **~ slip** *n* nómina *f*, recibo *m* del sueldo

PC¹ *n*
A **= personal computer**
B (in UK) **= police constable**

PC² *adj* **= politically correct**

PD *n* (in US) **= Police Department**

PE *n* [u] **= physical education**

pea /piː/ *n* arveja *f or* (Esp) guisante *m or* (AmC, Méx) chícharo *m*; ***as (a)like as two ~s in a pod*** como dos gotas de agua

peace /piːs/ *n*
A [u] paz *f*; **in** *o* **at ~** en paz; **to be at ~ with the world** estar* satisfecho de la vida; **to make ~ with sb** hacer* las paces con algn; (*before n*) para la paz; ‹*proposal/initiative/treaty*› de paz; ‹*talks/march/campaign*› por la paz; **the ~ movement** el movimiento pacifista; **as a ~ offering** en señal de reconciliación
B (Law): **to keep the ~** mantener* el orden; **to breach** *o* (BrE) **disturb the ~** alterar el orden público
C (tranquillity) paz *f*; **I went to the library for some ~ and quiet** me fui a la biblioteca para poder estar tranquilo; **the ~ of mind that comes with old age** la serenidad que da la edad; **I turned off the gas for my own ~ of mind** apagué el gas para quedarme tranquilo; **rest in ~** que en paz descanse; **speak now or forever hold your ~** que hable ahora o que calle para siempre

peaceable /'piːsəbəl/ *adj* 1 ‹*person/nation*› amante de la paz 2 ‹*agreement/settlement*› pacífico

peaceably /'piːsəbli/ *adv* pacíficamente

Peace Corps *n* (in US) **the ~ ~** el Cuerpo de Paz (de los EEUU)

peaceful /'piːsfəl/ *adj* 1 (calm, quiet) ‹*place*› tranquilo 2 (non-violent) ‹*protest*› pacífico, no violento; **they are a ~ people** son un pueblo amante de la paz

P

peacefully /ˈpi:sfəli/ *adv* 1 (serenely, quietly) ‹*sleep*› plácidamente; ‹*read/sit*› tranquilamente; **he died ~** murió sin sufrir 2 (without violence) ‹*protest*› pacíficamente, de forma no violenta

peace: **~keeping** *adj* (*before n*): **~keeping forces** fuerzas *fpl* de paz, fuerzas *fpl* encargadas del mantenimiento de la paz; **~maker** *n* conciliador, -dora *m,f*; **~time** *n* [u] época *f or* tiempos *mpl* de paz

peach /pi:tʃ/ *n* 1 (fruit) durazno *m*, melocotón *m* (Esp) 2 **~ (tree)** duraznero *m or* (Esp) melocotonero *m* 3 (color) color *m* durazno *or* (Esp) melocotón

peacock /ˈpi:kɑ:k || ˈpi:kɒk/ *n* pavo *m* real

peacock-blue /ˈpi:kɑ:kˈblu: || ˌpi:kɒkˈblu:/ *adj* (*pred* **peacock blue**) azul eléctrico *adj inv*

pea-green /ˈpi:ˈgri:n/ *adj* (*pred* **pea green**) verde manzana *adj inv*

peahen /ˈpi:hen/ *n* pava *f* real

peak¹ /pi:k/ *n* 1 (of mountain) cima *f*, cumbre *f*, cúspide *f* (frml *or* liter); (mountain) pico *m*; (of cap) visera *f* 2 (highest point): **to reach a ~** alcanzar* su punto álgido; **at the ~ of her career** en el apogeo *or* la cúspide de su carrera

peak² *adj* (*before n*) 1 (maximum) ‹*level/power*› máximo; **to be in ~ condition** «*athlete/horse*» estar* en plena forma 2 (busiest): **during ~ hours** durante las horas de mayor demanda (*or* consumo *etc*); **~ viewing figures** cifras *fpl* de máxima audiencia; **~ rate** tarifa *f* máxima; **~ season** temporada *f* alta

peak³ *vi* alcanzar* su nivel más alto *or* su punto máximo/su mejor momento

peaked /pi:kt/ *adj* 1 (with visor) (BrE) ‹*cap*› de *or* con visera 2 (pointy) (AmE) ‹*hat*› de pico

peaky /ˈpi:ki/ *adj* **-kier, -kiest** (BrE) paliducho

peal¹ /pi:l/ *n*: **~ of bells** (sound, musical pattern) repique *m* de campanas; (set) carillón *m*; **~s of laughter** carcajadas *fpl*; **a ~ of thunder** un trueno

peal² *vi* **~ (out)** (liter) «*bells*» repicar*, tocar* a vuelo

peanut /ˈpi:nʌt/ *n* 1 (Agr, Culin) maní *m or* (Esp) cacahuete *m or* (Méx) cacahuate *m* 2 **peanuts** *pl* (small sum) (colloq) una miseria (fam)

peanut butter *n* [u] mantequilla *f* de maní *or* (Esp) de cacahuete *or* (Méx) de cacahuate, manteca *f* de maní (RPl)

peapod /ˈpi:pɑ:d || ˈpi:pɒd/ *n* vaina *f* (*de arveja, guisante o chícharo*)

pear /per || peə(r)/ *n* 1 (fruit) pera *f*; **~-shaped** con forma de pera 2 **~ (tree)** peral *m*

pearl /pɜ:rl || pɜ:l/ *n* 1 [c] perla *f*; **a string of ~s** un collar de perlas; **~s of wisdom** sabias palabras *fpl*; (iro) joyitas *fpl* (iró); ***to cast ~s before swine*** echarles margaritas a los cerdos; (*before n*) ‹*necklace/earrings*› de perlas; **~ diver** pescador *m* de perlas; **~ oyster** madreperla *f*, ostra *f* perlífera 2 [u] (*mother-of-~*) nácar *m*, madreperla *f*, concha *f* nácar (Méx), concha *f* de perla (Chi); (*before n*) ‹*brooch/buttons*› de nácar (*or* de madreperla *etc*)

pearl barley *n* [u] cebada *f* perlada

pearly /ˈpɜ:rli || ˈpɜ:li/ *adj* **-lier, -liest** ‹*finish/gloss*› nacarado, perlado; **the P~ Gates** (hum) las puertas del Paraíso

peasant /ˈpezn̩t/ *n* 1 (Agr) campesino, -na *m,f*; (*before n*) ‹*population*› campesino, rural; **a ~ farmer** un pequeño agricultor; **~ woman** campesina *f* 2 (uncultured person) (pej) ordinario, -ria *m,f*, palurdo, -da *m,f*

peasantry /ˈpezn̩tri/ *n* (+ *sing or pl vb*) campesinado *m*

peashooter /ˈpi:ˌʃu:tər || ˈpi:ˌʃu:tə(r)/ *n* canuto *m*, cerbatana *f*

peat /pi:t/ *n* [u] turba *f*; (*before n*) **~ bog** turbera *f*

peaty /ˈpi:ti/ *adj* **-tier, -tiest** ‹*soil*› de turba

pebble /ˈpebəl/ *n* guijarro *m*, piedrecita *f or* (esp AmL) piedrita *f*; ***not to be the only ~ on the beach*** (BrE): **he's not the only ~ on the beach** no es el único hombre (*or* candidato *etc*), hay mucho más donde elegir; (*before n*) **~ beach** playa *f* de guijarros

pebbly /ˈpebl̩i/ *adj* **-lier, -liest** de guijarros

pecan /pɪˈkæn || ˈpi:kən/ *n* pacana *f*, nuez *f* (Méx)

peccadillo /ˌpekəˈdɪləʊ/ *n* (*pl* **-loes** *or* **-los**) desliz *m*

peck¹ /pek/ *n* 1 (of bird) picotazo *m* 2 (kiss) beso *m*

peck² *vt* picotear, picar*

■ **peck** *vi* **to ~ (AT sth)** «*bird*» picar* *or* picotear (algo); (nibble) picotear *or* picar* (algo)

pecker /ˈpekər || ˈpekə(r)/ *n*

A (AmE vulg) verga *f* (vulg), polla *f* (Esp vulg), pija *f* (RPl vulg), pico *m* (Chi vulg)

B (spirits, courage) **to keep one's ~ up** (BrE colloq & dated) no desanimarse

pecking order /ˈpekɪŋ/ *n* jerarquía *f*

peckish /ˈpekɪʃ/ *adj* (esp BrE colloq) (*pred*) **to be** *o* **feel ~** tener* un poco de hambre

pectorals /ˈpektərəlz/ *pl n* (músculos *mpl*) pectorales *mpl*

peculiar /pɪˈkju:ljər || pɪˈkju:liə(r)/ *adj*

A (strange) raro, extraño; **to feel ~** tener* una sensación extraña

B (particular, exclusive) peculiar, característico; **~ TO sth**: **an animal ~ to that region** un animal que sólo existe en esa región; **the problem is not ~ to this country** el problema no es exclusivo *or* particular de este país

peculiarity /pɪˈkju:lˈjærəti || pɪˌkju:liˈærəti/ *n* (*pl* **-ties**) 1 [c] (sth unusual) rasgo *m* singular; (oddity) rareza *f* 2 [u] (strangeness) lo raro *or* extraño 3 [c] (particular, exclusive quality) peculiaridad *f*, singularidad *f*

peculiarly /pɪˈkju:ljərli || pɪˈkju:liəli/ *adv* 1 (strangely) de forma rara *or* extraña 2 (more than usually) ‹*difficult*› especialmente, particularmente

pecuniary /pɪˈkju:nieri || pɪˈkju:niəri/ *adj* (frml) ‹*motives/gain*› pecuniario (frml); ‹*difficulties*› monetario, financiero

pedagogic /ˈpedəˈgɑ:dʒɪk || ˌpedəˈgɒdʒɪk/, **-ical** /-ɪkəl/ *adj* (frml) pedagógico

pedagogue, (AmE also) **pedagog** /ˈpedəgɑ:g || ˈpedəgɒg/ *n* (frml) pedagogo, -ga *m,f*

pedal¹ /ˈpedl̩/ *n* pedal *m*

pedal², (BrE) **-ll-** *vi* pedalear

■ **pedal** *vt* darle* a los pedales de

pedal: **~ bin** *n* (BrE) cubo *m or* (Méx) bote *m or* (CS) tacho *m or* (Ven) tobo *m or* (Col) caneca *f* de la basura (*con pedal*); **~ car** *n* cochecito *m* de pedales

pedalo /ˈpedl̩əʊ/ *n* (*pl* **-los** *or* **-loes**) (BrE) bote *m* de pedales, patín *m* (Esp)

pedant /ˈpedn̩t/ *n* pedante *mf*

pedantic /pɪˈdæntɪk/ *adj* pedante

pedantry /ˈpedn̩tri/ *n* [u c] (*pl* **-ries**) pedantería *f*

peddle /ˈpedl̩/ *vt* vender (*en las calles o de puerta en puerta*); **to ~ an ideology** hacer* proselitismo; **to ~ drugs** traficar* con drogas, pasar droga (arg)

peddler /ˈpedlər || ˈpedlə(r)/ *n* vendedor, -dora ambulante *m,f*, mercachifle *mf* (pey); (in former times) buhonero *m*; **a drug ~** un traficante de drogas

pederast /ˈpedəræst/ *n* pederasta *m*

pedestal /ˈpedəstl̩ || ˈpedɪstl̩/ *n* pedestal *m*; ***to knock sb off her/his ~*** bajarle los humos a algn; ***to put*** *o* ***set sb on a ~*** poner* a algn en un pedestal

pedestrian¹ /pəˈdestriən || pɪˈdestriən/ *n* peatón, -tona *m,f*; (*before n*) **~ crossing** paso *m* de peatones; **~ mall** *o* (BrE) **precinct** zona *f* peatonal

pedestrian² *adj* pedestre

pedestrianize /pəˈdestriənaɪz || pɪˈdestriənaɪz/ *vt* (BrE) convertir* en zona (*or* calle *etc*) peatonal

pediatric, (BrE also) **paediatric** /ˈpi:diˈætrɪk/ *adj* ‹*hospital*› pediátrico; ‹*specialist*› en pediatría

pediatrician, (BrE also) **paediatrician** /ˈpi:diəˈtrɪʃən/ *n* pediatra *mf*

pediatrics, (BrE also) **paediatrics** /ˈpi:diˈætrɪks/ *n* (+ *sing vb*) pediatría *f*

pedicure /ˈpedɪkjʊr || ˈpedɪkjʊə(r)/ *n* [u c]: **to have a ~** arreglarse/hacerse* arreglar los pies

pedigree /ˈpedəgri: || ˈpedɪgri:/ *n* 1 (ancestry — of animal) pedigrí *m*; (— of person) linaje *m*; (*before n*) ‹*bull/dog*› de raza 2 (certificate, document) pedigrí *m*

pedlar /ˈpedlər || ˈpedlə(r)/ *n* (BrE) ▸ **peddler**

pedophile, (BrE) **paedophile** /ˈpi:dəfaɪl/ *n* pedófilo, -la *m,f*

pedophilia, (BrE) **paedophilia** /ˈpi:dəˈfɪliə/ *n* [u] pedofilia *f*

pee¹ /pi:/ *vi* (*past & past p* **peed**) (colloq) hacer* pis *or* pipí (fam), hacer* del uno (Méx, Per fam & euf)

p

pee² *n* (colloq (*no pl*) pis *m* (fam), pipí *m* (fam); **to go for/have a ~** ir* a hacer/hacer* pis *or* pipí (fam)

peek¹ /piːk/ *vi* **~ (AT sth/sb)** mirar (algo/a algn) (*a hurtadillas*), vichar (algo/a algn) (RPl fam)

peek² *n* **~ (AT sth/sb)**: **may I have** *o* **take a ~ (at it)?** ¿puedo echar(le) una miradita? (fam), ¿puedo vichar? (RPl fam)

peel¹ /piːl/ *vt* 1 ‹*apple/potato*› pelar, mondar 2 (remove): **he ~ed back the plastic film** quitó *or* despegó la película de plástico

■ **peel** *vi* «*person*» pelarse, despellejarse; «*paint*» desconcharse, salirse*; «*wallpaper*» despegarse*; **to ~ away** «*paint/plaster*» desconcharse

Phrasal verb

• **peel off**

A [v ▸ adv] 1 «*wallpaper/label*» despegarse*; ‹*paint*› desconcharse, salirse* 2 (leave group) (colloq) «*person*» irse* por su lado, separarse del grupo

B [v ▸ o ▸ adv, v ▸ adv ▸ o] ‹*stamp/sticker*› despegar*, quitar; ‹*paint/bark*› quitar; **she ~ed off her clothes** se quitó la ropa

peel² *n* [u] (of potato, apple) piel *f*, cáscara *f* (esp AmL); (of orange, lemon) cáscara *f*

peeler /ˈpiːlər || ˈpiːlə(r)/ *n* ▸ **potato peeler**

peelings /ˈpiːlɪŋz/ *pl n* cáscaras *fpl*, peladuras *fpl*, mondaduras *fpl*

peep¹ /piːp/ *vi*

A 1 (watch) espiar*, vichar (RPl fam); (look quickly) mirar (*a hurtadillas*), echar un vistazo, vichar (RPl fam); **she ~ed out of the window** se acercó a la ventana y se asomó a mirar; **to ~ AT sb/sth** espiar* *or* atisbar a algn/algo 2 (show, stick out) **~ (out)** asomar

B (make high-pitched sound) «*bird*» piar*; «*horn/whistle*» sonar*; **he ~ed at them as he drove by** les tocó la bocina *or* les pitó al pasar

■ **peep** *vt* (colloq): **I ~ed the horn** toqué la bocina *or* el claxon

peep² *n*

A (quick or furtive look) vistazo *m*; **can I have a ~?** ¿puedo ver?, ¿a ver?, ¿puedo vichar? (RPl fam); **to have a ~ AT sth** echarle un vistazo A algo

B (sound): **the ~, ~ of the canary** el pío, pío del canario; **the ~ of a car horn** el pitido de un claxon; **we didn't hear another ~ from her all evening** no volvió a decir ni pío *or* ni mu en toda la noche (fam)

peephole /ˈpiːphəʊl/ *n* mirilla *f*

peeping Tom /ˈpiːpɪŋˈtɑːm || ˌpiːpɪŋˈtɒm/ *n* mirón *m*

peepshow /ˈpiːpʃəʊ/ *n* 1 (live show) *espectáculo de striptease* 2 (machine) cosmorama *m*, mundonuevo *m*

peer¹ /pɪr || pɪə(r)/ *n*

A 1 (equal) par *mf*, igual *mf* 2 (contemporary) coetáneo, -nea *m,f*; **among her ~s** entre sus coetáneos *or* los de su edad

B (lord) (in UK) par *m*, lord *m*; **he's a life ~** tiene un título vitalicio

peer² *vi*: **to ~ AT sth/sb** (with difficulty) mirar algo/a algn con ojos de miope; (closely) mirar algo/a algn detenidamente; **he climbed the wall and ~ed over** se trepó al muro y atisbó por encima

peerage /ˈpɪrɪdʒ || ˈpɪərɪdʒ/ *n* 1 (title, honor) título *m or* dignidad *f* de lord 2 (nobility, aristocracy) **the ~** la nobleza; **to raise** *o* **elevate sb to the ~** concederle a algn el título de lord

peeress /ˈpɪrəs || ˈpɪəres/ *n* (in UK) paresa *f*

peer group *n* grupo *m* paritario (frml); (*before n*) **peer-group pressure** la presión que ejercen los compañeros *or* (frml) que ejerce el grupo paritario

peerless /ˈpɪrləs || ˈpɪəlɪs/ *adj* (liter) incomparable, sin igual, sin par (liter)

peeved /piːvd/ *adj* ‹*expression/look*› de fastidio; **to be** *o* **feel ~** estar* molesto *or* (fam) picado

peevish /ˈpiːvɪʃ/ *adj* ‹*remark*› desagradable, malhumorado; **to be ~** estar* fastidioso

peevishly /ˈpiːvɪʃli/ *adv* de mala manera

peg¹ /peg/ *n*

A 1 (in ground) estaca *f*; (in furniture, barrel) estaquilla *f*; (in mountaineering) clavija *f*; (on violin, guitar) clavija *f*; (*tent ~*) estaquilla *f*; (on board game) *pieza o ficha que encaja en un tablero*; ***like a square ~ in a round hole*** totalmente fuera de lugar, como gallina en corral ajeno (fam) *or* (Ven fam) como cucaracha en fiesta de gallina *or* (RPl fam) como sapo de otro pozo; ***to take** o **bring sb down a ~ (or two)*** bajarle los humos a algn, poner* a algn en su sitio 2 (*clothes ~*) (BrE) *see* **clothes**

B (hook, hanger) colgador *m*, perchero *m*, gancho *m*; (*before n*) **an off-the-~ suit** (esp BrE) un traje de confección

peg² **-gg-** *vt*

A (attach, secure) sujetar, asegurar (*con estaquillas etc*); **to ~ the clothes (out)** (BrE) tender* la ropa

B (Econ, Fin) 1 (fix, limit) ‹*price/salary*› congelar 2 (link) **to ~ sth TO sth** vincular algo A algo

Phrasal verbs

• **peg down** [v ▸ o ▸ adv, v ▸ adv ▸ o] (BrE) ‹*tent*› sujetar (*con estaquillas*); ‹*prices/wages*› fijar

• **peg out** [v ▸ adv] (colloq) 1 (die) estirar la pata (fam), palmarla (Esp fam), petatearse (Méx fam) 2 (collapse from exhaustion) desplomarse, tronar* (Méx fam) 3 (break down) «*engine/car*» quedarse (fam), tronarse* (Méx fam)

pegboard /ˈpegbɔːrd || ˈpegbɔːd/ *n* tablero *m* (*con agujeros para insertar las fichas*)

PEI = Prince Edward Island

pejorative /prˈdʒɔːrətɪv || prˈdʒɒrətɪv/ *adj* peyorativo, despectivo

Pekinese /ˈpiːkəˈniːz || ˌpiːkrˈniːz/, (AmE) **Pekingese** /ˈpiːkɪŋˈiːz/ *n* pequinés, -nesa *m,f*

Peking /ˈpiːˈkɪŋ/ *n* Pekín *m*

pelican /ˈpelɪkən/ *n* pelícano *m*

pellet /ˈpelət || ˈpelɪt/ *n* 1 (of bread, paper) bolita *f* 2 (Zool) (of regurgitated food) bola *f*; (feces) cagadita *f* (fam) 3 (ammunition) perdigón *m*

pell-mell /ˈpelˈmel/ *adv* desordenadamente, sin orden ni concierto; **they rushed ~ into the sea** corrieron en tropel hacia el mar

pelmet /ˈpelmət || ˈpelmɪt/ *n* (esp BrE) galería *f*, bastidor *m* (*que cubre la barra de donde cuelgan las cortinas*)

pelt¹ /pelt/ *vt*: **to ~ sb with tomatoes** lanzarle* *or* tirarle tomates a algn; **to ~ sb with stones** apedrear a algn

■ **pelt** *vi* (colloq)

A (rush): **they came ~ing down the hill** bajaron la cuesta (corriendo) a toda velocidad *or* prisa

B (fall heavily): **it was ~ing with rain** llovía a cántaros *or* a mares; **the hail was ~ing down** estaba granizando fuertísimo

pelt² *n*

A (animal skin) piel *f*; (stripped) cuero *m*

B (pace) (esp BrE colloq): **at full ~** a toda máquina, a todo lo que da (fam)

pelvic /ˈpelvɪk/ *adj* pélvico

pelvis /ˈpelvəs || ˈpelvɪs/ *n* (*pl* **-vises**) pelvis *f*

pen¹ /pen/ *n*

A (*fountain ~*) pluma *f* estilográfica, pluma *f* fuente (AmL); (*ballpoint ~*) bolígrafo *m*, boli *m* (Esp fam), birome *f* (RPl), pluma *f* atómica (Méx), lápiz *m* de pasta (Chi); (*felt ~*) rotulador *m*; **to put** *o* **set ~ to paper** ponerse* a escribir; ***the ~ is mightier than the sword*** más puede la pluma que la espada

B 1 (Agr) (*sheep ~*) redil *m*; (*cattle ~*) corral *m* 2 (prison) (AmE sl) cana *f* (AmS arg), talego *m* (Esp arg), tanque *m* (Méx arg); **in the ~** a la sombra (fam)

pen² **-nn-** *vt* ‹*letter/article*› redactar, escribir*; ‹*verse*› componer*

Phrasal verb

• **pen in** [v ▸ o ▸ adv, v ▸ adv ▸ o] encerrar*, cercar*

penal /ˈpiːnl/ *adj* penal; **~ code** código *m* penal; **~ colony** penal *m*, colonia *f* penal *or* penitenciaria; **~ offense** (AmE) delito *m* penal

penalize /ˈpiːnlaɪz || ˈpiːnəlaɪz/ *vt* 1 (punish) ‹*player*› sancionar, penalizar*; **candidates will be ~d for ...** (Educ) se quitarán puntos *or* se bajará la nota por ... 2 (make punishable, illegal) penalizar*, penar

penalty /ˈpenl̩ti/ *n* (*pl* **-ties**)

A (punishment) pena *f*, castigo *m*; (fine) multa *f*; **the ~ for disobedience is death** la desobediencia está penada con la muerte; **on ~ of death** bajo *or* so pena de muerte; **to pay the ~** pagar* las consecuencias; (*before n*) **~ clause** cláusula *f* penal *or* punitiva

B (Sport) (in rugby) penalty *m*, golpe *m* de castigo; (in US football) castigo *m*; **~ (kick)** (in soccer) penalty *m*, penalti *m*, penal *m* (AmL), pénal *m* (Andes); (*before n*) **~ area** (in soccer) área *f‡* de penalty *or* de castigo

penalty: **~ box** *n* **1** (in soccer) área *f‡* de penalty *or* de castigo **2** (in ice hockey) banquillo *m* (*de castigo*); **~ shoot-out** *n* lanzamiento *m or* tanda *f* de penaltys (*or* penaltis *etc*); **~ spot** punto *m* de penalty (*or* penalti *etc*)

penance /'penəns/ *n* [u c] **1** (Relig) penitencia *f* **2** (punishment) (hum) castigo *m*

pence /pens/ *n pl of* **penny A1**

penchant /'pentʃənt || 'pɒŋʃɒŋ/ *n* (frml) **~ (FOR sth)** (liking) inclinación *f or* afición *f* (POR algo); (tendency) tendencia *f* (A algo)

pencil¹ /'pensəl/ *n* lápiz *m*; **colored ~s** lápices de colores; **in ~** con lápiz; (*before n*) **~ drawing** dibujo *m* a lápiz

pencil², (BrE) **-ll-** *vt* anotar (*con lápiz*); ‹*outline*› hacer* un esbozo de

Phrasal verb

- **pencil in** [v ▸ o ▸ adv, v ▸ adv ▸ o] apuntar, anotar (*provisionalmente*)

pencil: **~ case** *n* estuche *m* (para lápices), plumier *m* (Esp), chuspa *f* (Col), cartuchera *f* (RPl); **~ pusher** *n* (AmE) ▸**pen pusher**; **~ sharpener** *n* sacapuntas *m*, tajalápiz *m* (Col); (larger) afilalápices *m*, sacapuntas *m*

pendant /'pendənt/ *n* colgante *m*

pending¹ /'pendɪŋ/ *adj* **1** (awaiting action) (*pred*): **to be ~** estar* pendiente; (*before n*) **~ tray** ≈ carpeta *f* de asuntos pendientes **2** (imminent) ‹*elections/retirement*› próximo

pending² *prep* (frml) en espera de

pendulum /'pendʒələm || 'pendjʊləm/ *n* (*pl* **-lums**) péndulo *m*

penes /'piːniːz/ *pl of* **penis**

penetrate /'penətreɪt || 'penɪtreɪt/ *vt* **1** (enter into or through) ‹*membrane/defenses*› penetrar (en); ‹*clothing/armor*› atravesar*, traspasar; ‹*enemy lines*› adentrarse en; ‹*building/territory*› penetrar en; ‹*organization*› infiltrarse en; ‹*market*› introducirse* *or* entrar en **2** (in sex act) penetrar **3** (seep into) «*liquid*» penetrar *or* calar (en)

■ **penetrate** *vi* **1** «*arrow/water/light*» penetrar, entrar; **to ~ THROUGH sth** atravesar* algo **2** (sink in mentally): **it took a long time to ~** tardé (*or* tardó *etc*) en entenderlo

penetrating /'penətreɪtɪŋ || 'penɪtreɪtɪŋ/ *adj* ‹*voice/sound/gaze*› penetrante; ‹*insight/analysis*› penetrante, agudo, perspicaz

penetration /'penə'treɪʃən || ,penɪ'treɪʃən/ *n* [u] penetración *f*; (insight) penetración *f*, perspicacia *f*, agudeza *f*

pen friend *n* (esp BrE) ▸**pen pal**

penguin /'peŋgwən || 'peŋgwɪn/ *n* pingüino *m*

penicillin /'penə'sɪlən || ,penɪ'sɪlɪn/ *n* [u] penicilina *f*

peninsula /pə'nɪnsələ || pə'nɪnsjʊlə/ *n* península *f*

peninsular /pə'nɪnsələr || pə'nɪnsjʊlə(r)/ *adj* peninsular

penis /'piːnəs || 'piːnɪs/ *n* (*pl* **penises** *or* **penes**) pene *m*

penitence /'penətəns || 'penɪtəns/ *n* [u] arrepentimiento *m*, penitencia *f* (frml)

penitent¹ /'penətənt || 'penɪtənt/ *adj* arrepentido

penitent² *n* (Relig) penitente *mf*

penitential /'penə'tentʃəl || ,penɪ'tenʃəl/ *adj* penitencial

penitentiary /'penə'tentʃəri || ,penɪ'tenʃəri/ *n* (*pl* **-ries**) (AmE) prisión *f*, penitenciaría *f*

penknife /'pennaɪf/ *n* (*pl* **-knives**) navaja *f*, cortaplumas *m*

Penn, Penna = Pennsylvania

pen name *n* seudónimo *m*, nombre *m* de guerra *or* (AmL) de batalla

penniless /'penɪləs || 'penɪlɪs/ *adj* pobre, sin un céntimo; **to leave sb ~** dejar a algn en la miseria

Pennsylvania /'pensəl'veɪnjə || ,pensɪl'veɪniə/ *n* Pensilvania *f*

penny /'peni/ *n*

A (in UK) **1** (*pl* **pence**) penique *m*; **it only costs four pence** sólo cuesta cuatro peniques **2** (*pl* **pennies**) (coin) penique *m*

B (*pl* **pennies**) (cent coin) (in US, Canada) (colloq) (moneda *f* de un) centavo *m*

C (*pl* **pennies**) (small sum) céntimo *m*, centavo *m*; **she hasn't a ~ to her name** no tiene un céntimo, no tiene donde caerse muerta (fam); **it's worth every ~** vale lo que cuesta; **to count the pennies** mirar el dinero, mirar la plata (AmL fam); ***he/she keeps turning up like a bad ~*** te lo/la encuentras hasta en la sopa (fam); ***the ~ (finally) dropped*** (esp BrE colloq) al final se dio (*or* me di *etc*) cuenta; ***to cost/be worth a pretty ~*** costar*/valer* un dineral; ***to spend a ~*** (BrE colloq) hacer* pis (fam); ***in for a ~, in for a pound*** (BrE) de perdidos, al agua *or* ya que estamos en el baile, bailemos; ▸**rub¹** *vt* **1**

penny arcade *n* salón *m* recreativo, sala *f* de juegos

penny-pinching¹ /'peni,pɪntʃɪŋ/ *adj* ‹*person*› cicatero, tacaño, agarrado (fam); ‹*policy*› cicatero

penny-pinching² *n* [u] cicatería *f*, tacañería *f*

penny: **~-whistle** /'peni'hwɪsəl || ,peni'wɪsəl/ *n* flautín *m*; **~worth** /'peniwɜːrθ || 'peniwɜːθ, 'penəθ/ *n*: **a ~worth of pins** un penique de alfileres; ***to put in one's (two) ~worth*** (BrE colloq) meter baza *or* cuchara (fam)

pen: **~ pal** *n* (esp AmE) amigo, -ga *m,f* por correspondencia; **~ pusher** *n* chupatintas *mf* (fam), tinterillo, -lla *m,f* (fam), suche *mf* (Chi fam)

pension /'pentʃən || 'penʃən/ *n* pensión *f*; **retirement ~** pensión de jubilación, jubilación *f*, pensión *f*; **to be on** *o* **draw a ~** cobrar una pensión/una jubilación; (*before n*) **~ fund** fondo *m* de pensiones; **~ plan** *o* **scheme** plan *m* de pensiones

Phrasal verb

- **pension off** [v ▸ o ▸ adv, v ▸ adv ▸ o] jubilar

pensionable /'pentʃənəbəl || 'penʃənəbəl/ *adj* (BrE) ‹*age*› jubilatorio, de jubilación *or* retiro; **this post is ~** este puesto da derecho a jubilación

pensioner /'pentʃənər || 'penʃənə(r)/ *n* pensionado, -da *m,f*, pensionista *mf*; (retired person) jubilado, -da *m,f*

pensive /'pensɪv/ *adj* pensativo, meditabundo; **to be in a ~ mood** estar* pensativo *or* meditabundo

pentagon /'pentəgɑːn || 'pentəgən/ *n* **1** (Math) pentágono *m* **2** (in US) **the Pentagon** el Pentágono

> **Pentagon – the Pentagon**
>
> El edificio de forma pentagonal, situado en Washington, donde se encuentra la oficina central del Ministerio de Defensa y de las fuerzas armadas de EEUU. Fue blanco de uno de los atentados terroristas del 11 de septiembre de 2001. A menudo la prensa utiliza el término "The Pentagon" para referirse al Estado Mayor

pentameter /pen'tæmətər || pen'tæmɪtə(r)/ *n* pentámetro *m*

pentathlon /pen'tæθlən/ *n* pentatlón *m*

Pentecost /'pentəkɔːst || 'pentɪkɒst/ *n* Pentecostés *m*

Pentecostal /'pentə'kɔːstəl || ,pentɪ'kɒstəl/ *adj* ‹*church/minister*› pentecostal

penthouse /'penthaʊs/ *n* penthouse *m*, ático *m* (*gen de lujo*)

pent-up /'pent'ʌp/ *adj* (*pred* **pent up**) ‹*emotions/anger/frustration*› contenido, reprimido; ‹*energy*› acumulado

penultimate /pɪ'nʌltəmət || pen'ʌltɪmət/ *adj* (*before n*) penúltimo

penurious /pə'nʊriəs || pɪ'njʊəriəs/ *adj* (liter) mísero

penury /'penjəri || 'penjʊri/ *n* [u] (liter) penuria *f*, miseria *f*

peony /'piːəni/ *n* (*pl* **-nies**) peonía *f*, peonia *f*

people¹ /'piːpəl/ *n*

A (+ *pl vb, no art*) **1** (in general) gente *f*; **what will ~ say?** ¿qué dirá la gente?; **~ say that ...** dicen que ..., se dice que ...; **some ~ don't like it** a algunos no les gusta, a algunas personas no les gusta, hay gente a la que no le gusta **2** (individuals) personas *fpl*; **the hall seats 200 ~** la sala tiene un aforo de 200 personas; **well, really, some ~!** ¡hay cada uno!; **you ~ don't understand** ustedes no entienden; **you of all ~ ought to know** tú más que nadie deberías saberlo **3** (specific group): **tall/rich ~** la gente alta/rica, las personas altas/ricas, los altos/ricos; **young ~** los jóvenes, la juventud; **local ~** la gente del lugar, los lugareños; **my ~ are from Illinois** mi familia *or* (fam) mi gente es de Illinois; **he wasn't one of our ~** no era uno de los nuestros

B **1** (inhabitants) (+ *pl vb*): **the ~ of this country** la gente de este país, este pueblo; **she got to know the country and**

its ~ llegó a conocer bien el país y su(s) gente(s) 2▸ (citizens, nation) (+ *pl vb*) **the ~** el pueblo; **a ~'s republic** una república popular 3▸ (race) (+ *sing vb*) pueblo *m*

people² *vt* poblar*; **a land ~d by savage tribes** una tierra habitada por tribus salvajes

pep /pep/ *n* [u] (colloq) energía *f*, vitalidad *f*

Phrasal verb

- **pep up**: **-pp-** [v ▸ o ▸ adv, v ▸ adv ▸ o] (colloq) ‹*person*› animar, levantarle el ánimo a; (physically) darle* energía a; ‹*food*› hacer* más sabroso

pepper¹ /ˈpepər || ˈpepə(r)/ *n*

A [u] (spice) pimienta *f*; **black/white ~** pimienta negra/blanca; (*before n*) **~ mill** molinillo *m* de pimienta; **~ shaker** (AmE) pimentero *m*

B [c u] (capsicum fruit, plant) (*sweet ~*) pimiento *m*, pimentón *m* (AmS exc RPl), ají *m* (RPl), rocote *or* rocoto *m* (AmL exc CS); **green ~** pimiento (*or* pimentón *etc*) verde; **red ~** pimiento (*or* pimentón *etc*) rojo *or* colorado, ají *m* morrón (RPl)

pepper² *vt* 1▸ (Culin) ponerle* *or* echarle pimienta a 2▸ (intersperse) **to ~ sth WITH sth** salpicar* algo DE algo

pepper: **~box** *n* (AmE) pimentero *m*; **~corn** *n* grano *m* de pimienta; **~mint** *n* 1▸ [u] (plant) menta *f*; (*before n*) ‹*tea/oil*› de menta; ‹*flavor*› a menta 2▸ [c] (sweet) caramelo *m* de menta; (lozenge) pastilla *f* de menta

pepperoni /ˈpepəˈrəʊni/ *n* [u] salchichón *m*

pepperpot /ˈpepərpɑːt || ˈpepəpɒt/ *n* (BrE) pimentero *m*

peppery /ˈpepəri/ *adj* **-rier, -riest** 1▸ (Culin) ‹*taste*› a pimienta; (hot) picante 2▸ (irascible) cascarrabias *adj inv*

pep talk *n*: **he gave them a ~ ~** les habló para levantarles la moral/infundirles ánimo

per /pɜːr || pɜː(r)/ *prep* (for each) por; **£10 ~ head** 10 libras por cabeza; **at $25 ~ kilo** a 25 dólares el kilo; **£20 ~ person ~ night** 20 libras por persona y noche; **30 miles ~ hour** 30 millas por hora; *see also* **as per**

per: **~ annum** /pərˈænəm/ *adv* al año, por año; **$40,000 ~ annum** 40.000 dólares anuales; **~ capita** /pərˈkæpətə || pəˈkæpɪtə/ *adv* per cápita

perceive /pərˈsiːv || pəˈsiːv/ *vt* 1▸ (Psych) ‹*object/sound*› percibir 2▸ (realize) percatarse de, notar, darse* cuenta de 3▸ (regard) ver*; **he is ~d as ...** se lo ve *or* se lo considera como ...; **the ~d image of the organization** la imagen que se tiene de la organización

percent¹, **per cent** /pərˈsent || pəˈsent/ *n* (percentage) (*no pl*) porcentaje *m*; (*before n*) **a five ~ discount** un descuento del cinco por ciento, un cinco por ciento de descuento

percent², **per cent** *adv* por ciento; **I'm a hundred ~ certain** estoy cien por cien(to) seguro; **I don't feel a hundred ~** no estoy lo que se dice bien del todo

percentage /pərˈsentɪdʒ || pəˈsentɪdʒ/ *n* 1▸ [c] (Math) porcentaje *m*; (*before n*) **~ increase/point** aumento *m*/punto *m* porcentual; **~ sign** signo *m* del tanto por ciento 2▸ [c] (part) porcentaje *m*; **she gets a ~ of the profits** recibe un tanto por ciento *or* un porcentaje de los beneficios 3▸ [u] (advantage) (AmE colloq): **there must be some ~ in it for him** él debe de sacar tajada (fam) 4▸ [c] (average) (AmE) promedio *m*

perceptible /pərˈseptəbəl || pəˈseptəbəl/ *adj* ‹*difference/effect*› perceptible, apreciable; ‹*sound*› perceptible, audible

perceptibly /pərˈseptəbli || pəˈseptəbli/ *adv* ‹*improve/change/increase*› de manera perceptible *or* apreciable, perceptiblemente, apreciablemente

perception /pərˈsepʃən || pəˈsepʃən/ *n*

A [u] (faculty) percepción *f*; **sense ~** percepción sensorial

B [c] (idea) idea *f*; (image) imagen *f*

C [u] (insight) perspicacia *f*, agudeza *f*

perceptive /pərˈseptɪv || pəˈseptɪv/ *adj* ‹*person*› perspicaz, agudo; ‹*analysis*› perspicaz, penetrante

perch¹ /pɜːrtʃ || pɜːtʃ/ *n*

A 1▸ (in birdcage) percha *f* 2▸ (high position) posición *f* privilegiada; *to knock sb off her/his ~* bajarle los humos a algn

B (*pl ~ or ~es*) (fish) perca *f*

perch² *vi* ‹‹*bird*›› posarse; **he ~ed on the edge of the table** se sentó en el borde de la mesa

■ **perch** *vt*: **she ~ed herself on the arm of the chair** se sentó en el brazo del sillón; **the village is ~ed halfway up the mountainside** el pueblo está como colgado en mitad de la ladera

perchance /pərˈtʃæns || pəˈtʃɑːns/ *adv* (arch) (perhaps) tal vez; (by chance) por ventura (liter)

percolate /ˈpɜːrkəleɪt || ˈpɜːkəleɪt/ *vi* 1▸ (filter) **to ~ THROUGH sth** filtrarse A TRAVÉS DE algo; **to ~ through** filtrarse 2▸ (Culin) ‹‹*coffee*›› hacerse*, filtrarse 3▸ (spread) ‹‹*news/idea*›› difundirse, propagarse*

■ **percolate** *vt*: **to ~ coffee** hacer* café (*en una cafetera eléctrica*)

percolator /ˈpɜːrkəleɪtər || ˈpɜːkəleɪtə(r)/ *n* cafetera *f* eléctrica

percussion /pərˈkʌʃən || pəˈkʌʃən/ *n* [u] percusión *f*

percussionist /pərˈkʌʃənəst || pəˈkʌʃənɪst/ *n* percusionista *mf*

peregrine (falcon) /ˈperəgrən || ˈperɪgrɪn/ *n* halcón *m* peregrino

peremptory /pəˈremptəri/ *adj* ‹*person/manner*› autoritario, imperioso; ‹*order/tone*› perentorio, imperioso

perennial¹ /pəˈreniəl/ *adj* 1▸ (Bot) perenne, vivaz 2▸ (recurring) ‹*problem/shortage*› perenne, perpetuo, eterno

perennial² *n* planta *f* perenne *or* vivaz

perfect¹ /ˈpɜːrfɪkt || ˈpɜːfɪkt/ *adj*

A 1▸ (precise, exact) ‹*circle/copy*› perfecto 2▸ (faultless) perfecto; **he speaks ~ French** habla francés perfectamente *or* a la perfección; **I'm in ~ health** estoy perfectamente bien de salud 3▸ (ideal) ‹*weather/day*› ideal, perfecto; ‹*example/excuse*› perfecto; ‹*opportunity*› ideal

B (complete) (*before n*): **a ~ idiot** un perfecto idiota, un idiota redomado; **he's a ~ stranger to me** me es totalmente desconocido

C (Ling) ‹*tense*› perfecto

perfect² /pərˈfekt || pəˈfekt/ *vt* perfeccionar

perfect³ /ˈpɜːrfɪkt || ˈpɜːfɪkt/ *n*: **the future/present ~** el futuro/pretérito perfecto; **the past ~** el pluscuamperfecto

perfection /pərˈfekʃən || pəˈfekʃən/ *n* [u] 1▸ (state, quality) perfección *f*; **to do sth to ~** hacer* algo a la perfección 2▸ (act) perfeccionamiento *m*

perfectionist /pərˈfekʃənəst || pəˈfekʃənɪst/ *n* perfeccionista *mf*

perfectly /ˈpɜːrfɪktli || ˈpɜːfɪktli/ *adv*

A 1▸ (exactly) ‹*round/straight*› totalmente; ‹*fit/match*› perfectamente 2▸ (faultlessly, ideally) perfectamente; **your arrival was ~ timed** llegaste en el momento justo

B (completely, utterly) ‹*safe/ridiculous*› totalmente, absolutamente; **that's ~ obvious** eso está clarísimo, eso salta a la vista; **they are ~ suited** están hechos el uno para el otro; **that's ~ true** tienes (*or* tiene *etc*) toda la razón; **to be ~ honest, ...** si he de serte absolutamente franco ...; **he knows ~ well that ...** sabe perfectamente que ...; **it's ~ possible** es muy posible

perfidious /pərˈfɪdiəs || pəˈfɪdiəs/ *adj* (liter) pérfido (liter)

perfidy /ˈpɜːrfədi || ˈpɜːfɪdi/ *n* [u c] (*pl* **-dies**) (liter) perfidia *f* (liter)

perforate /ˈpɜːrfəreɪt || ˈpɜːfəreɪt/ *vt* perforar

perforated /ˈpɜːrfəreɪtəd || ˈpɜːfəreɪtɪd/ *adj* ‹*lung/ulcer*› perforado; ‹*edge*› con línea perforada de puntos

perforation /ˈpɜːrfəˈreɪʃən || ˌpɜːfəˈreɪʃən/ *n* [c u] perforación *f*; **~s** (on sheet of stamps etc) perforado *m*

perforce /pərˈfɔːrs || pəˈfɔːs/ *adv* (liter) ineludiblemente, forzosamente

perform /pərˈfɔːrm || pəˈfɔːm/ *vi*

A (Mus, Theat) ‹‹*actor/comedian*›› actuar*, trabajar; ‹‹*singer*›› cantar; ‹‹*musician*›› tocar*; ‹‹*dancer*›› bailar

B (work, produce results) ‹‹*student/worker*›› rendir*, trabajar; ‹‹*team/athlete/vehicle*›› responder; ‹‹*company/stocks*›› rendir*; ‹‹*economy*›› marchar

■ **perform** *vt*

A (Mus, Theat) ‹*play*› representar, dar*; ‹*role*› interpretar, representar; ‹*aria*› interpretar, cantar; ‹*symphony*› tocar*, interpretar, ejecutar

B (carry out, fulfill) ‹*function*› desempeñar, cumplir; ‹*role*› desempeñar; ‹*task*› ejecutar, llevar a cabo; ‹*experiment*› realizar*; ‹*ceremony*› celebrar; ‹*rites*› practicar*

performance /pərˈfɔːrməns || pəˈfɔːməns/ *n*

A [c] (Cin, Mus, Theat) 1▸ (session) (Theat) representación *f*, función *f*; (Cin) función *f*; (by circus, cabaret artist) número *m*, espectáculo *m*; **in ~** (live) (actuando) en directo **2** (of symphony, song) interpretación *f*; (of play) representación *f*; **the first ~ of the play** el estreno de la obra **3** (of actor) interpretación *f*, actuación *f*; (of pianist, tenor) interpretación *f*; (of entertainer) actuación *f*

B [c u] (of employee) rendimiento *m*, desempeño *m* (AmL); (of student) rendimiento *m*; (of team, athlete) actuación *f*, desempeño *m*, performance *f* (AmL period); (of machine, vehicle) comportamiento *m*, performance *f* (AmL); (of company) resultados *mpl*; (of stocks) rendimiento *m*; **a high-~ engine** un motor de alto rendimiento; **~-related pay** remuneración *f* según rendimiento

C [c] (fuss, bother) (colloq): **what a ~!** ¡qué historia! (fam), ¡qué lata! (fam), ¡qué rollo! (Esp fam)

performer /pərˈfɔːrmər || pəˈfɔːmə(r)/ *n* (Theat) actor, -triz *m,f*; (Cin) actor, -triz *m,f*, artista *mf*; (entertainer, artiste) artista *mf*; (of role, piece of music) intérprete *mf*

performing /pərˈfɔːrmɪŋ || pəˈfɔːmɪŋ/ *adj* (*before n*) **1** (Mus, Theat): **the ~ arts** las artes interpretativas; **~ artists** artistas *mpl* del espectáculo **2** ‹*seal/dog*› amaestrado

perfume¹ /ˈpɜːrfjuːm || ˈpɜːfjuːm/ *n* perfume *m*

perfume² /pərˈfjuːm || ˈpɜːfjuːm/ *vt* perfumar; **~d soap** jabón *m* perfumado *or* de olor

perfumery /pərˈfjuːməri || pəˈfjuːməri/ *n* (*pl* **-ries**) perfumería *f*

perfunctorily /pərˈfʌŋktərəli || pəˈfʌŋktrəli/ *adv* ‹*inspect*› someramente, superficialmente; ‹*greet/smile*› como por obligación, mecánicamente

perfunctory /pərˈfʌŋktəri || pəˈfʌŋktəri/ *adj* ‹*inspection/description*› somero, superficial; ‹*greeting*› mecánico

perhaps /pərˈhæps || pəˈhæps/ *adv* quizá(s), tal vez; **~ they'll come later** tal vez *or* quizá(s) vengan más tarde, puede que vengan más tarde, a lo mejor vienen más tarde; **are you coming out tonight? — perhaps** ¿vas a salir esta noche? — quizá(s) *or* tal vez *or* a lo mejor

peril /ˈperəl || ˈperɪl, ˈperəl/ *n* [c u] peligro *m*; **do it at your ~** hazlo por tu cuenta y riesgo

perilous /ˈperələs || ˈperɪləs, ˈperələs/ *adj* peligroso, arriesgado

perilously /ˈperələsli || ˈperɪləsli, ˈperələsli/ *adv* peligrosamente; **they came ~ close to the edge of the cliff** se acercaron peligrosamente al borde del acantilado

perimeter /pəˈrɪmətər || pəˈrɪmɪtə(r)/ *n* perímetro *m*; (*before n*) **the ~ fence** la valla que cerca el recinto

perinatal /ˌperɪˈneɪtl̩/ *adj* perinatal

period¹ /ˈpɪriəd || ˈpɪəriəd/ *n* [*the forms* **período** *and* **periodo** *are equally acceptable in Spanish where this translation applies*]

A **1** (interval, length of time) período *m*; (when specifying a time limit) plazo *m*; **she is away for long ~s** pasa mucho tiempo fuera, pasa largas temporadas fuera; **a short ~ of time** un breve período de tiempo; **for a ~ of five hours/12 months** por un espacio de cinco horas/período de 12 meses; **during her ~ in office** durante el tiempo *or* período en que desempeñó el cargo **2** (epoch) época *f*; **the Tudor ~** la época de los Tudor; **the postwar ~** la posguerra

B (menstruation) periodo *m*, regla *f*; (*before n*) **~ pain** (BrE) dolor *m* menstrual

C **1** (in school) hora *f* (*de clase*) **2** (Sport) tiempo *m*

D (in punctuation) (AmE) punto *m*; (*as interj*) y punto, y sanseacabó (fam)

period² *adj* ‹*costume/furniture*› de época; **the house retains many ~ features** la casa conserva muchos detalles arquitectónicos de la época; *see also* **period piece**

periodic /ˈpɪriˈɑːdɪk || ˌpɪəriˈɒdɪk/ *adj* periódico

periodical¹ /ˈpɪriˈɑːdɪkəl || ˌpɪəriˈɒdɪkəl/ *n* publicación *f* periódica

periodical² *adj* ▸**periodic**

periodically /ˈpɪriˈɑːdɪkli || ˌpɪəriˈɒdɪkli/ *adv* periódicamente

period piece *n*: **his paintings are charming ~ ~s** sus cuadros son deliciosas estampas de época

peripatetic /ˈperəpəˈtetɪk || ˌperɪpəˈtetɪk/ *adj* que trabaja en más de un centro

peripheral¹ /pəˈrɪfərəl/ *adj* **1** (minor, secondary) secundario **2** (Comput) ‹*device/unit*› periférico **3** (Anat, Med) periférico

peripheral² *n* periférico *m*

periphery /pəˈrɪfəri/ *n* (*pl* **-ries**) (frml) (of city) periferia *f*; (of society) margen *m*

periscope /ˈperəskəʊp || ˈperɪskəʊp/ *n* periscopio *m*

perish /ˈperɪʃ/ *vi* **1** (die) (liter) perecer* (liter), morir*; **~ the thought!** ¡Dios nos libre! **2** (decay) «*rubber/leather*» deteriorarse, picarse*; «*foodstuffs*» echarse a perder, estropearse

perishable /ˈperɪʃəbəl/ *adj* perecedero

perishables /ˈperɪʃəbəlz/ *pl n* (Busn) productos *mpl* perecederos

perisher /ˈperɪʃər || ˈperɪʃə(r)/ *n* (BrE) (naughty child) pillo, -lla *m,f*; **you little ~!** ¡pilluelo!

perishing /ˈperɪʃɪŋ/ *adj* (BrE colloq): **it's ~ (cold)!** ¡hace un frío que pela! (fam)

periwinkle /ˈperɪwɪŋkəl/ *n* **1** (Zool) bígaro *m* **2** (Bot) hierba *f* doncella, vincapervinca *f*

perjure /ˈpɜːrdʒər || ˈpɜːdʒə(r)/ *v refl* (Law) **to ~ oneself** perjurar(se), cometer perjurio, jurar en falso

perjury /ˈpɜːrdʒəri || ˈpɜːdʒəri/ *n* [u] perjurio *m*; **to commit ~** cometer perjurio, jurar en falso, perjurar(se)

perk /pɜːrk || pɜːk/ *n* (colloq) (perquisite of job) (beneficio *m*) extra *m*; (particular advantage) ventaja *f*; **one of the ~s of the job is that ...** una de las ventajas es que ...

(Phrasal verb)

• **perk up**

A [v ▸ adv] «*person*» animarse, reanimarse; «*business/weather*» mejorar

B [v ▸ o ▸ adv] (enliven) animar, reanimar

perky /ˈpɜːrki || ˈpɜːki/ *adj* **-kier, -kiest** (cheerful) alegre, animado, lleno de vida; (pert) desenfadado

perm¹ /pɜːrm || pɜːm/ *n* (hairdressing) permanente *f* *or* (Méx) *m*; **to have a ~** hacerse* la *or* (Méx) un permanente

perm² *vt*: **to have one's hair ~ed** hacerse* la *or* (Méx) un permanente

permanence /ˈpɜːrmənəns || ˈpɜːmənəns/ *n* [u] permanencia *f*, lo permanente

permanent¹ /ˈpɜːrmənənt || ˈpɜːmənənt/ *adj* permanente; ‹*address/job*› fijo, permanente; ‹*damage*› irreparable; ‹*relationship*› estable; ‹*dye/ink*› indeleble; **~ wave** permanente *f* *or* (Méx) *m*

permanent² *n* (AmE) ▸**perm¹**

permanently /ˈpɜːrmənəntli || ˈpɜːmənəntli/ *adv* ‹*work/settle*› permanentemente, de forma permanente; ‹*damaged*› irreparablemente; ‹*stained/marked/disfigured*› para siempre; **they decided to split up ~** decidieron separarse definitivamente *or* para siempre

permeable /ˈpɜːrmiəbəl || ˈpɜːmiəbəl/ *adj* permeable

permeate /ˈpɜːrmieɪt || ˈpɜːmieɪt/ *vt* «*liquid*» calar, impregnar; «*smoke/smell*» impregnar; **this pessimism ~s his entire work** este pesimismo se evidencia *or* está presente en toda su obra

■ **permeate** *vi* **to ~ THROUGH/INTO sth** «*liquid/smell/smoke*» penetrar A TRAVÉS DE/EN algo

permissible /pərˈmɪsəbəl || pəˈmɪsəbəl/ *adj* (permitted) permisible, lícito; (acceptable) tolerable, aceptable

permission /pərˈmɪʃən || pəˈmɪʃən/ *n* [u] permiso *m*; **she gave me ~** me dio (su) permiso; **by ~ of the author** con permiso *or* autorización del autor

permissive /pərˈmɪsɪv || pəˈmɪsɪv/ *adj* permisivo

permissiveness /pərˈmɪsɪvnəs || pəˈmɪsɪvnɪs/ *n* [u] permisividad *f*

permit¹ /pərˈmɪt || pəˈmɪt/ **-tt-** *vt* permitir; **photography is not ~ted** no se permite tomar fotografías; **to ~ sb to + INF: I will not ~ you to insult my family like this** no te permito que insultes así a mi familia; **may I be ~ted to make a suggestion?** (frml) ¿me permiten que haga una sugerencia?

■ **permit** *vi*: **weather ~ting** si hace buen tiempo; **if time ~s** si hay tiempo

permit² /ˈpɜːrmɪt || ˈpɜːmɪt/ *n* permiso *m* (*por escrito*); **work/residence ~** permiso de trabajo/de residencia; **gun ~** (AmE) licencia *f* de armas

permutation /ˈpɜːrmjʊˈteɪʃən || ˌpɜːmjʊˈteɪʃən/ *n* 1 [c] (arrangement) variante *f* 2 [u c] (Math) permutación *f*

pernicious /pərˈnɪʃəs || pəˈnɪʃəs/ *adj* pernicioso

pernickety /pərˈnɪkəti || pəˈnɪkəti/ *adj* (BrE) ▸**persnickety 1**

peroxide /pərˈɑːksaɪd || pəˈrɒksaɪd/ *n* [u] peróxido *m*; (*before n*) **a ~ blonde** una rubia teñida *or* oxigenada *or* (Esp fam) de bote

perpendicular¹ /ˈpɜːrpənˈdɪkjələr || ˌpɜːpənˈdɪkjʊlə(r)/ *adj* 1 (vertical) ‹*wall/surface*› perpendicular al horizonte 2 (Math) **~ TO sth** perpendicular A algo

perpendicular² *n* perpendicular *f*

perpetrate /ˈpɜːrpətreɪt || ˈpɜːpɪtreɪt/ *vt* (frml) perpetrar, cometer

perpetrator /ˈpɜːrpətreɪtər || ˈpɜːpɪtreɪtə(r)/ *n* (frml *or* hum) autor, -tora *m,f* (*de un crimen etc*)

perpetual /pərˈpetʃuəl || pəˈpetjuəl/ *adj* ‹*problem/nuisance*› eterno, perpetuo; **~ motion** movimiento *m* continuo

perpetually /pərˈpetʃuəli || pəˈpetjuəli/ *adv* permanentemente

perpetuate /pərˈpetʃueɪt || pəˈpetjueɪt/ *vt* perpetuar*

perpetuity /ˈpɜːrpəˈtuːəti || ˌpɜːprˈtjuːəti/ *n* [u] (frml) perpetuidad *f*; **in ~** (Law) a perpetuidad

perplex /pərˈpleks || pəˈpleks/ *vt* dejar perplejo, desconcertar*

perplexed /pərˈplekst || pəˈplekst/ *adj* perplejo; ‹*frown*› de perplejidad

perquisite /ˈpɜːrkwəzət || ˈpɜːkwɪzɪt/ *n* (frml) (beneficio *m*) extra *m*, incentivo *m*

per se /ˈpɜːrˈseɪ || ˌpɜːˈseɪ/ *adv* en sí, per se

persecute /ˈpɜːrsɪkjuːt || ˈpɜːsɪkjuːt/ *vt* perseguir*

persecution /ˈpɜːrsɪˈkjuːʃən || ˌpɜːsɪˈkjuːʃən/ *n* [u c] persecución *f*

persecutor /ˈpɜːrsɪkjuːtər || ˈpɜːsɪkjuːtə(r)/ *n* perseguidor, -dora *m,f*

perseverance /ˈpɜːrsəˈvɪrəns || ˌpɜːsɪˈvɪərəns/ *n* [u] perseverancia *f*

persevere /ˈpɜːrsəˈvɪr || ˌpɜːsɪˈvɪə(r)/ *vi* perseverar; **I ~d, and it worked** seguí insistiendo y funcionó

persevering /ˈpɜːrsəˈvɪrɪŋ || ˌpɜːsɪˈvɪərɪŋ/ *adj* perseverante, tenaz

Persia /ˈpɜːrʒə || ˈpɜːʃə/ *n* Persia *f*

Persian¹ /ˈpɜːrʒən || ˈpɜːʃən/ *adj* persa; **the ~ Gulf** el Golfo Pérsico; **a ~ carpet** una alfombra persa

Persian² *n*

A 1 [u] (language) persa *m* 2 [c] (person) persa *mf*

B [c] **~ (cat)** gato *m* persa

persist /pərˈsɪst || pəˈsɪst/ *vi* 1 «*person*» (continue doggedly) **to ~ IN sth/-ING**: **they ~ed in the belief** *o* **in believing that ...** persistieron en la creencia de que ... 2 «*belief/doubts/pain*» persistir; **if the rain ~s ...** si continúa *or* sigue lloviendo ...

persistence /pərˈsɪstəns || pəˈsɪstəns/ *n* [u] 1 (tenacity) perseverancia *f*, tenacidad *f* 2 (continued existence) persistencia *f*

persistent /pərˈsɪstənt || pəˈsɪstənt/ *adj* 1 (unceasing) ‹*demands/warnings*› continuo, constante, repetido; ‹*cough/fog*› persistente; ‹*rain*› continua, persistente 2 (undaunted) ‹*salesman/suitor*› insistente, persistente; **he's very ~** es muy persistente

persistently /pərˈsɪstəntli || pəˈsɪstəntli/ *adv*: **he is ~ late** llega tarde continuamente; **he ~ denied it** persistió en su negativa, lo negó una y otra vez

persnickety /pərˈsnɪkəti || pəˈsnɪkəti/ *adj* (AmE) 1 (fussy) puntilloso, chinche (fam), mañoso (AmL fam) 2 (delicate, awkward) ‹*task*› que requiere minuciosidad

person /ˈpɜːrsn̩ || ˈpɜːsn̩/ *n*

A (*pl* **people**) persona *f*; **she's a charming ~** es (una persona) encantadora; **Sue's the ~ to ask** a quien hay que preguntarle es a Sue; **who is this Davies ~?** ¿quién es el tal Davies?; **help arrived in the ~ of his father** su padre llegó en el momento más oportuno; *see also* **people¹ A 2**

B (*pl* **persons**) 1 (individual) (frml) persona *f* 2 (body) persona *f*; **to have a weapon on** *o* **about one's ~** (BrE frml) ser* portador de arma; **in ~** en persona

C (Ling) (*pl* **persons**) persona *f*

persona /pərˈsəʊnə || pɜːˈsəʊnə/ *n* 1 (*pl* **personas**) (image) imagen *f* 2 (*pl* **personae** /-niː/) (character) personaje *m*

personable /ˈpɜːrsnəbəl || ˈpɜːsn̩əbəl/ *adj* agradable, afable

personal¹ /ˈpɜːrsn̩əl || ˈpɜːsənl/ *adj*

A 1 (own) ‹*experience/preference*› personal; ‹*property*› privado 2 (private) personal; **this is a ~ matter** éste es un asunto privado *or* personal; **no ~ calls are allowed** no se permite hacer llamadas particulares; **don't ask ~ questions** no hagas preguntas indiscretas 3 (individual) ‹*account/loan*› personal; **~ identification number** número *m* de identificación personal, PIN *m*

B 1 (in person) ‹*appearance*› en persona 2 (physical) ‹*hygiene*› íntimo; ‹*appearance*› personal 3 (directed against individual): **let's not get ~** no llevemos las cosas al plano personal; **it's nothing ~, but ...** no tengo nada contra ti (*or* ella *etc*), pero ...

personal² *n* (AmE) anuncio *m* personal

personal: ~ assistant *n* (Busn) secretario, -ria *m,f* personal; **~ column** *n* sección *f* de anuncios personales; **~ computer** *n* computadora *f or* (Esp tb) ordenador *m* personal

personality /ˈpɜːrsn̩ˈæləti || ˌpɜːsəˈnæləti/ *n* (*pl* **-ties**)

A 1 [c] (nature, disposition) personalidad *f* 2 [u] (personal appeal) personalidad *f*

B [c] (public figure) personalidad *f*, figura *f*

personalize /ˈpɜːrsn̩əlaɪz || ˈpɜːsn̩əlaɪz/ *vt* personalizar*, individualizar*; **~d stationery** papel *m* de carta con membrete

personally /ˈpɜːrsn̩əli || ˈpɜːsn̩əli/ *adv*

A 1 ‹*responsible/liable*› personalmente; **she wrote to me ~** me escribió personalmente *or* ella misma; ***to take sth ~*** ofenderse 2 (in person) personalmente; **do you know him ~?** ¿lo conoces personalmente?

B (*indep*) (for my part) personalmente; **~, I can't stand him** yo, personalmente, no lo aguanto

personal organizer *n* agenda *f* de uso múltiple, Filofax® *m*

persona non grata /ˈnɑːnˈgrɑːtə || ˌnɒnˈgrɑːtə/ *n* (*pl* **personae non gratae** /pərˈsəʊniːˌnɑːnˈgrɑːtiː || pəˈsəʊniːˌnɒnˈgrɑːtiː/) persona *f* non grata

personification /pərˈsɑːnəfəˈkeɪʃən || pəˌsɒnɪfɪˈkeɪʃən/ *n* [u c] personificación *f*

personify /pərˈsɑːnəfaɪ || pəˈsɒnɪfaɪ/ *vt* **-fies, -fying, -fied** personificar*

personnel /ˈpɜːrsn̩ˈel || ˌpɜːsəˈnel/ *n* 1 (staff) (+ *pl vb*) personal *m*; (*before n*) **~ manager** jefe, -fa *m,f* de personal 2 **Personnel** (department) (+ *sing vb*) sección *f* de personal 3 (field) (+ *sing vb*) administración *f or* gestión *f* de personal

perspective /pərˈspektɪv || pəˈspektɪv/ *n* 1 [u] (Art) perspectiva *f* 2 [u c] (angle, view) perspectiva *f*; **from a historical ~** con una perspectiva histórica; **I'm trying to get things into ~** me gustaría poder ver las cosas objetivamente; **you have to keep things in ~** no tienes que perder de vista la verdadera dimensión de las cosas

Perspex® /ˈpɜːrspeks || ˈpɜːspeks/ *n* [u] (BrE) acrílico *m*, Plexiglas® *m* (Esp)

perspicacious /ˈpɜːrspəˈkeɪʃəs || ˌpɜːspɪˈkeɪʃəs/ *adj* (frml) perspicaz

perspiration /ˈpɜːrspəˈreɪʃən || ˌpɜːspɪˈreɪʃən/ *n* [u] transpiración *f*

perspire /pərˈspaɪr || pəˈspaɪə(r)/ *vi* transpirar

persuade /pərˈsweɪd || pəˈsweɪd/ *vt* ‹*person*› convencer*, persuadir; **she didn't need much persuading** no hubo que insistirle; **he's easily ~d** se deja convencer fácilmente; **to ~ sb to + INF** convencer* *or* persuadir a algn DE QUE *or* PARA QUE (+ *subj*); **they ~d him to give himself up** lo convencieron de que se entregara, lo persuadieron de *or* para que se entregara; **nothing would ~ her to change her mind** nada la haría cambiar de opinión; **to ~ sb THAT** convencer* a algn DE QUE

persuasion /pərˈsweɪʒən || pəˈsweɪʒən/ *n* 1 [u] (act) persuasión *f*; **we tried various means of ~** usamos varios medios de persuasión 2 [c] (belief) (frml): **people of all ~s** (Relig) gente de todas las creencias; **others of that/her ~** otros que opinan así/como ella

persuasive /pər'sweɪsɪv || pə'sweɪsɪv/ *adj* ‹*person/manner*› persuasivo; ‹*argument*› convincente

pert /pɜ:rt || pɜ:t/ *adj* 1 (saucy) ‹*reply*› descarado 2 (neat and stylish) ‹*hat/dress*› coqueto; **her ~ little nose** su naricilla respingona *or* (AmL tb) respingada

pertain /pɜ:r'teɪn || pɜ:'teɪn/ *vi* (frml) **to ~ TO sth** (have to do with) concernir A algo

pertinent /'pɜ:rtn̩ənt || 'pɜ:tɪnənt/ *adj* (frml) pertinente; **to be ~ TO sth** guardar relación CON algo

perturb /pər'tɜ:rb || pə'tɜ:b/ *vt* (*usu pass*) perturbar

Peru /pə'ru:/ *n* (el) Perú *m*

perusal /pə'ru:zəl/ *n* [u c] (frml): **I enclose the document for your ~** le adjunto el documento para que lo examine

peruse /pə'ru:z/ *vt* 1 (read through) (frml or hum) leer* detenidamente 2 (examine, study) (frml) examinar

Peruvian¹ /pə'ru:viən/ *adj* peruano

Peruvian² *n* peruano, -na *m,f*

pervade /pər'veɪd || pə'veɪd/ *vt* «*idea/mood*» dominar; «*smell*» llenar, haber* invadido; **images of death ~ his writing** las imágenes de la muerte son una constante en su obra

pervasive /pər'veɪsɪv || pə'veɪsɪv/ *adj* ‹*smell*› penetrante, que todo lo invade; ‹*idea/mood*› dominante; ‹*influence*› omnipresente

perverse /pər'vɜ:rs || pə'vɜ:s/ *adj* (stubborn) obstinado, terco; (wayward, contrary) retorcido, avieso (liter); **a ~ delight** un placer malsano

perversely /pər'vɜ:rsli || pə'vɜ:sli/ *adv* con obstinación, porfiadamente, contra toda lógica

perversion /pər'vɜ:rʒən || pə'vɜ:ʃən/ *n* [c u] 1 (distortion) distorsión *f*, tergiversación *f*; **a ~ of justice** una deformación de la justicia 2 (Psych) perversión *f*

perversity /pər'vɜ:rsəti || pə'vɜ:səti/ *n* [u c] (*pl* **-ties**) obstinación *f* malsana

pervert¹ /pər'vɜ:rt || pə'vɜ:t/ *vt* 1 (corrupt) pervertir* 2 (misdirect) distorsionar

pervert² /'pɜ:rvɜ:rt || 'pɜ:vɜ:t/ *n* pervertido, -da *m,f*

perverted /pər'vɜ:rtəd || pə'vɜ:tɪd/ *adj* pervertido

peseta /pə'seɪtə/ *n* peseta *f*

pesky /'peski/ *adj* **-kier, -kiest** (AmE colloq) latoso (fam), molesto

peso /'peɪsəʊ/ *n* (*pl* **~s**) peso *m*

pessimism /'pesəmɪzəm || 'pesɪmɪzəm/ *n* [u] pesimismo *m*

pessimist /'pesəməst || 'pesɪmɪst/ *n* pesimista *mf*

pessimistic /'pesə'mɪstɪk || ˌpesɪ'mɪstɪk/ *adj* pesimista

pessimistically /'pesə'mɪstɪkli || ˌpesɪ'mɪstɪkli/ *adv* de forma pesimista

pest /pest/ *n* 1 (Agr, Hort) plaga *f*; (*before n*) **~ control** (of insects) lucha *f* contra los insectos; (of rats) desratización *f* 2 (person, thing) (colloq) peste *f* (fam)

pester /'pestər || 'pestə(r)/ *vt* molestar; **he ~s me with questions** me acosa con preguntas; **to ~ sb FOR sth/to + INF: he keeps ~ing me for an ice-cream/to take him to the zoo** no hace más que darme la lata para que le compre un helado/para que lo lleve al zoo (fam)

pesticide /'pestəsaɪd || 'pestɪsaɪd/ *n* [u c] pesticida *m*

pestilence /'pestələns || 'pestɪləns/ *n* [c u] (liter) pestilencia *f*

pestilential /'pestə'lentʃəl || ˌpestɪ'lenʃəl/ *adj* (hum) pesado, cargante

pestle /'pesəl/ *n* mano *f* de mortero

pet¹ /pet/ *n* 1 (animal) animal *m* doméstico *or* de compañía, mascota *f*; (*before n*) **~ food** comida *f* para animales; **~ shop** ≈ pajarería *f* 2 (favorite): **he's teacher's ~** es el niño mimado de la maestra 3 (term of endearment) (colloq) cielo (fam)

pet² *adj* (*before n*) 1 (kept as pet): **his ~ budgie** su periquito 2 (favorite) ‹*subject/theory*› favorito, preferido; **my ~ hate** lo que más odio

pet³ -tt- *vt* ‹*animal*› acariciar, mimar

■ **pet** *vi* acariciarse, tocarse*, manosearse (pey)

petal /'petl̩/ *n* pétalo *m*

petard /pə'tɑ:rd || pɪ'tɑ:d/ *n*: ***to be hoist with one's own ~***: **he was hoist with his own ~** le salió el tiro por la culata

peter out /'pi:tər/ [v ▸ adv] «*enthusiasm*» decaer*, irse* apagando; «*supplies*» irse* agotando; «*engine*» parar, quedarse (AmL fam); «*conversation*» apagarse*; **the road narrows and finally ~s out altogether** la carretera se estrecha y finalmente desaparece

petit bourgeois /'peti/ *adj* pequeñoburgués

petite /pə'ti:t/ *adj* ‹*woman*› chiquita, menuda

petition¹ /pə'tɪʃən/ *n* 1 (written document) petición *f* 2 (Law) demanda *f*; **to file** *o* **lodge a ~** presentar una demanda

petition² *vt* (frml) elevar una petición a (frml), peticionar (AmL)

■ **petition** *vi* **to ~ FOR sth** elevar una petición solicitando algo (frml); **to ~ for divorce** (BrE Law) presentar una demanda de divorcio

petitioner /pə'tɪʃənər || pə'tɪʃənə(r)/ *n* 1 (frml) peticionario, -ria *m,f* (frml) 2 (Law) demandante *mf*

pet name *n* apodo *m*, sobrenombre *m*

petrified /'petrɪfaɪd/ *adj* 1 (terrified) muerto de miedo 2 (Geol) petrificado

petrify /'petrɪfaɪ/ **-fies, -fying, -fied** *vt* 1 (terrify) aterrorizar* 2 (Geol) petrificar*

petrochemical /'petrəʊ'kemɪkəl/ *n* producto *m* petroquímico; (*before n*) ‹*industry/plant*› petroquímico

petrol /'petrəl/ *n* [u] (BrE) gasolina *f*, bencina *f* (Andes) nafta *f* (RPl); (*before n*) **~ bomb** coctel *m or* (CS, Esp) cóctel *m* molotov; **~ pump** surtidor *m*; **~ station** estación *f* de servicio, gasolinera *f*, bomba *f* (Andes, Ven), estación *f* de nafta (RPl), bencinera *f* (Andes), grifo *m* (Per)

petroleum /pə'trəʊliəm/ *n* [u] petróleo *m*; (*before n*) ‹*derivatives*› del petróleo; **~ jelly** vaselina *f*

petticoat /'petikəʊt/ *n* 1 (underskirt) enagua *f or* (Méx) fondo *m* 2 (slip) (BrE) combinación *f*, viso *m*

pettifogging /'petifɔ:gɪŋ || 'petifɒgɪŋ/ *adj* ‹*lawyer*› pedante, puntilloso; **~ details** detalles *mpl* insignificantes, nimiedades *fpl*

pettiness /'petinəs || 'petinɪs/ *n* [u] mezquindad *f*, pequeñez *f* de espíritu

petting /'petɪŋ/ *n* [u] caricias *fpl*, manoseo *m* (pey)

petty /'peti/ *adj* **-tier, -tiest** 1 (unimportant) ‹*details*› insignificante, nimio; **~ crime** delito *m* menor, falta *f*; **~ thief** ladronzuelo, -la *m,f* 2 (small-minded) mezquino

petty: **~ cash** *n* [u] caja *f* chica, dinero *m* para gastos menores; **~ officer** *n* suboficial *mf* de marina; **~ theft** *n* hurto *m* menor

petulance /'petʃələns || 'petjʊləns/ *n* [u] mal genio *m*

petulant /'petʃələnt || 'petjʊlənt/ *adj* de mal genio, irascible (frml)

pew /pju:/ *n* banco *m* (*de iglesia*); **take a ~!** (BrE colloq & hum) ¡toma asiento!

pewter /'pju:tər || 'pju:tə(r)/ *n* [u] peltre *m*

PG (**= parental guidance**) menores acompañados

PG-13 (in US) mayores de 13 años o menores acompañados

PGCE *n* (in UK) **= Postgraduate Certificate of Education**

pH *n* pH *m*; **it has a ~ of 7** tiene el pH 7

phalanx /'feɪlæŋks || 'fælæŋks/ *n*

A (*pl* **-anxes**) (Hist, Mil) falange *f*

B (*pl* **-anges** /-ændʒi:z/) (Anat) falange *f*

phallic /'fælɪk/ *adj* fálico; **~ symbol** símbolo *m* fálico

phallus /'fæləs/ *n* (*pl* **-luses** *or* **-li** /-laɪ/) falo *m*

phantasmagoric /fænˌtæzmə'gɔ:rɪk || ˌfæntæzmə'gɒrɪk/, **-ical** /-ɪkəl/ *adj* fantasmagórico

phantom¹ /'fæntəm/ *n* (liter) fantasma *m*

phantom² *adj* 1 (ghostly) (liter) (*before n*) ‹*shape*› fantasmal; ‹*horseman*› fantasma *adj inv* 2 (imaginary) ilusorio, imaginario; **~ pregnancy** embarazo *m* psicológico *or* fantasma

Pharaoh /'ferəʊ || 'feərəʊ/ *n* faraón *m*

pharmaceutical /'fɑ:rmə'su:tɪkəl || ˌfɑ:mə'sju:tɪkəl/ *adj* farmacéutico

pharmacist /ˈfɑːrməsəst || ˈfɑːməsɪst/ *n* farmacéutico, -ca *m,f*, farmaceuta *mf* (Col, Ven)

pharmacologist /ˈfɑːrməˈkɑːlədʒəst || ˌfɑːməˈkɒlədʒɪst/ *n* farmacólogo, -ga *m,f*

pharmacology /ˈfɑːrməˈkɑːlədʒi || ˌfɑːməˈkɒlədʒi/ *n* [u] farmacología *f*

pharmacy /ˈfɑːrməsi / *n* (*pl* **-cies**) **1** [u] (discipline) química *f* farmacéutica **2** [c] (dispensary) farmacia *f*

pharyngitis /ˈfærənˈdʒaɪtəs/ *n* [u] faringitis *f*

pharynx /ˈfærɪŋks/ *n* (*pl* **-rynxes** *or* **-rynges**) faringe *f*

phase¹ /feɪz/ *n*

A (stage) fase *f*, etapa *f*; **it's just a ~ you're going through** ya se te pasará

B (synchronization): **to be out of/in ~** estar* desfasado/sincronizado

phase² *vt* **1** (do in stages) escalonar, realizar* por etapas **2** (coordinate) sincronizar* **3** **phased** *past p* ‹*withdrawal/increase*› progresivo, gradual; ‹*traffic signals*› sincronizado

Phrasal verbs

- **phase in** [v ▸ o ▸ adv, v ▸ adv ▸ o] introducir* paulatinamente
- **phase out** [v ▸ o ▸ adv, v ▸ adv ▸ o] ‹*service*› retirar paulatinamente; ‹*old model*› dejar de producir

PhD *n* (award) doctorado *m*; (person) Dr., Dra.; **John Smith, ~** Dr. John Smith

pheasant /ˈfezn̩t/ *n* (*pl* **~s** *or* **~**) faisán *m*

phenomena /fɪˈnɑːmənə/ *pl of* **phenomenon**

phenomenal /fɪˈnɑːmənl/ *adj* (colloq) ‹*success/achievement*› espectacular, extraordinario; ‹*strength*› increíble

phenomenally /fɪˈnɑːmənl̩i || fəˈnɒmɪnəli/ *adv* (colloq) super (fam), increíblemente

phenomenon /fɪˈnɑːmənɑːn/ *n* (*pl* **-mena**) fenómeno *m*

pheromone /ˈferəməʊn/ *n* feromona *f*

phew /fjuː/ *interj* (colloq) ¡uf!

phial /ˈfaɪəl/ *n* ampolla *f*

Philadelphia /ˈfɪləˈdelfiə/ *n* Filadelfia *f*

philanderer /fəˈlændərər || fɪˈlændərə(r)/ *n* (pej) mujeriego *m* (pey), tenorio *m* (ant *o* hum)

philandering /fəˈlændərɪŋ || fɪˈlændərɪŋ/ *n* (pej) aventuras amorosas *fpl*

philanthropic /ˈfɪlənˈθrɑːpɪk/ *adj* filantrópico

philanthropist /fəˈlænθrəpəst || fɪˈlænθrəpɪst/ *n* filántropo, -pa *m,f*

philanthropy /fəˈlænθrəpi / *n* (*pl* **-pies**) **1** [u] (charitableness) filantropía *f* **2** [c] (cause) (AmE) obra *f* benéfica

philately /fəˈlætl̩i || fɪˈlætəli/ *n* [u] (frml) filatelia *f*

-phile /faɪl/ *suff* -filo; **Russophile** rusófilo

philharmonic /ˈfɪlərˈmɑːnɪk || ˌfɪlhɑːˈmɒnɪk, ˌfɪlɑː-/ *adj* filarmónico

-philia /ˈfɪliə/ *suff* -filia

Philippine /ˈfɪləpiːn || ˈfɪlɪpiːn/ *adj* filipino

Philippines /ˈfɪləpiːnz / *pl n* **the ~** (las) Filipinas

philistine /ˈfɪləstiːn, -aɪn || ˈfɪlɪstaɪn/ *n* **1** (boor) ignorante *mf*, cernícalo, -la *m,f* **2** **Philistine** (Bib) filisteo, -tea *m,f*

philology /fəˈlɑːlədʒi || fɪˈlɒlədʒi/ *n* [u] filología *f*

philosopher /fəˈlɑːsəfər || fɪˈlɒsəfə(r)/ *n* filósofo, -fa *m,f*

philosophic /ˈfɪləˈsɑːfɪk || ˌfɪləˈsɒfɪk/, **-ical** /-ɪkəl/ *adj* filosófico; **to be ~ ABOUT sth** tomarse algo con filosofía

philosophically /ˈfɪləˈsɑːfɪkli || ˌfɪləˈsɒfɪkli/ *adv* filosóficamente

philosophize /fəˈlɑːsəfaɪz || fɪˈlɒsəfaɪz/ *vi* **to ~ (ABOUT sth)** filosofar (SOBRE algo)

philosophy /fəˈlɑːsəfi || fɪˈlɒsəfi/ *n* [u c] filosofía *f*

philter, (BrE) **philtre** /ˈfɪltər || ˈfɪltə(r)/ *n* (liter) filtro *m* (de amor) (liter)

phlegm /flem/ *n* [u] flema *f*

phlegmatic /flegˈmætɪk/ *adj* flemático

-phobe /fəʊb/ *suff* -fobo

phobia /ˈfəʊbiə/ *n* fobia *f*

-phobia /ˈfəʊbiə/ *suff* -fobia

-phobic /ˈfəʊbɪk/ *suff* -fóbico

phoenix /ˈfiːnɪks/ *n* Ave *f*‡ Fénix, fénix *m or f*

phone¹ /fəʊn/ *n* teléfono *m*; **by ~/over the ~** por teléfono; **to be on the ~** (be speaking) estar* hablando por teléfono; (subscribe) (BrE) tener* teléfono; **you're wanted on the ~** te llaman por teléfono; (*before n*) ‹*message*› telefónico; **~ call** llamada *f* (telefónica); **~ number** (número *m* de) teléfono *m*

phone² *vt* ‹*person*› llamar (por teléfono), telefonear, hablarle a (Méx); ‹*place/number*› llamar (por teléfono) a; **she ~d the results to us** telefoneó para darnos los resultados

■ **phone** *vi* llamar (por teléfono), telefonear

Phrasal verbs

- **phone around** [v ▸ adv] llamar (*a varias personas*); **I ~ed around to find a cheaper flight** hice unas cuantas llamadas tratando de encontrar un pasaje más barato
- **phone in** **1** [v ▸ adv] llamar (por teléfono), telefonear, fono *m* (Chi); **she ~d in sick** llamó para dar parte de enferma, se reportó enferma (AmL) **2** [v ▸ adv ▸ o]: **I ~d in my order** llamé para hacer un pedido
- **phone round** [v ▸ adv] (BrE) ▸ **phone around**
- **phone up** **1** [v ▸ adv] llamar, telefonear **2** [v ▸ adv ▸ o, v ▸ o ▸ adv] llamar, telefonear

phone: **~ book** *n* (colloq) guía *f* (telefónica *or* de teléfonos) *or* (Col, Méx) directorio *m*; **~ booth**, (BrE) **~ box** *n* cabina *f* telefónica *or* de teléfonos; **~card** *n* tarjeta *f* telefónica; **~-in** *n*: *programa de radio o TV en el que el público participa por teléfono*

phonetic /fəˈnetɪk/ *adj* fonético

phonetics /fəˈnetɪks/ *n* (+ *sing vb*) fonética *f*

phoney¹, (AmE also) **phony** /ˈfəʊni/ *adj* **-nier, -niest** (colloq & pej) falso; **a ~ British accent** un acento británico fingido

phoney², (AmE also) **phony** *n* (*pl* **-neys** *or* **-nies**) (colloq & pej) **1** (person) farsante *mf* (fam) **2** (thing) falsificación *f*

phonograph /ˈfəʊnəgræf || ˈfəʊnəgrɑːf/ *n* **1** (for records) (AmE) tocadiscos *m* **2** (Hist) fonógrafo *m*

phonology /fəˈnɑːlədʒi/ *n* (*pl* **-gies**) [uc] fonología *f*

phony *n/adj* (AmE) ▸ **phoney¹,²**

phooey /ˈfuːi/ *interj* (colloq) ¡cuentos chinos! (fam)

phosphate /ˈfɑːsfeɪt || ˈfɒsfeɪt/ *n* **1** (Chem) fosfato *m* **2** **phosphates** *pl* (Agr) fertilizantes *mpl* a base de fosfatos **3** (drink) (AmE) gaseosa *f* (*con sabor a frutas*)

phosphorescent /ˈfɑːsfəˈresn̩t || ˌfɒsfəˈresn̩t/ *adj* fosforescente

phosphorus /ˈfɑːsfərəs || ˈfɒsfərəs/ *n* [u] fósforo *m*

photo /ˈfəʊtəʊ/ *n* (*pl* **-tos**) (colloq) foto *f*; **to take a ~ (of sb/sth)** sacar(le)* *or* tomar(le) *or* (Esp tb) hacer(le)* una foto (a algn/algo); (*before n*) **~ booth** *máquina automática para sacarse fotos de carné*, fotomatón *m* (Esp)

photo- /ˈfəʊtəʊ/ *pref* foto-; **~journalist** reportero gráfico, reportera gráfica *m,f*

photo: **~call** *n* sesión *f* fotográfica para la prensa, foto *f* protocolaria; **~composition** /ˌfəʊtəʊkɑːmpəˈzɪʃən/ *n* [u] fotocomposición *f*; **~copiable** /ˈfəʊtəʊkɑːpiəbəl/ *adj* fotocopiable, que se puede fotocopiar; **~copier** *n* fotocopiadora *f*

photocopy¹ /ˈfəʊtəʊˌkɑːpi/ *n* (*pl* **-copies**) fotocopia *f*

photocopy² *vt* **-copies, -copying, -copied** fotocopiar

photo: **~ finish** *n* foto(-)finish *f*; **~fit**® *n* (BrE): **P~fit (picture)** retrato *m* hablado (AmS) *or* (Esp) robot *or* (Méx) reconstruido

photogenic /ˈfəʊtəˈdʒenɪk/ *adj* fotogénico

photograph¹ /ˈfəʊtəgræf/ *n* fotografía *f*, foto *f*; **to take a ~ (of sb/sth)** sacar(le)* *or* tomar(le) *or* (Esp tb) hacer(le)* una foto *or* una fotografía (a algn/algo); (*before n*) **~ album** álbum *m* de fotos *or* de fotografías, álbum *m* fotográfico

photograph² *vt* fotografiar*, sacarle* *or* tomarle *or* (Esp tb) hacerle* una foto *or* una fotografía a

■ **photograph** *vi*: **to ~ well/badly** salir* bien/mal en las fotos *or* fotografías

photographer /fəˈtɑːgrəfər || fəˈtɒgrəfə(r)/ *n* fotógrafo, -fa *m,f*; **press ~** reportero gráfico, reportera gráfica *m,f*; **she's a keen ~** le gusta la fotografía *or* sacar fotos

photographic /ˈfəʊtəˈgræfɪk/ *adj* ‹*copy/evidence/memory*› fotográfico; ‹*shop/equipment*› de fotografía

photographically /ˈfəʊtəˈgræfɪkli/ *adv* fotográficamente

photography /fəˈtɑːgrəfi || fəˈtɒgrəfi/ *n* [u] fotografía *f*

photo: **~gravure** /ˌfəʊtəʊgrəˈvjʊr/ *n* [u c] fotograbado *m*; **~journalism** /ˌfəʊtəʊˈdʒɜːrnḷɪzəm/ *n* [u] periodismo *m* fotográfico, fotoperiodismo *m*; **~lithography** /ˌfəʊtəʊlɪˈθɑːgrəfi/ *n* [u] fotolitografía *f*; **~montage** /ˈfəʊtəmɑːnˈtɑːʒ/ *n* [u c] fotomontaje *m*; **~opportunity** /ˈfəʊtəʊɑːpərˈtuːnəti/ *n* ▸**photocall**; **~sensitive** /ˈfəʊtəʊˈsensətɪv/ *adj* fotosensible; **~ shoot** *n* sesión *f* de fotos; **~stat**®, **~stat** /ˈfəʊtəstæt/ *n* fotocopia *f*; **~synthesis** /ˈfəʊtəʊˈsɪnθəsəs/ *n* [u] fotosíntesis *f*

phrasal verb /ˈfreɪzḷ/ *n* verbo *m* con partícula(s)

phrase¹ /freɪz/ *n* frase *f*, locución *f*; **to coin a ~** por así decirlo; (*before n*) **~ book** manual *m* de conversación, ≈ guía *f* de bolsillo para el viajero

phrase² *vt* expresar, formular; **a carefully ~d letter** una carta redactada con gran cuidado

phraseology /ˈfreɪziˈɑːlədʒi/ *n* [u] fraseología *f*

phrasing /ˈfreɪzɪŋ/ *n* [u] **1** (Mus) fraseo *m* **2** (wording) expresión *f*; (in writing) redacción *f*

phrenology /frɪˈnɑːlədʒi || frəˈnɒlədʒi/ *n* [u] frenología *f*

physiatrics /ˌfɪzɪˈætrɪks/ *n* (+ *sing vb*) (AmE) ▸**physiotherapy**

physical¹ /ˈfɪzɪkəl/ *adj*

A **1** (bodily) físico; ‹*illness*› orgánico; **the ~ effects of alcohol consumption** los efectos del alcohol en el organismo; **~ examination** reconocimiento *m* médico, chequeo *m* (médico); **~ education** educación *f* física **2** (rough): **it was a very ~ game** jugaron muy duro

B (material) ‹*world*› material; **that's a ~ impossibility** eso es materialmente imposible

physical² *n* reconocimiento *m* médico, chequeo *m* (médico)

physically /ˈfɪzɪkli/ *adv* ‹*attractive*› físicamente; ‹*dangerous/demanding*› desde el punto de vista físico; **to be ~ fit** estar* en forma; **it's ~ impossible** es materialmente imposible; **he was ~ ejected from the club** lo sacaron a viva fuerza del club

physical: **~ therapist** *n* (AmE) ▸**physiotherapist**; **~ therapy** *n* [u] (AmE) ▸**physiotherapy**

physician /fəˈzɪʃən || fɪˈzɪʃən/ *n* (frml) médico, -ca *m,f*

physicist /ˈfɪzəsəst || ˈfɪzɪsɪst/ *n* físico, -ca *m,f*

physics /ˈfɪzɪks/ *n* (+ *sing vb*) física *f*

physio /ˈfɪziəʊ/ *n* (colloq) **1** [u] ▸**physiotherapy** **2** [c] ▸**physiotherapist**

physiognomy /ˈfɪziˈɑːgnəmi/ *n* [u] (liter) fisonomía *f*

physiological /ˈfɪziəˈlɑːdʒɪkəl/ *adj* fisiológico

physiologist /ˈfɪziˈɑːlədʒəst/ *n* fisiólogo, -ga *m,f*

physiology /ˈfɪziˈɑːlədʒi || ˌfɪziˈɒlədʒi/ *n* [u] fisiología *f*

physiotherapist /ˈfɪziəʊˈθerəpəst || ˌfɪziəʊˈθerəpɪst/ *n* fisioterapeuta *mf*, kinesiólogo, -ga *m,f*

physiotherapy /ˈfɪziəʊˈθerəpi/ *n* [u] (discipline) kinesiología *f*; (treatment) fisioterapia *f*, kinesiterapia *f*

physique /fəˈziːk || fɪˈziːk/ *n* físico *m*

pianist /piˈænəst || ˈpiənɪst/ *n* pianista *mf*

piano /piˈænəʊ/ *n* (*pl* **-os**) piano *m*; (*before n*) ‹*duet/concerto*› para piano; **~ player** pianista *mf*; **~ stool** banqueta *f* *or* taburete *m* (del piano); **~ tuner** afinador, -dora *m,f* de pianos

piazza /piˈætsə/ *n* **1** (square) plaza *f* **2** (veranda) (AmE) galería *f*, veranda *f*

picaresque /ˈpɪkəˈresk/ *adj* picaresco

piccolo /ˈpɪkələʊ/ *n* flautín *m*, piccolo *m*

pick¹ /pɪk/ *n*

A **1** ▸**pickax** **2** (*ice ~*) piolet *m* **3** (plectrum) púa *f*, plectro *m*, uñeta *f* (CS), uña *f* (Méx, Ven)

B **1** (choice) (*no pl*): **take your ~** elige *or* escoge el (*or* los *etc*) que quieras **2** (best): **the ~ of sth** lo mejor de algo; ***to be the ~ of the bunch*** ser* el mejor de todos **3** (tip) (AmE) pronóstico *m*, fija *f* (CS)

pick² *vt*

A **1** (choose, select) ‹*number/color*› elegir*, escoger*; ‹*team/crew*› seleccionar; **to ~ a winner** (in racing) pronosticar* el ganador; (choose well) elegir* *or* escoger* bien; ***to ~ one's way*** andar* con mucho cuidado **2** (provoke): **to ~ a fight** buscar* pelea; **to ~ a fight with sb** meterse con algn; **are you trying to ~ a quarrel with me?** ¿quieres que discutamos?

B (gather) ‹*flower*› cortar, coger* (esp Esp); ‹*fruit/cotton/tea*› recoger*, coger* (esp Esp), pizcar* (Méx)

C **1** (remove matter from): **to ~ one's nose** meterse el dedo en la nariz, hurgarse* la nariz; **to ~ one's teeth** escarbarse los dientes; **don't ~ your spots** no te toques los granitos; **the vultures ~ed the bones clean** los buitres dejaron los huesos limpios; **to ~ sb's pocket** robarle la billetera (*or* las llaves *etc*) a algn del bolsillo, bolsear a algn (Mex fam), carterear a algn (Chi fam) **2** (open) ‹*lock*› abrir* con una ganzúa (*or* una horquilla *etc*)

■ **pick** *vi* **1** : **you can't (afford to) ~ and choose** no puedes (permitirte el lujo de) ser exigente *or* andarte con remilgos **2** (take bits): **they were ~ing through the rubbish** estaban escarbando en la basura; **to ~ AT sth** ‹*at scab*› tocar* algo; **he was ~ing at his dinner** comía desganado

(Phrasal verbs)

• **pick off** [v ▸ o ▸ adv, v ▸ adv ▸ o] (shoot) eliminar, liquidar

• **pick on** [v ▸ prep ▸ o] **1** (victimize) (colloq) meterse con, agarrársela(s) con (AmL fam) **2** (choose) elegir*, escoger*

• **pick out** [v ▸ o ▸ adv, v ▸ adv ▸ o]

A (choose, select) elegir*, escoger*

B **1** (recognize, identify) reconocer* **2** (discern) distinguir*

C (highlight) destacar*, hacer* resaltar

• **pick up**

(Sense I) [v ▸ o ▸ adv, v ▸ adv ▸ o]

A (gather off floor, ground) recoger*; (take) tomar, agarrar (esp AmL), coger* (esp Esp); (lift up) levantar; ***to ~ oneself up*** reponerse*; (lit: after falling) levantarse; ***to ~ up the tab*** *o* (BrE also) ***bill*** cargar* con la cuenta, cargar* con el muerto (fam); **she ~ed up the check** (AmE) pagó ella

B **1** (learn) ‹*language*› aprender; ‹*habit*› adquirir, agarrar (esp AmL), coger* (esp Esp); **it's not hard, you'll soon ~ it up** no es difícil, ya verás cómo enseguida le agarras la onda *or* (Esp) le coges el tranquillo (fam) **2** (acquire) ‹*bargain*› conseguir*, encontrar*

C **1** (collect, fetch) recoger*, pasar a buscar; **could you ~ up some eggs for me?** ¿me traes unos huevos? **2** (take on board) ‹*passenger*› recoger* **3** (rescue) rescatar **4** (arrest) detener* **5** (colloq) ‹*man/woman*› ligarse* (fam), levantar (AmS fam)

D **1** (receive) ‹*signal*› captar, recibir **2** (detect) detectar

E (resume) ‹*conversation*› reanudar

(Sense II) [v ▸ adv ▸ o]

A **1** (earn) (colloq) hacer* (fam), sacar* (fam) **2** (gain) ‹*speed*› agarrar, coger* (esp Esp)

B (tidy) (AmE colloq) ‹*room/house*› ordenar

(Sense III) [v ▸ o ▸ adv] **1** (revive) reanimar **2** (correct) corregir*; **to ~ sb up ON sth**: **she ~ed him up on a few points of historical detail** le señaló algunos detalles históricos donde se había equivocado

(Sense IV) [v ▸ adv]

A **1** (improve) «*prices/sales*» subir, repuntar; «*economy/business*» repuntar; «*invalid*» mejorar, recuperarse; «*weather*» mejorar **2** (resume) seguir*, continuar*

B (notice) (colloq) **to ~ up ON sth** darse* cuenta DE algo

pick: **~aback** /ˈpɪkəbæk/ *n* ▸**piggyback**; **~ax**, (BrE) **~axe** *n* pico *m*, piqueta *f*

picker /ˈpɪkər || ˈpɪkə(r)/ *n* **1** (person) recolector, -tora *m,f* **2** (machine) recolectora *f*

picket¹ /ˈpɪkət || ˈpɪkɪt/ *n*

A **1** (group) piquete *m*; (*before n*) **~ line** piquete *m* **2** (individual) *miembro de un piquete*

B (stake) estaca *f*; (*before n*) **~ fence** cerca *f*, valla *f*

picket² *vt* ‹*factory/workplace*› formar un piquete frente a, piquetear (esp AmL)

■ **picket** *vi* tomar parte en un piquete, piquetear (esp AmL)

pickings /ˈpɪkɪŋz/ *pl n* **1** (profits) ganancias *fpl*; **rich ~** suculentas ganancias **2** (food) sobras *fpl*, restos *mpl* (esp AmL)

pickle¹ /ˈpɪkəl/ *n* **1** [c] (*dill ~*) (AmE) pepinillo *m* en vinagre al eneldo **2** [c]: **~s** (vegetables) encurtidos *mpl*, pickles *mpl* (CS) **3** [u] (relish) (BrE) *condimento a base de encurtidos en una salsa* **4** ***to be in a (pretty) ~*** estar* metido en un lío *or* en un berenjenal (fam)

pickle² *vt* conservar en vinagre *or* (Chi tb) en escabeche, encurtir

pickled /'pɪkəld/ *adj* ‹*onions*› en vinagre, escabechado (Chi); ‹*herring*› ≈ escabechado

pick: **~-me-up** *n* (colloq) estimulante *m*; **~pocket** *n* carterista *mf*, bolsista *mf* (Méx); **~up** *n* **1** **~ (truck)** camioneta *f or* furgoneta *f* (de reparto); **2** (by taxi, bus, truck): **I've got two ~ups to make** tengo que pasar a recoger dos paquetes (*or* a dos personas *etc*); (*before n*) **~up point** lugar *m* de recogida; **3** (Audio, Mus) **~up (arm)** (BrE) brazo *m* (del tocadiscos); **4** (sexual) (sl) ligue *m* (fam), levante *m* (AmS fam)

picky /'pɪki/ *adj* **pickier, pickiest** (colloq) quisquilloso

picnic¹ /'pɪknɪk/ *n* picnic *m*; **to go for** *o* **on a ~** ir* de picnic; ***it's no* ~** no es (ninguna) broma (fam); (*before n*) **~ lunch** almuerzo *m or* comida *f* campestre

picnic² *vi* **-ck-** (go on a picnic) ir* de picnic; (eat) comer

picnicker /'pɪknɪkər || 'pɪknɪkə(r)/ *n* excursionista *mf*

pictogram /'pɪktə(ʊ)græm/ *n* pictograma *m*

pictograph /'pɪktə(ʊ)græf/ *n* pictografía *f*

pictorial /pɪk'tɔːriəl/ *adj* ‹*representation*› pictórico; ‹*account/history*› en imágenes, gráfico; ‹*magazine*› ilustrado

picture¹ /'pɪktʃər || 'pɪktʃə(r)/ *n*

A **1** (illustration) ilustración *f*; (drawing) dibujo *m*; (painting) cuadro *m*, pintura *f*; (print) cuadro *m*, lámina *f*; (portrait) retrato *m*; **to draw a ~ of sth** hacer* un dibujo de algo, dibujar algo; **to paint a ~ of sth/sb** pintar algo/a algn; **the book paints a gloomy ~ of ...** el libro pinta un cuadro sombrío de ...; ***to be as pretty as a* ~** ser* precioso: (*before n*) **~ frame** marco *m*; **~ gallery** (museum) pinacoteca *f*, museo *m*; (shop) galería *f* de arte **2** (photo) foto *f*; **to take a ~ of sth/sb** sacarle* *or* tomarle *or* (Esp tb) hacerle* una foto a algo/algn

B (situation) panorama *m*; **that's not the whole ~** ésa es una visión parcial del asunto; ***to get the* ~** (colloq): **you're not welcome here, get the ~?** aquí no eres bienvenido ¿entiendes *or* te enteras?; ***to put sb in the* ~** poner* a algn al tanto (de la situación)

C (idea) idea *f*; **you get a very different ~ from these figures** estas cifras te dan una idea muy distinta

D (TV) imagen *f*

E (Cin) **1** (movie) película *f* **2** **pictures** *pl* (cinema) (BrE dated) **the ~s** el cine

F **1** (embodiment) imagen *f*; **he looks the very ~ of health** es la viva imagen de la salud **2** (beautiful sight) espectáculo *m*; **doesn't she look a ~?** ¿no está preciosa?

picture² *vt* **1** (imagine) imaginarse; **I can't ~ myself with a baby** no me veo con un niño **2** (depict) (*usu pass*): **the minister, ~d here next to ...** el ministro, que aparece en la foto junto a ...

picture: **~ book** *n* libro *m* ilustrado; **~ postcard** *n* (BrE) (tarjeta *f*) postal *f*

picturesque /'pɪktʃə'resk/ *adj* pintoresco

piddling /'pɪdlɪŋ/ *adj* (colloq & pej) ‹*amount*› insignificante

pidgin /'pɪdʒən || 'pɪdʒɪn/ *n* [c u] *versión simplificada y rudimentaria de una lengua, usada como lengua franca*

pie /paɪ/ *n* [u c] pastel *m*, pay *m* (AmC, Méx); (savory) empanada *f*, pastel *m*; **~ *in the sky*** castillos en el aire; ***to be as easy as* ~** ser* pan comido (fam); ***to eat humble* ~** morder* el polvo

piebald /'paɪbɔːld/ *adj* ‹*horse*› picazo

piece /piːs/ *n*

A **1** (part of sth broken, torn, cut, divided) pedazo *m*, trozo *m*; **she ripped the letter into ~s** rompió la carta en pedacitos, hizo trizas la carta; **a ~ of land** un terreno, una parcela; **to come** *o* **fall to ~s** hacerse* pedazos; **she smashed the vase to ~s** hizo añicos el jarrón; **her life was in ~s** su vida estaba arruinada; ***in one* ~**: **they got back in one ~** volvieron sanos y salvos; **I dropped it, but it's still in one ~** se me cayó, pero está intacto; ***to be a* ~ *of cake*** (colloq) ser* pan comido; ***to go to* ~s** (be very upset) quedar deshecho *or* destrozado; (break down) perder* el control; ***to pick up the* ~s**: **he gets himself into trouble and expects me to pick up the ~s** se mete en líos y después pretende que yo le saque las castañas del fuego; **he's trying to pick up the ~s of his life** está tratando de rehacer su vida; ***to pull sth/sb to* ~s** destrozar* algo/a algn; ***to say one's* ~** dar* su (*or* mi *etc*) opinión, opinar **2** (component) pieza *f*, parte *f*; **he's taken the clock to ~s** ha desarmado *or* desmontado el reloj; **it comes to ~s** es desmontable; **a three-~ suit** un traje de tres piezas, un terno

B (item): **a ~ of advice** un consejo; **a ~ of furniture** un mueble; **a ~ of paper** un papel; **an excellent ~ of work** un trabajo excelente; ***to be a nasty* ~ *of work*** (esp BrE colloq) ser* una basura *or* (fam) una porquería; ***to give sb a* ~ *of one's mind*** cantarle las cuarenta *or* decirle* cuatro verdades a algn

C **1** (Mus): **a ~ (of music)** una pieza (de música) **2** (Journ) artículo *m* **3** (Art) pieza *f*

D (coin) moneda *f*, pieza *f*

E (in board games) ficha *f*, pieza *f*; (in chess) figura *f*

Phrasal verb

- **piece together** [v ▸ o ▸ adv, v ▸ adv ▸ o] **1** ‹*fragments*› juntar*; ‹*events/facts*› reconstruir* **2** ‹*alibi*› idear; ‹*argument*› estructurar

pièce de résistance /pi'esdə'rezɪs'tɑːns || ˌpjesdəre'zɪstɑːns/ *n* plato *m* fuerte

piecemeal¹ /'piːsmiːl/ *adj* poco sistemático

piecemeal² *adv* (gradually) poco a poco; (unsystematically) de manera poco sistemática

piece: **~work** *n* [u] trabajo *m* a destajo; **to do ~work** trabajar a destajo; **~worker** *n* destajista *mf*, trabajador, -dora *m,f* a destajo

pie chart *n* gráfico *m or* gráfica *f* circular

pied /paɪd/ *adj* ‹*horse*› ruano

pied-a-terre /pi'eɪdɑː'ter || ˌpjeɪdɑː'teə(r)/ *n*: *apartamento o casa en la ciudad que se tiene como segunda residencia*

pier /pɪr || pɪə(r)/ *n* **1** (landing place) embarcadero *m* **2** (with amusements) *paseo con juegos y atracciones sobre un muelle*

pierce /pɪrs || pɪəs/ *vt* **1** (make a hole in) agujerear, perforar; (go through) atravesar*; **to ~ a hole in sth** hacer* un agujero en algo, agujerear algo; **she's had her ears ~d** se ha hecho hacer agujeros en las orejas **2** ‹‹*sound/light*›› (liter) rasgar* (liter)

piercing /'pɪrsɪŋ || 'pɪəsɪŋ/ *adj* ‹*eyes/look*› penetrante; ‹*scream*› desgarrador

piety /'paɪəti/ *n* [u] piedad *f*, devoción *f*

piffle /'pɪfəl/ *n* [u] (colloq) estupideces *fpl* (fam), paparruchas *f* (fam)

piffling /'pɪflɪŋ/ *adj* (colloq) ‹*affair/matter*› insignificante; ‹*sum/amount*› ridículo

pig¹ /pɪg/ *n*

A (Agr, Zool) cerdo *m*, chancho *m* (AmL); ***a* ~ *in a poke***: **you've bought yourself a ~ in a poke** te han dado gato por liebre; **~*s might fly*** *o* ***if* ~*s had wings*** cuando las ranas críen pelo (fam), la semana de tres jueves (fam); ***to make a* ~*'s ear of sth*** (BrE colloq) hacer* algo muy mal *or* (CS fam) como la mona

B **1** (obnoxious person) (colloq) cerdo, -da *m,f* (fam) **2** (glutton) (colloq) glotón, -tona *m,f*, angurriento, -ta *m,f* (CS fam); **to make a ~ of oneself** darse* un atracón (fam), ponerse* morado *or* ciego (Esp fam) **3** (policeman) (pej & sl) policía *m*, mono *m* (Esp arg & pey), tombo *m* (Col, Ven fam & pej), paco *m* (Chi fam & pey), cana *m* (RPl arg & pey), tira (Méx fam & pey)

pig² **-gg-** *vt*: ***to* ~ *it*** (colloq) (AmE) compartir la cama

Phrasal verb

- **pig out** [v ▸ adv] (eat to excess) (colloq) **to ~ out (ON sth)** darse* un atracón (DE algo) (fam)

pigeon /'pɪdʒən || 'pɪdʒɪm, 'pɪdʒən/ *n* [c u] (Zool) paloma *f*; (Culin) pichón *m*; (*before n*) **~ fancier** colombófilo, -la *m,f*

pigeon: **~hole** *n* **1** (on wall, desk) casillero *m* **2** (category) casilla *f*; **to put sb/sth in a ~hole** encasillar a algn/algo; **~-toed** /'pɪdʒən'təʊd || ˌpɪdʒɪn'təʊd, ˌpɪdʒən-/ *adj*: **he's ~-toed** tiene las puntas de los pies hacia dentro

piggy /'pɪgi/ *n* (*pl* **-gies**) (used to or by children) cerdito *m*, chanchito *m* (AmL)

piggy: **~back** *n*: **to give sb a ~back** llevar a algn a caballo; **~bank** *n* alcancía *f* (AmL), hucha *f* (Esp) (*en forma de cerdito*); **~ in the middle** *n* ▸ **pig in the middle**

pig: **~headed** /'pɪg'hedəd || ˌpɪg'hedɪd/ *adj* ‹*person*› terco, testarudo, cabeza dura (fam); ‹*attitude/refusal*› obstinado, empecinado; **~ in the middle** *n* [u] ***to be (the)* ~ *in the middle*** ser* el tercero en discordia; **~ iron** *n* [u] hierro *m* en lingotes

piglet /'pɪglət/ *n* cochinillo *m*, chanchito *m* (AmL)

P

pigment /ˈpɪɡmənt/ *n* [c u] pigmento *m*

pigmentation /ˈpɪɡmənˈteɪʃən/ *n* [u] pigmentación *f*

pigmy /ˈpɪɡmi/ *n* ▸ **pygmy**

pig: **~-out** *n* (AmE colloq) comilona *f* (fam), atracón *m* (fam); **~-pen** *n* (AmE) ▸ **~ sty**; **~skin** *n* 1 [u] (leather) cuero *m* de chancho *or* (Esp) piel *f* de cerdo 2 [c] (AmE Sport) pelota *f*, balón *m*; **~sty** *n* pocilga *f*, chiquero *m* (AmL); **~swill** *n* [u] (BrE) bazofia *f*; **~tail** *n* (bunch) coleta *f*, chape *m* (Chi); (plait) trenza *f*

pike /paɪk/ *n* 1 (*pl* ~) (Zool) lucio *m* 2 (weapon) (Hist) pica *f* 3 (*turn*~) (AmE) carretera *f*

piker /ˈpaɪkər || ˈpaɪkə(r)/ *n* (AmE sl) (stingy person) roñoso, -sa *m,f* (fam), agarrado, -da *m,f* (fam)

pilau /pɪˈlaʊ/, **pilaw** /pɪˈlɔː/ *n*: *plato de arroz*

pilchard /ˈpɪltʃərd || ˈpɪltʃəd/ *n* sardina *f* (*grande*)

pile[1] /paɪl/ *n*

A [c] 1 (stack, heap) montón *m*, pila *f* 2 (fortune) (colloq) fortuna *f*

B [c u] (Tex) pelo *m*; **with a thick ~** de pelo tupido

C **piles** *pl* (BrE Med) hemorroides *fpl*, almorranas *fpl*

D [c] (Const) pilote *m*

E [c] (large building) (hum) mole *f*

pile[2] *vt* amontonar, apilar, hacer* un montón *or* una pila con; **my desk was ~d high with boxes** había un montón *or* una pila enorme de cajas sobre mi escritorio; **he ~d more rice onto his plate** se sirvió otro montón de arroz

(Phrasal verbs)

- **pile in** [v ▸ adv] (colloq) (squeeze in) meterse
- **pile into** [v ▸ prep ▸ o] (colloq) 1 (squeeze into) ‹*car*› meterse en 2 (attack) arremeter contra 3 (crash into) ‹‹*vehicle*›› estrellarse contra
- **pile on** [v ▸ o ▸ adv, v ▸ adv ▸ o] 1 (add): **she ~d on the mayonnaise** le puso un montón de mayonesa (fam); **they keep piling on the work** nos dan cada vez más trabajo 2 (exaggerate) (colloq) exagerar; **to ~ it on** pasarse de dramático, exagerar mucho
- **pile up**

A [v ▸ adv] (accumulate) amontonarse, acumularse

B [v ▸ o ▸ adv, v ▸ adv ▸ o] 1 (form into pile) ‹*books/boxes*› apilar, amontonar 2 (collect) ‹*fortune*› amasar; ‹*sum*› juntar, reunir*; **they ~d up huge debts** se llenaron de deudas

pile: **~ driver** *n* (Const) martinete *m*; **~up** *n* choque *m* múltiple *or* en cadena, colisión *f* en cadena

pilfer /ˈpɪlfər || ˈpɪlfə(r)/ *vt/i* robar (*cosas de poco valor*), ratear, hurtar

pilfering /ˈpɪlfərɪŋ/ *n* [u] robos *mpl*, raterías *fpl*, hurtos *mpl*

pilgrim /ˈpɪlɡrəm || ˈpɪlɡrɪm/ *n* peregrino, -na *m,f*; (*before n*) **the P~ Fathers** *los primeros colonizadores de Nueva Inglaterra*

Pilgrim Fathers – the Pilgrim Fathers

Se denomina así a las 102 personas que zarparon rumbo a América, en 1620, a bordo del *Mayflower*. El grupo incluía 35 puritanos cuyo objetivo era fundar una comunidad religiosa segura en el Nuevo Mundo y lejos de la persecución de la que habían sido objeto en Inglaterra. Probablemente atracaron en Plymouth Rock, Massachusetts, donde fundaron la colonia de Plymouth

pilgrimage /ˈpɪlɡrəmɪdʒ || ˈpɪlɡrɪmɪdʒ/ *n* peregrinación *f*; **to go on a ~** ir* de peregrinación

pill /pɪl/ *n* 1 (tablet) pastilla *f*, píldora *f*; ***a bitter ~ to swallow*** un trago amargo; ***to sugar*** *o* ***sweeten the ~*** dorar la píldora 2 (contraceptive) **the P~** la píldora (anticonceptiva); **to be on the P~** tomar la píldora

pillage[1] /ˈpɪlɪdʒ/ *n* [u] pillaje *m*, saqueo *m*

pillage[2] *vt* saquear

■ **pillage** *vi* saquear, pillar

pillar /ˈpɪlər || ˈpɪlə(r)/ *n* 1 (column) pilar *m*, columna *f*; ***from ~ to post*** de la ceca a la Meca 2 (exemplary member) pilar *m*, baluarte *m*; **he is a ~ of the community** es uno de los pilares *or* baluartes de la comunidad

pillar box *n* (BrE) buzón *m*

pillbox /ˈpɪlbɑːks || ˈpɪlbɒks/ *n* 1 (for pills) pastillero *m* 2 **~ (hat)** (worn by women) casquete *m*; (worn by soldiers, bellboys) gorra *f*

pillion[1] /ˈpɪljən/ *n* (Auto) asiento *m* trasero (*de una moto*)

pillion[2] *adv* en el asiento trasero, de paquete (fam)

pillory[1] /ˈpɪləri/ *n* **-ries** picota *f*

pillory[2] *vt* **-ries, -rying, -ried** ridiculizar*, burlarse de

pillow[1] /ˈpɪləʊ/ *n* almohada *f*; (*before n*) **~ talk** conversaciones *fpl* íntimas (*en la cama*)

pillow[2] *vt* recostar*, apoyar

pillowcase /ˈpɪləʊkeɪs/, (BrE also) **pillow slip** *n* funda *f*

pill-popper /ˈpɪlpɑːpər || ˈpɪlpɒpə(r)/ *n* (colloq) 1 (pill-taker) adicto, -ta *m,f* a las pastillas 2 (barbiturate addict) adicto, -ta *m,f* a los barbitúricos

pilot[1] /ˈpaɪlət/ *n*

A (Aerosp, Aviat) piloto *mf*

B (Naut) práctico *mf* (de puerto)

C (Rad, TV) programa *m* piloto; (Busn) producto *m* piloto

pilot[2] *adj* (*before n*) piloto *adj inv*, experimental

pilot[3] *vt*

A 1 (Aviat, Naut) pilotar, pilotear (AmL) 2 (guide, lead) dirigir*; **to ~ a bill through Congress** lograr la aprobación de un proyecto de ley

B (test) poner* a prueba

pilot: **~light** *n* piloto *m*; **~fish** /ˈpaɪlətfɪʃ/ *n* (*pl* **~fish** *or* **~fishes**) pez *m* piloto

pimento /pɪˈmentəʊ/, **pimiento** /pɪˈmjentəʊ/ *n* (*pl* **-tos**)

A (sweet pepper) pimiento *m or* (AmS exc RPl) pimentón *m* rojo *or* colorado, ají *m* morrón (RPl)

B (allspice) pimienta *f* de Jamaica

pimp /pɪmp/ *n* proxeneta *m*, chulo *m* (de putas) (Esp fam), padrote *m* (Méx fam), cafiche *m* (CS fam)

pimple /ˈpɪmpəl/ *n* grano *m*, espinilla *f* (AmL)

pimply /ˈpɪmpli/ *adj* **-plier, -pliest** lleno de granos

pin[1] /pɪn/ *n*

A (for cloth, paper) alfiler *m*; **it was so quiet you could have heard a ~ drop** había tanto silencio que se podía oír el vuelo de una mosca; ***as clean as a (new) ~*** limpio como un jaspe *or* como los chorros del oro

B (brooch, badge) (AmE) insignia *f*

C 1 (on grenade) anilla *f* 2 (on plug) (BrE Elec) clavija *f*, borne *m* 3 (peg) (Tech) perno *m* 4 (*clothes* ~) (AmE) *see* **clothes**

D **pins** *pl* (legs) (colloq) patas *fpl* (fam)

pin[2] **-nn-** *vt*

A (fasten, attach) ‹*dress/seam*› prender con alfileres; **I ~ned the papers together** sujeté los papeles con un alfiler; **she wore her hair ~ned up** llevaba el pelo recogido (con horquillas/pasadores); **~ the list (up) on the board** pon la lista en el tablero de anuncios; **I ~ned the clothes on the line** (AmE) tendí la ropa; **she had ~ned her hopes on getting a scholarship** había depositado sus esperanzas en conseguir la beca; **they tried to ~ the blame on him** trataron de hacerle cargar con la culpa

B (hold motionless): **they ~ned him against the wall** lo inmovilizaron contra la pared; **he ~ned my arms to my sides** me sujetó los brazos a ambos lados

(Phrasal verbs)

- **pin back** [v ▸ o ▸ adv, v ▸ adv ▸ o] sujetar, fijar
- **pin down** [v ▸ o ▸ adv, v ▸ adv ▸ o]

A (prevent from moving): **they ~ned him down** (se echaron sobre él y) lo inmovilizaron

B 1 (define) ‹*cause/identity*› definir, precisar; **something's wrong with me, but I can't ~ it down** algo tengo, pero no sabría decir exactamente qué 2 (force to state position): **it's useless trying to ~ politicians down** es inútil intentar que los políticos se definan; **I managed to ~ him down to a definite date** conseguí que se comprometiera para una fecha concreta

PIN /pɪn/ *n* (= **personal identification number**) PIN *m*

pinafore /ˈpɪnəfɔːr || ˈpɪnəfɔː(r)/ *n* 1 **~ (dress)** (sleeveless dress) jumper *m or* (Esp) pichi *m* 2 (apron) (BrE) delantal *m or* (esp Méx) mandil *m* (*con peto*) 3 (protective overdress) delantal *m*

pinball /ˈpɪnbɔːl/ *n* [u] (*before n*) **~ machine** flipper *m*

pince-nez /ˈpænsˈneɪ/ *n* (*pl* ~ /-z/) quevedos *mpl*

pincer /ˈpɪnsər || ˈpɪnsə(r)/ *n* 1 (Zool) pinza *f*; (*before n*) **~ movement** (Mil) movimiento *m* de tenazas 2 **pincers** *pl* (tool) tenazas *fpl*, tenaza *f*; **a pair of ~s** unas tenazas, una tenaza

P

pinch¹ /pɪntʃ/ *n* 1 (act) pellizco *m*; **to give sb a ~** pellizcar• *or* darle• un pellizco a algn; ***in*** *o* (BrE) ***at a ~*** (if necessary) si fuera necesario; (at the most) como máximo; ***to feel the ~*** estar• apretado (de dinero), pasar estrecheces 2 (small quantity) pizca *f*, pellizco *m*; ▸**salt¹ 1**

pinch² *vt*
A «*person*» pellizcar•; «*shoes*» apretar•
B (BrE colloq) (steal) ‹*wallet*› robar; ‹*boyfriend*› levantar (fam); ‹*idea*› robar, quitar
■ **pinch** *vi* 1 (be too tight) «*shoes*» apretar• 2 (be frugal): **to ~ and scrape** *o* **save** hacer• economías

pinched /pɪntʃt/ *adj*: **she had a ~ look** tenía mala cara; **faces ~ with grief** caras transidas de dolor

pinch-hit /'pɪntʃ'hɪt/ *vi* **-tt-** 1 (in baseball) batear de emergencia 2 (act as substitute) (AmE colloq) **to ~ FOR sb** sustituir• A algn

pincushion /'pɪn,kʊʃən/ *n* alfiletero *m*, acerico *m*

pine¹ /paɪn/ *n* 1 [c] **~ (tree)** pino *m*; (*before n*) **~ cone** piña *f*; **~ needle** hoja *f* de pino; **~ nut** piñón *m* 2 [u] (wood) (madera *f* de) pino *m*

pine² *vi* estar• triste, sufrir; **to ~ FOR sth** suspirar POR algo; **the dog was pining for its master** el perro echaba muchísimo de menos a su amo

Phrasal verb
• **pine away** [v ▸ adv] languidecer• *or* consumirse de añoranza

pineapple /'paɪn,æpəl/ *n* piña *f or* (esp RPl) ananá *f*

pine: **~ marten** /'mɑːrtn̩ || 'mɑːtɪn/ *n* marta *f*; **~wood** *n* 1 [c] (forest) (*often pl*) pinar *m*, bosque *m* de pinos 2 [u] ▸**pine¹ 2**

ping¹ /pɪŋ/ *n* sonido *m* metálico

ping² *vi* sonar•, hacer• tin (fam)

Ping-Pong®, ping-pong /'pɪŋpɑːŋ/ *n* [u] ping-pong *m*

pin: **~head** *n* cabeza *f* de alfiler; **~hole** *n* agujerito *m*

pinion¹ /'pɪnjən/ *vt* ‹*person*› inmovilizar• (*esp sujetándole los brazos*)

pinion² *n* (cogwheel) piñón *m*

pink¹ /pɪŋk/ *adj* **-er, -est** rosa *adj inv*, rosado (AmL); ‹*cheeks*› sonrosado; ▸**tickle¹ 2**

pink² *n*
A [u] (color) rosa *m*, rosado *m* (AmL); ***to be in the ~*** (in top form) estar• en plena forma
B [c] (Bot) clavelina *f*

pink³ *vt* cortar con tijera dentada

pinking shears /'pɪŋkɪŋ/ *pl n* tijeras *fpl* dentadas

pink slip *n* (AmE) notificación *f* de despido

pin money *n* [u] *dinero para gastos personales*

pinnacle /'pɪnɪkəl || 'pɪnəkəl/ *n* 1 (Archit) pináculo *m*; **the ~ of fame** el pináculo de la fama 2 (mountain peak) cumbre *f*, cima *f*

pinny /'pɪni/ *n* (*pl* **-nies**) (BrE colloq) ▸**pinafore 2**

pinpoint¹ /'pɪnpɔɪnt/ *vt* 1 (determine) ‹*position/aircraft*› localizar• *or* (AmL tb) ubicar• con exactitud; **to ~ the causes of the problem** establecer• con exactitud cuáles son las causas del problema 2 (pick out) ‹*fact*› señalar

pinpoint² *n* puntito *m*

pin: **~prick** *n* (sensation) pinchazo *m*; (minor irritation) pequeño inconveniente *m*; **~s and needles** *pl n* hormigueo *m*; **~stripe**, **~striped** *adj*: **~stripe(d) suit** traje *m* oscuro de raya diplomática

pint /paɪnt/ *n* pinta *f* (*EEUU: 0,47 litros, RU: 0,57 litros*); **to go for a ~** (BrE colloq) salir• a tomar una cerveza

pinto /'pɪntəʊ/ *n* (*pl* **-tos**) (AmE) caballo *m* pinto

pint-size /'paɪntsaɪz/, **pint-sized** /-d/ *adj* pequeñito (fam), chiquito (esp AmL fam)

pinup /'pɪnʌp/ *n* foto *f* (*de chica atractiva, actor famoso etc*); (*before n*) **~ girl** pin-up *f*

pioneer¹ /'paɪə'nɪr || ,paɪə'nɪə(r)/ *n* 1 (settler) pionero, -ra *m,f*, colonizador, -dora *m,f* 2 (originator) pionero, -ra *m,f*, precursor, -sora *m,f*

pioneer² *vt* 1 ‹*policy*› promover•; ‹*technique*› ser• el primero (*or* la primera *etc*) en aplicar 2 **pioneering** *pres p* ‹*research*› pionero

pious /'paɪəs/ *adj* 1 (devout) piadoso 2 (sanctimonious) beato, santurrón

pip¹ /pɪp/ *n*
A (seed) pepita *f*, semilla *f*
B (BrE Mil) (on uniform) estrella *f*
C (BrE Rad, Telec) pitido *m*; **wait for the ~s** espere a oír la señal
D : ***to give sb the ~*** (BrE colloq) sacar• de quicio a algn

pip² *vt* **-pp-** (BrE colloq): **he was ~ped at the post** perdió por un pelo (fam)

pipe¹ /paɪp/ *n*
A (for liquid, gas) caño *m*, tubería *f*, cañería *f*
B (for tobacco) pipa *f*; **to smoke a ~** fumar en pipa; ***put that in your ~ and smoke it!*** (colloq) ¡chúpate ésa! (fam); (*before n*) **~ cleaner** desatascador *m*
C (Mus) 1 (wind instrument) caramillo *m* 2 (of organ) tubo *m*, cañón *m* 3 **pipes** *pl* gaita *f*

pipe² *vt*
A (transport by pipe) (+ *adv compl*) llevar (*por tuberías, gasoducto, oleoducto*)
B 1 (Culin) ‹*icing*› poner• (*con manga de repostería*) 2 (Clothing) (*usu pass*) ribetear

Phrasal verbs
• **pipe down** [v ▸ adv] (colloq) (*usu in imperative*) callarse la boca (fam)
• **pipe up** [v ▸ adv] (colloq): **her friend ~d up and said she knew too** su amiga saltó con que ella también lo sabía (fam); **he always ~s up with some stupid comment** siempre sale con alguna tontería

piped music /paɪpt/ *n* [u] música *f* ambiental

pipe: **~ dream** *n* quimera *f*, sueño *m*, sueño *m* guajiro (Méx); **~line** *n* conducto *m*, ducto *m* (Méx); **a gas ~line** un gasoducto; **an oil ~line** un oleoducto; ***in the ~line***: **it's in the ~line** está proyectado, hay planes al respecto

piper /'paɪpər || 'paɪpə(r)/ *n* gaitero, -ra *m,f*; ***he who pays the ~ calls the tune*** quien paga manda *or* elige

piping¹ /'paɪpɪŋ/ *n* [u]
A (pipe) cañería *f*, tubería *f*; **a length of lead ~** un tubo *or* un caño *or* una cañería *or* una tubería de plomo
B (cord) ribete *m* (*con cordón*)
C (sound) trinar *m*

piping² *adv* (*as intensifier*): **~ hot** bien *or* muy caliente

pippin /'pɪpən || 'pɪpɪn/ *n*
A (Bot) camuesa *f* (*tipo de manzana*)
B (AmE colloq) (excellent — person) cielo *m* (fam); (- thing) maravilla *f*

piquancy /'piːkənsi/ *n* [u] 1 (of situation) gracia *f*, interés *m* 2 (of sauce) lo sabroso, lo bien sazonado

piquant /pɪ'kɑːnt || 'piːkənt/ *adj* 1 ‹*contrast/irony*› punzante, agudo 2 ‹*sauce*› sabroso, bien sazonado; ‹*taste*› pronunciado, fuerte

pique¹ /piːk/ *n* [u] despecho *m*, resentimiento *m*; **he did it in a fit of ~** lo hizo sólo por despecho

pique² *vt* 1 (irritate): **he was ~d by her lack of interest** se resintió *or* (fam) se picó por su falta de interés 2 (arouse) ‹*curiosity*› picar•

piracy /'paɪrəsi/ *n* [u] piratería *f*

piranha /pə'rɑːnə || pɪ'rɑːnə/ *n* piraña *f*

pirate¹ /'paɪrət/ *n* 1 (at sea) pirata *mf* 2 (*before n*) ‹*tape/video/radio station*› pirata *adj inv*

pirate² *vt* piratear; **a ~d copy** una copia pirata

pirouette¹ /'pɪru'et/ *n* giro *m*, vuelta *f*; (in ballet) pirueta *f*

pirouette² *vi* girar, dar• vueltas

Pisces /'paɪsiːz/ *n* 1 (sign) (*no art*) Piscis 2 [c] (person) Piscis *or* piscis *mf*; *see also* **Aquarius**

piss¹ /pɪs/ *n* (sl) 1 (act) (*no pl*) meada *f* (vulg) 2 [u] (urine) meados *mpl* (vulg); ***to take the ~ out of sb*** (BrE) tomarle el pelo a algn (fam), cachondearse de algn (Esp fam)

piss² *vi* (sl) mear (vulg)
■ **piss** *v impers* (BrE sl): **it was ~ing down (with rain)** estaba lloviendo a cántaros *or* a chuzos

Phrasal verb
• **piss off** (sl)
A [v ▸ adv] (go away) (BrE): **~ off!** ¡vete a la mierda (vulg)
B [v ▸ o ▸ adv] (anger): **it ~es me off** me revienta (fam), me cabrea (fam), me encabrona (Esp, Méx vulg)

pissed /pɪst/ *adj* (sl) 1 (AmE) (fed up) cabreado (fam), encabronado (Esp, Méx vulg), choreado (Chi fam); **I'm really ~ at her** estoy cabreado con ella (fam), me tiene harto (fam), me

P

tiene podrido (RPl fam) **2** (drunk) (BrE) como una cuba (fam), tomado (AmL fam)

pissed-off /ˈpɪstˈɔːf || ˌpɪstˈɒf/ *adj* (*pred* **pissed off**) (BrE sl) cabreado (fam), encabronado (Esp, Méx vulg), choreado (Chi fam)

piss-up /ˈpɪsʌp/ *n* (BrE sl) juerga *f* (fam) (*donde se bebe mucho*)

pistachio /pɪˈstæʃiəʊ/ *n* ~ **(nut)** pistacho *m*, pistache *m* (Méx)

piste /piːst/ *n* pista *f*

pistol /ˈpɪstl̩/ *n* pistola *f*, revólver *m*; ***to hold a ~ to sb's head*** poner* a algn entre la espada y la pared

piston /ˈpɪstən/ *n* émbolo *m*, pistón *m*

pit¹ /pɪt/ *n*

A (hole — in ground) hoyo *m*, pozo *m*; (— for burying) fosa *f*; (— as trap) trampa *f*, fosa *f*; **(inspection)** ~ (Auto) foso *m* *or* (RPl) fosa *f*; **the ~ of the stomach** la boca del estomago; ***a bottomless*** ~ (costly business, enterprise) un pozo sin fondo; (person who eats a lot): **he's a bottomless** ~ tiene la solitaria (fam), es un barril sin fondo (AmL fam)

B **1** (coalmine) mina *f* (*de carbón*) **2** (quarry) cantera *f*

C (*orchestra* ~) foso *m* orquestal *or* de la orquesta

D (in Stock Exchange) (AmE) parqué *m*

E **pits** *pl* **1** (in motor racing) **the ~s** los boxes, los pits **2** (the very worst) (sl) **the ~s** lo peor que hay (fam)

F (in fruit) (AmE) hueso *m*, cuesco *m*, carozo *m* (CS), pepa *f* (Col)

pit² -tt- *vt*

A (mark) ‹*surface/metal*› picar*, marcar*

B (remove stone) (AmE) ‹*fruit/olive*› quitarle el hueso *or* el cuesco *or* (CS) el carozo *or* (Col) la pepa a, deshuesar, descarozar* (CS)

Phrasal verb

- **pit against** [v ▸ o ▸ prep ▸ o] enfrentar a; **to ~ oneself against sb** enfrentarse a algn, medir* fuerzas con algn; **you'll be ~ting your wits against the experts** vas a estar compitiendo con los expertos

pita (bread), /ˈpɪtə/ *n* [u] pan *m* árabe

pit-a-pat /ˈpɪtəˈpæt/ *n/adv/vi* ▸ **pitter-patter¹,²,³**

pitbull terrier /ˈpɪtbʊl/ *n*: *perro de la familia del bulterrier*

pitch¹ /pɪtʃ/ *n*

A **1** (level, degree) (*no pl*) punto *m*, extremo *m*, grado *m*; **tension had risen to an unbearable ~** la tensión había aumentado hasta hacerse insoportable **2** [u c] (Mus) tono *m*; **to have perfect ~** tener* oído absoluto

B [c] (in baseball) lanzamiento *m*

C [c] (Sport) (playing area) (BrE) campo *m*, cancha *f* (AmL)

D [c] **1** (position, site) (BrE) lugar *m*, sitio *m*; (in market, fair) puesto *m* **2** (*sales* ~): **he had a very effective sales ~** tenía buena labia para vender

E [u] (substance) brea *f*

pitch² *vt*

A (set up) ‹*tent*› armar, montar; ‹*camp*› montar, hacer*

B (sport) ‹*ball*› lanzar*, pichear

C **1** (aim, set, address): **she doesn't know at what level to ~ her talk** no sabe qué nivel darle a la charla; **they ~ed their opening offer at 3%** situaron su oferta inicial en un 3% **2** (Mus): **her instrument was ~ed lower** su instrumento tenía un tono más bajo

■ **pitch** *vi*

A **1** (fall) (+ *adv compl*) caerse*; **he ~ed forward onto his face** se fue *or* cayó de bruces **2** (lurch) «*ship/plane*» cabecear

B (Sport) **1** (in baseball) lanzar*, pichear **2** (in golf, cricket) «*ball*» caer*, dar*

C (campaign, fight) (AmE) **to ~ FOR sth** pelear POR algo; ***to be in there ~ing*** (colloq) estar* en la brecha *or* al pie del cañón

Phrasal verbs

- **pitch in** [v ▸ adv] (colloq) **1** (join in) arrimar el hombro, dar* una mano **2** (start eating) atacar* (fam), entrarle (Méx fam)
- **pitch into** [v ▸ prep ▸ o] (colloq) **1** (set about) **to ~ into sth** ponerse* a hacer algo **2** (start eating) atacar* (fam), entrarle a (Méx fam) **3** (attack) arremeter contra

pitch: **~-and-putt** /ˈpɪtʃənˈpʌt/ *n* minigolf *m*, golfito *m* (AmL); **~-black** /ˈpɪtʃˈblæk/ *adj* ‹*night*› (oscuro) como boca de lobo (fam), muy oscuro; ‹*surface*› negro como el azabache; **~-dark** /ˈpɪtʃˈdɑːrk || ˌpɪtʃˈdɑːk/ *adj* ▸ **~-black**

pitched battle /pɪtʃt/ *n* batalla *f* campal

pitcher /ˈpɪtʃər || ˈpɪtʃə(r)/ *n*

A (for pouring) jarra *f*, jarro *m*, pichel *m* (AmC); (of clay) (BrE) cántaro *m*

B (in baseball) lanzador, -dora *m,f*, pítcher *mf*

pitch: **~fork** /ˈpɪtʃfɔːrk || ˈpɪtʃfɔːk/ *n* horca *f*, horquilla *f*, horqueta *f* (Chi); **~man** /ˈpɪtʃmæn/ *n* (*pl* **-men** /-men/) (AmE colloq): *persona que usa su labia para convencer, vender una idea, producto etc*

piteous /ˈpɪtiəs/ *adj* ‹*sound/cry*› lastimero; **in a ~ condition** en un estado lastimoso

piteously /ˈpɪtiəsli/ *adv* lastimeramente

pitfall /ˈpɪtfɔːl/ *n* (difficulty) dificultad *f*, escollo *m*; (risk) riesgo *m*

pith /pɪθ/ *n* [u] **1** (Bot) (of citrus fruit) *tejido blanco fibroso que recubre el interior de la cáscara de los cítricos*; (of palms, rushes) médula *f* **2** (of argument, theory) meollo *m*

pithead /ˈpɪthed/ *n* bocamina *f* (*en una mina de carbón*)

pithy /ˈpɪθi/ *adj* **pithier, pithiest** **1** ‹*remark/reply*› sucinto *or* conciso y expresivo **2** (Bot) medular

pitiable /ˈpɪtiəbəl/ *adj* (frml) **1** (arousing pity) lastimoso **2** (arousing contempt) lamentable

pitiful /ˈpɪtɪfəl/ *adj* **1** (arousing pity) ‹*cry/moan*› lastimero; ‹*sight*› lastimoso **2** (wretched, inadequate) lamentable; **you're ~!** ¡das pena *or* lástima!

pitifully /ˈpɪtɪfli, ˈpɪtɪfəli/ *adv* (pathetically) lastimosamente; (deplorably) lamentablemente

pitiless /ˈpɪtɪləs || ˈpɪtɪlɪs/ *adj* despiadado

pit stop *n* entrada *f* a los botes *or* pits

pitta (bread) *n* [u] ▸ **pita (bread)**

pittance /ˈpɪtn̩s/ *n* miseria *f*

pitter-pat /ˈpɪtərpæt || ˈpɪtəpæt/ *adv* ▸ **pitter-patter²**

pitter-patter¹ /ˈpɪtərˌpætər/ *n* (of rain) golpeteo *m*

pitter-patter² *adv*: **the rain went ~ on the window** la lluvia golpeteaba la ventana *or* repiqueteaba en la ventana

pitter-patter³ *vi* «*rain*» golpetear, repiquetear

pituitary (gland) /pəˈtuːəteri/ *n* glándula pituitaria *f*

pity¹ /ˈpɪti/ *n*

A (*no pl*) (cause of regret) lástima *f*, pena *f*; **it's a ~ (THAT)** es una lástima *or* una pena QUE (+ *subj*); **what a ~!** ¡qué lástima!, ¡que pena!; **more's the ~** es una lástima *or* una pena

B [u] (compassion) piedad *f*, compasión *f*; **he showed no ~** se mostró implacable; **to take ~ on sb/sth** apiadarse *or* compadecerse* de algn/algo; **to have ~ on sb** tener* piedad *or* compasión de algn; **for ~'s sake!** ¡por (el) amor de Dios!

pity² *vt* **pities, pitying, pitied** tenerle* lástima a, compadecer*; **I ~ you if he finds out** pobre de ti como se entere

pitying /ˈpɪtiɪŋ/ *adj* **1** (compassionate) de lástima **2** (contemptuous) de desdén

pivot¹ /ˈpɪvət/ *n* **1** (Tech) pivote *m* **2** (of play, plot) eje *m* central **3** (Sport) (AmE) (key player) jugador, -dora clave; (in basketball) pívot *mf*

pivot² *vi* (Mech Eng) pivotar; **to ~ ON sth/sb**: **he ~ed on his heel** giró sobre sus talones; **the whole organization ~s on one man** la organización entera gira alrededor de un solo hombre

pivotal /ˈpɪvətl̩/ *adj* capital, fundamental

pixie /ˈpɪksi/ *n* (elf) duendecillo *m*, elfo *m*; (fairy) hadita *f*

pizazz /pəˈzæz || pɪˈzæz/ *n* [u] (colloq) dinamismo *m*

pizza /ˈpiːtsə/ *n* pizza *f*

pizzeria /ˈpiːtsəˈriːə/ *n* pizzería *f*

pkt = packet

placard /ˈplækɑːrd || ˈplækɑːd/ *n* letrero *m*, cartel *m*; (at demonstration) pancarta *f*

placate /ˈpleɪkeɪt/ *vt* apaciguar*, aplacar* la cólera de

placatory /ˈpleɪkətɔːri/ *adj* conciliatorio, apaciguador

place¹ /pleɪs/ *n*

A **1** [c] (spot, position, area) lugar *m*, sitio *m*; **she was in the right ~ at the right time and got the job** tuvo la suerte de estar allí en el momento oportuno y le dieron el trabajo; **there's no ~ like home** no hay nada como estar en casa; **from ~ to ~** de un lugar *or* un sitio *or* un lado a otro; **this is no ~ for a dog** éste no es un lugar apropiado para tener un perro; **there's a time and (a) ~ for everything** todo a su debido tiempo y en su debido lugar; **to have friends in high ~s** tener* amigos influyentes; ***all over the ~*** por todas partes, por todos lados; ***to fall into ~*** aclararse; ***to go ~s***: **this boy will go ~s** este chico va a llegar lejos **2** (specific location) lugar *m*; **~ of birth** lugar de nacimiento **3** (*in phrases*) **in place**: **when the new accounting system is in ~** cuando se haya implementado el nuevo sistema de contabilidad; **to hold sth in ~** sujetar algo; **out of place**: **modern furniture would look out of ~ in this room** quedaría mal *or* no resultaría apropiado poner muebles modernos en esta habitación; **I felt very out of ~ there** me sentí totalmente fuera de lugar allí **4** [u] (locality) lugar *m*

B [c] **1** (building, shop, restaurant etc) sitio *m*, lugar *m*; **the hotel was a depressing ~** el hotel era deprimente; **they've moved to a bigger ~** se han mudado a un local (*or* a una casa) más grande; **there's a good pizza ~ nearby** hay una buena pizzería cerca **2** (home) casa *f*; **my ~** mi casa; **we went back to Jim's ~** después fuimos a (la) casa de Jim *or* (AmL tb) fuimos donde Jim *or* (RPl tb) a lo de Jim

C [c] **1** (position, role) lugar *m*; **if I were in your ~** yo en tu lugar, yo que tú; **it's not my ~ to interfere** yo no soy quién para meterme; **I wouldn't change ~s with her for anything** no me cambiaría por ella por nada; **nobody can ever take your ~** nadie podrá jamás ocupar tu lugar *or* reemplazarte; ***to know one's ~*** (dated *or* hum) saber* el lugar que le corresponde a uno; ***to put sb in her/his ~*** poner* a algn en su lugar **2** **in place of** (*as prep*) en lugar de **3** **to take place** (occur) ‹‹*meeting/concert/wedding*›› tener* lugar; **we don't know what took ~ that night** no sabemos qué ocurrió *or* qué sucedió aquella noche

D [c] **1** (seat): **save me a ~** guárdame un asiento *or* un sitio; **the hall has ~s for 500 people** la sala tiene capacidad *or* cabida para 500 personas **2** (at table) cubierto *m*; **to lay/set a ~ for sb** poner* un cubierto para algn

E [c] (in contest, league) puesto *m*, lugar *m*; **he took first ~** obtuvo el primer puesto *or* lugar; **your social life will have to take second ~** tu vida social va a tener que pasar a un segundo plano

F [c] (in book, script, sequence): **you've made me lose my ~** me has hecho perder la página (*or* la línea *etc*) por donde iba; **the audience laughed in all the right ~s** el público se rió cuando había que reírse

G [c] **1** (job) puesto *m*; **to fill a ~** cubrir* una vacante **2** (BrE Educ) plaza *f* **3** (on team) puesto *m*

H (in argument) lugar *m*; **in the first/second ~** en primer/segundo lugar

place² *vt*

A (put, position) ‹*object*› poner*; (carefully, precisely) colocar*; ‹*guards/sentries*› poner*, apostar*, colocar*; **how are you ~d (for) next week?** ¿cómo estás de tiempo la semana que viene?; **to ~ one's confidence** *o* **trust in sb/sth** depositar su (*or* mi *etc*) confianza en algn/algo

B **1** (in hierarchy, league, race): **national security should be ~d above everything else** la seguridad nacional debería ponerse por encima de todo; **this victory ~s her among the top three** este triunfo la sitúa entre las tres primeras; **the team is currently ~d fourth** actualmente el equipo ocupa el cuarto puesto *or* lugar **2** (in horseracing): **to be ~d** llegar* placé *or* colocado (*en segundo o tercer lugar*)

C **1** (find a home, job for) colocar*; **they ~d her with a Boston firm** la colocaron *or* le encontraron trabajo en una empresa de Boston **2** ‹*advertisement*› poner*; ‹*phone call*› pedir*; ‹*goods/merchandise*› colocar*; **we ~d an order with Acme Corp** hicimos un pedido a Acme Corp

D (identify) ‹*tune*› identificar*, ubicar* (AmL); **her face is familiar, but I can't quite ~ her** su cara me resulta conocida pero no sé de dónde *or* (AmL tb) pero no la ubico

E (direct carefully) ‹*ball/shot*› colocar*

placebo /plə'si:bəʊ/ *n* (*pl* **~s** *or* **~es**) placebo *m*

place: **~ kick** *n* (in American football, rugby) patada *f* fija; (in soccer) tiro *m* libre; **~ mat** *n* (mantel *m*) individual *m*

placement /'pleɪsmənt/ *n* **1** [c] (in employment) colocación *f*; **the course included a year's ~ with a company** el curso incluía un año de prácticas en una empresa **2** [c u] (positioning) colocación *f*, ubicación *f* (esp AmL); (*before n*) **~ test** (AmE) test *m* de aptitud (*para determinar qué curso se ha de seguir*)

place name *n* topónimo *m*, nombre *m* geográfico

placenta /plə'sentə/ *n* (*pl* **~s** *or* **~e** /-ti:/) placenta *f*

placid /'plæsəd || 'plæsɪd/ *adj* plácido, tranquilo, apacible

plagiarism /'pleɪdʒərɪzəm/ *n* [uc] plagio *m*

plagiarize /'pleɪdʒəraɪz/ *vt* plagiar

plague¹ /pleɪg/ *n* **1** [u c] (disease) peste *f*; ***to avoid sb like the ~*** huirle* a algn como a la peste; **I avoid Saturday shopping like the ~** ni loco voy de compras un sábado (fam) **2** [c] (horde) plaga *f*; **a ~ of locusts/tourists** una plaga de langostas/turistas

plague² *vt* **1** (afflict): **a country ~d by strikes** un país asolado por constantes huelgas; **~d with problems** plagado de problemas **2** (pester) acosar, asediar

plaice /pleɪs/ *n* [c u] (*pl* ~) platija *f*

plaid /plæd/ *n* [u] (pattern) cuadros *mpl* escoceses; (material) tela *f* escocesa; (*before n*) ‹*skirt/trousers/scarf*› escocés

plain¹ /pleɪn/ *adj* **-er, -est**

A **1** (unadorned) ‹*decor/cooking*› sencillo; ‹*language*› sencillo, llano; ‹*fabric*› liso; **tell me in ~ English** dímelo en términos sencillos *or* (fam & hum) en cristiano; **just ~ water, thank you** agua nada más, gracias **2** (Culin): **~ chocolate** (BrE) chocolate *m* sin leche; **~ flour** harina *f* común

B **1** (clear) claro; **to make sth ~** dejar algo (en) claro; **the reasons are ~ to see** las razones saltan a la vista *or* son obvias **2** (blunt, straightforward): **the ~ truth** la pura verdad, la verdad lisa y llana; **the time has come for some ~ speaking** ya es hora de que hablemos con franqueza *or* sin rodeos; **I'll be ~ with you, Mr Andrews** seré franco *or* sincero con usted, señor Andrews

C (not good-looking) feo, poco agraciado

plain² *adv* **1** (downright) (*as intensifier*) totalmente; **she's not incapable, she's just ~ lazy** no es que sea incapaz: lo que es es vaga; **that's just ~ stupid** eso es una completa estupidez **2** (bluntly) ‹*tell*› claramente, francamente

plain³ *n* llanura *f*; **the (Great) P~s** las grandes llanuras

plain clothes *pl n*: **in ~ ~** de civil *or* (Esp tb) de paisano; (*before n*) **a plain-clothes policeman** un policía de civil

plainly /'pleɪnli/ *adv* **1** (obviously, visibly) claramente; **~, this is not the solution** (*indep*) es obvio *or* está claro que ésta no es la solución, obviamente, ésta no es la solución **2** (clearly, distinctly) ‹*explain*› claramente; ‹*remember*› perfectamente **3** (bluntly) ‹*speak*› claramente, sin rodeos, claro **4** ‹*dress*› con sencillez

plainness /'pleɪnnəs || 'pleɪnnɪs/ *n* [u]

A (simplicity) sencillez *f*

B (bluntness) franqueza *f*

plainspoken /'pleɪn'spəʊkən/ *adj* franco, sincero

plaintiff /'pleɪntəf/ *n* demandante *mf*, actor, -tora *m,f*

plaintive /'pleɪntɪv/ *adj* lastimero, quejumbroso

plait¹ /plæt/ *n* trenza *f*; **she wore her hair in ~s** llevaba trenzas

plait² *vt* trenzar*

plan¹ /plæn/ *n*

A **1** (diagram, map) plano *m*; **seating ~** disposición *f* de los comensales; **to draw up a ~** hacer* un plano **2** (of book, essay) esquema *m*

B (arrangement, scheme) plan *m*; **to go according to ~** salir* conforme estaba planeado, salir* según el plan; **do you have any ~s for tonight?** ¿tienes algún plan *or* programa para esta noche?; **to make a ~** hacer* un plan; **we're making ~s for the wedding** estamos planeando la boda; **there's been a change of ~** ha habido un cambio de planes; **~ of action** plan de acción

plan² **-nn-** *vt* **1** ‹*journey/itinerary*› planear, programar; ‹*raid/assault*› planear; ‹*garden/house*› diseñar, proyectar; ‹*economy/strategies*› planificar*; ‹*essay*› hacer* un esquema de; **it's all ~ned out in advance** todo está planeado de antemano; **as ~ned** según lo planeado, tal y como estaba previsto *or* planeado **2** (intend): **they're ~ning a surprise for her birthday** le están preparando una sorpresa para el cumpleaños; **to ~ to + INF**: **where are you ~ning to spend Christmas?** ¿dónde tienes pensado *or* dónde piensas pasar las Navidades?

■ **plan** *vi*: **to ~ ahead** planear las cosas de antemano; **to ~ FOR sth**: **we need to ~ for the future** tenemos que pensar en el futuro; **we hadn't ~ned for this** esto no lo habíamos previsto

P

Phrasal verb

- **plan on** [v ▸ prep ▸ o]

A (intend) pensar*; **I'd ~ned on going out** había pensado salir

B (expect, count on) contar* con

plane¹ /pleɪn/ *n*

A (aircraft) avión *m*; **we went by ~** fuimos en avión

B **~ (tree)** plátano *m*

C (tool) cepillo *m* de carpintero; (longer) garlopa *f*

D **1** (surface) plano *m* **2** (level) nivel *m*; **she is on a different ~** está a otro nivel, es de otra categoría

plane² *vt* ‹*wood/surface*› cepillar; **to ~ sth down** desbastar algo

■ **plane** *vi* (glide) planear

planeload /'pleɪnləʊd/ *n*: **~s of supplies** aviones *mpl* cargados de suministros; **tourists came by the ~** llegaba avión tras avión cargado de turistas

planet /'plænət || 'plænɪt/ *n* planeta *m*

planetary /'plænəteri/ *adj* (*before n*) planetario

plank /plæŋk/ *n* tabla *f*, tablón *m*; **to walk the ~** pasear la tabla

plankton /'plæŋktən/ *n* [u] plancton *m*

planned /plænd/ *adj* planeado; **~ economy** economía *f* dirigida; **~ parenthood** (AmE) planificación *f* familiar, paternidad *f* responsable

planner /'plænər || 'plænə(r)/ *n* **1** (of project, strategy) planificador, -dora *m,f* **2** (*town* ~) urbanista *mf*

planning /'plænɪŋ/ *n* [u] **1** (of project) planificación *f* **2** (*town* ~) urbanismo *m*; (*before n*) **~ permission** (BrE) permiso *m* de obras

plant¹ /plænt || plɑːnt/ *n*

A [c] (Bot) planta *f*; (*before n*) **~ life** vida *f* vegetal, flora *f*; **~ pot** maceta *f*, tiesto *m*, macetero *m* (AmS)

B **1** [c] (factory, installation) planta *f* **2** [u] (equipment) maquinaria *f*

plant² *vt*

A **1** ‹*flower/trees*› plantar; ‹*seeds*› sembrar* **2** ‹*garden/hillside*› **to ~ sth (WITH sth)** plantar algo (DE algo)

B (place) ‹*bomb*› colocar*, poner*; **she ~ed a kiss on his cheek** le dio *or* (fam) le plantó un beso en la mejilla; **she ~ed herself right next to me** se me plantó *or* se me plantificó justo al lado (fam)

C (Law) **1** ‹*drugs/evidence*› colocar*; **they had ~ed the gun on him** le habían colocado la pistola para inculparlo **2** ‹*agent/informer*› infiltrar, colocar*

Phrasal verb

- **plant out** [v ▸ o ▸ adv, v ▸ adv ▸ o] ‹*seedlings*› trasplantar (*a la intemperie*)

plantain /'plæntn || 'plæntɪn/ *n* [c] plátano *m* grande (*para cocinar*), plátano *m* (Col, Ven), plátano *m* macho (Méx)

plantation /plæn'teɪʃən/ *n* plantación *f*

planter /'plæntər || 'plɑːntə(r)/ *n* **1** (owner of plantation) hacendado, -da *m,f* **2** (machine) (Agr) sembradora *f* **3** (container) tiesto *m*, maceta *f*

plaque /plæk/ *n*

A [c] (tablet) placa *f*

B [u] (Dent) sarro *m*, placa *f* (dental)

plasma /'plæzmə/ *n* [u] (Physiol, Phys) plasma *m*

plaster¹ /'plæstər || 'plɑːstə(r)/ *n*

A [u] **1** (Const) (powder, mixture) yeso *m*; (on walls) revoque *m*, enlucido *m* **2** **~ (of Paris)** (Art, Med) yeso *m*, escayola *f* (Esp); **to have one's leg in ~** tener* la pierna enyesada *or* (Esp) escayolada

B [c] (*sticking* ~) (BrE) ▸ **Band-Aid**

plaster² *vt*

A ‹*wall/room*› revocar*, enlucir*; ‹*cracks*› rellenar con yeso

B (cover): **they ~ed the wall with posters** cubrieron *or* empapelaron la pared de afiches; **she ~ed herself with make-up** se pintarrajeó toda

C (defeat) (AmE colloq) darle* una paliza a (fam)

plaster: **~board** *n* [u] (Const) placa *f* de yeso, pladur® *m* (Esp); **~ cast** *n* **1** (Med) yeso *m* *or* (Esp) escayola *f* **2** (Art) molde *m* *or* vaciado *m* de yeso, escayola *f*

plastered /'plæstərd || 'plɑːstəd/ *adj* (colloq): **to be/get ~** estar*/ponerse* como una cuba (fam)

plasterer /'plæstərər || 'plɑːstərə(r)/ *n* yesero, -ra *m,f*, enlucidor, -dora *m,f*

plastic¹ /'plæstɪk/ *n* **1** [u c] (substance) plástico *m*; (*before n*) de plástico **2** [u] (credit cards) (colloq) plástico *m* (fam), tarjetas *fpl* de crédito

plastic² *adj*

A (artificial) (pej) ‹*smile/people*› de plástico (pey)

B **1** (malleable) (Tech) plástico, moldeable **2** (Art) plástico; **the ~ arts** las artes plásticas

plastic: **~ bullet** *n* bala *f* de plástico; **~ explosive** *n* [cu] explosivo *m* plástico, goma (-) dos *f*

Plasticine® /'plæstəsiːn/ *n* [u] plastilina® *f*, plasticina® *f* (CS)

plastic: **~ money** *n* [u] (colloq) dinero *m* de plástico (fam); **~ surgeon** *n* cirujano plástico, cirujana plástica *m,f* (AmL), especialista *mf* en cirugía estética *or* plástica; **~ surgery** *n* [u] cirugía *f* estética *or* plástica; **~ wrap** *n* [u] (AmE) film *m* *or* película *f* adherente (*para envover alimentos*), Egapac® *m* (Méx)

plate¹ /pleɪt/ *n*

A **1** [c] (dish) plato *m*; ***to hand o give sth to sb on a ~*** servirle* algo a algn en bandeja; ***to have a lot/too much on one's ~*** tener* muchas/demasiadas cosas entre manos; (*before n*) **~ rack** escurreplatos *m* **2** [u] (dishes) vajilla *f* (*de plata u oro*)

B **1** [c] (of metal) chapa *f*, placa *f*; (thin) lámina *f*; (of glass) placa *f* **2** [u] (coating) enchapado *m*

C [c] **1** (Phot) placa *f* **2** (Art, Print) plancha *f* **3** (illustration) ilustración *f*, lámina *f*

D [c] **1** (Auto) **(license** *or* (BrE) **number)** ~ matrícula *f*, placa *f* de matrícula, patente *f* (CS), chapa *f* (RPl) **2** (plaque) placa *f*

E [c] (Dent) (denture) dentadura *f* postiza

F (*home* ~) (in baseball) (AmE) home (plate) *m*, pentágono *m*

plate² *vt* **1** (coat) (Metall) **to ~ sth WITH sth** recubrir* algo DE algo; **gold-~d** enchapado en oro **2** (encase) ‹*machine/armored car*› blindar

plateau /plæ'təʊ || 'plætəʊ/ *n* (*pl* **-teaus** *or* **-teaux** /-z/) meseta *f*; **high ~** altiplanicie *f*, altiplano *m*; **she lost 8 lbs, then reached a ~** adelgazó 8 libras y se estancó

plateful /'pleɪtfʊl/ *n* plato *m*

plate glass *n* [u] vidrio *m* *or* (Esp tb) cristal *m* cilindrado

platform /'plætfɔːrm || 'plætfɔːm/ *n*

A **1** (raised structure) plataforma *f*; (for orator) estrado *m*, tribuna *f* **2** (Rail) andén *m*

B (Pol) **1** (opportunity to air views) plataforma *f*, tribuna *f* **2** (program) plataforma *f*, programa *m*

C **~ (shoe)** zapato *m* de plataforma

plating /'pleɪtɪŋ/ *n* (*no pl*) **1** (coating) baño *m*, (en)chapado *m* **2** (casing) coraza *f*

platinum /'plætṇəm || 'plætɪnəm/ *n* [u] platino *m*

platinum blonde *n* rubia *f* platino *or* platinada

platitude /'plætətuːd/ *n* lugar *m* común, tópico *m*

platonic /plə'tɑːnɪk || plə'tɒnɪk/ *adj* platónico

platoon /plə'tuːn/ *n* (Mil) sección *f*

platter /'plætər || 'plætə(r)/ *n* (plate) fuente *f*

platypus /'plætɪpəs/ *n* (*pl* **~es**) (*duck-billed* ~) ornitorrinco *m*

plausible /'plɔːzəbəl/ *adj* ‹*argument/story/excuse*› verosímil; ‹*liar/salesman*› convincente

plausibly /'plɔːzəbli/ **1** ‹*explain*› de forma verosímil **2** ‹*act*› convincentemente

play¹ /pleɪ/ *n*

A **1** [u] (recreation) juego *m*; **she watched them at ~** los observaba mientras jugaban **2** [u] (Sport) juego *m*; **~ was interrupted** se interrumpió el juego *or* el partido; ***to bring sth/come into ~*** poner* algo/entrar en juego **3** [c] (AmE Sport) (maneuver) jugada *f*; ***to make a ~ for sb/sth*** (also BrE): **he made a ~ for her** trató de ganársela *or* de conquistársela; **the company made a ~ for ownership of ABC Industries** la compañía intentó hacerse con ABC Industries

B [u] (interplay) juego *m*; **the ~ of light and shadow** el juego de luces y sombras

C [u] (slack) (Tech) juego *m*

D [c] (Theat) obra *f* (de teatro), pieza *f* (teatral), comedia *f*; **radio ~** obra *f* radiofónica

E [c] (pun): **a ~ on words** un juego de palabras

P

play² *vt*

(Sense I)

A 1 ‹*cards/hopscotch*› jugar* a; **let's ~ a game** vamos a jugar; **to ~ a joke/trick on sb** hacerle* *or* gastarle una broma/una jugarreta a algn 2 ‹*football/chess*› jugar* (AmL exc RPl), jugar* a (Esp, RPl)

B 1 (compete against) ‹*opponent*› jugar* contra; **to ~ sb AT sth**: **I used to ~ her at chess** jugaba ajedrez *or* (Esp, RPl) al ajedrez con ella 2 ‹*ball*› pasar; ‹*card*› tirar, jugar*; ‹*piece*› mover* 3 (in particular position) jugar* de 4 (use in game) ‹*reserve*› alinear, sacar* a jugar

C (gamble on) jugar* a; **to ~ the market** (Fin) jugar* a la bolsa

(Sense II)

A (Theat) 1 ‹*villain/Hamlet*› representar el papel de, hacer* de, actuar* de; **to ~ the innocent** hacerse* el inocente 2 ‹*scene*› representar; ***to ~ it cool*** hacer* como si nada; ***to ~ (it) safe*** ir* a la segura, no arriesgarse*; ***to ~ (it) straight*** ser* sincero *or* honesto 3 ‹*theater/town*› actuar* en

B (Mus) ‹*instrument/note*› tocar*; ‹*piece*› tocar*, interpretar (frml)

C (Audio) ‹*tape/record*› poner*

(Sense III) (move) (+ *adv compl*): **they ~ed the hoses over the blaze** movían las mangueras sobre las llamas

■ **play** *vi*

(Sense I)

A (amuse oneself) «*children*» jugar*; **to ~ AT sth** jugar* A algo; **what are you ~ing at?** ¿a qué estás jugando?, ¿qué es lo que te propones?; **to ~ WITH sth/sb** jugar* CON algo/algn; **we don't have much time to ~ with** no disponemos de mucho tiempo; **to ~ with oneself** (euph) toquetearse (euf)

B (Games, Sport) jugar*; ***to ~ fair*** jugar* limpio; ***to ~ fair with sb*** ser* justo con algn

(Sense II)

A 1 (Theat) «*cast*» actuar*, trabajar; «*show*» ser* representado; **the musical has been ~ing to packed houses** el musical ha estado llenando las salas 2 (pretend): **to ~ dead** hacerse* el muerto; ***to ~ hard to get*** hacerse* el (*or* la *etc*) interesante

B (Mus) «*musician*» tocar*; **music was ~ing in the background** se escuchaba una música de fondo

(Sense III) (move): **lights ~ed across the sky** un juego de luces recorrió el cielo; **a smile ~ed about his lips** un atisbo de sonrisa rondaba sus labios

(Phrasal verbs)

- **play about** [v ▸ adv] (BrE) juguetear (fam & pey)
- **play along**

A [v ▸ adv] (cooperate): **I refuse to ~ along with him/his schemes** me niego a hacerle el juego/a tener nada que ver con sus enjuagues (fam)

B [v ▸ o ▸ adv] (deceive, manipulate) manipular, utilizar*

- **play around** [v ▸ adv] jugar*, juguetear (fam & pey); **I don't want them ~ing around with my tools** no quiero que anden (jugando) con mis herramientas (fam)
- **play back** [v ▸ o ▸ adv, v ▸ adv ▸ o] poner* (*una grabación*)
- **play down** [v ▸ o ▸ adv, v ▸ adv ▸ o] ‹*importance*› minimizar*; ‹*risk/achievement*› quitarle *or* restarle importancia a
- **play off** 1 [v ▸ o ▸ adv] oponer*; ***to ~ sb off against sb***: **she ~s her parents off against each other** hace pelear a sus padres para lograr sus propósitos 2 [v ▸ adv] jugar* el desempate
- **play on** [v ▸ adv ▸ o] ‹*fears/generosity*› aprovecharse de
- **play out** [v ▸ o ▸ adv, v ▸ adv ▸ o] 1 (enact) (*usu pass*) interpretar 2 (finish) ‹*game*› terminar, acabar; **to ~ out time** (Sport) hacer* tiempo
- **play up**

A [v ▸ adv] (BrE) 1 (cause trouble) (colloq) «*child*» dar* guerra (fam), portarse mal; **the car is ~ing up** el coche anda mal *or* (fam) está haciendo de las suyas; **my back has been ~ing up** la espalda me ha estado fastidiando *or* (fam) dando la lata 2 (flatter) **to ~ up TO sb** halagar* a algn, darle* coba A algn (Esp fam)

B [v ▸ o ▸ adv] (cause trouble) (BrE colloq) «*child*» darle* guerra a (fam); **my shoulder's ~ing me up** el hombro me está fastidiando *or* (fam) dando la lata

C [v ▸ o ▸ adv, v ▸ adv ▸ o] (exaggerate) exagerar

- **play upon** ▸**play on**

play: **~-act** *vi* hacer* teatro; **~back** *n* play-back *m*; **~boy** *n* playboy *m*; **~-by-play** /ˈpleɪbaɪˈpleɪ/ *adj* (AmE Sport) (*before n*) jugada a jugada

player /ˈpleɪər || ˈpleɪə(r)/ *n*

A (Games, Sport) jugador, -dora *m,f*; **he's a keen tennis ~** le gusta mucho jugar tenis *or* (Esp, RPl) al tenis

B 1 (Mus) músico *mf*, músico, -ca *m,f*, instrumentista *mf*; **guitar-~** guitarrista *mf* 2 (actor) (arch *or* frml) actor, -triz *m,f*

player: **~-coach** *n* ▸**player-manager**; **~-manager** *n* jugador-entrenador, jugadora-entrenadora *m,f*, director técnico y jugador, directora técnica y jugadora *m,f* (AmL)

playful /ˈpleɪfəl/ *adj* 1 (boisterous) juguetón 2 (not serious) pícaro, travieso; **a ~ remark** un comentario hecho en broma

playfully /ˈpleɪfəli/ *adv* 1 (boisterously) juguetonamente, alegremente 2 (humorously) ‹*remark/slap*› en broma

play: **~ground** *n* 1 (at school) (BrE) patio *m* (de recreo) 2 (resort): **Marbella, the ~ground of the jet set** Marbella, lugar de diversiones del jet-set *or* (Esp) de la jet-set; **~group** *n*: *grupo de actividades lúdico-educativas para niños de edad preescolar*; **~house** *n* 1 (Theat) teatro *m*; 2 (for children) casa *f* de juguete

playing /ˈpleɪɪŋ/: **~ card** *n* naipe *m*, carta *f*; **~ field** *n* (BrE) (*often pl*) campo *m* de juego, cancha *f* de deportes (esp AmL)

play: **~mate** *n* compañero, -ra *m,f* de juegos, amiguito, -ta *m,f* (fam); **~off** *n* 1 (after a tie) desempate *m* 2 **the ~offs** (in US football etc) las finales; (in soccer) la promoción; **~pen** *n* corral *m*, parque *m* (Esp); **~room** *n* cuarto *m* de los juguetes; **~thing** *n* juguete *m*; **~time** *n* [u] (*no art*) (BrE) hora *f* del recreo, recreo *m*; **~wright** /ˈpleɪraɪt/ *n* dramaturgo, -ga *m,f*, autor, -tora *m,f* teatral

plaza /ˈplæzə/ *n* 1 (square) plaza *f*; (in front of large building) explanada *f* 2 (complex) (AmE) centro *m* comercial

plc, Plc (in UK) (= **public limited company**) ≈ S.A.

plea /pliː/ *n*

A (appeal) (frml) petición *f*; (in supplication) ruego *m*, súplica *f*; **~ FOR sth**: **she made a ~ for mercy** rogó *or* suplicó *or* imploró clemencia

B (Law): **to enter a ~ of guilty/not guilty** declararse culpable/inocente

C (excuse) (frml) pretexto *m*, excusa *f*

plead /pliːd/ (*past & past p* **pleaded** *or* (AmE also) **pled**) *vt* 1 (give as excuse) alegar*; **he ~s ignorance of the whole affair** alega *or* aduce no saber nada del asunto; **she's not coming, she ~ed poverty** no viene, dijo que no tenía dinero 2 (argue) abogar* por, defender*; **he ~ed the cause of the poor** abogaba en favor de los pobres; **to ~ the case for sth** abogar* en favor de algo; **to ~ sb's case** (Law) llevar el caso de algn

■ **plead** *vi* 1 (implore, beg) suplicar*; **to ~ FOR sth** suplicar* algo; **to ~ WITH sb to + INF** suplicarle* a algn QUE (+ *subj*) 2 (Law): **to ~ guilty/not guilty** declararse culpable/inocente

pleading¹ /ˈpliːdɪŋ/ *n* (*often pl*) 1 (begging) súplica *f* 2 (Law) alegato *m*

pleading² *adj* suplicante

pleasant /ˈpleznt/ *adj* **-er, -est** agradable; ‹*person*› simpático, agradable; **what a ~ surprise!** ¡qué agradable *or* grata sorpresa!; **it makes a ~ change** es un cambio que resulta agradable; **~ dreams!** ¡felices sueños!

pleasantly /ˈplezntli/ *adv* ‹*say/speak*› en tono agradable; ‹*smile*› con simpatía; **I was ~ surprised by the changes** los cambios me causaron una grata sorpresa; **we passed the afternoon very ~** pasamos una tarde muy agradable, pasamos la tarde muy a gusto

pleasantry /ˈplezntri/ *n* [c] (*pl* **-ries**) 1 (polite remark) cortesía *f* 2 (joking remark) gracia *f*, comentario *m* gracioso

please¹ /pliːz/ *interj* por favor; **~ sit down** (por favor) siéntese; **pass the salt, ~** pásame la sal, por favor, ¿me pasas la sal?; **yes, ~** sí, gracias; **~ do!** ¡sí, cómo no!, ¡no faltaba más!; **say ~** las cosas se piden por favor

please² *vt* (make happy) complacer*; (satisfy) contentar, complacer*; **her progress ~d her parents** sus padres estaban contentos con los progresos que hacía; **she's easily ~d** se contenta con poco *or* con cualquier cosa

p

■ **please** *vi* [1] (satisfy): **we do our best to ~** hacemos todo lo posible por complacer al cliente (*or* a todo el mundo *etc*); **he's eager to ~** busca la aprobación de los demás [2] (choose) querer*; **do as you ~** haz lo que quieras *or* lo que te parezca *or* (fam) lo que te dé la gana; **just as you ~** como quieras; **I'll have no arguing, if you ~** haga el favor de no discutir

■ *v refl* **to ~ oneself**: **~ yourself** haz lo que quieras *or* lo que te parezca *or* (fam) lo que te dé la gana

please³ *n*: **without so much as a ~ or thank-you** sin pedir por favor ni dar las gracias

pleased /pli:zd/ *adj* (satisfied) satisfecho; (happy) contento; **she is very ~ with the results** está muy contenta/satisfecha con los resultados; **I'm very ~ for you!** me alegro mucho por ti; **she was very ~ with herself** estaba muy ufana, estaba muy satisfecha consigo misma; **I'm so ~ you could come!** ¡(cuánto) me alegro de que hayas podido venir!; **to be ~ AT/ABOUT sth**: **I was ~ at the news** me alegré con la noticia; **they were ~ about her appointment** se alegraron de su nombramiento; **to be ~ to + INF**: **I'd be ~ to help you** te ayudaría con mucho gusto; **I am ~ to inform you that ...** (frml) tengo el placer de *or* me complace comunicarle que ... (frml); **~ to meet you** encantado (de conocerlo), mucho gusto

pleasing /'pli:zɪŋ/ *adj* [1] (pleasant) agradable; **~ to the ear** agradable *or* grato al oído [2] (gratifying) ‹*news*› grato

pleasurable /'pleʒərəbəl/ *adj* placentero, agradable

pleasure /'pleʒər || 'pleʒə(r)/ *n*

A [u] [1] (happiness, satisfaction) placer *m*; **it's a ~ to listen to her** es un placer *or* da gusto escucharla; **to find** *o* **take ~ in sth** disfrutar con algo; **I get a lot of ~ out of reading** disfruto muchísimo leyendo; (*before n*) **~ seeker** hedonista *mf* [2] (in polite formulas): **with ~** con mucho gusto; **thank you — (it's) a ~** gracias — de nada *or* no hay de qué, ha sido un placer; **may I have the ~ of this dance?** ¿me concede esta pieza?; **Mr John Smith requests the ~ of your company at ...** John Smith tiene el placer de invitar a Vd a ...; **it gives me great ~ to introduce ...** es un placer para mí presentarles ...

B [1] [u] (recreation, amusement) placer *m*; **I play just for ~** toco sólo porque me gusta; (*before n*) **~ craft** embarcación *f* de recreo; **~ cruise** crucero *m* de placer [2] [c] (source of happiness) placer *m*; **the ~s of good food** los placeres de la buena mesa; **Jane is a real ~ to teach** da gusto *or* es un verdadero placer darle clases a Jane; **it was a ~** fue un placer

C [u] (choice) (frml): **at your ~** cuando (usted) guste (frml); **to be detained during Her/His Majesty's ~** (in UK) *quedar detenido indefinidamente a discreción del Ministerio del Interior*

pleasure boat *n* (steamer) barco *m* de recreo; (small craft) bote *m* de recreo

pleat¹ /pli:t/ *n* pliegue *m*; (wide) tabla *f*

pleat² *vt* plisar

pleb /pleb/ *n* (colloq & pej) ordinario, -ria *m,f*; **the ~s** la chusma (fam & pey), la plebe (hum)

plebeian /plɪ'bi:ən || plə'bi:ən/ *adj* [1] (lacking refinement) (pej) ordinario [2] (Hist) plebeyo

plebiscite /'plebəsaɪt || 'plebɪsɪt, -saɪt/ *n* plebiscito *m*

plectrum /'plektrəm/ *n* (*pl* **-trums** *or* **-tra** /-trə/) púa *f*, plectro *m*, uñeta *f* (CS), uña *f* (Méx, Ven)

pled /pled/ (AmE) *past & past p of* **plead**

pledge¹ /pledʒ/ *vt*

A [1] (promise) ‹*support/funds*› prometer; **he ~d his word** dio su palabra; **to ~ sth TO sb** prometerle algo A algn [2] (commit) **to ~ oneself to + INF** comprometerse A + INF; **she is ~d to secrecy** ha jurado que guardará el secreto

B (offer as guarantee) entregar* en garantía *or* en prenda

pledge² *n*

A [1] (promise) promesa *f*; **election ~** compromiso *m* electoral; **the P~ of Allegiance** (in US) ≈ la jura de (la) bandera; **to honor** *o* **keep a ~** cumplir una promesa, cumplir con su (*or* mi *etc*) palabra; **to make a ~ to + INF** prometer + INF; **to sign** *o* **take the ~** (Hist *or* hum) jurar no probar el alcohol [2] (of money) cantidad *f* prometida, donativo *m* prometido

B [1] (token) prenda *f* [2] (collateral) garantía *f*, aval *m*

plenary /'pli:nəri/ *adj* [1] ‹*session/meeting*› plenario [2] (unlimited): **~ powers** plenos poderes *mpl*

plenipotentiary /'plenəpə'tentʃəri || ,plenɪpə'tenʃəri/ *adj* plenipotenciario

plenteous /'plentiəs/ *adj* (liter) copioso, abundante

plentiful /'plentɪfəl/ *adj* abundante

plentifully /'plentɪfəli/ *adv* en abundancia

plenty¹ /'plenti/ *n* [u] abundancia *f*; **in ~** en abundancia

plenty² *pron*

A [1] (large, sufficient number) muchos, -chas [2] **plenty of** muchos, -chas; **~ of books** muchos libros; **there are ~ of us** somos muchos

B [1] (large, sufficient quantity) mucho, -cha; **there was ~ to eat** había comida en abundancia, había mucha comida; **there's ~ more in here** aquí hay mucho más; **$50 is ~** 50 dólares es más que suficiente [2] **plenty of** mucho, -cha; **~ of time** tiempo de sobra; **you'll need money and ~ of it** vas a necesitar dinero, y mucho

plenty³ *adv* (AmE colloq & dial) ‹*worried/hungry/ugly*› muy; **she must love him ~** debe quererlo mucho

plethora /'pleθərə/ *n* **a ~ OF sth** una plétora DE algo

pleurisy /'plʊrəsi || 'plʊərəsi/ *n* [u] pleuresía *f*, pleuritis *f*

Plexiglas ® /'pleksɪglæs || 'pleksɪglɑ:s/ *n* [u] (AmE) acrílico *m*, plexiglás® *m* (Esp)

pliable /'plaɪəbəl/ *adj* ‹*material/substance*› maleable; ‹*person/attitude*› flexible, acomodaticio (pey)

pliant /'plaɪənt/ *adj* ▸ **pliable**

pliers /'plaɪərz || 'plaɪəz/ *pl n* alicate(s) *m(pl)*, pinza(s) *f(pl)* (Méx, RPl); **a pair of ~** un(os) alicate(s), una(s) pinza(s)

plight¹ /plaɪt/ *n* (*no pl*) situación *f* difícil; **our current economic ~** las dificultades económicas que nos afligen

plight² *vt* (arch *or* frml) ‹*allegiance/loyalty*› jurar, prometer; **to ~ one's troth to sb** hacerle* promesa de matrimonio a algn (ant)

plimsoll /'plɪmsəl/ *n* (BrE) zapatilla *f* de lona, tenis *m*, playera *f* (Esp)

Plimsoll line /'plɪmsəl/ *n* (Naut) línea *f* de carga

plinth /plɪnθ/ *n* (of pillar, column) plinto *m*; (of statue) pedestal *m*

PLO *n* (= **Palestine Liberation Organization**) OLP *f*

plod /plɑ:d || plɒd/ *vi* **-dd-** [1] (walk) caminar lenta y pesadamente [2] (work): **she's still ~ding away at her thesis** sigue lidiando *or* batallando con la tesis; **how's work going? — oh, ~ding along** ¿qué tal el trabajo? — ahí va, tirando *or* (AmL exc CS) jalando

plodder /'plɑ:dər || 'plɒdə(r)/ *n*: **he's a ~** no es una lumbrera pero es de los que ponen empeño

plonk¹ /plɑ:ŋk || plɒŋk/ *vt/i* (BrE colloq) ▸ **plunk¹**

plonk² *n*

A [c] (sound) ¡pumba!, ¡plaf!

B [u] (wine) (colloq) vino *m* peleón (fam), vinacho *m* (fam)

plonk³ *adv* ¡plaf!

plop¹ /plɑ:p || plɒp/ *n* plaf *m*

plop² **-pp-** *vi* (colloq) **to ~ INTO/ONTO sth** hacer* plaf al caer en/sobre algo

■ **plop** *vt* (colloq) dejar caer

plosive /'pləʊsɪv/ *n* oclusiva *f*

plot¹ /plɑ:t || plɒt/ *n*

A (conspiracy) complot *m*, conspiración *f*

B (story) argumento *m*, trama *f*; **the ~ thickens!** (set phrase) ¡la historia se complica!

C (piece of land) terreno *m*, solar *m*, parcela *f*

plot² **-tt-** *vt*

A (mark out) ‹*curve/graph*› trazar*; ‹*position*› determinar

B (plan) ‹*rebellion/revenge*› tramar

■ **plot** *vi* **to ~ (AGAINST sb)** conspirar (CONTRA algn); **to ~ to + INF** conspirar PARA + INF

plotter /'plɑ:tər || 'plɒtə(r)/ *n* [1] (conspirator) conspirador, -dora *m,f* [2] (Comput, Tech) trazador *m* de gráficos

plotting /'plɑ:tɪŋ || 'plɒtɪŋ/ *n* [u] [1] (scheming) conspiraciones *fpl* [2] (of route, flight) trazado *m*; (of position) determinación *f*

plough /plaʊ/ *n/vt/vi* (BrE) ▸ **plow¹,²**

plough: **~man** *n* /'plaʊmən/ (*pl* **-men** /-mən/) (BrE) ▸ **plowman**; **~man's (lunch)** /'plaʊmənz/ *n* (BrE) *plato de queso, pan y encurtidos*

plover /'plʌvər || 'plʌvə(r)/ *n* (*pl* **~s** *or* **~**) chorlito *m*

plow¹, (BrE) **plough** /plaʊ/ *n* [1] (Agr) arado *m*; (*before n*) **~ horse** caballo *m* de tiro [2] (Astron) **the Plow** el Carro

plow[2], (BrE) **plough** *vt* ‹*land/field*› arar; ‹*waves/seas*› (liter) surcar* (liter); **to ~ a furrow** abrir* un surco con el arado; ***to ~ one's way through sth***: **she ~ed her way through the snow** se abrió camino con dificultad a través de la nieve; **he ~ed his way through a whole plate of spinach** consiguió terminarse, a duras penas, un plato entero de espinacas

■ **plow** *vi* **1** (Agr) arar la tierra **2** (proceed): **to ~ on/ahead** seguir* adelante

Phrasal verbs

- **plow back,** (BrE) **plough back** [v ▸ o ▸ adv, v ▸ adv ▸ o] ‹*profits*› reinvertir*
- **plow into,** (BrE) **plough into**

A [v ▸ prep ▸ o] (crash into) estrellarse contra

B [v ▸ o ▸ prep ▸ o] (invest) invertir* en

- **plow through,** (BrE) **plough through** [v ▸ prep ▸ o] **1** ‹*mud/snow*› abrirse* camino a través de; **I'm still ~ing through the book** todavía estoy tratanto de leer el libro, pero me cuesta **2** ‹*wall/fence*› arrasar
- **plow up,** (BrE) **plough up** [v ▸ o ▸ adv, v ▸ adv ▸ o] surcar*, arar; (causing damage) destrozar*

plowman, (BrE) **ploughman** /ˈplaʊmən/ *n* (*pl* **-men** /-mən/) labrador *m*

ploy /plɔɪ/ *n* treta *f*, ardid *m*

pluck[1] /plʌk/ *vt* **1** ‹*chicken*› desplumar; **to ~ one's eyebrows** depilarse las cejas **2** ‹*fruit/flower*› arrancar*; **to ~ sth/sb FROM sth** arrancar* algo/a algn DE algo; **to ~ up (one's) courage** armarse de valor *or* de coraje; **to ~ up courage to + INF**; armarse de valor *or* de coraje para + INF **3** (Mus) ‹*string/guitar*› puntear

■ **pluck** *vi* **to ~ AT sth** tirar DE algo, jalar DE algo (AmL exc CS)

pluck[2] *n* [u] valor *m*, coraje *m*

plucky /ˈplʌki/ *adj* **pluckier, pluckiest** valiente, corajudo

plug[1] /plʌg/ *n*

A (stopper) tapón *m*

B (Elec) **1** (attached to lead) enchufe *m*; (socket) toma *f* de corriente, enchufe *m*, tomacorriente *m* (AmL); ***to pull the ~ on sth*** cancelar algo **2** (*spark ~*) bujía *f*

C (publicity) (colloq): **to give sth a ~** hacerle* propaganda a algo, darle* publicidad a algo

D (*fire ~*) (AmE) boca *f* de incendio, grifo *m* (Chi)

plug[2] **-gg-** *vt*

A ‹*hole/gap*› tapar, rellenar

B (promote) ‹*record/book*› hacerle* propaganda a

Phrasal verbs

- **plug away** (colloq) [v ▸ adv]: **I keep ~ging away at my French** sigo dándole duro al francés (fam)
- **plug in**

A [v ▸ o ▸ adv, v ▸ adv ▸ o] enchufar

B [v ▸ adv] enchufarse

- **plug up** [v ▸ o ▸ adv, v ▸ adv ▸ o] tapar

plughole /ˈplʌghəʊl/ *n* (BrE) desagüe *m*

plum[1] /plʌm/ *n* **1** (Culin) ciruela *f*; (*before n*) **~ pudding** plum pudding *m* (*budín de pasas y especias*) **2** **~ (tree)** ciruelo *m* **3** (color) color *m* ciruela ; (*before n*) color ciruela *adj inv*

plum[2] *adj* (colloq) (*before n*): **it's a ~ job** es un trabajo fantástico, es un chollo (Esp fam)

plumage /ˈpluːmɪdʒ/ *n* [u] plumaje *m*

plumb[1] /plʌm/ *adv* (colloq) **1** (exactly, right) justo; **~ in the middle** justo en el centro **2** (totally) (AmE colloq & dated) **~ crazy/stupid** loco/tonto de remate (fam)

plumb[2] *vt*

A (fathom) ‹*mystery*› dilucidar

B (Naut) sondar, sondear

Phrasal verb

- **plumb in** [v ▸ o ▸ adv, v ▸ adv ▸ o] (BrE) instalar, conectar

plumb[3] *n* **1** (Naut) plomada *f* **2** (Const) **~ (bob)** plomada *f*

plumber /ˈplʌmər || ˈplʌmə(r)/ *n* plomero, -ra *m,f or* (AmC, Esp) fontanero, -ra *m,f or* (Per) gasfitero, -ra *m,f*

plumbing /ˈplʌmɪŋ/ *n* [u] **1** (pipes) cañerías *fpl*, tuberías *fpl*; (installation) instalación *f* de agua **2** (activity) plomería *f or* (AmC, Esp) fontanería *f or* (Chi, Per) gasfitería *f*

plumbline /ˈplʌmlaɪn/ *n* (Const, Naut) plomada *f*

plume /pluːm/ *n* pluma *f*; (cluster of feathers) penacho *m*; **a ~ of smoke** una columna de humo

plumed /pluːmd/ *adj* ‹*helmet*› con penacho; ‹*hat*› con plumas; ‹*tail*› de plumas

plummet /ˈplʌmət || ˈplʌmɪt/ *vi* «*bird/aircraft*» caer* en picada *or* (Esp) en picado; «*prices/income*» caer* en picada *or* (Esp) en picado, desplomarse, irse* a pique

plump[1] /plʌmp/ *adj* **-er, -est** ‹*person/face*› (re)llenito, regordete; ‹*chicken/rabbit*› gordo

plump[2] *vt* **1** (put, set down) (colloq) (+ *adv compl*) plantificar* (fam), plantar (fam); **he ~ed himself down in a chair** se dejó caer pesadamente en una silla **2** (AmE Culin) ‹*raisins*› hacer* hinchar (*poniendo en remojo*)

Phrasal verbs

- **plump for** [v ▸ prep ▸ o] (colloq) decidirse *or* optar por
- **plump up** [v ▸ o ▸ adv, v ▸ adv ▸ o] ‹*pillow/cushion*› ahuecar*, sacudir

plunder[1] /ˈplʌndər || ˈplʌndə(r)/ *vt* **1** (steal from) ‹*village*› saquear; **they ~ed the pyramid of most of its treasures** despojaron la pirámide de la mayor parte de sus tesoros **2** (steal) ‹*treasure/wealth*› robar

plunder[2] *n* [u] **1** (objects) botín *m* **2** (action) saqueo *m*

plunge[1] /plʌndʒ/ *vt* **1** (immerse, thrust) **to ~ sth INTO sth** ‹*into liquid*› sumergir* *or* meter algo EN algo; **she ~d the knife into his heart** le hundió *or* le clavó el cuchillo en el corazón **2** (into state, condition): **the street was ~d into darkness** la calle quedó sumida en la oscuridad; **the news ~d him into the depths of depression** la noticia lo sumió en una fuerte depresión; **the nation was ~d into war** la nación se vio precipitada a una guerra

■ **plunge** *vi*

A (dive) zambullirse*; (fall) caer*; **the car ~d over the cliff** el coche se precipitó por el acantilado

B **1** (slope downward steeply) «*road/path*» descender* bruscamente **2** (drop) «*price/temperature/popularity*» caer* en picada *or* (Esp) en picado, desplomarse

plunge[2] *n* **1** (in water) zambullida *f*, chapuzón *m*; ***to take the ~*** (take a risk) arriesgarse*, jugarse* el todo por el todo; (get married) casarse, dar* el paso **2** (fall) caída *f* **3** (of price, value) caída *f*; (of temperature) descenso *m*; **shares took a ~** las acciones cayeron en picada *or* (Esp) en picado

plunger /ˈplʌndʒər || ˈplʌndʒə(r)/ *n* **1** (for unblocking drain) desatascador *m*, chupona *f* (Esp), destapador *m* (de caño) (Méx), sopapa *f* (RPl), sopapo *m* (Chi), chupa *f* (Col), goma *f* (Ven) **2** (in syringe) émbolo *m*

plunging /ˈplʌndʒɪŋ/ *adj* ‹*neckline*› muy profundo

plunk[1] /plʌŋk/ (AmE) *vt* poner*, plantificar* (fam); **she ~ed herself down onto the sofa** se desplomó en el sofá

■ **plunk** *vi* **1** (drop) caer* **2** (making harsh, heavy sound): **she ~ed away at the piano** aporreaba el piano (fam)

plunk[2] *n/adv* ▸**plonk**[2] **A**, **plonk**[3]

pluperfect /ˈpluːˈpɜːrfɪkt/ *n* pluscuamperfecto *m*

plural[1] /ˈplʊrəl/ *adj* **1** (Ling) ‹*noun/verb*› en plural; **~ form** plural *m* **2** (Pol, Sociol) ‹*society/economy*› pluralista

plural[2] *n* plural *m*; **in the ~** en plural

pluralism /ˈplʊrəlɪzəm || ˈplʊərəlɪzəm/ *n* pluralismo *m*

pluralistic /ˈplʊrəˈlɪstɪk || ˌplʊərəˈlɪstɪk/ *adj* pluralista

plurality /plʊˈræləti || plʊəˈræləti/ *n* (*pl* **-ties**) **1** [u] pluralidad *f* **2** [c] (AmE Pol) mayoría *f* relativa

plus[1] /plʌs/ *n* (*pl* **~es** *or* **~ses**) **1** **~** (sign) signo *m* de más, más *m* **2** (advantage, bonus) (colloq) ventaja *f*, pro *m*

plus[2] *adj* **1** (advantageous) (colloq) (*before n*) ‹*point*› positivo, a favor; **on the ~ side, it is very spacious** entre las ventajas *or* los pros está que es muy amplio **2** (positive) (*before noun*) ‹*ion/number*› positivo; **+2°** (*léase: plus two degrees*) +2° (*read as: dos grados sobre cero*) **3** (and more) (*pred*): **children aged 13 ~** niños de 13 años para arriba *or* de 13 años en adelante; **there must have been 100 ~ people there** debe de haber habido de cien personas para arriba **4** (Educ): **B+** (*léase: B plus*) *calificación entre A y B, más baja que A-*

plus[3] *prep* más; **2 + 3 = 5** (*léase: two plus three equals five*) 2 + 3 = 5 (*read as: dos más tres es igual a cinco*); **~ the fact that ...** aparte de que ...

plus[4] *conj* (crit) además de que

plush /plʌʃ/ *adj* lujoso

plus-size /ˈplʌsˌsaɪz/ *adj* (AmE) de talla grande

P

Pluto /'plu:təʊ/ *n* Plutón *m*

plutocracy /plu:'tɑ:krəsi/ *n* (*pl* **-cies**) plutocracia *f*

plutonium /plu:'təʊniəm/ *n* [u] plutonio *m*

ply[1] /plaɪ/ *n* (*pl* **plies**) 1 (of wood) chapa *f*, lámina *f* 2 (of wool, yarn) cabo *m*, hebra *f*; **three-~ wool** lana *f* de tres cabos *or* hebras

ply[2] **plies, plying, plied** *vt* 1 (carry out): **to ~ one's trade** ejercer* su oficio 2 ‹*oar*› mover*; ‹*tools*› manejar 3 «*ship*» ‹*sea*› navegar* por, surcar* (liter)

■ **ply** *vi* (frml) 1 (travel a route) «*ship/plane/bus*» hacer* el trayecto 2 (BrE): **to ~ for hire** «*taxi*» recorrer las calles en busca de clientes

Phrasal verb

• **ply with** [v ▸ o ▸ prep ▸ o]: **he kept ~ing me with whiskey** estaba constantemente sirviéndome whisky; **to ~ sb with questions** asediar *or* acosar a algn a preguntas

plywood /'plaɪwʊd/ *n* [u] contrachapado *m* (*tablero en varias capas*)

pm (after midday) p.m.; **at 2 ~** a las 2 de la tarde, a las 2 p.m.

PM (BrE) *n* **= prime minister**

PMS *n* [u] **= premenstrual syndrome**

PMT *n* [u] (BrE) **= premenstrual tension**

pneumatic /nʊ'mætɪk || nju:'mætɪk/ *adj* neumático; **~ drill** martillo *m* neumático

pneumonia /nʊ'məʊnjə/ *n* [u] pulmonía *f*, neumonía *f*

PO *n* 1 **= post office** 2 (in UK) **= postal order**

poach /pəʊtʃ/ *vt*

A (Culin) ‹*egg*› escalfar; ‹*fish*› cocer* a fuego lento; **~ed egg** huevo *m* escalfado *or* (AmL tb) poché

B (steal) ‹*game*› cazar* furtivamente; ‹*staff/ideas*› robar

■ **poach** *vi* 1 (hunt game) cazar* furtivamente 2 (encroach): **to ~ on sb's territory** *o* **preserve** meterse en terreno de algn

poacher /'pəʊtʃər || 'pəʊtʃə(r)/ *n* cazador furtivo *m*

poaching /'pəʊtʃɪŋ/ *n* [u] caza *f* furtiva

POB *n* (**= post office box**) apdo, aptdo, C.C. (CS)

PO box *n* Apdo. postal, Apdo. de correos, C.C. (CS)

pocket[1] /'pɑ:kət || 'pɒkɪt/ *n*

A 1 (in garment) bolsillo *m*; ***to have sb in one's ~*** tener* a algn (metido) en el bolsillo; ***to have sth in one's ~*** tener* algo asegurado *or* (Esp tb) en el bote; ***to line one's own ~s*** forrarse (fam); ***to live/be in each other's ~s*** (BrE) estar* uno encima del otro 2 (financial resources) bolsillo *m*; **prices to suit every ~** precios para todos los bolsillos 3 (holder — in car door) portamapas *m*; (— inside, outside bag) bolsillo *m*; (— on billiard, snooker, pool table) tronera *f*

B (small area) bolsa *f*; **~s of resistance** bolsas *fpl or* focos *mpl* de resistencia

pocket[2] *vt* 1 (put in pocket) meterse *or* guardarse en el bolsillo 2 (steal, gain) (colloq) embolsarse (fam) 3 (in snooker, pool) entronerar

pocket[3] *adj* (*before n*) ‹*diary/dictionary/calculator*› de bolsillo

pocketbook /'pɑ:kətbʊk || 'pɒkɪtbʊk/ *n* 1 (handbag) (AmE) cartera *f or* (Esp) bolso *m or* (Méx) bolsa *f* 2 (wallet) (AmE) cartera *f*, billetera *f* 3 (paperback) (AmE) libro *m* en rústica 4 (notebook) (BrE) cuaderno *m*, libreta *f*

pocketful /'pɑ:kətfʊl || 'pɒkɪtfʊl/ *n*: **he had a ~ of pebbles** tenía un bolsillo lleno de guijarros

pocket: **~ handkerchief** *n* pañuelo *m* (de bolsillo); **~knife** *n* navaja *f*; **~ money** *n* [u] (spending money) dinero *m* para gastos personales; (for children) (BrE) dinero *m* de bolsillo, ≈ mesada *f* (AmL), domingo *m* (Méx), propina *f* (Per); **~-size**, **~-sized** *adj* de bolsillo, (de) tamaño bolsillo

pockmarked /'pɑ:kmɑ:rkt || 'pɒkmɑ:kt/*adj* ‹*face/skin*› picado de viruela(s)

pod /pɑ:d || pɒd/ *n* (of peas, beans) vaina *f*

POD (**= pay on delivery**) cóbrese al entregar

podgy /'pɑ:dʒi || 'pɒdʒi/ *adj* **podgier, podgiest** (BrE colloq) rechoncho, regordete, gordinflón (fam)

podiatrist /pə'daɪətrəst || pə'daɪətrɪst/ *n* (AmE) pedicuro, -ra *m,f*, podólogo, -ga, *m,f* (frml)

podiatry /pə'daɪətri/ *n* [u] (AmE) podología *f* (frml)

podium /'pəʊdiəm/ *n* estrado *m*, podio *m*

poem /'pəʊəm || 'pəʊɪm/ *n* poema *m*, poesía *f*

poet /'pəʊət || 'pəʊɪt/ *n* poeta *mf*, poeta, -tisa *m,f*

poetic /pəʊ'etɪk/ *adj* ‹*language*› poético; ‹*moment/beauty*› lleno de poesía; **there was ~ justice in it** fue de justicia, se hizo justicia; **~ license** licencia *f* poética

poet laureate, Poet Laureate *n* (*pl* **~s ~**) poeta laureado, poeta *or* poetisa laureada *m,f*

Poet Laureate

Un poeta designado oficialmente por la Casa Real inglesa desde 1616. Su tarea es escribir poemas para ocasiones oficiales tales como las bodas, nacimientos y defunciones reales. Conserva su título hasta su muerte. En EEUU, desde 1986, los poetas laureados son designados por la **Library of Congress**, pero sólo se mantienen en el cargo durante uno o dos años

poetry /'pəʊətri || 'pəʊɪtri/ *n* [u] poesía *f*; (*before n*) ‹*book*› de poesía(s) *or* poemas; **~ reading** recital *m* de poesía

pogrom /'pəʊgrəm || 'pɒgrəm/ *n* pogrom *m*, pogromo *m*

poignancy /'pɔɪnjənsi/ *n* [u] (of story, moment) lo conmovedor; (of look, plea) patetismo *m*, lo patético

poignant /'pɔɪnjənt/ *adj* ‹*story/moment*› conmovedor; ‹*look/plea*› patético; ‹*reminder*› doloroso, penoso

poinsettia /pɔɪn'setiə/ *n* poinsettia *f*, flor *f* de Pascua *or* de Navidad, Nochebuena *f* (Méx)

point[1] /pɔɪnt/ *n*

Sense I

A [c] 1 (dot) punto *m* 2 (*decimal ~*) ≈ coma *f*, punto *m* decimal (AmL) (*the point is used instead of the comma in some Latin American countries*); **1.5** (*léase: one point five*) 1,5 (*read as: uno coma cinco*), 1.5 (*read as: uno punto cinco*) (AmL)

B [c] 1 (in space) punto *m*; **the ~s of the compass** los puntos cardinales; **~ of departure** punto *m* de partida; **customs ~** aduana *f*; **things have reached such a ~ that ...** las cosas han llegado a tal punto *or* a tal extremo que ...; ***the ~ of no return***: **we've reached the ~ of no return** ahora ya no nos podemos echar atrás 2 (on scale) punto *m*; **freezing/boiling ~** punto de congelación/ebullición; **you're right, up to a ~** hasta cierto punto tienes razón; **she is reserved to the ~ of coldness** es tan reservada, que llega a ser fría

C [c] (in time) momento *m*; **at this ~** en ese/este momento *or* instante; **at this ~ in time** en este momento; **he was at the ~ of death** (frml) estaba agonizando; **from this ~ on** a partir de este momento; **to be on the ~ of -ING** estar* a punto de + INF

D [c] (in contest, exam) punto *m*; **to win on ~s** (in boxing) ganar por puntos; **to make ~s with sb** (AmE) hacer* méritos con algn; ▸**match point, set**[1] **D**

Sense II

A [c] 1 (item, matter) punto *m*; **the seminar will cover the following ~s** el seminario abarcará los siguientes puntos; **the main ~s of the news** un resumen de las noticias más importantes del día; **~ of honor** cuestión *f* de honor *or* pundonor; **~ of order** moción *f* de orden; **to bring up** *o* **raise a ~** plantear una cuestión; **a ~ of law** una cuestión de derecho; ***to make a ~ of -ING***: **I'll make a ~ of watching them closely** me encargaré de vigilarlos de cerca; ***to stretch a ~*** hacer* una excepción 2 (argument): **it was a ~ which had never occurred to me** era algo que nunca se me había ocurrido; **yes, that's a ~** sí, ese es un punto interesante; **to make a ~**: **that was a very interesting ~ you made** lo que señalaste *or* planteaste *or* dijiste es muy interesante; **she made the ~ that ...** observó que ...; **all right, you've made your ~!** sí, bueno, ya has dicho lo que querías decir; (conceding) sí, bueno, tienes razón; **I take your ~, but ...** te entiendo, pero ...; **~ taken** de acuerdo; **to prove one's/a ~** demostrar* que uno tiene razón *or* está en lo cierto

B (*no pl*) (central issue, meaning): **to come/get to the ~** ir* al grano; **to keep** *o* **stick to the ~** no irse* por las ramas, no salirse* del tema; **she was brief and to the ~** fue breve y concisa; **and, more to the ~ ...** y lo que es más ...; **that's beside the ~** eso no tiene nada que ver *or* no viene al caso; **the ~ is that ...** el hecho es que ...; **that's not the ~** no se trata de eso; **that's just the ~!** ¡justamente!; **to miss the ~** no entender* de qué se trata

C [u] (purpose): **what's the ~ of going on?** ¿qué sentido tiene seguir?, ¿para qué vamos a seguir?; **the whole ~ of my**

P

trip was to see you justamente iba a viajar (*or* he viajado *etc*) nada más que para verte, el único propósito de mi viaje era verte a ti; **there's no ~ (in) feeling sorry for yourself** no sirve de nada compadecerse

D [c] (feature, quality): **music isn't one of my strong ~s** la música no es mi fuerte; **bad ~s** defectos; **he has many good ~s** tiene muchos puntos a su favor; **the good and bad ~s of the system** los pros y los contras del sistema

Sense III

A [c] **1** (sharp end, tip) punta *f*; **to come to a ~** acabar en punta **2** (promontory) (Geog) punta *f*, cabo *m*

B **points** *pl* (BrE Rail) agujas *fpl*

C [c] (socket) (BrE) **(electrical** *o* **power)** ~ toma *f* de corriente, tomacorriente *m* (AmL)

point² *vt* (aim, direct) señalar, indicar*; **can you ~ us in the right direction?** ¿nos puede indicar por dónde se va?, ¿nos puede señalar el camino?; **to ~ sth AT sb/sth**: **he ~ed his finger at me** me señaló con el dedo; **she ~ed the gun at him** le apuntó con la pistola; **~ the aerosol away from you** apunta para otro lado con el aerosol

■ **point** *vi* **1** (with finger, stick etc) señalar; **it's rude to ~** es de mala educación señalar con el dedo; **the gun was ~ing in my direction** la pistola apuntaba hacia mí; **to ~ AT/TO sth/sb** señalar algo/a algn; **to ~ TOWARD sth** señalar en dirección a algo **2** (call attention) **to ~ TO sth** señalar algo; **the report ~s to deficiencies in health care** el informe señala deficiencias en la asistencia sanitaria **3** (indicate, suggest) **to ~ TO sth** «*facts/symptoms*» indicar* algo; **it all ~s to suicide** todo indica *or* hace pensar que se trata de un suicidio; **the trends ~ to an early economic recovery** los indicios apuntan a una pronta reactivación de la economía

Phrasal verb

• **point out** [v ▸ o ▸ adv, v ▸ adv ▸ o]

A (show) señalar; **to ~ sth/sb out TO sb**: **I'll ~ it/her out to you** te/lo la señalaré

B (make aware of) ‹*problem/advantage*› señalar; **he ~ed out to them that time was getting short** les señaló *or* les advirtió *or* les hizo notar que quedaba poco tiempo

point: **~ blank** *adv* **1** (at close range) ‹*shoot*› a quemarropa, a bocajarro **2** ‹*refuse/deny*› rotundamente, categóricamente, de plano; **~-blank** *adj* **1** (close) ‹*shot*› a quemarropa, a bocajarro; **at ~-blank range** a quemarropa, a bocajarro **2** ‹*refusal*› rotundo, categórico

pointed /ˈpɔɪntəd || ˈpɔɪntɪd/ *adj*

A (with a point) ‹*stick/leaf*› acabado en punta, puntudo (Andes); ‹*roof/window*› apuntado; ‹*arch*› ojival; ‹*chin/nose*› puntiagudo, puntudo (Andes); ‹*shoe*› de punta, puntiagudo, puntudo (Andes); ‹*hat*› de pico

B (deliberate) ‹*remark/comment*› mordaz; **no one missed the ~ reference to her predecessor** a nadie se le escapó la clara *or* directa alusión a su antecesor

pointedly /ˈpɔɪntədli || ˈpɔɪntɪdli/ *adv* deliberadamente; **some of us did, she said ~** —algunos sí lo hicimos —dijo lanzándole una clara indirecta

pointer /ˈpɔɪntər || ˈpɔɪntə(r)/ *n*

A **1** (on dial, gage) aguja *f* **2** (rod) puntero *m*

B **1** (clue, signal) pista *f*; **~ TO sth** indicador *m* DE algo **2** (tip) idea *f*, sugerencia *f*

C (dog) perro, -rra *m,f* de muestra, pointer *m*

pointless /ˈpɔɪntləs || ˈpɔɪntlɪs/ *adj* ‹*attempt*› vano, inútil; ‹*existence*› sin sentido; **it's ~ arguing with him** no tiene sentido *or* no conduce a nada discutir con él

point of view *n* (*pl* **~s ~ ~**) punto *m* de vista; **from the ~ ~ ~ of efficiency** desde el punto de vista de la eficiencia

poise¹ /pɔɪz/ *n* [u] **1** (bearing) porte *m*, elegancia *f* **2** (composure) desenvoltura *f*, aplomo *m*

poise² *vt* colocar*

poised /pɔɪzd/ *adj*

A **1** (balanced, suspended): **~ in the air** suspendido en el aire; **they were waiting with pencils ~** esperaban, lápiz en mano; **~ on the brink of disaster** al borde del desastre **2** (ready) listo, preparado; **the jaguar was ~ for attack** el jaguar estaba agazapado, listo para atacar

B (self-assured): **she is very ~** tiene mucho aplomo *or* mucha desenvoltura

poison¹ /ˈpɔɪzn̩/ *n* [c u] veneno *m*; **rat ~** matarratas *m*; **to take ~** envenenarse; ***what's your ~?*** (colloq & hum) ¿qué vas a tomar?; (*before n*) **~ gas** gas *m* tóxico

poison² *vt* **1** (with poison) envenenar; (make ill) intoxicar*; ‹*river/soil*› contaminar **2** (corrupt) ‹*mind/society*› corromper; ‹*relationship/atmosphere*› dañar, estropear; **to ~ sb's mind against sb** indisponer* a algn contra algn

poisoning /ˈpɔɪznɪŋ/ *n* [u c] envenenamiento *m*; **to die of ~** morir* envenenado; ▸**food poisoning, lead¹**

poisonous /ˈpɔɪzn̩əs/ *adj* **1** (containing poison) venenoso **2** (malicious, evil) ‹*remark/person*› venenoso, ponzoñoso; ‹*ideas*› pernicioso

poison-pen letter *n* anónimo *m* ponzoñoso

poke¹ /pəʊk/ *vt* **1** (jab): **to ~ the fire** atizar* el fuego; **to ~ sb's eye out** sacarle* un ojo a algn; **she ~d him in the ribs** le dio en el costado; (with elbow) le dio un codazo en el costado **2** (thrust): **she ~d her head around the door** asomó la cabeza por la puerta; **he ~d his finger through the crack** metió el dedo por la ranura; ▸**fun¹, nose¹ A**

■ **poke** *vi* **1** (jab) **to ~ AT sth**: **he ~d at the mouse with a stick** le dio al ratón con un palo **2** (project) asomar; **her feet were poking out of the sheets** los pies le asomaban por entre las sábanas; **a few shoots were poking up out of the soil** unos cuantos brotes asomaban en la tierra

Phrasal verb

• **poke about**, **poke around** [v ▸ adv] husmear

poke² *n* golpe *m*; (with elbow) codazo *m*; **she gave him a ~ in the ribs** le dio en el costado; (with elbow) le dio un codazo en el costado; **to give the fire a ~** atizar* el fuego

poker /ˈpəʊkər || ˈpəʊkə(r)/ *n*

A [c] (for fire) atizador *m*; ***as stiff as a ~*** más tieso que un palo (fam)

B [u] (game) póker *m*, póquer *m*

poker-faced /ˈpəʊkərˈfeɪst || ˈpəʊkəˈfeɪst/ *adj* (colloq) con cara de póker (fam), impasible

poky /ˈpəʊki/ *adj* **pokier, pokiest** (colloq) **1** (cramped) diminuto; **a ~ little room** un cuartucho diminuto (pey) **2** (slow) (AmE) lerdo

Polack /ˈpəʊlɑːk/ *n* (AmE sl & offensive) polaco, -ca *m,f*

Poland /ˈpəʊlənd/ *n* Polonia *f*

polar /ˈpəʊlər || ˈpəʊlə(r)/ *adj* (Geog, Astron) polar

polar bear *n* oso *m* polar

polarity /pəʊˈlærəti/ *n* [c u] (*pl* **-ties**) polaridad *f*

polarization /ˈpəʊlərəˈzeɪʃən/ *n* [u] polarización *f*

polarize /ˈpəʊləraɪz/ *vt* polarizar*

■ **polarize** *vi* polarizarse*

Polaroid®, **polaroid** /ˈpəʊlərɔɪd/ *adj* (*before n*) polaroid® *adj inv*

pole /pəʊl/ *n*

A **1** (fixed support) poste *m*; (*flag~*) mástil *m*; (*tent ~*) palo *m*, mástil *m* **2** (for vaulting) garrocha *f or* (Esp) pértiga *f* **3** (for barge, punt) pértiga *f*

B **1** (Geog) polo *m*; **the North/South P~** el Polo Norte/Sur; ***to be ~s apart*** ser* polos opuestos **2** (Phys) polo *m*

Pole *n* polaco, -ca *m,f*

pole: **~ax**, (BrE) **~axe** *vt* tumbar, noquear; **~cat** *n* **1** (of weasel family) turón *m* **2** (AmE) ▸**skunk**

polemic¹ /pəˈlemɪk/ *n* [c u] **1** (attack) ~ **(AGAINST sth/sb)** ataque *m or* invectiva *f* (CONTRA algo/algn) **2** (defense) **~ IN FAVOR OF sth/sb** defensa *f* DE algo/algn **3** (controversy) polémica *f*

polemic² /pəˈlemɪk/, **-ical** /-ɪkəl/ *adj* polémico

polemics /pəˈlemɪks/ *n* (+ *sing vb*) polémica *f*

pole position *n* **1** (Sport) (in motor racing) pole *f*, primera línea *f*, primera fila *f*; **to be in ~ ~** estar* en la pole, estar* en primera línea *or* fila en la parrilla de salida **2** (leading position) posición *f* de ventaja

pole: **~star**, (BrE) **P~ Star** *n* estrella *f* polar; **~-vault** *n* salto *m* con garrocha *or* (Esp) con pértiga

police¹ /pəˈliːs/ *n* **1** (force) (+ *sing or pl vb*) **the ~** la policía; **to be in/join the ~** ser*/hacerse* policía; (*before n*) ‹*escort/patrol*› policial; **~ car** coche *m* patrulla *or* de policía; **~ constable** (in UK) agente *mf*; **~ custody** custodia *f* policial; **~ department** (in US) distrito *m* policial; **the ~ force** la policía; **~ officer** agente *mf*, policía *mf*; **to have a ~ record** estar* fichado *or* (CS tb) prontuariado; **~ van** (BrE) furgón *m* policial, (coche *m*) celular *m* (Esp) **2** (police

P

officers) (*no art*, + *pl vb*) policías *mpl*

police² *vt* 1 (keep order in) ‹*streets*› patrullar; ‹*region/area*› mantener* una fuerza policial en 2 (monitor) vigilar, supervisar 3 (clean up) (AmE) limpiar

police: **~ dog** *n* perro *m* policía; **~man** /pə'li:smən/ *n* (*pl* **-men** /-mən/) policía *m*, agente *m*; **~ state** *n* estado *m* policía; **~ station** *n* comisaría *f*; **~woman** *n* agente *f*, policía *f*, mujer *f* policía

policing /pə'li:sɪŋ/ *n* [u] 1 (keeping order) mantenimiento *m* del orden; **the ~ of the strike** la actuación policial durante la huelga 2 (monitoring) vigilancia *f*, control *m*

policy /'pɑ:ləsi || 'pɒləsi/ *n* (*pl* **-cies**)

A [u c] 1 (Pol) política *f*; **~ ON sth**: **their ~ on education** su política en materia de educación *or* en cuanto a educación; (*before n*) **~ document** documento *m* normativo 2 (standard practice, plan) (Busn) política *f*; **her ~ is to ignore him** su táctica es no hacerle ni caso; **it is good/bad ~** es/no es recomendable

B [c] (*insurance ~*) (contract) seguro *m*; (document) póliza *f* de seguros

policy: **~holder** *n* asegurado, -da *m,f*; **~maker** *n* *encargado o responsable de formular la política de un partido, comité etc*; **~making** *n* [u] *formulación de la política a seguir por un partido, comité etc*

polio /'pəʊliəʊ/ *n* [u] polio *f*; (*before n*) ‹*vaccine*› contra la polio; ‹*epidemic*› de polio

poliomyelitis /'pəʊliəʊ'maɪə'laɪtəs/ *n* [u] poliomielitis *f*

polish¹ /'pɑ:lɪʃ || 'pɒlɪʃ/ *n* 1 [u c] (*shoe ~*) betún *m*, pomada *f* (RPl), pasta *f* (Chi); (*furniture ~*) cera *f* para muebles, lustramuebles *m* (CS); (*metal ~*) limpiametales *m*; (*floor ~*) (esp BrE) abrillantador *m* (de suelos); (*wax ~*) cera *f* (abrillantadora); (*nail ~*) esmalte *m* (de uñas) 2 [c] (sheen) brillo *m*, lustre *m* 3 (act) (*no pl*): **to give sth a ~** sacarle* brillo a algo 4 [u] (refinement): **his performance lacked ~** necesitaba refinar *or* pulir su interpretación; **he lacks ~** tiene que pulir su estilo

polish² *vt* 1 ‹*floor/table/car*› darle* *or* sacarle* brillo a; ‹*shoes*› limpiar, lustrar (esp AmL), bolear (Méx), embolar (Col); ‹*brass/chrome*› limpiar, darle* *or* sacarle* brillo a; ‹*lens/mirror*› limpiar; ‹*stone*› (by abrasion) pulir 2 (refine) pulir, perfeccionar

Phrasal verbs

- **polish off** [v ▸ o ▸ adv, v ▸ adv ▸ o] (colloq) ‹*food*› liquidarse (fam), despacharse (fam)
- **polish up** [v ▸ o ▸ adv, v ▸ adv ▸ o] ‹*skill/style*› pulir, perfeccionar

Polish¹ /'pəʊlɪʃ/ *adj* polaco

Polish² *n* [u] polaco *m*

polished /'pɑ:lɪʃt || 'pɒlɪʃt/ *adj* 1 (shiny) ‹*metal/marble*› pulido, bruñido; ‹*wood*› brillante, lustrado (esp AmL) 2 (refined) ‹*manners/accent*› refinado, elegante; ‹*performance/translation*› pulido

polisher /'pɑ:lɪʃər || 'pɒlɪʃə(r)/ *n* (machine) enceradora *f*; (person) lustrador, -dora *m,f*

polite /pə'laɪt/ *adj* **politer, politest** 1 (correct, well-bred) ‹*manner/person*› cortés, educado, correcto; **the rules of ~ behavior** las reglas de cortesía; **they were making ~ conversation** conversaban tratando de ser agradables; **I was only being ~** lo dije sólo por cortesía; **it's not ~ to shout** gritar es una falta de educación *or* es de mala educación 2 (refined): **in ~ society** en la buena sociedad; **in ~ company** entre gente educada *or* fina

politely /pə'laɪtli/ *adv* ‹*behave*› correctamente, cortésmente; ‹*ask/refuse*› con buenos modales, con educación

politeness /pə'laɪtnəs || pə'laɪtnɪs/ *n* cortesía *f*, (buena) educación *f*; **out of ~** por cortesía

politic /'pɑ:lətɪk || 'pɒlətɪk/ *adj* (frml) diplomático; **it would be ~ to go/accept** lo más diplomático sería ir/aceptar

political /pə'lɪtɪkəl/ *adj* político; **~ asylum** asilo *m* político; **his motives are clearly ~** tiene motivaciones claramente políticas; **I'm not very ~** no me interesa mucho la política

political: **~ correctness** *n* [u] corrección *f* política, lo políticamente correcto; **~ economy** *n* [u] economía *f* política

politically /pə'lɪtɪkli/ *adv* políticamente; **~ aware** con conciencia política

politically correct *adj* políticamente correcto; **a ~ ~ term** un término políticamente correcto

politician /'pɑ:lə'tɪʃən || ˌpɒlɪ'tɪʃən/ *n* político, -ca *m,f*

politicize /pə'lɪtəsaɪz || pə'lɪtɪsaɪz/ *vt* politizar*; **to become ~d** politizarse*

politics /'pɑ:lətɪks || 'pɒlətɪks/ *n*

A (+ *sing vb*) (science, activity) política *f*; **to go into** *o* **enter ~** dedicarse* a la política, meterse en política (fam)

B (+ *pl vb*) 1 (political relations) política *f*; **office ~** intrigas *or* (fam) trapicheos de oficina; **the ~ of medicine** la medicina en el contexto político 2 (political views) ideas *fpl* políticas

polka /'pəʊlkə || 'pɒlkə, 'pəʊlkə/ *n* polca *f*, polka *f*

polka dot /'pəʊkə, pəʊlkə || 'pɒlkə, 'pəʊlkə/ *n* lunar *m*, topo *m* (Esp); (*before n*) ‹*material*› de lunares *or* (Esp) topos

poll¹ /pəʊl/ *n*

A 1 (ballot) votación *f*; **to take a ~ on sth** someter algo a votación 2 (number of votes cast): **there was a 62% ~** la participación electoral fue de un 62% 3 (*opinion ~*) encuesta *f* (de opinión), sondeo *m* (de opinión)

B **polls** *pl* (polling stations) **the ~s**: **to go to the ~s** ir* *or* acudir a las urnas

poll² *vt*

A (Pol) ‹*votes*› (obtain) obtener*; (cast) emitir

B (question) ‹*electorate*› sondear, encuestar

pollen /'pɑ:lən || 'pɒlən/ *n* [u] polen *m*; (*before n*) **~ count** índice *m* de concentración de polen en el aire

pollinate /'pɑ:ləneɪt || 'pɒləneɪt/ *vt* polinizar*

polling /'pəʊlɪŋ/ *n* [u] votación *f*; (*before n*) **~ day** (BrE) día *m* de las elecciones; **~ place** *o* (BrE) **station** centro *m* electoral

pollutant /pə'lu:tn̩t/ *n* [c u] (agente *m*) contaminante *m*

pollute /pə'lu:t/ *vt* 1 (Ecol) contaminar; **to become ~d** contaminarse 2 (corrupt) (frml) ‹*mind/justice*› corromper

pollution /pə'lu:ʃən/ *n* [u] contaminación *f*, polución *f*

Pollyanna /'pɑ:li'ænə/ *n* (AmE) eterna optimista *f*

polo /'pəʊləʊ/ *n* [u] polo *m*

polo: **~ neck** *n* (BrE) 1 (style of neck) cuello *m* alto 2 ▸ **~ neck sweater**; **~ neck sweater** *n* (BrE) suéter *m* de cuello alto *or* cisne, polera *f* (RPl)

poltergeist /'pəʊltergaɪst || 'pɒltəgaɪst/ *n* poltergeist *m*

poly /'pɑ:li || 'pɒli/ *n* (*pl* **~s**) (BrE colloq) ▸ **polytechnic**

poly- /'pɑ:li || 'pɒli/ *pref* poli-

polyanthus /'pɑ:li'ænθəs/ *n* (*pl* **~es**) prímula *f*

polyester /'pɑ:li'estər || ˌpɒli'estə(r)/ *n* [u c] poliéster *m*

polyethylene /'pɑ:li'eθəli:n/ *n* [u] (esp AmE) polietileno *m*

polygamist /pə'lɪgəməst/ *n* polígamo, -ma *m,f*

polygamous /pə'lɪgəməs/ *adj* polígamo

polygamy /pə'lɪgəmi/ *n* [u] poligamia *f*

polyglot /'pɑ:liglɑ:t/ *n* políglota *mf*, polígloto, -ta *m,f*

polygon /'pɑ:ligɑ:n || 'pɒligən/ *n* polígono *m*

polymer /'pɑ:ləmər || 'pɒlɪmə(r)/ *n* polímero *m*

Polynesia /'pɑ:lə'ni:ʒə || ˌpɒlɪ'ni:ʒə/ *n* (la) Polinesia

Polynesian /'pɑ:lə'ni:ʒən || ˌpɒlɪ'ni:ʒən/ *adj* polinesio

polyp /'pɑ:ləp || 'pɒlɪp/ *n* (Zool, Med) pólipo *m*

polystyrene /'pɑ:li'staɪri:n/ *n* [u c] poliestireno *m*

polytechnic /'pɑ:li'teknɪk || ˌpɒli'teknɪk/ *n* (formerly in UK) *institución de educación superior que otorgaba títulos de nivel universitario y distintos diplomas*

polythene /'pɑ:ləθi:n/ *n* [u] (BrE) plástico *m*, polietileno *m* (téc); (*before n*) **a ~ bag** una bolsa de plástico

polyunsaturate /'pɑ:liʌn'sætʃəreɪt || ˌpɒlɪʌn'sætʃəreɪt/ *n* poliinsaturado *m*

polyunsaturated /'pɑ:liʌn'sætʃəreɪtəd || ˌpɒlɪʌn'sætʃəreɪtɪd/ *adj* poliinsaturado

polyurethane /'pɑ:li'jʊrəθeɪn/ *n* [u c] poliuretano *m*

pom /pɑ:m || pɒm/ *n* (Austral sl & often offensive) ▸ **pommy**

pomegranate /'pɑ:məgrænət/ *n* granada *f*

pommel¹ /'pʌməl/ *vt* ▸ **pummel**

pommel² *n* 1 (of saddle) perilla *f* 2 (of sword) pomo *m*

pommy /'pɑ:mi || 'pɒmɪ/ *n* (*pl* **-mies**) (Austral sl & often offensive) inglés, -glesa *m,f*

pomp /pɑ:mp || pɒmp/ *n* [u] pompa *f*, fausto *m*

pompom /ˈpɑːmpɑːm || ˈpɒmpɒm/ *n* 1 (on hat) borla *f*, pompón *m* 2 (for cheerleader) pompón *m*

pomposity /pɑːmˈpɑːsəti/ *n* [u] pomposidad *f*

pompous /ˈpɑːmpəs/ *adj* ‹*person*› pomposo, pedante, presuntuoso; ‹*reply/word*› pomposo, ampuloso, grandilocuente; **he's a ~ ass** es un pedante y un imbécil

poncho /ˈpɑːntʃəʊ || ˈpɒntʃəʊ/ *n* (*pl* **-chos**) poncho *m*

pond /pɑːnd || pɒnd/ *n* (man-made) estanque *m*; (natural) laguna *f*

ponder /ˈpɑːndər/ *vt* reflexionar *or* cavilar sobre

■ **ponder** *vi* reflexionar; **to ~ ON/OVER sth** reflexionar *or* cavilar SOBRE algo

ponderous /ˈpɑːndərəs || ˈpɒndərəs/ *adj* ‹*movement*› lento y pesado; ‹*explanation/speech*› pesado

pong¹ /pɑːŋ || pɒŋ/ *n* [c u] (BrE colloq) peste *f* (fam), tufo *m*

pong² *vi* (BrE colloq) apestar (fam)

pontiff /ˈpɑːntəf || ˈpɒntɪf/ *n* pontífice *m*

pontificate /pɑːnˈtɪfəkeɪt || pɒnˈtɪfɪkeɪt/ *vi* pontificar*

pontoon /pɑːnˈtuːn || pɒnˈtuːn/ *n*

A [c] (float) pontón *m*; (*before n*) **~ bridge** pontón *m*

B (BrE Games) veintiuna *f*

pony /ˈpəʊni/ *n* (*pl* **ponies**)

A (Zool) poni *m*

B (sl) (AmE) ▸ **crib¹ C1**

pony: **~tail** *n* cola *f* de caballo, coleta *f*; **~-trekking** *n* [u] (BrE) pony-trekking *m*, viaje-aventura *m* a caballo

poodle /ˈpuːdl̩/ *n* caniche *m*

poof /pʊf/, **poofter** /ˈpʊftər || ˈpʊftə(r)/ *n* (BrE sl & pej) maricón *m* (fam & pey)

pooh¹ /puː/ *n* (BrE colloq: used to or by children) caca *f* (fam)

pooh² *interj* (expressing disgust) ¡puf!; (expressing scorn) ¡bah!

pooh-pooh /ˈpuːˈpuː/ *vt* (colloq) reírse* de, desdeñar

pool¹ /puːl/ *n*

A [c] 1 (collection of water) charca *f* 2 (*swimming* ~) piscina *f*, pileta *f* (RPl), alberca *f* (esp Méx) 3 (puddle) charco *m*; **a ~ of light** un foco de luz

B [c] (common reserve) (of money) fondo *m* común; (*typing* ~) sección *f* de mecanografía; **motor** *o* (BrE) **car ~** parque *m* *or* (AmL tb) flota *f* de automóviles; **a ~ of talent** una reserva de talento; **~ of resources** fuente *f* de recursos

C **pools** *pl* (BrE) ▸ **football pools**

D [u] (billiards) billar *m* americano, pool *m*

pool² *vt* hacer* un fondo común de

poolroom /ˈpuːlruːm, -rʊm/ *n* sala *f* de billar

poop /puːp/ *n*

A [c] (Naut) 1 (stern) popa *f* 2 **~ (deck)** toldilla *f*, castillo *m* de popa

B [u] (information) (AmE sl) **the ~** la información, los datos

C [u] (excrement) (AmE euph) caca *f* (fam)

pooped (out) /puːpt/ *adj* (AmE sl) (*pred*) reventado (fam), hecho polvo (fam)

poor¹ /pɔːr || pɔːr, pʊə(r)/ *adj* **-er, -est**

A (not wealthy) pobre; **spiritually ~** pobre de espíritu; **sparkling wine is the ~ man's champagne** el vino espumoso es el champán de los pobres

B (unsatisfactory, bad) ‹*harvest*› pobre, escaso; ‹*diet/quality*› malo; ‹*imitation*› burdo; **she's a ~ golfer** es una jugadora de golf bastante floja *or* mala; **theory is a ~ substitute for experience** la teoría no puede reemplazar a la experiencia; **to be in very ~ health** estar* muy delicado *or* muy mal de salud

C (unfortunate) (*before n*) pobre; **~ old Charles got soaked** el pobre Charles se empapó; **you ~ thing!** ¡pobrecito!

poor² *pl n* **the ~** los pobres

poorly¹ /ˈpʊrli || ˈpɔːli, ˈpʊəli/ *adj* (*pred*) (esp BrE) mal; **to be/feel ~** estar*/sentirse* mal *or* (Esp fam) pachucho

poorly² *adv* 1 (badly) ‹*perform/play*› mal; **they were ~ paid** les pagaban muy poco; **she did very ~ in the exam** le fue muy mal en el examen; **the street was ~ lit** había poca luz en la calle 2 (showing signs of poverty) pobremente

poor White *n*: *persona de raza blanca de bajo nivel socioeconómico*

pop¹ /pɑːp || pɒp/ *n*

A (noise): **to go ~** hacer 'pum'; (burst) reventar*

B [u] (Mus) música *f* pop

C [u] (Culin) gaseosa *f*

D [c] (father) (AmE colloq) papá *m* (fam); **~** *o* **~s** (*as form of address*) papá (fam), papi (fam)

pop² **-pp-** *vi*

A «*balloon*» estallar, reventar(se)*; «*cork*» saltar; **my ears ~ped** se me destaparon los oídos; **a ~ping sound/noise** un ligero estallido

B (spring) saltar; **his eyes were ~ping (out of his head)** los ojos se le salían de las órbitas

C (go casually) (colloq): **I ~ped across the road for some milk** crucé un momento a comprar leche; **he just ~ped in to say hello** pasó un minuto a saludar; **I'm ~ping out to get some cigarettes** voy a salir un momento a comprar cigarrillos

■ **pop** *vt*

A (burst) ‹*balloon*› reventar*, hacer* estallar

B (put quickly, casually): **she ~ped her head around the door** asomó la cabeza por la puerta; **~ it into your pocket** métetelo en el bolsillo; ▸ **question¹ 1**

C ‹*pill/drug*› (colloq) tragar*

Phrasal verbs

- **pop off** [v ▸ adv] (colloq) (die) estirar la pata (fam), diñarla (Esp fam), petatearse (Méx fam)
- **pop up** [v ▸ adv] (colloq) 1 (rise) «*toast*» saltar; **his head ~ped up from behind the wall** asomó la cabeza por encima del muro 2 (appear) aparecer*; **new restaurants are ~ping up all over the place** están apareciendo *or* surgiendo nuevos restaurantes por todos lados

pop³ *adj* 1 (popular) ‹*sociology/culture*› popular; ‹*music/singer*› (AmE) popular, ligero; **~ art** pop-art *m*; **~ concert** (AmE) concierto *m* popular 2 (BrE Mus) pop *adj inv*

pop. (= **population**) hab.

popcorn /ˈpɑːpkɔːrn || ˈpɒpkɔːn/ *n* [u] palomitas *fpl* (de maíz), cabritas *fpl* (de maíz) (Chi), pororó *m* (RPl), maíz *m* pira *or* tote (Col)

pope /pəʊp/ *n* papa *m*

pop: **~eyed** /ˈpɑːpˈaɪd || ˈpɒpaɪd/ *adj*: **to be ~eyed** (naturally) tener* los ojos saltones; (in surprise) mirar con los ojos desorbitados *or* fuera de las órbitas; **~gun** *n* pistola *f* de juguete (*de aire comprimido*)

poplar /ˈpɑːplər || ˈpɒplə(r)/ *n* 1 [c] **~ (tree)** álamo *m* (blanco); **black ~** álamo *m* negro, chopo *m* 2 [u] (wood) álamo *m*

poplin /ˈpɑːplən || ˈpɒplɪn/ *n* [u] popelina *f*, popelín *m* (Esp)

pop: **~-out** /ˈpɑːpaʊt || ˈpɒpaʊt/ *adj* (AmE) eyectable; **~-up** /ˈpɑːpʌp || ˈpɒpʌp/ *adj* (*before n*) ‹*book*› móvil, con ilustraciones en relieve; ‹*toaster*› automático

poppa /ˈpɑːpə || ˈpɒpə/ *n* (AmE) ▸ **pop¹ D**

popper /ˈpɑːpər || ˈpɒpə(r)/ *n* 1 (AmE Culin) *recipiente para hacer* **popcorn** 2 (press stud) (BrE) broche *m* *or* botón *m* de presión (AmL), cierre *m* automático (Esp)

poppet /ˈpɑːpət || ˈpɒpɪt/ *n* (BrE) tesoro *m*, encanto *m*

poppy /ˈpɑːpi/ *n* (*pl* **-pies**) amapola *f*, adormidera *f*

poppy: **~cock** *n* [u] (colloq & dated) paparruchas *fpl* (fam), tonterías *fpl*; **~seed** *n* [u c] semilla *f* de amapola

Popsicle® /ˈpɑːpsɪkəl/ *n* (AmE) paleta *f* (helada) *or* (Esp) polo *m* *or* (RPl) palito *m* *or* (CS) chupete *m* helado

popsy /ˈpɑːpsi/ *n* (*pl* **-sies**) (BrE colloq) amiga *f*, ligue m, (Méx, Esp fam), rollete *m* (Esp fam), pinche *m* (Chi fam)

pop-top /ˈpɑːptɑːp || ˈpɒptɒp/ *n* (AmE) anilla *f*; (*before n*) **~ can** lata *f* (*que se abre tirando de una anilla*)

populace /ˈpɑːpjələs || ˈpɒpjʊləs/ *n* (+ *sing o pl vb*) **the ~** (common people) el pueblo; (population) la población

popular /ˈpɑːpjələr || ˈpɒpjʊlə(r)/ *adj*

A 1 (well-liked): **he's not very ~ around here** por aquí no le tienen mucha simpatía; **he's a very ~ politician among the young** es un político muy popular entre los jóvenes; **I was never very ~ at school** nunca fui muy popular en el colegio; **to be ~ WITH sb**: **she is ~ with her students** goza de popularidad entre sus alumnos; **I'm not very ~ with her at the moment** (colloq) últimamente no soy santo de su devoción (fam) 2 ‹*resort/restaurant*› muy frecuentado; ‹*brand/product*› popular

B 1 (not highbrow, specialist) ‹*music/literature*› popular 2 (of populace) ‹*feeling*› popular; ‹*rebellion*› del pueblo, popular; **by ~ demand/request** a petición *or* (AmL tb) a pedido del público 3 (widespread) ‹*belief/notion*› generalizado

popularity /ˌpɑːpjəˈlærəti || ˌpɒpjʊˈlærəti/ *n* [u] popularidad *f*; **the program is growing in ~** el programa goza de una popularidad cada vez mayor

popularize /ˈpɑːpjələraɪz || ˈpɒpjʊləraɪz/ *vt* 1 (make popular) popularizar*, hacer* popular 2 (make accessible) divulgar*, vulgarizar*

popularly /ˈpɑːpjələrli || ˈpɒpjʊləli/ *adv*: ~ **known as ...** vulgarmente *or* corrientemente conocido como ...

populate /ˈpɑːpjəleɪt || ˈpɒpjʊleit/ *vt* poblar*; **sparsely ~d** con poca densidad de población

population /ˌpɑːpjəˈleɪʃən || ˌpɒpjʊˈleɪʃən/ *n*

A [c] 1 (number) población *f*; **what is the ~ of Thailand?** ¿cuántos habitantes *or* qué población tiene Tailandia?; (*before n*) ~ **explosion** explosión *f* demográfica; ~ **growth** crecimiento *m* demográfico 2 (individuals) (+ *sing o pl vb*) población *f*; **the entire ~ of the town turned out to welcome them** todo el pueblo salió a darles la bienvenida

B [u] (settling) población *f*

populism /ˈpɑːpjəlɪzəm || ˈpɒpjʊlɪzəm/ *n* [u] populismo *m*

populist /ˈpɑːpjələst || ˈpɒpjʊlɪst/ *adj* populista

populous /ˈpɑːpjələs || ˈpɒpjʊləs/ *adj* populoso

porcelain /ˈpɔːrsələn || ˈpɔːsəlɪn/ *n* [u] porcelana *f*

porch /pɔːrtʃ || pɔːtʃ/ *n* 1 (covered entrance) porche *m* 2 (veranda) (AmE) porche *m*, galería *f*

porcupine /ˈpɔːrkjəpaɪn || ˈpɔːkjʊpaɪn/ *n* puercoespín *m*

pore /pɔːr || pɔː(r)/ *n* poro *m*

Phrasal verb

- **pore over** [v ▸ prep ▸ o] ‹*manuscript/evidence/report*› estudiar minuciosamente; **he found her poring over an atlas** la encontró enfrascada en un atlas

pork /pɔːrk || pɔːk/ *n* [u] (carne *f* de) cerdo *m*, (carne *f* de) puerco *m* (Méx), chancho *m* (Chi, Per), marrano *m* (Col); (*before n*) ~ **chop** chuleta *f* de cerdo (*or* de chancho *etc*), costilla *f* de cerdo (RPl)

porn[1] /pɔːrn || pɔːn/ *n* [u] (colloq) pornografía *f*

porn[2], **porno** /ˈpɔːrnəʊ/ *adj* (colloq) (*before n*) porno *adj inv*

pornographic /ˌpɔːrnəˈɡræfɪk/ *adj* pornográfico

pornography /pɔːrˈnɑːɡrəfi/ *n* [u] pornografía *f*

porous /ˈpɔːrəs/ *adj* poroso

porpoise /ˈpɔːrpəs || ˈpɔːpəs/ *n* marsopa *f*

porridge /ˈpɔːrɪdʒ || ˈpɒrɪdʒ/ *n* [u] avena *f* (*cocida*), gachas *fpl* (*de avena*) (Esp); (*before n*) ~ **oats** copos *mpl* de avena

port[1] /pɔːrt || pɔːt/ *n*

A [c] (for ships) puerto *m*; **sea/inland ~** puerto marítimo/fluvial; **to enter ~** llegar* a *or* arribar a *or* tomar puerto; **to leave ~** zarpar; ~ **of call** puerto *m* de escala; **our second ~ of call was the baker's** nuestra segunda parada fue en la panadería; ***any ~ in a storm*** cuando hay hambre no hay pan duro, en tiempos de guerra cualquier hoyo es trinchera; (*before n*) ‹*authority/tax/regulation*› portuario

B [u] (left side) babor *m*; **to ~** a babor

C [c] 1 (for loading) (Aviat, Naut) porta *f* 2 (Comput) puerto *m*

D [u] (Culin) oporto *m*, vino *m* de Oporto

port[2] *adj* (*before n*) ‹*lights*› de babor

portable /ˈpɔːrtəbəl/ *adj* portátil

portal /ˈpɔːrtl̩ || ˈpɔːtl̩/ *n* portal *m*

portcullis /pɔːrtˈkʌləs || ˌpɔːtˈkʌlɪs/ *n* rastrillo *m*

portend /pɔːrˈtend || pɔːˈtend/ *vt* (liter) augurar, presagiar

portent /ˈpɔːrtent || ˈpɔːtent/ *n* augurio *m*, presagio *m*

portentous /pɔːrˈtentəs || pɔːˈtentəs/ *adj* 1 ‹*remark/tone*› solemne 2 ‹*dream*› profético

porter /ˈpɔːrtər || ˈpɔːtə(r)/ *n*

A (at station, airport) maletero *m*, mozo *m*, changador *m* (RPl); (on expedition) porteador *m*; (in hospital) (BrE) camillero *m*

B 1 (in hotel, apartment block) portero *m* 2 (AmE Rail) (sleeping-car attendant) mozo *m*, camarero *m* (CS)

porter's lodge *n* ≈ conserjería *f*, ≈ garita *f*

portfolio /pɔːrtˈfəʊliəʊ || pɔːtˈfəʊliəʊ/ *n* (*pl* **-lios**)

A 1 (case) portafolio(s) *m*, cartera *f* 2 (samples of work) carpeta *f* de trabajos

B (Pol) cartera *f*; **Minister without P~** ministro, -tra *m,f* sin cartera

C (Fin) cartera *f* de acciones; (*before n*) ~ **management** gestión *f* de carteras

porthole /ˈpɔːrthəʊl/ *n* (Naut) ojo *m* de buey, portilla *f*

portico /ˈpɔːrtɪkəʊ/ *n* (*pl* **-cos** *or* **-coes**) pórtico *m*

portion /ˈpɔːrʃən || ˈpɔːʃən/ *n* 1 (of food) porción *f* (esp AmL), ración *f* (esp Esp) 2 (share, part) parte *f*

Phrasal verb

- **portion out** [v ▸ o ▸ adv, v ▸ adv ▸ o] repartir; **they ~ed out the land among themselves** se repartieron la tierra

portly /ˈpɔːrtli || ˈpɔːtli/ *adj* **-lier, -liest** corpulento

portmanteau /pɔːrtˈmæntəʊ || pɔːtˈmæntəʊ/ *n* (*pl* **-teaux** *or* **-teaus** /-təʊz/) baúl *m* de viaje

portrait /ˈpɔːrtrət, -treɪt || ˈpɔːtrɪt, -treɪt/ *n* retrato *m*; **to paint sb's ~** pintar *or* retratar a algn

portrait format *n* [u] formato *m* vertical

portray /pɔːrˈtreɪ || pɔːˈtreɪ/ *vt* 1 (depict) «*picture*» representar 2 (describe, represent) ‹*person/scene*› describir*; **she ~s the king as weak and selfish** nos da una imagen del rey *or* nos presenta al rey como un ser débil y egoísta 3 (act) ‹*character*› interpretar

portrayal /pɔːrˈtreɪəl || pɔːˈtreɪəl/ *n* [u c] (Art) representación *f*, manera *f* de representar; (Lit) descripción *f*; (Theat) interpretación *f*

Portugal /ˈpɔːrtʃɪɡəl || ˈpɔːtjʊɡl/ *n* Portugal *m*

Portuguese[1] /ˈpɔːrtʃəˈɡiːz || ˌpɔːtjʊˈɡiːz/ *adj* portugués

Portuguese[2] *n* (*pl* ~) 1 [u] (language) portugués *m* 2 [c] (person) portugués, -guesa *m,f*

pose[1] /pəʊz/ *vt* ‹*threat*› representar; ‹*problem/question*› plantear

■ **pose** *vi* 1 (Art, Phot) posar 2 (put on an act) hacerse* el interesante 3 (pretend to be) **to ~ AS sb/sth** hacerse* pasar POR algn/algo

pose[2] *n* 1 (position of body) pose *f*, postura *f*; **to strike a ~** ponerse* en pose 2 (assumed manner) pose *f*, afectación *f*

poser /ˈpəʊzər || ˈpəʊzə(r)/ *n* 1 (question) pregunta *f* difícil; (problem) dilema *m* 2 (person) (BrE colloq) ▸**poseur**

poseur /pəʊˈzɜːr || pəʊˈzɜː(r)/ *n*: **he's a real ~** todo en él es pura pose *or* afectación; **the party was full of ~s** la fiesta estaba llena de gente que se las daba de interesante

posh /pɑːʃ || pɒʃ/ *adj* **-er, -est** (esp BrE colloq) elegante, pijo (Esp fam), posudo (Col fam), pituco (CS fam), cheto (RPl fam), sifrino (Ven fam), popoff (Méx fam)

position[1] /pəˈzɪʃən/ *n*

A [c] 1 (location) posición *f*, ubicación *f* (esp AmL); **to take up ~(s)** «*soldier/policeman*» apostarse*; **the castle occupies a commanding ~ above the town** el castillo domina la ciudad desde lo alto; **they changed ~** se cambiaron de lugar *or* de sitio; **to be in ~/out of ~** estar* en su sitio/fuera de lugar 2 (Sport) posición *f*

B [c] 1 (posture) posición *f*, postura *f* 2 (stance, point of view) postura *f*, posición *f*

C 1 [c] (in hierarchy) posición *f*; (in league) puesto *m*, lugar *m* 2 [c] (job, post) (frml) puesto *m* 3 [u] (social standing) posición *f*

D [c] (situation, circumstances) situación *f*; **a strong bargaining ~** una buena posición para negociar; **put yourself in my ~** ponte en mi lugar; **you're in no ~ to criticize** no eres la persona más indicada para criticar; **I'm not in a ~ to help them at the moment** en este momento no estoy en condiciones de prestarles ayuda

position[2] *vt* colocar*, poner*; **police had been ~ed at both ends of the street** habían apostado policías a ambos extremos de la calle; **he ~ed himself between the two guests of honor** se situó *or* (AmL tb) se ubicó entre los dos invitados de honor

positive /ˈpɑːzətɪv || ˈpɒzətɪv/ *adj*

A 1 ‹*number/quantity*› positivo; ‹*electrode*› positivo; **the test was ~** (Med) el análisis dio positivo 2 (Phot) ‹*image/print*› positivo

B 1 (constructive) ‹*attitude*› positivo; ‹*criticism*› constructivo; **try ~ thinking** intenta ser más positivo; ~ **discrimination** (BrE) discriminación *f* positiva 2 (for the good) ‹*influence/development*› positivo

C (definite): **there is no ~ evidence** no hay pruebas concluyentes *or* definitivas; **the group still lacks a ~ identity** al grupo todavía le falta una identidad definida

D (absolute) (*before n*) auténtico, verdadero; **it's a ~ disgrace** es una auténtica *or* verdadera vergüenza

E 1 (decisive) categórico; **she's very ~ in her likes and dislikes** es muy categórica en sus preferencias; **what we need is ~ leadership** lo que necesitamos es un liderazgo firme 2 (sure) (colloq) (*pred*): **are you sure? — positive** ¿estás seguro? — segurísimo *or* más que seguro

positively /'pɑ:zətɪvli || 'pɒzətɪvli/ *adv*
A (favorably, constructively): **we view teaching experience very ~** valoramos mucho *or* muy positivamente la experiencia docente; **to think ~** no ser* negativo, ser* positivo; **they reacted ~** tuvieron una reacción/respuesta positiva
B 1 (definitely) ‹*prove*› de forma concluyente *or* fehaciente; **the body has not yet been ~ identified** todavía no se ha hecho una identificación definitiva del cadáver 2 (absolutely) ‹*delighted/furious*› verdaderamente; **the food is ~ awful** la comida es malísima

posse /'pɑ:si || 'pɒsi/ *n* 1 (in US) partida *f* (*al mando de un sheriff*) 2 (group) grupo *m* numeroso; (gang) pandilla *f*

possess /pə'zes/ *vt*
A (own, have) tener*, poseer* (frml); **to be ~ed of sth** (frml) poseer* algo (frml)
B (grip, influence) «*anger/fear*» apoderarse de; **whatever can have ~ed him to do/say such a thing?** ¿qué lo habrá llevado a hacer/decir semejante cosa?

possessed /pə'zest/ *adj* (*pred*) **to be ~ (by the devil)** estar* endemoniado, estar* poseído (por el demonio); **like/as one ~** como (un) endemoniado *or* un poseso

possession /pə'zeʃən/ *n*
A 1 [c] (sth owned) bien *m*; **all my ~s** todo lo que tengo *or* (frml) poseo 2 [c] (territory) dominio *m*, posesión *f*
B [u] (ownership) posesión *f*; (of arms) tenencia *f*; **to be in ~ of sth** estar* en posesión de algo; **she wasn't in full ~ of her faculties** no estaba en pleno uso de sus facultades mentales; **the documents are in his ~** los documentos están *or* (frml) obran en su poder; **to gain ~ of sth** apoderarse de algo; **to take ~ of sth** tomar posesión de algo; ***~ is nine parts*** *o* ***tenths of the law*** la posesión es lo que cuenta
C [u] (Occult) posesión *f*

possessive /pə'zesɪv/ *adj*
A ‹*father/mother*› posesivo; **he's very ~ about his toys** es muy egoísta con sus juguetes
B (Ling) posesivo

possessiveness /pə'zesɪvnəs/ *n* [u] actitud *f* posesiva

possessor /pə'zesər/ *n* poseedor, -dora *m,f*

possibility /'pɑ:sə'bɪləti || ,pɒsə'bɪləti/ *n* 1 [u] (likelihood) posibilidad *f*; **it's not beyond (the bounds of) ~ that it will come back** cabe la posibilidad de que vuelva, está dentro de lo posible que vuelva; **is there any ~ you could lend me the money?** ¿hay alguna posibilidad de que me prestes el dinero? 2 [c] (sth possible) posibilidad *f*; **that's always a ~** siempre queda esa posibilidad 3 **possibilities** *pl* posibilidades *fpl*, potencial *m*

possible¹ /'pɑ:səbəl || 'pɒsəbəl/ *adj* posible; **the text must be checked for any ~ mistakes** hay que revisar el texto por si hubiera algún error; **in the best ~ taste** con el mejor de los gustos; **the show was made ~ by their dedication** el espectáculo fue posible gracias a su dedicación; **it's just ~ that he may have survived** existe una remota posibilidad de que haya sobrevivido; **get here by eight if ~** llega antes de las ocho, si es posible *or* si puedes; **as far as ~ try to work on your own** en lo posible intenta trabajar sola; **as little as ~** lo menos posible; **as early as ~** lo más pronto posible

possible² *n* 1 [c] (person) posible candidato, -ta *m,f* 2 [u] (what can be done): **the ~** lo posible

possibly /'pɑ:səbli || 'pɒsəbli/ *adv* 1 (conceivably): **that can't ~ be true** eso no puede ser verdad; **if we ~ can** si podemos *or* si nos es posible; **as fast as they ~ could** lo más rápido que pudieron; **I couldn't ~ eat any more** me es totalmente imposible comer nada más; **I couldn't ~ allow you to pay** de ninguna manera voy a permitir que usted pague; **could you ~ give me a hand with this?** ¿sería tan amable de ayudarme con esto? 2 (perhaps) (*indep*): **will it cost more than five dollars? — possibly** ¿va a costar más de cinco dólares? — puede ser *or* posiblemente

possum /'pɑ:səm || 'pɒsəm/ *n* zarigüeya *f*, oposum *f*, comadreja *f* (CS), zorro *m* (AmC, Méx); ***to play ~*** (to pretend — to be dead) hacerse* el muerto; (— to be asleep) hacerse* el dormido

post¹ /pəʊst/ *n* [u]
A 1 [c] (pole) poste *m*; ***as deaf as a ~*** más sordo que una tapia 2 [u] (in horse racing) poste *m*; **the finishing/starting ~** el poste de llegada/salida, la meta/salida; ▸**pip²**
B [u] (mail) (esp BrE) correo *m*; **to send sth by ~** *o* **through the ~** mandar *or* enviar* algo por correo; **by separate ~** en sobre aparte *or* por separado; **it's in the ~** ya ha sido enviado *or* está en camino; **was there any ~ this morning?** ¿llegó alguna carta esta mañana?; **the first/second ~** (delivery) el primer/segundo reparto; (collection) la primera/segunda recogida; **to catch/miss the ~** llegar* a/perder* la recogida
C [c] 1 (job) puesto *m*, empleo *m*; **to take up one's ~** entrar en funciones, empezar* a trabajar 2 (important position) cargo *m* 3 (place of duty) puesto *m*
D [c] (station) puesto *m*; **a frontier/customs ~** un puesto fronterizo/de aduanas

post² *vt*
A 1 (position) ‹*policeman/soldier*› apostar 2 (send) ‹*employee/diplomat*› destinar, mandar
B (mail) (esp BrE) ‹*letter/parcel*› echar al correo; (drop in postbox) echar al buzón; **to ~ sth to sb** mandarle *or* enviarle* algo a algn (por correo)
C 1 (announce) ‹*meeting/reward*› anunciar; ***to keep sb ~ed*** mantener* *or* tener* a algn al tanto *or* al corriente 2 **~ (up)** ‹*list/notice*› poner*, fijar

post- /pəʊst/ *pref* post-, pos-

postage /'pəʊstɪdʒ/ *n* [u] franqueo *m*; **~ and handling** (AmE), **~ and packing** (BrE) gastos *mpl* de envío

postage: ~ paid *adv* con franqueo pagado; **~ stamp** *n* (frml) sello *m* (de correos), estampilla *f* (AmL), timbre *m* (Méx)

postal /'pəʊstl/ *adj* (*before n*) ‹*zone/charges*› postal; ‹*service*› postal, de correos; ‹*booking*› (BrE) por correo; **~ ballot/vote** (BrE) votación *f*/voto *m* por correo

postal order *n* (BrE) ≈ giro *m* postal

post: ~bag *n* (BrE) (sack) bolsa *f* del correo (AmL), saca *f* del correo (Esp); (letters) correspondencia *f*; **~box** *n* (BrE) buzón *m*; **~card** *n* tarjeta *f* postal, postal *f*; **~code** *n* (BrE) código *m* postal

postdate /'pəʊst'deɪt/ *vt* 1 ‹*contract/check*› posfechar, diferir* (RPl) 2 (occur after) tener* lugar después de

poster /'pəʊstər || 'pəʊstə(r)/ *n* cartel *m*, póster *m*

poste restante /'pəʊstre'stɑ:nt/ *n* (BrE) lista *f* de correos, poste *f* restante (AmL)

posterior /pɑ:'stɪriər/ *n* (euph & hum) trasero *m* (fam & euf)

posterity /pɑ:'sterəti || pɒ'sterəti/ *n* [u] posteridad *f*

postgraduate /pəʊst'grædʒuət/ *n* estudiante *mf* de postgrado (*before n*) ‹*student/research*› de postgrado

posthaste /'pəʊst'heɪst/ *adv* inmediatamente

posthumous /'pɑ:stʃəməs || 'pɒstjʊməs/ *adj* póstumo

posthumously /'pɑ:stʃəməsli || 'pɒstjʊməsli/ *adv* ‹*published*› póstumamente; ‹*awarded*› a título póstumo

posting /'pəʊstɪŋ/ *n* destino *m*

postman /'pəʊstmən/ *n* (*pl* **-men** /-mən/) (esp BrE) cartero *m*

postmark¹ /'pəʊstmɑ:rk || 'pəʊstmɑ:k/ *n* matasellos *m*

postmark² *vt* matasellar; **the envelope was ~ed York** el sobre llevaba matasellos de York

post: ~master *n* jefe *m* de la oficina *or* sucursal de correos; **~master general** *n* (*pl* **~masters general**) director, -tora *m,f* general de correos; **~mistress** *n* jefa *f* de la oficina *or* sucursal de correos

postmortem /'pəʊst'mɔ:rtəm || ,pəʊst'mɔ:təm/ *n* 1 (esp BrE Med) **~ (examination)** autopsia *f* 2 (analysis) autopsia *f*; **they had a long ~ on their defeat** pasaron mucho tiempo haciéndole la autopsia a su derrota

postnatal /'pəʊst'neɪtl/ *adj* postnatal, de posparto; **~ depression** depresión *f* posparto

post: ~ office *n* 1 [c] (place) oficina *f* de correos, correo *m* (AmL), estafeta *f* de correos (Esp) 2 [u] (institution) **the P~ Office** ≈ la Dirección General de Correos (y Telégrafos); **~ office box** *n* apartado *m* postal *or* de correos, casilla *f* postal *or* de correo(s) (CS, Per)

postoperative /'pəʊst'ɑ:prətɪv || ,pəʊst'ɒprətɪv/ *adj* (*before n*) posoperatorio

postpaid /'pəʊst'peɪd/ *adv* ▸**postage paid**

postpone /pəʊs'pəʊn || pə'spəʊn/ *vt* aplazar*, posponer*

postponement /pəʊs'pəʊnmənt || pə'spəʊnmənt/ *n* [u c] aplazamiento *m*, postergación *f* (esp AmL)

postscript /'pəʊstskrɪpt/ *n* (to letter) postdata *f*; (to book) epílogo *m*; (to event, affair) epílogo *m*, colofón *m*

P

post-traumatic stress disorder /ˌpəʊstˌtrɔː'mætɪk/ *n* [u] trastorno *m* por estrés postraumático

postulant /'pɑːstʃələnt || 'pɒstjʊlənt/ *n* postulante *mf*

postulate /'pɑːstʃəleɪt || 'pɒstjʊleɪt/ *vt* 1▸ (Math, Phil) postular 2▸ (assume) presuponer*, dar* por supuesto

posture /'pɑːstʃər || 'pɒstʃə(r)/ *n* 1▸ [u c] (of body) postura *f* 2▸ [c] (attitude) (frml) postura *f*

posturing /'pɑːstʃərɪŋ || 'pɒstʃərɪŋ/ *n* [u c]: **it was just ~** no eran más que poses

postwar /'pəʊst'wɔːr || ˌpəʊst'wɔː(r)/ *adj* (*before n*) ‹*society/development*› de la posguerra; **the ~ years** los años de la posguerra, la posguerra

posy /'pəʊzi/ *n* (*pl* **posies**) ramillete *m*

pot¹ /pɑːt || pɒt/ *n*

A [c] 1▸ (*cooking* ~) olla *f*; **~s and pans** cacharros *mpl* (fam), trastes *mpl* (Méx); ***it's a case of the ~ calling the kettle black*** dijo la sartén al cazo: retírate que me tiznas; ***to go to ~*** (colloq) echarse a perder, venirse* abajo; ***a watched ~ never boils*** el que espera, desespera 2▸ (for jam, honey etc) tarro *m*, bote *m* (Esp) 3▸ (*tea*~) tetera *f*; (*coffee*~) cafetera *f*; **a ~ of tea for two** té para dos 4▸ (in pottery) vasija *f*

B [c] (*flower*~) maceta *f*, tiesto *m* (Esp)

C (*no pl*) 1▸ (in card games) pozo *m*, bote *m* (esp Esp) 2▸ (kitty) fondo *m* común, bote *m* (esp Esp)

D [c] (large amount) (esp BrE) (*often pl*) (colloq): **he's got ~s of money** está forrado (fam)

E [u] (shot) tiro *m* al azar; **to take a ~ at sth** disparar *or* tirar al azar contra algo

F [u] (marijuana) (colloq) hierba *f* (fam), maría *f* (Esp arg), mota *f* (Méx fam)

pot² *vt* **-tt-**

A ‹*plant*› plantar (*en una maceta*)

B (in snooker, billiards) (BrE) meter, entronerar

potash /'pɑːtæʃ || 'pɒtæʃ/ *n* [u] potasa *f*

potassium /pə'tæsiəm/ *n* [u] potasio *m*; (*before n*) ‹*chloride/cyanide*› potásico

potato /pə'teɪtəʊ/ *n* [u c] (*pl* **-toes**) papa *f or* (Esp) patata *f*; (*before n*) **~ chips** *o* (BrE) **crisps** papas *fpl or* (Esp) patatas *fpl* fritas; **~ peeler** pelapapas *m or* (Esp) pelapatatas *m*

pot: **~bellied** /'pɑːt'belid || ˌpɒt'belid/ *adj* panzudo (fam), panzón (fam), barrigón (fam), guatón (Chi fam); **~belly** *n* barriga *f* (fam), panza *f* (fam), guata *f* (Chi fam); **you're getting a bit of a ~belly** estás echando barriga

potency /'pəʊtn̩si/ *n* [u]

A (of drink) lo fuerte; (of symbol, spell) fuerza *f*, lo poderoso

B (*sexual* ~) potencia *f* sexual

potent /'pəʊtn̩t/ *adj*

A 1▸ ‹*drink/drug/medicine*› fuerte 2▸ ‹*leader/symbol*› poderoso; ‹*argument*› poderoso, convincente

B (Physiol) potente

potentate /'pəʊtn̩teɪt/ *n* potentado, -da *m,f*

potential¹ /pə'tentʃəl || pə'tenʃəl/ *n* [u] (capacity) potencial *m*; (possibilities) posibilidades *fpl*; **sales ~** potencial de ventas; **she showed great ~ as a singer** prometía mucho *or* era muy prometedora como cantante

potential² *adj* (*before n*) ‹*danger*› potencial, posible; ‹*leader*› en potencia

potentially /pə'tentʃəli/ *adv* potencialmente

pot: **~hole** *n* 1▸ (cave) cueva *f* subterránea, sima *f*; (hole) sima *f* 2▸ (in road) bache *m*; **~holer** /'pɑːtˌhəʊlər || 'pɒtˌhəʊlə(r)/ *n* (BrE) espeleólogo, -ga *m,f*; **~holing** *n* [u] (BrE) espeleología *f*

potion /'pəʊʃən/ *n* poción *f*, pócima *f*; **love ~** filtro *m* (de amor)

pot: **~luck** /'pɑːt'lʌk || ˌpɒt'lʌk/ *n* [u]: **to take ~luck** conformarse con lo que haya; **~ plant** *n* planta *f* (*cultivada en una maceta*), mata *f* (Col, Ven); **~pourri** /'pəʊpʊ'ri || ˌpəʊ'pʊəri/ *n* (*pl* **~s**) popurrí *m*; **~ roast** *n* [c u] estofado *m*, carne *f* a la cacerola (AmL); **~shot** *n* (Dep) tiro *m* al azar; **to take ~shots at sb/sth** disparar *or* tirar al azar contra algn/algo

potted /'pɑːtəd || 'pɒtɪd/ *adj*

A (*before n*) 1▸ ‹*plant*› en maceta *or* tiesto 2▸ (Culin): **~ meat/shrimps** *especie de paté de carne/camarones* 3▸ ‹*account/version*› resumido

B (drunk) (AmE colloq) borracho, cocido (fam), tomado (AmL fam)

potter¹ /'pɑːtər || 'pɒtə(r)/ *n* alfarero, -ra *m,f*, ceramista *mf*; **~'s wheel** torno *m* de alfarero

potter² *vi* (BrE) (+ *adv compl*) ▸**putter²**

pottery /'pɑːtəri || 'pɒtəri/ *n* (*pl* **-ries**) 1▸ [u] (vessels) cerámica *f* 2▸ [c] (workshop) alfarería *f*, taller *m* de cerámica 3▸ [u] (craft) alfarería *f*, cerámica *f*

potty¹ /'pɑːti || 'pɒti/ *n* (*pl* **-ties**) (colloq) orinal *m* (*para niños*) (fam), bacinica *f* (AmL exc RPl), pelela *f* (CS fam); **he's ~-trained** ya no usa pañales

potty² *adj* **-tier, -tiest** (BrE colloq) chiflado (fam), chalado (fam); **to drive sb ~** poner* a algn frenético (fam); **to be ~ ABOUT sb/sth** estar* loco POR algn /CON algo (fam)

pouch /paʊtʃ/ *n*

A 1▸ (small bag) bolsa *f*; **tobacco ~** petaca *f*; **hunter's ~** morral *m* de cazador 2▸ (for correspondence) (AmE) valija *f*

B (Anat, Zool) bolsa *f*

pouf, pouffe /puːf/ *n* (seat) (BrE) puf *m*

poulterer /'pəʊltərər || 'pəʊltərə(r)/ *n* pollero, -ra *m,f*; **~'s** pollería *f*

poultice /'pəʊltəs || 'pəʊltɪs/ *n* cataplasma *f*, emplasto *m*

poultry /'pəʊltri/ *n* [u] 1▸ (birds) (+ *pl vb*) aves *fpl* de corral; (*before n*) **~ farm** granja *f* avícola 2▸ (meat) carne *f* de ave

pounce¹ /paʊns/ *vi* saltar; **to ~ ON/UPON sb/sth** «*tiger/cat*» abalanzarse* *or* lanzarse* SOBRE algn/algo; «*person*» abalanzarse* SOBRE algn/algo; **he ~d on my mistake** saltó para señalar mi error

pounce² *n* salto *m*

pound¹ /paʊnd/ *n*

A (measure) libra *f* (*454 gramos*); **you've lost a few ~s** has adelgazado unos kilitos

B (Fin) libra *f*; **~ sterling** libra esterlina; (*before n*) **a ~ coin** una moneda de (una) libra

C (enclosure — for cars) depósito *m*; (— for dogs) perrera *f*

pound² *vt* 1▸ ‹*corn/spices*› machacar*; ‹*garlic/chili*› majar, machacar* 2▸ ‹*table/door*› aporrear, golpear; **the waves ~ed the wall** las olas batían contra el muro 3▸ (Mil) ‹*defenses*› batir, bombardear; **mortars ~ed the village to rubble** los morteros redujeron el pueblo a escombros

■ **pound** *vi* 1▸ (strike, beat) aporrear, golpear; **he ~ed at the door/on the table** aporreó *or* golpeó la puerta/la mesa; **waves ~ed against the cliffs** las olas batían contra el acantilado 2▸ «*heart*» palpitar, latir con fuerza; «*sound*» retumbar; **my head is ~ing** tengo la cabeza a punto de reventar *or* estallar, me martillea la cabeza 3▸ (move) (+ *adv compl*): **I could hear his feet ~ing down the corridor** oía sus pesados pasos por el pasillo

pounding /'paʊndɪŋ/ *n* (*no pl*) 1▸ (of heart) fuertes latidos *mpl*; (of guns) martilleo *m*; **the ~ of the waves** el embate de las olas 2▸ (beating) (colloq) paliza *f* (fam), vapuleo *m*

pour /pɔːr || pɔː(r)/ *vt* 1▸ (+ *adv compl*) ‹*liquid*› verter*, echar; ‹*powder*› echar; **he ~ed the tea down the sink** tiró el té por el fregadero; **money has been ~ed into the project** han invertido una gran cantidad de dinero en el proyecto; **she ~ed all her energy into her work** se volcó totalmente en su trabajo; **she ~ed scorn on his efforts** se burló de sus esfuerzos 2▸ **~ (out)** ‹*drink*› servir*

■ **pour** *vi* 1▸ (+ *adv compl*) «*blood*» manar, salir*; **people ~ed out of the stadium** grandes cantidades de personas salían del estadio; **letters came ~ing in** llegó una avalancha de cartas; **money ~ed into the country** afluyó mucho dinero al país 2▸ (serve tea, coffee) servir*

■ **pour** *v impers* diluviar, llover* torrencialmente *or* a cántaros; **it's ~ing (down/with rain)** está diluviando

Phrasal verb

• **pour out**

A [v ▸ o ▸ adv, v ▸ adv ▸ o] 1▸ ▸**pour** *vt* 2 2▸ **to ~ sth out (TO sb)**: **he ~ed out his feelings (to her)** (le) reveló sus sentimientos; **she ~ed her heart out to him** se desahogó con él, le abrió su pecho (liter)

B [v ▸ adv] salir*; **people ~ed out into the streets** la gente salió en tropel a las calles; **all his troubles came ~ing out** desembuchó todos sus problemas

pouring /'pɔːrɪŋ/ *adj*: **he went out in the ~ rain** salió en medio de una lluvia torrencial; **~ cream** (BrE) crema *f or* (Esp) nata *f* líquida (*para verter sobre postres etc*)

pout¹ /paʊt/ *vi* hacer* un mohín

pout² *n* mohín *m*

P

poverty /'pɑːvərti || 'pɒvəti/ *n* [u] pobreza *f*; (*before n*) **they live on the ~ line** tienen apenas el mínimo necesario para vivir

poverty-stricken /'pɑːvərti,strɪkən || 'pɒvəti,strɪkən/ *adj* pobrísimo, sumido en la pobreza

POW *n* = **prisoner of war**

powder¹ /'paʊdər || 'paʊdə(r)/ *n* [u]
A polvo *m*; (*before n*) **in ~ form** en polvo
B (*face* ~) polvo *m or* polvos *mpl* (de tocador); (*before n*) **~ compact** polvera *f*; **~ puff** borla *f*, cisne *m* (RPl)

powder² *vt*
A (cover) empolvar; **to ~ one's nose** retocarse* el maquillaje; **she's gone to ~ her nose** (euph) ha ido a lavarse las manos (euf)
B **1** (grind, pulverize) pulverizar* **2** **powdered** *past p* ‹*milk/eggs*› en polvo; **~ed sugar** (AmE) azúcar *m or f* glas, azúcar *m or f* flor (Chi), azúcar *m or f* impalpable (RPl), azúcar *m or f* en polvo (Col)

powder: **~-blue** /'paʊdər'bluː || ,paʊdə'bluː/ *adj* (*pred* **~ blue**) azul pastel *adj inv*; **~ keg** *n* barril *m* de pólvora; **~ room** *n* (euph) tocador *m* (euf); **S** **powder room** señoras

powdery /'paʊdəri/ *adj* como polvo, pulverulento (frml)

power¹ /'paʊər || 'paʊə(r)/ *n*
A **1** [u] (control, influence) poder *m*; (of country) poderío *m*, poder *m*; **people ~** poder popular; **~ OVER sb/sth** poder SOBRE algn/algo; **to be in ~** estar* en *or* ocupar el poder; **balance of ~** equilibrio *m* de fuerzas; **to seize ~** tomar el poder, hacerse* con el poder; **to come to ~** llegar* *or* subir al poder; (*before n*) **~ sharing** compartimiento *m* del poder; **~ struggle** lucha *f* por el poder **2** [u c] (official authority) poder *m*; **~ to + INF** poder PARA + INF; **special ~s** poderes extraordinarios; **~ of veto** derecho *m* de veto
B [c] **1** (nation) potencia *f* **2** (person, group): **the ~ behind the throne** el poder en la sombra; **the ~s that be** los que mandan, los que detentan el poder; **the ~s of darkness** las fuerzas del mal
C [u] **1** (physical strength, force) fuerza *f*; ***more ~ to your elbow*** (colloq) ¡bien hecho! **2** (of engine, loudspeaker, transmitter, telescope) potencia *f*; **processing ~** capacidad *f* de procesamiento **3** (of tradition, love) poder *m*, fuerza *f*; (of argument) fuerza *f*, lo poderoso *or* convincente
D **1** [u] (ability, capacity): **I did everything in my ~** hice todo lo que estaba en mi(s) mano(s), hice todo lo que me era posible; **that's beyond my ~** eso está fuera de mis posibilidades **2** (specific faculty) (*often pl*): **he lost the ~ of speech** perdió el habla; **~(s) of concentration** capacidad *f or* poder *m* de concentración; **mental ~s** inteligencia *f*, facultades *fpl* mentales; **he was at the height of his ~(s)** estaba en su mejor momento *or* en la plenitud de sus facultades
E [u] **1** (Eng, Phys) potencia *f*; (particular source of energy) energía *f*; **solar ~** energía solar; (*before n*) **~ brakes** servofrenos *mpl*; **~ steering** dirección *f* asistida **2** (electricity) electricidad *f*; (*before n*) **~ cable** cable *m* de energía eléctrica; **~ lines** cables *mpl* de alta tensión; **~ point** (BrE) toma *f* de corriente, enchufe *m*, tomacorriente *m* (AmL); **~ tool** herramienta *f* eléctrica
F [u] (Math) potencia *f*; **10 to the ~ of 4/of 3** 10 (elevado) a la cuarta potencia/al cubo
G (a lot): **to do sb a ~ of good** hacerle* a algn mucho bien

power² *vt*: **the plane is ~ed by four engines** el avión está propulsado por cuatro motores; **it's ~ed by electricity** funciona con electricidad; **steam-~ed** a *or* de vapor
■ **power** *vi* (move rapidly) (colloq) (+ *adv compl*): **we were ~ing along the highway** íbamos disparados por la carretera (fam)

power: **~-assisted** /'paʊərə'sɪstəd || 'paʊərə'sɪstɪd/ *adj*: **~-assisted steering** dirección *f* asistida; **~ base** *n* zona *f* de influencia; **~boat** *n* lancha *f* de motor, lancha *f* motora (Esp); **~ cut** *n* apagón *m*, corte *m* de luz

powerful /'paʊərfəl || 'paʊəfəl/ *adj* **1** ‹*country*› poderoso **2** ‹*serve/stroke*› potente; ‹*shoulders/arms*› fuerte **3** ‹*performance/image*› impactante; ‹*argument*› poderoso, convincente; ‹*incentive*› poderoso **4** ‹*engine/weapon*› potente; ‹*drug*› potente, fuerte; ‹*smell/current*› fuerte

powerfully /'paʊərfəli || 'paʊəfəli/ *adv* **1** ‹*hit/strike*› con fuerza; **he was ~ built** era de complexión fuerte **2** ‹*speak/argue*› convincentemente

powerhouse /'paʊərhaʊs || 'paʊəhaʊs/ *n*: **the nerve center and ~ of the corporation** el centro neurálgico y motriz de la compañía; **he's the ~ of the team** es el puntal del equipo

powerless /'paʊərləs || 'paʊəlɪs/ *adj* impotente: **they were ~ to prevent the violence** no pudieron hacer nada para impedir la violencia

power: **~ of attorney** *n* (*pl* **~s of attorney**) (Law) poder *m* (notarial); **~ plant** *n* (AmE) ▸ **~ station**; **~ station** *n* central *f* eléctrica, usina *f* eléctrica (AmS)

powwow /'paʊwaʊ/ *n* (ceremony) asamblea *f* (*de indígenas norteamericanos*); **a family ~** un consejo de familia

pp (on behalf of) (BrE Corresp) p.a., p.o., p.p.

pp. (= **pages**) págs.

PR¹ *n* [u] **1** = **public relations** **2** = **proportional representation**

PR² = **Puerto Rico**

practicability /'præktɪkə'bɪləti/ *n* [u] factibilidad *f*, practicabilidad *f*

practicable /'præktɪkəbəl/ *adj* factible, practicable

practical¹ /'præktɪkəl/ *adj*
A práctico; **for all ~ purposes** a efectos prácticos
B (feasible) factible, viable

practical² *n* (Educ) práctica *f*

practicality /'præktɪ'kæləti/ *n*
A [u] **1** (feasibility — of scheme/idea) lo práctico *or* factible **2** (usefulness — of clothes/equipment) utilidad *f*
B [u] (personal quality) sentido *m* práctico
C **practicalities** *pl* aspectos *mpl* prácticos

practical joke *n* broma *f*; **to play a ~ ~ on sb** hacerle* *or* gastarle una broma a algn

practically /'præktɪkli/ *adv*
A (almost, virtually) casi, prácticamente; **he ~ broke my arm!** ¡casi *or* por poco me rompe el brazo!
B (in a practical way) ‹*consider/think*› con sentido práctico

practical nurse *n* (AmE) enfermero, -ra *m,f* auxiliar (*a veces sin título*)

practice¹ /'præktəs || 'præktɪs/ *n*
A [u] (training, repetition) práctica *f*; **he's out of ~** le falta práctica; **piano ~** ejercicios *mpl* de piano; **target ~** prácticas *fpl* de tiro; **~ teaching** *o* (BrE) **teaching ~** prácticas *fpl* de magisterio; ***~ makes perfect*** la práctica hace al maestro; (*before n*) ‹*game*› de entrenamiento; **~ session** (Sport) sesión *f* de entrenamiento; (Mus) ensayo *m*
B [u] **1** (carrying out, implementing) práctica *f*; **to put sth into ~** llevar algo a la práctica, poner* algo en práctica; **in ~** en la práctica **2** (exercise of profession) ejercicio *m*; **he is in general ~** se dedica a medicina general
C [c u] (custom, procedure) costumbre *f*; **it's our ~ to take up references** solemos *or* acostumbramos pedir referencias; **it is not good commercial ~** no es una práctica comercial recomendable; **working ~s** métodos *mpl* de trabajo
D [c] **1** (Med) consultorio *m*, consulta *f* **2** (Law) bufete *m*, estudio *m* jurídico (CS)

practice², (BrE) **practise** *vt*
A (rehearse) practicar*; ‹*song/act*› ensayar; **I ~d my Greek on him** aproveché para practicar griego con él
B **1** ‹*belief/Christianity*› practicar*; **he doesn't ~ what he preaches** no hace lo que predica, no predica con el ejemplo **2** (carry out, perform): **he ~s black magic** practica magia negra **3** ‹‹*doctor/lawyer*›› ejercer*; **he ~s law** ejerce de *or* como abogado, ejerce la abogacía
C **practicing** *pres p* **1** ‹*doctor/lawyer*› en ejercicio (de su profesión) **2** ‹*Catholic*› practicante **3** ‹*homosexual*› activo
■ **practice** *vi*
A (rehearse, train) practicar*
B (professionally) ejercer*

practiced, (BrE) **practised** /'præktəst || 'præktɪst/ *adj* ‹*hand/eye*› experto; ‹*liar*› consumado

practitioner /præk'tɪʃnər || præk'tɪʃnə(r)/ *n* **1** (of an art, skill) profesional *mf* **2** (doctor) médico, -ca *m,f*; **general ~** médico, -ca *m,f* de medicina general

pragmatic /præg'mætɪk/ *adj* pragmático

pragmatism /'prægmətɪzəm/ *n* [u] pragmatismo *m*

Prague /prɑːg/ *n* Praga *f*

prairie /'preri || 'preəri/ *n* [c u] pradera *f*, llanura *f*; **the ~(s)** (in US) la Pradera

P

prairie: ~ **dog** *n* perro *m* de las praderas; ~ **oyster** *n*: *bebida hecha con huevo crudo y vinagre para aliviar la resaca*

praise[1] /preɪz/ *n* [u] [1] (credit, applause) elogios *mpl*, alabanzas *fpl*; **he was full of ~ for her** se deshizo en elogios *or* en alabanzas para con ella; **I've nothing but ~ for him** no tengo más que elogios para él; **she spoke in ~ of her staff** habló elogiando *or* alabando a sus empleados; ***to sing sth's/sb's ~s*** poner* algo/a algn por las nubes [2] (Relig) alabanza *f*; ~ **be to God** alabado sea Dios

praise[2] *vt* [1] (compliment) elogiar, hacer* elogio de [2] (Relig) alabar; ~ **the Lord!** (*as interj*) ¡alabado sea Dios!

praiseworthy /ˈpreɪz,wɜːrðɪ || ˈpreɪz,wɜːðɪ/ *adj* ‹*person*› digno de elogio, meritorio; ‹*performance/deed*› digno de elogio, loable, encomiable

pram /præm/ *n* (BrE) cochecito *m*

prance /præns || prɑːns/ *vi* [1] «*horse*» brincar*, hacer* cabriolas [2] (pej) «*person*»: **she ~d into the room wearing her new dress** entró meneándose *or* pavoneándose con el vestido nuevo

Phrasal verb

• **prance about** [1] [v ▸ adv] brincar* [2] [v ▸ prep ▸ o] brincar* en

prank /præŋk/ *n* broma *f*; (of child) travesura *f*, diablura *f*; **to play a ~ on sb** gastarle una broma a algn

prankster /ˈpræŋkstər || ˈpræŋkstə(r)/ *n* bromista *mf*; **who's the ~ who did this?** ¿quién es el bromista *or* (iró) gracioso que hizo esto?

prat /præt/ *n* (BrE sl) imbécil *mf*

pratfall /ˈprætfɔːl/ *n* (esp AmE sl) [1] (humiliating failure) revés *m*, batacazo *m* (Esp fam) [2] (fall) porrazo *m* (fam)

prattle /ˈprætḷ/ *vi* «*adult*» cotorrear (fam), chacharear (fam); «*child*» balbucear; **he ~d on endlessly about his problems** estuvo horas dale que te dale hablando de sus problemas (fam)

prawn /prɔːn/ *n* (large) langostino *m*, camarón *m* (AmL); (medium) camarón *m* (AmL), gamba *f* (esp Esp), langostino *m* (CS); (small) camarón *m*, quisquilla *f* (Esp); (*before n*) ~ **cocktail** (BrE) *see* **cocktail 2**

pray[1] /preɪ/ *vi* rezar*, orar (frml); **let us ~** oremos (frml); **to ~ FOR sb/sth** rezar* *or* rogar* POR algn/algo; **to ~ for rain** rezar* para que llueva

■ **pray** *vt* (Relig): **I ~ (to) God he's all right** Dios quiera que no le haya pasado nada

pray[2] *interj* (arch): ~ **be seated** por favor tomen asiento; **and what, ~ (tell), is the point of this?** ¿y qué sentido tiene esto, si se puede saber?

prayer /prer || preə(r)/ *n* [1] [u] (praying) oración *f*; (*before n*) ~ **book** devocionario *m* [2] [c] (request, petition) oración *f*, plegaria *f*; **my ~s were answered** mis plegarias fueron atendidas *or* escuchadas; **the Lord's P~** el Padrenuestro; **to say one's ~s** rezar*, orar (frml); **to say a ~** rezar* una oración [3] (service): **Morning/Evening P~** oficio *m* de maitines/vísperas (*en la Iglesia Anglicana*)

praying mantis /ˈpreɪɪŋˈmæntəs || ˌpreɪɪŋˈmæntɪs/ *n* mantis *f* religiosa, mamboretá *m* (CS)

pre- /ˈpriː/ *pref* [1] (in advance): **~planned** planeado de antemano *or* con anticipación; *see also* **precook, prewash** *etc* [2] (before): **a ~dinner drink** una copa antes de cenar, un aperitivo

preach /priːtʃ/ *vt* [1] (Relig) predicar*; **to ~ a sermon** dar* un sermón [2] (advocate) ‹*doctrine/ideas*› preconizar*; **he's always ~ing its virtues** siempre está proclamando sus virtudes

■ **preach** *vi* [1] (deliver sermon) predicar*; ***to ~ to the converted*** gastar saliva (*convenciendo a los que ya están convencidos*) [2] (give advice) (pej) **to ~ (TO/AT sb)** dar(le)* un sermón (A algn) (pey), sermonear (a algn) (fam & pey)

preacher /ˈpriːtʃər || ˈpriːtʃə(r)/ *n* [1] (one who preaches) predicador, -dora *m,f* [2] (minister) (AmE) pastor, -tora *m,f*

preamble /ˈpri,æmbəl, priːˈæmbəl/ *n* preámbulo *m*

prearrange /ˈpriːəˈreɪndʒ/ *vt* [1] (arrange in advance) concertar* *or* acordar* de antemano [2] **prearranged** *past p* ‹*meeting*› concertado de antemano; ‹*signal/place/time*› convenido

precarious /prɪˈkeriəs || prɪˈkeəriəs/ *adj* precario

precariously /prɪˈkeriəsli/ *adv* precariamente

precaution /prɪˈkɔːʃən/ *n* precaución *f*; **as a ~** por *or* como precaución; **to take ~s** tomar precauciones; **are you taking ~s?** (euph) ¿te estás cuidando? (euf); **to take the ~ OF -ING** tener* la precaución DE + INF

precautionary /prɪˈkɔːʃəneri/ *adj* preventivo, de precaución

precede /prɪˈsiːd/ *vt* (frml) preceder a, anteceder a; **in the months preceding the invasion** en los meses que precedieron *or* antecedieron a la invasión; **the King was ~d by his courtiers** el rey iba precedido de sus cortesanos

■ **precede** *vi* [1] (come before) preceder [2] **preceding** *pres p* ‹*day/year*› anterior; ‹*page/chapter*› anterior, precedente

precedence /ˈpresədəns/ *n* [u] precedencia *f*; **a problem which takes ~ over all others** un problema que tiene prioridad *or* precedencia sobre todos los demás

precedent /ˈpresədənt/ *n* [c u] precedente *m*; **to set a ~ (for sth)** sentar* precedente (para algo); **without ~** sin precedentes

precept /ˈpriːsept/ *n* precepto *m*

precinct /ˈpriːsɪŋkt/ *n*

A [1] (delimited zone) (BrE): **shopping ~** centro *m*/zona *f* comercial; **pedestrian ~** zona *f* peatonal [2] (AmE) (police district) distrito *m* policial; (police station) comisaría *f* [3] (voting district) (AmE) distrito *m* electoral, circunscripción *f*

B **precincts** *pl* (of city) límites *mpl*; (of cathedral, castle, hospital) recinto *m*, predio(s) *m(pl)* (esp AmL)

precious[1] /ˈpreʃəs/ *adj*

A [1] (valuable) ‹*jewel/object*› precioso, valiosísimo; ~ **metal** metal *m* precioso; ~ **stone** piedra *f* preciosa; **we lost ~ time** perdimos tiempo precioso [2] (dear) querido; **to be ~ TO sb: this necklace is very ~ to her** le tiene mucho cariño a este collar; **your friendship is very ~ to me** tengo en gran estima tu amistad [3] (iro): **her ~ son** su queridísimo hijo (iró); **you can keep your ~ ring** guárdate tu maldito anillo

B (affected) preciosista, afectado

precious[2] *adv* (colloq) (*as intensifier*): ~ **few** muy pocos, poquísimos; **she's done ~ little to help** bien poco ha hecho para ayudar

precious[3] *n* (*as form of address*) tesoro

precipice /ˈpresəpəs || ˈpresɪpɪs/ *n* precipicio *m*

precipitate[1] /prɪˈsɪpəteɪt/ *vt*

A (bring about, hasten) (frml) ‹*crisis/event/incident*› precipitar

B (hurl) (frml) precipitar, despeñar; **I was ~d into making a decision** me empujaron a tomar una decisión precipitada

■ **precipitate** *vi* [1] (Chem) precipitarse [2] (Meteo) condensarse

precipitate[2] /prɪˈsɪpətət/ *adj* (liter) ‹*exit/departure*› precipitado; **let us not be ~** no nos precipitemos

precipitation /prɪˈsɪpəˈteɪʃən || prɪˌsɪpɪˈteɪʃən/ *n* [u] [1] (Meteo) precipitaciones *fpl* [2] (Chem) precipitación *f* [3] (haste) (frml) precipitación *f*

precipitous /prɪˈsɪpətəs || prɪˈsɪpɪtəs/ *adj* (frml) [1] ‹*drop/slope*› cortado a pico, escarpado [2] ‹*hasty*› precipitado

precis[1], **précis** /preɪˈsiː/ *n* (*pl* ~ /-z/) resumen *m*

precis[2], **précis** *vt* sintetizar*, hacer* un resumen de

precise /prɪˈsaɪs/ *adj* [1] (accurate) ‹*calculations/measurements*› exacto; ‹*description/instructions*› preciso [2] (specific) preciso; **at that ~ moment** en ese preciso momento; **there were about 60, 59 to be ~** había unos 60, 59 para ser exacto *or* preciso [3] (meticulous) minucioso

precisely /prɪˈsaɪsli/ *adv* [1] (accurately) ‹*calculate/measure/describe*› con precisión [2] (exactly): **we have ~ one hour** tenemos exactamente una hora; **at two o'clock ~** a las dos en punto; ~ **because of that** precisamente por eso; **precisely!** ¡exacto!, ¡justamente! [3] (meticulously) con minuciosidad, con sumo cuidado

precision /prɪˈsɪʒən/ *n* [u] precisión *f*; (*before n*) ‹*instrument/tool*› de precisión; ~ **timing** sincronización *f*

preclude /prɪˈkluːd/ *vt* (frml) ‹*possibility*› excluir*, descartar; **to ~ sb FROM -ING** impedirle* a algn + INF

precocious /prɪˈkəʊʃəs/ *adj* precoz

precociousness /prɪˈkəʊʃəsnəs || prɪˈkəʊʃəsnɪs/, **precocity** /prɪˈkɑːsəti || prɪˈkɒsəti/ *n* [u] precocidad *f*

preconceived /ˈpriːkənˈsiːvd/ *adj* (*before n*) preconcebido

preconception /ˈpriːkənˈsepʃən/ *n* idea *f* preconcebida

precondition /ˈpriːkənˈdɪʃən/ *n* condición *f* previa

precook /ˈpriːkʊk/ *vt* precocinar

precursor /prɪˈkɜːrsər/ *n* (frml) precursor, -sora *m,f*

predate /ˈpriːˈdeɪt/ *vt* (frml) 1 (precede) ser* anterior a 2 ‹*document/letter*› antedatar (frml), poner* una fecha anterior en

predator /ˈpredətər/ *n* depredador *m*, predador *m*

predatory /ˈpredətɔːri || ˈpredətri/ *adj* ‹*animal*› predador, depredador; ‹*person*› rapaz

predecessor /ˈpredəsesər/ *n* predecesor, -sora *m,f*

predestine /ˈpriːˈdestən || ˌpriːˈdestɪn/ *vt* predestinar; **to be ~d (to + INF)** estar* predestinado (A + INF)

predetermine /ˈpriːdɪˈtɜːrmən || ˌpriːdɪˈtɜːmɪn/ *vt* 1 (foreordain) predeterminar 2 (arrange in advance) determinar de antemano 3 (work out in advance) prever*

predicament /prɪˈdɪkəmənt/ *n* aprieto *m*, apuro *m*; **to be in a ~** estar* en un aprieto *or* en un apuro

predicate /ˈpredɪkət/ *n* predicado *m*

predicative /prɪˈdɪkətɪv/ *adj* predicativo

predict /prɪˈdɪkt/ *vt* ‹*result*› predecir*, pronosticar*; **oil prices are ~ed to fall** se prevé una baja en el precio del petróleo

predictable /prɪˈdɪktəbəl/ *adj* ‹*result/outcome*› previsible; **you're so ~** siempre sales con lo mismo

predictably /prɪˈdɪktəbli/ *adv* ‹*behave/react*› de manera previsible; **he gave a ~ stupid reply** respondió con una tontería, como era de esperar

prediction /prɪˈdɪkʃən/ *n* 1 [c] (forecast) pronóstico *m*, predicción *f*; (prophecy) profecía *f*; **to make a ~ about sth** predecir* *or* pronosticar* algo 2 [u] (act) predicción *f*

predilection /ˈpredḷˈekʃən || ˌpriːdɪˈlekʃən/ *n* (frml) predilección *f*, preferencia *f*; **to have a ~ FOR sth/sb/-ING** tener* predilección POR algo/algn/+ INF

predispose /ˈpriːdɪsˈpəʊz/ *vt* (frml) predisponer*; **to ~ sb TO sth** predisponer* a algn A algo; **to ~ sb to + INF/-ING** predisponer* a algn A + INF

predisposition /ˈpriːdɪspəˈzɪʃən/ *n* **~ TO sth** predisposición *f* *or* propensión *f* A algo

predominance /prɪˈdɑːmənəns/ *n* [u] predominio *m*

predominant /prɪˈdɑːmənənt/ *adj* predominante

predominantly /prɪˈdɑːmənəntli || prɪˈdɒmɪnəntli/ *adv* predominantemente

predominate /prɪˈdɑːməneɪt/ *vi* predominar

pre-eminence /priːˈemənəns/ *n* [u] (frml) preeminencia *f*

pre-eminent /priːˈemənənt/ *adj* (frml) preeminente

pre-empt /priːˈempt/ *vt*
A (forestall) ‹*attack/move*› adelantarse a; **she ~ed their criticism by apologizing** evitó las críticas pidiendo excusas de antemano
B (AmE) ‹*land*› *ocupar terrenos del gobierno para conseguir el derecho preferente de compra*

pre-emptive /priːˈemptɪv/ *adj* 1 ‹*attack/strike*› preventivo 2 ‹*right*› preferente

preen /priːn/ *vt* ‹*feathers*› arreglar con el pico
■ *v refl* **to ~ oneself** «*bird*» arreglarse las plumas con el pico; «*person*» acicalarse
■ **preen** *vi* «*bird*» arreglarse las plumas con el pico

pre-exist /ˈpriːɪgˈzɪst/ *vi* (frml) 1 preexistir 2 **pre-existing** *pres p* preexistente

pre-existent /ˈpriːɪgˈzɪstənt/ *adj* preexistente, previo

prefab /ˈpriːfæb/ *n* (colloq) vivienda *f* prefabricada

prefabricated /ˈpriːˈfæbrɪkeɪtɪd/ *adj* prefabricado

preface[1] /ˈprefəs/ *n* **~ (TO sth)** ‹*to book/speech*› prefacio *m* *or* prólogo *m* (DE algo); ‹*to event*› prólogo *m* (DE algo)

preface[2] *vt* ‹*book*› prologar*, escribir* el prefacio de; **she ~d this by saying that ...** a modo de introducción dijo que ...

prefect /ˈpriːfekt/ *n*
A (BrE Educ) *alumno encargado de la disciplina*, ≈ monitor, -tora *m,f*
B (official) prefecto *m*

prefer /prɪˈfɜːr || prɪˈfɜː(r)/ *vt* **-rr-**
A (like better) preferir*; **to ~ sth TO sth** preferir* algo A algo; **I ~ John to Bob** me gusta más John que Bob; **to ~ to + INF** preferir* + INF; **to ~ sth/sb to + INF** preferir* QUE algo/algn (+ *subj*); **I won't go if you'd ~ me to stay** si prefieres que me quede, no iré; **to ~ THAT** preferir* QUE (+ *subj*); **I'd ~ it if you went now** preferiría que te fueras ahora
B (Law): **to ~ charges (against sb)** presentar *or* formular cargos (en contra de algn)

preferable /ˈprefərəbəl/ *adj* preferible; **to be ~ TO sth/-ING** ser* preferible A algo/+ INF

preferably /ˈprefərəbli/ *adv* (*indep*) preferentemente, de preferencia; **I'd like a size 10, ~ in red** quisiera la talla 10, de ser posible en rojo

preference /ˈprefərəns/ *n*
A [c u] (liking, choice) preferencia *f*; **~ FOR sth** preferencia POR algo; **in order of ~** en *or* por orden de preferencia; **in ~ to sth** antes que algo
B [u] (priority) preferencia; **they give ~ to people with experience** dan preferencia a gente con experiencia

preferential /ˈprefəˈrentʃəl || ˌprefəˈrenʃəl/ *adj* (*before n*) preferente, preferencial; **to give ~ treatment to sb** dar* trato preferente *or* preferencial a algn

preferment /prɪˈfɜːrmənt || prɪˈfɜːmənt/ *n* [u c] (frml) promoción *f*, ascenso *m*

prefix[1] /ˈpriːfɪks/ *n* prefijo *m*

prefix[2] *vt* (add at start) (frml) **to ~ sth TO sth** anteponer* algo A algo; **to ~ sth WITH sth** encabezar* algo CON algo

pregnancy /ˈpregnənsi/ *n* [u c] (*pl* **-cies**) (of woman) embarazo *m*, preñez *f* (frml); (of animal) preñez *f*

pregnant /ˈpregnənt/ *adj*
A ‹*woman*› embarazada; ‹*cow/mare*› preñada; **she's five months ~** está embarazada de cinco meses
B (liter) 1 (meaningful) ‹*pause/silence*› elocuente, cargado *or* (liter) preñado de significado 2 (full) (*pred*) **to be ~ WITH sth** estar* preñado *or* grávido DE algo (liter)

preheat /ˈpriːˈhiːt/ *vt* precalentar*

prehensile /priːˈhensəl || priːˈhensaɪl/ *adj* prensil

prehistoric /ˈpriːhɪˈstɔːrɪk/ *adj* ‹*animal/man*› prehistórico; ‹*machine/ideas*› antediluviano, prehistórico

prehistory /ˈpriːˈhɪstəri/ *n* [u] prehistoria *f*

prejudge /ˈpriːˈdʒʌdʒ/ *vt* prejuzgar*

prejudice[1] /ˈpredʒədəs || ˈpredʒʊdɪs/ *n*
A [u c] (biased opinion) prejuicio *m*; **her lack of ~** su falta de prejuicios
B [u] (injury, harm) (frml) perjuicio *m*; **without ~ to your claim** sin perjuicio de su derecho; **to the ~ of sth/sb** en perjuicio *or* en detrimento de algo/algn

prejudice[2] *vt*
A (influence) predisponer*; **to ~ sth/sb AGAINST/IN FAVOR OF sth/sb** predisponer* algo/a algn EN CONTRA/A FAVOR DE algo/algn
B (harm) ‹*case/claim*› perjudicar*

prejudiced /ˈpredʒədəst || ˈpredʒʊdɪst/ *adj* ‹*person*› lleno de prejuicios, prejuiciado (AmL); **to be ~ AGAINST/IN FAVOR OF sth/sb** estar* predispuesto EN CONTRA DE/A FAVOR DE algo/algn

prejudicial /ˈpredʒəˈdɪʃəl || ˌpredʒʊˈdɪʃəl/ *adj* (frml) (*pred*) **to be ~ TO sth** ser* perjudicial PARA algo

prelate /ˈprelət/ *n* prelado *m*

preliminary[1] /prɪˈlɪməneri || prɪˈlɪmɪnəri/ *adj* preliminar; **the ~ rounds** (Sport) la etapa de clasificación previa, las *or* los preliminares (AmL)

preliminary[2] *n* (*pl* **-ries**) 1 (preamble) prolegómeno *m*; **let's dispense with the preliminaries and get down to business** omitamos los prolegómenos *or* preámbulos y vayamos al grano 2 **preliminaries** *pl* (Sport) etapa *f* de clasificación previa, preliminares *mpl or fpl*

prelims /prɪˈlɪmz, ˈpriːlɪmz/ *pl n* 1 (Sport) ▸**preliminaries** 2 (in UK) *primeros exámenes en algunas universidades*

preload /priːˈləʊd/ *vt* precargar*

prelude /ˈpreljuːd/ *n* 1 (introduction) **~ (TO sth)** preludio *m* (DE algo) 2 (Mus) preludio *m*

premarital /ˈpriːˈmærətḷ/ *adj* prematrimonial

premature /ˈpriːməˈtʊr || ˈpremətjʊə(r)/ *adj* prematuro; ‹*senility*› precoz; **their victory celebration was ~** cantaron victoria antes de tiempo

P

prematurely /'priːmə'tʊrli || 'prematjʊəli/ *adv* prematuramente, antes de tiempo; **the baby was born ~** el niño fue prematuro

premed /'priː'med/ *n*
A (premedication) medicación *f* previa (*administrada antes de la anestesia general*)
B (Educ) *curso de preparación antes de empezar la carrera de medicina y estudiante que lo realiza*

premeditated /priː'medəteɪtəd/ *adj* premeditado

premenstrual /'priː'menstruəl/ *adj* premenstrual; **~ syndrome/tension** tensión *f* premenstrual

premier /prɪ'mɪr || 'premiə(r)/ *n* primer ministro, primera ministra *m,f*, premier *mf*

premiere, première /prɪ'mɪr/ *n* estreno *m*

premise /'preməs || 'premɪs/ *n*
A (Phil) premisa *f*
B **premises** *pl* (building, site) local *m*; **they've moved to new ~s** se han mudado a un nuevo local (*or* a nuevas oficinas *etc*); **meals are cooked on the ~s** las comidas se preparan en el mismo establecimiento; **they were escorted off the ~s** se los hizo salir del local; **licensed ~s** (BrE) *establecimiento autorizado para vender bebidas alcohólicas*

premium¹ /'priːmiəm/ *n* (Fin) **1** (*insurance ~*) prima *f* (de seguro) **2** (surcharge) recargo *m*; **to put a ~ on sth** hacer* hincapié en algo, darle* mucha importancia a algo; ***to be at a ~*** (in short supply) escasear; (lit: above par) estar* por encima de la par; **when time is at a ~** cuando el tiempo apremia **3** (bonus) prima *f*

premium² *adj* (*before n*) de primera, de alta calidad

Premium Bond *n* (in UK) *bono del Estado que permite ganar dinero participando en sorteos mensuales*

premonition /'priːmə'nɪʃən/ *n* premonición *f*, presentimiento *m*; **to have a ~ of sth/that ...** tener* el presentimiento de algo/de que ..., presentir* algo/que ...

prenatal /'priː'neɪtl/ *adj* (esp AmE) ‹*care/checkup*› prenatal; **~ clinic** *consulta médica para mujeres embarazadas*

preoccupation /priː'ɑːkjə'peɪʃən/ *n* [c u]
A (obsession) obsesión *f*; **~ WITH sth**: **his excessive ~ with hygiene** su manía *or* su obsesión con la higiene
B (concern): **my main ~ was not to offend my parents** mi mayor preocupación/lo que más me importaba era no ofender a mis padres

preoccupied /priː'ɑːkjəpaɪd || ˌpriː'ɒkjʊpaɪd/ *adj* (absorbed) absorto, ensimismado; (worried) preocupado; **to be ~ WITH sth**: **I've been rather ~ with the wedding plans** me estado muy ocupado con los preparativos para la boda; **I was so ~ with my own thoughts that ...** estaba tan absorto en mis pensamientos que ...

preoccupy /priː'ɑːkjəpaɪ || ˌpriː'ɒkjʊpaɪ/ *vt* **-pies, -pying, -pied** preocupar

preordain /'priːɔːr'deɪn/ *vt* predestinar, preordinar (frml)

prep¹ /prep/ *n*
A [c] (colloq) (in US) ▸**preparatory school 1**
B [u] (BrE) **1** (homework) deberes *mpl*, tarea *f* **2** (period) (hora *f* de) estudio *m*

prep² *vi* **-pp-** (AmE colloq) **1** (attend prep school) asistir a un **preparatory school 1** **2** (prepare) **to ~ (FOR sth)** estudiar (PARA algo)

prepackaged /'priː'pækɪdʒd/, **prepacked** /'priː'pækt/ *adj* empaquetado, preempaquetado

prepaid /'priː'peɪd/ *adj* ‹*envelope*› con franqueo pagado; ‹*advertisement/insertion*› pagado por adelantado; **~ postage** franqueo *m or* porte *m* pagado

preparation /'prepə'reɪʃən/ *n*
A **1** [u] (act) preparación *f*; **in ~ for**: **they decorated the room in ~ for the party** adornaron la habitación para la fiesta; **the buildings had been cleaned in ~ for the visit** se habían limpiado los edificios como parte de los preparativos para la visita **2** [c] **preparations** *pl* (arrangements) **~ (FOR sth)** preparativos *mpl* (PARA *or* DE algo)
B [c u] (substance) preparado *m*

preparatory /prɪ'pærətɔːri || prɪ'pærətri/ *adj* **1** preparatorio, preliminar **2** **preparatory to** (*as prep*) antes de, como preparación para

preparatory school *n* (frml) **1** (in US) *colegio secundario privado* **2** (in UK) *colegio primario privado*

prepare /prɪ'per || prɪ'peə(r)/ *vt*
A (make ready) preparar; **~ yourself for a shock!** ¡prepárate!; **to ~ the ground** *o* **the way for sth** preparar el terreno para algo
B (make, put together) ‹*speech/meal*› preparar; ‹*report*› redactar
■ **prepare** *vi* **to ~ (FOR sth)** prepararse (PARA algo)

prepared /prɪ'perd || prɪ'peəd/ *adj* **1** (ready in advance) ‹*speech/statement*› preparado; **I wasn't ~ for this** no contaba con esto, esto no lo había previsto; **be ~ to leave at any moment** estáte preparado para salir en cualquier momento **2** (willing) (*pred*) **to be ~ to + INF** estar* dispuesto A + INF

prepayment /'priː'peɪmənt/ *n* [u c] pago *m* anticipado *or* por adelantado

preponderance /prɪ'pɑːndərəns || prɪ'pɒndərəns/ *n* [u] (frml) preponderancia *f*, predominio *m*

preposition /'prepə'zɪʃən/ *n* preposición *f*

prepossessing /'priːpə'zesɪŋ/ *adj* (frml) (*usu neg*) atractivo, agradable

preposterous /prɪ'pɑːstərəs/ *adj* absurdo, ridículo

preppy, preppie /'prepi/ *n* (*pl* **-pies**) (AmE) niño, -ña *m,f* bien, pijo, -ja *m,f* (Esp fam), popis *mf* (Méx fam), pituco, -ca *m,f* (CS fam), pije *mf* (Chi fam)

preprogram, (BrE also) **preprogramme** /'priː'prəʊgræm/ *vt* preprogramar

prep school *n* ▸**preparatory school 2**

prerecord /'priːrɪ'kɔːrd || ˌpriːrɪ'kɔːd/ *vt* grabar con anterioridad, pregrabar

pre-release /ˌpriːrɪ'liːs/ *adj* (*before n*) **1** (before official release) ‹*version/software*› pre-release (*anterior a su distribución comercial*) **2** ‹*prisoner/detainee*› en periodo de preliberación

prerequisite /'priː'rekwəzət || ˌpriː'rekwɪzɪt/ *n* requisito *m* esencial, condición *f* sine qua non

prerogative /prɪ'rɑːgətɪv || prɪ'rɒgətɪv/ *n* **1** (right) prerrogativa *f*; **that's your ~** estás en todo tu derecho **2** (exclusive property) patrimonio *m* exclusivo

Pres (title) = **President**

presage¹ /'presɪdʒ, prɪ'seɪdʒ/ *vt* (liter) presagiar

presage² *n* (liter) presagio *m*

Presbyterian¹ /'prezbə'tɪriən || ˌprezbɪ'tɪəriən/ *n* presbiteriano, -na *m,f*

Presbyterian² *adj* presbiteriano

presbytery /'prezbəteri || 'prezbɪtri/ *n* **1** (part of church) presbiterio *m* **2** (in Roman Catholic church) casa *f* parroquial

preschool¹ /'priː'skuːl/ *adj* (*before n*) ‹*child*› de edad preescolar; ‹*education*› preescolar

preschool² *n* [c u] (AmE) jardín *m* de infancia, kindergarten *m* (AmL), jardín *m* de niños (Méx), jardín *m* de infantes (RPl), jardín *m* infantil (Chi)

prescient /'preʃiənt/ *adj* (frml) profético, clarividente

prescribe /prɪ'skraɪb/ *vt* **1** ‹*drug*› recetar; ‹*rest*› recomendar* **2** (order, require) (frml) prescribir* (frml); **~d reading** libros *mpl* de lectura obligatoria

prescription /prɪ'skrɪpʃən/ *n* receta *f*; **to fill** *o* (BrE) **make up a ~** preparar una receta; **available on ~ only** en venta solamente bajo receta; (*before n*) **~ charge** (in UK) *contribución del paciente al costo de las medicinas recetadas*

prescriptive /prɪ'skrɪptɪv/ *adj* preceptivo

preseason *n* (*no pl*) pretemporada *f*

presence /'prezn̩s/ *n* **1** [u] (being present) presencia *f*; **in the ~ of sb** en presencia de algn; **to make one's ~ felt** hacerse* sentir *or* notar **2** [c] (spirit) espíritu *m* **3** [u] (charisma) presencia *f*

presence of mind *n* [u] presencia *f* de ánimo

present¹ /prɪ'zent/ *vt*
A **1** (give, hand over) **to ~ sth TO sb** entregarle* algo A algn, hacerle* entrega de algo A algn (frml); **to ~ sb WITH sth** obsequiar a algn CON algo (frml), obsequiarle algo A algn (esp AmL frml) **2** (confront) **to ~ sb WITH sth**: **it ~s me with a whole host of problems** esto me plantea toda una serie de problemas; **we were ~ed with a very difficult situation** nos vimos frente a una situación muy difícil
B ‹*ticket/passport/account/motion/bill*› presentar; ‹*ideas*› presentar, exponer*; **the way it's ~ed is very important** la presentación es muy importante
C **1** (constitute) ser*, constituir*; **they ~ed an easy target**

eran un blanco fácil 2 (provide) ‹*view/perspective*› presentar, ofrecer*
D (Cin, Theat, Rad, TV) presentar
E (introduce) (frml) presentar; **may I ~ my husband?** permítame presentarle a mi marido; **to ~ sb TO sb** presentarle algn A algn
F (Mil): **~ arms!** ¡presenten armas!
■ *v refl* 1 (arise) «*problem/opportunity*» presentarse, surgir* 2 (appear) (frml) «*person*» presentarse 3 (display, show) presentarse; **this is how the situation ~s itself to me** así es como yo veo la situación
■ **present** *vi* (Med) «*patient/disease*» presentarse

present² /ˈpreznt/ *adj*
A (at scene) (*pred*) **to be ~** estar* presente; **I wasn't ~ at the meeting** no estuve en la reunión; **all those ~** todos los presentes; **how many were ~?** ¿cuántas personas había?; **he was ~ at the scene of the accident** presenció el accidente
B (*before n*) 1 (current) actual; **at the ~ time** *o* **moment** en este momento 2 (Ling): **the ~ tense** el presente

present³ /ˈpreznt/ *n*
A [u] 1 (current time): **the ~** el presente; **at ~** en este momento, actualmente; **for the ~** por ahora, por el momento; **to live for the ~** vivir el momento; **there's no time like the ~** (set phrase) no dejes para mañana lo que puedas hacer hoy 2 (Ling) **the ~** el presente
B [c] (gift) regalo *m*; **to give sb a ~** regalarle algo a algn, hacerle* un regalo a algn

presentable /prɪˈzentəbəl/ *adj* presentable; **I'd better make myself ~** más vale que me arregle un poco

presentation /ˈpriːzenˈteɪʃən/ *n*
A 1 [u c] (of gift, prize) entrega *f* 2 [c] (gift) (frml) obsequio *m* (frml), presente *m* (frml)
B 1 [u] (of document, bill, proposal) presentación *f*; **on ~ of this voucher** presentando *or* al presentar este vale 2 [c] (display) (Busn) presentación *f*, demostración *f* 3 [c] (show, production) producción *f*
C [u] (manner of presenting) presentación *f*

present-day /ˈpreznṭˈdeɪ/ *adj* (*before n*) actual, de hoy (en) día

presenter /prɪˈzentər/ *n* (BrE) presentador, -dora *m,f*

presently /ˈpreznṭli/ *adv* 1 (now) en este momento, actualmente 2 (soon): **I'll be with you ~** enseguida *or* en un momento estoy contigo; **~, he started to come round** pronto empezó a recobrar el conocimiento

preservation /ˈprezərˈveɪʃən || ˌprezəˈveɪʃən/ *n* [u] (of food) conservación *f*; (of specimens) conservación *f*, preservación *f*; (of building) conservación *f*

preservative /prɪˈzɜːrvətɪv/ *n* [u c] conservante *m*

preserve¹ /prɪˈzɜːrv || prɪˈzɜːv/ *vt*
A 1 ‹*food*› conservar; ‹*specimen*› conservar, preservar 2 (Culin) ‹*fruit/vegetables*› hacer* conserva de 3 (maintain) ‹*building/traditions*› conservar; ‹*dignity*› conservar, mantener*
B (protect) (liter) proteger*; **heaven ~ us!** ¡Dios nos ampare!; **to ~ sb FROM sth** proteger* a algn DE algo

preserve² *n*
A [c] 1 (exclusive privilege, sphere): **this is the ~ of experts** esto es del dominio exclusivo de los expertos; **to be a male ~** ser* terreno *or* coto exclusivamente masculino, ser* terreno vedado a las mujeres 2 (restricted area): **game ~** coto *m or* vedado *m* de caza; **wildlife ~** (AmE) reserva *f* de animales
B (Culin) 1 [u c] (jam, jelly) confitura *f*, mermelada *f* 2 [u c] (fruit in syrup) (BrE) conserva *f*

preset /ˈpriːˈset/ *vt* preprogramar, programar

preshrunk /ˈpriːˈʃrʌŋk/ *adj* preencogido

preside /prɪˈzaɪd/ *vi* presidir; **to ~ OVER sth**: **he ~d over the meeting** presidió la reunión

presidency /ˈprezədənsi/ *n* 1 (office) presidencia *f* 2 (period) presidencia *f*, mandato *m* (presidencial)

president /ˈprezədənt || ˈprezɪdənt/ *n* 1 (of state) presidente, -ta *m,f* 2 (of society) presidente, -ta *m,f* 3 (of bank, corporation) (esp AmE) director, -tora *m,f*, presidente, -ta *m,f* 4 (of university) (AmE) rector, -tora *m,f*

presidential /ˈprezəˈdentʃəl/ *adj* (*before n*) presidencial

press¹ /pres/ *n*
A [u] 1 (newspapers, journalists) prensa *f*; **the ~** la prensa; **the freedom of the ~** la libertad de prensa; (*before n*) ‹*box/gallery*› de (la) prensa; **~ agency** (BrE) agencia *f* de prensa; **~ agent** encargado, -da *m,f* de prensa; **~ clipping** *o* (BrE) **cutting** recorte *m* de prensa; **~ office** oficina *f* de prensa; **~ photographer** reportero gráfico, reportera gráfica *m,f*; **~ release** comunicado *m* de prensa; **~ run** (AmE) tirada *f* 2 (treatment by newspapers): **to get a good/bad ~** tener* buena/mala prensa, tener* buena/mala acogida por parte de la prensa
B [c] 1 (*printing ~*) prensa *f*, imprenta *f*; **to go to ~** entrar en prensa; **at the time of going to ~** al cierre de la edición 2 (publishing house) editorial *f*
C [c] (for pressing — grapes, flowers, machine parts) prensa *f*; (— trousers) prensa *f* plancha-pantalones

press² *vt*
A (push) ‹*button/doorbell*› apretar*, pulsar; ‹*pedal/footbrake*› pisar; **we were ~ed up against the wall by the crowd** el gentío nos apretujó contra la pared
B 1 (squeeze) apretar* 2 (in press) ‹*grapes/olives/flowers*› prensar 3 ‹*disk/album*› imprimir* 4 ‹*clothes*› planchar
C 1 (put pressure on): **when ~ed, she admitted it** cuando la presionaron, lo admitió; **to ~ sb FOR sth/to + INF**: **I ~ed him for an answer** insistí en que *or* exigí que me diera una respuesta; **they ~ed him to change his policy** ejercieron presión sobre él para que cambiara de política 2 (pursue): **they went on strike to ~ their demands** fueron a la huelga en apoyo de sus reivindicaciones; **to ~ charges against sb** presentar *or* formular cargos en contra de algn; **I didn't ~ the point** no insistí más
■ **press** *vi*
A 1 (exert pressure): **~ firmly** presione *or* apriete con fuerza; **to ~ (down) ON sth** apretar* algo, hacer* presión SOBRE algo 2 (crowd, push) «*people*» apretujarse, apiñarse
B (urge, pressurize) presionar; **to ~ FOR sth**: **they've been ~ing for an inquiry** han estado presionando para que se haga una investigación; **time ~es** *o* **is ~ing** el tiempo apremia

Phrasal verbs
- **press ahead** [v ▸ adv] **to ~ ahead (WITH sth)** seguir* adelante (CON algo)
- **press home** [v ▸ o ▸ adv, v ▸ adv ▸ o] ‹*advantage*› aprovechar
- **press on** [v ▸ adv] **to ~ on (WITH sth)** seguir* adelante (CON algo)

press conference *n* rueda *f or* conferencia *f* de prensa

pressed /prest/ *adj* (*pred*): **to be ~ for time** estar* *or* andar* escaso de tiempo; **we'll be hard ~ to replace him** nos va a resultar difícil reemplazarlo

press: ~ gang *n* (Hist) destacamento *m* de enganche; **~-gang** *vt* **to ~-gang sb INTO sth/-ING** obligar* *or* forzar* a algn A algo/+ INF

pressing /ˈpresɪŋ/ *adj* 1 ‹*engagements/concerns*› urgente; ‹*need/desire*› apremiante 2 ‹*request/invitation*› insistente

press: ~man /ˈpresmæn || ˈpresmən/ *n* (*pl* **-men** /-men || -mən/) 1 (journalist) periodista *m* 2 (printing press operator) (AmE) tipógrafo *m*; **~ stud** *n* (BrE) broche *m or* botón *m* de presión (AmL), cierre *m* automático (Esp); **~-up** *n* (BrE) flexión *f* (de brazos *or* de pecho), fondo *m*

pressure¹ /ˈpreʃər || ˈpreʃə(r)/ *n*
A [u c] 1 (Phys) presión *f*; **high/low ~** (Meteo) altas/bajas presiones; (*before n*) **~ gauge** manómetro *m* 2 (press, touch) presión *f*; **to put ~ on sth** hacer* presión sobre algo
B [u] (influence, force) presión *f*; **they are under ~ to accept the offer** los están presionando para que acepten la oferta; **to bring ~ to bear on sb** ejercer* presión sobre algn; **to put ~ on sb** presionar a algn; **they put ~ on him to resign** lo presionaron para que renunciara a su puesto; **to put/pile on the ~** (colloq) apretar* los tornillos
C [u c] (demands, stress): **~ of work prevents me from coming** no puedo asistir por razones de trabajo; **the ~s of city life** las presiones *or* las tensiones a las que somete la vida urbana; **I've been under a lot of ~ recently** últimamente he estado muy agobiado

pressure² *vt* presionar; **to ~ sb to + INF** presionar a algn PARA QUE (+ *subj*); **to ~ sb INTO -ING**: **he was ~d into withdrawing from the competition** lo presionaron hasta que se retiró del concurso

pressure: ~ **cooker** *n* olla *f* a presión *or* (Esp tb) olla *f* exprés *or* (Méx) olla *f* presto; ~ **group** *n* grupo *m* de presión; ~ **pan** *n* (AmE) ▸ ~ **cooker**

pressurize /ˈpreʃəraɪz/ *vt* 1 (Aerosp, Aviat) presurizar* 2 (urge) (BrE) ▸ **pressure²**

pressurized water reactor /ˈpreʃəraɪzd/ *n* reactor *m* de agua a presión

prestige /preˈstiːʒ/ *n* [u] prestigio *m*

prestigious /preˈstɪdʒəs/ *adj* prestigioso

presto /ˈprestəʊ/ *see* **hey presto**

presumably /prɪˈzuːməbli || prɪˈzjuːməbli/ *adv* (*indep*): **you've taken the necessary steps,** ~ supongo *or* me imagino que habrás tomado las medidas pertinentes

presume /prɪˈzuːm || prɪˈzjuːm/ *vt* 1 (assume) suponer*; **I ~ so** supongo *or* me imagino que sí; **missing, ~d dead** desaparecido, dado por muerto; **a defendant is ~d innocent until proved guilty** un acusado es inocente hasta que se demuestre lo contrario; **Mr Vidal, I ~?** usted debe (de) ser el señor Vidal ¿o me equivoco? 2 (dare) **to ~ to + INF** atreverse A + INF

■ **presume** *vi*: **I have already ~d on/upon your generosity quite enough** ya he abusado bastante de su generosidad

presumption /prɪˈzʌmpʃən/ *n* 1 [u] (boldness) atrevimiento *m*, osadía *f* 2 [c u] (assumption) suposición *f*, presunción *f*; **the ~ is that ...** se supone que ...

presumptive /prɪˈzʌmptɪv/ *adj* presunto

presumptuous /prɪˈzʌmptʃəs/ *adj* impertinente

presuppose /ˈpriːsəˈpəʊz/ *vt* presuponer*

pretax /ˈpriːˈtæks/ *adj* ‹*profit/income*› bruto, antes de impuestos

preteen /ˈpriːˈtiːn/ *n* (AmE) preadolescente *mf*, niño, -ña *m,f* (*de 9 a 12 años*)

pretence *n* (BrE) ▸ **pretense**

pretend¹ /prɪˈtend/ *vt*

A (feign) ‹*ignorance/surprise*› fingir*, aparentar; **he ~ed he hadn't seen us** fingió que no nos había visto, hizo como si no nos hubiera visto; **they ~ed to be students** se hicieron pasar por estudiantes

B (make believe): **just ~ I'm not here** tú haz como si yo no estuviera; **let's ~ I'm the mother and you're the father** mira, yo era la mamá y tú eras el papá

C (claim) pretender; **I won't ~ to give you advice** no voy a pretender darte consejos

■ **pretend** *vi*

A (feign) fingir*

B (lay claim) (frml) **to ~ TO sth** pretender algo; **I don't ~ to any knowledge of ...** no pretendo saber de ...

pretend² *adj* (*used to or by children*) ‹*money/gun*› de mentira (fam)

pretender /prɪˈtendər || prɪˈtendə(r)/ *n* ~ (**TO sth**) pretendiente *mf* (A algo)

pretense, (BrE) **pretence** /ˈpriːtens, prɪˈtens || prɪˈtens/ *n*

A [c u] (simulation, display): **her air of confidence is a ~** ese aire de seguridad suyo es fingido; **let's drop this ~!** ¡vamos a dejarnos de fingir!; **to make a ~ of sth** fingir* algo; **he made no ~ of impartiality** no disimuló su parcialidad; **under (the) ~ of wanting to help** con el pretexto de querer ayudar; **under false ~s** de manera fraudulenta

B (frml) 1 [c u] (claim) ~ (**TO sth**): **he makes no ~ to virtue** no pretende ser virtuoso, no se las da de virtuoso 2 [u] (pretentiousness) pretensión *f*

pretension /prɪˈtentʃən/ *n* (claim) (*often pl*) pretensión *f*

pretentious /prɪˈtentʃəs || prɪˈtenʃəs/ *adj* (trying to appear — profound, sophisticated) pretencioso, con pretensiones de intelectual (*or* culto *etc*); (— elegant, luxurious) presuntuoso, pretencioso, con pretensiones de elegancia (*or* refinamiento *etc*); (if also in bad taste) cursi *or* (Chi tb) siútico

pretext /ˈpriːtekst/ *n* pretexto *m*; **on** *o* **under the ~ of** con el pretexto de, so pretexto de (frml)

prettily /ˈprɪtḷi || ˈprɪtɪli/ *adv* con gracia, atractivamente

pretty¹ /ˈprɪti/ *adj* **-tier, -tiest** ‹*girl/baby*› bonito, guapo, lindo (AmL); ‹*eyes/smile/name*› bonito, lindo (AmL); ‹*blouse/dress*› bonito, lindo (AmL); **it wasn't a ~ sight** no era nada agradable *or* (AmL tb) lindo de ver

pretty² *adv* (rather, quite) bastante; (emphatic) bien, muy; ~ **good** bastante bueno; **I ~ soon realized that ...** tardé bien *or* muy poco en darme cuenta de que ...; **you have to be ~ stupid to believe that!** ¡hay que ser bien *or* muy tonto para creerse eso!; ~ **much** más o menos; **they lost ~ well every game** perdieron casi *or* prácticamente todos los partidos

pretzel /ˈpretsəl/ *n* galleta *f* salada (*gen en forma de 8*)

prevail /prɪˈveɪl/ *vi*

A (triumph) «*justice/common sense*» prevalecer*, imponerse*; «*enemy*» imponerse*; **to ~ OVER/AGAINST sb/sth** prevalecer* SOBRE algn/algo

B (predominate) «*attitude/pessimism*» preponderar, predominar, reinar; «*situation*» reinar, imperar

Phrasal verb

• **prevail on**, **prevail upon** [v ▸ prep ▸ o] (frml) convencer*; **he was not to be ~ed upon** no se dejó convencer

prevailing /prɪˈveɪlɪŋ/ *adj* (*before n*) ‹*wind*› preponderante; ‹*trend/view*› imperante, preponderante; ‹*uncertainty*› reinante; **in the ~ economic climate** en el actual clima económico

prevalence /ˈprevələns/ *n* [u] 1 (widespread occurrence) preponderancia *f*; **the increasing ~ of divorce** el número cada vez mayor de divorcios 2 (predominance) predominio *m*; ~ **OVER sth** predominio SOBRE algo

prevalent /ˈprevələnt/ *adj* frecuente, corriente; **in areas where the disease is ~** en zonas donde la enfermedad está extendida

prevaricate /prɪˈværəkeɪt || prɪˈværɪkeɪt/ *vi* 1 (not answer directly) andarse* con rodeos, recurrir a evasivas 2 (lie) (AmE) mentir*

prevarication /prɪˈværəˈkeɪʃən/ *n* 1 [u] (misleading answers) evasivas *fpl* 2 [c] (lie) (AmE) mentira *f*

prevent /prɪˈvent/ *vt* 1 (hinder) impedir*; **to ~ sb/sth (FROM) -ING, to ~ sb's/sth's -ING** impedir* QUE algn/algo (+ *subj*); **she was ~ed from attending the conference by a sudden illness** una repentina enfermedad impidió que asistiera *or* le impidió asistir al congreso 2 (forestall) ‹*crime/disease/accident*› prevenir*, evitar

preventable /prɪˈventəbəl/ *adj* evitable

preventative /prɪˈventətɪv/ *adj* ▸ **preventive**

prevention /prɪˈventʃən || prɪˈvenʃən/ *n* [u] prevención *f*; ~ ***is better than cure*** más vale prevenir que curar

preventive /prɪˈventɪv/ *adj* ‹*measure/action*› preventivo; ~ **medicine** medicina *f* preventiva

preview /ˈpriːvjuː/ *n* 1 (advance showing) preestreno *m* 2 (trailer) avance *m*, trailer *m* (Esp), sinopsis *f* (CS) 3 (foretaste) anticipo *m*, adelanto *m*

previous /ˈpriːviəs/ *adj* 1 (earlier) (*before n*) ‹*occasion/attempt/page*› anterior; ‹*experience/knowledge*› previo; **on the ~ day** el día anterior, la víspera; **I had a ~ engagement** ya tenía un compromiso, tenía un compromiso previo 2 **previous to** (*as prep*) anterior a; ~ **to this** anteriormente

previously /ˈpriːviəsli/ *adv* antes

prewar /ˈpriːˈwɔːr/ *adj* de antes de la guerra, de preguerra

prewash /ˈpriːˈwɔːʃ || ˌpriːˈwɒʃ/ *n* prelavado *m*

prey /preɪ/ *n* [u] presa *f*; **he fell ~ to doubts** lo asaltaron las dudas, fue presa de la duda

Phrasal verb

• **prey on**, **prey upon** [v ▸ prep ▸ o] 1 ‹*animal*› (hunt) cazar*; (feed on) alimentarse de 2 (exploit) explotar; **drug dealers who ~ on youngsters** traficantes de droga que explotan a *or* se aprovechan de los jóvenes; ▸ **mind¹ A1**

price¹ /praɪs/ *n*

A (Busn, Fin) precio *m*; (of stocks) cotización *f*, precio *m*; **house ~s** el precio de la vivienda; **I got a good ~ for the car** vendí bien el coche; **they're the same ~** valen *or* cuestan lo mismo; **at a ~ of £80** por 80 libras; **at half ~** a mitad de precio; **accommodation is available, at** *o* **for a ~** es posible encontrar alojamiento, pero sale *or* cuesta caro; **to go up/down in ~** subir/bajar de precio; **I couldn't put a ~ on it** no sabría decir cuánto vale; **I'll take the job, if the ~ is right** aceptaré el trabajo si (me) pagan bien; (*before n*) ~ **list** lista *f* de precios; **it's out of my ~ range** cuesta más de lo que puedo pagar; ~ **rise** subida *f* or (RPl tb) suba *f* de precios

B (cost, sacrifice) precio *m*; **victory was won at a terrible ~** se pagó muy cara la victoria; **they want peace at any ~** quieren la paz cueste lo que cueste *or* a toda costa; **not at any ~!** ¡de ningún modo!, ¡por nada del mundo!; **what ~ peace?** ¿va a ser posible lograr la paz?; ***to pay a/the ~ for sth*** pagar* caro algo; **that's a small ~ to pay for independence** bien vale la pena ese sacrificio para ser independiente

C (value) (liter) precio *m*; **it's beyond** *o* **without ~** no tiene precio, es invalorable; **one cannot put a ~ on freedom** la libertad no tiene precio; **she sets a high ~ on loyalty** valora mucho la lealtad

price² *vt* **1** (fix price of) (*often pass*): **their products are reasonably ~d** sus productos tienen precios razonables; **it was originally ~d at over $300** su precio original era de más de 300 dólares; **they have ~d themselves out of the market** han subido tanto los precios que se han quedado sin compradores (*or* clientes *etc*) **2** (mark price on) ponerle* el precio a; **all items must be clearly ~d** todos los artículos deben llevar el precio claramente indicado

price: **~-cutting** *n* [u] rebaja *f* de precios; **~-fixing** /'praɪs,fɪksɪŋ/ *n* [u] (as commercial activity) fijación *f* de precios; (to eliminate competition) fijación *f* oligopolítica

priceless /'praɪsləs || 'praɪslɪs/ *adj* **1** (invaluable) inestimable, invalorable (CS) **2** (very amusing) (colloq) para morirse de risa (fam)

price tag *n* etiqueta *f* (*del precio*), precio *m*; **a painting with a $2,500 ~ ~** (colloq) un cuadro de 2.500 dólares

pricey, pricy /'praɪsi/ *adj* **pricier, priciest** (colloq) ‹*item*› carito (fam); ‹*store*› carero (fam)

pricing /'praɪsɪŋ/ *n* [u] fijación *f* de precios; (*before n*) **~ policy** política *f* de precios

prick¹ /prɪk/ *vt*

A (pierce, wound) pinchar, picar* (Méx); **to ~ a hole in sth** hacerle* un agujero a algo; **that ~ed his conscience** eso hizo que le remordiera la conciencia

B **~ (up)** ‹*ears*› «*dog*» levantar, parar (AmL); **she ~ed up her ears at the mention of France** aguzó el oído *or* (AmL fam) paró la oreja al oír hablar de Francia

■ **prick** *vi* pinchar; «*conscience*» remorder*; **a ~ing sensation** un picor

prick² *n*

A **1** (act) pinchazo *m*, piquete *m* (Méx); **to feel the ~ of conscience** tener* remordimientos de conciencia; ***to kick against the ~s*** dar* coces contra el aguijón, tener* una actitud rebelde **2** (mark) agujero *m*

B (vulg) (penis) verga *f* (vulg), polla *f* (Esp vulg)

prickle¹ /'prɪkəl/ *n* **1** [c] (thorn) espina *f* **2** [c] (on hedgehog) púa *f* **3** [u] (sensation) picor *m*

prickle² *vi* «*wool*» picar*; «*beard*» pinchar, picar* (Méx); «*skin/scalp*» picar*

prickly /'prɪkli/ *adj* **-lier, -liest**

A **1** (with prickles) ‹*plant*› espinoso; ‹*animal*› con púas **2** (scratchy) ‹*wool*› que pica; ‹*beard*› que pincha *or* (Méx) pica; **~ feeling** picor *m*

B (colloq) **1** ‹*person*› quisquilloso, difícil, irritable **2** ‹*issue/problem*› espinoso, peliagudo (fam)

prickly: **~ heat** *n* [u] fiebre *f* miliar; **~ pear** *n* (fruit) tuna *f*, higo *m* chumbo; (plant) nopal *m*, tuna *f*, chumbera *f*

pride¹ /praɪd/ *n*

A [u] **1** (self-respect) orgullo *m*; **false ~** vanidad *f*; **to take ~ in sth**: **she takes great ~ in her work** se toma muy en serio su trabajo; **we can take ~ in our success** podemos enorgullecernos *or* estar orgullosos de nuestro éxito; ***to have*** *o* ***take ~ of place*** ocupar* el lugar de honor; ***to swallow one's ~*** tragarse* el orgullo *or* el amor propio **2** (conceit) orgullo *m*, soberbia *f*; ***~ goes before a fall*** más dura será la caída

B [c] **1** (source of pride) orgullo *m*; **the ~ of the collection** la joya *or* el orgullo de la colección; **she is her mother's ~ and joy** es el orgullo de su madre **2** (finest part) (liter) flor *f* (liter)

C [c] (of lions) manada *f*

pride² *v refl* **to ~ oneself ON sth/-ING** enorgullecerse* *or* estar* orgulloso DE algo/+ INF; **he ~s himself on his punctuality** se precia de ser puntual

priest /pri:st/ *n* sacerdote *m*; (*parish ~*) cura *m* (párroco)

priestess /'pri:stəs || 'pri:stes/ *n* sacerdotisa *f*

priesthood /'pri:sthʊd/ *n* [u] **1** (office) sacerdocio *m*; **to enter the ~** hacerse* sacerdote, ser* ordenado sacerdote **2** (clergy) clero *m*

priestly /'pri:stli/ *adj* sacerdotal

prig /prɪg/ *n* mojigato, -ta *m,f*

priggish /'prɪgɪʃ/ *adj* mojigato

prim /prɪm/ *adj* **-mer, -mest** **1** (prudish) mojigato, gazmoño; (affected) remilgado, repipi (Esp fam); **she's so ~ and proper!** es tan correcta y formal **2** (neat) cuidado

prima ballerina /'pri:mə/ *n* primera bailarina *f*

primacy /'praɪməsi/ *n* (frml) primacía *f*

prima donna /'pri:mə'dɑ:nə || ,pri:mə'dɒnə/ *n* **1** (Mus) prima donna *f*, diva *f* **2** (actor, actress, singer) (pej) divo, -va *m,f* (pey)

primaeval *adj* (BrE) ▸ **primeval**

prima facie¹ /'praɪmə'feɪʃə || ,praɪmə'feɪʃi:/ *adj* (frml): **~ ~ evidence** (Law) presunciones de hecho; **to have a ~ ~ case** parecer* tener razón a primera vista

prima facie² *adv* (frml) a primera vista, prima facie (frml)

primarily /praɪ'merəli || 'praɪmərɪli/ *adv* fundamentalmente, principalmente, ante todo

primary¹ /'praɪmeri || 'praɪməri/ *adj*

A (principal) ‹*purpose/role/aim*› primordial, principal

B **1** (first, basic) ‹*source/energy*› primario; ‹*industry*› de base **2** ‹*education*› primario

primary² *n* (*pl* **-ries**)

A (in US) (Govt) primaria *f*

B **~ (color)** color *m* primario *or* fundamental

C **~ (school)** escuela *f* (de enseñanza) primaria; (*before n*) **~ (school) teacher** maestro, -tra *m,f* (de escuela)

primate *n*

A /'praɪmeɪt/ (Zool) primate *m*

B /'praɪmeɪt, -ət/ (Relig) primado *m*

prime¹ /praɪm/ *adj* (*no comp*) **1** (major) principal; **to be of ~ importance** ser* de primordial *or* fundamental importancia **2** (first-rate) ‹*example/location*› excelente; ‹*cut*› de primera (calidad); **in ~ condition** ‹*athlete/racehorse*› en óptimas condiciones; ‹*car/antique*› en excelente estado; **of ~ quality** de primera calidad **3** (Math) ‹*number*› primo

prime² *n* [u] (best time): **to be in one's ~** *o* **in the ~ of life** estar* en la flor de la vida *or* en la mejor edad; **he's past his ~** ya no es ningún jovencito

prime³ *vt* **1** (prepare for painting) ‹*wood/metal*› aplicar* una capa de imprimación *or* de base a; ‹*canvas*› preparar, aprestar **2** ‹*pump/gun*› cebar **3** (brief) preparar; **he'd obviously been ~d to say that** era obvio que le habían dicho que dijera eso

prime: **~ minister** *n* primer ministro, primera ministra *m,f*; **~ mover** *n* promotor, -tora *m,f*

primer /'praɪmər || 'praɪmə(r)/ *n*

A [c u] **1** (paint) imprimación *f*, base *f* **2** (explosive) cebo *m*

B [c] (textbook) manual *m*

prime time *n* horas *fpl* de máxima *or* mayor audiencia

primeval, (BrE) **primaeval** /praɪ'mi:vəl/ *adj* primigenio

primitive /'prɪmətɪv || 'prɪmɪtɪv/ *adj* **1** ‹*man/society*› primitivo; ‹*dwelling/weapon/method*› primitivo, rudimentario; ‹*urges/instincts*› primario **2** (Art) primitivo

primly /'prɪmli/ *adv* remilgadamente

primordial /praɪ'mɔ:rdiəl || praɪ'mɔ:diəl/ *adj* primigenio

primrose /'prɪmrəʊz/ *n* **1** [c] primavera *f*, prímula *f* **2** **~ (yellow)** amarillo *m* pálido

primrose-yellow /'prɪmrəʊz'jeləʊ/ *adj* (*pred* **primrose yellow**) amarillo pálido *adj inv*

primula /'prɪmjələ || 'prɪmjʊlə/ *n* prímula *f*, primavera *f*

Primus® (stove) /'praɪməs/ *n* hornillo *m* de queroseno, anafe *m*

prince /prɪns/ *n* príncipe *m*; **~ consort/regent** príncipe consorte/regente

Prince Charming *n* el príncipe azul

princely /'prɪnsli/ *adj* ‹*bearing*› principesco; ‹*duties*› del príncipe; ‹*gift*› magnífico, espléndido; ‹*sum*› bonito

princess /'prɪnsəs || 'prɪnses/ *n* princesa *f*

principal¹ /'prɪnsəpəl/ *adj* (*before n*) principal

principal² *n*

A (of school) director, -tora *m,f*; (of university) rector, -tora *m,f*

B 1 (Theat) protagonista *mf* 2 (Mus) (leader) primer violín *mf*
C (Fin) capital *m*, principal *m*

principality /ˈprɪnsəˈpæləti/ *n* (*pl* **-ties**) principado *m*

principally /ˈprɪnsəpli/ *adv* principalmente

principle /ˈprɪnsəpəl/ *n*
A [c] (basic fact, law) principio *m*; **in ~** en principio; **on that ~** sobre esa base, partiendo de esa base
B [c u] (rule of conduct) principio *m*; **a man/woman of (high) ~** un hombre/una mujer de principios; **it was a matter of ~** era una cuestión de principios; **I never borrow money, on ~** *o* **as a matter of ~** nunca pido dinero prestado, por principio; **it's the ~ of the thing** es una cuestión de principios; **it is against my ~s** va contra mis principios

principled /ˈprɪnsəpəld/ *adj* ‹*person*› de principios

print¹ /prɪnt/ *n*
A [u] (Print) 1 (lettering) letra *f*; **in large ~** en letra grande *or* en caracteres grandes; **the fine ~** (AmE) *o* (esp BrE) **small ~** la letra menuda *or* pequeña *or* (AmL tb) chica 2 (text): **a page of ~** una página impresa; **in ~** (published) publicado; (available) a la venta; **to get into ~** publicarse*; **out of ~** agotado; **to go out of ~** agotarse; (*before n*) **~ worker** tipógrafo, -fa *m,f*
B [c] 1 (Art, Print) grabado *m* 2 (Phot) copia *f*
C [c] (of foot, finger) huella *f*, marca *f*
D [c u] (fabric) estampado *m*

print² *vt*
A 1 ‹*letter/text/design*› imprimir*; **to ~ sth ON/ONTO sth** imprimir* algo EN algo 2 ‹*fabric*› estampar 3 (publish) publicar*, editar 4 **printed** *past p* impreso; **~ed matter** (Post) impresos *mpl*; **~ed fabric** estampado *m*
B (write clearly) escribir* con letra de imprenta
C (Phot) ‹*negative*› imprimir*; **to ~ a copy from sth** sacar* una copia de algo
D (make impression) (*usu pass*): **the scene is ~ed on my memory** tengo la escena grabada en la memoria
■ **print** *vi* 1 (Print) imprimir* 2 (write without joining the letters) escribir* con letra de imprenta 3 (Phot) salir*

Phrasal verb

• **print out** [v ▸ adv ▸ o, v ▸ o ▸ adv] imprimir*

printable /ˈprɪntəbəl/ *adj* 1 (fit for publication) publicable 2 (Print) que se puede imprimir

printer /ˈprɪntər ‖ ˈprɪntə(r)/ *n* 1 (worker) tipógrafo, -fa *m,f*, impresor, -sora *m,f*; **~'s error** error *m* de imprenta 2 (business) imprenta *f* 3 (machine) impresora *f*

printing /ˈprɪntɪŋ/ *n* 1 [u] (act, process, result) impresión *f*; **the invention of ~** la invención de la imprenta; (*before n*) ‹*ink/error*› de imprenta 2 [c] (quantity printed) edición *f*, tirada *f* 3 [u] (trade) imprenta *f*

printing press *n* imprenta *f*, prensa *f*

print: **~out** *n* [u c] listado *m*; **~ run** *n* tirada *f*; **~ shop** *n* (workshop) (Print) imprenta *f*, taller *m* de impresión; (store) *tienda especializada en grabados*

prior¹ /ˈpraɪər ‖ ˈpraɪə(r)/ *adj* (*before n*) ‹*knowledge/warning*› previo; **I had a ~ engagement** ya tenía un compromiso, tenía un compromiso previo; **prior to** (*as prep*) antes de

prior² *n* prior *m*

prioress /ˈpraɪərəs ‖ ˌpraɪəˈres, ˈpraɪərəs/ *n* priora *f*

prioritize /ˌpraɪˈɔːrətaɪz ‖ ˌpraɪˈɒrətaɪz/ *vt* priorizar*

priority /praɪˈɔːrəti ‖ praɪˈɒrɪti/ *n* (*pl* **-ties**) 1 [u] (precedence) prioridad *f*; **in order of ~** por orden de prioridad; **to give ~ to sth** dar* prioridad a algo, priorizar* algo; **top ~** prioridad absoluta; **to have/take ~ (over sth)** tener* prioridad (sobre algo); (*before n*) ‹*treatment/item*› prioritario 2 [c] (important matter, aim): **my first/number one ~ is ...** para mí lo primero *or* lo más importante es ...; **you have to get your priorities right** tienes que saber decidir qué es lo más importante 3 [u] (in traffic) (BrE) preferencia *f*

priory /ˈpraɪəri/ *n* (*pl* **-ries**) priorato *m*

prise /praɪz/ *vt* (BrE) ▸ **prize³ B**

prism /ˈprɪzəm/ *n* prisma *m*

prison /ˈprɪzn̩/ *n* prisión *f*, cárcel *f*; **he was sent to ~ for ...** lo encarcelaron *or* lo metieron preso por ...; **her accomplice went to ~ for five years** su cómplice fue condenado a cinco años de prisión; (*before n*) ‹*system/reform*› carcelario, penitenciario; **~ cell** celda *f*; **~ governor** (BrE) director, -tora *m,f* (*de una cárcel*); **~ guard** *o* (BrE) **warder** guardia *mf*, celador, -dora *m,f*; **~ officer** (BrE) funcionario, -ria *m,f* de prisiones; **~ sentence** pena *f* de prisión

prison camp *n* campo *m* de prisioneros

prisoner /ˈprɪznər ‖ ˈprɪznə(r)/ *n* 1 (captive) prisionero, -ra *m,f*; **he was held ~** (by enemy forces) lo tuvieron prisionero; (by kidnappers) lo tuvieron secuestrado; **to take sb ~** tomar *or* (esp Esp) coger* a algn prisionero; **to take ~s** hacer* prisioneros 2 (in jail) preso, -sa *m,f*, recluso, -sa *m,f* 3 (person arrested) detenido, -da *m,f* 4 (accused) reo *mf*, acusado, -da *m,f*

prisoner of war *n* (*pl* **~s ~ ~**) prisionero, -ra *m,f* de guerra

prissy /ˈprɪsi/ *adj* **-sier, -siest** (colloq) remilgado

pristine /ˈprɪstiːn, -taɪn/ *adj* (frml & liter) inmaculado, impoluto (liter), prístino (liter); **in ~ condition** en perfecto *or* impecable estado

privacy /ˈpraɪvəsi ‖ ˈprɪvəsi/ *n* [u] privacidad *f*; **in the ~ of one's own home** en la intimidad del hogar

private¹ /ˈpraɪvət ‖ ˈpraɪvɪt/ *adj*
A 1 (confidential) ‹*conversation*› privado; ‹*matter*› privado, confidencial; ‹*letter*› personal 2 **in private**: **she told me in ~** me lo dijo confidencialmente *or* en confianza; **can we talk in ~?** ¿podemos hablar en privado?; **what you do in ~ is your own affair** lo que hagas en la intimidad *or* en tu vida privada es cosa tuya
B 1 (restricted): **~ view** (Art) vernissage *m*; **~ hearing** (Law) vista *f* a puerta cerrada; **they married in a ~ ceremony** celebraron la boda en la intimidad; Ⓢ **private** privado; (on envelope) personal 2 (for own use, in own possession) ‹*road/lesson/secretary*› particular; ‹*income*› personal; **~ property** propiedad *f* privada; **a gentleman of ~ means** (frml) un señor que vive de las rentas; **~ income** rentas *fpl*
C 1 (not official) ‹*visit/correspondence*› privado; **a ~ citizen** un particular; **in a ~ capacity** a título personal; **their ~ life** su vida privada 2 (unconnected to the state) ‹*school*› privado, particular, de pago (Esp); ‹*ward*› reservado; ‹*patient*› particular; **~ enterprise** la empresa privada; **to be in ~ practice** (Med) ejercer* la medicina privada; (in US) (Law) ocuparse de asuntos civiles; **~ prosecution** querella *f*
D 1 ‹*thoughts/doubts*› íntimo; **time is set aside for ~ study** se establecen ciertas horas para que cada uno estudie por su cuenta; **it's a ~ joke** es un chiste que los dos entendemos/entienden 2 ‹*person*› reservado

private² *n*
A (rank) soldado *mf* raso; **P~ Jones** el soldado Jones
B **privates** *pl* (genitals) (colloq & euph) partes *fpl* pudendas (euf & hum), intimidades *fpl* (euf & hum)

private: **~ company** *n* sociedad *f* privada (*que no cotiza en Bolsa*); **~ detective** *n* detective *mf* privado; **~ eye** *n* (colloq) sabueso *mf*

privately /ˈpraɪvətli ‖ ˈpraɪvɪtli/ *adv*
A 1 (in private) en privado; **can I speak to you ~?** ¿puedo hablar contigo en privado *or* a solas?; **the interview was held ~** la entrevista se celebró en privado *or* a puertas cerradas 2 (not publicly): **~ held views** opiniones *fpl* personales; **they agree ~ that ...** extraoficialmente admiten que ...
B 1 (not by state or large concern): **~ educated** educado en colegio privado *or* particular; **she had the operation done ~** (BrE) la operaron en una clínica privada; **this land is ~ owned** esta tierra es de particulares 2 (by private arrangement): **to sell sth ~** vender algo personalmente *or* sin intermediarios

private: **~ member**, **~ Member** *n* (in UK) diputado, -da *m,f*, representante *mf* (*sin cargo específico en el gobierno*); **~ parts** *pl n* (euph & hum) partes *fpl* pudendas (euf & hum), intimidades *fpl* (euf & hum); **~ sector** *n* sector *m* privado

privation /praɪˈveɪʃən/ *n* [u c] (frml) privación *f*; **they endured great ~** pasaron muchas privaciones

privatization /ˌpraɪvətəˈzeɪʃən/ *n* [u] privatización *f*

privatize /ˈpraɪvətaɪz ‖ ˈprɪvɪtaɪz/ *vt* privatizar*

privet /ˈprɪvət ‖ ˈprɪvɪt/ *n* [u c] ligustro *m*, alheña *f*

privilege /ˈprɪvəlɪdʒ/ *n* [c u] 1 (special right) privilegio *m*; **parliamentary/congressional ~** [u] inmunidad *f* parlamentaria 2 (honor) (*no pl*) privilegio *m*, honor *m*; **it is my ~ to introduce ...** tengo el honor *or* el privilegio de presentarles a ...

privileged /ˈprɪvəlɪdʒd/ *adj* 1 (having advantages) ‹*position*› privilegiado; **for the ~ few** para una minoría privilegiada 2 (honored) (*pred*) **to be ~ to + INF** tener* el privilegio *or* el honor DE + INF

privy¹ /ˈprɪvi/ *adj* (frml) (*pred*) **to be ~ TO sth** tener* conocimiento DE algo

privy² *n* (dated) (*pl* **-vies**) retrete *m*, excusado *m*

Privy Council *n* (in UK) **the ~ ~** *comité asesor del monarca integrado por personas de reconocido prestigio*

prize¹ /praɪz/ *n* 1 (award) premio *m*; **the first ~ goes to Chris** el primer premio se lo lleva *or* lo ha ganado Chris 2 (in lottery): **first ~** el primer premio *or* el gordo; (*before n*) **~ draw** *o* (AmE) **drawing** sorteo *m*

prize² *adj* (*before n*) ‹*bull/essay*› premiado; **he's a ~ idiot** (colloq) es un idiota de marca mayor

prize³ *vt*

A (value) valorar (mucho), tener* en gran estima; **a ~d possession** un bien muy preciado

B (BrE) **prise**: **to ~ information out of sb** arrancarle* información a algn; **he ~d the lid off the crate** le arrancó la tapa a la caja haciendo palanca; **he ~d the shell open with a knife** abrió la concha con un cuchillo

prize: **~fighter** *n* boxeador, -dora *m,f* profesional; **~-giving** /ˈpraɪz,gɪvɪŋ/ *n* (BrE) entrega *f* de premios; **~ money** *n* [u] premio *m* (*en metálico*); **~winner** *n* ganador, -dora *m,f* (*de un premio*), premiado, -da *m,f*; **~winning** *adj* (*before n*) premiado, galardonado

pro¹ /prəʊ/ *n*

A (professional) (colloq) profesional *mf*; (Sport) (player) jugador, -dora *m,f* profesional; (coach) instructor, -tora *m,f*

B **pros** *pl* (advantages): **the ~s and cons** los pros y los contras

pro² *prep* (colloq) a favor de

pro- /prəʊ/ *pref* pro(-)

probability /ˈprɑːbəˈbɪləti || ˌprɒbəˈbɪlɪti/ *n* [u c] (*pl* **-ties**) probabilidad *f*; **in all ~ they will lose their jobs** es muy probable que pierdan su trabajo

probable /ˈprɑːbəbəl || ˈprɒbəbəl/ *adj* ‹*outcome*› probable; ‹*reason*› posible; **it is ~ THAT** es probable QUE (+ *subj*)

probably /ˈprɑːbəbli || ˈprɒbəbli/ *adv* (*indep*) probablemente (+ *subj*); **he'll ~ come** probablemente venga, es probable que venga; **~ not** puede que no

probate¹ /ˈprəʊbeɪt/ *n* [u] (process) *trámite para obtener la autenticación de un testamento*; **to grant sb ~** declarar a algn legítimo albacea

probate² *vt* (esp AmE) ‹*will*› autenticar*, legalizar*

probation /prəʊˈbeɪʃən || prəˈbeɪʃən/ *n* [u]

A (Law) libertad *f* condicional; **to be on ~** estar* en libertad condicional; **to put sb on ~** dejar *or* poner* a algn en libertad condicional; (*before n*) **~ officer** *asistente social que se ocupa del seguimiento de la persona en libertad condicional*

B (trial period) período *m* de prueba; **she's on ~** está cumpliendo su período de prueba

probationary /prəʊˈbeɪʃəneri/ *adj* ‹*period*› de prueba

probe¹ /prəʊb/ *vt* 1 (physically) sondar 2 (investigate) investigar*; ‹*public opinion*› sondear; ‹*mind/subconscious*› explorar

■ **probe** *vi* investigar*; **to ~ INTO sth** investigar* algo

probe² *n* 1 (Med, Elec) sonda *f* 2 (*space ~*) sonda *f* espacial 3 (investigation) investigación *f*

probing /ˈprəʊbɪŋ/ *adj* ‹*question*› sagaz, perspicaz; ‹*study*› a fondo

probity /ˈprəʊbəti/ *n* [u] (frml) probidad *f*

problem /ˈprɑːbləm || ˈprɒbləm/ *n* 1 (difficulty) problema *m*; **he has a drink ~** bebe demasiado; **I'm having ~s deciding** no acabo de decidirme, me está costando decidirme; **no ~!** (colloq) ¡no hay problema!; **what's the ~?** ¿qué pasa?, ¿algún problema?; **that's their ~** es cosa suya; (*before n*) ‹*family/child*› difícil; **~ page** (BrE Journ) consultorio *m* (*de problemas sentimentales etc de los lectores*) 2 (Math) problema *m*

problematic /ˈprɑːbləˈmætɪk/ *adj* problemático, difícil

proboscis /prəˈbɑːsəs || prəˈbɒsɪs/ *n* (*pl* **-cises** /-səsəs/, **-cides** /-sɪdiːz/) probóscide *f*

procedure /prəˈsiːdʒər || prəˈsiːdjə(r), prəˈsiːdʒə(r)/ *n* 1 [u c] (practice) procedimiento *m*; (step) trámite *m*; **the normal ~ is to ...** lo que se hace normalmente es ... 2 [c] (Comput) procedimiento *m*

proceed /prəʊˈsiːd, prə- || prəˈsiːd, prəʊ-/ *vi*

A (move forward) (frml) «*person/vehicle*» avanzar*; **I was ~ing along King Street when ...** circulaba por King Street cuando ...; **please ~ to gate five** les rogamos se dirijan a la puerta número cinco; **to ~ on one's way** seguir* adelante

B (continue) continuar*; **~, Mr Thomas** continúe, Sr. Thomas; **to ~ TO sth** pasar A algo; **to ~ (WITH sth)** seguir* adelante (CON algo); **to ~ to + INF**: **she ~ed to tell us why** pasó a explicarnos por qué; **he threatened to resign, then ~ed to do just that** amenazó con dimitir e ipso facto lo hizo

C (act) (frml) proceder

D (progress) marchar

E (take legal action) (frml) **to ~ AGAINST sb** demandar a algn

proceedings /prəʊˈsiːdɪŋz, prə-/ *pl n* 1 (events): **~ began late** la reunión (*or* el acto *etc*) empezó tarde; **two teachers were there to keep an eye on ~** había dos profesores vigilando lo que sucedía 2 (measures) medidas *fpl*; **disciplinary ~** medidas disciplinarias; **to start** *o* (frml) **institute ~ against sb** entablarle juicio a algn 3 (minutes) actas *fpl*

proceeds /ˈprəʊsiːdz/ *pl n*: **the ~** (from charity sale, function) lo recaudado; **he sold the house and went to Jamaica on the ~** vendió la casa y con lo que sacó se fue a Jamaica

process¹ /ˈprɑːses, ˈprəʊ- || ˈprəʊses/ *n*

A 1 (series of actions, changes) proceso *m*; **the aging ~** el envejecimiento; **the peace ~** (journ) el proceso de paz; **the ~ of obtaining a permit** el trámite para obtener un permiso; **I am in the ~ of writing to him right now** en este preciso momento le estoy escribiendo; **we are in the ~ of buying the house** estamos con los trámites de la compra de la casa; **he lost a lot of friends in the ~** con ello perdió muchos amigos; **in ~** (AmE) en construcción 2 (method) proceso *m*, procedimiento *m*

B 1 (proceedings) (frml) acción *f* judicial 2 (writ) demanda *f*

process² *vt* 1 ‹*raw materials/waste*› procesar, tratar; ‹*film*› revelar 2 ‹*applications*› dar* curso a, procesar; ‹*order*› tramitar 3 ‹*data*› procesar

■ **process** *vi* /prəˈses/ (go in procession) (frml) desfilar; (Relig) ir* en procesión

process cheese (AmE), **processed cheese** (BrE) *n* [u] queso *m* fundido

processing /ˈprɑːsesɪŋ, ˈprəʊ- || ˈprəʊsesɪŋ/ *n* [u] 1 (treatment — of materials, waste) tratamiento *m*, procesamiento *m*; (— of film) revelado *m* 2 (of an order, an application) tramitación *f* 3 (Comput) procesamiento *m*; (*before n*) **~ unit** unidad *f* de proceso

procession /prəˈseʃən/ *n* desfile *m*; (Relig) procesión *f*; **a funeral ~** un cortejo fúnebre; **in ~** en procesión

processor /ˈprɑːsesər, ˈprəʊ- || ˈprəʊsesə(r)/ *n*

A (*food ~*) robot *m* de cocina, multiusos *m*

B (Comput) procesador *m*, unidad *f* de proceso

proclaim /prəʊˈkleɪm, prə-|| prəˈkleɪm/ *vt* 1 (announce, declare) (frml) ‹*independence*› proclamar, declarar; ‹*love*› declarar; ‹*law*› promulgar* 2 (reveal) (liter) revelar

proclamation /ˈprɑːkləˈmeɪʃən || ˌprɒkləˈmeɪʃən/ *n* [c u] (frml) proclamación *f*, proclama *f*

proclivity /prəʊˈklɪvəti/ *n* (*pl* **-ties**) (frml) proclividad *f*, propensión *f*; **sexual proclivities** tendencias *fpl* sexuales

procrastinate /prəʊˈkræstəneɪt || prəʊˈkræstɪneɪt/ *vi* dejar las cosas para más tarde

procrastination /prəʊˈkræstəˈneɪʃən || prəʊˌkræstɪˈneɪʃən/ *n* [u]: **there's no time left for ~** ya no hay tiempo para dejar las cosas para mañana

procreate /ˈprəʊkrieɪt/ *vi* (frml) procrear

procreation /ˈprəʊkriˈeɪʃən/ *n* [u] (frml) procreación *f*

procure /prəˈkjʊr || prəˈkjʊə(r)/ *vt* 1 (obtain) (frml) procurar (frml), obtener* (frml), conseguir* 2 (bring about) (frml) conseguir*, lograr 3 (for sex): **he ~d women for his clients** les proporcionaba prostitutas a sus clientes

P

procurement /prəˈkjʊrmənt || prəˈkjʊəmənt/ *n* [u] (frml) obtención *f*; (by purchasing) adquisición *f*

prod¹ /prɑːd || prɒd/ **-dd-** *vt* **1** (poke — with elbow) darle* un codazo a; (— with sth sharp) pinchar **2** (encourage, remind): **you have to keep ~ding her or she forgets** tienes que estar constantemente recordándoselo para que no se olvide; **after some ~ding I agreed to take the job** acepté el trabajo, pero tuvieron que empujarme un poco

■ **prod** *vi* **to ~ AT sth**: **she ~ded at the cheese with her fork** pinchaba el queso con el tenedor

prod² *n* **1** (poke — with elbow) codazo *m*; (— with sth sharp) pinchazo *m* **2** (stimulus): **you'll have to give him a ~** vas a tener que empujarlo *or* aguijonearlo **3** (for cattle) picana *f* *or* (Esp) aguijada *f*

prodigal /ˈprɑːdɪgəl/ *adj* **1** (wasteful) pródigo, despilfarrador; **to be ~ WITH** *o* (frml) **OF sth** ser* pródigo CON algo, despilfarrar algo; **the ~ son** (Bib) el hijo pródigo **2** (lavish) (frml) pródigo; **to be ~ WITH** *o* **OF sth** ser* pródigo EN algo

prodigious /prəˈdɪdʒəs/ *adj* ‹*amount/cost*› enorme, ingente (frml); ‹*efforts/strength*› prodigioso

prodigy /ˈprɑːdədʒi || ˈprɒdɪdʒi/ *n* (*pl* **-gies**) prodigio *m*; **child ~** niño, -ña *m,f* prodigio

produce¹ /prəˈduːs || prəˈdjuːs/ *vt*

A **1** (manufacture, yield) ‹*cars/cloth*› producir*, fabricar*; ‹*coal/grain/beef*› producir*; ‹*fruit*› «*country/region*» producir*; «*tree/bush*» dar*, producir*; **these cows ~ better milk** estas vacas dan mejor leche **2** (create, give) ‹*energy/sound*› producir*; ‹*interest*› producir*, dar*, devengar*; **a university which has ~d many great scientists** una universidad que ha dado *or* de donde han salido muchos grandes científicos; **she ~s excellent work every time** su trabajo es invariablemente excelente **3** (cause) ‹*joy/reaction*› producir*, causar; ‹*effect*› surtir, producir* **4** (give birth to) ‹*young*› tener*

B (show, bring out) ‹*ticket/document*› presentar; ‹*evidence/proof*› presentar, aportar; ‹*gun/knife*› sacar*

C **1** (Cin, TV) producir*, realizar*; (Theat) ‹*play*› poner* en escena; ‹*show*› montar, poner* en escena **2** (Rad, Theat) (direct) dirigir*

produce² /ˈprɑːduːs || ˈprɒdjuːs/ *n* [u] productos *mpl* (alimenticios); Ⓢ **produce of Spain** producto de España

producer /prəˈduːsər || prəˈdjuːsə(r)/ *n*

A (manufacturer) fabricante *mf*, productor, -tora *m,f*

B **1** (Cin, TV, Theat) productor, -tora *m,f* **2** (Rad, Theat) (director) director, -tora *m,f*

-producing /prəˈduːsɪŋ || prəˈdjuːsɪŋ/ *suff*: **coal~ country** país *m* productor de carbón

product /ˈprɑːdəkt || ˈprɒdʌkt/ *n* **1** (Busn, Marketing, Math) producto *m* **2** (creation, result) producto *m*, fruto *m*; **she's a typical Harvard ~** es el típico producto de Harvard

production /prəˈdʌkʃən/ *n*

A [u] **1** (manufacture) fabricación *f*, producción *f*; **the car goes into ~ next year** el coche empezará a fabricarse el año entrante; **to take sth out of ~** dejar de fabricar algo **2** (output) producción *f*; **car/coal ~** producción automovilística/de carbón

B [u] (showing) presentación *f*; **on ~ of the correct documents** al presentar la documentación correspondiente, previa presentación de la documentación correspondiente

C [c] (staging, version) (Theat, Cin) producción *f*

D [u] **1** (act of producing) (Cin, TV) producción *f*; (Theat) puesta *f* en escena, producción *f* **2** (direction) (Rad, Theat) dirección *f*

production line *n* cadena *f* de fabricación

productive /prəˈdʌktɪv/ *adj* ‹*land/factory/mine*› productivo; ‹*meeting*› fructífero, productivo; **it's not a very ~ way to spend your time** no es una manera muy provechosa de pasar el tiempo

productively /prəˈdʌktɪvli/ *adv* productivamente; **I didn't spend my time very ~** no saqué buen partido del tiempo

productivity /ˈprəʊdʌkˈtɪvəti || ˌprɒdʌkˈtɪvəti/ *n* [u] productividad *f*; (*before n*) **~ bonus** prima *f* de *or* por productividad *or* rendimiento; **~ deal** acuerdo *m* sobre productividad

Prof /prɑːf/ (title) = **Professor**

profane¹ /prəˈfeɪn/ *adj* **1** (blasphemous) irreverente, blasfemo **2** (secular) profano

profane² *vt* (frml) profanar

profanity /prəˈfænəti/ *n* (*pl* **-ties**) **1** [u] (blasphemy) irreverencia *f*, blasfemia *f* **2** [c] (swear word) blasfemia *f*

profess /prəˈfes/ *vt* **1** (claim) (frml) ‹*desire/outrage/belief*› manifestar*, expresar; **to ~ to + INF**: **I don't ~ to know anything about chemistry** no presumo de saber (nada) de química; **he ~ed to be an expert** se preciaba de ser un experto, pretendía ser un experto **2** (Relig) ‹*faith/religion*› profesar

professed /prəˈfest/ *adj* **1** (declared) ‹*socialist*› declarado; ‹*Christian*› profeso **2** (purported) ‹*friend*› supuesto, pretendido

profession /prəˈfeʃən/ *n*

A **1** [c] (occupation) profesión *f*; **by ~** de profesión; **the ~s** las profesiones liberales **2** (members) (*no pl*): **the medical ~** el cuerpo médico, la clase médica; **the teaching ~** la enseñanza, la docencia

B [u c] (declaration) (frml) profesión *f*

professional¹ /prəˈfeʃnəl || prəˈfeʃənl̩/ *adj*

A (as opposed to amateur) (*before n*) ‹*musician/golfer*› profesional; ‹*soldier*› de carrera; **to go** *o* **turn ~** hacerse* profesional

B **1** (done, given by professionals) (*before n*): **to take ~ advice** asesorarse con un profesional (*or* un experto, técnico *etc*); **the break-in was a ~ job** los que entraron eran profesionales del robo *or* ladrones profesionales **2** (befitting a professional): **she made a very ~ job of it** lo hizo como un experto

professional² *n* profesional *mf*; (competent person) experto, -ta *m,f*

professionalism /prəˈfeʃnəlɪzəm || prəˈfeʃənl̩ɪzəm/ *n* [u] **1** (qualities of professional) profesionalidad *f*, seriedad *f* **2** (Sport) profesionalismo *m*

professionally /prəˈfeʃnəli/ *adv* **1** (as livelihood) ‹*sing/act*› profesionalmente **2** (by qualified person): **we had the job done ~** hicimos *or* mandamos hacer el trabajo por un experto (*or* por un pintor, albañil *etc*) **3** (in a professional way) con profesionalidad; **you didn't behave very ~** no actuaste como un profesional íntegro

professor /prəˈfesər || prəˈfesə(r)/ *n* (of the highest academic rank) catedrático, -ca *m,f*; (any university teacher) (AmE) profesor universitario, profesora universitaria *m,f*

professorship /prəˈfesərʃɪp || prəˈfesəʃɪp/ *n* cátedra *f*

proffer /ˈprɑːfər || ˈprɒfə(r)/ *vt* (frml) ‹*gift/flowers/apology*› ofrecer*; ‹*advice*› brindar, dar*; ‹*condolences*› presentar

proficiency /prəˈfɪʃənsi/ *n* [u] competencia *f*

proficient /prəˈfɪʃənt/ *adj* muy competente; **she is ~ in** *o* **at swimming** es una nadadora muy competente

profile¹ /ˈprəʊfaɪl/ *n*

A **1** (side view) perfil *m*; **in ~** de perfil **2** (outline) perfil *m*, contorno *m*

B (description) perfil *m*; (written) reseña *f*

C (status): **to raise the ~ of educational matters** dar* más relieve a las cuestiones relativas a la enseñanza; **to have a high ~** tener* un papel preponderante, ocupar un lugar destacado; ***to keep a low ~*** tratar de pasar desapercibido *or* de no llamar la atención

profile² *vt* ‹*situation*› hacer* un esbozo de; **to ~ sb's life** hacer* una reseña biográfica de algn

profit¹ /ˈprɑːfət || ˈprɒfɪt/ *n* [c u] **1** (Busn, Econ) ganancias *fpl*, beneficios *mpl*, utilidades *fpl* (AmL); **we made a ~ of $2,000** obtuvimos beneficios *or* (AmL tb) utilidades de $2.000; **to sell sth at a ~** vender algo con ganancia; **this service does not operate at a ~** este servicio no es rentable; **~ and loss account** cuenta *f* de pérdidas y ganancias; (*before n*) **~ margin** margen *m* de ganancias *or* de beneficios *or* (AmL tb) de utilidades **2** (advantage) (*no pl*): **they turned the situation to their own ~** sacaron provecho de la situación

profit² *vi* **to ~ FROM sth** sacar* provecho DE algo, beneficiarse DE algo

profitability /ˈprɑːfətəˈbɪləti/ *n* [u] rentabilidad *f*

profitable /ˈprɑːfətəbəl/ *adj* **1** (Busn) ‹*company/investment/crop*› rentable, redituable (frml), lucrativo; **sportswear is very ~** la ropa de deporte deja un buen beneficio *or* margen **2** ‹*day/journey*› provechoso, fructífero

profitably /ˈprɑːfətəbli || ˈprɒfɪtəbli/ *adv* **1** (Busn) ‹*trade/operate*› de manera rentable, con rentabilidad; ‹*sell*› con ganancia *or* beneficio 2 (fruitfully) provechosamente

profiteer¹ /ˈprɑːfəˈtɪr/ *n* especulador, -dora *m,f*

profiteer² *vi* especular

profiteering /ˈprɑːfəˈtɪrɪŋ/ *n* [u] especulación *f*

profit: **~-making** /ˈprɑːfət,meɪkɪŋ/ *adj* (profitable) rentable, lucrativo; (which aims to make a profit) con fines lucrativos *or* de lucro; **~ sharing** /ˈʃerɪŋ ‖ ˈʃeərɪŋ/ *n* [u] participación *f* en las ganancias *or* los beneficios *or* (AmL tb) las utilidades

profligacy /ˈprɑːflɪgəsi/ *n* [u] 1 (extravagance) derroche *m*, despilfarro *m* 2 (immorality) (frml) libertinaje *m*

profligate /ˈprɑːflɪgət/ *adj* 1 (extravagant) derrochador, despilfarrador 2 (immoral) (frml) disoluto, libertino

profound /prəˈfaund/ *adj* **-er, -est** profundo

profoundly /prəˈfaʊndli/ *adv* profundamente; **he's ~ deaf** es totalmente sordo, tiene una sordera total

profundity /prəˈfʌndəti/ *n* [u] profundidad *f*

profuse /prəˈfjuːs/ *adj* abundante; ‹*bleeding*› intenso; **she offered ~ apologies** se deshizo en disculpas

profusely /prəˈfjuːsli/ *adv* ‹*bleed*› profusamente; ‹*thank*› efusivamente; **he apologized ~** se deshizo en disculpas

profusion /prəˈfjuːʒən/ *n* [u c] profusión *f*, abundancia *f*; **in ~** en abundancia, en profusión

progeny /ˈprɑːdʒəni ‖ ˈprɒdʒəni/ *n* (*pl* **-nies**) (+ *sing o pl vb*) (frml) progenie *f* (frml)

progesterone /prəʊˈdʒestərəʊn/ *n* [u] progesterona *f*

prognosis /prɑːgˈnəʊsəs/ *n* [c u] (*pl* **-ses** /-siːz/) pronóstico *m*

prognosticate /prɑːgˈnɑːstəkeɪt/ (frml) *vt* pronosticar*
■ **prognosticate** *vi* pronosticar*, hacer* un pronóstico

program¹, (BrE) **programme** /ˈprəʊgræm/ *n*
A 1 (schedule) programa *m*; **what's your ~ for tomorrow?** ¿qué programa *or* planes tienes para mañana? 2 (for a performance, concert) programa *m* 3 (esp AmE Educ) (course) curso *m*; (syllabus) programa *m*
B (plan) programa *m*; **a research ~** un programa de investigación
C (Rad, TV) programa *m*
D (on household appliance) programa *m*
E **program** (Comput) programa *m*

program² **-mm-** *or* **-m-** *vt*
A (BrE also) **programme** 1 (schedule) ‹*activities*› programar, planear 2 (instruct) programar
B (Comput) programar
■ **program** *vi* (Comput) programar

programme¹ /ˈprəʊgræm/ *n* (BrE) ▸**program¹ A, B, C, D**

programme² *vt* (BrE) ▸**program²** *vt* **A**

programmer, (AmE also) **programer** /ˈprəʊgræmər ‖ ˈprəʊgræmə(r)/ *n* (Comput) programador, -dora *m,f*

programming /ˈprəʊgræmɪŋ/ *n* [u] 1 (Comput) programación *f* 2 (Rad, TV) programación *f*

progress¹ /ˈprɑːgrəs ‖ ˈprəʊgres/ *n* [u]
A (advancement) progreso *m*; (of situation, events) desarrollo *m*, evolución *f*; **the patient's ~** los progresos del paciente; **she came to check on our ~** vino a ver qué tal íbamos *or* marchábamos; **to make ~** «*pupil*» adelantar, hacer* progresos, progresar; «*patient*» mejorar; **I'm making good/slow ~ with my thesis** estoy avanzando bien/lentamente con la tesis; (*before n*) **~ report** (Adm, Busn) informe *m* sobre el avance *or* la marcha de los trabajos
B **in progress**: **talks are in ~ between the two parties** los dos partidos están manteniendo conversaciones; **while the examination is in ~** mientras dure el examen
C (forward movement) avance *m*; **to make ~** avanzar*

progress² /prəˈgres/ *vi* 1 (advance) «*work/science/technology*» progresar, avanzar*, adelantar; **as the vacation ~ed** a medida que pasaban las vacaciones; **I never ~ed beyond elementary calculus** nunca pasé del cálculo elemental 2 (improve) «*patient*» mejorar; **his Spanish is ~ing** va adelantando *or* haciendo progresos en español

progression /prəˈgreʃən/ *n* 1 [u c] (advance) evolución *f*; **his ~ up the scale** su ascenso en el escalafón 2 [c] (Math, Mus) progresión *f*

progressive /prəˈgresɪv/ *adj*
A ‹*attitude/thinker/measure*› progresista; **a ~ school** (Educ) una escuela activa
B ‹*deterioration/improvement*› progresivo

progressively /prəˈgresɪvli/ *adv*: **they became ~ disillusioned** se fueron desilusionando cada vez más

prohibit /prəʊˈhɪbɪt ‖ prəˈhɪbɪt/ *vt* 1 (forbid) prohibir*; **fishing in the lake is ~ed** está prohibido *or* se prohíbe pescar en el lago; **to ~ sb FROM -ING** prohibirle* a algn + INF 2 (prevent) impedir*; **to ~ sb FROM -ING**: **the cost ~s many people from receiving treatment** el costo impide que mucha gente tenga acceso al tratamiento

prohibition /ˈprəʊəˈbɪʃən ‖ ˌprəʊhɪˈbɪʃən/ *n* 1 [u c] prohibición *f* 2 **Prohibition** (in US history) (*no art*) la Ley seca, la Prohibición

> **Prohibition**
>
> El período, desde 1919 a 1933, durante el cual estaba prohibido en EEUU fabricar o vender alcohol o bebidas alcohólicas. La prohibición fue una medida muy impopular y resultaba demasiado oneroso hacer cumplir la ley. Por otra parte, hizo ganar una fortuna a gángsters como Al Capone que fabricaban y vendían alcohol en forma clandestina

prohibitive /prəʊˈhɪbətɪv ‖ prəˈhɪbətɪv/ *adj* ‹*price/cost*› prohibitivo

project¹ /ˈprɑːdʒekt ‖ ˈprɒdʒekt/ *n* 1 (scheme) proyecto *m*; (*before n*) **~ manager** director, -tora *m,f* de proyecto 2 (Educ) trabajo *m* 3 (*housing ~*) (in US) complejo *m* de viviendas subvencionadas

project² /prəˈdʒekt/ *vt*
A 1 ‹*beam/shadow/image*› proyectar 2 (convey) ‹*personality/image/voice*› proyectar
B (frml) ‹*missile*› lanzar*, proyectar
C 1 (extrapolate) ‹*costs/trends*› hacer* una proyección de, extrapolar 2 (forecast) pronosticar*; **the ~ed figure** la cifra prevista; **the ~ed route runs through ...** según los planes *or* según está previsto, la ruta pasaría por ...
■ **project** *vi* (jut out) sobresalir*; **the land ~s out into the sea** la tierra se adentra en el mar

projectile /prəˈdʒektl ‖ prəˈdʒektaɪl/ *n* proyectil *m*

projection /prəˈdʒekʃən/ *n*
A [u] (of image, slide) proyección *f*
B [c] (forecast) proyección *f*, pronóstico *m*, extrapolación *f*
C [c] (protuberance) saliente *f or m*

projectionist /prəˈdʒekʃənəst/ *n* proyeccionista *mf*

projector /prəˈdʒektər ‖ prəˈdʒektə(r)/ *n* proyector *m*

prolapse /ˈprəʊlæps/ *n* [u c] prolapso *m*

proletarian /ˈprəʊləˈteriən/ *adj* proletario

proletariat /ˈprəʊləˈteriət ‖ ˌprəʊləˈteəriət/ *n* **the ~** el proletariado

proliferate /prəˈlɪfəreɪt/ *vi* proliferar

proliferation /prəˈlɪfəˈreɪʃən/ *n* [u c] (*no pl*) proliferación *f*

prolific /prəˈlɪfɪk/ *adj* prolífico

prologue, (AmE also) **prolog** /ˈprəʊlɔːg ‖ ˈprəʊlɒg/ *n* **~ (TO sth)** prólogo *m* (DE algo)

prolong /prəˈlɔːŋ ‖ prəˈlɒŋ/ *vt* ‹*conversation/visit/meeting*› prolongar*, alargar*, extender*; ‹*suspense*› prolongar*; **to ~ sb's life** prolongarle* *or* alargarle* la vida a algn

prolongation /ˈprəʊlɔːŋˈgeɪʃən/ *n* [c u] prolongación *f*

prolonged /prəˈlɔːŋd ‖ prəˈlɒŋd/ *adj* prolongado

prom /prɑːm ‖ prɒm/ *n* 1 (ball) (in US) (colloq) baile *m* del colegio (*or* de la facultad *etc*) 2 (esplanade) (BrE colloq) ▸**promenade¹ A1** 3 *also* **Prom** (in UK) (Mus) *concierto en el que parte del público está de pie*

> **Proms**
>
> Una serie de conciertos de música clásica que tienen lugar en el *Albert Hall* de Londres, todos los años en el verano. Fueron iniciados en 1895 por Sir Henry Wood y su nombre es la forma abreviada de "promenade concerts", es decir conciertos durante los cuales el público permanece de pie en una zona de la sala donde se han quitado los asientos. Los *Proms* se prolongan durante ocho semanas

promenade¹ /prɑːməˈneɪd ‖ ˈprɒmənɑːd/ *n*
A 1 (at seaside) (esp BrE) paseo *m* marítimo, malecón *m* (AmL), costanera *f* (CS) 2 (stroll) (liter) paseo *m*; (*before n*) **~ deck** cubierta *f* de paseo

B (AmE) ▸ **prom 1**

promenade² *vi* pasear(se)

promenade concert *n* (BrE frml) ▸ **prom 3**

prominence /ˈprɑːmənəns || ˈprɒmɪnəns/ *n* **1** [u] (conspicuousness) prominencia *f*; (eminence, importance) importancia *f*, prominencia *f*; **to come to ~** adquirir* importancia; **to give ~ to sth** hacer* resaltar algo **2** [c] (small hill) (frml) loma *f*, prominencia *f*

prominent /ˈprɑːmənənt || ˈprɒmɪnənt/ *adj* **1** ‹*position*› destacado, prominente; ‹*role/politician*› prominente, destacado, importante; **he was ~ in literary circles** era una figura destacada en el ambiente literario **2** ‹*jaw/nose*› prominente; ‹*ridge/ledge*› prominente, saliente

prominently /ˈprɑːmənəntli || ˈprɒmɪnəntli/ *adv*: **it was ~ displayed** ocupaba un lugar prominente *or* destacado; **he figured ~ in the negotiations** desempeñó un papel prominente *or* destacado en las negociaciones

promiscuity /ˈprɑːməsˈkjuːəti || ˌprɒmɪˈskjuːəti/ *n* [u] promiscuidad *f*

promiscuous /prəˈmɪskjuəs/ *adj* promiscuo

promise¹ /ˈprɑːməs || ˈprɒmɪs/ *n*

A [c] (pledge) promesa *f*; **I can't make any ~s** no puedo prometer nada; **to keep one's ~** cumplir (con) su (*or* mi *etc*) promesa; **you broke your ~** no cumpliste (con) tu promesa, faltaste a *or* rompiste tu promesa

B [u] (potential): **his work was full of ~** *o* **showed a lot of ~** su trabajo prometía mucho *or* era muy prometedor

promise² *vt*

A (pledge) prometer; **to ~ sb sth, to ~ sth TO sb** prometerle algo A algn; **he ~d himself a holiday** se prometió tomarse unas vacaciones; **she ~d them (that) she wouldn't tell anybody** les prometió que no se lo diría a nadie; **to ~ to + INF** prometer + INF *or* prometer QUE + INDICATIVO; **~ not to tell anybody!** prométeme que no se lo dirás a nadie

B (give indication of) prometer; **it ~s to be an exciting week** promete ser una semana emocionante

■ **promise** *vi* prometer; (swear) jurar; **I did, I ~!** ¡lo hice, te lo juro!; **I won't laugh, I ~** no me voy a reír, te lo prometo

promising /ˈprɑːməsɪŋ || ˈprɒmɪsɪŋ/ *adj* ‹*pupil/writer/career*› prometedor; ‹*future*› halagüeño, que promete

promissory note /ˈprɑːməsɔːri/ *n* pagaré *m*

promontory /ˈprɑːməntɔːri || ˈprɒməntri/ *n* (*pl* **-ries**) promontorio *m*

promote /prəˈməʊt/ *vt*

A **1** (raise in rank) ‹*employee*› ascender* **2** (AmE Educ) promover* **3** (BrE Sport): **United were ~d to the Second Division** United subió *or* ascendió a segunda división

B **1** (encourage) promover*, fomentar, potenciar; ‹*growth*› estimular **2** (advocate) promover*

C **1** ‹*product/service*› promocionar, dar(le)* publicidad a **2** ‹*concert/boxing match*› organizar*

promoter /prəˈməʊtər || prəˈməʊtə(r)/ *n* **1** (Busn) promotor, -tora *m,f* **2** (Sport) empresario, -ria *m,f*

promotion /prəˈməʊʃən/ *n*

A [u c] **1** (advancement in rank) ascenso *m*; **she got** *o* **was given (a) ~** la ascendieron, le dieron un ascenso **2** (BrE Sport) ascenso *m*, promoción *f*

B [u] **1** (of research, peace, trade) promoción *f*, fomento *m* **2** (advocacy) promoción *f*

C **1** [u] (publicity) promoción *f*, publicidad *f*, propaganda *f* **2** [c] (campaign) promoción *f*, campaña *f* publicitaria *or* de promoción

prompt¹ /prɑːmpt || prɒmpt/ *vt*

A ‹*response/outcry*› provocar*, dar* lugar a; **the decision was ~ed by ...** la decisión fue motivada por ...; **to ~ sb to + INF** mover* *or* (frml) inducir* a algn A + INF

B ‹*actor/orator*›: **she ~ed him** le apuntó *or* (fam) le sopló lo que tenía que decir

prompt² *adj* **-er, -est** ‹*delivery/reply*› rápido, pronto; **he must receive ~ treatment** se lo debe tratar inmediatamente *or* sin demora; **they are ~ in their payments** pagan puntualmente

prompt³ *adv* (BrE): **at ten o'clock ~** a las diez en punto

prompt⁴ *n* **1** (reminder) apunte *m* **2** (prompter) (colloq) apuntador, -dora *m,f* **3** (Comput) presto *m*, mensaje *m* al operador

prompter /ˈprɑːmptər || ˈprɒmptə(r)/ *n* apuntador, -dora *m,f*; **~'s box** concha *f* del apuntador

promptly /ˈprɑːmptli/ *adv* **1** (on time) puntualmente **2** (speedily) ‹*pay/deliver*› sin demora, rápidamente, con prontitud **3** (instantly) de inmediato, inmediatamente

promptness /ˈprɑːmptnəs || ˈprɒmptnɪs/ *n* [u] (speed) prontitud *f*, rapidez *f*; (punctuality) puntualidad *f*

promulgate /ˈprɑːmlgeɪt/ *vt* (frml) promulgar*

promulgation /ˈprɑːmlˈgeɪʃən/ *n* [u] promulgación *f*

prone¹ /prəʊn/ *adj*

A (liable, disposed) (*pred*) **to be ~ TO sth** ser* propenso A algo; **to be ~ to + INF** ser* propenso a + INF, tener* tendencia a + INF

B (face downward) (tendido) boca abajo, decúbito prono *adj inv* (frml)

prone² *adv* boca abajo, decúbito prono (frml)

prong /prɔːŋ || prɒŋ/ *n* diente *m*, punta *f*

-pronged /ˈprɔːŋd || ˈprɒŋd/ *suff*: **a three~ fork** un tenedor de tres dientes; **a two~ attack** un ataque sobre dos flancos

pronoun /ˈprəʊnaʊn/ *n* pronombre *m*

pronounce /prəˈnaʊns/ *vt* **1** ‹*sound/word/syllable*› pronunciar; **the 'e' is not ~d** la 'e' no se pronuncia *or* es muda **2** ‹*judgment/sentence*› pronunciar, dictar **3** (declare) (frml): **the doctor ~d him dead** el médico dictaminó que estaba muerto; **she tasted it and ~d it excellent** lo probó y declaró que era excelente; **he ~d himself satisfied** se manifestó satisfecho

■ **pronounce** *vi* (deliver verdict) (frml) **to ~ (ON sth)** pronunciarse (SOBRE algo)

pronounced /prəˈnaʊnst/ *adj* pronunciado, marcado

pronouncement /prəˈnaʊnsmənt/ *n* declaración *f*, dictamen *m*

pronto /ˈprɑːntəʊ || ˈprɒntəʊ/ *adv* (colloq) volando (fam), corriendo (fam)

pronunciation /prəˈnʌnsiˈeɪʃən/ *n* [u] pronunciación *f*

proof¹ /pruːf/ *n*

A [u c] (conclusive evidence) prueba *f*; **~ of identity** un documento de identidad; **~ positive** prueba concluyente; **as a ~ of** como prueba de

B [c] (Print) prueba *f* (de imprenta)

C [u] (alcoholic strength) graduación *f* alcohólica; **70 ~** (American system) ≈ 35% de alcohol *or* 35° (GL); **70 degrees ~** (British system) ≈ 40% de alcohol *or* 40° (GL)

proof² *adj* (*pred*) **to be ~ AGAINST sth** ser* a prueba DE algo; **she was ~ against his flattery** era inmune *or* no era vulnerable a sus halagos

proof³ *vt* impermeabilizar*

-proof /pruːf/ *suff*: **bomb~** a prueba de bombas; *see also* **childproof, foolproof** *etc*

proof~read (*past & past p* **-read** /-red/) *vt* corregir*

■ **proof** *vi* corregir* pruebas; **~reader** *n* corrector, -tora *m,f* de pruebas

prop¹ /prɑːp || prɒp/ *n*

A **1** (holding up roof etc) puntal *m* **2** (giving moral support) apoyo *m*, sostén *m*

B (Cin, Theat) accesorio *m*, objeto *m* de utilería *or* (Esp, Méx) del attrezzo; (*before n*) **~** *o* **~s department** utilería *f*, attrezzo *m* (Esp, Méx)

C (in rugby) pilar *mf*

prop² **-pp-** *vt* **to ~ sth AGAINST sth** apoyar algo EN *or* CONTRA algo; **the door was ~ped open with a brick** un ladrillo mantenía la puerta abierta

Phrasal verb

• **prop up** [v ▸ o ▸ adv, v ▸ adv ▸ o] **1** (support) ‹*wall/building*› sostener*, apuntalar **2** (lean) apoyar; **he was ~ped up in bed** estaba recostado en la cama **3** ‹*regime*› apoyar, ayudar a mantener en el poder; **the company is being ~ped up by government loans** la compañía se mantiene a flote gracias a préstamos del gobierno

propaganda /ˈprɑːpəˈgændə || ˌprɒpəˈgændə/ *n* [u] propaganda *f*; **for ~ purposes** con fines propagandísticos

propagate /ˈprɑːpəgeɪt/ *vt* propagar*, difundir

propagation /ˈprɑːpəˈgeɪʃən/ *n* [u] propagación *f*, difusión *f*

propane /ˈprəʊpeɪn/ *n* [u] propano *m*

propel /prəˈpel/ *vt* **-ll-** 1 ‹*plane/ship*› propulsar, impulsar; **to ~ sb toward disaster** llevar *or* conducir* a algn hacia el desastre 2 (throw) lanzar*

propeller /prəˈpelər/ *n* hélice *f*; (*before n*) **~ shaft** (Auto) árbol *m* de transmisión; (Aviat, Naut) árbol *m* de hélice

propelling pencil /prəˈpelɪŋ/ *n* (BrE) portaminas *m*

propensity /prəˈpensəti/ *n* (*pl* **-ties**) (frml) **~** (**TO sth**) propensión *f* (A algo)

proper /ˈprɑːpər || ˈprɒpə(r)/ *adj*

A (correct) (*before n, no comp*) ‹*treatment/procedure*› apropiado, adecuado; ‹*answer/pronunciation*› correcto; **it's not in its ~ place** no está en su sitio *or* lugar; **the ~ respect** el debido respeto

B (*before n, no comp*) 1 (genuine) verdadero; **she never has a ~ meal** nunca hace una comida como es debido *or* como Dios manda 2 (BrE colloq) (*as intensifier*) ‹*fool/mess*› verdadero, auténtico; **he's a ~ gent** es todo un caballero

C 1 ‹*behavior/person*› correcto 2 (overly decorous) recatado, remilgado

D 1 (in the strict sense) (*after n*) propiamente dicho; **the mountain ~** la montaña propiamente dicha 2 (Math): **~ fraction** fracción *f* propia 3 (belonging) (frml) (*pred*) **to be ~ TO sth** ser* propio DE algo

properly /ˈprɑːpərli || ˈprɒpəli/ *adv* 1 ‹*write/spell*› correctamente, bien; ‹*fitted/adjusted*› correctamente, debidamente, bien; ‹*work/concentrate/eat*› bien, como es debido 2 (appropriately) apropiadamente, adecuadamente; **they don't pay us ~ for the work we do** no nos pagan lo que corresponde por el trabajo que hacemos 3 (accurately, correctly): **he is more ~ known as ...** el nombre correcto de su cargo es ...; **they very ~ complained about the quality** se quejaron, con toda la razón, de la calidad; **~ speaking** hablando con propiedad *or* para ser exactos 4 (in seemly manner) correctamente, con corrección

proper name, **proper noun** *n* nombre *m* propio

property /ˈprɑːpərti || ˈprɒpəti/ *n* (*pl* **-ties**)

A [u] (possessions) propiedad *f*; **whose ~ is it?** ¿de quién es?, ¿a quién pertenece?; **it's my personal ~** es mío *or* (frml) de mi propiedad; **public ~** bienes *mpl* públicos; **the news has become public ~** la noticia es ya del dominio público; **a man of ~** un propietario acaudalado *or* adinerado

B 1 [u] (buildings, land) propiedades *fpl*, bienes *mpl* raíces *or* inmuebles (frml); (*before n*) **~ developer** promotor inmobiliario, promotora inmobiliaria *m,f*; **~ market** mercado *m* inmobiliario; **~ owner** propietario, -ria *m,f*; **~ tax** (in US) impuesto *m* sobre la propiedad inmobiliaria 2 [c] (building) inmueble *m* (frml); (piece of land) terreno *m*, solar *m*, parcela *f*

C [c] (quality) propiedad *f*; **it has medicinal properties** posee propiedades medicinales

D [c] (Cin, Theat) **properties** *pl* (frml) utilería *f or* (Esp, Méx) attrezzo *m*

prophecy /ˈprɑːfəsi || ˈprɒfəsi/ *n* [c u] (*pl* **-cies**) profecía *f*, vaticinio *m*

prophesy /ˈprɑːfəsaɪ || ˈprɒfəsaɪ/ **-sies, -sying, -sied** *vt* predecir*, vaticinar; (Relig) profetizar*

■ **prophesy** *vi* profetizar*, hacer* profecías

prophet /ˈprɑːfət || ˈprɒfɪt/ *n* profeta, -tisa *m,f*; **the ~s of doom** los catastrofistas *or* agoreros

prophetic /prəˈfetɪk/ *adj* profético

prophylactic¹ /ˈprəʊfəˈlæktɪk/ *adj* profiláctico

prophylactic² *n* 1 (Med, Pharm) fármaco *m* profiláctico 2 (condom) profiláctico *m* (frml), preservativo *m*

propitiate /prəˈpɪʃieɪt/ *vt* propiciar; **to ~ the gods** propiciarse la voluntad de los dioses

propitious /prəˈpɪʃəs/ *adj* ‹*moment/time*› propicio; ‹*omen/augury*› favorable

proponent /prəˈpəʊnənt/ *n* defensor, -sora *m,f*

proportion¹ /prəˈpɔːrʃən || prəˈpɔːʃən/ *n*

A (part) (*no pl*) parte *f*, porcentaje *m*; **a large** *o* **high ~ of the voters** gran parte de los votantes, un gran porcentaje de los votantes

B [c u] (ratio) proporción *f*; **in equal ~s** por partes iguales; **in ~ to sth** en proporción a algo; **to vary in direct/inverse ~ with sth** variar* en proporción directa/inversa a algo

C [u] (proper relation) proporción *f*; **the head isn't in ~ to the body** la cabeza no está (bien) proporcionada *or* está desproporcionada con respecto al cuerpo; **let's keep things in ~** no exageremos; **to blow sth up out of all ~** exagerar algo desmesuradamente; **his salary is out of all ~ to his talent** su sueldo no guarda proporción con su talento

D **proportions** *pl* (size) proporciones *fpl*, dimensiones *fpl*

proportion² *vt*: **poorly ~ed** mal proporcionado; **well-~ed** de buenas proporciones, bien proporcionado

proportional /prəˈpɔːrʃnəl || prəˈpɔːʃənl/ *adj* proporcional; **~ representation** representación *f* proporcional; **to be ~ TO sth** ser* proporcional A algo

proportionally /prəˈpɔːrʃnəli/ *adv* proporcionalmente

proportionate /prəˈpɔːrʃnət || prəˈpɔːʃənət/ *adj* proporcional; **to be ~ TO sth** ser* proporcional A algo, estar* en proporción A algo

proportionately /prəˈpɔːrʃnətli/ *adv* proporcionalmente

proposal /prəˈpəʊzəl/ *n* 1 [c] (suggestion) propuesta *f*; **to put** *o* **make a ~ to sb** hacerle* una propuesta a algn 2 [c] (of marriage) proposición *f or* propuesta *f* matrimonial

propose /prəˈpəʊz/ *vt*

A 1 (suggest) proponer*; **to ~ -ING/(THAT)** proponer* QUE (+ *subj*); **I ~d giving them more incentives** propuse darles *or* que se les dieran más incentivas; **what do you ~ we do?** ¿qué propones que hagamos? 2 **proposed** *past p*: **the ~d cuts** los recortes que se proponen implementar, los recortes que se planean 3 (in meeting) ‹*amendment*› proponer*; ‹*motion*› presentar, proponer*; **she ~d Charles as chairman** propuso *or* (AmL tb) postuló a Charles como presidente

B (intend) **to ~ to + INF, to ~ -ING** pensar* + INF; **what do you ~ to do about it?** ¿qué piensas hacer al respecto?

■ **propose** *vi* **to ~ TO sb** proponerle* matrimonio a algn; **he ~d to her** le pidió que se casara con él, le propuso matrimonio

proposer /prəˈpəʊzər || prəˈpəʊzə(r)/ *n* proponente *mf*

proposition¹ /ˈprɑːpəˈzɪʃən || ˌprɒpəˈzɪʃən/ *n*

A (suggestion) propuesta *f*, proposición *f*; (offer) oferta *f*

B (prospect): **living alone was an inviting ~** le atraía la idea de vivir solo; **it's not a viable ~** no es viable

proposition² *vt* hacerle* proposiciones deshonestas a (euf), invitar a la cama

propound /prəˈpaʊnd/ *vt* proponer*, presentar, postular

proprietary /prəˈpraɪəteri || prəˈpraɪətri/ *adj* ‹*device/software/drug*› de marca registrada, patentado; **~ product** producto *m* de marca

proprietor /prəˈpraɪətər || prəˈpraɪətə(r)/ *n* propietario, -ria *m,f*, dueño, -ña *m,f*

propriety /prəˈpraɪəti/ *n* 1 [u] (correctness) corrección *f*, decoro *m* 2 **proprieties** *pl* (conventions) convenciones *fpl*, normas *fpl*

propulsion /prəˈpʌlʃən/ *n* [u] propulsión *f*

pro rata¹ /ˈprəʊˈrɑːtə/ *adj* ‹*payment/charge*› prorrateado; **on a ~ ~ basis** a prorrata, proporcionalmente

pro rata² *adv* a prorrata, proporcionalmente

prorate /ˈprəʊˈreɪt/ *vt* (AmE) prorratear

prosaic /prəʊˈzeɪɪk/ *adj* prosaico

proscribe /prəʊˈskraɪb || prəˈskraɪb/ *vt* proscribir*

proscription /prəʊˈskrɪpʃən/ *n* [u c] proscripción *f*

prose /prəʊz/ *n* 1 [u] (Lit) prosa *f*; (*before n*) **~ style** estilo *m* prosístico; **~ works** obras *fpl* en prosa 2 [c u] (Educ) ejercicio *m* de traducción inversa

prosecute /ˈprɑːsɪkjuːt || ˈprɒsɪkjuːt/ *vt*

A (Law) **to ~ sb FOR sth** procesar *or* enjuiciar a algn POR algo

B (frml) ‹*inquiry/campaign*› llevar a cabo

■ **prosecute** *vi* 1 (bring action) iniciar procedimiento criminal, interponer* una acción judicial 2 (be prosecutor) llevar la acusación; **prosecuting attorney** (in US) fiscal *mf*; **prosecuting counsel** (in UK) ▸ **prosecutor**

prosecution /ˈprɑːsɪˈkjuːʃən || ˌprɒsɪˈkjuːʃən/ *n*

A (Law) 1 [u] (bringing to trial) interposición *f* de una acción judicial 2 [c] (court case) proceso *m*, juicio *m*; **to bring a ~ against sb** interponer* una acción judicial contra algn 3 (prosecuting side) **the ~** la acusación; (*before n*) **~ witness** testigo *mf* de cargo *or* de la acusación

B (of campaign) (frml) prosecución *f*

prosecutor /ˈprɑːsɪkjuːtər || ˈprɒsɪkjuːtə(r)/ *n* fiscal *mf*, acusador, -dora *m,f*; (in private prosecutions) abogado, -da *m,f*

P

de *or* por la acusación *or* la parte querellante

proselytize /'prɑːsələtaɪz || 'prɒsəlɪtaɪz/ *vi* hacer* proselitismo, ganar prosélitos

prospect¹ /'prɑːspekt || 'prɒspekt/ *n*

A **1** [u] (possibility) posibilidad *f*; **~ OF sth** posibilidades *fpl* DE algo; **there isn't much ~ of my getting the job** no tengo *or* no hay muchas posibilidades de que me den el trabajo **2** [c] (situation envisaged) perspectiva *f*, panorama *m* **3** **prospects** *pl* (chances) perspectivas *fpl*; **a job with no ~s** un trabajo sin futuro; **a young executive with ~s** un joven ejecutivo con perspectivas de futuro *or* con porvenir

B [c] **1** (person): **he's a good ~ for the first race** tiene muchas probabilidades de ganar la primera carrera **2** (potential customer) posible cliente, -ta *m,f*, candidato, -ta *m,f*

C (view) (frml) panorama *m*, vista *f*, perspectiva *f*

prospect² /'prɑːspekt/ *vi* **to ~ FOR sth** buscar* algo

■ **prospect** *vt* ‹*area/river*› prospectar, explorar

prospective /prə'spektɪv/ *adj* (*before n*) **1** (potential) ‹*customer*› posible, eventual **2** (future) ‹*husband*› futuro; **her ~ trip** el viaje que tiene en perspectiva

prospector /'prɑːspektər || prə'spektə(r)/ *n* prospector, -tora *m,f*, cateador, -dora *m,f* (AmS)

prospectus /prə'spektəs/ *n* (*pl* **~es**) **1** (Busn) prospecto *m* (*con las condiciones de emisión*) **2** (Educ) folleto *m* informativo

prosper /'prɑːspər || 'prɒspə(r)/ *vi* prosperar

prosperity /prɑː'sperəti/ *n* [u] prosperidad *f*

prosperous /'prɑːspərəs || 'prɒspərəs/ *adj* próspero

prostate (gland) /'prɑːsteɪt || 'prɒsteɪt/ *n* próstata *f*

prostitute¹ /'prɑːstətuːt || 'prɒstɪtjuːt/ *n* prostituta *f*; **male ~** prostituto *m*

prostitute² *vt* prostituir*; **to ~ oneself** prostituirse*

prostitution /'prɑːstə'tuːʃən/ *n* [u] prostitución *f*

prostrate¹ /'prɑːstreɪt || 'prɒstreɪt/ *adj* postrado; **~ with grief** abatido por la pena

prostrate² /'prɑːstreɪt || prɒ'streɪt/ *vt* ‹‹*illness*›› postrar

■ *v refl* **to ~ oneself** postrarse

protagonist /prəʊ'tægənəst || prə'tægənɪst/ *n* **1** (Lit) protagonista *mf* **2** (of a cause) (frml) defensor, -sora *m,f*

protect /prə'tekt/ *vt* proteger*; ‹*rights/interests*› proteger*, salvaguardar; **to ~ sth/sb FROM/AGAINST sth/sb** proteger* algo/a algn DE/CONTRA algo/algn

■ **protect** *vi* **to ~ (AGAINST sth)** proteger* (CONTRA algo)

protection /prə'tekʃən/ *n* [u] **~ (FROM/AGAINST sb/sth)** protección *f* (CONTRA algn/algo); **police ~** protección policial; **to be under sb's ~** estar* bajo la protección de algn; (*before n*) **~ money** *dinero que se paga al chantajista para que no cause daños en un comercio*; **~ racket** chantaje *m* (*que se practica a propietarios de comercios*)

protectionism /prə'tekʃənɪzəm/ *n* [u] proteccionismo *m*

protectionist /prə'tekʃənəst/ *adj* proteccionista

protective /prə'tektɪv/ *adj* **1** ‹*headgear/covering*› protector; ‹*clothing*› de protección; **~ custody** *detención de una persona para su propia protección* **2** ‹*attitude/feelings*› protector

protector /prə'tektər/ *n* protector, -tora *m,f*

protectorate /prə'tektərət/ *n* protectorado *m*

protégé /'prəʊtəʒeɪ || 'prɒtə,ʒeɪ/ *n* protegido, -da *m,f*

protégée /'prəʊtəʒeɪ || 'prɒtə,ʒeɪ/ *n* protegida *f*

protein /'prəʊtiːn/ *n* [c u] proteína *f*; (*before n*) ‹*content*› proteínico

protest¹ /'prəʊtest/ *n* **1** [u] (expression of disagreement) protesta *f*; **without ~** sin protestar; **in ~ (at/against sth)** en señal de protesta (por/contra algo); **under ~** bajo protesta; (*before n*) **~ song** canción *f* (de) protesta **2** [c] (complaint) protesta *f* **3** [c] (demonstration) manifestación *f* de protesta

protest² /prə'test/ *vi* protestar; **to ~ AGAINST/ABOUT/AT sth** protestar CONTRA/ACERCA DE/POR algo; **to ~ TO sb** presentar una protesta ANTE algn

■ **protest** *vt*

A **1** (complain) **to ~ (TO sb) THAT** quejarse (A algn) DE QUE, protestar (A algn) QUE **2** (object to) (AmE) ‹*decision/action*› protestar (contra)

B (assert) ‹*love*› declarar; ‹*innocence/loyalty*› hacer* protestas de; **she ~ed that ...** afirmó enérgicamente que ...

Protestant¹ /'prɑːtəstənt || 'prɒtɪstənt/ *n* protestante *mf*

Protestant² *adj* protestante

Protestantism /'prɑːtəstəntɪzəm/ *n* [u] protestantismo *m*

protestation /'prɑːtəs'teɪʃən || ,prɒtɪ'steɪʃən/ *n* [u c] (of love, friendship) declaración *f*; (of loyalty, innocence) protesta *f*

protester /prə'testər || prə'testə(r)/ *n* manifestante *mf*

proto- /'prəʊtəʊ/ *pref* proto-

protocol /'prəʊtəkɔːl || 'prəʊtəkɒl/ *n* **1** [u] (etiquette) protocolo *m* **2** [c] (of contract, treaty) protocolo *m*

proton /'prəʊtɑːn || 'prəʊtɒn/ *n* protón *m*

prototype /'prəʊtətaɪp/ *n* prototipo *m*

protract /prə'trækt/ *vt* prolongar*

protracted /prə'træktəd || prə'træktɪd/ *adj* prolongado

protractor /prə'træktər || prə'træktə(r)/ *n* transportador *m*, semicírculo *m* (graduado)

protrude /prə'truːd/ *vi* (frml) **1** ‹‹*nail/ledge*›› sobresalir* **2** **protruding** *pres p* ‹*chin*› prominente; ‹*teeth*› salido; ‹*nail*› que sobresale; **protruding eyes** ojos *mpl* saltones

protrusion /prə'truːʒən/ *n* [u c] (frml) protuberancia *f*, prominencia *f*

protuberance /prəʊ'tuːbərəns/ *n* [u c] protuberancia *f*

proud /praʊd/ *adj* **-er, -est** **1** (pleased) ‹*parent/winner*› orgulloso; ‹*smile/moment*› de orgullo; **to be ~ OF sb/sth** estar* orgulloso DE algn/algo; **that's nothing to be ~ of** no es como para enorgullecerse *or* estar orgulloso; **to be ~ to + INF**: **I am ~ to receive this award** me enorgullece *or* me llena de orgullo recibir este premio; **we are ~ to present** tenemos el honor de presentarles a; **to be ~ THAT** estar* orgulloso DE QUE; ***to do sb ~*** (colloq): **they did us ~** nos trataron a cuerpo de rey **2** (having self-respect) ‹*nation/race*› digno, altivo **3** (arrogant, haughty) orgulloso, arrogante, altanero

proudly /'praʊdli/ *adv* **1** (with pleasure, satisfaction) con orgullo; **we ~ present ...** tenemos el honor de presentar ... **2** (arrogantly) orgullosamente, arrogantemente

prove /pruːv/ (*past* **proved**; *past p* **proved** *or* **proven**) *vt*

A (verify, demonstrate) ‹*theory/statement*› probar*; ‹*theorem/innocence*› probar*, demostrar*; ‹*loyalty/courage*› demostrar*; **can you ~ where you were that night?** ¿tiene pruebas de dónde estaba usted aquella noche?; **to ~ sb right/wrong** demostrar* que algn tiene razón *or* está en lo cierto/está equivocado

B **1** (test) ‹*weapon/system*› probar* **2** (Law) ‹*will*› comprobar*, verificar*

■ *v refl* **to ~ oneself**: **he was given three months to ~ himself** le dieron tres meses para que demostrara su valía

■ **prove** *vi*

A (turn out) resultar; **it ~d to be very difficult** resultó ser muy difícil

B (Culin) ‹‹*dough*›› levar, leudar

proven /'pruːvən/ *adj* ‹*experience/ability*› probado, comprobado; **a ~ method** un método de probada eficacia

proverb /'prɑːvɜːrb || 'prɒvɜːb/ *n* refrán *m*, proverbio *m*

proverbial /prə'vɜːrbiəl || prə'vɜːbiəl/ *adj* proverbial; **he turned up wearing his ~ red tie** apareció con la consabida corbata roja

provide /prə'vaɪd/ *vt*

A (supply) **to ~ sb WITH sth** proveer* a algn DE algo, suministrarle *or* proporcionarle algo A algn; **to ~ sth (FOR/TO sb/sth)**: **is accommodation ~d?** ¿nos (*or* les *etc*) dan alojamiento?; **textbooks will be ~d** se proporcionarán *or* se facilitarán los libros de texto; **the garden ~s enough vegetables for the family** el huerto abastece a la familia de verduras; **the meeting ~d an opportunity to ...** la reunión ofreció *or* brindó la oportunidad de ...

B (stipulate) (frml) ‹‹*clause/contract*›› estipular

■ **provide** *vi* proveer*; **the Lord will ~** Dios proveerá

Phrasal verbs

- **provide against** [v ▸ prep ▸ o] ‹‹*person*›› tomar precauciones contra, precaverse *or* prevenirse* contra; ‹‹*policy*›› proporcionar cobertura contra
- **provide for** [v ▸ prep ▸ o] **1** (support) ‹*family*› mantener* **2** (make arrangements for): **he left them very well ~d for** los dejó en una situación económica holgada *or* con el

porvenir asegurado; **I have to ~ for my old age** tengo que asegurarme el bienestar en la vejez; **every eventuality has been ~d for** se han previsto todas las eventualidades **3** (Govt, Law) prever*

provided /prə'vaɪdəd || prə'vaɪdɪd/ *conj* **~ (that)** siempre que (+ *subj*), siempre y cuando (+ *subj*)

providence /'prɑːvədəns || 'prɒvɪdəns/ *n* [u] **1** (Relig) providencia *f*; **divine ~** la Divina Providencia **2** (fate, chance): **it was sheer ~ that ...** fue providencial que ...; ▸**tempt 3** (foresight) (frml) previsión *f*

provident /'prɑːvədənt/ *adj* previsor, prudente

providential /'prɑːvə'dentʃəl/ *adj* (frml) providencial

provider /prə'vaɪdər || prə'vaɪdə(r)/ *n*: **the family ~** el sostén (económico) de la familia; **a major ~ of jobs in the area** una de las más importantes fuentes de trabajo de la zona

providing /prə'vaɪdɪŋ/ *conj* ▸**provided**

province /'prɑːvəns || 'prɒvɪns/ *n*

A **1** (administrative unit) provincia *f* **2** **provinces** *pl* **the ~s** las provincias; (in some Latin American countries) el interior (del país)

B **1** (area of knowledge, activity) terreno *m*, campo *m* **2** (area of responsibility) competencia *f*; **this isn't my ~** esto está fuera de mi competencia, esto no es de mi competencia

provincial /prə'vɪntʃəl || prə'vɪnʃəl/ *adj*

A (Govt) provincial

B **1** ‹*town*› de provincia(s); ‹*fashions/accent*› provinciano **2** (pej) ‹*outlook/attitude*› provinciano, pueblerino

provision[1] /prə'vɪʒən/ *n*

A [u] **1** (of funding) provisión *f*; (of food, supplies) suministro *m*, aprovisionamiento *m* **2** (what is supplied): **how can we improve existing social ~?** ¿cómo podríamos mejorar los servicios *or* las prestaciones sociales existentes?; **there is very good ~ for the elderly** las necesidades de los ancianos están muy bien atendidas

B [u] (preparatory arrangements) previsiones *fpl*; **to make ~ for the future** hacer* previsiones para el futuro; **she made no ~ for him in her will** no le dejó nada en el testamento

C [c] (stipulation) (Govt, Law) disposición *f*; **under** *o* **according to the ~s of the treaty ...** según lo que estipula el tratado ...; **with the ~ that ...** con la condición de que ..., con tal de que ...

D **provisions** *pl* provisiones *fpl*, víveres *mpl*

provision[2] *vt* abastecer*, aprovisionar

provisional /prə'vɪʒn̩əl || prə'vɪʒənl/ *adj* provisional, provisorio (AmS); **the P~ IRA** el IRA provisional

provisionally /prə'vɪʒn̩əli/ *adv* provisionalmente, provisoriamente (esp AmS), de manera provisional

proviso /prə'vaɪzəʊ/ *n* (*pl* **-sos**) (stipulation) condición *f*; (Law) condición *f*; **with the ~ that** con la condición de que (+ *subj*)

provocation /'prɑːvə'keɪʃən || ˌprɒvə'keɪʃən/ *n* [u c] provocación *f*; **at the slightest ~** a la más mínima provocación

provocative /prə'vɑːkətɪv || prə'vɒkətɪv/ *adj* **1** (causing trouble) provocador **2** (seductive) provocativo **3** (thought-provoking) (frml) que hace reflexionar

provocatively /prə'vɑːkətɪvli || prə'vɒkətɪvli/ *adv* **1** (aggressively) ‹*gesture/jeer*› de modo provocador **2** (seductively) ‹*smile/dress*› de forma provocativa

provoke /prə'vəʊk/ *vt*

A ‹*person/animal*› provocar*; **she is easily ~d** salta a la menor provocación *or* por cualquier cosa; **to ~ sb INTO -ING**: **I was ~d into hitting him** tanto me provocó, que le pegué; **to ~ sb to action** incitar *or* empujar a algn a actuar

B ‹*argument/revolt/criticism*› provocar*; ‹*discussion/debate*› motivar; ‹*interest/curiosity*› despertar*

provoking /prə'vəʊkɪŋ/ *adj* irritante

provost /'prəʊvəʊst || 'prɒvəst/ *n* **1** (in UK) (Educ) rector, -tora *m,f* **2** (in UK) (Relig) ≈ deán *m* **3** (in Scotland) (Govt) ≈ alcalde, -desa *m,f*

prow /praʊ/ *n* proa *f*

prowess /'praʊəs || 'praʊɪs/ *n* [u] destreza *f*, habilidad *f*; **his sexual ~** sus proezas sexuales

prowl[1] /praʊl/ *vi* merodear, rondar

■ **prowl** *vt* merodear *or* rondar por

prowl[2] *n* ronda *f*; **(to be) on the ~ (FOR sth)** (estar*) al acecho (DE algo)

prowler /'praʊlər || 'praʊlə(r)/ *n* merodeador, -dora *m,f*

proximity /prɑːk'sɪməti || prɒk'sɪməti/ *n* [u] (frml) proximidad *f*; **the two buildings are in close ~** los dos edificios están muy próximos (el uno del otro); **in the ~ of sth** en las proximidades de algo, cerca de algo

proxy /'prɑːksi || 'prɒksi/ *n* (*pl* **-xies**) **1** [c] (person) representante *mf*, apoderado, -da *m,f*; **to stand ~ for sb** representar a algn, obrar con poder de algn **2** [u] (authorization) poder *m*; **by ~** por poder *or* (Esp) por poderes; (*before n*) ‹*vote*› por poder *or* (Esp) por poderes

prude /pruːd/ *n* mojigato, -ta *m,f*, gazmoño, -ña *m,f*

prudence /'pruːdn̩s/ *n* [u] prudencia *f*

prudent /'pruːdn̩t/ *adj* prudente

prudish /'pruːdɪʃ/ *adj* mojigato, gazmoño

prune[1] /pruːn/ *n* ciruela *f* pasa *or* (CS) seca

prune[2] *vt* **1** (Hort) podar **2** ‹*essay/article*› pulir y acortar; ‹*costs/workforce*› reducir*, recortar

pruning /'pruːnɪŋ/ *n* [u c] (Hort) poda *f*; (*before n*) **~ shears** tijeras *fpl* de podar

prurience /'prʊriəns || 'prʊəriəns/ *n* [u] (frml) lascivia *f*

prurient /'prʊriənt || 'prʊəriənt/ *adj* (frml) lascivo

pry /praɪ/ **pries, prying, pried** *vi* curiosear, husmear; **to ~ INTO sth** entrometerse EN algo; **keep it away from ~ing eyes** escóndelo de miradas indiscretas

■ **pry** *vt* (esp AmE) (+ *adv compl*): **she pried the lid off** levantó la tapa (haciendo palanca)

PS *n* (postscript) P.D.

psalm /sɑːm/ *n* salmo *m*

pseud /suːd || sjuːd/ *n* (BrE) intelectualoide *mf*

pseudo- /'suːdəʊ || 'sjuːdəʊ/ *pref* (p)seudo-

pseudonym /'suːdn̩ɪm || 'sjuːdənɪm/ *n* (p)seudónimo *m*

psoriasis /sə'raɪəsəs || sə'raɪəsɪs/ *n* [u] (p)soriasis *f*

PST (in US) = **Pacific Standard Time**

psych, psyche /saɪk/ *vt* (colloq) **to ~ sb/oneself INTO -ING** mentalizar* a algn/mentalizarse* PARA + INF

Phrasal verbs

- **psych out, psyche out** [v ▸ o ▸ adv, v ▸ adv ▸ o] (AmE sl) **1** (disconcert) poner* nervioso **2** (understand) ‹*person*› calar (fam); **I soon ~ed out the situation** pronto me di cuenta de por dónde iban los tiros (fam)
- **psych up, psyche up** [v ▸ o ▸ adv, v ▸ adv ▸ o] (sl) mentalizar*; **to ~ oneself up** mentalizarse*

psyche /'saɪki/ *n* psiquis *f*, psique *f*

psychedelic /'saɪkə'delɪk/ *adj* (p)sicodélico

psychiatric /'saɪki'ætrɪk/ *adj* (p)siquiátrico

psychiatrist /sə'kaɪətrəst/ *n* (p)siquiatra *mf*

psychiatry /sə'kaɪətri || saɪ'kaɪətri/ *n* [u] (p)siquiatría *f*

psychic[1] /'saɪkɪk/ *adj* **1** (Occult) para(p)sicológico; **you must be ~!** (colloq) ¡eres adivino! **2** (Psych) (p)síquico

psychic[2] *n* vidente *mf*, médium *mf*

psychoanalysis /'saɪkəʊə'næləsəs/ *n* [u] (p)sicoanálisis *m*

psychoanalyst /'saɪkəʊ'ænl̩əst/ *n* (p)sicoanalista *mf*

psychoanalyze /'saɪkəʊ'ænl̩aɪz/ *vt* (p)sicoanalizar*

psychobabble /'saɪkəʊbæbəl/ *n* [u] (colloq & pej) jerga *f* de la psicología popular

psychological /'saɪkə'lɑːdʒɪkəl/ *adj* (p)sicológico

psychologist /saɪ'kɑːlədʒəst/ *n* (p)sicólogo, -ga *m,f*

psychology /saɪ'kɑːlədʒi/ *n* (*pl* **-gies**) (p)sicología *f*

psychopath /'saɪkəpæθ || 'saɪkəʊpæθ/ *n* (p)sicópata *mf*

psychopathic /'saɪkə'pæθɪk || ˌsaɪkəʊ'pæθɪk/ *adj* (p)sicopático; ‹*act*› propio de un (p)sicópata

psychosis /saɪ'kəʊsəs/ *n* (*pl* **-ses** /-siːz/) (p)sicosis *f*

psychosomatic /'saɪkəsə'mætɪk/ *adj* (p)sicosomático

psychotherapist /'saɪkəʊ'θerəpəst/ *n* (p)sicoterapeuta *mf*

psychotherapy /'saɪkəʊ'θerəpi/ *n* [u] (p)sicoterapia *f*

psychotic /saɪ'kɑːtɪk || saɪ'kɒtɪk/ *adj* (p)sicótico

PTA *n* = **parent-teacher association**

PTO (= **please turn over**) sigue al dorso

PTSD *n* = **post-traumatic stress disorder** TEPT *m*

pub /pʌb/ *n* (BrE) ≈ bar *m*; (*before n*) **to go on a ~ crawl** ir* de bar en bar tomando copas

puberty /'pju:bərti || 'pju:bəti/ *n* [u] pubertad *f*

pubescent /pju:'besṇt/ *adj* pubescente

pubic /'pju:bɪk/ *adj* ‹*hair*› púbico; ‹*region/bone*› pubiano

public¹ /'pʌblɪk/ *adj* **1** (of people) público; **~ opinion** la opinión pública; **it is ~ knowledge** es de dominio público; **there is growing ~ concern** la gente está cada vez más preocupada; **it wouldn't be in the ~ interest** no beneficiaría a la ciudadanía; ▸**eye¹ A3** **2** (concerning the state) público; **at ~ expense** con fondos públicos; **~ body** organismo *m* estatal *or* público; **~ works** obras *fpl* públicas **3** ‹*library/garden/footpath*› público; **it's too ~ here** aquí no tenemos ninguna privacidad **4** (open, not concealed) ‹*announcement/protest*› público; **a well-known ~ figure** un personaje conocido, una persona muy conocida; **~ speaking** oratoria *f*; **to make sth ~** hacer* algo público; **to go ~** (journ) revelar algo a la prensa **5** **to go ~** «*company*» salir* a bolsa

public² *n* (+ *sing or pl vb*) **1** [u] (people in general) **the ~** el público **2** [c] (audience) público *m* **3** **in public** en público

public-address system /'pʌblɪkə'dres/ *n* (sistema *m* de) megafonía *f*, altoparlantes *mpl* (AmL)

publican /'pʌblɪkən/ *n* (BrE) dueño, -ña *m,f* de un bar

public assistance *n* [u] (AmE) *ayuda estatal a los sectores más necesitados de la población*; **to be on ~ ~** recibir ayuda estatal

publication /'pʌblə'keɪʃən/ *n* [c u] publicación *f*

public :**~ convenience** *n* (BrE frml) (*often pl*) aseos *mpl* públicos (frml); **~ defender** *n* (AmE) defensor, -sora *m,f* de oficio; **~ health** *n* [u] salud *f* *or* sanidad *f* pública; (*before n*) ‹*authorities*› sanitario; **~ holiday** *n* fiesta *f* oficial, (día *m*) feriado *m* (AmL); **~ house** *n* (BrE) ≈ bar *m*

publicist /'pʌbləsəst || 'pʌblɪsɪst/ *n* publicista *mf*

publicity /pʌb'lɪsəti/ *n* [u] publicidad *f*; (*before n*) ‹*agent/manager/office*› de publicidad, publicitario; **~ stunt** ardid *m* publicitario

publicize /'pʌbləsaɪz || 'pʌblɪsaɪz/ *vt* **1** ‹*report/agreement*› hacer* público, dar* a conocer, divulgar*, publicitar **2** (Marketing) promocionar, publicitar

public limited company *n* (in UK) sociedad *f* anónima (*con cotización en la bolsa*)

publicly /'pʌblɪkli/ *adv* **1** públicamente, en público; **~ available** a disposición del público **2** (Govt) ‹*funded/maintained*› con fondos públicos

public :**~ prosecutor** *n* (esp in UK) fiscal *mf*; **~ relations** *n* relaciones *fpl* públicas; (*before n*) **~ relations officer** encargado, -da *m,f* de relaciones públicas; **~ school** *n* (in US) escuela *f* pública; (in UK) colegio *m* privado; (— boarding school) internado *m* privado; **~ sector** *n* sector *m* público; **~ servant** *n* funcionario, -ria *m,f* (del Estado); **~ service** *n* (communal provision) servicio *m* público; **cuts in ~ services** recortes *mpl* en los servicios públicos; (*before n*) **~ service corporation** (AmE) empresa *f* de servicios públicos; **~-spirited** /'pʌblɪk'spɪrətəd || ˌpʌblɪk'spɪrɪtɪd/ *adj* solidario, de espíritu cívico; **~ transportation** (AmE), **~ transport** (BrE) *n* [u] transporte *m* público; **~ utility** *n* empresa *f* de servicios públicos

publish /'pʌblɪʃ/ *vt* **1** ‹*book/newspaper*› publicar*, editar; ‹*article/dissertation*› publicar* **2** (make known) hacer* público, divulgar*

■ **publish** *vi* publicar*

publisher /'pʌblɪʃər || 'pʌblɪʃə(r)/ *n* **1** (company) editorial *f* **2** (job title) editor, -tora *m,f*

publishing /'pʌblɪʃɪŋ/ *n* [u] mundo *m* *or* campo *m* editorial; (*before n*) **~ company** editorial *f*, empresa *f* *or* compañía *f* editorial; **~ house** editorial *f*, casa *f* editorial *or* editora

puce /pju:s/ *adj* morado

puck /pʌk/ *n* (in ice hockey) disco *m*, puck *m*

pucker /'pʌkər || 'pʌkə(r)/ *vt* fruncir*, arrugar*; **the baby ~ed (up) its face and began to cry** el niño hizo pucheros *or* morritos y se echó a llorar

pudding /'pʊdɪŋ/ *n* [c u]

A (baked, steamed) budín *m*, pudín *m*

B (dessert) (BrE) postre *m*

pudding basin *n* (BrE) budinera *f*

puddle /'pʌdḷ/ *n* charco *m*

pudgy /'pʌdʒi/ *adj* **pudgier, pudgiest** rechoncho, regordete

puerile /'pjʊrəl || 'pjʊəraɪl/ *adj* pueril, infantil

Puerto Rican¹ /'pwertə'ri:kən/ *adj* portorriqueño, puertorriqueño

Puerto Rican² *n* portorriqueño, -ña *m,f*, puertorriqueño, -ña *m,f*

Puerto Rico /'pwertə'ri:kəʊ/ *n* Puerto Rico *m*

puff¹ /pʌf/ *n*

A [c] **1** (of wind, air) ráfaga *f*; **a ~ of smoke** una nube de humo **2** (action) soplo *m*, soplido *m*; (on cigarette) chupada *f*, pitada *f* (AmL), calada *f* (Esp) **3** (sound) resoplido *m*

B [u] (breath) (BrE colloq): **out of ~** sin aliento

C [c] (Culin) pastelito *m* de hojaldre, milhojas *m*

puff² *vt* **1** (blow) soplar; **don't ~ smoke in my face** no me eches humo a la cara **2** (smoke) ‹*cigarette/cigar/pipe*› dar* chupadas *or* (AmL tb) pitadas *or* (Esp tb) caladas a

■ **puff** *vi*

A **1** (blow) soplar **2** (smoke) **to ~ ON** *o* **AT sth** ‹*on cigarette/cigar/pipe*› dar* chupadas *or* (AmL tb) pitadas *or* (Esp tb) caladas A algo

B (pant) resoplar

Phrasal verbs

• **puff out** [v ▸ o ▸ adv, v ▸ adv ▸ o] (expand) ‹*cheeks*› inflar, hinchar (Esp); ‹*feathers*› erizar*

• **puff up** [v ▸ adv] (swell) hincharse

puffed /pʌft/ *adj* **1** ‹*sleeve*› abombado, abullonado; **~ rice** copos *mpl* de arroz **2** **~ (out)** (out of breath) (BrE colloq) sin aliento (fam)

puffed-up /'pʌft'ʌp/ *adj* (*pred* **puffed up**) **1** (swollen) hinchado **2** (conceited) engreído, vanidoso

puffin /'pʌfən || 'pʌfɪn/ *n* frailecillo *m*

puffiness /'pʌfinəs || 'pʌfinɪs/ *n* [u] hinchazón *f*

puff paste, (BrE) **puff pastry** *n* [u] hojaldre *m*

puffy /'pʌfi/ *adj* **-fier, -fiest** hinchado

pug /pʌg/ *n* (dog) doguillo *m*

pugilism /'pju:dʒəlɪzəm/ *n* [u] (journ) pugilismo *m* (frml)

pugilist /'pju:dʒələst || 'pju:dʒɪlɪst/ *n* (journ) púgil *m* (frml)

pugnacious /pʌg'neɪʃəs/ *adj* (frml) pugnaz (frml)

pug-nosed /'pʌg'nəʊzd/ *adj* de nariz chata, ñato (AmS)

puke /pju:k/ *vi* (colloq) vomitar, devolver*

■ **puke** *vt* **~ (up)** vomitar

> **Pulitzer Prize**
>
> Un premio de gran prestigio establecido en 1917, por Joseph Pulitzer, director de periódico y editor, que se otorga anualmente por los éxitos más destacados en el mundo del periodismo, la literatura y la música norteamericanos. Cada año se entregan trece premios

pull¹ /pʊl/ *vt*

A **1** (draw) tirar de, jalar (AmL exc CS); (drag) arrastrar **2** (in specified direction) (+ *adv compl*): **~ your chair closer to the fire** acerca *or* arrima la silla al fuego; **could you ~ the door to/the curtains, please?** por favor, cierra la puerta/corre las cortinas; **he was ~ed from the rubble alive** lo sacaron vivo de entre los escombros; **he ~ed his hat down firmly over his ears** se caló el sombrero hasta las orejas; **the current ~ed him under** la corriente lo arrastró *or* se lo llevó al fondo; ***to ~ the carpet*** *o* ***rug (out) from under sb*** *o* ***sb's feet*** fastidiarle los planes a algn, moverle* el tapete a algn (Méx fam)

B **1** (tug) tirar de, jalar (AmL exc CS); **~ *the other one!*** (BrE colloq) me estás tomando el pelo (fam); ***to ~ strings*** *o* ***wires*** (use influence) tocar* todos los resortes *or* muchas teclas, mover* hilos; ***to ~ the strings*** *o* ***wires*** (be in control) tener* la sartén por el mango **2** (tear, detach): **he ~ed the toy to bits** rompió *or* destrozó el juguete **3** (snag): **I've ~ed a thread in my sweater** me he enganchado el suéter

C **1** ‹*weeds/nail*› arrancar*; ‹*tooth*› sacar* **2** (take out) sacar*; **he ~ed a gun on them** sacó una pistola y los amenazó; *see also* **pull out**

D (colloq) ‹*crowd/audience*› atraer*; ‹*votes*› conseguir*

E (perform) (colloq): **don't you ever ~ a stunt like that on me**

again no me vuelvas a hacer una faena así *or* una cosa semejante; ***to ~ a fast one on sb*** hacerle* una jugarreta a algn (fam)
F (Med) ‹*muscle/tendon*› desgarrarse
■ **pull** *vi*
A 1 (drag, tug) tirar, jalar (AmL exc CS); **to ~ AT/ON sth** tirar DE *or* (AmL exc CS) jalar algo 2 (suck) **to ~ ON** *o* **AT sth** ‹*on pipe*› darle* una chupada *or* (AmL tb) una pitada *or* (Esp tb) una calada A algo
B 1 «*vehicle*» (move) (+ *adv compl*): **to ~ off the road** salir* de la carretera; **to ~ into the station** entrar en la estación; *see also* **pull in, pull up** *etc* 2 (row) remar

Phrasal verbs

• **pull about** [v ▸ o ▸ adv] (mishandle) maltratar, tratar sin cuidado
• **pull ahead** [v ▸ adv] tomar la delantera; **to ~ ahead OF sb** tomarle la delantera A algn
• **pull apart**
A [v ▸ o ▸ adv] 1 (separate) separar 2 (pull to pieces) destrozar*, hacer* pedazos
B [v ▸ o ▸ adv, v ▸ adv ▸ o] (criticize) ‹*book/show*› poner* por el suelo *or* por los suelos; ‹*argument/theory*› echar por tierra, demoler*
C [v ▸ adv] (become separate) separarse
• **pull around**
A [v ▸ o ▸ adv] (turn round) ‹*boat/plane*› darle* la vuelta a, dar* vuelta (CS)
B [v ▸ adv] (recover) (BrE) recuperarse, reponerse*
• **pull away** [v ▸ adv] 1 (free oneself) soltarse*, zafarse 2 (move off) «*train/bus*» arrancar*; **the train was ~ing away from the platform** el tren se alejaba del andén
• **pull back**
A [v ▸ adv] 1 (retreat) «*troops/enemy*» retirarse 2 (withdraw) echarse atrás
B [v ▸ o ▸ adv, v ▸ adv ▸ o] ‹*troops*› retirar
• **pull down**
A [v ▸ o ▸ adv, v ▸ adv ▸ o] 1 (lower) ‹*blind*› bajar; *see also* **pull** *vt* **A2** 2 (demolish) ‹*building*› echar *or* tirar abajo, tumbar (Méx)
B [v ▸ o ▸ adv] (depress) deprimir, tirar abajo (fam)
C [v ▸ adv ▸ o] (earn) (AmE colloq) sacar*, ganar
• **pull in**
Sense I [v ▸ o ▸ adv, v ▸ adv ▸ o]
A 1 (draw in) ‹*nets/rope*› recoger*; ‹*claws*› retraer*; **~ your stomach in!** ¡mete *or* entra esa panza! (fam) 2 (rein in) ‹*horse*› sujetar
B 1 (attract) ‹*investments/customers*› atraer* 2 (earn) (colloq) sacar*, ganar
C (arrest) (colloq) ‹*suspect*› detener*
Sense II [v ▸ adv]
A (arrive) «*train/bus*» llegar*
B 1 (move over) «*ship/car*» arrimarse 2 (stop) (BrE) «*car/truck*» parar
• **pull off** [v ▸ o ▸ adv, v ▸ adv ▸ o]
A (remove) ‹*cover/lid*› quitar, sacar*; **he ~ed his boots off** se quitó las botas
B (achieve) (colloq) conseguir*, lograr; **they ~ed off the biggest bank job of the decade** llevaron a cabo el mayor asalto a un banco de la década
• **pull on** [v ▸ o ▸ adv, v ▸ adv ▸ o] ‹*gloves/boots*› ponerse*
• **pull out**
Sense I [v ▸ adv]
A «*vehicle/driver*» 1 (depart) arrancar*; **the train ~ed out of the station** el tren salió de la estación 2 (enter traffic): **he ~ed out right in front of me** se me metió justo delante
B (extend) «*table*» alargarse*
C (withdraw) «*troops/partner*» retirarse, irse*; **we're not going to ~ out of the deal** no nos vamos a echar atrás
Sense II [v ▸ o ▸ adv, v ▸ adv ▸ o]
A (extract, remove) ‹*tooth/nail/plug*› sacar*; ‹*weeds/page*› arrancar*; **he ~ed out his wallet/a $20 bill** sacó la cartera/un billete de 20 dólares
B (withdraw) ‹*team/troops*› retirar
• **pull over** 1 [v ▸ adv] «*driver/car*» hacerse* a un lado; (to stop) acercarse* a la acera (*or* al arcén *etc*) y parar 2 [v ▸ o ▸ adv] parar
• **pull through**
A 1 [v ▸ adv] (recover) reponerse* 2 [v ▸ adv] [v ▸ prep ▸ o] (survive) salir* adelante; **to ~ through a crisis** superar una crisis
B [v ▸ o ▸ adv] [v ▸ o ▸ prep ▸ o] 1 (help recover) ayudar a recuperarse 2 (help survive) salvar, ayudar a superar
• **pull together**
A [v ▸ adv] (cooperate) trabajar *or* esforzarse* codo con codo
B [v ▸ o ▸ adv] (control oneself): **to ~ oneself together** calmarse, recobrar la compostura; **~ yourself together!** ¡vamos, cálmate!
• **pull up**
A [v ▸ o ▸ adv, v ▸ adv ▸ o] 1 (draw up) levantar, subir; **to ~ one's socks up** subirse los calcetines 2 (uproot) ‹*plant*› arrancar*
B [v ▸ o ▸ adv] 1 (halt, check): **a shout ~ed her up sharply** un grito la hizo pararse en seco 2 (reprimand) **to ~ sb up (ON sth)** regañar *or* (CS) retar a algn (POR algo)
C [v ▸ adv] (stop) «*car/driver*» parar

pull² *n*
A [c] (tug) tirón *m*, jalón *m* (AmL exc CS); **each ~ of the oars** cada golpe de remo
B [u] 1 (pulling force) fuerza *f*; **the ~ of gravity** la fuerza de la gravedad 2 (influence) influencia *f*
C [c] (on cigarette) chupada *f*, pitada *f* (AmL), calada *f* (Esp); (on drink) sorbo *m*
D [c] (difficult journey): **it was a hard ~ up the hill** la subida de la colina fue difícil

pull: **~back** /ˈpʊlbæk/ *n* retirada *f*; **~-down** /ˈpʊldaʊn/ *adj* 1 ‹*bed*› desplegable; ‹*screen*› desenrollable 2 (Comput): **~-down menu** menú *m* desplegable

pulley /ˈpʊli/ *n* (*pl* **~s**) polea *f*

Pullman® /ˈpʊlmən/ *n*: **~ coach** *o* (AmE) **car** coche *m* pullman

pull: **~-out** *n* 1 (withdrawal) retirada *f* 2 (Journ) suplemento *m*, separata *f*; **~over**, (AmE also) **~over sweater** *n* ▸ **sweater**

pulmonary /ˈpʊlməneri || ˈpʌlmənəri/ *adj* pulmonar

pulp¹ /pʌlp/ *n*
A [u] 1 (of fruit, vegetable) pulpa *f*, carne *f*; (of wood, paper) pasta *f* (de papel), pulpa *f* (de papel) 2 (crushed material) pasta *f*; **to beat sb to a ~** hacer* papilla a algn (fam)
B 1 [u] (worthless literature) literatura *f* barata, basura *f*; (*before n*) ‹*fiction/novel*› barato 2 [c] (magazine) (AmE) revista *f* barata

pulp² *vt* ‹*wood/paper/rags*› hacer* pasta *or* pulpa con; ‹*fruit/vegetables*› hacer* papilla *or* puré con

pulpit /ˈpʊlpɪt/ *n* púlpito *m*

pulsate /ˈpʌlseɪt || pʌlˈseɪt/ *vi* «*heart*» latir, palpitar; «*light/current*» oscilar; **the pulsating rhythm of the music** el ritmo palpitante de la música

pulse¹ /pʌls/ *n*
A 1 (Physiol) pulso *m*; **to take sb's ~** tomarle el pulso a algn; ***to have one's finger on the ~*** estar* al tanto de lo que pasa; (*before n*) **~ rate** número *m* de pulsaciones 2 (throbbing) cadencia *f*, ritmo *m* 3 (Phys) pulsación *f*
B (Agr, Culin) legumbre *f* (*como los garbanzos, las lentejas etc*)

pulse² *vi* «*heart/blood vessel*» latir

pulverize /ˈpʌlvəraɪz/ *vt* pulverizar*

puma /ˈpuːmə || ˈpjuːmə/ *n* puma *m*, león *m* (Chi, Méx)

pumice /ˈpʌməs/ *n* [u c] **~ (stone)** piedra *f* pómez

pummel /ˈpʌməl/ *vt*, (BrE) **-ll-** darle* una paliza a, aporrear

pump¹ /pʌmp/ *n*
A bomba *f*; (*gasoline* *o* (BrE) *petrol* **~**) surtidor *m*
B (Clothing) 1 (court shoe) (AmE) zapato *m* (de) salón 2 (gym shoe) (BrE dated) zapatilla *f*

pump² *vt*
A 1 (supply) bombear; **to ~ sth INTO sth** ‹*water/oil*› bombear algo A algo; **to ~ air into a tire** inflar *or* (Esp tb) hinchar un neumático; **they have ~ed cash into the project for years** llevan años invirtiendo dinero en el proyecto; **they ~ed him full of lead** (colloq) lo acribillaron a balazos 2 (drain) **to ~ sth OUT OF sth** sacar* algo de algo con una bomba; **to ~ sb's stomach out** hacerle* un lavado de estómago a algn; **to ~ sth dry** dejar algo seco; **to ~ sb dry** exprimir a algn 3 (ask) (colloq): **he was ~ing me for information** me estaba tratando de (son)sacar información
B ‹*handle/pedal/treadle*› mover* de arriba abajo; **he ~ed my**

P

hand me dio un fuerte apretón de manos; **to ~ iron** (colloq) hacer* pesas

■ **pump** *vi* 1 ‹‹*machine/heart*›› bombear 2 (move vigorously) moverse* con fuerza

Phrasal verb

• **pump up** [v ▸ o ▸ adv, v ▸ adv ▸ o] 1 (inflate) ‹*tire*› inflar, hinchar (Esp) 2 (psych up) (AmE) mentalizar*

pumpernickel /'pʌmpərnɪkəl || 'pʌmpənɪkəl/ *n* [u] *tipo de pan integral de centeno*

pumpkin /'pʌmpkən/ *n* [c u] calabaza *f*, zapallo *m* (CS, Per)

pun /pʌn/ *n* juego *m* de palabras, albur *m* (Méx)

punch[1] /pʌntʃ/ *n*

A 1 [c] (blow) puñetazo *m*, piña *f* (fam); ***to pack a ~*** ‹‹*speaker/play/cocktail*›› pegar* fuerte (fam); (lit) ‹‹*boxer*›› pegar* fuerte *or* duro; ***to pull (one's) ~es*** andarse* con miramientos *or* (fam) con chiquitas 2 [u] (vigor) garra *f* (fam), fuerza *f*

B [c] (for paper) perforadora *f*; (for metal, leather) sacabocados *m*

C [u] (Culin) 1 ponche *m*; (*before n*) **~ bowl** ponchera *f* 2 (in US) refresco *m* de frutas

D **Punch** (name of puppet) ≈ Polichinela; **a P~ and Judy show** *tipo de función de títeres*; ***to be as pleased as P~*** estar* más contento que unas Pascuas

punch[2] *vt*

A (hit) pegarle* a, darle* un puñetazo *or* (fam) una piña a

B (perforate) ‹*ticket*› picar*, perforar, ponchar (Méx); ‹*leather/metal*› perforar; **to ~ a hole in sth** hacerle* un agujero a algo; **to ~ the clock** *o* **card** fichar, marcar* *or* (Méx) checar* tarjeta; **~ed card** (BrE) ficha *f* perforada

C (AmE Agr) ‹*cattle*› aguijonear, picanear (AmL)

■ **punch** *vi* ‹‹*boxer*›› pegar*

Phrasal verbs

• **punch in** [v ▸ adv] (AmE) fichar, marcar* *or* (Méx) checar* tarjeta (*al entrar al trabajo*)

• **punch out**

A [v ▸ o ▸ adv, v ▸ adv ▸ o] (with die) troquelar; (on paper) perforar

B [v ▸ adv] (at work) (AmE) fichar, marcar* *or* (Méx) checar* tarjeta (*al salir del trabajo*)

punch: **~ bag** *n* (BrE) ▸ **punching bag**; **~ card** *n* (AmE) ficha *f* perforada; **~-drunk** *adj* grogui (fam), atontado

punching bag /'pʌntʃɪŋ/ *n* (AmE) (Sport) saco *m* de arena

punch: **~ line** *n* remate *m* (*de un chiste*); **~-up** *n* (BrE colloq) pelea *f*, bronca *f* (fam)

P

punchy /'pʌntʃi/ *adj* **-chier, -chiest** (forceful) ‹*article*› incisivo; ‹*campaign/slogan*› con garra (fam); ‹*musical number*› brioso

punctilious /pʌŋk'tɪliəs/ *adj* puntilloso, meticuloso

punctual /'pʌŋktʃuəl || 'pʌŋktjʊəl/ *adj* puntual

punctuality /'pʌŋktʃu'æləti/ *n* puntualidad *f*

punctually /'pʌŋktʃuəli || 'pʌŋktjʊəli/ *adv* puntualmente

punctuate /'pʌŋktʃueɪt || 'pʌŋktjʊeɪt, 'pʌŋktʃʊeɪt/ *vt* 1 ‹*writing/text*› puntuar* 2 (intersperse) salpicar*; **a silence ~d only by the occasional sob** un silencio interrumpido tan sólo por algún sollozo

punctuation /'pʌŋktʃu'eɪʃən/ *n* [u] puntuación *f*; (*before n*) **~ mark** signo *m* de puntuación

puncture[1] /'pʌŋktʃər/ *n* 1 (in tire, ball) pinchazo *m*, pinchadura *f* (AmL), ponchadura *f* (Méx); **my bike has a ~** mi bicicleta tiene una rueda pinchada *or* (Méx) una llanta ponchada; **we had a ~ on the way there** pinchamos por el camino, se nos ponchó una llanta en el camino (Méx); **it has a slow ~** pierde aire 2 (Med) punción *f*

puncture[2] *vt* ‹*tire/ball*› pinchar, ponchar (Méx); **~d lung** pulmón *m* perforado

■ **puncture** *vi* ‹‹*tire/ball*›› pincharse

pundit /'pʌndət/ *n* experto, -ta *m,f*, entendido, -da *m,f*

pungency /'pʌndʒənsi/ *n* [u] (frml) (of taste, smell) acritud *f*; (of remark) mordacidad *f*

pungent /'pʌndʒənt/ *adj* ‹*taste/smell*› acre; ‹*remark/question*› mordaz, cáustico

punish /'pʌnɪʃ/ *vt* 1 ‹*child*› castigar*; ‹*offender/offense*› castigar*, sancionar (frml) 2 (treat harshly) ‹*error/lapse*› aprovechar; ‹*ball/opponent*› castigar*; ‹*body/engine*› castigar*, exigirle* demasiado a

punishable /'pʌnɪʃəbəl/ *adj* punible (frml); **~ BY sth** penado CON algo

punishing /'pʌnɪʃɪŋ/ *adj* ‹*schedule/treatment*› duro; ‹*pace*› agotador, extenuante

punishment /'pʌnɪʃmənt/ *n* 1 [c u] (chastisement) castigo *m*; **let the ~ fit the crime** (set phrase) que el castigo sea acorde con la gravedad del delito 2 [u] (rough treatment): **it's taken a lot of ~** ha sido muy maltratado *or* (fam) baqueteado; **he took a lot of ~ in the seventh round** se llevó una buena paliza en el séptimo asalto (fam)

punitive /'pju:nətɪv || 'pju:nɪtɪv/ *adj* (frml) 1 ‹*expedition/force*› (Mil) punitivo (frml) 2 (severe) ‹*interest rate/fine*› leonino, excesivamente gravoso

Punjabi[1] /pʌn'dʒɑ:bi/ *adj* de/del Pen(d)jab *or* Punjab

Punjabi[2] *n* 1 [u] (language) punjabí *m* 2 [c] (person) punjabí *mf*

punk[1] /pʌŋk/ *n*

A 1 [c] (person) **~ (rocker)** punk *mf*, punki *mf* 2 [u] **~ (rock)** punk *m*

B [c] (young hoodlum) (AmE colloq) vándalo, -la *m,f*, gamberro, -rra *m,f* (Esp)

punk[2] *adj*

A (*before n*) ‹*hairstyle/culture*› punk *adj inv*, punki

B (rotten) (AmE colloq) de porquería (fam)

punnet /'pʌnət || 'pʌnɪt/ *n* (BrE) cajita *f* (*para frutas*), barqueta *f* (Esp)

punt[1] *n*

A /pʌnt/ (Sport) patada *f* de despeje

B /pʌnt/ (boat) (in UK) batea *f*

C /pʊnt/ (Fin) libra *f* (irlandesa)

punt[2] /pʌnt/ *vi* 1 (Sport) despejar 2 (in boat): **to go ~ing** salir* de paseo en batea

■ **punt** *vt* ‹*ball*› despejar

punter /'pʌntər || 'pʌntə(r)/ *n* (BrE colloq) 1 (in betting) apostador, -dora *m,f* 2 (customer) cliente, -ta *m,f*

puny /'pju:ni/ *adj* **punier, puniest** (pej) ‹*person*› enclenque, raquítico; ‹*effort*› lastimoso, de pena (fam)

pup /pʌp/ *n* cría *f*; (of dog) cachorro, -rra *m,f*

pupa /'pju:pə/ *n* (*pl* **pupae** /-pi:/) crisálida *f*, pupa *f*

pupil /'pju:pəl || 'pju:pɪl/ *n*

A (Educ) alumno, -na *m,f*, educando, -da *m,f* (frml)

B (of eye) pupila *f*

puppet /'pʌpət || 'pʌpɪt/ *n*

A 1 (marionette) marioneta *f*, títere *m* 2 (glove puppet) títere *m*

B (stooge) títere *m*; (*before n*) ‹*regime/leader*› títere

puppeteer /'pʌpə'tɪr || ˌpʌpɪ'tɪə(r)/ *n* titiritero, -ra *m,f*

puppy /'pʌpi/ *n* (*pl* **-pies**) cachorro, -rra *m,f*

puppy: **~ fat** *n* [u] (BrE) gordura *f* de la infancia; **~ love** *n* [u] amor *m* adolescente

purchase[1] /'pɜ:rtʃəs || 'pɜ:tʃəs/ *n*

A [uc] (frml) adquisición *f* (frml), compra *f*

B (grip) (*no pl*): **to get ~** *o* **a ~ on sth** agarrarse a *or* de algo

purchase[2] *vt* (frml) adquirir (frml), comprar; **to ~ sth FROM sb** comprarle algo A algn

purchaser /'pɜ:rtʃəsər/ *n* (frml) comprador, -dora *m,f*

purchasing power /'pɜ:rtʃəsɪŋ || 'pɜ:tʃəsɪŋ/ *n* [u] poder *m* adquisitivo

purdah /'pɜ:rdə || 'pɜ:də/ *n* [u] reclusión *f*

pure /pjʊr || pjʊə(r)/ *adj* **purer**, **purest** 1 (unmixed) puro; **it's negligence ~ and simple** se trata de negligencia, lisa *or* simple y llanamente 2 (not applied) (*before n*) ‹*science/mathematics*› puro

purebred /'pjʊr'bred || 'pjʊəbred/ *adj* de pura raza; **a ~ horse** un purasangre

puree[1], **purée** /pjʊ'reɪ || 'pjʊəreɪ/ *n* [u c] puré *m*; **tomato ~** concentrado *m* *or* extracto *m* *or* puré *m* de tomate

puree[2], **purée** *vt* **-rees, -reeing, -reed** hacer* un puré con, pisar (RPl, Ven)

purely /'pjʊrli || 'pjʊəli/ *adv* ‹*decorative*› puramente, meramente; **~ by chance** por pura casualidad; **~ and simply** lisa *or* simple y llanamente

purgative[1] /'pɜ:rgətɪv || 'pɜ:gətɪv/ *n* purgante *m*

purgative[2] *adj* (Med) purgante, laxante; (cathartic, cleansing) catártico, depurador

purgatory /'pɜːrgətɔːri || 'pɜːgətəri/ *n* [u] purgatorio *m*

purge¹ /pɜːrdʒ/ *vt* [1] (cleanse) purgar* [2] (Pol) ‹*party/government/committee*› hacer* una purga en, purgar*; **to ~ sth (OF sth/sb)** purgar* algo (DE algo/algn); **to ~ sb (FROM sth)** expulsar a algn (DE algo)

purge² *n* (Med, Pol) purga *f*

purification /'pjʊrəfə'keɪʃən / *n* [u] purificación *f*

purifier /'pjʊrəfaɪər/ *n* depurador *m*, purificador *m*

purify /'pjʊrəfaɪ || 'pjʊərɪfaɪ/ *vt* **-fies, -fying, -fied** purificar*; ‹*water*› depurar, purificar*, potabilizar*

purist /'pjʊrəst || 'pjʊərɪst/ *n* purista *mf*

puritan¹ /'pjʊrətn̩ || 'pjʊərɪtən/ *n* [1] **Puritan** puritano, -na *m,f* [2] (morally) puritano, -na *m,f*

puritan² *adj* [1] **Puritan** puritano [2] (morally) puritano

puritanical /'pjʊrə'tænɪkəl || ˌpjʊərɪ'tænɪkəl/ *adj* puritano

Puritanism /'pjʊrətn̩ɪzəm/ *n* [u] puritanismo *m*

purity /'pjʊrəti || 'pjʊərəti/ *n* [u] pureza *f*

purl¹ /pɜːrl || pɜːl/ *n* [u] punto *m* (al *or* del) revés

purl² *vt* tejer al *or* del revés

purloin /'pɜːrlɔɪn/ *vt* (frml) hurtar (frml), sustraer* (frml)

purple¹ /'pɜːrpəl || 'pɜːpəl/ *adj* [1] (bluish) morado, violeta; (reddish) púrpura; **~ with rage** lívido de ira [2] (overwritten) ‹*prose/passage*› grandiloquente

purple² *n* [u] (bluish) morado *m*, violeta *m*; (reddish) púrpura *m*

purport¹ /pər'pɔːrt || pə'pɔːt/ *vt* (frml) **to ~ to + INF** pretender + INF; **a man ~ing to be a cousin of mine** un individuo que dice *or* afirma ser primo mío

purport² /'pɜːrpɔːrt/ *n* [u] (frml) sentido *m* (general)

purportedly /pɜːr'pɔːrtədli/ *adv* supuestamente

purpose /'pɜːrpəs || 'pɜːpəs/ *n*

A [c] [1] (intention, reason) propósito *m*, intención *f*; **what was your ~ in doing it?** ¿qué pretendías *or* qué te proponías con eso?; **I left the door open for a ~** por algo *or* por alguna razón dejé la puerta abierta; **for one's own ~s** por su (*or* mi *etc*) propio interés; **the machine is good enough for our ~s** la máquina sirve para lo que nos proponemos hacer con ella; **for all practical ~s** a efectos prácticos; **on ~** a propósito, adrede, ex profeso, aposta (Esp fam) [2] (use): **to serve a (useful) ~** servir* de algo; **to no ~** inútilmente

B [u] (resolution) determinación *f*; **strength of ~** determinación; **to have a/no sense of ~** tener*/no tener* una meta *or* un norte en la vida

purpose-built /'pɜːrpəs'bɪlt || ˌpɜːpəs'bɪlt/ *adj* (BrE): **~ senior citizens' housing** viviendas *fpl* construidas especialmente para la tercera edad; **a ~ flat** *un apartamento construido como tal, que no es parte de una antigua vivienda unifamiliar*

purposeful /'pɜːrpəsfəl || 'pɜːpəsfəl/ *adj* ‹*person/stride*› resuelto, decidido; ‹*expression*› de determinación

purposefully /'pɜːrpəsfəli / *adv* resueltamente

purposely /'pɜːrpəsli/ *adv* ‹*facetious/hurtful*› deliberadamente, intencionadamente; ‹*say/do*› a propósito

purr¹ /pɜːr || pɜː(r)/ *vi* ronronear

▪ **purr** *vt* susurrar, decir* en un arrullo

purr² *n* ronroneo *m*

purse¹ /pɜːrs || pɜːs/ *n*

A [1] (for money) monedero *m*, portamonedas *m* [2] (funds) fondos *mpl*; **the public ~** el erario público

B (handbag) (AmE) cartera *f* *or* (Esp) bolso *m* *or* (Méx) bolsa *f*

purse² *vt* **to ~ one's lips** fruncir* la boca

purser /'pɜːrsər || 'pɜːsə(r)/ *n* sobrecargo *mf*

purse strings *pl n*: **to hold** *o* **control the ~ ~** administrar el dinero

pursuance /pər'suːəns || pə'sjuːəns/ *n* [u] (frml) **in ~ of sth**: **in ~ of his duties** en el cumplimiento del deber

pursue /pər'suː || pə'sjuː/ *vt*

A [1] (chase) perseguir* [2] (seek, strive for) ‹*pleasure/happiness*› buscar*; ‹*hopes/rights*› luchar por, reivindicar*

B (carry out, continue with) [1] ‹*policy/course of action*› continuar* con; ‹*research/study*› continuar* con, proseguir* (frml) [2] ‹*profession*› ejercer*, dedicarse* al ejercicio de

pursuer /pər'suːər || pə'sjuːə(r)/ *n* perseguidor, -dora *m,f*

pursuit /pər'suːt || pə'sjuːt/ *n*

A [u c] [1] (chase) persecución *f*; **she set off in ~ of the thief** salió en persecución *or* a la caza del ladrón; **with two guards in hot ~** con dos guardias pisándole los talones [2] (search, striving): **the ~ of happiness** la búsqueda de la felicidad; **in the ~ of her goals** en su lucha por alcanzar sus objetivos

B [c] (pastime, activity) actividad *f*; **her leisure ~s** sus pasatiempos

purvey /pər'veɪ || pə'veɪ/ *vt* (frml) proveer*, suministrar; **to ~ sth TO sb** proveer* *or* abastecer* a algn DE algo

purveyor /pər'veɪər / *n* (frml) proveedor, -dora *m,f*

pus /pʌs/ *n* [u] pus *m*

push¹ /pʊʃ/ *n*

A [c] [1] (gentle) empujoncito *m*; (violent) empujón *m*; **she gave the door a ~** empujó la puerta; **at the ~ of a button** con sólo apretar un botón; ***to get the ~*** (BrE colloq): **he got the ~** (from job) lo pusieron de patitas en la calle (fam); (in relationship) ella lo dejó; ***to give sb the ~*** (BrE colloq) (from job) poner* a algn de patitas en la calle (fam), echar a algn; (in relationship) dejar a algn [2] (pressure) (colloq): **she needs a bit of a ~ now and again** de vez en cuando hay que apretarle las clavijas (fam); ***at a ~***: **at a ~, I could finish it by Friday** si me apuras *or* si fuera necesario, podría terminarlo para el viernes; ***if ~ comes to shove*** *o* (BrE) ***if it comes to the ~*** en último caso; **when it came to the ~, she gave in** (BrE) a la hora de la verdad, cedió

B [c] [1] (effort) esfuerzo *m* [2] (offensive) (Mil) ofensiva *f* [3] (for sales) campaña *f*

C [u] (will to succeed) (colloq) empuje *m*, dinamismo *m*

push² *vt*

A [1] ‹*person/car/table*› empujar; **he ~ed him down the stairs** lo empujó escaleras abajo; **I ~ed the door to** *o* **shut** cerré la puerta empujándola [2] (press) ‹*button*› apretar*, pulsar; ‹*lever*› darle* a, accionar (frml) [3] (force): **to ~ prices up/down** hacer* que suban/bajen los precios; **I tried to ~ the thought to the back of my mind** traté de no pensar en ello

B (put pressure on): **you're ~ing him/yourself too hard** le/te exiges demasiado; **you can only ~ people so far** todos tenemos un límite; **to ~ sb to + INF** presionar a algn PARA QUE (+ *subj*); **to ~ sb INTO sth**: **she was ~ed into joining** la presionaron para que se hiciera socia; **to be ~ed for time/money** (colloq) andar* escaso *or* (fam) corto de tiempo/de dinero; **you'd be ~ed to find a better one** difícilmente encontrarás uno mejor

C [1] (promote) promocionar [2] (sell) (colloq) ‹*drugs*› pasar (fam), transar (CS arg), vender

D (approach) (colloq): **to be ~ing forty** rondar los cuarenta

▪ **push** *vi*

A [1] (give a push) empujar [2] (in childbirth) pujar

B (apply pressure) presionar; **to ~ FOR sth**: **we're ~ing for a decision** estamos presionando para que se decida

(Phrasal verbs)

- **push about** (BrE) ▸ **push around**
- **push ahead** [v ▸ adv] **to ~ ahead (WITH sth)** seguir* adelante (CON algo)
- **push around** [v ▸ o ▸ adv] (colloq) mandonear (fam)
- **push back** [v ▸ o ▸ adv, v ▸ adv ▸ o] [1] (force back) ‹*person/object*› empujar hacia atrás; ‹*crowd/army*› hacer* retroceder [2] (extend) ‹*limits*› ampliar*, extender*
- **push forward**

A [v ▸ adv] avanzar*

B [v ▸ o ▸ adv, v ▸ adv ▸ o] empujar hacia adelante

- **push in** [v ▸ adv] colarse* (fam); **she ~ed in in front of me** se me coló (fam)
- **push off** [v ▸ adv] [1] (in boat) desatracar*, salir* [2] (leave, go) (colloq) largarse* (fam)
- **push on** [v ▸ adv] [1] (continue journey) seguir* el viaje [2] (continue working) seguir* adelante
- **push through** [v ▸ o ▸ adv, v ▸ adv ▸ o] ‹*legislation*› hacer* aprobar

push: **~-bike** *n* (BrE) bicicleta *f*; **~-button** *adj* (*before n*) ‹*controls/telephone*› de botones; **~chair** *n* (BrE) sillita *f* (*de paseo*), carreola *f* (Méx)

pusher /'pʊʃər || 'pʊʃə(r)/ *n* (colloq) camello *mf* (arg), jíbaro *mf* (Col, Ven arg), conecte *m,f* (Mex arg)

push: **~over** *n*: **to be a ~over** «*task/game*» ser* pan comido (fam), estar* chupado (Esp fam); «*person*» ser* un

P

; **~-start** *vt* ‹*car*› arrancar* empujando; **~-up** *n* flexión *f* (de brazos)

pushy /'pʊʃi/ *adj* **pushier, pushiest** (colloq) prepotente, avasallador; **a ~ salesman** un vendedor agresivo

pusillanimous /'pju:sə'lænəməs || ˌpju:sɪ'lænɪməs/ *adj* (liter) pusilánime

puss /pʊs/ *n* (colloq) **1** (cat) minino, -na *m,f* (fam), gatito, -ta *m,f* (fam) **2** (face) (AmE) jeta *f* (fam)

pussy /'pʊsi/ *n* (*pl* **-sies**) **1** [c] ▸**pussycat** **2** [c] (female genitals) (sl) coño *m* (vulg), concha *f* (AmS vulg)

pussy: **~cat** *n* (colloq) minino, -na *m,f* (fam), gatito, -ta *m,f* (fam); **~foot** *vi* (colloq): **they're just ~footing about** *o* **around** le están dando largas al asunto; **~ willow** *n* [c u] sauce *m* blanco

pustule /'pʌstʃu:l || 'pʌstju:l/ *n* pústula *f*

put /pʊt/ (*pres p* **putting**; *past & past p* **put**) *vt*

(Sense I)

A **1** (place) poner*; (with care, precision etc) colocar*, poner*; (inside sth) meter, poner*; **to ~ sth in the oven** poner* *or* meter algo en el horno; **did you ~ salt in it?** ¿le pusiste *or* le echaste sal?; **he ~ it in his mouth** se lo puso en la boca; **I ~ myself on the list** me apunté *or* me puse en la lista; **~ yourself in my place** ponte en mi lugar; **she ~ the bottle to her lips** se llevó la botella a los labios; **I ~ her on the train** la acompañé hasta el tren; ***not to know where to ~ oneself*** *o* (AmE also) ***one's face*** (colloq) no saber* dónde ponerse *or* meterse; ***to ~ sth behind one*** olvidar *or* superar algo **2** (install, fit) poner*

B **1** (thrust): **he ~ his arms around her** la abrazó; **she ~ her head around the door/out of the window** asomó la cabeza por la puerta/por la ventana **2** (send, propel): **he ~ the ball into the net** lanzó la pelota a la red **3** (Sport) **to ~ the shot** lanzar* el peso

C **1** (rank) poner*; **she ~s herself first** se pone ella primero *or* en primer lugar; **to ~ sth ABOVE/BEFORE sth**: **I ~ honesty above all other virtues** para mí la honestidad está por encima de todas las demás virtudes *or* por encima de todo; **he ~s his art before everything else** antepone su arte a todo **2** (in competition): **this victory ~s them in the lead** con esta victoria pasan a ocupar la delantera **3** (estimate): **he ~s the cost somewhat higher** calcula que el costo sería algo mayor; **to ~ sth AT sth**: **I'd ~ the figure at $40,000** yo diría que la cifra es 40.000 dólares

(Sense II)

A (cause to be) poner*; **the doctor ~ me on a diet** el doctor me puso a régimen; **it's not easy to ~ it into English** no es fácil traducirlo al inglés; **to ~ sth to good use** ‹*time/ability/object*› hacer* buen uso de algo

B (make undergo, cause to do) **to ~ sb TO sth**: **I don't want to ~ you to any trouble** no quiero causarle ninguna molestia; **I ~ her to work** la puse a trabajar; ▸**death, shame**[1] **A, test**[1] **A2** *etc*

(Sense III)

A **1** (attribute, assign) **to ~ sth ON sth**: **I couldn't ~ a price on it** no sabría decir cuánto vale; **I ~ a high value on our friendship** valoro mucho nuestra amistad **2** (impose) **to ~ sth ON sth/sb**: **they ~ a special duty on these goods** gravaron estos artículos con un impuesto especial; **to ~ the blame on sb** echarle la culpa a algn, culpar a algn; **it ~ a great strain on their relationship** eso sometió su relación a una gran tensión

B **1** (instill, infect) **to ~ sth IN(TO) sth**: **who ~ that idea into your head?** ¿quién te metió esa idea en la cabeza? **2** (cause to have) **to ~ sth IN(TO) sth**: **the fresh air ~ some color into his cheeks** el aire fresco les dio un poco de color a sus mejillas

C **1** (invest) **to ~ sth INTO sth** ‹*money*› invertir* algo EN algo; **I've ~ a lot of time into it** le he dedicado mucho tiempo; **she had ~ a lot of thought into it** lo había pensado mucho **2** (bet, stake) **to ~ sth ON sth** ‹*money*› apostar* *or* jugarse* algo A algo **3** (contribute) **to ~ sth TOWARD sth** contribuir* CON algo A algo, poner* algo PARA algo

D (fix, repose) **to ~ sth IN sth/sb**: **I ~ my trust in you** puse *or* (liter) deposité mi confianza en ti; **I don't ~ much faith in medicine** no le tengo mucha fe a la medicina

(Sense IV)

A (present) ‹*views/case*› exponer*, presentar; ‹*proposal*› presentar; **to ~ sth TO sb**: **to ~ a question to sb** hacerle* una pregunta a algn; **the employers' offer will be ~ to a mass meeting** la oferta de la patronal será sometida a votación en una asamblea; **I ~ it to you that ...** (frml) mi opinión es que ...

B (write, indicate, mark) poner*; **what shall I ~?** ¿qué pongo?; **she ~ a line through the word** tachó la palabra

C (express) decir*; **how shall I ~ it?** cómo te diría?; **(let me) ~ it this way: I wouldn't invite him again** te digo lo siguiente: no lo volvería a invitar; **to ~ sth well/badly** expresar algo bien/mal

■ **put** *vi* (Naut): **to ~ to sea** hacerse* a la mar, zarpar

(Phrasal verbs)

• **put about**

A [v ▸ o ▸ adv] **1** (Naut) ‹*ship*› hacer* virar en redondo **2** (spread) (colloq) ‹*story/rumor*› hacer* correr *or* circular; ***to ~ it about that ...*** hacer* correr la voz de que ...

B [v ▸ adv] (Naut) virar en redondo, cambiar de borda

• **put across** [v ▸ o ▸ adv, v ▸ adv ▸ o] ‹*idea/message*› comunicar*; **to ~ sth across TO sb** hacerle* entender algo A algn

• **put aside** [v ▸ o ▸ adv, v ▸ adv ▸ o] **1** (lay to one side) dejar a un lado **2** (reserve) ‹*money*› guardar, ahorrar; ‹*goods/time*› reservar **3** ‹*differences*› dejar de lado

• **put away** [v ▸ o ▸ adv, v ▸ adv ▸ o] **1** ‹*dishes/tools/clothes*› guardar **2** (save) ‹*money*› guardar, ahorrar **3** (colloq) ‹*food/drink*› zamparse (fam) **4** (colloq) ‹*criminal/lunatic*› encerrar* **5** (destroy) (AmE euph) ‹*animal*› sacrificar* (euf)

• **put back**

A [v ▸ o ▸ adv, v ▸ adv ▸ o] **1** (replace) volver* a poner; **~ that back (where you found it)!** ¡deja eso (donde estaba)! **2** (reset) ‹*clocks*› atrasar, retrasar **3** (delay, retard) ‹*project*› retrasar **4** (postpone) posponer*, aplazar*, postergar*

B [v ▸ o ▸ adv] (AmE): **he was ~ back a year** lo hicieron repetir el año

• **put by** [v ▸ o ▸ adv, v ▸ adv ▸ o] ‹*money*› ahorrar

• **put down**

(Sense I) [v ▸ o ▸ adv, v ▸ adv ▸ o]

A **1** (set down) ‹*bag/pen*› dejar; ‹*telephone*› colgar*; **she ~ the package down on the table** puso *or* depositó el paquete sobre la mesa; **it's one of those books you can't ~ down** es uno de esos libros que no se pueden parar de leer **2** (lay) ‹*tiles/carpet*› poner*, colocar* **3** (lower) bajar **4** ‹*passenger*› dejar

B **1** (suppress) ‹*rebellion*› sofocar* **2** (destroy) (BrE euph) ‹*animal*› sacrificar* (euf), matar

C **1** (write down) ‹*thoughts*› anotar, escribir*; ‹*name*› poner*, escribir*; **~ it down on paper** ponlo por escrito **2** (assess) **to ~ sb down AS sth** catalogar* a algn DE algo **3** (attribute) **to ~ sth down TO sth** atribuirle* algo A algo

D (in part payment) ‹*sum*› entregar*; ‹*deposit*› dejar

(Sense II)

A [v ▸ o ▸ adv] (belittle, humiliate) ‹*person*› rebajar; **why are you ~ting yourself down?** ¿por qué te menosprecias?

B [v ▸ adv] (Aviat) ‹‹*aircraft/pilot*›› aterrizar*

• **put forward** [v ▸ o ▸ adv, v ▸ adv ▸ o]

A **1** ‹*theory/plan*› presentar, proponer*; ‹*suggestion*› hacer*, presentar **2** ‹*candidate*› proponer*, postular (AmL)

B **1** ‹*clocks*› adelantar **2** ‹*trip/meeting*› adelantar

• **put in**

(Sense I) [v ▸ o ▸ adv, v ▸ adv ▸ o]

A **1** (install) ‹*central heating/shower unit*› poner*, instalar **2** (plant) ‹*vegetables*› plantar

B (enter, submit) ‹*claim/request/tender*› presentar; **I've ~ myself in for the tournament** me he apuntado *or* inscrito en el campeonato; ▸**appearance A1**

C (invest): **she ~s in a 60-hour week** trabaja *or* hace 60 horas por semana; **how much time can you put in?** ¿cuánto tiempo puedes dedicarle?

D (insert, add) ‹*word/chapter/scene*› poner*, agregar*

(Sense II) [v ▸ adv]

A (Naut) hacer* escala

B (apply) **to ~ in FOR sth** solicitar algo

• **put off**

(Sense I) [v ▸ o ▸ adv, v ▸ adv ▸ o]

A **1** (postpone) ‹*meeting/visit/decision*› aplazar*, posponer*, postergar* (AmL); **don't ~ it off until later** no lo dejes para más tarde; **to ~ off -ING**: **I keep ~ting off going to the dentist** siempre estoy aplazando ir al dentista **2** (stall) ‹*visitor/creditor*›: **if Saturday isn't convenient, I can ~ them off** si el sábado no es conveniente, puedo decirles que lo dejen para más adelante

B (turn off) (BrE) ‹*light*› apagar*

(Sense II) [v ▸ o ▸ adv, v ▸ adv ▸ o]

A (discourage): **the thought of the journey ~s me off going to see them** pensar en el viaje me quita las ganas de ir a visitarlos; **people get ~ off by all the technical jargon** la gente se desanima con toda esa jerga técnica; **the smell was enough to ~ anyone off** tenía un olor que daba asco; **she's not easily ~ off** no es fácil disuadirla *or* hacerla cambiar de idea

B (distract) distraer*; (disconcert) desconcertar*; **he's trying to ~ me off my serve** está tratando de que falle en el saque

C (from bus) dejar; (force to get off) hacer* bajar

• **put on**

(Sense I) [v ▸ o ▸ adv, v ▸ adv ▸ o]

A ‹*jacket/shoes*› ponerse*; **to ~ one's clothes on** vestirse*, ponerse* la ropa

B ‹*light/radio/oven*› encender*, prender (AmL); ‹*music*› poner*; **to ~ the brakes on** frenar

C (gain): **I've ~ on four kilos** he engordado cuatro kilos; **to ~ on weight** engordar

D ‹*exhibition*› organizar*; ‹*play/show*› presentar, dar*

E (assume) ‹*expression*› adoptar; **he's just ~ting it on** está haciendo teatro *or* está fingiendo; **he ~ on a foreign accent** fingió tener acento extranjero

(Sense II) [v ▸ o ▸ adv]

A (connect) (Telec): **~ him on, would you?** pásemelo, por favor

B 1 (alert) **to ~ sb on TO sb/sth**: **somebody had ~ the police on to them** alguien había puesto a la policía sobre su pista; **my neighbor ~ me on to your little game** mi vecino me alertó de lo que te traías entre manos 2 (introduce) **to ~ sb on TO sb/sth**: **I can ~ you on to someone who ...** puedo ponerte en contacto con una persona que ...; **she ~ me on to a store where ...** me dijo de *or* (CS) me dio el dato de una tienda donde ...

C (tease) (AmE colloq) tomarle el pelo a (fam)

• **put out**

(Sense I) [v ▸ o ▸ adv, v ▸ adv ▸ o]

A 1 (put outside) ‹*washing/cat*› sacar* 2 (set out) disponer*, colocar* 3 (extend) ‹*arm/tongue*› sacar*; **she ~ out her hand** tendió *or* alargó la mano 4 (dislocate) dislocarse*

B 1 (extinguish) ‹*fire/light/cigarette*› apagar* 2 (anesthetize) (colloq) dormir*, anestesiar 3 (distort): **the new prices have ~ all our estimates out** los nuevos precios significan que nuestros cálculos son ahora erróneos 4 (in baseball) ‹*hitter/runner*› sacar*, poner* 'out'

C 1 (offend, upset) molestar, ofender; **she was most ~ out** se molestó *or* se ofendió mucho 2 (inconvenience) molestar; **don't ~ yourself out!** ¡no te molestes!

D 1 (issue, publish) ‹*photograph/statement*› publicar* 2 (broadcast) transmitir

E (pass on): **they ~ the work out to contract** subcontrataron el trabajo; **the contract is being ~ out to tender** van a llamar a concurso *or* a licitación para el contrato

F (sprout) ‹*shoots/buds*› echar

(Sense II) [v ▸ o ▸ adv, v ▸ adv ▸ o] (expel) ‹*troublemaker*› echar; **you can ~ that idea out of your head** puedes sacarte esa idea de la cabeza

(Sense III) [v ▸ adv] **to ~ out to sea** hacerse* a la mar

• **put over**

A 1 ▸**put across A** 2 (AmE) ▸**put off** *Sense* **I A1**

B [v ▸ o ▸ adv] (trick): ***to ~ one over on sb*** (colloq) engañar a algn, pasar a algn (AmL fam)

• **put past** [v ▸ o ▸ prep ▸ o]: ***not to ~ it past sb***: **I wouldn't ~ it past her** la creo muy capaz

• **put through**

A [v ▸ o ▸ prep ▸ o] 1 (make undergo) someter a; ***to ~ sb through it*** (colloq) hacérselas* pasar (mal) a algn 2 (send to): **they ~ her through college** le costearon los estudios

B [v ▸ o ▸ adv, v ▸ adv ▸ o] (Telec): **to ~ sb through (TO sb)** pasar *or* (AmL) comunicar* *or* (Esp) poner* a algn CON algn

• **put together** [v ▸ o ▸ adv, v ▸ adv ▸ o]

A 1 (assemble) armar, montar; ‹*collection*› reunir* 2 (create) ‹*team*› formar; ‹*magazine*› producir*; ‹*meal*› preparar, hacer*; (quickly) improvisar

B (combine) juntar, reunir*; **more than everything else ~ together** más que todo lo demás junto

• **put under** [v ▸ o ▸ adv] dormir*, anestesiar

• **put up**

(Sense I) [v ▸ o ▸ adv, v ▸ adv ▸ o]

A 1 ‹*hotel*› levantar; ‹*tent*› armar 2 ‹*decorations/curtains/notice*› poner* 3 ‹*umbrella*› abrir* 4 ‹*hand*› levantar

B ‹*price/fare*› aumentar

C ‹*candidate*› proponer*, postular (AmL)

D (in accommodation) alojar; **they ~ us up for the night** nos quedamos a dormir en su casa, dormimos en su casa

(Sense II) [v ▸ adv ▸ o] 1 (present): **the team ~ up a brave performance** el equipo jugó con arrojo *or* (fam) con garra; **to ~ up resistance/a struggle/a fight** ofrecer* *or* oponer* resistencia 2 ‹*money/capital*› poner*, aportar

(Sense III) [v ▸ adv]

A (stay) (AmE colloq) quedarse, alojarse

B (pay stake) (AmE colloq) pagar* (*el dinero apostado*); ***to ~ up or shut up*** actuar* o callarse *or* quedarse callado

(Sense IV) [v ▸ o ▸ adv] (offer): **to ~ sth up for sale** poner* algo en venta

• **put up to** [v ▸ o ▸ adv ▸ prep ▸ o]: **somebody must have ~ them up to it** alguien debe haberlos empujado a ello

• **put up with** [v ▸ adv ▸ prep ▸ o] aguantar, soportar

put: **~-down** *n* (colloq) desprecio *m*, desaire *m*; **~-on** *adj* (*pred* **put on**) (colloq) ‹*accent/interest*› fingido; **his headache is all ~ on** lo del dolor de cabeza es puro cuento (fam); **~ out** *adj* (*pred*) **to be ~ out** estar* molesto

putrefaction /ˈpju:trəˈfækʃən/ *n* [u] putrefacción *f*

putrefy /ˈpju:trəfaɪ/ *vi* **-fies, -fying, -fied** pudrirse*

putrid /ˈpju:trəd || ˈpju:trɪd/ *adj* putrefacto, pútrido

putsch /pʊtʃ/ *n* golpe *m* de estado, putsch *m*

putt[1] /pʌt/ *vi* golpear la bola, potear (AmL)

■ **putt** *vt* golpear

putt[2] *n* putt *m*

putter[1] /ˈpʌtər || ˈpʌtə(r)/ *n* (club) putter *m*

putter[2] *vi* (AmE) (+ *adv compl*): **she loves ~ing around** *o* **about in the garden** le encanta entretenerse trabajando en el jardín

putting green /ˈpʌtɪŋ/ *n* putting green *m*

putty /ˈpʌti/ *n* [u] masilla *f*; ***to be (like) ~ in sb's hands***: **he's like ~ in her hands** hace con él lo que quiere

put: **~-up** *adj* (colloq) (*before n*) amañado (fam), arreglado, tamaleado (Méx fam); **a ~-up job** un montaje; **~-upon** *adj* utilizado; **I'm feeling very ~-upon** siento que están abusando de mí; **the ~-upon husband** el marido sufrido; **~-you-up** *n* (BrE colloq) cama *f* plegable

puzzle[1] /ˈpʌzəl/ *n* 1 (game) rompecabezas *m*; (toy) rompecabezas *m*, puzzle *m*; (riddle) adivinanza *f*; **crossword ~** crucigrama *m*, palabras *fpl* cruzadas; **jigsaw ~** rompecabezas *m*; puzzle *m* 2 (mystery) misterio *m*

puzzle[2] *vt*: **one thing ~s me** hay algo que no entiendo *or* que me tiene intrigado; **her reply ~d me** su respuesta me extrañó *or* me desconcertó

■ **puzzle** *vi* **to ~ OVER sth** cavilar SOBRE algo, darle* vueltas A algo

(Phrasal verb)

• **puzzle out** [v ▸ o ▸ adv, v ▸ adv ▸ o] (BrE): **I can't ~ it out** no me lo explico, no logro entenderlo

puzzled /ˈpʌzəld/ *adj* ‹*expression/tone*› de desconcierto, de perplejidad; **I'm ~ about it** me tiene perplejo; **you look ~** tienes cara de no entender *or* de estar confundido

puzzlement /ˈpʌzəlmənt/ *n* [u] perplejidad *f*

puzzling /ˈpʌzlɪŋ/ *adj* desconcertante

PVC *n* [u] PVC *m*; ‹*raincoat/sheeting*› de plástico *or* PVC

pygmy /ˈpɪgmi/ *n* (*pl* **-mies**) 1 (Anthrop) *also* **Pygmy** pigmeo, -mea *m,f* 2 (Zool) (*before n*) enano

pyjamas /pəˈdʒɑ:məz/ *n* (BrE) ▸**pajamas**

pylon /ˈpaɪlɑ:n/ *n* torre *f* de alta tensión

pyramid /ˈpɪrəmɪd/ *n* pirámide *f*

pyre /paɪr || ˈpaɪə(r)/ *n* pira *f*

Pyrenees /ˈpɪrəˈni:z/ *pl n* **the ~** los Pirineos, el Pirineo

Pyrex ® /ˈpaɪreks/ *n* [u] pyrex® *m*, arcopal® *m*

pyromaniac /ˈpaɪrəʊˈmeɪniæk/ *n* pirómano, -na *m,f*

pyrotechnics /ˈpaɪrəˈteknɪks/ *n* 1 (science) (+ *sing vb*) pirotecnia *f* 2 (fireworks) (+ *pl vb*) fuegos *mpl* artificiales

Pyrrhic /ˈpɪrɪk/ *adj*: **~ victory** victoria pírrica

python /ˈpaɪθɑ:n || ˈpaɪθən/ *n* (serpiente *f*) pitón *f*

pzazz /pəˈzæz/ *n* [u] ▸**pizazz**

P

Qq

Q, **q** /kjuː/ *n* Q, q *f*

Qatar /ˈkʌtər || kæˈtɑː(r)/ *n* Qatar

QC *n* (in UK) = **Queen's Counsel**

QED (= **quod erat demonstrandum**) Q.E.D. (frml), que es lo que había que demostrar

qty = **quantity**

quack[1] /kwæk/ *vi* «*duck*» graznar, hacer* cua cua

quack[2] *n* (pej)

A (charlatan) charlatán, -tana *m,f*; (professing medical skill) (~ *doctor*) curandero, -ra *m,f*; (*before n*) ‹*cure*› de curandero

B (of duck) graznido *m*

quad /kwɑːd || kwɒd/ *n* (colloq)

A (quadruplet) cuatrillizo, -za *m,f*

B (of college) ▸**quadrangle A**

quadrangle /ˈkwɑːdræŋgəl || ˈkwɒdræŋgəl/ *n*

A (BrE Archit) patio *m* interior

B (Math) ▸**quadrilateral**

quadrant /ˈkwɑːdrənt || ˈkwɒdrənt/ *n* cuadrante *m*

quadratic /kwɑːˈdrætɪk || kwɒˈdrætɪk/ *adj* cuadrático

quadrilateral /ˈkwɑːdrəˈlætərəl || ˌkwɒdrɪˈlætərəl/ *n* cuadrilátero *m*

quadruped /ˈkwɑːdrəped || ˈkwɒdrʊped/ *n* cuadrúpedo *m*

quadruple[1] /kwɑːˈdruːpḷ || ˈkwɒdrʊpḷ/ *adj* cuádruple, cuádruplo

quadruple[2] /kwɑːˈdruːpḷ || kwɒˈdruːpl/ *vi* cuadruplicarse*

■ **quadruple** *vt* cuadruplicar*

quadruplet /kwɑːˈdruːplət || ˈkwɒdrʊplət/ *n* cuatrillizo, -za *m,f*

quaff /kwɑːf || kwɒf/ *vt* (hum) beberse, zamparse (fam)

quagmire /ˈkwægmaɪr, ˈkwɑːg- || ˈkwɒgmaɪə(r), ˈkwæg-/ *n* 1▸ (bog) lodazal *m*, barrial *m* (AmL) 2▸ (situation) atolladero *m*

quail[1] /kweɪl/ *vi* temblar*; **she ~ed at the idea** la idea le daba pavor *or* la aterrorizaba

quail[2] *n* [c u] (*pl* **quails** *or* **quail**) codorniz *f*

quaint /kweɪnt/ *adj* **-er, -est** 1▸ (charming, picturesque) pintoresco 2▸ (odd) ‹*notion*› extraño, curioso

quaintly /ˈkweɪntli/ *adv* (oddly) de forma extraña *or* rara

quake[1] /kweɪk/ *vi* temblar*; **he ~d at the knees** le temblaron las piernas

quake[2] *n* (colloq) (earthquake) temblor *m*; (more violent) terremoto *m*

Quaker /ˈkweɪkər || ˈkweɪkə(r)/ *n* cuáquero, -ra *m,f*

qualification /ˈkwɑːləfəˈkeɪʃən || ˌkwɒlɪfɪˈkeɪʃən/ *n*

A [c] 1▸ (Educ): **she has a teaching ~** tiene título de maestra/profesora; **his ~s are very good** está muy bien calificado *or* (Esp) cualificado 2▸ (skill, necessary attribute) requisito *m*

B [u] 1▸ (eligibility) derecho *m* 2▸ (being accepted) clasificación *f*

C [u c] (reservation) reserva *f*; **to agree without ~** aceptar sin reservas *or* condiciones

qualified /ˈkwɑːləfaɪd || ˈkwɒlɪfaɪd/ *adj*

A 1▸ (trained) titulado; **a shortage of ~ personnel** una escasez de personal calificado *or* (Esp) cualificado; **a highly ~ candidate** un candidato muy preparado *or* con un excelente currículum; **to be ~ to + INF** tener* la titulación necesaria PARA + INF 2▸ (competent) (*pred*) capacitado; **to be ~ to + INF** estar* capacitado PARA + INF 3▸ (eligible) (*pred*) **to be ~ to + INF** reunir* los requisitos necesarios PARA + INF

B (limited) ‹*acceptance*› con reservas; **it was a ~ success** tuvo cierto éxito

qualifier /ˈkwɑːləfaɪər || ˈkwɒlɪfaɪə(r)/ *n*

A (Sport) 1▸ (competitor, team) clasificado, -da *m,f* 2▸ (preliminary round) eliminatoria *f*

B (Ling) calificador *m*

qualify /ˈkwɑːləfaɪ || ˈkwɒlɪfaɪ/ **-fies, -fying, -fied** *vt*

A (equip, entitle) **to ~ sb FOR sth/to + INF**: **his experience should ~ him for a better post** su experiencia debería permitirle acceder a un puesto mejor; **this degree qualifies you to practice anywhere in Europe** este título te habilita *or* te faculta para ejercer en cualquier parte de Europa; **their low income qualifies them for some benefits** sus bajos ingresos les dan derecho a recibir ciertas prestaciones

B 1▸ (limit): **I'd like to ~ the statement I made earlier** quisiera matizar lo que expresé anteriormente haciendo algunas salvedades (*or* puntualizaciones *etc*) 2▸ (Ling) calificar*

■ **qualify** *vi* 1▸ (gain professional qualification) titularse, recibirse (AmL); **to ~ AS sth** sacar* el título DE algo, recibirse DE algo (AmL) 2▸ (Sport) **to ~ (FOR sth)** clasificarse* (PARA algo) 3▸ (be entitled) **to ~ (FOR sth)** tener* derecho (A algo)

qualifying /ˈkwɑːləfaɪɪŋ || ˈkwɒlɪfaɪɪŋ/ *adj* (*before n*) ‹*round*› eliminatorio

qualitative /ˈkwɑːləteɪtɪv || ˈkwɒlɪtətɪv/ *adj* cualitativo

qualitatively /ˈkwɑːləteɪtɪvli || ˈkwɒlɪtətɪvli/ *adv* cualitativamente

quality[1] /ˈkwɑːləti || ˈkwɒləti/ *n* (*pl* **-ties**)

A [u c] (degree of excellence) calidad *f*; **of poor/excellent ~** de calidad inferior/de primera calidad; **good/poor ~ products** productos de buena calidad/de calidad inferior

B [c] (characteristic) cualidad *f*

quality[2] *adj* (*before n*) ‹*product*› de calidad; ‹*newspaper*› serio

quality control *n* control *m* de calidad

qualm /kwɑːm/ *n* (*often pl*) 1▸ (scruple) reparo *m*, escrúpulo *m*; **to have no ~s about sth** no tener* ningún reparo *or* escrúpulo en algo 2▸ (misgiving) duda *f*

quandary /ˈkwɑːndri || ˈkwɒndri/ *n* (*pl* **-ries**) (*usu sing*) dilema *m*; **to be in a ~** estar* en un dilema

quango /ˈkwæŋgəʊ/ *n* (*pl* **-gos**) (BrE) (= **quasi-autonomous non-governmental organization**) organismo *m or* ente *m* semi-autónomo

quanta /ˈkwɑːntə || ˈkwɒntə/ *pl of* **quantum**

quantifiable /ˈkwɑːntəfaɪəbəl || ˈkwɒntɪfaɪəbəl/ *adj* cuantificable

quantifier /ˈkwɑːntəfaɪər || ˈkwɒntɪfaɪə(r)/ *n* (Ling) cuantificador *m*

quantify /ˈkwɑːntəfaɪ || ˈkwɒntɪfaɪ/ *vt* **-fies, -fying, -fied** cuantificar*

quantitative /ˈkwɑːntəteɪtɪv || ˈkwɒntɪtətɪv/ *adj* cuantitativo

quantitatively /ˈkwɑːntəteɪtɪvli || ˈkwɒntɪtətɪvli/ *adv* cuantitativamente

q

quantity /'kwɑːntəti || 'kwɒntəti/ *n* (*pl* **-ties**)
A [c u] (amount) cantidad *f*; **in ~** en grandes cantidades
B [c] (Math) cantidad *f*; ***an unknown ~*** una incógnita

quantity surveyor *n*: *ingeniero o técnico que se ocupa de mediciones y cálculo de materiales*

quantum /'kwɑːntəm || 'kwɒntəm/ *n* (*pl* **-ta**) **1** (amount) (frml) cuantía *f* **2** (Nucl Phys) cuanto *m*, quántum *m*; (*before n*) ‹*theory/mechanics*› cuántico

quantum: **~ jump** *n* **1** (Phys) salto *m* cuántico **2** ▸**quantum leap**; **~ leap** *n* salto *m* cuántico, salto *m* gigante *or* espectacular

quarantine¹ /'kwɔːrəntiːn || 'kwɒrəntiːn/ *n* [u] cuarentena *f*

quarantine² *vt* poner* en cuarentena

quarrel¹ /'kwɔːrəl || 'kwɒrəl/ *n* **1** (argument) pelea *f*, riña *f*; **to have a ~ with sb** pelearse con algn **2** (disagreement) discrepancia *f*; **to have no ~ with sb/sth** no tener* nada en contra de algn/algo

quarrel² *vi*, (BrE) **-ll-** (argue) pelearse, discutir; **they were ~ing about whose turn it was** se estaban peleando *or* estaban discutiendo sobre a quién le tocaba; **he ~ed with his family over the inheritance** riñó *or* se peleó con su familia por cuestiones de herencia

quarrelsome /'kwɔːrəlsəm || 'kwɒrəlsəm/ *adj* peleador, peleón (Esp fam)

quarry¹ /'kwɔːri || 'kwɒri/ *n* (*pl* **-ries**)
A (excavation) cantera *f*
B (prey) presa *f*

quarry² *vt* **-ries, -rying, -ried** ‹*stone/slate*› extraer* (*de una cantera*); ‹*land/hillside*› abrir* una cantera en

quart /kwɔːrt || kwɔːt/ *n* cuarto *m* de galón (*EEUU: 0,94 litros, RU: 1,14 litros*) ***you can't get a ~ into a pint pot*** (BrE) no se puede meter a España en Portugal

quarter¹ /'kwɔːrtər || 'kwɔːtə(r)/ *n*
A [c] **1** (fourth part) cuarta parte *f*, cuarto *m*; **a ~ of a mile/century** un cuarto de milla/siglo; **an inch and a ~** una pulgada y cuarta; **four and a** *o* **one ~ gallons** cuatro galones y cuarto **2** (*as adv*): **it's a ~ full** queda un cuarto
B [c] **1** (US, Canadian coin) moneda *f* de 25 centavos **2** (of moon) cuarto *m*
C [c] **1** (in telling time) cuarto *m*; **a ~ of an hour** un cuarto de hora; **an hour and a ~** una hora y cuarto; **it's a ~ of** *o* (BrE) **to one** es la una menos cuarto *or* (AmL exc RPl) un cuarto para la una; **a ~ after** *o* (BrE) **past one** la una y cuarto; **at (a) ~ after** *o* (BrE) **past** a las y cuarto **2** (three months) trimestre *m*; **to pay by the ~** pagar trimestralmente *or* por trimestres
D [c] **1** (district of town) barrio *m* **2** (area) parte *f*; **as is believed in some ~s** como se cree en ciertos ámbitos *or* círculos; ***at close ~s*** de cerca
E **quarters** *pl* (accommodations): **the servants' ~s** las habitaciones de la servidumbre; **married ~s** (Mil) viviendas *fpl* para familias
F [u] (mercy) (liter): **he showed** *o* **gave them no ~** no tuvo clemencia para con ellos

quarter² *vt* (*often pass*) (divide) ‹*carcass/body*› descuartizar*; ‹*apple*› dividir en cuatro partes; **to be hung, drawn and ~ed** ser* ahorcado, destripado y descuartizado

quarter³ *adj* cuarto; **a ~ pound** un cuarto de libra

quarterback¹ /'kwɔːrtərbæk || 'kwɔːtəbæk/ *n* (in US football) mariscal *mf* de campo, corebac *mf* (Méx)

quarterback² *vt* (in US football): **he ~s the Giants** es el mariscal de campo *or* (Méx tb) el corebac de los Giants

quarter: **~final** /'kwɔːrtər'faɪnl̩ || ˌkwɔːtə'faɪnl̩/ *n* cuarto *m* de final; **~finalist** /'kwɔːrtər'faɪnl̩əst || ˌkwɔːtə'faɪnəlɪst/ *n* cuartofinalista *mf*; **~-hour** /ˌkwɔːrtər'aʊr || ˌkwɔːtə(r)'aʊə(r)/ *n* **1** (fifteen minutes) cuarto *m* de hora; **it lasted scarcely a ~-hour** duró apenas un cuarto de hora **2** **on the ~-hour**: **trains leave on the ~-hour** (before the hour) los trenes salen quince minutos antes de cada hora *or* (fam) salen a menos cuarto; (after the hour) los trenes salen quince minutos pasada cada hora *or* (fam) salen a y cuarto

quarterly¹ /'kwɔːrtərli || 'kwɔːtəli/ *adj* trimestral

quarterly² *adv* trimestralmente, cada tres meses

quarterly³ *n* (*pl* **-lies**) publicación *f* trimestral

quarter note *n* (AmE) negra *f*

quartet /kwɔːr'tet || kwɔː'tet/ *n* cuarteto *m*

quartz /kwɔːrts || kwɔːts/ *n* [u] cuarzo *m*; (*before n*) de cuarzo

quash /'kwɑːʃ || kwɒʃ/ *vt* **1** (Law) ‹*verdict/sentence*› anular **2** (suppress) ‹*revolt*› sofocar*, aplastar; ‹*protest*› acallar

quasi- /'kweɪzaɪ, 'kwɑːzi/ *pref* cuasi

quaver¹ /'kweɪvər || 'kweɪvə(r)/ *n* **1** (in voice) temblor *m* **2** (BrE Mus) corchea *f*

quaver² *vi* **1** ‹‹*voice*›› (in singing) vibrar; (in speech) temblar* **2** **quavering** *pres p* ‹*voice/tone*› trémulo, tembloroso

quavery /'kweɪvəri/ *adj* trémulo, tembloroso

quay /kiː/ *n* muelle *m*

quayside /'kiːsaɪd/ *n* muelle *m*

Que = **Quebec**

queasiness /'kwiːzinəs || 'kwiːzɪnɪs/ *n* [u] (sensación *f* de) mareo *m*, náuseas *fpl*

queasy /'kwiːzi/ *adj* **-sier, -siest** **1** (sick) mareado; **the motion made him (feel) ~** se mareó con el movimiento; **my stomach's a bit ~** tengo el estómago revuelto **2** (uneasy) intranquilo

queen /kwiːn/ *n*
A **1** (monarch) reina *f*; **Q~ Elizabeth** la reina Isabel **2** (Zool) reina *f*
B (in chess, cards) reina *f*

queen bee *n* (Zool) abeja *f* reina

queenly /'kwiːnli/ *adj* **-lier, -liest** **1** (regal) ‹*bearing*› regio, majestuoso **2** (of a queen) ‹*duties*› real, de reina

queen: **~ mother** *n* reina *f* madre; **~'s Counsel** *n* (in UK) *título conferido a ciertos abogados de prestigio*

queer¹ /kwɪr || kwɪə(r)/ *adj*
A (odd) raro, extraño
B (male homosexual) (colloq & sometimes pej) maricón (fam & pey), gay
C (unwell) (BrE colloq) (*usu pred*) mal, indispuesto

queer² *n* (colloq & sometimes pej) maricón *m* (fam & pey), gay *m*

queerly /'kwɪrli || 'kwɪəli/ *adv* de un modo extraño *or* raro

quell /kwel/ *vt* ‹*revolt*› sofocar*, aplastar; ‹*criticism*› acallar, acabar con; ‹*fears*› disipar, acabar con

quench /kwentʃ/ *vt* **1** ‹*thirst*› quitar, saciar (liter) **2** ‹*flames*› sofocar*, apagar*

querulous /'kwerələs || 'kwerʊləs/ *adj* ‹*voice*› quejumbroso; ‹*person*› quejumbroso, quejoso

query¹ /'kwɪri || 'kwɪəri/ *n* (*pl* **-ries**) (doubt) duda *f*; (question) pregunta *f*

query² *vt* **-ries, -rying, -ried** (dispute) ‹*statement/right*› cuestionar; **I'd like to ~ this bill** me parece que hay un error en esta cuenta; **she's bound to ~ these figures** seguro que pide explicaciones sobre estas cifras

quest /kwest/ *n* búsqueda *f*; **~ FOR sth** búsqueda DE algo; **to go in ~ of sth** ir* en busca *or* (liter) en pos de algo

question¹ /'kwestʃən/ *n* **1** [c] (inquiry) pregunta *f*; **to ask** *o* **put a ~** hacer* *or* (frml) formular una pregunta; ***to pop the ~*** (colloq): **he finally popped the ~** finalmente le pidió que se casara con él **2** [c] (in quiz, exam) pregunta *f*; ***the 64,000 dollar ~*** la pregunta del millón **3** [c] (issue, problem) cuestión *f*, asunto *m*, problema *m*; **the person in ~** la persona en cuestión; **if it's a ~ of money ...** si es cuestión *or* se trata de dinero ...; **that is not the ~** no se trata de eso; ***to beg the ~*** (pose the question) plantear la pregunta; (evade the issue) eludir el problema; (make unjustified assumption): **this begs the ~ whether we really want to live in this kind of society** esto da por sentado *or* tiene como premisa que éste es el tipo de sociedad en la que queremos vivir **4** [u] (doubt) duda *f*; **beyond ~** fuera de duda; **to call sth into ~** poner* algo en duda; **there's no ~ about it** no cabe duda **5** [u] (possibility) posibilidad *f*; **there was no ~ of escaping** no había ninguna posibilidad de escapar; **it is completely out of the ~** es totalmente imposible

question² *vt* **1** ‹*person*› hacerle* preguntas a; ‹*suspect/student*› interrogar* **2** (doubt) ‹*integrity/motives*› poner* en duda

questionable /'kwestʃənəbəl/ *adj* **1** (debatable) ‹*value/assertion*› cuestionable, discutible; **a remark in ~ taste**

q

un comentario de dudoso buen gusto; **it is ~ whether this is an original** es discutible que esto sea un original **2** (of dubious morality) ‹*behavior*› cuestionable

questioner /'kwestʃənər || 'kwestʃənə(r)/ *n* (interrogator) interrogador, -dora *m,f*; (in Parliament, at meeting) interpelante *mf*

questioning¹ /'kwestʃənɪŋ/ *adj* ‹*expression/voice*› inquisidor, inquisitivo; ‹*mind*› inquisitivo

questioning² *n* **1** [u] (interrogation) interrogatorio *m* **2** [u c] (doubt, challenge) cuestionamiento *m*

questioningly /'kwestʃənɪŋli/ *adv* de manera inquisidora *or* inquisitiva

question mark *n* signo *m* de interrogación

questionnaire /'kwestʃə'ner || ˌkwestʃə'neə(r)/ *n* cuestionario *m*

queue¹ /kjuː/ *n* (BrE) cola *f*; **to form a ~** hacer* cola; **join the ~** póngase en la cola; **to jump the ~** colarse* (fam), brincarse* *or* saltarse la cola (Méx fam)

queue² *vi* **queues, queueing, queued ~ (up)** (BrE) hacer* cola

queue: **~-jump** /'kjuːdʒʌmp/ *vi* (BrE) colarse, saltarse *or* (Méx) brincarse* a cola

■ **queue** *vt* ‹*waiting list/housing list*› saltarse; **~ jumping** *n* [u] (BrE): **he accused me of ~ jumping** me acusó de haberme colado *or* (Méx) de haberme brincado *or* saltado la cola

quibble¹ /'kwɪbəl/ *n* objeción *f* (*de poca monta*)

quibble² *vi* hacer* problemas por nimiedades; **to ~ OVER** *o* **ABOUT sth**: **who's going to ~ over** *o* **about a dollar?** ¿quién va a protestar *or* se va a quejar por un dólar?; **to ~ WITH sth**: **he ~s with everything I say** le pone peros a todo lo que digo

quiche /kiːʃ/ *n* [c u] quiche *m or f*

quick¹ /kwɪk/ *adj* **quicker, quickest** **1** (speedy) ‹*action/movement*› rápido; **it's a lot ~er by car** se va mucho más rápido en coche; **he made a ~ recovery** se repuso rápidamente; **I'll be as ~ as I can** volveré (*or* lo haré *etc*) lo más rápido que pueda; **that was ~!** ¡qué rapidez!; **OK, but make it ~** bueno, pero rápido *or* date prisa *or* (AmL tb) apúrate; **they arrived in ~ succession** llegaron muy seguidos *or* uno detrás del otro; **to be ~ on one's feet** tener* buenos reflejos **2** (brief) (*before n, no comp*) ‹*calculation/question*› rápido; ‹*nod*› breve; **to have a ~ look at sth** echarle un vistazo a algo; **he'd like a ~ word with you** quiere hablar contigo un momento **3** (easily roused): **she has a ~ temper** tiene mucho genio **4** (prompt): **he's ~ to take offense** se ofende por lo más mínimo *or* por cualquier nimiedad; **they were ~ to spot the problem** identificaron el problema rápidamente **5** (clever): **he has a ~ wit** es muy agudo; **she has a very ~ mind** es muy lista *or* rápida

quick² *adv* **quicker, quickest** rápido, rápidamente; **come ~** ven corriendo *or* rápido; **~, hide in here** rápido *or* corre, escóndete aquí; **as ~ as you can** lo más rápido *or* deprisa que puedas

quick³ *n* (flesh) (+ *sing vb*) **the ~**: **her nails were bitten to the ~** tenía las uñas en carne viva de mordérselas; ***to cut sb to the ~*** herir* a algn en lo más vivo

quick: **~-acting** /'kwɪk'æktɪŋ/ *adj* de efecto rápido; **~-drying** /'kwɪk'draɪɪŋ/ *adj* de secado rápido

quicken /'kwɪkən/ *vt* ‹*rate/pulse*› acelerar; **he ~ed his pace** apretó *or* aceleró el paso

■ **quicken** *vi* «*rate/pulse*» acelerarse

quick-fire /'kwɪk'faɪr || 'kwɪkfaɪə(r)/ *adj* (*before n*): **his ~ wit** su vivo ingenio; **a series of ~ questions and answers** una ráfaga de preguntas y respuestas

quickie /'kwɪki/ *n* (colloq) uno rápido, una rápida; **let's have a ~** (drink) tomémonos una copita; (sex) echémonos un polvito (arg)

quicklime /'kwɪklaɪm/ *n* [u] cal *f* viva

quickly /'kwɪkli/ *adv* **1** (speedily) ‹*move/recover*› rápidamente, rápido **2** (promptly) ‹*understand/reply*› pronto, enseguida; **I'll do it as ~ as I can** lo haré lo más pronto que pueda, lo haré cuanto antes

quickness /'kwɪknəs || 'kwɪknɪs/ *n* [u] (of movement) rapidez *f*, velocidad *f*; (of mind, reply) rapidez *f*

quick: **~sand** *n* (*often pl*) arenas *fpl* movedizas; **~-setting** /'kwɪk'setɪŋ/ *adj* ‹*cement/glue*› rápido; **~silver** *n* [u] azogue *m*; **~-tempered** /'kwɪk'tempərd || ˌkwɪk'tempəd/ *adj* ‹*person*› de genio vivo, de mucho genio, irascible; ‹*reaction*› malhumorado; **~-witted** /'kwɪk'wɪtəd || ˌkwɪk'wɪtɪd/ *adj* agudo, ingenioso

quid /kwɪd/ *n* (*pl* **~**) (pound) (BrE colloq) libra *f*

quid pro quo /'kwɪdprəʊ'kwəʊ/ *n* (*pl* **~ ~ ~s**) retribución *f*

quiet¹ /'kwaɪət/ *adj*

A **1** (silent) ‹*street*› silencioso; **isn't it ~ in here!** ¡qué silencio hay aquí!; **be ~!** (to one person) ¡cállate!; (to more than one person) ¡cállense! *or* (Esp tb) ¡callaros *or* callaos!, ¡silencio!; **I couldn't keep the children ~** no logré que los niños mantuvieran silencio; **he gave them money to keep them ~** les pagó para que no hablasen *or* para que se callaran; **I kept ~ about the bill** no dije nada de lo de la factura **2** (not loud) ‹*engine*› silencioso; **he has a very ~ voice** habla muy bajo, tiene una voz muy suave; **keep it ~!** ¡no hagan *or* (Esp tb) hagáis ruido! **3** (not boisterous) ‹*manner*› tranquilo, sosegado; **you're very ~ today** hoy estás muy callada; **he's a ~ boy** es un chico muy callado

B **1** (peaceful) tranquilo; **let's just go for a ~ drink** vamos a tomarnos tranquilamente una copa; **I finally bought it for him: anything for a ~ life** al final se lo compré: ¡con tal de que me dejara en paz ...!; **they had a ~ wedding** la boda se celebró en la intimidad; **to lead a ~ life** llevar una vida tranquila **2** (not busy) ‹*day*› tranquilo **3** (private) en privado; **I'd like a ~ word with you** me gustaría hablar contigo en privado

quiet² *n* [u] **1** (silence) silencio *m*; ***on the ~*** a escondidas, con disimulo **2** (peace, tranquillity) tranquilidad *f*, calma *f*, sosiego *m*

quiet³ (AmE) *vt* **1** (silence) ‹*uproar/protests*› acallar; ‹*class*› hacer* callar **2** (calm) ‹*horse/person*› tranquilizar*; ‹*fear/suspicion*› disipar

■ **quiet** *vi* (become calmer) «*person/animal*» tranquilizarse*; «*wind/storm*» amainar, calmarse

Phrasal verb

• **quiet down** (AmE) ▸**quieten down**

quieten /'kwaɪətn̩/ *vt* (esp BrE) ▸**quiet³**

Phrasal verb

• **quieten down**

A [v ▸ o ▸ adv, v ▸ adv ▸ o] ‹*person*› calmar; ‹*rumors/clamor*› acallar; **he asked them to ~ down the noise** les pidió que dejaran de hacer *or* de armar ruido

B [v ▸ adv] «*person*» calmarse; «*rumors*» acallarse; **she eventually matured and ~ed down** con el tiempo maduró y sentó cabeza

quietly /'kwaɪətli/ *adv*

A (silently, not loudly) ‹*move*› silenciosamente, sin hacer ruido; ‹*say/speak*› en voz baja

B **1** (peacefully) ‹*sleep/rest*› tranquilamente **2** (unobtrusively) ‹*dress/mention/slip away*› discretamente

quietness /'kwaɪətnəs || 'kwaɪətnɪs/ *n* [u] **1** (of voice, music) suavidad *f*; (of place, engine) lo silencioso **2** (peacefulness) tranquilidad *f*, sosiego *m*

quiff /kwɪf/ *n* (BrE) copete *m*, tupé *m* (Esp), jopo *m* (CS)

quill /kwɪl/ *n* **~ (pen)** pluma *f* (de oca *or* ganso)

quilt /kwɪlt/ *n* edredón *m*, acolchado *m* (RPl), cobija *f* (Méx); **continental ~** edredón *m* (nórdico)

quilted /'kwɪltəd || 'kwɪltɪd/ *adj* acolchado, guateado (Esp)

quin /kwɪn/ *n* (BrE colloq) ▸**quintuplet**

quince /kwɪns/ *n* membrillo *m*; (*before n*) **~ jelly** (dulce *m* de) membrillo *m*

quinine /'kwaɪnaɪn || kwɪ'niːn/ *n* [u] quinina *f*

quint /kwɪnt/ *n* (AmE colloq) ▸**quintuplet**

quintessence /kwɪn'tesns/ *n* **the ~ OF sth** la quintaesencia DE algo

quintessential /'kwɪntə'sentʃəl || ˌkwɪntɪ'senʃəl/ *adj* (*usu before n*) por excelencia *or* antonomasia

quintessentially /'kwɪntə'sentʃəli || ˌkwɪntɪ'senʃəli/ *adv* intrínsecamente, esencialmente

quintet /kwɪn'tet/ *n* quinteto *m*

quintuplet /kwɪn'tuːplət || 'kwɪntjʊplət/ *n* quintillizo, -za *m,f*, quíntuple *mf* (Chi, Ven)

quip¹ /kwɪp/ *n* ocurrencia *f*, salida *f*

quip² *vt* **-pp-** decir* bromeando *or* haciendo un chiste

q

quirk /kwɜːrk || kwɜːk/ *n* 1▸ (of circumstance) singularidad *f*; **by a ~ of fate** por uno de esos caprichos del destino 2▸ (of person) rareza *f*, peculiaridad *f*

quirky /ˈkwɜːrki || ˈkwɜːki/ *adj* **-kier, -kiest** extravagante, estrafalario

quit¹ /kwɪt/ (*pres p* **quitting** ; *past & past p* **quit** *or* **quitted**) *vt* 1▸ (give up) (esp AmE) ‹*job/habit*› dejar; ‹*contest*› abandonar; **~ it!** ¡para ya!, ¡basta ya!, ¡termínala! (RPl fam), córtala (Chi fam); **to ~ -ING** dejar DE + INF; **~ talking and listen!** ¡deja de hablar y escucha! 2▸ (leave) ‹*premises/town*› dejar, irse* *or* (esp Esp) marcharse de
■ **quit** *vi* 1▸ (stop) (esp AmE) parar; **~ while you're ahead** (set phrase) retírate ahora que vas ganando; **I ~!** ¡me voy!; (from job) ¡yo renuncio! 2▸ (give in) abandonar 3▸ (leave): **notice to ~** notificación *f* de desahucio *or* desalojo

quit² *adj* (AmE) **to be ~ OF sb/sth** haberse* librado DE algn/algo

quite /kwaɪt/ *adv*
A 1▸ (completely, absolutely) completamente, totalmente; **I can ~ believe it** no me cabe la menor duda; **I still can't ~ believe it** todavía no me lo creo del todo *or* no acabo de creérmelo; **I ~ agree with you** estoy totalmente *or* completamente de acuerdo contigo; **I ~ appreciate your difficulty** comprendo perfectamente tu problema; **this will only make matters worse — quite!** esto sólo va a empeorar las cosas — ¡exactamente!; **that's ~ enough!** ¡basta ya!; **is this what you wanted? — not ~** ¿es esto lo que buscaba? — no exactamente; **they're not ~ perfect** no son cien por ciento perfectos; **there isn't ~ enough** falta un poquito; **she's not ~ ten** todavía no ha cumplido los diez; **there's nothing ~ like champagne** realmente no hay como el champán; **~ the opposite** todo lo contrario 2▸ (*as intensifier*): **it makes ~ a difference** hace bastante diferencia; **you'll have ~ a job persuading her** te va a costar lo tuyo *or* te va a dar mucho trabajo convencerla; **~ a few of them** muchos de ellos; **that was ~ a game!** ¡fue un partidazo! (fam), ¡fue flor de partido! (CS fam); **the journey was ~ an experience** el viaje fue toda una experiencia
B (fairly) (BrE) bastante; **it's ~ warm today** hoy hace bastante calor; **there were ~ a few** había bastantes, había unos cuantos; **~ a lot of money** bastante dinero; **we see them ~ often** los vemos bastante a menudo; **it's ~ likely** es muy probable

quits /kwɪts/ *adj* **to be/get ~ (WITH sb)** estar*/quedar en paz *or* (AmL) a mano (CON algn); ***to call it ~***: **let's call it ~** (at cards) démoslo por empatado; **take the money and call it ~** toma el dinero y dejémoslo de una vez

quitter /ˈkwɪtər || ˈkwɪtə(r)/ *n* (colloq) rajado, -da *m,f* (fam), persona *f* poco perseverante

quiver¹ /ˈkwɪvər || ˈkwɪvə(r)/ *vi* «*person/lips*» temblar*; «*leaves*» agitarse

quiver² *n*
A (for arrows) carcaj *m*, aljaba *f*
B (movement) temblor *m*, estremecimiento *m*

quixotic /kwɪkˈsɑːtɪk || kwɪkˈsɒtɪk/ *adj* quijotesco

quiz¹ /kwɪz/ *n* (*pl* **~es**) 1▸ (competition) concurso *m*; (*before n*) **~ show** programa *m* concurso 2▸ (test) (AmE) prueba *f*

quiz² *vt* **-zz-** 1▸ (question) ‹*suspect*› interrogar*, someter a un interrogatorio; **everyone ~zed her about her new boyfriend** todo el mundo le hacía preguntas sobre su nuevo novio 2▸ (test) (AmE) ‹*students*› poner* *or* hacer* una prueba a

quizmaster /ˈkwɪzˌmæstər || ˈkwɪzˌmɑːstə(r)/ *n* presentador *m* (*de un programa concurso*)

quizzical /ˈkwɪzɪkəl/ *adj* socarrón, burlón

quizzically /ˈkwɪzɪkli/ *adv* socarronamente, burlonamente

quoits /kwɔɪts, kɔɪts || kɔɪts/ *n* (+ *sing vb*): **to play ~** jugar* a los aros *or* al herrón

Quonset® (hut) /ˈkwɑːnsət || ˈkwɒnsɪt/ *n* (AmE) cobertizo *m* prefabricado

quorum /ˈkwɔːrəm/ *n* [u] quórum *m*

quota /ˈkwəʊtə/ *n* (*pl* **~s**) (EC, Econ) cuota *f*, cupo *m*; **I've done my ~** yo ya he hecho mi parte; (*before n*) **~ system** sistema *m* de cuotas

quotation /kwəʊˈteɪʃən/ *n*
A (passage) cita *f*; **a dictionary of ~s** un diccionario de citas famosas
B (estimate) presupuesto *m*

quotation marks *pl n* comillas *fpl*

quote¹ /kwəʊt/ *vt*
A 1▸ ‹*writer/passage*› citar; ‹*reference number*› indicar*; **you've been ~d as saying that ...** se ha afirmado que usted ha dicho que ...; **but don't ~ me on that** pero no estoy absolutamente seguro, pero no lo repitas 2▸ ‹*example*› dar*; ‹*instance*› citar
B 1▸ (Busn) ‹*price*› dar*, ofrecer* 2▸ (Fin) cotizar*
■ **quote** *vi* (repeat, recite): **he was quoting from the Bible** citaba de la Biblia; **she can ~ from a wide range of writers** se sabe (de memoria) citas de un gran número de escritores de todo tipo; **she said, and I ~ ...** dijo, y lo repito textualmente ..., sus palabras textuales fueron ...

quote² *n* (colloq)
A (passage) cita *f*
B (estimate) presupuesto *m*; **to give sb a ~** darle* *or* hacerle* un presupuesto a algn
C **quotes** *pl* (quotation marks) comillas *fpl*; **in** *o* **between ~s** entre comillas

quote³ *interj*: **he said, ~, 'I have a gun', unquote** dijo textualmente *or* sus palabras textuales fueron: 'tengo una pistola'

quote unquote *adj* (AmE colloq) (*before n*) mal llamado

quotient /ˈkwəʊʃənt/ *n* (Math) cociente *m*

qv (= **quod vide**) véase

Rr

R, **r** /ɑːr || ɑː(r)/ *n* R, r *f*; **the three Rs** *lectura, escritura y aritmética*

R (in US) (Cin) (= **restricted**) menores acompañados

RA (AmE) = **Regular Army**

rabbi /ˈræbaɪ/ *n* (*pl* **-bis**) rabino, -na *m,f*; (as title) rabí *mf*

rabbit[1] /ˈræbət || ˈræbɪt/ *n* **1** [c] (Zool) conejo, -ja *m,f*; (*before n*) ~ **hutch** conejera *f*; ~ **warren** madriguera *f* de conejos **2** [u] (meat) conejo *m*

rabbit[2] *vi* (BrE colloq) darle* a la sinhueso (fam); **what's he ~ing on about?** ¿qué dice, que no para de hablar?

rabble /ˈræbəl/ *n* [u] **1** (mob) muchedumbre *f* **2** (common people) (pej) **the** ~ la chusma (pey), la plebe (pey)

rabble: **~-rouser** /ˈræbəl,raʊzər || ˈræbəl,raʊzə(r)/ *n* (person) agitador, -dora *m,f*; **~-rousing** *adj* (*before n*) ‹*politician*› agitador; **a ~-rousing speech** una arenga, una soflama

rabid /ˈræbəd || ˈræbɪd/ *adj* **1** ‹*dog/fox*› rabioso **2** ‹*prejudice*› virulento, feroz; ‹*socialist*› furibundo, rabioso

rabidly /ˈræbədli || ˈræbɪdli/ *adv*: **he is ~ anti-European** es un anti-europeísta furibundo *or* rabioso

rabies /ˈreɪbiːz/ *n* [u] rabia *f*

RAC *n* (in UK) = **Royal Automobile Club**

raccoon /ræˈkuːn || rəˈkuːn/ *n* [c] mapache *m*

race[1] /reɪs/ *n*

A **1** [c] (contest) carrera *f*; **boat ~** regata *f*; **to run in a ~** tomar parte en una carrera; **a ~ against the clock** una carrera contra reloj; **the ~ is on for the Republican nomination** ha empezado la contienda para la nominación republicana **2** **races** *pl* (Equ) **the ~s** las carreras (de caballos)

B [c u] (Anthrop) raza *f*; **the human ~** el género humano; (*before n*) ~ **riot** disturbio *m* racial

race[2] *vi* **1** (rush) (+ *adv compl*): **she ~d down the hill on her bike** bajó la cuesta en bicicleta a toda velocidad; **I had to ~ to the store** tuve que ir corriendo a la tienda **2** (in competition) correr, competir* **3** ‹‹*pulse/heart*›› latir aceleradamente; ‹‹*engine*›› acelerarse; **my mind was racing** las ideas se me agolpaban en la cabeza

■ **race** *vt* **1** (compete against) echarle *or* (RPl) jugarle* una carrera a; **come on, I'll ~ you (to that tree)!** ¡vamos, te echo *or* (RPl) juego una carrera (hasta aquel árbol)! **2** (make go too fast) ‹*engine*› acelerar

race: **~course** *n* (stadium) hipódromo *m*; (track) pista *f* (de carreras); **~goer** *n* aficionado, -da *m,f* a las carreras; **~horse** *n* caballo *m* de carrera(s)

racer /ˈreɪsər || ˈreɪsə(r)/ *n* **1** (bicycle) bicicleta *f* de carrera(s) **2** (animal) corredor, -dora *m,f*, caballo *m* (*or* perro *m etc*) de carrera(s)

race: **~ relations** *pl n* relaciones *fpl* raciales; **~track** *n* **1** (for cars) circuito *m*; (for runners) pista *f* de atletismo, estadio *m*; (for cycles) velódromo *m* **2** (AmE) ▸**racecourse**; **~way** /ˈreɪswei/ *n* (AmE) **1** (channel — for water) canal *m*; (— for cables) tubería *f* de servicio; **2** (racecourse — for horses) pista *f* de carreras; (— for cars) autódromo *m*, circuito *m* de carreras *or* automovilístico

racial /ˈreɪʃəl/ *adj* ‹*discrimination/harmony*› racial; ~ **pride** orgullo *m* de raza

racialism /ˈreɪʃəlɪzəm/ *n* [u] (BrE) racismo *m*

racialist[1] /ˈreɪʃələst || ˈreɪʃəlɪst/ *n* (BrE) racista *mf*

racialist[2] *adj* (BrE) racista

racially /ˈreɪʃəli/ *adv* **1** ‹*mixed/prejudiced*› racialmente **2** (*indep*) desde un punto de vista racial

racing[1] /ˈreɪsɪŋ/ *n* [u] **1** (*horse* ~) carreras *fpl* de caballos; (*before n*) ‹*commentator/correspondent*› hípico **2** (sport, pastime) carreras *fpl*

racing[2] *adj* (*before n*) ‹*bicycle/car/dog*› de carrera(s); ‹*yacht*› de regata

racism /ˈreɪsɪzəm/ *n* [u] racismo *m*

racist[1] /ˈreɪsəst || ˈreɪsɪst/ *n* racista *mf*

racist[2] *adj* racista

rack[1] /ræk/ *n*

A **1** (shelf) estante *m*; (for documents) organizador *m*; (for baggage) rejilla *f*, portaequipajes *m*; (*bottle* ~) botellero *m*; (*clothes* ~) perchero *m*; (*drying* ~) tendedero *m*; *see also* **magazine A1** *etc* **2** **off the rack** (AmE) de confección

B (for torture) potro *m* (de tortura); ***to go to ~ and ruin*** venirse* abajo

rack[2] *vt* **1** (shake) (*often pass*) sacudir; **to be ~ed WITH sth**: **to be ~ed with pain** sufrir dolores atroces; **to be ~ed with doubt/guilt** estar* atormentado por la duda/el remordimiento **2** **racking** *pres p* ‹*cough*› convulsivo; ‹*sobs*› incontrolable

Phrasal verb

• **rack up** [v ▸ o ▸ adv, v ▸ adv ▸ o] acumular

racket /ˈrækət || ˈrækɪt/ *n*

A (Sport) raqueta *f*

B (noise) (colloq) jaleo *m* (fam), bulla *f*, barullo *m*

C (business) (colloq) tinglado *m* (fam), asunto *m*

racketeer /ˈrækəˈtɪr || ˌrækəˈtiə(r)/ *n* mafioso, -sa *m,f*

raconteur /ˈrækɑːnˈtɜːr || ˌrækɒnˈtɜː(r)/ *n* anecdotista *mf*

racquet /ˈrækət || ˈrækɪt/ *n* ▸**racket A**

racy /ˈreɪsi/ *adj* **racier, raciest** **1** (lively) animado, brioso **2** (risqué) ‹*story/joke*› subido de tono, picante

radar /ˈreɪdɑːr || ˈreɪdɑː(r)/ *n* [u] radar *m*; (*before n*) ‹*scanner/station*› de radar

radial[1] /ˈreɪdiəl/ *adj* ‹*pattern/form*› radial, radiado; ~ **engine** motor *m* en estrella

radial[2] *n* ~ **(tire)** neumático *m* radial

radiance /ˈreɪdiəns/ *n* [u] (of sun, light) resplandor *m*; (of person, smile) lo radiante

radiant /ˈreɪdiənt/ *adj* ‹*smile/eyes/look*› radiante; ‹*sun/blue*› resplandeciente, radiante

radiate /ˈreɪdieɪt/ *vt* ‹*heat/light*› irradiar, emitir; ‹*charm/enthusiasm*› irradiar, rebosar (de)

■ **radiate** *vi*: **heat ~s from the sun** el sol irradia calor

radiation /ˈreɪdiˈeɪʃən/ *n* [u] (Phys) radiación *f*; (*before n*) ~ **sickness** radiotoxemia *f*

radiator /ˈreɪdieɪtər || ˈreɪdieɪtə(r)/ *n* (for heating, in car engine) radiador *m*

radical[1] /ˈrædɪkəl/ *adj* radical; ‹*writer*› de ideas radicales, de tendencia radical

radical[2] *n* radical *mf*

radicalism /ˈrædɪkəlɪzəm/ *n* [u] radicalismo *m*

radicalize /ˈrædɪkəlaɪz/ *vt* **1** (Pol, Sociol) ‹*party/community/workers*› radicalizar* **2** (change fundamentally) cambiar radicalmente

radically /ˈrædɪkli/ *adv* radicalmente

radii /ˈreɪdiaɪ/ *pl of* **radius**

radio¹ /ˈreɪdiəʊ/ *n* (*pl* **-os**)
A [c] (receiver) radio *m* (AmL exc CS), radio *f* (CS, Esp); **I heard it on the ~** lo oí por el *or* (CS, Esp) la radio
B [u] (broadcasting, medium) radio *f*; (*before n*) ‹*show/announcer*› de radio, radiofónico; **~ operator** radiotelegrafista *mf*, radiooperador, -dora *m,f* (AmL); **~ station** emisora *f or* (AmL tb) estación *f* (de radio)

radio² (*3rd pers sing pres* **radios**; *pres p* **radioing**; *past & past p* **radioed**) *vt* ‹*base/person*› llamar por radio; ‹*message*› transmitir por radio
■ **radio** *vi* llamar por radio; **to ~ for help** pedir* ayuda por radio

radio: **~active** /ˈreɪdiəʊˈæktɪv/ *adj* radiactivo; **~activity** /ˈreɪdiəʊækˈtɪvəti/ *n* [u] radiactividad *f*; **~ car** *n* 1▸ (patrol car) radiopatrulla *m* 2▸ (Rad) coche *m* equipado con radiotransmisor; **~-controlled** /ˈreɪdiəʊkənˈtrəʊld/ *adj* ‹*model*› de control remoto, con radiomando, teledirigido; **~gram** *n* 1▸ (Telec) radiograma *m*, radiotelegrama *m* 2▸ ▸**~graph**; **~graph** *n* radiografía *f*

radiographer /ˌreɪdiˈɑːgrəfər || ˌreɪdiˈɒgrəfə(r)/ *n* radiógrafo, -fa *m,f*

radiography /ˌreɪdiˈɑːgrəfi || ˌreɪdiˈɒgrəfi/ *n* [u] radiografía *f*

radiologist /ˌreɪdiˈɑːlədʒəst || ˌreɪdiˈɒlədʒɪst/ *n* radiólogo, -ga *m,f*

radio: **~ set** *n* aparato *m* de radio, radio *m* (AmL exc CS), radio *f* (CS, Esp); **~therapy** /ˈreɪdiəʊˈθerəpi/ *n* [u] radioterapia *f*

radish /ˈrædɪʃ/ *n* rabanito *m*, rábano *m*

radium /ˈreɪdiəm/ *n* [u] radio *m*

radius /ˈreɪdiəs/ *n* (*pl* **radiuses** *or* **radii**) radio *m*

RAF /ˌɑːreɪˈef/ (in UK) (**= Royal Air Force**) **the ~** la Fuerza Aérea británica

raffia /ˈræfiə/ *n* [u] rafia *f*

raffle¹ /ˈræfəl/ *n* rifa *f*, sorteo *m*; (*before n*) **~ ticket** número *m* de rifa

raffle² *vt* rifar, sortear

raft /ræft || rɑːft/ *n*
A 1▸ (Naut) balsa *f*, almadía *f* 2▸ (anchored off beach) plataforma *f*
B (large amount) (AmE colloq) montón *m* (fam), pila *f* (AmS fam)

rafter /ˈræftər || ˈrɑːftə(r)/ *n* viga *f*, par *m* (téc); **the ~s** las vigas del techo

rag /ræg/ *n*
A 1▸ [c] (piece of cloth) trapo *m*; ***like a red ~ to a bull*** (colloq): **mentioning that to him is like a red ~ to a bull** mencionarle eso es pincharlo para que se enfurezca; ***to lose one's ~*** (BrE colloq) explotar (fam), perder* los estribos; ▸**chew** *vt* 2▸ **rags** *pl* (tattered clothes) harapos *mpl*, andrajos *mpl*; **dressed in ~s** harapiento, andrajoso; ***from ~s to riches*** de la pobreza a la fortuna; **his was a classic ~s-to-riches story** el suyo fue el clásico caso del pobre que hace fortuna
B [c] (newspaper) (colloq & pej) periodicucho *m* (pey)
C [c] (BrE) (**~ *week***) *semana durante la cual los estudiantes recaudan fondos para obras benéficas*

ragamuffin /ˈrægəˌmʌfən || ˈrægəˌmʌfɪn/ *n* pilluelo, -la *m,f*, golfillo, -lla *m,f*

rag: **~-and-bone man** /ˈrægənˈbəʊnmæn/ *n* (*pl* **-men** /-men/) (BrE) ▸**ragman**; **~bag** *n* batiburrillo *m*, mezcolanza *f*; **~ doll** *n* muñeca *f* de trapo

rage¹ /reɪdʒ/ *n*
A 1▸ [u] (violent anger) furia *f*, cólera *f* 2▸ [c] (fit of fury): **to be in a ~** estar* furioso
B [u] (fashion) (colloq) furor *m*, moda *f*; **to be (all) the ~** hacer* furor, ser* el último grito (de la moda)

rage² *vi* 1▸ «*storm/sea*» rugir*, bramar; «*fire*» arder furiosamente; **the battle/fire ~d for three days** la encarnizada batalla/el furioso incendio se prolongó durante tres días 2▸ «*person*» expresar su (*or* mi *etc*) furia, rabiar; **to ~ against sth** protestar furiosamente contra algo 3▸ **raging** *pres p* ‹*storm*› rugiente; ‹*sea*› embravecido; ‹*headache*› enloquecedor; ‹*argument*› enconado, airado, virulento; **he was in a raging temper** estaba furioso

ragged /ˈrægəd || ˈrægɪd/ *adj* ‹*clothes/appearance*› harapiento, andrajoso; ‹*coastline*› recortado; ‹*edge*› irregular

rag: **~man** /ˈrægmæn/ *n* (*pl* **-men** /-men/) (AmE) ropavejero *m*, trapero *m*; **~top** *n* (AmE colloq) descapotable *m*, convertible *m* (AmL); **~ trade** *n* (colloq) **the ~ trade** la industria *or* el ramo de la confección

raid¹ /reɪd/ *n* 1▸ (Mil) asalto *m*, incursión *f* 2▸ (*air ~*) bombardeo *m* aéreo, ataque *m* aéreo 3▸ (by thieves) atraco *m*, asalto *m* 4▸ (by police) redada *f*, batida *f*, allanamiento *m* (AmL)

raid² *vt* 1▸ (Mil) asaltar 2▸ ‹*bank*› asaltar, atracar*; **they ~ed the refrigerator** (hum) tomaron por asalto el refrigerador (hum) 3▸ «*police*» ‹*house/building*› hacer* una redada en, allanar (AmL) 4▸ (poach) (AmE) ‹*personnel*› llevarse, robar

raider /ˈreɪdər || ˈreɪdə(r)/ *n* 1▸ (attacker) asaltante *mf* 2▸ (robber) asaltante *mf*, atracador, -dora *m,f*

rail¹ /reɪl/ *n*
A [c] 1▸ (bar) riel *m*, barra *f* 2▸ (*hand ~*) pasamanos *m* 3▸ (barrier) baranda *f*, barandilla *f*
B 1▸ [c] (for trains, trams) riel *m*, raíl *m* (Esp); **the train came off the ~s** el tren descarriló; ***to go off the ~s*** (BrE colloq) (morally) descarriarse*, apartarse del buen camino; (mentally) enloquecerse* 2▸ [u] (railroad) ferrocarril *m*; **by ~** en *or* por ferrocarril; (*before n*) ‹*service/link*› ferroviario, de ferrocarril; **~ travel** los viajes en tren

rail² *vi* (frml) **to ~ AGAINST sth** clamar CONTRA algo (frml)

rail: **~car** *n* automotor *m*, autoferro *m* (Col), autovagón *m* (Per); **~card** *n* (in UK) tarjeta *f* de descuento (*para viajes en tren*)

railing /ˈreɪlɪŋ/ *n* (*often pl*) reja *f*, verja *f*

railroad¹ /ˈreɪlrəʊd/ *n* (AmE) 1▸ (system) ferrocarril *m*; (*before n*) ‹*station/line*› de ferrocarril, ferroviario; ‹*timetable*› de trenes 2▸ (track) vía *f* férrea

railroad² *vt*
A (push, force) ‹*bill/measures*› tramitar rápidamente (*sin la debida discusión*); **to ~ sb INTO sth**: **they were ~ed into accepting the offer** los apremiaron *or* presionaron para que aceptaran la oferta
B (convict unfairly) (AmE) condenar injustamente

rail: **~roader** /ˈreɪlrəʊdər || ˈreɪlrəʊdə(r)/ *n* (AmE) ferroviario, -ria *m,f*, ferrocarrilero, -ra *m,f* (Chi, Méx); **~way** *n* (BrE) ▸**railroad¹**; **~wayman** /ˈreɪlweɪmən/ *n* (*pl* **-men** /-mən/) (BrE) ferroviario *m*, ferrocarrilero *m* (Chi, Méx)

rain¹ /reɪn/ *n* [u c] lluvia *f*; **come in out of the ~** entra, que te estás mojando; **we were** *o* **we got caught in the ~** nos agarró *or* (esp Esp) cogió la lluvia; **(a) light ~ began to fall** empezó a lloviznar; **the ~s** (la estación de) las lluvias; ***(come) ~ or (come) shine*** (whatever the weather) llueva o truene; (whatever the situation) pase lo que pase; ***to be (as) right as ~*** estar* como nuevo *or* como si tal cosa; (*before n*) **~ cloud** nube *f* de lluvia

rain² *v impers* llover*; ***when it ~s, it pours*** *o* (BrE) ***it never ~s but it pours*** las desgracias nunca vienen solas

Phrasal verbs

- **rain down** [v ▸ adv] «*blows/bombs/curses*» llover*; **insults ~ed down on them** les llovieron insultos
- **rain out**, (BrE) **rain off** [v ▸ o ▸ adv, v ▸ adv ▸ o]: **to be ~ed out** *o* (BrE) **off** suspenderse *or* cancelarse a causa de la lluvia

rainbow /ˈreɪnbəʊ/ *n* arco *m* iris

rainbow trout *n* [c u] trucha *f* (arco iris)

rain: **~ check** *n* (esp AmE Sport) *vale que se recibe al suspenderse un partido por mal tiempo etc*; ***to take a ~ check on sth*** (colloq) dejar algo para otro momento; **~coat** *n* impermeable *m*, piloto *m* (Arg, Chi), pilot *m* (Ur); **~drop** *n* gota *f* de lluvia; **~fall** *n* [u] (amount) precipitaciones *fpl*; (shower) precipitación *f*, lluvia *f*; **~ forest** *n* selva *f* tropical (húmeda), bosque *m* ecuatorial *or* pluvial; **~maker** /ˈreɪnmeɪkər || ˈreɪnmeɪkə(r)/ *n* 1▸ (creator of rain) hacedor, -dora *m,f* de lluvia; 2▸ (in business) (AmE colloq) triunfador, -dora *m,f* (*en los negocios*); **~proof** *adj* impermeable; **~storm** *n* temporal *m* de lluvias; **~water** *n* [u] agua *f*‡ de lluvia

rainy /ˈreɪni/ *adj* **-nier, -niest** ‹*weather/day*› lluvioso; **~ season** estación *f* de las lluvias

r

raise¹ /reɪz/ *vt*

(Sense I)

A 1 (move upwards) ‹*head/hand*› levantar, alzar*; ‹*eyebrows*› arquear; ‹*blind/window*› subir; ‹*flag*› izar*; **he ~d his eyes** levantó la vista; **he ~d his hat** se levantó el sombrero 2 (make higher) ‹*shelf/level/hem*› subir

B 1 (set upright) levantar; **Lazarus was ~d from the dead** Lázaro resucitó de entre los muertos 2 (erect) ‹*monument/building*› levantar, erigir* (frml)

C 1 ‹*pressure/temperature*› aumentar, elevar; ‹*price/salary/volume*› subir, aumentar; **she ~d her voice to me** me levantó la voz; **to ~ the school leaving age** extender* la escolaridad obligatoria 2 ‹*consciousness*› aumentar, acrecentar*; ‹*standing/reputation*› aumentar; **don't ~ his hopes** no le des demasiadas esperanzas

D (promote) **to ~ sb TO sth** ascender* *or* elevar a algn A algo

(Sense II)

A 1 ‹*money/funds*› recaudar; ‹*loan*› conseguir, obtener 2 ‹*army/supporters*› reclutar

B ‹*fears/doubt*› suscitar, dar* lugar a; **he managed to ~ a smile** pudo sonreír; **to ~ the alarm** dar* la alarma

C ‹*subject*› sacar*; ‹*objection/question*› formular, hacer*, plantear; **to ~ sth WITH sb** plantearle algo A algn

D 1 ‹*child/family*› criar* 2 ‹*wheat/corn*› cultivar; **they ~ cattle** se dedican a la cría de ganado

raise² *n* (AmE) aumento *m or* subida *f* de sueldo

raisin /'reɪzn̩/ *n* (uva *f*) pasa *f*, pasa *f* (de uva)

raison d'être /'reɪzɔːn'detrə || ˌreɪzɒn'detrə/ *n* (*pl* **~s ~**) razón *f* de ser

Raj /rɑːdʒ/ *n* **the (British) ~** el Imperio Británico en la India, el Raj

rake¹ /reɪk/ *n*

A (garden tool) rastrillo *m*; ***as thin as a ~*** (colloq) flaco como un palillo *or* palo (fam)

B (man) (dated) vividor *m*, calavera *m*

rake² *vt* ‹*leaves*› recoger* con un rastrillo, rastrillar; ‹*garden/soil*› rastrillar

(Phrasal verbs)

- **rake in** [v ▸ o ▸ adv, v ▸ adv ▸ o]: **they're raking it in** están haciendo mucho dinero, se están forrando (fam)
- **rake over** [v ▸ adv ▸ o] ‹*soil/flowerbed*› rastrillar; ‹*past events*› volver* sobre
- **rake up** [v ▸ o ▸ adv, v ▸ adv ▸ o]

A 1 ‹*leaves*› rastrillar 2 ‹*support*› conseguir*

B 1 ‹*fire*› atizar* 2 ‹*scandal/quarrel*› sacar* a relucir; **to ~ up the past** remover* *or* desenterrar* el pasado

rake-off /'reɪkɔːf || 'reɪkɒf/ *n* (colloq) tajada *f* (fam), pellizco *m* (Esp fam)

rakish /'reɪkɪʃ/ *adj* 1 (casual, jaunty) desenfadado; **she wore the hat at a ~ angle** llevaba el sombrero ladeado con gracia *or* desenfado 2 (dissolute) libertino

rally¹ /'ræli/ *n* (*pl* **-lies**)

A (mass meeting) concentración *f*; **political ~** mitin *m*, mítin *m*

B (Auto) rally *m*; (*before n*) ‹*car/driver*› de rally

C (in tennis, badminton) peloteo *m*

D (recovery) (Fin) repunte *m*; (Med) mejoría *f*

rally² **-lies, -lying, -lied** *vi*

A 1 (unite) unirse; (gather) congregarse*; **the whole country rallied to the support of the president** todo el país se unió en apoyo del presidente 2 **rallying** *pres p* ‹*call/point*› de concentración

B 1 (recover) «*person*» recuperarse, reponerse* 2 (Fin) «*currency/price*» repuntar, recuperarse

■ **rally** *vt*

A 1 ‹*support/vote*› conseguir* 2 ‹*people*› unir

B ‹*strength/spirits*› recobrar

(Phrasal verb)

- **rally round**

A [v ▸ adv]: **all the neighbors rallied round to help** todos los vecinos se juntaron para ayudar

B [v ▸ adv ▸ o]: **they all rallied round him** todos acudieron a ofrecerle apoyo

ram¹ /ræm/ *n* (Zool) carnero *m*

ram² **-mm-** *vt* 1 (force) (+ *adv compl*): **he ~med the stake into the ground** hincó *or* clavó la estaca en la tierra; **he ~med his fist through the door** atravesó la puerta de un puñetazo 2 (crash into) embestir* contra; **the ship ~med the submarine** el barco chocó con el submarino

■ **ram** *vi* **to ~ INTO sth/sb** estrellarse *or* chocar* CONTRA algo/algn

(Phrasal verb)

- **ram home** [v ▸ o ▸ adv, v ▸ adv ▸ o] ‹*point/message*› hacer* entender a la fuerza

RAM /ræm/ *n* [u] (Comput) (= **random access memory**) RAM *f*

Ramadan /'rɑːmədɑːn || ˌræmə'dæn/ *n* Ramadán *m*

ramble¹ /'ræmbəl/ *n* paseo *m*, caminata *f*; (BrE Sport) excursión *f* (*a pie*), marcha *f*; **to go for a ~** ir* a dar un paseo; (Sport) ir* de excursión *or* de marcha

ramble² *vi* 1 (walk) pasear; **to go rambling** (BrE) hacer* excursionismo, ir* de excursión *or* de marcha 2 (in speech, writing) irse* por las ramas, divagar*

(Phrasal verb)

- **ramble on** [v ▸ adv] **to ~ on (ABOUT sth)** divagar* (SOBRE algo)

rambler /'ræmblər || 'ræmblə(r)/ *n* 1 (walker) excursionista *mf* 2 (plant) rosa *f* trepadora

rambling¹ /'ræmblɪŋ/ *adj* 1 ‹*essay/lecture*› que se va por las ramas, que divaga 2 ‹*streets*› laberíntico, intrincado; **a ~ old house** una vieja casona llena de recovecos 3 ‹*rose*› trepador

rambling² *n* [u] (BrE Sport) excursionismo *m*

ramification /'ræməfə'keɪʃən || ˌræmɪfɪ'keɪʃən/ *n* (*often pl*) ramificación *f*, repercusión *f*

ramp /ræmp/ *n* 1 (slope) rampa *f*; **entrance** *o* **on ~** (AmE) vía *f* de acceso (*a una autopista*); **exit** *o* **off ~** (AmE) vía *f* de salida (*de una autopista*) 2 (on ship, aircraft) (for passengers) escalerilla *f*; (for vehicles) rampa *f* 3 (platform) elevador *m* 4 (hump) (BrE) desnivel *m*

rampage¹ /'ræmpeɪdʒ/ *n*: **to be on the ~** arrasarlo todo; **to go on the ~** empezar* a arrasarlo todo

rampage² /ræm'peɪdʒ/ *vi* pasar arrasando

rampant /'ræmpənt/ *adj* ‹*inflation*› galopante; ‹*growth*› desenfrenado; ‹*crime*› endémico; **disease was ~** proliferaban las enfermedades

rampart /'ræmpɑːrt || 'ræmpɑːt/ *n* (bank) terraplén *m*; (wall) muralla *f*

ramrod /'ræmrɑːd || 'ræmrɒd/ *n* (rod) baqueta *f*; **her back was as straight as a ~** tenía la espalda recta *or* erguida

ramshackle /'ræmˌʃækəl/ *adj* destartalado

ran /ræn/ *past of* **run¹**

ranch¹ /ræntʃ || rɑːntʃ/ *n*: **cattle ~** finca *f* (ganadera), hacienda *f* (ganadera) (esp AmL), rancho *m* ganadero (Méx), estancia *f* (CS); **poultry ~** (AmE) granja *f* avícola; (*before n*) **~ hand** trabajador, -dora *m,f* agrícola, peón *m* (esp AmL)

ranch² *vi* (esp AmE) administrar un **ranch¹**

rancher /'ræntʃər || 'rɑːntʃə(r)/ *n* hacendado, -da *m,f*, estanciero, -ra *m,f* (CS), ranchero, -ra *m,f* (Méx); **cattle ~** ganadero, -ra *m,f*

ranch house *n* 1 (on ranch) casa *f* (*en una finca*) 2 (type of house) (AmE) chalet *m* (*de una sola planta*), bungalow *m*

rancid /'rænsəd || 'rænsɪd/ *adj* rancio; **to go ~** ponerse* rancio

rancor, (BrE) **rancour** /'ræŋkər || 'ræŋkə(r)/ *n* [u] rencor *m*

rancorous /'ræŋkərəs/ *adj* ‹*person*› rencoroso; ‹*atmosphere*› hostil, lleno de rencor

rancour *n* (BrE) ▸ **rancor**

rand /rænd/ *n* (*pl* **~**) rand *m*

R & B /'ɑːrən'biː/ *n* [u] = **rhythm and blues**

R & D /'ɑːrən'diː/ *n* [u] (= **research and development**) I & D

random /'rændəm/ *adj* 1 ‹*testing/choice*› al azar; ‹*shot*› hecho al azar; ‹*bullet*› perdido; ‹*sample*› aleatorio, seleccionado al azar 2 **at random** (*as adv*) al azar; **to hit out at ~** dar* golpes a diestra y siniestra *or* (Esp) a diestro y siniestro

random access /'rædəm'ækses/ *n* [u] acceso *m* aleatorio *or* directo; (*before n*) **random-access memory** memoria *f* de acceso aleatorio *or* directo

randomize /'rændəmaɪz/ *vt*

A (in statistics) aleatorizar*

B (Comput) *generar la implantación de números aleatorios en*

randomly /'rændəmli/ *adv* al azar

R & R /ˈɑːrənˈɑːr || ˈɑːrənˈɑː(r)/ *n* [u] (AmE) = **rest and recreation**

randy /ˈrændi/ *adj* **-dier, -diest** (colloq) caliente (fam), arrecho (AmL fam), cachondo (Esp, Méx fam)

rang /ræŋ/ *past of* **ring²**

range¹ /reɪndʒ/ *n*

A 1 (scope) ámbito *m*, campo *m* 2 (Mus) registro *m* 3 (bracket): **if your income is within that ~** si sus ingresos están dentro de esos límites *or* son de ese orden; **within/out of our price ~** dentro de/fuera de nuestras posibilidades

B 1 (variety) gama *f*; **a wide ~ of colors/prices** una amplia gama *or* una gran variedad de colores/precios; **a wide ~ of possibilities** un amplio abanico de posibilidades; **I have a wide ~ of interests** mis intereses son múltiples y variados 2 (selection) línea *f*, gama *f*

C 1 (of gun, telescope, transmitter) alcance *m*; **at close/long ~** de cerca/lejos; **to come/be within (firing) ~** ponerse*/estar* a tiro; **it was out of ~** estaba fuera del alcance del arma 2 (of vehicle, missile) autonomía *f*; **long-~ missiles** misiles *mpl* de largo alcance 3 (sight): **it came within my ~ of vision** entró en mi campo visual *or* de visión

D (for shooting) campo *m* de tiro

E (chain) cadena *f*; **a mountain ~** una cordillera, una cadena de montañas

F (stove) cocina *f* económica, estufa *f* (Col, Méx)

range² *vi* **to ~ FROM sth TO sth**: **their ages ~ from 12 to 20** tienen entre 12 y 20 años; **estimates ~ up to $20,000** hay presupuestos de hasta 20.000 dólares; **the conversation ~d over many topics** *o* **~d widely** la conversación abarcó muchos temas

■ **range** *vt*

A (line up, place) alinear

B ‹*plain/hills*› recorrer

ranger /ˈreɪndʒər || ˈreɪndʒə(r)/ *n* 1 (in park, forest) guarda *mf* forestal, guardabosques *mf* 2 (soldier) (in US) soldado *m* de las tropas de asalto, ranger *m*

Rangoon /ræŋˈguːn/ *n* Rangún *m*

rangy /ˈreɪndʒi/ *adj* **-gier, -giest** (AmE) largo y delgado, larguirucho (fam)

rank¹ /ræŋk/ *n*

A [c] (line) fila *f*; **to break ~s** romper* filas; **to close ~s** cerrar* *or* estrechar filas; **General Sánchez rose from the ~s** el General Sánchez empezó como soldado raso; **to join the ~s of the unemployed** pasar a engrosar las filas del desempleo

B [c u] (status) categoría *f*; (Mil) grado *m*, rango *m*; **to be above/below sb in ~** ser* de rango superior/inferior a algn; ***to pull ~ on sb***: **she's not the type to pull ~ on anybody** no es de las que abusan de su autoridad *or* hacen valer sus privilegios

C [c] (*taxi ~*) (BrE) parada *f* de taxis, sitio *m* (Méx)

rank² *vt*

A (class): **he's ~ed fourth** está clasificado (como el) cuarto; **he ~s it among the city's best restaurants** considera que está entre los mejores restaurantes de la ciudad

B (outrank) (AmE) ser* de rango superior a

■ **rank** *vi* 1 (be classed) estar*; **it ~s among the best** está entre los mejores; **he ~s high in our esteem** lo tenemos en gran estima 2 (hold rank): **to ~ above/below sb** estar* por encima/por debajo de algn, ser* de rango superior/inferior a algn; **a high-/middle-~ing officer** un oficial de alto grado/de grado medio

rank³ *adj*

A (*before n*) (complete) ‹*beginner*› absoluto; ‹*injustice*› flagrante

B (unpleasantly strong) ‹*smell*› fétido; ‹*taste*› repugnante; **to smell ~** oler* muy mal, apestar (fam)

rank and file *n* (Mil) (+ *pl vb*) tropa *f*; **the ~ ~ ~ of the union** las bases del sindicato

ranking¹ /ˈræŋkɪŋ/ *n* ranking *m*, clasificación *f*

ranking² *adj* (AmE) (*before n*) de grado superior *or* más alto

rankle /ˈræŋkəl/ *vi* doler*; **to ~ WITH sb**: **what still ~s with me is that ...** lo que no les (*or* le *etc*) puedo perdonar es que ...

■ **rankle** *vt* (AmE) irritar

ransack /ˈrænsæk/ *vt* ‹*room/drawer*› revolver*; ‹*house/premises*› (search) registrar (*de arriba a abajo*); (pillage) saquear

ransom¹ /ˈrænsəm/ *n* rescate *m*; **to hold sb to** *o* (AmE also) **for ~** exigir* un rescate por algn; **she says the army is holding the country to ~** dice que el ejército está chantajeando al país; (*before n*) **~ demand** nota *f* (*or* llamada *f etc*) exigiendo un rescate; ▸ **king**

ransom² *vt* pagar* un rescate por

rant /rænt/ *vi* despotricar*; **my father ~ed and raved at me for half an hour** mi padre me echó un sermón *or* una perorata de media hora (fam)

rap¹ /ræp/ *n*

A [c] (blow) golpe *m*; **there was a ~ at the door** se oyó un golpe en la puerta; ▸ **knuckle 1**

B (*no pl*) (AmE colloq) 1 (criticism) crítica *f*, acusación *f* 2 (conviction): **to pin a ~ on sb** endilgarle* las culpas a algn; **to take the ~ for sth** cargar* con la culpa de algo, pagar* el pato (por algo) (fam); **to beat the ~** escabullirse, quedar impune; (*before n*) **~ sheet** antecedentes *mpl* penales

C 1 [u] (chat) (colloq) charla *f*, cháchara *f* (fam) 2 [c u] (Mus) rap *m*

rap² **-pp-** *vi*

A (knock) dar* un golpe; **to ~ at/on the door** llamar a la puerta

B (chat) (colloq) cotorrear (fam)

■ **rap** *vt* 1 (hit): **he ~ped my knuckles** me pegó en los nudillos; ▸ **knuckle 1** 2 (rebuke) (journ) amonestar

rapacious /rəˈpeɪʃəs/ *adj* (frml) ‹*person/character*› codicioso, avaricioso, rapaz; ‹*appetite/greed*› voraz

rape¹ /reɪp/ *n*

A 1 [u c] (sexual violation) violación *f*; (of a minor) estupro *m* 2 [u] (of the countryside, of the earth) (liter) expoliación *f* (liter)

B [u] (plant) colza *f*

rape² *vt* ‹*person*› violar; ‹*countryside*› (liter) expoliar (liter)

rapeseed /ˈreɪpsiːd/ *n* [u] semilla *f* de colza; (*before n*) **~ oil** aceite *m* de colza

rapid /ˈræpəd || ˈræpɪd/ *adj* rápido, veloz

rapidity /rəˈpɪdəti/ *n* [u] rapidez *f*

rapidly /ˈræpədli || ˈræpɪdli/ *adv* rápidamente

rapids /ˈræpədz || ˈræpɪdz/ *pl n* rápidos *mpl*

rapid transit *n* [u] línea *f* ferroviaria urbana

rapier /ˈreɪpiər || ˈreɪpiə(r)/ *n* estoque *m*

rapist /ˈreɪpəst || ˈreɪpɪst/ *n* violador, -dora *m,f*

rappel /rəˈpel || ræˈpel/ *vi* (AmE) descender* en rappel

rapper /ˈræpər || ˈræpə(r)/ *n* cantante *mf* de rap

rapping /ˈræpɪŋ/ *n* [c u] (knocking) golpeteo *m*

rapport /ræˈpɔːr || ræˈpɔː(r)/ *n* [u] relación *f* de comunicación; **a close ~ exists between them** están muy compenetrados, se entienden muy bien

rapprochement /ˈræprəʊʃˈmɑːn || ræˈprɒʃmɒŋ/ *n* [u c] (frml) acercamiento *m*

rapt /ræpt/ *adj* (liter) ‹*expression/smile*› embelesado; **they listened with ~ attention** escuchaban embelesados

rapture /ˈræptʃər || ˈræptʃə(r)/ *n* [u c] éxtasis *m*, arrobamiento *m* (liter), embeleso *m*; **she went into ~s over the painting** se deshizo en elogios para con el cuadro

rapturous /ˈræptʃərəs/ *adj* ‹*applause/welcome*› calurosísimo

rapturously /ˈræptʃərəsli/ *adv* ‹*greet*› efusivamente; ‹*applaud*› con frenesí

rare /rer || reə(r)/ *adj* **rarer** /ˈrerər/, **rarest** /ˈrerəst/

A 1 (uncommon) raro, poco común; **it is a ~ sight in this country** rara vez se ve en este país; **with a few ~ exceptions** salvo raras excepciones; **one of her ~ TV appearances** una de sus poco frecuentes apariciones en televisión 2 (liter) ‹*talent/beauty*› excepcional, singular

B (rarefied) ‹*atmosphere*› enrarecido

C (Culin) ‹*steak*› vuelta y vuelta, poco hecho (Esp), a la inglesa (Méx)

rarefied /ˈrerəfaɪd || ˈreərɪfaɪd/ *adj* enrarecido

rarely /ˈrerli || ˈreəli/ *adv* rara vez, pocas veces, casi nunca

rarified /ˈrerəfaɪd || ˈreərɪfaɪd/ *adj* ▸ **rarefied**

raring /ˈrerɪŋ || ˈreərɪŋ/ *adj*: ***to be ~ to go***: **she starts tomorrow and is ~ to go** empieza mañana y está que ya no se aguanta

rarity /ˈrerəti || ˈreərɪti/ *n* (*pl* **-ties**) 1 [c] (sth rare) algo poco común *or* fuera de lo común 2 [u] (of an occurrence) la poca frecuencia, lo raro

r

rascal /'ræskəl || 'rɑːskəl/ *n* granuja *mf*, pillo, -lla *m,f*

rash¹ /ræʃ/ *n* sarpullido *m*, erupción *f*; **he came out** *o* **broke out in a ~** le salió un sarpullido

rash² *adj* **-er, -est** ‹*person/action/decision*› precipitado; **in a ~ moment I promised her ...** en un arrebato le prometí ...

rasher /'ræʃər || 'ræʃə(r)/ *n* loncha *f*, lonja *f*

rashly /'ræʃli/ *adv* ‹*act*› precipitadamente, sin reflexionar; ‹*promise*› en un arrebato

rasp¹ /ræsp || rɑːsp/ *n* escofina *f*

rasp² *vt* **1** (scrape) ‹*wood*› raspar, escofinar **2** (say): **get out of here, he ~ed** —¡fuera de aquí! —dijo en un tono áspero

■ **rasp** *vi* hacer* un ruido áspero

raspberry /'ræz,beri || 'rɑːzbəri/ *n* (*pl* **-ries**)

A (fruit) frambuesa *f*

B (sound) (colloq) pedorreta *f* (fam); **to blow a ~ at sb** hacerle* una pedorreta a algn (fam), hacerle* una trompetilla a algn (Méx, Ven fam)

rasping /'ræspɪŋ || 'rɑːspɪŋ/ *adj* ‹*sound*› áspero; ‹*voice*› áspero, bronco; ‹*cough*› bronco, perruno (fam)

Rasta /'ræstə/ *n* (BrE colloq) rasta *mf* (fam)

Rastafarian /'ræstə'feriən || ,ræstə'feəriən/ *n* rastafari *mf*

rat /ræt/ *n* **1** (Zool) rata *f*; ***like a drowned ~*** (colloq) como un pollo mojado (fam); ***like ~s leaving a sinking ship*** como alma que lleva el diablo; ***to smell a ~*** oler(se)* algo sospechoso; (*before n*) **~ poison** raticida *m*, matarratas *m* **2** (person) (colloq) rata *f* de alcantarilla (fam), canalla *mf* (fam)

rat-a-tat-tat /'rætətæt'tæt/ *n* (*no pl*) golpeteo *m*

ratbag /'rætbæg/ *n* (BrE colloq) cascarrabias *mf* (fam)

ratchet /'rætʃət || 'rætʃɪt/ *n* trinquete *m*

rate¹ /reɪt/ *n*

A **1** (speed) velocidad; (rhythm) ritmo *m*: **their vocabulary increases at a ~ of five words a day** su vocabulario aumenta a razón de cinco palabras por día; **I'm reading at a ~ of 100 pages a day** estoy leyendo a un ritmo de 100 páginas por día; **at this ~, it'll take weeks** a este paso, nos va a llevar semanas; ***at any ~*** (at least) por lo menos; (in any case) en todo caso **2** (level, ratio): **birth ~** índice *m* de natalidad; **death ~** mortalidad *f*; **literacy ~** nivel *m* de alfabetización; **~ of inflation** tasa *f* de inflación; **~ of interest** tasa *f* *or* (esp Esp) tipo *m* de interés; **~ of exchange** tipo *m* de cambio **3** (price, charge) tarifa *f*; **peak/standard ~** tarifa *f* alta/normal; **the work is paid at a ~ of $20 per hour** el trabajo se paga a (razón de) 20 dólares por hora; **that's the going ~** eso es lo que se suele pagar

B (local tax) (formerly, in UK) (*often pl*) ≈ contribución *f* (municipal *or* inmobiliaria)

rate² *vt*

A **1** (rank, consider): **I ~ her work very highly** tengo una excelente opinión de su trabajo; **to ~ sb/sth (AS sth)**: **I ~ her as the best woman tennis player** yo la considero la mejor tenista; **how do you ~ the movie on a scale of 1 to 10?** ¿qué puntuación *or* (AmL) puntaje le darías a la película en una escala del 1 al 10? **2** (consider good) (BrE colloq) (*usu neg*): **I don't ~ her chances** no creo que tenga muchas posibilidades; **I don't ~ their new player** no me impresiona mucho su nuevo jugador

B (deserve) merecer*; (obtain): **it didn't ~ a mention** no les pareció digno de mención

■ **rate** *vi* **1** (be classed) **to ~ AS sth** estar* considerado COMO algo **2** (measure up) **to ~ WITH sb** (AmE): **Florida doesn't ~ with me** para mí Florida no vale gran cosa

rate: **~payer** /'reɪt,peɪər || 'reɪt,peɪə(r)/ *n* (formerly, in UK) contribuyente *mf*; **~ tart** *n* (BrE) (colloq) *inversor que siempre va a la caza de los mejores tipos de interés*

rather /'ræðər || 'rɑːðə(r)/ *adv*

A **1** (stating preference): **I'd ~ walk than go by bus** prefiero andar a ir en autobús; **I'd ~ you didn't smoke** preferiría que no fumaras; **I'd ~ not think about that** prefiero no pensar en eso; **I'd do anything ~ than give up dancing** haría cualquier cosa antes que dejar de bailar; **~ you than me!** ¡menos mal que eres tú y no yo! **2** (more precisely): **we're acquaintances ~ than friends** somos conocidos, más que amigos; **she has a shop, or ~ a stall** tiene una tienda, o mejor dicho un puesto

B (fairly) bastante; (somewhat) algo, un poco; **it's ~ expensive** es bastante caro; **she looks ~ like Janet** se parece algo *or* un poco a Janet; **I ~ think that ...** me da la impresión *or* tengo la sensación de que ...

ratification /'rætəfə'keɪʃən || ,rætɪfɪ'keɪʃən/ *n* [u] (frml) ratificación *f*

ratify /'rætəfaɪ || 'rætɪfaɪ/ *vt* **-fies, -fying, -fied** (frml) ratificar*

rating /'reɪtɪŋ/ *n*

A **1** [c u] (evaluation): **other polls give the party a better ~** otras encuestas dan al partido un mayor nivel de popularidad; **credit ~** clasificación *f* crediticia **2** **ratings** *pl* (Rad, TV) índice *m* de audiencia

B [c] (Tech) (class of boat, vehicle) categoría *f*, clase *f*

ratio /'reɪʃəʊ, -ʃiəʊ || 'reɪʃiəʊ/ *n* (*pl* **ratios**) proporción *f*, ratio *m* (téc); **in a ~ of two to one** en una proporción *or* relación de dos a uno; **a high pupil-teacher ~** un elevado número *or* (téc) ratio de alumnos por profesor

ration¹ /'ræʃən/ *n* **1** (allowance) ración *f*; (*before n*) **~ book** cartilla *f* de racionamiento **2** **rations** *pl* víveres *mpl*

ration² *vt* ‹*food/goods*› racionar

Phrasal verb

• **ration out** [v ▸ o ▸ adv, v ▸ adv ▸ o] distribuir* en forma racionada

rational /'ræʃn̩əl || 'ræʃənl/ *adj* **1** (able to reason) ‹*being*› racional **2** (sane, lucid): **to be ~** estar* en su (*or* mi *etc*) sano juicio, estar* cuerdo **3** (sensible) ‹*argument/suggestion*› razonable, lógico

rationale /'ræʃə'næl || ,ræʃə'nɑːl/ *n* (*no pl*) base *f*, razones *fpl*; **what's the ~ behind your decision?** ¿en qué se basa su decisión?

rationalization /'ræʃn̩ələ'zeɪʃən || ,ræʃnəlaɪ'zeɪʃən/ *n* **1** [u c] (Psych, Math) racionalización *f* **2** [u c] (Busn) racionalización *f*, reconversión *f*

rationalize /'ræʃn̩əlaɪz/ *vt* (Busn, Math, Psych) racionalizar*

rationally /'ræʃn̩əli/ *adv* ‹*think*› racionalmente; ‹*behave*› con sensatez, razonablemente

rationing /'ræʃənɪŋ/ *n* [u] racionamiento *m*

rat: **~ pack** *n* (colloq) periodistas *mpl* y paparazzi; **~ race** *n*: **to escape the ~ race** huir* de la febril competitividad de la vida moderna

rattle¹ /'rætl/ *n*

A (*no pl*) (noise) ruido *m*; (of train, carriage) traqueteo *m*

B [c] **(baby's) ~** sonajero *m*, sonaja *f* (Méx), cascabel *m* (Chi)

rattle² *vi* **1** (make noise) «*chains/bottles/keys*» repiquetear; «*door/window/engine*» vibrar; **I heard a key ~ in the lock** oí el ruido de una llave en la cerradura; **the gate ~d in the wind** la verja repiqueteaba con el viento **2** (move) (+ *adv compl*): **the carriage ~d over the cobblestones** el carruaje traqueteaba por el empedrado; **there's something rattling around in the back** hay algo suelto allí atrás

■ **rattle** *vt*

A (make rattle) ‹*keys/chain*› hacer* repiquetear; ‹*door/window*› «*wind*» hacer* vibrar; «*person*» sacudir

B (worry, scare) (colloq) poner* nervioso

Phrasal verbs

• **rattle off** [v ▸ o ▸ adv, v ▸ adv ▸ o] recitar, decir* de un tirón

• **rattle on** [v ▸ adv] hablar *or* (fam) parlotear sin parar

• **rattle through** [v ▸ prep ▸ o] ‹*speech*› decir* rápidamente, apurar (AmL)

rattler /'rætlər || 'rætlə(r)/ *n* (AmE colloq) serpiente *f* (de) cascabel, cascabel *f*

rattlesnake /'rætl̩sneɪk/ *n* serpiente *f* (de) cascabel, cascabel *f*

rattrap /'rættræp/ *n* **1** (trap) ratonera *f* **2** (building) (AmE colloq) ratonera *f*; (*before n*) ‹*building/hotel*› destartalado, de mala muerte (fam)

ratty /'ræti/ *adj* **-tier, -tiest** (colloq)

A (shabby) (AmE colloq) raído, hecho pedazos (fam)

B (bad-tempered) (BrE) malhumorado; **to get ~** ponerse* de mal humor

raucous /'rɔːkəs/ *adj* (loud) estentóreo, escandaloso; (shrill) estridente

raucously /'rɔːkəsli/ *adv* (loudly) a voz en cuello, escandalosamente; (shrilly) estridentemente

raunchy /'rɔːntʃi/ *adj* **-chier, -chiest** (colloq)
A (earthy) ‹*humor*› picante; ‹*joke*› escabroso; ‹*voice*› aguardentoso
B (shabby) (AmE) ‹*jacket*› raído; **a ~ hotel** un hotelucho de mala muerte (fam)

ravage /'rævɪdʒ/ *vt* (plunder) saquear; **a country ~d by war** un país asolado *or* devastado por la guerra; **a forest ~d by fire** un bosque arrasado por el fuego; **a body ~d by disease** un cuerpo en que la enfermedad ha (*or* había *etc*) hecho estragos

ravages /'rævɪdʒəz || 'rævɪdʒɪz/ *pl n* estragos *mpl*; **his face was marked by the ~ of time** el tiempo había hecho estragos en su rostro

rave¹ /reɪv/ *vi* 1 (talk deliriously) delirar 2 (talk, write enthusiastically) **to ~ ABOUT sth**: **the critics ~d about the new play** los críticos pusieron a la nueva obra por las nubes 3 (talk angrily) despotricar*

rave² *n* (colloq)
A (*before n*) (full of praise) **~ reviews** críticas *fpl* muy favorables
B (BrE) (party) *fiesta con música acid*

ravel /'rævəl/ *vt*, (BrE) **-ll-** enredar

raven /'reɪvən/ *n* cuervo *m*; (*before n*) **~ hair** (liter) cabello *m* negro como el azabache (liter)

ravenous /'rævənəs/ *adj* ‹*person/animal*› hambriento; ‹*appetite*› voraz; **I'm (absolutely) ~!** (colloq) ¡tengo un hambre devoradora *or* un hambre canina! (fam)

raver /'reɪvər || 'reɪvə(r)/ *n* (BrE) 1 (swinger) (sl) juerguista *mf* 2 (Mus) (colloq) *aficionado a la música acid*

rave-up /'reɪvʌp/ *n* (BrE sl) juerga *f*, fiestorro *m* (Esp fam), reventón *m* (Méx fam), fiestichola *f* (RPl fam & hum), fiestoca *f* (Chi fam), bonche *m* (Ven fam)

ravine /rə'viːn/ *n* barranco *m*, quebrada *f*

raving¹ /'reɪvɪŋ/ *adj* (colloq) (*before n, as intensifier*): **he's a ~ lunatic** está loco de atar (fam); (*as adv*) **he's ~ mad** está como una cabra (fam)

raving² *n* [uc] (*often pl*) desvarío *m*, delirio *m*

ravioli /ˌrævi'əʊli/ *n* [u] ravioles *mpl*

ravish /'rævɪʃ/ *vt* (liter) ‹*woman*› violar

ravishing /'rævɪʃɪŋ/ *adj* ‹*beauty*› deslumbrante

raw¹ /rɔː/ *adj*
A 1 (uncooked) ‹*meat/vegetables*› crudo 2 (unprocessed) ‹*silk*› crudo, salvaje; ‹*sugar*› sin refinar; ‹*sewage*› sin tratar; **~ milk** (AmE) leche *f* sin pasteurizar
B 1 ‹*wind*› cortante 2 (unfair): **it's a ~ deal** es una injusticia, es muy injusto
C (sore): **my fingers were ~** tenía los dedos en carne viva
D (inexperienced) verde (fam); ‹*recruit*› novato, primerizo

raw² *n*: ***in the ~*** (naked) en cueros (fam); (as sth really is): **nature in the ~** la naturaleza virgen

raw: **~boned** /'rɔː'bəʊnd/ *adj* huesudo; **~hide** *n* [u] (leather) cuero *m* crudo *or* sin curtir; **~ material** *n* [u c] materia *f* prima

ray /reɪ/ *n*
A (beam) rayo *m*; **he's a little ~ of sunshine** es un sol
B (Mus) re *m*
C (Zool) raya *f*

rayon /'reɪɑːn || 'reɪɒn/ *n* [u] rayón *m*

raze /reɪz/ *vt*: **to ~ sth (to the ground)** arrasar algo

razor /'reɪzər || 'reɪzə(r)/ *n* 1 (*cutthroat ~*) navaja *f* (de afeitar *or* (esp Méx) de rasurar), barbera *f* (Col); ***to be on a ~('s) edge*** pender de un hilo 2 (*safety ~*) cuchilla *f or* máquina *f or* maquinilla *f* de afeitar, rastrillo *m* (Méx); (*before n*) **~ blade** cuchilla *f*, hoja *f* de afeitar 3 (electric) máquina *f or* maquinilla *f* de afeitar, máquina *f* de rasurar (esp Méx), afeitadora *f or* (AmC, Méx) rasuradora *f* (eléctrica)

razor: **~-sharp** /'reɪzər'ʃɑːrp || ˌreɪzə'ʃɑːp/ *adj* 1 ‹*blade/teeth*› muy afilado 2 ‹*wit/intellect*› muy agudo, agudísimo; **~ wire** *n* [u] alambre *m* de cuchillas

razz /ræz/ *vt* (AmE colloq) tomarle el pelo a (fam), vacilar (Méx, Esp fam)

razzle-dazzle /'ræzəlˌdæzəl/ *n* [u] ▸**razzmatazz**

razzmatazz /'ræzmə'tæz/ *n* [u] (colloq) bulla *f*, alboroto *m*; (publicity) alarde *m* publicitario, bombo *m*

RC *adj* (BrE) **= Roman Catholic**

Rd = Road

re¹ /reɪ/ *n* (Mus) re *m*

re² /riː/ *prep* con relación a, con referencia a

re- /'riː/ *pref* re-

RE *n* (BrE) (**= religious education**) religión *f*

reach¹ /riːtʃ/ *n*
A 1 [c] (distance) alcance *m* 2 (*in phrases*) **within reach** a mi (*or* tu *etc*) alcance; **to be within easy ~** «*book*» estar* muy a mano; «*station*» quedar muy cerca; **within ~ of sth** cerca de algo; **out of** *o* **beyond reach** fuera de su (*or* mi *etc*) alcance
B [c] (of river) tramo *m*; **the upper/lower ~es of the Nile** la cuenca alta/baja del Nilo

reach² *vt*
A 1 (with hand) alcanzar*; **can you ~ the top shelf?** ¿alcanzas el estante de arriba? 2 (extend to) llegar* a; **my feet can hardly ~ the pedals** apenas alcanzo los pedales con los pies
B 1 ‹*destination/limit/age*› llegar* a; ‹*stage/figure*› llegar* a, alcanzar*; **applications must ~ us by ...** las solicitudes deben ser recibidas antes de ... 2 ‹*agreement/compromise*› llegar* a, alcanzar*; **I've ~ed the conclusion that ...** he llegado a la conclusión de que ...
C 1 (contact) contactar *or* ponerse* en contacto con; **where can I ~ you?** ¿cómo puedo ponerme en contacto contigo? 2 (gain access to) ‹*public/audience*› llegar* a
D (pass): **to ~ sb sth** alcanzarle* algo a algn

■ **reach** *vi* 1 (extend hand, arm): **she ~ed into her pocket** metió la mano en el bolsillo; **to ~ FOR sth**: **he ~ed for his gun** echó mano a la pistola; **she ~ed across the table for the salt** agarró *or* (esp Esp) cogió la sal, que estaba al otro lado de la mesa 2 (stretch far enough) alcanzar*; **I can't ~!** ¡no alcanzo!, ¡no llego! 3 (extend) extenderse*; **the water ~ed (up) to our knees** el agua nos llegaba hasta las rodillas; **her hair ~es down to her waist** el pelo le llega hasta la cintura

Phrasal verb

• **reach out**
A [v ▸ adv] 1 (with hand) alargar* *or* extender* la mano; **to ~out FOR sth**: **he ~ed out for the knife** alargó *or* extendió la mano para agarrar *or* (esp Esp) coger el cuchillo 2 (with thoughts, emotions) **to ~ out TO sb**: **to ~ out to the poor and oppressed** tenderles* la mano *or* tratar de llegar a los pobres y oprimidos
B [v ▸ o ▸ adv, v ▸ adv ▸ o] ‹*hand*› alargar*, extender*

react /ri'ækt/ *vi* reaccionar; **to ~ WITH sth** (Phys, Chem) reaccionar CON algo; **to ~ TO sth**: **how did he ~ to the news?** ¿cómo reaccionó al oír la noticia?

reaction /ri'ækʃən/ *n* [c u] reacción *f*; **what was her ~ to the news?** ¿cómo reaccionó *or* cuál fue su reacción frente a *or* ante la noticia?

reactionary¹ /ri'ækʃəneri || ri'ækʃənri/ *adj* (pej) reaccionario (pey)

reactionary² *n* (*pl* **-ries**) (pej) reaccionario, -ria *m,f* (pey)

reactor /ri'æktər || ri'æktə(r)/ *n* (*nuclear ~*) reactor *m* (nuclear)

read¹ /riːd/ (*past & past p* **read** /red/) *vt*
A ‹*book/words/map/music*› leer*; **I can't ~ your writing** no te entiendo la letra; **for '800', ~ '80'** donde dice 800 léase 80; **I ~ myself to sleep** leo hasta que me quedo dormido; ***to ~ sb's mind*** *o* ***thoughts*** adivinarle *or* leerle* el pensamiento a algn; ***to take sth as read*** /red/ dar* algo por sentado *or* por hecho
B 1 (interpret) ‹*sign/mood/situation*› interpretar; **to ~ sth INTO sth**: **I think you're ~ing too much into it** creo que le estás dando demasiada importancia 2 (hear, receive) (Telec colloq): **do you ~ me, alpha?** ¿alfa, me recibe?
C 1 «*sign/notice*» decir*; **the sign ~ /red/ 'closed for repairs'** el letrero decía *or* ponía 'cerrado por reformas' 2 (indicate) «*thermometer/gauge*» marcar* 3 (note indication) ‹*thermometer/meter*› leer*
D (BrE Educ) estudiar (*en la universidad*)

■ **read** *vi*
A «*person*» leer*; **to ~ TO sb** leerle* A algn; **to ~ ABOUT sth/sb**: **I read /red/ about it in the paper** lo leí en el diario; **to ~ THROUGH sth** leer* algo
B 1 (come across): **your article ~s well** tu artículo está bien escrito; **it ~s like a Victorian novel** tiene el estilo de una novela victoriana 2 (have as text) decir*; **his letter ~s as follows: ...** su carta dice lo siguiente ...

(Phrasal verbs)

• **read back** [v ▸ o ▸ adv, v ▸ adv ▸ o] volver* a leer
• **read off** [v ▸ o ▸ adv, v ▸ adv ▸ o] ‹*numbers/names*› leer* (*uno por uno*)
• **read out**
A [v ▸ o ▸ adv, v ▸ adv ▸ o] (read aloud) leer* (*en voz alta*); **I read** /red/ **it out to them** se lo leí
B [v ▸ o ▸ adv] (expel) (AmE) echar; **he was read** /red/ **out of the club/party** lo echaron del club/de la fiesta
• **read over, read through** [v ▸ o ▸ adv] leer* (*por entero*)
• **read up** [v ▸ adv] **to ~ up (ON sth)** estudiar (algo), investigar* (algo)

read² /ri:d/ *n* (*no pl*): **it's a good ~** es ameno, es de lectura amena; **to give sth a quick ~** hojear *or* leer* algo por encima

read³ /red/ *adj*: **to be widely** *o* **well ~** ser* muy leído, ser* de gran *or* amplia cultura

readable /'ri:dəbəl/ *adj* ‹*book/style*› ameno; ‹*writing*› legible

reader /'ri:dər || 'ri:də(r)/ *n*
A **1** (person) lector, -tora *m,f*; **she's a fast/slow ~** lee muy rápido/lento; **he's a great ~** lee mucho, le encanta leer **2** (in library) lector, -tora *m,f*, usuario, -ria *m,f*
B (Educ, Publ) (schoolbook) libro *m* de lectura; (anthology) selección *f* de textos

readership /'ri:dərʃɪp || 'ri:dəʃɪp/ *n* lectores *mpl*; **the Daily Echo has a ~ of over 10 million** el Daily Echo tiene una tirada de 10 millones

readily /'redḷi || 'redɪli/ *adv* **1** (willingly, gladly): **she ~ agreed** accedió de buena gana; **I ~ admit that ...** no tengo inconveniente *or* reparos en admitir que ... **2** (easily, quickly) ‹*understand*› fácilmente, inmediatamente; **they are ~ available** se pueden conseguir fácilmente

readiness /'redinəs || 'redinɪs/ *n* [u]
A (preparedness): **she cleaned the house in ~ for their arrival** limpió y dispuso *or* preparó la casa para su llegada
B (willingness, eagerness): **his ~ to admit his mistakes** su buena disposición para admitir sus errores

reading /'ri:dɪŋ/ *n*
A **1** [u] (activity, skill) lectura *f*; **they gathered for the ~ of the will** se reunieron para dar lectura al testamento; (*before n*) ‹*glasses*› para leer, de lectura; **she has a ~ age of 10** lee al nivel de un niño de 10 años; **~ lamp** lámpara *f* portátil; **~ list** lista *f* de lecturas recomendadas; **~ material** material *f* de lectura; **~ room** sala *f* de lectura **2** [c] (event): **poetry ~** recital *m* de poesía **3** [c] (passage) lectura *f*
B [u] **1** (material): **this book makes good/interesting ~** este libro es muy ameno/interesante **2** (study) lectura *f*; **from my ~, I developed an interest in India** a través de mis lecturas empecé a interesarme por la India
C [c] (on dial, gauge) lectura *f*; **to take a ~ of sth** leer* algo, ver* cuánto marca algo; **we took regular ~s** tomamos nota de la temperatura (*or* presión *etc*) a intervalos regulares
D [c] (interpretation) lectura *f*, interpretación *f*

readjust /'ri:ə'dʒʌst/ *vt* reajustar
■ **readjust** *vi* «*person*» **to ~ (TO sth)** readaptarse *or* volver* a adaptarse (A algo)

readjustment /'ri:ə'dʒʌstmənt/ *n* [c u] (of salaries, TV) reajuste *m*; (to circumstances) readaptación *f*

read /ri:d/: **~-only memory** /'ri:d'əʊnli/ *n* [u] memoria *f* ROM; **~out** *n* lectura *f*; **~-write** /'ri:d'raɪt/ *adj* (Comput) de lectura-escritura

ready¹ /'redi/ *adj* **-dier, -diest**
A **1** (having completed preparations) (*pred*) **to be ~** estar* listo, estar* pronto (RPl); **~ when you are!** ¡cuando quieras!; **the doctor is ~ for you now** ya puede pasar a ver al doctor; **to be ~ to + INF** estar* listo PARA + INF; **to get ~** (prepare oneself) prepararse, aprontarse (CS); (get dressed, made up etc) arreglarse, prepararse, aprontarse (CS); **(get) ~, (get) steady** *o* **set, go** preparados *or* en sus marcas *or* (Ur tb) prontos, listos ¡ya!; **to get sth/sb/oneself ~: I'm getting the meal ~** estoy preparando la comida; **it takes her ages to get herself/the children ~** tarda siglos en arreglarse/arreglar a los niños; **to make ~** prepararse **2** (mentally prepared) (*pred*) **to be ~ FOR sth/to + INF** estar* preparado PARA algo/PARA + INF; **phew, I'm ~ for my bed** estoy que me caigo; **I feel ~ for anything** me siento dispuesto a todo **3** (on point of) (colloq) **~ to + INF** a punto de + INF; **she looks ~ to drop** parece agotada
B (willing) dispuesto; **~ and willing** dispuesto a todo; **to be ~ to + INF** estar* dispuesto A + INF; **a ~ market** un mercado muy receptivo
C (easy, available): **there is no ~ solution to this problem** el problema no tiene fácil solución; **~ money** *o* **cash** dinero *m* (en efectivo); **~ to hand** a mano
D (quick) ‹*wit/intellect*› vivo, agudo

ready² *n* (*pl* **-dies**)
A **at the ~** listo; **the reporters waited, pens at the ~** los periodistas esperaban, bolígrafo en ristre *or* en mano
B **the readies** *pl* (cash) (BrE sl) la guita (arg), la plata (AmL fam), la lana (AmL fam), la pasta (Esp arg)

ready³ *vt* **-dies, -dying, -died** preparar

ready: **~-cooked** /'redi'kʊkt/ *adj* precocinado; **~-made** /'redi'meɪd/ *adj* ‹*suit*› de confección; ‹*soup/sauce*› preparado, precocinado; **~-made curtains** cortinas *fpl* ya hechas *or* confeccionadas; **there you have a ~-made excuse** ahí tienes la excusa, no te la tienes que inventar; **~-to-wear** /'reditə'wer || ˌreditə'weə(r)/ *adj* (*before n*) ‹*clothes*› de confección

reaffirm /'ri:ə'fɜ:rm || ˌri:ə'fɜ:m/ *vt* **1** (restate) reiterar, reafirmar **2** (strengthen) (frml) consolidar, afianzar*

reagent /ri'eɪdʒənt/ *n* [c u] reactivo *m*

real¹ /ri:l, rɪl || ri:l, rɪəl/ *adj*
A **1** (actual, not imaginary) real, verdadero; **the characters don't behave like ~ people** los personajes no se comportan como gente de verdad; **her first ~ success** su primer éxito de importancia; ***for* ~** (colloq) de verdad; **this time it's for ~** esta vez va en serio; **is he for ~?** (AmE) ¿es posible que sea tan tonto (*or* ingenuo *etc*)? **2** (actual, true) (*before n*) ‹*culprit/reason/name*› verdadero; **she's the ~ boss around here** aquí la que manda de verdad es ella **3** (genuine, not fake) ‹*fur/leather*› auténtico, genuino; ‹*gold*› de ley; **is it ~ coffee or instant?** ¿es café café o café instantáneo?; **I met a ~(, live) princess** conocí a una princesa auténtica *or* de verdad **4** (*as intensifier*) auténtico, verdadero
B (Econ) ‹*income/cost/increase*› real

real² *adv* (AmE colloq) (*as intensifier*) muy; **I'm ~ tired** estoy muy cansada, estoy cansadísima *or* (fam) super cansada; **be ~ careful, now** ojo, ten mucho cuidado

real estate *n* [u] (esp AmE) bienes *mpl* raíces *or* inmuebles, propiedad *f* inmobiliaria; (*before n*) **~ ~ agent** agente inmobiliario, -ria *m,f*, corredor, -dora *m,f* de propiedades (Chi)

realign /'ri:ə'laɪn/ *vt* ‹*currencies/positions*› realinear; ‹*salaries*› reajustar
■ **realign** *vi* (Pol) **to ~ WITH sth** formar una alianza CON algo

realism /'ri:əlɪzəm/ *n* [u] realismo *m*

realist /'ri:ələst || 'ri:əlɪst/ *n* realista *mf*

realistic /'ri:ə'lɪstɪk || ˌrɪə'lɪstɪk/ *adj* **1** (sensible) ‹*person/target*› realista; ‹*price*› razonable **2** (Art, Lit) realista

realistically /'ri:ə'lɪstɪkli || ˌrɪə'lɪstɪkli/ *adv* **1** (sensibly): **looking at it ~ ...** siendo realistas ...; **~, it couldn't be finished** (*indep*) siendo realistas, es imposible acabar antes del viernes **2** (in lifelike manner) ‹*describe/represent*› de manera realista

reality /ri'æləti/ *n* [c u] (*pl* **-ties**) realidad *f*; **the realities of life** la realidad de la vida; **to become (a) ~** hacerse* realidad; **in ~** en realidad; (*before n*) **~ show** *n* reality show *m*

realizable /'ri:əlaɪzəbəl/ *adj* (Fin) ‹*assets/property*› realizable

realization /'ri:ələ'zeɪʃən || ˌrɪəlaɪ'zeɪʃən/ *n* [u]
A (understanding) comprensión *f*; **I woke up to the terrible ~ that ...** al despertar comprendí horrorizado que ...
B (of plan) realización *f*

realize /'ri:əlaɪz/ *vt*
A **1** (become aware of) darse* cuenta de, comprender, caer* en la cuenta de; **she ~d (that) ...** se dio cuenta de que ..., comprendió que ... **2** (know, be aware of) saber*, darse* cuenta de; **I ~ it's expensive, but it's worth it** reconozco que es caro, pero vale la pena

B (achieve) ‹*ambition*› hacer* realidad; ‹*potential*› desarrollar; ‹*plan*› llevar a cabo
C **1** ‹*profit*› producir* **2** (turn into cash) ‹*assets*› realizar*
■ **realize** *vi* darse* cuenta

real-life /'riːl'laɪf || ˌriːəl'laɪf, ˌrɪəl-/ *adj* ‹*adventure/romance*› de la vida real; **in a ~ situation** en una situación real

really /'riːəli || 'riːəli, 'rɪəli/ *adv* **1** (in fact): **I ~ did see him!** ¡de verdad que lo vi!; **I ~ don't care** la verdad es que no me importa; **the tomato is ~ a fruit** el tomate en realidad *or* hablando con propiedad es una fruta; **do you like it? — not ~** ¿te gusta? — no mucho **2** (*as intensifier*): **it's ~ good/cheap/old** es buenísimo/baratísimo/viejísimo, es muy *or* (fam) super bueno/barato/viejo; **it was ~ hot** hacía mucho calor; **~ and truly** de verdad **3** (*as interj*): **(oh,) ~?** (expressing interest) ¿ah sí?; **really?** (expressing surprise) ¿de verdad? *or* ¡no me digas!; **well, ~!** (expressing indignation) ¡pero bueno!; **no, ~, I do want to come** no, en serio, claro que quiero ir

realm /relm/ *n* **1** (kingdom) (frml) reino *m* **2** (sphere) (*often pl*): **the ~s of the imagination** el mundo de la imaginación; **the ~ of science/politics** el mundo de la ciencia/política; **that's outside** *o* **beyond the ~s of possibility** es totalmente imposible

real: **~ property** *n* ▸**real estate**; **~ time** *n* [u] (Comput) tiempo *m* real

realtor /'riːəltər || 'rɪəltə(r)/ *n* (AmE) agente inmobiliario, -ria *m,f*, corredor, -dora *m,f* de propiedades (Chi)

realty /'riːəlti || 'rɪəlti/ *n* [u] bienes *mpl* raíces *or* inmuebles, propiedad *f* inmobiliaria

ream /riːm/ *n* **1** (measure) (Print) resma *f* **2** **reams** *pl* (great amount): **to write ~s** escribir* páginas y páginas

reamer /'riːmər || 'riːmə(r)/ *n* (AmE) exprimelimones *m*, exprimidor *m*

reap /riːp/ *vt* **1** (Agr) cosechar, recoger* **2** (gain, receive): **to ~ the benefits of sth** cosechar los beneficios de algo

reaper /'riːpər || 'riːpə(r)/ *n* **1** (person) cosechador, -dora *m,f*; **the (grim) ~** (liter) la Parca, la muerte **2** (machine) cosechadora *f*

reappear /'rɪə'pɪr || ˌrɪə'pɪə(r)/ *vi* volver* a aparecer, reaparecer*

reappearance /'riːə'pɪrəns || ˌriːə'pɪərəns/ *n* [u c] reaparición *f*

reappraisal /'riːə'preɪzəl/ *n* [u c] revaluación *f*

rear¹ /rɪr || rɪə(r)/ *n* **1** (back part) (*no pl*) parte *f* trasera *or* posterior *or* de atrás; **the courtyard at** *o* (AmE also) **in the ~ of the building** el patio de detrás del edificio; **she sat in the ~** (Auto) iba sentada atrás *or* en el asiento trasero **2** (of column, procession) (*no pl*) **the ~** la retaguardia **3** [c] (buttocks) (colloq) trasero *m* (fam)

rear² *adj* ‹*window/wheel*› de atrás, trasero; **~ lamp** *o* **light** (BrE Auto) luz *f* trasera *or* de atrás

rear³ *vt*
A (raise) ‹*child/cattle*› criar*
B (lift) ‹*head*› levantar; ▸**head¹ A**
■ **rear** *vi* **~ (up)** **1** «*horse*» empinarse, pararse en dos patas (AmL); (with anger, fear) encabritarse **2** (tower) erguirse*, alzarse*

rear: **~ end** *n* (colloq) trasero *m* (fam); **~guard** *n* retaguardia *f*

rearm /'riː'ɑːrm || ˌriː'ɑːm/ *vt* rearmar
■ **rearm** *vi* rearmarse

rearmament /'riː'ɑːrməmənt || ˌriː'ɑːməmənt/ *n* [u] rearme *m*

rearrange /'riːə'reɪndʒ/ *vt* **1** (change position of): **she had ~d the furniture** había cambiado los muebles de lugar; **~ these letters to form the name of a city** ordena estas letras de manera que formen el nombre de una ciudad **2** (change time of) ‹*appointment*› cambiar la fecha/la hora de

rear-view mirror /'rɪrvjuː || 'rɪəvjuː/ *n* (espejo *m*) retrovisor *m*

reason¹ /'riːzn̩/ *n*
A [c u] (cause) razón *f*, motivo *m*; **I'd like to know the ~ why** quisiera saber por qué *or* el porqué; **all the more ~ he should go** razón de más para que vaya; **I left it there for a ~** por algo lo dejé ahí; **for health ~s** por razones *or* motivos de salud; **with (good) ~** con razón; **for ~s best known to herself** por razones *or* motivos que sólo ella conoce, vete a saber por qué (fam); **she has good ~ to be upset** tiene razones *or* motivos para estar disgustada; **~ FOR sth** razón *or* motivo DE algo; **I have ~ to believe that ...** tengo razones *or* motivos para pensar que ...
B [u] (faculty) razón *f*
C [u] (good sense): **to listen to ~** atender* a razones; **to make sb see ~** hacer* entrar en razón a algn; **anything, within ~** cualquier cosa, dentro de lo razonable; ***it stands to ~*** es lógico

reason² *vt* pensar*
■ **reason** *vi* razonar, discurrir

Phrasal verb
• **reason out** [v ▸ o ▸ adv, v ▸ adv ▸ o] entender* (*razonando*)

reasonable /'riːzn̩əbəl/ *adj* **1** ‹*offer/request/person*› razonable; **it must be proved beyond ~ doubt** tiene que ser demostrado sin que quede lugar a duda; **you stand a ~ chance of winning** tienes bastantes posibilidades de ganar **2** ‹*price/sum*› razonable, moderado; **their shoes are very ~** sus zapatos están muy bien de precio

reasonably /'riːzn̩əbli/ *adv* **1** ‹*behave/argue*› razonablemente; **~ priced goods** artículos a precios razonables **2** (adequately, fairly): **I'm ~ certain** estoy casi seguro; **it's a ~ secure job** es un trabajo bastante seguro (, dentro de lo que cabe)

reasoned /'riːznd/ *adj* razonado

reasoning /'riːznɪŋ/ *n* [u] razonamiento *m*, lógica *f*

reassemble /'riːə'sembəl/ *vt* **1** ‹*people/group*› volver* a reunir, reunir* **2** ‹*parts/engine*› reensamblar, volver* a montar *or* armar *or* ensamblar
■ **reassemble** *vi* «*meeting/group*» volverse* a reunir, reunirse*

reassess /'riːə'ses/ *vt* ‹*chances/situation*› volver* a estudiar, reexaminar; ‹*taxes*› volver* a fijar

reassurance /'riːə'ʃʊrəns || ˌriːə'ʃʊərəns, ˌriːə'ʃɔːrəns/ *n* **1** [u] (feeling): **he drew ~ from his wife's words** lo que le dijo su mujer lo confortó *or* lo tranquilizó **2** [c u] (words, support): **he gave us countless ~s that ...** nos tranquilizó asegurándonos repetidamente que ...; **she needs constant ~ of your love** necesita que constantemente le demuestres tu amor

reassure /'riːə'ʃʊr || ˌriːə'ʃʊə(r), ˌriːə'ʃɔː(r)/ *vt* (allay anxiety) tranquilizar*; **he tried to ~ them that everything was alright** trató de tranquilizarlos asegurándoles que todo estaba bien; **she felt ~d by his presence** su presencia la tranquilizó; **to ~ sb OF sth**: **she ~d him of her affection for him** le aseguró que lo quería

reassuring /'riːə'ʃʊrɪŋ || ˌriːə'ʃʊərɪŋ, ˌriːə'ʃɔːrɪŋ/ *adj* ‹*voice/manner/answer*› tranquilizador; **he was very ~** me (*or* lo *etc*) dejó mucho más tranquilo; **it's ~ to know that ...** tranquiliza saber que ...

reassuringly /'riːə'ʃʊrɪŋli || ˌriːə'ʃʊərɪŋli, ˌriːə'ʃɔːrɪŋli/ *adv* ‹*smile/talk*› de modo tranquilizador; **he was ~ open** su franqueza inspiraba confianza

reawaken /'riːə'weɪkən/ *vt* (liter) volver* a despertar, hacer* renacer
■ **reawaken** *vi* volver* a despertar(se), renacer*

reawakening /'riːə'weɪkənɪŋ/ *n* [u c] (liter) renacer *m* (liter), despertar *m* (liter)

rebadge /riː'bædʒ/ *vt* rebautizar*

rebase /riː'beɪs/ *vt* establecer* una nueva base para calcular

rebate /'riːbeɪt/ *n* (repayment) reembolso *m*, devolución *f*; (discount) descuento *m*; **tax ~** reembolso *or* devolución de impuestos

rebel¹ /'rebəl/ *n* rebelde *mf*; (*before n*) ‹*forces/army*› rebelde

rebel² /rɪ'bel/ *vi* **-ll- to ~ (AGAINST sth/sb)** rebelarse *or* sublevarse (CONTRA algo/algn)

rebellion /rɪ'beljən/ *n* [c u] rebelión *f*; **to rise (up) in ~** rebelarse, sublevarse

rebellious /rɪ'beljəs/ *adj* rebelde

rebirth /'riː'bɜːrθ || ˌriː'bɜːθ/ *n* [u c] renacimiento *m*

reboot /riː'buːt/ *vt* (Comput) reinicializar*, reiniciar

reborn /'riː'bɔːrn || ˌriː'bɔːn/ *adj*: **to be ~** renacer*

rebound¹ /'riːbaʊnd/ *n* (ricochet): **the ball hit him on the ~** la pelota le pegó de rebote *or* al rebotar; **she married him on the ~** se casó con él por despecho

rebound² /rɪ'baʊnd/ *vi* «*ball*» rebotar

r

rebuff[1] /rɪˈbʌf/ *n*: **to meet with/receive a ~** ser* rechazado

rebuff[2] *vt* rechazar*

rebuild /riːˈbɪld/ *vt* (*past & past p* **rebuilt**) ‹*building/bridge/economy*› reconstruir*; **he tried to ~ his life** intentó rehacer su vida; **she rebuilt the business from scratch** levantó el negocio de cero

rebuke[1] /rɪˈbjuːk/ *vt* **to ~ sb FOR sth/-ING** reprender a algn POR algo/+ INF

rebuke[2] *n* reprimenda *f*

rebut /rɪˈbʌt/ *vt* **-tt-** (frml) rebatir, refutar

rebuttal /rɪˈbʌtl/ *n* (frml) refutación *f*

recalcitrant /rɪˈkælsətrənt || rɪˈkælsɪtrənt/ *adj* recalcitrante, contumaz (frml)

recall[1] /rɪˈkɔːl, ˈriːkɔːl/ *n*

A [u] (memory) memoria *f*; **to have total ~** tener* una memoria excelente

B [u c] **1** (withdrawal of goods) retirada *f* (*del mercado*) **2** (summoning back — of an ambassador) retirada *f*; (— of Parliament) convocatoria *f* (en sesión extraordinaria) **3** (in US) (Govt) destitución *f* (*de un funcionario del gobierno mediante voto popular*)

recall[2] /rɪˈkɔːl/ *vt*

A (remember) recordar*; **I don't ~ that we ever went there** no recuerdo que hayamos estado allí

B (call back) **1** ‹*faulty goods*› retirar (*del mercado*) **2** ‹*ambassador*› retirar; (temporarily) llamar; ‹*troops*› llamar

■ **recall** *vi* recordar*

recant /rɪˈkænt/ *vt* (frml) ‹*religion*› abjurar (de); ‹*belief/statement*› retractarse de

■ **recant** *vi* (withdraw statement) retractarse; (Relig) abjurar

recap[1] /ˈriːkæp/ *n*

A (summary) (colloq) resumen *m*

B (AmE Auto) ▸ **retread**[2]

recap[2] /ˈriːkæp/ **-pp-** *vt*

A (summarize) (colloq) resumir, recapitular

B (AmE Auto) ▸ **retread**[1]

■ **recap** *vi* (colloq) resumir; **to ~** (*as linker*) en resumen, para resumir

recapitulate /ˈriːkəˈpɪtʃəleɪt || ˌriːkəˈpɪtjʊleɪt/ *vt/i* (frml) recapitular, resumir

recapitulation /ˈriːkəˈpɪtʃəˈleɪʃən || ˌriːkəpɪtjʊˈleɪʃən/ *n* [c u] (frml) recapitulación *f*, resumen *m*

recapture[1] /ˈriːˈkæptʃər || ˌriːˈkæptʃə(r)/ *n* captura *f*

recapture[2] *vt* ‹*convict/animal*› capturar; ‹*youth/beauty*› recuperar

recast /ˈriːˈkæst || ˌriːˈkɑːst/ *vt* (*past & past p* **recast**) (Theat): **the play has been ~** le han cambiado el reparto a la obra, la obra tiene un nuevo reparto; **the part was ~** le dieron el papel a otro actor

recede /rɪˈsiːd/ *vi* **1** (move back) «*tide*» retirarse; **the mountains ~d into the distance** las montañas se perdían en la distancia; **his hair was beginning to ~** ya tenía entradas **2** (become less likely) «*danger*» alejarse; «*prospect*» desvanecerse* **3** **receding** *pres p* ‹*chin*› hundido; **he has a receding hairline** tiene entradas

receipt /rɪˈsiːt/ *n* **1** [c] (paper) recibo *m*; **to make out a ~** hacer* *or* (frml) extender* un recibo **2** [u] (act) recibo *m*, recepción *f*; **please acknowledge ~ of goods** por favor acuse recibo de la mercancía; **we are in ~ of your letter** (frml) obra en nuestro poder su carta (frml) **3** **receipts** *pl* (Fin) ingresos *mpl*, entradas *fpl*

receive /rɪˈsiːv/ *vt*

A **1** ‹*letter/award/visit*› recibir; ‹*payment*› recibir, cobrar, percibir (frml); ‹*stolen goods*› comerciar con, reducir* (AmS); ‹*serve/ball*› recibir; ‹*injuries*› sufrir; ‹*blow*› recibir; **~d with thanks the sum of ...** recibí (conforme) la suma de ...; **to ~ treatment** ser* tratado **2** (react to) ‹*proposal/news/idea*› recibir, acoger* **3** **received** *past p* **R~d Pronunciation** pronunciación *f* estándar; **~d wisdom** (la) creencia popular

B (welcome, admit) (frml) recibir, acoger*; **to be ~d into the Church** ser* admitido en el seno de la Iglesia

C (Rad, TV) ‹*signal*› recibir, captar

■ **receive** *vi*: ***to be on the receiving end of sth*** ser* el blanco *or* la víctima de algo; ***it is better o more blessed to give than to ~*** más vale dar que recibir

receiver /rɪˈsiːvər || rɪˈsiːvə(r)/ *n*

A (Telec) auricular *m*, tubo *m* (RPl), fono *m* (Chi)

B (Rad, TV) receptor *m*

C (Busn, Law) **(official) ~** síndico *m* (de quiebras); **to call in the ~s** ≈ solicitar la suspensión *or* la cesación de pagos

D (in US football) receptor, -tora *m,f*; **wide ~** receptor abierto, receptora abierta *m,f*

E (of stolen goods) comerciante *mf* de mercancía robada, reducidor, -dora *m,f* (AmS)

receivership /rɪˈsiːvərʃɪp || rɪˈsiːvəʃɪp/ *n* [u] sindicatura *f*; **to go into/be in ~** ≈ ser* declarado/estar* en suspensión *or* en cesación de pagos

recent /ˈriːsn̩t/ *adj* reciente; **in ~ years/months/times** en los últimos años/meses/tiempos; **in the ~ past** en los últimos tiempos

recently /ˈriːsn̩tli/ *adv* recientemente; **as ~ as the 1980's** todavía en los años 80; **have you seen them? — not ~** ¿los has visto? — recientemente *or* últimamente no; **until quite ~** hasta hace bien poco

receptacle /rɪˈseptɪkəl/ *n* (frml) recipiente *m*, receptáculo *m*

reception /rɪˈsepʃən/ *n*

A (response, reaction) (*no pl*) recibimiento *m*, acogida *f*; **what sort of ~ did you get?** ¿qué tal te recibieron?; **the book had a favorable ~** el libro tuvo una acogida favorable *or* fue bien recibido

B [u] (admission) (frml) **~ INTO sth** admisión *f* EN algo; (*before n*) **~ center** *o* (BrE) **centre** centro *m* de acogida; **~ committee** comité *m* de bienvenida *or* recepción

C (in hotel, office) (*no art*) recepción *f*; (*before n*) **~ desk** recepción *f*

D [c] (social event) recepción *f*

E [u] (Rad, TV) recepción *f*

receptionist /rɪˈsepʃənəst || rɪˈsepʃənɪst/ *n* recepcionista *mf*

reception room *n* **1** (in hotel) salón *m* **2** (in house) (BrE) *salón, comedor o cualquier habitación donde se puede recibir*

receptive /rɪˈseptɪv/ *adj* receptivo; **to be ~ TO sth** estar* abierto A algo

recess /ˈriːses/ *n*

A [u] **1** (of legislative body) receso *m* (AmL), suspensión *f* de actividades (Esp); (of committee etc) intermedio *m*, cuarto *m* intermedio (RPl) **2** (AmE Educ) recreo *m*

B [c] **1** (alcove) hueco *m*, entrada *f* **2** (secluded place) lugar *m* escondido *or* oculto

recession /rɪˈseʃn̩ || rɪˈseʃən/ *n* [c u] (Econ) recesión *f*

recharge /ˈriːˈtʃɑːrdʒ || ˌriːˈtʃɑːdʒ/ *vt* volver* a cargar, recargar*

■ **recharge** *vi* volverse* a cargar, recargarse*

rechargeable /ˈriːˈtʃɑːrdʒəbəl || ˌriːˈtʃɑːdʒəbəl/ *adj* recargable

recherché /rəˈʃerˈʃeɪ || rəˈʃeəʃeɪ/ *adj* (liter) rebuscado

recidivist /rɪˈsɪdəvəst || rɪˈsɪdɪvɪst/ *n* (frml) reincidente *mf*

recipe /ˈresəpi/ *n* **1** (Culin) receta *f*; **a ~ for cheese soufflé** una receta para hacer soufflé de queso; (*before n*) **~ book** (published) libro *m* de cocina; (personal) cuaderno *m* de recetas (de cocina) **2** (formula) **~ FOR sth** fórmula *f* PARA algo; **that's a ~ for disaster** eso es buscarse problemas

recipient /rɪˈsɪpiənt/ *n* (frml) (of letter) destinatario, -ria *m,f*; (of an organ) (Med) receptor, -tora *m,f*

reciprocal /rɪˈsɪprəkəl/ *adj* recíproco, mutuo

reciprocate /rɪˈsɪprəkeɪt/ *vt* ‹*compliment/kindness*› corresponder a, reciprocar* (AmL); **his love wasn't ~d** su amor no era correspondido

■ **reciprocate** *vi* corresponder, reciprocar* (AmL)

recital /rɪˈsaɪtl/ *n* **1** (performance) recital *m* **2** (rendition of poem) recitado *m*, recitación *f*

recitation /ˈresəˈteɪʃən || ˌresɪˈteɪʃən/ *n* [c u] recitado *m*, recitación *f*

recite /rɪˈsaɪt/ *vt* **1** (declaim) ‹*poem*› recitar **2** (list) ‹*names*› enumerar

■ **recite** *vi* recitar

reckless /ˈrekləs || ˈreklɪs/ *adj* ‹*plan/act*› imprudente, temerario; ‹*person*› imprudente, insensato; **~ endangerment** *o* (BrE) **driving** imprudencia *f* temeraria (al conducir)

recklessly /ˈrekləsli || ˈreklɪsli/ *adv* imprudentemente, de modo temerario

recklessness /'rekləsnəs || 'reklɪsnɪs/ *n* [u] imprudencia *f*, temeridad *f*

reckon /'rekən/ *vt* 1 (calculate) calcular; **I ~ the total to be £35** calculo que en total son 35 libras 2 (consider) considerar; **he's ~ed to be one of his generation's finest writers** está considerado como uno de los mejores escritores de su generación 3 (think) (colloq) creer*; **I ~ she knew all along** yo creo que lo sabía desde el principio; **he ~s he's a good player** se cree *or* se considera buen jugador; **what do you ~?** ¿tú qué opinas?, ¿y a ti qué te parece?; **I ~ so** creo *or* me parece que sí

Phrasal verbs

- **reckon on, reckon upon** [v ▸ prep ▸ o]: **we didn't ~ on such a big turn-out** no contábamos con que vendría tanta gente; **to ~ on (sb/sth) -ING**: **we ~ on each customer spending about $10** calculamos que cada cliente gasta alrededor de 10 dólares; **I hadn't ~ed on that happening** no contaba con que pasara eso, no esperaba que sucediera eso
- **reckon up** [v ▸ o ▸ adv, v ▸ adv ▸ o] sumar, calcular
- **reckon with** [v ▸ prep ▸ o] 1 (face) vérselas* con; **you'll have me to ~ with** tendrás que vértelas conmigo 2 (anticipate, take into account) tener* en cuenta
- **reckon without** [v ▸ prep ▸ o] ‹*weather conditions*› no tener* en cuenta; **we'll have to ~ without his help** no podremos contar con su ayuda

reckoning /'rekənɪŋ/ *n* [u] 1 (calculation, estimate) cálculos *mpl*; **by my ~** según mis cálculos; **he was a bit out in his ~** se equivocó ligeramente en sus cálculos 2 (assessment, opinion) opinión *f* 3 (judgment) juicio *m*; **the day of ~** el día del Juicio Final

reclaim¹ /rɪ'kleɪm/ *vt* 1 ‹*rights*› reclamar, reivindicar*; **I filled in a form to ~ tax** llené un formulario para que me devolvieran parte de los impuestos; **to ~ one's luggage** (Aviat) recoger* el equipaje; (at left luggage) (pasar a) retirar el equipaje 2 (recover) recuperar; **~ed land** terreno *m* ganado al mar

reclaim² /'ri:kleɪm/ *n* [u]: **luggage ~** (BrE) recogida *f* de equipaje

reclamation /'reklə'meɪʃən/ *n* [u] (of land) rescate *m*; (of refuse, waste) recuperación *f*, reciclaje *m*

recline /rɪ'klaɪn/ *vi* 1 (lean back) recostarse*, reclinarse; (rest) apoyarse 2 «*chair/backrest*» reclinarse 3 **reclining** *pres p* ‹*chair/seat*› reclinable, abatible; ‹*figure*› yacente (liter), recostado

■ **recline** *vt* reclinar

recliner /rɪ'klaɪnər || rɪ'klaɪnə(r)/ *n* asiento *m* (*or* sillón *m* *etc*) reclinable *or* abatible

recluse /rɪ'klu:s/ *n* ermitaño, -ña *m,f*

reclusive /rɪ'klu:sɪv/ *adj* dado a recluirse, que lleva una vida recluida

recognition /rekəg'nɪʃən/ *n* [u] 1 (identification) reconocimiento *m*; **it has changed beyond** *o* **out of all ~** ha cambiado de tal manera que resulta irreconocible 2 (acknowledgment, acceptance) reconocimiento *m*; **in ~ of** (frml) en reconocimiento a *or* por (frml)

recognizable /'rekəgnaɪzəbəl/ *adj* reconocible; ‹*difference*› apreciable; **no longer ~** ya irreconocible

recognizably /'rekəgnaɪzəbli/ *adv* evidentemente

recognize /'rekəgnaɪz/ *vt* 1 (identify) ‹*face/voice/person*› reconocer* 2 (acknowledge, accept) reconocer*, admitir 3 (grant right to speak) (AmE frml) concederle *or* darle* la palabra a; **the chair ~s the gentleman from ...** tiene la palabra el representante de ...

recognized /'rekəgnaɪzd/ *adj* reconocido

recoil¹ /rɪ'kɔɪl/ *vi* 1 (shrink back) retroceder; **she ~ed in fear** retrocedió de miedo; **to ~ FROM sth** rehuir* algo 2 «*gun*» retroceder, dar* un culatazo

recoil² /'ri:kɔɪl/ *n* [u] retroceso *m*, culatazo *m*

recollect /'rekə'lekt/ *vt*

A (remember) recordar*; **I don't ~ seeing them there** no recuerdo haberlos visto allí

B ‹*thoughts*› ordenar

■ **recollect** *vi* recordar*

recollection /'rekə'lekʃən/ *n* [u c] recuerdo *m*; **to the best of my ~** si no me falla la memoria, si mal no recuerdo; **he has no ~ of having seen you that day** no recuerda haberte visto ese día

recommence /'ri:kə'mens/ *vt* (frml) reanudar, reiniciar (frml)

■ **recommence** *vi* reanudarse, reiniciarse (frml)

recommend /'rekə'mend/ *vt* 1 (praise, declare acceptable) recomendar*; **the play has little/nothing to ~ it** la obra tiene poco/no tiene nada que se pueda recomendar 2 (advise) **to ~ sth/-ING** aconsejar *or* recomendar* algo/+ INF; **it's not to be ~ed** no es nada aconsejable *or* recomendable; **~ed dosage** dosis *f* recomendada; (on label) posología *f*; **~ed (retail) price** precio *m* de venta recomendado; **~ed reading** lecturas *fpl* recomendadas

recommendation /'rekəmen'deɪʃən/ *n* [u c] 1 (approval) recomendación *f* 2 (advice) recomendación *f*, sugerencia *f*

recompense¹ /'rekəmpens/ *n* [u] (frml) **~ (FOR sth)** ‹*for damages/loss*› indemnización *f* *or* compensación *f* (POR algo); ‹*for efforts*› recompensa *f* (POR algo)

recompense² *vt* (frml) **to ~ sb (FOR sth)** ‹*for damage/loss*› indemnizar* *or* compensar a algn (POR algo); ‹*for efforts*› recompensar a algn (POR algo)

reconcile /'rekənsaɪl/ *vt* 1 (make friendly) ‹*enemies/factions*› reconciliar; **they were finally ~d** finalmente se reconciliaron; **to ~ sb WITH sb**: **the tragedy helped to ~ him with his brother** la tragedia lo ayudó a reconciliarse con su hermano 2 (make consistent) **to ~ sth (WITH sth)** ‹*theories/ideals*› conciliar algo (CON algo) 3 (make resigned) **to become ~d TO sth** resignarse A algo, aceptar algo; **to ~ oneself to -ING** resignarse A + INF

reconciliation /'rekənsɪli'eɪʃən/ *n* 1 [c] (of people) **~ (WITH sb)** reconciliación *f* (CON algn) 2 [u] (of ideas, aims) **~ (WITH sth)** conciliación *f* (CON algo)

recondition /'ri:kən'dɪʃən/ *vt* reacondicionar

reconnaissance /rə'kɑ:nəzəns, -səns || rɪ'kɒnɪsəns/ *n* [u c] (Mil) reconocimiento *m*

reconnoiter, (BrE) **reconnoitre** /'ri:kə'nɔɪtər, 're- || ,rekə'nɔɪtə(r)/ *vt* reconocer*

■ **reconnoiter** *vi* hacer* un reconocimiento del terreno (*or* del área *etc*)

reconquer /'ri:'kɑ:ŋkər || ,ri:'kɒŋkə(r)/ *vt* reconquistar

reconquest /'ri:'kɑ:ŋkwest || ,ri:'kɒŋkwest/ *n* [u] reconquista *f*

reconsider /'ri:kən'sɪdər || ,ri:kən'sɪdə(r)/ *vt* reconsiderar

■ **reconsider** *vi* recapacitar

reconstitute /'ri:'kɑ:nstətu:t || ,ri:'kɒnstɪtju:t/ *vt* reconstituir*

reconstruct /'ri:kən'strʌkt/ *vt* 1 ‹*town/building*› reconstruir* 2 ‹*crime/events*› reconstruir*

reconstruction /'ri:kən'strʌkʃən/ *n* 1 [u] (rebuilding) reconstrucción *f*; **R~** *período, de 1865 a 1877, durante el cual se llevó a cabo la integración de los estados Sudistas con la Unión* 2 [c] (re-creation) reconstitución *f*

record¹ /'rekərd || 'rekɔ:d/ *n*

A 1 [c] (document) documento *m*; (of attendances etc) registro *m*; (file) archivo *m*; (minutes) acta *f*‡; (note) nota *f*; **medical ~s** historial *m* médico; **keep a ~ of your expenses** anote sus gastos; **according to our ~s** según nuestros datos; **please keep this copy for your ~s** conserve esta copia para su información 2 (*in phrases*) **for the record**: **for the ~, I had no financial interest in the deal** yo no me beneficiaba con el acuerdo, que conste; **off the record**: **the minister spoke off the ~** el ministro habló extraoficialmente; **on record**: **the hottest summer on ~** el verano más caluroso del que se tienen datos; **she is on ~ as saying that ...** ha declarado públicamente que ...; **to put** *o* **place sth on ~** dejar constancia de algo, hacer* constar algo; **to set** *o* **put the ~ straight, let me point out that ...** para poner las cosas en su lugar, permítame señalar que ...

B [c] 1 (of performance, behavior): **he has a good service/academic ~** tiene una buena hoja de servicios/un buen currículum *or* historial académico; **he has a poor ~ for timekeeping** en cuanto a puntualidad, su expediente no es bueno; **our products have an excellent safety ~** nuestros productos son de probada seguridad 2 (*criminal* ~) antecedentes *mpl* (penales); **to have a ~** tener* antecedentes (penales) *or* (CS tb) prontuario

C [c] (highest, lowest, best, worst) récord *m*, marca *f*; **to break/set a ~** batir/establecer* un récord *or* una marca; **to hold the**

r

world ~ tener* *or* (frml) ostentar el récord *or* la marca mundial; **his latest movie has broken box-office ~s** su última película ha batido todos los récords de taquilla
D [c] (Audio, Mus) disco *m*; (*before n*) **~ company** compañía *f* discográfica; **~ store** tienda *f* de discos

record² /rɪ'kɔ:rd || rɪ'kɔ:d/ *vt*
A **1** ⟪*person*⟫ (write down) anotar; (in minutes) hacer* constar; **historians ~ how Rome fell** los historiadores narran la caída de Roma **2** (register) ⟪*instrument*⟫ registrar
B ⟨*song/program/album*⟩ grabar
■ **record** *vi* grabar

record³ /'rekərd || 'rekɔ:d/ *adj* (*before n, no comp*) récord *adj inv*, sin precedentes

record /'rekərd || 'rekɔ:d/: **~-breaking** /'breɪkɪŋ/ *adj* que bate todos los récords, sin precedentes; **~ card** *n* ficha *f*

recorded /rɪ'kɔ:rdəd || rɪ'kɔ:dɪd/ *adj* **1** (Rad, TV) ⟨*music*⟩ grabado; ⟨*program*⟩ grabado (*para transmitir en diferido*) **2** (known, written down) ⟨*history*⟩ escrito, documentado; ⟨*fact*⟩ del que se tiene constancia

recorded delivery *n* [u c] (in UK) *servicio de envíos postales en el cual se exige la firma del destinatario como constancia de la entrega del envío*

recorder /rɪ'kɔ:rdər || rɪ'kɔ:də(r)/ *n*
A (Mus) flauta *f* dulce
B (in UK) (Law) *abogado que actúa como juez a tiempo parcial*

recording /rɪ'kɔ:rdɪŋ || rɪ'kɔ:dɪŋ/ *n* [c u] grabación *f*; (*before n*) ⟨*studio/session*⟩ de grabación

record /'rekərd || 'rekɔ:d/: **~ library** *n* (collection) discoteca *f*; (of institution) fonoteca *f*; (lending) discoteca *f* pública; **~ player** *n* tocadiscos *m*

recount /rɪ'kaʊnt/ *vt* narrar, contar*

re-count¹ /ri:'kaʊnt/ *vt* volver* a contar, contar* de nuevo; ⟨*votes*⟩ hacer* un segundo escrutinio de, recontar*

re-count² /'ri:kaʊnt/ *n* recuento *m*, segundo escrutinio *m*

recoup /rɪ'ku:p/ *vt* ⟨*costs*⟩ recuperar; ⟨*losses*⟩ resarcirse* de

recourse /'ri:kɔ:rs || rɪ'kɔ:s/ *n* [u] **to have ~ to sth/sb** recurrir a algo/algn

recover /rɪ'kʌvər || rɪ'kʌvə(r)/ *vt* **1** (regain) ⟨*consciousness/strength*⟩ recuperar, recobrar; ⟨*investment/position/lead*⟩ recuperar; **he was on the point of losing his temper, but ~ed himself** estuvo a punto de perder los estribos, pero se contuvo **2** (retrieve) rescatar **3** (reclaim) ⟨*metal/glass/paper*⟩ recuperar **4** (Law): **to ~ damages** obtener* indemnización por daños y perjuicios
■ **recover** *vi* **1** ⟪*person*⟫ **to ~ (FROM sth)** reponerse* *or* restablecerse* *or* recuperarse (DE algo) **2** ⟪*economy/industry*⟫ recuperarse, repuntar, reactivarse

re-cover /ri:'kʌvər || ˌri:'kʌvə(r)/ *vt* ⟨*chair/sofa*⟩ retapizar*

recoverable /rɪ'kʌvərəbəl/ *adj* recuperable

recovery /rɪ'kʌvəri/ *n* (*pl* **-ries**)
A [c u] **1** (return to health) recuperación *f*, restablecimiento *m* (frml); **she made a quick ~** se recuperó *or* se mejoró rápidamente; **to be on the road to ~** estar* en vías de recuperación; (*before n*) **~ room** sala *f* de recuperación **2** (of economy, industry) recuperación *f*, reactivación *f*
B [u] (of stolen goods, missing documents) recuperación *f*; (retrieval) rescate *m*; (*before n*) **~ service** (BrE Auto) servicio *m* de grúa

re-create /'ri:kri'eɪt/ *vt* recrear

recreation /'rekri'eɪʃən/ *n* **1** [u] (leisure) esparcimiento *m*; (*before n*) **~ ground** (BrE) campo *m* de deportes; **~ room** (AmE) sala *f* de juegos **2** [c] (pastime) forma *f* de esparcimiento, pasatiempo *m* **3** [u] (in school, prison) (BrE) recreo *m*

recreational /'rekri'eɪʃn̩əl || ˌrekri'eɪʃənl̩/ *adj* recreativo

recrimination /rɪ'krɪmə'neɪʃən/ *n* [c u] (*often pl*) recriminación *f*, reproche *m*

recruit¹ /rɪ'kru:t/ *n* **1** (Mil) recluta *mf* **2** (new member): **the latest ~s to the club/staff** los nuevos socios del club/miembros del personal

recruit² *vt* (Mil) reclutar; ⟨*members/volunteers*⟩ reclutar; ⟨*staff*⟩ contratar
■ **recruit** *vi* **1** ⟪*army*⟫ alistar reclutas; ⟪*company*⟫ buscar* personal, reclutar gente **2** **recruiting** *pres p* ⟨*agent/office*⟩ de reclutamiento

recruitment /rɪ'kru:tmənt/ *n* [u] reclutamiento *m*

recta /'rektə/ *pl of* **rectum**

rectangle /'rektæŋgəl/ *n* rectángulo *m*

rectangular /rek'tæŋgjələr || rek'tæŋgjulə(r)/ *adj* rectangular

rectification /'rektəfə'keɪʃən || ˌrektɪfɪ'keɪʃən/ *n* [u c] rectificación *f*

rectify /'rektəfaɪ || 'rektɪfaɪ/ *vt* **-fies, -fying, -fied** rectificar*

rectitude /'rektətu:d || 'rektɪtju:d/ *n* [u] (frml) rectitud *f*

rector /'rektər || 'rektə(r)/ *n* **1** (Relig) rector, -tora *m,f*, ≈ párroco *m* **2** (in US) (Educ) rector, -ra *m,f*

rectory /'rektəri/ *n* (*pl* **-ries**) rectoría *f*, ≈ casa *f* del párroco

rectum /'rektəm/ *n* (*pl* **rectums** *or* **recta**) recto *m*

recumbent /rɪ'kʌmbənt/ *adj* (frml *or* hum) recostado

recuperate /rɪ'ku:pəreɪt/ *vi* **to ~ (FROM sth)** recuperarse *or* reponerse* (DE algo)

recuperation /rɪ'ku:pə'reɪʃən/ *n* [u] recuperación *f*, restablecimiento *m*

recur /rɪ'kɜ:r || rɪ'kɜ:(r)/ *vi* **-rr- 1** ⟪*phenomenon*⟫ volver* a ocurrir *or* a suceder, repetirse*; ⟪*theme*⟫ repetirse*, volver* a aparecer; ⟪*symptom*⟫ volver* a presentarse; **the image kept ~ring in his mind** volvía a ver la imagen una y otra vez **2** **recurring** *pres p* recurrente

recurrence /rɪ'kɜ:rəns || rɪ'kʌrəns/ *n* [c u] (of symptoms, theme) reaparición *f*; (of incident, dream) repetición *f*

recurrent /rɪ'kɜ:rənt || rɪ'kʌrənt/ *adj* recurrente

recycle /ri:'saɪkəl/ *vt* reciclar

recycling /ri:'saɪklɪŋ/ *n* [u] reciclaje *m*, reciclado *m*

red¹ /red/ *adj* **redder, reddest**
A **1** ⟨*rose/dress*⟩ rojo, colorado; ⟨*flag/signal*⟩ rojo; **her eyes were ~** tenía los ojos enrojecidos *or* rojos; **to go ~ in the face** (with anger, heat) ponerse* colorado *or* rojo; (with embarrassment) sonrojarse, ruborizarse*, ponerse* colorado; **there'll be a few ~ faces** a unos cuantos se les va a caer la cara de vergüenza; **he has ~ hair** es pelirrojo; **the (traffic) lights were ~** el semáforo estaba (en) rojo **2** ⟨*meat*⟩ rojo; ⟨*wine*⟩ tinto
B *also* **Red** (Pol) rojo

red² *n*
A [u] (color) rojo *m*, colorado *m*; ***to see ~*** ponerse* hecho una furia *or* un basilisco; **that sort of remark makes me see ~** ese tipo de comentario me saca de quicio *or* de las casillas
B [c] *also* **Red** (Pol) (colloq & pej) rojo, -ja *m,f* (fam)
C **the red** (debt) (*no pl*): ***to be in/out of the ~*** estar*/no estar* en números rojos

red: **~ admiral** *n* vanesa *f* roja; **~-blooded** /'red 'blʌdəd || ˌred'blʌdɪd/ *adj* (colloq) (*usu before n*) (virile) (journ) ⟨*male*⟩ ardiente, fogoso; **~brick** *adj* (BrE) ⟨*building*⟩ de ladrillo (rojo); **~brick university** *universidad sin la tradición secular de las antiguas como Oxford o Cambridge*; **~cap** *n* (AmE colloq) mozo *m*, maletero *m*; **~ card** *n* (in soccer): **to show sb the ~ card** mostrarle* la tarjeta roja a algn; **~ carpet** *n*: **to roll out the ~ carpet for sb** recibir* a algn con bombos y platillos *or* (Esp) a bombo y platillo; (*before n*) **they gave us the ~-carpet treatment** nos trataron a cuerpo de rey; **~ Cross** *n* Cruz *f* Roja; **~currant** *n* grosella *f* (roja)

redden /'redn̩/ *vi* ⟪*skin/sky*⟫ enrojecerse*, ponerse* rojo; (blush) ruborizarse*, ponerse* colorado, sonrojarse
■ **redden** *vt* enrojecer*

reddish /'redɪʃ/ *adj* rojizo

redecorate /ri:'dekəreɪt/ *vt* (painting only) pintar; (painting and papering) pintar y empapelar
■ **redecorate** *vi* pintar (y empapelar)

redeem /rɪ'di:m/ *vt*
A **1** ⟨*fault/error*⟩ compensar **2** ⟨*good name*⟩ rescatar **3** ⟨*sinners*⟩ redimir **4** **redeeming** *pres p*: **they have no ~ing features** no tienen ningún punto a su favor
B **1** ⟨*promise/pledge*⟩ (frml) cumplir **2** (from pawnshop) desempeñar
■ *v refl* **to ~ oneself** reparar su (*or* mi *etc*) error

r

redeemable /rɪ'di:məbəl/ *adj* ‹*property*› amortizable; ‹*stocks/shares*› reembolsable; ‹*coupon/voucher*› canjeable

redeemer /rɪ'di:mər || rɪ'di:mə(r)/ *n* redentor, -tora *m,f*

redefine /'ri:dɪ'faɪn/ *vt* redefinir

redemption /rɪ'dempʃən/ *n* [u] (saving) salvación *f*; (Relig) redención *f*; **to be past** *o* **beyond ~** no tener* arreglo *or* remedio

redeploy /'ri:dɪ'plɔɪ/ *vt* ‹*resources*› reorientar, dar* nuevo destino a; ‹*staff*› asignar un nuevo destino a, reubicar* (AmL); ‹*troops*› cambiar la disposición de

redeployment /'ri:dɪ'plɔɪmənt/ *n* [u] (of resources) reorientación *f*; (of staff) reorganización *f*, reubicación *f* (AmL)

redevelop /'ri:dɪ'veləp/ *vt* reurbanizar*

redevelopment /'ri:dɪ'veləpmənt/ *n* [u c] reurbanización *f*

red : **~-eye** /'redaɪ/ *n* **1▸** [u] (Photo) ojo *m* rojo **2▸** [c] *also* **red-eye flight** (AmE colloq) vuelo *m* matutino **3▸** [u] (AmE colloq) (cheap whisky) whisky *m* barato; **~-eyed** /'red'aɪd/ *adj* con los ojos enrojecidos *or* rojos; **~-faced** /'red'feɪst/ *adj*: **to be ~-faced with shame** tener* la cara colorada de vergüenza; **~-haired** /'red'herd || ˌred 'heəd/ *adj* pelirrojo; **~-handed** /'red'hændəd || ˌred 'hændɪd/ *adj*: ***to catch sb ~-handed*** agarrar *or* (esp Esp) coger* a algn con las manos en la masa; **~head** *n* pelirrojo, -ja *m,f*; **~-headed** /'red'hedəd || ˌred'hedɪd/ *adj* ▸ **~-haired** ; **~ herring** *n* (in detective story) pista *f* falsa; **~-hot** /'red'hɑ:t || ˌred'hɒt/ *adj* (*pred* **~ hot**) (very hot) al rojo vivo; (colloq) (sensational) ‹*story/pictures*› al rojo vivo

redial¹ /'ri:'daɪl || ˌri:'daɪəl/ *vi/t*, (BrE) **-ll-** volver* a marcar *or* (AmS tb) a discar

redial² /'ri:daɪl || 'ri:daɪəl/ *n* rellamada *f*; **automatic ~** rellamada automática

Red Indian *n* (BrE) piel *mf* roja

redirect /'ri:də'rekt, -daɪ- || ˌri:daɪ'rekt, -də-/ *vt* (*often pass*) ‹*mail*› enviar* a una nueva dirección; ‹*traffic*› desviar*

rediscover /'ri:dɪ'skʌvər || ˌri:dɪ'skʌvə(r)/ *vt* redescubrir*, volver* a descubrir

rediscovery /'ri:dɪ'skʌvəri/ *n* [u c] (*pl* **-ries**) redescubrimiento *m*

redistribute /'ri:dɪ'strɪbjət || ˌri:dɪ'strɪbju:t/ *vt* redistribuir*

redistribution /ri:'dɪstrə'bju:ʃən || ˌri:dɪstrɪ'bju:ʃən/ *n* [u c] redistribución *f*

red : **~-letter** /'red'letər || ˌred'letə(r)/ *adj* (*before n*) ‹*day*› muy especial, memorable; **~ light** *n* luz *f* roja, semáforo *m* en rojo, alto *m* (Méx); **she drove through the ~ light** no respetó la luz roja, se saltó la luz roja, se pasó el alto (Méx); **~-light district** /'red'laɪt/ *n* zona *f* de tolerancia, zona *f* roja (AmL), barrio *m* chino (Esp); **~neck** *n* (in US) (pej) *sureño reaccionario de la clase baja rural*

redness /'rednəs || 'rednɪs/ *n* [u] rojez *f*

redo /ri:'du:/ *vt* (*3rd pers sing pres* **redoes** ; *past* **redid** ; *past p* **redone**) **1▸** (do again) rehacer*, volver* a hacer **2▸** ▸ **redecorate** *vt*

redolent /'redḷənt || 'redələnt/ *adj* (liter) **~ OF sth** (smelling of sth) con olor A *or* (liter) con fragancia DE algo; **his style is ~ of the Impressionists** su estilo recuerda el de los impresionistas

redouble /'ri:'dʌbəl/ *vt* ‹*efforts*› redoblar, intensificar*

redoubtable /rɪ'daʊtəbəl/ *adj* imponente, temible

redound /rɪ'daʊnd/ *vi* (frml): **to ~ to sb's advantage** redundar en beneficio de algn; **it can only ~ to our credit** sólo puede aumentar nuestro prestigio

red pepper *n* **1▸** [u] (cayenne) pimienta *f* de cayena **2▸** [c u] (capsicum) *see* **pepper¹ B**

redraft /'ri:'dræft || ri:'drɑ:ft/ *vt* volver* a redactar

redress¹ /rɪ'dres/ *n* [u] (of a wrong) reparación *f*; (Law) compensación *f*, reparación *f*

redress² *vt* ‹*error/wrong*› reparar, enmendar*; ‹*imbalance*› corregir*

red : **~ Riding Hood** *n* Caperucita *f* Roja; **~ Sea** *n* **the R~ Sea** el Mar Rojo; **~shank** /'redʃæŋk/ *n* archibebe *m*; **~skin** *n* (colloq) piel *mf* roja; **~ snapper** /'snæpər || 'snæpə(r)/ *n* pargo *m*, huachinango *m* (Méx); **~ tape** *n* [u] (bureaucracy) trámites *mpl* burocráticos, papeleo *m* (fam)

reduce /rɪ'du:s || rɪ'dju:s/ *vt*

A **1▸** ‹*number/amount*› reducir*; ‹*tension/pressure/speed*› disminuir*, reducir*; ‹*price/taxes/rent*› reducir*, rebajar; ‹*goods*› rebajar; ‹*pain*› aliviar **2▸** ‹*photograph/image*› reducir*

B **1▸** (break down, simplify) **to ~ sth TO sth** reducir* algo A algo **2▸** (Math) simplificar*

C (bring to undesirable state) **to ~ sth/sb TO sth** (*often pass*): **their policies have ~d the country to poverty** sus políticas han sumido al país en la pobreza; **they ~d the city to ruins** dejaron la ciudad en ruinas; **they were ~d to begging** se vieron obligados a mendigar; **to ~ sb to tears** hacer* llorar a algn

reduced /rɪ'du:st || rɪ'dju:st/ *adj*

A (lower, lesser) ‹*number/size/prices*› reducido

B (impoverished) (frml & euph): **to live in ~ circumstances** pasar estrecheces

reduction /rɪ'dʌkʃən/ *n* [c u] (in numbers, size, spending) reducción *f*; (in prices, charges) rebaja *f*

redundancy /rɪ'dʌndənsi/ *n* [u c] (*pl* **-cies**)

A (superfluity) (frml) superfluidad *f*

B (BrE Lab Rel) (loss of job) despido *m*, cese *m*; **voluntary ~** retiro *m* voluntario *or* (Esp) baja *f* voluntaria; (with incentives) retiro *m* incentivado *or* (Esp) baja *f* incentivada; (*before n*) **~ money** *o* **pay** indemnización *f* *or* (Chi) desahucio *m* (por despido *or* cese)

redundant /rɪ'dʌndənt/ *adj*

A **1▸** (superfluous) superfluo **2▸** (Ling) redundante

B (esp BrE Lab Rel): **she was made ~** la despidieron por reducción de planilla *or* (Esp) de plantilla

redwood /'redwʊd/ *n* secoya *f*, secuoya *f*

reed /ri:d/ *n*

A (Bot) carrizo *m*, junco *m*

B (Mus) (in instrument) lengüeta *f*

reeducate /'ri:'edʒəkeɪt || ˌri:'edjʊkeɪt/ *vt* ‹*population*› reeducar*; ‹*offender*› rehabilitar

reedy /'ri:di/ *adj* **-dier, -diest** ‹*voice*› aflautado, atiplado

reef /ri:f/ *n* (Geog) arrecife *m*; (seen as hazard) escollo *m*, arrecife *m*

reefer /'ri:fər || 'ri:fə(r)/ *n* (sl & dated) ▸ **joint¹ E**

reef knot *n* nudo *m* de rizo, lasca *f*

reek¹ /ri:k/ *vi* **1▸** (stink) **to ~ (OF sth)** apestar *or* heder* (A algo) **2▸** (have air of) **to ~ OF sth** ‹*of corruption/fraud*› oler* A algo **3▸** **reeking** *pres p* maloliente, hediondo

reek² *n* [u] hedor *m*

reel¹ /ri:l/ *n*

A **1▸** (for wire, thread, tape) carrete *m* **2▸** (of film) rollo *m* **3▸** (fishing) carrete *m*, carretel *m*, reel *m* (RPl)

B (dance) *baile de origen escocés*

reel² *vi*

A **1▸** (move unsteadily) tambalearse; **he ~ed out of the room** salió de la habitación tambaleándose *or* dando tumbos **2▸** (feel impact): **they were still ~ing from the last price rise** todavía no se habían recuperado del impacto de la última subida de precios

B «*room/walls*» (move in circles) dar* vueltas; **my head was ~ing** todo me daba vueltas

■ **reel** *vt* enrollar

(Phrasal verbs)

• **reel in** [v ▸ o ▸ adv, v ▸ adv ▸ o] ‹*line*› enrollar, recoger*; ‹*fish*› sacar* del agua enrollando el sedal

• **reel off** [v ▸ o ▸ adv, v ▸ adv ▸ o] recitar de un tirón

reelect /'ri:ə'lekt || ˌri:ɪ'lekt/ *vt* reelegir*

reemerge /'ri:ə'mɜ:rdʒ || ˌri:ɪ'mɜ:dʒ/ *vi* **1▸** (reappear) volver* a salir, reaparecer* **2▸** (regain prominence) resurgir*

reenact /'ri:ə'nækt || ˌri:ɪ'nækt/ *vt* ‹*historical event*› recrear, representar; ‹*crime*› reconstruir*, reconstituir*

reenter /'ri:'entər || ˌri:'entə(r)/ *vt* volver* a entrar en *or* (esp AmL) a

reentry /'ri:'entri/ *n* [u c] (*pl* **-tries**) reingreso *m*

reexamine /'ri:ɪg'zæmən || ˌri:ɪg'zæmɪn/ *vt* ‹*facts/evidence/student/patient*› volver* a examinar; ‹*witness*› volver* a interrogar

ref¹ /ref/ *n* (colloq) (= **referee**) árbitro, -tra *m,f*, réferi *mf* (AmL)

ref² /ref/ (= **reference**) ref.; **our ~: HYZ** N/ref. HYZ; **your ~: XYZ** S/ref. XYZ

refectory /rɪ'fektəri/ *n* (*pl* **-ries**) comedor *m*

r

refer /rɪˈfɜːr || rɪˈfɜː(r)/ **-rr-** *vt* 1 (direct — to source of information) remitir; (— to place) enviar*, mandar; **the reader is ~red to ...** se remite al lector a ...; **to ~ sb to a specialist** (Med) mandar *or* (AmL) derivar a algn a un especialista 2 (submit) ‹*problem/proposal*› remitir; *see also* **refer to**

Phrasal verbs

- **refer back to**

A [v ▸ adv ▸ prep ▸ o] ‹*earlier chapter*› hacer* referencia a; **I'll have to ~ back to my notes** tendré que volver a consultar mis apuntes

B [v ▸ o ▸ adv ▸ prep ▸ o]: **the matter was ~red back to the committee** el asunto se volvió a remitir a la comisión

- **refer to** [v ▸ prep ▸ o] 1 (mention) hacer* referencia a, aludir a 2 (allude to) referirse* a; **I ~ to your letter of 18th March** con relación a su carta del 18 de marzo 3 (apply to) «*regulations/orders*» atañer* a 4 (consult) ‹*dictionary/notes*› consultar; **S refer to drawer** (on check) devolver* al librador (*por falta de fondos*)

referee¹ /ˌrefəˈriː/ *n*

A 1 (Sport) árbitro, -tra *m,f*, réferi *mf* (AmL) 2 (in dispute) árbitro, -tra *m,f*

B (for job candidate) (BrE): **you need two ~s** necesitas el aval de dos personas

referee² *vt* arbitrar

■ **referee** *vi* arbitrar, hacer* de árbitro

reference /ˈrefrəns, ˈrefərəns/ *n*

A [c u] (allusion) ~ **(TO sth/sb)** alusión *f or* referencia *f* (A algo/algn); **to make ~ to sth/sb** hacer* alusión *or* referencia a algo/algn, mencionar algo/a algn; **with ~ to sth** con referencia *or* relación a algo, en relación con algo

B 1 [u] (consultation) consulta *f*; **for future ~** para futura(s) consulta(s); **for future ~, you ought to get authorization first** de aquí en adelante tenga en cuenta que primero hay que pedir autorización; (*before n*) **~ book/library** obra *f*/biblioteca *f* de consulta *or* de referencia; **for ~ use only** para consultar en sala 2 [c] (indicator) referencia *f*; (*before n*) **~ number** número *m* de referencia

C [u] (scope, remit): **point of ~** punto *m* de referencia

D [c] (for job candidate — testimonial) referencia *f*, informe *m*; (— person giving testimonial) (AmE): **you need two ~s** necesitas el aval de dos personas

referendum /ˌrefəˈrendəm/ *n* (*pl* **-dums** *or* **-da** /-də/) referéndum *m*, referendo *m*, plebiscito *m*; **to hold a ~ on sth** plebiscitar algo, someter algo a referéndum (*or* referendo *etc*)

referral /rɪˈfɜːrəl/ *n* [c u]: **I asked for (a) ~ to a specialist** pedí que me mandaran *or* (AmL) me derivaran a un especialista; **we had 600 ~s last month** el mes pasado nos enviaron 600 casos/pacientes

referred pain /rɪˈfɜːrd || rɪˈfɜːd/ *n* [u] dolor *m* reflejo

refill¹ /ˈriːfɪl/ *n* 1 (for pen) repuesto *m*, recambio *m*; (for lighter) carga *f*; (*before n*) ‹*pack/pad*› de repuesto, de recambio 2 (drink): **would you like a ~?** ¿te sirvo otra copa?

refill² /ˈriːˈfɪl/ *vt* volver* a llenar, rellenar

refillable /ˈriːˈfɪləbəl/ *adj* recargable

refine /rɪˈfaɪn/ *vt* 1 ‹*sugar/oil*› refinar 2 (improve) ‹*design/style*› pulir, perfeccionar

refined /rɪˈfaɪnd/ *adj* 1 ‹*person/manners*› refinado, fino 2 ‹*sugar/oil*› refinado

refinement /rɪˈfaɪnmənt/ *n* 1 [u] (gentility, elegance) refinamiento *m*, finura *f* 2 [u c] (subtlety) refinamiento *m*, delicadeza *f* 3 [c u] (improvement) mejora *f* 4 [u] (of raw material) refinado *m*

refinery /rɪˈfaɪnəri/ *n* (*pl* **-ries**) refinería *f*

refit¹ /ˈriːfɪt/ *n* (Naut) reparación *f*; (Const) reacondicionamiento *m*

refit² /ˈriːˈfɪt/ *vt* **-tt-** ‹*ship*› reparar; ‹*building*› reacondicionar

reflect /rɪˈflekt/ *vt*

A 1 ‹*light/heat/sound*› reflejar; **her face was ~ed in the mirror** su cara se reflejaba en el espejo 2 ‹*situation/feeling/mood*› reflejar; **this is ~ed in her work** esto se refleja en su trabajo

B (think) reflexionar, meditar

■ **reflect** *vi*

A (think) **to ~ (ON sth)** reflexionar *or* meditar (SOBRE algo)

B «*light/heat*» reflejarse

Phrasal verb

- **reflect on, reflect upon** [v ▸ prep ▸ o] repercutir en; **what you say will ~ on the group as a whole** lo que digas repercutirá en la imagen de todo el grupo; **to ~ badly on sth/sb** perjudicar* algo/a algn

reflection /rɪˈflekʃən/ *n*

A 1 [u] (Opt, Phys) reflexión *f* 2 [c] (image) reflejo *m* 3 [c] (of situation, feeling) reflejo *m*

B 1 [u] (contemplation) reflexión *f*; **on** *o* **upon ~ ...** pensándolo bien ... 2 [c] (thought) reflexión *f*; (comment) observación *f*

C (disparagement) (*no pl*) **to be a ~ ON sth/sb: it's a sad ~ on human nature that nobody would help him** que nadie lo ayudara no dice mucho a favor de la humanidad; **this is no ~ on you, but ...** yo sé que no es culpa tuya, pero ..., no te estoy reprochando, pero ...

reflective /rɪˈflektɪv/ *adj* 1 (Phys) reflectante 2 (pensive) reflexivo, meditabundo

reflector /rɪˈflektər || rɪˈflektə(r)/ *n* (of light, heat) reflector *m*; (Auto) catafaros *m*

reflex /ˈriːfleks/ *n* reflejo *m*; (*before n*) ‹*response/refusal*› instintivo, automático; **~ action** acto *m* reflejo

reflexion /rɪˈflekʃən/ *n* [u c] (BrE) ▸**reflection**

reflexive /rɪˈfleksɪv/ *adj* reflexivo

reflexology /ˌriːflekˈsɑːlədʒi || ˌriːflekˈsɒlədʒi/ *n* [u]

A (system of massage) reflexología *f*

B (Psych) reflexología *f*

reflexotherapy /rɪˌfleksəʊˈθerəpi/ *n* [u] reflexoterapia *f*

reforestation /ˈriːˌfɔːreˈsteɪʃən || ˌriːˌfɒrɪˈsteɪʃən/ *n* [u] reforestación *f*, repoblación *f* forestal

reform¹ /rɪˈfɔːrm || rɪˈfɔːm/ *n* [u c] reforma *f*

reform² *vt* reformar

■ **reform** *vi* reformarse

re-form /ˈriːˈfɔːrm || ˌriːˈfɔːm/ *vt* volver* a formar, reagrupar

■ **re-form** *vi* volver* a formarse, reagruparse

reformation /ˈrefərˈmeɪʃən || ˌrefəˈmeɪʃən/ *n* 1 (of character) reforma *f* 2 (Relig) **the Reformation** la Reforma

reformatory /rɪˈfɔːrmətɔːri || rɪˈfɔːmətəri/ *n* (*pl* **-ries**) (in US) reformatorio *m*

reformed /rɪˈfɔːrmd || rɪˈfɔːmd/ *adj* reformado; **he's a ~ character** es otra persona

reformer /rɪˈfɔːrmər || rɪˈfɔːmə(r)/ *n* reformador, -dora *m,f*

refraction /rɪˈfrækʃən/ *n* [u] refracción *f*

refrain¹ /rɪˈfreɪn/ *vi* (frml) **to ~ (FROM sth/-ING)** abstenerse* (DE algo/+ INF); **kindly ~ from smoking** se ruega no fumar

refrain² *n* (Lit, Mus) estribillo *m*

refresh /rɪˈfreʃ/ *vt* 1 refrescar*; **to ~ sb's memory** refrescarle* la memoria a algn 2 (Comput) actualizar*

refresher course /rɪˈfreʃər || rɪˈfreʃə(r)/ *n* (Educ) curso *m* de actualización *or* de reciclaje

refreshing /rɪˈfreʃɪŋ/ *adj* ‹*drink/bath/breeze*› refrescante; ‹*sleep*› reparador; ‹*enthusiasm/honesty*› reconfortante

refreshment /rɪˈfreʃmənt/ *n* 1 (food and drink): **to take some ~** (eat) tomar un tentempié; (drink) tomar algo de beber 2 **refreshments** *pl* refrigerio *m*

refried beans /ˈriːˈfraɪd/ *pl n* frijoles *mpl* refritos

refrigerate /rɪˈfrɪdʒəreɪt/ *vt* refrigerar

refrigeration /rɪˈfrɪdʒəˈreɪʃən/ *n* [u] refrigeración *f*

refrigerator /rɪˈfrɪdʒəreɪtər || rɪˈfrɪdʒəreɪtə(r)/ *n* nevera *f*, refrigerador *m*, frigorífico *m* (Esp), heladera *f* (RPl)

refuel /ˈriːˈfjuːəl/, (BrE) **-ll-** *vt* reabastecer* de combustible

■ **refuel** *vi* repostar, reabastecerse* de combustible

refueling, (BrE) **refuelling** /ˈriːˈfjuːəlɪŋ/ *n* [u c] repostaje *m*, reabastecimiento *m* de combustible; (*before n*) **~ stop** escala *f* técnica *or* de repostaje

refuge /ˈrefjuːdʒ/ *n* 1 [u c] (safe place) refugio *m*; **to seek ~ from sth/sb** refugiarse de algo/algn; **to take ~** refugiarse 2 [c] (for battered women) refugio *m* (para mujeres maltratadas)

refugee /ˈrefjʊˈdʒiː/ *n* refugiado, -da *m,f*; (*before n*) **~ camp** campamento *m* de refugiados; **to have/seek ~ status** tener*/solicitar condición de refugiado

refund[1] /rɪˈfʌnd/ *vt* ‹*payment*› devolver*, reintegrar (frml); ‹*expenses/postage*› reembolsar; **to ~ sb FOR sth** reembolsarle algo a algn

refund[2] /ˈriːfʌnd/ *n* reembolso *m*; **to give sb a ~** devolverle* el dinero a algn; ⊗ **no refunds** no se admiten devoluciones

refundable /rɪˈfʌndəbəl/ *adj* reembolsable

refurbish /rɪːˈfɜːrbɪʃ || ˌriːˈfɜːbɪʃ/ *vt* renovar*, hacer* reformas en; (restore) restaurar

refurbishment /rɪːˈfɜːrbɪʃmənt || ˌriːˈfɜːbɪʃmənt/ *n* [u] renovación *f*, acondicionamiento *m*

refusal /rɪˈfjuːzəl/ *n* **1** (of permission, request) denegación *f*; (of offer) rechazo *m*; (to do sth) negativa *f*; ***to give sb first ~*** darle* a algn la primera opción (de compra) **2** (Equ) plante *m*

refuse[1] /rɪˈfjuːz/ *vt* (decline) ‹*offer/gift*› rechazar*, no aceptar, rehusar*; **they ~d her request** se negaron a complacerla; **to ~ sb sth** negarle* *or* (frml) denegarle* algo a algn; **to ~ to + INF** negarse* A + INF; **she ~s to listen to reason** no quiere atender a razones

■ **refuse** *vi* **1** (decline) negarse*; **how can I ~?** ¿cómo voy a negarme?, ¿cómo voy a decir que no? **2** (Equ) rehusar*

refuse[2] /ˈrefjuːs/ *n* [u] residuos *mpl*, desperdicios *mpl*; (*before n*) **~ collection** recogida *f* de basuras; **~ tip** basurero *m*, vertedero *m* (de basuras), basural *m* (AmL)

refutation /ˈrefjʊˈteɪʃən/ *n* [u c] refutación *f*

refute /rɪˈfjuːt/ *vt* **1** (disprove) refutar, rebatir **2** (deny) (crit) negar*

regain /rɪˈgeɪn, ˈriː-/ *vt* recuperar, recobrar

regal /ˈriːgəl/ *adj* majestuoso, regio

regale /rɪˈgeɪl/ *vt* **to ~ sb WITH sth** ‹*with food/drink*› agasajar *or* obsequiar a algn CON algo; **he ~d us with hilarious anecdotes** nos hizo reír con unas anécdotas divertidísimas

regalia /rɪˈgeɪljə || rɪˈgeɪlɪə/ *pl n* ropajes *mpl*, vestiduras *fpl*; **the mayor was wearing his full ~** el alcalde llevaba el traje de ceremonia

regard[1] /rɪˈgɑːrd || rɪˈgɑːd/ *vt*

A **1** (consider) considerar; **to ~ sb/sth AS sth**: **they ~ her as a genius** la consideran un genio; **I ~ it as my duty to warn you** considero (que es) mi deber advertirte; **initially, they ~ed her with suspicion** al principio recelaban de ella, al principio les inspiraba desconfianza; **a highly ~ed university** una universidad muy respetada *or* de gran reputación **2** **as regards** en lo que se refiere a, en lo que atañe a, en cuanto a

B (look at) (liter) contemplar

C (heed) (*usu neg*) considerar, tener* en cuenta

regard[2] *n*

A [u] **1** (esteem): **to have a high ~ for sb** tener* muy buena opinión de algn, tener* a algn en gran estima; **to hold sb/sth in high/low ~** tener* muy buena/mala opinión de algn/algo **2** (consideration) consideración *f*; **~ FOR sb/sth**: **they have no ~ for other people's feelings** no tienen ninguna consideración por los sentimientos de los demás; **she shows little ~ for convention** respeta muy poco las convenciones; **they paid no ~ to my wishes** hicieron caso omiso de mis deseos

B **regards** *pl* (greeting) saludos *mpl*, recuerdos *mpl*

C (*in phrases*) **with regard to** (con) respecto a, con relación a, en relación con; **with particular ~ to** especialmente en lo que se refiere a; **in this/that regard** en este/ese aspecto; **she is fortunate in one ~** tiene suerte en un aspecto

regarding /rɪˈgɑːrdɪŋ || rɪˈgɑːdɪŋ/ *prep* (frml) en lo que concierne *or* respecta a, en lo que se refiere a, (con) respecto a

regardless /rɪˈgɑːrdləs || rɪˈgɑːdlɪs/ *adv* **1** (in spite of everything): **I told her not to do it, but she carried on ~** le dije que no lo hiciera pero no me hizo caso *or* (fam) siguió como si tal cosa **2** **regardless of** (*prep*): **~ of the cost/consequences** cueste lo que cueste/pase lo que pase; **~ of what people say** a pesar de lo que diga la gente

regatta /rɪˈgætə/ *n* regata *f*

Regency /ˈriːdʒənsi/ *adj* ‹*period/house*› *de la época de la regencia del príncipe de Gales en Gran Bretaña (1811-1820)*

regenerate /rɪˈdʒenəreɪt/ *vt* (revive) revitalizar*; (Biol) regenerar

regeneration /rɪˈdʒenəˈreɪʃən/ *n* **1** [u] (economic, political) regeneración *f*; **a program of urban ~** un programa de rehabilitación y revitalización urbanas **2** (Biol) regeneración *f*

regent[1] /ˈriːdʒənt/ *n* **1** (ruler) regente *mf* **2** (AmE Educ) *miembro del consejo rector de una institución educativa*

regent[2] *adj* (*after n*) regente

reggae /ˈregeɪ/ *n* [u] reggae *m*

regime, régime /reɪˈʒiːm/ *n* **1** (rule) régimen *m* **2** (system) sistema *m* **3** ▸ **regimen**

regimen /ˈredʒəmən || ˈredʒɪmen/ *n* régimen *m*

regiment[1] /ˈredʒəmənt || ˈredʒɪmənt/ *n* regimiento *m*

regiment[2] /ˈredʒəment || ˈredʒɪment/ *vt* reglamentar

regimental /ˈredʒəˈmentl̩ || ˌredʒɪˈmentl̩/ *adj* (*before n*) ‹*mascot/band/tradition*› del regimiento

regimentation /ˈredʒəmənˈteɪʃən || ˌredʒɪmenˈteɪʃən/ *n* [u] reglamentación *f*, disciplina *f* (estricta)

region /ˈriːdʒən/ *n* **1** (Anat, Geog) (area) región *f*, zona *f*; **the London ~** Londres y sus alrededores **2** **in the region of** alrededor de; **a sum in the ~ of ...** una suma del orden de ...

regional /ˈriːdʒənl̩/ *adj* regional

regionalism /ˈriːdʒənl̩ɪzəm/ *n* [u c] regionalismo *m*

register[1] /ˈredʒəstər || ˈredʒɪstə(r)/ *n*

A (record, list) registro *m*; (in school) (BrE) lista *f*; **to take *o* call the ~** (BrE Educ) pasar lista

B (Mus) registro *m*

C (Ling) registro *m* (idiomático)

register[2] *vt*

A (record) ‹*death/birth*› inscribir*, registrar; ‹*ship/car*› matricular; **are you ~ed with Dr Adams?** ¿está inscrito *or* registrado como paciente del Dr Adams?

B (Post) ‹*letter/package*› mandar certificado *or* (Méx) registrado *or* (Col, Ur) recomendado

C **registered** *past p* **1** (Fin): **~ed office** (in UK) domicilio *m* social, sede *f*; **~ed trademark** marca *f* registrada **2** (Adm): **~ed nurse** enfermero titulado, enfermera titulada *m,f*; **a Panamanian-~ed ship** un barco de matrícula panameña **3** (Post) certificado *or* (Méx) registrado *or* (Col, Ur) recomendado

D **1** (make known) ‹*protest*› hacer* constar; ‹*complaint*› presentar **2** (show): **her face ~ed no emotion** su cara no acusó *or* denotó emoción alguna; **the dial ~ed 700 volts** la aguja registraba *or* marcaba 700 voltios

E (realize) darse* cuenta de, caer* en la cuenta de; (notice): **I ~ed (the fact) that Peter was late** no se me pasó por alto el hecho de que Peter había llegado tarde

■ **register** *vi*

A (enroll) inscribirse*; (Educ) matricularse, inscribirse*; (at a hotel) registrarse; **to ~ with a doctor** (BrE) inscribirse* en la lista de pacientes de un médico; **to ~ as a Democrat/Republican** (in US) inscribirse* como votante demócrata/republicano

B **1** (show up) ser* detectado **2** (be understood, remembered): **she did tell me her name, but it didn't ~** me dijo su nombre, pero no lo retuve *or* no me quedó; **eventually it ~ed who he was** al final caí en la cuenta de quién era

Registered General Nurse *n* (in UK) *enfermero que ha cursado estudios de tres años*

register office *n* (in UK) ▸ **registry office**

registrar /ˈredʒəstrɑːr || ˌredʒɪsˈtrɑː(r), ˈredʒɪstrɑː(r)/ *n* **1** (Soc Adm) *funcionario encargado de llevar los registros de nacimientos, defunciones, etc* **2** (in university, college) secretario, -ria *m,f* de admisiones **3** (Med) (in UK) jefe, -fa *m,f* de admisiones

registration /ˈredʒəˈstreɪʃən || ˌredʒɪsˈtreɪʃən/ *n* **1** [u c] (enrollment) inscripción *f*, matrícula *f*; (Educ) inscripción *f*, matriculación *f*; (of trademark) registro *m*; (*before n*) **~ fee** cuota *f* de inscripción, matrícula *f* **2** [u] (at school) (BrE): **~ is at 9** se pasa lista a las 9 **3** [u c] (BrE Auto): **a K-~ Volvo** un Volvo del 92/93; (*before n*) **~ number** (número *m* de) matrícula *f*

registry /ˈredʒəstri || ˈredʒɪstri/ *n* (*pl* **-tries**) registro *m*; (at university) secretaría *f*; (at church) ≈ sacristía *f*

registry office *n* (in UK) ≈ juzgado *m* (de paz), notaría *f* (Col); **to get married in a ~ ~** casarse por lo civil *or* (Per, RPl, Ven) por civil *or* (Méx, Chi) por el civil

regress /rɪˈgres/ *vi* **1** (get worse) experimentar un retroceso **2** (Psych) experimentar una regresión

r

regression /rɪ'greʃən/ *n* 1 [u c] (decline) retroceso *m* 2 [u] (Psych) regresión *f*

regret¹ /rɪ'gret/ *vt* **-tt-** ‹*decision/mistake*› arrepentirse* de, lamentar; **we ~ any inconvenience caused** rogamos disculpen las molestias (que hayamos podido ocasionar); **to ~ -ING** arrepentirse* DE *or* lamentar + INF; **I ~ that I shall be unable to attend** lamento no poder asistir; **it is to be ~ted that ...** es lamentable que (+ *subj*); **to ~ to + INF** lamentar tener QUE + INF; **we ~ to inform you that ...** lamentamos comunicarle *or* informarle que ...

regret² *n* [u c] (sadness) pesar *m*; (remorse) arrepentimiento *m*; **it is with ~ that we announce ...** lamentamos tener que anunciar que ...; **my biggest/one ~ is that I didn't have children** lo que más lamento/lo único que lamento es no haber tenido hijos; **I've no ~s about leaving** no me arrepiento de haberme ido

regretful /rɪ'gretfəl/ *adj* ‹*expression/note*› de pesar; **she felt very ~ about it** lo lamentaba mucho

regretfully /rɪ'gretfəli/ *adv* con pesar; **~, we must say no** (*indep*) muy a nuestro pesar *or* lamentablemente, tenemos que decir que no

regrettable /rɪ'gretəbəl/ *adj* lamentable; **it is ~ that ...** es lamentable que (+ *subj*)

regrettably /rɪ'gretəbli/ *adv* lamentablemente

regroup /'riː'gruːp/ *vi* reagruparse
■ **regroup** *vt* reagrupar

regt = regiment

regular¹ /'regjələr || 'regjʊlə(r)/ *adj*
A 1 (evenly spaced) ‹*breathing*› acompasado; ‹*heartbeat/pulse*› regular; **at ~ intervals** (in time) con regularidad; (in space) a intervalos regulares 2 (consistent, habitual) ‹*customer/reader*› habitual, asiduo; **it's a ~ occurrence** eso es muy frecuente *or* pasa con mucha frecuencia; **to be in ~ employment** tener* empleo fijo; **a ~ income** una fuente regular de ingresos; **on a ~ basis** con regularidad, regularmente 3 (Med): **to be ~** (in bowel habits) hacer* de vientre con regularidad; (in menstrual cycles) ser* regular 4 (customary) habitual; **the ~ procedure** el procedimiento usual *or* de costumbre
B (even, symmetrical) ‹*shape*› regular; ‹*teeth*› regular, parejo (AmL); **he has ~ features** es de rasgos (bien) proporcionados
C 1 ‹*size/model*› normal; **~ grade gasoline** (AmE) gasolina *f or* (Andes) bencina *f or* (RPl) nafta *f* normal 2 (Ling) ‹*verb/plural*› regular
D (colloq) 1 (*as intensifier*) verdadero; **he's a ~ comedian** es muy gracioso 2 (straightforward) (AmE): **he's a ~ guy** es un gran tipo (fam), es un tío majo (Esp fam)
E (Mil) ‹*soldier/officer*› de carrera; **the ~ army** el ejército profesional

regular² *n*
A (customer) cliente *mf* habitual, asiduo, -dua *m,f*; **party ~** (AmE Pol) militante *mf* del partido
B (Mil) militar *mf* de carrera

regularity /'regjə'lærəti || ˌregjʊ'lærəti/ *n* [u] regularidad *f*

regularize /'regjələraɪz || 'regjʊləraɪz/ *vt* regularizar*

regularly /'regjələrli || 'regjʊləli/ *adv* con regularidad, regularmente; (frequently) a menudo, con frecuencia

regulate /'regjəleɪt || 'regjʊleɪt/ *vt* 1 ‹*speed/temperature/prices*› regular; **to ~ one's life/habits** poner* orden en su (*or* mi *etc*) vida 2 (Law) ‹*industry/profession*› regular 3 ‹*apparatus/instrument*› regular

regulation /'regjə'leɪʃən || ˌregjʊ'leɪʃən/ *n*
A [c] (rule) norma *f*, regla *f*; **it's against (the) ~s** va contra el reglamento; (*before n*) ‹*dress/haircut*› reglamentario
B [u] 1 (control, adjustment) regulación *f* 2 (policing) (Law) regulación *f*, reglamentación *f*

regulator /'regjəleɪtər || 'regjʊleɪtə(r)/ *n* 1 (mechanism) regulador *m* 2 (person, body) *persona u organismo que regula una institución*

regulatory /'regjələtɔːri || 'regjʊlətəri/ *adj* regulador

regurgitate /rɪ'gɜːrdʒəteɪt || rɪ'gɜːdʒɪteɪt/ *vt* ‹*food*› regurgitar; ‹*information*› repetir* mecánicamente *or* (fam) como un loro

rehabilitate /'riːhə'bɪləteɪt, 'riːə- || ˌriːhə'bɪlɪteɪt, ˌriːə-/ *vt* rehabilitar

rehabilitation /'riːhə'bɪlə'teɪʃən, 'riːə- || ˌriːhəˌbɪlɪ'teɪʃən, ˌriːə-/ *n* [u] rehabilitación *f*

rehash¹ /'riːhæʃ/ *n* (colloq) refrito *m*

rehash² /'riː'hæʃ/ *vt* (colloq) hacer* un refrito de

rehearsal /rɪ'hɜːrsəl || rɪ'hɜːsəl/ *n* [c u] ensayo *m*

rehearse /rɪ'hɜːrs || rɪ'hɜːs/ *vt* 1 ‹*play/concert/speech*› ensayar 2 ‹*dancers/musicians*› hacer* ensayar a
■ **rehearse** *vi* ensayar

reheat /'riː'hiːt/ *vt* recalentar*

rehouse /'riː'haʊz/ *vt* realojar

reign¹ /reɪn/ *n* reinado *m*

reign² *vi* 1 ‹‹*monarch*›› reinar; **to ~ over sb/sth** reinar SOBRE algn/algo 2 (liter) ‹‹*chaos/peace*›› reinar 3 **reigning** *pres p* ‹*monarch*› reinante; **she is the ~ing champion** es la campeona actual

reimburse /'riːɪm'bɜːrs || ˌriːɪm'bɜːs/ *vt* ‹*expenses/cost*› reembolsar; **to ~ sb for sth** reembolsarle algo a algn

rein /reɪn/ *n* 1 (Equ) rienda *f*; **to hold the ~s** llevar las riendas; ***to give free ~ to sb*** darle* carta blanca a algn; ***to give free ~ to sth*** dar* rienda suelta a algo; ***to keep a tight ~ on sth*** ‹*expenses*› llevar un estricto control de algo; **his wife keeps him on a tight ~** su mujer lo tiene muy controlado 2 **reins** *pl* (for children) (BrE) arnés *m*, andadores *mpl*, andaderas *fpl* (Méx, Ven)

Phrasal verbs
- **rein back** ▸**rein in 1**
- **rein in** [v ▸ o ▸ adv, v ▸ adv ▸ o] 1 ‹*horse*› frenar 2 (restrain, curb) frenar, refrenar

reincarnation /'riːɪnkɑːr'neɪʃən || ˌriːɪnkɑː'neɪʃən/ *n* [u c] reencarnación *f*

reindeer /'reɪndɪr || 'reɪndɪə(r)/ *n* (*pl* **~**) reno *m*

reinforce /'riːɪn'fɔːrs || ˌriːɪn'fɔːs/ *vt* 1 ‹*material/structure*› reforzar*; **~d concrete** hormigón *m or* (AmL tb) concreto *m* armado 2 ‹*argument/prejudice*› reafirmar

reinforcement /'riːɪn'fɔːrsmənt || ˌriːɪn'fɔːsmənt/ *n*
A [u] (strengthening — of wall) refuerzo *m*; (— of prejudice) reafirmación *f*, consolidación *f*
B [u c] (sth that reinforces) refuerzo *m*
C **reinforcements** *pl* refuerzos *mpl*

reinsert /'riːɪn'sɜːrt || ˌriːɪn'sɜːt/ *vt* volver* a insertar

reinstate /'riːɪn'steɪt/ *vt* 1 ‹*worker*› reintegrar, reincorporar; ‹*official*› restituir* *or* rehabilitar en el cargo 2 ‹*law*› reinstaurar; ‹*service*› restablecer*

reinstatement /'riːɪn'steɪtmənt/ *n* (of worker) reintegro *m*, reincorporación *f*; (of official) restitución *f or* rehabilitación *f* en el cargo

reintegration /riː'ɪntə'greɪʃən/ *n* [u] reintegración *f*; (into society) reinserción *f* social

reissue¹ /'riː'ɪʃuː/ *vt* ‹*stamp/coin*› volver* a emitir; ‹*book/record*› reeditar; (from library) renovar* el préstamo de; ‹*document*› volver* a expedir, reexpedir*

reissue² *n* (of stamp coin) nueva emisión *f*; (of book, record) nueva edición *f*, reedición *f*; (of document) reexpedición *f*

reiterate /riː'ɪtəreɪt/ *vt* (frml) reiterar, repetir*

reiteration /riː'ɪtə'reɪʃən/ *n* [u c] (frml) reiteración *f*, repetición *f*

reject¹ /rɪ'dʒekt/ *vt* rechazar*; **the machine ~ed my coin** la maquina no aceptó mi moneda

reject² /'riːdʒekt/ *n* 1 (flawed product) artículo *m* (*or* producto *m etc*) defectuoso 2 (person): **society's ~s** los marginados sociales *or* de la sociedad; **a college/an army ~** una persona que fue rechazada por la universidad/el ejército

rejection /rɪ'dʒekʃən/ *n* [u c] rechazo *m*; (following job application) respuesta *f* negativa; **to meet with (a) ~** ser* rechazado

rejoice /rɪ'dʒɔɪs/ *vi* alegrarse mucho, regocijarse (liter); **she ~d at the news** la noticia la llenó de alegría

rejoicing /rɪ'dʒɔɪsɪŋ/ *n* [u] (festivities) celebraciones *fpl*; (emotion) júbilo *m*

rejoin /'riː'dʒɔɪn/ *vt*
A 1 ‹*regiment/team*› reincorporarse a; ‹*firm*› reincorporarse a, reintegrarse a; **we ~ed the highway at Jackson** volvimos a tomar la autopista en Jackson 2 (reconnect) volver* a unir
B /rɪ'dʒɔɪn/ (reply) (frml) replicar* (frml)

rejoinder /rɪ'dʒɔɪndər || rɪ'dʒɔɪndə(r)/ *n* réplica *f* (frml)

rejuvenate /rɪ'dʒuːvəneɪt/ *vt* rejuvenecer*

r

rejuvenating /rɪ'dʒu:vəneɪtɪŋ/ *adj* rejuvenecedor

rekindle /ri:'kɪndl/ *vt* ‹*flame/fire*› reavivar; ‹*desire*› reavivar, volver* a despertar; ‹*hope*› hacer* renacer

relapse¹ /'ri:læps/ *n* recaída *f*; **to have** *o* **suffer a ~** tener* *or* sufrir una recaída

relapse² /rɪ'læps/ *vi* recaer*, tener* *or* sufrir una recaída; **to ~ INTO sth**: **to ~ into unconsciousness** volver* a perder el conocimiento; **to ~ into bad habits** volver* a los malos hábitos

relate /rɪ'leɪt/ *vt*
A (link) **to ~ sth TO sth** relacionar algo CON algo; **the report ~s crime to drug abuse** el informe relaciona el crimen y el consumo de drogas
B (tell) (frml) ‹*story*› relatar, contar*, referir* (liter)
■ **relate** *vi*
A [1] (be connected with) **to ~ TO sth** estar* relacionado CON algo; **he's only interested in what ~s to himself** sólo le interesa lo que le atañe (a él) [2] **relating to** (*as prep*) relativo a, relacionado con
B (understand, sympathise with) **to ~ TO sb** sintonizar* CON algn, tener* una buena relación CON algn; **some adults can't ~ to children** algunos adultos no saben relacionarse con los niños; **to ~ TO sth** identificarse* CON algo; **I can ~ to that!** te comprendo perfectamente

related /rɪ'leɪtəd || rɪ'leɪtɪd/ *adj* [1] (of same family) (*pred*) **to be ~ (TO sb)** ser* pariente (DE algn), estar* emparentado (CON algn); **we are distantly ~** somos parientes lejanos; **she's ~ to them by marriage** es parienta política suya, es parienta suya por afinidad (frml) [2] ‹*ideas/questions/subjects*› relacionado, afín

-related /rɪ'leɪtəd || rɪ'leɪtɪd/ *suff*: **stress/drug~** relacionado con el estrés/la droga

relation /rɪ'leɪʃən/ *n*
A [c] (relative) pariente *mf*, pariente, -ta *m,f*, familiar *m*; **pictured are John Hull and James Hull (no ~)** en la fotografía aparecen John Hull y James Hull, quienes no están emparentados; **what ~ is she to you?** ¿qué parentesco tiene contigo?, ¿a ti qué te toca? (Esp fam)
B [1] [u c] (connection) relación *f*; **to bear no ~ to sth** no guardar ninguna relación con algo [2] **in relation to** (*as prep*) en relación con, con relación a
C **relations** *pl* relaciones *fpl*; **to establish/break off/restore ~s (with sb/sth)** establecer*/romper*/restablecer* relaciones (con algn/algo); **to have sexual ~s with sb** tener* relaciones sexuales con algn

relationship /rɪ'leɪʃənʃɪp/ *n*
A [c] (between people) relación *f*; **to have a good ~ with sb** llevarse bien con algn; **we have a good working ~** trabajamos bien juntos, tenemos *or* mantenemos una buena relación de trabajo
B [c u] (between things, events) relación *f*
C [u] (kinship) **~ (TO sb)** parentesco *m* (CON algn)

relative¹ /'relətɪv/ *n* pariente *mf*, pariente, -ta *m,f*, familiar *m*

relative² *adj* [1] (comparative): **the ~ merits of both systems** los pros y los contras de ambos sistemas [2] (not absolute) relativo; **it's all ~, everything's ~** (set phrase) todo es relativo (fr hecha) [3] **relative to** (in relation to) en relación con, con relación a; (compared to) en comparación con [4] (Ling) relativo

relatively /'relətɪvli/ *adv* relativamente; **~ speaking, it's not very important** tiene, relativamente, muy poca importancia

relativity /'relə'tɪvəti/ *n* [u] relatividad *f*

relaunch /ri:'lɔ:ntʃ/ *vt* [1] ‹*ship*› botar por segunda vez [2] ‹*product/publication*› relanzar*

relax /rɪ'læks/ *vi* relajarse; **~, I'll take care of everything** quédate tranquilo que yo me encargo de todo
■ **relax** *vt* relajar; **she ~ed her grip** sujetó con menos fuerza

relaxation /'ri:læk'seɪʃən/ *n* [1] [u c] (recreation) esparcimiento *m*, distracción *f*; (rest) relax *m*; **what do you do for ~?** ¿qué haces para relajarte *or* descansar? [2] [u] (of muscles, rules, vigilance) relajación *f*

relaxed /rɪ'lækst/ *adj* ‹*manner/person*› relajado, tranquilo; ‹*atmosphere/party*› informal; **they have a very ~ attitude to it all** se lo toman todo con mucha tranquilidad

relaxing /rɪ'læksɪŋ/ *adj* ‹*bath/massage*› relajante; **we spent a ~ few days in the country** pasamos unos días de descanso en el campo

relay¹ /'ri:leɪ/ *n* [1] (team — of people) relevo *m*; **to work in ~s** trabajar en *or* por relevos, ir* relevándose (*para hacer algo*); **we'll have to go in ~s** tendremos que ir por turnos *or* tandas [2] **~ (race)** (Sport) carrera *f* de relevos *or* de postas

relay² /'ri:leɪ, rɪ'leɪ/ *vt* transmitir

release¹ /rɪ'li:s/ *vt*
A [1] ‹*prisoner/hostage*› poner* en libertad, liberar; **to ~ sb FROM sth**: **she was ~d from jail** fue puesta en libertad, salió de la cárcel; **they ~d him from the contract** le condonaron las obligaciones emanadas del contrato (frml) [2] (unleash) desatar [3] ‹*funds/personnel*› ceder; **he was ~d from his normal duties** lo dispensaron de sus tareas habituales
B ‹*information/figures*› hacer* público, dar* a conocer; ‹*record/book*› sacar* (a la venta); ‹*movie*› estrenar
C (emit) ‹*gas*› despedir*
D [1] (let go) ‹*bomb*› arrojar; **he ~d his grip on her** la soltó [2] ‹*brake/clutch*› soltar*

release² *n*
A [u] [1] (from prison, captivity) puesta *f* en libertad, liberación *f* [2] (of funds, personnel) cesión *f*
B [1] [u] (of book) publicación *f*; (of record) salida *f* al mercado; (of movie) estreno *m*; **in** *o* (BrE) **on general ~** en todos los cines [2] [c] (record, movie): **new ~s** (records) novedades *fpl* discográficas; (movies) últimos estrenos *mpl*
C [u] (of gas) escape *m*

relegate /'reləgeɪt || 'relɪgeɪt/ *vt* [1] (consign, demote) **to ~ sth/sb TO sth** relegar* algo/a algn A algo [2] (BrE Sport) (*usu pass*): **the team was ~d to the third division** el equipo descendió *or* bajó a tercera división

relegation /relə'geɪʃən || ˌrelɪ'geɪʃən/ *n* [u] [1] (demotion) relegación *f* [2] (BrE Sport) descenso *m*

relent /rɪ'lent/ *vi* ‹‹*person*›› transigir*, ceder; ‹‹*storm*›› amainar

relentless /rɪ'lentləs || rɪ'lentlɪs/ *adj* ‹*enemy/pursuer*› implacable; ‹*pursuit*› incesante; ‹*criticism*› despiadado

relentlessly /rɪ'lentləsli || rɪ'lentlɪsli/ *adv* ‹*torture/tease*› implacablemente, despiadadamente; ‹*continue*› sin cesar; **they pursued him ~** lo persiguieron sin darle tregua

relevance /'reləvəns/ *n* [u] (connection) relación *f*; (importance) relevancia *f*, significación *f*; **that has no ~ to what we were discussing** eso no guarda relación alguna con lo que estábamos tratando

relevant /'reləvənt/ *adj* ‹*document/facts*› pertinente, relevante; **applicants should have ~ experience** los candidatos deberán poseer experiencia en el sector; **a message that is still ~ today** un mensaje que todavía hoy tiene validez; **the ~ authorities** las autoridades competentes; **I don't see how that's ~** no veo qué relación tiene eso

reliability /rɪlaɪə'bɪləti/ *n* [u] (of worker) formalidad *f*, responsabilidad *f*; (of sources, data) fiabilidad *f*; (of vehicle) fiabilidad *f*

reliable /rɪ'laɪəbəl/ *adj* [1] ‹*information/source*› fidedigno; ‹*witness*› fiable, confiable (esp AmL) [2] ‹*worker*› responsable, de confianza; ‹*vehicle*› fiable, que no falla

reliably /rɪ'laɪəbli/ *adv*: **I am ~ informed that ...** sé de fuentes fidedignas que ..., sé de buena fuente que ...

reliance /rɪ'laɪəns/ *n* [u] [1] (dependence) **~ ON sth/sb** dependencia *f* DE algo/algn [2] (trust) confianza *f*

reliant /rɪ'laɪənt/ *adj* (*pred*) **to be ~ ON sth/sb** depender DE algo/algn

relic /'relɪk/ *n* reliquia *f*; **the ceremony is a ~ from medieval times** la ceremonia es un vestigio de una tradición medieval

relief /rɪ'li:f/ *n*
A [u] (from worry, pain) alivio *m*; **much to my ~, I wasn't late** por suerte, no llegué tarde; **it's a ~ that the rain's stopped/to sit down at last** menos mal que ha parado de llover/que al fin puedo sentarme; **the news came as a great ~ to us** respiramos aliviados *or* tranquilos al oír la noticia; **I wanted some ~ from the daily routine** quería escapar un poco de la rutina diaria; **the children's antics provided some light ~** las travesuras de los niños

nos entretuvieron; **to give ~ from pain** calmar *or* aliviar el dolor
B [u] (aid) ayuda *f*, auxilio *m* (*de emergencia*); **to be on ~** (AmE) recibir prestaciones de la seguridad social; (*before n*) **~ agency** *organismo de ayuda a los damnificados de una catástrofe*
C [c] 1 (Mil) liberación *f* (*de una plaza sitiada*) 2 (replacement) relevo *m*; (*before n*) ‹*driver/crew*› de relevo; **~ road** vía *f* de descongestión *or* (Méx) de libramiento
D [u c] 1 (esp BrE Tax) desgravación *f* 2 (redress) (Law) desagravio *m*
E [u c] (Art, Geog) relieve *m*; **to stand out in ~** resaltar; **to bring** *o* **throw sth into ~** poner* algo de relieve; (*before n*) **~ map** mapa *m* físico *or* orográfico; (three-dimensional) mapa *m* en relieve

relieve /rɪ'liːv/ *vt*
A ‹*pain*› calmar, aliviar, mitigar* (liter); ‹*anxiety/hardship/suffering*› mitigar*, aliviar; ‹*tension*› aliviar, relajar; ‹*monotony/uniformity*› romper*; **to ~ sb of responsibility for sth** eximir a algn de la responsabilidad de algo; **she ~d me of some of the workload** me ayudó con parte del trabajo; **to ~ sb of his/her duties** relevar a algn de su cargo
B ‹*town/fortress*› liberar
C ‹*guard/driver*› relevar
■ *v refl* **to ~ oneself** (euph) orinar

relieved /rɪ'liːvd/ *adj* aliviado; **I'm so ~ that it's all over** menos mal que ya ha pasado todo; **we were all ~ to hear that …** a todos nos tranquilizó enterarnos de que …

religion /rɪ'lɪdʒən/ *n* [c u] religión *f*; **to be against sb's ~** ir* contra los principios religiosos de algn

religious /rɪ'lɪdʒəs/ *adj* religioso

religiously /rɪ'lɪdʒəsli/ *adv* (scrupulously) religiosamente

relinquish /rɪ'lɪŋkwɪʃ/ *vt* 1 ‹*possession/claim/right*› renunciar a; **to ~ sth TO sb** cederle algo A algn 2 (release) (liter): **she ~ed her grip on my arm** me soltó el brazo

relish¹ /'relɪʃ/ *vt*: **I don't ~ the thought/prospect of …** no me entusiasma *or* no me hace ninguna gracia la idea/perspectiva de …; **she smiled, ~ing her moment of triumph** se sonrió, saboreando su momento de triunfo

relish² *n*
A [c u] (Culin) 1 (condiment) salsa *f* (*para condimentar*) 2 (accompaniment) (AmE) guarnición *f* (*gen a base de frutas fritas o confitadas*)
B [u] (enjoyment): **with ~** ‹*eat/drink*› con gusto, con fruición; ‹*read/listen to*› con placer, con deleite; ‹*work*› con entusiasmo, con gusto

relive /'riː'lɪv/ *vt* revivir

reload /'riː'ləʊd/ *vt* ‹*truck/gun*› volver* a cargar; ‹*program*› (Comput) recargar*

relocate /'riːləʊ'keɪt/ *vt* ‹*factory/office/employee*› trasladar; ‹*refugees/slum dwellers*› reasentar*, realojar
■ **relocate** *vi* «*company*» trasladarse; «*employee*» mudarse *or* trasladarse de domicilio

relocation /'riːləʊ'keɪʃən/ *n* [u c] traslado *m*

reluctance /rɪ'lʌktəns/ *n* [u] renuencia *f* (frml); **they agreed, but with great ~** accedieron, pero a regañadientes; **their ~ to sign the treaty is understandable** es comprensible que se muestren reacios *or* reticentes a firmar el tratado

reluctant /rɪ'lʌktənt/ *adj* reacio, renuente; **he's a ~ teetotaler** es abstemio a su pesar *or* a regañadientes; **to be ~ to + INF**: **she seemed ~ to tell us** parecía reacia *or* renuente a decírnoslo, no parecía dispuesta a decírnoslo; **I'm ~ to sell this chair** me resisto a vender esta silla

reluctantly /rɪ'lʌktəntli/ *adv* a su (*or* mi *etc*) pesar, a regañadientes, de mala gana

rely /rɪ'laɪ/ *vi* **relies, relying, relied** 1 (have confidence) **to ~ ON** *or* **UPON sb/sth** confiar* EN algn/algo; **he can't be relied upon** no se puede confiar en él; **you can't ~ on the weather/buses** no puedes fiarte del tiempo/de los autobuses; **to ~ on sb to + INF**: **you can ~ on me not to tell anybody** puedes confiar en que no se lo contaré a nadie; **she can't be relied (up)on to help** no se puede confiar en que vaya a ayudar 2 (be dependent) **to ~ on sb/sth FOR sth** depender* DE algn/algo (PARA algo); **we ~ on the spring for our water** dependemos del manantial para el suministro de agua; **he relies on her for everything** depende de ella para todo

remain /rɪ'meɪn/ *vi*
A 1 (+ *adj or adv compl*) (continue to be) seguir*, continuar*; **he ~ed silent/standing** se mantuvo en silencio/se quedó de pie; **her condition ~s critical** su estado sigue siendo crítico, continúa en estado crítico; **these laws will ~ in force** estas leyes continuarán *or* permanecerán en vigor; **please ~ seated** por favor no se levanten, por favor permanezcan en sus asientos (frml); **I ~, yours faithfully** (Corresp frml) le saluda atentamente 2 (stay) quedarse, permanecer* (frml); **to ~ behind** quedarse
B 1 (be left) quedar; **this is all that ~s of the city** esto es todo lo que queda de la ciudad; **the fact ~s that …** el hecho es que …, sigue siendo cierto que …; **to ~ to + INF**: **what still ~s to be done?** ¿qué queda por hacer?; **that ~s to be seen** eso está por verse 2 **remaining** *pres p*: **they spent the ~ing day in Paris** pasaron el día que les quedaba en París; **the ~ing ten pounds can be paid later** las diez libras restantes *or* que quedan *or* que faltan pueden pagarse más adelante

remainder¹ /rɪ'meɪndər || rɪ'meɪndə(r)/ *n* 1 (amount, number) **the ~** el resto 2 (Math) resto *m*

remainder² *vt*: **to ~ books** liquidar restos de edición

remains /rɪ'meɪnz/ *pl n* restos *mpl*; (of meal) sobras *fpl*, restos *mpl*

remake¹ /'riːmeɪk/ *n* nueva versión *f*

remake² /'riː'meɪk/ *vt* (*past & past p* **remade**) 1 (sth done badly) volver* a hacer, rehacer* 2 (Cin) ‹*movie*› hacer* una nueva versión de

remand¹ /rɪ'mænd || rɪ'mɑːnd/ *vt* 1 (send): **to be ~ed on bail** quedar en libertad bajo fianza; **he was ~ed in custody** se decretó su prisión preventiva 2 (to lower court) (AmE) remitir a un tribunal inferior

remand² *n*: **to be on ~** (in detention) estar* en prisión preventiva; **to be (out) on ~** (on bail) estar* en libertad bajo fianza

remand centre, **remand home** *n* (in UK) *centro para menores en prisión preventiva*

remark¹ /rɪ'mɑːrk || rɪ'mɑːk/ *n*
A [c] (comment) comentario *m*, observación *f*; **would you like to make a few ~s on the subject?** ¿quisiera hacer algún comentario al respecto?; **the chairwoman's opening/closing ~s** las palabras con las que la presidenta abrió/cerró la reunión; **she let it pass without ~** [u] lo dejo pasar sin comentario
B [u] (attention) (frml *or* liter): **to be worthy of ~** ser* digno de mención (frml)

remark² *vi* **to ~ ON** *o* **UPON sth**: **he ~ed on how young she looked** comentó lo joven que parecía; **nobody has ~ed upon the fact that …** nadie ha mencionado el hecho de que …
■ **remark** *vt* observar, comentar

remarkable /rɪ'mɑːrkəbəl || rɪ'mɑːkəbəl/ *adj* ‹*ability/event/likeness*› notable; ‹*achievement*› sorprendente; ‹*coincidence*› extraordinario; ‹*person*› excepcional; **to be ~ FOR sth** destacar(se)* POR algo

remarkably /rɪ'mɑːrkəbli || rɪ'mɑːkəbli/ *adv* 1 (surprisingly) sorprendentemente; **she's ~ well, considering what she's been through** está increíblemente bien para lo que acaba de pasar 2 (exceptionally) ‹*talented*› extraordinariamente; ‹*stupid*› increíblemente

remarry /'riː'mæri/ *vi* **-ries, -rying, -ried** volver* a casarse

rematch /'riːmætʃ/ *n* desquite *m*, revancha *f*

remedial /rɪ'miːdiəl/ *adj* 1 (Educ) ‹*teacher/classes*› de recuperación; **~ teaching/education** enseñanza *f*/educación *f* compensatoria 2 (Med) de rehabilitación

remedy¹ /'remədi/ *n* (*pl* **-dies**) remedio *m*; **~ FOR sth** remedio PARA algo; **to be beyond** *o* **past ~** [u] no tener* (ya) remedio

remedy² *vt* **-dies, -dying, -died** ‹*mistake/problem/situation*› remediar; ‹*injustice/evil*› reparar

remember /rɪ'membər || rɪ'membə(r)/ *vt*
A (recall) acordarse* de, recordar*; **don't you ~ me?** ¿no te acuerdas de mí?; **I can't ~ if** *o* **whether I locked the door** no recuerdo si cerré la puerta con llave; **I always ~ faces** nunca olvido una cara; **here's a little something to ~ me by** toma, un detalle para que te acuerdes

de mí; **he ~ed me in his will** me dejó algo en su testamento; **it was an evening to ~** fue una noche memorable; **to ~ -ING**: **she ~s leaving her watch on the table** se acuerda de *or* recuerda haber dejado el reloj encima de la mesa; **to ~ sb/sth -ING**: **I ~ him saying something about a meeting** me acuerdo de *or* recuerdo que dijo algo de una reunión; **she ~s the car coming toward her** se acuerda de *or* recuerda cuando el coche se le vino encima

B **1** (be mindful of, not forget): **I'll ~ you if anything comes up** te tendré presente *or* me acordaré de ti si surge algo; **to ~ to + INF** acordarse* DE + INF **2** (commemorate) ‹*dead*› recordar* **3** (send regards) **to ~ sb TO sb**: **~ me to your mother** dale recuerdos *or* saludos a tu madre (de mi parte); **Peter asked to be ~ed (to you)** Peter te manda recuerdos *or* saludos

■ **remember** *vi* **1** (recall) acordarse*, recordar*; **as far as I ~** que yo recuerde, por lo que recuerdo; **for as far back as I can ~** desde que tengo memoria; **if I ~ correctly** *o* **right(ly)** si mal no recuerdo; **try to ~!** ¡haz memoria! **2** (be mindful, not forget) no olvidarse; **I'll try to ~** trataré de no olvidarme

remembrance /rɪ'membrəns/ *n* [u c] (liter *or* frml) recuerdo *m*, remembranza *f* (liter); **in ~ of sth/sb** en memoria de algo/algn; (*before n*) **R~ Sunday** (in UK) *domingo de noviembre en que se conmemora a los caídos en las dos guerras mundiales*

remind /rɪ'maɪnd/ *vt* recordarle* a, hacerle* acordar a (RPl); **which ~s me, ...** lo que me recuerda ...; **oh, that ~s me** ¡ah! por cierto ..., y a propósito ...; **to ~ sb to + INF** recordarle* A algn QUE (+ *subj*), hacerle* acordar A algn DE QUE + INF (RPl); **to ~ sb about sth**: **~ her about the meeting** recuérdale lo de la reunión; **to ~ sb OF sth/sb**: **I am ~ed of the time when ...** eso me recuerda cuando ...; **just a few flowers to ~ you of me** unas flores para que te acuerdes de mí; **he ~s me of my grandfather** me recuerda a mi abuelo, me hace acordar a mi abuelo (RPl)

reminder /rɪ'maɪndər || rɪ'maɪndə(r)/ *n* **1** (note, object, action): **I'll write a ~ on my notepad** pondré una nota en el bloc para acordarme *or* no olvidarme; **a painful ~** un triste recordatorio; **the monument serves as a constant ~ of all those who died** el monumento nos recuerda constantemente a aquellos que murieron **2** (requesting payment) recordatorio *m* de pago

reminisce /'remə'nɪs || ˌremɪ'nɪs/ *vi* rememorar *or* recordar* los viejos tiempos; **to ~ ABOUT sth** rememorar algo

reminiscence /'remə'nɪsn̩s || ˌremɪ'nɪsn̩s/ *n* [c u] recuerdos *mpl*, memorias *fpl*; **we swapped ~s** rememoramos los viejos tiempos

reminiscent /'remə'nɪsn̩t || ˌremɪ'nɪsn̩t/ *adj* **1** (similar) (*pred*) **to be ~ OF sb/sth** recordar* a algn/(a) algo **2** (nostalgic) (*before n*) ‹*sigh/smile/mood*› nostálgico, reminiscente (liter)

remiss /rɪ'mɪs/ *adj* (frml) (*pred*) negligente, descuidado; **it was ~ of me** fue negligente de mi parte

remission /rɪ'mɪʃən/ *n* [u] **1** (Relig, Law) remisión *f* **2** (Med) remisión *f*; **to be in/go into ~** estar*/entrar en remisión

remit[1] /rɪ'mɪt/ *vt* **-tt-** (frml)

A (send) ‹*payment*› remitir (frml), enviar*

B (transfer) (Law) remitir

C (cancel) (Law) ‹*sentence*› perdonar, condonar (frml); **the judge ~ted six months of his sentence** el juez le redujo la pena en seis meses

remit[2] /'riːmɪt/ *n* (BrE) (instructions) instrucciones *fpl*; (area of authority) competencia *f*, atribuciones *fpl*; **to fall within/outside sb's ~** estar*/no estar* dentro de las atribuciones *or* la competencia de algn

remittance /rɪ'mɪtn̩s/ *n* (frml) **1** [c] (sum) remesa *f*, envío *m* (*de dinero*) **2** [u] (act of payment) pago *m*

remnant /'remnənt/ *n* **1** (left-over): **a ~ of the past** una reliquia *or* un vestigio del pasado; **the ~s of a meal** los restos de una comida **2** (Tex) retazo *m*, retal *m* (Esp)

remodel /'riː'mɑːdl̩ || ˌriː'mɒdl/ *vt*, (BrE) **-ll-** **1** (reshape) ‹*sculpture/clay*› remodelar **2** (AmE Const) ‹*building/property*› reformar

remodeling /'riː'mɑːdlɪŋ || ˌriː'mɒdl̩ɪŋ/ *n* [u] (AmE) reforma *f*

remonstrance /rɪ'mɑːnstrəns || rɪ'mɒnstrəns/ *n* [c u] (frml) (protest) protesta *f*; (reproach) reproche *m*, reconvención *f* (frml)

remonstrate /rɪ'mɑːnstreɪt, 'remən- || 'remənstreɪt/ *vi* protestar, quejarse; **to ~ WITH sb**: **she ~d with him over his selfish attitude** le reprochó su actitud egoísta, lo reconvino por su actitud egoísta (frml)

remonstration /rɪ'mɑːn'streɪʃən, 'remən- || ˌremən'streɪʃən/ *n* [u c] (frml) protestas *fpl*

remorse /rɪ'mɔːrs || rɪ'mɔːs/ *n* [u] remordimiento *m*; **he was full of ~** sentía un gran remordimiento; **the murderer showed no ~** el asesino no sentía el menor remordimiento

remorseful /rɪ'mɔːrsfəl || rɪ'mɔːsfəl/ *adj* arrepentido, con cargo de conciencia

remorsefully /rɪ'mɔːrsfəli || rɪ'mɔːsfəli/ *adv* con gran remordimiento

remorseless /rɪ'mɔːrsləs || rɪ'mɔːslɪs/ *adj* ‹*hatred/criticism*› despiadado, implacable; ‹*cruelty*› feroz, despiadado

remorselessly /rɪ'mɔːrsləsli || rɪ'mɔːslɪsli/ *adv* implacablemente, sin piedad

remortgage /riː'mɔːgɪdʒ || riː'mɔːgɪdʒ/ *vt* **1** (with additional mortgage) constituir* una segunda (*or* tercera *etc*) hipoteca sobre **2** (with different lender) *subrogar* a la entidad crediticia en la hipoteca que grava la propiedad*

remote /rɪ'məʊt/ *adj* **-ter, -test**

A **1** (in space, time) ‹*place/part*› remoto; **~ FROM sth** apartado DE algo **2** ‹*cause/connection*› remoto **3** (aloof, abstracted) distante

B (slight) ‹*possibility/hope/resemblance*› remoto

remote ~ control *n* [u c] mando *m* a distancia, control *m* remoto; **by ~ control** a *or* por control remoto, con mando a distancia; **~-controlled** /rɪ'məʊtkən'trəʊld/ *adj* (*pred* **~ controlled** ‹*TV/hi-fi*› con mando a distancia *or* con control remoto; ‹*model/toy*› de control remoto

remotely /rɪ'məʊtli/ *adv* **1** (at all, in the least) (*usu with neg*) remotamente; **he wasn't even ~ interested** no estaba ni remotamente interesado; **it is ~ possible he'll come** existe una remota posibilidad de que venga **2** (distantly) ‹*situated*› en un lugar apartado; **the two events are not even ~ connected** no hay ni la más remota conexión entre los dos hechos

remoteness /rɪ'məʊtnəs || rɪ'məʊtnɪs/ *n* [u] (isolation, distance): **the ~ of the place** la lejanía *or* lo remoto *or* lo apartado del lugar

remould[1] /'riː'məʊld/ *vt* (BrE Auto) ▸**retread**[1]

remould[2] /'riːməʊld/ *n* (BrE Auto) ▸**retread**[2]

removable /rɪ'muːvəbəl/ *adj* ‹*collar/sleeve/hood/lining*› de quita y pon; ‹*handle/shelf/partition*› desmontable

removal /rɪ'muːvəl/ *n*

A [u] **1** (extraction — of contents) extracción *f*; (— of appendix, tonsils) extirpación *f* **2** (taking off): **the ~ of the lid/cover** el quitar la tapa/cubierta

B [u] **1** (of stain, unwanted hair) eliminación *f*; **for the ~ of make-up** para desmaquillarse *or* para quitarse el maquillaje **2** (of threat, problem) eliminación *f*

C **1** [u] (moving, taking away) traslado *m* **2** [u c] (from house to house) (BrE) mudanza *f*, trasteo *m* (Col); **furniture ~(s)** transporte *m* de muebles; (*before n*) **~ man** ▸**remover B** **~(s) van** camión *m* de mudanzas **3** (dismissal): **her ~ from office** su remoción del cargo, su destitución

remove[1] /rɪ'muːv/ *vt*

A **1** (take off) quitar, sacar*; **she ~d her gloves** se quitó los guantes; **to ~ sth FROM sth**: **the nurse ~d the bandage from his arm** la enfermera le quitó la venda del brazo **2** (take out) ‹*contents*› sacar*; ‹*tonsils/appendix*› extirpar (frml); ‹*gallstones/bullet*› extraer* (frml)

B **1** (get rid of) ‹*stain/grease*› quitar; **to ~ unwanted hair** eliminar el vello superfluo **2** (eliminate) ‹*problem*› eliminar, acabar con; ‹*doubt*› disipar; ‹*threat/obstacle*› eliminar

C (take away, move) **to ~ sth (FROM sth)** ‹*object*› quitar algo (DE algo); **to ~ sb (FROM sth)** sacar* a algn (DE algo); **the inhabitants/valuables had been ~d to a place of safety** los habitantes/los objetos de valor habían sido trasladados a un lugar seguro

D (dismiss) **to ~ sb FROM sth** ‹*from post/position*› destituir* a algn DE algo

r

remove² *n*: **to be at one ~ from sth** estar* a un paso de algo

removed /rɪ'mu:vd/ *adj (pred)*: **to be far ~ from sth** estar* muy lejos de algo

remover /rɪ'mu:vər || rɪ'mu:və(r)/ *n*
A [u] (substance): **hair ~** depilatorio *m*; **makeup ~** desmaquillador *m*; **stain ~** quitamanchas *m*
B [c] (removal man) (BrE) mozo *m* de mudanzas, empleado *m* de una compañía de mudanzas

remunerate /rɪ'mju:nəreɪt/ *vt* (frml) **to ~ sb (FOR sth)** remunerar a algn (POR algo) (frml)

remuneration /rɪ'mju:nə'reɪʃən/ *n* [u] (frml) **~ (FOR sth)** remuneración *f* (POR algo)

renaissance /'renə'sɑ:ns || rɪ'neɪsəns/ *n* 1 **Renaissance** Renacimiento *m*; *(before n)* **R~ art** arte *m* renacentista *or* del Renacimiento 2 (revival, upsurge) (liter) renacimiento *m*, nuevo despertar *m*

rename /'ri:'neɪm/ *vt* dar* un nuevo nombre a

rend /rend/ *vt (past & past p* **rent***)* (liter *or* arch) (tear) ‹*clothes*› rasgar*, desgarrar; **a cry rent the air** un grito desgarró *or* (liter) hendió el aire

render /'rendər || 'rendə(r)/ *vt*
A (make): **to ~ sth useless/obsolete** hacer* que algo resulte inútil/obsoleto; **he was ~ed unfit for active service by ...** fue incapacitado para el servicio activo por ...
B (give, proffer) (frml) ‹*homage*› rendir*; ‹*thanks*› dar*; ‹*assistance*› prestar; **for services ~ed** por servicios prestados
C 1 (interpret) ‹*piece of music*› interpretar 2 (translate) traducir*

rendering /'rendərɪŋ/ *n* [c] 1 (performance) interpretación *f* 2 (translation) **~ (INTO sth)** traducción *f* (A algo)

rendezvous¹ /'rɑ:ndeɪvu: || 'rɒndɪvu:, -deɪvu:/ *n (pl ~ /-z/)* (meeting) encuentro *m*, cita *f*; (place) lugar *m* señalado para un encuentro *or* una cita

rendezvous² *vi* **-vous** /-vu:z/, **-vousing** /-vu:ɪŋ/, **-voused** /-vu:d/ **to ~ (WITH sb)** encontrarse* (CON algn)

rendition /ren'dɪʃən/ *n* interpretación *f*

renegade¹ /'renɪgeɪd/ *n* renegado, -da *m,f*

renegade² *adj (before n)* renegado

renege /rɪ'ni:g, rɪ'neg || rɪ'ni:g, rɪ'neɪg/ *vi* **to ~ ON sth** ‹*on commitment/agreement*› incumplir algo; **he ~d on his promise** faltó a su promesa, no cumplió su promesa

renew /rɪ'nu: || rɪ'nju:/ *vt* 1 ‹*hope/promise*› renovar*; ‹*efforts/friendship*› reanudar; ‹*library book*› renovar; **they ~ed their attack on the Romans/minister** volvieron a atacar a los Romanos/a arremeter contra el ministro 2 **renewed** *past p* renovado; **~ed outbreaks of rioting/violence** nuevos brotes de disturbios/violencia

renewable /rɪ'nu:əbəl || rɪ'nju:əbəl/ *adj* renovable

renewal /rɪ'nu:əl || rɪ'nju:əl/ *n* 1 [u] (revival) renovación *f*; **a ~ of hope** un renacimiento de la esperanza 2 [u c] (of contract, subscription) renovación *f*

rennet /'renət || 'renɪt/ *n* [u] cuajo *m*

renounce /rɪ'naʊns/ *vt* 1 (cede) (frml) ‹*claim/title/right*› renunciar a 2 (reject) ‹*cause/ideology/religion*› renunciar a, abjurarse de

renovate /'renəveɪt/ *vt* ‹*house/building*› renovar*; ‹*painting/furniture*› restaurar

renovation /'renə'veɪʃən/ *n* [u c] (of building) renovación *f*; (of painting, furniture) restauración *f*

renown /rɪ'naʊn/ *n* [u] renombre *m*, fama *f*

renowned /rɪ'naʊnd/ *adj* ‹*painter/poet/historian*› de renombre, conocido

rent¹ /rent/ *n*
A [u c] 1 (for accommodations, office) alquiler *m*, arrendamiento *m*, arriendo *m*, renta *f* (esp Méx); **how much is your ~?** ¿cuánto pagan de alquiler (*or* de arrendamiento *etc*)?; **it pays the ~** (set phrase) me da de comer, me da para vivir; *(before n)* **~ book** *libreta donde se anotan las cantidades satisfechas por el inquilino* 2 (for boat, suit) (esp AmE) alquiler *m*, arriendo *m* (esp Andes), renta *f* (Méx); Ⓢ **for rent** se alquila *or* (Andes tb) se arrienda *or* (Méx tb) se renta; Ⓢ **cars for rent** alquiler de coches, se alquilan *or* (Andes tb) se arriendan coches, renta de coches (Méx)
B [c] (tear, rip) (liter) rasgadura *f* (liter), rasgón *m*

rent² *vt* 1 (pay for) **to ~ sth (FROM sb)** alquilarle *or* arrendarle* *or* (Méx tb) rentarle algo (A algn) 2 **rented** *past p* ‹*accommodations*› alquilado, arrendado, rentado (Méx) 3 ▸**rent out**

■ **rent** *vi* 1 (pay for using sth) alquilar, arrendar*, rentar (Méx) 2 (cost to rent) (AmE) **this house ~s for $1200 a week** el alquiler *or* el arriendo *or* (Méx) la renta de esta casa es de 1200 dólares a la semana

Phrasal verb

• **rent out** [v ▸ o ▸ adv, v ▸ adv ▸ o] alquilar, arrendar*, rentar (Méx)

rent³ *past & past p of* **rend**

rental /'rentl̩/ *n* 1 [u c] (act of renting) alquiler *m*, arriendo *m* 2 [c] (charge) alquiler, renta *f* (Méx), arriendo *m* (esp Andes) 3 [c] (thing rented) (AmE): **this car is a ~** este es un coche de alquiler *or* (Méx tb) un coche rentado *or* (Andes tb) un coche arrendado

renunciation /rɪ'nʌnsi'eɪʃən/ *n* [u] (frml) 1 (of ideology) abjuración *f*, rechazo *m*; (of faith) rechazo *m*; (of claim, right, title) renuncia *f*; (of friend) repudio *m* 2 (abstinence, asceticism) renuncia *f*

reoffend /ˌri:ə'fend/ *vi* reincidir, volver* a delinquir

reopen /'ri:'əʊpən || ˌri:'əʊpən/ *vt* 1 ‹*window/book/store/road*› volver* a abrir; **to ~ lines of communication** reestablecer* las comunicaciones 2 ‹*negotiations/hostilities*› reanudar; ‹*criminal case*› reabrir*, volver* a abrir; ‹*trial*› reanudar

■ **reopen** *vi* 1 «*store/hospital/school*» abrir* de nuevo (sus puertas) 2 «*talks/hostilities*» reanudarse

reorganization /'ri:'ɔ:rgənə'zeɪʃən || ˌri:ˌɔ:gənaɪ'zeɪʃən/ *n* [u c] reorganización *f*

reorganize /'ri:'ɔ:rgənaɪz || ˌri:'ɔ:gənaɪz/ *vt* reorganizar*

rep /rep/ *n*
A [c] 1 (*sales* ~) representante *mf* *or* agente *mf* (comercial) 2 (person responsible): **safety/sports ~** responsable *mf* de seguridad/de deportes; **a union ~** un/una representante *or* (Esp) un/una enlace sindical
B [u] (BrE Theat) ▸**repertory**

Rep 1 (US title) **= Representative** 2 (AmE) **= Republican**

repair¹ /rɪ'per || rɪ'peə(r)/ *vt* 1 (mend) ‹*machinery/roof*› arreglar, reparar; ‹*shoes/clothes*› arreglar 2 (redress) ‹*error/wrong*› reparar

■ **repair** *vi* (retire, withdraw) (liter *or* hum) **to ~ TO** retirarse A

repair² *n* [u c] arreglo *m*, reparación *f*; **they do bicycle/watch/shoe ~s** arreglan bicicletas/relojes/zapatos; **~s while you wait** reparaciones al minuto; **the museum is closed for ~s** el museo está cerrado por obras; **my car is in for ~** me están arreglando el coche; **it is damaged beyond ~** no tiene arreglo; **in a good/bad state of ~, in good/bad ~** en buen/mal estado; *(before n)* **a ~ job** un arreglo; **a bicycle ~ shop** un taller de reparación de bicicletas

repairer /rɪ'perər || rɪ'peərə(r)/ *n* técnico, -ca *m,f*; **watch ~** (BrE) relojero, -ra *m,f*

repairman /rɪ'permæn || rɪ'peəmæn/ *n (pl* **-men** /-men/*)* técnico *m*

reparation /'repə'reɪʃən/ *n* 1 [u] (amends) (frml) reparación *f* (frml); **the judge ordered the tenants to make ~s to the landlord** el juez ordenó a los inquilinos que indemnizaran al propietario 2 **reparations** *pl* (Pol) indemnización *f*

repartee /'repər'teɪ || ˌrepɑ:'ti:/ *n* [u] conversación *f*, plática *f*

repast /rɪ'pæst || rɪ'pɑ:st/ *n* (liter) ágape *m* (liter *o* hum), comida *f*

repatriate /'ri:'peɪtrieɪt || ˌri:'pætrɪeɪt/ *vt* repatriar

repatriation /ri:ˌpeɪtri'eɪʃən || ri:ˌpætrɪ'eɪʃən/ *n* [u] repatriación *f*

repay /'ri:'peɪ/ *vt (past & past p* **repaid***)* 1 ‹*money/loan*› devolver*; ‹*debt*› pagar*, cancelar; **I have to ~ him** tengo que devolverle el dinero 2 ‹*kindness/hospitality/favor*› pagar*, corresponder a; **to ~ sb FOR sth**: **I'd like to ~ them for their kindness** quisiera corresponder a su amabilidad

repayable /'ri:'peɪəbəl/ *adj* (frml) *(pred)* ‹*deposit/loan*› (refundable) reintegrable, reembolsable; **the loan is ~ within three years** el préstamo es a tres años

repayment/'riː'peɪmənt/ *n* **1** [u] (act of repaying) pago *m*; (*before n*) ‹*plan/terms*› de pago; **~ mortgage** *préstamo hipotecario en el que se va amortizando el capital al mismo tiempo que se pagan los intereses* **2** [c] (installment) plazo *m*, cuota *f* (AmL) **3** [u c] (recompense) pago *m*, recompensa *f*

repeal¹/rɪ'piːl/ *vt* (Govt, Law) revocar*

repeal²*n* [u] revocación *f*

repeat¹/rɪ'piːt/ *vt*

A **1** (say again) ‹*sound/word/sentence*› repetir* **2** (divulge) contar*; **don't ~ this, will you, but ...** no lo vayas a contar, pero ... **3** (recite) (AmE) ‹*lesson/poem*› repetir*, recitar

B (do again) repetir*; ‹*episode*› (Rad, TV) volver* a emitir *or* transmitir

■ *v refl* **to ~ oneself** repetirse*; **history ~s itself** la historia se repite

■ **repeat***vi*

A (stressing instruction, statement) repetir*; **~ after me** repitan lo que digo; **this is not, (I) ~, *not* an exercise** esto *no es* un simulacro, repito, *no es* un simulacro

B «*food*» **to ~ ON sb**: **onions ~ on me** la cebolla me repite

C **repeating***pres p* ‹*rifle/clock/watch*› de repetición

repeat²*n* **1** (repetition) repetición *f*; **we want to avoid a ~ of last year's fiasco** queremos evitar que se repita el desastre del año pasado; (*before n*) **~ performance** (Theat) repetición *f* **2** (Rad, TV) (of program) repetición *f*; (of a series) reposición *f*, retransmisión *f*

repeated /rɪ'piːtəd || rɪ'piːtɪd/ *adj* (*before n*) ‹*warnings/attempts*› repetido, reiterado; ‹*requests*› reiterado

repeatedly /rɪ'piːtədli || rɪ'piːtɪdli/ *adv* repetidamente, reiteradamente

repeater/rɪ'piːtər || rɪ'piːtə(r)/ *n* (repeat offender) (AmE) reincidente *mf*

repel /rɪ'pel/ *vt* **-ll-** **1** (drive back) ‹*enemy/army*› repeler; ‹*advance/attack*› repeler, rechazar* **2** (ward off) ‹*insects/sharks*› repeler, ahuyentar **3** (disgust) repeler, repugnar

repellant /rɪ'pelənt/ *n* [u c]: **insect ~** repelente *m* para insectos

repellent¹/rɪ'pelənt/ *adj* (disgusting) repelente

repellent²*n* ▸**repellant**

repent/rɪ'pent/ *vi* arrepentirse*

■ **repent***vt* arrepentirse* de

repentance/rɪ'pentns/ *n* [u] arrepentimiento *m*

repentant/rɪ'pentnt/ *adj* arrepentido

repercussions /'riːpər'kʌʃənz || ˌriːpə'kʌʃənz/ *npl* repercusiones *fpl*; **to have ~ on sth/sb** tener* repercusiones en algo/en algn, repercutir en algo/algn

repertoire/'repərtwɑːr || 'repətwɑː(r)/ *n* repertorio *m*

repertory/'repərtɔːri || 'repətəri/ *n* [u]: **to be/act/work in ~** trabajar en una compañía de repertorio; (*before n*) ‹*actor/company/theater*› de repertorio

repetition/'repə'tɪʃən/ *n* [u c] repetición *f*

repetitious/'repə'tɪʃəs/ *adj* repetitivo

repetitive/rɪ'petətɪv/ *adj* repetitivo

rephrase /'riː'freɪz/ *vt* ‹*statement*› expresar de otra manera; ‹*request*› reformular

replace/rɪ'pleɪs/ *vt*

A **1** (take the place of) sustituir*, reemplazar*; **people are being ~d by robots on assembly lines** los robots están sustituyendo a las personas en las cadenas de montaje *or* (Méx, Chi) de ensamblaje **2** (provide replacement for) ‹*incompetent employee*› reemplazar*; ‹*damaged goods/lost item*› reponer*; ‹*broken window/battery*› cambiar; **to ~ sth WITH sth** cambiar algo POR algo

B (put back in its place) ‹*book/ornament*› volver* a poner *or* colocar; ‹*lid*› volver* a poner; ‹*receiver/handset*› colgar*

replaceable/rɪ'pleɪsəbəl/ *adj* reemplazable, sustituible; **the cups are easily ~** las tazas se pueden reponer fácilmente

replacement/rɪ'pleɪsmənt/ *n* **1** [u] (act) sustitución *f*, reemplazo *m*; (*before n*) **~ value** (Fin) valor *m* de reposición **2** [c] (person) sustituto, -ta *m,f* **3** [c] (object): **I'll buy you a ~** te compraré uno nuevo, te compraré otro; (*before n*) ‹*doors/windows*› modular; **~ parts** repuestos *mpl*, piezas *fpl* de recambio *or* de repuesto, refacciones *fpl* (Méx)

replay¹/'riː'pleɪ/ *vt*

A (Sport) ‹*game/match*› volver* a jugar, repetir*

B (Audio, Video) volver* a poner

replay² /'riːpleɪ/ *n* (Sport) (*action* **~**) repetición *f* (de la jugada)

replenish /rɪ'plenɪʃ/ *vt* ‹*stock*› reponer*; **we have to ~ our fuel supplies** tenemos que reabastecernos de combustible

replete/rɪ'pliːt/ *adj* (liter) **~ WITH sth** repleto DE algo, ahíto DE algo (liter)

replica/'replɪkə/ *n* (*pl* **-cas**) réplica *f*, reproducción *f*

reply¹/rɪ'plaɪ/ *n* (*pl* **replies**) **1** (spoken, written) respuesta *f*, contestación *f*; **I phoned her but there was no ~** la llamé pero no contestó nadie *or* (Esp) nadie cogió el teléfono; **in ~ to your letter** en respuesta a su carta; **I didn't know what to say in ~** no supe cómo responder **2** (action, response) reacción *f*, respuesta *f*

reply² **replies, replying, replied***vi* **1** (answer) responder, contestar; **to ~ to sth** contestar algo, responder A algo; **to ~ to sb** responderle *or* contestarle A algn **2** (respond) responder; **he replied with a nod** respondió con un movimiento de la cabeza, asintió/se negó con la cabeza

■ **reply***vt* responder, contestar, replicar* (liter)

repopulate/'riː'pɑːpjəleɪt || ˌriː'pɒpjʊleɪt/ *vt* repoblar*

report¹/rɪ'pɔːrt || rɪ'pɔːt/ *n* [c]

A **1** (account) informe *m*; (piece of news) noticia *f*; (in newspaper) reportaje *m*, crónica *f*; **latest ~s indicate that ...** las últimas informaciones indican que ... **2** (evaluation) informe *m*, reporte *m* (Méx); **medical ~** parte *m* médico; **(school) ~** boletín *m* de calificaciones *or* notas, libreta *f* de calificaciones (AmL), reporte *m* (Méx); **annual ~** memoria *f* (anual); **official ~** informe *m* oficial **3** (school assignment) (AmE) redacción *f*; **a book ~** una reseña sobre un libro

B (sound) estallido *m*, detonación *f* (frml)

report²*vt*

A **1** (relate, announce): **several people ~ed seeing the tiger** varias personas dijeron haber visto al tigre; **he is ~ed to be very rich** se dice que es muy rico; **many companies ~ed increased profits** muchas empresas anunciaron un incremento en sus beneficios **2** (Journ) «*reporter/media*» informar sobre, reportear (Andes); **the news was widely ~ed** la noticia fue ampliamente divulgada

B **1** (notify) ‹*accident*› informar de, dar* parte de; ‹*crime*› denunciar, dar* parte de, reportar (AmL); **nothing to ~** nada que informar; **to ~ sth TO sb** dar* parte DE algo A algn; **to ~ sth stolen/sb missing** denunciar *or* (AmL tb) reportar el robo de algo/la desaparición de algn **2** (denounce) **to ~ sb (TO sb)** denunciar *or* (AmL tb) reportar a algn (A algn)

■ **report***vi*

A (Journ) «*reporter*» informar; **Alice Jones ~ing from Kabul** Alice Jones, desde Kabul; **to ~ ON sth** informar SOBRE algo, reportear algo (Andes)

B **1** (present oneself) presentarse, reportarse (AmL); **Private Wood ~ing for duty, sir!** soldado Wood se presenta, mi teniente (*or* sargento *etc*); **to ~ sick** dar* parte de enfermo **2** (be accountable) (Busn) **to ~ TO sb** estar* bajo las órdenes de algn

Phrasal verbs

• **report back** [v ▸ adv] **1** (return): **to ~ back (to base)** regresar a la base **2** (give report) **to ~ back (TO sb)** presentar un informe (A algn)

• **report out** [v ▸ o ▸ adv, v ▸ adv ▸ o] (AmE) *devolver (un proyecto de ley) acompañado de un informe*

reportage/'repɔːr'tɑːʒ || ˌrepɔː'tɑːʒ/ *n* [u] reportaje *m*

report card*n* (AmE Educ) boletín *m* de calificaciones *or* notas, reporte *m* (Méx)

reportedly/rɪ'pɔːrtədli || rɪ'pɔːtɪdli/ *adv* (*indep*): **the minister had ~ agreed to it** según se informa, el ministro había *or* (period) habría dado su consentimiento

reported speech*n* [u] estilo *m* indirecto

reporter/rɪ'pɔːrtər || rɪ'pɔːtə(r)/ *n* periodista *mf*, reportero, -tera *m,f*

reporting/rɪ'pɔːrtɪŋ || rɪ'pɔːtɪŋ/ *n* [u] cobertura *f*

repose¹/rɪ'pəʊz/ *n* [u] (liter) reposo *m*; **in ~** en reposo

repose²*vi* (liter) reposar (liter), descansar

repository/rɪ'pɑːzətɔːri || rɪ'pɒzɪtəri/ *n* (*pl* **-ries**) depósito *m*, almacén *m*, bodega *f* (Andes, Méx)

repossess /'riːpə'zes/ *vt* ‹*car/house*› recuperar la posesión de (*por falta de pago*)

r

repossession /ˈriːpəˈzeʃən/ *n* [u] recuperación *f* (*de un artículo o inmueble no pagado*)

repot /ˈriːˈpɑːt || ˌriːˈpɒt/ *vt* cambiar de maceta

reprehensible /ˈreprɪˈhensəbəl/ *n* reprensible

represent /ˈreprɪˈzent/ *vt*

A 1 (stand for) representar; **the dove ~s peace** la paloma representa la paz 2 (constitute) representar, constituir*; **this ~s a radical change in policy** esto representa *or* constituye un radical cambio de política

B (act as representative for) ‹*client/president*› representar; ‹*company*› (Busn) ser* representante *or* agente de

C (frml) (describe) presentar; **the press has ~ed him as an ogre** la prensa lo ha presentado como un ogro

representation /ˈreprɪzenˈteɪʃən/ *n*

A 1 [u] (in government, on board) representación *f* 2 [c] (reflection) representación *f*, reflejo *m* 3 [u c] (presence) representación *f*

B [u c] (portrayal) representación *f*

C **representations** *pl* (complaint) (frml) protesta *f* formal; **to make ~s to sb** elevar una protesta a algn (frml)

representational /ˈreprɪzenˈteɪʃn̩əl || ˌreprɪzenˈteɪʃənl̩/ *adj* figurativo

representative[1] /ˈreprɪˈzentətɪv/ *n* 1 representante *mf* 2 (in US) (Govt) representante *mf*, diputado, -da *m,f* 3 (*sales ~*) representante *mf or* agente *mf* comercial

representative[2] *adj* representativo; **to be ~ OF sth** ser* representativo DE algo

repress /rɪˈpres/ *vt* reprimir

repression /rɪˈpreʃən/ *n* [u] represión *f*

repressive /rɪˈpresɪv/ *adj* represivo

reprieve[1] /rɪˈpriːv/ *n* 1 (postponement) aplazamiento *m*; **he was granted a ~ of three days** se le concedieron tres días de gracia 2 (Law) (commutation) indulto *m*, conmutación *f* (*esp de la pena de muerte*)

reprieve[2] *vt* indultar; **the firm has been ~d for the time being** por el momento, la empresa se salva del cierre

reprimand[1] /ˈreprəmænd || ˈreprɪmɑːnd/ *n* reprimenda *f*

reprimand[2] *vt* reprender

reprint[1] /ˈriːprɪnt/ *n* (Publ) reimpresión *f*; (Phot) copia *f*

reprint[2] /ˈriːˈprɪnt/ *vt* (Publ) reimprimir*

reprisal /rɪˈpraɪzəl/ *n* represalia *f*; **to take ~s against sb/sth** tomar represalias contra algn/algo

reprise /rɪˈpriːz/ *n* repetición *f*

reproach[1] /rɪˈprəʊtʃ/ *vt* **to ~ sb FOR -ING/WITH sth**: **he ~ed her for not having written to him** le reprochó que no le hubiera escrito; **I have nothing to ~ myself with** no tengo nada que reprocharme

reproach[2] *n* [u c] reproche *m*; **above** *o* **beyond ~** irreprochable, intachable

reproachful /rɪˈprəʊtʃfəl/ *adj* (lleno) de reproche

reproachfully /rɪˈprəʊtʃfəli/ *adv* ‹*say*› en tono de reproche; **he looked at me ~** me miró lleno de reproche

reprobate /ˈreprəbeɪt/ *n* (frml) réprobo, -ba *m,f* (liter), depravado, -da *m,f*

reprocess /ˈriːˈprɑːses || ˌriːˈprəʊses/ *vt* reprocesar

reproduce /ˈriːprəˈduːs || ˌriːprəˈdjuːs/ *vt* reproducir*

■ **reproduce** *vi* (Biol) reproducirse*

reproduction /ˈriːprəˈdʌkʃən/ *n*

A [u] (Biol) reproducción *f*

B 1 [u] (copying) reproducción *f* 2 [c] (copy) reproducción *f*; (*before n*) **~ furniture** muebles *mpl* de reproducción

reproductive /ˈriːprəˈdʌktɪv/ *adj* reproductor

reproof /rɪˈpruːf/ *n* [u c] (frml) reprobación *f*

reprove /rɪˈpruːv/ *vt* (frml) **to ~ sb (FOR sth)** reprender *or* (frml) reconvenir* a algn (POR algo)

reproving /rɪˈpruːvɪŋ/ *adj* (frml) reprobatorio, recriminatorio

reprovingly /rɪˈpruːvɪŋli/ *adv* (frml) ‹*speak*› en tono reprobatorio; **he looked at her ~** le lanzó una mirada reprobatoria *or* recriminatoria

reptile /ˈreptl̩, -taɪl || ˈreptaɪl/ *n* reptil *m*

republic /rɪˈpʌblɪk/ *n* república *f*

republican[1] /rɪˈpʌblɪkən/ *adj* 1 (of a republic) republicano 2 **Republican** (in US) republicano

republican[2] *n* 1 (supporter of republic) republicano, -na *m,f* 2 **Republican** (in US) republicano, -na *m,f*

> **Republican Party**
>
> Uno de los dos principales partidos políticos de EEUU. Aunque el Partido Republicano fue fundado en 1854, por los que deseaban abolir la esclavitud, se considera más conservador que el Partido Demócrata (**Democratic Party**), el otro partido

republicanism /rɪˈpʌblɪkənɪzəm/ *n* 1 (movement) republicanismo *m* 2 **Republicanism** (in US) republicanismo *m*

repudiate /rɪˈpjuːdieɪt/ *vt* 1 (deny) ‹*accusation*› rechazar*, negar* 2 (refuse to acknowledge) ‹*liability*› negarse* a reconocer; ‹*violence/teaching*› repudiar; ‹*wife/family*› repudiar

repudiation /rɪˈpjuːdiˈeɪʃən/ *n* [u] 1 (rejection, denial) rechazo *m* 2 (refusal to acknowledge) repudio *m*, repulsa *f* (frml)

repugnance /rɪˈpʌgnəns/ *n* [u] repugnancia *f*

repugnant /rɪˈpʌgnənt/ *adj* repugnante; **to be ~ TO sb** repugnarle *or* serle* repugnante A algn

repulse /rɪˈpʌls/ *vt* repeler, rechazar*

repulsion /rɪˈpʌlʃən/ *n* [u] (frml) repulsión *f*

repulsive /rɪˈpʌlsɪv/ *adj* repulsivo, repugnante

reputable /ˈrepjətəbəl || ˈrepjʊtəbəl/ *adj* acreditado (frml), reputado (frml)

reputation /ˈrepjəˈteɪʃən || ˈrepjʊˈteɪʃən/ *n* reputación *f*, fama *f*; **~ AS sth** reputación *or* fama DE algo; **a ~ FOR sth** fama DE algo

repute /rɪˈpjuːt/ *n* [u] (frml) reputación *f*, fama *f*; **of ~** de renombre; **house of ill ~** casa *f* de mala fama

reputed /rɪˈpjuːtəd || rɪˈpjuːtɪd/ *adj* 1 (supposed): **the ~ size of her fortune** el presunto *or* supuesto tamaño de su fortuna; **to be ~ to + INF**: **she is ~ (to be) the best in the world** está considerada como la mejor del mundo 2 (highly esteemed) acreditado (frml), reputado (frml)

reputedly /rɪˈpjuːtədli || rɪˈpjʊtɪdli/ *adv* (*indep*) según se dice *or* cree

request[1] /rɪˈkwest/ *n* 1 (polite demand) petición *f*, pedido *m* (esp AmL), solicitud *f* (frml); **~ FOR sth** petición (*or* pedido *etc*) DE algo; **by popular ~** a petición *or* (esp AmL) a pedido del público; **S price lists available on request** solicite nuestras listas de precios; (*before n*) **~ stop** (BrE) parada *f* discrecional 2 (for song) petición *f*, pedido *m* (esp AmL)

request[2] *vt* pedir*, solicitar (frml); **Mr & Mrs Tuthill ~ the pleasure of your company at …** (frml) los señores Tuthill tienen el agrado de invitar a usted a … (frml); **to ~ sb to + INF/THAT** pedir(le)* a algn QUE (+ *subj*)

requiem /ˈrekwiəm/ *n* 1 **~ (mass)** misa *f* de réquiem 2 (hymn for the dead) réquiem *m*

require /rɪˈkwaɪr || rɪˈkwaɪə(r)/ *vt*

A 1 (need) necesitar; (call for) ‹*patience/dedication*› requerir*, exigir*; **you can withdraw cash (as and) when ~d** puede retirar dinero según lo necesite *or* según le sea necesario; **all I ~ now is your signature** todo lo que hace falta ahora es que usted firme; **add salt as ~d** salar a gusto; **we can supply the screws if ~d** podemos suministrar los tornillos si usted así lo desea 2 (demand) **to ~ sb/sth to + INF** requerir* que algn/algo (+ *subj*); **to ~ that**: **the law ~s that you wear a helmet** la ley le obliga a llevar *or* exige que lleve casco; **to ~ sth OF sb**: **all that is ~d of you is that you observe the rules** todo lo que se te exige es que cumplas con el reglamento; **I shall do all that is ~d of me** haré todo lo que me corresponda

B **required** *past p* 1 ‹*dose/amount*› necesario; **cut the ~d number of squares** corte el número de cuadrados que haga falta *or* que sea necesario 2 (compulsory) ‹*reading/viewing*› obligado

requirement /rɪˈkwaɪrmənt || rɪˈkwaɪəmənt/ *n* 1 (*usu pl*) (need) necesidad *f*; **what are your ~s?** ¿qué necesita usted?; **to meet sb's ~s** satisfacer* las necesidades de algn 2 (demand, condition) requisito *m*

requisite[1] /ˈrekwəzət || ˈrekwɪzɪt/ *n* (frml): **toilet/smoker's ~s** (BrE) artículos *mpl* de tocador/para fumadores

requisite[2] *adj* (frml) necesario, requerido

requisition[1] /ˈrekwəˈzɪʃən || ˌrekwɪˈzɪʃən/ *vt* ‹*supplies*› requisar; ‹*services*› requerir*

requisition² *n* (demand) solicitud *f* (frml); (taking over) requisa *f*, requisición *f*

reread /ˈriːˈriːd/ *vt* (*past & past p* **reread** /ˈriːˈred/) releer*

rerelease /ˌriːrɪˈliːs/ *vt* ‹*movie*› reestrenar; ‹*record*› relanzar*

reroute /ˈriːˈruːt/ *vt* desviar*

rerun¹ /ˈriːrʌn/ *n* **1** (Cin, TV) repetición *f*, reposición *f*; **the series is in ~s** (AmE) están volviendo a dar *or* (Méx) a pasar la serie **2** (repeat) repetición *f*

rerun² /ˈriːˈrʌn/ *vt* (*pres p* **rerunning** *past* **reran** *past p* **rerun**) **1** ‹*film/series*› repetir*, reponer* **2** (Comput) ‹*program*› volver* a pasar *or* ejecutar **3** ‹*race*› repetir*

resale /ˈriːˈseɪl/ *n* reventa *f*; **S** **not for resale** muestra gratis

reschedule /ˈriːˈskedʒuːl || ˌriːˈʃedjuːl/ *vt* **1** (Fin) ‹*debt/repayments*› renegociar **2** ‹*project/work*› volver* a planificar; ‹*meeting*› cambiar la hora/fecha de

rescind /rɪˈsɪnd/ *vt* (frml) ‹*contract*› rescindir, anular; ‹*order/ruling*› revocar*; ‹*law*› derogar*, abolir*

rescue¹ /ˈreskjuː/ *n* [u c] rescate *m*; **to come/go to the/sb's ~: Mum came to the ~ and paid my phone bill** Mamá me salvó al pagar la cuenta del teléfono; **they went to his ~** acudieron a socorrerlo (liter), fueron *or* (liter) acudieron en su auxilio; (*before n*) ‹*services/team*› de rescate *or* salvamento

rescue² *vt* rescatar, salvar; **to ~ sb/sth FROM sth/-ING: he was ~d from drowning** lo salvaron de morir ahogado; **the bank ~d the company from bankruptcy** el banco salvó a la empresa de la quiebra

rescuer /ˈreskjuər || ˈreskjuːə(r)/ *n* salvador, -dora *m,f*

research¹ /rɪˈsɜːrtʃ, ˈriːsɜːrtʃ || rɪˈsɜːtʃ/ *n* [u] investigación *f*; **~ has shown that ...** las investigaciones han demostrado que ...; **~ INTO/ON sth** investigación SOBRE algo; **~ and development** investigación y desarrollo; (*before n*) **~ student** *estudiante de posgrado que hace trabajos de investigación*

research² *vi* investigar*; **to ~ INTO/ON sth** investigar* algo, hacer* una investigación SOBRE algo

■ **research** *vt* ‹*causes/problem*› investigar*, estudiar; **to ~ an article/a book** hacer* una investigación que servirá de base a un artículo/a un libro; **this article is well ~ed** este artículo está bien documentado

researcher /rɪˈsɜːrtʃər || rɪˈsɜːtʃə(r)/ *n* investigador, -dora *m,f*

resemblance /rɪˈzembləns/ *n* **1** [u] (likeness) parecido *m*, semejanza *f*; **~ TO sb/sth** parecido CON algn/algo; **his story bears little ~ to the facts** su historia tiene poco que ver con la realidad **2** [c] (point of likeness) similitud *f*

resemble /rɪˈzembəl/ *vt* parecerse* a, asemejarse a (liter)

resent /rɪˈzent/ *vt*: **he ~ed her success** le molestaba que ella tuviera éxito; **I ~ the suggestion that ...** no puedo admitir *or* me ofende que se insinúe que ...; **to ~ -ING: I ~ having to help him** me molesta tener que ayudarlo; **he ~s me** *o* **my telling him what to do** le sienta mal que le diga lo que tiene que hacer

resentful /rɪˈzentfəl/ *adj* ‹*person*› resentido, rencoroso; ‹*air/look*› de resentimiento; **they're ~ of her success** sienten celos de su éxito

resentment /rɪˈzentmənt/ *n* [u] resentimiento *m*, rencor *m*; **to feel ~ toward sb** guardarle rencor a algn

reservation /ˈrezərˈveɪʃən || ˌrezəˈveɪʃən/ *n*

A [c u] (booking) reserva *f*, reservación *f* (AmL)

B [c] (doubt, qualification) reserva *f*; **to have (one's) ~s about sb/sth** tener* sus (*or* mis *etc*) reservas acerca de algn/algo; **without ~** sin reservas

C [c] (land) (in US) reserva *f*, reservación *f* (AmL)

reserve¹ /rɪˈzɜːrv || rɪˈzɜːv/ *n*

A [c] (stock) reserva *f*; **I'm keeping this money in ~** este dinero lo tengo reservado

B [c] **1** **the Reserve** (Mil) la reserva **2** (Sport) (substitute player) reserva *mf*, suplente *mf*; (*before n*) ‹*goalkeeper*› de reserva; **~ team** reserva *f*

C **reserves** *pl* (Mil) reservas *fpl*; (BrE Sport) reserva *f*

D [c] (land) coto *m*, reserva *f*; (*game ~*) coto *m* de caza; (*nature ~*) reserva *f* natural

E [u] **1** (self-restraint) reserva *f*, cautela *f* **2** (qualification): **without ~** sin reserva

reserve² *vt* **1** (book) ‹*room/seat/table*› reservar **2** (keep, save) **to ~ sth (FOR sth)** reservar *or* guardar algo (PARA algo); **to ~ (one's) judgment** reservarse la opinión; **the company ~s the right to change ...** la compañía se reserva el derecho de cambiar ...

reserved /rɪˈzɜːrvd || rɪˈzɜːvd/ *adj* reservado

reservist /rɪˈzɜːrvəst || rɪˈzɜːvɪst/ *n* reservista *mf*

reservoir /ˈrezərvwɑːr || ˈrezəvwɑː(r)/ *n* **1** (of water) embalse *m*, presa *f*, represa *f* (AmS) **2** (supply, source) mina *f*

reset /ˈriːˈset/ *vt* (*pres p* **resetting** *past & past p* **reset**)

A ‹*alarm clock*› (volver* a) poner*; ‹*counter/dial*› volver* a cero

B (Med) ‹*bone*› colocar*, componer* (AmL)

resettle /ˈriːˈsetl/ *vt* ‹*refugees/population*› reasentar*; ‹*area/land*› repoblar*

■ **resettle** *vi* «*refugees/population*» reestablecerse*

resettlement /ˈriːˈsetlmənt/ *n* [u] (of people) reasentamiento *m*; (of land) repoblación *f*, nueva colonización *f*

reshape /ˈriːˈʃeɪp/ *vt* ‹*text*› dar* nueva forma a; ‹*organization*› reestructurar; ‹*policy*› reformar

reshoot /riːˈʃuːt/ *vt* (*past & past p* **-shot**) ‹*scene/sequence*› volver* a filmar

reshuffle¹ /ˈriːˈʃʌfəl/ *vt* **1** ‹*cards*› volver* a barajar **2** ‹*cabinet*› remodelar; ‹*management*› reorganizar*

reshuffle² *n* reorganización *f*; **cabinet ~** remodelación *f* del gabinete

reside /rɪˈzaɪd/ *vi* (frml) **1** (live) residir (frml) **2** «*power/authority*» (be invested) **to ~ IN** *o* **WITH sb/sth** residir EN algn/algo

residence /ˈrezədəns || ˈrezɪdəns/ *n*

A **1** [u] (in a country) residencia *f*; **to take up ~** fijar su (*or* mi *etc*) residencia, establecerse*; (*before n*) **~ permit** permiso *m* de residencia **2** [u] (in building) (frml) residencia *f*; **to take up ~** instalarse **3** **~ hall** (AmE), **hall of ~** (BrE) residencia *f* universitaria *or* de estudiantes, colegio *m* mayor (Esp)

B [c] (home) residencia *f*; **his official/London ~** su residencia oficial/de Londres

residency /ˈrezədənsi || ˈrezɪdənsi/ *n* (*pl* **-cies**)

A [u] (AmE Med) internado *m*, residencia *f* (AmL)

B [c] ▸ **residence B**

C [u] ▸ **residence A**

resident¹ /ˈrezədənt || ˈrezɪdənt/ *n* **1** (in country) residente *mf* **2** (inhabitant — of district) vecino, -na *m,f*; (— of building) residente *mf*, vecino, -na *m,f*; (— of hotel) huésped *mf*; (— of institution) residente *mf*, interno, -na *m,f* **3** (AmE Med) médico interno, médica interna *m,f*

resident² *adj* **1** (in country) (*pred*) **to be ~** ser* residente **2** (living on premises) ‹*physician/chaplain*› residente

residential /ˈrezəˈdentʃəl || ˌrezɪˈdenʃəl/ *adj* ‹*area/suburb*› residencial; ‹*course*› con alojamiento para los asistentes

residual /rɪˈzɪdʒuəl || rɪˈzɪdjuəl/ *adj* residual

residue /ˈrezəduː || ˈrezɪdjuː/ *n* residuo *m*

resign /rɪˈzaɪn/ *vi* renunciar, dimitir; **to ~ FROM sth** renunciar A algo, dimitir algo; **I ~ed from the committee** renuncié a *or* dimití mi cargo en la comisión

■ **resign** *vt* ‹*position*› renunciar a, dimitir

■ *v refl* **to ~ oneself (TO sth/-ING)** resignarse (A algo/+ INF)

resignation /ˈrezɪgˈneɪʃən/ *n*

A [c u] (from job, position) renuncia *f*, dimisión *f*; **to hand in** *o* (frml) **tender one's ~** presentar su (*or* mi *etc*) dimisión *or* renuncia; **~ FROM sth: his ~ from the Cabinet/directorship** su dimisión de *or* su renuncia a su puesto en el gabinete/en la dirección

B [u] (acceptance, submission) resignación *f*

resigned /rɪˈzaɪnd/ *adj* ‹*expression/air*› resignado, de resignación; **to be ~ TO sth/-ING** estar* resignado A algo/+INF; **I've become ~ to that** me he resignado a eso

resilience /rɪˈzɪljəns || rɪˈzɪliəns/ *n* [u] **1** (of person) capacidad *f* de recuperación, resistencia *f* **2** (of material) elasticidad *f*

resilient /rɪˈzɪljənt || rɪˈzɪliənt/ *adj* **1** ‹*person/character*› fuerte, con capacidad de recuperación **2** ‹*material*› elástico

resin /ˈrezn̩ || ˈrezɪn/ *n* [u] resina *f*

r

resist /rɪ'zɪst/ *vt* resistir; ‹*change/plan*› oponer* resistencia a; **she found him hard to ~** le costaba resistirse a sus encantos; **I can't ~ chocolate** el chocolate me vuelve loco; **to ~ -ING** resistirse A + INF
■ **resist** *vi* 1 (fight, oppose) «*troops*» resistir, oponer* resistencia 2 (not give way) resistirse, contenerse*

resistance /rɪ'zɪstəns/ *n*
A [u] 1 (opposition) **~ (TO sth/sb)** resistencia *f* (A algo/algn); **to put up ~** oponer* resistencia; ***to take*** *o* ***follow the line*** *o* ***path of least ~*** seguir* el camino más fácil 2 (movement) (+ *sing or pl vb*) **the ~** la resistencia; (*before n*) **the ~ movement** la resistencia
B [u] (Biol) **~ (TO sth)** resistencia *f* (A algo)

resistant /rɪ'zɪstənt/ *adj*
A (opposed) (*pred*) **to be ~ TO sth/-ING** resistirse *or* oponer* resistencia A algo/+ INF
B (Biol) **~ (TO sth)** resistente (A algo)

-resistant /rɪ,zɪstənt/ *suff*: **crease~** inarrugable; **stain~** que no se mancha

resit¹ /'riː'sɪt/ (*pres p* **resitting**; *past & past p* **resat** /'riː'sæt/) *vt* (BrE) ‹*examination*› volver* a presentarse a, volver* a presentar

resit² /'riːsɪt/ *n* (BrE): **to do a ~** volver* a presentarse a un examen, , volver* a presentar un examen, volver* a examinarse (Esp)

reskilling /riː'skɪlɪŋ/ *n* [u] reciclaje *m*, recapacitación *f*, reconversión *f*

resolute /'rezəluːt/ *adj* resuelto, decidido

resolutely /'rezəluːtli/ *adv* ‹*act*› con resolución *or* decisión, resueltamente; ‹*refuse*› con firmeza; **to be ~ opposed to sth** oponerse* firmemente a algo

resolution /'rezə'luːʃən/ *n*
A [c] 1 (decision) determinación *f*, propósito *m*; **New Year's ~s** buenos propósitos de Año Nuevo 2 (proposal) moción *f* 3 (in US, passed by legislature) resolución *f*
B [u] (resoluteness) resolución *f*, determinación *f*
C [u] (of problem, difficulty) solución *f*

resolve¹ /rɪ'zɑːlv || rɪ'zɒlv/ *n* [u] (resoluteness) resolución *f*, determinación *f*

resolve² *vt* 1 (clear up) ‹*difficulty*› resolver*; ‹*misunderstanding*› aclarar 2 (decide) resolver*; **to ~ to + INF** resolver* *or* decidir + INF

resolved /rɪ'zɑːlvd || rɪ'zɒlvd/ *adj* (*pred*) **to be ~ (to + INF)** estar* resuelto *or* decidido (A + INF)

resonance /'reznəns || 'rezənəns/ *n* resonancia *f*

resonant /'reznənt || 'rezənənt/ *adj* resonante

resonate /'rezneɪt || 'rezəneɪt/ *vi* resonar*

resort /rɪ'zɔːrt || rɪ'zɔːt/ *n*
A (for vacations) centro *m* turístico *or* vacacional; **a seaside ~** un centro turístico costero, un balneario (AmL); **a ski ~** una estación de esquí
B (recourse) recurso *m*; **as a/the last ~** como último recurso

Phrasal verb
• **resort to** [v ▸ prep ▸ o]: **to ~ to force/violence** recurrir a la fuerza/violencia; **they had to ~ to strike action** no les quedó más remedio que ir a la huelga

resound /rɪ'zaʊnd/ *vi* «*sound/voice*» retumbar, resonar*; **to ~ WITH sth** retumbar *or* resonar* CON algo

resounding /rɪ'zaʊndɪŋ/ *adj* (*before n*) 1 ‹*cheers/explosion*› retumbante, resonante 2 ‹*success/failure*› rotundo

resource /'riːsɔːrs || rɪ'sɔːs/ *n* [c] recurso *m*; **natural/human ~s** recursos naturales/humanos; **the new center is a valuable ~ for the community** el nuevo centro es un valioso servicio para la comunidad; **teaching ~s** material *m* didáctico; **left to their own ~s** librados a sus propios medios *or* recursos; (*before n*) **~ center** 1 *centro que suministra información, asesoramiento etc* 2 (Educ) centro *m* de material didáctico

resourceful /rɪ'sɔːrsfəl || rɪ'sɔːsfəl/ *adj* ‹*person*› de recursos, recursivo (Col)

respect¹ /rɪ'spekt/ *n*
A 1 [u] (esteem) respeto *m*; **to have ~ for sb** respetar algn; **with all due ~** con el debido respeto 2 [u] (consideration) consideración *f*, respeto *m*; **out of ~ for her feelings** por consideración *or* respeto hacia sus sentimientos; **she has no ~ for his wishes** no respeta sus deseos 3 **respects** *pl* respetos *mpl*; **to pay one's ~s to sb** presentarle sus (*or* mis *etc*) respetos a algn
B 1 [c] (way, aspect) sentido *m*, respecto *m*; **in all ~s, in every ~** desde todo punto de vista, en todo sentido; **in this ~** en cuanto a esto, en lo que a esto se refiere, en este sentido 2 (*in phrases*) **in respect of** (frml) con respecto a, en relación con, con relación a; **with respect to** (frml) (introducing subject) en lo que concierne a (frml), en cuanto a; (in relation to) con respecto a, con relación a

respect² *vt* 1 (hold in esteem) ‹*person/ability*› respetar 2 (have consideration for) ‹*feelings/wishes*› respetar, tener* en cuenta 3 (obey) ‹*rule/authority*› respetar, acatar

respectability /rɪ'spektə'bɪləti/ *n* [u] 1 (of conduct, clothes) decencia *f* 2 (of theory, writer) respetabilidad *f*

respectable /rɪ'spektəbəl/ *adj*
A 1 (socially acceptable) ‹*person/conduct*› decente, respetable; ‹*clothes*› decente 2 (unobjectionable) ‹*theory/writer*› respetable
B 1 (quite large) ‹*amount/salary*› respetable, considerable 2 (reasonably good) ‹*performance/score*› digno, aceptable

respectably /rɪ'spektəbli/ *adv* respetablemente; **~ dressed** decentemente vestido

respected /rɪ'spektəd || rɪ'spektɪd/ *adj* respetado

respecter /rɪ'spektər || rɪ'spektə(r)/ *n* (frml): **death is no ~ of persons** la muerte no hace distinción entre la gente

respectful /rɪ'spektfəl/ *adj* respetuoso; **~ TOWARD sb** respetuoso CON algn

respectfully /rɪ'spektfəli/ *adv* respetuosamente

respecting /rɪ'spektɪŋ/ *prep* (frml) en lo que concierne a (frml), con respecto a

respective /rɪ'spektɪv/ *adj* (*before n*) respectivo

respectively /rɪ'spektɪvli/ *adv* respectivamente

respiration /'respə'reɪʃən || ,resprɪ'reɪʃən/ *n* [u] respiración *f*

respirator /'respəreɪtər || 'respɪreɪtə(r)/ *n* 1 (Med) respirador *m* 2 (mask) máscara *f* de oxígeno

respiratory /'respərətɔːri || rɪ'spɪrətəri/ *adj* respiratorio

respite /'respət || 'respaɪt/ *n* 1 [c u] (*no pl*) (break — from work, worry) respiro *m*, descanso *m*; (— from pain) alivio *m*, tregua *f*; **without (a) ~** sin (un) respiro, sin descansar 2 [c] (reprieve) prórroga *f*

resplendent /rɪ'splendənt/ *adj* resplandeciente, resplendente (liter)

respond /rɪ'spɑːnd || rɪ'spɒnd/ *vi* 1 (reply) responder, contestar; **to ~ TO sth** responder *or* contestar A algo 2 (react) responder, reaccionar; **to ~ TO sth** responder A algo; **plants ~ to light** las plantas son sensibles a la luz

respondent /rɪ'spɑːndənt || rɪ'spɒndənt/ *n* (Law) demandado, -da *m,f*; (in an appeal) apelado, -da *m,f*

response /rɪ'spɑːns || rɪ'spɒns/ *n* 1 (reply) respuesta *f*; **in ~ to your letter** en respuesta a su carta 2 (reaction) **~ (TO sth)**: **I asked the president for his ~ to the news** le pregunté al presidente cuál era su reacción ante la noticia; **their actions met with a violent ~** su conducta tuvo una respuesta violenta

responsibility /rɪ'spɑːnsə'bɪləti || rɪ,spɒnsə'bɪləti/ *n* (*pl* **-ties**) 1 [c] (task, duty) responsabilidad *f*; **the child is my ~** el niño está bajo mi responsabilidad; **it's his ~ to order the stationery** él es el encargado de hacer los pedidos de papelería 2 [u] (authority, accountability) responsabilidad *f*; **to take ~ for sth** responsabilizarse* *or* encargarse* *or* hacerse* cargo de algo 3 [u] (liability, blame) responsabilidad *f*; **they took full ~ for the disaster** aceptaron ser responsables del desastre; **no terrorist group has claimed ~ for the killings** los asesinatos no han sido reivindicados por ningún grupo terrorista

responsible /rɪ'spɑːnsəbəl || rɪ'spɒnsəbəl/ *adj* 1 (accountable) (*pred*) **to be ~ (FOR sth)**: **who's ~?** ¿quién es el responsable?; **a build-up of gas was ~ for the explosion** una acumulación de gas fue la causa de la explosión; **who was ~ for the flower arrangements?** ¿quién se encargó de los arreglos florales?; **to hold sb ~ for sth** responsabilizar* *or* hacer* responsable a algn de algo; **~ TO sb** responsable ANTE algn 2 (in charge) (*pred*) **to be ~ FOR sth** ser* responsable DE algo; **each nurse is ~ for five patients** cada enfermera tiene cinco pacientes a su cargo 3 (trustworthy) responsable, formal; **that's not**

a very ~ thing to do hacer eso demuestra falta de responsabilidad **4**▸(important) (*before n*) ‹*post*› de responsabilidad

responsibly /rɪ'spɑːnsəbli || rɪ'spɒnsɪbli/ *adv* con responsabilidad, responsablemente

responsive /rɪ'spɑːnsɪv || rɪ'spɒnsɪv/ *adj* ‹*brakes/engine*› sensible; ‹*person/nature/audience*› receptivo; **~ TO sth/sb**: **the public was not very ~ to the campaign** el público no respondió bien a la campaña; **the children were very ~ to the new teacher** los niños respondieron bien al nuevo profesor

rest¹ /rest/ *n*

Sense **I**

A **1**▸[c] (break) descanso *m*; **to have a ~** tomarse un descanso; **~ FROM sth**: **I need a ~ from cooking/work** necesito descansar de la cocina/de mi trabajo; ***to give sth a ~*** (colloq) dejar de hacer algo; **give it a ~!** ¡basta ya!, ¡cambia de disco! (fam) **2**▸[u] (relaxation) descanso *m*, reposo *m*; **try to get some/a good night's ~** trata de descansar un poco/de dormir bien esta noche; **to lay sb to ~** (euph) enterrar* *or* (frml) dar* sepultura a algn; ***to lay sth to ~*** enterrar* algo; (*before n*) ‹*day/period*› de descanso

B[u] (motionlessness) reposo *m*; **to come to ~** detenerse*; **his eyes came to ~ on the letter** sus ojos se posaron sobre la carta (liter)

C[c] (support) apoyo *m*

D[c] (Mus) silencio *m*

Sense **II** (remainder) **the ~**: **the ~ of the money** el resto del dinero, el dinero restante; **the ~ of them have finished** los demás han terminado; **the ~ of the children** los demás niños, los otros niños; **and all the ~ of it** y todo eso, etcétera, etcétera

rest² *vi*

A **1**▸(relax) descansar; **he could not ~ until he knew she was safe** no se tranquilizó hasta saber que estaba a salvo; **to ~ easy** estar* tranquilo **2**▸(lie buried) (liter) descansar (liter); **may she ~ in peace** que en paz descanse

B **1**▸(be supported) **to ~ ON sth**: **his head ~ed on my shoulder** tenía la cabeza recostada en *or* apoyada sobre mi hombro; **the structure ~s on eight massive pillars** la estructura descansa sobre ocho columnas gigantescas **2**▸(be based, depend) **to ~ ON sth** «*argument/theory*» estar* basado *or* basarse EN algo, descansar SOBRE algo **3**▸(stop) **to ~ ON sth/sb** «*eyes/gaze*» detenerse* *or* (liter) posarse SOBRE algo/algn

C **1**▸(remain): **let the matter ~** mejor no decir (*or* hacer *etc*) nada más **2**▸(be responsibility of) **to ~ WITH sb** «*responsibility*» recaer* SOBRE algn **3**▸(Law): **the prosecution/defense ~s** ha terminado el alegato del fiscal/de la defensa

■ **rest** *vt*

A(relax) descansar; **I stopped for a while to ~ my feet/eyes** paré un rato para descansar los pies/ojos; ▸**case¹ E**

B(place for support) apoyar; **she ~ed her elbows on the table** apoyó *or* puso los codos sobre la mesa

Phrasal verb

• **rest up** [v ▸ adv] (AmE) descansar

rest area *n* (AmE) ▸**rest stop 2**

restart /'riː'stɑːrt || ˌriː'stɑːt/ *vt* ‹*activity/work*› reanudar, reiniciar; ‹*engine/machine*› volver* a poner en marcha

■ **restart** *vi* «*activity/work*» reanudarse; «*engine/machine*» volver* a ponerse en marcha

restate /'riː'steɪt/ *vt* **1**▸(repeat) ‹*argument/opinion*› repetir* **2**▸(reformulate) ‹*theory/position*› replantear

restaurant /'restərɑːnt || 'restrɒnt/ *n* restaurante *m*, restorán *m*

restaurant car *n* (BrE) coche-comedor *m*, vagón *m* restaurante

restaurateur /'restərə'tɜːr || ˌrestərə'tɜː(r)/ *n*: *propietario de un restaurante*

restful /'restfəl/ *adj* ‹*place/music*› tranquilo, apacible; ‹*color*› relajante

rest home *n* hogar *m or* residencia *f* de ancianos, casa *f* de reposo (CS)

resting place /'restɪŋ/ *n* (euph): **his last** *o* **final ~ ~** su última morada (euf)

restitution /'restə'tuːʃən || ˌrestɪ'tjuːʃən/ *n* [u] **1**▸(return) (frml) restitución *f* (frml), devolución *f* **2**▸(compensation) (Law) indemnización *f*

restive /'restɪv/ *adj* **1**▸ ‹*horse*› nervioso, intranquilo **2**▸(dissatisfied) ‹*unions/voters*› impaciente, descontento; **to get** *o* **become ~** impacientarse

restless /'restləs || 'restlɪs/ *adj* **1**▸ (unsettled) ‹*person/manner*› inquieto; ‹*waves/wind*› (liter) agitado; **the patient had a ~ night** el paciente pasó mala noche *or* no descansó bien **2**▸(impatient) impaciente; **to get** *o* **become ~** impacientarse

restlessly /'restləsli || 'restlɪsli/ *adv* nerviosamente

restock /'riː'stɑːk || ˌriː'stɒk/ *vt* ‹*stores/larder*› reaprovisionar; ‹*lake/pond*› repoblar*

restoration /'restə'reɪʃən/ *n*

A[u] **1**▸(of democracy) restauración *f*, reinstauración *f*, restablecimiento *m*; (of order, peace) restablecimiento *m* **2**▸(to throne, power) restauración *f*, reinstauración *f* **3**▸(of sth lost, stolen) (frml) restitución *f* (frml), devolución *f*

B[u c] (of building, painting) restauración *f*

restore /rɪ'stɔːr || rɪ'stɔː(r)/ *vt*

A **1**▸ (re-establish, bring back) ‹*order/peace*› restablecer*; ‹*confidence/health/energy*› devolver*; ‹*links/communications*› restablecer*; ‹*monarchy/king*› restaurar, reinstaurar; **her sight was ~d** recuperó *or* recobró la vista; **to ~ sb TO sth**: **the coup ~d him to power** el golpe lo colocó nuevamente en el poder; **to ~ sb to health** devolverle* la salud a algn; **to ~ sth to life** hacer* revivir algo **2**▸(give back) (frml) ‹*goods/property*› restituir* (frml); ‹*money*› restituir* (frml), reintegrar (frml); **to ~ sth TO sb** restituir(le)* algo A algn (frml)

B‹*building/painting*› restaurar; **to ~ sth to its former glory** restituir* algo a su antigua grandeza

restorer /rɪ'stɔːrər || rɪ'stɔːrə(r)/ *n* **1**▸[c] (person) restaurador, -dora *m,f* **2**▸[u c] (*hair ~*) regenerador *m* de cabello

restrain /rɪ'streɪn/ *vt* ‹*prisoner/dog*› contener*; ‹*desire/anger*› dominar, contener*, refrenar; **to ~ sb FROM -ING**: **an order ~ing the company from building on the site** una orden judicial que prohíbe a la compañía construir en el predio

■ *v refl* **to ~ oneself** contenerse*, refrenarse

restrained /rɪ'streɪnd/ *adj* ‹*person/behavior/words*› moderado, comedido, medido (CS); ‹*colors/style*› sobrio

restraint /rɪ'streɪnt/ *n* **1**▸[u] (self-control) compostura *f*, circunspección *f*; **to show ~** mostrarse* comedido **2**▸[c] (restriction) limitación *f*, restricción *f*

restrict /rɪ'strɪkt/ *vt* ‹*numbers*› limitar; ‹*power/freedom/access*› restringir*, limitar; ‹*imports/movements*› restringir*; **to ~ sth/sb TO sth**: **discussion was ~ed to one issue** la discusión se limitó a un solo asunto; **access is ~ed to authorized personnel** sólo se permite la entrada al personal autorizado; **they were ~ed to barracks** (AmE Mil) estaban detenidos en el cuartel

restricted /rɪ'strɪktəd || rɪ'strɪktɪd/ *adj* **1**▸(limited) ‹*freedom*› restringido, limitado; ‹*number*› limitado; ‹*space*› limitado, reducido **2**▸(only for particular group) ‹*information*› confidencial; **~ area** (Mil) zona *f* restringida

restriction /rɪ'strɪkʃən/ *n* [c u] restricción *f*; **without ~** sin restricciones; **~ ON sth**: **there is no ~ on the amount you can buy** no hay ninguna restricción *or* ningún límite en cuanto a la cantidad que se puede comprar; **to place ~s on sth** imponer* restricciones a algo

restrictive /rɪ'strɪktɪv/ *adj* restrictivo; **~ practice** práctica *f* restrictiva (*que protege a los miembros de un sindicato etc*)

restring /'riː'strɪŋ/ *vt* (*past & past p* **restrung** ‹*violin/guitar*› cambiarle las cuerdas a, volver* a encordar*; ‹*tennis racket*› volver* a encordar*; ‹*necklace/pearls*› reensartar, reenhebrar

rest room *n* (AmE) baño *m*, servicio(s) *m(pl)*

restructure /'riː'strʌktʃər || ˌriː'strʌktʃə(r)/ *vt* ‹*economy/debt*› reestructurar

rest stop *n* **1**▸(period) parada *f* de descanso **2**▸(place) (AmE) área *f‡* de reposo

result¹ /rɪ'zʌlt/ *n*

A[c u] **1**▸(consequence) resultado *m*; **the end ~s** los resultados finales; **the company collapsed, with the ~ that ...** la compañía quebró, y como consecuencia ... **2**▸(of calculation, exam, contest) resultado *m*; **the election ~(s)** los

r

resultados de las elecciones 3▸ **results** *pl* (favorable consequences): **to get ~s** obtener* resultados

B 1▸ **as a result** (*as linker*) por consiguiente, por ende (frml) 2▸ **as a result of** (*as prep*) a raíz de

result² *vi*: **a considerable saving would ~** se obtendría como resultado un ahorro considerable; **to ~ IN/FROM sth**: **it could ~ in his dismissal** podría ocasionar *or* acarrear su despido; **what could ~ from this decision?** ¿qué resultado podría tener esta decisión?

resultant /rɪˈzʌltənt/, **resulting** /rɪˈzʌltɪŋ/ *adj* (*before n*) consiguiente, resultante

resume /rɪˈzuːm || rɪˈzjuːm/ *vt*

A (continue) ‹*work/journey*› reanudar

B (take again) ‹*power/post*› reasumir, volver* a asumir; **to ~ one's place** volver* a ocupar su (*or* mi *etc*) lugar

■ **resume** *vi* «*negotiations/work*» reanudarse, continuar*

resumé /ˈrezəmeɪ, ˈrezəˈmeɪ || ˈrezjʊmeɪ/ *n* 1▸ (summary) resumen *m*, reseña *f* 2▸ (of career) (AmE) currículum *m* (vitae), historial *m* personal, hoja *f* de vida (Col)

resumption /rɪˈzʌmpʃən/ *n* [u] reanudación *f*

resurface /ˈriːˈsɜːrfəs || ˌriːˈsɜːfɪs/ *vt* repavimentar

■ **resurface** *vi* «*diver/submarine*» volver* a salir a la superficie; «*doubt/trend*» resurgir*, volver* a surgir

resurgence /rɪˈsɜːrdʒəns || rɪˈsɜːdʒəns/ *n* [u] resurgimiento *m*, renacer *m*

resurrect /ˈrezəˈrekt/ *vt* desenterrar*, resucitar

resurrection /ˈrezəˈrekʃən/ *n* [u] resurrección *f*; **the R~** la Resurrección

resuscitate /rɪˈsʌsəteɪt || rɪˈsʌsɪteɪt/ *vt* (Med) resucitar; (revive) ‹*career/marriage*› revitalizar*

resuscitation /rɪˈsʌsəˈteɪʃən || rɪˌsʌsɪˈteɪʃən/ *n* [u] (Med) resucitación *f*; (revival) renacer *m*

ret (= **retired**) (R), (r)

retail¹ /ˈriːteɪl/ *vt* vender al por menor *or* al detalle

■ **retail** *vi*: **it ~s at $85** su precio al público es de 85 dólares, se vende al por menor a 85 dólares

retail² *n* [u] venta *f* al por menor *or* al detalle; (*before n*) **the ~ trade** el comercio minorista; **~ price** precio *m* de venta al público, precio *m* al por menor

retail³ *adv* al por menor, al detalle

retailer /ˈriːteɪlər || ˈriːteɪlə(r)/ *n* minorista *mf*, detallista *mf*

retail price index *n* (BrE) índice *m* de precios al consumo

retain /rɪˈteɪn/ *vt* ‹*property/money*› quedarse con; ‹*authority/power*› retener*; ‹*color/taste/heat*› conservar; ‹*moisture/water*› retener*; ‹*information*› retener*

retainer /rɪˈteɪnər || rɪˈteɪnə(r)/ *n* 1▸ (servant) (dated) criado, -da *m,f* 2▸ (fee) iguala *f* (*cuota fija que se paga para retener los servicios de algn*)

retake¹ /ˈriːˈteɪk/ *vt* (*past* **retook**; *past p* **retaken**) 1▸ (recapture) ‹*town/fort*› retomar, volver* a tomar 2▸ (Cin, TV) ‹*scene*› volver* a rodar *or* filmar 3▸ (Educ) ‹*exam/test*› volver* a presentarse a, volver* a presentar

retake² /ˈriːteɪk/ *n* 1▸ (Cin, TV) nueva toma *f*; **to do a ~** repetir* una toma 2▸ (of exam): **to do a ~** volver* a presentar un examen, volver* a presentarse a un examen, volver* a examinarse (Esp)

retaliate /rɪˈtælieɪt/ *vi* 1▸ (Mil) tomar represalias, contraatacar* 2▸ (respond) responder; **he ~d by cutting her allowance** respondió quitándole la mesada; **to ~ AGAINST sb/sth** tomar represalias CONTRA algn/algo

retaliation /rɪˈtæliˈeɪʃən/ *n* [u] represalias *fpl*; **in ~ for the bombing** en *or* como represalia por el bombardeo

retaliatory /rɪˈtæljətɔːri || rɪˈtæliətri/ *adj*: **~ measures** represalias *fpl*

retard¹ /rɪˈtɑːrd || rɪˈtɑːd/ *vt* ‹*growth*› retardar; ‹*progress*› retrasar

retard² /ˈriːtɑːrd || ˈriːtɑːd/ *n* (AmE colloq & pej) tarado, -da *m,f* (fam)

retarded /rɪˈtɑːrdəd || rɪˈtɑːdɪd/ *adj* (sometimes offensive) retrasado; **he is mentally ~** es (un) débil *or* retrasado mental

retch /retʃ/ *vi* hacer* arcadas

retd (= **retired**) (R), (r)

retention /rɪˈtentʃən || rɪˈtenʃən/ *n* [u] retención *f*, conservación *f*; **water ~** retención de líquidos

retentive /rɪˈtentɪv/ *adj* ‹*memory/mind*› retentivo; **heat-~ material** material *m* que retiene *or* conserva el calor

rethink¹ /ˈriːˈθɪŋk/ *vt* (*past & past p* **rethought**) reconsiderar, replantearse

rethink² /ˈriːθɪŋk/ *n* (*no pl*) replanteamiento *m*; **to have a ~** reconsiderar

reticence /ˈretəsəns || ˈretɪsəns/ *n* [u] reticencia *f*

reticent /ˈretəsənt || ˈretɪsənt/ *adj* reticente; **to be ~ ABOUT sth**: **she is rather ~ about her emotional life** es un tanto reservada en cuanto a su vida afectiva

retina /ˈretn̩ə || ˈretɪnə/ *n* (*pl* **-nas** *or* **-nae** /-niː/) retina *f*

retinue /ˈretn̩uː || ˈretɪnjuː/ *n* séquito *m*, comitiva *f*

retire /rɪˈtaɪr || rɪˈtaɪə(r)/ *vi*

A (from job, occupation) jubilarse, retirarse; «*soldier*» retirarse (del servicio activo); «*athlete/footballer*» retirarse; **they ~d to Florida** cuando se jubilaron se fueron a vivir a Florida; **the retiring treasurer** el tesorero saliente *or* que se retira/retiraba

B 1▸ (retreat, withdraw) (frml) retirarse 2▸ (Mil) «*troops*» retirarse, replegarse* 3▸ (from sporting contest): **he ~d with an injured ankle** abandonó el campo de juego con un tobillo lesionado 4▸ (go to bed) (frml *or* hum) acostarse*, retirarse a sus (*or* mis *etc*) aposentos (frml *o* hum)

■ **retire** *vt* (from job) jubilar

retired /rɪˈtaɪrd || rɪˈtaɪəd/ *adj* jubilado, retirado; (Mil) retirado

retiree /rɪˈtaɪˈriː || rɪˌtaɪəˈriː/ *n* (AmE) jubilado, -da *m,f*

retirement /rɪˈtaɪrmənt || rɪˈtaɪəmənt/ *n* 1▸ [u c] (from job) jubilación *f*, retiro *m*; (from the military) retiro *m*; **early ~** jubilación anticipada; **he took early ~** se jubiló anticipadamente; **he's coming up to** *o* **for ~** le falta poco para jubilarse; (*before n*) **~ age** edad *f* para jubilarse; (Mil) edad *f* de retiro; **~ community** (AmE) *complejo habitacional para jubilados* 2▸ [u c] (from race, match) abandono *m*

retiring /rɪˈtaɪrɪŋ || rɪˈtaɪərɪŋ/ *adj* (shy) retraído

retort¹ /rɪˈtɔːrt || rɪˈtɔːt/ *vt* replicar* (liter), contestar

retort² *n* (reply) réplica *f* (liter), contestación *f*

retouch /ˈriːˈtʌtʃ/ *vt* retocar*

retrace /ˈriːˈtreɪs/ *vt* ‹*events*› volver* sobre; **to ~ one's steps** volver* sobre sus (*or* mis *etc*) pasos

retract /rɪˈtrækt/ *vt* 1▸ ‹*allegation/statement*› retirar 2▸ ‹*undercarriage*› replegar*, levantar

■ **retract** *vi* 1▸ (withdraw statement) retractarse, desdecirse* 2▸ «*undercarriage*» retraerse*, replegarse*

retractable, retractible /rɪˈtræktəbəl/ *adj* ‹*wheels*› retráctil, replegable

retrain /ˈriːˈtreɪn/ *vt* reciclar, recapacitar

■ **retrain** *vi* hacer* un curso de reciclaje *or* recapacitación

retread¹ /ˈriːˈtred/ *vt* (*past and past p* **~ed**) ‹*tire*› recauchutar, recauchar, reencauchar (AmC, Col, Ven), renovar* (Méx)

retread² /ˈriːtred/ *n* neumático *m* recauchutado *or* recauchado, llanta *f* recauchutada *or* recauchada (AmL), llanta *f* reencauchada (AmC, Col, Ven), llanta *f* renovada (Méx)

retreat¹ /rɪˈtriːt/ *vi* «*forces/army*» retirarse, replegarse*

retreat² *n*

A (Mil) retirada *f*, repliegue *m*; **our forces are in ~** nuestras tropas se están batiendo en retirada; ***to beat a ~*** (Mil) batirse en retirada, retirarse; **when I saw him, I beat a hasty ~** en cuanto lo ví, puse pies en polvorosa (fam)

B 1▸ (place) refugio *m* 2▸ (Relig) retiro *m* espiritual

retrial /ˈriːˈtraɪəl/ *n* nuevo juicio *m*, ≈ revisión *f* de la causa

retribution /ˈretrəˈbjuːʃən || ˌretrɪˈbjuːʃən/ *n* [u] castigo *m*; **in ~, they executed all the prisoners** como represalia, ejecutaron a todos los prisioneros

retrieval /rɪˈtriːvəl/ *n* [u] 1▸ (of object, data) recuperación *f* 2▸ (of situation, mistake) reparación *f*, remedio *m*; **it's not beyond ~** no es irreparable *or* irremediable

retrieve /rɪˈtriːv/ *vt* 1▸ (recover) ‹*object/data*› recuperar 2▸ (salvage) ‹*furniture/jewels*› rescatar, salvar; ‹*situation*› salvar

■ **retrieve** *vi* «*gundog*» cobrar

retriever /rɪˈtriːvər || rɪˈtriːvə(r)/ *n* perro *m* cobrador

retro- /ˈretrəʊ/ *pref* retro-

retroactive /ˈretrəʊˈæktɪv/ *adj* retroactivo

retrograde /ˈretrəgreɪd/ *adj* retrógrado

retrogressive /ˈretrəˈgresɪv/ *adj* ▸**retrograde**

retrospect /ˈretrəspekt/ *n*: **in ~** mirando hacia atrás, en retrospectiva

retrospective[1] /ˈretrəˈspektɪv/ *adj* 1▸ (looking back) retrospectivo 2▸ (retroactive) retroactivo

retrospective[2] *n* (exposición *f*) retrospectiva *f*

retrospectively /ˈretrəˈspektɪvli/ *adv* en retrospectiva, mirando hacia atrás

retrovirus /ˈretrəʊˌvaɪrəs || ˈretrəʊˌvaɪərəs/ *n* (*pl* **-ruses**) retrovirus *m*

return[1] /rɪˈtɜːrn || rɪˈtɜːn/ *vi* 1▸ (go back) **to ~ (TO sth)** (to a place) volver* *or* regresar (A algo); (to former activity, state) volver* (A algo); **to ~ to what we were saying earlier, ...** volviendo a lo que decíamos anteriormente, ... 2▸ (reappear) «*symptom*» volver* a aparecer, presentarse de nuevo; «*doubts/suspicions*» resurgir*

■ **return** *vt*

A 1▸ (give back) devolver*, regresar (AmL exc CS), restituir* (frml); **she ~ed the letter to the file** volvió a poner la carta en el archivo 2▸ (reciprocate) ‹*affection*› corresponder a; ‹*blow/favor*› devolver*; ‹*greeting*› devolver*, corresponder a; **to ~ sb's call** devolverle* la llamada a algn 3▸ (Sport) ‹*ball*› devolver*

B (Law) ‹*verdict*› emitir

C (Govt) ‹*candidate*› (re-elect) reelegir*; (elect) (BrE) elegir*

return[2] *n*

A [u] 1▸ (to place) regreso *m*, vuelta *f*, retorno *m* (frml *o* liter); **on his ~** a su regreso, a su vuelta 2▸ (to former activity, state) vuelta *f*, retorno *m* 3▸ (reappearance) reaparición *f*; **many happy ~s of the day!** ¡feliz cumpleaños!, ¡que cumplas muchos más!

B [u c] (to owner) devolución *f*, regreso *m* (AmL); (of thing bought) devolución *f*

C (*in phrases*) **by return (of post)** (BrE) a vuelta de correo; **in return** a cambio; **in ~ FOR sth** a cambio DE algo

D [u c] (profit) **~ (ON sth)** rendimiento *m* (DE algo); **we haven't seen much ~ on our efforts** nuestros esfuerzos no se han visto muy recompensados

E [c] 1▸ (*tax ~*) declaración *f* (de la renta *or* de impuestos) 2▸ **returns** *pl* (data) datos *mpl*; (figures) cifras *fpl*

F [c] (Sport) devolución *f*

G [c] (ticket) (BrE) boleto *m or* (Esp) billete *m or* (Col) tiquete *m* de ida y vuelta, boleto *m* de viaje redondo (Méx)

return[3] *adj* (*before n*) 1▸ ‹*journey/flight*› de vuelta, de regreso; ‹*ticket/fare*› (BrE) de ida y vuelta, de viaje redondo (Méx); **by ~ mail** (AmE) a vuelta de correo 2▸ (Sport) de vuelta

returnable /rɪˈtɜːrnəbəl || rɪˈtɜːnəbəl/ *adj* ‹*deposit*› reembolsable, reintegrable; ‹*bottle*› retornable

reunification /riːˈjuːnəfəˈkeɪʃən || ˌriːjuːnɪfɪˈkeɪʃən/ *n* [u] reunificación *f*

reunify /riːˈjuːnəfaɪ || ˌriːˈjuːnɪfaɪ/ *vt* **-fies, -fying, -fied** reunificar*

reunion /riːˈjuːnjən/ *n* [c u] reunión *f*, reencuentro *m*; **a family ~** una reunión familiar

reunite /ˈriːjʊˈnaɪt/ *vt* ‹*family/party*› volver* a unir; **she was ~d with him after many years** se reencontró con él después de muchos años

■ **reunite** *vi* reunirse*; (reconcile) reconciliarse

reusable /ˈriːˈjuːzəbəl/ *adj* reutilizable, que puede utilizarse *or* usarse de nuevo

reuse /ˈriːˈjuːz/ *vt* reutilizar*, volver* a usar

rev[1] /rev/ *n* revolución *f*

rev[2] **-vv- ~ (up)** *vt* ‹*engine/car*› acelerar (*sin desplazarse*)

■ **rev** *vi*: **I could hear the car ~ving (up) outside** oía como aceleraban el coche afuera

Rev (= **Reverend**) Rvdo., Rdo.

revaluation /ˈriːˈvæljuˈeɪʃən/ *n* [u c] (of currency) revalorización *f*, revaluación *f* (esp AmL); (of property) reevaluación *f*, revaloración *f*

revalue /ˈriːˈvæljuː/, (AmE also) **revaluate** /-jueɪt/ *vt* ‹*currency*› revalorizar*, revaluar* (esp AmL); ‹*house*› reevaluar*, revalorar

revamp[1] /ˈriːˈvæmp/ *vt* ‹*kitchen/interior*› reformar; (modernize) modernizar*; ‹*image*› cambiar, poner* al día; ‹*organization*› modernizar*

revamp[2] *n* reforma *f*, modernización *f*; **our image needs a complete ~** necesitamos un cambio radical de imagen

reveal /rɪˈviːl/ *vt* 1▸ (disclose, make known) revelar, desvelar, develar (AmL); **I didn't want to ~ my ignorance** no quise poner de manifiesto mi ignorancia; **be patient and all will be ~ed** ten paciencia y ya te enterarás; **to ~ sth TO sb** revelarle algo A algn; **to ~ sth/sb AS sth**: **the structure was ~ed as (being) unsafe** se puso de manifiesto que la estructura no era segura; **this ~ed him to us as a coward/hero** esto nos demostró que era un cobarde/héroe 2▸ (bring to view) dejar ver

revealing /rɪˈviːlɪŋ/ *adj* ‹*document/statement*› revelador; ‹*neckline/garment*› atrevido, revelador

reveille /ˈrevəli || rɪˈvæli/ *n* diana *f*, toque *m* de diana

revel /ˈrevəl/ *vi*, (BrE) **-ll-** (enjoy greatly) **to ~ IN sth** deleitarse CON *or* EN algo; **to ~ IN -ing** deleitarse + GER

revelation /ˈrevəˈleɪʃən/ *n* [c u] 1▸ (disclosure) revelación *f* 2▸ (Bib): **(the Book of) Revelations** el Apocalipsis

reveler, (BrE) **reveller** /ˈrevələr || ˈrevələ(r)/ *n* (liter) juerguista *mf* (fam)

revelry /ˈrevəlri/ *n* (*pl* **-ries**) jolgorio *m*

revels /ˈrevəlz/ *pl n* fiestas *fpl*, festividades *fpl*

revenge[1] /rɪˈvendʒ/ *n* [u] venganza *f*; **to take (one's) ~** vengarse*, desquitarse; **in ~ for the death of his father** como venganza por la muerte de su padre, para vengar la muerte de su padre; **~ is sweet!** (set phrase) el placer de la venganza

revenge[2] *vt* vengar*; **to be ~d (ON sb)** vengarse* (DE algn)

■ *v refl* **to ~ oneself (ON sb)** vengarse* (DE algn)

revenue /ˈrevənuː || ˈrevənjuː/ *n* 1▸ [u] (Tax) rentas *fpl* públicas; *see also* **Inland Revenue, Internal Revenue Service** 2▸ **revenues** *pl* ingresos *mpl*; **oil ~s** ingresos *mpl* provenientes del petróleo

reverberate /rɪˈvɜːrbəreɪt || rɪˈvɜːbəreɪt/ *vi* «*sound*» retumbar, resonar*; **the place ~d with the sound of their laughter** el lugar retumbaba con sus risas

reverberation /rɪˈvɜːrbəˈreɪʃən || rɪˌvɜːbəˈreɪʃən/ *n* [c u] resonancia *f*, retumbo *m*; **the ~s of the financial crisis** las repercusiones de la crisis financiera

revere /rɪˈvɪr || rɪˈvɪə(r)/ *vt* (frml) venerar, reverenciar (frml)

reverence /ˈrevrəns, ˈrevərəns/ *n* 1▸ [u] (veneration) veneración *f*, reverencia *f*; **to hold sb/sth in ~** tener* veneración *or* reverencia por algn/algo 2▸ (Relig) (*as form of address*) **Your Reverence** Reverencia

Reverend *adj* (in titles) reverendo; **the Right ~/Most ~ Paul Snow** el ilustrísimo (obispo/arzobispo) Paul Snow

reverent /ˈrevrənt, ˈrevərənt/ *adj* reverente

reverential /ˈrevəˈrentʃəl || ˌrevəˈrenʃəl/ *adj* reverencial

reverie /ˈrevəri/ *n* [u c] ensueño *m*; **he was lost in (a) ~** estaba absorto

reversal /rɪˈvɜːrsəl || rɪˈvɜːsəl/ *n* [c u]

A (inversion) inversión *f*

B (of trend, policy) cambio *m* completo *or* total; (of ruling, judgment) revocación *f*

C (setback) (frml) revés *m*

reverse[1] /rɪˈvɜːrs || rɪˈvɜːs/ *n*

A [c] (of picture, paper) reverso *m*, dorso *m*; (of cloth, garment) revés *m*; (of coin) reverso *m*

B (*no pl*) 1▸ (opposite) **the ~: are you upset? — quite the ~** ¿estás disgustada? — no, al contrario *or* no, todo lo contrario; **the results are the ~ of what I expected** los resultados son todo lo contrario de lo que esperaba 2▸ (reverse order): **in ~** a la inversa, al revés

C **~ (gear)** (*no art*) marcha *f* atrás, reversa *f* (Col, Méx); **he came around the corner in ~ (gear)** dobló la esquina dando marcha atrás *or* (Col, Méx) en reversa

D [c u] (setback) (frml) revés *m*

E [c] (Sport) (in US football) reversible *f*

reverse[2] *vt*

A 1▸ (transpose) ‹*roles/positions*› invertir*; **to ~ the charges** (BrE Telec) llamar a cobro revertido *or* (Chi, Méx) por cobrar 2▸ (invert) ‹*order/process*› invertir*

B (undo, negate) ‹*policy*› cambiar radicalmente; ‹*trend*› invertir* el sentido de; ‹*verdict/decision/ruling*› revocar*

C ‹*vehicle*›: **she ∼d her car around the corner** dobló la esquina dando marcha atrás *or* (Col, Méx) en reversa
■ **reverse** *vi* «*vehicle/driver*» dar* marcha atrás, meter reversa (Col, Méx)

reverse³ *adj* (*before n*) **1** (back): **the ∼ side** *o* **face** (of coin) el reverso; **the ∼ side** (of cloth) el revés; (of paper) el reverso, el dorso **2** (backward, opposite) ‹*movement/direction/trend*› contrario, inverso; **in ∼ order** en orden inverso

reverse ∼-charge call /rɪ'vɜːrs'tʃɑːrdʒ ‖ rɪˌvɜːs'tʃɑːdʒ/ *n* (BrE) llamada *f* a cobro revertido *or* (Chi, Méx) por cobrar; **∼-engineer** /rɪˌvɜːrsendʒə'nɪr ‖ rɪˌvɜːsendʒɪ'nɪə(r)/ *vt* aplicar la retroingeniería *or* la ingeniería invertida a

reversible /rɪ'vɜːrsəbəl ‖ rɪ'vɜːsəbəl/ *adj* ‹*jacket/coat*› reversible

reversing lights /rɪ'vɜːrsɪŋ ‖ rɪ'vɜːsɪŋ/ *pl n* (BrE) luces *fpl or* faros *mpl* de marcha atrás *or* (Col, Méx) de reversa

reversion /rɪ'vɜːrʒən ‖ rɪ'vɜːʃən/ *n* **1** [u c] (to former state, practice) vuelta *f*, reversión *f* (frml) **2** [c] (Law) reversión *f*

revert /rɪ'vɜːrt ‖ rɪ'vɜːt/ **to ∼ to** **1** (to former state, actions) volver* A; **he soon ∼ed to type** pronto volvió a ser el mismo de siempre **2** (to subject, topic) (frml) volver* A **3** (Law) «*land/possessions*» revertir* A

review¹ /rɪ'vjuː/ *n*
A [c] **1** (of book, film) crítica *f*, reseña *f*; **to get good ∼s** ser* ponderado por la crítica **2** (report, summary) resumen *m*, reseña *f* **3** (magazine) revista *f*
B **1** [c u] (reconsideration) revisión *f*; **salary under ∼** el sueldo está en estudio **2** [c] (for exam) (AmE) repaso *m*

review² *vt*
A **1** (consider) ‹*situation*› examinar, estudiar **2** (reconsider) ‹*policy/case*› reconsiderar, reexaminar; ‹*salary*› reajustar
B **1** (summarize) ‹*news/events*› resumir, reseñar **2** (criticize) ‹*book/play*› hacer* (*or* escribir* *etc*) la crítica de, reseñar
C (Mil) ‹*troops*› pasar revista a, revistar
D (for exam) (AmE) repasar
■ **review** *vi* (for exam) (AmE) repasar

reviewer /rɪ'vjuːər ‖ rɪ'vjuːə(r)/ *n* crítico, -ca *m,f*

revile /rɪ'vaɪl/ *vt* (frml) injuriar (frml), vilipendiar (frml)

revise /rɪ'vaɪz/ *vt*
A **1** (alter) modificar*; **I had to ∼ my opinion of her** tuve que cambiar de opinión respecto de ella **2** (Publ) corregir*, revisar
B (for exam) (BrE) repasar
■ **revise** *vi* (BrE) repasar

revision /rɪ'vɪʒən/ *n*
A **1** [u c] (alteration) modificación *f* **2** [u c] (of text) corrección *f* **3** [c] (text) edición *f* corregida
B [u] (for exam) (BrE) repaso *m*

revitalize /'riː'vaɪtḷaɪz/ *vt* vigorizar*, darle* vitalidad a; ‹*economy*› estimular, reactivar

revival /rɪ'vaɪvəl/ *n*
A [c u] **1** (renewal, upsurge): **there has been a ∼ of interest in fifties music** ha habido un renovado interés por la música de los años cincuenta; **economic ∼** reactivación *f* económica; **a religious ∼** un renacer *or* un renacimiento religioso **2** (restoration — of old custom, practice) restablecimiento *m*, reinstauración *f* **3** (Med) reanimación *f*, resucitación *f*
B [c] (Theat) reestreno *m*, reposición *f*

revivalist /rɪ'vaɪvələst ‖ rɪ'vaɪvəlɪst/ *adj* evangelista

revive /rɪ'vaɪv/ *vt* **1** (Med) reanimar, resucitar **2** (revitalize) ‹*economy*› reactivar, estimular; ‹*hope/interest/friendship*› hacer* renacer, reavivar; ‹*conversation*› reanimar **3** (reintroduce, restore) ‹*custom/practice*› restablecer* **4** (Theat) ‹*play*› reestrenar, reponer*
■ **revive** *vi* «*industry/trade*» reactivarse, repuntar; «*hope/interest/spirits*» renacer*, resurgir*; «*patient*» reanimarse; (come to) recobrar el sentido, volver* en sí; «*flowers/plant*» revivir

revoke /rɪ'vəʊk/ *vt* revocar*

revolt¹ /rɪ'vəʊlt/ *n* [u c] revuelta *f*, levantamiento *m*, sublevación *f*; **to rise up in ∼ against sb/sth** sublevarse *or* alzarse* contra algn/algo

revolt² *vi* (Pol) **to ∼ (AGAINST sb/sth)** sublevarse *or* alzarse* (CONTRA algn/algo)
■ **revolt** *vt* darle* asco a

revolting /rɪ'vəʊltɪŋ/ *adj* (nauseating) repugnante; (horrible) (colloq) asqueroso, horrible

revolution /'revə'luːʃən/ *n* [c u] revolución *f*

revolutionary¹ /ˌrevə'luːʃəneri ‖ ˌrevə'luːʃənəri/ *adj* revolucionario

revolutionary² *n* (*pl* **-ries**) revolucionario, -ria *m,f*

revolutionize /'revə'luːʃənaɪz/ *vt* revolucionar, cambiar radicalmente

revolve /rɪ'vɑːlv ‖ rɪ'vɒlv/ *vi* **1** (rotate) girar; **to ∼ AROUND sth** girar ALREDEDOR DE *or* EN TORNO A algo; **the world doesn't ∼ around you, you know** no te creas que eres el centro del mundo **2** **revolving** *pres p* ‹*chair/door*› giratorio

revolver /rɪ'vɑːlvər ‖ rɪ'vɒlvə(r)/ *n* revólver *m*

revue /rɪ'vjuː/ *n* [c u] revista *f*

revulsion /rɪ'vʌlʃən/ *n* [u] repugnancia *f*, asco *m*

reward¹ /rɪ'wɔːrd ‖ rɪ'wɔːd/ *n* **1** [c u] (recompense) recompensa *f*; **teaching has its ∼s** la enseñanza puede ser gratificante; **as a ∼, they were allowed to go out** como premio los dejaron salir **2** [c] (sum of money) recompensa *f*

reward² *vt* (recompense) premiar, recompensar

rewarding /rɪ'wɔːrdɪŋ ‖ rɪ'wɔːdɪŋ/ *adj* gratificante

rewind /'riː'waɪnd/ *vt* (*past & past p* **rewound**) rebobinar; **∼ button** botón *m* de rebobinado

rewire /'riː'waɪr ‖ ˌriː'waɪə(r)/ *vt* ‹*house*› renovar* la instalación eléctrica de

reword /'riː'wɜːrd ‖ ˌriː'wɜːd/ *vt* ‹*question*› formular de otra manera; ‹*statement*› volver* a redactar

reworking /'riː'wɜːrkɪŋ ‖ ˌriː'wɜːkɪŋ/ *n* [c u] (adaptation) adaptación *f*

rewound /'riː'waʊnd/ *past & past p of* **rewind**

rewrite¹ /'riː'raɪt/ *vt* (*past* **rewrote** *past p* **rewritten**) **1** (alter) volver* a escribir *or* redactar; **to ∼ history** enfocar* la historia desde una nueva perspectiva **2** (copy out) volver* a escribir, escribir* otra vez

rewrite² /'riːraɪt/ *n* nueva versión *f*; **to be in ∼(s)** (AmE) estar* en proceso de revisión; (*before n*) **∼ man** (AmE Journ) corrector *m* de estilo

rezone /'riː'zəʊn/ *vt* (in US) reclasificar*

RGN *n* (in UK) = **Registered General Nurse**

Rh /'ɑːr'eɪtʃ/ *n* (= **rhesus**) Rh. *m*; (*before n*) **∼ factor** factor *m* Rh

rhapsody /'ræpsədi/ *n* (*pl* **-dies**) **1** (Mus) rapsodia *f* **2** (ecstasy): **to go into rhapsodies over** *o* **about sth** extasiarse hablando de algo

Rhesus /'riːsəs/ *n* [u] **∼ factor** factor *m* Rhesus *or* Rh; **∼ positive/negative** Rhesus positivo/negativo

rhetoric /'retərɪk/ *n* [u] retórica *f*

rhetorical /rɪ'tɔːrɪkəl ‖ rɪ'tɒrɪkəl/ *adj* retórico; **∼ question** *pregunta que se hace por su efecto retórico, a la que no se espera contestación*

rheumatic /ruː'mætɪk/ *adj* reumático

rheumatic fever *n* [u] fiebre *f* reumática

rheumatism /'ruːmətɪzəm/ *n* [u] reumatismo *m*

rheumatoid arthritis /'ruːmətɔɪd/ *n* [u] artritis *f* reumatoidea

rheumy /'ruːmi/ *adj* ‹*eyes*› lagañoso, legañoso

Rhine /raɪn/ *n* **the ∼** el Rin

rhinestone /'raɪnstəʊn/ *n* [u c] estrás *m*

rhino /'raɪnəʊ/ *n* (*pl* **∼** *or* **∼s**) rinoceronte *m*

rhinoceros /raɪ'nɑːsrəs, -sərəs ‖ raɪ'nɒsərəs, -srəs/ *n* (*pl* **-oses** *or* **∼**) rinoceronte *m*

rhododendron /'rəʊdə'dendrən/ *n* rododendro *m*

rhombus /'rɑːmbəs ‖ 'rɒmbəs/ *n* (*pl* **-buses** *or* **-bi** /-baɪ/) rombo *m*

Rhone /rəʊn/ *n* **the ∼** el Ródano

rhubarb /'ruːbɑːrb ‖ 'ruːbɑːb/ *n*
A [c u] (Bot, Culin) ruibarbo *m*
B **1** [c] (quarrel) (AmE sl) pelotera *f* (fam) **2** [u] (simulating conversation) (BrE hum) **∼, ∼ (,∼)!** bla, bla, bla

rhyme¹ /raɪm/ *n* **1** [u c] (correspondence of sound) rima *f*; ***without ∼ or reason*** sin ton ni son **2** [c] (word): **can you think of a ∼ for 'mansion'?** ¿se te ocurre una palabra que rime con 'mansión'? **3** [c] (poem) rima *f*, poema *m* **4** [u] (rhymed verse) verso *m* (*en rima*)

rhyme² *vi/t* rimar

rhyming slang /'raɪmɪŋ/ *n* [u] *argot en el que se sustituye una palabra determinada por otra palabra o locución que rime con ella*

rhythm /'rɪðəm/ *n* [u c] ritmo *m*

rhythmic /'rɪðmɪk/, **-mical** /-mɪkəl/ *adj* rítmico

rhythm method *n*: *método anticonceptivo, como el de Ogino-Knaus, basado en la abstinencia sexual conforme al ciclo periódico de la mujer*

RI = Rhode Island

rib¹ /rɪb/ *n*

A [c u] (Anat, Culin) costilla *f*; (*before n*) ~ **roast** (AmE) *carne de vaca de junto a las costillas*

B (joke) (AmE) broma *f*

rib² *vt* **-bb-** (colloq) tomarle el pelo a (fam)

ribald /'rɪbəld/ *adj* ‹*comments/humor*› procaz, picaresco; ‹*person*› desfachatado, procaz

ribbed /rɪbd/ *adj* ‹*neck/sleeves*› en punto elástico, en canalé, en resorte (AmC, Col, Méx)

ribbing /'rɪbɪŋ/ *n* [u] (Clothing) elástico *m*, canalé *m*, resorte *m* (AmC, Col, Méx)

ribbon /'rɪbən/ *n* **1** [uc] (strip of fabric) cinta *f*, listón *m* (Méx) **2** [c] (as insignia, award) galón *m* **3** [c] (of typewriter, printer etc) cinta *f* **4** **ribbons** *pl* (shreds) jirones *mpl*; **her jacket hung in ~s** tenía la chaqueta hecha jirones

ribcage /'rɪbkeɪdʒ/ *n* caja *f* torácica, tórax *m*

rice¹ /raɪs/ *n* [u] arroz *m*; **brown/white** ~ arroz integral/blanco; (*before n*) ~ **pudding** arroz con leche

rice² *vt* (AmE) ‹*potatoes*› pasar por el pasapurés *or* (RPl) por la puretera

rice: **~field** *n* arrozal *m*; ~ **paper** *n* [u] papel *m* de arroz

ricer /'raɪsər || 'raɪsə(r)/ *n* (AmE) pasapurés *m*, puretera *f* (RPl)

rich¹ /rɪtʃ/ *adj* **-er, -est**

A **1** (wealthy) rico; **to become** ~ enriquecerse*, hacerse* rico **2** (opulent) ‹*banquet*› suntuoso, opulento; ‹*furnishings*› lujoso, suntuoso **3** (abundant) ‹*harvest/supply*› abundante; ‹*reward*› generoso; ‹*history/experience*› rico; ~ IN **sth**: ~ **in vitamins** rico en vitaminas

B **1** ‹*food*› *con alto contenido de grasas, huevos, azúcar etc*; **avoid** ~ **foods** evite las comidas pesadas *or* indigestas **2** ‹*soil*› rico, fértil; ‹*color*› cálido e intenso, brillante; ‹*voice*› sonoro

C (laughable) (colloq) cómico, gracioso; **that's ~ coming from you!** ¡tiene gracia que tú digas eso! (iró), ¡mira quién habla!

rich² *pl n* **the** ~ los ricos

-rich /rɪtʃ/ *suff*: **protein~/vitamin~** rico en proteínas/vitaminas

riches /'rɪtʃəz || 'rɪtʃɪz/ *pl n* riquezas *fpl*

richly /'rɪtʃli/ *adv* **1** (opulently) ‹*decorated/furnished*› lujosamente, suntuosamente **2** (abundantly): **they were ~ rewarded** recibieron una generosa recompensa; **the punishment they so ~ deserved** su bien merecido castigo

richness /'rɪtʃnəs || 'rɪtʃnɪs/ *n* [u]

A **1** (opulence) riqueza *f*, lujo *m*, suntuosidad *f* **2** (of culture, experience) riqueza *f*

B **1** (of food) *alto contenido de grasas, huevos, azúcar etc* **2** (of soil) riqueza *f*, fertilidad *f*; (of color) brillantez *f*; (of voice) sonoridad *f*

rickets /'rɪkəts || 'rɪkɪts/ *n* (+ *sing vb*) raquitismo *m*

rickety /'rɪkəti/ *adj* desvencijado, destartalado

rickshaw /'rɪkʃɔː/ *n*: *calesa oriental de dos ruedas tirada por un hombre*

ricochet¹ /'rɪkəʃeɪ/ *vi* **-chets** /-ʃeɪz/, **-cheting** /-ʃeɪɪŋ/, **-cheted** /-ʃeɪd/: **the bullet ~ed off the wall** la bala rebotó *or* (Méx tb) retachó en la pared

ricochet² *n*: **he was hit by a ~** una bala le dio de rebote *or* (Méx tb) de retacho

rid /rɪd/ *vt* (*pres p* **ridding**; *past & past p* **rid**): **he wants to ~ the city of beggars** quiere limpiar la ciudad de mendigos; **they finally ~ the country of corruption** al fin libraron al país de la corrupción; **he ~ them of their fears/doubts** (frml) disipó su miedo/sus dudas; **to get ~ of sth/sb** (of unwanted object) deshacerse* de; (sell) deshacerse* de, vender; (of boring person, cold) quitarse de encima; ‹*smell*› eliminar (frml), quitar; (kill) eliminar; **to be ~ of sth/sb**: **I'm glad to be ~ of the responsibility** me alegro de haberme librado de *or* quitado de encima esa responsabilidad; **you're well ~ of him** estás mejor sin él

riddance /'rɪdn̩s/ *n* [u]: **good ~ (to bad rubbish)!** (colloq) ¡adiós y buen viaje! (fam & iró); **goodbye and good ~!** ¡adiós y hasta nunca!

ridden /'rɪdn/ *past p of* **ride¹**

-ridden /ˌrɪdn̩/ *suff* **guilt~** atormentado por los remordimientos

riddle¹ /'rɪdl̩/ *n* **1** (puzzle) adivinanza *f*, acertijo *m*; **to speak in ~s** hablar en clave **2** (mystery) enigma *m*, misterio *m*

riddle² *vt* (perforate) (*often pass*) **to be ~d** WITH **sth**: **his body was ~d with bullets** lo habían acribillado a balazos; **she was ~d with cancer** tenía cáncer por todo el cuerpo, estaba cundida de cáncer (Méx); **the chairs are ~d with woodworm** las sillas están llenas de carcoma *or* todas carcomidas; **the organization is ~d with corruption** la corrupción ha llegado a todos los niveles de la organización

ride¹ /raɪd/ (*past* **rode**; *past p* **ridden**) *vt*

A (as means of transport) **1** **to ~ a horse** montar a caballo; **Paradise Boy, ridden by G. Moffatt** Paradise Boy, jineteado por G. Moffatt *or* con G. Moffatt en la monta **2** **to ~ a bicycle/motorbike** montar *or* (AmL tb) andar* en bicicleta/moto **3** (AmE) ‹*bus/subway/train*› ir* en

B **1** (traverse on horseback) ‹*countryside/plains*› recorrer a caballo **2** (run) ‹*race*› correr en

C (be carried upon) ‹*waves/wind*› dejarse llevar por

D (harass) (AmE colloq) tenerla* tomada con (fam)

■ **ride** *vi*

A **1** (on horse) montar *or* (AmL tb) andar* a caballo; **to go riding** ir* a montar *or* (AmL tb) a andar a caballo, ir* a hacer equitación; **we rode over to Garsville** fuimos a Garsville a caballo; **a boy riding on a donkey** un niño montado en un burro **2** (on bicycle, in vehicle) ir*; **we rode into town** fuimos al centro en bicicleta (*or* en moto *etc*); **can I ~ with you, John?** (esp AmE) ¿puedo ir contigo en el coche, John?

B (run, go) ‹‹*horse*›› correr; ‹‹*vehicle*›› andar*, marchar

C (be carried along, borne up) **to ~** ON **sth**: **they ~ on the backs of the working population** viven a costa de la clase trabajadora; ***to be riding high*** estar* en la cresta de la ola; ***to let sth ~***: **let it ~** déjalo correr *or* pasar; **to let things ~** dejar que las cosas sigan su curso

Phrasal verbs

- **ride on** [v ▸ prep ▸ o] depender de
- **ride out** [v ▸ o ▸ adv, v ▸ adv ▸ o] aguantar, sobrellevar
- **ride up** [v ▸ adv] subirse; **my skirt ~s up** se me sube la falda

ride² *n*

A (on horse, in vehicle etc): **let's go for a ~ on our bikes/in your car** vamos a dar una vuelta *or* un paseo en bicicleta/en tu coche; **will you give me a ~ on your back?** ¿me llevas a cuestas?; **it's only a short bus/taxi ~ from here** queda a poca distancia de aquí en autobús/taxi; **it was a long ~ and we were exhausted when we arrived** fue un viaje largo y llegamos agotados; **the firm has had a bumpy ~ recently** las cosas no han marchado muy bien para la empresa últimamente; **from then on, it was a smooth ~** de ahí en adelante, todo marchó sobre ruedas; **the audience gave her a rough ~** el público le hizo pasar un mal rato; **to hitch a ~** (esp AmE) hacer* dedo *or* auto-stop, pedir* aventón (Col, Méx fam); **she gave us a ~ into town** (esp AmE) nos llevó al centro en coche, nos acercó al centro, nos dio un aventón (Méx) *or* (Col fam) una palomita al centro; **I went along for the ~** aproveché el viaje, aproveché el aventón (Méx) *or* (Col fam) la palomita; ***to take sb for a ~*** (colloq) tomarle el pelo a algn (fam)

B (at amusement park): **the ~s** las atracciones, los juegos (AmL)

rider /'raɪdər || 'raɪdə(r)/ *n*

A **1** (on horseback) jinete *mf*; (on bicycle) ciclista *mf*; (on motorbike) motociclista *mf*, motorista *mf* **2** (of subway, bus) (AmE) pasajero, -ra *m,f*, usuario, -ria *m,f*

B **1** (appended statement) cláusula *f* adicional; (condition) condición *f* **2** (Law) recomendación *f* (*del jurado*)

ridership /'raɪdərʃɪp || 'raɪdəʃɪp/ *n* [u] (AmE) número *m* de usarios del transporte público

r

ridge /rɪdʒ/ *n* 1 (in plowed field) caballón *m* 2 (of hills) cadena *f*; (hilltop) cresta *f*; (on ocean floor) arrecife *m* 3 (Meteo): **a ~ of high pressure** un sistema de altas presiones

ridicule[1] /ˈrɪdəkjuːl || ˈrɪdɪkjuːl/ *n* [u] burlas *fpl*; **he's laying himself open to ~** se está exponiendo a hacer el ridículo *or* a que se burlen de él; **she became an object of ~** se convirtió en el hazmerreír de todos *or* en el centro de todas las burlas; **to hold sth/sb up to ~** ridiculizar* algo/a algn

ridicule[2] *vt* ridiculizar*, burlarse *or* reírse* de

ridiculous /rɪˈdɪkjələs || rɪˈdɪkjʊləs/ *adj* ridículo; **she made me look ~** me hizo quedar en ridículo; **they're asking a ~ price** es ridículo lo que piden

ridiculously /rɪˈdɪkjələsli || rɪˈdɪkjʊləsli/ *adv* ‹*behave/dress*› de forma ridícula; **it's ~ expensive** es terriblemente caro, es ridículo lo caro que es

riding /ˈraɪdɪŋ/ *n* [u] equitación *f*; (*before n*) ‹*school/lesson*› de equitación; ‹*breeches/boots*› de montar

rife /raɪf/ *adj* (*pred*) extendido; **disease is ~** cunden las enfermedades; **corruption is ~** reina la corrupción; **the village is ~ with gossip** corren innumerables rumores por el pueblo

riffle /ˈrɪfl/ *vi* **to ~ THROUGH sth**: **she ~d through the pages of the book** hojeó el libro

riffraff /ˈrɪfræf/ *n* [u] (+ *sing or pl vb*) chusma *f*, gentuza *f*

rifle[1] /ˈraɪfəl/ *n* (gun) rifle *m*, fusil *m*; (*before n*) **~ range** polígono *m* de tiro; (at fairground) tiro *m* al blanco

rifle[2] *vt* ‹*safe/drawers*› desvalijar; **they ~d her jewel box in search of the ring** le revolvieron el joyero en busca del anillo

■ **rifle** *vi* (search) **to ~ THROUGH sth** ‹*documents/papers*› hojear algo

rift /rɪft/ *n* 1 (in rock) fisura *f*, grieta *f* 2 (in cloud) (liter) claro *m* 3 (within party) escisión *f*, división *f*; (between people) distanciamiento *m*; (between countries) ruptura *f*

rig[1] /rɪg/ *n*

A (*oil ~*) plataforma *f* petrolífera *or* petrolera; (derrick) torre *f* de perforación

B (Naut) aparejo *m*

C 1 (uniform, outfit) (colloq) atuendo *m* 2 (equipment) (sl) equipo *m*

D (truck) (AmE sl) camión *m*

rig[2] **-gg-** *vt*

A (Naut) aparejar

B (fix) ‹*election/contest*› amañar, trinquetear (Méx fam); ‹*fight*› arreglar

Phrasal verbs

- **rig out** [v ▸ o ▸ adv, v ▸ adv ▸ o] (colloq) equipar
- **rig up** [v ▸ o ▸ adv, v ▸ adv ▸ o] 1 (set up) ‹*equipment*› instalar 2 (improvise) improvisar, armar

rigamarole /ˈrɪgəmərəʊl/ *n* (AmE) ▸ **rigmarole**

rigging /ˈrɪgɪŋ/ *n* [u] (Naut) jarcia(s) *f(pl)*

right[1] /raɪt/ *adj*

A (correct) ‹*answer/interpretation*› correcto; **you made the ~ choice** elegiste bien; **are we going in the ~ direction?** ¿vamos bien?; **are you sure this is the ~ house?** ¿estás seguro de que ésta es la casa *or* de que es aquí?; **did you press the ~ button?** ¿apretaste el botón que debías?; **do you have the ~ change?** ¿tienes el cambio justo?; **do you have the ~ time?** ¿tienes hora (buena)?

B (not mistaken): **to be ~** «*person*» tener* razón, estar* en lo cierto; «*clock*» estar* bien; **how ~ she was!** ¡cuánta razón tenía!, ¡si habrá tenido razón!; **I hope you're ~** ojalá no te equivoques; **that can't be ~!** ¡no puede ser!; **to be ~ ABOUT sth/sb** tener* razón EN CUANTO A algo/algn; **to be ~ IN sth**: **am I ~ in thinking this has happened before?** si no me equivoco esto ya había pasado antes ¿no?; **to get sth ~**: **you got two answers ~** acertaste dos respuestas; **did I get your name ~?** ¿entendí bien tu nombre?; **I guess you're Bobby — that's ~!** tú tienes que ser Bobby — ¡el mismo! *or* ¡así es!; **two o'clock tomorrow, ~? — right!** a las dos mañana ¿de acuerdo? — ¡de acuerdo! *or* (esp Esp fam) ¡vale!

C (good, suitable) adecuado, apropiado; **the ~ temperature** la temperatura adecuada; **were the curtains the ~ length?** ¿estaban bien de largo las cortinas?; **the ~ side of the material** el derecho de la tela; **if the price is ~** si el precio es razonable, si está bien de precio; **just ~** perfecto; **I can't find the ~ key** no encuentro la llave que corresponde; **he knows all the ~ people** tiene muy buenos contactos; **you said all the ~ things** dijiste todo lo que tenías que decir; **this isn't the ~ time** éste no es el momento (apropiado); **those shoes don't look ~ with the coat** esos zapatos no quedan bien con el abrigo; **he's still on the ~ side of forty** todavía no tiene cuarenta; **that job is just ~ for him** el trabajo está hecho a su medida; **they're just ~ for each other** están hechos el uno para el otro

D (just, moral) (*pred*) **to be ~** ser* justo; **to be ~ to + INF** hacer* bien en + INF

E (*pred*) 1 (in order): **it's too quiet: something's not ~** hay demasiado silencio, algo pasa; **to put sth ~** arreglar algo 2 (fit, healthy) (colloq) bien; **she's not quite ~ in the head** no está muy bien de la cabeza

F (complete) (BrE colloq) (*before n*): **he's a ~ idiot** es un idiota redomado *or* de marca mayor; **he got himself into a ~ mess** se metió en un tremendo lío (fam)

G (Math): **~ angle** ángulo *m* recto; **~ triangle** (AmE) triángulo *m* rectángulo

H (*before n*) ‹*side/ear/shoe*› derecho

right[2] *adv*

A (correctly, well) bien, correctamente; **I had guessed ~** había adivinado, no me había equivocado; **nothing goes ~ for them** todo les sale mal, nada les sale bien; ***to do ~ by sb*** portarse bien con algn; ▸ **serve**[1] *vt* **B**

B 1 (all the way, completely): **the road goes ~ along the coast** la carretera bordea toda la costa; **~ from the start** desde el principio; **he put it ~ at the back** lo puso bien al fondo (de todo); **she filled it ~ up** lo llenó hasta el borde; **they kept hoping ~ up until the last moment** no perdieron las esperanzas hasta el último momento 2 (directly): **I live ~ next door** vivo justo al lado; **it's ~ in front of you** lo tienes allí delante *or* (fam) delante de las narices; **he was ~ here/there** estaba aquí mismo/allí mismo; **~ now** ahora mismo; **~ then** en ese preciso momento 3 (immediately): **~ after lunch** inmediatamente después de comer; **I'll be ~ back** vuelvo enseguida

C ‹*turn/look*› a la derecha

right[3] *n*

A 1 [c u] (entitlement) derecho *m*; **~ to sth/+ INF** derecho A algo/+ INF; **the ~ of reply** el derecho a responder; **in her/his/its own ~**: **she is Queen in her own ~** es Reina a título propio *or* por derecho propio; **she is also a composer in her own ~** ella también es compositora; **the title is his by ~** el título le corresponde a él; **by what ~?** ¿con qué derecho? 2 **rights** *pl* derechos *mpl*; **film ~s** derechos cinematográficos; **Ⓢ all rights reserved** reservados todos los derechos; ***to be within one's ~s*** estar* en su (*or* mi *etc*) derecho

B [u c] (what is correct): **to know ~ from wrong** saber* distinguir entre el bien y el mal; **to be in the ~** tener* razón, llevar la razón, estar* en lo cierto; **by ~s you should have asked my permission** lo que correspondía era que me pidieras permiso; **to put *o* set sth to ~s** (esp BrE) arreglar algo

C 1 [u] (opposite the left) derecha *f*; **on the ~** a la derecha; **the one on the ~** el/la de la derecha; **to drive on the ~** manejar *or* (Esp) conducir* por la derecha; **keep (to the) ~** mantenga su derecha; **on *o* to my/your ~** a mi/tu derecha 2 (right turn): **take the next ~** tome *or* (esp Esp) coja la próxima a la derecha; **to make *o* (BrE) take a ~** girar *or* torcer* *or* doblar a la derecha 3 (Sport) (hand) derecha *f*; (blow) derechazo *m*

D [u] (Pol) **the ~** la derecha

right[4] *vt* 1 (set upright) enderezar* 2 (redress) ‹*injustice*› reparar; **to ~ a wrong** reparar un daño

right[5] *interj* (colloq) ¡bueno!, ¡vale! (Esp fam)

right ~ angle *n* ángulo *m* recto; **~-angled** /ˈraɪt ˌæŋgəld/ *adj* en ángulo recto; **~-angled triangle** (BrE) triángulo *m* rectángulo; **~ away** *adv* enseguida, altiro (Chi fam); **~-click** *n*: **do a ~-click on the icon** haz clic *or* (fam) cliquea con el botón derecho *or* secundario del ratón

righteous /ˈraɪtʃəs/ *adj* 1 (justified) ‹*indignation*› justificado 2 ‹*person*› recto, honrado

right field *n* (in baseball) 1 (area) jardín *m* derecho 2 (position): **to play ~ ~** jugar* de jardinero derecho

rightful /ˈraɪtfəl/ *adj* (*before n*) ‹*owner/heir*› legítimo; ‹*share/reward*› justo

rightfully /ˈraɪtfəli/ *adv*: **the title is ~ hers** el título le corresponde a ella (por legítimo derecho); **she is ~ acknowledged as ...** con justicia se la reconoce como ...

right: **~ half** *n* (Sport) medio *m* derecho; **~-hand** /ˈraɪt ˈhænd/ *adj* (*before n*) ‹*column/gatepost*› de la derecha; **on the ~-hand side** a la derecha, a mano derecha; **the car has ~-hand drive** el coche tiene el volante a la derecha; **~-handed** /ˈraɪtˈhændəd || ˌraɪtˈhændɪd/ *adj* ‹*person*› diestro; **he's ~-handed** escribe (*or* juega *etc*) con la derecha, es diestro; **~-hand man** /ˈraɪtˈhænd/ *n* brazo *m* derecho

rightly /ˈraɪtli/ *adv* 1 (correctly, accurately): **if I remember ~** si mal no recuerdo; **I can't ~ say** (colloq) no sabría decir exactamente; **I don't ~ know** (colloq) no sé bien 2 (justly) con toda la razón; **~ or wrongly** justa o injustamente, con razón o sin ella

right: **~-minded** /ˈraɪtˈmaɪndəd || ˌraɪtˈmaɪndɪd/ *adj* sensato; **~ of way** *n* (*pl* **~s of way**) 1 [u] (precedence in traffic) preferencia *f*; **to have (the) ~ of way** tener* preferencia; **to yield the ~ of way** (AmE) ceder el paso 2 [c] (across private land) servidumbre *f or* derecho *m* de paso; **~ on** *adj* (AmE colloq) (*pred*): **his analysis was ~ on** su análisis era muy acertado *or* (fam) daba justo en el clavo; **~-on** /ˈraɪtˈɑːn || ˌraɪtˈɒn/ *adj* (BrE colloq & hum) progre (fam); **~-thinking** /ˈraɪtˈθɪŋkɪŋ/ *adj* consciente; **~ wing** *n* 1 (Pol) (ala *f*‡) derecha *f* 2 (Sport) ala *f*‡ derecha; **~-wing** /ˈraɪtˈwɪŋ/ *adj* derechista, de derecha *or* (Esp) de derechas; **~-winger** /ˈraɪtˈwɪŋər || ˌraɪt ˈwɪŋə(r)/ *n* 1 (Pol) derechista *mf* 2 (Sport) ala *mf*‡ derecha, puntero *mf* derecho (AmS)

rigid /ˈrɪdʒəd || ˈrɪdʒɪd/ *adj* 1 (stiff) rígido; **~ with fear** paralizado de miedo; **I was bored ~** (BrE colloq) me aburrí como una ostra (fam) 2 (strict, rigorous) ‹*discipline*› estricto, riguroso; ‹*person/principles*› inflexible, rígido

rigidity /rɪˈdʒɪdəti/ *n* [u] 1 (stiffness) rigidez *f* 2 (strictness) rigidez *f*, falta *f* de flexibilidad

rigidly /ˈrɪdʒədli || ˈrɪdʒɪdli/ *adv* 1 (stiffly) rígidamente 2 (strictly) con rigidez, estrictamente

rigmarole /ˈrɪgmərəʊl/ *n* (colloq) 1 (procedure) lío *m* (fam), follón *m* (Esp fam) 2 (talk) historia *f* (fam)

rigor, (BrE) **rigour** /ˈrɪgər || ˈrɪgə(r)/ *n* [u c] rigor *m*

rigor mortis /ˈrɪgərˈmɔːrtəs || ˌrɪgəˈmɔːtɪs/ *n* [u] rigidez *f* cadavérica; **~ ~ had set in** el cuerpo ya estaba rígido

rigorous /ˈrɪgərəs/ *adj* riguroso

rigorously /ˈrɪgərəsli/ *adv* rigurosamente, con rigor

rigour *n* (BrE) ▸**rigor**

rig-out /ˈrɪgaʊt/ *n* (BrE colloq) atuendo *m*

rile /raɪl/ *vt* (colloq) irritar; **don't let it ~ you** no te hagas mala sangre por eso; **to get ~d** cabrearse (fam)

Riley /ˈraɪli/ *n*: ***to live the life of ~*** darse* la gran vida

rim /rɪm/ *n* (of cup, bowl) borde *m*; (of spectacles) montura *f*, armazón *m or f*; (of wheel) (Auto) llanta *f*, rin *m* (Col, Méx); (of bicycle wheel) aro *m*

rime /raɪm/ *n* [u] (frost) escarcha *f*

rimless /ˈrɪmləs || ˈrɪmlɪs/ *adj* ‹*spectacles*› sin montura *or* armazón

-rimmed /ˈrɪmd/ *suff*: **gold~/steel~** con montura *or* armazón de oro/de acero

rind /raɪnd/ *n* [u c] (of lemon, orange) cáscara *f*, corteza *f*; (of cheese) corteza *f*; (of bacon) piel *f*, borde *m*

ring¹ /rɪŋ/ *n*

A [c] 1 (on finger) anillo *m*; (woman's) anillo *m*, sortija *f*; (*before n*) **~ finger** (dedo *m*) anular *m* 2 (circular object): **the bull had a ~ through its nose** el toro tenía un aro en la nariz *or* una nariguera; **curtain ~** argolla *f*, anilla *f*; **napkin ~** servilletero *m* 3 (circular shape) círculo *m*; **to stand in a ~** hacer* un corro, formar un círculo; **the ~s of Saturn** los anillos de Saturno; **she put a ~ around the advertisement** marcó con un círculo el anuncio; **to have ~s around one's eyes** tener* ojeras; ***to run ~s around sth/sb*** darle* mil vueltas a algo/algn 4 (burner) (BrE) quemador *m*, hornilla *f* (AmL exc CS), hornillo *m* (Esp), hornalla *f* (RPl), plato *m* (Chi)

B [c] 1 (in boxing, wrestling) cuadrilátero *m*, ring *m* 2 (in circus) pista *f* 3 (*bull ~*) ruedo *m*

C [c] (of criminals) red *f*, banda *f*

D 1 [c] (sound of bell): **there was a ~ at the door** sonó el timbre de la puerta; **someone answered the phone after a couple of ~s** alguien contestó el teléfono después de un par de timbrazos 2 [u] (sound, resonance): **his voice has a harsh ~** su voz tiene un timbre áspero; **a name with a familiar ~ to it** un nombre muy conocido *or* que suena mucho; **a story with a ~ of truth** una historia verosímil 3 (telephone call) (BrE) (*no pl*): **to give sb a ~** llamar (por teléfono) a algn, telefonear a algn, hablarle a algn (Méx)

ring² (*past* **rang**; *past p* **rung**) *vi*

A 1 (make sound) «*church bell*» sonar*, repicar*, tañer* (liter); «*doorbell/telephone/alarm/alarm clock*» sonar* 2 (operate bell) «*person*» tocar* el timbre, llamar al timbre; **to ~ FOR sb/sth**: **you have to ~ for service** tiene que llamar al timbre para que lo atiendan; **she rang for the butler** hizo sonar el timbre/la campanilla para llamar al mayordomo

B (telephone) (BrE) llamar (por teléfono), telefonear, hablar (Méx); **to ~ FOR sb/sth**: **she rang for a cab/doctor** llamó un taxi/al médico

C 1 (resound) resonar*; **the house rang with children's laughter** la casa resonaba con risas infantiles; **to ~ true** ser* *or* sonar* convincente; **her laughter rang hollow** su risa sonaba forzada 2 «*ears*» zumbar

■ **ring** *vt*

A 1 ‹*bell*› tocar* 2 (telephone) ‹*person*› (BrE) llamar (por teléfono), telefonear, hablarle a (Méx)

B (*past & past p* **ringed**) 1 (surround) cercar*, rodear 2 (with pen, pencil) marcar* con un círculo, encerrar* en un círculo

Phrasal verbs

- **ring back** (BrE)

A [v ▸ adv] volver* a llamar

B [v ▸ o ▸ adv] (ring again) volver* a llamar; (return call) llamar

- **ring in** [v ▸ adv ▸ o] ▸**ring out B**
- **ring off** [v ▸ adv] (BrE) colgar*, cortar (CS)
- **ring out**

A [v ▸ adv] «*shot/voice*» oírse*, resonar*; «*bells*» sonar*, resonar*

B [v ▸ adv ▸ o]: ***to ~ out the old (year) and ~ in the new*** despedir* al año viejo y recibir al nuevo (al son de las campanas)

- **ring up**

A [v ▸ o ▸ adv, v ▸ adv ▸ o] (BrE) ▸**ring²** *vt* **A2**

B [v ▸ adv] (BrE) ▸**ring²** *vi* **B**

ring binder *n* archivador *m*, carpeta *f* de anillos *or* (Esp) de anillas

ringer /ˈrɪŋər || ˈrɪŋə(r)/ *n* 1 (double): **to be a (dead) ~ for sb** (colloq) ser* idéntico a algn, ser* un doble de algn 2 (*bell ~*) campanero, -ra *m,f*

ring-fence /ˈrɪŋfens/ *vt* 1 (enclose) cercar *or* vallar totalmente 2 (guard securely) ‹*jobs/company*› proteger* 3 (guarantee) ‹*budget/funds*› garantizar*

ringing¹ /ˈrɪŋɪŋ/ *adj* 1 (of, like bell): **she had a ~ noise in her ears** le zumbaban los oídos 2 ‹*denunciation*› categórico, rotundo; ‹*voice*› sonoro, resonante

ringing² *n* [u] 1 (of bell) repique *m*, toque *m*, tañido *m* (liter); (of handbell) toque *m* 2 (of doorbell, telephone) timbre *m* 3 (in ears) zumbido *m*

ringleader /ˈrɪŋˌliːdər || ˈrɪŋˌliːdə(r)/ *n* cabecilla *mf*

ringlet /ˈrɪŋlət/ *n* tirabuzón *m*, rizo *m*

ring: **~master** *n* maestro, -tra *m,f* de ceremonias; **~pull** *n* anilla *f*; (*before n*) **~pull can** (BrE) lata *f* (*que se abre tirando de una anilla*); **~ road** *n* (BrE) carretera *f or* ronda *f* de circunvalación, periférico *m* (AmC, Méx); **~side** *n*: **at the ~side** junto al cuadrilátero *or* ring; (*before n*) **~side seat** (at boxing match) asiento *m* junto al cuadrilátero *or* ring; (at other events) asiento *m or* butaca *f* de primera fila; **~worm** *n* [u] tiña *f*

rink /rɪŋk/ *n* (*ice ~*) pista *f* de hielo; (*skating ~*) pista *f* de patinaje

rinse¹ /rɪns/ *vt* 1 (wash) ‹*cutlery/hands*› enjuagar*; ‹*rice/mushrooms*› lavar 2 (to remove soap) ‹*clothes/hair*› enjuagar*, aclarar (Esp); ‹*dishes*› enjuagar*

■ **rinse** *vi* enjuagar*

r

Phrasal verbs

- **rinse off**[v ▸ o ▸ adv, v ▸ adv ▸ o] 1 ‹*suds/dirt*› quitar 2 ‹*plate*› enjuagar*
- **rinse out**[v ▸ o ▸ adv, v ▸ adv ▸ o] 1 ‹*clothes*› enjuagar* *or* (Esp) aclarar; ‹*cups/pans*› enjuagar*; **to ~ out one's mouth** enjuagarse* la boca 2 ‹*dirt/soap/shampoo*› quitar

rinse²*n* 1 (wash) enjuague *m*; **to give sth a ~** enjuagar* algo, darle* un enjuague a algo 2 (to remove soap — from clothes) enjuague *m*, aclarado *m* (Esp); (— from dishes) enjuague *m* 3 (tint) tintura *f* (*no permanente*); **she's had a blue ~** se ha dado reflejos azules

riot¹/ˈraɪət/ *n* 1 (disorder) disturbio *m*; (mutiny) motín *m*; ***to run ~*** ‹‹*fans*›› descontrolarse, desmadrarse (fam); **she let her imagination run ~** dio rienda suelta a su imaginación; (*before n*) ‹*gear/shield*› antidisturbios *adj inv*, antimotines *adj inv* (Col); **the ~ squad** la brigada antidisturbios 2 (hilarious occasion) (colloq) desmadre *m* (fam) 3 (funny person) (colloq): **she's a ~** es comiquísima, es un plato (AmS fam), es la monda (Esp fam) 4 (profusion): **a ~ of color** un derroche *or* una profusión de color

riot²*vi* causar disturbios *or* desórdenes; ‹‹*prisoners*›› amotinarse

riot act*n*: ***to read the ~ ~*** leer* *or* cantar la cartilla

rioter/ˈraɪətər || ˈraɪətə(r)/ *n* alborotador, -dora *m,f*, revoltoso, -sa *m,f*

rioting/ˈraɪətɪŋ/ *n* [u] disturbios *mpl*, desórdenes *mpl*

riotous/ˈraɪətəs/ *adj* 1 ‹*person/crowd/behavior*› descontrolado, desenfrenado; **~ assembly** (Law) alteración *f* del orden público 2 ‹*occasion/living*› desenfrenado

rip¹/rɪp/ **-pp-** *vt* (tear) ‹*cloth*› rasgar*, romper*; **I've ~ped my skirt** me he hecho un roto *or* un rasgón en la falda; **he ~ped the photograph (in)to pieces** rompió la foto en mil pedazos; **she ~ped the letter open** abrió la carta de un rasgón; **the explosion ~ped the building apart** la explosión destrozó el edificio; **I ~ped out the page** arranqué la página

■ **rip***vi*

A (tear) ‹‹*paper/cloth*›› rasgarse*; **as I lifted my arm, I heard something ~** al levantar el brazo, oí un desgarrón *or* rasgón

B ***to let ~*** (colloq): **she really let ~ at me** me dijo de todo

Phrasal verbs

- **rip off**[v ▸ o ▸ adv, v ▸ adv ▸ o]

A (remove) arrancar*

B (sl) 1 (cheat) timar, estafar, tracalear (Méx, Ven fam); (exploit) explotar 2 (steal) afanar (arg), robar; ‹*song/idea*› fusilar(se) (fam) 3 (rob) (AmE) ‹*person/bank*› asaltar; ‹*writer/musician*› fusilar(se) (fam)

- **rip up**[v ▸ o ▸ adv, v ▸ adv ▸ o] romper*, hacer* pedazos

rip²*n* rasgón *m*, desgarrón *m*

RIP(= **rest in peace**) R.I.P.

rip cord*n* cordón *m* de apertura

ripe /raɪp/ *adj* 1 ‹*fruit/vegetables*› maduro; ‹*cheese*› a punto; **to live to a ~ old age** vivir muchos años 2 (ready) **to be ~ FOR sth**: **the time is ~ for change** están dadas las circunstancias para un cambio

ripen/ˈraɪpən/ *vi* madurar

■ **ripen***vt* hacer* madurar

rip-off/ˈrɪpɔːf || ˈrɪpɒf/ *n* (colloq) (con) timo *m*, estafa *f*; (theft) robo *m*; (copy) plagio *m*

riposte/rɪˈpəʊst || rɪˈpɒst/ *n* (frml) réplica *f* (frml)

ripple¹/ˈrɪpəl/ *n* 1 [c] (on water) onda *f*; **a ~ of excitement** una oleada de entusiasmo; **a ~ of applause** un breve aplauso; **a ~ of laughter** una cascada de risas 2 [u c] (ice cream): **raspberry/chocolate ~** helado *m* de vainilla con vetas de frambuesa/chocolate

ripple² *vi* 1 (move) ‹‹*water*›› rizarse*; ‹‹*wheat/grass*›› mecerse*; ‹‹*muscles*›› tensarse; **the lake/wheatfield ~d in the breeze** la brisa rizaba *or* ondulaba la superficie del lago/trigal (liter) 2 **rippling***pres p* ‹*muscles*› tensado

■ **ripple***vt* ‹*water*› rizar*; ‹*corn*› mecer*; ‹*muscles*› tensar

rip ~roaring/ˈrɪpˈrɔːrɪŋ/ *adj* (journ) ‹*party*› animadísimo, bullicioso; ‹*success*› apoteósico, clamoroso; **~tide***n* corriente *f* de resaca

rise¹/raɪz/ *n*

A 1 (upward movement — of tide, level) subida *f*; (— in pitch) elevación *f*; ***to get a ~ out of sb*** (colloq) conseguir* que algn se fastidie; ***to take the ~ out of sb*** (colloq) tomarle el pelo a algn (fam) 2 (increase — in prices, interest rates) subida *f*, aumento *m*, alza *f*‡ (frml), suba *f* (RPl); (— in pressure, temperature) aumento *m*, subida *f*; (— in number, amount) aumento *m*; **to be on the ~** ir* en aumento, estar* aumentando 3 (in pay) (BrE) aumento *m*, incremento *m* (frml); **a pay ~** un aumento *or* (frml) un incremento salarial 4 (improvement) mejora *f*; **a ~ in living standards** una mejora en el nivel de vida

B (advance) ascenso *m*, ascensión *f*; **the ~ of Manchester as an industrial city** el surgimiento de Manchester como ciudad industrial; **the ~ and fall of sb/sth** la grandeza y decadencia de algn/algo, el auge y (la) caída de algn/algo; ***to give ~ to sth*** ‹*to belief*› dar* origen *or* lugar a algo; ‹*to dispute*› ocasionar *or* causar algo; ‹*to ideas*› suscitar algo

C (slope) subida *f*, cuesta *f*

rise²(*past* **rose** *past p* **risen**/ˈrɪzn/) *vi*

A 1 (come, go up) subir; ‹‹*mist*›› levantarse; ‹‹*sun/moon*›› salir*; ‹‹*river*›› crecer*; ‹‹*dough*›› crecer*, subir; ‹‹*cake*›› subir; ‹‹*fish*›› picar*; **the curtain ~s at eight** la función empieza a las ocho; **a few eyebrows rose when ...** más de uno se mostró sorprendido cuando ...; **to ~ to the surface** salir* *or* subir a la superficie; **the color rose to her cheeks** se le subieron los colores, se ruborizó 2 (increase) ‹‹*price/temperature/pressure*›› subir, aumentar; ‹‹*wind*›› arreciar; ‹‹*wage/number/amount*›› aumentar; ‹‹*tension*›› crecer*, aumentar; **to ~ in price** subir *or* aumentar de precio 3 ‹‹*sound*›› (become louder) aumentar de volumen; (become higher) subir de tono; **her voice never rose above a whisper** su voz no se elevó por encima de un susurro; **a few voices rose in protest** se alzaron algunas voces de protesta 4 (improve) ‹‹*standard*›› mejorar; **their spirits rose** se les levantó el ánimo, se animaron

B 1 (slope upward) ‹‹*ground/land*›› elevarse 2 (extend upwards) ‹‹*building/hill*›› levantarse, alzarse*, erguirse* (liter)

C 1 (stand up) ‹‹*person/audience*›› (frml) ponerse* de pie, levantarse, pararse (AmL); **to ~ to one's feet** ponerse* de pie, levantarse 2 (out of bed) levantarse; **~ and shine!** (colloq) ¡vamos, arriba y a espabilarse! (fam); **to ~ from the dead** resucitar de entre los muertos

D (in position, status): **he rose to the rank of general** ascendió al rango de general; **she has ~n in my estimation** ha ganado en mi estima

E (adjourn) (BrE) ‹‹*court/parliament*›› levantar la sesión

F (revolt) **to ~ (up) (AGAINST sb/sth)** levantarse *or* alzarse* (CONTRA algn/algo)

G (originate) ‹‹*river*›› (frml) nacer*

Phrasal verbs

- **rise above**[v ▸ prep ▸ o] ‹*disability*› sobreponerse* a; ‹*difficulty*› superar; ‹*prejudice*› estar* por encima de
- **rise to**[v ▸ prep ▸ o] 1 (respond to): **to ~ to the challenge** aceptar el reto; **to ~ to the occasion** estar* a la altura de las circunstancias 2 (be provoked by) ‹*taunt*› reaccionar frente a

riser /ˈraɪzər || ˈraɪzə(r)/ *n*: **to be an early/late ~** ser* madrugador/dormilón

risible/ˈrɪzəbəl/ *adj* (frml) risible, hilarante (frml)

rising¹/ˈraɪzɪŋ/ *n* 1 (rebellion) levantamiento *m* 2 (movement) subida *f*

rising²*adj* (*before n*) 1 (moving upwards) ‹*tide/level*› creciente; **the ~ sun** el sol naciente 2 (increasing) ‹*number*› creciente; ‹*temperature*› creciente, en aumento; ‹*fears/tension*› creciente, cada vez mayor; ‹*prices/interest rates*› en alza *or* en aumento; **the country is faced with ~ unemployment** el país se ve enfrentado a cifras de desempleo cada vez más altas 3 (sloping) ‹*ground*› en pendiente

rising³*adv* (BrE Educ): **the ~ fives** los niños que están por cumplir los cinco años

rising damp*n* [u] humedad *f* (*que sube de los cimientos por las paredes*)

risk¹/rɪsk/ *n* 1 [c u] (danger) riesgo *m*; **is there any ~ of the bomb exploding?** ¿hay algún peligro de que estalle la bomba?; **there's no ~ of anyone knowing you here** no hay riesgo *or* peligro de que alguien te conozca aquí; **at the ~ of -ING** a riesgo de + INF; **those most at ~ from the disease** los que corren mayor riesgo *or* peligro de contraer la enfermedad; **our jobs are at ~** nuestros trabajos están en *or* corren peligro; **at one's own ~** por su (*or* mi *etc*) cuenta y riesgo, bajo su (*or* mi *etc*) propia responsabilidad; **to take a ~** correr un riesgo; **to take**

~s arriesgarse, correr riesgos; **he runs the ~ of being arrested** corre el riesgo *or* peligro de que lo detengan; **it isn't worth the ~** no vale la pena arriesgarse *or* correr el riesgo; **a health ~** un peligro para la salud 2▸ (Fin) riesgo *m*; **to be a good/bad ~** constituir* un riesgo aceptable/inaceptable

risk² *vt* 1▸ (put in danger) arriesgar*, poner* en peligro 2▸ (expose oneself to) arriesgarse* a, correr el riesgo de; **he ~s failure** se arriesga a fracasar; **are you going to take your umbrella? — no, I think I'll ~ it** ¿vas a llevar el paraguas? — no, creo que me voy a arriesgar; **to ~ -ING** arriesgarse* A *or* correr el riesgo DE + INF

risky /ˈrɪski/ *adj* **-kier, -kiest** arriesgado, riesgoso (AmL)

risotto /rɪˈzɔːtəʊ ‖ rɪˈzɒtəʊ/ *n* [c u] (*pl* **-tos**) risotto *m*, ≈ arroz *m* a la cazuela

risqué /rɪˈskeɪ, ˈrɪskeɪ/ *adj* atrevido, subido de tono

rissole /ˈrɪsəʊl/ *n* ≈ croqueta *f*

rite /raɪt/ *n* rito *m*

rite of passage *n* (*pl* **~s ~ ~**) rito *m* iniciático *or* de iniciación; (*before n*) **rite(s)-of-passage** ‹*film/book/drama*› iniciático

ritual¹ /ˈrɪtʃuəl/ *n* [u c] ritual *m*

ritual² *adj* ‹*slaughter/dance*› ritual; **the ~ greetings** los saludos formularios *or* de rigor

ritualistic /ˈrɪtʃuəˈlɪstɪk/ *adj* ritualista

ritzy /ˈrɪtsi/ *adj* **-zier, -ziest** lujoso

rival¹ /ˈraɪvəl/ *n* rival *mf*; **they were ~s for her affection** competían por su cariño; **~ TO sb/sth** rival DE algn/algo; **the product has several ~s** el producto tiene mucha competencia

rival² *adj* (*before n*) ‹*company*› rival, competidor; **they brought out a ~ product** sacaron un producto que les (*or* nos *etc*) va a hacer la competencia

rival³ *vt*, (BrE) **-ll-**: **his voice ~s that of the lead singer** su voz no tiene nada que envidiarle a la del cantante principal; **I can't ~ that** con eso no puedo competir

rivalry /ˈraɪvəlri/ *n* [u c] (*pl* **-ries**) rivalidad *f*, competencia *f*

river /ˈrɪvər ‖ ˈrɪvə(r)/ *n* río *m*; **by the ~** a la orilla del río; **up/down ~** río arriba/abajo; ***to sell sb down the ~*** traicionar a algn; (*before n*) ‹*traffic/port*› fluvial; ‹*mouth/basin*› del río; ‹*fish*› de río *or* de agua dulce

river: **~bank** *n* ribera *f*, margen *f* (*de un río*); **~bed** *n* lecho *m* (*de un río*); **~ blindness** *n* [u] ceguera *f* de los ríos, oncocerosis *f* (téc); **~ Plate** *n* Río *m* de la Plata; **~side** *n* ribera *f*, margen *f* (*de un río*); (*before n*) ‹*café*› a orillas del río

rivet¹ /ˈrɪvət ‖ ˈrɪvɪt/ *n* remache *m*, roblón *m*

rivet² *vt* 1▸ (attach) remachar; **to ~ sth TO sth** unir algo a algo con remaches 2▸ (fix) (*usu pass*) **to be ~ed TO/ON sth/sb**: **my eyes were ~ed to the screen** estaba absorto, con los ojos clavados en la pantalla; **their eyes were ~ed on her** no le quitaban los ojos de encima 3▸ (fascinate) (*usu pass*) fascinar; **the audience was ~ed** el público estaba fascinado

riveting /ˈrɪvətɪŋ/ *adj* fascinante

Riviera /ˈrɪviˈerə ‖ ˌrɪviˈeərə/ *n*: **the (French) ~** la Costa Azul; **the Italian ~** la Riviera

rivulet /ˈrɪvjələt ‖ ˈrɪvjʊlɪt/ *n* (liter) arroyo *m*, riachuelo *m*

Riyadh /riːˈɑːd ‖ riˈjɑːd/ *n* Riad *m*, Riyad *m*

RMT *n* (in UK) **= National Union of Rail, Maritime and Transport Workers**

RN *n* 1▸ (in US) **= Registered Nurse** 2▸ (in UK) **= Royal Navy**

RNA *n* [u] (**= ribonucleic acid**) RNA *m*, ARN *m*

roach /rəʊtʃ/ *n*

A (fish) (*pl* **~** *or* **~es**) 1▸ (American) carpa *f* 2▸ (European) rubio *m*

B (*cock~*) (AmE) cucaracha *f*

road /rəʊd/ *n*

A (for vehicles — in town) calle *f*; (— out of town) carretera *f*; (— minor) camino *m*; **five miles down the ~** a cinco millas siguiendo la carretera/el camino; **there's a baker's over** *o* **across the ~** enfrente *or* al otro lado de la calle hay una panadería; **by ~** por carretera, por tierra; **my car's off the ~** (BrE) tengo el coche fuera de circulación *or* averiado; **to take to the ~** empezar* a vagar por los caminos; ***to have one for the ~*** (colloq) tomarse la del estribo, tomarse la penúltima; (*before n*) ‹*accident*› de tráfico *or* (AmL tb) de tránsito; **~ racing** (in car) carreras *fpl* automovilísticas (*en carretera*); (on foot) carrera *f* a pie por carretera; **~ safety** seguridad *f* en la carretera; **~ sense** instinto *m* de conductor; **~ sign** señal *f* vial *or* de tráfico *or* (AmL tb) de tránsito; **~ tax** impuesto *m* de rodaje, patente *f* (CS), tenencia *f* (Méx); **~ transport** transporte *m* por carretera

B (route, way) camino *m*; **we're on the right ~** vamos por buen camino *or* bien encaminados; **this could mean the end of the ~ for the company** esto podría acabar con la compañía *or* causar la quiebra de la compañía; **the economy is on the ~ to recovery** la economía está en vías de recuperación

C **on the road**: **that car shouldn't be on the ~** ese coche no debería estar en circulación; **we've been on the ~ for four days** llevamos cuatro días viajando; **they were on the ~ before six** se pusieron en camino antes de las seis, antes de las seis ya estaban en camino; **to take a circus/band on the ~** llevar un circo/un grupo de gira; **let's get this show on the ~** (colloq) pongamos manos a la obra

road: **~block** *n* control *m* (de carretera); **~ hog** *n* (colloq) loco, -ca *m,f* del volante; **~house** *n*: *restaurante o bar al lado de la carretera*

roadie /ˈrəʊdi/ *n*: *persona encargada de transportar y montar el equipo de un grupo musical en gira*

road: **~map** *n* mapa *m* de carreteras; **~roller** /ˈrəʊdrəʊlər ‖ ˈrəʊdrəʊlə(r)/ *n* apisonadora *f*, aplanadora *f* (AmL); **~ show** *n* (Rad) *programa de emisiones del equipo móvil desde distintas localidades*; (Theat) *gira de una compañía de teatro*; **~side** *n* borde *m* de la carretera/del camino; (*before n*) **~side repairs** auxilio *m* en carretera; **~ sweeper** *n* (person) barrendero, -ra *m,f*; (machine) barredera *f*, barredora *f*; **~-test** *vt* someter a una prueba de carretera; **~way** *n* calzada *f*; **~works** *pl n* (BrE) obras *fpl* (de vialidad); **~worthy** *adj* **-thier, -thiest** apto para circular

roam /rəʊm/ *vt* vagar* *or* deambular por

■ **roam** *vi* vagar*, errar* (liter); **tigers ~ freely in the jungle** tigres deambulan en libertad por la selva; **to ~ AROUND** *o* (BrE also) **ABOUT sth**: **she spent the week ~ing around Paris** pasó la semana dando vueltas por París; **I'm not having you ~ing around the streets** no quiero que andes deambulando *or* vagando por las calles

roan /rəʊn/ *adj* ruano

roar¹ /rɔːr ‖ rɔː(r)/ *vi* «*lion/tiger/engine*» rugir*; «*sea/wind/fire*» bramar, rugir*; «*cannon*» tronar*; **to ~ with laughter** reírse* a carcajadas; **the trucks ~ed past** los camiones pasaron con un estruendo; **he ~ed away** *o* **off on his motorbike** se alejó en la moto haciendo un ruido infernal

■ **roar** *vt*: **how dare you! he ~ed** —¡cómo se atreve! —rugió *or* bramó; **the fans ~ed their appreciation** los hinchas manifestaron su aprobación a voz en cuello

roar² *n* [c u] (of lion, tiger) rugido *m*; (of person) rugido *m*, bramido *m*; (of thunder) fragor *m*, estruendo *m*; (of traffic, engine, guns) estruendo *m*; (of crowd) clamor *m*

roaring /ˈrɔːrɪŋ/ *adj* (*before n*) ‹*waves*› rugiente; ‹*traffic*› estruendoso; **we soon had a ~ fire going** a los pocos minutos el fuego ardía que daba gusto; **the fruitsellers were doing a ~ trade** los vendedores de frutas estaban haciendo su agosto

roast¹ /rəʊst/ *adj* ‹*meat/potatoes*› asado (*al horno*); ‹*coffee*› tostado, torrefacto; ‹*corn/chestnuts*› asado, a la(s) brasa(s); **~ beef** rosbif *m*, rosbeef *m*

roast² *n* asado *m* (*al horno*)

roast³ *vt* 1▸ ‹*meat/potatoes*› asar; ‹*coffee beans*› tostar*, torrefaccionar; ‹*peanuts*› tostar* 2▸ (reprimand): **they were ~ed for arriving late** les dieron un buen sermón por llegar tarde 3▸ (ridicule) (AmE) ‹*person*› ridiculizar*

■ **roast** *vi* 1▸ «*meat*» asarse 2▸ (be hot) (colloq) asarse (de calor) (fam)

roaster /ˈrəʊstər ‖ ˈrəʊstə(r)/ *n* (pan) (AmE) fuente *f* de horno (*para asados*), asadera *f* (RPl)

roasting¹ /ˈrəʊstɪŋ/ *n* 1▸ [u] (Culin) (*before n*) ‹*chicken/meat*› para asar; **~ pan** *o* (BrE) **dish** *o* **tin** fuente *f* de horno (*para asados*), asadera *f* (RPl) 2▸ (*no pl*) (colloq) (scolding) sermón *m*, bronca *f* (fam)

roasting² *adj* (colloq): **it's absolutely ~** hace un calor que te asas (fam)

rob/rɑːb || rɒb/ *vt* **-bb-** 1 (steal from) ‹*bank*› asaltar, atracar*, robar; ‹*person*› robarle a; **I've been ~bed!** ¡me han robado!; **to ~ sb OF sth** robarle algo A algn 2 (deprive) **to ~ sb/sth OF sth** privar a algn/algo DE algo; **the last-minute goal ~bed them of the championship** el gol de último momento les birló el campeonato

robber/'rɑːbər || 'rɒbə(r)/ *n* ladrón, -drona *m,f*; **bank ~** atracador, -dora *m,f or* asaltante *mf* de bancos

robbery/'rɑːbəri || 'rɒbəri/ *n* [u c] (*pl* **-ries**) robo *m*, asalto *m*; **armed ~** asalto *m or* atraco *m* a mano armada; **bank ~** asalto *m or* atraco *m* a un banco; **it's sheer o daylight ~!** (colloq) es un auténtico robo

robe¹/rəʊb/ *n*
A 1 (worn by magistrates, academics) (*often pl*) toga *f*; **ceremonial ~s** vestiduras *fpl* ceremoniales 2 (worn by students) (AmE) toga *f*
B (worn in house) bata *f*, salto *m* de cama (CS)

robe² *vt* (frml *or* liter) **to ~ sb (IN sth)** vestir* a algn (DE algo)

robin/'rɑːbən || 'rɒbɪn/ *n* (European) petirrojo *m*; (N. American) ceón *m*, tordo *m* norteamericano

robot/'rəʊbɑːt || 'rəʊbɒt/ *n* robot *m*

robust /rəʊ'bʌst/ *adj* ‹*person/animal*› robusto, fuerte; ‹*health*› de hierro; ‹*appetite*› bueno; ‹*material/construction*› resistente, sólido

rock¹/rɑːk || rɒk/ *n*
A [u] (substance) roca *f*
B [c] 1 (crag, cliff) peñasco *m*, peñón *m*; ***as solid as a ~*** firme *or* sólido como una roca 2 (in sea) roca *f*, escollo *m*; **the ship ran onto the ~s** el barco encalló en las rocas; ***on the ~s***: **Scotch on the ~s** whisky con hielo; **their marriage is on the ~s** su matrimonio anda muy mal 3 (boulder) roca *f* 4 (stone) piedra *f*; ***to get one's ~s off*** (AmE sl) tirar (arg), coger* (Méx, RPl, Ven vulg), follar (Esp vulg); ***to have ~s in one's head*** (AmE sl): **he has ~s in his head** le falta un tornillo
C [c] (jewel) (sl) piedra *f*
D [u] (BrE Culin) *barra de caramelo de colores*
E [u] (music) rock *m*; (*before n*) ‹*band/concert*› de rock; ‹*music*› rock *adj inv*

rock² *vt* 1 (gently) ‹*cradle*› mecer*; ‹*child*› acunar; **he ~ed Rosie to sleep** acunó a Rosie hasta que se durmió 2 (violently) sacudir, estremecer*; **the scandal ~ed New York** el escándalo convulsionó *or* conmocionó a Nueva York
■ **rock** *vi*
A 1 (gently) mecerse*, balancearse 2 (violently) «*building*» sacudirse, estremecerse*; **to ~ with laughter** desternillarse de risa
B (Mus) rocanrolear, bailar rock

rock and roll *n* [u] ▸**rock'n'roll**

rockbottom¹/rɑːk'bɑːtəm || ˌrɒk'bɒtəm/ *adj*: **~ prices** precios *mpl* bajísimos *or* de saldo

rockbottom² *n*: **to hit/reach ~** tocar* fondo

rock ~ cake *n* (in UK) *bollo con frutos secos*; **~ candy** *n* [u] (AmE) *dulce de azúcar cristalizado*; **~ climbing** *n* [u] escalada *f* en roca

rocker/'rɑːkər || 'rɒkə(r)/ *n*
A 1 (under chair, cradle) balancín *m*; ***to be off one's ~*** (colloq) estar* chiflado *or* chalado (fam); ***to go off one's ~*** (colloq) perder* la chaveta (fam) 2 (rocking chair) mecedora *f*
B (rock performer, fan) rockero, -ra *m,f*

rockery/'rɑːkəri || 'rɒkəri/ *n* (*pl* **-ries**) *jardín o parte de un jardín con rocas y plantas alpestres*

rocket¹/'rɑːkət || 'rɒkɪt/ *n* 1 (spacecraft) cohete *m* espacial 2 (missile) cohete *m*, misil *m*; (*before n*) **~ launcher** lanzacohetes *m*, lanzamisiles *m* 3 (firework) cohete *m*, volador *m*, cuete *m* (AmL)

rocket² *vi* 1 (rise) «*price*» dispararse, ponerse* por las nubes; **she ~ed to stardom** se convirtió en una estrella *or* llegó al estrellato de la noche a la mañana 2 **rocketing** *pres p* ‹*inflation*› galopante; **~ing prices** precios que se disparan *or* que suben vertiginosamente
■ **rocket** *vt*: **the movie ~ed him to stardom** la película lo lanzó al estrellato

rock ~face *n* pared *f* rocosa; **~ garden** *n* ▸**rockery** **~-hard** /'rɑːk'hɑːrd || ˌrɒk'hɑːd/ *adj* (duro) como una piedra

Rockies/'rɑːkiz || 'rɒkiːz/ *pl n* **the ~** las (Montañas) Rocallosas *or* Rocosas

rocking /'rɑːkɪŋ || 'rɒkɪŋ/: **~ chair** *n* mecedora *f*; **~ horse** *n* caballito *m* mecedor *or* de balancín

rock ~'n'roll/'rɑːkən'rəʊl || ˌrɒkən'rəʊl/ *n* [u] rocanrol *m*, rock and roll *m*; **~ plant** *n* planta *f* rupestre; **~ salt** *n* [u] sal *f* gema *or* de grano; **~-solid**/'rɑːk'sɑːləd || ˌrɒk'sɒlɪd/ *adj* (*pred* **~ solid**) sólido como una piedra; **the other states are ~-solid Republican** los otros distritos son sólidamente republicanos

rocky/'rɑːki || 'rɒki/ *adj* **rockier, rockiest**
A ‹*ground*› rocoso; ‹*path*› pedregoso
B (unsteady) 1 ‹*start*› incierto; ‹*period*› de incertidumbre; ‹*base*› nada sólido, tambaleante 2 ‹*furniture*› inestable, poco firme

Rocky Mountains *pl n* **the ~ ~** las Montañas Rocallosas *or* Rocosas

rococo¹/rə'kəʊkəʊ/ *n* [u] rococó *m*

rococo² *adj* rococó *adj inv*

rod/rɑːd || rɒd/ *n* 1 (bar) varilla *f*, barra *f*; (in engine) vástago *m* 2 (*fishing ~*) caña *f* (de pescar) 3 (for punishment) vara *f*, férula *f*; ***to make a ~ for one's own back*** crearse problemas; ***to rule with a ~ of iron o an iron ~*** gobernar* con mano de hierro; ***spare the ~ and spoil the child*** la letra con sangre entra

rode/rəʊd/ *past of* **ride¹**

rodent/'rəʊdn̩t/ *n* roedor *m*

rodeo/'rəʊdiəʊ, rə'deɪəʊ/ *n* (*pl* **-os**) rodeo *m*

roe/rəʊ/ *n*
A [u c] (of fish) hueva *f*
B [c] **~ (deer)** corzo, -za *m,f*

roger /'rɑːdʒər || 'rɒdʒə(r)/ *interj* (Telec) ¡comprendido!, ¡roger!

rogue¹/rəʊg/ *n* pícaro, -ra *m,f*, pillo, -lla *m,f*

rogue² *adj* (*before n*) 1 ‹*elephant/male*› solitario 2 ‹*trader/company*› deshonesto

roguish/'rəʊgɪʃ/ *adj* ‹*wink/grin*› pícaro, lleno de picardía; ‹*child*› pícaro, pillo

role, rôle /rəʊl/ *n* 1 (Cin, Theat) papel *m* 2 (function) papel *m*, rol *m*; **what ~ does she play in the company?** ¿qué papel desempeña *or* cuál es su rol en la compañía?; (*before n*) **~ model** modelo *m* de conducta

role-play/'rəʊlpleɪ/ *n* [c u] teatro *m* improvisado; (Psych) psicodrama *m*; (in language teaching) role-play *m*

roll¹/rəʊl/ *n*
A (Culin) **(bread) ~** pancito *m or* (Esp) panecillo *m or* (Méx) bolillo *m*
B (of paper, wire, fabric) rollo *m*; (of banknotes) fajo *m*; **a ~ of film** un rollo *or* un carrete (de fotos), una película; **~s of fat** rollos *mpl*; (around waist) rollos *mpl*, michelines *mpl* (fam), llantas *fpl* (AmL fam)
C 1 (rocking) balanceo *m*, bamboleo *m* 2 (turning over) voltereta *f*
D (sound — of drum) redoble *m*; (— of thunder) retumbo *m*
E (list) lista *f*; **to call the ~** pasar lista; **honor ~** o (BrE) **~ of honour** (Mil) lista *f* de honor; (Educ) cuadro *m* de honor
F (of dice) tirada *f*; ***to be on a ~*** (AmE colloq) estar* de buena racha

roll² *vi*
A 1 (rotate) «*ball/barrel*» rodar*; **the bottle was ~ing around inside the crate** la botella rodaba dentro del cajón; **the children were ~ing around on the ground** los niños estaban revolcándose en el suelo 2 (turn over): **the car ~ed over three times** el coche dio tres vueltas de campana; **~ (over) onto your stomach/back** ponte boca abajo/boca arriba, date la vuelta *or* (CS) date vuelta; **they all ~ed around laughing** todos se revolcaron de risa; ***to be ~ing in money o in it*** (colloq) estar* forrado (de oro) (fam) 3 (sway) «*ship/car/plane*» balancearse, bambolearse
B (move) (+ *adv compl*): **the column of trucks ~ed by** los camiones pasaban uno detrás del otro; **the car began to ~ down the hill** el coche empezó a deslizarse cuesta abajo; **tanks ~ed into the capital at dawn** los tanques entraron en la capital al amanecer; **tears ~ed down his cheeks** las lágrimas le corrían por las mejillas
C (begin operating) «*camera*» empezar* a rodar; «*press*» ponerse* en funcionamiento; **let the good times ~!** ¡que vengan los buenos tiempos!
D (make noise) «*drum*» redoblar; «*thunder*» retumbar

E **rolling** *pres p* ‹*countryside/hills*› ondulado; ‹*strikes/power cuts*› escalonado

■ **roll** *vt*

A **1** ‹*ball/barrel*› hacer* rodar; ‹*dice*› tirar; **I'll ~ you for it** (AmE) vamos a echarlo a los dados **2** (turn over): **the nurse ~ed me over onto my side** la enfermera me puso de costado *or* de lado **3** **to ~ one's eyes** poner* los ojos en blanco

B ‹*cigarette*› liar*; **the hedgehog ~ed itself into a ball** el erizo se hizo un ovillo *or* una bola; **a circus, museum and craft fair all ~ed into one** un circo, un museo y una feria de artesanía, todo en uno; **she ~ed up her sleeves** se arremangó

C (flatten) ‹*lawn*› pasarle el rodillo a; ‹*dough/pastry*› estirar

D (Ling): **to ~ one's 'r's** hacer* vibrar las erres

E (sl) (rob) (AmE) asaltar; **they ~ed him for everything he had** le robaron todo lo que tenía

(Phrasal verbs)

• **roll back** [v ▸ o ▸ adv, v ▸ adv ▸ o] (reduce) (AmE) ‹*prices/salaries*› bajar, reducir*

• **roll by** ▸ **roll on 1**

• **roll in** [v ▸ adv] **1** (arrive in large quantities) llegar* en grandes cantidades, llover* **2** (arrive late): **he ~ed in at eleven** apareció a las once

• **roll on** [v ▸ adv] **1** (pass) «*time/months*» pasar **2** (arrive) (colloq): **~ on vacation time!** ¡que lleguen pronto las vacaciones!

• **roll out**

A [v ▸ o ▸ adv, v ▸ adv ▸ o] ‹*dough/pastry*› estirar

B [v ▸ adv] (AmE colloq) levantarse (de la cama)

• **roll over** [v ▸ o ▸ adv, v ▸ adv ▸ o] ‹*loan/repayments*› refinanciar

• **roll up** [v ▸ adv] (arrive) (colloq) aparecer*; **they finally ~ed up at ten** finalmente aparecieron a las diez; **~ up, ~ up!** (BrE) ¡acérquense y miren!; *see also* **roll²** *vt* **B**

roll ~back *n* (AmE) reducción *f* (*a un nivel anterior*); **~ call** *n* **1** (calling of roll): **~ call is 9 a.m.** pasan lista a las nueve de la mañana **2** (list) lista *f*

rolled /rəʊld/ *adj*: **~ gold** metal *m* (en)chapado en oro; **~ oats** copos *mpl* de avena

rolled-up /'rəʊld'ʌp/ *adj* ‹*newspaper*› enrollado; ‹*umbrella*› cerrado

roller /'rəʊlər || 'rəʊlə(r)/ *n*

A (for lawn, in machine, for applying paint) rodillo *m*

B (for hair) rulo *m*, rulero *m* (Per, RPl), marrón *m* (Col), tubo *m* (Méx, Chi); **to put one's hair in ~s** ponerse* rulos (*or* ruleros *etc*)

C (for moving sth) **1** (cylinder) rodillo *m* **2** (caster) ruedecita *f*, ruedita *f* (esp AmL)

D (wave) ola *f* grande

roller ~ blind *n* persiana *f or* cortina *f* de enrollar; **~ coaster** *n* montaña *f* rusa; **~ derby** *n* (AmE) carrera *f* de patinaje (sobre ruedas); **~ skate** *n* patín *m* (de ruedas); **~-skate** /'rəʊlərskeɪt || 'rəʊləskeɪt/ *vi* patinar (*sobre ruedas*); **to go ~-skating** ir* a patinar; **~ skating** *n* [u] patinaje *m* (*sobre ruedas*)

rolling /'rəʊlɪŋ/: **~ pin** *n* rodillo *m*, palo *m or* palote *m* de amasar (RPl), rollo *m* pastelero (Esp), uslero *m* (Chi); **~ stock** *n* [u] material *m* rodante *or* móvil

roll ~neck *n* (BrE) **~neck (collar)** cuello *m* vuelto *or* alto *or* (RPl) volcado; **~neck (sweater)** suéter *m* de cuello vuelto *or* alto *or* (RPl) volcado; **~-on** *adj* (*before n*) ‹*deodorant*› de bola; **~out** /'rəʊlaʊt/ *n* [u] **1** (launch) lanzamiento *m*, presentación *m* **2** (of aircraft) rodaje *m* por la pista de aterrizaje; **~-top** /'rəʊl'tɑːp || 'rəʊltɒp/ *adj* (*before n*) ‹*desk/breadbin*› de tapa corrediza

roly-poly /'rəʊli'pəʊli/ *adj* (colloq) gordinflón (fam), regordete

ROM /rɑːm || rɒm/ *n* [u] (= **read-only memory**) ROM *f*

Roman¹ /'rəʊmən/ *adj* **1** (of, from Rome) romano; **a ~ nose** un perfil romano **2** **roman** ‹*numeral*› romano; ‹*alphabet*› latino; **~ type** letra *f* redonda

Roman² *n* romano, -na *m,f*

Roman Catholic¹ *n* católico, -ca *m,f*

Roman Catholic² *adj* católico

romance¹ /rə'mæns, 'rəʊmæns || rəʊ'mæns/ *n*

A **1** [c] (affair) romance *m*, idilio *m* **2** [u] (feeling) romanticismo *m* **3** [u] (attractive quality) lo romántico, lo poético

B [c u] (Lit) **1** (love story) novela *f* romántica *or* de amor, novela *f* rosa (fam) **2** (tale of chivalry) novela *f* de caballerías, romance *m*

C [u] **Romance** (Ling) romance *m*

romance² *vi* (have love affair) tener* amores; (fantasize) fantasear, soñar*

Romance /rə'mæns, 'rəʊmæns || rəʊ'mæns/ *adj* ‹*languages*› romance, románico

Romania /rəʊ'meɪniə/ *n* Rumania *f*, Rumanía *f*

Romanian¹ /rəʊ'meɪniən/ *adj* rumano

Romanian² *n* **1** [u] (language) rumano *m* **2** [c] (person) rumano, -na *m,f*

Romansch, Romansh /rəʊ'mɑːntʃ || rəʊ'mænʃ/ *n* [u] romanche *m*, rético *m*

romantic¹ /rəʊ'mæntɪk, rə-/ *adj* romántico

romantic² *n* romántico, -ca *m,f*

romantically /rəʊ'mæntɪkli, rə-/ *adv* de manera romántica; **to be ~ involved with sb** estar* involucrado sentimentalmente con algn

romanticism /rəʊ'mæntəsɪzəm, rə- || rəʊ'mæntɪsɪzəm/ *n* [u] romanticismo *m*

romanticize /rəʊ'mæntəsaɪz, rə- || rəʊ'mæntɪsaɪz/ *vt* idealizar*

Romany¹ /'rɑːməni, 'rəʊ- || 'rɒməni, 'rəʊ-/ *adj* gitano

Romany² *n* (*pl* **-nies**) **1** [c] (person) gitano, -na *m,f* **2** [u] (language) romaní *m*

Rome /rəʊm/ *n* Roma *f*; ***~ wasn't built in a day*** no se ganó Zamora en una hora; ***when in ~, do as the Romans (do)*** donde fueres haz lo que vieres

romp¹ /rɑːmp || rɒmp/ *n* **1** (frolic) retozo *m* **2** (sexual) revolcón *m* (fam) **3** (play, film, novel) (journ) *obra divertida y sin pretensiones* **4** (easy race to win) carrera *f* fácil

romp² *vi* **1** (frolic) retozar* **2** (move boisterously) correr alegremente **3** (move with ease) (+ *adv compl*): **she ~ed through the exam** no tuvo problemas para hacer el examen; **he ~ed home** ganó sin dificultades, barrió (fam)

rompers /'rɑːmpərz || 'rɒmpəz/ *pl n*, (also BrE) **romper suit** /'rɑːmpər || 'rɒmpə(r)/ *n* mameluco *m* (AmL), pelele *m* (Esp), enterito *m* (RPl), osito *m* (Chi)

roof¹ /ruːf/ *n* (*pl* **~s** /ruːfs, ruːvz/) **1** (of building) tejado *m*, techo *m* (AmL); **she found herself without a ~ over her head** se quedó sin techo; **to live under the same ~** vivir bajo el mismo techo; ***to go through/hit the ~*** «*prices*» dispararse, ponerse* por las nubes; «*person*» ponerse* furioso, explotar (fam); ***to raise the ~*** poner* el grito en el cielo; (*before n*) **~ garden** terraza *f or* azotea *f* ajardinada; **~ restaurant** restaurante *m* panorámico (*en lo alto de un edificio*) **2** (of car) techo *m*; (*before n*) **~ rack** baca *f*, portaequipajes *m*, parrilla *f* (AmL) **3** **the ~ of the mouth** el paladar

roof² *vt* techar

roofing /'ruːfɪŋ/ *n* [u] materiales *mpl* para techar

rooftop /ruːftɑːp || 'ruːftɒp/ *n* tejado *m*, techo *m* (AmL); ***to shout sth from the ~s*** proclamar algo a los cuatro vientos

rook /rʊk/ *n* **1** (Zool) grajo *m* **2** (in chess) torre *f*

rookery /'rʊkəri/ *n* (*pl* **-ries**) **1** (colony of rooks) colonia *f* de grajos **2** (breeding place) lugar *m* de cría, colonia *f*

rookie /'rʊki/ *n* (colloq) **1** (novice) novato, -ta *m,f*, principiante *mf*, bisoño, -ña *m,f* **2** (military recruit) recluta *m*

room¹ /ruːm, rʊm/ *n*

A [c] (in house, building) habitación *f*, pieza *f* (esp AmL); (bedroom) habitación *f*, dormitorio *m*, cuarto *m*, pieza *f* (esp AmL), recámara *f* (Méx); (for meeting) sala *f*; (for wedding reception) sala *f*, salón *m*; ⓢ **rooms to hire** *o* **for rent** *o* (BrE also) **to let** se alquilan habitaciones; (*before n*) **~ temperature** temperatura *f* ambiente

B [u] (space) espacio *m*, lugar *m*, sitio *m*; **there's ~ for one more** cabe uno más, hay espacio *or* sitio *or* lugar para uno más; **there's ~ for improvement** se puede mejorar; **there is no ~ for delay/error** no hay ningún margen para retrasos/errores; ▸ **cat**

room² *vi*: **I'm ~ing with another student** vivo con *or* comparto una habitación (*or* un apartamento *etc*) con otro estudiante

room clerk *n* (AmE) recepcionista *mf*

roomer /'ruːmər, 'rʊ- || 'ruːmə(r)/ *n* (AmE) inquilino, -na *m,f*

r

roomful /'ru:mfʊl, 'rʊm-/ *n*: **a ~ of people** una habitación llena de gente

rooming house /'ru:mɪŋ, 'rʊmɪŋ/ *n* (AmE) pensión *f*

room: **~mate** *n* (sharing room) compañero, -ra *m,f* de habitación *or* de cuarto; (sharing apartment) compañero, -ra *m,f* de apartamento *or* (Esp) de piso; **~ service** *n* [u] servicio *m* a las habitaciones

roomy /'ru:mi, 'rʊmi/ *adj* **-mier, -miest** amplio

roost¹ /ru:st/ *n* percha *f*, palo *m*; ***to rule the ~*** llevar la batuta

roost² *vi* posarse (*para pasar la noche*); ***to come home to ~***: **they've neglected the problem for years and now the** *o* **their chickens are coming home to ~** llevan años sin ocuparse del problema y ahora están pagando las consecuencias

rooster /'ru:stər || 'ru:stə(r)/ *n* (esp AmE) gallo *m*

root¹ /ru:t/ *n*

A (of plant, hair, tooth) raíz *f*; **to pull a plant up by the** *o* **its ~s** arrancar* una planta de raíz; **to take ~** ‹‹*plant*›› echar raíces, arraigar*; ‹‹*idea*›› arraigarse*; **to put down ~s** ‹‹*person*›› echar raíces, afincarse*; (*before n*) **~ vegetable** *raíz o tubérculo comestible como la zanahoria, el boniato etc*

B **1** (origin) raíz *f*; **to get to the ~ of a problem** llegar* a la raíz de un problema; (*before n*) **~ cause** causa *f* fundamental **2** **roots** *pl* (family, background) raíces *fpl*

C (Ling) raíz *f*

D (Math) raíz *f*

root² *vi*

A (search, forage) ‹‹*pig*›› hozar*; **she was ~ing around in the attic for her racket** estaba hurgando entre las cosas del desván buscando su raqueta

B (Bot) echar raíces, arraigar*

Phrasal verbs

- **root for** [v ▸ prep ▸ o] (support) ‹*team*› animar, alentar; ‹*candidate/party*› hacer* campaña por
- **root out** [v ▸ o ▸ adv, v ▸ adv ▸ o] **1** (remove) ‹*corruption*› arrancar* de raíz, erradicar* **2** (find) ‹*cause/truth*› averiguar*

root beer *n* [u c] (in US) *refresco hecho con distintas raíces*

rooted /'ru:təd || 'ru:tɪd/ *adj* arraigado; **he stood there, ~ to the spot** se quedó como clavado *or* paralizado donde estaba; **a deeply ~ prejudice** un prejuicio profundamente arraigado; **to be ~ IN sth** originarse *or* tener* sus orígenes EN algo

rooter /'ru:tər || 'ru:tə(r)/ *n* (AmE colloq) hincha *mf* (fam)

rootless /'ru:tləs || 'ru:tlɪs/ *adj* desarraigado

rope¹ /rəʊp/ *n* [c u] cuerda *f*, soga *f*; (Naut) cabo *m*; ***give them enough ~ and they'll hang themselves*** déjalos hacer lo que quieran y ya verás cómo se cavan su propia fosa; ***to show sb/know the ~s***: **Mike will show you the ~s** Mike te enseñará cómo funciona todo; **ask Helen, she knows the ~s** pregúntale a Helen, que está muy al tanto de todo

rope² *vt* **1** (tie) atar, amarrar (AmL exc RPl) (*con una cuerda*) **2** (lasso) (AmE) ‹*steer/cattle*› enlazar* *or* (Méx) lazar* *or* (CS) lacear

Phrasal verbs

- **rope in** [v ▸ o ▸ adv, v ▸ adv ▸ o] (recruit) (colloq) (*usu pass*) agarrar (fam)
- **rope off** [v ▸ o ▸ adv, v ▸ adv ▸ o] ‹*area*› acordonar

rope ladder *n* escala *f or* escalera *f* de cuerda *or* de soga

ropey, ropy /'rəʊpi/ *adj* **ropier, ropiest** (BrE colloq) ‹*wine*› malo, chungo (Esp arg); **I feel a bit ~** me siento bastante mal, estoy bastante pachucho (Esp fam)

rosary /'rəʊzəri/ *n* (*pl* **-ries**) rosario *m*; **to say the ~** rezar* el rosario

rose¹ /rəʊz/ *past of* **rise²**

rose² *n*

A (Bot) (flower) rosa *f*; (plant) rosal *m*; **life's not all ~s** la vida no es un lecho de rosas; **she's an English ~** es la típica belleza inglesa con cutis de porcelana; ***everything's coming up ~s*** todo está saliendo a pedir de boca; (*before n*) **~ bush** rosal *m*

B (on watering can, shower) roseta *f*, alcachofa *f*, flor *f* (RPl), regadera *f* (Col, Méx, Ven)

rosé /rəʊ'zeɪ || 'rəʊzeɪ/ *n* [u c] (vino *m*) rosado *m*

rose: **~bud** *n* capullo *m or* pimpollo *m* de rosa; **~-colored** /'rəʊz'kʌlərd || 'rəʊzkʌləd/ *adj* ▸**rose-tinted**; **~hip** *n* escaramujo *m*

rosemary /'rəʊz,meri || 'rəʊzməri/ *n* [u] romero *m*

rose-tinted /'rəʊz'tɪntəd || ,rəʊz'tɪntɪd/ *adj*: ***to see things through ~ glasses*** *o* ***spectacles*** ver* las cosas de color de rosa

rosette /rəʊ'zet/ *n* escarapela *f*

rose: **~water** *n* [u] agua *f*‡ de rosas; **~wood** *n* [u] palo *m* de rosa, palisandro *m*

Rosh Hashana(h) /'rəʊʃhə'ʃɑ:nə || ,rɒʃ,hə'ʃɑ:nə,rɒʃ,hɑ:'ʃɑ:nɑ:/ *n* el Año Nuevo judío

roster /'rɑ:stər || 'rɒstə(r)/ *n* **1** (*duty* ~) lista *f* de turnos **2** (list) lista *f*

rostrum /'rɑ:strəm || 'rɒstrəm/ *n* (*pl* **-trums** *or* **-tra** /-trə/) (for public speaking) tribuna *f*, estrado *m*; (for orchestra conductor) podio *m*

rosy /'rəʊzi/ *adj* **rosier, rosiest** ‹*cheeks*› sonrosado; ‹*outlook*› halagüeño, optimista

rot¹ /rɑ:t || rɒt/ *n* [u] **1** (Biol) podredumbre *f*, putrefacción *f*; **the ~ set in** las cosas empezaron a decaer *or* a venirse abajo; **to stop the ~** tomar medidas para cortar por lo sano **2** (nonsense) (esp BrE colloq) tonterías *fpl*

rot² **-tt-** *vi* ‹‹*plant/flesh*›› pudrirse*; **to ~ away** pudrirse*

■ **rot** *vt* ‹*wood/tree*› pudrir*; **sugar ~s the teeth** el azúcar pica *or* caria los dientes

rota /'rəʊtə/ *n* (BrE) lista *f* (de turnos)

rotary /'rəʊtəri/ *adj* ‹*motion/movement*› rotatorio, rotativo; ‹*mower*› rotatorio

rotate /'rəʊteɪt || rəʊ'teɪt/ *vi* **1** (turn about axis) girar, dar* vueltas, rotar **2** (take turns) turnarse, rotarse

■ **rotate** *vt* **1** (turn, spin) (hacer*) girar, dar* vueltas a **2** (alternate) ‹*crops*› alternar, rotar

rotation /rəʊ'teɪʃən/ *n* [u c] rotación *f*; **we deal with the calls in strict ~** atendemos las llamadas por estricto orden de llegada

rote /rəʊt/ *n*: **by ~** de memoria; (*before n*) **~ learning** memorización *f*

rotisserie /rəʊ'tɪsəri/ *n* **1** (restaurant) asador *m*, grill *m* (CS), asadero *m* (Col) **2** (spit) asador *m*, spiedo *m* (CS)

rotor /'rəʊtər || 'rəʊtə(r)/ *n* rotor *m*

rotten /'rɑ:tn̩ || 'rɒtn̩/ *adj* **1** (decayed) ‹*wood/fruit*› podrido; ‹*tooth*› picado, cariado; **to spoil sb ~** mimar demasiado, malcriar* a algn **2** (bad) (colloq) ‹*weather*› horrible, asqueroso; ‹*food/film/novel*› pésimo; **that's a ~ thing to do** eso es una maldad; **he's a ~ singer** canta pésimo; **to feel ~** (ill) sentirse* mal *or* pésimo *or* (Esp fam) fatal; **I felt ~ about leaving her alone** me sentí mal por haberla dejado sola

rotund /rəʊ'tʌnd/ *adj* (corpulent) (hum & euph) voluminoso, rechoncho

rouble /'ru:bəl/ *n* (BrE) rublo *m*

rouge /ru:ʒ/ *n* [u] colorete *m*

rough¹ /rʌf/ *adj* **-er, -est**

A **1** (not smooth) ‹*surface/texture/skin*› áspero, rugoso; ‹*cloth*› basto; ‹*hands*› áspero, basto; ***to take the ~ with the smooth*** estar* a las duras y a las maduras **2** (uneven) ‹*ground/road*› desigual, lleno de baches; ‹*terrain*› agreste, escabroso **3** ‹*sea*› agitado, picado, encrespado; ‹*weather*› tempestuoso, tormentoso; **we had a ~ crossing** el barco se movió mucho durante la travesía **4** ‹*sound/voice*› áspero, ronco

B (colloq) **1** (unpleasant, hard) ‹*life*› duro; **she had a ~ time of it** lo pasó muy mal; **to be ~ ON sb** ser* duro CON algn **2** (ill): **I feel a bit ~** no estoy muy bien, me siento bastante mal

C (not gentle) ‹*child/game*› brusco; ‹*neighborhood*› peligroso; **you'll break the doll if you're too ~ with it** vas a romper la muñeca si no la tratas con más cuidado; **~ stuff** (colloq) violencia *f*

D **1** (crude, unpolished) tosco, rudo; **a ~ draft** un borrador; **it was ~ justice** el castigo fue duro pero justo *or* merecido **2** (approximate) aproximado; **can you give me a ~ idea how much it'll cost?** ¿me puede dar más o menos una idea de lo que costará?; **it would take six months, at a ~ guess** calculo que llevaría unos seis meses más o menos *or* aproximadamente

rough² *adv* **1** ‹*sleep/live*› *a la intemperie o sin las comodidades más básicas* **2** (violently): **if he won't agree, they'll play**

it ~ si no acepta, se van a poner duros; **to cut up ~** (colloq) ponerse* hecho una fiera (fam)

rough³ *n*
A (in golf) **the ~** el rough
B (draft) borrador *m*; **in (the) ~** en borrador

rough⁴ *vt*: **to ~ it** (colloq) pasar sin comodidades

Phrasal verbs
- **rough out** [v ▸ o ▸ adv, v ▸ adv ▸ o] ‹*drawing*› bosquejar, esbozar*; ‹*speech*› preparar en borrador
- **rough up** [v ▸ o ▸ adv, v ▸ adv ▸ o] (colloq) darle* una paliza a

roughage /'rʌfɪdʒ/ *n* [u] fibra *f* (*de los alimentos*)

rough ~-and-ready /'rʌfən'redi/ *adj* improvisado; **~-and-tumble** /'rʌfən'tʌmbəl/ *n* [u]: **kids enjoy a bit of ~-and-tumble** a los niños les gustan los juegos bruscos

roughen /'rʌfən/ *vt* poner* áspero

roughly /'rʌfli/ *adv* **1** (approximately) aproximadamente; **~ speaking, the organ acts as a filter** el órgano se comporta como un filtro, por así decirlo **2** (not gently) ‹*play*› bruscamente, de manera violenta; **to treat sb ~** maltratar *or* tratar mal a algn **3** (crudely) toscamente

roughneck /'rʌfnek/ *n* (colloq & pej) matón *m*

roughness /'rʌfnəs ‖ 'rʌfnɪs/ *n* [u]
A **1** (of texture) aspereza *f* **2** (of terrain) lo agreste *or* escabroso **3** (of sea) lo agitado
B (violence) brusquedad *f*, violencia *f*

roughshod /'rʌf'ʃɑːd ‖ 'rʌfʃɒd/ *adv*: **to ride ~ over sth/sb**: **he rides ~ over other people's feelings** no tiene la menor consideración para con los sentimientos de los demás; **she will ride ~ over anyone who stands in her way** se llevará por delante a quien se interponga en su camino

roulette /ruː'let/ *n* [u] ruleta *f*; (*before n*) **~ wheel** ruleta *f*

Roumania /ruː'meɪniə/ *etc* ▸ **Romania** *etc*

round¹ /raʊnd/ *adj*
A **1** (circular, spherical) redondo **2** (not angular) ‹*corner*› curvo; **she has very ~ shoulders** es muy cargada de espaldas, es muy encorvada
B ‹*number*› redondo

round² *n*
A [c] (circle) círculo *m*, redondel *m*, redondela *f* (Andes); **theater in the ~** teatro *m* circular
B [c] **1** (series) serie *f*; **~ of talks** ronda *f* de conversaciones; **the daily ~** la rutina diaria; **his life is one long ~ of meetings** su vida es una continua sucesión de reuniones **2** (burst): **let's have a ~ of applause for ...** un aplauso para ...
C [c] (Sport, Games) (of tournament, quiz) vuelta *f*; (in boxing, wrestling) round *m*, asalto *m*; (in golf) vuelta *f*, recorrido *m*; (in showjumping) recorrido *m*; (in card games) partida *f*
D **1** (of visits) (*often pl*): **the doctor is off making his ~s** *o* (BrE) **is on his ~s** el doctor está haciendo visitas a domicilio *or* visitando pacientes; **the nurse does her ~ of the wards at midday** la enfermera hace la ronda de las salas a mediodía; **we had to make** *o* (BrE) **do** *o* **go the ~s of all the relatives** tuvimos que ir de visita a casa de todos los parientes **2** [c] (of watchman) ronda *f*; (of postman, milkman) (BrE) recorrido *m*; **he does a paper ~** hace un reparto de periódicos
E [c] (of drinks) ronda *f*, vuelta *f*, tanda *f* (Col, Méx); **this is my ~** esta ronda *or* vuelta *or* (Col, Méx tb) tanda la pago yo
F [c] (shot) disparo *m*; (bullet) bala *f*
G [c] (of bread) (BrE): **a ~ of toast** una tostada *or* (Méx) un pan tostado; **a ~ of sandwiches** un sándwich
H [c] (Mus) canon *m*

round³ *vt* **1** (go around) ‹*corner*› doblar, dar* la vuelta a **2** (make round) ‹*edge*› redondear

Phrasal verbs
- **round down** [v ▸ o ▸ adv, v ▸ adv ▸ o] ‹*price/total*› redondear (*por defecto*)
- **round off**
A [v ▸ o ▸ adv, v ▸ adv ▸ o] **1** ‹*sharp edge*› redondear, alisar **2** (end suitably) ‹*day/meal*› terminar, rematar **3** ‹*number*› redondear
B [v ▸ adv] concluir*, terminar
- **round on** [v ▸ prep ▸ o] volverse* contra
- **round up** [v ▸ o ▸ adv, v ▸ adv ▸ o] **1** ‹*price/total*› redondear (*por exceso*) **2** ‹*sheep/cattle*› rodear, reunir*; ‹*criminals*› hacer* una redada de; ‹*people*› reunir*

round⁴ *adv* (esp BrE)
A **1** (in a circle): **we walked all the way ~** dimos toda la vuelta; **they ran ~ and ~** dieron vueltas y vueltas corriendo; **all year ~** durante todo el año **2** (so as to face in different direction): **she spun ~ when she heard his voice** dio media vuelta al oír su voz; *see also* **turn round** **3** (on all sides) alrededor; **everyone crowded ~** todo el mundo se apiñó alrededor
B **1** (from one place, person to another): **to have a look ~** echar un vistazo; **the curator took us ~** el conservador nos mostró *or* nos enseñó el museo (*or* la colección *etc*); **a list was handed ~** se hizo circular una lista **2** (at, to different place): **she's ~ at Ed's** está en casa de Ed; **we're having friends ~ for a meal** hemos invitado a unos amigos a comer; *see also* **call round** **3** **all round** (in every respect) en todos los sentidos; (for everybody) a todos; **he bought drinks all ~** compró bebidas para todos

round⁵ *prep* (esp BrE)
A (encircling) alrededor de; **the wall ~ the garden** el muro que rodea el jardín; **~ the corner** a la vuelta (de la esquina)
B **1** (in the vicinity of) cerca de, en los alrededores de; **she lives ~ here** vive por aquí; **~ about 5 o'clock** alrededor de las cinco **2** (within, through): **he does odd jobs ~ the house** hace arreglitos en la casa; **we had a look ~ the cathedral** (le) echamos un vistazo a la catedral

round- /'raʊnd/ *pref*: **~faced** de cara redonda; **~shouldered** cargado de espaldas, encorvado

roundabout¹ /'raʊndəbaʊt/ *n* (BrE) **1** ▸ **merry-go-round** **2** (in park) tiovivo *m* **3** (Transp) rotonda *f*, glorieta *f*, óvalo *m* (Per)

roundabout² *adj* ‹*route*› indirecto; **he said it in a very ~ way** lo dijo con muchos rodeos *or* circunloquios

rounded /'raʊndəd ‖ 'raʊndɪd/ *adj*
A **1** (curved) redondeado **2** (plump) relleno, rellenito (fam) **3** (Culin) ‹*teaspoon/tablespoon*› colmado
B ‹*view/report*› equilibrado

rounders /'raʊndərz ‖ 'raʊndəz/ *n* (in UK) (+ *sing vb*) *juego parecido al béisbol*

roundly /'raʊndli/ *adv* **1** ‹*assert/condemn/deny*› rotundamente, categóricamente; ‹*criticize*› duramente **2** ‹*defeat*› completamente, de manera aplastante

roundness /'raʊndnəs ‖ 'raʊndnɪs/ *n* [u] redondez *f*

round ~ robin *n* **1** (petition, protest) *petición o protesta colectiva en la cual los nombres de los firmantes forman un círculo* **2** (circular, memo) circular *f* **3** (tournament) (esp AmE) torneo *m* (*en el que cada participante se enfrenta con cada uno de los demás*); **~ table** *n* mesa *f* redonda; (*before n*) **~-table discussion** mesa *f* redonda; **~ the clock** *adv* las 24 horas, día y noche; **~ trip** *n* **1** (there and back) (viaje *m* de) ida *f* y vuelta, viaje *m* redondo (Méx) **2** (return fare) (AmE) tarifa *f* de ida y vuelta *or* (Méx) de viaje redondo; (*before n*) **~-trip ticket** pasaje *m* *or* (Esp) billete *m* de ida y vuelta, boleto *m* redondo (Méx) **3** (circular route) (BrE) circuito *m*; **~-up** *n* **1** (of livestock) rodeo *m* **2** (by police, army) redada *f* **3** (summary) resumen *m*, síntesis *f*

rouse /raʊz/ *vt* **1** (wake, stir) **to ~ sb** (FROM *o* OUT OF **sth**) despertar* a algn (DE algo) **2** (arouse) provocar*; **to ~ sb** TO **sth**: **his criticism ~d me to action** sus críticas me movieron a hacer algo

rousing /'raʊzɪŋ/ *adj* ‹*speech*› vehemente, enardecedor; ‹*cheers/applause*› caluroso, entusiasta

rout¹ /raʊt/ *n* (defeat) derrota *f* aplastante; (flight) huida *f* en desbandada

rout² *vt* (defeat) derrotar *or* vencer* de forma aplastante; (put to flight) poner* en fuga

Phrasal verb
- **rout out** [v ▸ o ▸ adv, v ▸ adv ▸ o] **1** (chase) hacer* salir **2** (find) encontrar*; (look for) buscar*

route¹ /ruːt, raʊt ‖ ruːt/ *n* **1** (way) camino *m*, ruta *f*; (of bus) ruta *f*, recorrido *m*; **air/sea ~** ruta aérea/marítima; **if you want to go that ~** (AmE colloq) si quieres hacerlo de esa manera **2** (highway) (AmE) carretera *f*, ruta *f* (RPl) **3** (delivery round) (AmE) recorrido *m*; **she does a newspaper ~** hace un reparto de periódicos

route² *vt* (*pres p* **routing** *or* (BrE also) **routeing**) enviar*; **the plane was ~d through Frankfurt to avoid the fog** desviaron el avión a Francfort debido a la niebla

r

routine[1] /ru:'ti:n/ *n*
A [c u] (regular pattern) rutina *f*; **as a matter of ~** como rutina
B [c] (of gymnast, skater, comedian) número *m*

routine[2] *adj* **1** (usual) ‹*procedure/inquiries/investigation*› de rutina **2** (ordinary, dull) rutinario

routinely /ru:'ti:nli/ *adv* como rutina, rutinariamente

rove /rəʊv/ *vt* recorrer, vagar* *or* (liter) errar* por
■ **rove** *vi* «*eyes/gaze*» recorrer; **to ~ OVER sth** recorrer algo

rover /'rəʊvər || 'rəʊvə(r)/ *n* trotamundos *mf*

roving /'rəʊvɪŋ/ *adj* (*before n*) errante; **~ reporter** periodista *mf* sin destino fijo

row[1] *n*
(Sense I) /rəʊ/
A **1** (straight line) hilera *f*; (of people, seats) fila *f*; **they lined up in ~s** hicieron filas *or* se formaron en fila; **a seat in the front/fifth ~** un asiento en primera fila/en la quinta fila **2** (in knitting) vuelta *f*, corrida *f* (Chi)
B (succession) serie *f*; **four times in a ~** cuatro veces seguidas
C (Leisure, Sport): **we went for a ~** fuimos a remar
(Sense II) /raʊ/ **1** (noisy argument) pelea *f*, riña *f*; **to have a ~ with sb** pelearse *or* reñir* con algn **2** (about a public matter) disputa *f* **3** (noise) (*no pl*) ruido *m*, bulla *f* (fam)

row[2] *vt* /rəʊ/: **he ~ed the boat towards the shore** remó hacia la orilla; **we ~ed them across the river** los llevamos hasta la otra orilla a remo
■ **row** *vi*
(Sense I) /rəʊ/ remar; **to go ~ing** salir* *or* ir* a remar; **to ~ across a river** cruzar* un río a remo
(Sense II) /raʊ/ pelearse, reñir*

rowan /'rəʊən/ *n* **~ (tree)** serbal *m*

rowboat /'rəʊbəʊt/, (BrE) **rowing boat** /'rəʊɪŋ/ *n* bote *m* a remo *or* de remos

rowdy /'raʊdi/ *adj* **-dier, -diest** ‹*person*› escandaloso, alborotador; (quarrelsome) pendenciero; ‹*place*› bullicioso; ‹*meeting*› tumultuoso

rower /'rəʊər || 'rəʊə(r)/ *n* remero, -ra *m,f*

row house /'rəʊ/ *n* (AmE) *casa adosada en una hilera de casas idénticas*

rowing /'rəʊɪŋ/ *n* [u]
A /'rəʊɪŋ/ (Sport) remo *m*
B /'raʊɪŋ/ (quarrelling) peleas *fpl*, riñas *fpl*

rowing boat *n* (BrE) ▸**rowboat**

royal[1] /'rɔɪəl/ *adj* **1** (monarchic) real; **princess ~** *título conferido a veces a la hija mayor de un monarca británico* **2** (magnificent) espléndido, regio **3** (AmE colloq) (*as intensifier*) ‹*nuisance*› soberano (fam)

royal[2] *n* (journ) miembro *mf* de la familia real

royal: **~-blue** /'rɔɪəl'blu:/ *adj* (*pred* **~ blue**) azul real *adj inv*; **~ Highness** *n*: **Her/Your R~ Highness** Su/Vuestra Alteza Real

royalist[1] /'rɔɪəlɪst/ *n* monárquico, -ca *m,f*

royalist[2] *adj* monárquico

royal jelly *n* [u] jalea *f* real

royally /'rɔɪəli/ *adv* **1** ‹*entertain/welcome*› espléndidamente, con mucha pompa **2** (AmE colloq) (*as intensifier*) ‹*annoy*› soberanamente

royalty /'rɔɪəlti/ *n* (*pl* **-ties**)
A [u] **1** (people) (+ *sing or pl vb, no art*): **when ~ is** *o* **are in residence** cuando algún miembro de la familia real está en palacio; **we were treated like ~** nos trataron a cuerpo de rey **2** (status) realeza *f*
B [c] (payment) (*often pl*) derechos *mpl* de autor, regalías *fpl*, royalties *mpl*

rpm (= **revolutions per minute**) r.p.m.

RSPCA *n* (in UK) (= **Royal Society for the Prevention of Cruelty to Animals**) ≈ Asociación *f* protectora de animales

RSVP (please reply) s.r.c., se ruega contestación, R.S.V.P.

Rt Hon (UK title) = **Right Honourable**

rub[1] /rʌb/ **-bb-** *vt* **1** (with hand, finger) frotar; (firmly) restregar*, refregar*; (massage) masajear, friccionar; **to ~ one's eye/eyes** restregarse* *or* refregarse* *or* (Méx) tallarse el ojo/los ojos; **~ the cream on your skin** aplíquese frotando la crema en la piel; **to ~ one's hands together** frotarse las manos; **~ the fat into the flour** mezclar la grasa y la harina con los dedos; ***not to have two farthings** o **halfpennies** o **pennies to ~ together*** (BrE) no tener* donde caerse muerto (fam); ***to ~ sb the wrong way*** (AmE) caerle* mal a algn **2** (with a cloth) frotar; **she ~bed the glass clean** frotó el cristal hasta que quedó limpio
■ **rub** *vi* **to ~ AGAINST/ON sth**: **these shoes ~ against** *o* **on my heels** estos zapatos me rozan los talones; **the cat ~bed against my legs** el gato se me restregó contra las piernas

(Phrasal verbs)
- **rub down** [v ▸ o ▸ adv, v ▸ adv ▸ o] **1** ‹*horse*› almohazar*; **~ yourself down well with a towel** séquese bien frotándose *or* dándose fricciones con una toalla **2** (using sandpaper) lijar
- **rub in** [v ▸ o ▸ adv, v ▸ adv ▸ o] ‹*cream/lotion*› aplicar* frotando; **~ in the butter** mezcle la mantequilla deshaciéndola con los dedos; ***to ~ it in***: **there's no need to ~ it in!** no hace falta que me (*or* se *etc*) lo refriegues por la nariz *or* las narices
- **rub off**
  A [v ▸ o ▸ adv, v ▸ adv ▸ o] ‹*dirt/marks*› quitar frotando *or* restregando *or* refregando; (from blackboard) (BrE) borrar
  B [v ▸ adv] (come off) «*dirt/stain*» salir* (*al frotar*)
- **rub off on** [v ▸ adv ▸ prep ▸ o]: **I hope his luck will ~ off on me** espero que se me contagie *or* (fam) se me pegue su suerte
- **rub out** [v ▸ o ▸ adv, v ▸ adv ▸ o] **1** ‹*writing*› borrar **2** (kill) (AmE sl) pasaportar (arg), liquidar (fam)
- **rub up** [v ▸ o ▸ adv, v ▸ adv ▸ o] ‹*metal*› pulir, sacarle* brillo a; ‹*wood*› lustrar, sacarle* brillo a; ***to ~ sb up the wrong way*** caerle* mal a algn
- **rub up against** [v ▸ adv ▸ prep ▸ o] «*cat*» frotarse *or* restregarse* contra

rub[2] *n*
A **1** (act): **give my feet a ~** masajéame los pies **2** (polish): **to give sth a ~** frotar algo (con un paño)
B (difficulty) **the ~** el problema

rubber /'rʌbər || 'rʌbə(r)/ *n*
A **1** [u] (substance) goma *f*, caucho *m*, hule *m* (Méx); (*before n*) **~ ring** flotador *m* **2** [c] (eraser) (BrE) goma *f* (de borrar), borrador *m* (Col) **3** **rubbers** *pl* (AmE) chanclos *mpl* *or* (CS) galochas *fpl* **4** [c] (condom) (esp AmE sl) globo *m* (Esp fam), paracaídas *m* (fam), goma *f* (fam), forro *m* (RPl fam)
B [c] (in bridge, whist) rubber *m*, serie *f* de partidos

rubber: **~ band** *n* goma *f* (elástica), gomita *f*(RPl), banda *f* elastica (Ven), elástico *m* (Chi), caucho *m* (Col), liga *f* (Méx); **~ bullet** *n* bala *f* de goma *or* caucho *or* (Méx) hule; **~neck** *vi* (AmE sl) (snoop) (pej) curiosear, fisgonear (fam); (sightsee) hacer* turismo; **~necker** /'rʌbər,nekər || 'rʌbə,nekə(r)/ *n* (AmE sl) (staring, gaping person) (pej) mirón, -rona *m,f* (fam); (sightseer, tourist) turista *mf*; **~ plant** *n* ficus *m*, gomero *m* (CS), caucho *m* (Col); **~ stamp** *n* (device) sello *m*, tampón *m*; (approval) visto *m* bueno; **~-stamp** /'rʌbər'stæmp || ,rʌbə'stæmp/ *vt* ‹*paper/invoice*› sellar; (approve) ‹*decision/proposal/application*› autorizar*; **~ tree** *n* árbol *m* del caucho, caucho *m* (Col), hule *m* (Méx)

rubbery /'rʌbəri/ *adj* ‹*texture*› gomoso; ‹*material*› parecido a la goma *or* al caucho *or* (Méx) al hule; ‹*meat/cheese*› correoso

rubbing /'rʌbɪŋ/ *n* **1** [u] (action) frotamiento *m*, fricción *f* **2** [c] (Art) *calco obtenido pasando carboncillo sobre imágenes grabadas en metal, monedas etc*

rubbish[1] /'rʌbɪʃ/ *n* [u] **1** (refuse) basura *f*; **household ~** residuos *mpl* domésticos; (*before n*) ‹*bag*› de *or* para la basura; **~ bin** (BrE) cubo *m* *or* (CS) tacho *m* *or* (Méx) bote *m* *or* (Col) caneca *f* *or* (Ven) tobo *m* de la basura; **~ dump** *o* **tip** (BrE) vertedero *m* (de basuras), basurero *m*, basural *m* (AmL) **2** (junk) (colloq) porquerías *fpl* (fam) **3** (nonsense) (colloq) tonterías *fpl*, estupideces *fpl*, chorradas *fpl* (Esp fam), pavadas *fpl* (RPl fam); **to talk ~** decir* estupideces (*or* tonterías *etc*)

rubbish[2] *vt* (BrE) poner* por los suelos

rubbishy /'rʌbɪʃi/ *adj* (worthless) ‹*novel/movie*› pésimo, de porquería (AmS fam); ‹*souvenirs*› de pacotilla

rubble /'rʌbəl/ *n* [u] escombros *mpl*

r

rub-down/'rʌbdaʊn/ *n* fricción *f*, friega *f*; **to give a horse a ~** almohazar* un caballo

rube/ru:b/ *n* (AmE sl) pueblerino, -na *m,f*, paleto, -ta *m,f* (Esp fam & pey), pajuerano, -na *m,f* (RPl fam & pey), indio, -dia *m,f* (Méx fam)

rubella/ru:'belə/ *n* [u] rubeola *f*, rubéola *f*

ruble (BrE) **rouble**/'ru:bəl/ *n* rublo *m*

rubric/'ru:brɪk/ *n* 1 (heading) título *m*, epígrafe *m*, rúbrica *f* 2 (introduction, explanation) *instrucciones impresas en un examen*

ruby/'ru:bi/ *n* [c] (*pl* **rubies**) (gem) rubí *m*; (*before n*) **~ wedding (anniversary)** bodas *fpl* de rubí

ruby-red /'ru:bi'red/ *adj* (*pred* **ruby red**) rojo rubí *adj inv*

RUC *n* **= Royal Ulster Constabulary**

ruche[1]/ru:ʃ/ *n*: *tira de tela plisada o fruncida*

ruche[2] *vt* (gather) fruncir*; (pleat) plisar

ruck/rʌk/ *n* (pucker) pliegue *m*; (wrinkle) arruga *f*

Phrasal verb

- **ruck up** [v ► adv] arrugarse*

rucksack/'rʌksæk, 'rʊk-/ *n* mochila *f*, morral *m*

ruckus/'rʌkəs/ *n* (*pl* **-uses**) (colloq) jaleo *m* (fam), follón *m* (Esp fam)

ructions/'rʌkʃənz/ *pl n* (colloq) jaleo *m* (fam), follón *m* (Esp fam)

rudder/'rʌdər || 'rʌdə(r)/ *n* timón *m*

ruddy/'rʌdi/ *adj* **-dier, -diest**
A (reddish) ‹*complexion*› rubicundo; ‹*glow/sky*› rojizo
B (BrE colloq & dated) maldito (fam), condenado (fam)

rude/ru:d/ *adj*
A 1 (bad-mannered) ‹*person*› maleducado, grosero; ‹*remark*› grosero, descortés; **they were very ~ about my cooking** hicieron comentarios muy poco amables sobre la comida que había preparado; **to be ~ TO sb** ser* grosero CON algn; **it's ~ to speak with your mouth full** es (de) mala educación hablar con la boca llena 2 (vulgar) (esp BrE) grosero; **he said a ~ word** dijo una grosería *or* una palabrota *or* una mala palabra
B (liter) 1 ‹*tools*› rudimentario 2 ‹*person*› tosco, basto
C (harsh) brusco; ► **awakening**
D (robust) (liter): **to be in ~ health** gozar* de muy buena salud

rudely/'ru:dli/ *adv* (impolitely) groseramente

rudeness/'ru:dnəs || 'ru:dnɪs/ *n* [u] 1 (impoliteness) grosería *f*, mala educación *f* 2 (vulgarity) (BrE) ordinariez *f*

rudimentary /'ru:də'mentri || ˌru:dɪ'mentri/ *adj* rudimentario

rudiments/ru:dəmənts || 'ru:dɪmənts/ *pl n* rudimentos *mpl*, nociones *fpl* elementales

rue/ru:/ *vt* lamentar, arrepentirse* de

rueful/'ru:fəl/ *adj* atribulado, compungido

ruefully/'ru:fəli/ *adv* con arrepentimiento

ruff/rʌf/ *n* (collar) gorguera *f*; (on animal, bird) collar *m*

ruffian/'rʌfiən/ *n* rufián *m*, villano *m*

ruffle[1] /'rʌfəl/ *n* (frill) volante *m or* (RPl) volado *m or* (Chi) vuelo *m*

ruffle[2] *vt* 1 (disturb, mess) ‹*hair*› alborotar, despeinar; ‹*feathers*› erizar*; ‹*clothes*› arrugar* 2 (irritate, upset) ‹*person*› alterar, contrariar

ruffled/'rʌfəld/ *adj*
A 1 (crumpled, messed) ‹*hair*› alborotado, despeinado; ‹*feathers*› erizado; ‹*clothes/fabric*› arrugado 2 (irritated, discomposed) alterado; **to get ~** alterarse
B (with ruffles) ‹*dress/shirt/hem*› con volantes *or* (RPl) volados *or* (Chi) vuelos

rug/rʌg/ *n* 1 (small carpet) alfombra *f*, alfombrilla *f*, tapete *m* (Col, Méx); ► **pull**[1] **A2** 2 (blanket) manta *f* de viaje 3 (toupee) (AmE colloq) peluquín *m*, tupé *m*

rugby/'rʌgbi/ *n* [u] rugby *m*; (*before n*) **~ league/union** *rugby que se juega con trece/quince jugadores en cada equipo*

> **rugby**
>
> En el rugby, los equipos tratan de llevar la pelota, de forma ovalada, o darle con el pie hacia la línea de gol del equipo contrario a fin de marcar un ensayo (*try*). Pueden obtener más puntos con una conversión (*conversion*), es decir, lanzando la pelota con el pie por entre los postes de la portería contraria. También se pueden ganar más puntos con los *penalty goals* y los *drop goals* o puntos marcados tirando a la portería con el pie, durante el juego. Existen dos sistemas, el de la *Rugby League* y el de la *Rugby Union*, que difieren ligeramente en cuanto a las normas y al tanteo. Los equipos de la primera, están compuestos por trece jugadores, los de la segunda por quince. Los jugadores de la *Rugby League* siempre han sido profesionales, mientras que en la *Rugby Union* el profesionalismo fue aceptado sólo en 1995

rugged /'rʌgəd || 'rʌgɪd/ *adj* 1 ‹*rocks/coast*› escarpado; ‹*terrain*› accidentado, escabroso 2 (tough) ‹*construction/engine*› fuerte, resistente; ‹*conditions/existence*› duro 3 (strong-featured) ‹*face*› de facciones duras 4 (unrefined) ‹*manners/style*› tosco, basto

rugger/'rʌgər || 'rʌgə(r)/ *n* [u] (BrE) rugby *m*

ruin[1]/'ru:ən || 'ru:ɪn/ *n* 1 (sth ruined) (*often pl*) ruina *f*; **the town lay in ~s** la ciudad estaba en ruinas; **his life/career was in ~s** su vida/carrera estaba arruinada 2 (cause) (*no pl*) ruina *f*, perdición *f*; **drink will be the ~ of her** la bebida será su ruina *or* perdición 3 [u] (state) ruina *f*; **he's heading for financial ~** va derecho a la ruina *or* a la bancarrota

ruin[2] *vt*
A (destroy) ‹*city/building*› destruir*; ‹*career/life*› arruinar, acabar con; ‹*hopes*› destruir*, echar por tierra; ‹*plans*› arruinar, echar por tierra; **if they open a supermarket next to my store, I'll be ~ed** si abren un supermercado al lado de mi tienda me van a hacer quebrar *or* me van a arruinar
B (spoil) ‹*dress/carpet/toy*› estropear; ‹*party/surprise*› echar a perder, estropear, arruinar

ruination/'ru:ə'neɪʃən || ˌru:ɪ'neɪʃən/ *n* [u] destrucción *f*

ruined /'ru:ənd || 'ru:ɪnd/ *adj* ‹*building/city*› en ruinas; ‹*reputation/career*› arruinado

ruinous/'ru:ənəs || 'ru:ɪnəs/ *adj* ruinoso

rule[1]/ru:l/ *n*
A [c] (regulation, principle) regla *f*, norma *f*; **a set of ~s** un reglamento; **it's against the ~s** está prohibido; **~s and regulations** reglamento *m*; **to bend** *o* **stretch the ~s** apartarse un poco de las reglas; **to work to ~** (Lab Rel) hacer* huelga de celo, trabajar a reglamento (CS); **~ of *thumb*** regla general
B (general practice, habit) (*no pl*): **as a ~** por lo general, generalmente; **I make it a ~ to reply promptly to letters** tengo por norma contestar las cartas enseguida
C [u] (government) gobierno *m*; (of monarch) reinado *m*; **to be under foreign ~** estar* bajo dominio extranjero; **the ~ of law** el imperio de la ley; ► **majority A1**
D [c] (measure) regla *f*

rule[2] *vt*
A (govern, control) ‹*country*› gobernar*, administrar; ‹*person*› dominar; ‹*emotion*› controlar
B (pronounce) dictaminar
C (draw) ‹*line*› trazar* con una regla; **~d paper** papel *m* con renglones

■ **rule** *vi*
A 1 (govern) gobernar*; ‹‹*monarch*›› reinar; **to ~ OVER sb** gobernar* a algn, reinar SOBRE algn 2 (predominate, be current) imperar
B (pronounce) **to ~ (ON sth)** fallar *or* resolver* (EN algo); **to ~ against/in favor of sb/sth** fallar *or* resolver* en contra/a favor de algn/algo

Phrasal verbs

- **rule off** [v ► o ► adv, v ► adv ► o] separar con una línea
- **rule out** [v ► o ► adv, v ► adv ► o] ‹*possibility*› descartar; ‹*course of action*› hacer* imposible; **his injury ~s him out for tomorrow's game** su lesión lo excluye del partido de mañana

rulebook/'ru:lbʊk/ *n* reglamento *m*; **to do sth by the ~** hacer* algo de acuerdo a las normas (establecidas)

ruler /'ru:lər || 'ru:lə(r)/ *n*
A (leader) gobernante *mf*; (sovereign) soberano, -na *m,f*
B (measure) regla *f*

ruling¹ /'ru:lɪŋ/ *n* fallo *m*, resolución *f*; **to give** *o* **make a ~ that ...** fallar *or* resolver* que ...

ruling² *adj* (*before n*) **1** (in power) ‹*monarch*› reinante; **the ~ Party** el partido en el poder; **the ~ classes** las clases dirigentes **2** (dominant) ‹*principle/factor*› dominante

rum /rʌm/ *n* [c u] ron *m*

Rumania /ru:'meɪniə/ *etc* ▸ **Romania** *etc*

rumba /'rʌmbə/ *n* rumba *f*; **to do** *o* **dance the ~** bailar la rumba

rumble¹ /'rʌmbəl/ *n*
A (sound) ruido *m* sordo; (of thunder) estruendo *m*; (of stomach) ruido *m* de tripas (fam)
B (fight) (AmE sl) pelea *f*

rumble² *vi* «*guns/drums*» hacer* un ruido sordo; «*thunder*» retumbar; **my stomach's rumbling** me suenan las tripas (fam)
■ **rumble** *vt* (BrE colloq) ‹*person*› calar (fam)

ruminant /'ru:mənənt || 'ru:mɪnənt/ *n* rumiante *m*

ruminate /'ru:məneɪt || 'ru:mɪneɪt/ *vi* **1** (Zool) rumiar **2** (ponder) **to ~ ON/ABOUT sth** cavilar SOBRE algo, rumiar algo

rumination /'ru:mə'neɪʃən || ˌru:mɪ'neɪʃən/ *n* **1** [u] (Zool) rumia *f* **2** (thought) (*often pl*) cavilación *f*, reflexión *f*

rummage¹ /'rʌmɪdʒ/ *vi* hurgar*; **she ~d about** *o* **around in the drawer** revolvió (en) *or* hurgó en el cajón

rummage² *n* **1** (action) (*no pl*): **I had a ~ through my old things** rebusqué entre mis cosas viejas **2** [u] (odds and ends) (AmE) cosas *fpl* viejas; (*before n*) **~ sale** *mercadillo de beneficencia donde se venden artículos de segunda mano*

rummy /'rʌmi/ *n* [u] rummy *m*

rumor¹, (BrE) **rumour** /'ru:mər || 'ru:mə(r)/ *n* rumor *m*; **~ has it (that) ...** se rumorea que ..., corre el rumor de que ...

rumor², (BrE) **rumour** *vt* (*usu pass*) rumorear; **it is ~ed that ...** se rumorea que ..., corre el rumor de que ...; **she is ~ed to be very beautiful** se dice que es muy bonita

rump /rʌmp/ *n* **1** [c] (of horse) grupa *f*, ancas *fpl* **2** [u] (Culin) cadera *f*, cuadril *m* (RPl); (*before n*) **~ steak** filete *m* de cadera, churrasco *m* de cuadril (RPl) **3** [c] (bottom) (colloq & hum) trasero *m* (fam), culo *m* (Esp fam), traste *m* (fam)

rumple /'rʌmpəl/ *vt* **~ (up)** arrugar*

rumpus /'rʌmpəs/ *n* (*pl* **~es**) lío *m*, escándalo *m*, jaleo *m* (fam); **to kick up** *o* **make a ~ (about sth)** armar un lío *or* un escándalo (sobre algo); (*before n*) **~ room** (AmE) cuarto *m* de juegos

run¹ /rʌn/ (*pres p* **running**; *past* **ran**; *past p* **run**) *vi*

(Sense I)
A correr; **I had to ~ for the train** tuve que correr para no perder el tren; **he ran downstairs/indoors** bajó/entró corriendo; **~ for your lives!** ¡sálvese quien pueda!
B (colloq) (drive) ir* (*en coche*); **I ~ down/over/up to Birmingham most weekends** la mayoría de los fines de semana voy a Birmingham
C **1** (go): **the truck ran into the ditch/over the cliff** el camión cayó en la cuneta/se despeñó por el acantilado; **the wagons ~ on tracks** los vagones corren sobre rieles **2** (Transp): **the trains ~ every half hour** hay trenes cada media hora; **this service ~s only on Saturdays** este servicio funciona solamente los sábados
D **1** (flow) «*water/oil*» correr; (drip) gotear; **the water ran hot/cold** empezó a salir agua caliente/fría; **the river ~s through the town/into the sea** el río pasa por la ciudad/desemboca en el mar; **she left the water/faucet** (AmE) *o* (BrE) **tap ~ning** dejó la llave abierta (AmL) *or* (Esp) el grifo abierto *or* (RPl) la canilla abierta *or* (Per) el caño abierto; **my nose is ~ning** me gotea la nariz **2** (pass) pasar; **the rope ~s over this pulley** la cuerda pasa por esta polea
E (travel): **our thoughts were ~ning along** *o* **on the same lines** nuestros pensamientos iban por el mismo camino; **a shiver ran down my spine** me dio un escalofrío
F (Pol) «*candidate*» presentarse, postularse (AmL); **he is ~ning for Governor again** se va a volver a presentar *or* (AmL tb) a postular como candidato a Gobernador; **she'll be ~ning against two other candidates** se enfrentará a otros dos candidatos

(Sense II) (operate, function): **with the engine ~ning** con el motor encendido *or* en marcha *or* (AmL tb) prendido; **it ~s off batteries/on gas** funciona con pilas *or* a pila(s)/a gas; **the talks have been ~ning smoothly** las conversaciones han marchado sobre ruedas; **the work is ~ning six months behind schedule** el trabajo lleva seis meses de retraso

(Sense III)
A (extend) **1** (in space): **the streets ~ parallel to each other** las calles corren paralelas; **the path ~s across the field/around the lake** el sendero atraviesa el campo/bordea el lago; **this idea ~s through the whole book** esta idea se repite *or* está presente a lo largo del libro **2** (in time): **the film ~s for 95 minutes** la película dura 95 minutos; **the show will ~ for 10 weeks** el espectáculo estará en cartel 10 semanas; **the contract ~s for a year** el contrato es válido por un año *or* vence al cabo de un año
B **1** (be, stand): **feelings are ~ning high** los ánimos están caldeados; **inflation is ~ning at 4%** la tasa de inflación es del 4%; **it ~s in the family** es de familia, le (*or* me *etc*) viene de familia; ▸ **water¹ C1** **2** (become): **stocks are ~ning low** se están agotando las existencias; *see also* **dry¹ A3, short² B**; **to ~ TO sth**: **to ~ to fat** echar carnes (fam); *see also* **seed¹ A2**
C (of stories, sequences) decir*; **how did that line ~?** ¿cómo decía *or* era esa línea?; **the argument ~s as follows** el argumento es el siguiente
D (melt, merge) «*butter/cheese/icing*» derretirse*; «*paint/makeup*» correrse; «*color*» desteñir*, despintarse (Méx)
E «*stockings*» hacerse* carreras, correrse (AmL)

■ **run** *vt*

(Sense I)
A **1** ‹*race/marathon*› correr, tomar parte en **2** (chase): **the Green candidate ran them a close third** el candidato de los verdes quedó en tercer lugar a muy poca distancia de ellos; **they were ~ out of town** los hicieron salir del pueblo, los corrieron del pueblo (AmL fam)
B **1** (push, move) pasar; **he ran his fingers through his beard** se mesaba la barba; **she ran her finger down the list** recorrió la lista con el dedo; **~ a comb through your hair** pásate un peine (por el pelo) **2** (drive) ‹*person*› (colloq) llevar (*en coche*); **he ran the truck into the ditch** se metió con el camión en la cuneta
C (cause to flow): **to ~ a bath** preparar un baño; **to ~ sth under the tap** (BrE) hacer* correr agua sobre algo
D **1** (extend) ‹*cable/wire*› tender* **2** (pass) (hacer*) pasar
E **1** (smuggle) ‹*guns*› contrabandear, pasar (de contrabando) **2** (get past) ‹*blockade*› burlar; **to ~ a (red) light** (AmE) saltarse un semáforo (en rojo), pasarse un alto (Méx)

(Sense II)
A (operate) ‹*engine*› hacer* funcionar; ‹*program*› (Comput) pasar, ejecutar
B (manage) ‹*business/organization/department*› dirigir*, llevar; **the state-~ television network** la cadena de televisión estatal *or* del Estado; **who's ~ning this business?** ¿aquí quién es el que manda?; **he ~s the financial side of the business** se encarga *or* se ocupa del aspecto financiero del negocio
C **1** (Transp) ‹*flight*› tener*; **we ~ regular buses to the airport** tenemos un servicio regular de autobuses al aeropuerto; **they ~ extra trains on Saturdays** los sábados ponen más trenes **2** (maintain) tener*; **she ~s her own car** ella tiene su propio coche; **I can't afford to ~ a car** no puedo mantener un coche; **it's very cheap to ~** es muy económico
D ‹*tests*› realizar*, llevar a cabo; ‹*classes/concerts*› organizar*; «*newspaper*» ‹*article*› publicar*; ▸ **fever A1, risk¹ 1, temperature 2**

(Phrasal verbs)
- **run about** ▸ **run around 1**
- **run across** [v ▸ prep ▸ o] **1** (meet) ‹*person*› encontrarse* *or* toparse con **2** (find) ‹*object*› encontrar*
- **run after** [v ▸ prep ▸ o] (pursue) correr detrás de *or* tras; (romantically) andar* detrás de, perseguir*
- **run along** [v ▸ adv] irse*; **~ along now, it's late** bueno, vete, que es tarde
- **run around** [v ▸ adv] **1** (play) «*children*» corretear; (busy oneself) andar* de un lado para otro; **why should I ~ around after you?** ¿por qué tengo que estar haciéndote de sirvienta?, ¿por qué tengo que estar yo atendiéndote a ti? **2** (keep company) (colloq) salir*; **who's she ~ning**

around with now? ¿ahora con quién sale?
• **run at**[v ▸ prep ▸ o] 1 (attack) abalanzarse* sobre 2 (in order to jump): **you can clear the ditch if you ~ at it** puedes saltar la zanja si tomas carrera *or* (Esp) carrerilla
• **run away**[v ▸ adv]
A (escape) huir*, escaparse, fugarse*; (run off) salir* corriendo, huir*; **she ran away from home** se escapó de casa; **you can't ~ away from reality** no puedes evadirte de la realidad
B «*liquid*» irse*
• **run away with**[v ▸ adv ▸ prep ▸ o]
A 1 ‹*race/contest*› ganar fácilmente, alzarse* con 2 (take over): **she lets her imagination ~ away with her** se deja llevar por la imaginación
B 1 (steal) robarse, alzarse* con 2 (elope with) escaparse *or* fugarse* *or* irse* con, huirse* con (Méx)
• **run down**
Sense I [v ▸ o ▸ adv, v ▸ adv ▸ o]
A 1 ‹*battery*› (Auto) descargar*; (in radio, shaver etc) gastar 2 (reduce) ‹*staff/services*› ir* recortando *or* reduciendo; ‹*production*› ir* restringiendo 3 ‹*stocks/supplies*› agotar
B (disparage) (colloq) criticar*, hablar mal de
C ‹*pedestrian*› atropellar
Sense II [v ▸ adv] 1 «*battery*» (Auto) descargarse*; (in radio, shaver etc) gastarse, agotarse 2 «*business/factory*» venirse* abajo 3 «*stocks/supplies*» agotarse
• **run in**[v ▸ o ▸ adv] 1 (BrE Auto) ‹*car/engine*› hacer* el rodaje de 2 (arrest) (colloq) llevar preso
• **run into**[v ▸ prep ▸ o] 1 (collide with) ‹*vehicle*› chocar* con; ‹*wall/tree*› chocar* *or* darse* contra 2 (meet by chance) encontrarse* *or* toparse con 3 (encounter) ‹*opposition/problem*› toparse *or* tropezar* con, encontrar* 4 (amount to): **the cost ~s into millions of dollars** el costo asciende a millones de dólares
• **run off**
A [v ▸ o ▸ adv, v ▸ adv ▸ o] 1 (produce) ‹*copies*› tirar; ‹*photocopies*› sacar* 2 ‹*liquid*› sacar*
B [v ▸ adv] 1 (depart) salir* corriendo 2 «*liquid*» correr
• **run off with** [v ▸ adv ▸ prep ▸ o] ▸**run away with B1, 2**
• **run on**[v ▸ adv] 1 (continue running) seguir* corriendo; (run ahead): **you ~ on, I'll catch up with you** tú ve delante, que ya te alcanzaré 2 (continue, last): **the meeting ran on till nine o'clock** la reunión siguió *or* se alargó hasta las nueve
• **run out**[v ▸ adv] 1 (exhaust supplies): **I was going to make some tea, but we've ~ out** iba a hacer té, pero se nos ha acabado; **to ~ out OF sth** quedarse SIN algo 2 (become exhausted) «*money*» acabarse; «*supplies/stock*» acabarse, agotarse; «*lease/policy*» vencer*, caducar*; **her luck ran out** la abandonó la suerte, se le acabó la suerte; **time is ~ning out for them** les queda poco tiempo, se les está acabando el tiempo
• **run out on**[v ▸ adv ▸ prep ▸ o] abandonar, dejar plantado (fam)
• **run over**
A [v ▸ o ▸ adv, v ▸ adv ▸ o] ‹*pedestrian*› atropellar
B [v ▸ adv] 1 (overflow) «*liquid*» derramarse; «*container*» desbordarse, rebosar 2 (exceed time limit) excederse *or* pasarse del tiempo previsto
C [v ▸ prep ▸ o] (review) ‹*details/plan*› repasar, volver* sobre; (rehearse) ‹*scene*› ensayar, volver* sobre
• **run through**[v ▸ prep ▸ o] 1 (rehearse) ensayar 2 ▸**run over C**
• **run to**[v ▸ prep ▸ o] 1 (amount to): **the report ~s to 614 pages** el informe ocupa 614 páginas; **the film ~s to over four hours** la película dura más de cuatro horas 2 (extend to): **if your taste ~s to something a little more exotic ...** si sus gustos son algo más exóticos ... 3 (suffice for) (BrE) «*income/resources*» alcanzar* para, dar* para (fam) 4 (afford) (BrE) permitirse
• **run up**
A [v ▸ adv ▸ o] 1 ‹*total/debts*› ir* acumulando; **she'd ~ up quite a bill in the restaurant** debía bastante dinero en el restaurante 2 ‹*flag*› izar*
B [v ▸ o ▸ adv, v ▸ adv ▸ o] ‹*dress*› hacer* (*rápidamente*)
• **run up against** [v ▸ adv ▸ prep ▸ o] ‹*difficulty/obstacle*› toparse *or* tropezar* con

run² *n*
A (on foot): **she goes for a short ~ every day** todos los días sale a correr un poco; **he does everything at a ~** todo lo hace (deprisa y) corriendo *or* a la(s) carrera(s); **to break into a ~** echar a correr; ***on the ~***: **the children keep her on the ~ all day** los niños la tienen todo el día en danza; **after seven years on the ~ (from the law)** después de estar siete años huyendo de la justicia; ***to give sb a (good) ~ for her/his money*** hacerle* sudar tinta a algn; ***to have a good ~ for one's money***: **he was champion for six years, he had a good ~ for his money** fue campeón durante seis años, no se puede quejar; ***to have the ~ of sth*** tener* libre acceso a algo, tener* algo a su (*or* mi etc) entera disposición; ***to make a ~ for it*** escaparse
B 1 (trip, outing) vuelta *f*, paseo *m* (*en coche*) 2 (journey): **the outward ~** el trayecto *or* viaje de ida; **it's only a short/10-mile ~** está muy cerca/sólo a 10 millas
C 1 (sequence): **a ~ of good/bad luck** una racha de buena/mala suerte, una buena/mala racha 2 (period of time): **in the long ~** a la larga; **in the short ~** a corto plazo
D (tendency) corriente *f*; **in the normal ~ of events** normalmente, en el curso normal de los acontecimientos
E (heavy demand) **~ ON sth**: **there's been a ~ on these watches** estos relojes han estado muy solicitados *or* han tenido mucha demanda; **a ~ on sterling** una fuerte presión sobre la libra; **a ~ on the banks** una corrida bancaria, un pánico bancario
F (Cin, Theat) temporada *f*
G (Publ) (*print ~*) tirada *f*
H 1 (track) pista *f*; **ski ~** pista de esquí 2 (for animals) corral *m*
I (in stocking, knitted garment) carrera *f*
J (in baseball, cricket) carrera *f*
K **the runs** *pl* (diarrhea) (colloq) diarrea *f*, churrias *fpl* (Col fam)

runaround /ˈrʌnəraʊnd/ *n*: ***to give sb the ~*** (colloq) jugar* con algn, tomarle el pelo a algn (fam)

runaway¹ /ˈrʌnəweɪ/ *n* fugitivo, -va *m,f*

runaway² *adj* (*before n*) 1 ‹*slave/prisoner*› fugitivo 2 ‹*train/truck*› fuera de control; ‹*horse*› desbocado 3 ‹*inflation*› galopante, desenfrenado; ‹*spending*› desmedido; ‹*success*› clamoroso, arrollador

run ~down *n* 1 (summary) resumen *m*; **give me a ~down on the situation** ponme al corriente de la situación 2 (reduction) reducción *f*; **~-down** /ˈrʌnˈdaʊn/ *adj* (*pred* **~ down**) 1 (tired, sickly) (*usu pred*) **to be/feel ~down** estar*/sentirse* cansado *or* débil 2 (dilapidated) ‹*district/hotel*› venido a menos, en decadencia

rung¹ /rʌŋ/ *past p of* **ring²**

rung² *n* 1 (of ladder, chair) travesaño *m* 2 (in career, organization) peldaño *m*

run-in /ˈrʌnɪn/ *n*
A (confrontation) (colloq) **~ WITH sb/sth** roce *m* CON algn/algo
B (trial run) prueba *f*, ensayo *m*

runner /ˈrʌnər || ˈrʌnə(r)/ *n*
A 1 (in race) corredor, -dora *m,f*; (taking messages) mensajero, -ra *m,f*; **I'm not a fast ~** no corro rápido 2 (in baseball) corredor, -dora *m,f*
B 1 (on sled) patín *m* 2 (for drawer) riel *m*, guía *f*
C (escape): ***to do a ~*** (BrE colloq) salir* corriendo, largarse* (fam)

runner ~ bean *n* (esp BrE) habichuela *f* (Col) *or* (Esp) judía *f* verde *or* (Chi) poroto *m* verde *or* (RPl) chaucha *f* *or* (Ven) vainita *f* *or* (Méx) ejote *m*; **~-up** /ˈrʌnərˈʌp/ *n* (*pl* **~s-up**): **to be ~-up** quedar en segundo lugar *or* puesto

running¹ /ˈrʌnɪŋ/ *n* [u] 1 (exercise): **~ is a good form of exercise** correr es muy buen ejercicio; ***to be in/out of the ~ (for sth)***: **there are five candidates in the ~ for the post** hay cinco candidatos compitiendo *or* en liza por el puesto; **this has put him out of the ~ for the nomination** esto descarta la posibilidad de que sea nominado; ***to make (all) the ~*** (Sport) ir* en cabeza; **you can't expect him to make** *o* **do all the ~** no puedes pretender que él lo haga todo *or* tome todas las iniciativas; (*before n*) ‹*shorts*› de deporte; **~ shoes** zapatillas *fpl* de deporte; **~ track** pista *f* de atletismo 2 (of machine) funcionamiento *m*, marcha *f* 3 (management) gestión *f*, dirección *f*

running² *adj* (*before n, no comp*)
A 1 (done on the run): **protestors were involved in a ~ battle with the police** hubo escaramuzas *or* refriegas entre la policía y los manifestantes; **~ game** (in US football) ofensiva *f* terrestre; **to take a ~ jump** saltar tomando carrera *or* (Esp) carrerilla; **go take a ~ jump!** (colloq) ¡anda

y vete por ahí! (fam), ¡vete por un tubo! (Méx fam) [2] (continuous) ‹*joke*› continuo; **I don't need a ~ commentary on each news item!** ¡no necesito que me comentes todas las noticias a medida que las dan!; ~ **water** agua *f*‡ corriente

[B] (discharging) ‹*sore*› supurante

running³ *adv*: **the third day ~** el tercer día consecutivo *or* seguido

running: ~ **costs** *pl n* (of machine, car) gastos *mpl* de mantenimiento; (of company) costos *mpl or* (Esp) costes *mpl* corrientes *or* de operación; ~ **mate** *n* compañero, -ra *m,f* de candidatura; (of presidential candidate) candidato, -ta *m,f* a la vicepresidencia

runny /ˈrʌni/ *adj* **-nier, -niest** [1] ‹*eyes*› lloroso; **I've got a ~ nose** me gotea la nariz, no hago más que moquear [2] ‹*sauce*› líquido, chirle (RPl); **the omelette was ~ in the middle** la tortilla no estaba cuajada en el centro

run: **~-off** *n* [c] (Pol) segunda votación *f*; (Sport) eliminatoria *f*; **~-of-the-mill** /ˈrʌnəvðəˈmɪl/ *adj* (*pred* **~ of the mill**) ‹*job/car*› común *or* normal y corriente; ‹*acting/singing*› mediocre, nada destacado

runt /rʌnt/ *n* [1] (Agr) *animal más pequeño de una camada* [2] (puny person) alfeñique *m*, mequetrefe *m*

run: **~-through** *n* ensayo *m*, práctica *f*; **~-up** *n* [1] (preparatory period) **~-up TO sth** período *m* previo A algo [2] (Sport) carrera *f*, carrerilla *f* (Esp) (*antes de saltar, lanzar la jabalina etc*); **~way** *n* (Aviat) pista *f or* (Chi tb) cancha *f* de aterrizaje; (for fashion models) (AmE) pasarela *f*

rupee /ˈruːpiː, ruːˈpiː/ *n* rupia *f*

rupture¹ /ˈrʌptʃər || ˈrʌptʃə(r)/ *n* [1] [u c] (break) ruptura *f* [2] [c] (hernia) hernia *f*

rupture² *vt* ‹*casing/container*› romper*; ‹*blood vessel/membrane*› romper*, reventar*

■ **rupture** *vi* «*organ*» desgarrarse; «*appendix*» reventarse*

rural /ˈrʊrəl || ˈrʊərəl/ *adj* rural

ruse /ruːs, ruːz || ruːz/ *n* artimaña *f*, treta *f*

rush¹ /rʌʃ/ *n*

[A] [1] (haste) (*no pl*) prisa *f*, apuro *m* (AmL); **in all the ~, I forgot my umbrella** con la prisa *or* (AmL) con el apuro, se me olvidó el paraguas; **what's (all) the ~?** ¿qué prisa *or* (AmL tb) qué apuro hay?; **I'm in a ~** tengo prisa, ando *or* estoy apurado (AmL); **everything happened in a ~** todo pasó de repente [2] [c] (movement): **a ~ of air** una ráfaga de aire; **a ~ of water** un torrente de agua; **there was a ~ for the exit** todo el mundo se precipitó hacia la salida [3] [c] (Sport) ataque *m*; (in US football) carga *f* [4] [c] (burst of activity): **there's a mad ~ on to meet the deadline** estamos trabajando como locos tratando de terminar a tiempo (fam); **the Christmas ~** el gran movimiento del período de las fiestas de fin de año en los comercios

[B] [c u] (Bot) junco *m*

rush² *vi* [1] (hurry) darse* prisa, apurarse (AmL); **there's no need to ~** no hay prisa, no hay apuro (AmL); **don't ~!** ¡con calma!, ¡despacio!; **she ~ed through the first course** se comió el primer plato a todo correr *or* a la(s) carrera(s) [2] (run) (+ *adv compl*): **she ~ed after him** corrió tras él; **she ~ed in/out** entró/salió corriendo; **to ~ around** *o* (BrE also) **about** ir* de acá para allá, correr de un lado para otro; **just a minute: don't ~ off!** espera un minuto, no salgas corriendo [3] (surge, flow): **blood ~ed to his face** (from embarrassment) se puso colorado; (from anger) se le subió la sangre a la cabeza

■ **rush** *vt* [1] ‹*job/preparation*› hacer* a todo correr *or* a la(s) carrera(s), hacer* deprisa y corriendo; ‹*person*› meterle prisa a, apurar (AmL); **to ~ sb INTO sth/-ING**: **I don't want to be ~ed into (making) a decision** no quiero que me hagan tomar una decisión precipitada; **I'm a bit ~ed at the moment** en este momento estoy muy ocupado [2] (send, take hastily): **supplies were ~ed out to the area** se enviaron suministros urgentemente a la zona; **she was ~ed to hospital** la trasladaron (frml) *or* llevaron rápidamente al hospital

(Phrasal verb)

• **rush into** [v ▸ prep ▸ o]: **don't ~ into anything** no te precipites, no tomes ninguna decisión precipitada

rush: ~ **hour** *n* hora *f* pico (AmL), hora *f* punta (Esp); ~ **job** *n* (colloq) (urgent) trabajo *m* urgente; (hastily done): **it was a ~ job** se hizo a todo correr *or* deprisa y corriendo *or* a la(s) carrera(s)

rusk /rʌsk/ *n* galleta *f* (*dura, para bebés*)

russet /ˈrʌsət || ˈrʌsɪt/ *n* [u] color *m* rojizo; (*before n*) ‹*leaves/hair*› rojizo

Russia /ˈrʌʃə/ *n* Rusia *f*

Russian¹ /ˈrʌʃən/ *adj* ruso

Russian² *n* [1] [u] (language) ruso *m* [2] [c] (person) ruso, -sa *m,f*

Russian: ~ **Federation** *n* Federación *f* Rusa; ~ **roulette** *n* [u] ruleta *f* rusa

rust¹ /rʌst/ *n* [u] [1] (on metal) óxido *m*, herrumbre *f*, orín *m* [2] (color) color *m* ladrillo *or* teja

rust² *vi* oxidarse, herrumbrarse

■ **rust** *vt* oxidar, herrumbrar

(Phrasal verb)

• **rust up** [v ▸ adv] oxidarse, herrumbrarse

rustic¹ /ˈrʌstɪk/ *adj* rústico

rustic² *n* pueblerino, -na *m,f*

rustle¹ /ˈrʌsəl/ *vi* «*leaves*» susurrar; «*paper*» crujir; «*silk*» hacer* frufrú

■ **rustle** *vt*

[A] (make sound) «*wind*» ‹*leaves*› hacer* susurrar; **he ~d the sheets of paper impatiently** movió impaciente los papeles

[B] (steal) ‹*cattle/horses*› robar

rustle² *n* (of leaves) susurro *m*; (of paper) crujido *m*; (of silk) frufrú *m*

(Phrasal verb)

• **rustle up** [v ▸ o ▸ adv, v ▸ adv ▸ o] preparar, improvisar

rustler /ˈrʌslər || ˈrʌslə(r)/ *n* ladrón, -drona *m,f* de ganado, cuatrero, -ra *m,f*

rustling /ˈrʌslɪŋ/ *n* [u] robo *m* (*de ganado*), cuatrerismo *m*

rustproof /ˈrʌstpruːf/ *adj* ‹*surface/metal*› inoxidable; ‹*coating*› anticorrosivo, antioxidante

rusty /ˈrʌsti/ *adj* **-tier, -tiest** [1] ‹*nail/lock*› oxidado, herrumbrado; **to get** *o* (BrE also) **go ~** oxidarse, herrumbrarse; **my German is a bit ~** tengo muy olvidado el alemán [2] (in color) ladrillo *adj inv*

rut /rʌt/ *n*

[A] [c] (groove) surco *m*, rodada *f*; ***to be in a ~*** estar* anquilosado; ***to get into a ~*** anquilosarse

[B] [u] (Zool) celo *m*

rutabaga /ˈruːtəˈbeɪgə || ˌruːtəˈbeɪgə/ *n* [u] (AmE) colinabo *m*, nabo *m* sueco

ruthless /ˈruːθləs || ˈruːθlɪs/ *adj* ‹*enemy*› despiadado, implacable; ‹*persecution*› implacable, inexorable; ‹*determination*› firme, inflexible

ruthlessly /ˈruːθləsli || ˈruːθlɪsli/ *adv* ‹*oppress/exterminate*› sin piedad *or* misericordia; ‹*criticize*› despiadadamente

ruthlessness /ˈruːθləsnəs || ˈruːθlɪsnɪs/ *n* [u] falta *f* de piedad *or* misericordia, crueldad *f*

Rwanda /rʊˈændə/ *n* Ruanda *f*

Rwandan /rʊˈændən/ *adj* ruandés

rye /raɪ/ *n* [u] [1] (plant, grain) centeno *m* [2] ~ **(bread)** pan *m* de centeno [3] ~ **(whiskey)** whisky *m* de centeno

Ss

S, s /es/ *n* S, s *f*
S 1 (Geog) (**= south**) S 2 (Clothing) (**= small**) P
SA 1 **= South Africa** 2 (AmE) **= South America**
Sabbath /'sæbəθ/ *n* (Jewish) sábado *m*; (Christian) domingo *m*
sabbatical[1] /sə'bætɪkəl/ *n* (year) año *m* sabático; (period) período *m* sabático; **to go on ~, to take a ~** tomarse un año/un período sabático
sabbatical[2] *adj* (Educ) ‹*year*› sabático
saber, (BrE) **sabre** /'seɪbər || 'seɪbə(r)/ *n* sable *m*
saber rattling, (BrE) **sabre-rattling** /'seɪbər,rætlɪŋ || 'seɪbə,rætlɪŋ/ *n* [u] belicosidad *f*, bravuconería *f*
sable /'seɪbəl/ *n* (*pl* **~s** *or* **~**) marta *f* cibelina *or* cebellina; (*before n*) ‹*coat/fur*› de marta
sabotage[1] /'sæbətɑːʒ/ *n* [u] sabotaje *m*
sabotage[2] *vt* sabotear
saboteur /'sæbə'tɜːr || ,sæbə'tɜː(r)/ *n* saboteador, -dora *m,f*
sabre *n* (BrE) ▸**saber**
sac /sæk/ *n* saco *m*
saccharin /'sækərən || 'sækərɪn/ *n* [u] sacarina *f*
saccharine /'sækərən || 'sækərɪn, -riːn/ *adj* (sickly sweet) ‹*smile/charm/tones*› empalagoso, almibarado
sachet /sæ'ʃeɪ || 'sæʃeɪ/ *n* (of shampoo, cream, perfume) sachet *m*; (of powder, sugar) (BrE) sobrecito *m*, bolsita *f*
sack[1] /sæk/ *n*
A [c] 1 (large bag) saco *m*, costal *m* 2 (paper bag) (AmE) bolsa *f* (de papel)
B (dismissal) (BrE colloq): **to give sb the ~** echar a algn (del trabajo), botar a algn (del trabajo) (AmL fam)
C (bed) (colloq) **the ~** la cama, el sobre (fam); ▸**hit**[1] **A1**
D (Sport) (in baseball) almohadilla *f*, base *f*
sack[2] *vt*
A (dismiss) (BrE colloq) ‹*person/employee*› echar (del trabajo), botar (del trabajo) (AmL fam)
B (destroy) ‹*town/city*› saquear
sackcloth /'sækklɔːθ || 'sækklɒθ/ *n* [u] arpillera *f*; ***to wear ~ and ashes*** darse* golpes de pecho
sackful /'sækfʊl/ *n* saco *m*, costal *m*; **letters were arriving by the ~** llegaban cartas a montones
sacrament /'sækrəmənt/ *n* 1 (ceremony) sacramento *m* 2 **Sacrament** (Eucharist): **the (Blessed** *o* **Holy) S~** el Santísimo Sacramento
sacred /'seɪkrəd || 'seɪkrɪd/ *adj* 1 (blessed, holy) ‹*ground/animal*› sagrado; **~ TO sb/sth** consagrado A algn/algo; **is nothing ~ any more?** ¿ya no se respeta nada? 2 (with religious subject) ‹*text*› sagrado; ‹*music*› sacro
sacred cow *n* vaca *f* sagrada
sacrifice[1] /'sækrəfaɪs || 'sækrɪfaɪs/ *n*
A (Occult, Relig) 1 [u] (practice, act) sacrificio *m* 2 [c] (offering) ofrenda *f*, víctima *f* (propiciatoria)
B [u c] (giving up) sacrificio *m*; **to make ~s** sacrificarse*
C [c] (in baseball) sacrificio *m*
sacrifice[2] *vt* sacrificar*
■ **sacrifice** *vi* (in baseball) sacrificarse*
sacrificial /'sækrə'fɪʃəl || ,sækrɪ'fɪʃəl/ *adj* expiatorio
sacrilege /'sækrəlɪdʒ || 'sækrɪlɪdʒ/ *n* [u] sacrilegio *m*
sacrilegious /'sækrə'lɪdʒəs || ,sækrɪ'lɪdʒəs/ *adj* sacrílego
sacristan /'sækrəstən || 'sækrɪstən/ *n* sacristán, -tana *m,f*
sacristy /'sækrəsti || 'sækrɪsti/ *n* (*pl* **-ties**) sacristía *f*
sacrosanct /'sækrəʊsæŋkt/ *adj* sacrosanto
sad /sæd/ *adj* **-dd-** 1 (unhappy) ‹*person/face*› triste; ‹*expression*› triste, de tristeza; **to feel ~** estar* *or* sentirse* triste; **I was very ~ at the news of his death** la noticia de su muerte me entristeció *or* me apenó mucho 2 (causing grief) ‹*news/loss*› triste; **how ~!** ¡qué pena! 3 (regrettable, deplorable) (*before n*): **the ~ fact is that ...** la triste realidad es que ...; **~ to say** lamentablemente
SAD *n* [u] (**= seasonal affective disorder**) TAE *m*
sadden /'sædn̩/ *vt* entristecer*, apenar
saddle[1] /'sædl̩/ *n* (on horse) silla *f* (de montar), montura *f*; (on bicycle) sillín *m*, asiento *m*; **she's back in the ~ now** ha vuelto a tomar *or* (esp Esp) coger las riendas
saddle[2] *vt* 1 **~ (up)** ‹*horse/camel*› ensillar 2 (burden) (colloq) cargar*; **to ~ sb WITH sth** ‹*job/task*› endilgarle* *or* (esp AmL) encajarle algo A algn; **we're ~d with him** tenemos que cargar con él

Phrasal verb
• **saddle up**
A [v ▸ adv] ensillar
B [v ▸ o ▸ adv, v ▸ adv ▸ o] ensillar

saddle: **~-bag** /'sædl̩bæg/ *n* (on horse) alforja *f*; (on bicycle) maletero *m*; **~ sore** *adj*: **to be ~ ~** estar* dolorido de tanto montar
sadism /'seɪdɪzəm/ *n* [u] sadismo *m*
sadist /'seɪdəst || 'seɪdɪst/ *n* sádico, -ca *m,f*
sadistic /sə'dɪstɪk/ *adj* sádico
sadly /'sædli/ *adv* 1 (sorrowfully) ‹*smile/speak*› tristemente, con tristeza 2 (regrettably): **he is ~ lacking in tact** lamentablemente no tiene nada de tacto; **you are ~ mistaken** estás totalmente equivocado 3 (unfortunately) (*indep*) lamentablemente, desgraciadamente
sadness /'sædnəs || 'sædnɪs/ *n* [u] tristeza *f*
sadomasochism /'seɪdəʊ'mæsəkɪzəm/ *n* [u] sadomasoquismo *m*
sadomasochist /'seɪdəʊ'mæsəkəst || ,seɪdəʊ'mæsəkɪst/ *n* sadomasoquista *mf*
sad sack *n* (AmE colloq) inútil *mf*
sae, SAE *n* (BrE) (**= stamped, addressed envelope**) ▸**SASE**
safari /sə'fɑːri/ *n* [c u] safari *m*; **to be/go on ~** estar*/ir* de safari; (*before n*) **~ jacket** sahariana *f*; **~ park** safari-park *m*, reserva *f*
safe[1] /seɪf/ *adj* **safer, safest**
A 1 (secure from danger) (*pred*) seguro; **his reputation is ~** su reputación está a salvo; **you are not ~ here** corres peligro aquí; **keep these documents ~** guarda estos documentos en un lugar seguro; **your secret is ~ with me** puedes confiar en que guardaré tu secreto; **to be ~ FROM sb/sth**: **we'll be ~ from prying eyes/from him here** aquí estaremos a salvo de curiosos/de él 2 (unharmed) (*pred*): **they were found ~ and well** *o* **~ and sound** los encontraron sanos y salvos 3 (offering protection) ‹*haven/refuge*› seguro
B (not dangerous) seguro; **that ladder isn't very ~** esa escalera no es muy segura; **is the water ~ to drink?** ¿se puede beber el agua sin peligro?; **have a ~ journey** (que tengas) buen viaje

C (not risky) ‹*investment*› seguro, sin riesgo; ‹*method/contraceptive*› seguro, fiable; **he's a very ~ driver** conduce con prudencia; **it's ~ to say that ...** se puede decir sin temor a equivocarse que ...; **~ sex** sexo *m* seguro *or* sin riesgo; **we'd better leave at four o'clock to be on the ~ side** mejor salgamos a las cuatro por si acaso; ***better (to be) ~ than sorry*** más vale prevenir que curar; ▸**play²** *vt Sense* II **A2**

safe² *n* (for valuables) caja *f* fuerte, caja *f* de caudales; (*before n*) **~ cracker** *o* (BrE) **breaker** ladrón, -drona *m,f* de cajas fuertes

safe ~-conduct /ˈseɪfˈkɑːndʌkt || ˌseɪfˈkɒndʌkt/ *n* [u] protección *f*; **~-deposit** /ˈseɪfdɪˈpɑːzət || ˈseɪfdɪˈpɒzɪt/ *n* (vaults) cámara *f* acorazada; **~-deposit (box)** caja *f* de seguridad

safeguard¹ /ˈseɪfgɑːrd || ˈseɪfgɑːd/ *n* salvaguarda *f*, garantía *f*; **as a ~** como medida preventiva

safeguard² *vt* salvaguardar, defender*, proteger*

■ **safeguard** *vi* **to ~ AGAINST sth** proteger* CONTRA algo

safe ~ house *n* piso *m* franco, enterradero *m* (RPl); **~keeping** *n* [u]: **he gave her the watch for ~keeping** le dio el reloj para que lo guardara en lugar seguro *or* (esp Esp frml) para que lo pusiera a buen recaudo

safely /ˈseɪfli/ *adv*

A **1** (without mishap, unharmed): **we got home ~** llegamos a casa sin novedad *or* sin ningún percance **2** (without danger) sin peligro, con tranquilidad; **drive ~** conduzca con prudencia *or* cuidado

B (in a safe place, securely): **he's ~ behind bars** está entre rejas, donde no puede hacer daño; **my savings are ~ invested** tengo mis ahorros en inversiones seguras *or* sin riesgos

C (with certainty) ‹*say/assume*› sin temor a equivocarse (*or* equivocarnos) *etc*

safety /ˈseɪfti/ *n* (*pl* **-ties**)

A [u] (security, freedom from risk) seguridad *f*; **there's ~ in numbers** se está más seguro en un grupo grande; **~ first** la seguridad ante todo; (*before n*) ‹*device/fuse/precautions*› de seguridad; **~ measures** precauciones *fpl*, medidas *fpl* de seguridad; **~ rail** barandilla *f*; **~ regulations** normas *f* de seguridad

B [u] (certainty) seguridad *f*; **I think we can say with complete ~ that ...** creo que podemos decir con total *or* absoluta seguridad que ...

C [c] **~ (catch)** (on gun) seguro *m*

D [c] (in US football) (AmE) (player) safety *m*

safety ~ belt *n* cinturón *m* de seguridad; **~ curtain** *n* telón *m* anti-incendios *or* de seguridad; **~-deposit box** /ˈseɪftidɪˈpɑːzət || ˌseɪftidɪˈpɒzɪt/ *n* (AmE) caja *f* de seguridad; **~ harness** *n* arnés *m* de seguridad; **~ match** *n* fósforo *m or* (Esp) cerilla *f or* (AmC, Méx tb) cerillo *m* de seguridad; **~ net** *n* (for acrobats) red *f* de seguridad; (protection) protección *f*; **~ pin** *n* imperdible *m*, gancho *m* (Andes), alfiler *m* de gancho (CS, Ven), gancho *m* de nodriza (Col), seguro *m* (Méx); **~ razor** *n* maquinilla *f or* (AmL) maquinita *f* de afeitar; **~ valve** *n* (Mech Eng) válvula *f* de seguridad; (outlet) válvula *f* de escape

saffron /ˈsæfrən/ *n* [u] (Bot, Culin) azafrán *m*

sag /sæg/ *vi* **-gg-**

A **1** «*beams/ceiling*» combarse; **the bed ~ged in the middle** la cama se hundía en el medio **2** (hang down, droop): **~ging breasts** pechos *mpl* caídos

B **1** «*spirits/courage/resolution*» flaquear, decaer* **2** **sagging** *pres p* ‹*prices/values*› que no repuntan

saga /ˈsɑːgə/ *n* saga *f*; (long story) historia *f*, saga *f*

sage /seɪdʒ/ *n*

A [u] (Bot, Culin) salvia *f*

B [c] (wise man) sabio *m*

Sagittarius /ˈsædʒəˈteriəs || ˌsædʒɪˈteəriəs/ *n* **1** (sign) (*no art*) Sagitario **2** [c] (person) Sagitario *or* sagitario *mf*, sagitariano, -na *m,f*; *see also* **Aquarius**

sago /ˈseɪgəʊ/ *n* [u] sagú *m*

Sahara /səˈhærə || səˈhɑːrə/ *n* **the ~** el Sahara *or* (Esp) el Sáhara

said¹ /sed/ *past & past p of* **say¹**

said² *adj* (frml) (*before n*): **the ~ property/lady** dicha propiedad/señora (frml)

sail¹ /seɪl/ *n*

A (Naut) **1** [c u] (of ship, boat) vela *f*; **to set ~** (start journey) zarpar, hacerse* a la mar; «*yacht/galleon*» hacerse* a la vela **2** (trip) (*no pl*) viaje *m* en barco (*or* en velero *etc*); **to go for a ~** salir* a navegar

B [c] (of windmill) aspa *f*‡

sail² *vt* **1** (control) ‹*boat/ship*› gobernar*, manejar **2** (travel, cross): **to ~ the Atlantic single-handed** cruzar* el Atlántico en solitario

■ **sail** *vi*

A **1** (travel) «*ship/boat*» navegar*; «*person/passenger*» ir* en barco, navegar*; **to ~ around the world** dar* la vuelta al mundo en barco; **to ~ east/west** navegar* hacia el *or* en dirección este/oeste; **to go ~ing** salir a navegar **2** (depart) «*person/ship*» zarpar, salir*

B (move effortlessly): **to ~ into/out of a room** entrar en/salir* de una habitación con aire majestuoso; **the weeks just seem to ~ past** las semanas van pasando sin que uno se dé cuenta

Phrasal verb

• **sail through** [v ▸ prep ▸ o]: **you'll ~ through the exam** aprobarás el examen con los ojos cerrados *or* sin ningún problema; **he ~ed through the interview** la entrevista le resultó muy fácil

sail ~board *n* tabla *f* a vela *or* de windsurf; **~boarding** /ˈseɪlˌbɔːrdɪŋ || ˈseɪlˌbɔːdɪŋ/ *n* [u] windsurf *m*, windsurfing *m*; **~boat** *n* (AmE) velero *m*, barco *m* de vela; **~cloth** *n* [u] lona *f*

sailing /ˈseɪlɪŋ/ *n* **1** [u] (skill) navegación *f*; ***to be (all) plain ~*** ser* muy fácil *or* sencillo, ser* coser y cantar **2** [u] (Sport) vela *f*, yachting *m*, navegación *f* a vela **3** [c] (departure) salida *f*; (*before n*) ‹*time/date*› de salida

sailing ~ boat *n* (BrE) ▸**sailboat ~ ship** *n* velero *m*, barco *m or* buque *m* de vela

sailor /ˈseɪlər || ˈseɪlə(r)/ *n* **1** (seaman) marinero *m*; **to be a bad/good ~** marearse/no marearse con facilidad **2** (Sport) navegante *mf*

saint /seɪnt/ *n* **1** (canonized person) santo, -ta *m,f*; **she was made a ~ in 1912** la canonizaron en 1912 **2** **Saint** /seɪnt || sənt/ (*before name*) san, santa [**santo** *is used before Domingo, Tomás, Tomé and Toribio*]; **S~ Patrick's Day** el día *or* la fiesta de San Patricio **3** (unselfish person) santo, -ta *m,f*; **he's no ~** no es ningún santito (fam)

sainthood /ˈseɪnthʊd/ *n* [u] santidad *f*

saintly /ˈseɪntli/ *adj* **-lier, -liest** ‹*person*› santo; ‹*life*› piadoso; ‹*expression/smile*› angelical

saint ~ Petersburg /seɪntˈpiːtərzbɜːrg || ˌsəntˈpiːtəzbɜːg/ *n* San Petersburgo; **~'s day** *n* (*pl* **~s' days**) día *m or* fiesta *f* de un santo; (name day) día *m* del santo

sake /seɪk/ *n* **1** (benefit, account): **don't do it just for my ~** no lo hagas sólo por mí; **for your own ~** por tu propio bien; **for the ~ of the children** por los niños; **for old times' ~** por nuestra vieja amistad *or* por los viejos tiempos **2** (purpose, end): **art for art's ~** el arte por el arte; **for the ~ of argument** *o* **for argument's ~** pongamos por caso **3** (*in interj phrases*): **for goodness'** *o* **heaven's ~!** ¡por Dios! *or* ¡por favor!; **for God's ~!** ¡por el amor de Dios!; **but why, for Pete's ~?** (colloq) ¿pero por qué, caramba? (fam)

salacious /səˈleɪʃəs/ *adj* (frml) ‹*mind/grin*› salaz (frml), lascivo; ‹*book/joke*› obsceno

salad /ˈsæləd/ *n* [u c] ensalada *f*; (*before n*) **~ bowl** ensaladera *f*; **~ dressing** aliño *m* para ensalada

salad cream *n* [u] (BrE) *aliño para ensalada parecido a la mayonesa*

salamander /ˈsæləmændər || ˈsæləmændə(r)/ *n* (Myth, Zool) salamandra *f*

salami /səˈlɑːmi/ *n* [u c] (*pl* **-mis**) salami *or* (CS) salame *m*

salary /ˈsæləri/ *n* (*pl* **-ries**) sueldo *m*; (*before n*) ‹*increase/review*› salarial; **~ earner** empleado, -da *m,f*

sale /seɪl/ *n*

A **1** [u] (act of selling) venta *f* **2** [c] (individual transaction) venta *f*; **to make a ~** vender algo; Ⓢ **all sales final** (AmE) no se aceptan devoluciones **3** [c] (auction) subasta *f*, remate *m* (AmL)

B (*in phrases*) **for sale**: Ⓢ **for sale** se vende; **to put sth up for ~** poner* algo en venta *or* a la venta; **on sale** (at reduced price) (AmE): **toys are on ~ this week** esta semana los juguetes están rebajados *or* en liquidación; (offered for sale) (BrE): **on ~ now at leading stores** ya está a la venta en los principales comercios; **the new model goes on**

~ **this week** el nuevo modelo sale a la venta esta semana; **(on) sale or return** (BrE) en depósito, en consignación
C (clearance) liquidación *f*; (seasonal reductions) rebajas *fpl*; (*before n*) ‹*price*› de liquidación
D **sales** 1 *pl* (volume sold) (*sometimes sing*) (volumen *m* de) ventas *fpl*; (*before n*) ‹*figures/promotion/campaign*› de ventas 2 (department) (+ *sing o pl vb*) ventas (+ *sing vb*); **she works in ~s** trabaja en ventas; (*before n*) ‹*department/manager/executive*› de ventas; **the ~s force** el personal de ventas, los vendedores

saleroom /'seɪlru:m, -rʊm/ *n* (BrE) ▸**salesroom 1**

sales /seɪlz/: ~ **account** *n* (cuenta *f*) ventas *fpl*; ~**clerk** *n* (AmE) vendedor, -dora *m,f*, dependiente, -ta *m,f*; ~ **conference** *n* conferencia *f* de ventas; ~**girl** *n* vendedora *f*, dependienta *f*; ~**lady** *n* vendedora *f*, dependienta *f*; ~**man** /'seɪlzmən/ *n* (*pl* **-men** /-mən/) (in shop) vendedor *m*, dependiente *m*; (representative) representante *m*, viajante *m*, corredor *m* (RPl); ~**person** *n* (in shop) vendedor, -dora *m,f*, dependiente, -ta *m,f*; (representative) representante *mf*, corredor, -dora *m,f* (RPl); ~ **pitch** *n* [u c] discurso *m*, argumentos *mpl* (*de un vendedor*); ~ **rep** *n* representante *mf or* agente *mf* comercial; ~ **representative** *n* representante *mf or* agente *mf* comercial; ~**room** *n* (AmE) 1 (for auctions) sala *f* de subastas, sala *f* de remates (AmL) 2 (showroom) salón *m* de exposición (y ventas); ~ **slip** *n* (AmE) recibo *m*, comprobante *m* (de compra *or* venta), boleta *f* (CS); ~ **talk** *n* [u] palabrería *f* de vendedor; ~ **tax** *n* [u] impuesto *m* sobre las ventas; ~**woman** *n* (in shop) vendedora *f*, dependienta *f*; (representative) representante *f*, corredora *f* (RPl)

salient /'seɪliənt/ *adj* (striking) (frml) (*before n*) destacado

saline /'seɪli:n || 'seɪlaɪn/ *adj* salino

saliva /sə'laɪvə/ *n* [u] saliva *f*

salivate /'sæləveɪt || 'sælɪveɪt/ *vi* salivar

sallow /'sæləʊ/ *adj* **-er, -est** cetrino, amarillento

sally /'sæli/ *n* (*pl* **-lies**) (Mil) misión *f*; **to make a ~ into enemy territory** hacer* una incursión en territorio enemigo

Phrasal verb

• **sally forth**: **-lies, -lying, -lied** [v ▸ adv] (arch *or* hum) salir*, hacer* una salida

salmon /'sæmən/ *n* [c u] (*pl* ~) (Culin, Zool) salmón *m*; (*before n*) ‹*river/industry*› salmonero

salmonella /'sælmə'nelə/ *n* (*pl* ~ *or* **-llae** /-li:/) salmonella *f*; (*before n*) ~ **poisoning** intoxicación *f* por salmonella, salmonelosis *f*

salon /sə'lɑ:n || 'sælɒn/ *n* (business): **hairdressing ~** peluquería *f*; **beauty ~** salón *m* de belleza

saloon /sə'lu:n/ *n*
A 1 (bar) (AmE) bar *m*, taberna *f* (*del Lejano Oeste*) 2 ~ **(bar)** (lounge bar) (BrE) bar *m* (*de mayor categoría*)
B ~ **(car)** (BrE) sedán *m*, turismo *m*
C (on ship) salón *m*

salt¹ /sɔ:lt/ *n* 1 [u] (Culin) sal *f*; ***to be the ~ of the earth*** ser* la sal de la tierra; ***(to be) worth one's ~***: **any teacher worth her ~** toda maestra que se precie de tal, toda maestra digna de ese nombre; ***to rub ~ into the wound(s)*** hurgar* en la herida; ***to take sth with a pinch o grain of ~*** no creerse* algo al pie de la letra, tomar algo con pinzas (CS) 2 [c] (Chem) sal *f*

salt² *vt* 1 (put salt on) ‹*vegetables/meat*› salar, ponerle* *or* echarle sal a; ‹*road*› echar sal en 2 **salted** *past p* salado

Phrasal verb

• **salt away** [v ▸ o ▸ adv, v ▸ adv ▸ o] (colloq) ‹*money/profits*› guardar

salt³ *adj* 1 (salted) (*before n*) ‹*meat/cod*› salado, en salazón 2 (saline) (*before n*) ‹*pond/lake*› salobre, de agua salada 3 ‹*air*› salobre; ‹*taste*› salado, a sal

salt: ~ **beef** *n* [u]: *carne de vaca curada en salmuera*; ~ **cellar** *n* salero *m*; ~ **flats** *pl n* salinas *fpl*; ~**mine** *n* mina *f* de sal, salina *f*; ~ **pork** *n* [u] tocino *m*; ~**water** *adj* ‹*lake*› de agua salada, salobre; ‹*fish*› de mar, de agua salada

salty /'sɔ:lti/ *adj* **-tier, -tiest** 1 (full of salt) ‹*food/taste*› salado 2 (earthy) ‹*language*› salado, picante; ‹*wit*› mordaz

salubrious /sə'lu:briəs/ *adj* 1 (healthy) (frml) saludable, salubre 2 (wholesome) (*usu neg*): **not a very ~ district** un barrio muy poco recomendable

salutary /'sæljəteri || 'sæljʊtri/ *adj* saludable, beneficioso

salutation /'sæljə'teɪʃən || ˌsælju:'teɪʃən/ *n* [u c] (frml) 1 (greeting) saludo *m*, salutación *f* (liter) 2 (in letter) fórmula *f* de encabezamiento

salute¹ /sə'lu:t/ *n* 1 [c] (gesture) saludo *m*, venia *f* (RPl) 2 [c] (firing of guns) salva *f*; **a 21-gun ~** una salva de 21 cañonazos 3 (tribute) homenaje *m*, reconocimiento *m*

salute² *vt* 1 (Mil) ‹*officer*› saludar 2 (acknowledge, pay tribute) (frml) ‹*courage/achievement*› rendir* homenaje a
■ **salute** *vi* (Mil) **to ~ (TO sb)** hacerle* el saludo *or* (RPl) la venia (A algn)

Salvadoran¹ /'sælvə'dɔ:rən/ *adj* ▸**Salvadorean¹**

Salvadoran² *n* ▸**Salvadorean²**

Salvadorean¹, **Salvadorian** /'sælvə'dɔ:riən/ *adj* salvadoreño

Salvadorean², **Salvadorian** *n* salvadoreño, -ña *m,f*

salvage¹ /'sælvɪdʒ/ *vt* rescatar

salvage² *n* [u] (rescue) rescate *m*

salvage operation *n* operación *f* de rescate

salvation /sæl'veɪʃən/ *n* [u] salvación *f*

Salvation Army *n* Ejército *m* de Salvación

salve¹ /sæv || sælv/ *n* 1 [u c] (ointment) bálsamo *m*, ungüento *m* 2 [c] (comfort) (*no pl*) **a ~ TO sth** un bálsamo PARA algo

salve² *vt*: **to ~ one's conscience** acallar la voz de su (*or* mi *etc*) conciencia

salvo /'sælvəʊ/ *n* (*pl* **-vos** *or* **-voes**) salva *f*

Samaritan /sə'mærətn̩ || sə'mærɪtən/ *n* (Bib) samaritano, -na *m,f*; **the good ~** el buen samaritano; **the ~s** (charitable organization) los samaritanos

samba /'sæmbə/ *n* (*pl* **-bas**) samba *f or m*

same¹ /seɪm/ *adj* (*before n*) mismo, misma; **the two boxes are exactly the ~** las dos cajas son exactamente iguales; **you men are all the ~** todos los hombres son *or* (Esp) sois iguales; **it's always the ~** siempre pasa lo mismo; **the ~ AS sth**: **we're in the ~ position as before/as you** estamos igual que antes/en tu misma situación; **that dress is the ~ as mine** ese vestido es igual al mío; **the ~ thing happened to me** a mí me pasó lo mismo; **~ time, ~ place** a la misma hora en el mismo sitio; **I'm glad you see things the ~ way (as) I do** me alegro de que veas las cosas como yo; **they are one and the ~ (person/thing)** son la mismísima persona/cosa; **on that very ~ day** ese mismísimo día

same² *pron* 1 : **the ~** lo mismo; **I wish I could say the ~** ¡ojalá pudiera decir lo mismo!; **I'll have the ~** para mí lo mismo; **the ~ goes for you** también va por ti; **I've had enough — ~ here!** (colloq) ya estoy harto — ya somos dos (fam); **have a nice vacation!— ~ to you!** ¡felices vacaciones! — ¡igualmente! *or* ¡lo mismo digo! 2 **all the same, just the same** igual; (*as linker*) de todas formas *or* maneras, así y todo, sin embargo, no obstante (frml); ***it's all the ~ to me/you/them*** me/te/les da lo mismo, me/te/les da igual

same³ *adv*: **the ~** igual; **they're written differently but pronounced the ~** se escriben distinto, pero se pronuncian igual; **how do you feel? — about the ~** ¿qué tal estás? — más o menos igual

same-day /'seɪm'deɪ/ *adj* ‹*service/delivery*› en el día

sameness /'seɪmnəs || 'seɪmnɪs/ *n* [u] (monotony) monotonía *f*, uniformidad *f*

same-sex /'seɪm'seks/ *adj* ‹*partner/couple*› del mismo sexo; ‹*marriage/relationship*› entre personas del mismo sexo; ‹*school*› sólo para niños/niñas

sample¹ /'sæmpəl || 'sɑ:mpəl/ *n* 1 (specimen) muestra *f*; **a blood ~** (Med) una muestra de sangre; (*before n*) **~ question/paper** pregunta *f*/examen *m* tipo 2 (Busn) muestra *f* 3 (for statistics) muestra *f*

sample² *vt* ‹*food*› degustar, probar*

sampler /'sæmplər || 'sɑ:mplə(r)/ *n* 1 (embroidery) dechado *m* 2 (collection) (AmE) muestra *f* (representativa)

sanatorium /'sænə'tɔ:riəm/ *n* (*pl* **-riums** *or* **-ria** /-riə/) sanatorio *m* (*para convalecientes*)

S

sanctify/'sæŋktəfaɪ || 'sæŋktɪfaɪ/ *vt* **-fies, -fying, -fied** santificar*

sanctimonious /'sæŋktə'məʊniəs || ˌsæŋktɪ'məʊniəs/ *adj* (frml) ‹*attitude/comment*› moralista, gazmoño, mojigato

sanction¹/'sæŋkʃən/ *n*
A [u] (authorization) autorización *f*, sanción *f*
B [c] **1** **sanctions** *pl* (coercive measures) sanciones *fpl*; **economic ~s** sanciones económicas **2** (penalty) sanción *f* **3** (restraint) freno *m*

sanction² *vt* ‹*act/initiative*› sancionar (frml), dar* su (*or* mi *etc*) sanción a (frml), aprobar*; ‹*injustice*› consentir*

sanctity/'sæŋktəti/ *n* [u] **1** (inviolability) inviolabilidad *f* **2** (holiness) santidad *f*

sanctuary/'sæŋktʃueri || 'sæŋktjʊəri/ *n* (*pl* **-ries**) **1** [u] (protection, safety) asilo *m*, refugio *m*; **to take ~** refugiarse; (claiming protection of a church) acogerse* a sagrado **2** [c] (place of refuge) santuario *m*, refugio *m* **3** [c] (for animals) reserva *f*

sanctum/'sæŋktəm/ *n* (*pl* **-tums** *or* **-ta**/-tə/) (frml) sagrario *m*; **the inner ~** el sanctasanctórum

sand¹/sænd/ *n* **1** [u] arena *f*; **~-colored** color arena *adj inv*; ***to build on ~*** hacer* castillos de naipes **2** [c] (expanse of sand) (*often pl*) arena *f*; **the desert ~s** las arenas del desierto

sand² *vt* **~ (down)** (make smooth) ‹*wood/furniture*› lijar; ‹*floor*› pulir

sandal/'sændl/ *n* sandalia *f*

sandbag¹/'sændbæg/ *n* saco *m* de arena, saco *m* terrero

sandbag² **-gg-** *vt*
A (barricade) proteger* con sacos de arena *or* sacos terreros
B (bully) (AmE colloq) forzar*, obligar* con *or* por medio de amenazas
C (deceive) (AmE sl): **he was ~ging me** no estaba jugando a tope, para engañarme
■ **sandbag** *vi* (AmE sl) dejarse ganar

sand ~bank *n* banco *m* de arena; **~bar** *n* barra *f* (de arena); **~blast** *vt* ‹*stonework/building*› pulir (*con un chorro de arena*); **~box** *n* (AmE) cajón *m* de arena (*en parques y jardines*); **~boy** *n* (BrE): ***to be as happy as a ~boy*** estar* como unas Pascuas, estar* de lo más contento; **~castle** *n* castillo *m* de arena; **~ dune** *n* duna *f*

sander/'sændər || 'sændə(r)/ *n* (machine) lijadora *f*

sand ~ fly *n* jején *m*, mosquito *m*; **~lot** *n* (AmE) *solar utilizado para deportes*; (*before n*) ‹*baseball/team*› de barrio, amateur; **~man**/'sændmæn/ *n* **the ~man** *personaje del folclor que hace dormir a los niños poniéndoles arena en los ojos*

sandpaper¹/'sænd,peɪpər || 'sænd,peɪpə(r)/ *n* [u] papel *m* de lija

sandpaper² *vt* lijar

sand ~piper *n* lavandera *f*, andarríos *m*; **~pit** *n* (BrE) ▸ **sandbox**; **~stone** *n* [u] arenisca *f*; **~storm** *n* tormenta *f* de arena; **~ trap** *n* (in golf) (AmE) búnker *m*

sandwich¹/'sænwɪtʃ || 'sændwɪdʒ/ *n* (*pl* **-wiches**) sándwich *m*, emparedado *m*, ≈ bocadillo *m* (Esp); **a ham ~** un sándwich de jamón; (*before n*) **~ bar** sandwichería *f*; **~ box** (BrE) fiambrera *f*, lonchera *f* (AmL); **~ loaf** (BrE) pan *m* de molde; **~ toaster** sandwichera *f*

sandwich² *vt* (*usu pass*): **a small house ~ed between the church and the library** una casita metida *or* encajonada entre la iglesia y la biblioteca; **I was ~ed between two fat women** estaba apretujado entre dos gordas

sandwich ~ board *n* cartelones *mpl* (*que lleva un hombre-anuncio*); **~ course** *n* (BrE) *curso durante el cual se alterna el aprendizaje con el trabajo práctico*; **~ man**/mæn/ *n* (*pl* **men**/men/) hombre-anuncio *m*

sandy/'sændi/ *adj* **-dier, -diest** **1** ‹*beach/path*› de arena; ‹*soil*› arenoso; **the towels were all ~** las toallas estaban llenas de arena **2** (in color) ‹*hair*› rubio rojizo *adj inv*

sand-yachting/'sænd,jɑːtɪŋ || 'sænd,jɒtɪŋ/ *n* [u] navegación *f* a vela sobre arena

sane/seɪn/ *adj* **saner, sanest** **1** (not mad) cuerdo; **it's the only thing that keeps me ~** es lo que impide que me vuelva loco **2** (sensible) sensato

sang/sæŋ/ *past of* **sing**

sangfroid/'sɑːŋ'frwɑː || 'sɒŋfrwɑː/ *n* [u] sangre *f* fría

sanguine/'sæŋgwən || 'sæŋgwɪn/ *adj* (frml) (optimistic) confiado, optimista

sanitarium /'sænə'teriəm || ˌsænɪ'teəriəm/ *n* **1** (AmE) ▸ **sanatorium** **2** (health resort) clínica *f*

sanitary /'sænəteri || 'sænɪtri/ *adj* **1** (concerning health) (*before n*) ‹*conditions/regulations*› sanitario, de salubridad; ‹*engineer/engineering*› de saneamiento, sanitario; ‹*inspector*› de sanidad **2** (hygienic) higiénico, salubre

sanitary napkin (BrE) **sanitary towel** *n* compresa *f*, paño *m* higiénico

sanitation/'sænə'teɪʃən || ˌsænɪ'teɪʃən/ *n* [u] **1** (hygiene) condiciones *fpl* de salubridad **2** (waste disposal system) servicios *mpl* sanitarios

sanitation worker *n* (AmE) empleado, -da *m,f* del servicio de recogida de basuras, basurero, -ra *m,f*, recolector, -tora *m,f* de residuos (RPl frml)

sanitize/'sænətaɪz || 'sænɪtaɪz/ *vt* **1** (disinfect) desinfectar **2** (make inoffensive) (pej) hacer* potable; **a ~d version** una versión aséptica

sanity/'sænəti/ *n* [u] **1** (mental health) razón *f*, cordura *f*; **to lose one's ~** perder* la razón *or* el juicio **2** (good sense) sensatez *f*

sank/sæŋk/ *past of* **sink¹**

Sanskrit/'sænskrɪt/ *n* [u] sánscrito *m*

Santa Claus /'sæntəklɔːz/ *n* Papá Noel, San Nicolás, Santa Claus, Viejo *m* Pascuero (Chi)

sap¹/sæp/ *n*
A [u] savia *f*
B [c] (fool) (colloq & dated) infeliz *mf*, inocentón, -tona *m,f* (fam)

sap² *vt* **-pp-** ‹*strength/energy/enthusiasm*› minar, socavar; ‹*confidence/health*› minar

sapling/'sæplɪŋ/ *n* árbol *m* joven

sapphire/'sæfaɪr || 'sæfaɪə(r)/ *n* **1** [c] (gem) zafiro *m* **2** [u] (color) azul *m* zafiro; (*before n*) ‹*eyes/sea/dress*› azul zafiro *adj inv*

Saragossa/'særə'gɑːsə || ˌsærə'gɒsə/ *n* Zaragoza *f*

sarcasm/'sɑːrkæzəm || 'sɑːkæzəm/ *n* [u] sarcasmo *m*

sarcastic /sɑːr'kæstɪk || sɑː'kæstɪk/ *adj* sarcástico, mordaz

sarcastically/sɑːr'kæstɪkli || sɑː'kæstɪkli/ *adv* sarcásticamente, con sarcasmo *or* sorna

sarcophagus/sɑːr'kɑːfəgəs || sɑː'kɒfəgəs/ *n* (*pl* **-guses** *or* **-gi**/-gaɪ/) sarcófago *m*

sardine/sɑːr'diːn || sɑː'diːn/ *n* (Culin, Zool) sardina *f*; ***to be packed like ~s*** ir*/estar* como sardinas en lata

Sardinia/sɑːr'dɪniə || sɑː'dɪniə/ *n* Cerdeña *f*

sardonic/sɑːr'dɑːnɪk || sɑː'dɒnɪk/ *adj* sardónico

Sargasso Sea /sɑːr'gæsəʊ || sɑː'gæsəʊ/ *n* **the ~ ~** el Mar de los Sargazos

sari/'sɑːri/ *n* (*pl* **~s**) sari *m*

sarnie/'sɑːrni || 'sɑːni/ *n* (BrE colloq) sándwich *m*, bocata *f* (Esp fam)

sarong/sə'rɑːŋ || sə'rɒŋ/ *n* sarong *m*

sarsaparilla /'sæspə'rɪlə || ˌsɑːsəpə'rɪlə/ *n* zarzaparrilla *f*

sartorial /sɑːr'tɔːriəl || sɑː'tɔːriəl/ *adj* (liter *or* hum): **renowned for his ~ elegance** famoso por su elegancia en el vestir

SAS (in UK) (**= Special Air Service**) *regimiento especializado en operaciones clandestinas*, ≈ GEO *mpl* (*en Esp*)

SASE *n* (AmE) (**= self-addressed stamped envelope**): **I enclose an ~** adjunto sobre franqueado (a mi nombre)

sash/sæʃ/ *n*
A (on dress) faja *f*; (on uniform — around waist) fajín *m*; (— over shoulder) banda *f*
B (of window) marco *m*; (*before n*) **~ window** ventana *f* de guillotina; **~ cord** cuerda *f* de ventana de guillotina

sashay/sæ'ʃeɪ || 'sæʃeɪ/ *vi* (AmE colloq) andar* pavoneándose *or* (fam) dándose aires

Sask = Saskatchewan

sass¹/sæs/ *n* [u] (AmE colloq) frescura *f* (fam), descaro *m*

sass² *vt* (AmE colloq) hablarle descaradamente a

sassafras/'sæsəfræs/ *n* sasafrás *m*

Sassenach/'sæsənæk/ *n* (Scot often pej) inglés, -glesa *m,f*

sassy /'sæsi/ *adj* **-sier, -siest** (AmE colloq) 1 (impertinent) caradura (fam), fresco (fam) 2 (brash, jazzy) ‹*hat/style*› llamativo y atrevido

sat /sæt/ *past & past p of* **sit**

Sat (= **Saturday**) sáb.

SAT *n* 1 (in US) = **Scholastic Aptitude Test** 2 (in UK) = **Standard Assessment Task** *o* **Test**

> **SAT**
>
> En EEUU corresponde a las siglas de *Scholastic Aptitude Test*. Una prueba de aptitud que se hace normalmente en el último año del **high school**. Hay que aprobarla para entrar a la mayor parte de las universidades. En Inglaterra y Gales significa *Standard Assessment Test* o *Task*, prueba que se hace a los alumnos de todos los colegios, a los 7, 11, y 14 años, a fin de evaluar su progreso

Satan /'seɪtn̩/ *n* Satanás, Satán

satanic /sə'tænɪk/ *adj* satánico

Satanism /'seɪtn̩ɪzəm || 'seɪtənɪzəm/ *n* [u] satanismo *m*

satchel /'sætʃəl/ *n* cartera *f* (*de colegial*)

sate /seɪt/ *vt* (liter) (*usu pass*) ‹*appetite/lust*› saciar (liter); **to be ∼d WITH sth** estar* ahíto DE algo (liter)

satellite /'sætl̩aɪt || 'sætəlaɪt/ *n*

A 1 (Aerosp) satélite *m* (artificial); (*before n*) ‹*communications*› vía satélite; **∼ TV** televisión *f* por *or* vía satélite; **∼ dish** antena *f* parabólica 2 (Astron) satélite *m*

B 1 (dependent body, state) satélite *m*; (*before n*) **a ∼ country/state** un país/estado satélite 2 **∼ (town)** ciudad *f* satélite

satiate /'seɪʃieɪt/ *vt* (liter) ‹*person*› llenar hasta el hastío; ‹*desire/appetite/lust*› saciar (liter); **to be ∼d with food/pleasure** estar* ahíto de comida/hastiado de placer (liter)

satin /'sætn̩ || 'sætɪn/ *n* [u c] satén *m*, raso *m*, satín *m* (AmL); (*before n*) satinado; **a ∼ finish** un acabado satinado

satire /'sætaɪr || 'sætaɪə(r)/ *n* 1 [c] (composition) **a ∼ (ON sth)** una sátira (DE *or* A algo) 2 [u] (genre, mode) sátira *f*

satirical /sə'tɪrɪkəl/ *adj* satírico

satirist /'sætərəst || 'sætərɪst/ *n* escritor satírico, escritora satírica *m,f*

satirize /'sætəraɪz/ *vt* satirizar*

satisfaction /'sætəs'fækʃən || ˌsætɪs'fækʃən/ *n* [u]

A (contentment) satisfacción *f*; **∼ AT sth/-ING** satisfacción POR algo/+ INF; **∼ WITH sth** satisfacción CON algo; **∼ guaranteed or your money back** si no queda satisfecho, le devolvemos el dinero; **the matter was settled to everybody's ∼** el asunto quedó solucionado a plena satisfacción de todos

B (frml) 1 (fulfillment — of desire, needs) satisfacción *f*; (— of terms, conditions, claim) cumplimiento *m* 2 (reparation) satisfacción *f*, reparación *f*

satisfactorily /'sætəs'fæktrəli || ˌsætɪs'fæktərɪli/ *adv* satisfactoriamente, de manera satisfactoria

satisfactory /'sætəs'fæktri || ˌsætɪs'fæktəri/ *adj* satisfactorio

satisfied /'sætəsfaɪd || 'sætɪsfaɪd/ *adj* ‹*expression/customer*› satisfecho; ‹*smile*› de satisfacción; **(to be) ∼ WITH sb/sth** (estar*) satisfecho CON algn/algo

satisfy /'sætəsfaɪ || 'sætɪsfaɪ/ **-fies, -fying, -fied** *vt*

A 1 (please, gratify) satisfacer* 2 (meet, comply with) ‹*requirements*› llenar, reunir*; ‹*demand*› satisfacer*

B (convince) (*often pass*) **to ∼ sb OF sth** convencer* a algn DE algo; **I had to ∼ myself that he was right** tuve que asegurarme de que tenía razón

■ **satisfy** *vi* 1 (please) satisfacer* 2 (suffice) bastar, ser* suficiente

satisfying /'sætəsfaɪɪŋ || 'sætɪsfaɪɪŋ/ *adj* 1 (pleasing) ‹*result/job*› satisfactorio 2 (filling) ‹*meal*› que llena

satsuma /sæt'suːmə/ *n* satsuma *f* (*tipo de mandarina*)

saturate /'sætʃəreɪt/ *vt*

A (drench) ‹*cloth*› empapar; ‹*person*› (colloq) empapar; **we were ∼d** nos empapamos

B (fill) ‹*market/mind/place*› saturar

C (Chem, Phys) saturar

saturation /'sætʃə'reɪʃən/ *n* [u]

A (Busn, Marketing) saturación *f*; (*before n*) ‹*coverage/publicity*› (Journ, Marketing) exhaustivo; **∼ point** punto *m* de saturación; **the children have reached ∼ point** los niños ya están saturados

B (Chem, Phys) saturación *f*

Saturday /'sætərdeɪ, -di || 'sætədeɪ, -di/ *n* sábado *m*; *see also* **Monday**

Saturn /'sætərn || 'sætən/ *n* Saturno *m*

satyr /'seɪtər || 'sætə(r)/ *n* (Myth) sátiro *m*

sauce /sɔːs/ *n*

A [c u] (Culin) salsa *f*; **white ∼** salsa blanca, bechamel *f*; **apple ∼** compota *f or* (esp AmL) puré *m* de manzana; ***what's ∼ for the goose is ∼ for the gander*** si está bien que uno lo haga, está bien que lo haga cualquiera

B [u] (impudence) cara *f* (fam), frescura *f* (fam)

sauce: **∼boat** *n* salsera *f*; **∼pan** *n* cacerola *f*, cazo *m* (Esp); (large) olla *f*

saucer /'sɔːsər || 'sɔːsə(r)/ *n* platillo *m*

saucy /'sæsi, 'sɔːsi || 'sɔːsi/ *adj* **-cier, -ciest** insolente, fresco (fam)

Saudi[1] /'saʊdi/ *adj* saudita, saudí

Saudi[2] *n* saudita *mf*, saudí *mf*

Saudi: **∼ Arabia** *n* Arabia *f* Saudita, Arabia *f* Saudí; **∼ Arabian** *adj* saudita, saudí

sauna /'sɔːnə/ *n* sauna *f*, sauna *m* (AmL)

saunter[1] /'sɔːntər || 'sɔːntə(r)/ *vi* pasear; **she ∼ed in/out** entró/salió andando despacio; **he ∼ed up to the counter** se acercó al mostrador con paso despreocupado

saunter[2] *n* paseo *m*, vuelta *f*

sausage /'sɔːsɪdʒ || 'sɒsɪdʒ/ *n* [c u] (for cooking) salchicha *f*; (cold, cured) embutido *m*; ***not a ∼*** (BrE colloq) nada de nada (fam); (*before n*) **∼ meat** carne *f* de salchicha

sausage roll *n* (BrE) *salchicha envuelta en hojaldre*

sauté /sɔː'teɪ || 'səʊteɪ/ *vt* **-tés, -téeing** *or* **-téing, -téed** *or* **-téd** saltear, sofreír*

savage[1] /'sævɪdʒ/ *adj* 1 (fierce, wild) ‹*beast/attack*› salvaje, feroz; ‹*blow*› violento; ‹*persecution/criticism*› feroz, despiadado; ‹*cuts/reductions*› salvaje 2 (uncivilized) ‹*tribe/people*› salvaje

savage[2] *n* salvaje *mf*

savage[3] *vt* atacar* salvajemente *or* con fiereza a; **the movie was ∼d by the critics** los críticos pusieron la película por los suelos

savagely /'sævɪdʒli/ *adv* ‹*attack/fight*› salvajemente, ferozmente; ‹*criticize*› despiadadamente, ferozmente

savagery /'sævɪdʒri/ *n* [u] (ferocity — of attack, blow) ferocidad *f*, violencia *f*; (— of criticism) ferocidad *f*, fiereza *f*; (— of cuts, reductions) severidad *f*, lo salvaje

savanna, savannah /sə'vænə/ *n* [c u] sabana *f*

save[1] /seɪv/ *vt*

A 1 (rescue, preserve) ‹*job/reputation/marriage*› salvar; **rescue workers ∼d 20 people** los trabajadores del servicio de salvamento rescataron a 20 personas; **to ∼ sth/sb FROM sth/-ING** salvar algo/a algn DE algo/ + INF; **to ∼ sb from herself/himself** impedir* que algn siga haciéndose daño; **God ∼ the King/Queen!** ¡Dios salve *or* guarde al Rey/a la Reina!; ***to ∼ one's bacon*** *o* ***neck*** *o* ***skin*** (colloq) salvar el pellejo (fam) 2 (redeem) ‹*soul/sinner*› salvar, redimir

B 1 (be economical with) ‹*money/fuel/space/time*› ahorrar 2 (spare, avoid) ‹*trouble/expense/embarrassment*› ahorrar, evitar; **to ∼ (sb) sth/-ING**: **drip-drying the shirts ∼s ironing them** si dejas escurrir las camisas, te evitas *or* te ahorras tener que plancharlas; **it will ∼ you a journey** te ahorrarás un viaje

C 1 (keep, put aside) guardar; ‹*money*› ahorrar; **don't eat it now; ∼ it for later** no te lo comas ahora; déjalo para luego; **to ∼ oneself for sb/sth** reservarse para algn/algo; **to ∼ one's energy/strength** guardarse las energías/las fuerzas; ***to ∼ one's breath*** (colloq) no gastar saliva (fam) 2 (Comput) guardar, almacenar

D (Sport) ‹*shot/penalty*› salvar

■ **save** *vi* ahorrar; **to ∼ ON sth** ahorrar algo

(Phrasal verb)

• **save up**

A [v ▸ adv] ahorrar; **I'm saving up for a car/to buy a car** estoy ahorrando para (comprarme) un coche

B [v ▸ o ▸ adv, v ▸ adv ▸ o] ahorrar

save[2] *n* parada *f*

S

save³*prep* (frml) 1 (apart from) ~ **(for)** salvo, excepto, con excepción de 2 ~ **for** (if it weren't for): **he would have died, ~ for the fact that ...** se habría muerto, si no hubiera sido porque ... *or* de no haber sido porque ...

saver/'seɪvər || 'seɪvə(r)/ *n* ahorrador, -dora *m,f*, ahorrista *mf* (RPl), ahorrante *mf* (Chi)

saving¹/'seɪvɪŋ/ *n*
A 1 [u] (accumulation) ahorro *m* 2 **savings** *pl* ahorros *mpl*; **life ~s** los ahorros de toda una vida; (*before n*) **~s account** cuenta *f* de ahorros
B [c] (economy) ahorro *m*; **~s** *o* **a ~ of $1,000 a week** un ahorro de 1.000 dólares por semana; **to make ~s** hacer* economías, economizar*

saving²*adj* (*before n*) *see* **grace**¹ **B3**

-saving/,seɪvɪŋ/ *suff*: **money~/time~** que ahorra dinero/tiempo

savings/'seɪvɪŋz/: **~ and loan** *n* **~ and loan (association/company)** (AmE) sociedad *f* de ahorro y préstamos; **~ bank** *n* caja *f* de ahorros

savior (BrE) **saviour**/'seɪvjər || 'seɪvjə(r)/ *n* 1 (rescuer) salvador, -dora *m,f* 2 **Savior** (Relig) **the/our S~** el/nuestro Salvador

savor¹ (BrE) **savour** /'seɪvər || 'seɪvə(r)/ *vt* ‹*food/wine*› saborear, paladear; ‹*experience/feeling*› saborear; ‹*sight/memory*› recrearse en

savor² (BrE) **savour** *n* (taste) sabor *m*; (hint, trace) dejo *m*

savory¹/'seɪvəri/ *n* [u c] (*pl* **-ries**) (Bot, Culin) ajedrea *f*

savory² (BrE) **savoury** /'seɪvəri/ *adj* (tasty) sabroso; (wholesome) (*usu with neg*) limpio; **it doesn't make very ~ reading** no es una lectura muy sana

savour *vt/n* (BrE) ▸**savor**¹,²

savoury¹/'seɪvəri/ *n* (*pl* **-ries**) (BrE) *platillo salado que se sirve al final de una comida*

savoury²*adj* (BrE) 1 ▸**savory**² 2 (not sweet) salado

savvy/'sævi/ *adj* **-vier, -viest** (AmE colloq) espabilado (fam), despabilado (fam)

saw¹/sɔː/ *past of* **see**¹

saw²*n*
A (tool — manual) sierra *f*; (— with one handle) serrucho *m*; (power-driven) sierra *f* mecánica
B (saying) dicho *m*

saw³ (*past p* **sawed** *or* (esp BrE) **sawn**) *vt* (with handsaw) cortar (*con serrucho*), serruchar (AmL); (with a larger saw) cortar (*con sierra*), serrar*, aserrar*; **to ~ sth up** cortar algo en trozos con una sierra/un serrucho
■ **saw** *vi* (with handsaw) cortar (*con serrucho*), serruchar (AmL); (with a larger saw) cortar (*con sierra*), serrar*

saw: **~buck** *n* (AmE) 1 ▸**sawhorse** 2 (ten-dollar bill) (sl) (billete *m* de) diez dólares *mpl*; **~dust** *n* [u] serrín *m*, aserrín *m* (esp AmL)

sawed-off/'sɔːd'ɔːf || 'sɔːdɒf/, (BrE) **sawn-off**/'sɔːnɔːf || 'sɔːnɒf/ *adj*: **~ shotgun** escopeta *f* recortada, escopeta *f* de cañón recortado *or* de cañones recortados

saw: **~fish** /'sɔːfɪʃ/ *n* (*pl* **~** *or* **~es**) pez *m* sierra; **~horse** *n* caballete *m*, burro *m* (*para serrar*); **~mill** *n* (factory) aserradero *m*; (machine) aserrador *m*

sawn/sɔːn/ *past p of* **saw**³

sawn-off *adj* (BrE) ▸**sawed-off**

sax/sæks/ *n* (colloq) saxo *m* (fam)

saxophone /'sæksəfəʊn/ *n* saxofón *m*, saxófono *m*; (*before n*) **~ player** saxofonista *mf*

saxophonist/'sæksəfəʊnəst || sæk'sɒfənɪst/ *n* saxofonista *mf*

say¹/seɪ/ (*pres* **says**/sez/; *past & past p* **said**/sed/) *vt*
A (utter, express in speech) ‹*word/sentence/mass*› decir*; ‹*prayer*› rezar*; **to ~ good morning to sb** darle* los buenos días a algn; **I said yes/no** dije que sí/no; **he said yes/no to my proposal** aceptó/rechazó mi propuesta; **go away, she said** —vete— dijo; **he didn't ~ a word** no dijo ni una palabra *or* (fam) ni pío; **well said!** ¡bien dicho!; **to ~ sth TO sb** decirle* algo A algn; **don't ~ you forgot!** ¡no me digas que se te olvidó!; **I can't ~ when they'll be back** no sé cuándo volverán; **who shall I ~ is calling?** ¿de parte de quién?; **well, what can I ~?** ¿y qué quieres que te diga?; **it was, how** *o* **what shall I ~, a tricky situation** fue, cómo te (lo) diría, una situación delicada; **if you disagree, ~ so** si no está de acuerdo, dígalo; **why didn't you ~ so before?** haberlo dicho antes; **I should ~ so** (emphatic agreement) eso digo yo; (probability) yo diría que sí; **that's to ~** es decir; **it doesn't ~ much for ...** no dice mucho de ...; **there's a lot to be said for waiting** hay muchas razones por las que bien vale la pena esperar; **there's nothing more to be said!** ¡no hay más que decir!; **to ~ the least** como mínimo; **what have you got to ~ for yourself?** a ver, explícate; **the less said about it, the better** cuanto menos se hable del asunto, mejor; **~ no more** no me digas más; **you can ~ that again!** ¡y que lo digas!; **it goes without ~ing that ...** huelga decir que ..., ni que decir tiene que ..., por supuesto que ...; **though I ~ it myself** modestia aparte, no es por decirlo; **that's easier said than done** del dicho al hecho hay mucho trecho; **no sooner said than done** dicho y hecho; **when all's said and done** al fin y al cabo; ***before you could ~ knife*** *o* ***Jack Robinson*** en un santiamén, en un abrir y cerrar de ojos
B 1 (state) decir*; **it said in the paper that ...** el periódico decía *or* ponía que ... 2 ‹‹*watch/dial*›› marcar*
C 1 (suppose) (colloq) suponer*, poner*; **(let's) ~ that ...** supongamos *or* pongamos que ...; **shall we ~ tomorrow?** ¿qué tal mañana? (fam) 2 (estimate) decir*
D 1 (allege) decir*; **he's been ill, or so he ~s** ha estado enfermo, al menos eso es lo que dice; **to be said to + INF**: **she's said to be very mean/strict** dicen que es muy tacaña/severa 2 (decide, pronounce) decir*; **that's really not for me to ~** eso no me corresponde a mí decirlo
E (respond to suggestion) (colloq): **what do** *o* **would you ~ to a cup of tea** ¿quieres *or* (esp Esp) te apetece una taza de té?, ¿qué te parece si nos tomamos un té?; **I wouldn't ~ no to a drink** no rechazaría una copa
■ **say** *vi* decir*; **I'd rather not ~** prefiero no decirlo; **it's hard to ~** es difícil decirlo; **you were ~ing?** ¿(qué) decías?; **who ~s** *o* **~s who?** (colloq) ¿quién lo dice?; **you don't ~!** (colloq) ¡no me digas!; **I ~!** (BrE colloq): **I ~! what a lovely dress!** ¡pero qué vestido más bonito!

say²*interj* (AmE colloq) ¡oye! (fam); **~, that's a great idea!** ¡oye, qué buena idea! (fam); **~, buddy** ¡eh, amigo!

say³*n* (*no pl*) 1 (statement of view): **to have one's ~** dar* su (*or* mi *etc*) opinión 2 (power) **~ (IN sth)**: **I have no ~ in the matter** yo no tengo ni voz ni voto en el asunto; **to have the final ~ (in sth)** tener* la última palabra (en algo)

saying/'seɪɪŋ/ *n* refrán *m*, dicho *m*; **as the ~ goes** como dice el refrán *or* dicho

say-so /'seɪsəʊ/ *n* (*no pl*) (colloq) visto bueno *m*; **I'm not going to do it just on your ~** no voy a hacerlo sólo porque tú lo digas

S-bend/'esbend/ *n* (BrE) sifón *m*

SC = South Carolina

scab/skæb/ *n*
A (on wound) costra *f*, postilla *f*
B (strike breaker) (pej) esquirol *mf* (pey), rompehuelgas *mf* (pey), carnero, -ra *m,f* (RPl fam & pey)

scabbard/'skæbərd || 'skæbəd/ *n* vaina *f* (*de una espada*), funda *f*

scads/skædz/ *pl n* (AmE colloq): **~ of money/food/people** montones *mpl* de dinero/comida/gente (fam)

scaffold /'skæfəld, -fəʊld/ *n* (Const) andamio *m*; (for execution) patíbulo *m*, cadalso *m*

scaffolding /'skæfəldɪŋ, '-fəʊldɪŋ/ *n* [u] (structure) andamiaje *m*, andamios *mpl*; (materials) andamiaje *m*

scalawag/skæləwæg/, (esp BrE) **scallywag** *n* (colloq) pillo, -lla *m,f* (fam)

scald¹/skɔːld/ *vt* 1 (burn) ‹*person/skin*› escaldar 2 (treat with hot water) ‹*instrument*› esterilizar* (*con agua hirviendo*); ‹*vegetables/meat*› escaldar 3 (heat) ‹*milk*› calentar* (*sin que llegue al punto de ebullición*)

scald²*n* escaldadura *f*

scalding/'skɔːldɪŋ/ *adj* ‹*liquid/tea*› hirviendo

scale¹/skeɪl/ *n*

(Sense I)

A (*no pl*) 1 (extent, size) escala *f*; **on a large/small ~** en gran/pequeña escala 2 (of map, diagram) escala *f*; **to draw/make sth to ~** dibujar/hacer* algo a escala; ⊗ **not to scale** no está a escala; (*before n*) ‹*model/drawing*› a escala
B [c] (on measuring instrument) escala *f*; **on a ~ of 1 to 10** en una escala del 1 al 10; **wage ~** escala salarial; **~ of charges** tarifa *f* de precios (*or* honorarios *etc*)

S

C [c] (Mus) escala *f*
D [c] **1** (for weighing) (*usu pl*) balanza *f*, pesa *f*; **bathroom ~s** una báscula *or* pesa (de baño); **a kitchen ~** una balanza *or* una pesa de cocina, un peso; ▸**tip² B1** **2** (pan) platillo *m*
(Sense II)
A [c] (on fish, snake) escama *f*; ***the ~s fell from my/her/their eyes*** se me/le/les cayó la venda de los ojos
B [u] (deposit — in kettle, pipes) sarro *m*
scale² *vt* ‹*mountain/wall/rock face*› escalar; ‹*ladder*› subir
(Phrasal verbs)
• **scale down** [v ▸ o ▸ adv, v ▸ adv ▸ o] ‹*model/drawing*› reducir* (a escala); ‹*operation/investment*› recortar, disminuir*; **a ~d-down model/version** una maqueta/versión a escala (reducida)
• **scale up** [v ▸ o ▸ adv, v ▸ adv ▸ o] ‹*drawing/model*› agrandar (a escala); ‹*operation/investment*› ampliar*
scallion /ˈskæljən/ *n* (AmE) **1** (young onion) cebolleta *f*, cebollino *m*, cebolla *f* de verdeo (RPl), cebollín *m* (Chi) **2** (shallot) chalote *m*, chalota *f*
scallop /ˈskæləp/ *n* (shellfish) vieira *f*, ostión *m* (CS); (shell) concha *f* de vieira *or* (CS) de ostión, venera *f*
scalloped /ˈskæləpt/ *adj*
A (wavy) festoneado
B (Culin): **~ potatoes** papas *fpl or* (Esp) patatas *fpl* gratinadas *or* al gratén
scallywag /ˈskæliwæg/ *n* (BrE) ▸**scalawag**
scalp¹ /skælp/ *n* (Anat) cuero *m* cabelludo; (as trophy) cabellera *f*
scalp² *vt*: **to ~ sb** arrancarle* la cabellera a algn
scalpel /ˈskælpəl/ *n* bisturí *m*, escalpelo *m*
scaly /ˈskeɪli/ *adj* **-lier, -liest** ‹*fish/skin*› escamoso
scam /skæm/ *n* (colloq) chanchullo *m* (fam)
scamp /skæmp/ *n* (colloq) bribón, -bona *m,f* (fam), granuja *mf*
scamper /ˈskæmpər || ˈskæmpə(r)/ *vi* corretear; **she ~ed off** se fue correteando
scampi /ˈskæmpi/ *pl n* langostinos *mpl* (*gen rebozados*)
scan¹ /skæn/ **-nn-** *vt*
A «*person*» **1** ‹*horizon*› escudriñar, otear, escrutar (liter) **2** ‹*noticeboard/newspaper*› recorrer con la vista; ‹*report/paper*› echarle un vistazo a
B **1** (Med) ‹*body/brain*› hacer* un escáner *or* scanner de; (with ultrasound scanner) hacer* una ecografía de **2** «*radar/sonar*» explorar
C (Lit) medir*, escandir
■ **scan** *vi* (Lit): **how does this line ~?** ¿cómo se mide este verso?; **his poetry doesn't ~** su poesía no se atiene a las reglas de la métrica
scan² *n* **1** (Med) escáner *m*, scanner *m*, escanograma *m*; (ultrasound) ecografía *f* **2** (Astron, Comput, Mil) exploración *f*
scandal /ˈskændl/ *n* **1** [c] (outrage) escándalo *m*; **to cause a ~** provocar* un escándalo; **it's a ~ that ...** es un escándalo *or* una vergüenza que ... (+ *subj*) **2** [u] (gossip) chismorreo *m*; **a juicy bit of ~** un chisme jugoso
scandalize /ˈskændlaɪz/ *vt* escandalizar*; **they were ~d** se escandalizaron
scandalmonger /ˈskændlˌmɑːŋgər || ˈskændlˌmʌŋgə(r)/ *n* chismoso, -sa *m,f*
scandalous /ˈskændləs/ *adj* escandaloso; **it's ~ the way she's been treated** es un escándalo *or* es vergonzoso cómo la han tratado
scandalously /ˈskændləsli/ *adv* ‹*treat*› de forma escandalosa; ‹*expensive*› escandalosamente
Scandinavia /ˈskændəˈneɪviə || ˌskændɪˈneɪviə/ *n* Escandinavia *f*
Scandinavian¹ /ˈskændəˈneɪviən || ˌskændɪˈneɪviən/ *adj* escandinavo
Scandinavian² *n* escandinavo, -va *m,f*
scanner /ˈskænər || ˈskænə(r)/ *n* **1** (Med) escáner *m*, scanner *m*, escanógrafo *m*; (ultrasound) ecógrafo *m* **2** (Comput) analizador *m* de léxico, explorador *m*
scant /skænt/ *adj* (inadequate) (*usu before n*) escaso
scantily /ˈskæntli || ˈskæntɪli/ *adv* ‹*furnished*› escasamente; **~ clad** ligero de ropa
scanty /ˈskænti/ *adj* **-tier, -tiest** ‹*information*› insuficiente, escaso; ‹*evidence*› insuficiente; ‹*meal*› poco abundante, frugal; ‹*costume/lingerie*› breve
scapegoat /ˈskeɪpgəʊt/ *n* chivo *m* expiatorio, chivo *m* emisario, cabeza *f* de turco
scar¹ /skɑːr || skɑː(r)/ *n* **1** (on skin — from cut, burn, operation) cicatriz *f*; (— from smallpox, vaccination) marca *f*, señal *f* **2** (on plant, tree) marca *f*
scar² *vt* **-rr-** ‹*tree/stem*› dejar una marca en; **his face was badly ~red** tenía una enorme cicatriz en el rostro; **she'll be ~red for life** (physically) le va a quedar (la) cicatriz; (emotionally) va a quedar marcada
scarce /skers || skeəs/ *adj* escaso; **to be ~** escasear; ***to make oneself ~*** esfumarse (fam)
scarcely /ˈskersli || ˈskeəsli/ *adv* apenas; **I could ~ understand what he was saying** apenas podía entender lo que decía
scarcity /ˈskersəti || ˈskeəsəti/ *n* [c u] (*pl* **-ties**) (shortage) escasez *f*, carestía *f*; (infrequency) lo poco común; (*before n*): **it has ~ value** es valioso por lo escaso
scare¹ /sker || skeə(r)/ *vt* ‹*person/animal*› asustar; **you ~d me!** ¡qué susto me diste!
■ **scare** *vi* asustarse
(Phrasal verbs)
• **scare away, scare off** [v ▸ o ▸ adv, v ▸ adv ▸ o] ‹*animal*› espantar, ahuyentar
• **scare up** [v ▸ o ▸ adv, v ▸ adv ▸ o] (AmE colloq) (improvise) improvisar; (get) conseguir*, agenciarse (fam)
scare² *n* **1** (fright, shock) susto *m*; **to give sb a ~** darle* un susto a algn **2** (panic) (Journ): **bomb ~** amenaza *f* de bomba; **the AIDS ~** el pánico del sida; (*before n*) **~ story** historia *f* alarmista
scarecrow /ˈskerkrəʊ || ˈskeəkrəʊ/ *n* espantapájaros *m*; (person) (colloq) espantajo *m* (fam)
scared /skerd || skeəd/ *adj* asustado; **I'm ~** tengo miedo, estoy asustada; **she's ~ to death** está que se muere de miedo, está con un miedo *or* un susto que se muere; **to be ~ OF sth/sb** tenerle* miedo A algo/algn; **to be ~ OF -ING** tener* miedo DE + INF; **to be ~ to + INF: she's ~ to go out at night** le da miedo salir de noche
scaredy-cat /ˈskerdikæt || ˈskeədikæt/ *n* (colloq) miedoso, -sa *m,f*, miedica *mf* (Esp fam)
scaremongering /ˈskerˌmɑːŋgərɪŋ || ˈskeəmʌŋgərɪŋ/ *n* [u] alarmismo *m*
scarf /skɑːrf || skɑːf/ *n* (*pl* **~s** *or* **scarves**) **1** (muffler) bufanda *f* **2** (square) pañuelo *m*
scarlet¹ /ˈskɑːrlət || ˈskɑːlət/ *adj* (rojo) escarlata *adj inv*; **to turn ~** ponerse* colorado
scarlet² *n* [u] rojo *m* escarlata
scarlet fever *n* [u] escarlatina *f*
scarper /ˈskɑːrpər || ˈskɑːpə(r)/ *vi* (BrE sl) largarse* (fam), rajar (Bol, CS fam)
scarves /skɑːrvz || skɑːvz/ *pl of* **scarf**
scary /ˈskeri || ˈskeəri/ *adj* **-rier, -riest** (colloq) ‹*film*› de miedo, de terror; **it was a ~ experience for us** pasamos mucho miedo
scathing /ˈskeɪðɪŋ/ *adj* ‹*criticism/condemnation*› mordaz, feroz; ‹*irony/wit/sarcasm*› mordaz, cáustico
scatological /ˈskætlˈɑːdʒɪkəl || ˌskætəˈlɒdʒɪkəl/ *adj* escatológico
scatter /ˈskætər || ˈskætə(r)/ *vt*
A ‹*salt/grit*› esparcir*; ‹*seeds*› sembrar* (a voleo); **to ~ sth OVER/ON sth**: **clothes lay ~ed all over the room** había ropa desparramada *or* tirada por toda la habitación; **we ~ed the ashes on the garden** esparcimos las cenizas por el jardín
B (disperse) ‹*crowd/group*› dispersar; **the gunfire ~ed the birds** el tiro desperdigó a los pájaros; **they are now ~ed all over the country** ahora están desperdigados *or* diseminados por todo el país
■ **scatter** *vi* «*crowd/light*» dispersarse
scatter: **~brained** /ˈskætərˈbreɪnd || ˈskætəbreɪnd/ *adj* ‹*person*› atolondrado, despistado; **~ cushion** *n* cojín *m*, almohadón *m*
scattered /ˈskætərd || ˈskætəd/ *adj* (*before n*) ‹*fighting*› aislado, disperso; ‹*applause/outbreak*› aislado; ‹*community*› diseminado; **~ showers** chubascos *mpl* aislados
scattershot /ˈskætərʃɑːt || ˈskætəʃɒt/ *adj* (AmE) (*before n*) ‹*approach/effect*› amplio y disperso

S

scatty/ˈskæti/ *adj* **-tier, -tiest** (BrE colloq) (scatterbrained) atolondrado, despistado; (crazy) chiflado (fam), chalado (fam)

scavenge/ˈskævəndʒ || ˈskævɪndʒ/ *vi* **to ~ FOR sth** escarbar *or* hurgar* en busca de algo

scavenger/ˈskævəndʒər || ˈskævɪndʒə(r)/ *n* 1 (animal, bird) carroñero, -ra *m,f* 2 (person) *persona que busca comida etc hurgando en los desperdicios*

scenario/səˈneriəʊ, -ˈnæ- || sɪˈnɑːriəʊ/ *n* (*pl* **-os**) 1 (Cin, TV) guión *m* 2 (of future) perspectiva *f*, panorama *m*, escenario *m* (period); **the best-/worst-case ~** el mejor/peor de los panoramas

scene/siːn/ *n*

A 1 (place): **Golden Square, the ~ of violent demonstrations** Golden Square, escenario de violentas manifestaciones; **the ~ of the crime** la escena *or* el lugar del crimen; **the police were on the ~ within minutes** la policía llegó al lugar de los hechos en pocos minutos; **to appear on the ~** aparecer*, llegar*; **to set the ~ (for sth)** situar* la escena (de algo) 2 (view, situation) escena *f*; **~s from everyday life** escenas de la vida cotidiana

B (in play, book etc) escena *f*; **Act One, S~ Three** acto primero, escena tercera

C (stage setting) decorado *m*; ***behind the ~s*** entre bastidores; (*before n*) **~ change** cambio *m* de decorado

D (fuss, row) escena *f*; **to make** *o* **create a ~** hacer* una escena, armar un escándalo, montar un número (Esp fam)

E (sphere) ámbito *m*; **the political ~** el ámbito político; **the (gay) scene** el ambiente (gay); **the drug ~** el mundo de la droga; **it's not my ~** (colloq) no es lo mío

scenery/ˈsiːnəri/ *n* [u]

A (surroundings) paisaje *m*

B (Theat) escenografía *f*, decorado *m*

scenic/ˈsiːnɪk/ *adj* 1 (picturesque) ‹*drive/road/view*› pintoresco 2 (Cin, Theat) ‹*shot/backdrop*› panorámico

scent¹/sent/ *n* 1 [c u] (fragrance) perfume *m*, fragancia *f*, aroma *m* 2 [c u] (perfume) (BrE) perfume *m* 3 (trail) rastro *m*; **to put** *o* **throw sb off the ~** despistar a algn

scent² *vt* 1 (smell) «*animal*» olfatear, oler*; «*person*» oler* 2 (sense) ‹*danger/victory*› intuir*, presentir* 3 (perfume) ‹*air/room/skin*› perfumar 4 **scented** *past p* ‹*writing paper*› perfumado; ‹*rose*› fragante

scepter (BrE) **sceptre**/ˈseptər || ˈseptə(r)/ *n* cetro *m*

sceptic *etc* (BrE) ▸ **skeptic** *etc*

sceptre *n* (BrE) ▸ **scepter**

schedule¹/ˈskedʒuːl || ˈʃedjuːl/ *n*

A (plan) programa *m*, calendario *m*; **the flight is due to arrive on ~** el vuelo llegará a la hora prevista; **we are falling behind ~** nos estamos atrasando con respecto al programa *or* al calendario; **the work is on/ahead of ~** llevamos el trabajo al día/adelantado

B [c] 1 (list) (frml) lista *f*; **~ of charges** (Law) pliego *m* de cargos 2 (appendix) anexo *m*, apéndice *m* 3 (AmE) (timetable — for transport) horario *m*; (— for classes) horario *m* (de clases)

schedule² *vt* (timetable, plan) (*usu pass*) programar; **additional meetings have been ~d** se han fijado *or* programado más reuniones; **to be ~d to + INF: the conference is ~d to take place in August** la conferencia está planeada para el mes de agosto; **to be ~d FOR sth: the building is ~d for demolition** está prevista la demolición del edificio

scheduled /ˈskedʒuːld || ˈʃedjuːld/ *adj* (*before n*) 1 (planned) ‹*meeting/visit*› previsto, programado; **the ~ time of arrival/departure** la hora de llegada/salida 2 (not chartered) ‹*flight/service*› regular

schematic/skɪˈmætɪk/ *adj* esquemático

scheme¹/skiːm/ *n* 1 (design): **rhyme ~** rima *f*; **man's place in the ~ of things** el lugar del hombre en el (orden del) universo 2 (plan) plan *m*; (underhand) ardid *m*; (plot) confabulación *f*, conspiración *f* 3 (project) (BrE) plan *m*; **a pension ~** un plan de pensiones

scheme² *vi* intrigar*; (plot) conspirar

scheming¹/ˈskiːmɪŋ/ *adj* intrigante, maquinador

scheming² *n* [u] maquinaciones *fpl*, intrigas *fpl*

schism/ˈsɪzəm, ˈskɪzəm/ *n* [u c] cisma *m*; **it produced ~s within the group** creó escisiones en el grupo

schizophrenia /ˈskɪtsəˈfriːniə || ˌskɪtsəˈfriːniə/ *n* [u] esquizofrenia *f*

schizophrenic¹ /ˈskɪtsəˈfrenɪk, -ˈfriːnɪk || ˌskɪtsəʊˈfrenɪk, -friːnɪk/ *n* esquizofrénico, -ca *m,f*

schizophrenic² *adj* esquizofrénico

schlemiel/ʃləˈmiːl/ *n* (AmE sl & pej) pobre infeliz *mf*

schlep, schlepp/ʃlep/ **-pp-** *vi* (AmE colloq): **I ~ped all the way there** me pegué la paliza de ir hasta allí (fam)
■ **schlep** *vt* ‹*shopping/furniture*› arrastrar

schmaltz, schmalz/ʃmɔːlts/ *n* [u] (colloq) sensiblería *f*

schmaltzy, schmalzy/ˈʃmɔːltsi/ *adj* **-zier, -ziest** (colloq) sensiblero, sentimentaloide

schmooze/ʃmuːz/ *vi* (AmE) (colloq) chismear (fam), chismorrear (fam), cotillear (Esp fam), chismosear (Col, CS fam)

schmuck/ʃmʌk/ *n* (esp AmE) pendejo *m* (AmL exc CS) *or* (Esp) gilipollas *m or* (AmS) pelotudo *m or* (Andes, Ven) huevón *m* (vulg)

schnitzel/ˈʃnɪtsəl/ *n* [c u] escalope *m or* (Chi) escalopa *f*

scholar/ˈskɑːlər || ˈskɒlə(r)/ *n* 1 (learned person) erudito, -ta *m,f*, estudioso, -sa *m,f*; **Arabic/Latin ~** arabista *mf*/latinista *mf* 2 (holder of scholarship) becario, -ria *m,f*

scholarly /ˈskɑːlərli || ˈskɒləli/ *adj* ‹*person*› erudito, docto; ‹*attainments*› en el campo académico; ‹*appearance*› de intelectual

scholarship/ˈskɑːlərʃɪp || ˈskɒləʃɪp/ *n*

A [c] (grant) beca *f*; **athletic ~** (AmE) beca *f* deportiva

B [u] (scholarliness) erudición *f*

scholastic/skəˈlæstɪk/ *adj* (*before n*) (Educ frml) ‹*achievement/profession/opinion*› académico

school¹/skuːl/ *n*

A [c u] 1 (in primary, secondary education) colegio *m*, escuela *f*; **to go to ~** ir* al colegio *or* a la escuela; **are you still at** *o* (AmE) **in school?** ¿todavía vas al colegio?; **to leave ~** terminar la escuela; **when do the children go back to ~?** ¿cuándo empiezan las clases?, ¿cuándo vuelven los niños al colegio?; **he teaches ~** (AmE) es maestro; **I'll see you after ~** te veo después de clase; **I missed ~ yesterday** ayer falté a clase *or* al colegio; (*before n*) ‹*uniform/rules*› del colegio; ‹*bus/inspector*› escolar; **children of ~ age** niños *mpl* en edad escolar; **~ fees** *cuotas que se pagan en un colegio particular*, colegiatura *f* (Méx); **~ report** (BrE) boletín *m or* (Méx) boleta *f* de calificaciones *or* notas; **~ year** año *m* escolar *or* lectivo 2 (college, university) (AmE) universidad *f* 3 (department) facultad *f*; **he graduated from law/medical ~** se licenció en derecho/medicina, se recibió de abogado/médico (AmL); **the S~ of Law** la Facultad *or* (Chi tb) la Escuela de Derecho

B [c u] (other training establishment) academia *f*, escuela *f*; **language ~** academia *f or* escuela *f* de idiomas

C [c] (tendency, group) escuela *f*; **there are several ~s of thought on this issue** sobre este tema hay varias corrientes de opinión

D [c] (of fish) cardumen *m*, banco *m*; (of dolphins, whales) grupo *m*

school² *vt* ‹*animal*› adiestrar; ‹*person*› instruir*; (train) capacitar

school ~boy *n* colegial *m*, escolar *m*; (*before n*) ‹*slang/humor*› de niños (de colegio); **~child** *n* colegial, -giala *m,f*, escolar *mf*; **~days** *pl n* tiempos *mpl or* años *mpl* de colegio; **~friend** *n* amigo, -ga *m,f* del colegio; **~girl** *n* colegiala *f*, escolar *f*; **~house** *n* escuela *f*

schooling/ˈskuːlɪŋ/ *n* [u] educación *f*, estudios *mpl*

school ~kid *n* (colloq) niño, -ña *m,f* (*que va al colegio*); **~-leaver**/ˈskuːlˌliːvər || ˈskuːlˌliːvə(r)/ *n* (BrE) joven *mf* que termina el colegio; **~-leaving age** *n* (BrE) *edad hasta la cual es obligatoria la escolaridad*; **~marm**/ˈskuːlˈmɑːrm || ˈskuːlmɑːm/, **~ma'am** /ˈskuːlmæm || ˈskuːlmɑːm/ *n* (colloq) maestra *f*; **~master** *n* (BrE frml) (in primary school) maestro *m*; (in secondary school) profesor *m*; **~mate** *n* compañero, -ra *m,f* de colegio; **~mistress** *n* (BrE frml) (in primary school) maestra; (in secondary school) profesora *f*; **~room** *n* aula *f*‡, clase *f*; **~teacher** *n* (in primary school) maestro, -tra *m,f*; (in secondary school) profesor, -sora *m,f*; **~teaching** *n* [u] enseñanza *f*, docencia *f*; **~work** *n* [u] trabajo *m* escolar

schooner/ˈskuːnər || ˈskuːnə(r)/ *n*

A (Naut) goleta *f*

B 1 (glass for beer) (AmE) jarra *f or* bock *m or* (Méx) tarro *m* de cerveza 2 (glass for sherry) (BrE) copa *f* de jerez

sciatica /saɪˈætɪkə/ *n* [u] ciática *f*
science /ˈsaɪəns/ *n* **1** [u] (in general) ciencia *f*; ***to blind sb with ~*** (hum) deslumbrar a algn con sus (*or* tus *etc*) conocimientos **2** [u c] (academic subject) ciencia *f*; **the ~s** las ciencias
science: **~ fiction** *n* [u] ciencia ficción *f*; **~ park** *n*: *polígono de desarrollo tecnológico vinculado a una universidad*
scientific /ˈsaɪənˈtɪfɪk/ *adj* científico
scientifically /ˈsaɪənˈtɪfɪkli/ *adv* científicamente
scientist /ˈsaɪəntəst || ˈsaɪəntɪst/ *n* científico, -ca *m,f*
Scientologist /ˈsaɪənˈtɑːlədʒəst || ˌsaɪənˈtɒlədʒɪst/ *n* cientólogo, -ga *m,f*
Scientology /ˈsaɪənˈtɑːlədʒi || ˌsaɪənˈtɒlədʒi/ *n* [u] Cientología *f*
sci-fi /ˈsaɪˈfaɪ/ *n* [u] (colloq) ciencia *f* ficción
Scilly Isles /ˈsɪli/, **Scillies** /ˈsɪliz/ *pl n* **the ~ ~** las islas Scilly *or* Sorlingas
scintillating /ˈsɪntḷeɪtɪŋ || ˈsɪntɪleɪtɪŋ/ *adj* ‹*wit/conversation*› chispeante
scissors /ˈsɪzərz || ˈsɪzəz/ *n* (+ *pl vb*) tijeras *fpl*, tijera *f*; **a pair of ~** unas tijeras, una tijera
sclerosis /skləˈrəʊsəs || sklɪəˈrəʊsɪs/ *n* [u c] (*pl* **-ses** /-siːz/) esclerosis *f*
scoff¹ /skɑːf || skɒf/ *vi* **to ~ (AT sb/sth)** burlarse *or* mofarse (DE algn/algo)
■ **scoff** *vt* (eat greedily) (BrE colloq) ‹*food*› engullirse*, zamparse, morfarse (RPI arg)
scoff² *n* burla *f*, mofa *f*
scold /skəʊld/ *vt* reprender, regañar, retar (CS)
scolding /ˈskəʊldɪŋ/ *n* reprimenda *f*, regaño *m* (AmL fam), reto *m* (CS), regañina *f* (Esp fam)
scollop /ˈskɑːləp || ˈskɒləp/ *n* ▸**scallop**
scone /skəʊn, skɑːn || skɒn, skəʊn/ *n* (in UK) *bollito que se come untado de mantequilla, mermelada etc*, scone *m* (CS), bísquet *m* (Méx)
scoop¹ /skuːp/ *n*
A **1** (for grain, flour) pala *f*, poruña *f* (Chi); (for ice-cream) pala *f*, cuchara *f* **2** (measure) (of ice-cream) bola *f*; (of mashed potatoes) cucharada *f*
B (Journ) primicia *f*
scoop² *vt*
A (pick up): **he ~ed some rice from the bag** (with a scoop) sacó un poco de arroz de la bolsa con una pala *or* (Chi) con una poruña; (with hand) sacó un puñado de arroz de la bolsa; **they ~ed the water out of the boat** achicaron el agua del bote
B (gain) (colloq) ganar; **he ~ed the major awards** acaparó *or* se llevó los premios más importantes
Phrasal verbs
• **scoop out**
A [v ▸ o ▸ adv, v ▸ adv ▸ o] ‹*flour/rice/soil*› sacar* (*con pala, cuchara etc*)
B [v ▸ adv ▸ o] (hollow) ‹*hole/tunnel*› excavar
• **scoop up** [v ▸ o ▸ adv, v ▸ adv ▸ o] recoger* (*con pala, cuchara etc*)
scoot /skuːt/ *vi* (colloq) salir* pitando (fam), irse* a toda prisa; **go on, ~!** ¡anda, lárgate! (fam)
scooter /ˈskuːtər || ˈskuːtə(r)/ *n* **1** (*motor ~*) escúter *m*, Vespa® *f* **2** (toy) patinete *m*, patín *m* del diablo (Méx), monopatín *m* (CS, Ven)
scope /skəʊp/ *n* [u] **1** (of law, regulations, reform) alcance *m*; (of influence) ámbito *m*, esfera *f*; (of investigation, activities) campo *m* **2** (opportunity, room) posibilidades *fpl*; **there is still ~ for improvement** aún se pueden mejorar las cosas
scorch¹ /skɔːrtʃ || skɔːtʃ/ *vt* ‹*fabric*› chamuscar*, quemar; «*sun*» ‹*plant*› quemar, agostar, abrasar; **~ed-earth policy** *estrategia militar que consiste en arrasar todo lo que puede serle útil al enemigo*
■ **scorch** *vi* (become scorched) «*fabric*» chamuscarse*
scorch² *n* quemadura *f* superficial; (*before n*) **~ mark** marca *f* de quemadura superficial
scorcher /ˈskɔːrtʃər || ˈskɔːtʃə(r)/ *n* (colloq) día *m* abrasador *or* de mucho calor
scorching /ˈskɔːrtʃɪŋ || ˈskɔːtʃɪŋ/ *adj* ‹*sun*› abrasador; ‹*heat/day*› infernal, abrasador; (*as adv*) **it was ~ hot** hacía un calor achicharrante

score¹ /skɔːr || skɔː(r)/ *n*
A **1** (in game): **the final ~** el resultado final; **there was no ~** no hubo goles (*or* tantos *etc*); **what's the ~?** ¿cómo van?, ¿cómo va el marcador?; **what was the ~?** ¿cómo terminó el partido (*or* encuentro *etc*)?; **to keep (the) ~** llevar la cuenta de los tantos (*or* goles *etc*); (*before n*) **~ draw** (BrE) empate *m*; **no-~ draw** (BrE) empate *m* a cero **2** (in competition, test etc) puntuación *f*, puntaje *m* (AmL)
B **1** (account): **I have no worries on that ~** en lo que a eso se refiere, no me preocupo; ***to have a ~ to settle*** tener* una cuenta pendiente; **to have a ~ to settle with sb** tener* que arreglar cuentas con algn, tener* que ajustarle las cuentas a algn; ***to settle old ~s*** ajustar *or* saldar (las) cuentas pendientes **2** (situation) (colloq): **I told him about my past, so he knows the ~** le hablé de mi pasado, así que está al tanto de la situación; **what's the ~? are we going out or not?** ¿qué pasa? *or* ¿en qué quedamos? ¿salimos o no salimos?
C (Mus) **1** (notation) partitura *f* **2** (music for show, movie) música *f*
D (twenty) veintena *f*; **she lived to be four ~ years and ten** (liter) vivió hasta los 90 años; **there were ~s of people there** había muchísima gente, había montones de gente (fam)
score² *vt*
A **1** (Sport) ‹*goal*› marcar*, meter, hacer*, anotar(se) (AmL); **to ~ a basket** encestar; **you ~ 20 points for that** eso te da *or* (AmL tb) con eso te anotas 20 puntos **2** (in competition, test) «*person*» sacar*; **I ~d 70%** saqué 70 sobre 100 **3** (win) ‹*success*› lograr, conseguir*
B (cut, mark) ‹*surface/paper*› marcar*
C (criticize) (AmE journ) criticar*
D (Mus) ‹*piece*› (write) escribir*, componer*; (arrange) hacer* un arreglo de
■ **score** *vi*
A **1** (Sport) marcar*, anotar(se) (AmL) un tanto **2** (in competition, test): **he ~d well in the exam** obtuvo *or* sacó una buena puntuación *or* (AmL tb) un puntaje alto en el examen
B (do well) destacar(se)*; **to ~ OVER sth/sb** aventajar *or* superar A algo/algn
C (obtain drugs) (sl) conseguir* droga, conectar (Méx arg)
Phrasal verb
• **score out, score through** [v ▸ o ▸ adv, v ▸ adv ▸ o] (BrE) tachar
score: **~board** *n* marcador *m*; **~card** *n* tarjeta *f* (*en que se anota la puntuación en deportes como el boxeo y el golf*); **~keeper** *n*: *persona encargada del marcador*
scorer /ˈskɔːrər || ˈskɔːrə(r)/ *n* **1** (player) *jugador que marca uno o más tantos*; **who were the ~s?** ¿quiénes marcaron (*or* hicieron los goles *etc*)?, ¿quiénes fueron los anotadores? (AmL) **2** (scorekeeper): **who's going to be ~?** ¿quién se va a encargar del marcador?
scorn¹ /skɔːrn || ˈskɔːn/ *n* [u] (contempt) desdén *m*, desprecio *m*; **to pour ~ on sth** desdeñar *or* menospreciar algo
scorn² *vt* **1** (reject) ‹*offer/advice*› desdeñar **2** (despise) ‹*person/efforts*› desdeñar, despreciar, menospreciar
scornful /ˈskɔːrnfəl || ˈskɔːnfəl/ *adj* desdeñoso; **to be ~ of sth** desdeñar algo; **the children were ~ of her** los niños la trataban con desdén
scornfully /ˈskɔːrnfəli || ˈskɔːnfəli/ *adv* con desdén, desdeñosamente
Scorpio /ˈskɔːrpiəʊ || ˈskɔːpiəʊ/ *n* (*pl* **-os**) **1** (sign) (*no art*) Escorpio, Escorpión **2** [c] (person) Escorpio *mf or* escorpio *mf*, Escorpión *mf or* escorpión *mf*, escorpiano, -na *m,f*; *see also* **Aquarius**
scorpion /ˈskɔːrpiən || ˈskɔːpiən/ *n* escorpión *m*, alacrán *m*
Scot /skɑːt || skɒt/ *n* escocés, -cesa *m,f*
scotch¹ /skɑːtʃ || skɒtʃ/ *vt* ‹*plan/efforts*› echar por tierra, frustrar; ‹*rumors*› acallar, poner* fin a
scotch², **Scotch** *n* [u c] whisky *m or* güisqui *m* (escocés)
Scotch /skɑːtʃ || skɒtʃ/ *adj* ‹*person/tune/town*› (crit) escocés; **~ whisky** whisky *m or* güisqui *m* escocés
Scotch: **~ broth** *n* [u] *sopa de cordero, papas y cebada*; **~ egg** *n*: *huevo duro envuelto en carne de salchicha y rebozado*; **~tape** *vt* (AmE) pegar* con cinta Scotch® (*or* cel(l)o *etc*); **~ tape**® *n* [u] (AmE) cinta *f* Scotch®, cel(l)o® *m*

S

(Esp), (cinta *f*) durex® *m* (AmL)

scot-free /'skɑ:t'fri: || ˌskɒt'fri:/ *adj* (*pred*): **to get away ~** (without punishment) quedar impune *or* sin castigo

Scotland /'skɑ:tlənd || 'skɒtlənd/ *n* Escocia *f*

Scots[1] /skɑ:ts || skɒts/ *adj* (*before n*) escocés

Scots[2] *n* [u] *inglés que se habla en Escocia*

Scots: **~man** /'skɑ:tsmən || 'skɒtsmən/ *n* (*pl* **-men** /-mən/) escocés *m*; **~woman** *n* escocesa *f*

Scottish /'skɑ:tɪʃ || 'skɒtɪʃ/ *adj* escocés

Scottish Parliament

El Parlamento escocés, establecido en 1999, se reúne en Edimburgo, capital de Escocia. Tiene competencia legislativa y ejecutiva respecto a los asuntos internos de Escocia y, a diferencia de la Asamblea Nacional de Gales (**Welsh Assembly**), posee limitados poderes para variar el tipo básico del impuesto sobre la renta. De los 129 diputados (*Members of the Scottish Parliament* o *MSPs*), 73 son elegidos directamente por mayoría relativa y los 56 (*Additional Members*) restantes de acuerdo con el sistema de representación proporcional

scoundrel /'skaʊndrəl/ *n* (dated) sinvergüenza *mf*, bribón, -bona *m,f*, pillo, -lla *m,f*

scour /skaʊr || 'skaʊə(r)/ *vt*

A **1** (rub hard) ‹*surface/pan*› fregar*, restregar* **2** **~ away** *o* **off** (remove) ‹*dirt/grease*› quitar

B (search thoroughly) ‹*area/building*› registrar, dar* una batida en

scourer /'skaʊrər || 'skaʊərə(r)/ *n* (BrE) ▸**scouring pad**

scourge /skɜ:rdʒ || skɜ:dʒ/ *n* **1** (cause of suffering) azote *m*; **the ~ of war/famine** el azote *or* el flagelo de la guerra/del hambre **2** (whip) (liter) azote *m*

scouring /'skaʊrɪŋ || 'skaʊərɪŋ/: **~ pad** *n* estropajo *m*, esponja *f*, esponjilla *f* (*metálica o plástica para fregar las cacerolas*); **~ powder** *n* [c u] polvo *m* limpiador, limpiador *m* en polvo, pulidor *m* (RPl)

scouse /skaʊs/ *adj* (BrE colloq) de Liverpool

scout[1] /skaʊt/ *n*

A **1** (person) explorador, -dora *m,f*, escucha *mf* **2** (look, search) (*no pl*): **to have a ~ around (the area)** explorar *or* recorrer la zona, hacer* un reconocimiento de la zona

B *also* **Scout** (*boy ~*) explorador *m*, (boy) scout *m*; (*girl ~*) exploradora *f*, (girl) scout *f*; (*before n*) **the ~ movement** el escutismo, el movimiento de los scouts

C (*talent ~*) cazatalentos *mf*

scout[2] *vi* **1** (Mil) reconocer* el terreno **2** (search) **to ~ FOR sth** andar* en busca de algo

(Phrasal verb)

• **scout around** [v ▸ adv] **to ~ around (FOR sth)** buscar* (algo)

scoutmaster /'skaʊtˌmæstər || 'skaʊtˌmɑ:stə(r)/ *n*: *jefe de un grupo de scouts*

scowl[1] /skaʊl/ *n* ceño *m* fruncido

scowl[2] *vi* fruncir* el ceño, poner* mala cara; **to ~ AT sb** mirar a algn con el ceño fruncido

scrabble /'skræbəl/ *vi* «*dog/chicken*» escarbar; **I was scrabbling frantically for a foothold** buscaba desesperadamente un lugar donde apoyar el pie; **I was scrabbling about in the dark looking for my key** estaba buscando la llave a tientas en la oscuridad

scraggy /'skrægi/ *adj* **-gier, -giest** **1** (scrawny) esmirriado, flaco, escuálido **2** (tough) ‹*meat*› duro, malo

scram /skræm/ *vi* **-mm-** (colloq): **go on, ~!** ¡fuera *or* largo de aquí! (fam)

scramble[1] /'skræmbəl/ *n*

A (*no pl*) **1** (chaotic rush): **several people were hurt in the ~** varias personas salieron lastimadas del barullo *or* de la confusión *or* de la rebatiña; **~ FOR sth**: **there was a last-minute ~ for tickets** a último momento hubo una rebatiña para conseguir entradas **2** (difficult climb) subida *f* or escalada *f* difícil

B [c] (BrE Sport) carrera *f* de motocross

scramble[2] *vi*

A **1** (clamber) (+ *adv compl*): **to ~ to one's feet** levantarse, ponerse* de pie (*apresuradamente o con dificultad*); **we ~d through the bushes** nos abrimos paso con dificultad a través de los arbustos; **he ~d up the rocks** subió las rocas gateando **2** (struggle, compete) **to ~ FOR sth** pelearse POR algo, andar* a la rebatiña POR algo

B (Aviat, Mil) despegar* (*con urgencia*)

■ **scramble** *vt* **1** (mix) mezclar; **to ~ eggs** hacer* huevos revueltos **2** ‹*message*› codificar*, cifrar

scrambled egg /'skræmbəld/ *n* [c u] (Culin) huevos *mpl* revueltos

scrap[1] /skræp/ *n*

A **1** [c] (of paper, cloth, leather) pedacito *m*, trocito *m*; **she ate every last ~** se comió hasta el último bocado **2** (single bit) (*with neg, no pl*): **she hasn't done a ~ of work** no ha movido un dedo, no ha hecho absolutamente nada, no ha dado golpe (Esp fam); **it doesn't make a ~ of difference what you think** lo que tú pienses no importa en lo más mínimo

B **scraps** *pl* sobras *fpl*, sobros *mpl* (AmC)

C [u] (reusable waste): **we sold our car for ~** vendimos el coche como chatarra; (*before n*) **~ dealer** chatarrero, -ra *m,f*; **~ iron** chatarra *f*; **~ merchant** chatarrero, -ra *m,f*; **~ paper** papel *m* para borrador

D [c] (fight) (colloq) agarrada *f* (fam), pelea *f*

scrap[2] **-pp-** *vt* **1** (abandon, cancel) ‹*idea*› desechar, descartar; ‹*plan*› abandonar; ‹*regulation*› abolir* **2** (convert to scrap) ‹*car/ship/machinery*› desguazar* *or* (Méx) deshuesar *or* (Chi) desarmar **3** (throw away) tirar a la basura, botar (AmL exc RPl)

■ **scrap** *vi* (colloq) pelearse

scrapbook /'skræpbʊk/ *n* álbum *m* de recortes

scrape[1] /skreɪp/ *n*

A **1** (act): **to give sth a ~** raspar algo **2** (sound) chirrido *m*

B (predicament) (colloq) lío *m* (fam), apuro *m*; **to get into a ~** meterse en un lío (fam)

scrape[2] *vt*

A **1** (rub against) rozar*; (grate against) rascar* **2** (damage, graze) ‹*paintwork*› rayar; ‹*knee/elbow*› rasparse, rasguñarse

B **1** (clean) ‹*toast*› raspar; ‹*carrot/potato*› pelar; ‹*woodwork*› raspar, rascar*, rasquetear; **to ~ sth OFF *o* FROM sth**: **~ the mud off your boots** quítales el barro a las botas (*con un cuchillo, contra una piedra etc*) **2** **~ (out)** ‹*bowl/pan*› fregar*, restregar*

C (narrowly achieve): **to ~ a majority** apenas alcanzar* una escasa mayoría

■ **scrape** *vi* (rub, grate) rozar*; (make a noise) chirriar

(Phrasal verbs)

• **scrape along**, **scrape by** [v ▸ adv] arreglárselas, apañárselas (Esp fam)

• **scrape through** [v ▸ adv] [v ▸ prep ▸ o] ‹*exam*› aprobar* raspando *or* arañando *or* (fam) por los pelos

• **scrape together**, **scrape up** [v ▸ o ▸ adv, v ▸ adv ▸ o] ‹*money*› juntar *or* reunir* a duras penas; ‹*support*› conseguir* (*con dificultad*)

scraper /'skreɪpər || 'skreɪpə(r)/ *n* (tool) rasqueta *f*, espátula *f*; (for shoes) limpiabarros *m*

scrapheap /'skræphi:p/ *n*: **to throw sth on the ~** desechar algo; **at 50 he found himself on the ~** a los 50 años se vio sin trabajo y sin perspectivas de futuro

scrappy /'skræpi/ *adj* **-pier, -piest**

A ‹*report/presentation*› deshilvanado

B (full of fight) (AmE journ) luchador

scrapyard /'skræpjɑ:rd || 'skræpjɑ:d/ *n* chatarrería *f*; (for cars) cementerio *m* de automóviles, desguace *m* *or* (Méx) deshuesadero *m* *or* (Chi) desarmaduría *f*

scratch[1] /skrætʃ/ *n* [c]

A **1** (injury) rasguño *m*, arañazo *m*; **he escaped without a ~** resultó ileso, salió sin un rasguño **2** (on paint, record, furniture) rayón *m* **3** (sound) chirrido *m* **4** (act) (*no pl*): **can you give my back a ~?** ¿me rascas la espalda?

B (*in phrases*) **from scratch**: **he learned German from ~** aprendió alemán empezando desde cero; **I had to start from ~** tuvo que empezar desde cero; **to be up to ~** (colloq) dar* la talla

scratch[2] *vt* **1** (damage) ‹*paint/record/furniture*› rayar **2** (with claws, nails) arañar **3** ‹*name/initials*› marcar*, grabar **4** (to relieve itch) ‹*bite/rash*› rascarse*; **could you ~ my back for me?** ¿me rascas la espalda?; ***you ~ my back and I'll ~ yours*** favor con favor se paga, hoy por ti, mañana por mí

■ **scratch** *vi*

A **1** (damage, wound) arañar **2** (rub) «*wool/sweater*» raspar,

S

picar* **3** (to relieve itching) rascarse* **4** (make scratching sound) rascar*
B (withdraw) (Sport) retirarse

(Phrasal verb)
- **scratch out** [v ▸ o ▸ adv, v ▸ adv ▸ o] **1** (gouge): **to ~ sb's eyes out** sacarle* los ojos a algn **2** (strike out) ‹*name/sentence*› tachar; (on ticket) rascar*, raspar

scratch³ *adj* (*before n*) **1** (haphazard, motley) ‹*team/meal*› improvisado **2** (Sport) ‹*player/runner*› de primera

scratch: **~ line** *n* (AmE Sport) línea *f* de salida; **~ pad** *n* **1** (notepad) (AmE) bloc *m* de notas; **2** (Comput) scratch pad *m*, bloc *m* de notas de rápido acceso

scratchy /ˈskrætʃi/ *adj* **scratchier, scratchiest** **1** ‹*wool/sweater*› áspero, que raspa *or* pica **2** ‹*record*› rayado; ‹*pen/nib*› que raspa **3** ‹*writing/drawing*› garabateado

scrawl¹ /skrɔːl/ *n* **1** [c] (mark) garabato *m* **2** [u] (handwriting) garabatos *mpl*

scrawl² *vt* garabatear
■ **scrawl** *vi* garabatear, hacer* garabatos

scrawny /ˈskrɔːni/ *adj* **-nier, -niest** ‹*person*› esquelético, escuálido, canijo; ‹*arms/legs*› esquelético, descarnado

scream¹ /skriːm/ *n* **1** (loud cry) grito *m*, chillido *m*; (louder) alarido *m* **2** (sb funny) (colloq) (*no pl*): **she's a real ~** ¡es graciosísima!, ¡es un caso!, ¡es un plato! (AmS fam)

scream² *vi* «*person*» gritar, chillar; «*baby*» llorar a gritos, berrear; **she ~ed with laughter** soltó una risotada; **to ~ AT sb** gritarle A algn; **to ~ FOR sth: he ~ed for help** gritó pidiendo ayuda
■ **scream** *vt* ‹*insult*› gritar, soltar*; ‹*command*› dar* a voces *or* a gritos; **they ~ed abuse at him** lo insultaron a voz en cuello; **to ~ sth AT sb** gritarle algo A algn

screech¹ /skriːtʃ/ *n* (of terror, pain) alarido *m*, grito *m*; (of joy) chillido *m*, grito *m*; (of brakes) chirrido *m*, rechinón *m* (Méx); (of siren) pitido *m*, aullido *m*

screech² *vi* «*person/animal*» chillar; «*brakes/tires*» chirriar*; «*siren*» aullar*; **she ~ed with laughter** soltó una carcajada estridente; **the car ~ed to a halt** el coche paró en seco con un chirrido *or* (Méx) con un rechinón
■ **screech** *vt* chillar

screen¹ /skriːn/ *n*
A **1** (movable device) pantalla *f*; (folding) biombo *m*; (as partition) mampara *f* **2** (protective, defensive) cortina *f*; (at window) mosquitero *m*
B (Cin, Comput, Phot, TV) pantalla *f*; **the silver ~** el cine, el celuloide (period); **the big ~** la pantalla grande; **the small ~** la pequeña pantalla, la pantalla chica (AmL); (*before n*) ‹*adaptation*› al cine, a la pantalla grande; **~ rights** derechos *mpl* de adaptación al cine

screen² *vt*
A **1** (conceal) ocultar, tapar; **to ~ sth/sb FROM sth: the trees ~ the house from the road** los árboles no dejan ver la casa desde la carretera; **we were ~ed from view by the wall** la pared nos tapaba **2** (protect) proteger*; **to ~ sth/sb FROM sth** proteger* algo/a algn DE algo
B ‹*TV program*› emitir; ‹*film*› proyectar
C (check, examine) ‹*blood donor*› someter a una revisión (médica) *or* a un chequeo; ‹*applicants/candidates*› someter a una investigación de antecedentes; **to ~ sb/sth FOR sth: the cans are ~ed for possible contamination** las latas se examinan por si estuvieran contaminadas; **to ~ sb for cancer** someter a algn a un chequeo para el diagnóstico precoz del cáncer

(Phrasal verbs)
- **screen off** [v ▸ o ▸ adv, v ▸ adv ▸ o] ‹*area/bed/patient*› aislar*, separar (*con un biombo o una mampara*)
- **screen out** [v ▸ o ▸ adv, v ▸ adv ▸ o] eliminar (*habiendo hecho una investigación*)

screen: **~ door** *n* puerta *f* mosquitera; **~ dump** *n* volcado *m* de pantalla

screening /ˈskriːnɪŋ/ *n*
A [c u] (Cin) proyección *f*; (TV) emisión *f*
B [c u] (examination) (Med) revisión *f* (médica), chequeo *m* (*esp para detección precoz*); (of candidates) investigación *f* de antecedentes

screen: **~play** *n* guión *m*; **~ print** *n* serigrafía *f*; **~-printing** *n* serigrafiado *m*; **~ test** *n* prueba *f* (cinematográfica); **~writer** *n* guionista *mf*

screw¹ /skruː/ *n*
A **1** (Const, Tech) tornillo *m*; ***to have a ~ loose*** (colloq & hum): **he's/you've got a ~ loose** le/te falta un tornillo (fam & hum); ***to put the ~s on sb*** apretarle* las tuercas a algn **2** (action) (*no pl*) vuelta *f*; (*before n*) ‹*lid/top*› de rosca **3** (Aviat, Naut) hélice *f*
B (sexual intercourse) (vulg) (*no pl*): **to have a ~** echar(se) un polvo (fam), coger* (Méx, RPl, Ven vulg), follar (Esp vulg), culear (Andes vulg)
C (prison guard) (sl) guardia *m*, madero *m* (Esp arg)

screw² *vt*
A **1** (Const, Tech) atornillar; **~ the lid on tight** enrosca bien la tapa; **to ~ sth down (securely)** atornillar (bien) algo; **to ~ sth in** atornillar algo; **~ the two pieces together** una las dos piezas con un tornillo/con tornillos **2** (crumple): **he ~ed the letter into a ball** hizo una bola con la carta
B **1** (vulg) (have sex with): **to ~ sb** tirarse a algn (vulg), coger* a algn (Méx, RPl, Ven vulg), follar a algn (Esp vulg), culearse a algn (Andes vulg) **2** (*in interj phrases*) **~ you!** ¡vete a la mierda *or* (Méx) a la chingada! (vulg), ¡andá a cagar! (RPl vulg); **~ what she says!** ¡me cago en lo que diga ella! (vulg)
C (sl) **1** (exploit, cheat) esquilmar, hacer* guaje (Méx fam); **she's ~ing him for everything she can get** lo está exprimiendo al máximo, le está chupando la sangre **2** (extort) **to ~ sth OUT OF sb/sth** sacarle* algo A algn/algo
■ **screw** *vi*
A (Const): **to ~ in/on** atornillarse
B (have sex) (vulg) echar(se) un polvo (fam), coger* (Méx, RPl, Ven vulg), follar (Esp vulg), culear (Andes vulg)

(Phrasal verb)
- **screw up**
(Sense I) [v ▸ o ▸ adv, v ▸ adv ▸ o]
A (tighten) ‹*bolt*› apretar*
B (crumple) ‹*letter/paper*› arrugar*, estrujar; **he ~ed the envelope up into a ball** hizo una bola con el sobre
C (make nervous, confused) (colloq) (*usu pass*) poner* neurótico (fam); **he's very ~ed up** (permanent characteristic) tiene muchos traumas
D (spoil, botch) (sl) fastidiar (fam); **I really ~ed up the exam** de verdad que metí la pata en el examen (fam)
(Sense II) [v ▸ adv] (bungle a situation) (sl) cagarla* (vulg)

screw: **~ball** *n* **1** (eccentric person) (AmE colloq) excéntrico, -ca *mf*, chiflado, -da *m,f* (fam); **2** (in baseball) torniquete *m*, tirabuzón *m*; **~driver** *n* destornillador *m*, desarmador *m* (Méx), desatornillador *m* (AmC, Chi); **~-top** *adj* ‹*bottle*› con tapón de rosca; ‹*jar*› con tapa de rosca; **~-up** *n* (AmE sl) (blunder, mess) lío *m* (fam), metedura *f* *or* (AmL) metida *f* de pata (fam); (person) inútil *mf*, nulo, -la *m,f*

screwy /ˈskruːi/ *adj* **screwier, screwiest** (colloq) ‹*idea/plan*› descabellado; ‹*person*› chiflado (fam)

scribble¹ /ˈskrɪbəl/ *n* [c u] garabato *m*

scribble² *vt* garabatear; **I ~d (down) a few ideas on a scrap of paper** anoté rápidamente algunas ideas en un papel
■ **scribble** *vi* garabatear, hacer* garabatos

scribe /skraɪb/ *n* **1** (Hist) (copyist) escriba *m* **2** *also* **Scribe** (Bib) escriba *m* **3** (clerk) escribiente *mf*

scrimmage¹ /ˈskrɪmɪdʒ/ *n* **1** (struggle) refriega *f* **2** (in US football) escaramuza *f*

scrimmage² *vi* hacer* la línea de golpeo *or* de contacto

scrimp /skrɪmp/ *vi* **to ~ ON sth** escatimar EN algo; **to ~ and save** cuidar mucho el dinero

script /skrɪpt/ *n*
A **1** [u] (handwriting) letra *f* **2** [c] (style of writing) caligrafía *f* **3** [c] (alphabet) escritura *f*
B [c] (text — of film, broadcast) guión *m*; (— of speech) texto *m*

scripture /ˈskrɪptʃər || ˈskrɪptʃə(r)/ *n* [u c] **1** (Relig) **the (Holy) S~s** las (Sagradas) Escrituras; **Buddhist ~s** escritos *mpl* sagrados budistas **2** (Educ) religión *f*

scriptwriter /ˈskrɪpt,raɪtər || ˈskrɪpt,raɪtə(r)/ *n* guionista *mf*

scroll¹ /skrəʊl/ *n* **1** (of paper, parchment) rollo *m*; (award) pergamino *m* **2** (Archit) voluta *f*

scroll² *vi*: **to ~ up/down** hacer* avanzar/retroceder el texto que aparece en pantalla

scrooge /skruːdʒ/ *n* (colloq) tacaño, -ña *m,f*

S

scrotum /'skrəʊtəm/ *n* (*pl* **-tums** *or* **-ta** /-tə/) escroto *m*

scrounge¹ /skraʊndʒ/ (colloq) *vt* **to ~ sth FROM/OFF sb** ‹*food/cigarette/money*› gorronearle *or* gorrearle *or* (RPl) garronearle *or* (Chi) bolsearle algo A algn (fam)

■ **scrounge** *vi* gorronear *or* gorrear *or* (RPl) garronear *or* (Chi) bolsear (fam)

scrounge² *n* (BrE colloq) (*no pl*): **to be always on the ~** vivir gorroneando *or* gorreando *or* (RPl) garroneando *or* (Chi) bolseando (fam)

scrounger /'skraʊndʒər || 'skraʊndʒə(r)/ *n* (colloq) gorrón, -rrona *m,f or* (RPl) garronero, -ra *m,f or* (Chi) bolsero, -ra *m,f* (fam); (from welfare state) parásito, -ta *m,f* (fam)

scrub¹ /skrʌb/ *n*

A [u] (vegetation) matorrales *mpl*

B (act) (*no pl*): **he gave the floor a good ~** fregó bien el piso (*con cepillo*); (*before n*) **~ brush** (AmE) cepillo *m* de fregar

scrub² **-bb-** *vt*

A (scour) ‹*floor/table*› fregar*; ‹*knees/hands*› restregar*, refregar*

B (BrE colloq) (cancel) ‹*event/game/meeting*› cancelar

Phrasal verb

• **scrub up** [v ▸ adv] «*doctor/nurse*» lavarse (*antes de una operación*)

scrubber /'skrʌbər || 'skrʌbə(r)/ *n* **1** (scourer) estropajo *m* **2** (promiscuous woman) (BrE sl) putona *f* (fam)

scrubbing brush /'skrʌbɪŋ/ *n* cepillo *m* de fregar

scruff /skrʌf/ *n*

A (person) (BrE colloq) *persona desaliñada*; **he's such a ~!** anda siempre con una(s) facha(s) ... (fam)

B: **by the ~ of the neck** por el pescuezo, por el cogote

scruffy /'skrʌfi/ *adj* **-fier, -fiest** (colloq) ‹*person*› dejado, desaliñado; **I'm too ~ to go in there** no puedo entrar ahí en esta(s) facha(s) *or* con esta(s) pinta(s) (fam); **a ~-looking building** un edificio de aspecto destartalado

scrum /skrʌm/ *n* (in rugby) melé *f* (ordenada), scrum *m*

scrum half *n* medio melé *mf*

scrummage /'skrʌmɪdʒ/ *n* ▸**scrum**

scrumptious /'skrʌmpʃəs/ *adj* (colloq) ‹*meal*› para chuparse los dedos (fam), de rechupete (fam)

scrunch /skrʌntʃ/ *vt* (colloq) **1** (crunch) ‹*snow/gravel*› hacer* crujir **2** (crush) **~ (up)**: **she ~ed the paper (up) into a ball** estrujó el papel y lo hizo una pelota

scrunchie, scrunchy /'skrʌntʃi/ *n* (*pl* **-chies**) *banda elástica circular para sujetar el pelo*

scruple /'skru:pəl/ *n* (*usu pl*) escrúpulo *m*; **she'd have no ~s about firing you** te echaría sin ningún miramiento

scrupulous /'skru:pjələs || 'skru:pjʊləs/ *adj* escrupuloso; **she pays ~ attention to detail** es muy detallista

scrupulously /'skru:pjələsli || 'skru:pjʊləsli/ *adv* escrupulosamente; **~ clean** impecable

scrutinize /'skru:tn̩aɪz || 'skru:tɪnaɪz/ *vt* ‹*document*› inspeccionar, examinar; ‹*face*› escudriñar

scrutiny /'skru:tn̩i || 'skru:tɪni/ *n* [c u] (*pl* **-nies**) (close examination) examen *m*; **his methods will not bear close ~** sus métodos no resistirán un examen riguroso

scuba /'sku:bə/: **~-dive** /'sku:bədaɪv/ *vi* hacer* submarinismo; **~ diver** *n* buzo *m*, submarinista *mf*; **~ diving** *n* [u] buceo *m*, submarinismo *m*; **to go ~ diving** (ir* a) bucear, hacer* submarinismo

scuff¹ /skʌf/ *n*: **a ~-resistant floor** un suelo que no se marca; (*before n*) **~ mark** marca *f*, rozadura *f*

scuff² *vt* ‹*floor*› dejar marcas en; ‹*leather*› raspar

scuffle /'skʌfəl/ *n* refriega *f*, escaramuza *f*

scull¹ /skʌl/ *n* espadilla *f*

scull² *vi* remar (*con espadilla*)

scullery /'skʌləri/ *n* (*pl* **-ries**) *habitación anexa a la cocina donde se fregaba, se preparaban las verduras etc*

sculpt /skʌlpt/ *vt/i* esculpir

sculptor /'skʌlptər || 'skʌlptə(r)/ *n* escultor, -tora *m,f*

sculptress /'skʌlptrəs || 'skʌlptrɪs/ *n* escultora *f*

sculpture¹ /'skʌlptʃər || 'skʌlptʃə(r)/ *n* [c u] escultura *f*

sculpture² *vt* **1** (form, shape) esculpir **2** **sculptured** *past p* ‹*features*› bien cincelado

scum /skʌm/ *n*

A [u] (on liquid) capa *f* de suciedad

B (colloq) **1** (people) escoria *f*; **the ~ of the earth** la escoria de la sociedad **2** (individual): **you ~!** ¡cerdo! (fam), ¡canalla!

scumbag /'skʌmbæg/ *n* (sl) cerdo, -da *m,f* (fam)

scupper /'skʌpər || 'skʌpə(r)/ *vt* (BrE) ‹*ship*› hundir; ‹*plan/talks*› echar por tierra; **now we're ~ed** (colloq) estamos acabados (fam)

scurrilous /'skɜ:rələs || 'skʌrɪləs/ *adj* difamatorio, insidioso

scurry /'skɜ:ri || 'skʌri/ *vi*: **he scurried away** *o* **off** salió disparado; **they could hear mice ~ing around in the attic** oían corretear ratones en el desván

scurvy /'skɜ:rvi || 'skɜ:vi/ *n* [u] (Med) escorbuto *m*

scuttle¹ /'skʌtl̩/ *n* (*coal ~*) cubo *m* para el carbón

scuttle² *vt* (Naut) ‹*ship*› hundir; ‹*plans, talks*› echar por tierra

■ **scuttle** *vi*: **the children ~d away** *o* **off** los niños se escabulleron rápidamente

scuttlebutt /'skʌtl̩bʌt/ *n* [u] (AmE colloq) rumores *mpl*

scythe /saɪð/ *n* guadaña *f*

SD, S Dak = **South Dakota**

SE (= **southeast**) SE

sea /si:/ *n*

A [c] **1** (*often pl*) (ocean) mar *m* [*The noun* **mar** *is feminine in literary language and in some set idiomatic expressions*]; **a house by the ~** una casa a orillas del mar, una casa junto al mar; **to go/travel by ~** ir*/viajar en barco; **on the high ~s** en alta mar; **to put (out) to ~** hacerse* a la mar; **we've been at ~ for a month** hace un mes que estamos embarcados *or* que zarpamos; **to dump waste at ~** verter* desechos en el mar; ***to feel/be at ~***: **this left him feeling completely at ~** esto lo confundió totalmente; **at first I was all at ~** al principio me sentí totalmente perdido *or* confundido; (*before n*) ‹*route/transport*› marítimo; ‹*battle*› naval; ‹*god*› del mar; ‹*nymph*› marino; **the ~ air/breeze** el aire/la brisa del mar; **~ crossing** travesía *f* **2** (inland) mar *m*

B (swell, turbulence) (*usu pl*): **heavy** *o* **rough ~s** mar *f* gruesa, mar *m* agitado *or* encrespado *or* picado

C (large mass, quantity) (*no pl*): **a ~ of faces** una multitud de rostros; **a ~ of people** una riada de gente

sea: **~ anemone** *n* anémona *f or* ortiga *f* de mar; **~bed** *n* **the ~bed** el lecho marino, el fondo del mar; **~ bird** *n* ave *f*‡ marina; **~board** *n* costa *f*, litoral *m*; **~borne** *adj* ‹*goods*› transportado por vía marítima; ‹*invasion/attack*› naval; **~ change** *n* cambio *m* radical; **~coast** *n* costa *f*, litoral *m*; **~ cow** *n* vaca *f* marina, manatí *m*; **~ dog** *n* (liter & hum) lobo *m* de mar (liter); **~ elephant** *n* elefante *m* marino; **~farer** /'si:ˌferər || 'si:ˌfeərə(r)/ *n* marino *m*, navegante *m*; **~faring** /'si:ˌferɪŋ || 'si:ˌfeərɪŋ/ *adj* (liter) ‹*people*› marinero; ‹*man*› de mar; **~food** *n* [u] mariscos *mpl*, marisco *m* (Esp); (*before n*) ‹*cocktail*› de mariscos *or* (Esp) de marisco; **~food restaurant** marisquería *f*; **~front** *n* paseo *m* marítimo, malecón *m* (AmL), costanera *f* (CS); (*before n*) ‹*hotel/restaurant*› frente al mar; **~going** *adj* ‹*vessel*› de altura; **~gull** *n* gaviota *f*; **~horse** *n* caballito *m* de mar

seal¹ /si:l/ *n*

A [c] (implement, impression) sello *m*; **he gave the plan his ~ of approval** dio su aprobación al plan; ***to set the ~ on sth*** ratificar* algo

B [c] **1** (security device) precinto *m* **2** (airtight closure) cierre *m* hermético; (on glass jar) aro *m* de goma

C (Zool) **1** [c] (animal) foca *f* **2** [u] (skin) (piel *f* de) foca *f*

seal² *vt*

A **1** ‹*envelope/parcel*› cerrar*; (with tape) precintar; (with wax) lacrar; **a ~ed envelope** un sobre cerrado *or* sellado; **~ed with a kiss** sellado con un beso; **my lips are ~ed** (set phrase) soy una tumba, prometo no decir nada **2** ‹*jar/container*› cerrar* herméticamente; ‹*tomb/door*› precintar; ‹*wood*› sellar

B (affix seal to) ‹*document/treaty*› sellar; **signed, ~ed and delivered** firmado y sellado

C (decide, determine) ‹*victory/outcome*› decidir; **their fate was ~ed** su destino estaba escrito

Phrasal verbs

• **seal in** [v ▸ o ▸ adv, v ▸ adv ▸ o] conservar

• **seal off** [v ▸ o ▸ adv, v ▸ adv ▸ o] ‹*area/road/building*› acordonar; ‹*exit*› cerrar*

• **seal up** [v ▸ o ▸ adv, v ▸ adv ▸ o] ‹*letter/parcel*› cerrar*; (with wax) sellar; (with tape) precintar

sea-lane /'si:leɪn/ *n* ruta *f* marítima

sealant /'si:lənt/ *n* sellador *m*

sea: **~ legs** *pl n*: **to find** *o* **get one's ~ legs** (colloq) acostumbrarse al movimiento de un barco; **~ level** *n* nivel *m* del mar; **above/below ~ level** sobre/bajo el nivel del mar

sealing wax /'si:lɪŋ/ *n* [u] lacre *m*

sea lion *n* león *m* marino

sealskin /'si:lskɪn/ *n* [u] piel *f* de foca

seam /si:m/ *n*

A **1** (stitching) costura *f*; ***to be bursting at the ~s*** ‹‹*building/suitcase*›› estar* hasta el tope *or* hasta los topes; **to come apart at the ~s** ‹‹*organization/setup*›› venirse* abajo; (lit: split) **her skirt was coming apart at the ~s** se le estaba descosiendo la falda **2** (join) juntura *f*

B **1** (of coal, gold) veta *f*, filón *m* **2** (Geol) grieta *f*

seaman /'si:mən/ *n* (*pl* **-men** /-mən/) (sailor) marinero *m*; (officer) marino *m*

seamanship /'si:mənʃɪp/ *n* [u] arte *m* de navegar *or* de la navegación

sea mile *n* milla *f* marina

seamless /'si:mləs || 'si:mlɪs/ *adj* ‹*stockings/knitting*› sin costuras; ‹*blend/performance*› perfecto

seamstress /'si:mstrəs || 'semstrɪs/ *n* costurera *f*

seamy /'si:mi/ *adj* **-mier, -miest** sórdido

seance, séance /'seɪɑ:ns/ *n* sesión *f* de espiritismo

sea: **~plane** *n* hidroavión *m*; **~port** *n* puerto *m* marítimo

sear /sɪr || sɪə(r)/ *vt* **1** ‹*flesh/arm*› quemar, chamuscar*; ‹*meat*› (Culin) dorar rápidamente a fuego muy vivo **2** (wither) ‹‹*heat*›› secar*, achicharrar, abrasar; ‹‹*frost/wind*›› secar*

search¹ /sɜ:rtʃ || sɜ:tʃ/ *vt* ‹*building*› registrar, catear (Méx), esculcar* (Col, Méx); ‹*person*› cachear, registrar, catear (Méx), requisar (Col); ‹*luggage*› registrar, revisar (AmL), esculcar* (Col, Méx); ‹*records/files*› buscar* en, examinar; **to ~ sth/sb FOR sth**: **she ~ed the attic for the letters** revolvió el ático buscando las cartas; **they ~ed him for drugs** lo cachearon (*or* registraron etc) para ver si tenía drogas; ***~ me!*** (colloq) ¡yo qué sé! (fam)

■ **search** *vi* buscar*; **to ~ FOR sth/sb** buscar* algo/a algn; **to ~ THROUGH sth**: **she ~ed through his papers for his will** buscó su testamento entre sus papeles

Phrasal verb

• **search out** [v ▸ o ▸ adv, v ▸ adv ▸ o] ‹*reason*› averiguar*, tratar de descubrir

search² *n* **1** (hunt, quest) **~ (FOR sth/sb)** búsqueda *f* (DE algo/algn); **we went in ~ of a policeman** fuimos a buscar un policía **2** (examination, scrutiny — of building, pockets) registro *m*, esculque *m* (Col, Méx); (— of records, documents) inspección *f*, examen *m*; **body ~** cacheo *m*, requisa *f* (AmL), cateo *m* (Méx) **3** (Comput) búsqueda *f*

searcher /'sɜ:rtʃər || 'sɜ:tʃə(r)/ *n*: *miembro de una partida de rescate*; **~s are looking for the injured climber** una partida de rescate busca al montañista accidentado

searching /'sɜ:rtʃɪŋ || 'sɜ:tʃɪŋ/ *adj* ‹*look*› inquisitivo, escrutador; ‹*question*› perspicaz

search: **~light** *n* reflector *m*; **~ party** *n* partida *f* de rescate; **~ warrant** *n* orden *f* de registro *or* (AmL) de allanamiento *or* (Chi, Méx) de cateo

searing /'sɪrɪŋ || 'sɪərɪŋ/ *adj* ‹*pain*› punzante, agudo; ‹*heat*› abrasador

sea: **~scape** /'si:skeɪp/ *n* marina *f*; **~shell** *n* concha *f* (de mar); **~shore** *n* [u] orilla *f* del mar; **~sick** *adj* mareado; **do you get ~sick?** ¿te mareas (en los viajes por mar)?; **~sickness** *n* [u] mareo *m* (*en los viajes por mar*); **~side** *n* [u] costa *f*; (*before n*) ‹*hotel*› de la costa; ‹*town*› de la costa, costero; **a ~side resort** un centro de veraneo costero, un balneario (AmL); **~ snake** *n* serpiente *f* marina

season¹ /'si:zn̩/ *n*

A (division of year) estación *f*

B (for specific activity, event, crop) temporada *f*; **the mating ~** el celo; **S~'s greetings!** ¡Felices fiestas!; **high/low ~** temporada alta/baja; **a ~ of Buñuel films** un ciclo de películas de Buñuel

C (*in phrases*) **in season** (of female animal) en celo; (of fresh food, game): **cherries are in ~** es época *or* temporada de cerezas, las cerezas están en temporada; **fruits in ~** fruta del tiempo; **off season** (Tourism) fuera de temporada, en temporada baja; **out of season** (of fresh food) fuera de temporada; (Tourism) fuera de temporada

season² *vt*

A (Culin) condimentar, sazonar; (with salt and pepper) salpimentar*

B ‹*wood*› secar*, curar

seasonable /'si:zn̩əbəl/ *adj* ‹*weather/temperatures*› propio de la época del año *or* de la estación

seasonal /'si:znəl || 'si:zənl̩/ *adj* ‹*variations/fluctuations*› estacional; ‹*vegetables*› del tiempo, de temporada; ‹*demand*› de estación *or* temporada, estacional; **~ employment** trabajo *m* temporal

seasonal affective disorder *n* [u] trastorno *m* afectivo estacional, TAE *m*

seasoned /'si:znd/ *adj*

A (experienced) ‹*troops/traveler*› avezado, experimentado, baquiano (RPl)

B ‹*food*› condimentado, sazonado; **highly ~** muy condimentado

C ‹*wood*› seco, curado

seasoning /'si:znɪŋ/ *n* [u c] (Culin) condimento *m*, sazón *f*

season ticket *n* abono *m* (de temporada); (*before n*) **~ ~ holders** las personas en posesión de un abono

seat¹ /si:t/ *n*

A (place to sit) asiento *m*; (on bicycle) asiento *m*, sillín *m*; (in theater) asiento *m*, butaca *f*; **please have** *o* **take a ~** tome asiento, por favor (frml), siéntese, por favor; **I took a ~ at the back** me senté en el fondo; **I've got two ~s for tonight's performance** tengo dos entradas para la función de esta noche; **there aren't any ~s left** (in cinema) no quedan localidades; **can you keep my ~ for me?** ¿me guardas el lugar *or* el asiento?

B **1** (of chair) asiento *m* **2** (of garment) fondillos *mpl*, fundillos *mpl* (AmS)

C **1** (Govt) escaño *m*, banca *f* (RPl), curul *m* (Col, Méx); **to have a ~ on a committee** ser* miembro de una comisión **2** (constituency) (BrE) distrito *m* electoral

D **1** (center) sede *f*; **the ~ of government** la sede del gobierno **2** (of family) residencia *f*, casa *f* solariega

seat² *vt* **1** ‹*child*› sentar*; **please be ~ed** (frml) tomen asiento, por favor (frml); **to remain ~ed** permanecer* sentado **2** (have room for) ‹‹*auditorium*›› tener* cabida *or* capacidad para; **how many does the bus ~?** ¿cuántas plazas *or* cuántos asientos tiene el autobús?; **this table ~s 6** en esta mesa caben seis personas

seat belt *n* cinturón *m* de seguridad

seating /'si:tɪŋ/ *n* [u] número *m* de asientos; (*before n*) **~ capacity** aforo *m*

sea: **~ urchin** *n* erizo *m* de mar; **~ wall** *n* malecón *m*, espigón *m*, tajamar *m* (CS); **~water** *n* [u] agua *f*‡ de mar, agua *f*‡ salada; **~way** *n* ruta *f* marítima; **~weed** *n* [u] alga *f*‡ marina; **~worthy** *adj* ‹*ship*› en condiciones de navegar, marinero

sec /sek/ (*pl* **secs**) (= **second**) seg.

secateurs /,sekə'tɜ:rz || ,sekə'tɜ:z/ *pl n* (BrE) tijeras *fpl* de podar (*de tipo yunque*)

secede /sɪ'si:d/ *vi* **to ~ (FROM sth)** ‹‹*province*›› separarse (DE algo)

secluded /sɪ'klu:dəd || sɪ'klu:dɪd/ *adj* ‹*house/area*› apartado, aislado; ‹*life/existence*› solitario

seclusion /sɪ'klu:ʒən/ *n* [u] **1** (state) aislamiento *m*; **to live in ~** vivir recluido *or* aislado **2** (act) reclusión *f*

second¹ /'sekənd/ *adj*

A **1** segundo; **he had a ~ cup of tea** se tomó otra taza de té; **he's already had a ~ helping** ya ha repetido *or* (Chi) se ha repetido; **he won't do that a ~ time** no lo volverá a hacer; **to give sb a ~ chance** darle* a algn otra oportunidad; **every ~ Tuesday/week** cada dos martes/semanas, martes/semana por medio (CS, Per); **~ generation** segunda generación *f*; **~ home** segunda vivienda *f*; **~ language** segundo idioma *m* **2** (in seniority, standing) segundo; **our service is ~ to none** nuestro servicio es insuperable

B (elliptical use): **I leave on the ~ (of the month)** me voy el (día) dos

S

second² *adv* 1 (in position, time, order) en segundo lugar; **work comes ~, family first** la familia está antes que el trabajo 2 (secondly) en segundo lugar 3 (with superl): **the ~ tallest boy in the class** el chico que le sigue al más alto de la clase; **the ~ highest building** el segundo edificio en altura

second³ *n*
A 1 (of time) segundo *m*; (*before n*) **~ hand** segundero *m* 2 (moment) segundo *m*; **it doesn't take a ~** no lleva ni un segundo, es cosa de un segundo
B 1 **~ (gear)** (Auto) (*no art*) segunda *f* 2 (in competition): **he finished a good/poor ~** quedó en un honroso/deslucido segundo lugar 3 (BrE Educ): **upper/lower ~** *segunda y tercera nota de la escala de calificaciones de un título universitario*
C (in boxing, wrestling) segundo *m*; (in dueling) padrino *m*
D (substandard product) artículo *m* con defectos de fábrica
E **seconds** *pl* (second helping) (colloq): **to have ~s** repetir*, repetirse* (Chi)

second⁴ *vt*
A (support) ‹*motion/candidate*› secundar
B /sɪˈkɒnd/ (attach) (BrE) **to ~ sb (TO sth)** trasladar a algn temporalmente (A algo)

secondary /ˈsekənderi || ˈsekəndri/ *adj*
A 1 (subordinate) ‹*matter*› de interés secundario; ‹*road*› secundario; **to be ~ TO sth** ser* de menor importancia QUE algo 2 (not primary, original) ‹*source*› de segunda mano; ‹*industry*› derivado; ‹*infection*› secundario; ‹*strike/action/picketing*› de solidaridad
B (Educ) ‹*teacher/pupils*› de enseñanza secundaria; **~ education** enseñanza *f* secundaria

secondary school *n* instituto *m or* colegio *m* de enseñanza secundaria, liceo *m* (CS, Ven)

second best¹ *n* [u]: **he won't accept ~ ~** sólo se conforma con lo mejor

second best² *adv*: **to come off ~ ~ (to sb)** quedar en segundo puesto (después de algn)

second: **~ class** *adv* 1 (Transp) ‹*travel/go*› en segunda (clase) 2 (of mail — in US) con tarifa para impresos; (— in UK) por correo regular; **~-class** /ˈsekəndˈklæs || ˌsekəndˈklɑːs/ *adj* (*pred* **~ class**) 1 (inferior) ‹*goods/service*› de segunda (clase *or* categoría), de calidad inferior 2 (Post): **~-class matter** (in US) impresos *mpl*; **~-class mail** (in UK) *servicio regular de correos, que tarda más en llegar a destino que el de primera clase* 3 (in UK) (Transp) ‹*travel/ticket/compartment*› de segunda (clase) 4 (BrE Educ): **~-class degree** *título calificado con la segunda o tercera nota que es posible obtener*; **~ cousin** *n* primo segundo, prima segunda *m,f*

seconder /ˈsekəndər || ˈsekəndə(r)/ *n*: *persona que secunda or apoya una moción o propuesta*; **is there a ~ for the proposal?** ¿alguién secunda *or* apoya la propuesta?

second half *n* (Sport) segundo tiempo *m*

second-hand¹ /ˈsekəndˈhænd/ *adj* (*pred* **second hand**) 1 (not new) ‹*car/clothes*› de segunda mano, usado; ‹*bookstore*› de viejo; ‹*shop*› de artículos de segunda mano 2 (not original) ‹*account/information*› de segunda mano

second-hand² *adv*: **to buy sth ~** comprar algo de segunda mano; **to learn sth ~** enterarse de algo por terceros

second-in-command /ˈsekəndɪnkəˈmænd || ˌsekəndɪnkəˈmɑːnd/ *n* (*pl* **seconds-in-command**) número dos *mf* (*persona directamente por debajo de la autoridad máxima de una organización, departamento etc*)

secondly /ˈsekəndli/ *adv* (*indep*) en segundo lugar

secondment /sɪˈkɑːndmənt || sɪˈkɒndmənt/ *n* (BrE): **she's on ~ to the research institute** ha sido enviada *or* trasladada en comisión al instituto de investigación

second: **~-rate** /ˈsekəndˈreɪt/ *adj* mediocre; **~ sight** *n* [u] clarividencia *f*; **~-string** /ˈsekəndˈstrɪŋ/ *adj* de reserva, suplente

secrecy /ˈsiːkrəsi/ *n* [u] secreto *m*; **the meeting was held in ~** la reunión se llevó a cabo en secreto; **I was told in (the) strictest ~** me lo dijeron muy confidencialmente

secret¹ /ˈsiːkrət || ˈsiːkrɪt/ *n* secreto *m*; **in ~** en secreto; **can you keep a ~?** ¿sabes guardar un secreto?; **is she in on the ~?** ¿lo sabe?, ¿está al corriente?; **an open ~** un secreto a voces; **he kept it a ~ from her for years** se lo ocultó durante años; **to make no ~ of sth** no esconder *or* ocultar algo

secret² *adj* secreto; **to keep sth ~ from sb** ocultarle algo a algn

secret agent *n* agente *mf* secreto

secretarial /ˈsekrəˈteriəl || ˌsekrəˈteəriəl/ *adj* ‹*job*› de oficina, de secretaria/secretario; **~ course** curso *m* de secretariado

secretariat /ˈsekrəˈteriæt || ˌsekrəˈteəriət/ *n* secretaría *f*

secretary /ˈsekrəteri || ˈsekrətri/ *n* (*pl* **-ries**)
A (in office, of committee, of society) secretario, -ria *m,f*
B (Govt) ministro, -tra *m,f*, secretario, -ria *m,f* (Méx); **S~ of the Treasury** Ministro, -tra *m,f* de Hacienda

secretary: **~-general** /ˈsekrəteriˈdʒenrəl || ˌsekrətri ˈdʒenrəl/ *n* (*pl* **secretaries-general**) secretario, -ria *m,f* general; **~ of State** *n* (*pl* **Secretaries of State**) (Govt) (in US) secretario, -ria *m,f* de Estado (de los Estados Unidos); (in UK) ministro, -tra *m,f*, secretario, -ria *m,f* (Méx)

secrete /sɪˈkriːt/ *vt*
A (Biol, Physiol) segregar*, secretar
B (hide) (frml) ocultar

secretion /sɪˈkriːʃən/ *n* [u c] secreción *f*

secretive /ˈsiːkrətɪv/ *adj* ‹*person/behavior*› reservado, hermético; **to be ~ ABOUT sth/sb** ser* reservado en lo que respecta a algo/algn

secretly /ˈsiːkrətli || ˈsiːkrɪtli/ *adv* ‹*meet/plan*› secretamente, en secreto, a escondidas

secret: **~ police** *n* [u] policía *f* secreta; **~ service** *n* 1 (intelligence service) servicio *m* secreto, servicio(s) *m(pl)* de inteligencia 2 **the Secret Service** (in US) *organización cuyas funciones incluyen la protección del Presidente y evitar la falsificación de moneda*

sect /sekt/ *n* secta *f*

sectarian /sekˈteriən || sekˈteəriən/ *adj* ‹*views/violence*› sectario; ‹*schooling/school*› confesional

section¹ /ˈsekʃən/ *n*
A 1 (of object, newspaper, orchestra) sección *f*; (of machine, piece of furniture) parte *f*; (of road) tramo *m*; (of city, population, public opinion) sector *m*; **the first ~ of the book** la primera parte del libro; **~ two, subsection one** (of document) artículo dos, punto *or* inciso primero 2 (unit of land) (AmE) *640 acres o 2,59km²*
B (department) sección *f*; (*before n*) ‹*manager/supervisor*› de sección
C (in geometry, drawing) sección *f*, corte *m*
D 1 (thin slice) sección *f* 2 (in surgery) sección *f*

section² *vt* ‹*map/area*› dividir; ‹*line*› segmentar; **they ~ed off part of the office** separaron parte de la oficina con una mampara (*or* tabique *etc*)

sector /ˈsektər || ˈsektə(r)/ *n* sector *m*; **the private/public ~** el sector privado/público

secular /ˈsekjələr || ˈsekjʊlə(r)/ *adj* ‹*education*› laico, secular; ‹*society/art*› secular

secure¹ /sɪˈkjʊr || sɪˈkjʊə(r)/ *adj*
A 1 (safe) ‹*fortress/hideaway*› seguro; **his future is ~** tiene el futuro asegurado; **to make sth ~ against sth** proteger* algo contra algo 2 (emotionally) ‹*childhood/home/relationship*› estable 3 (assured, guaranteed) ‹*job/income/investment*› seguro; **to be financially ~** tener* seguridad económica
B (firm, firmly fastened) ‹*foothold/shelf*› firme; ‹*foundation*› sólido; **is the rope ~?** ¿está bien sujeta la cuerda?; **to make sth ~** asegurar algo

secure² *vt*
A (obtain) ‹*ticket/job/votes/support*› conseguir*, obtener* (frml); **to ~ sb's release** conseguir* la libertad de algn
B (fasten, fix firmly) ‹*door/gate/shelf*› asegurar
C (Fin) ‹*loan*› garantizar*; **a ~d loan** un préstamo con garantía
D (make safe) **to ~ sth (AGAINST sth)** ‹*area/building*› proteger* *or* fortificar* algo (CONTRA algo)
■ **secure** *vi* **to ~ AGAINST sth** protegerse* CONTRA algo

securely /sɪˈkjʊrli || sɪˈkjʊəli/ *adv* bien; **~ tied/fastened** bien atado/bien sujeto

security /sɪˈkjʊrəti || sɪˈkjʊərəti/ *n* (*pl* **-ties**)
A [u] 1 (against crime, espionage etc) seguridad *f*; **national ~** la seguridad nacional; (*before n*) **~ forces** fuerzas *fpl* de seguridad; **~ guard** guarda jurado, guarda jurada *m,f*; **a**

~ **risk** un peligro para la seguridad; ~ **system** sistema *m* de seguridad 2 (department) (+ *sing o pl vb*) departamento *m* de seguridad
B [u] 1 (safety, certainty) seguridad *f*; **emotional** ~ seguridad en el plano afectivo 2 (protection) seguro *m*
C (Fin) 1 [u] (guarantee) garantía *f*; **to stand ~ for sb** salir* garante *or* fiador de algn, servirle* *or* (RPl) salirle* de garantía a algn 2 **securities** *pl* (Fin) valores *mpl*, títulos *mpl*; (*before n*) **the securities market** el mercado de valores

Security Council *n* **the (United Nations) ~ ~** el Consejo de Seguridad (de las Naciones Unidas)

sedan /sɪ'dæn/ *n*
A (car) (AmE) sedán *m*
B ~ **(chair)** palanquín *m*, silla *f* de manos

sedate[1] /sɪ'deɪt/ *adj* ‹*person/lifestyle/pace*› reposado, tranquilo; ‹*color/decor*› sobrio

sedate[2] *vt* (Med) ‹*patient/animal*› sedar, administrar sedantes a; **she was heavily ~d** le habían administrado un fuerte sedante

sedately /sɪ'deɪtli/ *adv* ‹*walk/move*› reposadamente

sedation /sɪ'deɪʃən/ *n* [u] sedación *f*; **to be under ~** estar* bajo el efecto de los sedantes

sedative /'sedətɪv/ *n* sedante *m*

sedentary /'sedṇteri || 'sedṇtri/ *adj* sedentario

sedge /sedʒ/ *n* [u] juncia *f*

sediment /'sedəmənt || 'sedɪmənt/ *n* [u] 1 (in wine, coffee) poso *m*, asiento *m* 2 (Geol) sedimento *m*

sedimentary /'sedə'mentəri, -tri || ˌsedɪ'mentəri, -tri/ *adj* sedimentario

sedition /sɪ'dɪʃən/ *n* [u] sedición *f*

seditious /sɪ'dɪʃəs/ *adj* sedicioso

seduce /sɪ'du:s || sɪ'dju:s/ *vt* 1 (sexually) seducir* 2 (tempt) seducir*, tentar*; **to ~ sb INTO -ING** tentar* a algn A/+ INF

seducer /sɪ'du:sər || sɪ'dju:sə(r)/ *n* seductor, -tora *m,f*

seduction /sɪ'dʌkʃən/ *n* [u c] (sexual) seducción *f*

seductive /sɪ'dʌktɪv/ *adj* ‹*manner/clothing/person*› seductor; ‹*offer*› tentador, atrayente

seductively /sɪ'dʌktɪvli/ *adv* seductoramente

seductress /sɪ'dʌktrəs || sɪ'dʌktrɪs/ *n* seductora *f*

see[1] /si:/ (*past* **saw**; *past p* **seen**) *vt*

Sense I

A 1 ver*; **I can't see a thing!** ¡no veo nada!; **we haven't ~n her for a while** hace un tiempo que no la vemos; **there wasn't a policeman to be ~n** no había ningún policía; **to ~ sb/sth + INF**: **I didn't ~ her arrive** no la vi llegar; **we'll be sorry to ~ her go** nos va a dar pena que se vaya; **to ~ sb/sth -ING**: **I can ~ somebody coming this way** veo venir a alguien; **I thought I was ~ing things** pensé que estaba viendo visiones; **I'll believe it when I ~ it** hasta que no lo vea no lo creo; ***to be glad to ~ the back of sb*** alegrarse de que algn se vaya 2 ‹*film/play*› ver* 3 (look at, inspect) ver*; ~ **page 20** ver página 20; **may I ~ your ticket?** ¿me permite su entrada (*or* boleto *etc*)?

B 1 (perceive, notice) ver*; **I don't know what she ~s in him** no sé qué es lo que le ve *or* qué es lo que ve en él; **anyone can ~ she's upset** cualquiera se da cuenta de que está disgustada 2 (learn from reading, hearing): **I ~ Mrs Baker's retiring** así que se jubila la señora Baker; **I ~ from your application form that ...** he leído en su solicitud que ...

C (understand) ver*; **he didn't ~ the joke** no le vio la gracia (al chiste); **do you ~ what I mean?** ¿entiendes?, ¿te das cuenta?; **I can ~ (that) you're in a difficult position, but ...** me doy cuenta de *or* comprendo que estás en una situación difícil, pero ...

D (consider, regard) ver*; **the way I ~ it, as I ~ it** a mi modo de ver, tal como yo lo veo; **I ~ nothing wrong in it** yo no le encuentro nada de malo

E 1 (visualize): **can you ~ him as a teacher?** ¿te lo imaginas de profesor? 2 (envisage, foresee): **I can ~ there'll be problems** veo que va a haber problemas; **to ~ sth/sb -ING**: **I can't ~ it working** no creo que vaya a funcionar; **I can ~ her working abroad** la imagino trabajando en el extranjero 3 (accept) (AmE colloq): **we could move Johnson over to Sales — OK, I can ~ that** podríamos pasar a Johnson a Ventas — bueno, eso me parece bien

F 1 (find out, determine) ver*; **I'll have to ~ what I can do** tendré que ver qué puedo hacer; **we'll have to (wait and) ~** habrá que esperar y ver; **that remains to be ~n** eso está por verse 2 (ensure) **to ~ THAT: ~ that it doesn't happen again** que no vuelva a suceder

G 1 (experience, undergo): **I doubt if I'll live to ~ it** no creo que yo llegue a verlo *or* que yo llegue a ver el día; **I want to travel and ~ (a bit of) life** quiero viajar y ver mundo 2 (be the occasion of) (journ): **in a week which has ~n the start of ...** en una semana que ha visto el inicio de ...; **next Thursday ~s the launch of the new model** el próximo jueves es la fecha señalada para el lanzamiento del nuevo modelo

Sense II

A 1 (meet) ver*; **I'm ~ing him on Tuesday** lo voy a ver el martes; **when can I ~ you again?** ¿cuándo nos podemos volver a ver? 2 (go out with) (colloq) salir* con; **they've been ~ing each other for two months** hace dos meses que salen juntos 3 (saying goodbye) (colloq): **~ you!** ¡hasta luego!, ¡hasta la vista!; **~ you around!** ¡nos vemos!; **~ you later/tonight/soon/on Saturday!** ¡hasta luego/esta noche/pronto/el sábado!; **(I'll) be ~ing you!** ¡hasta pronto!

B (visit) 1 (socially) ver* 2 (for consultation) ver*; **you should ~ a specialist** deberías ver a *or* ir a un especialista; **I want to ~ the manager** quisiera ver al gerente *or* hablar con el gerente; **to ~ sb ABOUT sth**: **can I ~ you about something privately?** ¿podría hablar con usted de un asunto privado?

C (receive) ver*, atender*; **the doctor will ~ you now** el doctor lo verá *or* lo atenderá ahora

D (escort, accompany) acompañar; **to ~ sb to the door** acompañar a algn a la puerta

■ **see** *vi*

A 1 ver*; **I can ~ better from here** desde aquí veo mejor; ***~ing is believing*** ver para creer 2 (look, inspect) ver*; **let me ~!** ¡déjame ver!; **~ for yourself!** ¡compruébalo tú mismo!

B (understand, realize) ver*; **can't you ~ he loves you?** ¿no te das cuenta de *or* no ves que te quiere?; **as far as I can ~** por lo que yo veo; **I ~** (expressing realization) ya veo; (accepting explanation) entiendo

C (consider, think) ver*; **let's ~** vamos a ver, veamos; **I'll ~, but I can't promise anything** voy a ver, pero no te puedo prometer nada

D (find out) ver*; **will it work? — try it and ~** ¿funcionará? — prueba a ver; **what's going on? — you'll soon ~** ¿qué pasa? — ya lo verás

Phrasal verbs

- **see about** [v ▸ prep ▸ o] (colloq) 1 (deal with): **a man came to ~ about the leaking roof** vino un hombre por lo de la gotera; **we'll soon ~ about that!** ya lo veremos ...: 2 (consider, decide): **may I borrow the car? — I'll have to ~ about that** ¿me prestas el coche? — tendré que pensarlo
- **see in** [v ▸ o ▸ adv, v ▸ adv ▸] ‹*New Year*› recibir, esperar
- **see off** [v ▸ o ▸ adv, v ▸ adv ▸ o]
A (say goodbye to) despedir*, despedirse* de
B (get rid of) deshacerse* de; **the dog saw them off** el perro los ahuyentó
- **see out** [v ▸ o ▸ adv, v ▸ adv ▸ o]
A (show out) ‹*person*› acompañar (hasta la puerta); **I'll ~ you out** te acompaño hasta la puerta; **I can ~ myself out** no hace falta que me acompañes
B ‹*old year*› despedir*
- **see over** [v ▸ prep ▸ o] ‹*property/house*› visitar, recorrer
- **see through**
A [v ▸ prep ▸ o] (not be deceived by) calar; **I saw through him from the start** lo calé desde el primer momento (fam)
B [v ▸ o ▸ adv] [v ▸ o ▸ prep ▸ o] (last): **make sure this ~s you through**con esto te tienes que alcanzar; **$20 won't ~ me through the week** 20 dólares no me van a alcanzar hasta el fin de semana
C [v ▸ o ▸ adv] (carry to completion) terminar; **I'll ~ this thing through if it kills me!** ¡voy a llevar esto a buen término aunque me mate!
- **see to** [v ▸ prep ▸ o] (attend to) ocuparse de; **to ~ to it (that)**: **you must ~ to it that the doors are locked** debes asegurarte de que cierren las puertas con llave

see[2] *n* (diocese) sede *f*; **the Holy S~** la Santa Sede

S

seed¹ /siːd/ *n*
A **1** [c] (of plant) semilla *f*, simiente *f* (liter); (of orange, grape) (AmE) pepita *f*, semilla *f*; ▸ **sow¹** *vt* **2** [u] (collectively) semillas *fpl*, simiente *f*; **I grew these tomatoes from ~** estos tomates los planté en almácigo; ***to go*** *o* ***run to ~*** (lit) «*plant*» granar; (deteriorate): **a great actor gone to ~** un gran actor en decadencia
B [c] (origins) (*often pl*) germen *m*, semilla *f*; **to sow the ~s of doubt** sembrar* (el germen de) la duda
C [c] (Sport) cabeza *mf* de serie, sembrado, -da *m,f* (Méx)

seed² *vt* (Sport) (*usu pass*): **a ~ed player** un jugador cabeza de serie, un sembrado (Méx)

seed ~bed *n* (Agr, Hort) semillero *m*, almácigo *m*; **~cake** *n* [u c] (Culin) *torta de semillas de alcaravea*

seedless /ˈsiːdləs || ˈsiːdlɪs/ *adj* sin pepitas *or* semillas

seedling /ˈsiːdlɪŋ/ *n* planta *f* de semillero *or* almácigo

seed pod *n* vaina *f*

seedy /ˈsiːdi/ *adj* **-dier, -diest** ‹*nightclub/bar*› sórdido, de mala muerte (fam), cutre (Esp fam); ‹*appearance*› desastrado, abandonado; ‹*apartment/resort*› sórdido; **some ~ characters** unos individuos con mala pinta

seeing /ˈsiːɪŋ/ *conj* (colloq) **~ (that)** *o* **~ as** *o* (crit) **~ as how**: **~ (that) you're here, you may as well help** ya que estás aquí, nos puedes ayudar

seek /siːk/ (*past & past p* **sought**) *vt* **1** (search for) (frml) ‹*person/object*› buscar* **2** (try to obtain) ‹*work/shelter/companionship*› buscar*; ‹*solution/explanation*› tratar de encontrar, buscar*; **to ~ one's fortune** probar* fortuna **3** (request) ‹*approval/help*› pedir*; **we had to ~ the advice of a specialist** tuvimos que asesorarnos con un especialista, tuvimos que consultar a un especialista **4** (try to bring about) (frml) ‹*reconciliation*› buscar*, tratar de lograr; **to ~ to + INF** tratar DE + INF, intentar + INF
■ **seek** *vi* (frml) buscar*; **to ~ FOR/AFTER sth** ir* en pos de algo (liter), ir* en busca de algo

Phrasal verb

- **seek out** [v ▸ o ▸ adv, v ▸ adv ▸ o] ‹*person*› buscar*; ‹*opinion*› pedir*

seeker /ˈsiːkər || ˈsiːkə(r)/ *n*: **treasure ~s** buscadores *mpl* de tesoros; **a ~ after truth** una persona en busca de *or* (liter) en pos de la verdad

seem /siːm/ *vi*
A (give impression) parecer*; **things aren't always what they ~** las apariencias engañan; **it certainly ~s that way** eso parece *or* así parece, por cierto; **strange as it may ~** por raro que parezca, aunque no lo parezca; **to ~ to + INF**: **she ~s to like you** parece que le caes bien; **she ~s not** *o* **doesn't ~ to have noticed** no parece haberse dado cuenta; **so it ~s, so it would ~** eso parece, así parece; **that ~s like a good idea** ésa me parece una buena idea; **it ~s like years since I saw you** parece que han pasado años que no te veo
B **1** (get impression) **to ~ to + INF**: **I ~ to remember that you ...** creo recordar que tú ... **2** (in sb's opinion) parecer*; **it ~s to me/him/them that ...** me/le/les parece que ...; **it doesn't ~ right to me** a mí no me parece bien **3** (toning down statement) parecer*; **I can't ~ to remember where I put it** no logro acordarme de dónde lo puse; **it ~s to be closed** parece que está cerrado; **what ~s to be the trouble?** veamos ¿de qué se trata?

seeming /ˈsiːmɪŋ/ *adj* (*before n*) aparente

seemingly /ˈsiːmɪŋli/ *adv* ‹*honest/complicated*› aparentemente

seemly /ˈsiːmli/ *adj* **-lier, -liest** (frml) ‹*behavior/dress*› correcto, apropiado

seen /siːn/ *past p of* **see¹**

seep /siːp/ *vi* «*liquid/moisture*» filtrarse; **water was ~ing into her shoes** el agua le estaba calando los zapatos

seer /sɪr || sɪə(r)/ *n* (liter) profeta *mf*, vidente *mf*

seesaw /ˈsiːsɔː/ *n* (in playground) balancín *m*, subibaja *m*

seethe /siːð/ *vi* **1** (be agitated) bullir*; **to ~ WITH sth**: **her mind was seething with images** las imágenes bullían en su cerebro; **the town was seething with tourists** la ciudad estaba plagada de turistas **2** (be angry) estar* furioso; **I was absolutely seething** me hervía la sangre, estaba furioso, estaba que ardía

see-through /ˈsiːθruː/ *adj* transparente

segment /ˈsegmənt/ *n* **1** (Math) (of circle, sphere, line) segmento *m* **2** (of citrus fruit) gajo *m*; **3** (section) sector *m*

segregate /ˈsegrɪgeɪt/ *vt* ‹*races/sexes*› segregar*; ‹*rival groups*› mantener* aparte; **~d school** *escuela en la que se practica la segregación racial*

segregation /ˈsegrɪˈgeɪʃən/ *n* [u] segregación *f*

Seine /seɪn/ *n* **the ~** el Sena

seismic /ˈsaɪzmɪk/ *adj* (Geol) sísmico

seize /siːz/ *vt*
A (grab, snatch) ‹*hand/object*› agarrar; ‹*opportunity*› aprovechar; ‹*power*› tomar, hacerse* con
B **1** (capture) ‹*town/fortress*› tomar, apoderarse de; ‹*person*› detener* **2** ‹*assets/property*› (confiscate) confiscar*; (impound) embargar*; ‹*cargo/contraband*› confiscar*, decomisar; ‹*drugs/arms*› incautar, incautarse de; ‹*copies of book*› secuestrar
C (overcome) (*usu pass*): **she was ~d with panic** fue presa del pánico; **he was ~d with the desire to ...** lo acometió el deseo de ..., sintió ganas de ...

Phrasal verbs

- **seize on, seize upon** [v ▸ prep ▸ o] ‹*chance*› aprovechar; **her remarks were ~d on by the opposition** la oposición se apresuró a sacar partido de sus declaraciones
- **seize up** [v ▸ adv] «*engine*» agarrotarse, fundirse (AmL); «*muscles*» agarrotarse; «*traffic*» paralizarse*

seizure /ˈsiːʒər || ˈsiːʒə(r)/ *n*
A **1** [u] (of power) toma *f* **2** [u] (capture) toma *f* **3** [u c] (of property) confiscación *f*, (impoundment) embargo *m*; (of cargo, contraband) confiscación *f*, decomiso *m*; (of arms, drugs) incautación *f*
B [c] (Med) ataque *m*

seldom /ˈseldəm/ *adv* rara vez, pocas veces, casi nunca

select¹ /sɪˈlekt/ *vt* ‹*gift/book/wine*› elegir*, escoger*, seleccionar; ‹*candidate/team member*› seleccionar

select² *adj* **1** (exclusive) ‹*school*› de élite, exclusivo; ‹*district*› distinguido, exclusivo **2** (choice) ‹*fruit/wine*› selecto, de primera (calidad) **3** (especially chosen) ‹*group*› selecto; **only the ~ few** sólo los escogidos

select committee, **Select Committee** *n* (in UK) *comisión investigadora compuesta por diputados del gobierno y la oposición*

selection /sɪˈlekʃən/ *n*
A [u c] (act, thing chosen) selección *f*, elección *f*; **to make a ~** hacer* una selección
B [u c] (Busn) (of chocolates, buttons, yarns) surtido *m*; **a wide ~ of new and used cars** una amplia gama de coches nuevos y usados

selective /sɪˈlektɪv/ *adj* **1** ‹*control/recruitment*› selectivo; ‹*reporting*› parcial; **~ education** *sistema que emplea un procedimiento selectivo para la admisión de alumnos en determinadas escuelas*; **~ service** (AmE) servicio *m* militar obligatorio, conscripción *f* (AmL) **2** (discriminating) **to be ~**: **he's fairly ~ about who he mixes with** elige *or* escoge mucho sus amistades

selector /sɪˈlektər || sɪˈlektə(r)/ *n* (Sport) seleccionador, -dora *m,f*

self /self/ *n* [c] (*pl* **selves**): **she's her old ~ again** vuelve a ser la de antes; **you're not your usual cheerful ~** no estás tan alegre como de costumbre

self- /ˈself/ *pref* **1** (concerning the self): **~disgust/~doubt** asco *m*/duda *f* de sí mismo **2** (with no outside agency) auto; **~financing** autofinanciado

self ~-addressed /ˈselfəˈdrest/ *adj*: *con el nombre y la dirección del remitente*; **send a ~-addressed envelope to ...** envíe un sobre con su nombre y dirección a ...; **~-adhesive** /ˈselfədˈhiːsɪv/ *adj* autoadhesivo; **~-aggrandizement** /ˌselfəˈgrændəzmənt || ˌselfəˈgrændɪzmənt/ *n* [u] propio engrandecimiento *m*, autobombo *m* (fam); **~-appointed** /ˈselfəˈpɔɪntəd || ˌselfəˈpɔɪntɪd/ *adj* ‹*spokesperson/chief*› autoproclamado; **~-assertiveness** /ˌselfəˈsɜːrtɪvnəs || ˌselfəˈsɜːtɪvnɪs/ *n* [u] autoasertividad *f*; **~-assured** /ˈselfəˈʃʊrd || ˌselfəˈʃʊəd, ˌselfəˈʃɔːd/ *adj* seguro de sí mismo; **~-catering** /ˈselfˈkeɪtərɪŋ/ *adj* (BrE) ‹*accommodation*› equipado con cocina; **~ holiday** vacaciones *fpl* en apartamentos (*or* estudios *etc*); **~-centered** (BrE) **~-centred** /ˈselfˈsentərd || ˌselfˈsentəd/ *adj* egocéntrico; **~-confessed** /ˈselfkənˈfest/ *adj* (*before n*) confeso; **~-confidence** /ˈselfˈkɑːnfədəns || ˌselfˈkɒnfɪdəns/ *n* [u] confianza *f* en sí

; **~-confident** /'self'kɑ:nfədənt || ˌself'kɒnfɪdənt/ *adj* seguro de sí mismo; **~-conscious** /'self'kɑ:ntʃəs || ˌself'kɒnʃəs/ *adj* **1** (shy, embarrassed) ‹*person/manner*› tímido; **she's very ~-conscious about her nose** tiene complejo *or* está muy acomplejada por su nariz; **she felt very ~-conscious** se sintió muy cohibida; **2** (unspontaneous, unnatural) (pej) afectado; ‹*acting/delivery*› afectado, acartonado; **~-consciously** /'self'kɑ:ntʃəsli || ˌself'kɒnʃəsli/ *adv* **1** (shyly) ‹*behave/speak*› con timidez; **2** (unspontaneously) (pej) ‹*behave/speak*› de manera afectada; **~-contained** /selfkən'teɪnd/ *adj* **1** ‹*flat*› (BrE) *con cocina y cuarto de baño propios* **2** ‹*person*› (independent) independiente; (reserved) reservado; **~-control** /'selfkən'trəʊl/ *n* [u] dominio *m* de sí mismo, autocontrol *m*; **~-defeating** /'selfdɪ'fi:tɪŋ/ *adj* contraproducente; **~-defense**, (BrE) **~-defence** /'selfdɪ'fens/ *n* [u] **1** (Law): **to act in ~-defense** actuar* en defensa propia **2** (fighting technique) defensa *f* personal; **~-denial** /'selfdɪ'naɪəl/ *n* [u] abnegación *f*, sacrificio *m*; **~-destruct** /'selfdɪ'strʌkt/ *vi* autodestruirse*; **~-destructive** /ˌselfdɪ'strʌktɪv/ *adj* autodestructivo; **~-determination** /'selfdɪ'tɜ:rmə'neɪʃən || ˌselfdɪˌtɜ:mɪ'neɪʃən/ *n* [u] autodeterminación *f*; **~-discipline** /'self'dɪsəplɪn || ˌself'dɪsɪplɪn/ *n* [u] autodisciplina *f*; **~-drive** /'self'draɪv/ *adj* (BrE) ‹*car/hire*› sin chofer *or* (Esp) sin chófer; ‹*holiday*› con transporte en coche propio *or* (AmL) en auto propio; **~-employed** /'selfɪm'plɔɪd/ *adj* autónomo, por cuenta propia; **~-esteem** /'selfɪ'sti:m/ *n* [u] autoestima *f*, amor *m* propio; **~-evident** /'self'evədənt || ˌself'evɪdənt/ *adj* ‹*truth*› manifiesto; ‹*conclusion*› evidente, obvio; **~-explanatory** /'selfɪk'splænətɔ:ri || ˌselfɪk'splænətri/ *adj*: **the instructions are ~-explanatory** las instrucciones son muy claras *or* muy fáciles de entender; **~-expression** /'selfɪk'spreʃən/ *n* [u] expresión *f* personal; **~-fulfilling** /'selffʊl'fɪlɪŋ/ *adj* ‹*prophecy/prediction*› que acarrea su propio cumplimiento; **~-government** /'self'gʌvərnmənt || ˌself'gʌvənmənt/ *n* [u] autogobierno *m*, autonomía *f*; **~-help** /'self'help/ *n* [u] autoayuda *f*; (Econ) autofinanciación *f*, autofinanciamiento *m*; (*before n*) **~-help group** grupo *m* de apoyo mutuo; **~-image** /'self'ɪmɪdʒ/ *n* imagen *f* de sí mismo; **~-importance** /'selfɪm'pɔ:rtn̩s || ˌselfɪm'pɔ:tn̩s/ *n* [u] engreimiento *m*, presunción *f*; **~-important** /'selfɪm'pɔ:rtn̩t || ˌselfɪm'pɔ:tn̩t/ *adj* engreído, presumido; **~-imposed** /'selfɪm'pəʊzd/ *adj* ‹*exile/task*› voluntario, autoimpuesto; ‹*rules/punishment*› autoimpuesto; **~-improvement** /ˌselfɪm'pru:vmənt/ *n* [u] autosuperación *f*; **~-indulgent** /'selfɪn'dʌldʒənt/ *adj* demasiado indulgente consigo mismo, que se permite excesos; **~-inflicted** /'selfɪn'flɪktəd || ˌselfɪn'flɪktɪd/ *adj* autoinfligido; **~-interest** /'self'ɪntrəst || ˌself'ɪntrɪst/ *n* [u] interés *m* (personal)

selfish /'selfɪʃ/ *adj* egoísta

selfishly /'selfɪʃli/ *adv* egoístamente

selfishness /'selfɪʃnəs || 'selfɪʃnɪs/ *n* [u] egoísmo *m*

selfless /'selfləs || 'selflɪs/ *adj* desinteresado

selflessly /'selfləsli || 'selflɪsli/ *adv* desinteresadamente

selflessness /'selfləsnəs || 'selflɪsnɪs/ *n* [u] desinterés *m*

self ~-made /'self'meɪd/ *adj* (*before n*) ‹*man/woman*› que ha alcanzado su posición gracias a sus propios esfuerzos; **~-perpetuating** /'selfpər'petʃueɪtɪŋ || ˌselfpə'petjʊeɪtɪŋ/ *adj* ‹*situation/activity/problem*› que se autoperpetúa; **~-pity** /'self'pɪti/ *n* [u] autocompasión *f*; **~-pitying** /'self'pɪtiɪŋ/ *adj* autocompasivo; **~-portrait** /'self'pɔ:rtrət || ˌself'pɔ:trɪt/ *n* autorretrato *m*; **~-possessed** /'selfpə'zest/ *adj* dueño de sí (mismo), sereno; **~-preservation** /'self'prezər'veɪʃən || ˌselfprezə'veɪʃən/ *n* [u]: **the instinct of ~-preservation** el instinto de conservación *or* supervivencia; **~-proclaimed** /'selfprə'kleɪmd/ *adj* (frml) ‹*leader/anarchists*› autoproclamado, sedicente; **~-raising** /'self'reɪzɪŋ/ *adj* (BrE) ▸ **~-rising** **~-regarding** /ˌselfrɪ'gɑ:rdɪŋ || ˌselfrɪ'gɑ:dɪŋ/ *adj* **1** (self-respecting) de consideración por sí mismo **2** (vain) (pej) engreído; **~-regulation** /'selfregjə'leɪʃən || ˌselfregjʊ'leɪʃən/ *n* autorregulación *f*; **~-reliant** /'selfrɪ'laɪənt/ *adj* independiente; **~-respect** /'selfrɪ'spekt/ *n* [u] dignidad *f*, amor *m* propio; **~-respecting** /'selfrɪ'spektɪŋ/ *adj* (*before n*): **no ~-respecting editor would work for them** ningún editor que se precie trabajaría para ellos; **~-righteous** /'self'raɪtʃəs/ *adj* ‹*person*› con pretensiones de superioridad moral; ‹*tone*› de superioridad moral; **~-rising** /'self'raɪzɪŋ/ *adj* (AmE) ‹*flour*› con polvos de hornear (AmL), con levadura (Esp), leudante (RPl); **~-sacrifice** /'self'sækrəfaɪs || ˌself'sækrɪfaɪs/ *n* [u] sacrificio *m*; **~same** *adj* (*before n*) ‹*person/day/place*› mismísimo; **~-satisfied** /'self'sætəsfaɪd || ˌself'sætɪsfaɪd/ *adj* ufano, satisfecho de sí mismo, (auto)suficiente; ‹*expression/grin*› de (auto)suficiencia; **~-seeking** /'self'si:kɪŋ/ *adj* egoísta, interesado

self-service[1] /'self'sɜ:rvəs || ˌself'sɜ:vɪs/, (esp AmE) **self-serve** /-'sɜ:rv/ *adj*: **~ restaurant** autoservicio *m*, self-service *m*

self-service[2] *n* [u] autoservicio *m*

self ~-study /'self'stʌdi/ *n* autoestudio *m*; (*before n*) **~-study skills** técnicas *fpl* de autoestudio; **~-styled** /'self'staɪld/ *adj* (*before n*) sedicente, autollamado; **~-sufficiency** /'selfsə'fɪʃənsi/ *n* [u] independencia *f*; (Econ) autosuficiencia *f*, autarquía *f*; **~-sufficient** /'selfsə'fɪʃənt/ *adj* ‹*person*› independiente; ‹*country*› autosuficiente, autárquico; **to be ~-sufficient IN sth** autoabastecerse* DE algo; **~-supporting** /'selfsə'pɔ:rtɪŋ || ˌselfsə'pɔ:tɪŋ/ *adj* ‹*student*› económicamente independiente; ‹*organization*› autofinanciado; **~-taught** /'self'tɔ:t/ *adj* autodidacta, autodidacto; **~-worth** /'self'wɜ:rθ || 'self'wɜ:θ/ *n* [u] autoestima *f*

sell /sel/ (*past & past p* **sold**) *vt*

A **1** ‹*goods/house/shares/player/insurance*› vender; **⊗ sell by 11.4.96** fecha límite de venta: 11-4-96; **to ~ sth TO sb, to ~ sb sth** venderle algo A algn; **to ~ sth FOR sth** vender algo EN *or* POR algo; **to ~ sth AT sth**: **they are ~ing it at half price** lo están vendiendo a mitad de precio; **to ~ sth at a loss** vender algo perdiendo dinero; ***to ~ sb short***: **he's been sold short** (unfairly treated) no lo han tratado como merece; (ripped off) lo han timado; **don't ~ yourself short** tienes que hacerte valer, no te subestimes **2** (achieve sales figure of): **her novel sold a million in a year** se vendieron un millón de ejemplares de su novela en un año

B (colloq) (make acceptable) **to ~ sth TO sb, to ~ sb sth** convencer* a algn DE algo; ***to be sold on sth***: **he's completely sold on the idea** está convencido de que es una magnífica idea; ▸ **river**

■ **sell** *vi* **1** ‹‹*person/company*›› vender **2** (be sold) ‹‹*product*›› venderse; **to ~ AT/FOR sth** venderse A/POR algo

Phrasal verbs

- **sell off** [v ▸ o ▸ adv, v ▸ adv ▸ o] vender; (cheaply) liquidar
- **sell out**

A [v ▸ adv ▸ o] **1** (sell all of) ‹*stock*› agotar; ‹*article*› agotar las existencias de **2** (dispose of) ‹*shares/holding*› vender, deshacerse* de

B [v ▸ adv] **1** (sell all stock) ‹‹*shop*›› **to ~ out (OF sth)**: **we've** *o* **we're sold out of bread** no nos queda pan, se nos ha agotado el pan **2** (be sold) ‹‹*stock/tickets*›› agotarse; **⊗ sold out** (Cin, Theat) agotadas las localidades **3** (dispose of holding) vender *or* liquidar el negocio **4** (be traitor) ‹‹*leader/artist*›› venderse

- **sell up** (esp BrE)

A [v ▸ adv ▸ o] ‹*business*› liquidar, vender

B [v ▸ adv] vender el negocio (*or* la casa *etc*)

sell-by date /'selbaɪ/ *n* (BrE) fecha *f* límite de venta; **this food is past its ~-by date** esta comida ya se pasó de la fecha límite

seller /'selər || 'selə(r)/ *n* (person, company) vendedor, -dora *m,f*

selling /'selɪŋ/ *n* [u] ventas *fpl*; (*before n*) **~ price** precio *m* de venta

sellotape /'selәteɪp/ *vt* (BrE) ▸ **scotchtape**

Sellotape® /'selәteɪp/ *n* [u] (BrE) ▸ **Scotch tape**

sell-out /'selaʊt/ *n*

A (performance) éxito *m* de taquilla

B (betrayal) capitulación *f*

selvage, selvedge /'selvɪdʒ/ *n* orillo *m*

selves /selvz/ *pl of* **self**

semantic /sɪ'mæntɪk/ *adj* semántico

semantics /sɪ'mæntɪks/ *n* (+ *sing vb*) semántica *f*

semaphore /'seməfɔ:r || 'seməfɔ:(r)/ *n* [u] código *m* de señales

S

semblance /'sembləns/ *n* [u] (frml) **~ OF sth** apariencia *f* DE algo; **they managed to maintain some ~ of order** lograron mantener cierta apariencia de orden

semen /'si:mən/ *n* [u] semen *m*

semester /sə'mestər || sɪ'mestə(r)/ *n* (in US) semestre *m* (*lectivo*)

semi /'semi/ *n* (colloq) **1** (truck) (AmE) ▸**semitrailer 1** **2** (house) (BrE) casa *f* pareada *or* adosada

semi- /'semi, 'semaɪ || 'semi/ *pref* semi-

semibreve /'semibri:v/ *n* (BrE) redonda *f*, semibreve *f*

semicircle /'semi,sɜ:rkəl || 'semi,sɜ:kəl/ *n* semicírculo *m*

semicircular /'semi'sɜ:rkjələr || ,semi'sɜ:kjʊlə(r)/ *adj* semicircular

semicolon /'semi'kəʊlən/ *n* punto y coma *m*

semiconscious /'semi'kɑ:ntʃəs || ,semi'kɒnʃəs/ *adj* semiconsciente

semidetached /'semidɪ'tætʃt/ *adj*: **a ~ house** una casa pareada *or* adosada

semifinal /'semi'faɪnl̩/ *n* semifinal *f*

semifinalist /'semi'faɪnl̩əst || ,semi'faɪnl̩ɪst/ *n* semifinalista *mf*

seminal /'semənl̩ || 'semɪnl̩/ *adj* (frml) ‹*book/idea*› fundamental, de gran influencia

seminar /'seməna:r || 'semɪnɑ:(r)/ *n* seminario *m*

seminary /'seməneri || 'semɪnəri/ *n* (*pl* **-ries**) seminario *m*

semiprecious /'semi'preʃəs/ *adj* semiprecioso

semiquaver /'semi,kweɪvər || 'semi,kweɪvə(r)/ *n* (BrE) semicorchea *f*

semiskilled /'semi'skɪld/ *adj* semicalificado *or* (Esp) semicualificado

semiskimmed /'semi'skɪmd/ *adj*: **~ milk** leche *f* semidescremada *or* (Esp tb) semidesnatada

semitone /'semitəʊn/ *n* semitono *m*

semitrailer /'semi,treɪlər || 'semi,treɪlə(r)/ *n* (AmE) **1** (truck) camión *m* articulado, trailer *m* (Méx) **2** (trailer) remolque *m*, acoplado *m* (CS)

semolina /'semə'li:nə/ *n* [u] **1** (wheat flour) (AmE) sémola *f* **2** (for dessert) (BrE) crema *f* de sémola

Sen (US title) **= Senator**

senate /'senət || 'senɪt/ *n* **1** (Govt) **the Senate** el senado *or* Senado **2** (of university) ≈ rectorado *m*, junta *f* de gobierno (Méx) (*junta integrada por el rector y algunos profesores*)

> **Senate**
>
> El Senado es la cámara alta del Congreso (**Congress**) de Estados Unidos. Está formado por 100 senadores (*senators*), dos por cada estado, que son elegidos por períodos de seis años. Toda nueva ley debe ser aprobada por el Senado y la Cámara de Representantes (**House of Representatives**), pero el Senado tiene responsabilidad especial en asuntos relacionados con la política exterior

S

senator /'senətər || 'senətə(r)/ *n* senador, -dora *m,f*

senatorial /'senə'tɔ:riəl/ *adj* ‹*office/rank*› de senador, senatorial

send /send/ (*past & past p* **sent**) *vt*

A (dispatch) ‹*letter/parcel/flowers/greetings*› mandar, enviar*; **~ her my love** mándale saludos *or* recuerdos de mi parte

B (direct, cause to go) ‹*messenger/envoy/reinforcements*› mandar, enviar*; **to ~ sb on an errand/a course** mandar a algn a hacer un recado *or* mandado/un curso; **to ~ sb FOR sth**: **he sent me for some beer** me mandó a comprar cerveza, me mandó a por cerveza (Esp fam); **to ~ sb to prison** mandar a algn a la cárcel; ***to ~ sb packing*** mandar a algn a freír espárragos (fam)

C **1** (propel, cause to move): **the assassination sent shock waves around the world** el asesinato conmocionó al mundo; **the thought of it sent a shiver down my spine** me dio un escalofrío de sólo pensarlo; **the blow sent him reeling** el golpe lo dejó tambaleándose; **she sent everything flying** lo hizo saltar todo por los aires **2** (transmit) ‹*signal/current*› enviar*, mandar

D ‹*person*› (+ *compl*): **her remark sent him into fits of laughter** su comentario lo hizo morir de risa; **to ~ sb to sleep** dormir* a algn

■ **send** *vi*: **we'll have to ~ to the States for spares** tendremos que encargar repuestos de Estados Unidos, tendremos que mandar (a) pedir repuestos a Estados Unidos (AmL)

(Phrasal verbs)

• **send away**

A [v ▸ o ▸ adv, v ▸ adv ▸ o] **1** (dismiss): **don't ~ me away** no me digas que me vaya; **she sent the beggar away empty-handed** despachó al mendigo con las manos vacías **2** (send elsewhere) mandar, enviar*; **the film has to be sent away for processing** hay que mandar *or* enviar la película a revelar

B [v ▸ adv] ▸**send off C**

• **send back** [v ▸ o ▸ adv, v ▸ adv ▸ o] ‹*purchase*› devolver*, mandar de vuelta; ‹*person*› hacer* volver

• **send down** [v ▸ o ▸ adv, v ▸ adv ▸ o] (BrE) **1** (from university) (*usu pass*) expulsar **2** (to prison) (colloq) meter preso

• **send for** [v ▸ prep ▸ o] **1** (ask to come) ‹*priest/doctor/ambulance*› mandar a buscar, mandar llamar (AmL); **they sent for reinforcements** pidieron que enviaran refuerzos **2** (order) ‹*catalog/application form*› pedir*; ‹*books/tapes/clothes*› encargar*, pedir*

• **send in** [v ▸ o ▸ adv, v ▸ adv ▸ o] **1** ‹*troops*› enviar*, mandar **2** (by post) ‹*entry/coupon/application*› mandar, enviar* **3** (into room) ‹*person*› hacer* pasar; **~ him in** hágalo pasar

• **send off**

A [v ▸ o ▸ adv, v ▸ adv ▸ o] (dispatch) ‹*letter/parcel/goods*› despachar, mandar; ‹*person*› mandar

B [v ▸ o ▸ adv, v ▸ adv ▸ o] (BrE Sport) expulsar, echar

C [v ▸ adv] **to ~ off FOR sth**: **I sent off for a brochure** escribí pidiendo un folleto, mandé pedir un folleto (AmL)

• **send on** [v ▸ o ▸ adv, v ▸ adv ▸ o] **1** (in advance) ‹*luggage*› enviar* *or* mandar por adelantado; **they sent him on (ahead) with the message** lo mandaron adelante con el mensaje **2** (forward) ‹*mail*› hacer* seguir

• **send out**

A [v ▸ o ▸ adv, v ▸ adv ▸ o] **1** (emit) ‹*heat*› despedir*, irradiar; ‹*signal/radio waves*› emitir **2** (on errand) mandar; ‹*scouts/emissaries*› mandar, enviar* **3** ‹*invitations*› mandar, enviar*

B [v ▸ o ▸ adv (▸ prep ▸ o)] (ask to leave) echar (de una clase); **they sent me out of the room while they discussed it** me hicieron salir de la habitación *or* me mandaron afuera mientras lo discutían

C [v ▸ adv] **to ~ out FOR sth**: **we sent out for coffee** mandamos traer (un) café

• **send up** [v ▸ o ▸ adv, v ▸ adv ▸ o]

A (to prison) (AmE) meter preso

B (satirize) (BrE colloq) parodiar, burlarse de

sender /'sendər || 'sendə(r)/ *n* remitente *mf*

send: **~-off** *n* (colloq) despedida *f*; **~-up** *n* (esp BrE colloq) parodia *f*

Senegal /'senɪ'gɔ:l/ *n* (el) Senegal

Senegalese /'senɪgə'li:z/ *adj* senegalés

senile /'si:naɪl/ *adj* senil, chocho (fam); **to go ~** quedarse senil, chochear (fam)

senile dementia *n* [u] demencia *f* senil

senility /sɪ'nɪləti/ *n* [u] senilidad *f*

senior[1] /'si:njər || 'si:niə(r)/ *adj*

A **1** (superior in rank): **a ~ colleague** un superior; **a ~ officer in the Army** un oficial de alto rango del Ejército; **~ editor** editor, -tora *m,f*, redactor, -tora *m,f* sénior; **~ lecturer** (BrE) ≈ profesor adjunto, profesora adjunta *m,f*, ≈ agregado, -da *m,f* a cátedra; **~ partner** socio mayoritario, socia mayoritaria *m,f*; **~ TO sb**: **she's ~ to him** es su superior **2** (older): **the ~ members of a club** los socios más antiguos de un club; **Robert King, S~** (esp AmE) Robert King, padre *or* sénior

B (Educ) **~ school** (in UK) colegio *m* secundario; **the ~ boys** los chicos mayores *or* de los últimos cursos; **~ year** (in US) último año *or* curso

senior[2] *n*

A **1** (older person): **he's five years my ~** me lleva cinco años, es cinco años mayor que yo **2** (person of higher rank) superior *m* **3** (AmE) ▸**senior citizen**

B (Educ) estudiante *mf* del último año *or* curso

senior: **~ citizen** *n* persona *f* de la tercera edad; **~ high (school)** *n* (in US) *colegio donde se imparten los tres últimos años de la enseñanza secundaria*

seniority /siːnˈjɔːrəti || ˌsiːniˈɒrəti/ *n* [u] 1 (in rank) jerarquía *f* 2 (in length of service) antigüedad *f*

sensation /senˈseɪʃən/ *n*
A [c u] (feeling, impression) sensación *f*
B [c] 1 (furor) sensación *f*; **to cause** *o* **create a ~** causar sensación, hacer* furor 2 (success): **the play was a ~ on Broadway** la obra fue todo un éxito *or* (fam) un exitazo en Broadway

sensational /senˈseɪʃn̩əl || senˈseɪʃənl̩/ *adj* 1 (causing furor) que causa sensación 2 (sensationalist) sensacionalista 3 (very good) (colloq) sensacional (fam)

sensationalism /senˈseɪʃn̩əlɪzəm || senˈseɪʃənəlɪzəm/ *n* [u] sensacionalismo *m*

sensationalist /senˈseɪʃn̩ələst || senˈseɪʃənl̩ɪst/ *adj* sensacionalista

sensationalize /senˈseɪʃn̩əlaɪz || senˈseɪʃənl̩aɪz/ *vt* sensacionalizar*

sense¹ /sens/ *n*
A 1 [c] (physical faculty) sentido *m*; **the ~ of hearing/smell/taste/touch** el (sentido del) oído/olfato/gusto/tacto 2 **senses** *pl* (rational state): **no one in his (right) ~s would do something like that** una persona en su (sano) juicio *or* en sus cabales no haría una cosa así; **to come to one's ~s** entrar en razón; ***to take leave of one's ~s*** perder* el juicio, volverse* loco
B 1 (impression) (*no pl*) sensación *f*; **I felt a ~ of belonging/betrayal** me sentí aceptado/traicionado; **she has an exaggerated ~ of her own importance** se cree más importante de lo que es 2 [c u] (awareness) sentido *m*; **~ of direction/rhythm** sentido de la orientación/del ritmo; **she has no ~ of decency** no tiene vergüenza; **I lost all ~ of time** perdí completamente la noción del tiempo; **~ of humor** sentido *m* del humor
C [u] 1 (*common ~*) sentido *m* común; **she had the (good) ~ to leave her phone number** tuvo la sensatez *or* el tino de dejar su número de teléfono; **I have more ~ than to contradict my boss** no soy tan tonto como para contradecir a mi jefe; **I'm going to knock** *o* **beat some ~ into him!** voy a hacerlo entrar en razón; **I can't make him see ~** no puedo hacerlo entrar en razón 2 (point, value) sentido *m*; **there's not much ~ in doing it again** no tiene mucho sentido volver a hacerlo
D [c] 1 (meaning) sentido *m*, significado *m*; **in every ~ of the word** en todo sentido; **the different ~s of the word** las distintas acepciones *or* los distintos significados de la palabra; **he is a professional in the full ~ (of the term)** es un profesional en toda la extensión de la palabra 2 (aspect, way): **in a ~ they're both correct** en cierto modo *or* sentido ambos tienen razón; **it must in no ~ be taken as the final offer** no debe de ningún modo *or* de ninguna manera interpretarse como la oferta final
E **to make ~** 1 (be comprehensible) tener* sentido; **this sentence doesn't make much ~** esta frase no tiene mucho sentido 2 (be sensible): **what he said made a lot of ~** lo que dijo era muy razonable *or* sensato; **it doesn't make economic ~** no es recomendable desde el punto de vista económico; ***to make ~ of sth*** entender* algo; **I can't make ~ of this letter** no logro entender esta carta

sense² *vt* 1 (be aware of) sentir*, notar; **I ~d that they weren't very happy** sentí *or* intuí que no estaban muy contentos 2 (detect) (Tech) detectar

senseless /ˈsensləs || ˈsenslɪs/ *adj*
A (pointless) ‹*act/destruction/murder*› sin sentido
B (unconscious) inconsciente, sin sentido; **they beat him ~** lo golpearon hasta dejarlo inconsciente *or* sin sentido

sensibilities /ˌsensəˈbɪlətiz/ *pl n* sensibilidad *f*; **to offend sb's ~** herir* la sensibilidad de algn

sensible /ˈsensəbəl/ *adj* 1 ‹*person/approach/attitude*› sensato; ‹*decision*› prudente; **be ~, you can't do it all on your own** sé razonable, no lo puedes hacer todo tú solo 2 ‹*clothes/shoes*› cómodo y práctico

sensibly /ˈsensəbli/ *adv* ‹*act*› con sensatez, con tino

sensitive /ˈsensətɪv/ *adj*
A 1 (emotionally responsive) ‹*person*› sensible; ‹*performance/account*› lleno de sensibilidad; **to be ~ TO sth**: **to be ~ to music** tener* sensibilidad para la música; **to be ~ to sb's needs** ser* *or* (Chi, Méx tb) estar* muy consciente de las necesidades de algn 2 (touchy) ‹*person*› susceptible; **he's very ~ to criticism** es muy susceptible a la crítica
B (physically responsive) ‹*skin*› sensible, delicado; ‹*teeth/instrument/film*› sensible; **~ TO sth** sensible A algo
C 1 (secret) ‹*document/information*› confidencial 2 (requiring tact) ‹*topic/issue*› delicado

sensitively /ˈsensətɪvli/ *adv* con sensibilidad

sensitivity /ˌsensəˈtɪvəti/ *n* [u]
A 1 (emotional responsiveness) **~ (TO sth)** sensibilidad *f* (FRENTE A algo) 2 (touchiness) **~ (TO sth)** susceptibilidad *f* (A algo)
B (physical responsiveness) **~ (TO sth)** sensibilidad *f* (A algo)
C (of information) confidencialidad *f*; (of issue) lo delicado

sensitize /ˈsensətaɪz || ˈsensɪtaɪz/ *vt* sensibilizar*; (to a social problem) concientizar* *or* (Esp) concienciar

sensor /ˈsensər || ˈsensə(r)/ *n* sensor *m*

sensory /ˈsensəri/ *adj* sensorial

sensual /ˈsentʃuəl || ˈsenʃʊəl/ *adj* sensual

sensuality /ˌsentʃuˈæləti || ˌsenʃʊˈæləti/ *n* [u] sensualidad *f*

sensuous /ˈsentʃuəs || ˈsensjʊəs/ *adj* sensual

sent /sent/ *past & past p of* **send**

sentence¹ /ˈsentn̩s || ˈsentəns/ *n*
A (Ling) oración *f*
B (Law) sentencia *f*; **he's serving a life ~** está cumpliendo una condena a cadena perpetua; **the death ~** la pena de muerte; **the court gave her a two-year ~** el tribunal la sentenció *or* la condenó a dos años de prisión; **to pass ~ (on sb)** dictar *or* pronunciar sentencia (contra algn), sentenciar (a algn); **she is under ~ of death** la han condenado a (la pena de) muerte

sentence² *vt* **to ~ sb (TO sth)** condenar *or* sentenciar a algn (A algo); **he was ~d to death** lo condenaron a (la pena de) muerte, lo sentenciaron a muerte

sentiment /ˈsentɪmənt/ *n*
A 1 [u] (feeling) sentir *m*, sentimiento *m* 2 [c] (view) opinión *f*, parecer *m*; **my ~s exactly** *o* **entirely** estoy totalmente de acuerdo
B [u] (sentimentality) sensiblería *f*, sentimentalismo *m*

sentimental /ˌsentɪˈmentl̩/ *adj* 1 (emotional) ‹*person/movie/song*› sentimental 2 (concerning emotions) (*usu before n*): **it had ~ value** tenía (un) valor sentimental; **a ~ journey** un viaje nostálgico

sentimentality /ˌsentɪmenˈtæləti/ *n* [u] sentimentalismo *m*

sentimentalize /ˌsentɪˈmentl̩aɪz/ *vt* dar* una visión sentimental de

sentry /ˈsentri/ *n* (*pl* **-tries**) centinela *m*; (*before n*) **to be on ~ duty** estar* de guardia

sentry box *n* garita *f*, puesto *m* de guardia

Seoul /səʊl/ *n* Seúl *m*

Sep (= **September**) sept.

separable /ˈseprəbəl, ˈsepərəbəl/ *adj* separable

separate¹ /ˈsepərət/ *adj* 1 (individual) ‹*beds/rooms/bank accounts*› separado; **they lead ~ lives** hacen vida aparte; ***to go our/their ~ ways*** irse* cada uno por su lado 2 (physically apart) aparte *adj inv*; **the gym is in a ~ building** el gimnasio está en un edificio aparte *or* en otro edificio; **~ FROM sth** separado DE algo; **keep your passport ~ from your wallet** no guarde juntos el pasaporte y la billetera 3 (distinct, different): **this word has three ~ meanings** esta palabra tiene tres significados distintos; **answer each question on a ~ sheet of paper** conteste cada pregunta en una hoja aparte

separate² /ˈsepəreɪt/ *vt* 1 (set apart) separar; **to ~ sth/sb FROM sth/sb** separar algo/a algn DE algo/algn 2 (keep apart) separar; **to be ~d FROM sb** estar* separado DE algn 3 (distinguish) distinguir*, diferenciar; **to ~ sth FROM sth** distinguir* *or* diferenciar algo DE algo 4 (Tech) extraer*
■ **separate** *vi* 1 (move apart) separarse 2 «*couple*» separarse

Phrasal verbs

• **separate off** [v ▸ o ▸ adv, v ▸ adv ▸ o] ‹*area/section/group*› separar

• **separate out**
A [v ▸ adv] «*elements/ingredients*» separarse; «*mixture/emulsion*» disgregarse*
B [v ▸ o ▸ adv, v ▸ adv ▸ o] ‹*elements/ingredients*› separar; ‹*considerations/factors*› distinguir*

separated /ˈsepəreɪtəd || ˈsepəreɪtɪd/ *adj* separado

S

separately /ˈseprətli, ˈsepərətli/ *adv* 1 (apart) por separado 2 (individually) separadamente, por separado
separation /ˌsepəˈreɪʃən/ *n* [c u] separación *f*
separatism /ˈseprətɪzəm, ˈsepərətɪzəm/ *n* [u] separatismo *m*
separatist /ˈseprətəst, ˈsepə- || ˈsepərətɪst, ˈseprə-/ *n* separatista *mf*; (*before n*) ‹*group/movement*› separatista
sepia /ˈsiːpiə/ *n* [u] sepia *m*; (*before n*) ‹*print/photograph*› en sepia
Sept (= **September**) sept.
September /sepˈtembər || sepˈtembə(r)/ *n* septiembre *m*, setiembre *m*; *see also* **January**
septet /sepˈtet/ *n* septeto *m*
septic /ˈseptɪk/ *adj* séptico; **the wound turned** *o* **went ~** la herida se infectó
septicemia, (BrE) **septicaemia** /ˈseptəˈsiːmiə || ˌseptɪˈsiːmiə/ *n* [u] septicemia *f*
septic tank *n* pozo *m* séptico, fosa *f* séptica, cámara *f* séptica (CS)
sepulcher, (BrE) **sepulchre** /ˈsepəlkər || ˈsepəlkə(r)/ *n* (liter) sepulcro *m*; ***a whited* ~** un sepulcro blanqueado
sequel /ˈsiːkwəl/ *n* 1 (Cin, Lit, TV) **~ (TO sth)** continuación *f* (DE algo) 2 (later events) **~ (TO sth)** secuela *f* *or* consecuencia *f* (DE algo)
sequence /ˈsiːkwəns/ *n*
A (order): **a logical ~** un orden lógico, una secuencia lógica; **the police established the ~ of events** la policía estableció cómo se sucedieron los hechos; **it's better to look at the pictures in ~** es mejor ver las fotos en *or* por orden
B 1 (series) serie *f* 2 (Math, Mus) secuencia *f*
C (Cin, TV) secuencia *f*
sequential /sɪˈkwentʃəl || sɪˈkwenʃəl/ *adj* (frml) ‹*processes*› consecutivo, secuencial
sequin /ˈsiːkwən || ˈsiːkwɪn/ *n* lentejuela *f*
Serb /sɜːrb || sɜːb/ *adj/n* ▸ **Serbian**[1,2]
Serbia /ˈsɜːrbiə || ˈsɜːbiə/ *n* Serbia *f*, Servia *f*
Serbian[1] /ˈsɜːrbiən || ˈsɜːbiən/ *adj* serbio, servio
Serbian[2] *n* serbio, -bia *m,f*, servio, -via *m,f*
Serbo-Croat /ˈsɜːrbəʊˈkrəʊæt || ˌsɜːbəʊˈkrəʊæt/, **Serbo-Croatian** /-krəʊˈeɪʃən/ *n* [u] serbocroata *m*
serenade[1] /ˈserəˈneɪd/ *n* serenata *f*
serenade[2] *vt* darle* (una) serenata a
serendipity /ˈserənˈdɪpəti/ *n* [u] serendipia *f* (*don de descubrir cosas sin proponérselo*)
serene /səˈriːn || sɪˈriːn/ *adj* 1 (calm) sereno 2 (in title) **His/Her S~ Highness** Su Alteza Serenísima
serenely /səˈriːnli || sɪˈriːnli/ *adv* ‹*smile*› serenamente, con serenidad; **he remained ~ indifferent** ni se inmutó
serenity /səˈrenəti || sɪˈrenəti/ *n* [u] serenidad *f*
serf /sɜːrf || sɜːf/ *n* siervo, -va *m,f*
serfdom /ˈsɜːrfdəm || ˈsɜːfdəm/ *n* [u] servidumbre *f*
serge /sɜːrdʒ || sɜːdʒ/ *n* [u] sarga *f*
sergeant /ˈsɑːrdʒənt || ˈsɑːdʒənt/ *n* sargento *mf*; **first ~** (in US Army, marines) sargento *mf* primero
sergeant major *n* ≈ brigada *mf*
serial[1] /ˈsɪriəl || ˈsɪəriəl/ *adj* 1 (in series) consecutivo; **~ killer** asesino, -na *m,f* en serie, asesino, -na *m,f* múltiple 2 (in episodes) ‹*thriller*› seriado, en capítulos 3 (Comput) ‹*input/access/interface*› en serie
serial[2] *n* 1 (Rad, TV) serie *f*, serial *m* *or* (CS) serial *f* 2 (Publ): **it was published as a ~** se publicó por entregas
serialization /ˈsɪriələˈzeɪʃən || ˌsɪəriəlaɪˈzeɪʃən/ *n* [c u] serialización *f*
serialize /ˈsɪriəlaɪz || ˈsɪəriəlaɪz/ *vt* serializar*, seriar; **the book was ~d in a national newspaper** el libro apareció por entregas/capítulos en un periódico nacional
serial number *n* número *m* de serie
series /ˈsɪriːz || ˈsɪəriːz/ *n* (*pl* ~) 1 (succession) serie *f*, sucesión *f*; **she made a ~ of mistakes** cometió una serie *or* una sucesión de errores 2 (set, group): **a TV/radio ~** una serie *or* un serial *or* (CS) una serial de televisión/radio; **a ~ of concerts/lectures** un ciclo *or* un programa de conciertos/conferencias 3 (in baseball, cricket) serie *f* 4 (Elec): **in ~** en serie

serious /ˈsɪriəs || ˈsɪəriəs/ *adj*
A 1 (in earnest, sincere) serio; **I'm ~** lo digo en serio *or* de veras; **you can't be ~!** ¡estás loco!, ¡me estás tomando el pelo! (fam); **come on now, be ~!** vamos, vamos, más formalidad; **to be ~ ABOUT sth/-ING**: **I'm ~ about this** lo digo en serio; **are you ~ about wanting to change your job?** ¿en serio quieres cambiar de trabajo? 2 (committed) (*before n*) ‹*student/worker*› dedicado 3 (not lightweight) (*before n*) ‹*newspaper/play/music*› serio
B 1 (grave, severe) ‹*injury/illness*› grave; **things are getting ~** las cosas se están poniendo serias 2 (of importance, major): **I have ~ doubts about him** tengo mis serias dudas acerca de él; **we're talking ~ money here** (colloq) no estamos hablando de dos centavos
seriously /ˈsɪriəsli || ˈsɪəriəsli/ *adv*
A 1 (not frivolously) seriamente, con seriedad; **don't take it ~** no te lo tomes en serio; **she takes herself so ~** se da mucha importancia; **~ though** (*indep*) hablando en serio, fuera de broma 2 (genuinely, sincerely): **you can't ~ mean that** no lo puedes estar diciendo en serio
B (gravely) ‹*ill/injured*› gravemente
seriousness /ˈsɪriəsnəs || ˈsɪəriəsnɪs/ *n* [u] seriedad *f*; **he said it in all ~** lo dijo muy en serio
sermon /ˈsɜːrmən || ˈsɜːmən/ *n* sermón *m*; **the S~ on the Mount** el Sermón de la Montaña
serpent /ˈsɜːrpənt || ˈsɜːpənt/ *n* (snake) (liter) sierpe *f* (liter), serpiente *f*
serrated /ˈsəreɪtəd || səˈreɪtɪd/ *adj* ‹*edge/blade/knife*› serrado, dentado; ‹*leaf*› dentado
serried /ˈserid/ *adj* (*before n*) (frml) apretado
serum /ˈsɪrəm || ˈsɪərəm/ *n* 1 [u] (*blood* ~) suero *m* (sanguíneo) 2 [u c] (antitoxin) suero *m*
servant /ˈsɜːrvənt || ˈsɜːvənt/ *n* 1 (domestic employee) criado, -da *m,f*, sirviente, -ta *m,f* 2 (sb, sth that serves) servidor, -dora *m,f*; **a faithful ~ of the cause** un leal servidor de la causa
serve[1] /sɜːrv || sɜːv/ *vt*
A (work for) ‹*God/monarch/party*› servir* a
B (help, be useful to) servir*; **if (my) memory ~s me correctly** si la memoria me es fiel, si la memoria no me falla; **it ~s no useful purpose** no sirve para nada (útil); ***to ~ sb right*** (colloq): **it ~s her right!** ¡se lo merece!, ¡lo tiene bien merecido!, ¡le está bien empleado! (Esp)
C 1 (Culin) ‹*food/drink*› servir*; Ⓢ **serves four** (in recipe) para cuatro personas; (on packet) cuatro raciones *or* porciones; **dinner is ~d** (frml) la cena está servida 2 (in shop) (BrE) atender*; **are you being ~d?** ¿lo atienden?
D (Transp): **the bus route serving Newtown** el servicio *or* la línea de autobuses que va a Newtown; **Riem airport ~s Munich** Riem es el aeropuerto de Munich
E (Law) ‹*summons/notice/order*› entregar*, hacer* entrega de; **to ~ sth ON sb, to ~ sb WITH sth**: **they ~d a summons on all the directors** todos los directivos recibieron una citación judicial; **she was ~d with divorce papers** recibió notificación de la demanda de divorcio
F (complete) ‹*apprenticeship*› hacer*; ‹*sentence*› cumplir
■ **serve** *vi*
A 1 (be servant) (liter) servir* 2 (in shop) (BrE) atender* 3 (distribute food) servir*
B (spend time, do duty): **to ~ in the army** servir* en el ejército; **to ~ on a committee** integrar una comisión, ser* miembro de una comisión
C (have effect, function) **to ~ to + INF** servir* PARA + INF; **it only ~d to heighten tension** sólo sirvió para aumentar la tensión; **let this ~ as a warning** que esto te (*or* les *etc*) sirva de advertencia
D (Sport) sacar*, servir*
Phrasal verbs
• **serve out** [v ▸ o ▸ adv, v ▸ adv ▸ o]
A (distribute) ‹*portion/course*› servir*
B (complete) ‹*apprenticeship/sentence*› cumplir
• **serve up** [v ▸ o ▸ adv, v ▸ adv ▸ o] ‹*food*› servir*
serve[2] *n* servicio *m*, saque *m*
server /ˈsɜːrvər || ˈsɜːvə(r)/ *n*
A 1 (utensil) cubierto *m* de servir 2 (dish) fuente *f*; (tray) bandeja *f*
B (Sport) *jugador que tiene el saque*
C (Comput) servidor *m*

S

service[1] /'sɜːrvəs || 'sɜːvɪs/ *n*

A [u] **1** (duty, work) servicio *m*; **five years' (length of) ~** cinco años de antigüedad *or* de trabajo **2** (as domestic servant): **he went into ~ in 1932** se puso a trabajar como criado en 1932 **3** (given by a tool, machine): **you'll get years of ~ from this iron** esta plancha le durará años; **to come into ~** entrar en servicio *or* en funcionamiento

B [u c] (of professional, tradesman, company) servicio *m*; **24-hour emergency ~** servicio de emergencia (durante) las 24 horas del día; **we no longer require your ~s** ya no precisamos sus servicios; **Ⓢ services 1 mile** (BrE) área de servicio a 1 milla

C [c u] (assistance) servicio *m*; **she has done us all a ~** nos ha hecho a todos un favor *or* servicio; **my staff are at your ~** mis empleados están a sus órdenes *or* a su entera disposición *or* a su servicio; **how can I be of ~ to you?** ¿en qué puedo ayudarlo *or* servirlo?

D [c] (organization, system) servicio *m*; **telephone/postal ~** servicio telefónico/postal; **the bus/rail ~** el servicio de autobuses/trenes; **there's a daily/an hourly ~ to Boston** hay un servicio diario/un tren (*or* autobús *etc*) cada hora a Boston

E (Mil): **the (armed) ~s** las fuerzas armadas

F [u] (in shop, restaurant) servicio *m*; **Ⓢ service not included** servicio no incluido

G [c u] (overhaul, maintenance) revisión *f*, servicio *m* (AmL), service *m* (RPl); (*before n*) ‹*contract/package*› de mantenimiento; **~ engineer** técnico, -ca *m,f* de mantenimiento

H [c] (Relig) oficio *m* religioso; **funeral ~** funeral *m*; **wedding ~** ceremonia *f* de boda

I [c] (in tennis) servicio *m*, saque *m*; **first/second ~!** ¡primer/segundo saque *or* servicio!; **to break sb's ~** romper* el servicio de algn, romperle* el servicio a algn

J [c] (*dinner ~*) vajilla *f*

service[2] *vt*

A (overhaul, maintain) ‹*car*› hacerle* una revisión *or* (AmL) un servicio *or* (RPl) un service a; ‹*machine/appliance*› hacerle* el mantenimiento a

B (Fin) ‹*debt/loan*› atender* el servicio de (frml)

serviceable /'sɜːrvəsəbəl || 'sɜːvɪsəbəl/ *adj* **1** (usable): **it's old, but still perfectly ~** está viejo pero todavía sirve *or* se puede usar perfectamente **2** (durable) resistente, duradero **3** (practical) práctico

service: ~ area *n* área *f*‡ de servicio; **~ charge** *n* **1** (in restaurant) servicio *m*; **there is a ~ charge of 10%** se cobra un 10% de servicio **2** (in banking) comisión *f* **3** (for maintenance — of apartment) gastos *mpl* comunes *or* (Esp) de comunidad; (— of office) gastos *mpl* de mantenimiento; **~ elevator** *n* (AmE) montacargas *m*; **~ entrance** *n* entrada *f* de servicio; **~ industry** *n* sector *m* (de) servicios; **~ lift** *n* (BrE) montacargas *m*; **~man** /'sɜːrvəsmən || 'sɜːvɪsmən/ *n* (*pl* **-men** /-mən/) militar *m*, soldado *m*; **~ provider** *n* (Comput) proveedor *m* de servicios de Internet; **~ road** *n* vía *f* de acceso; **~ sector** *n* sector *m* de servicios, sector *m* terciario; **~ station** *n* estación *f* de servicio; **~woman** *n* militar *f*, soldado *f*

serviette /'sɜːrvi'et || ,sɜːvi'et/ *n* (BrE) servilleta *f*; (*before n*) **~ ring** servilletero *m*

servile /'sɜːrvəl || 'sɜːvaɪl/ *adj* servil

serving /'sɜːrvɪŋ || 'sɜːvɪŋ/ *n* porción *f*, ración *f*; (*before n*) **~ dish** fuente *f*; **~ spoon** cuchara *f* de servir

servitude /'sɜːvətuːd || 'sɜːvɪtjuːd/ *n* [u] servidumbre *f*

sesame /'sesəmi/ *n* [u] **1** ajonjolí *m*, sésamo *m*; (*before n*) ‹*oil/seed*› de ajonjolí *or* sésamo **2** (Lit): **open ~!** ¡ábrete sésamo!

session /'seʃən/ *n*

A (Adm, Govt, Law) **1** (single meeting) sesión *f*; **to be in ~** estar* en sesión, estar* reunido, estar* sesionando (esp AmL) **2** (series of meetings — of Congress, Parliament) sesión *f*; (— of negotiations, talks) ronda *f*

B (period of time) sesión *f*; **a photo/recording ~** una sesión fotográfica/de grabación

C (Educ) **1** (academic year) curso *m*, año *m* académico **2** (term) trimestre *m*; (semester) semestre *m* **3** (lesson) hora *f* de clase

set[1] /set/ *n*

A **1** (of tools, golf clubs, bowls, pens, keys) juego *m*; (of books, records) colección *f*; (of stamps) serie *f*; **a ~ of cutlery** un juego de cubiertos, una cubertería; **a ~ of saucepans** una batería de cocina; **a matching ~ of sheets and pillowcases** un juego de cama; **a ~ of dentures** una dentadura postiza; **a boxed ~** un juego en estuche **2** (Math) conjunto *m*

B (+ *sing o pl vb*) (BrE Educ) *grupo de estudiantes seleccionados de acuerdo a sus aptitudes*

C (TV) aparato *m*, televisor *m*; (Rad) aparato *m*, receptor *m*

D (in tennis, squash) set *m*; (*before n*) **~ point** bola *f* de set, punto *m* para set (Méx), set point *m* (CS)

E **1** (Theat) (stage) escenario *m*; (scenery) decorado *m* **2** (Cin) plató *m*

F (in hairdressing) marcado *m*; **shampoo and ~** lavado *m* y marcado

set[2] *adj*

A (established, prescribed) ‹*wage/price*› fijo; **meals are at ~ times** las comidas son a determinadas horas; **there are no ~ times for visiting** no hay horas de visita establecidas; **~ book** (Educ) obra *f* prescrita *or* del programa; **a ~ phrase** una frase hecha; **we ordered the ~ menu** (BrE) pedimos el menú del día

B (*pred*) **1** (ready, prepared): **to be ~** estar* listo, estar* pronto (RPl); **is everything ~ for the meeting?** ¿está todo preparado *or* listo *or* (RPl) pronto para la reunión?; **all ~ (to go)?** ¿listos? **2** (likely, about to) (journ) **to be ~ to + INF** llevar camino de + INF **3** (determined, resolute): **he was all ~ to walk out** estaba totalmente decidido *or* resuelto a irse; **she's absolutely ~ on that bicycle** está empeñada en que tiene que ser esa bicicleta; **he's dead ~ on going to college** está resuelto *or* decidido a ir a la universidad sea como sea

C **1** (rigid, inflexible): **to be ~ in one's ways** tener* costumbres muy arraigadas **2** (solid) ‹*yoghurt/custard/jelly*› cuajado

set[3] (*pres p* **setting** *past & past p* **set**) *vt*

A (put, place) poner*, colocar*; **he ~ a pitcher of cider before us** nos puso una jarra de sidra delante

B **1** (cause to be, become): **to ~ sb free** poner* en libertad *or* liberar a algn; **to ~ sb loose** soltar* a algn; **to ~ fire to sth, to ~ sth on fire** prenderle fuego a algo **2** (make solid, rigid) ‹*jelly/cheese*› cuajar; ‹*cement*› hacer* fraguar

C **1** (prepare) ‹*trap*› tender*; ‹*table*› poner*; **~ three places for dinner** pon cubiertos para tres para la cena **2** (Med) ‹*bone*› encajar, componer* (AmL) **3** ‹*hair*› marcar* **4** (Print) ‹*type*› componer*

D (adjust) ‹*oven/alarm clock/watch*› poner*

E **1** (arrange, agree on) ‹*date/time*› fijar, acordar*; ‹*agenda*› establecer*, acordar* **2** (impose, prescribe) ‹*target*› establecer* **3** (allot) ‹*task*› asignar; ‹*homework*› mandar, poner*; ‹*exam/test/problem*› poner*; ‹*text*› prescribir* **4** (establish) ‹*precedent*› sentar*; ‹*record/standard*› establecer*; ‹*fashion*› dictar, imponer*; **to ~ a good example** dar* buen ejemplo **5** (fix, assign) ‹*price/bail*› fijar

F (cause to do, start): **she ~ them to work in the garden** los puso a trabajar en el jardín; **the news ~ my pulse racing** la noticia hizo que se me disparara el pulso; **to ~ sth going** poner* algo en marcha

G (*usu pass*) **1** ‹*book/film*› ambientar; **the novel is ~ in Japan** la novela está ambientada en el Japón **2** (locate) ‹*building*› situar*

H **1** (mount, insert) ‹*gem*› engarzar*, engastar; ‹*stake*› hincar*, clavar; **the posts are ~ in concrete** los postes están puestos en hormigón; **the crown is ~ with rubies** la corona tiene incrustaciones de rubíes **2** **to ~ a poem to music** ponerle* música a un poema

I (turn, direct): **we ~ our course for the nearest island** pusimos rumbo a la isla más cercana; ▸**sail**[1] **A1**

■ **set** *vi*

A (go down) ‹‹*sun/moon*›› ponerse*

B **1** (become solid, rigid) ‹‹*jelly*›› cuajar(se); ‹‹*cement*›› fraguar* **2** ‹‹*bone*›› soldarse*

Phrasal verbs

- **set about** [v ▸ prep ▸ o] **1** (begin, tackle): **he ~ about his task energetically** emprendió su tarea con energía; **I spent a long time deciding how to ~ about the task** me llevó mucho tiempo decidir cómo acometer la tarea; **we ~ about cleaning the room** nos pusimos a limpiar la habitación **2** (attack) atacar*, agredir; **they ~ about him with sticks** empezaron a darle *or* a golpearlo con palos
- **set against** [v ▸ o ▸ prep ▸ o]

A (cause to quarrel) poner* en contra de, enemistar con

B (balance, compare): **the advantages must be ~ against the**

disadvantages hay que contraponer *or* sopesar los pros y los contras; **these costs can be ~ against your total income** (Tax) estos gastos pueden deducirse de sus ingresos

- **set apart** [v ▸ o ▸ adv] (make different) distinguir*, hacer* distinto *or* diferente; **her extraordinary talent ~s her apart from the other children** su extraordinario talento la hace distinta *or* diferente de los otros niños
- **set aside** [v ▸ o ▸ adv, v ▸ adv ▸ o] **1** (save, reserve) ‹*food/goods*› guardar, apartar, reservar; ‹*time*› dejar; ‹*money*› guardar, ahorrar **2** (put to one side, shelve) ‹*book/project*› dejar (de lado) **3** (disregard) ‹*hostility/bitterness*› dejar de lado; ‹*rules/formality*› prescindir de
- **set back**

A [v ▸ o ▸ adv, v ▸ adv ▸ o] **1** (delay) ‹*progress*› retrasar, atrasar; ‹*clock*› atrasar **2** (place at a distance) (*usu pass*): **the house is ~ well back from the road** la casa está bastante apartada de la carretera

B [v ▸ o ▸ adv] (cost) (colloq): **the trip ~ me back £100** el viaje me costó 100 libras *or* me salió en 100 libras

- **set by** [v ▸ o ▸ adv, v ▸ adv ▸ o] ‹*supplies*› guardar, reservar, apartar; ‹*money*› guardar, ahorrar
- **set down** [v ▸ o ▸ adv, v ▸ adv ▸ o] **1** (put down) ‹*object*› poner*, colocar*; (emphatically) depositar **2** ‹*passenger*› dejar **3** (record in writing): **she ~ down her experiences in her autobiography** escribió *or* relató sus experiencias en su autobiografía; **all the facts you need are ~ down in this book** todos los datos que necesitas están en este libro **4** (prescribe) ‹*rule/condition*› establecer*, fijar
- **set forth**

A [v ▸ adv] (depart) (liter) partir (liter), salir*

B [v ▸ o ▸ adv, v ▸ adv ▸ o] (outline, present) (frml) ‹*argument/theory*› exponer*; ‹*aims/policies/proposition*› presentar

- **set in** [v ▸ adv] (gain hold) «*infection*» declararse; **if rust/decay ~s in** una vez que empieza a oxidarse/deteriorarse; **after the operation complications ~ in** después de la operación surgieron complicaciones
- **set off**

A [v ▸ adv] (begin journey) salir*; **when do you ~ off on your trip?** ¿cuándo sales *or* te vas de viaje?

B [v ▸ o ▸ adv, v ▸ adv ▸ o] **1** (activate) ‹*bomb/mine*› hacer* explotar *or* estallar; ‹*alarm*› hacer* sonar; ‹*firework*› lanzar*, tirar **2** (start) ‹*speculation*› dar* lugar a; **the photographs ~ us off reminiscing** las fotos nos hicieron empezar a rememorar **3** (enhance) hacer* resaltar, darle* realce a **4** (offset) **to ~ sth off AGAINST sth** deducir* algo DE algo; **these expenses can be ~ off against income** (Tax) estos gastos se pueden deducir de los ingresos

- **set on**

A [v ▸ prep ▸ o] (attack) atacar*, agredir*; **he was ~ on by thieves** fue atacado por ladrones

B [v ▸ o ▸ prep ▸ o]: **we ~ the dogs on him** le echamos *or* le lanzamos los perros; **she ~ a private detective on him** contrató a un detective privado para que lo siguiera

- **set out**

A [v ▸ adv] **1** (begin journey) salir*, partir (liter *or* frml) **2** (begin, intend): **I didn't ~ out with that intention** no empecé con esa intención; **to ~ out to + INF: I didn't ~ out to offend him** no era mi intención ofenderlo; **she had failed in what she had ~ out to achieve** no había logrado lo que se había propuesto

B [v ▸ o ▸ adv, v ▸ adv ▸ o] **1** (expound) ‹*argument/theory*› exponer* **2** (display, arrange) ‹*goods*› exponer*; ‹*chess pieces*› colocar*; **the children's work was ~ out on the tables** el trabajo de los niños estaba expuesto *or* dispuesto sobre las mesas

- **set to** [v ▸ adv] (begin) empezar*; **we ~ to with a will** empezamos *or* nos pusimos a trabajar con ganas
- **set up**

(Sense I) [v ▸ o ▸ adv, v ▸ adv ▸ o]

A **1** (erect, assemble) ‹*monument*› levantar, erigir* (frml); ‹*machine/tent*› montar, armar; ‹*type*› (Print) componer*; **they ~ up (their) camp near the river** acamparon cerca del río **2** (arrange, plan) ‹*meeting*› convocar* a, llamar a; **we hope to ~ up a deal with them** esperamos llegar a un trato con ellos

B **1** (institute, found) ‹*committee/commission*› crear; ‹*inquiry*› abrir*; ‹*business*› montar **2** (establish) ‹*record*› establecer*

C (establish): **he ~ her up in an apartment** le puso un apartamento; **she ~ herself up as a photographer** se estableció como fotógrafa; **she's ~ up for life now** ahora tiene todos los problemas resueltos, ahora tiene el porvenir asegurado

D (colloq) **1** (frame) tenderle* una trampa a **2** (rig) arreglar; **the fight was ~ up** la pelea estaba arreglada

(Sense II) [v ▸ o ▸ adv] (invigorate, restore health of) reanimar

(Sense III) [v ▸ adv] (establish in business) **to ~ up AS sth** establecerse* COMO algo

- **set upon** ▸**set on A**

set: **~-aside** *n* [u] **1** (AmE) *política de repartir determinada cantidad de trabajo a compañías administradas por minorías (étnicas)* **2** (BrE) *also* **~-aside policy** *política de retirar tierras de la producción para reducir excedentes de cosechas*; **~back** *n* revés *m*, contratiempo *m*; **~ piece** *n* **1** (Mus) *pieza que se suele tocar en determinadas ocasiones*; (for music exam) pieza *f* obligatoria **2** (Sport) jugada *f* preparada, jugada *f* prefabricada *or* de laboratorio; **~ square** *n* escuadra *f*; (with two equal sides) cartabón *m*

settee /se'tiː/ *n* sofá *m*

setter /'setər || 'setə(r)/ *n* (dog) setter *mf*

setting /'setɪŋ/ *n*

A (of dial, switch) posición *f*; **leave the heater on its highest/lowest ~** deja el calentador en el máximo/mínimo

B **1** (of novel, movie) escenario *m* **2** (surroundings) marco *m*, entorno *m* **3** (for gem) engarce *m*, engaste *m*, montura *f*

C (*place ~*) cubierto *m*

D (Mus) arreglo *m*, versión *f*

setting lotion *n* [u c] fijador *m*

settle /'setl/ *vt*

A **1** ‹*price/terms/time*› acordar*, fijar; **it's all been ~d, we're going to Miami** ya está (todo) decidido *or* arreglado, nos vamos a Miami; **that's ~d then, we'll meet at seven** bueno, pues entonces ya está, nos vemos a las siete; **that ~s it: I never want to see him again** ya no me cabe duda: no lo quiero volver a ver **2** (resolve) ‹*dispute/problem*› resolver*, solucionar; **they ~d their differences** resolvieron sus diferencias **3** (put an end to) ‹*foolishness/nonsense*› (colloq) acabar con; **that should ~ him!** ¡así aprenderá!

B ‹*bill/account*› pagar*; ‹*debt*› saldar, liquidar

C ‹*country/region*› colonizar*, poblar*

D (make comfortable) ‹*patient/child*› poner* cómodo; **she ~d herself deep in the sofa** se arrellanó en el sofá

E (make calm) ‹*child*› calmar; ‹*doubts*› disipar; ‹*stomach*› asentar*

■ **settle** *vi*

A (come to live) establecerse*, afincarse*; **they ~d in Iowa** se establecieron *or* se afincaron en Iowa

B (become calm) «*person*» tranquilizarse*, calmarse

C **1** (make oneself comfortable) ponerse* cómodo; **I ~d deeper into the armchair** me arrellané *or* me puse cómodo en el sillón **2** «*bird*» posarse

D **1** «*dust*» asentarse*; «*snow*» cuajar **2** (sink) «*soil/foundations*» asentarse*; «*sediment*» depositarse, precipitarse

E **1** (pay) saldar la cuenta (*or* la deuda *etc*), pagar*; **you can ~ with me tomorrow** podemos arreglar las cuentas mañana **2** (Law): **to ~ out of court** resolver* una disputa extrajudicialmente, transar extrajudicialmente (AmL)

(Phrasal verbs)

- **settle back** [v ▸ adv] (recline) recostarse*; (relax): **just ~ back and enjoy yourselves** pónganse cómodos y diviértanse
- **settle down**

A [v ▸ adv] **1** (become calm): **things seem to have ~d down after the riots** parece que las cosas se han apaciguado *or* calmado después de las revueltas; **~ down please, children** niños, por favor, tranquilos **2** (get comfortable): **they ~d down for a long wait** se prepararon para una larga espera; **we ~d down for the night** nos acomodamos para pasar la noche **3** (apply oneself): **~ down to your work** pónganse a trabajar **4** (in place, activity): **she's settling down well in her new school** se está adaptando bien a su nueva escuela; **you should get a job and ~ down** deberías conseguirte un trabajo y establecerte *or* echar raíces en algún sitio **5** (become more responsible) sentar* (la) cabeza

B [v ▸ o ▸ adv] (make calm) calmar, tranquilizar*

- **settle for** [v ▸ prep ▸ o] conformarse con; **why ~ for less?** ¿por qué conformarse con menos?
- **settle in** [v ▸ adv]: **I'll come and see you when you've**

~d in te vendré a ver cuando estés instalado; **she's settling in well in her new job** se está adaptando bien a su nuevo trabajo

- **settle into** [v ▸ prep ▸ o] ‹*school/job*› adaptarse a; ‹*routine*› acostumbrarse *or* hacerse* a
- **settle on** [v ▸ prep ▸ o] ‹*date/place*› decidirse por
- **settle up** [v ▸ adv] (colloq) arreglar (las) cuentas

settled /'setḷd/ *adj* [1] (established, unchanging) ‹*habits/life*› ordenado; ‹*order*› estable [2] ‹*weather*› estable [3] (colonized) ‹*area/region*› colonizado, poblado

settlement /'setḷmənt/ *n*

A [c] (agreement) acuerdo *m*, convenio *m*; **to reach/achieve a ~** llegar* a/lograr un acuerdo *or* convenio; **wage ~** (agreement) convenio *m* (laboral), acuerdo *m* salarial; (increase) aumento *m* (salarial)

B [1] [u] (of account, bill) pago *m*; (of debt) liquidación *f*, satisfacción *f* [2] [c] (payment) pago *m*; **they offered her an out-of-court ~ of £20,000** extrajudicialmente le ofrecieron 20.000 libras para que se desistiera de su demanda

C [u] (of dispute) resolución *f*, solución *f*; **~ out of court** (re)solución *f* extrajudicial, transacción *f* extrajudicial

D [c] (village) asentamiento *m*, poblado *m*

E [u] (of country, region) colonización *f*, población *f*

settler /'setlər || 'setlə(r)/ *n* colono, -na *m,f*, poblador, -dora *m,f*

set-to /'set,tu:/ *n* (colloq) bronca *f* (fam), agarrada *f* (fam)

set-up /'setʌp/ *n* (colloq) (situation, arrangement) sistema *f*, organización *f*; (pej) tinglado *m* (fam & pey)

seven[1] /'sevən/ *n* siete *m*; *see also* **four**[1]

seven[2] *adj* siete *adj inv*; **we're open ~ days a week** abrimos todos los días (de la semana); *see also* **four**[2]

sevenfold /'sevənfəʊld/ *adj/adv see* **-fold**

seventeen /'sevən'ti:n/ *adj/n* diecisiete *adj inv/m*

seventeenth[1] /'sevən'ti:nθ/ *adj* decimoséptimo; *see also* **fifth**[1]

seventeenth[2] *adv* en decimoséptimo lugar; *see also* **fifth**[2]

seventeenth[3] *n* [1] (Math) diecisieteavo *m* [2] (part) diecisieteava parte *f*

seventh[1] /'sevənθ/ *adj* séptimo; *see also* **fifth**[1]

seventh[2] *adv* en séptimo lugar; *see also* **fifth**[2]

seventh[3] *n* [1] (Math) séptimo *m* [2] (part) séptima parte *f*

seventieth[1] /'sevəntiəθ/ *adj* septuagésimo; *see also* **fifth**[1]

seventieth[2] *adv* en septuagésimo lugar; *see also* **fifth**[2]

seventieth[3] *n* [1] (Math) setentavo *m* [2] (part) setentava *or* septuagésima parte *f*

seventy /'sevənti/ *adj/n* setenta *adj inv/m*; **there were ~ people** había setenta personas; **there were ~ of us** éramos setenta; **during the seventies** en la década de los setenta, en los (años) setenta; **he's in his seventies** tiene unos setenta y tantos años, tiene setenta y pico de años (fam); **temperatures in the lower/upper seventies** temperaturas de entre setenta y setenta y cinco/de entre setenta y cinco y ochenta grados Fahrenheit; (*before n*) **seventies fashions/music** modas *fpl*/música *f* de los (años) setenta

sever /'sevər || 'sevə(r)/ *vt* [1] (cut) ‹*rope/chain*› cortar; **the saw ~ed his finger** la sierra le cortó *or* le amputó *or* (frml) le cercenó el dedo [2] (break off) ‹*communications*› cortar; ‹*relations*› romper*, cortar

■ **sever** *vi* romperse*, cortarse

several[1] /'sevrəl/ *adj* varios, -rias

several[2] *pron* varios, varias

severance /'sevərəns/ *n* [u] [1] (of relations, links) ruptura *f* [2] (Lab Rel) cese *m*; (*before n*) **~ pay** indemnización *f* por cese

severe /sə'vɪr || sɪ'vɪə(r)/ *adj* **severer, severest**

A [1] (strict, harsh) ‹*punishment/judge*› severo; ‹*discipline*› riguroso, estricto [2] (austere) ‹*style/colors*› austero

B [1] (serious, bad) ‹*illness/injury*› grave; ‹*pain*› fuerte, grande; ‹*problem*› serio, grave; ‹*winter*› severo, duro; ‹*weather*› inclemente [2] (difficult, rigorous) ‹*test*› duro, difícil; ‹*conditions*› estricto, riguroso

severely /sə'vɪrli || sɪ'vɪəli/ *adv*

A (strictly, harshly) ‹*punish/criticize*› con severidad, severamente

B [1] (seriously) ‹*ill*› gravemente [2] (rigorously): **it ~ tested the contestants** fue *or* supuso una dura prueba para los participantes

severity /sə'verəti || sɪ'verəti/, **severeness** /sə'vɪrnəs || sɪ'vɪənɪs/ *n* [u]

A (strictness, harshness) severidad *f*; **the ~ of the winter** el rigor *or* la severidad del invierno

B [1] (of illness, injury) gravedad *f*; (of pain) intensidad *f* [2] (of test, examination) lo difícil

Seville /sə'vɪl/ *n* Sevilla *f*

Seville orange *n* naranja *f* amarga

sew /səʊ/ (*past* **sewed**; *past p* **sewn** *or* **sewed**) *vt* coser; ‹*seam/hem*› hacer*; **to ~ sth on** coser *or* pegar* algo

■ **sew** *vi* coser

Phrasal verb

- **sew up** [v ▸ o ▸ adv, v ▸ adv ▸ o] [1] (close) ‹*tear/opening*› coser; ‹*cut/wound*› coser, suturar [2] (clinch) (colloq) (*usu pass*): **I thought the deal was already ~n up** yo creía que el trato ya era un hecho *or* ya estaba arreglado

sewage /'su:ɪdʒ || 'su:ɪdʒ, 'sju:ɪdʒ/ *n* [u] aguas *fpl* negras *or* residuales, aguas *fpl* servidas (CS); (*before n*) **~ system** sistema *m* de alcantarillado; **~ farm** *o* **plant** *o* **works** planta *f* de tratamiento de aguas residuales (*or* negras *etc*); **~ treatment** tratamiento *m* de aguas residuales (*or* negras *etc*)

sewer /'su:ər || 'su:ə(r), 'sju:ə(r)/ *n* [1] (underground) alcantarilla *f*, cloaca *f* [2] (drain) (AmE) boca *f* de (la) alcantarilla, sumidero *m*, coladera *f* (Méx)

sewerage /'su:ərɪdʒ || 'su:ərɪdʒ, 'sju:ərɪdʒ/ *n* [u] [1] (system) alcantarillado *m* [2] ▸**sewage**

sewing /'səʊɪŋ/ *n* [u] [1] (activity) costura *f*; (*before n*) **~ basket** costurero *m* [2] (sth sewn) labor *f*, costura *f*

sewing machine *n* máquina *f* de coser

sewn /səʊn/ *past p of* **sew**

sex[1] /seks/ *n*

A [u] [1] (sexual matters) sexo *m*; (*before n*) ‹*film/magazine*› de sexo; **~ appeal** sex-appeal *m*; **~ drive** libido *f*, líbido *f*; **~ education** educación *f* sexual; **~ life** vida *f* sexual; **~ maniac** maníaco, -ca *m,f* sexual; **~ object** objeto *m* sexual; **~ offender** delincuente *m,f* sexual; **~ symbol** sex symbol *mf* [2] (intercourse) relaciones *fpl* sexuales; **to have ~ with sb** tener* relaciones sexuales con algn, acostarse* con algn

B [1] [c u] (gender) sexo *m*; (*before n*) ‹*chromosome/hormone/organs*› sexual; **~ change operation** operación *f* de cambio de sexo [2] [c] (men, women collectively) sexo *m*; **the opposite ~** el sexo opuesto; **the fair/weaker ~** (dated) el bello sexo/sexo débil (ant); (*before n*) **~ discrimination** discriminación *f* sexual

sex[2] *vt* sexar

sexism /'seksɪzəm/ *n* [u] sexismo *m*; (toward women) machismo *m*, sexismo *m*

sexist[1] /'seksəst || 'seksɪst/ *n* sexista *mf*; (toward women) machista *mf*, sexista *mf*

sexist[2] *adj* ‹*attitude/joke*› sexista; (toward women) machista, sexista

sextant /'sekstənt/ *n* sextante *m*

sextet /seks'tet/ *n* [1] (players) sexteto *m* [2] (music) sexteto *m*

sexton /'sekstən/ *n* sacristán *m*

sexual /'sekʃuəl/ *adj* sexual; **~ abuse** abusos *mpl* deshonestos; (rape) violación *f*; **~ harassment** acoso *m or* hostigamiento *m* sexual; **~ intercourse** relaciones *fpl* sexuales; **~ orientation** orientación *f* sexual

sexuality /'sekʃu'æləti/ *n* [u] sexualidad *f*

sexually /'sekʃuəli/ *adv* sexualmente; **a ~ transmitted disease** una enfermedad de transmisión sexual

sexy /'seksi/ *adj* **sexier, sexiest** [1] (sexually attractive) sexy [2] (erotic) ‹*book/film/talk*› erótico

SF *n* [u] **= science fiction**

Sgt (title) (**= Sergeant**) Sgto.

sh /ʃ/ *interj* ¡sh!, ¡chitón!

shabbily /'ʃæbəli || 'ʃæbɪli/ *adv* [1] (poorly): **they were ~ dressed** iban mal *or* pobremente vestidos; **a ~ furnished room** una habitación con muebles muy viejos [2] (badly, unfairly) ‹*treat/behave*› mal

shabby /'ʃæbi/ *adj* **-bier, -biest** [1] ‹*carpet/sofa/jacket*› gastado, muy usado; (threadbare) raído [2] (bad, unfair): **a**

S

~ **trick** una mala pasada; **what a ~ way to treat him** qué manera más fea de tratarlo

shack /ʃæk/ *n* choza *f*, casucha *f*, rancho *m* (AmL), jacal *m* (Méx), bohío *m* (AmC, Col)

(Phrasal verb)

- **shack up** [v ▸ adv] (colloq) **to ~ up WITH sb** irse* a vivir *or* (fam) arrejuntarse CON algn

shackle /'ʃækəl/ *vt* **1** ‹*prisoner*› ponerle* grilletes a, encadenar **2** (hamper, restrict) coartar, constreñir*

shackles /'ʃækəlz/ *pl n* **1** (fetters) grilletes *mpl* **2** (constraints) ataduras *fpl*, trabas *fpl*

shade¹ /ʃeɪd/ *n*

A [u] (dark place) sombra *f*; **we sat in the ~** nos sentamos a la sombra; **25°C in the ~** 25°C a la sombra; ***to put sth/sb in the ~*** hacerle* sombra a algo/algn, eclipsar algo/a algn

B [c] **1** (*lamp~*) pantalla *f* **2** (over window) (AmE) persiana *f*, estor *m* (Esp)

C **1** [c] (of color) tono *m* **2** [c] (degree of difference, nuance) matiz *m*; **varying ~s of meaning** diferentes matices de significado; **every ~ of opinion** toda clase de opiniones, opiniones de todas clases **3** (slight amount) (colloq) (*no pl*) poquitín *m* (fam), pizca *f* (fam)

D **shades** *pl* (sl) ▸**sunglasses**

shade² *vt*

A (protect from sun, light) ‹*eyes/face*› proteger* del sol/de la luz; **her seat was ~d from the sun** su asiento estaba resguardado del sol

B (Art) **~ (in)** ‹*background/area*› sombrear

C (defeat narrowly) (AmE colloq) ganarle por muy poco a, ganarle por un pelo *or* por los pelos a (fam)

shadow¹ /'ʃædəʊ/ *n*

A [cu] (unlit area) sombra *f*; **the ~ of war** la sombra de la guerra; **to have ~s under one's eyes** tener* ojeras; ***to cast a ~ over sth*** ensombrecer* *or* empañar algo

B **1** [c] (remnant, vestige) sombra *f*; **she was a ~ of her former self** no era ni sombra de lo que había sido **2** (trace) (*no pl*): **without the slightest ~ of (a) doubt** sin la más mínima (sombra de) duda

C [c] (BrE Pol) (*before n*): **the ~ cabinet** el gabinete fantasma *or* en la sombra; **he was ~ Education Secretary** era el portavoz de la oposición para asuntos de educación

shadow² *vt* (follow) ‹*suspect*› seguir* de cerca a

shadow-boxing /'ʃædəʊ,bɑːksɪŋ || 'ʃædəʊ,bɒksɪŋ/ *n* [u] *práctica de boxeo con un adversario imaginario*

shadowy /'ʃædəʊi/ *adj* **1** (indistinct) ‹*form/outline/figure*› impreciso, vago **2** (elusive, little known) ‹*character*› misterioso, enigmático **3** (full of shadows) ‹*place/forest*› oscuro

shady /'ʃeɪdi/ *adj* **-dier, -diest** **1** (giving shade) ‹*place/garden*› sombreado, donde hay sombra; ‹*tree*› que da mucha sombra **2** (disreputable) (colloq) ‹*deal/business*› turbio; ‹*character*› sospechoso

shaft¹ /ʃæft || ʃɑːft/ *n*

A **1** (of arrow, spear) asta *f*‡, astil *m*; (of hammer, ax) mango *m*; (of cart) vara *f* **2** (of light) rayo *m*

B (Mech Eng) eje *m*

C (of elevator) hueco *m*; (of mine) pozo *m*, tiro *m*

shaft² *vt* (AmE sl) **1** (betray) ‹*person*› joder (vulg) **2** (fire) echar, darle* la patada a (arg)

shag¹ /ʃæg/ *n*

A (bird) cormorán *m*

B [c] (act of sexual intercourse) (BrE vulg): **to have a ~** echar(se) un polvo (fam), tirar (vulg), follar (Esp vulg), coger* (Méx, RPl, Ven vulg), culear (Andes vulg)

shag² -gg- *vt*

A (Sport AmE colloq) ‹*ball*› fildear; **to ~ flies** fildear elevados

B (have sex with) (BrE vulg) tirarse a (vulg), follar (Esp vulg), coger* (Méx, RPl, Ven vulg), culearse a (Andes vulg)

■ **shag** *vi*

A (Sport AmE colloq) recoger* pelotas/bolas

B (BrE vulg) tirar (vulg), follar (Esp vulg), coger* (Méx, RPl, Ven vulg), culear (Andes vulg)

shagged out /ʃægd/ *adj* (BrE sl) (*pred*) **to be ~ ~** estar* reventado *or* hecho polvo (fam)

shaggy /'ʃægi/ *adj* **-gier, -giest** ‹*dog*› lanudo, peludo; ‹*beard/hair*› enmarañado, greñudo

shaggy dog story *n* (colloq) chiste *m* malo (*largo*)

shake¹ /ʃeɪk/ (*past* **shook**; *past p* **shaken**) *vt*

A **1** (cause to move, agitate) ‹*bottle/cocktail*› agitar; ‹*person*› sacudir, zarandear; ‹*building/foundations*› sacudir, hacer* temblar; ‹*dice*› agitar, revolver* (AmL); **she shook herself free of him** se liberó de él de una sacudida; **to ~ sth OFF/FROM sth**: **I shook the dust off** *o* **from my coat** me sacudí el polvo del abrigo; **to ~ sth OUT OF sth**: **she shook the sand out of the towel** sacudió la toalla para quitarle la arena; **to ~ hands** darse* la mano, darse* un apretón de manos; **to ~ hands with sb** darle* *or* estrecharle la mano a algn; **to ~ sb's hand, to ~ sb by the hand** darle* *or* estrecharle la mano a algn, darle* un apretón de manos a algn; **to ~ hands on a deal** cerrar* un trato con un apretón de manos; **to ~ one's head** negar* con la cabeza; (meaning yes) (AmE) asentir* con la cabeza **2** (brandish) ‹*sword/stick*› agitar, blandir; **to ~ one's fist at sb** amenazar* a algn con el puño

B **1** (undermine, impair) ‹*courage/nerve*› hacer* flaquear; ‹*faith*› debilitar; **the scandal has ~n the financial world** el escándalo ha conmocionado al mundo de las finanzas **2** (shock, surprise) ‹*person*› impresionar, afectar; **he needs to be ~n out of his apathy** necesita un revulsivo que lo saque de su apatía

■ **shake** *vi*

A (move, tremble) «*earth*» temblar*; «*hand/voice*» temblar*; **the branches shook in the wind** las ramas se agitaban con el viento; **he was shaking with fear/cold/rage** estaba temblando de miedo/frío/rabia

B (shake hands) (colloq): **let's ~ on it** ¡choca esos cinco! (fam), ¡chócala(s)! (fam); **they shook on it** sellaron el acuerdo con un apretón de manos

(Phrasal verbs)

- **shake down** (colloq) [v ▸ o ▸ adv] (AmE) **1** (extort money): **they shook me down for a couple of hundred dollars** me sacaron *or* (fam) me hicieron largar doscientos dólares **2** (search) ‹*person*› cachear, registrar
- **shake off** [v ▸ o ▸ adv, v ▸ adv ▸ o] ‹*pursuer/reporter*› deshacerse* *or* zafarse de; ‹*habit*› quitarse; ‹*cold*› quitarse de encima; **she couldn't ~ off her depression** no podía salir de su depresión
- **shake out** [v ▸ o ▸ adv, v ▸ adv ▸ o] ‹*cloth/mat/bag*› sacudir
- **shake up** [v ▸ o ▸ adv, v ▸ adv ▸ o]

A ‹*liquid*› agitar

B (colloq) ‹*industry/personnel*› reorganizar* totalmente

C (disturb, shock) (colloq): **is he hurt? — no, just a bit ~n up** ¿se ha hecho daño? — no, se ha llevado un susto (y está un poco alterado)

shake² *n*

A (act) sacudida *f*; (violent) sacudida *m* violenta, sacudón *m* (AmL); **he gave my hand a firm ~** me dio un fuerte apretón de manos; **he replied with a ~ of the head** contestó negando con la cabeza; ***in two ~s (of a lamb's tail)*** (colloq) en un periquete *or* en un santiamén *or* en una patada (fam); ***to be no great ~s*** (colloq) no ser* gran cosa (fam)

B (*milk ~*) (AmE) batido *m*, (leche *f*) malteada *f* (AmL), licuado *m* con leche (AmL), merengada *f* (Ven)

C **shakes** *pl* (trembling) (colloq): **he got the ~s** le dio *or* le entró la tembladera *or* (Méx) la temblorina (fam)

D (deal, treatment) (AmE colloq) (*no pl*): **a fair ~** un trato justo

shakedown /'ʃeɪkdaʊn/ *n* (AmE colloq) **1** (extortion) timo *m* (fam), estafa *f*; **$100 a ticket? that's a ~!** ¿$100 la entrada? ¡qué robo! (fam) **2** (search): **let's give this place one hell of a ~** vamos a revisar bien esto

shaken /'ʃeɪkən/ *past p of* **shake¹**

shaker /'ʃeɪkər || 'ʃeɪkə(r)/ *n* **1** (for cocktails) coctelera *f* **2** (for salt) salero *m*; (for pepper) pimentero *m*; (for sugar) azucarero *m* **3** (for dice) cubilete *m*, cacho *m* (Andes)

Shakespearean, Shakespearian /ʃeɪk'spɪriən || ʃeɪk'spɪəriən/ *adj* shakesperiano

shake-up /'ʃeɪkʌp/ *n* (colloq) gran reorganización *f*

shaky /'ʃeɪki/ *adj* **-kier, -kiest** **1** (trembling) ‹*hands/voice*› tembloroso, tembleque (fam); ‹*writing*› de trazo poco firme **2** (unsteady) ‹*table*› poco firme; ‹*structure*› tambaleante, poco firme *or* sólido; ‹*health*› delicado; ‹*currency/government*› débil; ‹*theory/start*› flojo; **I still feel a bit ~** todavía no me siento del todo bien

shale /ʃeɪl/ *n* [u] esquisto *m*, pizarra *f*

shall /ʃæl, *weak forms* ʃl, ʃəl/ *v mod* (*past* **should**)

A (*with 1st person*) **1** (in statements about the future): **I/we ~ be very interested to see what happens** tendré/tendremos mucho interés en ver qué sucede; **we shan't be able to come** (BrE) no podremos *or* no vamos a poder venir

2▸ (making suggestions, asking for assent) [*The present tense is used in this type of question in Spanish*] ~ **I open/close the window?** ¿abro/cierro la ventana?, ¿quieres (*or* quiere *etc*) que abra/cierre la ventana?; ~ **we go out tonight?** ¿qué te (*or* le *etc*) parece si salimos esta noche?; ~ **we dance?** ¿bailamos?; **I'll ask him,** ~ **I?** le pregunto ¿sí? *or* ¿te (*or* le *etc*) parece?; **whatever** ~ **we do?** (BrE) ¿qué podemos hacer?

B (*with 2nd and 3rd persons*) (in commands, promises etc): **they** ~ **not pass** no pasarán; **thou shalt not steal** (Bib) no robarás

shallot /ʃəˈlɑːt || ʃəˈlɒt/ *n* chalote *m*, chalota *f*

shallow /ˈʃæləʊ/ *adj* **-er, -est** 1▸ (not deep) ‹*water/pond/river*› poco profundo; ‹*dish*› llano, plano, bajo (Chi); ~ **breathing** respiración *f* superficial 2▸ (superficial) ‹*person*› superficial

shallows /ˈʃæləʊz/ *pl n* bajío *m*, bajo *m*

shalt /ʃælt/ (arch) *2nd pers sing pres indic of* **shall B**

sham¹ /ʃæm/ *n* 1▸ [c u] (pretense) farsa *f* 2▸ [c] (impostor) farsante *mf*

sham² *adj* (pej) (*no comp*) ‹*emotion/interest/sympathy*› fingido, falso; ‹*antiques/diamonds*› falso, de imitación; **it was a** ~ **trial** el juicio fue una farsa

sham³ -mm- *vt* ‹*enthusiasm/grief/illness*› fingir*, simular

■ **sham** *vi* «*person*» fingir*

shamble /ˈʃæmbəl/ *vi* 1▸ «*person*» caminar arrastrando los pies; **he** ~**d off** se fue arrastrando los pies 2▸ **shambling** *pres p* ‹*figure/gait*› desgarbado, desgalichado

shambles /ˈʃæmbəlz/ *n* (+ *sing vb*) caos *m*, desquicio *m* (RPl); **they left the place a** ~ lo dejaron todo patas arriba (fam)

shambolic /ʃæmˈbɑːlɪk || ʃæmˈbɒlɪk/ *adj* (BrE colloq) caótico

shame¹ /ʃeɪm/ *n*

A [u] (feeling) vergüenza *f*, pena *f* (AmL exc CS); **have you no (sense of)** ~**?** ¿es que has perdido la vergüenza?, ¿es que no tienes vergüenza?; **her actions brought** ~ **on the family** lo que hizo fue la vergüenza de la familia; ~ **on you!** ¡qué vergüenza!, ¡debería darte vergüenza!; ***to put sb to*** ~: **she's such a good hostess, she puts me to** ~ es tan buena anfitriona que me hace sentir culpable

B (pity) (*no pl*) lástima *f*, pena *f*; **what a** ~**!** ¡qué lástima!; **it's a** ~ **you can't go** es una pena que no puedas ir

shame² *vt* avergonzar*, apenar (AmL exc CS); **to** ~ **sb INTO -ING**: **they** ~**d us into paying** nos hicieron avergonzarnos de tal manera que al final pagamos

shamefaced /ˈʃeɪmˈfeɪst/ *adj* avergonzado, abochornado, apenado (AmL exc CS)

shameful /ˈʃeɪmfəl/ *adj* vergonzoso

shamefully /ˈʃeɪmfəli/ *adv* vergonzosamente

shameless /ˈʃeɪmləs || ˈʃeɪmlɪs/ *adj* ‹*lie/exploitation*› descarado; ‹*liar/cheat*› desvergonzado, sinvergüenza

shampoo¹ /ʃæmˈpuː/ *n* (*pl* **-poos**) 1▸ (product) champú *m* 2▸ (act) lavado *m*; ~ **and set** lavado *m* y marcado

shampoo² *vt* **-poos, -pooing, -pooed** ‹*hair*› lavar; ‹*carpet/upholstery*› limpiar

shamrock /ˈʃæmrɑːk || ˈʃæmrɒk/ *n* [u c] trébol *m*

shandy /ˈʃændi/ *n* [u c] (*pl* **-dies**) (BrE) cerveza *f* con limonada, ≈ clara *f* (en Esp)

Shangri-la /ˈʃæŋgriˈlɑː/ *n* paraíso *m* (terrenal)

shank /ʃæŋk/ *n*

A (shin) espinilla *f*, canilla *f*

B (Tech) (of tool) mango *m*; (of key, anchor) tija *f*; (of screw) vástago *m*, tallo *m*, varilla *f*

shan't /ʃænt || ʃɑːnt/ = **shall not**

shanty /ˈʃænti/ *n* (*pl* **-ties**)

A (hut) casucha *f*, rancho *m* (AmL), chabola *f* (Esp)

B (*sea* ~) (BrE) canción *f* de marineros

shantytown /ˈʃænti,taʊn/ *n* barriada *f* (AmL), chabolas *fpl* (Esp), población *f* callampa (Chi), villa *f* miseria (Arg), ciudad *f* perdida (Méx), cantegril *m* (Ur), ranchos *mpl* (Ven)

shape¹ /ʃeɪp/ *n*

A 1▸ [c] (visible form) forma *f*; **it is triangular in** ~ tiene forma triangular; **in the** ~ **of a cross** en forma de cruz; **they come in all** ~**s and sizes** los hay de muy diversos tipos; **to be out of** ~ estar* deformado; **to take** ~ tomar forma 2▸ [u] (general nature, outline) conformación *f*, configuración *f*; **the** ~ **of things to come** lo que nos espera 3▸ [c] (unidentified person, thing) figura *f*, bulto *m*

B [u] (guise): **assistance in the** ~ **of food stamps** ayuda consistente en vales canjeables por comida; **I won't tolerate bribery in any** ~ **or form** no pienso tolerar sobornos de ningún tipo

C [u] (condition, order): **she's in pretty good/bad** ~ está bastante bien/mal (de salud); **to keep** *o* **stay in** ~ mantenerse* en forma; ***to knock*** *o* ***lick sth/sb into*** ~ ‹*team/new recruits*› poner* algo/a algn a punto *or* en forma

D [c] (mold, pattern) molde *m*

shape² *vt*

A ‹*object/material*› darle* forma a; **to** ~ **sth INTO sth**: **she** ~**d the dough into a ring** formó un anillo con la masa

B (influence) ‹*events*› determinar; ‹*character/ideas*› formar

■ **shape** *vi* ~ **(up)** «*project*» tomar forma; «*plan*» desarrollarse; **how's the team shaping (up)?** ¿qué tal marcha *or* va el equipo?

Phrasal verb

• **shape up** [v ▸ adv] 1▸ ▸**shape²** *vi* 2▸ (improve, pull oneself together) entrar en vereda (fam)

shaped /ʃeɪpt/ *adj*: **an oddly** ~ **object** un objeto de forma extraña; **to be** ~ **like sth** tener* forma de algo

-shaped /ʃeɪpt/ *suff*: **L**~**/heart**~ con *or* en forma de L/corazón

shapeless /ˈʃeɪpləs || ˈʃeɪplɪs/ *adj* informe, sin forma

shapely /ˈʃeɪpli/ *adj* **-lier, -liest** ‹*figure*› bien modulado, hermoso; ‹*legs*› torneado, bien proporcionado; **a** ~ **blonde** una rubia curvilínea

shard /ʃɑːrd || ʃɑːd/ *n* casco *m*, fragmento *m*

share¹ /ʃer || ʃeə(r)/ *n*

A [c] (portion) parte *f*; **how much is my** ~ **of the bill?** ¿cuánto me toca pagar a mí?; **she must take her** ~ **of the blame** debe aceptar que tiene parte de la culpa; **he's had his** ~ **of bad luck** ha tenido bastante mala suerte *or* su buena cuota de mala suerte; **I only want my fair** ~ sólo quiero lo que en justicia me corresponde; ***to work on*** ~***s*** (AmE) trabajar como socios

B (Busn, Fin) 1▸ (held by partner) (*no pl*) participación *f*; **I own a half** ~ **in a fishing boat** soy copropietario de un pesquero 2▸ [c] (held by shareholder) acción *f*; **to hold** ~**s in a company** tener* acciones en una compañía; (*before n*) ~ **capital** capital *m* social; ~ **certificate** (título *m or* certificado *m* de) acción *f*; ~ **index** índice *m* de cotización en bolsa; ~ **prices** cotización *f* de las acciones

share² *vt*

A 1▸ (use jointly) **to** ~ **sth (WITH sb)** compartir algo (CON algn) 2▸ (have in common) ‹*interest/opinion*› compartir; ‹*characteristics*› tener* en común

B 1▸ (divide) dividir; **we agreed to** ~ **all expenses** decidimos compartir todos los gastos 2▸ (communicate) ‹*experience/knowledge*› intercambiar; **I'd like to** ~ **my feelings with you** me gustaría expresarles mis sentimientos

■ **share** *vi* 1▸ (use jointly) compartir; **you may have to** ~ **with somebody** puede ser que tengas que compartir la habitación (*or* el despacho *etc*) con algn; **to** ~ **and** ~ **alike** compartir las cosas 2▸ (have a part) **to** ~ **IN sth** compartir algo, participar DE algo

Phrasal verb

• **share out** [v ▸ o ▸ adv, v ▸ adv ▸ o] ‹*profits/food*› repartir, distribuir*

share: ~**cropper** *n* aparcero, -ra *m,f*; ~**holder** *n* accionista *mf*; ~**holding** /ˈʃer,həʊldɪŋ || ˈʃeə,həʊldɪŋ/ *n* 1▸ [u] (ownership) accionariado *m* 2▸ [c] (stake) participación *f*; ~**-out** *n* reparto *m*, distribución *f*; ~**ware** /ˈʃerwer || ˈʃeəweə(r)/ *n* [u] shareware *m*, *programa cuyo autor solicita una retribución después de un periodo de evaluación*

shark /ʃɑːrk || ʃɑːk/ *n* 1▸ (Zool) tiburón *m* 2▸ (person) (colloq) explotador, -dora *m,f*

sharp¹ /ʃɑːrp || ʃɑːp/ *adj* **-er, -est**

A 1▸ ‹*knife/edge/scissors*› afilado, filoso (AmL), filudo (Chi, Per); ‹*features*› anguloso, muy marcado; **it has a** ~ **point** es muy puntiagudo; **have you got a** ~**er pencil?** ¿tienes un lápiz con más punta? 2▸ ‹*pain*› agudo, fuerte 3▸ ‹*wind*› cortante; ‹*frost*› crudo, fuerte 4▸ ‹*noise/cry*› agudo; ‹*crack*› seco 5▸ ‹*taste*› ácido

B 1▸ (abrupt, steep) ‹*bend/angle*› cerrado; ‹*turn*› brusco; ‹*rise/fall/descent*› brusco 2▸ (sudden) repentino, súbito

C 1▸ (keen) ‹*eyesight*› agudo, bueno; ‹*hearing*› fino, agudo, bueno; **keep a** ~ **lookout** mantén los ojos bien abiertos; **keep a** ~ **eye on those two over there** no les quites el

S

ojo de encima a esos dos de ahí 2 (acute) ‹*wit/mind*› agudo
D (clear, unblurred) ‹*photo/TV picture*› nítido; ‹*outline*› definido; ‹*impression*› claro; ‹*contrast*› marcado
E (harsh, severe) ‹*rebuke/criticism*› duro, severo; ‹*retort*› cortante, áspero; **to have a ~ tongue** ser* muy mordaz, tener* una lengua muy afilada
F 1 (clever, shrewd) ‹*person*› listo, astuto, vivo (fam); ‹*move*› astuto 2 (elegant) (colloq): **he's a ~ dresser** tiene mucho estilo para vestirse
G (Mus) 1 (referring to key) sostenido 2 (too high): **you're ~** estás desafinando (*por cantar o tocar demasiado alto*)

sharp[2] *adv*
A (exactly): **at six o'clock ~** a las seis en punto
B (abruptly): **turn ~ right** gire a la derecha en curva cerrada; **to pull up ~** pararse en seco; **look ~** (BrE colloq) ¡acelera! (fam), ¡date prisa!, ¡apúrate! (AmL)
C (Mus): **to sing/play ~** cantar/tocar* demasiado alto

sharp[3] *n* (Mus) sostenido *m*

sharpen /'ʃɑːrpən || 'ʃɑːpən/ *vt* 1 ‹*knife/blade/claws*› afilar; ‹*pencil*› sacarle* punta a 2 ‹*appetite*› abrir*

sharpener /'ʃɑːrpṇər || 'ʃɑːpnə(r)/ *n* (*knife ~*) afilador *m*; (*pencil ~*) sacapuntas *m*

sharp-eyed /'ʃɑːrp'aɪd || ˌʃɑːp'aɪd/ *adj* con ojo de lince

sharpish /'ʃɑːrpɪʃ || 'ʃɑːpɪʃ/ *adv* (BrE colloq) prontito (fam)

sharply /'ʃɑːrpli || 'ʃɑːpli/ *adv*
A 1 (steeply, abruptly) ‹*drop/fall/increase*› bruscamente; ‹*bend*› repentinamente, de pronto 2 (suddenly, swiftly) de repente, repentinamente
B 1 (acutely) ‹*aware/conscious*› tremendamente 2 ‹*outlined/defined*› claramente, nítidamente; **two ~ contrasting styles** dos estilos en marcado contraste
C (harshly) ‹*answer/speak/criticize*› con dureza *or* severidad

sharpness /'ʃɑːrpnəs || 'ʃɑːpnɪs/ *n* [u]
A (of knife) lo afilado *or* (AmL tb) lo filoso *or* (Chi, Per tb) lo filudo; (of point) lo puntiagudo; (of pain) agudeza *f*, lo agudo; (of cry, sound) lo agudo; (of features) lo anguloso
B (abruptness) brusquedad *f*; **the ~ of the bend** lo cerrado de la curva
C (acuteness) agudeza *f*; **the ~ of his intellect/mind** su perspicacia; **the ~ of his reflexes/reactions** su rapidez de reflejos/para reaccionar
D (clarity) nitidez *f*

sharp: **~ practice** *n* [u c] artimañas *fpl*, triquiñuelas *fpl*; **~shooter** *n* tirador, -dora *m,f* de primera; **~-tongued** /'ʃɑːrp'tʌŋd || ˌʃɑːp'tʌŋd/ *adj* ‹*criticism*› mordaz; ‹*person*› de lengua mordaz; **~-witted** /'ʃɑːrp 'wɪtəd || ˌʃɑːp'wɪtɪd/ *adj* listo, agudo

shat /ʃæt/ *past and past p of* **shit**[2]

shatter /'ʃætər || 'ʃætə(r)/ *vt*
A 1 (break) ‹*window/plate*› hacer* añicos *or* pedazos 2 ‹*health/nerves*› destrozar*; ‹*confidence/hopes*› destruir*, echar por tierra; ‹*silence/calm*› romper*
B (*usu pass*) 1 (shock): **she was ~ed by the news** la noticia la dejó destrozada 2 (exhaust) (BrE colloq): **I arrived home feeling completely ~ed** llegué a casa hecho polvo *or* muerto de cansancio (fam)
■ **shatter** *vi* «*window/glass*» hacerse* añicos *or* pedazos

shattering /'ʃætərɪŋ/ *adj* (devastating) ‹*blow/loss*› tremendo, terrible; ‹*defeat*› aplastante; ‹*experience*› demoledor, terrible

shatterproof /'ʃætərpruːf || 'ʃætəpruːf/ *adj* inastillable

shave[1] /ʃeɪv/ *vt*
A ‹*person*› afeitar *or* (esp Méx) rasurar; **she ~s her legs** se afeita *or* (esp Méx) se rasura las piernas; **to ~** *o* (BrE also) **to ~ off one's beard/mustache** afeitarse *or* (esp Méx) rasurarse la barba/el bigote
B (touch in passing) rozar*
■ **shave** *vi* «*person*» afeitarse *or* (esp Méx) rasurarse; «*razor*» afeitar

shave[2] *n* afeitada *f or* (esp Méx) rasurada *f*; **to have a ~** afeitarse *or* (esp Méx) rasurarse; ***a close*** *o* ***narrow ~*** (colloq): **we won in the end, but it was a pretty close ~** al final ganamos, pero por los pelos *or* por un pelo (fam)

shaven /'ʃeɪvən/ *adj* ‹*chin/face*› afeitado *or* (esp Méx) rasurado; ‹*head*› rapado

shaver /'ʃeɪvər || 'ʃeɪvə(r)/ *n* (*electric ~*) máquina *f* de afeitar, afeitadora *f or* (esp Méx) rasuradora *f*

shaving /'ʃeɪvɪŋ/ *n* 1 (*before n*) ‹*cream/soap*› de afeitar *or* (esp Méx) de rasurar; **~ brush** brocha *f* (de afeitar) 2 [c] **shavings** *pl* (pieces) virutas *fpl*; **wood/metal ~s** virutas de madera/metal

shawl /ʃɔːl/ *n* chal *m*, mantón *m*

she /ʃiː, *weak form* ʃi/ *pron* ella; **~'s a writer/my sister** es escritora/mi hermana; **~ didn't say it, I did** no fue ella quien lo dijo, sino yo; **Lisa Swenson? who's ~?** ¿Lisa Swenson? ¿quién es Lisa Swenson?; **could I speak to Mary, please? — this is ~** (AmE) ¿podría hablar con Mary, por favor? — al aparato *or* habla con ella

she- /'ʃiː/ *pref*: **~bear** osa *f*, hembra *f* de oso; **~wolf** loba *f*, hembra *f* de lobo

s/he (**= he or she**) él/ella

sheaf /ʃiːf/ *n* (*pl* **sheaves**) 1 (Agr) gavilla *f* 2 (of notes) fajo *m*; (of arrows) haz *m*

shear /ʃɪr || ʃɪə(r)/ *vt*
A (*past* **sheared**; *past p* **shorn**) ‹*sheep*› esquilar, trasquilar; ‹*hair/curls*› cortar; **to be shorn OF sth** (frml) ser* despojado DE algo (frml)
B (*past p* **sheared**) (break) ‹*bolt/shaft*› romper*
■ **shear** *vi* (*past p* **sheared**) 1 (cut) **to ~ THROUGH sth** atravesar* algo 2 (break) romperse*; **to ~ off** romperse*

shears /ʃɪrz || ʃɪəz/ *pl n* (for grass, hedge) podaderas *fpl*, tijeras *fpl* de podar; (for metal) cizallas *fpl*; (for shearing sheep) tijeras *fpl* de esquilar

sheath /ʃiːθ/ *n* (*pl* **~s** /ʃiːðz/)
A 1 (for sword, knife) funda *f*, vaina *f*; (for wiring) cubierta *f* 2 (Bot) vaina *f*
B (contraceptive) (BrE) preservativo *m*, condón *m*

sheathe /ʃiːð/ *vt* 1 (put into sheath) ‹*sword*› envainar, enfundar 2 (cover) ‹*cable/wire/pipes*› revestir*

sheath knife *n* cuchillo *m* de monte

sheaves /ʃiːvz/ *pl of* **sheaf**

shed[1] /ʃed/ (*pres p* **shedding**; *past & past p* **shed**) *vt*
A 1 ‹*tears/blood*› derramar 2 ‹*leaves/horns/skin*› mudar; ‹*clothing*› quitarse, despojarse de (frml) 3 ‹*cares/inhibitions*› liberarse de; ‹*workers/jobs*› deshacerse* de; **he's ~ 33 lbs** ha adelgazado 33 libras
B (send out) ‹*light*› emitir
■ **shed** *vi* «*dog/cat*» pelechar, mudar de pelo

shed[2] *n* 1 (hut) cabaña *f*; (*garden ~*) cobertizo *m*, galpón *m* (RPl) 2 (larger building) nave *f*, galpón *m* (CS)

she'd /ʃiːd/ 1 **= she would** 2 **= she had**

sheen /ʃiːn/ *n* [u] brillo *m*, lustre *m*

sheep /ʃiːp/ *n* (*pl* ~) oveja *f*; ***to count ~*** contar* ovejas *or* corderitos; ***to separate the ~ from the goats*** separar el grano de la paja; (*before n*) **~ farming** cría *f* de ganado ovino *or* lanar

sheepdog /'ʃiːpdɔːg || 'ʃiːpdɒg/ *n* perro *m* pastor *or* ovejero

sheepish /'ʃiːpɪʃ/ *adj* avergonzado

sheepishly /'ʃiːpɪʃli/ *adv* con vergüenza, tímidamente

sheepskin /'ʃiːpskɪn/ *n* 1 [c u] (skin) piel *f* de borrego *or* de cordero, corderito *m* (RPl) 2 [c] (garment) abrigo *m* de piel de borrego *or* de cordero, gamulán® *m* (RPl)

sheer[1] /ʃɪr || ʃɪə(r)/ *adj* **sheerer, sheerest**
A (pure, absolute) (*as intensifier*) puro; **by ~ coincidence** por pura casualidad; **it's ~ nonsense to suggest that ...** es un verdadero disparate decir que ...; **the ~ size of the problem** la mera magnitud del problema
B (vertical) ‹*drop*› a pique, vertical; ‹*cliff*› escarpado, cortado a pico *or* a pique
C (fine) ‹*stockings/nylon/fabric*› muy fino, transparente

sheer[2] *adv* (vertically): **the cliffs rise ~ out of the sea** los acantilados se yerguen verticalmente sobre el mar

Phrasal verbs
- **sheer away** [v ▸ adv] «*ship/plane*» desviarse*
- **sheer off** [v ▸ adv] desviarse*, cambiar de rumbo

sheet /ʃiːt/ *n*
A (on bed) sábana *f*; ***as white as a ~*** blanco como el papel
B (of paper) hoja *f*; (of wrapping paper) pliego *m*, hoja *f*; (of stamps) pliego *m*; **information** *o* **fact ~** folleto *m*
C 1 (of metal) chapa *f*, plancha *f*, lámina *f*; **a ~ of glass** un vidrio, una placa de vidrio 2 (of ice) capa *f*; **a ~ of flame** una cortina de llamas; **the rain was coming down in ~s** llovía a cántaros; (*before n*) **~ lightning** relámpagos *mpl* difusos

sheeting /'ʃiːtɪŋ/ *n* [u] (Tex) tela *f* (*para hacer sábanas*); **steel/plastic ~** acero *m*/plástico *m* en planchas *or* chapas

sheet: **~ metal** *n* [u] metal *m* en planchas *or* chapas; **~ music** *n* [u] partituras *fpl*

sheik, sheikh /ʃiːk || ʃeɪk/ *n* jeque *m*

shekel /'ʃekəl/ *n* shekel *m*, siclo *m*

shelf /ʃelf/ *n* (*pl* **shelves**)

A **1** (in cupboard, bookcase) estante *m*, balda *f* (Esp); (on wall) estante *m*, anaquel *m*, repisa *f*, balda *f* (Esp); (in oven) parrilla *f*; **a set of shelves** unos estantes, una estantería; ***to be left on the ~*** quedarse para vestir santos **2** **off the shelf**: **you can buy it off the ~** se puede comprar hecho

B (Geol): **continental ~** plataforma *f* continental

shelf life *n* [u] *tiempo que puede conservarse un producto perecedero sin que se deteriore*

shell¹ /ʃel/ *n*

A **1** (of egg, nut) cáscara *f*; (of sea mollusk) concha *f*; (of tortoise, turtle, snail, crustacean) caparazón *m or f*, carapacho *m*; **pastry ~** (Culin) base *f* (*de masa*); ***to come out of one's ~*** salir* del cascarón; ***to go back*** *o* ***retreat into one's ~*** retraerse* **2** (of building) estructura *f*, armazón *m or f*, esqueleto *m*; (of vehicle) armazón *m or f*

B (Mil) **1** (for artillery) proyectil *m*, obús *m* **2** (for small arms) cartucho *m*

shell² *vt*

A (Culin) ‹*peas*› pelar, desvainar; ‹*nuts/eggs/prawns*› pelar; ‹*mussel/clam*› quitarle la concha a, desconchar

B (Mil) ‹*position/troops/city*› bombardear

■ **shell** *vi* (Mil) bombardear

Phrasal verb

• **shell out** (colloq)

A [v ▸ o ▸ adv, v ▸ adv ▸ o] ‹*money*› aflojar (fam), soltar* (fam)

B [v ▸ adv] soltar* *or* aflojar (la mosca) (fam)

she'll /ʃiːl, *weak form* ʃɪl/ **= she will**

shell: **~fire** *n* [u] fuego *m* de artillería; **~fish** *n* (*pl* **~fish**) **1** [c] (creature) marisco *m* **2** [u] (collectively) mariscos *mpl*, marisco *m* (Esp); **~shock** *n* [u] neurosis *f* de guerra; **~shocked** *adj* traumatizado por la guerra; **~ suit** *n* equipo *m or* (Esp) chándal *m or* (Chi, Per) buzo *m or* (Méx) pants *mpl or* (Col) sudadera *f* de nylon

shelter¹ /'ʃeltər || 'ʃeltə(r)/ *n*

A [c] (building) refugio *m*; **bomb** *o* **air-raid ~** refugio antiaéreo

B [u] **1** (protection): **to take ~** refugiarse, guarecerse*; **to run for ~** correr a refugiarse **2** (accommodations): **to give ~ to sb** acoger* a algn, darle* alojamiento a algn; **to seek ~ for the night** buscar* donde pasar la noche; **they need food, ~, and clothing** necesitan alimentos, albergue y ropa

shelter² *vt* **1** (protect from weather) **to ~ sth/sb (FROM sth)** resguardar algo/a algn (DE algo) **2** **to ~ sb (FROM sb)** ‹*criminal/fugitive*› darle* cobijo A algn (para protegerlo DE algn)

■ **shelter** *vi* **to ~ (FROM sth)** refugiarse *or* guarecerse* *or* resguardarse (DE algo)

sheltered /'ʃeltərd || 'ʃeltəd/ *adj* ‹*valley/harbor*› abrigado; ‹*life*› protegido; **she had a ~ upbringing** creció muy protegida de la realidad de la vida, fue criada entre algodones (pey); **~ housing** (BrE) *viviendas vigiladas para ancianos y minusválidos*

shelve /ʃelv/ *vt* (postpone) ‹*plan/project*› archivar, aparcar*, darle* carpetazo a

■ **shelve** *vi* bajar, descender*

shelves /ʃelvz/ *pl of* **shelf**

shelving /'ʃelvɪŋ/ *n* [u] (sets of shelves) estantería *f*

shenanigans /ʃə'nænɪgənz/ *pl n* (colloq) **1** (trickery) chanchullos *mpl* (fam) **2** (mischief) travesuras *fpl*

shepherd¹ /'ʃepərd || 'ʃepəd/ *n* pastor *m*

shepherd² *vt* conducir*, guiar*

shepherdess /'ʃepər'dəs || ˌʃepə'des/ *n* pastora *f*

shepherd's pie *n* [u c] *plato de carne picada cubierta con puré de papas*, pastel *m* de papas *or* de carne (CS)

sherbet /'ʃɜːrbət || 'ʃɜːbət/ *n* **1** (sorbet) (AmE) sorbete *m*, helado *m* de agua (CS), nieve *f* (Méx) **2** (powder) (BrE) *polvos efervescentes con sabor a frutas*, sidral® *m* (Esp)

sherd /ʃɜːrd || ʃɜːd/ *n* ▸ **shard**

sheriff /'ʃerəf || 'ʃerɪf/ *n* **1** (in US) sheriff *mf* **2** (in England and Wales) *representante de la corona* **3** (in Scotland) *juez principal de un distrito*

sherry /'ʃeri/ *n* [u c] (*pl* **-ries**) jerez *m*

she's /ʃiːz, *weak form* ʃɪz/ **1** **= she is** **2** **= she has**

shield¹ /ʃiːld/ *n*

A (Hist, Mil) escudo *m*; **riot ~** escudo *m* antidisturbios

B (protective cover on machine) revestimiento *m*; **eye ~** visera *f* protectora; (*before n*) **~ law** (in US) *ley que establece que los periodistas no están obligados a revelar fuentes de información*

shield² *vt* **to ~ sth/sb (FROM sb/sth)** proteger* algo/a algn (DE algn/algo); **the bushes ~ed them from view** los matorrales los ocultaban

shift¹ /ʃɪft/ *vt*

A **1** (change position of) ‹*object/furniture*› correr, mover*; **to ~ the scenery** (Theat) cambiar el decorado **2** (transfer, switch): **they tried to ~ the responsibility onto us** trataron de cargarnos la responsabilidad

B (BrE colloq) **1** (move, remove): **~ yourself, will you!** ¡quítate de ahí!; **I can't ~ this nail** este clavo no hay quien lo saque **2** (get rid of) ‹*stain*› quitar, sacar* (esp AmL); ‹*cold/allergy*› quitarse de encima

C (sell) ‹*stock*› vender

■ **shift** *vi*

A **1** (change position, direction) «*cargo*» correrse; «*wind*» cambiar; **he ~ed uneasily in his chair** se movía intranquilo en la silla **2** (switch, change over): **the focus of attention has ~ed to Europe** el foco de atención ha pasado a Europa **3** **shifting** *pres p* ‹*opinion/moods*› cambiante; **~ing sands** arenas *fpl* movedizas

B (BrE) **1** (move) (colloq): **~ up/along a bit** córrete un poco **2** (budge) ceder, transigir*

C (manage): **to ~ for oneself** arreglárselas solo

D (change gear) (AmE) cambiar de marcha *or* de velocidad

shift² *n*

A (change in position) cambio *m*; **there was a ~ in public opinion** hubo un cambio *or* un viraje en la opinión pública; **a major population ~** un desplazamiento masivo de población

B (work period) turno *m*; **to work the day/night ~** hacer* el turno de día/de noche; **to work (in) ~s** trabajar por turnos; (*before n*) **~ work/worker** trabajo *m*/trabajador, -dora *m,f* por turnos

C **1** (undergarment) enagua *f* **2** (dress) vestido *m* suelto

D (AmE Auto) palanca *m* de cambio *or* (Méx) de velocidades

shift key *n* tecla *f* de las mayúsculas

shiftless /'ʃɪftləs || 'ʃɪftlɪs/ *adj* holgazán, haragán

shift: **~ lever** *n* (AmE) palanca *f* de cambios; **~ lock** *n* tecla *f* fijamayúsculas

shifty /'ʃɪfti/ *adj* **-tier, -tiest** ‹*expression/eyes*› furtivo; ‹*appearance*› sospechoso

Shiite¹ /'ʃiːaɪt/ *n* chiíta *mf*, shií *mf*

Shiite² *adj* chiíta, shií

shilling /'ʃɪlɪŋ/ *n* chelín *m*

shilly-shally /'ʃɪliˌʃæli/ *vi* **-lies, -lying, -lied** titubear, vacilar; **stop ~ing!** ¡déjate de titubeos!

shilly-shallying *n* [u] titubeos *mpl*, dudas *fpl*

shimmer¹ /'ʃɪmər || 'ʃɪmə(r)/ *n* brillo *m*, resplandor *m*

shimmer² *vi* «*water/silk*» brillar; «*lights*» titilar; (in water) rielar (liter)

shin¹ /ʃɪn/ *n* **1** (Anat) espinilla *f*, canilla *f*; (*before n*) **~ guard/pad** espinillera *f* **2** (of beef) (BrE) jarrete *m*

shin² *vi* **-nn-**: **he ~ned up the tree** se trepó al árbol

shinbone /'ʃɪnbəʊn/ *n* tibia *f*

shindig /'ʃɪndɪg/ *n* (colloq) fiesta *f*, juerga *f* (fam)

shindy /'ʃɪndi/ *n* (*pl* **-dies**) (colloq) lío *m* (fam), escándalo *m*

shine¹ /ʃaɪn/ *n* [u] brillo *m*; **to give one's shoes a ~** limpiarse *or* (esp AmL) lustrarse *or* (Col) embolarse *or* (Méx) bolearse los zapatos; ***to take a ~ to sb*** (colloq): **they really took a ~ to each other** quedaron prendados el uno del otro; ***to take the ~ off sth*** deslucir* *or* empañar algo

shine² *vi* (*past & past p* **shone**) **1** (gleam, glow) «*star/sun/eyes*» brillar; «*metal/glass/shoes*» relucir*, brillar **2** (excel) **to ~ (AT sth)** destacar(se*) (EN algo)

■ **shine** *vt*

A (*past & past p* **shone**) (point) (+ *adv compl*): **to ~ a light on sth** alumbrar algo con una luz

B (*past & past p* **shined**) (polish) ‹*brass/furniture*› sacarle*

S

brillo a, lustrar (esp AmL); ‹*shoes*› limpiar *or* (esp AmL) lustrar *or* (Col) embolar *or* (Méx) bolear

Phrasal verb

• **shine out** [v ▸ adv] ‹‹*light/sun/integrity*›› brillar

shingle /'ʃɪŋgəl/ *n*

A [u] (stones) guijarros *mpl*; (*before n*) ~ **beach** playa *f* de guijarros

B [c] (signboard) (AmE) placa *f*; ***to put** o **hang up one's*** ~ (colloq) abrir* una consulta (*or* bufete *etc*)

shingles /'ʃɪŋgəlz/ *n* (Med) (+ *sing vb*) herpes *m*, culebrilla *f*

shining /'ʃaɪnɪŋ/ *adj* ‹*eyes*› brillante, luminoso; ‹*hair/metal*› brillante, reluciente, lustroso

shinny¹ /'ʃɪni/ *vi* **-nies, -nying, -nied** (AmE) ▸**shin²**

shinny² *n* [u] (AmE Sport) *deporte parecido al hockey sobre hierba*

shinty /'ʃɪnti/ *n* [u] (BrE Sport) ▸**shinny²**

shiny /'ʃaɪni/ *adj* **-nier, -niest** ‹*hair/fabric/plastic*› brillante; ‹*shoe*› brillante, lustroso; **a** ~ **new coin** una moneda nueva y reluciente

ship¹ /ʃɪp/ *n* barco *m*, buque *m*, embarcación *f* (frml); **a sailing** ~ un velero; **a passenger** ~ un barco *or* un buque de pasajeros; **on board** ~ a bordo; **to abandon** ~ abandonar el barco; ***like*** ~***s that pass in the night*** como extraños; ***to run a tight*** ~ ser* muy eficiente

ship² **-pp-** *vt* **1** (send by sea) enviar* *or* mandar por barco **2** (send) enviar*, despachar

Phrasal verbs

• **ship off** [v ▸ o ▸ adv, v ▸ adv ▸ o] **1** ‹*goods/freight*› despachar, expedir* **2** (send away) ‹*son/daughter*› despachar (fam)

• **ship out** [v ▸ o ▸ adv, v ▸ adv ▸ o] enviar* *or* mandar por barco

ship: ~**builder** *n* constructor, -tora *m,f* naval; ~**building** *n* [u] construcción *f* naval; ~**load** *n* cargamento *m*; **by the** ~**load, in** ~**loads** a montones (fam); ~**mate** *n* camarada *mf* de a bordo

shipment /'ʃɪpmənt/ *n* (goods) envío *m*, remesa *f*

shipowner /'ʃɪp,əʊnər || 'ʃɪpəʊnə(r)/ *n* (person) armador, -dora *m,f*; (company) naviera *f*

shipper /'ʃɪpər || 'ʃɪpə(r)/ *n* **1** (sender) consignador, -dora *m,f* **2** (exporter) exportador, -dora *m,f*

shipping /'ʃɪpɪŋ/ *n* [u] **1** (ships) barcos *mpl*, embarcaciones *fpl* (frml); (*before n*) ‹*lane/route*› de navegación; ~ **agent** consignatario, -ria *m,f* **2** (transportation of freight) transporte *m*; ~ **by air/rail/road/sea** transporte aéreo/por ferrocarril/por carretera/marítimo; (*before n*) ~ **charge** gastos *mpl* de envío *or* de expedición

ship: ~**shape** *adj* (*pred*) limpio y ordenado; ~**-to-shore** /'ʃɪptə'ʃɔ:r || ,ʃɪptə'ʃɔ:(r)/ *adj* ‹*radio/telephone/link*› de barco a tierra

shipwreck¹ /'ʃɪprek/ *n* naufragio *m*

shipwreck² *vt* (*usu pass*): ~**ed sailors** marineros *mpl* náufragos; **to be** ~**ed** naufragar*

shipyard /'ʃɪpjɑ:rd || 'ʃɪpjɑ:d/ *n* (*often pl*) astillero *m*

shire /ʃaɪr || 'ʃaɪə(r)/ *n* (in UK) condado; **the Shires** *los condados rurales de la región central de Inglaterra*

shire horse *n*: *caballo de tiro parecido al percherón*

shirk /ʃɜ:rk || ʃɜ:k/ *vt* ‹*task/duty/responsibility*› eludir, rehuir*

■ **shirk** *vi* haraganear

shirker /'ʃɜ:rkər || 'ʃɜ:kə(r)/ *n* haragán, -gana *m,f*

shirt /ʃɜ:rt || ʃɜ:t/ *n* (man's) camisa *f*; (woman's) camisa *f*, blusa *f* (camisera); ***to give sb the*** ~ ***off one's back*** darle* hasta la camiseta a algn; ***keep your*** ~ ***on!*** (colloq) ¡no te sulfures! (fam); ***to lose one's*** ~ perder* hasta la camisa *or* la camiseta (fam)

shirt ~**dress** *n* (vestido *m*) camisero *m*, chemisier *m* (RPl); ~**front** *n* pechera *f*; ~**sleeve** *n* manga *f* de camisa; **in (one's)** ~**sleeves** en mangas de camisa; ~**tail** *n* faldón *m* (*de camisa*); ~**waist** (BrE) ~**waister** /-'weɪstər/ *n* ▸ ~**dress**

shirty /'ʃɜ:rti || 'ʃɜ:ti/ *adj* **-tier, -tiest** (colloq) agresivo, borde (Esp fam); **to get** ~ sulfurarse (fam), cabrearse (fam)

shit¹ /ʃɪt/ *n* (vulg)

A **1** [u] (feces) mierda *f* (vulg); ***in the*** ~ (esp BrE): **now we really are in the** ~ ahora sí que estamos jodidos (vulg); ***to beat the*** ~ ***out of sb*** moler* a algn a palos (fam), sacarle* la mugre a algn (AmL fam), hacer* mierda a algn (Méx vulg), cagar* a algn a golpes (RPl vulg); ***to scare the*** ~ ***out of sb*** hacer* que algn se cague de miedo (vulg), acojonar a algn (Esp vulg); ***when the*** ~ ***hits the fan*** cuando la mierda empiece a salpicar (vulg); ▸**creek 1** **2** (act) (*no pl*): **to take** *o* (BrE) **have a** ~ cagar* (vulg) **3** **shits** *pl* (diarrhea) **the** ~**s** cagalera *f* *or* (CS tb) cagadera *f* (vulg); **he/I got the** ~**s** le/me dio cagalera *or* (CS tb) cagadera (vulg)

B **1** [u] (nonsense) imbecilidades *fpl*, gilipolleces *fpl* (Esp vulg), pendejadas *fpl* (AmL exc CS vulg), huevadas (Andes, Ven vulg), boludeces *fpl* (Col, RPl vulg) **2** [u] (lies, exaggeration): **he's full of** ~ es un mentiroso de mierda (vulg)

C **1** [u c] (sth worthless) mierda *f* (vulg); ***not to give a*** ~: **she doesn't give a** ~ **what anyone thinks** le importa un carajo *or* (Méx) una chingada lo que piensen los demás (vulg) **2** [c] (person) mierda *mf* (vulg)

shit² (*pres p* **shitting**; *past & past p* **shit** *or* **shat**) (vulg) *vi* cagar* (vulg)

■ *v refl* **to** ~ **oneself** (involuntarily) cagarse* (encima) (vulg); (be very scared) cagarse* de miedo (vulg)

shit³ *interj* (vulg) ¡carajo! (vulg), ¡mierda! (vulg)

shit⁴ *adv* (vulg) (*as intensifier*): **she's** ~ **scared** está cagada de miedo (vulg); **he's** ~ **hot at his job** es un fenómeno *or* un as en su trabajo

shitless /'ʃɪtləs || 'ʃɪtlɪs/ *adv* (vulg): **to be scared** ~ estar* cagado de miedo (vulg)

shitty /'ʃɪti/ *adj* **-tier, -tiest** (vulg) ‹*weather/work*› de mierda (vulg); **I'm feeling really** ~ **today** hoy estoy muy jodido (vulg); **it was a** ~ **thing to do** fue una putada (vulg)

shiver¹ /'ʃɪvər || 'ʃɪvə(r)/ *n* **1** (tremor) escalofrío *m*, estremecimiento *m*; **the scream sent** ~**s** *o* **a** ~ **down my spine** el grito me produjo escalofríos **2** **shivers** *pl*: **to have the** ~**s** tener* escalofríos, tener* chuchos (de frío) (RPl fam)

shiver² *vi* (with cold) temblar*, tiritar; (with fear) temblar*; (with anticipation) estremecerse*

shivery /'ʃɪvəri/ *adj*: **to feel** ~ tener* escalofríos

shlemiel *n* ▸**schlemiel**

shlep, shlepp *vi* ▸**schlep**

shlock *n* (colloq) porquerías *fpl* (fam)

shmaltz, shmalz *etc* ▸**schmaltz**

shmuck *n* ▸**schmuck**

shoal /ʃəʊl/ *n*

A **1** (of fish) cardumen *m*, banco *m* **2** (of people) montón *m* (fam)

B (sandbank) bajío *m*, banco *m* de arena

shock¹ /ʃɑ:k || ʃɒk/ *n*

A [c] **1** (of impact) choque *m*, impacto *m*; (of earthquake, explosion) sacudida *f* **2** (*electric* ~) descarga *f* (eléctrica), golpe *m* de corriente; **I got a** ~ me dio una descarga *or* un golpe de corriente, me dio corriente

B **1** [u] (Med) shock *m*; **to be in (a state of)** ~ estar* en estado de shock; **he was suffering from** ~ estaba en estado de shock **2** [u c] (distress, surprise) shock *m*, impresión *f*; **to get a** ~ llevarse un shock *or* una impresión; **I nearly died of** ~ por poco me muero del shock *or* de la impresión; **the news came as a great** ~ **to us** la noticia nos conmocionó; **he's in for a** ~ **when he finds out** se va a llevar un shock cuando se entere; (*before n*) (journ) **a** ~ **announcement** un anuncio sorprendente, un bombazo (fam) **3** (scare) susto *m*; **to get a** ~ llevarse un susto; **what a** ~ **you gave me!** ¡qué susto me diste *or* me pegaste!

C [c] (bushy mass): **a** ~ **of hair** una mata de pelo

shock² *vt* (stun, appal) horrorizar*; (scandalize) escandalizar*, horrorizar*; (scare) asustar; **my mother is easily** ~**ed** mi madre se escandaliza *or* se horroriza por cualquier cosa

■ **shock** *vi* impactar, impresionar

shock absorber /əb'sɔ:rbər || əb'zɔ:bə(r)/ *n* amortiguador *m*

shocked /ʃɑ:kt || ʃɒkt/ *adj* **1** (appalled) horrorizado; **a** ~ **silence greeted the announcement** la gente quedó muda de asombro al oír el anuncio; **we were** ~ **at their callousness** nos horrorizó su crueldad **2** (scandalized): **I was** ~ **to hear that ...** me indigné cuando me enteré de que ...

S

shocking /'ʃɑːkɪŋ || 'ʃɒkɪŋ/ *adj* 1 ‹*news/report*› espeluznante, horrible, horroroso 2 ‹*weather/cough*› espantoso, horrible 3 ‹*behavior/language*› escandaloso, vergonzoso

shockingly /'ʃɑːkɪŋli || 'ʃɒkɪŋli/ *adv* 1 (badly) de una manera espantosa, terriblemente mal 2 (*as intensifier*) ‹*bad/expensive*› terriblemente, increíblemente

shocking-pink /'ʃɑːkɪŋ'pɪŋk || ˌʃɒkɪŋ'pɪŋk/ *adj* (*pred* **~ pink**) rosa fosforito *or* shocking *adj inv*

shock: **~proof**, **~-resistant** *adj* ‹*watch/mechanism*› a prueba de golpes; **~ tactics** *pl n* tácticas *fpl* de choque; **~ troops** *pl n* tropas *fpl* de asalto *or* de choque; **~ wave** *n* (Phys) onda *f* expansiva

shod /ʃɑːd || ʃɒd/ *past & past p of* **shoe²**

shoddily /'ʃɑːdəli || 'ʃɒdɪli/ *adv* 1 (poorly) ‹*made/furnished*› muy mal 2 (meanly) ‹*behave*› de manera despreciable

shoddy /'ʃɑːdi || 'ʃɒdi/ *adj* **-dier, -diest** 1 (of inferior quality) ‹*goods/workmanship*› de muy mala calidad; **~ work** chapuza *f* 2 (mean) ‹*behavior/treatment*› bajo, mezquino

shoe¹ /ʃuː/ *n* 1 (Clothing) zapato *m*; **put your ~s on** ponte los zapatos, cálzate; **they sell ~s** venden zapatos *or* (frml) calzado; ***to be in sb's ~s***: **I wouldn't like to be in her ~s** no me gustaría estar en su lugar *or* (fam) en su pellejo; ***to fit like an old ~*** (AmE) sentar* como un guante; ***to step into sb's ~s*** pasar a ocupar el puesto de algn; (*before n*) **~ polish** betún *m*, pomada *f* (RPl) *or* (Chi) pasta *f* de zapatos; **~ repairer** zapatero, -ra *m,f* 2 (for horse) herradura *f* 3 (*brake ~*) zapata *f*

shoe² *vt* (*pres* **shoes**; *pres p* **shoeing**; *past & past p* **shod**) ‹*horse*› herrar*

shoe: **~brush** *n* cepillo *m* de los zapatos; **~horn** *n* calzador *m*; **~lace** *n* cordón *m* (de zapato), agujeta *f* (Méx), pasador *m* (Per); **to tie one's ~laces** atarse *or* (AmL exc RPl) amarrarse los cordones de los zapatos (*or* las agujetas *etc*); **~shine (boy)** *n* (esp AmE) limpiabotas *m*, lustrabotas *m* (AmS), bolero *m* (Méx), embolador *m* (Col); **~string** *n* (Clothing) 1 ▸ **~lace** 2 ***on a ~string*** con poquísimo dinero; **~tree** *n* horma *f*

shone /ʃəʊn, ʃɑːn || ʃɒn/ *past & past p of* **shine²**

shoo¹ /ʃuː/ *interj* ¡fuera!, ¡zape!, ¡úscale! (Méx)

shoo² *vt* **shoos, shooing, shooed**: **I ~ed the birds off** *o* **away** espanté *or* ahuyenté a los pájaros; **she ~ed the cats off the sofa** echó a los gatos del sofá

shook /ʃʊk/ *past of* **shake¹**

shoot¹ /ʃuːt/ *n*

A (Bot) (bud, young leaf) brote *m*, retoño *m*, renuevo *m*; (from seed, potato) brote *m*

B (shooting expedition) cacería *f*

C (Cin) rodaje *m*, filmación *f*

shoot² (*past & past p* **shot**) *vt*

A 1 ‹*person/animal*› pegarle* un tiro *or* un balazo a; **they shot him three times in the legs** le pegaron tres tiros en las piernas; **she was shot in the arm** recibió un balazo en el brazo; **they shot him dead, they shot him to death** (AmE) lo mataron a tiros/de un tiro; **to ~ oneself** pegarse* un tiro; **you'll get me shot!** (colloq) ¡me van a matar por tu culpa! (fam); ***to ~ the breeze*** *o* ***bull*** (AmE) darle* a la lengua *or* a la sinhueso (fam) 2 (hunt) ‹*duck/rabbit/deer*› cazar*

B 1 (fire) ‹*bullet*› disparar, tirar; ‹*arrow/missile*› lanzar*, arrojar; ‹*glance*› lanzar*; **to ~ questions at sb** acribillar a algn a preguntas 2 (eject, propel) lanzar*, despedir*

C (pass swiftly): **to ~ the rapids** salvar los rápidos; **to ~ the lights** (BrE colloq) saltarse la luz roja *or* (Méx tb) pasarse los altos

D 1 (Sport) ‹*ball/puck*› lanzar*; ‹*goal*› marcar*, anotar(se) (AmL); **he shot four baskets** encestó cuatro veces 2 (play) (AmE) jugar* a; **to ~ craps/billiards** jugar* a los dados/al billar

E (Cin) rodar*, filmar

F (inject) (sl) ‹*heroin/cocaine*› chutarse (arg), picarse* (arg)

■ **shoot** *vi*

A 1 (fire weapon) disparar; **don't move or I'll ~!** ¡no se mueva o disparo!; **to ~ to kill** disparar *or* tirar a matar; **to ~ AT sb/sth** dispararle A algn/A algo 2 (hunt) cazar*; **to go ~ing** ir* de caza 3 (proceed) (colloq): **can I ask you something? — sure, ~!** ¿te puedo preguntar algo? — claro ¡dispara! *or* (AmL) ¡pregunta nomás!

B (move swiftly): **their record shot straight to number one** su disco subió directamente al número uno; **she ~ past** pasó como una bala *or* como un bólido (fam); **he shot out of his seat** saltó del asiento

C (Sport) tirar, disparar, chutar, chutear (CS); **to ~ at goal** tirar al arco *or* (Esp) a puerta

Phrasal verbs

- **shoot down** [v ▸ o ▸ adv, v ▸ adv ▸ o] 1 ‹*plane*› derribar, abatir 2 ‹*argument*› rebatir
- **shoot for** [v ▸ prep ▸ o] (AmE) aspirar a
- **shoot off** [v ▸ adv] (leave quickly) irse* *or* salir* disparado *or* (fam) como un bólido
- **shoot out**

A [v ▸ adv] (emerge quickly) salir* disparado *or* (fam) como un bólido

B [v ▸ o ▸ adv, v ▸ adv ▸ o] ***to ~ it out (with sb)***: **the terrorists shot it out with the police** los terroristas y la policía la emprendieron a tiros

- **shoot up** [v ▸ adv] 1 (grow tall) crecer* mucho 2 (go up quickly) ‹‹*prices/temperature*›› dispararse; ‹‹*flames*›› alzarse*; ‹‹*buildings*›› aparecer* (de la nada) 3 (inject drugs) (sl) chutarse (arg), picarse* (arg)

shoot³ *interj* (AmE colloq) ¡miércoles! (fam & euf), ¡mecachis! (fam & euf)

shooter /'ʃuːtər || 'ʃuːtə(r)/ *n* (sl) pistola *f*, chata *f* (Esp arg), hierro *m* (Ven arg)

shooting /'ʃuːtɪŋ/ *n*

A 1 [u] (exchange of fire) tiroteo *m*, balacera *f* (AmL), baleo *m* (Chi); (shots) tiros *mpl*, disparos *mpl* 2 [u c] (killing) asesinato *m*; (execution) fusilamiento *m*

B [u] (hunting) caza *f*

C [u] (Cin) rodaje *m*, filmación *f*

shooting: **~ gallery** *n* barraca *f or* puesto *m* de tiro al blanco; **~ match** *n*: **the whole ~ match** (colloq) todo el tinglado (fam); **~ star** *n* estrella *f* fugaz

shoot-out /'ʃuːtaʊt/ *n* tiroteo *m*, balacera *f* (AmL), baleo *m* (Chi)

shop¹ /ʃɑːp || ʃɒp/ *n*

A 1 [c] (retail outlet) tienda *f*, negocio *m* (CS), comercio *m* (frml); **to go to the ~s** ir* de compras; **what time do the ~s close?** ¿a qué hora cierran las tiendas?; ***all over the ~*** (BrE colloq) por todas partes 2 (business) (colloq): **to set up ~ as a doctor** abrir* una consulta, establecerse* como médico; **to shut up ~** cerrar*; ***to talk ~*** hablar del trabajo

B [u] (AmE Educ) taller *m*, manualidades *fpl*

shop² **-pp-** *vi* hacer* compras, comprar; **to go ~ping** ir* de compras *or* de tiendas; **to ~ FOR sth**: **we were ~ping for Christmas presents** estábamos comprando los regalos de Navidad; **she went ~ping for a winter coat** salió a buscar un abrigo de invierno

■ **shop** *vt*

A (inform on) (BrE sl) vender

B (visit store) (AmE) recorrer

Phrasal verb

- **shop around** [v ▸ adv] (colloq) comparar precios

shop: **~ assistant** *n* (BrE) dependiente, -ta *m,f*, empleado, -da *m,f* (de tienda) (AmL), vendedor, -dora *m,f* (CS); **~ floor** *n* (part of factory) taller *m*; (workers) obreros *mpl*, trabajadores *mpl*; (as union members) bases *fpl* sindicales; **~ front** *n* (BrE) fachada *f* (*de una tienda*); **~keeper** *n* comerciante *mf*, tendero, -ra *m,f*; **~lifter** /'ʃɑːpˌlɪftər || 'ʃɒpˌlɪftə(r)/ *n* ladrón, -drona *m,f* (*que roba en las tiendas*), mechero, -ra *m,f* (arg); **~lifting** /'ʃɑːpˌlɪftɪŋ || 'ʃɒpˌlɪftɪŋ/ *n* [u] hurto *m* (*en las tiendas*)

shopper /'ʃɑːpər || 'ʃɒpə(r)/ *n* comprador, -dora *m,f*

shopping /'ʃɑːpɪŋ || 'ʃɒpɪŋ/ *n* [u] 1 (act): **to do the ~** hacer* la compra *or* (AmS) las compras, hacer* el mercado (Col, Ven), hacer* el mandado (Méx); (*before n*) ‹*basket*› de la compra *or* (AmS) de las compras 2 (purchases) compras *fpl*

shopping: **~ bag** *n* 1 (given by store) (AmE) bolsa *f* (*de plástico, papel etc*) 2 (owned by customer) (BrE) bolsa *f* (de la compra *or* (AmS) de las compras); **~ cart** *n* (AmE) carrito *m* (de la compra *or* (AmS) de las compras); **~ center**, (BrE) **~ centre** ▸ **~ mall**; **~ list** *n* lista *f* de la compra *or* (Col, Ven) del mercado *or* (Méx) del mandado *or* (AmS) de las compras; **~ mall** *n* (esp AmE) centro *m* comercial; **~ trolley** *n* (BrE) 1 ▸ **~ cart** 2 (bag on wheels) carrito *m*, changuito *m* (RPl)

S

shop: **~-soiled** *adj* deteriorado; **~ steward** *n* representante *mf or* (Esp) enlace *mf* sindical; **~ window** *n* escaparate *m*, vitrina *f* (AmL), aparador *m* (AmC, Col, Méx); **~worn** *adj* (AmE) ‹*goods*› deteriorado; ‹*clichés*› gastado

shore¹ /ʃɔːr || ʃɔː(r)/ *n*
A [c] **1** (of sea, lake) orilla *f*; **they have a house by the ~** tienen una casa a la orilla del mar/lago **2** (coast) costa *f*, ribera *f*; **a mile off ~** a una milla de la costa
B **1** [u] (land): **to go on ~** bajar a tierra (firme) **2** **shores** *pl* (country) (liter) tierras *fpl*; **on these ~s** en estas tierras

shore² *vt* ▸**shore up**

Phrasal verb
• **shore up** [v ▸ o ▸ adv, v ▸ adv ▸ o] ‹*building/wall*› apuntalar; ‹*share price*› sostener*, apuntalar

shoreline /ˈʃɔːrlaɪn || ˈʃɔːlaɪn/ *n* costa *f*, ribera *f*

shorn /ʃɔːrn || ʃɔːn/ *past p of* **shear** *vt* **A**

short¹ /ʃɔːrt || ʃɔːt/ *adj* **-er, -est**
A (of length, height, distance) ‹*hair/skirt/grass*› corto; ‹*person*› bajo; **they only live a ~ way off** *o* **away** viven muy cerca; **we've only got a ~ way to go** ya nos falta poco (para llegar)
B **1** (brief) ‹*visit/vacation/trip*› corto; **the days are getting ~er** los días van acortándose; **a ~ time ago** hace poco (tiempo); **a ~ while ago** hace poco rato, hace un ratito (fam); **in just a few ~ years** en pocos años; **to have a ~ memory** tener* mala memoria; **the ~ answer to that is no** en una palabra: no; **Liz is ~ for Elizabeth** Liz es el diminutivo de Elizabeth; **we call him Rob for ~** lo llamamos Rob para abreviar; **~ and sweet** (set phrase): **her visit was ~ and sweet** su visita fue corta: lo bueno si breve dos veces bueno **2** (Ling) ‹*vowel/syllable*› breve **3** **in short** (briefly) (*as linker*) en resumen, resumiendo
C (brusque, impatient) ‹*manner*› brusco, cortante; **she has a ~ temper** tiene muy mal genio
D (inadequate, deficient) escaso; **to be in ~ supply** escasear; **time is getting ~** queda poco tiempo, se está acabando el tiempo; **we're/they're still ~ six people** (AmE) *o* (BrE) **six people ~** todavía nos/les faltan seis personas; **(to be) ~ OF sth/sb**: **we're very ~ of time** estamos muy cortos *or* escasos de tiempo; **they were ~ of staff** no tenían suficiente personal; **do you get ~ of breath?** ¿se queda sin aliento?; **we're still a long way ~ of our target** estamos todavía muy lejos de nuestro objetivo; **he's just ~ of six feet tall** mide poco menos de seis pies; **nothing ~ of a miracle can save us now** sólo un milagro nos puede salvar

short² *adv*
A (suddenly, abruptly): **he cut ~ his vacation** interrumpió sus vacaciones; **he stopped ~ when he saw me** se paró en seco cuando me vio; **they stopped ~ of firing him** les faltó poco para echarlo; **he was brought up ~ by what she said** lo que ella dijo lo dejó helado; ***to be caught ~*** (need toilet) (colloq): **I was caught ~ at the station** me entraron unas ganas terribles de ir al baño *or* al servicio en la estación
B (below target, requirement): **to fall ~** ‹‹*shell/arrow*›› quedarse corto; **to fall ~ OF sth**: **we fell ~ of our target** no alcanzamos nuestro objetivo; **to fall ... ~ OF sth**: **the arrow fell several meters ~ of its target** la flecha cayó a varios metros del blanco; **to go ~ (OF sth)**: **we never went ~ of food** nunca nos faltó la comida; **my patience is running ~** se me está acabando *or* agotando la paciencia

short³ *n*
A (Elec) cortocircuito *m*, corto *m*
B (Cin) cortometraje *m*, corto *m*
C (drink) (BrE) *copa de bebida alcohólica de las que se sirven en pequeñas cantidades, como el whisky o el coñac*
D **shorts** *pl* **1** (short trousers) shorts *mpl*, pantalones *mpl* cortos; **a pair of ~s** unos shorts; **bathing ~s** traje *m* de baño, bañador *m* (Esp) **2** (men's underwear) (AmE) calzoncillos *mpl*

short⁴ *vi* (Elec) hacer* un cortocircuito
■ **short** *vt* provocar* un cortocircuito en

Phrasal verb
• **short out** (AmE Elec)
A [v ▸ adv] ‹‹*fuse*›› fundirse; ‹‹*iron/hairdryer*›› hacer* (un) cortocircuito
B [v ▸ o ▸ adv, v ▸ adv ▸ o] ‹*fuse*› fundir

shortage /ˈʃɔːrtɪdʒ || ˈʃɔːtɪdʒ/ *n* [c u] **~ (OF sth/sb)** falta *f or* escasez *f* (DE algo/algn); **there is no ~ of ideas/helpers** no faltan ideas/colaboradores

short: **~bread** *n* [u] *galleta dulce de mantequilla*; **~cake** *n* **1** [u c] *tarta de fruta* **2** [u] (BrE) *tipo de* **~bread**; **~-change** /ˈʃɔːrtˈtʃeɪndʒ || ˌʃɔːtˈtʃeɪndʒ/ *vt* **1** (in shop): **he ~-changed me** me dio mal el cambio *or* (AmL tb) el vuelto, me dio de menos **2** (deprive of due) (colloq) no ser* justo con; **~ circuit** *n* cortocircuito *m*; **~-circuit** /ˈʃɔːrtˈsɜːrkət || ˌʃɔːtˈsɜːkɪt/ *vt* (Elec) provocar* un cortocircuito en
■ **short** *vi* (Elec) hacer* (un) cortocircuito; **~coming** *n* defecto *m*, deficiencia *f*, punto *m* flaco (fam); **~crust (pastry)** *n* [u] (BrE) pasta *f* quebradiza (*tipo de masa para empanadas, tartas etc*); **~ cut** *n* **1** (route) atajo *m*; **to take a ~ cut** tomar un atajo, (a)cortar camino **2** (time-saving method): **there are no ~ cuts to success** no hay fórmulas mágicas para el éxito

shorten /ˈʃɔːrtn̩ || ˈʃɔːtn̩/ *vt* ‹*skirt/sleeves*› acortar; ‹*text/report*› acortar, abreviar; **plans to ~ the working week** planes para reducir la jornada laboral; **to ~ the odds** aumentar las probabilidades
■ **shorten** *vi* ‹‹*days/nights*›› acortarse

short: **~fall** *n* **~fall (IN sth)**: **a ~fall of 7% in revenues** un déficit de 7% en los ingresos; **this year there's been a ~fall in science graduates** este año el número de licenciados en ciencias ha estado por debajo de lo esperado; **~-haired** /ˈʃɔːrtherd || ˌʃɔːtˈheəd/ *adj* de pelo corto; **~hand** *n* [u] taquigrafía *f*; **~-handed** /ˈʃɔːrtˈhændəd || ˌʃɔːtˈhændɪd/ *adj*: **we are ~-handed** no tenemos mano de obra/personal suficiente; **~hand typist** *n* (BrE) taquimecanógrafo, -fa *m,f*; **~-haul** /ˈʃɔːrtˈhɔːl || ˌʃɔːtˈhɔːl/ *adj* (*before n*) ‹*flight*› corto, de corto recorrido; ‹*route*› de vuelos cortos; **~ list** *n* lista *f* de candidatos preseleccionados; **~-list** *vt* preseleccionar; **~-lived** /ˈʃɔːrtˈlɪvd || ˌʃɔːtˈlɪvd/ *adj* ‹*success/enthusiasm*› efímero, fugaz; ‹*recovery*› pasajero; **her happiness was ~-lived** la felicidad le duró poco

shorthand typing *n* [u] taquimecanografía *f*

shortly /ˈʃɔːrtli || ˈʃɔːtli/ *adv* **1** (soon) dentro de poco; **he'll be leaving ~ for Paris** saldrá dentro de poco *or* (frml) en breve para París; **I'll be with you ~** enseguida estoy con usted, no tardaré en atenderlo; **~ before/after midnight** poco antes/después de la medianoche **2** (briefly) en una palabra **3** (curtly) bruscamente

shortness /ˈʃɔːrtnəs || ˈʃɔːtnɪs/ *n* [u]
A **1** (of hair, skirt) lo corto; (of person) baja estatura *f*; (of distance) lo corto; (of message) brevedad *f* **2** (of visit, trip) brevedad *f*, lo breve **3** (brusqueness) brusquedad *f*
B (deficiency) **~ OF sth** ‹*of time/money/staff*› falta *f* DE algo; **~ of breath** falta *f* de aliento

short: **~-range** /ˈʃɔːrtˈreɪndʒ || ˌʃɔːtˈreɪndʒ/ *adj* ‹*missile/weapon*› de corto alcance; ‹*aircraft*› de autonomía limitada, de corto radio de acción; ‹*forecast/prediction*› a corto plazo; **~sighted** /ˈʃɔːrtˈsaɪtəd || ˌʃɔːtˈsaɪtɪd/ *adj* **1** (esp BrE Med) miope, corto de vista **2** ‹*attitude/policy*› corto de miras, miope, con poca visión de futuro; **~sightedness** /ˈʃɔːrtˈsaɪtədnəs || ˌʃɔːtˈsaɪtɪdnɪs/ *n* [u] **1** (Med) miopía *f* **2** (of action, policy) falta *f* de visión (de futuro), miopía *f*; **~-sleeved** /ˈʃɔːrtˈsliːvd || ˌʃɔːtˈsliːvd/ *adj* de manga corta; **~-staffed** /ˈʃɔːrtˈstæft || ˌʃɔːtˈstɑːft/ *adj*: **they/we were ~-staffed** les/nos faltaba personal, no tenían/no teníamos personal suficiente; **~-stay** /ˈʃɔːrtˈsteɪ || ˌʃɔːtˈsteɪ/ *adj* (*before n*) (BrE): **~-stay car park** estacionamiento *m or* (Esp) aparcamiento *m* para períodos cortos; **~stop** *n* (in baseball — position) short stop *m*, paracorto *m* (Col, Ven), paradas *fpl* cortas (Méx); (— player) torpedero, -ra *m,f*, parador, -dora *m,f* en corto (Méx); **~ story** *n* cuento *m*, narración *f* corta, relato *m* breve; (*before n*) **~-story writer** cuentista *mf*; **~-tempered** /ˈʃɔːrt ˈtempərd || ˌʃɔːtˈtempəd/ *adj* de mal genio, irascible; **~-term** /ˈʃɔːrtˈtɜːrm || ˌʃɔːtˈtɜːm/ *adj* ‹*planning/benefits/memory*› a corto plazo; **~ time** *n* [u] (BrE) jornada *f* reducida *or* de horario reducido; **~wave** /ˈʃɔːrtˈweɪv || ˌʃɔːtˈweɪv/ *n* [u] onda *f* corta

shot¹ /ʃɑːt || ʃɒt/ *past & past p of* **shoot²**

shot² *n*
A [c] **1** (from gun, rifle) disparo *m*, tiro *m*, balazo *m*; (from cannon) cañonazo *m*; **she fired three ~s** disparó tres veces; ***a ~ in the dark*** un palo de ciego; ***like a ~***: **if they offered it to me, I'd take it like a ~** si me lo ofrecieran, no dudaría un minuto en aceptarlo (fam); **she was off like**

a ~ salió disparada *or* (fam) como un bólido; ***parting*** ~ palabras *fpl* de despedida; ***to call the*** ~***s*** mandar **2** (marksman): **a good/poor** ~ un buen/mal tirador

B (colloq) **1** [c] (attempt, try): **it costs $50 a** ~ son 50 dólares por vez; ~ **AT sth/-ING: I'd like another** ~ **at it** me gustaría volver a intentarlo *or* volver a hacer la tentativa; **have a** ~ **at it** ¿por qué no lo intentas?, haz la prueba; **she had another** ~ **at convincing them** nuevamente trató de convencerlos; **he gave it his best** ~ lo hizo lo mejor que pudo **2** (chance) (*no pl*): **an 8 to 1** ~ una probabilidad entre 8; ***a long*** ~: **it's a very long** ~**, but it might just work** es una posibilidad muy remota pero quizás resulte; ***not by a long*** ~ ni por asomo, ni mucho menos

C [c] **1** (Phot) foto *f* **2** (Cin) toma *f*; **location** ~**s** exteriores *mpl*

D [u] (pellets): **(lead)** ~ perdigones *mpl*

E [c] (used in shotput) bala *f*, peso *m* (Esp); **to put the** ~ lanzar* la bala *or* (Esp) el peso

F [c] (in soccer) disparo *m*, tiro *m*, chut *m*, chute *m*; (in basketball) tiro *m*, tirada *f*; (in golf, tennis) tiro *m*

G [c] **1** (injection) inyección *f*; ***a*** ~ ***in the arm*** una ayuda, un estímulo **2** (of drink) poquito *m*

shot³ *adj*

A **1** (variegated): ~ **silk** seda *f* tornasolada **2** (pervaded, permeated): **to be** ~ **through with sth** tener* un dejo *or* un matiz de algo

B (worn-out) (esp AmE colloq) deshecho, hecho polvo (fam)

C (rid) (BrE colloq): **to get** ~ **of sth/sb** sacarse* *or* quitarse algo/a algn de encima, deshacerse* de algo/algn

shot: ~**gun** *n* escopeta *f*; (*before n*) **they had a** ~**gun wedding** se tuvieron que casar, se casaron de penalty (Esp) *or* (Méx) de emergencia *or* (RPl) de apuro *or* (Chi) apurados (fam); ~**put** /'ʃɑːtpʊt || 'ʃɒtpʊt/ *n* (event) lanzamiento *m* de bala *or* (Esp) de peso; ~**-putter** /'ʃɑːt,pʊtər || 'ʃɒt,pʊtə(r)/ *n* lanzador, -dora *m,f* de bala *or* (Esp) de peso

should¹ /ʃʊd/ *past of* **shall**

should² *v mod*

A (expressing desirability) debería (*or* deberías *etc*), debiera (*or* debieras *etc*); **you** ~ **be studying** deberías *or* debieras estar estudiando, tendrías que estar estudiando; **you** ~ **have thought of that before** deberías *or* debieras haber pensado en eso antes, tendrías *or* tenías que haber pensado en eso antes; **I've brought you some flowers — oh, you** ~**n't have** te he traído unas flores — ¡no te deberías *or* debieras haber molestado! *or* ¡no te tenías *or* tendrías que haber molestado!; **you** ~**'ve seen the look on her face!** ¡tenías *or* tendrías que haber visto la cara que puso!

B (indicating probability, logical expectation) debería (*or* deberías *etc*) (de), debiera (*or* debieras *etc*) (de); **it** ~ **add up to 100** tendría que *or* debería (de) *or* debiera (de) dar *or* sumar 100; **how** ~ **I know?** ¿cómo quieres que sepa?, ¿cómo voy a saber (yo)?; **why** ~ **they want to come here?** ¿por qué han *or* habrían de querer venir aquí?

C (*with first person only*) **1** (conditional use) (BrE frml): **I** ~ **like to see her** me gustaría verla; **I** ~**n't be surprised if they didn't turn up** no me sorprendería que no aparecieran **2** (venturing a guess) (BrE): **I** ~**n't think it's very old** no creo que sea muy antiguo; **I** ~ **think she must be over 80** yo diría que debe tener más de 80 **3** (expressing indignation): **he said he was sorry — I** ~ **think so too!** pidió perdón — ¡faltaría más! *or* ¡era lo menos que podía hacer!; **she won't be asking us for any money — I** ~ **think not!** no nos va a pedir dinero — ¡faltaría más! *or* ¡sería el colmo!

D (subjunctive use) (*with all persons*): **it's natural that he** ~ **want to go with her** es natural *or* lógico que quiera ir con ella; **if you** ~ **happen to pass a bookshop ...** si pasaras *or* si llegaras a pasar por una librería ...

E (expressing amused surprise): **and who** ~ **turn up but her ex-husband!** ¿y quién te parece que apareció? ¡su ex-marido!

shoulder¹ /'ʃəʊldər || 'ʃəʊldə(r)/ *n*

A **1** (Anat) hombro *m*; **to look over one's** ~ mirar por encima del hombro; **to stand** ~ **to** ~ estar* hombro con hombro; **to cry** *o* **weep on sb's** ~ desahogarse* con algn; **a** ~ **to cry on** un paño de lágrimas; ***straight from the*** ~ sin rodeos; ***to give sb the cold*** ~ hacerle* el vacío a algn; ***to rub*** ~***s with sb*** codearse con algn **2** (Clothing) hombro *m* **3** (Culin) paletilla *f*, paleta *f*

B (of road) arcén *m*, berma *f* (Andes), acotamiento *m* (Méx), banquina *f* (RPl), hombrillo *m* (Ven)

shoulder² *vt* **1** (place on shoulder) ‹*knapsack*› ponerse* *or* echarse al hombro; ‹*blame/responsibility*› cargar* con **2** (push) empujar con el hombro; **I was** ~**ed aside** me hicieron a un lado a empujones; ***to*** ~ ***one's way*** abrirse* paso a empujones

shoulder: ~ **bag** *n* bolso *m or* (CS) cartera *f or* (Méx) bolsa *f* (*con correa larga para colgar del hombro*); ~ **blade** *n* omóplato *m*; ~**-length** /'ʃəʊldər'leŋθ || ,ʃəʊldə'leŋθ/ *adj*: ~**-length hair** pelo *m or* melena *f* hasta los hombros; ~ **pad** *n* hombrera *f*; ~ **strap** *n* (of garment) tirante *m or* (CS) bretel *m*; (of bag) correa *f*

shouldn't /'ʃʊdnt/ = **should not**

shout¹ /ʃaʊt/ *n* grito *m*; **give me a** ~ **when you're ready** (colloq) avísame cuando estés listo, pégame un grito cuando estés listo (fam)

shout² *vi* gritar; **to** ~ **AT sb** gritarle A algn; **don't** ~ **at me** ¡no me grites!; **to** ~ **TO sb** gritarle A algn; **to** ~ **FOR sb** llamar a algn a gritos; **to** ~ **FOR sth** pedir* algo a gritos; **to** ~ **for help** pedir* auxilio a gritos; **to** ~ **for joy** gritar de alegría

■ **shout** *vt* gritar; **I** ~**ed (out) a warning** les (*or* le *etc*) grité advirtiéndoles (*or* advirtiéndole *etc*)

■ *v refl*: **to** ~ **oneself hoarse** gritar hasta quedarse ronco *or* afónico

Phrasal verbs

• **shout down** [v ▸ o ▸ adv, v ▸ adv ▸ o] hacer* callar a gritos

• **shout out**

A [v ▸ o ▸ adv, v ▸ adv ▸ o] ‹*answer*› gritar, dar* a gritos

B [v ▸ adv] dar* *or* pegar* un grito

shouting /'ʃaʊtɪŋ/ *n* [u] griterío *m*, vocerío *m*; ***it's all over but*** *o* (BrE) ***bar the*** ~ esto ya es cosa hecha *or* asunto concluido; (*before n*) **to have a** ~ **match** (colloq) pelearse a gritos *or* a voces

shove¹ /ʃʌv/ *vt* **1** (push roughly) empujar; **she** ~**d him away** lo apartó de un empujón; **they** ~**d her out of the way** la quitaron de en medio a empellones *or* a empujones **2** (put) (colloq) poner*, meter

■ **shove** *vi* empujar; **everyone was pushing and shoving** todo el mundo andaba a (los) empujones *or* a (los) empellones; ~ **over/up!** (colloq) córrete, hazte a un lado

Phrasal verb

• **shove off** [v ▸ adv] **1** (Naut) desatracar* **2** (leave) (colloq) largarse* (fam)

shove² *n* empujón *m*, empellón *m*

shovel¹ /'ʃʌvəl/ *n*

A (spade) pala *f*

B (*power* ~) excavadora *f*

shovel² *vt*, (BrE) **-ll-** ‹*coal*› palear; ‹*snow*› espalar; **he** ~**ed his food down** (colloq) engulló *or* se zampó la comida

shovelful /'ʃʌvəlfʊl/ *n* palada *f*

show¹ /ʃəʊ/ (*past* **showed**; *past p* **shown** *or* **showed**) *vt*

A **1** ‹*photograph/passport*› mostrar*, enseñar; **to** ~ **sb sth, to** ~ **sth TO sb** mostrarle* algo A algn; **he won't** ~ **his face around here again** ése no vuelve a aparecer por aquí; ***to have nothing/something to*** ~ ***for sth***: **they had little/nothing to** ~ **for their years of work** vieron poco/no vieron recompensados sus años de trabajo; **she has something to** ~ **for her efforts** sus esfuerzos han dado fruto *or* le han reportado algo **2** ‹*feelings*› demostrar*, exteriorizar*; ‹*interest/enthusiasm/taste*› demostrar*, mostrar*; ‹*courage*› demostrar* (tener); **he** ~**s her no respect** no le tiene ningún respeto, le falta al respeto; **could you** ~ **me the way?** ¿me podría indicar el camino? **3** (allow to be seen): **this carpet** ~**s every mark** en esta alfombra se notan todas las marcas; **he's started to** ~ **his age** se le han empezado a notar los años

B **1** (depict, present): **this photo** ~**s her working in her garden** en esta foto está trabajando en el jardín; **does the map** ~ **places of interest?** ¿están señalados *or* marcados en el mapa los lugares de interés?; **as** ~**n in fig. 2** como se indica *or* se muestra en la figura 2 **2** (record, register) ‹‹*barometer/dial/indicator*›› marcar*, señalar, indicar*; ‹*profit/loss*› arrojar; **the fuel light's** ~**ing red** la luz del combustible está en rojo

C **1** (demonstrate) ‹*truth/importance*› demostrar*; **it just goes to** ~ **how wrong you can be about people** eso te demuestra cómo te puedes equivocar con la gente **2** (teach) enseñar; **I** ~**ed her how to do it** le enseñé

S

cómo se hacía; **I'll ~ them!** (colloq) ¡ya van a ver!

D (by accompanying) (+ *adv compl*): **he ~ed us to our seats** nos llevó *or* nos acompañó hasta nuestros asientos; **to ~ sb in** hacer* pasar a algn; **to ~ sb out** acompañar a algn a la puerta; **I'll ~ myself out** no hace falta que me acompañes; **to ~ sb over a building** mostrarle* *or* enseñarle a algn un edificio; **they ~ed us around the church** nos mostraron el interior de la iglesia

E **1** (screen) ‹*movie*› dar*, pasar, proyectar (frml), poner* (Esp); ‹*program*› dar*, poner* (Esp), emitir (frml); ‹*slides*› pasar, proyectar (frml); **they ~ed the game on TV** dieron el partido por televisión **2** (exhibit) ‹*paintings/sculpture*› exponer*, exhibir; ‹*horse/dog*› presentar, exponer*

■ **show** *vi*

A (be visible) «*dirt/stain*» verse*, notarse; «*emotion/scar*» notarse; **your petticoat is ~ing** se te ve la enagua; **I did it in a hurry — yes, it ~s!** lo hice deprisa y corriendo — ¡sí, se nota! *or* ¡sí, y así quedó!; **to ~ through** verse*; **you mustn't let your feelings ~** no dejes transparentar lo que sientes

B **1** (be screened) (Cin): **it's ~ing at the Trocadero** la están dando en el Trocadero, la ponen en el Trocadero (Esp) **2** (exhibit) «*artist*» exponer*, exhibir

C (turn up) (colloq) aparecer*

■ *v refl* **to ~ oneself** **1** (become visible) «*person*» asomarse, dejarse ver **2** (prove to be) demostrar* ser; (turn out to be) resultar ser; **he ~ed himself to be a great player** demostró ser un gran jugador

(Phrasal verbs)

• **show off**

A [v ▸ adv] lucirse*; **stop ~ing off** déjate de hacer tonterías *or* gracias

B [v ▸ o ▸ adv, v ▸ adv ▸ o] **1** (display for admiration) ‹*wealth/knowledge*› presumir de, hacer* alarde de; **he wanted to ~ off his new car** quería lucir el coche nuevo; **to ~ sth off TO sb** mostrarle* *or* enseñarle orgullosamente algo A algn **2** (display to advantage) ‹*beauty/complexion*› hacer* resaltar, realzar*

• **show up**

A [v ▸ o ▸ adv, v ▸ adv ▸ o] **1** (reveal) ‹*mistake/deception*› poner* de manifiesto (frml) **2** (embarrass) ‹*parents/friends*› hacer* quedar mal **3** (lead upstairs) ‹*visitor/guest*› hacer* subir

B [v ▸ adv] **1** (be visible) «*imperfection*» notarse **2** (be revealed) «*trend/fact*» revelarse, ponerse* de manifiesto **3** (arrive) (colloq) aparecer* (fam)

show² *n*

A [c] (exhibition) (Art) exposición *f*; **agricultural ~** feria *f* agrícola y ganadera, exposición *f* rural (RPl); **boat ~** salón *m* náutico; **to be on ~** estar* expuesto *or* en exhibición; **to put sth on ~** exponer* algo; (*before n*) **~ house** (BrE) casa *f* piloto

B [c] **1** (stage production) espectáculo *m*; **to put on a ~** montar un espectáculo; ***the ~ must go on*** hay que seguir adelante; ***to get the ~ on the road*** (colloq) poner* manos a la obra; **let's get this ~ on the road** ¡manos a la obra!; ***to steal the ~*** «*actor*» robarse el espectáculo, llevarse todos los aplausos **2** (on television, radio) programa *m*; **the Olga Winters S~** el show de Olga Winters

C (*no pl*) **1** (display) muestra *f*, demostración *f*; **a ~ of force** un despliegue de fuerza; **to vote by a ~ of hands** votar a mano alzada **2** (outward appearance): **I made a ~ of enthusiasm** fingí estar entusiasmado; **their plush office is simply for ~** su elegante oficina es sólo para darse tono; **with a great ~ of indignation** con grandes muestras de indignación

D (colloq) (*no pl*) **1** (activity, organization) asunto *m*; **to run the ~** llevar la voz cantante, llevar la batuta (fam), ser* el amo del cotarro (fam) **2** (performance) (BrE): **to put up a good/poor ~** hacer* un buen/mal papel, defenderse* bien/mal; **good ~!** ¡espléndido!, ¡bravo!; **poor ~!** ¡qué mal!

show: ~biz /ˈʃəʊbɪz/ *n* [u] (colloq) mundo *m* del espectáculo, farándula *f* (period); (*before n*) ‹*personality/news*› del mundo del espectáculo; **~boat** *n* **1** (Theat) *barco donde se dan representaciones teatrales* **2** (AmE) ▸ **show-off**; **~ business** *n* [u] mundo *m* del espectáculo, farándula *f* (period)

showcase¹ /ˈʃəʊkeɪs/ *n*

A (advantageous setting): **the series is simply a ~ for its stars** la serie no es más que un vehículo para el lucimiento de sus estrellas

B (cabinet) vitrina *f*

showcase² *vt* (AmE) exhibir

showdown /ˈʃəʊdaʊn/ *n* enfrentamiento *m*, confrontación *f*; **to have a ~ with sb** enfrentarse con algn, tener* una agarrada *or* (AmL tb) un agarrón con algn (fam)

shower¹ /ˈʃaʊər || ˈʃaʊə(r)/ *n*

A (in bathroom) ducha *f*, regadera *f* (Méx); **he's in the ~** se está duchando *or* bañando; **to take** *o* (BrE) **have a ~** ducharse, darse* una ducha, bañarse; (*before n*) **~ cap** gorro *m* de ducha; **~ curtain** cortina *f* de ducha; **~ gel** gel *m* de baño

B (Meteo) chaparrón *m*, chubasco *m*; (heavier) aguacero *m*; **a ~ of sparks** una lluvia de chispas

C (people) (BrE colloq) (*no pl*) panda *f* *or* (CS) manga *f* de inútiles (*or* pesados *etc*) (fam)

D (party) (AmE) *fiesta en la que los invitados obsequian a la homenajeada con motivo de su próxima boda, el nacimiento de su niño etc*

shower² *vt* **1** (spray) regar*; **to ~ sb WITH sth** tirarle algo A algn **2** (bestow lavishly) **to ~ sth ON sb**: **congratulations were ~ed (up)on the winner** le llovieron felicitaciones al ganador; **to ~ sb WITH sth**: **the country ~ed him with honors** el país lo colmó de honores

■ **shower** *vi* **1** (wash) ducharse, darse* una ducha, bañarse **2** (be sprayed) «*water/leaves/stones*» caer*; «*letters/congratulations/protests*» llover*

showerproof /ˈʃaʊərpruːf || ˈʃaʊəpruːf/ *adj* semi-impermeable

showery /ˈʃaʊəri/ *adj* ‹*weather/day*› lluvioso, de lluvia

show: ~girl *n* corista *f*; **~ground** *n* recinto *m* ferial, real *m* de la feria

showing /ˈʃəʊɪŋ/ *n*

A (performance) actuación *f*; **their poor ~ in the last elections** el pobre resultado que obtuvieron en las últimas elecciones; **to make a good/poor ~** hacer* (un) buen/mal papel; **on her present ~** tal como está ahora

B (Cin, TV) proyección *f*, pase *m*

show: ~ jumper *n* **1** (male) jinete *m*; (female) amazona *f*, jinete *f* **2** (horse) caballo *m* de salto; **~ jumping** *n* [u] concursos *mpl* hípicos; **~man** /ˈʃəʊmən/ *n* (*pl* **-men** /-mən/) (entertainer) artista *m*, showman *m*; (producer) empresario *m*, hombre *m* del espectáculo

showmanship /ˈʃəʊmənʃɪp/ *n* [u] sentido *m* de la teatralidad

shown /ʃəʊn/ *past p of* **show¹**

show: ~-off *n* (colloq) fanfarrón, -rrona *m,f*, fantasma *mf* (Esp fam), fardón, -dona *m,f* (Esp fam); **~room** *n* (*often pl*) salón *m* de exposición (y ventas); **~-stopper** /ˈʃəʊˌstɑːpər || ˈʃəʊˌstɒpə(r)/ *n* (colloq): **to be a (real) ~-stopper** causar sensación; **~ trial** *n*: *juicio llevado a cabo como demostración de poderío*

showy /ˈʃəʊi/ *adj* **showier, showiest** **1** (gaudy) ‹*clothes*› llamativo; ‹*behavior*› extravagante **2** (attractive) ‹*clothes/plumage/flowers*› vistoso, llamativo

shrank /ʃræŋk/ *past of* **shrink¹**

shrapnel /ˈʃræpnl̩/ *n* [u] metralla *f*

shred¹ /ʃred/ *n* (of paper, fabric) tira *f*, trozo *m*; (of tobacco) brizna *f*, hebra *f*; **not a (single) ~ of evidence** ni una (sola) prueba; **not a ~ of truth** ni pizca de verdad; **to be in ~s** «*clothes/fabric*» estar* hecho jirones *or* tiras; «*argument/reputation*» estar* destrozado *or* hecho trizas; **to tear sth to ~s** ‹*paper/material*› hacer* trizas algo; ‹*argument/reputation*› destrozar* algo, hacer* trizas algo; **to tear sb to ~s** hacer* trizas a algn

shred² *vt* **-dd-** ‹*cabbage/lettuce*› cortar en tiras; ‹*documents*› destruir*, triturar

shredder /ˈʃredər || ˈʃredə(r)/ *n* (for paper) trituradora *f*; (for vegetables) cortadora *f*

shrew /ʃruː/ *n* **1** (Zool) musaraña *f* **2** (woman) arpía *f*, bruja *f*, fiera *f*

shrewd /ʃruːd/ *adj* **-er, -est** ‹*person*› astuto, sagaz, vivo (fam); ‹*move/investment*› hábil, inteligente; ‹*argument/assessment*› hábil, perspicaz, sagaz; ‹*remark*› perspicaz; **he's a ~ businessman** es un astuto hombre de negocios

shriek¹ /ʃriːk/ *n* (of delight, terror) grito *m*, chillido *m*; (of pain) grito *m*, alarido *m*; **we could hear ~s of laughter** oíamos risotadas

shriek² *vi* gritar, chillar; **to ~ with laughter** reírse* histéricamente; **to ~ AT sb** gritarle *or* chillarle A algn

S

■ **shriek** *vt* gritar, chillar

shrift /ʃrɪft/ *n* [u]: **to give sth short ~** ‹*idea/suggestion*› desestimar *or* desechar algo de plano; **to give sb short ~** echar a algn con cajas destempladas; **the idea got short ~** la idea fue desestimada *or* desechada de plano

shrill /ʃrɪl/ *adj* **-er, -est** ‹*whistle/cry/laugh*› agudo, estridente; ‹*voice*› agudo, chillón

shrimp /ʃrɪmp/ *n*

A (*pl* **~** *or* (BrE also) **~s**) (large) (AmE) langostino *m*, camarón *m* (AmL); (medium) camarón *m* (AmL), gamba *f* (esp Esp), langostino *m* (CS); (small) (BrE) camarón *m*, quisquilla *f* (Esp); (*before n*) **~ cocktail** *see* **cocktail 2**

B (*pl* **~s**) (small person) (colloq & pej) renacuajo, -ja *m,f* (fam & pey), enano, -na *m,f* (fam & pey)

shrine /ʃraɪn/ *n* (holy place) santuario *m*, santo lugar *m*; (chapel) capilla *f*; (in out-of-the-way place) ermita *f*

shrink¹ /ʃrɪŋk/ (*past* **shrank** *or* **shrunk**; *past p* **shrunk** *or* **shrunken**) *vi*

A (diminish in size) «*clothes/fabric*» encoger(se)*; «*meat*» achicarse*; «*wood/metal*» contraerse*; «*area*» reducirse*, verse* reducido (frml); «*amount/number*» reducirse*, disminuir*; «*person*» achicarse*

B (recoil) retroceder, recular (fam); **to ~ back** *o* **away from sth/sb** echarse atrás *or* retroceder ante algo/algn; **to ~ FROM sth/-ING: I will not ~ from the truth** no me voy a acobardar ante la verdad; **he will not ~ from doing his duty** no rehuirá cumplir con su obligación

■ **shrink** *vt* ‹*clothes/fabric*› encoger*; ‹*costs*› reducir*, recortar

shrink² *n* (colloq) loquero, -ra *m,f* (fam), psiquiatra *mf*

shrinkage /ˈʃrɪŋkɪdʒ/ *n* [u] (of clothes, fabric) encogimiento *m*; (of wood, metal) contracción *f*

shrink ~-resistant /ˈʃrɪŋkrɪˌzɪstənt/ *adj* que no encoge, inencogible; **~-wrap** /ˈʃrɪŋkˈræp/ *vt* **-pp-** retractilar; **~-wrapped** /ˈʃrɪŋkræpt/ *adj* **1** (in shrink-wrapping) ‹*goods*› retractilado **2** (Comput) de paquetes

shrivel /ˈʃrɪvəl/, (BrE) **-ll- ~ (up)** *vi* «*leaf/plant*» marchitarse, secarse*; «*fruit/vegetables*» resecarse* y arrugarse*, perder* frescura; «*skin*» ajarse, arrugarse

■ **shrivel** *vt* ‹*leaf/plant*› secar*, resecar*, marchitar

shroud¹ /ʃraʊd/ *n* (for corpse) mortaja *f*, sudario *m*; **a ~ of secrecy** (journ) un velo de silencio

shroud² *vt* envolver*; **to be ~ed IN sth**: **the town was ~ed in fog** (liter) un velo de niebla envolvía la ciudad (liter); **a case ~ed in mystery** (journ) un caso envuelto en un velo de misterio, un caso rodeado de misterio

Shrove Tuesday /ʃrəʊv/ *n* martes *m* de Carnaval

shrub /ʃrʌb/ *n* arbusto *m*, mata *f*

shrubbery /ˈʃrʌbəri/ *n* (*pl* **-beries**) **1** [u] (mass of shrubs) arbustos *mpl*, matas *fpl* **2** [c] (part of garden) (esp BrE) macizo *m* de arbustos

shrug¹ /ʃrʌg/ *n*: **with a ~ (of her shoulders)** encogiéndose de hombros

shrug² **-gg-** *vi* encogerse* de hombros

■ **shrug** *vt*: **to ~ one's shoulders** encogerse* de hombros

Phrasal verb

• **shrug off** [v ▸ o ▸ adv, v ▸ adv ▸ o] ‹*misfortune/disappointment*› superar, sobreponerse* a; ‹*criticism*› hacer* caso omiso de, no dejarse afectar por

shrunk /ʃrʌŋk/ *past & past p of* **shrink¹**

shrunken¹ /ʃrʌnkən/ *past p of* **shrink¹**

shrunken² *adj* ‹*body*› consumido, empequeñecido; **a ~ head** una cabeza reducida

shuck /ʃʌk/ *vt* **1** ‹*pea*› pelar, desenvainar; ‹*clam*› abrir*, desbullar **2** **~ (off)** (AmE colloq) ‹*coat*› quitarse; ‹*boyfriend*› plantar (fam), botar (AmL exc RPl fam); ‹*career*› abandonar, plantar (fam), dejar botado (AmL exc RPl fam)

shucks /ʃʌks/ *interj* (AmE colloq) ¡caray! (fam), ¡caramba! (fam)

shudder¹ /ˈʃʌdər || ˈʃʌdə(r)/ *vi* **1** «*person*» estremecerse*; **I ~ to think what she might be doing** tiemblo de *or* con sólo pensar qué estará haciendo; **I ~ to think!** ¡no quiero ni pensar!, ¡me dan escalofríos de sólo pensarlo! **2** «*bus/train/plane*» dar* sacudidas *or* bandazos, zarandearse (de un lado al otro); «*building*» temblar*; «*machine*» vibrar; **to ~ to a halt** pararse abruptamente

shudder² *n* **1** (of person) estremecimiento *m*, escalofrío *m* **2** (of vehicle, engine) sacudida *f*

shuffle¹ /ˈʃʌfəl/ *vt*

A **to ~ one's feet** arrastrar los pies

B ‹*cards*› barajar; ‹*papers*› barajar, revolver*

■ **shuffle** *vi* caminar *or* andar* arrastrando los pies; **his shuffling gait** su andar pesado

shuffle² *n*

A (gait) (*no pl*): **he walks with a ~** camina *or* anda arrastrando los pies

B **1** (of cards): **to give the cards a ~** barajar las cartas; ***to be** o **get lost in the ~*** (AmE) «*object*» perderse* en la confusión **2** (of personnel) reestructuración *f*

shun /ʃʌn/ *vt* **-nn-** ‹*person/society*› rechazar*, rehuir*; ‹*publicity/limelight*› evitar, rehuir*

shunt /ʃʌnt/ *vt* **1** (Rail) cambiar de vía **2** (move, divert) (+ *adv compl*): **they ~ed us from one window to another** nos mandaban de una ventanilla a la otra

shush /ʃʊʃ/ *vt* acallar, hacer* callar

■ **shush** *vi* (*usu in imperative*) callarse; **~!** ¡chitón!, ¡silencio!

shut¹ /ʃʌt/ (*pres p* **shutting**; *past & past p* **shut**) *vt*

A **1** ‹*window/book/eyes*› cerrar*; **she ~ her finger in the door** se agarró *or* se pilló el dedo en la puerta; **they ~ the door in my face** me dieron con la puerta en las narices; **~ your mouth!** (colloq) ¡cállate la boca! (fam), ¡cierra el pico! (fam) **2** ‹*store/business*› cerrar*

B (confine) encerrar*; **he ~ himself in his room** se encerró en su cuarto

■ **shut** *vi*

A «*door/window*» cerrar(se)*

B (esp BrE) (cease business — for day) cerrar*; (— permanently) cerrar* (sus puertas)

Phrasal verbs

• **shut away** [v ▸ o ▸ adv, v ▸ adv ▸ o] ‹*papers/valuables*› guardar bajo llave; ‹*person*› encerrar*; **to ~ oneself away** encerrarse*

• **shut down**

A [v ▸ adv] «*factory/business*» cerrar*; «*machinery*» apagarse*, desconectarse

B [v ▸ o ▸ adv, v ▸ adv ▸ o] ‹*factory/business*› cerrar*; ‹*machinery*› apagar*, desconectar; **the strike has ~ down all rail services** la huelga ha paralizado totalmente el ferrocarril

• **shut in** [v ▸ o ▸ adv, v ▸ adv ▸ o] (confine, enclose) encerrar*

• **shut off**

A [v ▸ o ▸ adv, v ▸ adv ▸ o] **1** ‹*water/electricity*› cortar; ‹*engine*› apagar*, desconectar **2** (isolate) (*often pass*) ‹*place/person*› aislar*

B [v ▸ adv] «*water/electricity*» cortarse; «*engine*» apagarse*, desconectarse

• **shut out** [v ▸ o ▸ adv, v ▸ adv ▸ o] **1** ‹*person/animal*› dejar (a)fuera; ‹*light/heat*› no dejar entrar; **to ~ oneself out** quedarse (a)fuera **2** (AmE Sport) ‹*team/pitcher*› ganarle a (*sin conceder ni un gol o carrera etc*)

• **shut up**

A [v ▸ o ▸ adv, v ▸ adv ▸ o] **1** (close) ‹*house/office*› cerrar* **2** (confine) ‹*dog/person*› encerrar*

B [v ▸ o ▸ adv] (silence) (colloq) ‹*person*› hacer* callar, cerrarle* la boca a

C [v ▸ adv] **1** (close business) cerrar* **2** (stop talking) (colloq) callarse; **~ up!** ¡cállate (la boca)!, ¡cierra el pico! (fam)

shut² *adj* (*pred*) **to be ~** «*box/window/book*» estar* cerrado; **the door slammed ~** la puerta se cerró de un portazo

shut ~down *n* (of hospital, college) cierre *m*; (of power) corte *m*; (of services) paralización *f*; **~-eye** *n* [u] (colloq): **to get a bit of ~-eye** echarse un sueñecito *or* (esp AmL) un sueñito (fam); **~-in** *adj* (confined) enclaustrado, encerrado; **~out** *n* (AmE) *partido ganado sin que marque el contrario*; **a 4-0 ~out** un partido ganado cuatro a cero

shutter /ˈʃʌtər || ˈʃʌtə(r)/ *n*

A (on window) postigo *m*, contraventana *f*; ***to put up the ~s*** bajar la cortina

B (Phot) obturador *m*; (*before n*) **~ speed** tiempo *m* de exposición

shuttle¹ /ˈʃʌtl/ *n*

A (in loom, sewing machine) lanzadera *f*

B **1** (Aviat) puente *m* aéreo; (bus, train service) servicio *m* (regular) de enlace; (*before n*) **~ diplomacy** diplomacia *f* al estilo Kissinger; **~ service** servicio *m* de enlace; (Aviat) puente *m* aéreo **2** (*space ~*) transbordador *m* or lanzadera *f* espacial

S

shuttle² *vi* (by plane) volar* (regularmente); (by bus, train) viajar (regularmente); **to ~ back and forth** ir* y venir*
■ **shuttle** *vt* ‹*passengers*› transportar, llevar

shuttlecock /ˈʃʌtḷkɑːk || ˈʃʌtḷkɒk/ *n* volante *m*, plumilla *f*, rehilete *m*, gallito *m* (Col, Méx)

shy¹ /ʃaɪ/ *adj* **shyer, shyest**
A ‹*person*› tímido, vergonzoso; ‹*smile*› tímido; ‹*animal*› huraño, asustadizo; **I felt very ~ in front of all those people** me sentía cohibido delante de toda esa gente; **don't be ~** no seas tímido, que no te dé vergüenza
B (lacking) (AmE colloq) (*pred, no comp*) **to be ~ of sth**: **we were ~ of funds** andábamos escasos *or* (fam) cortos de fondos; **he was four years ~ of being eligible to retire** le faltaban cuatro años para poder jubilarse

shy² **shies, shying, shied** *vi* ‹‹*horse*›› respingar*

shyly /ˈʃaɪli/ *adv* tímidamente, con timidez

shyness /ˈʃaɪnəs || ˈʃaɪnɪs/ *n* [u] (of person) timidez *f*; (of animal) lo asustadizo

shyster /ˈʃaɪstər || ˈʃaɪstə(r)/ *n* (colloq) sinvergüenza *mf*, granuja *mf*; (lawyer) picapleitos *mf* (fam)

SI *adj* (*before n*) ‹*nomenclature*› del sistema S.I.

Siam /ˈsaɪˈæm/ *n* Siam *m*

Siamese /ˈsaɪəˈmiːz/ *n* (*pl* **~**) **~ (cat)** gato *m* siamés

Siamese twins *pl n* (hermanos) siameses *mpl*, (hermanas) siamesas *fpl*

Siberia /saɪˈbɪriə || saɪˈbɪəriə/ *n* Siberia *f*

sibilant /ˈsɪbələnt || ˈsɪbɪlənt/ *adj* sibilante

sibling /ˈsɪblɪŋ/ *n* (frml) (brother) hermano *m*; (sister) hermana *f*

sic /sɪk/ *adv* (frml) sic

Sicily /ˈsɪsəli || ˈsɪsɪli/ *n* Sicilia *f*

sick¹ /sɪk/ *adj* **-er, -est**
A (ill) enfermo; **to get ~** (AmE) caer* enfermo, enfermar, enfermarse (AmL); **to be off ~** estar* ausente por enfermedad; **~ building syndrome** síndrome *m* del edificio enfermo
B (nauseated) (*pred*): **to feel ~** (dizzy, unwell) estar* mareado; (about to vomit) tener* ganas de vomitar *or* de devolver, tener* náuseas; **to be ~** vomitar, devolver*; **you make me ~!** ¡me das asco!; **it makes me ~ the way she gets away with it** me da rabia *or* (AmL tb) me enferma cómo se sale con la suya
C **1** (disturbed, sickened) (*pred*): **to be ~ with fear/worry** estar* muerto de miedo/preocupación; **to be ~ at heart** (liter) estar* muy angustiado **2** (weary, fed up) **to be ~ OF sth/-ING** estar* harto DE algo/+ INF; **I'm ~ and tired** *o* **~ to death of hearing that** estoy absolutamente harto *or* (fam) hasta la coronilla de oír eso; **I'm ~ of the sight of that woman** esa mujer me tiene harto
D (gruesome) ‹*person/mind*› morboso; ‹*humor/joke*› de muy mal gusto

sick² *n*
A **the ~** (+ *pl vb*) los enfermos
B [u] (vomit) (BrE colloq) vómito *m*

sick: **~ bag** *n* (BrE) bolsa *f* para el mareo; **~ bay** *n* enfermería *f*; **~bed** *n* (liter) lecho *m* de enfermo (liter); **~ call** *n* (AmE) *llamado para presentarse a dar parte de enfermo a enfermería*; **~ day** *n* (AmE) día *m* de permiso *or* (Esp) de baja *or* (RPl) de licencia por enfermedad

sicken /ˈsɪkən/ *vt* dar* rabia, enfermar (AmL); (stronger) asquear
■ **sicken** *vi* **1** (become sick) (liter) caer* enfermo, enfermar **2** (BrE) **to be ~ing FOR sth** estar* incubando algo

sickening /ˈsɪkənɪŋ/ *adj* **1** (disgusting, discouraging): **it's ~, isn't it?** da mucha rabia ¿no?; (stronger) da asco ¿no?, es asqueante ¿no? **2** (nauseating, shocking) ‹*smell/sight*› nauseabundo; ‹*thud/crash/crunch*› escalofriante, horrible

sickeningly /ˈsɪkənɪŋli/ *adv* ‹*obsequious/condescending*› asquerosamente; **she's ~ clever/efficient** es tan inteligente/eficiente que da rabia

sick headache *n* jaqueca *f*, migraña *f*

sickle /ˈsɪkəl/ *n* hoz *f*

sick leave *n* [u] permiso *m or* (Esp) baja *f or* (RPl) licencia *f* por enfermedad

sickly¹ /ˈsɪkli/ *adj* **-lier, -liest** **1** (unhealthy) ‹*complexion/child*› enfermizo **2** (cloying) ‹*taste/smell*› empalagoso; ‹*color/green*› horrible, asqueroso

sickly² *adv*: **~ sweet** demasiado empalagoso *or* (Andes tb) hostigoso

sickness /ˈsɪknəs || ˈsɪknɪs/ *n* **1** [c] (disease) (liter) enfermedad *f* **2** [u] (nausea) náuseas *fpl*; (vomiting) vómitos *mpl*;

sick: **~ note** *n* (BrE) certificado *m* de enfermedad, baja *f* (Esp); **~ pay** *n* [u] *salario que se percibe mientras se está con permiso por enfermedad*; **~room** *n* (in school, factory) (BrE) enfermería *f*; (in house) *habitación de un enfermo*

side¹ /saɪd/ *n*
A (surface — of cube, record, coin, piece of paper) lado *m*, cara *f*; (— of building, cupboard) lado *m*, costado *m*; (— of mountain, hill) ladera *f*, falda *f*; **we laid the wardrobe on its ~** colocamos el armario de costado *or* de lado; Ⓢ **this side up** este lado hacia arriba; **they threw him over the ~** lo arrojaron por la borda; **1,000 words is about three ~s** 1.000 palabras son más o menos tres carillas; **the right/wrong ~ of the fabric** el derecho/revés de la tela; ▸**coin¹**
B (boundary, edge): **he left it on the ~ of his plate** lo dejó en el plato, a un lado *or* (RPl) a un costado; **they were playing by the ~ of the pool** estaban jugando junto a *or* al lado de la piscina; **the house is by the ~ of a lake** la casa está a orillas de un lago
C (of person) costado *m*; (of animal) ijada *f*, ijar *m*; **a ~ of beef** media res *f*; **Roy stood at her ~** Roy estaba a su lado; **he flew in from Washington to be at her ~** voló desde Washington para estar con ella *or* para acompañarla; **they sat ~ by ~** estaban sentados uno junto al otro *or* uno al lado del otro; **to work ~ by ~ with sb** trabajar codo con codo con algn; ***to get on the wrong ~ of sb*** ganarse la antipatía de algn; ***to stay*** *o* ***keep on the right ~ of sb*** no predisponer* a algn en contra de uno
D (contrasted area, part, half) lado *m*; **the driver's/passenger's ~** el lado del conductor/pasajero; **they drive on the left-hand ~ of the road** conducen por la izquierda; **the church is on the left-hand ~** la iglesia está a mano izquierda; **from ~ to ~** de un lado al otro; **on both ~s/either ~ of sth** a ambos lados/a cada lado de algo; **to move to one ~** hacerse* a un lado; **to take sb to one ~** llamar a algn aparte; **to put sth on** *o* **to one ~**: **I'll put it to one ~ until I have more time** lo voy a dejar hasta que tenga más tiempo; **he swam to the other ~ of the river** nadó hasta la otra orilla *or* hasta el otro lado del río; **she walked past on the other ~ of the street** pasó por la acera de enfrente; **he's the right/wrong ~ of 40** tiene menos/más de 40 años; **she received support from all ~s** recibió apoyo de todos los sectores; ***on the ~***: **he repairs cars on the ~** arregla coches como trabajo extra; ▸**track¹ F1**
E **1** (faction): **to change ~s** cambiarse de bando; **to take ~s** tomar partido; **to take sb's ~** ponerse* de parte *or* del lado de algn; **whose ~ are you on?** ¿tú de parte de quién estás?; **she worked for the other ~** trabajó para el enemigo; **he came down on the ~ of the union** falló a favor del sindicato **2** (Sport) equipo *m*
F (area, aspect) lado *m*, aspecto *m*; **you must listen to both ~s of the story** hay que oír las dos versiones *or* las dos campanas; **we've kept our ~ of the bargain** nosotros hemos cumplido con nuestra parte del trato; **it's a little on the short/expensive ~** es un poco corto/caro
G (line of descent): **on her father's ~** por parte de su padre *or* por el lado paterno

Phrasal verb
- **side with** [v ▸ prep ▸ o] ponerse* de parte *or* del lado de, tomar partido por

side² *adj* (*before n, no comp*) **1** ‹*door/entrance/wall*› lateral; **a ~ street** una calle lateral, una lateral **2** (incidental, secondary) ‹*issue*› secundario **3** (Culin): **~ dish** acompañamiento *m*, guarnición *f*; **a ~ order of vegetables** una porción de verduras como acompañamiento *or* guarnición; **a ~ salad** una ensalada (*como acompañamiento*)

side: **~ arm** *n*: *arma que se lleva en el costado o colgada del cinturón*; **~board** *n* **1** (piece of furniture) aparador *m*, seibó *m* (Ven); **2** **~boards** *pl* (BrE) ▸**~burns**; **~burns** *pl n* (*sometimes sing*) patillas *fpl*; **~-by-~** /ˈsaɪdbaɪˈsaɪd/ *adj* (*pred* **side by side**) ‹*comparison/bench test*› uno al lado del otro; **~car** *n* sidecar *m*; **~ effect** *n* (Pharm) efecto *m* secundario; (incidental result) consecuencia *f* indirecta; **~kick** *n* (colloq) adlátere *mf*; **~light** *n* (BrE Auto) luz *f* de posición, piloto *m* (Esp), cocuyo *m* (Col, Ven)

S

sideline¹ /ˈsaɪdlaɪn/ *n*
A (Sport) **1** (line) línea *f* de banda **2** **sidelines** *pl* (area) *zona que rodea el campo de juego*; **to remain on the ~s** mantenerse* al margen
B (subsidiary activity) actividad *f* suplementaria

sideline² *vt* (AmE) (*often pass*) ‹*player*› dejar fuera del equipo; ‹*politician*› marginar

side: **~long** *adj* (*before n*) ‹*glance*› de reojo, de soslayo, de refilón; **~saddle** *adv* ‹*ride/sit*› a mujeriegas (*con las dos piernas hacia el mismo lado*); **~show** *n* (at fair) puesto *m*, barraca *f*; **~splitting** /ˈsaɪd,splɪtɪŋ/ *adj* divertidísimo, para morirse de risa; **~step -pp-** *vt* ‹*blow/opponent*› esquivar; ‹*problem/issue/question*› eludir, esquivar
■ **side** *vi* hacerse* a un lado; **~swipe** *n* **1** (remark) crítica *f*, ataque *m* (*hecho al pasar*) **2** (glancing blow) roce *m*; **~track¹** *vt* **1** (from subject) hacer* desviar del tema **2** (from purpose): **sorry, I got ~tracked** perdón, me entretuve *or* me distraje haciendo otra cosa; **~track²** *n* **1** (path, road) camino *m* secundario **2** (Rail) (AmE) apartadero *m*, vía *f* muerta; **~walk** *n* (AmE) acera *f*, banqueta *f* (Méx), andén *m* (AmC, Col), vereda *f* (CS, Per)

sideward¹ /ˈsaɪdwərd || ˈsaɪdwəd/, (BrE esp) **sidewards** /-z/ *adv* ▸**sideways¹ 1**

sideward² *adj* ▸**sideways²**

sideways¹ /ˈsaɪdweɪz/ *adv* **1** ‹*glance*› de reojo, de soslayo, de refilón; ‹*walk*› de lado/de costado **2** (with side part forward) de lado; **it will only go through ~ on** sólo va a pasar de lado *or* de costado

sideways² *adj* ‹*look*› de reojo, de soslayo, de refilón; ‹*movement*› lateral, de lado

siding /ˈsaɪdɪŋ/ *n* (Rail) apartadero *m*, vía *f* muerta

sidle /ˈsaɪdl/ *vi* **to ~ in/out** entrar/salir* sigilosamente; **to ~ up to sb** acercársele* sigilosamente a algn

SIDS *n* (= **sudden infant death syndrome**) SMIS *m*

siege /siːdʒ/ *n* sitio *m*; **the city was under ~** la ciudad estaba sitiada; **state of ~** estado *m* de sitio; **to lay ~ to a castle** sitiar un castillo

sienna /siˈenə/ *n* [u] (color) siena *m*

Sierra Leone /siˈerəliˈəʊn/ *n* Sierra Leona *f*

siesta /siˈestə/ *n* siesta *f*; **to have a ~** dormir* *or* echarse una siesta

sieve¹ /sɪv/ *n* (Culin) (for flour etc) tamiz *m*, cedazo *m*, cernidor *m*; (for liquids) colador *m*; (Hort, Min) criba *f*, harnero *m*; ▸**memory A1**

sieve² *vt* ‹*flour*› (BrE) tamizar*, cernir*, cerner*; ‹*earth*› cribar, harnear (Andes, Méx)

sift /sɪft/ *vt* **1** ‹*sugar/flour*› tamizar*, cernir*, cerner*; (sprinkle) espolvorear **2** ‹*facts/evidence*› pasar por el tamiz *or* la criba

sigh¹ /saɪ/ *vi* suspirar; **to ~ FOR sth/sb** (liter) suspirar POR algo/algn; **to ~ WITH sth**: **he ~ed with relief/contentment** suspiró aliviado/satisfecho

sigh² *n* suspiro *m*; **to heave a ~** dar* un suspiro, suspirar

sight¹ /saɪt/ *n*
A [u] (*eye~*) vista *f*; **to lose one's ~** perder* la vista *or* la visión; **to have poor ~** tener* mala vista, ver* mal
B [u] (range of vision): **to come into ~** aparecer*; **to lose ~ of sth/sb** perder* algo/a algn de vista; **the finishing line was now in ~** ya se veía la meta; **we were in ~ of victory, victory was within ~** la victoria estaba cercana; **she watched until they were out of ~** los siguió con la mirada hasta que los perdió de vista; **(get) out of my ~!** ¡fuera de aquí!; **I daren't let him out of my ~ for a second** no me atrevo a dejarlo solo ni un minuto; ***out of ~, out of mind*** ojos que no ven, corazón que no siente
C (act of seeing, view) (*no pl*): **at first ~** a primera vista; **it was love at first ~** fue amor a primera vista, fue un flechazo; **to catch ~ of sth/sb**: **we caught ~ of them going up the mountain** los vimos *or* los avistamos subiendo la montaña; **as he opened the drawer, I caught ~ of the gun** cuando abrió el cajón, pude ver el revólver; **to know sb by ~** conocer* a algn de vista; **to play at *o* by ~** (Mus) tocar* a primera vista; **deserters will be shot on ~** los desertores serán fusilados en el acto; **I can't stand the ~ of him** (colloq) no lo puedo ver (fam);
D [c] **1** (thing seen): **the sparrow is a familiar ~ in our gardens** el gorrión se ve con frecuencia en nuestros jardines; **it's not a pretty ~** (colloq) no es muy agradable de ver; ***it is/it was a ~ for sore eyes*** da/daba gusto verlo **2** (of untidy or absurd appearance) **a ~** (colloq): **I look a ~!** ¡estoy horrorosa!, ¡qué parezco!; **she looks a ~ in that dress** ese vestido le queda espantoso **3** **sights** *pl* (famous places): **to see the ~s** visitar los lugares de interés
E **1** [c] (of gun) mira *f* **2** **sights** *pl* (ambition): **to have sth in one's ~s, to have one's ~s on sth** tener* la mira puesta en algo
F (lot) (colloq): **a (far *o* damn) ~ happier/richer** muchísimo más feliz/rico; **it's a (far *o* damn) ~ better** es muchísimo mejor; **he's a ~ too clever** se pasa de listo

sight² *vt* ‹*land/ship*› divisar, avistar; ‹*person/animal*› ver*

sighted /ˈsaɪtəd || ˈsaɪtɪd/ *adj* vidente; **he's partially ~** tiene visión parcial

sight: **~-read** *vt/i* (*past & past p* **-read** /-red/) repentizar*; **~seeing** /ˈsaɪt,siːɪŋ/ *n* [u]: **to go ~seeing** ir* a visitar los lugares de interés; (*before n*) **a ~seeing tour** una excursión por los lugares de interés; **~seer** /ˈsaɪt,siːər/ *n* turista *mf*, visitante *mf*

sign¹ /saɪn/ *n*
A **1** [c u] (indication) señal *f*, indicio *m*; **all the ~s are that ...** todo parece indicar que ...; **he showed ~s of wanting to leave** dio muestras de querer irse; **he showed little ~ of enthusiasm at the news** demostró muy poco entusiasmo por la noticia; **there's no ~ of them yet** todavía no han llegado; **there was no ~ of him anywhere** no estaba por ninguna parte; **it's a ~ of the times** es un indicio de los tiempos que corren; **that's a good ~** eso es (una) buena señal **2** [c] (omen) presagio *m*
B [c] (gesture) seña *f*, señal *f*; **to make a ~ to sb** hacerle* una seña *or* una señal a algn; **to make the ~ of the cross** hacerse* la señal de la cruz, santiguarse*
C [c] **1** (notice, board) letrero *m*, cartel *m*; (in demonstration) pancarta *f* **2** (*road ~*) señal *f* (vial)
D [c] **1** (symbol) símbolo *m*; (Math) signo *m*; **plus/minus ~** signo (de) más/menos **2** (Astrol) signo *m*

sign² *vt* **1** (write signature on) firmar; **to ~ one's name** firmar **2** (hire) ‹*actor*› contratar; ‹*player*› fichar, contratar
■ **sign** *vi*
A **1** (write name) firmar **2** (Busn) **to ~ (WITH sb)** firmar un contrato (CON algn)
B **1** (gesture) **to ~ TO sb to + INF**: **she ~ed to me to sit down** me hizo una seña *or* una señal para que me sentara **2** (use sign language) comunicarse* por señas
■ *v refl* **to ~ oneself** firmarse; **he ~ed himself (as) J. Bell** se firmaba J. Bell, firmaba con el nombre de J. Bell

Phrasal verbs

- **sign away** [v ▸ o ▸ adv, v ▸ adv ▸ o] ‹*rights/property*› ceder, firmar la renuncia a
- **sign for** [v ▸ prep ▸ o] ‹*goods/parcel*› firmar el recibo de
- **sign in**

A [v ▸ adv] ‹‹*resident/visitor*›› firmar el registro (*al llegar*)
B [v ▸ o ▸ adv, v ▸ adv ▸ o] ‹*guest*› firmar por

- **sign off** [v ▸ adv] **1** (Rad, TV) despedirse*, cerrar* la transmisión **2** (in letter) despedirse*
- **sign on**

A [v ▸ adv] **1** (enlist) ‹‹*recruit*›› alistarse, enrolarse, enlistarse (AmC, Col, Ven) **2** (in UK) (Soc Adm) *anotarse para recibir el seguro de desempleo*, apuntarse al paro (Esp)
B [v ▸ o ▸ adv, v ▸ adv ▸ o] (hire) ‹*workers*› contratar; ‹*soldiers*› reclutar

- **sign out**

A [v ▸ adv] ‹‹*resident/visitor*›› firmar el registro (*al salir*)
B [v ▸ o ▸ adv, v ▸ adv ▸ o]: **~ the book out** firme el registro al retirar el libro

- **sign over** [v ▸ o ▸ adv, v ▸ adv ▸ o] ‹*rights*› firmar cediendo; **he ~ed everything over to her** lo puso todo a nombre de ella
- **sign up**

A [v ▸ adv] (for a course) inscribirse*, matricularse, anotarse (RPl); (to join the army) alistarse, enrolarse, enlistarse (AmC, Col, Ven)
B [v ▸ o ▸ adv, v ▸ adv ▸ o] ‹*soldiers*› reclutar; ‹*player*› fichar, contratar; ‹*worker*› contratar

signal¹ /ˈsɪgnl/ *n*
A (agreed sign, indication) señal *f*; **the busy ~** (AmE Telec) el tono *or* la señal de ocupado *or* (Esp) de comunicando; **to call the ~s** (AmE Sport) llamar las señales, decir* la jugada; **I call the ~s around here** (AmE) aquí quien manda soy yo, aquí

yo soy quien llevo la voz cantante; (*before n*) ~ **flag** bandera *f* de señales
B (Rail) señal *f*
C (Electron) señal *f*

signal², (BrE) **-ll-** *vt* 1 (indicate) señalar 2 (Auto): **she ~ed a left turn** señalizó *or* indicó que iba a doblar a la izquierda 3 (gesture) (AmE) hacerle* señas/una seña a
■ **signal** *vi* 1 (gesture) **to ~ (TO sb)** hacer(le)* señas/una seña (a algn); **she ~ed to us to leave** nos hizo señas/una seña para que nos fuéramos 2 (Auto) señalizar*, poner* el intermitente *or* (Col, Méx) la direccional *or* (Chi) el señalizador

signal box *n* (BrE) garita *f* de señales

signally /'sɪgnəli/ *adv* (frml) ‹*improve/worsen*› notablemente; **he has ~ failed to prove it** ha fracasado rotundamente al tratar de demostrarlo

signalman /'sɪgnḷmən/ *n* (*pl* **-men** /-mən/) (Rail) guardavía *m*

signatory /'sɪgnətɔːri || 'sɪgnətəri/ *n* (*pl* **-ries**) firmante *mf*, signatario, -ria *m,f* (frml)

signature /'sɪgnətʃʊr || 'sɪgnətʃə(r)/ *n*
A (written name) firma *f*, rúbrica *f* (frml); **to put one's ~ to a petition** firmar una petición
B (Mus): **time ~** compás *m*, tiempo *m*
C (on prescription) (AmE) indicaciones *fpl* para el paciente
D (Print) 1 (binding guide) signatura *f* 2 (section) pliego *m*

signature tune *n* (BrE) sintonía *f*, cortina *f* musical (CS)

signet ring /'sɪgnət/ *n* (anillo *m* or sortija *f* de) sello *m*

significance /sɪg'nɪfɪkəns/ *n* [u] importancia *f*, trascendencia *f*, relevancia *f*

significant /sig'nɪfɪkənt/ *adj* 1 (important, considerable) importante 2 (meaningful) ‹*look/smile*› expresivo, elocuente; ‹*fact/remark*› significativo

significantly /sɪg'nɪfɪkəntli/ *adv* ‹*improve/change/increase*› considerablemente, apreciablemente; **they're ~ different** hay una diferencia apreciable entre ellos

signify /'sɪgnəfaɪ || 'sɪgnɪfaɪ/ *vt* **-fies, -fying, -fied** 1 (denote, mean) significar*, querer* decir 2 (indicate) ‹*approval/consent*› expresar

signing /'saɪnɪŋ/ *n* 1 (act of signing) firma *f*, rúbrica *f* (frml) 2 (Sport) fichaje *m*

sign: ~ **language** *n* [u c] lenguaje *m* gestual *or* de gestos; **to talk in ~ language** hablar por señas; **~-off** *n* (AmE) (end of day's broadcasting) cierre *m* de emisión; (speech, music) *pieza musical o palabras de despedida*

signpost¹ /'saɪnpəʊst/ *n* señal *f*, poste *m* indicador

signpost² *vt* 1 (point to) señalar; (draw attention to) destacar* 2 (BrE Auto) ‹*way/route*› señalizar*

signwriter /'saɪn,raɪtər || 'saɪn,raɪtə(r)/ *n* rotulista *mf*

Sikh¹ /siːk/ *n* sij *mf*

Sikh² *adj* sij *adj inv*

silage /'saɪlɪdʒ/ *n* [u] ensilaje *m*, ensilado *m* (*forraje fermentado en silos*)

silence¹ /'saɪləns/ *n* silencio *m*; **in ~** en silencio; **~!** ¡silencio!, ¡hagan silencio!; **to break the ~** romper* el silencio; **to pass over sth in ~** silenciar algo; **to reduce sb to ~** dejar a algn sin habla; **~ *is golden*** el silencio es oro

silence² *vt* 1 ‹*cries/voice*› acallar; ‹*child/animal*› hacer* callar, acallar 2 ‹*opposition/criticism*› silenciar, amordazar*; ‹*conscience*› (liter) acallar

silencer /'saɪlənsər || 'saɪlənsə(r)/ *n* 1 (on gun) silenciador *m* 2 (on car) (BrE) silenciador *m*, mofle *m* (AmC, Méx)

silent /'saɪlənt/ *adj* 1 (noiseless, still) ‹*night/forest*› silencioso 2 (not speaking) ‹*gesture/protest*› mudo; **she was ~ for a moment** se quedó callada un momento; **the hall fell ~** se hizo silencio en la sala; **the 'h' is ~** la hache es muda; **a ~ movie** una película muda

silently /'saɪləntli/ *adv* 1 (noiselessly) ‹*creep/glide/enter*› silenciosamente 2 (without speaking) ‹*pray/stand/listen*› en silencio, calladamente

silent partner *n* socio, -cia *m,f* capitalista

silhouette¹ /'sɪlu'et/ *n* silueta *f*

silhouette² *vt* (*usu pass*) **to be ~d AGAINST sth** perfilarse *or* recortarse CONTRA *or* SOBRE algo (liter)

silicon /'sɪləkən || 'sɪlɪkən/ *n* [u] silicio *m*; (*before n*) ‹*chip/wafer*› (Comput) de silicio, silíceo

silicone /'sɪləkəʊn || 'sɪlɪkəʊn/ *n* [u] silicona *f*, silicón *m* (Méx); (*before n*) de siliconas *or* (Méx) silicones

silk /sɪlk/ *n* [u] seda *f*; **artificial/pure ~** seda artificial/natural

silken /'sɪlkən/ *adj* (liter) 1 (of silk) ‹*gown/shirt*› de seda 2 (like silk) ‹*hair/skin*› sedoso, como la seda 3 (suave) ‹*tones/voice*› suave, aterciopelado

silk: **~moth** /'sɪlkmɔːθ || 'sɪlkmɒθ/ *n* mariposa *f* de la seda; **~ screen** *n* [u] serigrafía *f*; (*before n*) ‹*printing/technique*› serigráfico; **~ screen print** serigrafía *f*; **~-stocking** /'sɪlk'stɑːkɪŋ || ,sɪlk'stɒkɪŋ/ *adj* (AmE) (*before n*) aristocrático, de clase alta; **~worm** *n* gusano *m* de seda

silky /'sɪlki/ **-kier, -kiest** *adj* 1 ‹*fabric/fur*› sedoso, como de seda; **~ smooth** (*as adv*) suave como la seda 2 ▸ **silken 3**

sill /sɪl/ *n* 1 (*window~*) alféizar *m*, antepecho *m* 2 (in window) pieza *f* de apoyo; (in door) umbral *m*

silliness /'sɪlinəs || 'sɪlinɪs/ *n* [u] tontería *f*; **stop this ~** déjate de tonterías

silly /'sɪli/ *adj* **-lier, -liest** (foolish) ‹*person*› tonto, bobo (fam); ‹*remark/idea/mistake*› tonto; ‹*name/hat*› ridículo; ‹*grin/laugh*› tonto, estúpido; **you ~ fool!** ¡imbécil!; **you ~ girl!** ¡tonta!; **that was a very ~ thing to say/do** lo que dijiste/hiciste fue una tontería; **to scare sb ~** darle* un susto de muerte a algn; **to make sb look ~** dejar en ridículo a algn; **the ~ season** (BrE) *período del verano en que los periódicos, al no haber actividad política, llenan sus páginas de noticias triviales*

silo /'saɪləʊ/ *n* (*pl* **-los**) silo *m*

silt /sɪlt/ *n* [u] cieno *m*, limo *m*, légamo *m*

Phrasal verb
• **silt up** [v ▸ adv] encenagarse*

silver¹ /'sɪlvər || 'sɪlvə(r)/ *n* [u]
A (metal) plata *f*
B 1 (household items) platería *f*, plata *f* 2 (coins) monedas *fpl* (*de plata, aluminio etc*)
C (color) (color *m*) plata *m*

silver² *adj* 1 (made of silver) de plata 2 (in color) plateado; ‹*hair*› canoso, cano (liter), de plata (liter) 3 (representing 25 years) (*before n*): **~ anniversary/jubilee** el vigésimo quinto aniversario; **~ wedding** (BrE) bodas *fpl* de plata

silver: **~ birch** *n* abedul *m*; **~fish** *n* (*pl* **~fish**) lepisma *f*; **~ foil** *n* [u] 1 (BrE Culin) papel *m* de aluminio *or* de plata 2 (Metall) hoja *f* de plata; **~ gilt** *n* plata *f* dorada; **~ paper** *n* (colloq) 1 (wrapping) papel *m* de plata *or* plateado *or* de estaño 2 (BrE) papel *m* metalizado; **~-plate** /'sɪlvər'pleɪt || ,sɪlvə'pleɪt/ *vt* dar*(le) un baño de plata a, platear; **~side** /'sɪlvərsaɪd || 'sɪlvəsaɪd/ *n* 1 (fish) [c] pejerrey *m* (*americano*) 2 [u] (BrE Culin) *corte de carne vacuna del cuarto trasero*; **~smith** *n* platero, -ra *m,f*, orfebre *mf*; **~ware** /'sɪlvərwer || 'sɪlvəweə(r)/ *n* [u] platería *f*, plata *f*

silvery /'sɪlvəri/ *adj* 1 ‹*voice/laugh*› argentino (liter) 2 ‹*sheen*› plateado; ‹*hair*› canoso, cano (liter), plateado (liter)

SIM card /sɪm/ *n* tarjeta *f* SIM

similar /'sɪmələr || 'sɪmɪlə(r)/ *adj* similar, parecido, semejante; **to be ~ TO sth** parecerse* A algo, ser* parecido *or* similar A algo; **it's ~ in size to a sparrow** es de tamaño parecido al de un gorrión

similarity /'sɪmə'lærəti || ,sɪmɪ'lærəti/ *n* (*pl* **-ties**) 1 [u] (likeness — between things) similitud *f*, parecido *m*, semejanza *f*; (— between persons) parecido *m* 2 [c] (common feature) semejanza *f*, similitud *f*, elemento *m* en común

similarly /'sɪmələrli || 'sɪmɪləli/ *adv* 1 (in a similar way) de modo parecido *or* similar 2 (equally) igualmente 3 (*as linker*) asimismo, del mismo modo

simile /'sɪməli || 'sɪmɪli/ *n* [c u] símil *m*

simmer /'sɪmər || 'sɪmə(r)/ *vi* «*liquid*» hervir* a fuego lento; «*controversy/dispute*» fermentar; **she was ~ing with anger** estaba a punto de estallar de ira
■ **simmer** *vt* ‹*liquid/food*› hervir* a fuego lento

Phrasal verb
• **simmer down** [v ▸ adv] (colloq) tranquilizarse*

simper¹ /'sɪmpər || 'sɪmpə(r)/ *vi* sonreír(se)* como un tonto/una tonta

S

■ **simper** *vt* decir* con una sonrisa tonta

simper² *n* sonrisa *f* tonta

simple /'sɪmpəl/ *adj* **simpler** /-plər/, **simplest** /-pləst/
A (uncomplicated) ‹*task/problem*› sencillo, simple; **the machine is very ~ to use** la máquina es de fácil manejo *or* es fácil de manejar; **keep it ~** no lo compliques
B (straightforward): **the ~ truth is (that) …** la pura verdad es que …; **it's a ~ statement of fact** es simplemente *or* meramente la constatación de un hecho; **for the ~ reason that …** por la sencilla razón de que …
C (plain, unpretentious) ‹*dress/food*› sencillo, simple
D **1** (unsophisticated, humble) simple **2** (backward) simple, corto de alcances
E ‹*interest*› simple

simple-minded /'sɪmpəl'maɪndəd || ˌsɪmpəl'maɪndɪd/ *adj* simple, corto de alcances

simpleton /'sɪmpəltən/ *n* (unintelligent person) (pej) simplón, -plona *m,f*; (foolish person) bobo, -ba *m,f* (fam), bobalicón, -cona *m,f* (fam)

simplicity /sɪm'plɪsəti/ *n* [u] simplicidad *f*, sencillez *f*

simplify /'sɪmpləfaɪ || 'sɪmplɪfaɪ/ *vt* **-fies, -fying, -fied** simplificar*

simplistic /sɪm'plɪstɪk/ *adj* simplista

simply /'sɪmpli/ *adv*
A **1** (only, merely) simplemente, sencillamente; **to receive a free sample, ~ fill in the form** para recibir una muestra gratis no tiene más que llenar el cupón; **they were not chosen ~ on merit** no se los eligió sólo por sus méritos; **I ~ wanted to help** simplemente *or* solamente quería ayudar **2** (absolutely) ‹*wonderful/awful*› sencillamente; **I was ~ furious!** estaba realmente *or* francamente furioso
B **1** (plainly) con sencillez *or* simplicidad, sencillamente **2** (in simple language) simplemente, sencillamente

simulate /'sɪmjəleɪt || 'sɪmjʊleɪt/ *vt* **1** (reproduce) simular; **a ~d attack** un simulacro de ataque **2** (feign) simular, aparentar, fingir* **3** **simulated** *past p* simulado

simulation /'sɪmjə'leɪʃən || ˌsɪmjʊ'leɪʃən/ *n* [u c] simulacro *m*, simulación *f*

simultaneous /'saɪməl'teɪniəs || ˌsɪməl'teɪniəs/ *adj* simultáneo

simultaneously /'saɪməl'teɪniəsli || ˌsɪməl'teɪniəsli/ *adv* simultáneamente, a la vez, al mismo tiempo

sin¹ /sɪn/ *n* [c u] pecado *m*; **the seven deadly ~s** los siete pecados capitales; **for my ~s** (hum) para mi castigo (hum); ***to be as miserable as*** **~** ser* un/una cascarrabias; ***to be as ugly as*** **~** ser* más feo que pegarle a Dios *or* que Picio (fam)

sin² *vi* **-nn-** pecar*

since¹ /sɪns/ *conj*
A (in time) desde que; **~ coming to London** desde que vino (*or* vine *etc*) a Londres; **it's years ~ I've been to France** hace años que no voy a Francia
B (introducing a reason): **~ you can't go, can I have your ticket?** ya que no puedes ir ¿me das tu entrada?; **~ that is not the case …** como no es así, puesto que no es ése el caso … (frml)

since² *prep* desde; **they've worked there (ever) ~ 1970** han trabajado allí desde 1970; **~ the party he's only seen her twice** desde la fiesta sólo la ha visto dos veces; **how long is it ~ your operation?** ¿cuánto (tiempo) hace de tu operación?

since³ *adv* (from then till now) desde entonces; **she has lived here ever ~** desde entonces que vive aquí; **… but she had ~ remarried** … pero (en el ínterin) ella se había vuelto a casar; **long ~** (colloq) hace mucho

sincere /sɪn'sɪr || sɪn'sɪə(r)/, **sincerer, sincerest** *adj* sincero

sincerely /sɪn'sɪrli || sɪn'sɪəli/ *adv* sinceramente; **I ~ hope so!** ¡eso espero!; **~ (yours)** *o* (BrE) **yours ~** (saluda) a usted atentamente, atentamente

sincerity /sɪn'serəti/ *n* [u] sinceridad *f*

sinecure /'saɪnɪkjʊr, 'sɪn- || 'saɪnɪkjʊə(r), 'sɪn-/ *n* sinecura *f*

sinew /'sɪnju:/ *n* (tendon) tendón *m*; (in meat) nervio *m*

sinewy /'sɪnju:i/ *adj* ‹*arms*› nervudo

sinful /'sɪnfəl/ *adj* ‹*person*› pecador; ‹*act*› pecaminoso

sing /sɪŋ/ (*past* **sang**; *past p* **sung**) *vi* **1** «*person/bird*» cantar; **to ~ alto/bass** tener* voz de tenor/de bajo **2** «*wind/kettle*» silbar
■ **sing** *vt* ‹*song/chorus*› cantar, entonar; **to ~ sb to sleep** cantarle a algn para que se duerma

Phrasal verbs
- **sing along** [v ▸ adv] **to ~ along (WITH sb)** cantar (CON algn)
- **sing out** [v ▸ adv] «*person/choir*» cantar (*fuerte y claramente*)

Singapore /'sɪŋgə'pɔ:r || ˌsɪŋə'pɔ:(r)/ *n* Singapur *m*

singe /sɪndʒ/ *vt* **singes, singeing, singed** ‹*garment/cloth*› chamuscar*, quemar; **to ~ one's beard/eyebrows** chamuscarse* *or* quemarse la barba/las cejas

singer /'sɪŋər || 'sɪŋə(r)/ *n* cantante *mf*; **he's not a bad ~** no canta mal

singing /'sɪŋɪŋ/ *n* [u] **1** (of person, bird) canto *m*; **she teaches ~** enseña canto; **I can hear ~** oigo cantar; (*before n*) **a good ~ voice** una buena voz (para el canto) **2** (noise — of kettle) silbido *m*; (— in ears) zumbido *m*

single¹ /'sɪŋgəl/ *adj*
A (just one) (*before n*) solo; **a ~ issue dominated the talks** un solo *or* único tema dominó las conversaciones; **it's the ~ most important issue** es el tema más importante *or* de mayor importancia; **the largest ~ shareholder** el mayor accionista individual; **every ~ day** todos los días sin excepción, todos los santos días (fam); (*with neg*) **not a ~ house was left standing** no quedó ni una sola casa en pie
B (*before n*) **1** (for one person) ‹*room*› individual; ‹*bed/sheet*› individual, de una plaza (AmL) **2** (not double) ‹*lens/engine/line*› solo; ‹*flower*› simple; **~ figures** cifras *fpl* de un solo dígito; **in ~ file** en fila india **3** (BrE Transp) ‹*fare/ticket*› de ida, sencillo
C (unmarried) soltero; **I'm ~** soy *or* (Esp tb) estoy soltero

Phrasal verb
- **single out** [v ▸ o ▸ adv, v ▸ adv ▸ o]: **I can't ~ out any individual** no puedo señalar a nadie en particular; **she was ~d out for criticism** se la criticó a ella en particular

single² *n*
A (Audio, Mus) single *m*, (disco *m*) sencillo *m*; **a 12-inch ~** un maxi-single
B **1** (ticket) (BrE) boleto *m* *or* (Esp) billete *m* de ida **2** (room) (habitación *f*) individual *f* *or* sencilla *f*
C **singles** *pl* (*before n*) **~s bar** *bar para personas en busca de pareja*
D (Sport) **1** (in baseball) sencillo *m* **2** (in cricket) tanto *m*; *see also* **singles**

single: ~-breasted /'sɪŋgəl'brestəd || ˌsɪŋgəl'brestɪd/ *adj* de una fila de botones, derecho (AmL); **~ cream** *n* (BrE) crema *f* líquida, nata *f* líquida (Esp); **~-decker** /'sɪŋgəl'dekər || ˌsɪŋgəl'dekə(r)/ *n* autobús *m* de un piso; **~-figure** /'sɪŋgəl'fɪgjər || ˌsɪŋgəl'fɪgə(r)/ *adj* (*before n*): **~-figure inflation** inflación *f* de menos del 10%; **~-handed** /'sɪŋgəl'hændəd || ˌsɪŋgəl'hændɪd/ *adv* sin (la) ayuda de nadie; **~ market** *n* mercado *m* único; **~-minded** /'sɪŋgəl'maɪndəd || ˌsɪŋgəl'maɪndɪd/ *adj* decidido, resuelto; **her ~-minded pursuit of fame** la determinación con que buscaba la fama; **~ parent** *n*: **he's/she's a ~ parent** es un padre/una madre que cría a su(s) hijo(s) sin pareja; (*before n*) **~-parent family** familia *f* monoparental

singles /'sɪŋgəlz/ *pl n* (Sport) individuales *mpl*, singles *mpl* (AmL); **the men's/ladies' ~** los individuales masculinos/femeninos, los singles de caballeros/de damas (AmL)

singles bar *n* (AmE) bar *m* de solteros, bar *m* de ligue (fam)

single-sex /'sɪŋgəl'seks/ *adj*: **~ school** escuela *f* sólo para niños/niñas

singlet /'sɪŋglət || 'sɪŋglɪt/ *n* (BrE) camiseta *f*

single-track /'sɪŋgəl'træk/ *adj* **1** (Rail) de vía única; **a ~ railroad** una vía única **2** (BrE) ‹*road*› de un solo carril

singly /'sɪŋgli/ *adv* por separado, uno por uno

singsong¹ /'sɪŋsɔ:ŋ || 'sɪŋsɒŋ/ *n* **1** (tone) (*no pl*) sonsonete *m* **2** (singing session) (BrE): **they had a ~ on the train** se pusieron a cantar en el tren

S

singsong² *adj* ‹*accent/tones*› cantarín; **he has a ~ voice** tiene una voz cantarina

singular¹ /'sɪŋgjələr || 'sɪŋgjʊlə(r)/ *adj*
A (Ling) singular; **the second person ~** la segunda persona del singular
B (frml) (*usu before n*) ‹*beauty/achievement*› singular (frml); ‹*adventure/occurrence*› raro, extraño, singular

singular² *n* [u c] singular *m*; **in the ~** en singular

singularly /'sɪŋgjələrli || 'sɪŋgjʊləli/ *adv* (*as intensifier*) ‹*attractive/inept*› particularmente, singularmente; **~ gifted** excepcionalmente dotado

sinister /'sɪnɪstər || 'sɪnɪstə(r)/ *adj* siniestro

sink¹ /sɪŋk/ (*past* **sank**; *past p* **sunk**) *vi*
A 1 «*ship/stone*» hundirse; **the sediment ~s to the bottom of the jar** el sedimento se deposita en el fondo del frasco; ***to leave sb to ~ or swim*** abandonar a algn a su suerte 2 (subside) **to ~ (INTO sth)** «*building/foundations*» hundirse (EN algo); **he sank back into the chair** se arrellanó en el sillón; **she sank to the floor** se desplomó en el suelo
B (fall, drop) «*water/level*» descender*, bajar; «*price/value*» caer* a pique; «*attendance/output*» decaer*, bajar; **the pound has sunk to an all-time low** la libra ha alcanzado el nivel más bajo en la historia
C 1 (decline) declinar; **she's ~ing fast** se está apagando rápidamente 2 (degenerate) degradarse; **I'd never ~ so low** nunca caería tan bajo 3 (be discouraged): **my heart sank** se me cayó el alma a los pies; **that ~ing feeling** (BrE) esa desazón, ese desaliento

■ **sink** *vt*
A 1 ‹*ship*› hundir; ‹*object/body*› hundir, sumergir* 2 (ruin) ‹*plan/business*› hundir, acabar con; ‹*person*› hundir, acabar con
B (bury, hide) ‹*pipe/cable*› enterrar*, esconder
C 1 (drive in) **to ~ sth IN/INTO sth**: **the dog sank its teeth into my thigh** el perro me clavó *or* me hincó los dientes en el muslo 2 (excavate) ‹*shaft*› abrir*, excavar; ‹*well*› perforar, abrir*
D (invest) **to ~ sth IN/INTO sth** invertir* algo EN algo
E (Sport) ‹*ball/putt*› meter (*en el hoyo*); **he sank two baskets** encestó dos veces
F (forget) olvidar, dejar a un lado; **to ~ one's differences** olvidar *or* dejar a un lado sus (*or* nuestras *etc*) diferencias

(Phrasal verb)

- **sink in** [v ▸ adv] (colloq): **it finally sank in that we weren't going to get paid** finalmente nos dimos cuenta *or* caímos en la cuenta de que no nos iban a pagar; **it still hasn't sunk in that he's dead** todavía no ha (*or* han *etc*) asumido el hecho de que ha muerto

sink² *n* 1 (in kitchen) fregadero *m*, lavaplatos *m* (Andes), pileta *f* (RPl) 2 (washbasin) (AmE) lavabo *m*, lavamanos *m*, lavatorio *m* (CS), pileta *f* (RPl)

sinking /'sɪŋkɪŋ/ *n* [c u] hundimiento *m*

sinner /'sɪnər || 'sɪnə(r)/ *n* pecador, -dora *m,f*

sinuous /'sɪnjuəs/ *adj* (frml) sinuoso, serpenteante

sinus /'saɪnəs/ *n* (*pl* **-nuses**) seno *m*

Sioux /su:/ *n* (*pl* **~**) siux *mf*, sioux *mf*

sip¹ /sɪp/ *vt* **-pp-** sorber, beber *or* tomar a sorbos

sip² *n* sorbo *m*; **in ~s** a sorbos; **to have/take a ~ of sth** tomar un sorbo de algo; **give me a ~** dame un sorbito

siphon /'saɪfən/ *n* sifón *m*

(Phrasal verb)

- **siphon off** [v ▸ o ▸ adv, v ▸ adv ▸ o] 1 ‹*liquid/fuel*› sacar* con sifón, trasvasar 2 ‹*money*› desviar*

sir /sɜ:r || sɜ:/ *n*
A 1 (as form of address — to male customer) señor, caballero; (— to male teacher) (BrE) profesor, señor; **have they arrived, sergeant? — yes, ~** ¿ya han llegado, sargento? — sí, mi teniente (*or* mi capitán *etc*) 2 (Corresp): **Dear Sir/S~s,** De mi mayor consideración:, Muy señor mío/señores míos:; **S~,** (to editor of paper) Señor Director: 3 (*as intensifier*) (colloq): **yes/no ~!** ¡sí,/no, señor! (fam)
B **Sir** (as title) sir *m*; **S~ George Payne** sir George Payne

sire¹ /saɪr || 'saɪə(r)/ *n* (Zool) padre *m*; (Equ) padre *m*, padrón *m* (AmL)

sire² *vt* «*animal*» ser* el padre de, padrear

siren /'saɪrən/ *n*
A (device) sirena *f*
B (Myth) sirena *f*

sirloin /'sɜ:rlɔɪn || 'sɜ:lɔɪn/ *n* [u c] *preciado corte de carne vacuna del cuarto trasero*

sirree /sə'ri:/ *n* (AmE colloq) (*as intensifier*): **yes/no ~!** ¡sí,/no, señor!

sirup *n* (AmE) ▸ **syrup**

sirupy *adj* (AmE) ▸ **syrupy**

sissy /'sɪsi/ *n* (*pl* **-sies**) (colloq & pej) mariquita *mf* (fam)

sister /'sɪstər || 'sɪstə(r)/ *n*
A 1 (sibling) hermana *f*; (*before n*) ‹*company*› afiliado, asociado; **~ ship** buque *m* gemelo 2 (woman comrade) compañera *f*, camarada *f*; (in feminist context) hermana *f*, compañera *f*
B 1 (nun) hermana *f*, monja *f*; (before name) hermana, Sor; **S~ Petra** la hermana Petra, Sor Petra 2 (nurse) (BrE) enfermera *f* jefe *or* jefa (*a cargo de una o más salas*)

sisterhood /'sɪstərhʊd || 'sɪstəhʊd/ *n* 1 [c] (association of women) asociación *f* de mujeres 2 [c] (Relig) congregación *f* 3 [u] (sisterly relationship) solidaridad *f* (*entre mujeres*)

sister-in-law /'sɪstərənlɔ: || 'sɪstərɪnlɔ:/ *n* (*pl* **sisters-in-law**) cuñada *f*

sisterly /'sɪstərli || 'sɪstəli/ *adj* (propio) de hermana

sit /sɪt/ (*pres p* **sitting**; *past & past p* **sat**) *vi*
A 1 (sit down) sentarse*; **he sat on my knee** se me sentó en las rodillas 2 (be seated) estar* sentado; **don't just ~ there: do something!** ¡no te quedes ahí sentado: haz algo!; **~ still!** ¡quédate quieto!; ***to be ~ting pretty*** (colloq) estar* bien situado *or* (fam) colocado
B 1 (Art) **to ~ (FOR sb/sth)** ‹*for artist/photograph*› posar (PARA algn/algo) 2 (Adm, Govt): **to ~ in Congress** tener* un escaño en el Congreso, ser* diputado/senador; *see also* **sit on A** 3 (be in session) «*committee/court*» reunirse* en sesión, sesionar (esp AmL)
C (weigh): **his crime sat heavy on his conscience** el crimen le pesaba en la conciencia
D (brood) «*hen/bird*» empollar; **to ~ on the eggs** empollar (los huevos)
E **sitting** *pres p* ‹*figure*› sentado; **in a ~ting position** sentado; **~ting tenant** (BrE) inquilino, -na *m,f* (*a quien no se puede desalojar*)

■ **sit** *vt*
A (cause to be seated) ‹*person*› sentar*; ‹*object*› poner*, colocar* (*en posición vertical*); **~ yourself beside me** siéntate a mi lado *or* junto a mí
B (BrE Educ): **to ~ an exam** hacer* *or* dar* *or* (CS) rendir* *or* (Méx) tomar un examen, examinarse (Esp); **she did not ~ the exam** no se presentó al examen

(Phrasal verbs)

- **sit around** [v ▸ adv]: **he ~s around all day doing nothing** se pasa el día sentado sin hacer nada
- **sit back** [v ▸ adv] (colloq) 1 (lean back) recostarse*; (relax): **just ~ back and listen** ponte cómodo y escucha 2 (fail to act) cruzarse* de brazos
- **sit down**
A [v ▸ adv] (take a seat) sentarse*; **please ~ down** siéntese *or* (frml) tome asiento, por favor
B [v ▸ o ▸ adv] (cause to be seated) sentar*
- **sit in** [v ▸ adv] 1 (attend) **to ~ in (ON sth)**: **he used to ~ in on my classes** asistía a mis clases como oyente (*or* observador *etc*) 2 (as protest) hacer* una sentada *or* (Méx) un sitin
- **sit on** [v ▸ prep ▸ o]
A ‹*committee/jury*› formar parte de, ser* miembro de
B (colloq) 1 (withhold) ‹*information*› mantener* oculto 2 (fail to deal with) ‹*application/claim*› no dar* trámite a, retener*
- **sit out** [v ▸ o ▸ adv, v ▸ adv ▸ o] 1 (wait until end of) ‹*siege*› aguantar; ***to ~ it out*** aguantarse 2 (not participate in) ‹*dance*› no bailar; ‹*game*› no tomar parte en
- **sit through** [v ▸ prep ▸ o]: **I sat through two boring lectures** me escuché dos conferencias aburridas (de cabo a rabo); **one of the worst plays I've ever had to ~ through** una de las peores obras que jamás haya tenido que soportar *or* aguantar
- **sit up**
A [v ▸ adv] 1 (in upright position) «*person/patient*» incorporarse; «*dog*» sentarse* sobre las patas traseras; **that should make them ~ up and take notice** eso debería alertarlos 2 (with straight back) ponerse* derecho, enderezarse* 3 (not go to bed): **we sat up talking till one o'clock** nos quedamos (levantados) conversando hasta la una

S

B [v ▸ o ▸ adv] ‹*child/doll*› sentar*

sitcom /'sɪtkɑ:m || 'sɪtkɒm/ *n* (colloq) ▸**situation comedy**

sit-down¹ /'sɪtdaʊn/ *n* **1** (Lab Rel, Pol) sentada *f*, sitin *m* (Méx) **2** (rest) (BrE) (*no pl*): **I must just have a ~, I'm exhausted** tengo que sentarme un rato, estoy agotado

sit-down² *adj* (*before n*): **~ dinner** cena *f* servida en la mesa; **~ strike** huelga *f* de brazos caídos

site /saɪt/ *n* **1** (location) emplazamiento *m* (frml); (piece of land) terreno *m*, solar *m*; **built on the ~ of a Roman temple** construido en el lugar que ocupaba un templo romano **2** (*building ~*) obra *f* **3** (*archeological ~*) yacimiento *m* (arqueológico) **4** (*camp~*) camping *m*

sit-in /'sɪtɪn/ *n* (demonstration) sentada *f*, sitin *m* (Méx); (strike) encierro *m*, ocupación *f or* toma *f* (*del lugar de trabajo*)

sitter /'sɪtər || 'sɪtə(r)/ *n* **1** (Art) modelo *mf* **2** (*baby~*) baby sitter *mf*, canguro *mf* (Esp)

sitting /'sɪtɪŋ/ *n* **1** (for meal etc) turno *m*; **I watched three movies at** *o* **in a single ~** vi tres películas de una sentada *or* de un tirón (fam) **2** (of committee, parliament) sesión *f* **3** (for painter, photographer) sesión *f*

sitting: **~ duck** *n* (colloq) presa *f* fácil, blanco *m* seguro; **~ room** *n* (BrE) sala *f* de estar, living *m* (esp AmL), salón *m* (esp Esp); **~ target** *n* ▸**~ duck**

situate /'sɪtʃueɪt || 'sɪtjʊeɪt/ *vt* (locate) (*often pass*) ‹*building/town*› situar*, ubicar* (esp AmL), emplazar* (frml)

situation /'sɪtʃu'eɪʃən || ˌsɪtjʊ'eɪʃən/ *n*

A (circumstances, position) situación *f*; **in the classroom ~, children ...** en el ámbito de la clase, los niños ...

B (job) (frml) empleo *m*; **Ⓢ situations vacant/wanted** ofertas/demandas de empleo

C (setting) situación *f*, ubicación *f* (esp AmL), emplazamiento *m* (frml)

situation comedy *n* [c u] comedia *f* (*acerca de situaciones de la vida diaria*)

sit-up /'sɪtʌp/ *n* (ejercicio *m*) abdominal *m* (*levantando el torso del suelo*)

six¹ /sɪks/ *n* seis *m*; (in ice hockey) equipo *m*; ***it's ~ of one and half a dozen of the other*** (colloq) (it makes no difference) da lo mismo; (both parties are to blame) los dos tienen parte de la culpa; ***to be (all) at ~es and sevens*** (colloq) estar* hecho un lío (fam)); ***to give sb ~ of the best*** darle* unos buenos azotes a algn; ***to knock sb for ~*** (BrE) tumbar a algn; **the news really knocked him for ~** la noticia lo dejó pasmado; *see also* **four¹**

six² *adj* seis *adj inv*; *see also* **four²**

six: **~-pack** *n* paquete *m* de seis unidades; **~pence** /'sɪkspəns/ *n*: *moneda de seis peniques antiguos*; **~-shooter** /'sɪksˌʃu:tər || ˌsɪks'ʃu:tə(r)/ *n* (AmE colloq) revólver *m* (*con seis cámaras*)

sixteen /sɪks'ti:n/ *adj/n* dieciséis *adj inv/m*

sixteenth¹ /'sɪks'ti:nθ/ *adj* decimosexto; *see also* **fifth¹**

sixteenth² *adv* en decimosexto lugar; *see also* **fifth²**

sixteenth³ *n* **1** (Math) dieciseisavo *m* **2** (part) dieciseisava parte *f*

sixteenth note *n* (AmE) semicorchea *f*

sixth¹ /sɪksθ/ *adj* **1** sexto **2** (elliptical use): **the upper/lower ~** (in UK) el último/penúltimo año de la enseñanza secundaria; *see also* **fifth¹**

sixth² *adv* en sexto lugar; *see also* **fifth²**

sixth³ *n* **1** (Math) sexto *m* **2** (part) sexta parte *f*, sexto *m*

sixth: **~ form** *n* (in UK) *los dos últimos años de la enseñanza secundaria*; **~ sense** *n* sexto sentido *m*

sixtieth¹ /'sɪkstiəθ/ *adj* sexagésimo; *see also* **fifth¹**

sixtieth² *adv* en sexagésimo lugar; *see also* **fifth²**

sixtieth³ *n* **1** (Math) sesentavo *m* **2** (part) sesentava *or* sexagésima parte *f*

sixty /'sɪksti/ *adj/n* sesenta *adj inv/m*; **the Swinging Sixties** los movidos años sesenta; *see also* **seventy**

sizable /'saɪzəbəl/ *adj* ‹*fortune*› considerable; ‹*property*› de proporciones considerables

size /saɪz/ *n*

A (dimensions) tamaño *m*; (of problem, task) magnitud *f*, envergadura *f*; **what ~ is it?** ¿de qué tamaño es?, ¿qué tamaño tiene?, ¿cómo es de grande?; **their house is half/twice the ~ of ours** su casa es la mitad/el doble de grande que la nuestra; ***that's about the ~ of it*** (colloq) de eso se trata; (as answer) tú lo has dicho, así es; ***to cut sb down to ~*** poner* a algn en su sitio, bajarle los humos a algn (fam)

B (of clothes) talla *f or* (RPl) talle *m*; (of shoes, gloves) número *m*; **what ~ do you take?** ¿qué talla *or* (RPl) talle tiene *or* usa?; **I take (a) ~ 10 in shoes** calzo *or* (Esp tb) gasto el número 10; **try this one on for ~** pruébese éste a ver cómo le queda la talla *or* (RPl) el talle

Phrasal verb

- **size up** [v ▸ o ▸ adv, v ▸ adv ▸ o] (colloq) ‹*problem*› evaluar*; **she ~d him up straightaway** enseguida lo caló; **they ~d each other up warily** se miraron recelosamente, como midiéndose

-size /saɪz/, **-sized** /saɪzd/ *suff*: **medium~** de tamaño mediano

sizeable *adj* ▸**sizable**

-sized /saɪzd/ *suff* ▸**-size**

sizzle /'sɪzəl/ *vi* chisporrotear, crepitar

sizzling /'sɪzlɪŋ/ *adj* ‹*fat/sausages*› muy caliente; (*as adv*): **a ~ hot day** un día de calor abrasador

skate¹ /skeɪt/ *n*

A [c] (*ice ~*) patín *m* (*para patinaje sobre hielo*); (*roller ~*) patín *m* (*de ruedas*); ***to get*** *o* ***put one's ~s on*** (BrE) darse* prisa, apurarse (AmL)

B [u c] (*pl* **~** *or* **~s**) (Culin, Zool) raya *f*

skate² *vi* patinar; **to go skating** ir* a patinar

Phrasal verbs

- **skate around,** (BrE also) **skate round** [v ▸ prep ▸ o] (colloq) ‹*problem/difficulty*› esquivar
- **skate over** [v ▸ prep ▸ o] ‹*problem/issue*› tratar muy por encima

skateboard /'skeɪtbɔ:rd || 'skeɪtbɔ:d/ *n* monopatín *m or* (CS, Méx, Ven) patineta *f*

skateboarder /'skeɪtbɔ:rdər || 'skeɪtbɔ:də(r)/ *n* monopatinador, -dora *m,f*, patinador, -dora *m,f* de patineta (AmL)

skater /'skeɪtər || 'skeɪtə(r)/ *n* patinador, -dora *m,f*

skating /'skeɪtɪŋ/ *n* [u] (*ice ~*) patinaje *m* sobre hielo; (*roller ~*) patinaje *m* sobre ruedas; (*before n*) **~ rink** pista *f* de patinaje

skedaddle /skɪ'dædl̩/ *vi* (colloq) largarse* (fam), poner* pies en polvorosa (fam)

skein /skeɪn/ *n* (of yarn) madeja *f*

skeleton¹ /'skelətn̩ || 'skelɪtn̩/ *n* **1** (Anat) esqueleto *m*; ***a ~ in sb's closet*** *o* (BrE) ***cupboard*** *un secreto vergonzoso que se intenta mantener oculto* **2** (of building, vehicle) armazón *m or f*, estructura *f*

skeleton² *adj* (*before n*) ‹*service*› mínimo, básico; ‹*crew/staff*› reducido

skeleton key *n* llave *f* maestra

skeptic, (BrE) **sceptic** /'skeptɪk/ *n* escéptico, -ca *m,f*

skeptical, (BrE) **sceptical** /'skeptɪkəl/ *adj* ‹*person/attitude*› escéptico; **to be ~ OF** *o* **ABOUT sb/sth** tener* dudas ACERCA DE *or* CON RESPECTO A algn/algo

skeptically, (BrE) **sceptically** /'skeptɪkli/ *adv* con escepticismo

skepticism, (BrE) **scepticism** /'skeptɪsɪzəm/ *n* [u] escepticismo *m*

sketch¹ /sketʃ/ *n*

A (drawing) bosquejo *m*, esbozo *m*; (for painting, sculpture etc) boceto *m*, bosquejo *m*, esbozo *m*; (*before n*) **~ map** croquis *m*

B **1** (Theat, TV) sketch *m*, apunte *m* **2** (Lit) *breve ensayo o composición literaria*

sketch² *vt* **1** (draw) hacer* un bosquejo de, bosquejar **2** ‹*idea/plot*› esbozar*, bosquejar

■ **sketch** *vi* hacer* bosquejos *or* bocetos

sketch: **~book** *n* cuaderno *m* de bocetos; **~pad** *n* bloc *m* de dibujo

sketchy /'sketʃi/ *adj* **-chier, -chiest** ‹*account/treatment*› muy superficial; ‹*knowledge*› muy básico

skewbald /'skju:bɔ:ld/ *adj* pío

skewer /'skju:ər || 'skju:ə(r)/ *n* pincho *m*, brocheta *f*, brochette *f* (RPl)

skew-whiff /'skju:'hwɪf || ˌskju:'wɪf/ *adj* (BrE colloq) (*pred*) **to be ~** estar* torcido, estar* chueco (AmL)

S

ski¹ /ski:/ *n* esquí *m*; (*before n*) **~ boots** botas *fpl* de esquiar; **~ mask** verdugo *m*, pasamontañas *m*; **~ pants** pantalones *mpl* de esquí; **~ pole** *o* (BrE) **stick** bastón *m* (de esquí); **~ run** pista *f* de esquí

ski² *vi* **skis, skiing, skied** esquiar*; **to go ~ing** ir* a esquiar; **we ~ed down the mountain** bajamos la montaña esquiando

skid¹ /skɪd/ *n*

A (slide) (Auto) patinazo *m*, derrape *m*, derrapaje *m*, patinada *f* (AmL); **to go into a ~** patinar, derrapar; (*before n*) **~ marks** marcas *fpl* de un patinazo

B (for moving goods) rastra *f*; ***to be on the ~s*** (colloq) ir* cuesta abajo; ***to put the ~s under sb*** hacerle* *or* (Esp) ponerle* la zancadilla a algn, (a)serrucharle el piso a algn (CS)

C (support) (AmE) larguero *m*

skid² *vi* **-dd-** ‹‹*car/plane/wheels*›› patinar, derrapar; ‹‹*person*›› resbalarse; ‹‹*object*›› deslizarse*; **we ~ded off the road** patinamos *or* derrapamos y nos salimos de la carretera; **the vehicle ~ded to a halt** el vehículo se detuvo tras dar un patinazo

skid row /rəʊ/ *n* [u] (AmE colloq) barrios *mpl* bajos; **he's heading for ~ ~** va a terminar mal

skier /'ski:ər || 'skiə(r)/ *n* esquiador, -dora *m,f*

skiing /'ski:ɪŋ/ *n* [u] esquí *m*

skijump /'ski:dʒʌmp/ *n* **1** (ramp) trampolín *m*, pista *f* de salto **2** (action) salto *m* con esquís

skilful *etc* (BrE) ▸**skillful** *etc*

skilift /'ski:lɪft/ *n* telesquí *m*

skill /skɪl/ *n* **1** [u] (ability) habilidad *f*; **technical ~** destreza *f*; **her ~ as a negotiator** su habilidad para negociar; **game of ~** juego *m* de ingenio; **~ IN/AT sth: her ~ at (doing) crosswords** su habilidad para hacer crucigramas *or* para los crucigramas; **the post requires ~ in administration** el puesto requiere dotes *or* aptitudes administrativas **2** [c] (technique): **typing is a very useful ~ to have** saber escribir a máquina es muy útil; **the course develops your analytical ~s** el curso desarrolla su capacidad analítica; **she has no secretarial ~s** no sabe taquigrafía ni mecanografía (*or* procesamiento de textos *etc*); **social ~s** don *m* de gentes

skilled /skɪld/ *adj* ‹*negotiator*› hábil, experto; ‹*pilot*› diestro, experto; ‹*worker/labor*› calificado *or* (Esp) cualificado; ‹*work*› de especialista, especializado

skillet /'skɪlət || 'skɪlɪt/ *n* **1** (frying pan) sartén *f* *or* (AmL tb) sartén *m* **2** (saucepan) (BrE) *cacerola pequeña con mango largo*

skillful, (BrE) **skilful** /'skɪlfəl/ *adj* ‹*liar/play*› hábil; ‹*surgeon/mechanic*› diestro; (at sewing, craftwork) habilidoso, diestro, hábil

skillfully, (BrE) **skilfully** /'skɪlfəli/ *adv* hábilmente, con habilidad

skim /skɪm/ **-mm-** *vt*

A (Culin) ‹*milk*› descremar, desnatar (Esp); ‹*soup*› espumar; **~ the fat off the stock** quítele la grasa al caldo

B **1** (glide over) ‹*water/treetops*› pasar casi rozando **2** (throw): **to ~ stones** hacer* cabrillas, hacer* patitos (CS, Méx), hacer* pan y quesito (Col)

C (read quickly) leer* por encima, echarle una ojeada a

■ **skim** *vi*

A (glide): **the speedboat ~med over the sea** la lancha apenas rozaba la superficie del mar

B (read quickly) leer* por encima; **my eye ~med down the page** le eché una ojeada *or* un vistazo a la página; **to ~ THROUGH sth** leer* algo por encima

skim milk, (BrE) **skimmed milk** /skɪmd/ *n* [u] leche *f* descremada *or* (Esp tb) desnatada

skimobile /'ski:məbi:l/ *n* (AmE) motoesquí *m* (*de nieve*), esquimóvil *m*

skimp /skɪmp/ *vi* (colloq) **to ~ (ON sth)** escatimar (algo), cicatear (algo) (fam), mezquinar (algo) (esp AmL)

skimpy /'skɪmpi/ *adj* **-pier, -piest** ‹*meal/portion*› mezquino, pobre; ‹*funds*› escaso; **a ~ nightdress** un brevísimo camisón

skin¹ /skɪn/ *n* **1** [u] (of person) piel *f*; (esp of face; in terms of quality, condition) cutis *m*, piel *f*; (in terms of color) tez *f*, piel *f*; ***by the ~ of one's teeth*** por un pelo (fam), por los pelos (fam); ***it's no ~ off my nose*** a mí me trae sin cuidado, ¿a mí qué me importa?; ***to be all ~ and bones*** estar* hecho un esqueleto, estar* en los huesos; ***to get under sb's ~*** (colloq) crisparle los nervios a algn, sacar* a algn de quicio; ***to have a thick/thin ~*** ser* insensible/muy sensible a las críticas; ***to have sb under one's ~*** (colloq) estar* loco por algn (fam); ***to jump*** *o* ***leap out of one's ~***: **I nearly jumped out of my ~ when ...** casi me muero del susto cuando ... (fam); (*before n*) ‹*disease*› de la piel, cutáneo; **~ graft** injerto *m* (cutáneo); ▸**save¹** *vt* **A1** **2** [u c] (of animal, bird, fish) piel *f* **3** [u c] (of tomatoes, plums, sausage) piel *f*; (of potatoes, bananas) piel *f*, cáscara *f* **4** [u] (on milk, custard) nata *f*; (on paint) capa *f* dura

skin² *vt* **-nn-** **1** ‹*animal*› despellejar, desollar*; **to ~ sb alive** desollar* vivo a algn, arrancarle* la piel a tiras a algn; **~ the tomatoes** quíteles la piel a los tomates, pele los tomates **2** (scrape) ‹*knee/elbow*› despellejar, pelar

skin: **~deep** /'skɪn'di:p/ *adj* (*pred*) **to be ~deep** ser* superficial; **~diver** *n* buzo *m*, submarinista *mf*; **~diving** *n* [u] submarinismo *m*, buceo *m*; **~flint** *n* (colloq) roñoso, -sa *m,f* (fam), tacaño, -ña *m,f*, amarrete, -ta *m,f* (AmS fam), pichirre *mf* (Ven fam)

skinful /'skɪnfʊl/ *n*: ***to have had a ~*** (colloq) estar* como una cuba (fam)

skinhead /'skɪnhed/ *n* cabeza *mf* rapada

-skinned /'skɪnd/ *suff*: **smooth~/red~** de piel suave/roja

skinny /'skɪni/ *adj* **-nier, -niest** flaco, flacucho (fam)

skint /skɪnt/ *adj* (BrE colloq) (*pred*): **to be ~** estar* pelado (fam), estar* pato (CS fam), estar* pelando gajos (Ven fam)

skintight /'skɪn'taɪt/ *adj* muy ceñido, muy ajustado

skip¹ /skɪp/ *n*

A (jump) brinco *m*, saltito *m*

B (BrE) (container) contenedor *m* (*para escombros, basura etc*)

skip² **-pp-** *vi*

A **1** (move lightly and quickly): **he ~ped along the path** iba brincando *or* dando saltitos por el camino **2** (with rope) (BrE) ▸*vt* **B**

B (in writing, speaking, reading) saltar; **to ~ over sth** saltarse *or* (RPl) saltearse algo

■ **skip** *vt*

A **1** (omit) ‹*page/chapter*› saltarse, saltearse (RPl); **I think I'll ~ dinner today** creo que hoy no voy a cenar *or* (fam) voy a pasar de cenar; **his heart ~ped a beat** le dio un vuelco el corazón; **~ it!** (colloq) ¡déjalo!, ¡olvídalo! **2** (not attend) ‹*class/meeting*› faltar a, fumarse (fam)

B (jump) (AmE): **to ~ rope** saltar a la cuerda *or* (Esp tb) a la comba, saltar (al) lazo (Col), saltar al cordel (Chi)

C **to ~ town** (leave) (AmE) desaparecer* del mapa (fam)

skipper¹ /'skɪpər || 'skɪpə(r)/ *n* (colloq) **1** (of boat) patrón, -trona *m,f*, capitán, -tana *m,f*; (of plane) capitán, -tana *m,f* **2** (Sport) (coach) entrenador, -dora *m,f*; (captain) capitán, -tana *m,f*; (*as form of address*) jefe, -fa (fam)

skipper² *vt* (colloq) ‹*boat/plane*› capitanear

skip rope, (BrE) **skipping rope** /'skɪpɪŋ/ *n* ▸**jump rope**

skirmish /'skɜ:rmɪʃ || 'skɜ:mɪʃ/ *n* (Mil) escaramuza *f*, refriega *f*

skirt¹ /skɜ:rt || skɜ:t/ *n* falda *f*, pollera *f* (CS)

skirt² *vt* **1** (run alongside) bordear **2** ▸**skirt around**

Phrasal verb

- **skirt around**, (BrE also) **skirt round** [v ▸ prep ▸ o] **1** ‹*mountain/lake*› bordear **2** ‹*issue/problem*› eludir

skirting (board) /'skɜ:rtɪŋ || 'skɜ:tɪŋ/ *n* [c u] (BrE) zócalo *m*, rodapié *m*, guardapolvo *m* (Chi)

skit /skɪt/ *n* (Theat) sketch *m* satírico

skittish /'skɪtɪʃ/ *adj* **1** (capricious) ‹*person*› voluble, veleidoso **2** (nervous) ‹*horse*› asustadizo

skittle /'skɪtl/ *n* bolo *m*

skittles /'skɪtl̩z/ *n* (+ *sing vb*) bolos *mpl*; **to have a game of ~** jugar* a los bolos

skive /skaɪv/ *vi* (BrE colloq) **1** (not work) holgazanear, gandulear (fam), sacar* la vuelta (Chi fam), hacer* sebo (RPl fam) **2** ▸**skive off 2**

Phrasal verb

- **skive off** (BrE colloq) [v ▸ adv] **1** (disappear) escurrir el bulto (fam), escaparse, pirarse (Esp fam) **2** (stay away — from school) hacer* novillos (fam), hacerse* la rata *or* la rabona (RPl fam), irse* de pinta (Méx fam), hacer* la cimarra *or* capear (clases) (Chi fam), capar clase (Col fam); (— from work) no ir* a trabajar, capear (Chi) *or* (Col) capar trabajo (fam)

S

skiver /ˈskaɪvər || ˈskaɪvə(r)/ *n* (BrE colloq) vago, -ga *m,f* (fam), haragán, -gana *m,f*, capeador, -dora *m,f* (Chi fam)

skivvy /ˈskɪvi/ *n* (*pl* **-vies**)
A (servant) (BrE colloq) fregona *f* (pey), sirvienta *f*
B **skivvies**® *pl* (underwear) (AmE colloq) ropa *f* interior; **in his skivvies** en paños menores (fam & hum)

skulduggery, skullduggery /skʌlˈdʌgəri/ *n* [u] trapicheo *m* (fam), tejemanejes *mpl*

skulk /skʌlk/ *vi*: **I saw him ~ing in the background** lo vi al fondo, tratando de pasar desapercibido; **what are you doing ~ing around in here?** ¿qué haces merodeando por aquí?

skull /skʌl/ *n* cráneo *m*; **the ~ and crossbones** la bandera pirata con la calavera

skullcap /ˈskʌlkæp/ *n* casquete *m*; (Relig) solideo *m*

skullduggery *n* [u] ▸**skulduggery**

skunk /skʌŋk/ *n* (Zool) mofeta *f*, zorrillo *m* (AmL), zorrino *m* (CS), mapurite *m* (AmC, Ven); ***to be as drunk as a ~*** (AmE colloq & hum) estar* como una cuba (fam)

sky /skaɪ/ *n* [u c] (*pl* **skies**) cielo *m*, firmamento *m* (liter); ***the ~'s the limit*** todo es posible; ***to praise sth/sb to the skies*** poner* algo/a algn por las nubes

sky: **~-blue** /ˈskaɪˈbluː/ *adj* (*pred* **~ blue**) (dark) azul cielo *adj inv*; (light) azul celeste *adj inv*, celeste (AmL); **~dive** /ˈskaɪdaɪv/ *vi* hacer* paracaidismo acrobático; **~diving** *n* [u] paracaidismo *m* (*en la modalidad de caída libre*); **~high** /ˈskaɪˈhaɪ/ *adj*: **prices are ~high** los precios están por las nubes *or* son astronómicos; **~jack** *vt* secuestrar (*un avión*); **~lark** *n* alondra *f*; **~light** *n* tragaluz *m*, claraboya *f*; **~line** *n* **1** (horizon) (línea *f* del) horizonte *m* **2** (of city): **the Manhattan ~line** los edificios de Manhattan recortados contra el horizonte; **~scraper** *n* rascacielos *m*

slab /slæb/ *n* **1** (of stone) losa *f*; (of concrete) bloque *m*; (of wood) tabla *f*; (of cake, bread) pedazo *m*, trozo *m* (*grueso*); (of chocolate) tableta *f* **2** (in mortuary) (colloq) **the ~** la mesa de autopsias

slack¹ /slæk/ *adj* **-er, -est**
A (loose) ‹*rope/cable*› flojo; **the rope went ~** la cuerda se aflojó
B (lax, negligent) ‹*student*› poco aplicado; ‹*piece of work*› flojo; **they're very ~ about paying on time** son muy negligentes en cuanto a pagar puntualmente
C (not busy) ‹*period*› de poca actividad, de poco movimiento

slack² *n*
A [u] (rope, wire): **there's too much ~ in the rope** la cuerda está demasiado floja; ***to take up the ~ in sth*** tensar algo
B **slacks** *pl* pantalones *mpl* (de sport)

slack³ *vi* (colloq) haraganear, flojear (fam), hacer* el vago (Esp fam)

slacken /ˈslækən/ *vi* **1** (become looser) «*rope/wire*» aflojarse **2** (diminish) ▸**slacken off A**
■ **slacken** *vt* **1** (loosen) ▸**slacken off B** **2** (reduce) ‹*speed*› reducir*; ‹*pace*› aflojar

Phrasal verb
• **slacken off**
A [v ▸ adv] «*wind*» amainar, aflojar; «*student*» aflojar el ritmo de trabajo; «*speed/rate*» disminuir*; «*trade/demand*» decaer*, disminuir*
B [v ▸ o ▸ adv, v ▸ adv ▸ o] (loosen) ‹*rope/wire*› aflojar

slacker /ˈslækər || ˈslækə(r)/ *n* (colloq) vago, -ga *m,f* (fam), flojo, -ja *m,f* (fam)

slag /slæg/ *n*
A [u] (Metall) escoria *f*; (Min) escombro *m*, escoria *f*; (*before n*) **~ heap** escorial *m*, escombrera *f*
B [c] (promiscuous woman) (BrE sl & pej) putilla *f* (fam & pey), fulana *f* (fam & pey)

Phrasal verb
• **slag off**: **-gg-** [v ▸ o ▸ adv, v ▸ adv ▸ o] (BrE sl) ‹*person*› hablar pestes de (fam); ‹*record/film*› poner* por los suelos

slain /sleɪn/ *past p of* **slay**

slake /sleɪk/ *vt* (liter) ‹*thirst*› saciar, aplacar*

slalom /ˈslɑːləm/ *n* slalom *m*

slam¹ /slæm/ **-mm-** *vt*
A **1** (close violently): **to ~ the door** dar* un portazo; **to ~ the door shut** cerrar* la puerta de un portazo; **she ~med the door in my face** me dio con la puerta en las narices **2** (put with force): **he ~med the book down on the table** tiró el libro sobre la mesa; **to ~ on the brakes** pegar* un frenazo
B (criticize) (journ) atacar* violentamente
■ **slam** *vi* «*door*» cerrarse* de un portazo *or* de golpe

slam² *n* (*no pl*): **the door shut with a ~** la puerta se cerró de un portazo; **she closed the book with a ~** cerró el libro de un golpe

slander¹ /ˈslændər || ˈslɑːndə(r)/ *n* [u c] calumnia *f*, difamación *f*

slander² *vt* ‹*person*› calumniar, difamar

slanderous /ˈslændərəs || ˈslɑːndərəs/ *adj* calumnioso, difamatorio

slang /slæŋ/ *n* [u] argot *m*; **army/student ~** argot *m or* jerga *f* militar/estudiantil

slanging match /ˈslæŋɪŋ/ *n* (BrE colloq) bronca *f* (fam), intercambio *m* de insultos

slant¹ /slænt || slɑːnt/ *n*
A [u] (slope) inclinación *f*; (of roof, floor) pendiente *f*; **on a** *o* **the ~** inclinado
B [c] (point of view) enfoque *m*; (bias) sesgo *m*

slant² *vi* **1** «*handwriting*» inclinarse **2** **slanting** *pres p* ‹*roof/handwriting*› inclinado; ‹*eyes*› rasgado
■ **slant** *vt* ‹*account/report*› darle* un sesgo a; (give bias to) presentar tendenciosamente

slap¹ /slæp/ *vt* **-pp-**
A (hit): **to ~ sb** (on face) pegarle* *or* darle* una bofetada *or* (AmL tb) una cachetada a algn, abofetear a algn, cachetear a algn (AmL); (on arm, leg) pegarle* *or* darle* una palmada a algn
B **1** (put with force) tirar; **she ~ped the contract down on the desk** tiró *or* (fam) plantó el contrato en el escritorio **2** (put, apply carelessly): **he ~ped some paint on it** le dio una mano de pintura rápidamente; **she ~ped on some makeup** se maquilló de cualquier manera **3** (impose) (colloq) **to ~ sth ON sth**: **they ~ped another 5% on the price** le encajaron un 5% de aumento al precio (fam); **to ~ sb WITH sth** (AmE): **we've been ~ped with a large fine** nos han encajado *or* metido un multazo (fam)

slap² *n* (on face) bofetada *f*, cachetada *f* (AmL); (on back, leg) palmada *f*; **he gave me a ~ on the back** me dio una palmada *or* una palmadita en la espalda; ***a ~ in the face*** (rebuff, insult) una bofetada; ***a ~ on the wrist*** un tirón/ orejas (fam), un palmetazo

slap³ *adv* (colloq): **she walked ~ into the tree** se dio de narices contra el árbol; **I arrived ~ in the middle of the meeting** llegué justo en plena reunión

slap: **~-bang** /ˈslæpˈbæŋ/ *adv* (colloq) **1** (directly) justo; **it's ~-bang in the center of town** está justo en el centro *or* (Méx tb) en el mero centro de la ciudad **2** (violently): **he went ~-bang into the door** se dio de narices contra la puerta ¡paf! (fam); **~dash** *adj* ‹*work*› chapucero (fam); **~happy** /ˈslæpˈhæpi/ *adj* (colloq) **1** (foolish) (AmE) tocado (fam) **2** (careless) (BrE) ‹*person*› despreocupado; ‹*work*› descuidado; **~stick** *n* [u] bufonadas *fpl*, payasadas *fpl*; (*before n*) **~stick comedy** astracanada *f*; **~-up** *adj* (BrE colloq): **a ~-up meal** una comilona (fam), un banquetazo (fam)

slash¹ /slæʃ/ *n*
A (cut — on body) cuchillada *f*, tajo *m*; (— in tire, cloth) raja *f*, corte *m*
B (oblique) barra *f* (oblicua)

slash² *vt*
A ‹*person/face*› acuchillar, tajear (AmL); ‹*tires/coat*› rajar; **he ~ed his wrists** se cortó las venas
B (reduce) ‹*prices/taxes*› rebajar drásticamente; **Ⓢ prices slashed** espectaculares rebajas

slash-and-burn /ˈslæʃən(d)ˈbɜːrn || ˈslæʃən(d)ˈbɜːn/ *adj* (*before n*)
A (Agr) de talar y quemar
B (ruthless) implacable, despiadado

slat /slæt/ *n* (of wood) listón *m*, tablilla *f*; (of other material) tira *f*

slate¹ /sleɪt/ *n*
A **1** [u] (rock) pizarra *f* **2** [c] (roof tile) pizarra *f*
B [c] (for writing on) pizarra *f*; ***to have a clean ~*** no tener* borrones en la hoja de servicios; **to wipe the ~ clean** hacer* borrón y cuenta nueva; ***to put sth on the ~*** (BrE) apuntar algo en la cuenta

C [c] (list of candidates) (AmE) lista *f* de candidatos

slate² *vt*

A ‹*roof*› empizarrar

B (criticize) ‹*book/film/writer*› poner* por los suelos

C (AmE) **to be ~d** **1** (scheduled): **the convention is ~d for March** la convención está programada para marzo **2** (chosen, destined): **he's ~d to replace the director** es el candidato para sustituir al director

slaughter¹ /ˈslɔːtər || ˈslɔːtə(r)/ *n* [u] **1** (of animals) matanza *f* **2** (massacre) masacre *f*, matanza *f*, carnicería *f*

slaughter² *vt* **1** (kill) ‹*pig/cattle*› matar, carnear (CS); ‹*civilians/troops*› matar salvajemente, masacrar **2** (defeat) (colloq) ‹*opponent/team*› darle* una paliza a (fam)

slaughterhouse /ˈslɔːtərhaʊs || ˈslɔːtəhaʊs/ *n* matadero *m*

Slav /slɑːv/ *n* eslavo, -va *m,f*

slave¹ /sleɪv/ *n* esclavo, -va *m,f*; **to be a ~ TO sth** ser* esclavo DE algo; (*before n*) **~ trade** comercio *m* *or* trata *f* de esclavos; **~ trader** negrero, -ra *m,f*

slave² *vi* (colloq): **I've been slaving away all day** he estado trabajando como un negro *or* como un burro todo el día (fam); **to ~ AT *o* OVER sth**: **he's been slaving (away) at *o* over the report for days** lleva días trabajando como un negro *or* como un burro con el informe

slave: **~ driver** *n* (colloq) negrero, -ra *m,f* (fam); **~ labor**, (BrE) **~ labour** *n* [u] **1** (ill-paid work): **this job is just ~ labor** en este trabajo te explotan, aquí son unos negreros (fam) **2** (Hist): **roads built by ~ labor** carreteras *fpl* construidas con el trabajo de los esclavos

slaver /ˈslævər || ˈslævə(r)/ *vi* babear

slavery /ˈsleɪvəri/ *n* [u] esclavitud *f*; **he was sold into ~** lo vendieron como esclavo

Slavic /ˈslɑːvɪk/ *adj* eslavo

slavish /ˈsleɪvɪʃ/ *adj*

A (unoriginal) falto de originalidad

B (servile) ‹*attitude*› servil; ‹*devotion*› ciego, incondicional

slavishly /ˈsleɪvɪʃli/ *adv*

A ‹*follow/copy*› ciegamente

B (subserviently) servilmente

Slavonic /sləˈvɑːnɪk || sləˈvɒnɪk/ *adj* eslavo

slaw /slɔː/ *n* [u] (AmE) *ensalada de repollo, zanahoria y cebolla con mayonesa*

slay /sleɪ/ *vt* (*past* **slew**; *past p* **slain**) (liter *or* journ) asesinar, dar* muerte a

sleaze /sliːz/ *n* sordidez *f*; (*before n*) **the ~ factor was decisive in his defeat** su pasado turbio (*or* su affaire *etc*) fue un factor decisivo en su derrota

sleazebag /ˈsliːzbæg/, **sleazeball** /ˈsliːzbɔːl/ *n* (AmE colloq) canalla *mf*

sleazy /ˈsliːzi/ *adj* **-zier, -ziest** ‹*district/bar*› sórdido; ‹*character/type*› de mala pinta

sled¹ /sled/ *n* (AmE) trineo *m*

sled² *vi* **-dd-** (AmE) ir* en trineo

sledge /sledʒ/ *n/vi* ▸**sled¹,²**

sledgehammer /ˈsledʒˌhæmər || ˈsledʒˌhæmə(r)/ *n* mazo *m*, almádena *f*

sleek /sliːk/ *adj* **-er, -est** **1** (glossy) ‹*hair/fur*› lacio y brillante **2** (well-groomed) acicalado, pulcro **3** (stylish, elegant) de líneas elegantes

sleep¹ /sliːp/ *n*

A [u c] sueño *m*; **I need eight hours' ~** yo necesito ocho horas de sueño; **to go to ~** dormirse*; **she went to ~ almost immediately** se durmió *or* se quedó dormida casi inmediatamente; **my foot has gone to ~** se me ha dormido el pie; **I can't get to ~** no puedo dormirme, no puedo conciliar el sueño; **try and get some ~** trata de dormir un poco; **I haven't had a decent night's ~ in weeks** hace semanas que no duermo una noche entera; **the cat had to be put to ~** (euph) hubo que sacrificar al gato (euf); **to walk in one's ~** ser* sonámbulo; **to talk in one's ~** hablar dormido; ***not to lose any ~ over sb/sth*** no perder* el sueño *or* no preocuparse por algn/algo

B [u] (in eyes) lagañas *fpl*, legañas *fpl*

sleep² (*past & past p* **slept**) *vi* dormir*; **to ~ late** dormir* hasta tarde; **goodnight, ~ tight!** hasta mañana, que duermas bien *or* que descanses; **his bed had not been slept in** no había dormido en su cama; ***to ~ like a log o baby*** *o* (BrE) ***top*** (colloq) dormir* como un tronco *or* como un lirón *or* como un bendito (fam)

■ **sleep** *vt*: **the hotel ~s 200 guests** el hotel tiene 200 camas *or* puede alojar a 200 personas

Phrasal verbs

• **sleep around** [v ▸ adv] (colloq & pej) acostarse* con cualquiera

• **sleep in** [v ▸ adv] **1** (sleep late) dormir* hasta tarde **2** «*servant/nurse*» vivir en (la) casa (*or* hospital *etc*)

• **sleep off** [v ▸ o ▸ adv, v ▸ adv ▸ o]: **he's still ~ing it off** (colloq) todavía está durmiendo la mona (fam); **they had a huge meal and went to bed to ~ it off** se atiborraron de comida y se fueron a dormir para reponerse

• **sleep on** [v ▸ prep ▸ o] ‹*decision/problem*› consultar con la almohada

• **sleep through** [v ▸ prep ▸ o]: **he slept through the alarm clock** no oyó el despertador y siguió durmiendo; **he slept through the whole film** durmió durante toda la película; **she'll ~ through anything** es capaz de seguir durmiendo aunque haya mucho ruido

• **sleep together** [v ▸ adv] (euph) tener* relaciones (sexuales)

• **sleep with** [v ▸ prep ▸ o] (euph) acostarse* con (euf)

sleeper /ˈsliːpər || ˈsliːpə(r)/ *n*

A (person): **to be a heavy/light ~** tener* el sueño pesado/ligero

B (Rail) **1** (berth) litera *f*, cama *f* **2** (sleeping car) coche *m* cama, coche *m* dormitorio (CS) **3** (train) tren *m* con coches camas *or* (CS) coches dormitorio

C (on track) (Rail) durmiente *m* *or* (Esp) traviesa *f*

sleeping /ˈsliːpɪŋ/ *n* [u] (*before n*) **what are the ~ arrangements for tonight?** ¿dónde *or* cómo vamos a dormir esta noche?

sleeping: **~ bag** *n* saco *m* *or* (RPl) bolsa *f* de dormir; **~ Beauty** *n* la Bella Durmiente (del Bosque); **~ car** *n* (Rail) coche *m* cama, coche *m* dormitorio (CS); **~ partner** *n* (BrE Busn) socio, -cia *m,f* capitalista; **~ pill** *n* somnífero *m*, pastilla *f* para dormir; **~ policeman** *n* (BrE) ▸**speed bump**; **~ sickness** *n* [u] enfermedad *f* del sueño; **~ tablet** *n* (BrE) ▸**~ pill**

sleepless /ˈsliːpləs || ˈsliːplɪs/ *adj*: **I had another ~ night** pasé otra noche en blanco *or* sin poder dormir

sleep: **~over** /ˈsliːpəʊvər || ˈsliːpəʊvə(r)/ *n* (AmE) **1** (by employee — at place of work) permanencia *f* nocturna en el lugar de trabajo; (— on business trip) viaje *m* de negocios con estancia nocturna **2** (of guest) estancia *f* nocturna; **~walk** *vi* caminar dormido; **~walker** *n* sonámbulo, -la *m,f*

sleepy /ˈsliːpi/ *adj* **-pier, -piest** **1** (drowsy) ‹*expression*› adormilado, somnoliento, soñoliento; ‹*eyes*› de dormido; **to be/feel ~** tener* sueño; **to look ~** tener* cara de sueño; **I always get ~ in the afternoons** siempre me entra *or* me da sueño por la tarde **2** ‹*town/atmosphere*› aletargado

sleepyhead /ˈsliːpihed/ *n* (colloq) dormilón, -lona *m,f* (fam)

sleet¹ /sliːt/ *n* [u] aguanieve *f*

sleet² *v impers*: **it was ~ing** caía aguanieve

sleeve /sliːv/ *n* **1** (of garment) manga *f*; **to roll up one's ~s** arremangarse*; ***to have sth up one's ~*** (colloq) tener* algo planeado; ***to keep sth up one's ~*** reservarse un recurso; ***to laugh up one's ~*** reírse* disimuladamente de algn **2** (of record) (BrE) funda *f*, carátula *f*

sleeveless /ˈsliːvləs || ˈsliːvlɪs/ *adj* sin mangas

sleigh /sleɪ/ *n* trineo *m*

sleight of hand /slaɪt/ *n* [u] prestidigitación *f*, juegos *mpl* de manos

slender /ˈslendər || ˈslendə(r)/ *adj* **-derer, -derest** **1** ‹*person/figure*› delgado, esbelto; ‹*waist/neck*› fino, delgado **2** ‹*means/resources*› escaso, exiguo; ‹*majority*› estrecho; ‹*hope*› remoto; **by a ~ margin** por un estrecho margen

slenderize /ˈslendəraɪz/ *vt* (AmE) adelgazar*

slenderness /ˈslendərnəs || ˈslendənɪs/ *n* delgadez *f*, esbeltez *f*

slept /slept/ *past & past p of* **sleep²**

sleuth /sluːθ/ *n* sabueso *mf*, detective *mf*

slew¹ /sluː/ *past of* **slay**

S

slew², (AmE also) **slue** /sluː/ vt (+ *adv compl*): **to ~ the car/boat around** *o* **round** dar* la vuelta
■ **slew** *vi*: **the car ~ed to the left** el coche dio un giro brusco a la izquierda

slice¹ /slaɪs/ *n*
A [c] (piece — of bread) rebanada *f*; (— of cake) trozo *m*, pedazo *m*; (— of cheese) rebanada *f*; (— of lemon, cucumber) rodaja *f*; (— of meat) tajada *f*; (— of ham) loncha *f*, lonja *f*, feta *f* (RPl); (— of melon) raja *f*
B [c] (implement) (BrE) pala *f*; **fish ~** pala *f* para servir
C (Sport) **1** (spin on ball) (*no pl*) efecto *m* **2** [c] (shot — in tennis) tiro *m* cortado *or* con efecto; (— in golf) slice *m*

slice² *vt*
A (cut into slices) ‹*bread*› cortar (en rebanadas); ‹*meat*› cortar (en tajadas); ‹*cake*› cortar (en trozos); ‹*lemon/cucumber*› cortar (en rodajas); ‹*ham*› cortar (en lonchas); **to ~ sth in two** *o* **in half** cortar algo en dos *or* por la mitad; ***any way you ~ it*** (AmE colloq) lo mires por donde lo mires, sea como sea
B ‹*ball*› (in tennis) cortar, darle* con efecto a; (in golf) darle* oblicuamente a
■ **slice** *vi* **1** (cut): **the spade ~d into the soft clay** la pala se hundió en la tierra blanda **2** (be cut): **this bread/ham doesn't ~ very well** este pan/jamón es muy difícil de cortar *or* no se puede cortar bien

slicer /ˈslaɪsər || ˈslaɪsə(r)/ *n*: **bread ~** (máquina *f*) rebanadora *f* de pan; **cheese ~** pala *f* para cortar queso; **meat ~** máquina *f* de cortar fiambre

slick¹ /slɪk/ *adj* **-er, -est**
A **1** (superficial) ‹*book/program*› ingenioso pero insustancial **2** ‹*person*› (glib) de mucha labia; (clever) hábil; ‹*reply*› fácil **3** (professional, smart) ‹*performance/production*› muy logrado *or* pulido
B (slippery) (AmE) ‹*surface*› resbaladizo, resbaloso (AmL)

slick² *n* (*oil* ~) marea *f* negra

slick³ *vt*: **to ~ one's hair down** alisarse el pelo; **his sleek, ~ed-back hair** su pelo lacio y brillante peinado hacia atrás

slicker /ˈslɪkər || ˈslɪkə(r)/ *n* (AmE)
A ▸ **raincoat**
B ▸ **city slicker**

slide¹ /slaɪd/ (*past & past p* **slid** /slɪd/) *vi*
A (slip) (deliberately) deslizarse*; (accidentally) deslizarse*, resbalar(se); **the plate slid (off) onto the floor** el plato (se) resbaló y cayó al suelo; ***to let things ~*** dejar que las cosas se vengan abajo
B **1** (move smoothly, glide) (+ *adv compl*): **the door ~s open** la puerta se abre corriéndola; **she slid quietly out of the room** salió sigilosamente de la habitación **2** **sliding** *pres p*: **sliding door** puerta *f* corrediza
■ **slide** *vt* (+ *adv compl*): **she slid the book across the table toward him** le pasó el libro deslizándolo por la mesa; **to ~ the bolt back** correr el cerrojo

slide² *n*
A (in playground, pool) tobogán *m*, resbaladilla *f* (Méx), rodadero *m* (Col), resbalín *m* (Chi)
B **1** (action — accidental) resbalón *m*, resbalada *f*; (— deliberate) deslizamiento *m* **2** (decline in prices) bajón *m*
C **1** (Phot) diapositiva *f*, transparencia *f*, filmina *f*; (*before n*) **~ projector** proyector *m* de diapositivas; **~ show** proyección *f* de diapositivas **2** (for microscope — glass plate) portaobjetos *m*; (— specimen) muestra *f*
D (for hair) (BrE) ▸ **barrette**

slide rule *n* regla *f* de cálculo

sliding scale /ˈslaɪdɪŋ/ *n* escala *f* móvil

slight¹ /slaɪt/ *adj* **-er, -est**
A **1** ‹*improvement/accent*› ligero, leve; **she has a ~ temperature** tiene un poco de fiebre; **she walks with a ~ limp** cojea ligeramente; **he gets upset at the ~est thing** se molesta por la menor tontería *or* por cualquier nimiedad; **I haven't the ~est idea** no tengo (ni) la menor *or* (ni) la más remota idea; **do you mind? — not in the ~est** ¿te importa? — en absoluto *or* para nada; **he's not the ~est bit interested** no le interesa en lo más mínimo *or* en absoluto **2** (minimal) escaso; **their chances are ~** tienen muy pocas posibilidades
B (slim) delgado, menudo

slight² *vt* (frml) **1** (offend, ignore) desairar, hacerle* un desaire *or* un desprecio a **2** (belittle) ‹*work/contribution*› hablar con desdén de

slight³ *n* (frml) desaire *m*, desprecio *m*

slightly /ˈslaɪtli/ *adv*
A (a little) ‹*improve/change*› ligeramente, levemente, un poco; ‹*rain/snow*› ligeramente; ‹*different*› ligeramente; **it will sting ~** te va a escocer un poco; **I know him only ~** apenas si lo conozco
B (slimly): **~ built** de complexión delgada *or* menuda

slim¹ /slɪm/ *adj* **-mm-** **1** (thin) ‹*person/figure*› esbelto, delgado; ‹*waist*› fino; ‹*volume/column*› fino **2** (scant) ‹*chance/hope*› escaso; ‹*majority*› estrecho

slim² *vi* **-mm-** **1** **~ (down)** (become slimmer) «*person*» adelgazar*, bajar de peso **2** (BrE) (diet) hacer* régimen *or* dieta; **I'm ~ming** estoy a régimen *or* a dieta

slime /slaɪm/ *n* [u] **1** (thin mud) limo *m*, cieno *m* **2** (of snail, slug etc) baba *f*

slimeball /ˈslaɪmbɔːl/ *n* (esp AmE colloq) canalla *mf*

slimline /ˈslɪmlaɪn/ *adj* **1** ‹*briefcase/calculator*› plano, delgado **2** (low-calorie) (BrE) ‹*lemonade/margarine*› light *adj inv*, bajo en calorías, dietético

slimmer /ˈslɪmər || ˈslɪmə(r)/ *n* (BrE) *persona que está a régimen*

slimming /ˈslɪmɪŋ/ *n* [u] (BrE) adelgazamiento *m*

slimy /ˈslaɪmi/ *adj* **-mier, -miest** **1** (slippery) ‹*substance*› viscoso; ‹*surface*› viscoso **2** ‹*person/manner*› excesivamente obsequioso, falso, falluto (RPl fam)

sling¹ /slɪŋ/ *n* **1** (Med) cabestrillo *m*; **to have one's arm in a ~** llevar el brazo en un cabestrillo **2** (for carrying a baby) canguro *m* **3** (for lifting) eslinga *f*

sling² (*past & past p* **slung**) *vt* (colloq) **1** (throw) tirar, lanzar*, arrojar, aventar* (Col, Méx, Per) **2** (hang) ‹*line/hammock*› colgar*, guindar (Col, Ven); **he wore his coat slung over his shoulders** llevaba el abrigo echado por encima de los hombros

Phrasal verb
• **sling out** [v ▸ o ▸ adv, v ▸ adv ▸ o] (BrE colloq)
A (get rid of) tirar (a la basura), botar (a la basura) (AmL exc RPl)
B (expel) ‹*person*› echar

sling: **~back** *n* sandalia *f*/zapato *m* de tacón (*con el talón descubierto*); **~shot** *n* (AmE) tirachinas *m*, honda *f* (CS, Per), cauchera *f* (Col), resortera *f* (Méx), china *f* (Ven)

slink /slɪŋk/ *vi* (*past & past p* **slunk**) (+ *adv compl*): **he slunk upstairs to his room** subió a su habitación sigilosamente *or* a hurtadillas; (with shame, embarrassment) subió avergonzado a su habitación; **to ~ off** *o* **away** escabullirse*, escaparse

slinky /ˈslɪŋki/ *adj* **-kier, -kiest** ‹*dress*› ceñido, ajustado

slip¹ /slɪp/ *n*
A slide) resbalón *m*, resbalada *f* (AmL); ***to give sb the ~*** (colloq) lograr zafarse de algn
B (mistake) error *m*, equivocación *f*; **a ~ of the tongue/pen** un lapsus (linguae/cálami); ***there's many a ~ twixt cup and lip*** del dicho al hecho hay mucho trecho
C (of paper): **a ~ of paper** un papelito, un papel; ▸ **deposit² A1**
D (undergarment) combinación *f*, enagua *f*, viso *m*, fondo *m* (Méx)
E (of person): **a ~ of a girl** una chiquilla, una chiquilina (AmL)

slip² **-pp-** *vi*
A **1** (slide, shift position) «*person*» resbalar(se); «*clutch*» patinar; **the knife ~ped and he cut himself** se le fue el cuchillo y se cortó; **it just ~ped out of my hands** se me resbaló de las manos **2** «*standards/service*» decaer*, empeorar; **you're ~ping** tu trabajo (*or* aplicación *etc*) ya no es lo que era
B **1** (move unobtrusively) (+ *adv compl*): **he ~ped into the room without being observed** entró en la habitación sin que lo vieran; **we managed to ~ past the guards** logramos pasar sin que nos vieran los guardias **2** (escape, be lost): **to let ~ an opportunity, to let an opportunity ~** dejar escapar una oportunidad; **they let the contract ~ through their fingers** se dejaron quitar el contrato de las manos; **I didn't mean to say that: it just ~ped out** no quería decirlo, pero se me escapó *or* salió; **I let (it) ~ that ...** se me escapó que ... **3** (go quickly): **he's just ~ped out to the bank** ha salido un momento al banco **4** (change): **I'll just ~ into something more comfortable** me voy a poner algo más cómodo

S

■ **slip** *vt*

A **1** (put unobtrusively) (+ *adv compl*) poner*, meter, deslizar*; **she ~ped a coin into his hand** le pasó disimuladamente una moneda; **he ~ped his arm around her waist** le pasó el brazo por la cintura **2** (pass) **to ~ sth TO sb** pasarle algo A algn con disimulo

B **1** (break loose from): **don't let the dog ~ its leash** no dejes que se suelte el perro; ***to ~ sb's mind*** o ***memory***: **it completely ~ped my mind** me olvidé *or* se me olvidó por completo **2** (in knitting) ‹*stitch*› pasar sin tejer

Phrasal verbs

- **slip away** «*person/opportunity*» escabullirse*; «*hours/time*» pasar
- **slip by** [v ▸ adv] «*time*» pasar, transcurrir
- **slip in** [v ▸ o ▸ adv, v ▸ adv ▸ o] ‹*comment/reference*› incluir*, agregar*
- **slip off**

A [v ▸ o ▸ adv, v ▸ adv ▸ o] ‹*clothes/shoes*› quitarse

B [v ▸ adv] escabullirse*

- **slip on** [v ▸ o ▸ adv, v ▸ adv ▸ o] ‹*clothes/shoes*› ponerse*
- **slip past** ▸**slip by**
- **slip up** [v ▸ adv] equivocarse*, cometer un error

slip: ~knot *n* nudo *m* corredizo; **~-on** *adj* ‹*shoes*› sin cordones

slipped disc /slɪpt/ *n* hernia *f* de disco

slipper /'slɪpər || 'slɪpə(r)/ *n* zapatilla *f*, pantufla *f* (esp AmL), chancla *f* (Col)

slippery /'slɪpəri/ *adj* **1** ‹*surface/ground/soap*› resbaladizo, resbaloso (AmL) **2** ‹*person*› (elusive) escurridizo, evasivo; (untrustworthy) que no es de fiar

slippy /'slɪpi/ *adj* ▸**slippery 1**

slip: ~-road *n* (BrE) vía *f* de acceso (*a una autopista*)/vía *f* de salida (*de una autopista*); **~shod** *adj* chapucero (fam), descuidado; **~stream** *n* estela *f*; **~-up** *n* error *m*, descuido *m*, metedura *f* de pata (fam); **~way** *n* grada *f*

slit¹ /slɪt/ *n* (opening) rendija *f*, hendidura *f*; (cut) raja *f*

slit² *vt* (*pres p* **sitting**; *past & past p* **slit**) cortar, rajar (Méx); **to ~ sb's throat** degollar a algn, cortarle el pescuezo a algn (fam)

slither /'slɪðər || 'slɪðə(r)/ *vi* «*snake*» deslizarse*

sliver /'slɪvər || 'slɪvə(r)/ *n* **1** (of glass, wood) astilla *f* **2** (thin slice) tajada *f* (*or* rodaja *f etc*) fina; *see also* **slice¹ A**

slob /slɑ:b || slɒb/ *n* (colloq) vago, -ga *m,f* (fam), dejado, -da *m,f*, atorrante *mf* (CS fam); **you fat ~!** ¡cerdo! (fam)

slobber /'slɑ:bər || 'slɒbə(r)/ *vi* babear, babosear

sloe /sləʊ/ *n* **1** (fruit) endrina *f* **2** (bush) endrino *m*

slog¹ /slɑ:g || slɒg/ *n* (colloq) (*no pl*): **we've got a long ~ ahead of us** tenemos un largo y arduo camino por delante

slog² **-gg-** *vi* caminar trabajosamente; **we ~ged up the hill** subimos la colina con dificultad *or* con gran esfuerzo

Phrasal verb

- **slog away** [v ▸ adv] (BrE colloq) sudar tinta (fam), trabajar duro (esp AmL)

S

slogan /'sləʊgən/ *n* (Busn) slogan *m*, eslogan *m*; (Pol) lema *m*, consigna *f*

sloop /slu:p/ *n* balandro *m*

slop /slɑ:p || slɒp/ **-pp-** *vi* (colloq) **1** (spill) derramarse, volcarse* **2** (splash): **to ~ around** *o* **about** «*person*» chapotear; «*water*» agitarse haciendo ruido

slope¹ /sləʊp/ *n* **1** (sloping ground) cuesta *f*, pendiente *f*, barranca *f* (RPl); ***the slippery ~***: **they are on the slippery ~ to bankruptcy** van camino de la bancarrota **2** (of mountain) ladera *f*, falda *f* **3** (for skiing) pista *f* de esquí, cancha *f* de esquí (CS)

slope² *vi*: **her handwriting ~s backward/forward** tiene la letra inclinada hacia atrás/adelante; **the road begins to ~ downward** el camino empieza a descender

Phrasal verb

- **slope off** [v ▸ adv] (esp BrE colloq) escabullirse*, darse* el bote (Esp arg), tomárselas (RPl arg)

sloping /'sləʊpɪŋ/ *adj* ‹*field/floor*› en declive; ‹*roof/handwriting*› inclinado

sloppy /'slɑ:pi || 'slɒpi/ *adj* **-pier, -piest**

A (careless) ‹*manners/work*› descuidado; ‹*presentation*› descuidado, desprolijo (CS); **he's such a ~ dresser** viste tan mal, anda tan desaliñado *or* desarreglado

B ‹*kiss*› baboso

slosh /slɑ:ʃ || slɒʃ/ *vt* (splash) echar

■ **slosh** *vi* **to ~ around** *o* **about** «*person*» chapotear; «*liquid*» agitarse haciendo ruido

sloshed /slɑ:ʃt || slɒʃt/ *adj* (colloq) (*pred*) **to be ~** estar* borracho, estar* como una cuba (fam); **to get ~** emborracharse, agarrarse *or* (Esp) cogerse* un pedo (fam)

slot¹ /slɑ:t || slɒt/ *n*

A **1** (opening) ranura *f* **2** (groove) ranura *f*, muesca *f*

B (Rad, TV) espacio *m*

slot² **-tt-** *vt* (insert) **to ~ sth INTO sth** encajar algo EN algo

■ **slot** *vi* **to ~ INTO sth** encajar EN algo

Phrasal verbs

- **slot in**

A [v ▸ adv] «*shelf/part*» encajar

B [v ▸ o ▸ adv, v ▸ adv ▸ o] ‹*component*› hacer* encajar

- **slot together** [v ▸ adv] «*parts/items*» encajar (*unos con otros*)

sloth /sləʊθ/ *n* **1** [c] (Zool) perezoso *m* **2** [u] (laziness) (frml) pereza *f*

slothful /'sləʊθfəl/ *adj* (frml) perezoso, indolente

slot machine *n* **1** (vending machine) distribuidor *m* automático, máquina *f* expendedora **2** (for gambling) máquina *f* tragamonedas *or* (Esp tb) tragaperras

slouch¹ /slaʊtʃ/ *vi* **1** (droop shoulders): **don't ~!** ¡ponte derecho!; **I found her ~ed in an armchair** la encontré repatingada *or* (Esp) repantigada en un sillón **2** (walk) (+ *adv compl*): **he ~ed into/out of the room** entró en/salió de la habitación arrastrando los pies

slouch² *n*

A (of posture): **he walks with a ~** camina con los hombros caídos

B (of person) (colloq): **to be no ~** no ser* manco (fam); **she's no ~ when it comes to ...** no se queda atrás *or* (fam) no es manca cuando se trata de ...

slough off [v ▸ adv ▸ o] *vt* **1** (Zool) ‹*skin*› mudar de **2** ‹*responsibility*› librarse de; **to ~ ~ a habit** abandonar una costumbre

Slovak /'sləʊvæk/ *n* **1** [c] (person) eslovaco, -ca *m,f* **2** [u] (language) eslovaco *m*

Slovakia /sləʊ'vɑ:ki:ə || sləʊ'vækiə/ *n* Eslovaquia *f*

Slovene /'sləʊvi:n/ *n* **1** [c] (person) esloveno, -na *m,f* **2** [u] (language) esloveno *m*

Slovenia /sləʊ'vi:njə/ *n* Eslovenia *f*

slovenly /'slʌvənli/ *adj* **-lier, -liest** ‹*work*› descuidado; ‹*person*› desaliñado, desaseado

slow¹ /sləʊ/ *adj* **-er, -est**

A ‹*speed/rate/reactions*› lento; **she's a ~ learner** tiene problemas de aprendizaje, le cuesta aprender; **I'm a ~ reader** leo despacio; **in a ~ oven** en horno tibio; **it has a ~ leak** *o* (BrE) **puncture** pierde aire; **to be ~ to + INF** tardar EN + INF; **he was ~ to anger** tenía mucha paciencia; ▸**mark¹ C2**

B **1** (not lively) ‹*novel/plot*› lento; **business is ~** no hay mucho movimiento (en el negocio) **2** (stupid) (euph) poco despierto (euf), corto (de entendederas) (fam)

C (of clock, watch): **the kitchen clock is ~** el reloj de la cocina (se) atrasa *or* está atrasado; **my watch is five minutes ~** mi reloj está cinco minutos atrasado

slow² *vi*: **growth has ~ed considerably** el ritmo de crecimiento ha disminuido considerablemente; **the train ~ed to a stop** el tren fue disminuyendo la velocidad hasta detenerse

■ **slow** *vt*: **we ~ed our pace** aflojamos el paso *or* aminoramos la marcha; **bad weather ~ed their progress** el mal tiempo los retrasó

Phrasal verbs

- **slow down**

A [v ▸ adv] **1** (go more slowly) «*runner*» aflojar el paso, aminorar la marcha; «*vehicle/driver*» reducir* la velocidad; «*speaker*» hablar más despacio **2** (be less active) (colloq) tomarse las cosas con más calma

B [v ▸ o ▸ adv, v ▸ adv ▸ o] **1** ‹*process*› hacer* más lento, ralentizar*, enlentecer* **2** ‹*vehicle/engine*› reducir* la velocidad de

- **slow up** ▸**slow down**

slow³ *adv* lentamente, despacio; **my watch runs ~** mi reloj (se) atrasa; **S** **slow!** despacio; **to go ~** «*driver/*

walker» avanzar* lentamente, ir* despacio; «*workers*» (BrE) trabajar a reglamento, hacer* huelga de celo (Esp), hacer* una operación tortuga (Col)

slow- *pref* **~acting** ‹*poison/drug*› de efecto retardado; **~burning** de combustión lenta

slow: **~coach** *n* (BrE colloq) tortuga *f* (fam); **~ cooker** *n*: *olla eléctrica para guisos de cocimiento lento*

slowly /ˈsləʊli/ *adv* lentamente, despacio; **~ but surely** sin prisa pero sin pausa

slow: **~ motion** *n* [u] cámara *f* lenta; **in ~ motion** en *or* (Esp) a cámara lenta; **~-moving** /ˈsləʊˈmuːvɪŋ/ *adj* lento; **~poke** *n* (AmE colloq) tortuga *f* (fam); **~-witted** /ˈsləʊˈwɪtəd || ˌsləʊˈwɪtɪd/ *adj* corto de entendederas (fam), torpe; **~worm** *n* lución *m*

sludge /slʌdʒ/ *n* 1 (mud) lodo *m*, fango *m*, barro *m* 2 (waste oil) (Auto) sedimento(s) *m(pl)* 3 (sewage) *sedimentos de las aguas residuales*

slue /sluː/ *vt/i* (AmE) ▸ **slew²**

slug¹ /slʌg/ *n*

A (Zool) babosa *f*

B (bullet) bala *f*, posta *f*

C 1 (drink) (colloq) trago *m* 2 (blow) (colloq) tortazo *m* (fam)

slug² *vt* **-gg-** (colloq) pegarle* un tortazo a (fam), darle* un mamporro a (fam); ***to ~ it out*** agarrarse a tortazos (fam)

sluggish /ˈslʌgɪʃ/ *adj* 1 (slow-moving) lento; ‹*stream/river*› de aguas mansas; **the car's very ~** el coche no está respondiendo bien; **the drug makes you feel ~** el fármaco te aletarga 2 ‹*growth*› lento; ‹*market*› inactivo

sluggishly /ˈslʌgɪʃli/ *adv* lentamente, con lentitud

sluice¹ /sluːs/ *n* 1 (barrier) presa *f*, represa *f* (AmS) 2 (sluicegate) compuerta *f*

sluice² *vt*: **to ~ sth down/out** lavar *or* enjuagar* algo con abundante agua

sluicegate /ˈsluːsgeɪt/ *n* compuerta *f*

slum¹ /slʌm/ *n* 1 (poor urban area) (*often pl*) barrio *m* bajo, barriada *f* (AmL exc CS), barrio *m* de conventillos (CS); (*before n*) **~ clearance** demolición *f* de viviendas insalubres; **~ dwelling** tugurio *m* 2 (filthy place) (colloq & pej) pocilga *f*, chiquero *m* (AmL)

slum² *vt* **-mm-**: ***to ~ it*** vivir a lo pobre

slumber¹ /ˈslʌmbər || ˈslʌmbə(r)/ *n* (liter) (*often pl*) sueño *m*

slumber² *vi* (liter) dormir*

slummy /ˈslʌmi/ *adj* **-mier, -miest** (colloq) miserable, sórdido

slump¹ /slʌmp/ *n* 1 (economic depression) depresión *f* 2 (in prices, sales) caída *f* or baja *f* repentina, bajón *m*; (in attendance, interest) disminución *f*, bajón *m*

slump² *vi*

A (collapse) (+ *adv compl*) desplomarse; **they found her ~ed over her desk** la encontraron desplomada sobre su escritorio; **he ~ed into a chair** se dejó caer en un sillón

B 1 «*prices/output/sales*» caer* *or* bajar repentinamente 2 «*morale*» sufrir un bajón

slung /slʌŋ/ *past & past p of* **sling²**

slunk /slʌŋk/ *past & past p of* **slink**

slur¹ /slɜːr || slɜː(r)/ *n*

A (insult, stigma): **a racist/cowardly ~** un comentario racista/infamante; **to cast a ~ on sb** injuriar *or* difamar a algn

B (Mus) ligado *m*; (mark) ligadura *f*

slur² *vt* **-rr-**

A (pronounce unclearly): **he tends to ~ his words (together)** tiende a arrastrar las palabras

B (Mus) ligar*

slurp¹ /slɜːrp || slɜːp/ *vt* sorber (*haciendo ruido*)

slurp² *n* sorbetón *m*

slurred /slɜːrd || slɜːd/ *adj*: **her speech was ~** arrastraba las palabras

slurry /ˈslɜːri || ˈslʌri/ *n* [u] 1 (of mud, cement) *compuesto acuoso de lodo, cemento etc* 2 (Agr) estiércol *m* líquido

slush /slʌʃ/ *n* [u]

A (melted snow) nieve *f* fangosa *or* medio derretida

B (sentimental trash) sensiblería *f*

slush fund *n* fondo *m* de reptiles, fondo *m* para sobornos

slushy /ˈslʌʃi/ *adj* **-shier, -shiest**

A (wet) ‹*street*› cubierto de nieve medio derretida; ‹*snow*› fangoso, medio derretido

B (sentimental) sentimentaloide, sensiblero

slut /slʌt/ *n* 1 (slovenly woman) puerca *f* (fam), guarra *f* (Esp fam) 2 (immoral woman) putilla *f* (fam), fulana *f* (fam)

sly /slaɪ/ *adj* **-er, -est** 1 (cunning) ‹*person*› astuto, ladino, taimado; **you're a ~ one** ¡qué pillo eres!, ¡eres un zorro!; ***on the ~*** a escondidas, a hurtadillas 2 (roguish) ‹*look/grin*› malicioso, travieso, pícaro

smack¹ /smæk/ *n*

A [c] 1 (slap, blow) manotazo *m*, manotada *f*, palmada *f* (AmL); **a ~ in the face** (colloq) una bofetada, una cachetada (AmL); **a ~ on the bottom** un azote; **she gave the little boy a ~** le pegó al niño 2 (sound) chasquido *m* 3 (kiss) besote *m* (fam), beso *m* sonoro *or* (Méx) tronado

B [u] (heroin) (sl) caballo *m* (arg), heroína *f*

smack² *vt* 1 (slap) ‹*child*› pegarle* a (*con la mano*); **you'll get your bottom ~ed** te voy a dar una paliza *or* (AmL) unas palmadas *or* (Méx) una nalgada 2 (punch) (colloq) darle* un puñetazo *or* una piña a (fam) 3 **to ~ one's lips** relamerse

■ **smack** *vi* **to ~ OF sth** oler* A algo

smack³, (AmE also) **smack dab** *adv* (colloq): **~ in the middle** justo en el medio; **he went ~ into a tree** se dio contra un árbol

smacker /ˈsmækər || ˈsmækə(r)/ *n* (colloq & dated)

A (kiss) besote *m* (fam)

B 1 (dollar) (AmE) dólar *m*, verde *m* (fam) 2 (pound) (BrE) libra *f*

small¹ /smɔːl/ *adj* **-er, -est**

A 1 (in size) pequeño, chico (esp AmL); **to cut sth up ~** cortar algo en trocitos (pequeños); **a ~ waist** una cintura muy estrecha; **~ letters** letras *fpl* minúsculas; **he's a conservative with a ~ 'c'** es de ideas conservadoras en el sentido amplio de la palabra; **the ~ screen** la pequeña pantalla, la pantalla chica (AmL); ***to be ~ beer*** *o* (AmE also) **~ *potatoes***: **for him $2,000 is ~ beer** para él 2.000 dólares no son nada *or* son poca cosa 2 (in number, amount, value) ‹*family*› pequeño, chico (esp AmL); ‹*sum/price*› módico, reducido 3 (not much): **they have ~ chance of succeeding** tienen pocas probabilidades de lograrlo; **~ wonder!** no es de extrañar, no me extraña

B 1 (unimportant, trivial) ‹*mistake/problem*› pequeño, de poca importancia 2 (humble, modest): **to start in a ~ way** empezar* de forma muy modesta; **to feel ~** sentirse* insignificante *or* (fam) poca cosa; **I'm sorry, he said in a ~ voice** —lo siento —dijo en un hilo de voz

small² *n*

A **the ~ of the back** *región baja de la espalda, que corresponde al segmento dorsal de la columna vertebral*

B **smalls** *pl* (BrE colloq & dated) ropa *f* interior, paños *mpl* menores (hum)

small: **~ ad** *n* (BrE) anuncio *m* (clasificado), aviso *m* (clasificado) (AmL); **~ arms** *pl n*: *armas de bajo calibre*; **~ change** *n* [u] cambio *m*, (dinero *m*) suelto *m*, sencillo *m* (AmL), feria *f* (Méx fam); **~ claims court** *n* (in UK) *tribunal que conoce de causas de mínima cuantía*; **~holder** *n* (BrE) pequeño agricultor, pequeña agricultora *m,f*; (Econ, Pol) minifundista *mf*; **~holding** *n* (BrE) granja *f* pequeña, parcela *f*, chacra *f* (CS, Per); (Econ, Pol) minifundio *m*; **~ hours** *pl n* **the (wee) ~ hours (of the morning)** la madrugada; **~ intestine** *n* intestino *m* delgado

smallish /ˈsmɔːlɪʃ/ *adj* (*no comp*) ‹*person*› más bien menudo; ‹*room/town*› tirando a pequeño *or* (esp AmL) a chico

small-minded /ˈsmɔːlˈmaɪndəd || ˌsmɔːlˈmaɪndɪd/ *adj* cerrado, de miras estrechas

smallness /ˈsmɔːlnəs || ˈsmɔːlnɪs/ *n* [u] lo pequeño, lo chico (esp AmL)

small: **~pox** /ˈsmɔːlpɑːks || ˈsmɔːlpɒks/ *n* [u] viruela *f*; **~ print** *n* [u] (BrE) **the ~ print** la letra pequeña *or* menuda, la letra chica (AmL); **~-scale** /ˈsmɔːlˈskeɪl/ *adj* 1 ‹*map/model*› a *or* en pequeña escala 2 ‹*operation/project*› de poca monta *or* envergadura; **~ talk** *n* [u]: **I'm hopeless at making ~ talk** no sirvo para la charla *or* la conversación sobre temas triviales; **~-time** /ˈsmɔːlˈtaɪm/ *adj* de poca monta *or* importancia; **~-town** /ˈsmɔːlˈtaʊn/ *adj* pueblerino

S

smarmy /'smɑːrmi || 'smɑːmi/ *adj* **-mier, -miest** (colloq) ‹*voice*› meloso; **he's a ~ individual** es un adulón *or* (Esp tb) un pelota *or* (Méx tb) un barbero *or* (CS, Ven tb) un chupamedias *or* (Chi tb) un patero (fam)

smart¹ /smɑːrt || smɑːt/ *adj* **-er, -est**
A (esp BrE) **1** (neat, stylish) ‹*appearance/dress*› elegante; **you're looking very ~ today** hoy estás muy elegante **2** (chic) ‹*hotel/neighborhood*› elegante, fino; **the ~ set** la gente bien
B (clever, shrewd) ‹*child*› listo, vivo; ‹*answer*› inteligente, agudo; **she's made some very ~ business moves** ha hecho algunas operaciones muy inteligentes *or* acertadas; **don't get ~ with me!** ¡no te hagas el vivo *or* el listo conmigo!
C **1** (brisk, prompt) ‹*pace*› rápido **2** (forceful) ‹*blow/rap/tap*› seco, fuerte
D (automated) ‹*machine/terminal*› inteligente

smart² *vi* **1** (sting) «*eyes*» escocer*, picar*, arder; «*wound*» escocer*, arder (CS) **2** (suffer) **to ~ FROM sth** resentirse* DE algo

Phrasal verb
- **smart off** [v ▸ adv] (AmE colloq) ser* insolente

smart ~ alec, (BrE also) **~ aleck** /'ælɪk/ *n* (colloq) sabihondo, -da *m,f* (fam), sabelotodo *mf* (fam); **~-ass**, (BrE) **~-arse** *n* (sl) ▸**~ alec**; **~ bomb** *n* bomba *f* inteligente; **~ card** *n* tarjeta *f* electrónica

smarten up
A [v ▸ o ▸ adv, v ▸ adv ▸ o] ‹*house/town*› arreglar
B [v ▸ adv] «*person*» mejorar su (*or* mi *etc*) aspecto

smartly /'smɑːrtli || 'smɑːtli/ *adv*
A (stylishly) elegantemente; **she dresses so ~** se viste muy elegante
B **1** (briskly, promptly) ‹*walk/march*› a paso rápido **2** (forcefully) ‹*hit/knock*› con fuerza

smartness /'smɑːrtnəs || 'smɑːtnɪs/ *n* [u]
A **1** (neatness): **~ is essential in this job** en este trabajo es imprescindible la buena presencia **2** (chic) elegancia *f*
B (cleverness, shrewdness) agudeza *f*, viveza *f*

smarts /smɑːrts || smɑːts/ *n* [u] (AmE colloq) cacumen *m* (fam), coco *m* (fam); **to have the ~ to do sth** tener* cacumen para hacer algo

smartypants /'smɑːrtipænts || 'smɑːtipænts/ *n* (*pl* ~) (colloq) ▸**smart alec**

smash¹ /smæʃ/ *n*
A **1** (sound) estrépito *m*, estruendo *m*; **there was a loud ~ as he dropped the plates** los platos se le cayeron con gran estrépito **2** (collision) (BrE) choque *m*
B **1** (blow) golpe *m* **2** (in tennis, badminton, squash) smash *m*, remate *m*, remache *m*
C (success) (colloq) exitazo *m* (fam)

smash² *vt*
A (break) ‹*furniture*› romper*, destrozar*; ‹*car*› destrozar*; ‹*glass*› romper*; (into small pieces) hacer* añicos
B (destroy) ‹*rebellion*› aplastar, sofocar*; ‹*drug racket/spy ring*› acabar con, desarticular; ‹*hopes*› echar por tierra, destruir*; **he ~ed the world record** batió *or* rompió el record mundial
C **1** (hit, drive forcefully): **I ~ed my fist through the window** rompí la ventana de un puñetazo **2** (in tennis, badminton, squash) rematar, remachar

■ **smash** *vi*
A (shatter) hacerse* pedazos; **it ~ed into a thousand pieces** se hizo añicos, se rompió en mil pedazos
B (crash) **to ~ AGAINST/INTO sth** estrellarse *or* chocar* CONTRA algo

Phrasal verbs
- **smash in** [v ▸ o ▸ adv, v ▸ adv ▸ o] ‹*door*› tirar abajo; ‹*window/glass*› romper*; **he threatened to ~ my face in** (colloq) me amenazó con partirme *or* romperme la cara (fam)
- **smash up** [v ▸ o ▸ adv] (colloq) destrozar*

smash-and-grab /'smæʃən'græb/ *n* (BrE) robo *m* (*en el que se rompe el escaparate de una tienda*)

smashed /smæʃt/ *adj* (*after n*) (sl): **to be ~** estar* borracho, estar* pedo *or* (RPl) en pedo (arg), estar* cuete (Méx fam), estar* pedado (Col fam), estar* curado (CS fam); **to get ~** emborracharse, agarrarse un pedo (arg), encuetarse (Méx fam), pegarse* una peda (Col fam), curarse (CS fam)

smash hit *n* (colloq) exitazo *m* (fam); (*before n*) **a smash-hit movie** una película supertaquillera

smashing /'smæʃɪŋ/ *adj* (BrE colloq) ‹*place/party*› fantástico, super bueno (fam), chévere (AmL exc CS fam), macanudo (CS, Per fam)

smashup /'smæʃʌp/ *n* (colloq) choque *m* violento, colisión *f*; **he was in a ~** tuvo un accidente

smattering /'smætərɪŋ/ *n* (*no pl*) nociones *fpl*, conocimientos *mpl* rudimentarios; **I have a ~ of German** tengo nociones *or* conocimientos rudimentarios del alemán, chapurreo el alemán (fam)

smear¹ /smɪr || smɪə(r)/ *n*
A (stain) mancha *f*
B (slander, slur) calumnia *f*; (*before n*) **~ campaign** campaña *f* difamatoria *or* de desprestigio
C (Med) **1** (sample) frotis *m* **2** **~ (test)** citología *f*, frotis *m* cervical, Papanicolau *m* (AmL)

smear² *vt*
A **1** (spread, daub) **to ~ sth ON(TO)/OVER sth** ‹*paint/grease*› embadurnar algo de algo; ‹*butter*› untar algo con algo; **to ~ sth WITH sth**: **the walls were ~ed with filth** las paredes estaban cubiertas de mugre **2** (smudge) ‹*make-up/paint*› correr
B (slander, libel) difamar, desprestigiar

■ **smear** *vi* «*paint/ink/lipstick*» correrse

smell¹ /smel/ *n* **1** [c] (odor) olor *m*; **these roses have no ~** estas rosas no tienen perfume; **there's a strong ~ of garlic in here** huele mucho a ajo; **the sweet ~ of success** la seducción del éxito **2** (sniff) (colloq) (*no pl*): **to have *o* take a ~ at *o* of sth** oler* algo, tomarle el olor a algo (AmL) **3** [u] (sense of smell) olfato *m*

smell² (*past & past p* **smelled** *or* (BrE also) **smelt**) *vt* **1** (sense) oler*; **I can ~ freshly baked bread** hay olor a pan recién hecho, siento olor a pan recién hecho (esp AmL); **we could ~ gas/burning** olía a gas/quemado, había olor a gas/quemado **2** (sniff at) «*person*» oler*; «*animal*» olfatear **3** (recognize): **to ~ danger** olfatear el peligro

■ **smell** *vi* (give off odor) oler*; **that ~s good!** ¡qué bien huele!, ¡qué rico olor! (AmL); **it ~s off** huele a podrido, tiene olor a podrido; **it ~s in here** ¡qué mal huele aquí!, ¡qué mal olor hay aquí! (CS); **he ~s** huele mal; **his breath ~s** tiene mal aliento; **to ~ OF sth** oler* A algo

smelling salts /'smelɪŋ/ *pl n* sales *fpl* (aromáticas)

smelly /'smeli/ *adj* **-lier, -liest** (odorous) que huele mal; (stronger) apestoso, hediondo; **that ~ French cheese** ese queso francés que huele tan fuerte

smelt¹ /smelt/ (BrE) *past & past p of* **smell²**

smelt² *vt* fundir

smidge(o)n, smidgin /'smɪdʒən/ *n* (colloq) pizca *f*

smile¹ /smaɪl/ *n* sonrisa *f*; **to give sb a ~** sonreírle* a algn; **he had a big ~ on his face** sonreía de oreja a oreja; **the good news certainly put a ~ on her face** por cierto que la buena noticia la alegró mucho

smile² *vi* **1** sonreír*; **what are you smiling about?** ¿de qué te ríes?, ¿a qué viene esa sonrisa?; **keep smiling!** ¡que no decaiga el ánimo!; **to ~ with pleasure** sonreír* de placer; **to ~ AT sb** sonreírle* A algn; **to ~ ON sb** sonreírle A algn; ***to come up smiling*** salir* bien parado **2** **smiling** *pres p* ‹*face/eyes*› sonriente

■ **smile** *vt*: **she ~d her thanks** dio las gracias sonriendo *or* con una sonrisa

smirk¹ /smɜːrk || smɜːk/ *n* sonrisita *f* (*de suficiencia, de complicidad, etc*)

smirk² *vi* sonreírse* (*con suficiencia, complicidad etc*)

smite /smaɪt/ *vt* (*past* **smote**; *past p* **smitten**) (liter *or* arch) golpear; **her conscience smote her** le remordía la conciencia, su conciencia la atormentaba

smith /smɪθ/ *n* herrero, -ra *m,f*

smithereens /'smɪðə'riːnz/ *pl n*: **to smash sth to ~** hacer* algo pedazos *or* añicos *or* trizas

Smithsonian Institution /smɪθ'səʊniən/ *n* (in US): **the ~ ~** el Instituto Smithsoniano

Smithsonian Institution

Una institución nacional en EEUU que está compuesta de varios museos y centros de investigación en Washington DC. Comúnmente se la suele llamar "*the nation's attic*" ("el desván de la nación")

smithy /'smɪθi || 'smɪði/ *n* (*pl* **-thies**) herrería *f*, forja *f*

smitten¹ /'smɪtn̩/ *past p of* **smite**

smitten² *adj* (*pred*) 1 (afflicted) (liter *or* hum): **to be ~ with the plague** sufrir el azote de la peste; **to be ~ with remorse** estar* afligido por el remordimiento 2 (keen): **we are quite ~ with the idea** estamos muy entusiasmados con la idea; **she's really ~ with him** está verdaderamente loca por él

smock /smɑːk || smɒk/ *n* 1 (of fisherman, artist) blusón *m*, bata *f* 2 (dress) vestido *m* amplio; (for pregnancy) vestido *m* premamá *or* de futura mamá *or* (Chi) maternal

smog /smɑːg || smɒg/ *n* [u] smog *m*, niebla *f* tóxica

smoke¹ /sməʊk/ *n*

A [u] (from fire) humo *m*; **to go up in ~** «*books/papers*» quemarse; «*hopes*» esfumarse, desvanecerse*; «*ambitions/plans*» quedar en agua de borrajas; ***there's no ~ without fire*** cuando el río suena ... (piedras lleva *or* agua lleva)

B 1 [c] (cigarette) (colloq) cigarrillo *m*, pitillo *m*, pucho *m* (AmL fam) 2 (act) (*no pl*): **to have a ~** fumarse un cigarrillo

smoke² *vi*

A «*person*» fumar; **do you mind if I ~?** ¿te molesta que fume *or* si fumo?

B (give off smoke) echar humo, humear

■ **smoke** *vt*

A ‹*cigarettes/tobacco*› fumar; **I ~ ten a day** (me) fumo diez al día; **he ~s a pipe** fuma en pipa

B (cure) ‹*fish/cheese*› ahumar*

Phrasal verbs

- **smoke out** [v ▸ o ▸ adv, v ▸ adv ▸ o] 1 (flush out) hacer* salir (*ahumando su guarida etc*) 2 (fill with smoke) (BrE) ▸ **smoke up**
- **smoke up** [v ▸ adv ▸ o, v ▸ o ▸ adv] (AmE) ‹*room/house*› llenar de humo, ahumar*

smoke-bomb /'sməʊkbɑːm || 'sməʊkbɒm/ *n* bomba *f* de humo

smoked /sməʊkt/ *adj* 1 ‹*cheese/fish*› ahumado 2 ‹*glass/lens*› ahumado

smoke: **~ detector** *n* detector *m* de humo; **~-free** /'sməʊk'friː/ *adj* ‹*policy*› contra la emisión de humos; ‹*office/zone*› donde no se puede fumar

smokeless /'sməʊkləs || 'sməʊklɪs/ *adj* ‹*fuel*› que arde sin humo; **~ zone** (in UK) *zona donde está prohibido usar combustibles que produzcan humo*

smoker /'sməʊkər || 'sməʊkə(r)/ *n* fumador, -dora *m,f*; **he's a heavy ~** fuma mucho; **~'s cough** tos *f* de fumador

smoke: **~screen** *n* cortina *f* de humo; **~ signal** *n* señal *f* de humo; **~stack** *n* chimenea *f*; (*before n*) ‹*industry*› pesado

smoking /'sməʊkɪŋ/ *n* [u] **no smoking** prohibido fumar; **~ is harmful to your health** fumar es perjudicial para la salud; **to give up** *o* **stop ~** dejar de fumar

smoking: **~ car** *n* (AmE) vagón *m* *or* (Chi, Méx) carro *m* de fumadores; **~ compartment** *n* compartimento *m* de fumadores; **~ jacket** *n* batín *m*

smoky /'sməʊki/ *adj* **-kier, -kiest** 1 (emitting smoke) ‹*fire/chimney*› que echa humo, humeante 2 (like smoke) ‹*taste/flavor*› a humo, como a ahumado 3 (full of smoke) ‹*room*› lleno de humo; ‹*atmosphere*› cargado de humo

smolder, (BrE) **smoulder** /'sməʊldər || 'sməʊldə(r)/ *vi* «*fire*» arder (*sin llama*); «*eyes*» arder

smooch /smuːtʃ/ *vi* (colloq) besuquearse

smooth¹ /smuːð/ *adj* **-er, -est**

A 1 ‹*texture/stone*› liso, suave; ‹*skin*› suave, terso; ‹*sea/lake*› tranquilo, en calma; **this razor gives a ~ shave** esta navaja afeita muy al ras *or* (Esp tb) da un afeitado muy apurado; **the steps are worn ~** los peldaños están lisos por el uso; ***as ~ as a baby's bottom*** suave como la piel de un bebé; ▸ **millpond, rough¹ A1** 2 (of consistency) ‹*batter/sauce*› sin grumos, homogéneo 3 (of taste) ‹*wine/whiskey*› suave

B 1 (of movement) ‹*acceleration/take-off*› suave; ‹*flight*› cómodo, bueno; **it was a ~ crossing** el mar estaba en calma, fue una buena travesía 2 (trouble-free) ‹*journey*› sin complicaciones *or* problemas

C 1 (easy, polished) ‹*style/performance*› fluido 2 (glib, suave) (pej) poco sincero; **he's a ~ talker** tiene mucha labia, tiene un pico de oro; ▸ **operator B2**

smooth² *vt* 1 ‹*dress/sheets/hair*› alisar, arreglar 2 (polish) pulir 3 (ease): **to ~ sb's path** *o* **way** allanarle el camino *or* el terreno a algn

Phrasal verbs

- **smooth away** [v ▸ o ▸ adv, v ▸ adv ▸ o] ‹*wrinkles*› hacer* desaparecer; ‹*difficulties*› allanar
- **smooth down** [v ▸ o ▸ adv, v ▸ adv ▸ o] ‹*hair/clothes*› alisar
- **smooth out** [v ▸ o ▸ adv, v ▸ adv ▸ o] 1 ‹*sheets/creases*› alisar 2 ‹*difficulties/problems*› resolver*, allanar
- **smooth over** [v ▸ o ▸ adv, v ▸ adv ▸ o] ‹*differences*› dejar de lado

smoothie /'smuːði/ *n* (colloq & pej) *individuo de mucha labia, de modales muy pulidos y/o muy atildado en el vestir*

smoothly /'smuːðli/ *adv*

A 1 (of movement) ‹*take off/drive*› suavemente 2 (without problems) sin problemas, sin complicaciones; **the business is running very ~** el negocio marcha sobre ruedas

B (glibly, suavely) (pej) ‹*talk*› con mucha labia

smooth: **~-talk** /'smuːðtɔːk/ *vt* (colloq) ‹*person*› hacerle* el artículo a (fam), darle* jabón a (Esp fam), hacerle* la barba a (Méx fam), hacerle* la pata a (Chi fam); **he ~-talked his way out of the fine** con labia y zalamerías logró que no le aplicaran la multa; **~-talking** /'smuːð'tɔːkɪŋ/ *adj* (pej) persuasivo

smoothy *n* (*pl* **-thies**) ▸ **smoothie**

smote /sməʊt/ *past of* **smite**

smother /'smʌðər || 'smʌðə(r)/ *vt* 1 (stifle) ‹*person*› asfixiar, ahogar*; ‹*flames*› sofocar*, extinguir*, apagar* 2 (suppress) ‹*report*› silenciar, echar tierra sobre; ‹*yawn/giggle*› reprimir, contener* 3 (cover profusely) **to ~ sb/sth WITH/IN sth**: **she ~ed him with kisses** lo cubrió de besos; **he ~s everything in tomato sauce** todo lo come bañado en salsa de tomate

smoulder *vi* (BrE) ▸ **smolder**

smudge¹ /smʌdʒ/ *n* mancha *f*, manchón *m*

smudge² *vt* ‹*ink/outline*› correr, emborronar; (deliberately) difuminar

■ **smudge** *vi* «*paint/ink*» correrse

smudgy /'smʌdʒi/ *adj* **smudgier, smudgiest** ‹*page/writing*› emborronado, sucio; ‹*outline*› borroso

smug /smʌg/ *adj* **-gg-** ‹*expression/smile*› de suficiencia, petulante; ‹*person*› pagado de sí mismo, petulante

smuggle /'smʌgəl/ *vt* ‹*tobacco/drugs*› contrabandear, pasar de contrabando, hacer* contrabando de; **he ~d the watches past** *o* **through customs** pasó los relojes de contrabando (por la aduana); **I ~d her into my room** la hice entrar a mi habitación a escondidas

smuggler /'smʌglər || 'smʌglə(r)/ *n* contrabandista *mf*

smuggling /'smʌglɪŋ/ *n* [u] contrabando *m*; (*before n*) ‹*ring/racket*› de contrabandistas

smugly /'smʌgli/ *adv* con aire de suficiencia

smut /smʌt/ *n* 1 [u] (offensive material) inmundicia *f*, indecencia *f* 2 [c] (dirt, soot) mancha *f* de tizne, tiznajo *m*, tizne *m*

smutty /'smʌti/ *adj* **-tier, -tiest** 1 ‹*film/joke*› indecente, inmundo, obsceno 2 ‹*face/clothes*› tiznado

snack¹ /snæk/ *n* tentempié *m*, refrigerio *m* (frml); **to have a ~** comer algo ligero *or* (esp AmL) liviano, tomar(se) un tentempié *or* (frml) un refrigerio

snack² *vi* comer algo ligero *or* (esp AmL) liviano, tomar(se) un tentempié *or* (frml) un refrigerio; **to ~ ON sth**: **we ~ed on apples** nos comimos unas manzanas

snack bar *n* bar *m*, cafetería *f*

snag¹ /snæg/ *n* 1 (difficulty) inconveniente *m*, problema *m*, pega *f* (Esp fam) 2 (in fabric, stocking) enganchón *m*, enganche *m* (CS), jalón *m* (Méx)

snag² *vt* **-gg-** enganchar

snail /sneɪl/ *n* caracol *m*; **at a ~'s pace** a paso de tortuga

snake¹ /sneɪk/ *n* culebra *f*, serpiente *f*; (poisonous) víbora *f*; ***a ~ in the grass*** un traidor, un judas

snake² *vi* «*river/road*» serpentear

snake: **~bite** *n* [c u] mordedura *f* de serpiente; **~ charmer** *n* encantador, -dora *m,f* de serpientes; **~s and ladders** *n* (BrE) (+ *sing vb*) ≈ juego *m* de la oca;

~skin *n* [u] piel *f* de serpiente, cuero *m* de víbora (RPl), cuero *m* de culebra (Chi)

snap¹ /snæp/ *n*
A [c] (sound) chasquido *m*, ruido *m* seco
B **~ (fastener)** (AmE) **1** (on clothes) broche *m* or botón *m* de presión (AmL), (cierre *m*) automático *m* (Esp) **2** (on handbag, necklace) broche *m*
C [c] (photo) (colloq) foto *f*, instantánea *f*
D [c] (Meteo): **a cold ~** una ola de frío
E [u] (BrE) **1** (card game) *juego de baraja en el que se canta 'snap' cada vez que aparecen dos cartas iguales* **2** (*as interj*) (colloq): **I got 83% — ~! (so did I)** yo saqué un 83% — ¡chócate ésa *or* chócatela *or* chócala (, yo también)!
F (easy task) (AmE colloq) (*no pl*): **it's a ~** es facilísimo; está tirado (fam), es una papa *or* un bollo (RPl fam), es chancaca (Chi fam)

snap² **-pp-** *vt*
A **1** (break) partir **2** (cause to make sharp sound): **she ~ped the lid/book shut** cerró la tapa/el libro de un golpe; ▸**finger¹**
B (utter sharply) decir* bruscamente; **shut up, he ~ped** —cállate —dijo bruscamente
C (photograph) ‹*person/thing*› sacarle* una foto a
■ **snap** *vi*
A (bite): **the dog ~ped at my ankles** el perro me quiso morder los tobillos
B **1** (break) «*twigs/branch*» romperse*, quebrarse* (esp AmL); «*elastic*» romperse*; **it just ~ped off in my hand** se me partió *or* (esp AmL) se me quebró en la mano; **the plank ~ped in two** la tabla se partió en dos; **my patience ~ped** se me acabó la paciencia **2** (click): **to ~ shut** cerrarse* (con un clic)
C (speak sharply) hablar con brusquedad; **sorry, I didn't mean to ~** perdona, no quise saltar así
D (move quickly): ***to ~ out of it*** (of depression) animarse, reaccionar; (of lethargy, inertia) espabilarse; **~ out of it!** ¡anímate!, ¡reacciona!

Phrasal verbs
- **snap back** [v ▸ adv] (AmE colloq) recuperarse
- **snap up** [v ▸ o ▸ adv, v ▸ adv ▸ o] ‹*offer*› no dejar escapar; **by the time we got there, all the bargains had been ~ped up** cuando llegamos ya se habían agotado todas las gangas

snap³ *adj* ‹*decision/judgment*› precipitado, repentino

snapdragon /'snæp,drægən/ *n* dragón *m*, boca *f* de dragón, perrito *m* (AmL), conejito *m* (Arg), boca *f* de sapo (Ur)

snappy /'snæpi/ *adj* **-pier, -piest** **1** ‹*dog*› que muerde; ‹*person*› irascible, irritable; ‹*retort*› brusco, cortante **2** (brisk, lively) (colloq) ‹*pace*› ágil, brioso; ‹*conversation*› animado, vivaz; **put your uniform on and make it ~!** ponte el uniforme ¡y rápido! **3** (stylish) (colloq) elegante

snapshot /'snæpʃɑːt || 'snæpʃɒt/ *n* foto *f*, instantánea *f*

snare¹ /sner || sneə(r)/ *n*
A (to catch animals) trampa *f*, cepo *m*
B **~ (drum)** tambor *m* (*con bordón*)

snare² *vt* atrapar

snarl¹ /snɑːrl || snɑːl/ *n* gruñido *m*

snarl² *vi* gruñir*; **to ~ AT sb** gruñirle* A algn
■ **snarl** *vt*
A (say) gruñir*
B ▸**snarl up**

Phrasal verb
- **snarl up** [v ▸ adv ▸ o] (*usu pass*) ‹*ball of wool*› enmarañar, enredar; ‹*traffic*› atascar*; **the city center was ~ed up** el tráfico estaba paralizado en el centro de la ciudad

snarl-up /'snɑːrlʌp || 'snɑːlʌp/ *n* (BrE colloq) lío *m* (fam), embrollo *m*; (in traffic) atasco *m*, embotellamiento *m*

snatch¹ /snætʃ/ *vt*
A **1** (grab): **she ~ed the letter out of my hand** me arrancó la carta de las manos; **to ~ sth FROM sb** arrebatarle algo A algn **2** (steal) (colloq & journ) robar (*arrebatando*) **3** (kidnap) (journ) secuestrar, raptar
B **1** (take hurriedly) ‹*opportunity*› no dejar pasar; **he ~ed forty winks during the sermon** se echó una cabezadita durante el sermón **2** ‹*victory*› hacerse* con; ‹*goal*› meter
■ **snatch** *vi* arrebatar; **to ~ AT sth**: **he ~ed at the keys** trató de agarrar *or* (esp Esp) de coger las llaves

snatch² *n*
A **1** (robbery) (BrE journ) robo *m* **2** (kidnapping) (journ) secuestro *m*, rapto *m*
B **1** (fragment) fragmento *m* **2** (brief spell) rato *m*; **to sleep in ~es** dormir* (de) a ratos

sneak¹ /sniːk/ (*past & past p* **sneaked** *or* (AmE also) **snuck**) *vt* **1** (smuggle) (+ *adv compl*): **he ~ed the files out of the office** sacó los archivos de la oficina a escondidas *or* a hurtadillas; **she tried to ~ him in without paying** trató de colarlo sin pagar **2** (take furtively): **to ~ a look at sth/sb** mirar algo/a algn con disimulo *or* subrepticiamente
■ **sneak** *vi*
A (go furtively) (+ *adv compl*): **to ~ in** entrar a hurtadillas *or* con disimulo *or* (fam) de extranjis; **to ~ away** escabullirse*; **he managed to ~ past the guard** logró pasar sin que el guardia se diera cuenta
B (tell tales) (BrE colloq) ir* con cuentos (fam), chivarse (Esp fam); **to ~ ON sb** acusar a algn, chivarse DE algn (Esp fam)

Phrasal verb
- **sneak up** [v ▸ adv] **to ~ up (ON sb)**: **don't ~ up on me like that!** ¡no te me aparezcas así, de repente!

sneak² *n* (BrE colloq) soplón, -plona *m,f* (fam), acusete *mf* (fam), acusón, -sona *m,f* (AmL fam), chivato, -ta *m,f* (Esp fam)

sneak³ *adj* (*before n*) **~ preview** (Cin, TV) preestreno *m*

sneakers /'sniːkərz || 'sniːkəz/ *pl n* zapatillas *fpl* (de deporte), tenis *mpl*, playeras *fpl* (Esp), championes *mpl* (Ur)

sneaking /'sniːkɪŋ/ *adj* (*before n, no comp*) ‹*wish*› secreto; **she had a ~ feeling that ...** tenía la sensación *or* impresión de que ...

sneak thief *n* ratero, -ra *m,f*

sneaky /'sniːki/ *adj* **-kier, -kiest** (colloq) ‹*person*› artero, taimado; ‹*behavior*› solapado

sneer¹ /snɪr || snɪə(r)/ *vi* adoptar un aire despectivo; **to ~ AT sb/sth**: **he ~ed at his challengers** miró desdeñosamente a sus contrincantes; **she ~ed at my attempts** se burló de mis intentos

sneer² *n* **1** (expression) expresión *f* desdeñosa **2** (remark) comentario *m* desdeñoso *or* despectivo, burla *f*

sneering /'snɪrɪŋ || 'snɪərɪŋ/ *adj* ‹*remark*› desdeñoso

sneeze¹ /sniːz/ *vi* estornudar; ***it's not to be ~d at*** (colloq) no es de despreciar *or* desdeñar, no es para hacerle ascos (fam)

sneeze² *n* estornudo *m*

snide /snaɪd/ *adj* ‹*remark/comment*› insidioso, malicioso

sniff¹ /snɪf/ *vt* (smell) «*person*» oler*; «*animal*» olfatear
■ **sniff** *vi* **1** «*animal*» husmear, olfatear, olisquear; «*person*»: **stop ~ing!** ¡no hagas ese ruido con la nariz!, ¡no te sorbas la nariz!; **to ~ AT sth** «*person*» oler* algo; «*animal*» olfatear *or* olisquear algo **2** (be dismissive) **to ~ AT sth/sb** despreciar *or* desdeñar algo/a algn

Phrasal verb
- **sniff out** [v ▸ adv ▸ o] **1** «*dog*» ‹*drugs*› descubrir* husmeando *or* olfateando **2** ‹*crime/danger*› olerse*

sniff² *n* (act, sound): **I heard sobs and ~s coming from her bedroom** oí sollozos y resuellos que venían de su habitación; **have a ~ of this** huele esto

sniffer dog /'snɪfər || 'snɪfə(r)/ *n* (BrE) perro *m* rastreador

sniffle¹ /'snɪfəl/ *vi* (due to cold) sorberse la nariz *or* (fam) los mocos; (when crying) gimotear

sniffle² *n* (cold) (colloq): **to have a ~** *o* **the ~s** estar* resfriado, tener* moquera (AmL fam)

snifter /'snɪftər || 'snɪftə(r)/ *n* **1** (colloq) copita *f* (fam), traguito *m* (fam) **2** (brandy glass) (AmE) copa *f* de coñac

snigger¹ /'snɪgər || 'snɪgə(r)/ *n* risilla *f*, risita *f*

snigger² *vi* reírse* (*por lo bajo*); **to ~ AT** *o* **ABOUT sth** reírse* *or* burlarse DE algo

snip¹ /snɪp/ *n*
A **1** (act) tijeretazo *m*, corte *m* **2** (sound) tijereteo *m* **3** (piece) recorte *m*, pedazo *m*
B (bargain) (BrE colloq) ganga *f* (fam), chollo *m* (Esp fam), pichincha *f* (RPl fam)

snip² *vt* **-pp-** cortar (*con tijera*); **to ~ sth off** cortar algo

snipe /snaɪp/ *vi* **1** (Mil) **to ~ (AT sb)** disparar (SOBRE algn), dispararle A algn (*desde un escondite*) **2** (criticize) **to ~ (AT sth/sb)** criticar* (algo/a algn)

sniper /'snaɪpər || 'snaɪpə(r)/ *n* francotirador, -dora *m,f*

snippet /'snɪpət || 'snɪpɪt/ *n* (of conversation) trozo *m*, fragmento *m*; **we have only been able to get ~s of information** sólo hemos podido conseguir algunos datos aislados

snippy /'snɪpi/ *adj* **-pier, -piest** (AmE colloq) atrevido, insolente; **to get ~ with sb** insolentarse con algn

snitch /snɪtʃ/ *vt* (colloq) birlar, afanar (arg), mangar* (Esp arg)

■ **snitch** *vi* (colloq) ir* con el cuento (fam), chivarse (Esp fam); **to ~ ON sb** acusar a algn, chivarse DE algn (Esp fam)

snivel /'snɪvəl/ *vi*, (BrE) **-ll-** lloriquear, gimotear

snob /snɑ:b || snɒb/ *n* (e)snob *mf*; **she's a music ~** se las da de entendida en música

snobbery /'snɑ:bəri || 'snɒbəri/ *n* [u] (e)snobismo *m*

snobbish /'snɑ:bɪʃ || 'snɒbɪʃ/ *adj* (e)snob

snog¹ /snɑ:g || snɒg/ *vi* **-gg-** (BrE colloq) besuquearse, darse* *or* pegarse* el lote (Esp fam), chapar (RPl fam), fajar (Méx fam), atracar* (Chi fam)

snog² *n* (BrE colloq): **to have a ~** ▸**snog¹**

snook /snu:k/ *n*: ***to cock a ~ at sb/sth*** (BrE) burlarse de algn/algo

snooker¹ /'snʊkər || 'snu:kə(r)/ *n* snooker *m* (*modalidad de billar que se juega con 15 bolas rojas y 6 de otro color*)

snooker² *vt* (BrE colloq) poner* en un jaque *or* en un brete *or* en un apuro

snoop¹ /snu:p/ *vi* (colloq) husmear, fisgonear

snoop² *n* (colloq) (*no pl*): **he had a good ~ around while you were out** estuvo husmeando *or* curioseando *or* fisgoneando por ahí mientras no estabas

snooper /'snu:pər || 'snu:pə(r)/ *n* (colloq) fisgón, -gona *m,f*

snooty /'snu:ti/ *adj* **-tier, -tiest** (colloq) ‹*person*› estirado (fam), altanero; ‹*attitude*› altanero, de superioridad

snooze¹ /snu:z/ *vi* (colloq) dormitar, echar una cabezada (fam), echarse un sueñecito *or* (esp AmL) un sueñito (fam), echarse una siestecita *or* (esp AmL) siestita (fam)

snooze² *n* (colloq) sueñecito *m* (fam), sueñito *m* (esp AmL fam), siestecita *f* (fam), siestita *f* (esp AmL fam); **to have a ~** echar una cabezada (fam), echarse un sueñecito (*or* sueñito *etc*) (fam)

snore¹ /snɔ:r || snɔ:(r)/ *vi* roncar*

snore² *n* ronquido *m*

snoring /'snɔ:rɪŋ/ *n* [u] ronquidos *mpl*

snorkel /'snɔ:rkəl || 'snɔ:kəl/ *n* esnórkel *m*

snort¹ /snɔ:rt || snɔ:t/ *vi* bufar, resoplar; **she ~ed with laughter** soltó una risotada

■ **snort** *vt* 1 (utter) bramar, gruñir* 2 (inhale) (sl) ‹*cocaine*› esnifar (arg)

snort² *n* bufido *m*, resoplido *m*

snot /snɑ:t || snɒt/ *n* (vulg) mocos *mpl*

snot-nosed /'snɑ:tnəʊzd || 'snɒtnəʊzd/ *adj* (colloq) 1 ‹*child*› mocoso 2 (uppity) (BrE) ‹*person*› estirado (fam); ‹*attitude*› de superioridad, altanero

snotty /'snɑ:ti || 'snɒti/ *adj* **-tier, -tiest** (colloq) 1 ‹*handkerchief*› lleno de mocos; ‹*child*› mocoso 2 (snooty) ‹*person*› estirado (fam); ‹*attitude*› de superioridad, altanero

snotty-nosed /'snɑ:ti,nəʊzd || 'snɒti,nəʊzd/ *adj* (BrE) ▸**snot-nosed**

snout /snaʊt/ *n* (of animal) hocico *m*, morro *m*

snow¹ /snəʊ/ *n*

A 1 [u] nieve *f*; ***as pure as the driven ~*** puro y virginal; ***as white as ~*** blanco como la nieve, níveo (liter); (*before n*) **~ shower** nevada *f*, precipitación *f* de nieve (period) 2 [c] (snowfall) nevada *f*

B [u] (cocaine) (sl) nieve *f* (arg)

snow² *v impers* nevar*

■ **snow** *vt* (AmE) (overwhelm) (sl) apabullar; (persuade) convencer*, camelar (Esp fam)

Phrasal verbs

• **snow in** [v ▸ o ▸ adv]: **to be ~ed in** estar* aislado por la nieve

• **snow under** [v ▸ o ▸ adv]: **I'm ~ed under with work** estoy agobiada *or* desbordada de trabajo

snowball¹ /'snəʊbɔ:l/ *n*

A (Meteo) bola *f* de nieve; ***not to have a snowball's chance in hell*** no tener* ni la más mínima posibilidad

B (Culin) (dessert) (AmE) granizado *m*, raspado *m* (Col, Méx)

snowball² *vi* «*problems*» agravarse, aumentar

snow: **~ blindness** *n* [u] *ceguera pasajera causada por el resplandor de la nieve*; **~blower** /'snəʊbləʊər || 'snəʊbləʊə(r)/ *n* soplanieves *m*; **~boarding** /'snəʊbɔ:rdɪŋ || 'snəʊbɔ:dɪŋ/ *n* [u] snowboard *m*; **~bound** *adj* bloqueado *or* aislado por la nieve; **~-capped** /'snəʊ'kæpt/ *adj* nevado, coronado de nieve (liter); **~drift** *n*: *nieve acumulada durante una ventisca*; **~drop** *n* campanilla *f* de invierno; **~fall** *n* [c u] nevada *f*; **~flake** *n* copo *m* de nieve; **~ line** *n* límite *m* de las nieves perpetuas; **~man** /'snəʊmæn/ *n* (*pl* **-men** /-men/) muñeco *m or* (Chi) mono *m* de nieve; **~mobile** /'snəʊməbi:l/ *n* (sleigh) trineo *m* a motor; (motor vehicle) moto *f* de nieve, motonieve *f*; **~ pea** *n* (AmE) tirabeque *m*, arveja *f or* (Esp) guisante *m or* (esp Méx) chícharo *m* mollar; **~plow** (BrE) **~plough** *n* quitanieves *m*; **~shoe** *n* raqueta *f*; **~storm** *n* tormenta *f* de nieve, ventisca *f*, nevazón *m* (CS); **~-white** /'snəʊ'hwaɪt || ,snəʊ'waɪt/ *adj* blanco como la nieve, níveo (liter); **~ White** *n* Blancanieves

snowy /'snəʊi/ *adj* **snowier, snowiest** 1 ‹*day*› nevoso, de nieve; ‹*weather*› nevoso; ‹*landscape/path*› nevado 2 (liter) (white) blanco como la nieve, níveo (liter)

SNP *n* (in UK) **the ~ (= Scottish National Party)**

snub¹ /snʌb/ *vt* **-bb-** 1 ‹*person*› desairar; (by looking the other way) voltearle *or* (Esp) volverle* la cara a, darle* vuelta la cara a (CS) 2 (reject) ‹*offer*› desdeñar, rechazar*

snub² *n* desaire *m*

snub³ *adj* ‹*nose*› respingón, respingado (AmL)

snub-nosed /'snʌb'nəʊzd/ *adj* ‹*person*› de nariz respingona *or* (AmL tb) respingada, ñato (AmS)

snuck /snək/ (AmE colloq) *past and past p of* **sneak¹**

snuff¹ /snʌf/ *n* [u] rapé *m*

snuff² *vt* 1 ‹*wick*› cortar; ***to ~ it*** (BrE colloq) estirar la pata (fam), diñarla (Esp fam), petatearla (Méx fam), cantar para el carnero (RPl arg) 2 ‹*candle*› apagar*

Phrasal verb

• **snuff out** [v ▸ o ▸ adv, v ▸ adv ▸ o] 1 ‹*candle*› apagar* 2 ‹*rebellion*› sofocar*

snuffbox /'snʌfbɑ:ks || 'snʌfbɒks/ *n* caja *f* de rapé

snuffle¹ /'snʌfəl/ *vi* 1 (person) ▸**sniffle¹** 2 «*dog/badger*» resoplar

snuffle² *n* ▸**sniffle²**

snug /snʌg/ *adj* 1 (cozy) ‹*room/cottage*› cómodo y acogedor; **he was ~ and warm in bed** estaba cómodo y calentito en la cama; ▸**bug¹ A1** 2 (close-fitting) ceñido, ajustado; **the jacket was a ~ fit** la chaqueta le (*or* me *etc*) ceñía muy bien

snuggle /'snʌgəl/ *vi* acurrucarse*; **I found them ~d (up) on the settee** los encontré acurrucados en el sofá; **he ~d up against her** se le arrimó

snugly /'snʌgli/ *adv* 1 (cosily): **~ tucked up in bed** cómodo y abrigado en la cama 2 (tightly): **the trousers fit ~** los pantalones ciñen *or* ajustan muy bien

so¹ /səʊ/ *adv*

A 1 (very) (*before adj and adv*) tan; (*with verb*) tanto; **he did it ~ quickly** lo hizo tan rápido; **you're ~ right** tienes tanta razón; **I'm ~ glad to meet you** me alegro tanto de conocerte; **there's ~ much work to do** hay tanto (trabajo) que hacer; **thank you ~ much** muchísimas gracias 2 (as much as that) (*before adj and adv*) tan; (*with verb*) tanto; **why are you ~ stubborn?** ¿por qué eres tan terco? 3 (*in comparisons*) **not ~ ... as**: **we've never been ~ busy as we are now** nunca hemos estado tan ocupados como ahora; **it's not ~ much a hobby as an obsession** no es tanto un hobby como una obsesión

B 1 (up to a certain point, limit): **I can only eat ~ fast** no puedo comer más rápido; **we can admit just ~ many and no more** sólo podemos dejar entrar a equis cantidad de gente y no más 2 (unspecified amount): **they charge us ~ much a day** nos cobran tanto por día 3 (the amount indicated): **the fish was ~ long** el pescado era así de largo 4 **or so** más o menos; **we'll need 20 or ~ chairs** nos harán falta unas 20 sillas (más o menos)

C (with clauses of result or purpose) **~ ... (that)** tan ... que; **he was ~ rude (that) she slapped him** fue tan grosero, que le dio una bofetada; **he ~ hated the job, he left** odiaba tanto el trabajo, que lo dejó; **~ ... as to + INF: I'm not**

S

~ **stupid as to believe him** no soy tan tonta como para creerle; **would you be ~ kind as to explain this to me?** (frml) ¿tendría la gentileza de explicarme esto?

D 1 (thus, in this way): **the street was ~ named because ...** se le puso ese nombre a la calle porque ...; **if you feel ~ inclined** si tienes ganas, si te apetece (esp Esp); **hold the bat like ~** agarra el bate así *or* de esta manera 2 (as stated) así; **that is ~** (frml) así es; **I know quite a bit about that — is that ~?** yo sé bastante de eso — ¡no me digas!; **not ~** no es cierto, no es así; **if ~, they're lying** si es así *or* de ser así, están mintiendo 3 (as desired): **everything has to be just ~** todo tiene que estar justamente como ella (*or* él *etc*) quiere 4 **and so on** *o* **and so forth** etcétera

E 1 (*replacing clause, phrase, word*): **he thinks she's gifted and I think ~ too** él cree que tiene talento y yo también *or* y yo opino lo mismo; **is he coming tomorrow? — it seems ~** ¿viene mañana? — así *or* eso parece; **will he be pleased? — I expect ~** ¿estará contento? — me imagino que sí; **I got a bit dirty — ~ I see** me ensucié un poco — sí, ya veo; **I told you ~** ¿no te lo dije?; **is she interested? — very much ~** ¿le interesa? — sí, y mucho 2 (contradicting) (used esp by children): **she wasn't there — she was ~!** no estaba allí — ¡sí que estaba!

F (*with v aux*) 1 (also, equally): **Peter agrees and ~ does Bill** Peter está de acuerdo y Bill también 2 (indeed): **you promised — ~ I did!** lo prometiste — ¡es verdad! *or* ¡tienes razón!

G 1 (indicating pause or transition) bueno; **~ here we are again** bueno, aquí estamos otra vez 2 (introducing new topic): **~ what's new with you?** y ¿qué hay *or* qué cuentas de nuevo? 3 (querying, eliciting information): **~ now what do we do?** ¿y ahora qué hacemos? 4 (summarizing, concluding) así que; **~ now you know** así que ya sabes 5 (expressing surprised reaction) así que, conque; **~ that's what he's after!** ¡así que *or* conque eso es lo que quiere! 6 (challenging): **but she's not a Catholic — so?** pero no es católica — ¿y qué (hay)?; **~ what?** ¿y qué?

so² *conj*

A (*in clauses of purpose or result*) 1 **so (that)**: **she said it slowly, ~ (that) we'd all understand** lo dijo despacio, para que *or* de manera que todos entendiéramos; **she said it slowly, ~ (that) we all understood** lo dijo despacio, así que *or* de manera que todos entendimos; ***not ~ (as) you'd notice*** (colloq): **has he cleaned in here? — not ~ as you'd notice** ¿ha limpiado aquí? — pues si ha limpiado, no lo parece 2 **so as to + INF** para + INF; **they set off early ~ as to get good seats** salieron temprano para conseguir buenas localidades

B (therefore, consequently) así que, de manera que; **he wasn't at home, ~ I called again** no estaba en casa, así que *or* de manera que volví a llamar más tarde; **~ *there!*** ¡para que sepas!

so³ *n* (Mus) sol *m*

soak¹ /səʊk/ *vt* 1 ‹*lentils/clothes*› (immerse) poner* en *or* a remojo, dejar remojando; (leave immersed) dejar en *or* a remojo 2 (drench) empapar; **to be ~ed (to the skin)** estar* empapado, estar* calado hasta los huesos

■ **soak** *vi* 1 (lie in liquid): **to leave sth to ~** dejar algo en *or* a remojo, dejar algo remojando 2 (penetrate) (+ *adv compl*): **to ~ into/through sth** calar algo; **wipe it up before it ~s in** límpialo antes de que se absorba

Phrasal verb

• **soak up** [v ▸ o ▸ adv, v ▸ adv ▸ o] 1 ‹*water/blood/ink*› absorber, embeber 2 ‹*sun/atmosphere*› empaparse de; ‹*knowledge/information*› absorber

soak² *n*: **to give sth a ~** poner* algo en *or* a remojo

soaking¹ /ˈsəʊkɪŋ/ *n*: **to get a ~** empaparse; **he gave me a ~** me empapó

soaking² *adj* empapado; **you're ~** estás empapada, estás calada hasta los huesos; (*as adv*) **it's ~ wet** está empapado *or* chorreando

so-and-so /ˈsəʊənsəʊ/ *n* (colloq)

A [u] (unspecified person) (*no art*) fulano, -na *m,f*; **Mr S~** don *or* señor Fulano (de Tal)

B [c] (unpleasant person) (euph): **some ~ has used up all the hot water** algún hijo de su (santa) madre me dejó sin agua caliente (euf)

soap¹ /səʊp/ *n*

A [u c] jabón *m*; **toilet ~** jabón de tocador; ***no ~*** (AmE): **we tried to persuade her, but it was no ~** tratamos de convencerla, pero no hubo forma *or* (AmL tb) no hubo caso; (*before n*) **~ dish** jabonera *f*

B ▸**soap opera**

soap² *vt* enjabonar, jabonar; **to ~ one's hands** enjabonarse *or* jabonarse las manos

soap: **~box** *n*: *cajón que sirve de tarima a un orador callejero*; **~flakes** *pl n* jabón *m* en escamas; **~ opera** *n* [c u] (TV) telenovela *f*, culebrón *m*; (Rad) radionovela *f*, comedia *f* (AmL); **~ powder** *n* [u c] (BrE) jabón *m* en polvo, detergente *m* (*en polvo*); **~suds** *pl n* espuma *f* (*de jabón*)

> **soap opera**
>
> Nombre humorístico del culebrón o telenovela. Su nombre se debe al hecho de que las primeras *soap operas* (óperas de jabón) emitidas por radio en EEUU eran financiadas por compañías de jabón

soapy /ˈsəʊpi/ *adj* **-pier, -piest** 1 (lathery) ‹*water*› jabonoso; ‹*cloth/hands*› enjabonado 2 (like soap) ‹*smell/taste*› a jabón

soar /sɔːr ‖ sɔː(r)/ *vi*

A 1 (fly) «*bird/glider*» planear 2 (rise) «*bird/kite*» elevarse, remontarse, remontar el vuelo; «*prices/costs*» dispararse; «*hopes*» aumentar, renacer*; «*popularity*» aumentar; **their spirits ~ed** se les levantó el ánimo 3 (tower) «*skyscraper/mountain*» alzarse*, elevarse, erguirse* (liter)

B **soaring** *pres p* ‹*inflation*› galopante, de ritmo vertiginoso; ‹*popularity*› en alza; **a ~ing dollar** un dólar en alza; **caused by ~ temperatures** causado por una subida vertiginosa de las temperaturas

sob¹ /sɑːb ‖ sɒb/ **-bb-** *vi* sollozar*

■ **sob** *vt* decir* sollozando *or* entre sollozos; **to ~ oneself to sleep** sollozar* hasta quedarse dormido; **to ~ one's heart out** llorar a lágrima viva

sob² *n* sollozo *m*

sober /ˈsəʊbər ‖ ˈsəʊbə(r)/ *adj*

A (not drunk) sobrio; **I am perfectly ~** estoy perfectamente sobrio *or* despejado

B 1 (serious, grave) ‹*expression*› grave; ‹*young man*› serio, formal; ‹*occasion*› formal 2 (subdued) ‹*dress/colors*› sobrio

Phrasal verb

• **sober up**

A [v ▸ adv]: **he's ~ed up now** ya está sobrio, ya se le ha pasado la borrachera

B [v ▸ o ▸ adv, v ▸ adv ▸ o] despejar

sobering /ˈsəʊbərɪŋ/ *adj* ‹*experience*› aleccionador; **it's a ~ thought** te hace pensar

soberly /ˈsəʊbərli ‖ ˈsəʊbəli/ *adv* 1 (seriously, gravely) con seriedad 2 (in a subdued manner) ‹*dress/decorate*› sobriamente, con sobriedad

sobersides /ˈsəʊbərsaɪdz/ *n* (AmE colloq) soso, -sa *m,f* (fam)

sobriety /səʊˈbraɪəti, sə- ‖ səˈbraɪəti/ *n* [u] 1 (seriousness, gravity) seriedad *f*, sensatez *f* 2 (not being drunk) (*before n*) **~ test** (AmE) prueba *f* del alcohol *or* de alcoholemia

sob story *n* (colloq) dramón *m* (fam), tragedia *f*

so-called /ˈsəʊˈkɔːld/ *adj* (*usu before n*) 1 (commonly named) (así) llamado *or* denominado 2 (indicating skeptical attitude) ‹*expert/do-gooder*› supuesto, presunto

soccer /ˈsɑːkər/ *n* [u] fútbol *m or* (AmC, Méx) futbol *m*

sociable /ˈsəʊʃəbəl/ *adj* ‹*person*› sociable; **come on, have a drink, just to be ~** vamos, tómate algo, para acompañarnos

social¹ /ˈsəʊʃəl/ *adj* social; **a ~ climber** un arribista, un trepador; **he has no ~ graces** no sabe cómo comportarse; **~ life** vida *f* social; **I'm only a ~ drinker** sólo bebo cuando estoy con gente

social² *n* (colloq) reunión *f* (social)

social: **~ democracy**, **S~ Democracy** *n* [u] socialdemocracia *f*, democracia *f* social; **~ democrat**, **S~ Democrat** *n* socialdemócrata *mf*; **~ history** *n* 1 [u] (subject) historia *f* social 2 [c] (account) historia *f* social, sociohistoria *f* 3 [c] (of individual) (Soc Adm) historial *m* social; **~ housing** *n* [u] viviendas *fpl* subvencionadas, viviendas *fpl* de protección oficial (*en Esp*); ≈ vivien-

S

das *fpl* de interés social (*en Méx, Per*); ≈ viviendas *fpl* económicas (*en RPl*)

socialism /ˈsəʊʃəlɪzəm/ *n* [u] socialismo *m*

socialist¹, **Socialist** /ˈsəʊʃələst/ *adj* socialista

socialist², **Socialist** *n* socialista *mf*

socialite /ˈsəʊʃəlaɪt/ *n*: *persona que figura mucho en sociedad*

socialize /ˈsəʊʃəlaɪz/ *vt*

A (Psych) socializar*

B (AmE Pol) ‹*industry/production*› nacionalizar*

■ **socialize** *vi* alternar; (at party) circular; **they don't ~ much** no alternan *or* no salen mucho, no hacen mucha vida social

socially /ˈsəʊʃəli/ *adv* **1** (relating to the community) ‹*divisive/useful*› socialmente; (*indep*) desde el punto de vista social **2** (in social situations): **we don't meet ~** no tenemos trato social, no alternamos en los mismos círculos; **it's not ~ acceptable** está mal visto, no se considera correcto

social: ~ science *n* [u c] ciencia *f* social; **~ security** *n* [u] (BrE) seguridad *f* social; **~ service** *n* **1** [u] (welfare work) (AmE) asistencia *f* or trabajo *m* social **2** [c] (in UK) servicio *m* social; **~ studies** *pl n*: *historia, geografía y otras asignaturas afines*; **~ work** *n* [u] asistencia *f* social; **~ worker** *n* (Soc Adm) asistente, -ta *m,f* social, trabajador, -dora *m,f* social (Méx), visitador, -dora *m,f* social (Chi)

society /səˈsaɪəti/ *n* (*pl* **-ties**)

A **1** [u c] (community) sociedad *f*; **in polite ~** entre la gente educada **2** [u] (fashionable elite) (alta) sociedad *f*; **to enter ~** entrar *or* ser* presentado en sociedad

B [c] (association, club) sociedad *f*; **a literary ~** una sociedad literaria, un círculo literario

socio- /ˈsəʊsiəʊ, ˈsəʊʃiəʊ/ *pref* socio-

sociologist /ˌsəʊsiˈɑːlədʒəst, -ʃi-/ *n* sociólogo, -ga *m,f*

sociology /ˌsəʊsiˈɑːlədʒi, -ʃi-/ *n* [u] sociología *f*

sock¹ /sɑːk || sɒk/ *n* calcetín *m*, media *f* (AmL); **ankle ~s** calcetines cortos, soquetes *mpl* (CS); ***to pull one's ~s up*** (BrE) esforzarse*, poner* empeño; ***to put a ~ in it*** (esp BrE colloq) cerrar* el pico (fam)

sock² *vt* (colloq) pegarle* un puñetazo *or* (fam) una piña a, pegarle* una trompada a (AmS fam), pegarle* un combo a (Chi, Per fam); **to ~ sb one** darle* una a algn (fam); ***to ~ it to sb*** (colloq): **go out there on stage and ~ it to 'em!** ¡sube al escenario y demuéstrales quién eres!

socket /ˈsɑːkət || ˈsɒkɪt/ *n* **1** (Anat) (of eye) cuenca *f*, órbita *f*; (of joint) fosa *f*, hueco *m*; **you nearly pulled my arm out of its ~** casi me desencajas *or* me sacas el brazo **2** (Elec) (for plug) enchufe *m*, toma *f* de corriente, tomacorriente *m* (AmL); (for light bulb) portalámparas *m* **3** (Tech) encaje *m*; (*before n*) **~ wrench** llave *f* de tubo

sod¹ /sɑːd || sɒd/ *n*

A **1** [c] (piece of turf) tepe *m*, champa *f* (Andes) **2** [u] (ground) (liter) tierra *f*, suelo *m*

B [c] (BrE) **1** (obnoxious person) (vulg) cabrón, -brona *m,f* (vulg); **he's a selfish ~** es un egoísta de mierda (vulg) **2** (fellow) (sl): **I feel sorry for the poor ~** me da lástima el pobre tipo *or* el pobre diablo (fam); **you lucky ~!** ¡qué potra tienes! (fam), ¡qué suertudo eres! (AmL fam), ¡qué culo tenés! (RPl arg) **3** (sth difficult, unpleasant) (vulg) joda *f* (AmL vulg), coñazo *m* (Esp vulg); **~ *all*** (BrE vulg): **he's done ~ all** no ha hecho un carajo (vulg)

sod² *vt* (BrE vulg): **oh ~ it! I forgot to go to the bank!** ¡mierda! *or* ¡carajo! ¡me olvidé de ir al banco!; **~ them!** ¡que se vayan a la mierda! (vulg)

Phrasal verb

• **sod off** [v ▸ adv] (BrE vulg) (*usu in imperative*): **~ off!** ¡déjate de joder! (vulg), ¡vete *or* (RPl) andáte a la mierda! (vulg), ¡vete a tomar por culo! (Esp vulg)

soda /ˈsəʊdə/ *n*

A **1** [u] (soda water) soda *f*, agua *f*‡ de seltz; **scotch and ~** whisky *m* con soda *or* sifón **2** [c u] (flavored) (AmE) refresco *m*, fresco *m* (AmL); **orange ~** naranjada *f* **3** [c] (ice-cream soda) (AmE) ice-cream soda *m* (AmL) (*refresco con helado*)

B [u] (Chem) soda *f*, sosa *f*

soda: ~ bread *n*: *pan hecho con levadura química o polvo de hornear*; **~ cracker** *n* (AmE) galletita *f* salada; **~ fountain** *n* (AmE) fuente *f* de sodas, ≈ heladería *f*; **~ pop** *n* (AmE) refresco *m*; **~ water** *n* [u] soda *f*, agua *f*‡ de seltz

sodden /ˈsɑːdn̩ || ˈsɒdn̩/ *adj* empapado

sodding /ˈsɑːdɪŋ || ˈsɒdɪŋ/ *adj* (BrE sl) (*as intensifier*) puñetero (fam), maldito (fam)

sodium /ˈsəʊdiəm/ *n* [u] sodio *m*

sodium: ~ bicarbonate *n* [u] bicarbonato *m* sódico *or* de sodio; **~ chloride** /ˈklɔːraɪd/ *n* [u] cloruro *m* sódico *or* de sodio

sodomy /ˈsɑːdəmi || ˈsɒdəmi/ *n* [u] sodomía *f*

sofa /ˈsəʊfə/ *n* sofá *m*; (*before n*) **~ bed** sofá-cama *m*

soft /sɔːft || sɒft/ *adj* **-er, -est**

A **1** (not hard) blando; ‹*cushion/mattress*› blando, mullido; ‹*dough/clay/pencil*› blando; ‹*metal*› maleable, dúctil; **to go ~** ablandarse **2** (smooth) ‹*fur/fabric*› suave; ‹*skin*› suave, terso

B **1** (mild, subdued) ‹*breeze*› suave; ‹*light/color*› suave, tenue **2** (quiet) ‹*music*› suave; **in a ~ voice** en voz baja

C **1** (lenient) blando, indulgente; **to be ~ ON** *o* **WITH sb** ser* blando *or* indulgente CON algn; **to take a ~er line on sth** adoptar una actitud menos intransigente sobre algo **2** (feeble-minded) (colloq): **to be ~ (in the head)** ser* estúpido

D (easy) (colloq) ‹*life*› fácil; **the ~ option** el camino fácil; **a ~ target** un blanco fácil; **~ sell** venta *f* blanda (*venta sin técnicas agresivas*)

E (emotionally attached): **to be ~ on sb** tener* debilidad por algn

F ‹*drugs*› blando; ‹*pornography*› blando

G (Chem) ‹*water*› blando

H ‹*consonant*› débil

soft: ~ball *n* [u] softball *m* (*especie de béisbol que se juega con pelota blanda*); **~-boiled** /ˈsɔːftˈbɔɪld || ˌsɒftˈbɔɪld/ *adj* ‹*egg*› pasado por agua; **~cover** /ˈsɔːftˈkʌvər || ˈsɒft ˌkʌvə(r)/ *n* libro *m* en rústica *or* en pasta blanda; (*before n*) ‹*edition*› en rústica, en pasta blanda; **~ drink** *n* [c u] refresco *m* (*bebida no alcohólica*)

soften /ˈsɔːfən || ˈsɒfən/ *vt*

A ‹*clay/butter/leather*› ablandar; ‹*skin*› suavizar*; ‹*light/color*› suavizar*; ‹*contours/edges*› difuminar

B (mitigate) ‹*effect*› atenuar*, mitigar*; **to ~ the blow** suavizar* *or* amortiguar* el golpe; **to ~ one's position** adoptar una postura menos intransigente

C (Chem) ‹*water*› ablandar, descalcificar*

■ **soften** *vi*

A «*clay/butter/leather*» ablandarse; «*skin*» suavizarse*; «*light/color*» suavizarse*

B **1** (become gentler) «*person/heart*» ablandarse; «*voice*» suavizarse*, dulcificarse* **2** (become more moderate) volverse* menos intransigente

Phrasal verb

• **soften up** [v ▸ o ▸ adv, v ▸ adv ▸ o] **1** (make soft) ablandar **2** ‹*person*› ablandar

softener /ˈsɔːfn̩ər || ˈsɒfn̩ə(r)/ *n* **1** (for water) descalcificador *m* **2** (for fabric) suavizante *m*

soft: ~ fruit *n* [u] (esp BrE) *frutas como las frambuesas, moras, fresas etc*; **~ furnishings** *pl n* (BrE) *artículos como almohadones, cortinas, alfombras etc*; **~hearted** *adj* bueno

softie *n* ▸ **softy**

softly /ˈsɔːftli || ˈsɒftli/ *adv* **1** (gently) ‹*touch*› suavemente; **~ lit** iluminado con luz tenue **2** (quietly) ‹*speak*› bajito; ‹*creep/move*› sin hacer ruido **3** (tenderly) dulcemente

softly-softly /ˈsɔːftliˈsɔːftli || ˌsɒftliˈsɒftli/ *adj* (colloq) ‹*approach*› cauteloso; **~ tactics** mano *f* blanda

softness /ˈsɔːftnəs || ˈsɒftnɪs/ *n* [u]

A **1** (of mattress, cushion) lo blando *or* mullido, blandura *f*; (of clay, butter) lo blando **2** (of fabric, hair) suavidad *f*; (of skin) suavidad *f*, tersura *f*

B **1** (of breeze) suavidad *f*, lo suave; (of color) lo tenue **2** (of music, voice) lo bajo

C (leniency) blandura *f*; (moral weakness) debilidad *f*

soft: ~ pedal *n* pedal *m* suave; **~-pedal** /ˈsɔːftˈpedl̩ || ˌsɒftˈpedl̩/, (BrE) **-ll-** *vt* (journ) ‹*subject/issue*› restarle importancia a, minimizar* **~-pedal** *vi* (journ) tratar de no llamar la atención; **~ shoulder** *n* (AmE) arcén *m* blando *or* de tierra, berma *f* de tierra (Andes), banquina *f* de tierra (RPl), acotación *f* de tierra (Méx), hombrillo *m* de tierra (Ven); **~-soap** /ˈsɔːftˈsəʊp || ˌsɒftˈsəʊp/ *vt* (colloq) halagar*, hacerle* el artículo a (fam), darle* jabón a (Esp fam); **~-spoken** /ˈsɔːftˈspəʊkən || ˌsɒftˈspəʊkən/ *adj* de voz suave; **~ top** *n* (AmE) (car) descapotable *m*, convertible *m* (AmL); (roof) capota *f*; **~ toy** *n* (BrE) *muñeco de peluche*

S

o trapo; **~ware** /'sɔ:ftwer || 'sɒftweə(r)/ *n* software *m*; **~wood** *n* 1 [u] (wood) madera *f* de coníferas 2 [c] (tree) conífera *f*

softy /'sɔ:fti/ *n* (*pl* **-ties**) (colloq) blandengue *mf* (fam)

soggy /'sɑ:gi || 'sɒgi/ *adj* **-gier, -giest** ‹*ground/grass*› empapado, saturado; ‹*vegetables*› pasado

soh /səʊ/ *n* (Mus) sol *m*

soil¹ /sɔɪl/ *n* 1 [u c] (earth) tierra *f* 2 (country, homeland) (liter) tierra *f*; **on British ~** en suelo británico 3 [u] (filth, dirt) (AmE) suciedad *f*

soil² *vt* ‹*sheet/collar*› ensuciar, manchar

soiled /sɔɪld/ *adj* ‹*linen*› sucio; ‹*goods*› dañado

soiree, soirée /swɑ:'reɪ/ *n* (frml) soirée *f*, velada *f*

sojourn /'səʊdʒɜ:rn || 'sɒdʒən/ *n* (liter) estadía *f* (AmL), estancia *f* (Esp, Méx)

sol /səʊl || sɒl/ *n* (Mus) sol *m*

solace /'sɑ:ləs || 'sɒlɪs/ *n* (liter) 1 [u] (comfort) solaz *m* (liter), consuelo *m* 2 [c] (source of comfort) consuelo *m*

solar /'səʊlər || 'səʊlə(r)/ *adj* solar

solarium /səʊ'leriəm || sə'leəriəm/ *n* (*pl* **-riums** *or* **-ria** /-riə/) 1 (sun terrace) solárium *m*, solario *m*, solana *f* 2 (sun bed) cama *f* solar

solar: ~ plexus /'pleksəs/ *n* **the ~ plexus** el plexo solar; **~ system** *n* **the ~ system** el sistema solar

sold /səʊld/ *past & past p of* **sell**

solder /'sɑ:dər || 'səʊldə(r)/ *vt* soldar*

solder gun, soldering gun /'sɑ:dərɪŋ || 'səʊldərɪŋ/ *n* (AmE) pistola *f* de soldar

soldering iron /'sɑ:dərɪŋ || 'səʊldərɪŋ/ *n* soldador *m*

soldier /'səʊldʒər || 'səʊldʒə(r)/ *n* soldado *mf*; (officer) militar *mf*; **an old ~** un ex-combatiente; **to play (at) ~s** jugar* a la guerra; **tin ~** soldadito *m* de plomo

Phrasal verb

• **soldier on** [v ▸ adv] (BrE colloq) seguir* al pie del cañon *or* en la brecha

sole¹ /səʊl/ *n*

A 1 (of foot) planta *f* 2 (of shoe) suela *f*

B (fish) (*pl* **~** *or* **~s**) lenguado *m*

sole² *adj* (*before n*) 1 (only) único 2 (exclusive) ‹*rights*› exclusivo; **they are ~ agents for ...** tienen la representación exclusiva de ...

sole³ *vt* (*usu pass*): **to have one's shoes ~d and heeled** hacerles* poner suelas y tacones *or* (CS, Per) tacos a los zapatos

solely /'səʊlli/ *adv* 1 (wholly) únicamente, exclusivamente; **he's ~ responsible** es el único responsable 2 (only, simply) sólo, solamente, únicamente

solemn /'sɑ:ləm || 'sɒləm/ *adj* 1 (serious, formal) ‹*occasion/silence*› solemne 2 (grave) ‹*person*› serio; ‹*face*› solemne

solemnity /sə'lemnəti/ *n* solemnidad *f*

solemnize /'sɑ:ləmnaɪz/ *vt* (frml) solemnizar* (frml)

solemnly /'sɑ:ləmli || 'sɒləmli/ *adv* 1 (formally) ‹*swear/warn*› solemnemente 2 (gravely) ‹*say/look*› con aire de gravedad

solenoid /'səʊlənɔɪd/ *n* solenoide *m*

solicit /sə'lɪsət || sə'lɪsɪt/ *vt* 1 «*prostitute*» abordar (*buscando clientes*) 2 (request, ask for) (frml) ‹*information/help*› solicitar (frml), pedir*

■ **solicit** *vi* «*prostitute*» ejercer la prostitución callejera (*abordando a posibles clientes*)

soliciting /sə'lɪsətɪŋ || sə'lɪsɪtɪŋ/ *n* [u] ejercicio *m* de la prostitución callejera (*abordando a posibles clientes*)

solicitor /sə'lɪsətər || sə'lɪsɪtə(r)/ *n* 1 (in US and in UK) *abogado responsable de los asuntos legales de un municipio o de un departamento gubernamental* 2 (in UK) abogado, -da *m,f* (*que prepara causas legales y desempeña también funciones de notario*)

Solicitor General *n* (*pl* **~s ~**) (in US) ≈ Subsecretario de Justicia; (in UK) *adjunto del Procurador General de la Nación*

solid¹ /'sɑ:ləd || 'sɒlɪd/ *adj* **-er, -est**

A 1 (not liquid or gaseous) sólido; **~ food** alimentos *mpl* sólidos; **to become ~** solidificarse*; **it's frozen ~** se congeló 2 (not hollow) ‹*rubber ball/tire*› macizo 3 (Math) tridimensional

B 1 (unbroken) ‹*line/row*› continuo, ininterrumpido; **a ~ mass** una masa compacta 2 (continuous) (colloq) ‹*month/year*› seguido

C 1 (physically sturdy) ‹*furniture/house*› sólido; ‹*meal*› consistente 2 (substantial, valuable) ‹*knowledge/reason*› sólido; **a good ~ worker** un trabajador serio y responsable 3 (firm, definite) ‹*offer*› en firme

D 1 (pure) ‹*metal/wood*› macizo, puro; ‹*rock*› vivo 2 (unanimous) ‹*support/agreement*› unánime

solid² *n*

A 1 (Chem, Phys) sólido *m* 2 (Math) sólido *m*

B **solids** *pl* 1 (in, from liquid) sólidos *mpl*, sustancias *fpl* sólidas 2 (food) alimentos *mpl* sólidos

solid³ *adv* (colloq): **to be packed/jammed ~** estar* lleno hasta el tope *or* hasta los topes

solidarity /'sɑ:lə'dærəti || ˌsɒlɪ'dærəti/ *n* [u] **~** (WITH **sb/sth)** solidaridad *f* (CON algn/algo)

solid fuel *n* [u c] 1 (coal) carbón *m* 2 (rocket fuel) combustible *m* sólido

solidify /sə'lɪdəfaɪ/ **-fies, -fying, -fied** *vi* solidificarse*

■ **solidify** *vt* solidificar*

solidity /sə'lɪdəti/ *n* [u] solidez *f*

solidly /'sɑ:lədli || 'sɒlɪdli/ *adv* 1 (sturdily) ‹*fixed/grounded*› firmemente; ‹*made*› sólidamente; **a ~ built house** una casa de construcción sólida; **he's ~ built** es de complexión robusta 2 (thoroughly) ‹*reasoned/argued*› concienzudamente 3 (unanimously) unánimemente 4 (continuously) (BrE) ‹*walk/argue/rain*› sin parar

solid-state /'sɑ:ləd'steɪt || ˌsɒlɪd'steɪt/ *adj* (*before n*) 1 (Phys): **~ physics** física *f* del estado sólido 2 (Electron) de estado sólido

soliloquy /sə'lɪləkwi/ *n* (*pl* **-quies**) soliloquio *m*

solitaire /'sɑ:ləˌter || 'sɒlɪˌteə(r)/ *n*

A [c] **~ (diamond)** solitario *m*

B [u] (Games) solitario *m*; **to play ~** hacer* solitarios

solitary /'sɑ:ləteri || 'sɒlɪtəri/ *adj* 1 (alone) ‹*person/life/journey*› solitario; **a ~ place** un lugar solitario *or* apartado 2 (single) (*before n*) solo

solitary confinement *n* [u] incomunicación *f*; **he's been put in/he's in ~ ~** lo han incomunicado

solitude /'sɑ:lətu:d || 'sɒlɪtju:d/ *n* [u] soledad *f*

solo¹ /'səʊləʊ/ *n* (*pl* **-los**) solo *m*; **a violin ~** un solo de violín

solo² *adj* 1 (Mus) ‹*violin/voices*› solista; ‹*album*› en solitario; ‹*piece*› para voz/instrumento solista; **to go ~** lanzarse* como solista 2 (Aviat) ‹*attempt/flight*› en solitario

solo³ *adv* en solitario

soloist /'səʊləʊəst || 'səʊləʊɪst/ *n* solista *mf*

so long *interj* (colloq) hasta luego, hasta la vista

solstice /'sɑ:lstəs || 'sɒlstɪs/ *n* solsticio *m*

soluble /'sɑ:ljəbəl || 'sɒljʊbəl/ *adj*

A ‹*substance*› soluble

B ‹*problem/mystery*› soluble

solution /sə'lu:ʃən/ *n*

A [c] (to problem) **~ (TO sth)** solución *f* (A algo)

B [c u] (Chem) solución *f*

solvable /'sɑ:lvəbəl || 'sɒlvəbl/ *adj* ‹*crime/puzzle*› soluble, que tiene solución

solve /sɑ:lv || sɒlv/ *vt* ‹*mystery/equation*› resolver*; ‹*conflict*› solucionar; ‹*crossword puzzle*› sacar*; **to ~ a crime** esclarecer* un crimen; **to ~ a riddle** encontrar* la solución a una adivinanza/un enigma

solvent¹ /'sɑ:lvənt/ *adj* ‹*company/person*› solvente

solvent² *n* disolvente *m*, solvente *m*; (*before n*) **~ abuse** (frml) inhalación *f* de disolventes

Somali¹ /sə'mɑ:li/ *adj* somalí

Somali² *n* 1 [c] (person) somalí *mf* 2 [u] (language) somalí *m*

Somalia /sə'mɑ:liə/ *n* Somalia *f*

somber, (BrE) **sombre** /'sɑ:mbər || 'sɒmbə(r)/ *adj* 1 (dark) sombrío, oscuro y apagado, triste 2 (melancholy) ‹*mood/thought*› sombrío; ‹*music*› lúgubre

some¹ /sʌm, *weak form* səm/ *adj*

A 1 (unstated number or type) (+ *pl n*) unos, unas; **there were ~ boys/girls in the park** había unos *or* algunos niños/unas *or* algunas niñas en el parque; **I need ~ new shoes/scissors** necesito (unos) zapatos nuevos/una tijera

S

nueva; **would you like ~ cherries?** ¿quieres (unas) cerezas?; **there are ~ good restaurants around here** por aquí hay buenos restaurantes [2] (unstated quantity or type) (+ *uncount n*): **~ paint fell on my head** me cayó (un poco de) pintura en la cabeza; **you'll need ~ French currency** vas a necesitar algo de dinero francés; **I can give you ~ information** te puedo dar (alguna) información; **let's go home and have ~ dinner** vayamos a casa a cenar; **would you like ~ coffee?** ¿quieres café?

B (a, one) (+ *sing count noun*) algún, -guna; **they owe us ~ sort of explanation** nos deben algún tipo de explicación; **~ compromise may still be found** todavía puede llegarse a un acuerdo; **~ day I'll get my revenge** ya me vengaré algún día; **~ day soon** un día de éstos

C [1] (particular, not all) (+ *pl n*) algunos, -nas; **I like ~ modern artists** algunos artistas modernos me gustan; **in ~ ways** en cierto modo; **~ people never learn** hay gente que no aprende nunca [2] (part of, not whole) (+ *uncount n*): **~ German wine is red, but most is white** Alemania produce algunos vinos tintos pero la mayoría son blancos; **~ Shakespeare is very rarely performed** algunas obras de Shakespeare no se representan casi nunca

D [1] (not many, a few) algunos, -nas [2] (not much, a little) un poco de

E [1] (several, many): **she's been bed-ridden for ~ years now** hace años que está postrada en cama [2] (large amount of): **we've known each other for quite ~ time now** ya hace mucho (tiempo) que nos conocemos; **there'll be ~ celebrating in Wales tonight** esta noche sí que habrá fiesta en Gales

F (colloq) [1] (expressing appreciation): **that's ~ car you've got!** ¡vaya coche que tienes!, ¡qué cochazo tienes! [2] (stressing remarkable, ridiculous nature): **that was ~ exam!** ¡vaya examen!; **you do ask ~ questions!** ¡haces cada pregunta! [3] (expressing irony): **~ present! I had to pay for it!** ¡qué regalo ni qué regalo! ¡lo tuve que pagar yo!; **~ friend you are!** ¡qué buen amigo eres! (iró)

some² *pron*

A [1] (a number of things or people) algunos, -nas [2] (an amount): **there's no salt left; we'll have to buy ~** no queda sal; vamos a tener que comprar

B [1] (a number of a group) algunos, -nas; **~ are mine and the others belong to Peter** algunos son míos y los otros son de Peter [2] (part of an amount): **~ of what I've written** algo *or* parte de lo que he escrito; **the coffee's ready: would you like ~?** el café está listo: ¿quieres?

C (certain people) algunos, -nas; **~ say that ...** algunos dicen que ...

some³ *adv* (approximately) unos, unas; alrededor de; **there were ~ fifty people there** había unas cincuenta personas, había alrededor de cincuenta personas

somebody¹ /'sʌm,bɑːdi || 'sʌmbədi/ *pron* alguien; **~'s coming** viene alguien; **shut the door, ~!** ¡que alguien cierre la puerta!; **~ else got the job** le dieron el trabajo a otro *or* a otra persona; **there's ~ I'd like you to meet** quiero presentarte a un amigo (*or* compañero *etc*); **~ or other must have dropped it** se le debe de haber caído a alguien; **who was it? — John ~** ¿quién era? — John algo *or* John no sé cuánto (fam)

somebody² *n* (*no pl*): **to be (a) ~** ser* alguien

somehow /'sʌmhaʊ/ *adv* [1] (by some means) de algún modo, de alguna manera *or* de alguna forma; **~ or other he managed to repay his debts** de algún modo u otro, pudo pagar sus deudas [2] (in some way, for some reason): **it isn't the same, ~** no sé por qué, pero no es lo mismo

someone /'sʌmwʌn/ *pron* ▸**somebody¹**

someplace /'sʌmpleɪs/ *adv* (AmE) ▸**somewhere¹ A**

somersault¹ /'sʌmərsɔːlt || 'sʌməsɒlt, -sɔːlt/ *n* (on ground) voltereta *f*, vuelta *f* (de) carnero (CS); (from height) (salto *m*) mortal *m*; (of car) vuelta *f* de campana; **to turn ~s** hacer* volteretas, dar* vueltas (de) carnero (CS)

somersault² *vi* (on ground) hacer* volteretas, dar* vueltas (de) carnero (CS); (from height) dar* un (salto) mortal

something¹ /'sʌmθɪŋ/ *pron*

A algo; **~ has happened to her** algo le ha pasado; **have ~ to eat/drink** come/bebe algo; **do you know ~? I think we're lost** ¿sabes una cosa *or* sabes qué? creo que nos hemos perdido; **or ~ of the kind** o algo por el estilo; **it's not ~ to be proud of** no es como para estar orgulloso; **that was ~ I hadn't expected** eso no me lo esperaba; **is it ~ I said?** ¿qué pasa? ¿qué he dicho?; **it's not much, but it's ~** no es mucho, pero algo es

B [1] (in vague statements or approximations): **she's 30 ~** tiene treinta y pico años (fam); **he said it was because of the traffic or ~** dijo que era por el tráfico o qué se yo; **have you gone mad or ~?** ¿te has vuelto loco o qué?, ¿es que te has vuelto loco? [2] **something like**: **~ like 200 spectators** unos 200 espectadores; **he looks ~ like his brother** se parece algo a su hermano [3] **something of** (rather): **she's ~ of an eccentric** es algo excéntrica; **it came as ~ of a surprise** me (*or* nos *etc*) sorprendió un poco

C (sth special): **it was quite ~ for a woman to reach that position** era todo un logro *or* (fam) no era moco de pavo que una mujer alcanzara esa posición; **that party was ~ else!** (colloq) ¡la fiesta estuvo genial *or* fue demasiado! (fam); **she's quite ~, isn't she?** (in looks) está bien ¿eh?; (in general) ¡qué mujer (*or* chica *etc*)! ¿no?; ***to have (got) ~*** (be talented) tener* algo; (perceive sth significant): **I think you might have ~ there** puede que tengas razón

something² *n* (*no pl*): **won't you have a little ~ (to eat/drink)?** ¿no quieres comer/beber algo?; **she has that certain ~** tiene ese no sé qué

something³ *adv* (colloq): **my back's playing me up ~ chronic** ¡la espalda me tiene ... !

sometime¹ /'sʌmtaɪm/ *adv* (at unspecified time): **I'll get around to it ~** ya lo haré en algún momento; **we'll have to finish it ~ or another** algún día habrá que terminarlo, tarde *or* temprano habrá que terminarlo; **~ next week** un día de la semana que viene; **let's do it ~ soon** hagámoslo pronto; **we met ~ last summer** nos conocimos el verano pasado(, no recuerdo cuándo)

sometime² *adj* (*before n*) (frml) ex, antiguo

sometimes /'sʌmtaɪmz/ *adv* a veces, algunas veces

someway /'sʌmweɪ/ *adv* (AmE) ▸**somehow**

somewhat /'sʌmhwɑːt || 'sʌmwɒt/ *adv* algo, un tanto

somewhere¹ /'sʌmhwer || 'sʌmweə(r)/ *adv*

A (in, at, to a place): **it must be ~ in your office** tiene que estar en tu despacho, en algún lado *or* sitio *or* lugar; **shall we go ~ else?** ¿vamos a otro sitio *or* lugar *or* lado?; ***to get ~*** avanzar*, adelantar

B (in approximations): **it happened ~ around Easter** sucedió alrededor de Semana Santa; **we spent ~ around $10,000** gastamos cerca de *or* alrededor de 10.000 dólares; **he's ~ in his sixties** tiene unos sesenta y tantos años *or* (fam) unos sesenta años y pico

somewhere² *pron*: **will there be ~ open?** ¿habrá algo (*or* algún sitio *etc*) abierto?; **she's found ~ to live** ha encontrado casa (*or* habitación *etc*); **she comes from ~ near Boston** es de cerca de Boston

somnolent /'sɑːmnələnt || 'sɒmnələnt/ *adj* (liter) ⟨*eyes*⟩ somnoliento; ⟨*heat*⟩ que adormece; ⟨*mood*⟩ aletargado

son /sʌn/ *n* [1] (male child) hijo *m*; **her youngest/eldest ~** su hijo menor/mayor; **God, the S~** Dios Hijo [2] (*as form of address*) hijo

sonar /'səʊnɑːr || 'səʊnɑː(r)/ *n* sónar *m*

sonata /sə'nɑːtə/ *n* (*pl* **-tas**) (Mus) sonata *f*

song /sɔːŋ || sɒŋ/ *n* [1] [c] (piece) canción *f*; **to burst into ~**[u] ponerse* a cantar; ***to buy/sell sth for a ~*** (colloq) comprar/vender algo por una bicoca (fam) [2] [u] (of bird) canto *m*

song: ~ and dance *n*: ***to make a ~ and dance about sth*** (colloq) hacer* muchos aspavientos por algo; **~bird** *n* pájaro *m* cantor; **~book** *n* cancionero *m*; **~ thrush** *n* tordo músico *m*, zorzal *m*; **~writer** *n* compositor, -tora *m,f* (*de canciones*)

sonic /'sɑːnɪk || 'sɒnɪk/ *adj* sónico

sonic boom *n* estruendo *m* (*que se produce al romper la barrera del sonido*)

son-in-law /'sʌnɪnlɔː/ *n* (*pl* **sons-in-law**) yerno *m*, hijo *m* político

sonnet /'sɑːnət || 'sɒnɪt/ *n* soneto *m*

sonny /'sʌni/ *n* (colloq) (*as form of address*) hijito (fam), nene (fam), mijito (AmL fam)

son: ~ of a bitch *n* (*pl* **sons of bitches**) (esp AmE sl) [1] (person) hijo *m* de puta, hijo *m* (Méx) de la chingada (vulg) [2] (object) condenado, -da *m,f* (fam); **I can't get the ~ of a bitch to start!** ¡el condenado no quiere arrancar!

(fam); ~ **of a gun** *n* (colloq & dated) sinvergüenza *m*, granuja *m*; **that lucky ~ of a gun** el suertudo ése (AmL), la suerte que tiene el tío (Esp fam)

soon /su:n/ *adv* **-er, -est**

A (shortly, after a while) pronto, dentro de poco; **I left ~ afterward** yo me fui poco después; **it'll ~ be spring** ya falta poco para (que empiece) la primavera; **they're coming ~ after eight** vienen poco después de las ocho; **see you ~** hasta pronto; **~er or later** tarde o temprano

B **1** (early, quickly) pronto; **how ~ can you be here?** ¿cuándo puedes llegar?, ¿qué tan pronto puedes llegar? (AmL); **I finished ~er than I expected** terminé antes de lo que esperaba; **all too ~ the vacation was over** las vacaciones pasaron volando; **none too ~, not a minute** *o* **moment too ~** no antes de tiempo; **to speak too ~** hablar antes de tiempo; **thank God she's gone — don't speak too ~** gracias a Dios que se ha ido — no cantes victoria; **it'll be here tonight — as ~ as that?** estará aquí esta noche — ¿tan pronto?; **as ~ as possible** lo antes posible, cuanto antes; **the ~er the better** cuanto antes mejor; **she'd steal your purse as ~ as look at you** no tendría ningún escrúpulo en robarte el monedero **2** (*as conj*): **as ~ as** en cuanto, tan pronto como; **as ~ as you've finished, you can go** en cuanto hayas terminado *or* tan pronto como hayas terminado, te puedes ir; **no ~er had we set out than it began to rain** apenas nos habíamos puesto en camino cuando empezó a llover; **no ~er said than done** dicho y hecho

C (*in phrases*) **as soon ... (as)**: **I'd just as ~ stay at home (as go out)** no me importaría quedarme en casa, tanto me da quedarme en casa (como salir); **sooner ... (than)**: **I'd ~er not go, to be honest** a decir verdad, preferiría no ir; **~er you than me!** mejor tú que yo, me alegro de no ser yo el que tiene que hacerlo

soot /sʊt/ *n* [u] hollín *m*

soothe /su:ð/ *vt* **1** (calm) ‹*person*› calmar, tranquilizar*; ‹*nerves*› calmar **2** (relieve) ‹*pain/cough*› aliviar, calmar

soothing /'su:ðɪŋ/ *adj* **1** (calming) ‹*voice/words*› tranquilizador; ‹*music/bath*› relajante **2** (pain-relieving) ‹*ointment/syrup*› balsámico; ‹*medicine*› calmante

soothsayer /'su:θ,seɪər || 'su:θ,seɪə(r)/ *n* (arch) adivino, -na *m,f*

sooty /'sʊti/ *adj* cubierto de hollín

sop /sɑ:p || sɒp/ *n* concesión *f*; **~ TO sth/sb**: **as a ~ to sb's feelings** para no herir los sentimientos de algn; **she gave him the job as a ~ to her conscience** le dio el empleo para acallar su conciencia

sophisticated /sə'fɪstəkeɪtəd || sə'fɪstɪkeɪtɪd/ *adj* **1** (urbane, worldly-wise) ‹*appearance/clothes/person*› sofisticado **2** (complex) ‹*machine/technique*› complejo, altamente desarrollado *or* perfeccionado

sophistication /sə'fɪstə'keɪʃən || sə,fɪstɪ'keɪʃən/ *n* [u] **1** (urbanity) sofisticación *f* **2** (complexity) complejidad *f*

sophistry /'sɑ:fəstri/ *n* [u c] (*pl* **-ries**) sofistería *f*

sophomore /'sɑ:fəmɔ:r/ *n* (AmE) estudiante *mf* de segundo curso (*en una universidad o colegio secundario*)

soporific /'sɑ:pə'rɪfɪk / *adj* ‹*speech/drug*› soporífero

sopping¹ /'sɑ:pɪŋ || 'sɒpɪŋ/ *adj* empapado, calado

sopping² *adv* (*as intensifier*) ~ **wet** (of people) calado hasta los huesos, hecho una sopa; (of clothes) chorreando

soppy /'sɑ:pi || 'sɒpi/ *adj* **-pier, -piest** (BrE colloq) ‹*lovesong/novel*› sentimentaloide, sensiblero; **he's completely ~ about her** se le cae la baba por ella (fam)

soprano¹ /sə'prænəʊ/ *n* (*pl* **-nos**) soprano *mf*

soprano² *adj* ‹*voice/recorder*› soprano; ‹*part/role*› de soprano

sorbet /sɔ:r'beɪ, 'sɔ:rbət || 'sɔ:beɪ/ *n* [u c] sorbete *m*, helado *m* de agua (CS), nieve *f* (Méx)

sorcerer /'sɔ:rsərər/ *n* (liter) hechicero *m*, brujo *m*

sorceress /'sɔ:rsərəs/ *n* (liter) hechicera *f*, bruja *f*

sorcery /'sɔ:rsəri/ *n* [u] (liter) hechicería *f*, brujería *f*

sordid /'sɔ:rdəd || 'sɔ:dɪd/ *adj* **1** (base) ‹*method/deal*› vergonzoso, infame; **do you want all the ~ details?** (colloq) ¿te interesan los detalles escabrosos? **2** (squalid, dirty) ‹*hotel/conditions*› sórdido, miserable

sore¹ /sɔ:r || sɔ:(r)/ *adj* **sorer** /'sɔ:rər || 'sɔ:rə(r)/, **sorest** /'sɔ:rəst || 'sɔ:rɪst/ **1** (painful) ‹*finger/foot*› dolorido, adolorido; ‹*eye*› irritado; ‹*lips*› reseco; **she has a ~ throat** le duele la garganta; ***a ~ point/subject*** un punto/tema delicado **2** (angry) (AmE colloq) **to be ~ AT** *o* **WITH sb** estar* picado CON algn (fam) **3** (great) (liter) enorme; **to be in ~ need of sth** tener* necesidad acuciante de algo

sore² *n* llaga *f*, úlcera *f*

sorehead /'sɔ:rhed || 'sɔ:hed/ *n* (AmE colloq) amargado, -da *m,f*, cascarrabias *mf* (fam)

sorely /'sɔ:rli || 'sɔ:li/ *adv* **1** (*as intensifier*): **he'll be ~ missed** lo echaremos (*or* echarán *etc*) muchísimo de menos; **to be ~ in need of sth** necesitar algo urgentemente, tener* necesidad acuciante de algo **2** (severely) (liter) ‹*afflicted/offended*› profundamente

sorority /sə'rɔ:rəti || sə'rɒrəti/ *n* (*pl* **-ties**) (in US) hermandad *f* femenina (*en universidades norteamericanas*)

> **sorority**
>
> Una hermandad de mujeres en muchos establecimientos de la enseñanza superior en EEUU. Sus miembros comparten una *sorority house*. El nombre de cada sorority está compuesto de dos o tres letras griegas, tales como *Chi Omega* o *Kappa Kappa Gamma*. Suelen hacer obras de caridad y trabajos comunitarios. Algunas *sororities* también son organizaciones académicas o profesionales. *Ver tb* **fraternity**

sorrel /'sɔ:rəl/ *n* [u] (Bot, Culin) acedera *f*, hierba *f* salada

sorrow /'sɑ:rəʊ || 'sɒrəʊ/ *n* **1** [u c] (sadness, grief) ~ **(AT** *o* **OVER sth)** pesar *m or* pena *f or* dolor *m* (POR algo); ~ **(FOR/AT sth)** pesar (POR algo); ***to drown one's ~s*** (colloq) ahogar* las penas **2** [c] (cause of sadness) disgusto *m*

sorrowful /'sɑ:rəʊfəl/ *adj* afligido, apesadumbrado

sorrowfully /'sɑ:rəʊfəli/ *adv* **1** ‹*say/gaze*› con tristeza **2** (unfortunately) (AmE) (*indep*) lamentablemente

sorry /'sɑ:ri || 'sɒri/ *adj* **-rier, -riest**

A (*pred*) **1** (grieved, sad): **I'm ~** lo siento; **oh, I *am* ~; when did it happen?** ¡cuánto lo siento!; ¿cuándo ocurrió?; **to feel** *o* **be ~ FOR sb**: **I feel so ~ for you/him** te/lo compadezco; **I felt** *o* **was so ~ for him when he got turned down** me dio mucha pena *or* lástima cuando lo rechazaron; **to feel ~ for oneself** lamentarse de su (*or* tu *etc*) suerte; **to be ~ ABOUT sb/sth**: **I'm very ~ about what happened** siento *or* lamento mucho lo que ocurrió; **to be ~ to + INF**: **I wasn't ~ to see the back of him** no me apenó *or* no lamenté que se fuera; **I'm ~ to have to tell you that ...** siento tener que decirte que ...; **to be ~ (THAT)** sentir* QUE (+ *subj*) **2** (apologetic, repentant): **to say ~** pedir* perdón, disculparse; **I'm ~, I didn't mean to offend you** perdóname *or* lo siento *or* disculpa, no fue mi intención ofenderte; **~ to bother you, but ...** perdone *or* disculpe que lo moleste, pero ...; **to be ~ FOR/ABOUT sth** arrepentirse* DE algo; **I'm very/terribly/awfully ~ about last night** siento muchísimo lo de anoche, mil perdones por lo de anoche; **to be ~ (THAT)**: **I'm ~ I didn't make it to your party** siento no haber podido ir a tu fiesta

B (*as interj*) **1** (expressing apology) perdón, lo siento; **(awfully/so) ~!** (BrE) ¡perdone!, ¡disculpe!; **~, I didn't realize it was you** perdona *or* perdóname *or* disculpa *or* discúlpame, no me había dado cuenta de que eras tú **2** (asking speaker to repeat) (BrE) ¿cómo (dice)?

C (pitiful, miserable) (*before n*) ‹*tale*› lamentable, lastimoso; **he was a ~ sight** tenía un aspecto lamentable

sort¹ /sɔ:rt || sɔ:t/ *n*

A (kind, type) **1** (of things) tipo *m*, clase *f*; **all ~s of adventures** todo tipo *or* toda clase de aventuras, aventuras de todo tipo *or* de toda clase, todo género *or* toda suerte de aventuras (liter); **what ~ of car is it?** ¿qué tipo *or* clase de coche es?; **you know the ~ of thing I mean** ya sabes a lo que me refiero; **I believe he's a musician or something of the ~** creo que es músico o algo por el estilo; **don't tell lies: I didn't say anything of the ~** no digas mentiras: no dije nada semejante; **you'll do nothing of the ~!** ¡ni se te ocurra! **2** (of people): **she's not the ~ to let you down** no es de las que te fallan; **I'm not that ~ of girl** yo no soy de ésas; **I know your ~** (BrE) ya sé de qué pie cojeas; **a bad/good ~** (BrE) una mala/buena persona; ***it takes all ~s (to make a world)*** hay de todo en la viña del Señor **3** (approximating to): **a ~ of** *o* **~ of a** una especie de; **it's ~ of a bluish-green color** es una especie de verde azulado

B (*in phrases*) **of sorts, of a sort**: **he gave us a meal of ~s** nos dio una comida, si se le puede llamar comida; **sort of**

S

(colloq): **it's ∼ of sad to think of him all alone** da como pena pensar que está solo (fam); **do you want to go? — well, ∼ of** ¿quieres ir? — bueno, en cierto modo sí; **out of sorts** mal, pachucho (Esp fam); **I'm feeling a bit out of ∼s** no me encuentro muy bien

sort² *vt* 1 (classify) ‹*papers/letters*› clasificar* 2 (mend) arreglar

Phrasal verbs

• **sort out** [v ▸ o ▸ adv, v ▸ adv ▸ o]

A 1 (put in order) ‹*books/photos*› ordenar, poner* en orden; ‹*desk/room*› ordenar; ‹*finances*› organizar*; **I needed the break to ∼ myself out** necesitaba el respiro para poner mis pensamientos en orden 2 (separate out) separar

B 1 (arrange) (BrE) ‹*date*› fijar; ‹*deal/compromise*› llegar* a; **have you ∼ed out your holiday yet?** ¿ya tienes las vacaciones organizadas?, ¿ya has arreglado tus vacaciones? 2 (resolve) ‹*problem/dispute*› solucionar; ‹*misunderstanding*› aclarar; **things will ∼ themselves out** ya se arreglará todo; **I haven't yet ∼ed out what I'm going to do** todavía no he decidido qué voy a hacer

C (deal with) (BrE colloq): **leave him to me, I'll ∼ him out!** déjame a mí, que yo ya lo voy a arreglar (fam)

• **sort through** [v ▸ prep ▸ o] ‹*papers/files*› revisar

sortie /'sɔːrti || 'sɔːti/ *n* 1 (Aviat, Mil) misión *f* de combate 2 (excursion) salida *f*, escapada *f* (fam)

sorting /'sɔːrtɪŋ/: ∼ **code** *n* (BrE) (of bank branch) número *m* de sucursal; ∼ **office** *n* oficina *f* de clasificación del correo

SOS *n* S.O.S. *m*

so-so¹ /'səʊsəʊ/ *adj* (colloq) así así (fam), así asá (fam), mediocre; **what's that novel like? — oh, ∼** ¿qué tal es esa novela? — ni fu ni fa (fam)

so-so² *adv* (colloq) así así (fam), así asá (fam), regular

soufflé /suː'fleɪ || 'suːfleɪ/ *n* [u c] suflé *m*

sought /sɔːt/ *past & past p of* **seek**

sought-after /'sɔːt'æftər || 'sɔːt,ɑːftə(r)/ *adj* (*pred* **sought after**) ‹*product*› solicitado, en demanda; ‹*prize*› codiciado; ‹*area*› en demanda

soul /səʊl/ *n*

A [c] (Relig) alma *f*‡; **my mother, God rest her ∼, loved this house** mi madre, que en paz descanse *or* que en gloria esté, le tenía mucho cariño a esta casa; **she put her heart and ∼ into the task** se entregó a la tarea en cuerpo y alma

B [c] (person): **I won't tell a (living) ∼** no se lo diré a nadie; **there wasn't a ∼ about** no había ni un alma; **poor old ∼! she can hardly walk** ¡pobrecilla! *or* ¡pobrecita! casi no puede caminar

C (personification): **the ∼ of discretion/kindness** la discreción/la amabilidad personificada

D [u] ∼ **(music)** soul *m*

soul: ∼ **brother** *n* (AmE sl) hermano *m*; ∼**-destroying** /'səʊldɪ'strɔɪɪŋ/ *adj* desmoralizador; ∼ **food** *n* (AmE) *comida tradicional de los negros del Sur de los Estados Unidos*

soulful /'səʊlfəl/ *adj* enternecedor, conmovedor

soulless /'səʊlləs || 'səʊllɪs/ *adj* ‹*building*› frío e impersonal, falto de carácter; ‹*routine/job*› tedioso

soul: ∼**mate** *n* alma *f*‡ gemela; ∼**-searching** *n* [u] introspección *f*; ∼ **sister** *n* (AmE sl) hermana *f*

sound¹ /saʊnd/ *n*

Sense I

A [u c] 1 (noise) sonido *m*; (unpleasant, disturbing) ruido *m*; **we heard the ∼ of footsteps** oímos (unos) pasos; **don't make a ∼!** ¡no hagas ni el menor ruido!; **there wasn't a ∼ to be heard** no se oía absolutamente nada; **he woke up to the ∼ of birds singing** se despertó con el canto de los pájaros 2 (of music, instrument) sonido *m* 3 (Ling) sonido *m*; **a vowel ∼** un sonido vocálico

B [u] 1 (Phys) sonido *m*; (*before n*) **the ∼ barrier** la barrera del sonido; **a ∼ wave** una onda sonora 2 (Audio, Rad, TV) sonido *m*; **turn the ∼ up/down** sube/baja el volumen; (*before n*) ∼ **effects** efectos *mpl* sonoros

C (impression conveyed) (colloq) (*no pl*): **I don't like the ∼ of that at all** eso no me huele nada bien; **by** *o* **from the ∼ of it, everything's going very well** parece que *or* por lo visto todo marcha muy bien

Sense II [c] 1 (channel) paso *m*, estrecho *m* 2 (inlet) brazo *m*

sound² *vi*

A 1 (give impression) sonar*; **your voice ∼s** *o* **you ∼ different on the phone** tu voz suena distinta por teléfono; **you ∼ as if** *o* **as though you could do with a rest** me da la impresión de que no te vendría mal un descanso; **it ∼s as if** *o* **as though they're here now** (por el ruido) parece que ya están aquí; **that ∼s like Susan now** ésa debe (de) ser Susan 2 (seem) parecer*; **we'll leave at ten; how does that ∼ to you?** saldremos a las diez ¿qué te parece?; **it ∼s as if** *o* **as though you had a great time** parece que lo pasaste fenomenal; **∼s like fun!** (colloq) ¡qué divertido!

B (make noise, resound) «*bell/alarm*» sonar*

■ **sound** *vt*

A 1 ‹*trumpet/horn*› tocar*, hacer* sonar; **the chairman ∼ed a note of warning in his speech** en su discurso, el presidente llamó a la cautela 2 (articulate) ‹*letter/consonant*› pronunciar

B ▸ **sound out**

Phrasal verbs

• **sound off** [v ▸ adv] 1 (give opinions) (colloq) **to ∼ off (ABOUT sth)** pontificar* *or* sentar* cátedra (SOBRE algo) 2 (speak loudly) (AmE) hablar fuerte

• **sound out** [v ▸ o ▸ adv, v ▸ adv ▸ o] tantear, sondear

sound³ *adj* **-er, -est**

A 1 (healthy) sano; **safe and ∼** sano y salvo; **I, Peter Smith, being of ∼ mind ...** (frml) yo, Peter Smith, (estando) en pleno uso de mis facultades ... (frml) 2 (in good condition) ‹*basis/foundation*› sólido, firme; ‹*timber*› en buenas condiciones

B 1 (valid) ‹*reasoning/knowledge*› sólido; ‹*advice/decision*› sensato 2 (reliable) ‹*colleague/staff*› responsable, formal

C 1 (deep) ‹*sleep*› profundo 2 (hard, thorough) **a ∼ spanking** una buena paliza

sound⁴ *adv* **-er, -est**: ∼ **asleep** profundamente dormido

soundboard /'saʊndbɔːrd/ *n* ▸ **sounding board 3**

-sounding /,saʊndɪŋ/ *suff*: **pleasant∼** de sonido agradable; **a foreign∼ name** un nombre que suena (*or* sonó *etc*) extranjero

sounding board *n* 1 (for ideas) caja *f* de resonancia 2 (over platform, stage) tornavoz *m* 3 (on instrument) tabla *f* armónica resonante, secreto *m*

soundly /'saʊndli/ *adv*

A 1 (deeply) ‹*sleep*› profundamente 2 (thoroughly): **she was ∼ spanked** se llevó una buena paliza

B (solidly, validly) sólidamente

soundproof¹ /'saʊndpruːf/ *adj* insonorizado

soundproof² *vt* insonorizar*

sound: ∼ **system** *n* equipo *m* de sonido; ∼**track** *n* banda *f* sonora

soup /suːp/ *n* sopa *f*; **clear ∼** caldo *m*, consomé *m*; ***in the ∼*** (colloq) en un brete (fam), en la olla (Méx fam); (*before n*) ∼ **plate** plato *m* sopero; ∼ **spoon** cuchara *f* sopera

souped-up /'suːpd'ʌp/ *adj* (colloq) (Auto) trucado (fam)

soup kitchen *n* comedor *m* de beneficencia

sour¹ /saʊər || 'saʊə(r)/ *adj* **sourer**, **sourest** 1 (sharp, acid) ‹*fruit/wine*› ácido, agrio 2 (spoiled) ‹*milk*› agrio, cortado; **to go** *o* **turn ∼** «*milk*» cortarse, agriarse; «*relationship/plan*» estropearse, echarse a perder 3 (bad-tempered, disagreeable) agrio, avinagrado

sour² *vt* 1 ‹*milk*› agriar 2 ‹*relationship/occasion*› amargar*

■ **sour** *vi* «*milk/cream*» agriarse, cortarse

source /sɔːrs || sɔːs/ *n*

A 1 (origin, supply) fuente *f*; **my only ∼ of income** mi única fuente de ingresos; **the ∼ of infection** el foco de la infección; **to trace a problem to its ∼** encontrar* el origen *or* la raíz de un problema; **tax will be deducted at ∼** los impuestos se descontarán directamente del sueldo 2 (of river) nacimiento *m*

B (providing information) 1 (person) (journ) fuente *f*; **police/government/reliable ∼s** fuentes policiales/gubernamentales/fidedignas 2 (text, document) fuente *f*

sour: ∼ **cream**, (BrE also) ∼**ed cream** /saʊrd/ *n* [u] crema *f or* (Esp tb) nata *f* agria; ∼**dough** *n* [u] (AmE) masa *f* fermentada (*para hacer pan*)

sourly /'saʊərli || 'saʊəli/ *adv* agriamente

sourpuss /'saʊərpʊs/ *n* (colloq) amargado, -da *m,f*

S

souse /saʊs/ *vt* marinar, macerar; **~d herrings** ≈ arenques en escabeche

south¹ /saʊθ/ *n* [u]

A 1▸ (point of the compass, direction) sur *m*; **the ~, the S~** el sur, el Sur; **to the ~ of the city** al sur de la ciudad; **~-~east** sursudeste; **~-~west** sursudoeste 2▸ (region): **the ~, the S~** el sur; **a town in the ~ of Texas** una ciudad del sur *or* en el sur de Texas

B **the South** (in US history) el Sur, los estados sudistas

C **South** (in bridge) Sur *m*

south² *adj* (*before n*) ‹*wall/face*› sur *adj inv*, meridional; ‹*wind*› del sur

south³ *adv* al sur; **the house faces ~** la casa da *or* mira al sur; **he headed ~** se dirigió hacia el sur; **~ OF sth** al sur DE algo; **down ~: they live down ~** viven en el sur; **let's go down ~** vayamos al sur

South Africa *n* Sudáfrica *f*, Suráfrica *f*

South African¹ *adj* sudafricano, surafricano

South African² *n* sudafricano, -na *m,f*, surafricano, -na *m,f*

South America *n* América *f* del Sur *or* del Sud, Sudamérica *f*, Suramérica *f*

South American¹ *adj* sudamericano, suramericano

South American² *n* sudamericano, -na *m,f*, suramericano, -na *m,f*

southbound /'saʊθbaʊnd/ *adj* ‹*traffic/train*› que va (*or* iba *etc*) hacia el sur *or* en dirección sur

southeast¹, Southeast /'saʊθ'i:st/ *n* [u] **the ~** 1▸ (direction) el sudeste *or* Sudeste, el sureste *or* Sureste 2▸ (region) el sudeste *or* sureste

southeast² *adj* sudeste *adj inv*, sureste *adj inv*, del sudeste *or* sureste, sudoriental

southeast³ *adv* hacia el sudeste *or* sureste, en dirección sudeste *or* sureste

south: ~easterly /'saʊθ'i:stərli/ *adj* ‹*wind*› del sudeste *or* sureste; **~eastern** /'saʊθ'i:stərn / *adj* sudeste *adj inv*, sureste *adj inv*, del sudeste *or* sureste, sudoriental

southerly /'sʌðərli/ *adj* ‹*wind*› del sur; ‹*latitude*› sur *adj inv*; **in a ~ direction** hacia el sur, en dirección sur

southern /'sʌðərn || 'sʌðən/ *adj* ‹*region*› del sur, meridional, sur *adj inv*; ‹*country*› del sur, meridional; **~ Italy/Poland** el sur de Italia/Polonia; **the ~ states** (in US) los estados del sur; **~ Europe** Europa *f* meridional, el Sur de Europa; **the S~ Hemisphere** el hemisferio austral *or* sur; **the ~ lights** la aurora austral

Southern Cross *n* **the ~ ~** la Cruz del Sur

Southerner, southerner /'sʌðərnər || 'sʌðənə(r)/ *n* sureño, -ña *m,f*

southern-fried /,sʌðərn'fraɪd || ,sʌðən'fraɪd/ *adj* (AmE) frito, (rebozado) con harina, huevo y pan rallado

southernmost /'sʌðərnməʊst || 'sʌðənməʊst/ *adj* (*before n*) ‹*town/island*› más meridional; **the ~ point of the country** el extremo sur del país; **the ~ city in the world** la ciudad más austral del mundo

south: ~ Sea Islands *pl n* **the S~ Sea Islands** las islas del Pacífico Sur; **~ Seas** *pl n* **the S~ Seas** los mares del (hemisferio) Sur

southward¹ /'saʊθwərd/, **southwardly** /-li/ *adj* (*before n*): **in a ~ direction** hacia el sur, en dirección sur

southward², (BrE also) **southwards** /-z/ *adv* hacia el sur; **~ OF sth** al sur DE algo

southwest¹, Southwest /'saʊθ'west/ *n* [u] **the ~** 1▸ (direction) el sudoeste *or* Sudoeste, el suroeste *or* Suroeste 2▸ (region) el sudoeste *or* suroeste

southwest² *adj* sudoeste *adj inv*, suroeste *adj inv*, del sudoeste *or* suroeste

southwest³ *adv* hacia el sudoeste *or* suroeste, en dirección sudoeste *or* suroeste

south: ~westerly /'saʊθ'westərli/ *adj* ‹*wind*› del sudoeste *or* suroeste; **~western** /'saʊθ'westərn/ *adj* sudoccidental, sudoeste *adj inv*, suroeste *adj inv*

souvenir /'su:vənɪr || ,su:və'nɪə(r)/ *n* **~ (OF sth)** recuerdo *m or* souvenir *m* (DE algo)

sou'wester /saʊ'westər || saʊ'westə(r)/ *n* 1▸ (Clothing) sueste *m* 2▸ (Meteo) garbino *m*

sovereign¹ /'sɑ:vrən || 'sɒvrɪn/ *n*

A (monarch) soberano, -na *m,f*

B (coin) soberano *m*, libra *f* (de oro)

sovereign² *adj* soberano

sovereignty /'sɑ:vrənti || 'sɒvrənti/ *n* [u] 1▸ (control, rule) dominio *m*, soberanía *f* 2▸ (autonomy) soberanía *f*

Soviet /'səʊviet, 'sɑ:viət 'səʊviət/ *adj* (Hist) soviético

Soviet Union *n* (Hist) **the ~ ~** la Unión Soviética

sow¹ /səʊ/ (*past* **sowed**; *past p* **sowed** *or* **sown**) *vt* ‹*seeds/field*› sembrar*; **to ~ (the seeds of) doubt in sb's mind** sembrar* (la semilla de) la duda en algn

■ **sow** *vi* sembrar*

sow² /saʊ/ *n* cerda *f*, puerca *f*

sown /səʊn/ *past p of* **sow¹**

sox /sɑ:ks || sɒks/ (AmE colloq) *pl of* **sock¹**

soy /sɔɪ/, (BrE) **soya** /'sɔɪə/ *n* [u] soya *f* (AmL), soja *f* (Esp)

soy: ~ bean, (BrE) **soya bean** *n* soya *f* (AmL), soja *f* (Esp); **~ sauce** *n* [u] salsa *f* de soya (AmL) *or* (Esp) soja

sozzled /'sɑ:zəld || 'sɒzəld/ *adj* (BrE colloq) (*pred*) **to be ~** estar* como una cuba *or* (AmL) tomado (fam); **to get ~** mamarse (fam)

spa /spɑ:/ *n* 1▸ (resort) balneario *m*; (with hot springs) termas *fpl*, balneario *m* 2▸ (spring) manantial *m* (*de agua mineral*) 3▸ (health club) (AmE) gimnasio *m*

space¹ /speɪs/ *n*

A [u] 1▸ (Phys) espacio *m*; **to stare into ~** mirar al vacío 2▸ (Aerosp) espacio *m*; (*before n*) ‹*station/program*› espacial; **~ invaders** (Games) marcianitos *mpl*

B 1▸ [u] (room) espacio *m*, sitio *m*, lugar *m*; **leave some ~ for dessert** deja un lugarcito para el postre; **to take up ~** ocupar espacio; **advertising ~** espacio publicitario 2▸ [c] (empty area) espacio *m*; **wide open ~s** amplios espacios abiertos; **is there a ~ for this in the case?** ¿cabe esto en la maleta?; **a parking ~** un sitio *or* lugar para estacionar *or* (Esp) aparcar; **let's clear a ~ for it first** hagámosle (un) sitio primero

C (of time) (*no pl*) espacio *m*; **in the ~ of one hour** en el espacio *or* lapso de una hora

D [c] (Print) espacio *m*; (*before n*) **~ bar** espaciador *m*

space² *vt* **~ (out)** espaciar

space: ~ age *n* **the ~ age** la era espacial; **~-age** *adj* ‹*technology*› futurista, espacial; **~ capsule** *n* cápsula *f* espacial; **~craft** *n* (*pl* **~craft**) nave *f* espacial

spaced-out /'speɪsd'aʊt/ *adj* (colloq) (on drugs) drogado, pacheco (Méx arg), colocado (Esp fam)

space: ~ heater *n* (AmE) calentador *m*; **~man** /'speɪsmæn/ *n* (*pl* **-men** /-men/) astronauta *m*, cosmonauta *m*; **~-saving** /'speɪs'seɪvɪŋ/ *adj* que ocupa poco espacio, que economiza espacio; **~ship** *n* nave *f* espacial, astronave *f*; **~ shuttle** *n* lanzadera *f or* transbordador *m* espacial; **~ travel** *n* viajes *mpl* por el espacio; **~ walk** *n* paseo *m* espacial; **~-walk** *vi* pasear por el espacio

spacing /'speɪsɪŋ/ *n* [u] (Print) espaciado *m*; **in double ~** a doble espacio

spacious /'speɪʃəs/ *adj* ‹*house/room*› amplio, espacioso; ‹*park*› grande, extenso

spade /speɪd/ *n*

A (tool) pala *f*; ***to call a ~ a ~*** llamar al pan, pan y al vino, vino, llamar a las cosas por su nombre

B **spades** *pl* (suit) (+ *sing or pl vb*) picas *fpl*; ***in ~s*** (AmE colloq): **you have our support, in ~s** te apoyamos cien por ciento

spadework /'speɪdwɜ:rk/ *n* [u] trabajo *m* preparatorio

spaghetti /spə'geti/ *n* [u] espaguetis *mpl*, spaghetti *mpl*

Spain /speɪn/ *n* España *f*

spake /speɪk/ (arch) *past of* **speak**

spam¹ /spæm/ *n* [u]

A (Comput) (colloq) spam *m*, correo *m* basura, correo *m* masivo no solicitado

B (meat product) ▸ **Spam®**

spam² *vt* (colloq) enviarle spam *or* correo basura a

Spam®, spam /spæm/ *n* [u] *fiambre enlatado hecho con carne de cerdo*

span¹ /spæn/ *n* 1▸ (full extent — of hand) palmo *m*; (— of wing) envergadura *f*; (— of bridge, arch) luz *f* 2▸ (part of bridge) arco *m* 3▸ (of time) lapso *m*, espacio *m*, período *m* 4▸ (range): **at**

S

this age children have a short attention ~ a esta edad los niños no pueden mantener la atención por períodos prolongados; **the whole ~ of American history** la historia americana en toda su extensión; ▸**life span**

span² *vt* **-nn-** 1▸ (extend over) abarcar*; **a career that ~ned 60 years** una carrera que abarcó 60 años *or* que se extendió a lo largo de 60 años 2▸ (cross) «*bridge*» ‹*river*› extenderse* sobre, cruzar*

span³ (arch) *past of* **spin²**

spangle /ˈspæŋgəl/ *n* (Clothing) lentejuela *f*

Spaniard /ˈspænjərd || ˈspænjəd/ *n* español, -ñola *m,f*

spaniel /ˈspænjəl/ *n* spaniel *m*

Spanish¹ /ˈspænɪʃ/ *adj* español; ‹*language*› castellano, español

Spanish² *n* 1▸ [u] (language) castellano *m*, español *m* 2▸ (people) (+ *pl vb*) **the ~** los españoles; (Hispanics) los hispanos

Spanish: **~ America** *n* Hispanoamérica *f*; **~ omelet**, (BrE) **~ omelette** *n* tortilla *f* de papas *or* (Esp) patatas, tortilla *f* española

spank /spæŋk/ *vt* darle* unas palmadas a (*en las nalgas*)

spanking¹ /ˈspæŋkɪŋ/ *n* paliza *f*, zurra *f* (*en las nalgas*)

spanking² *adv* (dated) (*as intensifier*) **~ new** flamante, nuevísimo; **~ clean** limpísimo

spanner /ˈspænər || ˈspænə(r)/ *n* (BrE) (*adjustable* ~) llave *f* inglesa; (*box* ~) llave *f* de tubo; (*plug* ~) llave *f* de bujías; ***to throw a ~ in the works*** fastidiarlo todo

spar¹ /spɑːr || spɑː(r)/ *n* (Naut) palo *m*

spar² *vi* **-rr-** 1▸ (in boxing) entrenarse 2▸ (argue) discutir

spare¹ /sper || speə(r)/ *adj* 1▸ (not in use) de más; **have you got a ~ umbrella you could lend me?** ¿tienes un paraguas de más que me puedas prestar?; **have you got any ~ paper** *o* (BrE also) **any paper ~?** ¿tienes un poco de papel que no te haga falta?; ***to go ~*** (BrE colloq) (become distraught) enloquecerse*, volverse* loco; (lit: be available) sobrar 2▸ (in case of need) (*before n*) ‹*key/cartridge*› de repuesto 3▸ (free) libre; **if you've got a ~ minute** si tienes un minuto (libre)

spare² *n* 1▸ (reserve): **I'll take a ~ just in case** llevaré uno de repuesto por si acaso 2▸ **spares** *pl* (spare parts) (BrE) repuestos *mpl or* (Méx) refacciones *fpl*

spare³ *vt*

A 1▸ (do without): **can you ~ your dictionary for a moment?** ¿me permites el diccionario un momento, si no lo necesitas?; **if you can ~ the time** si tienes *or* dispones de tiempo 2▸ (give) **to ~ (sb) sth**: **can you ~ me a pound?** ¿tienes una libra que me prestes/des?; **can you ~ me a few minutes?** ¿tienes unos minutos?; **to ~ a thought for sb** pensar* un momento en algn 3▸ **to spare** (*as adj*): **there's food to ~** hay comida de sobra; **have you got a few minutes to ~?** ¿tienes unos minutos?; **we arrived at the station with half an hour to ~** llegamos a la estación con media hora de anticipación

B 1▸ (keep from using, stint) (*usu neg*): **to ~ no effort** no escatimar esfuerzos; **to ~ no expense** no reparar en gastos 2▸ (save, relieve) **to ~ sb sth** ‹*trouble/embarrassment*› ahorrarle algo A algn; **~ me the details** ahórrate los detalles 3▸ (show mercy, consideration toward) perdonar; **to ~ sb's life** perdonarle la vida a algn; **to ~ sb's feelings** no herir* los sentimientos de algn

spare: **~ part** *n* repuesto *m or* (Méx) refacción *f*; **~rib** *n* costilla *f* (*con poca carne*); **~ room** *n* cuarto *m* de huéspedes *or* (Esp) de los invitados *or* (Chi) de los alojados, recámara *f* de visitas (Méx); **~ time** *n* [u] tiempo *m* libre; **~ tire**, (BrE) **~ tyre** *n* 1▸ (Auto) rueda *f* de repuesto *or* (Esp tb) de recambio, llanta *f* de refacción (Méx), auxiliar *f* (RPl) 2▸ (fat around waist) (colloq) michelines *mpl* (fam), llanta *f* (AmL fam); **~ wheel** *n* (BrE) ▸**~ tire 1**

sparing /ˈsperɪŋ || ˈspeərɪŋ/ *adj* moderado; **be a bit ~ with the sugar** no derroches azúcar *or* trata de economizar azúcar

sparingly /ˈsperɪŋli/ *adv* ‹*use*› con moderación

spark¹ /spɑːrk || spɑːk/ *n*

A [c] (from fire, flint) chispa *f*; ***to make ~s fly*** armar una bronca (fam)

B 1▸ [u] (liveliness) chispa *f*; **she's lost some of her ~** ya no tiene la chispa de antes 2▸ [c] (trace) pizca *f*

spark² *vt*, (BrE also) **spark off** ‹*rioting/revolution*› hacer* estallar, desencadenar, desatar; ‹*interest*› suscitar, despertar*; ‹*criticism*› provocar*

sparking plug /ˈspɑːrkɪŋ/ *n* (BrE) ▸**spark plug**

sparkle¹ /ˈspɑːrkəl || ˈspɑːkəl/ *vi* «*gem/glass*» centellear, destellar, brillar; «*eyes*» brillar

sparkle² *n* 1▸ (*no pl*) (of gem, glass) destello *m*, brillo *m*; (of eyes) brillo *m* 2▸ [u] (animation) chispa *f*, brillo *m*

sparkler /ˈspɑːrklər/ *n* (firework) luz *f* de Bengala

sparkling /ˈspɑːrklɪŋ || ˈspɑːklɪŋ/ *adj* 1▸ (shining) ‹*gems/stars*› centelleante, brillante; ‹*eyes*› chispeante, brillante 2▸ ‹*wit/conversation*› chispeante 3▸ (effervescent) ‹*wine*› espumoso, espumante

spark plug *n* bujía *f*, chispero *m* (AmC)

sparring partner /ˈspɑːrɪŋ/ *n* 1▸ (Sport) sparring *m* 2▸ (in argument) antagonista *mf*, contrincante *mf*

sparrow /ˈspærəʊ/ *n* gorrión *m*

sparrowhawk /ˈspærəʊhɔːk/ *n* gavilán *m*

sparse /spɑːrs || spɑːs/ *adj* ‹*population/vegetation*› escaso, poco denso; ‹*furniture*› escaso; ‹*beard/hair*› ralo

sparsely /ˈspɑːrsli || ˈspɑːsli/ *adv*: **the area was ~ populated** la zona estaba escasamente *or* muy poco poblada, la zona tenía baja densidad de población; **the room is ~ furnished** la habitación tiene pocos *or* escasos muebles

spartan /ˈspɑːrtn̩ || ˈspɑːtn̩/ *adj* ‹*conditions*› espartano

spasm /ˈspæzəm/ *n* (Med) espasmo *m*; **to go into ~** contraerse* espasmódicamente

spasmodic /spæzˈmɑːdɪk || spæzˈmɒdɪk/ *adj* 1▸ ‹*growth/activity*› irregular 2▸ (Med) ‹*pain/cough*› espasmódico

spasmodically /spæzˈmɑːdɪkli || spæzˈmɒdɪkli/ *adv* de manera irregular *or* discontinua, a rachas

spastic /ˈspæstɪk/ *n* espástico, -ca *m,f*

spat¹ /spæt/ *n*

A (quarrel) (colloq) rencilla *f*, discusión *f*

B **spats** *pl* (Clothing) polainas *fpl*

spat² *past & past p of* **spit²**

spate /speɪt/ *n* (of orders, letters) avalancha *f*, aluvión *m*, torrente *m*; (of robberies, accidents) racha *f*, serie *f*; ***to be in (full) ~*** (BrE) «*river*» estar* crecido

spatial /ˈspeɪʃəl/ *adj* (*before n*) espacial, del espacio

spatter /ˈspætər || ˈspætə(r)/ *vt* ‹*mud/blood*› salpicar*; **to ~ sth/sb WITH sth** salpicar* algo/a algn DE algo

■ **spatter** *vi* «*paint/blood*» salpicar*

spatula /ˈspætʃələ || ˈspætjʊlə/ *n* 1▸ (Culin) (for turning, serving) pala *f* (de servir); (for scraping out bowls) espátula *f* 2▸ (Pharm, Med) espátula *f*

spawn¹ /spɔːn/ *n* [u] 1▸ (of fish) hueva(s) *f(pl)*; (of frogs) huevas *fpl* 2▸ (Bot) micelio *m*

spawn² *vi* «*frogs/fish*» desovar

spay /speɪ/ *vt* ‹*cat/bitch*› esterilizar* (*extirpando los ovarios*)

SPCA *n* (in US) (= **Society for the Prevention of Cruelty to Animals**) ≈ Asociación *f* protectora de animales

SPCC *n* (in US) (= **Society for the Prevention of Cruelty to Children**) ≈ Asociación *f* de proteccíon a la infancia

speak /spiːk/ (*past* **spoke** *or* (arch) **spake**; *past p* **spoken**) *vi*

A 1▸ (say sth) hablar; **sorry, did you ~?** perdón ¿dijiste algo? *or* ¿me hablaste?; **to ~ TO** *o* (esp AmE) **WITH sb** hablar CON algn, hablarle A algn; **wake up Mark, ~ to me!** ¡Mark despierta, di algo!; **they are not ~ing (to each other)** no se hablan, no se dirigen la palabra; **I don't know her to ~ to** sólo la conozco de vista; **I've often heard her ~ about it** a menudo la he oído hablar de eso; **to ~ OF sth/sb/-ING** hablar DE algo/algn/+ INF; **you never spoke of this to anyone?** ¿nunca hablaste de esto con nadie?; **they don't have much money to ~ of** no tienen mucho dinero, que digamos; **~ing personally, I think ...** personalmente, creo que ...; **roughly/generally ~ing** en términos generales; **legally/morally ~ing** desde el punto de vista legal/moral; **so to ~** por así decirlo 2▸ (on telephone): **hello, Barbara Mason ~ing ...** buenas tardes, habla *or* (Esp tb) soy Barbara Mason; **could I ~ to Mrs Hodges, please? — ~ing!** ¿podría hablar con la Sra. Hodges, por favor? — con ella (habla); **who's ~ing,**

S

please? (to caller) ¿de parte de quien?; (to person answering a call) ¿con quién hablo?
B (make speech) hablar; **the delegate rose to ~** el delegado se levantó para hacer uso de la palabra (frml); **to ~ ON** *o* **ABOUT sth** hablar ACERCA DE *or* SOBRE algo
■ **speak** *vt* 1 (say, declare): **nobody spoke a word** nadie dijo nada, nadie abrió la boca (fam); **to ~ one's mind** *o* **thoughts** hablar claro *or* con franqueza; **to ~ the truth** decir* la verdad 2 ‹*language*› hablar; **do you ~ English?** ¿habla inglés?; **S English spoken** se habla inglés
Phrasal verbs
• **speak for**
A [v ▸ prep ▸ o] hablar por; **I think I ~ for all of us when I say that ...** creo que hablo por todos al decir que ...; **we'd love to meet him — ~ for yourself!** nos encantaría conocerlo — ¡eso lo dirás por ti!; **the facts ~ for themselves** los hechos son elocuentes
B **to be spoken for** (engaged) (dated *or* hum) estar* comprometido; (reserved) estar* reservado
• **speak out** [v ▸ adv]: **to ~ out FOR/AGAINST sth**: **he spoke out against corruption** denunció la corrupción existente; **she spoke out for the strikers** defendió a los huelguistas
• **speak up** [v ▸ adv] 1 (speak loudly, clearly) hablar más fuerte *or* más alto 2 (speak boldly) decir* lo que se piensa; **to ~ up FOR sb** defender* a algn

speakeasy /'spi:k,i:zi/ *n* (*pl* **-easies**) (in US) bar *m* clandestino

speaker /'spi:kər || 'spi:kə(r)/ *n*
A 1 (person who speaks): **all eyes turned to the ~** todas las miradas se volvieron hacia quien hablaba 2 (in public) orador, -dora *m,f* 3 (of language) hablante *mf*; **a native ~ of Spanish, a Spanish native ~** un hablante nativo de español 4 (Govt) presidente, -ta *m,f*; **Madam S~** Señora Presidente
B (Audio) 1 (loudspeaker) altavoz *m*, (alto)parlante *m* (AmS) 2 (of hi-fi) baf(f)le *m*, parlante *m* (AmS)

speakerphone /'spi:kərfəʊn || 'spi:kəfəʊn/ *n* (AmE) teléfono *m* de manos libres

speaking /'spi:kɪŋ/ *adj* (*before n*): **a good ~ voice** una voz muy clara (*or* potente *etc*); **a ~ part** (Cin, Theat) un papel hablado; **to be on ~ terms with sb** estar* en buenas relaciones con algn

-speaking /,spi:kɪŋ/ *suff* -hablante, -parlante; **Spanish~** hispanohablante, hispanoparlante; **French~** francófono; **English~** de habla inglesa

speaking clock *n* (BrE) servicio *m* grabado de información horaria, hora *f* oficial

spear[1] /spɪr || 'spɪə(r)/ *n*
A 1 (weapon) lanza *f* 2 (for fishing) arpón *m*
B (of grass) brizna *f*; **asparagus ~s** espárragos *mpl*

spear[2] *vt* ‹*fish*› arponear; **he ~ed the meat with his fork** pinchó la carne con el tenedor

spearhead[1] /'spɪrhed || 'spɪəhed/ *n* 1 (of spear) punta *f* de lanza 2 (leading troops) vanguardia *f* 3 (of attack, campaign etc) punta *f* de lanza

spearhead[2] *vt* 1 (Mil) encabezar* 2 (take leading role in) (journ) encabezar*, ser* la punta de lanza de

spearmint /'spɪrmɪnt || 'spɪəmɪnt/ *n* [u] menta *f* verde

spec /spek/ *n*: **on ~** (colloq) por si las moscas (fam)

special[1] /'speʃəl/ *adj* 1 (exceptional) (*before n*) ‹*favor/request*› especial; **a ~ price** un precio especial *or* de ocasión; **he makes me feel ~** me hace sentir muy apreciada; **what's so ~ about Steve?** ¿qué tiene Steve de especial? 2 (for specific purpose) (*before n*) ‹*arrangements/fund*› especial; **~ powers** (Govt) poderes *mpl* extraordinarios 3 (particular, individual) especial, particular; **my ~ interest is medieval poetry** me interesa especialmente *or* en especial *or* en particular la poesía medieval; **children with ~ needs** (Educ) niños que requieren una atención diferenciada; **what are you doing tonight? — nothing ~** ¿qué haces esta noche? — nada en especial

special[2] *n*
A (train) tren *m* especial
B **~ (constable)** (in UK) *civil que en determinadas situaciones cumple tareas de policía*
C 1 (Culin) plato *m* especial; **the chef's ~** especialidad *f* del día 2 (special offer) oferta *f* especial; **on ~** (AmE) de *or* en oferta

special: **~ Branch** *n* (in UK) *departamento policial encargado de velar por la seguridad del Estado*; **~ delivery** *n* [u] correo *m* exprés *or* expreso; **~ education** *n* [u] educación *f or* pedagogía *f* especial *or* diferencial; **~ effects** *pl n* efectos *mpl* especiales

specialist /'speʃələst || 'speʃəlɪst/ *n* 1 (expert) especialista *mf*; (*before n*) ‹*knowledge/dictionary/shop*› especializado 2 (Med) especialista *mf*

speciality /'speʃi'æləti/ *n* (*pl* **-ties**) (BrE) ▸**specialty[1]**

specialization /'speʃələ'zeɪʃən || ,speʃəlaɪ'zeɪʃən/ *n* 1 [u] (specializing) **~ (IN sth)** especialización *f* (EN algo) 2 [c] (special subject) especialidad *f*, especialización *f*

specialize /'speʃəlaɪz/ *vi* **to ~ (IN sth)** especializarse* (EN algo)

specialized /'speʃəlaɪzd/ *adj* especializado

specially /'speʃəli/ *adv* 1 (specifically) especialmente, expresamente 2 (especially) ‹*long/difficult*› particularmente; **why did you choose that one ~?** ¿por qué escogió ése precisamente *or* en particular?

special school *n* escuela *f or* colegio *m* de educación especial *or* diferencial

specialty[1] /'speʃəlti/ *n* (*pl* **-ties**) (AmE) 1 (special interest, skill) especialidad *f* 2 (product) especialidad *f*; **chef's ~** especialidad *f* del día; **lace is a ~ of the region** el encaje es una de las artesanías típicas de la región

specialty[2] *adj* (AmE) (*before n: no comp*) ‹*merchandise/store*› especializado

species /'spi:ʃi:z/ *n* (*pl* **~**) (Biol) especie *f*

specific /spɪ'sɪfɪk || spə'sɪfɪk/ *adj* 1 (particular, individual) específico; **give ~ examples** dé ejemplos concretos; **have you a ~ reason for asking?** ¿me preguntas por algún motivo en particular *or* en especial?; **~ TO sth/sb** específico *or* propio DE algo/algn 2 (explicit, unambiguous) explícito, preciso 3 (exact, precise) preciso

specifically /spɪ'sɪfɪkli || spə'sɪfɪkli/ *adv* 1 (explicitly) ‹*state/mention*› explícitamente 2 (specially, particularly) específicamente 3 (more precisely) en concreto

specification /'spesəfə'keɪʃn || ,spesɪfɪ'keɪʃən/ *n*
A [u] (act of specifying) especificación *f*
B [c] (*often pl*) 1 (detailed plan) especificación *f* 2 (requirement) especificación *f* 3 (condition) requisito *m*

specific gravity *n* peso *m* específico

specify /'spesəfaɪ || 'spesɪfaɪ/ *vt* **-fies, -fying, -fied** 1 (state exactly) especificar*; **he didn't ~ a particular time** no especificó *or* no precisó la hora 2 (stipulate, lay down) especificar*

specimen /'spesəmən || 'spesɪmən/ *n* 1 (sample — of rock, plant, tissue) muestra *f*, espécimen *m*; (— of blood, urine) muestra *f*; (— of work, handwriting) muestra *f*; (*before n*) de muestra; **~ signature** espécimen *m* de firma 2 (individual item, example) ejemplar *m*, espécimen *m*

specious /'spi:ʃəs/ *adj* (frml) especioso (frml), engañoso

speck[1] /spek/ *n* 1 (spot, stain) manchita *f* 2 (particle, tiny bit) mota *f*; **the wool has ~s of red and blue in it** la lana tiene motitas *or* pintitas rojas y azules 3 (trace) pizca *f*

speck[2] *vt* (*usu pass*): **the blanket was ~ed with blood** la manta estaba salpicada de sangre

speckle[1] /'spekəl/ *n* motita *f*, pintita *f*

speckle[2] *vt* (*usu pass*) motear; **it's gray ~d with green** es gris moteado de verde; **a ~d hen** una gallina pinta *or* (RPl) bataraza

specs /speks/ *pl n*
A (specifications) (colloq) especificaciones *fpl*
B (spectacles) (colloq & dated) ▸**spectacle B**

spectacle /'spektɪkəl || 'spektəkəl/ *n*
A (show, sight) espectáculo *m*; ***to make a ~ of oneself*** dar* un *or* el espectáculo (fam)
B **spectacles** *pl* gafas *fpl*, anteojos *mpl* (esp AmL), lentes *mpl* (esp AmL); **a pair of ~s** un par de gafas (*or* anteojos *etc*), unas gafas (*or* unos anteojos *etc*)

spectacle case *n* (BrE) estuche *m* de gafas *or* anteojos

spectacular[1] /spek'tækjələr || spek'tækjulə(r)/ *adj* espectacular

spectacular[2] *n* programa *m* especial

spectacularly /spek'tækjələrli/ *adv* ‹*increase/improve*› de modo espectacular, espectacularmente; **the coast is**

~ **beautiful** la costa es de una belleza espectacular

spectator /'spekteɪtər || spek'teɪtə(r)/ *n* espectador, -dora *m,f*; (*before n*) ~ **sport** deporte *m* espectáculo

specter, (BrE) **spectre** /'spektər || 'spektə(r)/ *n* 1 (ghost) (liter) espectro *m* 2 (disturbing prospect) fantasma *m*, espectro *m*

spectra /'spektrə/ *pl of* **spectrum**

spectral /'spektrəl/ *adj* (liter) espectral

spectre /'spektər/ *n* (BrE) ▸ **specter**

spectrum /'spektrəm/ *n* (*pl* **-tra**)
A (Opt, Phys) espectro *m*
B (range) espectro *m*, gama *f*; **the political** ~ el espectro político; **a broad** ~ **of views** una amplia gama de opiniones; **at the other end of the** ~ en el extremo opuesto

speculate /'spekjəleɪt || 'spekjʊleɪt/ *vi*
A (Fin) especular; **to** ~ **on the stock market** jugar* a la bolsa
B (guess, conjecture) **to** ~ (**ON** *o* **ABOUT sth**) hacer* conjeturas *or* especular (SOBRE algo)

speculation /'spekjə'leɪʃən || ˌspekjʊ'leɪʃən/ *n* [u c]
A (Fin) especulación *f*; **property** ~ especulación en *or* con bienes raíces
B (reflection, conjecture) especulación *f*; **there is mounting** ~ **about it** se intensifican las especulaciones al respecto

speculative /'spekjələtɪv || 'spekjʊlətɪv/ *adj*
A (Fin) ‹*venture/purchase/sale*› especulativo
B (theoretical) ‹*ideas/conclusions*› especulativo; **all this is purely** ~ todo esto es meramente especulativo

speculator /'spekjəleɪtər/ *n* (Fin) especulador, -dora *m,f*; **a property** ~ un especulador en bienes raíces

sped /sped/ *past & past p of* **speed²**

speech /spiːtʃ/ *n*
A 1 [u] (act, faculty) habla *f*‡; **freedom of** ~ libertad *f* de expresión *or* de palabra; (*before n*) ~ **defect** defecto *m* del habla *or* de pronunciación; ~ **impediment** impedimento *m* del habla 2 [u] (manner of speaking) forma *f* de hablar 3 [u c] (language, dialect) habla *f*‡; **in casual** ~ en el habla coloquial
B [c] 1 (oration) discurso *m*, alocución *f* (frml); ~**!** ~**!** (hum) ¡que hable! ¡que hable!; **to make** *o* (frml) **deliver a** ~ (**on** *o* **about sth**) dar* *or* (frml) pronunciar un discurso (sobre *or* acerca de algo) 2 (Theat) parlamento *m*
C [u] (Ling): **direct/indirect** *o* **reported** ~ estilo *m or* discurso *m* directo/indirecto

speech day *n* (BrE) día *m* de entrega de premios

speechless /'spiːtʃləs || 'spiːtʃlɪs/ *adj*: **she was** ~ **with rage** enmudeció de rabia; **I'm** ~**!** no sé qué decir

speech: ~ **therapist** *n* foniatra *mf*, logopeda *mf*; ~ **therapy** *n* [u] foniatría *f*, logopedia *f*

speed¹ /spiːd/ *n*
A 1 [c u] (rate of movement, progress) velocidad *f*; **what** ~ **were you doing?** ¿a qué velocidad ibas?; **what is its top** ~**?** ¿cuál es la velocidad máxima (que da)?; **they set off at top/high** ~ salieron a toda/alta velocidad, salieron a todo lo que da; **to pick up** *o* **gather** ~ cobrar *or* ganar *or* (esp Esp) coger* velocidad 2 (relative quickness) rapidez *f*; **the** ~ **with which the matter was resolved** la rápidez con la que se resolvió el asunto
B [c] (Phot): **film** ~ sensibilidad *f* de la película; **shutter** ~ tiempo *m* de exposición
C [c] (gear) velocidad *f*, marcha *f*
D [u] (amphetamine) (sl) anfetas *fpl* (fam)

speed² *vi* 1 (*past & past p* **sped**) (go, pass quickly) (+ *adv compl*): **the car sped off** *o* **away around the corner** el coche se alejó doblando la esquina a toda velocidad; **he sped by** *o* **past in his new sports car** nos pasó a toda velocidad con su nuevo coche deportivo; **the hours sped by** las horas pasaron volando 2 (*past & past p* **speeded**) (drive too fast) «*car/motorist*» ir* a velocidad excesiva; **he was fined for** ~**ing** lo multaron por exceso de velocidad

■ **speed** *vt* (*past & past p* **speeded**) (hasten) acelerar; **helicopters are being used to** ~ **supplies to the area** están usando helicópteros para hacer llegar los suministros rápidamente a la zona

Phrasal verb

• **speed up** (*past & past p* **speeded**)
A [v ▸ adv] 1 (move faster) «*vehicle/driver*» acelerar; «*walker*» apretar* el paso 2 «*process/production*» acelerarse; **we'll have to** ~ **up** tendremos que darnos prisa, tendremos que apurarnos (AmL)
B [v ▸ o ▸ adv, v ▸ adv ▸ o] 1 ‹*vehicle*› acelerar 2 ‹*work/production*› acelerar

speed: ~**boat** *n* (lancha *f*) motora *f*; ~ **bump** *n* badén *m*, guardia *m* tumbado (Esp), tope *m* (Méx), policía *m* acostado (Col), lomo *m* de burro (RPl), baden *m* (Chi); ~ **camera** *n* cámara *f* de control de velocidad, fotorradar *m* (Chi)

speedily /'spiːdli/ *adv* con toda prontitud

speed limit *n* velocidad *f* máxima, límite *m* de velocidad; **to exceed** *o* **break the** ~ ~ sobrepasar la velocidad permitida *or* el límite de velocidad

speedometer /spɪ'dɑːmətər || spiː'dɒmɪtə(r)/ *n* velocímetro *m*, indicador *m* de velocidad

speed: ~ **restriction** *n* límite *m* de velocidad; ~ **skating** *n* [u] patinaje *m* de velocidad; ~ **trap** *n* control *m* de velocidad (*por radar*); ~**way** *n* 1 [u] (sport) carreras *fpl* de motocicletas 2 [c] ~**way (track)** pista *f*, circuito *m* 3 [c] (AmE Transp) autopista *f*

speedy /'spiːdi/ *adj* **-dier, -diest** ‹*reply/delivery*› rápido; ‹*solution*› pronto, rápido; **to wish sb a** ~ **recovery** desearle una pronta mejoría a algn

spell¹ /spel/ *n*
A (*magic* ~) encanto *m*, hechizo *m*, encantamiento *m*; **evil** ~ maleficio *m*; **to cast a** ~ **over** *o* **to put a** ~ **on sth/sb** hechizar* *or* embrujar algo/a algn; **she is completely under his** ~ la tiene totalmente embelesada
B 1 (of weather) período *m* 2 (period of time) período *m*, temporada *f*; **I was going through a bad** ~ estaba pasando por una mala racha

spell² (*past & past p* **spelled** *or* (BrE also) **spelt**) *vt*
A (write) escribir*; (orally) deletrear; **how do you** ~ **Zimbabwe?** ¿cómo se escribe Zimbabwe?; **could you** ~ **it for me?** ¿me lo deletrea?
B (mean) significar*; (foretell) anunciar, augurar

■ **spell** *vi*: **he can't** ~ tiene mala ortografía, no sabe escribir correctamente; (orally) no sabe deletrear

Phrasal verb

• **spell out** [v ▸ o ▸ adv, v ▸ adv ▸ o] 1 ‹*word*› deletrear 2 (explain) explicar* en detalle; **don't you understand? do I have to** ~ **it out?** ¿no entiendes? ¿te lo tengo que decir letra por letra?

spell: ~**binding** *adj* ‹*speech/film*› fascinante; **as an orator he was absolutely** ~**binding** como orador cautivaba al público; ~**bound** *adj* embelesado, maravillado; ~ **check** *n* corrector *m* ortográfico; ~**-check** *vt* corregir* las faltas de ortografía de

speller /'spelər || 'spelə(r)/ *n* (person): **she/he is a good/poor** ~ tiene buena/mala ortografía

spelling /'spelɪŋ/ *n* 1 [u] (system, ability) ortografía *f*; **to be good/bad at** ~ tener* buena/mala ortografía; (*before n*) ~ **checker** corrector *m* ortográfico; ~ **mistake** falta *f* de ortografía, error *m* ortográfico 2 [c] (of a word) grafía *f*, ortografía *f*

spelt /spelt/ (BrE) *past & past p of* **spell²**

spelunker /spɪ'lʌŋkər/ *n* (AmE) espeleólogo, -ga *m,f*

spelunking /spɪ'lʌŋkɪŋ/ *n* (AmE) espeleología *f*

spend /spend/ *vt* (*past & past p* **spent**)
A 1 ‹*money*› gastar; **to** ~ **sth ON sb/sth** gastar algo EN algn/algo 2 (expend) **to** ~ **sth** (**ON sth**) dedicarle* algo A algo, invertir* algo EN algo; **she spent two months on that painting** (se) pasó dos meses con ese cuadro, le dedicó dos meses a ese cuadro; **don't** ~ **too long on each question** no le dediquen mucho tiempo a cada pregunta; ~ **your time wisely** emplea bien el tiempo
B (pass) ‹*period of time*› pasar; **where did you** ~ **Christmas?** ¿dónde pasaste la Navidad?; **I spent five years as a salesman** (me) pasé cinco años trabajando como vendedor
C (exhaust) agotar; **the hurricane had spent its force** el huracán había agotado *or* perdido su fuerza

spending /'spendɪŋ/ *n* [u] gastos *mpl*; **I've had to cut back on my** ~ he tenido que reducir mis gastos; **public** ~ **has increased since last year** el gasto público ha aumentado desde el año pasado; ~ **ON sth**: ~ **on defense** los gastos de defensa; (*before n*) ~ **cut** recorte *m* presupuestario; ~ **power** poder *m* adquisitivo *or* de compra

S

spending money *n* [u] dinero *m* para gastos personales

spendthrift /ˈspendθrɪft/ *n* despilfarrador, -dora *m,f*, derrochador, -dora *m,f*, gastador, -dora *m,f*, botarate *mf*

spent[1] /spent/ *past & past p of* **spend**

spent[2] *adj* 1 (used) ‹*match/ammunition*› usado 2 (exhausted): **the storm was ~** la tormenta había perdido *or* agotado su fuerza

sperm /spɜːrm/ *n* (*pl* **~** *or* **~s**) 1 [u] (seminal liquid) semen *m*, esperma *m or f* 2 [c] (gamete) espermatozoide *m*, espermio *m*; (*before n*) **~ count** cuenta *f* espermática

spermicide /ˈspɜːrməsaɪd || ˈspɜːmɪsaɪd/ *n* [c u] espermicida *m*, espermaticida *m*

sperm whale *n* cachalote *m*

spew /spjuː/ *vi* 1 «*water*» salir* a borbotones; **lava ~ed forth from the volcano** el volcán arrojaba *or* vomitaba lava 2 (vomit) (BrE sl) vomitar, arrojar, lanzar* (fam)

■ **spew** *vt* ‹*lava*› arrojar, vomitar; ‹*flames*› arrojar

sphere /sfɪr || sfɪə(r)/ *n*

A 1 (globe) esfera *f* 2 (Astron, Hist) esfera *f*; **the celestial ~** la bóveda *or* esfera celeste

B (field, circle) esfera *f*, ámbito *m*; **~ of influence** esfera de influencia

spherical /ˈsfɪrɪkəl || ˈsferɪkəl/ *adj* esférico

Sphinx /sfɪŋks/ *n* **the ~** la Esfinge

spice[1] /spaɪs/ *n* 1 [c u] (seasoning) especia *f*; (*before n*) **~ rack** especiero *m* 2 [u] (zest, interest) sabor *m*; **to add ~ to a story** hacer* un relato más sabroso; ▸**variety 1**

spice[2] *vt* 1 (Culin) (*often pass*) condimentar, sazonar* 2 (add excitement to) darle* sabor a; **to ~ up a story** darle* más sabor a un relato

spick-and-span /ˈspɪkənˈspæn/ *adj* (colloq) (*pred*): **she likes to keep her room ~** le gusta tener la habitación limpia y ordenada

spicy /ˈspaɪsi/ *adj* **-cier, -ciest** 1 ‹*sauce/food*› (highly seasoned) muy condimentado; (with spices) con muchas especias; (hot, peppery) picante 2 (racy) ‹*story/account*› sabroso; (with sexual connotations) picante

spider /ˈspaɪdər || ˈspaɪdə(r)/ *n* (Zool) araña *f*; **~** *o* (BrE) **~'s web** telaraña *f*, tela *f* de araña

spidery /ˈspaɪdəri/ *adj*: **~ handwriting** letra *f* de trazos delgados e inseguros

spiel /spiːl || ʃpiːl/ *n* (colloq) perorata *f* (fam), rollo *m* (fam)

spigot /ˈspɪgət/ *n* 1 (faucet) (AmE) llave *f or* (Esp) grifo *m or* (RPl) canilla *f or* (Per) caño *m or* (AmC) paja *f* 2 (bung) tapón *m* (*de barril*) 3 (tap on cask) espita *f*

spike[1] /spaɪk/ *n*

A 1 (pointed object) punta *f*, púa *f*, pincho *m or* (Arg) pinche *m*; (on track shoes) clavo *m or* (Chi, Ven) púa *f or* (Col) carramplón *m* 2 (Elec Eng, Phys) pico *m* 3 **~ (heel)** (AmE) ▸**stiletto B**

B spikes *pl* (running shoes) zapatillas *fpl* de clavos *or* (Chi, Ven) de púas *or* (Col) con carramplones, picos *mpl* (Méx)

S

spike[2] *vt*

A (pierce) pinchar, clavar

B (add sth to) (colloq): **they ~d his lemonade with vodka** le echaron vodka en la limonada

spiky /ˈspaɪki/ *adj* **-kier, -kiest** 1 (having spikes) con puntas *or* púas *or* pinchos 2 (sharp, pointed) puntiagudo, picudo, puntudo (Col, CS) 3 ‹*hair*› de punta

spill[1] /spɪl/ (*past & past p* **spilled** *or* **spilt**) *vt* ‹*liquid*› derramar, verter*; (knock over) volcar*; **I spilt my coffee on the sofa** se me cayó el café en el sofá

■ **spill** *vi* «*liquid*» derramarse; **the coins ~ed onto the floor** las monedas cayeron al suelo; **people ~ed (out) into the streets** la gente se volcó *or* se echó a las calles

Phrasal verb

• **spill over** [v ▸ adv] «*container*» desbordarse; «*liquid*» rebosar; «*fighting/conflict*» extenderse*

spill[2] *n*

A (for lighting fires — of wood) astilla *f*; (— of paper) papel *m* enrollado

B ▸**spillage**

spillage /ˈspɪlɪdʒ/ *n* [u c] vertido *m*, derrame *m*

spilt /spɪlt/ *past & past p of* **spill**[1]

spin[1] /spɪn/ *n*

A 1 (act): **to give sth a ~** hacer* girar algo 2 [c] (in washing machine): **give the sheets a ~** centrifuga las sábanas; (*before n*) ‹*speed/program*› de centrifugado 3 [u] (on ball) (Sport) efecto *m*, chanfle *m* (AmL); **to put ~ on the ball** lanzar* la pelota con efecto, darle* chanfle a la pelota (AmL)

B [c] 1 (of aircraft) barrena *f*, caída *f* en espiral; ***to be in a (flat) ~*** estar* muy confuso *or* confundido, estar* sin saber qué hacer *or* qué pensar 2 (Auto) trompo *m*

C [c] (ride) (colloq): **to go for a ~** ir* a dar un paseo en coche (*or* en moto *etc*), ir* a dar un garbeo (Esp fam)

D [u] (bias) interpretación *f* favorable (*no imparcial*)

spin[2] (*pres p* **spinning**; *past* **spun** *or* (arch) **span**; *past p* **spun**) *vt*

A 1 (turn) ‹*wheel*› hacer* girar; ‹*top*› hacer* girar *or* bailar 2 ‹*washing*› centrifugar* 3 ‹*ball*› darle* efecto a, darle* chanfle a (AmL)

B 1 ‹*wool/cotton*› hilar 2 ‹*web*› tejer

C (interpret with bias) ‹*news/event*› darle* una sesgo positivo a, sesgar* favorablemente

■ **spin** *vi*

A 1 (rotate) «*wheel*» girar; «*top*» girar, bailar; **my head is ~ning** la cabeza me da vueltas 2 «*washing machine*» centrifugar* 3 (move rapidly) (+ *adv compl*): dar* vueltas; **the glass spun across the table** el vaso fue rodando por la mesa; **the car spun out of control** el coche sufrió un trompo 4 (Aviat) caer* en barrena

B (Tex) hilar

Phrasal verb

• **spin out** [v ▸ o ▸ adv, v ▸ adv ▸ o] ‹*money/salary*› estirar; ‹*vacation/story*› alargar*, prolongar*

spina bifida /ˈspaɪnəˈbɪfədə/ *n* [u] espina *f* bífida

spinach /ˈspɪnɪtʃ || ˈspɪnɪdʒ, -ɪtʃ/ *n* [u] (Bot) espinaca *f*; (Culin) espinaca(s) *f(pl)*

spinal /ˈspaɪnl/ *adj* de la columna vertebral; **~ nerve** nervio *m* raquídeo *or* espinal; **~ tap** punción *f* lumbar

spinal: ~ column *n* columna *f* vertebral, espina *f* dorsal; **~ cord** *n* médula *f* espinal

spindle /ˈspɪndl/ *n* 1 (Mech Eng) eje *m* 2 (Tex) huso *m*

spindly /ˈspɪndli/ *adj* **-dlier, -dliest** ‹*legs*› largo y flaco; ‹*plant*› alto y débil

spin: ~ drier *n* centrifugadora *f* (*de ropa*); **~-dry** /ˈspɪn ˈdraɪ/ *vt* **-dries, -drying, -dried** centrifugar*; **~ dryer** *n* ▸**~ drier**

spine /spaɪn/ *n*

A 1 (Anat) columna *f* (vertebral), espina *f* dorsal; ***to send a chill up*** *o* ***shivers down sb's ~*** producirle* escalofríos a algn; **a shiver ran down my ~** un escalofrío me recorrió la espalda 2 (of book) lomo *m*

B (on animal) púa *f*; (on plant) espina *f*

spine-chilling /ˈspaɪnˌtʃɪlɪŋ/ *adj* espeluznante

spineless /ˈspaɪnləs || ˈspaɪnlɪs/ *adj* 1 (cowardly, weak) débil, sin carácter 2 (Zool) invertebrado

spinner /ˈspɪnər || ˈspɪnə(r)/ *n* 1 (Tex) hilandero, -ra *m,f* 2 (drier) centrifugadora *f*

spinney /ˈspɪni/ *n* (*pl* **-neys**) (BrE) bosquecillo *m*, soto *m*

spinning /ˈspɪnɪŋ/ *n* [u] (Tex) hilado *m*

spinning: ~ top *n* trompo *m*, peonza *f*; **~ wheel** *n* rueca *f*

spin-off /ˈspɪnɔːf || ˈspɪnɒf/ *n* (product) producto *m* derivado; (result) resultado *m* indirecto

spinster /ˈspɪnstər || ˈspɪnstə(r)/ *n* soltera *f*

spiral[1] /ˈspaɪrəl || ˈspaɪərəl/ *n* 1 (shape, movement) espiral *f* 2 (of smoke) voluta *f*, espiral *f*

spiral[2] *adj* ‹*shape*› de espiral, acaracolado; **~ staircase** escalera *f* de caracol

spiral[3] *vi*, (BrE) **-ll-** 1 (increase) «*unemployment*» escalar; «*prices*» dispararse 2 (move) (+ *adv compl*): **to ~ up/down** subir/bajar en espiral

spire /spaɪr || ˈspaɪə(r)/ *n* aguja *f*, chapitel *m*

spirit[1] /ˈspɪrət || ˈspɪrɪt/ *n*

A 1 [u] (life force, soul) espíritu *m*; **the ~ is willing but the flesh is weak** a pesar de las buenas intenciones, la carne es débil 2 [c] (Occult) espíritu *m*

B [c] (person) persona *f*; **a free ~** una persona a quien no preocupan los convencionalismos

C [u] (vigor, courage) espíritu *m*, temple *m*; **this horse/child has plenty of ~** este caballo/esta niña tiene mucho brío; **to break sb's ~** quebrantarle el espíritu a algn

D (mental attitude, mood) (*no pl*) espíritu *m*; **the party/Christmas ~** el espíritu festivo/navideño; **that's the ~!** ¡así se hace!, ¡así me gusta!; **in a ~ of great self-sacrifice** con gran espíritu de sacrificio; **she entered into the ~ of things** entró en ambiente

E spirits *pl* (emotional state): **to be in good ~s** estar* animado, tener* la moral alta; **to be in high ~s** estar* muy animado *or* de muy buen humor; **keep your ~s up** ¡arriba ese ánimo *or* esos ánimos!; **his ~s fell** se desanimó *or* se desmoralizó

F spirits *pl* (alcohol) bebidas *fpl* alcohólicas (*de alta graduación*), licores *mpl*

spirit² *vt*: **to ~ sth away** hacer* desaparecer algo como por arte de magia; **the prisoner was ~ed away during the night** el prisionero desapareció *or* se esfumó durante la noche como por arte de magia

spirited /'spɪrətəd || 'spɪrɪtɪd/ *adj* ‹*horse/child*› brioso, lleno de vida; ‹*reply*› enérgico; ‹*defense*› ardiente, vehemente; **the team gave a ~ performance** el equipo jugó con garra *or* brío

spirit level *n* nivel *m* (de burbuja *or* de aire)

spiritual¹ /'spɪrɪtʃuəl || 'spɪrɪtjʊəl/ *adj* espiritual

spiritual² *n* (*negro ~*) espiritual *m* (negro)

spiritualism /'spɪrɪtʃuəlɪzəm || 'spɪrɪtjʊəlɪzəm/ *n* [u] **1** (Occult) espiritismo *m* **2** (Phil) espiritualismo *m*

spirituality /'spɪrɪtʃu'æləti/ *n* [u] espiritualidad *f*

spit¹ /spɪt/ *n*

A [u] (saliva) saliva *f*; ***~ and polish*** (attention to neatness, appearance) pulcritud *f*: **all that table needs is a bit of ~ and polish** lo que le hace falta a esa mesa es una buena limpieza; ***to be the (dead) ~ of sb*** ser* el vivo retrato de algn; ▸**image C1**

B [c] (for roasting) asador *m* (*en forma de varilla*), espetón *m*, spiedo *m* (CS)

C [c] (of land) punta *f*, lengua *f*

spit² *vi* (*pres p* **spitting**; *past & past p* **spat** *or* (AmE esp) **spit**) **1** «*person/animal*» escupir; **to ~ IN/ON sth** escupir EN algo; **to ~ AT sb** escupirle A algn; **it's within ~ting distance of here** está a un paso de aquí; ▸**image C1** **2** «*fire/fat*» chisporrotear **3** «*cat*» bufar

■ **spit** *vt* (*past & past p* **spat**) ‹*food/blood*› escupir; **she spat obscenities at the guards** les soltó una sarta de obscenidades a los guardias

■ **spit** *v impers* (colloq): **it's ~ting (with rain)** caen algunas gotas (de lluvia), está chispeando (fam)

Phrasal verb

• **spit out** [v ▸ o ▸ adv, v ▸ adv ▸ o] ‹*food/drink*› escupir; ***~ it out!*** (colloq) ¡desembucha! (fam)

spite¹ /spaɪt/ *n* [u]

A (malice) maldad *f*; (resentment) rencor *m*, resentimiento *m*

B in spite of (*as prep*) a pesar de; **in ~ of everything** a pesar de todo, pese a todo; **she did it in ~ of herself** lo hizo a pesar de que no era ésa su intención

spite² *vt* molestar, fastidiar

spiteful /'spaɪtfəl/ *adj* ‹*remark*› malicioso; ‹*person*› malo; (resentful) rencoroso; **it was ~ of you to blame her** fue una maldad echarle la culpa a ella

spittle /'spɪtl/ *n* [u] baba *f*

spittoon /spɪ'tu:n/ *n* escupidera *f*

spiv /spɪv/ *n* (BrE sl) vivales *m* (fam), avivado *m* (CS fam)

splash¹ /splæʃ/ *n*

A **1** [c u] (spray) salpicadura *f*; ***to make a ~*** (make an impression) producir* *or* causar un revuelo; (lit: in liquid) salpicar* **2** [c] (sound): **we heard a ~** oímos el ruido de algo al caer al agua; **~! he fell in** ¡plaf! *or* ¡zas! se cayó al agua **3** (paddle, swim) (*no pl*) chapuzón *m*

B **1** (small quantity) (*no pl*) **a ~** un poco **2** [c] (mark, patch) salpicadura *f*, mancha *f*, manchón *m*

C [c] (Journ): **they've done a front-page ~ on it** lo han puesto a toda plana en la primera página

splash² *vt*

A (with liquid) salpicar*; **to ~ sth ON/OVER sth/sb** salpicar* algo/a algn DE algo; **to ~ sth/sb WITH sth** salpicar* algo/a algn DE algo

B (in newspaper): **the scandal was ~ed all over the front page** el escándalo venía a toda plana en la primera página

■ **splash** *vi* **1** «*water/paint*» salpicar* **2** «*person/animal*» chapotear

Phrasal verbs

• **splash down** [v ▸ adv] amarizar*, amerizar*

• **splash out** (BrE colloq)

A [v ▸ adv] darse* un lujo; **to ~ out ON sth** gastar(se) un dineral EN algo (fam)

B [v ▸ o ▸ adv, v ▸ adv ▸ o] (buying a treat) gastarse

splash: **~down** *n* (Aerosp) amarizaje *m*, amerizaje *m*; **~guard** *n* (AmE) guardabarros *m*, guardafangos *m*, salpicadera *f* (Méx), tapabarros *m* (Chi, Per)

splatter /'splætər || 'splætə(r)/ *vt/i* ▸**spatter**

splay /spleɪ/ *vt* **~ (out)** (spread apart) ‹*fingers*› abrir*, separar; **to ~ one's legs** abrirse* de piernas

spleen /spli:n/ *n* [c u] **1** (Anat) bazo *m* **2** (anger) (liter) ira *f*, cólera *f*; **to vent one's ~ (on sb)** desahogar* su (*or* mi *etc*) ira *or* cólera (contra algn)

splendid /'splendəd || 'splendɪd/ *adj* **1** (very good) ‹*idea/opportunity/meal*› espléndido, magnífico, maravilloso; **that's (absolutely) ~, congratulations to you both** ¡cuánto me alegro! los felicito **2** (grand, imposing) ‹*clothes/building*› magnífico; ‹*ceremony*› lleno de esplendor

splendor, (BrE) **splendour** /'splendər || 'splendə(r)/ *n* **1** [u] (magnificence) esplendor *m*, magnificencia *f* **2** **splendors** *pl* (liter) maravillas *fpl*

splice /splaɪs/ *vt* **~ (together)** ‹*ropes*› (Naut) coser, ayustar; ‹*tape/film*› unir, empalmar; ‹*wood*› ensamblar

splint /splɪnt/ *n* tablilla *f*; **to put a ~ on sth/sb** entablillar algo/a algn

splinter¹ /'splɪntər/ *n* (of wood) astilla *f*; (of glass, bone, metal) esquirla *f*; (*before n*) **~ group** grupo *m* escindido

splinter² *vi* **1** (break into pieces) «*wood/bone*» astillarse; **some bits of metal ~ed off** se desprendieron algunos trocitos de metal **2** «*political party/society*» escindirse

■ **splinter** *vt* ‹*wood/bone*› astillar

split¹ /splɪt/ *n*

A **1** (in garment, cloth — in seam) descosido *m*; (— part of design) abertura *f*, raja *f*, tajo *m* (CS) **2** (in wood, glass) rajadura *f*, grieta *f*

B **1** (Pol) escisión *f*; (Relig) cisma *m*, escisión *f* **2** (break up) ruptura *f*, separación *f* **3** (share-out, distribution): **a six-way ~ would give everyone $1,500** si se dividiera la suma en seis partes, cada uno se llevaría $1.500

C splits *pl*: **to do the ~s** abrirse* completamente de piernas, hacer* el spagat (Esp)

D (bottle) (AmE) *botella individual de vino o champán*

split² *adj*

A **1** (damaged) ‹*wood*› rajado, partido; ‹*lip*› partido; **her trousers were ~ at the seams** tenía las costuras de los pantalones descosidas **2** (cleft) ‹*logs*› partido

B **1** (divided): **~ decision** decisión *f* no unánime; **~ personality** doble personalidad *f*; **~ shift** horario *m* (de trabajo) partido *or* no corrido **2** (in factions) dividido

split³ (*pres p* **splitting**; *past & past p* **split**) *vt*

A **1** (break) ‹*wood/stone*› partir; **to ~ the atom** fisionar *or* desintegrar el átomo; **to ~ sth in two/in half** partir algo en dos/por la mitad **2** (burst): **he bent down and ~ his pants** se agachó y reventó los pantalones; **she ~ her head open** se partió *or* se abrió la cabeza; ***to ~ one's sides (laughing)*** partirse *or* troncharse *or* desternillarse de risa **3** (divide into factions) ‹*nation/church*› dividir, escindir

B (divide, share) ‹*cost/food*› dividir; **do you want to ~ a bottle?** ¿nos tomamos una botella a medias?

■ **split** *vi*

A (crack, burst) «*wood/rock*» partirse, rajarse; «*leather/seam*» abrirse*, romperse*; **his bag ~ (open)** se le rompió *or* rajó la bolsa; **I've got a ~ting headache** tengo un dolor de cabeza espantoso

B «*political party/church*» dividirse, escindirse

C (leave) (sl) abrirse* (arg), largarse* (fam)

D (denounce) (BrE colloq) **to ~ ON sb** acusar *or* (Méx fam) rajar a algn, chivarse DE algn (Esp fam)

Phrasal verbs

• **split away**, **split off** [v ▸ adv] «*faction/group*» **to ~ away** *o* **off FROM sth** escindirse *or* separarse DE algo

• **split up**

A [v ▸ adv] «*couple/band*» separarse; «*crowd*» dispersarse; **to ~ up INTO sth**: **let's ~ up into groups** dividámonos en grupos

B [v ▸ o ▸ adv, v ▸ adv ▸ o] ‹*wrestlers/boxers*› separar; ‹*lovers*›

S

hacer* que se separen; ~ **them up into groups** divídelos en grupos

split ~ end *n* 1 (of hair): **I've got ~ ends** tengo las puntas abiertas *or* (CS) florecidas, tengo horquillas (Col) *or* (Méx) orzuela *or* (Ven) horquetillas 2 (in US football) ala *f*‡ abierta; **~-level** /'splɪt'levəl/ *adj* 1 ‹*apartment*› en dos niveles 2 ‹*cooker*› (BrE) *con grill en la parte superior*; **~ pea** *n* arveja *f* seca *or* (Esp) guisante *m* seco *or* (esp Méx) chícharo *m* seco; **~ second** *n* fracción *f* de segundo; (*before n*) **~-second timing** sincronización *f* perfecta

splodge /splɑːdʒ || splɒdʒ/ *n* (BrE colloq) manchón *m*

splurge /splɜːrdʒ || splɜːdʒ/ *n* (colloq) derroche *m*; **to go on a ~** salir* a gastar a lo loco (fam)

splutter¹ /'splʌtər || 'splʌtə(r)/ *n* (of flames, fat) chisporroteo *m*; (of engine) resoplido *m*

splutter² *vi* 1 «*fire/fat*» chisporrotear, crepitar; «*engine*» resoplar 2 «*person*» resoplar; (in anger, embarrassment etc) farfullar, barbotar

spoil¹ /spɔɪl/ (*past & past p* **spoiled** *or* (BrE also) **spoilt**) *vt*
A 1 ‹*party/surprise*› echar a perder, estropear, arruinar; **these buildings have ~ed the coastline** estos edificios han afeado la costa; **I don't want to ~ your fun but ...** no les quiero aguar la fiesta pero ...; **it will ~ your appetite** te quitará el apetito 2 (invalidate) anular; **~ed** *o* (BrE also) **~t papers** papeletas *fpl* nulas
B (overindulge) ‹*child*› consentir*, malcriar*, mimar demasiado; **go on, ~ yourself** vamos, date un gusto; **to be ~ed for choice** tener* mucho de donde elegir
■ **spoil** *vi*
A «*food/meal*» echarse a perder, estropearse
B (be eager) (colloq) **to be ~ing FOR sth** estar* *or* andar* buscando algo

spoil² *n* (*usu pl*) botín *m*; **the division of the ~(s)** el reparto del botín

spoiled /spɔɪld/, (BrE also) **spoilt** /spɔɪlt/ *adj* mimado, malcriado, consentido

spoiler /'spɔɪlər || 'spɔɪlə(r)/ *n*
A (Auto, Aviat) spoiler *m*
B (AmE Pol) *candidato o equipo que no tiene posibilidades de ganar pero puede impedir que otro gane*

spoilsport /'spɔɪlspɔːrt/ *n* (colloq) aguafiestas *mf* (fam)

spoils system /spɔɪlz/ *n* (AmE) tráfico *m* de influencias, amiguismo *m*, clientelismo *m* (AmL)

spoilt¹ /spɔɪlt/ (BrE) *past & past p of* **spoil¹**

spoilt² *adj* (BrE) ►**spoiled**

spoke¹ /spəʊk/ *n* rayo *m* (*de una rueda*); ***to put a ~ in sb's wheel*** (BrE colloq) fastidiarle los planes a algn (fam)

spoke² *past of* **speak**

spoken¹ /'spəʊkən/ *past p of* **speak**

spoken² *adj* (*before n*) hablado, oral

spokesman /'spəʊksmən/ *n* (*pl* **-men** /-mən/) portavoz *m*, vocero *m* (esp AmL); **~ FOR sth** portavoz *m or* vocero *m* DE algo

S

spokesperson /'spəʊks,pɜːrsn̩ || 'spəʊks,pɜːsn̩/ *n* portavoz *mf*, vocero, -ra *m,f* (esp AmL)

spokeswoman /'spəʊks,wʊmən/ (*pl* **-women**) *n* portavoz *f*, vocera *f* (esp AmL)

sponge¹ /spʌndʒ/ *n*
A 1 [c] (Zool) esponja *f* 2 [c] (for bath) esponja *f*; ►**throw in 2**
B [c u] (Culin) **~ (cake)** bizcocho *m*, bizcochuelo *m* (CS)

sponge² *vt* (clean) pasar una esponja (*or* una toalla húmeda *etc*) por; **to ~ the dirt off sth** limpiar algo con una esponja/con un trapo
■ **sponge** *vi* gorronear (fam), gorrear (fam), garronear (RPl fam), bolsear (Chi fam); **he lives by sponging on** *o* **off his relatives** vive a costillas de sus parientes

sponge ~ bag *n* (BrE) neceser *m*, bolsa *f* del aseo; **~ finger** *n* (BrE) plantilla *f or* (Esp) soletilla *f or* (Arg) vainilla *f or* (Chi) galleta *f* de champaña

sponger /'spʌndʒər || 'spʌndʒə(r)/ *n* (colloq & pej) gorrón, -rrona *m,f* (fam), gorrero, -ra *m,f* (fam), garronero, -ra *m,f* (RPl fam), bolsero, -ra *m,f* (Chi fam)

sponsor¹ /'spɑːnsər || 'spɒnsə(r)/ *n* 1 (of program, show) patrocinador, -dora *m,f*; (of sporting event) patrocinador, -dora *m,f*, espónsor *mf*, sponsor *mf*; (for the arts) mecenas *mf* 2 (for membership): **you need two members to act as ~s** te tienen que presentar dos socios 3 (of bill, motion) proponente *mf*

sponsor² *vt* 1 (promote) ‹*program/event/festival*› patrocinar, auspiciar; ‹*research/expedition*› subvencionar, financiar; **~ed swim/walk** (BrE) *evento en el cual los participantes reciben donativos para una obra benéfica de acuerdo a la distancia recorrida* 2 ‹*applicant/application*› apoyar, respaldar 3 ‹*bill/motion*› (present) presentar; (support) apoyar

sponsorship /'spɑːnsərʃɪp || 'spɒnsəʃɪp/ *n* 1 (financing) patrocinio *m*, auspicio *m*; (of the arts) mecenazgo *m*; (of sports) patrocinio *m*, esponsorización *f* 2 (of application) respaldo *m* 3 (of bill, motion) respaldo *m*, apoyo *m*

spontaneous /spɑːn'teɪniəs/ *adj* espontáneo

spontaneously /spɑːn'teɪniəsli/ *adv* espontáneamente

spoof /spuːf/ *n* (colloq) 1 (parody) parodia *f*, burla *f* 2 (hoax) broma *f*

spook /spuːk/ *n* (colloq)
A (ghost) fantasma *m*, espectro *m*
B (secret policeman, policewoman) (AmE colloq & pej) agente *mf* de la policía secreta, tira *mf* (AmL arg & pey), secreta *mf* (Esp fam)
C (spy) espía *mf*

spooky /'spuːki/ *adj* **-kier, -kiest** (colloq) espeluznante

spool /spuːl/ *n* carrete *m*, carretel *m* (AmL)

spoon¹ /spuːn/ *n* 1 (piece of cutlery) cuchara *f*; (small) cucharita *f*, cucharilla *f*; ***to be born with a silver ~ in one's mouth*** nacer* en cuna de oro 2 (spoonful) (colloq) cucharada *f*; (small) cucharadita *f*

spoon² *vt*: **~ the juices over the meat** rocíe la carne con su jugo; **~ the filling into the tomatoes** rellene los tomates con una cuchara

spoonerism /'spuːnərɪzəm/ *n*: *transposición, de efecto cómico, de los sonidos iniciales de dos palabras*

spoonfeed /'spuːnfiːd/ *vt* (*past & past p* **-fed**) 1 ‹*baby/invalid*› darle* de comer en la boca a 2 (Educ): **she ~s her students** se lo da todo mascado *or* todo digerido a sus alumnos

spoonful /'spuːnfʊl/ *n* (*pl* **~s** *or* **spoonsful**) cucharada *f*; (small) cucharadita *f*

sporadic /spə'rædɪk/ *adj* esporádico

sporadically /spə'rædɪkli/ *adv* ‹*occur/visit*› esporádicamente; ‹*effective/sparkling*› por momentos

spore /spɔːr || spɔː(r)/ *n* espora *f*

sporran /'spɔːrən || 'spɒrən/ *n* escarcela *f* (*bolsa que se lleva sobre la falda escocesa*)

sport¹ /spɔːrt || spɔːt/ *n*
A [c u] deporte *m*; **he enjoys ~s** *o* (BrE) **~** le gustan los deportes, le gusta el deporte
B (person): **to be a good ~** (to be sporting) tener* espíritu deportivo; (to be understanding) ser* comprensivo

sport² *vt* ‹*clothes/hairstyle*› lucir*

sport³ *adj* (AmE) 1 (Sport) ‹*equipment*› de deportes 2 (casual) ‹*clothes*› sport *adj inv*, de sport

sportcoat /'spɔːrtkəʊt || 'spɔːtkəʊt/ *n* (AmE) chaqueta *f or* (AmL tb) saco *m* sport, americana *f*

sporting /'spɔːrtɪŋ || 'spɔːtɪŋ/ *adj*
A (fair, sportsmanlike) ‹*spirit*› deportivo; **it's very ~ of you to offer to help** es muy amable de su parte ofrecerse a ayudar; **you have a ~ chance of winning** tienes bastantes posibilidades *or* (AmL tb) una buena chance de ganar
B (*no comp*) (relating to sport) ‹*press/interests*› deportivo

sports /spɔːrts || spɔːts/ *adj* 1 (Sport) (page/program) de deportes; **~ complex** polideportivo *m* 2 (casual) ‹*clothes/shirt*› sport *adj inv*, de sport

sports ~ car *n* coche *m* deportivo, carro *m* sport (AmL exc CS), auto *m* sport *or* deportivo (CS); **~ center**, (BrE) **sports centre** polideportivo *m*, centro *m* deportivo *or* de deportes; **~ coat** *n* ►**sportcoat**; **~ jacket** *n* (BrE) ►**sportcoat**; **~man** /'spɔːrtsmən || 'spɔːtsmən/ *n* (*pl* **-men** /-mən/) deportista *m*; **~manlike** /'spɔːrtsmənlaɪk/ *adj* deportivo; **~manship** /'spɔːrtsmənʃɪp/ *n* [u] espíritu *m* deportivo, deportividad *f*; **~wear** *n* [u] (Sport) ropa *f* de deporte; (casual) ropa *f* (de) sport; **~woman** *n* deportista *f*

sporty /'spɔːrti || 'spɔːti/ *adj* **-tier, -tiest** 1 ‹*person*› deportista, aficionado a los deportes 2 (Auto) deportivo

spot¹ /spɑːt || spɒt/ *n*
A 1 (dot — on material) lunar *m*, mota *f*, pepa *f* (Col, Ven fam);

(— on animal's skin) mancha *f*; ***to knock ~s off sth/sb*** (colloq) darle* cien *or* cien mil vueltas a algo/algn (fam), darle* sopas con honda(s) a algo/algn (Esp fam) 2 (blemish, stain) mancha *f* 3 (pimple) (BrE) grano *m*, espinilla *f* (AmL); **she broke out** *o* **came out in ~s** le salieron granos

B 1 (location, place) lugar *m*, sitio *m*; **don't move from that ~ until I get back** no te muevas de ahí hasta que vuelva; ***on the ~***: **firemen were quickly on the ~** los bomberos se presentaron sin demora en el lugar del siniestro; **he had to decide on the ~** tuvo que decidir en ese mismo momento; **they were killed on the ~** los mataron allí mismo; **on-the-~ fine** *multa que se paga en el acto*; ***to be rooted to the ~*** quedarse clavado en el sitio *or* paralizado 2 (difficult situation): **to be in a (tight) ~** estar* en apuros *or* en un lío *or* en un aprieto; ***to put sb on the ~*** poner* a algn en un apuro *or* aprieto

C (of character, personality) punto *m*; **science is my weak ~** las ciencias son mi punto débil; **you've touched a rather sore ~ there** has puesto el dedo en la llaga; ***to have a soft ~ for sb/sth*** (colloq) tener* debilidad por algn/algo; ***to hit the ~*** (esp AmE) caer* muy bien

D 1 (drop) gota *f* 2 (small amount) (BrE colloq) (*no pl*): **do you fancy a ~ of supper?** ¿quieres cenar algo?; **the garden could do with a ~ of rain** al jardín le vendría bien que lloviera un poco

E (Rad, TV) (time) espacio *m*; **a commercial ~** un spot publicitario, una cuña publicitaria, un anuncio

F (position, job) (AmE) puesto *m*

G ▸**spotlight**

spot² *vt* **-tt-**

A ‹*error*› descubrir*; ‹*bargain*› encontrar*; **he finally ~ted her in the crowd** al final la vio *or* la divisó *or* (AmL tb) la ubicó entre el gentío; **he's good at ~ting talent** sabe reconocer talento donde lo hay; **see if you can ~ the difference** a ver si te das cuenta de cuál es la diferencia

B (mark) (*usu pass*) manchar

spot check *n*: *control o inspección realizada al azar*

spotless /ˈspɑːtləs || ˈspɒtlɪs/ *adj* 1 ‹*clothes*› impecable; ‹*house*› limpísimo 2 ‹*reputation/record*› intachable

spotlight /ˈspɑːtlaɪt || ˈspɒtlaɪt/ *n* (in theater) foco *m*; (on building) reflector *m*; (in house) spot *m*, luz *f* direccional

spot-on /ˈspɑːtˈɑːn || ˌspɒtˈɒn/ *adj* (BrE colloq) exacto; **what Martha said was absolutely ~** Martha dio en el clavo con lo que dijo (fam)

spotted /ˈspɑːtəd || ˈspɒtɪd/ *adj* ‹*tie/material*› de *or* a lunares *or* motas; **a ~ dog** un perro con manchas; **a ~ cow** una vaca pintada

spotty /ˈspɑːti || ˈspɒti/ *adj* **-tier, -tiest** (BrE) ‹*skin/complexion*› lleno de granos; ‹*youth/teenager*› con la cara llena de granos; **he's very ~** tiene muchos granos

spouse /spaʊs/ *n* (frml *or* hum) cónyuge *mf* (frml), consorte *mf* (frml *o* hum)

spout¹ /spaʊt/ *n* 1 (of teapot, kettle) pico *m*, pitorro *m* (Esp) 2 (pipe — on gutter) canalón *m*; (— on fountain, gargoyle) caño *m*; ***up the ~*** (BrE colloq): **our plans are up the ~** los planes se nos han ido al garete (fam); **he's really up the ~ now** ahora sí que se ha metido en un lío (fam) 3 (jet) chorro *m*

spout² *vt* ‹*oil/liquid*› arrojar *or* expulsar chorros de

■ **spout** *vi* 1 «*liquid*» salir* a chorros; «*whale*» expulsar chorros de agua 2 «*person*» perorar, soltar* peroratas

sprain¹ /spreɪn/ *n* esguince *m*, distensión *f*

sprain² *vt* hacerse* un esguince en, distenderse*

sprang /spræŋ/ *past of* **spring¹**

sprat /spræt/ *n* espadín *m* (*pez de la familia de los arenques*)

sprawl¹ /sprɔːl/ *vi* 1 «*person*» sentarse* (*or* tumbarse *etc*) de forma poco elegante; **he sent him ~ing with one punch** lo tumbó de un golpe 2 «*city/town*» **to ~ ACROSS/OVER sth** extenderse* POR algo

sprawl² *n* (of built-up area) expansión *f*; **urban ~** expansión urbana descontrolada

spray¹ /spreɪ/ *vt* 1 ‹*liquid*› pulverizar*, aplicar* con atomizador; ‹*paint*› aplicar* con pistola pulverizadora; **she ~ed a little perfume on her wrists** se puso *or* se echó un poco de perfume en las muñecas 2 ‹*plants*› rociar* (*con atomizador*); **~ the affected area twice daily** pulverizar* sobre la zona afectada dos veces al día; **to ~ the fruit trees with insecticide** fumigar* los árboles frutales con insecticida

spray² *n*

A 1 [u c] (fine drops) rocío *m* 2 [c] (liquid in spray form) espray *m*; (*before n*) ‹*deodorant/polish*› en aerosol, en espray, en atomizador 3 (implement) rociador *m*

B [c] (bunch) ramillete *m*

sprayer /ˈspreɪər || ˈspreɪə(r)/ *n* 1 ▸**spray²** **A3** 2 ▸**spray gun**

spray gun *n* pistola *f* pulverizadora

spread¹ /spred/ (*past & past p* **spread**) *vt*

A (extend) 1 (in space) ‹*arms/legs*› extender*; ‹*map/sails*› desplegar*; ‹*wings*› desplegar*, extender 2 (in time): **the plan allows you to ~ the cost over five years** el plan le permite pagar el costo a lo largo de cinco años

B 1 ‹*paint/glue*› extender*; ‹*seeds/sand*› esparcir*; **to ~ butter on a piece of toast** untar una tostada con mantequilla; **our resources are thinly ~** hemos tenido que estirar nuestros recursos al máximo 2 ‹*knowledge/news*› difundir, propagar*; ‹*influence*› extender*; ‹*rumor*› hacer* correr, difundir; ‹*disease*› propagar*; ‹*fear*› sembrar*; ‹*ideas/culture*› diseminar, divulgar*

C (cover): **~ the surface thickly with adhesive** unte *or* embadurne la superficie con abundante pegamento

■ **spread** *vi*

A «*disease*» propagarse*; «*liquid*» extenderse*; «*fire*» extenderse*, propagarse; «*ideas/culture*» diseminarse, divulgarse*; «*panic/fear*» cundir; «*influence/revolt*» extenderse*; **the plague ~ to Europe** la plaga se extendió a Europa

B (extend in space, time) extenderse*

C «*paint*» extenderse*; «*butter*» untarse, extenderse*

Phrasal verb

• **spread out** [v ▸ adv] 1 (move apart) «*troops*» desplegarse* 2 (extend) extenderse*

spread² *n*

A [u] (diffusion — of disease) propagación *f*; (— of ideas) difusión *f*, divulgación *f*, diseminación *f*; (— of fire) propagación *f*; (— of nuclear weapons) proliferación *f*

B [u] 1 (of wings, sails) envergadura *f* 2 (range, extent): **a broad ~ of opinion** un amplio abanico de opiniones

C [c] (Culin) 1 (meal) (colloq) festín *m*, banquete *m* 2 (paste) *pasta para extender sobre pan, tostadas etc*; **cheese ~** queso *m* cremoso para untar

D [c] (Journ, Print): **it was advertised in a full-page ~** venía anunciado a plana entera

E [c] (ranch) (AmE & Austral colloq & dial) finca *f*, hacienda *f* (AmL), estancia *f* (RPl), fundo *m* (Chi)

spread: ~ betting *n* [u]: *modalidad de apuesta en que lo que se gana o pierde depende de la cantidad en que difiere lo apostado de los resultados en algún acontecimiento deportivo*; **~-eagled** /ˈspredˈiːgəld/ *adj* con los brazos y piernas abiertos; **~sheet** *n* hoja *f* de cálculo

spree /spriː/ *n*: **out on a drinking ~** de juerga (fam), de parranda (fam); **to go on a shopping ~** ir* de expedición a las tiendas; **he went on a spending ~** salió a gastar dinero a lo loco (fam)

sprig /sprɪg/ *n* ramito *m*

sprightly /ˈspraɪtli/ *adj* **-lier, -liest** ‹*person*› lleno de brío, vivaz; ‹*walk/step*› ágil

spring¹ /sprɪŋ/ (*past* **sprang** *or* (esp AmE) **sprung**; *past p* **sprung**) *vi*

A 1 (leap) saltar; **I sprang out of bed** salté de la cama; **to ~ to one's feet** levantarse *or* ponerse* de pie de un salto *or* como movido por un resorte; **to ~ to attention** ponerse* firme; **to ~ into action** entrar en acción; **the engine sprang into life** de pronto el motor se puso en marcha 2 (pounce): **the tiger was poised to ~** el tigre estaba agazapado, listo para atacar; **to ~ AT sb/sth**: **the dog sprang at his throat** el perro se le tiró al cuello

B 1 (liter) «*stream*» surgir*, nacer*; «*shoots*» brotar; **where did you ~ from?** (colloq) ¿y tú de dónde has salido? 2 **to ~ FROM sth** «*ideas/doubts*» surgir* DE algo; «*problem*» provenir* DE algo

■ **spring** *vt* 1 (produce suddenly) **to ~ sth ON sb**: **he sprang a surprise on them** les dio una sorpresa 2 : **to ~ a leak** empezar* a hacer agua

Phrasal verb

• **spring up** [v ▸ adv] «*stores/housing estates*» surgir*; «*plant*» brotar; «*wind*» levantarse; **she sprang up from her seat** se levantó del asiento de un salto

spring² *n*
A [u c] (season) primavera *f*; **in (the) ~** en primavera; (*before n*) ‹*weather/showers*› primaveral
B [c] (Geog) manantial *m*, fuente *f*
C [c] (jump) salto *m*, brinco *m*
D 1 [c] (in watch, toy) resorte *m*; (in mattress) muelle *m*, resorte *m* (AmL) 2 (elasticity) (*no pl*) elasticidad *f*; **to walk with a ~ in one's step** caminar con brío *or* energía

spring ~board *n* 1 (Sport) trampolín *m* 2 (point of departure) trampolín *m*; **~ chicken** *n* pollo *m* pequeño y tierno; ***she's no ~ chicken*** ya no es ninguna niña; **~clean** /'sprɪŋ'kli:n/ *vt* (BrE) ‹*house*› hacer* una limpieza general en *vi* hacer* limpieza general; **~cleaning** /'sprɪŋ'kli:nɪŋ/ *n* (*no pl*) limpieza *f* general; **~ onion** *n* (BrE) cebolleta *f*, cebollino *m*, cebolla *f* de verdeo, cebollín *m* (Chi); **~ roll** *n* rollito *m* (de) primavera (*plato de la cocina china*); **~time** *n* primavera *f*; **in ~time** en primavera

springy /'sprɪŋi/ *adj* **-gier, -giest** ‹*mattress/grass*› mullido; ‹*floor*› elástico

sprinkle /'sprɪŋkəl/ *vt* 1 (scatter) **to ~ sth ON sth**: **to ~ water on the plants** rociar* las plantas con agua; **to ~ sugar on sth** espolvorear algo con azúcar; **~ the almonds on top** esparza las almendras por encima 2 (cover) **to ~ sth/sb WITH sth**: **~ the board with flour** espolvoree la tabla con harina; **he ~d the congregation with holy water** roció a los fieles con agua bendita

sprinkler /'sprɪŋklər || 'sprɪŋklə(r)/ *n* 1 (on hose) aspersor *m*, válvula *f*; (for sugar, flour) espolvoreador *m*; (on watering can) (BrE) roseta *f*, alcachofa *f*, regadera *f* (Col, Méx, Ven), flor *f* (RPl) 2 (*garden ~*) aspersor *m* 3 (for firefighting) (*usu pl*) rociador *m*; (*before n*) **~ system** sistema *m* de rociadores

sprinkling /'sprɪŋklɪŋ/ *n*: **a ~ of vinegar** unas gotas de vinagre; **add a ~ of sugar** espolvoree con un poco de azúcar; **there was a ~ of children in the audience** había algunos niños entre el público

sprint¹ /sprɪnt/ *n* 1 (fast run) (e)sprint *m*; **to make a ~ for the bus** pegarse* *or* echarse una carrera para alcanzar el autobús 2 (short race) (Sport) carrera *f* corta; **the 200m ~** los 200 metros planos *or* (Esp) lisos *or* (RPl) llanos

sprint² *vi* 1 (Sport) (e)sprintar 2 (run fast): **I ~ed after him** salí corriendo tras él a toda velocidad

sprinter /'sprɪntər || 'sprɪntə(r)/ *n* (e)sprínter *mf*, velocista *mf*

sprite /spraɪt/ *n* duendecillo *m*

sprocket /'sprɑ:kət || 'sprɒkɪt/ *n* 1 (tooth) diente *m* 2 **~ (wheel)** rueda *f* dentada, piñón *m* 3 (for film) carrete *m* receptor, tambor *m* dentado

sprout¹ /spraʊt/ *vt* ‹*leaves/shoots*› echar
■ **sprout** *vi* «*plant*» echar retoños, retoñar; «*leaf*» brotar, salir*; «*seeds*» germinar

sprout² *n*
A (new growth) brote *m*, retoño *m*
B 1 (*Brussels ~*) col *f* or (AmS) repollito *m* de Bruselas 2 (shoot) brote *m* 3 ▸**beanshoot**

spruce¹ /spru:s/ *n* 1 [c] (tree) picea *f*, abeto *m* falso 2 [u] (wood) picea *f*

Phrasal verb
• **spruce up** [v ▸ o ▸ adv, v ▸ adv ▸ o] ‹*garden/room*› arreglar

spruce² *adj* **sprucer, sprucest** ‹*appearance*› cuidado, acicalado; ‹*garden*› cuidado, arreglado

sprung¹ /sprʌŋ/ *past p* & (esp AmE) *past of* **spring¹**

sprung² *adj* ‹*mattress*› de muelles, de resortes (AmL)

spry /spraɪ/ *adj* **-er, -est** lleno de vida, dinámico

spud /spʌd/ *n* (colloq) papa *f* or (Esp) patata *f*

spun¹ /spʌn/ *past & past p of* **spin²**

spun² *adj* ‹*silk/cotton*› hilado

spunk /spʌŋk/ *n* [u] 1 (courage) (colloq) agallas *fpl* (fam) 2 (semen) (BrE vulg) leche *f* (vulg)

spur¹ /spɜ:r || spɜ:(r)/ *n* 1 espuela *f*; ***on the ~ of the moment*** sin pensarlo; ***to win*** *o* ***gain one's ~s*** demostrar* su (*or* mi *etc*) valía 2 (stimulus) acicate *m*, aguijón *m*

spur² *vt* **-rr-** 1 (Equ) ‹*horse*› espolear 2 **~ (on)** (urge on) ‹*person/team*› estimular, alentar*

spurious /'spjʊriəs/ *adj* 1 (not genuine) ‹*document*› falso 2 (dubious) ‹*argument/conclusion*› falaz, espurio

spurn /spɜ:rn || spɜ:n/ *vt* desdeñar, rechazar*

spurt¹ /spɜ:rt || spɜ:t/ *n* 1 (of speed, activity): **she works in ~s** trabaja por rachas; **a final ~ won him the race** con un esfuerzo final, ganó la carrera 2 (jet) chorro *m*

spurt² *vi* 1 «*runner*» acelerar 2 «*liquid/steam*» salir* a chorros

sputter /'spʌtər || 'spʌtə(r)/ *vi* «*engine*» petardear; «*candle/fat*» chisporrotear

spy¹ /spaɪ/ *n* (*pl* **spies**) espía *mf*; (*before n*) ‹*satellite/ship*› espía *adj inv*; ‹*story*› de espías, de espionaje; **~ ring** red *f* de espionaje

spy² **spies, spying, spied** *vi* 1 (watch secretly) espiar*; **to ~ ON sb** espiar* a algn 2 (work as spy) espiar*; **to ~ ON sth/sb** espiar* algo/a algn
■ **spy** *vt* descubrir*, ver*; **to play 'I ~'** (BrE) jugar* al veo-veo

spy ~glass *n* catalejo *m*; **~hole** *n* mirilla *f*, ojo *m* mágico (AmL)

sq *adj* (= **square**): **220 ~ m** 220 m²

Sq (= **Square**) Pza.

squabble¹ /'skwɑ:bəl || 'skwɒbəl/ *vi* pelear(se), reñir*

squabble² *n* pelea *f*, riña *f*

squad /skwɑ:d || skwɒd/ *n* 1 (Mil) pelotón *m*; (of workmen) cuadrilla *f*, brigada *f* 2 (of policemen) brigada *f*; **death ~** escuadrón *m* de la muerte; **drug** *o* **narcotics ~** brigada *f* antidroga *or* de estupefacientes 3 (Sport) equipo *m*

squad car *n* (AmE) coche *m* or (AmL tb) auto *m* patrulla, patrullero *m* (CS, Per)

squadron /'skwɑ:drən || 'skwɒdrən/ *n* (Mil, Aviat) escuadrón *m*; (Naut) escuadra *f*

squadron leader *n* (BrE) mayor *m* or (Esp) comandante *m* (*en la fuerza aérea*)

squalid /'skwɑ:ləd || 'skwɒlɪd/ *adj* 1 (dirty) ‹*existence/house*› miserable 2 (sordid) ‹*story/business*› sórdido

squall¹ /skwɔ:l/ *n* borrasca *f*, turbión *m*; **~s of rain** chubascos *mpl*, aguaceros *mpl*

squall² *vi* chillar, berrear

squally /'skwɔ:li/ *adj* 1 (weather) borrascoso 2 ‹*cry/voice*› chillón 3 ‹*meeting*› borrascoso, turbulento

squalor /'skwɑ:lər || 'skwɒlə(r)/ *n* [u] miseria *f*

squander /'skwɑ:ndər || 'skwɒndə(r)/ *vt* ‹*money*› despilfarrar, derrochar; ‹*fortune*› dilapidar; ‹*opportunity/time*› desaprovechar, desperdiciar

square¹ /skwer || skweə(r)/ *n*
A 1 (shape) cuadrado *m*; (in fabric design) cuadro *m* 2 (of cloth, paper) (trozo *m*) cuadrado *m*; **a silk (head) ~** un pañuelo de seda cuadrado 3 (on chessboard) casilla *f*, escaque *m*; (in crossword) casilla *f*; ***to go back to ~ one*** volver* a empezar desde cero
B (in town, city) plaza *f*
C (Math) cuadrado *m*
D (instrument) escuadra *f*
E (conventional person) (colloq) soso, -sa *m,f* (fam), carroza *mf* (Esp fam), zanahorio, -ria *m,f* (Col, Ven fam)

square² *adj* **squarer, squarest**
A 1 ‹*box/table/block*› cuadrado; **the room is 15 feet ~** la habitación mide 15 (pies) por 15 (pies) 2 (having right angles) ‹*corner/edges*› en ángulo recto, a escuadra 3 ‹*face*› cuadrado; ‹*jaw*› angular, cuadrado
B (Math) (*before n*) ‹*yard/mile*› cuadrado
C 1 (fair, honest): **he'll give you a ~ deal** no te va a engañar; **to be ~ WITH sb** ser* franco CON algn 2 (large and wholesome) (*before n*) ‹*meal*› decente 3 (even) (*pred*): **the teams were (all) ~** los equipos iban empatados *or* iguales; **to get ~ with sb** ajustarle las cuentas a algn
D (conventional) (colloq) soso (fam), rígidamente convencional, carroza (Esp fam), zanahorio (Col, Ven fam)

square³ *adv*: **he hit me ~ on the mouth** me dio de lleno en la boca, me dio en plena boca; **to look sb ~ in the eye** mirar a algn (directamente) a los ojos

square⁴ *vt*
A (make square) ‹*angle/side*› cuadrar; **he ~d his shoulders** se puso derecho
B (Math) elevar al cuadrado
C 1 (settle, make even) ‹*debts/accounts*› pagar*, saldar; **to ~ sth WITH sb** arreglar algo CON algn 2 (Sport) ‹*match/game*› igualar 3 (reconcile) ‹*facts/principles*› conciliar; **I couldn't ~ it with my conscience** mi conciencia no me lo permitía
■ **square** *vi* «*ideas/arguments*» concordar*; **to ~ WITH sth** concordar* *or* cuadrar CON algo

(Phrasal verbs)

- **square up** [v ▸ adv] (settle debts) (colloq) **to ~ up (WITH sb)** arreglar cuentas (CON algn)
- **square up to** [v ▸ adv ▸ prep ▸ o] hacer* frente a

squared /skwerd || skweəd/ *adj* 1 ‹*paper*› cuadriculado 2 (Math) (*after n*) (elevado) al cuadrado

square dance *n* cuadrilla *f*

squarely /'skwerli || 'skweəli/ *adv* 1 (directly): **the blow hit him ~ on the nose** el golpe le dio de lleno en la nariz, el golpe le dio en plena nariz; **blame was placed ~ on the police** se culpó directamente a la policía 2 (honestly) ‹*deal/treat*› como es debido

square: S~ Mile *n*: **the S~ Mile** la City (*zona donde está situado el centro financiero de Londres*); **~ root** *n* raíz *f* cuadrada

squash¹ /skwɑːʃ || skwɒʃ/ *n*
A (crush) (*no pl*): **it was a terrible ~ on the train** íbamos (*or* iban *etc*) terriblemente apretados *or* apretujados en el tren
B [u] (Sport) squash *m*
C [u] (drink) (BrE) *refresco a base de extractos*; **orange ~** naranjada *f*
D [c u] (Bot, Culin) *nombre genérico de varios tipos de calabaza y zapallo*

squash² *vt*
A 1 (crush) ‹*fruit/insect*› aplastar, espachurrar (fam), apachurrar (AmC, Andes fam), espichar (Col) 2 (squeeze) meter (*apretando*); **we were all ~ed (up) against the wall** estábamos todos apiñados contra la pared
B (suppress, silence) (colloq) ‹*protests/rumors*› acallar; **he needs to be ~ed now and then** de vez en cuando hay que bajarle los humos; **she ~ed Tom's arguments flat** echó por tierra los argumentos de Tom
■ **squash** *vi* (+ *adv compl*): **we all ~ed into his study** nos metimos todos en su despacho; **could I ~ in?** ¿quepo yo también?; **to ~ up** apretarse*

squashy /'skwɑːʃi || 'skwɒʃi/ *adj* **-shier, -shiest** ‹*fruit*› blando; ‹*ground*› húmedo y mullido

squat¹ /skwɑːt || skwɒt/ *vi* **-tt-**
A (crouch) agacharse, ponerse* en cuclillas
B (in building, on land) *ocupar un inmueble ajeno sin autorización*

squat² *n* (BrE) *vivienda o tierra ocupada sin autorización*

squat³ *adj* **-tt-** ‹*person*› rechoncho y bajo, retacón (RPl); ‹*building/church*› achaparrado

squatter /'skwɑːtər || 'skwɒtə(r)/ *n* (in building) ocupante *mf* ilegal, ocupa *or* okupa *mf* (Esp), paracaidista *mf* (Méx)

squaw /skwɔː/ *n* india *f* (*de tribu norteamericana*)

squawk¹ /skwɔːk/ *n* (of bird) graznido *m*; **she gave** *o* **let out a ~** pegó un chillido

squawk² *vi* «*bird*» graznar; «*person*» chillar

squeak¹ /skwiːk/ *n*
A (of animal, person) chillido *m*; (of hinge) chirrido *m*; (of shoes) crujido *m*; **to give** *o* **let out a ~** pegar* un chillido; **I don't want to hear a ~ out of anyone** (colloq & hum) no quiero que se oiga ni el vuelo de una mosca
B (escape) (colloq): **a narrow** *o* (AmE also) **close ~**: **we got there in time, but it was a narrow ~** llegamos a tiempo, pero por un pelo *or* por los pelos (fam)

squeak² *vi* 1 «*animal/person*» chillar; «*hinge*» chirriar*; «*shoes*» crujir 2 (pass by a narrow margin): **to ~ past/through** pasar raspando (fam)
■ **squeak** *vt* chillar, gritar

squeaky /'skwiːki/ *adj* **-kier, kiest** ‹*hinge/pen*› chirriante; ‹*voice*› chillón, de pito; **~ clean** limpísimo, super limpio (fam)

squeal¹ /skwiːl/ *vi* 1 (make noise) «*person/animal*» chillar; «*brakes/tires*» chirriar*, rechinar 2 (inform) (colloq) cantar (fam), chivarse (Esp fam), sapear (Ven fam); **to ~ ON sb** delatar a algn, sapear a algn (Ven fam)
■ **squeal** *vt* chillar, gritar

squeal² *n* (of animal) chillido *m*; (of person) grito *m*, chillido *m*; (of brakes, tires) chirrido *m*; **the children's ~s of laughter** las risas de los niños

squeamish /'skwiːmɪʃ/ *adj* (affected by the sight of blood etc) impresionable, aprensivo; (fastidious) delicado, remilgado; **I'm not ~** a mí no me da asco *or* yo no soy delicado

squeeze¹ /skwiːz/ *n*
A [c] 1 (application of pressure) apretón *m*; **he gave her hand a ~** le dio un apretón de manos; **to put the ~ on sb** (colloq) apretar* a algn 2 (restrictions): **a credit ~** una restricción crediticia; **they are planning a ~ on health and education spending** piensan recortar el presupuesto destinado a salud y educación 3 (hug) apretón *m* 4 (small amount — of toothpaste, glue) poquito *m*, pizca *f*; (— of lemon) gota *f*, chorrito *m*
B (confined, restricted condition) (colloq) (*no pl*): **it will be a (tight) ~** vamos (*or* van *etc*) a estar apretados

squeeze² *vt* 1 (press) ‹*tube/pimple*› apretar*, espichar (Col); ‹*lemon*› exprimir; **he ~d her arm** le apretó el brazo; **to ~ a cloth (out)** retorcer* *or* escurrir un trapo; ***to ~ sb dry*** exprimir a algn, dejar seco a algn (fam) 2 (extract) ‹*liquid/juice*› extraer*, sacar*; **he tried to ~ more money out of them** trató de sacarles más dinero 3 (apply constraints to): **profit margins have been ~d** los márgenes de ganancia se han visto reducidos considerablemente 4 (force, fit) meter; **I can ~ you in tomorrow morning** le puedo hacer un huequito mañana por la mañana
■ **squeeze** *vi*: **they ~d in through the hole** se metieron por el agujero

squeezer /'skwiːzər || 'skwiːzə(r)/ *n* (esp BrE) exprimidor *m*

squelch¹ /skweltʃ/ *vi* «*shoes/hooves*» *hacer* un ruido como de succión*; **they went ~ing through the mud** iban chapoteando por el barro

squelch² *n*: *ruido como de succión*

squib /skwɪb/ *n* (firework) (esp BrE) petardo *m*, buscapiés *m*, vieja *f* (Chi); ***a damp ~*** (BrE colloq) un fiasco

squid /skwɪd/ *n* (*pl* ~) calamar *m*; (small) chipirón *m*; **fried ~** calamares a la romana

squiggle /'skwɪgəl/ *n* 1 (line) garabato *m* 2 (movement) culebreo *m*

squiggly /'skwɪgli/ *adj* **-glier, -gliest** ‹*writing*› garabateado, garrapatoso; ‹*line*› serpenteante

squint¹ /skwɪnt/ *n* (condition) bizquera *f*, estrabismo *m*; **to have a slight ~** ser* un poco bizco

squint² *vi* 1 (attempting to see) entrecerrar* los ojos; **to ~ AT sth/sb** mirar algo/a algn entrecerrando los ojos 2 (be cross-eyed) bizquear, torcer* la vista

squire /skwair || 'skwaɪə(r)/ *n* 1 (Hist, Mil) escudero *m* 2 (in UK: landowner) señor *m*

squirm /skwɜːrm || skwɜːm/ *vi* 1 (move) retorcerse*; **he'll try to ~ out of doing it** va a tratar de librarse de hacerlo, va a tratar de hurtarle *or* (AmL tb) de sacarle el cuerpo 2 (feel embarrassed): **she ~ed with embarrassment** no sabía dónde meterse de la vergüenza

squirrel /skwɜːrl || 'skwɪrəl/ *n* ardilla *f*

squirt¹ /skwɜːrt || skwɜːt/ *n*
A (stream) chorrito *m*
B (person) (colloq) mequetrefe *m* (fam)

squirt² *vt* ‹*liquid*› echar un chorro de; **they ~ed him with water** lo rociaron con agua
■ **squirt** *vi* «*liquid*» salir* a chorros

Sr (= **Senior**) Sr.

Sri Lanka /sriː'lɑːŋkə, ʃriː-/ *n* Sri Lanka *m*

Sri Lankan /sriː'lɑːŋkən, ʃriː/ *adj* esrilanqués

SS (Naut) = **steamship**

SSE (= **south-southeast**) SSE

SSW (= **south-southwest**) SSO

St 1 (= **Saint**) S(an), Sta. **~ Thomas** Sto. Tomás 2 (= **Street**) c/; **21 Baker ~** c/ Baker 21

stab¹ /stæb/ *n* 1 (with knife) puñalada *f*, cuchillada *f*, navajazo *m*; ***a ~ in the back*** una puñalada trapera *or* por la espalda; ***to have*** *o* ***make*** *o* ***take a ~ at sth*** intentar algo; (*before n*) **~ wound** herida *f* de arma blanca, puñalada *f*, cuchillada *f* 2 (sudden sensation): **a ~ of pain** una punzada de dolor, un dolor punzante *or* agudo; **she felt a sudden ~ of guilt** la acometió un sentimiento de culpabilidad

stab² **-bb-** *vt* (with knife) apuñalar, acuchillar; **he had been ~bed to death** había muerto apuñalado *or* acuchillado; **he ~bed the needle into my arm** me clavó la aguja en el brazo; ***to ~ sb in the back*** darle* una puñalada trapera *or* por la espalda a algn
■ **stab** *vi* 1 **to ~ AT sth/sb**: **he ~bed at the letter/at her with his finger** señalaba la carta/la señalaba golpeándola

S

con el dedo **2** **stabbing** *pres p* ‹*pain/sensation*› punzante

stabbing /ˈstæbɪŋ/ *n* apuñalamiento *m*

stability /stəˈbɪləti/ *n* [u] estabilidad *f*; ~ **pact** (in EU) pacto *m* de estabilidad

stabilize /ˈsteɪbəlaɪz/ *vt* estabilizar*

■ **stabilize** *vi* estabilizarse*

stabilizer /ˈsteɪbəlaɪzər || ˈsteɪbəlaɪzə(r)/ *n* estabilizador *m*; (Culin) estabilizante *m*

stable¹ /ˈsteɪbəl/ *adj* **-bler, -blest** **1** (firm, steady) ‹*structure/platform*› estable, sólido; ‹*relationship/government*› estable; ‹*economy/currency*› estable; **the patient's condition is** ~ el estado del paciente es estacionario **2** (Psych) equilibrado **3** (Chem, Phys) estable

stable² *n* (*often pl*) (for horses) caballeriza *f*, cuadra *f*; (for other livestock) establo *m*; (*before n*) ~ **boy** *o* **lad/girl** mozo *m*/moza *f* de cuadra; ▸**door 1**

stable³ *vt* poner* *or* guardar en la cuadra

staccato /stəˈkɑːtəʊ/ *adj* (Mus) staccato; ‹*voice/delivery*› entrecortado

stack¹ /stæk/ *n*

A **1** (pile) montón *m*, pila *f* **2** (many, much) (colloq) (*often pl*) montón *m* (fam), pila *f* (AmS fam); **I've got ~s** *o* **a ~ of homework** tengo montones *or* un montón de deberes

B (*chimney* ~) (cañón *m* de) chimenea *f*

stack² *vt*

A ~ **(up)** (pile up) amontonar, apilar; **the table was ~ed high with crockery** sobre la mesa había un montón de loza

B (prearrange): **the cards** *o* **odds are ~ed against them** las circunstancias les son desfavorables, llevan las de perder

stadium /ˈsteɪdiəm/ *n* (*pl* **-diums** *or* **-dia**) estadio *m*

staff¹ /stæf || stɑːf/ *n*

A **1** (as group) (+ *sing o pl vb*) personal *m*; **the teaching ~** el personal docente, el profesorado; **the editorial ~** los redactores, la redacción; **a member of ~** un empleado; (*before n*) ~ **meeting** (Educ) reunión *f* de profesores **2** (as individuals) (BrE) (*pl* ~) (+ *pl vb*) empleados *mpl*

B **1** (*pl* **staffs** *or* **staves** /steɪvz/) (stick) bastón *m*; (of bishop) báculo *m*, cayado *m*; ~ **of office** bastón *m* de mando **2** (*flag* ~) asta *f*‡

C (Mus) ▸**stave B**

staff² *vt* proveer* *or* dotar de personal

staff: ~ **nurse** *n* (BrE) enfermero, -ra *m,f* jefe; **~room** *n* (BrE) sala *f* de profesores

stag /stæg/ *n* ciervo *m*, venado *m*

stage¹ /steɪdʒ/ *n*

A **1** (platform) tablado *m*; (in theater) escenario *m*; **to go on ~** salir* a escena *or* al escenario; ***to set the ~ for sth*** crear el marco para algo; (*before n*) ~ **designer** escenógrafo, -fa *m,f*; ~ **door** entrada *f* de artistas **2** (medium) **the ~** el teatro **3** (profession) **the ~** el teatro, las tablas (period); **to go on the ~** hacerse* actor/actriz; (*before n*) ‹*actress*› de teatro; ~ **name** nombre *m* artístico

B (in development, activity) fase *f*, etapa *f*; **the early ~s of pregnancy** los primeros meses del embarazo; **at a later ~** más adelante; **at some ~** en algún momento; **I'd reached the ~ where I didn't care any more** había llegado a un punto en que ya no me importaba; **by this ~** a esas alturas; **to do sth in ~s** hacer* algo por etapas

C (of rocket) fase *f*

stage² *vt*

A **1** ‹*event*› organizar*, montar; ‹*strike/demonstration*› hacer*; ‹*attack*› llevar a cabo, perpetrar; ‹*coup*› dar*; **she ~d a comeback five years later** hizo su reaparición cinco años más tarde **2** (engineer, arrange) arreglar, orquestar

B (Theat) ‹*play*› poner* en escena, representar

stage: **~coach** *n* diligencia *f*; ~ **fright** *n* [u] miedo *m* a salir a escena; **~hand** *n* tramoyista *mf*; **~manage** *vt* ‹*event*› orquestar, arreglar; ‹*play*› dirigir*; ~ **manager** *n* director, -tora *m,f* de escena; **~struck** *adj*: **to be ~struck** sentirse* fascinado por el mundo del teatro; ~ **whisper** *n* aparte *m*

stagger /ˈstægər || ˈstægə(r)/ *vi* tambalearse; **she ~ed into the room** entró en la habitación tambaleándose

■ **stagger** *vt*

A (amaze) dejar estupefacto *or* helado *or* pasmado

B ‹*shifts/payments*› escalonar

staggered /ˈstægərd || ˈstægəd/ *adj*

A (amazed) estupefacto, helado, pasmado; **I was absolutely ~** me quedé estupefacto *or* helado *or* pasmado

B (alternating): ~ **junction** empalmes *mpl* contrarios sucesivos; ~ **working hours** horario *m* escalonado

staggering /ˈstægərɪŋ/ *adj* asombroso, sorprendente

staging /ˈsteɪdʒɪŋ/ *n* (Theat) puesta *f* en escena, montaje *m*

stagnant /ˈstægnənt/ *adj* **1** ‹*water*› estancado; ‹*pool*› de agua estancada **2** ‹*economy/industry*› estancado

stagnate /ˈstægneɪt || stægˈneɪt/ *vi* «*water*» estancarse*; «*economy/industry*» estancarse*; «*person*» anquilosarse

stagnation /stægˈneɪʃən/ *n* estancamiento *m*

stag: ~ **night** *n* **1** (for men only): **Thursday is ~ night at Harry's Bar** los jueves abren sólo para hombres en Harry's Bar **2** ▸~ **party 1**; ~ **party** *n* **1** (before wedding) despedida *f* de soltero **2** (all-male celebration) fiesta *f* para hombres, noche *f* de cuates (Méx)

staid /steɪd/ *adj* **-er, -est** serio, formal; ‹*clothes*› serio, sobrio; (pej) aburrido

stain¹ /steɪn/ *n* **1** (dirty mark) mancha *f* **2** (dye) tintura *f*, tinte *m* **3** (on character) mancha *f*, mácula *f* (liter)

stain² *vt* **1** (mark) ‹*clothes/skin*› manchar; **to be ~ed WITH sth** estar* manchado DE algo **2** (dye) ‹*wood*› teñir*

■ **stain** *vi* **1** «*wine/tea*» manchar **2** «*fabric*» mancharse

stained glass /steɪnd/ *n* [u] vidrio *m or* cristal *m* de colores; (*before n*) ~ **window** vitral *m*, vidriera *f* (de colores)

stainless /ˈsteɪnləs || ˈsteɪnlɪs/ *n* [u] (AmE colloq) acero *m* inoxidable

stainless steel *n* [u] acero *m* inoxidable; (*before n*) ‹*blade/cutlery*› de acero inoxidable

stain remover *n* [c u] quitamanchas *m*

stair /ster || steə(r)/ *n* **1** **stairs** *pl* (flight of stairs, stairway) escalera(s) *f(pl)*; **life below ~s** (BrE) la vida de la servidumbre **2** (single step) escalón *m*; peldaño *m*

stair: **~case** *n* escalera(s) *f(pl)*; **~lift** /ˈsterlɪft || ˈsteəlɪft/ *n* salvaescaleras *m*, subescaleras *m*; **~way** *n* escalera(s) *f(pl)*; **~well** *n* caja *f or* hueco *m* de la escalera

stake¹ /steɪk/ *n*

A (pole) estaca *f*; **to be burned at the ~** ser* quemado en la hoguera; ***to pull up ~s*** (AmE colloq) levantar campamento

B **1** (bet) apuesta *f*; **the ~s are high** es mucho lo que está en juego; **to be at ~** estar* en juego; **she has too much at ~** se juega demasiado en ello **2** (interest): **to have a ~ in a company** tener* participación *or* intereses en una compañía; **we parents naturally have a ~ in our children's future** como padres es natural que nos incumba el futuro de nuestros hijos

C **stakes** *pl*: **she's second in the popularity ~s** ocupa el segundo lugar en el índice de popularidad

stake² *vt*

A (risk) ‹*money/reputation/life*› jugarse*; **to ~ sth ON sth**: **I'd ~ my last dime on it** me jugaría hasta el último centavo a que es así

B **1** (mark with stakes) marcar* con estacas, estacar*; **the government was quick to ~ its claim** el gobierno se apresuró a reclamar su parte **2** ‹*tree/plant*› arrodrigar*

Phrasal verb

- **stake out** [v ▸ o ▸ adv, v ▸ adv ▸ o] (colloq) mantener* vigilado

stakeholder /ˈsteɪk,həʊldər || ˈsteɪk,həʊldə(r)/ *n* **1** (in gambling) depositario, -ria *m,f* de una apuesta; (in purchases) depositario, -ria *m,f* de una entrega *or* (AmL) cuota inicial, depositario, -ria *m,f* de una entrada (Esp), depositario, -ria *m,f* de un pie (Chi) **2** (interested party) interesado, -da *m,f*

stakeout /ˈsteɪkaʊt/ *n* (sl) operación *f* de vigilancia

stalactite /stəˈlæktaɪt || ˈstæləktaɪt/ *n* estalactita *f*

stalagmite /stəˈlægmaɪt || ˈstæləgmaɪt/ *n* estalagmita *f*

stale /steɪl/ *adj* **staler, stalest** **1** ‹*bread*› no fresco, añejo (fam); (hard) duro; ‹*butter/cheese*› rancio; ‹*beer*› pasado; ‹*air*› viciado **2** (hackneyed) ‹*joke/news*› añejo, viejo; ‹*ideas*› trasnochado

S

stalemate /ˈsteɪlmeɪt/ *n* [u c] (in chess) tablas *fpl* (*por ahogar al rey*); **to be at/to reach a ~** estar* en/llegar a un punto muerto *or* un impasse

stalk¹ /stɔːk/ *n* (of plant) tallo *m*; (of leaf, flower) pedúnculo *m*, tallo *m*; (of fruit) rabillo *m*, cabito *m* (RPl)

stalk² *vt* ‹*prey/game*› acechar; **famine ~s the land** (liter) la hambruna asola la región (*or* el país *etc*)

■ **stalk** *vi*: **she ~ed off without a word** se fue muy ofendida (*or* indignada *etc*) sin decir palabra

stalker /ˈstɔːkər || ˈstɔːkə(r)/ *n* 1 (of animals) acechador, -dora *m,f* 2 (of person) asediador, -dora *m,f*, acosador, -dora *m,f*, acechador, -dora *m,f*

stalking horse /ˈstɔːkɪŋ/ *n* (Pol) *candidato presentado para favorecer a otro, dividir a la oposición etc*

stall¹ /stɔːl/ *n*

A (in market) puesto *m*, tenderete *m*

B 1 **stalls** *pl* (in theater, movie house) (BrE) platea *f*, patio *m* de butacas, luneta *f* (Col, Méx) 2 (in church): **the choir ~s** la sillería del coro

C (in stable) compartimiento *m*

stall² *vi*

A «*engine/car*» pararse, ahogarse, calarse (Esp), atascarse* (Méx); «*plane*» entrar en pérdida

B (come to standstill) «*talks*» estancarse*, llegar* a un punto muerto *or* a un impasse

C (play for time) (colloq): **quit ~ing** no andes con rodeos *or* con evasivas; **~ing tactics** maniobras *fpl* dilatorias

■ **stall** *vt*

A ‹*engine/car*› parar, ahogar*, calar (Esp), atascar* (Méx); ‹*plane*› hacer* entrar en pérdida

B ‹*negotiations/growth*› paralizar*

C (delay) (colloq) entretener*; **try and ~ her** trata de entretenerla

stallholder /ˈstɔːlˌhəʊldər/ *n* (esp BrE) puestero, -ra *m,f* (AmL) (*persona que tiene un puesto en un mercado*)

stallion /ˈstæljən/ *n* semental *m*

stalwart¹ /ˈstɔːlwərt || ˈstɔːlwət/ *adj* ‹*supporter*› incondicional, fiel; ‹*faith*› inquebrantable

stalwart² *n* incondicional *mf*

stamen /ˈsteɪmən/ *n* estambre *m*

stamina /ˈstæmənə || ˈstæmɪnə/ *n* [u] resistencia *f*

stammer¹ /ˈstæmər || ˈstæmə(r)/ *n* tartamudeo *m*; **to speak with a ~** tartamudear

stammer² *vi* tartamudear

■ **stammer** *vt* ‹*reply/apology*› balbucear, farfullar

stamp¹ /stæmp/ *n*

A 1 (*postage ~*) sello *m*, estampilla *f* (AmL), timbre *m* (Méx); (*before n*) **~ collecting** filatelia *f*; **~ collector** coleccionista *mf* de sellos (*or* estampillas *etc*), filatelista *mf* 2 (*trading ~*) cupón *m*, vale *m*

B 1 (instrument) sello *m*, timbre *m* (Chi); (*rubber ~*) sello *m* *or* (Chi tb) timbre *m* (de goma); **metal ~** cuño *m*, sello *m* 2 (printed mark) sello *m*

C (character) impronta *f*; **the ~ of genius** la impronta *or* el sello (distintivo) de la genialidad; **she left her ~ on the institute** dejó su impronta *or* huella en el instituto

stamp² *vt*

A (with foot) ‹*ground*› dar* una patada en; **to ~ one's foot** dar* una patada en el suelo; **to ~ sth down** apisonar algo

B ‹*letter/parcel*› franquear, ponerle* sellos (*or* estampillas *etc*) a, estampillar (AmL), timbrar (Méx); **a ~ed addressed envelope** un sobre franqueado *or* (AmL tb) estampillado *or* (Méx) timbrado con su dirección

C 1 ‹*passport/ticket*› sellar 2 ‹*coin*› acuñar, troquelar; **the words were ~ed on her memory** tenía las palabras grabadas en la memoria; **she ~ed her personal style on the company** le imprimió su sello personal a la compañía

■ **stamp** *vi* 1 (with foot) «*person*» dar* patadas en el suelo; «*horse*» piafar; **he ~ed on the spider** le dio un pisotón a la araña 2 (walk): **she ~ed upstairs** subió la escalera pisando fuerte

Phrasal verbs

• **stamp on** [v ▸ prep ▸ o] ‹*proposal*› rechazar* de plano; ‹*attempt*› sofocar*, aplastar

• **stamp out** [v ▸ o ▸ adv, v ▸ adv ▸ o] 1 ‹*fire*› apagar* (con los pies) 2 (suppress) ‹*resistance*› aplastar; ‹*rebellion*› sofocar*; ‹*crime*› erradicar*, acabar con 3 (punch out) ‹*shape*› troquelar

stamp duty *n* [u c] (BrE) timbrado *m* *or* sellado *m* fiscal

stampede¹ /stæmˈpiːd/ *n* estampida *f*, desbandada *f*; **there was a ~ toward the exit/to buy shares** la gente se precipitó hacia la salida/se lanzó a comprar acciones

stampede² *vt* 1 ‹*cattle/horses*› hacer* salir en estampida *or* desbandada 2 (force, push) empujar; **they were ~d into a hasty decision** los empujaron a tomar una decisión precipitada

■ **stampede** *vi* «*herd/crowd*» salir* en estampida

stamping ground /ˈstæmpɪŋ/ *n* (colloq) territorio *m*

stamp tax *n* [u c] (AmE) timbrado *m* *or* sellado *m* fiscal

stance /stæns || stɑːns/ *n* 1 (attitude, viewpoint) postura *f*, posición *f*; **to take a tough ~ on sth** adoptar una postura firme (con) respecto a algo 2 (physical) postura *f*

stanch /stɔːntʃ/ *vt* ‹*bleeding*› contener*; ‹*cut*› restañar

stand¹ /stænd/ *n*

A 1 (position) lugar *m*, sitio *m* 2 (attitude) postura *f*, posición *f*; **to take a ~ on sth** adoptar una postura *or* posición (con) respecto a algo 3 (resistance) resistencia *f*; **to make a ~ against sth** oponer* resistencia a algo; **Custer's Last S~** la última batalla de Custer

B 1 (pedestal, base) pie *m*, base *f* 2 (for sheet music) atril *m* 3 (for coats, hats) perchero *m*

C (at fair, exhibition) stand *m*, caseta *f*; (larger) pabellón *m*; **newspaper ~** puesto *m* de periódicos; **a hot-dog ~** (esp AmE) un puesto de perritos calientes

D (for spectators) (*often pl*) tribuna *f*

E (witness box) (AmE) estrado *m*; **to take the ~** subir al estrado

stand² (*past & past p* **stood**) *vi*

A 1 (be, remain upright) «*person*» estar* de pie, estar* parado (AmL); **I was so tired I could hardly ~** estaba tan cansado que apenas podía tenerme en pie; **I've been ~ing here for hours** llevo horas aquí de pie *or* (AmL) aquí parado; **she was ~ing at the window** estaba junto a la ventana 2 (rise) levantarse, ponerse* de pie, pararse (AmL); **her hair stood on end** se le pusieron los pelos de punta, se le pararon los pelos (AmL); *see also* **stand up** 3 (in height): **the tower ~s 30 meters high** la torre tiene *or* mide 30 metros de altura

B (move, take up position) ponerse*, pararse (AmL); **~ over there** ponte *or* (AmL tb) párate allí; **~ clear!** ¡apártense!; **he stood on a chair** se subió a *or* (AmL tb) se paró en una silla; **to ~ aside** hacerse* a un lado, apartarse; **can you ~ on your head?** ¿sabes pararte de cabeza *or* (Esp) hacer el pino?; **you stood on my toe!** ¡me pisaste!

C 1 (be situated, located): **the chapel ~s on the site of a pagan temple** la capilla ocupa el lugar de un antiguo templo pagano; **a church stood here long ago** hace mucho tiempo aquí había una iglesia; **I won't ~ in your way** no seré yo quien te lo impida 2 (hold position): **where do you ~ on this issue?** ¿cuál es tu posición en cuanto a este problema?; **he ~s high in their esteem** lo tienen en mucha estima; **you never know where you ~ with him** con él uno nunca sabe a qué atenerse 3 (be mounted, fixed): **a hut ~ing on wooden piles** una choza construida *or* que descansa sobre pilotes de madera

D 1 (stop, remain still) «*person*»: **they stood and stared** se quedaron mirando; **don't just ~ there!** ¡no te quedes ahí parado!; **I was left ~ing there looking like a fool** me dejaron allí plantado como un tonto; **can't you ~ still for two minutes?** ¿no puedes estarte quieto un minuto?; **time stood still** el tiempo se detuvo; **the train ~ing at platform five** el tren que está en el andén número cinco; ⊘ **no standing** (AmE) estacionamiento prohibido, prohibido estacionarse; **to ~ firm** *o* **fast** mantenerse* firme; ***to leave sb ~ing*** dejar muy atrás a algn 2 (remain undisturbed) «*batter/water*»: **leave to ~** dejar reposar; **water stood in puddles on the floor** había charcos de agua en el suelo 3 (survive, last): **these walls have stood for centuries** estas paredes tienen cientos de años; **the tower is still ~ing** la torre sigue en pie

E (remain unchanged, valid) «*law/agreement*» seguir* vigente *or* en vigor; **the offer still ~s** la oferta sigue en pie; **what I said still ~s** lo que dije sigue siendo válido; **his argument ~s or falls on this point** todo su argumento depende de este punto

F 1 (be): **the house ~s empty** la casa está vacía; **he ~s accused of treason** se lo acusa de traición; **I ~ corrected** tienes razón 2 (be currently): **as things ~** tal (y) como están las cosas; **to ~ AT sth**: **unemployment ~s at 17%** el desempleo alcanza el 17%; **receipts ~ at $150,000** el total recaudado asciende a 150.000 dólares 3 (be likely to) **to ~ to + INF**: **he ~s to lose a fortune** puede llegar a perder una fortuna; **what does she ~ to gain out of this?** ¿qué es lo que puede ganar con esto ?

G (for office, election) (BrE) presentarse (como candidato); **to ~ FOR sth**: **she is ~ing for the presidency** se va a presentar como candidata a la presidencia

■ **stand** *vt*

A (place) poner*; (carefully, precisely) colocar*; **he stood the ladder against the wall** puso *or* colocó *or* apoyó la escalera contra la pared; **he stood himself near the door** se puso cerca de la puerta

B 1 (tolerate, bear) (*with* **can, can't, won't**) ‹*pain/noise*› aguantar, soportar; **I can't ~ him** no lo aguanto *or* soporto, no lo trago (fam); **I can't ~ the sight of him** no lo puedo ni ver; **I can't ~ it any longer!** ¡no puedo más!, ¡no aguanto más!; **to ~ -ING**: **she can't ~ being interrupted** no soporta *or* no tolera que la interrumpan 2 (withstand) ‹*heat/strain*› soportar, resistir; **the chair won't ~ his weight** la silla no le va a aguantar su peso; **to ~ the test of time** resistir el paso del tiempo

C (pay for) ‹*drink/dinner*› invitar a

Phrasal verbs

- **stand apart** [v ▸ adv] **to ~ apart (FROM sth)** 1 (be distinguished) distinguirse* (DE algo) 2 (hold aloof) distanciarse (DE algo)
- **stand back** [v ▸ adv] 1 (move away) **to ~ back (FROM sth)** apartarse *or* alejarse (DE algo) 2 (become detached) **to ~ back (FROM sth)** distanciarse (DE algo)
- **stand by**

A [v ▸ adv] 1 (remain uninvolved) mantenerse* al margen; **people just stood by and did nothing** la gente estaba allí mirando sin hacer nada 2 (be at readiness) ‹‹*army/troops*›› estar* en estado de alerta; **we'll be ~ing by in case you need us** allí estaremos por si nos necesitan; **~ by for take-off!** ¡listos para despegar!

B [v ▸ prep ▸ o] 1 ‹*promise*› mantener*; ‹*decision*› atenerse* a; **I ~ by what I said earlier** me atengo a lo que dije antes; **I ~ by my offer** mi oferta sigue en pie 2 (support) ‹*friend*› apoyar, no abandonar

- **stand down** [v ▸ adv] 1 (relinquish position) retirarse; (resign) renunciar, dimitir 2 (Law) ‹‹*witness*›› abandonar el estrado
- **stand for** [v ▸ prep ▸ o] 1 (represent) ‹‹*initials/symbol*›› significar*; **what does PS ~ for?** ¿qué significa PS?; **CTI ~s for ...** CTI son las siglas de ...; **he has betrayed everything he once stood for** ha traicionado todo aquello con lo que se lo solía identificar 2 (put up with) (*usu with neg*) consentir*, tolerar
- **stand in** [v ▸ adv] **to ~ in FOR sb** sustituir* a algn
- **stand out** [v ▸ adv]

A 1 (project) **to ~ out (FROM sth)** sobresalir* (DE algo) 2 (be conspicuous, contrast) sobresalir*, destacar(se)*; **the phrase is underlined to make it ~ out** la frase está subrayada para que resalte

B (be firm, hold out) **to ~ out AGAINST sth/sb** oponerse* firmemente A algo/algn; **to ~ out FOR sth** luchar POR algo

- **stand over** [v ▸ prep ▸ o] (supervise, watch closely) vigilar; **I can't work with somebody ~ing over me** no puedo trabajar con alguien mirándome
- **stand up**

A [v ▸ adv] 1 (get up) ponerse* de pie, levantarse, pararse (AmL); ***to ~ up and be counted*** dar* la cara por sus (*or* mis *etc*) principios (*or* creencias *etc*) 2 (be, remain standing): **~ up straight** ponte derecho; **the tripod won't ~ up properly** el trípode no se sostiene bien 3 (endure, withstand wear) resistir; **this evidence wouldn't ~ up in court** cualquier tribunal desestimaría estas pruebas; **to ~ up TO sth** ‹*to cold/pressure*› resistir *or* soportar algo; **the argument doesn't ~ up to close examination** el argumento no resiste un análisis minucioso; *see also* **stand up to**

B [v ▸ o ▸ adv] 1 (set upright) poner* de pie, levantar 2 (not keep appointment with) (colloq) dejar plantado a (fam)

- **stand up for** [v ▸ adv ▸ prep ▸ o] defender*; **I can ~ up for myself** me puedo defender solo
- **stand up to** [v ▸ adv ▸ prep ▸ o] ‹*person/threats*› hacerle* frente a; *see also* **stand up A3**

standalone /ˈstændəˈləʊn/ *adj* (*before n*) autónomo

standard¹ /ˈstændərd || ˈstændəd/ *n*

A 1 (level) nivel *m*; (quality) calidad *f*; **your typing is not of the required ~** tu mecanografía no está al nivel de lo que se exige; **the ~ of education leaves much to be desired** la calidad de la educación deja mucho que desear; **~ of living** nivel *m or* estándar *m* de vida 2 (norm): **she sets very high ~s** exige un estándar *or* nivel muy alto; **the product was below ~** el producto no era de la calidad requerida; **up to ~** del nivel requerido *or* de la calidad requerida 3 (official measure) estándar *m*

B 1 (yardstick) criterio *m*, parámetro *m*; **even by Mafia ~s** incluso para la mafia; **by any** *o* **anybody's ~s** se mire por donde se mire *or* desde cualquier punto de vista 2 **standards** *pl* (moral principles) principios *mpl*; **declining ~s in society** decadencia moral en la sociedad

C (flag, emblem) estandarte *m*

standard² *adj*

A (normal) ‹*size*› estándar *adj inv*, normal; ‹*model*› (Auto) estándar *adj inv*, de serie; ‹*procedure*› habitual; ‹*reaction*› típico, normal; **it's ~ (practice) to ask for security** pedir garantías es la norma, se acostumbra *or* se suele pedir garantías

B (officially established) ‹*weight/measure*› estándar *adj inv*, oficial; **~ time** hora *f* oficial

C 1 ‹*work/reference*› clásico 2 ‹*English/French/pronunciation*› estándar *adj inv*

standard: **~-bearer** *n* abanderado, -da *m,f*, portaestandarte *mf*; (leader) adalid *mf*, abanderado, -da *m,f*; **~-class** *adj* (in UK) (Rail) ‹*ticket/carriage*› de segunda (clase); **~-issue** /ˌstændərdˈɪʃuː || ˌstændədˈɪsjuː/ *adj* 1 (in armed forces) ‹*rations/uniform*› reglamentario 2 (unexceptional) normal y corriente, común y corriente (AmL)

standardization /ˈstændərdəˈzeɪʃən/ *n* [u] estandarización *f*

standardize /ˈstændərdaɪz/ *vt* estandarizar*

standard lamp *n* (BrE) lámpara *f* de pie

standby¹ /ˈstændbaɪ/ *n* (*pl* **-bys**) 1 (thing, person one can turn to): **frozen meals are a useful ~** las comidas congeladas son muy socorridas; **you should always carry a spare fan belt as a ~** siempre se debe llevar una correa de ventilador de repuesto por lo que pudiera pasar 2 (state of readiness): **to be on ~** ‹‹*police/squadron*›› estar* en estado de alerta; ‹‹*engineer*›› estar* de guardia 3 **~ (ticket)** (Aviat) pasaje *m or* (Esp) billete *m* stand-by

standby² *adj* (*before n*) 1 (ready for emergency) de emergencia, de reserva; **to be on ~ duty** estar* de guardia 2 (Aviat) ‹*passenger/ticket/fare*› stand-by *adj inv*

standby³ *adv* ‹*fly/go*› stand-by

standee /ˈstænˈdiː/ *n* (AmE) *espectador o pasajero de pie*

stand-in /ˈstændɪn/ *n* suplente *mf*; (Cin) doble *mf*

standing¹ /ˈstændɪŋ/ *n* [u] 1 (position) posición *f*; (prestige) prestigio *m*; **his ~ in the community** la posición que tiene *or* el lugar que ocupa en la comunidad; **she's in very good ~ with the party chiefs** los jefes del partido la tienen en gran estima 2 (duration): **an agreement of long ~** un acuerdo vigente desde hace tiempo; **friends of more than 20 years' ~** amigos desde hace más de 20 años

standing² *adj* (*before n, no comp*) 1 (permanent) permanente; **~ charge** cuota *f* fija; (for utilities) cuota *f* abono; **~ committee** comisión *f* permanente; **we have a ~ invitation to stay with them** estamos invitados a ir a quedarnos en su casa cuando queramos; **it's a ~ joke that he never pays for a single drink** tiene fama de no invitar nunca a una copa 2 (upright, not seated) ‹*passenger*› de pie, parado (AmL); **~ room only!** ¡no quedan asientos!

standing order *n* 1 (with bank) (BrE) orden *f* permanente de pago 2 (with supplier) pedido *m* fijo

standoff /ˈstændɔːf || ˈstændɒf/ *n* (AmE) 1 (tie, draw) empate *m* 2 (deadlock) callejón *m* sin salida

standoffish /ˈstændˈɔːfɪʃ/ *adj* distante, estirado (fam)

stand: **~pipe** *n* (BrE) *grifo que se instala provisionalmente en la calle*; **~point** *n* punto *m* de vista; **~still** *n* (*no pl*): **to bring sth to a ~still** ‹*activity/production*› paralizar* algo; ‹*vehicle/machine*› parar algo; **the whole town came to a ~still** la ciudad quedó totalmente paralizada; **the traffic**

was at a ~still el tráfico estaba paralizado; **~up** *adj* (*before n*): **a ~up comic** un cómico de micrófono; **a ~up argument** una discusión violenta; **it turned into a ~up fight** se fueron a las manos

stank /stæŋk/ *past of* **stink²**

stanza /'stænzə/ *n* (*pl* **-zas**) estrofa *f*

staple¹ /'steɪpəl/ *n*
A (for fastening paper, cloth etc) grapa *f*, ganchito *m*, corchete *m* (Chi); (*before n*) **~ gun** grapadora *f*, engrapadora *f* (AmL)
B **1** (basic food) alimento *m* básico **2** (principal product) producto *m* principal **3** (raw material) materia *f* prima

staple² *adj* ‹*food/ingredient*› básico; ‹*industry*› principal; **rice is their ~ diet** se alimentan principalmente a base de arroz

staple³ *vt* grapar, engrapar (AmL), corchetear (Chi); **to ~ sth together** grapar *or* (AmL tb) engrapar *or* (Chi) corchetear algo

stapler /'steɪplər/ *n* grapadora *f*, engrapadora *f* (AmL)

star¹ /stɑːr || stɑː(r)/ *n*
A (Astrol, Astron) (astral body) astro *m*; (visible in the sky at night) estrella *f*; **to be born under a lucky ~** nacer* con buena estrella; ***to see ~s*** ver* las estrellas; ***to thank one's lucky ~s*** (colloq) dar* gracias al cielo; (*before n*) **~ sign** signo *m* del zodíaco
B (symbol) estrella *f*; (asterisk) asterisco *m*; **a four-~ hotel** un hotel de cuatro estrellas; **two-/four-~ petrol** (BrE) gasolina *f or* (RPl) nafta *f* normal/súper, bencina *f* corriente/especial (Andes)
C (celebrity) estrella *f*; (*before n*) **~ attraction** atracción *f* estelar *or* especial; **~ quality** madera de estrella; **~ witness** testigo *mf* principal

star² **-rr-** *vt*
A (Cin, Theat, TV): **the famous film which ~red Bogart and Bergman** la famosa película que tuvo como protagonistas a Bogart y Bergman; **'2005', ~ring Mike Kirnon** '2005', con (la actuación estelar de) Mike Kirnon
B (mark) ‹*passage/items*› marcar* con un asterisco
■ **star** *vi*: **she has ~red in several films** ha protagonizado varias películas

starboard¹ /'stɑːrbərd/ *n* [u] estribor *m*; **to ~** a estribor

starboard² *adj* (*before n*) de estribor

starch¹ /stɑːrtʃ || stɑːtʃ/ *n* **1** [u] almidón *m* **2** (starchy food) fécula *f*, almidón *m*

starch² *vt* almidonar

starchy /'stɑːrtʃi || 'stɑːtʃi/ *adj* **-chier, -chiest** **1** ‹*diet*› a base de féculas *or* de almidones **2** ‹*person/attitude*› almidonado, ceremonioso, acartonado

stardom /'stɑːrdəm || 'stɑːdəm/ *n* [u] estrellato *m*; **to rise to ~** alcanzar* el estrellato

stardust /'stɑːrdʌst || 'stɑːdʌst/ *n* [u] polvo *m* de estrellas; ***to have ~ in one's eyes*** estar* lleno de ilusiones

stare¹ /ster || steə(r)/ *vi* mirar (*fijamente*); **it's rude to ~** es de mala educación quedarse mirando a la gente *or* clavarle los ojos a la gente; **to ~ AT sb/sth**: **we ~d at each other** nos quedamos mirando; **what are you staring at?** ¿qué miras?; **he ~d at her** le clavó los ojos, se la quedó mirando de hito en hito (liter); **he was staring at the portrait** tenía los ojos clavados en el retrato; **I ~d back at her** le sostuve la mirada; **she sat staring into space** estaba sentada mirando al vacío

stare² *n* mirada *f* (*fija*); **she gave him a defiant ~** lo miró desafiante *or* le lanzó una mirada desafiante

star: **~fish** *n* (*pl* **-fish**) estrella *f* de mar; **~gazing** /'stɑːr'geɪzɪŋ/ *n* [u] observación *f* de los astros

stark¹ /stɑːrk || stɑːk/ *adj* **-er, -est** ‹*landscape*› agreste, inhóspito; ‹*truth*› escueto, desnudo; ‹*realism*› descarnado, crudo; **in ~ contrast** en marcado contraste

stark² *adv*: **~ naked** completamente desnudo, en cueros (vivos) (fam), encuerado (Méx fam), calato (Per fam); **to be ~ raving mad** (colloq) estar* loco de atar (fam)

starkers /'stɑːrkərz || 'stɑːkəz/ *adj* (BrE colloq & hum) (*pred*) completamente desnudo, en cueros (vivos) (fam), encuerado (Méx fam), calato (Per fam)

starkly /'stɑːrkli || 'stɑːkli/ *adv* ‹*portrayed/revealed*› de forma descarnada, crudamente

starlet /'stɑːrlət || 'stɑːlɪt/ *n* starlet(te) *f* (*joven actriz que aspira al estrellato*)

starlight /'stɑːrlaɪt || 'stɑːlaɪt/ *n* [u] luz *f* de las estrellas

starling /'stɑːrlɪŋ || 'stɑːlɪŋ/ *n* estornino *m*

starlit /'stɑːrlɪt / *adj* iluminado por la luz de las estrellas

starry /'stɑːri/ *adj* **-rier, -riest** estrellado

starry-eyed /'stɑːri'aɪd/ *adj* **1** (full of illusions) ‹*person*› iluso, soñador **2** (dreamy): **she gazed at him all ~** lo miraba arrobada

star: **~s and Stripes** *n* **the S~s and Stripes** la bandera de los EEUU, la bandera de las barras y las estrellas; **~-spangled** /'stɑːr,spæŋgəld || 'stɑː,spæŋgəld/ *adj* (liter) ‹*sky/heavens*› tachonado de estrellas (liter); **~-Spangled Banner** *n* **the S~ Spangled Banner** **1** (Mus) el himno de las barras y las estrellas (*himno nacional de EEUU*) **2** ▸**S~s and Stripes**; **~-studded** /'stɑːr,stʌdəd || 'stɑː,stʌdɪd/ *adj* ‹*sky*› (liter) tachonado de estrellas (liter); **a ~-studded cast** un reparto estelar

> **Stars and Stripes**
> La bandera de EEUU. Sus cincuenta estrellas (*stars*) representan los cincuenta estados y las trece franjas horizontales representan las primeras colonias que constituyeron Estados Unidos en la época de la independencia. También recibe el nombre de *Old Glory* o *Star-spangled banner*

start¹ /stɑːrt || stɑːt/ *n*
A **1** (beginning) principio *m*, comienzo *m*; **at the ~** al principio, al comienzo; **from the ~** desde el principio *or* comienzo; **from ~ to finish** del principio al fin, desde el principio hasta el fin; **to make a ~ (ON sth)** empezar* algo; **to make an early ~** empezar* temprano; (on a journey) salir* temprano, ponerse* en camino a primera hora; **to make a fresh** *o* **new ~** empezar* *or* comenzar* de nuevo; **to get (sth) off to a good/bad ~** empezar* (algo) bien *or* con el pie derecho/mal *or* con el pie izquierdo **2** **for a ~** (*as linker*) para empezar
B (Sport) **1** (of race) salida *f* **2** (lead, advantage) ventaja *f*
C (jump): **to give a ~** «*person/horse*» dar* un respingo; **to give sb a ~** darle* *or* pegarle* un susto a algn, asustar a algn; **I woke up with a ~** me desperté sobresaltado

start² *vt*
A (begin) ‹*conversation/journey/negotiations*› empezar*, comenzar*, iniciar; ‹*job/course*› empezar*, comenzar*; **I ~ work at eight** empiezo *or* entro a trabajar a las ocho; **don't ~ that again!** ¡no vuelvas con eso!; **to ~ -ING, to ~ to + INF** empezar* A + INF
B (cause to begin) ‹*race*› dar* comienzo a, largar* (CS, Méx); ‹*fire/epidemic*› provocar*; ‹*argument/fight*› empezar*; ‹*war*› «*incident*» desencadenar; **we want to ~ a family** queremos empezar a tener hijos; **her words ~ed me thinking** sus palabras me dieron que pensar; ***to get sb ~ed*** (colloq) darle* cuerda a algn (fam)
C (establish) ‹*business*› abrir*, montar; ‹*organization*› fundar
D (cause to operate) ‹*engine/dishwasher*› encender*, prender (AmL); ‹*car*› arrancar*, hacer* partir (Chi)
■ **start** *vi*
Sense I
A **1** (begin) «*school/term/meeting*» empezar*, comenzar*, iniciarse (frml); «*noise/pain/journey/race*» empezar*, comenzar*; **prices ~ at $30** cuestan a partir de 30 dólares; **to get ~ed** empezar*, comenzar*; **to ~ again** *o* (AmE also) **over** volver* a empezar, empezar* *or* comenzar* de nuevo; **to ~ BY -ING** empezar* POR + INF; **the tour ~s from the station** la excursión sale de la estación; **~ing (from) next January** a partir del próximo mes de enero **2** **to ~ with** (*as linker*): primero *or* para empezar; **I was optimistic to ~ with** al principio estaba llena de optimismo
B **1** (originate) empezar*, originarse; **it all ~ed from an idea I had as a student** todo surgió de una idea que tuve cuando era estudiante **2** (be founded) ser* fundado
C (set out) (+ *adv compl*): **to ~ back** emprender el regreso; **it's time we ~ed (for) home** es hora de volver a casa, es hora de que nos pongamos en camino a casa; **we ~ from the hotel at six** salimos del hotel a las seis
D (begin to operate) «*car*» arrancar*, partir (Chi); «*dishwasher*» empezar* a funcionar, ponerse* en marcha
Sense II (move suddenly) dar* un respingo; (be frightened) asustarse, sobresaltarse; **I ~ed (up) from my chair** me levanté de la silla de un salto; **she ~ed at the noise** el ruido la sobresaltó *or* la asustó

Phrasal verbs

• **start off**

A [v ▸ adv] **1** ▸**start out 1** **2** (begin moving) arrancar* **3** (begin) empezar*; **to ~ off ON sth: she ~ed off on a lengthy explanation** se embarcó en una larga explicación, empezó a dar una larga explicación

B [v ▸ o ▸ adv, v ▸ adv ▸ o] (begin) ‹*discussion/concert*› empezar*

C [v ▸ o ▸ adv] (get sb started): **I'll do the first one, just to ~ you off** yo haré el primero, para ayudarte a empezar; **to ~ sb off ON sth: I ~ed them off on some scales** para empezar, los puse a hacer unas escalas; **don't ~ him off on politics!** (colloq) ¡no le des cuerda para que empiece a hablar de política! (fam)

• **start on** [v ▸ prep ▸ o]

A (begin) ‹*cleaning/book*› empezar* (con)

B (criticize) (colloq) meterse con (fam)

• **start out** [v ▸ adv] **1** (set out) salir*, partir (frml) **2** (in life, career) empezar* **3** (begin) **to ~ out (BY) -ING: I ~ed out liking him** al principio me gustaba; **we ~ed out (by) thinking it would be easy** empezamos pensando que sería fácil

• **start over** (AmE) [v ▸ adv] [v ▸ o ▸ adv] volver* a empezar, empezar* *or* comenzar* de nuevo

• **start up**

A [v ▸ adv] **1** ▸**start** *vi Sense* **I D** **2** (begin business) empezar* **3** (begin activity) «*music/siren*» empezar* a sonar; «*band*» empezar* a tocar

B [v ▸ o ▸ adv, v ▸ adv ▸ o] **1** ‹*engine/car/machinery*› arrancar*, poner* en marcha, hacer* partir (Chi) **2** ‹*business*› montar, poner* en marcha **3** ‹*conversation*› entablar; ‹*discussion*› empezar*

starter /'stɑːrtər || 'stɑːtə(r)/ *n*

A (Culin) entrada *f*, primer plato *m*, entrante *m* (Esp); ***for ~s*** (colloq) para empezar

B (Sport) **1** (official) juez *mf* de salida **2** (competitor) participante *mf*, competidor, -dora *m,f*

C (Auto) motor *m* de arranque

starting /'stɑːrtɪŋ || 'stɑːtɪŋ/: **~ block** *n* (*usu pl*) bloque *m* de salida; **~ gate** *n* cajones *mpl* de salida, arrancadero *m* automático (Méx), partidor *m* automático (Col); **~ grid** *n* parrilla *f* de salida, parrilla *f* de largada (CS); **~ line** *n* línea *f* de salida; **~ point** *n* **~ point (FOR sth)** punto *m* de partida (DE/PARA algo); **~ price** *n* (Sport) cotización *f* inicial; **~ salary** *n* sueldo *m* inicial

startle /'stɑːrtḷ || 'stɑːtl/ *vt* sobresaltar, asustar

startling /'stɑːrtlɪŋ || 'stɑːtlɪŋ/ *adj* **1** (surprising) asombroso, sorprendente; ‹*similarity/coincidence*› extraordinario **2** (alarming) ‹*report/increase*› alarmante

start-up /'stɑːrtʌp || 'stɑːtʌp/ *adj* ‹*capital/costs*› inicial

starvation /stɑːr'veɪʃən || stɑː'veɪʃən/ *n* [u] hambre *f*‡, inanición *f*; (*before n*) **~ diet** dieta *f* de hambre; **~ wages** salario *m* de hambre

starve /stɑːrv || stɑːv/ *vt* **1** (deny food) privar de comida a, hacer* pasar hambre a; **I'm ~d** (AmE colloq) me muero de hambre, tengo un hambre canina (fam); **to ~ oneself** pasar hambre **2** (deprive) **to ~ sth/sb OF sth** privar algo/A algn DE algo

■ **starve** *vi* (die) morirse* de hambre *or* de inanición; (feel hungry) pasar hambre; **I'm starving** (BrE colloq) me muero de hambre, tengo un hambre canina (fam)

starving /'stɑːrvɪŋ || 'stɑːvɪŋ/ *adj* hambriento, famélico

stash¹ /stæʃ/ *vt* **~ (away)** (colloq) (hide) esconder; (save) ir* ahorrando *or* acumulando; **she's got millions ~ed away** tiene millones guardaditos (fam)

stash² *n* (colloq) alijo *m*

state¹ /steɪt/ *n*

Sense I

A **1** [c] (nation) estado *m*; (*before n*) **~ visit** visita *f* oficial, visita *f* de estado **2** [c] (division of country) estado *m*; **the S~s** los Estados Unidos; (*before n*) ‹*law/taxes/police*› (in US) del estado, estatal

B [u c] (Govt) estado *m*; **affairs of ~** asuntos *mpl* de estado; **Church and S~** la Iglesia y el Estado; (*before n*) (esp BrE) ‹*control/funding*› estatal; **~ education** enseñanza *f* pública; **~ pension** pensión *f* del estado; **~ school** escuela *f* pública *or* estatal *or* del estado

C [u] (pomp): **to lie in ~** yacer* en capilla ardiente; (*before n*) **~ occasion** ocasión *f* solemne

Sense II [c] **1** (condition) estado *m*; **~ of war/emergency** estado de guerra/emergencia; **S~ of the Union message** (in US) mensaje *m* *or* informe *m* presidencial sobre el estado de la Nación; **in a poor ~ of repair** en bastante mal estado; **~ of health** (estado *m* de) salud *f*; **~ of mind** estado de ánimo; **I was in no (fit) ~ to make a decision** no estaba en condiciones de tomar una decisión; **what a ~ of affairs!** ¡qué situación tan lamentable! **2** (poor condition) (colloq): **just look at the ~ of your fingernails!** ¡mira cómo tienes esas uñas!; **she always leaves the kitchen in a ~** siempre deja la cocina hecha un asco (fam) **3** (anxious condition) (colloq): **to be in/get (oneself) into a ~ about sth** estar*/ponerse* nervioso por algo

state² *vt* «*person*» ‹*facts/case*› exponer*; ‹*problem*› plantear, exponer*; ‹*name/address*› (in writing) escribir*, consignar (frml); (orally) decir*; «*law/document*» establecer*, estipular; **he ~d that he had seen her there earlier** afirmó haberla visto antes allí; **to ~ one's views** dar* su (*or* mi *etc*) opinión, exponer* su (*or* mi *etc*) punto de vista; **he clearly ~d that ...** dijo *or* manifestó claramente que ...; **as ~d above** como se indica más arriba

stated /'steɪtəd || 'steɪtɪd/ *adj* **1** (specified, fixed) ‹*amount/sum*› indicado, establecido; ‹*date/time*› señalado, indicado **2** (declared): **their ~ intention** la intención que han expresado

State Department *n* (in US) **the ~ ~** el Departamento de Estado de los EEUU, ≈ el Ministerio de Asuntos Exteriores *or* de Relaciones Exteriores

stateless /'steɪtləs || 'steɪtlɪs/ *adj* apátrida, sin patria

stately /'steɪtli/ *adj* **-lier, -liest** ‹*air/deportment*› majestuoso

stately home *n* (in UK) casa *f* solariega

statement /'steɪtmənt/ *n*

A **1** [c] (declaration) declaración *f*, afirmación *f*; **official ~** comunicado *m* oficial; **the poem was seen as a political/feminist ~** se interpretó el poema como una proclama política/feminista **2** [c] (to police, in court) declaración *f*; **to make a ~** (Law) prestar declaración **3** [c u] (exposition) exposición *f*

B [c] (of accounts) informe *m* anual; (*bank ~*) estado *m* *or* extracto *m* de cuenta

state: **~-of-the-art** /'steɪtəvðiˈɑːrt || ˌsteɪtəvðiˈɑːt/ *adj* ‹*computer/turntable*› último modelo *adj inv*; **~-of-the-art technology** tecnología *f* (de) punta *or* de vanguardia; **~room** *n* **1** (on ship, train) camarote *m* **2** (in palace) salón *m* (*para grandes recepciones*); **~side**, **~side** *adv* (AmE colloq) en/a/hacia los Estados Unidos

statesman /'steɪtsmən/ *n* (*pl* **-men** /-mən/) estadista *m*, hombre *m* de estado

statesmanlike /'steɪtsmənlaɪk/ *adj* ‹*conduct/approach*› propio de un estadista

state: **~ trooper** *n* (AmE) policía *m,f* estatal; **~wide** /'steɪt'waɪd/ *adj* de un extremo al otro del estado

static¹ /'stætɪk/ *adj*

A ‹*situation*› estacionario

B ‹*electricity*› estático

static² *n* [u] **1** (electricity) electricidad *f* estática **2** (interference) estática *f*, interferencia *f*, parásitos *mpl*

station¹ /'steɪʃən/ *n*

A **1** (Rail) estación *f* **2** (*bus ~*) estación *f* *or* terminal *f* de autobuses

B (place of operations) **research ~** centro *m* de investigación; **weather ~** estación *f* meteorológica; *see also* **fire station, gas station, police station** *etc*

C (TV) canal *m*; (Rad) emisora *f*, estación *f*, radio *f*

D **1** (Mil) puesto *m*; **action ~s!** ¡zafarrancho de combate!, ¡a sus puestos de combate! **2** (Relig): **the S~s of the Cross** el Vía Crucis, las Estaciones de la Cruz

E (social rank) condición *f*, clase *f* social; **to have ideas above one's ~** tener* delirios de grandeza

station² *vt* **1** (position) ‹*sentries*› apostar*, emplazar*; **she ~ed herself behind the wall** se colocó detrás de la pared **2** (post) (*usu pass*) ‹*personnel*› destinar, destacar*; ‹*fleet/troops*› emplazar*, estacionar

stationary /'steɪʃəneri || 'steɪʃənri/ *adj* **1** (not moving) ‹*object/vehicle*› estacionario, detenido, que no está en movimiento; **he remained ~** no se movió, permaneció inmóvil (frml) **2** (fixed in place) ‹*engine/gun*› fijo

stationer /'steɪʃənər/ *n*: **~'s (shop)** papelería *f*

S

stationery /ˈsteɪʃəneri || ˈsteɪʃənəri/ *n* [u] 1 (writing materials) artículos *mpl* de papelería *or* de escritorio 2 (writing paper) papel *m* y sobres *mpl* de carta

station: ~ **house** *n* (AmE) 1 (police station) comisaría *f* 2 ▸**fire station**; ~**master** *n* jefe, -fa *m,f* de estación; ~ **wagon** *n* (AmE) ranchera *f*, (coche *m*) familiar *m*, camioneta *f* (AmL), rural *f* (RPl), station (wagon) *m* (Chi)

statistic /stəˈtɪstɪk/ *n* estadística *f*

statistical /stəˈtɪstɪkəl/ *adj* estadístico

statistically /stəˈtɪstɪkli/ *adv* ‹*prove/show*› por medio de estadísticas; ‹*valid/significant*› estadísticamente

statistician /ˈstætəˈstɪʃən/ *n* estadístico, -ca *m,f*

statistics /stəˈtɪstɪks/ *n* (+ *sing vb*) estadística *f*

statue /ˈstætʃuː || ˈstætjuː, ˈstætʃuː/ *n* estatua *f*

Statue of Liberty – the Statue of Liberty

La famosa estatua situada en la *Liberty Island* en la bahía de Nueva York, representa a una mujer que lleva la antorcha de la libertad. Fue un obsequio de Francia al pueblo de EEUU

statuesque /ˈstætʃuˈesk/ *adj* (frml) escultural

statuette /ˈstætʃuˈet || ˌstætjuˈet, ˌstætʃuˈet/ *n* estatuilla *f*

stature /ˈstætʃər || ˈstætʃə(r)/ *n* 1 (status) talla *f*; **a person of** ~ una persona importante *or* destacada 2 (height) (frml) estatura *f*, talla *f*

status /ˈstætəs || ˈsteɪtəs/ *n* (*pl* **-tuses**)
A 1 [u c] (category, situation): **member** ~ categoría *f* de socio; **the** ~ **of women** la condición jurídica y social de las mujeres; **what's his legal** ~**?** ¿cuál es su situación legal?; **it has no legal** ~ no tiene validez; **marital** ~ estado *m* civil; **the group has no official** ~ el grupo no está oficialmente reconocido como tal; **financial** ~ situación *f or* posición *f* económica 2 [u] (*social* ~) posición *f* social, estatus *m* 3 [u] (kudos) estatus *m*, prestigio *m*, standing *m*; (*before n*) ~ **symbol** símbolo *m* de estatus *or* de prestigio
B [u] (state, condition) situación *f*; (*before n*) ~ **report** informe *m* de progreso

status quo /kwəʊ/ *n* statu quo *m*

statute /ˈstætʃuːt || ˈstætjuːt, ˈstætʃuːt/ *n* ley *f*; **by** ~ por ley; **the university** ~**s** el estatuto *or* los estatutos de la universidad; (*before n*) ~ **book** código *m*; ~ **law** derecho *m* escrito

statutory /ˈstætʃutɔːri || ˈstætjʊtəri, ˈstætʃuːtəri/ *adj* ‹*right/obligation*› legal, establecido por la ley; ‹*penalty*› establecido por la ley; ‹*authority/body*› creado por la ley; ~ **rape** (AmE) *relaciones sexuales con un menor*

staunch[1] /stɔːntʃ/ *adj* **-er, -est** ‹*supporter*› incondicional, acérrimo; ‹*Protestant*› acérrimo, devoto

staunch[2] *vt* ▸**stanch**

stave /steɪv/ *n*
A (of barrel, hull) duela *f*
B (Mus) pentagrama *m*

Phrasal verbs
- **stave in** (*past & past p* **staved** *or* **stove**) [v ▸ o ▸ adv, v ▸ adv ▸ o] ‹*door/hull*› romper*
- **stave off** (*past & past p* **staved**) [v ▸ o ▸ adv, v ▸ adv ▸ o] ‹*defeat/disaster*› evitar; ‹*danger/threat*› conjurar

staves 1 *pl of* **staff**[1] **B1** 2 *pl of* **stave**

stay[1] /steɪ/ *vi*
A 1 (in specified place, position) quedarse, permanecer* (frml); ~ **there** quédate ahí, no te muevas de ahí; ~ **close to us** no te alejes de nosotros; ~**!** (to dog) ¡quieto!; **to** ~ **ahead** mantenerse a la cabeza; **unemployment is here to** ~ el desempleo se ha convertido en un problema permanente; ***to*** ~ ***put*** quedarse 2 (in specified state): ~ **still/single** quédate quieto/soltero; **try and** ~ **sober** trata de no emborracharte; **we** ~**ed friends** seguimos siendo amigos; **to** ~ **awake** mantenerse* despierto
B 1 (remain, not leave) quedarse; **can you** ~ **to** *o* **for dinner?** ¿te puedes quedar a cenar? 2 (reside temporarily) quedarse; (in a hotel etc) hospedarse, alojarse, quedarse; **I'm** ~**ing with friends** me estoy quedando en casa de unos amigos; **we** ~**ed at the Hilton** nos hospedamos *or* nos alojamos *or* nos quedamos en el Hilton; **he's** ~**ing with us over Easter** va a pasar la Semana Santa con nosotros; **can Matthew** ~ **the night?** ¿Matthew se puede quedar a dormir *or* a pasar la noche?
■ **stay** *vt*
A (survive) ‹*distance/pace*› aguantar, resistir
B (suspend) ‹*execution/sentence*› suspender

Phrasal verbs
- **stay away** [v ▸ adv] 1 (not go near) **to** ~ **away FROM sth/sb** no acercarse* A algo/algn 2 (not go to) ‹‹*public*›› no acudir
- **stay behind** [v ▸ adv] (after meeting, party etc) quedarse; **to** ~ **behind after school** (esp BrE) quedarse después de clases
- **stay down** [v ▸ adv] (in lowered position) no levantarse; **I glued it but it won't** ~ **down** lo pegué pero se sigue levantando
- **stay in** [v ▸ adv] 1 (remain in position) quedarse en su sitio; **this nail won't** ~ **in** este clavo se sale 2 (remain indoors) quedarse en casa
- **stay off** [v ▸ prep ▸ o]: **I** ~**ed off work today** hoy no fui a trabajar
- **stay on** [v ▸ adv] 1 (remain in position) quedarse en su sitio; **my hat won't** ~ **on** se me cae el sombrero 2 (at school, in job) quedarse
- **stay out** [v ▸ adv] 1 (not come home): **to** ~ **out all night** pasar toda la noche fuera; **he usually** ~**s out late** normalmente no vuelve hasta tarde 2 (out of doors) quedarse fuera 3 (remain on strike) seguir* en huelga
- **stay out of** [v ▸ adv ▸ prep ▸ o] 1 (avoid): **try to** ~ **out of trouble/his way** procura no meterte en líos/no cruzarte en su camino; ~ **out of the sun** quédate a la sombra 2 (not get involved in) no meterse en
- **stay over** [v ▸ adv] quedarse (a dormir)
- **stay up** [v ▸ adv] 1 (not fall or sink) ‹‹*tent/pole*›› sostenerse*; **his trousers won't** ~ **up** se le caen los pantalones 2 (not go to bed) quedarse levantado

stay[2] *n*
A (time) estadía *f* (AmL), estancia *f* (Esp, Méx); **I'd like to go for a longer** ~ me gustaría ir a quedarme más tiempo; **after an overnight** ~ **in Paris** después de hacer noche *or* después de pernoctar en París; **during her** ~ **in hospital** mientras estuvo en el hospital
B (Law): ~ **of execution** suspensión *f* del cumplimiento de la sentencia
C 1 (rope, wire) estay *m* 2 (Clothing, Hist) ~**s** (*pl*) corsé *m*

stay-at-home /ˈsteɪəthəʊm/ *n* persona *f* casera

staying power /ˈsteɪɪŋ/ *n* [u] resistencia *f*, aguante *m*

STD *n* 1 [u] (in UK) (Telec) **= subscriber trunk dialling** 2 [c] (Med) **= sexually transmitted disease**

stead /sted/ *n*: **in sb's** ~ (liter) en lugar de algn; ***to stand sb in good*** ~ resultarle *or* serle* muy útil a algn

steadfast /ˈstedfæst || ˈstedfɑːst/ *adj* (liter) ‹*refusal*› firme, categórico, rotundo; ‹*resolve*› inquebrantable, férreo; ‹*gaze*› fijo; ‹*loyalty*› a toda prueba

steadfastly /ˈstedfæstli/ *adv* (liter) ‹*refuse*› categóricamente; ‹*uphold*› tenazmente; ‹*gaze*› fijamente

steadily /ˈstedl̩i || ˈstedɪli/ *adv* 1 (constantly, gradually) ‹*breathe/beat/work*› regularmente, a un ritmo constante; **her condition is** ~ **deteriorating** continúa *or* sigue empeorando; **a** ~ **increasing number** un número cada vez mayor 2 (incessantly) ‹*rain/work*› sin cesar, sin parar, continuamente 3 (not shaking) ‹*gaze*› fijamente, sin apartar la vista; ‹*walk*› con paso seguro

steady[1] /ˈstedi/ *adj* **-dier, -diest**
A (not shaky) ‹*gaze*› fijo; ‹*chair/table/ladder*› firme, seguro; **with a** ~ **hand** con pulso firme; **you need a** ~ **hand** hay que tener mucho pulso; **hold the camera** ~ no muevas la cámara; **she isn't very** ~ **on her feet** le flaquean las piernas
B 1 (constant) ‹*breeze/rain/speed*› constante; ‹*rhythm/pace*› constante, regular; ‹*flow/stream*› continuo; ‹*improvement/decline/increase*› constante; ‹*prices/currency*› estable; **the patient is making** ~ **progress** el paciente sigue mejorando 2 (regular) (*before n*) ‹*job*› fijo, estable; ‹*income*› regular, fijo; ~ **boyfriend** novio *m*; ~ **girlfriend** novia *f* 3 (dependable) ‹*person/worker*› serio, formal
C (*as interj*) ¡cuidado!, ¡ojo! (fam)

steady[2] **-dies, -dying, -died** *vt* 1 (make stable) ‹*table/ladder*› (by holding) sujetar (para que no se mueva); **to** ~ **oneself** recobrar el equilibrio 2 (make calm) calmar, tranquilizar*; **she had a drink to** ~ **her nerves** se tomó una copa para calmarse
■ **steady** *vi* estabilizarse*

S

steady[3] *adv*: **to go ~ (with sb)** (colloq & dated) ser* novio/novia (de algn), noviar (con algn) (AmL)

steak /steɪk/ *n*

A (for grilling, frying) 1▸ [c] bistec *m*, filete *m*, churrasco *m* (CS), bife *m* (RPl, Bol) 2▸ [u] (cut) carne *f* para filete (*or* bistec *etc*)

B [u] (cut for braising, stewing) (BrE) carne *f* para guisar *or* estofar; (*before n*) **~ and kidney pie** pastel *m* de carne y riñones

C [c] (of ham) rodaja *f*; (of fish) filete *m*

steak house *n*: *restaurante especializado en bistecs*, ≈ churrasquería *f* (AmS)

steal /stiːl/ (*past* **stole**; *past p* **stolen**) *vt*

A 1▸ ‹*object/idea*› robar, hurtar (frml); **to ~ sth FROM sb** robarle algo A algn; **he stole some money from the till** robó dinero de la caja 2▸ (sneak) (liter): **to ~ a glance at sth/sb** echar una mirada furtiva a algo/algn

B **stolen** *past p* 1▸ ‹*money/property*› robado 2▸ (liter) ‹*moments/pleasures*› robado, escamoteado

■ **steal** *vi*

A robar, hurtar (frml); **he was convicted of ~ing** lo condenaron por robo

B (go stealthily) (+ *adv compl*): **to ~ away** *o* **off** escabullirse; **they stole into the room** entraron en la habitación a hurtadillas, entraron sigilosamente en la habitación; **to ~ up on sb** acercarse* sigilosamente a algn

stealth /stelθ/ *n* [u] sigilo *m*; **by ~** furtivamente

stealthily /ˈstelθəli/ *adv* a hurtadillas, furtivamente

stealth tax *n* (BrE): *impuesto diseñado para que sus efectos quedan desapercibidos por los contribuyentes*

stealthy /ˈstelθi/ *adj* **-thier, -thiest** ‹*movement/departure*› furtivo; ‹*footsteps*› sigiloso

steam[1] /stiːm/ *n* [u] vapor *m*; **full ~ ahead!** ¡a todo vapor!; **we're going full ~ ahead with the project** vamos a ponernos a toda marcha con el proyecto; ***to get up ~*** (lit) «*engine/driver*» dar* presión; ***to let off ~*** desahogarse*, dar* rienda suelta a su (*or* mi *etc*) indignación (*or* energía *etc*); ***to run out of ~*** «*person/project*» perder* ímpetu; ***under one's own ~*** por sus (*or* mis *etc*) propios medios; (*before n*) **~ iron** plancha *f* de vapor

steam[2] *vt* 1▸ (Culin) ‹*vegetables/rice*› cocinar *or* cocer* al vapor; ‹*pudding*› cocinar *or* cocer* al baño (de) María 2▸ **to ~ a letter open** abrir* una carta con vapor

■ **steam** *vi*

A (give off steam) echar vapor; «*hot food*» humear

B (+ *adv compl*): **the train ~ed into the station** el tren entró en la estación echando vapor

Phrasal verbs

- **steam over** ▸**steam up A**
- **steam up**

A [v ▸ adv] «*window/glass*» empañarse

B [v ▸ o ▸ adv, v ▸ adv ▸ o] ‹*window/glass*› empañar; ***to be/get ~ed up about sth***: **people are getting ~ed up about the issue** se están caldeando los ánimos al respecto

steam: **~boat** *n* vapor *m*, barco *m* de *or* a vapor; **~ engine** *n* 1▸ (Mech Eng) motor *m* de *or* a vapor 2▸ (esp BrE Rail) locomotora *f or* máquina *f* de *or* a vapor

steamer /ˈstiːmər || ˈstiːmə(r)/ *n*

A (Naut) vapor *m*, buque *m or* barco *m* de *or* a vapor

B (cooking vessel) vaporera *f*

steamroller[1] /ˈstiːmˌrəʊlər || ˈstɪːmˌrəʊlə(r)/ *n* apisonadora *f*, aplanadora *f* (AmL)

steamroller[2] *vt* 1▸ ‹*road/tarmac*› apisonar, aplanar 2▸ ‹*opposition*› aplastar 3▸ (force): **they ~ed the plan through the committee** aplastando a la oposición, hicieron que la comisión aprobara el plan

steamship /ˈstiːmʃɪp/ *n* vapor *m*, barco *m or* buque *m* de *or* a vapor

steamy /ˈstiːmi/ *adj* **-mier, -miest** ‹*room/atmosphere*› lleno de vapor; ‹*heat*› húmedo; ‹*window/glass*› empañado

steed /stiːd/ *n* (liter) corcel *m* (liter)

steel[1] /stiːl/ *n* [u] (Metall) acero *m*; (*before n*) ‹*girder/helmet*› de acero; **the ~ industry** la industria siderúrgica

steel[2] *v refl* **to ~ oneself FOR sth/to + INF** armarse de valor PARA algo/PARA + INF; **she had ~ed herself against his entreaties** se había hecho fuerte para no ceder a sus súplicas

steel: **~ band** *n*: *banda de percusión típica del Caribe*; **~ mill** *n* planta *f* de laminación del acero; **~ wool** *n* [u] lana *f* de acero, virulana® *f* (Arg), fibra *f* metálica (Méx); **~worker** *n* obrero siderúrgico, obrera siderúrgica *m,f*; **~works** *n* (*pl* **-works**) (+ *sing or pl vb*) planta *f* siderúrgica, acería *f*, acerería *f*

steely /ˈstiːli/ *adj* **-lier, -liest** ‹*gaze/expression*› duro; ‹*determination*› férreo; **~-eyed** de mirada dura

steep[1] /stiːp/ *adj* **-er, -est**

A 1▸ ‹*slope*› empinado; ‹*drop*› brusco, abrupto; ‹*descent*› en picada *or* (Esp) en picado 2▸ (large) ‹*increase/decline*› considerable, pronunciado

B (excessive) (colloq) 1▸ (of prices) alto, excesivo; **that's a bit ~!** ¡qué caro! 2▸ (unreasonable): **it's a bit ~ to expect them to work without a break** no es muy razonable que digamos, esperar que trabajen sin un descanso

steep[2] *vt* (to soften, clean) remojar, dejar en *or* a remojo; (to flavor) macerar; **a city ~ed in history** una ciudad de gran riqueza histórica

■ **steep** *vi* «*fruit*» macerarse

steeple /ˈstiːpəl/ *n* torre *f*, campanario *m*, aguja *f*

steeple: **~chase** *n* carrera *f* de obstáculos; **~jack** *n*: *persona que repara chimeneas, torres etc*

steeply /ˈstiːpli/ *adv* 1▸ ‹*slope/rise*› abruptamente; ‹*fall/drop*› vertiginosamente 2▸ ‹*increase/decline*› considerablemente; **prices rose ~** los precios se dispararon

steer[1] /stɪr || stɪə(r)/ *n*

A 1▸ (young bull) novillo *m* 2▸ (castrated bull) buey *m*

B (tip, advice) (AmE sl) dato *m*; **a bum ~** un pésimo dato

steer[2] *vt* 1▸ ‹*vehicle/plane*› dirigir*, conducir*; ‹*ship*› gobernar*; **the captain ~ed (a course) for home** el capitán puso rumbo a casa; **we must ~ a moderate course** tenemos que adoptar una línea moderada; **to ~ one's way through the crowd** abrirse* paso entre la multitud 2▸ (guide) llevar, conducir*; **she ~ed the conversation around to the subject of money** llevó la conversación hacia el tema del dinero

■ **steer** *vi* 1▸ (Naut) estar* *or* ir* al timón; (Auto) ir* al volante; **to ~ by a compass/the stars** guiarse* por la brújula/las estrellas; **he ~ed for the harbor** navegó con rumbo al puerto; ***to ~ clear of sth/sb*** evitar algo/a algn; **~ well clear of them** no tengas nada que ver con ellos, evítalos a toda costa 2▸ (handle) «*vehicle*»: **the new model ~s effortlessly** el nuevo modelo tiene muy buena dirección

steerage /ˈstɪrɪdʒ || ˈstɪərɪdʒ/ *n* [u]: **to travel ~** viajar en tercera clase *or* en la bodega (del barco)

steering /ˈstɪrɪŋ || ˈstɪərɪŋ/ *n* [u] dirección *f*

steering: **~ column** *n* árbol *m or* columna *f* de dirección; **~ committee** *n* comité *m* directivo; **~ wheel** *n* (Auto) volante *m*, timón *m* (Col, Per); (Naut) timón *m*

stellar /ˈstelər || ˈstelə(r)/ *adj* estelar

stem[1] /stem/ *n*

A (of plant) tallo *m*; (of leaf) peciolo *m*, pecíolo *m*; (of fruit) pedúnculo *m*

B 1▸ (of glass) pie *m* 2▸ (of pipe) boquilla *f*, caña *f*

C (Ling) raíz *f*

D (Naut): **from ~ to stern** de proa a popa

stem[2] **-mm-** *vt* ‹*flow/bleeding*› contener*, parar; ‹*outbreak/decline*› detener*, poner* freno a

■ **stem** *vi* **to ~ FROM sth** provenir* *or* ser* producto DE algo

stem cell *n* célula *f* madre, célula *f* primordial, célula *f* troncal

stench /stentʃ/ *n* fetidez *f*, hedor *m* (liter); **there's a terrible ~ in here** aquí huele muy mal, aquí apesta (fam)

stencil[1] /ˈstensəl || ˈstensɪl/ *n* 1▸ (for lettering, decoration) plantilla *f*, troquel *m* 2▸ (for duplicating) stencil *m*, cliché *m* (Esp)

stencil[2] *vt*, (BrE) **-ll-** 1▸ ‹*design/pattern*› *escribir, dibujar o pintar utilizando una plantilla* 2▸ (duplicate) mimeografiar*, multicopiar, multigrafiar* (Ven)

steno /ˈstenəʊ/ *n* (AmE colloq) 1▸ ▸**stenographer** 2▸ ▸**stenography**

stenographer /stəˈnɑːgrəfər || steˈnɒgrəfə(r)/ *n* (esp AmE) taquígrafo, -fa *m,f*, estenógrafo, -fa *m,f*

stenography /stəˈnɑːgrəfi/ *n* [u] (AmE) taquigrafía *f*

step[1] /step/ *n*

A [c] (footstep, pace) paso *m*; **to take a ~ forward** dar* un paso adelante; **to follow in sb's ~s** seguir* los pasos de algn;

S

to be/keep one ~ ahead*: they're one ~ ahead of us** nos llevan cierta ventaja; **he tries to keep one ~ ahead of his students** trata de que sus alumnos no lo aventajen; ***to watch one's ~ (be cautious, behave well) andarse* con cuidado *or* con pie de plomo; **watch your ~** (when walking) mira por dónde caminas

B 1 [c] (of dance) paso *m* 2 [u] (in marching, walking) paso *m*; **to be in/out of ~** llevar/no llevar el paso; (in dancing) llevar/no llevar el compás *or* el ritmo; **to break ~** romper* el paso; ***in/out of ~ with sb/sth*: the leaders are out of ~ with the wishes of the majority** los líderes no sintonizan con los deseos de la mayoría

C (distance) (*no pl*): **it's only a ~ away** está a un paso; **it's a fair ~ from here to the station** hay un buen trecho hasta la estación

D [c] (move) paso *m*; (measure) medida *f*; **a ~ in the right direction** un paso hacia adelante; **to take ~s (to + INF)** tomar medidas (PARA + INF)

E 1 [c] (on stair) escalón *m*, peldaño *m*; (on ladder) travesaño *m*, escalón *m*; Ⓢ **mind the step** cuidado con el escalón; **the museum ~s** la escalinata *or* las escaleras del museo; **a flight of ~s** un tramo *m* de escalera 2 **steps** *pl* (stepladder) (BrE) escalera *f* (*de mano or de tijera*)

F [c] 1 (degree in scale) peldaño *m*, escalón *m*; **that would be a ~ up in her career** eso significaría un ascenso para ella 2 (AmE Mus): **whole ~** tono *m*; **half ~** semitono *m*

step² *vi* **-pp-**: **would you ~ inside/outside for a moment?** ¿quiere pasar/salir un momento?; **to ~ off a plane** bajarse de un avión; **she ~ped over the threshold** atravesó el umbral; **to ~ IN/ON sth** pisar algo; **sorry, I ~ped on your toe** perdón, te pisé; ***to ~ on it*** *o* ***on the gas*** (colloq) darse* prisa, apurarse (AmL), meterle (AmL fam)

Phrasal verbs

- **step aside** [v ▸ adv] (move aside) hacerse* a un lado, apartarse; (resign, go) renunciar, dimitir
- **step back** [v ▸ adv] (move back) dar* un paso atrás, retroceder; (become detached) **to ~ back (FROM sth)** distanciarse (DE algo)
- **step down** [v ▸ adv] 1 (get down) bajar 2 (resign) renunciar, dimitir, dejar su (*or* mi *etc*) puesto
- **step forward** [v ▸ adv] (move forward) dar* un paso adelante; (present oneself) ofrecerse*
- **step in** [v ▸ adv] (intervene) intervenir*, tomar cartas en el asunto
- **step out** [v ▸ adv] (walk quickly) apretar* el paso
- **step up** [v ▸ o ▸ adv, v ▸ adv ▸ o] (increase) ‹*production/campaign*› intensificar*; ‹*efforts/security*› redoblar; ‹*attacks*› redoblar, aumentar la frecuencia de

step: **~brother** *n* hermanastro *m*; **~ by step** *adv* (one stage at a time) paso a paso; (gradually) poco a poco; **~-by-step** /ˈstepbarˈstep/ *adj* ‹*instructions*› detallado, paso a paso; ‹*approach*› paso a paso; **~child** *n* (son) hijastro *m*; (daughter) hijastra *f*; **~daughter** *n* hijastra *f*; **~father** *n* padrastro *m*; **~ladder** *n* escalera *f* de mano *or* de tijera; **~mother** *n* madrastra *f*

steppe /step/ *n* [u] (*often pl*) estepa *f*

stepping-stone /ˈstepɪŋstəʊn/ *n*: *cada una de las piedras que se colocan para cruzar un arroyo, un pantano etc*; **a ~ to success** un peldaño en el camino del éxito

step: **~sister** *n* hermanastra *f*; **~son** *n* hijastro *m*; **~-up** *n* (*no pl*) (in expenditure, investment) aumento *m*; (in terrorist activity) escalada *f*; (in campaign) intensificación *f*

stereo¹ /ˈsteriəʊ/ *n* (*pl* **-os**) 1 [c] (player) estéreo *m*, equipo *m* (estereofónico *or* estéreo) 2 [u] (sound) estéreo *m*; **in ~** en estéreo, en sonido estereofónico

stereo² *adj* estéreo *adj inv*, estereofónico

stereophonic /ˈsteriəˈfɑːnɪk/ *adj* (frml) estereofónico

stereotype¹ /ˈsteriətaɪp/ *n* estereotipo *m*

stereotype² *vt* (brand) ‹*person*› catalogar*, estereotipar

stereotyped /ˈsteriətaɪpt/ *adj* estereotipado

sterile /ˈsterəl || ˈsteraɪl/ *adj* estéril

sterility /stəˈrɪləti/ *n* [u] esterilidad *f*

sterilization /ˈsterələˈzeɪʃən/ *n* [cu] esterilización *f*

sterilize /ˈsterəlaɪz/ *vt* esterilizar*

sterilizer /ˈsterəlaɪzər || ˈsterəlaɪzə(r)/ *n* esterilizador *m*

sterling¹ /ˈstɜːrlɪŋ || ˈstɜːlɪŋ/ *n* [u] (Fin) la libra (esterlina); **in ~** en libras (esterlinas)

sterling² *adj*

A (*no comp*) 1 (Fin): **the pound ~** la libra esterlina 2 (silver) de plata de ley; **~ silver** plata *f* de ley

B (excellent) invaluable, invalorable (CS); **he did some ~ work for us** efectuó un excelente trabajo para nosotros

stern¹ /stɜːrn || stɜːn/ *n* popa *f*

stern² *adj* **-er, -est** severo; **I thought you were made of ~er stuff** te creía más fuerte

sternly /ˈstɜːrnli || ˈstɜːnli/ *adv* severamente

steroid /ˈstɪrɔɪd, ˈste- || ˈstɪərɔɪd, ˈste-/ *n* esteroide *m*

stethoscope /ˈsteθəskəʊp/ *n* estetoscopio *m*

stevedore /ˈstiːvədɔːr/ *n* estibador, -dora *m,f*

stew¹ /stuː || stjuː/ *n* estofado *m*, guiso *m*; ***to be/get in a ~*** (colloq) estar*/ponerse* nervioso

stew² *vt* ‹*meat*› estofar, guisar; ‹*fruit*› hacer* compota de

■ **stew** *vi* «*meat/fruit*» cocer*; ***to let sb ~ in her/his own juice*** dejar sufrir a algn

steward /ˈstuːərd || ˈstjuːəd/ *n*

A (on ship) camarero *m*; (on plane) auxiliar *m* de vuelo, sobrecargo *m*, aeromozo *m* (AmL)

B 1 (manager — of estate) administrador, -dora *m,f*; (— of club) director administrativo, directora administrativa *m,f* 2 (BrE) (in horse-racing) comisario, -ria *m,f* (de carreras); (in athletics) juez *mf* 3 (at public gatherings) (BrE) *persona encargada de supervisar al público en eventos deportivos etc*

stewardess /ˈstuːərdəs || ˈstjuːədes/ *n* 1 (on ship) camarera *f* 2 (on plane) auxiliar *f* de vuelo, azafata *f*, sobrecargo *f*, aeromoza *f* (AmL), cabinera *f* (Col), hostess *f* (Chi)

stewed /stuːd || stjuːd/ *adj* 1 (Culin) (*usu before n*) ‹*beef/lamb*› (BrE) estofado, guisado; ‹*fruit*› en compota; **~ apple** compota *f* de manzana 2 (BrE) ‹*tea*› *demasiado cargado por haberlo dejado reposar demasiado tiempo*

stewing steak /ˈstuːɪŋ || ˈstjuːɪŋ/ *n* [u] *carne para estofar*

stick¹ /stɪk/ *n*

A [c] (of wood) palo *m*, vara *f*; (twig) ramita *f*; (for fire) astilla *f*; ***more than you can shake a ~ at*** (esp AmE colloq): **they get more tourists than you can shake a ~ at** reciben turistas a montones (fam); ***to be in a cleft ~*** estar* metido en un aprieto *or* un apuro; ***to get (hold of) the wrong end of the ~*** (colloq) entenderlo* todo al revés, tomar el rábano por las hojas

B [c] 1 (*walking ~*) bastón *m* 2 (*drum~*) palillo *m*, baqueta *f* (Méx) 3 (*hockey ~*) palo *m*

C [c] (of celery, rhubarb) rama *f*, penca *f*; (of dynamite) cartucho *m*; (of rock, candy) palo *m*; (of sealing wax) barra *f*; **a ~ of cinnamon** un pedazo de canela en rama; **a ~ of chalk** una tiza; **a ~ of chewing gum** un chicle

D [u] (BrE) (criticism, punishment) (colloq): **to get/take ~ from sb** recibir/aguantar (los) palos de algn (fam); **to give sb/sth ~** darle* palos *or* un palo a algn/algo (fam)

E **sticks** *pl* **the ~s** (colloq): **to live out in the ~s** vivir en la Cochinchina *or* (Esp tb) en las Batuecas

stick² (*past & past p* **stuck**) *vt*

A (attach, glue) pegar*; **I stuck a patch over the hole** puse un parche encima del agujero; **I stuck the handle (back) on with glue** pegué el asa con cola; **I'll ~ the pieces together** voy a pegar los pedazos

B 1 (thrust) ‹*needle/knife/sword*› clavar; **I stuck the needle in my finger** me clavé la aguja en el dedo 2 (impale) **to ~ sth ON sth** clavar algo EN algo

C (put, place) (colloq) poner*; **~ it in the oven** ponlo *or* mételo en el horno; **~ your head out of the window** asoma *or* saca la cabeza por la ventana; **I stuck it back in my pocket** me lo metí de nuevo en el bolsillo; **~ it there!** (AmE) ¡choca esa mano!, ¡chócala! (fam); **she knows where she can ~ her offer!** (colloq) ¡ella sabe muy bien dónde se puede meter esa oferta! (fam); ***to ~ it to sb*** (AmE colloq) (castigate) darle* duro *or* con todo a algn; (swindle) aprovecharse de algn

D (tolerate) (esp BrE colloq) aguantar, soportar; **I don't know how you ~ him** no sé cómo lo aguantas *or* soportas

■ **stick** *vi*

A (adhere) «*glue*» pegar*; «*food*» pegarse*; **these labels won't ~ (on)** estas etiquetas no (se) pegan; **to ~ TO sth** pegarse* *or* (frml) adherirse* A algo; **the two pages have stuck together** las dos páginas se han pegado; **they'll never make the charge ~** nunca van a poder probar que es culpable; **the song stuck in my mind** la canción se me quedó grabada

B (become jammed) atascarse*; **the car stuck in the mud** el coche se atascó en el barro; **the words stuck in my**

S

throat no me salían las palabras; ***to ~ in sb's gullet*** *o* ***throat***: **what ~s in my gullet** *o* **throat is that ...** lo que me indigna *or* (fam) lo que tengo atravesado es que ...
C (in card games) plantarse; *see also* **stuck**

(Phrasal verbs)

- **stick around** [v ▸ adv] (colloq) quedarse
- **stick at** [v ▸ prep ▸ o] (colloq) ‹*exercises/work*› seguir* con; **~ at it** sigue así
- **stick by** [v ▸ prep ▸ o] ‹*opinion*› mantener*; ‹*friend*› no abandonar; ‹*promise*› mantener* en pie
- **stick out**

A [v ▸ adv] **1** (protrude) sobresalir*; **I saw a gun ~ing out of his pocket** vi que le asomaba un revólver del bolsillo **2** (be obvious) resaltar; **he really ~s out in a crowd** uno enseguida lo nota en un grupo de gente; ▸**mile, thumb**[1]
B [v ▸ o ▸ adv, v ▸ adv ▸ o] (stretch out) (colloq) ‹*hand*› extender*, alargar*, sacar*; **to ~ one's chest/tongue out** sacar* (el) pecho/la lengua
C **1** [v ▸ o ▸ adv] (endure) (colloq) ‹*job*› aguantar en; **you'll have to ~ it out** vas a tener que aguantarte *or* (Esp tb) aguantar mecha (fam) **2** [v ▸ adv] (hold out): **they are ~ing out for 8%** no van a ceder por menos del 8%

- **stick to** [v ▸ prep ▸ o] **1** (hold to) ‹*road/path*› seguir* por; ‹*principles*› mantener*, no apartarse de; ‹*rules*› ceñirse* a, atenerse* a; **they didn't ~ to the agreement** no cumplieron con *or* no respetaron el acuerdo; **I'll ~ to my original plan** seguiré con mi plan original **2** (not digress from) ‹*subject/facts*› ceñirse* a; **~ to the point** no te vayas por las ramas (fam), no te apartes del tema **3** (restrict oneself to) limitarse a **4** (continue at, persevere in) seguir* con, perseverar con **5** (follow closely): **~ close to me** no te separes de mí, pégate a mí (fam)
- **stick together** [v ▸ adv] no separarse, quedarse juntos; (support each other) mantenerse* unidos
- **stick up**

A [v ▸ o ▸ adv, v ▸ adv ▸ o] **1** (on wall) ‹*notice*› colocar*, poner* **2** (raise) ‹*hand*› levantar; **~ 'em up!** ¡manos arriba!, ¡arriba las manos! **3** (rob) asaltar
B [v ▸ adv] (project): **something was ~ing up out of the ground** algo sobresalía del suelo; **the tower ~s up above the housetops** la torre se alza por encima de los tejados; **her hair was ~ing up** tenía el pelo de punta, tenía el pelo parado (AmL)

- **stick up for** [v ▸ adv ▸ prep ▸ o] ‹*person*› sacar* la cara por, defender*; ‹*principle/idea*› defender*; **to ~ up for oneself** hacerse* valer
- **stick with** [v ▸ prep ▸ o] **1** (stay close to) no separarse de **2** (remain faithful to) ‹*husband/friend*› no abandonar, mantenerse* fiel a; **I'll ~ with my old brand** me quedo con mi marca de antes **3** (continue, persevere with) perseverar con, seguir* adelante con

sticker /ˈstɪkər || ˈstɪkə(r)/ *n* (label) etiqueta *f*; (with slogan etc) pegatina *f*, adhesivo *m*

sticking: **~ plaster** *n* (BrE) **1** [c] (individual strip) curita® *f* (AmL), tirita® *f* (Esp) **2** [u] (tape) esparadrapo *m*, cinta *f* adhesiva, tela *f* emplástica (CS); **~ point** *n* escollo *m*

stick: **~ insect** *n* insecto *m* palo; **~-in-the-mud** *n* (colloq): **don't be such a ~-in-the-mud** no seas tan rutinario e inflexible *or* rutinario y rígido

stickleback /ˈstɪkəlbæk/ *n* espinoso *m*

stickler /ˈstɪklər || ˈstɪklə(r)/ *n*: **he's a ~ for discipline** insiste mucho en la disciplina

stick: **~-on** *adj* adhesivo; **~ shift** *n* (AmE) **1** (lever) palanca *f* de cambio(s) *or* (Méx) de velocidades **2** (car) coche *m* (de transmisión) estándar *or* manual; **~up** *n* (colloq) atraco *m*, asalto *m*

sticky /ˈstɪki/ *adj* **stickier, stickiest**
A **1** ‹*label*› autoadhesivo; ‹*surface*› pegajoso **2** ‹*climate*› húmedo y caluroso; ‹*day/weather*› bochornoso
B (difficult) (colloq) ‹*problem/issue*› peliagudo; ‹*situation*› violento, difícil
C (esp AmE colloq) ‹*music/sentiments*› empalagoso (fam)

stiff[1] /stɪf/ *adj* **-er, -est**
A **1** ‹*collar/bristles*› duro; ‹*fabric*› tieso, duro; ‹*corpse*› rígido; ‹*muscles*› entumecido, agarrotado; **to have a ~ neck** tener* tortícolis; **I'm ~ after that walk** estoy dolorido *or* (esp AmL) adolorido despues de la caminata **2** ‹*paste/dough*› consistente; **beat the egg whites until they are ~** bata las claras hasta que estén firmes
B ‹*test/climb*› difícil, duro; ‹*resistance*› férreo, tenaz; ‹*penalty*› fuerte, severo; ‹*terms/conditions*› duro; ‹*breeze/drink*› fuerte
C ‹*person/manner*› almidonado, acartonado, estirado; ‹*bow/smile*› forzado, poco espontáneo

stiff[2] *adv* (colloq): **I'm frozen ~** estoy helado hasta los huesos (fam); **we were bored ~** nos aburrimos como ostras (fam); **scared ~** muerto de miedo

stiff[3] *n* (sl) fiambre *m* (fam), cuerpo *m*

stiffen /ˈstɪfən/ *vt* **1** (with starch) almidonar; (with fabric underneath) armar **2** **~ (up)** ‹*resolve*› fortalecer*
■ **stiffen** *vi*
A **1** **~ (up)** (become rigid) «*person/muscles/joint*» agarrotarse, anquilosarse **2** (become firm) endurecerse* **3** (in manner, reaction) ponerse* tenso
B (become stronger) «*competition*» hacerse* más duro; «*breeze*» aumentar

stiffening /ˈstɪfənɪŋ/ *n* [u]
A (Tex) entretela *f*
B (of muscles, joints) entumecimiento *m*

stiffly /ˈstɪfli/ *adv* **1** ‹*walk/move*› rígidamente, con rigidez **2** ‹*greet*› fríamente; ‹*bow*› con fría formalidad

stiffness /ˈstɪfnəs || ˈstɪfnɪs/ *n* [u] **1** (of collar) rigidez *f*, dureza *f*; (of muscles) rigidez *f*, agarrotamiento *m*; (of joints) anquilosamiento *m*, dureza *f* **2** (of penalty, fine, terms) dureza *f*; (of competition) dureza *f* **3** (formality) frialdad *f*

stifle /ˈstaɪfəl/ *vt*
A (suffocate) (*often pass*) ‹*person*› sofocar*
B (suppress) ‹*flames*› sofocar*; ‹*yawn*› contener*, reprimir; ‹*noise*› ahogar*; ‹*anger*› contener*, dominar; ‹*freedom of expression*› reprimir, ahogar*

stifling /ˈstaɪflɪŋ/ *adj* ‹*heat*› sofocante, agobiante; (*as adv*) **a ~ hot day** un día (de calor) sofocante

stigma /ˈstɪgmə/ *n*
A (*pl* **-mas**) (disgrace) estigma *m*
B **stigmata** /stɪgˈmɑːtə/ *pl* (Relig) estigmas *mpl*

stigmatize /ˈstɪgmətaɪz/ *vt* marcar*, estigmatizar*

stile /staɪl/ *n*: *escalones que permiten pasar por encima de una cerca*

stiletto /stɪˈletəʊ/ *n* (*pl* **-tos** *or* **-toes**)
A (knife) estilete *m*
B **~ (heel)** tacón *m* de aguja, taco *m* aguja *or* alfiler (CS); **she was wearing ~s** llevaba zapatos (de tacón) de aguja *or* (CS) de taco aguja *or* alfiler

still[1] /stɪl/ *adv*
A (even now, even then) todavía, aún; **there's ~ plenty left** todavía *or* aún queda mucho; **they were ~ dancing** todavía *or* aún estaban bailando, seguían bailando; **I ~ can't understand it** sigo sin entender; **are we ~ friends?** ¿seguimos siendo amigos?
B (*as intensifier*) aún, todavía; **more serious ~, they haven't replied** y lo que es más grave aún *or* y lo que es todavía más grave, no han contestado
C (*as linker*) **1** (even so, despite that) aun así; **they say it's safe, but I'm ~ scared** dicen que no hay peligro pero igual *or* aun así tengo miedo **2** (however) de todos modos; **I don't think it will work; ~, we can always try** no creo que funcione; pero bueno, igual podemos intentarlo

still[2] *adj* **1** (motionless) ‹*lake/air*› en calma, quieto, tranquilo; **sit/stand ~** quédate quieto; **he lay ~** estaba tendido sin moverse; **hold the camera ~** no muevas la cámara; **her heart stood ~ for a moment** el corazón se le paró un momento **2** ‹*orange drink/mineral water*› sin gas, no efervescente

still[3] *n*
A [c] (Cin, Phot) fotograma *m*
B [c] **1** (distillery) destilería *f* **2** (distilling apparatus) alambique *m*
C [u] (quiet) (poet): **in the ~ of the night** en la quietud de la noche (liter)

still[4] *vt* ‹*wind/waves*› apaciguar*; ‹*fears/cries*› acallar

still: **~birth** *n*: *parto en el que el niño nace muerto*; **~born** /ˈstɪlˈbɔːrn || ˈstɪlbɔːn/ *adj* nacido muerto, mortinato (frml); **the child was ~born** el niño nació muerto; **~ life** *n* (*pl* **~ lifes**) naturaleza *f* muerta, bodegón *m*

stillness /ˈstɪlnəs || ˈstɪlnɪs/ *n* [u] quietud *f*, calma *f*

stilt /stɪlt/ *n* **1** (for walking) zanco *m* **2** (Archit) pilote *m*

stilted /ˈstɪltəd || ˈstɪltɪd/ *adj* 1 ‹*conversation/manner*› forzado, poco natural 2 ‹*language/writing*› rebuscado; ‹*acting*› acartonado

Stilton (cheese)® /ˈstɪltn̩/ *n* [u] *queso azul de origen inglés*

stimulant /ˈstɪmjələnt || ˈstɪmjʊlənt/ *n* 1 (Pharm) estimulante *m* 2 (stimulus) estímulo *m*, acicate *m*

stimulate /ˈstɪmjəleɪt || ˈstɪmjʊleɪt/ *vt* 1 ‹*nerves/circulation*› estimular 2 ‹*interest/curiosity*› despertar*, estimular; ‹*debate*› fomentar, estimular; **to ~ sb to + INF** estimular *or* alentar* a algn PARA QUE (+ *subj*)

stimulating /ˈstɪmjəleɪtɪŋ/ *adj* estimulante

stimulation /ˈstɪmjəˈleɪʃən || ˌstɪmjʊˈleɪʃən/ *n* [u] estímulo *m*; (of economy) estimulación *f*

stimulus /ˈstɪmjələs/ *n* [c u] (*pl* **-li** /-laɪ/) estímulo *m*

sting¹ /stɪŋ/ *n*

A [c] 1 (organ of bee, wasp) aguijón *m*; ***a ~ in the tail*** (BrE): **their offer had a ~ in the tail** su oferta tenía un gran pero 2 (action, wound) picadura *f*

B (*no pl*) 1 (pain) escozor *m*, ardor *m* (CS) 2 (hurtfulness): **there was a ~ in her words** sus palabras fueron hirientes

C [c] (confidence game) (AmE sl) timo *m* (fam), golpe *m* (fam)

sting² (*past & past p* **stung**) *vt*

A «*bee/scorpion/nettle*» picar*

B 1 (cause pain) hacer* escocer, hacer* arder (CS) 2 (mentally, emotionally) herir* profundamente 3 (goad, incite) **to ~ sb INTO sth** incitar a algn A + INF

C (cheat, overcharge) (sl): **I was stung for $65** me clavaron 65 dólares (fam)

■ **sting** *vi*

A «*insect/nettle*» picar*

B 1 (hurt physically) «*iodine/ointment*» hacer* escocer, hacer* arder (CS); «*cut*» escocer*, arder (CS); «*rain*» azotar; **her eyes were ~ing** le escocían *or* le ardían los ojos 2 (mentally, emotionally) herir* (profundamente) 3 **stinging** *pres p* ‹*rebuke/criticism*› punzante, hiriente; **~ing pain** escozor *m*, ardor *m* (CS)

stinging nettle /ˈstɪŋɪŋ/ *n* ortiga *f*

stingray /ˈstɪŋreɪ/ *n* raya *f* venenosa

stingy /ˈstɪndʒi/ *adj* **-gier -giest** ‹*person*› tacaño, roñoso (fam), agarrado (fam); ‹*portion/contribution*› mezquino

stink¹ /stɪŋk/ *n* [u] 1 (bad smell) hediondez *f*, hedor *m* (liter), mal olor *m*, peste *f* (fam) 2 (fuss) (colloq) escándalo *m*, lío *m* (fam), follón *m* (Esp fam); **to make** *o* **kick up a ~** armar un lío (*or* un escándalo *etc*)

stink² (*past* **stank** *or* **stunk**; *past p* **stunk**) *vi* 1 (smell badly) «*person/place/breath*» apestar; **to ~ OF sth** apestar A algo 2 (be very bad) (colloq): **the whole business ~s** todo el asunto da asco; **the idea ~s** es una pésima idea

Phrasal verbs

- **stink out** [v ▸ o ▸ adv, v ▸ adv ▸ o] 1 (drive out) hacer* salir (*usando bombas fétidas etc*) 2 (BrE) ▸**stink up**
- **stink up** (AmE) [v ▸ o ▸ adv, v ▸ adv ▸ o] ‹*house/room*› (hacer*) apestar, dejar hediondo

stink bomb *n* bomba *f* fétida

stinker /ˈstɪŋkər || ˈstɪŋkə(r)/ *n* (colloq): **the exam was a (real) ~** el examen fue endiabladamente difícil

stinking¹ /ˈstɪŋkɪŋ/ *adj* (*before n*) 1 (smelly) hediondo, fétido, apestoso 2 (very bad) (colloq): **I've got a ~ cold** tengo un resfriado espantoso; **keep your ~ job!** ¡quédate con tu maldito *or* asqueroso trabajo! (fam)

stinking² *adv* (colloq) (*as intensifier*): **they're ~ rich** están podridos de dinero (fam), están podridos en plata (AmL fam)

stint¹ /stɪnt/ *n*

A [c] 1 (fixed amount, share): **I've done my ~ for today** hoy ya he hecho mi parte *or* lo que me tocaba *or* lo que me correspondía 2 (period) período *m*; **he did a five-year ~ in the army** pasó (un período de) cinco años en el ejército; **her brief ~ as a guide** la breve temporada en que trabajó de guía

B [u] **without ~** generosamente, sin restricciones

stint² *vt* ‹*food*› escatimar; **to ~ sb OF sth** escatimarle algo A algn; **she ~ed herself of food for our sake** se privó de comer por nosotros

■ **stint** *vi* **to ~ ON sth** escatimar algo

stipend /ˈstaɪpend/ *n* estipendio *m*

stipple /ˈstɪpəl/ *vt* ‹*surface/pattern*› puntear; **~d WITH sth** salpicado DE algo

stipulate /ˈstɪpjəleɪt || ˈstɪpjʊleɪt/ *vt* ‹*amount/condition/time*› estipular

■ **stipulate** *vi* (AmE) **to ~ FOR sth** estipular algo

stipulation /ˈstɪpjəˈleɪʃən || ˌstɪpjʊˈleɪʃən/ *n* condición *f*, estipulación *f*

stir¹ /stɜːr || stɜː(r)/ *n* 1 [c] (action) **to give sth a ~** revolver* *or* (Esp) remover* algo 2 [u] (movement) movimiento *m*, agitación *f* 3 [u] (excitement) revuelo *m*, conmoción *f*; **to cause** *o* **create** *o* **make a ~** causar revuelo

stir² **-rr-** *vt*

A (mix) ‹*liquid/mixture*› revolver*, remover* (Esp); **to ~ sth INTO sth**: **~ the cream into the soup** añada la crema a la sopa y revuelva *or* (Esp) remueva

B 1 (move slightly) agitar, mover* 2 (get moving) (colloq) mover*; **come on, ~ yourself!** ¡vamos, muévete! (fam) 3 (waken) despertar*

C 1 (arouse) ‹*sympathies*› despertar*; ‹*imagination*› estimular 2 (move, affect) conmover* 3 (provoke, incite) **to ~ sb into action** empujar *or* incitar a algn a la acción

■ **stir** *vi*

A 1 (change position) moverse*, agitarse 2 (venture out) moverse*, salir* 3 (wake up) despertarse*; (get up) levantarse; **it was midday before anyone ~red** nadie se levantó hasta el mediodía; **nobody is ~ring yet** no hay nadie despierto todavía, nadie se ha despertado todavía

B (cause trouble) (BrE colloq) armar lío (fam), meter cizaña

Phrasal verb

- **stir up** [v ▸ o ▸ adv, v ▸ adv ▸ o] ‹*mud/waters*› revolver*, remover* (Esp); ‹*memories*› despertar*, traer* a la memoria; ‹*hatred/unrest/revolt*› provocar*; ‹*opposition/discontent*› promover*, suscitar; **to ~ up trouble** armar lío (fam); **she's ~ring things up again** ya está otra vez revolviendo las cosas *or* (fam) tratando de armar lío

stir: **~-crazy** /ˈstɜːrˈkreɪzi || ˌstɜːˈkreɪzi/ *adj* (AmE sl) loco de atar (fam); **to go ~-crazy** perder* la chaveta (fam); **~-fry** /ˈstɜːrˈfraɪ || ˈstɜːfraɪ/ *vt* **-fries, -frying, -fried** *freír en poco aceite y removiendo constantemente*

stirring¹ /ˈstɜːrɪŋ/ *adj* ‹*words/music/speech*› conmovedor

stirring² *n* movimiento *m*; **the first ~s of spring/unrest** los primeros indicios de la primavera/de descontento

stirrup /ˈstərəp || ˈstɪrəp/ *n* estribo *m*

stitch¹ /stɪtʃ/ *n*

A 1 (in sewing) puntada *f*; **I put a couple of ~es in it** le di unas puntadas; ***a ~ in time (saves nine)*** una puntada a tiempo ahorra ciento 2 (in knitting) punto *m* 3 (Med) punto *m*

B (piece of clothing): **he didn't have a ~ on** estaba en cueros (fam)

C (pain) (*no pl*) punzada *f* *or* (CS) puntada *f* (en el costado), flato *m* (Esp); **I got a ~** me dio una punzada *or* (CS) puntada (en el costado), me dio flato (Esp); ***to be in ~es*** (colloq) morirse* *or* troncharse *or* desternillarse de risa; **he had us all in ~es** nos tenía muertos de risa

stitch² *vt* 1 (sew) coser 2 (embroider) bordar 3 (Med) suturar

■ **stitch** *vi* 1 (sew) coser 2 (embroider) bordar

stitching /ˈstɪtʃɪŋ/ *n* [u] 1 (stitches) puntadas *fpl*; (as ornament) pespuntes *mpl* 2 (embroidery) bordado *m*

stoat /stəʊt/ *n* armiño *m*

stock¹ /stɑːk || stɒk/ *n*

A 1 (supply) (*often pl*) reserva *f*; **we need to get some ~s in** necesitamos abastecernos *or* aprovisionarnos 2 [u] (of shop, business) existencias *fpl*, estoc *m*, stock *m*; **to have sth in ~** tener* algo en estoc *or* en existencias; **we're out of ~ of green ones** no nos quedan verdes, las verdes se han agotado *or* están agotadas; **to take ~ of sth** hacer* un balance de algo, evaluar* algo

B (Fin) 1 [u] (shares) acciones *fpl*, valores *mpl*; (government securities) bonos *mpl* *or* papel *m* del Estado; **I have some ~ in that company** tengo algunas acciones en esa compañía 2 **~s and bonds** *o* (BrE) **~s and shares** acciones *fpl*; (including government securities) acciones *fpl* y bonos *mpl* del Estado

C [u] (livestock) ganado *m*; (*before n*) **~ farmer** ganadero, -ra *m,f*; **~ farming** ganadería *f*, cría *f* de ganado

D [u] (descent) linaje *m*, estirpe *f*; **I'm of pioneer ~** soy des-

S

cendiente de pioneros; **to come of good ~** ser* de buena familia
E [c] (of gun) culata *f*
F [u] (Culin) caldo *m*
G [c] (plant, flower) alhelí *m*
H **stocks** *pl* (Hist) **the ~s** el cepo
I [u] (AmE Theat) (*no art*) repertorio *m*; (*before n*) ‹*play/company*› de repertorio

stock² *vt*
A (Busn) vender
B (fill) ‹*store*› surtir, abastecer*; ‹*larder*› llenar; **to ~ (up) the freezer** llenar el congelador; **to ~ a lake with fish** poblar* un lago de peces

Phrasal verb
• **stock up** [v ▸ adv] abastecerse*, aprovisionarse; (Busn) hacer* un estoc, proveerse* de existencias; **to ~ up ON/WITH sth**: **we'd better ~ up on coffee before it goes up** más vale que compremos bastante café *or* hagamos una buena provisión de café antes de que suba

stock³ *adj* (*before n*) **1** ‹*size*› estándar *adj inv*; ‹*model*› de serie, estándar *adj inv* **2** ‹*response*› típico; ‹*character*› típico; **a ~ phrase** un cliché, una frase hecha

stockade /stɑː'keɪd || stɒ'keɪd/ *n* **1** (fence) empalizada *f*, estacada *f* **2** (area) cercado *m*, recinto *m* cercado **3** (AmE Mil) prisión *f* militar

stock: **~breeder** *n* ganadero, -ra *m,f*; **~breeding** *n* [u] ganadería *f*; **~broker** *n* corredor, -dora *m,f* de valores *or* de Bolsa, agente *mf* de Bolsa; **~ car** *n* **1** (Auto, Sport) stock car *m* (*automóvil reforzado que se emplea en carreras con colisiones*) **2** (for livestock) vagón *m* de ganado; **~-car racing** /'stɑːk,kɑːr || 'stɒk,kɑː(r)/ *n* [u] carreras *fpl* de stock-car; **~ company** *n* (AmE) **1** (Fin) sociedad *f* anónima **2** (Theat) compañía *f* de repertorio; **~ control** *n* [u] control *m* de existencias; **~ cube** *n* cubito *m* de caldo; **~ exchange** *n* bolsa *f* (de valores), Bolsa *f*; **~holder** *n* accionista *mf*

Stockholm /'stɑːkhəʊlm || 'stɒkhəʊm/ *n* Estocolmo

stockily /'stɑːkəli/ *adv*: **~ built** de complexión robusta

stocking /'stɑːkɪŋ || 'stɒkɪŋ/ *n* media *f*; **a pair of ~s** un par de medias, unas medias

stockinged /'stɑːkɪŋd || 'stɒkɪŋd/ *adj*: **in ~ feet** sin zapatos, con sólo calcetines

stocking: **~ filler** *n* (BrE) ▸ **~ stuffer**; **~ stitch** *n* [u] punto *m* jersey *or* de media; **~ stuffer** /'stʌfər || 'stʌfə(r)/, (BrE) **~ filler** *n* regalito *m* de Navidad (*que tradicionalmente se deja en un calcetín colgado en la chimenea*)

stock-in-trade /'stɑːkɪn'treɪd / *n* (speciality) especialidad *f*

stockist /'stɑːkəst || 'stɒkɪst/ *n* (BrE) proveedor, -dora *m,f*, distribuidor, -dora *m,f*

stock: **~jobber** /'stɑːk,dʒɑːbər || 'stɒk,dʒɒbə(r)/ *n* (AmE) ▸ **stockbroker**; **~man** /'stɑːkmən || 'stɒkmən/ *n* (*pl* **-men** /-mən/) (owner) ganadero *m*; **~ market** *n* mercado *m* de valores, mercado *m* (bursátil); (*before n*) **~ market crash** crac *m* *or* descalabro *m* bursátil

stockpile¹ /'stɑːkpaɪl || 'stɒkpaɪl/ *n* (of oil, coal) reservas *fpl*; **the world's nuclear ~** el arsenal nuclear del mundo

stockpile² *vt* almacenar, hacer* acopio de

stock: **~room** *n* almacén *m*, depósito *m*, bodega *f* (Méx); **~-still** /'stɑːk'stɪl || ,stɒk'stɪl/ *adj* inmóvil; **~taking** *n* [u] (esp BrE) **1** (Busn): **~taking took three weeks** hacer el inventario nos llevó tres semanas; **Ⓢ closed for stocktaking** cerrado por inventario **2** (review) balance *m*

stocky /'stɑːki/ *adj* **stockier, stockiest** bajo y fornido

stockyard /'stɑːkjɑːrd || 'stɒkjɑːd/ *n* (AmE) corral *m*

stodgy /'stɑːdʒi || 'stɒdʒi/ *adj* **-dgier, -dgiest** **1** ‹*person/performance*› aburrido, pesado **2** (BrE) ‹*food*› feculento, pesado

stoic /'stəʊɪk/ *n* estoico, -ca *m,f*

stoical /'stəʊɪkəl/ *adj* estoico

stoically /'stəʊɪkli/ *adv* con estoicismo, estoicamente

stoicism /'stəʊəsɪzəm || 'stəʊɪsɪzəm/ *n* [u] estoicismo *m*

stoke /stəʊk/ *vt* **~ (up)** **1** ‹*fire/furnace*› echarle carbón (*or* leña *etc*) a **2** ‹*hatred*› avivar, alimentar; ‹*tensions*› agudizar*

Phrasal verb
• **stoke up** [v ▸ o ▸ adv, v ▸ adv ▸ o] ▸ **stoke**

stoker /'stəʊkər || 'stəʊkə(r)/ *n* fogonero, -ra *m,f*

stole¹ /stəʊl/ *past of* **steal¹**

stole² *n* estola *f*

stolen /'stəʊlən/ *past p of* **steal¹**

stolid /'stɑːləd || 'stɒlɪd/ *adj* impasible, imperturbable

stomach¹ /'stʌmək/ *n* **1** (organ) estómago *m*; **I have an upset ~** ando mal del estómago; **on an empty ~** con el estómago vacío, en ayunas; ***to have no ~ for sth***: **they had no ~ for an all-out strike** no tenían ganas de ir a una huelga general; (*before n*) **~ pains** dolor *m* de estómago; **~ upset** problema *m* estomacal, trastorno *m* gástrico (frml) **2** (belly) barriga *f* (fam), panza *f* (fam), guata *f* (Chi fam); **she lay on her ~** estaba tendida boca abajo

stomach² *vt* (*usu neg*) **1** ‹*food/drink*› tolerar **2** ‹*insults/insolence/person*› soportar, aguantar

stomach: **~ache** *n* [c u] dolor *m* de estómago; (in lower abdomen) dolor *m* de barriga *or* (frml) de vientre; **~ pump** *n* bomba *f* estomacal

stomp /stɑːmp || stɒmp/ *vi* (+ *adv compl*): **to ~ in/out** entrar/salir* pisando fuerte

stone¹ /stəʊn/ *n*
A **1** [u] (material) piedra *f* **2** [c] (small piece) piedra *f*; ***(only o no more than) a ~'s throw away*** a un paso, a tiro de piedra (fam); ***to leave no ~ unturned*** no dejar piedra sin mover **3** [c] (block) (Const) piedra *f* **4** [c] (of grave) lápida *f*
B [c] **1** (gem) piedra *f* **2** (in kidney) cálculo *m*, piedra *f* **3** (of fruit) hueso *m*, cuesco *m*, carozo *m* (CS), pepa *f* (Col)
C [c] (*pl* **~** *or* **~s**) (in UK) *unidad de peso = 14 libras o 6,35kg*

stone² *vt*
A (throw stones at) ‹*person*› apedrear, lapidar; **she was ~d to death** murió lapidada *or* apedreada; ***~ me o the crows!*** (BrE colloq) ¡caray! (fam)
B (BrE) ‹*fruit*› quitarle el hueso *or* el cuesco *or* (CS) el carozo *or* (Col) la pepa a, deshuesar, descarozar (CS)

stone: **~ Age** *n* Edad *f* de Piedra; **~-broke** /'stəʊn 'brəʊk/ *adj* (AmE colloq) pelado (fam)

stone-cold¹ /'stəʊn'kəʊld/ *adj* (colloq) helado

stone-cold² *adv* (colloq): **he was ~ sober** no había bebido ni una gota

stoned /stəʊnd/ *adj* (colloq) (*usu pred*) **1** (from drugs) volado, pacheco (Méx), colocado (Esp fam); **to get ~** volarse*, ponerse* pacheco (Méx), colocarse* (Esp fam) **2** (from alcohol) como una cuba (fam), tomado (AmL fam)

stone: **~-dead** /'stəʊn'ded/ *adj* (colloq): **the blow killed him ~-dead** el golpe lo mató en el acto; **that killed the business ~-dead** eso dio al traste con el negocio (fam); **~-deaf** /'stəʊn'def/ *adj* (colloq) sordo como una tapia (fam); **~ground** *adj* molido tradicionalmente; **~mason** *n* picapedrero *m*, cantero *m*; **~wall** /'stəʊn 'wɔːl/ *vi* (be evasive) andarse* con evasivas; (be obstructive) utilizar* tácticas obstruccionistas; **~walling** /'stəʊn ,wɔːlɪŋ/ *n* [u] **1** (in answering) evasivas *fpl* **2** (in procedures) obstrucción *f*, bloqueo *m* **3** (BrE Sport) (táctica *f* del) cerrojo *m*; **~ware** /'stəʊnwer || 'stəʊnweə(r)/ *n* [u] cerámica *f* de gres; **~washed** /'stəʊnwɔːʃt / *adj* lavado a la piedra; **~work** *n* [u] cantería *f*, mampostería *f*

stony¹ /'stəʊni/ *adj* **-nier, -niest**
A ‹*soil/ground/path*› pedregoso
B ‹*look/stare/person*› frío, glacial; ‹*silence*› sepulcral; **a ~ heart** un corazón de piedra

stony² *adv* (BrE colloq): **to be ~ broke** estar* en la ruina, estar* pelado (fam), estar* sin un duro (Esp fam), estar* en la olla (Col fam)

stood /stʊd/ *past & past p of* **stand²**

stooge /stuːdʒ/ *n* **1** (in comedy) *personaje del cual se burlan otros en una comedia* **2** (lackey, puppet) títere *m*

stool /stuːl/ *n*
A [c] (seat) taburete *m*, banco *m*; ***to fall between two ~s*** nadar entre dos aguas
B [c u] (feces) (Med) deposición *f* (frml)

stool pigeon *n* (colloq) **1** (informer) soplón, -plona *m,f* (fam) **2** (decoy) señuelo *m*

stoop¹ /stuːp/ *vi*
A **1** (have a stoop): **he ~s a little** es un poco cargado de espaldas *or* encorvado **2** **stooping** *pres p* ‹*posture*› encorvado; ‹*shoulders*› caído
B (bend over) agacharse

C (demean oneself): **how could she ~ so low?** ¿cómo pudo llegar tan bajo?; **to ~ TO sth/-ING** rebajarse A algo/+ INF

stoop² *n*

A (of shoulders) (*no pl*): **she walks with a ~** camina encorvada

B (of house) (AmE) entrada *f* (*a la que se accede por una escalinata*)

stop¹ /stɑːp || stɒp/ *n*

A (halt): **to work without a ~** trabajar sin parar; **to bring sth to a ~** ‹*train/car*› detener* *or* parar algo; ‹*conversation/proceedings*› poner* fin a *or* interrumpir algo; **to come to a ~** «*vehicle/aircraft*» detenerse*; «*production/conversation*» interrumpirse; **to put a ~ to sth** ‹*to mischief/malpractice*› poner* fin a algo

B 1 (break on journey) parada *f*; **we made a ~ at a service station** paramos en una estación de servicio; **after an overnight ~ in Madrid** después de hacer noche *or* de pasar la noche en Madrid 2 (stopping place) parada *f*, paradero *m* (AmL exc RPl)

C (punctuation mark) (esp BrE) punto *m*; (in telegrams) stop *m*; *see also* **full stop**

D (Mus) (on organ) registro *m*; ***to pull out all the ~s*** tocar* todos los registros

stop² **-pp-** *vt*

A 1 (halt) ‹*taxi/bus*› parar; ‹*person*› parar, detener*; **we were ~ped by the police** nos paró la policía; **I ~ped the car and got out** paré *or* detuve el coche y me bajé 2 (switch off) ‹*machine/engine*› parar

B 1 (bring to an end, interrupt) ‹*decline/inflation*› detener*, parar; ‹*discussion/abuse*› poner* fin a, acabar con; **~ that noise!** ¡deja de hacer ruido!; **the trial was ~ped** se suspendió el juicio; **rain ~ped play** la lluvia interrumpió el partido 2 (cease): **~ what you're doing and listen to me** deja lo que estás haciendo y escúchame; **~ it!** ¡basta ya!; **~ that nonsense!** ¡déjate de tonterías!; **to ~ -ING** dejar DE + INF; **~ arguing!** ¡dejen de discutir!; **I couldn't ~ laughing** no podía parar de reírme; **he never ~s talking** habla sin parar

C (prevent): **what's ~ping you?** ¿qué te lo impide?; **I had to tell him, I couldn't ~ myself** tuve que decírselo, no pude contenerme; **to ~ sb (FROM) -ING** (esp BrE) impedirle* a algn + INF, impedir* QUE algn (+ *subj*); **they locked him up to ~ him (from) escaping** lo encerraron para impedir que se escapara; **to ~ sth -ING** impedir* QUE algo (+ *subj*); **to ~ sth happening** impedir* que ocurra algo

D 1 (cancel, withhold) ‹*subscription*› cancelar; ‹*payment*› suspender; **to ~ (payment of) a check** dar* orden de no pagar un cheque 2 (deduct) (BrE) descontar*, retener*; **the boss ~ped £30 out of my wages** el jefe me descontó *or* me retuvo 30 libras del sueldo

E (block) ‹*hole*› tapar; ‹*gap*› rellenar; ‹*tooth*› empastar

F (parry) ‹*blow/punch*› parar, detener*

■ **stop** *vi*

A 1 (halt) «*vehicle/driver*» parar, detenerse*; **~, thief!** ¡al ladrón!; **~ or I'll shoot!** ¡alto o disparo!; ***to ~ at nothing*** estar* dispuesto a hacer cualquier cosa, no pararse en barras 2 (interrupt journey) «*train/bus*» parar; **let's ~ here and have a rest** hagamos un alto *or* paremos aquí para descansar 3 (cease operating) «*watch/clock/machine*» pararse

B 1 (cease): **the rain has ~ped** ha dejado *or* parado de llover, ya no llueve; **the pain/bleeding has ~ped** ya no le (*or* me *etc*) duele/sale sangre; **the noise ~ped** dejó de oírse el ruido; **this squandering of funds must ~** este derroche de fondos tiene que terminar 2 (interrupt activity) parar; **she never ~s** no para un minuto; **I didn't ~ to think** no me detuve a pensar

C (colloq) (stay) quedarse; **I can't ~** no me puedo quedar

Phrasal verbs

- **stop by** [v ▸ adv] [v ▸ prep ▸ o]: **why don't you ~ by tonight?** ¿por qué no (te) pasas por aquí (*or* por casa *etc*) esta noche?; **I ~ped by (at) the store for some milk** pasé por la tienda para comprar leche
- **stop in** [v ▸ adv] (colloq) 1 (call in): **Bill ~ped in for a chat** Bill pasó por aquí para charlar 2 (stay inside) (BrE) quedarse adentro, no salir*; (stay at home) quedarse en casa, no salir*
- **stop off** [v ▸ adv]: **I ~ped off at home to change** pasé por casa para cambiarme; **we ~ped off in San Juan for a few hours** paramos unas horas en San Juan
- **stop out** [v ▸ adv] (BrE) 1 (not come home) (colloq) no volver* a casa, quedarse por ahí (fam) 2 (on strike) (colloq) hacer* huelga, parar (AmL)
- **stop over** [v ▸ adv] 1 (break journey) parar; (overnight) hacer* noche, pasar la noche 2 (Aviat) «*plane*» hacer* escala
- **stop up**

A [v ▸ o ▸ adv, v ▸ adv ▸ o] 1 (block) (*usu pass*) atascar* 2 (fill) ‹*hole/crack*› tapar, rellenar

B [v ▸ adv] (BrE) ▸ **stay up 2**

stop: **~cock** *n* llave *f* de paso; **~gap** *n* recurso *m* provisional *or* (AmS tb) provisorio, medida *f* provisional *or* (AmS tb) provisoria; (*before n*) ‹*measure/arrangement*› provisional, provisorio (AmS); **~light** *n* (traffic light) semáforo *m*; (brake light) luz *f* de freno *or* de frenado; **~-off** *n* (colloq) parada *f*; **~over** *n* (break in journey) parada *f*; (stay) estadía *f* (AmL), estancia *f* (Esp, Méx); (Aviat) escala *f*

stoppage /ˈstɑːpɪdʒ || ˈstɒpɪdʒ/ *n*

A 1 (in play, production) interrupción *f*; **the time added on for ~s** (in soccer) el tiempo de descuento, los descuentos (CS) 2 (strike) huelga *f*, paro *m* (AmL) 3 (cancellation) suspensión *f* 4 (deduction) (BrE) retención *f*

B (blockage) obstrucción *f*

stopper /ˈstɑːpər || ˈstɒpə(r)/ *n* tapón *m*

stopping train /ˈstɑːpɪŋ || ˈstɒpɪŋ/ *n* (BrE) *tren con parada en todas las estaciones*

stop: **~ press** *n* noticias *fpl* de última hora; **~ sign** *n* stop *m*, señal *f* de pare, (señal *f* de) alto *m* (Méx), disco *m* pare (Chi); **~watch** *n* cronómetro *m*

storage /ˈstɔːrɪdʒ/ *n* [u] 1 (of goods) depósito *m*, almacenamiento *m*, almacenaje *m*; **to put one's furniture into ~** mandar los muebles a un depósito; (*before n*) **~ room** trastero *m*; **we have plenty of ~ space** tenemos mucho lugar *or* espacio para guardar cosas; **~ tank** tanque *m* de almacenamiento 2 (Comput) almacenamiento *m* 3 (cost) (gastos *mpl* de) almacenaje *m*

storage heater *n* (BrE) acumulador *m*, radiador *m* de acumulación

store¹ /stɔːr || stɔː(r)/ *n*

A 1 [c u] (stock, supply) reserva *f*, provisión *f*; **a ~ of witty anecdotes** una colección de anécdotas graciosas; ***in ~***: **we always keep some drink in ~** siempre tenemos bebida de reserva; **there's a surprise in ~ for her** la espera una sorpresa, se va a llevar una sorpresa; **we have a surprise in ~ for you** te tenemos (preparada) una sorpresa; **who knows what the future has in ~?** ¿quién sabe lo que nos deparará el futuro?; ***to set great/little ~ by sth*** dar* mucho/poco valor a algo 2 **stores** *pl* (Mil, Naut) pertrechos *mpl*

B 1 (warehouse, storage place) (*often pl*) almacén *m*, depósito *m*, bodega *f* (Méx) 2 [u] (storage) (BrE): **all our furniture is in ~** tenemos todos los muebles en depósito

C [c] 1 (shop) (esp AmE) tienda *f*; **a shoe/hardware ~** una zapatería/ferretería 2 (*department ~*) grandes almacenes *mpl*, tienda *f*; (*before n*) **~ card** tarjeta *f* de crédito (*expedida por una tienda*); **~ detective** guarda *mf* *or* vigilante *mf* no uniformado (*en una tienda*)

store² *vt* 1 (keep) ‹*food/drink/supplies*› guardar; (Busn) almacenar; ‹*information*› almacenar; ‹*electricity*› acumular; **~ in a cool, dry place** consérvese en un lugar fresco y seco; **the children's old toys are ~d (away) in the attic** los juguetes viejos de los niños están guardados en el desván 2 (Comput) ‹*data/program*› almacenar

■ **store** *vi* «*fruit/vegetables*» conservarse

Phrasal verb

- **store up** [v ▸ o ▸ adv, v ▸ adv ▸ o] 1 ‹*supplies*› almacenar 2 ‹*resentment*› ir* acumulando

store³, **store-bought** /ˈstɔːrbɔːt || ˈstɔːbɔːt/ *adj* (AmE) ‹*clothes*› de confección; ‹*cake*› comprado

store: **~front** *n* (AmE) frente *m*, fachada *f* (*de una tienda*); **~house** *n* 1 (warehouse) almacén *m*, depósito *m*, bodega *f* (Méx) 2 (source) mina *f*; **a veritable ~house of information** una verdadera mina de información; **~keeper** *n* tendero, -ra *m,f*; **~room** *n* almacén *m*, depósito *m*, bodega *f* (Méx); (for food) despensa *f*

storey /ˈstɔːri/ *n* (BrE) ▸ **story** *Sense* II

-storied, (BrE) **-storeyed** /ˈstɔːrid/ *suff*: **three~/five~** de tres/cinco pisos

stork /stɔːrk || stɔːk/ *n* cigüeña *f*

storm¹ /stɔːrm || stɔːm/ *n*

A (Meteo) tormenta *f*; **a ~ at sea** una tempestad, un tempo-

S

ral; ***a ~ in a teacup*** (BrE) una tormenta en un vaso de agua; ***to take sth by ~*** ‹*city/fortress*› tomar algo por asalto, asaltar algo; **she took New York's audiences by ~** cautivó al público neoyorquino, tuvo un éxito clamoroso en Nueva York; ***to weather*** *o* ***ride (out) the ~*** capear el temporal

B (of abuse) torrente *m*; (of protest) ola *f*, tempestad *f*; (uproar) escándalo *m*, revuelo *m*

storm² *vi*

A (move violently) (+ *adv compl*): **she ~ed into the office** irrumpió en la oficina, entró en la oficina como un vendaval; **furious, he ~ed out of the meeting** abandonó la reunión furioso

B (express anger) despotricar*, vociferar; **he ~ed at the manager** le dijo de todo al gerente

■ **storm** *vt*

A (attack, capture) ‹*city/fortress*› tomar por asalto, asaltar; ‹*house*› irrumpir en

B (say angrily) bramar

storm: **~-bound** *adj* ‹*airport*› cerrado por el mal tiempo; ‹*city*› paralizado por el mal tiempo; **~ cloud** *n* nube *f or* nubarrón *m* de tormenta; **~ door** *n* contrapuerta *f*, antepuerta *f*

storming /ˈstɔːrmɪŋ/ *n* **~ OF sth** asalto *m* A algo

storm: **~ lantern** *n* farol *m*; **~ trooper** *n* soldado *m* de las tropas de asalto

stormy /ˈstɔːrmi || ˈstɔːmi/ *adj* **-mier, -miest** **1** (Meteo) tormentoso; ‹*sea*› tempestuoso **2** (turbulent) ‹*relationship*› tempestuoso

story /ˈstɔːri/ *n* (*pl* **-ries**)

(Sense I)

A **1** (account) historia *f*, relato *m*; (tale) cuento *m*; (genre) (Lit) cuento *m*; **tell me a ~** cuéntame un cuento; **the book tells the ~ of the expedition** el libro relata la expedición; **that's a long ~** eso es largo de contar; **to cut a long ~ short** en pocas palabras; **but that's not the end of the ~** pero ahí no termina; **it's the ~ of my life!** (set phrase) siempre me pasa lo mismo; **according to his/your ~** según él/tú; **what's the ~?** (AmE) bueno ¿qué pasa?; **he gave me the ~ on the new models** (AmE) me dio información sobre los nuevos modelos; ***that's (quite) another*** *o* ***a different ~*** eso es otro cantar, eso es harina de otro costal; ***the same old ~*** la (misma) historia de siempre **2** (anecdote) anécdota *f*; (joke) chiste *m*; **the ~ goes that ...** cuenta la leyenda que ...

B (plot) argumento *m*, trama *f*

C (Journ) artículo *m*; **he has a nose for a good ~** tiene buen olfato para lo que es noticia

D (lie) (colloq) cuento *m* (fam), mentira *f*; **don't tell stories** no me vengas con cuentos (fam), no digas mentiras

(Sense II) (BrE) **storey** (of building) piso *m*, planta *f*; **on the first ~** (in US) en la planta baja; (in UK) en el primer piso; **a four-~ building** un edificio de cuatro pisos

story: **~book** *n* libro *m* de cuentos; (*before n*) **a ~book romance** un romance de cuento de hadas; **~ line** *n* (plot) argumento *m*; (script) guión *m*; **~teller** /ˈstɔːri,telər || ˈstɔːri,telə(r)/ *n* **1** (narrator) narrador, -dora *m,f* **2** (writer) escritor, -tora *m,f* **3** (liar) (colloq) mentiroso, -sa *m,f*, cuentista *mf* (fam), cuentero, -ra *m,f* (RPl fam)

stout¹ /staʊt/ *adj* **-er, -est** **1** ‹*person/figure*› robusto, corpulento **2** ‹*rope*› resistente, fuerte; ‹*door*› sólido; **a pair of ~ shoes** un par de zapatos fuertes **3** (staunch) ‹*resistance*› firme, tenaz

stout² *n* [u] cerveza *f* negra

stoutly /ˈstaʊtli/ *adv* **1** ‹*made/built*› sólidamente **2** (staunchly) ‹*resist*› con firmeza; ‹*deny/refuse*› rotundamente

stove /stəʊv/ *n* **1** (for cooking) cocina *f*, estufa *f* (Col, Méx); (ring) calentador *m*, hornillo *m*; **electric/gas ~** cocina *or* (Col, Méx) estufa eléctrica/de *or* a gas **2** (for warmth) estufa *f*, calentador *m*

stove in *past & past p of* **stave in**

stow /stəʊ/ *vt* (put away) guardar, poner*; (hide) esconder; (Naut) estibar; **she ~ed the glasses (away) carefully** guardó los vasos cuidadosamente

(Phrasal verb)

• **stow away** [v ▸ adv] viajar de polizón

stowage /ˈstəʊɪdʒ/ *n* [u] (Naut) **1** (storage capacity) bodega *f* **2** (stowing) estiba *f*

stowaway /ˈstəʊə,weɪ/ *n* polizón *mf*

straddle /ˈstrædl/ *vt* **1** (sit, stand astride) ‹*horse*› sentarse* a horcajadas sobre; **the town ~s the river** la ciudad se extiende a ambas orillas del río **2** (be noncommittal about) (AmE) ‹*issue/question*› eludir

strafe /streɪf, strɑːf/ *vt* (Mil) ‹*troops/airfield*› bombardear

straggle /ˈstrægəl/ *vi*

A (spread untidily) ‹‹*plant*›› crecer* desordenadamente; **the village ~d along the valley** el pueblo se extendía por el valle sin orden ni concierto

B **1** (wander): **the procession ~d along the road** la procesión avanzaba desordenadamente por la carretera **2** (lag behind, fall away) rezagarse*, quedarse rezagado

straggler /ˈstræglər || ˈstræglə(r)/ *n* rezagado, -da *m,f*

straggly /ˈstrægli/ *adj* **-glier, -gliest** ‹*hair*› desordenado, desgreñado; ‹*beard*› descuidado

straight¹ /streɪt/ *adj* **-er, -est**

A **1** (not curved or wavy) recto; ‹*hair*› lacio, liso; **to walk in a ~ line** caminar en línea recta; **keep your knees ~** no dobles las rodillas; **he walks with a ~ back** camina muy erguido **2** (level, upright, vertical) (*pred*) **to be ~** estar* derecho; **is my tie ~?** ¿tengo la corbata derecha *or* bien puesta?; **your tie isn't ~** llevas *or* tienes la corbata torcida

B (in order) (*pred*): **is my hair ~?** ¿tengo bien el pelo?; **I have to get** *o* **put my room ~** tengo que ordenar mi cuarto; **if I pay for the coffees, we'll be ~** si pago los cafés quedamos *or* estamos en paz *or* (CS) a mano; **to get sth ~: let's get this ~** a ver si nos entendemos; **you have to make sure you've got your facts ~** tienes que asegurarte de que la información que tienes es correcta; **to set the record ~** dejar las cosas en claro; ***to put*** *o* ***set sb ~ about sth*** aclararle algo a algn

C **1** (direct, clear) ‹*denial/refusal*› rotundo, categórico; **it's a ~ choice between buying a car or going on holiday** la alternativa es clara: o se compra un coche o se va de vacaciones; **I made $20,000 ~ profit** saqué 20.000 dólares limpios de beneficio; **she got ~ A's** ≈ sacó sobresaliente en todo **2** (unmixed) ‹*gin/vodka*› solo

D (honest, frank) ‹*question*› directo; ‹*answer*› claro; **all I want is a ~ yes or no** lo único que quiero es que me digas que sí o que no, sin más; **I've been absolutely ~ with you about the whole business** no te he ocultado nada del asunto

E (successive): **he won in ~ sets** (Sport) ganó sin conceder *or* sin perder ningún set; **she's had five ~ wins** ha ganado cinco veces seguidas; **this is the fifth ~ day it's happened** (AmE) éste es el quinto día seguido que pasa

F **1** (serious) ‹*play/actor*› dramático, serio **2** (conventional) (colloq) convencional **3** (heterosexual) (colloq) heterosexual

straight² *adv*

A **1** (in a straight line) ‹*walk*› en línea recta; **they live ~ across from us** viven justo enfrente de nosotros; **she looked ~ ahead** miró al frente; **the truck was coming ~ at me** el camión venía derecho *or* justo hacia mí; **I aimed ~ for his heart** le apunté justo al corazón; **he made ~ for the bar** se fue derecho al bar; **look me ~ in the eye** mírame a la cara; **keep ~ on until you come to the lights** sigue derecho hasta llegar al semáforo; **the bullet went ~ through his arm** la bala le atravesó el brazo **2** (erect) ‹*sit/stand*› derecho; **sit up ~** ponte derecho

B **1** (directly) directamente; **I came ~ home from work** vine directamente *or* derecho a casa después del trabajo; **she drank it ~ from the bottle** se lo bebió directamente de la botella; **I joined the army ~ from school** me alisté en el ejército en cuanto terminé el colegio **2** (immediately): **~ after dinner** inmediatamente después de cenar, en cuanto terminé de cenar; **I'll bring it ~ back** enseguida lo devuelvo; **she said ~ off she wasn't paying** (colloq) dijo de entrada que ella no pagaba; **I'll come ~ to the point** iré derecho *or* directamente al grano; **~ away** ▸ **straightaway**

C (colloq) **1** (frankly) con franqueza; **she told him ~ out** se lo dijo sin rodeos **2** (honestly): **are you playing ~ with me?** ¿estás jugando limpio conmigo?; ***to go ~*: he swore he'd go ~** prometió que se reformaría

D (clearly) ‹*see/think*› con claridad; **I can't think ~** no puedo pensar claro *or* con claridad

E (Theat) ‹*play*› de manera clásica

straight³ *n* (on race track): **the ~** la recta

straight: **~ and narrow** *n* [u] **the ~ and narrow** el buen camino, el camino recto; **his mother kept him on the ~ and narrow** su madre lo mantuvo sobre buen camino; **~away** /'streɪtə'weɪ/, **~ away** *adv* enseguida, inmediatamente

straighten /'streɪtn/ *vt* 1 (make straight) ‹*nail/wire*› enderezar*; ‹*hair*› alisar, estirar; ‹*bedclothes/tablecloth*› estirar; ‹*picture*› enderezar*, poner* derecho; **he ~ed his tie** se enderezó la corbata; **~ your back** ponte derecho 2 (tidy) ‹*room/papers*› arreglar, ordenar; ‹*bed*› estirar

■ **straighten** *vi* ▸ **straighten out B**

Phrasal verbs

• **straighten out**

A [v ▸ o ▸ adv, v ▸ adv ▸ o] 1 (make straight) ‹*nail/wire*› enderezar*, poner* derecho; ‹*bedclothes/tablecloth*› estirar 2 ‹*confusion/misunderstanding*› aclarar; ‹*problem*› resolver*, arreglar

B [v ▸ adv] ‹‹*road/river*›› hacerse* recto

• **straighten up**

A [v ▸ o ▸ adv, v ▸ adv ▸ o] 1 (make straight) ‹*picture*› enderezar*, poner* derecho; **~ up your shoulders!** ¡ponte derecho! 2 (tidy) ‹*room/papers*› ordenar, arreglar; ‹*bed*› arreglar, estirar; **I'd better ~ myself up a bit** más vale que me arregle un poco

B [v ▸ adv] (stand up straight) ponerse* derecho, enderezarse*

straight: **~faced** /'streɪt'feɪst/ *adj*: **he said it completely ~faced** lo dijo muy serio *or* sin reírse; **~forward** *adj* 1 (honest, frank) ‹*person*› franco, sin dobleces; ‹*answer*› franco 2 (uncomplicated) ‹*problem/question/answer*› sencillo; **~jacket** *n* ▸ **straitjacket**; **~ man** *n*: *personaje serio de una pareja de cómicos*; **~ ticket** *n* (in US) (*no pl*): **to vote the/a ~ ticket** votar a *or* por candidatos de un mismo partido para todos los cargos

straight-up /'streɪt'ʌp/ *adj* (AmE colloq) llano, campechano

strain¹ /streɪn/ *n*

A [u c] (tension) tensión *f*; (pressure) presión *f*; **the rope snapped under the ~** la cuerda se rompió debido a la tensión a la que estaba sometida; **it puts a ~ on your spine** ejerce presión sobre la columna vertebral; **the incident put a ~ on Franco-German relations** las relaciones franco-alemanas se volvieron tirantes a raíz del incidente; **she's been under great** *o* **a lot of ~** ha estado pasando una época de mucha tensión *or* de mucho estrés

B [c u] (Med) (resulting from wrench, twist) torcedura *f*; (on a muscle) esguince *m*

C **strains** *pl* (tune): **the ~s of a flute could be heard in the distance** se oía una flauta a lo lejos

D 1 [c] (type — of plant) variedad *f*; (— of virus) cepa *f*; (— of animal) raza *f* 2 (streak) (*no pl*) veta *f*

strain² *vt*

A (exert): **to ~ one's eyes/voice** forzar* la vista/voz; **to ~ one's ears** aguzar* el oído; **he ~ed every muscle to lift the weight** usó todas sus fuerzas para levantar el peso

B 1 (overburden) ‹*beam/support*› ejercer* demasiada presión sobre 2 (injure): **to ~ one's back** hacerse* daño en la espalda; **to ~ a muscle** hacerse* un esguince 3 (overtax, stretch) ‹*relations*› someter a demasiada tensión, volver* tenso *or* tirante; ‹*credulity/patience*› poner* a prueba

C (filter) filtrar; (Culin) colar*; ‹*vegetables/rice*› escurrir; **~ the lumps from the sauce with a sieve** pase la salsa por un tamiz para eliminar los grumos

■ *v refl* **to ~ oneself** hacerse* daño; **don't ~ yourself** (iro) no te vayas a herniar (iró)

■ **strain** *vi*: **the porters ~ed under the load** los mozos iban agobiados por la carga; **to ~ AT sth** tirar DE algo; **to ~ to + INF** hacer* un gran esfuerzo PARA + INF

strained /streɪnd/ *adj*

A 1 (tense) ‹*relations/atmosphere*› tenso, tirante; ‹*face/expression*› tenso, crispado; ‹*voice*› forzado 2 (unnatural, forced) ‹*manner/humor*› forzado

B (Med) ‹*eyes*› cansado; **a ~ muscle** un esguince

strainer /'streɪnər || 'streɪnə(r)/ *n* (Culin) colador *m*

strait /streɪt/ *n*

A (Geog) (*often pl*) estrecho *m*; **the S~ of Magellan, the Magellan S~(s)** el estrecho de Magallanes

B **straits** *pl* (difficulties, difficult position): **to be in dire/desperate ~s** estar* en grandes apuros/en una situación desesperada; **to be in financial ~s** pasar estrecheces, pasar apuros económicos

strait: **~jacket** *n* camisa *f* de fuerza, chaleco *m* de fuerza (CS); **~laced** /'streɪt'leɪst/ *adj* puritano, mojigato

strand¹ /strænd/ *n*

A (of rope, string) ramal *m*; (of thread, wool) hebra *f*; (of wire) filamento *m*; **a ~ of hair** un pelo

B (of opinion) corriente *f*; (in group, movement) tendencia *f*

C (beach) (liter) playa *f*

strand² *vt* (*usu pass*) 1 (Naut): **the ship was ~ed on a sandbank** el barco quedó encallado *or* varado en un banco de arena; **a whale was ~ed by the tide** la marea dejó una ballena varada en la playa 2 (leave helpless): **they left me ~ed** me abandonaron a mi suerte, me dejaron tirado *or* (AmL exc RPl) botado (fam); **~ed tourists** turistas con problemas para volver a casa

strange /streɪndʒ/ *adj* **stranger, strangest**

A (odd) raro, extraño; **what a ~ thing to say!** ¡qué cosa más rara de decir!; **truth is ~r than fiction** la realidad supera a la ficción; **you're/she's a ~ one** (colloq) mira que eres raro/es rara (fam); **I feel ~ wearing a suit** me siento raro *or* incómodo con traje; **it is ~ (THAT)** es raro QUE (+ *subj*); **I find it ~ (that) they haven't replied** me extraña que no hayan contestado; **~ as it may seem** por extraño que parezca

B 1 (unfamiliar, unaccustomed) ‹*faces/handwriting*› desconocido; **to taste/smell ~** saber*/oler* raro 2 (alien) (liter): **in a ~ land** en tierras extrañas; **a ~ language** una lengua foránea

strangely /'streɪndʒli/ *adv* ‹*behave/act*› de una manera rara *or* extraña; **he was ~ quiet** era raro *or* extraño lo callado que estaba; **~ (enough)** (*indep*) aunque parezca mentira, aunque parezca raro *or* extraño

strangeness /'streɪndʒnəs || 'streɪndʒnɪs/ *n* [u] 1 (oddness) rareza *f*, lo extraño 2 (unfamiliarity) novedad *f*

stranger /'streɪndʒər || 'streɪndʒə(r)/ *n* desconocido, -da *m,f*; (from another place) forastero, -ra *m,f*; **don't speak to ~s** no hables con extraños *or* desconocidos; **hello, ~!** (colloq) ¡dichosos los ojos que te ven!; **I'm a ~ here myself** yo tampoco soy de aquí; **to be no ~ to sth**: **she's no ~ to New York** conoce Nueva York bastante bien; **he's no ~ to violence** la violencia no le es desconocida

strangle /'stræŋgəl/ *vt* 1 ‹*person*› estrangular 2 ‹*originality*› coartar; ‹*protests*› sofocar*, ahogar* 3 **strangled** *past p* ahogado; **a ~d cry** un grito ahogado; **in a ~d voice** con voz ahogada *or* estrangulada

stranglehold /'stræŋgəlhəʊld/ *n* 1 (Sport) llave *f* al cuello 2 (absolute control) poder *m*, dominio *m*; **they have a ~ over the supply of copper** tienen el monopolio del suministro de cobre

strangler /'stræŋglər/ *n* estrangulador, -dora *m,f*

strangling /'stræŋglɪŋ/ *n* [c u] estrangulación *f*

strangulation /'stræŋgjə'leɪʃən/ *n* [u] estrangulación *f*

strap¹ /stræp/ *n* 1 (of leather) correa *f*; (of canvas) asa *f*‡; **watch ~** (BrE) correa *f* de reloj 2 (on bus, train) agarradera *f* 3 (*shoulder ~*) tirante *m*, bretel *m* (CS) 4 (punishment) (BrE): **to give sb the ~** darle* a algn con la correa

strap² *vt* **-pp-** 1 (tie) atar *or* sujetar con una correa, amarrar con una correa (AmL exc RPl); **to ~ oneself in** ponerse* *or* abrocharse el cinturón de seguridad 2 **~ (up)** (BrE Med) ‹*ankle/wrist*› vendar

strapless /'stræpləs || 'stræplɪs/ *adj* sin tirantes, sin breteles (CS), strapless *adj inv* (Méx, Ven)

strapped /stræpt/ *adj* (colloq) (*pred*): **to be ~ for cash** andar* corto de dinero

strapping /'stræpɪŋ/ *adj* robusto, fornido

Strasbourg /'strɑːsbʊrg || 'stræzbɜːg/ *n* Estrasburgo *m*

strata /'streɪtə, 'strætə || 'strɑːtə, 'streɪtə/ *pl of* **stratum**

stratagem /'strætədʒəm/ *n* [c u] estratagema *f*

strategic /strə'tiːdʒɪk/ *adj* estratégico

strategist /'strætədʒəst || 'strætədʒɪst/ *n* estratega *mf*

strategy /'strætədʒi/ *n* [c u] (*pl* **-gies**) estrategia *f*

stratification /'strætəfə'keɪʃən/ *n* [u] estratificación *f*

stratify /'strætəfaɪ || 'strætɪfaɪ/ **-fies, -fying, -fied** *vt* (*usu pass*) estratificar*

stratosphere /'strætəsfɪr/ *n* estratosfera *f*

S

stratum /ˈstreɪtəm, ˈstræ-/ *n* (*pl* **-ta**) estrato *m*

stratus /ˈstreɪtəs, ˈstrɑː-/ *n* (*pl* **-ti** /-taɪ/) estrato *m*

straw /strɔː/ *n* 1 [u c] paja *f*; **we'll draw ~s for it** el que saque la paja *or* pajita más corta lo hace; **I always draw the short ~** siempre me toca a mí bailar con la más fea (fam & hum); ***to be the last** o **final** ~* ser* el colmo, ser* lo último; ***to clutch** o **grasp at ~s*** aferrarse desesperadamente a una esperanza; ***the ~ which broke the camel's back*** la gota que colmó el vaso *or* (Méx) que derramó el vino; (*before n*) **~ hat** sombrero *m* de paja; **~ mat** estera *f* 2 [c] (for drinking) pajita *f*, paja *f*, caña *f* (Esp), pitillo *m* (Col), popote *m* (Méx); **to drink sth through a ~** beber algo con una pajita (*or* paja *etc*)

strawberry /ˈstrɔːˌberi || ˈstrɔːbəri/ *n* (*pl* **-ries**) (fruit) fresa *f*, frutilla *f* (Bol, CS); (large) fresón *m*

straw poll, straw vote *n* sondeo *m* informal de opinión

stray¹ /streɪ/ *vi* 1 (wander away) apartarse, alejarse; (get lost) extraviarse*, perderse*; **to ~ FROM sb/sth: we ~ed from the rest of the group** nos apartamos *or* nos alejamos del resto del grupo; **several sheep ~ed from the flock** varias ovejas se separaron del resto del rebaño *or* se descarriaron; **we ~ed off the path** nos apartamos del camino; **I ~ed into a military zone** me metí sin querer en una zona militar 2 (digress): **he kept ~ing from the issue** se apartaba *or* se desviaba una y otra vez del tema; **he let his thoughts ~** se puso a pensar en otra cosa

stray² *adj* 1 ‹*dog*› (ownerless) callejero, vago; (lost) perdido; ‹*sheep*› descarriado 2 (random, scattered): **a ~ bullet** una bala perdida; **a few ~ hairs** algunos pelos sueltos

stray³ *n* (ownerless animal) perro *m*/gato *m* callejero *or* vago; (lost animal) perro *m*/gato *m* perdido

streak¹ /striːk/ *n*

A 1 (line, band) lista *f*, raya *f*; (in hair) reflejo *m*, mechón *m*; (in meat, marble) veta *f*; (of ore) veta *f*, filón *m*; **a ~ of lightning** un relámpago 2 (in personality) veta *f*; **she has a mean ~** tiene una veta mezquina

B (spell) racha *f*; **to have** *o* **be on a winning/losing ~** tener* una buena/mala racha

streak² *vi*

A (move rapidly) (+ *adv compl*): **she ~ed into the lead** rápida como un rayo, se colocó a la cabeza; **it ~ed past the window** pasó como una centella por delante de la ventana

B (run naked) (colloq) hacer* streaking (*correr desnudo en un lugar público*)

■ **streak** *vt*: **tears ~ed her face** tenía el rostro surcado de lágrimas; **she's had her hair ~ed** se ha hecho mechones *or* reflejos *or* (RPl) claritos *or* (Méx) luces *or* (Chi) visos (en el pelo); **to be ~ed WITH sth: his clothes were ~ed with paint** llevaba la ropa manchada *or* (AmL tb) chorreada de pintura; **her hair is ~ed with gray** tiene el cabello entrecano

streaker /ˈstriːkər || ˈstriːkə(r)/ *n* (colloq) streaker *mf* (*persona que corre desnuda en un lugar público*)

streaky /ˈstriːki/ *adj* **-kier, -kiest** 1 (uneven): **the paint's dried ~** el color no ha quedado uniforme al secarse la pintura, el color ha quedado disparejo al secarse la pintura (AmL) 2 (BrE Culin): **~ bacon** tocino *m or* (Esp) bacon *m or* (RPl) panceta *f*

stream¹ /striːm/ *n*

A 1 (small river) arroyo *m*, riachuelo *m* 2 (current) corriente *f*

B (flow): **a thin ~ of water** un chorrito de agua; **a ~ of lava** un río de lava; **a ~ of abuse** una sarta de insultos; **there is a continuous ~ of traffic** pasan vehículos continuamente, el tráfico es ininterrumpido; **~s of people** un torrente de personas

C (BrE Educ) *conjunto de alumnos agrupados según su nivel de aptitud para una asignatura*

stream² *vi*

A 1 (flow) (+ *adv compl*): **blood ~ed from the wound** salía *or* manaba mucha sangre de la herida; **water ~ed from the burst pipe** el agua salía a chorros *or* a torrentes de la tubería rota; **tears were ~ing down her cheeks** lloraba a lágrima viva; **the sunlight was ~ing in through the window** el sol entraba a raudales por la ventana; **the children ~ed in from the yard** los niños entraron en tropel del patio 2 (run with liquid): **the walls ~ed with water** corría agua por las paredes; **I've got a ~ing cold** tengo un resfriado muy fuerte, me gotea constantemente la nariz

B (wave) «*flag/hair*» ondear

■ **stream** *vt*

A (emit): **my nose ~ed blood** me salía mucha sangre de la nariz; **his eyes ~ed tears** se le saltaban las lágrimas

B (BrE Educ) *dividir (a los alumnos) en grupos según su aptitud para una asignatura*

streamer /ˈstriːmər || ˈstriːmə(r)/ *n*

A 1 (banner) banderín *m* 2 (of paper) serpentina *f*

B (AmE Journ) titular *m* a toda página

stream: ~line *vt* ‹*car/plane*› hacer* más aerodinámico el diseño de, aerodinamizar*; ‹*organization/production*› racionalizar*, hacer* más eficiente; **~lined** *adj* ‹*car/plane*› aerodinámico; ‹*methods/production*› racionalizado; **~ of consciousness** *n* (*no pl*) monólogo *m* interior

street /striːt/ *n* calle *f*; **it's on** *o* (BrE) **in Elm S~** queda en la calle Elm; **to walk the ~s** andar* *or* deambular por las calles; «*prostitute*» hacer* la calle *or* (Esp tb) la carrera; **the whole ~ turned out to welcome them** todos los vecinos salieron a recibirlos; **the S~** (AmE colloq) Wall Street; ***to be on easy ~*** (colloq) estar* forrado (fam); ***to be on the ~s*** hacer* la calle *or* (Esp tb) la carrera; **to go on the ~s** prostituirse*; ***to be right up one's ~*** (colloq): **the job would be right up her ~** sería un trabajo ideal para ella; **the movie is right up your ~** es justo el tipo de película que a ti te encanta; ***to be ~s ahead of sb/sth*: the company is ~s ahead of its competitors** la compañía está muy por encima de la competencia; **she's ~s ahead of her classmates** les da mil vueltas a sus compañeros de clase (fam); ***to be ~s apart*: the two sides are still ~s apart** todavía hay un abismo entre las dos partes; (*before n*) ‹*musician/theater*› callejero; **~ corner** esquina *f*; **~ crime** delincuencia *f* callejera; **~ map** *o* **plan** plano *m* de la ciudad, callejero *m* (Esp); **~ market** mercado *m* al aire libre, feria *f* (CS); **~ people** (AmE) gente *f* de la calle

street: ~car *n* (AmE) tranvía *m*, carro *m* (Chi); **~ cleaner** *n* (AmE) barrendero, -ra *m,f*; **~ credibility, ~ cred** /kred/ *n* [u] (esp BrE) *imagen de persona moderna, familiarizada con la cultura urbana*; **~ door** *n* puerta *f* de (la) calle; (of apartment block) puerta *f* de (la) calle, portal *m*; **~ fighting** *n* [u] riñas *fpl or* refriegas *fpl* callejeras; **~ lamp** *n* farol *m*, farola *f* (Esp); **~ level** *n*: **at ~ level** a nivel de la calle; **~ light** *n* ▸ **~ lamp**; **~ lighting** *n* [u] alumbrado *m* (público); **~ sweeper** *n* (person) barrendero, -ra *m,f*; (machine) (máquina *f*) barredora *f*, barredera *f*; **~ value** *n* valor *m* de reventa; **~walker** *n* prostituta *f* callejera; **~wise** *adj* (colloq) espabilado, avispado (fam)

strength /streŋθ/ *n*

A [u] (of persons) 1 (physical energy) fuerza(s) *f(pl)*; (health) fortaleza *f* física; **he doesn't know his own ~!** ¡no sabe la fuerza que tiene!; **to get one's ~ back** recobrar las fuerzas; **to save one's ~** ahorrar (las) energías 2 (emotional, mental) fortaleza *f*; (in adversity) fortaleza *f*, entereza *f*; **~ of will** fuerza *f* de voluntad; **~ of character** firmeza *f or* fortaleza *f* de carácter; **~ of purpose** resolución *f*, determinación *f*; **give me ~!** (colloq) ¡Dios me dé paciencia!

B [u] (of economy, currency) solidez *f*; **political/military ~** poderío *m* político/militar

C [u] 1 (of materials) resistencia *f*; (of wind, current) fuerza *f*; (of drug, solution) concentración *f*; (of alcoholic drink) graduación *f*; **full-~** sin diluir; **half-~** diluido al 50% 2 (of sound, light) potencia *f*; (of emotions) intensidad *f* 3 (of argument, evidence) lo convincente; (of protests) lo enérgico; **we employed her on the ~ of his recommendation** la contratamos basándonos en su recomendación; **on the ~ of that performance she was offered a part** en virtud de esa actuación le ofrecieron un papel

D [c] (strong point) virtud *f*, punto *m* fuerte; ***from ~ to ~*: the firm has gone from ~ to ~ since she took over** la empresa ha tenido un éxito tras otro desde que ella está al frente; **his career seems to be going from ~ to ~** su carrera marcha viento en popa

E [u c] (force in numbers) número *m*; **we're below** *o* **under ~ at the moment** en este momento estamos cortos de personal; **their fans were there in ~** sus hinchas estaban allí en bloque *or* en masa

strengthen /ˈstreŋθən/ *vt* ‹*muscle/limb/teeth*› fortalecer*; ‹*wall/furniture/glass*› reforzar*; ‹*support*› aumentar, acrecentar*; **this has ~ed my conviction that ...** esto me ha convencido aún más de que ...

■ **strengthen** *vi* «*limb/muscle*» fortalecerse*; «*opposition/support*» aumentar, acrecentarse*

strenuous /ˈstrenjuəs/ *adj* 1 ‹*activity*› agotador, extenuante 2 ‹*denial*› vigoroso, enérgico; ‹*opposition*› tenaz; **despite our ~ efforts to locate them** a pesar de nuestros denodados esfuerzos por localizarlos

strep throat /strep/ *n* [u] (AmE colloq): **to have ~ ~** tener* una inflamación de garganta

stress¹ /stres/ *n*

A 1 [u c] (tension) tensión *f*; (Med) estrés *m*, tensión, f; **she's under a lot of ~** está sometida a muchas presiones; **the ~es and strains of modern living** las tensiones y presiones de la vida moderna 2 [u] (Phys, Tech) tensión *f*

B 1 [u] (emphasis) énfasis *m*, hincapié *m*; **to lay ~ on sth** poner* énfasis *or* hacer* hincapié en algo, enfatizar* algo 2 [c u] (Ling, Lit) acento *m* (tónico); **the ~ is** *o* **falls on the second syllable** se acentúa (en) la segunda sílaba

stress² *vt* 1 (emphasize) poner* enfásis *or* hacer* hincapié en, enfatizar*, recalcar*; **I must ~ once again that ...** vuelvo a insistir en que ..., vuelvo a recalcar que ... 2 (Ling) ‹*word/syllable/vowel*› acentuar*

stressed-out /ˈstrestˈaʊt/ *adj* (colloq) estresado, tenso

stressful /ˈstresfəl/ *adj* ‹*life/job*› estresante

stretch¹ /stretʃ/ *vt*

A ‹*arm/leg*› estirar, extender*; ‹*wing*› extender*, desplegar*; **I'm just going out to ~ my legs** voy a salir a estirar las piernas

B 1 (widen) ensanchar 2 ‹*sheet/canvas*› extender*

C (eke out) ‹*money/resources*› estirar

D 1 (make demands on) exigirle* a: **my job doesn't ~ me** mi trabajo no me exige lo suficiente; **she's not being ~ed at school** en el colegio no le exigen de acuerdo a su capacidad 2 (strain): **our resources are ~ed to the limit** nuestros recursos están empleados al máximo, nuestros recursos no dan más de sí; **my nerves are ~ed to breaking point** tengo los nervios a punto de estallar

E ‹*truth/meaning*› forzar*, distorsionar; ‹*rules*› apartarse un poco de; **that's ~ing it a bit** (colloq) eso es exagerar un poco

■ **stretch** *vi*

A «*person*» estirarse; (when sleepy) desperezarse*

B 1 (reach, extend) «*forest/sea/influence/power*» extenderse* 2 (in time): **to ~ back** remontarse; **to ~ over a period** alargarse* *or* prolongarse* durante un período; **a miserable future ~ed before her** tenía un sombrío futuro por delante

C 1 (be elastic) «*elastic/rope*» estirarse 2 (become loose, longer) «*garment*» estirarse, dar* de sí

D (be enough) «*money/resources/supply*» alcanzar*, llegar*; **our money won't ~ that far** no nos va a alcanzar el dinero; **I can't ~ to a new car** no me alcanza el dinero para un coche nuevo

■ *v refl* **to ~ oneself** (physically) estirarse; (when sleepy) desperezarse*

Phrasal verb

• **stretch out**

A [v ▸ o ▸ adv, v ▸ adv ▸ o] 1 (extend) ‹*legs/arms*› estirar; **he ~ed himself out on the sand** se tendió sobre la arena 2 (make last longer) ‹*money/speech*› estirar

B [v ▸ adv] 1 (reach out): **he ~ed out to turn off the alarm clock** alargó la mano para apagar el despertador 2 (lie full length) tenderse* 3 (extend — in space) extenderse*; (— in time) alargarse*; **the days ~ed out ahead of her** le parecía tener una eternidad por delante

stretch² *n*

A (act of stretching) (*no pl*): **to have a ~** estirarse; (when sleepy) desperezarse*; **to give sth a ~** estirar algo; **at full ~** (fully extended) estirado al máximo; **~ *of the imagination*: by no ~ of the imagination could he be described as an expert** de ningún modo se lo podría calificar de experto; **that can't be true, not by any ~ of the imagination** eso ni por asomo puede ser verdad

B [c] 1 (expanse — of road, river) tramo *m*, trecho *m*; **the final** *o* **home ~** la recta final; ***not by a long ~*** (ni) con mucho, ni mucho menos 2 (period) período *m*; **he did a ten-year ~ in the army** estuvo *or* pasó (un período de) diez años en el ejército; **he did a three-year ~** (colloq) estuvo tres años a la sombra (fam); ***at a ~*** (without a break) sin parar; (in an extremity) como máximo

C [u] (elasticity) elasticidad *f*

stretch³ *adj* (*before n, no comp*) ‹*fabric/pants*› elástico; **~ limo** (colloq) limusina *f* (*grande*)

stretcher /ˈstretʃər || ˈstretʃə(r)/ *n* (Med) camilla *f*

stretcher: **~-bearer** *n* camillero, -ra *m,f*; **~ case** *n*: *enfermo o herido que tiene que ser transportado en camilla*

stretch marks *pl n* estrías *fpl*

stretchy /ˈstretʃi/ *adj* **-chier, -chiest** elástico

strew /stru:/ *vt* (*past* **strewn** /stru:n/ *past p* **strewn** *or* **strewed** /-d/) ‹*gravel/seeds*› esparcir*; ‹*objects*› (untidily) desparramar; **to ~ sth WITH sth**: **they ~ed the street with petals** esparcieron pétalos por toda la calle; **the floor was ~n with toys** había juguetes desparramados por toda la habitación

stricken /ˈstrɪkən/ *adj* 1 (afflicted) **~ WITH sth**: **~ with terrible arthritis** aquejado de terrible artritis; **a country ~ with famine** un país asolado por el hambre; **I was suddenly ~ with remorse** de pronto me empezó a remorder la conciencia 2 (damaged) ‹*vessel*› siniestrado (frml), dañado; (devastated) ‹*area/valley*› damnificado, afectado 3 (sorrowful) ‹*community/families*› afligido, acongojado 4 (wounded) (liter *or* arch) ‹*soldier/deer*› herido

-stricken /ˌstrɪkən/ *suff*: **doubt~** acosado por la duda; **drought~** asolado por la sequía

strict /strɪkt/ *adj* **-er, -est**

A 1 (severe) estricto, severo; **to be ~ WITH sb** ser* estricto *or* severo CON algn 2 (rigorous) ‹*vegetarian*› estricto, riguroso

B 1 (exact, precise) (*before n*) estricto, riguroso; **in the ~ sense of the word** en el sentido estricto *or* riguroso de la palabra 2 (complete) (*before n*) absoluto; **in ~est secrecy** en el más absoluto secreto

strictly /ˈstrɪktli/ *adv* 1 (severely) con severidad, severamente, rigurosamente 2 (rigorously) estrictamente; **smoking is ~ prohibited** fumar está terminantemente prohibido; **~ (speaking)** (*indep*) en rigor, en sentido estricto, hablando con propiedad 3 (exactly) totalmente; **that's not ~ true** eso no es totalmente *or* del todo cierto 4 (exclusively) exclusivamente; **this is ~ between ourselves** que quede entre nosotros, que no salga de aquí

strictness /ˈstrɪktnəs || ˈstrɪktnɪs/ *n* [u] 1 (severity) severidad *f*, rigurosidad *f* 2 (rigorousness) lo estricto

stricture /ˈstrɪktʃər/ *n* (frml) (censure) crítica *f*

stride¹ /straɪd/ *vi* (*past* **strode**; *past p* **stridden** /ˈstrɪdn̩/) (+ *adv compl*): **he strode up and down the platform** iba y venía por el andén dando grandes zancadas; **he strode away/off angrily** se fue furioso, dando grandes zancadas; **she strode purposefully into the room** entró con aire resuelto en la habitación

stride² *n* 1 (long step) zancada *f*, tranco *m*; **in one** *o* **a single ~** de una zancada; ***to make (great) ~s*** hacer* (grandes) progresos 2 (gait) paso *m*; ***to get into one's ~*** agarrar *or* (esp Esp) coger* el ritmo; ***to put** o **throw sb off her/his ~*** hacerle* perder el ritmo a algn; ***to take sth in one's ~*** tomarse algo con calma

strident /ˈstraɪdn̩t/ *adj* estridente

strife /straɪf/ *n* [u] (journ *or* frml) conflictos *mpl*; (armed) luchas *fpl*; **family/industrial ~** conflictos familiares/laborales; **a country torn by civil ~** un país destrozado por las luchas intestinas *or* internas

strike¹ /straɪk/ (*past & past p* **struck**) *vt*

A 1 (hit) ‹*person*› pegarle* a, golpear; ‹*blow*› dar*, pegar*; ‹*key*› pulsar; **to ~ sb a blow** darle* un golpe a algn, golpear a algn 2 (collide with, fall on) «*vehicle*» chocar* *or* dar* contra; «*stone/ball*» pegar* *or* dar* contra; «*lightning/bullet*» alcanzar*; **I struck my head on the beam** me di (un golpe) en la cabeza contra la viga; **the tree was struck by lightning** el árbol fue alcanzado por un rayo

B 1 (cause to become): **to ~ sb blind/dumb** dejar ciego/mudo a algn; **I was struck dumb when I saw what she'd done** me quedé muda *or* sin habla cuando vi lo que había hecho; **to ~ sb dead** matar a algn 2 (introduce): **to ~ fear/terror into sb** infundirle miedo/terror a algn

C 1 (occur to) ocurrirse (+ *me/te/le etc*); **an awful thought struck me** se me ocurrió algo terrible; **it ~s me (that) ...** me da la impresión de que ..., se me ocurre que ...

S

2 (impress) parecerle* a; **how did she ~ you?** ¿qué impresión te causó?; **it ~s me as odd** me parece raro; **I was struck by his changed appearance** me llamó la atención lo cambiado que estaba
D ‹*oil/gold*› encontrar*, dar* con; ***to ~ it lucky*** tener* un golpe de suerte; ***to ~ it rich*** hacer* fortuna
E **1** ‹*match/light*› encender* **2** ‹*coin/medal*› acuñar
F **1** (Mus) ‹*note*› dar*; ‹*chord*› tocar* **2** «*clock*» dar*; **the clock struck the hour/five (o'clock)** el reloj dio la hora/las cinco
G (enter into, arrive at): **to ~ a deal** llegar* a un acuerdo, cerrar* un trato; **to ~ a balance between ...** encontrar* el justo equilibrio entre ...
H (adopt) ‹*pose/attitude*› adoptar
I (take down) ‹*sail/flag*› arriar*; ‹*tent*› desmontar; **to ~ camp** levantar el campamento
J (delete) suprimir; **his name was struck off the register** se borró su nombre del registro; *see also* **strike off**
■ **strike** *vi*
A (hit) «*person*» golpear, asestar un golpe; «*lightning*» caer*; **lightning never ~s in the same place twice** los rayos nunca caen dos veces en el mismo sitio; ***(to be) within striking distance (of sth)*** (estar*) a un paso (de algo); ***to ~ lucky*** (BrE) tener* un golpe de suerte
B **1** (attack) «*bombers/commandos*» atacar*; «*snake/tiger*» atacar*, caer* sobre su presa; **to ~ AT sth/sb** atacar* algo/a algn **2** (happen suddenly) «*illness/misfortune*» sobrevenir*; «*disaster*» ocurrir
C (withdraw labor) hacer* huelga, declararse en huelga *or* (esp AmL) en paro; **to ~ for higher pay** hacer* huelga *or* (esp AmL) hacer* un paro por reivindicaciones salariales
D «*clock*» dar* la hora

Phrasal verbs

- **strike back** [v ▸ adv] **to ~ back (AT sb)** (Mil) contraatacar* (a algn); **he struck back at his critics** devolvió el golpe a sus detractores
- **strike down** [v ▸ o ▸ adv, v ▸ adv ▸ o] **1** «*illness*» (liter): **she was struck down with cholera** fue abatida por el cólera (liter); **she was struck down in her prime** su vida fue segada en flor (liter) **2** (AmE Law) revocar*
- **strike home** [v ▸ adv] **1** «*blow/bullet/shell*» dar* en el blanco **2** «*criticism/remark*» dar* en el blanco
- **strike off** [v ▸ o ▸ adv, v ▸ adv ▸ o] **1** (delete) tachar **2** (disqualify) (BrE) ‹*doctor/lawyer*› prohibirle* el ejercicio de la profesión a
- **strike on** [v ▸ prep ▸ o] ‹*solution*› dar* con; **I/he struck on a plan** se me/le ocurrió un plan
- **strike out**

Sense I [v ▸ adv]
A (physically, verbally) **to ~ out (AT sb/sth)** arremeter (CONTRA algn/algo)
B (set out, proceed) emprender el camino *or* la marcha; **to ~ out FOR sth**: **they struck out for the summit** emprendieron el camino hacia la cumbre; **to ~ out on one's own** ponerse* a trabajar por cuenta propia
C **1** (in baseball) poncharse **2** (fail) (AmE) fracasar

Sense II [v ▸ o ▸ adv, v ▸ adv ▸ o]
A (remove from list) tachar
B (in baseball) ponchar

- **strike through** [v ▸ adv ▸ o] ‹*name*› tachar
- **strike up**

A [v ▸ adv ▸ o] **1** (begin) entablar; **to ~ up a friendship with sb** entablar *or* trabar amistad con algn **2** (start to play) ‹*tune*› empezar* a tocar
B [v ▸ adv] «*band*» empezar* a tocar

- **strike upon** ▸ **strike on**

strike² *n*
A (stoppage) huelga *f*, paro *m* (esp AmL); **to be on ~** estar* en *or* de huelga, estar* en *or* de paro (esp AmL); **to come out** *o* **go (out) on ~** ir* a la huelga, declararse en huelga, ir* al paro (esp AmL), declararse en paro (esp AmL); **hunger ~** huelga de hambre; (*before n*) **to take ~ action** ir* a la huelga; **~ fund** fondo *m* de resistencia; **~ pay** subsidio *m* de huelga *or* (esp AmL) de paro
B (find) descubrimiento *m*; **a lucky ~** (colloq) un golpe de suerte
C (attack) ataque *m*
D (Sport) **1** (in bowling) pleno *m*, chuza *f* (Méx) **2** (in baseball) strike *m*

strike: **~bound** *adj* ‹*factory/port*› paralizado por la huelga; **~breaker** *n* rompehuelgas *mf*, esquirol *mf* (pey), carnero, -ra *m,f* (RPl fam & pey)

striker /ˈstraɪkər || ˈstraɪkə(r)/ *n*
A (Lab Rel) huelguista *mf*
B (in soccer) delantero, -ra *m,f*, artillero, -ra *m,f*, ariete *mf*

striking /ˈstraɪkɪŋ/ *adj*
A (eye-catching) ‹*resemblance/similarity*› sorprendente, asombroso; ‹*color*› llamativo; **a ~ woman** una mujer muy atractiva; **a ~ beauty** una belleza que llama la atención; **the most ~ feature of the report is ...** el aspecto más destacado del informe es ...
B (Lab Rel) (*before n*) ‹*worker/nurse/miner*› en huelga

strikingly /ˈstraɪkɪŋli/ *adv* ‹*similar*› sorprendentemente; **she is ~ beautiful** es de una belleza despampanante *or* que llama la atención

string¹ /strɪŋ/ *n*
A **1** [u c] (cord, length of cord) cordel *m*, bramante *m* (Esp), mecate *m* (AmC, Méx, Ven), pita *f* (Andes), cáñamo *m* (Andes), piolín *m* (RPl); **a piece of ~** un (trozo de) cordel (*or* bramante *etc*) **2** [c] (on parka) cordón *m*; (on apron) cinta *f*; (on puppet) hilo *m*; ***no ~s attached*** sin compromisos, sin condiciones; ***to be tied to sb's apron ~s*** estar* pegado a las faldas de algn; ***to have sb on a ~*** tener* a algn en un puño; ▸ **pull¹** *vt* **B1**
B [c] **1** (on instrument) cuerda *f*; (*before n*) **~ quartet** cuarteto *m* de cuerdas **2** (on racket) cuerda *f* **3** (in archery) cuerda *f*; ***to have several ~s*** *o* ***more than one ~ to one's bow*** tener* varios recursos **4** **strings** *pl* (Mus) cuerdas *fpl*
C [c] **1** (set — of pearls, beads) sarta *f*, hilo *m*; (— of onions, garlic) ristra *f* **2** (series — of people) sucesión *f*; (— of vehicles) fila *f*, hilera *f*; (— of events) serie *f*, cadena *f*; (— of curses, complaints, lies) sarta *f*, retahíla *f*

string² (*past & past p* **strung**) *vt*
A (suspend) colgar*
B **1** ‹*guitar/racket/bow*› encordar*, ponerle* (las) cuerdas a **2** ‹*beads/pearls*› ensartar, enhebrar

Phrasal verbs

- **string along** (colloq) [v ▸ o ▸ adv] (mislead) tomarle el pelo a (fam) (*dando esperanzas falsas*)
- **string out**

A [v ▸ adv] «*troops*» desplegarse*
B [v ▸ o ▸ adv, v ▸ adv ▸ o] **1** ‹*essay/act*› alargar*, estirar **2** (*usu pass*): **sentries were strung out along the road** había vigías apostados a intervalos a lo largo de la carretera

- **string together** [v ▸ o ▸ adv, v ▸ adv ▸ o] ‹*thoughts*› coordinar, hilar; **she could barely ~ two sentences together in German** apenas podía hilar un par de frases en alemán
- **string up** [v ▸ o ▸ adv, v ▸ adv ▸ o] **1** ‹*banner/lights*› colgar* **2** (hang) (colloq) colgar* (fam), linchar

string: **~ bag** *n* bolsa *f* de red; **~ bean** *n* ▸ **runner bean**

stringed /strɪŋd/ *adj* (Mus) ‹*instrument*› de cuerda; **twelve-~** de doce cuerdas

stringency /ˈstrɪndʒənsi/ *n* [u] **1** (rigorousness, strictness) rigor *m* **2** (austerity) estrechez *f*

stringent /ˈstrɪndʒənt/ *adj* ‹*measures/control/testing*› riguroso, estricto; ‹*budget*› reducido

stringently /ˈstrɪndʒəntli/ *adv* rigurosamente

string-pulling /ˈstrɪŋˌpʊlɪŋ/ *n* [u] amiguismo *m*, palanca *f* (AmL fam), enchufismo *m* (Esp fam)

string vest *n* (BrE) camiseta *f* de malla

stringy /ˈstrɪŋi/ *adj* **-gier, -giest** ‹*plant/root*› fibroso, con hebras; ‹*meat*› fibroso; ‹*hair*› grasiento, grasoso (esp AmL)

strip¹ /strɪp/ **-pp-** *vt*
A **1** (remove covering from) ‹*bed*› deshacer*, quitar la ropa de; ‹*wood/furniture*› quitarle la pintura (*or* el barniz *etc*) a, decapar; **we ~ped the walls** quitamos el papel de la pared; **to ~ sth away** quitar *or* sacar* algo; **to ~ sb (naked)** desnudar a algn **2** (remove contents from) ‹*room/house*› vaciar* **3** **stripped** *past p* (without extras) (AmE) (*after n*) sin accesorios, sin extras **4** (deprive) **to ~ sb OF sth** despojar a algn DE algo
B (Auto, Tech) **1** (damage) ‹*gears*› estropear **2** **~ (down)** (dismantle) desmontar
■ **strip** *vi* **1** (undress) desnudarse, desvestirse*; **to ~ naked** desnudarse; **to ~ to the waist** desnudarse de la cintura para arriba **2** (do striptease) hacer* striptease

S

Phrasal verb

• **strip off**

A [v ▸ o ▸ adv, v ▸ adv ▸ o] ‹*wallpaper/paint*› quitar; ‹*leaves*› arrancar*; **to ~ off one's clothes** quitarse la ropa, desvestirse*

B [v ▸ adv] (undress) (BrE) desnudarse, calatearse (Per fam)

strip² *n*

A [c] **1** (of leather, cloth, paper) tira *f*; (— of metal) tira *f*, cinta *f*; ***to tear sb off a ~*** *o* ***to tear a ~ off sb*** (BrE colloq) poner* a algn de vuelta y media (fam) **2** (of land, sea, forest, light) franja *f*

B [c] (BrE Sport) (colores *mpl* del) equipo *m*

C (striptease) (*no pl*) striptease *m*

strip: **~ cartoon** *n* (BrE) historieta *f*, tira *f* cómica; **~ club** *n* club *m* de striptease

stripe /straɪp/ *n* raya *f*, lista *f*

striped /straɪpt/ *adj* a *or* de rayas, rayado, listado

strip: **~ joint** *n* club *m* de striptease; **~light** *n* (BrE) tubo *m* fluorescente, tubolux® *m* (RPl); **~lighting** *n* [u] (BrE) luz *f* fluorescente

stripling /ˈstrɪplɪŋ/ *n* mozuelo *m*, mozalbete *m*

stripped pine /strɪpt/ *n* [u] madera *f* de pino lavada

stripper /ˈstrɪpər || ˈstrɪpə(r)/ *n* (performer — male) striptisero *m*; (— female) striptisera *f*, encueratriz *f* (Méx fam)

strip: **~ poker** *n* [u] *tipo de póquer en que se pagan las deudas quitándose prendas de vestir*; **~ search** *n*: *registro al que se somete a una persona y en el que se le exige desnudarse*; **~-search** /ˈstrɪpˈsɜːrtʃ || ˈstrɪpˌsɜːtʃ/ *vt* hacer* desnudar y registrar; **~tease** *n* striptease *m*

stripy /ˈstraɪpi/ *adj* **-pier, -piest** a rayas *or* listas, rayado

strive /straɪv/ *vi* (*past* **strove** *or* **strived**; *past p* **striven** /ˈstrɪvən/) **to ~ FOR** *o* **AFTER sth** luchar *or* esforzarse* por alcanzar algo; **to ~ to + INF** esforzarse* POR + INF

strobe (light) /strəʊb/ *n* luz *f* estroboscópica

strode /strəʊd/ *past of* **stride¹**

stroke¹ /strəʊk/ *n*

A (Sport) **1** (in ball games) golpe *m* **2** (in swimming — movement) brazada *f*; (— style) estilo *m* **3** (in rowing — movement) palada *f*, remada *f*; ***to put sb off her/his ~*** hacerle* perder el ritmo (a algn)

B **1** (blow) golpe *m*; **six ~s of the whip** seis latigazos **2** (of piston — motion) tiempo *m*; (— distance) carrera *f* **3** (of clock) campanada *f*; **on the ~ of eleven** al dar las once

C **1** (of thin brush) pincelada *f*; (of thick brush) brochazo *m*; (of pen, pencil) trazo *m*; **apply using light, quick ~s** aplicar dando ligeros toques **2** (oblique, slash) barra *f*, diagonal *f*

D **1** (action, feat) golpe *m*; **a ~ of genius** una genialidad; ***at a ~*** de (un) golpe; ***not to do a ~ of work*** no hacer* absolutamente nada, no dar* *or* pegar* golpe (fam) **2** (instance): **a ~ of luck** un golpe de suerte

E (Med) ataque *m* de apoplejía, derrame *m* cerebral

F (caress) caricia *f*

stroke² *vt* (caress) acariciar

stroll¹ /strəʊl/ *vi* pasear(se), dar* un paseo; **they ~ed in three hours late** entraron tan tranquilos con tres horas de retraso

stroll² *n* paseo *m*; **to have** *o* **take** *o* **go for a ~** dar* un paseo *or* una vuelta, ir* de paseo

stroller /ˈstrəʊlər || ˈstrəʊlə(r)/ *n*

A (person) paseante *mf*

B (pushchair) (esp AmE) sillita *f* (de paseo), cochecito *m*, carreola *f* (Méx)

strong¹ /strɔːŋ || strɒŋ/ *adj* **stronger** /ˈstrɔːŋgər || ˈstrɒŋgə(r)/, **strongest** /ˈstrɔːŋgəst || ˈstrɒŋgɪst/

A **1** (physically powerful) ‹*person/arm*› fuerte; **to have ~ nerves** tener* (los) nervios de acero; **to be ~** «*person*» ser* fuerte *or* fornido; (for lifting things etc) tener* fuerza; ***to have a ~ stomach*** tener* mucho estómago; (lit) poder* comer de todo **2** (healthy, sound) ‹*heart/lungs*› fuerte, sano; ‹*constitution*› robusto **3** (firm) ‹*character/leader*› fuerte; ‹*leadership*› firme

B **1** (solid) ‹*material/construction*› fuerte, resistente **2** (powerful) ‹*country/army*› fuerte, poderoso; ‹*currency/economy*› fuerte **3** ‹*current/wind*› fuerte

C **1** (deeply held) ‹*views/beliefs*› firme; ‹*faith*› firme, sólido; ‹*support*› firme; **I'm a ~ believer in discipline** creo firmemente en la disciplina **2** (forceful) ‹*protest*› enérgico; ‹*argument/evidence*› de peso, contundente, convincente; **he protested in the ~est possible terms** protestó de la manera más enérgica

D (definite) **1** ‹*tendency/resemblance*› marcado; ‹*candidate*› con muchas *or* buenas posibilidades; **she has a ~ foreign accent** tiene un fuerte *or* marcado acento extranjero **2** ‹*features*› marcado, pronunciado; ‹*chin*› pronunciado

E (good) ‹*team*› fuerte; ‹*cast*› sólido; **tact is not one of her ~ points** el tacto no es su punto fuerte; **she's a ~ swimmer** es una buena nadadora; ***to be ~ on sth***: **she's ~ on French history** su fuerte es la historia francesa

F **1** (concentrated) ‹*color/light*› fuerte, intenso; ‹*tea/coffee*› cargado; ‹*beer/painkiller*› fuerte; ‹*solution*› concentrado **2** (pungent) ‹*smell/flavor*› fuerte **3** (unacceptable) ‹*language*› fuerte, subido de tono

G (in number) (*no comp*): **an army ten thousand ~** un ejército de diez mil hombres

strong² *adv*: **to be going ~** «*car/machine*» marchar bien; «*organization*» ir* *or* marchar viento en popa; **he's 85 and still going ~** tiene 85 años y sigue (estando) en plena forma

strong: **~-arm** *adj* (*before n*): **~-arm tactics** mano *f* dura; **~box** *n* caja *f* fuerte *or* de caudales; **~hold** *n* (Mil) (fortress) fortaleza *f*, bastión *m*; (town) plaza *f* fuerte; (center of support) bastión *m*, baluarte *m*

strongly /ˈstrɔːŋli || ˈstrɒŋli/ *adv*

A **1** (powerfully) fuerte, con fuerza **2** (sturdily) ‹*made/welded*› sólidamente

B **1** (deeply, ardently) totalmente; **I ~ disagree** estoy totalmente en desacuerdo; **he feels ~ that ...** está totalmente convencido de que ...; **I ~ believe that ...** tengo la certeza *or* la plena convicción de que ...; **it's something I feel very ~ about** es algo que me parece sumamente importante **2** (forcefully) ‹*protest/criticize*› enérgicamente; **a ~-worded letter** una carta bastante dura; **I ~ advise you not to sell** te recomiendo con insistencia que no vendas **3** (cogently) ‹*argue/reason*› convincentemente

C **1** (intensely, greatly) ‹*identify*› totalmente, plenamente; **she felt ~ drawn to him** sentía una fuerte atracción hacia él; **it smelled ~ of garlic** despedía un fuerte olor a ajo, olía mucho a ajo **2** (to a large extent) ‹*decrease/contrast*› considerablemente; **she's ~ tipped to succeed him** se perfila como firme candidata a sucederlo

strong: **~man** /ˈstrɔːŋmæn || ˈstrɒŋmæn/ *n* (*pl* **-men** /-men/) **1** (in circus) forzudo *m*, hombre *m* fuerte (AmL) **2** (Pol) hombre *m* fuerte; **~-minded** /ˈstrɔːŋˈmaɪndəd || ˌstrɒŋˈmaɪndɪd/ *adj* resuelto, decidido; **~ room** *n* cámara *f* acorazada; **~-willed** /ˈstrɔːŋˈwɪld || ˌstrɒŋˈwɪld/ *adj* (determined) tenaz; (obstinate) terco, tozudo

strontium /ˈstrɑːntʃəm || ˈstrɒntiəm/ *n* [u] estroncio *m*

stroppy /ˈstrɑːpi || ˈstrɒpi/ *adj* **-pier, -piest** (BrE colloq) ‹*person/answer*› insolente, borde (Esp fam); **don't get ~ with me** no te insolentes conmigo, no te pongas borde conmigo (Esp fam)

strove /strəʊv/ *past of* **strive**

struck¹ /strʌk/ *past & past p of* **strike¹**

struck² *adj* (impressed) (*pred*) **to be ~ WITH/BY sb/sth**: **you certainly seem very ~ with her** parece que te ha caído muy bien *or* que te ha causado muy buena impresión; **I was quite ~ by their professionalism** me llamó la atención *or* me admiró su profesionalismo; **to be ~ ON sb/sth**: **I'm not very ~ on the idea** la idea no me entusiasma *or* (fam) no me vuelve loco; **she's really ~ on him** está loca por él (fam)

structural /ˈstrʌktʃərəl/ *adj* estructural

structurally /ˈstrʌktʃərəli/ *adv* estructuralmente; (*indep*) desde el punto de vista estructural; **the house is ~ sound** la casa tiene una estructura muy sólida

structure¹ /ˈstrʌktʃər || ˈstrʌktʃə(r)/ *n*

A [u c] (composition, organization) estructura *f*

B [c] (thing constructed) construcción *f*

structure² *vt* ‹*argument/novel/speech*› estructurar

struggle¹ /ˈstrʌgəl/ *n* **1** (against opponent) lucha *f*; (physical) refriega *f*; **to put up a ~** luchar, oponer* resistencia; **to give up without a ~** rendirse* sin luchar **2** (against difficulties) lucha *f*; **to give up the ~** abandonar la lucha; **his ~ for survival** su lucha por la supervivencia; **it's a ~ to make ends meet** cuesta mucho llegar a fin de mes; **we had quite a ~ to convince him** nos costó bastante convencerlo

S

struggle² *vi*
A 1 (thrash around) forcejear; **I tried to ~ free** forcejeé tratando de liberarme 2 (contend, strive) luchar; **she had to ~ to support her family** tuvo que luchar para mantener a su familia; **to ~ (AGAINST/WITH sth)** luchar (CONTRA algo); **to ~ FOR sth** luchar POR algo 3 (be in difficulties) pasar apuros
B (move with difficulty) (+ *adv compl*): **he ~d up the hill** subió penosamente la cuesta; **he ~d to his feet** se levantó con gran dificultad; **they ~d on through the storm** siguieron adelante con gran esfuerzo en medio de la tormenta

strum /strʌm/ **-mm-** *vt* ‹*guitar/banjo/tune*› rasguear
■ **strum** *vi* **to ~ ON sth** rasguear algo

strung /strʌŋ/ *past & past p of* **string ²**

strung-out /'strʌŋ'aʊt/ *adj* (*pred* **strung out**) (AmE sl) 1 (disturbed) nervioso, tenso 2 (addicted) (*pred*) **to be ~ ~ ON sth/sb** estar* enganchado A algo/algn (arg)

strut¹ /strʌt/ *vi* **-tt-** (+ *adv compl*): **to ~ around** *o* **about** pavonearse; **he ~ted into/out of the room** entró en/salió de la habitación pavoneándose *or* dándose aires; **the cock ~ted up and down the yard** el gallo se paseaba ufano por el patio

strut² *n* (Const) tornapunta *f*, puntal *m*; (Aviat) riostra *f*

strychnine /'strɪknaɪn, -ni:n/ *n* [u] estricnina *f*

Stuart /'stu:ərt/ *n* Estuardo; **the ~s** los Estuardo

stub¹ /stʌb/ *n* 1 (of candle, pencil) cabo *m*; (of cigarette) colilla *f*, pucho *m* (AmL fam) 2 (of receipt) resguardo *m*, talón *m*; (of check) talón *m* (AmL), matriz *f* (Esp)

stub² -bb- *vt*: **to ~ one's toe** darse* en el dedo (*del pie*); **he ~bed his toe on the chair** se dio con el dedo contra la silla

Phrasal verb

• **stub out** [v ▸ o ▸ adv, v ▸ adv ▸ o] ‹*cigarette*› apagar*

stubble /'stʌbəl/ *n* [u] 1 (Agr) rastrojo *m* 2 (of beard): **he had three days' ~ on his chin** tenía una barba de tres días

stubbly /'stʌbli/ *adj* ‹*beard/growth*› de varios días; ‹*chin/cheeks*› sin afeitar

stubborn /'stʌbərn || 'stʌbən/ *adj* 1 ‹*person/nature*› (obstinate) terco, testarudo, tozudo; (resolute) tenaz, tesonero, perseverante; ‹*refusal/resistance/insistence*› pertinaz 2 ‹*cold/weeds*› pertinaz, persistente; ‹*stain*› rebelde

stubbornly /'stʌbərnli || 'stʌbənli/ *adv* (obstinately) tercamente; (resolutely) tenazmente, con tesón; ‹*independent/conservative*› porfiadamente

stubbornness /'stʌbərnnəs/ *n* [u] terquedad *f*

stubby /'stʌbi/ *adj* **-bier, -biest**: **she had ~ little legs** era retacona; **~ little fingers** deditos *mpl* regordetes

stuck¹ /stʌk/ *past & past p of* **stick²**

stuck² *adj* (*pred*) 1 (unable to move): **the drawer is ~** el cajón se ha atascado; **the door is ~** la puerta se ha atrancado; **she's ~ at home with the kids all day** está todo el día metida en la casa con los niños; ***to get ~ in*** (BrE colloq): **come on, get ~ in before it gets cold** vamos, ataquen *or* (Esp) atacar, que se enfría (fam); **he sat down and got ~ into the task** se sentó y se metió de lleno en la tarea 2 (at a loss) atascado; **I got ~ on the second question** me quedé atascado en la segunda pregunta; **to be ~ FOR sth** (colloq): **he's never ~ for something to do/say** siempre tiene algo que hacer/decir; **I'm rather ~ for cash** ando corto de dinero 3 (burdened) (colloq) **to be/get ~ WITH sth/sb**: **I was ~ with the bill** me tocó pagar la cuenta, me cargaron el muerto (fam); **I got ~ with Bob all evening** tuve que aguantar a Bob toda la noche

stuck-up /'stʌk'ʌp/ *adj* (colloq) estirado (fam), creído (fam)

stud¹ /stʌd/ *n*
A 1 (nail, knob) tachuela *f*; (on shield) tachón *m* 2 (on sports boot) (BrE) taco *m*, toperol *m* (Chi) 3 (on road) tachón *m*; (reflective) catafaros *m*, estoperol *m* (Andes), ojo *m* de gato (CS) 4 (earring) arete *m or* (Esp) pendiente *m* (*en forma de bolita*), tornillo *m* (Ur) 5 (for collar, shirtfront) gemelo *m* (*para cuello o pechera de camisa*)
B 1 (male animal) semental *m* 2 **~ (farm)** criadero *m* de caballos, haras *m* (CS, Per) 3 (man) (colloq) semental *m* (fam)

stud² *vt* **-dd-** (*usu pass*) (with studs) tachonar; **the sky was ~ded with stars** el cielo estaba tachonado de estrellas

(liter); **a diamond-~ded tiara** una tiara con incrustaciones de brillantes

student /'stu:dn̩t || 'stju:dn̩t/ *n* (at university) estudiante *mf*; (at school) (esp AmE) alumno, -na *m,f*; **university ~s** (estudiantes) universitarios *mpl*; **a medical ~** un/una estudiante de medicina; **~s of Sartre** los estudiosos de Sartre; **an English ~, a ~ of English** un/una estudiante de inglés; **an English ~** (by nationality) un estudiante inglés/una estudiante inglesa; (*before n*) ‹*newspaper/protest*› estudiantil; **in my ~ days** cuando yo estudiaba; **~ driver** (AmE) aprendiz *mf* de conductor; **~ nurse** estudiante *mf* de enfermería; **~ teacher** estudiante *mf* de profesorado/magisterio

student union *n* 1 (association) asociación *f* de estudiantes 2 (building) *centro estudiantil en el campus*

studied /'stʌdid/ *adj* ‹*pose/manner/nonchalance*› estudiado, afectado, fingido; ‹*insult*› intencionado, deliberado

studio /'stu:diəʊ || 'stju:diəʊ/ *n* 1 (Art, Mus, Phot) estudio *m* 2 (Cin, Rad, TV) estudio *m*; (*before n*) **the ~ audience** el público presente en el estudio 3 (company) estudios *mpl* 4 **~ (apartment** *o* (BrE also) **flat)** estudio *m*

studious /'stu:diəs || 'stju:diəs/ *adj* 1 (hard-working) estudioso, aplicado 2 (careful, deliberate) deliberado

studiously /'stu:diəsli || 'stju:diəsli/ *adv* 1 (industriously) con aplicación 2 (carefully, deliberately): **he's always ~ polite to her** siempre se esfuerza en ser cortés con ella; **he ~ avoided giving any reply** se guardó muy bien de dar una respuesta

study¹ /'stʌdi/ *n* (*pl* **-dies**)
A [u] (act, process of learning) estudio *m*; (*before n*) **~ group** grupo *m* de trabajo; **~ guide** manual *m* de estudio; **~ hall** (AmE) sala *f* de estudio
B **studies** *pl* 1 (work of student) estudios *mpl* 2 (academic discipline) **Spanish studies** lengua *f* y civilización *f* españolas; **business studies** empresariado *m or* (Esp) empresariales *fpl*
C [c] (room) estudio *m*
D [c] 1 (investigation, examination) estudio *m*, investigación *f*; **to make a ~ of sth** estudiar *or* investigar* algo 2 (published report, thesis) trabajo *m*
E [c] (Art, Liter, Mus) estudio *m*; **her face was a ~** su cara era un poema

study² -dies, -dying, -died *vt* 1 (at school, university) estudiar 2 (investigate, research into) estudiar, investigar* 3 (examine, scrutinize) estudiar
■ **study** *vi* estudiar; **she's ~ing to be a doctor/lawyer** estudia medicina/derecho; **to ~ UNDER** *o* **WITH sb** «*painter/musician*» ser* discípulo DE algn, estudiar CON algn; «*postgraduate student*» realizar* su (*or* mi *etc*) investigación bajo la dirección de algn

stuff¹ /stʌf/ *n* [u]
A (colloq) 1 (substance, matter): **what's this ~ called?** ¿cómo se llama esto *or* (fam) esta cosa?; **I can't eat this ~** esto yo no lo trago (fam); **this wine is good ~** este vino es del bueno *or* está muy bien; **what sort of ~ does he write?** ¿qué tipo de cosa(s) escribe?; ***that's the ~!*** ¡así se hace!, ¡así me gusta!; ***to do one's ~***: **she went out on stage and did her ~** salió al escenario e hizo lo suyo; ***to know one's ~*** ser* un experto en la materia 2 (miscellaneous items) cosas *fpl*; **and ~ like that** y cosas de ésas, y cosas por el estilo; **I left all my ~ at her house** dejé todas mis cosas en su casa
B (nonsense, excuse) (colloq): **surely you don't believe all that ~ he tells you?** tú no te creerás todo lo que te cuenta ¿no?; **~ and nonsense!** (dated) ¡puro cuento! (fam)
C (basic element): **their expedition has become the ~ of legend** su expedición se ha convertido en una leyenda; **that's the ~ of politics** en eso consiste la política

stuff² *vt*
A 1 (fill) ‹*quilt/mattress/toy*› rellenar; ‹*hole/leak*› tapar; **to ~ sth WITH sth**: **we ~ed our pockets with apples** nos llenamos los bolsillos de manzanas; ***to ~ oneself/one's face*** (colloq) darse* un atracón (fam), ponerse* morado *or* ciego (Esp fam) 2 (Culin) rellenar 3 (in taxidermy) disecar* 4 (AmE Pol) ‹*ballot box*› adulterar
B 1 (thrust) **to ~ sth INTO sth** meter algo EN algo; **she ~ed the books into the bag** metió los libros en la bolsa 2 (put) (colloq) poner* 3 (esp BrE sl): **I told him where he could ~ his advice** le dije qué podía hacer con sus consejos; **~ her!** ¡que se joda! (vulg)

stuffed /stʌft/ *adj* 1 (in taxidermy) disecado; (toy) de peluche 2 ‹*pepper/tomatoes*› relleno; **tomatoes ~ with tuna fish** tomates *mpl* rellenos de atún 3 (full) (colloq) lleno; **I'm ~** estoy lleno, estoy que no puedo más; ***get ~!*** (esp BrE vulg) ¡vete a cagar! (vulg), ¡vete a tomar por culo! (Esp vulg)

stuffed: **~ shirt** *n* (colloq) estirado, -da *m,f* (fam); **~ up** *adj* (*pred*) (colloq): **to be ~ up** estar* congestionado; **my nose is all ~ up** tengo la nariz tapada

stuffiness /'stʌfinəs || 'stʌfinɪs/ *n* [u]
A 1 (of room) aire *m* viciado, ambiente *m* cargado 2 (of nose) congestión *f*
B (of person, opinions, organization) rigidez *f*

stuffing /'stʌfɪŋ/ *n* [u] 1 (in pillow, mattress, toy) relleno *m*; ***to knock the ~ out of sb*** (colloq) dejar a algn para el arrastre (fam) 2 (Culin) relleno *m*

stuffy /'stʌfi/ *adj* **-fier, -fiest**
A 1 ‹*air*› viciado; **it's ~ in here** aquí falta el aire 2 ‹*nose*› tapado
B (staid) colloq) ‹*person*› acartonado, estirado (fam); ‹*club/organization*› convencional

stultifying /'stʌltəfaɪɪŋ/ *adj* (frml) ‹*inactivity/routine*› sofocante; ‹*boredom*› que embota *or* atrofia la sensibilidad

stumble /'stʌmbəl/ *vi* 1 (trip) tropezar*, dar* un traspié; **to ~ OVER/AGAINST sth** tropezar* CON algo 2 (move unsteadily) (+ *adv compl*): **to ~ along/in/out** ir*/entrar/salir* a tropezones *or* a trompicones 3 (in speech) atrancarse*; **he ~d over the long words** se atrancaba la lengua con las palabras largas

Phrasal verbs
- **stumble across** ▸**stumble on**
- **stumble on, stumble upon** [v ▸ prep ▸ o] dar* con, encontrar*

stumbling block /'stʌmblɪŋ/ *n* escollo *m*; **~ ~ TO sth** traba *f or* impedimento *m* PARA algo

stump¹ /stʌmp/ *n*
A 1 (of tree) tocón *m*, cepa *f*; (of limb) muñón *m*; (of pencil, candle) cabo *m*; (of cigar) colilla *f*, pucho *m* (AmL fam); **the blackened ~s of his teeth** los renegridos trozos de dientes que le quedaban 2 (in cricket) palo *m*
B (AmE Pol) tribuna *f*; **he spent the year on the ~** ha estado todo el año haciendo campaña

stump² *vt*
A (baffle) (colloq) (*often pass*): **the problem has me ~ed** el problema me tiene perplejo; **I'm completely ~ed for an answer** no sé qué contestar
B (canvass) (AmE): **to ~ the country** hacer* campaña por el país
■ **stump** *vi*
A (walk heavily) (+ *adv compl*): **he ~ed up the stairs** subió ruidosamente las escaleras
B (campaign) (AmE) hacer* campaña

Phrasal verb
- **stump up** (BrE colloq)
A [v ▸ adv] aflojar (fam), apoquinar (Esp fam)
B [v ▸ adv ▸ o] soltar* (fam), aflojar (fam)

stumpy /'stʌmpi/ *adj* **-pier, -piest** ‹*person*› achaparrado, retacón; ‹*legs*› corto

stun /stʌn/ *vt* **-nn-**
A (make unconscious) dejar sin sentido; (daze) aturdir
B 1 (amaze) dejar atónito *or* (fam) helado *or* pasmado 2 (shock) dejar anonadado

stung /stʌŋ/ *past & past p of* **sting²**

stun grenade *n* granada *f* de aturdimiento *or* estruendo, granada *f* aturdidora

stunk /stʌŋk/ *past p of* **stink²**

stunned /stʌnd/ *adj*
A (unconscious) sin sentido; (dazed) aturdido
B (shocked, amazed) ‹*expression*› de asombro; **he was ~ when they told him** se quedó atónito *or* (fam) helado *or* pasmado cuando se lo dijeron

stunning /'stʌnɪŋ/ *adj* ‹*success/performance*› sensacional; ‹*person/dress*› despampanante

stunningly /'stʌnɪŋli/ *adv*: **she dresses quite ~** se viste de maravilla; **she is ~ beautiful** es de una belleza despampanante

stunt¹ /stʌnt/ *n*
A (feat of daring) proeza *f*; **she does all her own ~s** (Cin, TV) hace todas las escenas peligrosas ella misma; (*before n*) **~man/woman** especialista *mf*
B (hoax, trick) truco *m*, maniobra *f*; (*publicity ~*) ardid *m* publicitario; **to pull a ~ on sb** (colloq) hacerle* *or* gastarle una broma pesada a algn

stunt² *vt* detener*, atrofiar

stunted /'stʌntəd || 'stʌntɪd/ *adj* ‹*growth/development*› atrofiado; ‹*tree/body*› raquítico

stupefy /'stu:pəfaɪ || 'stju:pɪfaɪ/ *vt* **-fies, -fying, -fied** (*usu pass*) (astonish) dejar estupefacto, causar estupor a

stupefying /'stu:pəfaɪɪŋ || 'stju:pɪ'faɪɪŋ/ *adj* pasmoso

stupendous /stu:'pendəs/ *adj* (colloq) ‹*effort/strength*› tremendo; ‹*success*› formidable; ‹*failure*› mayúsculo

stupid /'stu:pəd || 'stju:pɪd/ *adj*
A 1 ‹*person/idea*› tonto (fam); **don't be ~** ¡no seas tonto!; **what a ~ thing to do/say!** ¡qué tontería *or* estupidez!; **it was ~ of me to accept** fue una estupidez aceptar; **I did something ~** hice una tontería *or* una estupidez; **he made me look really ~** me dejó en ridículo; **you ~ idiot!** ¡imbécil! 2 (expressing irritation) (colloq) maldito (fam), pinche (Méx fam); **the ~ machine kept my card** el maldito *or* (Méx) pinche cajero me tragó la tarjeta (fam)
B (unconscious): **to drink oneself ~** beber hasta perder el sentido

stupidity /stu:'pɪdəti / *n* [u] estupidez *f*, tontería *f*

stupidly /'stu:pədli || 'stju:pɪdli/ *adv* tontamente

stupor /'stu:pər/ *n* [u] (Med) estupor *m*; (lethargy) aletargamiento *m*; **in a drunken ~** en un sopor etílico (frml o hum)

sturdily /'stɜ:rdḷi || 'stɜ:dɪli/ *adv* ‹*built/made*› sólidamente

sturdiness /'stɜ:rdinəs || 'stɜ:dinɪs/ *n* [u] 1 (robustness) solidez *f* 2 (determination) tenacidad *f*

sturdy /'stɜ:rdi || 'stɜ:di/ *adj* **-dier, -diest** 1 ‹*build/legs/figure*› robusto, macizo; ‹*furniture/bicycle*› sólido y resistente 2 ‹*resistance/opposition*› férreo, tenaz

sturgeon /'stɜ:rdʒən || 'stɜ:dʒən/ *n* [c u] (*pl* ~) esturión *m*

stutter¹ /'stʌtər || 'stʌtə(r)/ *n* tartamudeo *m*; **to have a slight ~** tartamudear un poco

stutter² *vi* tartamudear
■ **stutter** *vt* balbucear, decir* tartamudeando; **he ~ed (out) an excuse** balbuceó una excusa

stutterer /'stʌtərər || 'stʌtərə(r)/ *n* tartamudo, -da *m,f*

St Valentine's Day ▸**Valentine's Day**

sty /staɪ/ *n* (*pl* **sties**) 1 (*pig~*) pocilga *f*, chiquero *m* (AmL) 2 ▸**stye**

stye /staɪ/ *n* (*pl* **sties** *or* **styes**) orzuelo *m*

style¹ /staɪl/ *n*
A [c u] 1 (manner of acting) estilo *m*; **his ~ of living** su estilo de vida; **telling lies is not my ~** decir mentiras no va conmigo; ***to cramp sb's ~*** inhibir *or* cohibir* a algn, limitar a algn en su libertad de acción 2 (Art, Lit, Mus) estilo *m*; **interiors in the Baroque ~** interiores de estilo barroco; **in the ~ of William Morris** al estilo *or* a la manera de William Morris
B [u] (elegance) estilo *m*; **to live/travel in ~** vivir/viajar a lo grande
C 1 [c] (type, model) diseño *m*, modelo *m* 2 [u c] (fashion) moda *f*; **long skirts are back in ~** las faldas largas vuelven a estar de moda; **to go out of ~** pasar de moda 3 [c] (*hair ~*) peinado *m*

style² *vt*
A (design, shape) ‹*car/furniture/clothes*› diseñar; **to ~ hair** peinar
B (name, designate) (frml) llamar; **he ~s himself Count** se hace llamar conde

-style /staɪl/ *suff*: **American~** al estilo americano, a la americana

styli /'staɪlaɪ/ *pl of* **stylus**

styling /'staɪlɪŋ/ *n* [u] (of car, suit) diseño *m*

stylish /'staɪlɪʃ/ *adj* ‹*furniture/clothes/decor*› con mucho estilo, elegante; ‹*person*› con clase *or* estilo, estiloso (AmL fam); ‹*resort/restaurant*› elegante

stylishly /'staɪlɪʃli/ *adv* ‹*furnished/dressed/decorated*› con estilo; ‹*live/entertain*› a lo grande, por todo lo alto

stylist /'staɪləst/ *n* 1 (*hair ~*) estilista *mf*, peluquero, -ra *m,f*, peinador, -dora *m,f* (Méx) 2 (Lit) estilista *mf*

stylistic /staɪ'lɪstɪk/ *adj* estilístico

stylized /'staɪlaɪzd/ *adj* estilizado

stylus /'staɪləs/ *n* (*pl* **-li** *or* **-luses**) 1 (on record player) aguja *f*, púa *f* (RPl) 2 (for writing) estilo *m*

stymie /'staɪmi/ *vt* **-mies, -mying, -mied** ‹*attempt*› obstaculizar*, frustrar; **that problem's really ~d them** están estancados con ese problema; **we're well and truly ~d now** (colloq) ahora sí que estamos arreglados *or* (AmL tb) embromados *or* (CS tb) fritos (fam)

styptic /'stɪptɪk/ *adj* astringente, estíptico; **~ pencil** barrita *f* astringente

Styrofoam® /'staɪrəfəʊm/ *n* [u] (AmE) espuma *f* de poliestireno

suave /swɑːv/ *adj* **suaver, suavest** ‹*voice*› engolado, meloso, untuoso; **he's too ~ for my liking** lo encuentro demasiado fino y sofisticado

sub[1] /sʌb/ *n* (colloq) 1 (substitute) suplente *mf*, sustituto, -ta *m,f* 2 (subeditor) redactor, -tora *m,f* 3 (submarine) submarino *m* 4 (advance payment) (BrE) anticipo *m* 5 **subs** *pl* (subscription) cuota *f*

sub[2] **-bb-** *vi* (colloq)

■ **sub** *vt* ▸**subedit** (substitute) **to ~ FOR sb** sustituir* a algn

sub- /'sʌb/ *pref* sub-

subaltern /sə'bɔːltərn || 'sʌbəltn̩/ *n* (BrE) *oficial de rango inferior al de capitán*

subaqua /sʌb'ækwə/ *adj* ‹*equipment/club*› de submarinismo; **~ diving** submarinismo *m*, natación *f* subacuática

subclause /'sʌbklɔːz/ *n* 1 (of contract) cláusula *f* subsidiaria 2 (of sentence) (Ling) cláusula *f* subordinada

subcommittee /'sʌbkəˌmɪti/ *n* subcomité *m*

subconscious[1] /'sʌb'kɑːntʃəs || sʌb'kɒnʃəs/ *adj* ‹*thoughts/motive/desire*› subconsciente; **the ~ mind** el subconsciente

subconscious[2] *n* **the ~** el subconsciente

subconsciously /'sʌb'kɑːntʃəsli || sʌb'kɒnʃəsli/ *adv* subconscientemente

subcontinent /'sʌb'kɑːntn̩ənt || sʌb'kɒntɪnənt/ *n* subcontinente *m*; **the S~** el subcontinente indio

subcontract /ˌsʌb'kɑːntrækt/ *vt* subcontratar

subcontractor /sʌb'kɑːntræktər/ *n* subcontratista *mf*

subculture /'sʌbkʌltʃər || 'sʌbkʌltʃə(r)/ *n* subcultura *f*

subdirectory /'sʌbdəˌrektəri, 'sʌbdaɪ- || 'sʌbdaɪˌrektəri, 'sʌbdɪ-/ *n* (*pl* **-ries**) subdirectorio *m*

subdivide /'sʌbdə'vaɪd || ˌsʌbdɪ'vaɪd/ *vt* 1 (divide again) subdividir 2 (divide into lots) (AmE) ‹*land*› parcelar

subdivision /'sʌbdə'vɪʒən || ˌsʌbdɪ'vɪʒən/ *n*
A [u] 1 (act) subdivisión *f* 2 (of land) (AmE) parcelación *f*
B [c] 1 (part) subdivisión *f* 2 (of land) (AmE) parcela *f*

subdue /səb'duː || səb'djuː/ *vt* 1 (bring under control) ‹*person*› someter, dominar; ‹*passion/anger*› contener*, domeñar (liter) 2 (vanquish) (liter) sojuzgar* (liter)

subdued /səb'duːd || səb'djuːd/ *adj* 1 (restrained) ‹*lighting/color*› tenue, apagado 2 (unusually quiet) ‹*person/atmosphere*› apagado; ‹*reaction*› contenido

subedit /'sʌb'edət || ˌsʌb'edɪt/ *vt* (BrE) ‹*book/proofs*› corregir*, revisar; ‹*newspaper*› revisar y compaginar

subeditor /'sʌb'edətər/ *n* (BrE) redactor, -tora *m,f*

subhead /'sʌbhed/, **subheading** /'sʌbˌhedɪŋ/ *n* subtítulo *m*

subhuman /'sʌb'hjuːmən/ *adj* infrahumano

subject[1] /'sʌbdʒɪkt/ *n*
A (topic) tema *m*; **to change the ~** cambiar de tema; **to drop the ~** dejar el tema; **to get off the ~** salirse* *or* desviarse* del tema, irse* por las ramas; **to keep off a ~** evitar un tema; **while we're on the ~, who ...?** a propósito del tema *or* ya que estamos hablando de esto ¿quién ...?; **to be the ~ of controversy** ser* objeto de polémica; **I'd like to raise the ~ of finance** quisiera plantear el problema de la financiación
B (discipline) asignatura *f*, materia *f* (esp AmL), ramo *m* (Chi)
C (Pol) súbdito, -ta *m,f*
D (Ling) sujeto *m*

subject[2] /'sʌbdʒɪkt/ *adj*
A (owing obedience) ‹*people/nation/province*› sometido; **~ to French laws** bajo jurisdicción francesa
B 1 (liable, prone) **to be ~ TO sth** ‹*to change/delay*› estar* sujeto A algo, ser* susceptible DE algo; ‹*to flooding/subsidence/temptation*› estar* expuesto A algo; ‹*to ill health/depression*› ser* propenso A algo 2 (conditional upon) **to be ~ TO sth** estar* sujeto A algo; **~ to contract** sujeto a confirmación por contrato

subject[3] /səb'dʒekt/ *vt*
A (force to undergo) **to ~ sth/sb TO sth** someter algo/a algn A algo
B (make submissive) ‹*nation/people*› someter, sojuzgar*

subject index *n* índice *m* de materias

subjection /səb'dʒekʃən/ *n* [u] 1 (subjugation) **~ (TO sb/sth)** sometimiento *m* *or* sujeción *f* (A algn/algo) 2 (making subject) sometimiento *m* 3 (exposure) (frml) **~ TO sth** exposición *f* A algo

subjective /səb'dʒektɪv/ *adj* subjetivo

subjectively /səb'dʒektɪvli/ *adv* subjetivamente

subject matter *n* [u] (theme) tema *m*; (content) contenido *m*

subjugate /'sʌbdʒəgeɪt || 'sʌbdʒʊgeɪt/ *vt* 1 (conquer) ‹*people/country*› subyugar*, sojuzgar*, someter 2 (subordinate) **to ~ sth TO sth** supeditar algo A algo

subjugation /'sʌbdʒə'geɪʃən || ˌsʌbdʒʊ'geɪʃən/ *n* [u] subyugación *f* (frml); (of needs) supeditación *f*

subjunctive[1] /səb'dʒʌŋktɪv/ *n* subjuntivo *m*; **in the ~** en subjuntivo

subjunctive[2] *adj* subjuntivo

sublet[1] /'sʌb'let/ *vt/i* (*pres p* **-letting**; *past & past p* **-let**) subarrendar*

sublet[2] *n* (AmE) subarriendo *m*; **the apartment is a ~** el apartamento es subarrendado

sub-lieutenant /'sʌbluː'tenənt || ˌsʌblef'tenənt/ *n* (BrE) alférez *mf* de navío, subteniente *mf*

sublime /sə'blaɪm/ *adj*
A 1 (noble, pure) sublime; **from the ~ to the ridiculous** (set phrase) de lo sublime a lo ridículo, de un extremo al otro 2 (excellent, wonderful) sensacional, magnífico
B (utter) (*as intensifier*) ‹*contempt/indifference*› supremo, absoluto; **~ ignorance** ignorancia *f* supina

submachine gun /'sʌbmə'ʃiːn/ *n* metralleta *f*

submarine /'sʌbmə'riːn/ *n* submarino *m*

submariner /'sʌbməriːnər/ *n* submarinista *mf*

submerge /səb'mɜːrdʒ || səb'mɜːdʒ/ *vt* 1 (cover, flood) sumergir* 2 (plunge) **to ~ sth IN sth** sumergir* algo EN algo; **I ~d myself in work** me sumergí en el trabajo

■ **submerge** *vi* «*submarine/diver*» sumergirse*

submersion /səb'mɜːrʒən || səb'mɜːʃən/ *n* [u] inmersión *f*, sumersión *f*

submission /səb'mɪʃən/ *n*
A 1 [u] (surrender) sumisión *f*; **to beat sb into ~** someter a algn a base de golpes 2 [c] (in wrestling) rendición *f*
B [c] 1 (plan, proposal) propuesta *f*; **to make a ~ to sb** presentarle una propuesta a algn 2 (report) informe *m* 3 (Law) alegato *m*
C [u] (presentation) presentación *f*

submissive /səb'mɪsɪv/ *adj* sumiso, dócil

submissively /səb'mɪsɪvli/ *adv* sumisamente

submissiveness /səb'mɪsɪvnəs || səb'mɪsɪvnɪs/ *n* [u] sumisión *f*

submit /səb'mɪt/ **-tt-** *vt*
A (refer for consideration) ‹*claim/report/application*› presentar
B (subject) **to ~ sth/sb TO sth** someter algo/a algn A algo; **to ~ oneself to sth/sb** someterse a algo/algn
C (contend) sostener*

■ **submit** *vi* rendirse*; **do you ~?** ¿te rindes?; **to ~ TO sth/sb**: **he finally ~ted to their demands/threats** finalmente accedió a lo que pedían/cedió ante sus amenazas; **they were forced to ~ to military discipline** los obligaron a someterse a la disciplina militar

subnormal /'sʌb'nɔːrməl || sʌb'nɔːməl/ *adj* por debajo de lo normal; ‹*person*› retrasado, subnormal

subordinate[1] /sə'bɔːrdn̩ət || sə'bɔːdɪnət/ *adj* 1 (inferior, secondary) ‹*rank/position/officer*› subordinado 2 (Ling) subordinado; **~ clause** oración *f* subordinada

subordinate[2] *n* subordinado, -da *m,f*, subalterno, -na *m,f*

subordinate[3] /sə'bɔːrdneɪt || sə'bɔːdɪneɪt/ *vt* **to ~ sth TO sth/sb** subordinar algo A algo/algn

subplot /ˈsʌbplɑːt || ˈsʌbplɒt/ *n* argumento *m* secundario

subscribe /səbˈskraɪb/ *vi*
A (buy) **to ~ (TO sth)** ‹*to magazine/newspaper*› suscribirse* (A algo)
B (support, agree with) **to ~ TO sth** suscribir* algo (frml); **I ~ to the view that ...** yo soy de la opinión de que ...
■ **subscribe** *vt*
A (contribute) donar, contribuir* con
B (reserve, apply for): **most courses are already fully ~d** la mayoría de los cursos están ya completos

subscriber /səbˈskraɪbər || səbˈskraɪbə(r)/*n*
A (to paper, magazine) suscriptor, -tora *m,f*; (to telephone service) (BrE) abonado, -da *m,f*
B (to theory, idea) **~ (TO sth)** partidario, -ria *m,f* (DE algo)

subscription /səbˈskrɪpʃən/ *n* **1** (to magazine) suscripción *f*; (for theatrical events) abono *m*; **to take out a ~ (to sth)** suscribirse*/abonarse a algo; (*before n*) **~ rate** tarifa *f* de suscriptores **2** (membership fees) (BrE) cuota *f*

subsection /ˈsʌbsekʃən/ *n* **1** (of document) artículo *m* **2** (of organization) (Busn) subdivisión *f*

subsequent /ˈsʌbsɪkwənt/ *adj* (*before n*) ‹*events/developments*› posterior, subsiguiente, ulterior (frml); **on a ~ visit** en una visita posterior (frml); **~ TO sth** (frml): **~ to our discussions** tras nuestras conversaciones

subsequently /ˈsʌbsɪkwəntli/ *adv* posteriormente

subservience /səbˈsɜːrviəns || səbˈsɜːviəns/ *n* [u] **~ (TO sth/sb)** sumisión *f* ciega (A algo/algn)

subservient /səbˈsɜːrviənt/ *adj* (obsequious) servil

subside /səbˈsaɪd/ *vi*
A «*land/road/foundations*» hundirse
B (abate) «*storm/wind*» amainar; «*floods/swelling*» decrecer*, bajar; «*excitement*» decaer*; «*anger*» calmarse, pasarse; «*laughter*» apagarse*; «*pain/noise*» remitir

subsidence /ˈsʌbsədn̩s / *n* [u] hundimiento *m*

subsidiarity /ˈsəbsɪdiˈærəti/ *n* (EC) subsidiariedad *f*

subsidiary¹ /səbˈsɪdieri || səbˈsɪdiəri/ *adj* **1** (secondary) ‹*role/interest*› secundario; **~ company** empresa *f* filial; **~ subject** materia *f* complementaria **2** (supplementary) ‹*income*› adicional, extra; ‹*payment/loan*› subsidiario

subsidiary² *n* (*pl* **-ries**) **1** (Busn) filial *f* **2** (BrE Educ) *asignatura complementaria que forma parte de un programa universitario*

subsidize /ˈsʌbsədaɪz || ˈsʌbsɪdaɪz/ *vt* (support with money) subvencionar, subsidiar (AmL)

subsidy /ˈsʌbsədi/ *n* (*pl* **-dies**) subvención *f*, subsidio *m*

subsist /səbˈsɪst/ *vi* subsistir; **to ~ ON sth**: **we ~ed on bread and rice** subsistimos a base de pan y arroz

subsistence /səbˈsɪstəns/ *n* [u] subsistencia *f*; (*before n*) ‹*agriculture/crop/farming*› de subsistencia; **~ wage** sueldo *m* de hambre; **to live at ~ level** vivir con lo justo para subsistir

subsoil /ˈsʌbsɔɪl/ *n* [u] subsuelo *m*

substance /ˈsʌbstəns/ *n*
A [c] (type of matter) sustancia *f*
B [u] **1** (solid quality, content) sustancia *f*; (of book) enjundia *f*, sustancia *f*; **the two main issues of ~** los dos puntos fundamentales *or* esenciales **2** (foundation) fundamento *m* **3** (main points): **the ~** la sustancia, lo esencial; **in ~** en lo esencial

substandard /ˈsʌbˈstændərd || ˌsʌbˈstændəd/ *adj* (inferior) ‹*goods/clothes*› de calidad inferior; **~ housing** viviendas *fpl* que no cumplen con los requisitos de habitabilidad

substantial /səbˈstæntʃəl || səbˈstænʃəl/ *adj*
A **1** ‹*amount/income/loan*› considerable, importante **2** ‹*changes/difference*› sustancial; ‹*contribution*› importante
B **1** (sturdy, solid) ‹*furniture/building*› sólido; **of ~ build** de complexión robusta **2** (nourishing, filling) ‹*meal*› sustancioso **3** (wealthy) (frml *or* liter) acaudalado

substantially /səbˈstæntʃəli/ *adv* **1** (considerably) ‹*change/progress/decrease*› de manera sustancial *or* considerable **2** (essentially) básicamente, sustancialmente; **what he says is ~ true** lo que dice es fundamentalmente cierto

substantiate /səbˈstæntʃieɪt || səbˈstænʃieɪt/ *vt* ‹*rumors/story/statement*› confirmar, corroborar; **can you ~ these accusations?** ¿puede probar estas acusaciones?

substantive¹ /ˈsʌbstəntɪv/ *adj* (frml) ‹*evidence/proof*› sustantivo (frml), de peso; ‹*change*› sustancial; ‹*issue*› fundamental

substantive² *n* (Ling) sustantivo *m*

substation /ˈsʌbsteɪʃən/ *n* **1** (post office) (AmE) estafeta *f* de correos **2** (Elec) subestación *f*

substitute¹ /ˈsʌbstətuːt || ˈsʌbstɪtjuːt/ *n* **1** (thing) **~ (FOR sth)** sucedáneo *m* (DE algo); **sugar ~** sucedáneo *m* del azúcar; **there's no ~ for experience** nada puede sustituir a la experiencia **2** (person) sustituto, -ta *m,f*, reemplazo *m*, suplente *mf*; **to be a ~ FOR sb** sustituir* a algn

substitute² *vt* sustituir*, reemplazar*; **to ~ sth FOR sth**: **~ honey for sugar** sustituya el azúcar por miel
■ **substitute** *vi* **to ~ FOR sth/sb**: **can you ~ for me (on) Friday?** ¿me puedes sustituir *or* reemplazar el viernes?

substitute teacher *n* (AmE) (profesor, -sora *m,f*) suplente *mf*

substitution /ˈsʌbstəˈtuːʃən || ˌsʌbstɪˈtjuːʃən/ *n* [u c] sustitución *f*; **the ~ of wholewheat bread for white** la sustitución del pan blanco por pan integral

subteen /ˈsʌbˈtiːn/ *n* (AmE colloq) preadolescente *mf*

subtenant /ˈsʌbˈtenənt/ *n* subarrendador, -dora *m,f*

subterfuge /ˈsʌbtərfjuːdʒ || ˈsʌbtəfjuːdʒ/ *n* [c u] subterfugio *m*; **she resorted to ~** recurrió a subterfugios

subterranean /ˈsʌbtəˈreɪniən/ *adj* subterráneo

subtitle¹ /ˈsʌbˌtaɪtl/ *n* subtítulo *m*

subtitle² *vt* (*usu pass*) subtitular

subtle /ˈsʌtl̩/ *adj* **subtler** /ˈsʌtl̩ər /, **subtlest** /ˈsʌtl̩əst/
A **1** (delicate, elusive) ‹*fragrance*› sutil; **a ~ shade of pink** un rosa muy tenue; **a ~ hint of basil** un ligerísimo gusto a albahaca **2** (not obvious) ‹*difference/distinction/hint*› sutil; ‹*change*› imperceptible **3** (tactful) (colloq) delicado, discreto
B **1** ‹*mind/intellect/remark*› perspicaz, agudo **2** ‹*argument/device*› ingenioso, sutil; ‹*irony*› fino

subtlety /ˈsʌtl̩ti/ *n* (*pl* **-ties**)
A **1** [u c] (delicacy, elusiveness) sutileza *f* **2** [u] (tact, finesse) delicadeza *f*; **to lack ~** ser* poco delicado
B **1** [u] (perceptiveness) sutileza *f*, perspicacia *f* **2** [u c] (ingenuity) sutileza *f*

subtly /ˈsʌtli/ *adv*
A **1** (delicately, elusively) sutilmente **2** (tactfully) con delicadeza *or* discreción
B **1** (perceptively) ‹*remark/observe*› perspicazmente, con agudeza **2** (ingeniously, cleverly) ‹*argue/design*› ingeniosamente, hábilmente

subtotal /ˈsʌbtəʊtl̩/ *n* subtotal *m*, total *m* parcial

subtract /səbˈtrækt/ *vt* **to ~ sth (FROM sth)** restar algo (DE algo)

subtraction /səbˈtrækʃən/ *n* [u c] resta *f*, sustracción *f*

subtropical /ˈsʌbˈtrɑːpɪkəl/ *adj* subtropical

suburb /ˈsʌbɜːrb || ˈsʌbɜːb/ *n* barrio *m or* (Méx) colonia *f* residencial de las afueras; **the ~s** los barrios periféricos *or* de las afueras (de la ciudad)

suburban /səˈbɜːrbən || səˈbɜːbən/ *adj* ‹*area*› suburbano; ‹*shopping mall*› de las afueras; ‹*life/attitude*› aburguesado

suburbia /səˈbɜːrbiə || səˈbɜːbiə/ *n* [u] *zonas residenciales de las afueras de una ciudad*

subversion /səbˈvɜːrʒən || səbˈvɜːʃən/ *n* [u] subversión *f*

subversive¹ /səbˈvɜːrsɪv || səbˈvɜːsɪv/ *adj* subversivo

subversive² *n* elemento *m* subversivo

subvert /səbˈvɜːrt || səbˈvɜːt/ *vt* (frml)
A (undermine) ‹*government/system*› socavar las bases de; ‹*authority*› minar
B (corrupt) subvertir*

subway /ˈsʌbweɪ/ *n*
A [c u] (AmE Rail) metro *m*, subterráneo *m* (RPl); (*before n*) **~ station** estación *f* de metro *or* (RPl) de subterráneo
B [c] (BrE) (for pedestrians) paso *or* pasaje *m* subterráneo

subzero /ˈsʌbˈziːrəʊ/ *adj* ‹*temperatures*› bajo cero

succeed /səkˈsiːd/ *vi*
A (have success) «*plan*» dar* resultado, surtir efecto; «*person*»: **she tried to persuade him, but did not ~** intentó convencerlo pero no lo consiguió *or* no lo logró; **to ~ IN sth/-ING**: **he's ~ed in all that he's done** ha tenido éxito en todo lo que ha hecho; **to ~ in life** triunfar en la vida; **he finally ~ed in passing the exam** al final logró

S

aprobar el examen; **you'll only ~ in making matters worse** sólo conseguirás empeorar las cosas; ***if at first you don't ~, try, try again*** el que la sigue la consigue
B **to ~ (TO sth): he ~ed to the throne** subió al trono; **to ~ to a title** heredar un título
■ **succeed** *vt* suceder; **who ~ed him?** ¿quién lo sucedió?, ¿quién fue su sucesor?

succeeding /sək'si:dɪŋ/ *adj* (*before n*) subsiguiente; **in the ~ weeks** en las semanas subsiguientes; **~ generations** las generaciones futuras *or* venideras; **each ~ year was worse** cada año que pasaba las cosas iban peor

success /sək'ses/ *n* [c u] éxito *m*; **to be a ~** ser* un éxito; **he's a ~ with the girls** tiene éxito con las chicas; **did you have any ~ (in) finding a job?** ¿pudiste conseguir trabajo?; **he always makes a ~ of any venture he is involved in** siempre saca adelante sus proyectos con éxito; **to meet with ~** tener* éxito; **without ~** sin (ningún) éxito *or* resultado; (*before n*) **the police's ~ rate in solving crimes** el porcentaje de casos que la policía logra resolver; **we're proud of our high ~ rate in these exams** estamos orgullosos de nuestro alto porcentaje de aprobados en estos exámenes

successful /sək'sesfəl/ *adj* ‹*person*› de éxito, exitoso (AmL); **he's a ~ businessman** es un próspero hombre de negocios; **the ~ applicant for the job** el candidato que obtenga el puesto; **he was ~ at last** finalmente lo logró *or* lo consiguió; **to be ~ in life** triunfar en la vida; **to be ~ IN -ING: they were ~ in persuading their colleagues** lograron convencer a sus colegas

successfully /sək'sesfəli/ *adv* satisfactoriamente

succession /sək'seʃən/ *n*
A **1** [u] (act of following) sucesión *f*; **for 6 years in ~** durante seis años consecutivos *or* seguidos; **in rapid ~** uno tras otro **2** [c] (series) sucesión *f*, serie *f*
B [u] (to office, rank) sucesión *f*; **to be first in ~ to the throne** ser* el primero en la línea de sucesión al trono; **in ~ to sb** como sucesor de algn

successive /sək'sesɪv/ *adj* (*before n*) consecutivo; **three ~ days** tres días consecutivos *or* seguidos; **~ governments have tackled the problem** sucesivos gobiernos han intentado resolver el problema

successively /sək'sesɪvli/ *adv* sucesivamente

successor /sək'sesər || sək'sesə(r)/ *n* sucesor, -sora *m,f*

success story *n* éxito *m*

succinct /sək'sɪŋkt/ *adj* sucinto, conciso

succinctly /sək'sɪŋktli/ *adv* sucinta, sucintamente

succor¹, (BrE) **succour** /'sʌkər || 'sʌkə(r)/ *n* [u] (liter) socorro *m*; **to give ~ to the weak and helpless** socorrer al débil y al indefenso

succor², (BrE) **succour** *vt* (liter) socorrer

succulent¹ /'sʌkjələnt || 'sʌkjʊlənt/ *adj*
A (juicy) ‹*fruit/meat*› suculento
B (Bot) ‹*leaves/stems*› carnoso; **~ plant** suculenta *f*

succulent² *n* (Bot) suculenta *f*

succumb /sə'kʌm/ *vi* (yield) **to ~ (TO sth)** sucumbir (A algo)

such¹ /sʌtʃ/ *adj*
A **1** (emphasizing degree, extent) tal (+ *noun*); tan (+ *adj*); **I woke up with ~ a headache** me levanté con tal dolor de cabeza ...; **~ a charming girl!** ¡qué chica más *or* tan encantadora!; **she gave me ~ a look!** ¡me miró de una manera ... !; **I've got ~ a lot of work to do** tengo tanto (trabajo) que hacer; **I've never heard ~ nonsense** nunca he oído semejante *or* tamaña estupidez **2** (*with clauses of result or purpose*) **such ... (that)** tal/tan ... que; **I was in ~ pain (that) I couldn't sleep** tenía tanto *or* tal dolor que no pude dormir **3** (*in comparisons*) **such ... as** tan ... como; **~ a patient teacher as you** un maestro tan paciente como tú
B **1** (of this, that kind) tal; **~ children are known as ...** a dichos *or* a tales niños se los conoce como ...; **~ a journey would take weeks** un viaje así *or* como ése llevaría semanas; **there's no ~ thing as the perfect crime** el crimen perfecto no existe; **I said no ~ thing!** ¡yo no dije tal cosa!; **you'll do no ~ thing!** ¡de ninguna manera! **2** (unspecified) tal; **the letter tells you to go to ~ a house on ~ a date** la carta te dice que vayas a tal casa en tal fecha; **until ~ time as we are notified** (frml) hasta (el momento en) que se nos notifique

such² *pron*
A **1** (of the indicated kind) tal; **~ were her last words** tales fueron sus últimas palabras; **~ is life** (set phrase) así es la vida (fr hecha); **snakes, lizards and ~** serpientes, lagartijas y cosas por el estilo **2** **such as** como; **many modern inventions, ~ as radar ...** muchos inventos modernos, (tales) como el radar ...; **I've read many of his books — ~ as?** he leído muchos de sus libros — ¿(como) por ejemplo? **3** **as such** como tal/tales; **he was a great leader and will be remembered as ~** fue un gran líder y será recordado como tal
B **1** **such as, such ... as** (frml): **~ (people) as were dissatisfied** quienes estaban descontentos **2** (indicating lack of quantity, quality): **the evidence, ~ as it is, seems to ...** las pocas pruebas que hay parecen ...
C (of such a kind, extent, degree) **such that** tal ... que; **the pain was ~ that I screamed** fue tal el dolor *or* fue tan grande el dolor, que grité

such-and-such /'sʌtʃənsʌtʃ/ *adj* tal (o cual); **we were told to get ~ a book** nos dijeron que compráramos tal (o cual) libro

suchlike¹ /'sʌtʃlaɪk/ *adj* (colloq) (*before n*): **George, Mabel and ~ bores** George, Mabel y otros pelmas por el estilo (fam)

suchlike² *pron* (colloq) (of things) cosas por el estilo, cosas de ésas, esas cosas; (of people) gente por el estilo

suck¹ /sʌk/ *vt* **1** «*person*» ‹*finger/candy*› chupar; ‹*liquid*› (through a straw) sorber; «*vacuum cleaner*» succionar, aspirar; «*insect*» ‹*blood/nectar*› chupar; **to ~ one's thumb** chuparse el dedo; **to ~ sth up** ‹*dust*› aspirar algo; ‹*liquid*› (through a straw) sorber algo; **the roots ~ (up) moisture out of** *o* **from the soil** las raíces absorben la humedad de la tierra **2** (pull, draw) (+ *adv compl*) arrastrar; **she was ~ed down** *o* **under by the current** la corriente se la tragó
■ **suck** *vi*
A «*person*» chupar; **to ~ AT sth** chupar algo; **the baby was ~ing at his mother's breast** el bebé estaba mamando; **to ~ ON sth** ‹*on pipe/pen*› chupar algo
B (be objectionable) (AmE sl): **the movie really ~s** la película es una mierda (vulg)

Phrasal verbs

- **suck in** [v ▸ o ▸ adv, v ▸ adv ▸ o] (draw in) ‹*air/breath*› tomar; ‹*cheeks/stomach*› meter
- **suck up to** [v ▸ adv ▸ prep ▸ o] (colloq) lamerle el culo a (vulg), hacerle* la pelota a (Esp fam), chuparle las medias a (RPl fam), hacerle* la barba (Méx) *or* (Chi) la pata a (fam), lambonear (Col fam)

suck² *n* (*no pl*) chupada *f*; **to give ~** (arch) dar* el pecho, amamantar

sucker¹ /'sʌkər || 'sʌkə(r)/ *n*
A (colloq) (fool) (pej) imbécil *mf*; **to play sb for a ~** (AmE) engañar a algn como a un chino (fam); ***to be a ~ for sth*: I'm a ~ for musicals** las comedias musicales son mi debilidad; **he's a ~ for punishment** es un masoquista; (*before n*) **~ bet** (AmE) apuesta *f* de bobos; **~ punch** (AmE) golpe *m* a traición
B (suction device — on animal, plant) ventosa *f*; (— made of rubber) (BrE) ventosa *f*
C (Bot) (shoot) chupón *m*, mamón *m*

sucker² *vt* (AmE colloq) **to ~ sb INTO -ING** embaucar* a algn PARA QUE (+ *subj*)

suckle /'sʌkəl/ *vt* amamantar, darle* de mamar a
■ **suckle** *vi* mamar

sucrose /'su:krəʊs, -krəʊz/ *n* [u] sacarosa *f*

suction /'sʌkʃən/ *n* [u] succión *f*; (of water, air etc) aspiración *f*

Sudan /su:'dɑ:n/ *n* **(the) ~** (el) Sudán

Sudanese¹ /'su:dṇ'i:z || ˌsu:də'ni:z/ *adj* sudanés

Sudanese² *n* (*pl* **~**) sudanés, -nesa *m,f*

sudden /'sʌdṇ/ *adj* **1** (rushed) repentino, súbito; (unexpected) imprevisto, inesperado; **isn't this all rather ~?** ¿esto no es un poco apresurado *or* precipitado?; ***all of a ~*** de repente, de pronto, repentinamente **2** (abrupt) ‹*movement*› brusco

sudden death *n* (in tennis) muerte *f* súbita; (*before n*) ‹*play-off/round*› de desempate

S

sudden infant death syndrome *n* [u] síndrome *m* de muerte infantil súbita

suddenly /ˈsʌdn̩li/ *adv* 1 (unexpectedly) de repente, de pronto 2 (abruptly) bruscamente

suddenness /ˈsʌdn̩nəs || ˈsʌdn̩nɪs/ *n* [u] 1 (unexpectedness) lo imprevisto, lo inesperado; (of decision, change) lo repentino 2 (abruptness) brusquedad *f*, lo brusco

suds /sʌdz/ *pl n* 1 (froth) espuma *f* de jabón 2 (soapy water) agua *f* jabonosa

sue /suː/ *vt* **to ~ sb (FOR sth)** demandar a algn (POR algo); **they ~d her for libel** le entablaron juicio por difamación

■ **sue** *vi* (Law) entablar una demanda, poner* pleito (Esp); **to ~ FOR sth** demandar POR algo

suede /sweɪd/ *n* [u] ante *m*, gamuza *f*

suet /ˈsuːət || ˈsuːɪt, ˈsjuːɪt/ *n* [u] sebo *m*, grasa *f* de pella

suffer /ˈsʌfər || ˈsʌfə(r)/ *vt* 1 (undergo) ‹*injury/damage/loss*› sufrir; ‹*pain*› padecer*, sufrir; **to ~ hardship** pasar necesidades 2 (endure) aguantar, tolerar 3 (permit) (liter) **to ~ sb to + INF** dejar QUE algn (+ *subj*)

■ **suffer** *vi* 1 (experience pain, difficulty) sufrir; **to ~ FOR sth** sufrir las consecuencias DE algo 2 (be affected, deteriorate) «*health/eyesight*» resentirse*; «*business/performance/relationship*» verse* afectado, resentirse* 3 (be afflicted) **to ~ FROM sth** sufrir *or* (frml) padecer* DE algo; **he ~s from asthma** sufre *or* (frml) padece de asma

sufferance /ˈsʌfərəns/ *n* [u]: **on ~** de mala gana

sufferer /ˈsʌfərər || ˈsʌfərə(r)/ *n* **~ (FROM sth)**: **~s from arthritis** quienes sufren de artritis, los artríticos

suffering /ˈsʌfərɪŋ/ *n* [u] sufrimiento *m*, dolor *m*

suffice /səˈfaɪs/ *vi* (frml) bastar, ser* suficiente; **~ it to say that ...** basta con decir que ...

■ **suffice** *vt* ser* suficiente para

sufficiency /səˈfɪʃənsi/ *n* [u] (frml) cantidad *f* suficiente

sufficient /səˈfɪʃənt/ *adj* suficiente, bastante; **two are ~ for my purposes** con dos me basta, con dos tengo suficiente; **my income is hardly ~ to live on** mis ingresos apenas (si) me alcanzan para vivir

sufficiently /səˈfɪʃəntli/ *adv* lo suficientemente; **it's not ~ clear** no queda (lo) suficientemente claro

suffix /ˈsʌfɪks/ *n* sufijo *m*

suffocate /ˈsʌfəkeɪt/ *vt* asfixiar, ahogar*

■ **suffocate** *vi* asfixiarse, ahogarse*

suffocating /ˈsʌfəkeɪtɪŋ/ *adj* ‹*smoke/environment/routine*› asfixiante; ‹*heat*› sofocante, agobiante

suffocation /ˌsʌfəˈkeɪʃən/ *n* [u] asfixia *f*

suffrage /ˈsʌfrɪdʒ/ *n* sufragio *m*

suffragette /ˌsʌfrəˈdʒet/ *n* sufragista *f*

suffuse /səˈfjuːz/ *vt* (liter) «*color*» teñir*; «*emotion*» invadir, envolver*; «*light*» bañar; **the sky was ~d with red** el cielo estaba teñido de arrebol (liter)

sugar¹ /ˈʃʊgər || ˈʃʊgə(r)/ *n*

A [u c] azúcar *m or f*; **how many ~s do you take?** ¿cuánto azúcar quieres?; (*before n*) **~ bowl** *o* (BrE also) **basin** azucarero *m*, azucarera *f* (esp AmL); **~ cube** *o* **lump** terrón *m* de azúcar; **~ mill** *o* **refinery** refinería *f* de azúcar, azucarera *f*, ingenio *m* azucarero, central *f* azucarera (Per)

B (AmE colloq) (*as form of address*) cariño (fam), cielo (fam)

sugar² *vt* echarle *or* ponerle* azúcar a, azucarar; **~ed almonds** peladillas *fpl*; ▸**pill 1**

sugar: **~ beet** *n* [c u] remolacha *f* azucarera *or* (Méx) betabel *m* blanco; **~ cane** *n* [c u] caña *f* de azúcar; **~-coated** /ˈʃʊgərˈkəʊtəd || ˌʃʊgəˈkəʊtɪd/ *adj* cubierto de azúcar; **~ daddy** *n* (colloq) *viejo rico amante de una mujer joven*

sugary /ˈʃʊgəri/ *adj* 1 ‹*syrup/drink/taste*› dulce, azucarado 2 ‹*tones/smile*› meloso, almibarado; ‹*romance/movie*› sensiblero, empalagoso

suggest /səgˈdʒest || səˈdʒest/ *vt*

A 1 (propose) sugerir*, proponer*; **to ~ sth TO sb** sugerirle* algo A algn; **to ~ -ING** sugerir* + INF, sugerir* QUE (+ *subj*); **she ~ed leaving them a note** sugirió dejarles *or* que les dejáramos una nota; **to ~ TO sb THAT** sugerirle* a algn QUE (+ *subj*); **he ~ed to me that I (should) look for another job** me sugirió que buscara otro trabajo 2 (offer for consideration): **can you ~ a possible source for this rumor?** ¿se le ocurre quién puede haber empezado este rumor?; **no one is ~ing you stole the money** nadie está diciendo que se robó el dinero 3 (imply, insinuate) insinuar*; **are you ~ing (that) my son is a thief?** ¿insinúa usted que mi hijo es un ladrón? 4 **to ~ itself**: **an idea ~ed itself to him** se le ocurrió una idea

B (indicate, point to) indicar*; **his reaction ~ed a guilty conscience** su reacción indicaba *or* daba a entender que se sentía culpable

C (evoke, bring to mind) sugerir*

suggestible /səgˈdʒestəbəl/ *adj* sugestionable

suggestion /səgˈdʒestʃən || səˈdʒestʃən/ *n*

A 1 [c u] (proposal) sugerencia *f*; **to make a ~** hacer* una sugerencia; **to make improper ~s** hacer* proposiciones deshonestas *or* indecorosas; **I'm open to ~s** acepto sugerencias; **have you any ~s for speeding up the process?** ¿se le ocurre algo para acelerar el proceso?; **it was your ~ to have a picnic** fuiste tú quien propuso *or* sugirió ir de picnic; **I bought it at my wife's ~** lo compré porque mi mujer me lo sugirió, lo compré a instancias de mi mujer (frml) 2 [c] (explanation, theory) teoría *f* 3 [c] (insinuation) insinuación *f*

B [c u] 1 (indication, hint) indicio *m*; **there was no ~ of foul play** no había indicios de que se hubiese cometido un crimen 2 (slight trace) (*no pl*): **a (slight) ~ of saffron** un ligerísimo sabor a azafrán

C [u] (Psych) sugestión *f*

suggestive /səgˈdʒestɪv || səˈdʒestɪv/ *adj*

A ‹*gesture/laugh*› insinuante, provocativo

B (*pred*) **to be ~ OF sth** 1 (indicative) parecer* indicar algo 2 (reminiscent) hacer* pensar EN algo, evocar* algo

suggestively /səgˈdʒestɪvli/ *adv* de modo insinuante

suicidal /ˈsuːəˈsaɪdl̩ || ˌsuːɪˈsaɪdl, ˌsjuː-/ *adj* suicida; **I came out of the interview feeling absolutely ~** salí de la entrevista con el ánimo por los suelos; **it would be ~** sería una verdadera locura

suicide /ˈsuːəsaɪd || ˈsuːɪsaɪd, ˈsjuː-/ *n* 1 [u c] (act) suicidio *m*; **to commit ~** suicidarse; (*before n*) ‹*attempt/pact*› de suicidio; ‹*mission/bombing*› suicida; **~ note** carta *f* de despedida de un suicida 2 [c] (person) (liter) suicida *mf*

suit¹ /suːt || suːt, sjuːt/ *n*

A (Clothing) (male) traje *m*, terno (AmS); (female) traje *m* (de chaqueta), traje *m* sastre

B (Law) juicio *m*, pleito *m*; **to file ~** *o* **bring a ~ against sb** demandar a algn, llevar a algn a juicio

C (in cards) palo *m*; ***to follow ~*** (do likewise) seguir* su (*or* nuestro *etc*) ejemplo, hacer* lo mismo; (lit: in cards) jugar* una carta del mismo palo, seguir* el palo

suit² *vt*

A (be convenient to, please) venirle* bien a, convenirle* a; **Tuesday would ~ me better** me vendría mejor el martes, me convendría más el martes; **whenever it ~s you** cuando te venga bien, cuando te convenga; ***to ~ oneself*** hacer* lo que uno quiere; **~ yourself!** ¡haz lo que quieras!, ¡haz lo que te dé la gana! (fam)

B 1 (be appropriate, good for): **the job doesn't ~ him** el trabajo no es para él *or* no le va; **they ~ each other very well** son de caracteres muy compatibles; **the furniture doesn't ~ the house** los muebles no van con la casa 2 (look good on) «*hairstyle/dress*» quedarle *or* (esp Esp) irle* bien a; **that color really ~s you** ese color te queda muy bien *or* te favorece; *see also* **suited**

C (adapt) **to ~ sth TO sth/sb** adaptar algo A algo/algn

suitability /ˌsuːtəˈbɪləti/ *n* [u] 1 (practical) lo apropiado *or* adecuado; **her ~ for the job** su idoneidad para el puesto 2 (social, moral) lo apropiado

suitable /ˈsuːtəbəl || ˈsuːtəbəl, ˈsjuː-/ *adj* 1 (appropriate) apropiado, adecuado; **(to be) ~ FOR sb/sth/-ING** (ser*) apropiado *or* adecuado PARA algn/algo/+ INF 2 (acceptable, proper) apropiado; **the program is not ~ for children** el programa no es apropiado *or* apto para niños 3 (convenient) conveniente; **is nine o'clock ~ for you?** ¿le viene bien a las nueve?, ¿le resulta conveniente a las nueve?

suitably /ˈsuːtəbli/ *adv* ‹*qualified*› adecuadamente; ‹*dressed/equipped*› apropiadamente, como es debido; **he was ~ apologetic** pidió disculpas como correspondía

suitcase /ˈsuːtkeɪs/ *n* maleta *f*, valija *f* (RPl), petaca *f* (Méx)

suite /swiːt/ *n*

A 1 (of rooms) suite *f*; **the bridal** *o* **honeymoon ~** la suite nupcial 2 (of furniture) juego *m*; **three-piece ~** juego de

sofá y dos sillones, juego de sala de tres piezas, tresillo *m* (Esp); **bedroom/dining-room ~** (juego de) dormitorio *m*/comedor *m* 3 (Mus) suite *f*
B (retinue) séquito *m*, comitiva *f*

suited /'su:təd || 'su:tɪd, 'sju:/ *adj* (*pred*) **to be ~ TO sth** «*thing*» ser* apropiado *or* adecuado PARA algo; **I'm not ~ to this type of work** no sirvo para este tipo de trabajo; **they are very well ~ (to each other)** están hechos el uno para el otro

suitor /'su:tər || 'su:tə(r), 'sju:-/ *n* (dated) pretendiente *m*

sulfate, (BrE) **sulphate** /'sʌlfeɪt/ *n* [c u] sulfato *m*

sulfide, (BrE) **sulphide** /'sʌlfaɪd/ *n* [c u] sulfuro *m*

sulfur, (BrE) **sulphur** /'sʌlfər || 'sʌlfə(r)/ *n* [u] azufre *m*; (*before n*) **~ dioxide** dióxido *m or* bióxido *m* de azufre, anhídrido *m* sulfuroso

sulfuric acid, (BrE) **sulphuric acid** /sʌl'fjʊərɪk || sʌl 'fjʊərɪk/ *n* [u] ácido *m* sulfúrico

sulk[1] /sʌlk/ *vi* enfurruñarse, alunarse (RPl fam), amurrarse (Chi fam); **he's ~ing** está enfurruñado, está alunado (RPl fam) *or* (Chi fam) amurrado

sulk[2] *n*: **she's in a ~** *o* (fam) **she's got the ~s** está enfurruñada, está alunada (RPl) *or* (Chi) amurrada (fam)

sulky /'sʌlki/ *adj* **-kier, -kiest** ‹*child*› con tendencia a enfurruñarse; ‹*look/reply*› malhumorado

sullen /'sʌlən/ *adj* ‹*person/nature/mood*› hosco, huraño

sully /'sʌli/ *vt* **-lies, -lying, -lied** (liter) ‹*name/record/reputation*› mancillar (liter), manchar

sultan /'sʌltn̩/ *n* sultán *m*

sultana /sʌl'tænə/ *n* (Culin) pasa *f* sultana *or* de Esmirna

sultry /'sʌltri/ *adj* **-trier, -triest**
A ‹*climate/day*› sofocante, bochornoso
B ‹*voice/smile/person*› sensual, seductor

sum /sʌm/ *n*
A (calculation — in general) cuenta *f*; (— addition) suma *f*, adición *f* (frml); **she's very good at ~s** es muy buena para hacer cuentas
B (total, aggregate) suma *f*, total *m*; **that's the ~ (total) of my knowledge** eso es todo lo que sé
C (of money) suma *f or* cantidad *f* (de dinero)

Phrasal verb
- **sum up**: **-mm-**

A [v ▸ o ▸ adv, v ▸ adv ▸ o] 1 (summarize) ‹*discussion/report*› resumir, sintetizar* 2 (assess) ‹*person*› catalogar*; **she quickly ~med up the situation** enseguida se hizo una composición de lugar
B [v ▸ adv] 1 (summarize) recapitular; **to ~ up, our analysis shows that ...** resumiendo *or* en resumen, nuestro análisis demuestra que ... 2 (Law) recapitular

summarily /sʌ'merəli || 'sʌmərɪli/ *adv* sumariamente

summarize /'sʌməraɪz/ *vt* ‹*speech/book/plot*› resumir, hacer* un resumen de
■ **summarize** *vi* resumir; **to ~** (as linker) resumiendo, en resumen

summary[1] /'sʌməri/ *n* (*pl* **-ries**) resumen *m*

summary[2] *adj* 1 ‹*dismissal*› inmediato 2 ‹*trial/judgment*› sumario

summation /sʌ'meɪʃən/ *n* (frml)
A 1 [u] (adding) suma *f* 2 [c] (sum, total) suma *f*, total *m*
B [c] 1 (summary) resumen *m*, recapitulación *f* 2 (AmE Law) recapitulación *f*

summer[1] /'sʌmər || 'sʌmə(r)/ *n* verano *m*, estío *m* (liter); **in (the) ~** en (el) verano; **we spent the ~ in France** pasamos el verano *or* veraneamos en Francia; **it was high ~** era pleno verano; **a ~'s day** un día de verano; (*before n*) ‹*weather/clothes/vacation*› de verano; **~ camp** (in US) colonia *f* de vacaciones; **the ~ season** la estación veraniega *or* estival

summer[2] *vi* «*people*» pasar el verano, veranear; «*cattle/birds*» pasar el verano

> **summer camp**
>
> En EEUU, una de las miles de colonias de vacaciones en el campo, donde los padres envían a sus hijos durante las vacaciones de verano a participar en actividades recreativas y deportivas, tales como la natación, el senderismo o técnicas de supervivencia a la intemperie

summer: **~house** *n* cenador *m*; **~ school** *n* (in US) clases *fpl* de verano (*gen de repaso*); (in UK) curso *m* de verano; **~time** *n* verano *m*, estío *m* (liter); **in (the) ~time** en (el) verano; **~ time** *n* [u] (BrE) horario *m* de verano

summery /'sʌməri/ *adj* veraniego, de verano

summing-up /'sʌmɪŋ'ʌp/ *n* (*pl* **summings-up**) recapitulación *f*

summit /'sʌmət || 'sʌmɪt/ *n*
A (of mountain) cumbre *f*, cima *f*; **at the ~ of his career** en la cumbre *or* cima de su carrera; **the ~ of her ambition** el súmmum de su ambición, su máxima ambición
B **~ (conference)** (conferencia *f*) cumbre *f*

summon /'sʌmən/ *vt* 1 (send for) ‹*servant/waiter*› llamar, mandar llamar (AmL); ‹*police/doctor*› llamar; ‹*help/reinforcements*› pedir*; ‹*meeting/parliament*› convocar* 2 (Law) ‹*witness/defendant*› citar, emplazar* 3 ▸**summon up**

Phrasal verb
- **summon up** [v ▸ adv ▸ o] 1 (gather): **he ~ed up the courage to ask her** se armó de valor para preguntárselo; **I couldn't even ~ up the strength to get up the stairs** ni siquiera pude reunir fuerzas para subir la escalera 2 (call up) ‹*thoughts/memories*› evocar*

summons[1] /'sʌmənz/ *n* (*pl* **-monses**) 1 (Law) citación *f*, citatorio *m* (Méx); **to issue a ~** despachar una citación *or* (Méx) un citatorio; **to serve a ~ on sb** entregarle* una citación *or* (Méx) un citatorio a algn 2 (for help etc) llamamiento *m*, llamado *m* (AmL)

summons[2] *vt* (Law) citar, emplazar*

Sumo /'su:məʊ/ *n* [u] (sport) sumo *m*; (*before n*) **~ wrestler** (luchador *m* de) sumo *m*

sump /sʌmp/ *n* 1 (for oil) (esp BrE) cárter *m* 2 (Min) sumidero *m* 3 (cesspit) pozo *m* negro *or* séptico

sumptuous /'sʌmptʃuəs || 'sʌmptjʊəs/ *adj* ‹*fabric/color*› suntuoso; ‹*mansion/decor*› lujoso, suntuoso

sumptuously /'sʌmptʃuəsli/ *adv* ‹*dine/entertain*› a cuerpo de rey; ‹*decorated/furnished*› suntuosamente

sun[1] /sʌn/ *n* [c u] sol *m*; **the ~ is shining** hace sol, brilla el sol; **the ~'s in my eyes** me da el sol en los ojos; **let's sit out of/in the ~** sentémonos a la sombra/al sol; ***under the ~***: **I've tried everything under the ~** he probado de todo; **she called him every name under the ~** le dijo de todo; **there's nothing new under the ~** no hay nada nuevo bajo el sol; (*before n*) ‹*hat*› para el sol; **~ blind** (BrE) toldo *m*; **~ block** (BrE) filtro *m* solar; **~ parlor** *o* (BrE) **lounge** jardín *m* de invierno

sun[2] *v refl* **-nn-**: **to ~ oneself** tomar el sol *or* (CS tb) tomar sol, asolearse (AmL)

Sun (= **Sunday**) dom.

sun: **~-baked** *adj* ‹*bricks*› secado al sol; ‹*road/desert*› calcinado; **~bathe** *vi* tomar el sol *or* (CS tb) tomar sol, asolearse (AmL); **~bathing** *n* [u] baños *mpl* de sol; **~beam** *n* rayo *m* de sol; **~bed** *n* cama *f* solar; **~burn** *n* [u] quemadura *f* de sol; **~burned**, (BrE also) **~burnt** *adj* 1 (painfully) quemado por el sol 2 (brown) bronceado, tostado, quemado (AmL), moreno (Esp), asoleado (Méx)

sundae /'sʌndeɪ/ *n* sundae *m* (*helado con fruta, crema, jarabe etc*)

Sunday /'sʌndeɪ, '-di/ *n* (day) domingo *m*; (*before n*) ‹*mass*› dominical; **in one's ~ best** vestido de domingo, endomingado; **~ driver** (pej) dominguero, -ra *m,f* (pey) (*conductor lento y extremadamente precavido*); **~ opening** apertura *f* de las tiendas los domingos; **~ school** *sesiones dominicales de catequesis para niños*; *see also* **Monday**

sun: **~ deck** *n* 1 (Naut) cubierta *f* superior 2 (AmE Archit) solario *m*; **~dial** *n* reloj *m* de sol; **~down** *n* (*no art*) puesta *f* de(l) sol; **at ~down** al atardecer, a la caída de la tarde; **~-drenched** /sʌn'drentʃt/ *adj* (*before n*) bañado por el sol; **~dress** *n* vestido *m* de tirantes, solera *f* (CS); **~-dried** /sʌn'draɪd/ *adj* secado al sol

sundries /'sʌndriz/ *pl n* 1 (goods) artículos *mpl* diversos 2 (expenses) gastos *mpl* varios

sundry[1] /'sʌndri/ *adj* varios, diversos

sundry[2] *pron*: **all and ~** todos sin excepción, todo el mundo

sunflower /'sʌnflaʊr/ *n* girasol *m*; (*before n*) **~ oil** aceite *m* de girasol; **~ seed** semilla *f* de girasol, pipa *f* (Esp)

sung /sʌŋ/ *past p of* **sing**

S

sunglasses /ˈsʌn,glæsəz || ˈsʌn,glɑːsɪz/ *pl n* gafas *fpl or* (esp AmL) lentes *mpl or* anteojos *mpl* de sol

sunk¹ /sʌŋk/ *past p of* **sink¹**

sunk² *adj* (*pred*) **1** (in trouble) (colloq) **to be ~** estar* perdido **2** (immersed) **to be ~ IN sth** ‹*in depression*› estar* sumido EN algo (liter)

sunken /ˈsʌŋkən/ *adj* **1** (*before n*) ‹*ship/treasure*› hundido, sumergido **2** (*before n*) ‹*garden/patio*› a nivel más bajo **3** (hollow) ‹*eyes/cheeks*› hundido

sun: **~ lamp** *n* lámpara *f* de rayos ultravioletas; **~light** *n* [u] sol *m*, luz *f* del sol; **place out of direct ~light** evitar la luz del sol directa; **~lit** *adj* soleado; **~lounger** /ˈsʌn,laʊndʒər/ *n* sillón *m* de jardín, tumbona *f* (Esp)

Sunni¹ /ˈsʊni || ˈsʊni, ˈsʌni/ *n* **1** (individual) suní *mf*, sunita *mf* **2** (sect) (+ *pl vb*) **the ~** los suní, los sunitas

Sunni² *adj* suní, sunita

sunny /ˈsʌni/ *adj* **-nier, -niest** **1** ‹*day*› de sol; ‹*room/garden*› soleado; **in ~ weather** cuando hace sol; **it's ~ today** hoy hace sol; **I like my eggs ~ side up** (esp AmE Culin) me gustan los huevos fritos sólo por un lado **2** (good-humored) ‹*disposition*› alegre, risueño; ‹*smile*› alegre

sun: **~rise** *n* salida *f* del sol; **at ~rise** al amanecer, al alba (liter); **~roof** *n* techo *m* corredizo; **~screen** *n* filtro *m* solar; **~set** *n* puesta *f* de(l) sol, crepúsculo *m* (liter); **at ~set** al atardecer, a la caída de la tarde; **~shade** *n* (BrE) (awning) toldo *m*; (parasol) sombrilla *f*; **~shine** *n* **1** [u] sol *m* **2** (colloq) (*as form of address*) (*no pl*) nene, -na (fam), mijito, -ta (AmL fam), majo, -ja (Esp fam); **~spot** *n* **1** (Astron) mancha *f* solar **2** (resort) (colloq) *lugar de veraneo con mucho sol*; **~stroke** *n* [u] insolación *f*; **to get ~stroke** insolarse, agarrar *or* (esp Esp) coger* una insolación; **~tan** *n* [u c] bronceado *m*, moreno *m* (Esp); **to get a ~tan** broncearse, tostarse*, quemarse (AmL); (*before n*) ‹*oil/lotion*› bronceador; **~tanned** *adj* bronceado, tostado, quemado (AmL), moreno (Esp), asoleado (Méx); **~trap** *n*: *lugar muy soleado y resguardado*; **~-up** *n* (*no art*) amanecer *m*, salida *f* del sol; **at ~-up** al amanecer; **~worshipper** *n* (sunbather) (hum) fanático, -ca *m,f* del sol

super /ˈsuːpər || ˈsuːpə(r)/ *adj* (colloq) ‹*party/film/meal*› genial (fam), súper *adj inv* (fam); **that dress looks ~ on you** ese vestido te queda genial; **what a ~ idea!** ¡qué idea más genial! (fam); (*as interj*) **oh, ~!** ¡genial! (fam), ¡bárbaro! (fam)

superannuated /ˈsuːpərˈænjueɪtəd || ,suːpərˈænjʊeɪtɪd/ *adj* (pej) ‹*person/ideas*› caduco, anticuado

superannuation /ˈsuːpərˈænjuˈeɪʃən/ *n* [u] (BrE frml) **1** (pension) (pensión *f* de) jubilación *f*; (*before n*) **~ contributions** cotizaciones *fpl* al fondo de pensión; **~ scheme** plan *m* de jubilación **2** (retirement) jubilación *f*

superb /sʊˈpɜːrb || suːˈpɜːb/ *adj* magnífico, espléndido

superbly /sʊˈpɜːrbli || suːˈpɜːbli/ *adv* ‹*work/function*› a la perfección; ‹*written/furnished*› soberbiamente

supercharged /ˈsuːpərtʃɑːrdʒd || ˈsuːpətʃɑːdʒd/ *adj* ‹*engine/vehicle*› sobrealimentado

supercharger /ˈsuːpər,tʃɑːrdʒər || ˈsuːpə,tʃɑːdʒə(r)/ *n* sobrealimentador *m*

supercilious /ˈsuːpərˈsɪliəs/ *adj* desdeñoso, altanero

superciliously /ˈsuːpərˈsɪliəsli || ,suːpəˈsɪliəsli/ *adv* con desdén *or* altanería, desdeñosamente

super-duper /ˈsuːpərˈduːpər || ,suːpəˈduːpə(r)/ *adj* (colloq & dated) ‹*occasion/car*› fabuloso (fam); ‹*meal*› espléndido

superficial /ˈsuːpərˈfɪʃəl || ,suːpəˈfɪʃəl/ *adj*
A ‹*wound/resemblance/person*› superficial
B ‹*area/measurements*› de superficie

superficiality /ˈsuːpər,fɪʃiˈæləti || ,suːpə,fɪʃiˈælɪti/ *n* [u c] (*pl* **-ties**) superficialidad *f*

superficially /ˈsuːpərˈfɪʃəli || ,suːpəˈfɪʃəli/ *adv* superficialmente; (*indep*) en apariencia, a primera vista

superfluous /suːˈpɜːrfluəs || suːˈpɜːflʊəs/ *adj* superfluo; **it is ~ to say ...** está de más decir ...

superfluously /suːˈpɜːrfluəsli || suːˈpɜːflʊəsli/ *adv* ‹*add/comment*› innecesariamente, sin necesidad

supergrass /ˈsuːpərgræs || ˈsuːpəgrɑːs/ *n* (BrE colloq) supersoplón, -plona *m,f* (fam)

superhighway /ˈsuːpərˈhaɪweɪ || ˈsuːpə,haɪweɪ/ *n* **1** (AmE Auto) autopista *f* **2** (Comput): **the information ~** la autopista de la comunicación

superhuman /ˈsuːpərˈhjuːmən || ,suːpəˈhjuːmən/ *adj* ‹*efforts/courage*› sobrehumano

superimpose /ˈsuːpərɪmˈpəʊz/ *vt* superponer*

superintend /ˈsuːpərɪnˈtend/ *vt* supervisar

superintendent /ˈsuːpərɪnˈtendənt/ *n* **1** (person in charge — of maintenance, hostel, swimming pool) encargado, -da *m,f*; (— of building) (AmE) portero, -ra *m,f*; (— of institution) director, -tora *m,f* **2** (police officer) (in US) superintendente *mf* (*jefe de un departamento de policía*); (in UK) comisario, -ria *m,f* de policía

superior¹ /sʊˈpɪriər || suːˈpɪəriə(r)/ *adj*
A **1** (better) **to be ~ (TO sth/sb)** ser* superior (A algo/algn), ser* mejor (QUE algo/algn); **our cars are ~ in design to theirs** nuestros coches superan a los suyos en el diseño **2** (above average) ‹*workmanship/writer*› de gran calidad; **~ quality goods** productos *mpl* de primera calidad
B (arrogant) ‹*tone/smile*› de superioridad *or* suficiencia; **he's so ~** se da unos aires de superioridad
C (higher in rank, status): **his ~ officer** su superior
D (in amount, number): **given their ~ numbers, we cannot win** dada su superioridad numérica, no podemos ganar
E (above) (frml) **to be ~ TO sth** estar* por encima DE algo
F (higher, upper) superior

superior² *n* **1** (in rank, position) superior *m* **2** (in ability): **she has few ~s** pocos la superan **3** (Relig): **Mother S~** Madre *f* Superiora

superiority /sʊˈpɪriˈɔːrəti/ *n* [u] superioridad *f*

superlative¹ /sʊˈpɜːrlətɪv/ *adj* (excellent) inigualable, excepcional; **silk of ~ quality** seda de primerísima calidad

superlative² *n* superlativo *m*; **in the ~** en superlativo

superlatively /sʊˈpɜːrlətɪvli/ *adv* excepcionalmente

superman /ˈsuːpərmæn || ˈsuːpəmæn/ *n* (*pl* **-men** /-men/) superhombre *m*; **S~** Supermán

supermarket /ˈsuːpər,mɑːrkət/ *n* supermercado *m*

supermodel /ˈsuːpərˈmɑːdl̩ || ˈsuːpə,mɒdl̩/ *n* supermodelo *f*

supernatural¹ /ˈsuːpərˈnætʃərəl/ *adj* sobrenatural

supernatural² *n* **the ~** lo sobrenatural

superpower /ˈsuːpərpaʊər/ *n* superpotencia *f*

superscript¹ /ˈsuːpərskrɪpt || ˈsuːpəskrɪpt/ *adj* (*before n*) volado, superíndice

superscript² *n* superíndice *m*

supersede /ˈsuːpərˈsiːd || ,suːpəˈsiːd/ *vt* (*often pass*) ‹*idea/method*› reemplazar*, sustituir*; **~d technology** tecnología *f* superada *or* desbancada

supersonic /ˈsuːpərˈsɑːnɪk/ *adj* supersónico

superstar /ˈsuːpərstɑːr/ *n* superestrella *f*, gran estrella *f*

superstate /ˈsuːpərsteɪt || ˈsuːpəsteɪt/ *n* superestado *m*

superstition /ˈsuːpərˈstɪʃən/ *n* [u c] superstición *f*

superstitious /ˈsuːpərˈstɪʃəs/ *adj* supersticioso

superstore /ˈsuːpərstɔːr/ *n* (BrE) hipermercado *m*

superstructure /ˈsuːpər,strʌktʃər/ *n* superestructura *f*

supertanker /ˈsuːpər,tæŋkər/ *n* superpetrolero *m*

supervise /ˈsuːpərvaɪz || ˈsuːpəvaɪz/ *vt* **1** ‹*project/staff*› supervisar; ‹*thesis*› dirigir* **2** (watch over) vigilar

supervision /ˈsuːpərˈvɪʒən/ *n* [u] supervisión *f*

supervisor /ˈsuːpərvaɪzər || ˈsuːpəvaɪzə(r)/ *n* **1** (overseer) supervisor, -sora *m,f* **2** (official) (in US) alcalde, -desa *m,f* (*elegido anualmente o cada dos años*) **3** (in UK university) director, -tora *m,f* de tesis

supervisory /ˈsuːpərˈvaɪzəri || ˈsuːpəvaɪzəri/ *adj* ‹*duties/post/capacity*› de supervisor

supine /sʊˈpaɪn || ˈsuːpaɪn/ *adj* **1** (lying on back) (frml): **to be/lie ~** estar*/estar* tendido en decúbito supino *or* dorsal (frml) **2** (passive) (pej) lánguido, abúlico

supper /ˈsʌpər || ˈsʌpə(r)/ *n* [u c] (evening meal) cena *f*, comida *f* (esp AmL); **to have ~** cenar, comer (esp AmL); **what's for ~?** ¿qué hay de cena?

suppertime /ˈsʌpərtaɪm || ˈsʌpətaɪm/ *n* [u c] hora *f* de cenar *or* (esp AmL) de comer

supplant /səˈplænt/ *vt* sustituir*, reemplazar*

supple /ˈsʌpəl/ *adj* **-pler** /-plər || -plə(r)/, **-plest** /-pləst || -plɪst/ ‹*body/fingers*› ágil; ‹*leather*› fino y flexible, suave

supplement¹ /ˈsʌpləmənt || ˈsʌplɪmənt/ *n*
A (addition to diet, income) complemento *m*

S

B **1** (additional part — at end of book) apéndice *m*; (— published separately) suplemento *m* **2** (section of newspaper — separate) suplemento *m*; (— inserted) separata *f*

supplement² /'sʌpləment || 'sʌplɪment/ *vt* ‹*diet/income*› complementar; ‹*report*› completar

supplementary /'sʌplə'mentəri/ *adj* suplementario

suppleness /'sʌpəlnəs || 'sʌpəlnɪs/ *n* [u] (of body, mind) agilidad *f*; (of leather) flexibilidad *f*, suavidad *f*

supplicant /'sʌpləkənt || 'sʌplɪkənt/ *n* suplicante *mf*

supplication /'sʌplə'keɪʃən/ *n* [u c] súplica *f*

supplier /sə'plaɪər || sə'plaɪə(r)/ *n* (Busn) proveedor, -dora *m,f*, abastecedor, -dora *m,f*

supply¹ /sə'plaɪ/ *n* (*pl* **-plies**)

A [u] (provision) suministro *m*; **the law of ~ and demand** la ley de la oferta y la demanda; **the water/electricity ~** el suministro de agua/electricidad; (*before n*) ‹*route/ship*› de abastecimiento

B (stock, store): **food supplies are running low** se están agotando las provisiones *or* los víveres *or* (Mil) los pertrechos; **we need fresh supplies of paper** tenemos que pedir una nueva remesa de papel; **we only have a month's ~ of coal left** sólo nos queda carbón para un mes; (Busn) las existencias de carbón sólo van a durar un mes; **office supplies** material *m or* artículos *mpl* de oficina; **she has an endless ~ of patience/jokes** tiene una paciencia inagotable/un repertorio interminable de chistes; **to be in short ~** escasear

supply² *vt* **-plies, -plying, -plied**

A **1** (provide, furnish) ‹*electricity/gas*› suministrar; ‹*goods*› suministrar, abastecer* *or* proveer* de; ‹*evidence/information*› proporcionar, facilitar **2** ‹*retailer/manufacturer*› abastecer*; **to ~ sb WITH sth** ‹*with equipment*› proveer* a algn DE algo; (Busn) abastecer* a algn DE algo, suministrarle algo A algn; ‹*with information*› facilitarle *or* proporcionarle algo A algn

B (meet) (frml) ‹*demand/need*› satisfacer*; ‹*deficiency*› suplir

supply: **~ chain** *n* canal *m* de producción y distribución, cadena *f* de producción y distribución; **~ teacher** *n* (BrE) (profesor, -sora *m,f*) suplente *mf*

support¹ /sə'pɔːrt || sə'pɔːt/ *vt*

A (hold up) ‹*bridge/structure*› sostener*; **the roof is ~ed by six columns** el tejado descansa sobre *or* se apoya en seis columnas; **the chair couldn't ~ his weight** la silla no pudo aguantar *or* resistir su peso

B **1** (maintain, sustain) ‹*family/children*› mantener*, sostener*, sustentar; **to ~ oneself** ganarse la vida *or* (liter) el sustento; **the hospital is ~ed entirely by private donations** el hospital está enteramente financiado por donaciones de particulares **2** (Comput) admitir

C **1** (back) ‹*cause/motion*› apoyar; **which team do you ~?** ¿de qué equipo eres (hincha)?; **I ~ the Greens** estoy con los verdes **2** (back up) apoyar

D (corroborate) ‹*theory*› respaldar, confirmar, sustentar

support² *n*

A **1** [c] (of structure) soporte *m* **2** [u] (physical): **the pillars provide the ~ for the arches** los pilares sirven de apoyo a los arcos; **to lean on sb for ~** apoyarse en algn (para sostenerse)

B **1** [u] (financial) ayuda *f* (económica), apoyo *m* (económico); **he has no means of ~** no tiene ninguna fuente de ingresos **2** [c] (person) sostén *m*

C [u] (backing, encouragement) apoyo *m*, respaldo *m*; **I've had absolutely no ~ from you** no me has apoyado en absoluto; **I went with her to give her (moral) ~** la acompañé para que se sintiera apoyada *or* respaldada

D [u] **1** (Mil) apoyo *m*, refuerzo *m* **2** (backup) servicio *m* al cliente; **technical/dealer ~** servicio técnico/de ventas; (*before n*) ‹*package/material*› adicional, suplementario

E **in support of** (*as prep*): **he spoke in ~ of the motion** habló a favor de *or* en apoyo de la moción; **a demonstration in ~ of the President** una manifestación de apoyo al presidente; **she could produce no evidence in ~ of her claim** no pudo presentar pruebas en apoyo de su demanda

supportable /sə'pɔːrtəbəl || sə'pɔːtəbəl/ *adj* (liter) soportable, tolerable; **barely ~** casi insoportable *or* intolerable

support band *n* grupo *m* telonero

supporter /sə'pɔːrtər || sə'pɔːtə(r)/ *n* **1** (adherent) partidario, -ria *m,f* **2** (Sport) hincha *mf*, seguidor, -dora *m,f*

supporting /sə'pɔːrtɪŋ/ *adj* (*before n*) ‹*role*› secundario; ‹*actor*› secundario, de reparto; **~ act** número *m* telonero

supportive /sə'pɔːrtɪv || sə'pɔːtɪv/ *adj*: **she's been very ~** me (*or* lo *etc*) ha apoyado mucho, me (*or* le *etc*) ha dado todo su apoyo

suppose /sə'pəʊz/ *vt*

A **1** (assume, imagine) suponer*, imaginarse; **I ~ you want more money** supongo *or* (me) imagino que querrás más dinero; **~ it doesn't turn up** suponte que no aparece; **I don't ~ you could take me there?** tú no podrías llevarme hasta allí ¿no?; **~ he phones and you're not in** ¿y si llama y tú no estás?, suponte que llama y tú no estás; **I ~ so** supongo *or* me imagino que sí; **can Peter come too? — oh, I ~ so** ¿Peter puede ir con nosotros? — bueno, si no hay más remedio ...; **I ~ not** *o* **I don't ~ so** supongo que no *or* no creo **2** (making suggestions): **~ we take this with us** ¿y si nos lleváramos esto?, ¿qué tal si nos llevamos esto? **3** (believe, think) creer*; **what do you ~ he'll do?** ¿tú qué crees que hará? **4** (postulate) suponer*; **let us ~ that x = a + b** supongamos que x = a + b

B **to be supposed to + INF** **1** (indicating obligation, expectation): **I'm ~d to start work at nine** se supone que tengo que empezar a trabajar a las nueve; **aren't you ~d to be at home?** ¿tú no tendrías que estar en casa?; **you're not ~d to tell anyone** no se lo tienes que decir a nadie **2** (indicating intention): **what's that ~d to be?** ¿y eso qué se supone que es?; **what's that ~d to mean?** ¿y qué quieres (*or* quieren *etc*) decir con eso, (si se puede saber)? **3** (indicating general opinion): **it's ~d to be a very interesting book** dicen que es un libro muy interesante; **you're ~d to be the expert, not me** el experto se supone que eres tú, no yo

C (presuppose) (frml) suponer*

supposed /sə'pəʊzəd || sə'pəʊzd/ *adj* (*before n*) ‹*date/time/author*› supuesto

supposedly /sə'pəʊzədli/ *adv* supuestamente

supposing /sə'pəʊzɪŋ/ *conj* **1** (expressing hypothesis) suponiendo que; **~ she agrees, will they let us go?** suponiendo que ella esté de acuerdo ¿nos dejarán ir?; **~ you win? — I won't — but just ~** ¿y si ganas? — no voy a ganar —bueno, pero suponte que sí ganas; **always ~ we have the money to buy it** siempre y cuando tengamos el dinero para comprarlo **2** (introducing suggestion) ¿y si ... ?, ¿qué tal si ... ?

supposition /'sʌpə'zɪʃən/ *n* [u c] suposición *f*; **it's pure ~** no son más que suposiciones

suppository /sə'pɑːzətɔːri || sə'pɒzɪtri/ *n* (*pl* **-ries**) supositorio *m*

suppress /sə'pres/ *vt* **1** ‹*anger/laughter*› contener*, reprimir; ‹*feelings*› reprimir **2** ‹*text*› suprimir; ‹*facts/evidence/truth*› ocultar; ‹*newspaper*› retirar de la circulación **3** ‹*revolt/rebellion*› sofocar*, reprimir; ‹*political party/organization*› suprimir

suppression /sə'preʃən/ *n* [u] **1** (of feelings) represión *f*, inhibición *f* **2** (of text) supresión *f*; (of evidence) ocultación *f*; (of book) prohibición *f* **3** (of revolt) represión *f*

suppressor /sə'presər || sə'presə(r)/ *n* (Auto, Elec, Rad, TV) resistencia *f* supresora, supresor *m*

supra- /'suːprə/ *pref* supra-

supremacy /sə'preməsi || suː'preməsi, sjuː-/ *n* [u] supremacía *f*; **air/naval ~** supremacía aérea/naval

supreme /suː'priːm || suː'priːm, sjuː-/ *adj*

A (of highest authority) ‹*power*› supremo; ‹*authority*› supremo, sumo; **S~ Commander** Comandante *m* Supremo *or* en jefe

B (extreme) ‹*effort*› supremo; **with ~ indifference** con la mayor *or* con suprema indiferencia; **the ~ irony would be if ...** el colmo de la ironía sería que ...

Supreme Court *n* **the ~ ~** el Tribunal Supremo *or* (esp AmL) la Corte Suprema *or* (Ur) la Suprema Corte (de Justicia)

supremely /suː'priːmli/ *adv* (*as intensifier*) sumamente

surcharge¹ /'sɜːrtʃɑːrdʒ || 'sɜːtʃɑːdʒ/ *n* recargo *m*; **import ~** sobretasa *f* de importación

surcharge² *vt* (*usu pass*) ‹*person*› aplicar* un recargo a; **the parcel was ~d** hubo que pagar un recargo por el paquete

sure[1] /ʃʊr || ʃʊə(r), ʃɔː(r)/ *adj* **surer, surest**

A (convinced) (*pred*) seguro; **to be ~ ABOUT sth** estar* seguro DE algo; **I like it but I'm not too ~ about the color** me gusta, pero el color no me convence del todo; **I'm not ~ I agree with you** no sé si estoy de acuerdo contigo; **I'm not ~ who/why/what ...** no sé muy bien quién/por qué/qué ...; **he's not ~ if he can come** no sabe si va a poder venir; **fascinating, I'm ~** (iro) ¡interesantísimo, no cabe duda! (iró); **to be ~ OF sth/sb** estar* seguro DE algo/algn; **are you ~ of your facts?** ¿estás seguro de lo que dices?; **I want to be ~ of getting there on time** quiero asegurarme de que voy a llegar a tiempo; **to be ~ of oneself** (convinced one is right) estar* seguro; (self-confident) ser* seguro de sí mismo

B (certain): **one thing is ~: he's lying** lo que está claro *or* lo que es seguro es que está mintiendo; **it's ~ to rain** seguro que llueve; **she's ~ to be there** seguro que va a estar allí; **be ~ to let me know** no dejes de avisarme; **be ~ not to touch it** no lo vayas a tocar; **to make ~ of sth** asegurarse de algo; **make ~ (that) you're not late** no vayas a llegar tarde; **~ thing!** (*as interj*) (colloq) ¡claro (que sí)!, ¡por supuesto!

C (accurate, reliable) ‹*remedy/method*› seguro; ‹*judgment/aim*› certero; ‹*indication*› claro; ‹*ground*› seguro

D (*in phrases*) **for sure**: **we don't know anything for ~** no sabemos nada seguro *or* con seguridad; **we'll win for ~** seguro que ganamos; **to be sure** (admittedly) (*indep*) por cierto; **it could be improved on, to be ~, but ...** se podría mejorar, por cierto, pero ...

sure[2] *adv*

A (colloq) (*as intensifier*): **she ~ is clever, she's ~ clever** ¡qué lista es!, ¡si será lista!; **he ~ likes to talk** ¡cómo le gusta hablar!, ¡si le gustará hablar!; **he ~ could use a bath!** no le vendría mal darse un baño; **do you like it? — I ~ do!** ¿te gusta? — ¡ya lo creo!

B (of course) por supuesto, claro; **may I join you? — ~, sit down!** ¿me permites? — ¡claro que sí *or* no faltaría más *or* por supuesto, siéntate!

C **sure enough** efectivamente, en efecto

sure: **~fire** *adj* (*before n*) ‹*method*› segurísimo, infalible; **he's a ~fire winner** tiene la victoria asegurada; **~footed** /ˈʃʊrˈfʊtəd/ *adj* ‹*goat/cat*› de pie firme

surely /ˈʃʊrli || ˈʃʊəli, ˈʃɔːli/ *adv*

A 1 (expressing conviction): **~ the real problem is ...** el verdadero problema, digo yo *or* me parece a mí, es ...; **~ she doesn't mean that!** ¡no puede ser que lo diga en serio! 2 (expressing uncertainty): **he must be mistaken, ~?** tiene que estar equivocado ¿no? 3 (expressing disbelief): **~ you don't believe that!** ¡no te creerás eso!; **you're not going to tell her, ~?** no me digas que se lo vas a decir, no se lo irás a decir ¿verdad?; **~ not!** ¡no es posible! *or* ¡no puede ser!; **it was 3,000 — 1,000, ~?** fueron 3.000 — ¿no eran 1.000?

B (undoubtedly, certainly) seguramente, sin duda

C (gladly, willingly) por supuesto, desde luego

surety /ˈʃʊrəti || ˈʃʊərɪti, ˈʃɔːrɪti/ *n* [c u] (*pl* **-ties**) 1 (security) fianza *f*, garantía *f* 2 (person) fiador, -dora *m,f*, garante *mf*; **to stand ~ for sb** servirle* de fiador a algn

surf[1] /sɜːrf || sɜːf/ *n* [u] 1 (waves) olas *fpl* (*rompientes*); (swell) oleaje *m* 2 (foam) espuma *f*

surf[2] *vi* hacer* surf *or* surfing

■ **surf** *vt* (Comput) explorar, navegar* en; **to ~ the Internet/Web** navegar* *or* surfear en *or* por Internet/la web

surface[1] /ˈsɜːrfəs || ˈsɜːfəs/ *n*

A 1 (of solid, land) superficie *f*; **(road) ~** (Auto) pavimento *m*, firme *m* (Esp); **he just scratched the ~ of the problem** trató el problema muy superficialmente *or* muy por encima; (*before n*) ‹*wound/mark*› superficial; ‹*resemblance/charm*› superficial 2 (of liquid, sea) superficie *f*; **to come/rise to the ~** «*diver/submarine*» salir*/subir a la superficie; «*feelings*» aflorar, salir* a la superficie 3 **on the surface** (superficially) en apariencia, a primera vista

B (Math) **~ (area)** superficie *f*, área *f*‡

surface[2] *vi* «*diver/submarine/fish*» salir* a la superficie; «*problems/difficulties*» aflorar, aparecer*, surgir*; **he ~d ten years later in Brazil** reapareció en el Brasil diez años después; **he hasn't ~d yet** (hum) todavía no ha dado señales de vida (hum)

■ **surface** *vt* ‹*road*› revestir*, recubrir*; (with asphalt) asfaltar

surface: **~ mail** *n* [u] correo *m* de superficie; **by ~ mail** por vía terrestre/marítima; **~ tension** *n* [u] tensión *f* superficial; **~-to-air missile** *n* /ˈsɜːrfəstəˈer || ˌsɜːfɪstəˈeə(r)/ misil *m* tierra-aire

surf: **~board** /ˈsɜːrfbɔːrd || ˈsɜːfbɔːd/ *n* tabla *f* de surf *or* de surfing; **~boarder** /ˈsɜːrfˌbɔːrdər || ˈsɜːfˌbɔːdə(r)/ *n* surfista *mf*, surfeador, -dora *m,f* (AmL), surfer *mf*; **~boarding** /ˈsɜːrfˌbɔːrdɪŋ || ˈsɜːfˌbɔːdɪŋ/ *n* [u] surf *m*, surfing *m*

surfeit /ˈsɜːrfət || ˈsɜːfɪt/ *n* (liter) **a ~ OF sth** un exceso *or* (liter) una plétora DE algo

surfer /ˈsɜːrfər || ˈsɜːfə(r)/ *n*

A (Sport) surfista *mf*

B (Comput) internauta *mf*, surfeador, -dora *m,f* (AmL)

surfing /ˈsɜːrfɪŋ || ˈsɜːfɪŋ/ *n* [u] surf *m*, surfing *m*

surge[1] /sɜːrdʒ || sɜːdʒ/ *n*: **a ~ of people** una oleada de gente; **we felt a new ~ of hope** sentimos renacer nuestras esperanzas; **a ~ in demand/sales** un repentino aumento de la demanda/las ventas; **a power ~** (Elec) una subida de tensión *or* de voltaje

surge[2] *vi* 1 «*wave*» levantarse; «*sea*» hincharse; **the crowd ~d out through the gates** la gente salió en tropel por las puertas; **anger/hatred ~d up inside her** la ira/el odio la invadió; **to ~ ahead** tomar la delantera; **to ~ ahead of sb** adelantársele a algn 2 «*demand/sales/popularity*» aumentar vertiginosamente

surgeon /ˈsɜːrdʒən || ˈsɜːdʒən/ *n* cirujano, -na *m,f*

surgeon general *n* (*pl* **~s ~**) (in US) **the S~ G~** ≈ La Dirección General de Salud Pública

surgery /ˈsɜːrdʒəri || ˈsɜːdʒəri/ *n* (*pl* **-ries**)

A [u] (science) cirugía *f*; **he underwent ~** fue intervenido quirúrgicamente (frml), fue operado

B (BrE) 1 [c] (room) consultorio *m*, consulta *f* 2 [c u] (consultation period of doctor) consulta *f*; (*before n*) ‹*times/hours*› de consulta

surgical /ˈsɜːrdʒɪkəl || ˈsɜːdʒɪkəl/ *adj* 1 ‹*instruments/treatment*› quirúrgico; **~ mask** mascarilla *f* 2 ‹*boot/stocking*› ortopédico; **~ appliance** aparato *m* ortopédico

surgical spirit *n* [u] (BrE) alcohol *m* (*de 90°*)

surly /ˈsɜːrli || ˈsɜːli/ *adj* **-lier, -liest** hosco

surmise[1] /sərˈmaɪz/ *n* (frml) conjetura *f*, suposición *f*

surmise[2] *vt* (frml) conjeturar (frml), suponer*

surmount /sərˈmaʊnt || səˈmaʊnt/ *vt* (overcome) ‹*difficulty/obstacle*› superar, vencer*

surmountable /sərˈmaʊntəbəl/ *adj* superable

surname /ˈsɜːrneɪm || ˈsɜːneɪm/ *n* apellido *m*

surpass /sərˈpæs || səˈpɑːs/ *vt* 1 (better) superar; **she's really ~ed herself this time** (iro) esta vez sí que se ha lucido (iró) 2 (exceed, go beyond) ‹*expectations*› superar, sobrepasar, rebasar; **it ~es all belief** es increíble

surplice /ˈsɜːrplɪs || ˈsɜːplɪs/ *n* sobrepelliz *f*

surplus[1] /ˈsɜːrpləs || ˈsɜːpləs/ *n* (*pl* **~es**) (of produce, stock) excedente *m*; (of funds) superávit *m*

surplus[2] *adj* ‹*goods/stocks*› excedente; **they need to use up their ~ energy** necesitan gastar la energía que les sobra; **~ value** plusvalía *f*; **to be ~ to requirements** sobrar, estar* de más, no ser* necesario

surprise[1] /səˈpraɪz/ *n* 1 [u] (astonishment) sorpresa *f*; **a look of ~** una mirada sorprendida *or* de sorpresa; **oh!, he said, in some ~** ¡oh! —dijo, algo sorprendido; **to my ~** para mi sorpresa 2 [c] (thing, event) sorpresa *f*; **the result was *o* came as something of a ~** el resultado fue en cierto modo una sorpresa; **it's no ~ to me that she won** no me sorprende que haya ganado; **to give sb a ~** darle* una sorpresa a algn; (*before n*) ‹*gift/packet*› sorpresa *adj inv*; **after their ~ defeat in Wednesday's game ...** después de la inesperada derrota del miércoles pasado ... 3 [u] (catching sb unprepared): **to take sb by ~** sorprender a algn, pillar *or* (esp Esp) coger* a algn desprevenido; (*before n*) ‹*visit/attack*› sorpresa *adj inv*

surprise[2] *vt* 1 (astonish) sorprender; **I was ~d by his vehemence** su vehemencia me sorprendió 2 (catch unawares) sorprender, pillar *or* agarrar *or* (esp Esp) coger* desprevenido

surprised /səˈpraɪzd/ *adj* ‹*look*› sorprendido, de sorpresa; **to be ~**: **I've never been so ~ in my life!** nunca en la vida me había llevado una sorpresa así; **don't be ~ if he doesn't like it** no te sorprenda si no le gusta; **to be ~ AT sth/sb**: **I'm ~ at John missing a meeting** me extraña *or*

S

me sorprende que John haya faltado a la reunión; **well, I'm ~ at you, Laura** bueno, Laura, me sorprendes; **she was ~ at how easy it was** le sorprendió lo fácil que era; **I'm ~ (THAT) ...** me sorprende *or* me extraña QUE ... (+ *subj*); **to be ~ to + INF: I was very ~ to hear of your engagement** me sorprendió mucho enterarme de tu compromiso

surprising /sə'praɪzɪŋ/ *adj* ‹*achievement/success*› sorprendente, asombroso; ‹*disclosure*› sorprendente; **it's hardly ~ he's upset** no es de extrañarse que esté disgustado

surprisingly /sə'praɪzɪŋli/ *adv* [1] ‹*quiet/near/good*› sorprendentemente; **~ little research has been done on the subject** es sorprendente lo poco que se ha investigado en el tema [2] (*indep*): **~, she feels no resentment** no está resentida, lo cual es sorprendente; **they were, not ~, very worried** como es lógico, estaban muy preocupados

surreal /sə'ri:əl/ *adj* surrealista

surrealism, Surrealism /sə'ri:əlɪzəm/ *n* [u] surrealismo *m*

surrealist, Surrealist /sə'ri:ələst || sə'ri:əlɪst/ *n* surrealista *mf*; (*before n*) ‹*painter/poem*› surrealista

surrender[1] /sə'rendər || sə'rendə(r)/ *vt* [1] (Mil) ‹*arms/town*› rendir*, entregar* [2] (hand over) (frml) ‹*document/ticket*› entregar* [3] (relinquish) ‹*right/claim*› renunciar a

■ **surrender** *vi* «*soldier/army*» rendirse*; **to ~ TO sb** entregarse* A algn

■ *v refl* **to ~ oneself TO sth** ‹*to indulgence/idleness*› dejarse vencer POR algo

surrender[2] *n* [1] [u c] (capitulation) rendición *f*, capitulación *f* [2] (submission) (*no pl*) claudicación *f* [3] (frml) (*no pl*) (handing over — of passport, document) entrega *f*; (— of rights) renuncia *f*

surreptitious /'sʌrəp'tɪʃəs/ *adj* ‹*glance/wink*› furtivo, subrepticio

surreptitiously /'sʌrəp'tɪʃəsli/ *adv* a escondidas, subrepticiamente; **he glanced ~ at his watch** le echó una mirada furtiva a su reloj

surrogate[1] /'sʌrəgət/ *n* (frml) sustituto *m*

surrogate[2] *adj* ‹*material*› sucedáneo; **~ mother** (in childbearing) madre *f* suplente *or* de alquiler

surround[1] /sə'raʊnd/ *vt* [1] (encircle) ‹*place/person*› rodear; **the house is ~ed by trees** la casa está rodeada de árboles; **the garden was ~ed by a fence** el jardín estaba cercado por una valla; **mystery ~s the events leading up to his death** los acontecimientos que llevaron a su muerte están rodeados de *or* envueltos en misterio [2] (Mil) ‹*enemy/position*› rodear, cercar*

surround[2] *n* marco *m*

surrounding /sə'raʊndɪŋ/ *adj* (*before n*) ‹*countryside/area*› de alrededor; **the ~ villages** los pueblos de alrededor, los pueblos vecinos

surroundings /sə'raʊndɪŋz/ *pl n* [1] (of town, village) alrededores *mpl*, aledaños *mpl* [2] (environment) ambiente *m*, entorno *m*; **a house in beautiful ~** una casa en el marco de un hermoso paisaje

surtax /'sɜ:rtæks || 'sɜ:tæks/ *n* [c u] recargo *m*, sobretasa *f*

surveil /sər'veɪl || sə'veɪl/ *vt* (AmE) vigilar

surveillance /sər'veɪləns || 'sə'veɪləns/ *n* [u] vigilancia *f*; **to be under strict ~** estar* bajo una estrecha vigilancia

survey[1] /'sɜ:rveɪ || 'sɜ:veɪ/ *n*

A [1] (of land) inspección *f*, reconocimiento *m*; (for mapping) medición *f* [2] (of building) inspección *f*, peritaje *m*, peritación *f*; (written report) informe *m* del perito, peritaje *m*, peritación *f*

B (overall view) visión *f* general *or* de conjunto

C (investigation) estudio *m*; (poll) encuesta *f*, sondeo *m*

survey[2] /sər'veɪ || sə'veɪ/ *vt*

A [1] ‹*land/region*› (measure) medir*; (inspect) inspeccionar, reconocer* [2] ‹*building*› inspeccionar, llevar a cabo un peritaje de

B [1] (look at) contemplar, mirar [2] (view, consider) ‹*situation/plan/prospects*› examinar, analizar*

C (question) ‹*group*› encuestar, hacer* un sondeo de

surveying /sər'veɪɪŋ/ *n* [u] agrimensura *f*, topografía *f*

surveyor /sər'veɪər || sə'veɪə(r)/ *n* [1] (of land) agrimensor, -sora *m,f*, topógrafo, -fa *m,f* [2] (of building) perito, -ta *m,f*

survival /sər'vaɪvəl/ *n* [1] [u] (continued existence) sobrevivencia *f*, supervivencia *f*; **the ~ of the fittest** la ley del más fuerte; (*before n*) ‹*kit/pack*› de sobrevivencia *or* supervivencia [2] [c] (custom, belief) **~ (FROM sth)** vestigio *m* (DE algo)

survive /sər'vaɪv || sə'vaɪv/ *vi* [1] (continue in existence) «*person/animal/plant*» sobrevivir; «*custom/tradition/belief*» sobrevivir, perdurar; «*book/relic*» conservarse; **of the original expedition few ~d** de los integrantes de la expedición inicial quedaban pocos vivos; **her last surviving descendant** su último descendiente vivo; **one of the few surviving examples** uno de los pocos ejemplos que quedan [2] (cope, get by) (colloq): **how are you doing? — oh, surviving!** ¿qué tal andas? — ya lo ves, tirando (fam); **is it serious? — you'll ~** ¿es grave? — mira, de ésta no te mueres; **to ~ ON sth**: **he ~s on black coffee and fruit** vive *or* se alimenta a base de café y fruta; **I can just ~ on $100 a week** con 100 dólares semanales apenas me alcanza para vivir

■ **survive** *vt*

A ‹*accident/crash*› salir* con vida de; ‹*war/earthquake*› sobrevivir a; ‹*experience*› superar

B (outlive) ‹*person*› sobrevivir; **he is ~d by his wife and two children** lo sobreviven su esposa y dos hijos

survivor /sər'vaɪvər || sə'vaɪvə(r)/ *n* superviviente *mf*, sobreviviente *mf*; **don't worry about him: he's a ~** (colloq) no te preocupes por él, es de los que salen a flote

susceptibility /sə'septə'bɪləti/ *n* [u] **~ (TO sth)** ‹*to attack*› vulnerabilidad *f* (FRENTE A algo); ‹*to colds/infection*› propensión *f* (A algo)

susceptible /sə'septəbəl/ *adj*

A [1] (open, vulnerable) **~ TO sth** ‹*to colds/infection*› propenso A algo; **he's ~ to a bit of flattery** se le puede persuadir halagándolo [2] (touchy) susceptible, sensible

B (capable) (frml) **~ OF sth** (of change, improvement) susceptible DE algo

suspect[1] /sə'spekt/ *vt*

A [1] (believe guilty) ‹*person*› sospechar de; **to ~ sb OF sth/-ING: I ~ him of the murder** sospecho que es el asesino; **we ~ him of lying** sospechamos que miente [2] (doubt, mistrust) ‹*sincerity/probity*› dudar de, tener* dudas acerca de

B [1] (believe to exist): **they ~ nothing** no sospechan nada; **arson is not ~ed** no existen sospechas de que el incendio haya sido provocado [2] **suspected** *past p*: **a ~ed fracture** una posible fractura; **the ~ed murderer** el presunto asesino

C (think probable) imaginarse; **I ~ed as much** ya me lo imaginaba *or* figuraba; **to ~ (THAT)** imaginarse QUE; **I ~ed I'd find you here** me imaginaba que te iba a encontrar aquí; **I ~ (that) it may be more serious than that** me temo que pueda ser más grave

■ **suspect** *vi*: **just as I ~ed** tal como lo imaginaba

suspect[2] /'sʌspekt/ *n* (person) sospechoso, -sa *m,f*

suspect[3] /'sʌspekt/ *adj* ‹*package/behavior*› sospechoso; ‹*document/evidence*› de dudosa autenticidad

suspend /sə'spend/ *vt*

A [1] ‹*payment/work*› suspender [2] ‹*judgment*› posponer*, postergar* (esp AmL)

B (debar, ban) suspender; ‹*student*› expulsar temporariamente, suspender (AmL); **he was ~ed from office** fue separado de su cargo

C (hang) (*often pass*) suspender; **it seemed to hang ~ed in mid air** parecía estar suspendido en el aire

suspended /sə'spendəd/: **~ animation** *n* [u] muerte *f* aparente; **in a state of ~ animation** con las constantes vitales reducidas al mínimo; **~ sentence** *n*: *pena de prisión que no se cumple a menos que el delincuente reincida*

suspender belt /sə'spendər || sə'spendə(r)/ *n* (BrE) portaligas *m*, liguero *m*

suspenders /sə'spendərz/ *pl n* (*sometimes sing*)

A (braces) (AmE) tirantes *mpl or* (RPl) tiradores *mpl or* (Chi) suspensores *mpl or* (Col) cargaderas *fpl*

B (for stockings, socks) (BrE) ligas *fpl*

suspense /sə'spens/ *n* [u] (in literary work, movie) suspenso *m or* (Esp) suspense *m*; **the ~ is killing me!** ¡la intriga *or* la incertidumbre me está matando!; **to keep sb in ~** mantener* a algn sobre ascuas *or* en vilo

suspension /sə'spenʃən/ *n*

A [u c] [1] (cessation) suspensión *f* [2] (deferment) aplazamiento *m*, postergación *f* (esp AmL)

B [c u] (banning, withdrawal) suspensión *f*; (of student) expulsión *f*

S

temporaria, suspensión *f* (AmL); ~ **from duty** separación *f* del cargo
C [u] (hanging, being hung) suspensión *f*
D [u] (Auto) suspensión *f*
suspension: ~ **bridge** *n* puente *m* colgante; ~ **points** *pl n* (AmE) puntos *mpl* suspensivos
suspicion /sə'spɪʃən/ *n*
A [c u] (belief) sospecha *f*; (mistrust) desconfianza *f*, recelo *m*; **I have my ~s** tengo mis sospechas; **he's under/above ~** está bajo sospecha/por encima de toda sospecha; **they're being held on ~** los han detenido como sospechosos
B (trace, hint) (*no pl*) atisbo *m*
suspicious /sə'spɪʃəs/ *adj* **1** (mistrustful) ‹*mind/person*› desconfiado, suspicaz; **to be ~ OF/ABOUT sb/sth** desconfiar* DE algn/algo **2** (arousing suspicion) ‹*actions/movements*› sospechoso
suspiciously /sə'spɪʃəsli/ *adv* **1** (mistrustfully) ‹*regard/watch*› con desconfianza, con recelo **2** (arousing suspicion) ‹*act*› sospechosamente; **it looked ~ like a trap** tenía todo el aspecto *or* (fam) toda la pinta de ser una trampa
suss /sʌs/ *vt* ~ **(out)** (BrE sl) **1** (realize) darse* cuenta de; **I soon ~ed what he was up to** pronto me di cuenta de lo que andaba tramando **2** (work out) calar (fam); **I've got her ~ed** la tengo calada (fam); **I've got it ~ed** le he agarrado *or* (Esp) cogido la onda (fam)
sustain /sə'steɪn/ *vt*
A (maintain, support) ‹*life*› preservar, sustentar; ‹*hope/interest*› mantener*; **they were ~ed by their faith** su fe los sostenía
B (keep up, prolong) ‹*pretense/conversation*› mantener*; ‹*effort*› sostener*
C (suffer) ‹*injury/loss/defeat*› sufrir
D (confirm, uphold) ‹*objection*› admitir; ‹*claim*› apoyar
sustainable /sə'steɪnəbəl/ *adj* sostenible
sustained /sə'steɪnd/ *adj* ‹*efforts*› sostenido, continuo; **her appearance was greeted by ~ applause** su aparición fue largamente ovacionada
sustaining /sə'steɪnɪŋ/ *adj* ‹*food/diet*› nutritivo
sustenance /'sʌstənəns/ *n* [u] alimento *m*, sustento *m*
suture /'su:tʃər || 'su:tʃə(r)/ *n* (Med) sutura *f*
svelte /sfelt, sv-/ *adj* (slim) esbelto
SW **1** (= **southwest**) SO **2** = **shortwave**
swab[1] /swɑ:b || swɒb/ *n* **1** (of cotton, gauze) hisopo *m* húmedo **2** (specimen) muestra *f*, frotis *m*
swab[2] *vt* **-bb- 1** ‹*wound*› limpiar (*con algodón, gasa etc*) **2** **to ~ (down)** ‹*deck*› lavar, limpiar
swaddle /'swɑ:dḷ || 'swɒdl/ *vt* envolver*
swag /swæg/ *n* [u] (sl & dated) botín *m*
swagger[1] /'swægər || 'swægə(r)/ *n* **1** (gait): **they walked with a ~** caminaban erguidos, con aire arrogante **2** (conduct) fanfarronería *f*, fantochada *f*
swagger[2] *vi* caminar *or* andar* con aire arrogante; **he ~ed up to the bar** se acercó al bar con aire arrogante
Swahili /swɑ:'hi:li || swə'hi:li/ *n* [u] swahili *m*, suajili *m*
swallow[1] /'swɑ:ləʊ || 'swɒləʊ/ *n*
A (Zool) golondrina *f*
B (gulp) trago *m*; **in one ~** de un trago
swallow[2] *vt*
A ‹*food/drink*› tragar*; **she ~ed it in one gulp** lo pasó de un trago
B ‹*lies/insult/taunts*› tragarse* (fam); **that's a bit hard to ~** eso no hay quien se lo trague (fam); **to ~ one's pride** tragarse* el orgullo
C ▸**swallow up**
■ **swallow** *vi* tragar*; **to ~ hard** tragar saliva
(Phrasal verb)
• **swallow up** [v ▸ o ▸ adv, v ▸ adv ▸ o] **1** (use up) ‹*money/time*› consumir, tragarse* (fam), comerse (fam) **2** (cause to disappear) tragarse*; **they were ~ed up by the darkness** se los tragó *or* los envolvió la oscuridad
swam /swæm/ *past of* **swim**[1]
swamp[1] /swɑ:mp || swɒmp/ *n* pantano *m*, ciénaga *f*; (of sea water) marisma *f*, ciénaga *f*
swamp[2] *vt* **1** (with water) ‹*land*› anegar*, inundar; **a huge wave ~ed the frail craft** una enorme ola se tragó la frágil embarcación **2** (overwhelm) (*often pass*): **they were ~ed by offers of help** los abrumaron con ofertas de ayuda, recibieron una avalancha de ofertas de ayuda; **I'm absolutely ~ed with work** estoy inundada *or* (fam) agobiada de trabajo
swampland /'swɑ:mplænd || 'swɒmplænd/ *n* [u c] (*often pl*) pantano *m*, ciénaga *f*; (of sea water) marisma *f*
swampy /'swɑ:mpi/ *adj* **-pier, -piest** pantanoso
swan[1] /swɑ:n || swɒn/ *n* cisne *m*
swan[2] *vi* **-nn-** (esp BrE colloq): **to ~ about** *o* **around** andar* pavoneándose por ahí; **we have so much work to do and she goes ~ning off to the theatre!** ¡con todo el trabajo que tenemos, ella se va al teatro olímpicamente!
swank[1] /swæŋk/ *n* (BrE colloq) **1** [u] (boasting) fanfarronada *f* (fam) **2** [u] (show): **just for ~** sólo para lucirse *or* para darse tono **3** [c] (person) fanfarrón, -rrona *m,f* (fam)
swank[2] *vi* (BrE colloq) fanfarronear (fam)
swanky /'swæŋki/ *adj* **-kier, -kiest** (colloq) **1** (boastful) (pej) ‹*person*› fanfarrón (fam) **2** (classy) chic *adj inv*, pijo (Esp fam), pituco (CS fam), popoff *adj inv* (Méx fam)
swan song *n* canto *m* de cisne
swap[1] /swɑ:p || swɒp/ *n* (colloq) (exchange) cambio *m*, trueque *m*; **we can do a ~** podemos cambiárnoslos
swap[2] **-pp-** *vt* ‹*possessions/ideas*› intercambiar; **to ~ sth FOR sth** cambiar algo POR algo; **I'll ~ (you) my stamp album for your bike** te cambio el álbum de sellos por la bici; **to ~ sth WITH sb** cambiarle algo A algn; **I ~ped places with Helen** le cambié el sitio a Helen
■ **swap** *vi*: **try to ~ with a friend** trata de cambiárselo (*or* cambiárselos *etc*) a un amigo
(Phrasal verb)
• **swap around,** (BrE also) **swap round** **1** [v ▸ o ▸ adv] cambiar de sitio; **I ~ped the glasses around** cambié las copas de sitio **2** [v ▸ adv] cambiar
SWAPO /'swɑ:pəʊ || 'swɒpəʊ/ *n* (*no art*) (= **South-West Africa People's Organization**) el SWAPO
swarm[1] /swɔ:rm || swɔ:m/ *n* enjambre *m*; **~s of reporters** una multitud de periodistas
swarm[2] *vi* «*bees*» enjambrar; **people ~ed around the stalls** la gente se aglomeraba *or* se apiñaba alrededor de los puestos; **the flies ~ed around the meat** las moscas revoloteaban alrededor de la carne; **the crowd ~ed into the square** la multitud irrumpió en la plaza; **to ~ WITH sb/sth**: **the beaches were ~ing with tourists** las playas eran un hormiguero de turistas
swarthy /'swɔ:rði || 'swɔ:ði/ *adj* **-thier, -thiest** moreno
swashbuckling /'swɑ:ʃ,bʌklɪŋ || 'swɒʃ,bʌklɪŋ/ *adj* ‹*tale/film/hero*› de capa y espada; ‹*role*› de aventurero
swastika /'swɑ:stɪkə/ *n* svástica *f*, esvástica *f*
swat /swɑ:t || swɒt/ **-tt-** *vt* ‹*insect*› matar (*con matamoscas, periódico etc*)
■ **swat** *vi* **to ~ AT sth** intentar darle A algo; **he was ~ting at the wasps** estaba tratando de matar las avispas
swath /swɑ:θ, swɔ:θ || swɔ:θ, swɒθ/, **swathe** /sweɪð/ *n* (of grass, land) franja *f*; ***to cut a ~*** (AmE dated) causar sensación; ***to cut a ~ through sth*** abrirse* camino a través de algo
swathe /sweɪð/ *vt* (*often pass*) envolver*; **his foot was ~d in bandages** tenía el pie vendado
sway[1] /sweɪ/ *n* [u]
A (movement) balanceo *m*, oscilación *f*
B (influence) influjo *m*; (domination) dominio *m*; **to hold ~** «*ideas*» prevalecer*; «*leader*» ejercer* dominio; **to hold ~ OVER sb** ejercer* dominio SOBRE algn
sway[2] *vi*
A (swing) «*branch/tree*» balancearse; «*building/tower*» bambolearse, balancearse, oscilar; **the wheat was ~ing in the breeze** el trigo se mecía con la brisa
B (veer) «*public opinion*» cambiar, dar* un viraje
■ **sway** *vt*
A (influence) ‹*person/crowd*› influir* en, influenciar
B (move) ‹*hips*› menear, bambolear
Swaziland /'swɑ:zilænd/ *n* Swazilandia *f*, Suazilandia *f*
swear /swer || sweə(r)/ (*past* **swore**; *past p* **sworn**) *vt* ‹*allegiance/fidelity/revenge*› jurar; **they swore an oath of obedience** juraron obediencia; **she ~s blind she didn't know** (colloq) jura y perjura que no lo sabía (fam); **I could have sworn I left it there** hubiera jurado que lo dejé ahí; **we've all been sworn to secrecy** nos han hecho prometer que no diremos nada
■ **swear** *vi* **1** (vow) jurar **2** (curse) decir* palabrotas,

S

soltar* tacos (Esp fam), mentar* madres (Méx fam); **to ~ AT sb** insultar a algn (*usando palabrotas*)

Phrasal verbs

- **swear by** [v ▸ prep ▸ o] (value highly) ‹*gadget*› ser* un entusiasta de; ‹*remedy*› tenerle* una fe ciega a
- **swear in** [v ▸ o ▸ adv, v ▸ adv ▸ o] ‹*jury/witness/president*› tomarle juramento a, juramentar; **she will be sworn in on Monday** prestará juramento el lunes
- **swear to** [v ▸ prep ▸ o]: **I ~ to God I never touched it** te juro por Dios que no lo toqué; **but I couldn't ~ to it** pero no podría jurarlo

swearing /ˈswerɪŋ || ˈsweərɪŋ/ *n* [u]: **there's a lot of ~ in the film** dicen muchas palabrotas en la película; **she hates all that ~** odia ese vocabulario soez

swearing-in /ˈswerɪŋˈɪn/ *n* [u] toma *f* de juramento

swearword /ˈswerwɜːrd || ˈsweəwɜːd/ *n* palabrota *f*, mala palabra *f*, taco *m* (Esp), garabato *m* (Chi)

sweat¹ /swet/ *n*
A [u c] (perspiration) sudor *m*, transpiración *f*; **by the ~ of his brow** con el sudor de su frente; **I woke up in a ~** me desperté empapado en sudor; **I broke out in a cold ~** me vino un sudor frío; ***to get into a ~ about sth*** preocuparse por algo
B [u] (hard work) (esp BrE colloq) paliza *f* (fam), esfuerzo *m*; ***no ~*** (colloq) ningún problema

sweat² (*past & past p* **sweated** *or* (AmE also) **sweat**) *vi*
A (perspire) sudar, transpirar; **to ~ with fear** sudar de miedo
B (work hard) sudar la gota gorda (fam), deslomarse trabajando

Phrasal verbs

- **sweat off** [v ▸ adv ▸ o] ‹*pounds/kilos*› adelgazar* sudando
- **sweat out** [v ▸ o ▸ adv, v ▸ adv ▸ o]: **to ~ out a cold** quitarse un resfriado sudando; ***to ~ it out*** (colloq): **they'll have to ~ it out until they're relieved** van a tener que aguantar hasta que los releven

sweatband /ˈswetbænd/ *n* (around wrist) muñequera *f*; (around head) cinta *f*, vincha *f* (AmS), huincha *f* (Bol, Chi, Per)

sweater /ˈswetər || ˈswetə(r)/ *n* suéter *m*, pulóver *m*, jersey *m* (Esp), buzo *m* (Ur), chompa *f* (Per), chomba *f* (Chi)

sweat: **~shirt** *n* sudadera *f*, camiseta *f* gruesa, buzo *m* (Arg), polerón *m* (Chi); **~shop** *n*: *fábrica donde se explota a los trabajadores*; **~suit** *n* (AmE) equipo *m* (de deportes), chándal *m* (Esp), pants *mpl* (Méx), buzo *m* (Chi, Per), sudadera *f* (Col), jogging *m* (RPl)

sweaty /ˈsweti/ *adj* **-tier, -tiest** sudado, transpirado

swede /swiːd/ *n* (esp BrE) colinabo *m*, nabo *m* sueco

Swede /swiːd/ *n* sueco, -ca *m,f*

Sweden /ˈswiːdn̩/ *n* Suecia *f*

Swedish¹ /ˈswiːdɪʃ/ *adj* sueco

Swedish² *n* [u] **1** (language) sueco *m* **2** (people) (+ *pl vb*) **the ~** (people) los suecos

S

sweep¹ /swiːp/ *n*
A (act) (*no pl*) barrido *m*, barrida *f*; **give it a ~** dale un barrido *or* una barrida, bárrelo
B **1** [c] (movement): **with a ~ of his arm** con un amplio movimiento del brazo; **with a ~ of his scythe** con un golpe de la guadaña; **the broad ~s of his brush strokes** el ancho trazo de sus pinceladas **2** [c] (curve — of road, river) curva *f* **3** (range) (*no pl*) alcance *m*, extensión *f*
C [c] (search) peinado *m*, rastreo *m*
D [c] (*chimney ~*) deshollinador, -dora *m,f*

sweep² (*past & pp* **swept**) *vt*
A **1** (clean) ‹*floor/path*› barrer; ‹*chimney*› deshollinar **2** (remove) ‹*leaves/dirt*› barrer; ‹*mines*› barrer; **he swept the crumbs off the table** limpió la mesa de migas; **she swept the leaves into a pile** barrió la terraza (*or* el patio *etc*) y amontonó las hojas; **he swept the coins into a box** con la mano reunió las monedas y las deslizó en una caja; ***to ~ sth under the rug*** *o* (BrE) ***carpet*** correr un velo sobre algo
B (touch lightly, brush) ‹*surface*› rozar*
C **1** (pass over, across): **severe storms swept the coast** grandes tormentas azotaron *or* barrieron la costa; **the epidemic is ~ing the country** la epidemia se extiende como un reguero de pólvora por el país **2** (remove by force) arrastrar; **we were being swept out to sea by the tide** la marea nos arrastraba mar adentro
D **1** (scan) recorrer **2** (search) ‹*area*› peinar, rastrear

■ **sweep** *vi*
A (+ *adv compl*) **1** (move rapidly): **the car swept by** *o* **past** el coche pasó rápidamente **2** (move proudly): **she swept into the room** entró majestuosamente en la habitación; **he swept past as if I wasn't there** pasó por mi lado con la cabeza en alto, como si yo no existiera
B (+ *adv compl*) **1** (spread): **fire swept through the hotel** el fuego se propagó *or* se extendió por todo el hotel; **panic swept through the ranks** cundió el pánico en las filas **2** (extend): **the path ~s down to the road** el sendero baja describiendo una curva hasta la carretera

Phrasal verbs

- **sweep aside** [v ▸ o ▸ adv, v ▸ adv ▸ o] **1** ‹*object*› apartar **2** ‹*opposition/objection/doubts*› desechar
- **sweep away** [v ▸ o ▸ adv, v ▸ adv ▸ o] **1** (carry away) ‹‹*flood/storm*›› arrastrar **2** (abolish) erradicar*
- **sweep up**
  A [v ▸ adv] (clear up) barrer, limpiar
  B [v ▸ o ▸ adv, v ▸ adv ▸ o] **1** (clear up) ‹*dust/leaves*› barrer y recoger* **2** (gather up) ‹*belongings/bags*› recoger*; **he swept her up in his arms** la levantó en brazos

sweeper /ˈswiːpər || ˈswiːpə(r)/ *n*
A **1** (*road~*) barrendero, -ra *m,f*, barredor, -dora *m,f* (Per) **2** (*carpet ~*) cepillo *m* mecánico
B (in soccer) líbero *mf*, barredor, -dora *m,f* (Chi)

sweeping /ˈswiːpɪŋ/ *adj* **1** ‹*movement*› amplio; ‹*gesture*› dramático, histriónico **2** (indiscriminate) (pej): **that's rather a ~ statement, isn't it?** ¿no estás generalizando demasiado? **3** (far-reaching) ‹*reforms/changes*› radical; ‹*powers*› amplio

sweepings /ˈswiːpɪŋz/ *pl n* (dirt) basura *f*

sweepstakes /ˈswiːpsteɪks/, (BrE) **sweepstake** /ˈswiːpsteɪk/ *n* **1** (race) *carrera en la que el ganador se lleva todas las apuestas* **2** (lottery) lotería *f*

sweet¹ /swiːt/ *adj* **-er, -est**
A ‹*taste*› dulce; (with sugar) dulce, azucarado; **avoid ~ things** evite los dulces
B **1** (fresh, wholesome) ‹*smell*› agradable **2** ‹*water*› dulce
C **1** (pleasant, gratifying) ‹*sounds/voice/music*› dulce, melodioso; **for him victory was ~** la victoria le supo a gloria; **good night, ~ dreams** buenas noches y que sueñes con los angelitos; **she always goes her own ~ way** siempre hace lo que (se) le da la real gana **2** (kind, lovable) ‹*nature/temper/smile*› dulce; **she's a very ~ person** es un encanto (de persona); **it was very ~ of her to offer** fue un detalle que se ofreciese **3** (attractive) ‹*baby/puppy*› rico (fam), mono (fam), amoroso (AmL fam)

sweet² *n*
A [c] (item of confectionery) (BrE) caramelo *m* *or* (AmL exc RPl) dulce *m*
B [u c] (dessert) (BrE) postre *m*
C **sweets** *pl* (sugary food) (AmE) dulces *mpl*
D (*as form of address*): **my ~** mi vida, mi cielo

sweet: **~-and-sour** *adj* (*before n*) ‹*pork/sauce*› agridulce; **~breads** *pl n* mollejas *fpl*, lechecillas *fpl* (Esp); **~ chestnut** *n* **1** (fruit) castaña *f* (dulce) **2** (tree) castaño *m* (dulce); **~corn** *n* [u] maíz *m* tierno, elote *m* (Méx), choclo *m* (AmS), jojoto *m* (Ven)

sweeten /ˈswiːtn̩/ *vt*
A **1** ‹*drink/dish*› endulzar*, azucarar **2** ‹*air/breath*› refrescar*
B **1** (with extra money, benefits) ‹*offer/deal/sale*› hacer* más atractivo *or* apetecible **2** (colloq) (soften the attitude of) ablandar

sweetener /ˈswiːtn̩ər || ˈswiːtn̩ə(r)/ *n* **1** (Culin) endulzante *m*; (artificial) edulcorante *m* **2** (bribe) (colloq) soborno *m*, coima *f* (CS, Per fam), mordida *f* (Méx fam)

sweetheart /ˈswiːthɑːrt || ˈswiːthɑːt/ *n* **1** (lover, darling) novio, -via *m,f*, enamorado, -da *m,f*; **my childhood ~** el novio/la novia de mi infancia **2** (colloq) (*as form of address*) (mi) amor, mi vida, cariño

sweetie /ˈswiːti/ *n* (colloq)
A **~ (pie)** **1** (person) encanto *m*, cielo *m* **2** (*as form of address*) mi vida, tesoro
B (sweet, candy) (BrE) caramelo *m* *or* (AmL exc RPl) dulce *m*

sweetly /ˈswiːtli/ *adv* ‹*smile/sing*› dulcemente, con dulzura; **~ scented** de agradable fragancia; **she very ~ offered to do it** muy amablemente se ofreció a hacerlo

sweet-natured /'swi:t'neɪtʃərd/ *adj* dulce

sweetness /'swi:tnəs/ *n* [u] 1 (sugary taste) dulzor *m* 2 (of smell) lo agradable 3 (of person, character) dulzura *f*; ***to be (all) ~ and light*** estar* hecho un encanto

sweet: **~ pea** *n* alverjilla *f or* (RPl) arvejilla *f or* (Esp) guisante *m* de olor *or* (Méx) chícharo *m* de olor *or* (Chi) clarín *m*; **~ potato** *n* boniato *m*, batata *f*, camote *m* (Andes, Méx); **~shop** *n* (BrE) tienda *f* de golosinas; **~-talk** *vt* (colloq) engatusar (fam), camelar (Esp fam); **to ~-talk sb INTO -ING** engatusar *or* (Esp) camelar a algn PARA QUE (+ *subj*) (fam); **~-talking** *adj* (colloq) zalamero; **~-tempered** /'swi:t'tempərd || ,swi:t'tempəd/ *adj* de carácter dulce; **~ william** /'wɪljəm/ *n* minutisa *f*

swell¹ /swel/ (*past p* **swollen** *or* (AmE esp) **swelled**) *vi*

A «*wood/sails/face/ankles*» hincharse; «*river/stream*» crecer*, subir

B (increase) «*population/crowd*» crecer*, aumentar; **the applause ~ed to a crescendo** los aplausos se fueron haciendo cada vez más fuertes

■ **swell** *vt*

A (increase in size) ‹*body/joint/features*› hinchar; ‹*sails*› hinchar; ‹*river*› hacer* crecer *or* subir

B (increase in number, volume) ‹*population/total/funds*› aumentar; **to ~ the ranks of the unemployed** engrosar las filas del desempleo

Phrasal verb

• **swell up** [v ▸ adv] hincharse; **my/her finger ~ed up** se me/le hinchó el dedo

swell² *n* 1 (of sea) oleaje *m*; **a heavy ~** un fuerte oleaje, una marejada 2 (surge, movement) oleada *f*

swell³ *adj* (fine, excellent) (AmE colloq) fenomenal (fam), bárbaro (fam)

swelling /'swelɪŋ/ *n* [c u] hinchazón *f*

swelter /'sweltər || 'sweltə(r)/ *vi* sofocarse* de calor

sweltering /'sweltərɪŋ/ *adj* sofocante, bochornoso; **it was ~** hacía un calor sofocante

swept /swept/ *past & past p of* **sweep²**

swept-back /'swept'bæk/ *adj* ‹*hair*› peinado hacia atrás

swerve¹ /swɜ:rv || swɜ:v/ *vi* «*vehicle/driver/horse*» virar bruscamente, dar* un viraje brusco; «*ball*» ir* con efecto; **he ~d in and out of the traffic** zigzagueó por entre el tráfico

■ **swerve** *vt* ‹*vehicle*› hacer* virar bruscamente

swerve² *n* 1 [c] (movement — of vehicle) viraje *m* brusco, volantazo *m* (Méx); (— of boxer, footballer) finta *f*, regate *m* (Esp) 2 [u] (of ball) efecto *m*

swift¹ /swɪft/ *adj* **-er, -est** 1 ‹*runner/movement/animal*› veloz, rápido; **a ~-flowing river** un río de corriente rápida 2 ‹*reply/reaction/denial*› rápido; **he was ~ to reply** no tardó en contestar; **he was ~ to anger** (liter) era propenso a arrebatos de ira

swift² *n* vencejo *m*

swiftly /'swɪftli/ *adv* (rapidly) rápidamente, con rapidez, velozmente; (promptly) con prontitud *or* rapidez

swiftness /'swɪftnəs || 'swɪftnɪs/ *n* [u] (speed) rapidez *f*, velocidad *f*; (of reply, reaction) rapidez *f*, prontitud *f*

swig¹ /swɪg/ *n* (colloq) trago *m*; **to take *o* have a ~ of sth** tomarse un trago de algo

swig² *vt/i* **-gg-** (colloq) tomar, beber

swill¹ /swɪl/ *n*

A [u] 1 (for pigs) comida *f* para cerdos 2 (colloq) (disgusting food, drink) bazofia *f* (fam), porquería *f* (fam)

B (with water) (*no pl*): **a ~ (out/down)** (wash) una lavada; (rinse) un enjuague

swill² *vt*

A (wash, rinse) **to ~ sth (out)** ‹*cups/pans*› lavar/enjuagar* algo

B (drink) (colloq & pej) ‹*beer*› tomar *or* beber (*a grandes tragos*)

swim¹ /swɪm/ (*pres p* **swimming**; *past* **swam**; *past p* **swum**) *vi*

A «*person/animal/fish*» nadar; **can you ~?** ¿sabes nadar?; **are you going ~ming?** ¿vas a ir a nadar?; **he swam across the river** cruzó el río nadando *or* a nado; **we had to ~ for it** tuvimos que nadar para salvarnos

B 1 (float) flotar 2 (be immersed, overflowing) (*usu in -ing form*) **to ~ IN sth** nadar *or* flotar EN algo; **the tomatoes were ~ming in oil** los tomates nadaban *or* flotaban en aceite; **to ~ WITH sth: the bathroom floor was ~ming with water** el suelo del baño estaba cubierto de agua

C (of blurred, confused perceptions) dar* vueltas; **my head was ~ming** la cabeza me daba vueltas

■ **swim** *vt* ‹*length*› nadar, hacer*; ‹*river*› cruzar* a nado; **to ~ breaststroke** nadar pecho *or* (Esp) a braza

swim² *n*: **to go for a ~** ir* a nadar; **to have a ~** nadar, bañarse, darse* un baño; **it's a long ~ to the island** hay que nadar un buen trecho para llegar a la isla; ***to be in the ~*** estar* al tanto de lo que pasa, estar* en la onda (fam)

swimmer /'swɪmər || 'swɪmə(r)/ *n* nadador, -dora *m,f*

swimming /'swɪmɪŋ/ *n* [u] natación *f*; **~ is fun** nadar es divertido; (*before n*) **~ cap** gorro *m or* gorra *f* (de baño)

swimming: **~ bath** *n*, **~ baths** *pl n* (BrE) piscina *f* cubierta, alberca *f* techada (Méx), pileta *f* cubierta (RPl); **~ costume** *n* (BrE) ▸ **swimsuit**; **~ pool** *n* piscina *f*, alberca *f* (Méx), pileta *f* (RPl); **~ trunks** *pl n* traje *m* de baño, bañador *m* (Esp), vestido *m* de baño (Col) (*de caballero*)

swim: **~suit** *n* traje *m* de baño, bañador *m* (Esp), vestido *m* de baño (Col), malla *f* (de baño) (RPl); **~wear** *n* [u] trajes *mpl* de baño, bañadores *mpl* (Esp), mallas *fpl* (de baño) (RPl), vestidos *mpl* de baño (Col)

swindle¹ /'swɪndl̩/ *n* estafa *f*, timo *m* (fam)

swindle² *vt* estafar, timar; **I've been ~d** me han estafado *or* timado; **to ~ sb OUT OF sth: they ~d her out of her savings** la estafaron y le quitaron sus ahorros

swindler /'swɪndlər || 'swɪndlə(r)/ *n* estafador, -dora *m,f*

swine /swaɪn/ *n* 1 (*pl* **~**) (pig, hog) cerdo *m* 2 (*pl* **~s**) (contemptible person) (colloq) cerdo, -da *m,f* (fam), canalla *mf*, cabrón, -brona *m,f* (Esp fam)

swing¹ /swɪŋ/ (*past & past p* **swung**) *vi*

A 1 (hang, dangle) balancearse; (on a swing) columpiarse *or* (RPl) hamacarse*; «*pendulum*» oscilar 2 (convey oneself): **the monkeys swung from tree to tree** los monos saltaban de árbol en árbol colgados *or* (Col, Méx, Ven) guindados de las ramas (*or* de las lianas *etc*)

B 1 (move on pivot): **the door swung open/shut** *o* **to** la puerta se abrió/se cerró; **the door was ~ing in the wind** la puerta se mecía con el viento 2 (turn) girar *or* doblar (*describiendo una curva*); **the ball swung away** la pelota salió desviada

C (shift, change) «*opinion/mood*» cambiar, oscilar; **his views ~ from one extreme to another** sus ideas pasan de un extremo a otro; **the country is ~ing to the left** el país está virando *or* dando un viraje hacia la izquierda

D 1 **to ~ INTO sth** ‹*into action/operation*›: **the emergency plans swung into operation/action** se pusieron en marcha los planes de emergencia 2 (attempt to hit) **to ~ AT sb/sth** intentar pegarle *or* darle A algn/algo

E (be lively, up to date) (colloq) «*party*» estar* muy animado

■ **swing** *vt*

A (move to and fro) ‹*arms/legs*› balancear; ‹*object on rope*› hacer* oscilar; **to ~ one's hips** contonearse, contonear *or* menear las caderas

B 1 (convey): **he swung himself into the saddle** se montó en la silla de un salto; **he swung his suitcase up onto the rack** subío la maleta al portaequipaje de un envión 2 (wave, brandish) ‹*club/hammer*› blandir

C 1 (colloq) (manage) arreglar; **if you want that job, I think I can ~ it** si quieres ese puesto, creo que puedo arreglarlo 2 (shift): **this could ~ the vote our way** esto podría inclinar la votación a nuestro favor; **he managed to ~ public opinion behind him** logró poner a la opinión pública de su lado

Phrasal verb

• **swing around**, (BrE also) **swing round**

A [v ▸ adv] 1 (change direction, turn) «*vehicle*» dar* un viraje, girar *or* virar (en redondo); **she swung around to face me** giró sobre sus talones para darme la cara; **the wind has swung around to the east** el viento ha cambiado hacia el este 2 (change views) **to ~ around TO sth** dar* un giro *or* un viraje HACIA algo

B [v ▸ o ▸ adv] 1 ‹*car/boat*› hacer* girar en redondo 2 (change): **we hope to ~ them around to our point of view** esperamos poder convencerlos de que tenemos razón

swing² *n*

A 1 [c u] (movement) oscilación *f*, vaivén *m* 2 [c] (distance) *arco que describe un objeto que oscila* 3 [c] (blow, stroke) golpe *m*; (in golf, boxing) swing *m*; **to take a ~ at sb/sth** intentar darle a algn/algo (*con un palo, una raqueta etc*)

B [c] **1** (shift) cambio *m*; **a ~ in public opinion** un cambio *or* un viraje en la opinión pública; **a ~ back to traditional values** una vuelta a los valores tradicionales; **the ~s of the market** (Fin) las fluctuaciones del mercado **2** (Pol) viraje *m*; **a ~ to the Democrats of 4%** un viraje del 4% en favor de los demócratas

C **1** [u c] (rhythm, vitality): **there was a ~ in her step** andaba con brío; ***to be in full ~*** estar* en pleno desarrollo; **the party was in full ~** la fiesta estaba ya muy animada; **exams are in full ~** estamos (*or* están *etc*) en plena época de exámenes; ***to get into the ~ of sth*** agarrarle el ritmo *or* (Esp) cogerle* el tranquillo a algo; ***to go with a ~*** ⟪*business/conference*⟫ marchar sobre ruedas; ⟪*party*⟫ estar* muy animado **2** [u] (Mus) swing *m*

D [c] (Leisure) columpio *m or* (RPl) hamaca *f*; **to have a ~** columpiarse *or* (RPl) hamacarse*; ***it's a question of ~s and roundabouts*** (BrE) lo que se pierde en una cosa se gana en la otra

swing: **~ bin** *n* cubo *m or* (CS) tacho *m or* (Méx) bote *m or* (Col) caneca *f or* (Ven) tobo *m* de la basura (*con tapa de vaivén*); **~ bridge** *n* puente *m* giratorio; **~ door** *n* puerta *f* (de) vaivén

swingeing /ˈswɪndʒɪŋ/ *adj* (BrE) ⟨*criticism*⟩ durísimo, feroz; ⟨*increases/cuts*⟩ salvaje

swinging /ˈswɪŋɪŋ/ *adj* **1** (lively, fashionable) (colloq) con mucha marcha (fam), con mucho swing (fam); **the ~ sixties** los acelerados años 60 **2** (bouncing, rhythmic) (*before n*) ⟨*step/gait*⟩ cadencioso

swinging door *n* (AmE) ▸**swing door**

swing shift *n* (AmE) turno *m* de tarde

swipe[1] /swaɪp/ *n* (colloq) (blow) golpe *m*; (verbal attack) ataque *m*; **to take a ~ at sb/sth** (physically) intentar darle *or* pegarle a algn/algo

swipe[2] *vt* (colloq)

A (hit) darle* (un golpe) a

B (steal) afanarse (arg), volarse* (Méx fam)

■ **swipe** *vi* **to ~ AT sth/sb** intentar darle a algo/algn

swipe card *n* tarjeta *f* de banda magnética

swirl[1] /swɜːrl || swɜːl/ *n* (of water, dust, people) remolino *m*; (of smoke) voluta *f*, espiral *f*; **the ~ of the dancers' skirts** el movimiento de las faldas de las bailarinas; **a ~ of whipped cream** un copo de crema *or* (Esp) de nata batida

swirl[2] *vi* ⟪*water/dust/paper*⟫ arremolinarse; ⟪*dancers/skirts*⟫ girar

swish[1] /swɪʃ/ *n* **1** (of cane) silbido *m* **2** (of water) rumor *m*, susurro *m* **3** (of skirt) frufrú *m*; **the ~ of the curtains** el ruido de las cortinas al correrlas

swish[2] *vt* ⟨*cane/whip*⟩ agitar en el aire (*produciendo un silbido*); **the horse was ~ing its tail** el caballo sacudía la cola; **she ~ed the water around the bowl** agitó el agua en el bol

■ **swish** *vi* ⟪*cane*⟫ producir* un silbido; ⟪*water*⟫ borbotear; ⟪*skirts*⟫ hacer* frufrú

swish[3] *adj* **-er, -est** (BrE colloq) elegante, pijo (Esp fam), pituco (CS fam), popoff *adj inv* (Méx fam)

Swiss[1] /swɪs/ *adj* suizo

Swiss[2] *n* (*pl* ~) suizo, -za *m,f*

swiss roll, **Swiss roll** *n* [u c] (BrE) brazo *m* de gitano *or* (Andes) de reina, arrollado *m* (*dulce*) (RPl)

switch[1] /swɪtʃ/ *vt*

A **1** (change) cambiar de; **I ~ jobs** *o* **my job every six months** cada seis meses cambio de trabajo; **she ~ed the topic of conversation** desvió la conversación hacia otro tema, cambió de tema de conversación; **to ~ sth (FROM sth) TO sth**: **my appointment has been ~ed to Tuesday** me cambiaron la cita al martes **2** (exchange) ⟨*suitcases/roles*⟩ intercambiar; **can we ~ seats, please?** ¿no me cambiaría el asiento, por favor?

B (Elec, Rad, TV): **to ~ channels** cambiar de canal; **~ the heater to the lowest setting** ponga la estufa en 'mínimo'

C (shunt) (AmE Rail) desviar*, cambiar de vía

■ **switch** *vi* cambiar; **there's no direct train, you'll have to ~** (AmE) no hay un tren directo, vas a tener que cambiar *or* hacer trasbordo; **I ~ed to Channel Four** cambié al Canal Cuatro; **the scene ~es from New York to the French Riviera** la escena pasa de Nueva York a la Riviera francesa; **we've ~ed from electricity to gas** hemos empezado a usar gas en lugar de electricidad; **I ~ed back to my old brand** volví a mi marca de antes

Phrasal verbs

• **switch around**, (BrE also) **switch round**

A [v ▸ adv] (exchange positions, roles) cambiar

B [v ▸ o ▸ adv, v ▸ adv ▸ o] **1** ⟨*wires/cables*⟩ intercambiar **2** (rearrange) ⟨*furniture*⟩ cambiar de sitio

• **switch off**

A [v ▸ o ▸ adv, v ▸ adv ▸ o] ⟨*light/TV/heating*⟩ apagar*; ⟨*gas/electricity/water*⟩ cortar, desconectar; **the machine ~es itself off automatically** la máquina se apaga automáticamente

B [v ▸ adv] **1** ⟪*light/machine/heating*⟫ apagarse* **2** (lose interest, relax) (colloq) desconectar (fam)

• **switch on**

A [v ▸ o ▸ adv, v ▸ adv ▸ o] (esp BrE) ⟨*light/heating/machine*⟩ encender*, prender (AmL); **the power was ~ed on again two hours later** la electricidad volvió dos horas más tarde; **he can ~ on the charm when he wants to** es un encanto cuando quiere

B [v ▸ adv] ⟪*light/heating/machine*⟫ encenderse*, prenderse

• **switch over**

A [v ▸ adv] **1** (change) **to ~ over TO sth** cambiar A algo **2** (change channels) cambiar de canal **3** (exchange positions, roles) cambiar

B [v ▸ o ▸ adv, v ▸ adv ▸ o] ⟨*wires/cables*⟩ intercambiar

• **switch round** (BrE) ▸**switch around**

switch[2] *n*

A **1** (Elec) interruptor *m*, llave *f* (de encendido/de la luz) **2** (points) (AmE Rail) agujas *fpl*

B **1** (shift, change): **a ~ of emphasis** un cambio de énfasis; **his ~ from drama to fiction** su paso del teatro a la novela **2** (exchange) intercambio *m*, trueque *m*; **to make a ~** hacer* un intercambio

C (stick, cane) vara *f*

switch: **~back** *n* **1** (road) *carretera con cambios de rasante y/o curvas muy pronunciadas* **2** (roller coaster) (BrE) montaña *f* rusa; **~blade (knife)** *n* (AmE) navaja *f* automática *or* (Méx) de resorte; **~board** *n* centralita *f*, conmutador *m* (AmL); (*before n*) **~board operator** telefonista *mf*; **~ hitter** *n* (AmE) bateador ambidiestro, bateadora ambidiestra *m,f*; **~over** *n* **~over (FROM sth TO sth)** cambio *m* (DE algo A algo)

Switzerland /ˈswɪtsərlənd || ˈswɪtsələnd/ *n* Suiza *f*

swivel[1] /ˈswɪvəl/, (BrE) **-ll-** *vi* girar; **she ~ed around to look at me** se volvió para mirarme

■ **swivel** *vt* hacer* girar

swivel[2] *n* plataforma *f* giratoria; (*before n*) **~ chair** silla *f* giratoria

swollen[1] /ˈswəʊlən/ *past p of* **swell**[1]

swollen[2] *adj* ⟨*ankle/knee/joints*⟩ hinchado; **~ glands** ganglios *mpl* inflamados; **~ with pride** henchido de orgullo; **the river was ~** el río iba crecido

swoon[1] /swuːn/ *vi* **1** (show rapture) **to ~ (OVER sb)** derretirse* (POR algn) **2** (faint) (arch *or* liter) desvanecerse*

swoon[2] *n* (arch *or* liter) desvanecimiento *m*; **to fall into** *o* **in a ~** desvanecerse*, sufrir un desvanecimiento

swoop[1] /swuːp/ *vi* ⟪*aircraft*⟫ descender* *or* bajar en picada *or* (Esp) en picado; ⟪*bird of prey*⟫ abatirse; ⟪*police*⟫ llevar a cabo una redada

swoop[2] *n* (of bird, aircraft) descenso *m* en picada *or* (Esp) en picado; (by police) redada *f*; ***in*** *o* ***at one fell ~*** de una sola vez, de un tirón (fam)

swop /swɑːp || swɒp/ *vt/vi/n* ▸**swap**[1,2]

sword /sɔːrd || sɔːd/ *n* espada *f*; **by fire and the ~** a sangre y fuego; ***a double-edged ~*** un arma de doble filo *or* dos filos; ***to cross ~s with sb*** pelearse con algn

sword: **~fish** *n* (*pl* **~fish** *or* **~fishes**) pez *m* espada; **~sman** *n* (*pl* **-men**) espadachín *m*, espada *m*

swore /swɔːr || swɔː(r)/ *past of* **swear**

sworn[1] /swɔːrn || swɔːn/ *past p of* **swear**

sworn[2] *adj* (*before n*)

A ⟨*enemy*⟩ declarado, acérrimo

B ⟨*statement*⟩ jurado

swot[1] /swɑːt/ *n* (BrE colloq & pej) matado, -da *m,f or* (Col) pilo, -la *m,f or* (Chi) mateo, -tea *m,f or* (Per) chancón, -cona *m,f or* (RPl) traga *mf or* (Esp) empollón, -llona *m,f* (fam & pey)

swot² **-tt-** *vi* (BrE colloq) estudiar como loco (fam), empollar (Esp fam), matearse (Chi fam), tragar* (RPl fam)

Phrasal verb

• **swot up** (BrE colloq)

A [v ▸ o ▸ adv, v ▸ adv ▸ o] estudiar como loco (fam)

B [v ▸ adv] ▸ **swot²**; **to ~ up ON sth** ▸ **swot up A**

SWOT /swɑːt || swɒt/ *n* (= **strengths, weaknesses, opportunities, threats**) DAFO *f*; **~ analysis** análisis *m* DAFO

swum /swʌm/ *past p of* **swim¹**

swung /swʌŋ/ *past & past p of* **swing¹**

sycamore /'sɪkəmɔːr || 'sɪkəmɔː(r)/ *n* 1 (plane tree) (AmE) plátano *m* (de sombra) 2 **~ (maple)** plátano *m* (falso), sicómoro *m*, sicomoro *m*

sycophant /'sɪkəfænt/ *n* adulador, -dora *m,f*

sycophantic /'sɪkə'fæntɪk/ *adj* adulador, lisonjero

syllable /'sɪləbəl/ *n* sílaba *f*; **I explained it to him in words of one ~** se lo expliqué en forma más que clara

syllabub /'sɪləbʌb/ *n*: *dulce hecho con leche o crema con azúcar, licor y jugo de limón*

syllabus /'sɪləbəs/ *n* (*pl* **-buses**) plan *m* de estudios; (of a particular subject) programa *m*

sylph /sɪlf/ *n* sílfide *f*

sylphlike /'sɪlflaɪk/ *adj* ‹*figure*› de sílfide

symbiosis /'sɪmbaɪ'əʊsəs/ *n* (*pl* **-oses**) simbiosis *f*

symbiotic /'sɪmbaɪ'ɑːtɪk/ *adj* simbiótico

symbol /'sɪmbəl/ *n* símbolo *m*

symbolic /sɪm'bɑːlɪk || sɪm'bɒlɪk/ **-ical** /-ɪkəl/ *adj* simbólico; **to be ~ OF sth** simbolizar* algo

symbolically /sɪm'bɑːlɪkli/ *adv* simbólicamente

symbolism /'sɪmbəlɪzəm/ *n* [u] simbolismo *m*

symbolize /'sɪmbəlaɪz/ *vt* 1 (be a symbol of) simbolizar* 2 (represent) representar simbólicamente

symmetrical /sə'metrɪkəl || sɪ'metrɪkəl/ *adj* simétrico

symmetrically /sə'metrɪkli / *adv* simétricamente

symmetry /'sɪmətri/ *n* [u] simetría *f*

sympathetic /'sɪmpə'θetɪk/ *adj*

A (understanding) comprensivo; **they offered a ~ ear** me escucharon con amabilidad; **they weren't in the least ~** no demostraron ninguna comprensión; **to be ~ TO/TOWARD sb/sth**: **he was most ~ to me when my wife died** me dio todo su apoyo y comprensión cuando murió mi mujer

B (approving) ‹*response/view*› favorable; ‹*audience*› bien dispuesto, receptivo; **to be ~ TO sth** ‹*to a cause/regime*› simpatizar* CON algo; ‹*to a request/demand*› mostrarse* favorable A algo

sympathetically /'sɪmpə'θetɪkli/ *adv* 1 (with understanding) ‹*listen/consider/respond*› con comprensión 2 (showing pity) con compasión

sympathize /'sɪmpəθaɪz/ *vi* 1 (commiserate): **I ~ with him** lo compadezco 2 (understand) **to ~ (WITH sth/sb)** comprender *or* entender* (algo/a algn) 3 (support, approve) **to ~ WITH sth** ‹*with cause/aims*› simpatizar* CON algo; ‹*with request/demand*› mostrarse* favorable A algo

sympathizer /'sɪmpəθaɪzər/ *n* simpatizante *m,f*

sympathy /'sɪmpəθi/ *n* (*pl* **-thies**)

A 1 [u] (pity) compasión *f*, lástima *f* 2 (condolences) (*often pl*): **please accept this expression of our deepest ~** *o* **sympathies** le rogamos acepte nuestro más sentido pésame *or* nuestras más sinceras condolencias (frml); **you have my deepest ~** lo acompaño en el sentimiento (fr hecha)

B 1 [u] (support, approval): **I was in/out of ~ with the majority** estaba/no estaba de acuerdo con la mayoría; **to come out in ~ with sb** (Lab Rel) declararse en huelga en solidaridad con algn; (*before n*) ‹*strike/action*› solidario, de solidaridad 2 **sympathies** *pl* (loyalty, leanings) (*often pl*) simpatías *fpl*; **Republican sympathies** tendencias *fpl* republicanas

symphony /'sɪmfəni/ *n* (*pl* **-nies**) sinfonía *f*; (*before n*) **~ orchestra** orquesta *f* sinfónica

symposium /sɪm'pəʊziəm/ *n* (*pl* **-siums** *or* **-sia** /-ziə/) **~ (ON sth)** simposio *m* (SOBRE algo)

symptom /'sɪmptəm/ *n* síntoma *m*

symptomatic /'sɪmptə'mætɪk/ *adj* **~ (OF sth)** sintomático (DE algo)

synagogue /'sɪnəgɑːg || 'sɪnəgɒg/ *n* sinagoga *f*

sync /sɪŋk/ *n* [u] (colloq) sincronización *f*; **to be in/out of ~ (with sth)** estar*/no estar* sincronizado (con algo)

synchromesh /'sɪŋkrəʊmeʃ/ *n* [u] sincronizador *m* (*del cambio de marchas*)

synchronization /'sɪŋkrənə'zeɪʃən/ *n* [u] sincronización *f*

synchronize /'sɪŋkrənaɪz/ *vt* 1 **to ~ sth (WITH sth)** sincronizar* algo (CON algo); **~d swimming** natación *f* sincronizada, nado *m* sincronizado (Méx) 2 (set to same time) ‹*clocks/watches*› sincronizar*

■ **synchronize** *vi* **to ~ (WITH sth)** «*movements/soundtrack*» estar* sincronizado (CON algo)

syncopated /'sɪŋkəpeɪtəd || 'sɪŋkəpeɪtɪd/ *adj* sincopado

syncopation /'sɪŋkə'peɪʃən/ *n* [u] síncopa *f*

syndicate¹ /'sɪndəkət || 'sɪndɪkət/ *n* 1 (group, cartel) agrupación *f*; **a crime ~** una organización mafiosa 2 (in US) (Journ, TV) agencia *f* de distribución periodística

syndicate² /'sɪndəkeɪt || 'sɪndɪkeɪt/ *vt* (in US) ‹*column/article/interview*› distribuir* (*a diferentes medios de comunicación*); **his column is ~d all over the country** su columna se publica en periódicos de todo el país

syndication /'sɪndə'keɪʃən || ˌsɪndɪ'keɪʃən/ *n* [u] (in US) distribución *f* (*a diferentes medios de comunicación*)

syndrome /'sɪndrəʊm/ *n* síndrome *m*

synergy /'sɪnərdʒi || 'sɪnədʒi/ *n* [u] (*pl* **-gies**) sinergia *f*

synod /'sɪnəd/ *n* sínodo *m*

synonym /'sɪnənɪm/ *n* **~ (FOR sth)** sinónimo *m* (DE algo)

synonymous /sə'nɑːnəməs || sɪ'nɒnɪməs/ *adj* ‹*terms/phrases*› sinónimo; ‹*ideas*› análogo; **to be ~ WITH sth** ser* sinónimo DE algo

synopsis /sə'nɑːpsəs/ *n* (*pl* **-opses** /-siːz/) sinopsis *f*

syntax /'sɪntæks/ *n* [u] sintaxis *f*

synthesis /'sɪnθəsəs/ *n* (*pl* **-theses**) síntesis *f*

synthesize /'sɪnθəsaɪz/ *vt* sintetizar*

synthesizer /'sɪnθəsaɪzər/ *n* sintetizador *m*

synthetic¹ /sɪn'θetɪk/ *adj* sintético

synthetic² *n* fibra *f* sintética, tejido *m* sintético

syphilis /'sɪfələs || 'sɪfɪlɪs/ *n* [u] sífilis *f*

syphon *n/vt* /'saɪfən/ ▸ **siphon**

Syria /'sɪriə/ *n* Siria *f*

Syrian /'sɪriən/ *adj* sirio

syringe¹ /sə'rɪndʒ/ *n* (Med) jeringa *f*, jeringuilla *f*

syringe² *vt* **~ (out)** ‹*ear/sinuses*› hacer* un lavado de

syrup /'sɜːrəp, 'sɪ- || 'sɪrəp/ *n* [u] 1 (Culin) (sugar solution) almíbar *m*; (with other ingredients) jarabe *m*, sirope *m* 2 (medicine) jarabe *m*; **cough ~** jarabe para la tos

syrupy /'sɜːrəpi, 'sɪ- || 'sɪrəpi/ *adj* 1 ‹*mixture/consistency*› espeso como jarabe 2 (cloying) ‹*voice/smile*› almibarado

system /'sɪstəm/ *n*

A 1 [u c] (ordered structure) sistema *m*, método *m* 2 [c] (procedure) sistema *m*; **filing/classification ~** sistema de archivo/clasificación 3 [c] (organizational whole) sistema *m*; **the prison ~** el sistema penitenciario

B [c] 1 (technical, mechanical) sistema *m*; **all ~s go!** ¡todo bien! 2 (Comput) sistema *m* 3 (Audio) equipo *m* (de sonido *or* audio)

C [c] 1 (Anat, Physiol): **the digestive ~** el aparato digestivo; **the nervous ~** el sistema nervioso 2 (body) cuerpo *m*, organismo *m*; **my ~ can't cope with so much food** mi cuerpo *or* mi organismo no puede con tanta comida; ***to get sb/sth out of one's ~***: **it took me years to get her out of my ~** me llevó años olvidarla *or* sacármela de la cabeza; **I had to say it; I needed to get it out of my ~** se lo tuve que decir; me tenía que desahogar

D [c] 1 (form of government) sistema *m* 2 (establishment, status quo): **the ~** el sistema; **he tried to beat the ~** intentó burlar el sistema

E [c] (for gambling) fórmula *f*, martingala *f* (CS)

systematic /'sɪstə'mætɪk/ *adj* sistemático

systematically /'sɪstə'mætɪkli/ *adv* sistemáticamente

systematize /'sɪstəmətaɪz/ *vt* sistematizar*

systems /'sɪstəmz/ *adj* (*before n*) ‹*development/design/programming*› de sistemas

systems: **~ analysis** *n* [u] análisis *m* de sistemas; **~ analyst** *n* analista *mf* de sistemas

Tt

T, t /tiː/ *n* T, t *f*; ***to a T*** (colloq): ***to fit sb to a T*** *o* (AmE also) ***down to a T*** sentarle* a algn como un guante; ***to suit sb to a T*** «*arrangement*» venirle* a algn de maravilla; «*dress/outfit*» sentarle* a algn de maravilla

ta /tɑː/ *interj* (BrE colloq) ¡gracias!

tab /tæb/ *n*

A 1 (flap) lengüeta *f* 2 (label — for indexing) ceja *f*; (— on clothing) etiqueta *f*

B (account, bill) (colloq) cuenta *f*; ***to keep ~s on sth/sb*** tener* algo/a algn controlado; ***to pick up the ~*** (colloq): **the company will pick up the ~** la empresa corre con los gastos; **they left early and I had to pick up the ~** se fueron pronto y acabé pagando yo la cuenta

C (on typewriter, word processor) tabulador *m*; (*before n*) ‹*character/key/stop*› de tabulación; (setting): **to set ~s** definir tabuladores

D (ring pull) (AmE) anilla *f*

Tabasco® (sauce) /təˈbæskəʊ/ *n* [u] tabasco® *m*

tabby¹ /ˈtæbi/ *n* (*pl* **-bies**) gato atigrado, gata atigrada *m,f*

tabby² *adj* atigrado

table¹ /ˈteɪbəl/ *n*

A (piece of furniture) mesa *f*; **dinner's on the ~!** ¡la cena está servida!; **don't do that at the ~** no hagas eso en la mesa; **come and sit at** *o* (BrE also) **on our ~** siéntate con nosotros; **to lay** *o* **set the ~** poner* la mesa; **to clear the ~** levantar *or* (Esp) quitar la mesa; **the negotiating ~** la mesa de negociaciones; ***on the ~***: **to put sth on the ~** (present sth for discussion) (esp BrE) poner* algo sobre el tapete; (postpone discussion on sth) (AmE) posponer* *or* (esp AmL) postergar* algo; ***to do sth under the ~*** hacer* algo bajo cuerda *or* mano; ***to drink sb under the ~***: **she can drink me under the ~** me da cien mil vueltas bebiendo; ***to turn the ~s***: **the ~s are turned** se ha vuelto *or* (CS) se dio vuelta la tortilla (fam), se han cambiado las tornas; **to turn the ~s on one's adversaries** volverles* las tornas a sus (*or* mis *etc*) adversarios; (*before n*) ‹*knife/lamp/wine*› de mesa; **~ football** (BrE) futbolín *m*, taca-taca *m* (Chi), metegol *m* (Arg), futbolito *m* (Ur); **~ linen** mantelería *f*, ropa *f* de mesa (Esp); **~ mat** (mantelito *m*) individual *m*; **~ manners** modales *mpl* en la mesa

B 1 (list) tabla *f*; **multiplication** *o* (used by children) **times ~s** tablas de multiplicar; **the four-times ~** la tabla del cuatro 2 (*league ~*) (BrE) liga *f*, clasificación *f*

table² *vt* 1 (postpone) (AmE) ‹*debate/bill*› posponer*, postergar* (esp AmL) 2 (submit) (BrE) ‹*proposal/motion*› presentar

tableau /ˈtæbləʊ/ *n* (*pl* **-leaux** *or* **-leaus** /-ləʊz/) (Art) retablo *m*; (Theat) cuadro *m* vivo

table: **~cloth** *n* mantel *m*; **~ d'hôte** /ˈtɑːbəlˈdəʊt/ *adj*: **~ d'hôte menu** menú *m* del día (*a precio fijo*); **~-hop** *vi* **-pp-** (AmE colloq) ir* de mesa en mesa; **~land** *n* meseta *f*, altiplanicie *f*; **~spoon** *n* (utensil) cuchara *f* grande *or* de servir; (measure) cucharada *f* (grande); **~spoonful** /ˈteɪbəlˈspuːnfʊl || ˈteɪbəlspuːnfəl/ *n* (*pl* **-spoonfuls** *or* **-spoonsful**) cucharada *f* (grande)

tablet /ˈtæblət || ˈtæblɪt/ *n* 1 (pill) pastilla *f*, comprimido *m* 2 (of soap) (BrE) pastilla *f* 3 (plaque) placa *f*; (commemorative, of stone) lápida *f*

table: **~ tennis** *n* [u] ping-pong *m*, tenis *m* de mesa; (*before n*) **~-tennis bat** *o* (AmE also) **paddle** raqueta *f* *or* pala *f* de ping-pong; **~top** *n*: *tablero de una mesa*; **~ware** /ˈteɪbəlwer || ˈteɪbəlweə(r)/ *n* [u] *vajilla, cubertería, cristalería etc*

tabloid /ˈtæblɔɪd/ *n* tabloide *m* (*formato de periódicos utilizado por la prensa popular*); (*before n*) ‹*journalism*› popular, dirigido a las masas; (sensationalist) sensacionalista

taboo¹ /təˈbuː/ *adj* tabú *adj inv*

taboo² *n* (*pl* **taboos**) tabú *m*

tabulate /ˈtæbjəleɪt || ˈtæbjʊleɪt/ *vt* ‹*results/data*› tabular, presentar en forma de tabla

tabulator /ˈtæbjəˈleɪtər || ˈtæbjʊˌleɪtə(r)/ *n* tabulador *m*

tacit /ˈtæsət || ˈtæsɪt/ *adj* tácito

tacitly /ˈtæsətli || ˈtæsɪtli/ *adv* tácitamente

taciturn /ˈtæsətɜːrn || ˈtæsɪtɜːn/ *adj* taciturno

tack¹ /tæk/ *n*

A [c] 1 (nail) tachuela *f*; ***to get down to brass ~s*** (colloq) ir* al grano 2 (*thumb~*) (AmE) tachuela *f*, chincheta *f* (Esp), chinche *f* (AmC, Méx, RPl), chinche *m* (Andes)

B [c] 1 (Naut) bordada *f* 2 (direction): **to change ~** cambiar de enfoque *or* táctica *or* política

C [c] (stitch) (BrE) puntada *f*; (seam) hilván *m*

D [u] (Equ) arreos *mpl*, aperos *mpl* (AmL)

tack² *vt*

A 1 (nail) ‹*carpet*› clavar con tachuelas 2 (pin, fasten) ‹*notice/list*› clavar con tachuelas (*or* chinchetas *etc*)

B (stitch) (BrE) hilvanar

■ **tack** *vi* (Naut) dar* bordadas

Phrasal verbs

• **tack down** [v ▸ o ▸ adv, v ▸ adv ▸ o] ‹*carpet*› clavar con tachuelas

• **tack on** [v ▸ o ▸ adv, v ▸ adv ▸ o] agregar*, añadir

tacking /ˈtækɪŋ/ *n* [u] 1 (Naut) virada *f* 2 (stitching) (BrE) hilván *m*, hilvanes *mpl*

tackle¹ /ˈtækəl/ *n*

A [u] (equipment): **sports ~** equipo *m* de deporte; **fishing ~** aparejo *m* *or* avíos *mpl* de pesca

B [c] (Sport) (in rugby, US football) placaje *m*, tacle *m* (AmL); (in soccer) entrada *f* fuerte

C [u] (Naut) aparejo *m*, polea *f*

tackle² *vt*

A 1 (come to grips with) ‹*problem*› enfrentar, abordar, tratar de resolver; ‹*subject*› tratar; ‹*task*› abordar, emprender; **are you ready to ~ the garden now?** ¿estás listo para emprenderla con *or* atacar el jardín? 2 (confront) ‹*intruder/colleague*› enfrentar, enfrentarse con; **it's high time you ~d him about the rent** ya es hora de que le plantees cara a cara lo del alquiler

B (Sport) (in rugby, US football) placar*, taclear (AmL); (in soccer) entrarle a

■ **tackle** *vi* (Sport) placar*, taclear (AmL)

tacky /ˈtæki/ *adj* **tackier, tackiest**

A (cheap, tawdry) ‹*jewelry/decorations*› chabacano, hortera (Esp fam), naco (Méx fam), lobo (Col fam), rasca (Chi fam), mersa (RPl fam)

B (sticky) pegajoso

tact /tækt/ *n* [u] tacto *m*

tactful /ˈtæktfəl/ *adj* ‹*person*› de mucho tacto, diplomático; ‹*question/reply*› diplomático; **that wasn't very ~ of you** en eso demostraste tener muy poco tacto

tactfully /ˈtæktfəli/ *adv* ‹*inquire/mention*› discretamente, con mucho tacto, con mucha diplomacia; **the letter was very ~ worded** era una carta escrita con mucho tacto

tactic /ˈtæktɪk/ *n* táctica *f*

tactical /ˈtæktɪkəl/ *adj* táctico; ~ **voting** votación *f* táctica

tactician /tækˈtɪʃən/ *n* estratega *mf*

tactics /ˈtæktɪks/ *n* (Mil) (+ *sing or pl vb*) táctica *f*

tactile /ˈtæktḷ || ˈtæktaɪl/ *adj* táctil

tactless /ˈtæktləs || ˈtæktlɪs/ *adj* ‹*person*› poco diplomático, falto de tacto; ‹*remark/question*› poco diplomático, indiscreto

tactlessly /ˈtæktləsli || ˈtæktlɪsli/ *adv* con poco tacto

tad /tæd/ *n*: **a tad** (colloq) un poco

Tadjikistan /tɑːˌdʒiːkɪˈstɑːn/ ▸ **Tadzhikistan**

tadpole /ˈtædpəʊl/ *n* renacuajo *m*

Tadzhikistan /tɑːˌdʒiːkɪˈstɑːn// *n* Tayiquistán *m*, Tadzhikistán *m*

taffeta /ˈtæfətə || ˈtæfɪtə/ *n* [u c] tafetán *m*, tafeta *f* (Méx, RPl)

taffy /ˈtæfi/ *n* [c u] (AmE Culin) caramelo *m* masticable

tag¹ /tæg/ *n*
A [c] (label) etiqueta *f* (*atada*)
B [u] (Games): **to play** ~ jugar* al corre que te pillo *or* (Méx) a la roña *or* (Col) a la lleva *or* (RPl) a la mancha *or* (Chi) a la pinta
C [c] (Ling) coletilla *f*; (*before n*) ~ **question** coletilla interrogativa

tag² **-gg-** *vt*
A (label) ‹*article/item*› etiquetar, ponerle* una etiqueta a; (Comput) codificar*; **she was ~ged the Iron Lady** se le puso el apodo de Dama de Hierro
B (in baseball) agarrar fuera de base

(Phrasal verbs)
- **tag along** [v ▸ adv]: **do you mind if I ~ along?** ¿les importa si los acompaño *or* (fam) si me les pego?; **her little sister always ~s along after us** su hermanita nos sigue a todas partes
- **tag on** [v ▸ o ▸ adv, v ▸ adv ▸ o] agregar*, añadir
- **tag out** [v ▸ o ▸ adv, v ▸ adv ▸ o] (in baseball) agarrar fuera de base

tag: ~ **end** *n* (AmE colloq) (of program, debate) final *m*, última parte *f*; (of era) final *m*, últimos años *mpl*; ~ **line** *n* (AmE) (punch line) remate *m* de un chiste; (repeated phrase) eslogan *m*

Tagus /ˈteɪgəs/ *n* **the** ~ el Tajo

Tahiti /təˈhiːti/ *n* Tahití *m*

tail¹ /teɪl/ *n*
A 1 (of horse, fish, bird) cola *f*; (of dog, pig) rabo *m*, cola *f*; ***to be on sb's*** ~ pisarle los talones a algn, seguir* a algn de cerca; ***to turn*** ~ poner* pies en polvorosa; ***with one's ~ between one's legs*** con el rabo entre las piernas, con la cola entre las patas (Méx) 2 (buttocks) (colloq) trasero *m* (fam), cola *f* (AmL fam), pompis *m* (Esp fam)
B (of plane, comet, kite) cola *f*; (of shirt, coat) faldón *m*; *see also* **tails A**
C (pursuer) (colloq): **to put a ~ on sb** hacer* seguir a algn

tail² *vt* (follow) ‹*suspect*› seguir*

(Phrasal verb)
- **tail off** [v ▸ adv] 1 (diminish) «*demand*» disminuir*, mermar 2 (fade) «*sound/words*» apagarse*

tail: ~**back** *n* 1 (BrE) caravana *f*, cola *f* (*debida a un embotellamiento*) 2 (in US football) defensa ofensivo, defensa ofensiva *m,f*; ~**board** *n* ▸ **tailgate¹ 1**; ~**coat** *n* frac *m*

-tailed /teɪld/ *suff*: **long~/thin~** de cola larga/delgada

tail end *n*: **the ~ ~** (of film, concert) el final, los últimos minutos, la última parte; (of procession) la cola

tailgate¹ /ˈteɪlgeɪt/ *n* 1 (Auto) puerta *f* trasera *or* de atrás (*de un coche de cinco o tres puertas*) 2 ~ **(party)** (AmE colloq) *picnic al lado del coche*

tailgate² *vt* (esp AmE) manejar *or* (Esp) conducir* pegado a
■ **tailgate** *vi* manejar *or* (Esp) conducir* pegado al vehículo de delante

taillight /ˈteɪllaɪt/ *n* luz *f* trasera, calavera *f* (Méx)

tailor¹ /ˈteɪlər || ˈteɪlə(r)/ *n* sastre *m*; **he went to the ~'s** fue al sastre *or* a la sastrería

tailor² *vt*
A (Clothing) 1 (make) confeccionar 2 **tailored** *past p* (*before n*) ‹*jacket/skirt*› (fitted) entallado; (lined, structured etc) armado, tipo sastre
B (adapt) adaptar

tailor-made /ˈteɪlərˈmeɪd || ˌteɪləˈmeɪd/ *adj* 1 ‹*suit/dress*› hecho a (la) medida 2 (perfectly suited) ‹*product/plan*› a la medida de sus (*or* nuestras *etc*) necesidades; **the job is ~ for her** es un trabajo a su medida

tail: ~**piece** *n* (appendage — written) apéndice *m*, apostilla *f*, coletilla *f*; (— spoken) coletilla *f*; ~**pipe** *n* (AmE Auto) tubo *m or* (RPl) caño *m* de escape, exhosto *m* (Col)

tails /teɪlz/ *n*
A (tailcoat) (+ *pl vb*) frac *m*
B (on coin) (+ *sing vb*) cruz *f*, sello *m* (Andes, Ven), sol *m* (Méx), ceca *f* (Arg)

tail: ~**spin** *n*: ***to go into a ~spin*** «*economy/business*» caer* en picada *or* (Esp) en picado; «*lit: aircraft*» entrar en barrena; ~**wind** *n* viento *m* de cola

taint¹ /teɪnt/ *vt* 1 (contaminate) ‹*meat/water*› contaminar 2 (dishonor) ‹*name/reputation*› mancillar (liter), deshonrar; **his writings are ~ed with racism** su obra está contaminada de racismo

taint² *n* 1 [c] (trace) dejo *m* 2 [u] (stain) mancha *f*, mácula *f* (liter); **to be free of ~** estar* limpio de toda mancha *or* mácula

Taiwan /ˈtaɪˈwɑːn/ *n* Taiwan *m*

Taiwanese¹ /ˈtaɪwəˈniːz/ *adj* taiwanés

Taiwanese² *n* (*pl* ~) taiwanés, -nesa *m,f*

take¹ /teɪk/ (*past* **took**; *past p* **taken**) *vt*

(Sense I) (carry, lead, drive) llevar; ~ **an umbrella** lleva un paraguas; **shall I ~ the chairs inside/upstairs?** ¿llevo las sillas adentro/arriba?, ¿meto/subo las sillas?; **to ~ the garbage out** sacar la basura; **we took him home** lo llevamos a (su) casa; **she took us into her office** nos hizo pasar a su oficina; **I'll ~ you up/down to the third floor** subo/bajo contigo al tercer piso, te llevo al tercer piso; **to ~ the dog (out) for a walk** sacar* el perro a pasear; **this path ~s you to the main road** este camino lleva *or* por este camino se llega a la carretera; **her job often ~s her to Paris** va con frecuencia a París por motivos de trabajo; **if you decide to ~ the matter further** si decide proseguir con el asunto

(Sense II)
A 1 ‹*train/plane/bus/taxi*› tomar, coger* (esp Esp); **are you taking the car?** ¿vas a ir en coche?; **I had to ~ the bus back** tuve que volver en autobús; **we took the elevator** (AmE) *o* (BrE) **lift to the restaurant** tomamos *or* (esp Esp) cogimos el ascensor para subir/bajar al restaurante 2 ‹*road/turning*› tomar, agarrar (esp AmL), coger* (esp Esp); **I took the wrong road** me equivoqué de camino 3 ‹*bend*› tomar, coger* (esp Esp); ‹*fence*› saltar
B 1 (grasp, seize) tomar, agarrar (esp AmL), coger* (esp Esp); **he took her by the hand** la tomó *or* (esp AmL) la agarró *or* (esp Esp) la cogió de la mano; **he took the opportunity** aprovechó la oportunidad; **he took control of the situation** se hizo dueño de la situación; **she took the knife from him** le quitó el cuchillo 2 (take charge of): **may I ~ your coat?** ¿me permite el abrigo?; **would you mind taking the baby for a moment?** ¿me tienes al niño un momento? 3 (occupy): ~ **a seat** siéntese, tome asiento (frml); **this chair is ~n** esta silla está ocupada
C (remove, steal) llevarse; **somebody's ~n my purse!** ¡alguien se me ha llevado el monedero!
D (catch): **it took us by surprise** nos sorprendió; **he was ~n completely unawares** lo agarró *or* (esp Esp) lo cogió completamente desprevenido; **to be ~n ill** caer* enfermo
E 1 (capture) ‹*town/fortress/position*› tomar; ‹*pawn/piece*› comer 2 (win) ‹*prize/title*› llevarse, hacerse* con; ‹*game/set*› ganar 3 (receive as profit) hacer*, sacar*
F ‹*medicine/drugs*› tomar; **have you ~n your tablets?** ¿te has tomado las pastillas?; **I don't ~ sugar in my coffee** no le pongo azúcar al café
G 1 (buy, order) llevar(se); **I'll ~ this pair** (me) llevo este par; **I'll ~ 12 ounces** déme *or* (Esp tb) póngame 12 onzas 2 (buy regularly) comprar; **we ~ The Globe** nosotros compramos *or* leemos The Globe 3 (rent) ‹*cottage/apartment*› alquilar, coger* (Esp)
H 1 (acquire) ‹*lover*› buscarse*; **to ~ a wife/husband** casar-

t

se 2 (sexually) (liter) ‹*woman*› poseer*

Sense III

A (of time) «*job/task*» llevar; «*process*» tardar; «*person*» tardar, demorar(se) (AmL); **it took longer than expected** llevó *or* tomó más tiempo de lo que se creía; **the flight ~s two hours** el vuelo dura dos horas; **it took weeks for him to recover** tardó semanas en recuperarse; **the letter took a week to arrive** la carta tardó *or* (AmL tb) se demoró una semana en llegar; **it took me a long time to do it** me llevó mucho tiempo hacerlo

B (need): **it ~s courage to do a thing like that** hay que tener *or* hace falta *or* se necesita valor para hacer algo así; **it took four men to lift it** se necesitaron cuatro hombres para levantarlo; ***to have (got) what it ~s*** (colloq) tener* lo que hay que tener *or* lo que hace falta

C 1 (wear): **what size shoes do you ~?** ¿qué número calzas?; **she ~s a 14** usa la talla *or* (RPl) el talle 14 2 (Auto): **this car ~s diesel** este coche consume diesel 3 (Ling) construirse* con, regir*

Sense IV

A (accept) ‹*money/bribes/job*› aceptar; **do you ~ checks?** ¿aceptan cheques?; **~ it or leave it** (set phrase) lo tomas o lo dejas; **you'll have to ~ my word for it** vas a tener que fiarte de mi palabra; **~ it from me** hazme caso; **I won't ~ no for an answer** no me voy a dar por vencido así como así; **~ that, you scoundrel!** (dated) ¡toma, canalla!

B 1 (hold, accommodate): **the tank ~s/will ~ 42 liters** el tanque tiene una capacidad de 42 litros; **we can ~ up to 50 passengers** tenemos cabida para un máximo de 50 pasajeros 2 (admit, receive) ‹*patients/pupils*› admitir, tomar, coger* (Esp); **they ~ lodgers** alquilan habitaciones; **we don't ~ telephone reservations** *o* (BrE) **bookings** no aceptamos reservas por teléfono

C 1 (withstand, suffer) ‹*strain/weight*› aguantar; ‹*beating/blow*› recibir 2 (tolerate, endure) aguantar; **I can't ~ it any longer!** ¡no puedo más!, ¡ya no aguanto más!; **he can't ~ a joke** no sabe aceptar *or* no se le puede hacer una broma 3 (bear): **how is he taking it?** ¿qué tal lo lleva?; **she's ~n it very badly/well** lo lleva muy mal/bien; *see also* **heart B, C**

D 1 (understand, interpret) tomarse; **she took it the wrong way** se lo tomó a mal, lo interpretó mal; **don't ~ it personally** no te lo tomes como algo personal; **to ~ sth as read/understood** dar* algo por hecho/entendido; **I ~ it that you didn't like him much** por lo que veo no te cayó muy bien; *see also* **take for** 2 (consider) (*in imperative*) mirar; **~ Japan, for example** mira el caso del Japón, por ejemplo

Sense V

A 1 ‹*steps/measures*› tomar; ‹*exercise*› hacer*; **to ~ a walk/a step forward** dar* un paseo/un paso adelante; **~ a look at this!** ¡mira esto! 2 (supervise, deal with): **would you ~ that call, please?** ¿puede atender esa llamada por favor?

B (Educ) 1 (teach) (BrE) darle* clase a; **she ~s us for Chemistry** nos da clase de química 2 (learn) ‹*subject*› estudiar, hacer*; ‹*course*› hacer*; **to ~ an exam** hacer* *or* dar* *or* (CS) rendir* *or* (Méx) tomar un examen, examinarse (Esp)

C 1 (record) tomar; **we took regular readings** tomamos nota de la temperatura (*or* presión *etc*) a intervalos regulares 2 (write down) ‹*notes*› tomar; **he took my name and address** me tomó el nombre y la dirección

D (adopt): **he ~s the view that ...** opina que ..., es de la opinión de que ...; **she took an instant dislike to him** le tomó antipatía inmediatamente; *see also* **liking 1, offense B2, shape¹ A1** *etc*

■ **take** *vi*

A 1 «*seed*» germinar; «*cutting*» prender 2 «*dye*» agarrar (esp AmL), coger* (esp Esp)

B (receive) recibir; **all you do is ~, ~, ~** no piensas más que en ti

Phrasal verbs

- **take aback** [v ▸ o ▸ adv] (usu pass) sorprender, desconcertar*; **I was ~n aback by his attitude** su actitud me sorprendió *or* me desconcertó
- **take after** [v ▸ prep ▸ o] salir* a, parecerse* a; **he ~s after his father** salió a su padre, se parece a su padre
- **take along** [v ▸ o ▸ adv, v ▸ adv ▸ o] llevar
- **take apart** [v ▸ o ▸ adv] 1 (dismantle) desmontar 2 (search thoroughly) (colloq): **the police took the place apart** la policía lo dejó todo patas arriba (fam) 3 (show weakness of) ‹*argument*› desbaratar, echar por tierra
- **take around,** (BrE) **take round** 1 [v ▸ o ▸ prep ▸ o] (show) ‹*house/estate*› mostrar*, enseñar (esp Esp) 2 [v ▸ o ▸ adv] (guide, accompany) llevar; **I took them around and introduced them to everyone** los llevé por la oficina (*or* el colegio *etc*) y se los presenté a todo el mundo
- **take aside** [v ▸ o ▸ adv] llevar aparte *or* a un lado
- **take away**

Sense I [v ▸ o ▸ adv, v ▸ adv ▸ o]

A 1 (carry, lead away) ‹*person/object*› llevarse 2 (remove, confiscate) ‹*possession*› quitar, sacar* (RPl); **to ~ sth away FROM sb** quitarle *or* (RPl tb) sacarle* algo A algn; **her children were ~n away from her** le quitaron a los niños 3 (erase, obliterate): **this will ~ the pain away** con esto se te pasará el dolor; **this will ~ the taste away** esto te quitará el sabor de la boca

B (Math): **34 ~ away 13 equals 21** 34 menos 13 es igual a 21; **if you ~ away 13 from 34 ...** si a 34 le restas 13 ...

Sense II [v ▸ o ▸ adv]: **~ *it away!*** (colloq) ¡adelante!

Sense III [v ▸ adv ▸ o] (BrE) ‹*food*› llevar; **to eat here or ~ away?** ¿para comer aquí o para llevar?

- **take away from** [v ▸ adv ▸ prep ▸ o]: **it ~s away from one's enjoyment of the music** hace que uno disfrute menos de la música
- **take back**

A [v ▸ o ▸ adv, v ▸ adv ▸ o] 1 (return) devolver* 2 (repossess) llevarse 3 (accept back): **she wouldn't ~ back the money she'd lent me** no quiso que le devolviera el dinero que me había prestado; **I wonder if she'll ~ him back** me pregunto si aceptará que vuelva 4 (withdraw, retract) ‹*statement*› retirar

B [v ▸ o ▸ adv] (in time): **this song ~s me back!** ¡qué recuerdos me trae esta canción!; **it ~s me back to my childhood** me transporta a mi niñez

- **take down** [v ▸ o ▸ adv, v ▸ adv ▸ o] 1 ‹*curtains/decorations/notice*› quitar 2 (dismantle) ‹*tent/market stall*› desmontar 3 (lower): **to ~ down one's pants** (AmE) bajarse los pantalones 4 (write down) ‹*name/address*› apuntar, anotar
- **take for** [v ▸ o ▸ prep ▸ o] tomar por; **what do you ~ me for?** ¿pero tú qué te crees (que soy)?; **sorry, I took you for somebody else** perdone, lo confundí con otra persona
- **take from** [v ▸ o ▸ prep ▸ o] 1 (derive): **the town ~s its name from ...** la ciudad debe su nombre a ... 2 (subtract) restar de
- **take home** [v ▸ adv ▸ o]: **she ~s home less than £600** su sueldo neto *or* líquido es de menos de 600 libras
- **take in**

Sense I [v ▸ o ▸ adv, v ▸ adv ▸ o]

A (move indoors) ‹*chairs/toys*› meter (dentro), llevar para dentro, entrar (esp AmS)

B 1 (give home to) ‹*orphan*› recoger*; ‹*lodger*› alojar 2 (do): **she ~s in washing/ironing** es lavandera, lava para afuera (CS)/es planchadora, plancha para afuera (CS)

C (grasp, register) ‹*impressions/information/news*› asimilar; **he didn't ~ in what was happening** no se dio cuenta de lo que estaba pasando

D (make narrower) ‹*dress/waist*› meterle *or* tomarle a

E «*plant/roots*» ‹*water/nutrients*› asimilar

Sense II [v ▸ o ▸ adv] (deceive) engañar

Sense III [v ▸ adv ▸ o] 1 (include) ‹*areas/topics*› incluir*, abarcar* 2 (visit) visitar, incluir* (*en el recorrido*)

- **take off**

Sense I [v ▸ o ▸ adv, v ▸ adv ▸ o] [v ▸ o ▸ prep ▸ o]

A (detach, remove) quitar, sacar*; **the hurricane took the roof off the house** el huracán le arrancó el tejado a la casa; **she took her make-up off** se quitó *or* (esp AmL) se sacó el maquillaje; **to ~ off one's dress/shoes** quitarse *or* (esp AmL) sacarse* el vestido/los zapatos

B 1 (cut off) ‹*branch/shoot*› cortar; ‹*limb*› amputar; **the hairdresser took too much off the back** el peluquero me cortó mucho atrás 2 (deduct) descontar*; **that haircut ~s years off him** ese corte de pelo le quita años de encima

C (have free): **she's ~n the morning off (from) work** se ha tomado la mañana libre

D (imitate) (colloq) imitar, remedar

Sense II [v ▸ adv] 1 «*aircraft/pilot*» despegar*, decolar (AmL); «*flight*» salir* 2 (succeed) «*career*» tomar vuelo 3 (depart) largarse* (fam), irse*

t

(Sense III) [v ▸ o ▸ adv] (convey) llevar(se); **to ~ oneself off** irse*

(Sense IV) [v ▸ o ▸ adv] [v ▸ o ▸ prep ▸ o]

A (remove) quitar, sacar* (esp AmL); **~ your foot off the clutch** levanta el pie del embrague; **~ your hands off me!** ¡quítame las manos de encima!, ¡no me toques!; **the soup has been ~n off the menu** han quitado la sopa del menú

B (take away from) (colloq) quitar, sacar* (CS); **I took the gun off him** le quité *or* (CS tb) le saqué la pistola

- **take on**

A [v ▸ o ▸ adv, v ▸ adv ▸ o] **1** (employ) ‹*staff*› contratar, tomar (esp AmL) **2** (undertake) ‹*work*› encargarse* de, hacerse* cargo de; ‹*responsibility/role*› asumir; ‹*client/patient*› aceptar, tomar; **she ~s on too much** se echa demasiado encima, se carga de responsabilidades **3** (tackle) ‹*opponent*› enfrentarse a, aceptar el reto de; ‹*problem/issue*› abordar; **I took him on at tennis** me le enfrenté en tenis

B [v ▸ adv ▸ o] (assume) ‹*expression*› adoptar; ‹*appearance*› adquirir*, asumir; **the town took on an air of festivity** el pueblo asumió un aire festivo

- **take out**

(Sense I) [v ▸ o ▸ adv, v ▸ adv ▸ o]

A **1** (remove physically) sacar*; **she took the book out of the suitcase** sacó el libro de la maleta; **it takes all the fun out of it** le quita toda la gracia; ***to ~ sb out of herself/himself*** hacer* que algn se olvide de sus problemas; ***to ~ it out of sb*** ‹‹*fight/race*›› dejar a algn rendido; **this weather certainly ~s it out of you** este tiempo lo deja a uno sin ganas de nada **2** (exclude) eliminar, excluir*, sacar* **3** (transport) sacar* **4** (AmE) ‹*food*› llevar; **food to ~ out** comida para llevar

B **1** (withdraw) ‹*money*› sacar*, retirar **2** (deduct) deducir*

C (produce) sacar*; **he took out a gun** sacó una pistola

(Sense II)

A [v ▸ o ▸ adv, v ▸ adv ▸ o] **1** (extract) ‹*tooth*› sacar*, extraer* (frml); ‹*appendix*› sacar*, extirpar (frml) **2** (obtain) ‹*insurance/permit*› sacar*

B (eliminate) ‹*enemy/opposition*› eliminar

(Sense III) [v ▸ o ▸ adv] (accompany, conduct): **he'd like to ~ her out** le gustaría invitarla a salir; **she took me out to dinner** me invitó a cenar; **to ~ the dog out for a walk** sacar* el perro a pasear; **you never ~ me out** nunca me llevas *or* me sacas a ningún lado

- **take out on** [v ▸ o ▸ adv ▸ prep ▸ o]: **she ~s her frustration out on her children** descarga su frustración en los niños; **there's no need to ~ it out on me** no tienes por qué desquitarte *or* (AmL tb) agarrártela conmigo
- **take over**

A [v ▸ adv] **1** (assume control): **when the Democrats took over** cuando los demócratas asumieron el poder; **he will ~ over as managing director** asumirá el cargo de director ejecutivo; **you've been driving for hours, shall I ~ over?** llevas horas manejando *or* (Esp) conduciendo ¿tomo yo el volante?; **to ~ over FROM sb** sustituir* a algn; (in shift work) relevar a algn **2** (seize control, overrun) ‹‹*army*›› hacerse* con el poder; **whenever she comes she ~s over completely** siempre que viene toma el mando por su cuenta *or* se hace cargo de todo; **a world in which computers have ~n over** un mundo en el que las computadoras han llegado a dominarlo *or* controlarlo todo

B [v ▸ o ▸ adv, v ▸ adv ▸ o] (take charge of) ‹*responsibility/role*› asumir; ‹*job*› hacerse* cargo de; ‹*company*› absorber; **(on his death) his daughter took over the business** (cuando él murió,) su hija tomó las riendas de la compañía

- **take round** (BrE) ▸**take around**
- **take through** [v ▸ o ▸ prep ▸ o] explicar* paso por paso; **I'll ~ you through the different steps again** repasemos otra vez *or* volvamos sobre los distintos pasos
- **take to** [v ▸ prep ▸ o] **1** (respond well to, develop liking for): **he didn't ~ to life in the country** no se adaptó a la vida en el campo; **she took to teaching immediately** enseguida le tomó gusto a la enseñanza, la enseñanza se le dio bien desde el principio; **they took to each other at once** se gustaron inmediatamente **2** (form habit of): **to ~ to drink** darse* a la bebida; **to ~ to -ING** darle* a algn POR + INF; **she's ~n to calling us at all hours** le ha dado por llamarnos a todas horas **3** (go to): **to ~ to the hills** ‹‹*rebels*›› huir* al monte; **to ~ to one's bed** meterse en cama
- **take up**

(Sense I) [v ▸ o ▸ adv, v ▸ adv ▸ o]

A **1** (pick up) ‹*bag/book*› tomar, agarrar (esp AmL), coger* (esp Esp) **2** (accept) ‹*offer/challenge*› aceptar **3** (adopt) ‹*cause*› hacer* suyo (*or* mío *etc*) **4** (begin): **he's ~n up pottery/badminton** ha empezado a hacer cerámica/a jugar al badminton; **when she took up her new role as director** cuando empezó a desempeñar *or* cuando asumió sus funciones de directora

B (lift) ‹*carpet/floorboards*› levantar

C **1** (continue) ‹*story*› seguir*, continuar*; ‹*thread*› retomar; ‹*conversation*› reanudar **2** (pursue) ‹*issue/point*› tratar; (pursue) volver* a

D (shorten) ‹*skirt*› acortar; ‹*hem*› subir

(Sense II) [v ▸ adv ▸ o]

A (use up, absorb) **1** ‹*time*› llevar; **most of my time is ~n up with ...** se me va casi todo el tiempo en ... **2** ‹*space*› ocupar

B (move into) ‹*position*› tomar

- **take upon** [v ▸ o ▸ prep ▸ o] **to ~ sth upon oneself**: **he took the responsibility upon himself** asumió la responsabilidad; ***to ~ it upon oneself to* + INF**: **I took it upon myself to cancel the flight** me arriesgué y cancelé el vuelo; **he took it upon himself to invite her to my party** se creyó con derecho a invitarla a mi fiesta
- **take up on** [v ▸ o ▸ adv ▸ prep ▸ o] **1** (take person at word): **I may well ~ you up on that** a lo mejor te tomo la palabra *or* te acepto el ofrecimiento; **can I still ~ you up on that drink?** ¿aquella invitación a tomar algo sigue en pie? **2** (challenge): **I must ~ you up on that** sobre eso discrepo con usted
- **take up with**

A [v ▸ adv ▸ prep ▸ o] (form relationship with) (pej) empezar* a juntarse con

B [v ▸ o ▸ adv ▸ prep ▸ o] (raise with): **I shall be taking the matter up with the manager** le voy a plantear el asunto al director

take² *n*

A (Cin) toma *f*

B **1** (earnings) ingresos *mpl*, recaudación *f* **2** (share) parte *f*; (commission) comisión *f*

takeaway¹ /ˈteɪkəweɪ/ *adj* (BrE) ‹*meal/pizza*› para llevar; ‹*restaurant*› de comida para llevar

takeaway² *n* (BrE) **1** (restaurant) restaurante *m* de comida para llevar **2** (meal) comida *f* preparada; **we had a ~** compramos comida para llevar

take-home pay /ˈteɪkhəʊm/ *n* [u] sueldo *m* neto

taken¹ /ˈteɪkən/ *past p of* **take¹**

taken² *adj* (*pred*) **to be ~ WITH sth/sb**: **I was quite ~ with him** me cayó muy bien, me gustó mucho; **they were very ~ with the house** les encantó la casa, quedaron prendados de la casa

takeoff /ˈteɪkɔːf || ˈteɪkɒf/ *n*

A (Aviat) despegue *m*, decolaje *m* (AmL); **the plane is ready for ~** el avión está listo para despegar *or* (AmL tb) decolar

B (caricature, imitation) (colloq) parodia *f*

takeout¹ /ˈteɪkaʊt/ *adj* (AmE) ‹*meal/pizza*› para llevar; ‹*restaurant*› de comida para llevar

takeout² *n* [u] (AmE) comida *f* preparada; **what do you say we have ~ tonight?** ¿qué te parece si compramos algo hecho para cenar?

takeover /ˈteɪkəʊvər || ˈteɪkəʊvə(r)/ *n* **1** (Govt) toma *f* del poder; **military ~** golpe *m* militar, toma *f* del poder por parte de los militares **2** (Busn) absorción *f*, adquisición *f* (*de una empresa por otra*); (*before n*) **~ bid** oferta *f* pública de adquisición *or* de compra, OPA *f*

taker /ˈteɪkər || ˈteɪkə(r)/ *n* interesado, -da *m,f*; **there's plenty of soup left: any ~s?** queda mucha sopa ¿alguien quiere más *or* tiene interés?

taking /ˈteɪkɪŋ/ *n* **1** : **it's yours for the ~** es tuyo si lo quieres; **there are plenty of apples there for the ~** hay muchas manzanas para el que quiera **2** **takings** *pl* (BrE Busn) recaudación *f*; (at box office) taquilla *f*, entrada *f*; **to count the day's ~s** hacer* (la) caja

talc /tælk/ *n* [u] polvos *mpl* de talco, talco *m* (AmL)

talcum powder /ˈtælkəm/ *n* [u] polvos *mpl* de talco, talco *m* (AmL)

tale /teɪl/ *n* cuento *m*, relato *m*; **ah now, thereby hangs a ~** (set phrase) ah, eso es toda una historia; ***to tell ~s*** (*used by or to children*) contar* chismes *or* cuentos; **that's not**

true: you're telling ~s! ¡mentira! ¡eso es un cuento chino! (fam)

talent /ˈtælənt/ *n* 1▸ [u c] (aptitude, skill) talento *m*; **she has a ~ for languages** tiene mucha facilidad para los idiomas 2▸ [u] (talented people) gente *f* con talento 3▸ [u] (attractive women or men) (BrE colloq): **they were eyeing up the ~** estaban pasando revista al personal presente (hum)

talented /ˈtæləntəd || ˈtæləntɪd/ *adj* talentoso, de talento

talent scout, (BrE also) **talent spotter** *n* cazatalentos *mf*

talisman /ˈtæləsmən || ˈtælɪzmən/ *n* (*pl* **~s**) talismán *m*

talk¹ /tɔːk/ *vi*

A 1▸ (speak) hablar; (converse) hablar, platicar* (esp AmC, Méx); **everyone stopped ~ing** todo el mundo se calló; **stop ~ing!** ¡silencio!; **he never stops ~ing** no para de hablar, habla hasta por los codos (fam); **they ~ed and ~ed** hablaron largo y tendido; **to ~ ABOUT sb/sth** hablar DE algn/algo; **he doesn't know what he's ~ing about** no tiene idea de lo que está hablando; **the year's most ~ed-about event** el acontecimiento más comentado del año; **you ate it all? ~ about greedy!** (colloq) ¿te lo comiste todo? ¡hay que ser glotón!; **for a basic kit you're ~ing about $900** (colloq) para un equipo básico hay que pensar en unos 900 dólares; **to ~ OF sth/-ING** hablar DE algo/DE + INF; **~ing of which, how was your exam?** a propósito, ¿cómo te fue el examen?; **to ~ TO sb**: **are you ~ing to me ?** ¿me hablas a mí?; **I wasn't ~ing to you** yo no estaba hablando contigo *or* no te estaba hablando a ti; **we're not ~ing to each other** no nos hablamos; **to ~ to oneself** hablar solo; **to ~ WITH sb** hablar *or* (AmC, Méx tb) platicar* CON algn; **you can ~!** *o* **you can't ~!** *o* **look who's ~ing!** (colloq) ¡mira quién habla!; **now you're ~ing!** (colloq) ¡así se habla! 2▸ **talking** *pres p* ‹*doll*› que habla; ‹*book*› grabado

B 1▸ (have discussion) hablar; **is there somewhere we can ~?** ¿podemos hablar en privado?; **the two sides are ready to ~** las dos partes están dispuestas a negociar; **to ~ ABOUT sth** (discuss sth) discutir algo; (hold talks about sth) entrar en negociaciones SOBRE algo 2▸ (give talk) **to ~ (ABOUT/ON sth)** hablar (DE/SOBRE algo), dar* una charla (SOBRE algo) 3▸ (gossip) hablar; **you can't stop people ~ing** no se puede evitar que la gente haga comentarios

■ **talk** *vt*

A (speak) (colloq): **they were ~ing Italian** hablaban (en) italiano; **to ~ golf/economics** hablar de golf/economía; **don't ~ nonsense!** ¡no digas tonterías!

B (argue, persuade) **to ~ sb INTO/OUT OF sth/-ING** convencer* a algn DE QUE/DE QUE NO (+ *subj*); **he ~ed me into doing it** me convenció de que lo hiciera; **see if you can ~ her out of it!** a ver si puedes convencerla de que no lo haga; ***to ~ one's way*** *o* ***oneself out of/into sth***: **she tried to ~ her way out of it** ‹*of a difficult situation*› intentó salir del embrollo contando una historia; ‹*of an arrangement*› intentó librarse del compromiso contando una historia; **she ~ed herself into the job** habló tan bien que le dieron el trabajo

(Phrasal verbs)

- **talk around**, (BrE also) **talk round** [v ▸ o ▸ adv] (persuade) convencer*; **to ~ sb around TO sth/-ING**: **he ~ed them around to his point of view/to accepting the offer** los convenció de que tenía razón/de que aceptaran la oferta
- **talk back** [v ▸ adv] (be disrespectful) contestar *or* responder (mal)
- **talk down** 1▸ [v ▸ o ▸ adv, v ▸ adv ▸ o] ‹*pilot*› dirigir* por radio (*en un aterrizaje*) 2▸ [v ▸ o ▸ adv] (persuade to come down): **we managed to ~ him down from the roof** hablando conseguimos que se bajara del techo
- **talk down to** [v ▸ adv ▸ prep ▸ o] hablarle en tono condescendiente a
- **talk over** [v ▸ o ▸ adv, v ▸ adv ▸ o] ‹*problem/issue*› discutir, hablar de
- **talk round** (BrE) ▸**talk around**
- **talk through** [v ▸ o ▸ adv, v ▸ adv ▸ o]: **to ~ sb through sth** (discuss) hablar con algn de algo; (explain) explicarle* algo a algn

talk² *n*

A [c] 1▸ (conversation) conversación *f*; **it's time we had a little ~** ya es hora de que hablemos seriamente; **I had a long ~ with him** estuve hablando *or* (AmC, Méx tb) platicando un rato largo con él 2▸ (lecture) charla *f*; **to give a ~ about** *o* **on sth** dar* una charla sobre algo 3▸ **talks** *pl* (negotiations) conversaciones *fpl*, negociaciones *fpl*; **to have** *o* **hold ~s** mantener* *or* sostener* conversaciones; **the two leaders met for ~s** los dos líderes se reunieron para dialogar

B [u] 1▸ (suggestion, rumor): **there is ~ of his retiring** se habla de que *or* corre la voz de que se va a jubilar; **it was the ~ of the town** (set phrase) era la comidilla del lugar 2▸ (words) (colloq & pej) palabrería *f* (fam & pey), palabras *fpl*; **it's just ~!** es pura palabrería (fam & pey), no son más que palabras; ***to be all ~ (and no action)*** hablar mucho y no hacer* nada

talkative /ˈtɔːkətɪv/ *adj* ‹*person*› conversador, hablador

talker /ˈtɔːkər || ˈtɔːkə(r)/ *n* hablador, -dora *m,f*, conversador, -dora *m,f*; **he's a smooth ~** tiene mucha labia (fam)

talking /ˈtɔːkɪŋ/ *n* [u]: **no ~, please!** ¡silencio, por favor!; **I could hear ~ in the next room** oí que alguien hablaba en la habitación de al lado; **let me do the ~** déjame hablar a mí

talking: **~ point** *n* tema *m* de conversación; **~-to** *n* (*pl* **-tos**) (colloq): **to give sb a good ~-to** leerle* la cartilla a algn (fam), echarle un buen sermón a algn

talk show *n* programa *m* de entrevistas

tall /tɔːl/ *adj* **-er, -est** alto; **he's ~ for his age** es alto para su edad; **how ~ are you?** ¿cuánto mides?; **he's nearly 6 feet ~** mide casi 6 pies; **that tree is almost 50 feet ~** ese árbol tiene casi 50 pies de altura; ***that's a ~ order*** eso es mucho pedir

tallboy /ˈtɔːlbɔɪ/ *n* (BrE) cómoda *f* (alta)

tallow /ˈtæləʊ/ *n* [u] sebo *m*

tall story, **tall tale** *n* cuento *m* chino (fam)

tally¹ /ˈtæli/ *n* (*pl* **-lies**) cuenta *f*; **keep (a) ~ of how much I owe you** ve anotando lo que te debo, lleva la cuenta de lo que te debo

tally² *vi* **-lies, -lying, -lied** «*versions*» coincidir, concordar*; «*amounts/totals*» coincidir, cuadrar

Talmud /ˈtælmʊd/ *n* **the ~** el Talmud

talon /ˈtælən/ *n* garra *f*

tamarind /ˈtæmərɪnd/ *n* tamarindo *m*

tambourine /ˌtæmbəˈriːn/ *n* pandereta *f*

tame¹ /teɪm/ *adj* **tamer, tamest** 1▸ ‹*animal*› (by nature) manso, dócil; (tamed) domado, domesticado 2▸ (unexciting) ‹*show/story*› insulso, insípido

tame² *vt* ‹*wild animal*› domar; ‹*stray*› domesticar*; ‹*passion*› dominar, domar

Tamil¹ /ˈtæməl || ˈtæmɪl/ *adj* tamil, tamul

Tamil² *n* 1▸ [c] (person) tamil *mf*, tamul *mf* 2▸ [u] (language) tamul *m*

tamp /tæmp/ *vt* **~ (down)** ‹*earth*› apisonar; ‹*tobacco*› apretar*, tacar* (Col)

tamper with /ˈtæmpər || ˈtæmpə(r)/ [v ▸ prep ▸ o] ‹*engine/controls*› tocar*, andar* con (fam); ‹*lock*› tratar de forzar; ‹*document/figures*› alterar

tampon /ˈtæmpɑːn || ˈtæmpɒn/ *n* tampón *m*

tan¹ /tæn/ **-nn-** *vt* 1▸ ‹*leather/hide*› curtir 2▸ «*sun*» ‹*body/skin*› broncear, tostar*, poner* moreno

■ **tan** *vi* (become suntanned) broncearse, quemarse (AmL), ponerse* moreno; **to ~ easily** broncearse *or* ponerse* moreno con facilidad

tan² *n* 1▸ (on skin) bronceado *m*, moreno *m* (esp Esp) 2▸ (color) habano *m*

tan³ *adj* ‹*shoes/sweater*› habano

tandem /ˈtændəm/ *n* (bicycle) tándem *m*; ***in ~*** ‹*drive/ride*› uno detrás del otro; ‹*operate/work*› conjuntamente

tang /tæŋ/ *n* [c u] (strong taste) sabor *m* fuerte; (sharp taste) acidez *f*; (smell) olor *m* penetrante

tangent /ˈtændʒənt/ *n* tangente *f*; ***to go*** *o* ***fly off at*** *o* ***on a ~*** irse* por las ramas

tangerine /ˌtændʒəˈriːn/ *n* 1▸ (Bot, Culin) (fruit) mandarina *f*, tangerina *f*; (tree) mandarino *m*, tangerino *m* 2▸ (color) naranja *m*; (*before n*) naranja *adj inv*

tangible /ˈtændʒəbəl/ *adj* tangible

tangibly /ˈtændʒəbli/ *adv* perceptiblemente

tangle¹ /ˈtæŋgəl/ *vt* ‹*threads/wool*› enredar, enmarañar; **to get ~d (up)** enredarse

■ **tangle** *vi* «*threads/rope*» enredarse

t

Phrasal verbs

- **tangle up** [v ▸ o ▸ adv, v ▸ adv ▸ o] 1 ‹*threads/wool*› enredar, enmarañar 2 (confuse): **he got terribly ~d up trying to explain himself** se hizo un enredo *or* (fam) lío tratando de explicarse 3 (embroil) (*usu pass*): **to get ~d up in sth** verse* implicado en algo
- **tangle with** [v ▸ prep ▸ o] (colloq) ‹*bully*› meterse con

tangle² *n* 1 (of threads, hair) enredo *m*, maraña *f*, embrollo *m*; (of weeds, undergrowth) maraña *f*; **the ropes lay in a ~ on the floor** las cuerdas estaban hechas una maraña *or* un enredo en el suelo 2 (muddle, confusion) lío *m*, enredo *m*; **to get into a ~** armarse un lío

tangled /ˈtæŋɡəld/ *adj* ‹*threads*› enredado; ‹*situation*› complicado

tango¹ /ˈtæŋɡəʊ/ *n* (*pl* **-gos**) tango *m*

tango² *vi* **-goes, -going, -goed** bailar el tango, tanguear; ***it takes two to ~*** (colloq) esas cosas no se hacen sin cooperación

tangy /ˈtæŋi/ *adj* **-gier, -giest** ‹*aroma*› penetrante; ‹*taste*› ácido

tank¹ /tæŋk/ *n*

A (for liquid, gas) depósito *m*, tanque *m*; (on trucks, rail wagons etc) cisterna *f*; **fuel ~** depósito *m* del combustible; (Auto) tanque *m*, depósito *m*

B (Mil) tanque *m*, carro *m* de combate

C (jail) (AmE sl) cárcel *f*, cana *f* (AmS arg), bote *m* (Méx, Ven arg), trullo *m* (Esp arg)

tank² *vi* (AmE colloq) «*stock market*» venirse* abajo; «*movie/show*» fracasar estrepitosamente

Phrasal verb

- **tank up** [v ▸ adv] 1 (with fuel) llenar el tanque, repostar 2 (with alcohol) (colloq) tomarse unas cuantas (fam)

tankard /ˈtæŋkərd || ˈtæŋkəd/ *n* jarra *f*, pichel *m* (ant)

tanked up /tæŋkt/ *adj* (colloq) borracho, como una cuba (fam)

tanker /ˈtæŋkər || ˈtæŋkə(r)/ *n* 1 (ship) buque *m* cisterna *or* tanque; **(oil) ~** petrolero *m* 2 (truck) camión *m* cisterna, pipa *f* (Méx)

tankful /ˈtæŋkfʊl/ *n* tanque *m*

tank top *n* (sleeveless T-shirt) (AmE) camiseta *f* sin mangas; (sleeveless sweater) (BrE) chaleco *m* de punto

tanned /tænd/ *adj* bronceado, moreno

tanner /ˈtænər || ˈtænə(r)/ *n* curtidor, -dora *m,f*

tannery /ˈtænəri/ *n* (*pl* **-ries**) curtiduría *f*, tenería *f*, curtiembre *f* (AmL)

tannin /ˈtænən || ˈtænɪn/ *n* [u] tanino *m*

tanning /ˈtænɪŋ/ *n* [u]

A (of hides) curtido *m*

B (of skin) bronceado *m*; (*before n*) **~ lotion** bronceador *m*

Tannoy® /ˈtænɔɪ/ *n* (BrE) sistema *m* de megafonía; **to announce sth over** *o* **on the ~** anunciar algo por los altavoces *or* (AmL tb) parlantes

tantalize /ˈtæntḷaɪz || ˈtæntəlaɪz/ *vt* 1 (arouse curiosity, desire in) tentar*, atraer* 2 (torment) atormentar, martirizar*

tantalizing /ˈtæntḷaɪzɪŋ || ˈtæntəlaɪzɪŋ/ *adj* tentador

tantamount /ˈtæntəmaʊnt/ *adj* **to be ~ TO sth** equivaler* A algo

tantrum /ˈtæntrəm/ *n* berrinche *m*, rabieta *f*, pataleta *f* (fam); **Jack had** *o* **threw a (temper) ~** a Jack le dio un berrinche *or* (fam) una pataleta, Jack hizo un berrinche (Méx)

Tanzania /ˈtænzəˈniːə/ *n* Tanzania *f*, Tanzanía *f*

Tanzanian /ˈtænzəˈniːən/ *adj* tanzano

tap¹ /tæp/ *n*

A [c] 1 (for water) (BrE) llave *f* *or* (Esp) grifo *m* *or* (RPl) canilla *f* *or* (Per) caño *m* *or* (AmC) paja *f*, chorro *m* (AmC, Ven) 2 (*gas ~*) llave *f* del gas 3 (on barrel) espita *f*; ***on ~*** (lit) ‹*beer*› de barril; (ready for use): **we have all that information on ~** tenemos toda esa información al alcance de la mano

B [c] (listening device) micrófono *m* de escucha; **they put a ~ on his phone** le intervinieron *or* (fam) pincharon el teléfono

C [c] (light blow) toque *m*, golpecito *m*; **there was a gentle ~ at the door** tocaron suavemente a la puerta

D [u] ▸**tap dancing**

tap² **-pp-** *vt*

A (strike lightly) ‹*window/door*› dar* un toque *or* golpecito en; **he was ~ping his fingers on the table** tamborileaba con los dedos sobre la mesa; **to ~ in a command** (Comput) teclear una orden

B 1 ‹*tree*› sangrar 2 **~ (off)** ‹*liquid*› sacar* 3 ‹*resources/reserves*› explotar, aprovechar 4 (colloq) **to ~ sb FOR sth** ‹*for money/information*› intentar sacarle algo a algn

C ‹*telephone*› intervenir*, pinchar (fam); ‹*conversation*› interceptar, escuchar

D (designate) (AmE) **to ~ sb FOR sth** nombrar a algn PARA algo

■ **tap** *vi* 1 (strike lightly) **to ~ AT/ON sth** dar* toques *or* golpecitos EN algo 2 (make tapping sound) dar* golpecitos, tamborilear, repiquetear

Phrasal verb

- **tap out** [v ▸ o ▸ adv, v ▸ adv ▸ o] ‹*rhythm*› pulsar

tap: **~ dance** *vi* bailar claqué *or* (Méx) tap, hacer* zapateo americano (CS); **~ dancing** *n* [u] claqué *m*, tap *m* (Méx), zapateo *m* americano (CS)

tape¹ /teɪp/ *n*

A [u c] 1 (of paper, cloth) cinta *f* 2 (adhesive) cinta *f* adhesiva; (Med) esparadrapo *m*, cinta *f* adhesiva; *see also* **masking tape, Scotch tape**® *etc* 3 (Sport) cinta *f* de llegada 4 ▸**tape measure**

B 1 [u] (*magnetic ~*) (Audio, Comput, Video) cinta *f* (magnética); **I have it on ~** lo tengo grabado *or* en cinta 2 [c] (Audio, Video) cinta *f*; **I made a ~ of the performance** grabé la actuación (en una cinta)

tape² *vt*

A (record) (Audio, Video) ‹*music/film/interview*› grabar; ***to have (got) sb ~d*** (esp BrE colloq) tener* calado a algn (fam); **I've got the system ~d** le he agarrado la onda *or* (Esp) cogido el tranquillo al sistema (fam)

B (stick) pegar* con cinta adhesiva (*or* cinta Scotch® *etc*); (fasten) sujetar con cinta adhesiva (*or* cinta Scotch® *etc*)

C **~ (up)** 1 ‹*parcel*› sujetar con cinta adhesiva (*or* cinta Scotch® *etc*) 2 (AmE Med) ‹*limb*› vendar

■ **tape** *vi* (Audio, Video) grabar

tape: **~ deck** *n* platina *f*, pletina *f*; **~ measure** *n* cinta *f* métrica, metro *m*

taper¹ /ˈteɪpər || ˈteɪpə(r)/ *n* (candle) vela *f* (*larga y delgada*), candela *f*

taper² *vi* afilarse, estrecharse; **the stick ~s to a point** el palo termina *or* remata en punta

■ **taper** *vt* afilar, estrechar

Phrasal verb

- **taper off**

A [v ▸ adv] 1 (diminish) «*enthusiasm/efforts*» decaer*, disminuir*; «*demand/sales*» disminuir*, bajar; **I haven't stopped smoking, but I'm trying to ~ off** (AmE) no he dejado el cigarrillo, pero estoy tratando de fumar menos 2 ▸**taper²** *vi*

B [v ▸ o ▸ adv, v ▸ adv ▸ o] 1 ‹*expenditure*› reducir* 2 ▸**taper²** *vt*

tape: **~-record** /ˈteɪprɪˈkɔːrd || ˈteɪprɪkɔːd/ *vt* grabar; **~ recorder** *n* grabador *m*, grabadora *f*; (for cassette format) grabador *m*, grabadora *f*, casete *m* (Esp); **~ recording** *n* [c u] grabación *f* (magnetofónica)

tapered /ˈteɪpərd || ˈteɪpəd/ *adj* ‹*stick*› afilado; ‹*trousers*› estrecho

tapestry /ˈtæpəstri/ *n* (*pl* **-tries**)

A 1 [c u] (wall hanging) tapiz *m*; **it's all part of life's rich ~** (set phrase) ¡son cosas de la vida! (fr hecha) 2 [u] (art form) tapicería *f*

B [u] (needlepoint) bordado *m* en cañamazo

tapeworm /ˈteɪpwɜːrm || ˈteɪpwɜːm/ *n* (lombriz *f*) solitaria *f*, tenia *f*

tapioca /ˈtæpiˈəʊkə/ *n* [u] tapioca *f*

tap root *n* raíz *f* principal

taps /tæps/ *n* (AmE) toque *m* de silencio

tapwater /ˈtæpˌwɔːtər || ˈtæpˌwɔːtə(r)/ *n* [u] agua *f‡* de la llave *or* (Esp) del grifo *or* (RPl) de la canilla *or* (Per) del caño *or* (AmC) de la paja *or* (AmC, Ven) del chorro

tar¹ /tɑːr || tɑː(r)/ *n* [u] 1 (for roads) alquitrán *m*, chapopote *m* (Méx); (in cosmetics) brea *f* 2 (in cigarettes) alquitrán *m*; **low ~ cigarettes** cigarrillos *mpl* de bajo contenido en alquitrán

tar² *vt* **-rr-** ‹*road/fence*› alquitranar; ‹*roof*› impermeabilizar* (*con alquitrán*); **to ~ and feather sb** emplumar a algn

tarantula /təˈræntʃələ || təˈræntjʊlə/ *n* tarántula *f*

t

tardy /ˈtɑːrdi || ˈtɑːdi/ *adj* **-dier, -diest** (frml *or* liter) **1** (belated) ‹*departure/reply*› tardío **2** (slow) ‹*progress*› lento **3** (late) (AmE): **I am/was ~** voy a llegar/llegué tarde

tare /ter || teə(r)/ *n*
A (weight) tara *f*
B tares *pl* (Bib) cizaña *f*

target¹ /ˈtɑːrgət || ˈtɑːgɪt/ *n*
A 1 (thing aimed at) blanco *m*, objetivo *m*; (Mil) objetivo *m*; (board) (Sport) diana *f*; **the shot was right on/way off ~** el tiro dio de lleno en el blanco/se desvió mucho; **dead on ~!** ¡diana! **2** (of criticism, protest) blanco *m*; **his criticisms were right on/way off ~** sus críticas dieron en el blanco/iban totalmente desencaminadas; **~ FOR/OF sth** blanco DE algo
B (objective, goal) objetivo *m*; **to set oneself a ~** fijarse un objetivo *or* una meta; **above/below ~** por encima/debajo del objetivo previsto; **to be on ~** ir* de acuerdo a lo previsto (*or* al plan de trabajo *etc*); (*before n*) ‹*date/figure*› fijado; ‹*area/zone*› (Mil) objetivo *adj inv*; ‹*audience/market*› (Marketing) objetivo *adj inv*

target² *vt* **1** (select as target): **the company is ~ing the small investor** la empresa está intentando captar al pequeño inversor; **ten mines have been ~ed for closure** diez minas han sido identificadas como candidatas al cierre **2** (direct, aim) ‹*publicity/advertising*› dirigir*; **to ~ benefits at those most in need** concentrar la ayuda en los más necesitados

target practice *n* [u] ejercicios *mpl or* prácticas *fpl* del tiro

tariff /ˈtærəf || ˈtærɪf/ *n*
A (price list) (BrE) tarifa *f*
B (Tax) arancel *m* (aduanero); (*before n*) **~ barrier** *o* **wall** barrera *f* arancelaria

tarmac¹ /ˈtɑːrmæk || ˈtɑːmæk/ *n* [u] **1 tarmac**® (AmE) (tar mixture) asfalto *m*, chapopote *m* (Méx); (*before n*) ‹*road/surface*› asfaltado **2** (surface — in airport, racetrack) pista *f*; (— on road) asfalto *m*

tarmac² *vt* **-ck-** (BrE) asfaltar

Tarmac® *n* (BrE) ▸**tarmac¹ 1**

tarnish¹ /ˈtɑːrnɪʃ || ˈtɑːnɪʃ/ *vt* **1** (make dull) ‹*silver*› deslustrar, poner* negro **2** (spoil) ‹*reputation/name*› empañar, manchar
■ **tarnish** *vi* **1** «*silver*» deslustrarse, ponerse* negro **2** «*fame*» empañarse, mancharse

tarnish² *n* [u] falta *f* de lustre *or* brillo

tarnished /ˈtɑːrnɪʃt || ˈtɑːnɪʃt/ *adj* **1** ‹*metal/cutlery*› falto de lustre *or* brillo **2** ‹*reputation*› empañado, manchado

tarot /ˈtærəʊ/ *n*: **the ~** el tarot; (*before n*) **~ card** carta *f* de tarot

tarpaulin /tɑːrˈpɔːlən || tɑːˈpɔːlɪn/ *n* **1** [c] (sheet) lona *f* **2** [u] (material) lona *f* impermeabilizada

tarragon /ˈtærəgən/ *n* [u] estragón *m*

tarry /ˈtæri/ *vi* **-ries, -rying, -ried** (arch *or* liter) **1** (remain) permanecer* **2** (delay) detenerse*, demorarse (AmL)

tart¹ /tɑːrt || tɑːt/ *n*
A (Culin) (large) tarta *f*, kuchen *m* (Chi); (individual) tartaleta *f*, tarteleta *f* (RPl)
B (promiscuous woman) (colloq) fulana *f* (fam), puta *f* (vulg), piruja *f* (Col, Méx fam), loca *f* (RPl fam), chusca *f* (Chi fam)

Phrasal verb
• **tart up** (BrE colloq) **1** [v ▸ o ▸ adv] **to ~ oneself up** *o* **get ~ed up** acicalarse (fam), emperifollarse (fam) **2** [v ▸ o ▸ adv, v ▸ adv ▸ o] ‹*building/room*› remodelar

tart² *adj* **1** (acid) ‹*taste/apple*› ácido, agrio **2** (cutting) ‹*rejoinder/remark*› cortante, áspero

tartan /ˈtɑːrtn̩ || ˈtɑːtn̩/ *n* **1** [u] (cloth) tela *f* escocesa *or* de cuadros escoceses; (*before n*) ‹*skirt/scarf*› escocés, de tela escocesa **2** [c] (pattern) tartán *m*

tartar /ˈtɑːrtər || ˈtɑːtə(r)/ *n*
A [u] (Dent) sarro *m*
B [c] *also* **Tartar** (fearsome person) (colloq & dated) fiera *f* (fam)

Tartar /ˈtɑːrtər || ˈtɑːtə(r)/ *n* tártaro, -ra *m,f*

tartar(e) sauce /ˈtɑːrtər || ˈtɑːtə(r)/ *n* [u] salsa *f* tártara

tartly /ˈtɑːrtli || ˈtɑːtli/ *adv* de manera cortante, con aspereza

task /tæsk || tɑːsk/ *n* tarea *f*; **I had to persuade her, no easy ~** tuve que convencerla, lo cual no fue nada fácil; **to give** *o* **set sb a ~** asignarle una tarea a algn; ***to take sb to ~*** llamarle la atención *or* leerle* la cartilla a algn

task: **~ force** *n* equipo *m* operativo, grupo *m* de trabajo; (Mil) destacamento *m* (especial), fuerza *f* de tareas; **~master** *n*: **to be a hard ~master** ser* muy estricto y exigente

tassel /ˈtæsəl/ *n* borla *f*

taste¹ /teɪst/ *n*
A [u] **1** (flavor) sabor *m*, gusto *m*; **a strong ~ of garlic** un fuerte sabor *or* gusto a ajo; **it has no ~** no sabe a nada; **the sweet ~ of freedom/success** el dulce sabor de la libertad/del éxito; ***to leave a bad ~ in the mouth*** dejarle a algn (un) mal sabor de boca **2** (sense) gusto *m*
B (*no pl*) **1** (sample, small amount): **can I have a ~ of your ice cream?** ¿me dejas probar tu helado? **2** (experience): **we got a ~ of what was to come** fue un anticipo de lo que nos esperaba; **it was their first ~ of democracy** era su primera experiencia de la democracia; ***a ~ of one's own medicine***: **I'll give her a ~ of her own medicine** la voy a tratar como ella trata a los demás, le voy a dar una sopa de su propio chocolate (Méx)
C [c u] (liking) gusto *m*; **a ~ (FOR sth)**: **if you have a ~ for adventure ...** si te gusta la aventura ...; **to be to one's ~** ser* de su (*or* mi *etc*) gusto; **it's not to everyone's ~** no le gusta a todo el mundo, no es del gusto de todo el mundo; **add salt to ~** añadir sal a voluntad *or* al gusto; ***there's no accounting for ~*** sobre gustos no hay nada escrito
D [u] (judgment) gusto *m*; **she has excellent ~ in clothes** tiene un gusto excelente para vestirse, se viste con muy buen gusto; **in bad ~** de mal gusto; **in extremely poor ~** de pésimo gusto

taste² *vt* **1** (test flavor of) ‹*food/wine*› probar* **2** (test quality of) ‹*food*› degustar; ‹*wine*› catar **3** (perceive flavor): **I can't ~ the sherry in the soup** la sopa no me sabe a jerez, no le siento gusto a jerez a la sopa (AmL) **4** (eat) comer, probar*; **he hadn't ~d food for six days** llevaba seis días sin probar bocado *or* sin comer nada **5** (experience) ‹*happiness/freedom*› conocer*, disfrutar de
■ **taste** *vi* saber*; **it ~s bitter** tiene (un) sabor *or* gusto amargo, sabe amargo; **this ~s delicious** esto está delicioso *or* riquísimo; **to ~ OF sth** saber* A algo

taste bud *n* papila *f* gustativa

tasteful /ˈteɪstfəl/ *adj* ‹*decor/display*› de buen gusto

tastefully /ˈteɪstfəli/ *adv* ‹*decorated/furnished*› con (buen) gusto; **the subject is ~ treated** el tema está tratado con delicadeza

tasteless /ˈteɪstləs || ˈteɪstlɪs/ *adj* **1** (flavorless) ‹*food*› insípido, soso, desabrido **2** (in bad taste) ‹*decor/remark*› de mal gusto

taster /ˈteɪstər || ˈteɪstə(r)/ *n* **1** (person) degustador, -dora *m,f*; **wine ~** catador, -dora *m,f* (de vinos), catavinos *mf* **2** (sample) muestra *f* (*de degustación*)

tasty /ˈteɪsti/ *adj* **-tier, -tiest 1** ‹*dish/meal*› sabroso, apetitoso, rico **2** (interesting, attractive) ‹*man/woman*› (BrE colloq) buenísimo

tat /tæt/ *n* [u] (BrE colloq) porquerías *fpl* (fam)

ta-ta /tæˈtɑː/ *interj* (BrE colloq) adiós, chau (fam)

tattered /ˈtætərd || ˈtætəd/ *adj* ‹*clothes*› hecho jirones; ‹*pride/image*› destrozado

tatters /ˈtætərz || ˈtætəz/ *pl n*: **to be in ~** «*clothes*» estar* hecho jirones; **her reputation is in ~** su reputación está destrozada

tattle /ˈtætl̩/ *vi* **1** (chatter) cotorrear (fam), darle* a la sinhueso (fam & hum) **2** (tell tales) (AmE) acusar, chivarse (Esp fam), alcahuetear (fam fam), rajarse (Méx fam)

tattler /ˈtætlər || ˈtætlə(r)/, **tattletale** /ˈtætl̩teɪl/ *n* **1** (gossip) chismoso, -sa *m,f*, cotilla *mf* (Esp fam) **2** (telltale) (esp AmE) soplón, -plona *m,f* (fam), acusete *mf* (fam), acusica *mf* (Esp fam), rajón, -na *m,f* (Méx fam), alcahuete, -ta *m,f* (CS fam)

tattoo¹ /tæˈtuː/ *n* (*pl* **-toos**)
A (picture) tatuaje *m*
B (display) *espectáculo militar con música*

tattoo² *vt* **-toos, -tooing, -tooed** tatuar*

tattooist /tæˈtuːəst || tæˈtuːɪst/ *n* tatuador, -dora *m,f*

tatty /ˈtæti/ *adj* **-tier, -tiest** (BrE colloq) ‹*clothes/shoes*› gastado, estropeado; ‹*furniture*› estropeado

taught /tɔːt/ *past & past p of* **teach**

t

taunt¹ /tɔːnt/ *vt* provocar* mediante burlas; **to ~ sb FOR sth** burlarse *or* mofarse DE algn POR algo

taunt² *n* (insult) insulto *m*; (jibe) pulla *f*

Taurus /'tɔːrəs/ *n* **1** (sign) (*no art*) Tauro **2** [c] (person) Tauro *or* tauro *mf*, taurino, -na *m,f*; *see also* **Aquarius**

taut /tɔːt/ *adj* **1** (tight) ‹*rope/wire/sail*› tenso, tirante; ‹*skin*› tirante **2** (tense) ‹*expression/nerves*› tenso, tirante **3** (firm, trim) ‹*body/thighs*› de carnes prietas *or* apretadas

tauten /'tɔːtn̩/ *vi* «*rope/muscles*» tensarse
■ **tauten** *vt* ‹*rope/wire*› tensar

tautological /'tɔːtə'lɑːdʒɪkəl || ˌtɔːtə'lɒdʒɪkəl/, **tautologous** /tɔː'tɑːləgəs || tɔː'tɒləgəs/ *adj* tautológico

tautology /tɔː'tɑːlədʒi || tɔː'tɒlədʒi/ *n* [c u] (*pl* **-gies**) tautología *f*

tavern /'tævərn || 'tævən/ *n* taberna *f*

tawdry /'tɔːdri/ *adj* **-drier, -driest** ‹*jewelry/decorations*› de oropel, de relumbrón; ‹*outfit/decor*› de mal gusto, charro (AmL), hortera (Esp); ‹*affair*› escabroso

tawny /'tɔːni/ *adj* **-nier, -niest** leonado, pardo rojizo *adj inv*

tawny owl *n* cárabo *m*, antillo *m*

tax¹ /tæks/ *n* [u c] (Fin) (individual charge) impuesto *m*, tributo *m* (frml); (in general) impuestos *mpl*; **how much ~ do you pay** ¿cuánto paga de impuestos?; **I paid $1,500 in ~(es)** pagué 1.500 dólares de *or* en impuestos; **to put** *o* **place a ~ on sth** gravar algo con un impuesto; **~ on goods/services** impuesto sobre mercancías/servicios; **before/after ~es** *o* (BrE) **~**: **I earn £17,000 before/after ~(es)** gano 17.000 libras sin descontar/descontados los impuestos, gano 17.000 libras brutas/netas; **$20 including ~** 20 dólares impuestos incluidos; (*before n*) **~ abatement** *o* (BrE) **relief** desgravación *f* fiscal; **~ bracket** ≈ banda *f* impositiva; **for ~ purposes** a efectos fiscales *or* impositivos; **~ rebate** *o* **refund** devolución *f* de impuestos; **the ~ year** (in UK) el año *or* ejercicio fiscal

tax² *vt*
A ‹*company/goods/earnings*› gravar; **we're being ~ed too highly** nos están cobrando demasiado en impuestos
B (strain) ‹*resources/health/strength*› poner* a prueba

taxable /'tæksəbəl/ *adj* ‹*goods*› sujeto a impuestos; **~ income** ingresos *mpl* gravables, ≈ base *f* imponible

tax allowance *n* (BrE) ▸**tax exemption**

taxation /tæk'seɪʃən/ *n* [u] (taxes) impuestos *mpl*, cargas *fpl* fiscales; (system) sistema *m or* régimen *m* tributario *or* fiscal

tax: **~ code** *n* (in UK) código *m* impositivo *or* fiscal; **~ collector** *n* recaudador, -dora *m,f* de impuestos; **~-deductible** /'tæksdɪ'dʌktəbəl/ *adj* ‹*expenses/loss*› desgravable; **~ disc** *n* (BrE Auto) *adhesivo que indica que se ha pagado el impuesto de circulación*; **~ evasion** *n* [u] evasión *f* fiscal *or* de impuestos; (large scale) fraude *m* fiscal; **~ exemption** *n* (AmE) desgravación *f* fiscal, deducción *f* impositiva; **~ exile** *n* (esp BrE) *exiliado por motivos fiscales*; **~-free** /'tæks'friː/ *adj* ‹*income/investment*› libre de impuestos; **~ haven** *n* paraíso *m* fiscal

taxi¹ /'tæksi/ *n* (*pl* **~s**) taxi *m*; **to go by ~** ir* en taxi; (*before n*) **~ driver** taxista *mf*

taxi² *vi* **taxies, taxiing** *or* **taxying, taxied** (Aviat) rodar* por la pista de despegue/de aterrizaje, carretear (AmL)

taxicab /'tæksikæb/ *n* ▸**taxi¹**

taxidermist /'tæksəˌdɜːrməst || 'tæksɪˌdɜːmɪst/ *n* taxidermista *mf*

taxidermy /'tæksə'dɜːrmi || 'tæksɪˌdɜːmi/ *n* [u] taxidermia *f*

taxing /'tæksɪŋ/ *adj* ‹*question/problem*› difícil, complicado; ‹*job*› (physically) agotador; (mentally) difícil, que exige mucho

taxi stand, (BrE) **taxi rank** *n* parada *f or* (Chi, Col) paradero *m or* (Méx) sitio *m* de taxis

tax: **~man** /'tæksmæn/ (*pl* **-men** /-men/) *n* (colloq) **the ~man** Hacienda *f*, el fisco, la impositiva (RPl); **~payer** *n* contribuyente *mf*; **~ return** *n* declaración *f* de la renta *or* (esp AmL) de impuestos

TB *n* [u] = **tuberculosis**

T-bar /'tiːˌbɑːr || 'tiːˌbɑː(r)/ *n* **1** (T-shaped bar, beam) barra *f* en forma de T **2** (ski lift) *also* **T-bar lift** telesquí *m*

tbs, tbsp = **tablespoon(s)**

te /tiː/ *n* (BrE Mus) si *m*

tea /tiː/ *n*
A **1** [u] (drink, leaves, plant) té *m*; **a pot of ~** una tetera de té; **lemon ~** (BrE) té con limón; ***not for all the ~ in China*** (dated) ni por todo el oro del mundo **2** [c] (cup of tea) (BrE): **two ~s, please** dos tés, por favor
B [c u] (meal) **1** (in the afternoon) té *m*, merienda *f*, onces *fpl* (Andes); **to have ~** tomar el té, merendar*, tomar onces (Andes) **2** (evening) (BrE) cena *f*, comida *f* (AmL); **to have ~** cenar, comer (AmL)
C [u c] (infusion) (*herb* ~) infusión *f*, agua *f*‡ (AmC, Andes), té *m* de yuyos (Per, RPl)

tea: **~ bag** *n* bolsita *f* de té; **~ break** *n* (in UK) descanso *m*; **to have a ~ break** hacer* *or* tomarse un descanso (*para tomar un té*); **~ caddy** *n* caja *f* (*para guardar el té*)

teach /tiːtʃ/ (*past & past p* **taught**) *vt* ‹*subject*› dar* clases de, enseñar; ‹*pupils/students*›: **who ~es you?** ¿quien te da clase?; **the course is taught by Dr Green** el curso lo da *or* (frml) lo imparte el profesor Green; **to ~ school** (AmE) dar* clase(s) en un colegio; **to ~ sth TO sb** dar* clase(s) DE algo A algn, enseñar algo A algn; **he taught himself Greek** aprendió griego él solo *or* por su cuenta; **to ~ sb to + INF** enseñarle A algn A + INF; **she taught him to swim** le enseñó a nadar; **will you ~ me how to do that trick?** ¿me enseñas (a hacer) ese truco?; **that'll ~ her** eso le servirá de lección *or* de escarmiento; **I'll ~ you to tell lies!** ¡ya te voy a enseñar yo a ti a decir mentiras!
■ **teach** *vi* dar* clase(s); **I'd like to ~** me gustaría ser profesor *or* dedicarme a la enseñanza

teacher /'tiːtʃər || 'tiːtʃə(r)/ *n* profesor, -sora *m,f*, docente *mf* (frml), enseñante *mf* (period); **primary school ~** maestro, -tra *m,f*; **he is an English ~** *o* **a ~ of English** es profesor de inglés

teacher: **~s college** *n* (AmE) (for primary education) escuela *f* normal *or* (Esp) de profesorado de EGB; (for secondary education) instituto *m* de profesorado *or* (Esp) de ciencias de la educación *or* (Chi) pedagógico; **~ training** *n* [u] formación *f* pedagógica *or* de profesorado; (*before n*) **~ training college** (BrE) ▸**~s college**

tea chest *n* caja *f* de embalaje (*utilizada en mudanzas*)

teaching /'tiːtʃɪŋ/ *n*
A [u] (profession) enseñanza *f*, docencia *f*; (*before n*) ‹*post/position*› docente, de profesor/profesora; **the ~ profession** la enseñanza, la docencia; **the ~ staff** el profesorado, el personal docente
B (doctrine) (*often pl*) enseñanza *f*; **the ~(s) of Christ** las enseñanzas de Cristo

teaching: **~ assistant** *n* **1** (in US university) ayudante *mf* de cátedra; **2** (in UK school) maestro, -tra *m,f* auxiliar, pasante *mf*; **~ hospital** *n* hospital *m* clínico *or* (RPl) de clínicas; **~ practice** *n* (BrE) práctica *f* docente

tea: **~ cloth** *n* (BrE) ▸**tea towel**; **~ cozy**, (BrE) **~ cosy** *n* cubretetera *m*; **~cup** *n* taza *f* de té

teak /tiːk/ *n* [u] (madera *f* de) teca *f*

tealeaf /'tiːliːf/ *n* (*pl* **-leaves**) hoja *f* de té

team¹ /tiːm/ *n* **1** (of players, workers) equipo *m*; **the players on** *o* (BrE) **in my team** los jugadores de mi equipo; (*before n*) ‹*captain/leader*› del equipo; ‹*game*› de equipo; **it was a ~ effort** fue un trabajo de equipo **2** (of horses) tiro *m*; (of oxen) yunta *f*

team² *vi* **to ~ (WITH sth)** combinar (CON algo)

Phrasal verb
• **team up** [v ▸ adv] asociarse, unirse; **to ~ up WITH sb** asociarse CON algn

team: **~mate** *n* compañero, -ra *m,f* de equipo; **~ spirit** *n* [u] espíritu *m* de equipo, compañerismo *m*

teamster /'tiːmstər || 'tiːmstə(r)/ *n* (AmE) camionero, -ra *m,f*

Teamsters (Union) /'tiːmstərz || 'tiːmstəz/ *n* (AmE) sindicato *m* del transporte

teamwork /'tiːmwɜːrk || 'tiːmwɜːk/ *n* [u] trabajo *m or* labor *f* de equipo

tea: **~ party** *n* té *m*; **to give** *o* **hold a ~ party** dar* un té; **~pot** *n* tetera *f*

tear¹ *n*
A /tɪr || tɪə(r)/ lágrima *f*; **to burst into ~s** echarse *or* ponerse* a llorar; **to end in ~s** acabar mal; **his eyes filled with ~s** se le llenaron los ojos de lágrimas; **to be in**

~s estar* llorando; **I was moved to ~s** lloré de la emoción; **it brought ~s to my eyes** hizo que se me saltaran las lágrimas, me hizo llorar; **I was bored to ~s** me aburrí como una ostra (fam)

B /ter || teə(r)/ rotura *f*, roto *m* (Esp); (rip, slash) desgarrón *m*, rasgón *m*; *see also* **wear¹ A2**

tear² /ter || teə(r)/ (*past* **tore**; *past p* **torn**) *vt* **1** ‹*cloth/paper*› romper*, rasgar*; **I tore my shirt climbing the fence** me hice un desgarrón en *or* me rompí la camisa subiendo la valla; **a torn T-shirt** una camiseta rota; **to ~ a muscle** desgarrarse un músculo; **I tore the letter in half** rompí la carta por la mitad; **to ~ a hole in sth** hacer* un agujero en algo; **I tore open the letter** abrí la carta, abrí *or* rasgué el sobre; **to ~ sth to pieces** *o* **bits** *o* **shreds** ‹*cloth/paper*› hacer* algo pedazos; ‹*play/essay*› hacer* algo pedazos *or* trizas *or* (fam) polvo; ‹*argument*› echar algo por tierra; **to ~ sb to pieces** *o* **bits** *o* **shreds** (lit: dismember) descuartizar* a algn; «*critic*» hacer* a algn pedazos *or* trizas *or* (fam) polvo; ***that's torn it!*** (BrE colloq & dated) ¡se ha ido todo al traste *or* al garete! (fam) **2** (divide) (*usu pass*) dividir; **a nation torn by civil war** una nación dividida *or* desgarrada por la guerra civil; **he was torn between his sense of duty and his love for her** se debatía entre el sentido del deber y su amor por ella **3** (remove forcibly) **to ~ sth FROM sth** arrancar* algo DE algo

■ **tear** *vi*

A «*cloth/paper*» romperse*, rasgarse*; **~ along the dotted line** arrancar* *or* rasgar* por la línea de puntos

B **1** (rush) (+ *adv compl*): **to ~ along** ir* a toda velocidad; **to ~ after sb** salir* corriendo *or* lanzarse* tras algn; **she went ~ing (off) down the road** salió como un bólido por la carretera (fam) **2** **tearing** *pres p*: **he was in a ~ing hurry** iba con muchísima prisa *or* (AmL tb) apuradísimo

Phrasal verbs

- **tear apart** [v ▸ o ▸ adv]: **they tore the place apart looking for the money** lo destrozaron todo buscando el dinero; **the country is being torn apart by civil war** la guerra civil está desgarrando el país; **the critics tore his last novel apart** los críticos se ensañaron con su última novela; **it ~s me apart to see him like that** me desgarra verlo así
- **tear at** [v ▸ prep ▸ o] **1** (scratch) arañar; (tear) rasgar* **2** (pull) ‹*wrapping/bandages*› tirar de, jalar de (AmL exc CS)
- **tear away** [v ▸ o ▸ adv, v ▸ adv ▸ o] ‹*paper/covering*› arrancar*; **you can't ~ him away from his computer** no hay manera de arrancarlo *or* sacarlo de delante de la computadora; **can you ~ yourself away from the TV for one minute?** ¿puedes hacer un gran esfuerzo y dejar de mirar televisión un momento?
- **tear down** [v ▸ o ▸ adv, v ▸ adv ▸ o] ‹*wall/fence/building*› derribar, tirar abajo
- **tear into** [v ▸ prep ▸ o] **1** (attack physically) emprenderla a golpes con, arremeter contra **2** (attack verbally) arremeter contra
- **tear off** [v ▸ o ▸ adv, v ▸ adv ▸ o] ‹*branch/sheet/wrapping*› arrancar*; **he tore his jacket off** se quitó la chaqueta de un tirón; **~ off the lower part of the form** recorte la parte inferior del formulario
- **tear out** [v ▸ o ▸ adv, v ▸ adv ▸ o] ‹*grass/piece of paper*› arrancar*; **I was practically ~ing my hair out** estaba desesperado, estaba que me subía por las paredes
- **tear up** [v ▸ o ▸ adv, v ▸ adv ▸ o] **1** ‹*paper/letter*› romper* **2** (pull up) ‹*stake/tree-stump*› arrancar*

tearaway /'terəweɪ || 'teərəweɪ/ *n* (BrE colloq) granuja *mf*, gamberro, -rra *m,f* (Esp)

teardrop /'tɪrdrɑːp || 'tɪədrɒp/ *n* lágrima *f*

tearful /'tɪrfəl || 'tɪəfəl/ *adj* ‹*look/expression*› lloroso; ‹*farewell/story*› triste, emotivo; **she got a bit ~** se le saltaron las lágrimas, se emocionó un poco

tearfully /'tɪrfəli || 'tɪəfəli/ *adv* llorando, con lágrimas en los ojos

tear /tɪr || tɪə(r)/: **~ gas** *n* [u] gas *m* lacrimógeno; **~jerker** /'tɪr,dʒɜːrkər || 'tɪə,dʒɜːkə(r)/ *n* (colloq): **the movie is a real ~jerker** la película es un verdadero dramón (fam), la película es de lo más lacrimógena (hum)

tearoff /'terɔːf || 'teərɒf/ *adj* ‹*calendar*› de taco; **a ~ notepad** un bloc de notas

tearoom /'tiːruːm, -rʊm/ *n* salón *m* de té, confitería *f* (RPl)

tearstained /'tɪrsteɪnd || 'tɪəsteɪnd/ *adj* manchado de lágrimas

tease¹ /tiːz/ *vt*

A **1** (make fun of) tomarle el pelo a (fam); (cruelly) burlarse *or* reírse de **2** (annoy) hacer* rabiar, fastidiar, jorobar (fam); **stop teasing the cat!** ¡deja de jorobar al gato! **3** (tantalize sexually) provocar*, incitar

B ‹*hair/wool*› cardar

■ **tease** *vi*: **don't take any notice, he's only teasing** no le hagas caso, te está tomando el pelo (fam)

Phrasal verb

- **tease out** [v ▸ o ▸ adv] **to ~ sth out OF sth** sacar* algo DE algo con cuidado

tease² *n* (colloq) **1** (joker) bromista *mf* **2** (flirt): **she's a terrible ~** es muy coqueta *or* provocativa

tea: **~ service**, **~ set** *n* juego *m* de té; **~shop** *n* (esp BrE) ▸ **tearoom**

teasing /'tiːzɪŋ/ *n* [u] tomaduras *fpl* de pelo (fam); (cruel) burlas *fpl*

tea: **~spoon** *n* **1** (spoon) cucharita *f*, cucharilla *f* **2** (quantity) cucharadita *f*; **~spoonful** *n* (*pl* **-spoonfuls** *or* **-spoonsful**) cucharadita *f*; **~ strainer** *n* colador *m* (*pequeño*)

teat /tiːt/ *n* **1** (Zool) tetilla *f* **2** (of feeding bottle) (BrE) ▸ **nipple 2**

tea: **~time** *n* (time — of afternoon snack) la hora del té, ≈ la hora de merendar, la hora de onces (Andes); (— of evening meal) (BrE) la hora de cenar *or* (AmL tb) de comer; **~ towel** *n* (BrE) paño *m* *or* trapo *m* de cocina, repasador *m* (RPl); **~ trolley** *n* (BrE) carrito *m*

tech /tek/ *n* (BrE colloq) ▸ **technical college**

technical /'teknɪkəl/ *adj*

A **1** (of technology, technique) ‹*education/equipment/skill*› técnico **2** (specialized) ‹*language/translator*› técnico; ‹*dictionary*› técnico, especializado; **~ term** tecnicismo *m*, término *m* técnico

B (in strict terms): **it was a ~ victory** en teoría fue una victoria

technical college *n* (in UK) escuela *f* politécnica, ≈ instituto *m* de formación profesional (*en Esp*), ≈ universidad *f* del trabajo (*en Ur*)

technicality /'teknɪ'kæləti/ *n* (*pl* **-ties**) (detail) detalle *m* técnico

technically /'teknɪkli/ *adv* **1** (of technology) técnicamente; (*indep*) desde el punto de vista técnico **2** (of technique) técnicamente; (*indep*) técnicamente, desde el punto de vista técnico **3** (strictly speaking) estrictamente hablando

technical support *n* [u] asistencia *f* técnica

technician /tek'nɪʃən/ *n* (skilled worker) técnico *mf*, técnico, -ca *m,f*; **dental ~** mecánico, -ca *m,f* dentista *or* dental

Technicolor® /'teknɪkʌlər || 'teknɪkʌlə(r)/ *n* [u] tecnicolor® *m*

technique /tek'niːk/ *n* [c u] técnica *f*

technocrat /'teknəkræt/ *n* tecnócrata *mf*

technocratic /,teknə'krætɪk/ *adj* tecnocrático

technological /'teknə'lɑːdʒɪkəl || ,teknə'lɒdʒɪkəl/ *adj* tecnológico

technologically /'teknə'lɑːdʒɪkli || ,teknə'lɒdʒɪkli/ *adv* tecnológicamente

technology /tek'nɑːlədʒi || tek'nɒlədʒi/ *n* [u c] (*pl* **-gies**) tecnología *f*

technology: **~ park** *n* parque *m* tecnológico; **~ transfer** *n* [u] transferencia *f* de tecnología

technophobe /'teknəfəʊb/ *n* tecnófobo, -ba *m,f*

teddy /'tedi/ (*pl* **-dies**), **teddy bear** *n* osito *m* de peluche

tedious /'tiːdiəs/ *adj* ‹*speaker*› aburrido, pesado; ‹*work/task*› tedioso, aburrido, fastidioso

tedium /'tiːdiəm/ *n* [u] tedio *m*, aburrimiento *m*

tee¹ /tiː/ *n*

A (in golf) **1** (peg) tee *m* (*soporte para la pelota de golf*) **2** (area) punto *m* de salida

B ▸ **T**

tee² *vt* ‹*ball*› colocar* (en el tee)

Phrasal verbs

- **tee off**

A [v ▸ adv] (golf) dar* el primer golpe

t

B [v ▸ o ▸ adv, v ▸ adv ▸ o] (make angry) (AmE sl) cabrear (fam)
• **tee up** (golf)
A [v ▸ adv] colocar* la pelota (en el tee)
B [v ▸ o ▸ adv] ‹*ball*› colocar* (en el tee)

teem /tiːm/ *vi* **1** (abound) **to ~ WITH sth**: **the forest is ~ing with birds** el bosque está repleto de pájaros; **the streets were ~ing with people** las calles hervían *or* estaban abarrotadas de gente **2** (pour): **it's ~ing (with rain)** está diluviando

teenage /ˈtiːneɪdʒ/, (BrE also) **teenaged** /-d/ *adj* ‹*girl/boy*› adolescente; ‹*fashions*› juvenil, para adolescentes; **in their ~ years many people ...** durante la adolescencia mucha gente ...

teenager /ˈtiːneɪdʒər || ˈtiːneɪdʒə(r)/ *n* adolescente *mf*

teens /tiːnz/ *pl n* adolescencia *f*; **the boy was in his early/late ~** el chico tendría unos trece o catorce/dieciocho o diecinueve años

teeny /ˈtiːni/ *adj* **-nier, -niest** chiquitito, chiquitín, pequeñito; **a ~ bit** un poquitín, un poquitito

tee shirt *n* ▸**T-shirt**

teeter /ˈtiːtər || ˈtiːtə(r)/ *vi* «*drunk/invalid*» tambalearse; **they are ~ing on the edge of war** están al borde de la guerra

teeter-totter /ˈtiːtərˌtɑːtər || ˈtiːtəˌtɒtə(r)/ *n* (AmE) ▸**seesaw**

teeth /tiːθ/ *pl of* **tooth**

teethe /tiːð/ *vi*: **she's teething** le están saliendo los dientes, está cortando los dientes (RPl)

teething /ˈtiːðɪŋ/ : **~ ring** anillo *m* de dentición; **~ troubles** /ˈtiːðɪŋ/*pl n* problemas *mpl* iniciales

teetotal /tiːˈtəʊtl/ *adj* ‹*person*› abstemio

teetotaler, (BrE) **teetotaller** /tiːˈtəʊtlər || tiːˈtəʊtlə(r)/ *n* abstemio, -mia *m,f*

TEFL /ˈtefəl/ *n* [u] (BrE) (= **teaching English as a foreign language**) *enseñanza del inglés como lengua extranjera*

Teflon® /ˈteflɑːn || ˈteflɒn/ *n* [u] Teflon® *m*, Teflón® *m*, Tefal® *m*

Tehran, Teheran /teɪˈræn, ˈteəˈrɑːn/ *n* Teherán *m*

tel (= **telephone number**) Tel., fono (CS)

tele- /ˈteli/ *pref* tele-

telebanking /ˈteliˌbæŋkɪŋ/ *n* [u] telebanca *f*

telecast[1] /ˈtelikæst || ˈtelikɑːst/ *n* (AmE) transmisión *f or* emisión *f* (por televisión)

telecast[2] *vt* (*past & past p* **telecast**) (AmE) ‹*program*› transmitir, emitir, televisar

telecommunications /ˈtelikəˈmjuːnəˈkeɪʃənz || ˌtelikəˌmjuːnɪˈkeɪʃənz/ *n* **1** (methods) (+ *pl vb*) telecomunicaciones *fpl* **2** (science) (+ *sing vb*) telecomunicaciones *fpl*

telecommuting /ˈtelikəˈmjuːtɪŋ/ *n* [u] trabajo *m* a distancia (*utilizando fax, teléfono etc*)

telegram /ˈteləgræm || ˈtelɪgræm/ *n* telegrama *m*

telegraph[1] /ˈteləgræf || ˈtelɪgrɑːf/ *n* **1** [u] (method) telégrafo *m*; (*before n*) ‹*wire/cable*› telegráfico; **~ pole** poste *m* telegráfico **2** [c] (message) telegrama *m*, despacho *m* telegráfico

telegraph[2] *vt* **1** ‹*message/congratulations*› telegrafiar* **2** (signal) (esp AmE) avisar, anunciar
■ **telegraph** *vi* telegrafiar*, mandar un telegrama

telepathic /ˈteləˈpæθɪk || ˌtelɪˈpæθɪk/ *adj* ‹*message*› telepático; ‹*person*› con telepatía, telépata; **I must be ~** debo tener telepatía

telepathy /təˈlepəθi/ *n* [u] telepatía *f*

telephone[1] /ˈteləfəʊn || ˈtelɪfəʊn/ *n* teléfono *m*; **over the ~** por teléfono; (*before n*) ‹*message/line*› telefónico; ‹*company*› de teléfonos, telefónico; **~ number** (número *m* de) teléfono, fono *m* (Chi); **~ operator** operador, -dora *m,f*, telefonista *mf*; *see also* **phone**[1]

telephone[2] *vt* telefonear, llamar por teléfono a, hablarle a (Méx)
■ **telephone** *vi* telefonear, hablar (Méx); **I'll ~ for a taxi/an ambulance** telefonearé *or* llamaré para pedir un taxi/para que venga una ambulancia, llamaré a un taxi/a una ambulancia; *see also* **phone**[2]

telephone: **~ book** *n* ▸**~ directory**; **~ booth**, (BrE) **~ box** *n* cabina *f* telefónica *or* de teléfonos; **~ directory** *n* guía *f* telefónica *or* de teléfonos, directorio *m* telefónico (AmL exc CS); **~ exchange** *n* central *f* telefónica *or* de teléfonos

telephonist /təˈlefənəst || təˈlefənɪst/ *n* (BrE) telefonista *mf*

telephoto lens /ˈteləˈfəʊtəʊ || ˌtelɪˈfəʊtəʊ/ *n* teleobjetivo *m*

teleprinter /ˈteləˌprɪntər || ˈtelɪprɪntə(r)/ *n* (BrE) teletipo *m*

TelePrompter®, **teleprompter** /ˈteləˌprɑːmptər || ˈtelɪprɒmptə(r)/ *n* (AmE) autocue® *m*, teleprompter *m*

telesales /ˈteliseɪlz/ *pl n* televentas *fpl*

telescope[1] /ˈteləskəʊp || ˈtelɪskəʊp/ *n* telescopio *m*

telescope[2] *vt* ‹*book/report/events*› resumir, abreviar
■ **telescope** *vi* plegarse* (*como un telescopio*)

telescopic /ˈteləˈskɑːpɪk || ˌtelɪsˈkɒpɪk/ *adj* telescópico; **~ umbrella** paraguas *m* plegable automático

teletext /ˈtelitekst/ *n* teletex(to) *m*, videotex(to) *m*

telethon /ˈteləθɑːn || ˈtelɪθɒn/ *n* (TV) *programa de larga duración para recaudar fondos con fines benéficos*

Teletype®, **teletype** /ˈtelətaɪp || ˈtelɪtaɪp/, **teletypewriter** /ˈteləˈtaɪpraɪtər || ˌtelɪˈtaɪpraɪtə(r)/ *n* (AmE) teletipo *m*

televangelist /ˌteləˈvændʒələst || ˌtelɪˈvændʒəlɪst/ *n* telepredicador, -dora *m,f*

televise /ˈteləvaɪz || ˈtelɪvaɪz/ *vt* ‹*event/game*› televisar, transmitir, retransmitir (Esp)

television /ˈteləvɪʒən || ˈtelɪvɪʒən/ *n* **1** [u] (medium, industry) televisión *f*; **on ~** en *or* por (la) televisión; (*before n*) ‹*studio/screen*› de televisión; ‹*program/broadcast*› de televisión, televisivo; **~ licence** (in UK) *impuesto que se paga por tener un receptor de televisión* **2** [c] **~ (set)** televisor *m*, (aparato *m* de) televisión *f*

teleworking /ˈteləwɜːrk || ˈtelɪwɜːk/ *n* [u] teletrabajo *m*, trabajo *m* a distancia

telex[1] /ˈteleks/ *n* [c u] télex *m*

telex[2] *vt* ‹*message/news*› enviar* por télex; **he ~ed her immediately** le puso un télex inmediatamente

tell /tel/ (*past & past p* **told**) *vt*
A (inform, reveal) decir*; **as I was ~ing you** como te estaba *or* iba diciendo; **he was told that ...** le dijeron que ...; **could you ~ me the way to the station?** ¿me podría decir *or* indicar cómo se llega a la estación?; **~ me when you've finished** dime *or* avísame cuando hayas terminado; **I am pleased to be able to ~ you that ...** (Corresp) me complace comunicarle *or* informarle que ...; **it's not easy, I can ~ you** no es fácil, te lo aseguro *or* garantizo; **you're ~ing me!** (colloq) ¡me lo vas a decir a mí!; **I told you so!** ¿no te lo dije?; **I can't ~ you how relieved I am!** ¡no te imaginas el alivio que siento!
B (recount, relate) ‹*joke/tale*› contar*; **~ me a story** cuéntame un cuento; **the poem ~s how ...** el poema cuenta *or* (frml) narra *or* relata cómo ...; **to ~ sb ABOUT sb/sth**: **she's told me all about you** me ha hablado mucho de ti; **~ us about Lima** cuéntanos cómo es Lima (*or* qué tal te fue en Lima *etc*)
C (instruct, warn) decir*; **do as** *o* **what you're told** haz lo que se te dice; **to ~ sb to + INF** decirle* a algn QUE (+ *subj*); **she told me to be quiet** me dijo que me callara
D **1** (ascertain, know): **I could ~ from her voice that she was upset** por la voz me di cuenta de que estaba disgustada; **there's no ~ing what might happen** no se sabe lo que podría ocurrir; **to be able to ~ the time** saber* decir la hora **2** (distinguish) **to ~ sth/sb (FROM sth/sb)** distinguir* algo/a algn (DE algo/algn); **to ~ right from wrong** discriminar entre lo que está bien y lo que está mal; **I can't ~ the difference** yo no veo *or* no noto ninguna diferencia
E (count): **all told** en total
■ **tell** *vi*
A **1** (reveal): **promise you won't ~?** ¿prometes que no se lo vas a contar *or* decir a nadie?; **ah, that would be ~ing** ah, eso es un secreto; **to ~ ON sb (TO sb)** (colloq) acusar a algn (A *or* CON algn) **2** (relate) (liter): **more than words can ~** más de lo que pueden expresar las palabras; **it ~s of great suffering** habla de grandes sufrimientos
B (know) saber*; **you never can ~** nunca se sabe
C (count, have an effect): **her age is beginning to ~** se le está empezando a notar la edad; **he made every punch ~** hizo contar cada golpe; **his influence told** su influencia

t

fue decisiva; **to ~ AGAINST sb/sth** obrar EN CONTRA DE algn/algo; **to ~ ON sb**: **the strain is beginning to ~ on him** la tensión lo está empezando a afectar

(Phrasal verbs)

- **tell apart** [v ▸ o ▸ adv] distinguir*
- **tell off** [v ▸ o ▸ adv, v ▸ adv ▸ o] (colloq) regañar, reñir* (esp Esp), retar (CS), resondrar (Per), rezongar* (AmC, Ur)

teller /'telər || 'telə(r)/ *n* **1** (in bank) cajero, -ra *m,f* **2** (of votes) escrutador, -dora *m,f*

telling /'telɪŋ/ *adj* **1** (effective) ‹*criticism/argument*› contundente **2** (revealing) ‹*sign/remark*› revelador, elocuente

tellingly /'telɪŋli/ *adv* **1** (effectively) eficazmente **2** (revealingly) de forma reveladora

telling-off /'telɪŋ'ɔːf || ,telɪŋ'ɒf/ *n* (esp BrE colloq) (*no pl*) reprimenda *f*, regaño *m* (esp AmL), regañina *f* (esp Esp), reto *m* (CS); **to give sb a ~** regañar a algn, retar a algn (CS), rezongar* a algn (AmC, Ur)

telltale[1] /'telteɪl/ *adj* (*before n*) ‹*sign/smell*› revelador

telltale[2] *n* (person) (colloq) soplón, -plona *m,f* (fam), acusete *mf* (fam), acusica *mf* (Esp fam), rajón, -jona *m,f* (Méx fam), alcahuete, -ta *m,f* (CS fam)

telly /'teli/ *n* [u c] (*pl* **-lies**) (BrE colloq) tele *f* (fam)

temerity /tə'merəti || tɪ'merɪti, tə-/ *n* [u] (boldness) temeridad *f*, audacia *f*; (effrontery) audacia *f*, osadía *f*

temp[1] /temp/ *n* empleado, -da *m,f* eventual *or* temporal

temp[2] *vi* hacer* trabajo eventual *or* temporal

temper[1] /'tempər || 'tempə(r)/ *n* **1** (*no pl*) (mood) humor *m*; (temperament, disposition) carácter *m*, genio *m*; **to have a bad ~** tener* mal genio; **to be in a good/bad ~** estar* de buen/mal humor *or* genio; **my ~ got the better of me** perdí los estribos; **~, ~!** ¡qué geniecito! (fam) **2** [c u] (rage): **to be in a ~** estar* furioso *or* hecho una furia; (*before n*) **~ tantrum** pataleta *f* (fam) **3** [c u] (composure): **to lose one's ~** perder* los estribos

temper[2] *vt*

A (moderate) ‹*criticism*› atenuar*, suavizar*; ‹*enjoyment*› empañar

B (Metall) templar

tempera /'tempərə/ *n* [u] témpera *f*, pintura *f* al temple

temperament /'temprəmənt/ *n* **1** [c] (character) temperamento *m* **2** [u] (moodiness) mal genio *m*

temperamental /'temprə'mentl̩/ *adj* **1** (volatile, difficult) ‹*person*› temperamental; **the car's been a bit ~ lately** el coche me está dando problemas últimamente **2** (innate) ‹*aversion/inability*› innato

temperance /'tempərəns/ *n* [u] **1** (moderation) (frml) templanza *f* (frml), moderación *f*, temperancia *f* (frml) **2** (abstinence from alcohol) abstinencia *f* de bebidas alcohólicas; (*before n*) ‹*movement*› antialcohólico

temperate /'tempərət/ *adj* ‹*climate/zone*› templado

temperature /'temprətʃər || 'temprətʃə(r)/ *n* [c u] **1** (Phys) temperatura *f*; **air/body/water ~** la temperatura del aire/cuerpo/agua **2** (Med) (reading on thermometer) temperatura *f*; (abnormally high reading) temperatura *f*, fiebre *f*; **to take sb's ~** tomarle la temperatura a algn; **to have** *o* **run a ~** tener* fiebre *or* calentura *or* (CS) temperatura; **he has a ~ of 102°** ≈ tiene casi 39° de fiebre

tempest /'tempəst || 'tempɪst/ *n* (liter) tempestad *f* (liter); ***a ~ in a teapot*** (AmE) una tormenta en un vaso de agua

tempestuous /tem'pestʃuəs || tem'pestjuəs/ *adj* **1** ‹*relationship*› tempestuoso; ‹*person*› apasionado **2** ‹*winds/sea*› (liter) tempestuoso (liter)

template /'templeɪt, -plet || 'templeɪt/ *n* plantilla *f*

temple /'tempəl/ *n*

A (Relig) templo *m*

B (Anat) sien *f*

tempo /'tempəʊ/ *n* (*pl* **-pos** *or* **-pi** /-piː/) ritmo *m*; (Mus) tempo *m*

temporal /'tempərəl/ *adj* **1** (not eternal) ‹*pleasure*› temporal **2** (secular) (Relig) temporal, secular

temporarily /'tempə'rerəli || 'tempərərɪli/ *adj* temporalmente, temporariamente (AmL)

temporary /'tempəreri || 'temprəri/ *adj* ‹*accommodation/arrangement*› temporal, provisional, provisorio (AmS); ‹*improvement*› pasajero; ‹*job/work/worker*› eventual, temporal, temporario (AmL); **as a ~ measure** como medida provisional *or* (AmS tb) provisoria

tempt /tempt/ *vt* (*often pass*) tentar*; **to ~ fate** *o* **providence** tentar* a la suerte; **to be ~ed to + INF** estar* tentado DE + INF; **to ~ sb INTO sth/-ING**: **they ~ed me into staying another week** me convencieron de que me quedara otra semana; **may I ~ you to a little more?** ¿le sirvo un poco más?

temptation /temp'teɪʃən/ *n* [u c] tentación *f*; **I couldn't resist the ~ to take revenge** no pude resistir la tentación de vengarme

tempter /'temptər || 'temptə(r)/ *n* tentador *m*; **the T~** (Relig) el Tentador, el demonio

tempting /'temptɪŋ/ *adj* ‹*offer*› tentador, atractivo; ‹*dish/cake*› tentador, apetecible; **it is ~ to speculate on what might have happened** la idea de especular sobre lo que podría haber pasado es tentadora

temptress /'temptrəs || 'temptrɪs/ *n* tentadora *f*

ten[1] /ten/ *n* diez *m*; **hundreds, ~s and units** centenas, decenas y unidades; **~s of thousands** decenas de miles; **it's ~ to** *o* (AmE also) **of three** son las tres menos diez, son diez para las tres (AmL exc RPl); **it's ~ past** *o* (AmE also) **after three** son las tres y diez; **~ to one it'll rain** (te) apuesto a que llueve; *see also* **four[1]**

ten[2] *adj* diez *adj inv*; *see also* **four[2]**

tenable /'tenəbəl/ *adj* **1** ‹*theory/argument*› defendible, sostenible **2** ‹*position*› defendible

tenacious /tə'neɪʃəs || tɪ'neɪʃəs/ *adj* ‹*fighter/hold*› tenaz; ‹*belief*› firme

tenaciously /tə'neɪʃəsli || tɪ'neɪʃəsli/ *adv* tenazmente, con tenacidad

tenacity /tə'næsəti || tɪ'næsəti/ *n* [u] tenacidad *f*

tenancy /'tenənsi/ *n* [c u] (*pl* **-cies**) (holding, possession) tenencia *f*; (period): **during their ~** mientras ellos fueron (*or* sean *etc*) los inquilinos *or* arrendatarios; (*before n*) **~ agreement** contrato *m* de alquiler *or* arriendo

tenant /'tenənt/ *n* inquilino, -na *m,f*, arrendatario, -ria *m,f*

tenant farmer *n* arrendatario, -ria *m,f*

tench /tentʃ/ *n* [u c] tenca *f*

tend /tend/ *vi*

A (have tendency, be inclined) tender*; **to ~ to + INF** tender* A + INF; **women ~ to live longer than men** las mujeres tienden a *or* suelen vivir más que los hombres; **I ~ to agree with you** me inclino a pensar como usted; **he ~s to catch colds easily** tiene tendencia *or* propensión a resfriarse

B (attend) **to ~ TO sth/sb** ocuparse DE algo/algn

■ **tend** *vt* ‹*sheep/flock*› cuidar (de), ocuparse de; ‹*invalids/victims*› cuidar (de), atender*; ‹*garden/grave*› ocuparse de

tendency /'tendənsi/ *n* (*pl* **-cies**) **1** (inclination, direction) tendencia *f*; (Med) propensión *f*, tendencia *f*; **~ to + INF** tendencia A + INF; **he has a ~ to put on weight** tiene tendencia *or* propensión a engordar; **~ TOWARD sth** tendencia HACIA algo **2** **tendencies** *pl* (proclivities): **criminal tendencies** tendencias *fpl* delictivas

tendentious /ten'dentʃəs || ten'denʃəs/ *adj* tendencioso

tender[1] /'tendər || 'tendə(r)/ *adj* **1** (sensitive) ‹*spot*› sensible; ‹*issue*› delicado, espinoso; **it still feels a bit ~** todavía me duele/me molesta un poco; **at the ~ age of 12** a la tierna edad de 12 años **2** (not tough) ‹*meat*› tierno **3** (affectionate, loving) ‹*gesture/smile*› tierno

tender[2] *n* **1** [c u] (Busn) (offer) propuesta *f*, oferta *f*, plica *f* (Esp); **to put sth out to ~** sacar* algo a concurso *or* a licitación, licitar algo (esp AmS); **to put up** *o* **submit a ~ for sth** presentarse a concurso *or* a una licitación para algo **2** [u] (*legal* ~) moneda *f* de curso legal

tender[3] *vi* ««*company*»» presentarse a concurso *or* a una licitación

■ **tender** *vt* (frml) ‹*resignation/apologies*› presentar, ofrecer*

tender: **~foot** *n* (*pl* **-feet** *or* **-foots**) (AmE) novato, -ta *m,f*, principiante *mf*; **~hearted** /'tendər'hɑːrtəd || ,tendə'hɑːtɪd/ *adj* bondadoso, de buen corazón

tenderize /'tendəraɪz/ *vt* ‹*meat*› ablandar

tenderizer /'tendəraɪzər || 'tendəraɪzə(r)/ *n* maza *f* (*para ablandar la carne*)

tenderloin /'tendərlɔɪn || 'tendəlɔɪn/ *n* [u c] (of pork) lomo *m*; (of beef) lomo *m*, filete *m*, solomillo *m* (Esp)

tenderly /'tendərli || 'tendəli/ *adv* tiernamente, con ternura

tenderness /'tendərnəs || 'tendənɪs/ *n* [u] 1 (of meat) lo tierno 2 (affection) ternura *f*, cariño *m*

tendon /'tendən/ *n* tendón *m*

tendril /'tendrəl || 'tendrɪl/ *n* zarcillo *m*

tenement /'tenəmənt/ *n* casa *f* de vecinos *or* de vecindad, vecindad *f* (Méx), conventillo *m* (CS)

tenet /'tenət || 'tenɪt/ *n* principio *m*

tenfold /'tenfəʊld/ *adj/adv see* **-fold**

Tenn = Tennessee

tenner /'tenər || 'tenə(r)/ *n* 1 ($10) (AmE sl) (billete *m* de) diez dólares *mpl* 2 (£10) (BrE colloq) (billete *m* de) diez libras *fpl*

tennis /'tenəs || 'tenɪs/ *n* [u] tenis *m*; (*before n*) ~ **court** cancha *f or* (Esp) pista *f* de tenis; ~ **elbow** sinovitis *f* del codo, codo *m* de tenista; ~ **match** partido *m* de tenis; ~ **player** tenista *mf*; ~ **raquet** raqueta *f* de tenis; ~ **shoes** zapatillas *fpl* (de tenis), tenis *mpl*, championes *mpl* (Ur)

tenor[1] /'tenər || 'tenə(r)/ *n*

A [c u] (Mus) tenor *m*; **he is a ~** tiene voz de tenor

B (frml) (sense) tenor *m*

tenor[2] *adj* (*before n*) ‹*voice/part/range*› de tenor; ‹*recorder/saxophone*› tenor

ten: **~pin bowling** *n* [u] (BrE) ▸ **~pins**; **~pins** *n* (+ *sing vb*) (AmE) bolos *mpl*, bowling *m*

tense[1] /tens/ *adj* 1 (strained) ‹*atmosphere/situation*› tenso; **it was a very ~ finish** fue una final muy emocionante 2 (nervous) nervioso, tenso 3 (taut) ‹*wire*› tenso, tirante; ‹*body/muscles*› en tensión, tenso

tense[2] *vt* ‹*muscles*› poner* tenso, tensar

Phrasal verb

• **tense up** [v ▸ adv] (colloq) ponerse* tenso

tense[3] *n* (Ling) tiempo *m*

tensely /'tensli/ *adv* con tensión, tensamente

tension /'tentʃən || 'tenʃən/ *n*

A [c u] 1 (of situation) tensión *f*, tirantez *f* 2 (felt by person) tensión *f* 3 (between two parties) conflicto *m*

B [u] (tautness) tensión *f*; (in sewing, knitting) tensión *f*

C [u] (Elec) tensión *f*; **high/low ~** alta/baja tensión

tent /tent/ *n* tienda *f* (de campaña), carpa *f* (AmL), tolda *f* (Col); (*before n*) ~ **peg** estaca *f*

tentacle /'tentɪkəl || 'tentəkəl/ *n* tentáculo *m*

tentative /'tentətɪv/ *adj* 1 (provisional) ‹*plan/arrangement*› provisional, provisorio (AmS); ‹*offer*› tentativo 2 (hesitant) ‹*person*› indeciso; **may I make a ~ suggestion?** ¿podría, si me permiten, hacer una sugerencia?

tentatively /'tentətɪvli/ *adv* 1 (provisionally) ‹*conclude/propose*› provisionalmente, provisoriamente (esp AmL) 2 (hesitantly): **they have begun, very ~, to diversify their operations** han empezado muy cautelosamente a diversificar sus operaciones

tenterhooks /'tentərhʊks || 'tentəhʊks/ *pl n*: ***to be/keep sb on ~*** estar*/tener* a algn en *or* sobre ascuas

tenth[1] /tenθ/ *adj* décimo; *see also* **fifth**[1]

tenth[2] *adv* (in position, time, order) en décimo lugar; *see also* **fifth**[2]

tenth[3] *n* 1 (Math) décimo *m* 2 (part) décima parte *f*; **nine ~s of the population** el 90% de la población

tenuous /'tenjuəs/ *adj* ‹*claim/argument*› poco fundado, endeble; ‹*link/connection*› indirecto

tenure /'tenjər || 'tenjə(r)/ *n* 1 [u] (of property, land) tenencia *f*, ocupación *f* 2 [u c] (period of office) ejercicio *m*, ocupación *f* 3 [u] (Educ) (job security) puesto *m* permanente, titularidad *f* (*en una universidad*)

tepee /'ti:pi:/ *n* tipi *m*

tepid /'tepəd || 'tepɪd/ *adj* ‹*drink/water*› tibio; ‹*welcome*› poco cálido; ‹*reaction*› poco entusiasta

tequila /tə'ki:lə/ *n* tequila *m*

term[1] /tɜ:rm || tɜ:m/ *n*

Sense I

A (word) término *m*; **in general/simple ~s** en términos generales/lenguaje sencillo; **a ~ of abuse** un insulto; **they protested in the strongest possible ~s** protestaron en forma sumamente enérgica

B 1 (period) período *m*, periodo *m*; **the President's first ~ in office** el primer mandato del presidente; **in the short/long ~** a corto/largo plazo 2 (in school, university) trimestre *m*; **the fall** *o* (BrE) **autumn/spring/summer ~** el primer/segundo/tercer trimestre 3 (to due date) plazo *m*; **the ~ of the loan expired** venció el plazo del préstamo; **the baby was born at (full) ~** fue un embarazo a término

Sense II **terms** *pl*

A (conditions) condiciones *fpl*; **on equal ~s** en igualdad de condiciones, en pie de igualdad; **we offer easy ~s** ofrecemos facilidades de pago; **~s of reference** (of an inquiry) competencia *f*, atribuciones *fpl* y responsabilidades *fpl*; ***to come to ~s with sth*** aceptar algo

B (relations) relaciones *fpl*; **to be on good/bad ~s with sb** estar* en buenas/malas relaciones con algn, llevarse bien/mal con algn; **we are not on speaking ~s** no nos hablamos; **they were on first name ~s** se llamaban por el nombre de pila, ≈ se tuteaban

C 1 (sense): **in financial/social ~s** desde el punto de vista financiero/social; **in real ~s** en términos reales 2 **in terms of**: **I was thinking more in ~s of ...** yo estaba pensando más bien en ...; **in ~s of efficiency, our system is superior** en cuanto a eficiencia, nuestro sistema es superior

term[2] *vt* calificar* de

terminal[1] /'tɜ:rmənl̩ || 'tɜ:mɪnl̩/ *adj* 1 (of, relating to death) ‹*cancer/illness*› terminal; ‹*patient*› (en fase) terminal, desahuciado; **in a state of ~ decline** en un estado de irreversible decadencia 2 (at end) (*before n*) ‹*point/stage*› terminal; **~ station** estación *f* terminal

terminal[2] *n* 1 (Transp) (at airport) terminal *f* , terminal *m* (Chi); **train ~** estación *f* terminal; **bus ~** terminal *f or* (Chi) *m* de autobuses 2 (Comput) terminal *m* 3 (Elec) terminal *m*, polo *m*

terminally /'tɜ:rmənəli || 'tɜ:mɪnəli/ *adv*: **he's ~ ill** está en fase terminal, está desahuciado

terminate /'tɜ:rməneɪt || 'tɜ:mɪneɪt/ *vt* (frml) ‹*discussion/relationship*› poner* fin a; ‹*contract*› poner* término a; ‹*employee*› (AmE) despedir*, cesar (frml *or* period); **to ~ a pregnancy** interrumpir un embarazo

■ **terminate** *vi* «*lease/relationship*» terminarse; **your employment will ~ on January 31st** causará baja *or* quedará cesante el 31 de enero; **this train ~s here** éste es el final del recorrido de este tren, hemos llegado a destino

termination /'tɜ:rmə'neɪʃən || ˌtɜ:mɪ'neɪʃən/ *n* 1 [u] (of contract) (frml) terminación *f*; **~ of employment** baja *f*, cese *m* 2 [u c] (Med): **~ of pregnancy** interrupción *f* del embarazo; **she had to have a ~** tuvieron que hacerle un aborto

terminology /'tɜ:rmə'nɑ:lədʒi || ˌtɜ:mɪ'nɒlədʒi/ *n* [u c] (*pl* **-gies**) terminología *f*

terminus /'tɜ:rmənəs || 'tɜ:mɪnəs/ *n* (*pl* **-nuses** *or* **-ni** /-ni:, -naɪ || -naɪ/) (of buses) terminal *f or* (Chi) *m*; (of trains) estación *f* terminal

termite /'tɜ:rmaɪt || 'tɜ:maɪt/ *n* termita *f*

term: **~ paper** *n* (in US) *trabajo escrito exigido al finalizar el trimestre*; **~time** *n* (BrE) época *f* de clases

terrace /'terəs || 'terəs, 'terɪs/ *n* 1 (patio) terraza *f* 2 (balcony) (AmE) terraza *f* 3 (on hillside) terraza *f* 4 (row of houses) (BrE) *hilera de casas adosadas* 5 **terraces** *pl* (BrE Sport) gradas *fpl*, tribunas *fpl* (CS)

terraced /'terəst || 'terəst, 'terɪst/ *adj* 1 (Agr, Geog) ‹*hillside/slope*› en terrazas *or* bancales 2 ‹*house*› (BrE) adosado (*en una hilera de casas uniformes*)

terra-cotta /'terə'kɑ:tə || ˌterə'kɒtə/ *n* [u] terracota *f*

terrain /te'reɪn/ *n* [u c] terreno *m*

terrapin /'terəpən || 'terəpɪn/ *n* galápago *m*, tortuga *f* de agua dulce *or* de río

terrestrial /tə'restriəl/ *adj* terrestre

terrible /'terəbəl/ *adj* 1 (very bad) ‹*movie/singer/weather*› espantoso, atroz, malísimo, fatal (Esp fam); **to feel ~** (ill) sentirse* *or* encontrarse* pésimo *or* muy mal; (guilty, ashamed) sentirse* muy mal; **that's ~!** ¡qué terrible!, ¡qué horror!; **you're ~!** ¡qué malo eres! 2 (*as intensifier*): **what a ~ shame!** ¡qué lástima más grande!; **it's a ~ waste of time** es una pérdida lamentable de tiempo

terribly /'terəbli/ *adv* 1 (very badly) ‹*suffer*› terriblemente; ‹*sing/act*› terriblemente mal, fatal (Esp fam); **I miss you ~** te echo muchísimo de menos 2 (colloq) (*as intensifier*): **I**

t

was ~ worried/nervous estaba preocupadísima/nerviosísima; **I'm not feeling ~ well** no me siento muy bien que digamos

terrier /'teriər || 'teriə(r)/ *n* terrier *mf*

terrific /tə'rɪfɪk/ *adj* **1** (enormous) (colloq) ‹*crash/speed*› tremendo, increíble; ‹*argument*› espantoso **2** (very good) (colloq) ‹*party/cook*› estupendo, genial (fam), de miedo (fam); ‹*idea/news/car*› estupendo, bárbaro (fam), fantástico (fam); **they had a ~ time** lo pasaron fenomenal *or* (Esp tb) pipa (fam); **(that's) ~!** ¡genial! (fam), ¡fenomenal! (fam), ¡chévere! (AmL exc CS fam); **(oh) ~!** (iro) ¡(pues) qué bien! (iró)

terrified /'terəfaɪd || 'terɪfaɪd/ *adj* ‹*crowd*› aterrorizado, aterrado; ‹*shout*› de terror; **to be ~ OF sth/sb** tenerle* terror *or* pánico A algo/algn; **to be ~ OF -ING: he's ~ of failing** le aterra *or* le da terror la idea de fracasar; **to be ~ THAT** tener* terror DE QUE (+ *subj*); **they were ~ they might be too late** estaban aterrados pensando que no iban a llegar a tiempo

terrify /'terəfaɪ || 'terɪfaɪ/ *vt* **-fies, -fying, -fied** aterrorizar*; **spiders ~ me** les tengo pánico *or* terror *or* horror a las arañas; **the explosion terrified us out of our wits** la explosión nos dio un susto de muerte

terrifying /'terəfaɪɪŋ || 'terɪfaɪɪŋ/ *adj* ‹*experience/story/sound*› aterrador, espantoso, espeluznante; **I found him ~ when I was a child** de pequeño le tenía verdadero terror

territorial /'terə'tɔːriəl || ˌterɪ'tɔːriəl/ *adj* **1** (Pol) ‹*rights/dispute*› territorial **2** (Zool) ‹*animal/bird*› que tiene un sentido muy desarrollado de su territorio

territory /'terətɔːri || 'terɪtəri, -tri/ *n* [u c] (*pl* **-ries**) territorio *m*

terror /'terər || 'terə(r)/ *n*

A **1** [u] (fear) terror *m*; **they fled in ~** huyeron aterrorizados *or* despavoridos; **he lives in ~ of being found out** vive aterrorizado ante la posibilidad de que lo descubran **2** [u c] (frightening person, thing): **the ~s of war** los horrores de la guerra; **she was the ~ of her subordinates** tenía aterrorizados a sus subalternos

B [c] (difficult person) (colloq): **that kid is a little ~** ese niño es un diablillo (fam)

terrorism /'terərɪzəm/ *n* [u] terrorismo *m*

terrorist /'terərəst || 'terərɪst/ *n* terrorista *mf*; (*before n*) ‹*group/bomb*› terrorista

terrorize /'terəraɪz/ *vt* ‹*person/neighborhood*› aterrorizar*, tener* atemorizado; **he ~d her into lying to the police** la atemorizó para que mintiera a la policía

terror-stricken /'terərˌstrɪkən || 'terəˌstrɪkən/, **terror-struck** /-strʌk/ *adj* aterrorizado

terry /'teri/ *n* [u] **~ (cloth** *o* (BrE also) **towelling)** (fabric) (tela *f* de) toalla *f*, felpa *f*

terse /tɜːrs || tɜːs/ *adj* ‹*answer/person*› seco, lacónico

tersely /'tɜːrsli || tɜːsli/ *adv* lacónicamente

tertiary /'tɜːrʃieri || 'tɜːʃəri/ *adj* **1** (Econ) terciario **2** (Educ): **~ education** (BrE) educación *f* superior *or* de nivel terciario

Terylene® /'terəliːn || 'terɪliːn/ *n* [u] (BrE) Terylene® *m*

TESL /'tesəl/ *n* (= **teaching English as a second language**) *enseñanza del inglés como segunda lengua*

test¹ /test/ *n*

A **1** (Educ) prueba *f*; (multiple-choice type) test *m*; **to do** *o* **take a ~** hacer* una prueba/un test; **to give** *o* **set sb a ~** hacerle* *or* ponerle* a algn una prueba/un test **2** (of machine, drug) prueba *f*; **to put sth to the ~** poner* algo a prueba; ***to stand the ~ of time*** resistir el paso del tiempo; (*before n*) ‹*run/flight*› experimental, de prueba **3** (analysis, investigation): **blood/urine ~** análisis *m* de sangre/orina; **to have an eye/a hearing ~** hacerse* un examen de la vista/del oído; **he had an AIDS ~** se le hizo la prueba del sida

B (Sport) partido *m* internacional

test² *vt* **1** ‹*student/class*› examinar, hacerle* una prueba a; ‹*knowledge/skill*› evaluar*; **to ~ sb ON sth** examinar a algn SOBRE algo **2** **~ (out)** ‹*product/vehicle/weapon*› probar*, poner* a prueba; **these cosmetics have not been ~ed on animals** no se han utilizado animales en las pruebas de laboratorio de estos cosméticos **3** ‹*friendship/endurance*› poner* a prueba **4** ‹*blood/urine*› analizar*; ‹*sight/hearing/reflexes*› examinar; ‹*hypothesis*› comprobar*; **you need your eyes ~ed** tienes que hacerte examinar la vista; **to ~ sb FOR sth: she was ~ed for AIDS** se le hizo un análisis para determinar si tenía el sida; **to ~ sth FOR sth: the eggs were ~ed for salmonella** los huevos fueron analizados para determinar si estaban infectados de salmonela

■ **test** *vi* (carry out a test) hacer* pruebas; (Med) hacer* análisis; **just ~ing!** (hum) era sólo para ver qué decías; **she ~ed positive** su análisis dio positivo

testament /'testəmənt/ *n*

A (will) testamento *m*; **the last will and ~ of ...** el testamento y última voluntad de ...

B **Testament** (Bib): **the Old/New T~** el Antiguo/Nuevo Testamento

test: **~ ban** *n* (Mil, Pol) suspensión *f* *or* prohibición *f* de pruebas nucleares; **~ card** *n* (BrE) ▸**test pattern**; **~ case** *n*: *caso que sienta jurisprudencia*; **~ drive** *n* (Auto) prueba *f* de circulación en carretera; **~-drive** *vt* (*past* **-drove**; *past p* **-driven**) (Auto) probar* (*en carretera*)

tester /'testər || 'testə(r)/ *n* (sample) frasco *m* (*or* aerosol *m* *etc*) de muestra

testicle /'testɪkəl/ *n* testículo *m*

testify /'testəfaɪ || 'testɪfaɪ/ **-fies, -fying, -fied** *vi* **1** (Law frml) prestar declaración, testificar*; **to ~ TO sth** declarar *or* testificar* algo **2** (demonstrate) (frml) **to ~ TO sth** atestiguar* algo, ser* testimonio DE algo

■ **testify** *vt* (Law) declarar, testificar*

testily /'testəli || 'testɪli/ *adv* con irritación

testimonial /'testə'məʊniəl || ˌtestɪ'məʊniəl/ *n* **1** (reference, recommendation) recomendación *f* **2** (tribute, gift) tributo *m*, homenaje *m*

testimony /'testəməʊni || 'testɪməni/ *n* (*pl* **-nies**) **1** [u c] (Law) declaración *f*, testimonio *m* **2** (demonstration) (frml) (*no pl*) **to be (a) ~** *o* **to bear ~ TO sth** ser* *or* dar* testimonio DE algo, atestiguar* algo

testing¹ /'testɪŋ/ *n* [u] pruebas *fpl*

testing² *adj* duro, arduo; **this has been a ~ time for all of us** éstos han sido tiempos difíciles para todos nosotros

testing ground *n* (journ) terreno *m* de pruebas

test match *n* (Sport) partido *m* internacional

testosterone /te'stɑːstərəʊn || te'stɒstərəʊn/ *n* [u] testosterona *f*

test: **~ paper** *n* (Educ) examen *m*, prueba *f*; **~ pattern** *n* (AmE) carta *f* de ajuste; **~ pilot** *n* piloto *mf* de pruebas; **~ tube** *n* probeta *f*, tubo *m* de ensayo; (*before n*) **~-tube baby** niño, -ña *m,f* probeta

testy /'testi/ *adj* **-tier, -tiest** irritable, de mal genio

tetanus /'tetn̩əs || 'tetn̩əs/ *n* [u] tétano(s) *m*; (*before n*) ‹*vaccine*› antitetánico, del *or* contra el tétano(s)

tetchy /'tetʃi/ *adj* **tetchier, tetchiest** irritable

tête-à-tête /'tetə'tet || ˌteɪtɑː'teɪt/ *n* tête-à-tête *m*

tether¹ /'teðər || 'teðə(r)/ *n* (rope) soga *f*; (chain) cadena *f*; ▸**end¹ A1**

tether² *vt* ‹*animal*› atar, amarrar

Tex = **Texas**

text¹ /tekst/ *n*

A [u c] texto *m*

B [c] (textbook) (AmE) libro *m* de texto

text² *vi* mandar un mensaje de texto

■ **text** *vt* mandar un mensaje de texto a

textbook /'tekstbʊk/ *n* libro *m* de texto; (*before n*) ‹*case/approach*› clásico

text-editor *n* editor *m* de texto

textile /'tekstaɪl/ *n* [c u] textil *m*; (*before n*) ‹*factory/industry*› textil; ‹*worker*› (del sector) textil

text message *n* mensaje *m* de texto

textual /'tekstʃuəl || 'tekstjʊəl/ *adj* ‹*error/differences*› textual

texture /'tekstʃər || 'tekstʃə(r)/ *n* [u c] textura *f*

textured /'tekstʃərd || 'tekstʃəd/ *adj* ‹*wallpaper*› con textura, con relieve

TGWU *n* (in UK) = **Transport and General Workers' Union**

Thai¹ /taɪ/ *adj* tailandés

Thai² *n* **1** [c] (person) tailandés, -desa *m,f* **2** [u] (language) tailandés *m*

Thailand /'taɪlænd/ *n* Tailandia *f*

thalidomide /θə'lɪdəmaɪd/ *n* [u] talidomida *f*

Thames /temz/ *n* **the ~** el Támesis

than¹ /ðæn, *weak form* ðən/ *conj* **1** (in comparisons) que; (with quantity) de; **I'm feeling better ~ I was** me siento mejor que antes; **more/less ~ we had asked for** más/menos de lo que habíamos pedido; **the situation is even worse ~ we thought** la situación es aún peor de lo que pensábamos **2** (with alternatives): **I'd rather walk ~ go by bus** prefiero ir a pie a tomar el autobús; **I'd sooner die ~ marry you** prefiero morirme antes que casarme contigo **3** (except, besides) que; **I had no alternative ~ to resign** no tenía otra alternativa que dimitir **4** (when) cuando; **no sooner had I sat down ~ the bell rang** apenas me había sentado cuando sonó el timbre, en cuanto me senté sonó el timbre

than² *prep* (in comparisons) que; (with quantity) de; **his house is bigger ~ mine** su casa es más grande que la mía; **more ~ £200/20 days** más de 200 libras/20 días

thank /θæŋk/ *vt* **1** (demonstrate gratitude to) **to ~ sb (FOR sth)** darle* las gracias a algn (POR algo), agradecerle* (algo) a algn; **I can't ~ you enough for what you did** nunca podré agradecerte bastante lo que hiciste **2** (hold responsible): **she's got her father to ~ for her hang-ups** los complejos que tiene se los debe a su padre; **you've only yourself to ~** la culpa sólo la tienes tú **3** (*in interj phrases*): **~ God/heaven(s)** menos mal, gracias a Dios; **~ goodness you came** menos mal que viniste; *see also* **thank you**

thankful /'θæŋkfəl/ *adj* ‹*look/smile*› de agradecimiento, agradecido; **you should be ~ you're fit and well** deberías dar gracias a Dios por tu salud; **let's be ~ we got there in time** menos mal *or* gracias a Dios que llegamos a tiempo

thankfully /'θæŋkfəli/ *adv* **1** (gratefully): **she smiled ~ up at me** me sonrió agradecida **2** (*indep*) menos mal, gracias a Dios

thankless /'θæŋkləs || 'θæŋklɪs/ *adj* ‹*task/job*› ingrato

thanks /θæŋks/ *pl n* **1** (expression of gratitude) agradecimiento *m*; **a letter/speech of ~** una carta/unas palabras de agradecimiento; **Ⓢ received with thanks** pagado; **is that all the ~ I get?** ¿es así cómo se me lo agradece?; **to give ~ for sth** dar* gracias por algo **2** (*as interj*) **~!** ¡gracias!; **~ very much** *o* **a lot!** ¡muchas gracias!; **~ a million!** ¡mil gracias!, ¡un millón de gracias!; **~ a lot** *o* **a bundle!** (iro) ¡hombre, muchas gracias! *or* ¡mira qué bien! (iró); **~ for nothing!** ¡muchas gracias! (iró); **many ~ (for sth/-ING)** muchas gracias (por algo/+ INF) **3** **thanks to** gracias a; **it's no ~** *o* **it's small ~ to you that we got the contract** no fue gracias a ti que conseguimos el contrato

thanksgiving /'θæŋks'gɪvɪŋ/ *n* **1** acción *f* de gracias **2** **Thanksgiving (Day)** (in US) el día de Acción de Gracias (*que conmemora la primera cosecha de los* **Pilgrim Fathers**)

thank: ~ you *interj* ¡gracias!; **~ you very much** muchas gracias; **to say ~ you** dar* las gracias; **~ you for coming/your help** gracias por venir/tu ayuda; **~-you** *n*: **without so much as a ~-you** sin siquiera dar las gracias; **a special ~-you to ...** doy/damos las gracias muy especialmente a ...; (*before n*) ‹*letter/gift*› de agradecimiento

that¹ /ðæt/ *pron*

A (*pl* **those**) (demonstrative) ése, ésa; (*neuter*) eso; **those** ésos, ésas; (*to refer to something more distant, to the remote past*) aquél, aquélla; (*neuter*) aquello; **those** aquéllos, aquéllas [*According to the Real Academia Española the accent can be omitted when there is no ambiguity*] **what's ~?** ¿qué es eso?; **who's ~ over there?** quién es ése/ésa?; **those are $20 and those over there $21.50** ésos cuestan 20 dólares y aquéllos de allá 21,50; **~'s why she never went back** por eso nunca volvió; **who's ~, please?** (on telephone) ¿con quién hablo, por favor?; **~'s impossible/wonderful!** ¡es imposible/maravilloso!; **those who have been less fortunate** los que no han tenido tanta suerte; **is ~ so?** ¡no me digas!, ¿ah, sí?; **don't talk like ~!** ¡no hables así!, ¡no digas eso!; **eat it up now, ~'s a good girl!** vamos, cómetelo todo ¡así me gusta!; **come on, it's not as bad as all ~** vamos, que no es para tanto

B (*in phrases*) **at that** (moreover) además; (thereupon): **at ~ they all burst out laughing** al oír (*or* ver *etc*) eso, todos se echaron a reír; **for all that** por eso; **he has enormous power and wealth, but is still unhappy for all ~** tiene mucho poder y muchas riquezas, pero aún así es infeliz; **that is: we're all going, all the adults, ~ is** vamos todos, es decir, todos los adultos; **you're welcome to come along, ~ is, if you'd like to** encantados de que vengas, siempre que quieras venir, claro; **that's it!**: **~'s it for today** eso es todo por hoy; **is ~ it? — no, there's another bag to come** ¿ya está? — no, todavía falta otra bolsa; **now lift your left arm: ~'s it!** ahora levanta el brazo izquierdo ¡eso es! *or* ¡ahí está!; **~'s it: I've had enough!** ¡se acabó! ¡ya no aguanto más!; **that's that**: **you're not going and ~'s ~!** no vas y no hay más que hablar *or* y se acabó

C /ðət, *strong form* ðæt/ (relative) que; **a voice ~ reminded him of somebody** una voz que le recordaba a alguien; **it wasn't Helen (~) you saw** no fue a Helen a quien viste, no fue a Helen que viste (AmL); **the reason (~) she resigned** el motivo por el que dimitió; **the way (~) he spoke** la forma en que habló

that² /ðæt/ *adj* (*pl* **those**) ese, esa; **those** esos, esas; (*to refer to sth more distant, to the remote past*) aquel, aquella; **those** aquellos, aquellas; **do you know ~ boy/girl?** ¿conoces a ese chico/esa chica?; **those two records** esos dos discos; **I prefer ~ one** prefiero ése/ésa; **I like those yellow ones** me gustan ésos amarillos; **in those days** en aquellos tiempos; **it's been one of those days** ha sido uno de esos días en que todo sale mal

that³ /ðət, *strong form* ðæt/ *conj* que; **she said (~) ...** dijo que ...; **the news ~ our team had won** la noticia de que nuestro equipo había ganado; **I'm glad (~) you're here** me alegro de que estés aquí; **she talks so fast ~ I can't understand** habla tan rápido que no le entiendo; **it's not ~ I mind what he does but ...** no es que me importe lo que hace, pero ...; **they died ~ others might live** (liter) murieron para que otros pudieran vivir

that⁴ /ðæt/ *adv* tan; **ten thirty? ~ late already?** ¿las diez y media? ¿ya es tan tarde?; **I'm not ~ interested, really** la verdad es que no me interesa tanto; **she can't be all ~ stupid** no es posible que sea tan tonta

thatch¹ /θætʃ/ *n* **1** [u] (roofing) *paja, juncos etc utilizados como techumbre*, quincha *f* (AmS) **2** [c] (roof) tejado *m* de paja (*or* de juncos *etc*), techo *m* de quincha (AmS)

thatch² *vt* ‹*roof*› cubrir* *or* techar con paja (*or* juncos *etc*), empajar, quinchar (AmS)

thatched /θætʃt/ *adj* ‹*roof*› de paja (*or* de juncos *etc*) *or* (AmS) de quincha; ‹*cottage*› con el tejado de paja (*or* de juncos *etc*), quinchado (AmS)

thaw¹ /θɔː/ *vi* «*snow/ice*» derretirse*, fundirse; «*frozen food*» descongelarse; «*atmosphere/relations*» hacerse* más cordial

■ **thaw** *vt* ‹*snow/ice*› derretir*, fundir, deshacer*; ‹*frozen food*› descongelar

■ **thaw** *v impers* (Meteo) deshelar*

(Phrasal verb)

• **thaw out**

A [v ▸ o ▸ adv, v ▸ adv ▸ o] descongelar

B [v ▸ adv] descongelarse

thaw² *n* (Meteo, Pol) deshielo *m*

the¹ /*before vowel* ði, ðɪ; *before consonant* ðə, *strong form* ðiː/ *def art*

A (*sing*) el, la; (*pl*) los, las

B (*emphatic use*): **do you mean *the* Dr Black?** ¿te refieres al famoso Dr Black?; **it's *the* novel to read just now** en este momento, es la novela que hay que leer

C **1** (with names): **Henry ~ First** Enrique primero; **~ Smiths** los Smith **2** (in abstractions, generalizations) (+ *sing vb*): **~ possible/sublime** lo posible/sublime; **~ young/old** los jóvenes/viejos

D (per) por; **three dollars ~ yard** tres dólares la yarda; **they sell it by ~ square foot** lo venden por pie cuadrado; **I get paid by ~ hour** me pagan por hora

E (used instead of possessive pron) (colloq) (*sing*) el, la; (*pl*) los, las; **how's ~ family?** ¿qué tal la familia? (fam)

the² /*before vowel* ði; *before consonant* ðə/ *adv* (+ *comp*) **1** (*as conj*) cuanto; **~ more you have, ~ more you want** cuanto más tienes, más quieres; **~ sooner, ~ better** cuanto antes, mejor **2** (*in comparisons*): **I'm ~ richer for this experience** me he enriquecido con esta experiencia; **that's all ~ more reason not to give in** mayor razón para no ceder

theater, (BrE) **theatre** /'θiːətər || 'θɪətə(r)/ *n*
A 1 [c] (building) teatro *m*; (*before n*) **I've got two ~ tickets** tengo dos entradas para el teatro 2 [u] (theatrical world) **the ~** el teatro, la escena 3 [u] (drama) teatro *m*; (*before n*) ‹*company/critic*› teatral, de teatro
B [c] (*movie ~*) (AmE) cine *m*
C [c] (*operating ~*) (BrE) quirófano *m*, sala *f* de operaciones

theatergoer, (BrE) **theatregoer** /'θiːətər,gəʊər || 'θɪətə,gəʊə(r)/ *n* 1 (Theat): **he's a keen ~** es muy aficionado al teatro, va mucho al teatro 2 (AmE) ▸**moviegoer**

theatrical /θi'ætrɪkəl/ *adj* 1 ‹*debut/event/circles*› teatral 2 (exaggerated) ‹*gesture/person*› teatral, histriónico

thee /ðiː/ *pron* (arch *or* dial *or* poet) te; (after prepositions) ti

theft /θeft/ *n* [u c] robo *m*; **there have been several cases of ~** ha habido varios robos

their /ðer || ðeə(r)/ *adj* 1 (*sing*) su; (*pl*) sus; **they washed ~ hands** se lavaron las manos 2 (belonging to indefinite person) (*sing*) su; (*pl*) sus; **whoever called didn't leave ~ number** la persona que ha llamado no dejó su teléfono

theirs /ðerz || ðeəz/ *pron* (*sing*) suyo, -ya; (*pl*) suyos, -yas; **~ is blue** el suyo/la suya *or* el/la de ellos es azul; **a friend of ~** un amigo suyo *or* de ellos

them /ðem, *weak form* ðəm/ *pron*
A 1 (as direct object) los, las; (referring to people) los *or* (Esp tb) les, las; **where did you buy ~?** ¿dónde los/las compraste?; **he has two sons, do you know ~?** tiene dos hijos ¿los *or* (Esp tb) les conoces? 2 (as indirect object) les; (with direct object pronoun present) se; **I lent ~ some money** les presté dinero; **I lent it to ~** se lo presté 3 (after preposition) ellos, ellas; **for/with ~** para/con ellos/ellas; **there were four of ~** eran cuatro
B (emphatic use) ellos, ellas; **that'll be ~** deben de ser ellos
C (indefinite person): **there's someone at the door, shall I show ~ in?** hay alguien en la puerta ¿lo hago pasar?; **if anyone calls, tell ~ that ...** si llama alguien, dile que ...
D (for themselves) (AmE colloq *or* dial) se; **they ought to get ~ a car** deberían comprarse un coche

theme /θiːm/ *n*
A (subject, principal idea) tema *m*; (*before n*) **~ park** parque *m* temático
B (Cin, Rad, TV) tema *m*; (*before n*) **~ song** (repeated melody) tema *m* musical; (of TV program) (AmE) música *f* de un programa (*or* una serie *etc*); **~ tune** (BrE) música *f* del programa (*or* de la serie *etc*)
C (essay) (AmE Educ) trabajo *m*

themselves /ðəm'selvz/ *pron* 1 (reflexive): **they behaved ~** se portaron bien; **they bought ~ a new car** se compraron otro coche; **they only think of ~** sólo piensan en sí mismos; **they were by ~** estaban solos/solas 2 (emphatic) ellos mismos, ellas mismas 3 (normal selves): **the children aren't ~** los niños no son los de siempre 4 (indefinite person or persons): **if anyone's interested, they can find out for ~** si a alguien le interesa, puede averiguarlo por sí mismo

t

then¹ /ðen/ *adv*
A 1 (at that time) entonces; **it was ~ that I remembered** fue entonces *or* en ese momento cuando *or* (AmL tb) que me acordé; **they repaired the shoes for me ~ and there** me arreglaron los zapatos en el acto *or* en el mismo momento 2 (in those days) en aquel entonces, en aquella época, a la sazón (liter)
B (*after prep*): **between ~ and now** desde entonces hasta ahora; **by ~** para entonces; **from ~ on(ward)** a partir de ese momento, desde entonces; **(up) until** *o* **till ~, up to ~** hasta entonces
C 1 (next, afterward) después, luego 2 (in those circumstances) entonces; **you might lose your job: what would you do ~?** podrías perder el trabajo ¿y entonces qué harías?; **what ~?** ¿entonces qué? 3 (besides, in addition) además; **(and) ~ there's a third argument** además hay un tercer argumento
D 1 (as a consequence): **hold on tight and ~ you won't fall** agárrate fuerte que así no te caes *or* y entonces no te caerás 2 (in that case) entonces; ***you*** **try doing it, ~!** ¡inténtalo tú, entonces!
E **then again** (*as linker*) también; **he might get it and ~ again he might not** puede que lo consiga y (también) puede que no

then² *adj* (*before n*) entonces; **the ~ leader** el entonces líder

thence /ðens/ *adv* 1 (from that) (frml) (*as linker*) de ahí 2 (from there) (liter) desde allí

thenceforth /'ðens'fɔːrθ || ðens'fɔːθ/, **thenceforward** /'ðens'fɔːrwərd || ,ðens'fɔːwəd/ *adv* (liter) desde entonces, a partir de entonces

theologian /'θiə'ləʊdʒən/ *n* teólogo, -ga *m,f*

theological /'θiə'lɑːdʒɪkəl || ,θiə'lɒdʒɪkəl/ *adj* teológico

theology /θi'ɑːlədʒi || θi'ɒlədʒi/ *n* [u c] (*pl* **-gies**) teología *f*

theorem /'θiərəm / *n* teorema *m*

theoretical /'θiə'retɪkəl/ *adj* teórico

theoretically /'θiə'retɪkli/ *adv* teóricamente, en teoría

theorize /'θiəraɪz/ *vi* especular, teorizar*

theory /'θiəri/ *n* [c u] (*pl* **-ries**) teoría *f*; **in ~** en teoría, teóricamente

therapeutic /'θerə'pjuːtɪk/ *adj* terapéutico

therapist /'θerəpəst || 'θerəpɪst/ *n* terapeuta *mf*

therapy /'θerəpi/ *n* [c u] (*pl* **-pies**) terapia *f*

there¹ /ðer || ðeə(r)/ *adv*
A 1 (close to person being addressed) ahí; (further away) allí, ahí (esp AmL); (less precise, further) allá; **what have you got ~?** ¿qué tienes ahí?; **up/down ~** ahí arriba/abajo; **you ~!** (colloq) ¡oye, tú! (fam), ¡che(, vos)! (RPl fam); **~'s the train!** ¡ahí viene el tren!; ***to have been ~ (before)*** (colloq): **I know what it's like, I've been ~ before** ya sé lo que es, a mí también me ha tocado pasar por eso 2 (*in phrases*) **there and then**: **they solved it for me ~ and then** me lo resolvieron en el acto *or* en el momento; **I made up my mind ~ and then to ask her** en ese mismo momento me decidí a pedírselo; **so there!** (colloq) ¡para que sepas! (fam)
B (calling attention to sth, pointing sth out etc): **~'s the bell, it must be her!** ¡el timbre! debe de ser ella; **~ you are** (giving sth) aquí tiene; **~ we are: that's that done!** ¡ya está! ¡listo!; **it's a pity, but ~ we** *o* **you are** es una lástima pero así son las cosas; **~ he goes: politics again!** ¡ya está otra vez con la política!; **~ go my chances of promotion!** ¡adiós ascenso!; **eat it all up, ~s a good boy** vamos, cométolo todo ¡así me gusta!
C 1 (present): **lots of his friends were ~** estaban muchos de sus amigos; **who's ~?** (at the door) ¿quién es?; (in the dark) ¿quién anda ahí?; **is Tony ~?** ¿está Tony?; ***not to be all ~*** (colloq): **he's not all ~** le falta un tornillo (fam), no está bien de la cabeza (fam) 2 (at destination): **they should be ~ by now** ya deben de haber llegado
D 1 (at that point): **he went on from ~ to become a director** de ahí pasó a ser director 2 (at that point): **you're right ~** ahí *or* en eso tienes razón
E (*as interj*) 1 (when action is complete): **~! that's the last of the boxes** ¡listo! ésa es la última caja 2 (coaxing, soothing): **~, ~, don't cry!** vamos *or* (Esp tb) venga *or* (Méx tb) ándale, no llores; **~ now! see how easy it is?** ahí está ¿ves qué fácil es?

there² /ðer *weak form* ðər || ðeə(r) *weak form* ðə(r)/ *pron*: **there is/are** hay; **there was** había/hubo; **there will be** habrá; **~ was nobody there** no había nadie; **once upon a time ~ was a princess** érase una vez una princesa; **~ were two demonstrations last week** hubo dos manifestaciones la semana pasada; **~'s no sugar left** no queda azúcar, se ha acabado el azúcar; **~ comes a time when ...** llega un momento en el que ...

there: **~about** /'ðerəbaʊt || 'ðeərəbaʊt/ *adv* (AmE) ▸**~abouts**; **~abouts** *adv* 1 (near that figure, time): **he was 25 or ~abouts** tenía unos 25 años, tenía alrededor de 25 años; **she'll get here on Sunday at 12 o'clock or ~abouts** llegará alrededor de las 12 el domingo o por ahí 2 (in that vicinity) por allí, en los alrededores; **~after** /ðer'æftər || ðeər'ɑːftə(r)/ *adv* (frml) a partir de entonces; **~by** /'ðer'baɪ || ðeə'baɪ, 'ðeəbaɪ/ *adv* (frml) de ese modo, así; **~fore** /'ðerfɔːr || 'ðeəfɔː(r)/ *adv* por lo tanto, por consiguiente, luego (liter); **~in** /ðe'rɪn || ðeər'ɪn/ *adv* allí; **and ~in lies the problem/its great attraction** y allí está el problema/en eso reside su gran atractivo

there's /ðerz *weak form* ðərz || ðeəz *weak form* ðəz/ 1 = **there is** 2 = **there has**

thermal¹ /'θɜːrməl || 'θɜːməl/ *adj* **1** ‹*stream/bath*› termal **2** ‹*underwear/glove*› térmico

thermal² *n* (Meteo) *corriente ascendiente de aire caliente*

thermal imaging /'ɪmɪdʒɪŋ/ *n* [u] captación *f* de imágenes térmicas

thermometer /θər'mɑːmətər || θə'mɒmɪtə(r)/ *n* termómetro *m*

thermonuclear /'θɜːrməʊ'nuːkliər || ˌθɜːməʊ'njuːkliə(r)/ *adj* termonuclear

Thermos® (flask) /'θɜːrməs || 'θɜːməs/, (AmE also) **thermos (bottle)** *n* termo *m*

thermostat /'θɜːrməstæt || 'θɜːməstæt/ *n* termostato *m*

thesaurus /θɪ'sɔːrəs/ *n* (*pl* **-ruses** *or* **-ri** /-raɪ/) diccionario *m* ideológico *or* de ideas afines, tesauro *m*

these /ðiːz/ *pl of* **this**[1,2]

thesis /'θiːsəs || 'θiːsɪs/ *n* (*pl* **-ses** /-siːz/) (dissertation) tesis *f*; (shorter) tesina *f*

thespian /'θespiən/ *n* (liter *or* hum) actor, actriz *m,f*

they /ðeɪ/ *pron* **1** (pl of he, she, it) ellos, ellas; **who are ~?** ¿quiénes son?; **~ didn't come** no vinieron; **~'re the ones who should apologize** son ellos los que *or* quienes deberían disculparse **2** (indefinite person or persons): **someone called, but ~ didn't leave a message** llamó una persona, pero no dejó recado; **~'ve dug up the road** han levantado la calle **3** (people): **~ say he's a millionaire** dicen *or* se dice que es millonario

they'd /ðeɪd/ **1** **= they would** **2** **= they had**

they'd've /ðeɪdəv/ **= they would have**

they'll /ðeɪl/ **= they will**

they're /ðer *weak form* ðər || ðeə(r) *weak form* ðeə(r)/ **= they are**

they've /ðeɪv/ **= they have**

thick¹ /θɪk/ *adj* **-er, -est**

A **1** ‹*layer/book/fabric*› grueso, gordo (fam); ‹*line/brush stroke*› grueso; **it's 5cm ~** tiene 5cm de espesor *or* de grosor **2** (in consistency) ‹*soup/sauce/paint*› espeso **3** (dense) ‹*vegetation/fog/smoke*› espeso, denso; ‹*fur*› tupido; ‹*beard/eyebrows*› poblado; **she has ~ hair** tiene mucho pelo

B (covered, filled) (*pred*) **to be ~ WITH sth** estar* lleno DE algo

C (heavy) ‹*accent*› fuerte, marcado

D (colloq) **1** (stupid) burro (fam), corto (fam) **2** (close) (*pred*) **to be ~ (WITH sb)** estar* a partir (de) un piñón *or* (CS) un confite (con algn)

thick² *adv* **1** (thickly): **he slices the bread too ~** corta el pan demasiado grueso *or* (fam) gordo **2** **thick and fast**: **the snow was falling ~ and fast** estaba nevando copiosamente; **ideas came ~ and fast** llovían las ideas

thick³ *n*: **she likes to be in the ~ of things** le gusta estar donde está la acción; **in the ~ of night** (AmE) en plena noche; ***through ~ and thin*** tanto en las duras como en las maduras, tanto en las buenas como en las malas

thicken /'θɪkən/ *vt* ‹*sauce/paint*› espesar

■ **thicken** *vi* «*sauce/paint*» espesar(se); «*fog*» hacerse* más espeso *or* denso; **the plot ~s** (set phrase) esto se pone cada vez más interesante

thicket /'θɪkət || 'θɪkɪt/ *n* matorral *m*

thickhead /'θɪkhed/ *n* (colloq) burro, -rra *m,f* (fam)

thickly /'θɪkli/ *adv* **1** (in a thick layer): **spread the jam ~** pon una capa gruesa de mermelada **2** (densely) ‹*populated*› densamente

thickness /'θɪknəs || 'θɪknɪs/ *n* [u c] (of fabric, wire) grosor *m*; (of paper, wood, wall) espesor *m*, grosor *m*; **it comes in two ~es** viene en dos grosores

thick: ~set /'θɪk'set/ *adj* ‹*man*› fornido, macizo; **~-skinned** /'θɪk'skɪnd/ *adj* insensible

thief /θiːf/ *n* (*pl* **thieves** /θiːvz/) ladrón, -drona *m,f*; ***to be as thick as thieves*** ser* uña y carne *or* (hum) uña y mugre *or* (RPl) carne y uña; ***to set a ~ to catch a ~*** nada mejor que un ladrón para atrapar a otro ladrón

thieve /θiːv/ *vi/t* robar

thieving /'θiːvɪŋ/ *adj* (colloq) (*before n*) ladrón

thigh /θaɪ/ *n* muslo *m*

thimble /'θɪmbəl/ *n* dedal *m*

thin¹ /θɪn/ *adj* **-nn-**

A **1** ‹*layer/slice/wall/ice*› delgado, fino; **my patience was wearing ~** se me estaba acabando la paciencia **2** (not fat) ‹*person/body/arm*› delgado, flaco; ‹*waist*› delgado, fino

B **1** (in consistency) ‹*soup/sauce*› claro, poco espeso, chirle (RPl) **2** (not dense) ‹*hair*› ralo, fino y poco abundante

C (weak, poor) ‹*voice*› débil; ‹*excuse/argument/disguise*› pobre, poco convincente

thin² *adv*: **to cut sth ~** cortar algo en rebanadas (*or* capas *etc*) delgadas; **spread the jam ~** ponga poca mermelada

thin³ **-nn-** *vt* ‹*paint*› diluir*, rebajar; ‹*sauce*› aclarar, hacer* menos espeso

■ **thin** *vi*: **his hair is ~ning** está perdiendo pelo

Phrasal verbs

• **thin down**

A [v ▸ adv] (become slimmer) adelgazar*

B [v ▸ o ▸ adv, v ▸ adv ▸ o] ‹*sauce/soup*› hacer* menos espeso, aclarar; ‹*paint*› diluir*

• **thin out**

A [v ▸ adv] «*traffic*» disminuir; «*forest*» hacerse* ralo *or* menos denso; «*audience*» mermar

B [v ▸ o ▸ adv, v ▸ adv ▸ o] ‹*plants*› entresacar*

thine /ðaɪn/ *pron* (arch *or* dial *or* poet) (*sing*) tuyo, -ya; (*pl*) tuyos, -yas

thing /θɪŋ/ *n*

A (physical object) cosa *f*; **what's that ~?** ¿qué es eso?; **a ~ of great beauty** un objeto de gran belleza; **the damn ~ refuses to start** (colloq) el maldito no quiere arrancar (fam); **I love your dress — what, this old ~?** me encanta tu vestido — ¿este trapo viejo?; **she's got one of those bottle-warmer ~s** (colloq) tiene uno de esos cacharros *or* (Esp, Méx) chismes para calentar biberones (fam)

B (non-material) cosa *f*; **a very funny ~ happened** pasó algo muy cómico *or* una cosa muy cómica; **one ~ that bothers me is ...** algo que me molesta es ...; **the only ~ to do is ...** lo único que se puede hacer es ...; **or some such ~** o algo parecido; **you know the sort of ~** tú sabes a qué me refiero; **I'm too old for this kind of ~** yo soy muy viejo para estos trotes; **these ~s happen** son cosas que pasan; **the same ~ happened to me** a mí me pasó lo mismo; **its a good ~ (that) ...** menos mal que ...; **all good ~s (must) come to an end** (set phrase) lo bueno se acaba pronto *or* dura poco; **first ~s first** hay que empezar por el principio; **the last ~ I expected** lo que menos me imaginaba; **what with one ~ and another** *o* **the other** entre una cosa y otra; **for one ~** en primer lugar, para empezar; **there's only one ~ for it: we'll have to walk** no hay más remedio que ir a pie; **he hadn't done a ~** no había hecho absolutamente nada; **all ~s being equal, we should arrive by 10** si no ocurre ningún imprevisto, deberíamos llegar antes de las 10; **you did the right ~ by saying no** hiciste bien en decir que no; **to expect great ~s of sb/sth** esperar mucho de algn/algo; **we had champagne, the real ~!** tomamos champán ¡del auténtico!; ***it's just one of those ~s*** son cosas que pasan, son cosas de la vida; ***to be a close/near ~***: **they won, but it was a close ~** ganaron, pero raspando *or* por un pelo *or* por los pelos

C (affair, matter) asunto *m*; **I'm fed up with the whole ~** estoy harto del asunto; ***to be on to*** *o* ***onto a good ~*** (colloq) tenérselo* bien montado (fam), tener* un chollo (Esp fam); ***to make a big ~ of sth*** (colloq) (of problem, mistake) armar un escándalo por algo

D **the thing** **1** (that which, what) lo que; **the ~ I liked best** lo que más me gustó **2** (what is appropriate, needed): **this necklace is just the ~ for Helen** este collar es ideal para Helen; **I've got just the ~ for you** tengo exactamente lo que necesitas *or* lo que te hace falta **3** (crucial point, factor): **the ~ is to be there early** lo importante es llegar temprano; **the ~ is, I've forgotten where I put it** resulta que *or* el caso es que *or* lo que pasa es que me he olvidado de dónde lo puse

E **things** *pl* **1** (belongings, equipment) cosas *fpl*; **he washed the breakfast ~s** lavó las cosas del desayuno; **we packed our ~s and left** hicimos las maletas *or* (RPl) las valijas *or* (Méx) las petacas y nos fuimos; **bring your swimming ~s** traigan traje de baño y toalla, etcétera **2** (matters, the situation) cosas *fpl*; **if ~s don't improve** si las cosas no mejoran; **I need time to think ~s over** necesito tiempo para pensarlo; **by the look of ~s** según parece; **how are ~s at home?** ¿qué tal andan las cosas en casa?; **how's ~s?** (colloq) ¿qué tal? (fam); **how are ~s with you?** ¿y tú qué tal andas? (fam) **3** (matters): **a taste for all ~s**

Greek un gusto por todo lo griego

F (person, creature): **he didn't know what to do, poor ~!** el pobre no sabía qué hacer; **you poor ~!** ¡pobrecito!; **you lucky ~!** ¡qué suerte tienes!

G (preference, fad) (colloq): **opera isn't really my ~** en realidad la ópera no es lo mío; **I want to be able to do my own ~** yo quiero estar a mi aire; ***to have a ~ about sb/sth*** (colloq): **he has a ~ about cleanliness** es un maniático de la limpieza, tiene manía con la limpieza; **he seems to have quite a ~ about her** parece que le ha dado fuerte con ella (fam)

H (in expressions of time): **first ~ (in the morning)** a primera hora (de la mañana); **that's what I always do last ~ (at night)** eso es lo último que hago todas las noches antes de acostarme; **the next ~ I knew, it was midnight** cuando me di cuenta, era medianoche

thingamabob /'θɪŋəməbɑːb || 'θɪŋəməbɒb/, **thingamajig** /-dʒɪg/ *n* (colloq) **1** (thing) cosa *f*, chisme *m* (Esp, Méx fam), coso *m* (AmS fam), vaina *f* (Col, Per, Ven fam) **2** (person): **~, what's her name?** (BrE) fulana *or* aquélla ¿cómo se llama?

thingamy, thingummy /'θɪŋəmi/ *n* (*pl* **-mies**) ▸**thingamabob**

think¹ /θɪŋk/ (*past & past p* **thought**) *vi*

A (use one's mind) pensar*; **~ hard/carefully** piénsalo mucho/bien; **it makes you ~, doesn't it?** da qué pensar *or* te hace pensar ¿no?; **to ~ for oneself** pensar* por sí mismo; **to ~ ABOUT sth** pensar* EN algo; (consider) pensar* algo; **I'll have to ~ about it** tendré que pensarlo, (me) lo tendré que pensar; **it doesn't bear ~ing about** mejor ni pensarlo; **to ~ OF sth/sb** pensar* EN algo/algn; **~ of the expense** piensa en el gasto; **I hadn't thought of that** no se me había ocurrido eso; **come to ~ of it ...** ahora que lo pienso ...; **just ~ of it!** ¡imagínate!; ***to ~ better of sth***: **I was going to ask her but thought better of it** se lo iba a preguntar pero recapacité y cambié de idea; ***to ~ twice*** pensarlo* dos veces

B (intend, plan) **to ~ OF -ING** pensar* + INF; **what are you ~ing of doing tonight?** ¿qué piensas hacer esta noche?, ¿qué tienes planeado hacer esta noche?

C **1** (find, come up with) **to ~ OF sth**: **can you ~ of anything better?** ¿se te ocurre algo mejor?; **I couldn't ~ of anything to say** no se me ocurrió qué decir **2** (remember) **to ~ OF sth** acordarse* DE algo; **I can't ~ of his name** no me puedo acordar de su nombre

D (have opinion): **to ~ highly of sb** tener* muy buena opinión de algn, tener* a algn en muy buen concepto; **he ~s a lot of you** te aprecia mucho; **I don't ~ much of her boyfriend** no tengo muy buena impresión de su novio; **she ~s nothing of spending $500 in a restaurant** ella gasta 500 dólares en un restaurante como si tal cosa; **~ nothing of it** no tiene ninguna importancia

■ **think** *vt*

A **1** (reflect, ponder) pensar*; **what are you ~ing?** ¿qué estás pensando?; **(just) ~ what that would cost** piensa (en) lo que costaría **2** (remember): **I can't ~ where it was** no me puedo acordar de dónde estaba; **I didn't ~ to look there** no se me ocurrió mirar allí

B **1** (suppose, imagine, expect) pensar*; **I thought you knew** pensé que lo sabías; **that's what *you* ~** eso es lo que tú crees *or* piensas; **what do you ~ you're doing?** ¿pero tú qué te crees?; **who would have thought it?** ¿quién lo hubiera dicho *or* imaginado?, ¿quién lo iba a decir?; **who do you ~ you are?** ¿quién te crees que eres?, ¿qué te crees?; **I can't ~ why he refused** no me explico *or* no entiendo por qué se negó; **I thought you'd be there** pensé *or* creí que estarías allí; **I'll help as well — I should ~ so (too)!** yo también ayudo — ¡me imagino que sí! *or* ¡pues faltaría más!; **she wouldn't accept the money — I should ~ not!** no quiso aceptar el dinero — ¡pues bueno fuera! *or* ¡no faltaba más! **2** (indicating intention): **we thought we'd eat out tonight** esta noche tenemos pensado salir a cenar

C (believe) creer*; **who do you ~ did it?** ¿quién crees que lo hizo?, ¿quién te parece que lo hizo?; **I ~ you'll find it's the only way** ya verá usted que es la única manera; **I thought as much** ya me parecía *or* ya me lo imaginaba; **I thought him rude/pleasant** me pareció *or* lo encontré grosero/agradable; **I ~ so/I don't ~ so** creo que sí *or* me parece que sí/creo que no *or* me parece que no

(Phrasal verbs)

- **think ahead** [v ▸ adv]: **you have to ~ ahead** tienes que ser previsor; **they are already ~ing ahead to the next elections** ya están pensando en *or* planeando de cara a las próximas elecciones
- **think back** [v ▸ adv] recordar*; **~ back** haz memoria; **to ~ back TO sth** recordar* algo, acordarse* DE algo
- **think out** [v ▸ o ▸ adv, v ▸ adv ▸ o]: **she had thought out very carefully what she was going to say** había pensado muy bien *or* planeado cuidadosamente lo que iba a decir; **a well thought-out proposal** una propuesta bien elaborada
- **think over** [v ▸ o ▸ adv] pensar*; **~ things** *o* **it over carefully first** primero piénsatelo bien, reflexiona antes de decidir
- **think through** [v ▸ o ▸ adv, v ▸ adv ▸ o] ‹*project*› planear detenidamente; ‹*idea*› considerar *or* estudiar detenidamente
- **think up** [v ▸ o ▸ adv, v ▸ adv ▸ o] ‹*excuse*› inventar; ‹*slogan*› crear, idear

think² *n* (*no pl*): **I'll have to have a ~ about it** tendré que pensarlo *or* pensármelo; **if you think that, you've got another ~ coming** si te crees eso estás muy equivocado *or* (Esp fam) lo llevas claro

thinker /'θɪŋkər || 'θɪŋkə(r)/ *n* pensador, -dora *m,f*

thinking¹ /'θɪŋkɪŋ/ *n* [u] ideas *fpl*, pensamiento *m*; **to my (way of) ~** a mi modo de ver, en mi opinión; **to do some serious ~** reflexionar seriamente; **good ~!** ¡buena idea!; **that was quick ~ on her part** con eso demostró gran rapidez mental

thinking² *adj* (*before n, no comp*) pensante, inteligente

think tank *n* gabinete *m* estratégico, comité *m* asesor

thinly /'θɪnli/ *adv* **1** ‹*slice*› en rebanadas finas **2** (sparsely): **~ populated** con poca densidad de población, poco poblado **3** (scarcely) apenas; **a ~ veiled threat** una amenaza apenas velada

thinner /'θɪnər || 'θɪnə(r)/ *n* [u c] disolvente *m*, diluyente *m*, tíner *m* (AmL)

thinness /'θɪnnəs || 'θɪnnɪs/ *n* [u] **1** (fineness — of slice, layer) lo delgado *or* fino; (— of fabric) ligereza *f*, lo delgado *or* fino **2** (of person) delgadez *f*, flacura *f*

thin-skinned /'θɪn'skɪnd/ *adj* susceptible

third¹ /θɜːrd || θɜːd/ *adj* tercero [**tercero** *becomes* **tercer** *when it precedes a masculine singular noun*]; **the Third Age** la tercera edad; ***~ time lucky*** a la tercera va la vencida, la tercera es la vencida; *see also* **fifth¹**

third² *adv* **1** (in position, time, order) en tercer lugar **2** (with superl): **the ~ highest mountain** la montaña que ocupa el tercer lugar en altura, la tercera montaña en altura; *see also* **fifth²**

third³ *n*

A **1** (Math) tercio *m* **2** (part) tercera parte *f*, tercio *m* **3** (Mus) tercera *f*

B **~ (gear)** (Auto) (*no art*) tercera *f*

C (BrE Educ) *cuarta nota de la escala de calificaciones de un título universitario*

third: ~ class *adv* ‹*mail*› (in US) con tarifa económica; **~-class** /'θɜːrd'klæs || ,θɜːd'klɑːs/ *adj* (*pred* **~ class**) **1** ‹*mail*› (in US) (Post) de franqueo económico; **~-class degree** (in UK) ▸**third³ C** **2** (inferior) de tercera, de baja categoría; **~ degree** *n*: **to give sb the ~ degree** (colloq) hacerle* un interrogatorio a algn

thirdly /'θɜːrdli || 'θɜːdli/ *adv* (*indep*) en tercer lugar

third: ~ party *n* tercero *m*, tercera persona *f*; (*before n*) **~-party insurance** seguro *m* contra terceros; **~-rate** /'θɜːrd'reɪt || ,θɜːd'reɪt/ *adj* de tercera, bastante malo; **~ World** *n* **the T~ World** el Tercer Mundo; (*before n*) ‹*nation/politics/leaders*› tercermundista

thirst¹ /θɜːrst || θɜːst/ *n* [u] sed *f*; **~ for vengeance/excitement** sed *or* ansia(s) *f(pl)* de venganza/emociones

thirst² *vi* **to ~ FOR** *o* (liter) **AFTER sth** tener* sed *or* ansias DE algo, estar* sediento DE algo (liter)

thirsty /'θɜːrsti || 'θɜːsti/ *adj* **-tier, -tiest** **1** ‹*person/animal*› que tiene sed, sediento (liter); **to be ~** tener* sed **2** (causing thirst) ‹*work*› que da sed

thirteen /'θɜːr'tiːn || ,θɜː'tiːn/ *adj/n* trece *adj inv/m*

thirteenth¹ /'θɜːr'tiːnθ || ,θɜː'tiːnθ/ *adj* decimotercero; (before masculine singular nouns) decimotercer; *see also* **fifth¹**

thirteenth² *adv* en decimotercer lugar; *see also* **fifth²**

thirteenth³ *n* 1▸ (Math) treceavo *m* 2▸ (part) treceava parte *f*

thirtieth¹ /ˈθɜːrtiəθ || ˈθɜːtiəθ/ *adj* trigésimo; *see also* **fifth¹**

thirtieth² *adv* en trigésimo lugar; *see also* **fifth²**

thirtieth³ *n* 1▸ (Math) treintavo *m* 2▸ (part) treintava *or* trigésima parte *f*

thirty /ˈθɜːrti || ˈθɜːti/ *adj/n* treinta *adj inv/m*; *see also* **seventy**

this¹ /ðɪs/ *pron* (*pl* **these**)

A éste, -ta; (*neuter*) esto; **these** éstos, -tas [*According to the Real Academia Española the accent can be omitted when there is no ambiguity*]; **~ is the dining room and ~ is the kitchen** éste es el dormitorio y ésta es la cocina; **what is ~?** ¿qué es esto?; **~ is mine and that is yours** esto es mío y eso es tuyo; **~ is John's father** (on photo) éste es el padre de John; (introducing) te presento al padre de John; **~ is where you work?** ¿aquí es donde trabajas?; **~ is Jack Smith (speaking)** (on telephone) habla Jack Smith, soy Jack Smith; **what's all ~ I hear about you getting married?** ¿qué es eso de que te casas?

B (*in phrases*) **at this**: **at ~, he flew into a rage** al oír (*or* ver *etc*) esto, se puso furioso; **with this**: **with ~, she left** habiendo dicho (*or* hecho *etc*) esto, se fue; **this is it**: **~ is it, the big moment has arrived!** bueno, llegó la hora; **~ *and that***: **what have you been up to lately? — oh, ~ and that** ¿qué has hecho últimamente? — nada en particular

this² *adj* (*pl* **these**)

A este, -ta; (*pl*) estos, -tas; **look at ~ tree/house** mira este árbol/esta casa; **whose are these books/coins?** ¿de quién son estos libros/estas monedas?; **I like these yellow ones** me gustan éstos amarillos/éstas amarillas; **~ time next year** el año que viene por estas fechas

B (in narration) (colloq): **suddenly these three guys came up to me and ...** de repente se me acercan tres tipos y ... (fam)

this³ *adv*: **my desk is ~ big** mi escritorio es así de grande; **now we've come ~ far ...** ya que hemos venido hasta aquí ...; **I never thought it would be ~ expensive** nunca pensé que fuera a ser tan caro

thistle /ˈθɪsəl/ *n* cardo *m*

tho' /ðəʊ/ *contr of* ▸ **though¹**

thong /θɔːŋ || θɒŋ/ *n* 1▸ (leather strip) correa *f* 2▸ (sandal) (AmE) chancla *f*, chancleta *f*, ojota *f* (CS)

thorax /ˈθɔːræks/ *n* (*pl* **-raxes** *or* **-races** /-ræsiːs/) tórax *m*

thorn /θɔːrn || θɔːn/ *n* 1▸ (spine) espina *f*; ***to be a ~ in sb's flesh*** *o* ***side*** ser* una espina que algn tiene clavada 2▸ (shrub) espino *m*

thorny /ˈθɔːrni || ˈθɔːni/ *adj* **-nier, -niest** ‹*plant*› espinoso; ‹*problem/issue*› espinoso, peliagudo

thorough /ˈθɜːrəʊ || ˈθʌrə/ *adj* 1▸ (conscientious) ‹*person*› concienzudo, cuidadoso; ‹*search/investigation*› meticuloso, riguroso; ‹*wash/clean*› a fondo; ‹*knowledge*› sólido 2▸ (complete) (*before n*) ‹*idiot*› perfecto; **a ~ waste of time** una total *or* absoluta pérdida de tiempo

thoroughbred¹ /ˈθɜːrəbred || ˈθʌrəbred/ *n* 1▸ **Thoroughbred** (horse) pura sangre *mf* 2▸ (pure-bred animal) animal *m* de raza

thoroughbred² *adj* ‹*horse*› de pura sangre, de raza

thorough: **~fare** /ˈθərəˈfer || ˈθʌrəfeə(r)/ *n* 1▸ (street) (liter) calle *f*, vía *f* 2▸ (public road) vía *f* pública, carretera *f*; **⊘ no thoroughfare** (in cul-de-sac) calle cortada; (in private road) prohibido el paso; **~going** *adj* ‹*reform/revision*› concienzudo, profundo; ‹*analysis*› minucioso, riguroso

thoroughly /ˈθɜːrəʊli || ˈθʌrəli/ *adv* 1▸ ‹*wash/clean*› a fondo, a conciencia; ‹*research*› rigurosamente, meticulosamente; ‹*examine*› minuciosamente, meticulosamente; ‹*work*› concienzudamente 2▸ (completely) ‹*understand*› perfectamente; **we ~ enjoyed ourselves** nos divertimos muchísimo *or* (fam) de lo lindo; **she's ~ unpleasant** es de lo más desagradable

thoroughness /ˈθɜːrəʊnəs || ˈθʌrənɪs/ *n* [u] (of worker) meticulosidad *f*, esmero *m*; (of research) meticulosidad *f*, rigurosidad *f*

those /ðəʊz/ *pl of* **that** *adj*, *pron* **A**

thou /ðaʊ/ *pron* (arch *or* poet) tú; (Relig) vos (arc)

though¹ /ðəʊ/ *conj* 1▸ (despite the fact that) aunque; **the house, ~ small, is very comfortable** la casa, aunque *or* si bien (es) pequeña, es muy cómoda 2▸ (but) aunque

though² *adv* (nevertheless, however): **it's easy, ~, to understand their feelings** sin embargo, es fácil comprender sus sentimientos; **the course is difficult; it's interesting, ~** el curso es difícil, pero es interesante

thought¹ /θɔːt/ *past & past p of* **think¹**

thought² *n*

A 1▸ [u] (intellectual activity) pensamiento *m* 2▸ [u] (deliberation): **after much ~** tras mucho pensarlo *or* tras reflexionar mucho sobre el asunto; **a lot of ~ went into this decision** se pensó *or* se reflexionó mucho antes de tomar esta decisión; **I'll give it some ~** lo pensaré; **I've never given it much ~** no me he detenido a pensarlo; **to be deep in ~** estar* absorto en sus (*or* mis *etc*) pensamientos; **to be lost in ~** estar* ido

B [c] 1▸ (reflection) pensamiento *m*; **to read sb's ~s** adivinarle el pensamiento a algn; **what are your ~s on the matter?** ¿tú qué opinas al respecto?; ***not to give sth a second*** *o* ***another ~***: **at the time I didn't give it another ~** en ese momento no le di mayor importancia; **I mailed it and never gave it a second ~** la eché al correo y no volví a pensar en ello; ***to have second ~s (about sth)***: **I'm having second ~s about accepting their offer** me están entrando dudas sobre si aceptar o no su oferta; **on second ~(s)** pensándolo bien 2▸ (idea) idea *f*; **I've just had a ~** se me acaba de ocurrir una idea; **it was a kind ~ to send her flowers** fue todo un detalle mandarle flores; **the ~ never even entered my head** *o* **crossed my mind** ni se me pasó por la cabeza; **~ OF sth**: **the mere ~ of food made her feel sick** le daban náuseas de sólo pensar en comida; **he couldn't bear the ~ of leaving them** la idea de abandonarlos se le hacía intolerable; **the ~ THAT** la idea DE QUE 3▸ (concern, consideration) (*no pl*) **~ (FOR sb/sth)**: **my first ~ was for the baby** en lo primero que pensé fue en el bebé; **with no ~** *o* **without a ~ for her own safety** sin pensar para nada en su propia seguridad; **it's the ~ that counts** (set phrase) lo que importa es la atención *or* el detalle

thoughtful /ˈθɔːtfəl/ *adj* 1▸ ‹*person/conduct*› (kind) atento, amable; (considerate) considerado; **a present? how ~ of you!** ¿un regalo? ¡qué detalle! *or* ¡qué amabilidad! 2▸ (pensive) pensativo, meditabundo

thoughtfully /ˈθɔːtfəli/ *adv* 1▸ (considerately): **he had ~ left some food for us** había tenido la amabilidad de dejarnos algo de comer 2▸ (pensively) pensativamente

thoughtless /ˈθɔːtləs || ˈθɔːtlɪs/ *adj* 1▸ (inconsiderate) ‹*person/remark*› desconsiderado; **it was ~ of me to say that** fue una falta de consideración por mi parte decir eso 2▸ (unthinking) irreflexivo, descuidado

thoughtlessly /ˈθɔːtləsli || ˈθɔːtlɪsli/ *adv* 1▸ (without consideration) desconsideradamente 2▸ (without thinking) sin pensar

thoughtlessness /ˈθɔːtləsnəs || ˈθɔːtlɪsnɪs/ *n* [u] 1▸ (lack of consideration) desconsideración *f*, falta *f* de consideración 2▸ (lack of reflection) irreflexión *f*, descuido *m*

thought-provoking /ˈθɔːtprəˌvəʊkɪŋ/ *adj* que hace pensar *or* reflexionar

thousand /ˈθaʊznd/ *n* mil *m*; **a ~ thanks** mil gracias, un millón de gracias; *see also* **hundred**

thousandth¹ /ˈθaʊzəndθ/ *adj* milésimo; *see also* **fifth¹**

thousandth² *adv* en milésimo lugar; *see also* **fifth²**

thousandth³ *n* 1▸ (Math) milésimo *m* 2▸ (part) milésima parte *f*

thrall /θrɔːl/ *n* [u] (liter): **to be in ~ to sb** ser* esclavo de algn; **to have** *o* **hold sb in ~** tener* a algn subyugado

thrash /θræʃ/ *vt* 1▸ (beat) golpear; (as punishment) azotar, darle* una paliza a 2▸ (defeat) (colloq) ‹*opponent*› darle* una paliza a (fam)

■ **thrash** *vi*: **~ (around** *o* **about)** revolverse*, retorcerse*; (in mud, water) revolcarse*

Phrasal verb

• **thrash out** [v ▸ o ▸ adv, v ▸ adv ▸ o] 1▸ (try to resolve) ‹*problem*› discutir, tratar de resolver 2▸ (agree on) ‹*policy*› llegar* a un acuerdo sobre

thrashing /ˈθræʃɪŋ/ *n* 1▸ (beating) paliza *f*, zurra *f*; **to give sb a ~** darle* una paliza a algn 2▸ (heavy defeat) (colloq) paliza *f* (fam); **to give sb/get a ~** llevarse una paliza/ darle* una paliza a algn (fam)

thread¹ /θred/ *n* **1** [c u] (filament) hilo *m*; **to follow/lose/ pick up the ~ of a plot/conversation** seguir*/perder*/ retomar el hilo de una trama/conversación; ***to hang by a ~*** pender de un hilo **2** [c] (of screw) rosca *f*, filete *m*

thread² *vt* ‹*needle/sewing machine*› enhebrar; ‹*bead*› ensartar; **to ~ sth ONTO sth** ensartar algo EN algo; **to ~ sth THROUGH sth** pasar algo POR algo; ***to ~ one's way*** abrirse* paso; **she ~ed her way through the crowd** se abrió paso entre la multitud

threadbare /ˈθredber || ˈθredbeə(r)/ *adj* gastado, raído

threat /θret/ *n* amenaza *f*; **to make a ~ against sb** amenazar* a algn; **to obtain money with ~s** (AmE Law) obtener* dinero mediante intimidación *or* amenazas; **death ~** amenaza de muerte; **to be under ~** «*way of life*» verse* amenazado; «*factory*» estar* bajo amenaza de cierre

threaten /ˈθretn̩/ *vt* **1** (menace) ‹*person/life/stability/peace*› amenazar*; **to ~ sb WITH sth** amenazar* a algn CON algo; **they were ~ed with dismissal** los amenazaron con despedirlos *or* con el despido; **the hospital is ~ed with closure** la amenaza de cierre se cierne sobre el hospital, el hospital corre peligro de que lo cierren; **species ~ed with extinction** especies *fpl* amenazadas de extinción **2** (give warning of) ‹*action/violence*› amenazar* con; **to ~ to + INF** «*person*» amenazar* CON + INF; «*problem/unrest*» amenazar* + INF

■ **threaten** *vi* «*danger/storm*» amenazar*

threatening /ˈθretn̩ɪŋ/ *adj* amenazador

threateningly /ˈθretn̩ɪŋli/ *adv* ‹*loiter/gesture*› de modo amenazador, amenazadoramente; ‹*speak*› en tono amenazador

three¹ /θriː/ *n* tres *m*; *see also* **four¹**

three² *adj* tres *adj inv*; *see also* **four²**

three: **~-D** *n* 3D *f*; **the movie's in ~-D** la película es en 3D; **~-day eventing** /ˈθriːˈdeɪ/ *n* [u] certámenes *mpl or* pruebas *fpl* de tres días (*en hípica*); **~-dimensional** /ˈθriːdəˈmentʃnəl, -daɪ- || ˌθriːdaɪˈmenʃənl̩, -daɪ-/ *adj* tridimensional; **~fold** *adj/adv see* **-fold**; **~-legged** *adj* (*before n*) de tres patas; **~-legged race** *n: carrera en que una persona lleva atada una pierna a la del compañero*, carrera *f* de tres pies (Chi); **~pence** /ˈθrepəns, ˈθrə- / *n* tres peniques *mpl*; **~-piece** /ˈθriːˈpiːs/ *adj* (*before n*): **~-piece suit** traje *m* con chaleco, terno *m*; **~-piece suite** juego *m* de living (*de sofá y dos sillones*) (AmL), tresillo *m* (Esp); **~-ply** /ˈθriːˈplaɪ/ *adj* (*before n*) ‹*yarn*› de tres hebras; ‹*wood/tissue*› de tres capas; **~-point turn** *n* (BrE) *maniobra de cambio de sentido de un vehículo en tres movimientos*; **~-quarter** /ˈθriːˈkwɔːrtər || ˌθriːˈkwɔːtə(r)/ *adj* (*before n*): **~-quarter(-length) sleeve** manga *f* tres cuartos

three-quarters¹ /ˈθriːˈkwɔːrtərz || ˌθriːˈkwɔːtəz/ *pron* las tres cuartas partes

three-quarters² *adv*: **it's ~ full** contiene el 75% *or* las tres cuartas partes de su capacidad

threesome /ˈθriːsəm/ *n*: *grupo de tres personas*

three: **~-way** /ˈθriːˈweɪ/ *adj* (*before n*) ‹*junction/valve*› triple; **a ~-way discussion** una discusión entre tres personas (*or* grupos *etc*); **~-wheeler** /ˈθriːˈhwiːlər || ˌθriːˈwiːlə(r)/ *n* (car) coche *m* de tres ruedas; (tricycle) triciclo *m*

threshold /ˈθreʃhəʊld/ *n* **1** (doorway) umbral *m*; ***to be on the ~ of sth*** estar* en el umbral *or* a las puertas de algo **2** (limit) umbral *m*, límite *m*; **pain ~** umbral de dolor; **he has a low boredom ~** aguanta poco sin aburrirse

threw /θruː/ *past of* **throw¹**

thrice /θraɪs/ *adv* (arch & liter) tres veces

thrift /θrɪft/ *n*

A [u] (frugality) economía *f*, ahorro *m*; (*before n*) **~ account** (AmE) cuenta *f* de ahorro(s); **~ shop** (esp AmE) *tienda que vende artículos de segunda mano con fines benéficos*

B [c] (savings bank) (AmE) caja *f* de ahorro(s)

thriftiness /ˈθrɪftinəs || ˈθrɪftinɪs/ *n* [u] ▸**thrift A**

thrifty /ˈθrɪfti/ *adj* **-tier, -tiest** económico, ahorrativo

thrill¹ /θrɪl/ *n* **1** (tremor, wave): **he felt a ~ of fear** se estremeció de miedo **2** (excitement): **meeting her was a real ~** fue verdaderamente emocionante conocerla, me hizo mucha ilusión conocerla (Esp); **he gets a ~ out of the kids' enjoyment** él goza con que los niños disfruten

thrill² *vt* emocionar; **it ~ed me to think that ...** me emocionaba *or* (Esp tb) hacía mucha ilusión pensar que ...; **the prospect doesn't exactly ~ me** la verdad es que la perspectiva no me entusiasma

■ **thrill** *vi* **to ~ TO sth** estremecerse* CON algo

thrilled /θrɪld/ *adj* (*pred*) **to be ~ (ABOUT/WITH sth)** estar* encantado *or* contentísimo *or* (fam) chocho (CON algo); **she was ~ (to bits) with the present** quedó encantada *or* contentísima *or* (fam) chocha con el regalo; **to be ~ to + INF**: **she was ~ to meet him** le encantó *or* (Esp tb) le hizo mucha ilusión conocerlo

thriller /ˈθrɪlər || ˈθrɪlə(r)/ *n* (Cin, Lit) novela *f* (*or* película *f etc*) de misterio *or* de suspenso *or* (Esp) de suspense

thrilling /ˈθrɪlɪŋ/ *adj* emocionante

thrive /θraɪv/ *vi* (*past* **thrived** *or* (liter) **throve**; *past p* **thrived**) «*business/town*» prosperar; «*plant*» crecer* con fuerza; **how is she? — she's thriving!** ¿cómo está? — estupendamente *or* cada día mejor; **to ~ ON sth**: **he ~s on hard work** cuando está mejor es cuando tiene mucho trabajo

thriving /ˈθraɪvɪŋ/ *adj* (*before n*) ‹*business/town*› próspero; **a ~ black market** un floreciente mercado negro

thro' /θruː/ (poet) ▸**through¹,²**

throat /θrəʊt/ *n* garganta *f*; (neck) cuello *m*; **to clear one's ~** aclararse la voz, carraspear; ***to be at one another's ~s*** estar* como (el) perro y (el) gato; ***to jump down sb's ~*** echársele encima a algn, arremeter contra algn; ***to ram*** *o* ***thrust*** *o* ***force sth down sb's ~***: **she's always trying to ram** *o* **thrust** *o* **force her ideas down other people's ~s** siempre está tratando de imponerles sus ideas a los demás; ▸**stick²** *vi* **B**

throaty /ˈθrəʊti/ *adj* **-tier, -tiest** ‹*voice*› ronco; ‹*cough*› de garganta; ‹*laugh/chuckle*› gutural

throb¹ /θrɑːb || θrɒb/ *vi* **-bb-** **1** (pulsate, vibrate) «*heart/ pulse*» latir con fuerza; «*engine*» vibrar; **the city ~s with life** la ciudad vibra de actividad **2** (with pain): **his leg was ~bing** tenía un dolor punzante en la pierna; **his wound was ~bing** sentía la sangre latirle en la herida; **my head is ~bing** me va a estallar la cabeza

throb² *n* **1** (of engine) vibración *f*; (of heart) latido *m* **2** (of wound, headache) dolor *m* punzante

throbbing¹ /ˈθrɑːbɪŋ || ˈθrɒbɪŋ/ *adj* (*before n*) ‹*sound/ rhythm*› vibrante, palpitante; ‹*pain/ache*› punzante

throbbing² *n* ▸**throb²**

throes /θrəʊz/ *pl n* **1** (*death ~*) agonía *f*; **to be in one's (death) ~** *o* **in the ~ of death** agonizar*, estar agonizando **2** **in the ~ of**: **the country was in the ~ of civil war** el país estaba sumido en una guerra civil; **we were in the ~ of moving house** estábamos en plena mudanza, estábamos en tren de mudarnos de casa (RPl)

thrombosis /θrɑːmˈbəʊsəs || θrɒmˈbəʊsɪs/ *n* [u c] (*pl* **-ses** /-siːz/) trombosis *f*

throne /θrəʊn/ *n* trono *m*; **to be on/to ascend the ~** ocupar el trono/subir *or* ascender* al trono; **the Swedish ~** la corona sueca; **he remains the power behind the ~** sigue siendo quien detenta realmente el poder

throng¹ /θrɔːŋ || θrɒŋ/ *n* muchedumbre *f*, multitud *f*

throng² *vi*: **fans ~ed into the stadium** los hinchas entraron en tropel al estadio; **people ~ed to see her pass** la gente acudió en masa a verla pasar

■ **throng** *vt* ‹*street/square*› atestar, abarrotar

throttle¹ /ˈθrɑːtl̩ || ˈθrɒtl̩/ *vt* **1** (strangle) ahogar*, estrangular **2** (gag, silence) ‹*press*› acallar, silenciar

throttle² *n* **1** **~ (valve)** (Mech) regulador *m*, estrangulador *m*; (Auto) acelerador *m* (*que se acciona con la mano*); **at full ~** a toda marcha, a toda máquina **2** (pedal) acelerador *m*

through¹ /θruː/ *prep*

A **1** (from one side to the other) por; **it went right ~ the wall** atravesó la pared de lado a lado; **to hear/feel sth ~ sth** oír*/sentir* algo a través de algo; **he was shot ~ the head** le pegaron un balazo en la cabeza; **the truck crashed ~ the barrier** el camión se llevó la barrera por delante; **they struggled on ~ the crowd** siguieron abriéndose paso entre la multitud; **he spoke ~ clenched teeth** habló entre dientes; **we drove ~ Munich** atravesamos Munich (*en coche*); **she glanced ~ the magazine** hojeó la revista; **I worked my way ~ the textbook** me leí el texto de punta a punta **2** (past, beyond) **to be ~ sth**

haber* pasado algo; **we're ~ the preliminary stages already** ya hemos pasado las fases iniciales
B **1** (in time): **we worked ~ the night** trabajamos durante toda la noche; **half-way ~ his speech** en medio de su discurso, cuando iba (*or* vaya *etc*) por la mitad del discurso; **after everything we've been ~ together** después de todo lo que hemos pasado juntos; **~ the centuries** a través de los siglos **2** (until and including) (AmE): **Tuesday ~ Thursday** de martes a jueves; **offer good ~ May 31** oferta válida hasta el 31 de mayo; **October ~ December** desde octubre hasta diciembre inclusive
C (by): **she spoke ~ an interpreter** habló a través de un intérprete; **I heard about it ~ a friend** me enteré a través de *or* por un amigo; **~ his help** gracias a su ayuda *or* mediante su ayuda; **~ no fault of her own** sin tener culpa alguna

through² *adv*
A (from one side to the other): **the train sped ~ without stopping** el tren pasó a toda velocidad sin parar; **he barged ~** pasó dando empujones; **the red paint shows ~** se nota la pintura roja que hay debajo; *see also* **get, pull, put** *etc* **through**
B (in time): **all night ~** durante toda la noche; **we worked ~ without a break** trabajamos sin parar para descansar
C **1** (completely): **wet/soaked ~** mojado/calado hasta los huesos **2** **through and through**: **he's a soldier ~ and ~** es militar hasta la médula

through³ *adj*
A (Transp) (*before n*) ‹*train/route*› directo; **~ traffic** tráfico *m* de paso; **Ⓢ no through road** calle sin salida
B (finished) (colloq) (*pred*): **aren't you ~ yet?** ¿no has terminado aún?; **as a journalist, you're ~** como periodista, estás acabado; **to be ~ (WITH) sb/sth** haber* terminado CON algn/algo; **to be ~ (WITH) -ING**: **I'm ~ trying to be nice to you** no pienso seguir tratando de ser amable contigo
C (BrE Telec): **you're ~!** ¡hable!; **we're ~ to Madrid** nos han conectado con Madrid

throughout¹ /θruːˈaʊt/ *prep*
A (all over): **~ Europe/the world** en toda Europa/en todo el mundo *or* en el mundo entero; **there were notices ~ the building** había avisos por todo el edificio
B (in time): **~ the afternoon/the weekend** (durante) toda la tarde/todo el fin de semana; **~ his career** a lo largo de toda su carrera

throughout² *adv* **1** (all over) totalmente; **the house is carpeted/beautifully decorated ~** la casa está totalmente alfombrada/toda la casa tiene una decoración preciosa **2** (in time) desde el principio hasta el fin; **his behavior ~ was irreproachable** su conducta nunca dejó de ser intachable

throughway /ˈθruːweɪ/ *n* (AmE) autopista *f*

throve /θrəʊv/ *past of* **thrive**

throw¹ /θrəʊ/ (*past* **threw**; *past p* **thrown**) *vt*
A **1** ‹*ball/stone*› tirar, aventar* (Col, Méx, Per); ‹*grenade/javelin*› lanzar*; **she threw her beer in his face** le tiró la cerveza a la cara; **she threw the ball back** devolvió la pelota; **to ~ sth AT sth/sb** tirarle algo A algo/algn; **to ~ sth TO sb, to ~ sb sth** tirarle *or* (Col, Méx, Per) aventarle* algo A algn; **he threw her a rope** le echó una cuerda **2** ‹*dice*› echar, tirar; **to ~ a six** sacar* un seis
B (send, propel) (+ *adv compl*): **he threw himself at his opponent** se le echó encima a su adversario, se abalanzó sobre su adversario; **to ~ sb into jail** meter a algn preso *or* en la cárcel; **to ~ sb out of work** echar a algn del trabajo; **to ~ oneself into a task** meterse de lleno en una tarea; ***to ~ sb to the lions*** *o* ***wolves*** arrojar a algn a las fieras
C **1** (direct, aim): **a remark ~n into the conversation** un comentario que se deja caer en la conversación **2** (project): **to ~ one's voice** proyectar la voz
D (put, cast): **she threw a blanket over him** le puso *or* le echó una manta encima; **to ~ suspicion on(to) sb** hacer* recaer las sospechas sobre algn
E (unseat) «*horse*» ‹*rider*› desmontar, tirar
F (disconcert) desconcertar*
G (have, hold) ‹*party*› hacer*, dar*; **he threw a fit/tantrum** le dio un ataque/una pataleta
H (operate) ‹*switch/lever*› darle* a
I ‹*pot*› tornear, modelar en un torno
■ **throw** *vi* **1** (project — ball, stone) tirar **2** (— dice) tirar

Phrasal verbs

- **throw around,** (BrE also) **throw about** [v ▸ o ▸ adv, v ▸ adv ▸ o]: **they were in the garden ~ing a ball around** estaban en el jardín jugando con *or* pasándose una pelota; **we were ~n around in the back of the van** nos íbamos sacudiendo en la parte de atrás de la camioneta; **to ~ one's money around** despilfarrar *or* derrochar el dinero
- **throw aside** [v ▸ o ▸ adv, v ▸ adv ▸ o] **1** (to one side) ‹*logs/stones/person*› echar a un lado **2** (push back) ‹*sheets/blankets*› echar hacia atrás
- **throw away** [v ▸ o ▸ adv, v ▸ adv ▸ o] **1** (discard) ‹*can/paper*› tirar (a la basura), botar (a la basura) (AmL exc RPl) **2** (waste) ‹*opportunity*› desaprovechar, desperdiciar; ‹*money*› malgastar, despilfarrar, tirar, botar (AmL exc RPl)
- **throw back** [v ▸ o ▸ adv, v ▸ adv ▸ o] **1** ‹*ball*› devolver*; **she threw back at me everything I'd said** me echó en cara todo lo que había dicho **2** (pull back) ‹*curtains*› (des)correr; ‹*bedclothes*› echar atrás
- **throw back on** [v ▸ adv ▸ prep ▸ o] (*usu pass*): **we were ~n back on our wits/our own resources** tuvimos que valernos de nuestro ingenio/nuestros recursos
- **throw down** [v ▸ adv ▸ o] ‹*object*› tirar, lanzar* (*hacia abajo*); ‹*challenge*› lanzar*
- **throw in** [v ▸ o ▸ adv, v ▸ adv ▸ o] **1** (contribute) ‹*remark*› hacer* **2** (include): **take them all and I'll ~ this radio in free!** si los lleva todos, le doy esta radio de regalo *or* (AmL) de ñapa *or* (CS, Per tb) de yapa; ***to ~ in the sponge*** *o* ***towel*** tirar la esponja *or* la toalla
- **throw off** [v ▸ o ▸ adv, v ▸ adv ▸ o] **1** ‹*jacket/hat*› quitarse (*rápidamente*) **2** (rid oneself of) ‹*illness/habit*› quitarse; ‹*pursuer*› despistar, zafarse de; ‹*doubts/burden*› librarse de, deshacerse* de
- **throw on** [v ▸ o ▸ adv, v ▸ adv ▸ o] **1** ‹*coat/shirt*› echarse encima, ponerse* (*rápidamente*) **2** ‹*wood/coal*› echar
- **throw out**

A [v ▸ o ▸ adv, v ▸ adv ▸ o] **1** (discard) tirar (a la basura), botar (a la basura) (AmL exc RPl) **2** (reject) ‹*bill/proposal*› rechazar **3** (in baseball) ‹*runner*› sacar*, poner* en out
B [v ▸ o ▸ adv, v ▸ adv ▸ o] (expel, eject) echar; (out of college, country) expulsar, echar
C [v ▸ o ▸ adv] (make wrong) ‹*calculations/arrangements*› desbaratar

- **throw together** [v ▸ o ▸ adv, v ▸ adv ▸ o] **1** (assemble) improvisar; **I just threw a few things together and we left** metí un par de cosas en una bolsa y nos fuimos **2** (bring into contact): **fate had ~n us together** había querido el destino que nuestros caminos se cruzaran
- **throw up**

Sense I [v ▸ adv ▸ o]
A (raise) ‹*hands*› levantar, alzar*
B **1** (produce) ‹*results*› arrojar, dar*; ‹*difficulty*› presentar **2** (bring to light) ‹*facts/discrepancies*› revelar (la existencia de), poner* en evidencia
C (abandon) (colloq) ‹*job/studies*› dejar

Sense II [v ▸ adv] (vomit) (colloq) devolver*, arrojar, vomitar

throw² *n*
A **1** (of ball) tiro *m*; (of javelin, discus) lanzamiento *m* **2** (of dice) tirada *f*, lance *m*; **it's your ~** te toca tirar
B (AmE) **1** (bedspread) cubrecama *m* **2** (shawl) chal *m*, echarpe *m*
C (sl) **a ~** cada uno; **they cost** *o* **are $17 a ~** cuestan 17 dólares cada uno

throw: **~away** *adj* (*before n*) **1** (disposable) ‹*cup/container*› desechable, de usar y tirar **2** (casual) ‹*remark*› hecho como de pasada; **~back** *n* **1** **~back (TO sth)**: **this year's styles are a ~back to the twenties** los estilos de este año son una vuelta a la moda de los años veinte **2** (Biol) atavismo *m*; **~-in** *n* (in soccer, basketball) saque *m* de banda; (in baseball) lanzamiento *m*

thrown /θrəʊn/ *past p of* **throw¹**

thru /θruː/ *adv/prep* (AmE) ▸ **through¹,²**

thrush /θrʌʃ/ *n*
A [c] (bird) tordo *m*, zorzal *m*
B [u] (Med) aftas *fpl*

thrust¹ /θrʌst/ (*past & past p* **thrust**) *vt* (push) empujar; (push out) sacar*; (insert) clavar; **she ~ her head out of the window** sacó la cabeza por la ventana; **to ~ sth AT sb**: **she ~ the book at me** me tendió el libro bruscamente *or* con agresividad; **to ~ sth INTO sth**: **he ~ his knife into**

t

the bundle/his hands into his pockets clavó su cuchillo en el fardo/se metió las manos en los bolsillos

Phrasal verbs

- **thrust aside** [v ▸ o ▸ adv, v ▸ adv ▸ o] ‹*object/person*› hacer* a un lado, apartar (*bruscamente*)
- **thrust on**, **thrust upon** [v ▸ o ▸ prep ▸ o]: **the role of mediator was ~ on her by circumstances** las circunstancias le impusieron el papel de mediadora; **he ~ himself on us** nos impuso su presencia, se nos pegó (fam)

thrust² *n*

A [c] **1** (with sword) estocada *f* **2** (push) empujón *m* **3** (attack, advance) ofensiva *f*

B [c] (general direction): **the (main) ~ of the report is that ...** la idea central del informe es que ...

C [u] (impetus) empuje *m*, fuerza *f*

thrusting /'θrʌstɪŋ/ *adj* (BrE) (*before n*) ambicioso

thruway /'θru:weɪ/ *n* (AmE) autopista *f*

thud¹ /θʌd/ *n* ruido *m* sordo

thud² *vi* **-dd-** caer* (*or* chocar* *etc*) con un golpe *or* ruido sordo

thug /θʌg/ *n* matón *m*

thumb¹ /θʌm/ *n* pulgar *m*, dedo *m* gordo (fam); **to suck one's ~** chuparse el dedo; ***to be all ~s*** *o* (BrE also) ***all fingers and ~s***: **I'm all ~s today** hoy estoy muy torpe con las manos; ***to be under sb's ~*** estar* dominado por algn; ***to get the ~s down/up from sb*** ser* rechazado por algn/recibir la aprobación de algn; ***to give the ~s up/down to sth*** aprobar*/rechazar* algo; ***to stick out like a sore ~*** «*building/person/object*» desentonar terriblemente, no pegar* ni con cola (fam); ***to twiddle one's ~s*** estar* sin hacer nada, estar* perdiendo el tiempo; ▸**green¹ A**

thumb² *vt* **1** : **I ~ed a lift** *o* (AmE also) **a ride home** me fui a casa a dedo (fam), me fui a casa de aventón (Col, Méx) **2** ‹*book*› hojear; **a well ~ed book** un libro muy usado

Phrasal verb

- **thumb through** [v ▸ prep ▸ o] hojear

thumb: **~ index** *n* índice *m* recortado; **~nail** *n* uña *f* del pulgar; (*before n*) **~nail sketch** pequeña reseña *f*; **~print** *n* huella *f or* impresión *f* digital (*del pulgar*); **~screw** *n* empulgueras *fpl*; **~tack** *n* (AmE) tachuela *f*, chinche *m* (Andes), chinche *f* (AmC, Méx, RPl), chincheta *f* (Esp)

thump¹ /θʌmp/ *n* **1** (sound) golpazo *m* **2** (blow) golpazo *m*, mamporro *m* (fam)

thump² *vt* golpear; **he ~ed the table with his fist** pegó un puñetazo en la mesa; **I ~ed him one** (colloq) le pegué un puñetazo

■ **thump** *vi*: **to ~ on a wall/door** dar* unos golpes en una pared/puerta; **her heart was ~ing** el corazón le latía con fuerza

thumping /'θʌmpɪŋ/ *adj* (colloq) (*before n*) ‹*victory/majority*› aplastante; **I've got a ~ headache** me va a estallar la cabeza; **a ~ great suitcase/pay rise** (*as adv*) (BrE) una maleta/un aumento descomunal

thunder¹ /'θʌndər || 'θʌndə(r)/ *n* **1** [u] (Meteo) truenos *mpl*; **a clap of ~** un trueno; ***to look like ~*** *o* ***as black as ~*** tener* cara de pocos amigos, estar* echando chispas; ***to steal sb's ~*** quitarle la primicia a algn **2** [c] (sound): **the ~ of the traffic** el estruendo del tráfico

thunder² *v impers* tronar*

■ **thunder** *vi* (move loudly): **they ~ed up the stairs** subieron las escaleras ruidosamente; **the train ~ed through the station** el tren pasó por la estación con gran estruendo

■ **thunder** *vt* (shout): **get out! he ~ed** —¡fuera de aquí! —bramó *or* rugió

thunder: **~bolt** *n* rayo *m*; **her appointment came as a ~bolt** su nombramiento cayó como una bomba; **~clap** *n* trueno *m*; **~cloud** *n* nubarrón *m*

thunderous /'θʌndərəs/ *adj* atronador, estruendoso

thunder: **~storm** *n* tormenta *f* eléctrica; **~struck** *adj* (*pred*) atónito, estupefacto

thundery /'θʌndəri/ *adj* tormentoso

Thurs, Thur (= **Thursday**) juev.

Thursday /'θɜ:rzdeɪ, -di || 'θɜ:zdeɪ, -di/ *n* jueves *m*; *see also* **Monday**

thus /ðʌs/ *adv*

A **1** (in this way) (frml) así, de este modo **2** (by this means) (*as linker*): **she refused, ~ provoking a storm of protest** se negó, provocando con ello una lluvia de protestas

B (consequently) (*as linker*) por lo tanto, por consiguiente (frml)

C **thus far** (frml) (up to here) hasta aquí; (up to there) hasta allí; (up to now) hasta ahora; (up to then) hasta entonces

thwack /θwæk/ *n* **1** (blow) golpe *m*, porrazo *m* (fam) **2** (sound) zurriagazo *m*

thwart /θwɔ:rt || θwɔ:t/ *vt* ‹*plan/attempt*› frustrar; **the police managed to ~ the robbers** la policía logró burlar a los ladrones

thy /ðaɪ/ *adj* (arch *or* dial *or* liter) tu

thyme /taɪm/ *n* [u] tomillo *m*

thyroid (gland) /'θaɪrɔɪd/ *n* tiroides *f*, glándula *f* tiroidea

thyself /ðaɪ'self/ *pron* (arch *or* dial *or* liter): **know ~** conócete a ti mismo

ti /ti:/ *n* (Mus) si *m*

tiara /ti'ɑ:rə/ *n* diadema *f*

Tibet /tɪ'bet/ *n* el Tíbet

Tibetan¹ /tɪ'betn̩/ *adj* tibetano

Tibetan² *n* **1** [c] (person) tibetano, -na *m,f* **2** [u] (language) tibetano *m*

tic /tɪk/ *n* tic *m*

tick¹ /tɪk/ *n*

A [c] **1** (sound) tic *m*; **~, tock** tic, tac **2** (moment) (BrE colloq) segundito *m*; **I'll be back in half a ~** *o* **in a ~** *o* **in two ~s** enseguida vuelvo

B [c] (Zool) garrapata *f*

C [c] (mark) (BrE) marca *f*, visto *m*, tic *m*, palomita *f* (Méx)

D [u] (credit) (BrE colloq): **to buy sth on ~** comprar algo (de) fiado (fam)

tick² *vi* «*clock/watch*» hacer* tictac; **the seconds ~ed away** pasaban los segundos; ***what makes sb ~***: **I'd like to know what makes him ~** me gustaría saber qué es lo que lo mueve

■ **tick** *vt* (BrE) ‹*name/answer*› marcar* (*con un visto or una palomita etc*)

Phrasal verbs

- **tick off** [v ▸ o ▸ adv, v ▸ adv ▸ o] **1** (annoy) (AmE colloq) fastidiar; **to be ~ed off WITH sb** estar* enojado *or* (esp Esp) enfadado CON algn; **to be ~ed off WITH sth** estar* harto DE algo **2** (mark with tick) (esp BrE) marcar*, ponerle* visto a (Esp) **3** (scold) (BrE colloq) regañar, reñir* (esp Esp), retar (CS), rezongar* (AmC, Ur), resondrar (Per)
- **tick over** [v ▸ adv] «*engine*» estar* en marcha, marchar al ralentí; **the business is just ~ing over** (esp BrE) el negocio va tirando (fam)

ticker /'tɪkər || 'tɪkə(r)/ *n*

A (tape machine) (AmE) teleimpresora *f*

B (heart) (colloq) corazón *m*

ticker tape *n* [u] cinta *f* de teleimpresora; (*before n*) **a ticker-tape parade** (in US) un desfile triunfal

ticket /'tɪkət || 'tɪkɪt/ *n*

A (for bus, train) boleto *m or* (Esp) billete *m*; (for plane) pasaje *m or* (Esp) billete *m*; (for theater, museum etc) entrada *f*; (for baggage, coat etc) ticket *m*; (from cleaner's, repair shop etc) ticket *m*, resguardo *m*; (for lottery) billete *m*, número *m*; (for parking) ticket *m*; **that role was his ~ to fame** ese papel fue su pasaporte a la fama; ***to be (just) the ~*** (colloq): **this screwdriver is just the ~** este destornillador es justo lo que se necesita; (*before n*) **~ collector** revisor, -sora *m,f*; **~ office** (Transp) mostrador *m* (*or* ventanilla *f etc*) de venta de pasajes (*or* billetes *etc*); (Theat) taquilla *f*, boletería *f* (AmL); **~ taker** (AmE Sport, Theat) portero, -ra *m,f*

B **1** (label) etiqueta *f* **2** (for traffic violation) multa *f*

C (Pol) **1** (list of candidates) lista *f* **2** (policy) programa *m* (político *or* electoral)

ticket: **~holder** /'tɪkət,həʊldər || 'tɪkɪt,həʊldə(r)/ *n*: *persona en posesión de una entrada, boleto, billete etc*; **~-machine** *n* máquina *f* expendedora de boletos *or* (Esp) billetes

ticking /'tɪkɪŋ/ *n* [u] **1** (of clock) tictac *m* **2** (Tex) cutí *m* (*tela de colchones*)

ticking-off /'tɪkɪŋ'ɔ:f || ,tɪkɪŋ'ɒf/ *n* (*pl* **tickings-off** /-ɪŋz-/) (BrE colloq) regaño *m or* (Esp fam) rapapolvo *m or* (CS fam) café *m*; **to give sb a ~** pegarle* a algn un regaño, echarle a algn un rapapolvo (Esp fam), darle* a algn un café (CS fam)

tickle¹ /'tɪkəl/ *vt* **1** ‹*person*› hacerle* cosquillas a **2** (amuse, please) hacerle* gracia a; ***to be ~d pink*** (colloq) estar* chocho (fam), estar* contentísimo

■ **tickle** *vi* «*wool/beard*» picar*; **stop it: that ~s!** ¡basta, que me hace cosquillas!

tickle² *n* cosquilleo *m*; **I have a ~ in my throat** tengo un picor en la garganta, me pica la garganta

tickler /'tɪklər || 'tɪklə(r)/ *n* (AmE) recordatorio *m*, ayuda memoria *m*

ticklish /'tɪklɪʃ/ *adj* **1** ‹*person*›: **to be ~** tener* cosquillas, ser* cosquilloso *or* (Méx) cosquilludo **2** ‹*problem/situation*› peliagudo, delicado

tick: **~tacktoe** /'tɪktæk'təʊ/ *n* [u] ▸**tic-tac-toe**; **~tock** /'tɪk'tɑːk || 'tɪk,tɒk/ *n* tictac *m*

ticky-tacky /'tɪki'tæki/ *adj* (AmE colloq) ‹*houses/furniture*› hecho de cartón

tic-tac-toe /'tɪktæk'təʊ/ *n* [u] (AmE) tres en raya *m*, tres en línea *m* (Col), ta-te-ti *m* (RPl), gato *m* (Chi, Méx)

tidal /'taɪdl/ *adj* ‹*river/estuary*› con régimen de marea

tidal wave *n* maremoto *m*

tidbit /'tɪdbɪt/ *n* (AmE) ▸**titbit**

tiddler /'tɪdlər || 'tɪdlə(r)/ *n* (BrE colloq) pececito *m*

tiddly /'tɪdli/ *adj* **-lier, -liest** (colloq) (tipsy) alegre, achispado

tiddlywinks /'tɪdliwɪŋks/ *n* [u] juego *m* de las pulgas

tide /taɪd/ *n*

A (Geog) marea *f*; **the ~ is in/out** la marea está alta/baja; **high/low ~** marea alta/baja; **at high/low ~** en pleamar/bajamar

B (current, movement) corriente *f*; **the rising ~ of violence** la creciente oleada de violencia; ***the ~ is turning/has turned*** (lit: at high or low water) está cambiando/ha cambiado la marea; **the ~ has turned in his favor** las cosas se están poniendo a su favor; ***to swim against the ~*** ir* *or* navegar* contra la corriente; ▸**time¹** *Sense* **IA**

(Phrasal verb)

• **tide over** [v ▸ o ▸ adv]: **this should ~ us over until next month** nos arreglaremos con esto hasta el próximo mes

tide: **~land** *n* (AmE) *tierra que queda cubierta cuando la marea está alta*; **~mark** *n* (Geog) *marca que deja la marea*; (around bath, on neck) (BrE colloq) marca *f or* cerco *m* de mugre

tidily /'taɪdḷi || 'taɪdɪli/ *adv* ordenadamente, prolijamente (RPl)

tidiness /'taɪdinəs || 'taɪdinɪs/ *n* [u] orden *m*, prolijidad *f* (RPl)

tidy¹ /'taɪdi/ *adj* **tidier, tidiest**

A ‹*room/cupboard/person*› ordenado, prolijo (RPl); ‹*garden/lawn*› bien cuidado; ‹*appearance*› arreglado, pulcro

B (considerable) (colloq) (*before n*) ‹*sum/profit*› bonito (fam), considerable

tidy² **tidies, tidying, tidied** *vt* arreglar, ordenar

(Phrasal verbs)

• **tidy away** [v ▸ o ▸ adv, v ▸ adv ▸ o] (esp BrE) ‹*toys/papers*› recoger*, ordenar, poner* en su sitio

• **tidy out** [v ▸ o ▸ adv, v ▸ adv ▸ o] ‹*room/cupboard*› (vaciar* y) ordenar

• **tidy up**

A [v ▸ o ▸ adv, v ▸ adv ▸ o] ‹*room/desk*› ordenar, arreglar; ‹*toys*› ordenar, recoger*; **to ~ oneself up** arreglarse

B [v ▸ adv] ordenar

tie¹ /taɪ/ *n*

A (Clothing) **1** (*neck~*) corbata *f*; **to tie one's ~** hacerse* el nudo de la corbata; (*before n*) **~ rack** corbatero *m* **2** (on clothing) lazo *m*

B **1** (bond) lazo *m*, vínculo *m*; **blood ~s** lazos *mpl* de parentesco; **diplomatic ~s** relaciones *fpl* diplomáticas; **I have no ~s here** no hay nada que me retenga aquí **2** (obligation, constraint) atadura *f*; **family ~s** obligaciones *fpl* familiares

C (Sport) **1** (equal score) empate *m*; (*before n*) **~ game/match** (AmE) empate *m* **2** (*cup ~*) (BrE) partido *m* de copa

tie² **ties, tying, tied** *vt*

A **1** (make) ‹*knot/bow*› hacer* **2** (fasten) ‹*shoelaces/parcel*› atar, amarrar (AmL exc RPl); **she ~d the dog to the tree** ató *or* (AmL exc RPl) amarró el perro al árbol; **she ~d her hair back** se recogió el pelo; **his hands were ~d together** tenía las manos atados; ***to be fit to be ~d*** (AmE colloq) estar* hecho una furia; ***with one arm*** *o* ***hand ~d behind one's back*** (easily) (colloq) con los ojos cerrados

B **1** (link) **to ~ sth TO/WITH sth** relacionar *or* ligar* algo CON algo **2** (restrict) ‹*person*› atar; **she's tied to a strict timetable** está obligada a cumplir un horario estricto

C (Games, Sport) ‹*game*› empatar

■ **tie** *vi*

A (fasten) «*dress/apron*» atarse

B (draw) «*teams/contestants*» empatar; **they ~d for second place** ambos consiguieron el segundo puesto

(Phrasal verbs)

• **tie down**

A [v ▸ o ▸ adv, v ▸ adv ▸ o] ‹*load/prisoner*› atar, amarrar (AmL exc RPl)

B [v ▸ o ▸ adv] **1** (restrict, limit) atar **2** (oblige, commit): **the minister refused to be ~d down** el ministro no quiso comprometerse

• **tie in** [v ▸ adv] (agree, coincide) **to ~ in (WITH sth)** concordar* *or* cuadrar (CON algo)

• **tie up**

(*Sense* **I**) [v ▸ o ▸ adv, v ▸ adv ▸ o]

A ‹*parcel/animal*› atar, amarrar (AmL exc RPl); ***to ~ up loose ends*** atar cabos sueltos

B **1** (keep busy) **to be ~d up** estar* ocupado **2** (make unavailable) ‹*capital/assets*› inmovilizar*; **all our money is ~d up in property** todo nuestro dinero está invertido *or* metido en bienes raíces **3** (impede) (AmE) ‹*traffic/project*› paralizar*, parar

C (finalize) (BrE) ‹*deal*› cerrar*; ‹*arrangements*› finalizar*

D (connect) **to be ~d up WITH sth** estar* ligado A *or* relacionado CON algo

(*Sense* **II**) [v ▸ adv] (Naut) atracar*

tie: **~break** *n* ▸**~breaker 1**; **~breaker** *n* **1** (in tennis) muerte *f* súbita **2** (in quiz game) pregunta *f* de desempate **3** (casting vote) (AmE) voto *m* de calidad

tied /taɪd/ *adj* (drawn) empatado

tie: **~-in** *n* (connection) conexión *f*, relación *f*; **~pin** *n* alfiler *m* de corbata, fistol *m* (Méx)

tier /tɪr || tɪə(r)/ *n* **1** (row, layer) hilera *f* superpuesta; **the seats are arranged in ~s** los asientos son en gradas **2** (of cake) piso *m* **3** (in hierarchy) escalón *m*, nivel *m*

tiered /tɪrd || tɪəd/ *adj* ‹*seats*› en gradas; **a three-~ cake** un pastel de tres pisos

tie: **~ tack** *n* (AmE) alfiler *m* de corbata, fistol *m* (Méx); **~-up** *n* **1** (connection) conexión *f*; **2** (stoppage, jam) (AmE) embotellamiento *m*

tiff /tɪf/ *n* pelea *f*, riña *f*

tiger /'taɪgər || 'taɪgə(r)/ *n* (*pl* **~s** *or* **~**) tigre *m*

tiger economy *n* economía *f* emergente, economía *f* tigre

tight¹ /taɪt/ *adj* **-er, -est**

A **1** (fitting closely) ‹*dress/skirt*› ajustado, ceñido; (if uncomfortable, unsightly) apretado **2** (stiff, hard to move) ‹*screw/bolt*› apretado, duro **3** (with nothing to spare) ‹*margin*› estrecho; ‹*schedule*› apretado; **there's room for four, but it's a ~ squeeze** caben cuatro, pero bastante apretados; **to be on a ~ budget** tener* un presupuesto muy limitado; **money's ~** están (*or* estamos *etc*) apretados *or* escasos de dinero **4** (close) ‹*game/finish*› reñido **5** (restricted): **I can't breathe; my chest feels ~** no puedo respirar, siento una opresión en el pecho

B **1** (firm) ‹*embrace*› estrecho, apretado, fuerte **2** (strict) ‹*security/control*› estricto; **he keeps a ~ hold on expenditure** mantiene estricto control sobre los gastos

C **1** (sharp) ‹*bend*› cerrado **2** (closely formed) ‹*knot/knitting*› apretado

D **1** (taut) ‹*cord/thread*› tirante, tenso **2** (not leaky) ‹*seal*› hermético

E (difficult, problematic) ‹*situation*› difícil

F (colloq) **1** (mean) ▸**tightfisted** **2** (drunk) (*pred*) borracho, como una cuba (fam); **to get ~** emborracharse

tight² *adv*: **hold (on) ~!** ¡agárrate bien *or* fuerte!; **screw the lid on ~** aprieta bien el tapón; **sleep ~!** ¡que duermas bien!; **we'll have to sit ~ and see what happens** vamos a tener que esperar a ver qué pasa

tightassed /ˈtaɪtˈæst || ˌtaɪtˈɑːst/ *adj* (AmE sl) 1 (unwilling to relax) reprimido 2 (mean) ▸**tightfisted**

tighten /ˈtaɪtn/ *vt* 1 ‹*nut/bolt/knot*› apretar*; ‹*rope*› tensar; **to ~ one's belt** apretarse* el cinturón; **he ~ed his hold on my arm** me apretó más el brazo, me agarró el brazo más fuerte 2 (make stricter) ‹*regulations*› hacer* más estricto *or* rígido; **security has been ~ed** se han tomado medidas de seguridad más estrictas

■ **tighten** *vi* «*muscles*» tensarse; «*knot*» apretarse*

Phrasal verb

• **tighten up**

A [v ▸ o ▸ adv, v ▸ adv ▸ o] ‹*laws/rules*› hacer* más estricto; **to ~ up security** reforzar* las medidas de seguridad

B [v ▸ adv] 1 (become stricter) ponerse* más severo *or* estricto; **to ~ up ON sth**: **they've ~ed up on expenses** están controlando más los gastos 2 «*muscles*» ponerse* tenso, tensarse

tight: **~fisted** /ˈtaɪtˈfɪstəd || ˌtaɪtˈfɪstɪd/ *adj* (colloq) agarrado (fam), amarrete (AmS fam), pinche (AmC fam), pichirre (Ven fam); **~fitting** /ˈtaɪtˈfɪtɪŋ/ *adj* ‹*jeans*› ajustado, ceñido; **~-knit** /ˈtaɪtˈnɪt/ *adj* muy unido; **~-lipped** /taɪtˈlɪpt/ *adj* ‹*silence*› hermético; ‹*anger/disapproval*› mudo; **they sat ~-lipped throughout the skit** vieron todo el número sin abrir la boca *or* sin decir palabra

tightly /ˈtaɪtli/ *adv*: **it must be ~ tied/fastened** hay que atarlo fuerte/asegurarlo bien; **he was holding her hand ~** la tenía agarrada fuerte de la mano; **a ~ controlled process** un proceso estrictamente *or* rigurosamente controlado

tightness /ˈtaɪtnəs || ˈtaɪtnɪs/ *n* [u]

A (of clothes, shoes) lo ajustado *or* ceñido; (if uncomfortable) lo apretado

B 1 (of hold, grip) lo fuerte 2 (of control, security) rigurosidad *f*, lo estricto

C (in one's chest) opresión *f*; **he felt (a) ~ in his chest** sentía una opresión en el pecho

tightrope /ˈtaɪtrəʊp/ *n* cuerda *f* floja; **to walk a ~** caminar por la cuerda floja, maromear (Col, Méx, Ven); (*before n*) **~ walker** funámbulo, -la *m,f*, equilibrista *mf*

tights /taɪts/ *pl n* 1 (for ballet etc) malla(s) *f(pl)*, leotardo(s) *m(pl)* 2 (BrE) ▸**pantyhose**

tightwad /ˈtaɪtwɑːd || ˈtaɪtwɒd/ *n* (AmE colloq) apretado, -da *m,f* (fam), agarrado, -da *m,f* (fam), amarrete, -ta *m,f* (AmS fam)

tigress /ˈtaɪgrəs || ˈtaɪgrɪs/ *n* tigresa *f*

tile¹ /taɪl/ *n* 1 (for floor) baldosa *f*, losa *f*; (for wall) azulejo *m* 2 (for roof) (BrE) teja *f*; ***on the ~s*** (BrE) de juerga *or* parranda (fam)

tile² *vt* ‹*roof*› tejar; ‹*floor*› embaldosar; ‹*wall*› revestir* de azulejos, azulejar, alicatar (Esp)

tiling /ˈtaɪlɪŋ/ *n* [u] (on roof) tejado *m*; (on floor) embaldosado *m*; (on wall) azulejos *mpl*, alicatado *m* (Esp)

till¹ /tɪl/ *conj/prep* ▸**until¹·²**

till² *n* (cash register) caja *f* (registradora); (drawer) caja *f*; ***to have one's fingers/hand in the ~*** (colloq) estar* robando dinero de la caja

till³ *vt* cultivar, labrar

tiller /ˈtɪlər || ˈtɪlə(r)/ *n* (Naut) caña *f or* barra *f* del timón; **at the ~** al timón

tilt¹ /tɪlt/ *vt* inclinar; **he ~ed his head to one side** ladeó la cabeza; **to ~ sth back/forward** inclinar algo hacia atrás/adelante

■ **tilt** *vi* (slope) inclinarse; **the chair nearly ~ed over** la silla casi se cae para atrás

tilt² *n* [u c] (slope) inclinación *f*; **sideways ~** ladeo *m*; ***(at) full ~*** a toda velocidad, a toda máquina, a todo trapo

timber /ˈtɪmbər || ˈtɪmbə(r)/ *n* 1 [u] (material) madera *f* (*para construcción*); ***to be managerial ~*** (esp AmE) tener* madera de directivo; (*before n*) ‹*house*› de madera; **the ~ trade** la industria maderera; **~ yard** (BrE) almacén *m* de maderas 2 [u] (trees) árboles *mpl* (madereros); **~!** (*as interj*) ¡cuidado(, que cae)! 3 [c] (beam) viga *f*, madero *m*

timberland /ˈtɪmbərlænd || ˈtɪmbəlænd/ *n* [u] (AmE) terreno *m* maderero

time¹ /taɪm/ *n*

Sense I

A [u] (past, present, future) tiempo *m*; **~ and space** el tiempo y el espacio; **as ~ goes by** *o* **passes** a medida que pasa el tiempo, con el paso *or* el correr del tiempo; **at this point** *o* **moment in ~** en este momento, en el momento presente; **(only) ~ will tell** el tiempo (lo) dirá; **how ~ flies!** ¡qué rápido pasa el tiempo!; ***(from) ~ out of mind*** desde tiempos inmemoriales; ***~ and tide wait for no man*** el tiempo pasa inexorablemente; (*before n*) ‹*travel*› en el tiempo; **~ machine** máquina *f* del tiempo

B [u] (time available, necessary for sth) tiempo *m*; **we have all the ~ in the world** tenemos tiempo de sobra; **could I have five minutes of your ~?** ¿podría concederme cinco minutos?; **there's no ~ to lose** no hay tiempo que perder; **to make ~ for sth** hacer(se)* *or* encontrar* tiempo para algo; **to make ~** (hurry) (AmE colloq) darse* prisa, apurarse (AmL); **he does it to pass the ~** lo hace para pasar el tiempo; **I spend all my ~ reading/thinking** me paso todo el tiempo leyendo/pensando; **it takes ~ to get used to the climate** lleva *or* toma tiempo acostumbrarse al clima; **it's worth taking a little extra ~ over the job** vale la pena dedicarle un poco más de tiempo al trabajo; **to take one's ~**: **just take your ~** tómate todo el tiempo que necesites *or* quieras; **you took your ~!** ¡cómo has tardado!; ***to buy ~*** ganar tiempo; ***to have a lot of/no ~ for sb/sth***: **I have no ~ for people like her** no soporto a la gente como ella; **I've got a lot of ~ for him** me cae muy bien; ***to have ~ on one's hands***: **I had ~ on my hands** me sobraba el tiempo; ***to play for ~*** tratar de ganar tiempo

C (*no pl*) (period — of days, months, years) tiempo *m*; (— of hours) rato *m*; **that was a long ~ ago** eso fue hace mucho (tiempo); **they lived in Paris for a ~/for a long ~** vivieron un tiempo/mucho tiempo *or* muchos años en París; **long ~ no see!** (colloq) ¡tanto tiempo (sin verte)!; **some ~ later I saw them leave** al rato los vi salir; **some ~ later they moved to Brussels** (un) tiempo después se mudaron a Bruselas, tras cierto tiempo se mudaron a Bruselas; **for some considerable ~** *o* **for quite some ~ now there have been rumors that ...** hace ya bastante tiempo que se rumorea que ...; **in an hour's/three months'/ten years' ~** dentro de una hora/tres meses/diez años; **cooking ~** tiempo *m* de cocción; **your ~'s up** se te (*or* les *etc*) ha acabado el tiempo; ***for the ~ being*** por el momento, de momento; ***to serve*** *o* (colloq) ***do ~*** cumplir una condena, estar* a la sombra (fam)

D (*in phrases*) **against time** contra reloj; **all the time** (constantly) constantemente; (the whole period) todo el tiempo; **I knew it all the ~** lo supe desde el principio; **in time** (early enough) a tiempo; (eventually) con el tiempo; **you arrived just in ~** llegaste justo a tiempo; **we got back in ~ to watch the film** volvimos a tiempo para ver la película; **you'll get used to it in ~** con el tiempo te acostumbrarás; **in good time** con tiempo; **all in good ~** cada cosa a su tiempo, todo a su debido tiempo; **in no time (at all)** rapidísimo, en un abrir y cerrar de ojos, en un santiamén

E [u] (*air~*) (Rad, TV) espacio *m*

F [u c] (for journey, race, task) tiempo *m*; **what's your fastest ~ over 400m?** ¿cuál es tu mejor tiempo *or* marca en los 400 metros?

G [u] (with respect to work): **to take** *o* (BrE also) **have ~ off** tomarse tiempo libre; **we get ~ and a half** nos pagan hora y media de sueldo por cada hora trabajada

H 1 [c] (epoch, age) (*often pl*) época *f*, tiempo *m*; **at one ~** en una época *or* un tiempo, en otros tiempos; **in ~s of crisis** en épocas *or* tiempos de crisis; **in former ~s** antiguamente; **in Tudor ~s** en la época de los Tudor, en tiempos de los Tudor; **there was a ~ when** *o* **~ was when ...** hubo un tiempo cuando ...; **it's a sign of the ~s** es un indicio de los tiempos en que vivimos; **in ~s to come** en el futuro, en tiempos venideros; ***to be ahead of one's ~***: **he's ahead/he was ahead of his ~** se ha adelantado/se adelantó a su época; ***to be behind the ~s*** «*ideas*» ser* anticuado, estar* desfasado; «*person*» estar* atrasado de noticias (fam); ***to keep up with*** *o* ***abreast of the ~s*** mantenerse* al día 2 [u] (with respect to a person's life): **that was before your ~** eso fue antes de que tú nacieras (*or* empezaras a trabajar aquí *etc*); **it won't happen in our ~** no viviremos para verlo; **I've seen some funny things in my ~ but ...** he visto cosas raras en mi vida pero ...; **she**

was a great athlete in her ~ fue una gran atleta en su época

Sense **II**

A **1** [u] (by clock) hora *f*; **what's the ~?, what ~ is it?** ¿qué hora es?; **do you have the ~?** ¿tienes hora?; **the ~ is ten minutes to ten** son las diez menos diez minutos, son diez para las diez (AmL exc RPl); **to be able to tell the ~** *o* (AmE also) **tell ~** saber* (decir) la hora; **British Summer T~** horario *m* de verano; **Eastern Standard T~** (in US) hora *f* de la costa atlántica; **this clock keeps good ~** este reloj está siempre en hora; ***not to give sb the ~ of day*** no darle* a algn ni la hora; ***to pass the ~ of day (with sb)***: **now she never even passes the ~ of day with me** ahora ni siquiera me saluda; **we passed the ~ of day** charlamos un ratito; (*before n*) **~ switch** temporizador *m*; **~ zone** huso *m* horario **2** [c u] (of event) hora *f*; **do you know the ~s of the trains?** ¿sabes el horario de los trenes?; **~ FOR sth/to + INF**: **we have to arrange a ~ for the next meeting** tenemos que fijar una fecha y hora para la próxima reunión; **is it ~ to go yet?** ¿ya es hora de irse?; **it's ~ you left** *o* **you were leaving** es hora de que te vayas; **at breakfast ~** a la hora del desayuno

B [c] (point in time): **at this ~ of (the) year** en esta época del año; **at this ~ of night** a estas horas de la noche; **at the present/this particular ~** en este momento/este preciso momento; **at no ~ was that my intention** en ningún momento fue ésa mi intención; **it should be kept closed at all ~s** debe mantenerse siempre cerrado; **at the best of ~s** en el mejor de los casos; **this ~ next year** el año que viene para estas fechas; **it'll be dark by the ~ we get there** (para) cuando lleguemos ya estará oscuro; **by that** *o* **this ~ we were really worried** para entonces ya estábamos preocupadísimos; **from that ~ on** a partir de entonces, desde entonces; **it's high ~ somebody did something** ya es hora *or* ya va siendo hora de que alguien haga algo; **she's resigned, and not before ~** ha renunciado, y ya era hora; **the ~ has come for us to make a decision** ha llegado el momento de que tomemos una decisión; **there's a ~ and a place for everything** hay un momento y un lugar para todo; ***my/her ~ has come*** me/le ha llegado el momento; ***to bide one's ~*** esperar el momento oportuno; ***to die before one's ~*** morir* tempranamente *or* prematuramente

C [c] (instance, occasion) vez *f*; **three ~s a day** tres veces por día; **I've been there many a ~** *o* **many ~s** he estado allí en numerosas ocasiones *or* muchas veces; **nine ~s out of ten** en el noventa por ciento de los casos, la gran mayoría de las veces; **third ~ lucky!** ¡la tercera es la vencida!; **let's leave it for another** *o* **some other ~** dejémoslo para otro momento; **you paid (the) last ~** la última vez *or* la otra vez pagaste tú; **for the last ~: no!** por última vez ¡no!; **let's try one more ~** probemos otra vez *or* una vez más

D (*in phrases*) **about time**: **it's about ~ someone told him** ya es hora *or* ya va siendo hora de que alguien se lo diga; **I've finished — and about ~ too!** he terminado — ¡ya era hora!; **ahead of time**: **the first stage was completed ahead of ~** la primera fase se terminó antes de tiempo; **any time**: **come any ~** ven cuando quieras *or* en cualquier momento; **call me any ~ between nine and eleven** llámame a cualquier hora entre las nueve y las once; **I'd rather work for Mary any ~** yo prefiero trabajar para Mary, toda la vida (y cien años más); **they should be here any ~ (now)** en cualquier momento llegan, deben de estar por llegar de un momento al otro; **at a time**: **four at a ~** de cuatro en cuatro *or* (AmL tb) de a cuatro; **one at a ~!** ¡de a uno!, ¡uno por uno! *or* ¡uno por vez!; **I can only do one thing at a ~** sólo puedo hacer una cosa a la *or* por vez; **for months at a ~** durante meses enteros; **at the same time** (simultaneously) al mismo tiempo; (however) (*as linker*) al mismo tiempo, de todas formas; **at times** a veces; **at this time** (AmE) ahora, en este momento; **every time**: **I make the same mistake every ~!** ¡siempre cometo el mismo error!; **gin or whisky? — give me whisky every ~!** ¿ginebra *or* whisky? — para mí whisky, toda la vida; **every** *o* **each time** (*as conj*) (whenever) cada vez; **from time to time** de vez en cuando; **on time** (on schedule): **the buses hardly ever run on ~** los autobuses casi nunca pasan a su hora *or* puntualmente; **she's never on ~** nunca llega temprano, siempre llega tarde; **time after time** *o* **time and (time) again** una y otra vez

E [c] (experience): **to have a good/bad/hard ~** pasarlo bien/mal/muy mal; **have a good ~!** ¡que te diviertas (*or* que se diviertan *etc*)!, ¡que lo pases (*or* pasen *etc*) bien!; **don't give me a hard ~** (esp AmE) no me mortifiques; **thank you for a lovely ~** gracias por todo, lo hemos pasado estupendamente

F [u] (Mus) compás *m*; **in ~ to the music** al compás de la música; **out of ~** descompasado, fuera de compás; **to beat/keep ~** marcar*/seguir* el compás; ***to mark ~*** (march on the spot) marcar* el paso; (make no progress) hacer* tiempo; (*before n*) **~ signature** llave *f* de tiempo

G **times** *pl* (Math): **it's four ~s bigger** es cuatro veces más grande; (*before n*) **~s table** tabla *f* de multiplicar

time² *vt* **1** (Sport) cronometrar; **I've ~d how long it takes me** he calculado cuánto tiempo me lleva **2** (choose time of): **the bomb was ~d to go off at ten o'clock** la bomba estaba programada para explotar a las diez; **the demonstration was ~ed to coincide with his arrival** la hora de la manifestación estaba calculada para coincidir con su llegada; **you ~d your entrance perfectly** no podrías haber elegido un mejor momento para entrar; **his comment was well ~d** su comentario fue muy oportuno; **his shot was badly ~d** no calculó bien el momento en que debía chutar/disparar

time: **~-and-motion** /ˈtaɪmənˈməʊʃən/ *adj* (*before n*): **~-and-motion study** estudio *m* de racionalización del trabajo *or* de tiempo(s) y movimiento(s) *or* de productividad; **~ bomb** *n* bomba *f* de tiempo *or* de relojería; **~ capsule** *n* cápsula *f* del tiempo; **~ clock** *n* reloj *m* registrador, reloj *m* checador (Méx); **~-consuming** *adj* que lleva mucho tiempo; **that would be too ~-consuming** eso llevaría demasiado tiempo; **~ deposit** *n* (AmE) depósito *m* a plazo fijo; **~-honored**, (BrE) **~-honoured** *adj* ‹*method*› consagrado (por la tradición); ‹*ritual*› de larga tradición; **~keeper** *n* **1** (Sport) cronometrador, -dora *m,f* **2** (worker) (BrE): **to be a good/bad ~keeper** ser* puntual/impuntual; **~keeping** *n* [u] (BrE) puntualidad *f*; **bad ~keeping** impuntualidad *f*

timeless /ˈtaɪmləs || ˈtaɪmlɪs/ *adj* (liter) eterno

time: **~ limit** *n* plazo *m*; **~ line** línea *f* de tiempo, cronología *m*

timely /ˈtaɪmli/ *adj* **-lier, -liest** oportuno

time: **~ out** *n* [c u] **1** (Sport) tiempo *m* (muerto); **to take (a) ~ out (from sth)** (AmE) tomarse un descanso (de algo) **2** (*as interj*) (AmE) ¡un momento!; **~piece** *n* (frml) reloj *m*

timer /ˈtaɪmər || ˈtaɪmə(r)/ *n* temporizador *m*; (of oven, video etc) reloj *m* (automático)

times /taɪmz/ *prep*: **3 ~ 4 is 12** 3 (multiplicado) por 4 son 12

time: **~saving** *adj* que ahorra tiempo; **~scale** *n* escala *f* de tiempo; **~share** *n* **1** [u] (system) multipropiedad *f*, tiempo *m* compartido; (*before n*) ‹*apartment/property*› en multipropiedad, en tiempo compartido **2** [c] (property) multipropiedad *f*; **~sharing** *n* [u] (Comput) trabajo *m* en tiempo compartido; **~sheet** *n* hoja *f* de asistencia, planilla *f* de control de horas; **~-stamp** *vt* timbrar con el sello de tiempo

timetable¹ /ˈtaɪmˌteɪbəl/ *n* **1** (Transp) horario *m* **2** (esp BrE Educ) horario *m* **3** (schedule, programme) agenda *f*

timetable² *vt* (esp BrE) programar

time: **~ warp** *n* salto *m* en el tiempo; **the region is stuck in a ~ warp** la región se ha detenido en el tiempo; **~worn** *adj* ‹*buildings/furniture*› desgastado; ‹*procedures/traditions*› añejo; ‹*joke/saying*› gastado

timid /ˈtɪməd || ˈtɪmɪd/ *adj* ‹*person/approach*› tímido; ‹*animal*› huraño

timidity /təˈmɪdəti || tɪˈmɪdəti/ *n* [u] timidez *f*

timidly /ˈtɪmədli || ˈtɪmɪdli/ *adv* tímidamente, con timidez

timing /ˈtaɪmɪŋ/ *n* [u] **1** (choice of time): **the ~ of the election** la fecha escogida para las elecciones; **the ~ of the action was disastrous** la acción fue de lo más inoportuna; **that was good ~: we've just arrived** calculaste muy bien el tiempo: acabamos de llegar **2** (Mus, Sport) ritmo *m*; **a comedian with brilliant ~** un cómico con un genial sentido de la oportunidad **3** (Auto): **check/adjust the ~** revise/ajuste la chispa *or* el encendido

timorous /ˈtɪmərəs/ *adj* (liter) medroso (liter), timorato

timpani /ˈtɪmpəni/ *pl n* timbales *mpl*

tin¹ /tɪn/ *n*
A 1 (metal) estaño *m* 2 (tinplate) (hoja)lata *f*; (*before n*) ‹*soldier*› de plomo; **~ can** lata *f or* (Esp tb) bote *m or* (Chi tb) tarro *m* (*de conservas, bebidas etc*)
B 1 (can) (esp BrE) lata *f or* (Esp tb) bote *m or* (Chi tb) tarro *m* (*de conservas, bebidas etc*) 2 (for storage) lata *f*, bote *m* (Esp) 3 (for baking) molde *m*

tin² *vt* **-nn-** (put in tins) (BrE) ‹*food*› enlatar

tinderbox /ˈtɪndərbɑːks || ˈtɪndəbɒks/ *n* caja *f* de la yesca

tinfoil /ˈtɪnfɔɪl/ *n* [u] (made of tin) papel *m* de estaño; (made of aluminium) papel *m* de aluminio, papel *m* albal® (Esp)

tinge¹ /tɪndʒ/ *n* 1 (of color) tinte *m*, matiz *m* 2 (hint) dejo *m*, matiz *m*

tinge² *vt* (*usu pass*) 1 (color) **to be ~d WITH sth** estar* matizado DE algo 2 (temper) **to be ~d WITH sth**: **words ~d with bitterness** palabras con un dejo *or* matiz de amargura

tingle¹ /ˈtɪŋgəl/ *vi*: **it makes your skin ~** te hace sentir un cosquilleo *or* hormigueo en la piel; **my cheeks were tingling after being outside** me ardían las mejillas después de haber estado fuera; **to ~ WITH sth**: **I was tingling with excitement** me estremecía de la emoción

tingle² *n* cosquilleo *m*, hormigueo *m*

tingling /ˈtɪŋglɪŋ/ *n* [u] cosquilleo *m*, hormigueo *m*

tinhorn¹ /ˈtɪnhɔːrn || ˈtɪnhɔːn/ *n* (AmE colloq) fanfarrón, -rrona *m,f*

tinhorn² *adj* fanfarrón

tinker¹ /ˈtɪŋkər || ˈtɪŋkə(r)/ *n* hojalatero, -ra *m,f*, calderero, -ra *m,f*

tinker² *vi* **to ~ WITH sth** ‹*with car/television*› hacerle* pequeños ajustes A algo; (pej) juguetear CON algo

tinkle¹ /ˈtɪŋkəl/ *n* tintineo *m*, tilín *m*; **to give sb a ~** (call on telephone) (BrE colloq) pegarle* un telefonazo *or* darle* un toque a algn (fam)

tinkle² *vi* «*bell/glass*» tintinear; **a tinkling laugh** una risa cristalina

tinned /tɪnd/ *adj* (BrE) enlatado, en *or* de lata, en *or* de tarro (Chi)

tinny /ˈtɪni/ *adj* **-nier, -niest** 1 (metallic) ‹*sound*› metálico; ‹*taste*› a lata, metálico 2 (of cheap metal) ‹*car/stove*› de lata

tin: **~ opener** *n* (BrE) abrelatas *m*; **~plate** *n* [u] hojalata *f*; **~pot** *adj* (pej) ‹*town/dictator*› de pacotilla

tinsel /ˈtɪnsəl/ *n* [u] espumillón *m* (*guirnalda dorada o plateada para decoraciones navideñas*)

tint¹ /tɪnt/ *n* 1 [c] (of color) tinte *m*, matiz *m*; (color) tono *m* 2 [u] (for hair) tintura *f*, tinte *m*

tint² *vt* teñir*

tinted /ˈtɪntəd || ˈtɪntɪd/ *adj* ‹*glass*› coloreado; ‹*lenses*› con un tinte; ‹*hair*› teñido

tiny /ˈtaɪni/ *adj* **tinier, tiniest** minúsculo, diminuto

tip¹ /tɪp/ *n*
A (end, extremity) punta *f*; (of stick, umbrella) contera *f*, regatón *m*; (*filter* **~**) filtro *m*; **the westernmost ~ of Britain** el extremo occidental de Gran Bretaña; **he was standing on the ~s of his toes** estaba de puntillas *or* (CS) en puntas de pie; ***the ~ of the iceberg*** la punta del iceberg; ***to have sth on the ~ of one's tongue*** tener* algo en la punta de la lengua
B 1 (helpful hint) consejo *m* (práctico) 2 (in betting) pronóstico *m*, fija *f* (CS, Per)
C (gratuity) propina *f*
D (BrE) (rubbish dump) vertedero *m* (de basuras), basurero *m*, basural *m* (AmL); **your room is a ~** (colloq) tienes el cuarto hecho una pocilga

tip² **-pp-** *vt*
A (give gratuity to) darle* (una) propina a
B 1 (tilt) inclinar; **the child ~ped the glass upside down** el niño le dio la vuelta al vaso *or* (CS) dio vuelta el vaso; ***to ~ the balance*** *o* ***the scales*** inclinar la balanza a su (*or mi etc*) favor; **he ~ped the scales at 72kg** (colloq) pesó 72 kilos 2 (pour, throw) tirar, botar (AmL exc RPl); **she ~ped the contents of her bag on the floor** volcó el contenido de su bolso en el suelo; **it's ~ping it down outside** (BrE colloq) está lloviendo a cántaros
C 1 (predict, forecast) (BrE): **to ~ the winner** pronosticar* quién va a ser el ganador; **he is widely ~ped as the next party leader** todos los pronósticos coinciden en que será el próximo líder del partido 2 (warn, inform) (AmE) avisar(le a), pasarle el dato a (CS), darle* un chivatazo a (Esp fam)
■ **tip** *vi*
A (give gratuity) dar* propina
B (tilt) inclinarse, ladearse
C (dump rubbish) (BrE): Ⓢ **no tipping** prohibido arrojar basura/escombros

(Phrasal verbs)
• **tip off** [v ▸ o ▸ adv, v ▸ adv ▸ o] ‹*police/criminal*› avisar(le a), pasarle el dato a (CS), darle* un chivatazo a (Esp fam)
• **tip over**
A [v ▸ o ▸ adv, v ▸ adv ▸ o] (knock over, upend) volcar*
B [v ▸ adv] (fall over, topple) caerse*
• **tip up**
A [v ▸ o ▸ adv, v ▸ adv ▸ o] (overturn) ‹*container*› voltear *or* (Esp) darle* la vuelta a *or* (CS) dar* vuelta
B [v ▸ adv] (tilt upward) levantarse

tip-off /ˈtɪpɔːf || ˈtɪpɒf/ *n* 1 (inside information) dato *m*, soplo *m* (fam), chivatazo *m* (Esp fam) 2 (telltale sign) (AmE) claro indicio *m*

tipped /tɪpt/ *adj* (*filter-~*) con filtro

-tipped /ˈtɪpt/ *suff*: **poison~/steel~** con punta envenenada/de acero

tipple /ˈtɪpəl/ *n* (colloq): **what's your (favorite) ~?** ¿cuál es tu bebida preferida?

tippler /ˈtɪplər || ˈtɪplə(r)/ *n* (colloq) borrachín, -china *m,f* (fam)

tipster /ˈtɪpstər || ˈtɪpstə(r)/ *n* pronosticador, -dora *m,f*

tipsy /ˈtɪpsi/ *adj* **-sier, -siest** entonado (fam), achispado (fam); **to get ~** entonarse (fam)

tiptoe¹ /ˈtɪptəʊ/ *vi* **-toes, -toeing, -toed** caminar *or* (esp Esp) andar* de puntillas, caminar en puntas de pie (CS)

tiptoe² *n*: **on ~** de puntillas, en puntas de pie (CS)

tiptop /ˈtɪpˈtɑːp || ˌtɪpˈtɒp/ *adj* de primera, excelente; **in ~top condition** en excelente estado, como nuevo

tip-truck /ˈtɪpˌtrʌk/ *n* (AmE) volquete *m*, volqueta *f*

tirade /taɪˈreɪd/ *n* diatriba *f*

tire¹ /taɪr || ˈtaɪə(r)/ *vt* cansar
■ **tire** *vi* 1 (become weary) cansarse 2 (become bored) **to ~ OF sth/sb/-ING** cansarse *or* aburrirse DE algo/algn/+ INF

(Phrasal verb)
• **tire out** [v ▸ o ▸ adv, v ▸ adv ▸ o] agotar, dejar exhausto; **to be ~d out** estar* agotado *or* rendido

tire², (BrE) **tyre** /taɪr || ˈtaɪə(r)/ *n* neumático *m*, llanta *f* (AmL), goma *f* (RPl); (*before n*) **~ pressure/valve** presión *f*/válvula *f* del neumático *or* (AmL) de la llanta *or* (RPl) de la goma

tired /taɪrd || ˈtaɪəd/ *adj* 1 (weary) cansado; **to get ~** cansarse; **you look ~** tienes cara de cansado 2 (fed up) **to be ~ OF sth/sb/-ING** estar* cansado *or* harto DE algo/algn /+ INF; **to get/grow ~ of sth/sb/-ING** cansarse *or* hartarse DE algo/algn /+ INF 3 (hackneyed) ‹*joke*› trasnochado, trillado, manido 4 (old, faded) ‹*lettuce/salad*› mustio; ‹*sofa/chair*› (viejo y) gastado

tiredness /ˈtaɪrdnəs || ˈtaɪədnɪs/ *n* [u] cansancio *m*

tireless /ˈtaɪrləs || ˈtaɪəlɪs/ *adj* ‹*person*› infatigable, incansable; ‹*patience/efforts*› inagotable

tirelessly /ˈtaɪrləsli || ˈtaɪəlɪsli/ *adv* incansablemente, infatigablemente

tiresome /ˈtaɪrsəm || ˈtaɪəsəm/ *adj* ‹*person*› pesado; ‹*task*› tedioso

tiring /ˈtaɪrɪŋ || ˈtaɪərɪŋ/ *adj* cansador (AmS), cansado (AmC, Esp, Méx)

'tis /tɪz/ (poet *or* dial) **= it is**

tissue /ˈtɪʃuː || ˈtɪʃuː, ˈtɪsjuː/ *n*
A [u c] (Anat, Bot) tejido *m*
B 1 [c] (paper handkerchief) pañuelo *m* de papel, Kleenex® *m* 2 [u] **~ (paper)** papel *m* de seda
C [c] (web) (liter) trama *f*; **a ~ of lies** una trama de mentiras

tit /tɪt/ *n*
A (Zool) paro *m*
B (sl) (breast) teta *f* (fam)

titanium /taɪˈteɪniəm, ˈtɪ- || tɪˈteɪniəm/ *n* [u] titanio *m*

titbit /ˈtɪtbɪt/ *n* 1 (of food) exquisitez *f* 2 (of gossip) chisme *m*

titchy /ˈtɪtʃi/ *adj* **titchier, titchiest** (BrE colloq) ‹*person*› enano (fam), petiso (AmS fam)

tit for tat *n*: **it was ~ ~ ~** fue ojo por ojo, diente por diente

tit-for-tat /ˈtɪtfərˈtæt || ˌtɪtfəˈtæt/ *adj* (*before n*): **a ~ killing** un asesinato en represalia

titillate /ˈtɪtl̩eɪt || ˈtɪtɪleɪt/ *vt* **1** (excite sexually) excitar **2** (stimulate) (liter) despertar*

titillating /ˈtɪtl̩eɪtɪŋ || ˈtɪtɪleɪtɪŋ/ *adj* **1** (sexually exciting) excitante **2** (stimulating) (liter) estimulante

title¹ /ˈtaɪtl/ *n*

A [c] (of creative work) título *m*; (*before n*) **~ role** papel *m* protagónico (*de la obra del mismo nombre*)

B [c] **1** (designation, label) título *m* **2** (status) tratamiento *m* (*como Sr, Sra, Dr etc*) **3** (noble rank) título *m* (nobiliario *or* de nobleza) **4** (Sport) título *m*; (*before n*) **~ fight** combate *m* por el título

C (Law) **1** [u] (right of ownership) **~ (TO sth)** derecho *m* (A algo) **2** [c] (document) título *m* de propiedad

D **titles** *pl* (Cin, TV) créditos *mpl*, títulos *mpl* (de crédito)

title² *vt* ‹*book/painting/song*› titular, intitular (frml)

titled /ˈtaɪtl̩d/ *adj* con título (nobiliario *or* de nobleza)

title: **~ deed** *n* (*usu pl*) título *m* de propiedad; **~holder** *n* campeón, -peona *m,f*; **~ page** *n* portada *f*, carátula *f*

titter¹ /ˈtɪtər || ˈtɪtə(r)/ *vi* reírse* disimuladamente

titter² *n* risita *f* ahogada

tittle-tattle /ˈtɪtl̩ˌtætl/ *n* (colloq) **1** (items of gossip) chismes *mpl* **2** (informer) (AmE) soplón, -plona *m,f*

titular /ˈtɪtʃələr || ˈtɪtjʊlə(r)/ *adj* ‹*head/leader*› nominal

tizz /tɪz/, **tizzy** /ˈtɪzi/ *n* (colloq): **to be in/get in(to) a ~** estar*/ponerse* nervioso

T-junction /ˈtiːˌdʒʌŋkʃən/ *n* (BrE) cruce *m* (*en forma de T*)

TLC (colloq hum) = **tender loving care**

TN = **Tennessee**

to¹ /tuː, *weak form* tə/ *prep*

A **1** (indicating destination) a; **we're going ~ Paris** vamos a París; **I'll drive you ~ the station** te llevo a la estación; **we went ~ John's** fuimos a casa de John, fuimos a lo de John (RPl), fuimos donde John (esp AmL); **you can wear it ~ a party/the wedding** puedes ponértelo para una fiesta/la boda **2** (indicating direction) hacia; **move a little ~ the right** córrete un poco hacia la derecha; **he turned ~ me** se volvió hacia mí; **it's pointing ~ the east** señala al Este **3** (indicating position) a; **~ the left/right of sth** a la izquierda/derecha de algo; **a mile ~ the south of Milton** una milla al sur de Milton

B (against, onto): **she clasped him ~ her** lo estrechó contra ella; **they stuck the poster ~ the wall** pegaron el cartel en la pared

C **1** (as far as) hasta; **she can count (up) ~ 100 now** ya sabe contar hasta 100; **~ a certain extent** hasta cierto punto; **a year ago ~ the day** hace exactamente un año **2** (until) hasta; **I can't stay ~ the end** no puedo quedarme hasta el final **3** (indicating range): **there will be 30 ~ 35 guests** habrá entre 30 y 35 invitados; *see also* **from D**

D **1** (showing indirect object): **who did you send/give it ~?** ¿a quién se lo mandaste/diste?; **give it ~ me** dámelo; **what did you say ~ him/them?** ¿qué le/les dijiste?; **I'll hand you over ~ Jane** te paso *or* (Esp tb) te pongo con Jane; **I was singing/talking ~ myself** estaba cantando/hablando solo; **~ me, he will always be a hero** para mí, siempre será un héroe; **he was very kind/rude ~ me** fue muy amable/grosero conmigo **2** (in toasts, dedications): **here's ~ Toby** brindemos por Toby; **here's ~ a Happy New Year** ¡Feliz Año Nuevo!; **best wishes ~ you both** los mejores deseos para ambos; **~ Paul with love from Jane** para Paul, con cariño de Jane

E (indicating proportion, relation): **how many ounces are there ~ the pound?** ¿cuántas onzas hay en una libra?; **600 pesos ~ the US dollar** 600 pesos por dólar; **it does 30 miles ~ the gallon** da *or* rinde 30 millas por galón, ≈ consume 6.75 litros a los *or* por cada cien kilómetros; **Barcelona won by two goals ~ one** Barcelona ganó por dos (goles) a uno; **there's a 10 ~ 1 chance of ...** hay una probabilidad de uno en 10 de ...; **that's nothing ~ what followed** eso no es nada comparado *or* en comparación con lo que vino después

F (concerning): **what do you say ~ that?** ¿qué dices a eso?, ¿qué te parece (eso)?; ***that's all there is ~ it*** eso es todo; ***there's nothing ~ it*** es muy simple *or* sencillo

G **1** (in accordance with): **~ all appearances** según parece; **they are not ~ my taste** no son de mi gusto **2** (producing): **~ my horror/delight ...** para mi horror/alegría ... **3** (indicating purpose): **~ this end** con este fin

H (indicating belonging) de; **the key ~ the front door** la llave de la puerta principal; **the solution ~ the problem** la solución al *or* del problema; **it has a nice ring/sound ~ it** suena bien

I (telling time) (BrE): **ten ~ three** las tres menos diez, diez para las tres (AmL exc RPl)

A (accompanied by): **we danced ~ the music** bailamos al compás de la música; **they sang it ~ the tune of 'Clementine'** lo cantaron con la melodía de 'Clementine'

to² /tə/ (*in infinitives*)

A **1** **~ sing/fear/leave** cantar/temer/partir; **I want ~ dance** quiero bailar; **I want them ~ dance** quiero que bailen **2** (in order to) para; **I do it ~ save money** lo hago para ahorrar dinero **3** (indicating result): **he awoke ~ find her gone** cuando despertó, ella ya se había ido; **I walked 5 miles only ~ be told they weren't home** caminé 5 millas para que me dijeran que no estaban en casa **4** (without vb): **I'd love ~!** ¡me encantaría!; **he doesn't want ~** no quiere

B (*after adj or n*): **it's easy/difficult ~ do** es fácil/difícil de hacer; **you're too young ~ drink wine** eres demasiado joven para beber vino; **she was the first ~ arrive** fue la primera en llegar; **it's nothing ~ worry about** no hay por qué preocuparse; **she has a lot ~ do** tiene mucho que hacer

to³ /tuː/ *adv* (shut): **I pulled the door ~** cerré la puerta

toad /təʊd/ *n* **1** (Zool) sapo *m* **2** (obnoxious person) (colloq): **you lying ~!** ¡mentiroso de porquería! (fam)

toad: **~-in-the-hole** /ˈtəʊdɪnðəˈhəʊl/ *n* [u] (BrE Culin) *salchichas horneadas en una masa de leche, huevo y harina*; **~stool** *n* hongo *m* (*no comestible*)

toady¹ /ˈtəʊdi/ *n* (*pl* **-dies**) adulador, -dora *m,f*, pelota *mf* (Esp fam), chupamedias *mf* (CS, Ven fam), lambiscón, -cona *m,f* (Méx fam), lambón, -bona *m,f* (Col fam)

toady² *vi* **-dies, -dying, -died to ~ TO sb** adular a algn, darle* coba a algn

to and fro¹ /frəʊ/ *adv* de un lado a otro

to and fro² *vi* (*pres p* **to-ing and fro-ing**) (BrE) (*only in -ing form*): **we spent all day to-ing and fro-ing between home and the hospital** nos pasamos todo el día yendo y viniendo *or* en idas y venidas de casa al hospital

to-and-fro /ˈtuːənˈfrəʊ/ *n* (BrE) (*no pl*) ir y venir *m*

toast¹ /təʊst/ *n*

A [u] tostadas *fpl*, pan *m* tostado; **a piece** *o* **slice of ~** una tostada *or* (Chi, Méx) un pan tostado; ***as warm as ~*** muy calentito; (*before n*) **~ rack** portatostadas *m*

B [c] **1** (tribute) **~ (TO sb)** brindis *m* (POR algn); **we drank a ~ to him** brindamos por él; **I'd like to propose a ~ to absent friends** brindemos por nuestros amigos ausentes **2** (person): **she is the ~ of Broadway tonight** todo el mundo la aclama esta noche en Broadway

toast² *vt*

A (Culin) ‹*bread/muffin*› tostar*; **I'm just ~ing myself in front of the fire** me estoy calentando junto al fuego; **~ed sandwich** sándwich *m* tostado *or* (CS) caliente

B (drink tribute to) ‹*person/success*› brindar por

■ **toast** *vi* «*bread/muffin*» tostarse*

toaster /ˈtəʊstər || ˈtəʊstə(r)/ *n* tostadora *f* (eléctrica), tostador *m*

tobacco /təˈbækəʊ/ *n* [u c] (*pl* **-cos** *or* **-coes**) tabaco *m*; **rolling/pipe ~** tabaco *or* picadura *f* para liar cigarrillos/de pipa; (*before n*) **the ~ industry** la industria tabacalera

tobacconist /təˈbækənəst || təˈbækənɪst/ *n*: *expendedor de tabaco, cigarrillos y artículos para el fumador*, ≈ estanquero, -ra *m,f* (*en Esp*); **~'s (shop)** tabaquería *f*, tienda *f* de artículos para fumador, ≈ estanco *m* (*en Esp*)

-to-be /təˈbiː/ *suff*: **father~/husband~** futuro padre/esposo

toboggan¹ /təˈbɑːgən || təˈbɒgən/ *n* trineo *m*, tobogán *m*

toboggan² *vi* deslizarse* en trineo *or* tobogán

tod /tɑːd || tɒd/ *n*: ***on one's ~*** (BrE colloq) solo

today¹ /təˈdeɪ/ *adv* **1** (this day) hoy; **a week from ~** *o* (BrE also) **~ week** dentro de una semana, de aquí a una semana; **I last saw her a year ago ~** hoy hace un año

t

que la vi por última vez; **~ of all days** justo *or* precisamente hoy; **here ~, gone tomorrow** (set phrase) hoy aquí, mañana quién sabe dónde 2 (nowadays) hoy (en) día, actualmente, en la actualidad

today[2] *n* (*no art*) 1 (this day): **~'s papers** los periódicos de hoy; **(as) from ~** a partir de hoy *or* del día de hoy 2 (present age) hoy, hoy (en) día

toddle /'tɑ:dl̩ || 'tɒdl̩/ *vi* 1 ‹‹*child*›› empezar a caminar *or* (esp Esp) a andar, dar* los primeros pasos; **she ~d into the room** entró en la habitación (con paso inseguro) 2 (go) (colloq & hum) (+ *adv compl*): **it's time I was toddling off** *o* **along** ya es hora de que me vaya

toddler /'tɑ:dlər || 'tɒdlə(r)/ *n* niño pequeño, niña pequeña *m,f* (*entre un año y dos años y medio de edad*)

toddy /'tɑ:di || 'tɒdi/ *n* (*pl* **-dies**) *bebida hecha con whisky, coñac o ron, agua hirviendo, azúcar y limón*

to-do /tə'du:/ *n* (colloq) (*no pl*) lío *m*, jaleo *m*, follón *m* (Esp fam); **to make a ~ about sth** armar un lío *or* jaleo por algo

toe[1] /təʊ/ *n* 1 (of foot) dedo *m* (*del pie*); **big ~** dedo *m* gordo (del pie); **from head** *o* **tip** *o* **top to ~** de pies a cabeza, de arriba a abajo; ***to be on one's ~s*** estar* *or* mantenerse* alerta; ***to step*** *o* ***tread on sb's ~s*** (colloq) (offend) ofender a algn; (lit) pisar a algn 2 (of sock) punta *f*; (of shoe) puntera *f*, punta *f*

toe[2] *vt*: ***to ~ the line*** *o* (AmE also) ***mark*** acatar la disciplina; **to ~ the party line** acatar la línea del partido

toe: **~cap** *n* puntera *f*; **~hold** *n* punto *m* de apoyo (*para el pie*); ***to get*** *o* ***gain a ~hold in sth*** ‹*in market/organization*› conseguir* una posición favorable *or* ventajosa en algo; **~nail** *n* uña *f* (*del pie*)

TOEFL *n* = **Test of English as a Foreign Language**

> **TOEFL – Test of English as a Foreign Language**
>
> Un examen que, a la hora de solicitar el ingreso a una universidad americana, evalúa el dominio del inglés de aquellos estudiantes cuya lengua materna no es este idioma

toff /tɑ:f || tɒf/ *n* (BrE colloq) encopetado, -da *m,f*, pituco, -ca *m,f* (CS, Per fam)

toffee /'tɑ:fi || 'tɒfi/ *n* [u c] toffee *m* (*golosina hecha con azúcar y mantequilla*), caluga *f* (Chi); ***he can't sing for ~*** (BrE colloq) es un pésimo cantante

toffee: **~ apple** *n* (BrE) manzana *f* acaramelada; **~-nosed** /'tɑ:fi'nəʊzd || 'tɒfi,nəʊzd/ *adj* (BrE colloq) estirado (fam)

tofu /'təʊfu:/ *n* [u] tofu *m*, queso *m* de soya (esp AmL) *or* soja (Esp)

toga /'təʊgə/ *n* toga *f*

together[1] /tə'geðər || tə'geðə(r)/ *adv*

A (in each other's company): **they walked ~ for part of the way** caminaron juntos/juntas un trecho; **we sat ~ in silence** estuvimos (todos/los dos) sentados en silencio; **we left them alone ~** los dejamos solos a los dos; **they were separated for a while, but they're ~ again now** estuvieron separados un tiempo, pero ahora han vuelto a juntarse; **these knives and forks don't all belong ~** estos cuchillos y tenedores no son del mismo juego; *see also* **come, get, keep together**

B 1 (in combination, collaboration): **let's write the letter ~** escribamos juntos/juntas la carta; **we must face this crisis ~** debemos hacer frente a esta crisis unidos; **pink and orange don't go ~ very well** el rosa no va *or* no pega muy bien con el naranja 2 (at the same time) juntos; **all ~ now!** ¡todos (juntos *or* a la vez)!; **we were at school ~** fuimos compañeros de colegio; **you have to push both buttons ~** hay que pulsar los dos botones simultáneamente *or* a la vez

C (in, into contact): **we stuck the broken cup ~ again** pegamos la taza que se había roto; **the pieces slot ~** las piezas encajan unas en otras; **they were brought ~ by chance** el destino los unió; *see also* **put together** *etc*

D (one with the other): **add the two figures ~** suma las dos cantidades

E **together with** junto con

together[2] *adj* (colloq) centrado, equilibrado

togetherness /tə'geðərnəs || tə'geðənɪs/ *n* [u] unión *f*

toggle /'tɑ:gəl || 'tɒgəl/ *n* 1 (button) muletilla *f*, botón *m* de trenca *or* (CS) de montgomery 2 (Comput) flip-flop *m*

toggle switch *n* flip-flop *m* de conmutación

tog out, tog up: **-gg-** /tɑ:g || tɒg/ [v ▸ o ▸ adv, v ▸ o ▸ adv] (BrE colloq) vestir*; **to get ~ged out** *o* **up** vestirse*, emperifollarse (fam & hum)

togs /tɑ:gz || tɒgz/ *pl n* (colloq) ropa *f*

toil[1] /tɔɪl/ *n* [u] (liter) trabajo *m* duro, gran esfuerzo *m*

toil[2] *vi* (liter) 1 (work) trabajar duro 2 (move slowly): **to ~ up a hill** subir penosamente una cuesta

toilet /'tɔɪlət || 'tɔɪlɪt/ *n*

A [c] (room) baño *m* (esp AmL), servicio *m* (esp Esp), váter *m* (Esp); (bowl) water *m or* (Esp) váter *m*, taza *f*, inodoro *m*; **public ~s** baños *mpl* públicos (esp AmL), servicios *mpl* (esp Esp); (*before n*) **~ paper** papel *m* higiénico, papel *m* confort (Chi); **~ roll** rollo *m* de papel higiénico *or* (Chi tb) de papel confort

B [u] (washing and dressing) (liter & dated) arreglo *m* personal; (*before n*) **~ bag** neceser *m*, bolsa *f* de aseo; **~ soap** jabón *m* de tocador; **~ water** agua *f*‡ de colonia

toiletries /'tɔɪlətriz || 'tɔɪlɪtriz/ *pl n* artículos *mpl* de tocador *or* de perfumería

toilet-train /'tɔɪləttreɪn || 'tɔɪlɪttreɪn/ *vt* ‹*child*› enseñar a pedir para ir al baño *or* (Esp) al váter; **he's (been) ~ed** ya no usa panales

to-ing and fro-ing /'tu:ɪŋən'frəʊɪŋ/ *n* [u c] (*pl* **~s ~ ~s**) (BrE colloq) idas *fpl* y venidas *fpl*, ir y venir *m*

token[1] /'təʊkən/ *n*

A (expression, indication): **a small ~ of gratitude** un pequeño obsequio como muestra *or* prueba de agradecimiento; **as a ~ of respect** en señal de respeto; ***by the same ~*** de igual modo

B 1 (coin) ficha *f*, cospel *m* (Arg) 2 (voucher) (BrE) vale *m*; (given as present) vale *m*, cheque-regalo *m*

token[2] *adj* (*before n, no comp*) ‹*fine/gesture*› simbólico; **the panel is made up of four men plus a ~ woman** el panel está integrado por cuatro hombres y la mujer que hay que incluir por pura fórmula

tokenism /'təʊkənɪzəm/ *n* [u] formulismo *m*

Tokyo /'təʊkiəʊ/ *n* Tokio *m*

told /təʊld/ *past & past p of* **tell**

tolerable /'tɑ:lərəbəl || 'tɒlərəbəl/ *adj* 1 (endurable) ‹*pain/noise*› tolerable, soportable 2 (passable) pasable

tolerably /'tɑ:lərəbli || 'tɒlərəbli/ *adv*: **she sings ~ well** canta razonablemente bien, canta pasablemente

tolerance /'tɑ:lərəns || 'tɒlərəns/ *n* [u] 1 (forbearance) tolerancia *f* 2 (Med) tolerancia *f*

tolerant /'tɑ:lərənt || 'tɒlərənt/ *adj* ‹*person/society*› tolerante; **to be ~ OF sb/sth** ser* tolerante CON algn/algo

tolerantly /'tɑ:lərəntli || 'tɒlərəntli/ *adv* con tolerancia

tolerate /'tɑ:ləreɪt || 'tɒləreɪt/ *vt* 1 (be tolerant of) ‹*view/attitude/behavior*› tolerar 2 (stand, endure) ‹*person/pain/noise*› soportar, aguantar 3 (Med) tolerar

toleration /'tɑ:lə'reɪʃən || ,tɒlə'reɪʃən/ *n* [u] tolerancia *f*

toll[1] /təʊl/ *n* [c] 1 (Transp) peaje *m*, cuota *f* (Méx); (*before n*) **~ call** (AmE) llamada *f* interurbana, conferencia *f* (Esp); **~ road/tunnel** carretera *f*/túnel *m* de peaje *or* (Méx) de cuota 2 (cost, damage): **the traffic ~** (AmE) el número de accidentes de tráfico; **the climate took a ~ on his health** el clima le afectó la salud

toll[2] *vt* (liter) ‹*bell*› tañer*, tocar*
■ **toll** *vi* ‹‹*bell*›› tocar*, doblar

toll: **~booth** *n* cabina *f* de peaje; **~bridge** *n* puente *m* de peaje *or* (Méx) de cuota

toll-free[1] /'təʊl'fri:/ *adj* (AmE) ‹*number/call*› gratuito

toll-free[2] *adv* (AmE) gratuitamente

tollway /'təʊlweɪ/ *n* (AmE) carretera *f* de peaje *or* (Méx) cuota

tom /tɑ:m || tɒm/ *n* gato *m* (macho)

Tom /tɑ:m || tɒm/ *n*: ***every ~, Dick and/or Harry*** cualquier hijo de vecino

tomato /tə'meɪtəʊ || tə'mɑ:təʊ/ *n* (*pl* **-toes**) 1 (fruit) tomate *m or* (Méx) jitomate *m*; (*before n*) **~ sauce/soup** salsa *f*/sopa *f* de tomate *or* (Méx) de jitomate 2 **~ (plant)** tomatera *f*, tomate *m*, jitomate *m* (Méx)

tomb /tu:m/ *n* tumba *f*, sepulcro *m*

tombola /tɑːmˈbəʊlə || tɒmˈbəʊlə/ *n* tómbola *f*

tomboy /ˈtɑːmbɔɪ || ˈtɒmbɔɪ/ *n* niña *f* poco femenina, machona *f* (RPl), machetona *f* (Méx), varonera *f* (Arg)

tombstone /ˈtuːmstəʊn/ *n* lápida *f*

tomcat /ˈtɑːmkæt || ˈtɒmkæt/ *n* gato *m* (macho)

tome /təʊm/ *n* (hum) libro *m*, librote *m*

tomfoolery /ˈtɑːmˈfuːləri || ˌtɒmˈfuːləri/ *n* [u] payasadas *fpl*

Tommy gun /ˈtɑːmi || ˈtɒmi/ *n* (colloq) metralleta *f*

tomorrow¹ /təˈmɔːrəʊ, təˈmɑːrəʊ || təˈmɒrəʊ/ *adv* **1** (on the day after today) mañana; **~ morning/afternoon** mañana por la mañana/tarde, mañana en la mañana/tarde (AmL), mañana a la *or* de mañana/tarde (RPl); **we'll see you a week from ~** *o* (BrE also) **~ week** *o* **a week ~** te vemos de mañana en ocho días; **the day after ~** pasado mañana; **we got married a year ago ~** mañana hará un año que nos casamos **2** (in the future) mañana, el día de mañana

tomorrow² *n* (*no art*) **1** (day after today) mañana *adv*; **~ is Monday/my birthday** mañana es lunes/mi cumpleaños; ***never put off till ~ what you can do today*** no dejes para mañana lo que puedas hacer hoy **2** (future) mañana *m*; **the doctors of ~** los médicos del mañana *or* del futuro; **I wonder what ~ will bring** me pregunto qué nos depara el futuro; **they were spending money like there was no ~** (colloq) estaban gastando dinero a troche y moche *or* a diestra y siniestra *or* (Esp) a diestro y siniestro

tom-tom /ˈtɑːmtɑːm || ˈtɒmtɒm/ *n* tam-tam *m*

ton /tʌn/ *n*

A **1** (unit of weight) tonelada *f* (*EEUU: 907kg., RU: 1.016kg.*); **this suitcase weighs a ~** (colloq) esta maleta pesa una tonelada (fam); ***to come down on sb like a ~ of bricks*** darle* duro a algn; *see also* **metric ton** **2** (unit of capacity) (Naut) tonelada *f* (cúbica)

B (large amount) (colloq) (*usually pl*): **~s of people/money/work** montones *mpl* de gente/dinero/trabajo (fam)

tone¹ /təʊn/ *n*

A **1** [u c] (quality of sound, voice) tono *m*; **don't speak to me in that ~ of voice!** ¡no me hables en ese tono! **2** **tones** *pl* (sound) sonido *m*; (voice) voz *f* **3** [c] (Telec) señal *f* (sonora); **engaged ~** (BrE) señal *f or* tono *m* de ocupado *or* (Esp) de comunicando

B [c] (shade) tono *m*, tonalidad *f*

C [u] **1** (mood, style) tono *m*; **to set the ~** marcar* la pauta **2** (standard, level) nivel *m*; **to raise/lower the ~ of sth** levantar/bajar el nivel de algo

D [u] (of muscle) tono *m* (muscular)

E [c] (Mus) **1** (interval) tono *m* **2** (note) (AmE) nota *f*

tone² *vi* **to ~ (in) (WITH sth)** combinar *or* armonizar* (CON algo)

■ **tone** *vt* (revitalize) ‹*muscles/skin*› tonificar*

Phrasal verbs

• **tone down** [v ▸ o ▸ adv, v ▸ adv ▸ o] ‹*language*› moderar; ‹*color*› atenuar*

• **tone up** [v ▸ o ▸ adv, v ▸ adv ▸ o] ‹*muscles/body*› tonificar*, dar* tono a

tone-deaf /ˈtəʊnˈdef/ *adj*: **to be ~** no tener* oído (musical)

toner /ˈtəʊnər || ˈtəʊnə(r)/ *n* [u c] **1** (for skin) tónico *m*, loción *f* tonificante **2** (for photocopier) toner *m*

tongs /tɑːŋz, tɔːŋz || tɒŋz/ *pl n* tenacillas *fpl*, pinza(s) *f(pl)*; **a pair of ~** unas tenacillas, una(s) pinza(s)

tongue /tʌŋ/ *n*

A [c] **1** (Anat) lengua *f*; **to set ~s wagging** dar* que hablar; ***to bite one's ~*** (colloq) morderse* la lengua; ***to get one's ~ around sth*** (colloq) pronunciar algo; ***to have a cruel*** *o* ***sharp*** *o* ***wicked ~*** tener* lengua viperina *or* de víbora; ***to have a loose ~*** hablar más de la cuenta; ***to hold one's ~*** callarse, contenerse*; ***to keep a civil ~ in one's head*** expresarse en lenguaje respetuoso; ***to say sth (with) ~ in cheek*** decir* algo medio burlándose *or* medio en broma **2** [u c] (Culin) lengua *f*

B [c] (of flame) lengua *f*; (on shoe) lengüeta *f*

C [c] (language) lengua *f*, idioma *m*

tongue: **~-tied** *adj* ‹*youth/suitor*› tímido, cohibido; **he gets ~-tied when she's around** se cohíbe *or* se corta cuando está ella; **~ twister** *n* trabalenguas *m*

tonic /ˈtɑːnɪk || ˈtɒnɪk/ *n*

A **1** [c] (pick-me-up) tónico *m*; **his visits are a real ~ for her** sus visitas le suben mucho la moral **2** [u] **~ (water)** (agua *f*‡) tónica *f*

B [c] (Mus) tónica *f*

tonight¹ /təˈnaɪt/ *adv* esta noche

tonight² *n* (*no art*) esta noche *f*

tonnage /ˈtʌnɪdʒ/ *n* [u c] (Naut) tonelaje *m*

tonne /tʌn/ *n* tonelada *f* (*métrica*)

tonsil /ˈtɑːnsəl || ˈtɒnsəl/ *n* (Anat) amígdala *f*; **he had his ~s out** lo operaron de las amígdalas

tonsillitis /ˈtɑːnsəˈlaɪtəs || ˌtɒnsɪˈlaɪtɪs/ *n* [u] amigdalitis *f*

tony /ˈtəʊni/ *adj* **-nier, -niest** (AmE colloq) fino, elegante

too /tuː/ *adv*

A **1** (excessively) demasiado; **there were ~ many people/cars** había demasiada gente/demasiados coches; **four mistakes? that's four ~ many** ¿cuatro faltas? son cuatro faltas de más; **these shoes are too big/small for me** estos zapatos me quedan grandes/pequeños; **that's ~ difficult for her to understand** es demasiado difícil para que lo entienda **2** (*in phrases*) **I know that all** *o* **only ~ well** eso bien que lo sé; **all** *o* **only ~ often** muy a menudo, con mucha frecuencia

B **1** (as well) también **2** (emphatic): **he apologized — I should think so ~!** se disculpó — ¡era lo menos que podía hacer!; **quite right ~!** ¡bien hecho!

C (very) muy; **I'm not ~ sure** no estoy muy seguro; **he didn't seem ~ keen on the idea** no parecía gustarle mucho la idea

took /tʊk/ *past of* **take¹**

tool /tuːl/ *n* (instrument) instrumento *m*; (workman's etc) herramienta *f*; **garden ~s** herramientas *fpl or* utensilios *mpl* de jardinería; **they are the ~s of his trade** son sus herramientas de trabajo; ***to down ~s*** (BrE) declararse en huelga

tool: **~bag** *n* bolsa *f* de herramientas; **~box** *n* caja *f* de herramientas; **~kit** *n* juego *m* de herramientas; **~shed** *n* cobertizo *m* (*para herramientas*)

toot¹ /tuːt/ *n*

A (sound — of car horn) bocinazo *m*

B (drunken binge) (AmE colloq): **to go on a ~** irse* de farra *or* juerga

toot² *vi* «*driver*» tocar* la bocina *or* el claxon, pitar; «*car horn*» sonar*

■ **toot** *vt* ‹*car horn*› tocar*

tooth /tuːθ/ *n* (*pl* **teeth**) **1** (of person, animal) diente *m*; (molar) muela *f*; **front teeth** dientes *mpl* de adelante; **back teeth** muelas *fpl*; ***to be armed to the teeth*** estar* armado hasta los dientes; ***to be fed up to the back teeth with sth*** (colloq) estar* hasta la coronilla *or* hasta las narices de algo (fam); ***to be long in the ~*** ser* entrado en años; ***to fight ~ and nail*** luchar a brazo partido; ***to get one's teeth into sth*** (colloq) hincarle* el diente a algo; ***to grit one's teeth*** aguantarse; (lit) apretar* los dientes; ***to have a sweet ~*** ser* goloso; ***to kick sb in the teeth, to give sb a kick in the teeth*** humillar a algn; **it was a real kick in the teeth for him** fue una gran humillación para él; ***to lie through one's teeth*** mentir* descaradamente, mentir* con toda la barba *or* (Méx) con todos los dientes; ***to put*** *o* ***set sb's teeth on edge*** darle* dentera a algn, destemplarle los dientes a algn (AmL); ***to show one's teeth*** «*dog*» mostrar* *or* enseñar los dientes; «*person/government*» mostrar* *or* enseñar los dientes *or* las uñas; (*before n*) **~ decay** caries *f* dental **2** (of zip, saw, gear) diente *m*; (of comb) púa *f*, diente *m*

tooth: **~ache** *n* [u c] dolor *m* de muelas; **~brush** *n* cepillo *m* de dientes; **~ fairy** *n* ≈ ratoncito *m or* ratón *m* Pérez, ≈ los ratones (RPl)

toothless /ˈtuːθləs || ˈtuːθlɪs/ *adj* desdentado

tooth: **~paste** *n* [u c] dentífrico *m*, pasta *f* dentífrica *or* de dientes; **~pick** *n* palillo *m* (de dientes), escarbadientes *m*, mondadientes *m*

toothy /ˈtuːθi/ *adj* **-thier, -thiest** dentudo, dientudo; **she gave me a ~ smile** me sonrió mostrando los dientes

top¹ /tɑːp || tɒp/ *n*

A **1** (highest part) parte *f* superior *or* de arriba; (of mountain) cima *f*, cumbre *f*, cúspide *f*; (of tree) copa *f*; (of page) parte *f* superior; (of head) coronilla *f*; **from ~ to bottom** de arriba abajo; **he stood at the ~ of the stairs** estaba en lo alto de la escalera; **his name is at the ~ of the list** su nombre es el primero de la lista *or* encabeza la lista; ***at the ~ of***

t

one's voice a voz en cuello *or* en grito, a grito pelado (fam); ***off the ~ of one's head***: **I can't think of any of them off the ~ of my head** no se me ocurre ninguno en este momento **2** (BrE) (of road) final *m*
B (of hierarchy) (highest rank, position): **she came ~ of the class in English** sacó la mejor nota de la clase en inglés; **our team reached the ~ of the league** nuestro equipo se colocó a la cabeza de la liga; **he worked his way to the ~** se abrió camino hasta la cima de su profesión
C **1** (upper part): **the table has a marble ~** el tablero de la mesa es de mármol; **the ~ of the milk** (BrE) *crema que se acumula en el cuello de la botella de leche*; **to float/rise to the ~** salir* a la superficie **2** (rim, edge) borde *m*; **fill it to the ~** llénalo hasta el borde
D (Clothing): **a blue ~** una blusa (*or* un suéter *or* un top *etc*) azul
E **on top** (*as adv*) encima, arriba; **he can't stay on ~ for ever** no puede ser siempre el primero; **he's getting a bit thin on ~** (colloq) se está quedando calvo *or* (AmC, Méx fam) pelón *or* (CS fam) pelado; ***to come out on ~*** salir* ganando
F **on top of** (*as prep*) ‹*cupboard/piano*› encima de; **the tent collapsed on ~ of us** la tienda se nos cayó encima; **it's just been one thing on ~ of another** ha sido una cosa detrás de otra *or* una cosa tras otra; **they managed to get on ~ of the situation** consiguieron controlar la situación; **don't let things get on ~ of you** no dejes que las preocupaciones te abrumen; ***to feel on ~ of the world*** estar* contentísimo; **and on ~ of it all** *o* **on ~ of all that, she lost her job** y encima *or* para colmo *or* como si esto fuera poco, se quedó sin trabajo
G **over the top** (exaggerated) (esp BrE colloq): **the costumes were way over the ~** los trajes eran una exageración; **I feel she went rather over the ~** creo que se pasó un poco (fam)
H (cover, cap — of jar, box) tapa *f*, tapón *m* (Esp); (— of pen) capuchón *m*, capucha *f*; (cork) tapón *m*; ***to blow one's ~*** (colloq) explotar (fam)
I **~ (gear)** (BrE Auto) directa *f*
A (*spinning ~*) trompo *m*, peonza *f*; ▸**sleep**[2] *vi*

top[2] *adj* (*before n*)
A **1** (uppermost) ‹*layer/shelf*› de arriba, superior; ‹*step/coat of paint*› último; ‹*note*› más alto; **on the ~ floor** en el último piso; **the ~ left-hand corner of the page** la esquina superior izquierda de la página **2** (maximum) ‹*speed/temperature*› máximo, tope; **people pay ~ prices for these wines** la gente paga los precios más altos por estos vinos
B **1** (best): **to be ~ quality** ser* de primera calidad; **the service is ~ class** el servicio es de primera **2** (in ranked order): **our ~ priority is ...** nuestra prioridad absoluta es ...; **the T~ 40** (Mus) *los 40 discos más vendidos*, ≈ los 40 principales (*en Esp*) **3** (leading, senior) ‹*scientists/chefs*› más destacado; **the ~ jobs** los mejores puestos; **a ~ official** un alto funcionario; **she has a ~ post at the embassy** tiene un cargo importante en la embajada

top[3] **-pp-** *vt*
A (exceed, surpass) ‹*offer/achievement*› superar; **unemployment ~ped the 3 million mark** el índice de desempleo superó *or* rebasó los 3 millones; ***to ~ it all*** para coronarlo, para colmo, (más) encima
B (beat) (AmE): **the Tigers ~ped the Mariners 6-2** (AmE) los Tigers se impusieron a los Mariners por 6 a 2
C (head) ‹*list/league*› encabezar*
D (cover) ‹*column/building*› rematar, coronar; **~ped with chocolate/cheese** con chocolate/queso por encima
■ *v refl* **to ~ oneself**
A (surpass oneself) (AmE colloq) superarse
B (commit suicide) (BrE sl) matarse, suicidarse

Phrasal verbs
- **top off** [v ▸ o ▸ adv, v ▸ adv ▸ o] ‹*meal/session*› terminar
- **top out**
A [v ▸ adv ▸ o] ‹*building*› terminar la fase de edificación de
B [v ▸ adv] (AmE) «*demand/consumption*» tocar* techo
- **top up** [v ▸ o ▸ adv, v ▸ adv ▸ o] ‹*glass/container*› llenar; ‹*battery*› (Auto) cargar*; ‹*income/capital*› suplementar; **let me ~ you up!** déjame servirte un poco más

top and tail *vt* (BrE) ‹*gooseberries/green beans*› limpiar (*cortándoles las puntas, los rabillos etc*)

topaz /'təʊpæz/ *n* [u c] topacio *m*

top: **~ banana** *n* (AmE colloq) (boss) mandamás *mf* (fam), mero mero *m* (Méx fam), capo *m* (CS fam); **~coat** *n* (Clothing) abrigo *m*; **~ dog** *n* (colloq): **to be ~ dog** ir* a la cabeza; **~ dollar** *n* [u] (AmE colloq): **to pay ~ dollar FOR sth** pagar* un precio alto POR algo; **~ drawer** *n* **the ~ drawer** la alta sociedad, la flor y nata (de la sociedad); **~flight** /'tɑːp'flaɪt || ˌtɒp'flaɪt/ *adj* (*before n*) de primera (clase); **~ hat** *n* sombrero *m* de copa, chistera *f* (Esp), galera *f* (RPl); **~-heavy** /'tɑːp'hevi || ˌtɒp'hevi/ *adj* ‹*structure*› inestable (*por ser muy pesado en su parte superior*)

topic /'tɑːpɪk || 'tɒpɪk/ *n* tema *m*

topical /'tɑːpɪkəl || 'tɒpɪkəl/ *adj* de interés actual, de actualidad

topless /'tɑːpləs || 'tɒplɪs/ *adj* topless; **to go ~** andar* topless

top: **~-level** /'tɑːp'levəl || ˌtɒp'levəl/ *adj* (*before n*): **~-level talks** conversaciones *fpl* de alto nivel; **a ~-level official** un alto funcionario; **~most** *adj* (*before n*) ‹*branch/shelf*› más alto, de más arriba; ‹*layer*› superior; **~notch** /'tɑːp'nɑːtʃ || ˌtɒp'nɒtʃ/ *adj* de primera; **~-of-the-line** /'tɑːpəvðə'laɪn || ˌtɒpəvðə'laɪn/, (BrE also) **~-of-the-range** /'tɑːpəvðə'reɪndʒ || ˌtɒpəvðə'reɪndʒ/ *adj* ‹*design*› de primerísima calidad

topography /tə'pɑːgrəfi || tə'pɒgrəfi/ *n* [u c] topografía *f*

topper /'tɑːpər || 'tɒpə(r)/ *n* **1** (colloq) ▸**top hat** **2** (action, remark) (AmE): **we'll never find a ~ for it** no vamos a encontrar nada que lo supere

topping /'tɑːpɪŋ || 'tɒpɪŋ/ *n* [c u]: **an ice-cream with chocolate ~** un helado con (salsa de) chocolate por encima; **choose your own pizza ~** elija los ingredientes para cubrir su pizza

topple /'tɑːpəl || 'tɒpəl/ *vi* (fall) caerse*; **she ~d over** perdió el equilibrio y se cayó
■ **topple** *vt* **1** (overthrow) ‹*government/dictator*› derrocar*, derribar **2** (overturn) volcar*

top: **~-ranking** /'tɑːp'ræŋkɪŋ || ˌtɒp'ræŋkɪŋ/ *adj* (*before n*) de alto nivel, importante; **~-secret** /'tɑːp'siːkrət || ˌtɒp'siːkrɪt/ *adj* (*pred* **~ secret**) secreto, reservado; **~-security** /'tɑːpsɪ'kjʊrəti || ˌtɒpsɪ'kjʊərəti/ *adj* (BrE) (*before n*) ‹*prison/wing/prisoner*› de máxima seguridad

topsy-turvy /'tɑːpsi'tɜːrvi || ˌtɒpsi'tɜːvi/ *adj* (colloq) ‹*room*› desordenado, patas (para) arriba (fam); **what a ~ world we live in!** ¡el mundo está loco!

top-up /'tɑːpʌp || 'tɒpʌp/ *n* (BrE): **who's ready for a ~?** ¿quién quiere más vino (*or* cerveza *etc*)?

Torah /'tɔːrə/ *n* **the ~** la *or* el Torá

torch /tɔːrtʃ || tɔːtʃ/ *n*
A **1** (flame) antorcha *f*, tea *f*; ***to carry a ~ for sb*** estar* perdidamente enamorado de algn; ***to put sth to the ~, to set a ~ to sth*** prenderle fuego a algo **2** (electric) (BrE) linterna *f*
B (arsonist) (AmE sl) incendiario, -ria *m,f*

torchlight /'tɔːrtʃlaɪt || 'tɔːtʃlaɪt/ *n* [u]: **by ~** a la luz de la(s) antorcha(s); (*before n*) ‹*procession*› con antorchas

tore /tɔːr || tɔː(r)/ *past of* **tear**[2]

torment[1] /'tɔːrment || 'tɔːment/ *n* [u c] tormento *m*; **to be in ~** sufrir mucho, sufrir lo indecible

torment[2] /tɔːr'ment || tɔː'ment/ *vt* atormentar, torturar; (tease) martirizar*

tormentor /tɔːr'mentər || tɔː'mentə(r)/ *n* torturador, -dora *m,f*

torn /tɔːrn || tɔːn/ *past p of* **tear**[2]

tornado /tɔːr'neɪdəʊ || tɔː'neɪdəʊ/ *n* (*pl* **-does** *or* **-dos**) tornado *m*

torpedo[1] /tɔːr'piːdəʊ || tɔː'piːdəʊ/ *n* (*pl* **-does**)
A (Mil) torpedo *m*; (*before n*) **~ boat** torpedero *m*
B (sandwich) (AmE) *sándwich hecho con una barra entera de pan*

torpedo[2] *vt* **-does, -doing, -doed** torpedear

torpid /'tɔːrpəd || 'tɔːpɪd/ *adj* (frml) ‹*mind*› aletargado

torpor /'tɔːrpər || 'tɔːpə(r)/ *n* [u] (frml) letargo *m*, sopor *m*

torrent /'tɔːrənt || 'tɒrənt/ *n* torrente *m*; **a ~ of abuse** un torrente de insultos

torrential /tɔː'rentʃəl || tə'renʃəl/ *adj* torrencial

torrid /'tɔːrəd || 'tɒrɪd/ *adj* ‹*climate/heat*› tórrido; ‹*affair/relationship*› apasionado, tempestuoso

torso /'tɔːrsəʊ || 'tɔːsəʊ/ *n* (*pl* **-sos**) torso *m*

tortoise /'tɔːrtəs || 'tɔːtəs/ *n* tortuga *f*

tortoiseshell[1] /'tɔ:rtəʃel, -təsʃəl || 'tɔ:təsʃel, 'tɔ:təʃəl/ *n* 1 [u] (material) carey *m*, concha *f* 2 [c] (~ *cat*) gato *m* pardo

tortoiseshell[2] *adj* 1 (made of tortoiseshell) ‹*ornament/earrings*› de carey *or* concha 2 (color) de color carey; ‹*cat*› pardo

tortuous /'tɔ:rtʃuəs || 'tɔ:tjuəs/ *adj* tortuoso, sinuoso

torture[1] /'tɔ:rtʃər || 'tɔ:tʃə(r)/ *n* [u c] tortura *f*; **under ~ he gave their names** dio sus nombres porque lo torturaron; **these exercises are ~!** ¡estos ejercicios son una tortura *or* un suplicio!

torture[2] *vt* 1 ‹*person/animal*› torturar; **she was ~d by doubts/jealousy** las dudas/los celos la atormentaban 2 **tortured** *past p* ‹*person/mind/soul*› atormentado

torturer /'tɔ:rtʃərər || 'tɔ:tʃərə(r)/ *n* torturador, -dora *m,f*

Tory[1] /'tɔ:ri/ *n* (*pl* **Tories**) 1 (in UK) tory *mf* 2 (in US history) realista *mf*

Tory[2] *adj* ‹*party/voter*› (in UK) conservador, tory

toss[1] /tɔ:s || tɒs/ *n* 1 (throw) lanzamiento *m*; **with a ~ of his head** con un movimiento brusco de la cabeza 2 (of coin): **to decide sth on** *o* **by the ~ of a coin** decidir *or* sortear algo a cara o cruz (*or* a cara o sello *etc*); *see also* **toss**[2] *vt* **1**; **to win/lose the ~** ganar/perder* jugándoselo a cara o cruz (*or* sello *etc*); ***not to give a ~*** (BrE sl): **I don't give a ~ what you think** a mí me importa un pito (fam) *or* (vulg) carajo lo que pienses; ***to argue the ~*** (BrE) seguir* discutiendo

toss[2] *vt* 1 (throw) ‹*ball*› tirar, lanzar*, aventar* (Col, Méx, Per); ‹*pancake*› darle* la vuelta a, dar* vuelta (CS) (*lanzándolo al aire*); **let's ~ a coin** echémoslo a cara o cruz *or* (Andes, Ven) a cara o sello *or* (Arg) a cara o ceca *or* (Méx) a águila o sol 2 (agitate) ‹*boat/passengers/cargo*› sacudir, zarandear; **she ~ed her head/hair back** sacudió la cabeza hacia atrás/se echó el pelo para atrás con un movimiento de cabeza 3 (Culin) ‹*salad*› mezclar 4 (AmE colloq) ‹*party*› dar*

■ **toss** *vi* 1 (be flung about) agitarse, sacudirse; ‹‹*boat*›› bambolearse, dar* bandazos; **to ~ and turn** dar* vueltas (*en la cama*) 2 (flip coin) **to ~ FOR sth**: **we ~ed for the last apple** nos jugamos la última manzana a cara o cruz (*or* a cara o sello *etc*)

Phrasal verbs

- **toss away** [v ▸ o ▸ adv, v ▸ adv ▸ o] (colloq) ‹*wrapping/envelope*› tirar, botar (AmL exc RPl)
- **toss off**
  A [v ▸ o ▸ adv, v ▸ adv ▸ o] (produce quickly, easily) ‹*essay/letter*› escribir*, mandarse (AmS fam)
  B [v ▸ adv] (BrE vulg) hacerse* *or* (Chi, Per) correrse la *or* una paja (vulg)
- **toss up**
  A [v ▸ adv] 1 (vomit) (AmE colloq) devolver*, arrojar, vomitar 2 (BrE) ▸**toss**[2] *vi* **2**
  B [v ▸ o ▸ adv, v ▸ adv ▸ o] (vomit) (AmE colloq) devolver*, arrojar, vomitar

toss-up /'tɔ:sʌp || 'tɒsʌp/ *n* (colloq): **who do you think will win? — it's a ~ between Johnson and Smith** ¿quién crees que va a ganar? — está entre Johnson y Smith; **it's a ~ whether he'll get the job** no hay ninguna seguridad de que le vayan a dar el trabajo

tot /tɑ:t || tɒt/ *n* 1 (young child) pequeño, -ña *m,f*, chiquito, -ta *m,f* (esp AmL) 2 (of alcohol) copita *f*

Phrasal verb

- **tot up**: **-tt-** [v ▸ o ▸ adv, v ▸ adv ▸ o] (colloq) sumar

total[1] /'təʊtl/ *adj* 1 (whole, overall) (*before n*) ‹*amount/number/output*› total 2 (complete) ‹*destruction*› total; ‹*failure*› rotundo, absoluto; **a ~ stranger** una persona totalmente desconocida; **the place was in ~ chaos** reinaba allí el caos más absoluto

total[2] *n* total *m*

total[3] *vt*, (BrE) **-ll-**

A 1 (amount to) ascender* *or* elevarse a un total de 2 (add up) ‹*figures*› sumar, totalizar*

B (wreck) (AmE colloq): **the car was ~ed** el coche quedó totalmente destrozado

totalitarian /təʊ'tælə'teriən || ˌtəʊtælɪ'teəriən/ *adj* totalitario

totalitarianism /təʊ'tælə'teriənɪzəm || ˌtəʊtælɪ'teəriənɪzəm/ *n* [u] totalitarismo *m*

totality /təʊ'tæləti/ *n* [c] (*pl* **-ties**) (frml) totalidad *f*

totally /'təʊtḷi || 'təʊtəli/ *adv* ‹*destroyed/unjustified*› totalmente, completamente; **they are ~ without scruples** no tienen el más mínimo escrúpulo

tote /təʊt/ *vt* (esp AmE colloq) ‹*weapons*› llevar; ‹*bag*› cargar* con, acarrear

Phrasal verb

- **tote up** (AmE) ▸**tot up**

tote bag *n* bolsa *f or* bolso *m* grande, bolsón *m* (RPl)

totem /'təʊtəm/ *n* tótem *m*; (*before n*) **~ pole** tótem *m*

totter /'tɑ:tər || 'tɒtə(r)/ *vi* ‹‹*person/object/government*›› tambalearse; **the regime is ~ing on the brink of collapse** el régimen está a punto de caer

tottering /'tɑ:tərɪŋ || 'tɒtərɪŋ/ *adj* ‹*steps*› inseguro, vacilante

toucan /'tu:kæn || 'tu:kən, 'tu:kæn/ *n* tucán *m*

touch[1] /tʌtʃ/ *n*

A 1 [u] (sense) tacto *m*; **smooth to the ~** suave al tacto 2 [c] (physical contact): **the cold ~ of marble** el tacto frío del mármol; **at the ~ of a button** con sólo tocar un botón; ***to be a soft ~*** (colloq) (be generous) ser* un buenazo

B [c] (small amount, degree — of humor, irony) dejo *m*, toque *m*; (— of paint) toque *m*; **add a ~ of salt** agregue una pizca de sal; **a ~ of fever** un poco de fiebre, unos quintos de fiebre (AmL); **a ~** (*as adv*) algo, un poquito

C 1 [c] (detail) detalle *m*; **to add** *o* **put the final** *o* **finishing ~es/~ to sth** darle* los últimos toques/el último toque a algo 2 (effect) (*no pl*) toque *m*; **the personal ~** el toque personal

D (skill) (*no pl*) habilidad *f*; **a politician with the common ~** un político que está en sintonía con el pueblo

E [u] (communication): **to get/keep** *o* **stay in ~ with sb** ponerse*/mantenerse* en contacto con algn; **I'll be in ~** ya te escribiré (*or* llamaré *etc*); **I lost ~ with her** perdí el contacto con ella; **how can I get in ~ with you?** ¿cómo me puedo poner en contacto con usted?, ¿cómo lo puedo contactar?; **I'm a bit out of ~ with what's happening** no estoy muy al corriente *or* al tanto de lo que está pasando; **they're completely out of ~** no tienen ni idea

F [u] (in rugby): **to kick for ~** intentar mandar la pelota fuera del campo de juego; **the ball went into ~** la pelota salió por la banda

touch[2] *vt*

A 1 (be in physical contact with) tocar*; **he ~ed her hand** le tocó la mano; **the bed was ~ing the wall** la cama estaba pegada a *or* tocaba la pared; **S please do not touch the exhibits** se ruega no tocar 2 (brush, graze) rozar*, tocar* 3 (approach) (colloq) **to ~ sb FOR sth**: **he ~ed me for $50** me pidió 50 dólares

B 1 (reach): **I can't ~ my toes** no llego *or* no alcanzo a tocarme los pies; **my feet don't ~ the bottom** (of pool) no hago pie, no toco fondo 2 (equal) (*usu neg*): **nobody can ~ her in this type of role** es inigualable *or* no tiene rival en este tipo de papel

C (*usu neg*) 1 (interfere with) tocar*; **don't ~ anything** no toques nada 2 (deal with): **they won't ~ foreign cars** no quieren saber nada de coches extranjeros 3 (eat, drink) probar*; **he didn't ~ his lunch** no tocó la comida, no probó bocado

D 1 (affect, concern) afectar 2 (move emotionally): **he was ~ed by her kindness** su amabilidad lo enterneció *or* le llegó al alma; **I was deeply ~ed** me emocioné

■ **touch** *vi* 1 (with finger, hand) tocar* 2 (come into physical contact) ‹‹*hands*›› rozarse*; ‹‹*wires*›› tocarse*

Phrasal verbs

- **touch down** [v ▸ adv] 1 (Aerosp, Aviat) (on land) aterrizar*, tomar tierra; (on sea) acuatizar*, amarizar*, amerizar*; (on moon) alunizar* 2 (in rugby) marcar* un ensayo *or* try (*al poner el balón en el suelo*)
- **touch off** [v ▸ o ▸ adv, v ▸ adv ▸ o] ‹*riot/argument*› provocar*, hacer* estallar, desencadenar
- **touch on** [v ▸ prep ▸ o] ‹*subject*› tocar*, mencionar
- **touch up** [v ▸ o ▸ adv, v ▸ adv ▸ o] 1 (alter, enhance) ‹*photograph/painting*› retocar*; ‹*article/essay*› arreglar 2 (touch sexually) (BrE colloq) manosear, toquetear, magrear (Esp fam)
- **touch upon** [v ▸ prep ▸ o] ▸**touch on**

touch: **~-and-go** /'tʌtʃən'gəʊ/ *adj*: **I passed the exam, but it was ~-and-go** aprobé el examen, pero por poco; **how is the patient? — it's ~-and-go at the moment** ¿cómo está el paciente? — en situación crítica; **~down**

t

n [1] (Aerosp, Aviat) (on land) aterrizaje *m*; (on sea) amerizaje *m*, amarizaje *m*, amaraje *m*; (on moon) alunizaje *m*; [2] (in US football) touchdown *m*, anotación *f*, ensayo *m*; (in rugby) ensayo *m*

touché /tuːˈʃeɪ/ *interj* (deferring to a witty reply) apúntate un tanto

touched /tʌtʃt/ *adj* (colloq) (*after n*) tocado (fam); *see also* **touch²** *vt* **D2**

touching /ˈtʌtʃɪŋ/ *adj* enternecedor, conmovedor

touch: **~ judge** *n* juez *mf* de banda, juez *mf* de línea; **~line** *n* línea *f* de banda; **~ pad** *n* touch pad *m*, almohadilla *f* táctil *or* de contacto; **~-sensitive** /ˈtʌtʃ ˈsensətɪv/ *adj* sensible al tacto; **~stone** *n* (criterion) piedra *f* de toque; **~-Tone**® *n*: *sistema de telefonía electrónica*; **~-type** *vi* escribir* a máquina *or* mecanografiar* al tacto

touchy /ˈtʌtʃi/ *adj* **-chier, -chiest** ‹*person*› susceptible; ‹*subject/situation*› delicado; **she's a bit ~ about her accent** no le gusta que hagan comentarios sobre su acento

touchy-feely /ˈtʌtʃiˈfiːli/ *adj* (colloq) [1] ‹*person*› tocón (fam), toquetón (CS fam); ‹*course/program/approach*› que recalca el aspecto humano [2] (corny) ‹*politician*› (pej) sensiblero; ‹*management style*› que te toca la fibra sensible

tough¹ /tʌf/ *adj* **-er, -est**
A [1] (strong, hard-wearing) ‹*fabric/clothing*› resistente, fuerte [2] (not tender) ‹*meat*› duro; (leathery) correoso
B ‹*person*› [1] (physically, emotionally resilient) fuerte [2] (aggressive, violent) bravucón
C [1] (strict, uncompromising) ‹*boss/teacher*› severo, exigente, estricto; ‹*policy/discipline*› duro, de mano dura; **to be ~ ON sb** (strict) ser* duro *or* severo CON algn; (unfair) ser* injusto PARA CON algn; **to get ~ WITH sb** ponerse* duro CON algn [2] (difficult) ‹*exam/decision/question*› difícil, peliagudo; **the job was ~ going** el trabajo se me hizo muy cuesta arriba; **they had a ~ time** las pasaron muy mal, pasaron las de Caín [3] (unfortunate): **it was ~ for the losers** fue una verdadera lástima para el equipo que perdió; **~ (luck)!** (colloq) ¡mala suerte!

tough² *adv* (colloq) (aggressively): **stop acting ~** no te hagas el gallito *or* el machito (fam)

tough³ *n* (colloq) matón *m* (fam)

toughen /ˈtʌfən/ **~ (up)** *vt* [1] (strengthen) ‹*muscles*› endurecer*; ‹*material*› hacer* más fuerte *or* resistente [2] ‹*person*› hacer* más fuerte [3] (make stricter) ‹*stance/approach*› volver* más firme

toughie /ˈtʌfi/ *n* (colloq) [1] (difficult question): **the exam was a real ~** el examen fue dificilísimo; **will he win? — hmm, that's a ~** ¿ganará? — ¡vaya preguntita! [2] (person) matoncito *m*

toughness /ˈtʌfnəs || ˈtʌfnɪs/ *n* [u]
A (of material) dureza *f*, resistencia *f*
B (aggressiveness) actitud *f* agresiva

toupee /tuːˈpeɪ || ˈtuːpeɪ/ *n* peluquín *m*, tupé *m*

tour¹ /tʊr || tʊə(r), tɔː(r)/ *n* [1] (Leisure) (by bus, car) viaje *m*, gira *f*; (of castle, museum) visita *f*; (of town) visita *f* turística, recorrido *m* turístico; **they went on a ~ of** *o* **around Europe** se fueron de gira *or* de viaje por Europa; **he gave us a ~ of the house** nos mostró *or* (esp Esp) nos enseñó la casa; **guided ~** (of castle, museum) visita *f* guiada *or* con guía; (of area, country) excursión *f* (organizada), tour *m*, viaje *m* organizado; (*before n*) **~ guide** guía *mf* de turismo *or* (Méx) de turistas; **~ operator** (travel agency) tour operador *m*, operador *m* turístico [2] (official visit) (to country, region) gira *f*, viaje *m*; (of factory, hospital) visita *f* [3] (Mus, Sport, Theat) gira *f*, tournée *f*; **to be/go on ~** ‹‹*play/orchestra/team*›› estar*/ir* de gira [4] (Mil): **~ of duty** período *m* de servicio

tour² *vt* [1] (Leisure) ‹*country/area*› recorrer, viajar por [2] (visit officially) ‹*factory/hospital*› visitar [3] (Mus, Sport, Theat) ‹‹*team/group*›› ‹*country/Europe*› ir* de gira *or* hacer* una gira por
■ **tour** *vi*
A (Leisure) (by bus, car) viajar
B (Mus, Sport, Theat) ‹‹*company/team*›› hacer* una gira

tour de force /ˈtʊrdəˈfɔːs || ˌtʊədəˈfɔːs/ *n* (*pl* **~s ~ ~**) (frml) hazaña *f*, tour *m* de force

tourer /ˈtʊrər || ˈtʊərə(r)/ *n* [1] (vehicle) turismo *m* [2] (bicycle) bicicleta *f* de paseo *or* turismo [3] (caravan) caravana *f*, tráiler *m* (AmL), rulot *f* (Esp), casa *f* rodante (CS), cámper *m* (Chi, Méx)

touring /ˈtʊrɪŋ || ˈtʊərɪŋ, ˈtɔːr-/ *adj* ‹*exhibition*› ambulante; ‹*team*› que está de gira

tourism /ˈtʊrɪzəm || ˈtʊərɪzəm, ˈtɔːr-/ *n* [u] turismo *m*

tourist /ˈtʊrəst || ˈtʊərɪst, ˈtɔːr-/ *n* turista *mf*; (*before n*) **~ bureau** *o* **office** oficina *f* de (información y) turismo; **~ class** clase *f* turista; **~ guide** (book) guía *f* turística; (person) guía *mf* de turismo *or* (Méx) de turistas; **the ~ industry** el turismo, la industria del turismo; **S tourist information** información y turismo, oficina de turismo; **the ~ season** la temporada turística; **it's a real ~ trap** atrae a muchos turistas

touristy /ˈtʊrəsti || ˈtʊərɪsti, ˈtɔːr-/ *adj* (colloq) ‹*town*› demasiado turístico, comercializado

tournament /ˈtʊrnəmənt || ˈtɔːnəmənt/ *n* (Games, Sport) torneo *m*

tourniquet /ˈtʊrnɪkət || ˈtʊənɪkeɪ/ *n* torniquete *m*

tousled /ˈtaʊzəld/ *adj* ‹*hair*› despeinado, alborotado

tout¹ /taʊt/ *vi* (solicit): **to ~ for customers** andar* a la caza de clientes
■ **tout** *vt* [1] (offer, sell) ‹*wares*› ofrecer*; ‹*tickets*› (BrE) revender [2] (promote) ‹*idea/product*› promocionar

tout² *n* (*ticket* ~) (BrE) revendedor, -dora *m,f* (de entradas)

tow¹ /təʊ/ *n* [u] (Auto, Naut) remolque *m*; **to give sth/sb a ~** remolcar* algo/a algn; **S on tow** (BrE) vehículo remolcado; ***in ~*** (lit) a remolque; (following behind) a la zaga

tow² *vt* ‹*car/boat/trailer*› remolcar*, llevar a remolque; **they ~ed the car away** se llevaron el coche a remolque

toward /tɔːrd || təˈwɔːd/, (esp BrE) **towards** /tɔːrdz || təˈwɔːdz/ *prep*
A [1] (in the direction of) hacia; **further south, ~ the Mexican border** más al sur, más cerca de la frontera con México [2] (facing): **she sat with her back ~ me/~ the fire** estaba sentada de espaldas a mí/a la chimenea
B (of time) hacia, alrededor de
C (as contribution): **she gave us $100 ~ it** nos dio 100 dólares como contribución, contribuyó con 100 dólares
D (regarding) para con, hacia; **your attitude ~ them** tu actitud para con *or* hacia ellos

towaway /ˈtəʊəˌweɪ/ *n* (AmE): **~s average 200 cars a week** la grúa se lleva un promedio de 200 coches por semana; (*before n*) **~ zone** *zona donde opera la grúa*

towel¹ /ˈtaʊəl/ *n* toalla *f*; (*before n*) **~ bar** *o* (BrE) **rail** toallero *m* (*de barra*); ▸**throw in**

towel² *vt*, (BrE) **-ll-** secar* con toalla; **to ~ sb/oneself down** *o* **off** *o* **dry** secar* a algn/secarse* con una toalla

toweling, (BrE) **towelling** /ˈtaʊəlɪŋ/ *n* [u] (tela *f* de) toalla *f*, felpa *f*

tower /ˈtaʊər || ˈtaʊə(r)/ *n* torre *f*; ***to be a ~ of strength*** ser* un gran apoyo

Phrasal verb

• **tower above**, **tower over** [v ▸ prep ▸ o] [1] (be taller than) ‹*landscape*› dominar; ‹*building*› descollar* sobre; ‹*person*› destacar* sobre [2] (greatly exceed in quality, ability etc) estar* muy por encima de, descollar* sobre

tower block *n* (BrE) (residential) edificio *m or* bloque *m* de apartamentos *or* (AmL tb) de departamentos *or* (Esp tb) de pisos, torre *f*; (of offices) edificio *m or* bloque *m* de oficinas, torre *f*

towering /ˈtaʊərɪŋ/ *adj* (*before n*) [1] ‹*building/tree*› altísimo [2] ‹*achievement/genius*› destacado, sobresaliente

tow: **~head** *n* (AmE) ▸**blond²**; **~headed** *adj* (AmE) ▸**blond¹**; **~line** *n* ▸**towrope**

town /taʊn/ *n* [c u] (in general) ciudad *f*; (smaller) pueblo *m*, población *f*; **to go into ~** (from outside) ir* a la ciudad; (from suburb) ir* al centro; **in ~** (not outside) en la ciudad; (in center) en el centro; **the best hotel in ~** el mejor hotel de la ciudad; **they live out of ~** viven en las afueras; **she's out of ~ at the moment** está de viaje en este momento; ***to go out on the ~, to have a night on the ~*** ir* *or* salir* de juerga; ***to go to ~ on sth*** (by spending a lot) tirar la casa por la ventana, no reparar en gastos; **the press went to ~ on the story** la prensa se ha despachado a su gusto con la historia; ***to paint the ~ red*** irse* de juerga; (*before n*) ‹*dweller/life*› de la ciudad, urbano; **~ center** *o* (BrE) **centre** centro *m* de la ciudad

town: **~ clerk** *n* (in US) *funcionario encargado de llevar los registros de nacimientos, defunciones etc*; **~ council** *n* (in UK) ayuntamiento *m*, municipio *m*, municipalidad *f*, concejo *m* municipal; **~ councillor** *n* (esp BrE) concejal,

-jala *m,f,* edil, edila *m,f;* ~ **crier** /ˈkraɪər ‖ ˈkraɪə(r)/ *n* pregonero *m;* ~ **hall** *n* ayuntamiento *m,* municipalidad *f,* municipio *m,* alcaldía *f,* presidencia *f* municipal (Méx), intendencia *f* (RPl); ~ **house** *n* 1 (Archit) *casa unifamiliar moderna construida en una hilera de casas similares* 2 (house in town) casa *f* de la ciudad; ~ **meeting** *n* (in US) concejo *m* municipal de vecinos; ~ **planner** *n* urbanista *mf;* ~ **planning** *n* [u] urbanismo *m;* ~**sfolk** *pl n* ▸**townspeople**

township /ˈtaʊnʃɪp/ *n* 1 (in US) (Govt) municipio *m,* municipalidad *m,* ayuntamiento *m* 2 (in South Africa) distrito *m* segregado

townspeople /ˈtaʊnz,piːpəl/ *pl n* 1 (in particular place) **the** ~ los vecinos (del lugar) 2 (urban dwellers) gente *f* de (la) ciudad

tow: ~**path** *n* camino *m* de sirga; ~**rope** *n* (Naut) sirga *f;* (Auto) cuerda *f or* cable *m* de remolque; ~ **truck** *n* grúa *f*

toxic /ˈtɑːksɪk ‖ ˈtɒksɪk/ *adj* tóxico

toxicology /ˌtɑːksɪˈkɑːlədʒi ‖ ˌtɒksɪˈkɒlədʒi/ *n* [u] toxicología *f*

toxic shock syndrome *n* [u] síndrome *m* del shock tóxico

toxin /ˈtɑːksən ‖ ˈtɒksɪn/ *n* toxina *f*

toy[1] /tɔɪ/ *n* juguete *m*

Phrasal verb

- **toy with** [v ▸ prep ▸ o] ‹*pen/earring/food*› juguetear con; ‹*idea/possibility*› darle* vueltas a; ‹*person/affections*› jugar* con

toy[2] *adj* 1 ‹*car/gun*› de juguete; ~ **soldier** soldadito *m* (de juguete) 2 (miniature) ‹*dog/poodle*› enano

toy: ~ **boy** *n* (BrE colloq) *amante joven de una mujer mayor;* ~**shop** *n* juguetería *f*

trace[1] /treɪs/ *n*

A 1 [c u] (indication) señal *f,* indicio *m,* rastro *m;* **there was no** ~ *o* **there were no** ~**s of a struggle** no había señales *or* indicios *or* rastros de que hubiera habido una pelea; **they can't find any** ~ **of my letter** no encuentran mi carta por ninguna parte; **to disappear** *o* **vanish without (a)** ~ desaparecer* sin dejar rastro 2 [c] (small amount): ~**s of poison** rastros de veneno; **there was a** ~ **of sadness in his voice** había un dejo de tristeza en su voz; **without a** ~ **of resentment** sin un asomo de resentimiento

B [c] (harness strap) tirante *m;* ***to kick over the*** ~***s*** rebelarse

trace[2] *vt*

A 1 (chart): **the documentary** ~**s the history of the organization** el documental examina *or* analiza paso a paso la historia de la organización 2 (find) ‹*criminal/witness*› localizar*, ubicar* (AmL); **they can't** ~ **my application form** no encuentran mi solicitud 3 (follow) seguirle* la pista *or* el rastro a, rastrear 4 (find origin of) ‹*fault/malfunction*› descubrir*; **I can** ~ **my family back to the 17th century** los orígenes de mi familia se remontan al siglo XVII; **to** ~ **a call** averiguar* de dónde proviene una llamada

B 1 (on tracing paper) calcar* 2 (draw) ‹*line/outline*› trazar*

trace element *n* oligoelemento *m*

trachea /ˈtreɪkiːə ‖ trəˈkiːə/ *n* (*pl* **-as** *or* **-ae** /-kiːiː/) tráquea *f*

tracing paper /ˈtreɪsɪŋ/ *n* [u] papel *m* de calco *or* de calcar

track[1] /træk/ *n*

A (mark) pista *f,* huellas *fpl;* **to be on sb's** ~**(s)** seguirle* la pista *or* el rastro a algn; **to put** *o* **throw sb off one's/the** ~ despistar a algn; ***to cover one's*** ~***s*** no dejar rastros; ***to keep/lose*** ~ ***of sth/sb***: **the police have been keeping** ~ **of his movements** la policía le ha estado siguiendo la pista; **make sure you keep** ~ **of the time** ten cuidado de que no se te pase la hora; **to keep/lose** ~ **of the conversation/argument** seguir*/perder* el hilo de la conversación/la discusión; **I've lost** ~ **of a lot of old friends** he perdido contacto con muchos de mis viejos amigos; **I lost all** ~ **of the time** perdí por completo la noción del tiempo, no me di cuenta de la hora; ***to make*** ~***s*** (colloq) irse*, ponerse* en camino; ***to stop (dead) in one's*** ~***s*** pararse en seco

B 1 (road, path) camino *m,* sendero *m;* ***off the beaten*** ~ (away from the crowds, tourists) fuera de los caminos trillados; (in an isolated place) en un sitio muy retirado *or* aislado 2 (course of thought, action): **to be on the right/wrong** ~ estar* bien/mal encaminado, ir* por buen/mal camino

C 1 (*race* ~) pista *f;* ***to have the inside*** ~ ***(on sth)*** (AmE) (have the advantage) estar* en una situación de ventaja; (be informed about) estar* al tanto *or* al corriente (de algo); (*before n*) ~ **events** atletismo *m* en pista 2 (horse-racing) (AmE): **to go to the** ~ ir* al hipódromo *or* a las carreras (de caballos)

D [u] (track events) (AmE) atletismo *m* en pista

E (AmE Educ) *grupo de alumnos seleccionados de acuerdo a sus aptitudes*

F (Rail) 1 [c] (way) vía *f* (férrea); **to jump/leave the** ~**(s)** descarrilar(se); ***the wrong side of the*** ~***s*** los barrios bajos (fam); **to be from the wrong side of the** ~**s** ser* de origen humilde 2 [u] (rails etc) vías *fpl*

G (song, piece of music) tema *m,* pieza *f*

H (on tank) oruga *f*

I (for curtains) riel *m*

track[2] *vt*

A (follow) ‹*animal*› seguirle* la pista a, rastrear; ‹*person*› seguirle* la pista a

B (deposit with feet) (AmE): **they** ~**ed mud all over the floor** dejaron el suelo cubierto de barro

Phrasal verb

- **track down** [v ▸ o ▸ adv, v ▸ adv ▸ o] (trace) ‹*criminal/lost object*› localizar*, encontrar*; ‹*missing person*› averiguar* el paradero de, dar* con; **to try to** ~ **down the cause of the problem** tratar de averiguar la causa del problema

track and field *n* [u] atletismo *m;* (*before n*) ~ ~ ~ **events** pruebas *fpl* de atletismo

tracker /ˈtrækər ‖ ˈtrækə(r)/ *n* rastreador, -dora *m,f;* (*before n*) ~ **dog** perro *m* rastreador

tracker fund *n* fondo *m* referenciado (*a un índice*)

tracking /ˈtrækɪŋ/ *n* [u] (AmE Educ) *división del alumnado en grupos de acuerdo al nivel académico*

track: ~ **record** *n* historial *m,* antecedentes *mpl;* ~ **shoe** *n* zapatilla *f* de atletismo; ~**suit** *n* equipo *m* (de deportes), chándal *m* (Esp), pants *mpl* (Méx), buzo *m* (Chi, Per), sudadera *f* (Col), jogging *m* (RPl)

tract /trækt/ *n*

A (of land, sea) extensión *f*

B (Anat) tracto *m*

C (short treatise) tratado *m* breve; (pamphlet) folleto *m*

tractable /ˈtræktəbəl/ *adj* (frml) ‹*person/animal*› dócil, manejable

traction /ˈtrækʃən/ *n* [u] 1 (Mech Eng, Med) tracción *f* 2 (grip) agarre *m,* adherencia *f*

traction engine *n* locomóvil *f,* máquina *f* de vapor locomóvil

tractor /ˈtræktər ‖ ˈtræktə(r)/ *n* 1 (Agr) tractor *m* 2 (truck) cabeza *f*

tractor-trailer /ˈtræktərˈtreɪlər ‖ ˌtræktəˈtreɪlə(r)/ *n* (AmE) camión *m* con remolque *or* (CS tb) con acoplado, tráiler *m* (Esp, Méx)

trade[1] /treɪd/ *n*

A 1 [u] (buying, selling) comercio *m;* **domestic/foreign** ~ comercio interior/exterior; **they were doing a roaring** *o* **brisk** ~ **in umbrellas** estaban haciendo un gran negocio con los paraguas; (*before n*) ~ **agreement** acuerdo *m* comercial; ~ **barrier** barrera *f* arancelaria; ~ **deficit** *o* **gap** déficit *m* en la balanza comercial 2 [u] (business, industry) industria *f;* **the hotel** ~ la hotelería, la industria hotelera 3 [c] (skilled occupation) oficio *m;* **he's a carpenter by** ~ es carpintero de oficio 4 (people in particular trade): **the** ~ el gremio; **as they say in the** ~ como dicen los del gremio *or* los entendidos 5 [u] (customers): **it's designed to attract the tourist** ~ está pensado para atraer a los turistas

B 1 (exchange): **I'll make** *o* **do a** ~ **with you** te lo/la cambio 2 (of players) (AmE Sport) traspaso *m* 3 (player) (AmE Sport) jugador traspasado, jugadora traspasada *m,f*

trade[2] *vi* 1 (buy, sell) comerciar; **the company has ceased trading** la compañía ha dejado de operar, la compañía ha cerrado; **to** ~ **under the name of ...** operar bajo el nombre de ...; **to** ~ **IN sth** comerciar EN algo 2 (exchange) hacer* un cambio *or* un canje

■ **trade** *vt* 1 ‹*blows/insults/secrets*› intercambiar; **to** ~ **sth FOR sth** cambiar *or* canjear algo POR algo; **to** ~ **sth WITH sb** (AmE) cambiarle algo A algn; **I wouldn't mind trading places with him** ya quisiera yo estar en su lugar *or* en su

t

pellejo **2** (AmE Sport) ‹*player*› traspasar

Phrasal verbs

- **trade in** [v ▸ o ▸ adv, v ▸ adv ▸ o] ‹*car/refrigerator*› entregar* como parte del pago
- **trade on** [v ▸ prep ▸ o] ‹*beauty/disability*› explotar, capitalizar*

trade: **~-in** *n* **1** (article): **they took my old car as a ~-in** aceptaron mi coche usado como parte del pago **2** (transaction) *transacción por la cual se da un artículo usado como parte del pago*, venpermuta *f* (Col); **~mark** *n* **1** (symbol, name) marca *f* (de fábrica); **registered ~mark** marca registrada **2** (distinctive characteristic) sello *m* característico; **~ name** *n* (of article) nombre *m* comercial; (of company) razón *f* social; **~-off** *n*: **it's a ~-off between price and quality** hay que sacrificar un poco la calidad para conseguir un buen precio

trader /ˈtreɪdər || ˈtreɪdə(r)/ *n* (merchant) comerciante *mf*; **market ~** puestero, -ra *m,f*, feriante *mf* (CS), marchante, -ta *m,f* (Méx)

trade: **~ secret** *n* secreto *m* comercial; **~sman** /ˈtreɪdzmən/ *n* (*pl* **-men** /-mən/) **1** (shopkeeper) (dated) comerciante *m*, tendero *m* **2** (deliveryman) proveedor *m*; Ⓢ **tradesman's entrance** (BrE) entrada de servicio, puerta de servicio; **~s union** *etc* (BrE) ▸**~ union** *etc*; **~ union** *n* sindicato *m*, gremio *m* (CS, Per); **to form a ~ union** sindicarse*, sindicalizarse* (AmL), agremiarse (CS, Per); (*before n*) ‹*leader*› sindical, sindicalista, gremial; **the ~ union movement** el movimiento sindical; **~ unionism** /ˈjuːnjənɪzəm/ *n* [u] sindicalismo *m*, gremialismo *m* (CS, Per); **~ unionist** *n* sindicalista *mf*, miembro *m,f* de un sindicato, gremialista *mf* (CS, Per)

trading /ˈtreɪdɪŋ/ *n* [u] **1** (in goods) comercio *m*, actividad *f* *or* movimiento *m* comercial; (*before n*) ‹*profit/loss*› de explotación **2** (on stock exchange) contratación *f*, operaciones *fpl* (bursátiles)

trading: **~ estate** *n* (BrE) zona *f* industrial, polígono *m* industrial (Esp); **~ post** *n*: *establecimiento comercial en un lugar poco poblado*; **~ stamp** *n* cupón *m*

tradition /trəˈdɪʃən/ *n* [u c] tradición *f*; **in the best Irish ~** a la mejor usanza irlandesa; **by ~** por tradición

traditional /trəˈdɪʃnəl || trəˈdɪʃənl̩/ *adj* tradicional

traditionally /trəˈdɪʃnəli/ *adv* **1** (in a traditional manner) a la manera tradicional **2** (customarily) (*indep*) tradicionalmente

traffic /ˈtræfɪk/ *n* [u]

A **1** (vehicles) tráfico *m*, circulación *f*, tránsito *m* (esp AmL); (*before n*) **~ policeman** agente *m* *or* policía *m* de tráfico *or* de tránsito **2** (of ships) tráfico *m* **3** (of aircraft) tráfico *m* aéreo

B **1** (goods, people transported) tránsito *m*, movimiento *m* **2** (pedestrians) (AmE) tránsito *m* de peatones **3** (paying customers) (AmE) clientela *f*

C (trafficking) tráfico *m*; **drug ~** tráfico de drogas, narcotráfico *m*

Phrasal verb

- **traffic in**: **-ck-** [v ▸ prep ▸ o] ‹*drugs/pornography*› traficar* en

traffic: **~ circle** *n* (AmE) rotonda *f*, glorieta *f*, óvalo *m* (Per); **~ island** *n* isla *f* peatonal, refugio *m*; **~ jam** *n* embotellamiento *m*, atasco *m*

trafficker /ˈtræfɪkər || ˈtræfɪkə(r)/ *n* traficante *mf*

trafficking /ˈtræfɪkɪŋ/ *n* [u] tráfico *m*

traffic: **~ light** *n* (*often pl*) semáforo *m*; **~ sign** *n* señal *f* vial *or* de tráfico *or* de tránsito; **~ warden** *n* (in UK) *persona que controla el estacionamiento de vehículos en las ciudades*

tragedy /ˈtrædʒədi/ *n* [c u] (*pl* **-dies**) tragedia *f*

tragic /ˈtrædʒɪk/ *adj* trágico

tragically /ˈtrædʒɪkli/ *adv* trágicamente

tragicomedy /ˈtrædʒɪˈkɑːmədi || ˌtrædʒɪˈkɒmədi/ *n* [u c] tragicomedia *f*

trail[1] /treɪl/ *n* **1** (left by animal, person) huellas *fpl*, rastro *m*; (of dust) estela *f*; **the storms left a ~ of destruction** las tormentas destruyeron *or* arrasaron todo a su paso; **to be on the ~ of sb/sth** seguir* la pista de algn/algo, seguirle* la pista a algn/algo **2** (path) sendero *m*, senda *f*

trail[2] *vt*

A **1** (drag) ‹*towel/rope*› arrastrar **2** (deposit): **they ~ed mud all over the house** dejaron toda la casa llena de barro a su paso

B **1** (follow) ‹*person/animal/vehicle*› seguir* la pista de, seguirle* la pista a, rastrear **2** (lag behind) ‹*opponent/leader*› ir* a la zaga de; **we ~ed them by six points** nos llevaban seis puntos de ventaja

■ **trail** *vi*

A (drag) arrastrar; **her skirt was ~ing on the floor** iba arrastrando la falda por el suelo

B **1** (lag behind) «*team/contender*» ir* a la zaga **2** (walk wearily) andar con paso cansino; **we ~ed back home again** nos volvimos a casa desanimados

C «*plant*» trepar; «*branches*» colgar*

Phrasal verb

- **trail away**, **trail off** [v ▸ adv] «*voice/sound*» irse* apagando

trail: **~blazer** *n* pionero, -ra *m,f*; **~breaker** *n* (AmE) ▸**~blazer**

trailer /ˈtreɪlər || ˈtreɪlə(r)/ *n*

A **1** (for boats, equipment) remolque *m* **2** (*house* **~**) (AmE) caravana *f*, tráiler *m*, (AmL), casa *f* rodante (CS, Ven), cámper *f* (Chi, Méx), rulot *f* (Esp) **3** (on truck) tráiler *m*, remolque *m*, acoplado *m* (CS)

B (Cin, TV) **~** (FOR **sth**) avance(s) *m(pl)* *or* (Esp tb) tráiler *m* *or* (CS) sinopsis *f*

trailer: **~ park** *n* (AmE) **1** (site) camping *m* para caravanas (*or* tráilers *etc*) **2** (*before n*) (colloq) ‹*friend*› chabacano, hortera (Esp fam), naco (Méx fam), rasca (CS fam); ‹*manners*› de chabacano, de hortera (Esp fam), de naco (Méx fam), de rasca (CS fam); ‹*hair style*› de mal gusto, hortera (Esp fam), de naco (Méx fam), rasca (CS fam); **~ truck** *n* (AmE) camión *m* articulado

train[1] /treɪn/ *n*

A (Rail) tren *m*; **fast ~** tren expreso *or* rápido; **local** *o* (BrE) **slow ~** *tren que para en todas las estaciones*; **to take the ~** tomar *or* (esp Esp) coger* el tren; **to travel/go by ~** viajar/ir* en tren; (*before n*) **~ driver** (BrE) maquinista *mf*; **~ timetable** (esp BrE) horario *m* de trenes; **the ~ journey** el viaje en tren; **~ set** ferrocarril *m* de juguete

B **1** (of servants, followers) séquito *m*, cortejo *m* **2** (of events, disasters) serie *f*; **~ of thought**: **to lose one's ~ of thought** perder* el hilo (de las ideas)

C (of dress, robe) cola *f*

train[2] *vt*

A **1** (instruct) ‹*athlete*› entrenar; ‹*soldier*› adiestrar; ‹*child*› enseñar; (accustom) acostumbrar, habituar*; ‹*animal*› enseñar; (to perform tricks etc) amaestrar, adiestrar; ‹*employee/worker*› (in new skill etc) capacitar; ‹*teacher*› formar; **they are being ~ed to use the machine** los están capacitando en el uso de la máquina, les están enseñando a usar la máquina **2** ‹*voice/ear*› educar* **3** ‹*plant*› guiar*

B (aim) **to ~ sth ON sth/sb** ‹*camera/telescope*› enfocar* algo/a algn con algo; ‹*gun*› apuntarle A algo/algn con algo

■ **train** *vi* **1** (receive instruction) «*nurse/singer/musician*» estudiar; **she's ~ing to be a nurse/teacher** estudia enfermería/magisterio, estudia para enfermera/maestra; **he ~ed as a carpenter** aprendió el oficio de carpintero **2** (Sport) entrenar(se)

trained /treɪnd/ *adj* **1** ‹*worker/personnel*› calificado (esp AmL), cualificado (Esp); **a ~ teacher** un profesor titulado *or* diplomado *or* (AmL tb) recibido; **a highly ~ army** un ejército muy bien adiestrado **2** ‹*seal/elephant*› amaestrado, adiestrado; ‹*dog*› entrenado **3** ‹*ear/voice*› educado

trainee /ˈtreɪˈniː/ *n* **1** (Busn, Ind) (in a trade) aprendiz, -diza *m,f*; (*before n*) **a ~ hairdresser** un aprendiz de peluquero; **~ manager** *empleado que está haciendo prácticas de gerencia* **2** (recruit) (AmE Mil) recluta *mf*

trainer /ˈtreɪnər || ˈtreɪnə(r)/ *n*

A (of athletes) entrenador, -dora *m,f*; (of racehorse) preparador, -dora *m,f*; (of performing animals) amaestrador, -dora *m,f*, adiestrador, -dora *m,f*

B (training shoe) (BrE colloq) zapatilla *f* de deporte, tenis *m*

training /ˈtreɪnɪŋ/ *n* [u] **1** (instruction) capacitación *f*; (*before n*) ‹*course/period*› de capacitación **2** (Sport) entrenamiento *m*; **to be in ~ for sth** estar* entrenando *or* entrenándose para algo; (*before n*) **~ shoe** (BrE) zapatilla *f* de deporte, tenis *m*

train: **~man** /ˈtreɪnmən, -mæn/ *n* (*pl* **-men** /-mən, -men/) (AmE) *empleado del ferrocarril*; **~ spotter** /ˈspɑːtər

|| 'spɒtə(r)/n: *persona que tiene como hobby anotar y coleccionar números de locomotoras y vagones*

traipse /treɪps/ *vi* (colloq) (+ *adv compl*): **I ~d all over town** me pateé (fam) *or* me recorrí (a pie) toda la ciudad

trait /treɪt/ *n* rasgo *m*, característica *f*

traitor /'treɪtər || 'treɪtə(r)/ *n* traidor, -dora *m,f*

trajectory /trə'dʒektəri/ *n* (*pl* **-ries**) trayectoria *f*

tram /træm/ *n* (BrE Transp) tranvía *m*

tram: **~car** *n* (BrE) ▸**tram**; **~line** *n* **1** (esp BrE Transp) (track) (*often pl*) vía *f or* carril *m* de tranvía; **2** **~lines** *pl* (in tennis) (BrE) líneas *fpl* laterales

tramp¹ /træmp/ *vi* (+ *adv compl*) (walk heavily): **the prisoners ~ed along in the rain** los prisioneros marchaban pesadamente bajo la lluvia; **they ~ed to the nearest village** fueron a pie *or* caminaron hasta el pueblo más cercano

■ **tramp** *vt* **1** (walk around) ‹*town/city*› recorrerse (a pie), patearse (fam) **2** (tread) (+ *adv compl*) ‹*dirt/snow*›: **she ~ed mud all over the kitchen floor** ensució *or* llenó de barro todo el suelo de la cocina

tramp² *n*

A [c] **1** (vagrant) vagabundo, -da *m,f* **2** (loose woman) (AmE colloq) mujerzuela *f*, golfa *f* (Esp fam)

B (*no pl*) **1** (walk) caminata *f* **2** (sound) ruido *m* de pasos

trample /'træmpəl/ *vt* (stamp on, crush) pisotear; **they were ~d to death** murieron aplastados

■ **trample** *vi* **1** **to ~ ON sth** ‹*on coat/newspaper*› pisotear algo; **police horses ~d on demonstrators** los caballos de la policía arrollaron *or* atropellaron a los manifestantes **2** (ignore) **to ~ ON sth** ‹*on rights*› pisotear *or* atropellar algo; **to ~ OVER sb** pisotear a algn

trampoline /'træmpəli:n/ *n* trampolín *m*, cama *f* elástica

tramway /'træmweɪ/ *n* **1** (for trams) ▸**tramline A 2** (cable railway) (AmE) funicular *m*, teleférico *m*

trance /træns || trɑ:ns/ *n* [c u] trance *m*; **to be in a ~** estar* en trance; **to fall** *o* **go into a ~** entrar en trance

tranquil /'træŋkwəl || 'træŋkwɪl/ *adj* ‹*place*› tranquilo; ‹*person/atmosphere*› tranquilo, sereno; ‹*existence*› tranquilo, apacible (liter)

tranquility, (BrE) **tranquillity** /træŋ'kwɪləti/ *n* [u] (of place, atmosphere) paz *f*, tranquilidad *f*; (of person) calma *f*, serenidad *f*

tranquilize, (BrE) **tranquillize** /'træŋkwəlaɪz || 'træŋkwɪlaɪz/ *vt* sedar, dar* un sedante a

tranquilizer, (BrE) **tranquillizer** /'træŋkwəlaɪzər || 'træŋkwɪlaɪzə(r)/ *n* sedante *m*, tranquilizante *m*; **to be on ~s** estar* tomando sedantes *or* tranquilizantes

transact /trænz'ækt/ *vt*: **to ~ business (with sb)** negociar (con algn), hacer* negocios (con algn)

transaction /trænz'ækʃən/ *n* **1** [c] (deal) transacción *f*, operación *f* **2** [u] (act of transacting) (frml) negociación *f*

transatlantic /'trænzət'læntɪk/ *adj* transatlántico

transcend /træn'send/ *vt* (frml) **1** (go beyond) ‹*boundaries*› ir* más allá de, trascender* **2** (overcome) ‹*limitation/differences*› superar

transcendent /træn'sendənt/ *adj* ‹*joy/hope*› (liter) sin límites

transcendental /'trænsen'dentḷ/ *adj* trascendental; **~ meditation** meditación *f* trascendental

transcribe /træn'skraɪb/ *vt* transcribir*

transcript /'trænskrɪpt/ *n*

A (written copy) transcripción *f*

B (AmE Educ) expediente *m* académico

transcription /træn'skrɪpʃən/ *n* [u c] transcripción *f*

transfer¹ /træns'fɜ:r || træns'fɜ:(r)/ **-rr-** *vt*

A **1** ‹*funds/account*› transferir* **2** ‹*property/right*› transferir*, traspasar, transmitir **3** ‹*call*› pasar; **can you ~ me to Sales?** ¿me puede comunicar *or* (Esp tb) poner con Ventas? **4** ‹*employee/prisoner*› trasladar; ‹*player*› (esp BrE) traspasar; ‹*object*› pasar

B (change): **she ~red schools when she was 12** se cambió de colegio a los 12 años

■ **transfer** *vi* (Transp) hacer* transbordo, transbordar; **to ~ TO sth**: **John ~red to another course/department** John se cambió a otro curso/se trasladó a otro departamento

transfer² /'trænsfɜ:r || 'trænsfɜ:(r)/ *n*

A **1** [u c] (Fin, Law) (of funds, accounts) transferencia *f*; (of property) transferencia *f*, traspaso *m*, transmisión *f*; (of power) transferencia *f* **2** [u c] (of employee) traslado *m*; (of player) (esp BrE) traspaso *m*; (*before n*) **~ fee** traspaso *m* **3** [u c] (of passengers) transbordo *m* **4** [c] (person): **the club's latest ~** (esp BrE) el último fichaje del club

B [c] (Transp) **1** (journey) traslado *m* **2** (permit) (AmE) *billete mediante el cual se puede cambiar de tren o autobús sin pago adicional*

C [c] (design) calcomanía *f*

transferable /træns'fɜ:rəbəl/ *adj* transferible; **not ~** intransferible

transferal /træns'fɜ:rəl/ *n* [u c] (AmE) ▸**transfer² A 1, 2**

transference /'trænsfərəns, træns'fɜ:rəns/ *n* [u] **1** (of energy, authority) (frml) transferencia *f*; **thought ~** transmisión *f* del pensamiento **2** (Psych) transferencia *f*

transfiguration /'træns'fɪgjə'reɪʃən || træns,fɪgə'reɪʃən/ *n* [u] **1** (transformation) (liter) transformación *f*, transfiguración *f* **2** (Relig) **the T~** la Transfiguración

transfigure /træns'fɪgjər || træns'fɪgə(r)/ *vt* (liter) transformar, transfigurar

transfix /træns'fɪks/ *vt* (make motionless) (*usu pass*) paralizar*; **she was ~ed with terror** se quedó paralizada de terror *or* petrificada

transform /træns'fɔ:rm || træns'fɔ:m/ *vt* transformar

transformation /'trænsfər'meɪʃən || ,trænsfə'meɪʃən/ *n* transformación *f*

transformer /træns'fɔ:rmər || træns'fɔ:mə(r)/ *n* transformador *m*

transfusion /træns'fju:ʒən/ *n* [u c] transfusión *f*; **she was given a (blood) ~** le hicieron una transfusión (de sangre)

transgenic /,trænz'dʒenɪk || ,trænz'dʒenɪk, ,trɑ:nz-/ *adj* transgénico

transgress /træns'gres || trænz'gres/ *vt* (frml) **1** ‹*law/commandment*› transgredir (frml), infringir* **2** (go beyond) exceder, sobrepasar

■ **transgress** *vi* **to ~ (AGAINST sth/sb)** pecar* (CONTRA algo/algn)

transgression /træns'greʃən || trænz'greʃən/ *n* [u c] (frml) transgresión *f* (frml), infracción *f*; (Relig) pecado *m*, falta *f*

transient¹ /'trænziənt, 'trænʃənt || 'trænziənt/ *adj* ‹*joy/pain*› pasajero, fugaz, efímero

transient² *n* (vagrant) (AmE) vagabundo, -da *m,f*

transistor /træn'zɪstər, -'sɪstər || træn'zɪstə(r), -'sɪstə(r)/ *n* **1** transistor *m* **2** **~ (radio)** (esp BrE) transistor *m*, radio *f or* (AmL exc CS) radio *m* transistor *or* a transistores

transit /'trænsət, -zət || 'trænzɪt, -sɪt/ *n* **1** [u] (passage) tránsito *m*; **passengers in ~** pasajeros *mpl* en *or* de tránsito; **it was damaged/lost in ~** se dañó/se perdió en el viaje; (*before n*) **~ camp** *campamento temporal para soldados, prisioneros, refugiados etc* **2** [u] (AmE Transp) transporte *m*; (*before n*) **~ police** policía *f* de tráfico *or* tránsito; **~ system** sistema *m* de transporte(s)

transition /træn'zɪʃən/ *n* [u c] (change) transición *f*; **~ FROM sth TO sth** transición *f* DE algo A algo; (*before n*) ‹*period/stage*› de transición

transitional /træn'zɪʃnəl || træn'zɪʃənḷ/ *adj* ‹*stage/period*› de transición

transitive /'trænsətɪv/ *adj* transitivo

transitory /'trænsətɔ:ri || 'trænsɪtri/ *adj* transitorio, pasajero

translatable /træns'leɪtəbəl/ *adj* (*pred*) traducible

translate /træns'leɪt/ *vt* **1** ‹*word/sentence/book*› traducir*; **to ~ sth (FROM sth) INTO sth**: **~ the text from Spanish into French** traduzca el texto del español al francés **2** (convert) **to ~ sth INTO sth**: **~d into centigrade this is 42 degrees** (expresado) en grados centígrados son 42 grados; **to ~ ideas into action** llevar ideas a la práctica

■ **translate** *vi* (Ling) ‹‹*person*›› traducir*; ‹‹*word*›› traducirse*; **the word ~s as 'love' in English** esta palabra se traduce por 'love' en inglés; **the poem doesn't ~ well into French** el poema pierde mucho al ser traducido al francés

translation /træns'leɪʃən/ *n* [c u] traducción *f*; **I've only read it in ~** sólo lo he leído traducido *or* en traducción

translator /træns'leɪtər || træns'leɪtə(r)/ *n* traductor, -tora *m,f*

t

translucent /træns'lu:sṇt || træns'lu:sṇt/ *adj* traslúcido, translúcido

transmission /trænz'mɪʃən/ *n* 1 [u] (conveyance) transmisión *f* 2 [u c] (broadcasting) transmisión *f*, emisión *f* 3 [u] (of disease) transmisión *f* 4 [u c] (Auto) transmisión *f*

transmit /trænz'mɪt/ **-tt-** *vt* 1 (convey) ‹*light/sound/heat*› transmitir 2 (broadcast) transmitir, emitir 3 ‹*disease/infection*› transmitir, contagiar

■ **transmit** *vi* transmitir, emitir

transmitter /'trænzmɪtər || trænz'mɪtə(r)/ *n* 1 (Rad, TV) transmisor *m* 2 (Telec) micrófono *m*

transmute /trænz'mju:t/ *vt* **to ~ sth (INTO sth)** transmutar *or* convertir* algo (EN algo)

transparency /træns'pærənsi/ *n* (*pl* **-cies**)
A [u] (of material) transparencia *f*
B [c] (Phot) (slide) transparencia *f*, diapositiva *f*

transparent /træns'pærənt/ *adj* ‹*material/glass/paper*› transparente; ‹*meaning*› claro, transparente

transpire /træn'spaɪr || træn'spaɪə(r)/ *vi*
A 1 (become apparent): **it ~s that ...** resulta (ser) que ...; **it finally ~d that ...** finalmente resultó que ... 2 (happen) ocurrir, pasar, suceder
B (Biol, Bot) transpirar

transplant¹ /træns'plænt || træns'plɑ:nt/ *vt* (Hort, Med) trasplantar

transplant² /'trænsplænt || 'trænsplɑ:nt/ *n* (Med) trasplante *m*; **he's had a heart/kidney ~** le han hecho un trasplante de corazón/riñón; **hair ~** implante *m* capilar *or* de cabello

transport¹ /'trænspɔ:rt || 'trænspɔ:t/ *n*
A 1 [u] (movement) (esp BrE) transporte *m*; (*before n*) ‹*network/costs*› de transporte; **~ system** sistema *m* de transporte(s) 2 [u] (vehicle) (esp BrE): **salesperson required: own ~ essential** se necesita vendedor: vehículo propio imprescindible 3 [c] (shipment) (AmE) remesa *f*
B [c] (of emotion) (liter) (*often pl*): **she was in ~s of delight at the news** estaba extática con la noticia

transport² /træns'pɔ:rt || træns'pɔ:t/ *vt*
A 1 ‹*goods/animals/people*› transportar; **as you enter the palace you are ~ed to another age** al entrar al palacio uno se transporta a otra época 2 (Hist) ‹*convict*› deportar
B (affect) (liter) (*usu pass*): **to be ~ed with joy/delight** estar* extasiado/embelesado

transportation /'trænspər'teɪʃən || ˌtrænspɔ:'teɪʃən/ *n* [u] 1 (of objects, people) transporte *m* 2 (vehicle) ▸**transport¹ A2** 3 (Hist) (of convicts) deportación *f*

transport café *n* (BrE) *restaurante en la carretera usado esp por camioneros*

transporter /træns'pɔ:rtər || træns'pɔ:tə(r)/ *n* transportador *m*

transpose /træns'pəʊz/ *vt* 1 (change order of) ‹*words/letters*› trasponer*, transponer* 2 (Mus) ‹*piece/chord*› transportar

transsexual /træns'sekʃuəl || træns'sekʃʊəl/ *n* transexual *mf*

transverse /trænz'vɜ:rs || 'trænzvɜ:s/ *adj* (frml) ‹*section/beam/engine*› transversal

transvestite /trænz'vestaɪt/ *n* travestido *m*, travesti *m*, travestí *m*

trap¹ /træp/ *n*
A 1 (for animals, people) trampa *f*; **to lay** *o* **set a ~ for sb** tenderle* una trampa *or* una celada a algn; **to fall/walk into a ~** caer* en una trampa 2 ▸**trapdoor**
B (mouth) (sl): **to keep one's ~ shut** no abrir* la boca (fam), no decir* nada; **shut your ~!** ¡cierra el pico! (fam), ¡cállate (la boca)!

trap² *vt* **-pp** 1 (snare) ‹*animal*› cazar* (*con trampa*) 2 (cut off, catch) (*often pass*) atrapar; **the driver was ~ped in the wreckage** el conductor quedó atrapado en el vehículo siniestrado; **she ~ped her finger in the door** se agarró *or* se pilló *or* (Esp tb) se cogió el dedo en la puerta 3 (trick, deceive): **he ~ped me into a confession/into admitting that ...** me tendió una trampa y confesé/reconocí que ... 4 ‹*liquid/gas/light/heat*› retener*

trapdoor, **trap door** /træp'dɔ:r || 'træpdɔ:(r)/ trampilla *f*

trapeze /træ'pi:z, trə- || trə'pi:z/ *n* trapecio *m*; (*before n*) **~ artist** trapecista *mf*

trapper /'træpər || 'træpə(r)/ *n* trampero, -ra *m,f*, cazador, -dora *m,f*

trappings /'træpɪŋz/ *pl n* 1 (paraphernalia): **she was seduced by the ~ of office** se dejó seducir por toda la ceremonia que conlleva el cargo; **all the ~ of success** los símbolos del éxito, todo lo que acompaña el éxito 2 (of horse) arreos *mpl*, jaeces *mpl*

Trappist /'træpəst || 'træpɪst/ *adj* trapense, de la Trapa

trapshooting /'træpˌʃu:tɪŋ/ *n* [u] (AmE) tiro *m* al plato

trash¹ /træʃ/ *n* [u] 1 (refuse) (AmE) basura *f*; (*before n*) **~ bag** bolsa *f* de la basura; **~ can** cubo *m or* (CS, Per) tacho *m or* (Méx) bote *m or* (Col) caneca *f or* (Ven) tobo *m* de la basura 2 (worthless stuff) basura *f*; **stop talking ~!** ¡deja de decir estupideces! 3 (worthless people) (AmE colloq) escoria *f*

trash² *vt* (AmE) 1 (dispose of) botar (a la basura) (AmL exc RPl), tirar (a la basura) (Esp, RPl) 2 (criticize) (colloq) ‹*movie/book*› poner* por los suelos *or* por el suelo; ‹*person*› despellejar (fam), poner* verde (Esp fam) 3 (vandalize) (sl) destrozar*

trashman /'træʃmæn/ *n* (*pl* **-men** /-men/) (AmE) basurero *m*

trashy /'træʃi/ *adj* **-shier, -shiest** ‹*souvenir*› barato, de porquería (fam), rasca (CS fam); ‹*movie/magazine*› malo; **a ~ novel** una novelucha

trauma /'trɔ:mə/ *n* 1 [c u] (*pl* **-mas**) (shock, painful experience) trauma *m* 2 [c] (*pl* **-mas** *or* **-mata**) (Psych) trauma *m*; (Med) traumatismo *m*, trauma *m*

traumatic /trɔ:'mætɪk/ *adj* traumático, traumatizante

traumatize /'trɔ:mətaɪz/ *vt* traumatizar*

travel¹ /'trævəl/, (BrE) **-ll-** *vi*
A (make journey) viajar; **to ~ by air** *o* **by plane** viajar en avión, volar*; **to ~ by rail** *o* **train** viajar en tren; **to ~ overland/by road** viajar por tierra/por carretera; **passengers ~ing to Budapest** los pasajeros con destino a Budapest; **I spent a month ~ing around France** estuve un mes viajando por *or* recorriendo Francia
B 1 (move, go) «*vehicle*» desplazarse*, ir*; «*light/waves*» propagarse*; **we were ~ing at more than 80mph** íbamos a más de 80 millas por hora; **news ~s fast** las noticias vuelan; **the liquid ~s along this pipe** el líquido corre *or* va por esta tubería 2 (go fast) (colloq): **he was really ~ing!** ¡iba/venía a toda velocidad *or* (fam) como una bala!
C (react to being transported): **this wine ~s very well** la calidad de este vino no se ve afectada por el transporte
D (Busn) ser* viajante *or* representante *or* (RPl tb) corredor

■ **travel** *vt* ‹*country/world*› viajar por, recorrer; ‹*road/distance*› recorrer

travel² *n* 1 [u] (activity) viajes *mpl*; **his job involves a lot of ~** tiene que viajar mucho por su trabajo; **Acme T~** Viajes *mpl* Acme; (*before n*) ‹*company/brochure*› de viajes; ‹*industry*› turístico; ‹*book*› de *or* sobre viajes; **~ expenses** gastos *mpl* de viaje *or* desplazamiento; **~ insurance** seguro *m* de viaje 2 **travels** *pl* viajes *mpl*; **he's off on his ~s again** está de viaje otra vez; **if you see Pete in your ~s** (colloq) si ves a Pete por ahí

travel: **~ agency** *n* agencia *f* de viajes; **~ agent** *n* agente *mf* de viajes; **~ agent's** agencia *f* de viajes; **~ bureau** *n* agencia *f* de viajes

traveled, (BrE) **-ll-** /'trævəld/ *adj*: **he is widely ~** *o* **very well-~** ha viajado mucho, es muy viajado (AmS)

traveler, (BrE) **-ll-** /'trævlər || 'trævlə(r)/ *n* 1 viajero, -ra *m,f*; **she's a seasoned ~** ha viajado mucho, es una persona muy viajada (AmS) 2 (Busn) representante *mf*, viajante *mf*, corredor, -dora *m,f* (RPl) 3 (itinerant person) (BrE) *persona que ha adoptado el estilo de vida errante de los gitanos*

traveler's check, (BrE) **traveller's cheque** *n* cheque *m* de viaje *or* de viajero

traveling¹, (BrE) **-ll-** /'trævlɪŋ/ *n* [u] (for pleasure, business): **do you like ~?** ¿te gusta viajar?; (*before n*) **~ expenses** gastos *mpl* de viaje *or* de desplazamiento

traveling², (BrE) **-ll-** *adj* 1 (for journeys) ‹*clothes/rug/companion*› de viaje 2 (itinerant) ‹*circus/exhibition*› ambulante, itinerante; **~ salesman** viajante *m*, representante *m*, corredor *m* (RPl)

travelog, (BrE) **travelogue** /'trævəlɔ:g || 'trævəlɒg/ *n* documental *m* sobre viajes

travel: **~-sick** *adj* (BrE) mareado; **to be** *o* **feel ~-sick** estar* mareado; **to get ~-sick** marearse; **~ sickness** *n* [u] (BrE) mareo *m*

traverse /trə'vɜ:rs || trə'vɜ:s/ *vt* (cross) (frml *or* liter) atravesar*, cruzar*

travesty /'trævəsti/ *n* (*pl* **-ties**) (pej) parodia *f*, farsa *f*; **this trial is a ~ of justice** este juicio es una farsa

trawl[1] /trɔ:l/ *vi* hacer* pesca de arrastre, pescar* con red de arrastre

■ **trawl** *vt* 1 (Naut) ‹*waters/seabed*› pescar* en (*con red de arrastre*) 2 (search) **to ~ sth FOR sth** buscar* algo EN algo; **he was ~ing the newspapers for jobs** estaba buscando ofertas de empleo en los periódicos

trawl[2] *n* **~ (net)** red *f* de (pesca de) arrastre

trawler /'trɔ:lər || 'trɔ:lə(r)/ *n* barca *f* pesquera (*utilizada para hacer pesca de arrastre*), bou *m*

tray /treɪ/ *n* bandeja *f*; (for ice cubes) cubetera *f*; (*baking* ~) bandeja *f* *or* placa *f* (de horno)

treacherous /'tretʃərəs/ *adj* 1 ‹*person*› traicionero, traidor; **a ~ act** una traición 2 (dangerous, unpredictable) ‹*bend*› peligroso; ‹*sea/current*› traicionero; **~ weather conditions** condiciones climáticas adversas

treacherously /'tretʃərəsli/ *adv* (disloyally) traidoramente, a traición

treachery /'tretʃəri/ *n* [u c] (*pl* **-ries**) traición *f*; **an act of ~** una traición

treacle /'tri:kəl/ *n* [u] (esp BrE) melaza *f*

treacly /'tri:kli/ *adj* **-lier, -liest** ‹*substance*› meloso; ‹*manner/voice*› meloso, empalagoso

tread[1] /tred/ (*past* **trod**; *past p* **trodden** *or* **trod**) *vi* pisar; **to ~ in sth** pisar algo; **to ~ carefully** *o* **warily** andarse* con cuidado *or* con cautela *or* con pie(s) de plomo; **a journalist who ventures where others fear to ~** un periodista que se aventura a entrar donde otros no se atreven; **to ~ softly** intentar no hacer ruido; *see also* **tread on**

■ **tread** *vt* 1 (crush): **she trod the earth down** apisonó la tierra; **you're ~ing mud into the carpet** estás embarrando la alfombra con los zapatos; **to ~ grapes** pisar uvas; **to ~ water** flotar (*en posición vertical*) 2 (make): **they've trodden a hole in the carpet** han hecho un agujero en la alfombra; **she followed the well-trodden path into marriage** siguió el trillado camino del matrimonio

(Phrasal verb)

• **tread on** [v ▸ prep ▸ o] (esp BrE) pisar; **someone trod on my foot** alguien me pisó

tread[2] *n*

A [c u] (step, footfall) paso *m*; (steps) pasos *mpl*; **to walk with a heavy ~** andar* con paso cansino

B [c u] (molding — on tire) banda *f* de rodamiento; (— on sole of shoe) dibujo *m*

C [c] (of stair) escalón *m*, peldaño *m*

treadle /'tredl̩/ *n* pedal *m*

treadmill /'tredmɪl/ *n* 1 (unrewarding situation) rutina *f* 2 (Hist, Med, Sport) rueda *f* de andar

treason /'tri:zn̩/ *n* [u] traición *f*; **an act of ~** una traición

treasonable /'tri:zn̩əbəl || 'tri:zn̩əbəl/, **treasonous** /'tri:znəs/ *adj*: **~ offense** delito *m* de traición

treasure[1] /'treʒər || 'treʒə(r)/ *n* 1 [u] (hoard of wealth) tesoros *mpl* 2 [c] (sth valuable, prized) tesoro *m*; (*before n*) **~ hunt** (Games) búsqueda *f* del tesoro; **a ~ house of information** una mina de información 3 (term of endearment) tesoro *m*

treasure[2] *vt* 1 (value greatly): **thank you for the book, I shall always ~ it** gracias por el libro, lo guardaré como algo muy especial; **I ~ the moments we spent together** el recuerdo de los momentos que pasamos juntos es muy preciado para mí 2 **treasured** *past p* ‹*possession*› preciado

treasurer /'treʒərər || 'treʒərə(r)/ *n* tesorero, -ra *m,f*

treasure trove *n* [u] tesoro *m* (oculto)

treasury /'treʒəri/ *n* (*pl* **-ries**)

A 1 (public, communal funds) erario *m*, tesoro *m* 2 **the Treasury** *o* **the treasury** el fisco, la hacienda pública, el tesoro (público); **Department of the T~** (in US) Departamento *m* del Tesoro, (*de los Estados Unidos*) ≈ ministerio *m* de Hacienda; (*before n*) **T~ Secretary** (in US) Secretario *m* del Tesoro (*de los Estados Unidos*), ≈ ministro *m* de Hacienda

B (anthology) antología *f*

treat[1] /tri:t/ *vt*

A (+ *adv compl*) 1 (behave toward) ‹*person/animal*› tratar; **to ~ sb like a child** tratar a algn como a un niño; **how's life been ~ing you?** (colloq) ¿cómo te trata la vida? (fam) 2 (use, handle) ‹*tool/vehicle*› tratar 3 (regard, consider): **to ~ sth with suspicion** ver* algo con sospecha; **you seem to ~ this whole thing as a joke** pareces tomarte a broma todo esto

B (process) ‹*wood/fabric/sewage*› tratar

C (deal with) (frml) ‹*subject*› tratar

D (Med) ‹*patient/disease*› tratar; **she's being ~ed for an ulcer** está en tratamiento por una úlcera

E (entertain): **I'm ~ing you** te invito yo; **to ~ sb TO sth**: **may I ~ you to lunch?** ¿te puedo invitar a comer?; **why don't you ~ yourself to a new dress?** ¿por qué no te das un gusto y te compras un vestido nuevo?; **we were ~ed to a performance of traditional dancing** nos ofrecieron un espectáculo de bailes folklóricos

treat[2] *n* gusto *m*; **I bought myself an ice cream as** *o* **for a ~** me compré un helado para darme (un) gusto; **as a special ~** como algo muy especial; **there's a ~ in store for you** te espera una bonita sorpresa; **this is *my* ~** invito *or* pago yo; ***to come on/go down a ~*** (BrE colloq): **the project is coming on a ~** el proyecto marcha sobre ruedas; **this champagne goes down a ~** este champán es una delicia; ***to work a ~*** salir* a las mil maravillas

treatise /'tri:təs || 'tri:tɪs, -ɪz/ *n* **~ (ON sth)** tratado *m* (SOBRE algo)

treatment /'tri:tmənt/ *n* [u c]

A (handling — of person, animal, object) trato *m*; (— of subject, idea) tratamiento *m*; **her ~ of her children** la manera como trata a sus hijos; **the furniture has had some rough ~** se les ha dado un muy mal trato a los muebles

B (of metal, fabric, waste) tratamiento *m*; ***to get/give sb the (full) ~***: **those thugs certainly gave him the ~** esos matones le dieron una buena paliza; **we got the full ~: luxury accommodation, champagne ...** nos trataron a cuerpo de rey: alojamiento de lujo, champán ...

C (Med) tratamiento *m*; **I'm having ~ for my back** estoy recibiendo tratamiento por mi problema de espalda

treaty /'tri:ti/ *n* (*pl* **-ties**) (Pol) tratado *m*

treble[1] /'trebəl/ *n* 1 [c] (singer) tiple *mf*, soprano *mf*; (voice) voz *f* de tiple *or* soprano 2 [u] (Audio) agudos *mpl*

treble[2] *vt* triplicar*

■ **treble** *vi* triplicarse*

treble[3] *adj*

A (threefold) triple; **three nine ~ five** (BrE) tres nueve cinco cinco cinco

B (*before n*) (Mus) ‹*voice/part*› de tiple *or* soprano

treble clef *n* clave *f* de sol

tree /tri:/ *n* árbol *m*; **apple/palm/walnut ~** manzano *m*/palmera *f*/nogal *m*; ***money doesn't grow on ~s*** el dinero no crece en los árboles, el dinero cuesta ganarlo; ***to be barking up the wrong ~*** errar* el tiro; ***you/one can't see the forest*** *o* (BrE) ***the wood for the ~s*** los árboles no dejan ver el bosque; (*before n*) **~ house** *cabaña construida en un árbol para juegos infantiles*; **~ line** *límite a partir del cual no crece vegetación boscosa*; **~ surgeon** arboricultor, -tora *m,f*; **~ trunk** tronco *m*

treeless /'tri:ləs || 'tri:lɪs/ *adj* sin árboles

tree: **~-lined** *adj* (*before n*) bordeado de árboles, arbolado; **~top** *n* copa *f* de árbol

trek[1] /trek/ *n* (hike) caminata *f*; **it's quite a ~ to the shops** hay un buen paseo hasta llegar a las tiendas

trek[2] *vi* **-kk-** caminar; **to go ~king** hacer* senderismo; **I had to ~ all over London looking for the book** (colloq) tuve que patearme todo Londres buscando el libro (fam)

trekking /'trekɪŋ/ *n* senderismo *m*, trekking *m*

trellis /'treləs || 'trelɪs/ *n* enrejado *m*, espaldar *m*, espaldera *f*

tremble[1] /'trembəl/ *vi* temblar*; **I was trembling with fear** temblaba de miedo; **my legs/hands were trembling** me temblaban las piernas/las manos; **her voice ~d with emotion** la voz le temblaba de emoción

tremble[2] *n* temblor *m*; **to be all of a ~** (BrE colloq) estar* *or* temblar* como un flan (fam)

tremendous /trɪ'mendəs/ *adj* 1 (great, huge) ‹*difference/disappointment*› tremendo, enorme; ‹*speed/success*› tremendo; ‹*explosion/blow*› terrible, tremendo; **she was a**

t

~ **help** me (*or* nos *etc*) ayudó muchísimo 2 (very good) formidable; **we had a ~ time** lo pasamos estupendo *or* fantástico

tremendously /trɪˈmendəsli/ *adv* tremendamente, enormemente

tremor /ˈtremər || ˈtremə(r)/ *n* 1 (quiver) temblor *m*; **with a ~ in her voice** con voz temblorosa 2 (*earth ~*) temblor *m* (de tierra), seísmo *m*, sismo *m* (AmL)

tremulous /ˈtremjələs || ˈtremjʊləs/ *adj* (liter) (trembling) ‹*voice/hand*› trémulo (liter), tembloroso

trench /trentʃ/ *n* 1 (ditch) zanja *f* 2 (Mil) trinchera *f*; (*before n*) ~ **warfare** guerra *f* de trincheras

trenchant /ˈtrentʃənt/ *adj* incisivo, mordaz

trench coat *n* trinchera *f*, gabardina *f*, impermeable *m*

trend /trend/ *n* 1 (pattern, tendency) tendencia *f*; **a ~ TOWARD sth** una tendencia A *or* HACIA algo; **that's the general ~ among young people** ésa es la tónica general entre los jóvenes; **to set the ~** marcar* la pauta; **upward/downward ~** tendencia alcista *or* al alza/bajista *or* a la baja 2 (fashion) moda *f*

trendsetter /ˈtrendˌsetər || ˈtrendˌsetə(r)/ *n*: *persona que inicia una moda*

trendy /ˈtrendi/ *adj* **-dier, -diest** moderno, modernoso (fam); **she was wearing a very ~ outfit** iba vestida muy moderna *or* a la última moda; **this part of town is getting very ~** este barrio se está poniendo de moda

trepidation /ˈtrepəˈdeɪʃən || ˌtrepɪˈdeɪʃən/ *n* [u] (frml) (fear) temor *m* (frml), miedo *m*; (worry, anxiety) inquietud *f*; **I entered his office, in** *o* **with ~** entré atemorizado en su oficina

trespass¹ /ˈtrespəs/ *vi*
A (Law) *entrar sin autorización en propiedad ajena*; **they were ~ing on my land** habían entrado en mi propiedad sin autorización; ⓢ **no trespassing** prohibido el paso, propiedad privada
B (offend) (arch): **as we forgive them that ~ against us** así como nosotros perdonamos a nuestros deudores

trespass² *n*
A [u c] (Law) *entrada sin autorización en propiedad ajena*
B [c] (offense) (arch): **forgive us our ~es** perdónanos nuestras deudas

trespasser /ˈtrespəsər || ˈtrespəsə(r)/ *n* intruso, -sa *m,f*; ⓢ **trespassers will be prosecuted** ≈ prohibido el paso, propiedad privada

tress /tres/ *n* (liter) 1 (lock of hair) mechón *m* 2 **tresses** *pl* (hair) cabellera *f* (liter), cabellos *mpl*

trestle /ˈtresəl/ *n* caballete *m*

trews /truːz/ *pl n* (BrE) *pantalones de tela escocesa*

tri- /traɪ/ *pref* tri-

trial¹ /ˈtraɪəl/ *n*
A (Law) 1 [c] (court hearing) proceso *m*, juicio *m*; **murder/rape ~** proceso *or* juicio por asesinato/violación 2 [u] (judgment) juicio *m*; **if the case goes to ~** si el caso va a juicio; **she was brought to ~** fue procesada; **to be on ~ for murder** estar* siendo procesado por asesinato; **to stand ~** ser* procesado *or* juzgado; **to give sb a fair ~** juzgar* a algn con imparcialidad
B [u c] (test) prueba *f*; **clinical ~** ensayo *m* clínico; **on ~** a prueba; **you learn by ~ and error** uno aprende equivocándose *or* por ensayo y error
C [c] (trouble) padecimiento *m*, sufrimiento *m*; **~s and tribulations** tribulaciones *fpl*
D (Sport) (*usu pl*) prueba *f* de selección

trial² *adj* ‹*period/flight*› de prueba; **to employ sb on a ~ basis** contratar a algn a prueba; **~ offer** oferta *f* especial (*para promover un producto nuevo*); **~ run** prueba *f*

triangle /ˈtraɪˌæŋgəl/ *n* (Math, Mus) triángulo *m*

triangular /traɪˈæŋgjələr || traɪˈæŋgjʊlə(r)/ *adj* triangular

triathlete /ˌtraɪˈæθliːt/ *n* triatleta *mf*

triathlon /ˌtraɪˈæθlɑːn, -lən || ˌtraɪˈæθlɒn, -lən/ *n* triatlón *m*

tribal /ˈtraɪbəl/ *adj* tribal

tribe /traɪb/ *n* tribu *f*

tribesman /ˈtraɪbzmən/ *n* (*pl* **-men** /-mən/) miembro *m* de una tribu

tribulation /ˈtrɪbjəˈleɪʃən || ˌtrɪbjʊˈleɪʃən/ *n* [u c] (liter) tribulación *f*

tribunal /traɪˈbjuːnl̩/ *n* 1 (court) tribunal *m* 2 (committee of inquiry) (BrE) comisión *f* investigadora

tributary /ˈtrɪbjəteri || ˈtrɪbjʊtəri/ *n* (*pl* **-ries**) (river) afluente *m*, río *m* tributario

tribute /ˈtrɪbjuːt/ *n*
A [c u] (acknowledgment) homenaje *m*, tributo *m* (AmL); **to pay ~ to sb/sth** rendir* homenaje *or* (AmL tb) tributo a algn/algo; **the movie is a ~ to the courage of these men** la película rinde homenaje *or* (AmL tb) tributo a la valentía de estos hombres
B [u] (payment) tributo *m*

trice /traɪs/ *n*: **in a ~** en un periquete (fam), en un santiamén (fam)

triceps /ˈtraɪseps/ *n* (*pl* ~) tríceps *m*

trick¹ /trɪk/ *n*
A 1 (ruse) trampa *f*, ardid *m*; (*before n*) **~ photography** trucaje *m*; **a ~ question** una pregunta con trampa; *see also* **dirty tricks** 2 (prank, joke) broma *f*, jugarreta *f*; **my eyes/memory must be playing ~s on me** debo de estar viendo visiones/me debe estar engañando la memoria; **she's up to her old ~s again** ya está otra vez haciendo de las suyas; **how's ~s?** (sl) ¿qué onda? (AmL arg), ¿qué tal? (fam)
B (feat, skilful act) truco *m*; **to do card ~s** hacer* trucos con las cartas; **magic ~** truco de magia; **the ~ is to add the oil slowly** el truco *or* el secreto está en añadir el aceite poco a poco; **we've tried every ~ in the book** hemos intentado todo lo habido y por haber; **the ~s of the trade** los trucos del oficio; **give it a good thump, that should do the ~** dale un buen golpe y verás como funciona; ▸**dog¹**
C (in card games) baza *f*; **to take/win** *o* **make a ~** hacerse*/ganar una baza; ***he/she doesn't miss*** *o* ***never misses a ~*** no se le escapa ni una

trick² *vt* engañar; **to ~ sb INTO -ING** engañar a algn PARA QUE (+ *subj*); **to ~ sb OUT OF sth** birlarle algo a algn

trick³ *adj* (*before n*) 1 ‹*cigar/spider*› de juguete, de mentira, de pega (Esp fam) 2 (AmE) ‹*knee/elbow*› con problemas

trickery /ˈtrɪkəri/ *n* [u] artimañas *fpl*

trickle¹ /ˈtrɪkəl/ *vi* (+ *adv compl*) 1 «*liquid*»: **perspiration ~d down his forehead** le corrían gotas de sudor por la frente; **the water was trickling away** el agua se iba escurriendo poco a poco 2 (arrive, go): **letters are still trickling in** todavía se está recibiendo alguna que otra carta; **the audience began to ~ back into the hall** poco a poco el público fue volviendo a la sala
■ **trickle** *vt*: **he ~d water over the leaves** dejó caer un hilito de agua sobre las hojas

trickle² *n* hilo *m*; **the river is now no more than a ~** el río ya no es más que un hilito (de agua); **applications have slowed to a ~** ya sólo se recibe alguna que otra solicitud

trickle charger *n* cargador *m* de batería (*para carga de entretenimiento*)

trick or treat¹ *n*: *frase con la cual en la noche de Halloween los niños amenazan con una jugarreta si no reciben un regalo*

trick or treat², **trick-or-treat** *vi*: **to go ~ ~ ~ing** *salir a recorrer casas amenazando con una jugarreta si no se recibe un regalo*

trickster /ˈtrɪkstər || ˈtrɪkstə(r)/ *n* embaucador, -dora *m,f*

tricky /ˈtrɪki/ *adj* **trickier, trickiest** 1 (difficult) ‹*task/problem*› difícil, peliagudo, que tiene sus bemoles 2 (sensitive, delicate) ‹*matter/problem*› delicado 3 (devious) ‹*person/scheme*› taimado, astuto

tricolor, (BrE) **tricolour** /ˈtraɪˌkʌlər || ˈtrɪkələ(r)/ *n* bandera *f* tricolor

tricycle /ˈtraɪsɪkəl/ *n* triciclo *m*

trident /ˈtraɪdn̩t/ *n* tridente *m*

tried /traɪd/ *adj* ‹*method/procedure*› probado; **~ and tested products** productos *mpl* de probada calidad

triennial /traɪˈeniəl/ *adj* (frml) trienal

trifle /ˈtraɪfəl/ *n*
A 1 [c] (trivial thing) nimiedad *f* 2 (small amount) (*no pl*) insignificancia *f*; **it's a ~ too salty** (*as adv*) está un poquitín *or* un pelín salado (fam)
B [u c] (Culin) *postre de bizcocho, jerez, crema y frutas*, sopa *f* inglesa (RPl)

Phrasal verb

- **trifle with** [v ▸ prep ▸ o] ‹*person/emotions*› jugar* con

trifling /'traɪflɪŋ/ *adj* insignificante, sin importancia

trigger¹ /'trɪgər || 'trɪgə(r)/ *n*

A 1 (of gun) gatillo *m*; **to pull the ~** apretar* el gatillo; (*before n*) **~ finger** índice *m* 2 (of camera, machine) disparador *m*

B (catalyst) **~ (FOR sth)**: **it can be a ~ for an asthmatic reaction** puede provocar reacciones asmáticas

trigger² *vt* **~ (off)** ‹*reaction/response*› provocar*; ‹*revolt*› desencadenar, hacer* estallar

trigger-happy /'trɪgər'hæpi || 'trɪgəhæpi/ *adj* (colloq) que dispara a la menor provocación

trigonometry /'trɪgə'nɑːmətri || ˌtrɪgə'nɒmətri/ *n* [u] trigonometría *f*

trilby /'trɪlbi/ *n* (*pl* **-bies**) (BrE) sombrero *m* (*de fieltro*)

trill¹ /trɪl/ *n* 1 (in music, of birdsong) trino *m* 2 (Ling) vibración *f*

trill² *vi* «*bird*» trinar, gorjear

trillion /'trɪljən/ *n* 1 (esp in US: 10^{12}) billón *m* 2 (esp in UK: 10^{18}) trillón *m*; *see also* **hundred**

trilogy /'trɪlədʒi/ *n* (*pl* **-gies**) trilogía *f*

trim¹ /trɪm/ *adj* **-mm-** 1 (slim) ‹*figure/person*› esbelto, estilizado 2 (neat) ‹*uniform/suit*› elegante, de buen corte

trim² *n*

A [u] (good condition): ***to be in (good) ~*** estar* en buen estado *or* en buenas condiciones; **swimming keeps me in ~** la natación me mantiene en forma *or* en buen estado físico

B [c] (cut) recorte *m*; **just a ~, please** córteme sólo las puntas, por favor; **to give the hedge a ~** recortar el seto

C [u] (on clothes) adornos *mpl*; (along edges) ribete *m*

D (on bodywork of car) banda *f* lateral; (inside car) tapicería *f*

trim³ *vt* **-mm-**

A 1 (cut) ‹*hair/beard/edges*› recortar; ‹*bush/branches*› recortar, podar; **~ the fat off the meat** quítele la grasa a la carne 2 (reduce) ‹*staff*› reducir*, recortar; ‹*budget/spending*› recortar

B 1 (decorate) ‹*dress/hat*› adornar; **~med with velvet** con adornos de terciopelo; (round edge) con ribetes de terciopelo, ribeteado de terciopelo 2 (upholster) (Auto) tapizar*

C (Naut) ‹*sail*› orientar

D (defeat decisively) (AmE colloq) darle* una paliza a (fam)

trimester /traɪ'mestər || traɪ'mestə(r)/ *n* (AmE) trimestre *m*

trimming /'trɪmɪŋ/ *n*

A [u c] (on clothes) adorno *m*; (along edges) ribete *m*

B **trimmings** *pl* 1 (accompaniments): **turkey with all the ~s** pavo con la guarnición tradicional 2 (offcuts) recortes *mpl*

Trinidad /'trɪnədæd || 'trɪnɪdæd/ *n* Trinidad *f*; **~ and Tobago** Trinidad y Tobago

Trinity /'trɪnəti/ *n* **the (Holy) ~** la (Santísima) Trinidad

trinket /'trɪŋkət || 'trɪŋkɪt/ *n* chuchería *f*, baratija *f*

trio /'triːəʊ/ *n* trío *m*

trip¹ /trɪp/ *n*

A (journey) viaje *m*; (excursion) excursión *f*; (outing) salida *f*; **she's going on a ~ to Japan** se va de viaje al Japón; **a ~ to the zoo/dentist** una visita al zoológico/dentista

B 1 (stumble, fall) tropezón *m*, traspié *m* 2 (attempt to make sb fall) zancadilla *f*

C (sl) 1 (drug-induced) viaje *m* (arg), colocón *m* (arg), pasón *m* (Méx arg) 2 (obsession): **she's been on a real guilt ~ lately** le ha dado por sentirse culpable últimamente; *see also* **ego trip**

trip² **-pp-** *vi*

A (stumble) tropezar*; **to ~ ON/OVER sth** tropezar* CON algo; **they were ~ping over themselves to help him** se deshacían por ayudarlo

B (move lightly and easily) (+ *adv compl*): **she ~ped along beside him** caminaba a su lado con paso airoso *or* ligero; **her surname doesn't exactly ~ off the tongue** su apellido no es muy fácil de pronunciar, que digamos

■ **trip** *vt* 1 **~ (up)** (make stumble — intentionally) hacerle* una zancadilla a, ponerle* *or* echarle una *or* la zancadilla a (Esp) 2 (set off) ‹*alarm*› activar, hacer* que se dispare

Phrasal verbs

- **trip over** [v ▸ adv] tropezar* y caerse*
- **trip up**

A [v ▸ adv] (make mistake) equivocarse*, meter la pata (fam)

B [v ▸ o ▸ adv, v ▸ adv ▸ o] 1 (cause to make mistake) hacer* equivocar 2 ▸**trip²** *vt* **1**

tripe /traɪp/ *n* [u] 1 (Culin) mondongo *m* (AmS) *or* (Esp) callos *mpl or* (Méx) pancita *f or* (Chi) guatitas *fpl* 2 (nonsense) (colloq) paparruchas *fpl* (fm), chorradas *fpl* (Esp fam), mamadas *fpl* (Méx fam), babosadas *fpl* (AmC, Col, Méx fam), leseras *fpl* (Chi fam)

triple¹ /'trɪpəl/ *adj* triple

triple² *adv*: **~ the amount** el triple

triple³ *vt* triplicar*

■ **triple** *vi* 1 (increase threefold) triplicarse* 2 (in baseball) (AmE) hacer* un triple *or* un triplete

triple⁴ *n* (in baseball) (AmE) triple *m*, triplete *m*

triple: **~ jump** *n* triple salto *m* (de longitud); **~ jumper** *n* saltador, -dora *m,f* de triple salto

triplet /'trɪplət || 'trɪplɪt/ *n* trillizo, -za *m,f*

triplicate /'trɪpləkət || 'trɪplɪkət/ *n*: **in ~** por triplicado

tripod /'traɪpɑːd || 'traɪpɒd/ *n* trípode *m*

Tripoli /'trɪpəli/ *n* Trípoli *m*

tripper /'trɪpər || 'trɪpə(r)/ *n* (BrE) excursionista *mf*

triptych /'trɪptɪk/ *n* tríptico *m*

trite /traɪt/ *adj* **triter, tritest** trillado

triumph¹ /'traɪəmf || 'traɪʌmf/ *n* [c u] (victory) triunfo *m*; **they returned in ~** regresaron triunfalmente; **~ OVER sb/sth** triunfo SOBRE algn/algo

triumph² *vi* triunfar; **to ~ OVER sb/sth** triunfar SOBRE algn/algo

triumphal /traɪ'ʌmfəl/ *adj* ‹*procession/march*› triunfal; **~ arch** arco *m* de triunfo

triumphant /traɪ'ʌmfənt/ *adj* ‹*troops/team*› triunfador; ‹*moment/entry*› triunfal; ‹*smile*› de triunfo, triunfal

triumphantly /traɪ'ʌmfəntli/ *adv* triunfalmente

trivia /'trɪviə/ *pl n* trivialidades *fpl*, banalidades *fpl*, nimiedades *fpl*

trivial /'trɪviəl/ *adj* ‹*events/concerns*› trivial, banal; ‹*sum/details*› insignificante, nimio

triviality /'trɪvi'æləti/ *n* (*pl* **-ties**)

A [c] 1 (matter) trivialidad *f*, banalidad *f*, nimiedad *f* 2 (remark, idea): **we exchanged trivialities** hablamos de cosas intrascendentes

B [u] (of event, conversation, book) trivialidad *f*, banalidad *f*

trivialize /'trɪviəlaɪz/ *vt* trivializar*, quitarle importancia a

trod /trɑːd || trɒd/ *past and past p of* **tread¹**

trodden /'trɑːdn || 'trɒdn/ *past p of* **tread¹**

Trojan¹ /'trəʊdʒən/ *adj* troyano; **the ~ Horse/War** el caballo/la guerra de Troya

Trojan² *n* (Hist) troyano, -na *m,f*; ***to work like a ~*** trabajar como un burro (fam)

troll /trəʊl/ *n* gnomo *m* (*de la mitología escandinava*)

trolley /'trɑːli || 'trɒli/ *n*

A 1 **~ (bus)** trolebús *m* 2 **~ (car)** (AmE) tranvía *m*

B (BrE) (for food, drink) carrito *m*, mesa *f* rodante; (at station, airport, in supermarket) carro *m*, carrito *m*; (in hospital) carrito *m*; (for going shopping) carrito *m*; (in mine) vagoneta *f*; ***to be off one's ~*** (BrE colloq) estar* chiflado (fam), estar* mal de la cabeza

trollop /'trɑːləp || 'trɒləp/ *n* (dated) mujerzuela *f*, mujer *f* de la calle

trombone /trɑːm'bəʊn || trɒm'bəʊn/ *n* trombón *m*

trombonist /trɑːm'bəʊnəst || trɒm'bəʊnɪst/ *n* trombón *mf*

tromp /trɑːmp || trɒmp/ *vi* (AmE colloq): **to ~ on/over sth** pisotear algo

■ **tromp** *vt* pisotear, pisar

troop¹ /truːp/ *n*

A 1 (unit) compañía *f*; (of cavalry) escuadrón *m* 2 (of Scouts) tropa *f* 3 (of people) (colloq) tropel *m*

B **troops** *pl* (soldiers): **our ~s** nuestras tropas; **500 ~s** 500 soldados

troop² *vi* (+ *adv compl*): **they ~ed past the coffin** desfilaron ante el féretro (frml); **to ~ in/out** entrar/salir* en tropel *or* en masa

■ **troop** *vt*: **to ~ the colour** (BrE) desfilar con la bandera

troop carrier *n* transporte *m* de tropas

trooper /'truːpər || 'truːpə(r)/ *n* 1 (cavalryman) soldado *m* de caballería; ***to swear like a ~*** hablar como un carretero *or* una verdulera 2 (state police officer) (AmE) agente *mf*
troopship *n: barca para el transporte de tropas*
trophy /'trəʊfi/ *n* (*pl* **-phies**) trofeo *m*
tropic /'trɑːpɪk || 'trɒpɪk/ *n* 1 (line) trópico *m*; **the T~ of Cancer/Capricorn** el trópico de Cáncer/Capricornio 2 **tropics** *pl* (area) **the ~s** el trópico
tropical /'trɑːpɪkəl || 'trɒpɪkəl/ *adj* tropical
trot¹ /trɑːt || trɒt/ *n* (*no pl*) trote *m*; **to go at a ~** ir* al trote, trotar; **to break into a ~** empezar* a trotar; ***on the ~*** (BrE colloq): **four times/nights on the ~** cuatro veces/noches seguidas; ***to have the ~s*** (colloq) tener* diarrea, estar* churriento (Col) *or* (Chi) churrete (fam), tener* cagalera (Esp) *or* (Méx) chorrillo (fam)
trot² **-tt-** *vi* 1 (Equ) ⟨⟨*horse/rider*⟩⟩ trotar 2 (go) (+ *adv compl*): **I'm just ~ting across** *o* **over to the library** voy un momento hasta la biblioteca
■ **trot** *vt* hacer* trotar
Phrasal verb
• **trot out** [v ▸ o ▸ adv, v ▸ adv ▸ o] ⟨*excuses/clichés*⟩ salir* con; ⟨*facts*⟩ recitar de memoria *or* (fam) como un loro
troth /trɑːθ, trəʊθ || trəʊθ/ *n* (arch) ▸ **plight²**
trotter /'trɑːtər || 'trɒtə(r)/ *n*: **pig's ~s** (Culin) manitas *fpl* de cerdo
trouble¹ /'trʌbəl/ *n*
A [u c] 1 (problems, difficulties) problemas *mpl*; (particular problem) problema *m*; **family/financial ~** problemas familiares/económicos; **here comes ~!** ¡mira quién viene! (fam); **this could mean ~** puede que esto traiga cola; **it's just asking for ~** es buscarse problemas; **the company's in ~** la empresa está pasando unas dificultades; **if you're ever in ~ ...** si alguna vez estás en apuros ...; **to get into ~** meterse en problemas *or* en líos; **to get sb into ~** meter a algn en problemas; (make pregnant) dejar embarazada a algn, dejar a algn con encargo (AmL fam & euf); **to get sb out of ~** sacar* a algn de apuros *or* aprietos; **to have ~ with sb/sth** tener* problemas con algn/algo; **to have ~ -ING**: **he has ~ walking** le cuesta caminar; **we had no ~ finding it** lo encontramos sin problemas; **to make ~ for oneself** crearse problemas; **what's the ~?** ¿qué pasa?; **the ~ is ...** lo que pasa es que ..., el problema es que ... 2 (illness): **stomach/heart ~** problemas *mpl* *or* trastornos *mpl* estomacales *or* de estómago/cardíacos *or* de corazón; **what seems to be the ~?** ¿qué síntomas tiene?
B [u] (effort) molestia *f*; **I don't want to put you to any ~** no quiero ocasionarle ninguna molestia; **it's not worth the ~** no vale *or* no merece la pena; **thanks very much — it's no ~!** muchas gracias — ¡no hay de qué!; **to go to the ~ of doing sth, to take the ~ to do sth** molestarse en hacer algo; **don't go to any ~** no te compliques demasiado; **to take ~ over sth** esmerarse *or* poner* cuidado en algo
C [u] (strife, unrest) (*often pl*): **industrial/racial ~s** conflictos *mpl* laborales/raciales; **the ~s in Northern Ireland** los disturbios de Irlanda del Norte; **to cause ~** causar problemas, armar líos (fam); **to look for ~** buscar* camorra; (*before n*) **~ spot** punto *m* conflictivo
trouble² *vt* 1 (worry) preocupar; **don't let it ~ you** no te preocupes (por eso) 2 (bother) molestar; **don't ~ yourself** no se moleste; **I'm sorry to ~ you** perdone *or* disculpe la molestia; **to ~ to + INF** molestarse EN + INF, tomarse el trabajo DE + INF 3 (cause discomfort) ⟨⟨*sore back/injury*⟩⟩ molestar
troubled /'trʌbəld/ *adj* 1 (disturbed) ⟨*person*⟩ preocupado, atribulado; ⟨*look*⟩ de preocupación; ⟨*sleep*⟩ inquieto, agitado 2 (strife-torn) (journ) ⟨*region/industry*⟩ aquejado de problemas
trouble: **~maker** *n* alborotador, -dora *m,f*; **~shooter** *n* (within company) *persona que se envía a resolver problemas, crisis etc*; (mediator) mediador, -dora *m,f*, conciliador, -dora *m,f*
troublesome /'trʌbəlsəm/ *adj* ⟨*child*⟩ problemático; ⟨*task*⟩ difícil, pesado; ⟨*situation*⟩ problemático, conflictivo; ⟨*cough*⟩ molesto, molestoso (AmL)
trough /trɔːf || trɒf/ *n*
A (container — for water) abrevadero *m*, bebedero *m*; (— for feed) comedero *m*
B 1 (on land, seabed) hoya *f*, depresión *f* 2 (Meteo): **a ~ of low pressure** una depresión, una zona de bajas presiones
trounce /traʊns/ *vt* derrotar de forma aplastante, darle* una paliza a (fam)
troupe /truːp/ *n* (Theat) compañía *f* teatral; (in circus) troupe *f*
trouper /'truːpər || 'truːpə(r)/ *n*: **she's a real ~** (colloq) siempre está dispuesta a echar una mano
trouser /'traʊzər || 'traʊzə(r)/ *adj* ⟨*leg/pocket*⟩ del pantalón
trousers /'traʊzərz || 'traʊzəz/ *pl n* pantalón *m*, pantalones *mpl*; **a pair of ~** un pantalón, unos pantalones, un par de pantalones; ▸ **wear²** *vt* **A2**
trouser suit *n* (BrE) traje *m* pantalón, traje *m* de chaqueta y pantalón
trousseau /'truːsəʊ/ *n* (*pl* **-x** *or* **-s** /-z/) ajuar *m*
trout /traʊt/ *n* [u c] (*pl* **trout** *or* Zool **trouts**) trucha *f*
trove /trəʊv/ *n see* **treasure trove**
trowel /'traʊəl/ *n* 1 (Const) paleta *f*, llana *f*; ***to lay it on with a ~*** recargar* las tintas 2 (for gardening) desplantador *m*, palita *f*
Troy /trɔɪ/ *n* Troya *f*
truant /'truːənt/ *n*: *alumno que falta a clase sin autorización*; **to play ~** faltar a clase, hacer* novillos *or* (Méx) irse* de pinta *or* (RPl) hacerse* la rata *or* la rabona *or* (Per) la vaca *or* (Chi) hacer* la cimarra *or* (Col) capar clase (fam), jubilarse (Ven)
truce /truːs/ *n* tregua *f*; **to call a ~** suspender las hostilidades
truck¹ /trʌk/ *n*
A [c] 1 (vehicle) camión *m*; (*before n*) **~ driver** camionero, -ra *m,f*; **~ stop** (AmE) bar *m* de carretera 2 (BrE Rail) furgón *m*, vagón *m*
B [u] (vegetables, fruit) (AmE) productos *mpl* de la huerta; (*before n*) **~ farmer** horticultor, -tora *m,f*; **~ farming** horticultura *f*; **~ garden** huerta *f*
C [u] (dealings): **to have no ~ with sb** no tener trato con algn; **he'll have no ~ with it/them** no quiere saber nada del asunto/de ellos
truck² *vt* (AmE) ⟨*goods*⟩ transportar en camión
■ **truck** *vi* trabajar de camionero/camionera
trucker /'trʌkər || 'trʌkə(r)/ *n* (AmE) (driver) camionero, -ra *m,f*, transportista *mf*
trucking /'trʌkɪŋ/ *n* [u] (AmE) transporte *m* por carretera; (*before n*) ⟨*company*⟩ de transportes por carretera
truculent /'trʌkjələnt || 'trʌkjʊlənt/ *adj* malhumorado y agresivo
trudge /trʌdʒ/ *vi* caminar con dificultad
■ **trudge** *vt* ⟨*streets/hills*⟩ recorrer (*con cansancio, dificultad etc*)
true¹ /truː/ *adj* **truer, truest**
A 1 (consistent with fact, reality): **to be ~** ser* cierto, ser* verdad; **it can't be ~!** ¡no puede ser!; **a ~ story** una historia verídica; **to come ~** hacerse* realidad; **to hold ~** ser* válido; **~, inflation has fallen, but ...** cierto, la inflación ha disminuido, pero ...; **how ~!** *o* **too ~!** ¡si será cierto!; **you never said** *o* **spoke a ~r word!** ¡tú lo has dicho!; **they're so stupid it's not ~** (esp BrE) parece mentira que sean tan tontos, son increíblemente tontos 2 (accurate, exact) (*before n*) ⟨*account*⟩ verídico; ⟨*copy*⟩ fiel; **in the ~st sense of the word** en el sentido estricto de la palabra
B (real, actual, genuine) (*before n*) ⟨*purpose/courage*⟩ verdadero; ⟨*friend*⟩ auténtico, de verdad; **a ~ Frenchman** un francés auténtico; **~ north** el norte geográfico; **it's ~ love** es amor de verdad
C (faithful) fiel; **~ TO sth/sb** fiel A algo/algn; **to be ~ to one's word** ser* fiel a *or* mantener* su (*or* mi *etc*) palabra; **~ to form**: **~ to form, he arrived late** como era de esperar, llegó tarde; **she was acting ~ to form, telling everyone what to do** como siempre, estaba dándole órdenes a todo el mundo
D (Tech) (*pred*): **to be ~** ⟨⟨*wall/upright*⟩⟩ estar* a plomo; ⟨⟨*beam*⟩⟩ estar* a nivel; ⟨⟨*wheel/axle*⟩⟩ estar* alineado *or* centrado; ⟨⟨*instrument*⟩⟩ estar* bien calibrado; **his aim is ~** tiene buena puntería
true² *n*: **to be out of ~** ⟨⟨*wall/upright*⟩⟩ no estar* a plomo

true: **~-blue** /'tru:'blu:/ *adj* (Pol) ‹*conservative*› hasta la médula; **~-life** /'tru:'laɪf/ *adj* (journ) (*before n*) ‹*story*› verídico; ‹*experience*› real, auténtico; **~-to-life** /'tru:tə'laɪf/ *adj* (*pred* **~ to life**) ‹*novel/film*› realista; ‹*situation*› verosímil

truffle /'trʌfəl/ *n* trufa *f*

truism /'tru:ɪzəm/ *n* (obvious truth) hecho *m* que salta a la vista, perogrullada *f* (fam)

truly /'tru:li/ *adv* [1] (in reality) verdaderamente, realmente [2] (*as intensifier*) ‹*amazing/fantastic*› verdaderamente, realmente [3] (accurately, exactly): **it may ~ be called a masterpiece** puede, con toda justicia, calificarse de obra maestra [4] (sincerely) ‹*grateful*› sinceramente, verdaderamente; ‹*concerned*› francamente, verdaderamente; **I'm ~ sorry** lo siento de verdad *or* de veras; **yours ~** (Corresp) cordiales saludos; **who ended up doing it? yours ~!** (hum) ¿quién terminó haciéndolo? un servidor *or* (Esp tb) aquí, menda (fam)

trump¹ /trʌmp/ *n* [1] **~ (card)** (Games) triunfo *m* [2] **~ (card)** (resource, weapon) baza *f* [3] **trumps** *pl* (suit) triunfo *m*; **hearts are ~s** triunfan corazones, los corazones son triunfo; ***to come up*** *o* (BrE also) ***turn up ~s***: **her father always came up ~s** su padre nunca le fallaba; **Al turned up ~s, scoring in the last minute** Al salvó la situación al meter un gol en el último minuto

trump² *vt* ‹*card*› matar (*con un triunfo*)

trumped-up /'trʌmpt'ʌp/ *adj* (*before n*) ‹*charge/evidence*› falso, fabricado

trumpet¹ /'trʌmpət || 'trʌmpɪt/ *n* trompeta *f*; ▸**blow²** *vt* **B**

trumpet² *vi* «*elephant*» barritar

■ **trumpet** *vt* pregonar a los cuatro vientos, anunciar con bombos y platillos *or* (Esp) a bombo y platillo

trumpeter /'trʌmpətər || 'trʌmpɪtə(r)/ *n* trompetista *mf*, trompeta *mf*

truncate /'trʌŋkeɪt || trʌŋ'keɪt/ *vt* (frml) truncar*

truncheon /'trʌntʃən/ *n* (esp BrE) porra *f*, cachiporra *f*

trundle /'trʌndḷ/ *vi* (+ *adv compl*): **the cart ~d along/down the lane** el carro avanzaba lentamente por el camino

■ **trundle** *vt* ‹*barrow*› tirar de

trunk /trʌŋk/ *n*

A [1] (of tree) tronco *m* [2] (torso) tronco *m*

B (of elephant) trompa *f*

C [1] (box) baúl *m* [2] (of car) (AmE) maletero *m*, cajuela *m* (Méx), baúl *m* (Col, Ven, RPl), maleta *f* (Chi), maletera *f* (Per)

D **trunks** *pl* (Clothing) (for swimming) traje *m* de baño *or* (Esp tb) bañador *m* (*de hombre*), vestido *m* de baño (Col) (*de caballero*);

trunk: **~ call** *n* (BrE) llamada *f* de larga distancia *or* interurbana, conferencia *f* (Esp); **~ road** *n* (BrE) carretera *f* principal

truss /trʌs/ *vt* ‹*chicken/duck*› atar

Phrasal verb

• **truss up** [v ▸ o ▸ adv, v ▸ adv ▸ o] atar

trust¹ /trʌst/ *n*

A [1] [u] (confidence, faith) confianza *f*; **to have ~ IN sb/sth** tener* confianza EN algn/algo; **on ~** (without verification) bajo palabra; (on credit) a crédito; **to put** *o* **place one's ~ in sb/sth** depositar su (*or* mi *etc*) confianza en algn/algo; **to take sb on ~** fiarse* de algn; **take it on ~ that ...** ten por seguro que ... [2] [u c] (responsibility): **a position of ~** un puesto de confianza *or* responsabilidad

B (Fin) [1] [c] (money, property) fondo *m* de inversiones [2] [c] (institution) fundación *f* [3] [u] (custody) (Law) fideicomiso *m*; **to hold sth in ~ for sb** mantener* algo en fideicomiso para algn

trust² *vt*

A (have confidence in) ‹*person*› confiar* en, tener* confianza en; (in negative sentences) fiarse* de; **he can't be ~ed** no es de fiar; **I wouldn't ~ him as far as I could throw him** no me fío un pelo de él (fam); **to ~ sb to + INF: can they be ~ed to be there on time?** ¿podemos confiar en que van a llegar a tiempo?; **I don't ~ them to do as they're told** no me fío de que vayan a obedecer; **I've broken it — ~ you!** (iro) se me ha roto — ¡típico!; **to ~ sb WITH sth** confiarle* algo A algn

B (hope, assume) (frml) esperar; **we ~ you enjoyed yourselves** esperamos que se hayan divertido

■ **trust** *vi* **to ~ IN sb/sth** confiar* *or* tener* confianza EN algn/algo; **to ~ TO sth** confiar* EN algo; **to ~ to luck** dejar algo librado al azar

trusted /'trʌstəd || 'trʌstɪd/ *adj* (*before n*) leal, de confianza

trustee /'trʌs'ti:/ *n* [1] (of money, property) fideicomisario, -ria *m,f*, fiduciario, -ria *m,f* [2] (of institution) miembro *m* del consejo de administración

trustful /'trʌstfəl/ *adj* ▸**trusting**

trust fund *n* fondo *m* fiduciario *or* de fideicomiso

trusting /'trʌstɪŋ/ *adj* confiado

trustworthy /'trʌst,wɜ:rði || 'trʌst,wɜ:ði/ *adj* ‹*colleague/child*› digno de confianza; ‹*account/witness*› fidedigno

trusty /'trʌsti/ *adj* (*before n*) (liter) fiel, leal

truth /tru:θ/ *n* (*pl* **~s** /tru:ðz/) [1] [u] (quality, condition) verdad *f*; (of account, story) veracidad *f*; **tell me the ~** dime la verdad; **if (the) ~ be known/told, he just isn't interested** la verdad es que no le interesa; ***(the) ~ will out*** las mentiras tienen las patas cortas, se pilla antes al mentiroso que al cojo [2] [c] (fact) verdad *f*; *see also* **home truth**

truthful /'tru:θfəl/ *adj* ‹*person*› que dice la verdad, veraz, sincero; ‹*testimony*› veraz, verídico; ‹*answer*› veraz; ‹*depiction*› fiel

truthfully /'tru:θfəli/ *adv* sinceramente

try¹ /traɪ/ *n* (*pl* **tries**)

A [1] [c] (attempt) intento *m*, tentativa *f*; **it's worth a ~** vale la pena intentarlo *or* hacer la tentativa *or* hacer la prueba; **that's not the right answer, but it was a good ~** ésa no es la respuesta, pero no estabas tan desencaminado [2] (trial) (*no pl*): **we'll give him a ~** le daremos una oportunidad; **this wine should be worth a ~** merece la pena probar este vino

B [c] (in rugby) ensayo *m*

try² **tries, trying, tried** *vt*

A [1] (attempt) intentar; **to ~ to + INF** tratar DE + INF, intentar + INF; **~ to** *o* (colloq) **~ and concentrate** trata de *or* intenta concentrarte; **~ not to forget** procura no olvidarte; **just you ~ it!** ¡atrévete!, ¡haz la prueba!; **it's ~ing to rain** (colloq) parece que quiere llover (fam) [2] (attempt to operate): **he tried all the windows** probó a abrir todas las ventanas; **she tried the switch, but nothing happened** le dio al interruptor, pero nada de nada

B [1] (experiment with) ‹*product/technique/food*› probar*; **~ some** pruébalo, prueba un poquito; **to ~ -ING: have you tried frying it?** ¿has probado a freírlo?; **~ looking at the problem from another angle** prueba con un enfoque distinto del problema [2] (have recourse to): **I'll ~ his work number** voy a probar a llamarlo al trabajo; **I tried several bookshops before I found a copy** busqué en *or* recorrí varias librerías antes de encontrar un ejemplar

C [1] (put to the test) ‹*person/courage*› poner* a prueba; **to ~ one's luck at sth** probar* suerte con algo [2] (put strain on) ‹*patience*› poner* a prueba

D (Law) ‹*person*› procesar, juzgar*; ‹*case*› ver*; **to ~ sb FOR sth** juzgar* a algn POR algo

■ **try** *vi*: **you must ~ harder** tienes que esforzarte más; **the team just isn't ~ing** el equipo no está haciendo ningún esfuerzo; **I can't do it: you ~** no puedo, prueba *or* inténtalo tú; **to ~ one's best** *o* **hardest** hacer* todo lo posible; **she couldn't be hurtful if she tried** es incapaz de herir a nadie

Phrasal verbs

• **try for** [v ▸ prep ▸ o] ‹*prize/place*› tratar de conseguir

• **try on** [v ▸ o ▸ adv, v ▸ adv ▸ o] ‹*skirt/shoes/hat*› probarse*, medirse* (Col, Méx); ***to ~ it on (with sb)*** (BrE colloq): **don't ~ it on with me!** ¡cuidadito con pasarte de la raya conmigo! (fam)

• **try out**

A [v ▸ o ▸ adv, v ▸ adv ▸ o] (test) ‹*product/method*› probar*; ‹*employee/player*› probar*, poner* a prueba; **to ~ sth out ON sb** probar* algo CON algn

B [v ▸ adv] (be tested) **to ~ out (FOR sth)** presentarse a una prueba (PARA algo)

trying /'traɪɪŋ/ *adj* ‹*day/experience*› duro; **I find him quite ~** es una persona que pone a prueba mi paciencia

try: **~-on** *n* [1] (of clothes) (AmE) prueba *f* [2] (trick, pretense) (BrE colloq) triquiñuela *f* (fam); **~out** *n* prueba *f*

tryst /trɪst/ *n* (liter) (appointment) cita *f*; (place) lugar *m* de encuentro

tsar /zɑːr || zɑː(r)/ *n* zar *m*

tsetse fly /ˈtsetsi, ˈte-/ *n* mosca *f* tsetsé

T-shirt /ˈtiːʃɜːrt || ˈtiːʃɜːt/ *n* 1 (outer garment) camiseta *f* 2 (undershirt) (AmE) camiseta *f*

tsp = teaspoon(s)

tub /tʌb/ *n* 1 (large vessel — for holding liquids) cuba *f*; (— for washing clothes) tina *f* 2 (*bath*~) bañera *f*, tina *f* (AmL), bañadera *f* (Arg) 3 (for ice cream, margarine) envase *m* (*gen de plástico*), tarrina *f* (Esp) 4 (boat, ship) (colloq & hum) chalana *f*; (small) cascarón *m* de nuez

tuba /ˈtuːbə || ˈtjuːbə/ *n* tuba *f*

tubby /ˈtʌbi/ *adj* **-bier, -biest** (colloq) rechoncho (fam), regordete (fam)

tube /tuːb || tjuːb/ *n*

A (pipe, container) tubo *m*; ***to go down the ~(s)*** (colloq) venirse* abajo, irse* al traste (fam)

B (television) (esp AmE colloq): **the ~** la tele (fam)

C (London underground railway) (BrE colloq): **the ~** el metro, el subte (Arg); **let's go by ~** vamos en metro *or* (Arg) en subte

tuber /ˈtuːbər || ˈtjuːbə(r)/ *n* (Bot) tubérculo *m*

tuberculosis /tʊˈbɜːrkjəˈləʊsəs || tjʊˌbɜːkjʊˈləʊsɪs/ *n* [u] tuberculosis *f*

tube top *n* (AmE) bustier *m* elástico

tubing /ˈtuːbɪŋ || ˈtjuːbɪŋ/ *n* [u] tubería *f*

tubular /ˈtuːbjələr || ˈtjuːbjʊlə(r)/ *adj* tubular

TUC *n* (in UK) **= Trades Union Congress**

tuck¹ /tʌk/ *n* [c] (fold, pleat) jareta *f*, alforza *f* (CS), pliegue *m*

tuck² *vt* meter; **he ~ed the blanket firmly under the mattress** metió bien la manta debajo del colchón; **it looks better ~ed into your skirt** queda mejor por dentro (de la falda); **she ~ed the magazine under her arm** se colocó la revista debajo del brazo

■ **tuck** *vi*: **the blouse ~s into the skirt** la blusa va *or* se lleva por dentro (de la falda)

Phrasal verbs

• **tuck away**

A [v ▸ o ▸ adv, v ▸ adv ▸ o] (eat) (colloq) zamparse (fam), pulirse (fam), mandarse (AmL fam)

B [v ▸ o ▸ adv] (put away) guardar; **the house is ~ed away at the foot of the hill** la casa está enclavada en un rincón al pie de la colina

• **tuck in**

A [v ▸ adv] (eat) (colloq) ponerse* a comer, atacar* (fam)

B [v ▸ o ▸ adv, v ▸ adv ▸ o] 1 (in trousers, under mattress) meter; **~ your shirt in** métete la camisa por dentro (de los pantalones) 2 ‹*child/invalid*› arropar

• **tuck into** [v ▸ prep ▸ o] (colloq) ponerse* a comer, atacar* (fam)

• **tuck up** [v ▸ o ▸ adv] **to ~ sb up (in bed)** arropar a algn (en la cama)

tuckered out /ˈtʌkərd || ˈtʌkəd/ *adj* (AmE colloq) (*pred*) molido (fam), hecho polvo (fam), de cama (AmL fam)

tuck shop *n* (BrE) tienda *f* de golosinas (*en una escuela*)

Tudor /ˈtuːdər || ˈtjuːdə(r)/ *n* Tudor *mf*; **the ~s** los Tudor; (*before n*) ‹*king/architecture*› tudor *adj inv*

Tues, Tue (**= Tuesday**) mart.

Tuesday /ˈtuːzdeɪ, -di || ˈtjuːzdeɪ, -di/ *n* martes *m*; *see also* **Monday**

tuft /tʌft/ *n* 1 (of hair) mechón *m*; (on top of head) copete *m* 2 (of grass) mata *f*

tug¹ /tʌg/ **-gg-** *vt* 1 (pull) ‹*sleeve/cord*› tirar de, jalar (de) (AmL exc CS) 2 (drag) arrastrar

■ **tug** *vi* **to ~ AT sth** tirar DE algo, jalar (DE) algo (AmL exc CS); **to ~ ON sth** darle* *or* pegarle* un tirón A algo, jalar algo (AmL exc CS)

tug² *n*

A (pull) tirón *m*, jalón *m* (AmL exc CS); **to give sth a ~** tirar de algo, jalar (de) algo (AmL exc CS), darle* *or* pegarle* un tirón a algo, darle* *or* pegarle* un jalón a algo (AmL exc CS)

B **~ (boat)** (Naut) remolcador *m*

tug of war *n*: *juego de tira y afloja con una cuerda*

tuition /tʊˈɪʃən || tjuːˈɪʃən/ *n* [u] 1 (instruction) (frml) **~ (IN sth)** clases *fpl* (DE algo); **she's having private ~** está tomando *or* le están dando clases particulares; (*before n*) **~ fees** ≈ matrícula *f* 2 (fees) matrícula *f*

tulip /ˈtuːləp || ˈtjuːlɪp/ *n* tulipán *m*

tulle /tuːl || tjuːl/ *n* [u] tul *m*

tumble¹ /ˈtʌmbəl/ *n* 1 (of acrobat) voltereta *f* 2 (fall) caída *f*; **to take a ~** caerse*

tumble² *vi*

A (fall) caerse*; **he ~d off his horse** se cayó del caballo; **the pile of cans came tumbling down** el montón de latas se vino abajo; **I ~d into bed** me dejé caer en la cama

B (roll, turn) «*acrobat*» dar* volteretas; «*kitten/children*» revolcarse*, retozar*

Phrasal verb

• **tumble to** [v ▸ prep ▸ o] ‹*scheme*› darse* cuenta de

tumble ~down *adj* (*before n*) en ruinas; **~ dryer** /ˈtʌmbəlˈdraɪər || ˈtʌmbəlˌdraɪə(r)/ *n* secadora *f*

tumbler /ˈtʌmblər || ˈtʌmblə(r)/ *n* (glass) vaso *m* (*de lados rectos*)

tumbleweed /ˈtʌmbəlwiːd/ *n* [u] planta *f* rodadora

tummy /ˈtʌmi/ *n* (*pl* **-mies**) (used to or by children) barriga *f* (fam), pancita *f* (fam), tripita *f* (fam), guatita *f* (Chi fam)

tumor, (BrE) **tumour** /ˈtuːmər || ˈtjuːmə(r)/ *n* tumor *m*

tumult /ˈtuːmʌlt || ˈtjuːmʌlt/ *n* [u c] tumulto *m*; **her thoughts were in (a) ~** se sentía totalmente confundido

tumultuous /tʊˈmʌltʃuəs || tjʊˈmʌltjʊəs/ *adj* ‹*applause/welcome*› apoteósico

tuna /ˈtuːnə || ˈtjuːnə/ *n* (*pl* **~** *or* **~s**) atún *m*; (*before n*) **a ~ (fish) sandwich** un sándwich de atún

tundra /ˈtʌndrə/ *n* [u] tundra *f*

tune¹ /tuːn || tjuːn/ *n* 1 [c] (melody) melodía *f*; (piece) canción *f*, tonada *f*; **that's a nice ~** qué música más bonita!; ***to call the ~*** llevar la batuta *or* la voz cantante; ***to change one's ~*** cambiar de parecer; ***to the ~ of sth***: **expenses to the ~ of $500 a day** 500 dólares al día en concepto de gastos 2 [u] (correct pitch): **to sing out of ~** desafinar, desentonar; **to sing in ~** cantar bien; **this string is in/out of ~** esta cuerda está afinada/desafinada; ***to be in/out of ~ with sth/sb***: **a leader in ~ with the people** un líder en sintonía con el pueblo; **the building is quite out of ~ with its surroundings** el edificio desentona *or* no está en armonía con su entorno

tune² *vt* 1 (Mus) ‹*instrument*› afinar 2 (Auto) ‹*engine*› poner* a punto, afinar 3 (Rad, TV) sintonizar*

■ **tune** *vi* (Rad, TV) **to ~ TO sth** ‹*to station/wavelength*› sintonizar* algo

Phrasal verb

• **tune in** [v ▸ adv] **to ~ in TO sth** sintonizar* (CON) algo

tuneful /ˈtuːnfəl || ˈtjuːnfəl/ *adj* melódico

tuneless /ˈtuːnləs || ˈtjuːnlɪs/ *adj* poco melodioso

tuner /ˈtuːnər || ˈtjuːnə(r)/ *n* 1 (*piano* ~) (Mus) afinador, -dora *m,f* de pianos 2 (Rad) sintonizador *m*

tungsten /ˈtʌŋstən/ *n* [u] tungsteno *m*

tunic /ˈtuːnɪk || ˈtjuːnɪk/ *n* 1 (of military uniform) guerrera *f* 2 (in ancient Rome) túnica *f* 3 (women's blouse, jacket) casaca *f*

tuning /ˈtuːnɪŋ || ˈtjuːnɪŋ/ *n* [u] 1 (on string instrument) afinación *f* 2 (for frequency selection) sintonía *f* 3 (Auto) puesta *f* a punto

tuning fork *n* diapasón *m*

Tunisia /tuːˈniːʒə || tjuːˈnɪziə/ *n* Túnez *m*

Tunisian¹ /tuːˈniːʒən || tjuːˈnɪziən/ *adj* tunecino

Tunisian² *n* tunecino, -na *m,f*

tunnel¹ /ˈtʌnl/ *n* (for road, railway, canal) túnel *m*; (in mine) galería *f*, socavón *m*

tunnel², (BrE) **-ll-** *vi* abrir* *or* hacer* un túnel

■ **tunnel** *vt* ‹*passage*› abrir*; **they ~ed their way out of prison** escaparon de la cárcel abriendo *or* haciendo un túnel

tunnel vision *n* [u] (Opt) visión *f* de túnel; (narrow-mindedness) estrechez *f* de miras

tunny /ˈtʌni/ *n* [c u] (*pl* **-nies** *or* **-ny**) atún *m*

tuppence /ˈtʌpəns/ *n* (BrE) ▸ **twopence**

tuppenny /ˈtʌpəni/ *adj* (BrE) ▸ **twopenny**

turban /ˈtɜːrbən || ˈtɜːbən/ *n* turbante *m*

turbid /ˈtɜːrbəd || ˈtɜːbɪd/ *adj* turbio

turbine /ˈtɜːrbən, -baɪn || ˈtɜːbaɪn/ *n* turbina *f*

t

turbo /ˈtɜːrbəʊ || ˈtɜːbəʊ/ *n* (compressor) turbocompresor *m*, turbo *m*

turbo: **~-charge** /ˈtɜːrbəʊtʃɑːrdʒ || ˈtɜːbəʊtʃɑːdʒ/ *vt* equipar con turbocompresor a; **~-charged** *adj* turbo; **~jet** *n* 1 (aircraft) turborreactor *m* 2 **~jet (engine)** turborreactor *m*

turbot /ˈtɜːrbət || ˈtɜːbət/ *n* (*pl* ~ *or* **~s**) rodaballo *m*

turbulence /ˈtɜːrbjələns || ˈtɜːbjʊləns/ *n* [u] turbulencia *f*

turbulent /ˈtɜːrbjələnt || ˈtɜːbjʊlənt/ *adj* turbulento

turd /tɜːrd || tɜːd/ *n* (vulg) (excrement) zurullo *m* (fam), sorete *m* (RPl vulg), cerote *m* (AmC, Méx vulg)

tureen /tjʊˈriːn, tə- || tjʊəˈriːn/ *n* sopera *f*

turf¹ /tɜːrf || tɜːf/ *n* (*pl* **~s** *or* **turves**)
A 1 [u] (grass) césped *m* 2 [c] (square of grass) (esp BrE) tepe *m*
B (horseracing): **the ~** el turf, la hípica

turf² *vt* (Hort) ‹*garden*› encespedar, colocar* tepes en

Phrasal verb
- **turf out** [v ▸ o ▸ adv, v ▸ adv ▸ o] (BrE colloq) ‹*person*› echar, poner* de patitas en la calle (fam), correr (fam), botar (AmL exc RPl); ‹*rubbish/clothes*› tirar, botar (AmL exc RPl)

turf: **~ accountant** *n* (BrE frml) corredor, -dora *m,f* de apuestas; **~ war** *n* (colloq) lucha *f* interna por el control

turgid /ˈtɜːrdʒəd || ˈtɜːdʒɪd/ *adj* ‹*waters*› crecido; ‹*style/prose*› ampuloso

Turin /ˈtʊrən || tjʊəˈrɪn/ *n* Turín

Turk /tɜːrk || tɜːk/ *n* turco, -ca *m,f*

turkey /ˈtɜːrki || ˈtɜːki/ *n* (*pl* **~s**)
A 1 [c] (bird) pavo *m*, guajolote *m* (Méx), chompipe *m* (AmC); ***to talk ~*** (esp AmE colloq) hablar a las claras (fam) 2 [u] (meat) pavo *m*
B [c] (failure) (AmE Theat sl) bodrio *m* (fam)

Turkey /ˈtɜːrki || ˈtɜːki/ *n* Turquía *f*

Turkish¹ /ˈtɜːrkɪʃ || ˈtɜːkɪʃ/ *adj* turco

Turkish² *n* [u] turco *m*

Turkish: **~ bath** *n* baño *m* turco; **~ delight** *n* [u] delicia *f* turca (*dulce gelatinoso recubierto de azúcar*)

Turkmenistan /ˌtɜːrkmenɪˈstɑːn || ˌtɜːkmenɪˈstɑːn/ *n* Turkmenistán *m*

turmeric /ˈtɜːrmərɪk || ˈtɜːmərɪk/ *n* [u] cúrcuma *f*, azafrán *m* de las Indias

turmoil /ˈtɜːrmɔɪl || ˈtɜːmɔɪl/ *n* [u] confusión *f*, agitación *f*; **her mind was in (a) ~** estaba totalmente confundida *or* desconcertada

turn¹ /tɜːrn || tɜːn/ *n*
A 1 (rotation) vuelta *f*; **give it another ~** dale otra vuelta; **a half ~** media vuelta; ***to a ~***: **the meat was done to a ~** la carne estaba hecha a la perfección, la carne estaba en su punto justo 2 (change of direction) vuelta *f*, giro *m*; Ⓢ **no left turn** prohibido girar *or* doblar *or* torcer a la izquierda 3 (bend) curva *f*; (turning): **take the next left/right ~** tome *or* (esp Esp) coja *or* (esp AmL) agarre la próxima a la izquierda/derecha; ***at every ~*** a cada paso, a cada momento 4 (change, alteration): **a ~ in the weather** un cambio en el tiempo; **this dramatic ~ of events** este dramático giro de los acontecimientos; **events took an unexpected ~** los acontecimientos dieron un giro inesperado; **to take a ~ for the better** empezar* a mejorar; **to take a ~ for the worse** empeorar, ponerse* peor; **the ~ of the century** el final del siglo (*y el principio del siguiente*); ***to be on the ~*** «*events/tide*» estar* cambiando; «*leaves*» estar* cambiando de color; «*milk/food*» (BrE) estar* echándose a perder
B 1 (place in sequence): **whose ~ is it?** ¿a quién le toca?; **I think it's my ~** creo que me toca (el turno) a mí; **you'll have to wait your ~** vas a tener que esperar que te toque (el turno); ***to take ~s*** *o* ***to take it in ~(s)*** turnarse; **we'll take ~s** *o* **we'll take it in ~(s) to do the cooking** nos vamos a turnar para cocinar, vamos a cocinar por turnos 2 (*in phrases*) **by turns** sucesivamente; **in turn**: **each in ~ was asked the same question** a cada uno de ellos se le hizo la misma pregunta; **out of turn**: **she realized she'd spoken out of ~** se dio cuenta de que su comentario (*or* interrupción *etc*) había estado fuera de lugar
C (service): **to do sb a good ~** hacerle* un favor a algn; ***one good ~ deserves another*** favor con favor se paga
D (form, style): **she has a logical/practical ~ of mind** es muy lógica/práctica; **she has a witty ~ of phrase** tiene una manera ingeniosa de expresarse
E 1 (bout of illness, disability): **he had a funny ~** le dio un ataque (*or* un mareo *etc*) 2 (nervous shock) susto *m*; **you gave me quite a ~** me diste un buen susto
F (act) (esp BrE) número *m*

turn² *vt*
A 1 (rotate) ‹*knob/handle/wheel*› (hacer*) girar; **he ~ed the key in the lock** hizo girar la llave en la cerradura 2 (set, regulate) **to ~ sth TO sth**: **~ the knob to 'hot'** ponga el indicador en 'caliente'; **he ~ed the oven to a lower temperature** bajó la temperatura del horno
B 1 (change position, direction of) ‹*head*› volver*, voltear (AmL exc RPl); **~ your head a little to the side** gira la cabeza un poco hacia un lado; **she ~ed her back on them** les volvió *or* les dio la espalda, les volteó la espalda (AmL exc RPl); **he slipped out while my back was ~ed** salió disimuladamente mientras yo estaba de espaldas; **the nurse ~ed her onto her side** la enfermera la puso de lado; **can you ~ the TV this way a bit?** ¿puedes poner el televisor más para este lado? 2 (direct, apply) **to ~ sth TO sth**: **I ~ed my mind to more pleasant thoughts** me puse a pensar en cosas más agradables; **the administration has ~ed its efforts to ...** la administración ha dirigido sus esfuerzos a ...; **they ~ed the situation to their own profit** utilizaron la situación para su propio provecho; ▸ **advantage 2**
C 1 (reverse) ‹*mattress/omelette*› darle* la vuelta a, voltear (AmL exc CS), dar* vuelta (CS); ‹*page*› pasar, volver*, dar* vuelta (CS); ‹*soil*› remover*, voltear (AmL exc CS), dar* vuelta (CS); **he ~ed the card face down** puso *or* volvió la carta boca abajo; **she sat ~ing the pages of a magazine** estaba sentada hojeando una revista 2 (upset): **it ~s my stomach** me revuelve el estómago
D 1 (go around) ‹*corner*› dar* la vuelta a, dar* vuelta (CS) 2 (pass): **she's just ~ed 30** acaba de cumplir (los) 30
E (send): **I couldn't simply ~ him from my door** no le podía negar ayuda, no le podía volver la espalda; ▸ **loose¹ B**
F 1 (change, transform) volver*; **to ~ sth TO/INTO sth** transformar *or* convertir* algo EN algo; **they've ~ed the place into a pigsty!** ¡han puesto la casa (*or* la habitación *etc*) como una pocilga!; **she ~ed him into a frog** lo convirtió en un sapo; **the experience ~ed him into a cynic** se volvió cínico con la experiencia 2 (make sour) ‹*milk*› agriar 3 (confuse) ‹*mind*› trastornar
G 1 (shape — on lathe) tornear; (— on potter's wheel) hacer* 2 (formulate): **a well-~ed phrase** una frase elegante *or* pulida
H (make) ‹*profit*› sacar*

■ **turn** *vi*
A (rotate) «*handle/wheel*» girar, dar* vuelta(s); **the key ~ed easily in the lock** la llave giró fácilmente en la cerradura; **it made my stomach ~** me revolvió el estómago; **the earth ~s on its axis every 24 hours** la Tierra gira sobre su eje cada 24 horas; **the outcome of the election ~s on one crucial factor** el resultado de las elecciones depende de un factor decisivo; **my head was ~ing** todo me daba vueltas
B 1 (to face in different direction) «*person*» volverse*, darse* la vuelta, voltearse (AmL exc CS), darse* vuelta (CS); «*car*» dar* la vuelta, dar* vuelta (CS); **she ~ed to me with a smile** me miró sonriéndome, se volvió hacia mí con una sonrisa; **he ~ed onto his side** se volvió *or* se puso de lado; **left/right ~!** (BrE Mil) ¡media vuelta a la izquierda/derecha! 2 (change course, direction): **the army then ~ed north** entonces el ejército cambió de rumbo, dirigiéndose al norte; **to turn into a side street** meterse en una calle lateral; **to ~ left/right** girar *or* doblar *or* torcer* a la izquierda/derecha 3 (curve) «*road/river*» torcer*
C 1 (focus on): **to ~ to another subject** pasar a otro tema, cambiar de tema; **his mind ~ed to thoughts of escape** se puso a pensar en escaparse 2 (resort, have recourse to): **to ~ to violence/a friend** recurrir a la violencia/un amigo; **she had no one to ~ to** no tenía a quien recurrir; **to ~ to drink** darse* a la bebida; **to ~ to sb/sth FOR sth**: **she ~ed to her parents for support** recurrió *or* acudió a sus padres en busca de apoyo; **he ~ed to nature for inspiration** buscó inspiración en la naturaleza
D 1 (become): **his face ~ed red** se le puso la cara colorada; **things were ~ing nasty** las cosas se estaban poniendo feas; **her hair had ~ed gray** había encanecido; **he ~ed professional** se hizo profesional; **Ed Wright, naturalist**

t

~ed politician Ed Wright, naturalista convertido en *or* vuelto político **2** (be transformed) **to ~ INTO sth** convertirse* EN algo; **water ~s into steam** el agua se convierte *or* se transforma en vapor; **to ~ TO sth** (liter) convertirse* EN algo; **everything he touched ~ed to gold** todo lo que tocaba se convertía en oro **3** (change) ⟨⟨*luck/weather/tide*⟩⟩ cambiar **4** (change color) ⟨⟨*leaves*⟩⟩ cambiar de color **5** (go sour) ⟨⟨*milk*⟩⟩ agriarse

E (when reading): **~ to page 19** abran el libro en la página 19, vayan a la página 19; **~ back a couple of pages** vuelvan atrás un par de páginas

F (AmE Busn) ⟨⟨*merchandise*⟩⟩ venderse

(Phrasal verbs)

• **turn against**

A [v ▸ prep ▸ o] ponerse* *or* volverse* en contra de

B [v ▸ o ▸ prep ▸ o]: **she ~ed them against me/each other** los puso en mi contra/puso a uno en contra del otro

• **turn around,** (BrE also) **turn round**

A [v ▸ adv] **1** (to face different direction) darse* la vuelta, volverse*, voltearse (AmL exc CS), darse* vuelta (CS) **2** (react) (colloq): **I can't ~ around and tell her she isn't needed any more** no puedo salir ahora con que no la necesitamos más **3** (reverse) ⟨⟨*weather/luck/economy*⟩⟩ cambiar completamente, dar* *or* pegar* un vuelco

B [v ▸ o ▸ adv] ⟨*book/picture*⟩ darle* la vuelta a, voltear (AmL exc CS), dar* vuelta (CS); **could you ~ the TV around this way a little?** ¿podrías poner el televisor un poco más para este lado?

C [v ▸ o ▸ adv] **1** (set on new course) ⟨*company/economy*⟩ sanear **2** (get ready) ⟨*order*⟩ despachar

• **turn aside** [v ▸ adv] darse* la vuelta, voltearse (AmL exc CS), darse* vuelta (CS)

• **turn away**

A [v ▸ adv] apartarse

B [v ▸ o ▸ adv, v ▸ adv ▸ o] **1** ⟨*head/face*⟩ volver*, voltear (AmL exc RPl), dar* vuelta (CS); **he ~ed his eyes away** apartó la mirada **2** (send away) ⟨*business*⟩ no aceptar; **the doorman ~ed them away** el portero no los dejó entrar; **the stadium was already full and many people had to be ~ed away** el estadio ya estaba lleno y mucha gente se tuvo que volver a casa

• **turn back**

A [v ▸ adv] **1** (go back) volver*, regresar, devolverse* (AmL exc RPl) **2** (change plan) echarse *or* volverse* atrás

B [v ▸ o ▸ adv, v ▸ adv ▸ o] **1** (send back): **he was ~ed back at the border** en la frontera lo hicieron regresar *or* lo mandaron de vuelta **2** (fold) ⟨*bedclothes*⟩ doblar **3** (reset) ⟨*clock*⟩ retrasar, atrasar; *see also* **clock¹ 1**

• **turn down** [v ▸ o ▸ adv, v ▸ adv ▸ o] **1** (fold back) ⟨*collar/brim/sheets*⟩ doblar **2** (diminish) ⟨*heating/volume/temperature*⟩ bajar **3** (reject) ⟨*offer/application*⟩ rechazar*; ⟨*job/candidate*⟩ rechazar*, no aceptar; **her request for a loan was ~ed down** le negaron el préstamo, no le concedieron el préstamo

• **turn in**

A [v ▸ adv] (go to bed) (colloq) acostarse*

B [v ▸ o ▸ adv, v ▸ adv ▸ o] (hand in, over) ⟨*work/report*⟩ entregar*; ⟨*criminal*⟩ (colloq) entregar*

• **turn off**

A [v ▸ o ▸ adv, v ▸ adv ▸ o] ⟨*light/radio/heating*⟩ apagar*; ⟨*faucet/tap*⟩ cerrar*; ⟨*water*⟩ cortar; ⟨*electricity*⟩ desconectar

B [v ▸ o ▸ adv, v ▸ adv ▸ o] (repel) (colloq): **to ~ sb off** darle* asco a algn, repugnar a algn; **it ~s me right off when people start talking about money** pierdo totalmente el interés cuando la gente se pone a hablar de dinero; (stronger) me revienta que la gente se ponga a hablar de dinero (fam)

C [v ▸ adv] **1** (from road) doblar; **we ~ed off into a side street** nos metimos en una calle lateral **2** (switch off) apagarse*

• **turn on**

A [v ▸ o ▸ adv, v ▸ adv ▸ o] **1** ⟨*light/television/oven*⟩ encender*, prender (AmL); ⟨*faucet/tap*⟩ abrir*; ⟨*water*⟩ dejar correr; ⟨*electricity*⟩ conectar **2** (stimulate, excite) (colloq) gustar; (sexually) excitar; **oh well, whatever ~s you on!** (hum) bueno, sobre gustos ...

B [v ▸ adv] (switch on) encenderse*, prenderse (AmL)

C [v ▸ prep ▸ o] (attack) atacar*

D [v ▸ o ▸ prep ▸ o] (aim at): **she ~ed the spotlight on them** los enfocó con el reflector; **I'll ~ the hose on you!** ¡mira que te mojo con la manguera!

• **turn out**

A [v ▸ o ▸ adv, v ▸ adv ▸ o] **1** (switch off) ⟨*light*⟩ apagar* **2** (empty) ⟨*pockets/cupboard*⟩ vaciar* **3** (dress) (*usu pass*): **to be well ~ed out** ir* *or* estar* bien vestido

B [v ▸ adv ▸ o] (produce) ⟨*goods/films*⟩ sacar*, producir*

C [v ▸ o ▸ adv, v ▸ adv ▸ o] **1** (force to leave) echar; **to ~ sb out of his/her home** echar *or* sacar* a algn de su casa **2** (tip out) ⟨*cake/loaf*⟩ desmoldar

D [v ▸ adv] **1** (attend): **several thousand ~ed out to welcome the Pope** varios miles de personas acudieron *or* fueron/vinieron a recibir al Papa **2** (result, prove): **everything ~ed out well** todo salió *or* resultó bien; **as it** *o* **things ~ed out, nobody called** al final no llamó nadie; **he ~ed out to have been there before** resulta que había estado allí antes

• **turn over**

A [v ▸ o ▸ adv] **1** (flip, reverse) ⟨*mattress/omelet*⟩ darle* la vuelta a, voltear (AmL exc CS), dar* vuelta (CS); ⟨*soil*⟩ remover*, voltear (AmL exc CS), dar* vuelta (CS); **she ~ed the idea over in her mind** le dio vueltas a la idea en la cabeza **2** (Auto) ⟨*engine*⟩ hacer* funcionar

B [v ▸ o ▸ adv, v ▸ adv ▸ o] (hand over) ⟨*prisoner/document*⟩ entregar*

C [v ▸ adv ▸ o] **1** (Busn): **we ~ed over $8 million last year** facturamos 8 millones de dólares el año pasado, tuvimos un volumen de ventas (*or* transacciones *etc*) de 8 millones de dólares el año pasado **2** ⟨*page*⟩ pasar, volver*, dar* vuelta (CS)

D [v ▸ adv] **1** (onto other side) darse* la vuelta, darse* vuelta (CS); **~ over onto your stomach** póngase boca abajo; **the car ~ed over** el coche volcó *or* dio una vuelta de campana **2** (Auto) ⟨⟨*engine*⟩⟩ funcionar **3** (turn page) pasar *or* volver* la página, dar* vuelta la página (CS)

• **turn round** (esp BrE) ▸ **turn around**

• **turn up**

A [v ▸ o ▸ adv, v ▸ adv ▸ o] **1** ⟨*collar*⟩ levantarse, subirse; **she ~ed up the brim of her hat** se dobló el ala del sombrero hacia arriba **2** (shorten) ⟨*trousers*⟩ acortar; ⟨*hem*⟩ subir **3** (increase) ⟨*heater/oven/volume*⟩ subir; ⟨*radio*⟩ subir el volumen de

B [v ▸ adv] (colloq) **1** (be found) ⟨⟨*sth lost*⟩⟩ aparecer*; **something better will ~ up** algo mejor saldrá *or* surgirá **2** (arrive) (BrE) llegar*; **he ~ed up late for work** llegó tarde a trabajar; **we waited half an hour, but she didn't ~ up** esperamos media hora, pero no apareció

C [v ▸ adv ▸ o] (reveal, find) ⟨*evidence/clues*⟩ revelar, descubrir*

• **turn upon** ▸ **turn on C**

turn: **~about**, **~around** *n* giro *m*, cambio *m*; **~coat** *n* renegado, -da *m,f*, chaquetero, -ra *m,f* (Esp fam)

turndown¹ /'tɜːrndaʊn || 'tɜːndaʊn/ *adj* ⟨*collar*⟩ vuelto

turndown² *n* (AmE colloq) rechazo *m*

turned-up /'tɜːrnd'ʌp || ˌtɜːnd'ʌp/ *adj* ⟨*nose*⟩ respingón, respingado (AmL)

turning /'tɜːrnɪŋ || 'tɜːnɪŋ/ *n* (in town) bocacalle *f*; **we've missed the ~** nos hemos pasado la calle

turning point *n* momento *m* decisivo *or* crucial

turnip /'tɜːrnəp || 'tɜːnɪp/ *n* [c u] nabo *m*

turn: **~-off** *n* **1** (sth offputting) (colloq): **it's a real ~-off** te quita las ganas (fam); (it's repellent) te repugna; **2** (road) salida *f*; **~-on** *n* (colloq): **it's a big ~-on for him** lo excita, lo vuelve loco (fam); **~out** *n* **1** (at election) número *m* de votantes; (at public spectacle) número *m* de asistentes; **there was a high/low ~out** votó/asistió mucha/poca gente; **2** (clearout) (BrE) (*no pl*) limpieza *f* general; **~over** *n* [u] **1** (volume — of business) facturación *f*; (— of sales) facturación *f*, volumen *m* de ventas **2** (of stock) rotación *f* **3** (of staff) movimiento *m*, renovación *f*; **4** [c] (Culin) empanada *f* (esp AmL), empanadilla *f* (esp Esp); **~pike** *n* **1** (highway) (AmE) autopista *f* de peaje *or* (Méx) de cuota **2** (Hist) (tollgate) barrera *f* de peaje; (road) camino *m* de peaje; **~ signal** *n* (AmE) intermitente *m*, direccional *f* (Col, Méx), señalizador *m* (*de viraje*) (Chi); **~stile** *n* torniquete *m*, molinete *m* (RPl); **~table** *n* **1** (Audio) (platter) plato *m*; (deck) platina *f*, tornamesa *f or m* (AmL) **2** (in microwave oven) plato *m* giratorio **3** (Rail) plataforma *f* giratoria

turnup *n*

A (Clothing) **1** (hem) dobladillo *m* **2** (on trousers) (BrE) vuelta *f or* (RPl) botamanga *f or* (Chi) bastilla *f or* (Méx) valenciana *f*;

t

B (surprise) (BrE colloq): ***now there's a ~up for the books!*** ¡qué sorpresa!, ¡no lo puedo creer!

turpentine /'tɜ:rpəntaɪn || 'tɜ:pəntaɪn/ *n* [u] aguarrás *m*, trementina *f*

turps /tɜ:rps || tɜ:ps/ *n* [u] (colloq) ▸**turpentine**

turquoise¹ /'tɜ:rkwɔɪz || 'tɜ:kwɔɪz/ *n* **1** [u c] turquesa *f* **2** [u] ~ **(blue)** (color) (azul *m*) turquesa *f*

turquoise² *adj*: ~ **(blue)** (azul) turquesa *adj inv*

turret /'tɜ:rət || 'tʌrɪt/ *n* (Archit) torrecilla *f*

turtle /'tɜ:rtl̩ || 'tɜ:tl/ *n* **1** (marine reptile) tortuga *f* marina *or* de mar; ***to turn*** ~ zozobrar **2** (AmE) (tortoise) tortuga *f*

turtle: **~dove** *n* tórtola *f*; **like two ~doves** como dos tortolitos; **~neck** *n* **1** **~neck (collar)** cuello *m* alto; (turning over) cuello *m* vuelto, cuello *m* de cisne (Esp), cuello *m* volcado (RPl) **2** **~neck (sweater)** suéter *m* de cuello vuelto (*or* de cisne *etc*), polera *f* (RPl)

turves /tɜ:rvz || tɜ:vz/ *pl of* **turf¹**

tush /tʊʃ/ *n* (AmE sl) culo *m* (fam: en algunas regiones vulg), trasero *m* (fam), pandero *m* (fam)

tusk /tʌsk/ *n* colmillo *m*

tussle¹ /'tʌsəl/ *n* pelea *f*, lucha *f*

tussle² *vi* **to ~ (WITH sb) (FOR/OVER sth)** pelearse (CON algn) (POR algo)

tussock /'tʌsək/ *n* mata *f* de hierba

tut¹ /tʌt/ *interj* **1** (expressing disapproval) ¡vamos! **2** (expressing impatience, annoyance) ¡qué cosa!, ¡pucha! (AmS fam & euf)

tut² *vi* **-tt-** (make noise) chasquear la lengua (*en señal de desaprobación*)

tutelage /'tu:tlɪdʒ || 'tju:tɪlɪdʒ/ *n* [u] (frml) tutela *f*

tutor¹ /'tu:tər || 'tju:tə(r)/ *n* **1** (private teacher) profesor, -sora *m,f* particular **2** (at university) (BrE) tutor, -tora *m,f* (*profesor que supervisa el trabajo de un estudiante*) **3** (book) método *m*

tutor² *vt* (teach — privately) darle* clases particulares a; (— at university) (BrE) darle* clases a

■ **tutor** *vi* dar* clases, dictar clases (AmL frml)

tutorial /tu:'tɔ:riəl || tju:'tɔ:riəl/ *n*: *clase individual o con un pequeño número de estudiantes*

tutti-frutti /'tu:ti'fru:ti/ *n* [u] (ice cream) helado *m* de tutti-frutti; (flavor) tutti-frutti *m*

tut-tut /'tʌt'tʌt/ *vi* **-tt-** criticar*

tutu /'tu:tu:/ *n* (*pl* **~s**) tutú *m*

tux /tʌks/ *n* (AmE colloq) ▸**tuxedo**

tuxedo /tʌk'si:dəʊ/ *n* (*pl* **-dos** *or* **-does**) (AmE) esmoquin *m*, smoking *m*

TV *n* [c u] (= **television**) televisión *f*, tele *f* (fam), TV *f*; (*before n*) ~ **set** televisor *m*, televisión *f*

twaddle /'twɑ:dl̩ || 'twɒdl̩/ *n* [u] (colloq) estupideces *fpl*, bobadas *fpl* (fam)

twang¹ /twæŋ/ *n* (of guitar) tañido *m*; (of voice, accent): **his voice has a nasal ~** tiene la voz gangosa; **she speaks with a Westerner's ~** habla con el acento nasal del Oeste de los Estados Unidos

twang² *vt* ‹*string/wire*› hacer* vibrar (*tensando y soltando*); ‹*guitar*› pulsar las cuerdas de

'twas /twɑ:z, *weak form* twəz || twɒz, *weak form* twəz/ (poet) **= it was**

tweak¹ /twi:k/ *vt* pellizcar* (*retorciendo*)

tweak² *n* pellizco *m*

twee /twi:/ *adj* (BrE) cursi

tweed /twi:d/ *n* **1** [u] (Tex) tweed *m*; (*before n*) ‹*jacket/suit*› de tweed **2** **tweeds** *pl* (Clothing) *prendas de tweed*

'tween /twi:n/ *prep* (poet) **= between**

tweet /twi:t/ *vi* piar*, gorjear

tweezers /'twi:zərz || 'twi:zəz/ *pl n* pinza(s) *f(pl)*; **a pair of ~** una(s) pinza(s)

twelfth¹ /twelfθ/ *adj* duodécimo; *see also* **fifth¹**

twelfth² *adv* en duodécimo lugar; *see also* **fifth²**

twelfth³ *n* **1** (Math) doceavo *m* **2** (part) doceava parte *f*

Twelfth Night *n* Noche *f* de Reyes

twelve /twelv/ *adj/n* doce *adj inv/m*; ~ **(o'clock) midnight/noon** las doce de la noche/del mediodía

twentieth¹ /'twentiəθ/ *adj* vigésimo; **today is my ~ birthday** hoy cumplo veinte años; *see also* **fifth¹**

twentieth² *adv* en vigésimo lugar; *see also* **fifth²**

twentieth³ *n* **1** (Math) veinteavo *m* **2** (part) veinteava *or* vigésima parte *f*

twenty /'twenti/ *adj/n* veinte *adj inv/m*; *see also* **seventy**

twenty-first¹ /'twenti'fɜ:rst || ˌtwenti'fɜ:st/ *adj* vigesimoprimero; ~ **(birthday) party** fiesta *f* de los 21 años; *see also* **fifth¹**

twenty-first² *adv* en vigesimoprimer lugar; *see also* **fifth²**

twenty-first³ *n*: **it's his ~ on Saturday** el sábado cumple veintiún años

twenty-four-seven /'twentiˌfɔ:r'sevən || 'twentiˌfɔ:'sevən/ *adv* (esp AmE colloq) durante las veinticuatro horas, siete días a la semana, de día y de noche, toda la semana (fam)

twerp *n* (BrE) ▸**twirp**

twice /twaɪs/ *adv* **1** (two times) dos veces; **~ a week/year** dos veces por semana/año; **I'd think ~ before doing it** (me) lo pensaría dos veces *or* muy bien antes de hacerlo; **the ~-weekly meetings** las reuniones, que tienen lugar dos veces por semana **2** (double): **~ three is six** dos por tres es (igual a) seis; **I've got ~ as many as you** yo tengo el doble que tú; **he's ~ your age/height** te dobla en edad/altura

twiddle /'twɪdl̩/ *vt* (hacer*) girar

■ **twiddle** *vi* **to ~ WITH sth** juguetear CON algo

twig¹ /twɪg/ *n* ramita *f*

twig² **-gg-** (BrE colloq) *vi* caer* (fam), darse* cuenta

■ **twig** *vt* darse* cuenta de

twilight /'twaɪlaɪt/ *n* [u] **1** (dusk) crepúsculo *m*; **at ~** al ponerse el sol **2** (half-light) penumbra *f*; **the room was in ~** la habitación estaba en penumbra *or* a media luz **3** (period of decline) (liter) crepúsculo *m* (liter), ocaso *m* (liter)

twill /twɪl/ *n* [u] sarga *f*

twin¹ /twɪn/ *n* mellizo, -za *m,f*, gemelo, -la *m,f* (esp Esp); [*in Latin America* **gemelo** *tends to be used to refer to an identical twin*] cuate *mf* (Méx); **identical ~s** gemelos idénticos *or* (téc) univitelinos, gemelos (AmL)

twin² *adj* **1** ‹*brother/sister*› mellizo, gemelo (esp Esp); *see* **twin¹** **2** (paired): **the ~ evils of poverty and violence** la pobreza y la violencia, dos males que siempre van de la mano; **~ beds** camas *fpl* gemelas; **~ town** ciudad *f* hermana

twin³ *vt* **-nn-** (BrE) (*usu pass*) **to be ~ned WITH sth** estar* hermanado CON algo

twine¹ /twaɪn/ *n* [u] cordel *m*, bramante *m* (Esp), cáñamo *m* (Andes), piolín *m* (RPl), mecate *m* (AmC, Méx, Ven), lienza *f* (Chi)

twine² *vt* entretejer; **the ivy has ~d itself around the tree** la hiedra se ha enroscado alrededor del árbol; **he ~d his arms around her waist** le rodeó la cintura con los brazos

■ **twine** *vi* **to ~ AROUND sth** enroscarse* ALREDEDOR DE algo

twin-engined /twɪn'endʒənd || ˌtwɪn'endʒɪnd/ *adj* bimotor, -tora

twinge /twɪndʒ/ *n* (of pain) punzada *f*, puntada *f* (CS); **she felt a ~ of remorse** sintió una punzada de remordimiento

twinkle¹ /'twɪŋkəl/ *n* **1** (of lights, stars) centelleo *m*, titilar *m* **2** (in eye) brillo *m*; **when you were just a ~ in your father's eye** (hum) cuando no eras más que un proyecto (hum)

twinkle² *vi* **1** «*light/star*» titilar, centellear **2** «*eyes*» brillar

twinkling /'twɪŋklɪŋ/ *n*: ***in the ~ of an eye*** en un abrir y cerrar de ojos, en un santiamén (fam)

twin: **~set** *n* conjunto *m* (*de suéter y chaqueta de punto*); **~tub** *n* (BrE) *lavadora de dos tambores, uno para lavar y el otro para centrifugar la ropa*

twirl¹ /twɜ:rl || twɜ:l/ *vt* ‹*cane/baton*› (hacer*) girar, revolear (CS); **he was ~ing his mustache** se estaba retorciendo el bigote

■ **twirl** *vi* «*baton*» girar, revolear (CS)

twirl² *n*: **with a ~ of his cane** haciendo girar *or* (CS) revolear el bastón por el aire

twirp, (BrE) **twerp** /twɜ:rp || twɜ:p/ *n* (colloq) imbécil *mf*, papanatas *mf* (fam), pendejo, -ja *m,f* (AmL exc CS fam),

t

huevón, -vona *m,f* (Andes, Ven fam), gilipollas *mf* (Esp fam *o* vulg)

twist¹ /twɪst/ *vt*

A 1 (screw, coil) retorcer*; **to ~ sth AROUND sth** enrollar *or* enroscar* algo ALREDEDOR DE algo 2 (turn) ‹*handle/knob*› girar; **to ~ the top off a bottle** desenroscar* la tapa de una botella; **he ~ed her arm** le retorció el brazo; **to be ~ed (up)** estar* enredado; ▸**little finger**

B 1 (distort) retorcer*; **his face was ~ed with pain** tenía el rostro crispado por el dolor 2 (sprain) torcer*; **I ~ed my ankle** me torcí el tobillo 3 (alter, pervert) ‹*words*› tergiversar; ‹*meaning*› torcer*

■ **twist** *vi* 1 (wind, coil) «*rope/wire*» enrollarse, enroscarse*; «*road/river*» serpentear 2 (turn, rotate) girar; **the cap ~s off** el tapón se desenrosca 3 (dance) bailar el twist

twist² *n*

A 1 (bend — in wire, rope) vuelta *f*, onda *f*; (— in road, river) recodo *m*, vuelta *f*; ***round the ~*** (BrE colloq) loco, chiflado (fam) 2 (turning movement) giro *m*; **to give sth a ~** hacer* girar algo 3 (sth twisted): **a ~ of paper** un cucurucho de papel; **a ~ of thread** un torzal de hilo; **a ~ of lemon** una rodajita de limón (*retorcida*)

B (in story, events) giro *m* inesperado, vuelta *f* de tuerca; **by a (strange) ~ of fate** por una de esas (extrañas) vueltas que da la vida

C (dance) twist *m*; **to do the ~** bailar el twist

twisted /ˈtwɪstəd || ˈtwɪstɪd/ *adj* ‹*grin*› contrahecho, retorcido; ‹*mind/sense of humor*› retorcido; **a ~ version of events** una versión distorsionada de los hechos

twister /ˈtwɪstər || ˈtwɪstə(r)/ *n* (AmE colloq) (tornado) (AmE) tornado *m*

twistoff /ˈtwɪstɔːf || ˈtwɪstɒf/ *adj* (*before n*) ‹*lid/cap*› de media rosca

twit /twɪt/ *n* (BrE colloq) imbécil *mf*

twitch¹ /twɪtʃ/ *vi* «*tail/nose*» moverse*

■ **twitch** *vt* ‹*tail/ears*› mover*; **she ~ed back the curtain** abrió la cortina de un tirón *or* (AmL exc CS) de un jalón

twitch² *n* 1 (tic) tic *m* 2 (pull) tirón *m*, jalón *m* (AmL exc CS)

twitchy /ˈtwɪtʃi/ *adj* **twitchier, twitchiest** nervioso, agitado

twitter¹ /ˈtwɪtər || ˈtwɪtə(r)/ *vi* 1 «*birds*» gorjear 2 «*person*» parlotear, cotorrear (fam)

twitter² *n* [u] 1 (of bird) gorjeo *m* 2 (of person) parloteo *m*, cotorreo *m* (fam); ***to be in a ~*** *o* (BrE also) ***all of a ~*** (colloq) estar* muy excitado

two¹ /tuː/ *n* dos *m*; **~ by ~** (liter) de dos en dos, de a dos (AmL); **to cut sth in ~** cortar algo en dos *or* por la mitad; **they are ~ of a kind** son tal para cual; ***that makes ~ of us*** (colloq) ya somos dos (fam); ***to put ~ and ~ together*** atar cabos; **he put ~ and ~ together and made five** llegó a una conclusión errada; ***~ can play at that game*** donde las dan las toman; ***~'s company, three's a crowd*** el tercero está de más; *see also* **four¹**

two² *adj* dos *adj inv*; *see also* **four²**

two ~-bit *adj* (AmE) (*before n*) (insignificant) (colloq) de tres al cuarto (fam), de medio pelo (fam); **~-cycle** *adj* (AmE) de dos tiempos; **~-dimensional** /ˈtuːdəˈmentʃnəl, -daɪ- || ˌtuːdɪˈmenʃənl̩, -daɪ-/ *adj* bidimensional; **~-edged** /ˈtuːˈedʒd/ *adj* de doble filo; **~-faced** /ˈtuːˈfeɪst/ *adj* (colloq) falso, doble (Andes, Ven fam); **~-fisted** /ˈtuːˈfɪstəd || ˌtuːˈfɪstɪd/ *adj* (AmE colloq) vehemente; **~-fold** *adj/adv see* **-fold** **~pence** /ˈtʌpəns/ *n* dos peniques *mpl*; **~-piece** *adj* ‹*swimsuit*› de dos piezas; **~-piece suit** traje *m* *or* (Col) vestido *m* de dos piezas, ambo *m* (CS); **~-ply** *adj* (*before n*) ‹*yarn*› de dos hebras; ‹*wood/tissue*› de dos capas

two-seater¹ /ˈtuːˈsiːtər || ˌtuːˈsiːtə(r)/ *adj* (*before n*) ‹*car/plane*› biplaza, de dos plazas

two-seater² *n* biplaza *m*

twosome /ˈtuːsəm/ *n* 1 (pair) pareja *f* 2 (game) partida *f* *or* juego *m* para dos personas

two ~-stroke *adj* (BrE) de dos tiempos; **~-time** *vt* (colloq) (be unfaithful to) ponerle* *or* meterle los cuernos a (fam), engañar, ponerle* el gorro a (Chi fam); (double-cross) engañar; **~-tone** *adj* de dos tonos

'twould /twʊd/ (poet) = **it would**

two ~-up two-down /ˈtuːʌpˈtuːdaʊn/ *n* (BrE) *casa pequeña de dos plantas con dos habitaciones en cada una*; **~-way** /ˈtuːˈweɪ/ *adj* ‹*traffic/street*› de doble sentido *or* dirección, de doble vía (Col), de doble mano (RPl); ‹*agreement*› bilateral; ‹*race/contest*› (AmE) de dos (participantes); **~-way mirror** *cristal que funciona como espejo por un lado y como ventana por el otro*; **~-way radio** aparato *m* emisor y receptor; **they have to make concessions too: it's a ~-way process** tiene que haber concesiones mutuas *or* de ambas partes; **~-wheeler** /ˈtuːˈhwiːlər || ˌtuːˈwiːlə(r)/ *n* bicicleta *f*

TX = **Texas**

tycoon /taɪˈkuːn/ *n* magnate *mf*

tympani /ˈtɪmpəni/ *pl n* timbales *mpl*

type¹ /taɪp/ *n*

A [c] 1 (sort, kind) tipo *m*; **it's a ~ of ...** (in descriptions, definitions) es una especie de ...; **he's not my ~** no es mi tipo (de hombre); **I know his ~** conozco a los de su calaña; **he's the jealous ~** es del tipo de hombre celoso 2 (typical example) tipo *m*, ejemplo *m* típico; (stereotype) estereotipo *m*

B [u] (Print) (characters) tipo *m* (de imprenta); **in large/small ~** en caracteres grandes/pequeños, en letra grande/pequeña

type² *vt* escribir* a máquina, tipear (AmS); **could you ~ this for me?** ¿me puedes pasar *or* escribir esto a máquina?

■ **type** *vi* escribir* a máquina, tipear (AmS)

Phrasal verbs

- **type out** [v ▸ o ▸ adv, v ▸ adv ▸ o] escribir* a máquina, tipear (AmS)
- **type up** [v ▸ o ▸ adv, v ▸ adv ▸ o] pasar a máquina, tipear (AmS)

type ~cast *vt* (*past & past p* **-cast**) ‹*actor*› encasillar (*en cierto tipo de papel*); **~face** *n* tipo *m* (de imprenta), (tipo *m* de) caracteres *mpl*, (tipo *m* de) letra *f*; **~script** *n* [c u] texto *m* mecanografiado, manuscrito *m* (*de una obra, novela etc*); **~set** (*pres p* **-setting** *past & past p* **-set**) *vt* componer*; **~setter** *n* 1 (person) cajista *mf*, componedor, -dora *m,f* 2 (machine) monotipo *m*; **~write** (*past* **-wrote** *past p* **-written**) *vt* (*usu pass*) escribir* a máquina, mecanografiar*; **~writer** *n* máquina *f* de escribir

typhoid (fever) /ˈtaɪfɔɪd/ *n* [u] (fiebre *f*) tifoidea *f*

typhoon /taɪˈfuːn/ *n* tifón *m*

typhus /ˈtaɪfəs/ *n* [u] tifus *m*, tifo *m*

typical /ˈtɪpɪkəl/ *adj* típico; **with ~ lack of tact** con su típica *or* característica falta de tacto; **that's just ~ of her** eso es típico de ella; **he arrived late — (how) ~!** llegó tarde — ¡típico! *or* ¡cuándo no!; **isn't that ~: it's starting to rain!** (colloq) ¡no podía fallar: está empezando a llover!

typically /ˈtɪpɪkli/ *adv* típicamente; **~, she arrived late** (*indep*) como de costumbre *or* para variar, llegó tarde

typify /ˈtɪpəfaɪ || ˈtɪpɪfaɪ/ *vt* **-fies, -fying, -fied** tipificar*, ser* representativo de

typing /ˈtaɪpɪŋ/ *n* [u] mecanografía *f*; **I offered to do some ~ for him** me ofrecí a pasarle algunas cosas a máquina; (*before n*) ‹*error*› de máquina; ‹*lesson*› de mecanografía, de dactilografía; ‹*paper*› para escribir a máquina

typing pool *n* (typists) mecanógrafos *mpl*, dactilógrafos *mpl*; (department) servicio *m* de mecanografía *or* dactilografía

typist /ˈtaɪpəst || ˈtaɪpɪst/ *n* mecanógrafo, -fa *m,f*, dactilógrafo, -fa *m,f*

typographic /ˈtaɪpəˈɡræfɪk/, **-ical** /-ɪkəl/ *adj* tipográfico

typography /taɪˈpɑːɡrəfi || taɪˈpɒɡrəfi/ *n* [u] tipografía *f*

tyrannical /təˈrænɪkəl || tɪˈrænɪkəl/ *adj* tiránico

tyrannize /ˈtɪrənaɪz/ *vt* tiranizar*

tyranny /ˈtɪrəni/ *n* [u] tiranía *f*

tyrant /ˈtaɪrənt/ *n* tirano, -na *m,f*

tyre /taɪr || ˈtaɪə(r)/ *n* (BrE) ▸**tire²**

tzetze fly /ˈtsetsi, ˈte-/ *n* ▸**tsetse fly**

t

Uu

U, u /juː/ *n* U, u *f*

U (in UK) (Cin) (**= universal**) apta para todo público (AmL), todos los públicos (Esp)

UAE *pl n* (**= United Arab Emirates**) EAU *mpl*

ubiquitous /juː'bɪkwətəs || juː'bɪkwɪtəs/ *adj* omnipresente (frml), ubicuo (frml)

U-boat /'juːbəʊt/ *n* submarino *m* (*alemán*)

UCAS /'juːkæs/ *n* (in UK) **= Universities and Colleges Admissions Service**

udder /'ʌdər || 'ʌdə(r)/ *n* ubre *f*

UEFA /juː'eɪfə/ *n* (*no art*) (**= Union of European Football Associations**) la UEFA

UFO *n* (**= unidentified flying object**) ovni *m*, OVNI *m*

Uganda /juː'gændə/ *n* Uganda *f*

Ugandan /juː'gændən/ *adj* ugandés

ugh /ɜːh, jʌx/ *interj* ¡puf! (fam), ¡puaj! (fam)

ugliness /'ʌglinəs || 'ʌglɪnɪs/ *n* [u] (of person, face) fealdad *f*

ugly /'ʌgli/ *adj* **uglier, ugliest** **1** (not pretty) ‹*person/clothes*› feo **2** (unpleasant) ‹*rumor*› inquietante, alarmante; ‹*wound*› feo; ‹*crime*› horrible; **he's in an ~ mood** tiene un humor de perros

ugly duckling *n* patito *m* feo

uh /ʌh, ɜːr || ʌh, ɜː(r)/ *interj* (expressing hesitation) este ..., esto ... (Esp)

UHF *n* (**= ultra-high frequency**) UHF *f*

uh-huh /'ʌ'hʌ/ *interj* (affirming, agreeing) ajá (fam)

UHT *adj* (BrE) (**= ultra high temperature**) UHT, UAT (AmL), uperizado (Esp)

uh-uh /'ʌhʌh/ *interj* (disagreeing, negating) ah, no

UK *n* (**= United Kingdom**) RU *m*

Ukraine /juː'kreɪn/ *n* Ucrania *f*

Ukrainian[1] /juː'kreɪniən/ *adj* ucraniano, ucranio

Ukrainian[2] *n* **1** [c] (person) ucraniano, -na *m,f*, ucranio, -nia *m,f* **2** [u] (language) ucraniano *m*, ucranio *m*

ulcer /'ʌlsər || 'ʌlsə(r)/ *n* (internal) úlcera *f*; (external) llaga *f*; **a stomach ~** una úlcera de estómago; **a mouth ~** una llaga en la boca

ulcerated /'ʌlsəreɪtəd || 'ʌlsəreɪtɪd/ *adj* ulcerado

ulcerous /'ʌlsərəs/ *adj* ulceroso

U-lock /'juːˌlɑːk || 'juːˌlɒk/ *n* candado *m* en forma de U, candado *m* de horquilla (*para bicicletas*), (candado *m*) U-lock *m* (AmL)

Ulster /'ʌlstər || 'ʌlstə(r)/ *n* el Ulster

ulterior /ʌl'tɪriər || ʌl'tɪəriə(r)/ *adj* oculto; **~ motive** segunda intención *f*, motivo *m* oculto

ultimata /'ʌltə'meɪtə || ˌʌltɪ'meɪtə/ *pl of* **ultimatum**

ultimate[1] /'ʌltəmət || 'ʌltɪmət/ *adj*

A **1** (eventual, final) ‹*aim/destination*› final; **who has ~ responsibility?** ¿quién es el responsable en última instancia? **2** (fundamental, original) primordial, fundamental; **the ~ cause of the problem** la raíz del problema

B **1** (utmost, supreme) ‹*sacrifice*› máximo, supremo; **he's the ~ authority on the subject** es la máxima autoridad en el tema **2** (most sophisticated) (journ): **the ~ sound system** lo último en sistemas de sonido, el no va más en sistemas de sonido (fam)

ultimate[2] *n*: **the ~ (in sth)** lo último en algo, el no va más en algo (fam); **the ~ in bad taste** el colmo del mal gusto

ultimately /'ʌltəmətli || 'ʌltɪmətli/ *adv* **1** (finally) en última instancia **2** (in the long run) a la larga

ultimatum /'ʌltə'meɪtəm || ˌʌltɪ'meɪtəm/ *n* (*pl* **-tums** *or* **-ta**) ultimátum *m*

ultra- /'ʌltrə/ *pref* ultra-, super- (fam)

ultrahigh /'ʌltrə'haɪ/ *adj*: **~ frequency** frecuencia *f* ultraelevada, UHF *f*

ultramarine[1] /'ʌltrəmə'riːn/ *adj* azul ultramarino *or* (de) ultramar *adj inv*

ultramarine[2] *n* [u] azul *m* ultramarino *or* (de) ultramar

ultrasonic /'ʌltrə'sɑːnɪk || ˌʌltrə'sɒnɪk/ *adj* ultrasónico

ultrasound /'ʌltrəsaʊnd/ *n* **1** [u] (Phys) ultrasonido *m* **2** [c u] (Med) ecografía *f*

ultraviolet /'ʌltrə'vaɪələt/ *adj* ‹*light/rays*› ultravioleta *adj inv*

um /ʌm/ *interj* este ..., esto ... (Esp)

umber /'ʌmbər || 'ʌmbə(r)/ *n* [u] sombra *f*

umbilical cord /əm'bɪlɪkəl || ʌm'bɪlɪkəl/ *n* (Anat) cordón *m* umbilical

umbrage /'ʌmbrɪdʒ/ *n*: **to take ~ (AT sth)** ofenderse *or* sentirse* agraviado (POR algo)

umbrella /ʌm'brelə/ *n* (*pl* **-las**) (against rain) paraguas *m*; (against sun) sombrilla *f*; (*before n*) **~ stand** paragüero *m*; **~ organization** *organización que aglutina a varios grupos*

umlaut /'ʊmlaʊt/ *n* diéresis *f*, crema *f*

umpire[1] /'ʌmpaɪr || 'ʌmpaɪə(r)/ *n* árbitro, -tra *m,f*; (in baseball) umpire *mf*, ampáyar *mf* (Col)

umpire[2] *vt* arbitrar

umpteen /'ʌmp'tiːn/ *adj* (colloq) tropecientos (fam), miles *or* un millón de

umpteenth /'ʌmp'tiːnθ/ *adj* (colloq) enésimo; **for the ~ time** por enésima vez

un- /'ʌn/ *pref* in-, des-, no, sin, poco; *see individual words*

'un /ən/ **= one** (colloq): **that's a good ~!** ¡esa sí que es buena! (fam)

UN *n* (**= United Nations**) ONU *f*

unabashed /'ʌnə'bæʃt/ *adj*: **she continued her speech ~** continuó con su discurso impertérrita *or* sin inmutarse; **she displayed an attitude of ~ greed** mostró su codicia con total desenfado *or* sin ningún reparo

unabated /'ʌnə'beɪtəd || ˌʌnə'beɪtɪd/ *adj* (liter): **with ~ enthusiasm** con un entusiasmo que no ha disminuido (*or* disminuyó *etc*) en lo más mínimo *or* (liter) sigue (*or* siguió *etc*) incólume; **the storm continued ~** el temporal continuaba con toda su furia

unable /ʌn'eɪbəl/ *adj* (*pred*) **to be ~ to + INF** no poder* + INF; **she was ~ to attend** no pudo *or* le fue imposible asistir; **he was ~ to beat his opponent** fue incapaz de vencer a su contrincante

unabridged /'ʌnə'brɪdʒd/ *adj* íntegro

unacceptable /'ʌnək'septəbəl/ *adj* ‹*conduct/standard*› inaceptable, inadmisible; ‹*terms/conditions*› inadmisible

unaccompanied /'ʌnə'kʌmpənid/ *adj* **1** ‹*luggage*› no acompañado; ‹*person*› solo **2** (Mus) ‹*singing*› sin acompañamiento; ‹*instrument*› solo

unaccountable /'ʌnə'kaʊntəbəl/ *adj* **1** (inexplicable) incomprensible, inexplicable **2** (not responsible) (frml) (*pred*) **to be ~ FOR sth**: **he was held to be ~ for his actions** se consideró que no era responsable de sus actos

unaccounted for /'ʌnə'kaʊntəd|| ˌʌnə'kaʊntɪd/ *adj* (*pred*): **the rest of the money is ~ ~** no se han dado explicaciones sobre qué sucedió con el resto del dinero; **three members of the crew are still ~ ~** siguen sin aparecer tres miembros de la tripulación

unaccustomed /'ʌnə'kʌstəmd/ *adj* 1 (unusual) desacostumbrado, poco habitual 2 (unused) **to be ~ TO sth/-ING** no estar* acostumbrado A algo/+ INF

unacknowledged /'ʌnək'nɑːlɪdʒd || ˌʌnək'nɒlɪdʒd/ *adj* ‹*authority/champion/heir*› no reconocido; **my letter went ~** no acusaron recibo de mi carta

unacquainted /'ʌnə'kweɪntəd || ˌʌnə'kweɪntɪd/ *adj* (frml) **to be ~ WITH sth** desconocer* algo

unadorned /'ʌnə'dɔːrnd || ˌʌnə'dɔːnd/ *adj* (liter) ‹*beauty*› puro, sin adornos; **the plain, ~ facts** la verdad pura y simple *or* lisa y llana

unadulterated /'ʌnə'dʌltəreɪtəd || ˌʌnə'dʌltəreɪtɪd/ *adj* 1 ‹*wine/substance*› no adulterado 2 ‹*nonsense/bliss*› auténtico, verdadero

unadventurous /'ʌnəd'ventʃərəs/ *adj* ‹*choice/design*› poco atrevido *or* audaz

unaffected /'ʌnə'fektəd || ˌʌnə'fektɪd/ *adj* 1 (sincere, natural) ‹*person*› natural, sencillo; ‹*manners*› natural, nada estudiado *or* afectado 2 (not damaged, hurt) no afectado

unafraid /'ʌnə'freɪd/ *adj*: **to be ~ OF sth** no temerle A algo

unaided /'ʌn'eɪdəd || ʌn'eɪdɪd/ *adj* sin ayuda

unalterable /'ʌn'ɔːltərəbəl/ *adj* ‹*decision/law*› irrevocable, definitivo; ‹*belief/conviction*› inalterable, profundo

unaltered /'ʌn'ɔːltərd || ʌn'ɔːltəd/ *adj*: **my opinion remains ~** mi opinión sigue siendo la misma, no he cambiado de opinión

unambiguous /'ʌnæm'bɪgjuəs/ *adj* inequívoco, que no deja lugar a dudas

unambitious /'ʌnæm'bɪʃəs/ *adj* poco ambicioso

un-American /'ʌnə'merəkən || ʌnə'merɪkən/ *adj* 1 (anti-American) antiamericano 2 (untypical) poco americano

unanimous /juː'nænəməs || juː'nænɪməs/ *adj* unánime

unanimously /juː'nænəməsli || juː'nænɪməsli/ *adv* ‹*vote/declare/state*› unánimemente; ‹*elect*› por unanimidad

unannounced /'ʌnə'naʊnst/ *adj* ‹*arrival/guest*› inesperado, imprevisto; **to arrive ~** llegar* sin previo aviso

unanswerable /'ʌn'ænsərəbəl || ʌn'ɑːnsərəbəl/ *adj* ‹*proof*› irrefutable, incontestable; **an ~ question** una pregunta a la que no se puede responder

unanswered /'ʌn'ænsərd || ʌn'ɑːnsəd/ *adj* ‹*question/letter*› sin contestar; **to go ~** no obtener* respuesta

unappetizing /'ʌn'æpətaɪzɪŋ/ *adj* ‹*dish/smell*› poco apetitoso; ‹*idea/prospect*› poco apetecible

unappreciative /'ʌnə'priːʃətɪv/ *adj* ‹*person*› ingrato, desagradecido; ‹*audience*› que no sabe apreciar lo que se le ofrece; **to be ~ OF sth** no apreciar *or* valorar algo

unapproachable /'ʌnə'prəʊtʃəbəl/ *adj* ‹*person*› inabordable, poco accesible *or* asequible

unapt /'ʌn'æpt/ *adj* 1 (unsuitable) ‹*remark/comment*› inapropiado, inconveniente, inoportuno; ‹*person*› no apto 2 (unlikely) (AmE) (*pred*) **to be ~ to + INF: she's ~ to believe what she's told** es poco probable que se crea lo que le digan

unarmed /'ʌn'ɑːrmd || ʌn'ɑːmd/ *adj* ‹*person*› desarmado; **~ combat** combate *m* sin armas

unashamed /'ʌnə'ʃeɪmd/ *adj*: **I'm an ~ admirer of his work** no tengo ningún reparo en reconocer que admiro su obra; **he was quite ~ about it** no le dio vergüenza ninguna, no se avergonzó para nada

unashamedly /'ʌnə'ʃeɪmədli || ˌʌnə'ʃeɪmɪdli/ *adv* sin vergüenza

unasked /'ʌn'æskt || ʌn'ɑːskt/ *adj* (*pred*) 1 ‹*question*› sin formular 2 (uninvited): **he did it ~** lo hizo sin que nadie se lo pidiera, lo hizo (de) motu proprio

unassailable /'ʌnə'seɪləbəl/ *adj* (frml) ‹*fortress*› inexpugnable; ‹*reputation*› incuestionable; **his position is ~** su posición es invulnerable

unassisted /'ʌnə'sɪstəd || ˌʌnə'sɪstɪd/ *adj* sin ayuda

unassuming /'ʌnə'suːmɪŋ || ˌʌnə'sjuːmɪŋ/ *adj* sencillo, sin pretensiones

U

unattached /'ʌnə'tætʃt/ *adj* 1 (not affiliated) independiente 2 (not married) sin ataduras, libre

unattainable /'ʌnə'teɪnəbəl/ *adj* inalcanzable

unattended /'ʌnə'tendəd || ˌʌnə'tendɪd/ *adj* (*usu pred*) 1 (unwatched, unsupervised): **to leave sb ~** dejar a algn solo; **don't leave your luggage ~** vigile su equipaje en todo momento 2 (not dealt with) desatendido, descuidado

unattractive /'ʌnə'træktɪv/ *adj* poco atractivo

unauthorized /'ʌn'ɔːθəraɪzd/ *adj* no autorizado

unavailable /'ʌnə'veɪləbəl/ *adj*: **that number is ~** ese número está desconectado (*or* averiado *etc*); **the minister is ~ for comment** el ministro no desea hacer ningún comentario

unavoidable /'ʌnə'vɔɪdəbəl/ *adj* inevitable

unavoidably /'ʌnə'vɔɪdəbli/ *adv*: **the train was ~ delayed** el tren sufrió un retraso inevitable

unaware /'ʌnə'wer || ˌʌnə'weə(r)/ *adj* 1 (not conscious) (*pred*) **to be ~ OF sth** ignorar algo, no ser* consciente DE algo; **they were ~ of my presence** no sabían que yo estaba allí 2 (naive): **politically/socially ~** sin conciencia política/social

unawares /'ʌnə'werz || ˌʌnə'weəz/ *adv*: **to catch** *o* **take sb ~** agarrar *or* (esp Esp) coger* a algn desprevenido *or* por sorpresa

unbalanced /'ʌn'bælənst/ *adj* 1 (not in equilibrium) ‹*diet/composition*› desequilibrado; ‹*view/report*› tendencioso, partidista 2 (deranged): **mentally ~** desequilibrado, trastornado

unbearable /'ʌn'berəbəl || ʌn'beərəbəl/ *adj* insoportable, inaguantable, insufrible

unbearably /'ʌn'berəbli || ʌn'beərəbli/ *adv* insoportablemente; **it's ~ hot** hace un calor insoportable

unbeatable /'ʌn'biːtəbəl/ *adj* ‹*team*› invencible; ‹*quality/value*› insuperable, inmejorable; ‹*price*› imbatible

unbeaten /'ʌn'biːtn̩/ *adj* ‹*champion/army*› invicto, que nunca ha sido vencido; ‹*record*› insuperado

unbecoming /'ʌnbɪ'kʌmɪŋ/ *adj* (frml) 1 (unseemly) ‹*behavior/language*› indecoroso; **~ TO sb** impropio DE algn 2 (unflattering) ‹*clothes/hairstyle*› poco favorecedor

unbeknown /'ʌnbɪ'nəʊn/, **unbeknownst** /-'nəʊnst/ *adv* (liter) **~ TO sb: ~ to me** sin yo saberlo; **~ to the family** sin el conocimiento de la familia

unbelievable /'ʌnbə'liːvəbəl || ˌʌnbɪ'liːvəbəl/ *adj* increíble

unbelievably /'ʌnbə'liːvəbli || ˌʌnbɪ'liːvəbli/ *adv* increíblemente

unbeliever /'ʌnbə'liːvər || ˌʌnbɪ'liːvə(r)/ *n* (Relig liter) no creyente *mf*, infiel *mf*

unbelieving /'ʌnbə'liːvɪŋ || ˌʌnbɪ'liːvɪŋ/ *adj* (incredulous) ‹*smile/look*› de incredulidad

unbending /'ʌn'bendɪŋ/ *adj* ‹*person/attitude*› inflexible; ‹*determination*› firme

unbiased /'ʌn'baɪəst/ *adj* ‹*opinion/report/person*› imparcial, objetivo

unblemished /'ʌn'blemɪʃt/ *adj* ‹*reputation/character*› intachable, sin mancha, sin tacha

unblock /'ʌn'blɑːk || ʌn'blɒk/ *vt* ‹*drain/sink*› desatascar*, destapar (AmL)

unbolt /'ʌn'bəʊlt/ *vt* ‹*gate/door*› descorrer el pestillo *or* cerrojo de

unborn /'ʌn'bɔːrn || ʌn'bɔːn/ *adj* ‹*child*› que todavía no ha nacido, nonato; **generations as yet ~** (liter) las generaciones venideras (liter)

unbounded /'ʌn'baʊndəd || ʌn'baʊndɪd/ *adj* (liter) ‹*optimism/courage*› sin límites; ‹*hope*› infinito

unbowed /'ʌn'baʊd/ *adj* (liter) ‹*spirit*› incólume

unbranded /ʌn'brændəd || ʌn'brændɪd/ *adj*
A ‹*product*› sin marca
B ‹*livestock*› sin marcar

unbreakable /'ʌn'breɪkəbəl/ *adj* irrompible

unbridled /'ʌn'braɪdl̩d/ *adj* desenfrenado

unbroken /'ʌn'brəʊkən/ *adj* 1 (intact) ‹*crockery/glass/seal*› intacto, en perfecto estado 2 (continuous) ‹*silence/descent/run*› ininterrumpido 3 (unbeaten, unsubdued) ‹*spirit/pride*› indómito

unbuckle /'ʌn'bʌkəl/ *vt* desabrochar

unburden /ˈʌnˈbɜːrdn̩ || ʌnˈbɜːdn̩/ *vt* (liter) (relieve) ‹*conscience*› descargar*; **to ~ oneself to sb** desahogarse* con algn, abrirle* el pecho *or* el corazón a algn

unbusinesslike /ˈʌnˈbɪznəslaɪk || ʌnˈbɪznɪslaɪk/ *adj* poco profesional

unbutton /ˈʌnˈbʌtn̩/ *vt* desabotonar, desabrochar

uncalled-for /ˈʌnˈkɔːldfɔːr || ʌnˈkɔːlfɔː(r)/ *adj* ‹*criticism/remark*› fuera de lugar; **his rudeness was quite ~** su grosería fue totalmente gratuita

uncanny /ˈʌnˈkæni/ *adj* raro, extraño, asombroso

uncaring /ˈʌnˈkerɪŋ || ʌnˈkeərɪŋ/ *adj* ‹*society/attitude*› indiferente

unceasing /ˈʌnˈsiːsɪŋ/ *adj* (liter) incesante

unceasingly /ˈʌnˈsiːsɪŋli/ *adv* (liter) incesantemente, sin cesar

uncensored /ˈʌnˈsensərd || ʌnˈsensəd/ *adj* no censurado; **the ~ version** la versión íntegra

unceremonious /ˈʌnˈserəˈməʊniəs || ˌʌnˌserɪˈməʊniəs/ *adj* brusco, poco ceremonioso

unceremoniously /ˈʌnˈserəˈməʊniəsli || ˌʌnˌserɪˈməʊniəsli/ *adv* bruscamente, sin ceremonias

uncertain /ˈʌnˈsɜːrtn̩ || ʌnˈsɜːtn̩/ *adj*
A **1** (unsure) (*pred*) **to be ~ ABOUT/OF sth** no estar* seguro DE algo; **we're ~ (as to) whether we should go** no estamos seguros de si debemos ir (o no) **2** (hesitant) ‹*voice/movement*› vacilante
B **1** (doubtful) ‹*prospects/future*› incierto; **it is ~ who will win** no está claro quién va a ganar **2** (changeable, unreliable) ‹*weather/situation*› inestable
C (vague): **in no ~ terms** muy claramente, inequívocamente

uncertainty /ˈʌnˈsɜːrtn̩ti || ʌnˈsɜːtn̩ti/ *n* [u] **1** (doubt) incertidumbre *f*, duda *f*; **~ ABOUT sth**: **there is some ~ about** *o* **as to his whereabouts** no se conoce con seguridad su paradero **2** (of outcome, future) incertidumbre *f*, lo incierto

unchallenged /ˈʌnˈtʃæləndʒd || ˌʌnˈtʃælɪndʒd/ *adj* ‹*doctrine/assumption*› incontestado; **his remarks cannot go ~** sus comentarios no pueden quedar sin respuesta

unchanged /ˈʌnˈtʃeɪndʒd/ *adj* (*usu pred*): **she was quite ~** no había cambiado para nada; **the ceremony has remained ~ for centuries** la ceremonia se ha celebrado de la misma forma durante siglos

unchanging /ˈʌnˈtʃeɪndʒɪŋ/ *adj* (*before n*) inalterable, inmutable

uncharacteristic /ˈʌnˈkærəktəˈrɪstɪk/ *adj* desacostumbrado, inusitado; **~ OF sb/sth** desacostumbrado *or* raro EN algn/algo

uncharacteristically /ˈʌnˈkærəktəˈrɪstɪkli/ *adv*: **an ~ frank answer** una respuesta de una franqueza inusitada

uncharitable /ˈʌnˈtʃærətəbəl || ʌnˈtʃærɪtəbəl/ *adj* ‹*act/remark*› poco caritativo

uncharted /ˈʌnˈtʃɑːrtəd || ʌnˈtʃɑːtɪd/ *adj* inexplorado, desconocido, ignoto (liter)

unchecked /ˈʌnˈtʃekt/ *adj* (uncurbed) libre, sin obstáculos; **they allowed corruption to go ~** no pusieron freno a la corrupción

uncivilized /ˈʌnˈsɪvəlaɪzd || ʌnˈsɪvɪlaɪzd/ *adj* **1** ‹*country/people*› incivilizado, primitivo **2** (unacceptable) ‹*behavior*› poco civilizado, incivilizado; **at this ~ hour** a estas horas intempestivas

unclaimed /ˈʌnˈkleɪmd/ *adj* sin reclamar

unclassified /ˈʌnˈklæsəfaɪd || ʌnˈklæsɪfaɪd/ *adj* **1** (not classed) sin clasificar **2** (not secret) ‹*information*› no confidencial

uncle /ˈʌŋkəl/ *n* tío *m*; **U~ Bob/John** tío Bob/John; ***to say*** *o* ***cry*** **~** (AmE colloq) rendirse*, darse* por vencido

unclean /ˈʌnˈkliːn/ *adj* **1** (ritually prohibited) ‹*food/animal*› impuro **2** (dirty) sucio **3** (impure) ‹*mind/thought*› impuro

unclear /ˈʌnˈklɪr || ʌnˈklɪə(r)/ *adj* **1** (uncertain) (*pred*): **he explained it twice, but I'm still rather ~** lo explicó dos veces, pero todavía no lo tengo muy claro; **to be ~ ABOUT sth**: **he was ~ about his reasons for doing it** no dio una explicación muy clara de sus motivos **2** (obscure) poco claro, confuso; **the meaning is ~** el significado no está claro

uncleared /ʌnˈklɪrd || ʌnˈklɪəd/ *adj*
A (Fin) ‹*check*› no compensado
B ‹*land/forest*› cubierto de vegetación

Uncle Sam /sæm/ *n* (colloq) (el) Tío Sam (fam)

> **Uncle Sam**
>
> Personaje imaginario que representa a EEUU, a su gobierno y ciudadanos. Tiene barba blanca y su vestimenta es roja, blanca y azul. Lleva un sombrero alto con estrellas. Se utiliza para apelar al patriotismo norteamericano

unclouded /ˈʌnˈklaʊdəd || ʌnˈklaʊdɪd/ *adj* ‹*sky*› despejado, sin nubes

uncoil /ˈʌnˈkɔɪl/ *vi* desenroscarse*
■ **uncoil** *vt* ‹*rope*› desenroscar*

uncomfortable /ˈʌnˈkʌmfərtəbəl || ʌnˈkʌmftəbəl/ *adj* **1** (physically) ‹*bed/position*› incómodo; **this chair's very ~** esta silla es muy incómoda; **are you ~ in that jacket?** ¿estás incómodo en ese sillón/con esa chaqueta? **2** (uneasy) incómodo, violento; **I felt ~ there** no me sentía a gusto allí; **to make things ~ for sb** crearle dificultades *or* problemas a algn **3** (disconcerting) ‹*reminder*› molesto, desagradable

uncommitted /ˈʌnkəˈmɪtəd || ˌʌnkəˈmɪtɪd/ *adj* no comprometido

uncommon /ʌnˈkɑːmən || ʌnˈkɒmən/ *adj* **1** (rare) raro, poco corriente *or* común *or* frecuente **2** (remarkable) (*before n*) singular, poco común *or* frecuente

uncommonly /ʌnˈkɑːmənli || ʌnˈkɒmənli/ *adv* extraordinariamente, singularmente; **not ~** con cierta *or* relativa frecuencia

uncommunicative /ˈʌnkəˈmjuːnəkeɪtɪv || ˌʌnkəˈmjuːnɪkətɪv/ *adj* poco comunicativo, reservado

uncomplaining /ˈʌnkəmˈpleɪnɪŋ/ *adj* resignado

uncomplainingly /ˈʌnkəmˈpleɪnɪŋli/ *adv* con resignación, sin quejarse

uncomplicated /ˈʌnˈkɑːmpləkeɪtəd || ʌnˈkɒmplɪkeɪtɪd/ *adj* ‹*lifestyle/relationship*› sin complicaciones; ‹*character/style*› poco complicado, sencillo

uncomplimentary /ˈʌnˈkɑːmpləˈmentəri || ˌʌnkɒmplɪˈmentri/ *adj* ‹*remarks*› poco halagador; ‹*report*› desfavorable

uncomprehending /ˈʌnkɑːmprɪˈhendɪŋ || ˌʌnkɒmprɪˈhendɪŋ/ *adj* (frml) atónito, perplejo

uncompromising /ʌnˈkɑːmprəmaɪzɪŋ || ʌnˈkɒmprəmaɪzɪŋ/ *adj* inflexible, intransigente

unconcealed /ˈʌnkənˈsiːld/ *adj* (*usu before n*) ‹*amusement/contempt*› no disimulado

unconcerned /ˈʌnkənˈsɜːrnd || ˌʌnkənˈsɜːnd/ *adj* indiferente; **they were ~ about the outcome** no les preocupaba el resultado, el resultado les era indiferente

unconditional /ˈʌnkənˈdɪʃn̩əl || ˌʌnkənˈdɪʃənl̩/ *adj* incondicional; **~ surrender** rendición *f* incondicional

unconditionally /ˈʌnkənˈdɪʃn̩əli/ *adv* sin condiciones, incondicionalmente

unconfirmed /ˈʌnkənˈfɜːrmd || ˌʌnkənˈfɜːmd/ *adj* no confirmado

unconnected /ˈʌnkəˈnektəd || ˌʌnkəˈnektɪd/ *adj* **1** (unrelated) sin conexión; **these incidents are completely ~** estos incidentes no guardan ninguna relación (entre sí); **to be ~ WITH sth** no guardar relación *or* no estar* relacionado CON algo **2** (incoherent) inconexo, sin hilación

unconscious¹ /ˈʌnˈkɑːntʃəs || ʌnˈkɒnʃəs/ *adj*
A (Med) inconsciente; **to become ~** perder* el conocimiento *or* el sentido; **she lay ~ on the floor** estaba (tendida) en el suelo sin sentido
B **1** (involuntary) ‹*habit/act*› involuntario, inconsciente **2** (unaware) (*pred*) **to be ~ OF sth** no ser* consciente DE algo
C (Psych) ‹*thoughts/desire*› inconsciente; **the ~ mind** el inconsciente

unconscious² *n* **the ~** el inconsciente

unconsciously /ˈʌnˈkɑːntʃəsli || ʌnˈkɒnʃəsli/ *adv* inconscientemente

unconsciousness /ˈʌnˈkɑːntʃəsnəs || ʌnˈkɒnʃəsnɪs/ *n* [u] (Med) inconsciencia *f*

U

unconstitutional /ˈʌnˈkɑːnstəˈtuːʃn̩əl || ˌʌnkɒnstɪˈtjuːʃənl̩/ *adj* inconstitucional

uncontested /ˈʌnkənˈtestəd || ˌʌnkənˈtestɪd/ *adj* ‹*will*› no impugnado; ‹*leader*› indiscutible; **his election was ~** fue el único candidato al cargo

uncontrollable /ˈʌnkənˈtrəʊləbəl/ *adj* ‹*trembling*› incontrolable; ‹*urge*› irresistible, irrefrenable; ‹*laughter*› incontenible; **that child is ~** a ese niño no hay quien lo controle

uncontrollably /ˈʌnkənˈtrəʊləbli/ *adv* de modo incontrolable

uncontrolled /ˈʌnkənˈtrəʊld/ *adj* incontrolado

unconventional /ˈʌnkənˈventʃn̩əl || ˌʌnkənˈvenʃənl̩/ *adj* poco convencional, original

unconvinced /ˈʌnkənˈvɪnst/ *adj*: **I'm still ~** aún no estoy muy convencida; **to be ~ OF sth/THAT** no estar* convencido DE algo/DE QUE

unconvincing /ˈʌnkənˈvɪnsɪŋ/ *adj* poco convincente

uncool /ˈʌnˈkuːl/ *adj* (sl): **he's so ~** (conservative) es muy conservador; (unfashionable) no está en la onda

uncooperative /ˈʌnkəʊˈɑːpərətɪv || ˌʌnkəʊˈɒpərətɪv/ *adj* poco dispuesto a colaborar *or* cooperar

uncoordinated /ˈʌnkəʊˈɔːrdneɪtəd || ˌʌnkəʊˈɔːdɪneɪtɪd/ *adj* ‹*person*› falto de coordinación; ‹*movements*› no coordinado

uncork /ˈʌnˈkɔːrk || ʌnˈkɔːk/ *vt* descorchar, abrir*

uncorroborated /ˈʌnkəˈrɑːbəreɪtəd || ˌʌnkəˈrɒbəreɪtɪd/ *adj* no confirmado, no corroborado

uncountable /ˈʌnˈkaʊntəbəl/ *adj* (Ling) no numerable

uncountable noun *n* sustantivo *m* incontable *or* no contable, nombre *m* incontable *or* no contable

uncount noun *n* ▸ **uncountable noun**

uncouple /ˈʌnˈkʌpəl/ *vt* **to ~ sth (FROM sth)** desenganchar algo (DE algo)

uncouth /ʌnˈkuːθ/ *adj* zafio, burdo, ordinario

uncover /ˈʌnˈkʌvər || ʌnˈkʌvə(r)/ *vt* **1** (remove covering of) destapar **2** (reveal, lay bare) ‹*treasure*› dejar al descubierto **3** (expose) ‹*scandal/plot*› revelar, sacar* a la luz

uncritical /ˈʌnˈkrɪtɪkəl/ *adj* ‹*acceptance/admiration*› ciego, que no cuestiona nada; ‹*audience*› falto de sentido crítico

uncrossed /ˈʌnˈkrɔːst || ʌnˈkrɒst/ *adj* (in UK) ‹*check*› al portador (*sin cruzar o barrar*)

uncrowned /ˈʌnˈkraʊnd/ *adj* no coronado; **he's the ~ king of jazz** se le reconoce como el rey del jazz

unction /ˈʌŋkʃən/ *n* [u] (Relig) unción *f*; **extreme ~** extremaunción *f*

unctuous /ˈʌŋktʃuəs || ˈʌŋktjuəs/ *adj* empalagoso

uncultivated /ˈʌnˈkʌltəveɪtəd || ʌnˈkʌltɪveɪtɪd/ *adj* **1** ‹*land*› sin cultivar, inculto (frml) **2** ‹*mind/talent*› sin cultivar, no cultivado

uncultured /ˈʌnˈkʌltʃərd || ʌnˈkʌltʃəd/ *adj* inculto, sin cultura

uncurl /ˈʌnˈkɜːrl || ʌnˈkɜːl/ *vt* desenrollar, estirar*
■ **uncurl** *vi* «*snake*» desenroscarse*

uncut /ˈʌnˈkʌt/ *adj*
A **1** ‹*grass/hedge*› sin cortar **2** ‹*diamond/gem*› sin tallar, en bruto; ‹*stone/marble*› sin labrar
B (unabridged) íntegro, completo

undamaged /ˈʌnˈdæmɪdʒd/ *adj* intacto, que no ha sufrido desperfectos

undated /ˈʌnˈdeɪtəd || ʌnˈdeɪtɪd/ *adj* sin fecha, sin fechar

undaunted /ˈʌnˈdɔːntəd || ʌnˈdɔːntɪd/ *adj* impertérrito; **she was ~ by their threats** no se dejó intimidar por sus amenazas

undecided /ˈʌndɪˈsaɪdəd || ˌʌndɪˈsaɪdɪd/ *adj* **1** (wavering) (*usu pred*) indeciso; **we are ~ whether or not to go** aún no sabemos si ir o no **2** (not solved) ‹*question/issue*› pendiente, no resuelto

undeclared /ˈʌndɪˈklerd || ˌʌndɪˈkleəd/ *adj* ‹*love/admiration*› secreto; **~ income** ingresos *mpl* no declarados

undefeated /ˈʌndɪˈfiːtəd || ˌʌndɪˈfiːtɪd/ *adj* invicto

undefended /ˈʌndɪˈfendəd || ˌʌndɪˈfendɪd/ *adj* ‹*frontier/city*› desguarnecido; ‹*goal*› (Sport) vacío

undefined /ˈʌndɪˈfaɪnd/ *adj* no definido

undelete /ˌʌndɪˈliːt/ *vt* (Comput) recuperar

undemanding /ˈʌndɪˈmændɪŋ || ˌʌndɪˈmɑːndɪŋ/ *adj* ‹*job*› cómodo, que exige poco; ‹*person*› poco exigente

undemocratic /ˈʌnˈdeməˈkrætɪk/ *adj* no democrático

undemonstrative /ˈʌndɪˈmɑːnstrətɪv / *adj* poco expresivo

undeniable /ˈʌndɪˈnaɪəbəl/ *adj* innegable

undeniably /ˈʌndɪˈnaɪəbli/ *adv* sin lugar a dudas; **it is ~ true that ...** es innegable *or* no puede negarse que ...

under[1] /ˈʌndər || ˈʌndə(r)/ *prep*
A (beneath) debajo de, abajo de (AmL); **~ the starry sky** bajo el cielo estrellado (liter); **~ a magnifying glass** a través de una lupa
B (less than) menos de; **if you're ~ 18** si tienes menos de 18 años; **a number ~ 20** un número inferior a 20
C ‹*name/heading*› bajo; **look ~ 'textiles'** mira en *or* bajo 'textiles'
D **1** ‹*government/authority*› bajo; **he served ~ General Baldwin** estuvo a las órdenes del general Baldwin; **he has 20 people ~ him** tiene 20 personas a su mando **2** (subject to): **to be ~ discussion** estarse* discutiendo; **I'm ~ instructions not to reveal anything** tengo instrucciones de no revelar nada; **he was ~ the impression that ...** tenía la impresión de que ...
E (according to) según; **~ the terms of the contract** según los términos del contrato

under[2] *adv*
A **1** (under water): **they pushed him ~** lo empujaron debajo del agua **2** (anesthetized): **she's still ~** todavía está bajo los efectos de la anestesia; *see also* **keep, knuckle, put** *etc* **under**
B (less) menos; **it will cost $10 or ~** costará 10 dólares como mucho

under- /ˈʌndər/ *pref* **1** (below, lower): **the ~mentioned** los abajo mencionados **2** (less than proper): **they are ~represented on the committee** no tienen la representación que les corresponde en la comisión; *see also* **underdone, underestimate** *etc* **3** (of lesser rank) sub-; **~manager** subgerente *m*

under: **~achiever** /ˈʌndərəˈtʃiːvər || ˌʌndərəˈtʃiːvə(r)/ *n*: *persona que no rinde al nivel de su capacidad o al nivel exigido*; **~age** /ˈʌndərˈeɪdʒ/ *adj* (*before n*) ‹*person*› menor de edad; **~age drinking** consumo *m* de bebidas alcohólicas por menores de edad; **~arm** *adj* (*before n*) **1** **~arm deodorant** desodorante *m* (para las axilas) **2** (Sport) ‹*service/bowling*› sin levantar el brazo por encima del hombro; **~belly** *n* (Zool) vientre *m*; **the (soft) ~belly of Europe** (journ) el punto vulnerable *or* débil de Europa; **~carriage** *n* tren *m* de aterrizaje; **~charge** /ˈʌndərˈtʃɑːrdʒ || ˌʌndəˈtʃɑːdʒ/ *vt* cobrarle de menos a; **~class** *n* clase *f* marginada; **~clothes** *pl n* ropa *f* interior; **~clothing** *n* [u] ropa *f* interior; **~coat**, (AmE also) **~coating** *n* **1** [u] (paint) pintura *f* base **2** [c] (coating) primera mano *f or* capa *f* de pintura; **3** [u c] (AmE Auto) tratamiento *m* anticorrosivo del chasis; **~cook** /ˈʌndərˈkʊk || ˌʌndəˈkʊk/ *vt* no cocinar del todo; **the meat was ~cooked** la carne estaba poco cocida *or* (esp Esp) poco hecha; **~cover** /ˈʌndərˈkʌvər || ˌʌndəˈkʌvə(r)/ *adj* secreto; **~current** *n* **1** (of discontent, unrest) trasfondo *m*, corriente *f* subyacente **2** (of water) contracorriente *f*; **~cut** /ˈʌndərˈkʌt || ˌʌndəˈkʌt/ *vt* (*pres p* **-cutting**; *past & past p* **-cut**) ‹*competitor*› vender más barato *or* a un precio más bajo que; **~developed** /ˈʌndərdɪˈveləpt || ˌʌndədɪˈveləpt/ *adj* ‹*muscles/potential*› poco desarrollado; ‹*nation*› subdesarrollado; **~development** *n* **1** (Econ, Pol) subdesarrollo *m* **2** (physical) falta *f* de desarrollo **~dog** *n* **1** (in game, contest) **the ~dog** el que tiene menos posibilidades **2** (disadvantaged person) desamparado, -da *m,f*, desvalido, -da *m,f*; **~done** /ˈʌndərˈdʌn || ˌʌndəˈdʌn/ *adj* ‹*meat*› poco cocido, poco hecho (Esp); **~employed** /ˈʌndərɪmˈplɔɪd/ *adj* ‹*person*› subempleado; ‹*resources/space*› infrautilizado; **~estimate** /ˈʌndərˈestəmeɪt || ˌʌndərˈestɪmeɪt/ *vt* **1** (guess too low): **they ~estimated the cost by $500** calcularon el costo en 500 dólares menos de lo que correspondía, al calcular el costo se quedaron cortos en 500 dólares **2** (underrate) subestimar; **~fed** /ˈʌndərˈfed || ˌʌndəˈfed/ *adj* subalimentado, desnutrido; **~felt** *n* [u] (BrE) *fieltro que se pone debajo de las alfombras*; **~foot** /ˈʌndərˈfʊt || ˌʌndəˈfʊt/ *adv* debajo de los pies; **it's slippery ~foot** el suelo está resbaladizo; **to trample sth ~foot**

U

pisotear algo; **~fund** /ˈʌndərˈfʌnd || ˌʌndəˈfʌnd/ *vt* infradotar, no dotar *or* no proveer* de suficientes fondos a; **~garment** *n* (frml *or* dated) prenda *f* interior *or* íntima; **~go** /ˈʌndərˈgəʊ || ˌʌndəˈgəʊ/ *vt* (*3rd pers sing pres* **-goes**; *pres p* **-going**; *past* **-went**; *past p* **-gone**) ‹*change/hardship*› sufrir; **she'll have to ~go major surgery** la van a tener que operar, va a tener que ser sometida a una intervención quirúrgica (frml); **he is ~going treatment** está en tratamiento; **~graduate** /ˈʌndərˈgrædʒuət || ˌʌndəˈgrædʒʊət/ *n* estudiante universitario, -ria *m,f* (*de licenciatura*); (*before n*) ‹*course/student*› universitario

underground¹ /ˈʌndərgraʊnd || ˈʌndəgraʊnd/ *adj* (*before n*) 1 ‹*cave/stream/parking*› subterráneo 2 ‹*organization*› clandestino 3 (avant-garde) ‹*music/film*› underground *adj inv*

underground² /ˈʌndərˈgraʊnd || ˌʌndəˈgraʊnd/ *adv* 1 (under the earth) bajo tierra 2 (into hiding): **to go ~** pasar a la clandestinidad

underground³ /ˈʌndərgraʊnd || ˈʌndəgraʊnd/ *n* [u c]
A *also* **Underground** (BrE Transp) metro *m*, subterráneo *m* (RPl); **to go on the ~** *o* **by ~** viajar *or* ir* en metro *or* (RPl) subterráneo
B 1 (secret organization) movimiento *m* clandestino 2 (subculture) underground *m*

under: ~growth *n* [u] maleza *f*, monte *m* bajo, sotobosque *m*; **~hand** /ˈʌndərˈhænd || ˌʌndəˈhænd/, **~handed** /ˈʌndərˈhændəd || ˌʌndəˈhændɪd/ *adj* ‹*person*› solapado; ‹*method/means/dealings*› poco limpio; **~investment** *n* [u] infrainversión *f*, inversión insuficiente; **~lain** /ˈʌndərˈleɪn || ˌʌndəˈleɪn/ *past p of* **underlie**

underlay¹ /ˈʌndərˈleɪ || ˌʌndeˈleɪ/ *past of* **underlie**

underlay² /ˈʌndərleɪ || ˈʌndəleɪ/ *n* (BrE) ▸ **underfelt**

under: ~lie /ˈʌndərˈlaɪ || ˌʌndəˈlaɪ/ *vt* (*3rd pers sing pres* **-lies**; *pres p* **-lying**; *past* **-lay**; *past p* **-lain**) subyacer* a; **~line** *vt* ‹*word/mistake*› subrayar; ‹*difference/importance*› subrayar, destacar*, hacer* hincapié en

underling /ˈʌndərlɪŋ || ˈʌndəlɪŋ/ *n* subordinado, -da *m,f*, subalterno, -na *m,f*

under: ~lying /ˈʌndərˈlaɪɪŋ || ˌʌndəˈlaɪɪŋ/ *adj* (*before n*) subyacente; **~manned** /ˈʌndərˈmænd || ˌʌndəˈmænd/ *adj* ‹*factory*› con personal *or* con mano de obra insuficiente; **~manning** /ˈʌndərˈmænɪŋ || ˌʌndəˈmænɪŋ/ *n* [u] falta *f* de personal (*or* de mano de obra *etc*); **~mine** /ˈʌndərˈmaɪn || ˌʌndəˈmaɪn/ *vt* ‹*health/strength*› minar, debilitar; **it ~mined her self-confidence** le hizo perder confianza en sí misma; **you're ~mining my authority** me estás desautorizando *or* quitando autoridad

underneath¹ /ˈʌndərˈniːθ || ˌʌndəˈniːθ/ *prep* debajo de, abajo de (AmL)

underneath² *adv* debajo, abajo; **they dug a tunnel ~** excavaron un túnel por debajo *or* por abajo; **~, she's very insecure** en el fondo es muy insegura

underneath³ *n* parte *f* inferior *or* de abajo

under: ~nourished /ˈʌndərˈnɜːrɪʃt || ˌʌndəˈnʌrɪʃt/ *adj* desnutrido; **~paid** /ˈʌndərˈpeɪd || ˌʌndəˈpeɪd/ *adj* mal pagado, mal pago (RPl); **~pants** *pl n* calzoncillos *mpl*, calzones *mpl* (Méx), interiores *mpl* (Col, Ven); **~pass** *n* (for traffic) paso *m* inferior; **pedestrian ~pass** pasaje *m* subterráneo; **~pin** /ˈʌndərˈpɪn || ˌʌndəˈpɪn/ *vt* **-nn-** 1 (Const) apuntalar 2 ‹*argument/claim*› respaldar, sustentar; **~play** /ˈʌndərˈpleɪ || ˌʌndəˈpleɪ/ *vt* (play down) ‹*importance*› minimizar*; ‹*danger/issue*› quitarle *or* restarle importancia a; **~privileged** /ˈʌndərˈprɪvəlɪdʒd || ˌʌndəˈprɪvəlɪdʒd/ *adj* desfavorecido; **~rate** /ˈʌndərˈreɪt || ˌʌndəˈreɪt/ *vt* 1 ‹*ability/opponent*› subestimar 2 **~rated** *past p* ‹*writer/play*› no debidamente apreciado *or* valorado; **~score** /ˈʌndərˈskɔːr || ˌʌndəˈskɔː(r)/ *vt* ‹*word/line*› subrayar; ‹*fact/need*› subrayar, poner* de relieve, recalcar*; **~sea** /ˈʌndərˈsiː || ˌʌndəˈsiː/ *adj* (*before n*) submarino; **~secretary** /ˈʌndərˈsekrəteri || ˌʌndəˈsekrətri/ *n* subsecretario, -ria *m,f*; **~sell** *vt* (*past & past p* **-sold**) ‹*competitor*› vender más barato que; **~shirt** *n* (AmE) camiseta *f* (interior); **~shorts** *pl n* (AmE) calzoncillos *mpl* (*en forma de pantalón corto*); **~side** *n* parte *f* inferior *or* de abajo; **~signed** /ˈʌndərˈsaɪnd || ˌʌndəˈsaɪnd/ *n* (*pl* **~**) (frml) **the ~signed** el abajo firmante, la abajo firmante, (*pl*) los abajo firmantes, las abajo firmantes; el suscrito, la suscrita, (*pl*) los suscritos, las suscritas (frml); **~sized** /ˈʌndərˈsaɪzd || ˌʌndəˈsaɪzd/ *adj* más pequeño de lo normal; **~skirt** *n* enagua(s) *f(pl)*, viso *m*, fondo *m* (Méx); **~sold** /ˈʌndərˈsəʊld || ˌʌndəˈsəʊld/ *past and past p of* **undersell**; **~staffed** /ˈʌndərˈstæft || ˌʌndəˈstɑːft/ *adj*: **to be ~staffed** estar* muy escaso *or* falto de personal

understand /ˈʌndərˈstænd || ˌʌndəˈstænd/ (*past & past p* **-stood**) *vt*
A 1 (grasp meaning of) entender*; **I can make myself understood** me puedo hacer entender; **I can't ~ why he did it** no logro entender *or* comprender por qué lo hizo; **I don't want it to happen again; have I made myself understood?** no quiero que vuelva a suceder ¿está claro? 2 (interpret) entender*, interpretar; **as I ~ it, ...** según tengo entendido, ..., por lo que entiendo, ..., según creo, ...; **what do you ~ by the term 'deprivation'?** ¿qué entiendes tú por 'privaciones'? 3 (sympathize, empathize with) comprender, entender*
B (believe, infer): **the president is understood to favor the second option** se cree que el presidente prefiere la segunda opción; **I ~ you play tennis** tengo entendido que juega al tenis; **am I to ~ that you won't help?** ¿entonces quiere decir que no me van a ayudar?; **I was given to ~ I'd get my money back** me dieron a entender que me devolverían el dinero; *see also* **understood²**
■ **understand** *vi* entender*, comprender

understandable /ˈʌndərˈstændəbəl || ˌʌndəˈstændəbəl/ *adj* comprensible; **it is ~ THAT** es comprensible *or* es normal QUE (+ *subj*)

understandably /ˈʌndərˈstændəbli || ˌʌndəˈstændəbli/ *adv*: **he's ~ upset** está disgustado, lo cual es comprensible

understanding¹ /ˈʌndərˈstændɪŋ || ˌʌndəˈstændɪŋ/ *n*
A [u] 1 (grasp) entendimiento *m*; **we now have a better** *o* **greater ~ of it** ahora lo entendemos *or* lo comprendemos mejor 2 (interpretation) interpretación *f*; **that's not my ~ of what he meant** no es así como yo interpreto sus palabras 3 (sympathy) comprensión *f*; **these exchanges promote international ~** estos intercambios fomentan el entendimiento *or* la concordia entre las naciones
B [c] (agreement, arrangement) acuerdo *m*; **to come to** *o* **reach an ~ (with sb)** llegar* a un acuerdo (con algn); **to have an ~ (with sb)**: **we had an ~ that we'd share the work** habíamos convenido que compartiríamos el trabajo
C [u] (belief): **it was my ~ that I would get the job** tenía entendido *or* creía que me darían el trabajo; **on the ~ that** bien entendido que, con la condición de que

understanding² *adj* comprensivo

under: ~state /ˈʌndərˈsteɪt || ˌʌndəˈsteɪt/ *vt* (underestimate) subestimar; (play down) quitarle *or* restarle importancia a, minimizar; **~stated** /ˈʌndərˈsteɪtəd || ˌʌndəˈsteɪtɪd/ *adj* ‹*decor/style*› sobrio, sencillo; **an ~stated performance** una actuación moderada y comedida; **~statement** /ˈʌndərˈsteɪtmənt || ˈʌndəsteɪtmənt/ *n* [c u]: **to say it wasn't well attended is an ~statement** decir que no estuvo muy concurrido es quedarse corto; **that's the ~statement of the year!** (colloq) ése es el eufemismo del año; **a master of ~statement** un experto en la descripción mesurada y comedida

understood¹ /ˈʌndərˈstʊd || ˌʌndəˈstʊd/ *past & past p of* **understand**

understood² *adj* (assumed): **they didn't say so, but it was ~** no lo dijeron pero quedó sobreentendido; **expenses will be paid, that's ~** se sobreentiende que nos (*or* les *etc*) pagarán los gastos

under: ~study *n* suplente *mf*, sobresaliente *mf*; **~take** /ˈʌndərˈteɪk || ˌʌndəˈteɪk/ *vt* (*past* **-took**; *past p* **-taken**) 1 (take upon oneself) ‹*responsibility*› asumir; ‹*obligation*› contraer*; ‹*task*› emprender 2 (promise, guarantee) **to ~take to + INF** comprometerse A + INF; **~taker** *n* ▸ **mortician**; **~taking** /ˈʌndərˈteɪkɪŋ || ˌʌndəˈteɪkɪŋ/ *n* 1 (task) empresa *f*, tarea *f* 2 (promise) promesa *f*; **~tone** *n* 1 (low voice): **to speak in an ~tone** hablar en voz baja 2 (hint) trasfondo *m*; **~took** /ˈʌndərˈtʊk || ˌʌndəˈtʊk/ *past of* **~take**; **~tow** *n* resaca *f*; **~used** /ˈʌndərˈjuːzd || ˌʌndəˈjuːzd/ *adj* infrautilizado, subutilizado; **~value** /ˈʌndərˈvæljuː || ˌʌndəˈvæljuː/ *vt* ‹*goods*› subvalorar; ‹*person/skill*› subvalorar, subestimar

underwater¹ /ˈʌndərˈwɔːtər || ˌʌndəˈwɔːtə(r)/ *adj* submarino

U

underwater² *adv* debajo del agua
under: **~wear** *n* [u] ropa *f* interior; **~weight** /ˈʌndər ˈweɪt || ˌʌndəˈweɪt/ *adj* ‹*person/baby*› de peso más bajo que el normal; **she's 20lb ~weight** pesa 20 libras menos de lo que debería; **~went** /ˈʌndərˈwent || ˌʌndəˈwent/ *past of* **undergo**; **~world** *n* 1 (Myth) **the U~world** el infierno, el averno (liter) 2 (criminals): **the ~world** el hampa, los bajos fondos; **~write** /ˈʌndərˈraɪt || ˌʌndəˈraɪt/ *vt* (*past* **-wrote**; *past p* **-written**) 1 (in insurance) asegurar 2 (guarantee financially) ‹*project/venture*› financiar; **~writer** *n* (in insurance) asegurador, -dora *m,f*; (on second insurance) reasegurador, -dora *m,f*; **~written** /ˈʌndər ˈrɪtn̩ || ˌʌndəˈrɪtn̩/ *past p of* **~write**; **~wrote** /ˈʌndər ˈrəʊt || ˌʌndəˈrəʊt/ *past of* **~write**
undeserved /ˈʌndɪˈzɜːrvd || ˌʌndɪˈzɜːvd/ *adj* inmerecido
undeserving /ˈʌndɪˈzɜːrvɪŋ || ˌʌndɪˈzɜːvɪŋ/ *adj* ‹*person*› de poco mérito; ‹*cause*› poco meritorio; **to be ~ OF sth** (frml) ser* indigno DE algo, no merecer* algo
undesirable¹ /ˈʌndɪˈzaɪrəbəl || ˌʌndɪˈzaɪərəbəl/ *adj* 1 (unwanted) ‹*consequence/side effect*› no deseado 2 (objectionable) ‹*person*› indeseable
undesirable² *n* indeseable *mf*
undetected /ˈʌndɪˈtektəd || ˌʌndɪˈtektɪd/ *adj* ‹*crime*› que no se ha descubierto; ‹*error*› que ha pasado inadvertido *or* desapercibido; **many crimes go ~** hay muchos delitos que no se descubren
undeterred /ˈʌndɪˈtɜːrd || ˌʌndɪˈtɜːd/ *adj* (*pred*): **she carried on ~** siguió impertérrita *or* sin inmutarse; **~ by the weather** sin amilanarse ante el mal tiempo
undeveloped /ˈʌndɪˈveləpt/ *adj*
A ‹*resources/region*› sin explotar
B (Phot) ‹*film*› sin revelar
undid /ˈʌnˈdɪd/ *past of* **undo**
undies /ˈʌndiz/ *pl n* (colloq) ropa *f* interior
undignified /ˈʌnˈdɪɡnəfaɪd || ʌnˈdɪɡnɪfaɪd/ *adj* 1 (lacking modesty) indecoroso 2 (inappropriate to status) poco digno
undiluted /ˈʌndaɪˈluːtəd || ˌʌndaɪˈljuːtɪd/ *adj* ‹*juice*› sin diluir; **the ~ truth** la verdad lisa y llana; **it is ~ pleasure** es puro placer
undiminished /ˈʌndəˈmɪnɪʃt || ˌʌndɪˈmɪnɪʃt/ *adj* no disminuido
undiplomatic /ˈʌnˈdɪpləˈmætɪk/ *adj* poco diplomático, indiscreto
undischarged /ˈʌndɪsˈtʃɑːrdʒd || ˌʌndɪsˈtʃɑːdʒd/ *adj* ‹*bankrupt*› no rehabilitado; ‹*debt*› no liquidado, sin pagar
undisciplined /ˈʌnˈdɪsəplənd || ˌʌnˈdɪsɪplɪnd/ *adj* indisciplinado
undisclosed /ˈʌndɪsˈkləʊzd/ *adj* no revelado
undiscovered /ˈʌndɪsˈkʌvərd || ˌʌndɪsˈkʌvəd/ *adj* (not found) no descubierto; (unknown) desconocido
undiscriminating /ˌʌndɪsˈkrɪmɪneɪtɪŋ || ˌʌndɪˈskrɪmɪneɪtɪŋ/ *adj* ‹*mind/audience/taste*› que no discrimina, sin sentido crítico, fácil de complacer; ‹*choice*› sin sentido crítico
undisguised /ˈʌndɪsˈɡaɪzd/ *adj* manifiesto, abierto, indisimulado
undismayed /ˈʌndɪsˈmeɪd/ *adj* (*pred*) impertérrito, impasible; **~ by successive failures** sin dejarse desanimar por los sucesivos fracasos
undisputed /ˈʌndɪˈspjuːtəd || ˌʌndɪˈspjuːtɪd/ *adj* ‹*champion/leader*› indiscutido, indiscutible, incontestable; ‹*facts*› innegable
undistinguished /ˈʌndɪˈstɪŋɡwɪʃt/ *adj* mediocre
undisturbed /ˈʌndɪˈstɜːrbd || ˌʌndɪˈstɜːbd/ *adj* 1 (untouched): **everything was left ~** todo se dejó tal cual estaba 2 (uninterrupted) ‹*sleep*› tranquilo 3 (unworried) tranquilo; **he seemed ~ by the rumors** los rumores parecían no perturbarlo *or* preocuparlo
undivided /ˈʌndɪˈvaɪdəd || ˌʌndɪˈvaɪdɪd/ *adj*: **you have my ~ attention** tienes toda mi atención
undo /ˈʌnˈduː/ *vt* (*3rd pers sing pres* **-does**; *pres p* **-doing**; *past* **-did**; *past p* **-done**)
A (unfasten) ‹*button/jacket/buckle*› desabrochar; ‹*zipper*› abrir*; ‹*knot/parcel*› desatar, deshacer*; ‹*shoelaces*› desatar, desamarrar (AmL exc RPl)
B (put right) ‹*wrong*› reparar, enmendar*
undoing /ˈʌnˈduːɪŋ/ *n* [u] perdición *f*, ruina *f*
undone¹ /ˈʌnˈdʌn/ *past p of* **undo**
undone² *adj* (*pred*) 1 (unfastened): **your shoelaces are ~** llevas los cordones de los zapatos desatados *or* (AmL exc RPl) desamarrados; **to come ~** ‹‹*knot*›› deshacerse*, desatarse; ‹‹*button*›› desabrocharse 2 (not started) sin empezar; (unfinished) sin terminar; **the job was left ~** el trabajo se dejó *or* se quedó a medias
undoubted /ʌnˈdaʊtəd || ʌnˈdaʊtɪd/ *adj* indudable
undoubtedly /ʌnˈdaʊtədli || ʌnˈdaʊtɪdli/ *adv* indudablemente, sin duda
undreamed-of /ˈʌnˈdremtɑːv, ˈʌnˈdriːmdɑːv || ʌnˈdriːmdɒv/, (BrE also) **undreamt-of** /ˈʌnˈdremtɑːv || ʌnˈdremtɒv/ *adj* inimaginable, nunca soñado
undress¹ /ˈʌnˈdres/ *vt* desvestir*, desnudar; **to get ~ed** desvestirse*, desnudarse
■ **undress** *vi* desvestirse*, desnudarse
undress² *n* [u] (frml) **in a state of ~** desnudo
undressed /ˈʌnˈdrest/ *adj* desnudo, desvestido
undrinkable /ˈʌnˈdrɪŋkəbəl/ *adj* (poisonous) no potable; (unpalatable) imbebible
undue /ˈʌnˈduː || ʌnˈdjuː/ *adj* (*before n*) excesivo, demasiado
undulate /ˈʌndʒəleɪt || ˈʌndjʊleɪt/ *vi* ondular
undulating /ˈʌndʒəleɪtɪŋ || ˈʌndjʊleɪtɪŋ/ *adj* (*before n*) ondulante
undulation /ˈʌndʒəˈleɪʃən || ˌʌndjʊˈleɪʃən/ *n* [c u] ondulación *f*
unduly /ˈʌnˈduːli || ʌnˈdjuːli/ *adv* excesivamente, demasiado
undying /ˈʌnˈdaɪɪŋ/ *adj* (liter) imperecedero (liter), eterno
unearned /ˈʌnˈɜːrnd || ʌnˈɜːnd/ *adj* (Fin): **~ income** rendimientos *mpl* del capital
unearth /ˈʌnˈɜːrθ || ʌnˈɜːθ/ *vt* 1 ‹*remains*› desenterrar* 2 ‹*fact/document*› descubrir*, sacar* a la luz
unearthly /ˈʌnˈɜːrθli || ʌnˈɜːθli/ *adj* **-lier, -liest** sobrenatural; **at this ~ hour** a estas horas (intempestivas)
unease /ˈʌnˈiːz/ *n* [u] (nervousness) inquietud *f*, desasosiego *m*, desazón *f*; (tension, discontent) malestar *m*, descontento *m*
uneasily /ˈʌnˈiːzəli || ʌnˈiːzɪli/ *adv* inquietamente, con inquietud
uneasy /ˈʌnˈiːzi/ *adj* **-sier, -siest** 1 (anxious, troubled) inquieto, preocupado; **she had an ~ conscience** no tenía la conciencia tranquila 2 (awkward, constrained) ‹*laugh/silence*› incómodo, molesto 3 (insecure, precarious) ‹*peace/alliance*› precario
uneatable /ˈʌnˈiːtəbəl/ *adj* incomible
uneaten /ˈʌnˈiːtn̩/ *adj*: **to leave sth ~** dejar algo sin comer
uneconomic /ˈʌnˈekəˈnɑːmɪk, -ˈiːkə- || ˌʌnˌiːkəˈnɒmɪk, -ˌek-/ *adj* poco rentable, antieconómico
uneconomical /ˈʌnˈekəˈnɑːmɪkl̩, -ˈiːkə- || ˌʌnˌiːkəˈnɒmɪkəl, -ˌek-/ *adj* poco económico
uneducated /ˈʌnˈedʒəkeɪtəd || ˌʌnˈedjʊkeɪtɪd/ *adj* sin educación, inculto
unemotional /ˈʌnɪˈməʊʃnəl || ˌʌnɪˈməʊʃənl̩/ *adj* 1 (feeling no emotion) ‹*person*› indiferente 2 (showing no emotion) ‹*account/report*› objetivo
unemployable /ˈʌnɪmˈplɔɪəbəl/ *adj* inempleable
unemployed¹ /ˈʌnɪmˈplɔɪd/ *adj* 1 ‹*person*› desempleado, desocupado, parado (Esp), en paro (Esp), cesante (Chi) 2 (unused) ‹*resource*› ocioso, sin utilizar
unemployed² *pl n* **the ~** los desempleados, los desocupados, los parados (Esp), los cesantes (Chi)
unemployment /ˈʌnɪmˈplɔɪmənt/ *n* [u] 1 (being out of work) desempleo *m*, desocupación *f*, paro *m* (Esp), cesantía *f* (Chi); (*before n*) **~ benefit** *o* (AmE also) **compensation** subsidio *m* de desempleo, paro *m* (Esp), subsidio *m* de cesantía (Chi) 2 (number of unemployed) desempleo *m*, número *m* de desempleados, paro *m* (Esp), cesantía *f* (Chi)
unencumbered /ˌʌnɪnˈkʌmbərd || ˌʌnɪnˈkʌmbəd/ *adj* 1 (unburdened) libre de peso 2 (Law) libre de gravamen *or* gravámenes
unending /ˈʌnˈendɪŋ/ *adj* interminable, sin fin
unendurable /ˈʌnɪmˈdʊrəbəl || ˌʌnɪmˈdjʊərəbəl/ *adj* inaguantable, insoportable

U

unenterprising /'ʌn'entərpraɪzɪŋ || ʌn'entəpraɪzɪŋ/ *adj* poco emprendedor, falto de iniciativa

unenthusiastic /'ʌnɪn'θu:zi'æstɪk || ˌʌnɪnθju:zi'æstɪk/ *adj* poco entusiasta

unenthusiastically /'ʌnɪn'θu:zi'æstɪkli || ˌʌnɪnˌθju:zɪ'æstɪkli/ *adv* con poco entusiasmo

unenviable /'ʌn'enviəbəl/ *adj* nada envidiable

unequal /'ʌn'i:kwəl/ *adj* 1 ‹*contest/amounts*› desigual 2 (inadequate) (frml) **to be ~ TO sth**: **he proved ~ to the demands of the task** no estuvo a la altura de lo que se esperaba

unequaled, (BrE) **unequalled** /'ʌn'i:kwəld/ *adj* sin igual, sin par, sin parangón

unequivocal /'ʌnɪ'kwɪvəkəl/ *adj* (frml) ‹*reply/refusal*› inequívoco, claro; ‹*support/victory*› rotundo

unequivocally /'ʌnɪ'kwɪvəkli/ *adv* (frml) sin lugar a dudas, claramente

unerring /'ʌn'erɪŋ || ʌn'ɜ:rɪŋ/ *adj* certero, infalible

UNESCO /ju:'neskəʊ/ *n* (*no art*) (= **United Nations Educational, Scientific and Cultural Organization**) la UNESCO

unethical /ʌn'eθɪkəl/ *adj* inmoral, poco ético

uneven /'ʌn'i:vən/ *adj*

A 1 (not straight) torcido 2 (not level) ‹*surface*› desigual, irregular, disparejo (AmL); ‹*ground*› desnivelado, desigual, disparejo (AmL)

B 1 (irregular) ‹*breathing/pulse*› irregular 2 (not uniform, inconsistent) ‹*color/paint*› poco uniforme, disparejo (AmL); ‹*performance/quality*› desigual, dispar, disparejo (AmL)

C (unequal) ‹*widths/lengths/contest*› desigual

unevenly /'ʌn'i:vənli/ *adv* 1 (not uniformly) de modo poco uniforme 2 (unequally): **they are ~ matched** son muy dispares *or* de niveles muy desiguales

uneventful /'ʌnɪ'ventfəl/ *adj* ‹*journey*› sin incidentes; ‹*day*› tranquilo; ‹*life/past*› sin acontecimientos de nota

uneventfully /'ʌnɪ'ventfəli/ *adv*: **the day passed ~** no sucedió nada de particular en todo el día

unexceptional /'ʌnɪk'sepʃṇəl || ˌʌnɪk'sepʃənl/ *adj* normal, corriente, sin nada de extraordinario

unexciting /'ʌnɪk'saɪtɪŋ/ *adj* ‹*prospect/job*› poco estimulante; ‹*food*› insulso, poco apetitoso

unexpected /'ʌnɪk'spektəd || ˌʌnɪk'spektɪd/ *adj* ‹*reaction/visitor*› inesperado; ‹*result/delay*› imprevisto; **this is an ~ pleasure** ¡qué sorpresa tan agradable!

unexpectedly /'ʌnɪk'spektədli || ˌʌnɪk'spektɪdli/ *adv* ‹*arrive*› de improviso, sin previo aviso; ‹*happen*› de forma imprevista, cuando nadie lo esperaba

unexplained /'ʌnɪk'spleɪnd/ *adj*: **his disappearance remains ~** su desaparición sigue siendo un misterio

unexploded /'ʌnɪk'spləʊdəd/ *adj* sin detonar

unexploited /'ʌnɪk'splɔɪtəd || ˌʌnɪk'splɔɪtɪd/ *adj* sin explotar, inexplotado

unexplored /'ʌnɪk'splɔ:rd || ˌʌnɪks'plɔ:d/ *adj* ‹*territory*› inexplorado

unexpressed /'ʌnɪk'sprest/ *adj* tácito

unexpurgated /'ʌn'ekspərgeɪtəd || ʌn'ekspəgeɪtɪd/ *adj* (frml) sin expurgar, íntegro

unfailing /ʌn'feɪlɪŋ/ *adj* ‹*optimism/courtesy*› indefectible, a toda prueba; ‹*interest/support*› constante; ‹*source/supply*› inagotable

unfailingly /ʌn'feɪlɪŋli/ *adv*: **he was ~ polite** era de una cortesía a toda prueba, era indefectiblemente cortés

unfair /'ʌn'fer || ʌn'feə(r)/ *adj* ‹*treatment/criticism/decision*› injusto; ‹*competition*› desleal; **it was ~ of him to blame you** fue injusto que te echara la culpa a ti; **it's so ~!** ¡es una injusticia!, ¡no hay derecho!; **~ dismissal** despido *m* improcedente *or* injustificado; **~ TO/ON sb**: **it's ~ to** *o* **on the others** es injusto para los demás

unfairly /'ʌn'ferli || ʌn'feəli/ *adj* injustamente

unfaithful /'ʌn'feɪθfəl/ *adj* ‹*spouse/lover*› infiel; ‹*follower*› desleal; **to be ~ TO sb** serle* infiel/desleal A algn

unfamiliar /'ʌnfə'mɪljər || ˌʌnfə'mɪliə(r)/ *adj* 1 (unknown) ‹*face/surroundings*› desconocido, nuevo 2 (unacquainted): **I'm ~ with his work** no estoy muy familiarizado con su obra; **we're not ~ with this type of situation** tenemos experiencia de este tipo de situación

unfamiliarity /'ʌnfə'mɪli'ærəti/ *n* [u] 1 (strangeness) lo desconocido 2 (lack of knowledge) **~ WITH sth** falta *f* de familiaridad CON algo

unfashionable /'ʌn'fæʃṇəbəl/ *adj* ‹*clothes/ideas*› fuera de moda, pasado de moda; ‹*district*› poco elegante

unfasten /'ʌn'fæsṇ || ʌn'fɑ:sṇ/ *vt* ‹*seat belt/button/jacket*› desabrochar; ‹*door*› abrir*; ‹*knot*› (loosen) soltar*, aflojar; (undo) deshacer*, desatar

unfathomable /'ʌn'fæðəməbəl/ *adj* ‹*depths*› insondable, inconmensurable; ‹*mystery*› incomprensible

unfavorable, (BrE) **unfavourable** /'ʌn'feɪvrəbəl/ *adj* 1 (adverse) ‹*conditions*› desfavorable, poco propicio; ‹*wind*› en contra 2 (negative) ‹*report/comparison*› desfavorable, negativo

unfavorably, (BrE) **unfavourably** /'ʌn'feɪvrəbli/ *adv* ‹*regard/react*› desfavorablemente; **the critics reviewed the show ~** la crítica fue muy negativa con el espectáculo

unfazed /ʌn'feɪzd/ *adj* (*pred*) (colloq): **they were totally ~** ni siquiera se inmutaron, estaban como si nada hubiera pasado (fam); **she was ~ by the heckling** ni se inmutó *or* (fam) hizo como si nada cuando la interrumpieron

unfeeling /ʌn'fi:lɪŋ/ *adj* ‹*person*› insensible; ‹*remark/attitude*› poco compasivo, duro

unfinished /'ʌn'fɪnɪʃt/ *adj* (incomplete) sin terminar, inacabado; **we have some ~ business to deal with** tenemos unos asuntos pendientes que tratar

unfit /'ʌn'fɪt/ *adj* 1 (unsuitable): **he was ~ for the job** no estaba capacitado para el trabajo; **~ for human consumption** no apto para el consumo; **he's ~ to hold public office** es indigno de desempeñar un cargo público 2 (physically): **I'm ~** no estoy en forma, estoy fuera de forma; **the doctor declared him ~ for work** el médico dictaminó que estaba incapacitado para trabajar

unflagging /'ʌn'flægɪŋ/ *adj* ‹*energy/enthusiasm*› inagotable; ‹*interest*› sostenido

unflappable /'ʌn'flæpəbəl/ *adj* imperturbable

unflattering /'ʌn'flætərɪŋ/ *adj* ‹*remark/description*› poco halagüeño; ‹*dress*› poco favorecedor

unflinching /ʌn'flɪntʃɪŋ/ *adj* ‹*courage/stoicism*› a toda prueba; ‹*expression*› inmutable; ‹*resolve*› inquebrantable

unfold /'ʌn'fəʊld/ *vt* ‹*tablecloth/map*› desdoblar, extender*; ‹*newspaper*› abrir*; ‹*wings*› desplegar*; ‹*arms*› descruzar*

■ **unfold** *vi* 1 ‹‹*flower/leaf*›› abrirse*; ‹‹*wings*›› desplegarse* 2 (be revealed) ‹‹*story/events*›› desarrollarse; ‹‹*scene/landscape*›› extenderse*, desplegarse*

unforeseeable /'ʌnfɔ:r'si:əbəl || ˌʌnfɔ:'si:əbəl/ *adj* imprevisible

unforeseen /'ʌnfɔ:r'si:n || ˌʌnfɔ:'si:n/ *adj* imprevisto

unforgettable /'ʌnfər'getəbəl || ˌʌnfə'getəbəl/ *adj* inolvidable

unforgivable /'ʌnfər'gɪvəbəl || ˌʌnfə'gɪvəbəl/ *adj* imperdonable

unforgiving /'ʌnfər'gɪvɪŋ || ˌʌnfə'gɪvɪŋ/ *adj* implacable

unformed /'ʌn'fɔ:rmd || ʌn'fɔ:md/ *adj* ‹*mass*› informe, amorfo; ‹*plan*› no madurado; ‹*personality*› no formado

unforthcoming /'ʌnfɔ:rθ'kʌmɪŋ || ˌʌnfɔ:θ'kʌmɪŋ/ *adj* 1 (reserved) poco comunicativo, reservado; **when asked about his plans, he was very ~** se mostró muy reticente cuando le preguntaron acerca de sus planes 2 (unhelpful) poco dispuesto a ayudar

unfortunate[1] /ʌn'fɔ:rtʃṇət || ʌn'fɔ:tʃənət/ *adj* 1 (unlucky) ‹*coincidence*› desafortunado, desventurado (liter); **he has been very ~** ha tenido muy mala suerte; **it was ~ that the weather was so bad** fue una pena que hiciera tan mal tiempo 2 (unsuitable) ‹*remark*› desafortunado, inoportuno, poco feliz; ‹*choice of words*› desacertado, desafortunado, poco feliz; ‹*habit*› lamentable

unfortunate[2] *n* desgraciado, -da *m,f*

unfortunately /ʌn'fɔ:rtʃṇətli || ʌn'fɔ:tʃənətli/ *adv* (*indep*) lamentablemente, desafortunadamente; (stronger) desgraciadamente, por desgracia

unfounded /'ʌn'faʊndəd || ʌn'faʊndɪd/ *adj* infundado

unfreeze /'ʌn'fri:z/ (*past* **unfroze**, *past p* **unfrozen**) *vt* descongelar

■ **unfreeze** *vi* descongelarse

unfriendly /'ʌn'frendli/ *adj* **-lier, -liest** 1 ‹*person*› poco amistoso; (stronger) antipático; ‹*attitude*› desagradable,

U

poco amistoso; ~ **TO** *o* **TOWARD sb**: **she was very ~ to** *o* **toward them** estuvo muy antipática *or* desagradable con ellos **2** ‹*terrain/climate*› hostil

unfrock /ˈʌnˈfrɑːk || ʌnˈfrɒk/ *vt* retirar del sacerdocio

unfroze /ˈʌnːfrəʊz/ *past of* **unfreeze**

unfrozen /ˈʌnˈfrəʊzn̩/ *past p of* **unfreeze**

unfulfilled /ˈʌnfʊlˈfɪld/ *adj* **1** (unsatisfied): **to feel ~** no sentirse* realizado **2** (unrealized) ‹*ambition/hope*› frustrado; ‹*prophecy*› no cumplido

unfunny /ˈʌnˈfʌni/ *adj* sin nada de gracia

unfurl /ˈʌnˈfɜːrl || ʌnˈfɜːl/ *vt* desplegar*
■ **unfurl** *vi* desplegarse*

unfurnished /ˈʌnˈfɜːrnɪʃt || ʌnˈfɜːnɪʃt/ *adj* sin amueblar

ungainly /ʌnˈgeɪnli/ *adj* ‹*person*› desgarbado; ‹*movement*› torpe, desgarbado

ungenerous /ˈʌnˈdʒenərəs/ *adj* ‹*reward/tip*› poco generoso; ‹*remark/attitude*› mezquino

unglazed /ˈʌnˈgleɪzd/ *adj* **1** ‹*pottery*› sin esmaltar **2** ‹*window/door*› sin vidrios *or* (esp Esp) cristales

ungodly /ˈʌnˈgɑːdli || ʌnˈgɒdli/ *adj* impío; **at some ~ hour** (hum) a una hora infame (fam)

ungovernable /ˈʌnˈgʌvərnəbəl || ʌnˈgʌvənəbəl/ *adj* **1** ‹*country/people*› ingobernable **2** (liter) ‹*rage/passion*› incontrolable, irreprimible, incontenible

ungracious /ˈʌnˈgreɪʃəs/ *adj* descortés

ungraciously /ˈʌnˈgreɪʃəsli/ *adv* ‹*agree*› de mala gana

ungrammatical /ˈʌngrəˈmætɪkəl/ *adj* gramaticalmente incorrecto

ungrateful /ˈʌnˈgreɪtfəl/ *adj* desagradecido, ingrato, malagradecido

ungrudging /ˈʌnˈgrʌdʒɪŋ/ *adj* ‹*support/assistance*› generoso, desinteresado; ‹*admiration*› sin resquemores; ‹*praise*› sincero

unguarded /ˈʌnˈgɑːrdəd || ʌnˈgɑːdɪd/ *adj* **1** (incautious): **in an ~ moment** en un momento de descuido **2** ‹*entrance/building*› sin vigilancia; ‹*goal*› desprotegido

unhappily /ˈʌnˈhæpəli || ʌnˈhæpɪli/ *adv* **1** (sadly) ‹*sigh*› tristemente, con tristeza **2** (unfortunately) (*indep*) lamentablemente

unhappiness /ˈʌnˈhæpinəs || ʌnˈhæpinɪs/ *n* [u] **1** (lack of happiness) infelicidad *f*; (stronger) desdicha *f*; (sadness) tristeza *f* **2** (dissatisfaction) descontento *m*

unhappy /ˈʌnˈhæpi/ *adj* **-pier, -piest**
A **1** (sad) ‹*childhood*› infeliz; (stronger) desgraciado, desdichado; **it has an ~ ending** termina mal, tiene un final triste **2** (worried) (*pred*) **to be ~ ABOUT sth/-ING**: **I was ~ about the children being left alone** me preocupaba *or* inquietaba que los niños se quedaran solos; **I'm ~ about sneaking away like this** no me gusta esto de escabullirme así **3** (discontented) (*pred*) descontento; **to be ~ ABOUT sth** no estar* contento CON algo; **to be ~ WITH sth/sb** no estar* contento CON algo/algn
B **1** (inopportune) ‹*remark*› desafortunado, poco feliz, inoportuno **2** (unfortunate) ‹*coincidence/day*› desafortunado, desventurado (liter)

unharmed /ˈʌnˈhɑːrmd || ʌnˈhɑːmd/ *adj*: **the vase was ~** el florero quedó intacto; **he escaped ~** salió *or* resultó ileso

UNHCR *n* (= **United Nations High Commission for Refugees**) ACNUR *m*

unhealthy /ˈʌnˈhelθi/ *adj* **-thier, -thiest** **1** ‹*person*› de mala salud; ‹*complexion*› enfermizo; ‹*climate/conditions*› poco saludable, insalubre, malsano; ‹*food*› malo para la salud **2** (morbid) ‹*interest/obsession*› malsano, morboso

unheard /ˈʌnˈhɜːrd || ʌnˈhɜːd/ *adj*: **her remark went ~** no oyeron su observación

unheard of /ˈʌnˈhɜːrdɑːv || ʌnˈhɜːdɒv/ *adj* insólito; **it's ~ ~ for anyone to win three years running** es insólito *or* es algo sin precedentes que alguien gane tres años seguidos

unheeded /ˈʌnˈhiːdəd || ʌnˈhiːdɪd/ *adj*: **her advice went ~** hicieron caso omiso de sus consejos, desatendieron *or* desoyeron sus consejos

unhelpful /ˈʌnˈhelpfəl/ *adj* ‹*assistant/secretary*› poco servicial; **he was most ~** no se mostró nada dispuesto a ayudar; **her comments were ~** sus comentarios no sirvieron de nada

unhesitating /ˈʌnˈhezəteɪtɪŋ || ʌnˈhezɪteɪtɪŋ/ *adj* ‹*reply*› resuelto, decidido; **his acceptance was ~** aceptó sin vacilar

unhinge /ˈʌnˈhɪndʒ/ *vt* ‹*person/mind*› trastornar

unhitch /ˈʌnˈhɪtʃ/ *vt* ‹*horse/trailer*› desenganchar

unholy /ˈʌnˈhəʊli/ *adj* **-lier, -liest** **1** (wicked) (liter) ‹*desire/thought*› impuro, pecaminoso; ‹*alliance/union*› nefasto **2** (dreadful) (colloq) ‹*noise/row*› de mil demonios (fam)

unhook /ˈʌnˈhʊk/ *vt* **1** ‹*curtains/picture*› descolgar* **2** (unfasten) ‹*dress*› desabrochar

unhurried /ˈʌnˈhɜːrid || ʌnˈhʌrid/ *adj* ‹*steps/movement*› pausado, lento; ‹*existence*› apacible, tranquilo

unhurt /ˈʌnˈhɜːrt || ʌnˈhɜːt/ *adj* ileso; **to escape ~** salir* *or* resultar ileso

unhygienic /ˈʌnhaɪˈdʒiːnɪk/ *adj* antihigiénico

uni- /ˈjuːni/ *pref* uni-

UNICEF /ˈjuːnɪsef/ *n* (*no art*) (= **United Nations International Children's Emergency Fund**) UNICEF *m or f*

unicorn /ˈjuːnəkɔːrn || ˈjuːnɪkɔːn/ *n* unicornio *m*

unicycle /ˈjuːnəˌsaɪkəl || ˈjuːnɪˌsaɪkəl/ *n* monociclo *m*

unidentified /ˈʌnaɪˈdentəfaɪd || ˌʌnaɪˈdentɪfaɪd/ *adj* no identificado; **~ flying object** objeto *m* volador *or* (Esp) volante no identificado, ovni *m*

unification /ˈjuːnəfəˈkeɪʃən || ˌjuːnɪfɪˈkeɪʃən/ *n* [u] unificación *f*

uniform¹ /ˈjuːnəfɔːrm || ˈjuːnɪfɔːm/ *n* uniforme *m*; **(full) dress ~** uniforme de gala; **to be in ~** ir* de uniforme, estar* uniformado; (to be in the army) vestir* uniforme

uniform² *adj* ‹*shape/color/length*› uniforme; ‹*temperature/speed*› constante

uniformed /ˈjuːnəfɔːrmd || ˈjuːnɪfɔːmd/ *adj* uniformado

uniformity /ˈjuːnəˈfɔːrməti || ˌjuːnɪˈfɔːməti/ *n* [u] uniformidad *f*

uniformly /ˈjuːnəfɔːrmli || ˈjuːnɪfɔːmli/ *adv* de modo uniforme, uniformemente

unify /ˈjuːnəfaɪ || ˈjuːnɪfaɪ/ *vt* **-fies, -fying, -fied** (unite) ‹*country/people*› unir

unilateral /ˈjuːnɪˈlætərəl/ *adj* unilateral

unimaginable /ˈʌnəˈmædʒənəbəl || ˌʌnɪˈmædʒɪnəbəl/ *adj* inimaginable

unimaginative /ˈʌnəˈmædʒənətɪv || ˌʌnɪˈmædʒɪnətɪv/ *adj* ‹*person*› poco imaginativo, sin imaginación; ‹*story/design*› falto de imaginación

unimpaired /ˈʌnɪmˈperd || ˌʌnɪmˈpeəd/ *adj*: **his sight is ~** tiene una vista perfecta; **the quality is ~** la calidad no se ve afectada

unimpeachable /ˈʌnɪmˈpiːtʃəbəl/ *adj* ‹*conduct/character*› intachable, impecable, irreprochable

unimpeded /ˈʌnɪmˈpiːdəd || ˌʌnɪmˈpiːdɪd/ *adj* libre de obstáculos *or* trabas

unimportant /ˈʌnɪmˈpɔːrtn̩t || ˌʌnɪmˈpɔːtn̩t/ *adj* ‹*matter/detail*› sin importancia; **it seemed ~** no parecía importante, no parecía tener importancia

unimpressed /ˈʌnɪmˈprest/ *adj*: **I was ~ by her performance** su actuación no me convenció mucho

uninformed /ˈʌnɪnˈfɔːrmd || ˌʌnɪnˈfɔːmd/ *adj* ‹*opinion/guess*› sin fundamento; **~ ABOUT sth**: **she was ~ about what was going on in the country** no estaba al tanto *or* al corriente de lo que estaba pasando en el país

uninhabitable /ˈʌnɪnˈhæbətəbəl || ˌʌnɪnˈhæbɪtəbəl/ *adj* inhabitable

uninhabited /ˈʌnɪnˈhæbətəd || ˌʌnɪnˈhæbɪtɪd/ *adj* ‹*house*› deshabitado; ‹*region/island*› despoblado

uninhibited /ˈʌnɪnˈhɪbətəd || ˌʌnɪnˈhɪbɪtɪd/ *adj* desinhibido, sin inhibiciones, desenfadado

uninitiated /ˈʌnɪˈnɪʃieɪtəd || ˌʌnɪˈnɪʃieɪtɪd/ *pl n* **the ~** los no iniciados

uninspired /ˈʌnɪnˈspaɪrd || ˌʌnɪnˈspaɪəd/ *adj* poco inspirado

uninspiring /ˈʌnɪnˈspaɪrɪŋ || ˌʌnɪnˈspaɪərɪŋ/ *adj* ‹*company*› poco estimulante; ‹*menu/subject*› aburrido; ‹*scenery*› monótono

uninstal, (BrE) **uninstall** /ˌʌnɪnˈstɔːl/ *n* desinstalación *f*

U

unintelligent /ˈʌnɪnˈtelədʒənt || ˌʌnɪnˈtelɪdʒənt/ *adj* poco inteligente

unintelligible /ˈʌnɪnˈtelədʒəbəl || ˌʌnɪnˈtelɪdʒəbəl/ *adj* ininteligible, incomprensible

unintended /ˈʌnɪnˈtendəd || ˌʌnɪnˈtendɪd/ *adj* ‹*consequences*› no buscado, no planeado; ‹*pun*› no deliberado

unintentional /ˈʌnɪnˈtentʃn̩əl || ˌʌnɪnˈtenʃənl̩/ *adj* involuntario, no deliberado

unintentionally /ˈʌnɪnˈtentʃn̩əli || ˌʌnɪnˈtenʃnəli/ *adv* ‹*hurt/hear*› involuntariamente, sin querer; **the dialogue is ~ funny** el diálogo resulta cómico sin que ellos se lo propongan

uninterested /ˈʌnˈɪntrəstəd || ʌnˈɪntrestɪd/ *adj* indiferente; **~ IN sth**: **she was totally ~ in my work** no demostró ningún interés en mi trabajo

uninteresting /ˈʌnˈɪntrəstɪŋ/ *adj* ‹*topic*› sin interés; ‹*person/outcome*› poco interesante

uninterrupted /ˈʌnˈɪntəˈrʌptəd || ˌʌnɪntəˈrʌptɪd/ *adj* **1▸** (undisturbed) ininterrumpido, sin interrupción **2▸** (continuous) constante, incesante

uninvited /ˈʌnɪnˈvaɪtəd || ˌʌnɪnˈvaɪtɪd/ *adj*: **they came ~** vinieron sin que nadie los invitara

uninviting /ˈʌnɪnˈvaɪtɪŋ/ *adj* ‹*appearance*› poco atractivo; ‹*prospect*› poco halagüeño; ‹*food*› poco apetitoso

union /ˈjuːnjən/ *n*

A [u c] (act, state) unión *f*

B **the Union** (the United States) los Estados Unidos; (in Civil War) la Unión

C [c] (Lab Rel) sindicato *m*, gremio *m* (CS, Per); (*before n*) ‹*official/movement*› sindical, gremial (CS, Per); **~ card** carné *m* de afiliado

D [c] (at college, university) asociación *f* *or* federación *f* de estudiantes

unionist /ˈjuːnjənəst || ˈjuːnjənɪst/ *n*

A **Unionist** (Pol) (in UK, US) unionista *mf*

B (Lab Rel) sindicalista *mf*

unionize /ˈjuːnjənaɪz || ˈjuːnjənaɪz/ *vt* sindicalizar* (esp AmL), sindicar* (esp Esp)

■ **unionize** *vi* sindicalizarse* (esp AmL), sindicarse* (esp Esp)

union: **~ Jack** *n* bandera *f* del Reino Unido; **~ of Soviet Socialist Republics** *n* (Hist) **the ~ of Soviet Socialist Republics** la Unión de Repúblicas Socialistas Soviéticas

> **Union Jack** *o* **Union Flag**
>
> El nombre que recibe la bandera del Reino Unido. Está formada por las cruces de San Jorge (*St George*), patrono de Inglaterra, de San Andrés (*St Andrew*), patrono de Escocia, y de San Patricio (*St Patrick*), patrono de Irlanda. Gales y su patrono San David no están representados en ella

unique /jʊˈniːk/ *adj* **1▸** (sole) (*no comp*) ‹*specimen/collection*› único; **~ TO sth**: **plants ~ to this region** plantas que sólo se dan *or* que se dan exclusivamente en esta región **2▸** (unparalleled) (*no comp*) ‹*opportunity*› único, excepcional

uniquely /jʊˈniːkli/ *adv* ‹*gifted/suited*› excepcionalmente

uniqueness /jʊˈniːknəs || juːˈniːknɪs/ *n* [u] singularidad *f*

unisex /ˈjuːnəseks || ˈjuːnɪseks/ *adj* unisex *adj inv*

unison /ˈjuːnəsən || ˈjuːnɪsən/ *n* [u]: **to play/sing in ~** tocar*/cantar al unísono; **to act in ~** obrar de forma conjunta *or* al unísono

UNISON *n* (in UK) (*no art*) *sindicato general de empleados*

unit /ˈjuːnət || ˈjuːnɪt/ *n*

A **1▸** (item) (Busn) unidad *f*; (*before n*) ‹*cost/price*› por unidad, unitario **2▸** (part, machine) (Elec, Mech Eng) unidad *f* **3▸** (of furniture) módulo *m* **4▸** (building): **office ~s to rent** se alquilan oficinas

B (group) unidad *f*; **tank/cavalry ~** unidad blindada/de caballería *f*; **the family ~** el núcleo *or* grupo familiar, la familia

C (of measurement) unidad *f*

D (Educ) (in course) módulo *m*, unidad *f*

Unitarian /ˈjuːnəˈteriən || ˌjuːnɪˈteəriən/ *adj* unitario

unite /jʊˈnaɪt || juːˈnaɪt/ *vt* unir

■ **unite** *vi* unirse

united /jʊˈnaɪtəd || juːˈnaɪtɪd/ *adj* unido; **they are ~ in their grief/joy** los une el dolor/la alegría; **~ we stand, divided we fall** (set phrase) unidos venceremos (fr hecha)

united: **~ Arab Emirates** *pl n* **the U~ Arab Emirates** los Emiratos Árabes Unidos; **~ Kingdom** *n* **the U~ Kingdom** el Reino Unido (*Gran Bretaña e Irlanda del Norte*); **~ Nations (Organization)** *n* (+ *sing o pl vb*) (la Organización de) las Naciones Unidas; **~ States** *n* (*usu* + *sing vb*) **the U~ States** los Estados Unidos; (*before n*) ‹*citizen/forces*› estadounidense, (norte)americano, de los Estados Unidos; **~ States of America** *n* (frml) (*usu* + *sing vb*) **the U~ States of America** los Estados Unidos de América (frml)

> **United Kingdom**
>
> El Reino Unido de Gran Bretaña e Irlanda del Norte (*United Kingdom of Great Britain and Northern Ireland*) comprende Inglaterra, Escocia, Gales e Irlanda del Norte. Es miembro de la **Commonwealth** y de la Unión Europea

unit trust *n* (BrE Fin) fondo *m* de inversión mobiliaria

unity /ˈjuːnəti/ *n* [u c] (*pl* **-ties**) unidad *f*; **~ is strength** la unión hace la fuerza

universal /ˈjuːnəˈvɜːrsəl || ˌjuːnɪˈvɜːsəl/ *adj* **1▸** (general) general; **this practice is becoming ~** esta práctica se está generalizando **2▸** (worldwide) ‹*peace/law*› universal **3▸** (all-purpose, versatile) ‹*adaptor*› universal; **~ joint** *o* **coupling** junta *f* universal *or* cardán

universally /ˈjuːnəˈvɜːrsəli || ˌjuːnɪˈvɜːsəli/ *adv* ‹*known/admired*› mundialmente, universalmente; ‹*applicable*› para todo

universe /ˈjuːnəvɜːrs || ˈjuːnɪvɜːs/ *n* universo *m*

university /ˈjuːnəˈvɜːrsəti || ˌjuːnɪˈvɜːsəti/ *n* [c u] (*pl* **-ties**) universidad *f*; **she is at the ~** (AmE) *o* (BrE) **at ~** está en la universidad; **she left (the) ~ in 1980** terminó la carrera en 1980; (*before n*) ‹*town/life/education*› universitario; **~ student** (estudiante *mf*) universitario, -ria *m,f*

unjust /ˈʌnˈdʒʌst/ *adj* injusto

unjustifiable /ˈʌnˈdʒʌstəfaɪəbəl || ʌnˈdʒʌstɪfaɪəbəl/ *adj* injustificable

unjustified /ˈʌnˈdʒʌstəfaɪd || ʌnˈdʒʌstɪfaɪd/ *adj* injustificado

unjustly /ˈʌnˈdʒʌstli/ *adv* injustamente

unkempt /ˈʌnˈkempt/ *adj* (frml) ‹*appearance*› descuidado, desarreglado; ‹*hair*› despeinado

unkind /ˈʌnˈkaɪnd/ *adj* **-er, -est** **1▸** (unpleasant) poco amable; (cruel) cruel, malo; **that was very ~ of you** eso fue muy poco amable de tu parte; **~ remarks** comentarios *mpl* hirientes; **to be ~ TO sb** tratar mal a algn **2▸** ‹*climate/weather*› inclemente

unkindly /ˈʌnˈkaɪndli/ *adv* ‹*treat*› mal, con poca amabilidad; (cruelly) cruelmente; **I didn't mean it ~** no lo dije con mala intención

unknowing /ˈʌnˈnəʊɪŋ/ *adj*: **he was an ~ accomplice** era cómplice sin saberlo

unknowingly /ˈʌnˈnəʊɪŋli/ *adv*: **I ~ let the secret out** sin darme cuenta revelé el secreto; **I ~ insulted/hurt her** sin saberlo la insulté/le hice daño

unknown[1] /ˈʌnˈnəʊn/ *adj* desconocido; **her whereabouts are ~** se desconoce su paradero; **it is virtually ~ for anyone to refuse** prácticamente nunca se niega nadie

unknown[2] *n* **1▸** [u] (phenomenon, experience) **the ~** lo desconocido **2▸** [c] (Math) incógnita *f* **3▸** [c] (person) desconocido, -da *m,f*

unknown[3] *adv*: **~ to her** sin ella saberlo, sin que ella lo supiera

unlace /ˈʌnˈleɪs/ *vt* desatar, desamarrar (AmL exc RPl)

unlatch /ˈʌnˈlætʃ/ *vt* descorrer el pestillo de

unlawful /ˈʌnˈlɔːfəl/ *adj* ‹*conduct/activity*› ilegal; ‹*possession/association*› ilícito; **~ entry** allanamiento *m* de morada, violación *f* de domicilio (CS, Ven)

unlawfully /ˈʌnˈlɔːfəli/ *adv* ‹*behave/act*› ilegalmente; ‹*possess/associate*› ilícitamente

unleaded /ˈʌnˈledəd || ʌnˈledɪd/ *adj* sin plomo

unleash /ˈʌnˈliːʃ/ *vt* ‹*dog*› soltar*, desatar; ‹*anger/imagination*› dar(le)* rienda suelta a; ‹*war*› desencadenar

unleavened /ˈʌnˈlevənd/ *adj* ‹*bread*› ázimo, sin levadura

unless /ʌn'les, ən-/ *conj* a no ser que (+ *subj*), a menos que (+ *subj*); ~ **I'm very much mistaken** si no estoy muy equivocada, a menos que *or* a no ser que esté muy equivocada

unlicensed /'ʌn'laɪsṇst/ *adj* ‹*dog*› sin patente; ‹*casino*› no autorizado, ilegal; ‹*trade/pilot*› sin licencia

unlike[1] /'ʌn'laɪk/ *prep* 1 (not similar to) diferente *or* distinto de; **it's ~ any other food I have eaten** no se parece a nada que haya comido antes 2 (untypical of): **it's ~ you to be so optimistic** tú no sueles ser tan optimista, es raro en ti ser tan optimista 3 (in contrast to) a diferencia de; **~ the rest of the family** a diferencia del resto de la familia

unlike[2] *adj* (dissimilar) diferente, distinto

unlikely /'ʌn'laɪkli/ *adj* **-lier, liest** 1 (improbable) ‹*outcome/victory*› improbable, poco probable; **that is highly** *o* **most ~** eso es muy poco probable; **they're ~ to agree** es poco probable que acepten 2 (far-fetched) ‹*story/explanation*› inverosímil, increíble 3 (odd, unexpected) insólito; **an ~ couple** una extraña pareja, una pareja dispareja (AmL)

unlimited /'ʌn'lɪmətəd || ʌn'lɪmɪtɪd/ *adj* 1 (not restricted) ‹*money/supply/powers*› ilimitado 2 (Busn) ‹*partnership/liability*› ilimitado

unlined /'ʌn'laɪnd/ *adj* 1 ‹*paper*› sin pautar; ‹*skin/forehead*› sin arrugas 2 ‹*dress/jacket*› sin forro

unlisted /'ʌn'lɪstəd || ʌn'lɪstɪd/ *adj* 1 ‹*securities/company*› (Fin) no cotizado en bolsa 2 ‹*number*› (AmE Telec) que no figura en la guía telefónica, privado (Méx)

unlit /'ʌn'lɪt/ *adj* ‹*road*› sin luz, sin alumbrado; ‹*room*› sin luz, sin iluminación

unload /'ʌn'ləʊd/ *vt* 1 ‹*ship/cargo*› descargar* 2 (get rid of) (colloq) ‹*goods/stolen goods*› deshacerse* de; **to ~ sth on sb** endosarle *or* encajarle algo A algn (fam)

■ **unload** *vi* «*ship/truck*» descargar*

unlock /'ʌn'lɑːk || ʌn'lɒk/ *vt* abrir* (*algo que está cerrado con llave*); **she left the door ~ed** no cerró la puerta con llave

■ **unlock** *vi*: **this door won't ~** esta puerta no se puede abrir

unlovable /'ʌn'lʌvəbəl/ *adj* antipático, que no se hace querer

unloved /'ʌn'lʌvd/ *adj*: **he feels ~** siente que nadie lo quiere

unloving /'ʌn'lʌvɪŋ/ *adj* poco cariñoso *or* afectuoso

unluckily /'ʌn'lʌkəli || ʌn'lʌkɪli/ *adv* 1 (unfortunately) (*indep*) desgraciadamente, lamentablemente 2 (without luck) sin suerte

unlucky /'ʌn'lʌki/ *adj* **unluckier, unluckiest** 1 (unfortunate) ‹*person*› sin suerte, desafortunado; ‹*day*› funesto, de mala suerte; **to be ~** tener* mala suerte 2 (bringing bad luck) ‹*omen*› funesto, nefasto; ‹*object*› que trae mala suerte; **it's ~ to walk under ladders** es de mala suerte pasar por debajo de una escalera

unmade /'ʌn'meɪd/ *adj* ‹*bed*› sin hacer, destendido (AmL)

unmanageable /'ʌn'mænɪdʒəbəl/ *adj* ‹*child/horse*› rebelde, difícil de controlar; ‹*hair*› rebelde

unmanly /'ʌn'mænli/ *adj* ‹*conduct/attitude*› impropio de un hombre, poco viril

unmanned /'ʌn'mænd/ *adj* (needing no crew) ‹*vehicle/rocket*› sin tripulación; ‹*space flight*› no tripulado

unmannerly /'ʌn'mænərli || ʌn'mænəli/ *adj* (frml) descortés

unmarked /'ʌn'mɑːrkt || ʌn'mɑːkt/ *adj*
A 1 (without identification) ‹*banknotes*› sin marcar; ‹*grave*› sin nombre; **~ car** coche *m* particular (*utilizado por la policía*), coche *m* K *or* camuflado (Esp) 2 (without stains, marks) sin marcas
B (BrE Sport) ‹*player*› desmarcado

unmarried /'ʌn'mærid/ *adj* soltero

unmask /'ʌn'mæsk || ʌn'mɑːsk/ *vt* desenmascarar, descubrir*

unmatched /'ʌn'mætʃt/ *adj* inigualable, incomparable, sin par (liter)

unmentionable /'ʌn'mentʃṇəbəl || ʌn'menʃənəbəl/ *adj* inmencionable, innombrable, tabú *adj inv*

unmercifully /'ʌn'mɜːrsɪfəli || ʌn'mɜːsɪfəli/ *adv* despiadadamente, sin piedad

unmistakable /'ʌnmə'steɪkəbəl || ˌʌnmɪ'steɪkəbəl/ *adj* ‹*voice/smell/style*› inconfundible; ‹*proof*› inequívoco

unmistakably /'ʌnmə'steɪkəbli || ˌʌnmɪ'steɪkəbli/ *adv* ‹*show/demonstrate*› inequívocamente, sin dejar lugar a dudas; **his accent was ~ German** tenía un acento alemán inconfundible

unmitigated /'ʌn'mɪtəgeɪtəd || ʌn'mɪtɪgeɪtɪd/ *adj* ‹*tedium/failure*› absoluto; **the book was ~ rubbish** el libro era pura bazofia

unmotivated /'ʌn'məʊtəveɪtəd || ʌn'məʊtɪveɪtɪd/ *adj* 1 ‹*attack/murder*› sin motivo 2 (lacking drive) sin motivación, falto de entusiasmo *or* interés

unmoved /'ʌn'muːvd/ *adj*: **his playing left them ~** su interpretación los dejó fríos; **how can you be** *o* **remain ~ by such a tragedy?** ¿cómo puede dejarte indiferente una tragedia así?

unnamed /'ʌn'neɪmd/ *adj* no identificado

unnatural /'ʌn'nætʃərəl/ *adj* 1 (not normal, unusual) poco natural *or* normal 2 (awkward, affected) ‹*acting/smile*› poco natural, forzado 3 (depraved, against nature) (frml) ‹*lust/perversion/love*› antinatural

unnaturally /'ʌn'nætʃrəli/ *adv* ‹*behave/speak*› de manera poco natural; ‹*swollen*› anormalmente

unnecessarily /'ʌnnesə'serəli || ˌʌnnesə'serɪli, ˌʌn'nesəserɪli/ *adv* ‹*rude/cruel*› innecesariamente; **they died ~** murieron innecesariamente *or* inútilmente *or* en vano

unnecessary /ʌn'nesəseri || ʌn'nesəsəri/ *adj* innecesario; **~ details** detalles *mpl* superfluos; **don't put yourself to ~ trouble** no te molestes demasiado

unneighborly, (BrE) **unneighbourly** /ʌn'neɪbərli || ʌn'neɪbəli/ *adj* ‹*behavior/attitude/act*› poco sociable, impropio de un buen vecino; ‹*person*› poco sociable, insociable

unnerve /'ʌn'nɜːrv || ʌn'nɜːv/ *vt* poner* nervioso, hacer* sentir incómodo, turbar (liter)

unnerving /'ʌn'nɜːrvɪŋ || ʌn'nɜːvɪŋ/ *adj* desconcertante, que pone nervioso

unnoticed /'ʌn'nəʊtəst || ʌn'nəʊtɪst/ *adj* (*pred*): **to go ~** pasar desapercibido *or* inadvertido

UNO *n* = **United Nations Organization** ONU *f*

unobservant /'ʌnəb'zɜːrvənt || ˌʌnəb'zɜːvənt/ *adj* poco observador

unobserved /'ʌnəb'zɜːrvd || ˌʌnəb'zɜːvd/ *adj* (*usu pred*): **to pass ~** pasar desapercibido *or* inadvertido

unobstructed /'ʌnəb'strʌktəd || ˌʌnəb'strʌktɪd/ *adj* ‹*access/passage*› libre, despejado; **we had an ~ view of the sea** teníamos una vista panorámica del mar

unobtainable /'ʌnəb'teɪnəbəl/ *adj* imposible de conseguir; **the number is ~** (BrE Telec) el número está desconectado

unobtrusive /'ʌnəb'truːsɪv/ *adj* discreto

unoccupied /'ʌn'ɑːkjəpaɪd || ʌn'ɒkjʊpaɪd/ *adj* 1 ‹*seat/room/toilet*› desocupado, libre; ‹*house*› deshabitado, desocupado 2 (Mil) ‹*territory/zone*› no ocupado

unofficial /'ʌnə'fɪʃəl/ *adj* ‹*meeting/strike/report*› no oficial; **speaking in an ~ capacity** hablando extraoficialmente *or* con carácter no oficial

unofficially /'ʌnə'fɪʃəli/ *adv* extraoficialmente

unopened /'ʌn'əʊpənd/ *adj* sin abrir

unopposed /'ʌnə'pəʊzd/ *adj* sin oposición

unorganized /'ʌn'ɔːrgənaɪzd || ʌn'ɔːgənaɪzd/ *adj* 1 (disorganized) desorganizado 2 ‹*labor/workers*› no sindicalizado (esp AmL) *or* (esp Esp) no sindicado

unoriginal /'ʌnə'rɪdʒənl/ *adj* poco original, sin originalidad

unorthodox /ʌn'ɔːrθədɑːks || ʌn'ɔːθədɒks/ *adj* poco ortodoxo

unpack /'ʌn'pæk/ *vt* ‹*bags/briefcase*› sacar* las cosas de, desempacar* (AmL); ‹*suitcase*› deshacer*, desempacar* (AmL)

■ **unpack** *vi* deshacer* las maletas, desempacar* (AmL)

unpaid /'ʌn'peɪd/ *adj* ‹*work/volunteer*› no retribuido, no remunerado; ‹*leave*› sin sueldo; ‹*debt*› pendiente, no liquidado; **the invoice is still ~** la factura todavía está por cobrar/por pagar

U

unpalatable /ʌn'pælətəbəl/ *adj* [1] ‹*food/drink*› de sabor desagradable [2] ‹*fact/truth*› desagradable, difícil de digerir *or* aceptar

unparalleled /ʌn'pærəleld/ *adj* ‹*success/achievement*› sin paralelo, sin precedentes, sin parangón; ‹*failure/disaster*› sin precedentes; ‹*beauty*› incomparable, sin igual, sin par (liter)

unpardonable /ʌn'pɑːrdnəbəl ‖ ʌn'pɑːdnəbəl/ *adj* inexcusable, imperdonable

unpatriotic /ˌʌnpeitri'ɑːtɪk ‖ ˌʌnpætri'ɒtɪk, -peɪtri-/ *adj* ‹*act*› antipatriótico; ‹*person*› poco patriota

unpaved /ʌn'peɪvd/ *adj* sin pavimentar

unperturbed /ˌʌnpər'tɜːrbd ‖ ˌʌnpə'tɜːbd/ *adj* impasible, impertérrito; **she carried on ~** siguió sin inmutarse

unpick /ʌn'pɪk/ *vt* ‹*hem/dress*› descoser; ‹*seam*› deshacer*

unpin /ʌn'pɪn/ *vt* **-nn-** ‹*dress*› quitarle los alfileres a; ‹*hair*› quitarse las horquillas de

unpleasant /ʌn'pleznt/ *adj* ‹*remark/surprise/taste*› desagradable; ‹*person*› desagradable, antipático; (rude) grosero

unpleasantly /ʌn'plezntli/ *adv* ‹*speak/grin/stare*› de manera desagradable; **it was ~ hot** hacía un calor desagradable

unpleasantness /ʌn'plezntnəs ‖ ʌn'plezntnɪs/ *n* [u] (of person) carácter *m* desagradable; (on a particular occasion) actitud *f* desagradable; **there was no need for all that ~** no había ninguna necesidad de crear una situación tan desagradable *or* violenta

unplug /ʌn'plʌg/ *vt* **-gg-** desenchufar, desconectar

unpolished /ʌn'pɑːlɪʃt ‖ ʌn'pɒlɪʃt/ *adj* [1] ‹*floor*› sin encerar; ‹*shoes*› sin abrillantar, sin lustrar (esp AmL); ‹*gem*› sin pulir [2] (not perfected) ‹*performance*› poco pulido; ‹*person/manners*› poco pulido *or* refinado

unpolluted /ˌʌnpə'luːtəd ‖ ˌʌnpə'luːtɪd/ *adj* no contaminado

unpopular /ʌn'pɑːpjələr ‖ ʌn'pɒpjʊlə(r)/ *adj* impopular; **as a child I was always ~** de pequeño nunca tuve muchos amigos; **to make oneself ~** ‹‹*politician*›› hacerse* impopular; **she's made herself very ~ among her staff** se ha granjeado la antipatía del personal; **to be ~ WITH sb**: **he is ~ with everybody** le cae muy mal a todo el mundo

unpopularity /ʌn'pɑːpjə'lærəti ‖ ˌʌnˌpɒpjʊ'lærəti/ *n* [u] impopularidad *f*

unprecedented /ʌn'presədentəd ‖ ʌn'presɪdentɪd/ *adj* ‹*success/hostility*› sin precedentes; ‹*decision*› inaudito

unpredictable /ˌʌnprɪ'dɪktəbəl/ *adj* ‹*result/weather*› imprevisible; **she's very ~** nunca se sabe cómo va a reaccionar

unprejudiced /ʌn'predʒədəst ‖ ʌn'predʒʊdɪst/ *adj* [1] (impartial) objetivo, imparcial [2] (not bigoted) sin prejuicios

unprepared /ˌʌnprɪ'perd ‖ ˌʌnprɪ'peəd/ *adj* [1] (not ready) (*pred*) **to be ~ (FOR sth)** no estar* preparado (PARA algo) [2] (not expecting) (*pred*) **to be ~ FOR sth** no esperar algo; **he was ~ for her reaction** no esperaba que fuera a reaccionar así, su reacción lo agarró *or* (esp Esp) cogió desprevenido [3] ‹*speech*› improvisado

unprepossessing /ˌʌnpriːpə'zesɪŋ/ *adj* ‹*appearance*› poco atractivo

unpretentious /ˌʌnprɪ'tentʃəs ‖ ˌʌnprɪ'tenʃəs/ *adj* sin pretensiones

unprincipled /ʌn'prɪnsəpəld/ *adj* sin escrúpulos *or* principios, carente de escrúpulos *or* principios (frml)

unprintable /ʌn'prɪntəbəl/ *adj* ‹*reply/letter*› impublicable; ‹*comment*› irrepetible

unproductive /ˌʌnprə'dʌktɪv/ *adj* ‹*capital/business*› improductivo; ‹*meeting*› infructuoso, que no conduce a nada

unprofessional /ˌʌnprə'feʃnəl ‖ ˌʌnprə'feʃənl/ *adj* poco profesional, contrario a la ética profesional

unprofitable /ʌn'prɑːfətəbəl ‖ ʌn'prɒfɪtəbəl/ *adj* no rentable, que no produce (beneficios)

unprompted /ʌn'prɑːmptəd ‖ ʌn'prɒmptɪd/ *adj* ‹*gesture*› espontáneo; **he did it ~** lo hizo (de) motu proprio

unpronounceable /ˌʌnprə'naʊnsəbəl/ *adj* impronunciable

unprotected /ˌʌnprə'tektəd ‖ ˌʌnprə'tektɪd/ *adj* sin protección; **~ sex** relaciones *fpl* sexuales sin el uso de preservativos (frml)

unproven /ʌn'pruːvən/ *adj* ‹*theory*› (que está) por demostrar *or* probar; ‹*ability*› aún no demostrado; **the case against him remains ~** los cargos en su contra aún no han sido probados

unprovoked /ˌʌnprə'vəʊkt/ *adj* no provocado

unpublished /ʌn'pʌblɪʃt/ *adj* ‹*diary/manuscript*› inédito, no publicado

unpunctual /ʌn'pʌŋktʃuəl ‖ ʌn'pʌŋktjʊəl, -tʃʊəl/ *adj* impuntual, poco puntual

unpunished /ʌn'pʌnɪʃt/ *adj*: **to go ~** ‹‹*person*›› quedar sin castigo; ‹‹*crime*›› quedar impune *or* sin castigo

unqualified /ʌn'kwɑːləfaɪd ‖ ʌn'kwɒlɪfaɪd/ *adj*

A (complete, total) ‹*approval/agreement*› incondicional, sin restricciones; ‹*disaster*› absoluto; **the campaign was an ~ success/failure** la campaña fue un éxito/fracaso rotundo

B (without qualifications) ‹*teacher/nurse*› sin titulación *or* título, no titulado; ‹*staff*› no calificado *or* (Esp) cualificado

unquestionable /ʌn'kwestʃənəbəl/ *adj* [1] (beyond doubt) ‹*sincerity/loyalty*› incuestionable, innegable [2] (incontestable) ‹*ruling/judgment*› inapelable; ‹*authority*› indiscutible

unquestionably /ʌn'kwestʃənəbli/ *adv* incuestionablemente, indudablemente, sin lugar a dudas; (*indep*) sin lugar a dudas

unquestioning /ʌn'kwestʃənɪŋ/ *adj* ‹*obedience/faith*› ciego; ‹*loyalty*› incondicional, ciego

unquote /ʌnkwəʊt/ *interj*: *see* **quote**³

unquoted /ʌn'kwəʊtəd ‖ ʌn'kwəʊtɪd/ *adj* (Fin) que no cotiza en Bolsa

unravel /ʌn'rævəl/, (BrE) **-ll-** *vt* [1] ‹*threads/string*› desenredar, desenmarañar [2] ‹*mystery*› desentrañar, aclarar

■ **unravel** *vi* ‹‹*wool/sweater*›› deshacerse*

unreadable /ʌn'riːdəbəl/ *adj* [1] ‹*handwriting/manuscript*› ilegible [2] ‹*novel/prose/author*› muy difícil de leer

unreal /ʌn'riːl ‖ ʌn'riːl, ʌn'rɪəl/ *adj* irreal; **what a party! ~!** (AmE colloq) ¡qué fiesta! ¡fue algo increíble!

unrealistic /ˌʌnriːə'lɪstɪk ‖ ˌʌnrɪə'lɪstɪk/ *adj* ‹*expectations*› poco realista; **it's ~ to expect that** no es realista esperar eso

unrealistically /ˌʌnriːə'lɪstɪkli ‖ ˌʌnrɪə'lɪstɪkli/ *adv*: **their expectations are ~ high** tienen unas expectativas muy poco realistas

unreality /ˌʌnri'æləti/ *n* [u] irrealidad *f*

unrealized /ʌn'riːəlaɪzd ‖ ʌn'rɪəlaɪzd/ *adj* ‹*potential/talent*› sin explotar; ‹*ambition/dream*› que no se ha realizado *or* cumplido

unreasonable /ʌn'riːznəbəl/ *adj* ‹*person/attitude*› poco razonable, irrazonable; ‹*demand/price*› excesivo, poco razonable; **you're being totally ~** tu actitud es muy poco razonable

unreasonably /ʌn'riːznəbli/ *adv* [1] (excessively) ‹*expensive/strict*› excesivamente, injustificadamente [2] (wrongly, irrationally) ‹*behave/react*› de manera poco razonable

unreceptive /ˌʌnrɪ'septɪv/ *adj* poco receptivo

unrecognizable /ʌn'rekəgnaɪzəbəl/ *adj* irreconocible

unrecognized /ʌn'rekəgnaɪzd/ *adj* [1] (not identified) ‹*signature/danger*› no identificado [2] (unacknowledged) ‹*achievement/talent/claim*› no reconocido

unredeemed /ˌʌnrɪ'diːmd/ *adj* [1] (unmitigated) ‹*ugliness/squalor*› absoluto [2] (not paid, cashed) ‹*pledge/bond*› no redimido

unrefined /ˌʌnrɪ'faɪnd/ *adj* ‹*flour/sugar*› sin refinar, no refinado; ‹*gold/ore*› en estado bruto; ‹*person/manners*› poco refinado *or* pulido; **~ oil** crudo *m*

unrehearsed /ˌʌnrɪ'hɜːrst ‖ ˌʌnrɪ'hɜːst/ *adj* [1] (unprepared) no ensayado [2] (spontaneous) improvisado

unrelated /ˌʌnrɪ'leɪtəd ‖ ˌʌnrɪ'leɪtɪd/ *adj* ‹*facts/events*› no relacionados (entre sí)

unrelenting /ˌʌnrɪ'lentɪŋ/ *adj* ‹*pursuit/opposition*› implacable; **the wind/pain was ~** el viento/dolor era constante

unreliable /ˌʌnrɪ'laɪəbəl/ *adj* ‹*person*› informal; ‹*information*› poco fidedigno; ‹*weather*› variable, inestable; **my**

car/watch is ~ de mi coche/reloj no te puedes fiar

unrelieved /ˌʌnrɪˈliːvd/ *adj* ‹*boredom/gloom*› total, absoluto; ‹*suffering*› continuo, sin tregua

unremarkable /ˈʌnrɪˈmɑːrkəbəl || ˌʌnrɪˈmɑːkəbəl/ *adj* ‹*appearance*› común y corriente, que no llama la atención; ‹*life/book*› poco interesante

unremitting /ˈʌnrɪˈmɪtɪŋ/ *adj* (frml) ‹*hostility/struggle*› sin tregua; ‹*effort*› infatigable; ‹*devotion*› absoluto, total

unrepeatable /ˈʌnrɪˈpiːtəbəl/ *adj*
A (verbally shocking) irrepetible, que no puede repetirse
B (occurring only once) ‹*offer/success*› irrepetible

unrepentant /ˈʌnrɪˈpentn̩t/ *adj* impenitente; **to be ~ (ABOUT sth)** no arrepentirse* (DE algo)

unreported /ˈʌnrɪˈpɔːrtəd || ˌʌnrɪˈpɔːtɪd/ *adj* ‹*crime*› no denunciado; **many cases go ~** muchos casos no se ponen en conocimiento de las autoridades *or* no se denuncian

unrepresentative /ˈʌnreprəˈzentətɪv/ *adj* poco representativo; **to be ~ OF sth** no ser* representativo DE algo

unrepresented /ˈʌnreprɪˈzentəd || ˌʌnreprɪˈzentɪd/ *adj* ‹*minority/party*› sin representación

unrequited /ˈʌnrɪˈkwaɪtəd || ˌʌnrɪˈkwaɪtɪd/ *adj* ‹*love*› no correspondido

unreserved /ˈʌnrɪˈzɜːrvd || ˌʌnrɪˈzɜːvd/ *adj* **1** (unstinted) ‹*admiration/support*› incondicional, sin reservas **2** (frank) ‹*opinion*› abierto, franco **3** (not allocated) sin reservar

unreservedly /ˈʌnrɪˈzɜːrvədli || ˌʌnrɪˈzɜːvɪdli/ *adv* ‹*praise/approve/recommend*› sin reservas; ‹*apologize*› profusamente

unresolved /ˈʌnrɪˈzɑːlvd || ˌʌnrɪˈzɒlvd/ *adj* ‹*dispute/mystery*› no resuelto

unresponsive /ˈʌnrɪˈspɑːnsɪv || ˌʌnrɪˈspɒnsɪv/ *adj* **1** (unmoved) ‹*audience/attitude/expression*› indiferente, frío; ‹*pupil*› que no responde **2** (physically) insensible

unrest /ˈʌnˈrest/ *n* [u] (Pol) descontento *m*, malestar *m*; (active) disturbios *mpl*; **civil ~** descontento *or* malestar social

unrestrained /ˈʌnrɪˈstreɪnd/ *adj* ‹*violence/exploitation*› incontrolado; ‹*greed*› desmedido; ‹*joy/anger*› desenfrenado, sin freno

unrestricted /ˈʌnrɪˈstrɪktəd || ˌʌnrɪˈstrɪktɪd/ *adj* ‹*power/growth*› ilimitado; ‹*area*› de libre acceso

unrewarded /ˈʌnrɪˈwɔːrdəd || ˌʌnrɪˈwɔːdɪd/ *adj* no recompensado; **to go ~** no ser* recompensado, no recibir recompensa

unrewarding /ˈʌnrɪˈwɔːrdɪŋ || ˌʌnrɪˈwɔːdɪŋ/ *adj* ‹*task*› ingrato, poco gratificante; ‹*experience/discussion*› infructuoso, poco fructífero

unripe /ˈʌnˈraɪp/ *adj* verde, que no está maduro

unrivaled (BrE) **unrivalled** /ˈʌnˈraɪvəld/ *adj* incomparable, inigualable; **for sheer tactlessness she is ~** en cuanto a falta de tacto, no tiene rival *or* igual

unroadworthy /ˈʌnˈrəʊdˌwɜːrði || ʌnˈrəʊdˌwɜːði/ *adj* ‹*vehicle/condition*› no apto para circular

unroll /ˈʌnˈrəʊl/ *vt* desenrollar
■ **unroll** *vi* desenrollarse

unruffled /ˈʌnˈrʌfəld/ *adj* **1** (undisturbed) ‹*manner*› sereno **2** (smooth) liso

unruly /ˈʌnˈruːli/ *adj* **-lier, -liest** ‹*class*› indisciplinado, difícil de controlar; ‹*conduct*› rebelde; ‹*child*› revoltoso; ‹*hair*› rebelde

unsafe /ˈʌnˈseɪf/ *adj* ‹*vehicle/street/area*› inseguro, peligroso; **that car is ~ to drive** es un peligro manejar *or* (Esp) conducir ese coche; **we feel ~ at night** por la noche nos sentimos inseguros

unsaid /ˈʌnˈsed/ *adj*: **to leave sth ~** callar(se) algo, no decir* algo; **some things are better left ~** algunas cosas es mejor callarlas *or* no decirlas

unsalable, unsaleable /ˈʌnˈseɪləbəl/ *adj* invendible

unsalted /ˈʌnˈsɔːltəd || ʌnˈsɔːltɪd/ *adj* sin sal

unsatisfactory /ˈʌnˈsætəsˈfæktri || ˌʌnsætɪsˈfæktəri/ *adj* ‹*performance/work/outcome*› insatisfactorio, poco satisfactorio; ‹*explanation*› poco convincente; **the result is most ~** el resultado deja mucho que desear

unsatisfied /ˈʌnˈsætəsfaɪd || ʌnˈsætɪsfaɪd/ *adj* ‹*curiosity/demand*› insatisfecho; **she was ~ with their answer** no quedó satisfecha con su respuesta, su respuesta no la satisfizo

unsatisfying /ˈʌnˈsætəsfaɪɪŋ || ʌnˈsætɪsfaɪɪŋ/ *adj* ‹*meal*› que no llena *or* satisface; ‹*job*› poco gratificante, que no satisface; ‹*ending*› decepcionante

unsavory (BrE) **unsavoury** /ˈʌnˈseɪvəri/ *adj* ‹*topic/character*› desagradable; ‹*deal*› sucio

unscathed /ˈʌnˈskeɪðd/ *adj* (*pred*) (unhurt) ileso; (of reputation etc) indemne; **the village survived the bombing ~** el pueblo no sufrió daños en el bombardeo

unscented /ˈʌnˈsentəd || ʌnˈsentɪd/ *adj* sin perfume

unscheduled /ˈʌnˈskedʒuːld || ʌnˈʃedjuːld/ *adj* no programado, no previsto

unschooled /ˈʌnˈskuːld/ *adj* (untrained, unversed) ‹*person*› no instruido; ‹*ear/taste*› no cultivado

unscientific /ˈʌnˈsaɪənˈtɪfɪk/ *adj* falto de rigor científico

unscramble /ˈʌnˈskræmbəl/ *vt* **1** (decipher) ‹*code/signal*› descifrar; (TV) descodificar* **2** (sort out) ‹*affairs/ideas*› poner* en orden

unscrew /ˈʌnˈskruː/ *vt* ‹*screw/panel*› destornillar, desatornillar; ‹*lid*› desenroscar*
■ **unscrew** *vi* «*screw/panel*» destornillarse, desatornillarse; «*lid*» desenroscarse*

unscrupulous /ˈʌnˈskruːpjələs || ʌnˈskruːpjʊləs/ *adj* ‹*person*› inescrupuloso, sin escrúpulos; ‹*conduct*› poco honesto, inescrupuloso

unseasonable /ˈʌnˈsiːzn̩əbəl/ *adj* ‹*weather/frost*› impropio de la estación

unseasonably /ˈʌnˈsiːzn̩əbli/ *adv*: **it's ~ cold/warm** hace un frío/calor anormal para esta época

unseasonal /ʌnˈsiːznəl/ *adj* poco habitual para la estación del año

unseat /ˈʌnˈsiːt/ *vt* **1** ‹*rider*› desmontar, derribar **2** ‹*government*› derribar, derrocar*; **she was ~ed at the last election** perdió su escaño en las últimas elecciones

unsecured /ˈʌnsɪˈkjʊrd || ˌʌnsɪˈkjʊəd/ *adj* (Fin) ‹*stock*› no garantizado, sin garantía; **~ loan** préstamo *m* *or* crédito *m* sin garantía *or* caución, crédito *m* a sola firma

unseeded /ʌnˈsiːdəd || ʌnˈsiːdɪd/ *adj* ‹*team/player*› que no es cabeza de serie

unseeing /ˈʌnˈsiːɪŋ/ *adj* (liter): **she stared with ~ gaze** *o* **eyes at him** lo miraba sin verlo *or* con la mirada perdida; **his poor ~ eyes** sus pobres ojos ciegos

unseemly /ˈʌnˈsiːmli/ *adj* ‹*conduct/language*› impropio, indecoroso; ‹*dress*› indecoroso

unseen /ˈʌnˈsiːn/ *adj* **1** (invisible) ‹*danger/obstacle*› oculto **2** (unnoticed) sin ser visto; **they crept out ~** salieron sigilosamente sin que nadie lo advirtiera **3** (not previously seen): **to buy sth (sight) ~** comprar algo sin haberlo visto antes **4** (BrE) ‹*translation*› a primera vista

unselfconscious /ˈʌnselfˈkɑːntʃəs || ˌʌnselfˈkɒnʃəs/ *adj* natural, no cohibido; **he was quite ~ about his weight** no le preocupaba su peso

unselfish /ˈʌnˈselfɪʃ/ *adj* ‹*person*› nada egoísta, generoso; ‹*act*› desinteresado, generoso

unselfishly /ˈʌnˈselfɪʃli/ *adv* desinteresadamente, generosamente

unsentimental /ˈʌnˈsentəˈmentl̩ || ˌʌnsentɪˈmentl̩/ *adj* ‹*person/outlook*› poco sentimental

unserviceable /ˈʌnˈsɜːrvəsəbəl || ʌnˈsɜːvɪsəbəl/ *adj* ‹*machine/vehicle*› inservible, inutilizable

unsettle /ˈʌnˈsetl/ *vt* ‹*plans*› alterar; ‹*situation*› desestabilizar*; **the question clearly ~d him** la pregunta lo desconcertó visiblemente

unsettled /ˈʌnˈsetl̩d/ *adj*
A **1** (troubled) ‹*period*› agitado; ‹*childhood*› poco estable; **she's ~ and nervous** está inquieta y nerviosa **2** (changeable) ‹*weather*› inestable
B **1** (undecided) ‹*issue/question/dispute*› pendiente (de resolución), sin resolver; ‹*future*› incierto **2** (unpaid) ‹*debt/account*› pendiente, sin saldar

unsettling /ˈʌnˈsetlɪŋ/ *adj* ‹*news/prospect/doubt*› inquietante; ‹*effect*› desestabilizador, perturbador; **she found the situation very ~** la situación le producía un gran desasosiego

unshakable, unshakeable /ˈʌnˈʃeɪkəbəl/ *adj* inquebrantable

U

unshaven /ˈʌnˈʃeɪvən/ *adj* sin afeitar, sin rasurar (esp Méx)
unsheathe /ˈʌnˈʃiːð/ *vt* desenvainar, desenfundar
unshockable /ˈʌnˈʃɑːkəbəl ‖ ʌnˈʃɒkəbəl/ *adj*: **she's totally ~** no se escandaliza por nada
unsightly /ʌnˈsaɪtli/ *adj* **-lier, -liest** feo, antiestético
unsigned /ˈʌnˈsaɪnd/ *adj* sin firmar; **the contract is still ~** el contrato todavía no se ha firmado
unsinkable /ˈʌnˈsɪŋkəbəl/ *adj* ‹*ship*› que no se puede hundir; **she's ~** nada puede con ella
unskilled /ˈʌnˈskɪld/ *adj* (Lab Rel) ‹*worker*› no calificado *or* (Esp) cualificado; ‹*work*› no especializado
unskimmed /ʌnˈskɪmd/ *adj* entero, sin descremar *or* (Esp) desnatar, no descremada *or* (Esp) desnatada
unsmiling /ˈʌnˈsmaɪlɪŋ/ *adj* adusto
unsociable /ˈʌnˈsəʊʃəbəl/ *adj* ‹*person/disposition*› insociable, poco sociable, huraño; **at an ~ hour** a una hora intempestiva
unsocial hours /ˈʌnˈsəʊʃəl/ *pl n* (BrE): **to work ~ ~** trabajar a horas fuera de lo normal
unsold /ˈʌnˈsəʊld/ *adj* no vendido; **the house remained ~ for several months** la casa estuvo sin venderse varios meses
unsolicited /ˈʌnsəˈlɪsətəd ‖ ˌʌnsəˈlɪsɪtɪd/ *adj* que no se ha pedido *or* solicitado; **~ mail** *propaganda que se recibe por correo*; **~ manuscript** original *m* no solicitado
unsolved /ˈʌnˈsɑːlvd ‖ ʌnˈsɒlvd/ *adj* no resuelto; **the murder is still ~** el asesinato continúa sin esclarecerse *or* resolverse
unsophisticated /ˈʌnsəˈfɪstəkeɪtəd ‖ ˌʌnsəˈfɪstɪkeɪtɪd/ *adj* ‹*person*› sencillo; (naïve) ingenuo; ‹*tastes/technology*› simple, poco sofisticado
unsound /ˈʌnˈsaʊnd/ *adj* ‹*floorboards/foundations*› poco sólido *or* seguro; ‹*argument*› poco sólido; ‹*health*› precario; **to be of ~ mind** (Law) tener* perturbadas las facultades mentales; **the building is structurally ~** los cimientos y las paredes del edificio no son sólidos
unsparing /ˈʌnˈsperɪŋ ‖ ʌnˈspeərɪŋ/ *adj* ‹*criticism/severity/judgment*› implacable, despiadado; **he was ~ in his efforts** no regateó *or* escatimó esfuerzos
unspeakable /ˈʌnˈspiːkəbəl/ *adj* ‹*evil/cruelty*› incalificable, atroz; ‹*joy/ecstasy*› indescriptible, inefable
unspeakably /ˈʌnˈspiːkəbli/ *adv* ‹*arrogant/tedious*› insoportablemente
unspecified /ˈʌnˈspesəfaɪd ‖ ʌnˈspesɪfaɪd/ *adj* no especificado, indeterminado
unspectacular /ˈʌnspekˈtækjələr ‖ ˌʌnspekˈtækjʊlə(r)/ *adj* ‹*progress/career*› nada espectacular
unspoiled /ˈʌnˈspɔɪld/, (BrE also) **unspoilt** /ˈʌnˈspɔɪlt/ *adj* ‹*countryside*› que conserva su belleza natural
unspoken /ˈʌnˈspəʊkən/ *adj* ‹*agreement/approval*› tácito; ‹*wish*› no expresado, íntimo
unsporting /ˈʌnˈspɔːrtɪŋ ‖ ʌnˈspɔːtɪŋ/ *adj* (esp BrE) antideportivo, poco deportivo
unsportsmanlike /ˈʌnˈspɔːrtsmənlaɪk ‖ ʌnˈspɔːtsmənlaɪk/ *adj* antideportivo, poco deportivo
unstable /ˈʌnˈsteɪbəl/ *adj* **1** (unsteady) ‹*structure/foundation*› inestable, poco firme *or* sólido **2** (not secure) ‹*government/weather/person*› inestable; **economically ~** sin estabilidad económica **3** (changeable) ‹*prices*› variable **4** (Chem, Nucl Phys) ‹*compound/atom*› inestable
unsteadily /ˈʌnˈstedḷi ‖ ʌnˈstedɪli/ *adv* de modo inseguro *or* vacilante
unsteady /ˈʌnˈstedi/ *adj* ‹*chair/ladder*› inestable, poco firme; ‹*walk/step*› vacilante, inseguro; ‹*hand*› tembloroso; ‹*voice*› tembloroso, entrecortado; **he was ~ on his feet** *o* **legs** caminaba con paso vacilante *or* inseguro
unstick /ˈʌnˈstɪk/ *vt* (*past & past p* **unstuck**) despegar*, quitar
unstinting /ˈʌnˈstɪntɪŋ/ *adj*: **his ~ generosity** su generosidad sin límites; **to be ~ IN sth: they were ~ in their efforts** no escatimaron esfuerzos; **he was ~ in his praise** fue pródigo en sus alabanzas
unstintingly /ˈʌnˈstɪntɪŋli/ *adv* ‹*work*› infatigablemente, incansablemente; ‹*praise/give*› con prodigalidad *or* largueza
unstop /ˈʌnˈstɑːp ‖ ʌnˈstɒp/ *vt* **-pp-** ‹*drain/pipe*› desatascar*, destapar (AmL)
unstoppable /ˈʌnˈstɑːpəbəl ‖ ʌnˈstɒpəbəl/ *adj* incontenible, imparable
unstuck¹ /ˈʌnˈstʌk/ *past & past p of* **unstick**
unstuck² *adj* despegado; ***to come ~*** ‹‹*label/stamp*›› despegarse*; (fail, founder): **that's where your theory comes ~** ahí es donde tu teoría hace agua *or* se viene abajo; **he came ~ when he tried to use the card again** el plan le falló cuando quiso volver a usar la tarjeta
unsubstantiated /ˈʌnsəbˈstæntʃieɪtəd ‖ ˌʌnsəbˈstænʃieɪtɪd/ *adj* no corroborado, no fundamentado
unsubtle /ˈʌnˈsʌtḷ/ *adj* poco sutil
unsuccessful /ˈʌnsəkˈsesfəl/ *adj* ‹*attempt*› infructuoso, fallido, vano; **the ~ outcome of the talks** el fracaso de las negociaciones; **to be ~ with men/women** no tener* éxito con los hombres/las mujeres; **we regret to inform you that your application has been ~** lamentamos informarle que no ha sido seleccionado; **they were ~ in their attempt to find the treasure** fracasaron en su intento de encontrar el tesoro
unsuccessfully /ˈʌnsəkˈsesfəli/ *adv* en vano, sin éxito, sin resultado alguno
unsuitable /ˈʌnˈsuːtəbəl/ *adj* ‹*clothing*› poco apropiado *or* adecuado; ‹*candidate*› poco idóneo; ‹*moment/time*› inconveniente; **the weather is ~ for sailing** el tiempo no es indicado para salir a navegar; **this program is ~ for children** este programa no es apropiado *or* es inconveniente para niños
unsuitably /ˈʌnˈsuːtəbli/ *adv* inadecuadamente, inapropiadamente
unsuited /ˈʌnˈsuːtəd ‖ ʌnˈsuːtɪd/ *adj* (*pred*) **to be ~ TO: her clothes are ~ to the climate/occasion** su ropa no es la apropiada *or* la adecuada *or* la indicada para el clima/la ocasión; **she is ~ to this work** no sirve para este trabajo; **they are completely ~ (to each other)** son totalmente incompatibles
unsullied /ˈʌnˈsʌlid/ *adj* (liter) impoluto (liter), inmaculado, sin mancha; **~ by sth** no ensuciado por algo
unsung /ˈʌnˈsʌŋ/ *adj*: **the ~ heroes of the revolution** los héroes olvidados de la revolución
unsupported /ˈʌnsəˈpɔːrtəd ‖ ˌʌnsəˈpɔːtɪd/ *adj* **1** ‹*structure*› sin base *or* apoyo; **he's unable to walk ~** no puede caminar sin ayuda **2** ‹*claim/statement*› sin pruebas que lo corroboren *or* respalden
unsure /ˈʌnˈʃʊr ‖ ʌnˈʃʊə(r), ʌnˈʃɔː(r)/ *adj* (uncertain) inseguro, indeciso; **to be ~ ABOUT sth: I'm ~ about that** no estoy seguro de eso; **I'm ~ about asking her** no sé si pedírselo o no; **to be ~ OF sth: I'm ~ of my own feelings** me siento inseguro de mis sentimientos; **to be ~ of oneself** estar* *or* sentirse* inseguro de sí mismo
unsurpassed /ˈʌnsərˈpæst ‖ ˌʌnsəˈpɑːst/ *adj* ‹*beauty/mastery*› sin igual, sin par (liter); **he is ~ in his knowledge of the subject** nadie lo supera en conocimiento del tema
unsuspecting /ˈʌnsəˈspektɪŋ/ *adj* desprevenido, confiado; **to be ~** no sospechar nada
unsweetened /ˈʌnˈswiːtṇd/ *adj* (without sugar) sin azúcar; (without sweeteners) sin edulcorantes
unswerving /ʌnˈswɜːrvɪŋ ‖ ʌnˈswɜːvɪŋ/ *adj* ‹*loyalty*› inquebrantable, a toda prueba; ‹*determination*› férreo, a toda prueba
unsympathetic /ˈʌnˈsɪmpəˈθetɪk/ *adj* **1** (showing no sympathy) ‹*person/attitude*› indiferente, poco comprensivo **2** (unfavorable) ‹*account*› adverso, desfavorable; **she was ~ to our cause** no veía nuestra causa con simpatía **3** (unlikable) ‹*character*› antipático, poco agradable
unsystematic /ˈʌnˈsɪstəˈmætɪk/ *adj* poco sistemático, sin método
untainted /ˈʌnˈteɪntəd ‖ ʌnˈteɪntɪd/ *adj* ‹*food/water*› no contaminado; ‹*reputation*› sin mancha *or* tacha, intachable, intacto
untamed /ˈʌnˈteɪmd/ *adj* ‹*animal*› sin domar; ‹*wilderness/forests*› virgen, agreste; ‹*passion/forces of nature*› indómito
untangle /ˈʌnˈtæŋgəl/ *vt* ‹*hair/threads*› desenredar, desenmarañar; ‹*mystery*› esclarecer*, dilucidar, desentrañar
untapped /ˈʌnˈtæpt/ *adj* sin explotar
untarnished /ˈʌnˈtɑːrnɪʃt ‖ ʌnˈtɑːnɪʃt/ *adj* sin tacha, sin mancha

untaught /ˈʌnˈtɔːt/ *adj* (liter) (uneducated) (pej) sin instrucción, ignorante

untaxed /ˈʌnˈtækst/ *adj* libre de impuestos

untenable /ˈʌnˈtenəbəl/ *adj* (frml) insostenible, indefendible

untended /ˈʌnˈtendəd || ʌnˈtendɪd/ *adj* **1** ‹*garden*› descuidado, abandonado **2** ‹*wound*› descuidado; ‹*patient*› desatendido

untested /ˈʌnˈtestəd || ʌnˈtestɪd/ *adj* ‹*theory*› no verificado *or* probado; ‹*product/device*› no probado, no puesto a prueba

unthinkable¹ /ˈʌnˈθɪŋkəbəl/ *adj* inconcebible, inimaginable

unthinkable² *n* **the ~** lo inconcebible, lo inimaginable

unthinking /ˈʌnˈθɪŋkɪŋ/ *adj* **1** (not thinking) ‹*rage*› irreflexivo; ‹*moment*› de irreflexión **2** (uncritical) ‹*acceptance*› precipitado

untidily /ˈʌnˈtaɪdḷi || ʌnˈtaɪdɪli/ *adv* descuidadamente, sin cuidado, desprolijamente (RPl)

untidiness /ˈʌnˈtaɪdinəs || ʌnˈtaɪdinɪs/ *n* [u] (of person's appearance) desaliño *m*, lo descuidado, desprolijidad *f* (RPl); (of room, desk) desorden *m*, desprolijidad *f* (RPl); (of handwriting, schoolwork) lo descuidado, lo desprolijo (RPl)

untidy /ˈʌnˈtaɪdi/ *adj* **-dier, -diest** ‹*room/desk*› desordenado; ‹*appearance*› desaliñado, descuidado, desprolijo (RPl); ‹*writing/schoolwork*› descuidado, desprolijo (RPl); ‹*person*› desordenado, desprolijo (RPl)

untie /ˈʌnˈtaɪ/ *vt* **unties, untying, untied** ‹*knot*› deshacer*, desatar; ‹*shoelaces*› desatar, desamarrar (AmL exc RPl); ‹*dog/horse*› soltar*, desatar, desamarrar (AmL exc RPl)

until¹ /ʌnˈtɪl, ənˈtɪl/ *conj* hasta que; **please wait ~ I arrive** por favor espera hasta que yo llegue; **she didn't go to bed ~ Tom got back** no se acostó hasta que Tom (no) volvió; **I knew she wouldn't go to bed ~ Tom got back** yo sabía que no se iba a acostar hasta que Tom (no) volviera

until² *prep* hasta; **~ now/then** hasta ahora/entonces

untimely /ˈʌnˈtaɪmli/ *adj* **1** ‹*death/end*› prematuro **2** ‹*announcement*› inoportuno; ‹*arrival*› inoportuno, intempestivo

untiring /ˈʌnˈtaɪrɪŋ || ʌnˈtaɪərɪŋ/ *adj* infatigable, incansable

untiringly /ˈʌnˈtaɪrɪŋli || ʌnˈtaɪərɪŋli/ *adv* ‹*work*› infatigablemente, incansablemente

untold /ˈʌnˈtəʊld/ *adj* **1** (incalculable) (*before n*) ‹*wealth/sums*› incalculable, fabuloso; ‹*misery/pleasures*› indecible, inenarrable, inefable **2** (not told) ‹*secret*› sin desvelar, sin revelar

untouchable /ˈʌnˈtʌtʃəbəl/ *adj* intocable

Untouchable *n* intocable *mf*

untouched /ˈʌnˈtʌtʃt/ *adj* **1** (not handled) intacto, sin tocar; **it is ~ by human hand(s)** no ha sido tocado por la mano del hombre; **he left his food ~** no probó la comida **2** (safe, unharmed): **miraculously the church was ~** milagrosamente la iglesia quedó intacta

untoward /ˈʌnˈtɔːrd, ˌʌntəˈwɔːrd || ˈʌntəˈwɔːd/ *adj* (frml) **1** (adverse) perjudicial, adverso; **I hope nothing ~ has happened** espero que no haya pasado nada (que haya que lamentar) **2** (unseemly, improper) indecoroso, indigno

U

untrained /ˈʌnˈtreɪnd/ *adj* falto de formación *or* capacitación; ‹*teacher*› sin título; **to the ~ eye/ear ...** para (el ojo/oído de) quien no es experto ...

untrammeled, (BrE) **untrammelled** /ˈʌnˈtræməld/ *adj* (liter) **~ BY sth** libre DE algo

untranslatable /ˈʌntrænsˈleɪtəbəl/ *adj* intraducible

untreated /ˈʌnˈtriːtəd || ʌnˈtriːtɪd/ *adj* ‹*sewage/waste*› sin tratar *or* procesar; **~, the disease can be fatal** si no se trata, la enfermedad puede ser mortal

untried /ˈʌnˈtraɪd/ *adj* **1** (not tested) ‹*method*› no probado; ‹*person*› no puesto a prueba **2** (Law) ‹*person*› no procesado; ‹*case*› no sometido a juicio

untroubled /ˈʌnˈtrʌbəld/ *adj* ‹*expression/conscience*› tranquilo; ‹*period/life*› tranquilo, apacible; **she seemed ~ by the prospect** no parecía que la perspectiva la inquietase *or* preocupase

untrue /ˈʌnˈtruː/ *adj* **1** (false) ‹*statement*› falso; **it is ~ (to say) that ...** es falso *or* no es cierto que ... **2** (unfaithful) (liter) (*pred*) **to be ~ TO sb/sth**: **to be ~ to one's principles** no ser* fiel a sus (*or* mis *etc*) principios; **my only love was ~ to me** mi único amor me fue infiel

untrustworthy /ˈʌnˈtrʌstˌwɜːrði || ʌnˈtrʌstˌwɜːði/ *adj* ‹*person*› de poca confianza; ‹*source*› no fidedigno; **she's totally ~** no es de fiar en absoluto

untruth /ˈʌnˈtruːθ/ *n* (*pl* **untruths** /ʌnˈtruːðz/) (frml) falsedad *f*

untruthful /ˈʌnˈtruːθfəl/ *adj* ‹*account/answer*› falso; ‹*person*› falso, mentiroso

untypical /ˈʌnˈtɪpɪkəl/ *adj* atípico, poco representativo

unused *adj*

A /ˈʌnˈjuːzd/ **1** (new) sin estrenar, nuevo **2** (not made use of) ‹*land*› no utilizado *or* aprovechado, ocioso

B /ˈʌnˈjuːst/ (*pred*) **to be ~ TO sth/-ING** no estar* acostumbrado A algo/+ INF

unusual /ˈʌnˈjuːʒuəl/ *adj* ‹*illness/opinion/sight*› poco corriente *or* común, fuera de lo corriente *or* común, inusual; **he spoke with ~ frankness** habló con inusitada *or* insólita franqueza; **that's ~ for her** eso es raro en ella; **did you notice anything ~ about him?** ¿le notaste algo raro *or* fuera de lo normal?; **it's ~ for him to be still in bed** es raro que todavía no se haya levantado

unusually /ˈʌnˈjuːʒuəli/ *adv* ‹*tall/windy/complicated*› excepcionalmente, inusitadamente; **he was in an ~ happy mood** estaba de muy buen humor, lo cual es raro *or* insólito en él; **she was ~ talkative** estaba más conversadora que de costumbre

unvarnished /ˈʌnˈvɑːrnɪʃt || ʌnˈvɑːnɪʃt/ *adj* **1** (not varnished) sin barnizar **2** (plain): **the ~ truth** la verdad sin adornos, la pura verdad

unveil /ˈʌnˈveɪl/ *vt* ‹*plaque/statue*› descubrir*, develar (AmL)

unversed /ˈʌnˈvɜːrst || ʌnˈvɜːst/ *adj* (*pred*) **to be ~ IN sth** no ser* versado EN algo

unvoiced /ˈʌnˈvɔɪst/ *adj* no expresado *or* manifestado

unwaged /ˈʌnˈweɪdʒd/ *pl n* (BrE) no asalariados *mpl*, personas *fpl* sin trabajo remunerado

unwanted /ˈʌnˈwɔːntəd || ʌnˈwɒntɪd/ *adj* ‹*pregnancy/child*› no deseado; ‹*object*› superfluo, que no se necesita; **I feel ~ here** siento que estoy de más aquí

unwarranted /ˈʌnˈwɔːrəntəd || ʌnˈwɒrəntɪd/ *adj* injustificado, sin justificación alguna

unwary /ˈʌnˈweri || ʌnˈweəri/ *adj* **-rier, -riest** incauto, desprevenido, confiado

unwashed¹ /ˈʌnˈwɔːʃt || ʌnˈwɒʃt/ *adj* sucio, sin lavar

unwashed² *pl n* **the great ~** (hum & pej) el populacho (pey), la plebe (pey)

unwavering /ˈʌnˈweɪvərɪŋ/ *adj* ‹*loyalty/belief*› inquebrantable; ‹*determination*› férreo, a toda prueba; ‹*gaze/stare*› fijo

unwelcome /ˈʌnˈwelkəm/ *adj* ‹*visit*› inoportuno; ‹*guest*› inoportuno, poco grato; ‹*news*› desagradable, poco grato; ‹*suggestion*› inoportuno, fuera de lugar; **we were made to feel ~** nos hicieron sentir que estábamos de más

unwelcoming /ˈʌnˈwelkəmɪŋ/ *adj* ‹*landscape*› inhóspito; ‹*person*› frío, antipático; ‹*house*› poco acogedor

unwell /ˈʌnˈwel/ *adj* mal; **to be** *o* **feel ~** sentirse* mal, no sentirse* bien; **he looks ~** tiene mala cara

unwholesome /ˈʌnˈhəʊlsəm/ *adj* **1** (unhealthy) ‹*diet/climate*› poco sano *or* saludable, malsano **2** (unpleasant) ‹*smell/appearance/person*› desagradable

unwieldy /ʌnˈwiːldi/ *adj* **-dier, -diest** **1** ‹*tool/weapon/tome*› pesado y difícil de manejar **2** ‹*system/procedure*› rígido, poco flexible

unwilling /ˈʌnˈwɪlɪŋ/ *adj* mal dispuesto; **to be ~ to + INF** no querer* + INF, no estar* dispuesto a + INF

unwillingly /ˈʌnˈwɪlɪŋli/ *adv* de mala gana, a regañadientes

unwind /ˈʌnˈwaɪnd/ (*past & past p* **unwound**) *vt* desenrollar; **to come unwound** desenrollarse

■ **unwind** *vi*

A «*rope/tape*» desenrollarse; «*plot*» irse* desarrollando

B (relax) (colloq) relajarse

unwise /ˈʌnˈwaɪz/ *adj* ‹*action/decision*› poco prudente *or* sensato, desaconsejable; **anyone ~ enough to try will be punished** se castigará al insensato que lo intente; **it**

would be ~ of you to do that hacer eso no sería sensato

unwitting /ʌn'wɪtɪŋ/ *adj* involuntario

unwittingly /ʌn'wɪtɪŋli/ *adv* sin ser consciente (de ello), sin darse* cuenta

unwonted /ʌn'wɔːntəd || ʌn'wəʊntɪd/ *adj* (frml) inusitado, insólito, desacostumbrado

unworkable /ʌn'wɜːrkəbəl || ʌn'wɜːkəbəl/ *adj* impracticable, no viable

unworldly /ʌn'wɜːrldli || ʌn'wɜːldli/ *adj* 1 (unconcerned with material things) poco materialista, idealista 2 (unsophisticated) con poco mundo

unworthy /ʌn'wɜːrði || ʌn'wɜːði/ *adj* **-thier, -thiest** indigno; **to be ~ OF sb/sth** no ser* digno DE algn/algo; **a subject ~ of our attention** un tema que no merece nuestra atención *or* que no es digno de nuestra atención; **to be ~ to + INF** no ser* digno DE + INF

unwound /ʌn'waʊnd/ *past & past p of* **unwind**

unwrap /ʌn'ræp/ *vt* **-pp-** desenvolver*, abrir*

unwritten /ʌn'rɪtn/ *adj* ‹rule› no escrito, sobreentendido; ‹agreement› verbal, de palabra; ‹constitution/law› basado en el derecho consuetudinario

unyielding /ʌn'jiːldɪŋ/ *adj* ‹person› inflexible; ‹opposition› implacable, rígido

unzip /ʌn'zɪp/ **-pp-** *vt* 1 (Clothing): **could you ~ me/my dress?** ¿me bajas la cremallera *or* (AmL) el cierre *or* (Méx, Ven) el zíper? 2 (Comput) descomprimir

up¹ /ʌp/ *adv*

Sense I

A 1 (in upward direction): **~ a bit ... left a bit** un poco más arriba ... un poco a la izquierda; **we went all the way ~ to the top** subimos hasta la cima; **we saw them on the way ~** los vimos cuando subíamos; **from the waist ~** desde la cintura para arriba; **~ United!** (BrE) ¡arriba el United! 2 (upstairs): **I dashed back ~ to fetch my jacket** volví a subir corriendo a buscar mi chaqueta

B 1 (of position) arriba; **~ here/there** aquí/allí arriba; **300ft ~** a una altura de 300 pies 2 (upstairs, on upper floor): **your book is ~ in my room** tu libro está arriba en mi habitación 3 (raised, pointing upward): **with the lid/blinds ~** con la tapa levantada/las persianas levantadas *or* subidas; **face ~** boca arriba 4 (removed): **I had the floorboards ~** había quitado *or* levantado las tablas del suelo

C 1 (upright): **the nurse helped him ~** la enfermera lo ayudó a sentarse 2 (out of bed): **they're not ~ yet** todavía no se han levantado; **we were ~ all night** pasamos la noche en vela; **she's ~ and about again** (colloq) está dando guerra otra vez (fam)

D 1 (of numbers, volume, intensity): **she had the volume ~ high** tenía el volumen muy alto; **prices are 5% ~** *o* **~ (by) 5% on last month** los precios han aumentado un 5% con respecto al mes pasado; **from $25/the age of 11 ~** a partir de 25 dólares/de los 11 años 2 (in league, table, hierarchy): **~ ten places from last year** diez puestos más arriba que el año pasado; **it's a step ~ for me** para mí es un paso adelante; **from the rank of lieutenant ~** desde el rango de teniente para arriba

E 1 (in or toward north): **~ north** en el norte; **the journey ~ from Munich** el viaje desde Munich hacia el norte 2 (at or to another place): **the path ~ to the house** el sendero hasta la casa; **I'm going ~ to John's for the weekend** voy a casa de John a pasar el fin de semana; **to go ~ to town** (esp BrE) ir* a la ciudad (*or* a Londres *etc*)

F (in position, erected): **is the tent ~?** ¿ya han armado la tienda *or* (AmL) la carpa?; **the pictures/shelves are ~** los cuadros/estantes están colocados *or* puestos

G (going on) (colloq): **what's ~ with you?** ¿a ti qué te pasa?; **what's ~?** (what's the matter?) ¿qué pasa?; (as greeting) (AmE) ¿qué hay? (colloq), ¿qué onda? (AmL arg), ¿qué hubo *or* quiubo? (Chi, Col, Méx, Ven fam)

H (finished): **your time is ~** se te ha acabado el tiempo

I (Sport) 1 (ahead in competition): **they're three goals ~ on the home team** le van ganando por tres goles al equipo local; ***to be one ~ on sb*** tener* una ventaja sobre algn 2 (for each side) (AmE): **the game was tied 15 ~** empataron 15 a 15

J (under consideration): **she will be ~ before the board/judge** comparecerá ante la junta/el juez

Sense II (*in phrases*)

A **up against** 1 (next to) contra 2 (confronted by): **you don't know what you're ~ against** no sabes a lo que te enfrentas; ***to be ~ against it*** estar* contra las cuerdas

B **up and down** 1 (vertically): **to jump ~ and down** dar* saltos; **to look sb ~ and down** mirar a algn de arriba abajo 2 (back and forth) de arriba abajo 3 (of mood): **she's been rather ~ and down** ha tenido bastantes altibajos de humor

C **up for** (subject to): **the motion ~ for debate today** la moción que sale hoy a debate *or* se debate hoy; **there are five nominees ~ for treasurer** hay cinco candidatos a tesorero

D **up on** (knowledgeable) (*pred*): **how well ~ are you on what's been happening?** ¿cuánto sabes *or* qué tan enterado estás de lo que ha estado sucediendo?

E **up till** *o* **until** hasta

Sense III **up to**

A (as far as, as much as) hasta; **~ to here/now/a certain point** hasta aquí/ahora/cierto punto; **~ to twice as big** hasta el doble de grande

B 1 (equal to): **it isn't ~ to the usual standard** no es del alto nivel al que estamos acostumbrados; ▸ **come up to 2** 2 (capable of): **she's not ~ to the job** no tiene las condiciones necesarias para el trabajo, no puede con el trabajo (fam); **do you feel ~ to going out?** ¿te sientes con fuerzas/ánimos (como) para salir?; **my spelling is not ~ to much** (BrE) mi ortografía deja bastante que desear

C (depending on): **that's entirely ~ to you** eso, como tú quieras; **it's not ~ to me to decide** no me corresponde a mí decidir, no soy yo quien tiene que decidir

D **to be ~ to sth** (colloq): **they're ~ to their usual tricks** están haciendo de las suyas; **I'm sure they're ~ to something** (planning) estoy segura de que algo están tramando *or* algo se traen entre manos; (doing) estoy segura de que algo (*or* alguna travesura *etc*) están haciendo; **she's ~ to no good** no anda en nada bueno; **what have you been ~ to lately?** ¿en qué has andado últimamente?

up² *prep*

A 1 (in upward direction): **to go ~ the stairs/hill** subir la escalera/colina; **he hid the money ~ the chimney** escondió el dinero en la chimenea 2 (at higher level): **80ft ~ the cliff** a 80 pies del pie del acantilado; **further ~ the salary scale** más arriba en el escalafón

B 1 (along): **to go/come ~ the river** ir*/venir* por el río; **the journey ~ the coast** el viaje a lo largo de la costa; **he travels ~ and down the country** viaja por todo el país; **she walked ~ and down the room** iba de un lado a otro de la habitación 2 (further along): **it's just ~ the road** está un poco más allá *or* adelante

up³ *adj*

A (*before n*) (going upward): **the ~ escalator** la escalera mecánica para subir

B (elated) (AmE colloq) (*pred*): **I feel really ~ at the moment** me siento como en las nubes

up⁴ **-pp-** *vt* (colloq) ‹price/costs› aumentar, subir; ‹bid/offer› aumentar, superar

■ **up** *vi*: **to ~ and go** agarrar *or* (esp Esp) coger* e irse*

up⁵ *n*: ***to be on the ~ and ~*** (colloq) (honest) (AmE) «businessman/salesperson» ser* de buena ley, ser* de fiar; (succeeding) (BrE) «business/company» marchar *or* ir* cada vez mejor, estar* en alza; **life's little ~s and downs** las vicisitudes de la vida; **their marriage has had its ~s and downs** su matrimonio ha tenido sus altibajos

up: **~-and-coming** /ʌpən'kʌmɪŋ/ *adj* (*before n*): **an ~-and-coming artist/actor** un artista/actor que promete *or* que llegará lejos *or* con mucho futuro; **~beat** *adj* (colloq) optimista; **~braid** /ʌp'breɪd/ *vt* (frml) reprender, reconvenir* (frml); **~bringing** /'ʌp,brɪŋɪŋ/ *n* (*no pl*) educación *f*; **~coming** /'ʌp'kʌmɪŋ/ *adj* (*before n*) ‹election/meeting› próximo, que se acerca; **~country** /ʌp'kʌntri/ *adv* tierra adentro, hacia el interior

update¹ /ʌp'deɪt/ *vt* 1 ‹manual/report/information› poner* al día, actualizar*; ‹machinery/technology› poner* al día, modernizar*; ‹file› (Comput) poner* al día 2 (give latest information to) mantener* al tanto *or* al corriente

update² /'ʌpdeɪt/ *n* 1 (information): **to give sb an ~ on sth** poner* a algn al corriente *or* al tanto de algo; **now for the latest ~ on the situation** ahora las últimas novedades

U

sobre la situación 2 (sth updated) puesta *f* al día, actualización *f*

upend /ʌp'end/ *vt* poner* vertical, parar (AmL)

upfront¹ /'ʌp'frʌnt/ *adj*
A (Busn) (*before n*) ‹*costs/commitment*› inicial
B (open, honest) (colloq) ‹*person/statement*› franco, abierto

upfront² *adv* por adelantado

upgrade /ʌp'greɪd/ *vt* 1 (raise status of) ‹*employee*› ascender*, elevar de categoría; ‹*job*› elevar la categoría de; ‹*salaries*› aumentar, mejorar; **they ~d it to a three-star hotel** lo subieron a la categoría de hotel de tres estrellas 2 (improve) ‹*facilities*› mejorar; ‹*service/computer*› elevar el nivel de prestaciones de

upheaval /ʌp'hi:vəl/ *n* [u c] **a period of great social/political ~** una época de gran agitación social/política; **all the ~ of moving house** todo el trastorno que implica una mudanza; **it was a terrible emotional ~ for her** fue muy traumático para ella

upheld /ʌp'held/ *past & past p of* **uphold**

uphill¹ /'ʌp'hɪl/ *adv* cuesta arriba, en subida

uphill² *adj* ‹*path*› en cuesta, en subida; ‹*battle/task*› arduo; **it was an ~ struggle** fue muy difícil, nos (*or* les *etc*) costó mucho

up ~hold /ʌp'həʊld/ *vt* (*past & past p* **~held** 1 ‹*tradition*› conservar; ‹*faith/principle*› mantener*; **to ~hold the Constitution** respetar y defender la constitución 2 (Law) ‹*decision/verdict*› confirmar; **~holder** /ʌp'həʊldər || ˌʌp'həʊldə(r)/ *n* defensor, -sora *m,f*

upholster /ʌp'həʊlstər || ʌp'həʊlstə(r)/ *vt* tapizar*

upholstery /ʌp'həʊlstəri/ *n* [u] 1 (stuffing, springs) relleno *m* 2 (covers) tapizado *m* 3 (craft, trade) tapicería *f*

up ~keep *n* [u] 1 (running, maintenance) mantenimiento *m* 2 (costs) gastos *mpl* de mantenimiento; **~land** /'ʌplənd/ *adj* (*before n*) **~land regions** tierras *fpl* altas; **~lift** /'ʌplɪft/ *vt* ‹*spirit/mind*› elevar; **I felt ~lifted** se me elevó el espíritu; **~lifting** /ʌp'lɪftɪŋ/ *adj* (spiritually) que eleva el espíritu; (emotionally) que anima, que levanta el ánimo

upload *vt* (Comput) cargar*, subir

upmarket¹ /'ʌp'mɑ:rkət || ˌʌp'mɑ:kɪt/ *adj* ‹*store/hotel/car*› de categoría, para gente pudiente

upmarket² *adv*: **to go/move ~** subir de categoría

upon /ə'pɑ:n || ə'pɒn/ *prep* (frml) 1 (on): **she placed the cards ~ the table** puso las cartas sobre la mesa; **~ their arrival, they were shown to their room** a su llegada, se los condujo a su habitación; **there are trains ~ the hour, every hour** hay un tren por hora, a la hora en punto; **~ -ING** al + INF; **~ entering the room** al entrar a la habitación 2 (indicating imminent or unexpected arrival) **to be ~ sb**: **the enemy was ~ us** teníamos al enemigo encima; **winter is already ~ us** ya estamos prácticamente en invierno 3 (indicating large numbers): **thousands ~ thousands** miles y miles

upper¹ /'ʌpər || 'ʌpə(r)/ *adj* (*before n*)
A 1 (spatially, numerically) superior; ‹*lip*› superior, de arriba; **~ age limit** límite *m* (máximo) de edad 2 (in rank, importance) ‹*ranks/echelons*› superior, más elevado; **the ~ chamber** *o* **~ house** (Pol) la cámara alta
B (Geog) alto; **the U~ Danube** el alto Danubio; **~ Manhattan** el norte de Manhattan

upper² *n*
A 1 (of shoe) *parte superior del calzado* 2 ***to be on one's ~s*** (colloq) estar* más pobre que las ratas
B (drug) (sl) anfeta *f* (arg)

upper ~ case *n* [u] caja *f* alta; (*before n*) **an ~-case letter** una letra mayúscula; **~ class** *n* clase *f* alta; **~-class** /'ʌpər'klæs || ˌʌpə'klɑ:s/ *adj* de clase alta; **~-crust** /'ʌpər'krʌst || ˌʌpə'krʌst/ *adj* (colloq & hum) de la flor y nata; **~most** *adj* ‹*branches/floor/part*› más alto; **what was ~most in my mind** lo que más me preocupaba, lo que tenía presente por encima de todo

uppity /'ʌpəti/ *adj* (colloq): **to be ~** darse* aires de superioridad; **she got ~** se le subieron los humos

upright¹ /'ʌpraɪt/ *adj* 1 (vertical) ‹*post/position*› vertical; ‹*posture*› derecho, erguido; **to place/stand sth ~** colocar*/poner* algo de pie *or* vertical 2 (honest) ‹*character/citizen*› recto

upright² *n*
A (Archit, Const) montante *m*
B **~ (piano)** piano *m* vertical

up ~rising *n* levantamiento *m*, alzamiento *m*; **~river** /'ʌp'rɪvər || ˌʌp'rɪvə(r)/ *adv* río arriba; **~roar** *n* [u] (noise, chaos) tumulto *m*, alboroto *m*, barahúnda *f*; (outcry) protesta *f* airada

uproarious /ʌp'rɔ:riəs/ *adj* 1 (noisy) ‹*debate*› tumultuoso; ‹*applause/welcome/success*› clamoroso, estrepitoso 2 (hilarious) ‹*jokes*› divertidísimo; **~ laughter** carcajadas *fpl*

uproariously /ʌp'rɔ:riəsli/ *adv* ‹*laugh*› a carcajadas, a mandíbula batiente

uproot /ʌp'ru:t/ *vt* 1 (Hort) ‹*plant*› arrancar* de raíz, desarraigar* (téc) 2 (displace) ‹*person*› desarraigar*

upset¹ /'ʌp'set/ *adj*
A (unhappy, hurt) disgustado; (distressed) alterado; (offended) ofendido; (disappointed) desilusionado; **he would be most ~ to hear you talk like that** se disgustaría mucho si te oyera hablar así
B (Med): **I have an ~ stomach** estoy *or* ando mal del estómago, estoy descompuesto (del estómago) (esp AmL)

upset² /'ʌp'set/ *vt* (*pres p* **upsetting** *past & past p* **upset**)
A (hurt) disgustar; (distress) alterar, afectar; (offend) ofender; **his thoughtlessness ~ her** le molestó su desconsideración
B (make ill): **it ~s my stomach** me cae mal, me sienta mal (al estómago)
C 1 (throw into disorder) ‹*plans/calculations*› desbaratar, trastornar; **to ~ the balance of sth** desequilibrar algo 2 (knock over) ‹*jug/boat*› volcar*; ‹*milk/contents*› derramar

upset³ /'ʌpset/ *n*
A [c u] 1 (disturbance, upheaval) trastorno *m*; **a big ~ to their plans** un gran revés *or* contratiempo para sus planes 2 (emotional trouble) disgusto *m*
B [c] (surprise result) (Pol, Sport) sorpresa *f*
C [c] (Med): **to have a stomach ~** estar* mal del estómago, estar* descompuesto del estómago (esp AmL)

upsetting /'ʌp'setɪŋ/ *adj* ‹*news*› (distressing) triste; (shocking) terrible; ‹*behavior*› ofensivo; **the separation was very ~ for the child** la separación afectó *or* perturbó mucho al niño

upshot /'ʌpʃɑ:t || 'ʌpʃɒt/ *n*: **the ~ of it all is that ...** lo que resulta de todo esto es que ...; **what was the ~ of the discussion?** ¿en qué quedó *or* acabó la discusión?

upside down /'ʌpsaɪd/ *adj* al revés (*con la parte de arriba abajo*); **to turn sth ~ ~** ‹*object*› poner* algo boca abajo, darle* la vuelta a algo, dar* vuelta algo (CS); ‹*theory/world*› revolucionar; **the burglars turned the house ~ ~** los ladrones no dejaron cosa sin revolver en la casa, los ladrones dejaron la casa patas arriba (fam)

upstage¹ /'ʌp'steɪdʒ/ *vt* eclipsar

upstage² *adv*: **to enter/exit/stand ~** entrar por/salir* por/estar* en el fondo del escenario

upstairs¹ /'ʌp'sterz || ˌʌp'steəz/ *adv* arriba; **to be ~** estar* arriba; **to go ~** subir

upstairs² *n* (+ *sing vb*) piso *m or* planta *f* de arriba; (*before n*) ‹*window/rooms*› del piso de arriba, de arriba

up ~standing /ʌp'stændɪŋ/ *adj* 1 (honest, responsible) cabal, íntegro; 2 (on one's feet) (frml) (*pred*) de pie, en pie (frml); **the court will be ~standing** la sala se pondrá en pie; **~start** *n* arribista *mf*, advenedizo, -za *m,f*

upstate¹ /'ʌp'steɪt/ *adv* (AmE): **he lives ~** vive en el norte del estado (*fuera de la capital*); **to go ~** ir* hacia el norte

upstate² *adj* (AmE) ‹*voters*› de fuera de la capital; **~ New York** el norte del estado de Nueva York

up ~stream /'ʌp'stri:m/ *adv* río *or* corriente arriba; **~surge** *n* **~surge OF/IN sth** ‹*of/in violence*› recrudecimiento *m* DE algo; ‹*in demand/production*› aumento *m* DE *or* EN algo; **~swing** *n* **~swing (IN sth)** ‹*in production/demand*› alza *f* (EN algo)

upsydaisy /'ʌpsə'deɪzɪ || 'ʌpsiˌdeɪzi/ *interj* ¡upa lelé *or* lalá!

up ~take *n* [u] ***to be quick on the ~take*** agarrar *or* (esp Esp) coger* las cosas al vuelo; ***to be slow on the ~take*** ser* duro de mollera; **~tight** /'ʌp'taɪt/ *adj* (colloq) nervioso, tenso; **don't get so ~tight (about it)!** no te pongas

U

tan neura (por una cosa así) (fam); **~-to-date** /'ʌptə 'deɪt/ *adj* (*pred* ~ **to date**) ‹*figures/information/report*› al día, actualizado; **to be ~ to date (with sth)** estar* al día *or* al corriente (de algo); **~-to-the-minute** /'ʌptəðə 'mɪnət || ˌʌptəðə'mɪnɪt/ *adj* (*pred* ~ **to the minute**) (journ) ‹*report*› de último momento, de última hora; ‹*news*› de máxima actualidad; ‹*coverage*› completo y actualizado

uptown[1] /'ʌp'taʊn/ *adj* (AmE) ‹*bus/traffic*› que va hacia el norte/hacia el distrito residencial (de la ciudad)

uptown[2] *adv* (AmE): **they live/went** ~ viven en/fueron hacia el norte/hacia el distrito residencial de la ciudad

up ~turn *n* (in demand, production) repunte *m*, mejora *f*; **~turned** /'ʌp'tɜːrnd || 'ʌptɜːnd/ *adj* ‹*end*› vuelto hacia arriba; ‹*nose*› respingón, respingado (AmL); ‹*table*› boca abajo, patas arriba

upward[1] /'ʌpwərd || 'ʌpwəd/ *adj* (*before n*) ‹*pressure/direction*› hacia arriba; ‹*movement/spiral*› ascendente; ‹*tendency*› al alza

upward[2], (esp BrE) **upwards** /-z/ *adv* ‹*climb/look*› hacia arriba; **face** ~ boca arriba; **everyone from 60** ~ todas las personas de 60 años para arriba *or* de 60 años o más; ~ **of 50 people/$100** más de 50 personas/100 dólares

upwardly mobile /'ʌpwərdli || 'ʌpwədli/ *adj* de movilidad social ascendente

Urals /'jʊrəlz || 'jʊərəlz/ *pl n* **the** ~ los Urales

uranium /jʊ'reɪniəm/ *n* [u] uranio *m*

Uranus /'jʊərənəs, jʊə'reɪnəs/ *n* Urano *m*

urban /'ɜːrbən || 'ɜːbən/ *adj* ‹*area/community*› urbano; ‹*life*› urbano, en las urbes; **the** ~ **poor** los pobres de las ciudades; ~ **renewal** remodelación *f* urbana

urbane /ɜːr'beɪn || ɜː'beɪn/ *adj* (frml) fino y cortés, urbano (frml)

urbanization /'ɜːrbənə'zeɪʃən || ˌɜːbənaɪ'zeɪʃən/ *n* [u] urbanización *f*

urbanize /'ɜːrbənaɪz || 'ɜːbənaɪz/ *vt* urbanizar*

urchin /'ɜːrtʃən || 'ɜːtʃɪn/ *n* golfillo, -lla *m,f*, pilluelo, -la *m,f*, palomilla *mf* (Chi, Per), gamín, -mina *m,f* (Col)

Urdu /'ʊrduː || 'ʊəduː/ *n* [u] urdu *m*

ureter /jʊ'rətər || jʊə'riːtə(r)/ *n* uréter *m*

urethra /jʊ'riːθrə || jʊə'riːθrə/ *n* (*pl* **urethras** *or* **urethrae** /-θriː/) uretra *f*

urge[1] /ɜːrdʒ || ɜːdʒ/ *n* ganas *fpl*, impulso *m*; **the creative** ~ el impulso creativo *or* creador; **sexual ~s** impulsos *mpl* sexuales; **he had a strong** ~ **to punch him** le entraron unas ganas enormes de darle un puñetazo

urge[2] *vt* (exhort) instar (frml), exhortar (frml); (entreat) pedir* con insistencia, rogar*; **to** ~ **sb to + INF** instar a algn A QUE (+ *subj*) (frml), pedirle* A algn con insistencia QUE (+ *subj*); **I** ~ **you to reconsider** le pido encarecidamente que lo reconsidere

Phrasal verb

- **urge on** [v ▸ o ▸ adv] ‹*person/team*› animar, alentar*; ‹*horse*› espolear; **to** ~ **sb on TO sth: their fans ~d them on to victory** los hinchas los animaron *or* alentaron a conseguir la victoria

urgency /'ɜːrdʒənsi || 'ɜːdʒənsi/ *n* [u] 1 (of situation, problem) urgencia *f*; **he treated it as a matter of** ~ se ocupó de ello con la mayor urgencia 2 (of tone, plea) apremio *m*, urgencia *f*

urgent /'ɜːrdʒənt || 'ɜːdʒənt/ *adj* 1 (pressing) ‹*matter/case/letter*› urgente; **it's in** ~ **need of repair** hay que repararlo urgentemente 2 (insistent) ‹*tone/plea*› apremiante; ‹*knock*› insistente

urgently /'ɜːrdʒəntli || 'ɜːdʒəntli/ *adv* urgentemente, con urgencia

urinal /'jʊrənl̩ || jʊə'raɪnl̩/ *n* 1 (place) urinario *m* 2 (receptacle) orinal *m*

urinary /'jʊrəneri || 'jʊərɪnəri/ *adj*: ~ **tract** tracto *m* urinario

urinate /'jʊrəneɪt || 'jʊərɪneɪt/ *vi* (frml) orinar

urine /'jʊrən || 'juərɪn/ *n* [u] orina *f*

urn /ɜːrn || ɜːn/ *n* 1 (vase) urna *f* 2 (for ashes) urna *f* funeraria 3 (for tea, coffee) *recipiente grande para hacer o mantener caliente té, café etc*

urology /jʊ'rɑːlədʒi || jʊə'rɒlədʒi/ *n* [u] urología *f*

Uruguay /'jʊrəgwaɪ || 'jʊərəgwaɪ/ *n* Uruguay *m*

Uruguayan[1] /'jʊrə'gwaɪən || ˌjʊərə'gwaɪən/ *adj* uruguayo

Uruguayan[2] *n* uruguayo, -ya *m,f*

us /ʌs, *weak form* əs/ *pron*

A 1 (as direct object) nos; **they helped** ~ nos ayudaron 2 (as indirect object) nos; **he gave** ~ **the book** nos dio el libro; **he gave it to** ~ nos lo dio 3 (after preposition) nosotros, -tras; **for/with** ~ para/con nosotros/nosotras; **there were four of** ~ éramos cuatro; **he's one of** ~ es de los nuestros

B (emphatic use) nosotros, -tras; **it was** ~ fuimos nosotros

C 1 (for ourselves) (AmE colloq *or* dial) nos; **let's go and get** ~ **some beer** vamos a comprarnos unas cervezas 2 (me) (esp BrE colloq) me; **do** ~ **a favor, will you?** ¿me quieres hacer un favor?

US *n* (+ *sing vb*) EEUU, EE UU, EE.UU.; **she studied in the** ~ estudió en los Estados Unidos

USA *n* 1 (= **United States of America**) EEUU, EE UU, EE.UU. 2 (= **United States Army**) ejército *m* estadounidense *or* de los EEUU

usable, useable /'juːzəbəl/ *adj* utilizable

USAF *n* (= **United States Air Force**) la Fuerza Aérea de los EEUU

usage /'juːsɪdʒ/ *n* 1 [u c] (Ling) uso *m* 2 [u c] (custom, practice) costumbre *f*, uso *m*; **common** ~ práctica *f* común 3 [u] (use) uso *m*, utilización *f*

use[1] /juːs/ *n*

A [u] (of machine, substance, method, word) uso *m*, empleo *m*, utilización *f*; Ⓢ **instructions for use** instrucciones, modo de empleo; **drug** ~ el consumo de drogas; **the** ~ **of force** el empleo *or* uso de la fuerza; **to lose the** ~ **of an arm** perder* el uso de un brazo; **to be in** ~ «*machine*» estar* funcionando *or* en funcionamiento; «*word/method*» emplearse, usarse; **the elevator is in constant** ~ el ascensor se usa constantemente; **the machine was out of** ~ **all last week** la máquina no funcionó durante toda la semana pasada; **to make** ~ **of sth** usar algo, hacer* uso de algo; **I must make better** ~ **of my time** debo emplear *or* aprovechar mejor el tiempo; **to put sth to good** ~ hacer* buen uso de algo

B [c] (application, function) uso *m*; **she has her ~s** para algo sirve, a veces nos (*or* les *etc*) es útil; **I have no further** ~ **for these tools** ya no necesito estas herramientas

C [u] (usefulness): **to be (of)** ~ **to sb** serle* útil *or* de utilidad a algn, servirle* a algn; **these scissors aren't much** ~ estas tijeras no sirven para nada; **I'm not much** ~ **at cooking** no se me da muy bien la cocina, no sirvo para cocinar; **is this (of) any** ~ **to you?** ¿te sirve de algo esto?; **it's no** ~ es inútil, no hay manera, no hay caso (AmL); **it's no** ~ **complaining** de nada sirve quejarse, no se consigue nada quejándose *or* con quejarse; **what's the** ~ **(of -ING)?** ¿de qué sirve (+ INF)?, ¿qué sentido tiene (+ INF)?

D (right to use): **to have the** ~ **of sb's car/office** poder* usar el coche/la oficina de algn

use[2] /juːz/ *vt*

A 1 (for task, purpose) usar; **this camera is easy to** ~ esta cámara es muy fácil de usar *or* es de fácil manejo; **don't** ~ **bad language** no digas palabrotas; **to** ~ **drugs** consumir drogas; **a technique ~d in this treatment** una técnica que se emplea *or* se utiliza *or* se usa en este tratamiento; ~ **your head/imagination** usa la cabeza/la imaginación; **she could** ~ **her free time to better purpose** podría aprovechar mejor su tiempo libre; **to** ~ **sth to + INF** usar *or* utilizar* algo PARA + INF; ~ **a knife to open it** usa *or* utiliza un cuchillo para abrirla, ábrela con un cuchillo; **what's this ~d for?** ¿y esto para qué sirve *or* para qué se usa?; **to** ~ **sth AS sth** usar algo DE *or* COMO algo 2 (avail oneself of) ‹*service/facilities*› utilizar*, usar, hacer* uso de; **may I** ~ **your phone?** ¿puedo hacer una llamada *or* llamar por teléfono?; **may I** ~ **your toilet?** ¿puedo pasar *or* ir al baño?

B (do with) (colloq): **I could** ~ **a drink/the money** no me vendría mal un trago/el dinero

C (consume) ‹*food/fuel*› consumir, usar; ‹*money*› gastar; Ⓢ **use by 3 Feb 97** fecha de caducidad: 3 feb 97, consumir antes del 3 feb 97

D (manipulate, exploit) (pej) utilizar*, usar (esp AmL); **I felt I'd been ~d** me sentí utilizado *or* (esp AmL) usado

■ **use** *v mod* /juːs/ (*in neg, interrog sentences*): **I didn't** ~ **to visit them very often** no solía visitarlos muy a menudo;

U

where did you ~ to live? ¿dónde vivías?; *see also* **used²**

(Phrasal verb)

- **use up** [v ▸ o ▸ adv, v ▸ adv ▸ o] ‹*supplies/strength*› agotar, consumir; ‹*leftovers*› usar, aprovechar; ‹*allowance*› gastarse; **they'd ~d up all the hot water** habían usado toda el agua caliente

useable *adj* ▸**usable**

use-by date /'ju:z,baɪ/ *n* (BrE) fecha *f* de caducidad

used¹ *adj*

A /ju:zd/ **1** ‹*needle/stamp*› usado **2** (secondhand) ‹*car/clothing*› usado, de segunda mano

B /ju:st/ (accustomed) (*pred*) **to be ~ TO sth/-ING** estar* acostumbrado A algo/+ INF; **I'm not ~ to this heat/getting up early** no estoy acostumbrado a tanto calor/a madrugar; **to get ~ TO sth/-ING** acostumbrarse A algo/+ INF; **I got ~ to him** me acostumbré a él; **I got ~ to the idea** me hice a la idea

used² /ju:st/ *v mod* (indicating former state, habit) (*only in past*) **~ to (+ INF)**: **there ~ to be a shop next door** antes había una tienda al lado; **things aren't what they ~ to be** (set phrase) las cosas ya no son lo que eran; **I ~ to work in that shop** (antes) trabajaba en esa tienda; **do you play chess? — I ~ to** ¿juegas al ajedrez? — antes solía jugar *or* ya no; *see also* **use²** *v mod*

useful /'ju:sfəl/ *adj* ‹*invention/tool/information*› útil; ‹*experience*› útil, provechoso; **that's a ~ thing to know** viene bien *or* es útil saberlo; **to come in ~** (BrE) ser* útil, venir* bien; **to make oneself ~** ayudar, echar una mano; **come on, make yourself ~** venga, ayuda en algo

usefully /'ju:sfəli/ *adv* útilmente; **I spent my time very ~ at the library** aproveché muy bien el tiempo en la biblioteca

usefulness /'ju:sfəlnəs || 'ju:sfəlnɪs/ *n* [u] utilidad *f*; **this law/machine has outlived its ~** esta ley/máquina ha quedado desfasada *or* ha dejado de prestar utilidad

useless /'ju:sləs || 'ju:slɪs/ *adj* **1** (ineffective) ‹*object/tool/person*› inútil; **these scissors are ~** estas tijeras no sirven para nada **2** (futile) inútil; **it would be ~** sería inútil, no serviría de nada **3** (not capable) (colloq) ‹*person*› inútil, negado (fam); **to be ~ AT sth/-ING** ser* negado PARA algo/ + INF (fam)

uselessly /'ju:sləsli || 'ju:slɪsli/ *adv* inútilmente, en vano

user /'ju:zər || 'ju:zə(r)/ *n* usuario, -ria *m,f*; **drug ~** consumidor, -dora *m,f* de drogas; (addict) drogadicto, -ta *m,f*, toxicómano, -na *m,f*

user-friendly /'ju:zər'frendli || ju:zə'frendli/ *adj* fácil de usar *or* de utilizar

usher¹ /'ʌʃər || 'ʌʃə(r)/ *n* **1** (Cin, Theat) acomodador, -dora *m,f* **2** (at wedding) *persona allegada a los novios que se encarga de recibir y sentar a los invitados en la iglesia* **3** (in UK) (Law) ujier *mf*

usher² *vt*: **to ~ sb to her/his seat** conducir* a algn hasta su asiento; **he ~ed her into the room** la hizo pasar a la habitación

(Phrasal verb)

- **usher in** [v ▸ o ▸ adv, v ▸ adv ▸ o] ‹*person*› hacer* pasar; ‹*new era*› marcar* el comienzo de, ser* el preludio de

usherette /'ʌʃə'ret/ *n* acomodadora *f*

USMC *n* = **United States Marine Corps**

USN *n* = **United States Navy**

USS = **United States ship**

USSR *n* (Hist) (= **Union of Soviet Socialist Republics**) URSS *f*

usual¹ /'ju:ʒuəl/ *adj* ‹*method/response/comment*› acostumbrado, habitual, usual; ‹*time/place/route*› de siempre, de costumbre; ‹*clothes/appearance*› de costumbre; **she wasn't her ~ self** no era la de siempre; **as ~** como de costumbre, como siempre; **as is ~ at these events** como suele ocurrir *or* pasar en estas ocasiones; **it is ~ for candidates to apply in writing** lo normal *or* habitual es que los candidatos hagan su solicitud por escrito

usual² *n* (colloq) (*no pl*) (drink, order): **my** *o* **the ~, please** lo de siempre, por favor

usually /'ju:ʒuəli/ *adv* normalmente, por lo general, usualmente; **what do you ~ do in the evenings?** ¿qué sueles hacer por las noches?

usurer /'ju:ʒərər || 'ju:ʒərə(r)/ *n* usurero, -ra *m,f*

usurp /jʊ'sɜ:rp || ju:'zɜ:p/ *vt* (frml) usurpar

usurper /jʊ'sɜ:rpər || ju:'zɜ:pə(r)/ *n* (frml) usurpador, -dora *m,f* (frml)

usury /'ju:ʒəri/ *n* [u] usura *f*

UT = **Utah**

utensil /ju:'tensəl || ju:'tensɪl/ *n* utensilio *m*; **kitchen ~s** utensilios de cocina

uterus /'ju:tərəs/ *n* (*pl* **-teri** /-təraɪ/ *or* **-teruses**) útero *m*, matriz *f*

utilitarian /ju:'tɪlə'teriən || ,ju:tɪlɪ'teəriən/ *adj* utilitario

utility /ju:'tɪləti/ *n* (*pl* **-ties**) **1** [u] (usefulness) (frml) utilidad *f* **2** [c] (*public service* **~**) empresa *f* de servicio público

utility room *n*: *cuarto para lavar y planchar*

utilize /'ju:tḷaɪz || 'ju:tɪlaɪz/ *vt* (frml) utilizar*, hacer* uso de

utmost¹ /'ʌtməʊst/ *adj* (*before n*) **1** (greatest) mayor, sumo; **with the ~ care** con el mayor cuidado, con sumo cuidado; **of the ~ importance** de suma importancia, sumamente importante, importantísimo **2** (farthest) ‹*edge/limit*› extremo

utmost² *n*: **to do one's ~ (to + INF)** esforzarse* al máximo *or* hacer* todo lo posible (PARA + INF)

utopia, Utopia /ju:'təʊpiə/ *n* (*pl* **-as**) utopía *f*

utopian, Utopian /ju:'təʊpiən/ *adj* utópico

utter¹ /'ʌtər || 'ʌtə(r)/ *adj* (*as intensifier*) completo, total, absoluto; **what ~ nonsense!** ¡qué disparate!

utter² *vt* ‹*word*› decir*, pronunciar; ‹*cry*› dar*, proferir* (frml); **he didn't ~ a sound** no dijo nada *or* ni una palabra, no dijo ni pío (fam)

utterly /'ʌtərli || 'ʌtəli/ *adv* (*as intensifier*) completamente, totalmente; **I ~ despise him** siento el más absoluto desprecio por él

uttermost /'ʌtərməʊst || 'ʌtəməʊst/ *adj/n* ▸**utmost¹˒²**

U-turn /'ju:'tɜ:rn || 'ju:tɜ:n/ *n* (Auto) cambio *m* de sentido, giro *m* *or* vuelta *f* en U (CS); **to make** (AmE) *o* (BrE) **do a ~** cambiar de sentido, dar* vuelta *or* girar en U (CS); **they made** *o* **did a ~ on taxation** dieron un giro de 180° en materia de impuestos

UV *adj* (= **ultraviolet**) UV *adj inv*, ultravioleta

Uzbekistan /'ʊzbekɪ'stɑ:n/ *n* Uzbekistán *m*

Vv

V, v /viː/ *n* V, v *f*

v

A ▸**vs**

B (see) (frml) véase

C (*pl* **vv**) (Bib, Lit) (= **verse**): **Exodus ch. 4, v. 18** Éxodo 4,18

D (colloq) (= **very**) muy

V (Elec) (= **volt(s)**) V (*read as: voltio(s)*)

VA *n* = **Virginia**

vacancy /ˈveɪkənsi/ *n* [c] (*pl* **-cies**) **1** (job) vacante *f*; **to fill a ~** cubrir* *or* proveer* una vacante; **S vacancies** ofertas de trabajo **2** (in hotel) habitación *f* libre; **S no vacancies** completo, cupo agotado (Méx)

vacant /ˈveɪkənt/ *adj*

A **1** ‹*building/premises*› desocupado, vacío; **~ lot** terreno *m* sin construir, terreno *m* baldío (AmL) **2** ‹*post*› vacante; **S situations vacant** ofertas de trabajo **3** ‹*room*› disponible, libre; ‹*seat/space*› libre

B (blank) ‹*look/expression*› ausente, distraído

vacantly /ˈveɪkəntli/ *adv* con expresión ausente

vacate /ˈveɪkeɪt || veɪˈkeɪt, və-/ *vt* (frml) ‹*building*› desocupar, desalojar; ‹*seat/hotel room*› dejar libre; ‹*job/post*› abandonar, dejar

vacation[1] /veɪˈkeɪʃən/ *n* [u c] (esp AmE) (from work) vacaciones *fpl*, licencia *f* (Col, Méx, RPl); (from studies) vacaciones *fpl*; **to be on ~** estar* de vacaciones; **to go on ~** ir* *or* irse* de vacaciones; (*before n*) **~ home** casa *f* de veraneo *or* de campo; **~ resort** centro *m* turístico

vacation[2] *vi* (AmE) pasar las vacaciones, vacacionar (Méx)

vacationer /veɪˈkeɪʃnər || vəˈkeɪʃənə(r)/, **vacationist** /-ʃn̩əst || -ʃənɪst/ *n* (AmE) turista *mf*; (in summer) veraneante *mf*

vaccinate /ˈvæksəneɪt || ˈvæksɪneɪt/ *vt* vacunar

vaccination /ˌvæksəˈneɪʃən || ˌvæksɪˈneɪʃən/ *n* [c u] vacunación *f*

vaccine /vækˈsiːn || ˈvæksiːn/ *n* [c u] vacuna *f*

vacillate /ˈvæsəleɪt/ *vi* (hesitate) vacilar; (sway) oscilar

vacuous /ˈvækjuəs/ *adj* ‹*smile*› vacuo; ‹*expression*› de vacuidad; ‹*remark*› insustancial

vacuum[1] /ˈvækjuəm, -juːm/ *n* vacío *m*; (*before n*) **~ pump** bomba *f* neumática

vacuum[2] *vi* pasar la aspiradora, aspirar (AmL)

■ **vacuum** *vt* pasar la aspiradora por, aspirar (AmL)

vacuum: ~ bottle *n* (AmE) termo *m*; **~ cleaner** *n* aspiradora *f*; **~ flask** *n* termo *m*; **~-packed** /ˈvækjuəmˈpækt, -juːm-/ *adj* envasado al vacío

vagabond /ˈvægəbɑːnd || ˈvægəbɒnd/ *n*, vagabundo, -da *m,f*

vagaries /ˈveɪgəriz/ *pl n* (*sometimes sing*) (whims) caprichos *mpl* (frml); (eccentricities) rarezas *fpl*, manías *fpl*

vagina /vəˈdʒaɪnə/ *n* vagina *f*

vaginal /ˈvædʒənl̩, vəˈdʒaɪnl̩ || vəˈdʒaɪnl/ *adj* vaginal

vagrancy /ˈveɪgrənsi/ *n* [u] vagabundeo *m*, vagancia *f*

vagrant /ˈveɪgrənt/ *n* vagabundo, -da *m,f*

vague /veɪg/ *adj* **vaguer, vaguest** **1** (imprecise, unclear) ‹*term/wording/concept*› impreciso, vago; **there was ~ talk of a move** se habló vagamente de una posible mudanza; **to be ~ ABOUT sth**: **she was ~ about her involvement** fue poco explícita acerca de su participación **2** (indistinct) ‹*outline*› borroso **3** (absentminded) ‹*expression*› distraído; ‹*person*› distraído, despistado

vaguely /ˈveɪgli/ *adv* **1** (in imprecise, unclear way) ‹*explain*› vagamente, con imprecisión, de manera imprecisa; ‹*answer/define*› con vaguedad *or* imprecisión; ‹*recognize/remember*› vagamente; ‹*suspicious/ridiculous*› ligeramente, un tanto; **he looks ~ like his father** tiene un ligero parecido con *or* a su padre **2** (absentmindedly) distraídamente

vain /veɪn/ *adj* **-er, -est**

A (self-admiring) vanidoso, presumido, vano (frml)

B (*before n, no comp*) **1** (futile) ‹*attempt*› vano, inútil; ‹*hope/belief*› vano **2** (empty, worthless) ‹*promise/words*› vano **3** **in vain** en vano, vanamente, inútilmente

vainly /ˈveɪnli/ *adv*

A (uselessly) en vano, vanamente, inútilmente

B (conceitedly) con vanidad, vanidosamente

valance /ˈvæləns/ *n* **1** (frill) cenefa *f* **2** (on curtain rail) galería *f*, bastidor *m*

vale /veɪl/ *n* (poet) valle *m*

valedictory /ˈvæləˈdɪktəri || ˌvælɪˈdɪktəri/ *adj* (frml) de adiós, de despedida

valency /ˈveɪlənsi/ *n* (*pl* **-cies**) (Chem) valencia *f*

valentine /ˈvæləntaɪn/ *n* **1** (card) *tarjeta de tono humorístico y/o amoroso que se envía anónimamente el día de San Valentín* **2** *also* **Valentine** (person) enamorado, -da *m,f*

Valentine's Day /ˈvæləntaɪnz/ *n* el día de San Valentín, el día de los enamorados

valet[1] /ˈvælət, ˈvæleɪ || ˈvæleɪ, ˈvælɪt/ *n* **1** (servant) ayuda *m* de cámara, valet *m* **2** (in hotel) mozo *m* de hotel; (*before n*) **~ service** servicio *m* de planchado

valet[2] /ˈvælət || ˈvælɪt/ *vt* ‹*car*› limpiar el interior de

valiant /ˈvæljənt/ *adj* ‹*hero/deed*› valiente, valeroso; ‹*attempt/effort*› valeroso

valiantly /ˈvæljəntli/ *adv* valientemente, con valor

valid /ˈvæləd || ˈvælɪd/ *adj* **1** ‹*contract/passport*› válido **2** ‹*argument*› válido; ‹*excuse/criticism*› legítimo, válido; **that's a ~ point** en eso tienes (*or* tienen *etc*) razón

validate /ˈvælədeɪt || ˈvælɪdeɪt/ *vt* **1** (frml) ‹*theory*› dar* validez a, validar (frml) **2** (Law) ‹*contract/document*› validar **3** ‹*parking ticket*› (AmE) sellar **4** (Comput) validar

validation /ˈvæləˈdeɪʃən || ˌvælɪˈdeɪʃən/ *n* [c u] validación *f* (frml)

validity /vəˈlɪdəti/ *n* [u] validez *f*

valley /ˈvæli/ *n* (*pl* **-leys**) valle *m*

valor, (BrE) **valour** /ˈvælər || ˈvælə(r)/ *n* [u] (liter) bravura *f* (liter), valor *m*, valentía *f*

valuable /ˈvæljuəbəl/ *adj* **1** (financially) valioso **2** (precious, useful) ‹*resource/advice/ally*› valioso; ‹*time*› precioso

valuables /ˈvæljuəbəlz/ *pl n* objetos *mpl* de valor

valuation /ˈvæljuˈeɪʃən/ *n* **1** [c] (act) valoración *f*, tasación *f*, avalúo *m* (AmL) **2** [u] (value given) tasación *f*, valoración *f*

value[1] /ˈvæljuː/ *n*

A [u c] (worth) valor *m*; **to gain** *o* **increase (in) ~** aumentar de valor, revalorizarse*; **to lose (in) ~** depreciarse; **books to the ~ of $500** libros por valor de 500 dólares; **have you anything of ~ in your bag?** ¿lleva algo de valor en el bolso?; **~ for money** una buena relación calidad-precio; **that's good ~ (for money)** está muy bien de precio; **they place a very high ~ on loyalty** valoran mucho la lealtad; **nutritional ~** valor nutritivo

B **values** *pl* (standards) valores *mpl*

value² *vt* **1** (Fin) ‹*assets/property*› tasar, valorar, avaluar* (AmL); **to ~ sth AT sth** tasar (*or* valorar *etc*) algo EN algo **2** (regard highly) ‹*friendship/advice*› valorar, apreciar; ‹*freedom/privacy*› valorar **3** **valued** *past p* ‹*friend/colleague*› apreciado, estimado

value: **~-added tax** /ˈvæljuːˈædəd ‖ ˌvæljuːˈædɪd/ *n* impuesto *m* al valor agregado *or* (Esp) sobre el valor añadido; **~ judgment** *n* juicio *m* de valor

valueless /ˈvæljuːləs ‖ ˈvæljuːlɪs/ *adj* sin valor

valve /vælv/ *n*

A **1** (Mech Eng) válvula *f*; **inlet/outlet ~** válvula *f* de entrada/salida **2** (on tire) válvula *f* **3** (on musical instrument) pistón *m* **4** (Anat) válvula *f*

B (esp BrE Electron) válvula *f*, lámpara *f*

vampire /ˈvæmpaɪr ‖ ˈvæmpaɪə(r)/ *n*

A (Myth) vampiro *m*

B **~ (bat)** vampiro *m*

van /væn/ *n* **1** (Auto) furgoneta *f*, camioneta *f*, vagoneta *f* (Méx) **2** (BrE Rail) furgón *m*

vandal /ˈvændl/ *n* vándalo *m*, gamberro, -rra *m,f* (Esp)

vandalism /ˈvændlɪzəm/ *n* [u] vandalismo *m*

vandalize /ˈvændlaɪz/ *vt* destrozar*, estropear (*adrede*)

vane /veɪn/ *n* **1** (*weather ~*) veleta *f* **2** (shaft, blade — of propeller) paleta *f*; (— of windmill) aspa *f*

vanguard /ˈvæŋgɑːrd ‖ ˈvæŋgɑːd/ *n* vanguardia *f*; **to be in the ~ (of sth)** estar* en *or* a la vanguardia (de algo)

vanilla /vəˈnɪlə/ *n* [u] vainilla *f*; (*before n*) ‹*ice cream*› de vainilla

vanish /ˈvænɪʃ/ *vi* desaparecer*; ‹‹*doubts/fears*›› desaparecer*, disiparse

vanishing /ˈvænɪʃɪŋ/: **~ cream** *n* [uc] crema *f* evanescente; **~ point** *n* punto *m* de fuga

vanity /ˈvænəti/ *n* (*pl* **-ties**)

A [u c] **1** (about appearance) vanidad *f* **2** (pride) orgullo *m*, vanidad *f* **3** (emptiness, frivolity) (liter) vanidad *f* (liter)

B [c] (dressing table) (AmE) tocador *m*

vanity case *n* neceser *m*

vanquish /ˈvæŋkwɪʃ/ *vt* (liter) vencer*, derrotar

vantage point /ˈvæntɪdʒ ‖ ˈvɑːntɪdʒ/ *n* posición *f* estratégica *or* ventajosa; (for view) mirador *m*

vapid /ˈvæpəd ‖ ˈvæpɪd/ *adj* ‹*smile/person*› insulso, insípido; ‹*remark*› sin interés, insulso

vapor, (BrE) **vapour** /ˈveɪpər ‖ ˈveɪpə(r)/ *n* [c u] (on glass) vaho *m*; (steam) vapor *m*

vaporize /ˈveɪpəraɪz/ *vi* evaporarse, vaporizarse*

■ **vaporize** *vt* vaporizar*

vapour *n* (BrE) ▸**vapor**

variable¹ /ˈveriəbəl ‖ ˈveəriəbəl/ *adj* variable

variable² *n* **1** (Math) variable *f* **2** (factor) factor *m*, variable *f*

variable-geometry /ˌveriəbəldʒiˈɑːmətri ‖ ˌveəriəbəldʒiˈɒmətri/ *adj* (*before n*) de geometría variable

variance /ˈveriəns ‖ ˈveəriəns/ *n* [u c]: **to be at ~ with sth** no estar* de acuerdo con algo, discrepar de algo; **to be at ~ with sb** estar* en desacuerdo con algn, discrepar con *or* de algn

variant¹ /ˈveriənt ‖ ˈveəriənt/ *n* variante *f*

variant² *adj* (*before n, no comp*) ‹*interpretation/opinion*› divergente; ‹*pronunciation/form*› alternativa

variation /ˈveriˈeɪʃən ‖ ˌveəriˈeɪʃən/ *n* **1** [u c] (fluctuation, change) variación *f*; **~ IN sth**: **~s in temperature** variaciones de temperatura **2** [u] (difference) diferencias *fpl*; **there was little ~ in opinion** hubo pocas diferencias de opinión **3** [c] (permutation) **~ ON sth** variación *f* DE *or* SOBRE algo; **his stories are all ~s on the same theme** todos sus cuentos son variaciones sobre el mismo tema **4** [c] (Mus) variación *f*

varicose veins /ˈværəkəʊs ‖ ˈværɪkəʊs/ *pl n* (*sometimes sing*) varices *fpl*, várices *fpl* (esp AmL)

varied /ˈverid ‖ ˈveərid/ *adj* variado

variegated /ˈverɪgeɪtəd ‖ ˈveərɪgeɪtɪd/ *adj* abigarrado, multicolor

variety /vəˈraɪəti/ *n* (*pl* **-ties**) **1** [u] (diversity) variedad *f*, diversidad *f*; **~ *is the spice of life*** en la variedad está el gusto **2** [c] (assortment) **~ OF sth**: **the fabric comes in a ~ of shades** la tela viene en varios colores; **for a ~ of reasons** por varias *or* distintas *or* diversas razones **3** [c] (sort) clase *f*

variety show *n* (Theat) espectáculo *m* de variedades

varifocals /ˌverɪˈfəʊkəlz ‖ ˌveərɪˈfəʊkəlz/ *pl n* gafas *fpl* progresivas, lentes *mpl* progresivos (AmL), lentes *fpl* progresivas (Esp)

various /ˈveriəs ‖ ˈveəriəs/ *adj* **1** (several) (*before n, no comp*) varios **2** (different, diverse) diferentes, diversos

variously /ˈveriəsli ‖ ˈveəriəsli/ *adv*: **she has been ~ considered as a heroine and a traitor** se la ha considerado de forma muy diversa: a veces como heroína y a veces como traidora

varmint /ˈvɑːrmənt ‖ ˈvɑːmɪnt/ *n* (AmE dial) (person) canalla *mf*; (animal) alimaña *f*

varnish¹ /ˈvɑːrnɪʃ ‖ ˈvɑːnɪʃ/ *n* barniz *m*; (for nails) (BrE) esmalte *m*

varnish² *vt* barnizar*; **to ~ one's nails** (BrE) pintarse las uñas

vary /ˈveri ‖ ˈveəri/, **varies, varying, varied** *vi* **1** (change, fluctuate) variar*; **the temperature varies between 50° and 57°** la temperatura oscila entre 50° y 57°; **the routine never varies** la rutina nunca cambia; **when do you finish work? — it varies** ¿cuándo sales del trabajo? — depende **2** (differ) ‹‹*accounts/standards/prices*›› variar*; **opinions on the subject ~** hay diversas opiniones al respecto **3** (diverge) **to ~ FROM sth** desviarse* *or* apartarse DE algo **4** **varying** *pres p* ‹*amounts/conditions*› variable; **with ~ing degrees of success** con mayor o menor éxito

■ **vary** *vt* ‹*routine*› variar*, cambiar; ‹*diet*› dar* variedad a

vase /veɪs, veɪz ‖ vɑːz/ *n* (for flowers) florero *m*; (ornament) jarrón *m*

vasectomy /vəˈsektəmi/ *n* [c u] (*pl* **-mies**) vasectomía *f*

Vaseline®, **vaseline** /ˈvæsəliːn/ *n* [u] vaselina *f*

vassal /ˈvæsəl/ *n* vasallo, -lla *m,f*

vast /væst ‖ vɑːst/ *adj* ‹*size/wealth*› inmenso, enorme; ‹*area*› vasto, extenso; ‹*range/repertoire*› muy extenso, amplísimo; ‹*experience/knowledge*› vasto; **the ~ majority of people** la inmensa mayoría de la gente; **~ sums of money** sumas *fpl* astronómicas de dinero

vastly /ˈvæstli ‖ ˈvɑːstli/ *adv* ‹*superior/improved*› infinitamente; **~ in excess of legal limits** muy por encima de los límites permitidos

vat /væt/ *n* cuba *f*, tanque *m*

VAT *n* [u] (**= value-added tax**) IVA *m*

Vatican /ˈvætɪkən/ *n* **the ~** el Vaticano

Vatican City *n* Ciudad *f* del Vaticano

vaudeville /ˈvɔːdəvɪl/ *n* [u] vodevil *m*

vault¹ /vɔːlt/ *n*

A **1** (basement) sótano *m*; **wine ~** bodega *f*, cava *f* **2** (strongroom): **bank ~** cámara *f* acorazada, bóveda *f* de seguridad (AmL) **3** (crypt) cripta *f*; **the family ~** el panteón familiar

B (Archit) bóveda *f*

vault² *vi* saltar (*apoyándose en algo*); **he ~ed over the fence** saltó (por encima de) la cerca

■ **vault** *vt* saltar

vaulted /ˈvɔːltəd ‖ ˈvɔːltɪd/ *adj* ‹*ceiling/roof*› abovedado

vaulting horse /ˈvɔːltɪŋ/ *n* potro *m*

vaunted /ˈvɔːntəd ‖ ˈvɔːntɪd/ *adj* (journ): **the much ~ new model** el tan pregonado modelo nuevo

VC *n* (in UK) **= Victoria Cross**

VCR *n* **= videocassette recorder**

VD *n* [u] **= venereal disease**

VDT *n* (esp AmE) **= visual display terminal**

VDU *n* **= visual display unit**

've /əv/ **= have**

veal /viːl/ *n* [u] ternera *f* (*de animal muy joven y de carne pálida*)

vector /ˈvektər ‖ ˈvektə(r)/ *n*

A (Aviat, Math) vector *m*

B (Biol) vector *m*, portador, -dora *m,f*

VE-Day /ˈviːˈiːdeɪ/ *n*: *día de la victoria aliada en Europa en la segunda guerra mundial*

veep /viːp/ *n* (Am journ) vicepresidente, -ta *m,f*

V

veer /vɪr || vɪə(r)/ *vi* «*vehicle/horse*» dar• un viraje, virar; «*wind*» cambiar de dirección; **the road ~s to the left** el camino tuerce *or* se desvía hacia la izquierda; **they ~ed from one extreme to the other** se pasaron de un extremo al otro

veg /vedʒ/ *n* [u c] (*pl* ~) (BrE colloq) verdura *f*

vegan /'vi:gən/ *n* vegetariano estricto, vegetariana estricta *m,f*

veganism /'vi:gənɪzəm/ *n* [u] veganismo *m*, vegetarianismo *m* estricto

vegetable /'vedʒtəbəl/ *n*

A **1** (Culin) verdura *f*; (*before n*) ‹*soup*› de verduras; **~ garden/patch** huerto *m*, huerta *f* **2** (plant) vegetal *m*; (*before n*) ‹*oil/fats*› vegetal; ‹*dyes/colors*› (de origen) vegetal

B (person) vegetal *m*

vegetarian¹ /'vedʒə'teriən || ˌvedʒɪ'teəriən/ *n* vegetariano, -na *m,f*

vegetarian² *adj* vegetariano

vegetarianism /'vedʒə'teriənɪzəm || ˌvedʒɪ'teəriənɪzəm/ *n* [u] vegetarianismo *m*

vegetate /'vedʒəteɪt || 'vedʒɪteɪt/ *vi* vegetar

vegetation /'vedʒə'teɪʃən || ˌvedʒɪ'teɪʃən/ *n* [u] vegetación *f*

veggie /'vedʒi/ *n* (colloq) vegetariano, -na *m,f*; (*before n*) **~ burger** hamburguesa *f* vegetariana

vehemence /'vi:əməns/ *n* [u] (of criticism, denial) vehemencia *f*; (of feelings) intensidad *f*, vehemencia *f*

vehement /'vi:əmənt/ *adj* ‹*criticism/denial*› vehemente; ‹*feelings*› intenso, vehemente

vehemently /'vi:əməntli/ *adv* con vehemencia, vehementemente

vehicle /'vi:əkəl/ *n* vehículo *m*; **the column was a ~ for his prejudices** la columna del periódico servía de vehículo para expresar sus prejuicios

veil¹ /veɪl/ *n* velo *m*; **to take the ~** (Relig) tomar el hábito *or* el velo; (cover) velo *m*; **to draw a ~ over sth** correr *or* echar un (tupido) velo sobre algo

veil² *vt* **1** (cover with a veil) : **to ~ one's face/head** taparse *or* cubrirse• con un velo, velarse (liter); **the hills were ~ed in mist** (liter) un velo *or* un halo de bruma envolvía las montañas **2** ‹*facts/truth*› velar, ocultar; ‹*feelings*› disimular, ocultar

veiled /veɪld/ *adj* ‹*face/woman*› tapado *or* cubierto con un velo; ‹*threat/insult*› velado

vein /veɪn/ *n*

A (Anat, Bot, Zool) vena *f*

B **1** (of ore, mineral) veta *f*, filón *m*, vena *f* **2** (in marble, cheese) veta *f*

C (*no pl*) (mood, style) vena *f*; **in a lighter ~, did you know ... ?** pasando a algo menos serio ¿sabías que ... ?

Velcro® /'velkrəʊ/ *n* [u] velcro® *m*

vellum /'veləm/ *n* [u] **1** (parchment) vitela *f* **2** (writing paper) papel *m* de vitela

velocity /və'lɑ:səti || və'lɒsəti/ *n* [u c] (*pl* **-ties**) velocidad *f*

velour /və'lʊr || və'lʊə(r)/ *n* [u] velour *m*, velvetón *m*

velvet /'velvət || 'velvɪt/ *n* [u] terciopelo *m*

velvety /'velvəti/ aterciopelado

venal /'vi:nḷ/ *adj* (frml) ‹*judge*› venal (frml), sobornable; ‹*activities*› corrupto

vendetta /ven'detə/ *n* vendetta *f*; **to carry on a ~ against sb** hacer• una campaña en contra de algn

vending machine /'vendɪŋ/ *n* máquina *f* expendedora, distribuidor *m* automático

vendor /'vendər || 'vendə(r)/ *n* **1** (Busn, Law) vendedor, -dora *m,f* **2** (*street* ~) vendedor, -dora *m,f* ambulante **3** ▸**vending machine**

veneer /və'nɪr || vɪ'nɪə(r)/ *n* **1** [u c] (of wood, gold) enchapado *m*, chapa *f* **2** [u] (outer appearance) **~ OF sth** capa *f or* barniz *m* DE algo

venerable /'venərəbəl/ *adj* venerable

venerate /'venəreɪt/ *vt* venerar, reverenciar

veneration /'venə'reɪʃən/ *n* [u] veneración *f*

venereal /və'nɪriəl || və'nɪəriəl/ *adj* venéreo; **~ disease** enfermedad *f* venérea

Venetian blind /və'ni:ʃən/ *n* persiana *f* veneciana *or* de lamas, persiana *f* americana (Arg), cortina *f* veneciana (Ur)

Venezuela /'venə'zweɪlə || ˌvenɪ'zweɪlə/ *n* Venezuela *f*

Venezuelan¹ /'venə'zweɪlən || ˌvenɪ'zweɪlən/ *adj* venezolano

Venezuelan² *n* venezolano, -na *m,f*

vengeance /'vendʒəns/ *n* [u] venganza *f*; **to take ~ ON sb** vengarse• DE algn; **with a ~** (colloq) de verdad *or* con ganas

vengeful /'vendʒfəl/ *adj* vengativo

venial /'vi:niəl/ *adj* ‹*sin*› venial; ‹*fault*› sin importancia; ‹*offense*› leve, venial

Venice /'venəs || 'venɪs/ *n* Venecia *f*

venison /'venəsən || 'venɪsən/ *n* [u] (carne *f* de) venado *m*

venom /'venəm/ *n* [u] **1** (Zool) veneno *m* **2** (malice) ponzoña *f*, veneno *m*, malevolencia *f*

venomous /'venəməs/ *adj* ‹*snake/spider*› venenoso; ‹*look/words*› ponzoñoso, lleno *or* cargado de veneno

vent¹ /vent/ *n* **1** (in building, tunnel) (conducto *m* de) ventilación *f*; (in chimney, furnace) tiro *m* **2** (*air* ~) (shaft) respiradero *m*; (grille) rejilla *f* de ventilación; ***to give ~ to sth*** dar• rienda suelta a algo

vent² *vt* ‹*feelings/rage/frustration*› dar• rienda suelta a, dar• salida a; **she ~ed her anger on the children** descargó su ira sobre los niños

ventilate /'ventḷeɪt || 'ventɪleɪt/ *vt*

A ‹*room/blood*› ventilar

B ‹*subject/argument*› ventilar, airear

ventilation /'ventḷ'eɪʃən || ˌventɪ'leɪʃən/ *n* [u] **1** (in room, building) ventilación *f* **2** (system) sistema *m* de ventilación; (*before n*) **~ shaft** pozo *m* de ventilación

ventilator /'ventḷeɪtər || 'ventɪleɪtə(r)/ *n* (Med) respirador *m* (artificial), ventilador *m*

ventricle /'ventrɪkəl/ *n* ventrículo *m*

ventriloquist /ven'trɪləkwəst || ven'trɪləkwɪst/ *n* ventrílocuo, -cua *m,f*

venture¹ /'ventʃər || 'ventʃə(r)/ *n* **1** (Busn) operación *f*, empresa *f*; **a new business ~** una nueva empresa **2** **~ INTO sth** incursión *f* EN algo

venture² *vi* atreverse, aventurarse; **they rarely ~ out after dark** rara vez salen después del anochecer

■ **venture** *vt* **1** ‹*opinion/guess*› aventurar; **if I may ~ to suggest** (frml) si se me permite aventurar una sugerencia; **to ~ to + INF** atreverse A + INF, osar + INF (liter) **2** (frml) ‹*life/money*› arriesgar•; ***nothing ~d, nothing gained*** quien nada arriesga, nada gana

Phrasal verb

• **venture forth** [v ▸ adv] (frml) arriesgarse• *or* aventurarse a salir

venture ~ capital *n* [u] capital *m* (de) riesgo; **~ capitalism** *n* [u] capitalismo *m* de riesgo, inversiones *fpl* de capital de riesgo

venue /'venju:/ *n* (for event): **~s: Boston, NY City** lugares de actuación (*or* presentación *etc*): Boston, Nueva York; **the match will be played at a neutral ~** el partido se jugará en campo neutral

Venus /'vi:nəs/ *n* Venus *m*

veracity /və'ræsəti/ *n* [u] (frml) veracidad *f*

veranda, verandah /və'rændə/ *n* galería *f*, veranda *f*

verb /vɜ:rb || vɜ:b/ *n* verbo *m*

verbal /'vɜ:rbəl || 'vɜ:bəl/ *adj* verbal

verbalize /'vɜ:rbəlaɪz || 'vɜ:bəlaɪz/ *vt* expresar verbalmente *or* con palabras, verbalizar•

verbally /'vɜ:rbəli || 'vɜ:bəli/ *adv* **1** (in words) verbalmente **2** (in speech) ‹*agree/state*› verbalmente, de palabra

verbatim /vər'beɪtəm || vɜ:'beɪtɪm/ *adv* al pie de la letra, palabra por palabra

verbiage /'vɜ:rbiɪdʒ || 'vɜ:biɪdʒ/ *n* [u] verborrea *f*, verborragia *f*

verbose /vər'bəʊs || vɜ:'bəʊs/ *adj* ampuloso, bombástico, verboso

verdant /'vɜ:rdṇt || 'vɜ:dṇt/ *adj* (liter) verdeante (liter), verde

verdict /'vɜ:rdɪkt || 'vɜ:dɪkt/ *n* **1** (Law) veredicto *m*; **a ~ of guilty/not guilty** un veredicto de culpabilidad/inocencia; **to bring in** *o* **return a ~** «*jury*» dar• *or* emitir un veredicto; **to deliver a ~** ⟨⟨*magistrate*⟩⟩ pronunciar sentencia, fallar; **to reach a ~** llegar* a un acuerdo sobre el veredicto [2] (opinion) juicio *m*; **to give one's ~ on sb/sth** dar* su (*or* mi *etc*) opinión sobre algn/algo; **well then, what's your ~?** bueno ¿qué te parece?

verdure /ˈvɜːrdʒər || ˈvɜːdjə(r)/ *n* [u] (liter) verdor *m*

verge /vɜːrdʒ || vɜːdʒ/ *n*
A [1] (border) (BrE) borde *m* [2] **to be on the ~ of sth**: **a species on the ~ of extinction** una especie en grave peligro de extinción; **she was on the ~ of tears** estaba al borde de las lágrimas, estaba a punto de ponerse a llorar; **to be on the ~ of -ING** estar* a punto de + INF
B (of road) (BrE) arcén *m*

Phrasal verb
- **verge on** [v ▸ prep ▸ o] rayar en, ser* rayano en

verger /ˈvɜːrdʒər || ˈvɜːdʒə(r)/ *n* sacristán *m*

verifiable /ˈverəfaɪəbəl || ˈverɪfaɪəbəl/ *n* verificable, comprobable

verification /ˈverəfəˈkeɪʃən || ˌverɪfɪˈkeɪʃən/ *n* [u] [1] (confirmation) confirmación *f*, corroboración *f* [2] (checking) verificación *f*, comprobación *f*

verify /ˈverəfaɪ || ˈverɪfaɪ/ *vt* **-fies, -fying, -fied** [1] (confirm) ⟨*doubts/fears/theory*⟩ confirmar, corroborar [2] (check) ⟨*fact/statement*⟩ verificar*, comprobar*

veritable /ˈverətəbəl || ˈverɪtəbəl/ *adj* (frml *or* hum) auténtico, verdadero

vermilion /vərˈmɪljən || vəˈmɪljən/ *adj* bermellón *adj inv*

vermin /ˈvɜːrmən || ˈvɜːmɪn/ *n* (*pl* ~) [1] (animals) alimañas *fpl* [2] (insects) bichos *mpl* [3] (people) indeseables *mpl*

vermouth /vərˈmuːθ || ˈvɜːməθ/ *n* [u c] vermut *m*, vermú *m*

vernacular[1] /vərˈnækjələr || vəˈnækjʊlə(r)/ *n* (native language) lengua *f* vernácula; (local speech) habla *f* local

vernacular[2] *adj* (*usu before n*) ⟨*language*⟩ vernáculo

verruca /vəˈruːkə/ *n* verruga *f*

versatile /ˈvɜːrsətḷ || ˈvɜːsətaɪl/ *adj* ⟨*person*⟩ polifacético, versátil; ⟨*mind*⟩ flexible; ⟨*tool/material*⟩ versátil, de múltiples usos

versatility /ˈvɜːrsəˈtɪləti || ˌvɜːsəˈtɪləti/ *n* [u] versatilidad *f*

verse /vɜːrs || vɜːs/ *n*
A [u] (poetry) verso *m*, poesía *f*; **blank/free ~** verso *m* blanco/libre
B [c] [1] (short poem) verso *m*, rima *f* [2] (stanza) estrofa *f* [3] [c] (in Bible) versículo *m*

versed /vɜːrst || vɜːst/ *adj* (*pred*): **to be well ~ in sth** ser* muy versado en algo

version /ˈvɜːrʒən || ˈvɜːʃən/ *n* [1] (variant form) versión *f*; **an updated ~ of the opera** una versión actualizada de la ópera [2] (account) versión *f*; **what's your ~ of the events?** ¿cuál es tu versión de los hechos? [3] (model) versión *f*, modelo *m*

versus /ˈvɜːrsəs || ˈvɜːsəs/ *prep* (Law) contra; (Sport) contra, versus; **city life ~ country life** la vida de ciudad frente a *or* en oposición a la vida del campo

vertebra /ˈvɜːrtəbrə || ˈvɜːtəbrə/ *n* (*pl* **-bras** *or* **-brae** /-breɪ/) vértebra *f*

vertebrate /ˈvɜːrtəbrət || ˈvɜːtɪbrət/ *n* vertebrado *m*

vertical /ˈvɜːrtɪkəl || ˈvɜːtɪkəl/ *adj* vertical; **there is a ~ drop to the sea below** hay una caída a pique *or* (Méx) en pique hasta el mar

vertically /ˈvɜːrtɪkli || ˈvɜːtɪkli/ *adv* verticalmente

vertiginous /vɜːrˈtɪdʒənəs || vɜːˈtɪdʒɪnəs/ *adj* (liter) vertiginoso, que produce vértigo

vertigo /ˈvɜːrtɪgəʊ || ˈvɜːtɪgəʊ/ *n* [u] vértigo *m*

verve /vɜːrv || vɜːv/ *n* [u] brío *m*

very[1] /ˈveri/ *adv* [1] (extremely) muy; **she's ~ tall/clever/fat** es muy alta/inteligente/gorda; (more emphatic) es altísima/inteligentísima/gordísima; **was he upset? — very** ¿estaba disgustado? — mucho; **it was ~ hot/cold** hacía mucho calor/frío [2] (*in phrases*) **very much**: **thank you ~ much** muchas gracias; **did you enjoy it? — yes, ~ much indeed** ¿te gustó? — sí, mucho; **very well** muy bien; **I couldn't ~ well refuse** ¡cómo me iba a negar! [3] (emphatic): **the ~ next day** precisamente al día siguiente; **at the ~ most/least** como máximo/mínimo; **nothing but the ~ best** sólo lo mejor de lo mejor

very[2] *adj* (*before n*) [1] (exact, precise) mismo; **for that ~ reason** por esa misma razón, por eso mismo; **ah! the ~ person I wanted to see!** ¡ah, justo la persona a quien quería ver! [2] (absolute, extreme): **let's start from the ~ beginning** empecemos desde el principio [3] (actual) mismo; **its ~ existence is threatened** su misma existencia se halla amenazada [4] (mere, sheer) solo, mero; **the ~ mention of her name** la sola *or* mera mención de su nombre; **walk out without paying? the ~ idea!** ¿irnos sin pagar? ¡cómo se te ocurre!

vespers /ˈvespərz || ˈvespəz/ *pl n* vísperas *fpl*

vessel /ˈvesəl/ *n*
A (Naut frml) navío *m* (frml), nave *f* (liter); **passenger ~** buque *m or* barco *m* de pasajeros
B (receptacle) (frml) recipiente *m*; (*drinking ~*) vasija *f*; ***empty ~s make most noise*** mucho ruido y pocas nueces
C (Anat, Bot) vaso *m*; **blood ~** vaso sanguíneo

vest[1] /vest/ *n* [1] (waistcoat) (AmE) chaleco *m* [2] (undergarment) (BrE) camiseta *f*

vest[2] *vt* (frml): **he was ~ed with special powers** fue investido de *or* con poderes especiales (frml); **the authority ~ed in a judge** la autoridad conferida a un juez

vested interest /ˈvestəd || ˈvestɪd/ *n* [1] [u] (personal stake) **to have a ~ ~ in -ING/sth** tener* gran interés en + INF/algo [2] **vested interests** *pl* intereses *mpl* creados

vestibule /ˈvestəbjuːl || ˈvestɪbjuːl/ *n* vestíbulo *m*

vestige /ˈvestɪdʒ/ *n* (trace) vestigio *m*; **there's not a ~ of truth in his story** no hay ni un ápice de verdad *or* ni rastros de verdad en lo que dice

vestments /ˈvestmənts/ *pl n* (Relig) (*sometimes sing*) vestiduras *fpl*

vestry /ˈvestri/ *n* (*pl* **-tries**) sacristía *f*

vet[1] /vet/ *n*
A (Vet Sci) veterinario, -ria *m,f*
B (veteran) (AmE colloq) veterano, -na *m,f*

vet[2] *vt* **-tt-** ⟨*applicant*⟩ someter a investigación; ⟨*application/proposal*⟩ examinar, investigar*

veteran /ˈvetərən/ *n* [1] (of war) veterano, -na *m,f* de guerra [2] (of military service) (AmE) licenciado *m* del servicio militar [3] (experienced person) veterano, -na *m,f*

veteran: **~ car** *n* (BrE) coche *m* antiguo (*fabricado antes de 1919*); **~s Day** /ˈvetərənz/ *n* (in US) día *m* del Armisticio

veterinarian /ˈvetərəˈneriən || ˌvetərɪˈneəriən/ *n* (AmE) médico veterinario, médica veterinaria *m,f*

veterinary /ˈvetərəneri || ˈvetrɪnəri/ *adj* veterinario; **~ science** veterinaria *f*; **~ surgeon** (BrE frml) médico veterinario, médica veterinaria *m,f*

veto[1] /ˈviːtəʊ/ *n* (*pl* **vetoes**) [1] [u] (power to ban) veto *m*; **the right of ~** el derecho de *or* al veto [2] [c] (ban) veto *m*, prohibición *f*; **to put a ~ on sth** vetar algo

veto[2] *vt* **vetoes, vetoing, vetoed** vetar

vetting /ˈvetɪŋ/ *n* (of application, proposal) examen *m*, investigación *f*; **positive ~** investigación *f* de antecedentes

vex /veks/ *vt* [1] (annoy) irritar, sacar* de quicio [2] (worry, puzzle) desconcertar*

vexation /vekˈseɪʃən/ *n* [u c] irritación *f*

vexatious /vekˈseɪʃəs/ *adj* (frml) irritante, enojoso

vexed /vekst/ *adj*
A (contentious) (*before n*): **the ~ question of ...** el polémico *or* controvertido tema de ...
B [1] (annoyed) ⟨*expression/tone*⟩ irritado; **to be ~** estar* enojado (esp AmL), estar* enfadado (esp Esp) [2] (worried, puzzled) desconcertado

VHF (= **very high frequency**) VHF

via /ˈvaɪə, ˈviːə || ˈvaɪə/ *prep* [1] (by way of) vía [2] (by means of) a través de, por medio de

viability /ˈvaɪəˈbɪləti/ *n* [u] viabilidad *f*

viable /ˈvaɪəbəl/ *adj* viable

viaduct /ˈvaɪədʌkt/ *n* viaducto *m*

vibes /vaɪbz/ *pl n* (atmosphere) (sl) vibraciones *fpl* (fam)

vibrant /ˈvaɪbrənt/ *adj* [1] (lively, exuberant) ⟨*color*⟩ vibrante; ⟨*emotion*⟩ a flor de piel, vehemente; ⟨*atmosphere*⟩ efervescente [2] (resonant) ⟨*voice*⟩ vibrante, sonoro

vibrate /ˈvaɪbreɪt || vaɪˈbreɪt/ *vi* [1] ⟨⟨*engine/floor/string*⟩⟩ vibrar [2] (pulse, thrill) **to ~ WITH sth** bullir* DE algo

vibration /vaɪˈbreɪʃən/ *n* [u c] vibración *f*

vibrato /vɪ'brɑːtəʊ/ *n* [u] vibrato *m*; **with ~** en vibrato
vibrator /'vaɪbreɪtər || vaɪ'breɪtə(r)/ *n* vibrador *m*
vicar /'vɪkər || 'vɪkə(r)/ *n* (Anglican) (esp in UK) párroco *m*
vicarage /'vɪkərɪdʒ/ *n* vicaría *f*, casa *f* del párroco
vicarious /vɪ'keriəs || vɪ'keəriəs/ *adj* indirecto; **he gets a ~ pleasure from it** indirectamente le proporciona placer
vicariously /vɪ'keriəsli || vɪ'keəriəsli/ *adv* indirectamente; **to experience sth ~** experimentar algo a través de otra persona
vice /vaɪs/ *n*
A [u c] (wickedness) vicio *m*; (*before n*) **the ~ squad** la brigada *f* anti-vicio
B [c] (BrE) ▸**vise**
vice- /'vaɪs/ *pref* vice-
vice· ~-chancellor /'vaɪs'tʃænslər || ,vaɪs'tʃɑːnsələ(r)/ *n* (in UK) (Educ) ≈ rector, -tora *m,f*; **~ president** *n* vicepresidente, -ta *m,f*; **~-principal** /'vaɪs'prɪnsəpəl/ *n* (AmE) subdirector, -tora *m,f*
viceroy /'vaɪsrɔɪ/ *n* virrey *m*
vice versa /'vaɪsi'vɜːrsə, 'vaɪs'vɜːrsə || ,vaɪsi'vɜːsə, ,vaɪs 'vɜːsə/ *adv* viceversa
vicinity /vɪ'sɪnəti/ *n* [u] (frml) inmediaciones *fpl*, alrededores *mpl*; **there are few shops in this ~** hay pocas tiendas en esta zona; **in the ~ of $100** alrededor de los 100 dólares, unos 100 dólares
vicious /'vɪʃəs/ *adj* **1** (savage, violent) ‹*dog*› fiero, malo; ‹*thug/criminal*› despiadado, sanguinario; ‹*attack*› feroz, salvaje; ‹*crime*› atroz, sanguinario; **he has a ~ temper** tiene muy mal genio; **there's a ~ streak in him** tiene una veta violenta **2** (malicious) ‹*gossip/rumor*› malicioso **3** (depraved) (liter) ‹*habit*› depravado
vicious circle *n* círculo *m* vicioso
viciously /'vɪʃəsli/ *adv* brutalmente, ferozmente
vicissitudes /vɪ'sɪsətuːdz || -tjuːdz || vɪ'sɪsɪtjuːdz/ *pl n* (frml) (*sometimes sing*) vicisitudes *fpl*, avatares *mpl*
victim /'vɪktəm || 'vɪktɪm/ *n* víctima *f*; **cancer ~s** víctimas del cáncer; **the flood ~s** los damnificados por las inundaciones; **to fall ~ to sth** ser* víctima de algo
victimization /'vɪktəmə'zeɪʃən || ,vɪktɪmaɪ'zeɪʃən/ *n* [u] trato *m* injusto *or* discriminatorio
victimize /'vɪktəmaɪz || 'vɪktɪmaɪz/ *vt* victimizar*, tratar injustamente, discriminar
victor /'vɪktər || 'vɪktə(r)/ *n* vencedor, -dora *m,f*
Victoria Cross /vɪk'tɔːriə/ *n* (in UK) *la más alta condecoración militar británica*
Victorian /vɪk'tɔːriən/ *adj* victoriano
victorious /vɪk'tɔːriəs/ *adj* ‹*army*› victorioso; ‹*team*› vencedor, ganador
victory /'vɪktəri/ *n* [u c] (*pl* **-ries**) victoria *f*, triunfo *m*; (Mil) victoria *f*; **to win a ~ (over sb/sth)** obtener* una victoria (sobre algn/algo)
victualler /'vɪtlər || 'vɪtlə(r)/ *n*: **licensed ~** (BrE frml) *persona encargada de un establecimiento que expende bebidas alcohólicas*
victuals /'vɪtlz/ *pl n* (arch) vituallas *fpl*, víveres *mpl*
video¹ /'vɪdiəʊ/ *n* (*pl* **videos**) **1** [u] (medium) video *m* *or* (Esp) vídeo *m*; **on ~** en video *or* (Esp) vídeo; (*before n*) ‹*channel/signal*› de video *or* (Esp) vídeo; **~ camera** videocámara *f*; **~ recorder** aparato *m* de video *or* (Esp) vídeo; **~ recording** grabación *f* en video *or* (Esp) vídeo **2** [c] (recording) video *m* *or* (Esp) vídeo *m*; **a home ~** un video *or* (Esp) vídeo casero; **a pop ~** un videoclip; (*before n*) **~ film** videofilm *m*; **~ nasty** *videofilm pornográfico y/o de violencia* **3** [c] (recorder) video *m* *or* (Esp) vídeo *m*
video² *vt* **videoes, videoing, videoed** grabar
video· ~cassette /'vɪdiəʊkə'set/ *n* videocasete *m*; (*before n*) **~cassette recorder** magnetoscopio *m*, video *m* *or* (Esp) vídeo *m*; **~ display unit** *n* pantalla *f* (de visualización), monitor *m*; **~ game** *n* videojuego *m*
videotape¹ /'vɪdiəʊteɪp/ *n* [u c] (magnetic tape) cinta *f* de video *or* (Esp) vídeo
videotape² *vt* grabar en video *or* (Esp) vídeo, videograbar
vie /vaɪ/ *vi* **vies, vying, vied to ~ (WITH sb) (FOR sth)**: **they ~ed with each other for their mother's affection** se rivalizaban por conseguir el cariño de su madre; **various factions are vying for control of the party** varias facciones se disputan el control del partido *or* pugnan por hacerse con el control del partido
Vienna /vi'enə/ *n* Viena *f*
Viennese /'viə'niːz/ *adj* vienés
Vietnam /'viːet'nɑːm, -næm || vjet'næm/ *n* Vietnam *m*; (*before n*) **the ~ War** la guerra de(l) Vietnam
Vietnamese¹ /vi'etnə'miːz || ,vɪetnə'miːz/ *adj* vietnamita
Vietnamese² *n* (*pl* **~**) **1** [c] (person) vietnamita *mf* **2** [u] (language) vietnamita *m*
view¹ /vjuː/ *n*
A [u] **1** (sight) vista *f*; **as we turned right, the hotel came into ~** al torcer a la derecha pudimos ver el hotel *or* el hotel apareció ante nuestra vista; **to be hidden from ~** estar* oculto; **in full ~ of sb/sth** a la vista de algn/algo **2** (range of vision): **we had a good ~ of the stage** veíamos muy bien el escenario; **you're blocking my ~** me estás tapando, no me dejas ver
B [c] (scene, vista) vista *f*; **an apartment with an ocean ~** un apartamento con vista al mar
C [c] (opinion, attitude) opinión *f*, parecer *m*; **you have a peculiar ~ of things** tienes una visión extraña de las cosas; **to have *o* hold ~s on/about sth** tener* ideas *or* opiniones sobre algo; **she takes the ~ that ...** ella opina que ...; ***to take a dim ~ of sth*** (colloq): **she took a dim ~ of his arriving so late** no le pareció nada bien que llegara tan tarde; ***to take the long/short ~*** adoptar una perspectiva amplia/limitada
D (plan, intention): **with a ~ to -ING, with the ~ of -ING** con la idea DE + INF, con vistas A + INF
E (*in phrases*) **in view**: **always keep your ultimate goal in ~** nunca pierdas de vista el objetivo que persigues; **with this in ~** con este fin; **in view of** en vista de; **in ~ of the fact that ...** en vista de que ..., dado que ... (frml); **on view**: **the winning entries will go on ~ to the public on Saturday** las obras premiadas podrán verse *or* se expondrán al público a partir del sábado
view² *vt*
A (look at) ‹*sights/scene/television*› ver*, mirar; **~ed from the side, he resembles his brother** (visto) de perfil, se parece a su hermano
B (inspect) **1** ‹*property*› ver* **2** ‹*accounts*› examinar
C (regard) ver*, considerar; **we ~ the matter with concern** el asunto nos preocupa
■ **view** *vi* (TV) ver* la televisión; **the ~ing public** los televidentes
viewer /'vjuːər || 'vjuːə(r)/ *n* **1** (person) telespectador, -dora *m,f*, televidente *mf* **2** (for slides) visionadora *f*
viewfinder /'vjuː'faɪndər || 'vjuˌfaɪndə(r)/ *n* visor *m*
viewing /'vjuːɪŋ/ *n* **1** [u c] (of house) visita *f*; (of items to be auctioned) exposición *f*; **S viewing by appointment** se ruega concertar cita para visitar (la propiedad) **2** [c] (at an art gallery) vernissage *m*
viewpoint /'vjuːpɔɪnt/ *n* punto *m* de vista; **from his ~** desde su punto de vista
vigil /'vɪdʒəl || 'vɪdʒɪl/ *n* **1** (watch) (liter *or* journ) vela *f*; **to keep (a) ~ over sth** velar sobre algo **2** (Relig) vigilia *f*
vigilance /'vɪdʒələns || 'vɪdʒɪləns/ *n* [u] vigilancia *f*
vigilant /'vɪdʒələnt || 'vɪdʒɪlənt/ *adj* alerta, vigilante, atento
vigilante /'vɪdʒə'lænti || ,vɪdʒɪ'lænti/ *n* vigilante, -ta *m,f* (*miembro de un grupo parapolicial*); (*before n*) **~ group** grupo *m* *or* escuadra *f* de vigilancia
vignette /vɪn'jet/ *n* **1** (literary sketch) estampa *f* **2** (Art, Phot, Publ) viñeta *f*
vigor, (BrE) **vigour** /'vɪgər || 'vɪgə(r)/ *n* [u] vigor *m*, energía *f*
vigorous /'vɪgərəs/ *adj* ‹*exercise/defense*› enérgico; ‹*denial*› rotundo; ‹*growth*› vigoroso; ‹*economy*› pujante
vigorously /'vɪgərəsli/ *adv* ‹*exercise/protest*› enérgicamente; ‹*deny*› rotundamente
vigour *n* [u] (BrE) ▸**vigor**
Viking /'vaɪkɪŋ/ *n* vikingo, -ga *m,f*
vile /vaɪl/ *adj* **viler, vilest** **1** (evil, despicable) (liter) vil (liter) **2** (colloq) ‹*taste/food*› vomitivo (fam), asqueroso, repugnante; ‹*color/weather*› horrible, inmundo; **to have a**

V

~ **temper** tener* muy mal genio

vilification /ˈvɪləfəˈkeɪʃən || ˌvɪlɪfɪˈkeɪʃən/ *n* [u] (frml) vilipendio *m* (frml)

vilify /ˈvɪləfaɪ || ˈvɪlɪfaɪ/ *vt* **-fies, -fying, -fied** (frml) vilipendiar (frml)

villa /ˈvɪlə/ *n* [1] (Hist) villa *f* [2] (holiday house) chalet *m*; (in the country) chalet *m*, casa *f* de campo

village /ˈvɪlɪdʒ/ *n* (large) pueblo *m*; (small) aldea *f*; (*before n*) ~ **hall** *sala comunal de un pueblo*

villager /ˈvɪlədʒər || ˈvɪlɪdʒə(r)/ *n* (of large village) vecino, -na *m,f or* habitante *mf* del pueblo; (of small village) aldeano, -na *m,f*

villain /ˈvɪlən/ *n* [1] (rascal) (hum) granuja (hum), pillo (hum) [2] (in fiction) villano, -na *m,f*; **the ~ of the piece** el malo de la obra (fam) [3] (criminal) (BrE sl) maleante *mf*

villainous /ˈvɪlənəs/ *adj* infame, espantoso

villainy /ˈvɪləni/ *n* [u c] (*pl* **-nies**) (liter) vileza *f*, infamia *f* (liter)

vim /vɪm/ *n* [u] (colloq) empuje *m*, brío *m*; **with ~ and vigor** con gran brío

vinaigrette /ˈvɪnɪˈgret/ *n* [u c] vinagreta *f*

vindicate /ˈvɪndəkeɪt || ˈvɪndɪkeɪt/ *vt* (frml) [1] (justify) ‹*action*› justificar*; ‹*assertion*› confirmar; ‹*right*› reivindicar* [2] (free from blame) ‹*person*› vindicar* (frml)

vindication /ˈvɪndəˈkeɪʃən || ˌvɪndɪˈkeɪʃən/ *n* [u] [1] (of warnings) confirmación *f*; (of claim, methods) reivindicación *f* [2] (exoneration) vindicación *f* (frml)

vindictive /vɪnˈdɪktɪv/ *adj* vengativo

vine /vaɪn/ *n* [1] (*grape~*) (on ground) vid *f*; (climbing) parra *f*; (*before n*) ~ **grower** viticultor, -tora *m,f* [2] (climbing plant) enredadera *f*; **hanging ~s** lianas *fpl*

vinegar /ˈvɪnɪgər || ˈvɪnɪgə(r)/ *n* [u] vinagre *m*

vineyard /ˈvɪnjərd, -jɑːrd || ˈvɪnjəd, -jɑːd/ *n* viñedo *m*, viña *f*

vintage¹ /ˈvɪntɪdʒ/ *n* [1] (wine, year) cosecha *f*; **the 1963 ~** la cosecha de 1963 [2] (harvest, season) vendimia *f*

vintage² *adj* (*before n, no comp*) [1] ‹*wine*› añejo [2] (outstanding, classic) excelente; **1966 was a ~ year for British football** 1966 fue un año excelente para el fútbol británico [3] (typical) típico; **the speech was ~ Churchill** fue un típico discurso a lo Churchill

vintage car *n* (esp BrE) coche *m* antiguo (*fabricado entre 1919 y 1930*)

vintner /ˈvɪntnər || ˈvɪntnə(r)/ *n* vinicultor, -tora *m,f*, vitivinicultor, -tora *m,f*, viñatero, -ra *m,f*

vinyl /ˈvaɪnl̩/ *n* [u c] vinilo *m*

viola /viˈəʊlə/ *n* (Mus) viola *f*

violate /ˈvaɪəleɪt/ *vt*

[A] ‹*agreement/rights*› violar; ‹*ban*› desobedecer*; **to ~ sb's privacy** no respetar la privacidad de algn

[B] ‹*shrine/grave*› profanar

violation /ˈvaɪəˈleɪʃən/ *n* [u c] (of agreement, law, right) violación *f*; (of promise) incumplimiento *m*; **human rights ~s** violaciones de los derechos humanos; **a traffic ~** una infracción de tráfico; **to be in ~ of sth** contravenir* algo (frml)

violence /ˈvaɪələns/ *n* [u] violencia *f*; **to use ~** hacer* uso de la fuerza *or* de la violencia; **to do ~ to sth** distorsionar algo

violent /ˈvaɪələnt/ *adj* [1] (involving physical force) ‹*person/behavior*› violento; **he met a ~ death** tuvo una muerte violenta [2] (strong, forceful) ‹*storm/explosion/kick*› violento, fuerte; ‹*grief*› intenso; ‹*pain*› violento, intenso; **he has a ~ temper** tiene muy mal genio; **she took a ~ dislike to him** le tomó una manía terrible

violently /ˈvaɪələntli/ *adv* violentamente; **he is ~ opposed to the proposal** se opone terminantemente a la propuesta; **she was ~ sick** vomitó mucho

violet /ˈvaɪələt/ *n* [1] [c] (Bot) violeta *f*; ***a shrinking ~*** una persona tímida y modesta [2] [u] (color) violeta *m*; (*before n*) violeta *adj inv*

violin /ˈvaɪəˈlɪn/ *n* violín *m*; **first ~** (leader) primer violín *mf*, concertino *m*; **first/second ~s** primeros/segundos violines; (*before n*) ~ **case** estuche *m* de violín

violinist /ˈvaɪəˈlɪnəst || ˌvaɪəˈlɪnɪst/ *n* violinista *mf*

violoncello /ˈvaɪələnˈtʃeləʊ / *n* (*pl* **-los**) (frml) violoncelo *m*, violonchelo *m*

VIP *n* (colloq) (**= very important person**) VIP *mf*; (*before n*) ~ **lounge** sala *f* de VIPS; **they gave him (the) ~ treatment** lo trataron como a un VIP

viper /ˈvaɪpər || ˈvaɪpə(r)/ *n* víbora *f*

viral /ˈvaɪrəl || ˈvaɪərəl/ *adj* viral, vírico

virgin¹ /ˈvɜːrdʒən || ˈvɜːdʒɪn/ *n* virgen *f*; **the (Blessed) V~ Mary** la (Santísima) Virgen María

virgin² *adj* [1] ‹*innocence/modesty*› virginal; **the ~ birth** el alumbramiento virginal (*de la Virgen María*) [2] ‹*forest*› virgen; ‹*snow*› intacto [3] (unprocessed): ~ **wool** lana *f* virgen; ~ **olive oil** aceite *m* de oliva virgen

virginal /ˈvɜːrdʒənl || ˈvɜːdʒɪnl/ *adj* virginal

Virgin Islands *pl n* Islas *fpl* Vírgenes

virginity /vərˈdʒɪnəti || vəˈdʒɪnɪti/ *n* [u] virginidad *f*; **to lose one's ~** perder* la virginidad

Virgo /ˈvɜːrgəʊ || ˈvɜːgəʊ/ *n* (*pl* **-gos**) [1] (sign) (*no art*) Virgo [2] [c] (person) Virgo *or* virgo *mf*; *see also* **Aquarius**

virile /ˈvɪrəl || ˈvɪraɪl/ *adj* viril, varonil

virility /vəˈrɪləti/ *n* [u] virilidad *f*

virtual /ˈvɜːrtʃuəl || ˈvɜːtjʊəl, ˈvɜːtʃʊəl/ *adj* (*before n*)

[A] (near total): **traffic is at a ~ standstill** el tráfico está prácticamente paralizado

[B] (Comput, Opt) virtual

virtually /ˈvɜːrtʃuəli || ˈvɜːtjʊəli, ˈvɜːtʃʊəli/ *adv* prácticamente, casi

virtual reality *n* realidad *f* virtual

virtue /ˈvɜːrtʃuː || ˈvɜːtjuː, ˈvɜːtʃuː/ *n*

[A] [u c] (moral excellence) virtud *f*; ***to make a ~ of necessity*** hacer* de la necesidad virtud

[B] [c] (advantage) ventaja *f*; **there's no ~ in speed at the expense of accuracy** no tiene mérito trabajar rápido si se cometen errores

[C] **by** *o* (frml) **in virtue of** (*as prep*) en virtud de

[D] [u] (chastity, fidelity) virtud *f*

virtuosity /ˈvɜːrtʃuˈɑːsəti || ˌvɜːtjʊˈɒsəti, ˌvɜːtʃʊˈɒsəti/ *n* [u] virtuosismo *m*

virtuoso /ˈvɜːrtʃuˈəʊsəʊ || ˌvɜːtjʊˈəʊsəʊ, ˌvɜːtʃʊˈəʊsəʊ/ *n* (*pl* **-sos** *or* **-si** /-si/) virtuoso, -sa *m,f*, artista *mf*; (*before n*) ‹*performance*› propio de un virtuoso

virtuous /ˈvɜːrtʃuəs || ˈvɜːtjʊəs, ˈvɜːtʃʊəs/ *adj* virtuoso

virulent /ˈvɪrələnt, ˈvɪrjə- || ˈvɪrʊlənt, ˈvɪrjʊ-/ *adj* ‹*infection*› virulento; ‹*attack/opposition*› violento, virulento

virus /ˈvaɪrəs || ˈvaɪərəs/ *n* (*pl* **~es**) virus *m*

visa /ˈviːzə/ *n* (*pl* **-s**) visado *m*, visa *f* (AmL)

vis-à-vis /ˈviːzəˈviː || ˌviːzɑːˈviː/ *prep* con respecto a, respecto de, con relación a, en relación con

visceral /ˈvɪsərəl/ *adj* (liter) visceral

viscose /ˈvɪskəʊs/ *n* [u] (Tex) viscosilla *f*

viscount /ˈvaɪkaʊnt/ *n* vizconde *m*

viscous /ˈvɪskəs/ *adj* viscoso

vise, (BrE) **vice** /vaɪs/ *n* torno *m or* tornillo *m* de banco

visibility /ˈvɪzəˈbɪləti/ *n* [u] visibilidad *f*

visible /ˈvɪzəbəl/ *adj*

[A] [1] (able to be seen) visible [2] (noticeable) ‹*sign/improvement*› evidente, palpable; **with no ~ means of support** aparentemente sin recursos

[B] (Econ) ‹*earnings/exports*› visible

visibly /ˈvɪzəbli/ *adv* visiblemente; **he was ~ thinner** estaba visiblemente más delgado; **she was ~ moved** su emoción era manifiesta

vision /ˈvɪʒən/ *n*

[A] [1] [u] (faculty of sight) visión *f*, vista *f*; **perfect ~** visión perfecta; **good/poor ~** buena/mala vista [2] (visibility) visibilidad *f*; **field of ~** campo *m* visual

[B] [u] (imagination, foresight) visión *f* (de futuro)

[C] [c] [1] (dreamlike revelation) visión *f* [2] (mental image, concept) imagen *f*, visión *f*; **I had ~s of you being rushed to hospital** ya me imaginaba que te habrían llevado de urgencia al hospital

visionary¹ /ˈvɪʒəneri || ˈvɪʒənri/ *adj* [1] (farsighted) ‹*leader/plan*› con visión de futuro [2] (unrealistic) utópico

visionary² *n* (*pl* **-ries**) [1] (dreamer) visionario, -ria *m,f* [2] (seer) iluminado, -da *m,f*, visionario, -ria *m,f*

visit¹ /ˈvɪzət || ˈvɪzɪt/ *n* visita *f*; **to pay a ~ to sb** hacerle* una visita a algn, ir* a ver a algn; **this is my first ~ to Rome** esta es la primera vez que visito Roma, esta es la primera visita que hago a Roma

visit² *vt*

A ‹*museum/town*› visitar; ‹*friend*› visitar, ir*/venir* a ver

B (liter) (*usu pass*) (inflict) **to ~ sth ON sb** infligirle* algo A algn

■ **visit** *vi* **1** (pay a call) hacer* una visita; (stay) estar* de visita; **to go ~ing** ir* de visita **2** **visiting** *pres p* ‹*team*› visitante; ‹*lecturer*› invitado **3** (chat) (AmE colloq) **to ~ WITH sb** charlar (CON algn) (fam)

visitation /ˈvɪzəˈteɪʃən || ˌvɪzɪˈteɪʃən/ *n*

A **1** (Occult) aparición *f* **2** (act of God) azote *m*

B (Relig) (official call) visita *f* (pastoral)

visiting /ˈvɪzətɪŋ || ˈvɪzɪtɪŋ/ *n* [u] (*before n*) **~ hours** horario *m* de visitas

visiting card *n* tarjeta *f* de visita

visitor /ˈvɪzətər || ˈvɪzɪtə(r)/ *n* (to museum, town etc) visitante *mf*; (to person's home) visita *f*; **only two ~s per patient** visitas de dos personas como máximo por paciente; **~s' book** libro *m* de visitas

visitor center *n* (AmE) centro *m* de informaciones

visor /ˈvaɪzər || ˈvaɪzə(r)/ *n* visera *f*

vista /ˈvɪstə/ *n* vista *f*; (panoramic) panorama *m*

visual /ˈvɪʒuəl/ *adj* visual; **the ~ arts** las artes plásticas *or* visuales; **~ display unit** pantalla *f*, monitor *m*

visualize /ˈvɪʒuəlaɪz/ *vt* **1** (picture mentally) imaginar, imaginarse, visualizar* **2** (expect) prever*

visually /ˈvɪʒuəli/ *adv* visualmente

vital /ˈvaɪtl̩/ *adj*

A **1** (essential) ‹*equipment/supplies*› esencial, fundamental; **to be ~ TO sb/sth** ser* de vital *or* fundamental importancia PARA algn/algo **2** (crucial, decisive) ‹*factor/issue*› decisivo, de vital importancia; **a matter of ~ importance** un asunto de vital importancia **3** (necessary for life) ‹*organ/function*› vital

B (vigorous) ‹*person*› vital, lleno de vitalidad *or* de vida

vitality /vaɪˈtæləti/ *n* [u] vitalidad *f*

vitally /ˈvaɪtl̩i || ˈvaɪtəli/ *adv*: **it is ~ important** es de vital *or* fundamental importancia

vital statistics *pl n* **1** (in demography) estadísticas *fpl* demográficas **2** (of a woman) (hum) medidas *fpl*

vitamin /ˈvaɪtəmən || ˈvɪtəmɪn, ˈvaɪt-/ *n* vitamina *f*; (*before n*) **~ content/complex** contenido *m*/complejo *m* vitamínico; **~ pill** *o* **tablet** vitamina *f*

vitiate /ˈvɪʃieɪt/ *vt* (frml) **1** (spoil) menoscabar, desmerecer* **2** ‹*contract/agreement*› viciar

vitreous /ˈvɪtriəs/ *adj* ‹*substance/sheen*› vítreo; ‹*china/enamel*› vidriado

vitriol /ˈvɪtriəl/ *n* [u] (rancor) virulencia *f*, vitriolo *m*

vitriolic /ˈvɪtriˈɑːlɪk || ˌvɪtriˈɒlɪk/ *adj* virulento, vitriólico

vituperation /vaɪˈtuːpəˈreɪʃən, vɪ- || vɪˈtjuːpəˈreɪʃən/ *n* [u] (frml) vituperio *m* (frml)

viva /ˈvaɪvə/ *n* (BrE Educ) (for MA, PhD) defensa *f* de la tesis; (for BA) *examen oral que decide la nota global de la licenciatura*

vivacious /vəˈveɪʃəs || vɪˈveɪʃəs/ *adj* vivaz, lleno de vida

viva voce¹ /ˈvaɪvəˈvəʊtʃi/ *adj* (frml): **~ ~ examination** ▸**viva**

viva voce² *adv* (frml) oralmente

vivid /ˈvɪvəd || ˈvɪvɪd/ *adj* **1** ‹*color*› vivo, intenso **2** ‹*memory/dream*› vívido; ‹*account/description*› gráfico, vívido **3** ‹*imagination*› rico, fértil

vividly /ˈvɪvədli || ˈvɪvɪdli/ *adv* **1** ‹*colored/painted*› vistosamente **2** ‹*describe*› vívidamente, gráficamente

vividness /ˈvɪvədnəs || ˈvɪvɪdnɪs/ *n* [u] **1** (of colors) intensidad *f*, lo vivo **2** (of description) lo gráfico *or* vívido

vivisection /ˈvɪvəˈsekʃən || ˌvɪvɪˈsekʃən/ *n* [u c] vivisección *f*

vixen /ˈvɪksən/ *n* (Zool) zorra *f*, raposa *f*

viz /vɪz/ *adv* a saber

VJ-Day /viːˈdʒeɪdeɪ/ *n*: *día de la victoria aliada sobre el Japón*

V-neck /ˈviːnek/, (BrE also) **V-necked** /ˈviːnekt/ *adj* de escote *or* cuello en pico, de escote en V

vocabulary /vəʊˈkæbjəleri || vəʊˈkæbjʊləri/ *n* (*pl* **-ries**) vocabulario *m*

vocal /ˈvəʊkəl/ *adj* **1** (Mus) vocal **2** (vociferous): **a very ~ minority** una minoría que se hace oír

vocal cords *pl n* cuerdas *fpl* vocales

vocalist /ˈvəʊkələst || ˈvəʊkəlɪst/ *n* cantante *mf*; **backing ~** integrante *mf* del coro

vocation /vəʊˈkeɪʃən/ *n* vocación *f*

vocational /vəʊˈkeɪʃn̩əl || vəʊˈkeɪʃənl/ *adj*: **~ guidance** orientación *f* profesional; **~ training** ≈ formación *f* profesional

vocative /ˈvɑːkətɪv || ˈvɒkətɪv/ *n* vocativo *m*

vociferate /vəʊˈsɪfəreɪt || vəˈsɪfəreɪt/ *vi* (frml) vociferar

■ **vociferate** *vt*: **he ~d his complaint** expresó su queja vociferando *or* a voz en cuello

vociferous /vəʊˈsɪfərəs || vəˈsɪfərəs/ *adj* ‹*crowd/assembly*› vociferante; ‹*protest*› ruidoso

vociferously /vəʊˈsɪfərəsli || vəˈsɪfərəsli/ *adv* ruidosamente

vodka /ˈvɑːdkə || ˈvɒdkə/ *n* [u c] vodka *m*

vogue /vəʊg/ *n* [c u] (fashion) moda *f*; **to be in ~** estar* de moda *or* en boga; **to come into ~** ponerse* de moda

voice¹ /vɔɪs/ *n*

A [c u] **1** (sound, faculty) voz *f*; **to hear ~s** oír* voces; **in a low/loud ~** en voz baja/alta; **to lose one's ~** quedarse afónico *or* sin voz; **to raise/lower one's ~** levantar/bajar la voz; **the ~ of experience** la voz de la experiencia; ***to give ~ to sth*** expresar algo; ***with one ~*** unánimemente **2** (Mus) voz *f*; **she's in good ~ tonight** esta noche está cantando muy bien

B **1** (opinion) (*no pl*) voz *f*; **to have no ~ in sth** no tener* voz en algo; ***to be of one ~*** ser* de la misma opinión **2** [u] (instrument, agency) portavoz *m*, voz *f*

C (Ling) [c] (verb form) voz *f*; **active/passive ~** voz activa/pasiva

voice² *vt* ‹*opinion/concern/anger*› expresar

voice: **~-activated** /ˌvɔɪsˈæktəveɪtəd || ˌvɔɪsˈæktɪveɪtɪd/ *adj* (*before n*) accionado con la voz; **~ box** *n* laringe *f*

voiced /vɔɪst/ *adj* (Ling) sonoro

voiceless /ˈvɔɪsləs || ˈvɔɪslɪs/ *adj* (Ling) sordo

voice-over /ˈvɔɪsˌəʊvər || ˈvɔɪsˌəʊvə(r)/ *n* voz *f* en off, voz *f* superpuesta

void¹ /vɔɪd/ *n* vacío *m*

void² *adj*

A (empty) (liter) (*pred*) **to be ~ OF sth** estar* desprovisto *or* falto de algo

B (invalid) (Law) nulo, inválido; **to make sth ~** anular *or* invalidar algo

voile /vɔɪl || vɔɪl, vwɑːl/ *n* [u] voile *m*

vol (*pl* **vols**) (= **volume**) **1** (book) vol., t. **2** (Phys) vol.

volatile /ˈvɑːlətl̩ || ˈvɒlətaɪl/ *adj* **1** (Chem) volátil **2** ‹*person/personality*› imprevisible, voluble **3** ‹*situation/market*› inestable, volátil

volcanic /vɑːlˈkænɪk /vɒlˈkænɪk/ *adj* volcánico

volcano /vɑːlˈkeɪnəʊ /vɒlˈkeɪnəʊ/ *n* (*pl* **-noes** *or* **-nos**) volcán *m*

vole /vəʊl/ *n* ratón *m* de campo

volition /vəʊˈlɪʃən || vəˈlɪʃən/ *n* [u] (frml) volición *f* (frml); **of one's own ~** por voluntad propia, voluntariamente, (de) motu proprio

volley¹ /ˈvɑːli || ˈvɒli/ *n*

A (of shots) descarga *f* (cerrada); (of protests, blows) lluvia *f*

B (Sport) volea *f*

volley² *vt/i* volear

volleyball /ˈvɑːlibɔːl || ˈvɒlibɔːl/ *n* [u] vóleibol *m*, balonvolea *m*

volt /vəʊlt/ *n* voltio *m*

voltage /ˈvəʊltɪdʒ/ *n* [c u] voltaje *m*

volte-face /ˈvɔːltˈfɑːs || ˌvɒltˈfɑːs/ *n* (*pl* ~) (frml) cambio *m* radical de opinión (*or* de política *etc*)

voluble /ˈvɑːljəbəl || ˈvɒljʊbəl/ *adj* ‹*speaker/supporter*› locuaz; ‹*speech/remarks*› prolijo, extenso

volubly /ˈvɑːljəbli || ˈvɒljʊbli/ *adv* con locuacidad

volume /ˈvɑːljuːm || ˈvɒljuːm/ *n*

A [u c] (Phys) (of a body) volumen *m*; (of container) capacidad *f*

B [u] (amount) cantidad *f*, volumen *m*; (of business, trade) volumen *m*

C [u] (of sound) volumen *m*

D [c] **1** (book) tomo *m*, volumen *m* **2** **volumes** *pl* (a great deal) montones *mpl* (fam); ***to speak ~s for sb/sth*** decir* mucho de algn/algo

voluminous /və'lu:mənəs || və'lu:mɪnəs/ *adj* 1 ‹*blouse/skirt*› amplísimo 2 ‹*correspondence*› voluminoso; ‹*file*› abultado

voluntarily /'vɑ:lən'terəli || 'vɒləntrɪli/ *adv* voluntariamente, por voluntad propia

voluntary /'vɑ:lənteri || 'vɒləntri/ *adj*
A (unforced) voluntario; **~ redundancy** (BrE) baja *f* incentivada
B (unpaid) ‹*work*› voluntario; ‹*organization*› de beneficencia; **~ worker** voluntario, -ria *m,f*

volunteer¹ /'vɑ:lən'tɪr || ˌvɒlən'tɪər/ *n* voluntario, -ria *m,f*; (*before n*) ‹*organization*› de voluntarios

volunteer² *vt* ofrecer*; **to ~ one's services** ofrecer* sus (*or* mis *etc*) servicios; **he's not going to ~ the information** no nos dará la información (de) motu proprio; **Harry's gone, she ~ed** —Harry se ha ido —dijo sin que nadie se lo hubiera preguntado
■ **volunteer** *vi* ofrecerse*; **to ~ to + INF** ofrecerse* A + INF; **he ~ed for the navy** (Mil) se alistó como voluntario en la marina

voluptuous /və'lʌptʃuəs/ *adj* voluptuoso

vomit¹ /'vɑ:mət || 'vɒmɪt/ *vi/t* vomitar

vomit² *n* [u] vómito *m*

voodoo /'vu:du:/ *n* vudú *m*

voracious /vɔ:'reɪʃəs || və'reɪʃəs/ *adj* voraz

voraciously /vɔ:'reɪʃəsli || və'reɪʃəsli/ *adv* con voracidad, vorazmente

voracity /vɔ:'ræsəti || və'ræsəti/, *n* [u] voracidad *f*

vortex /'vɔ:rteks /'vɔ:teks/ *n* (*pl* **-texes** *or* **-tices** /-tɪsi:z/) 1 (of whirlpool, whirlwind) vórtice *m* 2 (of events) (frml) torbellino *m*

vote¹ /vəʊt/ *n*
A 1 [c] (ballot cast) voto *m*, sufragio *m* (frml); **to cast one's ~** (frml) emitir su (*or* mi *etc*) voto (frml) 2 [u] (right to vote) **the ~** el sufragio, el derecho de *or* al voto; **to give sb/gain the ~** conceder a algn/conseguir* el sufragio *or* el derecho de *or* al voto
B 1 [c] (act) votación *f*; **to put sth to the ~, to take a ~ on sth** someter algo a votación 2 [u c] (collective decision): **to pass a ~ of confidence/no confidence** aprobar* un voto de confianza/de censura; **she proposed a ~ of thanks to the Chairman** pidió que constara el agradecimiento de todos al presidente

vote² *vi* votar; **to ~ FOR sb** votar POR *or* A algn; **to ~ ON sth** someter algo a votación; **to ~ FOR/AGAINST sth** votar A FAVOR DE/EN CONTRA DE algo
■ **vote** *vt*
A 1 (support, choose) votar por, votar; **I've ~d Democrat all my life** toda la vida he votado por *or* a los demócratas 2 (elect) elegir* por votación; **she was ~d onto the board** fue elegida por votación para integrar la junta; **to ~ sb into office** votar por *or* a algn para un cargo; **to ~ sb out of office** votar para reemplazar a algn en su cargo 3 (declare, judge) considerar
B 1 (approve) aprobar*; **they ~ed themselves a pay increase** se aprobaron un aumento de sueldo 2 (decide) **to ~ to + INF** votar POR + INF 3 (propose) (colloq) **to ~ (THAT)** votar por QUE (+ *subj*) (fam); **I ~ (that) we go by taxi** yo voto por que vayamos en taxi

(Phrasal verbs)
• **vote down** [v ▸ o ▸ adv, v ▸ adv ▸ o] rechazar* (*por votación*)
• **vote in** [v ▸ o ▸ adv, v ▸ adv ▸ o] elegir* (*por votación*)
• **vote out** [v ▸ o ▸ adv, v ▸ adv ▸ o] no reelegir*

vote-catching /'vəʊtˌkætʃɪŋ/ *adj* electoralista

voter /'vəʊtər || 'vəʊtə(r)/ *n* votante *mf*; **swing** *o* (BrE) **floating ~** votante indeciso

voting /'vəʊtɪŋ/ *n* [u] votación *f*; (*before n*) **~ paper** (BrE) papeleta *f or* (AmL tb) boleta *f* (de voto)

votive /'vəʊtɪv/ *adj* votivo; **~ offering** exvoto *m*

vouch /vaʊtʃ/ *vi* **to ~ FOR sb** responder POR algn; **to ~ FOR sth** responder DE algo, dar* fe DE algo
■ **vouch** *vt* **to ~ THAT** dar* fe DE QUE

voucher /'vaʊtʃər || 'vaʊtʃə(r)/ *n* 1 (cash substitute) vale *m* 2 (receipt) justificante *m*, comprobante *m*

vouchsafe /'vaʊtʃ'seɪf/ *vt* (liter) conceder (liter); **to ~ an explanation** ofrecer una explicación

vow¹ /vaʊ/ *n* voto *m*, promesa *f*; **he made a ~ never to see her again** juró que no la volvería a ver **to take (one's) ~s** (Relig) hacer* los votos, profesar

vow² *vt* jurar, hacer* voto de (frml); **to ~ to + INF**: **I ~ed to avenge my brother** juré que vengaría a mi hermano

vowel /'vaʊəl/ *n* vocal *f*; (*before n*) ‹*sound/system*› vocálico

voyage¹ /'vɔɪɪdʒ/ *n* viaje *m*; **(sea) ~** travesía *f*

voyage² *vi* (liter) viajar

voyager /'vɔɪədʒər || 'vɔɪɪdʒə(r)/ *n* (liter) viajero, -ra *m,f*; (by sea) navegante *mf*

voyeur /vwɑ:'jɜ:r, 'vɔɪ- || vwɑ:'jɜ:(r), 'vɔɪ-/ *n* voyeur *mf*, mirón, -rona *m,f*

voyeuristic /'vwɑ:jɜ:r'ɪstɪk/ *adj* voyeurista

VP = Vice President

vs = versus

V-shaped /'vi:ʃeɪpt/ *adj* en forma de V

V-sign /'vi:saɪn/ *n* 1 (for victory) signo *m* de la victoria 2 (vulgar gesture) (in UK): **to give sb the ~** ≈ hacerle* un corte de mangas a algn

VSO *n* (in UK) **= Voluntary Service Overseas**

VT, Vt = Vermont

vulcanize /'vʌlkənaɪz/ *vt* vulcanizar*

vulgar /'vʌlgər || 'vʌlgə(r)/ *adj*
A 1 (ill-mannered, coarse) ‹*person/remark*› grosero, ordinario, vulgar 2 (tasteless) ‹*taste/furniture/suit*› de mal gusto, ordinario, chabacano
B (of the people) (frml) ‹*belief/opinion*› del vulgo; **V~ Latin** latín *m* vulgar
C (Math): **~ fraction** fracción *f* común *or* ordinaria

vulgarity /vʌl'gærəti/ *n* (*pl* **-ties**) 1 [u] (coarseness) ordinariez *f*, grosería *f*, vulgaridad *f* 2 [u] (tastelessness) mal gusto *m*, chabacanería *f* 3 [c] (*usu pl*) (action, expression) grosería *f*, vulgaridad *f*

vulnerability /'vʌlnərə'bɪləti/ *n* [u] vulnerabilidad *f*

vulnerable /'vʌlnərəbəl/ *adj* vulnerable; **to be ~ TO sth** ser* vulnerable A algo

vulture /'vʌltʃər || 'vʌltʃə(r)/ *n* 1 (Zool) buitre *m*; (*turkey ~*) gallinazo *m*, zopilote *m* (AmC, Méx), zamuro *m* (Ven) 2 (greedy opportunist) buitre *m*

vulva /'vʌlvə/ *n* (*pl* **-vas** *or* **-vae** /-vi:/) vulva *f*

vv = verses

W, w /ˈdʌbəljuː/ *n* W, w *f*

W 1 (Elec) (= **watt(s)**) W 2 (Geog) (= **west**) O

WA = Washington

wacky /ˈwæki/ *adj* **wackier, wackiest** (colloq) ‹*person*› chiflado (fam), chalado (fam); ‹*clothes/hairstyle*› estrambótico, extravagante; ‹*idea*› descabellado

wad /wɑːd || wɒd/ *n*
A (roll, bundle — of bills, notes) fajo *m*; (— of papers) montón *m*, tambache *m* (Méx); (— tied together) lío *m*
B (of paper, cloth) taco *m*; **a ∼ of (absorbent) cotton** *o* (BrE) **cotton wool** un pedazo de algodón

wadding /ˈwɑːdɪŋ || ˈwɒdɪŋ/ *n* [u] 1 (for packing) relleno *m* 2 (Med) *gasa o algodón formando una compresa o apósito*

waddle /ˈwɑːdl̩ || ˈwɒdl̩/ *vi* «*person*» caminar *or* andar* como un pato; «*duck*» caminar balanceándose

wade /weɪd/ *vi* caminar (*por el agua, barro etc*); **they ∼d across the stream** vadearon el arroyo

Phrasal verbs
- **wade in** [v ▸ adv] (colloq) meterse
- **wade through** [v ▸ prep ▸ o] (colloq) leerse* (*algo difícil, largo, aburrido etc*)

wader /ˈweɪdər || ˈweɪdə(r)/ *n* 1 (Zool) ave *f*‡ zancuda 2 **waders** *pl* (Clothing) botas *fpl* de pescador

wading pool /ˈweɪdɪŋ/ *n* (AmE) *piscina portátil para niños*

wafer /ˈweɪfər || ˈweɪfə(r)/ *n*
A 1 (Culin) galleta *f* de barquillo, oblea *f* 2 (Relig) hostia *f*
B 1 (thin piece) lámina *f* 2 (Comput, Electron) lámina *f or* oblea *f* (de silicio)

wafer-thin /ˈweɪfərˈθɪn || ˌweɪfəˈθɪn/ *adj* finísimo, delgadísimo

waffle¹ /ˈwɑːfəl || ˈwɒfəl/ *n*
A [c] (Culin) wafle *m* (AmL), gofre *m* (Esp)
B [u] (nonsense) (BrE pej) palabrería *f*, palabrerío *m*; (in essay, exam) paja *f* (fam)

waffle² *vi* (esp BrE) hablar sin decir nada, cantinflear (fam); (in essay, exam) meter paja (fam), payar (RPl)

waft /wɑːft || wɒft/ *vi* (+ *adv compl*): **the smell of coffee that ∼ed from the kitchen** el olor a café que venía de la cocina; **a feather ∼ed in on the breeze** una pluma entró flotando con la brisa

wag¹ /wæg/ **-gg-** *vt* ‹*tail*› menear, mover*; **he ∼ged his finger at her** le hizo un gesto admonitorio con el dedo
■ **wag** *vi* «*tail*» menearse, moverse*

wag² *n* 1 (of tail): **the dog greeted us with a ∼ of its tail** el perro nos recibió meneando *or* moviendo el rabo 2 (wit, joker) bromista *mf*

wage¹ /weɪdʒ/ *n* (rate of pay) sueldo *m*, salario *m* (frml); **wages** (actual money) sueldo *m*, paga *f*; **minimum ∼** salario mínimo; **a day's ∼s** un jornal; **I'll pay you when I get my ∼s** te pagaré cuando cobre; (*before n*) **∼ claim** reivindicación *f* salarial; **∼ increase** aumento *m or* incremento *m or* mejora *f* salarial *or* de sueldo

wage² *vt*: **to ∼ war** hacer* la guerra; **to ∼ war on** *o* **against sb** hacerle* la guerra a algn; **to ∼ a campaign against sth** hacer* (una) campaña contra algo

wage earner *n* 1 (wage-paid worker) asalariado, -da *m,f* 2 (in paid employment): **they are all ∼ ∼s** todos trabajan

wager¹ /ˈweɪdʒər || ˈweɪdʒə(r)/ *n* apuesta *f*; **to lay** *o* **make a ∼** hacer* una apuesta, apostar*

wager² *vt* apostar*; **to ∼ (THAT)** apostar* (A) QUE

wage worker *n* (AmE) ▸ **wage earner**

waggish /ˈwægɪʃ/ *adj* ‹*person*› bromista, burlón; ‹*remark*› jocoso, burlón

waggle /ˈwægəl/ *vt* (colloq) mover*
■ **waggle** *vi* moverse*

waggon *n* (BrE) ▸ **wagon**

wagon /ˈwægən/ *n*
A (drawn by animals) carro *m*; (covered) carromato *m*; ***on the ∼***: **to go on the ∼** dejar de beber; **he's been on the ∼ since May** desde mayo que no bebe *or* que no prueba el alcohol; ***to fix sb's ∼*** (AmE colloq): **I'll fix his ∼!** ¡ya me las pagará!; (*before n*) **∼ train** caravana *f* de carromatos
B 1 (delivery truck) (AmE) furgoneta *f or* camioneta *f* de reparto 2 (BrE Rail) vagón *m* de mercancías

wagtail /ˈwægteɪl/ *n* motacila *f*, aguzanieves *f*, lavandera *f*

waif /weɪf/ *n* (liter) *persona o animal sin hogar*; **∼s and strays** niños *mpl* abandonados, gamines *mpl* (Col), palomillas *mpl* (Andes fam)

wail¹ /weɪl/ *vi* «*person*» llorar, gemir*; «*siren/bagpipes*» gemir*; «*wind*» aullar*, gemir*, ulular

wail² *n* (expressing grief) gemido *m*, lamento *m*; (of siren, wind) gemido *m*; (of new-born baby) vagido *m*; **a ∼ of protest** un grito de protesta

wailing /ˈweɪlɪŋ/ *n* [u] llanto *m*, gemidos *mpl*; **the ∼ of the wind/sirens** el gemir del viento/de las sirenas

waist /weɪst/ *n* 1 (Anat) (waistline) cintura *f*, talle *m*; **it's too tight around the ∼** le (*or* me *etc*) queda muy apretado de cintura *or* talle; **stripped to the ∼** desnudo de la cintura para arriba; **she has a short ∼** es corta de talle 2 (of garment) talle *m*

waist: **∼band** *n* pretina *f*, cinturilla *f*; **∼coat** *n* (esp BrE) chaleco *m*; **∼-deep** /ˈweɪstˈdiːp/ *adj* (*pred* **∼ deep**): **we waded ∼ deep through the river** vadeamos el río con el agua hasta la cintura

-waisted /ˈweɪstəd || ˈweɪstɪd/ *suff*: **high∼/drop∼** de talle alto/bajo

waist: **∼-high** /ˈweɪstˈhaɪ/ *adj* (*pred* **∼ high**) que llega a la altura de la cintura; **∼line** *n* (of garment) talle *m*; (of body) cintura *f*, talle *m*; **I'm watching my ∼line** estoy guardando la línea

wait¹ /weɪt/ *vi*
A 1 esperar; **I ∼ed (for) hours** estuve horas esperando, esperé horas; **∼ until he asks you** espera (a) que él te pregunte; **sorry to keep you ∼ing** perdón por hacerlo esperar; **just you ∼!** ¡ya vas a ver!; **we'll have to ∼ and see** habrá que esperar a ver qué pasa; **I can't ∼ to see his face** me muero de ganas de ver la cara que pone; Ⓢ **shoe repairs while you wait** se arregla calzado en el acto; **to ∼ FOR sth/sb** esperar algo/a algn; **well, what are you ∼ing for?** ¿(a) qué esperas?, ¿(a) qué estás esperando?; **to ∼ FOR sb/sth to + INF** esperar (A) QUE algn/algo (+ *subj*) 2 (be postponed) «*business/repairs*» esperar; **that will have to ∼** eso tendrá que esperar
B (serve) **to ∼ ON sb** atender* a algn; **to ∼ at table** (BrE) servir* a la mesa; ▸ **hand¹ B**
■ **wait** *vt*
A (await): **to ∼ one's chance** esperar la oportunidad; **you have to ∼ your turn** tienes que esperar (a) que te toque
B (serve): **to ∼ table** (AmE) servir* a la mesa

(Phrasal verb)

- **wait up** [v ▸ adv] 1 (not go to bed) **to ~ up (FOR sb)** esperar (A algn) levantado 2 (pause) (AmE colloq) (*usu in imperative*): **~ up!** ¡(espera) un momento!

wait² *n* (*no pl*) espera *f*; **we're in for a long ~** vamos a tener que esperar un buen rato, tenemos para rato (fam); ***to lie in ~ for sb/sth*** estar* al acecho de algn/algo

waiter /ˈweɪtər || ˈweɪtə(r)/ *n* camarero *m*, mesero *m* (AmL), mozo *m* (Col, CS), mesonero *m* (Ven)

waiting /ˈweɪtɪŋ/ *n* [u]
A (for something to happen) espera *f*; Ⓢ **no waiting** prohibido estacionar
B (serving) trabajar de camarero (*or* mesero *etc*)

waiting: **~ list** *n* lista *f* de espera; **~ room** *n* sala *f* de espera

wait list *n* (AmE) ▸**waiting list**

waitperson /ˈweɪt,pɜːrsn̩ || ˈweɪt,pɜːsn̩/ *n* (*pl* **~s**) (AmE) camarero, -ra *m,f*, mesero, -ra *m,f* (AmL), mozo, -za *m,f* (Col, CS), mesonero, -ra *m,f* (Ven)

waitress /ˈweɪtrəs || ˈweɪtrɪs/ *n* camarera *f*, mesera *f* (AmL), moza *f* (Col, CS), mesonera *f* (Ven)

waive /weɪv/ *vt* (frml) 1 (not apply) ‹*rule*› no aplicar*; ‹*condition*› no exigir* 2 (renounce) ‹*right/privilege*› renunciar a

wake¹ /weɪk/ (*past* **woke**; *past p* **woken**) *vt* despertar*; *see also* **wake up A**

■ **wake** *vi* 1 (become awake) despertar*, despertarse* 2 (be awake) (*only in -ing form*): **my waking hours** las horas que paso despierta

(Phrasal verb)

- **wake up**

A [v ▸ o ▸ adv, v ▸ adv ▸ o] despertar*; **to ~ sb's ideas up** (BrE) espabilar *or* despabilar a algn
B [v ▸ adv] (become awake) despertarse*; **he woke up to find himself in hospital** al despertar se dio cuenta de que estaba en el hospital; **~ up!** ¡despiértate!; (pay attention) ¡espabílate!, ¡despabílate!; **to ~ up TO sth** ‹*to danger/fact*› darse* cuenta *or* tomar conciencia DE algo

wake² *n*
A (of ship) estela *f*; **in the ~ of sth**: **the hurricane left a trail of destruction in its ~** el huracán dejó una estela de destrucción a su paso; **in the ~ of the revolution** tras la revolución
B (for dead person) velatorio *m*, velorio *m*

wakeful /ˈweɪkfəl/ *adj* 1 (unable to sleep) desvelado 2 (sleepless) (liter): **to have a ~ night** pasar la noche en vela 3 (alert) (liter) alerta

waken /ˈweɪkən/ (liter) *vt/i* despertar*

wake-up call /ˈweɪkʌp/ *n* 1 (telephone call) servicio *m* de despertador 2 (warning) llamada *f* de aviso

wakey-wakey /ˈweɪkiˈweɪki/ *interj* (BrE colloq): **~!** ¡vamos, despierta!

Wales /weɪlz/ *n* (el país de) Gales

walk¹ /wɔːk/ *vi*
A (go by foot) caminar, andar* (esp Esp); (in a leisurely way) pasear; **~, don't run!** ¡camina, no corras!; **I'll ~ with you as far as the library** te acompaño hasta la biblioteca; **to ~ BY** *o* **PAST sth** pasar POR algo; **you can't just ~ by without helping** no puedes seguir de largo sin pararte a ayudar; **he ~ed down/up the steps** bajó/subió los peldaños; **to ~ in/out** entrar/salir*; **to ~ up to sb** acercarse* a algn; ***to ~ tall*** ir* *or* andar* con la cabeza en alto
B (not use bus, car, etc) ir* a pie, ir* caminando *or* (esp Esp) andando; **there was no elevator so we had to ~ up** no había ascensor, así que tuvimos que subir por la escalera
C (Sport) (in baseball) dar* una base por bolas, pasar por bolas

■ **walk** *vt*
A (go along) ‹*hills/path*› recorrer, caminar por
B 1 (take for walk) ‹*dog*› pasear, sacar* a pasear; **she ~ed us off our feet** nos dejó agotados de tanto que nos hizo caminar 2 (accompany) acompañar; **I'll ~ you home** te acompaño hasta tu casa

(Phrasal verbs)

- **walk away** [v ▸ adv] (from a place) alejarse; **the driver ~ed away unhurt/with a few scratches** el conductor salió ileso/se escapó con sólo unos rasguños
- **walk away with** ▸**walk off with 2**
- **walk into** [v ▸ prep ▸ o] 1 (enter) ‹*room/building*› entrar en, entrar a (AmL) 2 (fall into) ‹*trap*› caer* en 3 (obtain easily) ‹*job*› conseguir* sin ningún problema 4 (collide with) darse* contra, llevarse por delante
- **walk off**

A 1 [v ▸ adv] (go away) irse*, marcharse (esp Esp) 2 [v ▸ adv, v ▸ prep ▸ o] (Sport) retirarse, salir*
B [v ▸ o ▸ adv, v ▸ adv ▸ o]: **we went out to ~ off our lunch** salimos a dar un paseo para bajar la comida

- **walk off with** [v ▸ adv ▸ prep ▸ o] 1 (take) llevarse 2 (win) ‹*prize*› llevarse
- **walk on** [v ▸ adv] seguir* su (*or* mi *etc*) camino
- **walk out** [v ▸ adv] 1 (Lab Rel) abandonar el trabajo (*como media reivindicatoria*) 2 (quit): **they have threatened to ~ out of the conference** han amenazado con retirarse de *or* abandonar el congreso (en señal de protesta)
- **walk out on** [v ▸ adv ▸ prep ▸ o] ‹*lover/family*› dejar, abandonar, dejar plantado (fam)
- **walk over** [v ▸ prep ▸ o] (colloq): **the Bears will ~ all over them** los Bears les van a dar una paliza (fam); **don't let him ~ all over you** no te dejes pisotear *or* atropellar (por él)

walk² *n*
A 1 (leisurely) paseo *m*; (long) caminata *f*; **to go for** *o* **take a ~** ir* a pasear *or* a dar un paseo, ir* a caminar (esp AmL); **she took the dog for a ~** sacó a pasear el perro; **it's five minutes'** *o* **a five-minute ~ from here** está *or* queda a cinco minutos de aquí a pie 2 (Sport) marcha *f*
B 1 (route): **there's a beautiful ~ through the woods** se puede hacer un paseo precioso por el bosque 2 (path) (esp AmE) camino *m*
C 1 (gait) andar *m*, manera *f* de caminar *or* andar 2 (speed) (*no pl*): **at a ~** al paso; *see also* **walk of life**

walk: **~about** *n* (BrE) *paseo que un político, miembro de la realeza etc da entre el público*; **~away** *n* (AmE colloq) paseo *m* (fam)

walker /ˈwɔːkər || ˈwɔːkə(r)/ *n* 1 (sb that walks): **to be a fast/slow ~** caminar *or* andar* rápido/despacio; **I'm a great ~** me encanta caminar *or* andar 2 (hiker) excursionista *mf* 3 (Sport) marchador, -dora *m,f*, marchista *mf*

walkie-talkie /ˈwɔːkiˈtɔːki/ *n* walkie-talkie *m*

walk-in /ˈwɔːkɪn/ *adj*: **~ closet** vestidor *m*

walking¹ /ˈwɔːkɪŋ/ *n* [u]: **I do a lot of ~** yo camino *or* ando mucho; (*before n*) ‹*tour*› a pie; **is it within ~ distance?** ¿se puede ir a pie *or* caminando *or* andando?; **at a ~ pace** a paso de peatón

walking² *adj*: **she's a ~ encyclopedia** (hum) es una enciclopedia ambulante (hum); **he's a ~ miracle** vive de milagro

walking: **~ papers** *pl n* (AmE colloq) despido *m*; **to give sb her/his ~ papers** echar a algn, poner* a algn de patitas en la calle (fam); **~ stick** *n* bastón *m*

Walkman® /ˈwɔːkmən/ *n* (*pl* **-mans** /-mənz/) walkman® *m*

walk: **~ of life** *n*: **people from all ~s of life** gente de todas las profesiones y condiciones sociales; **~-on** *n* (*before n*) **~-on part** (Theat) papel *m* de figurante *or* comparsa; (Cin) papel *m* de extra; **~out** *n* (from talks, meeting) *retirada en señal de protesta*; (strike) *abandono del trabajo como medida reivindicatoria*; **~over** *n* (victory by default) walkover *m* (*victoria por la no comparecencia del contrincante*); (easy victory) (colloq) paseo *m* (fam); **~-up** *n* (AmE) (building) edificio *m* sin ascensor; (apartment, office) *apartamento u oficina en un edificio sin ascensor*; **~way** *n* (bridge) puente *m*, pasarela *f*; (passageway) pasillo *m*; (path) sendero *m*; **a covered ~way connects the two buildings** un pasaje cubierto conecta los dos edificios

wall /wɔːl/ *n*
A 1 (freestanding) muro *m*; (of castle, city) muralla *f*; **garden ~** tapia *f*, muro *m*; ***it's like talking to a brick ~*** es como hablarle a la pared; ***to go/be driven to the ~*** «*company/business*» irse* a pique; ***up the ~***: **she drives me up the ~** me saca de quicio, me enerva; **she'll go up the ~ when she finds out** se va a poner furiosa cuando se entere 2 (barrier) barrera *f*; **a ~ of fire** una barrera de fuego; ***to come up against a brick ~*** darse* de narices contra una pared
B (of building, room) pared *f*, muralla *f* (Chi); **this must not go** *o* **pass beyond these (four) ~s** esto que no salga de aquí; ***to have one's back to the ~*** estar* en un apuro *or* en un aprieto; ***~s have ears*** las paredes oyen; (*before n*) **~ bars**

W

(BrE Sport) espalderas *fpl*; ~ **chart** gráfico *m* mural; ~ **hanging** tapiz *m*; ~ **painting** mural *m*
C (of stomach, artery) pared *f*

Phrasal verbs
- **wall in** [v ► o ► adv, v ► adv ► o] ‹*garden/playground*› tapiar, cercar* con un muro *or* una pared *or* una tapia
- **wall off** [v ► o ► adv, v ► adv ► o] separar con un muro *or* una pared *or* una tapia
- **wall up** [v ► o ► adv, v ► adv ► o] ‹*doorway/window*› tapiar, condenar; ‹*person/body*› emparedar

wallaby /'wɑːləbi || 'wɒləbi/ *n* (*pl* **-bies**) ualabí *m*

walled /wɔːld/ *adj* ‹*city*› amurallado; ‹*garden*› tapiado, cercado por una tapia *or* un muro

wallet /'wɑːlət || 'wɒlɪt/ *n* **1** (for money) cartera *f*, billetera *f* **2** (folder) carpeta *f*

wall: **~-eyed** /'wɔːl'aɪd/ *adj* (with opaque cornea) con leucoma; **~flower** *n* **1** (Bot) alhelí *m* **2** (person) (colloq): **she was always a ~flower** nunca la sacaban a bailar, siempre planchaba (Bol, CS fam), siempre comía pavo (Col fam)

wallop¹ /'wɑːləp || 'wɒləp/ *vt* (colloq) darle* una paliza a

wallop² *n* (colloq) golpazo *m* (fam)

wallow /'wɑːləʊ || 'wɒləʊ/ *vi* **1** (bathe) «*animal*» revolcarse*; **I love to ~ in a hot bath** me encanta estarme horas disfrutando de un baño caliente **2** (delight): **to ~ in self-pity** regodearse *or* deleitarse en la autocompasión

wallpaper¹ /'wɔːl,peɪpər || 'wɔːl,peɪpə(r)/ *n* [u c] papel *m* pintado *or* tapiz *or* de empapelar

wallpaper² *vt* empapelar

Wall Street /wɔːl/ *n* Wall Street (*centro financiero de los EEUU*)

> **Wall Street**
> Una calle en Manhattan, Nueva York, donde se encuentran la Bolsa neoyorquina y las sedes de muchas instituciones financieras. Cuando se habla de *Wall Street*, a menudo se está refiriendo a esas instituciones

wall-to-wall /'wɔːltə'wɔːl/ *adj* (*before n*): ~ **carpet/carpeting** alfombra *f* de pared a pared, moqueta *f* (Esp), moquette *f* (RPl)

wally /'wɑːli || 'wɒli/ *n* (*pl* **-lies**) (BrE colloq) imbécil *mf*

walnut /'wɔːlnʌt/ *n* **1** [c] (nut) nuez *f*, nuez *f* de Castilla (Méx) **2** [c] ~ **(tree)** nogal *m* **3** [u] (wood) nogal *m*

walrus /'wɔːlrəs/ *n* (*pl* **~es** *or* ~) morsa *f*

Walter Mitty /,wɔːltər 'mɪti || ,wɔːltə 'mɪti/ *n*: **a ~ ~ character** un soñador *m*, una soñadora *f*

waltz¹ /wɔːls, wɔːlts/ *n* vals *m*

waltz² *vi*
A (dance) valsar, valsear; **can you ~?** ¿sabes bailar el vals?, ¿sabes valsar *or* valsear?
B (walk) (colloq): **she ~ed into the office and asked for a raise** entró tan campante *or* con gran desenfado en la oficina y pidió un aumento de sueldo

Phrasal verb
- **waltz through** [v ► prep ► o] (colloq) ‹*interview/test*› pasar con los ojos cerrados

wan /wɑːn || wɒn/ *adj* **1** (pallid) ‹*face/complexion*› pálido **2** ‹*smile*› lánguido

wand /wɑːnd || wɒnd/ *n* **1** (of sorcerer, conjuror) varita *f* mágica **2** (of office) bastón *m* de mando

wander¹ /'wɑːndər || 'wɒndə(r)/ *vi* **1** (+ *adv compl*) (walk — in a leisurely way) pasear; (— aimlessly) deambular, vagar*; **she ~ed around the room in a daze** daba vueltas por la habitación como aturdida; **we're going to ~ back now** vamos a volver sin prisas; **he ~ed in at ten** llegó a las diez tan campante *or* como si tal cosa; **his fingers ~ed over the keyboard** sus dedos recorrieron el teclado **2** (stray): **don't let the children ~ away from the car** no dejes que los niños se alejen del coche; **don't ~ off! we're leaving in five minutes** no te vayas por ahí, que dentro de cinco minutos nos vamos; **don't let your mind ~!** ¡no te distraigas!; **don't ~ off the point** no divagues, no te vayas por las ramas **3** **wandering** *pres p* ‹*actors*› itinerante; ‹*tribe*› nómada; ‹*salesman*› ambulante; **to have ~ing hands** tener* las manos largas; **the W~ing Jew** el Judío Errante
■ **wander** *vt* (for recreation) pasear por; (lost) dar* vueltas por; **to ~ the streets** deambular *or* vagar* por las calles, caminar sin rumbo fijo

wander² *n* (esp BrE) (*no pl*) vuelta *f*, paseo *m*; **we're going to have a ~ around the shops** vamos a dar una vuelta *or* un paseo por las tiendas

wanderer /'wɑːndərər || 'wɒndərə(r)/ *n* trotamundos *mf*

wanderings /'wɑːndərɪŋz || 'wɒndərɪŋz/ *pl n* correrías *fpl*, andanzas *fpl*

wanderlust /'wɑːndərlʌst || 'wɒndəlʌst/ *n* [u] ansias *fpl* de conocer mundo

wane¹ /weɪn/ *vi* **1** «*moon*» menguar* **2** «*interest/popularity*» decaer*, disminuir*, declinar; **her strength was waning** estaba perdiendo las fuerzas **3** **waning** *pres p* ‹*moon*› menguante; ‹*interest/popularity/influence*› decreciente

wane² *n*: **to be on the ~** «*moon*» estar* menguando; «*popularity*» estar* decayendo *or* disminuyendo

wangle /'wæŋgəl/ *vt* (colloq) ‹*job/ticket*› agenciarse (fam); **I managed to ~ some money out of my dad** conseguí sacarle dinero a mi padre

wank /wæŋk/ *vi* (BrE vulg) hacerse* la *or* una paja (vulg), correrse la *or* una paja (Chi, Per vulg), hacerse* una chaqueta (Méx vulg), hacerse* la manuela (Ven vulg)

wanker /'wæŋkər || 'wæŋkə(r)/ *n* (BrE vulg) (idiot) pendejo *m* *or* (Esp) gilipollas *m* *or* (AmS) pelotudo, -da *m,f* *or* (Andes, Ven) huevón *m* (vulg)

wanna /'wɑːnə || 'wɒnə/ (colloq) = **want to**

wannabe /'wɑːnəbiː || 'wɒnəbiː/ *n* (colloq & pej) aspirante *mf*; **all the showbiz ~s will be there** todos los que quieren pertenecer al mundo del espectáculo estarán allí

want¹ /wɔːnt || wɒnt/ *vt*
A **1** (require, desire) querer*; **(it's) just what I('ve) always ~ed!** (set phrase) ¡(es) justo lo que quería!; **the boss ~s you** el jefe te quiere ver *or* quiere hablar contigo; **he's ~ed on the phone** hay una llamada para él, lo llaman por teléfono; **I know when I'm not ~ed!** sé muy bien cuando estoy de más; **she ~s it ready today** quiere que esté listo hoy; **does he ~ the book back?** ¿quiere que le devuelvan (*or* le devolvamos *etc*) el libro?; **everything you could ~ from a car** todo lo que se le puede pedir a un coche; **to ~ to + INF** querer* + INF; **she can be charming when she ~s to (be)** es un encanto cuando quiere *or* cuando se lo propone; **to ~ sb/sth to + INF** querer* QUE algn/algo (+ *subj*); **what do you ~ me to do?** ¿qué quieres que haga?; **to ~ sb/sth -ING** querer* QUE algn/algo (+ *subj*); **he doesn't ~ them snooping around** no quiere que anden husmeando por allí **2** «*police*» buscar*; **S wanted** se busca; **he is ~ed for murder/for questioning** lo buscan por asesinato/para interrogarlo **3** (as price for sth) pedir*; **how much does she ~ for the picture?** ¿cuánto pide por el cuadro? **4** ‹*person*› (sexually) desear
B (need) necesitar; **that child ~s a good thrashing** a ese niño le hace falta una buena paliza; **S gardener wanted** se necesita *or* se precisa jardinero; **we all like to feel ~ed** a todos nos gusta sentir que nos necesitan; **the last thing I ~ is a cold** maldita la falta que me hace resfriarme ahora; **you ~ to see a doctor** tienes que ver a un médico; **the house ~s cleaning** hay que limpiar la casa
■ **want** *vi* (lack) (frml) (*usu with neg*): **you/they will ~ for nothing** no te/les faltará nada

want² *n*
A [c u] (requirement, need) necesidad *f*; **to be in ~ of sth** tener* necesidad de algo
B [u] (lack, absence) falta *f*, carencia *f* (frml); **for ~ of sth** a falta de algo; **if she doesn't become champion, it won't be for ~ of trying** si no llega a ser campeona, no será porque no lo haya intentado
C [u] (destitution, penury) miseria *f*, indigencia *f*

wanted /'wɔːntəd || 'wɒntɪd/ *adj* ‹*criminal/terrorist*› buscado (por la policía); *see also* **want¹ A2**

wanting /'wɔːntɪŋ || 'wɒntɪŋ/ *adj* (frml) (*pred*) **1** (missing): **a strong story line is ~ from all his works** todas sus obras carecen de un argumento sólido (frml) **2** (inadequate): **he was found ~** se demostró que no estaba capacitado

wanton /'wɔːntn̩ || 'wɒntən/ *adj* **1** (willful) sin sentido, gratuito **2** (licentious) ‹*lifestyle*› licencioso, disipado

war /wɔːr || wɔː(r)/ *n* [c u] guerra *f*; **First/Second World W~, World W~ I/II** Primera/Segunda Guerra Mundial; **to**

W

be at ~ with sb/sth estar* en guerra con algn/algo; **to declare ~ on sb/sth** declararle la guerra a algn/algo; **to go to ~ (with sb) (over sth)** entrar en guerra (con algn) (por algo); **an act of ~** un acto bélico *or* de guerra; **the ~ on crime** la lucha contra la delincuencia; **a ~ of words** una discusión; **the class ~** la lucha de clases; ***to be in the ~s*: you look as if you've been in the ~s!** ¡parece que vienes de la guerra!; (*before n*) **~ baby** *niño nacido durante la guerra*; **~ memorial** monumento *m* a los caídos

warble /'wɔ:rbəl || 'wɔ:bəl/ *vi* trinar, gorjear

warbler /'wɔ:rblər || 'wɔ:blə(r)/ *n* curruca *f*, sílvido *m*

war cry *n* grito *m* de guerra

ward /wɔ:rd || wɔ:d/ *n*

A (in hospital) sala *f*

B (Govt) *subdivisión de un municipio a efectos electorales y administrativos*

C (person) pupilo, -la *m,f*; **~ of court** pupilo, -la *m,f* bajo tutela judicial

(Phrasal verb)

- **ward off** [v ▸ adv ▸ o] ‹*attack*› rechazar*; ‹*blow*› desviar*; ‹*danger*› conjurar; ‹*illness*› protegerse* *or* prevenirse* contra

warden /'wɔ:rdn || 'wɔ:dn/ *n* (of castle, museum) guardián, -diana *m,f*; (of hostel, home) encargado, -da *m,f*; (of university, college) rector, -tora *m,f*; (*church~*) coadjutor *m*; (*fire ~*) (AmE) encargado, -da *m,f* de la lucha contra incendios; (*game ~*) guardabosque(s) *mf*; (of prison) (AmE) director, -tora *m,f* (*de una cárcel*)

warder /'wɔ:rdər || 'wɔ:də(r)/ *n* (BrE) celador, -dora *m,f* (*de una cárcel*)

wardrobe /'wɔ:rdrəʊb || 'wɔ:drəʊb/ *n* **1** (clothes cupboard) armario *m*, ropero *m* (esp AmL); **fitted** *o* **built-in ~** (BrE) armario *m* empotrado, clóset *m* (AmL exc RPl), placar(d) *m* (RPl) **2** (set of clothes) guardarropa *m*, vestuario *m*

warehouse /'werhaʊs || 'weəhaʊs/ *n* depósito *m*, almacén *m*, bodega *f* (Chi, Col, Méx)

wares /werz || weəz/ *pl n* mercancía(s) *f(pl)*, mercadería(s) *f(pl)* (AmS)

warfare /'wɔ:rfer || 'wɔ:feə(r)/ *n* [u] guerra *f*, enfrentamiento *m* bélico (period)

warfarin /'wɔ:rfərɪn || 'wɔ:fərɪn/ *n* [u] warfarina *f*

war: **~ game** *n* (Mil) simulacro *m* de combate; (Games) juego *m* de guerra; **~head** *n* cabeza *f*, ojiva *f*; **~horse** *n* veterano, -na *m,f*

warily /'werəli || 'weərɪli/ *adv* ‹*drive/speak*› con cautela, cautelosamente; **they eyed each other ~** se miraron con recelo; ***to tread ~*** andarse* con pie(s) de plomo

war: **~like** *adj* guerrero, belicoso; **~lord** *n* caudillo *m*

warm¹ /wɔ:rm || wɔ:m/ *adj* **-er, -est**

A ‹*water/day*› tibio, templado; ‹*climate/wind*› cálido; **eat it while it's ~** cómetelo antes de que se enfríe; **the ~est room in the house** la habitación más caliente de la casa; **it's ~er in June** en junio hace más calor; **it's nice and ~ in here** aquí (se) está calentito; **it's not very ~ in here** hace un poco de frío aquí; **I'm lovely and ~ now** estoy muy calentito ahora; **~ clothes** ropa *f* de abrigo *or* (RPl, Ven tb) abrigada *or* (Andes, Méx tb) abrigadora; **to get ~** «*person*» entrar en calor, calentarse*; «*room*» calentarse*

B **1** (affectionate, cordial) ‹*person*› cariñoso, afectuoso; ‹*welcome*› caluroso, cálido **2** ‹*color/atmosphere*› cálido

C **1** (in riddles) (*pred*) caliente; **France? — no! — Poland? — you're getting ~er!** ¿Francia? — ¡no! — ¿Polonia? — ¡caliente, caliente!; **am I getting ~er?** ¿me estoy acercando a la respuesta? **2** (fresh) ‹*scent/trail*› reciente, fresco

warm² *vt* calentar*; **to ~ oneself** calentarse*

■ **warm** *vi* **1** (become hotter) calentarse* **2** (become affectionate) **to ~ TO** *o* **TOWARD sb**: **we soon ~ed to** *o* **toward her** pronto se ganó nuestra simpatía; **I didn't ~ to him** no me resultó muy simpático

(Phrasal verbs)

- **warm over** [v ▸ o ▸ adv, v ▸ adv ▸ o] (AmE Culin) calentar*
- **warm up**

A [v ▸ adv] **1** (become warmer) «*place/food*» calentarse*; «*person*» entrar en calor, calentarse* **2** «*engine/apparatus*» calentarse* **3** (become lively) «*party/match*» animarse, ponerse* animado **4** (for action) «*athlete*» hacer* ejercicios de calentamiento

B [v ▸ o ▸ adv, v ▸ adv ▸ o] **1** (heat) ‹*food/place*› calentar*; **have a hot drink to ~ you up** tómate algo caliente para entrar en calor **2** ‹*engine/apparatus*› calentar* **3** (make lively) animar **4** (for action) ‹*muscles/voice*› calentar*

warm³ *n*: **come into the ~** entra, que aquí está calentito (fam)

warm-blooded /'wɔ:rm'blʌdəd || ˌwɔ:m'blʌdɪd/ *adj* (Zool) de sangre caliente

warmed-over /'wɔ:rmd'əʊvər || ˌwɔ:md'əʊvə(r)/ *adj* (AmE) ‹*food*› recalentado; ‹*ideas/policies*› (pej) trillado, manido

warm-hearted /'wɔ:rm'hɑ:rtəd || ˌwɔ:m'hɑ:tɪd/ *adj* afectuoso, cariñoso

warmly /'wɔ:rmli || 'wɔ:mli/ *adv* **1** (referring to temperature): **wrap up ~!** ¡abrígate bien!; **~ dressed** bien abrigado **2** ‹*congratulate/welcome*› calurosamente; ‹*smile*› afectuosamente; **I can ~ recommend her** la recomiendo con toda confianza

warmongering /'wɔ:rˌmɑ:ŋgərɪŋ || 'wɔ:ˌmʌŋgərɪŋ/ *n* [u] belicismo *m*

warmth /wɔ:rmθ || wɔ:mθ/ *n* [u] **1** (heat) calor *m*; **we huddled together for ~** nos acurrucamos juntos para darnos calor **2** (of welcome) lo caluroso **3** (of color, atmosphere) calidez *f*

warm-up /'wɔ:rmʌp || 'wɔ:mʌp/ *n* (exercise) ejercicio *m* de calentamiento; (practice) (pre)calentamiento *m*; **today's game is a ~ for the final** el partido de hoy es un entrenamiento para la final

warn /wɔ:rn || wɔ:n/ *vt* **1** (admonish) advertir*; **I'm ~ing you!** ¡te lo advierto!; **be ~ed!** ¡cuidado!; **to ~ sb not to + INF**: **we had been ~ed not to go** nos habían advertido que no fuéramos **2** (inform, advise) avisar, advertir*; **they were ~ed about the rats** les advirtieron que había ratas; **to ~ sb AGAINST sth/sb** prevenir* a algn CONTRA algo/algn; **we were ~ed against swimming in the river** nos advirtieron que era peligroso nadar en el río

(Phrasal verb)

- **warn off** [v ▸ o ▸ adv, v ▸ adv ▸ o] (frighten away): **I began making inquiries, but I was ~ed off in no uncertain terms** empecé a hacer averiguaciones, pero me advirtieron claramente que no continuara

warning /'wɔ:rnɪŋ || 'wɔ:nɪŋ/ *n* **1** [c u] (advice, threat) advertencia *f*; **a word of ~: don't be late!** una advertencia *or* te lo advierto: no llegues tarde; **the flags are a ~ that it's unsafe to bathe** las banderas advierten *or* indican que es peligroso bañarse; **the player was given an official ~** el jugador recibió una amonestación; (*before n*) **~ light** señal *f* luminosa, luz *f* indicadora; **~ shot** disparo *m* de advertencia; **~ sign** señal *f* de aviso *or* de alerta **2** [u] (prior notice) aviso *m*; **they arrived without ~** llegaron sin avisar *or* sin previo aviso; **I gave you plenty of ~** te avisé con tiempo de sobra; **we need three days' ~** tienen que avisarnos con tres días de antelación

warp¹ /wɔ:rp || wɔ:p/ *n*

A (Tex) urdimbre *f*

B (twist) (*no pl*) alabeo *m*, pandeo *m*

warp² *vt* ‹*wood/metal*› alabear, combar, pandear

■ **warp** *vi* «*wood/metal*» alabearse, combarse, pandearse

war: **~paint** *n* [u] pintura *f* de guerra; **she's putting on her ~paint** (colloq & hum) se está poniendo el revoque (fam & hum); **~path** *n*: ***to be on the ~path*** (colloq & hum) estar* con ganas de pelear, estar* buscando camorra

warped /wɔ:rpt || wɔ:pt/ *adj* **1** ‹*timber/metal*› alabeado, combado, pandeado; ‹*record*› combado **2** ‹*mind/sense of humor*› retorcido

warplane /'wɔ:rpleɪn || 'wɔ:pleɪn/ *n* avión *m* de combate

warrant¹ /'wɔ:rənt || 'wɒrənt/ *n* **1** [c] (written authorization) (Law) orden *f* judicial; (*search ~*) orden *f* de registro *or* (AmL tb) de allanamiento; **to have a ~ for sb's arrest** tener* una orden de arresto contra algn **2** [c] (voucher) vale *m* **3** [u] (justification) (frml) justificación *f*

warrant² *vt*

A (justify) justificar*; **the case does not ~ further investigation** el caso no merece que se continúe con la investigación

B (guarantee) (*often pass*) garantizar*

warrant officer *n* ≈ suboficial *mf*

warranty /'wɔːrənti || 'wɒrənti/ *n* [c u] (*pl* **-ties**) garantía *f*; **to be in** *o* **under ~** estar* bajo *or* en garantía; **extended ~** garantía ampliada

warren /'wɔːrən || 'wɒrən/ *n* (Zool) madriguera *f* (*de conejos*), conejera *f*

warring /'wɔːrɪŋ/ *adj* (*before n*) ‹*countries/tribes*› en guerra; ‹*factions*› enfrentado

warrior /'wɔːrjər || 'wɒriə(r)/ *n* guerrero, -ra *m,f*

Warsaw /'wɔːrsɔː || 'wɔːsɔː/ *n* Varsovia *f*

warship /'wɔːrʃɪp || 'wɔːʃɪp/ *n* buque *m or* barco *m* de guerra

wart /wɔːrt || wɔːt/ *n* verruga *f*; **~s *and all*** con todos sus defectos *or* todas sus imperfecciones

warthog /'wɔːrthɔːg || 'wɔːthɒg/ *n* jabalí *m* verrugoso

war: **~time** *n* [u]: **during** *o* **in ~time** durante la guerra, en tiempo de guerra; **~torn** *adj* devastado *or* arrasado por la guerra; **~-weary** *adj* cansado de la guerra

wary /'weri || 'weəri/ *adj* **warier, wariest** cauteloso, precavido; **to be ~ OF sb/sth** no fiarse* DE algn/algo, recelar DE algn/algo

was /wɑːz, *weak form* wəz || wɒz, *weak form* wəz/ *past of* **be**

wash¹ /wɔːʃ || wɒʃ/ *n*

A [c] **1** (act): **to have a ~** lavarse; **I'll give the car a ~** voy a lavar el coche, voy a darle una lavada al coche (AmL); **he/it needs a (good) ~** le hace falta un (buen) baño/lavado **2** (in washing machine) lavado *m* **3** (laundry): **I do a ~ every Monday** los lunes lavo la ropa *or* (Esp tb) hago la colada; **your shirt is in the ~** tu camisa está lavándose; ***it will all come out in the ~*** (colloq) (things will sort themselves out) todo se va a arreglar; (all will be revealed) ya se revelará todo

B [u] (left by boat, plane) estela *f*

C [u c] **1** (of paint) capa *f*, mano *f* **2** (Art) aguada *f*

wash² *vt*

A (clean) ‹*shirt/car/fruit*› lavar; ‹*floor*› fregar*, lavar (esp AmL); **to ~ one's face/hair** lavarse la cara/la cabeza *or* el pelo; **to ~ the dishes** fregar* *or* lavar los platos

B (carry away) (+ *adv compl*): **the body had been ~ed ashore by the tide** la corriente había arrastrado el cuerpo hasta la orilla; **the wave nearly ~ed him overboard** la ola casi lo arrojó por la borda; *see also* **wash away, wash up**

■ **wash** *vi*

A **1** (clean oneself) lavarse **2** (do dishes) lavar, fregar* **3** (do laundry) «*washing machine/person*» lavar (la ropa), hacer* la colada (Esp)

B (come clean): **this shirt ~es well** esta camisa se lava bien; ***it won't ~*** (colloq) no va a colar (fam)

Phrasal verbs

• **wash away** [v ▸ o ▸ adv, v ▸ adv ▸ o] **1** (carry away) ‹*hut/bridge/pier*› llevarse, arrasar con **2** (cleanse) ‹*dirt*› quitar (*lavando*)

• **wash down** [v ▸ o ▸ adv, v ▸ adv ▸ o] **1** (clean) ‹*paintwork/wall*› lavar **2** (accompany) (colloq): **a plate of pasta ~ed down with the local wine** un plato de pasta acompañado del vino de la región *or* rociado con el vino de la región

• **wash out**

A [v ▸ o ▸ adv, v ▸ adv ▸ o] **1** ‹*sink/cloth*› (clean) lavar; (rinse) enjuagar* **2** (prevent, spoil) (colloq): **heavy rain ~ed out most of the games** fuertes lluvias hicieron que se cancelara la mayoría de los partidos

B [v ▸ adv] (disappear): **the stain will ~ out** la mancha saldrá *or* se quitará al lavarlo

• **wash over** [v ▸ prep ▸ o] «*waves/water*» bañar; **to let sth ~ over one: she lets their criticism ~ over her** sus críticas le resbalan; **I let the music ~ over me** dejé que la música me envolviera, me dejé llevar por la música

• **wash up**

A [v ▸ adv] **1** (wash oneself) (AmE) lavarse **2** (wash dishes) (BrE) lavar los platos, fregar* (los platos)

B [v ▸ o ▸ adv, v ▸ adv ▸ o] **1** (deposit) (*usu pass*) **to be ~ed up** «*body/wreckage*» ser* traído por la corriente **2** ‹*dishes*› (BrE) lavar, fregar*

Wash = **Washington**

washable /'wɔːʃəbəl || 'wɒʃəbəl/ *adj* lavable

wash: **~basin** *n* (BrE) ▸ **~bowl**; **~bowl** *n* (AmE) **1** (in modern bathroom) lavabo *m*, lavamanos *m*, lavatorio *m* (CS), pileta *f* (RPl) **2** (bowl) palangana *f*, jofaina *f*, lavatorio *m* (Chi, Per); **~cloth** *n* (AmE) toallita *f* (*para lavarse*), ≈ manopla *f*

washed /wɔːʃt || wɒʃt/: **~-out** *adj* (*pred* **~ out**) **1** (faded) ‹*fabric*› descolorido; ‹*color*› pálido, lavado (RPl fam) **2** (exhausted) rendido, agotado; **~-up** /'wɔːʃt'ʌp/ *adj* (*pred* **~ up**) (AmE colloq) acabado

washer /'wɔːʃər || 'wɒʃə(r)/ *n*

A (Tech) (ring) arandela *f*; (— on faucet) arandela *f*, junta *f*, suela *f*, cuerito *m* (CS fam), empaque *m* (Col, Ven)

B ▸ **washing machine**

washing /'wɔːʃɪŋ || 'wɒʃɪŋ/ *n* **1** [u] (laundry — dirty) ropa *f* para lavar; (— clean) ropa *f* lavada; **to do the ~** lavar la ropa, hacer* la colada (Esp) **2** [u c] (act) lavado *m*

washing: **~ line** *n* (BrE) cuerda *f* para tender la ropa; **~ machine** *n* máquina *f* de lavar, lavadora *f*, lavarropas *m* (RPl); **~ powder** *n* [u c] (esp BrE) jabón *m* en polvo, detergente *m*; **~-up** /'wɔːʃɪŋ'ʌp || ˌwɒʃɪŋ'ʌp/ *n* [u] (BrE): **to do the ~-up** lavar los platos, fregar* (los platos); (*before n*) **~-up liquid** lavavajillas *m*

wash: **~out** *n* (failure) (colloq) desastre *m* (fam); **~room** *n* baño(s) *m(pl)*, servicios *mpl* (esp Esp); **~stand** *n* lavabo *m*, lavatorio *m* (AmL); **~tub** *n* tina *f* de lavar

wasn't /'wɑːznt || 'wɒznt/ = **was not**

wasp /wɑːsp || wɒsp/ *n* avispa *f*; **~s' nest** avispero *m*

WASP /wɑːsp || wɒsp/ *n* (esp AmE) (= **white Anglo-Saxon Protestant**) *persona de la clase privilegiada de los EEUU, blanca, anglosajona y protestante*

> **WASP, Wasp – White Anglo-Saxon Protestant**
>
> En EEUU el término se emplea para referirse a una persona blanca cuya familia es originaria del Reino Unido y de religión protestante. Los *Wasps* están considerados como las personas con mejor posición social y con mayor poder político

waspish /'wɑːspɪʃ || 'wɒspɪʃ/ *adj* ‹*comment*› sardónico, punzante, mordaz; ‹*character*› sardónico, cáustico

wastage /'weɪstɪdʒ/ *n* [u]: **there is too much ~ of raw material** se desperdicia demasiada materia prima; **we are trying to reduce ~** tratamos de aprovechar mejor el material; **natural ~** (of workforce) bajas *fpl* vegetativas

waste¹ /weɪst/ *n*

A [u] (of fuel, materials) desperdicio *m*, derroche *m*; **a ~ of time** una pérdida de tiempo; **it's a ~ of money** es tirar el dinero; **a ~ of effort** un esfuerzo inútil; **there is no ~ in this ham** este jamón no tiene desperdicio; **we can save money by avoiding ~** podemos economizar evitando los despilfarros; **she's working as a waitress: it's such a ~!** trabaja de camarera: ¡qué desperdicio!; **to go to ~** «*talent*» desperdiciarse; «*food*» echarse a perder

B [u] **1** (refuse) residuos *mpl*, desechos *mpl*; **human ~** excrementos *mpl* **2** (surplus matter) material *m* sobrante *or* de desecho

C **wastes** (*pl*): **the deserted ~s of Antarctica** las desiertas inmensidades *or* extensiones de la Antártica

waste² *vt*

A ‹*talents/efforts*› desperdiciar, malgastar; ‹*money/electricity*› despilfarrar, derrochar; ‹*food*› tirar, desperdiciar; ‹*time*› perder*; ‹*space*› desaprovechar, desperdiciar; **you're wasting my time** me estás haciendo perder el tiempo; **you're wasting your breath!** estás gastando saliva inútilmente; **your work won't be ~d** tu trabajo no ha sido en vano; **to ~ sth ON sb/sth: you've ~d your money on that car** has tirado *or* mal gastado el dinero comprando ese coche; **the irony was ~d on her** no captó la ironía

B **wasted** *past p* **1** (misused, futile) ‹*time/money*› perdido; ‹*opportunity/space*› desperdiciado, desaprovechado; ‹*effort*› inútil; **it was a ~d journey** fue un viaje en balde **2** (shrunken) ‹*body*› debilitado, consumido; ‹*limb*› atrofiado

C (kill) (AmE sl) liquidar (fam), cargarse* (fam)

■ **waste** *vi* **1** (squander) **~ *not, want not*** quien no malgasta no pasa necesidades **2** ▸ **waste away**

Phrasal verb

• **waste away** [v ▸ adv] «*person/body*» consumirse; «*muscle*» atrofiarse

waste³ *adj*

A ‹*ground*› (barren) yermo; (not cultivated) baldío, sin cultivar; ***to lay ~*** arrasar

B ‹*material/matter*› de desecho

waste: **~basket** *n* (esp AmE) ▸ **waste-paper basket**; **~ disposal** *n* [u] eliminación *f* de residuos *or* desechos;

W

(*before n*) ~ **disposal unit** triturador *m or* trituradora *f* de desperdicios *or* de basura

wasteful /'weɪstfəl/ *adj* ‹*person*› despilfarrador, derrochador; ‹*method*› poco económico

waste: **~land** *n* [c u] (*often pl*) (barren land) páramo *m*, tierra *f* yerma *or* baldía; (uncultivated land) erial *m*; **~ paper** *n* [u] papel *m* sobrante; **~-paper basket**, **~-paper bin** /'weɪst'peɪpər || ˌweɪst'peɪpə(r)/ *n* papelera *f*, cesto *m or* canasto *m* de los papeles, papelero *m* (CS); **~ pipe** *n* tubo *m or* tubería *f* de desagüe

waster /'weɪstər || 'weɪstə(r)/ *n* vago, -ga *m,f*

wasting /'weɪstɪŋ/ *adj* (*before n*): **~ disease** enfermedad *f* que consume

wastrel /'weɪstrəl/ *n* (liter) gandul, -dula *m,f*

watch¹ /wɑːtʃ || wɒtʃ/ *n*

A [c] (timepiece) reloj *m* (*de pulsera/de bolsillo*); (*before n*) **~ band** *o* (BrE) **strap** correa *f* de reloj

B [u] (observation) vigilancia *f*; **to be on the ~ for sb/sth**: **she was on the ~ for the postman** estaba esperando a ver si veía al cartero; **the mother is constantly on the ~ for possible danger** la madre está constantemente alerta por si hay algún peligro; **to keep ~** hacer* guardia; **to keep ~ over sth/sb** vigilar algo/a algn; **to keep a ~ on sth/sb** vigilar algo/a algn

C **1** [c] (period of time) guardia *f*; **I took the first ~** yo hice la primera guardia **2** [c] (individual) guardia *mf*, vigía *mf*; (group) guardia *f* **3** [u] (duty): **to be on ~** estar* de guardia, hacer* guardia

watch² *vt*

A ‹*person/expression*› observar, mirar; ‹*movie/game*› mirar, ver*; **to ~ television** ver* *or* mirar televisión; **now, ~ this carefully** ahora, miren *or* observen con atención; **to ~ sb/sth + INF**: **we ~ed the children open their presents** miramos como los niños abrían sus regalos; **we ~ed the sun go down** miramos la puesta de sol

B **1** (keep under observation) ‹*suspect/house*› vigilar; **we're being ~ed** nos están vigilando; ***a ~ed kettle*** *o* ***pot never boils*** el que espera desespera **2** (look after) ‹*luggage/children*› cuidar, vigilar **3** (pay attention to) mirar (con atención); **~ what you're doing!** ¡mira lo que haces!; **I've got to ~ the time** tengo que estar atenta a la hora; **the staff are always ~ing the clock** los empleados están siempre pendientes del reloj; **investors are ~ing the situation with interest** los inversores están siguiendo la situación muy de cerca

C (be careful of) ‹*diet/weight*› vigilar, tener* cuidado con; **we'll have to ~ what we spend** tendremos que mirar (mucho) lo que gastamos; **~ what you say** ten cuidado con lo que dices; **~ your head!** ¡cuidado con la cabeza!; **~ *it!*** (colloq) ¡cuidado!, ¡ojo! (fam), ¡abusado! (Méx fam)

■ **watch** *vi*

A **1** (look on) mirar; **we ~ed carefully as she did it** miramos con atención mientras lo hacía; **the whole country ~ed as the events unfolded** la nación entera siguió el desarrollo de los acontecimientos **2** (pay attention) prestar atención **3** (wait for) **to ~ FOR sth/sb** esperar algo/a algn; **to ~ for sb/sth to + INF** esperar A QUE algn/algo (+ *subj*)

B (keep vigil) (liter) velar

Phrasal verbs

- **watch out** [v ▸ adv] **1** (be careful) tener* cuidado; **~ out!** ¡(ten) cuidado!, ¡ojo! (fam), ¡abusado! (Méx fam); **to ~ out FOR sth/sb** tener* cuidado *or* (fam) ojo CON algo/algn **2** (look carefully) estarse* atento; **to ~ out FOR sth/sb**: **~ out for spelling mistakes** estáte atento por si hay faltas de ortografía; **~ out for Mary** mira a ver si ves a Mary
- **watch over** [v ▸ prep ▸ o] ‹*patient/child*› cuidar (de); ‹*safety/interests*› velar por

watchdog /'wɑːtʃdɔːg || 'wɒtʃdɒg/ *n* **1** (dog) perro *m* guardián **2** (person) guardián, -diana *m,f*; (group) organismo *m* de control

watchful /'wɑːtʃfəl || 'wɒtʃfəl/ *adj* vigilante, atento; **to keep a ~ eye on sth/sb** vigilar algo/a algn muy de cerca

watch: **~maker** *n* relojero, -ra *m,f*; **~man** /'wɑːtʃmən || 'wɒtʃmən/ *n* (*pl* **-men** /mən/) vigilante *m*; **~tower** *n* atalaya *f*, torre *f* de vigilancia; **~word** *n* (motto) lema *m*, consigna *f*; (password) contraseña *f*

water¹ /'wɔːtər || 'wɔːtə(r)/ *n* [u]

A agua *f*‡; **drinking/running ~** agua potable/corriente; **to be/lie under ~** estar*/quedar inundado; **the kitchen was 2 ft under ~** la cocina tenía 2 pies de agua; **high/low ~** marea *f* alta/baja; **to go across** *o* **over the ~** cruzar* a la otra orilla, cruzar* el charco (fam); **to spend money like ~** gastar a manos llenas; ***like ~ off a duck's back*** como quien oye llover; ***to be in/get into hot ~*** estar*/meterse en una buena (fam); ***to hold ~*** tenerse* en pie; **that theory just doesn't hold ~** esa teoría hace agua por todos lados; ***to pour*** *o* ***throw cold ~ over sth*** ponerle* trabas a algo; ***to test the ~*** tantear el terreno; ***~ under the bridge***: **that's all ~ under the bridge** eso ya es agua pasada; (*before n*) ‹*bird/plant*› acuático; **~ heater** calentador *m* (de agua); **~ power** energía *f* hidráulica; **~ pump** bomba *f* hidráulica; **~ sports** deportes *mpl* acuáticos

B **1** (urine) (frml & euph): **to pass** *o* **make ~** orinar, hacer* aguas (menores) (euf), hacer* de las aguas (Méx euf) **2** (Med): **~ on the brain** hidrocefalia *f*; **~ on the knee** derrame *m* sinovial

C **waters** *pl* **1** (of sea, river) aguas *fpl*; ***to muddy the ~s*** enmarañar *or* enredar las cosas; ***still ~s run deep*** del agua mansa líbreme Dios, que de la brava me libro yo **2** (at spa): **to take the ~s** tomar las aguas **3** (amniotic fluid) aguas *fpl*; **the/her ~s broke** rompió aguas, rompió la bolsa de aguas

water² *vi*: **her eyes began to ~** empezaron a llorarle los ojos *or* a saltársele las lágrimas; **his mouth ~ed** se le hizo agua la boca *or* (Esp) la boca agua

■ **water** *vt* **1** ‹*plant/garden/land*› regar* **2** ‹*horse/cattle*› dar* de beber a, abrevar

Phrasal verb

- **water down** [v ▸ o ▸ adv, v ▸ adv ▸ o] **1** (dilute) ‹*liquid/mixture*› diluir*; ‹*wine/beer*› aguar, bautizar* (hum) **2** ‹*policy/criticism*› suavizar*, atenuar*

water: **~ bed** *n* cama *f* de agua; **~ biscuit** *n* (esp BrE) galleta *f* de agua; **~ bottle** *n* cantimplora *f*; **~ butt** *n* barril *m* (*para recoger el agua de la lluvia*); **~ cannon** *n* (*pl* **cannon** *or* **cannons**) camión *m* cisterna antidisturbios, carro *m* neptuno (RPl), guanaco *m* (Chi fam); **~ closet** *n* (BrE frml) inodoro *m* (frml), wáter *m*, váter *m* (Esp fam); **~color**, (BrE) **~colour** *n* [u c] acuarela *f*; **in ~colors** a la acuarela; **~-cooled** *adj* refrigerado por agua; **~course** *n* (river, canal) curso *m* de agua; (channel, route) curso *m* del agua; **~cress** *n* [u] berro *m*; **~ diviner** /də'vaɪnər || dɪ'vaɪnə(r)/ *n* (BrE) zahorí *mf*; **~fall** *n* cascada *f*, salto *m* de agua; (large) catarata *f*; **~fowl** *n* (*pl* **-fowls** *or* **-fowl**) ave *f*‡ acuática; **~front** *n* (beside lake, river) *zona de una ciudad que bordea un lago o río*; (docks) (esp AmE) muelles *mpl*; **~ hole** *n* ▸**watering hole 1**

watering /'wɔːtərɪŋ/: **~ can** *n* regadera *f*; **~ hole** *n* **1** (for animals) abrevadero *m* **2** (pub, bar) (hum) bar *m*, abrevadero *m* (hum)

water: **~ jump** *n* foso *m* (de agua); **~ lily** *n* nenúfar *m*

waterlogged /'wɔːtərlɔːgd || 'wɔːtəlɒgd/ *adj* ‹*land/soil*› anegado, inundado; ‹*shoes*› empapado, lleno de agua

Waterloo /'wɔːtər'luː || ˌwɔːtə'luː/ *n*: ***that's where he met his ~*** ahí fue donde le llegó su San Martín

water: **~mark** *n* filigrana *f*; **~melon** *n* [c u] sandía *f*; **~ mill** *n* molino *m* de agua; **~ parting** *n* (AmE) ▸**watershed 1**; **~ pistol** *n* pistola *f* de agua; **~ polo** *n* [u] waterpolo *m*

waterproof¹ /'wɔːtərpruːf || 'wɔːtəpruːf/ *adj* ‹*fabric*› impermeable; ‹*mascara*› a prueba de agua; ‹*watch*› sumergible

waterproof² *n* (esp BrE) prenda *f* impermeable

waterproof³ *vt* impermeabilizar*

water: **~ rat** *n* rata *f* de agua; **~-repellent**, **~-resistant** *adj* impermeabilizado, hidrófugo; **~shed** *n* (Geog) **1** (divide) (línea *f*) divisoria *f* de aguas; ***to mark a ~shed*** marcar* un hito **2** (drainage basin) (AmE) cuenca *f*; **~side** *n* **the ~side** la ribera, la orilla; (*before n*) ‹*restaurant/hotel*› ribereño; **~-ski** *vi* **-skis, -skiing, -skied** hacer* esquí acuático; **~-skiing** *n* [u] esquí *m* acuático; **~ slide** *n* tobogán *m* acuático; **~ softener** *n* (substance) ablandador *m* de agua, descalcificador *m*; (apparatus) descalcificadora *f*; **~ table** *n* nivel *m* freático; **~tight** *adj* **1** ‹*seal/container*› hermético; ‹*boat*› estanco **2** ‹*argument*› irrebatible, sin fisuras; ‹*alibi*› a toda prueba; ‹*contract/law*› sin lagunas *or* vacíos; **~way** *n* (river) vía *f* fluvial; (canal) vía *f or* canal *m* navegable; **~ wheel** *n* (for driving machinery) rueda *f* hidráulica; (for

W

raising water) noria *f*; ~ **wings** *pl n* flotadores *mpl* (*que se colocan en los brazos*); ~**works** *n* (*pl* ~**works**) [1] (for water supply) (+ *sing or pl vb*) planta *f* de tratamiento y depuración de agua, purificadora *f*; ***to turn on the ~works*** echarse a llorar como una magdalena [2] (urinary system) (BrE colloq & euph) (+ *pl vb*) vías *fpl* urinarias

watery /'wɔːtəri/ *adj* [1] (of, like water) acuoso; **he went to a ~ grave** (liter) el mar fue su tumba (liter) [2] ‹*beer/gravy*› aguado [3] ‹*eyes*› lloroso

watt /wɑːt || wɒt/ *n* vatio *m*

wattage /'wɑːtɪdʒ || 'wɒtɪdʒ/ *n* vataje *m*

wattle /'wɑːtl̩ || wɒtl̩/ *n* [u] zarzo *m*; ~ **and daub fence** valla *f* de adobe y cañas

wave¹ /weɪv/ *n*

A [1] (of water) ola *f*; ***to make ~s*** hacer* olas, causar problemas; (*before n*) ~ **power** (Ecol) energía *f* mareomotriz [2] (in hair) onda *f* [3] (Phys) onda *f*

B (surge, movement) oleada *f*; **a ~ of nausea came over him** le vinieron náuseas

C (gesture): **she gave them a ~** les hizo adiós/los saludó con la mano

wave² *vt*

A [1] (shake, swing) ‹*handkerchief/flag*› agitar; **she ~d her hand sadly** hizo adiós con la mano, llena de tristeza; **to ~ sth around** agitar algo; **she ~d her stick at them** los amenazó agitando su bastón en el aire; **she ~d goodbye to him** le hizo adiós con la mano [2] (direct) (+ *adv compl*): **the policeman ~d us on** el policía nos hizo señas para *or* de que siguiéramos adelante

B (curl) ‹*hair*› marcar*, ondular

■ **wave** *vi*

A (signal): **he ~d when he saw us** nos saludó con la mano al vernos; **to ~ AT** *o* **TO sb** (to say goodbye) hacerle* adiós A algn con la mano; (in greeting) saludar a algn con la mano; (to attract attention): **he ~d at** *o* **to me to come over** me hizo señas para que me acercara

B (sway, flutter) «*corn/trees*» agitarse, mecerse* con el viento; «*flag*» ondear, flamear

Phrasal verbs

- **wave aside** [v ▸ o ▸ adv, v ▸ adv ▸ o] [1] (with hand): **he ~d me aside** me hizo señas para que me hiciera a un lado [2] ‹*arguments/attempts*› rechazar*, desechar
- **wave away** [v ▸ o ▸ adv, v ▸ adv ▸ o]: **she ~d him away** le hizo señas para *or* de que se fuera
- **wave down** [v ▸ o ▸ adv, v ▸ adv ▸ o]: **we were ~d down by a policeman** un policía nos hizo señas para que páramos

wave: ~**band** *n* banda *f* de frecuencia; **short/medium ~band** onda *f* corta/media; ~**length** *n* longitud *f* de onda; ***to be on the same ~length*** estar* en la misma onda, sintonizar*; ~ **machine** *n* generador *m* de olas

waver /'weɪvər || 'weɪvə(r)/ *vi*

A (falter) «*person*» flaquear; «*faith*» tambalearse

B (be indecisive) titubear, vacilar

waverer /'weɪvərər || 'weɪvərə(r)/ *n* indeciso, -sa *m,f*

wavy /'weɪvi/ *adj* **wavier, waviest** ondulado

wax¹ /wæks/ *n* [u] [1] cera *f* [2] (*ear~*) cera *f* (de los oídos), cerumen *m* [3] (*sealing ~*) lacre *m*

wax² *vt* [1] (treat with wax) ‹*floor/table/skis*› encerar [2] (to remove hair) depilar con cera

■ **wax** *vi*

A (increase) «*moon*» crecer*; **his popularity ~ed and waned** su popularidad sufrió muchos altibajos

B (become): **she ~ed lyrical about the painting** se deshizo en elogios hablando del cuadro

waxed paper /wækst/ *n* (BrE) papel *m* encerado *or* de cera *or* (Esp tb) parafinado *or* (RPl) (de) manteca *or* (Chi) (de) mantequilla

waxen /'wæksn̩/ *adj* (liter) [1] (pale) ‹*face/complexion*› céreo (liter), pálido [2] (made of wax) ‹*figure/image*› de cera

wax: ~**work** *n* figura *f* de cera; ~**works** *n* (*pl* ~**works**) (+ *sing or pl vb*) museo *m* de cera

waxy /'wæksi/ *adj* **waxier, waxiest** ‹*substance*› parecido a la cera, ceroso

way¹ /weɪ/ *n*

Sense I

A [c] [1] (route) camino *m*; **the ~ back** el camino de vuelta *or* de regreso; **we had to go the long ~ (around)** tuvimos que dar toda la vuelta; **let's go a different ~** vayamos por otro lado *or* camino; **the ~ in/out** la entrada/salida; **I saw her on the ~ out** la vi a la salida; **this style is on the ~ in/out** este estilo se está poniendo/pasando de moda; **it's difficult to find one's ~ around this town** es difícil orientarse *or* no perderse en esta ciudad; **you'll soon find your ~ around the office/system** en poco tiempo te familiarizarás con la oficina/el sistema; **can you find your ~ there by yourself?** ¿sabes ir solo?; **I'll find my own ~ out** no te molestes en acompañarme; **I can drop the package off on my ~** de paso puedo dejar el paquete; **we're going the wrong ~** nos hemos equivocado de camino, vamos mal; **which ~ did you come?** ¿por dónde viniste?; **which ~ did he go?** ¿por dónde fue?; (following sb) ¿por dónde se fue?; **could you tell me the ~ to the city center?** ¿me podría decir por dónde se va *or* cómo se llega al centro (de la ciudad)?; **I'll make my own ~ there** iré por mi cuenta; **on my ~ to work** de camino al trabajo; **I'm on my ~!** ahora mismo salgo *or* voy, ¡voy para allí!; **the doctor is on her ~** la doctora ya va para allí/viene para aquí; **the goods are on their ~** la mercancía está en camino *or* ya ha salido; **I'll tell you on the ~** te lo cuento por el camino; **winter's on the ~** ya falta poco para que empiece el invierno; **did you find the ~ to Trier all right?** ¿llegaste bien a Trier?; **I don't know the ~ up/down** no sé por dónde se sube/se baja; **she's well on her ~ to recovery** ya está casi recuperada del todo; **to lead the ~** ir* delante; **to lose one's ~** perderse*; **there is no ~ around it** no hay otra solución *or* salida; ***there are no two ~s about it*** no tiene *or* no hay vuelta de hoja; ***to go one's own ~***: **she'll go her own ~** hará lo que le parezca; ***to go out of one's ~*** (make a detour) desviarse* del camino; (make special effort): **they went out of their ~ to be helpful** se desvivieron *or* hicieron lo indecible por ayudar; ***to go the ~ of sth/sb*** acabar como algo/algn, correr la misma suerte de algo/algn [2] (road, path) camino *m*, senda *f*; **the Appian W~** la vía Apia; **the people over the ~** (BrE) los vecinos de enfrente

B [c u] (passage, space): **we hacked a ~ through the undergrowth** nos abrimos camino entre la maleza; **to be/get in the ~** estorbar; **she doesn't let her work get in the ~ of her social life** no deja que el trabajo sea un obstáculo para su vida social; **to stand in the ~**: **they stood in our ~** nos impidieron el paso; **I couldn't see it, she was standing in my ~** no podía verlo, ella me tapaba (la vista); **I won't stand in your ~** no seré yo quien te lo impida; **to stand in the ~ of progress** obstaculizar* *or* entorpecer* el progreso; **(get) out of the ~!** ¡hazte a un lado!, ¡quítate de en medio!; **to move sth out of the ~** quitar algo de en medio; **I'd like to get this work out of the ~** quisiera quitar este trabajo de en medio; **to keep out of sb's ~** rehuir* a algn, evitar encontrarse con algn; **make ~!** ¡abran paso!

C [c] (direction): **it's that ~** es en esa dirección, es por ahí; **this ~!** ¡por aquí!; **we didn't know which ~ to go** no sabíamos por dónde ir *or* qué dirección tomar; **which ~ did they go?** ¿por dónde (se) fueron?; **this ~ and that** de un lado a otro, aquí y allá; **which ~ does the house face?** ¿hacia dónde mira *or* está orientada la casa?; **we're both going the same ~** vamos para el mismo lado *or* en la misma dirección; **look the other ~!** ¡mira para otro lado!; **the hurricane is heading this ~** el huracán viene hacia aquí *or* en esta dirección; **if you're ever down our ~, call in** (colloq) si algún día andas por nuestra zona, ven a vernos; **whichever ~ you look at it, it's a disaster** es un desastre, lo mires por donde lo mires; **you've got your T-shirt on the wrong ~ around** llevas la camiseta al *or* del revés; **the other ~ around** al revés; **which ~ up should it be?** ¿cuál es la parte de arriba?; **to split sth three/five ~s** dividir algo en tres/cinco partes; **every which ~** (AmE) para todos lados; ***to come sb's ~*** (lit) «*person/animal*» venir* hacia algn; **none of the money ever came our ~** no nos tocó ni un céntimo del dinero; **then bad luck began to come my ~** entonces empecé a tener una mala racha; ***to go sb's ~***: **are you going my ~?** ¿vas en mi misma dirección?; **the decision went our ~** se decidió en nuestro favor; ***to put work/business sb's ~*** conseguirle* trabajo/clientes a algn; ~ ***to go!*** (AmE colloq) ¡así se hace!, ¡bien hecho!

D (distance) (*no pl*): **there's only a short ~ to go now** ya falta *or* queda poco para llegar; **he came all this ~ just to see me** (colloq) se dió el viaje hasta aquí sólo para verme; **we're still some ~ from home** todavía nos queda un trecho para llegar a casa; **it's a long ~ from here to Rio** Río queda muy lejos de aquí; **we passed a church some ~ back** hace ya un rato que pasamos una iglesia; **you have to go back a long ~, to the Middle Ages** hay que remontarse a la Edad Media; **it's a very long ~ down/up** hay una buena bajada/subida; **the exam is still some ~ off** todavía falta bastante para el examen; **he's come a long ~** ha venido de muy lejos; **we've come a long ~ since those days** hemos evolucionado *or* avanzado mucho desde entonces; **my salary has to go a long ~** tengo que estirar mucho el sueldo; **a little goes a long ~** un poco cunde *or* (AmL tb) rinde mucho; **Springfield? that's quite a ~s from here** (AmE colloq) ¿Springfield? eso está requetelejos de aquí (fam); **we had to walk all the ~ up** tuvimos que subir a pie hasta arriba; ***to go all the ~***: **do you think he might go all the ~ and fire them?** ¿te parece que puede llegar a echarlos?; **they went all the ~** (had sex) tuvieron relaciones, hicieron el amor; ***to go some/a long ~ toward sth*** contribuir* en cierta/gran medida a algo; *see also* **way¹** *Sense* **III**

Sense **II**

A [c] (method, means) forma *f*, manera *f*, modo *m*; **we must try every possible ~ to convince them** tenemos que tratar de convencerlos por todos los medios; **there's no ~ of crossing the border without a passport** es imposible cruzar la frontera sin pasaporte; **it doesn't matter to me one ~ or the other** me da igual una cosa u otra; **it doesn't matter either ~** de cualquier forma *or* manera, no importa; **there are many ~s in which it will be useful** será útil en muchos sentidos; **all right, we'll do it your ~** muy bien, lo haremos a tu manera *or* como tú quieras; **to learn sth the hard ~** aprender algo a fuerza de palos *or* golpes; **to do sth the hard/easy ~** hacer* algo de manera difícil/fácil; **that's not the ~ to do it!** ¡así no se hace!; **that's the ~!** ¡así se hace!; ***he wants to have it both ~s*** lo quiere todo, lo quiere la chancha y los cinco reales *or* los veinte (RPl fam); ***you can't have it both ~s*** tienes que elegir entre una cosa u otra

B [c] (manner) manera *f*, modo *m*, forma *f*; **in a subtle ~** de manera *or* modo *or* forma sutil; **the ~ you behaved was disgraceful** te comportaste de (una) manera *or* forma vergonzosa; **is this the ~ you treat all your friends?** ¿así (es como) tratas a todos tus amigos?; **that's one ~ of looking at it** es una manera *or* un modo *or* una forma de verlo; **that's no ~ to talk to your mother!** ¡así no se le habla a la madre!; **what a ~ to go!** (set phrase) ¡mira que acabar *or* terminar así!; **he's in a bad ~** está muy mal; **that's just his ~** así es él; **that's the ~ it goes** así son las cosas, así es la vida; **it looks that ~** así *or* eso parece; **this ~ it's better for everyone** así es mejor para todos; **the ~ I see it** tal y como yo lo veo, a mi modo *or* manera de ver; **the ~ things are** *o* **stand at the moment** tal y como están las cosas en este momento; ***in a big ~***: **they let us down in a big ~** nos fallaron de mala manera; **he fell for her in a big ~** quedó prendado de ella; ***to have a ~ with ...***: **to have a ~ with children/people** saber* cómo tratar a los niños/saber* cómo tratar a la gente, tener* don de gentes; **to have a ~ with animals** tener* mucha mano con los animales; **to have a ~ with words** tener* mucha labia *or* facilidad de palabra

C [c] **1** (custom, characteristic): **the ~s of our people** las costumbres de nuestro pueblo; **you'll get used to our ~s** ya te irás haciendo a nuestra manera de hacer las cosas; **he has a ~ of making people feel at ease** sabe hacer que la gente se sienta cómoda; **she has a ~ of popping up unexpectedly** tiene la costumbre de aparecer donde menos te la esperas; **to get into/out of the ~ of sth** (BrE) acostumbrarse a/perder* la costumbre de algo; ***to be set in one's ~s*** estar* muy acostumbrado a hacer las cosas de cierta manera; ***to mend one's ~s*** dejar las malas costumbres, enmendarse* **2** (wish, will): **to get/have one's (own) ~** salirse* con la suya (*or* mía *etc*); **have it your own ~ then!** ¡lo que tú quieras!, ¡como tú digas!; ***to have it all one's own ~*** salirse* con la suya (*or* mía *etc*); ***to have one's (evil*** *o* ***wicked) ~ with sb*** llevarse a algn al huerto (fam), pasar a algn por las armas (fam)

D [c] (feature, respect) sentido *m*, aspecto *m*; **in a ~, it's like losing an old friend** de alguna manera *or* en cierta forma *or* en cierto sentido es como perder a un viejo amigo; **our product is in no ~ inferior to theirs** nuestro producto no es de ninguna manera *or* en ningún sentido inferior al suyo; **you were in no ~ to blame** tú no tuviste ninguna culpa; *see also* **way¹** *Sense* **III**

Sense **III** (*in phrases*)

A **by the way** (*indep*) a propósito, por cierto; **but that's all by the ~: what I really wanted to say was ...** pero eso no es a lo que iba: lo que quería decir es que ...

B **by way of** (*as prep*) **1** (via) vía, pasando por **2** (to serve as) a modo *or* manera de; **by ~ of introduction/an apology** a modo *or* manera de introducción/disculpa

C **in the way of** (as regards) (*as prep*): **don't expect too much in the ~ of help** en cuanto a ayuda, no esperes mucho; **there wasn't much in the ~ of opposition** no hubo gran oposición

D **no way** (colloq): **no ~ will I lend it to you** ni loco te lo presto (fam); **no ~ is he/she going to do it** de ninguna manera lo va a hacer (fam); **no ~!** ¡ni hablar! (fam)

E **to give way** **1** (break, collapse) ‹‹*ice/rope/cable*›› romperse*; ‹‹*floor*›› hundirse, ceder; **the table gave ~ under the weight** la mesa no aguantó el peso **2** (succumb, give in) **to give ~ TO sth** ‹*to threats/blackmail*› ceder A *or* ANTE algo; **she gave ~ to tears** no pudo contener las lágrimas y se echó a llorar; **don't give ~ to pessimism** no te dejes vencer por el pesimismo **3** (BrE Transp) **to give ~ (TO sb/sth)** ceder el paso (A algn/algo); Ⓢ **give way** ceda el paso **4** (be replaced, superseded by) **to give ~ TO sth** dejar *or* dar* paso A algo

F **under way**: **to get under ~** ponerse* en marcha, comenzar*; **to get a meeting under ~** dar* comienzo a una reunión; **an investigation is under ~** se está llevando a cabo *or* se ha abierto una investigación

way² *adv* (colloq): **~ back in February** allá por febrero; **~ behind** muy por detrás; **~ down south** allá por el sur; **they were ~ out in their calculations** se equivocaron en mucho en los cálculos; **~ past midnight** mucho después de la medianoche; **profits are ~ up on last year** los beneficios están muy por encima de los del año pasado; **~ and away** (*as intensifier*) (AmE) con mucho, lejos (AmL fam)

wayfarer /'weɪ,ferər || 'weɪ,feərə(r)/ *n* (liter) caminante *mf*

way: **~lay** /'weɪ'leɪ/ *vt* (*past & past p* **~laid**) abordar, detener*; **~-out** /'weɪ'aʊt/ *adj* (*pred* **~ out**) (colloq) ultramoderno, estrambótico (fam); **~s and means** *pl n* **~s and means (OF -ING)** métodos *mpl* (DE + INF); **~side** *n* **the ~side** el borde del camino; ***to fall by the ~side*** quedarse por el *or* a mitad de camino

wayward /'weɪwərd || 'weɪwəd/ *adj* díscolo, caprichoso

WC *n* (BrE) WC *m*

we /wi:, *weak form* wi/ *pron* nosotros, -tras; **~ English** nosotros los ingleses; **the Royal ~** el plural mayestático, el Nos real; **it's ~ who should be grateful** (frml) somos nosotros quienes deberíamos estar agradecidos; **they're more advanced than ~ are** están más adelantados que nosotros

weak /wi:k/ *adj* **-er, -est**

A **1** ‹*person/muscles*› débil; ‹*structure*› poco sólido, endeble; ‹*economy/currency*› débil; ‹*handshake*› flojo; **I was too ~ to lift it** no me daban las fuerzas para levantarlo; **to have a ~ heart** sufrir del corazón; **he was ~ with hunger** se sentía débil del hambre que tenía; **to grow ~** debilitarse **2** (ineffectual) ‹*character/leader*› débil

B **1** (not competent) ‹*student/performance*› flojo, pobre **2** (not convincing) ‹*argument/excuse*› poco convincente, pobre

C (diluted) ‹*coffee/tea*› poco cargado; ‹*beer*› suave, aguado (pey); ‹*solution*› diluido

weaken /'wi:kən/ *vt* ‹*body/limb*› debilitar; ‹*structure/power/currency/economy*› debilitar; ‹*determination*› menoscabar

■ **weaken** *vi* ‹‹*person/animal*›› (physically) debilitarse; ‹‹*resolve*›› flaquear; ‹‹*power*›› debilitarse; (relent) ceder, aflojar; **don't ~ in your resolve** no cedas en tu propósito

weak-kneed /'wi:k'ni:d/ *adj* pusilánime

weakling /'wi:klɪŋ/ *n* alfeñique *m*

weakly /'wi:kli/ *adv* ‹*say*› con voz débil, débilmente; **he struggled ~ and then gave in** se rindió sin apenas oponer resistencia

weak-minded /'wi:k'maɪndəd || ,wi:k'maɪndɪd/ *adj* sin carácter

weakness /'wi:knəs || 'wi:knɪs/ *n*

A [u] **1** (of body, defenses) debilidad *f*; (of structure, material) falta

W

f de solidez, endeblez *f*; (of argument) pobreza *f* 2 (ineffectualness) falta *f* de carácter, flaqueza *f*

B [c] 1 (weak point — in structure, policy) punto *m* débil; (— in person's character) flaqueza *f*, punto *m* débil *or* (fam) flaco; **we all have our ~es** todos tenemos nuestras debilidades 2 (liking) debilidad *f*, flaqueza *f*; **chocolate is one of my ~es** el chocolate es una de mis flaquezas, tengo debilidad por el chocolate; **to have a ~ for sth** tener* debilidad por algo

weak-willed /'wi:k'wɪld/ *adj* ‹*person*› de poca (fuerza de) voluntad; **to be ~** tener* poca fuerza de voluntad

weal /wi:l/ *n* verdugón *m* (*de un golpe dado con una cuerda, correa etc*)

wealth /welθ/ *n* [u]

A 1 (money, possessions) riqueza *f*, riquezas *fpl* (liter) 2 (Econ) riqueza *f*

B (large quantity): **a ~ of sth** abundancia *f* de algo

wealthy¹ /'welθi/ *adj* **-thier, -thiest** ‹*person/family*› adinerado, acaudalado, rico; ‹*nation/area*› rico

wealthy² *n* **the ~** los ricos, la gente adinerada

wean /wi:n/ *vt* ‹*baby/young*› destetar; **to ~ sb OFF sth**: **we ~ed him off drugs** conseguimos que dejara las drogas, conseguimos desengancharle de las drogas (Esp)

weapon /'wepən/ *n* arma *f*‡; **~s of mass destruction** armas de destrucción masiva

weaponry /'wepənri/ *n* [u] armamento *m*, armas *fpl*

wear¹ /wer || weə(r)/ *n* [u]

A 1 (use): **you should get a good ten years' ~ out of that coat** ese abrigo te debería durar por lo menos diez años; **I've had a lot of ~ out of these shoes** les he dado mucho uso *or* (fam) trote a estos zapatos; **carpets that stand hard ~** alfombras que resisten el uso constante 2 (damage) desgaste *m*; **the sofa's showing signs of ~** el sofá está un poco gastado; **~ and tear** uso *m* *or* desgaste natural; ***to look the worse for ~***: **she looked very much the worse for ~ after the sleepless night** se le notaban los efectos de la noche en vela

B 1 (wearing of clothes): **clothes for evening/everyday ~** ropa para la noche/para diario *or* para todos los días 2 (clothing) ropa *f*; **children's ~** ropa de niños

wear² (*past* **wore**; *past p* **worn**) *vt*

A 1 (at specific moment) ‹*clothes/jewelry/watch*› llevar; **she was ~ing a black dress** llevaba un vestido negro; **what perfume are you ~ing?** ¿qué perfume llevas *or* te has puesto?; **she wasn't ~ing any makeup** no llevaba maquillaje; **he's ~ing his glasses** lleva puestas las gafas; **I've got nothing to ~** no tengo qué ponerme; **she was ~ing green** vestía de verde 2 (usually) ‹*glasses*› llevar, usar; ‹*makeup/perfume/earrings*› usar; **she doesn't ~ skirts** no usa *or* no se pone faldas; **he ~s size 44 shoes** calza (el) 44; **she ~s green a lot** se viste mucho de verde; **she ~s her hair in a ponytail** se peina con cola de caballo; ***to ~ the trousers*** *o* (AmE also) ***pants*** llevar los pantalones

B (through use): **he had worn the collar threadbare** había gastado el cuello hasta dejarlo raído de tanto uso; **the step had been worn smooth** el peldaño se había alisado con el uso; **she's worn holes in the soles** se le han agujereado las suelas

■ **wear** *vi*

A (through use) «*collar/carpet/brakes*» gastarse; **to ~ smooth** alisarse; ***to ~ thin*** (lit: through use) «*cloth/metal*» gastarse; «*joke*» perder* la gracia; **her patience began to ~ thin** empezó a perder la paciencia

B (last) (+ *adv compl*) durar; **to ~ well** «*cloth/clothes*» durar mucho; «*person*» conservarse bien

(Phrasal verbs)

• **wear away**

A [v ▸ o ▸ adv, v ▸ adv ▸ o] (erode) ‹*rock*› desgastar, erosionar; ‹*pattern/inscription*› borrar

B [v ▸ adv] (become eroded) «*rock*» desgastarse, erosionarse; «*inscription*» borrarse

• **wear down**

A [v ▸ o ▸ adv, v ▸ adv ▸ o] 1 (by friction) ‹*heel/pencil*› gastar 2 (weaken) ‹*resistance*› menoscabar; ‹*person*› agotar, acabar con

B [v ▸ adv] «*heel/tread*» gastarse

• **wear off** [v ▸ adv] 1 (be removed) «*paint*» quitarse, salirse* 2 (disappear) «*distress/numbness*» pasarse, quitarse; **the novelty was beginning to ~ off** ya estaba dejando de ser una novedad

• **wear on** [v ▸ adv] «*winter/years*» pasar, transcurrir (*lentamente*); «*meeting/drought*» continuar*; **as the day wore on** a medida que iban pasando las horas

• **wear out**

A [v ▸ o ▸ adv, v ▸ adv ▸ o] 1 (through use) ‹*shoes/carpet/batteries*› gastar 2 (exhaust) ‹*person*› agotar, dejar rendido, dejar de cama (AmL fam); **to ~ oneself out** agotarse

B [v ▸ adv] (through use) «*shoes/towel/batteries*» gastarse

• **wear through** [v ▸ adv] (get hole in) «*soles/cloth*» agujerearse; **the jacket had worn through at the elbows** la chaqueta tenía los codos raídos *or* tenía agujeros en los codos

wearily /'wɪrəli || 'wɪərɪli/ *adv* ‹*walk/move*› cansinamente; **he sighed ~** suspiró cansado

weariness /'wɪrinəs || 'wɪərinɪs/ *n* [u] cansancio *m*, fatiga *f*; (mental) hastío *m*

wearing /'werɪŋ || 'weərɪŋ/ *adj* 1 (tiring, tiresome) cansado *or* (AmS) cansador *or* (Col, Ven) cansón 2 (damaging): **it's very ~ on the nerves** te saca de quicio

wearisome /'wɪrisəm || 'wɪərisəm/ *adj* pesado, aburrido

weary¹ /'wɪri || 'wɪəri/ *adj* **-rier, -riest** ‹*person/legs*› cansado; ‹*sigh*› de cansancio; **to be ~ OF sth/-ING** estar* cansado *or* harto *or* aburrido DE algo/+ INF; **to grow ~ OF sth** cansarse *or* hartarse *or* aburrirse DE algo

weary² **-ries, -rying, -ried** *vt* 1 (tire) cansar 2 (annoy) hartar, cansar, aburrir

■ **weary** *vi* (frml *or* liter) (tire) **to ~ OF sth/sb** cansarse *or* hartarse *or* aburrirse DE algo/algn

weasel /'wi:zəl/ *n* 1 (Zool) comadreja *f* 2 (person) (colloq & pej) rata *f* (fam & pey)

weather¹ /'weðər || 'weðə(r)/ *n* [u] tiempo *m*; **good/bad ~** buen/mal tiempo; **in hot ~** cuando hace calor, en tiempo caluroso; **what's the ~ like?** ¿cómo está el tiempo?, ¿qué tiempo hace?; **what's the ~ like in Mexico?** ¿qué clima tiene México?; **you can't go out in this ~** no puedes salir con este tiempo; **they work outdoors in all ~s**[c] trabajan a la intemperie haga el tiempo que haga; ***to be under the ~*** no estar* *or* (fam) no andar* muy bien; ***to make heavy ~ of sth*** complicarse* la vida con algo (colloq); **you're making very heavy ~ of sewing that button on!** ¡qué manera de complicarse la vida para coser un simple botón!; (*before n*) **~ forecaster** meteorólogo, -ga *m,f*; ‹*map/chart*› meteorológico; **~ forecast** pronóstico *m* del tiempo

weather² *vt*

A 1 (wear) ‹*rocks*› erosionar; ‹*surface*› desgastar; ‹*skin/face*› curtir 2 ‹*wood*› secar*, curar

B (survive): *see* **storm¹ A**

■ **weather** *vi* «*rock*» erosionarse; «*surface*» desgastarse

weather: **~beaten** *adj* ‹*face/sailor*› curtido; ‹*walls/rocks*› azotado por los elementos; **~cock** *n* veleta *f*

weathered /'weðərd || 'weðəd/ *adj* ‹*rocks/brick/stone*› erosionado (*por la acción de los elementos*); ‹*wood*› curado

weather: **~man** /'weðərmæn || 'weðəmæn/ *n* (*pl* **-men** /-men/) *hombre que transmite el pronóstico del tiempo por radio o televisión*; **~proof** *adj* impermeable; **~ vane** *n* veleta *f*

weave¹ /wi:v/ *vt*

A (*past* **wove**; *past p* **woven**) 1 ‹*cloth/mat*› tejer (*en telar*); ‹*basket/web*› tejer; ‹*story/plot*› tejer; **they wove a roof out of branches** hicieron un techo entretejiendo ramas 2 (thread together) ‹*threads*› entretejer, entrelazar*; ‹*branches/straw*› entretejer; **she ~s these anecdotes into her lectures** entreteje *or* intercala estas anécdotas en sus conferencias

B (*past* **wove** *or* **weaved**; *past p* **woven** *or* **weaved**): **he ~d his way through the crowd** se abrió camino (en zigzag) entre la multitud

■ **weave** *vi*

A (*past* **wove**; *past p* **woven**) (make cloth, baskets) tejer; ***to get weaving*** (BrE colloq) poner* manos a la obra

B 1 (*past* **wove** *or* **weaved**; *past p* **woven** *or* **weaved**) «*road*» serpentear, zigzaguear; «*person*» zigzaguear; **the cyclist was weaving in and out of the traffic** el ciclista iba zigzagueando por entre el tráfico 2 (*past & past p* **weaved**) (sway) tambalearse, bambolearse

weave² *n* [u c] trama *f*, tejido *m*

weaver /'wi:vər || 'wi:və(r)/ *n* tejedor, -dora *m,f*

W

weaving /'wi:vɪŋ/ *n* [u] (of cloth) tejido *m*

web /web/ *n*

A (*spider's* ~) telaraña *f*; **a ~ of intrigue** una red de intriga; **a ~ of lies** una maraña de mentiras

B (on bird's, frog's foot) membrana *f* interdigital

C (Comput): **the W~** *o* **~** la *or* el web; **World Wide Web** telaraña *f* mundial; (*before n*) **~ design** diseño *m* de páginas web; **~ designer** diseñador, -dora *m,f* de páginas web

webbed /webd/ *adj* palmeado

web: **~ browser** *n* navegador *m* de Internet; **~cam** /'webkæm/ *n* webcam *f*, cámara *f* web

web-footed /'web'fʊtəd || ˌweb'fʊtɪd/, **web-toed** /-'təʊd/ *adj* palmípedo

wed /wed/ (*past & past p* **wedded** *or* **wed**) *vt* **1** (marry) (dated *or* journ) ‹*man/woman*› casarse con; **with this ring I thee ~** recibe este anillo *or* esta alianza como símbolo de nuestra unión **2** **wedded** *past p* ‹*bliss/life*› conyugal; **lawful ~ded wife** legítima esposa; **lawful ~ded husband** legítimo esposo **3** (attach, commit) (frml) **to be ~ded (TO sth)**: **the government is firmly ~ded to a policy of privatization** el gobierno está empeñado en una política de privatización

■ **wed** *vi* casarse

we'd /wi:d/ **1** **= we had** **2** **= we would**

Wed (= **Wednesday**) miérc.

wedding /'wedɪŋ/ *n* **1** (ceremony) boda *f*, casamiento *m*, matrimonio *m* (AmS exc RPl); **to have a church/civil** (AmE) *o* (BrE) **registry-office ~** casarse por la iglesia *or* (RPl) por iglesia/por lo civil *or* (Per, RPl, Ven) por civil *or* (Chi, Méx) por el civil; (*before n*) **~ breakfast** banquete *m* nupcial; **~ cake** tarta *f or* pastel *m* de boda, torta *f* de matrimonio *or* de novios (AmS exc CS), torta *f* de casamiento (RPl) *or* (Chi) de novia; **~ dress** vestido *m or* traje *m* de novia; **~ march** marcha *f* nupcial; **~ night** noche *f* de bodas; **~ reception** banquete *m* de bodas, fiesta *f* de matrimonio (Chi); **~ ring** alianza *f*, anillo *m* de boda, argolla *f* (de matrimonio) (Chi) **2** (anniversary): **silver/golden ~** bodas *fpl* de plata/oro

wedge¹ /wedʒ/ *n* **1** (for securing) cuña *f*, calce *m*, calzo *m* **2** (for splitting) cuña *f*; ***the thin end of the ~*** el principio de algo peor; ***to drive a ~ between two people/groups*** abrir* una brecha entre dos personas/grupos **3** (shape): **a ~ of cheese/cake** un trozo grande de queso/pastel

wedge² *vt* **1** (secure): **to ~ a door open** ponerle* una cuña *or* un calce a una puerta para que no se cierre **2** (squeeze) meter (*a presión*); **she was ~d between two fat men** estaba apretujada entre dos gordos (sin poderse mover)

wedlock /'wedlɑ:k || 'wedlɒk/ *n* [u] (frml) matrimonio *m*

Wednesday /'wenzdeɪ, -di/ *n* miércoles *m*; *see also* **Monday**

wee¹ /wi:/ *adj* **1** (small) (esp Scot, IrE) pequeño, chico (esp AmL); **a ~ drink** una copita, un tragito; **in the ~ small hours** *o* (AmE also) **the ~ hours** a las altas horas de la madrugada **2** **a ~ bit**: **a ~ bit late/less** un poco tarde/un poquito menos

wee² *n* (BrE colloq) (*no pl*): **to have** *o* **do a ~** hacer* pis *or* pipí (fam), hacer* del uno (Méx, Per fam)

wee³ *vi* (BrE colloq) hacer* pis *or* pipí (fam); (accidentally) hacerse* pis *or* pipí (fam)

weed¹ /wi:d/ *n*

A (Hort) **1** [c] hierbajo *m*, mala hierba *f*, yuyo *m* (RPl), maleza *f* (AmL) **2** [u] (aquatic growth) algas *fpl*

B [u] (marijuana) (sl) hierba *f* (arg), monte *m* (AmC, Col, Ven fam)

C [c] (feeble person) (BrE colloq) alfeñique *m*

weed² *vt* deshierbar, desherbar*, desmalezar* (AmL), sacar* los yuyos de (RPl)

■ **weed** *vi* deshierbar, desherbar*, desmalezar* (AmL), sacar* los yuyos (RPl)

Phrasal verb

- **weed out** [v ▸ o ▸ adv, v ▸ adv ▸ o] **1** (Hort) quitar, arrancar* **2** ‹*errors/items*› eliminar; ‹*applicants*› eliminar, descartar

weedkiller /'wi:dˌkɪlər || 'wi:dˌkɪlə(r)/ *n* herbicida *m*

weedy /'wi:di/ *adj* **-dier, -diest** **1** (lanky) (AmE) larguirucho (fam) **2** (feeble, puny) (BrE colloq) enclenque

week /wi:k/ *n* **1** (7 days) semana *f*; **in a ~** dentro de una semana; **once a ~** una vez por semana *or* a la semana; **$100 a ~** 100 dólares semanales *or* por semana; **we get paid by the ~** nos pagan semanalmente; **(on) Tuesday ~** *o* (BrE also) **a ~ on Tuesday** el martes que viene no, el otro *or* del martes en ocho días; **she arrived a ~ (ago) yesterday** ayer hizo una semana que llegó; **~ in, ~ out** semana tras semana; **Holy W~** Semana Santa **2** (working days): **I never go out in** *o* **during the ~** nunca salgo los días de semana *or* entre semana; **a four-day/35 hour ~** una semana (laboral) de cuatro días/35 horas

week: **~day** *n* día *m* de semana; **he gets up early (on) ~days** se levanta temprano los días de semana *or* entre semana; **~end** /'wi:kend || wi:k'end/ *n* fin *m* de semana; **long ~end** fin *m* de semana largo, puente *m*

weekly¹ /'wi:kli/ *adj* semanal

weekly² *adv* semanalmente; **we get paid ~** nos pagan por semana

weekly³ *n* (*pl* **weeklies**) semanario *m*

weenie /'wi:ni/ *n* (AmE colloq) pitito *m* (fam), pichulín *m* (AmL fam), pipí *f* (Bol, Col, Méx fam), colita *f* (Esp fam)

weeny /'wi:ni/ *adj* **-nier, -niest** (colloq) pequeñito, chiquito (esp AmL)

weep¹ /wi:p/ *vi* (*past & past p* **wept**)

A (cry) llorar; **I could have wept** era como para llorar; **to ~ FOR sb** llorar POR algn; (for dead person) llorar A algn; **to ~ OVER sth** llorar POR algo; **to ~ with joy** llorar de alegría

B (exude liquid) «*wound/eye*» supurar

weep² *n* (esp BrE) (*no pl*): **I had a good ~** me desahogué llorando un rato

weeping /'wi:pɪŋ/ *n* [u] llanto *m*

weeping willow *n* sauce *m* llorón

weepy¹ /'wi:pi/ *adj* **-pier, -piest** (colloq)

A **1** ‹*person*›: **to feel ~** tener* ganas de llorar; **she's very ~ these days** de un tiempo a esta parte llora por nada *or* está muy llorona **2** ‹*film/play*› que hace llorar, lacrimógeno (hum), cebollento (Chi fam)

B ‹*eye*› lloroso

weepy² *n* (*pl* **-pies**) (BrE colloq & journ) dramón *m* (fam & pey), melodrama *m*

weevil /'wi:vəl/ *n* gorgojo *m*

weft /weft/ *n* [u] trama *f*

weigh /weɪ/ *vt*

A ‹*person/load/food*› pesar; **to ~ oneself** pesarse

B (consider) ‹*factors/arguments/evidence*› sopesar; **to ~ sth AGAINST sth** comparar algo CON algo, contraponer* algo A algo

C (Naut): **to ~ anchor** levar anclas

■ **weigh** *vi*

A (measure in weight) «*person/load/food*» pesar; **how much** *o* **what do you ~?** ¿cuánto pesas?; **this bag ~s a ton!** (colloq) ¡esta bolsa pesa un quintal *or* una tonelada!

B (count): **your inexperience will ~ against you** tu falta de experiencia será un factor en tu contra; **this ~ed heavily in her favor** esto la favoreció enormemente

Phrasal verbs

- **weigh down** [v ▸ o ▸ adv, v ▸ adv ▸ o] **1** (impose weight on): **the bag was ~ing me down** la bolsa me pesaba mucho; **trees ~ed down with fruit** árboles cargados de fruta **2** (depress) abrumar **3** ▸ **weight down**
- **weigh in** [v ▸ adv]

A «*boxer/runner*»: **the champion ~ed in at 160 lbs** el campeón pesó 160 libras; **they haven't ~ed in yet** aún no los han pesado

B (in discussion, conversation) intervenir*; **to ~ in WITH sth**: **she ~ed in with harsh criticism of our methods** intervino criticando duramente nuestros métodos

- **weigh on** [v ▸ prep ▸ o]: **it still ~ed heavily on her conscience** todavía sentía un gran cargo de conciencia; **it ~s heavily on my mind** me preocupa mucho
- **weigh out** [v ▸ o ▸ adv, v ▸ adv ▸ o] pesar
- **weigh up** [v ▸ o ▸ adv, v ▸ adv ▸ o] ‹*situation*› considerar, ponderar; ‹*pros and cons*› sopesar, considerar, ponderar; ‹*person*› evaluar*, formarse una opinión de

weighbridge /'weɪbrɪdʒ/ *n* báscula *f* de puente

weight¹ /weɪt/ *n*

A [u c] (mass, heaviness) peso *m*; **it's sold by ~** se vende al peso *or* por peso; **the bag is 5kg in ~** la bolsa pesa 5kg; **what ~ are you?** ¿cuánto pesas?; **to gain** *o* **put on ~** engordar, subir de peso; **to lose ~** adelgazar*, perder* peso; **you mustn't lift heavy ~s** no debe levantar cosas

W

pesadas; **sit down, take the ~ off your feet** siéntate y descansa un poco; **that has taken a ~ off my mind** eso me ha sacado un peso de encima; ***to be worth one's ~ in gold*** valer* su peso en oro; ***to pull one's ~***: **John isn't pulling his ~** John no trabaja como debería; ***to throw one's ~ around*** mandonear (fam); ***to throw one's ~ behind sth*** apoyar algo con dedicación

B [u] (importance, value) peso *m*; **to lend/add ~ to sth** darle* más peso a algo; **his views don't carry much ~ with her** ella no respeta mucho sus opiniones, para ella sus opiniones no cuentan mucho

C 1 (unit) peso *m*; **~s and measures** pesos y medidas 2 (for scales, clocks) pesa *f* 3 (Sport) pesa *f*; (*before n*) **~ training** entrenamiento *m* con pesas

weight² *vt* 1 (make heavier) darle* peso a; ‹*fishing net*› lastrar 2 (bias): **to be ~ed against/in favor of sb** perjudicar*/favorecer* a algn

Phrasal verb

- **weight down** [v ▸ o ▸ adv, v ▸ adv ▸ o] 1 ‹*tarpaulin/papers*› sujetar con algo pesado 2 ‹*body*› (to make it sink) ponerle* un lastre a

weighting /'weɪtɪŋ/ *n* (BrE Busn) suplemento *m or* prima *f or* plus *m* (salarial); **London ~** suplemento salarial por trabajar en Londres

weightless /'weɪtləs || 'weɪtlɪs/ *adj* ingrávido

weightlessness /'weɪtləsnəs || 'weɪtlɪsnɪs/ *n* [u] ingravidez *f*

weight: **~lifter** /'weɪt,lɪftər || 'weɪt,lɪftə(r)/ *n* levantador, -dora *m,f* de pesas, pesista *mf* (Andes), halterófilo, -la *m,f*; **~lifting** /'weɪt,lɪftɪŋ/ *n* [u] levantamiento *m* de pesas, halterofilia *f*; **~-watching** /'weɪt,wɑːtʃɪŋ || 'weɪt ,wɒtʃɪŋ/ *n* [u] cuidado *m* del peso *or* de la línea

weighty /'weɪti/ *adj* **-tier, -tiest** ‹*argument*› de peso, importante; ‹*matter*› importante

weir /wɪr || wɪə(r)/ *n* presa *f*

weird /wɪrd || wɪəd/ *adj* **-er, -est** 1 (strange) (colloq) raro, extraño; **all sorts of ~ and wonderful things** las cosas más increíbles 2 (unearthly) ‹*apparition/figure*› misterioso

weirdo /'wɪrdəʊ || 'wɪədəʊ/ *n* (*pl* **-os**) (colloq) bicho *m* raro (fam)

welcome¹ /'welkəm/ *interj* bienvenido; **~ home/to Chicago!** ¡bienvenido a casa/a Chicago!; **~ back!** me alegro de que hayas vuelto

welcome² *adj* 1 (gladly received) ‹*guest*› bienvenido; ‹*change/news*› grato; **he knows how to make people feel ~** sabe acoger a la gente; **an extra pair of hands is always ~** siempre se agradece la ayuda de alguien más; **it was a ~ relief** fue un gran alivio 2 (freely permitted) **to be ~ to + INF**: **you're ~ to use the phone** el teléfono está a tu disposición; **to be ~ TO sth**: **you're ~ to these books** puedes llevarte estos libros, si quieres; **she's ~ to try** que pruebe, si quiere 3 (responding to thanks): **you're ~!** ¡de nada!, ¡no hay de qué!

welcome³ *vt* (greet) darle* la bienvenida a; (receive): **he was warmly ~d by her family** su familia le dio una calurosa acogida; **they ~d me with open arms** me recibieron con los brazos abiertos; **this news is to be ~d** es para alegrarse de esta noticia; **we would ~ any advice you can give us** le agradeceríamos cualquier consejo que pudiera darnos

welcome⁴ *n* bienvenida *f*, recibimiento *m*, acogida *f*; **to give sb a warm ~** acoger* a algn calurosamente, darle* a algn una calurosa bienvenida *or* acogida *or* un caluroso recibimiento

welcoming /'welkəmɪŋ/ *adj* 1 ‹*ceremony/delegation*› de bienvenida *or* recibimiento 2 ‹*smile/hug*› acogedor, cordial; **the little bar looked very ~** el barcito parecía muy acogedor

weld /weld/ *vt* soldar*; **you have to ~ the plates (together)** hay que soldar las placas

■ **weld** *vi* soldar*

welder /'weldər || 'weldə(r)/ *n* (person) soldador, -dora *m,f*; (device) soldadora *f*

welding /'weldɪŋ/ *n* [u] soldadura *f*

welfare /'welfer || 'welfeə(r)/ *n* [u]

A (well-being) bienestar *m*

B (Soc Adm) 1 (assistance) asistencia *f* social; **child ~** protección *f* a la infancia 2 (payment) (AmE) prestaciones *fpl* sociales

welfare state *n* estado *m* de bienestar, estado *m* benefactor

well¹ /wel/ *adv* (*comp* **better**; *superl* **best**)

A (to high standard, satisfactorily) ‹*sing/write/work*› bien; **I explained it as ~ as I could** lo expliqué lo mejor que pude; **to do ~**: **you did very ~** lo hiciste muy bien; **he's doing very ~** le van muy bien las cosas; **he's done ~ for himself** ha sabido abrirse camino; **mother and baby are doing ~** madre e hijo se encuentran muy bien; **~ done!** ¡así se hace!, ¡muy bien!; **to go ~** «*performance/operation*» salir* bien; ▸**worth¹ 2**

B (thoroughly) ‹*wash/dry/know*› bien; **I can ~ understand your concern** entiendo perfectamente su preocupación; **it was ~ worth the effort** realmente valió la pena; **he knows only too ~ that …** bien sabe *or* sabe de sobra que …; **~ and truly** (colloq): **I'm ~ and truly fed up** estoy requete harto (fam); **he was ~ and truly drunk** estaba pero bien borracho *or* completamente borracho; ***to be ~ away*** (BrE colloq): **two beers and he's ~ away** con dos cervezas le alcanza para ponerse alegre

C 1 (considerably) (*no comp*) bastante; **until ~ into the next century** hasta bien entrado el siglo que viene 2 (with justification): **you may ~ ask!** ¡muy buena pregunta!; **she was horrified, as ~ she might be** se horrorizó, y con razón; **she couldn't very ~ deny it** ¿cómo iba a negarlo?

D (advantageously) ‹*marry*› bien; **to do ~ to + INF** hacer* bien en + INF, deber + INF; **she'd be ~ advised to see a lawyer** sería aconsejable que consultara a un abogado; **to come off ~** *o* **do ~ out of sth** salir* bien parado de algo

E (*in phrases*) 1 **as well** (in addition) también; **are they coming as ~?** ¿ellos también vienen?; **and she lied to me as ~!** ¡y además me mintió! 2 **as well as** (in addition to) además de; **at night as ~ as during the day** tanto de noche como durante el día 3 **may/might as well**: **I might as ~ not bother, for all the notice they take** para el caso que me hacen, no sé por qué me molesto *or* no vale la pena que me moleste; **now you've told him, you may as ~ give it to him!** ahora que se lo has dicho dáselo ¿total?

well² *adj* (*comp* **better**; *superl* **best**)

A (healthy) bien; **you look ~** tienes buena cara *or* buen aspecto; **how are you? — I'm very ~, thank you** ¿cómo estás? — muy bien, gracias; **get ~ soon!** ¡que te mejores!

B (pleasing, satisfactory) bien; **all is not ~** algo va mal; **that's all ~ and good, but …** todo eso está muy bien, pero …; **it's all very ~ for him to talk, but …** él podrá decir todo lo que quiera pero …, es muy fácil hablar, pero …; ***all's ~ that ends well*** bien está lo que bien acaba; ▸**alone¹ 2**

C **as well**: **it would be as ~ to keep this quiet** mejor no decir nada de esto; **it's just as ~ I've got some money with me** menos mal que llevo dinero encima

well³ *interj*

A 1 (introducing/continuing topic, sentence) bueno, bien; **~, shall we get started?** bueno *or* bien ¿empezamos?; **~ now** *o* **then, what's the problem?** a ver ¿qué es lo que pasa? 2 (expressing hesitation): **do you like it? — well …** ¿te gusta? — pues *or* (esp AmL) este …

B 1 (expressing surprise): **~, ~, ~! look who's here!** ¡vaya, vaya! *or* ¡anda! ¡mira quién está aquí!; **~, I never!** ¡qué increíble! 2 (expressing indignation) bueno; **~, if that's how you feel … !** bueno, si eso es lo que piensas … 3 (dismissively) ¡bah! 4 (expressing resignation) bueno; **(oh) ~, that's the way it goes** bueno … ¡qué se le va a hacer!

C 1 (expressing expectation): **~? I'm listening** bien, tú dirás, ¿sí? te escucho; **~? who won?** bueno ¿y quién ganó? 2 (expressing skepticism) bueno; **(yes,) ~, that remains to be seen** (sí,) bueno, eso está por verse

well⁴ *n*

A 1 (for water) pozo *m*, aljibe *m* 2 (for oil, gas) pozo *m*

B 1 (for stairs) caja *f or* hueco *m* de la escalera 2 (for ventilation) (BrE) patio *m* (de luces *or* de luz), pozo *m* de aire

Phrasal verb

- **well up** [v ▸ adv] «*water*» brotar, manar; **tears ~ed up in his eyes** los ojos se le llenaron de lágrimas

well- /wel/ *pref* bien; **~made** bien hecho; **~paid** bien remunerado

we'll /wiːl/ **= we will**

well: **~-adjusted** /'weləˈdʒʌstəd || ˌweləˈdʒʌstɪd/ *adj* (*pred* ~ **adjusted**) (Psych) equilibrado; **~-attended** /'weləˈtendəd || ˌweləˈtendɪd/ *adj* (*pred* ~ **attended**) ‹*concert/exhibition*› muy concurrido, con mucho público; **the meeting was very ~ attended** asistió mucha gente a la reunión; **~-balanced** /'welˈbælənst/ *adj* (*pred* ~ **balanced**) ‹*person*› equilibrado; ‹*diet*› equilibrado, balanceado; **~-behaved** /'welbɪˈheɪvd/ *adj* (*pred* ~ **behaved**) ‹*child*› que se porta bien, bueno; ‹*dog*› obediente; **~-being** /'welˈbiːɪŋ/ *n* [u] bienestar *m*; **~-bred** /'welˈbred/ *adj* (*pred* ~ **bred**) distinguido, fino; **~-built** /'welˈbɪlt/ *adj* (*pred* ~ **built**) **1** ‹*house/ship*› bien construido **2** ‹*person*› fornido; **~-chosen** /'welˈtʃəʊzn̩/ *adj* (*pred* ~ **chosen**) ‹*gift*› bien elegido *or* escogido; **I gave him a few ~-chosen words!** ¡le dije cuatro cosas bien dichas!; **~-developed** /'weldɪˈveləpt/ *adj* (*pred* ~ **developed**) (muy) desarrollado; **~-disposed** /'weldɪˈspəʊzd/ *adj* (*pred* ~ **disposed**) dispuesto a colaborar (*or* ayudar *etc*); **~-done** /'welˈdʌn/ *adj* (*pred* ~ **done**) (Culin) bien cocido *or* (Esp) muy hecho; **~-dressed** /'welˈdrest/ *adj* (*pred* ~ **dressed**) bien vestido; **~-educated** /'welˈedʒəkeɪtəd || ˌwelˈedjʊkeɪtɪd/ *adj* (*pred* ~ **educated**) culto, instruido; **~-fed** /'welˈfed/ *adj* (*pred* ~ **fed**) bien alimentado; **~-founded** /'welˈfaʊndəd || ˌwelˈfaʊndɪd/ *adj* (*pred* ~ **founded**) bien fundado, justificado; **~-groomed** /'welˈgruːmd/ *adj* (*pred* ~ **groomed**) **1** ‹*person*› bien arreglado; ‹*hair*› bien peinado **2** ‹*horse/garden*› bien cuidado; **~-heeled** /'welˈhiːld/ *adj* (*pred* ~ **heeled**) (colloq) platudo (AmL fam), de pelas (Esp fam); **they're ~ heeled** tienen plata (AmS fam) *or* (Esp) pelas *or* (Méx) lana (fam)

wellies *pl of* **welly**

well-informed /'welɪnˈfɔːrmd || ˌwelɪnˈfɔːmd/ *adj* bien informado; **to be ~ about sth** estar* muy informado sobre algo, estar* muy al corriente *or* (CS tb) muy interiorizado de algo

wellington (boot) /'welɪŋtən/ *n* **1** (short boot) (AmE) botín *m*, bota *f* (*corta*) **2** (gumboot) (BrE) bota *f* de goma *or* de agua *or* de lluvia, catiusca *f* (Esp)

well: **~-intentioned** /'welɪnˈtentʃənd || ˌwelɪnˈtenʃənd/ *adj* (*pred* ~ **intentioned**) bienintencionado; **to be ~ intentioned** tener* buenas intenciones; **~-kept** /'welˈkept/ *adj* (*before n* ~ **kept**) **1** ‹*house/lawns*› bien cuidado **2** ‹*secret*› bien guardado; **~-known** /'welˈnəʊn/ *adj* (*pred* ~ **known**) ‹*person*› conocido, famoso; **it is ~ known that ...** es bien sabido que ...; **~-mannered** /'welˈmænərd || ˌwelˈmænəd/ *adj* (*pred* ~ **mannered**) de buenos modales, educado; **~-meaning** /'welˈmiːnɪŋ/ *adj* (*pred* ~ **meaning**) ‹*person*› bienintencionado; **he's ~ meaning, but ...** lo hace con la mejor intención, pero ...; **~-nigh** /'welˈnaɪ/ *adv* ‹*impossible/destitute*› prácticamente; **~-off** /'welˈɔːf || ˌwelˈɒf/ *adj* (*pred* ~ **off**) adinerado, acomodado; **to be ~ off FOR sth** tener* cantidad DE algo; **~-placed** /'welˈpleɪst/ *adj* (*pred* ~ **placed**) ‹*shot/throw*› certero; **~-preserved** /'welprɪˈzɜːrvd || ˌwelprɪˈzɜːvd/ *adj* (*pred* ~ **preserved**) ‹*artefact/find*› en buen estado, bien conservado; **he is ~ preserved** se conserva bien; **~-read** /'welˈred/ *adj* (*pred* ~ **read**) culto, instruido; **~-spoken** /'welˈspəʊkən/ *adj* (*pred* ~ **spoken**) ‹*person*› de habla educada; **he's very ~ spoken** es muy bien hablado; **~-stocked** /'welˈstɑːkt || ˌwelˈstɒkt/ *adj* (*pred* ~ **stocked**) ‹*store/fridge*› bien surtido; ‹*lake/stream*› lleno de peces; ‹*library*› muy completo; **~-thought-of** /'welˈθɔːtɑːv || ˌwelˈθɔːtɒv/ *adj* (*pred* ~ **thought of**) ‹*company*› de prestigio, de buen nombre; **he is ~ thought of** está muy bien considerado *or* conceptuado; **~-timed** /'welˈtaɪmd/ *adj* (*pred* ~ **timed**) oportuno; **~-to-do** /'weltəˈduː/ *adj* ‹*businessman/family*› adinerado, acaudalado; ‹*neighborhood*› de gente adinerada; **~-tried** /'welˈtraɪd/ *adj* (*pred* **well tried**) ‹*method/tactic*› muy comprobado; ‹*recipe*› muy probado; **~-wisher** /'welˌwɪʃər || 'welˌwɪʃə(r)/ *n*: **she received lots of cards from ~-wishers** recibió muchas tarjetas en que le deseaban una pronta recuperación (*or* mucha felicidad *etc*); **~-worn** /'welˈwɔːrn || ˌwelˈwɔːn/ *adj* (*pred* ~ **worn**) ‹*coat/carpet*› muy gastado; ‹*phrase*› muy trillado *or* manido

welly /'weli/ *n* (*pl* **-lies**) (BrE Clothing colloq) ▸ **wellington (boot) 2**

welsh /welʃ/ *vi* (colloq) **to ~ ON sth/sb**: **she ~ed on the debt** se hizo la sueca y no pagó la deuda (fam); **he'll ~ on you** te va a fallar, no va a cumplir lo que te prometió

Welsh¹ /welʃ/ *adj* galés

Welsh² *n* **1** [u] (language) galés *m* **2** (people) (+ *pl vb*) **the ~** los galeses

> **Welsh**
>
> El idioma galés (*Cymraeg*) hoy comparte con el inglés cierta oficialidad administrativa en Gales. De origen céltico, como el bretón y el córnico, sigue siendo la lengua materna de más del 20% de la población galesa y ha experimentado un resurgimiento durante los últimos cuarenta años. Se estudia como materia obligatoria en la mayor parte de los colegios de Gales. Los letreros y otras señales de las ciudades aparecen normalmente en inglés y galés, al menos en teoría y según lo decida cada ayuntamiento

> **Welsh Assembly – National Assembly for Wales (NAfW)**
>
> La Asamblea Nacional de Gales, que empezó a funcionar en 1999 en la capital galesa, Cardiff, posee poderes legislativos secundarios limitados. A diferencia del Parlamento Escocés no se le ha otorgado el derecho a variar el tipo básico del impuesto sobre la renta. De sus 60 diputados (*Assembly Members* o *AMs*), 40 son elegidos directamente y 20 a través de listas regionales por medio del sistema de representación proporcional

Welsh: **~man** /'welʃmən/ *n* (*pl* **-men** /-mən/) galés *m*; **~ rabbit**, **~ rarebit** /'rerbət || 'reəbɪt/ *n* [u c] *tostada con queso derretido*

welt /welt/ *n* (weal) verdugón *m*

welter /'weltər || 'weltə(r)/ *n* (*no pl*) (of facts, details) fárrago *m*, maremágnum *m*

welterweight /'weltərweɪt || 'weltəweɪt/ *n* peso *m* welter, peso *m* medio-mediano

wench /wentʃ/ *n* (arch *or* hum) moza *f* (ant), muchacha *f*; **a serving ~** una criada *or* una sirvienta

wend /wend/ *vt*: ***to ~ one's way***: **they ~ed their way home** se pusieron en camino a casa

went /went/ *past of* **go¹**

wept /wept/ *past & past p of* **weep¹**

were /wɜːr || wɜː(r), *weak form* wər || wə(r)/ **1** *2nd pers sing past ind of* **be** **2** *1st, 2nd & 3rd pers pl past ind of* **be** **3** *subjunctive of* **be**

we're /wɪr || wɪə(r)/ = **we are**

weren't /wɜːrnt || wɜːnt/ = **were not**

werewolf /'wɪrwʊlf || 'wɪəwʊlf/ *n* (*pl* **-wolves**) hombre *m* lobo, lobizón *m* (Per, RPl)

west¹ /west/ *n* [u]

A **1** (point of the compass, direction) oeste *m*; **the ~, the W~** el oeste, el Oeste; **to the ~ of the city** al oeste de la ciudad; **~-north~** oesnoroeste **2** (region) **the ~, the W~** el oeste; **a town in the ~ of Wales** una ciudad del *or* en el oeste de Gales

B **the West** **1** (the Occident) (el) Occidente *m* **2** (Pol, Hist) el Oeste **3** (in US) el Oeste (americano)

C **West** (in bridge) Oeste *m*

west² *adj* (*before n*) oeste *adj inv*, occidental; ‹*wind*› del oeste

west³ *adv* al oeste; **the house faces ~** la casa da *or* está orientada al oeste; **~ OF sth** al oeste DE algo; **it is ~ of Atlanta** está al oeste de Atlanta; **out ~** (in US) en el oeste; ***to go ~*** (BrE colloq) «*thing/chance*» irse* al garete (fam)

west: **~ Bank** *n* **the W~ Bank** Cisjordania *f*; **~bound** *adj* que va (*or* iba *etc*) hacia el *or* en dirección oeste; **~ Country** *n* (in UK) **the W~ Country** el West Country (*el sudoeste de Inglaterra, esp los condados de Cornualles, Devon y Somerset*)

westerly /'westərli || 'westəli/ *adj* ‹*wind*› del oeste; **in a ~ direction** hacia el oeste, en dirección oeste

western¹ /'westərn || 'westən/ *adj* **1** (Geog) oeste *adj inv*, del oeste, occidental; **the ~ areas of the country** las zonas oeste *or* occidentales del país **2** (occidental) (Geog, Pol) occidental **3** (of US West) del oeste, de los estados del oeste

western² *n* western *m*, película *f* (*or* novela *f etc*) del Oeste *or* de vaqueros

W

Westerner, westerner /'westərnər || 'westənə(r)/ *n* **1** (person from west): *nativo o habitante del oeste del país o de la región* **2** (occidental) occidental *mf*

westernized /'westərnaɪzd || 'westənaɪzd/ *adj* occidentalizado

westernmost /'westərnməʊst || 'westənməʊst/ *adj* (*before n*) ‹*town/island*› más al oeste; **the ~ point of the country** el extremo occidental *or* oeste del país

West Germany *n* (Hist) Alemania *f* Federal *or* Occidental

West Indian¹ *adj* antillano; (in UK) afroantillano

West Indian² *n* antillano, -na *m,f*; (in UK) afroantillano, -na *m,f*

West Indies /'ɪndiz/ *pl n* **the ~ ~** las Antillas

westward¹ /'westwərd || 'westwəd/, **westwardly** /-li/ *adj* (*before n*): **in a ~ direction** hacia el oeste, en dirección oeste

westward², (BrE) **westwards** /-z/ *adv* ‹*travel/turn*› hacia el oeste; **~ OF sth** al oeste DE algo

wet¹ /wet/ *adj* **-tt-**

A **1** (moist) ‹*floor/grass/clothes*› mojado; (damp) húmedo; ‹*concrete/plaster*› blando; **you are ~ through** estás calado hasta los huesos, estás empapado; **S wet paint** pintura fresca *or* recién pintado *or* (Esp tb) ojo, pinta; **~ WITH sth** mojado DE algo; **her eyes were ~ with tears** tenía los ojos llenos de lágrimas; **to get ~** mojarse; **he got his feet ~** se mojó los pies **2** (rainy) ‹*weather/day*› lluvioso; **it's too ~ to go out** llueve demasiado como para salir; **it's been very ~** ha llovido mucho

B (ineffectual, foolish) (BrE colloq) ‹*person*› apocado, timorato

wet² *vt* (*pres p* **wetting**; *past & past p* **wet** *or* **wetted**) mojar; (dampen) humedecer*; **to ~ one's lips** mojarse/humedecerse* los labios; **to ~ the bed** mojar la cama, hacerse* pipí *or* pis en la cama; **to ~ oneself** orinarse, hacerse* pipí *or* pis (encima) (fam), mearse (fam *o* vulg)

wet³ *n*

A [u] (rain) (colloq): **come in out of the ~** entra, no te quedes ahí bajo la lluvia

B [c] (ineffectual person) (BrE colloq) timorato, -ta *m,f*; **a Tory ~** (in UK) un conservador moderado

wet: **~back** *n* (AmE colloq & pej) espalda *mf* mojada, mojado, -da *m,f*; **~ blanket** *n* (colloq) aguafiestas *mf* (fam); **~ dream** *n* (colloq) sueño *m* húmedo; **~land** /'wetlænd || 'wetlənd/ *n* [u] (*often pl*) pantano *m*; (*before n*) ‹*area*› pantanoso; ‹*wildlife/plant*› de pantano

wetness /'wetnəs || 'wetnɪs/ *n* [u] **1** (of surface, material) lo mojado **2** (of weather) lo lluvioso

wet: **~ nurse** *n* ama *f‡* de cría *or* de leche, nodriza *f*; **~ suit** *n* traje *m* de neopreno *or* de neopreno

we've /wi:v/ **= we have**

whack¹ /hwæk || wæk/ *n* (blow) golpe *m*, porrazo *m*; (sound) ¡zas!

whack² *vt* golpear, aporrear; ‹*person*› pegarle* a

whacking /'hwækɪŋ || 'wækɪŋ/ *adv* (esp BrE colloq): **~ great/big** bestial (fam), colosal (fam); **a ~ big salary** un sueldazo (fam)

whacky /'hwæki || 'wæki/ ▸**wacky**

whale /hweɪl || weɪl/ *n*

A (*pl* **~s** *or* **~**) (Zool) ballena *f*

B (colloq) (*as intensifier*): **we had a ~ of a time** lo pasamos bomba *or* genial (fam); **it's a ~ of a pay increase** (esp AmE) es un tremendo aumento de sueldo (fam)

whalebone /'hweɪlbəʊn || 'weɪlbəʊn/ *n* **1** [u] (Zool) barba *f* de ballena **2** [c] (in corsets etc) ballena *f*

whaler /'hweɪlər || 'weɪlə(r)/ *n* (person) ballenero, -ra *m,f*; (ship) ballenero *m*

whaling /'hweɪlɪŋ || 'weɪlɪŋ/ *n* [u] caza *f* *or* pesca *f* de ballenas; (*before n*) ‹*vessel/industry*› ballenero

whammy /'hwæmi || 'wæmi/ *n* (*pl* **-mies**) (colloq) palo *m* (fam), revés *m*

wharf /hwɔ:rf || wɔ:f/ *n* (*pl* **wharves** /hwɔ:rvz/) muelle *m*, embarcadero *m*

what¹ /hwɑ:t || wɒt/ *pron*

A (in questions) qué; **~'s that?** ¿qué es eso?; **~'s the problem?** ¿cuál es el problema?; **~ is 28 divided by 12?** ¿cuánto es 28 dividido (por) 12?; **~'s 'I don't understand' in Russian?** ¿cómo se dice 'no entiendo' en ruso?; **~ do you mean?** ¿qué quieres decir?; **~ did you pay?** ¿cuánto pagaste?; **~'s the jacket made (out) of?** ¿de qué es la chaqueta?; **I threw it away — you did *what*?** lo tiré a la basura — *¿qué?*; **what?** (say that again) ¿cómo?, ¿qué?; (expressing disbelief) ¿qué?, ¿que qué?

B (*in phrases*) **or what?** (colloq) ¿o qué?; **are you stupid, or ~?** ¿eres tonto o qué?; **so what?** ¿y qué?; **what about**: **but ~ about the children?** y los niños ¿qué?; **~ about my work? — ~ about it?** ¿y mi trabajo? — ¿y qué?; **you know Julie's boyfriend? — yes, ~ about him?** ¿conoces al novio de Julie? — sí ¿por qué?; **what ... for**: **~'s this button for?** ¿para qué es este botón?; **~ are you complaining for?** ¿por qué te quejas?; ***to give sb ~ for*** (colloq) darle* una buena a algn (fam); **what have you** (colloq): **she sells postcards and souvenirs and ~ have you** vende postales, recuerdos y esas cosas *or* y demás; **what if**: **~ if she finds out?** ¿y si se entera?; **what ... like**: **~'s she like?** ¿cómo es?; **~ does he look like?** ¿cómo es físicamente?, ¿qué aspecto tiene?; **~'s his new film like?** ¿qué tal es su nueva película?; **what of**: **so we're not married: ~ of it?** no estamos casados ¿y qué?; **what's-her/-his/-its-name** (colloq): **go and ask ~'s-her-name next door** ve y pregúntale a la de al lado ¿cómo se llama?; **the ~'s-its-name** *o* **~-d' you call it is broken** la cosa ésa está rota (fam), el chisme ése está roto (Esp, Méx fam); **what with** entre; **~ with one thing and another, I haven't had time** entre una cosa y otra, no he tenido tiempo

C **1** (in indirect speech) qué; **she knows ~ to do** ella sabe qué hacer; **Mike will tell you ~'s ~** Mike te pondrá al tanto de todo; **I still don't know ~'s ~ in the office** aún no sé cómo funcionan las cosas en la oficina; **(do) you know ~? I'll ask him for a raise!** ¿sabes qué? *or* ¿sabes qué te digo? ¡le voy a pedir aumento!; **(I'll) tell you ~, ...** mira, ... **2** (relative use) lo que; **they did ~ they could** hicieron lo que pudieron; **I don't know and, ~'s more, I don't care** no lo sé y lo que es más, no me importa

what² *adj*

A **1** (in questions) qué; **what book are you reading?** ¿qué libro estás leyendo?; **~ color are the walls?** ¿de qué color son las paredes?; **~ more does he want?** ¿qué más quiere? **2** (in indirect speech) qué; **she didn't know ~ color to choose/~ language they were speaking** no sabía qué color elegir/en qué idioma estaban hablando **3** (all of the, any): **~ few hotels there were were full** los pocos hoteles que había, estaban llenos; **~ little she owned she left to her son** lo poco que tenía, se lo dejó a su hijo

B (in exclamations) qué; **~ a surprise!** ¡qué sorpresa!; **~ a friend you've turned out to be!** (iro) ¡valiente *or* vaya amigo has resultado ser tú!; **~ a lot of people!** ¡cuánta gente!, ¡qué cantidad de gente!

whatever¹ /hwɑ:t'evər || wɒt'evə(r)/ *pron*

A (in questions, exclamations) qué; **~ is she doing?** ¿qué (es lo que) está haciendo?, ¿qué diablos está haciendo? (fam); **she resigned — ~ for?** renunció — ¿a santo de qué?; **~ next!** ¡ya es el colmo!, ¡lo que nos faltaba!

B **1** (no matter what): **~ you do, don't laugh!** hagas lo que hagas ¡no te vayas a reír!; **~ the weather** haga el tiempo que haga; **he talked about percentiles, ~ they are** habló de percentiles, que no tengo ni idea de qué son *or* (fam) de lo que son **2** (all that): **they let him do ~ he likes** lo dejan hacer todo lo que quiere; **here's $5: buy yourself a sandwich or ~** aquí tienes $5: cómprate un bocadillo o algo; **~ you say** lo que tú digas, como quieras

whatever² *adj* **1** (no matter what): **don't give up, ~ doubts you may have** no renuncies, tengas las dudas que tengas; **if, for ~ reason, you decide not to go** si por cualquier motivo decides no ir; **all people, of ~ race or creed** todos, cualquiera sea su raza o credo **2** (any): **~ changes are necessary** los cambios que sean necesarios, cualquier cambio que sea necesario

whatever³ *adv* (*as intensifier*): **none/nothing ~** ninguno/nada en absoluto; **I don't think there's any chance ~ of persuading them** creo que no hay absolutamente ninguna posibilidad de persuadirlos

whatnot /'hwɑ:tnɑ:t || 'wɒtnɒt/ *n*: **they brought coats and blankets and ~** trajeron abrigos y mantas y qué sé yo qué más (fam)

whatsit /'hwɑ:tsət || 'wɒtsɪt/ *n* (colloq) cosa *f*, chisme *m* (Esp, Méx fam), coso *m* (AmS fam), vaina *f* (Col, Per, Ven fam)

whatsoever[1] /ˈhwɑːtsəʊˈevər ‖ ˌwɒtsəʊˈevə(r)/ *pron* (liter): ~ **your heart desires** todo lo que desees, fuere lo que fuere (liter)

whatsoever[2] *adv*: **is there any truth in these rumors? — none ~** ¿hay algo de cierto en estos rumores? — nada en absoluto *or* absolutamente nada

wheat /hwiːt ‖ wiːt/ *n* [u] trigo *m*; **a field of ~** un trigal; ***to separate the ~ from the chaff*** separar *or* apartar el grano de la paja; (*before n*) **~ field** trigal *m*

wheatgerm /ˈhwiːtdʒɜːrm ‖ ˈwiːtdʒɜːm/ *n* [u] germen *m* de trigo

wheedle /ˈhwiːdl̩ ‖ ˈwiːdl̩/ *vt* 1 (coax, flatter) **to ~ sth OUT OF sb** sonsacarle* algo a algn; ***to ~ one's way into sb's confidence*** ganarse la confianza de algn a base de halagos 2 **wheedling** *pres p* ‹*tone/voice*› adulador

wheel[1] /hwiːl ‖ wiːl/ *n*

A 1 (of vehicle) rueda *f*; ***to oil the ~s*** allanar el camino; ***to set*** *o* ***put (the) ~s in motion*** poner* las cosas en marcha; ***~s within ~s*** entresijos *mpl* 2 (*potter's ~*) torno *m*

B (*steering ~ — of car*) volante *m*; (— of ship) timón *m*; **at the ~** (of car) al volante; (of ship) al timón

C **wheels** *pl* (car) (colloq) coche *m*

wheel[2] *vt* ‹*bicycle/wheelchair*› empujar; ‹*person*› llevar (*en silla de ruedas etc*)

■ **wheel** *vi* 1 (turn suddenly) **~ (around** *o* (BrE) **round)** «*person*» girar sobre sus (*or* mis *etc*) talones, darse* media vuelta, volverse*; ***to ~ and deal*** (colloq) andar* en tejemanejes (fam) 2 (BrE Mil) hacer* conversión, cambiar de frente 3 (circle) dar* vueltas; «*birds*» revolotear

(Phrasal verb)

• **wheel out** [v ▸ o ▸ adv, v ▸ adv ▸ o] ‹*argument*› sacar* a relucir; ‹*expert*› traer*, presentar

wheel: **~barrow** *n* carretilla *f*; **~chair** *n* silla *f* de ruedas; **~ clamp** *n* cepo *m*

wheeled /hwiːld ‖ wiːld/ *adj* ‹*vehicle*› con ruedas; ‹*transport*› rodado

-wheeled /hwiːld ‖ wiːld/ *suff*: **four~** de cuatro ruedas

wheelhouse /ˈhwiːlhaʊs ‖ ˈwiːlhaʊs/ *n* timonera *f*

wheelie bin, wheely bin *n* (BrE colloq) contenedor *m* de basura con ruedas

wheeling and dealing /ˈhwiːlɪŋənˈdiːlɪŋ ‖ ˌwiːlɪŋən ˈdiːlɪŋ/ *n* (colloq) tejemanejes *mpl* (fam)

wheeze[1] /hwiːz ‖ wiːz/ *vi* «*person*» respirar con dificultad, resollar* (*produciendo un sonido sibilante como los asmáticos*); «*machine*» resollar*

wheeze[2] *n* resuello *m* (*sonido sibilante producido al respirar*)

whelk /hwelk ‖ welk/ *n* buccino *m* (*especie de caracol marino*)

when[1] /hwen ‖ wen/ *adv*

A (in questions, indirect questions) cuándo; **~ did you arrive?** ¿cuándo llegaste?; **I asked him ~ the next train was** le pregunté cuándo salía el próximo tren; **that was ~ I realized that ...** fue entonces cuando *or* (esp AmL tb) que me di cuenta de que ...; **say ~!** di cuándo

B (as relative): **the year ~ we got married** el año en que nos casamos; **in December, ~ we were on holiday** en diciembre, cuando estábamos de vacaciones

when[2] *conj*

A 1 (temporal sense) cuando; **I'll ask him ~ I see him** se lo preguntaré cuando lo vea; **reduce speed ~ approaching a junction** reduzca la velocidad al acercarse a un cruce 2 (if) si, cuando; **these results aren't bad ~ you compare them with ...** estos resultados no son malos si *or* cuando se los compara con ...

B 1 (since, considering that) si, cuando; **why go to a hotel ~ you can stay here?** ¿por qué ir a un hotel si *or* cuando te puedes quedar aquí? 2 (although) cuando; **he said he was 18 ~ in fact he's only 15** dijo que tenía 18 años cuando en realidad sólo tiene 15

when[3] *pron* cuándo; **~ do you have to be in London by?** ¿para cuándo tienes que estar en Londres?; **since ~ have they had the farm?** ¿desde cuándo tienen la granja?, ¿cuánto hace que tienen la granja?

whence /hwens ‖ wens/ *adv* 1 (in questions) (arch) de dónde 2 (as relative) (liter) de donde 3 (frml) (*as linker*): **the book was written in New England, ~ the title** el libro se escribió en Nueva Inglaterra, de ahí el título

W

whenever[1] /hwenˈevər ‖ wenˈevə(r)/ *conj* 1 (every time that) siempre que; **~ I hear that song I think of Spain** siempre que *or* cada vez que escucho esa canción, me acuerdo de España; **~ you need help, just ask** siempre que necesites ayuda, no tienes más que pedir 2 (at whatever time): **we'll go ~ you're ready** saldremos cuando estés listo; **~ it is, I won't be going** sea cuando sea, yo no pienso ir

whenever[2] *adv* 1 (no matter when): **next Monday or ~** el lunes o cuando sea 2 (in questions) cuándo

where[1] /hwer ‖ weə(r)/ *adv*

A dónde; (indicating direction) adónde, dónde; **~'s Lewes?** ¿dónde está *or* queda Lewes?; **~ are you taking me?** ¿(a)dónde me llevan?; **~ are you from?** ¿de dónde eres?; **put the scissors back ~ they belong** vuelve a poner la tijera en su sitio; **that's ~ you're mistaken** en eso estás equivocado; ***~ it's at*** (colloq): **Aspen's OK for skiing, but Hartlepool is really ~ it's at** Aspen no está mal para esquiar, pero adonde hay que ir es a Hartlepool

B (as relative) donde; **the house ~ she was born** la casa donde nació

where[2] *conj* 1 donde; (indicating direction) adonde, donde; **you won't be needing any money ~ you're going** adonde vas no te hará falta dinero 2 (in cases where) cuando; **~ her private life is concerned ...** cuando se trata de su vida privada ...; **~ appropriate** cuando *or* allí donde sea apropiado 3 (contrasting) cuando; **~ others would lose heart, she remains optimistic** cuando otros perderían el ánimo, ella permanece optimista

whereabouts[1] /ˈhwerəˈbaʊts ‖ ˌweərəˈbaʊts/ *adv*: **~ in Austria do you live?** ¿en qué parte de Austria vives?

whereabouts[2] /ˈhwerəbaʊts ‖ ˈweərəbaʊts/*n* (+ *sing or pl vb*) paradero *m*; **nobody knows his ~** se desconoce su paradero

whereas /hwerˈæz ‖ ˌweərˈæz/ *conj* mientras que, en tanto que (frml)

whereby /hwerˈbaɪ ‖ weəˈbaɪ/ *pron* (frml): **there are other means ~ agreement may be reached** hay otros medios por los cuales se puede llegar a un acuerdo; **a system ~ payments are made automatically** un sistema por *or* según el cual los pagos se efectúan automáticamente

wherefore[1] /ˈhwerfɔːr ‖ ˈweəfɔː(r)/ *adv* (arch) por qué

wherefore[2] *n see* **why[3]**

wherein /hwerˈɪn ‖ weərˈɪn/ *adv* (frml): **an ancient tome, ~ it is recorded that ...** un antiguo tomo, en el que *or* cual consta que ...

whereupon /ˈhwerəpɑːn ‖ ˌweərəˈpɒn/ *conj*

A (*as linker*) con lo cual

B (on which) (frml) sobre el/la cual

wherever[1] /hwerˈevər ‖ weərˈevə(r)/ *adv* 1 (in questions) dónde; **~ can they be?** ¿dónde pueden estar?, ¿dónde diablos pueden estar? (fam) 2 (no matter where) (colloq) en cualquier parte *or* lado

wherever[2] *conj*: **you can use your card ~ you see this sign** puede usar su tarjeta (en cualquier establecimiento) donde vea este símbolo; **~ he goes, I'll go too** vaya donde vaya *or* dondequiera que vaya, yo iré tambien; **she said it was in Pando, ~ that is** dijo que quedaba en Pando, que no tengo ni idea de dónde está; **you can sit ~ you like** puedes sentarte donde quieras

wherewithal /ˈhwerwɪðɔːl ‖ ˈweəwɪðɔːl/ *n* **the ~** los medios; **we don't have the ~ to do this** no tenemos los recursos *or* no contamos con los medios para hacer esto

whet /hwet ‖ wet/ *vt* **-tt-** ‹*interest/curiosity*› estimular, avivar; **the walk ~ted our appetites** la caminata nos abrió el apetito

whether /ˈhweðər ‖ ˈweðə(r)/ *conj*: **she hasn't decided ~ to apply** no ha decidido si solicitarlo (o no); **tell me ~ you need us or not** *o* **~ or not you need us** dime si nos necesitas o no; **I doubt ~ he knew** dudo que lo supiera; **~ you like it or not** te guste o no te guste; **~ by chance or by design** ya sea por casualidad o a propósito

whew /hwjuː/ *interj* ¡uf!

whey /hweɪ ‖ weɪ/ *n* [u] suero *m* (*de la leche*)

which[1] /hwɪtʃ ‖ wɪtʃ/ *pron*

A 1 (*in questions*) (*sing*) cuál; (*pl*) cuáles; **~ of you wrote this?** ¿cuál *or* quién de ustedes escribió esto? 2 (in indirect use) cuál; **do you know ~ she chose?** ¿sabes cuál eligió?;

I can never remember ~ is ~ nunca recuerdo cuál es cuál
B (as relative): **the parcel ~ arrived this morning** el paquete que llegó esta mañana; **the newspaper in ~ the article appeared** el diario en el que *or* en el cual apareció el artículo; **he said it was an accident, ~ I know is not true** dijo que había sido un accidente, lo cual sé que no es cierto

which² *adj*
A **1** (in questions) (*sing*) qué, cuál; (*pl*) qué, cuáles; **in ~ European city is it?** ¿en qué *or* cuál ciudad europea está? **2** (in indirect questions) (*sing*) qué, cuál; (*pl*) qué, cuáles; **ask her ~ chapters we have to read** pregúntale qué *or* cuales capítulos hay que leer
B (as relative): **we arrived at two, by ~ time they had gone** llegamos a las dos y para entonces ya se habían ido; **in ~ case** en cuyo caso

whichever¹ /hwɪtʃ'evər || wɪtʃ'evə(r)/ *pron* **1** (no matter which): **there are several options, but ~ you choose ...** hay varias opciones, pero elijas la que elijas *or* cualquiera que elijas ... **2** (the one, ones that): **buy ~ is cheaper** compra el que sea más barato **3** (in questions) (*sing*) cuál; (*pl*) cuáles

whichever² *adj* **1** (no matter which): **~ party is in power** sea cual sea *or* cualquiera que sea el partido que esté en el poder; **~ date you decide on, let me know in advance** elija la fecha que elija, hágamelo saber con anticipación **2** (any that): **you can write about ~ subject you know best** puedes escribir sobre el tema que mejor conozcas, sea cual sea *or* fuere **3** (in questions) (*sing*) cuál; (*pl*) cuáles

whiff /hwɪf || wɪf/ *n* **1** (smell) olorcillo *m*; (unpleasant) tufillo *m*, olorcillo *m* **2** (sniff) (colloq): **have a ~ of this milk** huele esta leche, tómale el olor a esta leche (AmL)

while¹ /hwaɪl || waɪl/ *conj*
A (in time) mientras; **S keys cut while you wait** se hacen llaves al momento; **they don't drink ~ on duty** no beben cuando *or* mientras están de guardia
B (though) aunque; **the situation, ~ tense, seems unlikely to lead to war** la situación aunque tensa, no es probable que lleve a una guerra
C (whereas) mientras que, en tanto que (frml)

Phrasal verb
• **while away** [v ▸ adv ▸ o, v ▸ o ▸ adv]: **we had a game of chess to ~ away the time** jugamos una partida de ajedrez para pasar el rato

while² *n* **1** (period of time): **wait a ~** (a few days, weeks) espera un tiempo; (a few minutes, hours) espera un rato; (a very short period) espera un ratito *or* un momentito; **it's a ~ since we had any news** hace tiempo que no tenemos noticias; **it's been a good ~ since we had any rain** hace bastante (tiempo) que no llueve; **he was here a little ~ ago** hace un ratito estaba aquí; **after a ~ she realized** después de *or* al cabo de un rato se dio cuenta; **she knew all the ~ that he was dead** supo desde el principio que estaba muerto; **I'll be back in a little ~** enseguida vuelvo; **she'll be here in a short ~** llegará dentro de un ratito **2** **(every) once in a while** de vez en cuando; *see also* **worth¹ 2**

whilst /hwaɪlst || waɪlst/ *conj* (BrE) ▸ **while¹**

whim /hwɪm || wɪm/ *n* [c u] capricho *m*, antojo *m*; **they left for Rio on a ~** se les antojó irse a Río y se fueron

whimper¹ /'hwɪmpər || 'wɪmpə(r)/ *vi* gimotear, lloriquear

whimper² *n* quejido *m*

whimsical /'hwɪmzɪkəl || 'wɪmzɪkəl/ *adj* ‹*person*› caprichoso, antojadizo; ‹*smile*› (enigmatic) enigmático; (playful) juguetón; ‹*mood*› voluble

whine¹ /hwaɪn || waɪn/ *vi* **1** «*dog*» aullar*, gañir; «*person*» gemir*; «*child*» lloriquear; **a bullet ~d past me** una bala me pasó silbando por al lado; **in a whining voice** con voz quejumbrosa *or* plañidera **2** (complain) (pej) **to ~ (ABOUT sth)** quejarse (DE algo)

whine² *n* **1** (of dog) aullido *m*, gañido *m*; (of person) quejido *m*, gemido *m*; (of engine) chirrido *m*; (of bullet) silbido *m* **2** (complaint) (pej) queja *f*

whinge /hwɪndʒ || wɪndʒ/ *vi* **whinges, whingeing, whinged** (BrE colloq & pej) **to ~ (ABOUT sth)** quejarse (DE algo)

whinny /'hwɪni || 'wɪni/ *vi* (*3rd pers sing pres* **whinnies**; *pres p* **whinnying**; *past & past p* **whinnied**) «*horse*» relinchar

whip¹ /hwɪp || wɪp/ *n*
A (in horse riding) fusta *f*, fuete *m* (AmL exc CS); (of tamer) látigo *m*; (for punishment) azote *m*; ***to crack the ~*** hacer* restallar el látigo
B (Pol) (person) *diputado responsable de la disciplina de su grupo parlamentario*
C (Culin) batido *m*

whip² -pp- *vt*
A **1** (lash) ‹*horse*› pegarle* a (*con la fusta*), fustigar*; ‹*person*› azotar; ‹*child*› darle* una paliza *or* un azote a **2** (defeat) (colloq) darle* una paliza a (fam) **3** (beat) ‹*egg whites*› batir; ‹*cream*› batir *or* (Esp) montar; **~ped cream** crema *f* batida *or* (Esp) nata *f* montada **4** (incite) ▸ **whip up A2**
B **1** (take quickly) (+ *adv compl*): **they ~ped him to the airport** lo llevaron a toda prisa al aeropuerto; **she ~ped out her notebook** sacó rápidamente la libreta **2** (steal) (BrE colloq) birlar (fam), volar* (Méx, Ven fam)
C (bind) ‹*rope*› reforzar*

Phrasal verb
• **whip up** [v ▸ o ▸ adv, v ▸ adv ▸ o]
A **1** (arouse) ‹*trouble/unrest*› provocar*, crear; ‹*hatred*› fomentar; ‹*support*› conseguir* **2** (incite) ‹*crowd*› incitar, agitar **3** «*wind*» ‹*sea/waves*› agitar; ‹*dust*› levantar
B **1** (beat, whisk) ‹*egg whites*› batir; ‹*cream*› batir, montar (Esp) **2** (prepare hurriedly) (colloq) ‹*meal*› improvisar

whiplash /'hwɪplæʃ || 'wɪplæʃ/ *n* **1** (blow) latigazo *m*, trallazo *m* **2** **~ (injury)** (Med) traumatismo *m* cervical

whippersnapper /'hwɪpər,snæpər || 'wɪpə,snæpə(r)/ *n* (dated) mocoso, -sa *m,f* (fam)

whippet /'hwɪpət || 'wɪpɪt/ *n* galgo *m* inglés

whipping /'hwɪpɪŋ || 'wɪpɪŋ/ *n* **1** (punishment) paliza *f*, azotaina *f*; **to give sb a ~** darle* una paliza *or* azotaina a algn **2** (defeat) paliza *f* (fam)

whipping: **~ boy** *n* (colloq) chivo *m* expiatorio, cabeza *mf* de turco; **~ cream** *n* [u] crema *f* para batir *or* (Esp) nata *f* líquida para montar

whip-round /'hwɪpraʊnd || 'wɪpraʊnd/ *n* (BrE colloq) colecta *f*, vaca *f* (AmL fam); **to have a ~** hacer* una colecta, hacer* una vaca (AmL fam)

whir¹, (BrE) **whirr** /hwɜːr || wɜː(r)/ *vi* «*machine/propellers*» runrunear, zumbar; «*wings*» hacer* ruido (*al batirse*)

whir², (BrE) **whirr** *n* (of machine, propellers) runrún *m*, zumbido *m*; (of bird's wings) aleteo *m*; (of insect's wings) zumbido *m*

whirl¹ /hwɜːrl || wɜːl/ *vi* **1** (spin) «*person*» girar, dar* vueltas; «*leaves/dust*» arremolinarse; **my mind** *o* **head was ~ing** la cabeza me daba vueltas **2** (move fast) (+ *adv compl*): **he ~ed around** se dio media vuelta rápidamente
■ **whirl** *vt* (+ *adv compl*) hacer* girar

whirl² *n* (turn) giro *m*, vuelta *f*; (of dust) remolino *m*, torbellino *m*; **the social ~** el ajetreo de la vida social; **my head was in a ~** la cabeza me daba vueltas; ***to give sth a ~*** (colloq): **let's give it a ~** hagamos la prueba, intentémoslo

whirl: **~pool** *n* vorágine *f*, remolino *m*; **~wind** *n* torbellino *m*; **a ~wind of meetings, parties and interviews** un torbellino *or* una vorágine de reuniones, fiestas y entrevistas; (*before n*) **a ~wind romance** un idilio arrollador

whirr /hwɜːr || wɜː(r)/ *vi/n* (BrE) ▸ **whir¹·²**

whisk¹ /hwɪsk || wɪsk/ *vt*
A **1** (Culin) ‹*eggs/mixture*› batir **2** (swish) ‹*tail*› sacudir, agitar; **he ~ed the breadcrumbs off the table with his napkin** sacudió las migas de la mesa con su servilleta
B (convey quickly) (+ *adv compl*): **she was ~ed off to a meeting** se la llevaron a una reunión a toda prisa; **he ~ed away the plates** retiró los platos rápidamente

whisk² *n*
A (Culin) batidor *m*; **electric ~** batidora *f* eléctrica, batidor *m* eléctrico
B (movement) sacudida *f*

whisker /'hwɪskər || 'wɪskə(r)/ *n*
A **1** [c] (single hair) pelo *m* (*de la barba*) **2** (narrow margin) (*no pl*) pelo *m*; **they came within a ~ of losing** faltó un pelo

W

or faltó muy poco para que perdieran

B **whiskers** *pl* **1** (of animal) bigotes *mpl* **2** (dated) (mustache) bigote(s) *m(pl)*; (sideburns) patillas *fpl*

whiskey /'hwɪski || 'wɪski/ *n* [u c] (*pl* **-keys**) whisky *m*, güisqui *m* (*esp americano o irlandés*)

whisky /'hwɪski || 'wɪski/ *n* [u c] (*pl* **-kies**) whisky *m*, güisqui *m* (*esp escocés*)

whisper¹ /'hwɪspər || 'wɪspə(r)/ *vi* **1** «*person*» cuchichear; **stop ~ing!** ¡basta de cuchicheos! **2** (liter) «*wind/leaves*» susurrar (liter)

■ **whisper** *vt* ‹*remark/words*› susurrar; **to ~ sth TO sb** susurrarle algo *or* decirle* algo al oído a algn

whisper² *n* **1** (soft voice) susurro *m*; **yes, he said in a ~** —sí —susurró *or* dijo en voz baja; **they spoke in ~s** hablaban cuchicheando *or* en susurros **2** (rumor) rumor *m*; **there's a ~ going around that ...** se rumorea que ...

whist /hwɪst || wɪst/ *n* [u] whist *m* (*juego de naipes*)

whistle¹ /'hwɪsəl || 'wɪsəl/ *vi* **1** (make sound) «*person*» silbar; (loudly) chiflar; «*referee*» pitar; «*kettle*» silbar, pitar; «*train*» pitar; «*wind*» silbar, aullar*; ***to ~ for sth*** (colloq): **if they want more money, they can ~ for it** si quieren más dinero, van a tener que esperar sentados (fam) **2** (speed, rush) (+ *adv compl*): **to ~ by** «*bullet/arrow*» pasar silbando

■ **whistle** *vt* ‹*tune*› silbar

whistle² *n* **1** (instrument) silbato *m*, pito *m*; **to blow a ~** tocar* un silbato *or* pito, pitar; **a factory ~** la sirena de una fábrica; ***as clean as a ~***: **your lungs are as clean as a ~** no tiene absolutamente nada en los pulmones; **his record is as clean as a ~** tiene un historial sin mancha; ***to blow the ~ on sb*** (inform on) delatar a algn; (reprimand) llamar a algn al orden; ***to blow the ~ on sth*** (put a stop to) tomar medidas para acabar con algo; ***to wet one's ~*** (hum) echarse un trago **2** (sound — made with mouth) silbido *m*; (loud) chiflido *m*; (— made by referee's whistle) silbato *m*, pitido *m*; (— of kettle) silbido *m*, pitido *m*; (— of train) pitido *m*; (— of wind, bullet) silbido *m*

whistle-stop /'hwɪsəlstɑːp || 'wɪsəlstɒp/ *n* **1** (brief appearance): (*before n*) **~ tour** gira *f* relámpago **2** (station, town) (AmE) apeadero *m*

whit /hwɪt || wɪt/ *n* (frml): **not a ~** ni un ápice, ni pizca

white¹ /hwaɪt || waɪt/ *adj* **-er, -est** **1** ‹*paint/cat/bread/wine/chocolate*› blanco; ‹*grapes*› blanco; ‹*coffee/tea*› con leche; **she had a ~ wedding** se casó de blanco; **he went ~ (with fear/anger)** se puso blanco *or* pálido (de miedo/rabia) **2** (Caucasian) blanco

white² *n*

A [u] (color) blanco *m*; **dressed in ~** vestido de blanco

B [c] *also* **White** (person) blanco, -ca *m,f*

C [c] **1** (of egg) clara *f* **2** (of eye) blanco *m*

D **whites** *pl* **1** (laundry) ropa *f* blanca **2** (esp BrE Sport): **he was in tennis/cricket ~s** llevaba el equipo blanco de tenis/cricket

white: **~bait** *n* [u] morralla *f*, chanquetes *mpl* (Esp), cornalitos *mpl* (Arg), majuga *f* (Ur); **~-blood cell**, **white-blood corpuscle** *n* glóbulo *m* blanco; **~-collar** /'waɪt'kɑːlər || ˌwaɪt'kɒlə(r)/ *adj* ‹*worker/job*› no manual; (clerical) de oficina, administrativo; **~ elephant** *n* (building, project) elefante *m* blanco; (object) *objeto superfluo*; (*before n*) **~ elephant stall** *puesto de venta de artículos de segunda mano con fines benéficos*; **~-faced** /'hwaɪt'feɪst || ˌwaɪt'feɪst/ *adj* pálido; (with rage, fear) lívido, pálido; **~ gasoline**, **~ gas** *n* (AmE) gasolina *f or* (Andes) bencina *f or* (RPl) nafta *f* sin plomo; **~ goods** *pl n* (linen) ropa *f* blanca (*mantelería, ropa de cama etc*); (appliances) electrodomésticos *mpl* de línea blanca; **~ heat** *n* [u] rojo *m* blanco; **~ horses** *pl n* cabrillas *fpl*, olas *fpl* encrespadas; **~-hot** /'hwaɪt'hɑːt || ˌwaɪt'hɒt/ *adj* ‹*metal*› al rojo blanco; ‹*performance/intensity*› candente; **~ House** *n* **the W~ House** la Casa Blanca; **~ lie** *n* mentira *f* piadosa

Whitehall

Una calle del centro de Londres donde están situadas una gran parte de las oficinas del gobierno. Los periodistas utilizan a menudo el término para referirse al gobierno y la administración

White House – The White House

La residencia y el despacho oficial del presidente de Estados Unidos, situada en Washington. Los periodistas utilizan a menudo el término "the White House" para referirse al Presidente y a sus consejeros

whiten /'hwaɪtn̩ || 'waɪtn̩/ *vt* blanquear

■ **whiten** *vi* «*hair*» encanecer*, ponerse* blanco; «*face*» palidecer*, ponerse* pálido

white: **~ paper** *n* (in UK) libro *m* blanco (*documento oficial en el que se consigna la política gubernamental sobre determinado asunto*); **~ sauce** *n* [u] salsa *f* blanca *or* bechamel, bechamel *f*; **~ slave** *n*: *mujer vendida como prostituta*; (*before n*) **~ slave trade** trata *f* de blancas; **~ spirit** *n* [u] (BrE) espíritu *m* de petróleo (*usado como sustituto del aguarrás*); **~ tie** *n* **1** [c] (bow tie) corbata *f* de lazo *or* (Esp) pajarita *f or* (Chi) corbata *f* de humita *or* (Ur) moñita *f* blanca **2** [u] (formal dress) traje *m* de etiqueta con corbata de moño (*or* pajarita *etc*) blanca

whitewash¹ /'hwaɪtwɔːʃ || 'waɪtwɒʃ/ *n*

A **1** [u] (Const) cal *f*, lechada *f*, aguacal *f*‡ **2** [c u] (cover-up) (colloq) tapadera *f* (fam), encubrimiento *m*

B [c] (defeat) (colloq) paliza *f* (fam)

whitewash² *vt* ‹*wall/building*› blanquear, encalar, enjalbegar*

white water *n* aguas *fpl* rápidas

whiting /'hwaɪtɪŋ || 'waɪtɪŋ/ *n* (*pl* **~s** *or* **~**) pescadilla *f*

whitish /'hwaɪtɪʃ || 'waɪtɪʃ/ *adj* blanquecino, blancuzco

whitlow /'hwɪtləʊ || 'wɪtləʊ/ *n* panadizo *m*

Whitsun /'hwɪtsən || 'wɪtsən/ *n* (esp BrE) Pentecostés *f*

Whit Sunday *n* (esp BrE) (el domingo de) Pentecostés *f*

whittle /'hwɪtl̩ || 'wɪtl̩/ *vt* tallar

Phrasal verbs

• **whittle away**

A [v ▸ o ▸ adv, v ▸ adv ▸ o] ‹*funds/resources*› ir* mermando; ‹*influence*› ir* reduciendo *or* disminuyendo; ‹*rights*› ir* menoscabando

B [v ▸ adv] **to ~ away AT sth** ir* minando *or* socavando algo

• **whittle down** [v ▸ o ▸ adv, v ▸ adv ▸ o] ‹*expenses*› recortar, reducir*; ‹*applicants*› reducir* el numero de

whiz, whizz /hwɪz || wɪz/ *vi* **-zz-** (+ *adv compl*): **to ~ by** «*bullet/arrow*» pasar zumbando; «*car*» pasar zumbando *or* como una bala *or* un bólido; **I ~zed down the hill on my bike** bajé la colina en bicicleta como un bólido *or* como una bala; **I ~zed through my homework** hice los deberes zumbando *or* a toda velocidad

whiz kid, whizz kid *n* (colloq) lince *m* (fam), prodigio *m*

who /huː/ *pron*

A **1** (in questions) (*sing*) quién; (*pl*) quiénes; **~ is that?** ¿quién es ése?; **~ are they?** ¿quiénes son?; **~ are you writing to?** ¿a quién le estás escribiendo?; **Bridget ~?** ¿Bridget qué *or* cuánto?; **~ do you think you are?** ¿tú qué te crees? **2** (in indirect questions) quién; **I don't know ~ you're talking about** no sé de quién estás hablando; **a letter from you know ~** una carta de ya sabes quién *or* (fam) del/de la que te dije

B **1** (as relative): **the boy ~ won the prize** el chico que ganó el premio; **there are blankets for those ~ want them** hay mantas para quienes quieran **2** (the one, ones that): **you can tell ~ you like** se lo puedes decir a quien/quienes quieras

WHO *n* (= **World Health Organization**) OMS *f*

whoa /wəʊ/ *interj* ¡so!; **~, that's plenty!** ¡basta! *or* ¡ya! *or* (Esp fam) ¡vale! eso es mucho

who'd /huːd/ **1** = **who had** **2** = **who would**

whodunit, whodunnit /'huː'dʌnət || ˌhuː'dʌnɪt/ *n* (colloq) novela *f* policíaca

whoever /huː'evər || huː'evə(r)/ *pron* **1** (no matter who): **she's not coming in here, ~ she is** aquí no entra, quien quiera que sea *or* sea quien sea; **~ you ask** se lo preguntes a quien se lo preguntes, a quienquiera que se lo preguntes **2** (the one, ones who): **~ did this must be insane** quienquiera que *or* quien haya hecho esto debe (de) estar loco; **I'll invite ~ I like** voy a invitar a quien (se) me dé la gana **3** (in questions) quién

whole¹ /həʊl/ *adj*

A **1** (entire) (*before n, no comp*): **there's a ~ bottle left** queda

W

una botella entera; **he drank the ~ bottle** se tomó toda la botella, se tomó la botella entera *or* íntegra; **they've eaten the ~ lot!** ¡se lo han comido todo!; **the ~ truth** toda la verdad; **~ milk** leche *f* entera *or* sin descremar *or* (Esp) sin desnatar; **~ number** (Math) (número *m*) entero *m* **2** (emphatic use): **I'm fed up with the ~ affair** estoy harto del asunto
B (*pred*) (in one piece) entero; **she swallowed it ~** se lo tragó entero

whole² *n* **1** (integral unit) todo *m*; **the ~ of sth**: **the ~ of the morning** toda la mañana; **a threat to the ~ of mankind** una amenaza para toda la humanidad *or* para la humanidad entera **2** (*in phrases*) **as a whole**: **this will affect Europe as a ~** esto va a afectar a Europa en su totalidad; **on the whole** (*indep*) en general

whole: **~food** *n* [u c] (BrE) alimentos *mpl* integrales; **~-grain** *adj* integral; **~hearted** /ˈhəʊlˈhɑːrtəd || ˌhəʊlˈhɑːtɪd/ *adj* ‹*approval*› sin reservas; ‹*support*› incondicional

wholeheartedly /ˈhəʊlˈhɑːrtədli || ˌhəʊlˈhɑːtɪdli/ *adv* ‹*approve*› sin reservas; ‹*support*› sin reservas, incondicionalmente; **to agree ~** estar* totalmente de acuerdo

whole: **~meal** *adj* (BrE) integral; **~ note** *n* (AmE) semibreve *f*, redonda *f*

wholesale¹ /ˈhəʊlseɪl/ *adj* **1** (Busn) (*before n*) al por mayor **2** ‹*destruction*› sistemático, total; ‹*slaughter*› sistemático; ‹*condemnation*› absoluto; ‹*rejection*› en bloque

wholesale² *adv* **1** (Busn) ‹*buy/sell*› al por mayor **2** (on a large scale) de modo general; **they rejected the proposals ~** rechazaron las propuestas en bloque

wholesaler /ˈhəʊlseɪlər || ˈhəʊlseɪlə(r)/ *n* mayorista *mf*

wholesome /ˈhəʊlsəm/ *adj* **1** (healthy) ‹*food/climate*› sano, saludable **2** (morally good) ‹*image*› de persona sana

wholewheat /ˈhəʊlhwiːt || ˈhəʊlwiːt/ *adj* integral

who'll /huːl/ **= who will**

wholly /ˈhəʊlli/ *adv* totalmente, completamente

whom /huːm/ *pron* (frml) **1** (in questions, indirect questions): **~ did you visit?** ¿a quién visitaste?; **a letter from ~?** ¿una carta de quién? **2** (as relative): **the cousin ~ I mentioned earlier** el primo que *or* a quien mencioné antes; **the girls, both of ~ could dance** las chicas, que ambas sabían bailar

whoop¹ /huːp, hwuːp || huːp, wuːp/ *vi* gritar, chillar
▪ **whoop** *vt*: ***to ~ it up*** (colloq) (make merry) armar jolgorio (fam)

whoop² *n* grito *m*, chillido *m*

whoopee /ˈhwʊpiː || ˈwʊpiː/ *interj* (colloq) ¡yupi! (fam), ¡viva!

whooping cough /ˈhuːpɪŋ/ *n* [u] tos *f* ferina *or* convulsa *or* convulsiva

whoops /hwʊps || wʊps/ *interj* ¡ay!, ¡epa! (AmS fam), ¡híjole! (Méx fam)

whoosh /hwuːʃ || wuːʃ/ *vi*: **the car ~ed past** el coche pasó haciendo 'zuum'; **the water came ~ing out** el agua salió en un chorro

whop /hwɑːp || wɒp/ *vt* **-pp-** (AmE colloq) pegarle* a

whopper /ˈhwɑːpər || ˈwɒpə(r)/ *n* (colloq) **1** (sth big): **it's a ~!** ¡es enorme! *or* (fam) ¡qué grandote! **2** (lie): **he told me a ~** me dijo tremenda mentira *or* (Esp tb) tremenda trola *or* (CS tb) flor de mentira (fam)

whopping /ˈhwɑːpɪŋ || ˈwɒpɪŋ/ *adj* (colloq) enorme; **a ~ great house/dog** una casa/un perro enorme

whore /hɔːr || hɔː(r)/ *n* (pej) puta *f* (vulg & pey)

who's /huːz/ **1** **= who is** **2** **= who has**

whose¹ /huːz/ *pron* (*sing*) de quién; (*pl*) de quiénes; **~ is this?** ¿de quién es esto?; **~ are these?** ¿de quién/de quiénes son éstos?

whose² *adj* **1** (in questions, indirect questions) (*sing*) de quién; (*pl*) de quiénes; **~ book is this?** ¿de quién es este libro?; **~ keys are these?** ¿de quién son estas llaves?; **~ coats are those?** ¿de quiénes son esos abrigos?; **do you know ~ house that is?** ¿sabes de quién es esa casa? **2** (as relative) (*sing*) cuyo; (*pl*) cuyos; **the man ~ job I took over** el hombre cuyo puesto ocupé; **a colleague ~ children go to that school** un colega cuyos hijos van a ese colegio

who've /huːv/ **= who have**

why¹ /hwaɪ || waɪ/ *adv* por qué; **~ are you laughing?** ¿por qué te ríes?; **~ not?** ¿por qué no?; **~ don't you apply for the post?** ¿por qué no solicitas el puesto?; **there's no reason ~ you shouldn't do it** no hay ningún motivo para que no lo hagas; **this is ~ the attempt failed** fue por esto *or* por esta razón que el intento fracasó; **because he lied to me, that's ~!** ¡porque me mintió! ¡por eso!; **the reason ~ he couldn't attend** la razón por la cual no pudo asistir

why² *interj* ¡vaya!, ¡anda!; **~, of course!** ¡por supuesto que sí!

why³ *n* porqué *m*; **she has to know the ~s and wherefores** tiene que saber todas las razones *or* todos los detalles

WI **1** **= Wisconsin** **2** (in UK) **= Women's Institute**

wick /wɪk/ *n* mecha *f*; ***to get on sb's ~*** (BrE colloq) sacar* de quicio a algn

wicked¹ /ˈwɪkəd || ˈwɪkɪd/ *adj* **-er, -est** **1** (evil) ‹*person*› malvado, perverso, malo; ‹*thought*› malo; ‹*lie*› infame, vil; **that was a ~ thing to do** eso fue una maldad **2** (vicious) ‹*blow*› malintencionado; **a ~-looking knife** un cuchillo siniestro; **a ~ temper** un carácter terrible *or* (fam) de todos los diablos **3** (mischievous) ‹*grin/laugh*› travieso, pícaro **4** (scandalous) (colloq) ‹*price/waste*› escandaloso

wicked² *pl n*: **(there's) no peace** *o* **rest for the ~** (set phrase) no hay paz *or* descanso para los malvados

wickedness /ˈwɪkədnəs || ˈwɪkɪdnɪs/ *n* [u] maldad *f*, perversidad *f*

wicker /ˈwɪkər || ˈwɪkə(r)/ *n* [u] mimbre *m*

wickerwork /ˈwɪkərwɜːrk || ˈwɪkəwɜːk/ *n* [u] **1** (articles) artículos *mpl* de mimbre **2** (activity) cestería *f* **3** ▸ **wicker**

wicket /ˈwɪkət || ˈwɪkɪt/ *n*
A (in cricket) **1** (area of pitch) *área central del terreno de juego* **2** (stumps and bails) palos *mpl* **3** (batsman's turn): **to take a ~** eliminar a un bateador
B **1** **~ (door** *o* **gate)** portezuela *f*, portillo *m* **2** (window) (AmE) ventanilla *f*

wide¹ /waɪd/ *adj* **wider, widest**
A (in dimension) ‹*river/feet/trousers*› ancho; ‹*gap*› grande; ‹*desert/ocean*› vasto; **it's two meters ~** tiene *or* mide dos metros de ancho; **to get ~r** ensancharse; **she looked at me with ~ eyes** me miró con los ojos muy abiertos
B (in extent, range) ‹*experience/powers*› amplio; ‹*area*› amplio, extenso; **a ~ variety of things** una gran variedad de cosas; **the newspaper with the ~st circulation** el diario de mayor circulación; **the ~ world** el ancho mundo
C (off target) ‹*ball/shot*› desviado; **~ OF sth** lejos DE algo; ▸ **mark¹ D**

wide² *adv* **wider, widest**
A (completely, fully): **her mouth gaped ~** se quedó boquiabierta *or* con la boca abierta; **~ apart**: **with your feet ~ apart** con los pies bien *or* muy separados; **~ awake**: **to be ~ awake** estar* completamente espabilado *or* despierto; **open ~!** abra bien la boca, abre grande (fam); **~ open**: **you left the door ~ open** dejaste la puerta abierta de par en par; **I'm going into this with my eyes ~ open** sé muy bien en qué me estoy metiendo; **he's laid himself ~ open to criticism** él mismo se ha expuesto a que lo critiquen; **the game is ~ open** el partido no está definido
B (off target): **the ball went ~** la pelota se desvió; **~ OF sth** lejos DE algo

-wide /waɪd/ *suff*: **area~** en toda la zona

wide: **~-angle lens** /ˈwaɪdˈæŋgəl/ *n* granangular *m*; **~-eyed** /ˈwaɪdˈaɪd/ *adj*: **he stared at her in ~-eyed amazement** se quedó mirándola con ojos como platos

widely /ˈwaɪdli/ *adv* **1** (extensively): **she is very ~ traveled** ha viajado mucho; **a ~ read young man** un joven de extensa cultura; **it was ~ publicized** se le dio mucha publicidad **2** (commonly): **a ~ held view** una opinión muy extendida; **a ~ read newspaper** un diario muy leído **3** (to a large degree) ‹*vary*› mucho

widen /ˈwaɪdn̩/ *vt* ‹*road/entrance*› ensanchar; ‹*range/debate/scope*› ampliar*
▪ **widen** *vi* «*road/tunnel*» ensancharse; **the gap between us has ~ed** las diferencias entre nosotros se han acentuado

Phrasal verb
• **widen out** [v ▸ adv] «*road/river/tunnel*» ensancharse

W

wide: **~-open** /'waɪd'əʊpən/ *adj (before n)* ‹*door*› abierto de par en par; **with ~-open eyes** con los ojos muy abiertos; **the ~-open spaces** los espacios abiertos; *see also* **wide² A**; **~-ranging** /'waɪd'reɪndʒɪŋ/ *adj* ‹*powers/curriculum*› amplio; ‹*interests*› variado, diverso; ‹*effects*› de gran alcance; **~spread** *adj* ‹*custom/belief*› extendido, generalizado; **to become ~spread** «*custom/belief*» extenderse*, generalizarse*

widow¹ /'wɪdəʊ/ *n* viuda *f*; **war ~** viuda de guerra

widow² *vt*: **to be ~ed** enviudar, quedar viudo; **his ~ed sister** su hermana viuda

widower /'wɪdəʊər || 'wɪdəʊə(r)/ *n* viudo *m*

width /wɪdθ/ *n* **1** [u c] (measurement) ancho *m*, anchura *f*; **what ~ is the cloth?** ¿qué ancho tiene la tela?, ¿cuánto mide *or* tiene la tela de ancho? **2** [c] (in swimming pool) ancho *m*

widthwise /'wɪdθwaɪz/, **widthways** /-weɪz/ *adv* a lo ancho

wield /wi:ld/ *vt* ‹*sword*› blandir, empuñar; ‹*power/authority*› ejercer*

wiener /'wi:nər || 'wi:nə(r)/ *n* (AmE) salchicha *f* de Frankfurt

wife /waɪf/ *n* (*pl* **wives**) esposa *f*, mujer *f*

wig /wɪg/ *n* peluca *f*

wiggle¹ /'wɪgəl/ *vt* ‹*toes*› mover*; ‹*hips*› contonear, menear

■ **wiggle** *vi* **1** «*hips*» contonearse **2** «*road*» serpentear

wiggle² *n* **1** (of hips) contoneo *m*, meneo *m* **2** (in road) curva *f*

wiggly /'wɪgli/ *adj* **wigglier, wiggliest** ‹*line*› ondulado; ‹*road*› serpenteante

wigwam /'wɪgwɑ:m || 'wɪgwæm/ *n* wigwam *m*

wild¹ /waɪld/ *adj* **-er, -est**

A **1** ‹*animal*› salvaje; (in woodland) salvaje, montaraz; ‹*plant/flower*› silvestre; ‹*vegetation*› agreste; **a ~ beast** una fiera, una bestia salvaje **2** (uncivilized) ‹*tribe*› salvaje **3** (desolate) ‹*country*› agreste, salvaje

B **1** (unruly) ‹*party/lifestyle*› desenfrenado, alocado; **we've had some ~ times together!** ¡hemos hecho cada locura juntos! **2** (random, uncontrolled) ‹*attempt*› desesperado; **a ~ guess** una conjetura hecha totalmente al azar **3** ‹*allegation/exaggeration*› absurdo, disparatado; **it never occurred to me in my ~est dreams that ...** ni en mis sueños más descabellados se me ocurrió nunca que ...

C **1** (violent) (liter) ‹*sea/waters*› embravecido, proceloso (liter); ‹*wind*› fuertísimo, furioso (liter) **2** (frantic) ‹*excitement/dancing*› desenfrenado; ‹*shouting*› desaforado; ‹*appearance/stare*› de loco; **they were ~ with excitement** estaban locos de entusiasmo; **her perfume was driving him ~** su perfume lo estaba enloqueciendo *or* volviendo loco **3** (enthusiastic) (colloq) (*pred*) **to be ~ ABOUT sb/sth**: **he's ~ about her** está loco por ella (fam); **I'm not ~ about the idea** la idea no me enloquece **4** (angry) (colloq) (*pred*): **it makes me ~** me saca de quicio, me da mucha rabia (fam)

wild² *adv*: **these flowers grow ~** estas flores son silvestres; **to live ~** vivir en estado salvaje; ***to run ~***: **these kids have been allowed to run ~** a estos niños los han criado como salvajes; **the garden has run ~** la maleza ha invadido el jardín; **I let my imagination run ~** di rienda suelta a mi imaginación

wild³ *n* [u] **the ~**: **how to survive in the ~** cómo sobrevivir lejos de la civilización; **an opportunity to observe these animals in the ~** una oportunidad de observar estos animales en libertad *or* en su hábitat natural; **out in the ~s** (hum) donde el diablo perdió el poncho *or* (Esp) en el quinto pino (fam)

wild: **~ boar** *n* jabalí *m*; **~ card** *n* (Comput) comodín *m*

wildcat¹ /'waɪldkæt/ *n* (*pl* **~s** *or* **~**) **1** (European) gato *m* montés **2** (bobcat) (esp AmE) lince *m*

wildcat² *adj (before n, no comp)* **1** (risky) ‹*project/speculation*› arriesgado, riesgoso (esp AmL) **2** ‹*strike*› salvaje

wildebeest /'wɪldəbi:st || 'wɪldɪbi:st/ *n* (*pl* **-beests** *or* **-beest**) ñu *m*

wilderness /'wɪldərnəs || 'wɪldənɪs/ *n* **1** [c u] (wasteland) páramo *m*; (jungle) jungla *f* **2** [u] (undeveloped land) (AmE) parque *m* natural

wild: **~fire** *n* [u] (AmE) fuego *m* arrasador; ***to spread like ~fire*** (also BrE) extenderse* como un reguero de pólvora; **~fowl** *n* (*pl* **-fowls** *or* **-fowl**) ave *f*‡ de caza; **~-goose chase** /'waɪld'gu:s/ *n*: **I'm not going into town again on another ~-goose chase** no pienso ir otra vez al centro a perder el tiempo para nada; **they sent him off on a ~-goose chase** lo mandaron a no sé qué tontería *or* (hum) a ver si llovía; **~life** *n* [u] fauna *f* y flora *f*; *(before n)* ‹*sanctuary/reserve*› natural

wildly /'waɪldli/ *adv*

A **1** (frantically) ‹*kick/struggle/rush*› como (un) loco; **he looked at them ~** los miró con los ojos desorbitados **2** (violently) ‹*rage/blow*› con furia

B **1** (in undisciplined fashion) ‹*live*› desordenadamente, desenfrenadamente; **they behaved ~** se portaron como salvajes **2** (haphazardly, randomly) ‹*shoot/guess*› a lo loco, a tontas y a locas (fam)

C (extremely): **~ funny** comiquísimo, para morirse de risa (fam); **~ inaccurate estimates** cálculos absolutamente errados

wildness /'waɪldnəs || 'waɪldnɪs/ *n* [u] **1** (of landscape) lo agreste; (of tribe, people) lo salvaje **2** (of storm, sea) furia *f*

Wild West *n* **the ~ ~** el Lejano Oeste; *(before n)* ‹*adventure/story*› del oeste

wiles /waɪlz/ *pl n* artimañas *fpl*, tretas *fpl*

wilful *etc* (BrE) ▸ **willful** *etc*

will¹ /wɪl/ *v mod* (*past* **would**) [**'ll** *es la contracción de* **will**, **won't** *de* **will not** *y* **'ll've** *de* **will have**]

A **1** (talking about the future): **he'll come on Friday** vendrá el viernes, va a venir el viernes; **he said he would come on Friday** dijo que vendría *or* iba a venir el viernes; **he won't ever change his ways** no cambiará nunca, no va a cambiar nunca; **~ you be staying at Jack's?** ¿te vas a quedar en casa de Jack?; **at the end of this month, he'll have been working here for a year** este fin de mes hará *or* va a hacer un año que trabaja aquí; **you won't leave without me, ~ you?** no te irás sin mí ¿no? **2** (expressing resolution) (*with first person*): **I won't let you down** no te fallaré, no te voy a fallar

B **1** (expressing willingness): **~** *o* **would you do me a favor?** ¿quieres hacerme un favor?, ¿me haces un favor?; **she won't tell us what happened** no nos quiere decir qué pasó; **I won't stand for this** no pienso tolerar esto **2** (in orders): **be quiet, ~ you!** cállate, ¿quieres?, ¡quieres callarte! **3** (in invitations): **~ you have a drink?** ¿quieres tomar algo?; **you'll stay for dinner, won't you?** te quedas a cenar ¿no?

C (expressing conjecture): **won't they be having lunch now?** ¿no estarán comiendo ahora?; **you ~ have gathered that ...** te habrás dado cuenta de que ...; **that would have been in 1947** eso debe (de) haber sido en 1947

D **1** (indicating habit, characteristic): **I'll watch anything on television** yo soy capaz de mirar cualquier cosa en la televisión; **he'd get drunk every Saturday** se emborrachaba *or* solía emborracharse todos los sábados; **he *will* jump to conclusions** él siempre tiene que precipitarse a sacar conclusiones; **you won't be told, ~ you?** ¡qué cosa! ¿por qué no haces caso? **2** (indicating capability): **it ~ do 40 miles per gallon** hace 40 millas por galón; **this door won't shut** esta puerta no cierra *or* no quiere cerrar

■ **will** *vt* (*past & past p* **willed**)

A **1** (urge, try to cause): **I was ~ing her to get the answer right** estaba deseando con todas mis fuerzas *or* con toda mi voluntad que diera la respuesta correcta **2** (desire, ordain) (frml) «*God*» disponer*, querer*

B (bequeath) legar*, dejar en testamento

will² *n*

A [u] **1** (faculty) voluntad *f*; **this machine has a ~ of its own** esta máquina está endiablada **2** (determination, willpower) voluntad *f*; **to break sb's ~** doblegar* a algn; **to lose the ~ to live** perder* las ansias *or* las ganas de vivir; **they set about their tasks with a ~** se pusieron a trabajar con empeño; ***where there's a ~, there's a way*** querer es poder **3** (desire, intention) voluntad *f*; **it was God's ~** Dios así lo quiso, fue la voluntad divina; **patients may come and go at ~** los pacientes pueden entrar y salir a voluntad *or* cuando quieren *or* (frml) cuando les place

B [c] (testament) testamento *m*; **last ~ and testament** última voluntad y testamento

W

willful, (BrE) **wilful** /ˈwɪlfəl/ *adj*
A (deliberate) ‹*misconduct/neglect*› intencionado, deliberado; ‹*damage*› causado con premeditación
B (obstinate) ‹*person*› terco, testarudo, obstinado

willfully, (BrE) **wilfully** /ˈwɪlfəli/ *adv*
A (deliberately) intencionadamente, deliberadamente
B (obstinately) ‹*refuse*› con terquedad *or* tozudez

willies /ˈwɪliz/ *pl n* (colloq): **it gives me/I get the ~** me pone los pelos de punta (fam)

willing /ˈwɪlɪŋ/ *adj* **1** (eager, compliant) (*before n*) ‹*servant/worker*› servicial; **to lend a ~ hand** dar* una mano espontáneamente; ***to show ~*** (BrE) dar* muestras de buena voluntad **2** (inclined) (*pred*) **to be ~ to + INF** estar* dispuesto A + INF

willingly /ˈwɪlɪŋli/ *adv* (gladly) con gusto, de buen grado; (readily, freely) por voluntad propia; **can you help out? — yes, ~** ¿nos podría dar una mano? — claro, encantado

willingness /ˈwɪlɪŋnəs || ˈwɪlɪŋnɪs/ *n* [u] buena voluntad *f*, buena disposición *f*; **~ to + INF**: **they have indicated their ~ to make concessions** han señalado que están dispuestos a hacer concesiones

will-o'-the-wisp /ˈwɪləðəˈwɪsp/ *n* **1** (light) fuego *m* fatuo **2** (sth elusive) quimera *f*

willow /ˈwɪləʊ/ *n* sauce *m*

willowy /ˈwɪləʊi/ *adj* esbelto

willpower /ˈwɪlpaʊər || ˈwɪlpaʊə(r)/ *n* [u] fuerza *f* de voluntad, voluntad *f*

willy /ˈwɪli/ *n* (BrE colloq) ▸**weenie**

willy-nilly /ˈwɪliˈnɪli/ *adv* **1** (haphazardly) de cualquier manera **2** (like it or not) sea como sea

wilt¹ /wɪlt/ (arch) *2nd pers sing pres of* **will¹**

wilt² *vi* ‹‹*plant/flower*›› ponerse* mustio, marchitarse; **we were ~ing in the heat** el calor nos estaba haciendo languidecer

wily /ˈwaɪli/ *adj* **wilier, wiliest** astuto, artero

wimp /wɪmp/ *n* (colloq) pelele *m* (fam)

win¹ /wɪn/ (*pres p* **winning**; *past & past p* **won**) *vt*
A (gain) ‹*prize/title*› ganar; ‹*support*› conseguir*, ganarse; ‹*fame/recognition*› ganarse; ‹*affection*› ganarse, granjearse; ‹*scholarship/promotion*› conseguir*, obtener* (frml); ‹*contract*› conseguir*; **their perseverance won them universal admiration** su perseverancia les granjeó *or* les valió la admiración de todos; **to ~ sb's heart** conquistar el corazón de algn; **to ~ sth back** recuperar algo
B (be victorious in) ‹*war/race/bet/election*› ganar; **you can't ~ them all** (colloq) no se puede pretender ganarlas todas
■ **win** *vi* ganar; **they're ~ning 3-1** van ganando 3 a 1; **to ~ AT sth** ‹*at cards/billiards/golf*› ganar A algo; **to ~ BY sth** ganar POR algo; **OK, you ~!** (colloq) está bien, como tú digas; **you can't ~!** (colloq) ¡no hay caso!

Phrasal verbs
• **win over**, (BrE also) **win round** [v ▸ o ▸ adv, v ▸ adv ▸ o] conquistarse *or* ganarse a; **to ~ sb over** *o* **round TO sth**: **she succeeded in ~ning them over to the cause/her side** logró conquistarlos para la causa/ponerlos de su lado
• **win through** [v ▸ adv] salir* adelante

win² *n* victoria *f*, triunfo *m*; **the Dolphins have had no ~s so far** los Dolphins no han ganado hasta ahora; **he had a ~ on the horses** ganó en las carreras

wince¹ /wɪns/ *vi* hacer* un gesto de dolor; (shudder) estremecerse*; **some of the things he said made me ~** algunas de las cosas que dijo me dieron vergüenza ajena; **to ~ AT sth**: **she ~d at the pain** hizo un gesto *or* una mueca de dolor

wince² *n* gesto *m or* mueca *f* (de dolor)

winch¹ /wɪntʃ/ *n* cabrestante *m*, torno *m*

winch² *vt*: *levantar con un torno o cabrestante*

Winchester /ˈwɪntʃestər || ˈwɪntʃɪstə(r)/ *n* **~ (disk)** (Comput) disco *m* Winchester

wind¹ /wɪnd/ *n*
A [c u] (Meteo) viento *m*; **to run before the ~** (Naut) ir* con el viento en popa *or* a favor; **a ~ of change was blowing** soplaban vientos nuevos; ***in the ~***: **a change is in the ~** se viene un cambio; ***like the ~*** como un bólido (fam); ***to get the ~ up*** (BrE colloq) asustarse, pegarse* un susto (fam); ***to get ~ of sth*** enterarse de algo, olerse* algo (fam); ***to know/find out which way*** *o* ***how the ~ is blowing*** saber*/averiguar* por dónde van los tiros (fam); ***to put the ~ up sb*** (BrE colloq) asustar a algn, meterle miedo a algn (fam); ***to sail close to the ~***: **be careful what you say, you're sailing very close to the ~** cuidado con lo que dices, te estás por pasar de la raya; ***to scatter sth to the four ~s*** desperdigar* algo; ***to take the ~ out of sb's sails*** desinflar a algn; ***to throw caution to the ~(s)*** echar la precaución por la borda, abandonar toda precaución; ***it's an ill ~ that blows nobody any good*** no hay mal que por bien no venga; (*before n*) **~ power** energía *f* eólica; **~ tunnel** (Auto, Aviat) túnel *m* aerodinámico; **~ turbine** turbina *f* eólica
B [u] (in bowels) gases *mpl*, ventosidad *f*; **to have ~** tener* gases; **to break ~** eliminar gases (euf), tirarse un pedo (fam)
C [u] (breath) aliento *m*, resuello *m*; ***to get one's second ~*** recobrar las energías
D [u] (Mus) instrumentos *mpl* de viento; (*before n*) **~ instrument** instrumento *m* de viento

wind² *vt*
Sense I /wɪnd/ **1** ‹‹*exertion*›› dejar sin aliento *or* resuello; ‹‹*blow*›› cortarle la respiración a **2** ‹*baby*› sacarle* el aire a (fam)
Sense II /waɪnd/ (*past & past p* **wound** /waʊnd/)
A (coil) ‹*yarn/wool*› ovillar, devanar; **the bandage had been wound too tightly** tenía la venda muy apretada; **to ~ sth AROUND** *o* (esp BrE) **ROUND sth** enroscar* *or* enrollar algo ALREDEDOR DE algo; **to ~ sth ON(TO) sth** enroscar* *or* enrollar algo EN algo; **to ~ sth into a ball** hacer* un ovillo con algo; **the fisherman wound in the line** el pescador fue cobrando sedal; **to ~ the film on** (hacer*) correr la película; **to ~ the tape back** rebobinar la cinta
B **1** (turn) ‹*handle*› hacer* girar, darle* vueltas a; ‹*clock/watch*› darle* cuerda a **2** (hoist, pull) levantar
■ **wind** *vi* /waɪnd/ (*past & past p* **wound** /waʊnd/) **1** ‹‹*river/road*›› serpentear **2** **winding** *pres p* ‹*river/road*› sinuoso, serpenteante; **the ~ing streets** el laberinto de calles

Phrasal verbs
• **wind down**
A [v ▸ o ▸ adv, v ▸ adv ▸ o] ‹*window*› (Auto) bajar; ‹*production/trade*› reducir* paulatinamente
B [v ▸ adv] (colloq) relajarse
• **wind up**
A [v ▸ o ▸ adv, v ▸ adv ▸ o] **1** (tighten spring) ‹*watch/toy*› darle* cuerda a **2** (bring to conclusion) ‹*meeting/speech*› cerrar*, poner* fin a **3** (close down) ‹*company*› cerrar*, liquidar
B [v ▸ o ▸ adv] **1** (make excited) animar **2** (colloq) (make angry) torear, darle* manija a (RPl fam); (tease) tomarle el pelo a (fam)
C [v ▸ adv] **1** (end up, find oneself) (colloq) terminar, acabar; **he'll ~ up in jail** va a terminar *or* acabar en la cárcel, va a ir a parar a la cárcel; **I wound up in Boston** fui a parar *or* a dar a Boston **2** (conclude) ‹‹*speaker*›› concluir*, terminar **3** (come to end) ‹‹*project/campaign*›› concluir*, terminar **4** ‹‹*toy/doll*››: **it ~s up at the back** se le da cuerda por detrás

wind /wɪnd/: **~bag** *n* (colloq) cotorra *f* (fam), charlatán, -tana *m,f*; **~break** *n* barrera *f* contra el viento; **~-chill factor** *n* sensación *f* térmica; **~fall** *n* **1** (fruit) *fruta caída del árbol* **2** (unexpected benefit): **the $100 prize was a nice little ~fall** el premio de 100 dólares le (*or* me *etc*) cayó como llovido del cielo; **~ farm** parque *m* eólico; **~lass** /ˈwɪndləs/ *n* cabrestante *m*, torno *m*; **~mill** *n* molino *m* de viento

window /ˈwɪndəʊ/ *n*
A **1** (of building) ventana *f*; (of car) ventanilla *f*, luna *f*; (of shop) escaparate *m* (esp Esp), vitrina *f* (AmL), vidriera *f* (AmL); **to clean the ~s** limpiar los vidrios *or* (Esp) cristales; ***to fly/go out (of) the ~*** ‹‹*plans*›› venirse* abajo, desbaratarse; ‹‹*hopes*›› desvanecerse*; ***to throw sth out (of) the ~*** (colloq) echar algo por la borda; (*before n*) **~ box** jardinera *f*; **~ cleaner** (product) limpiacristales *m*, limpiavidrios *m* (esp AmL); (person) limpiacristales *mf*, limpiavidrios *mf* (esp AmL); **~ ledge** alféizar *m or* repisa *f* de la ventana **2** (sales counter) ventanilla *f*
B (Comput) ventana *f*, recuadro *m*

window: **~ dresser** *n* escaparatista *mf* (esp Esp), vitrinista *mf* (AmL), vidrierista *mf* (AmL); **~ dressing** *n* [u] **1** (in shop) escaparatismo *m* (esp Esp), vitrinismo *m* (AmL), vidrierismo *m* (AmL) **2** (pretense, mask): **don't be taken in by the ~ dressing** no te dejes engañar por las apariencias *or* la imagen que quieren presentar; **~pane** *n* vidrio *m or* (Esp) cristal *m* (*de una ventana*); **~ seat** *n* (in train, plane) asiento *m* junto a la ventanilla; **~-shop** *vi* **-pp-**: **to go ~-shopping** ir* a mirar vitrinas *or* vidrieras *or* (esp Esp) escaparates; **~-shopping** /'wɪndəʊ,ʃɑːpɪŋ || 'wɪndəʊ,ʃɒpɪŋ/ *n* [u]: **the only thing to do was ~-shopping** lo único que había para hacer era ir a mirar escaparates *or* (AmL fam) ir a vitrinear; **~sill** *n* alféizar *m or* repisa *f* de la ventana

wind /wɪnd/: **~pipe** *n* tráquea *f*; **~proof** *adj* a prueba de viento; **~screen** *n* (BrE) ▸ **~shield**; **~shield** *n* (AmE) parabrisas *m*; (*before n*) **~shield wiper** limpiaparabrisas *m*, limpiador *m* (Méx); **~sock** *n* manga *f* de viento; **~surf** *vi* hacer* windsurf *or* windsurfing, hacer* surf a vela; **~surfer** *n* (person) tablista *mf*, surfista *mf*; (board) tabla *f* de windsurf; **~surfing** *n* [u] windsurf *m*, windsurfing *m*, surf *m* a vela; **~swept** *adj* ‹*beach/plain*› azotado por el viento; ‹*person*› despeinado; ‹*hair*› alborotado

wind-up /'waɪndʌp/ *n* (BrE colloq) broma *f*, chiste *m*

windward /'wɪndwərd || 'wɪndwəd/ *adj* de barlovento

windy /'wɪndi/ *adj* **-dier, -diest** ‹*day/weather*› ventoso, de viento; **it's ~** hace viento, está ventoso

wine /waɪn/ *n* [u c] **1** (beverage) vino *m*; (*before n*) **~ cellar** bodega *f*; **~ list** carta *f* de vinos; **~ merchant** (BrE) vinatero, -ra *m,f*; **~ rack** botellero *m*; **~ waiter** sommelier *m*, sumiller *m* **2** (color) rojo *m* granate; (*before n*) rojo granate *adj inv*

wine: **~ and dine** *vt* agasajar (*con una comida*); **~ bar** *n* bar *m* (*especializado en vinos*); **~ glass** *n* copa *f* de vino; **~growing** *n* [u] viticultura *f*; (*before n*) ‹*area/region*› vinícola; ‹*country*› productor de vino; **~ gum** *n* (BrE) gominola *f*; **~ taster** catador, -dora *m,f* (*de vinos*), catavinos *mf*; **~tasting** /'waɪn,teɪstɪŋ/ *n* **1** [u] (act, skill) cata *f or* catadura *f* de vinos **2** [c] (event) degustación *f* de vinos

wing[1] /wɪŋ/ *n*

A [c u] (Zool) ala *f*‡; **a bird on the ~** un pájaro volando *or* en vuelo; **to take ~** (liter) levantar *or* alzar* el vuelo; ***to clip sb's ~s*** cortarle las alas a algn; ***to spread*** *o* ***stretch one's ~s***: **he wants to spread his ~s** quiere alzar *or* levantar el vuelo; ***under sb's/sth's ~***: **she took the new girl under her ~** se hizo cargo de la chica nueva

B (Aviat) ala *f*‡

C (BrE Auto) guardabarros *m or* (Méx) salpicadera *f or* (Chi, Per) tapabarros *m*; (*before n*) **~ mirror** espejo *m* retrovisor exterior

D (Sport) **1** (part of field) ala *f*‡ **2** (player, position) ala *mf*‡, alero *mf*, extremo *mf*

E (Pol) ala *f*‡; *see also* **left wing 1, right wing 1**

F (of building) ala *f*‡

G **wings** *pl* **1** (Theat) **the ~s** los bastidores; ***to wait in the ~s***: **if he doesn't play well, there are others waiting in the ~s** si no juega bien, hay quienes están listos para sustituirlo **2** (insignia) (Aviat, Mil) insignia *f*

wing[2] *vt*: ***to ~ one's way***: **we were soon ~ing our way to Italy** poco tiempo después estábamos camino a Italia; ***to ~ it*** (improvise) (AmE colloq) arreglárselas sobre la marcha

wing: **~ collar** *n*: *cuello de camisa de esmoquin o frac*; **~ commander** *n* (in UK) ≈ teniente *m* coronel (*de la Fuerza Aérea*), ≈ vicecomodoro *m* (*en Arg*)

-winged /wɪŋd/ *suff*: **four~** de cuatro alas

winger /'wɪŋər || 'wɪŋə(r)/ *n* (Sport) (in soccer) ala *mf*‡, alero *mf*; (in rugby) ala *f*‡; *see also* **left-winger, right-winger**

wing: **~ nut** *n* palomilla *f*, tuerca *f* (de) mariposa; **~span** *n* envergadura *f*

wink[1] /wɪŋk/ *n* guiño *m*, guiñada *f*; **to give sb a ~** guiñarle el ojo a algn; ***not to get a ~ of sleep*** no pegar* (el *or* un) ojo; ***to get*** *o* ***grab forty ~s*** dar* una cabezadita, hacerse* *or* echarse una siestecita

wink[2] *vi* **1** «*person*» guiñar el ojo, hacer* un guiño *or* una guiñada **2** (flash) «*light*» parpadear, titilar

winkle /'wɪŋkəl/ *n* bígaro *m*

(Phrasal verb)

• **winkle out** [v ▸ o ▸ adv, v ▸ adv ▸ o]: **I've still not ~d the truth out of them** todavía no he logrado sonsacarles *or* arrancarles la verdad

winner /'wɪnər || 'wɪnə(r)/ *n* **1** (of prize, lottery) ganador, -dora *m,f*; (of competition, contest) ganador, -dora *m,f*, vencedor, -dora *m,f* **2** (goal) gol *m* (*or* tanto *m etc*) decisivo *or* de la victoria **3** (success): ***to be onto a ~*** (colloq): **they're onto a ~ with their latest idea** su última idea va a ser un exitazo (fam)

winning /'wɪnɪŋ/ *adj* **1** (victorious) (*before n*) ‹*candidate/team*› ganador; ‹*goal/shot*› de la victoria, decisivo; **to hold the ~ hand** llevar las de ganar **2** (appealing) ‹*smile/personality*› encantador

winning post *n* (poste *m* de) llegada *f*, meta *f*

winnings /'wɪnɪŋz/ *pl n* ganancias *fpl* (*obtenidas en el juego*)

winnow /'wɪnəʊ/ *vt* aventar*

wino /'waɪnəʊ/ *n* (*pl* **~s**) (colloq) borrachín, -china *m,f* (fam)

winsome /'wɪnsəm/ *adj* (liter) encantador

winter[1] /'wɪntər || 'wɪntə(r)/ *n* [u c] invierno *m*; **in (the) ~** en invierno; **last ~** el invierno pasado; **a ~'s day** un día de invierno; (*before n*) ‹*weather/temperatures*› invernal; **~ Olympics** (*pl*) Juegos *mpl* (Olímpicos) de Invierno; **~ sports** deportes *mpl* de invierno

winter[2] *vi* «*animal/bird*» invernar, hibernar; «*person/army*» pasar el invierno, invernar

wintertime /'wɪntərtaɪm || 'wɪntətaɪm/ *n* [u] invierno *m*; **in (the) ~** en invierno

wintry /'wɪntri/ *adj* **-trier, -triest** invernal, de invierno

wipe[1] /waɪp/ *n* **1** (action): **give the table a ~ with a damp cloth** pásale un trapo húmedo a la mesa; **give your nose a ~** límpiate la nariz **2** (cloth) toallita *f*; **baby ~** toallita *f* húmeda (*para bebé*)

wipe[2] *vt* **1** (clean) ‹*floor/table*› limpiar, pasarle un trapo a; ‹*dishes*› secar*; **she ~d the mirror clean** limpió el espejo (con un trapo); **~ your nose** límpiate la nariz **2** (remove) (+ *adv compl*): **she ~d the mud off her hands** se limpió el barro de las manos; **he ~d the tears from his eyes** se secó *or* (liter) se enjugó las lágrimas; **you can ~ that grin off your face!** ¡más vale que no te rías! **3** (rub) (+ *adv compl*) ‹*cloth/rag*› pasar

■ **wipe** *vi* (dry dishes) secar*

(Phrasal verbs)

• **wipe away** [v ▸ o ▸ adv, v ▸ adv ▸ o] ‹*tears*› secar*, enjugar* (liter); ‹*blood*› limpiar; ‹*memory*› borrar

• **wipe off**

A [v ▸ o ▸ adv, v ▸ adv ▸ o] **1** (remove) ‹*mud/oil*› limpiar; **she ~d off what was on the blackboard** borró la pizarra **2** (erase) ‹*recording*› borrar

B [v ▸ adv] «*mud/mark*» salir*

• **wipe out** [v ▸ o ▸ adv, v ▸ adv ▸ o] **1** (clean) limpiar, pasarle un trapo a **2** (cancel) ‹*deficit*› cancelar; ‹*lead/advantage*› eliminar **3** (destroy, eradicate) ‹*species/population*› exterminar; ‹*resistance*› acabar con; ‹*disease*› erradicar*; ‹*army*› aniquilar **4** (erase) ‹*writing*› borrar; ‹*memory*› borrar **5** (exhaust) (colloq) dejar hecho polvo (fam)

• **wipe up** [v ▸ o ▸ adv, v ▸ adv ▸ o] (clean up) limpiar

wiper /'waɪpər || 'waɪpə(r)/ *n* (*windshield o* (BrE) *windscreen* **~**) limpiaparabrisas *m*, limpiador *m* (Méx)

wire[1] /waɪr || 'waɪə(r)/ *n*

A **1** [c u] (metal strand) alambre *m*; (*before n*) **~ fence** alambrada *f*, alambrado *m* (AmL); **~ netting** red *f* de alambre **2** [u] (fencing, mesh) alambrada *f*, alambrado *m* (AmL) **3** [c] (finishing line) (AmE): **the ~** la línea de llegada, la meta; ***down to the ~*** hasta el último momento; ***under the ~*** por un pelo *or* (Esp) por los pelos (fam)

B [c] **1** (Elec, Telec) cable *m*; ▸ **cross[2]** *vt* **B** **2** (telegram) (colloq) telegrama *m* **3** (teletype machine) (AmE colloq) teletipo *m*; **hot off the ~** de última hora

wire[2] *vt*

A **1** (Elec): **to be ~d to sth** estar* conectado a algo; **the plug has been wrongly ~d** han conectado mal los cables del enchufe **2** (telegraph) (colloq): **~ me when you get there** mándame un telegrama cuando llegues; **they ~d me some money** me mandaron un giro telegráfico

B (fasten): **the parts are ~d in place** las piezas van sujetas con alambre; **she had her jaws ~d (together)** le inmovilizaron las mandíbulas

wire cutters *pl n* cortaalambres *m*, pinzas *fpl* de corte (Méx); (large) cizallas *fpl*, cizalla *f*

wireless /ˈwaɪrləs || ˈwaɪəlɪs/ *n* (esp BrE Rad dated) 1 [c] (set) radio *m* (AmL exc CS), radio *f* (CS, Esp) 2 [u] (Telec) radio(telegrafía) *f*

wire: **~tapping** /ˈwaɪrˌtæpɪŋ || ˈwaɪəˌtæpɪŋ/ *n* [u] (AmE) escuchas *fpl* telefónicas; **~walker** *n* (AmE) equilibrista *mf*, funámbulo, -la *m,f*; **~ wool** *n* ▸ **steel wool**

wiring /ˈwaɪrɪŋ || ˈwaɪərɪŋ/ *n* [u] (Elec) cableado *m*, instalación *f* eléctrica

wiry /ˈwaɪri || ˈwaɪəri/ *adj* **wirier, wiriest** 1 ‹*person*› enjuto y nervudo 2 ‹*hair*› áspero, hirsuto

Wis = **Wisconsin**

wisdom /ˈwɪzdəm/ *n* [u] sabiduría *f*; **the government, in their ~, had ignored these reports** (iro) el gobierno, en su infinita sabiduría, había hecho caso omiso de estos informes (iró)

wisdom tooth *n* muela *f* del juicio

wise /waɪz/ *adj* **wiser, wisest** 1 (prudent) ‹*person*› prudente, sensato; ‹*choice/decision*› acertado, prudente; **it would be ~ to call first** sería prudente *or* aconsejable llamar antes 2 (learned, experienced) sabio; **the three W~ Men** los Reyes Magos; **it's easy to be ~ after the event** es muy fácil criticar a posteriori; ***to be none the ~r***: **I'm none the ~r** sigo sin entender *or* sin enterarme; **eat one: no-one will be any the ~r** cómete una, nadie se va a dar cuenta; ***to get ~ with sb*** (AmE colloq) insolentarse con algn 3 (aware) (colloq) **to be ~ TO sth/sb**: **don't worry, I'm ~ to him/his tricks** no te preocupes que lo conozco muy bien *or* (fam) ya lo tengo calado/le conozco las mañas

Phrasal verb

- **wise up** (colloq) [v ▸ adv] (d)espabilarse, avivarse (AmL fam), apiolarse (RPl fam); **to ~ up TO sth** darse* cuenta DE algo

-wise /waɪz/ *suff* 1 (with reference to): **price~/weather~** en lo que respecta al precio/tiempo 2 (in particular way): **length~** a lo largo

wise: **~crack** *n* broma *f*, chiste *m*; **~ guy** *n* (colloq): **OK, who's the ~ guy?** a ver ¿quién ha sido el gracioso?; **OK, ~ guy, what's the answer?** ¿y, sabelotodo, cuál es la respuesta? (fam)

wisely /ˈwaɪzli/ *adv* sabiamente, prudentemente

wish¹ /wɪʃ/ *n* 1 (desire) deseo *m*; **to make a ~** pedir* un deseo; **her ~ came true** su deseo se hizo realidad, se le cumplió el deseo; **his last** *o* **dying ~** su última voluntad; **they got married against my ~es** se casaron en contra de mi voluntad; **your ~ is my command** (set phrase) tus deseos son órdenes (fr hecha); **~ to + INF**: **I've no ~ to upset you, but ...** no quisiera disgustarte, pero ...; **I've no great ~ to see the play** no tengo muchas ganas de ver la obra 2 **wishes** *pl* (greetings): **give your mother my best ~es** dale a tu madre muchos recuerdos de mi parte, cariños a tu madre (AmL); **with our best ~es for a speedy recovery** deseándole una pronta mejoría; **best ~es, Jack** saludos *or* un abrazo de Jack

wish² *vt* 1 (desire fervently) desear; **to ~ sth ON sb** desearle algo A algn; **to ~ (THAT)**: **I ~ I hadn't come** ¡ojalá no hubiera venido!; **I ~ I were rich** ¡ojalá fuera rico!; **she ~ed she hadn't told him** lamentó habérselo dicho; **I ~ you wouldn't say things like that** me disgusta mucho que digas esas cosas; **I do ~ you'd told me before!** ¡me lo podrías haber dicho antes! 2 (want) (frml) desear (frml), querer*; **should you ~ to do so ...** si así lo deseara ... (frml); **to ~ sb/sth to + INF** desear que algn/algo (+ *subj*) (frml) 3 (want for sb) desear; **we ~ you every happiness** te deseamos lo mejor; **~ me luck!** ¡deséame suerte!; **he called to ~ me (a) happy birthday** me llamó para desearme feliz cumpleaños; **to ~ sb good night** darle* las buenas noches a algn; **to ~ sb well** desearle suerte *or* lo mejor a algn; **I ~ you well** espero que te vaya bien

■ **wish** *vi* 1 (make magic wish) pedir* un deseo 2 (want, desire): **as you ~, sir** como usted mande *or* diga, señor; **if you ~** como quieras

Phrasal verbs

- **wish away** [v ▸ o ▸ adv, v ▸ adv ▸ o]: **you can't just ~ the problem away** no puedes hacer como el avestruz; **to ~ one's life away** desperdiciar la vida
- **wish for** [v ▸ prep ▸ o]: **what more could one ~ for?** ¿qué más se puede pedir?; **you couldn't ~ for a better husband** es el marido ideal

wishbone /ˈwɪʃbəʊn/ *n* espoleta *f*, hueso *m* de la suerte, apostador *m* (Col)

wishful thinking /ˈwɪʃfəl/ *n* [u]: **do you know for sure that they're leaving or is it just ~ ~?** ¿sabes a ciencia cierta que se van o es simplemente lo que tú querrías?

wishing well /ˈwɪʃɪŋ/ *n* pozo *m* de los deseos

wish list *n* lista *f* de deseos

wishy-washy /ˈwɪʃiˌwɔːʃi || ˈwɪʃiˌwɒʃi/ *adj* (colloq) ‹*color*› sin gracia; ‹*coffee*› aguado, insípido; ‹*argument*› flojo, endeble

wisp /wɪsp/ *n* (of smoke) voluta *f*; (of hair) mechón *m*; **a ~ of a girl** una niña menudita

wispy /ˈwɪspi/ *adj* **-pier, -piest** ‹*cloud*› tenue; ‹*hair*› ralo

wistful /ˈwɪstfəl/ *adj* ‹*smile/thought*› nostálgico

wistfully /ˈwɪstfəli/ *adv* con añoranza *or* nostalgia

wit¹ /wɪt/ *n*

A (*often pl*) (intelligence) inteligencia *f*; (ingenuity) ingenio *m*; ***to be at one's ~s' end*** estar* desesperado, no saber* más qué hacer; ***to frighten*** *o* ***scare sb out of her/his ~s*** (colloq) darle* a algn un susto de muerte (fam); ***to have/keep one's ~s about one*** estar* alerta *or* atento, andar* con mucho ojo; ***to live by one's ~s*** vivir de su (*or* mi *etc*) ingenio

B 1 [u] (humor) ingenio *m*, agudeza *f*; **she has a dry ~** es muy aguda *or* mordaz 2 [c] (person) persona *f* ingeniosa *or* ocurrente, ingenio *m*

wit² *vi*: **to ~** a saber

witch /wɪtʃ/ *n* bruja *f*

witch: **~craft** *n* [u] brujería *f*, hechicería *f*; **~ doctor** *n* hechicero *m*, brujo *m*; **~-hunt** *n* caza *f* de brujas

witching hour /ˈwɪtʃɪŋ/ *n* **the ~ ~** la medianoche

with /wɪð, wɪθ/ *prep*

A 1 (in the company of) con; **she went ~ him/them/me/you** fue con él/con ellos/conmigo/contigo; **go ~ your sister** ve con tu hermana, acompaña a tu hermana; **I'm staying ~ a friend** estoy en casa de un amigo; **I'll be ~ you in a moment** enseguida estoy contigo (*or* te atiendo *etc*); **she had brought it ~ her** lo había traído (consigo); **the bad weather is still ~ us** seguimos con mal tiempo; ***are you ~ me?*** (colloq) ¿entiendes (*or* entienden *etc*)?, ¿me sigues (*or* siguen *etc*)? 2 (member, employee, client etc of) en; **are you still ~ Davis Tools?** ¿sigues en Davis Tools?; **I've been banking ~ them for years** hace años que tengo cuenta en ese banco 3 (in agreement, supporting) con; **I'm ~ you on that** en eso estoy contigo

B (in descriptions): **the shirt is black ~ white stripes** la camisa es negra a *or* con rayas blancas; **the man ~ the beard/the red tie** el hombre de barba/corbata roja; **a tall woman ~ long hair** una mujer alta con el pelo largo *or* de pelo largo; **he is married, ~ three children** está casado y tiene tres hijos

C 1 (indicating manner) con; **the proposal was greeted ~ derision** la propuesta fue recibida con burlas; **it was done ~ no fuss** se hizo sin aspavientos 2 (by means of, using) con; **she ate it ~ her fingers** lo comió con la mano 3 (as a result of): **trembling ~ fright** temblando de miedo; **this wine improves ~ age** este vino mejora con el tiempo; **~ luck** con suerte

D (where sb, sth is concerned) con; **you can never tell ~ her** con ella nunca se sabe; **the trouble ~ Roy is that ...** lo que pasa con Roy es que ...; **what's up ~ you/him today?** (colloq) ¿qué te/le pasa hoy?

E 1 (in the same direction as): **~ the tide/flow** con la marea/corriente 2 (in accordance with) según

F (*after adv, adv phrase*): **come on, out ~ it!** ¡vamos, suéltalo!; **away ~ him!** ¡llévenselo!; **off ~ her head!** ¡que le corten la cabeza!

withdraw /wɪðˈdrɔː/ (*past* **-drew**; *past p* **-drawn**) *vt*

A 1 (recall, remove) ‹*troops/representative*› retirar; ‹*hand/arm*› retirar, apartar; ‹*coin/note*› retirar de la circulación; ‹*product*› retirar de la venta; **they withdrew their children from the school** sacaron a sus niños del colegio 2 ‹*money/cash*› retirar, sacar*

B 1 (cancel, discontinue) ‹*support/funding*› retirar; ‹*permission*› cancelar; **they threatened to ~ their labor** amenazaron con ir a la huelga 2 (rescind) ‹*application/charges*› retirar; ‹*demand*› renunciar a 3 (retract) ‹*statement/allegation*› retirar, retractarse de

■ **withdraw** *vi* 1 «*troops/competitor/candidate*» retirarse 2 (socially) recluirse*; (psychologically) retraerse*

W

withdrawal /wɪð'drɔːəl/ *n*
A **1** [u c] (of troops, team, representative) retirada *f*; (of coinage) retirada *f* de la circulación; (of product) retirada *f* de la venta **2** [u] (method of contraception) coitus *m* interruptus, marcha *f* atrás (fam)
B [u] (of support, funding) retirada *f*, retiro *m* (AmL); (of application, nomination, competitor) retirada *f*
C (Psych) retraimiento *m*
D [c u] (of cash) retirada *f*, retiro *m* (AmL)
E [u] (from drugs) abandono *m*; (*before n*) ~ **symptoms** síndrome *m* de abstinencia

withdrawn¹ /wɪð'drɔːn/ *past p of* **withdraw**

withdrawn² *adj* retraído, encerrado en sí mismo

withdrew /wɪð'druː/ *past of* **withdraw**

wither /'wɪðər || 'wɪðə(r)/ *vi* ⟪*plant/flower*⟫ marchitarse; ⟪*limb*⟫ atrofiarse

withered /'wɪðərd || 'wɪðəd/ *adj* ‹*plant/flower*› marchito, mustio; ‹*limb*› atrofiado

withering /'wɪðərɪŋ/ *adj* **1** ‹*heat*› abrasador, agostador **2** ‹*look*› fulminante

withers /'wɪðərz || 'wɪðəz/ *pl n* cruz *f*

withhold /wɪθ'həʊld || wɪð'həʊld/ *vt* (*past & past p* **-held**) ‹*payment/funds*› retener*; ‹*truth*› ocultar; ‹*consent/assistance*› negar*; ‹*information*› no revelar, no dar* a conocer

withholding (tax) /wɪθ'həʊldɪŋ || wɪð'həʊldɪŋ/ *n* [u] (in US) *parte de los impuestos de un empleado que su empleador paga directamente al gobierno*

within¹ /wɪð'ɪn/ *prep*
A **1** (inside) dentro de; **from ~ the house** desde dentro de *or* desde el interior de la casa; **~ these four walls** entre estas cuatro paredes **2** (inside limits of): **~ a radius of 20 miles** en un radio de 20 millas; **it is ~ our reach** está a nuestro alcance; **~ the bounds of possibility** dentro de lo posible; **it is not ~ my power to help you** no está en mi poder ayudarte; **~ the law** dentro de la ley
B (indicating nearness) a; **we were ~ 150m of the summit** estábamos a 150m de la cumbre; **the measurements are correct to ~ 1mm** las medidas tienen un margen de error de 1mm
C (in less than): **~ the time allotted** dentro del tiempo establecido; **they'll be here ~ the hour** *o* **~ an hour** estarán aquí en menos de una hora; **the paint dries ~ minutes of being applied** la pintura se seca a los pocos minutos de ser aplicada

within² *adv* (arch *or* liter) dentro; **S apply within** infórmese aquí

with-it /'wɪðət || 'wɪðɪt/ *adj* (*pred* **with it**) (colloq)
A (trendy) ‹*hairdo/clothes*› a la última moda; **he's always been really ~ ~** ha estado siempre muy en la onda (fam)
B (alert) (*pred*) (d)espabilado

without /wɪð'aʊt/ *prep* sin; **he left ~ them/me/you** se fue sin ellos/mí/ti; **I wouldn't be ~ a car** no podría prescindir del coche por nada del mundo; **~ anyone to talk to/anything to do** sin nadie con quien hablar/nada que hacer; **do it ~ cheating** hazlo sin hacer trampas; **he noticed it ~ my saying anything** se dio cuenta sin que yo dijera nada; *see also* **do, go without**

withstand /wɪð'stænd/ *vt* (*past & past p* **-stood**) ‹*attack*› resistir; ‹*heat/pain*› soportar, aguantar, resistir

witless /'wɪtləs || 'wɪtlɪs/ *adj* tonto, estúpido; ***to scare sb ~***: **the thought of it scared him ~** pensar en ello le daba pavor

witness¹ /'wɪtnəs || 'wɪtnɪs/ *n*
A [c] **1** (Law) testigo *mf*; **to call sb as a ~** citar a algn como testigo; **~ for the prosecution/defense** testigo de cargo/de la defensa *or* de descargo; (*before n*) **~ stand** *o* (BrE) **box** estrado *m* **2** (to event) **to be ~/a ~ TO sth** ser* testigo DE algo **3** (to contract, signature) testigo *mf*; **to stand ~** atestiguar*, testificar*
B [u] (testimony, evidence) **to be ~ TO sth** ser* testimonio *or* prueba DE algo, atestiguar* algo; **to bear ~** (in a court of law) atestiguar*, testificar*; **to bear false ~** (Bib) levantar falsos testimonios

witness² *vt* **1** (observe, see) ‹*change/event*› ser* testigo de; ‹*crime/accident*› presenciar, ser* testigo de, ver*; **this region is ~ing an unprecedented economic upturn** esta región está viviendo una reactivación económica sin precedentes **2** (authenticate) (Law) ‹*signature*› atestiguar*; ‹*will*› atestiguar* la firma de

witter /'wɪtər || 'wɪtə(r)/ *vi* (BrE colloq) **~ (on) (ABOUT sth)** parlotear (DE algo) (fam)

witticism /'wɪtəsɪzəm || 'wɪtɪsɪzəm/ *n* agudeza *f*; (in conversation) salida *f*, ocurrencia *f*

wittily /'wɪtəli || 'wɪtɪli/ *adv* ingeniosamente; (funnily) con gracia *or* chispa

witty /'wɪti/ *adj* **-tier, -tiest** ‹*person*› ingenioso, ocurrente, agudo; (funny) gracioso, con chispa; ‹*answer/remark*› ingenioso, agudo

wives /waɪvz/ *pl of* **wife**

wizard /'wɪzərd || 'wɪzəd/ *n* **1** (Occult) mago *m*, brujo *m* **2** (genius) (colloq) genio *m* (fam)

wizened /'wɪzn̩d/ *adj* (wrinkled) arrugado; (withered) marchito

wk = week

WNW (= **west-northwest**) ONO

woad /wəʊd/ *n* [u] *tintura azul, parecida al añil*

wobble /'wɑːbəl || 'wɒbəl/ *vi* **1** (tremble) ⟪*jelly*⟫ temblar*; **his voice ~s on the high notes** le tiembla la voz en los agudos **2** (sway, waver) ⟪*cyclist*⟫ bambolearse; ⟪*wheel*⟫ bailar; ⟪*chair*⟫ tambalearse
■ **wobble** *vt* mover*, bambolear

wobbly /'wɑːbli || 'wɒbli/ *adj* **-blier, -bliest** **1** ‹*voice*› tembloroso **2** ‹*wheel/tooth*› flojo; ‹*table/chair*› poco firme, que se tambalea; **my legs are ~** me tiemblan las piernas

woe /wəʊ/ *n* **1** [u] (sorrow) congoja *f* (liter), aflicción *f*; **a tale of ~** un drama, una historia trágica; **~ betide you if you lose it!** ¡pobre de ti *or* ay de ti si lo pierdes!; **~ is me!** (arch & liter) ¡pobre de mí! **2** **woes** *pl* (afflictions, troubles) males *mpl*, tribulaciones *fpl*

woebegone /'wəʊbɪgɔːn || 'wəʊbɪgɒn/ *adj* angustiado, cariacontecido

woeful /'wəʊfəl/ *adj* **1** (deplorable) ‹*neglect/ignorance*› lamentable, deplorable **2** (sorrowful) (liter) ‹*person*› acongojado (liter), afligido; ‹*expression*› desconsolado, de angustia *or* de congoja

wog /wɑːg || wɒg/ *n* (BrE sl & offensive) extranjero, -ra *m,f*

woke /wəʊk/ *past of* **wake¹**

woken /wəʊkən/ *past p of* **wake¹**

wolf¹ /wʊlf/ *n* (*pl* **wolves**) **1** (Zool) lobo *m*; ***a ~ in sheep's clothing*** un lobo disfrazado de cordero; ***to cry ~***: **he's cried ~ once too often** ya ha venido demasiadas veces con el mismo cuento; ***to keep the ~ from the door*** mantenerse* a flote, no pasar miseria, parar la olla (CS, Per fam) **2** (womanizer) (colloq) donjuán *m*, tenorio *m*

wolf² *vt* **~ (down)** devorar(se), engullir(se)*; **don't ~ your food** no engullas la comida de esa forma

wolf: **~ cub** *n* lobezno *m*, lobato *m*; **~hound** *n* perro *m* lobo; **~ whistle** *n* silbido *m or* chiflido *m* (*de admiración*)

wolves /wʊlvz/ *pl of* **wolf¹**

woman /'wʊmən/ *n* (*pl* **women**) mujer *f*; (*as form of address*) mujer; **an old ~** una señora *or* mujer mayor *or* de edad; (less respectful) una vieja; **a young ~** una chica, una joven (frml); **he ran off with another ~** se fue con otra; **you're a lucky ~** tienes suerte; **she's a sick ~** está muy enferma; **a ~'s work is never done** (set phrase) el trabajo de la casa no se acaba nunca; **the women's movement** el movimiento de liberación de la mujer; ***a ~'s touch*** el toque femenino; ***to be one's own ~*** ser* una mujer independiente; (*before n*) **a ~ lawyer/dentist** una abogada/dentista; **a ~ friend of mine** una amiga mía

womanhood /'wʊmənhʊd/ *n* [u] **1** (being a woman) condición *f* de mujer; **she's reached ~** ya se ha hecho mujer, ya es una mujer **2** (women) (liter) mujeres *fpl*

womanize /'wʊmənaɪz/ *vi* andar* detrás de las mujeres *or* (fam) de las faldas

womanizer /'wʊmənaɪzər || 'wʊmənaɪzə(r)/ *n* mujeriego *m*, donjuán *m*

womankind /'wʊmənkaɪnd/ *n* [u] las mujeres

womanly /'wʊmənli/ *adj* femenino

womb /wuːm/ *n* útero *m*, matriz *f*

women /'wɪmɪn/ *pl of* **woman**

W

women: **~folk** *pl n* mujeres *fpl*; **~'s liberation**, **~'s lib** /lɪb/ liberación *f* de la mujer; **~'s room** *n* (AmE) baño *m or* (Esp) servicios *mpl* de damas *or* señoras

won /wʌn/ *past & past p of* **win¹**

wonder¹ /'wʌndər || 'wʌndə(r)/ *n*

A [u] (awe, curiosity) asombro *m*; **we gazed in ~ at the scene** contemplamos la escena maravillados

B [c] (marvel, miracle) maravilla *f*; **it's a ~ (that) he didn't break his neck** es asombroso *or* es un milagro que no se matara; **no ~ you feel tired!** no me extraña que estés cansado *or* ¡con razón estás cansado!; **~s will never cease!** (hum) ¡eso sí que es increíble!; ***to work** o **do ~s***: **he's worked ~s with this room** verdaderamente, ha transformado esta habitación; **that hairstyle does ~s for him** ese corte de pelo lo favorece muchísimo

wonder² *vi* **1** (ponder, speculate): **why do you ask? — oh, I was just ~ing** ¿por qué preguntas? — por nada *or* por saber; **who can that be, I ~?** ¿quién será?, ¿quién podrá ser?; **he said it was an accident — I ~** dijo que fue un accidente — tengo mis dudas; **I ~ about you sometimes** a veces de veras me preocupas **2** (marvel, be surprised) maravillarse; **to ~ AT sth**: **I ~ at your patience** me maravilla *or* me asombra la paciencia que tienes; **gone off with his secretary, I shouldn't ~** no me extrañaría que se hubiera ido con la secretaria

■ **wonder** *vt* **1** (ask oneself) preguntarse; **I ~ why I bother** no sé por qué me molesto; **I ~ if** *o* **whether he'll be there** me pregunto si estará; **we were ~ing if you'd like to come around to dinner** estábamos pensando si te gustaría venir a casa a cenar **2** (be amazed): **I ~ (that) she didn't fire you on the spot** me sorprende que no te haya echado inmediatamente

wonder³ *adj* (*before n*) ‹*drug/cure*› milagroso

wonderful /'wʌndərfəl || 'wʌndəfəl/ *adj* maravilloso; **we had a ~ time** lo pasamos maravillosamente *or* fenomenal *or* de maravilla; **you did it? that's ~!** ¿lo lograste? ¡estupendo! *or* ¡qué maravilla!

wonderfully /'wʌndərfli || 'wʌndəfəli/ *adv* maravillosamente, de maravilla; **they get on ~ together** se llevan a las mil maravillas, se llevan de maravilla

wonderland /'wʌndərlænd || 'wʌndəlænd/ *n* país *m* de las maravillas; **Alice in W~** Alicia en el país de las maravillas

wondrous /'wʌndrəs/ *adj* (liter) maravilloso

wonky /'wɑːŋki || 'wɒŋki/ *adj* **-kier, -kiest** (BrE colloq) **1** (wobbly, unsteady) ‹*chair/table*› poco firme **2** (askew) torcido

wont¹ /wɑːnt || wəʊnt/ *adj* (liter *or* hum) (*pred, no comp*) **to be ~ to + INF** soler* *or* acostumbrar + INF

wont² *n* (liter *or* hum) costumbre *f*; **as is her ~** como tiene por costumbre, como suele hacer

won't /wəʊnt/ **= will not**

woo /wuː/ *vt* ‹*woman*› cortejar; ‹*customers/investors*› atraer*; ‹*voters*› buscar* el apoyo de; **her task is to ~ back lost voters** su tarea consiste en volver a captar los votos perdidos

wood /wʊd/ *n*

A [u] (material) madera *f*; (firewood) leña *f*; ***to touch ~*** *o* (AmE) ***knock on ~*** tocar* madera

B (wooded area) (*often pl*) bosque *m*; ***to be out of the ~(s)*** estar* fuera de peligro *or* a salvo

C (Sport) **1** [c] (in golf) palo *m* de madera **2** [c] (in bowls) bola *f*

D (cask, barrel): **matured** *o* **aged in the ~** añejado en barril

wood: **~ carving** *n* **1** [u] (technique) tallado *m* en madera **2** [c] (object) talla *f* (de madera); **~cock** *n* (*pl* **-cocks** *or* **-cock**) becada *f*, chocha *f*; **~cut** *n* grabado *m*; **~cutter** *n* leñador, -dora *m,f*

wooded /'wʊdəd || 'wʊdɪd/ *adj* boscoso

wooden /'wʊdn̩/ *adj* **1** (made of wood) de madera; **~ leg** pata *f* de palo (fam) **2** (stiff) ‹*expression*› rígido; ‹*performance*› acartonado

wood: **~land** /'wʊdlənd/ *n* [u] (*often pl*) bosque *m*; (*before n*) ‹*birds/plants*› de los bosques; **~louse** *n* (*pl* **-lice** /-laɪs/) cochinilla *f*, chanchito *m* (Andes, CS fam); **~pecker** /'wʊd,pekər || 'wʊd,pekə(r)/ *n* pájaro *m* carpintero, pico *m* (barreno *or* carpintero); **~ pigeon** *n* paloma *f* torcaz; **~pile** *n* (AmE) montón *m* de leña; **~ pulp** *n* [u] (ground wood) pulpa *f* de madera; (with added chemicals) pasta *f* de papel; **~shed** *n* leñera *f*; **~wind** /'wʊdwɪnd/ *n* (*pl* **~wind** *or* **~winds**) **the ~wind(s)** los instrumentos de viento de madera; **~work** *n* [u] **1** (wooden fittings) carpintería *f*; ***to come** o **crawl out of the ~work*** (colloq) salir* de quién sabe dónde (fam) **2** (BrE) ▸ **~working**; **~working** *n* [u] (AmE) (carpentry) carpintería *f*; (cabinet making) ebanistería *f*; (craftwork) artesanía *f* en madera; **~worm** *n* (*pl* **~worm**) **1** [c] (larva) carcoma *f*, polilla *f* de la madera **2** [u] (infestation): **the table's full of ~worm** la mesa está llena de carcoma *or* está toda carcomida

woody /'wʊdi/ *adj* **-dier, -diest** leñoso

woof *n*

A [c] /wʊf/ (of dog) (colloq) ladrido *m*; **~ ~!** ¡guau guau!

B [u] /wuːf/ (Tex) trama *f*

wool /wʊl/ *n* [u] lana *f*; **pure new ~** pura lana virgen; ***to pull the ~ over sb's eyes*** engañar a algn, taparle el cielo con un harnero a algn (RPl)

woolen, (BrE) **woollen** /'wʊlən/ *adj* de lana

woolens, (BrE) **woollens** /'wʊlənz/ *pl n* (Clothes) prendas *fpl* de lana

wooly¹, (BrE) **woolly** /'wʊli/ *adj* **-lier, -liest** **1** ‹*hat/sweater*› de lana **2** (unclear) ‹*thinking/argument*› vago, impreciso

wooly², (BrE) **woolly** *n* (*pl* **-lies**) (colloq) prenda *f* de lana

woozy /'wuːzi/ *adj* **-zier, -ziest** (colloq) atontado, grogui (fam)

wop /wɑːp || wɒp/ *n* (sl & offensive) italiano, -na *m,f*, bachicha *mf* (CS fam, a veces pey), tano, -na *m,f* (RPl fam & pey)

word¹ /wɜːrd || wɜːd/ *n*

A [c] (term, expression) palabra *f*, vocablo *m* (frml), voz *f* (frml); **'greenhouse' is written as one ~** 'greenhouse' se escribe todo junto; **it's a long** *o* **big ~** es una palabra difícil; **bad** *o* **naughty** *o* **rude ~** palabrota *f*, mala palabra *f* (esp AmL), garabato *m* (Chi); **what's the German ~ for 'dog'?** ¿cómo se dice 'perro' en alemán?; **what's another ~ for 'holiday'?** dame un sinónimo de 'holiday'; **he was ... what's the ~? ... excommunicated** lo ... ¿cómo se dice? ... lo excomulgaron; **she was lucky — lucky isn't the ~!** tuvo suerte — ¡suerte es poco decir!; **for want of a better ~** por así decirlo; **he didn't say so in so many ~s, but that's what he meant** no lo dijo así *or* con esas palabras, pero eso es lo que quiso decir; **in other ~s** (introducing a reformulation) es decir, o sea; **I have serious doubts about it — in other ~s you don't trust me** tengo mis serias dudas al respecto — lo que me estás diciendo es que no me tienes confianza; **she's been promoted again — ~s fail me!** la han vuelto a ascender — ¡no me lo puedo creer!; **to have a way with ~s** tener* mucha labia *or* facilidad de palabra; **it was too funny for ~s** fue graciosísimo; ***to be lost for ~s*** no encontrar* palabras, no saber* qué decir

B [c] (thing said) palabra *f*; **a ~ of warning** una advertencia; **a ~ of advice** un consejo; **I didn't say a ~!** ¡yo no dije nada!; **she left without a ~** se fue sin decir nada; **I can't hear a ~ you're saying** no te oigo nada; **I don't believe a ~ of it** no me lo creo; **she doesn't speak a ~ of English** no habla ni una palabra de inglés; **you're twisting my ~s!** ¡estás tergiversando lo que dije!; **he always has a kind ~ for everybody** es amable con todo el mundo; **famous last ~s!** (set phrase): **nothing can possibly go wrong —famous last ~s!** nada puede salir mal —¡sí, créetelo! (iró); **without a ~ of a lie** (BrE) ¡palabra (de honor)!; ***by ~ of mouth***: **the news spread by ~ of mouth** la noticia se fue transmitiendo *or* propagando de boca en boca; **people got to know about it by ~ of mouth** la gente se enteró porque se corrió la voz; ***from the ~ go*** desde el primer momento *or* desde el principio, desde el vamos (CS); ***the last ~***: **to have the last ~** tener* *or* decir* la última palabra; **the last ~ in computers** la última palabra en computadoras; ***to eat one's ~s***: **I was forced to eat my ~s** me tuve que tragar lo que había dicho; ***to get a ~ in edgewise*** *o* (BrE) ***edgeways*** meter baza, meter la cuchara (fam); ***to hang on sb's every ~*** sorber las palabras de algn; ***to have a ~ with sb about sth*** hablar con algn de *or* sobre algo; ***to have a ~ in sb's ear about sth*** (BrE) hablar en privado con algn de *or* sobre algo; ***to have ~s with sb*** tener* unas palabras con algn; ***to put in a (good) ~ for sb*** recomendar* a algn; (for sb in trouble) interceder por algn; ***to put ~s into sb's mouth***

W

atribuirle* a algn algo que no dijo; ***to take the ~s out of sb's mouth*** quitarle la(s) palabra(s) de la boca a algn; ***to waste ~s*** gastar saliva; ***to weigh one's ~s*** medir* sus (*or* mis *etc*) palabras; ***there's many a true ~ spoken in jest!*** lo dices en broma, pero …; ▸**mince**[1]

C (assurance) (*no pl*) palabra *f*; **to keep/give one's ~** cumplir/dar* su (*or* mi *etc*) palabra; **to break one's ~, to go back on one's ~** faltar a su (*or* mi *etc*) palabra; **we only have his ~ for it** no tenemos pruebas de ello, solo su palabra; **you can take my ~ for it** te lo aseguro; **a man of his ~** un hombre de palabra; ***to be as good as one's ~***: **he was there all right, as good as his ~** allí estaba, tal como lo había prometido; ***to take sb at her/his ~*** tomarle la palabra a algn

D **1** [u] (news, message): **there is still no ~ of survivors** todavía no se sabe si hay supervivientes; **she left ~ with her secretary that …** dejó recado con la secretaria de que …, le dejó dicho a la secretaria que … (CS); **~ has it that …** corre la noticia *or* el rumor *or* la voz de que …, dicen que …, se dice que …; **to put the ~ out** *o* **about that …** hacer* correr la voz de que … **2** (instruction): **if you need a hand just say the ~** si quieres que te ayude no tienes más que pedirlo; **to give the ~ (to + INF)** dar* la orden (de + INF)

E **words** *pl* **1** (lyrics) letra *f* **2** (Theat): **he forgot his ~s** se le olvidó lo que tenía que decir

F [c] (Comput) palabra *f*

G **1** (Bib) **the W~** el Verbo **2** (Relig) **the ~** el evangelio, la palabra de Dios

word[2] *vt* ‹*document/letter*› redactar; ‹*question*› formular

word for word *adv* ‹*repeat/copy*› palabra por palabra, textualmente; ‹*translate*› literalmente, palabra por palabra

wording /ˈwɜːrdɪŋ || ˈwɜːdɪŋ/ *n* (of paragraph, letter) redacción *f*; (of question) formulación *f*

word: **~ of mouth** *n* **1** [u] (speech): **they rely on ~ of mouth for publicity** su publicidad depende de la recomendación verbal *or* de palabra **2** (*before n*): **a ~-of-mouth recommendation** una recomendación verbal *or* de palabra; **~-perfect** /ˈwɜːrdˈpɜːrfɪkt || ˌwɜːdˈpɜːfɪkt/ *adj*: **he studied the part until he was ~-perfect** se estudió el papel hasta que se lo supo perfectamente *or* al dedillo; **~play** *n* [u] juegos *mpl* de palabras; **~ processing** *n* [u] tratamiento *m* de textos, procesamiento *m* de textos *or* de palabras; **~ processor** *n* procesador *m* de textos *or* de palabras

wordy /ˈwɜːrdi || ˈwɜːdi/ *adj* **-dier, -diest** verboso, farragoso

wore /wɔːr || wɔː(r)/ *past of* **wear**[2]

work[1] /wɜːrk || wɜːk/ *n*

A [u] (labor, tasks) trabajo *m*; **it was a lot of ~** dio mucho trabajo; **the building ~ is still going on** todavía están en obras; **~ has already started on the film** ya han empezado a filmar *or* rodar; **she's got a lot of ~ to do to catch up** va a tener que trabajar mucho para ponerse al día; **the house needs a lot of ~ done** *o* (BrE) **doing to it** la casa necesita muchos arreglos; **she put a lot of ~ into it** puso mucho esfuerzo *or* empeño en ello; **to set to ~** ponerse* a trabajar, poner* manos a la obra; **keep up the good ~** ¡sigue (*or* sigan *etc*) así!; **it's hard ~ digging** cavar es muy duro; **that was quick ~!** ¡qué rapidez!; **I've done a good day's ~** he aprovechado bien el día; ***it's all in a day's ~*** es el pan nuestro de cada día; ***to have one's ~ cut out***: **she's going to have her ~ cut out to get the job done in time** le va a costar terminar el trabajo a tiempo; ***to make short ~ of sth***: **Pete made short ~ of the ironing** Pete planchó todo rapidísimo; **you made short ~ of that pizza!** ¡te has despachado pronto la pizza!; ***all ~ and no play makes Jack a dull boy*** hay que dejar tiempo para el esparcimiento

B [u] (employment) trabajo *m*; **she does a lot of ~ for the government** trabaja mucho para el gobierno; **to look for/find ~** buscar*/encontrar* trabajo; **to go to ~** ir* a trabajar *or* al trabajo; **they both go out to ~** (BrE) los dos trabajan (afuera); **I start/finish ~ at seven** entro a trabajar *or* al trabajo/salgo del trabajo a las siete

C (*in phrases*) **at work**: **he's at ~** está en el trabajo, está en la oficina (*or* la fábrica *etc*); **they were hard at ~** estaban muy ocupados trabajando; **other forces were at ~** intervenían otros factores, había otros factores en juego; Ⓢ **men at work** obras, hombres trabajando; **in work** (BrE): **those in ~** quienes tienen trabajo; **off work**: **she was off ~ for a month after the accident** después del accidente estuvo un mes sin trabajar; **he took a day off ~** se tomó un día libre; **out of work**: **the closures will put 1,200 people out of ~** los cierres dejarán en la calle a 1.200 personas; **to be out of ~** estar* sin trabajo *or* desocupado *or* desempleado *or* (Chi tb) cesante, estar* parado *or* en el paro (Esp); (*before n*) **out-of-work** desocupado, desempleado, parado (Esp), cesante (Chi)

D **1** [c] (product, single item) obra *f*; **a ~ of art** una obra de arte **2** [u] (output) trabajo *m*; **a piece of ~** un trabajo; **an exhibition of recent ~ by Sam Pym** una exposición de obras recientes de Sam Pym; **it was the ~ of a professional** era obra de un profesional; *see also* **works**

work[2] *vi*

A ‹‹*person*›› trabajar; **I ~ as a receptionist** trabajo de recepcionista; **he ~s nights** trabaja de noche; **to get ~ing** ponerse* a trabajar, poner* manos a la obra; **to ~ hard** trabajar mucho *or* duro; **we ~ a 40-hour week** nuestra semana laboral es de 40 horas; **to ~ AT sth**: **you have to ~ at your service** tiene que practicar el servicio; **a relationship is something you have to ~ at** una relación de pareja requiere cierto esfuerzo; **she was ~ing away at her accounts** estaba ocupada con su contabilidad; **to ~ FOR sb** trabajar PARA algn; **to ~ for oneself** trabajar por cuenta propia; **to ~ FOR sth**: **fame didn't just come to me: I had to ~ for it** la fama no me llegó del cielo, tuve que trabajar para conseguirla; **he's ~ing for his finals** está estudiando *or* está preparándose para los exámenes finales; **to ~ IN sth**: **to ~ in marble** trabajar el mármol *or* con mármol; **to ~ in oils** pintar al óleo, trabajar con óleos; **to ~ ON sth**: **he's ~ing on his car** está arreglando el coche; **scientists are ~ing on a cure** los científicos están intentando encontrar una cura; **she hasn't been fired yet, but she's ~ing on it** (hum) todavía no la han echado, pero parece empeñada en que lo hagan; **we're ~ing on the assumption that …** partimos del supuesto de que …; **the police had very little to ~ on** la policía tenía muy pocas pistas; **to ~ UNDER sb** trabajar bajo la dirección de algn

B **1** (operate, function) ‹‹*machine/system*›› funcionar; ‹‹*drug/person*›› actuar*; **to ~ against/in favor of sb/sth** obrar en contra/a favor de algn/algo; ***it ~s both ways***: **you have to make an effort too, you know: it ~s both ways** tú también tienes que hacer el esfuerzo, ¿sabes? funciona igual *or* (esp AmL) parejo para los dos **2** (have required effect) ‹‹*drug/plan/method*›› surtir efecto; **her idea didn't ~** su idea no resultó; **try it, it might ~** pruébalo, quizás resulte; **the play doesn't ~ on TV** la obra no se presta para televisión; **these colors just don't ~ together** estos colores no pegan *or* no combinan

C (slip, travel) (+ *adv compl*): **the oil has to ~ through the engine** el aceite tiene que circular por el motor; **his socks had ~ed down to his ankles** se le habían caído los calcetines; *see also* **free**[1] **A3, loose**[1] **A2**

■ **work** *vt*

A **1** (force to work) hacer* trabajar; **to ~ oneself to death** matarse trabajando **2** (exploit) ‹*land/soil*› trabajar, labrar; ‹*mine*› explotar **3** ‹*nightclubs/casinos*› trabajar en **4** (pay for by working): **he ~ed his passage to Australia** se costeó el pasaje a Australia trabajando en el barco

B (cause to operate): **do you know how to ~ the machine?** ¿sabes manejar la máquina?; **this lever ~s the sprinkler system** esta palanca acciona el sistema de riego; **the pump is ~ed by hand** la bomba funciona manualmente

C **1** (move gradually, manipulate) (+ *adv compl*): **~ the brush into the corners** mete bien el cepillo en los rincones; **I'll try to ~ that quote into the article** trataré de meter esa cita en el artículo; ***to ~ one's way***: **we ~ed our way toward the exit** nos abrimos camino hacia la salida; **I ~ed my way through volume three** logré terminar el tercer volumen; **she ~ed her way to the top of her profession** trabajó hasta llegar a la cima de su profesión **2** (shape, fashion) ‹*clay/metal*› trabajar; ‹*dough*› sobar, amasar; **~ the flour into the mixture** vaya añadiendo la harina a la mezcla

D **1** (*past & past p* **worked** *or* **wrought**) (bring about) ‹*miracle*› hacer*; *see also* **wrought**[1] **2** (manage, arrange) (colloq) arreglar; **she ~ed it so that I didn't have to pay** se las arregló *or* se las ingenió para que yo no tuviera que pagar

(Phrasal verbs)

- **work off** [v ▸ o ▸ adv, v ▸ adv ▸ o] (get rid of): **you can ∼ off a few kilos in the gym** puede rebajar algunos kilos en el gimnasio
- **work out**

(*Sense* I) [v ▸ adv]

A 1▸ (turn out) salir*, resultar; **to ∼ out well/badly** salir* *or* resultar bien/mal; **to ∼ out AT sth**: **it ∼s out at $75 a head** sale (a) 75 dólares por cabeza 2▸ (be successful) «*plan*» salir* bien

B (train, exercise) (Sport) hacer* ejercicio

(*Sense* II) [v ▸ o ▸ adv, v ▸ adv ▸ o]

A 1▸ (solve) ‹*sum*› hacer*; ‹*riddle/puzzle*› resolver*; **things will ∼ themselves out** las cosas se arreglarán solas; **they've got to ∼ things out for themselves** tienen que resolver las cosas por sí mismos 2▸ (find, calculate) ‹*percentage/probability*› calcular; **have you ∼ed out the answer?** ¿lo has resuelto? 3▸ (understand) entender*; **I couldn't ∼ out what he meant** no lograba entender qué quería decir

B (devise, determine) ‹*solution*› idear, encontrar*; ‹*plan*› elaborar, idear; ‹*procedure*› idear, desarrollar; **we've ∼ed out a deal with the unions** hemos llegado a un acuerdo con los sindicatos; **the details still have to be ∼ed out** todavía falta finalizar los detalles; **I've got to ∼ out what to do with the money** tengo que decidir qué hacer con el dinero; **to have it all ∼ed out** tenerlo* todo resuelto *or* planeado

C (complete) ‹*prison sentence*› cumplir; **to ∼ out one's notice** trabajar hasta el final del período de preaviso

- **work over** [v ▸ o ▸ adv] (sl) darle* una paliza a, sacarle* la mugre a (AmL fam)
- **work up** [v ▸ o ▸ adv, v ▸ adv ▸ o] 1▸ (stimulate): **they had ∼ed up an appetite** se les había abierto el apetito; **I couldn't ∼ up much enthusiasm** no me entusiasmaba demasiado; **to ∼ up a sweat** empezar* a sudar 2▸ (excite, arouse): **she gets very ∼ed up about it** se pone como loca; **to ∼ sb/oneself up INTO sth**: **she ∼s herself up into a state** se pone como loca; **they had been ∼ed up into a frenzy** los habían puesto frenéticos, los habían exaltado
- **work up to** [v ▸ adv ▸ prep ▸ o]: **the action ∼s up to a climax** la trama se desarrolla hasta llegar a un clímax; **I wonder what he's ∼ing up to** me pregunto qué se propone

workable /ˈwɜːrkəbəl || ˈwɜːkəbəl/ *adj* 1▸ ‹*arrangement/solution*› factible, viable 2▸ ‹*mine/deposits*› explotable

workaday /ˈwɜːrkədeɪ || ˈwɜːkədeɪ/ *adj* (everyday) ‹*event/clothes*› de todos los días; (prosaic) prosaico, banal

workaholic /ˈwɜːrkəˈhɔːlɪk || ˌwɜːkəˈhɒlɪk/ *n* (colloq) trabajoadicto, -ta *m,f*, fanático, -ca *m,f* del trabajo

work: **∼basket** *n* costurero *m*; **∼bench** *n* banco *m or* mesa *f* de trabajo; **∼book** *n* cuaderno *m* de ejercicios; **∼day** *n* 1▸ (part of day) jornada *f* laboral; **a seven-hour ∼day** una jornada laboral de siete horas 2▸ (weekday) día *m* hábil *or* laborable *or* laboral *or* de trabajo

worker /ˈwɜːrkər || ˈwɜːkə(r)/ *n* 1▸ trabajador, -dora *m,f*; **he's a good/slow ∼** trabaja bien/lentamente; **office ∼** oficinista *mf*, empleado, -da *m,f* de oficina, administrativo, -va *m,f*; **building ∼s** obreros *mpl* de la construcción 2▸ (ant, bee) obrera *f*

work: **∼ force** *n* [u] (of nation) población *f* activa; (of company) personal *m*, planta *f* laboral, plantilla *f* (Esp); **∼house** *n* (BrE Hist) asilo *m* de pobres (*que debían trabajar a cambio de comida y alojamiento*)

working /ˈwɜːrkɪŋ || ˈwɜːkɪŋ/ *adj* (*before n*)

A 1▸ ‹*mother/parent*› que trabaja; **∼ population** población *f* activa; **of ∼ age** en edad de trabajar; **it's still a ∼ farm** sigue funcionando como granja 2▸ ‹*hours/conditions*› de trabajo; **all my ∼ life** toda mi vida activa *or* laboral; **we have a good ∼ relationship** trabajamos muy bien juntos

B 1▸ (capable of operating): **it's in perfect ∼ order** funciona perfectamente 2▸ (suitable for working with) ‹*hypothesis*› de trabajo; **I have a ∼ knowledge of Russian** tengo conocimientos básicos de ruso; **a ∼ majority** una mayoría suficiente

working: **∼ class** *n* (*sometimes pl*) **the ∼ class(es)** la clase obrera *or* trabajadora; **∼-class** /ˈwɜːrkɪŋˈklæs || ˌwɜːkɪŋˈklɑːs/ *adj* ‹*person*› de clase obrera *or* trabajadora; ‹*area*› obrero; **∼ day** *n* 1▸ (weekday) día *m* hábil *or* laborable *or* laboral *or* de trabajo; **allow 3 ∼ days for the order to arrive** el pedido tardará tres días hábiles en llegar 2▸ ▸**workday 1**; **∼ party** *n* equipo *m or* grupo *m* de trabajo

workings /ˈwɜːrkɪŋz || ˈwɜːkɪŋz/ *pl n* (of machine) funcionamiento *m*

work: **∼load** *n* (volumen *m* de) trabajo *m*; **∼man** /ˈwɜːrkmən || ˈwɜːkmən/ *n* (*pl* **-men** /-mən/) obrero *m*; ***a bad ∼man always blames his tools*** el cojo siempre le echa la culpa al empedrado

workmanlike /ˈwɜːrkmənlaɪk || ˈwɜːkmənlaɪk/ *adj* eficiente, profesional

workmanship /ˈwɜːrkmənʃɪp || ˈwɜːkmənʃɪp/ *n* [u] (of craftsman) trabajo *m*; (of object) factura *f*; **a fine piece of ∼** un trabajo esmerado; **it's just poor ∼** no es más que falta de habilidad profesional; **a piece of fine ∼** una pieza de excelente factura

work: **∼mate** *n* (BrE) compañero, -ra *m,f* de trabajo; **∼out** *n* sesión *f* de ejercicios *or* gimnasia; **∼ permit** *n* permiso *m* de trabajo; **∼place** *n* lugar *m* de trabajo, trabajo *m*; **∼-related** /ˈwɜːrkrɪˌleɪtəd || ˈwɜːkrɪˌleɪtɪd/ *adj* ‹*illness*› laboral, relacionado con el trabajo; ‹*stress/issue*› relacionado con el trabajo; **is it ∼-related?** ¿está relacionado con el trabajo?; **∼room** *n* taller *m*

works /wɜːrks || wɜːks/ *n*

A (actions) (liter) (+ *pl vb*) obras *fpl*

B (engineering operations) (+ *pl vb*) obras *fpl*; **road ∼** obras viales

C (factory) (+ *sing or pl vb*) fábrica *f*

D (mechanism) (+ *pl vb*) mecanismo *m*

E (all) (colloq): **there were candles, soft music, the ∼!** había velas, música ambiental y toda la historia (fam); ***to give sb the ∼*** (give lavish treatment) tratar a algn a cuerpo de rey; (beat up) pegarle* la paliza del siglo a algn (fam), sacarle* la mugre a algn (AmL fam)

work: **∼ shadowing** *n* [u] *observación directa de una persona en su puesto de trabajo*; **∼sheet** *n* 1▸ (record of work) hoja *f* de trabajo 2▸ (exercise sheet) (BrE) hoja *f* de ejercicios; **∼shop** *n* taller *m*; **∼shy** *adj* haragán, vago (fam), flojo (fam); **∼station** *n* (Comput) terminal *m* de trabajo; **∼surface** *n* 1▸ (area) superficie *f* de trabajo 2▸ ▸**∼top**; **∼top** *n* encimera *f*, mesada *f* (RPl); **∼-to-rule** /ˈwɜːrktəˈruːl || ˌwɜːktəˈruːl/ *n* huelga *f* pasiva *or* (Esp) de celo, trabajo *m* a reglamento (CS)

world /wɜːrld || wɜːld/ *n*

A (earth) mundo *m*; **the longest bridge in the ∼** el puente más largo del mundo; **he proved that the ∼ was round** demostró que la tierra era redonda; **to see the ∼** ver* mundo; **politicians from all over the ∼** políticos de todo el mundo; **to travel all over the ∼** viajar por todo el mundo; **there were celebrations all over the ∼** *o* **the ∼ over** hubo festejos en todo el mundo *or* en el mundo entero; **it's a strange ∼!** ¡qué mundo éste!; **the best of all possible ∼s** el mejor de los mundos; **∼'s** (AmE) *o* (BrE) **∼ record time** récord *m or* marca *f* mundial; ***(it's a) small ∼!*** el mundo es un pañuelo, ¡qué pequeño *or* (AmL) chico es el mundo!; ***the ∼ is his/her oyster*** tiene el mundo a sus pies; ***to be dead*** *o* ***lost to the ∼*** estar* profundamente dormido; ***to be out of this ∼*** «*food/music*» ser* increíble *or* fantástico; ***to bring sb into the ∼*** traer* a algn al mundo; ***to come into the ∼*** venir* al mundo; ***to have the best of both ∼s*** tener* todas las ventajas; ***money makes the ∼ go around*** poderoso caballero es don dinero; (*before n*) ‹*economy/peace*› mundial; ‹*politics/trade*› internacional

B 1▸ (people generally) mundo *m*; **what is the ∼ coming to?** ¿adónde vamos a ir a parar?; **he thinks the ∼ owes him a living** piensa que tiene derecho a vivir sin trabajar; ***to watch the ∼ go by*** ver* pasar a la gente 2▸ (society): **they've gone up in the ∼** han prosperado mucho (*or* hecho fortuna *etc*); **a woman/man of the ∼** una mujer/un hombre de mundo; **that's the way of the ∼** ¡así es la vida!

C (specific period, group) mundo *m*; **the art ∼** el mundo del arte; **to live in a ∼ of one's own** vivir en su (*or* mi *etc*) propio mundo

D (*as intensifier*): **there's a ∼ of difference between …** hay una diferencia enorme entre …, hay un abismo entre …; **we are ∼s apart** no tenemos nada que ver, somos como el día y la noche; **it did her a ∼ of good** le hizo la mar de bien; **he thinks the ~ of her** tiene un altísimo concepto de ella; **for all the ~ as if nothing had happened** tal como si no hubiera pasado nada; **to have all the time in the ~** tener* todo el tiempo del mundo; **without a care in the ~** sin ninguna preocupación; **nothing in the ~ will make me change my mind** nada en el mundo me hará cambiar de opinión; **who in the ~ is going to believe that?** ¿quién diablos *or* demonios se va a creer eso? (fam)

E (Relig): **this/the other ~** este/el otro mundo; **the ~ to come** el más allá

world: **~ Bank** *n* **the W~ Bank** el Banco Mundial; **~ champion** *n* campeón, -peona *m,f* mundial; **~ championship** *n* campeonato *m* mundial; **~-class** *adj* de talla mundial; **~ Cup** *n* **the W~ Cup** el Mundial, la Copa del Mundo; **~-famous** /ˈwɜːrld ˈfeɪməs || ˌwɜːldfˈeɪməs/ *adj* mundialmente famoso, de fama mundial; **~ leader** *n* (Pol) *jefe de estado de una gran potencia*

World Series

Las series de encuentros de béisbol que tienen lugar cada año para elegir al mejor equipo profesional de béisbol de EEUU

worldly /ˈwɜːrldli || ˈwɜːldli/ *adj* **1** ‹*goods*› material; ‹*desires*› mundano **2** ‹*person*› de mucho mundo; ‹*manner/charm*› sofisticado

worldly-wise /ˈwɜːrldliˈwaɪz || ˌwɜːldliˈwaɪz/ *adj* de mucho mundo

world: **~ record** *n* récord *m or* marca *f* mundial; (*before n*) **~-record holder** plusmarquista *mf* mundial; **~ Series** *n* (in US baseball) **the W~ Series** la Serie Mundial, el campeonato mundial de béisbol; **~ War** *n* guerra *f* mundial; **W~ War One/Two** la primera/segunda Guerra Mundial; **~-weary** *adj* **-rier, -riest** ‹*person*› cansado de la vida, hastiado; ‹*attitude*› de hastío

worldwide¹ /ˈwɜːrldˈwaɪd || ˌwɜːldˈwaɪd/ *adj* mundial

worldwide² *adv* ‹*travel*› por todo el mundo; **they are famous ~** son mundialmente famosos

worm¹ /wɜːrm || wɜːm/ *n* **1** (*earth~*) gusano *m*, lombriz *f* (de tierra); (as term of abuse) gusano *m*; ***the ~ turns*** la paciencia se agota *or* tiene un límite **2** (maggot) gusano *m* **3** **worms** *pl* (Med) lombrices *fpl*; **he never stops eating: he must have ~s** no para de comer, debe tener la (lombriz) solitaria

worm² *vt*

A **1** (wriggle): ***to ~ one's way*** (+ *adv compl*): **she ~ed her way** *o* **herself into their confidence** se ganó su confianza con astucia **2** **to ~ sth OUT OF sb** ‹*secret/information*› sonsacarle* algo A algn

B (Vet Sci) ‹*dog/cat*› desparasitar

worm-eaten /ˈwɜːrmˌiːtn̩ || ˈwɜːmˌiːtn̩/ *adj* ‹*fruit*› agusanado; ‹*wood*› carcomido

worn¹ /wɔːrn || wɔːn/ *past p of* **wear²**

worn² *adj* ‹*tire/clothes*› gastado; ‹*carpet*› raído, desgastado; ‹*flagstones/steps*› desgastado, gastado

worn-out /ˈwɔːrnˈaʊt || ˌwɔːnˈaʊt/ *adj* (*pred* **worn out**) **1** ‹*shoes/clothes*› muy gastado **2** (exhausted) rendido, agotado

worried /ˈwɜːrid || ˈwʌrid/ *adj* ‹*look/voice*› de preocupación; ‹*person*› preocupado; **to get ~** preocuparse, inquietarse; **to be ~ ABOUT sb/sth** estar* preocupado POR algn/algo; **she's ~ that she'll lose her job** tiene miedo de perder el trabajo; **to be ~ sick** estar* preocupadísimo *or* muy preocupado

worrier /ˈwɜːriər || ˈwʌriə(r)/ *n*: **she's such a ~** se preocupa *or* se angustia tanto por todo

worry¹ /ˈwɜːri || ˈwʌri/ *n* (*pl* **-ries**) **1** [c] (trouble, problem) preocupación *f*; **that's the least of our worries** eso es lo que menos nos preocupa; **financial worries** problemas *mpl* económicos; **our eldest son is a great ~ to us** nuestro hijo mayor nos da *or* nos causa muchas preocupaciones **2** [u] (distress, anxiety) preocupación *f*, inquietud *f*; **this has been a great source of ~ to her** esto la ha tenido muy preocupada *or* inquieta

worry² **-ries, -rying, -ried** *vt*

A (trouble) preocupar, inquietar; **I don't want to ~ him** no quiero preocuparlo *or* inquietarlo; **what's ~ing you?** ¿qué es lo que te preocupa?; **I don't want to ~ you with my problems** no te quiero molestar con mis problemas

B **1** (harass, attack) «*dog*» ‹*sheep*› acosar **2** (work on) «*dog*» ‹*bone*› juguetear con

■ **worry** *vi* preocuparse, inquietarse; **there's no need to ~** no hay por qué preocuparse; **not to ~** (BrE) no te preocupes; **shall I wash the dishes? — no, don't ~** ¿quieres que lave los platos? — no, no te molestes; **to ~ ABOUT sth/sb** preocuparse POR algo/algn; **I ~ about her living on her own** me preocupa que viva sola; **I still owe you some money — no, don't ~ about it** aún te debo dinero — no, déjalo

worrying /ˈwɜːriŋ || ˈwʌriŋ/ *adj* inquietante, preocupante

worse¹ /wɜːrs || wɜːs/ *adj* (*comp of* **bad¹**) peor; **cheer up! it could be ~** ¡anímate! podría ser peor; **these scissors are ~ than useless** estas tijeras no sirven para nada; **the play wasn't very good, but I've seen ~** la obra no era muy buena, pero las he visto peores; **he couldn't have phoned at a ~ time** no podía haber llamado en peor momento *or* en un momento menos oportuno; **he could've been hurt or ~** podría haber resultado herido, o podría haberle pasado algo peor; **to get ~** empeorar; **Grandad has got ~ since he's been in hospital** el abuelo se ha puesto peor desde que está en el hospital; **his hearing is getting ~ and ~** oye cada vez menos; **things are getting ~ and ~** las cosas van de mal en peor, las cosas están cada vez peor; **if you scratch it, it'll only make it ~** si te rascas, es peor; **to make things ~, it started snowing** por si fuera poco, empezó a nevar; **what was ~ was that ...** peor aún fue que ...; **they looked none the ~ for their misadventure** no tenían mal aspecto a pesar de su desventura

worse² *adv* (*comp of* **badly**) peor; **you could do ~ than take that job** harías bien en aceptar ese trabajo

worse³ *n* **the ~** el (*or* la *etc*) peor; **a change for the ~** un cambio para mal; **he's taken a turn for the ~** se ha puesto peor, ha empeorado

worsen /ˈwɜːrsn̩ || ˈwɜːsn̩/ *vi/t* empeorar

worse-off /ˈwɜːrsɔːf || ˌwɜːsˈɒf/ *adj* (*pred* **worse off**) **1** (financially) en peor posición económica; **I ended up $50 ~ ~** *o* **~ ~ by $50** salí perdiendo 50 dólares **2** (emotionally, physically) (*pred*) **to be ~ ~** estar* peor

worship¹ /ˈwɜːrʃəp || ˈwɜːʃɪp/ *n*

A [u] culto *m*, adoración *f*; **sun ~** el culto al sol, la adoración del sol; **freedom of ~** libertad *f* de cultos; **an object of ~** un objeto de veneración; **act of ~** ceremonia *f* religiosa

B [c] **Worship** (as title): **Your/His W~** (of magistrate) Su Señoría; (of mayor) el señor alcalde

worship², (BrE) **-pp-** *vt* ‹*God*› adorar, venerar, rendir* culto a; ‹*success/wealth*› rendir* culto a; ‹*hero*› idolatrar; **he ~s her** la adora

■ **worship** *vi* (Relig): **the church where we ~** nuestra iglesia

worshipper /ˈwɜːrʃəpər || ˈwɜːʃɪpə(r)/ *n* (Relig) fiel *m*; **~s of Baal** los adoradores de Baal

worst¹ /wɜːrst || wɜːst/ *adj* (*superl of* **bad¹**) peor; **he's the ~ student in the class** es el peor alumno de la clase; **he ran his ~ ever race** corrió peor que nunca; **~ of all** lo peor de todo; **the ~ thing about her is her selfishness** lo peor que tiene es lo egoísta que es

worst² *adv* (*superl of* **badly**): **she did (the) ~ (of all) in both exams** le fue peor que a nadie en los dos exámenes

worst³ *n*

A **the ~** **1** (+ *sing vb*) lo peor; **his sister brings out the ~ in him** cuando está con su hermana está peor que nunca; ***if (the) ~ comes to (the) ~*** en el peor de los casos; ***to get*** *o* ***have the ~ of it*** salir* perdiendo, llevarse la peor parte **2** (+ *pl vb*) los peores

B **1** **at worst** en el peor de los casos **2** **at her/his/its worst**: **I'm at my ~ in the morning** la mañana es mi peor momento del día; **this is racism at its ~** esto es racismo de la peor especie

worsted /ˈwʊrstəd || ˈwʊstɪd/ *n* [u] estambre *m*

worth¹ /wɜːrθ || wɜːθ/ *adj* (*pred*) **1** (equal in value to) **to be ~** valer*; **it's ~ $200/a lot of money** vale $200/mucho dinero; **it's a nice coat, but it isn't ~ the money** el abrigo es bonito, pero no como para pagar ese precio; **goods ~ £5,000 were stolen** robaron mercancías por valor de 5.000 libras; **she must be ~ millions** debe ser

W

millonaria; **how much is it ~?** ¿cuánto vale?; **how much is it ~ for me to keep quiet about it?** ¿cuánto me dan por no decir nada?; **it's more than my job's ~ to let you in** estoy arriesgando el puesto si te dejo entrar; **they ran for all they were ~** corrieron con todas sus fuerzas *or* a más no poder; **this is my opinion, for what it's ~** ésta es mi opinión, si es que a alguien le interesa **2** (worthy of): **the museum is ~ a visit** vale *or* merece la pena visitar el museo; **it's ~ a try** vale *or* merece la pena intentarlo; **it might be ~ checking whether they've received it** convendría comprobar si lo han recibido; **that's ~ knowing** es bueno saberlo; **don't argue with them, it isn't ~ it** no discutas con ellos, no vale *or* no merece la pena; **you keep an eye on him, and I'll make it ~ your while** tú vigílalo, que yo ya te compensaré; **if a job's ~ doing, it's ~ doing well** (set phrase) si se hace un trabajo, hay que hacerlo bien

worth² *n* [u] **1** (equivalent): **$2,000 dollars' ~ of furniture** muebles por valor de 2.000 dólares **2** (of thing) valor *m*; (of person) valía *f*; **to prove one's ~** demostrar* su (*or* mi *etc*) valía

worthless /'wɜːrθləs || 'wɜːθlɪs/ *adj* ‹*object*› sin ningún valor; ‹*person*› despreciable; **to be ~** no tener* ningún valor, no valer* nada

worthwhile /'wɜːrθ'hwaɪl || wɜːθ'waɪl/ *adj* ‹*enterprise/project*› que vale la pena; **the look on their faces made it all ~** valió *or* mereció la pena sólo por ver la cara que pusieron

worthy¹ /'wɜːrði || 'wɜːði/ *adj* **-thier, -thiest**

A **1** (appropriate, equal) ‹*opponent/successor*› digno; **to be ~ OF sth/sb** ser* digno DE algo/algn; **this work isn't ~ of you** este trabajo te desmerece *or* no está a tu altura **2** (deserving) **~ OF sth** digno DE algo; **a point ~ of mention** algo digno de mención, algo que vale *or* merece la pena mencionar; **to be ~ OF sth** ser* digno *or* merecedor DE algo

B (good, estimable) ‹*person*› respetable, honorable; ‹*attempt*› encomiable, meritorio; **a ~ cause** una buena causa

worthy² *n* (*pl* **-thies**) personaje *m* importante *or* ilustre

would /wʊd/ *v mod* [**'d** *es la contracción de* **would**, **wouldn't** *de* **would not** *y* **'d've** *de* **would have**]

A *past of* **will¹**

B **1** (in conditional sentences): **I ~ if I could** lo haría si pudiera; **if I had known, I ~n't have come** si lo hubiera sabido no habría *or* no hubiera venido; **who ~ have thought it?** ¿quién lo hubiera *or* habría pensado? **2** (giving advice): **I ~ have a word with her about it (if I were you)** yo (que tú) lo hablaba *or* hablaría con ella **3** (tentatively expressing opinions): **I ~ agree with Roy** yo estoy de acuerdo con Roy, yo diría que Roy tiene razón

C (expressing wishes): **I wish you'd stop pestering me!** ¡deja de fastidiarme por Dios!; **if only she'd take your advice** ¡si siguiera tus consejos ... !, ¡ojalá siguiera tus consejos!

D **1** (in requests): **~ you type this for me please?** ¿me haría el favor de pasar esto a máquina?; **go and call him, ~ you?** ve a llamarlo ¿sí? *or* ¿me haces el favor? **2** (in invitations): **~ you like a cup of coffee?** ¿quieres una taza de café?; **~ you like to come with us? — I'd love to** ¿quieres *or* te gustaría venir con nosotros? — me encantaría

E **1** (expressing criticism): **she *would* (have to) spoil the surprise** tenía que estropear la sorpresa, ¡típico! *or* ¡no podía fallar! **2** (indicating sth is natural): **he said no — well, he ~, ~n't he?** dijo que no — bueno ¿qué otra cosa iba a decir? *or* era de esperar ¿no? *or* es lógico ¿no?

would-be /'wʊdbiː/ *adj* (*before n*): **a ~ star/poet** un aspirante a estrella/poeta

wouldn't /'wʊdn̩t/ **= would not**

would've /'wʊdəv/ **= would have**

wound¹ /wuːnd/ *n* herida *f*; **to reopen old ~s** abrir* viejas heridas; ***to lick one's ~s*** lamerse las heridas

wound² /wuːnd/ *vt/i* herir*

wound³ /waʊnd/ *past & past p of* **wind²** *vt Sense* **II**, *vi*

wounded¹ /'wuːndəd || 'wuːndɪd/ *adj* ‹*soldier/animal/pride*› herido; ‹*look/tone*› dolido

wounded² *pl n* **the ~** los heridos

wounding /'wuːndɪŋ/ *adj* hiriente

wound up /'waʊnd'ʌp/ *adj*: **to get ~ ~** ponerse* nervioso

wove /wəʊv/ *past of* **weave¹**

woven /'wəʊvən/ *past p of* **weave¹**

wow¹ /waʊ/ *interj* (colloq) ¡ah!, ¡pa! (RPl fam)

wow² *vt* (sl) ‹*audience*› enloquecer* (fam), volver* loco a (fam)

WP *n* **1** [c] **= word processor** **2** [u] **= word processing**

WPC *n* (in UK) **= woman police constable**

wpm (**= words per minute**) palabras por minuto

WRAC *n* (formerly in UK) **= Women's Royal Army Corps**

WRAF *n* (formerly in UK) **= Women's Royal Air Force**

wraith /reɪθ/ *n* espectro *m*, aparición *f*

wrangle¹ /'ræŋgəl/ *vi* **1** (argue) discutir, reñir* **2** (herd cattle) (AmE) arrear *or* (Méx) rejuntar ganado

wrangle² *n* altercado *m*, disputa *f*, riña *f*

wrangler /'ræŋglər || 'ræŋglə(r)/ *n* (AmE) vaquero *m*, cowboy *m*

wrap¹ /ræp/ **-pp-** *vt* **1** (cover) ‹*parcel/gift*› envolver*; **to ~ sth/sb IN/WITH sth** envolver* algo/a algn EN/CON algo **2** (wind, entwine): **she ~ped a shawl about her** se envolvió en un chal; **he ~ped his arms around her** la estrechó entre sus brazos

Phrasal verb

• **wrap up**

A [v ▸ o ▸ adv, v ▸ adv ▸ o] **1** ▸ **wrap¹** *vt* **1** **2** (complete) (colloq) ‹*order/sale*› conseguir*; **to ~ up a deal** cerrar* un trato **3** (conclude) (colloq) ‹*meeting*› dar* fin a; **that ~s it up for today** eso es todo por hoy **4** (engross) (colloq) **to be ~ped up IN sth**: **she's totally ~ped up in her work** no piensa más que en su trabajo, vive para su trabajo; **they're completely ~ped up in each other** no tienen ojos más que el uno para el otro

B [v ▸ adv] **1** (dress warmly) abrigarse*; **~ up well** *o* **warmly** abrígate bien **2** (shut up) (BrE colloq) cerrar* el pico (fam)

wrap² *n*

A **1** (shawl) chal *m*, pañoleta *f* **2** (robe) (AmE) bata *f*, salto *m* de cama (CS)

B (wrapper, wrapping) envoltorio *m*; ***to keep sth under ~s*** (colloq) mantener* algo en secreto; ***to take the ~s off sth*** (colloq) sacar* algo a la luz

wraparound /'ræpə,raʊnd/ *adj* ‹*skirt/dress*› cruzado

wrapper /'ræpər || 'ræpə(r)/ *n* envoltorio *m*, envoltura *f*

wrapping /'ræpɪŋ/ *n* [c u] envoltorio *m*, envoltura *f*

wrapping paper *n* [u] (plain) papel *m* de envolver; (decorative) papel *m* de regalo

wrap-up /'ræpʌp/ *n* (AmE journ) resumen *m*

wrath /ræθ || rɒθ/ *n* [u] (liter) cólera *f*, ira *f*

wreak /riːk/ *vt* (liter) ‹*destruction/chaos*› sembrar* (liter); **they ~ed vengeance on the villagers** descargaron su venganza contra los pobladores; **to ~ havoc** causar estragos

wreath /riːθ/ *n* corona *f*

wreathe /riːð/ *vt* (liter) adornar; **the mountains were ~d in mist** las montañas estaban envueltas en bruma; **she/her face was ~d in smiles** era toda sonrisas

wreck¹ /rek/ *n*

A (ship) restos *mpl* del naufragio; (vehicle) restos *mpl* del avión (*or* tren *etc*) siniestrado

B (sth, sb ruined): **are you still driving that old ~?** (colloq) ¿todavía andas en ese cacharro? (fam); **the attack left him a physical ~** el ataque lo dejó hecho una ruina; **he's a nervous ~** tiene los nervios destrozados

C (destruction): **the ~ of the Titanic** el naufragio del Titanic

wreck² *vt* **1** ‹*ship*› provocar* el naufragio de, hacer* naufragar; ‹*train*› hacer* descarrilar; ‹*car*› destrozar*; **the ship was ~ed on the rocks** el barco naufragó al chocar contra las rocas **2** (damage) destrozar* **3** (demolish) (AmE) ‹*house/building*› demoler*, tirar abajo, derribar **4** (spoil, ruin) ‹*plans/chances*› echar por tierra; ‹*marriage/happiness*› destrozar*; **drinking ~ed her health** la bebida le arruinó la salud

wreckage /'rekɪdʒ/ *n* [u] (of plane, car, ship) restos *mpl*; (of house) ruinas *fpl*, escombros *mpl*

wrecked /rekt/ *adj* (sl) (*pred*) **to be/feel ~** estar*/sentirse* hecho polvo (fam)

wrecker /ˈrekər || ˈrekə(r)/ *n* (AmE) [1] (demolition worker) obrero *m* de demolición *or* derribo [2] (car dismantler) desguazador *m or* (Méx) deshuesador *m*

wrecking /ˈrekɪŋ/ *n* [u] (AmE) [1] (demolition) demolición *f*, derribo *m* [2] (car recovery) grúa *f*, auxilio *m*

wren /ren/ *n*

A (Zool) carrizo *m*

B **Wren** *mujer miembro de la marina británica*

wrench¹ /rentʃ/ *vt* [1] (pull) arrancar*; **he ~ed the door off its hinges** desgoznó *or* desquició la puerta; **you nearly ~ed my arm out of its socket!** ¡casi me dislocas el brazo!; **to ~ oneself away** soltarse* *or* zafarse de un tirón *or* (AmL exc CS) de un jalón [2] (sprain) ‹*muscle*› desgarrarse; ‹*joint*› dislocarse*

wrench² *n*

A [1] (twist, pull) tirón *m*, jalón *m* (AmL exc CS) [2] (emotional pain) dolor *m* (*causado por una separación*); **it was a terrible ~ leaving my family** fue muy doloroso tener que separarme de mi familia

B (tool) llave *f* inglesa; *see also* **monkey wrench**

wrest /rest/ *vt* **to ~ sth FROM sb** arrancarle* algo A algn

wrestle /ˈresəl/ *vi* [1] (Sport) luchar [2] (grapple) **to ~ WITH sb/sth**: **she ~d with her attacker** forcejeó con *or* luchó contra *or* con su agresor; **all night he ~d with his conscience** pasó toda la noche batallando con su conciencia

wrestler /ˈreslər || ˈreslə(r)/ *n* luchador, -dora *m,f*

wrestling /ˈreslɪŋ/ *n* [u] lucha *f*

wretch /retʃ/ *n* (liter) [1] (unfortunate person) desdichado, -da *m,f*, infeliz *mf*; **the (poor) ~** el pobre desdichado *or* infeliz, el pobre diablo (fam) [2] (despicable person) desgraciado, -da *m,f*

wretched /ˈretʃəd || ˈretʃɪd/ *adj* [1] (abject, pitiable) ‹*existence/creature*› desdichado, desgraciado [2] (very bad) (colloq) ‹*weather*› horrible, espantoso; **to feel ~** sentirse* muy mal; **I can't untie this ~ knot** no puedo desatar este condenado *or* maldito nudo (fam)

wriggle /ˈrɪgəl/ *vi* [1] (move) retorcerse*; **to ~ along** «*worm*» avanzar* serpenteando *or* culebreando; **the children ~d in their seats** los niños se movían inquietos en sus asientos; **I ~d through the gap** me metí por el agujero [2] (with embarrassment): **to make sb ~** hacerle* pasar vergüenza a algn

■ **wriggle** *vt* ‹*body/toes*› mover*

(Phrasal verb)

• **wriggle out of** [v ▸ adv ▸ prep ▸ o] ‹*dress/jeans*› quitarse (*con dificultad*); **to ~ out of a chore** ingeniárselas para librarse de un trabajo; **don't try to ~ out of it!** ¡no trates de escabullirte!

wriggly /ˈrɪgli/ *adj* **-glier, -gliest** (esp BrE) ‹*fish*› movedizo, escurridizo; ‹*worm*› que serpentea

wring /rɪŋ/ (*past & past p* **wrung**) *vt*

A [1] ‹*cloth/garment*› escurrir, retorcer*, estrujar [2] **to ~ sth FROM/OUT OF sb** ‹*confession/information*› arrancarle* algo A algn

B ‹*neck*› retorcer*; **to ~ one's hands** retorcerse* las manos

(Phrasal verb)

• **wring out** [v ▸ o ▸ adv, v ▸ adv ▸ o]

A ‹*cloth/swimsuit*› retorcer*, escurrir, estrujar

B ‹*water*› escurrir; ‹*truth/money*› sacar*

wringer /ˈrɪŋər || ˈrɪŋə(r)/ *n* rodillo *m* (*para escurrir la ropa*)

wringing /ˈrɪŋɪŋ/ *adv*: **to be ~ wet** estar* empapado *or* hecho una sopa

wrinkle¹ /ˈrɪŋkəl/ *n*

A [1] (in skin) arruga *f* [2] (in cloth, paper) arruga *f*; ***to iron out the ~s*** limar las asperezas

B (AmE) [1] (tip, shortcut) (colloq) truco *m*, tip *m* (Méx) [2] (angle, aspect) enfoque *m*

wrinkle² *vi* «*skin/garment*» arrugarse*

wrinkled /ˈrɪŋkəld/ *adj* arrugado; **to get ~** arrugarse*

wrinkly /ˈrɪŋkli/ *adj* **-klier, -kliest** (colloq) arrugado

wrist /rɪst/ *n* (Anat) muñeca *f*; **to slash one's ~s** cortarse las venas; ***to slap sb on the ~, to slap sb's ~*** darle* un tirón de orejas a algn

wrist: **~band** *n* (bracelet) pulsera *f*; (strap) correa *f*; (sweatband) muñequera *f*; **~watch** *n* reloj *m* (de) pulsera

writ /rɪt/ *n* (Law) (issued by a court) orden *f or* mandato *m* judicial; **to issue a ~ (against sb)** expedir* una orden *or* un mandato (contra algn); **to serve a ~ on sb** notificarle* una orden *or* un mandato a algn; **a ~ of habeas corpus** un recurso de hábeas corpus

write /raɪt/ (*past* **wrote**; *past p* **written**) *vt* [1] (put in writing) escribir*; **how do you ~ that?** ¿cómo se escribe?; **I wrote him a letter** le escribí una carta; **to ~ sb a check** *o* (BrE) **cheque** extenderle* *or* hacerle* un cheque a algn; ***(to have sth) written all over one/one's face***: **jealousy was written all over him/his face** se le notaba a la legua/en la cara que estaba celoso [2] (write letter to) (AmE) escribirle* a [3] (Comput) escribir*; **to ~ sth to disk** *o* (BrE also) **disc** traspasar algo a un disco

■ **write** *vi* escribir*; **this pencil doesn't ~ very well** este lápiz no escribe muy bien; **she ~s for a newspaper/for television** escribe en un periódico/para la televisión; **to ~ ABOUT/ON sth** escribir* ACERCA DE *or* SOBRE algo; **to ~ TO sb** escribirle* A algn; **I am writing in response to the advertisement which ...** me dirijo a ustedes con relación al anuncio que ...; **I ~ home once a week** escribo a casa una vez por semana; ***to be nothing to ~ home about*** no ser* nada del otro mundo *or* (fam) nada del otro jueves

(Phrasal verbs)

• **write away** [v ▸ adv] **to ~ away FOR sth**: **she wrote away for a form** escribió pidiendo que le mandaran un formulario

• **write back** [v ▸ adv] **to ~ back (TO sb)** contestar(le A algn)

• **write down** [v ▸ o ▸ adv, v ▸ adv ▸ o] anotar, apuntar

• **write in**

A [v ▸ o ▸ adv, v ▸ adv ▸ o] [1] (insert) ‹*name/word*› escribir*, incluir* [2] (include) ‹*safeguard/condition*› incluir*

B [v ▸ adv] «*viewer/reader*» escribir*

• **write off**

A [v ▸ adv] ▸ **write away**

B [v ▸ o ▸ adv, v ▸ adv ▸ o] [1] (consider beyond repair) ‹*vehicle*› declarar siniestro total [2] (damage beyond repair) (BrE) destrozar*, hacer* polvo (fam) [3] (consider a failure, disregard) ‹*marriage/project*› dar* por perdido [4] ‹*debt*› cancelar

• **write out** [v ▸ o ▸ adv, v ▸ adv ▸ o]

A [1] (write fully, copy) escribir*; **to ~ sth out neatly** *o* (colloq) **in neat** pasar algo en *or* (Esp) a limpio [2] (complete, fill out) ‹*prescription*› escribir*; ‹*check/receipt*› hacer*, extender* (frml)

B ‹*character/part*› eliminar (*del libreto*)

• **write up** [v ▸ o ▸ adv, v ▸ adv ▸ o] [1] (rewrite fully) ‹*report/notes*› pasar en *or* (Esp) a limpio [2] (describe) ‹*experiment/visit*› redactar un informe sobre

write: **~ head** *n* cabeza *f* de escritura; **~-off** /ˈraɪtɔːf || ˈraɪtɒf/ *n* (sth beyond repair): **the car was a ~** el coche fue declarado un siniestro total *or* (fam) quedó hecho chatarra; **their marriage is a ~** su matrimonio es un fracaso; **~-protect** /ˌraɪtprəˈtekt/ *vt* proteger* contra escritura

writer /ˈraɪtər || ˈraɪtə(r)/ *n* (author) escritor, -tora *m,f*; **the ~ of the letter** el autor de la carta; **~'s cramp** calambre *m* (*que da por escribir mucho*)

write-up /ˈraɪtʌp/ *n* (colloq) (review) crítica *f*, reseña *f*; (report) artículo *m*, reportaje *m*

writhe /raɪð/ *vi* «*snake*» retorcerse*; **to ~ in agony** *o* **in pain** retorcerse* de dolor; **to ~ with embarrassment/shame** no saber* dónde meterse de la vergüenza

writing /ˈraɪtɪŋ/ *n* [1] [u] (script) escritura *f* [2] [u] (written material): **the wall was covered in ~** la pared estaba llena de pintadas *or* de graffiti; **the ~'s rather blurred** la letra está algo borrosa; **in ~** por escrito; ***the ~ is on the wall***: **the ~ was on the wall for the company** la compañía tenía los días contados; (*before n*) **~ desk** escritorio *m*; **~ materials** artículos *mpl* de escritorio; **~ pad** bloc *m*; **~ paper** papel *m* de carta [3] [u] (BrE) (handwriting) letra *f*; **I can't read your ~** no entiendo tu letra [4] [u] (act of composing): **~ takes up a lot of my time** paso mucho tiempo escribiendo; **at the time of ~** en el momento de escribir estas líneas [5] [u] (written composition) literatura *f*; **an excellent piece of ~** un trabajo excelente [6] **writings** *pl*: **the ~s of Swift** la obra de Swift; **her philosophical ~s** sus escritos filosóficos

written¹ /ˈrɪtn̩/ *past p of* **write**

written² *adj* ‹*examination/language*› escrito; **~ permission** permiso *m* por escrito

WRNS /renz/ *n* (formerly in UK) = **Women's Royal Naval Service**

wrong[1] /rɔːŋ || rɒŋ/ *adj*

A **1▸** (incorrect, inappropriate)‹*answer*› equivocado; **the answer is ~** la respuesta está mal *or* equivocada, la respuesta es incorrecta *or* (frml) errónea; **the time given in the newspaper was ~** la hora que salió en el periódico estaba mal; **you've given me the ~ change** se ha equivocado al darme el cambio; **we've taken the ~ bus** nos hemos equivocado de autobús; **he went in the ~ direction** tomó *or* (esp Esp) cogió para dónde no debía; **my food went down the ~ way** la comida se me fue por el otro lado (fam); **I did it the ~ way** lo hice mal; **you're in the ~ job, you should be a painter** te has equivocado de oficio, deberías ser pintor; **this is the ~ time to mention the subject** éste no es (el) momento oportuno para mencionar el tema; **it's the ~ time of year for cherries** no es época de cerezas; **she always says the ~ thing** siempre dice lo que no debe; **the picture is the ~ way up** el cuadro está al revés; **I'm the ~ person to ask** no soy la persona indicada para contestar esa pregunta **2▸** (mistaken) (*pred*) **to be ~** estar* equivocado; **he was ~ about the date** estaba equivocado respecto de la fecha; **I was ~ about her** la había juzgado mal

B (morally): **stealing is ~** robar está mal; **I was ~ to abandon him** hice mal en dejarlo; **you were ~ to shout at her like that** no debiste haberle gritado así, estuviste mal en gritarle así; **I haven't done anything ~** no he hecho nada malo; **there's nothing ~ with a drink now and then** tomarse una copa de vez en cuando no tiene nada de malo; **what's ~ with that?** ¿qué hay de malo en eso?

C (amiss) (*pred*): **what's ~?** ¿qué pasa?; **what's ~ with you?** ¿qué te pasa?, ¿qué tienes?; **there's something ~ with her** algo le pasa; **something's ~ with the lock** la cerradura no anda bien, algo le pasa a la cerradura; **there's nothing ~ with your heart** su corazón está perfectamente bien

D (reverse): **the ~ side** el revés

wrong[2] *adv* ‹*answer*› mal, incorrectamente; **I assume you're paying — well, you assume ~** imagino que pagas tú — pues estás en un error *or* te equivocas; **I did it all ~** lo hice todo mal; **to get sth ~**: **you've got your facts ~** estás mal informado; **you've got it all ~: we're trying to help you** no has entendido nada: estamos tratando de ayudarte; **to get sb ~** (colloq): **I got him all ~** me equivoqué totalmente con él; **don't get me ~** no me malinterpretes; **to go ~** ‹‹*machinery*›› estropearse, descomponerse* (AmL); ‹‹*plans*›› salir* mal, fallar; **it's straight ahead, you can't go ~** siga derecho, no se puede perder *or* (Esp tb) no tiene pérdida; **he began to go ~ at college** en la universidad empezó a ir por mal camino

wrong[3] *n* **1▸** [u c] (immoral action) mal *m*; (injustice) injusticia *f*; **to know right from ~** saber* distinguir entre el bien y el mal; **in her eyes he can do no ~** para ella, es incapaz de hacer nada malo; **to be in the ~** estar* equivocado; ***two ~s don't make a right*** con un error no se subsana otro **2▸** [c] (Law) agravio *m*

wrong[4] *vt* (frml): **she had been ~ed by her family** su familia había sido muy injusta con ella

wrong: **~doing** *n* [u c]: **his sense of ~doing oppressed him** lo agobiaba la conciencia de haber obrado mal; **she was punished for her ~doings** la castigaron por sus fechorías; **~foot** /ˈrɔːŋˈfʊt || ˌrɒŋˈfʊt/ *vt* (Sport) ‹*opponent*› hacer(le)* un amago *or* amague a, desubicar* (AmL)

wrongful /ˈrɔːŋfəl || ˈrɒŋfəl/ *adj* ‹*accusation/punishment*› injusto; **~ arrest** (Law) arresto *m* ilegal; **~ dismissal** (Law) despido *m* improcedente *or* injustificado

wrongly /ˈrɔːŋli || ˈrɒŋli/ *adv* ‹*spell/pronounce*› mal, incorrectamente; ‹*believe/assume*› equivocadamente; ‹*accuse*› injustamente

wrote /rəʊt/ *past of* **write**

wrought[1] /rɔːt/ (*past & past p of* **work**[2] *vt* **D1**) (frml *or* liter): **the devastation ~ by the war** los estragos causados por la guerra; **a miraculous change had been ~ in him** un cambio milagroso se había operado en él

wrought[2] *adj*: **~ iron** hierro *m* forjado; **finely ~ features** (liter) rasgos finamente cincelados (liter)

wrung /rʌŋ/ *past & past p of* **wring**

WRVS *n* (in UK) = **Women's Royal Voluntary Service**

wry /raɪ/ *adj* **wrier, wriest** ‹*smile/laugh/joke*› irónico, sardónico; **to make a ~ face** torcer* el gesto, poner* mala cara

wryly /ˈraɪli/ *adv* irónicamente

WSW (= **west-southwest**) OSO

WV, W Va = **West Virginia**

WWI *n* = **World War One**

WWII *n* = **World War Two**

WY, Wyo = **Wyoming**

W

X, **x** /eks/ *n* 1▸ (letter) X, x *f*; **if you can't write, just make an X** si no sabe escribir, haga *or* ponga una cruz 2▸ (sb, sth unknown) X; **Mr X** el señor X 3▸ (symbolizing kiss): **Love, Helen XXX** besos *or* un beso, Helen 4▸ (Cin) (in US) prohibida para menores de 18 años

xenophobia /ˈzenəˈfəʊbiə/ *n* [u] xenofobia *f*

xenophobic /ˈzenəˈfəʊbɪk/ *adj* xenófobo

xerox /ˈzɪrɑːks, ˈze- || ˈzɪərɒks/ *vt* fotocopiar, xerografiar*

XL = extra large

Xmas /ˈkrɪsməs, ˈeksməs/ *n* Navidad *f*

X-rated /ˈeksˈreɪtəd || ˌeksˈreɪtɪd/ *adj* (BrE) ‹*film*› sólo para adultos, clasificado X (Esp)

X-ray¹, **x-ray** /ˈeksreɪ/ *n* 1▸ (ray) rayo *m* X; **to have ~ eyes** *o* **vision** (colloq & hum) tener* una vista que traspasa las paredes, tener* vista de rayos X 2▸ (photograph) radiografía *f*; **I had a chest ~** me hicieron *or* me sacaron una radiografía de tórax

X-ray², **x-ray** *vt* hacer* *or* sacar* una radiografía de, radiografiar*

xylophone /ˈzaɪləfəʊn/ *n* xilofón *m*, xilófono *m*

X

Yy

Y, y /waɪ/ *n* Y, y *f*

yacht[1] /jɑːt || jɒt/ *n* 1▸ (sailing boat — large) velero *m*, yate *m*; (— small) balandro *m*; (*before n*) ~ **club** club *m* náutico; ~ **race** regata *f* 2▸ (pleasure cruiser) yate *m*

yacht[2] *vi* (*only in -ing form*) navegar* (a vela); **she went ~ing** se fue a navegar

yachting /'jɑːtɪŋ || 'jɒtɪŋ/ *n* [u] navegación *f* a vela

yachtsman /'jɑːtsmən || 'jɒtsmən/ *n* (*pl* **-men** /-mən/) aficionado *m* a la vela; (in competitions) regatista *m*

yachtswoman /'jɑːts,wʊmən || 'jɒts,wʊmən/ *n* (*pl* **-women**) aficionada *f* a la vela; (in competitions) regatista *f*

yack /jæk/ *vi* (colloq) cotorrear (fam)

yah /jɑː/ *interj* (colloq) ¡ja, ja!

yak[1] /jæk/ *vi* **-kk-** ▸**yack**

yak[2] *n* yac *m*, yak *m*

yam /jæm/ *n* 1▸ (plant, vegetable) ñame *m* 2▸ (AmE) ▸**sweet potato**

yank[1] /jæŋk/ *vt* (tug) ‹*rope*› tirar de, jalar de (AmL exc CS); **he ~ed the drawer right out** sacó el cajón de un tirón
■ **yank** *vi* **to ~ AT/ON sth** tirar *or* (AmL exc CS) jalar DE algo

yank[2] *n* tirón *m*, jalón *m* (AmL exc CS)

Yank /jæŋk/ *n* (BrE colloq & often pej) ▸**Yankee**[1] **3**

Yankee[1] /'jæŋki/ *n* 1▸ (Hist) yanqui *mf* 2▸ (sb from Northern US) (AmE colloq) norteño, -ña *m,f* 3▸ (US citizen) (colloq: in BrE often pej) yanqui *mf* (fam & pey), gringo, -ga *m,f* (fam & pey)

Yankee[2] *adj* (*before n*) 1▸ (Hist) yanqui 2▸ (of Northern US) (AmE colloq) norteño 3▸ (of US) (colloq: in BrE often pej) yanqui (fam & pey), gringo (fam & pey)

yap[1] /jæp/ *vi* **-pp-** 1▸ (bark) ladrar (*con ladridos agudos*) 2▸ (gossip) (colloq & pej) darle* a la sinhueso (fam)

yap[2] *n* (bark) ladrido *m* (*agudo*)

yard /jɑːrd || jɑːd/ *n*
A 1▸ (of school, prison) patio *m* 2▸ (of house) (BrE) patio *m*; (garden) (AmE) jardín *m* 3▸ (*stock~*) corral *m*
B (*boat~*, *ship~*) astillero *m*; (*goods ~*, *freight ~*) almacén *m*, depósito *m*
C (measure) yarda *f* (*0,91m*); **it's 100 ~s down the road** ≈ está a unos 100 metros de aquí

yardage /'jɑːrdɪdʒ || 'jɑːdɪdʒ/ *n* [u] medida *f* (*en yardas*)

yard: **~arm** *n* (Naut) penol *m*; **~ sale** *n* (AmE) ▸**garage sale**; **~stick** *n* criterio *m*, patrón *m*

yarn /jɑːrn || jɑːn/ *n*
A [u c] (Tex) hilo *m*
B [c] (tale) (colloq) historia *f*; ***to spin a ~*** inventar una historia

yashmak /'jæʃmæk/ *n* velo *m* (*que llevan algunas musulmanas*)

yawn[1] /jɔːn/ *vi* 1▸ «*person/animal*» bostezar* 2▸ «*pit/chasm*» (liter) abrirse*

yawn[2] *n* 1▸ (action) bostezo *m* 2▸ (bore) (colloq) plomo *m* (fam), aburrimiento *m*, rollazo *m* (Esp fam)

yawning /'jɔːnɪŋ/ *adj* (*before n*) enorme; **there's a ~ gap** *o* **chasm between his words and his actions** entre lo que dice y lo que hace hay un abismo

yd (*pl* **yd** *or* **yds**) = **yard**

ye[1] /jiː/ *pron* (arch *or* dial) vosotros, -tras

ye[2] *def art* (mock archaic) (*sing*) el, la; (*pl*) los, las; **~ olde Tudor Tavern** la vieja taberna Tudor

yea[1] /jeɪ/ *n* (AmE) voto *m* a favor

yea[2] *interj* (arch) sí

yea[3] *adv* (indeed, truly) (arch) sí, ¡sin duda!

yeah /jeə/ *interj* (colloq) sí

year /jɪr || jɪə(r)/ *n*
A (period of time) año *m*; **last ~** el año pasado; **next ~** el año que viene, el próximo año; **this time last ~ ...** el año pasado por estas fechas ...; **every ~** todos los años, cada año; **every other** *o* **every second ~** cada dos años, un año sí y otro no; **once or twice a ~** una o dos veces al *or* por año; **it costs $500 a ~** cuesta 500 dólares al año; **all (the) ~ round** todo el año; **it'll be a ~ next Monday/August** el lunes que viene/en agosto hará un año; **by the ~ 2000** para el año 2000; **in all my ~s as a teacher ...** en todos mis años que ha trabajado de profesor, ...; **I'll return in a ~** *o* **in a ~'s time** volveré dentro de un año; **over the ~s I've grown accustomed to it** con el tiempo *or* con los años me he ido acostumbrando; **~ after ~/~ in, ~ out** año tras año; **from ~ to ~** de un año a otro; **I'm 12 ~s old** tengo doce años; **she got five ~s** (colloq) le cayeron cinco años (fam); ***the ~ one*** *o* (BrE) ***the ~ dot*** (colloq) el año de Maricastaña *or* de la pera (fam)
B **years** *pl* 1▸ (a long time): **it's ~s since I saw him, I haven't seen him for ~s** hace años que no lo veo; **that was ~s ago** de eso hace mucho tiempo *or* muchos años; **~s ago, there was a church here** años atrás, aquí había una iglesia; **that dress takes ~s off you** ese vestido te quita años (de encima); **he looks ~s older** parece mucho mayor; **it put ~s on me** me avejentó *or* me envejeció, me echó años encima 2▸ (age): **he's very mature for his ~s** es muy maduro para su edad; **he must be well on in ~s** debe ser bastante entrado en años
C 1▸ (Educ) curso *m*, año *m*; **she was in my ~ at school** estaba en el mismo curso que yo en el colegio; **I'm still in (the) first ~** todavía estoy en primer año *or* en primero 2▸ (of wine) cosecha *f*

-year /jɪr || jɪe(r)/ *suff*: **a third~ student** un estudiante de tercer año *or* de tercero

year: **~book** *n* anuario *m*; **~-end** /'jɪr'end || ,jɪər'end/ *n* (AmE) (*no pl*): **by ~-end** hacia fin de año; (*before n*) **~-end report** (also BrE) informe *m* de fin de año; **~-end sale** ≈ rebajas *fpl* de fin de temporada

yearly[1] /'jɪrli || 'jɪəli/ *adj* anual; **on a ~ basis** cada año, anualmente

yearly[2] *adv* cada año, anualmente; **twice ~** dos veces al *or* por año

yearn /jɜːrn || jɜːn/ *vi* **to ~ to + INF** anhelar *or* ansiar* + INF; **to ~ FOR sth** añorar algo

yearning /'jɜːrnɪŋ || 'jɜːnɪŋ/ *n* [u c] **~ FOR sth/to + INF** anhelo *m* *or* ansia *f*‡ DE algo/+ INF

year-old /'jɪr'əʊld || 'jɪər'əʊld/ *adj* (*before n*) de un año de edad

-year-old /jər'əʊld || ,jɪər'əʊld/ *suff*: **a thirty-two~woman** una mujer de treinta y dos años; **a six~** un niño/una niña de seis años

year-on-year /'jɪrɑːn'jɪr || 'jɪərɒn'jɪə(r)/ *adj* (*before n*) interanual

yeast /jiːst/ *n* [u c] levadura *f*

yell[1] /jel/ *vi* gritar, chillar; **to ~ AT sb** gritarle A algn
■ **yell** *vt* ‹*order/reply*› gritar

yell[2] *n* (shout) grito *m*, chillido *m*; **to let out/give a ~** soltar/dar* *or* pegar* un grito

yellow[1] /ˈjeləʊ/ *adj* 1 amarillo; ‹*hair*› muy rubio *or* (Méx) güero *or* (Col) mono *or* (Ven) catire; ‹*traffic light*› (AmE) amarillo, ámbar *adj inv*; ‹*skin*› amarillo; **the paper was ~ with age** el papel se había puesto amarillo *or* amarillento con el paso del tiempo 2 (sensationalist): **the ~ press** la prensa amarilla *or* amarillista *or* sensacionalista 3 (cowardly) (colloq) gallina (fam), cagueta(s) (fam), cobarde

yellow[2] *n* 1 [u] (color) amarillo *m* 2 [u c] (yolk) yema *f* 3 [c] (signal) (AmE) luz *f* amarilla

yellow[3] *vi* ponerse* amarillo *or* amarillento

yellow: **~belly** *n* (colloq) gallina *mf* (fam), cagueta(s) *mf* (fam), cobarde *mf*; **~ card** *n* (in soccer): **to show sb the ~ card** mostrarle* la tarjeta amarilla a algn; **~ fever** *n* [u] fiebre *f* amarilla

yellowish /ˈjeləʊɪʃ/, **yellowy** /ˈjeləʊi/ *adj* amarillento

yellow: **~ pages**, (BrE) **~ Pages**® *pl n* (Telec) páginas *fpl* amarillas; **~ Sea** *n* **the Y~ Sea** el Mar Amarillo

yelp[1] /jelp/ *vi* dar* un gañido *or* aullido

yelp[2] *n* gañido *m*, aullido *m*

Yemen /ˈjemən/ *n* Yemen *m*; **South ~** Yemen *m* del Sur

Yemeni /ˈjeməni/ *adj* yemenita

yen /jen/ *n*

A (longing) (colloq) (*no pl*) **to have a ~ to + INF** morirse* de ganas DE + INF (fam), tener* unas ganas locas DE + INF (fam)

B (*pl* ~) (Fin) yen *m*

yeoman /ˈjəʊmən/ *n* (*pl* **-men** /-mən/) 1 (Hist) (freeholder) *vasallo propietario de la tierra que cultivaba* 2 **Yeoman of the Guard** (in UK) alabardero *m* de la Casa Real

yes[1] /jes/ *interj*

A 1 (affirmative reply) sí; **please say ~** por favor di que sí; **are you ready? — ~, I am** ¿estás listo? — sí; **you didn't tell me — ~, I did!** no me lo dijiste — ¡sí que te lo dije! 2 (obeying order, request) sí; **be there by nine o'clock — ~, OK** estáte allí antes de las nueve — bueno *or* (Esp tb) vale 3 (answering call, inquiry) sí; **Fred — yes?** Fred — ¿sí? *or* ¿qué?

B 1 (expressing pleasure, satisfaction) sí; **~! what a good idea!** ¡sí! ¡qué buena idea! 2 (emphasizing) sí; **you could win $5,000, ~, $5,000!** ¡puede ganar 5.000 dólares, sí, 5.000 dólares!

yes[2] *n* (*pl* **~es**) 1 (affirmative reply) sí *m* 2 (vote) voto *m* a favor

yes-man /ˈjesmæn/ *n* (*pl* **-men** /-men/) (pej): **he's a ~** es de los que dicen amén a todo

yesterday[1] /ˈjestərdeɪ, -di || ˈjestədeɪ, -di/ *adv* ayer; **~ morning** ayer por la mañana, ayer en la mañana (AmL), ayer a la mañana *or* de mañana (RPl); **they left a week ~** ayer hizo una semana que se fueron

yesterday[2] *n*: **~ was a busy day** ayer fue un día de mucha actividad; **the day before ~** anteayer

yesteryear /ˈjestərjɪr || ˈjestəjɪə(r)/ *n* (liter) (*no art*): **the songs of ~** las canciones de antaño (liter)

yet[1] /jet/ *adv*

A 1 (up to this or that time, till now) (*with neg*) todavía, aún; **I haven't eaten** *o* (AmE also) **I didn't eat ~** todavía *or* aún no he comido, todavía no comí (RPl); **as ~** aún, todavía 2 (now, so soon) (*with neg*) todavía; **shall I call him? — not (just) ~** ¿lo llamo? — (no,) todavía no 3 (thus far) (*after superl*): **it's his best book ~** es el mejor libro que ha escrito hasta ahora

B (by now, already) (*with interrog*) ya; **has she decided** *o* (AmE also) **did she decide ~?** ¿ya se ha decidido?, ¿ya se decidió? (AmL)

C (still) todavía, aún; **there's half an hour ~ before they arrive** todavía *or* aún falta media hora para que lleguen

D (eventually, in spite of everything): **I'll get even with you ~** ya me las pagarás (algún día); **we may win ~** todavía podemos ganar

E (*as intensifier*) 1 (even) (*with comp*) aún, todavía; **the story becomes ~ more complicated** el cuento se complica aún *or* todavía más 2 (in addition, besides): **~ more problems** más problemas aún; **~ another mistake** otro error más; **we had to go back ~ again** tuvimos que volver otra vez más (aún)

F (but, nevertheless) (*as linker*) sin embargo

yet[2] *conj* pero

yeti /ˈjeti/ *n* (*pl* ~) yeti *m*

yew /juː/ *n* [c u] tejo *m*

YHA *n* (= **Youth Hostels Association**) Asociación *f* de Albergues Juveniles *or* de la Juventud

Yiddish /ˈjɪdɪʃ/ *n* [u] yídish *m*, yiddish *m*

yield[1] /jiːld/ *vt*

A (surrender) ‹*position/territory*› ceder; **to ~ one's right of way** (AmE Transp) ceder el paso; **to ~ sth TO sb** cederle algo A algn

B ‹*crop/fruit/mineral/oil*› producir*; ‹*results*› dar*, arrojar; **these bonds ~ 9.2%** estos bonos rinden *or* dan un (interés del) 9,2%; **the inquiry ~ed no new evidence** la investigación no aportó nuevas pruebas

■ **yield** *vi*

A 1 (give way) ceder; **she ~ed to their threats** cedió a *or* ante sus amenazas 2 (give priority) **to ~ TO sth/sb** dar* prioridad A algo/algn; **yield** (AmE) ceda el paso

B ‹‹*ground/ice*›› ceder

Phrasal verb

• **yield up** [v ▸ o ▸ adv, v ▸ adv ▸ o] (liter) ‹*secret*› revelar

yield[2] *n* [u c] rendimiento *m*; **to give a good/poor ~** dar* un buen/mal rendimiento, producir* *or* rendir* mucho/poco

yippee /ˈjɪpi/ *interj* (colloq) ¡yupi! (fam)

YMCA *n* 1 (= **Young Men's Christian Association**) YMCA *f*, Asociación *f* Cristiana de Jóvenes 2 [c] **~ (hostel)** albergue *m* de la YMCA *or* de la Asociación Cristiana de Jóvenes

yo /jəʊ/ *interj* (sl) hola

yob /jɑːb || jɒb/ *n* (BrE) vándalo *m*, gamberro *m* (Esp), patotero *m* (CS fam)

yobbo /ˈjɑːbəʊ || ˈjɒbəʊ/ *n* (*pl* **-bos** *or* **-boes**) (BrE) ▸**yob**

yodel /ˈjəʊdḷ/ *vi*, (BrE) **-ll-** cantar al estilo tirolés

yoga /ˈjəʊgə/ *n* [u] yoga *m*

yoghurt, yoghourt, yogurt /ˈjəʊgərt || ˈjɒgət/ *n* [u c] yogur *m*, yoghourt *m*

yoke[1] /jəʊk/ *n*

A 1 (for oxen, horses) yugo *m* 2 (burden, bondage) yugo *m*

B (*pl* ~) (pair of oxen) yunta *f*

C (of dress, shirt) canesú *m*

yoke[2] *vt* ‹*oxen*› uncir*, enyuntar

yokel /ˈjəʊkəl/ *n* (pej *or* hum) pueblerino, -na *m,f* *or* (Méx) indio, -dia *m,f* *or* (Col) montañero, -ra *m,f* *or* (RPl) pajuerano, -na *m,f* *or* (Chi) huaso, -sa *m,f* (pey *o* hum)

yolk /jəʊk/ *n* [c u] yema *f* (de huevo)

yon /jɑːn || jɒn/ *adj* (poet *or* dial) aquel, aquella; (*pl*) aquellos, aquellas

yonder[1] /ˈjɑːndər || ˈjɒndə(r)/ *adj* (poet *or* dial) ▸**yon**

yonder[2] *adv* (poet *or* dial) allá; **over/up/down ~** allá lejos/arriba/abajo

yonks /jɑːŋks || jɒŋks/ *n* [u] (BrE colloq): **I haven't been there for ~** hace siglos *or* (Esp tb) la tira que no voy por allí (fam)

yoo-hoo /ˈjuːhuː/ *interj* ¡yuju!, ¡eh!

yore /jɔːr || jɔː(r)/ *n* [u] (liter): **in days of ~** antaño (liter), en otros tiempos

Yorkshire pudding /ˈjɔːrkʃɪr || ˈjɔːkʃə, ˈjɔːksɪə(r)/ *n* [c u] *masa horneada a base de leche, huevos y harina que se sirve tradicionalmente con el rosbif*

you /juː/ *pron*

A (sing) 1 (as subject — familiar) tú, vos (AmC, RPl); (— formal) usted; **now ~ try** ahora prueba tú/pruebe usted, ahora probá vos (AmC, RPl); **that hat's not ~** ese sombrero no te favorece; **if I were ~** yo que tú/que usted, yo en tu/en su lugar, yo que vos (AmC, RPl); **poor ~!** ¡pobrecito!; **~ liar!** ¡mentiroso! 2 (as direct object — familiar) te; (— formal, masculine) lo, le (Esp); (— formal, feminine) la; **I saw ~, Pete** te vi, Pete; **I saw ~, Mr Russell** lo vi, señor Russell, le vi, señor Russell (Esp) 3 (as indirect object — familiar) te; (— formal) le; (— with direct object pronoun present) se; **I told ~** te dije/le dije; **I gave it to ~** te lo di/se lo di 4 (after prep — familiar) ti, vos (AmC, RPl); (— formal) usted; **for ~** para ti/usted, para vos (AmC, RPl); **with ~** contigo/con usted; **she's taller than ~** es más alta que tú

B (pl) 1 (as subject, after preposition — familiar) ustedes (AmL), vosotros, -tras (Esp); (— formal) ustedes; **be quiet, ~ two** ustedes dos: ¡cállense!, vosotros dos: ¡callaos! (Esp); **come on, ~ guys!** vamos, chicos 2 (as direct object — familiar) los, las (AmL), os (Esp); (— formal, masculine) los, les (Esp); (— formal, feminine) las; **I heard ~, gentlemen** los *or* (Esp tb) les oí, caballeros; **I heard ~, boys/girls** los/las oí, chicos/chicas (AmL), os oí, chicos/chicas (Esp) 3 (as indirect object — familiar) les (AmL), os (Esp); (— formal) les; (— with direct object pronoun present) se; **I gave ~ the book** les *or* (Esp tb) os di el libro; **I gave it to ~** se *or* (Esp tb) os lo di

C (one) 1 (as subject) uno, una; **~ can't do that here** aquí uno no puede *or* no se puede *or* no puedes hacer eso 2 (as direct object) te; **people stop ~ in the street and ask for money** la gente te para en la calle y te pide dinero, la gente lo para a uno en la calle y le pide dinero 3 (as indirect object) te; **they never tell ~ the truth** nunca te dicen la verdad, nunca le dicen la verdad a uno

you'd /ju:d/ 1 **= you had** 2 **= you would**

you-know-who /ˌju:nəʊ'hu:/ *n* (colloq) ya sabes quién (fam)

you'll /ju:l/ **= you will**

young[1] /jʌŋ/ *adj* **younger** /'jʌŋgər || 'jʌŋgə(r)/, **youngest** /'jʌŋgəst || 'jʌŋgɪst/ 1 ‹*animal/person*› joven; **I have a ~er brother** tengo un hermano menor; **she is four years ~er than me** tiene cuatro años menos que yo, es cuatro años menor que yo; **this is Patricia, our ~est** ésta es Patricia, la (más) pequeña *or* la menor; **a ~ man/woman** un/una joven; **a ~ lady** una señorita, una chica joven; **her ~ man** su novio; **now listen to me, ~ man/lady** escúcheme jovencito/jovencita; **~ people** la gente joven, los jóvenes, la juventud; **the ~er generation** la nueva generación, la gente joven; **to die/marry ~** morir*/casarse joven; **to be ~ at heart** ser* joven de espíritu; **you're only ~ once** (set phrase) sólo se es joven una vez (en la vida); **the night is ~** (set phrase) la noche es joven (fr hecha) 2 ‹*appearance/manner/complexion*› juvenil; **she's very ~ for her age** *o* **years** parece más joven de lo que es; **you're as ~ as you feel** (set phrase) la juventud se lleva dentro (fr hecha) 3 ‹*rhubarb/spinach*› tierno; ‹*wine*› joven

young[2] *pl n* 1 (humans) **the ~** los jóvenes, la juventud 2 (animals) crías *fpl*

youngster /'jʌŋstər || 'jʌŋstə(r)/ *n* chico, -ca *m,f*

your *adj* /jʊr, *weak form* jər || jɔ:(r), *weak form* jʊə(r)/ 1 (belonging to one person) (*sing, familiar*) tu; (*pl, familiar*) tus; (*sing, formal*) su; (*pl formal*) sus; **wash ~ hands** lávate/lávese las manos 2 (belonging to more than one person) (*sing, familiar*) su (AmL), vuestro, -tra (Esp); (*pl, familiar*) sus (AmL), vuestros, -tras (Esp); (*sing, formal*) su; (*pl, formal*) sus; **put ~ shoes on** pónganse *or* (Esp) pone(r)os los zapatos 3 (one's): **if ~ name begins with A ...** si tu/su nombre empieza con A ...; **you have to take ~ shoes off in a mosque** hay que quitarse los zapatos en una mezquita

you're /jʊər || jʊə(r), jɔ:(r)/ **= you are**

yours /jʊrz || jɔ:z/ *pron* 1 (belonging to one person) (*sing, familiar*) tuyo, -ya; (*pl, familiar*) tuyos, -yas; (*sing, formal*) suyo, -ya; (*pl formal*) suyos, -yas; **is this ~?** ¿esto es tuyo/suyo?; **~ is here** el tuyo/la tuya/el suyo/la suya está aquí; **a friend of ~** un amigo tuyo/suyo 2 (belonging to more than one person) (*sing, formal*) suyo, -ya; (*pl, formal*) suyos, -yas; (*sing, familiar*) suyo, -ya (AmL), vuestro, -tra (Esp); (*pl, familiar*) suyos, -yas (AmL), vuestros, -tras (Esp); **~ are here, children** los suyos *or* los de ustedes están aquí, niños (AmL), los vuestros están aquí, niños (Esp); **is he a friend of ~?** ¿es amigo de ustedes *or* suyo *or* (Esp) vuestro? 3 (Corresp): **~, Daniel** un abrazo, Daniel; **~ sincerely** le saluda atentamente

yourself /jər'self || jɔ:'self/ *pron* 1 (reflexive): **describe ~** (formal) descríbase; (familiar) descríbete; **stop thinking about ~** (formal) deje de pensar en sí mismo; (familiar) deja de pensar en ti mismo; **by ~** solo/sola 2 (emphatic use) (formal) usted mismo, usted misma; (familiar) tú mismo, tú misma; **did you make it ~?** (formal) ¿lo hizo usted mismo/misma?; (familiar) ¿lo hiciste tú mismo/misma?; **suit ~** (formal) haga lo que quiera; (familiar) haz lo que quieras; **you're a musician ~, I hear** usted también es *or* (*familiar*) tú también eres músico, tengo entendido 3 (normal self): **just relax and be ~** relájate y compórtate con naturalidad; **you're not ~ today** hoy no eres el/la de siempre 4 (oneself) uno mismo, una misma

yourselves /jər'selvz || jɔ:'selvz/ *pron* 1 (reflexive): **behave ~!** ¡pórtense bien! (AmL), ¡porta(r)os bien! (Esp); **by ~** solos/solas 2 (emphatic use) (formal) ustedes mismos/mismas; (familiar) ustedes mismos/mismas *or* (Esp) vosotros mismos/vosotras mismas; **you've probably noticed it ~** probablemente lo habrán observado ustedes mismos 3 (normal selves): **just be ~** compórtense *or* (Esp) comporta(r)os con naturalidad

youth /ju:θ/ *n* [u] (*pl* **youths** /ju:ðz/)

A (early life) juventud *f*; **in my ~** cuando era joven, en mi juventud

B [u] (young people) (+ *sing or pl vb*) juventud *f*; **today's ~** la juventud *or* los jóvenes de hoy; (*before n*) ‹*movement/orchestra*› juvenil; **~ club** club *m* de jóvenes

C [c] (young man) (frml) joven *m*

youthful /'ju:θfəl/ *adj* ‹*enthusiasm/manner*› juvenil; ‹*folly/ignorance*› de juventud

youthfulness /'ju:θfəlnəs || 'ju:θfəlnɪs/ *n* [u] juventud *f*

youth hostel *n* albergue *m* juvenil *or* de la juventud

you've /ju:v/ **= you have**

yowl[1] /jaʊl/ *vi* «*person*» dar* alaridos; «*dog*» aullar*; «*cat*» maullar*

yowl[2] *n* (of person) alarido *m*, grito *m* (*de dolor*); (of dog) aullido *m*; (of cat) maullido *m*

yo-yo /'jəʊjəʊ/ *n* (toy) yo-yo *m*; ***to go up and down like a ~*** (colloq) subir y bajar a lo loco; **I was up and down like a ~ all afternoon** me pasé toda la tarde de arriba para abajo

yr (*pl* **yrs**) **= year**

yuck /jʌk, jək || jʌk/ *interj* (colloq) ¡puaj! (fam)

yucky /'jʌki, 'jəki || 'jʌki/ *adj* **yuckier, yuckiest** (colloq) asqueroso

Yugoslav /'ju:gəʊ'slɑ:v || 'ju:gəslɑ:v/ *adj/n* ▸**Yugoslavian**[1,2]

Yugoslavia /'ju:gəʊ'slɑ:viə || 'jʊgə'slɑ:viə/ *n* (Hist) Yugoslavia *f*

Yugoslavian[1] /'ju:gəʊ'slɑ:viən || 'jʊgə'slɑ:viən/ *adj* (Hist) yugoslavo

Yugoslavian[2] *n* (Hist) yugoslavo, -va *m,f*

yuk /jʌk, jək || jʌk/ *interj* (colloq) ¡puaj! (fam)

yukky /'jʌki, 'jəki || 'jʌki/ *adj* **-kier, -kiest** (colloq) asqueroso

yule /ju:l/: **~ log, ~ log** *n* (Culin) tronco *m* de Navidad; **~tide, ~tide** *n* (liter) la(s) Navidad(es)

yummy /'jʌmi/ *adj* **-mier, -miest** (colloq) riquísimo; (*as interj*) **~!** ¡hmm!, ¡qué rico!

yum yum /'jʌm'jʌm/ *interj* (colloq) ñam ñam (fam)

yuppie, yuppy /'jʌpi/ *n* (*pl* **-pies**) (colloq) yuppy *mf* (fam)

YWCA *n* (= **Young Women's Christian Association**) YWCA *f*, Asociación *f* de Jóvenes Cristianas

Zz

Z, z /zi: || zed/ *n* Z, z *f*
zaftig /'zɑːftɪg/ *adj* (AmE) ‹*woman*› rellenita y curvilínea
Zaire /zɑ:ir || zɑ:'iə(r)/ *n* Zaire *m*
Zambia /'zæmbiə/ *n* Zambia *f*
Zambian /'zæmbiən || 'zæmbiən/ *adj* zambiano
zany /'zeɪni/ *adj* **zanier, zaniest** (colloq) ‹*person*› chiflado (fam), alocado; ‹*adventure*› loco; ‹*clothes*› estrafalario
Zanzibar /'zænzəbɑːr || 'zænzɪbɑː(r)/ *n* Zanzíbar *m*
zap /zæp/ *vt* **-pp-** 1▸ (defeat, blast) (colloq) liquidar (fam) 2▸ (Comput) eliminar, borrar

Phrasal verb

- **zap through** [v ▸ prep ▸ o]

A (finish) (colloq): **he ~ped through the work in a morning** despachó el trabajo en una mañana
B [v ▸ adv] (TV) hacer* zapping

zeal /zi:l/ *n* [u] (Pol, Relig) fervor *m*, celo *m*; **in her ~ for reform ...** en su afán reformista ...
zealot /'zelət/ *n* (fanatic) fanático, -ca *m,f*
zealous /'zeləs/ *adj* ‹*follower*› ferviente, entusiasta; ‹*worker*› que pone gran celo en su trabajo, entusiasta
zebra /'zi:brə || 'zebrə, zi:-/ *n* (*pl* **-bras** *or* **-bra**) cebra *f*
zebra crossing *n* (BrE) paso *m* de cebra *or* de peatones
zee /zi:/, (BrE) **zed** /zed/ *n* zeta *f*
Zen /zen/ *n* [u] (Relig) zen *m*
zenith /'zi:nəθ || 'zenɪθ/ *n* (Astron) cenit *m*, zenit *m*; **at the ~ of her popularity** en el cenit de su popularidad
zephyr /'zefər || 'zefə(r)/ *n* (poet) céfiro *m* (liter)
zeppelin /'zepələn || 'zepəlm/ *n* zepelín *m*
zero[1] /'zɪrəʊ, 'zi:- || 'zɪərəʊ/ *n* (*pl* **zeros** *or* **zeroes**) 1▸ (number) cero *m*; **the temperature fell below ~** la temperatura bajó de los cero grados; **your chances of winning are ~** no tienes ninguna posibilidad de ganar, tus posibilidades de ganar son nulas; (*before n*) **~ hour** hora *f* cero 2▸ (person) (AmE colloq): **he's a total ~** es un inútil
zero[2] *adj* 1▸ cero *adj inv*; **~ degrees centigrade** cero grados centígrados; **~ gravity/visibility** gravedad *f*/visibilidad *f* nula 2▸ (colloq): **her understanding of the subject is ~** no tiene ni la más remota idea del tema

Phrasal verb

- **zero in on** [v ▸ adv ▸ prep ▸ o] ‹*target*› apuntarle directamente a; ‹*issue/problem*› centrarse en

zero-rated /'zɪrəʊ'reɪtɪd, zi:- || ˌzɪərəʊ'reɪtɪd/ *adj* (Tax) ‹*goods/item*› no sujeto a IVA
zest /zest/ *n* [u] 1▸ (gusto, relish) entusiasmo *m*, brío *m*; **his performance lacked ~** le faltó garra a su actuación (fam); **he lost his ~ for life** perdió las ganas de vivir 2▸ (piquancy, flavor) sabor *m*, sazón *f* 3▸ (Culin) cáscara *f*, peladura *f*; **add the grated ~ of one lemon** agregue la ralladura de un limón
zester /'zestər || 'zestə(r)/ *n*: *utensilio concebido para obtener tiras finas de las cáscaras de los cítricos*
zigzag[1] /'zɪgzæg/ *n* zigzag *m*
zigzag[2] *adj* (*before n*) en zigzag, zigzagueante
zigzag[3] *vi* **-gg-** zigzaguear
zilch /zɪltʃ/ *n* [u] (sl) nada de nada; **how much did you get? — zilch** ¿cuánto te dieron? — ni cinco (fam)
zillion /'zɪljən/ *n* (colloq): **I have ~s of things to do** tengo tropecientas cosas que hacer (fam)
Zimbabwe /zɪm'bɑ:bwi/ *n* Zimbabwe *m*
Zimbabwean /zɪm'bɑ:bwiən/ *adj* zimbabuense
zinc /zɪŋk/ *n* [u] cinc *m*, zinc *m*
zing[1] /zɪŋ/ *vi* (colloq) «*bullet*» silbar; **to ~ past** pasar silbando
zing[2] *n* (colloq) 1▸ (hiss) (*no pl*) silbido *m* 2▸ [u] (pep) chispa *f* (fam)
Zionism /'zaɪənɪzəm/ *n* [u] sionismo *m*
Zionist /'zaɪənəst || 'zaɪənɪst/ *adj* sionista
zip[1] /zɪp/ *n*

A [u] (vigor) (colloq) garra *f* (fam), brío *m*
B [c] (fastener) (BrE) ▸ **zipper[1]**

zip[2] **-pp-** *vt* ‹*pocket/bag*› cerrar* la cremallera *or* (AmL tb) el cierre *or* (AmC, Méx, Ven tb) el zíper de

■ **zip** *vi*

A (with zipper): **the suitcase ~s open/shut** la maleta se abre/cierra con cremallera (*or* cierre *etc*); **the hood ~s on** la capucha se pone con cremallera (*or* cierre *etc*)
B (move fast) (colloq): **the morning ~ped by** la mañana (se) pasó volando (fam); **we ~ped through the work** (nos) despachamos el trabajo en un santiamén (fam); **we ~ped along** íbamos a toda mecha *or* a todo trapo (fam)

Phrasal verb

- **zip up** [v ▸ o ▸ adv, v ▸ adv ▸ o] ‹*bag*› cerrar*; **will you ~ me up, please?** ¿me subes la cremallera *or* (AmL tb) el cierre?

zip: **~ code** *n* (AmE) código *m* postal; **~ disk** *n* disco *m* zip; **~ fastener** *n* (BrE) ▸ **zipper[1]**; **~-on** *adj* (*before n*) ‹*hood/lining*› que se puede quitar, desmontable
zipper[1] /'zɪpər || 'zɪpə(r)/ *n* (AmE) cremallera *f*, cierre *m* (AmL); **to do up/undo the ~** cerrar*/abrir* la cremallera (*or* el cierre)
zipper[2] *vt* (AmE) ▸ **zip[2]** *vt*
zippy /'zɪpi/ *adj* **-pier, -piest** (colloq) brioso
zit /zɪt/ *n* (colloq) grano *m*
zither /'zɪðər || 'zɪðə(r)/ *n* cítara *f*
zodiac /'zəʊdiæk/ *n* **the ~** el zodíaco *or* zodiaco
zombie /'zɑ:mbi/ *n* zombie *mf*, zombi *mf*
zone /zəʊn/ *n* 1▸ (area) zona *f*; **time ~** huso *m* horario 2▸ (AmE) distrito *m*
zonked (out) /zɑːŋkt || zɒŋkt/ *adj* (sl) 1▸ (high — on drugs) colgado (arg), colocado (arg); (— on drink) curda (arg), borracho 2▸ (exhausted): **to be ~** estar* hecho polvo
zoo /zu:/ *n* (*pl* **zoos**) zoológico *m*, zoo *m* (esp Esp)
zoological /'zəʊə'lɑ:dʒɪkəl/ *adj* (*before n*) zoológico
zoologist /zəʊ'ɑ:lədʒəst/ *n* zoólogo, -ga *m,f*
zoology /zəʊ'ɑ:lədʒi || zəʊ'ɒlədʒi, zu:/ *n* [u] zoología *f*
zoom[1] /zu:m/ *n*

A (sound) (*no pl*) zumbido *m*
B **~ (lens)** (Cin, Phot, TV) teleobjetivo *m*, zoom *m*

zoom[2] *vi* (move fast) (colloq) (+ *adv compl*): **to ~ along/past/off** ir*/pasar/salir* zumbando *or* como un bólido (fam); **she ~ed through her work** hizo el trabajo volando (fam)

Phrasal verb

- **zoom in** [v ▸ adv] **to ~ in (ON sth/sb)** hacer* un zoom in (SOBRE algo/algn)

zucchini /zʊ'ki:ni/ *n* (*pl* **~** *or* **~s**) (AmE) calabacín *m*, calabacita *f* (Méx), zapallito *m* (largo *or* italiano) (CS)
Zulu[1] /'zu:lu:/ *adj* zulú
Zulu[2] *n* 1▸ [c] (person) zulú *mf* 2▸ [u] (language) zulú *m*
zygote /'zaɪgəʊt/ *n* cigoto *m*, zigoto *m*

Appendices

Apéndices

Spanish verb tables

1 Guide to Verb Tables

Every Spanish verb entry in the dictionary is cross-referred to one of the conjugation models shown in the following tables. The reference is given in square brackets immediately after the headword.

All the simple tenses are shown for **hablar** [A1], **meter** [E1], and **partir** [I1], the conjugation models for regular **-ar**, **-er**, and **-ir** verbs. For other verbs only the irregular tenses are given.

Compound tenses are not listed in the tables. The perfect tenses are formed with the relevant tense of the auxiliary **haber** and the past participle:

Le *he hablado* de ti

Lamento que se *haya ofendido*

El profesor nos *había visto*

Cuando *hubo terminado* de hablar, ...

Para entonces ya *habremos terminado*

Si lo *hubiera sabido*, *habría llamado*

The continuous tenses are formed with the relevant tense of the auxiliary **estar** and the present participle:

Estoy estudiando el problema

Cuando llegó, *estábamos cerrando*

Estuvieron esperando mucho tiempo

¿*Han estado hablando* de mí?

Other verbs such as **andar**, **ir**, and **venir** can also be used as auxiliaries to express different nuances of meaning:

Andaba diciendo que ...

A medida que lo *fui conociendo*...

¿Por qué no te *vas vistiendo*?

Hace mucho tiempo que te lo *vengo diciendo*

2 Voseo

In parts of Latin America the pronoun 'vos' replaces 'tú' in the spoken language. This has different degrees of acceptability depending on the region. Whereas in some countries it is considered substandard and characteristic of uneducated speech, in others—notably in the River Plate area and in some Central American countries—it is the standard form of the second person singular.

'Vos' has its corresponding verb forms in the present tense and the imperative. These vary slightly from area to area. The following are the standard forms in Central America and the River Plate area:

Present indicative

hablar	vos hablás
meter	vos metés
partir	vos partís

Imperative

hablar	hablá
meter	meté
partir	partí
sentarse	sentate
moverse	movete
vestirse	vestite

There are also special forms for the present subjunctive and the negative imperative, although these are less widely used (many speakers use the forms corresponding to 'tú' in these cases, given in brackets here):

Present subjunctive

hablar	que vos hablés (que vos hables)
meter	que vos metás (que vos metas)
partir	que vos partás (que vos partas)

Negative imperative

hablar	no hablés (no hables)
meter	no metás (no metas)
partir	no partás (no partas)

Note that in Uruguay the verb forms corresponding to 'vos' are often used with the pronoun 'tú':

tú sabés que ...

tú no te imaginás cómo ...

3 Verbs ending in -ar

A1 hablar

gerundio (gerund)	participio pasado (past participle)	indicativo (indicative) presente (present)	imperfecto (imperfect)	pretérito indefinido (past simple)	futuro (future)
habl**ando**	habl**ado**	habl**o**	habl**aba**	habl**é**	habl**aré**
		habl**as**	habl**abas**	habl**aste**	habl**arás**
		habl**a**	habl**aba**	habl**ó**	habl**ará**
		habl**amos**	habl**ábamos**	habl**amos**	habl**aremos**
		habl**áis**	habl**abais**	habl**asteis**	habl**aréis**
		habl**an**	habl**aban**	habl**aron**	habl**arán**

condicional (conditional)	subjuntivo (subjunctive) presente (present)	imperfecto (imperfect)	futuro (future)	imperativo (imperative)
habl**aría**	habl**e**	habl**ara***	habl**are**	
habl**arías**	habl**es**	habl**aras**	habl**ares**	habl**a**
habl**aría**	habl**e**	habl**ara**	habl**are**	habl**e**
habl**aríamos**	habl**emos**	habl**áramos**	habl**áremos**	habl**emos**
habl**aríais**	habl**éis**	habl**arais**	habl**areis**	habl**ad**
habl**arían**	habl**en**	habl**aran**	habl**aren**	habl**en**

* all **-ar** verbs have an alternative form in which **-ara** is replaced by **-ase**, e.g. habl**ase**, habl**ases**, habl**ase**, habl**ásemos**, habl**aseis**, habl**asen**

A2 sacar

indicativo pretérito indefinido	subjuntivo presente	imperativo
saqué	saque	
sacaste	saques	saca
sacó	saque	saque
sacamos	saquemos	saquemos
sacasteis	saquéis	sacad
sacaron	saquen	saquen

A3 pagar

indicativo pretérito indefinido	subjuntivo presente	imperativo
pagué	pague	
pagaste	pagues	paga
pagó	pague	pague
pagamos	paguemos	paguemos
pagasteis	paguéis	pagad
pagaron	paguen	paguen

A4 cazar

indicativo pretérito indefinido	subjuntivo presente	imperativo
cacé	cace	
cazaste	caces	caza
cazó	cace	cace
cazamos	cacemos	cacemos
cazasteis	cacéis	cazad
cazaron	cacen	cacen

A5 pensar

indicativo presente	pretérito indefinido	subjuntivo presente	imperativo
pienso	pensé, etc	piense	
piensas		pienses	piensa
piensa		piense	piense
pensamos		pensemos	pensemos
pensáis		penséis	pensad
piensan		piensen	piensen

A6 empezar

indicativo presente	pretérito indefinido	subjuntivo presente	imperativo
empiezo	empecé	empiece	
empiezas	empezaste	empieces	empieza
empieza	empezó	empiece	empiece
empezamos	empezamos	empecemos	empecemos
empezáis	empezasteis	empecéis	empezad
empiezan	empezaron	empiecen	empiecen

A7 regar

indicativo presente	pretérito indefinido	subjuntivo presente	imperativo
riego	regué	riegue	
riegas	regaste	riegues	riega
riega	regó	riegue	riegue
regamos	regamos	reguemos	reguemos
regáis	regasteis	reguéis	regad
riegan	regaron	rieguen	rieguen

A8 rogar

indicativo presente	pretérito indefinido	subjuntivo presente	imperativo
ruego	rogué	ruegue	
ruegas	rogaste	ruegues	ruega
ruega	rogó	ruegue	ruegue
rogamos	rogamos	roguemos	roguemos
rogáis	rogasteis	roguéis	rogad
ruegan	rogaron	rueguen	rueguen

A9 trocar

indicativo presente	pretérito indefinido	subjuntivo presente	imperativo
trueco	troqué	trueque	
truecas	trocaste	trueques	trueca
trueca	trocó	trueque	trueque
trocamos	trocamos	troquemos	troquemos
trocáis	trocasteis	troquéis	trocad
truecan	trocaron	truequen	truequen

A10 contar

indicativo presente	pretérito indefinido	subjuntivo presente	imperativo
cuento	conté, etc	cuente	
cuentas		cuentes	cuenta
cuenta		cuente	cuente
contamos		contemos	contemos
contáis		contéis	contad
cuentan		cuenten	cuenten

A11 forzar

indicativo presente	pretérito indefinido	subjuntivo presente	imperativo
fuerzo	forcé	fuerce	
fuerzas	forzaste	fuerces	fuerza
fuerza	forzó	fuerce	fuerce
forzamos	forzamos	forcemos	forcemos
forzáis	forzasteis	forcéis	forzad
fuerzan	forzaron	fuercen	fuercen

A12 agorar

indicativo presente	pretérito indefinido	subjuntivo presente	imperativo
agüero	agoré, etc	agüere	
agüeras		agüeres	agüera
agüera		agüere	agüere
agoramos		agoremos	agoremos
agoráis		agoréis	agorad
agüeran		agüeren	agüeren

A13 avergonzar

indicativo presente	pretérito indefinido	subjuntivo presente	imperativo
avergüenzo	avergoncé	avergüence	
avergüenzas	avergonzaste	avergüences	avergüenza
avergüenza	avergonzó	avergüence	avergüence
avergonzamos	avergonzamos	avergoncemos	avergoncemos
avergonzáis	avergonzasteis	avergoncéis	avergonzad
avergüenzan	avergonzaron	avergüencen	avergüencen

A14 desosar

indicativo presente	pretérito indefinido	subjuntivo presente	imperativo
deshueso	desosé, etc	deshuese	
deshuesas		deshueses	deshuesa
deshuesa		deshuese	deshuese
desosamos		desosemos	desosemos
desosáis		desoséis	desosad
deshuesan		deshuesen	deshuesen

A15 jugar

indicativo presente	pretérito indefinido	subjuntivo presente	imperativo
juego	jugué	juegue	
juegas	jugaste	juegues	juega
juega	jugó	juegue	juegue
jugamos	jugamos	juguemos	juguemos
jugáis	jugasteis	juguéis	jugad
juegan	jugaron	jueguen	jueguen

A16 desaguar

indicativo pretérito indefinido	subjuntivo presente	imperativo
desagüé	desagüe	
desaguaste	desagües	desagua
desaguó	desagüe	desagüe
desaguamos	desagüemos	desagüemos
desaguasteis	desagüéis	desaguad
desaguaron	desagüen	desagüen

A17 vaciar

indicativo presente	pretérito indefinido	subjuntivo presente	imperativo
vacío	vacié, etc	vacíe	
vacías		vacíes	vacía
vacía		vacíe	vacíe
vaciamos		vaciemos	vaciemos
vaciáis		vaciéis	vaciad
vacían		vacíen	vacíen

A18 actuar

indicativo presente	pretérito indefinido	subjuntivo presente	imperativo
actúo	actué, etc	actúe	
actúas		actúes	actúa
actúa		actúe	actúe
actuamos		actuemos	actuemos
actuáis		actuéis	actuad
actúan		actúen	actúen

A19 aislar

indicativo presente	pretérito indefinido	subjuntivo presente	imperativo
aíslo	aislé, etc	aísle	
aíslas		aísles	aísla
aísla		aísle	aísle
aislamos		aislemos	aislemos
aisláis		aisléis	aislad
aíslan		aíslen	aíslen

A20 ahincar

indicativo presente	pretérito indefinido	subjuntivo presente	imperativo
ahínco	ahinqué	ahínque	
ahíncas	ahincaste	ahínques	ahínca
ahínca	ahincó	ahínque	ahínque
ahincamos	ahincamos	ahinquemos	ahinquemos
ahincáis	ahincasteis	ahinquéis	ahincad
ahíncan	ahincaron	ahínquen	ahínquen

A21 arcaizar

indicativo presente	pretérito indefinido	subjuntivo presente	imperativo
arcaízo	arcaicé	arcaíce	
arcaízas	arcaizaste	arcaíces	arcaíza
arcaíza	arcaizó	arcaíce	arcaíce
arcaizamos	arcaizamos	arcaicemos	arcaicemos
arcaizáis	arcaizasteis	arcaicéis	arcaizad
arcaízan	arcaizaron	arcaícen	arcaícen

A22 cabrahigar

indicativo presente	pretérito indefinido	subjuntivo presente	imperativo
cabrahígo	cabrahigué	cabrahígue	
cabrahígas	cabrahigaste	cabrahígues	cabrahíga
cabrahíga	cabrahigó	cabrahígue	cabrahígue
cabrahigamos	cabrahigamos	cabrahiguemos	cabrahiguemos
cabrahigáis	cabrahigasteis	cabrahiguéis	cabrahigad
cabrahígan	cabrahigaron	cabrahíguen	cabrahíguen

A23 aunar

indicativo		subjuntivo	imperativo
presente	pretérito indefinido	presente	
aúno	auné, etc	aúne	
aúnas		aúnes	aúna
aúna		aúne	aúne
aunamos		aunemos	aunemos
aunáis		aunéis	aunad
aúnan		aúnen	aúnen

A24 andar

indicativo	subjuntivo
pretérito indefinido	imperfecto
anduve	anduviera
anduviste	anduvieras
anduvo	anduviera
anduvimos	anduviéramos
anduvisteis	anduvierais
anduvieron	anduvieran

A25 dar

indicativo		subjuntivo	
presente	pretérito indefinido	presente	imperfecto
doy	di	dé	diera
das	diste	des	dieras
da	dio	dé	diera
damos	dimos	demos	diéramos
dais	disteis	deis	dierais
dan	dieron	den	dieran

A26 errar

indicativo	subjuntivo	imperativo
presente	presente	
yerro	yerre	
yerras	yerres	yerra
yerra	yerre	yerre
erramos	erremos	erremos
erráis	erréis	errad
yerran	yerren	yerren

A27 estar

gerundio	participio pasado	indicativo			
		presente	imperfecto	pretérito indefinido	futuro
estando	estado	estoy	estaba	estuve	estaré
		estás	estabas	estuviste	estarás
		está	estaba	estuvo	estará
		estamos	estábamos	estuvimos	estaremos
		estáis	estabais	estuvisteis	estaréis
		están	estaban	estuvieron	estarán

condicional	subjuntivo		imperativo
	presente	imperfecto	
estaría	esté	estuviera	
estarías	estés	estuvieras	está
estaría	esté	estuviera	esté
estaríamos	estemos	estuviéramos	estemos
estaríais	estéis	estuvierais	estad
estarían	estén	estuvieran	estén

4 Verbs ending in -er

E1 meter

gerundio (gerund)	participio pasado (past participle)	indicativo (indicative) presente (present)	imperfecto (imperfect)	pretérito indefinido (past simple)	futuro (future)
met**iendo**	met**ido**	met**o**	met**ía**	met**í**	meter**é**
		met**es**	met**ías**	met**iste**	meter**ás**
		met**e**	met**ía**	met**ió**	meter**á**
		met**emos**	met**íamos**	met**imos**	meter**emos**
		met**éis**	met**íais**	met**isteis**	meter**éis**
		met**en**	met**ían**	met**ieron**	meter**án**

condicional (conditional)	subjuntivo (subjunctive) presente (present)	imperfecto (imperfect)	futuro (future)	imperativo (imperative)
meter**ía**	met**a**	met**iera***	met**iere**	
meter**ías**	met**as**	met**ieras**	met**ieres**	met**e**
meter**ía**	met**a**	met**iera**	met**iere**	met**a**
meter**íamos**	met**amos**	met**iéramos**	met**iéremos**	met**amos**
meter**íais**	met**áis**	met**ierais**	met**iereis**	met**ed**
meter**ían**	met**an**	met**ieran**	met**ieren**	met**an**

* all **-er** verbs have an alternative form in which **-era** is replaced by **-ese**, e.g. met**iese**, met**ieses**, met**iese**, met**iésemos**, met**ieseis**, met**iesen**

E2 vencer

indicativo presente	pretérito indefinido	subjuntivo presente	imperativo
venzo	vencí, etc	venza	
vences		venzas	vence
vence		venza	venza
vencemos		venzamos	venzamos
vencéis		venzáis	venced
vencen		venzan	venzan

E3 conocer

indicativo presente	pretérito indefinido	subjuntivo presente	imperativo
conozco	conocí, etc	conozca	
conoces		conozcas	conoce
conoce		conozca	conozca
conocemos		conozcamos	conozcamos
conocéis		conozcáis	conoced
conocen		conozcan	conozcan

E4 placer

indicativo presente	pretérito indefinido	subjuntivo presente	imperfecto	futuro	imperativo
plazco	plací	plazca	placiera	placiere	
places	placiste	plazcas	placieras	placieres	place
place	plació[1]	plazca[3]	placiera[4]	placiere[5]	plazca
placemos	placimos	plazcamos	placiéramos	placiéremos	plazcamos
placéis	placisteis	plazcáis	placierais	placiereis	placed
placen	placieron[2]	plazcan	placieran	placieren	plazcan

alternative forms, applicable only to the verb 'placer':
[1]plugo; [2]pluguieron; [3]plega or plegue; [4]pluguiera or pluguiese; [5]pluguiere.

E5 yacer

indicativo presente	pretérito indefinido	subjuntivo presente	imperativo
yazco[1]	yací, etc	yazca[2]	
yaces		yazcas	yace[3]
yace		yazca	yazca
yacemos		yazcamos	yazcamos
yacéis		yazcáis	yaced
yacen		yazcan	yazcan

[1]alternative forms: yazgo or yago; [2]alternative conjugations: yazga, yazgas, etc or yaga, yagas, etc.
[3]alternative conjugations: yaz, yazga or yaga, yazgamos or yagamos, yaced, yazgan or yagan.

E6 coger

indicativo presente	pretérito indefinido	subjuntivo presente	imperativo
cojo	cogí, etc	coja	
coges		cojas	coge
coge		coja	coja
cogemos		cojamos	cojamos
cogéis		cojáis	coged
cogen		cojan	cojan

E7 tañer

gerundio	indicativo pretérito indefinido	subjuntivo imperfecto
tañendo	tañí	tañera
	tañiste	tañeras
	tañó	tañera
	tañimos	tañéramos
	tañisteis	tañerais
	tañeron	tañeran

E8 entender

indicativo presente	pretérito indefinido	subjuntivo presente	imperativo
entiendo	entendí	entienda	
entiendes	entendiste	entiendas	entiende
entiende	entendió	entienda	entienda
entendemos	entendimos	entendamos	entendamos
entendéis	entendisteis	entendáis	entended
entienden	entendieron	entiendan	entiendan

E9 mover

indicativo presente	pretérito indefinido	subjuntivo presente	imperativo
muevo	moví, etc	mueva	
mueves		muevas	mueve
mueve		mueva	mueva
movemos		movamos	movamos
movéis		mováis	moved
mueven		muevan	muevan

E10 torcer

indicativo		subjuntivo	imperativo
presente	pretérito indefinido	presente	
tuerzo	torcí, etc	tuerza	
tuerces		tuerzas	tuerce
tuerce		tuerza	tuerza
torcemos		torzamos	torzamos
torcéis		torzáis	torced
tuercen		tuerzan	tuerzan

E11 volver

participio pasado	indicativo		subjuntivo	imperativo
	presente	pretérito indefinido	presente	
vuelto	vuelvo	volví, etc	vuelva	
	vuelves		vuelvas	vuelve
	vuelve		vuelva	vuelva
	volvemos		volvamos	volvamos
	volvéis		volváis	volved
	vuelven		vuelvan	vuelvan

E12 oler

indicativo		subjuntivo	imperativo
presente	pretérito indefinido	presente	
huelo	olí, etc	huela	
hueles		huelas	huele
huele		huela	huela
olemos		olamos	olamos
oléis		oláis	oled
huelen		huelan	huelan

E13 leer

gerundio	indicativo	subjuntivo
	pretérito indefinido	imperfecto
leyendo	leí	leyera
	leíste	leyeras
	leyó	leyera
	leímos	leyéramos
	leísteis	leyerais
	leyeron	leyeran

E14 proveer

participio pasado	indicativo	subjuntivo
	pretérito indefinido	imperfecto
provisto	proveí	proveyera
	proveíste	proveyeras
	proveyó	proveyera
	proveímos	proveyéramos
	proveísteis	proveyerais
	proveyeron	proveyeran

E 15 caber

indicativo				condicional	subjuntivo		imperativo
presente	imperfecto	pretérito indefinido	futuro		presente	imperfecto	
quepo	cabía	cupe	cabré	cabría	quepa	cupiera	
cabes	cabías	cupiste	cabrás	cabrías	quepas	cupieras	cabe
cabe	cabía	cupo	cabrá	cabría	quepa	cupiera	quepa
cabemos	cabíamos	cupimos	cabremos	cabríamos	quepamos	cupiéramos	quepamos
cabéis	cabíais	cupisteis	cabréis	cabríais	quepáis	cupierais	cabed
caben	cabían	cupieron	cabrán	cabrían	quepan	cupieran	quepan

E 16 caer

gerundio	participio pasado	indicativo			subjuntivo		imperativo
		presente	imperfecto	pretérito indefinido	presente	imperfecto	
cayendo	caído	caigo	caía	caí	caiga	cayera	
		caes	caías	caíste	caigas	cayeras	cae
		cae	caía	cayó	caiga	cayera	caiga
		caemos	caíamos	caímos	caigamos	cayéramos	caigamos
		caéis	caíais	caísteis	caigáis	cayerais	caed
		caen	caían	cayeron	caigan	cayeran	caigan

E 17 haber

indicativo				condicional	subjuntivo		imperativo
presente	imperfecto	pretérito indefinido	futuro		presente	imperfecto	
he	había	hube	habré	habría	haya	hubiera	
has	habías	hubiste	habrás	habrías	hayas	hubieras	he
ha	había	hubo	habrá	habría	haya	hubiera	haya
hemos	habíamos	hubimos	habremos	habríamos	hayamos	hubiéramos	hayamos
habéis	habíais	hubisteis	habréis	habríais	hayáis	hubierais	habed
han	habían	hubieron	habrán	habrían	hayan	hubieran	hayan

E 18 hacer

participio pasado	indicativo			condicional	subjuntivo		imperativo
	presente	pretérito indefinido	futuro		presente	imperfecto	
hecho	hago	hice	haré	haría	haga	hiciera	
	haces	hiciste	harás	harías	hagas	hicieras	haz
	hace	hizo	hará	haría	haga	hiciera	haga
	hacemos	hicimos	haremos	haríamos	hagamos	hiciéramos	hagamos
	hacéis	hicisteis	haréis	haríais	hagáis	hicierais	haced
	hacen	hicieron	harán	harían	hagan	hicieran	hagan

E19 rehacer

participio pasado	indicativo presente	indicativo pretérito indefinido	indicativo futuro	condicional	subjuntivo presente	subjuntivo imperfecto	imperativo
rehecho	rehago	rehíce	reharé	reharía	rehaga	rehiciera	
	rehaces	rehiciste	reharás	reharías	rehagas	rehicieras	rehaz
	rehace	rehízo	rehará	reharía	rehaga	rehiciera	rehaga
	rehacemos	rehicimos	reharemos	reharíamos	rehagamos	rehiciéramos	rehagamos
	rehacéis	rehicisteis	reharéis	reharíais	rehagáis	rehicierais	rehaced
	rehacen	rehicieron	reharán	reharían	rehagan	rehicieran	rehagan

E20 satisfacer

indicativo presente	indicativo pretérito indefinido	indicativo futuro	condicional	subjuntivo presente	subjuntivo imperfecto	imperativo
satisfago	satisfice	satisfaré	satisfaría	satisfaga	satisficiera	
satisfaces	satisficiste	satisfarás	satisfarías	satisfagas	satisficieras	satisfaz[1]
satisface	satisfizo	satisfará	satisfaría	satisfaga	satisficiera	satisfaga
satisfacemos	satisficimos	satisfaremos	satisfaríamos	satisfagamos	satisficiéramos	satisfagamos
satisfacéis	satisficisteis	satisfaréis	satisfaríais	satisfagáis	satisficierais	satisfaced
satisfacen	satisficieron	satisfarán	satisfarían	satisfagan	satisficieran	satisfagan

[1] alternative form: satisface

E21 poder

gerundio	participio pasado
pudiendo	podido

indicativo presente	indicativo pretérito indefinido	indicativo futuro	condicional	subjuntivo presente	subjuntivo imperfecto	imperativo
puedo	pude	podré	podría	pueda	pudiera	
puedes	pudiste	podrás	podrías	puedas	pudieras	puede
puede	pudo	podrá	podría	pueda	pudiera	pueda
podemos	pudimos	podremos	podríamos	podamos	pudiéramos	podamos
podéis	pudisteis	podréis	podríais	podáis	pudierais	poded
pueden	pudieron	podrán	podrían	puedan	pudieran	puedan

E22 poner

participio pasado	indicativo presente	indicativo pretérito indefinido	indicativo futuro	condicional	subjuntivo presente	subjuntivo imperfecto	imperativo
puesto	pongo	puse	pondré	pondría	ponga	pusiera	
	pones	pusiste	pondrás	pondrías	pongas	pusieras	pon
	pone	puso	pondrá	pondría	ponga	pusiera	ponga
	ponemos	pusimos	pondremos	pondríamos	pongamos	pusiéramos	pongamos
	ponéis	pusisteis	pondréis	pondríais	pongáis	pusierais	poned
	ponen	pusieron	pondrán	pondrían	pongan	pusieran	pongan

E23 traer

gerundio	participio pasado	indicativo		subjuntivo		imperativo
		presente	pretérito indefinido	presente	imperfecto	
trayendo	traído	traigo	traje	traiga	trajera	
		traes	trajiste	traigas	trajeras	trae
		trae	trajo	traiga	trajera	traiga
		traemos	trajimos	traigamos	trajéramos	traigamos
		traéis	trajisteis	traigáis	trajerais	traed
		traen	trajeron	traigan	trajeran	traigan

E24 querer

indicativo				condicional	subjuntivo		imperativo
presente	imperfecto	pretérito indefinido	futuro		presente	imperfecto	
quiero	quería	quise	querré	querría	quiera	quisiera	
quieres	querías	quisiste	querrás	querrías	quieras	quisieras	quiere
quiere	quería	quiso	querrá	querría	quiera	quisiera	quiera
queremos	queríamos	quisimos	querremos	querríamos	queramos	quisiéramos	queramos
queréis	queríais	quisisteis	querréis	querríais	queráis	quisierais	quered
quieren	querían	quisieron	querrán	querrían	quieran	quisieran	quieran

E25 saber

indicativo			condicional	subjuntivo		imperativo
presente	pretérito indefinido	futuro		presente	imperfecto	
sé	supe	sabré	sabría	sepa	supiera	
sabes	supiste	sabrás	sabrías	sepas	supieras	sabe
sabe	supo	sabrá	sabría	sepa	supiera	sepa
sabemos	supimos	sabremos	sabríamos	sepamos	supiéramos	sepamos
sabéis	supisteis	sabréis	sabríais	sepáis	supierais	sabed
saben	supieron	sabrán	sabrían	sepan	supieran	sepan

E26 ser

gerundio	participio pasado	indicativo			
		presente	imperfecto	pretérito indefinido	futuro
siendo	sido	soy	era	fui	seré
		eres	eras	fuiste	serás
		es	era	fue	será
		somos	éramos	fuimos	seremos
		sois	erais	fuisteis	seréis
		son	eran	fueron	serán

condicional	subjuntivo			imperativo
	presente	imperfecto	futuro	
sería	sea	fuera	fuere	
serías	seas	fueras	fueres	sé
sería	sea	fuera	fuere	sea
seríamos	seamos	fuéramos	fuéremos	seamos
seríais	seáis	fuerais	fuereis	sed
serían	sean	fueran	fueren	sean

E27 tener

indicativo			condicional	subjuntivo		imperativo
presente	pretérito indefinido	futuro		presente	imperfecto	
tengo	tuve	tendré	tendría	tenga	tuviera	
tienes	tuviste	tendrás	tendrías	tengas	tuvieras	ten
tiene	tuvo	tendrá	tendría	tenga	tuviera	tenga
tenemos	tuvimos	tendremos	tendríamos	tengamos	tuviéramos	tengamos
tenéis	tuvisteis	tendréis	tendríais	tengáis	tuvierais	tened
tienen	tuvieron	tendrán	tendrían	tengan	tuvieran	tengan

E28 valer

indicativo			condicional	subjuntivo		imperativo
presente	pretérito indefinido	futuro		presente	imperfecto	
valgo	valí	valdré	valdría	valga	valiera	
vales	valiste	valdrás	valdrías	valgas	valieras	vale
vale	valió	valdrá	valdría	valga	valiera	valga
valemos	valimos	valdremos	valdríamos	valgamos	valiéramos	valgamos
valéis	valisteis	valdréis	valdríais	valgáis	valierais	valed
valen	valieron	valdrán	valdrían	valgan	valieran	valgan

E29 ver

participio pasado	indicativo			subjuntivo	imperativo
	presente	imperfecto	pretérito indefinido	presente	
visto	veo	veía	vi	vea	
	ves	veías	viste	veas	ve
	ve	veía	vio	vea	vea
	vemos	veíamos	vimos	veamos	veamos
	veis	veíais	visteis	veáis	ved
	ven	veían	vieron	vean	vean

E30 romper

participio pasado
roto

E31 verter

gerundio	indicativo		subjuntivo	imperativo
	presente	pretérito indefinido	imperfecto	
vertiendo[1]	vierto	vertí	vertiera[4]	
	viertes	vertiste	vertieras	vierte
	vierte	vertió[2]	vertiera	vierta
	vertemos	vertimos	vertiéramos	vertamos
	vertéis	vertisteis	vertierais	verted
	vierten	vertieron[3]	vertieran	viertan

alternative forms: [1]virtiendo; [2]virtió; [3]virtieron; [4]virtiera, virtieras, etc.

5 Verbs ending in -ir

I1 partir

gerundio (gerund)	participio pasado (past participle)	indicativo (indicative) presente (present)	imperfecto (imperfect)	pretérito indefinido (past simple)	futuro (future)
part**iendo**	part**ido**	part**o**	part**ía**	part**í**	part**iré**
		part**es**	part**ías**	part**iste**	part**irás**
		part**e**	part**ía**	part**ió**	part**irá**
		part**imos**	part**íamos**	part**imos**	part**iremos**
		part**ís**	part**íais**	part**isteis**	part**iréis**
		part**en**	part**ían**	part**ieron**	part**irán**

condicional (conditional)	subjuntivo (subjunctive) presente (present)	imperfecto (imperfect)	futuro (future)	imperativo (imperative)
part**iría**	part**a**	part**iera***	part**iere**	
part**irías**	part**as**	part**ieras**	part**ieres**	part**e**
part**iría**	part**a**	part**iera**	part**iere**	part**a**
part**iríamos**	part**amos**	part**iéramos**	part**iéremos**	part**amos**
part**iríais**	part**áis**	part**ierais**	part**iereis**	part**id**
part**irían**	part**an**	part**ieran**	part**ieren**	part**an**

* all **-ir** verbs have an alternative form in which **-era** is replaced by **-ese**, e.g. part**iese**, part**ieses**, part**iese**, part**iésemos**, part**ieseis**, part**iesen**

I2 distinguir

indicativo presente	pretérito indefinido	subjuntivo presente	imperativo
distingo	distinguí, etc	distinga	
distingues		distingas	distingue
distingue		distinga	distinga
distinguimos		distingamos	distingamos
distinguís		distingáis	distinguid
distinguen		distingan	distingan

I3 delinquir

indicativo presente	pretérito indefinido	subjuntivo presente	imperativo
delinco	delinquí, etc	delinca	
delinques		delincas	delinque
delinque		delinca	delinca
delinquimos		delincamos	delincamos
delinquís		delincáis	delinquid
delinquen		delincan	delincan

I4 zurcir

indicativo presente	pretérito indefinido	subjuntivo presente	imperativo
zurzo	zurcí, etc	zurza	
zurces		zurzas	zurce
zurce		zurza	zurza
zurcimos		zurzamos	zurzamos
zurcís		zurzáis	zurcid
zurcen		zurzan	zurzan

I5 lucir

indicativo presente	pretérito indefinido	subjuntivo presente	imperativo
luzco	lucí, etc	luzca	
luces		luzcas	luce
luce		luzca	luzca
lucimos		luzcamos	luzcamos
lucís		luzcáis	lucid
lucen		luzcan	luzcan

I6 reducir

indicativo		subjuntivo		imperativo
presente	pretérito indefinido	presente	imperfecto	
reduzco	reduje	reduzca	redujera	
reduces	redujiste	reduzcas	redujeras	reduce
reduce	redujo	reduzca	redujera	reduzca
reducimos	redujimos	reduzcamos	redujéramos	reduzcamos
reducís	redujisteis	reduzcáis	redujerais	reducid
reducen	redujeron	reduzcan	redujeran	reduzcan

I7 dirigir

indicativo		subjuntivo	imperativo
presente	pretérito indefinido	presente	
dirijo	dirigí, etc	dirija	
diriges		dirijas	dirige
dirige		dirija	dirija
dirigimos		dirijamos	dirijamos
dirigís		dirijáis	dirigid
dirigen		dirijan	dirijan

I8 regir

indicativo		subjuntivo	imperativo
presente	pretérito indefinido	presente	
rijo	regí, etc	rija	
riges		rijas	rige
rige		rija	rija
regimos		rijamos	rijamos
regís		rijáis	regid
rigen		rijan	rijan

I9 gruñir

gerundio	indicativo	subjuntivo
	pretérito indefinido	imperfecto
gruñendo	gruñí	gruñera
	gruñiste	gruñeras
	gruñó	gruñera
	gruñimos	gruñéramos
	gruñisteis	gruñerais
	gruñeron	gruñeran

I10 asir

indicativo		subjuntivo	imperativo
presente	pretérito indefinido	presente	
asgo	así, etc	asga	
ases		asgas	ase
ase		asga	asga
asimos		asgamos	asgamos
asís		asgáis	asid
asen		asgan	asgan

I11 sentir

gerundio	participio pasado	indicativo		subjuntivo		imperativo
		presente	pretérito indefinido	presente	imperfecto	
sintiendo	sentido	siento	sentí	sienta	sintiera	
		sientes	sentiste	sientas	sintieras	siente
		siente	sintió	sienta	sintiera	sienta
		sentimos	sentimos	sintamos	sintiéramos	sintamos
		sentís	sentisteis	sintáis	sintierais	sentid
		sienten	sintieron	sientan	sintieran	sientan

I12 discernir

indicativo		subjuntivo	imperativo
presente	pretérito indefinido	presente	
discierno	discerní, etc	discierna	
disciernes		disciernas	discierne
discierne		discierna	discierna
discernimos		discernamos	discernamos
discernís		discernáis	discernid
disciernen		disciernan	disciernan

I13 adquirir

indicativo		subjuntivo	imperativo
presente	pretérito indefinido	presente	
adquiero	adquirí, etc	adquiera	
adquieres		adquieras	adquiere
adquiere		adquiera	adquiera
adquirimos		adquiramos	adquiramos
adquirís		adquiráis	adquirid
adquieren		adquieran	adquieran

I14 pedir

gerundio	participio pasado	indicativo		subjuntivo		imperativo
		presente	pretérito indefinido	presente	imperfecto	
pidiendo	pedido	pido	pedí	pida	pidiera	
		pides	pediste	pidas	pidieras	pide
		pide	pidió	pida	pidiera	pida
		pedimos	pedimos	pidamos	pidiéramos	pidamos
		pedís	pedisteis	pidáis	pidierais	pedid
		piden	pidieron	pidas	pidieran	pidan

I15 ceñir

gerundio	participio pasado	indicativo			subjuntivo		imperativo
		presente	imperfecto	pretérito indefinido	presente	imperfecto	
ciñendo	ceñido	ciño	ceñía	ceñí	ciña	ciñera	
		ciñes	ceñías	ceñiste	ciñas	ciñeras	ciñe
		ciñe	ceñía	ciñó	ciña	ciñera	ciña
		ceñimos	ceñíamos	ceñimos	ciñamos	ciñéramos	ciñamos
		ceñís	ceñíais	ceñisteis	ciñáis	ciñerais	ceñid
		ciñen	ceñían	ciñeron	ciñan	ciñeran	ciñan

I16 dormir

gerundio	participio pasado	indicativo		subjuntivo		imperativo
		presente	pretérito indefinido	presente	imperfecto	futuro
durmiendo	dormido	duermo	dormí	duerma	durmiera	
		duermes	dormiste	duermas	durmieras	duerme
		duerme	durmió	duerma	durmiera	duerma
		dormimos	dormimos	durmamos	durmiéramos	durmamos
		dormís	dormisteis	durmáis	durmierais	dormid
		duermen	durmieron	duerman	durmieran	duerman

I17 embaír

gerundio	indicativo	subjuntivo
	pretérito indefinido	imperfecto
embayendo	embaí	embayera
	embaíste	embayeras
	embayó	embayera
	embaímos	embayéramos
	embaísteis	embayerais
	embayeron	embayeran

I18 reír

gerundio	participio pasado
riendo	reído

indicativo presente	imperfecto	pretérito indefinido	futuro	condicional	subjuntivo presente	imperfecto	imperativo
río	reía	reí	reiré	reiría	ría	riera	
ríes	reías	reíste	reirás	reirías	rías	rieras	ríe
ríe	reía	rió	reirá	reiría	ría	riera	ría
reímos	reíamos	reímos	reiremos	reiríamos	riamos	riéramos	riamos
reís	reíais	reísteis	reiréis	reiríais	riáis	rierais	reíd
ríen	reían	rieron	reirán	reirían	rían	rieran	rían

I19 argüir

gerundio	participio pasado	indicativo presente	imperfecto	pretérito indefinido	subjuntivo presente	imperfecto	imperativo
arguyendo	argüido	arguyo	argüía, etc	argüí	arguya	arguyera	
		arguyes		argüiste	arguyas	arguyeras	arguye
		arguye		arguyó	arguya	arguyera	arguya
		argüimos		argüimos	arguyamos	arguyéramos	arguyamos
		argüís		argüisteis	arguyáis	arguyerais	argüid
		arguyen		arguyeron	arguyan	arguyeran	arguyan

I20 huir

gerundio	participio pasado	indicativo presente	imperfecto	pretérito indefinido	subjuntivo presente	imperfecto	imperativo
huyendo	huido	huyo	huía, etc	huí	huya	huyera	
		huyes		huiste	huyas	huyeras	huye
		huye		huyó	huya	huyera	huya
		huimos		huimos	huyamos	huyéramos	huyamos
		huís		huisteis	huyáis	huyerais	huid
		huyen		huyeron	huyan	huyeran	huyan

I21 rehuir

indicativo presente	pretérito indefinido	subjuntivo presente	imperativo
rehúyo	rehuí, etc	rehúya	
rehúyes		rehúyas	rehúye
rehúye		rehúya	rehúya
rehuimos		rehuyamos	rehuyamos
rehuís		rehuyáis	rehuid
rehúyen		rehúyan	rehúyan

I22 prohibir

indicativo presente	pretérito indefinido	subjuntivo presente	imperativo
prohíbo	prohibí, etc	prohíba	
prohíbes		prohíbas	prohíbe
prohíbe		prohíba	prohíba
prohibimos		prohibamos	prohibamos
prohibís		prohibáis	prohibid
prohíben		prohíban	prohíban

I23 reunir

indicativo		**subjuntivo**	**imperativo**
presente	pretérito indefinido	presente	
reúno	reuní, etc	reúna	
reúnes		reúnas	reúne
reúne		reúna	reúna
reunimos		reunamos	reunamos
reunís		reunáis	reunid
reúnen		reúnan	reúnan

I24 decir

gerundio	**participio pasado**
diciendo	dicho

indicativo				**condicional**	**subjuntivo**		**imperativo**
presente	imperfecto	pretérito indefinido	futuro		presente	imperfecto	
digo	decía	dije	diré	diría	diga	dijera	
dices	decías	dijiste	dirás	dirías	digas	dijeras	di
dice	decía	dijo	dirá	diría	diga	dijera	diga
decimos	decíamos	dijimos	diremos	diríamos	digamos	dijéramos	digamos
decís	decíais	dijisteis	diréis	diríais	digáis	dijerais	decid
dicen	decían	dijeron	dirán	dirían	digan	dijeran	digan

I25 bendecir

participio pasado	**indicativo**			**condicional**	**imperativo**
	presente	pretérito indefinido	futuro		
bendecido	bendigo	bendije	bendeciré	bendeciría	
	bendices	bendijiste	bendecirás	bendecirías	bendice
	bendice	bendijo	bendecirá	bendeciría	bendiga
	bendecimos	bendijimos	bendeciremos	bendeciríamos	bendigamos
	bendecís	bendijisteis	bendeciréis	bendeciríais	bendecid
	bendicen	bendijeron	bendecirán	bendecirían	bendigan

I26 erguir

gerundio	**indicativo**		**subjuntivo**		**imperativo**
	presente	pretérito indefinido	presente	imperfecto	
irguiendo	yergo[1]	erguí	yerga[2]	irguiera	
	yergues	erguiste	yergas	irguieras	yergue[3]
	yergue	irguió	yerga	irguiera	yerga
	erguimos	erguimos	yergamos	irguiéramos	yergamos
	erguís	erguisteis	yergáis	irguierais	erguid
	yerguen	irguieron	yergan	irguieran	yergan

[1]alternative conjugation: irgo, irgues, irgue, erguimos, erguís, irguen; [2]alternative conjugation: irga, irgas, irga, irgamos, irgáis, irgan;
[3]alternative conjugation: irgue, irga, irgamos, erguid, irgan.

I27 ir

gerundio	participio pasado	indicativo presente	imperfecto	pretérito indefinido	futuro
yendo	ido	voy	iba	fui	iré
		vas	ibas	fuiste	irás
		va	iba	fue	irá
		vamos	íbamos	fuimos	iremos
		vais	ibais	fuisteis	iréis
		van	iban	fueron	irán

condicional	subjuntivo presente	imperfecto	futuro	imperativo
iría	vaya	fuera	fuere	
irías	vayas	fueras	fueres	ve
iría	vaya	fuera	fuere	vaya
iríamos	vayamos	fuéramos	fuéremos	vayamos
iríais	vayáis	fuerais	fuereis	id
irían	vayan	fueran	fueren	vayan

I28 oír

gerundio	participio pasado
oyendo	oído

indicativo presente	imperfecto	pretérito	futuro indefinido	condicional	subjuntivo presente	imperfecto	imperativo
oigo	oía	oí	oiré	oiría	oiga	oyera	
oyes	oías	oíste	oirás	oirías	oigas	oyeras	oye
oye	oía	oyó	oirá	oiría	oiga	oyera	oiga
oímos	oíamos	oímos	oiremos	oiríamos	oigamos	oyéramos	oigamos
oís	oíais	oísteis	oiréis	oiríais	oigáis	oyerais	oíd
oyen	oían	oyeron	oirán	oirían	oigan	oyeran	oigan

I29 salir

indicativo presente	pretérito indefinido	futuro	condicional	subjuntivo presente	imperfecto	imperativo
salgo	salí, etc	saldré	saldría	salga	saliera	
sales		saldrás	saldrías	salgas	salieras	sal
sale		saldrá	saldría	salga	saliera	salga
salimos		saldremos	saldríamos	salgamos	saliéramos	salgamos
salís		saldréis	saldríais	salgáis	salierais	salid
salen		saldrán	saldrían	salgan	salieran	salgan

I30 seguir

indicativo presente	pretérito indefinido	subjuntivo presente	imperfecto	imperativo
sigo	seguí	siga	siguiera	
sigues	seguiste	sigas	siguieras	sigue
sigue	siguió	siga	siguiera	siga
seguimos	seguimos	sigamos	siguiéramos	sigamos
seguís	seguisteis	sigáis	siguierais	seguid
siguen	siguieron	sigan	siguieran	sigan

I31 venir

gerundio	indicativo presente	pretérito indefinido	futuro	condicional	subjuntivo presente	imperfecto	imperativo
viniendo	vengo	vine	vendré	vendría	venga	viniera	
	vienes	viniste	vendrás	vendrías	vengas	vinieras	ven
	viene	vino	vendrá	vendría	venga	viniera	venga
	venimos	vinimos	vendremos	vendríamos	vengamos	viniéramos	vengamos
	venís	vinisteis	vendréis	vendríais	vengáis	vinierais	venid
	vienen	vinieron	vendrán	vendrían	vengan	vinieran	vengan

I32 abolir

This is a regular verb but in the present indicative it is only used in the first and second person plural.

I33 abrir

participio pasado
abierto

I34 escribir

participio pasado
escrito

I35 freír

gerundio	participio pasado	indicativo presente	pretérito indefinido	subjuntivo presente	imperfecto	imperativo
friendo	frito	frío	freí	fría	friera	
		fríes	freíste	frías	frieras	fríe
		fríe	frió	fría	friera	fría
		freímos	freímos	friamos	friéramos	friamos
		freís	freísteis	friáis	frierais	freíd
		fríen	frieron	frían	frieran	frían

I36 imprimir

participio pasado
impreso

I37 morir

gerundio	participio pasado	indicativo presente	pretérito indefinido	subjuntivo presente	imperfecto
muriendo	muerto	muero	morí	muera	muriera
		mueres	moriste	mueras	murieras
		muere	murió	muera	muriera
		morimos	morimos	muramos	muriéramos
		morís	moristeis	muráis	murierais
		mueren	murieron	mueran	murieran

I38 pudrir

infinitivo	participio pasado
pudrir, podrir	podrido

All other forms are regular and are derived from the infinitive pudrir e.g. pudro, pudres, etc.

Los verbos irregulares ingleses

La siguiente tabla comprende todos los verbos irregulares que se incluyen en el diccionario excepto los verbos modales (e.g. *can, must*) y aquéllos formados por un verbo base precedido por un prefijo con guión (e.g. *re-lay*). Éstos conservan la irregularidad del verbo del cual derivan.

Las formas irregulares que sólo se usan en algunas acepciones se indican con un asterisco (e.g. **abode*).

La información completa acerca del uso, la pronunciación, etc de cada verbo se encontrará en el artículo correspondiente.

infinitive/ infinitivo	past tense/ pretérito	past participle/ participio pasado
abide	abided, *abode	abided, *abode
arise	arose	arisen
awake	awoke	awoken
be	was/were	been
bear	bore	borne
beat	beat	beaten
become	became	become
befall	befell	befallen
beget	begot, (arch) begat	begotten
begin	began	begun
behold	beheld	beheld
bend	bent	bent
beseech	beseeched, besought	beseeched, besought
beset	beset	beset
bespeak	bespoke	bespoken, bespoke
bestride	bestrode	bestridden
bet	bet	bet
bid	*bade, bid	*bidden, bid
bind	bound	bound
bite	bit	bitten
bleed	bled	bled
bless	blessed	blessed, (arch) blest
blow	blew	blown, *blowed
break	broke	broken
breed	bred	bred
bring	brought	brought
broadcast	broadcast	broadcast
browbeat	browbeat	browbeaten
build	built	built
burn	burned, burnt	burned, burnt
bust	busted, (BrE also) bust	busted, (BrE also) bust
buy	bought	bought
cast	cast	cast
catch	caught	caught
chide	chided, chid	chided, chid, chidden
choose	chose	chosen
cleave	cleaved, *cleft, (arch) *clove	cleaved, *cleft, (arch) *cloven
cling	clung	clung
come	came	come
cost	*cost, *costed	*cost, *costed
countersink	countersank	countersunk
creep	crept	crept
crow	crowed, (arch) crew	crowed
cut	cut	cut
deal	dealt	dealt
dig	dug	dug
dive	dived, (AmE also) dove	dived
do	did	done
draw	drew	drawn
dream	dreamed, (BrE also) dreamt	dreamed, (BrE also) dreamt
drink	drank	drunk
drive	drove	driven
dwell	dwelt, dwelled	dwelt, dwelled
eat	ate	eaten
fall	fell	fallen
feed	fed	fed
feel	felt	felt
fight	fought	fought
find	found	found
flee	fled	fled
fling	flung	flung
floodlight	floodlit	floodlit
fly	flew	flown
forbear	forbore	forborne
forbid	forbade, forbad	forbidden
forecast	forecast, forecasted	forecast, forecasted
foresee	foresaw	foreseen
foretell	foretold	foretold
forget	forgot	forgotten
forgive	forgave	forgiven
forsake	forsook	forsaken
forswear	forswore	forsworn
freeze	froze	frozen
gainsay	gainsaid	gainsaid
get	got	got, (AmE also) gotten
gird	girded, girt	girded, girt
give	gave	given
go	went	gone
grind	ground	ground
grow	grew	grown
hamstring	hamstrung	hamstrung
hang	*hung, *hanged	*hung, *hanged
have	had	had

Los verbos irregulares ingleses

infinitive/ infinitivo	past tense/ pretérito	past participle/ participio pasado
hear	heard	heard
heave	*heaved, *hove	*heaved, *hove
hew	hewed	hewn, hewed
hide	hid	hidden, (arch) hid
hit	hit	hit
hold	held	held
hurt	hurt	hurt
inlay	inlaid	inlaid
input	input, inputted	input, inputted
inset	inset, (AmE also) insetted	inset, (AmE also) insetted
interweave	interwove, interweaved	interwoven, interweaved
keep	kept	kept
kneel	kneeled, knelt	kneeled, knelt
knit	knitted, *knit	knitted, *knit
know	knew	known
lay	laid	laid
lead	led	led
lean	leaned, (BrE also) leant	leaned, (BrE also) leant
leap	leaped, (BrE also) leapt	leaped, (BrE also) leapt
learn	learned, (BrE also) learnt	learned, (BrE also) learnt
leave	left	left
lend	lent	lent
let	let	let
lie (*yacer etc*)	lay	lain
light	lighted, lit	lighted, lit
lose	lost	lost
make	made	made
mean	meant	meant
meet	met	met
miscast	miscast	miscast
misdeal	misdealt	misdealt
mishear	misheard	misheard
mishit	mishit	mishit
mislay	mislaid	mislaid
mislead	misled	misled
misread /ˈmɪsˈriːd/	misread /ˈmɪsˈred/	misread /ˈmɪsˈred/
misspell	misspelled, (BrE also) misspelt	misspelled, (BrE also) misspelt
misspend	misspent	misspent
mistake	mistook	mistaken
misunderstand	misunderstood	misunderstood
mow	mowed	mown, mowed
outbid	outbid	outbid, (AmE also) outbidden
outdo	outdid	outdone
outfight	outfought	outfought
outgrow	outgrew	outgrown
outlay	outlaid	outlaid
output	output, outputted	output, outputted
outrun	outran	outrun
outsell	outsold	outsold
outshine	outshone	outshone
overbid	overbid	overbid
overcome	overcame	overcome
overdo	overdid	overdone
overdraw	overdrew	overdrawn
overeat	overate	overeaten
overfly	overflew	overflown
overhang	overhung	overhung
overhear	overheard	overheard
overlay	overlaid	overlaid
overlie	overlay	overlain
overpay	overpaid	overpaid
override	overrode	overridden
overrun	overran	overrun
oversee	oversaw	overseen
overshoot	overshot	overshot
oversleep	overslept	overslept
overtake	overtook	overtaken
overthrow	overthrew	overthrown
partake	partook	partaken
pay	paid	paid
plead	pleaded, (AmE also) pled	pleaded, (AmE also) pled
prove	proved	proved, proven
put	put	put
quit	quit, quitted	quit, quitted
read /riːd/	read /red/	read /red/
rebuild	rebuilt	rebuilt
recast	recast	recast
redo	redid	redone
remake	remade	remade
rend	rent	rent
repay	repaid	repaid
reread /ˈriːˈriːd/	reread /ˈriːˈred/	reread /ˈriːˈred/
rerun	reran	rerun
resell	resold	resold
reset	reset	reset
resit	resat	resat
retake	retook	retaken
retell	retold	retold
rethink	rethought	rethought
rewrite	rewrote	rewritten
rid	rid	rid
ride	rode	ridden
ring	rang	rung
rise	rose	risen
run	ran	run
saw	sawed	sawed, (esp BrE) sawn
say	said	said
see	saw	seen
seek	sought	sought
sell	sold	sold

infinitive/ infinitivo	past tense/ pretérito	past participle/ participio pasado
send	sent	sent
set	set	set
sew	sewed	sewn, sewed
shake	shook	shaken
shear	sheared	*shorn, *sheared
shed	shed	shed
shine	*shone, *shined	*shone, *shined
shit	shit, shat	shit, shat
shoe	shod	shod
shoot	shot	shot
show	showed	shown, showed
shrink	shrank, shrunk	shrunk, shrunken
shrive	shrove, shrived	shriven, shrived
shut	shut	shut
sing	sang	sung
sink	sank	sunk
sit	sat	sat
slay	slew	slain
sleep	slept	slept
slide	slid	slid
sling	slung	slung
slink	slunk	slunk
slit	slit	slit
smell	smelled, (BrE also) smelt	smelled, (BrE also) smelt
smite	smote	smitten
sow	sowed	sowed, sown
speak	spoke	spoken
speed	*sped, *speeded	*sped, *speeded
spell	spelled, (BrE also) spelt	spelled, (BrE also) spelt
spend	spent	spent
spill	spilled, spilt	spilled, spilt
spin	spun, (arch) span	spun
spit	spat, (esp AmE) spit	spat, (esp AmE) spit
split	split	split
spoil	spoiled, (BrE also) spoilt	spoiled, (BrE also) spoilt
spotlight	*spotlit, *spotlighted	*spotlit, *spotlighted
spread	spread	spread
spring	sprang, (AmE also) sprung	sprung
stand	stood	stood
stave	staved, *stove	staved, *stove
steal	stole	stolen
stick	stuck	stuck
sting	stung	stung
stink	stank, stunk	stunk
strew	strewed	strewn, strewed
stride	strode	stridden
strike	struck	struck
string	strung	strung
strive	strove	striven
sublet	sublet	sublet
swear	swore	sworn
sweat	sweated, (AmE also) sweat	sweated, (AmE also) sweat
sweep	swept	swept
swell	swelled	swollen, (AmE esp) swelled
swim	swam	swum
swing	swung	swung
take	took	taken
teach	taught	taught
tear	tore	torn
tell	told	told
think	thought	thought
thrive	thrived, (liter) throve	thrived, (arch) thriven
throw	threw	thrown
thrust	thrust	thrust
tread	trod	trodden, trod
typecast	typecast	typecast
typeset	typeset	typeset
typewrite	typewrote	typewritten
unbend	unbent	unbent
underbid	underbid	underbid
undercut	undercut	undercut
undergo	underwent	undergone
underlie	underlay	underlain
underpay	underpaid	underpaid
undersell	undersold	undersold
understand	understood	understood
undertake	undertook	undertaken
underwrite	underwrote	underwritten
undo	undid	undone
unfreeze	unfroze	unfrozen
unlearn	unlearned, (BrE also) unlearnt	unlearned, (BrE also) unlearnt
unstick	unstuck	unstuck
unwind	unwound	unwound
uphold	upheld	upheld
upset	upset	upset
wake	woke	woken
waylay	waylaid	waylaid
wear	wore	worn
weave	wove, *weaved	woven, *weaved
wed	wedded, wed	wedded, wed
weep	wept	wept
wet	wet, wetted	wet, wetted
win	won	won
wind *(dar cuerda etc)*	wound	wound
withdraw	withdrew	withdrawn
withhold	withheld	withheld
withstand	withstood	withstood
work	worked, *wrought	worked, *wrought
wring	wrung	wrung
write	wrote	written

Index to Spanish–English culture notes
Índice de las notas culturales Español–Inglés

Índice de las notas culturales Inglés–Español
Index to English–Spanish culture notes